**DIZIONARI
STUDIO**

DIZIONARIO STUDIO
ITALIANO
DIZIONARIO DELLA LINGUA ITALIANA

aVALLARDI

Il volume è stato realizzato dalle Redazioni lessicografiche Antonio Vallardi Editore *coordinate da* Lucilla Ubertalli

Redattori: Patrizia Faggion, Clara Brusasca, Corrada Picchi

Collaboratori: Elisabetta Ciancio, Emanuele Contu, Alberto De Pietri, Antonello Galimberti, Vatiena Lepore, Manuela Manera, Maria Antonietta Vismara

Curriculum vitae riprodotto da: B. Barattelli, Guida alla scrittura, A. Vallardi

Sigle, acronimi e abbreviazioni: Silvia Monti

Bozze: Anna Frassoni, Sandro Mogni, Gualtiero Needle Palmisano, Paola Rauzi, Anna Sironi, Luigia Amalia Zucco

Le tavole fuori testo in bianco e nero sono riprodotte da: Dizionario per immagini, A. Vallardi

Le tavole fuori testo a colori sono riprodotte per gentile concessione di Garzanti Libri Spa

Elaborazione delle tavole fuori testo: A.D. Service, Bologna

Progetto grafico di copertina: Bosio Associati, Savigliano

In questo dizionario compaiono parole che corrispondono a marchi registrati, contrassegnate dal simbolo ®. Ciò tuttavia non comporta alcuna valutazione oggettiva del loro stato giuridico.

Antonio Vallardi Editore s.u.r.l.
Via Gherardini 10 - 20145 Milano

Copyright © 2006 Antonio Vallardi Editore

Ristampe: 9 8 7 6 5 4 3 2 1 0
           2010 2009 2008 2007 2006

ISBN 88-8211-908-4

INDICE

Nota editoriale	VII
Guida alla consultazione	IX
Abbreviazioni	XIV
Lemmario	1
Appendici	1431

Tavole illustrate a colori e in bianco e nero

Il **Dizionario Studio Vallardi** di **Italiano** si rivolge specificamente agli studenti delle Scuole secondarie di primo e secondo grado ed è il risultato di un progetto lessicografico volto a costruire uno stimolante e utilissimo strumento d'uso quotidiano per lo studio, ma anche per la comunicazione, intesa nel suo significato più ampio. La preoccupazione che ha dominato l'intero lavoro degli Autori e della Redazione è stata infatti quella di creare un volume che si qualificasse per completezza, accuratezza e aggiornamento, evitando astrattezze anacronistiche.
Le voci contenute nel Dizionario sono circa 68.000 e offrono un panorama vastissimo di parole della lingua comune, voci gergali, neologismi non effimeri e tecnicismi, specialmente di quei settori specialistici (informatica, musica, cinema, arte, sport, medicina, finanza ecc.) con i quali i giovani hanno familiarità, ma nello stesso tempo registrano con grande cura i termini difficili, rari, colti, letterari, scientifici e tecnici della nostra lingua.
Per la sua completezza il volume è anche un riferimento indispensabile per ogni famiglia e un eccellente strumento per chi lavora, pratico e maneggevole, da tenere sempre a portata di mano per ottenere risposte pronte.
Le spiegazioni sono approfondite, ma sempre comprensibili, le voci articolate con grande chiarezza e arricchite di informazioni sui registri d'uso e di numerosissimi esempi e modi di dire. Puntualmente si segnalano anche tutte le informazioni grammaticali e ortografiche, utili in special modo al nuovo e assai vasto pubblico degli studenti stranieri.
Per andare incontro all'esigenza degli utenti di oggi di riuscire a leggere velocemente le voci e a reperire le informazioni senza difficoltà, la casa editrice ha realizzato nei **Dizionari Studio** una grafica originale e innovativa, indirizzata a distinguere con grande evidenza, anche a un primo colpo d'occhio, i due livelli delle frasi esemplificative: gli esempi veri e propri – in corsivo chiaro, subito dopo le spiegazioni – e la fraseologia idiomatica o specialistica – in neretto, dopo una barretta, in fondo alle singole accezioni.
Il volume è dotato di una straordinaria serie di apparati che completano l'informazione lessicografica (Sigle, acronimi e abbreviazioni), che svolgono un ruolo didattico (Grammatica della lingua italiana) o che suggeriscono aggiornati modelli di redazione (Curriculum vitae), oltre che da 40 tavole illustrate.

GUIDA ALLA CONSULTAZIONE

ORDINE ALFABETICO

Le entrate sono disposte in ordine alfabetico; **locuzioni** e **parole composte** sono trattate come se fossero un'unica parola, cioè non tenendo conto di eventuali spazi, parentesi, trattini, apostrofi.
Gli **omografi** (parole con la stessa grafia, ma diverso significato) sono contrassegnati da numeri arabi a esponente.

LEMMARIO E STRUTTURA DELLE VOCI

Illustriamo qui di seguito i principi che guidano l'organizzazione del lemmario e la sequenza nella quale presentiamo le informazioni relative a ogni voce.

Lemmi I lemmi sono in neretto e portano la **sillabazione** segnata con una barretta verticale. La corretta **accentazione** di ciascuna parola è indicata dall'accento tonico (grave o acuto) in chiaro; gli accenti grafici sono invece in neretto.
Le **forme alterate** di aggettivi e sostantivi sono registrate solo se hanno un significato particolare (*fratellastro*, *topolino*). Compaiono a lemma anche le **sigle** comunemente usate come sostantivi, che possono quindi essere precedute dall'articolo (*CD*, *AIDS*).

Forme secondarie Le eventuali **varianti grafiche** o **con accento tonico diverso** sono riportate subito dopo il lemma d'entrata, in neretto, ma in corpo più piccolo e senza sillabazione; quelle meno comuni, errate o sconsigliate compaiono invece in chiaro tra parentesi tonde.

Rimandi Il rinvio da una variante alla forma principale è fatto per mezzo di una **freccia** posta subito dopo la categoria grammaticale della forma secondaria.

Parole straniere Sono stati inseriti, senza sillabazione, alcuni **lemmi stranieri**, specialmente inglesi, entrati a far parte a pieno titolo della nostra lingua. Di questi e dei termini ibridi (come *freudiano*), quando la pronuncia non è immediatamente desumibile dalla grafia, si dà una **trascrizione fonetica semplificata** rispetto a quella del Sistema Fonetico Internazionale: in corsivo, fra parentesi quadre, è preceduta dall'indicatore della lingua d'origine, e, in alcuni casi, è seguita anche dalla pronuncia meno corretta, ma più comune in italiano.
Sono state messe a lemma anche **parole o locuzioni latine** (*ab origine*, *honoris causa*) ancora vive nell'uso attuale.

Prefissi, suffissi, primi e secondi elementi Sono stati registrati come lemmi autonomi anche tutti quegli elementi che servono a formare parole derivate (*foto-*, *-aceo*) o con cui si creano continuamente parole del linguaggio comune o scientifico (*multi-*, *post-*, *-oide*).

Avverbi I più comuni avverbi in *-mente* che hanno lo stesso significato dell'aggettivo da cui derivano sono registrati sotto quest'ultimo, alla fine della voce, dopo un quadratino; generalmente non sono seguiti da una definizione, tranne quando l'avverbio ha significati particolari o aggiuntivi rispetto all'aggettivo.
Se la forma aggettivale è anche avverbio (come *certo*), la forma avverbiale in *-mente* è inserita a lemma come **voce autonoma**.

Categoria grammaticale È in corsivo chiaro. Il **cambio** di categoria grammaticale all'interno della stessa voce è segnalato dal simbolo ♦.

Irregolarità e particolarità morfologiche   Queste eventuali informazioni sono inserite fra parentesi quadre, dopo la categoria grammaticale.
Per i **sostantivi** si segnalano il femminile dei nomi mobili (*attore, -trice*; *dottore, -essa*); il plurale dei nomi maschili in *-a, -co, -go, -sco* (*automa, -i*; *bruco, -chi*; *manico, -ci*; *-chirurgo, -ghi*; *psicologo, -gi*) e di quelli femminili in *-cia, -gia, -scia* (*mancia, -ce*; *ciliegia, -gie* o *-ge*); il plurale dei nomi composti (*caposquadra, capisquadra*); i plurali irregolari e quelli che cambiano genere (*uomo, uomini*; *dito*, pl.f. *dita*), i doppi plurali di generi diversi (*viscere*, pl.m. *i visceri*, pl.f. *le viscere*; *osso*, pl.m. *gli ossi*, pl.f. *le ossa*).
Per gli **aggettivi** si indicano le forme irregolari di comparativo e superlativo (*buono*, compar. *più buono* o *migliore*; superl. *buonissimo* o *ottimo*); il maschile plurale di quelli in *-co, -go, -sco* (*fanatico, -ci*; *vago, -ghi*); il femminile delle forme in *-tore*; il femminile plurale di quelle in *-cio, -gio, -scio* (*liscio, -sce*) ed eventuali particolarità (come elisioni, troncamenti).
Per i **verbi** si riportano le forme irregolari; gli ausiliari degli intransitivi (*A* per *avere*, *E* per *essere*); la prima persona singolare dell'indicativo presente quando è sdrucciola o termina con due vocali (*partecipare, io partécipo...*; *parcheggiare, io parchéggio...*); la prima e seconda persona singolare dell'indicativo presente dei verbi iscoativi e di quelli in *-care, -gare, -cere, -gere, -scere* (*finire, io finisco, tu finisci...*; *pagare, io pago, tu paghi...*). I **participi presenti** e **passati** con chiaro significato aggettivale sono stati registrati anche a lemma.

Articolazione della voce   Le eventuali diverse **accezioni** di un lemma sono distinte e ordinate con **numeri** in neretto seguendo generalmente un criterio di frequenza, tranne quando la voce richieda per chiarezza un ordine diacronico-storico (dal significato originario a quello attuale); nell'ordine si danno i significati propri prima di quelli figurati o estensivi, e quelli generali prima degli specialistici.

Indicatori   Nelle voci più complesse, prima delle diverse definizioni, sono stati inseriti degli indicatori, in corsivo fra parentesi tonde, che fanno da guida alla comprensione della voce e al reperimento dell'accezione richiesta: tali indicatori possono essere **abbreviazioni** o **microdefinizioni** – che indicano registro linguistico (linguaggio formale, familiare, gergale, specialistico ecc.); frequenza d'uso (raro, desueto, comune ecc.); settore di appartenenza; usi figurati o estensivi ecc. – oppure **sinonimi** o **brevi spiegazioni**. In alcuni casi la specificazione dell'ambito d'uso entra invece a far parte della definizione stessa.
Non si danno le abbreviazioni (*zool.*) e (*bot.*) per i nomi appartenenti alla tassonomia animale e vegetale, tranne in casi di ambiguità; tali abbreviazioni sono invece usate per le parti e le funzioni degli organismi.

Definizioni   In tondo, sono generalmente costituite da una perifrasi chiara e dettagliata, a volte seguita o sostituita da sinonimi o termini equivalenti. Eventuali sfumature di significato all'interno della stessa accezione sono distinte da una barretta verticale.

Esempi   In corsivo chiaro, gli esempi sono tratti dalla lingua vera e contestualizzano riccamente i lemmi d'entrata dal punto di vista non solo **semantico**, ma, all'occorrenza, anche **grammaticale**, **sintattico** e **del registro espressivo**. Negli esempi la **lineetta** sostituisce il lemma quando questo viene ripreso nell'esempio in forma invariata.

Fraseologia   Usi, costruzioni e associazioni particolari di parole, locuzioni idiomatiche e specialistiche, proverbi e tecnicismi sono trattati nella parte finale dell'accezione opportuna, introdotti da una barretta verticale, composti in neretto corsivo e sempre seguiti da una spiegazione completa. Indicativamente l'ordine delle locuzioni prevede prima quelle proprie o specialistiche, poi quelle figurate, infine i proverbi.

SEGNI SPECIALI

| | introduce eventuali sfumature di significato all'interno della stessa accezione; introduce e separa la fraseologia
♦ introduce il cambio di categoria grammaticale
□ introduce l'avverbio nella voce dell'aggettivo
→ rimando
® marchio registrato

SIMBOLI DELLA TRASCRIZIONE FONETICA SEMPLIFICATA

č si pronuncia come la *c* palatale di *città*
ğ si pronuncia come la *g* palatale di *gelato*
j si pronuncia come la *j* francese di *jour*
k si pronuncia come la *c* di *casa*
ö si pronuncia con un suono chiuso tra *e* e *o*, tipico del dialetto lombardo
sh si pronuncia come *sc* di *scena*
ü si pronuncia stretta come la *u* lombarda

Guida alla consultazione XII

entrate con divisione sillabica	**à|ca|ro** *s.m.* aracnide di piccole dimensioni, parassita di uomini, animali e piante.	categoria grammaticale
indicazione dell'accento tonico, grave o acuto, che segnala la pronuncia aperta o chiusa della vocale	**a|bi|li|ta|zió|ne** *s.f.* (*dir.*) riconoscimento legale della capacità di svolgere una data funzione, un'attività, una professione | documento che attesta tale riconoscimento.	sfumature del significato principale introdotte da una barretta verticale
numero a esponente che identifica gli omografi	**ab|bòz|zo** *s.m.* **1** prima forma approssimativa di un'opera | prima stesura di uno scritto **2** accenno: *un — di sorriso*.	numeri in grassetto che distinguono le diverse accezioni
	chi|lo¹ *s.m. abbr. di* chilogrammo. **chi|lo²** *s.m.* (*biol.*) liquido lattiginoso formato dagli alimenti digeriti nell'intestino tenue.	
forme secondarie (varianti grafiche o con accento tonico diverso)	**am|fe|ta|mì|na** o **anfetamina** *s.f.* farmaco sintetico stimolante del sistema nervoso centrale, utilizzato per aumentare la resistenza alla fatica.	
	à|la|cre o **alàcre** *agg.* **1** che agisce con efficienza e buona voglia; pronto, solerte, operoso **2** (*fig.*) brillante nel ragionare: *mente —* □ **alacremente** *avv.*	avverbi in *-mente* che riprendono i significati dell'aggettivo
	an|fe|ta|mì|na *s.f.* → **amfetamina**.	rimandi da una variante al lemma principale
lemmi stranieri e ibridi con trascrizione fonetica semplificata, dove serve, e indicatore della lingua d'origine	**backup** (*ingl.*) [pr. *bekàp*] *s.m.invar.* (*inform.*) **1** sistema ausiliario che interviene durante i guasti del sistema principale **2** copia di sicurezza di programmi e dati realizzata su un supporto magnetico distinto.	
	freu|dià|no [pr. *froidiàno*] *agg.* di Sigmund Freud (1856-1939), fondatore della psicoanalisi | che concerne le teorie di Freud ♦ *s.m.* [f. *-a*] seguace, sostenitore di Sigmund Freud.	
	da|tó|re *s.m.* [f. *-trice*] colui che dà | **— di lavoro**, chi assume lavoratori retribuiti.	
	al|ler|gò|lo|go *s.m.* [f. *-a*; m.pl. *-gi*] (*med.*) specialista nella cura delle allergie.	
	ca|po|bràn|co *s.m./f.* [m.pl. *capibranco*; f.pl.invar.] animale, gener. di sesso maschile, a cui il branco riconosce un ruolo di guida.	indicazione del femminile e dei plurali irregolari o particolari
	vì|sce|re *s.m.* [pl.m. *i visceri* nel sign. 1; pl.f. *le viscere* nel sign. 2 e 3] **1** ciascuno degli organi interni della cavità toracica e addominale **2** (*pl.*) organi interni dell'addome; intestino, interiora **3** (*pl., fig.*) la parte più interna di ql.co.: *nelle viscere della terra*.	

Guida alla consultazione

esempi in corsivo chiaro e separati da un punto e virgola	**al|ló|ra** *avv.* in quel momento, in quel tempo (passato o futuro): *— me ne stupii*; *— tutto sarà più chiaro*	*— —*, proprio in quel momento	*— come —*, sul momento, in quella circostanza	*d'—*, di quel tempo (passato): *i giovani d'—* ♦ *cong.* **1** in questo caso, in tal caso: *se ne sei convinto, — fallo* **2** [rafforza una prop. interr. diretta o una prop. escl.] quindi, dunque, insomma: *—ne eri al corrente?*; *parla, —!* ♦ *agg.invar.* [si premette al nome] di quel tempo (passato): *l'— ministro*.	cambio di categoria grammaticale e di genere del verbo
	ci|ca|triz|zà|re *v.tr.* far rimarginare una ferita ♦ *intr.* [aus. *A*, *E*] **-rsi** *intr.pron.* rimarginarsi con formazione di cicatrice.	
ausiliari del verbo intransitivo	**ab|bon|dà|re** *v.intr.* [indic.pres. *io abbóndo*...; aus. *E* nel sign. 1, *A* nel sign. 2] **1** essere in quantità elevata o superiore al bisogno: *l'oro qui è sempre abbondato* **2** possedere in quantità elevata o superiore al bisogno: *questa regione ha sempre abbondato d'oro*	usare con generosità o in maniera superiore al necessario; eccedere: *— in critiche*.	
particolarità grammaticali e sintattiche fra parentesi quadre	**bèl|lo** *agg.* [davanti a *s* impura, *gn*, *ps*, *x*, *z*: sing. *bello*, pl. *begli*; davanti ad altre consonanti: sing. *bel*, pl. *bei*; davanti a vocale: sing. *bell'*, pl. *begli*] **1** dall'aspetto tanto perfetto ed elegante da essere contemplato con piacere: *un bel quadro*; *un bell'uomo*	**bella copia**, stesura definitiva	**belle arti**, arti figurative	(*fig.*) **farsi — di ql.co.**, vantarsene **2** ben fatto; ben riuscito: *un bel discorso*; *una bella festa* **3** agiato	**bel mondo**, alta società	**bella vita**, vita agiata; vita mondana [...]	espressioni e locuzioni idiomatiche messe in risalto in corsivo neretto e separate da barrette verticali
forme irregolari del verbo; eventuali rimandi al modello di coniugazione	**bé|re** *v.tr.* [indic.pres. *io bévo*...; pass.rem. *io bévvi* o *bevètti*, *tu bevésti*...; fut. *io berrò*...; condiz. *io berrèi*...; le altre forme derivano dal tema *bev-*] **1** inghiottire liquidi: *— un'aranciata* [...]	
	bat|te|rì|a *s.f.* **1** (*elettr.*) generatore di energia elettrica, composto da vari elementi voltaici (pile, condensatori, accumulatori ecc.)	*— solare*, dispositivo che trasforma l'energia luminosa in elettricità **2** insieme di elementi coordinati per uno stesso fine: *— da cucina* **3** (*mus.*) insieme di percussioni, riunite per essere suonate da una sola persona **4** (*mil.*) unità d'artiglieria con quattro o sei bocche da fuoco: *— contraerea* **5** (*sport*) gara eliminatoria per la qualificazione alle prove successive **6** (*zootec.*) gabbia a più compartimenti usata nell'allevamento, spec. di polli.	specifiche (registro d'uso; usi figurati, estensivi o regionali; settore specialistico d'appartenenza)

ABBREVIAZIONI

A	avere	*edil.*	edilizia
abbr.	abbreviato, abbreviazione	*elettr.*	elettricità, elettrotecnica
a.C.	avanti Cristo	*elettron.*	elettronica
aer.	aeronautica	*ell.*	ellissi, ellittico
aff.	affermativo	*escl.*	esclamazione, esclamativo
agg.	aggettivo, aggettivale	*estens.*	per estensione
agr.	agricoltura	*euf.*	eufemismo
am.	americano	*f.*	femminile
anal.	analogia	*fam.*	familiare
anat.	anatomia	*farm.*	farmacia, farmacologia
ant.	antico, anticamente	*fig.*	figurato, figuratamente
antiq.	antiquato	*filos.*	filosofia
anton.	antonomasia	*fin.*	finanza
antrop.	antropologia	*fis.*	fisica
ar.	arabo	*fisiol.*	fisiologia
arald.	araldica	*foto.*	fotografia
arch.	architettura	*fr.*	francese
archeol.	archeologia	*fut.*	futuro
art.	articolo, articolato	*gastr.*	gastronomia, cucina
assol.	assoluto	*gener.*	generalmente
astr.	astronomia	*geog.*	geografia
aus.	ausiliare	*geol.*	geologia
auto.	automobile, automobilismo	*geom.*	geometria
avv.	avverbio, avverbiale	*ger.*	gerundio
banc.	banca, bancario	*gerg.*	gergale
biol.	biologia, biologico	*giapp.*	giapponese
bot.	botanica	*giorn.*	giornalismo
bur.	burocratico	*gramm.*	grammatica
ca	circa	*imp.*	imperativo
card.	cardinale	*imperf.*	imperfetto
chim.	chimica	*impers.*	impersonale, impersonalmente
cin.	cinese	*ind.*	industria, industriale
cine.	cinematografia	*indef.*	indefinito
coll.	colloquiale	*indet.*	indeterminativo
com.	comune, comunemente	*indic.*	indicativo
comm.	commercio, commerciale	*inf.*	infinito
compar.	comparativo	*inform.*	informatica
compl.	complemento	*ingl.*	inglese
con.	coniugato; coniugazione	*inter.*	interiezione, interiettivo
condiz.	condizionale	*interr.*	interrogativo
cong.	congiunzione	*intr.*	intransitivo
congiunt.	congiuntivo	*invar.*	invariabile
d.C.	dopo Cristo	*iperb.*	iperbolico, iperbolicamente
deriv.	derivato	*iron.*	ironico, ironicamente
det.	determinativo	*irr.*	irregolare
dial.	dialettale	*it.*	italiano, italianizzato
dif.	difettivo	*lat.*	latino
dim.	diminutivo	*lett.*	letterario, letteratura
dimostr.	dimostrativo	*ling.*	linguistica
dir.	diritto	*lit.*	liturgia
E	essere	*loc.*	locuzione
ebr.	ebraico	*m.*	maschile
ecc.	eccetera	*mar.*	marina, marinaresco
eccl.	ecclesiastico	*mat.*	matematica
ecol.	ecologia	*mecc.*	meccanica
econ.	economia, economico	*med.*	medicina

Abbreviazioni

metall.	metallurgia	*rec.*	reciproco
meteor.	meteorologia	*region.*	regionale
metr.	metrica	*rel.*	relativo
mil.	militare	*relig.*	religione
min.	mineralogia	*rem.*	remoto
mit.	mitologia	*ret.*	retorica
mus.	musica, musicale	*rifl.*	riflessivo, riflessivamente
neg.	negativo	*s.*	sostantivo
num.	numerale	*scherz.*	scherzoso
ogg.	oggetto	*scient.*	scientifico
ol.	olandese	*scult.*	scultura
onom.	onomatopea, onomatopeico	*sec.*, *secc.*	secolo, secoli
ord.	ordinale	*sign.*	significato
orig.	originariamente	*sim.*	simile, similmente
part.	participio	*simb.*	simbolo
partic.	particolare, particolarmente	*sing.*	singolare
pass.	passato	*sociol.*	sociologia
p.e.	per esempio	*sogg.*	soggetto
pegg.	peggiorativo	*sost.*	sostantivato, sostantivo
pers.	persona, personale	*sp.*	spagnolo
pitt.	pittura	*spec.*	specialmente
pl.	plurale	*spreg.*	spregiativo
poet.	poetico	*st.*	storia, storico
polit.	politica	*stat.*	statistica
pop.	popolare	*suff.*	suffisso
port.	portoghese	*superl.*	superlativo
poss.	possessivo	*sved.*	svedese
pr.	pronuncia	*teat.*	teatro, teatrale
pref.	prefisso	*tecn.*	tecnica, tecnologia
prep.	preposizione, prepositivo	*ted.*	tedesco
pres.	presente	*telecom.*	telecomunicazioni
pron.	pronome, pronominale	*teol.*	teologia
prop.	proposizione	*tr.*	transitivo
prov.	proverbio	*tronc.*	troncamento, troncato
psich.	psichiatria	*tv*	televisione
psicoan.	psicoanalisi	*v.*	verbo
psicol.	psicologia	*vet.*	veterinaria
ql.co.	qualcosa, qualche cosa	*vezz.*	vezzeggiativo
		volg.	volgare, volgarmente
qlcu.	qualcuno	*zool.*	zoologia
raff.	rafforzativo	*zootec.*	zootecnia

Aa

a¹ *s.f./m.invar.* prima lettera dell'alfabeto; è la vocale di massima apertura | — *come Ancona*, si usa nella compitazione, spec. telefonica, delle parole | *dalla* — *alla z*, dall'inizio alla fine | (*sport*) *serie A*, massima categoria | (*estens.*) *di serie* —, di prima classe, eccellente.
a² *prep.* [nello scritto si usa gener. *ad* davanti a parola che comincia con *a-*; fondendosi con gli articoli forma le prep. art. *al, allo, alla, ai, agli, alle*] **1** esprime una relazione di destinazione o di termine: *mandare una cartolina* — *un parente*; *assegnare il compito agli allievi*; *buongiorno* — *tutti* **2** introduce una specificazione di luogo, spec. di moto a luogo (*anche fig.*): *svoltare* — *sinistra*; *andare* — *Roma*; *giungere* — *conclusioni analoghe* | *stato in luogo: restare* — *Milano*; *fermarsi* — *cena* **3** esprime una distanza di luogo o di tempo: *il negozio è* — *cento metri*; *la meta è* — *mezzora* | in correlazione con la preposizione *da* indica passaggio: *da qui* — *lì*; *da parte* — *parte* **4** introduce una specificazione temporale: — *dicembre*; — *sera* | indica l'età: *si è sposato* — *vent'anni* **5** esprime il modo in cui si compie un'azione o in cui ql.co. è fatto: *vendere all'ingrosso*; *dormire* — *pancia in giù*; *strumento* — *tastiera*; *quadro* — *olio* | esprime analogia con qualcos'altro: *caseggiato* — *ferro di cavallo* | specifica mode, usi e costumi: *vestire alla francese*; *risotto alla milanese*; *prato all'inglese* **6** con valore strumentale: *treno* — *vapore*; *andare* — *piedi*; *giocare* — *carte* **7** indica la causa di ql.co.: *ridere* — *una battuta* **8** esprime il fine o lo scopo: *uscire* — *pesca*; *andare* — *passeggio* **9** specifica una pena: *condannare* — *morte* **10** con valore limitativo: *bravo solo* — *parole* **11** con funzione distributiva: — *tre* — *tre*; *una volta al mese* **12** introduce un termine di paragone: *quel cappello è simile al mio* **13** introduce una funzione predicativa: *prendere* — *modello* **14** seguita da infinito, introduce diverse prop.: finali: *andare* — *dormire* | causali: *hai fatto bene* — *pensarci prima* | condizionali: — *pensarci bene, l'avrei capito* | temporali: — *sentirlo, le venne voglia di piangere* | relative: *sei stata l'unica* — *mancare* **15** entra nella formazione di molte locuzioni: — *caso*; — *poco* — *poco*; *vicino* —.
a-¹ *pref.* [*an-* davanti a vocale] esprime "mancanza", "indifferenza" (*apolitico, anallergico*).
a-² *pref.* [*ad-* davanti a vocale] indica "avvicinamento", "direzione", "unione" (*accorrere, aggiungere*) | può avere valore intensivo (*adornare*) o derivativo (*avviare*).

à|ba|co *s.m.* [pl. *-chi*] **1** strumento per calcoli aritmetici elementari, simile al pallottoliere | (*estens.*) tavola pitagorica **2** (*arch.*) elemento quadrangolare che forma la parte superiore del capitello.
a|bà|te *s.m.* il superiore di un'abbazia o di un monastero.
abat-jour (*fr.*) [pr. *abajùr*] *s.m.invar.* **1** paralume **2** lampada dotata di paralume.
ab|bac|chiàr|si *v.intr.pron.* (*fam.*) avvilirsi, deprimersi.
ab|bac|chià|to *part.pass.* di abbacchiarsi ♦ *agg.* (*fam.*) abbattuto, depresso.
ab|bàc|chio *s.m.* (*region.*) agnello da latte macellato.
ab|ba|ci|nà|re *v.tr.* [indic.pres. *io abbàcino...*] **1** (*desueto*) accecare avvicinando agli occhi un bacino incandescente **2** abbagliare: *una luce che abbacina* **3** (*fig.*) ingannare.
ab|ba|glià|n|te *part.pres.* di abbagliare ♦ *agg.* **1** che offusca la vista **2** (*fig.*) affascinante: *una bellezza* — ♦ *s.m. spec.pl.* (*auto.*) faro che illumina la strada in profondità.
ab|ba|glià|re *v.tr.* [indic.pres. *io abbàglio...*] **1** offuscare la vista con luce troppo intensa **2** (*fig.*) stupire, affascinare: *fu abbagliato da tanta bellezza* | illudere, ingannare.
ab|bà|glio *s.m.* errore, svista: *cadere in un* — | *prendere un* —, commettere un errore.
ab|ba|ià|re *v.intr.* [indic.pres. *io abbàio...*; aus. A] **1** detto del cane, emettere il proprio verso | (*prov.*) *can che abbaia non morde*, chi minaccia rumorosamente, di solito non fa danno **2** (*fig.*) inveire o protestare sguaiatamente | (*prov.*) — *alla luna*, gridare a vuoto.
ab|ba|ià|ta *s.f.* **1** un abbaiare continuo **2** (*fig.*) l'urlare contro qlcu. per rimproverarlo o schernirlo.
ab|ba|ì|no *s.m.* **1** piccola struttura posta sul tetto e dotata di finestra verticale **2** soffitta abitabile.
ab|ban|do|nà|re *v.tr.* [indic.pres. *io abbandóno...*] **1** (*anche fig.*) lasciare per sempre: — *la propria casa*; — *ogni speranza* | liberarsi di ql.co.: — *l'arma del delitto* **2** lasciare senza aiuto; trascurare: *non ti abbandonerò!* **3** desistere da ql.co., interrompere: — *un lavoro* | (*spec.assol., sport*) ritirarsi: — *la gara prima della fine* ♦ **-rsi** *rifl.* **1** (*anche fig.*) lasciarsi andare: — *alla corrente*; — *alle fantasticherie* **2** distendersi, lasciarsi cadere: — *sulla poltrona*.
ab|ban|do|nà|to *part.pass.* di abbandonare ♦

abbandono

agg. **1** lasciato per sempre | deserto; incolto: *paese* —; *campo* — **2** lasciato a se stesso, senza assistenza: *anziano* — **3** spec. di parte del corpo, disteso, rilassato: *con le gambe abbandonate*.

ab|ban|dó|no *s.m.* **1** l'atto di lasciare definitivamente: — *del tetto coniugale* | rinuncia a completare ql.co.: — *degli studi* | ritiro da una competizione: *vincere per* — *degli avversari* **2** (*estens.*) trascuratezza, incuria | *in stato di* —, trascurato **3** rilassamento.

ab|bar|ba|glià|re *v.tr.* [indic.pres. *io abbarbàglio...*] (*raro*) **1** abbagliare **2** (*fig.*) frastornare, confondere.

ab|bar|bi|càr|si *v.intr.pron.* [indic.pres. *io mi abbàrbico, tu ti abbàrbichi...*] detto di piante, fissarsi con le radici al terreno o a un altro supporto | (*estens.*) aggrapparsi fortemente a ql.co.: *si abbarbicò al palo*.

ab|bas|sà|bi|le *agg.* che si può abbassare.

ab|bas|sa|lin|gua *s.m.invar.* (*med.*) strumento usato per tenere abbassata la lingua e consentire l'osservazione della gola.

ab|bas|sa|mén|to *s.m.* **1** spostamento verso il basso | diminuzione: — *della temperatura* **2** (*fig., lett.*) umiliazione, avvilimento.

ab|bas|sà|re *v.tr.* **1** spostare più in basso, calare: — *una mensola* **2** chinare: — *il capo, gli occhi* **3** ridurre di altezza, valore o intensità: — *un muro*; — *le tasse* ♦ -**rsi** *rifl.* **1** chinarsi: — *per allacciarsi le scarpe* **2** (*fig.*) umiliarsi: — *a domandare perdono* ♦ *intr.pron.* diminuire: *la temperatura si è abbassata*.

ab|bàs|so *inter.* espressione di avversione o di rivolta verso qlcu. o ql.co. (nelle scritte murali è simboleggiata da м): — *la guerra!*

ab|ba|stàn|za *avv.* **1** a sufficienza, quanto basta: *ho riflettuto* — | introduce una prop. consecutiva in correlazione con *per* o *da*: *è* — *grande per capirlo* | *averne* — *di ql.co.*, esserne stufo **2** (*anche iron.*) piuttosto, in misura discreta: *è* — *magro* ♦ *agg.invar.* sufficiente: *non avere* — *soldi*.

ab|bàt|te|re *v.tr.* **1** buttare giù, far cadere: — *un albero* | demolire: — *una casa* | — *un aereo*, farlo precipitare dopo averlo colpito | (*fig.*) — *un regime*, rovesciarlo **2** ridurre notevolmente: — *i costi* **3** uccidere: — *un animale* **4** (*fig.*) deprimere, scoraggiare, prostrare: *la malattia lo ha abbattuto* ♦ -**rsi** *intr.pron.* **1** cadere, piombare | manifestarsi con violenza, detto spec. di fenomeni atmosferici: *un violento acquazzone si è abbattuto sulla città* **2** (*fig.*) scoraggiarsi: *si abbatte alla prima difficoltà*.

ab|bat|ti|mén|to *s.m.* **1** atterramento | demolizione **2** (*di animali*) uccisione **3** (*fig.*) prostrazione, depressione.

ab|bat|tù|to *part.pass. di* abbattere ♦ *agg.* scoraggiato, prostrato, depresso.

ab|ba|zì|a *s.f.* comunità monastica governata da un abate, se maschile, o da una badessa, se femminile | l'insieme degli edifici abitati da tale comunità.

ab|ba|zià|le *agg.* relativo a un'abbazia | relativo a un abate o a una badessa.

ab|be|ce|dà|rio *s.m.* libro che si usava un tempo per imparare a leggere | (*estens.*) sillabario.

ab|bel|li|mén|to *s.m.* decorazione, ornamento.

ab|bel|lì|re *v.tr.* [indic.pres. *io abbellisco, tu abbellisci...*] rendere più bello, decorare | far sembrare migliore.

ab|be|ve|ràg|gio *s.m.* l'abbeverare.

ab|be|ve|rà|re *v.tr.* [indic.pres. *io abbévero...*] far bere il bestiame ♦ -**rsi** *rifl.* (*anche fig.*) dissetarsi: — *alle fonti della conoscenza*.

ab|be|ve|ràta *s.f.* l'abbeverare, l'abbeverarsi | (*estens.*) il luogo dove si abbeverano gli animali.

ab|be|ve|ra|tó|io *s.m.* vasca in cui beve il bestiame.

ab|bic|cì *s.m.* le nozioni elementari di una disciplina, di un'arte o di una tecnica | *essere all'* —, essere all'inizio di un apprendimento.

ab|bièn|te *agg., s.m./f.* che, chi dispone di una certa ricchezza, benestante.

ab|bièt|to *agg.* → **abietto**.

ab|bi|glia|mén|to *s.m.* **1** abiti e accessori usati per vestirsi: *capo di* — | modo di vestire: — *classico, sportivo* **2** settore produttivo e commerciale che realizza e distribuisce indumenti.

ab|bi|glià|re *v.tr.* [indic.pres. *io abbìglio...*] vestire con cura ed eleganza ♦ -**rsi** *rifl.* vestirsi elegantemente.

ab|bi|nà|bi|le *agg.* (*abbigliamento*) che può essere coordinato con un altro capo o un altro colore.

ab|bi|na|mén|to *s.m.* **1** combinazione di due elementi vari o complementari: — *di sapori* **2** (*sport*) in un torneo, accoppiamento di squadre o di atleti che devono gareggiare fra loro **3** (*sport*) accordo di sponsorizzazione tra un marchio commerciale e una squadra o un singolo atleta.

ab|bi|nà|re *v.tr.* accoppiare, associare due a due | (*abbigliamento*) combinare due capi o accessori per affinità di foggia o colore.

ab|bi|nà|ta *s.f.* (*sport*) accoppiata.

ab|bin|do|la|mén|to *s.m.* imbroglio, raggiro.

ab|bin|do|là|re *v.tr.* [indic.pres. *io abbindolo...*] **1** (*raro*) avvolgere il filo sul bindolo **2** (*fig.*) imbrogliare, raggirare.

ab|bioc|càr|si *v.intr.pron.* [indic.pres. *io mi abbiòcco, tu ti abbiòcchi...*] (*region.*) addormentarsi, appisolarsi | (*estens.*) deprimersi.

ab|bioc|cà|to *part.pass. di* abbioccarsi ♦ *agg.* (*region.*) assopito | (*estens.*) depresso.

ab|biòc|co *s.m.* (*region.*) attacco di sonnolenza.

ab|boc|ca|mén|to *s.m.* **1** colloquio importante e riservato **2** (*tecn.*) messa in collegamento di tubi e sim.

ab|boc|cà|re *v.intr.* [*aus. A*] **1** detto di pesci, afferrare l'esca con la bocca **2** (*fig.*) lasciarsi raggirare **3** detto di due tubi, combaciare ♦ *tr.* far combaciare, congiungere tubi o condutture ♦ -**rsi** *rifl.rec.* incontrarsi per un colloquio.

ab|boc|cà|to *part.pass. di* abboccare ♦ *agg.* si dice di vino il cui sapore tende al dolce; amabile.

ab|bo|nac|ciàr|si *v.intr.pron.* [indic.pres. *io mi abbonàccio...*] detto spec. del mare, diventare calmo.

ab|bo|na|mén|to *s.m.* **1** contratto con cui, attraverso il pagamento anticipato di una somma, si può usufruire di un servizio per un certo lasso di tempo: — *annuale*; — *a una rivista*; *rinnovare, sottoscrivere un* — **2** (*estens.*) l'importo del pagamento stesso **3** documento che testimonia l'avvenuto pagamento del canone di tale contratto: *esibire l'*— *al controllore*.
ab|bo|nà|re[1] *v.tr.* [*io abbòno*...] fare un abbonamento a favore di qlcu. ♦ **-rsi** *rifl.* fare un abbonamento a proprio favore.
ab|bo|nà|re[2] o **abbuonàre** *v.tr.* [indic.pres. delle due varianti *io abbuòno*...] **1** condonare un debito, in parte o completamente | (*fig.*) non considerare, non dare importanza: — *due errori* **2** considerare valido, dare per buono: — *un esame*.
ab|bo|nà|to *part.pass. di* abbonare[1] ♦ *agg.* che ha sottoscritto un abbonamento | (*fig. anche scherz.*) che si ritrova con regolarità in una determinata situazione: *è — alla sconfitta* ♦ *s.m.* [f. *-a*] chi ha sottoscritto un abbonamento.
ab|bon|dàn|te *part.pres. di* abbondare ♦ *agg.* **1** che è in grande quantità: *raccolto* — | che supera la misura precisa: *un etto* — **2** che è ricco di ql.co.: *un discorso* — *di citazioni* □ **abbondantemente** *avv.*
ab|bon|dàn|za *s.f.* grande quantità | **vivere nell'**—, essere molto ricco.
ab|bon|dà|re *v.intr.* [indic.pres. *io abbóndo*...; aus. *E* nel sign. 1, *A* nel sign. 2] **1** essere in quantità elevata o superiore al bisogno: *l'oro qui è sempre abbondato* **2** possedere in quantità elevata o superiore al bisogno: *questa regione ha sempre abbondato d'oro* | usare con generosità o in maniera superiore al necessario; eccedere: — *in critiche*.
ab|bor|dà|bi|le *agg.* **1** (*mar.*) che si può abbordare **2** (*fig.*) avvicinabile, affrontabile: *una persona, un problema* — | accessibile, modico: *prezzo* —.
ab|bor|dàg|gio *s.m.* (*mar.*) affiancamento di una nave a un'altra, spec. con intenzione ostile | *andare all'*—.
ab|bor|dà|re *v.tr.* [indic.pres. *io abbórdo*...] **1** (*mar.*) accostarsi con una nave al bordo di un'altra, spec. con intenzione ostile **2** (*fig.*) affrontare con decisione: — *il problema* **3** (*fam.*) avvicinare qlcu. anche in modo importuno: — *una ragazza*.
ab|bor|rac|cia|mén|to *s.m.* lavoro compiuto in fretta e male.
ab|bor|rac|cià|re *v.tr.* [indic.pres. *io abborràccio*...] fare ql.co. senza impegno o in fretta.
ab|bor|rac|cià|to *part.pass. di* abborracciare ♦ *agg.* eseguito malamente.
ab|bot|to|nà|re *v.tr.* [indic.pres. *io abbottóno*...] allacciare infilando i bottoni negli occhielli: — *il cappotto* ♦ **-rsi** *intr.pron.* chiudersi per mezzo di bottoni: *questa gonna si abbottona sul fianco* ♦ *rifl.* **1** allacciare l'indumento indossato per mezzo di bottoni: *abbottonati, che prendi freddo* **2** (*fig.*) tenere un atteggiamento riservato.
ab|bot|to|nà|to *part.pass. di* abbottonare ♦ *agg.* **1** allacciato con bottoni **2** (*fig.*) cauto, riservato: *un politico sempre* —.
ab|bot|to|na|tù|ra *s.f.* **1** chiusura mediante bottoni **2** serie di bottoni e occhielli | sezione dell'abito in cui sono attaccati i bottoni.
ab|boz|zà|re[1] *v.tr.* [indic.pres. *io abbòzzo*...] **1** dare una prima forma approssimativa a un'opera **2** formulare per sommi capi: — *un piano* | accennare: — *un saluto*.
ab|boz|zà|re[2] *v.intr.* [indic.pres. *io abbòzzo*...; aus. *A*] non reagire a una situazione spiacevole, far finta di niente: *non prendertela, abbozza!*
ab|bòz|zo *s.m.* **1** prima forma approssimativa di un'opera | prima stesura di uno scritto **2** accenno: *un* — *di sorriso*.
ab|brac|cià|re *v.tr.* [indic.pres. *io abbràccio*...] **1** stringere con le braccia, spec. per affetto **2** (*fig.*) circondare, includere, comprendere: — *con lo sguardo; le mura abbracciano la città* **3** (*fig.*) accettare senza riserve: — *un'ideologia* ♦ **-rsi** *intr. pron.* stringersi a qlcu. o ql.co. con le braccia: *il bimbo si abbraccia alla madre* ♦ *rifl.rec.* stringersi reciprocamente con le braccia: *i due fratelli si abbracciano*.
ab|bràc|cio *s.m.* l'atto di stringere con le braccia.
ab|bran|cà|re[1] *v.tr.* [indic.pres. *io abbranco, tu abbranchi*...] di animali, afferrare con le zampe, con gli artigli | (*estens.*) afferrare e tenere con forza ♦ **-rsi** *rifl.* appigliarsi saldamente: — *a uno spuntone*.
ab|bran|cà|re[2] *v.tr.* [indic.pres. *io abbranco, tu abbranchi*...] riunire in branco ♦ **-rsi** *rifl.* riunirsi in branco.
ab|bre|viè|re *v.tr.* [indic.pres. *io abbrèvio*...] rendere più breve: — *il tragitto* | accorciare una o più parole tramite sigla o abbreviazione.
ab|bre|viè|to *part.pass. di* abbreviare ♦ *agg.* reso più breve | (*dir.*) **rito** —, procedimento giudiziario la cui durata è ridotta tramite alcune semplificazioni procedurali.
ab|bre|via|zió|ne *s.f.* riduzione di durata o lunghezza | nella scrittura, forma accorciata di una parola, sigla.
ab|bri|và|re *v.tr.* (*mar.*) avviare o accelerare il movimento di un natante ♦ *v.intr.* [aus. *A*] (*mar.*) mettersi in moto o accelerare.
ab|brí|vo o **abbrivio** *s.m.* **1** impulso iniziale dato a un natante o a un veicolo in genere per farlo muovere | velocità che un natante mantiene dopo che è cessata l'azione propulsiva **2** (*fig.*) partenza, avvio deciso | **prendere l'**—, iniziare con decisione.
ab|bron|zàn|te *part.pres. di* abbronzare ♦ *agg.* che abbronza ♦ *s.m.* cosmetico che favorisce l'abbronzatura.
ab|bron|zà|re *v.tr.* [indic.pres. *io abbrónzo*...] (*anche assol.*) rendere bruna la pelle esponendola al sole o alle lampade a ultravioletti | far assumere l'abbronzatura a parti specifiche del corpo: *mi abbronzo la faccia* ♦ **-rsi** *intr.pron.* assumere un colorito bruno esponendosi al sole o alle lampade a ultravioletti.
ab|bron|zà|to *part.pass. di* abbronzare ♦ *agg.*

abbronzatura

(*di persona, di pelle*) che ha acquistato un colorito bruno dopo l'esposizione alla luce solare: *il viso — dal sole.*

ab|bron|za|tù|ra *s.f.* colorito bruno della pelle dovuto spec. a esposizione al sole: *avere un'— intensa.*

ab|bru|nà|re *v.tr.* marcare con un segno di lutto: *— le bandiere.*

ab|bru|sto|li|mén|to *s.m.* tostatura, torrefazione.

ab|bru|sto|li|re *v.tr.* [indic.pres. *io abbrustolisco, tu abbrustolisci...*] rendere croccante o seccare un alimento mediante cottura a fuoco vivo o nel forno; tostare: *— il pane* ♦ **-rsi** *rifl.* (*scherz.*) esporsi al sole per lungo tempo.

ab|bru|ti|mén|to *s.m.* avvilimento, degradazione spec. morale.

ab|bru|tì|re *v.tr.* [indic.pres. *io abbrutisco, tu abbrutisci...*] far divenire simile a un bruto, avvilire ♦ *intr.* [aus. *E*], **-rsi** *intr.pron.* avvilirsi, degradarsi: *si è abbrutito nei vizi.*

ab|buf|fàr|si *v.rifl.* [indic.pres. *io mi abbuffo...*] mangiare con ingordigia.

ab|buf|fà|ta *s.f.* grande mangiata | largo consumo di ql.co.: *— di cinema.*

ab|bu|ià|re *v.tr.* [indic.pres. *io abbùio...*] oscurare: *— la candela* ♦ *intr.impers.* [aus. *E*] farsi sera, diventare buio: *in gennaio abbuia presto* ♦ **-rsi** *intr.pron.* 1 divenire buio 2 (*fig.*) incupirsi, assumere un'espressione triste.

ab|buò|na|re *v.tr.* → **abbonare²**.

ab|buò|no *s.m.* 1 riduzione o cancellazione di un prezzo, un debito 2 (*sport*) riduzione di tempo concessa ai primi arrivati nei singoli traguardi delle corse ciclistiche a tappe | nelle gare ippiche, vantaggio accordato ai concorrenti meno forti.

ab|bu|rat|tà|re *v.tr.* 1 separare la farina dalla crusca col buratto o con il setaccio 2 (*fig.*) vagliare, valutare attentamente.

ab|di|cà|re *v.intr.* [indic.pres. *io àbdico, tu àbdichi...*; aus. *A*] 1 rinunciare al potere sovrano: *— al trono* 2 (*estens.*) rinunciare a ql.co.: *— ai propri diritti.*

ab|di|ca|tà|rio *agg.* che rinuncia o ha rinunciato al trono.

ab|di|ca|zió|ne *s.f.* rinuncia al trono.

ab|dùr|re *v.tr.* [con. come *condurre*; part.pass. *abdótto*] allontanare un arto rispetto all'asse mediano del corpo.

ab|dut|tó|re *agg., s.m.* (*anat.*) detto di muscolo che consente l'abduzione.

ab|du|zió|ne *s.f.* (*fisiol.*) allontanamento di un arto rispetto all'asse mediano del corpo.

a|bel|mò|sco *s.m.* [pl. *-schi*] pianta erbacea tropicale aromatica.

a|ber|rànte *agg.* fuori dalla norma, deviante: *comportamento —* | (*estens.*) riprovevole, degno di biasimo.

a|ber|ra|zió|ne *s.f.* 1 deviazione da ciò che è o viene considerato normale e opportuno: *— morale* 2 (*med.*) anomalia di organi o funzioni: *— cromosomica* 3 (*astr.*) spostamento apparente di un astro dalla sua posizione 4 (*fis.*) difetto nella formazione delle immagini in un sistema ottico.

a|be|tà|ia *s.f.* bosco d'abeti; abetina.

a|bé|te *s.m.* conifera resinosa d'alto fusto, a chioma piramidale, con foglie aghiformi sempreverdi | (*estens.*) legno che si ricava da tali piante.

a|be|tì|na *s.f.* bosco d'abeti; abetaia.

a|bièt|to o abbiètto *agg.* vile, spregevole: *individuo —.*

a|bie|zió|ne *s.f.* condizione vile, degradante: *cadere nell'—.*

a|bi|ge|à|to *s.m.* (*dir.*) furto di bestiame.

à|bi|le *agg.* 1 idoneo, che ha i requisiti per fare ql.co.: *— all'esercizio della professione* 2 esperto, capace: *un — artigiano* | astuto: *un — giocatore* 3 fatto con intelligenza, astuzia: *una mossa —* □ **abilmente** *avv.*

-à|bi|le *suff.* forma aggettivi derivanti da verbi della prima coniugazione e indica possibilità o attitudine (*apprezzabile, utilizzabile*).

a|bi|li|tà *s.f.* 1 capacità assodata 2 bravura, destrezza.

a|bi|li|tàn|te *part.pres.* di **abilitare** ♦ *agg.* che permette di conseguire un'abilitazione: *corso —.*

a|bi|li|tà|re *v.tr.* [indic.pres. *io abìlito...*] 1 rendere abile 1 riconoscere legalmente l'idoneità a svolgere una funzione, un'attività, una professione: *— alla guida, — alla vendita* ♦ **-rsi** *rifl.* conseguire un'abilitazione.

a|bi|li|tà|to *part.pass.* di **abilitare** ♦ *agg., s.m.* [f. *-a*] che ha conseguito un'abilitazione.

a|bi|li|ta|zió|ne *s.f.* (*dir.*) riconoscimento legale della capacità di svolgere una data funzione, un'attività, una professione | documento che attesta tale riconoscimento.

à|bio- primo elemento di parole composte della terminologia scientifica, che indica "assenza di vita" (*abiosfera*).

a|bio|ge|nè|si *s.f.* (*biol.*) generazione di esseri viventi dalla materia inorganica.

a|bio|sfè|ra *s.f.* (*geogr.*) parti della Terra dove non si possono sviluppare forme di vita.

a|biò|ti|co *agg.* [m.pl. *-ci*] (*biol.*) che non è idoneo allo sviluppo di alcuna forma di vita: *ambiente —.*

a|bis|sà|le *agg.* 1 di abisso, che riguarda gli abissi marini | *regione —*, quella in cui la profondità marina supera i 2000 metri 2 (*fig.*) enorme, senza limiti: *distacco —.*

a|bis|si|no *agg.* dell'Abissinia (regione centrale dell'Etiopia) ♦ *s.m.* [f. *-a*] abitante, nativo dell'Abissinia.

a|bìs|so *s.m.* 1 enorme profondità, baratro: *gli abissi oceanici* | (*fig.*) rovina, perdizione | *essere sull'orlo dell'—*, trovarsi in una condizione precaria, essere a un passo dalla rovina 2 (*fig.*) distanza o differenza enorme: *tra lui e gli altri c'è un — 3* enorme quantità: *un — di miserie.*

a|bi|tà|bi|le *agg.* che è adatto a essere abitato: *una mansarda —* | *cucina —*, che può essere utilizzata anche come sala da pranzo.

a|bi|ta|bi|li|tà *s.f.* requisiti che la legge indica

come necessari perché un edificio o un appartamento possa essere abitato.
a|bi|tà|co|lo *s.m.* negli autoveicoli, spazio destinato al guidatore e ai passeggeri | negli aeromobili, vano riservato ai piloti.
a|bi|tàn|te *part.pres. di* abitare ♦ *s.m./f.* chi risiede in un luogo: *gli abitanti della provincia.*
a|bi|tà|re *v.tr.* [indic.pres. *io àbito*...] **1** avere come dimora abituale: *un'anziana signora abita l'appartamento* **2** (*estens.*) avere come ambiente naturale; popolare: *una fauna molto ricca abita il parco* ♦ *intr.* [aus. *A*] vivere in un luogo, risiedere: *— in campagna* | alloggiare, avere come abitazione: *— in un bilocale.*
a|bi|ta|ti|vo *agg.* che riguarda l'abitare o le abitazioni.
a|bi|tà|to *part.pass. di* abitare ♦ *agg.* popolato: *regione abitata* | *centro* —, città, paese ♦ *s.m.* area in cui si concentrano edifici d'abitazione: *uscire dall'—.*
a|bi|ta|tó|re *s.m.* [f. *-trice*] (*lett.*) chi ha dimora in un luogo.
a|bi|ta|zió|ne *s.f.* edificio, appartamento o altro ambiente in cui si dimora; casa, domicilio.
à|bi|to *s.m.* **1** vestito, capo d'abbigliamento: *— da uomo, da donna, da lavoro* | *nuziale*, vestito da sposa | *— talare*, veste degli ecclesiastici | (*prov.*) *l'— non fa il monaco*, l'aspetto può ingannare **2** inclinazione, abitudine: *— professionale.*
a|bi|tuà|le *agg.* **1** (*di azione*) che si ripete nel tempo, usuale: *comportamento —* **2** (*di persona*) che è tale per consuetudine: *frequentatore —* □ **abitualmente** *avv.*
a|bi|tuà|re *v.tr.* [indic.pres. *io abìtuo*...] far prendere un'abitudine: *— gli alunni allo studio* ♦ **-rsi** *rifl.* prendere un'abitudine, assuefarsi a ql.co.: *— ad alzarsi presto.*
a|bi|tuà|to *part.pass. di* abituare ♦ *agg.* che ha acquisito l'abitudine o è stato abituato a ql.co.: *un giovane già — al lavoro.*
a|bi|tu|di|nà|rio *agg., s.m.* [f. *-a*] che, chi agisce seguendo abitudini fisse | metodico.
a|bi|tù|di|ne *s.f.* **1** tendenza ad agire secondo comportamenti acquisiti e consueti: *ha l'— di piangere per ogni sciocchezza* **2** usanza, costume: *le abitudini degli italiani.*
a|bi|tù|ro *s.m.* (*lett.*) abitazione povera e di piccole dimensioni; tugurio.
a|biù|ra *s.f.* pubblico ripudio o ritrattazione di una dottrina o religione.
a|biu|rà|re *v.tr.* fare abiura | riconoscere apertamente l'erroneità delle proprie opinioni.
a|bla|ti|vo *s.m., agg.* (*gramm.*) si dice del sesto caso della declinazione latina, che indica primariamente allontanamento e in secondo luogo esprime modo, strumento, causa, paragone: *caso —.*
a|bla|zió|ne *s.f.* **1** (*geol.*) erosione di materiale dal suolo terrestre a opera degli agenti atmosferici | riduzione di volume di un ghiacciaio **2** (*med.*) asportazione, spec. chirurgica: *— della milza* | rimozione: *— del tartaro.*

abrasione

a|blu|zió|ne *s.f.* **1** lavaggio del corpo o di una sua parte **2** (*lit.*) lavaggio rituale di purificazione.
ab|ne|ga|zió|ne *s.f.* disposizione a rinunciare all'utile o al piacere personali, in favore del bene altrui.
ab|nòr|me *agg.* anomalo, al di là del normale: *crescita, comportamento —* | esagerato.
a|bo|lì|re *v.tr.* [indic.pres. *io abolisco, tu abolisci*...] cancellare, annullare | *— una legge*, abrogarla | (*estens.*) eliminare, non fare più uso di ql.co.: *— la carne dai propri pasti.*
a|bo|li|zió|ne *s.f.* cancellazione, eliminazione | abrogazione: *l'— della pena di morte.*
a|bo|li|zio|nì|smo *s.m.* movimento d'opinione o dottrina che richiede l'abrogazione di leggi, norme o consuetudini ritenute sorpassate o ingiuste.
a|bo|li|zio|nì|sta *agg., s.m./f.* [m.pl. *-i*] che, chi sostiene l'abolizionismo.
a|bo|mà|so (*meno corretto* abòmaso) *s.m.* (*zool.*) quarta e ultima sacca dello stomaco dei ruminanti.
a|bo|mi|né|vo|le *agg.* **1** che è degno di disprezzo, riprovevole: *un'azione —* | *l'— uomo delle nevi*, lo yeti **2** disgustoso: *una bevanda —.*
a|bo|mì|nio *s.m.* **1** sentimento di disprezzo e netta avversione: *avere in — ql.co.* **2** condizione moralmente detestabile, vergogna: *precipitare nell'—.*
a|bo|rì|ge|no *agg., s.m.* [f. *-a*] che, chi è originario del luogo in cui abita; indigeno: *le popolazioni aborigene.*
ab o|rì|gi|ne (*lat.*) *loc.avv.* in origine, dal principio.
a|bor|rì|re *v.tr.* [indic.pres. *io aborrisco* o *abòrro, tu aborrisci* o *abòrri*...] (*lett.*) avere in orrore: *— la falsità* ♦ *intr.* [aus. *A*] rifuggire con estremo disgusto da ql.co.: *— dalla prepotenza.*
a|bor|tì|re *v.intr.* [indic.pres. *io abortisco, tu abortisci*...; aus. *A* nel sign. 1, *E* nel sign. 2] **1** interrompere prematuramente una gravidanza **2** (*fig.*) fallire.
a|bor|tì|sta *agg., s.m./f.* [m.pl. *-i*] che, chi sostiene la legalizzazione dell'aborto volontario.
a|bor|tì|vo *agg.* che provoca l'aborto | relativo all'aborto: *pratiche abortive* ♦ *s.m.* sostanza che provoca l'aborto.
a|bòr|to *s.m.* **1** interruzione prematura della gravidanza | *— spontaneo*, provocato da cause naturali | *— indotto*, dovuto a cause esterne | *— terapeutico*, praticato al fine di salvaguardare la salute della gestante **2** (*fig., spreg.*) cosa mal fatta o mal riuscita | persona molto brutta o deforme.
ab o|vo (*lat.*) *loc.avv.* dal principio, dalle origini: *cominciare —.*
a|bra|ca|dà|bra *s.m.invar.* **1** antica parola magica **2** (*estens.*) gioco di parole o indovinello di difficile decifrazione.
a|brà|de|re *v.tr.* [con. come *radere*] (*raro*) asportare o cancellare raschiando.
a|bra|sió|ne *s.f.* **1** raschiatura, cancellatura fatta raschiando | il segno che ne rimane **2** (*med.*) lesione superficiale della cute; sbucciatura **3** (*geol.*)

abrasivo

erosione delle coste, spec. rocciose, provocata dal moto ondoso.

a|bra|sì|vo *agg.* che provoca abrasione | *pasta abrasiva*, impasto utilizzato per levigare o lucidare ♦ *s.m.* materiale granuloso e molto duro utilizzato per levigare o lucidare.

a|bro|gà|bi|le *agg.* che può essere abrogato; revocabile.

a|bro|gà|re *v.tr.* [indic.pres. *io àbrogo, tu àbroghi...*] (*dir.*) cancellare, revocare una legge, una normativa e sim.

a|bro|ga|tì|vo *agg.* che ha il potere di abolire una legge | *referendum* —, consultazione tramite cui i cittadini stabiliscono se abolire totalmente o parzialmente una legge.

a|bro|ga|zió|ne *s.f.* (*dir.*) abolizione di una legge.

a|brò|sti|ne *s.m.* 1 specie di vite originaria dell'America 2 uva che si ottiene da tale vite.

a|bruz|zé|se *agg.* dell'Abruzzo ♦ *s.m.* 1 [anche f.] chi è nato o abita in Abruzzo 2 dialetto parlato in Abruzzo.

ABS[1] *s.m.invar.* (*auto.*) sistema di frenata antibloccaggio.

ABS[2] *s.m.invar.* materia plastica brillante e molto tenace utilizzata nella fabbricazione di oggetti di arredamento, giocattoli e sim.

ab|si|dà|le *agg.* (*arch.*) relativo all'abside.

ab|si|dà|to *agg.* (*arch.*) a forma di abside | dotato di abside: *sala absidata*.

àb|si|de *s.f.* (*arch.*) nelle basiliche romane e nelle chiese cristiane, struttura semicircolare o poligonale, fornita di volta e situata solitamente sul fondo della navata centrale, ma spesso anche di quelle laterali.

abstract (*ingl.*) [pr. *àbstract*] *s.m.invar.* riassunto breve del contenuto di un libro o di un articolo, spec. scientifico.

a|bu|lì|a *s.f.* 1 (*psich.*) accentuata mancanza di volontà 2 (*estens.*) indolenza, apatia.

a|bù|li|co *agg.* [m.pl. *-ci*] che è privo di volontà | apatico, indolente.

a|bu|sà|re *v.intr.* [aus. *A*] 1 fare un uso improprio, illecito o smodato di ql.co.: — *della propria forza* 2 approfittare: — *della gentilezza altrui* | — *di una donna*, violentarla.

a|bu|sà|to *part.pass. di* abusare ♦ *agg.* usato eccessivamente | reso banale dall'uso: *argomento* —.

a|bu|si|vì|smo *s.m.* pratica sistematica e diffusa di un abuso | — *edilizio*, costruzione illegale di edifici.

a|bu|si|vì|sta *s.m./f.* [m.pl. *-i*] chi pratica l'abusivismo, spec. in campo edilizio.

a|bu|si|vi|tà *s.f.* caratteristica di ciò che è abusivo.

a|bu|sì|vo *agg.* 1 che è fatto senza averne diritto, che costituisce abuso: *porto d'armi* — 2 che svolge un'attività senza autorizzazione: *venditore* — ♦ *s.m.* [f. *-a*] chi svolge un'attività o occupa uno spazio senza autorizzazione □ **abusivamente** *avv.*

a|bù|so *s.m.* 1 uso illecito o smodato di ql.co.: — *di alcolici, di medicinali* 2 uso di un potere o di un diritto al di là dei limiti fissati dalla legge | — *di autorità, d'ufficio*, reato commesso dal pubblico ufficiale che usa il potere conferitogli a proprio vantaggio o per arrecare un danno ad altri.

a|cà|cia *s.f.* [pl. *-cie*] pianta arborea o arbustiva, con foglie imparipennate e piccoli fiori bianchi profumati.

a|ca|giù *s.m.* albero tropicale da cui si ricava il legno di mogano.

A|can|tà|ce|e *s.f.pl.* famiglia di piante dicotiledoni, arbustive o erbacee, con foglie opposte e frutto a capsula, coltivate per le loro proprietà medicinali o a scopo ornamentale.

a|càn|to *s.m.* 1 pianta erbacea perenne a foglie larghe 2 motivo ornamentale che imita la foglia di acanto, tipico del capitello corinzio.

a cà|po *avv.*, *s.m.invar.* → **accapo**.

a|car|dì|a *s.f.* (*med.*) anomalia congenita dell'embrione, che consiste nell'assenza del cuore.

a|ca|rì|a|si *s.f.* (*med., vet.*) dermatosi causata da acari.

a|ca|ri|ci|da *s.m.* [m.pl. *-i*] prodotto che uccide gli acari.

a|ca|riò|si *s.f.* (*bot.*) malattia della vite causata dagli acari.

à|ca|ro *s.m.* aracnide di piccole dimensioni, parassita di uomini, animali e piante.

a|càr|po *agg.* (*bot.*) detto di vegetale privo di frutto.

a|cat|tò|li|co *agg.*, *s.m.* [f. *-a*; m.pl. *-ci*] che, chi non è cattolico | che, chi è cristiano non cattolico.

àc|ca *s.f./m.invar.* nome della lettera *h* | (*fig.*) *non capire un'* —, non capire niente.

ac|ca|dè|mia *s.f.* 1 *Accademia*, scuola filosofica fondata in Atene da Platone nel IV sec. a.C. 2 associazione privata o pubblica di studiosi finalizzata a promuovere le lettere, le arti o le scienze: *Accademia dei Lincei, dell'Arcadia* 3 istituto d'insegnamento superiore o parauniversitario | — *d'arte drammatica*, scuola per la preparazione professionale degli attori teatrali | — *di belle arti*, scuola per l'insegnamento delle arti figurative | — *militare*, scuola per la formazione degli ufficiali delle forze armate 4 (*estens.*) esercitazione o esibizione d'abilità fine a se stessa: *fare dell'* —.

ac|ca|dè|mi|co *agg.* [m.pl. *-ci*] 1 (*filos.*) che riguarda l'Accademia di Platone o ne fa parte 2 relativo a un'accademia 3 che si riferisce all'università | *anno* —, anno scolastico delle università | *corpo* —, l'insieme dei docenti di un'università | *quarto d'ora* —, intervallo di quindici minuti che precede l'inizio di ogni lezione universitaria 4 detto di artista od opera troppo legati ai modelli della tradizione e privi di originalità 5 (*fig.*) fine a se stesso, ozioso ♦ *s.m.* [f. *-a*] 1 (*filos.*) seguace dell'Accademia platonica 2 membro di un'accademia 3 docente universitario □ **accademicamente** *avv.* 1 secondo l'uso delle accademie o delle università 2 (*fig.*) in modo fine a se stesso.

ac|ca|de|mì|smo *s.m.* rigida osservanza delle norme e dei modelli tramandati dalla tradizione, spec. nelle arti.

ac|ca|de|mì|sta *s.m./f.* [m.pl. *-i*] allievo di un'accademia militare; cadetto.
ac|ca|dé|re *v.intr.* [con. come *cadere*; aus. *E*] capitare, succedere, spec. per caso: *sono accadute cose sorprendenti*; è accaduto a tutti di arrivare in ritardo.
ac|cà|di|co o **accàdo** *agg.* [m.pl. *-ci*] degli Accadi, antico popolo semitico stanziato nel territorio di Accad, in Mesopotamia ♦ *s.m.* **1** [f. *-a*] appartenente al popolo degli Accadi **2** lingua degli Accadi.
ac|ca|di|mén|to *s.m.* (*lett.*) avvenimento.
ac|cà|do *agg.* → **accàdico**.
ac|ca|dù|to *s.m.* ciò che è successo: *riferì l'*—.
ac|ca|lap|pia|cà|ni *s.m./f.invar.* agente municipale che ha il compito di catturare i cani randagi o pericolosi.
ac|ca|lap|pia|mén|to *s.m.* **1** l'atto di catturare con un laccio **2** (*fig.*) inganno, imbroglio.
ac|ca|lap|pià|re *v.tr.* [indic.pres. *io accalàppio...*] **1** catturare con un laccio, spec. un cane **2** (*fig.*) ingannare, raggirare: *lasciarsi* —.
ac|cal|càr|si *v.intr.pron.* [indic.pres. *io mi accalco, tu ti accalchi...*] pigiarsi in un luogo, affollarsi, far ressa.
ac|cal|dàr|si *v.intr.pron.* **1** avere caldo, spec. a causa di uno sforzo **2** (*fig.*) infervorarsi.
ac|cal|dà|to *part.pass. di* accaldarsi ♦ *agg.* che ha preso molto caldo; sudato.
ac|ca|lo|ràr|si *v.rifl.* [indic.pres. *io mi accalóro...*] infervorarsi, appassionarsi: *in un dibattito, nel sostenere le proprie idee*.
ac|cam|pa|mén|to *s.m.* **1** alloggiamento militare all'aperto, composto spec. di tende **2** qualsiasi alloggiamento provvisorio all'aperto: *un* — *di nomadi, di profughi* **3** (*fig.*) ambiente, spec. domestico, caratterizzato da provvisorietà e disordine: *questa casa sembra un* —.
ac|cam|pà|re *v.tr.* **1** far alloggiare qlcu. sotto tende o strutture provvisorie **2** (*fig.*) avanzare, addurre (spec. in maniera pretestuosa): — *scuse, diritti* ♦ **-rsi** *rifl.* sistemarsi in accampamento | (*fig.*) sistemarsi provvisoriamente in un alloggio.
ac|ca|ni|mén|to *s.m.* applicazione tenace, perseveranza: *perseguire un obiettivo con* — | (*estens.*) ostinazione rabbiosa e fuori misura: *perseguitare con* — *un nemico* | (*med.*) — **terapeutico**, trattamento medico persistente per mantenere in vita pazienti terminali ormai privi di possibilità di recupero.
ac|ca|nir|si *v.intr.pron.* [indic.pres. *io mi accanisco, tu ti accanisci...*] perseverare oltremisura in un'attività: — *nel lavoro* | (*estens.*) infierire rabbiosamente: — *contro l'avversario sconfitto*.
ac|ca|nì|to *part.pass.* di accanirsi ♦ *agg.* (*di cosa*) fatto con tenacia e ostinazione anche eccessiva: *una lotta accanita* | (*di persona*) irriducibile, ostinato: *un* — *fumatore*.
ac|càn|to *avv.* vicino, di fianco, a lato: *il negozio qui* — | (*loc.prep.*) — *a*, vicino: *resta* — *a me* ♦ *agg. invar.* [sempre posposto al sost.] contiguo: *la casa* —.
ac|can|to|na|mén|to *s.m.* **1** l'azione di mettere da parte | somma messa da parte **2** alloggiamento temporaneo di truppe in fabbricati e strutture permanenti.
ac|can|to|nà|re *v.tr.* [indic.pres. *io accantóno...*] **1** mettere da parte: — *provviste* | risparmiare: *ha accantonato un patrimonio* **2** lasciare temporaneamente da parte; rinviare: — *una pratica* **3** (*mil.*) alloggiare truppe al coperto.
ac|ca|par|ra|mén|to *s.m.* accumulo, incetta, spec. di merci, a fini speculativi o per costituire delle scorte.
ac|ca|par|rà|re *v.tr.* **1** acquistare, accumulare prodotti in grande quantità in previsione di aumenti di prezzo o a fini speculativi **2** (*estens.*) assicurarsi: — *consensi*.
ac|ca|par|ra|tó|re *s.m.* [f. *-trice*] chi accaparra, chi accumula beni, spec. in quantità smodata.
ac|ca|pi|gliàr|si *v.rifl.rec.* [indic.pres. *io mi accapiglio...*] prendersi per i capelli | (*fig.*) azzuffarsi, litigare.
ac|cà|po o **a càpo** *avv.* all'inizio della riga successiva: *andare* — ♦ *s.m.invar.* capoverso: *inserire un* —.
ac|cap|pa|tó|io *s.m.* indumento di spugna da indossare per asciugarsi dopo la doccia o il bagno.
ac|cap|po|nà|re *v.tr.* [indic.pres. *io accappóno...*] castrare un galletto ♦ *intr.* [aus. *E*], **-rsi** *intr.pron.* (*di pelle*) incresparsi come quella di un cappone per il freddo o per la paura: *una scena da far* — *la pelle*.
ac|ca|rez|zà|re *v.tr.* [indic.pres. *io accarézzo...*] **1** sfiorare leggermente con la mano, spec. in segno d'affetto: — *un bimbo* | *accarezzarsi la barba, i baffi*, lisciarsi | (*fig.*) — *con gli occhi*, guardare con compiacimento, orgoglio o desiderio **2** (*estens.*) detto spec. di vento, onde e sim., sfiorare leggermente, lambire: *un'alito di vento accarezzava gli alberi* **3** (*fig.*) vagheggiare, fantasticare a proposito di ql.co.: — *un sogno*.
ac|car|toc|cia|mén|to *s.m.* **1** avvolgimento a cartoccio **2** (*bot.*) deformazione patologica di una foglia provocata da parassiti.
ac|car|toc|cià|re *v.tr.* [indic.pres. *io accartòccio...*] piegare ql.co. a forma di cartoccio: — *un foglio* ♦ **-rsi** *intr.pron.* ripiegarsi a cartoccio | (*estens.*) raggrinzirsi, spiegazzarsi.
ac|car|toc|cià|to *part.pass.* di accartocciare ♦ *agg.* ripiegato su se stesso | raggrinzito, spiegazzato.
ac|ca|sà|re *v.tr.* far sposare un figlio o una figlia ♦ **-rsi** *rifl.* metter su casa | sposarsi.
ac|ca|sà|to *part.pass.* di accasare ♦ *agg.* che ha messo su casa | sposato.
ac|ca|scià|re *v.tr.* [indic.pres. *io accàscio...*] abbattere moralmente o fisicamente; prostrare ♦ **-rsi** *rifl.* **1** crollare, lasciarsi cadere per mancanza di forze o per il dolore: *si accasciò sul pavimento* **2** (*fig.*) demoralizzarsi, avvilirsi.
ac|ca|scià|to *part.pass.* di accasciare ♦ *agg.* prostrato, abbattuto, demoralizzato.
ac|ca|ser|mà|re *v.tr.* [indic.pres. *io accasèrmo...*] sistemare i soldati in caserma.
ac|ca|ta|sta|mén|to[1] *s.m.* **1** l'ammucchiare og-

accatastamento

getti uno sopra l'altro in modo disordinato **2** catasta, ammasso, cumulo disordinato: *un — di scatoloni*.

ac|ca|ta|sta|mén|to² *s.m.* (*bur.*) iscrizione al catasto di un immobile di nuova costruzione.

ac|ca|ta|stà|re¹ *v.tr.* **1** fare una catasta disponendo oggetti simili uno sull'altro: *— i libri sullo scaffale* | (*estens.*) fare un mucchio disordinato **2** (*fig.*) accumulare.

ac|ca|ta|stà|re² *v.tr.* (*bur.*) iscrivere nei registri del catasto: *— un fabbricato, un edificio*.

ac|cat|tà|re *v.tr.* **1** cercare di ottenere ql.co., spec. con insistenza e atteggiamento servile: *— denaro, una parola buona* | (*spreg.*) procurarsi: *— idee, argomenti* | *— scuse*, andare in cerca di giustificazioni, spec. pretestuose **2** (*anche assol.*) mendicare, chiedere l'elemosina.

ac|cat|ti|vàn|te *part.pres.* di accattivare ♦ *agg.* che affascina, che ottiene o cerca di ottenere la benevolenza, la simpatia altrui: *un parlare, un sorriso —*.

ac|cat|ti|vàr|si *v.tr.pron.* ottenere, conquistarsi: *mi sono accattivato la sua fiducia* | guadagnare la simpatia di qlcu.: *me lo sono accattivato con un sorriso*.

ac|càt|to *s.m.* elemosina, questua | (*fig.*) *d'—*, preso da altri, di recupero, non originale: *idee, riflessioni d'—*.

ac|cat|to|nàg|gio *s.m.* pratica di chi chiede l'elemosina: *vivere di —*.

ac|cat|tó|ne *s.m.* [f. *-a*] chi vive chiedendo l'elemosina; mendicante.

ac|ca|val|la|mén|to *s.m.* **1** l'atto di porre due o più cose una sull'altra **2** sovrapposizione di cose.

ac|ca|val|là|re *v.tr.* mettere due o più cose una sull'altra; sovrapporre | *— le gambe*, incrociarle mettendole una sull'altra | (*fig.*) *— gli argomenti, le domande*, confonderli esprimendosi in maniera disordinata ♦ *-rsi intr.pron.* (*anche fig.*) sovrapporsi, accumularsi, spec. in maniera confusa: *troppi pensieri mi si accavallano in testa*.

ac|ce|ca|mén|to *s.m.* **1** privazione della vista **2** (*fig.*) turbamento della ragione, perdita di autocontrollo: *— della mente*.

ac|ce|càn|te *part.pres.* di accecare ♦ *agg.* abbagliante: *una luce —*.

ac|ce|cà|re *v.tr.* [indic.pres. *io accèco* o *accièco, tu accèchi* o *accièchi...*; la *e* può dittongare in *ie* quando è tonica] **1** privare della vista, anche temporaneamente: *il fumo mi acceca* | abbagliare: *un sole che acceca* **2** oscurare una fonte di luce; schermare: *— la lampada con un telo* **3** tappare un'apertura: *— un condotto* | *— una finestra*, murarla **4** (*fig.*) offuscare, confondere, privare della ragione: *l'ira mi accecava* ♦ *-rsi rifl., intr. pron.* privarsi della vista; diventare cieco | (*iperb.*) rovinarsi la vista: *mi sono accecato per le troppe ore davanti al computer*.

ac|cè|de|re *v.intr.* [pass.rem. *io accedetti, tu accedesti...*; aus. *E*] **1** entrare: *per questo viale si accede alla villa* | potersi iscrivere: *— all'università, a un corso* | *— al mutuo*, ottenerlo | *— al prestito dei libri*, esservi ammessi **2** entrare a far parte: *— alla magistratura* | *— a una carica*, ottenere la nomina.

ac|ce|le|ra|mén|to *s.m.* aumento di velocità; accelerazione.

ac|ce|le|rà|re *v.tr.* [indic.pres. *io accèlero, tu accèleri...*] rendere più veloce; sveltire: *— il passo, l'andatura* | affrettare il completamento di ql.co.: *— i lavori, la pratica* ♦ *intr.* [aus. *A*] aumentare la velocità: *il motociclista accelerò*.

ac|ce|le|rà|ta *s.f.* **1** improvviso aumento di velocità **2** colpo di acceleratore per aumentare la velocità di un veicolo.

ac|ce|le|rà|to *part.pass.* di accelerare ♦ *agg.* **1** che procede più rapido del normale | *polso —*, frequenza cardiaca superiore alla norma | *treno —*, vecchio nome del treno locale **2** (*fis.*) si dice di movimento che varia la sua velocità | *moto —*, movimento con velocità crescente o decrescente | *moto uniformemente —*, movimento con accelerazione costante.

ac|ce|le|ra|tó|re *agg.* [f. *-trice*] che accelera ♦ *s.m.* **1** dispositivo che determina un'accelerazione | (*fis.*) *— di particelle*, dispositivo sperimentale che agisce sulla velocità delle particelle atomiche o subatomiche **2** (*mecc.*) negli automezzi, pedale che regola l'afflusso del carburante al motore e, di conseguenza, la velocità del veicolo | (*anche fig.*) *premere, pigiare sull'—*, accelerare, affrettarsi.

ac|ce|le|ra|zió|ne *s.f.* **1** aumento di velocità **2** (*fis.*) rapporto tra variazione di velocità e tempo | *— positiva*, quando la velocità aumenta | *— negativa*, quando la velocità diminuisce | *— di gravità*, quella di un corpo in caduta libera.

ac|ce|le|rò|me|tro *s.m.* (*fis.*) apparecchio che misura l'accelerazione.

ac|cèn|de|re *v.tr.* [pass.rem. *io accési, tu accendésti...*; part.pass. *accéso*] **1** appiccare o suscitare il fuoco: *— la candela* **2** attivare un apparecchio con un dispositivo mediante un collegamento elettrico: *— i caloriferi, la televisione, il motore* **3** (*fig.*) far nascere o eccitare, spec. un sentimento: *— la passione, la furia* | *— gli animi*, esasperare, portare all'ira o allo scontro | *— la discussione*, avviare il dibattito o vivacizzarlo **4** (*bur., dir.*) avviare un atto giuridico o un'operazione contabile: *— un mutuo* ♦ *-rsi intr.pron.* **1** prendere fuoco: *la legna si accende* | (*estens.*) arrossire: *si accese in viso per la vergogna* **2** illuminarsi: *si è accesa la spia della benzina* **3** detto di dispositivo elettrico, cominciare a funzionare: *la televisione non si accende* **4** (*fig.*) infiammarsi, eccitarsi: *di passione* **5** (*fig.*) farsi animato: *si accese un lungo dibattito*.

ac|cen|di|gàs *s.m.invar.* strumento elettrico o piezoelettrico per accendere fornelli a gas.

ac|cen|di|no *s.m.* apparecchio a benzina o gas, solitamente tascabile, per accendere sigarette e sim.

ac|cen|di|si|ga|ro o **accendisigari** *s.m.* [pl. *-ri* o invar.] accendino.

ac|cen|di|tó|io *s.m.* asta sormontata da uno stoppino, utilizzata per accendere ceri e candele.

ac|cen|di|tó|re *s.m.* dispositivo utilizzato per accendere, spec. esplosivi e combustibili.
ac|cen|nà|re *v.tr.* [indic.pres. *io accénno...*] **1** indicare con la mano o con altra parte del corpo **2** abbozzare un movimento o un'azione: — *un sorriso*, *un singhiozzo* **3** illustrare a grandi linee, tracciare per sommi capi: — *il piano*, *un ritratto* **4** (*mus.*) intonare le prime note di una melodia ♦ *intr.* [aus. *A*] **1** esprimere a gesti: — *di no con lo sguardo* | avviare un movimento o un'azione: *accennò di voler fuggire* **2** alludere: — *a un vecchio discorso* **3** manifestare l'intenzione di fare ql.co.: *il temporale non accennava a placarsi*.
ac|cén|no *s.m.* **1** riferimento generico, allusione: *fare — a ql.co.* **2** segno, indizio: *un — di pioggia*.
ac|cen|sió|ne *s.f.* **1** l'atto di accendere, di accendersi **2** nei motori a combustione interna, dispositivo che permette di far iniziare la combustione della miscela carburante-aria **3** (*dir.*) avviamento di un'operazione giuridica di garanzia: — *di un'ipoteca*.
ac|cen|tà|re *v.tr.* [indic.pres. *io accènto...*] pronunciare una parola elevando la voce in corrispondenza della sillaba tonica | mettere l'accento grafico sulla sillaba tonica di una parola.
ac|cen|tà|to *part.pass. di* accentare ♦ *agg.* che porta l'accento: *sillaba accentata*.
ac|cen|ta|zió|ne *s.f.* modo in cui si segnano o si fanno sentire gli accenti.
ac|cèn|to *s.m.* **1** (*ling.*) intensificazione della voce nel pronunciare una sillaba | — *tonico*, *principale*, quello proprio della parola | — *secondario*, nelle parole di quattro o più sillabe, quello subordinato al principale (p.e. sulla prima sillaba di *capotreno*) | (*fig.*) *porre l'* — *su ql.co.*, sottolinearne l'importanza **2** segno grafico usato per marcare la vocale tonica | — *acuto* (´), quello che segnala la pronuncia chiusa di una vocale | — *grave* (`), quello che segnala la pronuncia aperta di una vocale | — *circonflesso* (^), a seconda della lingua, può indicare suoni contratti o essere utilizzato per distinguere forme omografe **3** inflessione, cadenza del parlare, spec. dialettale o nazionale: — *calabrese*, *francese* | inflessione che denota uno stato d'animo: *un — triste*.
ac|cen|tra|mén|to *s.m.* **1** l'atto di accentrare **2** (*dir.*) tendenza a concentrare funzioni e poteri negli organi centrali dello Stato (contrapposto a *decentramento*).
ac|cen|trà|re *v.tr.* [indic.pres. *io accèntro...*] **1** radunare in un luogo persone, servizi o istituzioni: — *i diversi reparti presso la sede principale* **2** (*fig.*) concentrare funzioni e poteri negli organi centrali dello Stato | concentrare, spec. un potere, nelle proprie mani **3** (*fig.*) attirare su di sé: — *l'attenzione* ♦ *-rsi intr.pron.* concentrarsi in un luogo.
ac|cen|tra|tó|re *agg.*, *s.m.* [f. *-trice*] che, chi accentra o tende ad accentrare i poteri su di sé: *un comandante prepotente e* —.
ac|cen|tu|à|re *v.tr.* [indic.pres. *io accèntuo...*] **1** sottolineare una parola o frase pronunciandola con enfasi | (*estens.*) mettere in evidenza, far risaltare: *la malattia ne accentuava la magrezza* **2** (*fig.*) accrescere, aggravare: *una decisione che accentua le difficoltà del momento* ♦ *-rsi intr.pron.* aggravarsi, aumentare: *con gli anni la miopia si accentua*.
ac|cen|tua|tì|vo *agg.* (*ling.*) relativo o basato sull'accento | *metrica accentuativa*, propria delle lingue neolatine, si fonda sull'alternanza di sillabe toniche e atone.
ac|cen|tu|à|to *part.pass. di* accentuare ♦ *agg.* marcato, evidente □ **accentuatamente** *avv.*
ac|cer|chia|mén|to *s.m.* **1** l'atto di accerchiare **2** (*mil.*) manovra offensiva tesa a circondare un nemico, limitandone la possibilità di movimento e fuga | (*fig.*) azione tesa a indebolire un avversario isolandolo moralmente, socialmente o politicamente: *strategia di* —.
ac|cer|chià|re *v.tr.* [indic.pres. *io accérchio...*] circondare, chiudere da ogni lato: *l'esercito era accerchiato*.
ac|cer|ta|bi|le *agg.* che si può accertare.
ac|cer|ta|bi|li|tà *s.f.* possibilità di essere verificato: — *del reddito*.
ac|cer|ta|mén|to *s.m.* controllo, verifica, constatazione | — *tributario*, *fiscale*, atto con cui il fisco determina l'imposta a carico del contribuente | *accertamenti sanitari*, programma di controlli clinici svolti a scopo diagnostico.
ac|cer|tà|re *v.tr.* [indic.pres. *io accèrto...*] verificare, appurare: — *lo svolgimento dei fatti* ♦ *-rsi rifl.* controllare, sincerarsi: — *della veridicità di un racconto*.
ac|cer|ta|tì|vo *agg.* (*bur.*) relativo a un accertamento.
ac|cé|so *part.pass. di* accendere ♦ *agg.* **1** che brucia **2** (*di colore*) intenso, vivo: *rosso*, *giallo* — | (*di volto*) arrossato per il caldo o per uno sforzo: *le gote accese per la lunga corsa* **3** (*fig.*) eccitato, infervorato: — *d'odio*, *di passione* | vivace, animato: *una discussione accesa* **4** in funzione: *motore* —.
ac|ces|si|bi|le *agg.* **1** (*di luogo*) in cui si può entrare facilmente: *una grotta* — | che si può raggiungere: *un'isola* — *solo in barca* **2** (*fig.*) modico: *prezzo* — **3** (*fig.*, *di persona*) cordiale, alla mano **4** (*fig.*) comprensibile: *un testo* —.
ac|ces|si|bi|li|tà *s.f.* caratteristica di ciò che è accessibile.
ac|ces|sió|ne *s.f.* **1** l'atto di accedere, di entrare a far parte | adesione, spec. di uno stato a una comunità o un trattato preesistenti: *l'* — *dei nuovi membri alla Comunità Europea* **2** (*estens.*) ciò che viene aggiunto andando ad accrescere ql.co. | *catalogo delle nuove accessioni*, in una biblioteca, registro in cui sono elencati i libri o i documenti di recente acquisizione.
ac|cès|so *s.m.* **1** (*anche fig.*) l'atto di accedere; ingresso: — *vietato*, *riservato*; — *alla magistratura* **2** luogo o passaggio per il quale si entra: *l'* — *è ostruito*; *l'* — *al centro abitato* **3** (*med.*) l'insorgere improvviso di una malattia o dei suoi sintomi: — *di febbre* **4** (*fig.*) impulso violento: — *di furore* **5** (*inform.*) l'insieme delle operazioni necessarie ad accedere alla memoria di un elaboratore.

ac|ces|so|ria|re v.tr. [indic.pres. io accessòrio...] dotare di accessori, spec. un'automobile, una motocicletta o sim.
ac|ces|so|ria|to part.pass. di accessoriare ♦ agg. fornito di accessori: computer completamente —.
ac|ces|sò|rio agg. secondario, aggiuntivo: dato — | marginale: è un elemento del tutto — ♦ s.m. elemento aggiuntivo che serve a migliorare la funzionalità o l'aspetto di ql.co.: l'autoradio è un — della macchina | nell'abbigliamento, ciò che accompagna e completa gli abiti, come la borsa, le scarpe, il cappello e sim. ◻ **accessoriamente** avv.
ac|ces|so|ri|sta s.m./f. [m.pl. -i] chi produce o vende accessori.
ac|ces|so|ri|sti|ca s.f. 1 complesso di accessori 2 settore industriale che si occupa della produzione di accessori.
ac|ce|sti|mén|to s.m. (bot.) fase di crescita in cui molte piante erbacee sviluppano il cespo.
ac|ce|sti|re v.intr. [indic.pres. io accestisco, tu accestisci...; aus. A, E] (bot.) di piante erbacee, formare il cespo sviluppando rami secondari alla base del fusto.
ac|cét|ta s.f. arnese atto a tagliare, spec. legna, simile a una piccola scure | (fig.) **fatto con l'—**, detto di lavoro grossolano, poco curato | **tagliato con l'—**, detto di persona rigida o dai modi bruschi.
ac|cet|tà|bi|le agg. 1 che può essere accettato, ammissibile: ragionamento — 2 di discreta qualità, passabile: non c'è sole ma il tempo è —.
ac|cet|ta|bi|li|tà s.f. caratteristica di ciò che è accettabile.
ac|cet|tà|re v.tr. [indic.pres. io accètto...] 1 acconsentire a ricevere o a fare ql.co.: — un regalo, un invito; — un incarico, una sfida | (estens.) accogliere, ricevere qlcu.: — in casa propria; è stato accettato in società 2 riconoscere, ammettere: — i propri limiti | sopportare serenamente: ha saputo — il suo destino 3 considerare valido, approvare: — un consiglio 4 (dir.) acconsentire a un atto giuridico: — il contratto, l'eredità ♦ **-rsi** rifl. ammettere con serenità le proprie qualità e i propri difetti.
ac|cet|tà|ta s.f. colpo di accetta.
ac|cet|ta|zió|ne s.f. 1 ricevimento, accoglimento | (dir.) consenso accordato a un determinato atto giuridico 2 locale in cui si accolgono le domande e la documentazione per l'erogazione di un servizio o si ricevono ammalati, visitatori, clienti.
ac|cèt|to agg. ricevuto volentieri, gradito: un comportamento ben —.
ac|ce|zió|ne s.f. (ling.) ciascuno dei significati che può avere un vocabolo.
ac|chiap|pa|far|fàl|le s.m.invar. 1 retino per catturare farfalle 2 [anche f.] (fig.) persona inconcludente, perditempo.
ac|chiap|pa|mó|sche s.m.invar. 1 arnese, costituito da un manico e una paletta, atto a uccidere mosche e altri insetti 2 (bot.) nome generico di alcune piante insettivore 3 [anche f.] (fig.) perditempo.

ac|chiap|pà|re v.tr. 1 afferrare con prontezza, spec. qlcu. o ql.co. in movimento: — il bambino mentre corre 2 (fam.) cogliere sul fatto, acciuffare: il borseggiatore è stato acchiappato 3 (gerg.) affascinare, piacere: un ritmo che acchiappa ♦ **-rsi** rifl. aggrapparsi, tenersi con forza ♦ rifl.rec. prendersi, rincorrersi.
-ac|chià|re suff. alterativo dei verbi, con valore attenuativo e frequentativo allo stesso tempo (ridacchiare, bruciacchiare) o anche peggiorativo (scribacchiare, vivacchiare).
-ac|chió|ne suff. alterativo di nomi e aggettivi, con valore accrescitivo e vezzeggiativo, ironico o spregiativo (fratacchione, furbacchione, mattacchione).
-ac|chiòt|to suff. alterativo di nomi e aggettivi, con valore diminutivo e vezzeggiativo (orsacchiotto, fessacchiotto).
ac|chì|to s.m. (biliardo) mossa di apertura della partita, con la quale si manda la palla o il pallino in un punto svantaggioso per l'avversario | (fig.) **d'—, di primo —**, al primo tentativo, istintivamente.
ac|ciac|cà|re v.tr. [indic.pres. io acciacco, tu acciacchi...] 1 deformare, ammaccare, spec. per compressione o urto | schiacciare: mi sono acciaccato un dito 2 (fig., fam.) indebolire, debilitare.
ac|ciac|cà|to part.pass. di acciaccare ♦ agg. (fam.) 1 deformato, ammaccato 2 pieno di dolori, fiacco, debilitato: un vecchio —.
ac|ciac|ca|tù|ra s.f. 1 (fam.) ammaccatura 2 (mus.) abbellimento consistente nell'esecuzione rapida di una o più note accessorie, prima dell'accordo o delle note principali.
ac|ciàc|co s.m. [pl. -chi] disturbo fisico, per lo più cronico e di lieve entità: essere pieno d'acciacchi.
ac|cia|ie|rì|a s.f. impianto industriale per la produzione e la lavorazione dell'acciaio.
ac|cià|io s.m. lega di carbonio e ferro ottenuta dalla ghisa allo stato fuso; è particolarmente resistente, elastico e duro | — **inossidabile**, quello che resiste alla corrosione e all'ossidazione grazie all'aggiunta di nichel e cromo | (fig.) **volontà d'—**, perseveranza, tenacia | **nervi d'—**, freddezza, grande autocontrollo | **muscoli d'—**, forza straordinaria.
ac|ciam|bel|là|re v.tr. [indic.pres. io acciambèllo...] avvolgere a ciambella ♦ **-rsi** rifl. raggomitolarsi, sdraiarsi piegando il corpo a semicerchio.
ac|cia|rì|no s.m. 1 piccolo strumento d'acciaio che si batte sulla pietra focaia per produrre scintille e accendere il fuoco 2 nome generico di strumenti utilizzati per provocare un'accensione 3 elemento d'acciaio che si infila nel mozzo della ruota, per impedire che si sfili.
ac|ci|dèm|po|li inter. (euf.) accidenti.
ac|ci|den|tà|le agg. 1 casuale, fortuito: evento — 2 (filos.) non essenziale, contingente, accessorio ◻ **accidentalmente** avv.
ac|ci|den|ta|li|tà s.f. caratteristica di ciò che avviene per caso, in maniera fortuita.

ac|ci|den|tà|to *agg.* 1 irregolare, non pianeggiante o pieno di ostacoli: *percorso —* | sconnesso: *strada accidentata* 2 (*fig.*) travagliato, pieno di imprevisti: *un viaggio —*.

ac|ci|dèn|te *s.m.* 1 avvenimento imprevisto, spec. non favorevole: *gli accidenti del caso* | *per —*, per caso 2 (*med.*) complicazione imprevista nel decorso di una malattia | (*fam.*) colpo apoplettico, malanno improvviso | **mandare un — a qlcu.**, augurargli una sventura o un malanno 3 (*filos.*) proprietà secondaria, accessoria (in contrapposizione con *sostanza*) 4 (*fam.*) niente, nulla: *non valere, non capire, non fare un —; non me ne importa un —* 5 (*mus.*) segno che si fa precedere a una nota per indicarne un'alterazione.

ac|ci|dèn|ti *inter.* espressione di meraviglia, contrarietà o ira: *—, ho bucato!*

ac|ci|dia *s.f.* 1 indolenza, pigrizia, spec. legata a noia e depressione 2 (*teol.*) nella tradizione cattolica, negligenza nel fare il bene; costituisce uno dei sette vizi capitali.

ac|ci|dió|so *agg., s.m.* [f. -*a*] che, chi pecca di accidia | (*estens.*) pigro, negligente ☐ **accidiosamente** *avv.*

ac|ci|gliàr|si *v.intr.pron.* aggrottare le sopracciglia per preoccupazione, corruccio e sim.

ac|ci|glià|to *part.pass. di* accigliarsi ♦ *agg.* scuro in volto | severo: *uno sguardo —*.

ac|cin|ger|si *v.rifl.* prepararsi a, essere sul punto di fare ql.co., intraprendere: *— a lavorare, alla partenza.*

-àc|cio *suff.* alterativo di sostantivi e aggettivi, con valore spregiativo (*libraccio*, *avaraccio*) o, più di rado, attenuativo (*poveraccio*).

ac|cioc|ché *cong.* (*lett.*) affinché.

-ac|ció|ne *suff.* alterativo accrescitivo con valore spregiativo (*spendaccione*, *sporcaccione*) o scherzoso e vezzeggiativo (*birbaccione*, *bonaccione*).

ac|ciot|to|là|to *s.m.* pavimentazione o selciato di ciottoli.

ac|ciot|to|lì|o *s.m.* rumore prodotto da stoviglie e sim. che cozzano tra loro.

ac|ci|pic|chia *inter.* (*euf.*) accidenti.

Ac|ci|pi|tri|di *s.m.pl.* famiglia di Uccelli rapaci diurni, di dimensioni notevoli, con becco a uncino, artigli forti e vista molto acuta; ne fanno parte anche l'aquila, il nibbio e la poiana.

ac|ciuf|fà|re *v.tr.* acchiappare, agguantare, spec. chi tenta di scappare.

ac|ciù|ga *s.f.* 1 pesce di mare piccolo e affusolato, di colore azzurro-argenteo, diffuso nel Mediterraneo e lungo le coste europee dell'Atlantico; alice | (*fig.*) **stare stretti come acciughe**, schiacciati, costretti in uno spazio ridotto 2 (*fig.*) persona molto magra.

ac|cla|mà|re *v.tr.* 1 approvare pubblicamente, esprimere consenso o entusiasmo verso qlcu. o ql.co.: *— il direttore d'orchestra per l'ottima esecuzione* 2 eleggere senza votazione, in forza del consenso espresso con applausi o sim.: *l'assemblea lo ha acclamato segretario del partito* ♦ *intr.*

[aus. *A*] gridare per esprimere consenso o entusiasmo: *— alla proposta* | esultare: *— al successo della propria squadra.*

ac|cla|ma|zió|ne *s.f.* 1 manifestazione collettiva di approvazione, entusiasmo 2 consenso unanime espresso senza votazione: *approvare una proposta per —*.

ac|cla|rà|re *v.tr.* appurare, chiarire: *indagini volte ad — il reale svolgimento dei fatti.*

ac|cli|ma|tà|re *v.tr.* [indic.pres. *io acclìmato...*] adattare animali, piante o persone a vivere in climi o in ambienti diversi da quelli d'origine ♦ **-rsi** *intr.pron.* adattarsi a climi, ambienti e situazioni differenti da quelle abituali; ambientarsi: *si è rapidamente acclimatato nel suo nuovo ufficio.*

ac|cli|ma|ta|zió|ne *s.f.* adattamento di un organismo a un ambiente climatico e geografico diverso da quello di origine.

ac|cli|ve *agg.* (*lett.*) ripido, scosceso: *pendio —*.

ac|clù|de|re *v.tr.* [pass.rem. *io acclusi, tu accludésti...*; part.pass. *accluso*] chiudere ql.co. in una busta, in un plico, assieme ad altro; allegare: *— una lettera di presentazione al curriculum.*

ac|clù|so *part.pass. di* accludere ♦ *agg.* incluso, allegato.

ac|coc|cà|re *v.tr.* [indic.pres. *io accòcco, tu accòcchi...*] 1 collocare la cocca della freccia sulla corda dell'arco 2 riunire i quattro angoli di un fazzoletto e sim.

ac|coc|co|làr|si *v.rifl.* [indic.pres. *io mi accòccolo...*] piegarsi sulle ginocchia fino a sedersi sui calcagni; rannicchiarsi | raggomitolarsi, spec. di animale: *il gatto si accoccolava ai piedi del letto.*

ac|co|da|mén|to *s.m.* l'atto di mettere in coda, disporre in fila.

ac|co|dà|re *v.tr.* [indic.pres. *io accódo...*] disporre in fila indiana, spec. gli animali da soma ♦ **-rsi** *rifl.* mettersi in fila dietro ad altri | (*fig.*) adeguarsi in modo passivo: *si accodano all'opinione comune senza riflettere.*

ac|co|glièn|te *part.pres. di* accogliere ♦ *agg.* comodo, gradevole: *un albergo —* | ospitale: *un padrone di casa —*.

ac|co|glièn|za *s.f.* l'atto di accogliere | il modo di accogliere: *— calorosa, festosa, pessima* | **centri d'—**, strutture che ospitano temporaneamente immigrati stranieri bisognosi.

ac|cò|glie|re *v.tr.* [con. come *cogliere*] 1 ricevere qlcu. o ql.co.: *— il nuovo arrivato; — la notizia* 2 ospitare: *in casa propria; — bene, male, freddamente, come un figlio* 3 contenere: *questo teatro può — ottomila spettatori* 4 approvare, esaudire: *— una domanda, una proposta.*

ac|co|gli|mén|to *s.m.* accettazione: *l'— di una domanda.*

ac|cò|li|ta *s.f.* (*anche spreg.*) gruppo, riunione di persone: *un'— di studiosi; un'— di farabutti.*

ac|cò|li|to *s.m.* 1 (*eccl.*) chi assiste il sacerdote all'altare 2 (*estens.*) chi accompagna fedelmente una persona importante | (*spreg.*) chi ha un atteggiamento servile nei confronti di qlcu.; leccapiedi.

ac|col|là|re *v.tr.* [indic.pres. *io accòllo...*] (*fig.*)

accollato

caricare qlcu. di incarichi, responsabilità, impegni particolarmente onerosi; addossare: — *i lavori peggiori al nuovo arrivato*; *accollarsi tutti i debiti*.
ac|col|là|to *agg.* detto di abito chiuso fino al collo o di scarpa che avvolge il collo del piede.
ac|col|la|tù|ra *s.f.* **1** parte dell'abito che si chiude alla base del collo **2** segno lasciato dal giogo sul collo degli animali da tiro.
ac|còl|lo *s.m.* (*dir.*) atto legale con il quale un terzo si assume un debito altrui di fronte al creditore.
ac|col|tel|la|mén|to *s.m.* ferimento a colpi di coltello.
ac|col|tel|là|re *v.tr.* [indic.pres. *io accoltèllo*...] ferire o uccidere a colpi di coltello; pugnalare.
ac|col|tel|là|to[1] *part.pass. di* accoltellare ♦ *agg.* colpito da coltellate; pugnalato.
ac|col|tel|là|to[2] *s.m.* muro o pavimento composto di mattoni posizionati di taglio: *pavimento in —*.
ac|co|man|dàn|te *agg.*, *s.m./f.* (*dir.*) che, chi è socio non amministratore di società in accomandita, responsabile solo per il capitale versato: *socio —*.
ac|co|man|da|tà|rio *agg.*, *s.m.* [f. *-a*] (*dir.*) che, chi è socio amministratore di società in accomandita, responsabile illimitatamente delle obbligazioni sociali: *socio —*.
ac|co|màn|di|ta *s.f.* tipo di società commerciale (semplice o per azioni) in cui i soci si distinguono in accomandatari e accomandanti, a seconda delle loro responsabilità: *società in —*.
ac|co|mia|tà|re *v.tr.* congedare | salutare chi se ne sta andando ♦ **-rsi** *rifl.* congedarsi | andarsene salutando: *mi accomiatai da loro*.
ac|co|mo|dà|bi|le *agg.* che può essere accomodato, sistemato.
ac|co|mo|da|mén|to *s.m.* **1** (*raro*) riparazione **2** accordo, compromesso tra parti in lite: *giungere a, tentare un —*.
ac|co|mo|dàn|te *part.pres.* di accomodare ♦ *agg.* conciliante, che tende a trovare un accordo o ad adattarsi: *un atteggiamento —*.
ac|co|mo|dà|re *v.tr.* [indic.pres. *io accòmodo*...] **1** riparare, aggiustare, rimettere in buono stato: — *una giacca vecchia, il giradischi* **2** sistemare, mettere a posto: *accomodarsi la cravatta* **3** (*fig.*) appianare, risolvere: — *una lite* ♦ **-rsi** *rifl.* **1** mettersi comodo, spec. a sedere: — *sul divano, in soggiorno* **2** adattarsi: *ti devi — a fare questo lavoro* **3** risolversi: *tutto si accomoda* ♦ *rifl.rec.* trovare un accordo, un compromesso.
ac|co|mo|da|tù|ra *s.f.* riparazione.
ac|co|mo|da|zió|ne *s.f.* (*fisiol.*) proprietà dell'occhio di mettere a fuoco oggetti a diverse distanze, variando la curvatura del cristallino.
ac|com|pa|gna|mén|to *s.m.* **1** l'azione di accompagnare | (*dir.*) — *coattivo*, conduzione di qlcu. davanti al giudice, anche con la forza | (*dir.*) **indennità di** —, somma erogata dallo Stato ai familiari che assistono un invalido **2** corteo, seguito: — *funebre* **3** aggiunta, allegato: *biglietto d'* — **4** (*mus.*) insieme di elementi che danno risalto alla melodia principale.
ac|com|pa|gnà|re *v.tr.* [indic.pres. *io accompagno*..., *noi accompagniamo*, *voi accompagnate*] **1** andare assieme a qlcu. per gentilezza, affetto, aiuto: — *qlcu. dal dottore, a fare compere* | scortare | — *alla porta*, congedare **2** (*fig.*) seguire: — *qlcu. con lo sguardo* | seguire con la mano un oggetto in movimento: — *la porta* **3** unire, abbinare | allegare: — *il curriculum con una lettera di presentazione* **4** (*di sentimenti, ricordi e sim.*) restare nell'animo, nella memoria: *il suo ricordo mi accompagnerà sempre* **5** (*mus.*) eseguire un accompagnamento con uno strumento o con la voce ♦ **-rsi** *intr.pron.* combinarsi bene, armonizzarsi: *giacca e pantaloni che si accompagnano* ♦ *rifl.* **1** unirsi a qlcu. o ql.co.: — *a un amico* **2** (*mus.*) seguire il proprio canto suonando uno strumento.
ac|com|pa|gna|tó|re *s.m.* [f. *-trice*] **1** chi accompagna **2** chi ha incarico di organizzare i movimenti di una comitiva | — *sportivo*, chi segue, con compiti organizzativi, una squadra in trasferta | — *turistico*, chi fa da guida ai turisti **3** (*mus.*) chi esegue un accompagnamento.
ac|co|mu|nà|bi|le *agg.* che può essere accomunato, avvicinato.
ac|co|mu|nà|re *v.tr.* **1** mettere in comune: — *le proprie esperienze* **2** rendere simile, avvicinare spiritualmente: *ci accomuna la passione per lo sport*.
ac|con|cià|re *v.tr.* **1** sistemare al meglio, accomodare con cura **2** abbigliare, curare l'aspetto di qlcu. | pettinare: *acconciarsi i capelli* ♦ **-rsi** *rifl.* prepararsi al meglio, abbigliarsi con cura.
ac|con|cia|tó|re *s.m.* [f. *-trice*] chi acconcia, spec. i capelli | parrucchiere.
ac|con|cia|tù|ra *s.f.* pettinatura, spec. se più elegante e curata del normale | ornamento della pettinatura: — *da sposa*.
ac|cón|cio *agg.* [f.pl. *-ce*] (*lett.*) adatto alla situazione, opportuno.
ac|con|di|scen|dèn|te *agg.* conciliante: *un atteggiamento —*.
ac|con|di|scén|de|re *v.intr.* [con. come *scendere*; aus. *A*] acconsentire a richieste o pretese altrui | adeguarsi.
ac|con|sen|tì|re *v.intr.* [indic.pres. *io acconsènto*...; aus. *A*] dare il consenso, assecondare una richiesta | (*prov.*) *chi tace acconsente*, non rifiuta re apertamente e che — **ac|con|ten|tà|re** *v.tr.* [indic.pres. *io accontènto*...] rendere contento qlcu., spec. soddisfando le sue richieste ♦ **-rsi** *intr.pron.* (*anche assol.*) sentirsi contento di ql.co.: *si accontenta di una vita semplice*; *una persona che sa —* | (*prov.*) *chi si accontenta, gode*, vive più felice chi sa limitare i desideri.
ac|cón|to *s.m.* pagamento parziale anticipato; caparra.
ac|cop|pà|re *v.tr.* [indic.pres. *io accòppo*...] (*pop.*) uccidere in maniera brutale.
ac|cop|pia|mén|to *s.m.* **1** unione di due cose per formare una coppia **2** (*biol.*) unione sessua-

le, spec. di animali: *la stagione degli accoppiamenti* 3 (*sport*) abbinamento di atleti o squadre che devono affrontarsi 4 (*elettr.*) collegamento di due circuiti elettrici per compiere uno scambio di energia.
ac|cop|pià|re *v.tr.* [indic.pres. *io accòppio*...] 1 unire due persone o cose per formare una coppia; abbinare 2 unire sessualmente due individui, spec. animali ♦ **-rsi** *rifl.* 1 unirsi con qlcu. per formare una coppia 2 spec. di animali, unirsi sessualmente.
ac|cop|piàta *s.f.* 1 nell'ippica, scommessa che si effettua indicando i primi due classificati 2 (*estens.*) coppia ben assortita: *quei due formano un'— vincente.*
ac|co|ra|mén|to *s.m.* afflizione, tristezza.
ac|co|rà|re *v.tr.* [indic.pres. *io accòro*...] 1 (*lett.*) trafiggere il cuore 2 (*fig.*) addolorare, rattristare ♦ **-rsi** *intr.pron.* rattristarsi profondamente, affliggersi.
ac|co|rà|to *part.pass. di* accorare ♦ *agg.* afflitto, triste: *parole accorate* □ **accoratamente** *avv.*
ac|cor|cià|bi|le *agg.* che può essere accorciato.
ac|cor|cia|mén|to *s.m.* riduzione in lunghezza, abbreviazione.
ac|cor|cià|re *v.tr.* [indic.pres. *io accórcio*...] ridurre in lunghezza o durata; abbreviare: *— i pantaloni, la cerimonia* ♦ **-rsi** *intr.pron.* ridursi in lunghezza.
ac|cor|dà|re *v.tr.* 1 mettere d'accordo 2 (*mus.*) portare uno strumento alla sua corretta intonazione | armonizzare tra loro le intonazioni di più strumenti: *— l'orchestra* 3 (*estens.*) accostare due o più elementi in modo gradevole, armonioso: *— tappezzeria e arredamento* 4 (*gramm.*) concordare tra loro gli elementi di una frase: *— sostantivo e aggettivo* 5 concedere: *— un permesso, un appuntamento a qlcu.* 6 (*sport*) tendere le corde di una racchetta da tennis per garantirne la massima efficienza ♦ **-rsi** *rifl.rec.* mettersi d'accordo: *— sul contratto;* — *per il viaggio* ♦ *intr.pron.* armonizzarsi, ben combinarsi.
ac|cor|dà|ta *s.f.* (*mus.*) accordatura rapida e approssimativa: *dare un'— alla chitarra.*
ac|cor|dà|to *part.pass. di* accordare ♦ *agg.* 1 concesso 2 (*mus.*) portato a giusta intonazione.
ac|cor|da|tó|re *s.m.* [f. *-trice*] chi accorda strumenti musicali.
ac|cor|da|tù|ra *s.f.* 1 (*mus.*) insieme delle operazioni compiute per dare la corretta intonazione a uno strumento 2 (*sport*) operazione con cui si accorda una racchetta da tennis.
ac|còr|do *s.m.* 1 concordia; armonia di volontà o di opinioni: *essere d'—* | **decidere di comune —**, prendere una decisione assieme | **andare d'amore e d'—**, essere in perfetta sintonia 2 (*dir.*) incontro di più volontà per dar vita a un rapporto giuridico o a un patto: *— sindacale, prematrimoniale* 3 armonizzazione di elementi: *il giusto — tra colori* 4 (*mus.*) combinazione di più suoni di diversa altezza emessi simultaneamente

5 (*gramm.*) concordanza tra gli elementi di una frase.
ac|còr|ger|si *v.intr.pron.* [indic.pres. *io mi accòrgo, tu ti accòrgi...;* pass.rem. *io mi accòrsi, tu ti accorgésti...;* part.pass. *accòrto*] vedere improvvisamente; notare: *solo ora m'accorgo che se n'è andato* | (*fig.*) prendere coscienza di ql.co.: *— del tranello* | (*fam.*) **senza —**, senza fatica.
ac|cor|gi|mén|to *s.m.* 1 accortezza, intuito 2 espediente ingegnoso: *cercare un —*.
ac|cor|pa|mén|to *s.m.* unione di realtà diverse ma omogenee.
ac|cor|pà|re *v.tr.* [indic.pres. *io accòrpo*...] raggruppare strutture o enti originariamente distinti: *— due scuole;* — *più comuni in uno solo.*
ac|cór|re|re *v.intr.* [con. come *correre;* aus. *E*] correre verso un luogo a seguito di un avvenimento: *— attirati dal trambusto* | (*estens.*) portare aiuto: *— sul luogo del disastro.*
ac|cor|téz|za *s.f.* prontezza, abilità unita a cautela: *muoversi con —*.
ac|còr|to *part.pass. di* accorgersi ♦ *agg.* prudente e astuto: *essere — nel fare ql.co.* □ **accortamente** *avv.*
ac|co|sciàr|si *v.rifl.* [indic.pres. *io mi accòscio*...] abbassarsi piegando le ginocchia, in modo che cosce e polpacci si tocchino.
ac|co|sta|mén|to *s.m.* 1 percorso di avvicinamento 2 (*estens.*) avvicinamento di cose, per somiglianza o giustapposizione: *— di sapori.*
ac|co|stà|re *v.tr.* [indic.pres. *io accòsto*...] 1 avvicinare: *— dei colori;* — *l'auto al ciglio della strada* | **la porta**, socchiuderla 2 paragonare, accomunare: *— due artisti tra loro* ♦ *intr.* [aus. *A*] 1 farsi a fianco di ql.co. o qlcu.: *la polizia ordinò di —* 2 (*mar.*) avvicinare il fianco di una nave a un'altra o alla banchina ♦ **-rsi** *rifl.* (*anche fig.*) avvicinarsi: *mi accostò per parlarmi;* — *a un'ideologia* | — *ai sacramenti,* riceverli.
ac|cò|sto *avv.* vicino, a lato: *gli si tiene —* | (*loc. prep.*) — **a**, vicino a, in prossimità di: *— al muro.*
account (*ingl.*) [pr. *akkàunt*] *s.m.invar.* 1 (*marketing*) addetto a operazioni di contabilità, acquisto e amministrazione | — *manager*, responsabile vendite 2 (*inform.*) insieme dei dati per accedere a un servizio telematico: *farsi un — di posta elettronica,* ottenere un nome (*login*) e un codice (*password*) per tale servizio | — *policy*, regole di accesso a una rete telematica.
ac|co|vac|ciàr|si *v.rifl.* [indic.pres. *io mi accovàccio*...] 1 (*di animali*) nascondersi nella tana 2 (*estens., di persona*) rannicchiarsi, accucciarsi.
ac|coz|zà|glia *s.f.* insieme disordinato di persone o cose: *un'— di idee.*
ac|coz|zà|re *v.tr.* [indic.pres. *io accòzzo*...] mettere insieme senza ordine persone o cose; affastellare.
ac|cre|di|tà|bi|le *agg.* che può essere accreditato.
ac|cre|di|ta|mén|to *s.m.* 1 conferimento di fiducia 2 (*dir.*) presentazione ufficiale di un diplomatico presso le autorità del paese ospitante 3 (*banc.*) operazione contabile con cui si

accreditare 14

mette a disposizione di una persona una somma di denaro.
ac|cre|di|tà|re v.tr. [indic.pres. io accrédito...] 1 presentare come credibile; avvalorare: — una notizia 2 ufficializzare, tramite lettere credenziali, la posizione di un diplomatico | fornire l'autorizzazione per accedere a luoghi ed eventi 3 (banc.) registrare tra i crediti di qlcu. una data somma.
ac|cre|di|tà|to part.pass. di accreditare ♦ agg. 1 che gode di fiducia; credibile: fonti accreditate 2 munito di lettere credenziali: console — | giornalista —, che ha l'autorizzazione per accedere a luoghi ed eventi.
ac|cré|di|to s.m. (banc.) accreditamento.
ac|cré|sce|re v.tr. [con. come crescere] rendere più grande, aumentare: — le ricchezze ♦ -rsi intr. pron. ingrandirsi.
ac|cre|sci|mén|to s.m. 1 incremento, crescita, aumento 2 (biol.) processo di sviluppo di un organismo.
ac|cre|sci|ti|vo agg. che rende maggiore, più grande ♦ s.m. (gramm.) sostantivo o aggettivo alterato dall'aggiunta del suffisso -one/-ona a indicare un aumento di quantità o qualità (stanzone, simpaticone).
accrochage (fr.) [pr. akrosciàz] s.m.invar. (sport) collisione tra imbarcazioni in una gara.
ac|cuc|ciàr|si v.rifl. [indic.pres. io mi accùccio...] 1 (di cane) ritirarsi nella cuccia | (estens.) accovacciarsi a terra 2 (di persona) mettersi a sedere in terra; rannicchiarsi.
ac|cu|di|re v.tr. [indic.pres. io accudisco, tu accudisci...] aver cura di qlcu.: — un bambino | assistere: — gli infermi ♦ intr. [aus. A] svolgere con cura un lavoro: — alle faccende di casa.
ac|cul|tu|ra|mén|to s.m. acculturazione.
ac|cul|tu|rà|re v.tr. (sociol.) far compiere un percorso di assimilazione culturale ♦ -rsi rifl. compiere, volontariamente o forzatamente, un percorso di acculturazione | (scherz.) istruirsi.
ac|cul|tu|ra|zió|ne s.f. (sociol.) processo di adattamento, forzato o volontario, a una cultura dominante da parte di un popolo, un gruppo sociale o un singolo | (estens.) raggiungimento di un certo livello di cultura.
ac|cu|mu|là|bi|le agg. che può essere accumulato.
ac|cu|mu|là|re v.tr. 1 ammassare, ammucchiare 2 (fig.) raccogliere in quantità: — successi | (assol.) risparmiare: ha accumulato per molti anni ♦ -rsi intr.pron. (anche fig.) aumentare, ammassarsi: la polvere si accumula.
ac|cu|mu|la|tó|re s.m. 1 [f. -trice] chi accumula, spec. risparmi 2 (tecn.) apparecchio che accumula e conserva energia, per renderla poi disponibile quando occorre.
ac|cu|mu|la|zió|ne s.f. 1 raccolta e conservazione 2 (econ.) destinazione di parte del prodotto all'accrescimento dei mezzi di produzione 3 (ret.) figura che consiste nell'accumulare termini non ripetuti (p.e. in un elenco) 4 (geol.) deposito di detriti | **bacino di** —, lago artificiale.

ac|cù|mu|lo s.m. 1 accumulazione 2 insieme di cose accumulate.
ac|cu|ra|téz|za s.f. 1 attenzione scrupolosa nell'operare: eseguire un lavoro con — 2 buona qualità di un lavoro finito: l'— di un'indagine.
ac|cu|rà|to agg. 1 fatto con cura e precisione: una descrizione accurata 2 che opera con cura, diligentemente: è molto — nel tenere la contabilità | — nel vestire, raffinato, elegante □ **accuratamente** avv.
ac|cù|sa s.f. 1 attribuzione di una colpa: — grave, infondata; muovere un'— a (o contro) qlcu. | critica, rimprovero 2 (dir.) imputazione, incriminazione | **capo d'** —, elenco dei fatti di cui è accusato l'imputato | **atto d'** —, documento che descrive i fatti attribuiti all'imputato | **stato d'** —, condizione di chi è imputato in un processo | (**pubblica**) —, il magistrato che sostiene l'accusa da parte dello Stato in un processo.
ac|cu|sà|bi|le agg. che può essere accusato.
ac|cu|sà|re v.tr. 1 attribuire una colpa a qlcu. | muovere una critica, un rimprovero: mi accusano di essere poco socievole 2 (dir.) denunciare qlcu. alle autorità giudiziarie, indicando i crimini che avrebbe commesso: lo hanno accusato di furto 3 (fig.) rivelare, manifestare una certa condizione: — un forte malessere | — il colpo, risentire di un'esperienza negativa 4 nei giochi di carte, dichiarare una combinazione o un punteggio ♦ -rsi rifl. ammettere la propria colpevolezza.
ac|cu|sa|ti|vo s.m. (gramm.) caso della declinazione in alcune lingue antiche (p.e. latino) e moderne (p.e. tedesco) che indica il complemento oggetto ♦ agg. che riguarda l'accusativo.
ac|cu|sà|to part.pass. di accusare ♦ agg., s.m. [f. -a] che, chi è in stato di accusa; imputato.
ac|cu|sa|tó|re s.m. 1 [f. -trice] chi muove un'accusa 2 (dir.) magistrato che ha il compito di sostenere l'accusa in un'azione penale.
ac|cu|sa|tò|rio agg. che rivolge, più o meno apertamente, un'accusa: lettera accusatoria; tono —.
ace (ingl.) [pr. èis] s.m.invar. (sport) nel tennis e nella pallavolo, punto ottenuto direttamente su battuta.
-à|ce suff. di aggettivi che indicano capacità, attitudine e sim. (capace, audace).
a|ce|fa|li|a s.f. (med.) mancanza della testa nel feto.
a|cè|fa|lo agg. privo di testa: statua | **manoscritto** —, codice privo della prima o delle prime pagine 2 (metr.) verso privo della prima sillaba.
a|cel|lu|là|re agg. (biol.) che non possiede struttura cellulare.
-à|ce|o suff. di aggettivi che esprimono somiglianza, qualità (perlaceo, cartaceo).
A|ce|rà|ce|e s.f.pl. famiglia di piante legnose, di cui fa parte l'acero, con foglie opposte semplici e fiori a grappolo.
a|cer|bi|tà s.f. 1 condizione di ciò che è non maturo 2 (fig.) asprezza, durezza.
a|cèr|bo agg. 1 (anche fig.) non ancora maturo: una mela, una voce acerba 2 di sapore acre,

aspro: *gusto —* | *(estens.)* pungente, sgradevole: *parole acerbe* □ **acerbamente** *avv.* **1** in maniera acerba, con durezza **2** dolorosamente.
a|ce|ré|ta *s.f.* o **acerèto** *s.m.* bosco d'aceri.
à|ce|ro *s.m.* **1** albero a fusto chiaro e alto, foglie palmate e fiori a grappolo verdognoli **2** il legno di tale pianta.
a|cèr|ri|mo *agg.* [superl. di *acre*] accanito, irriducibile, che non si placa: *— nemico.*
a|ce|scèn|te *agg.* che tende a inacidire.
a|ce|scèn|za *s.f.* inacidimento del vino o di altri alcolici a opera di microrganismi.
a|ce|tà|bo|lo *s.m.* (*anat.*) cavità articolare dell'osso iliaco in cui si inserisce la testa del femore.
a|ce|tal|dèi|de *s.f.* (*chim.*) liquido incolore di odore pungente, prodotto per ossidazione dell'alcol etilico e usato in varie industrie chimiche.
a|ce|tà|to *s.m.* **1** (*chim.*) sale o estere derivato dall'acido acetico **2** filato artificiale simile alla seta **3** disco di materia plastica per incidere le registrazioni musicali di prova.
a|cè|ti|co *agg.* [m.pl. *-ci*] (*chim.*) detto di composto contenente l'acetile | *acido* —, liquido incolore, di odore pungente, contenuto nell'aceto e usato nell'industria chimica.
a|ce|ti|fi|cà|re *v.tr.* [indic.pres. *io acetifico, tu acetifichi...*] (*chim.*) trasformare un liquido alcolico in acido acetico.
a|ce|ti|fi|ca|zió|ne *s.f.* (*chim.*) processo di trasformazione del vino o di altri alcolici in aceto per azione di microrganismi.
a|ce|ti|fi|cio *s.m.* stabilimento dove si produce l'aceto.
a|ce|til|cel|lu|ló|sa *s.f.* (*chim.*) estere acetico della cellulosa impiegato per la produzione di fibre artificiali, vernici e materie plastiche.
a|ce|ti|le *s.m.* (*chim.*) radicale dell'acido acetico.
a|ce|ti|lè|ne *s.m.* (*chim.*) idrocarburo gassoso che brucia con fiamma luminosa, usato per saldare e, in passato, per l'illuminazione.
a|ce|til|sa|li|ci|li|co *agg.* [m.pl. *-ci*] (*chim.*) nella *loc. acido* —, acido usato in molti medicinali analgesici, antinfiammatori e antipiretici (p.e. l'aspirina).
a|ce|ti|me|tro *s.m.* apparecchio per misurare la concentrazione di acido acetico nell'aceto.
a|ce|tó|to *s.m.* prodotto della fermentazione del vino o di altri alcolici, usato come condimento e nella conservazione di alimenti: *peperoni sott'*— | *— aromatico*, arricchito con essenze | *— balsamico*, aromatizzato e lasciato invecchiare, tipico del modenese.
a|ce|tó|ne *s.m.* **1** (*chim.*) liquido etereo, incolore e infiammabile, usato spec. come solvente **2** (*med.*) prodotto del metabolismo dei grassi nell'organismo umano | nome com. per *acetonemia* e *acetonuria*, patologie frequenti nell'infanzia.
a|ce|to|ne|mì|a *s.f.* (*med.*) presenza eccessiva di acetone nel sangue.
a|ce|to|nù|ria *s.f.* (*med.*) presenza eccessiva di acetone nelle urine.
a|ce|tó|sa *s.f.* pianta erbacea perenne, detta anche *erba brusca*, con foglie lanceolate e fiori rosso-verdi.
a|ce|to|sèl|la *s.f.* pianta erbacea con foglie a trifoglio e fiori bianchi o rosati | *sale di* —, solvente per rimuovere macchie di inchiostro e ruggine.
a|ce|tó|so *agg.* che contiene aceto o ne ha il sapore.
a|chè|nio *s.m.* frutto secco indeiscente con un unico seme (p.e. la castagna).
a|chè|o *agg.* dell'Acaia, regione della Grecia ♦ *s.m.* [f. *-a*] chi è nato o abita in Acaia | (*estens., lett.*) greco.
a|che|ròn|zia *s.f.* farfalla notturna con una macchia a forma di teschio sul dorso; detta anche *testa di morto* o *atropo*.
a|chil|lè|a *s.f.* pianta erbacea perenne con foglie pennate e numerosi fiori bianchi o rosati.
a|ci|cli|co *agg.* [m.pl. *-ci*] **1** detto di fenomeno che non presenta caratteri di periodicità **2** (*bot.*) detto di fiore che ha petali o stami disposti a spirale.
a|ci|di|fi|càn|te *part.pres. di* acidificare ♦ *s.m.* additivo chimico usato nell'acidificare gli alimenti.
a|ci|di|fi|cà|re *v.tr.* [indic.pres. *io acidifico, tu acidifichi...*] rendere acida una sostanza ♦ *intr.* [aus. *E*], **-rsi** *intr.pron.* diventare acido.
a|ci|di|fi|ca|zió|ne *s.f.* (*chim.*) processo attraverso cui si acidifica.
a|ci|di|tà *s.f.* **1** l'essere acido | *— di stomaco*, eccessivo aumento di acidi gastrici nello stomaco, causa di bruciore **2** (*fig.*) astio, malignità **3** (*chim.*) concentrazione di ioni di idrogeno in una soluzione.
acid music (*ingl.*) [pr. *èsid miùsik*] *loc.sost.f.* musica da discoteca che tende a riprodurre le sensazioni provocate dall'uso di droghe allucinogene.
à|ci|do *agg.* **1** di sapore aspro, pungente **2** (*fig.*) astioso, maligno: *un comportamento —* **3** (*chim.*) che ha le caratteristiche degli acidi | *reazione acida*, che contiene acidi | *pioggia acida*, acqua piovana ad alta acidità, dovuta all'inquinamento ♦ *s.m.* **1** (*chim.*) composto che, in combinazione con una base, dà un sale: *— solforico* **2** (*gerg.*) la droga allucinogena LSD □ **acidamente** *avv.* in modo astioso.
a|ci|dò|si *s.f.* (*med.*) aumento patologico dell'acidità del sangue.
a|ci|du|lo *agg.* **1** di sapore lievemente acido: *un vino —* **2** (*fig.*) lievemente astioso, scostante.
à|ci|no *s.m.* **1** chicco dell'uva **2** (*anat.*) cavità sferica presente in ghiandole e organi.
a|clas|sì|smo *s.m.* teoria e pratica politica che non ammettono l'esistenza di contrapposizioni tra classi sociali.
àc|me *s.f.* **1** punto di massimo sviluppo: *all'— dell'impero, della popolarità* **2** (*med.*) stadio più acuto di una malattia.
àc|ne *s.f.* (*med.*) malattia della pelle che si manifesta con la formazione di pustole, dovute al-

l'infiammazione di bulbi piliferi e ghiandole sebacee.

ac|nèi|co *agg.* [m.pl. *-ci*] (*med.*) relativo all'acne | affetto da acne.

a|con|fes|sio|nà|le *agg.* indipendente da ogni confessione religiosa: *associazione —*.

a|cò|ni|to *s.m.* pianta erbacea perenne, con foglie frastagliate e fiori blu, il cui succo ha proprietà antidolorifiche.

a|co|ti|lè|do|ne *agg.*, *s.f.* (*bot.*) detto di pianta con semi privi di foglie embrionali (*cotiledoni*).

àc|qua *s.f.* **1** liquido formato da idrogeno e ossigeno, ordinariamente incolore, inodore e insapore; presente in natura anche allo stato solido (neve, ghiaccio) e gassoso (vapore acqueo), è il costituente fondamentale degli organismi | — *dolce*, di fiume o lago | — *salata, salmastra*, di mare | — *distillata*, priva di impurità | — *potabile*, che può essere bevuta in quanto batteriologicamente pura | — *minerale*, ricca di sali e talvolta anche gas disciolti | — *corrente*, resa continuamente disponibile da condutture | — *morta*, stagnante | *acque nere*, di fogna | (*di imbarcazione*) *fare —*, avere una falla | (*fig.*) *fare — da tutte le parti*, non reggere, non essere credibile | *fare un buco nell'—*, fallire | *essere in cattive acque*, trovarsi in una brutta situazione | *avere l'— alla gola*, essere in gravi difficoltà | (*fam.*) *in bocca*, invito a mantenere un segreto | *gettare — sul fuoco*, moderare i toni, sdrammatizzare | *pestare l'— nel mortaio*, fare ql.co. di inutile | *scoprire l'— calda*, presentare come una novità ql.co. di risaputo | *tirare — al proprio mulino*, sfruttare una situazione a proprio vantaggio **2** distesa, massa, corso d'acqua | *acque territoriali*, tratto di mare prossimo alla costa su cui ogni Stato esercita il controllo **3** (*fam.*) pioggia | — *a catinelle*, pioggia abbondante **4** (*estens.*) liquido naturale o sintetico: *l'— dell'anguria*; *— di Colonia* **5** (*solo pl.*) sorgenti termali | *fare la cura delle acque*, andare alle terme **6** (*solo pl.*) liquido amniotico: *rottura delle acque*.

àc|qua-à|ria *loc.agg.invar.* (*mil.*) detto di missile lanciato da nave o sommergibile contro un bersaglio in volo.

ac|qua|col|tù|ra *s.f.* → acquicoltura.

ac|qua|fòr|te *s.f.* [pl. *acqueforti*] tecnica di incisione su lastre di rame o zinco sottoposte all'azione dell'acido nitrico | la riproduzione a stampa così ottenuta.

ac|qua|for|ti|sta *s.m./f.* [m.pl. *-i*] chi realizza incisioni all'acquaforte.

acquagym *s.f.invar.* → aquagym.

ac|quà|io *s.m.* lavandino della cucina, formato da una o due vasche con acqua corrente e scarico.

ac|qua|iò|lo *agg.* che vive in acqua o in ambienti umidi: *biscia acquaiola*.

ac|qua|ma|rì|na *s.f.* [pl. *acquemarine*] **1** pietra preziosa di colore verde-azzurrino **2** (*estens.*) colore tra l'azzurro e il verde chiaro.

ac|qua|pàrk *s.m.invar.* parco di divertimenti con piscine e giochi acquatici.

ac|qua|plà|no *s.m.* tavola singola per praticare lo sci d'acqua.

ac|qua|rà|gia o **àcqua ràgia** *s.f.* essenza di trementina greggia usata come solvente.

ac|quà|rio¹ *s.m.* **1** vasca in cui si tengono in vita animali o piante acquatici **2** (*estens.*) l'edificio in cui tali vasche sono installate e rese accessibili al pubblico: *visita all'—*.

Ac|quà|rio² *s.m.* (*astr.*) costellazione dell'emisfero australe e undicesimo segno dello zodiaco, dominante il periodo tra il 21 gennaio e il 18 febbraio.

ac|quar|tie|ra|mén|to *s.m.* (*mil.*) alloggiamento di truppe in caserma o altro luogo sim.

ac|quar|tie|rà|re *v.tr.* [indic.pres. *io acquartièro...*] (*mil.*) sistemare truppe in una caserma o sim. ♦ **-rsi** *rifl.* sistemarsi in caserma o sim.

ac|qua|sàn|ta o **àcqua sànta** *s.f.* acqua benedetta.

ac|qua|san|tiè|ra *s.f.* recipiente in cui è conservata l'acquasanta a disposizione dei fedeli.

ac|qua|scì|vo|lo *s.m.* scivolo che termina in acqua, spec. in una piscina.

ac|qua|scoo|ter [pr. *acquaskùter*] *s.m.invar.* moto galleggiante per correre sull'acqua.

ac|quà|ta *s.f.* pioggia breve e improvvisa, acquazzone.

àc|qua-tèr|ra *loc.agg.invar.* detto di missile lanciato da nave o sommergibile contro un bersaglio in superficie.

ac|qua|ti|cì|tà *s.f.* (*sport*) attitudine a muoversi nell'acqua, in superficie e immersione: *corso di —*.

ac|quà|ti|co *agg.* [m.pl. *-ci*] **1** che nasce o vive nell'acqua o in sua prossimità: *animale* — **2** che è caratterizzato dalla presenza di acqua: *sport* —.

ac|qua|tìn|ta *s.,.* [pl. *acquetinte*] tecnica di incisione su lastre metalliche simile all'acquaforte, ma che permette di ottenere effetti di chiaroscuro più delicati | la riproduzione a stampa così ottenuta.

ac|quat|tàr|si *v.rifl.* rannicchiarsi, nascondersi accovacciandosi: *— tra le rocce*.

ac|qua|vì|te *s.f.* [pl. *acquaviti* o *acqueviti*] nome generico di bevande ad alta gradazione alcolica, ottenute distillando vino, frutta o cereali fermentati; grappa.

ac|quaz|zó|ne *s.m.* pioggia improvvisa e intensa, di breve durata; scroscio.

ac|que|dót|to *s.m.* l'insieme delle strutture necessarie per la raccolta, il trasporto e la distribuzione di acqua potabile.

àc|que|o *agg.* fatto di acqua: *vapore —*.

ac|que|rel|li|sta *s.m./f.* [m.pl. *-i*] chi dipinge con la tecnica dell'acquerello.

ac|que|rèl|lo *s.m.* **1** tecnica pittorica in cui si usano colori preparati con gomma arabica diluita con acqua | (*spec.pl.*) i colori di questo tipo: *una confezione d'acquerelli* **2** dipinto realizzato con tale tecnica.

ac|que|rù|gio|la *s.f.* pioggia leggera, a gocce molto piccole.

ac|quét|ta *s.f.* **1** pioggia leggera **2** (*fam.*) bevanda eccessivamente diluita con acqua.

ac|qui|col|tù|ra o **acquacoltùra** *s.f.* allevamento in acqua di vegetali, pesci o molluschi, a scopi commerciali o di ripopolamento.
ac|quie|scèn|te *agg.* che tende ad adeguarsi alla volontà altrui; arrendevole.
ac|quie|scèn|za *s.f.* tendenza ad adeguarsi alla volontà altrui; docilità, arrendevolezza.
ac|quie|tà|re *v.tr.* [indic.pres. *io acquièto*...] riportare alla calma, tranquillizzare ♦ **-rsi** *rifl.* recuperare la calma; tranquillizzarsi.
ac|qui|fe|ro *agg.* che porta acqua; che permette il passaggio di acqua | *falda acquifera*, strato d'acqua sotterraneo.
ac|qui|rèn|te *s.m./f.* chi fa un acquisto; compratore | (*estens.*) cliente.
ac|qui|sì|re *v.tr.* [indic.pres. *io acquisisco, tu acquisisci*...] acquistare: — *un terreno* | (*anche fig.*) venire in possesso di ql.co.: — *conoscenze*.
ac|qui|sì|to *part.pass.* di acquisire | *agg.* **1** (*anche fig.*) fatto proprio, acquistato | *competenze acquisite*, non innate, ma apprese | *parente* —, non consanguineo **2** (*estens.*) ormai sicuro, stabile: *fatto, dato* — | (*dir.*) *diritti acquisiti*, conquistati e inalienabili **3** (*med.*) detto di malattia o difetto non congenito.
ac|qui|si|zió|ne *s.f.* l'atto di far proprio | ciò che si è fatto proprio.
ac|qui|stà|bi|le *agg.* che può essere acquistato.
ac|qui|stà|re *v.tr.* **1** diventare proprietario di ql.co. tramite pagamento; comprare: — *un libro* | (*sport*) — *un calciatore*, ingaggiarlo **2** (*fig.*) ottenere, spec. con fatica: — *esperienza* ♦ *intr.* [aus. *A*] migliorare: — *in bellezza*.
ac|qui|sto *s.m.* **1** l'atto di acquistare; compera: *l'*— *di un orologio* | *consigli per gli acquisti*, pubblicità | (*sport*) — *campagna acquisti*, insieme delle operazioni per ingaggiare nuovi giocatori **2** ciò che è stato acquistato | chi è da poco entrato in un gruppo o un ambiente: *i nuovi acquisti della squadra*.
ac|qui|tri|no *s.m.* terreno con acqua stagnante e erbe palustri; palude.
ac|qui|tri|nó|so *agg.* detto di terreno caratterizzato da acquitrini; paludoso.
ac|quo|li|na *s.f.* salivazione provocata dall'odore, dalla vista o dal desiderio di un cibo: *avere, far venire l'* — *in bocca*.
ac|quo|si|tà *s.f.* caratteristica di ciò che contiene acqua.
ac|quó|so *agg.* **1** contenente, imbevuto di acqua: *terreno* — **2** simile all'acqua.
à|cre *agg.* [superl. *acerrimo*] **1** (*di sapore*) aspro, acido | (*di odore*) pungente **2** (*fig.*) malevolo: *sguardo* — □ **acremente** *avv.*
a|crè|di|ne *s.f.* **1** acidità, asprezza **2** (*fig.*) astio, malevolenza.
a|cri|bì|a *s.f.* (*lett.*) diligenza massima nella ricerca | pignoleria.
a|cri|lì|co *agg.* [m.pl. *-ci*] (*chim.*) detto di acido organico insaturo liquido ottenuto da idrocarburi | *fibre acriliche*, ottenute dalla polimerizzazione di tale acido | *colori acrilici*, fabbricati con resine acriliche, particolarmente brillanti ♦ *s.m.*

acroterio

1 tessuto di fibre acriliche: *una maglia di* (o *in*) — **2** dipinto fatto con colori acrilici.
a|cri|mò|nia *s.f.* (*lett.*) acredine, astio: *parole cariche di* —.
a|cri|mo|nió|so *agg.* (*lett.*) pieno di acrimonia, astioso.
a|cri|ti|co *agg.* [m.pl. *-ci*] senza senso critico | dogmatico □ **acriticamente** *avv.*
à|cro *s.m.* misura inglese di superficie, equivalente a 4047 m².
à|cro- primo elemento di parole composte che significa "estremità", "punto più alto" (*acropoli, acrocoro*).
a|crò|ba|ta *s.m./f.* [m.pl. *-i*] chi si esibisce, a scopo spettacolare, in esercizi di agilità e destrezza.
a|cro|bà|ti|ca *s.f.* l'arte di eseguire acrobazie | (*sport*) l'insieme degli esercizi acrobatici.
a|cro|bà|ti|co *agg.* [m.pl. *-ci*] **1** riguardante l'acrobata o l'acrobatica: *numero* — | (*aviazione*) *pattuglia acrobatica*, squadra specializzata nell'acrobazia aerea **2** (*estens.*) di eccezionale destrezza □ **acrobaticamente** *avv.*
a|cro|ba|tì|smo *s.m.* **1** l'arte degli acrobati **2** (*estens.*) argomentazione o comportamento di chi affronta situazioni difficili con espedienti spericolati.
a|cro|ba|zì|a *s.f.* **1** esercizio di acrobata **2** (*estens.*) manovra particolarmente difficile: — *aerea* **3** (*fig.*) espediente ingegnoso adottato per superare una situazione difficile.
a|cro|ce|fa|lì|a *s.f.* (*med.*) malformazione del cranio per eccessivo sviluppo della regione occipitale e schiacciamento di quelle parietali.
a|cro|cò|ro *s.m.* (*geog.*) vasto altopiano circondato da ripide catene montuose.
a|cro|fo|bì|a *s.f.* (*psicol.*) paura patologica di cadere nel vuoto affacciandosi da un luogo elevato.
a|cro|mà|ti|co *agg.* [m.pl. *-ci*] (*fis.*) detto di sistema ottico caratterizzato da acromatismo.
a|cro|ma|tì|smo *s.m.* (*fis.*) in un sistema ottico, assenza di aberrazione cromatica, cioè della capacità di scomporre un fascio di luce nei colori dell'iride.
a|cro|mì|a *s.f.* (*med.*) mancanza di colorazione della pelle, causata dall'assenza di pigmento cutaneo.
a|cro|nì|mo *s.m.* parola formata da una o più lettere iniziali di altre parole; sigla (p.e. *SpA* per *Società per Azioni*).
a|crò|po|li *s.f.* nell'antica Grecia, la zona della città più elevata e fortificata; rocca.
a|cro|stì|co *s.m.* [pl. *-ci*] **1** (*lett.*) componimento poetico in cui, leggendo verticalmente le lettere iniziali dei singoli versi, si ottiene una parola o frase **2** gioco enigmistico che consiste nel cercare parole le cui iniziali formino una parola o frase **3** (*estens.*) sigla formata da una parola senso compiuto, le cui lettere siano le iniziali di altre parole (p.e. *FAI* per *Fondo Ambiente Italiano*).
a|cro|tè|rio *s.m.* (*archeol.*) nei templi greci e ro-

mani, elemento ornamentale collocato alle estremità o alla sommità del frontone.
action movie *(ingl.)* [pr. èkscion mùvi] *loc.sost. m.* film d'azione.
a|cu|fe|ne *s.f.* (*med.*) percezione di sibili e ronzii causata da un'irritazione del nervo acustico.
a|cu|i|re *v.tr.* [indic.pres. *io acuisco, tu acuisci...*] (*spec. fig.*) rendere acuto o più acuto, penetrante: — *la vista* ♦ **-rsi** *intr.pron.* (*di sensazione*) intensificarsi: *la sofferenza si acuisce.*
a|cui|tà *s.f.* 1 acutezza 2 (*fig.*) acume.
A|cu|le|à|ti *s.m.pl.* sottordine di insetti Imenotteri in cui la femmina è provvista di un aculeo velenoso all'estremità dell'addome (p.e. la vespa).
a|cu|le|à|to *agg.* dotato di aculeo.
a|cù|le|o *s.m.* 1 (*zool.*) organo pungente proprio di vari animali (p.e. l'ape, l'istrice); pungiglione 2 (*bot.*) sporgenza aguzza presente sul fusto di certe piante (p.e. la rosa).
a|cù|me *s.m.* acutezza d'ingegno; perspicacia: *uno studioso di notevole —.*
a|cu|mi|nà|re *v.tr.* [indic.pres. *io acùmino...*] rendere acuto, appuntire: — *una spada.*
a|cu|mi|nà|to *part.pass. di* acuminare ♦ *agg.* 1 appuntito 2 (*fig.*) perspicace.
a|cù|sti|ca *s.f.* 1 parte della fisica che studia generazione, propagazione e ricezione del suono 2 proprietà di un ambiente di diffondere i suoni in modo chiaro e senza alterazioni: *un auditorium dall' — eccellente.*
a|cù|sti|co *agg.* [m.pl. *-ci*] 1 relativo all'acustica 2 riguardante l'udito o il suono: *segnale —* | (*anat.*) **nervo** —, quello che porta al cervello le sensazioni sonore | **apparecchio** —, piccolo dispositivo per chi ha problemi di udito che, posto dietro l'orecchio, amplifica i suoni 3 strumento musicale non alimentato da corrente elettrica: *chitarra acustica* □ **acusticamente** *avv.*
a|cu|tàn|go|lo *agg.* (*geom.*) detto di triangolo con tutti gli angoli acuti.
a|cu|téz|za *s.f.* 1 l'essere acuto 2 (*fig.*) prontezza di comprensione; perspicacia.
a|cu|tiz|zà|re *v.tr.* rendere acuto, acuire ♦ **-rsi** *intr.pron.* diventare più intenso: *il dolore si acutizzò* | (*di malattia*) aggravarsi.
a|cu|tiz|za|zió|ne *s.f.* l'acuirsi, l'intensificarsi | aggravamento.
a|cù|to *agg.* 1 appuntito, acuminato: *spigolo —* | (*arch.*) **arco a sesto** —, ogivale, a punta 2 (*fig.*) che riesce a distinguere con precisione: *vista acuta* | sottile, perspicace: *un'osservazione acuta* 3 (*estens.*) penetrante, intenso: *dolore —* | (*med.*) *malattia acuta*, di evoluzione rapida e virulenta 4 (*geom.*) detto di angolo minore di 90° 5 (*fis.*) detto di suono con frequenza elevata | (*estens.*) *una voce acuta*, stridula | (*mus.*) *una nota acuta*, alta ♦ *s.m.* (*mus.*) nota alta | la nota più alta che un cantante può eseguire □ **acutamente** *avv.* 1 intensamente 2 con perspicacia.
ad → **a²**.
ad- → **a-²**.
a|da|già|re *v.tr.* [indic.pres. *io adàgio...*] deporre, appoggiare con delicatezza, cura: — *il bimbo nella culla* ♦ **-rsi** *rifl.* 1 sistemarsi comodamente, distendersi: — *sul divano* 2 (*fig.*) lasciarsi andare passivamente, languire: — *nell'ozio.*
a|dà|gio¹ *avv.* 1 senza fretta, piano: *procedere —* 2 (*estens.*) con attenzione, delicatezza: *chiudere — la porta* ♦ *inter.* invito alla calma: — *con i giudizi!* ♦ *s.m.invar.* (*mus.*) brano o movimento piuttosto lento, di tempo intermedio tra l'andante (più veloce) e il largo (più lento).
a|dà|gio² *s.m.* proverbio: *un vecchio —.*
a|da|man|ti|no *agg.* 1 (*lett.*) relativo al diamante 2 (*fig.*) lucente | duro, inalterabile | puro, irreprensibile: *un comportamento —.*
a|da|mì|ti|co *agg.* [m.pl. *-ci*] relativo ad Adamo | (*scherz.*) **in costume** —, nudo.
a|dat|tà|bi|le *agg.* che può essere adattato | (*di persona*) disposto ad adattarsi.
a|dat|ta|bi|li|tà *s.f.* capacità o proprietà di adattamento.
a|dat|ta|mén|to *s.m.* 1 l'atto di adeguare o adeguarsi a ql.co.: — *a un nuovo ambiente* | **spirito di** —, capacità di adattarsi 2 versione modificata di un'opera letteraria per esigenze di rappresentazione: — *teatrale* 3 (*biol.*) nell'evoluzione, processo di adeguamento degli organismi a determinate condizioni ambientali 4 (*ling.*) modificazione di una parola straniera nella pronuncia o nella forma per influenza della lingua ricevente.
a|dat|tà|re *v.tr.* 1 adeguare ql.co. a una situazione, un uso o uno scopo: — *un capannone a palestra* 2 sistemare una cosa rispetto a un'altra: — *il sellino alla propria altezza* ♦ **-rsi** *rifl.* adeguarsi | rassegnarsi: *non mi piace, ma dovrò adattarmi* ♦ *intr.pron.* essere adeguato: *parole che si adattano alla situazione.*
a|dat|ta|tó|re *s.m.* (*tecn.*) dispositivo che permette di usare un congegno in modo diverso da quello originario | (*elettr.*) collegamento che serve ad adeguare una spina a una presa di diverso tipo.
a|dat|ti|vo *agg.* (*biol.*) che favorisce l'adattamento di un organismo a un certo ambiente: *comportamento adattivo.*
a|dàt|to *agg.* che ha i requisiti necessari per un determinato uso o scopo; appropriato: *sei — per questo incarico.*
ad|de|bi|ta|mén|to *s.m.* (*banc.*) operazione contabile con cui si registra una somma a debito di qlcu.
ad|de|bi|tà|re *v.tr.* [indic.pres. *io addèbito...*] 1 (*banc.*) registrare una somma a debito di qlcu. 2 (*fig.*) attribuire una responsabilità, una colpa.
ad|dè|bi|to *s.m.* 1 (*banc.*) attribuzione a debito 2 (*fig.*) attribuzione di una colpa o responsabilità; accusa.
ad|dèn|da *s.m.pl.* aggiunte a un testo, spec. in appendice.
ad|dèn|do *s.m.* (*mat.*) ciascuno dei numeri da sommare in un'addizione.
ad|den|sa|mén|to *s.m.* accumulo, concentra-

zione | (*meteor.*) il formarsi di nuvole: *sono previsti addensamenti al nord.*

ad|den|sà|re *v.tr.* [indic.pres. *io addènso...*] rendere denso: — *il sugo* ♦ **-rsi** *rifl.*, *intr.pron.* accumularsi, concentrarsi: *le nubi si addensano all'orizzonte* | accalcarsi.

ad|den|tà|re *v.tr.* [indic.pres. *io addènto...*] afferrare ql.co. con i denti; mordere.

ad|den|ta|tù|ra *s.f.* **1** l'atto del mordere | il segno lasciato dai denti **2** sezione di un legno lavorata in modo tale che si incastri nell'intaccatura di un altro.

ad|den|tel|là|re *v.tr.* [indic.pres. *io addentèllo...*] fornire di dentelli | (*edil.*) munire un muro di addentellato.

ad|den|tel|là|to *part.pass.* di addentellare ♦ *agg.* munito di dentelli ♦ *s.m.* **1** (*edil.*) insieme di sporgenze lasciate sul lato di un muro per poterlo collegare con un altro ancora da costruire **2** (*fig.*) ciò che crea la possibilità di nuovi sviluppi; aggancio.

ad|den|trà|re *v.tr.* [indic.pres. *io addéntro...*] mandare dentro ♦ **-rsi** *rifl.* (*anche fig.*) procedere verso l'interno, inoltrarsi: — *in un parco*; — *nel mistero.*

ad|dén|tro *avv.* nell'interno, in profondità | *essere — a ql.co.*, averne una conoscenza approfondita.

ad|de|strà|bi|le *agg.* che può essere addestrato.

ad|de|stra|mén|to *s.m.* l'addestrare | l'insieme delle esercitazioni per formare persone adatte allo svolgimento di determinate attività: — *militare.*

ad|de|strà|re *v.tr.* [indic.pres. *io addèstro...*] rendere capace, istruire allo svolgimento di un'attività: — *un cane a riportare il bastone* | far esercitare ♦ **-rsi** *rifl.* esercitarsi per acquisire o perfezionare un'abilità: — *con l'arco.*

ad|de|stra|tó|re *s.m.* [f. *-trice*] chi addestra.

ad|dét|to *agg.* **1** (*di persona*) incaricato di un lavoro; assegnato a un ufficio: *personale — alla vigilanza* **2** (*di cosa o ambiente*) adibito a una particolare funzione ♦ *s.m.* [f. *-a*] chi è assegnato a una mansione o un ufficio | funzionario di una rappresentanza diplomatica dotato di speciali competenze | — *stampa*, chi, in un'azienda, si occupa dei rapporti per la stampa | (*anche iron.*) *addetti ai lavori*, quanti per competenza possono partecipare a ql.co.

ad|dì *avv.* (*bur.*) nel giorno, il giorno: — *7 novembre 2003.*

ad|diàc|cio *s.m.* recinto all'aperto usato per le soste notturne del bestiame | *dormire all'—*, dormire per terra e all'aperto.

ad|diè|tro *avv.* prima, nel passato: *tempo —.*

ad|dì|o *inter.* **1** espressione di saluto, spec. definitiva | *dire — a ql.co.*, rinunciarvi **2** (*estens.*) espressione di rammarico o rimpianto per il venir meno di ql.co.: — *sogni di gloria!* ♦ *s.m.* [pl. *addìi*] saluto definitivo dato a qlcu. o ql.co. | distacco, separazione: *l'— fu doloroso* | *dare l'ultimo —*, salutare il defunto che sta per essere sepolto | *dare l'— al palcoscenico*, ritirarsi dal mondo dello spettacolo.

ad|di|rit|tù|ra *avv.* **1** perfino: *è stato — arrestato* | nientemeno: *ha vinto — due volte* **2** (*assol.*, *escl.*) indica stupore o incredulità: "*Ha battuto il record*" "*—!*".

ad|dir|sì *v.intr.pron.* [con. come *dire*; dif. ha solo la 3ª pers. sing. e pl. del pres. e imperf. indic. e congiunt.] essere adatto, opportuno: *questo lavoro non ti si addice.*

ad|di|tà|re *v.tr.* indicare con il dito | (*fig.*) mostrare: — *a pubblico esempio.*

ad|di|tì|vo *agg.* (*mat.*) che riguarda l'addizione ♦ *s.m.* sostanza che si aggiunge ai prodotti industriali per migliorarne certe caratteristiche: — *alimentare.*

ad|di|ve|nì|re *v.intr.* [con. come *venire*; aus. *E*] pervenire, giungere alla conclusione di ql.co.

ad|di|zio|nà|le *agg.* aggiuntivo, supplementare ♦ *s.f.* (*fin.*) aumento straordinario di un'imposta, calcolato percentualmente sulla base dell'imposta stessa.

ad|di|zio|nà|re *v.tr.* [indic.pres. *io addizióno...*] **1** (*mat.*) eseguire l'addizione **2** (*estens.*) aggiungere: — *conservanti.*

ad|di|zió|ne *s.f.* **1** (*mat.*) operazione con cui si calcola la somma di due o più numeri (*addendi*) **2** (*chim.*) reazione in cui due molecole, combinandosi fra loro, formano una singola molecola contenente tutti gli atomi delle molecole originarie.

ad|dob|bà|re *v.tr.* [indic.pres. *io addòbbo...*] ornare, parare a festa: — *un salone* ♦ **-rsi** *rifl.* (*spec. scherz.*) vestirsi in modo ricercato, pomposamente: *ma come ti sei addobbato?*

ad|dòb|bo *s.m.* **1** l'addobbare **2** ornamento, decorazione.

ad|dol|ci|mén|to *s.m.* **1** operazione con cui si addolcisce ql.co. | il suo risultato **2** (*fig.*) mitigazione, attenuazione.

ad|dol|cì|re *v.tr.* [indic.pres. *io addolcisco, tu addolcisci...*] **1** rendere dolce: — *il caffè* **2** (*fig.*) mitigare, attenuare: — *le parole* | ammorbidire, ingentilire | (*metall.*) — *l'acciaio*, renderlo più malleabile ♦ **-rsi** *intr.pron.* (*anche fig.*) diventare più dolce; mitigarsi.

ad|do|lo|rà|re *v.tr.* [indic.pres. *io addolóro...*] procurare dolore, spec. morale | rattristare: *queste parole mi addolorano* ♦ **-rsi** *intr.pron.* provare dolore | rattristarsi.

ad|do|lo|rà|to *part.pass.* di addolorare ♦ *agg.* che prova dolore, afflitto | (*per anton.*) *l'Addolorata*, la Madonna sofferente per la Passione di Cristo.

ad|dò|me *s.m.* **1** nei Vertebrati, regione del corpo compresa fra il torace e il bacino **2** negli Artropodi, parte inferiore del corpo.

ad|do|me|sti|cà|bi|le *agg.* che può essere addomesticato.

ad|do|me|sti|ca|mén|to *s.m.* l'addomesticare; l'essere addomesticato.

ad|do|me|sti|cà|re *v.tr.* [indic.pres. *io addomèstico, tu addomèstichi...*] **1** rendere domestico

addomesticato

un animale selvatico, abituarlo a vivere presso l'uomo 2 (*estens*.) abituare qlcu. a un sistema di regole e comportamenti 3 (*fig.*) cambiare ql.co. con l'inganno; manipolare: — *i conti*.
ad|do|me|sti|cà|to *part.pass. di* addomesticare ♦ *agg.* 1 reso domestico; abituato a vivere presso l'uomo 2 (*fig.*) cambiato in modo fraudolento, manipolato: *notizie addomesticate*.
ad|do|mi|nà|le *agg.* relativo all'addome: *dolori addominali* ♦ *s.m. spec.pl.* 1 muscoli dell'addome 2 esercizi per lo sviluppo di tali muscoli: *fare gli addominali*.
ad|dor|men|tà|re *v.tr.* [indic.pres. *io addorménto*...] 1 far prendere sonno: — *un bebè* | (*fam.*) anestetizzare 2 (*estens.*) annoiare: *questa musica addormenta, fa* — 3 (*fig.*) togliere forza, intorpidire: — *i sensi* ♦ **-rsi** *intr.pron.* 1 prendere sonno, iniziare a dormire 2 (*fam., di parte del corpo*) intorpidirsi, perdere vigore e sensibilità: *mi si è addormentato il piede*.
ad|dor|men|tà|to *part.pass. di* addormentare ♦ *agg.* 1 che ha preso sonno, che dorme 2 (*fam., di parte del corpo*) intorpidito 3 (*fig.*) fiacco, indolente | lento nella comprensione e nei riflessi.
ad|dos|sà|re *v.tr.* [indic.pres. *io addòsso*...] 1 collocare una cosa addosso a un'altra; mettere a contatto: — *il letto al muro* 2 (*fig.*) imputare, attribuire: *si è addossato tutta la colpa* ♦ **-rsi** *rifl., rifl.rec.* appoggiarsi, mettersi a contatto: — *al muro*.
ad|dos|sà|to *part.pass. di* addossare ♦ *agg.* 1 appoggiato a ql.co. 2 (*arald.*) detto di figure i cui dorsi si contrappongono.
ad|dòs|so *avv.* 1 a contatto; contro: *non venirmi* —! 2 sulla persona, sulle spalle: *ha* — *un bel cappotto* | **mettersi, portare ql.co.** —, indossarlo | **farsela** —, fare i bisogni corporali nei vestiti che si indossano; (*fig.*) avere molta paura | **piangersi** —, autocommiserarsi | **avere molti anni** —, essere vecchio 3 dentro, in corpo: *hai* — *una brutta influenza* ♦ *inter.* detto per incitare a gettarsi contro qlcu. ♦ **addosso** *a loc.prep.* 1 sopra, su: *sono caduto* — *a qlcu.* | **mettere gli occhi** — *a ql.co., qlcu.*, desiderare | **mettere le mani** — *a qlcu.*, molestarlo fisicamente; picchiarlo 2 contro: *lanciarsi* — *a qlcu.* | **dare** — *a qlcu.*, assalirlo 3 a ridosso, molto vicino: *gli uni* — *agli altri*.
ad|dot|to|ra|mén|to *s.m.* conseguimento della laurea o del dottorato di ricerca.
ad|dot|to|rà|re *v.tr.* [indic.pres. *io addottóro*...] conferire la laurea, il titolo di dottore ♦ **-rsi** *rifl.* laurearsi, diventare dottore: — *in lettere*.
ad|dot|tri|nà|re *v.tr.* insegnare una dottrina o un'arte; istruire.
ad|dùr|re *v.tr.* [indic.pres. *io adduco, tu adduci*...; pass.rem. *io addussi, tu adducésti*...; fut. *io addurrò* ...; condiz. *io addurrèi* ...; part.pass. *addótto*] 1 portare argomenti, prove e sim. a sostegno di ql.co.: — *pretesti per giustificare il ritardo* 2 (*fisiol., di muscolo*) avvicinare un arto all'asse mediano del corpo.
ad|dut|tó|re *agg.* [f. *-trice*] 1 (*tecn.*) che conduce, convoglia ql.co.: *canale* — 2 (*anat.*) che consente il movimento di adduzione: *muscolo* — ♦ *s.m.* 1 (*tecn.*) ciò che conduce ql.co.: — *di corrente* 2 (*anat.*) muscolo che permette l'adduzione.
ad|du|zió|ne *s.f.* (*fisiol.*) movimento che avvicina una parte mobile del corpo all'asse mediano dello stesso o ad altro punto di riferimento.
A|de *s.m.* 1 (*mit.*) presso gli antichi Greci e Romani, divinità che regnava nell'oltretomba 2 (*estens.*) l'aldilà.
a|de|gua|mén|to *s.m.* adattamento, equiparazione: *l'* — *dei salari all'inflazione*.
a|de|guà|re *v.tr.* [indic.pres. *io adéguo*...] rendere adatto; conformare: — *gli obiettivi alle realtà possibilità* | equiparare: — *le retribuzioni* ♦ **-rsi** *rifl.* adattare il proprio comportamento, conformarsi: — *a una richiesta*.
a|de|gua|téz|za *s.f.* l'essere adatto; idoneità.
a|de|guà|to *part.pass. di* adeguare ♦ *agg.* 1 adatto, idoneo: *un comportamento* — 2 equo, giusto: *un salario* — □ **adeguatamente** *avv*.
a|de|gua|zió|ne *s.f.* adattamento, equiparazione.
a|dém|pie|re *v.tr.* [indic.pres. *io adémpio*...] fare, portare a termine ql.co. per coerenza con gli impegni presi con una norma: — *la promessa* | esaudire: — *un voto* ♦ *intr.* [aus. *A*] 1 portare a termine: — *al servizio militare* 2 dedicarsi a un'attività: — *a un incarico* ♦ **-rsi** *intr.pron.* compiersi, verificarsi: *si è adempiuto quanto previsto*.
a|dem|pi|mén|to *s.m.* 1 l'adempiere; compimento: *l'* — *di una missione* 2 (*dir.*) il compiere la prestazione cui si è tenuti.
a|de|ni|te *s.f.* (*med.*) infiammazione cronica o acuta delle ghiandole linfatiche.
à|de|no- o **adèno-** (*med.*) primo elemento di parole composte che significa "ghiandola" (*adenopatia*).
a|de|noì|de *agg.* (*med.*) detto dell'ipertrofia del tessuto linfatico nelle cavità nasali o nella faringe ♦ *s.f. spec.pl.* escrescenza di tali tessuti che rende difficoltosa la respirazione: *togliere le adenoidi*.
a|de|nò|ma *s.m.* [pl. *-mi*] (*med.*) tumore ghiandolare benigno.
a|de|no|pa|tì|a *s.f.* (*med.*) qualsiasi malattia ghiandolare.
a|de|no|to|mì|a *s.f.* (*med.*) rimozione chirurgica delle adenoidi.
a|dèp|to *s.m.* [f. *-a*] seguace di una dottrina, di una setta | iniziato.
a|de|rèn|te *part.pres. di* aderire ♦ *agg.* 1 che aderisce: *una gonna* — *ai fianchi* 2 (*fig.*) pertinente: *un tema* — *alla traccia* ♦ *s.m./f.* chi prende parte a ql.co.: — *allo sciopero* | iscritto: — *all'associazione*.
a|de|rèn|za *s.f.* 1 proprietà di ciò che aderisce 2 pertinenza, coerenza: — *alla realtà* 3 (*mecc.*) attrito che si sviluppa tra la ruota e la superficie di appoggio: *l'* — *degli pneumatici* 4 (*med.*) formazione fibrosa che collega tessuti di norma disgiunti 5 (*spec.pl., fig.*) conoscenze e appoggi altolocati.
a|de|rì|re *v.intr.* [indic.pres. *io aderisco, tu aderisci*...; aus. *A*] 1 essere strettamente unito: *i pez-*

adottabile

zi aderivano bene | fissarsi, incollarsi: *l'adesivo aderisce perfettamente* **2** (*fig.*) approvare: *tutti aderimmo all'idea* | sostenere, seguire: — *a una fede, un'ideologia* **3** partecipare: — *alla manifestazione* | iscriversi.

a|de|sca|mén|to *s.m.* **1** l'adescare; lusinga **2** (*dir.*) reato di chi, in luogo pubblico, si offre per atti sessuali dietro pagamento.

a|de|scà|re *v.tr.* [indic.pres. *io adésco, tu adéschi...*] **1** attirare con un'esca: — *i pesci* **2** (*fig.*) attirare qlcu. con promesse ingannevoli e lusinghe **3** attirare qlcu. per offrire od ottenere prestazioni sessuali.

a|de|sca|tó|re *s.m.* [f. *-trice*] chi adesca.

a|de|sió|ne *s.f.* **1** (*fis.*) forza di attrazione tra molecole **2** (*estens.*) approvazione, consenso: — *alla proposta* | partecipazione: *dare l'— alla festa* | iscrizione: — *alla gara* **3** (*dir.*) accettazione di un contratto, un'obbligazione e sim.

a|de|si|vi|tà *s.f.* proprietà di aderire o incollarsi a ql.co.

a|de|si|vo *agg.* che aderisce, si incolla | che serve per incollare: *nastro —* ♦ *s.m.* **1** sostanza che ha la proprietà di tenere unite due superfici in contatto **2** etichetta di carta con retro provvisto di colla.

a|dès|so *avv.* **1** nel momento presente, ora: — *capisco* | *da — in poi*, da questo momento in avanti | *per —*, per ora **2** pochi momenti fa, da poco: *l'ho visto proprio —* **3** tra poco: *lo faccio —*.

ad hòc (*lat.*) *loc.agg.invar.* apposito, fatto apposta: *un decreto —* ♦ *loc.avv.* appositamente: *predisposto —*.

ad ho|nó|rem (*lat.*) *loc.agg.invar., loc.avv.* detto di titoli e cariche assegnati come riconoscimento onorifico: *cittadinanza, laurea —*.

a|dia|bà|ti|co *agg.* [m.pl. *-ci*] (*fis.*) detto di processo o sistema termodinamico che non scambia il calore con l'ambiente.

a|dia|cèn|te *agg.* **1** vicino, prossimo, attiguo: *la sala è — alla cucina* **2** (*geom.*) contiguo | *segmenti adiacenti*, consecutivi e giacenti sulla stessa retta | *angoli adiacenti*, consecutivi, con i lati non comuni giacenti sulla stessa retta e che, sommati, danno 180°.

a|dia|cèn|za *s.f.* **1** vicinanza **2** (*spec.pl.*) luogo adiacente, vicino: *nelle adiacenze dei giardini*.

a|di|bi|re *v.tr.* [indic.pres. *io adibisco, tu adibisci...*] disporre per un determinato scopo: — *un palazzo a museo* | assegnare a un'attività: — *qlcu. alla sorveglianza*.

ad in|te|rim (*lat.*) *loc.agg.invar.* provvisorio, temporaneo: *governo —* ♦ *loc.avv.* provvisoriamente, temporaneamente: *regnare —*.

à|di|pe *s.m.* il grasso accumulato nel corpo.

a|di|po|si|tà *s.f.* accumulo eccessivo di grasso nel corpo; obesità.

a|di|pó|so *agg.* ricco di grasso: *tessuto —*.

a|di|rà|r|si *v.intr.pron.* lasciarsi prendere dall'ira; arrabbiarsi: — *per un ritardo, con un amico*.

a|di|rà|to *part.pass. di* adirarsi ♦ *agg.* **1** preso dall'ira, arrabbiato **2** che comunica rabbia: *sguardo —*.

a|dì|re *v.tr.* [indic.pres. *io adisco, tu adisci...*;

part.pass. *adìto*] (*dir.*) appellarsi a un'autorità giudiziaria; ricorrere: — *il giudice* | — *le vie legali*, intraprendere un procedimento giuridico.

à|di|to *s.m.* (*lett., anche fig.*) passaggio, accesso: *questa porta dà — alla sala* | (*fig.*) *dare — a sospetti, critiche*, provocarli con il proprio comportamento.

ad li|bi|tum (*lat.*) *loc.agg.invar., loc.avv.* secondo la propria voglia o ispirazione.

a|doc|chià|re *v.tr.* [indic.pres. *io adòcchio...*] **1** scorgere, cogliere con un'occhiata **2** guardare con interesse o desiderio.

a|do|le|scèn|te *agg.* proprio dell'adolescenza: *corpo —* ♦ *s.m./f.* chi è nell'adolescenza.

a|do|le|scèn|za *s.f.* **1** nell'essere umano, fase compresa tra i dodici e i diciotto anni circa, caratterizzata dallo sviluppo psico-fisico che porta all'età adulta **2** l'insieme di quanti si trovano in tale età: *i problemi dell' —*.

a|do|le|scen|zià|le *agg.* relativo all'adolescenza: *età —* | immaturo: *atteggiamento —*.

a|dom|brà|re *v.tr.* [indic.pres. *io adómbro...*] **1** (*lett.*) coprire d'ombra **2** (*fig.*) alludere, dichiarare velatamente ♦ *-rsi intr.pron.* **1** (*lett.*) oscurarsi **2** (*di animali, spec. cavallo*) spaventarsi scorgendo un'ombra **3** (*fig., di persona*) offendersi, inquietarsi: — *per una sciocchezza*.

a|dó|ne *s.m.* (*spec. iron.*) giovane di grande bellezza: *non è certo un —*.

a|do|pe|rà|bi|le *agg.* che si può usare, utilizzabile.

a|do|pe|rà|re o **adoprà|re** *v.tr.* [indic.pres. *io adòpero...*] utilizzare, servirsi di ql.co.: — *strumenti adatti* | *il cervello*, pensare, riflettere | — *le mani*, picchiare ♦ *-rsi rifl.* impegnarsi per uno scopo; prestarsi assiduamente: — *per una buona causa*; — *in favore di qlcu*.

a|do|rà|bi|le *agg.* **1** degno di adorazione **2** amabile, affascinante; estremamente gradevole: *un bimbo —; maniere adorabili* □ **adorabilmente** *avv.*

a|do|ràn|te *part.pres. di* adorare ♦ *agg.* in atto di adorare, spec. una divinità.

a|do|rà|re *v.tr.* [indic.pres. *io adòro...*] **1** rivolgere preghiere, offerte e atti di culto a una divinità **2** (*estens.*) fare oggetto di amore, di dedizione: — *la propria famiglia* | essere appassionato di qlcu. o ql.co.: — *un cantante, il cinema* | (*iperb.*) apprezzare: *adoro la pizza*.

a|do|ra|tó|re *s.m.* [f. *-trice*] **1** chi adora **2** (*scherz.*) ammiratore, corteggiatore.

a|do|ra|zió|ne *s.f.* **1** l'atto di venerare una divinità con preghiere, offerte e atti di culto **2** (*estens.*) amore, dedizione: *ha un' — per i figli* | ammirazione: *essere oggetto di — da parte di qlcu.* | passione: *ha una vera — per la lirica*.

a|dor|nà|re *v.tr.* [indic.pres. *io adórno...*] migliorare, abbellire con ornamenti: — *la stanza con quadri* ♦ *-rsi rifl.* abbellirsi con vesti o ornamenti.

a|dór|no *part.pass. di* adornare ♦ *agg.* (*anche fig.*) ornato, decorato.

a|dot|tà|bi|le *agg.* che può essere adottato.

a|dot|ta|bi|li|tà *s.f.* condizione del poter essere adottato.
a|dot|tàn|do *agg.*, *s.m.* [f. *-a*] (*dir.*) che, chi sta per essere adottato.
a|dot|tàn|te *part.pres. di* adottare ♦ *agg.*, *s.m./f.* (*dir.*) che, chi sta prendendo qlcu. in adozione.
a|dot|tà|re *v.tr.* [indic.pres. *io adòtto*...] **1** (*dir.*) assumere legalmente un figlio altrui come proprio **2** (*fig.*) far proprio, scegliere: — *un metodo di studio* | — *un libro di testo*, sceglierlo come manuale scolastico **3** (*fig.*) assumere e mettere in atto: — *nuove misure di sicurezza*.
a|dot|tà|to *part.pass. di* adottare ♦ *agg.*, *s.m.* [f. *-a*] che, chi viene assunto legalmente come figlio da una famiglia diversa da quella di origine.
a|dot|tì|vo *agg.* **1** che è stato oggetto di adozione: *figlio* — **2** che è stato scelto come proprio: *patria adottiva*.
a|do|zió|ne *s.f.* **1** (*dir.*) istituto giuridico attraverso il quale si riconosce come proprio un figlio altrui **2** (*fig.*) scelta: — *di un manuale scolastico* **3** attuazione: — *di una normativa*.
ad per|sò|nam (*lat.*) *loc.agg.invar.* che riguarda una singola persona | pensato appositamente per qlcu.: *provvedimento* —.
a|dre|na|lì|na *s.f.* (*fisiol.*) ormone secreto dalle ghiandole surrenali, che agisce come stimolante su circolazione, respirazione e metabolismo | (*fig.*) *una scarica di* —, una forte emozione.
a|drì|à|ti|co *agg.* [m.pl. *-ci*] relativo al mare Adriatico.
a|du|là|re *v.tr.* [indic.pres. *io adùlo*...] lodare in modo eccessivo e insincero, per interesse o servilismo: — *i superiori*.
a|du|la|tó|re *agg.*, *s.m.* [f. *-trice*] che, chi adula.
a|du|la|tò|rio *agg.* dell'adulatore | che serve o punta ad adulare: *tono* —.
a|du|la|zió|ne *s.f.* elogio eccessivo e insincero fatto per interesse o servilismo; lusinga.
a|dul|te|rà|bi|le *agg.* che può essere adulterato.
a|dul|te|ra|mén|to *s.m.* adulterazione.
a|dul|te|ràn|te *part.pres. di* adulterare ♦ *agg.*, *s.m.* detto di sostanza aggiunta a un prodotto, spec. alimentare, per modificarne la qualità.
a|dul|te|rà|re *v.tr.* [indic.pres. *io adùltero*...] **1** aggiungere, con frode e per lucro, sostanze di minor pregio o nocive a un prodotto, spec. alimentare, modificandone la qualità **2** (*fig.*) snaturare, falsare.
a|dul|te|rà|to *part.pass. di* adulterare ♦ *agg.* **1** mutato con l'aggiunta di sostanze, sofisticato: *vino* — **2** (*fig.*) falsato.
a|dul|te|ra|zió|ne *s.f.* operazione con cui si modifica la qualità di ql.co., spec. prodotti alimentari, a scopo di lucro.
a|dul|te|rì|no *agg.* relativo o conseguente a un adulterio: *relazione adulterina*; *figlio* —.
a|dul|tè|rio *s.m.* relazione amorosa extraconiugale | *commettere* —, violare l'obbligo di fedeltà coniugale.
a|dùl|te|ro *agg.*, *s.m.* [f. *-a*] che, chi commette adulterio.
a|dùl|to *agg.* **1** (*di persona*) pienamente maturo dal punto di vista fisico e psichico | (*di animale o vegetale*) completamente sviluppato e in grado di riprodursi **2** (*fig.*) proprio di una persona matura: *comportamento* — **3** (*fig.*) pienamente sviluppato, progredito: *civiltà* — ♦ *s.m.* [f. *-a*] persona o animale adulto.
a|du|nàn|za *s.f.* riunione organizzata per discutere e prendere decisioni; assemblea: *convocare un'* — | le persone che vi prendono parte.
a|du|nà|re *v.tr.* radunare, riunire insieme: — *i parenti* ♦ *-rsi intr.pron.* riunirsi, convergere in un luogo.
a|du|nà|ta *s.f.* **1** (*mil.*) concentrazione di militari in un luogo determinato: *fissare l'orario per l'* — | *suonare l'* —, chiamare in adunata | —*!*, comando per l'adunata **2** (*estens.*) riunione pubblica, spec. convocata da un'autorità.
a|dùn|co *agg.* [m.pl. *-chi*] ricurvo come un uncino: *becco* —.
a|dun|ghià|re *v.tr.* [indic.pres. *io adùnghio*...] afferrare con unghie o artigli.
a|dùn|que *cong.* (*lett.*) dunque.
a|dù|so *agg.* (*lett.*) abituato, avvezzo: — *agli sforzi*.
advertisement (*ingl.*) [pr. *advertàisment* o *advèrtisment*] *s.m.invar.* annuncio pubblicitario, inserzione.
advertising (*ingl.*) [pr. *advertàising*] *s.m.invar.* attività pubblicitaria.
advisor (*ingl.*) [pr. *advàisor*] *s.m.invar.* società o persona che esegue consulenze professionali.
a|dỳ|na|ton *s.m.* [pl. *adynata*] (*ret.*) figura in cui la possibilità che si avveri un fatto è subordinata a un evento impossibile o paradossale (p.e. *quando pioverà cioccolato, lo farò*).
a|è|do *s.m.* nell'antica Grecia, cantore che narrava le gesta di dei ed eroi accompagnandosi con la lira | (*estens.*) poeta.
a|e|rà|re o **areàre** *v.tr.* [indic.pres. *io àero*...] dare o cambiare aria in un locale: — *una camera*.
a|e|rà|to *part.pass. di* aerare ♦ *s.m.* ventilato, fresco: *locale ben* —.
a|e|ra|tó|re *s.m.* congegno che assicura la circolazione dell'aria negli ambienti chiusi o nei macchinari.
a|e|ra|zió|ne *s.f.* **1** immissione di aria in un ambiente o in un macchinario; ventilazione **2** (*tecn.*) immissione di aria o gas in una sostanza.
à|e|re *s.m.* (*poet.*) aria | cielo.
a|è|re|o[1] *agg.* **1** fatto, costituito d'aria: *spazio* — | leggero come l'aria **2** che si colloca o si innalza in aria: *cavo* — | (*bot.*) **radici aeree**, che si sviluppano fuori terra **3** (*lett.*) elevato: *le aeree vette* **4** relativo all'aeronautica o agli aeromobili: *linee aeree* | *corridoio* —, tratto di cielo delimitato in altezza e larghezza, nel quale corre una rotta aerea | *posta aerea*, trasportata su aeromobili | *fotografia aerea*, fotografia del territorio presa in volo **5** (*anat.*) relativo alle vie respiratorie.
a|è|re|o[2] *s.m.abbr. di* aeroplano.
a|e|re|o|na|và|le *agg.* → **aeronavale**.
à|e|ri— → aero-[1].
a|e|ri|fór|me *agg.* simile per caratteristiche fisi-

che all'aria; gassoso ♦ *s.m.* (*fis.*) sostanza allo stato gassoso.
à|e|ro-[1] o **àeri-** primo elemento di parole composte che significa "aria" (*aerobio, aeriforme*).
à|e|ro-[2] o **àreo-** primo elemento di parole composte che significa "aeromobile" o "aeronautica" (*aeroporto, aerolinea*).
a|e|rò|bi|ca *s.f.* ginnastica in cui i movimenti sono coordinati al ritmo musicale e alla respirazione.
a|e|ro|bi|co *agg.* [m.pl. -*ci*] **1** (*biol.*) proprio dell'aerobiosi **2** riguardante l'aerobica: *ginnastica aerobica*.
a|e|rò|bio *agg., s.m.* (*biol.*) detto di organismo in grado di vivere solo in presenza di ossigeno: *batteri aerobi*.
a|e|ro|biò|si *s.f.* (*biol.*) forma di vita per cui è necessaria la presenza di ossigeno.
a|e|ro|bri|ga|ta *s.f.* (*mil.*) unità operativa dell'aeronautica militare.
a|e|ro|ci|stèr|na *s.f.* (*aer.*) aeroplano usato per trasportare il carburante e rifornire in volo altri aeroplani.
a|e|ro|club [pr. *aeroklàb*] *s.m.* (*aer.*) associazione privata di volo sportivo.
a|e|ro|di|na *s.f.* (*tecn.*) qualsiasi aeromobile più pesante dell'aria che si tiene in volo principalmente grazie a forze legate al movimento.
a|e|ro|di|nà|mi|ca *s.f.* **1** (*fis.*) settore della meccanica che studia i fenomeni legati al movimento dei fluidi gassosi, anche in rapporto con i corpi solidi **2** (*com.*) aerodinamicità: *quell'auto ha una buona* —.
a|e|ro|di|na|mi|ci|tà *s.f.* **1** le proprietà aerodinamiche complessive di un corpo **2** caratteristica di ciò che è strutturato in modo da offrire la minima resistenza all'aria.
a|e|ro|di|nà|mi|co *agg.* [m.pl. -*ci*] **1** che riguarda l'aerodinamica: *legge aerodinamica* **2** strutturato in modo da offrire la minima resistenza all'aria | (*estens.*) affusolato, slanciato: *carrozzeria aerodinamica* ♦ *s.m.* [f. -*a*] esperto di aerodinamica.
a|e|ro|fa|gì|a *s.f.* (*med.*) eccessiva ingestione di aria durante la deglutizione.
a|e|ro|fà|ro *s.m.* (*aer.*) sistema di segnalazione luminoso che indica punti di riferimento utili al volo notturno.
a|e|rò|fi|to *agg.* detto di pianta le cui radici sono interamente aeree.
a|e|ro|fo|bi|a *s.f.* (*med.*) paura patologica dell'aria e del vento.
a|e|rò|fo|no *s.m.* **1** (*spec.pl.*) strumento musicale in cui il suono è prodotto facendo vibrare una colonna d'aria (p.e. la tromba) **2** (*mil.*) apparecchio usato un tempo nella difesa antiaerea, in grado di individuare distanza e provenienza dei suoni.
a|e|rò|fo|ro *s.m.* congegno usato per aerare ambienti sprovvisti di aria respirabile.
a|e|ro|fo|to|gra|fì|a *s.f.* **1** tecnica che consente di fotografare la superficie terrestre da aerei in volo **2** la fotografia così ottenuta.

a|e|ro|gèt|to *s.m.* (*aer.*) aereo a reazione, aeroreattore.
a|e|ro|gi|ro *s.m.* (*aer.*) qualsiasi aeromobile il cui volo sia sostenuto da ali rotanti (p.e. l'elicottero).
a|e|ro|gra|fì|a *s.f.* **1** verniciatura ottenuta con l'aerografo **2** tecnica di verniciatura in cui si usa l'aerografo.
a|e|ro|gra|fì|sta *s.m./f.* [pl. -*i*] chi realizza verniciature o lavori grafici con l'aerografo.
a|e|rò|gra|fo *s.m.* apparecchio ad aria compressa che, spruzzando vernice polverizzata, consente di eseguire verniciature uniformi e lavori grafici complessi.
a|e|ro|gràm|ma *s.m.* [pl. -*i*] biglietto postale con affrancatura prestampata specifico per la spedizione via aerea.
a|e|ro|li|ne|a *s.f.* (*aer.*) servizio di trasporto aereo operato regolarmente su una determinata rotta.
a|e|ro|lo|gì|a *s.f.* (*meteor.*) studio delle condizioni atmosferiche di alta quota.
a|e|ro|ma|rìt|ti|mo *agg.* (*aer.*) detto di attività aeree che si svolgono sopra il mare: *operazione* —.
a|e|ro|mec|cà|ni|ca *s.f.* (*fis.*) settore della meccanica che studia le sostanze gassose in stato di moto e quiete.
a|e|ro|mò|bi|le *s.m.* qualsiasi veicolo in grado di sostenersi e muoversi in volo.
a|e|ro|mo|dell|ì|smo *s.m.* l'attività, spec. ricreativa, di chi realizza aeromodelli.
a|e|ro|mo|del|lì|sti|ca *s.f.* aeromodellismo.
a|e|ro|mo|del|lì|sta *s.m./f.* [m.pl. -*i*] chi realizza aeromodelli, spec. per hobby.
a|e|ro|mo|dèl|lo *s.m.* aeromobile realizzato in scala ridotta, con o senza motore, per fini sportivi, ricreativi o sperimentali.
a|e|ro|nàu|ti|ca *s.f.* **1** scienza e tecnica della progettazione e costruzione di aeromobili **2** corpo civile o militare addetto alla navigazione aerea; aviazione.
a|e|ro|nàu|ti|co *agg.* [m.pl. -*ci*] che riguarda l'aeronautica.
a|e|ro|na|và|le o **aeronavàle** *agg.* detto di attività o operazione condotta congiuntamente da aerei e navi: *attacco* —.
a|e|ro|nà|ve *s.f.* **1** dirigibile **2** astronave.
a|e|ro|na|vi|ga|zió|ne *s.f.* navigazione aerea.
a|e|ro|plà|no o **aeroplàno** *s.m.* aeromobile dotato di ali e motore, in grado di alzarsi, mantenersi in volo e muoversi all'interno dell'atmosfera usando propulsori propri | — *a reazione*, aerogetto.
a|e|ro|pòr|to o **aeropòrto** *s.m.* l'insieme di superfici e attrezzature predisposte sia per il decollo, l'atterraggio e la manutenzione di aerei, sia per il movimento di passeggeri e merci | — *civile, militare*, riservati al volo di aerei civili, militari | — *internazionale*, dove partono e arrivano voli che collegano due o più Stati.
a|e|ro|por|tuà|le *agg.* che riguarda un aeroporto: *scalo* — ♦ *s.m./f.* chi lavora in un aeroporto.

a|e|ro|po|stà|le *agg.* relativo alla posta aerea ♦ *s.m.* aereo adibito al trasporto postale.

a|e|ro|ràz|zo *s.m.* (*aer.*) aeroplano con propulsione a razzi.

a|e|ro|re|at|tó|re *s.m.* (*aer.*) aeroplano spinto da un reattore che alimenta la combustione con l'aria dell'atmosfera; aereo a reazione.

a|e|ro|ri|més|sa *s.f.* locale per il ricovero degli aeromobili; hangar.

a|e|ro|sbàr|co *s.m.* [pl. *-chi*] (*mil.*) sbarco di truppe e mezzi da aerei.

a|e|ro|scà|lo *s.m.* 1 aeroporto per dirigibili 2 aeroporto in cui gli aerei compiono uno scalo intermedio durante un lungo volo.

a|e|ro|sci|vo|làn|te *s.m.* (*mar.*) veicolo formato da un cuscino ad aria sollevato dall'azione di potenti getti d'aria; hovercraft.

a|e|ro|sfè|ra *s.f.* 1 (*fis.*) involucro gassoso che avvolge un corpo celeste 2 (*com.*) atmosfera.

a|e|ro|si|lu|ràn|te *s.m.* aereo armato di siluri.

a|e|ro|si|lù|ro *s.m.* siluro lanciato da aereo.

a|e|ro|sòl *s.m.invar.* 1 (*fis.*) sospensione colloidale di particelle liquide o solide in un gas 2 (*med.*) sospensione colloidale di sostanze medicamentose nell'aria, utilizzata nella terapia di sinusiti, asma e sim. | (*estens.*) apparecchio per fare l'aerosolterapia | (*com.*) aerosolterapia: *fare l'—*.

a|e|ro|sol|te|ra|pì|a *s.f.* (*med.*) terapia per sinusiti, asma e sim., nella quale il medicamento viene somministrato allo stato di aerosol.

a|e|ro|spa|zià|le *agg.* relativo alla navigazione spaziale: *agenzia —*.

a|e|ro|stà|ti|ca *s.f.* (*fis.*) studio dell'equilibrio dei corpi immersi nell'aria.

a|e|ro|stà|ti|co *agg.* [m.pl. *-ci*] 1 riguardante gli aerostati o l'aerostatica 2 che si libra nell'aria per spinta aerostatica | *pallone —*, aerostato senza motore, mongolfiera.

a|e|rò|sta|to *s.m.* (*tecn.*) aeromobile a sostentazione statica, che cioè si tiene in volo perché più leggero dell'aria; con motore (*dirigibile*) o senza (*pallone aerostatico*).

a|e|ro|sta|zió|ne *s.f.* negli aeroporti civili, insieme degli edifici adibiti al servizio passeggeri.

a|e|ro|tà|xi o **aerotassì** *s.m.invar.* velivoli di piccole dimensioni usati per il trasporto passeggeri su brevi distanze.

a|e|ro|tèc|ni|ca *s.f.* branca dell'ingegneria aeronautica che si occupa della progettazione e costruzione degli aeromobili.

a|e|ro|te|ra|pì|a *s.f.* (*med.*) cura degli organi della respirazione mediante apparecchi ad aria compressa o rarefatta.

a|e|ro|tra|spor|tà|re *v.tr.* [indic.pres. *io aerotrasporto...*] (*spec. mil.*) trasportare uomini o cose per via aerea: *mezzi aerotrasportati*.

a|e|ro|tra|spòr|to *s.m.* trasporto per via aerea.

a|e|ro|tur|bì|na *s.f.* (*tecn.*) dispositivo o impianto che trasforma l'energia cinetica del vento in energia elettrica.

a|e|ro|vì|a *s.f.* corridoio aereo nel quale è assicurato agli aeromobili l'assistenza radio delle basi a terra.

à|fa *s.f.* caldo umido e soffocante.

A|fa|nit|te|ri *s.m.pl.* ordine di Insetti parassiti, privi di ali, di cui fa parte la pulce.

a|fa|sì|a *s.f.* (*med., psicol.*) disturbo del linguaggio che comporta difficoltà o incapacità di parlare o comprendere le parole.

a|fà|si|co *agg.* [m.pl. *-ci*] (*med., psicol.*) che riguarda l'afasia: *soggetto —* ♦ *s.m.* [f. *-a*] chi è stato colpito da afasia.

a|fè|lio *s.m.* (*astr.*) nell'orbita di un pianeta, punto di massima distanza dal Sole.

a|fè|re|si *s.f.* 1 (*ling.*) eliminazione della vocale o della sillaba iniziale di una parola (p.e. *state* per *estate*) 2 gioco enigmistico nel quale si devono trovare due parole di cui una sia ottenuta togliendo la lettera o la sillaba iniziale all'altra (p.e. *porre* da *frapporre*) 3 (*med.*) asportazione chirurgica parziale o totale di un organo.

af|fà|bi|le *agg.* che tratta con familiarità e cortesia | che ispira fiducia: *comportamento —* □ **affabilmente** *avv.*

af|fa|bi|li|tà *s.f.* gentilezza, cordialità.

af|fa|bu|là|re *v.tr.* (*lett.*) raccontare in forma di favola | (*estens.*) raccontare in modo piacevole.

af|fa|bu|la|tó|re *s.f.* (*lett.*) chi affabula | (*estens.*) narratore abile e affascinante.

af|fa|bu|la|zió|ne *s.f.* (*lett.*) narrazione in forma favolistica | (*estens.*) intreccio dei fatti in un romanzo, racconto e sim.

af|fac|cen|da|mén|to *s.m.* l'affacendarsi.

af|fac|cen|dà|re *v.tr.* [indic.pres. *io affaccèndo...*] (*raro*) impegnare attivamente qlcu. in un'attività ♦ *-rsi rifl.* darsi molto da fare, impegnarsi in ql.co.: *— per organizzare una festa*.

af|fac|cen|dà|to *part.pass.* di **affaccendare** ♦ *agg.* indaffarato, molto occupato ♦ (*iron.*) **in faccende —**, preso da molti impegni.

af|fac|cià|re *v.tr.* [indic.pres. *io affàccio...*] 1 (*raro*) mostrare, spec. da una finestra o sim. 2 (*fig.*) esporre, avanzare: *— una perplessità* ♦ *-rsi rifl.* 1 sporgersi da una finestra, una porta e sim., per vedere o farsi vedere: *— al balcone* 2 (*estens.*) venire in contatto con ql.co. per la prima volta: *— al mondo del lavoro* 3 (*fig.*) presentarsi alla mente ♦ *intr.pron.* (*di cose*) rivolgersi: *la finestra s'affaccia sul cortile*.

affaire (*fr.*) [pr. *affèr*] *s.m.invar.* caso politico o giudiziario clamoroso e intricato: *l'— Moro*.

af|fa|mà|re *v.tr.* 1 ridurre alla fame: *la carestia affama la popolazione* 2 (*estens.*) ridurre in miseria.

af|fa|mà|to *part.pass.* di **affamare** ♦ *agg.* 1 che ha fame, che patisce la fame 2 (*fig.*) desideroso, avido: *— di gloria* ♦ *s.m.* [f. *-a*] chi patisce la fame | (*estens.*) povero.

af|fa|ma|tó|re *s.m.* [f. *-trice*] chi riduce alla fame | sfruttatore.

af|fan|nà|re *v.tr.* 1 causare difficoltà di respirazione 2 (*fig.*) provocare ansia, angoscia ♦ *-rsi intr.pron.* 1 provare affanno 2 (*fig.*) angosciarsi

3 darsi da fare, anche in modo frenetico o ansioso: — *per il lavoro*.
af|fan|nà|to *part.pass. di* affannare ♦ *agg.* **1** ansimante: *respiro* — **2** angosciato: — *per l'esame* **3** indaffarato: — *per la partenza*.
af|fàn|no *s.m.* **1** respirazione difficoltosa, per sforzo fisico, malattia o forte emozione **2** (*fig.*) inquietudine, angoscia, ansia: *vivere, stare in* —.
af|fan|nó|so *agg.* **1** che denota affanno: *respiro* — **2** (*fig.*) angoscioso, ansioso: *ricerca affannosa dei dispersi* □ **affannosamente** *avv*.
af|far|del|là|re *v.tr.* [indic.pres. *io affardèllo...*] **1** riunire più cose alla rinfusa **2** (*mil.*) sistemare il corredo personale nello zaino secondo le disposizioni del regolamento.
af|fà|re *s.m.* **1** cosa da fare; faccenda, impegno: *un — urgente da sbrigare* | **Affari esteri**, i rapporti di uno Stato con gli altri **2** operazione economica volta alla realizzazione di un profitto: *fare buoni, cattivi affari; concludere un* — | *uomo d'affari*, finanziere, imprenditore | (*per anton.*) **un** (*vero*) —, una buona occasione, detto spec. di un acquisto **3** caso politico o giudiziario clamoroso e intricato; affaire **4** (*fam.*) questione che non si vuole precisare | **è** — *mio*, riguarda solo me | (*fam.*) *farsi gli affari propri*, occuparsi solo di sé, senza interessarsi agli altri | *un brutto* —, una situazione difficile, sgradevole **5** (*fam.*) oggetto non precisato: *cos'è quell'*—?; *dammi l'*— *rosso*.
af|fa|rì|smo *s.m.* mentalità, attività di procurarsi guadagno, spec. senza scrupoli morali.
af|fa|rì|sta *s.m./f.* [m.pl. -*i*] chi pensa solo a guadagnare, anche a discapito della morale | speculatore.
af|fa|rì|sti|co *agg.* [m.pl. -*ci*] proprio degli affari o degli affaristi: *mondo* —.
af|fa|sci|nàn|te *part.pres. di* affascinare ♦ *agg.* capace di attrarre, di sedurre: *una persona* — | incantevole, delizioso: *un panorama* —.
af|fa|sci|nà|re *v.tr.* [indic.pres. *io affàscino*...] **1** (*di persona*) attrarre, sedurre: — *con uno sguardo* **2** (*di cosa*) conquistare, interessare: *quel mistero mi affascina*.
af|fa|stel|là|mén|to *s.m.* accozzaglia, ammasso senza ordine.
af|fa|stel|là|re *v.tr.* [indic.pres. *io affastèllo*...] (*anche fig.*) ammassare alla rinfusa, accozzare: — *libri, frasi*.
af|fa|ti|ca|mén|to *s.m.* stanchezza fisica o mentale.
af|fa|ti|cà|re *v.tr.* [indic.pres. *io affatìco, tu affatìchi...*] sottoporre a sforzi, spec. intensi o prolungati: — *gli occhi*; *la camminata l'ha affaticato molto* ♦ **-rsi** *rifl.* **1** stancarsi per uno sforzo o una tensione: — *per il trasloco* **2** applicarsi con impegno e tenacia.
af|fa|ti|cà|to *part.pass. di* affaticare ♦ *agg.* stanco.
af|fàt|to *avv.* **1** (*lett.*) completamente, del tutto: *opinioni* — *diverse* **2** [in prop. neg. come raff.] per niente: *non ho* — *freddo* | *niente* —, assolutamente no **3** [assol., spec. nelle risposte] no, per niente: *"Sei d'accordo?" "—!"*.

af|fat|tu|rà|re *v.tr.* (*raro*) fare a qlcu. una fattura, una stregoneria.
af|fe|rèn|te *part.pres. di* afferire ♦ *agg.* **1** (*bur.*) riguardante ql.co.: — *il* (o *al*) *caso* **2** (*anat.*) che ha funzione conduttiva | *vasi afferenti*, i condotti che trasportano sangue o linfa.
af|fe|rì|re *v.intr.* [indic.pres. *io afferìsco, tu afferìsci*...; aus. *A*] (*bur.*) riguardare, essere attinente a ql.co.: *i documenti che afferiscono al processo*.
af|fer|mà|bi|le *agg.* che può essere affermato.
af|fer|mà|re *v.tr.* [indic.pres. *io affèrmo*...] **1** dichiarare, dire ql.co. con certezza: *affermava di non sapere nulla*; — *la propria innocenza* | (*assol.*) dire di sì **2** sostenere con decisione, rivendicare: — *un diritto* ♦ **-rsi** *rifl.* **1** emergere, avere successo: — *nel mondo dello spettacolo*; — *come medico* | vincere: — *in una competizione* **2** acquistare credito, notorietà: *un'idea che si è affermata da tempo*.
af|fer|ma|ti|vo *agg.* che afferma o serve ad affermare: *cenno* — □ **affermativamente** *avv*.
af|fer|mà|to *part.pass. di* affermare ♦ *agg.* che ha raggiunto una posizione lavorativa di rilievo: *un medico* — | *famoso*.
af|fer|ma|zió|ne *s.f.* **1** espressione con cui si comunica un'opinione; asserzione **2** successo: *ha raggiunto la piena* — | *notorietà*.
af|fer|rà|bi|le *agg.* **1** che può essere afferrato **2** (*fig.*), comprensibile.
af|fer|rà|re *v.tr.* [indic.pres. *io affèrro...*] **1** prendere, stringere forte: — *una corda*; — *qlcu. per la camicia* **2** (*fig.*) cogliere al volo: — *un'occasione* **3** (*fig.*) capire appieno: — *il concetto* ♦ **-rsi** *rifl.* (*anche fig.*) attaccarsi con forza, tenersi a ql.co.: — *alla maniglia, alla speranza*.
af|fet|tà|re[1] *v.tr.* [indic.pres. *io affétto*...] tagliare a fette: — *la torta*.
af|fet|tà|re[2] *v.tr.* [indic.pres. *io affètto*...] esibire qualità che non si possiedono o sentimenti che non si provano.
af|fet|tà|to[1] *part.pass. di* affettare[1] ♦ *s.m.* salume che si mangia tagliato a fette: *un vassoio di affettati misti*.
af|fet|tà|to[2] *part.pass. di* affettare[2] ♦ *agg.* artefatto, ostentato □ **affettatamente** *avv*.
af|fet|ta|trì|ce *s.f.* macchina per tagliare a fette salumi e sim.
af|fet|ta|tù|ra *s.f.* azione del tagliare a fette: *l'* — *del prosciutto*.
af|fet|ta|zió|ne *s.f.* modo di atteggiarsi artefatto, che ostenta sentimenti o qualità che non si hanno.
af|fet|ti|vi|tà *s.f.* capacità e disposizione al provare affetti **2** (*psicol.*) insieme dei sentimenti e delle emozioni provati da un individuo.
af|fet|ti|vo *agg.* relativo all'affetto o alla sfera dell'affettività: *manifestazione affettiva* □ **affettivamente** *avv*.
af|fèt|to[1] *s.m.* **1** sentimento di profondo attaccamento; bene; *provare* — *per qlcu., per ql.co.*; — *filiale, paterno* **2** l'oggetto di tale sentimento: *il*

nipote è l'unico suo — **3** (*lett.*) sentimento, moto dell'animo: *tumulto di affetti.*

af|fet|to² *agg.* **1** (*lett.*) preso da un sentimento o uno stato d'animo: — *da nostalgia* **2** colpito da una malattia: — *da bronchite.*

af|fet|tuo|si|tà *s.f.* **1** stato d'animo di chi è affettuoso **2** gesto, comportamento affettuoso.

af|fet|tuó|so *agg.* che prova affetto; incline all'affetto: *una persona affettuosa* | che manifesta, comunica affetto: *un gesto* — □ **affettuosamente** *avv.*

af|fe|zio|nà|re *v.tr.* [indic.pres. *io affezióno...*] suscitare un legame di affetto | suscitare interesse: — *i ragazzi allo sport* ♦ **-rsi** *rifl.* legarsi affettivamente a qlcu. o ql.co.

af|fe|zio|nà|to *part.pass. di affezionare* ♦ *agg.* legato da affetto: *è molto — alla sorella* | *un cliente —,* cliente abitudinario.

af|fe|zió|ne *s.f.* **1** disposizione d'animo affettuosa; legame affettuoso **2** (*med.*) malattia: — *renale.*

af|fian|cà|re *v.tr.* [indic.pres. *io affiànco, tu affiànchi...*] **1** mettere a fianco; avvicinare: — *due sedie* **2** (*fig.*) aiutare, sostenere: *nello studio sono affiancato da un tutor* ♦ **-rsi** *rifl.* mettersi a fianco di qlcu. o ql.co.

af|fia|ta|mén|to *s.m.* accordo, rapidità di intesa tra persone che collaborano alla stessa attività: *l'— della squadra.*

af|fia|tà|re *v.tr.* creare affiatamento ♦ **-rsi** *rifl.*, *rifl.rec.* acquistare sintonia, intesa | (*estens.*) acquistare familiarità.

af|fia|tà|to *part.pass. di* affiatare ♦ *agg.* che agisce in sintonia, in buona intesa con altri.

af|fib|bià|re *v.tr.* [indic.pres. *io affibbio...*] **1** unire usando fibbie o altri fermagli: — *l'orologio* **2** (*fam.*) dare ql.co. di sgradito: — *un incarico* | assestare: — *uno sberlone* | appioppare: — *un soprannome.*

affiche (*fr.*) [pr. *afish*] *s.f.invar.* manifesto, locandina.

af|fi|dà|bi|le *agg.* che merita fiducia, che dà garanzie: *un mezzo, una persona —.*

af|fi|da|bi|li|tà *s.f.* **1** grado di fiducia che si può riporre in qlcu. o ql.co.: *l'— di un servizio* **2** (*tecn.*) costanza e sicurezza di buon funzionamento: *l'— di un'auto.*

af|fi|da|mén|to *s.m.* **1** l'atto di affidare, di dare in custodia: *dare i propri gioielli in — alla banca* | (*dir.*) — *di minore*, assegnamento provvisorio, a famiglia o ente, di un minorenne privo di assistenza familiare **2** fiducia | *fare* — *su qlcu.,* contare sul suo appoggio.

af|fi|dà|re *v.tr.* lasciare, provvisoriamente o definitivamente, qlcu. o ql.co. in custodia di altri: — *un figlio ai nonni* | assegnare: — *un incarico a qlcu.* ♦ **-rsi** *rifl.* abbandonarsi alla cura, alla protezione di qlcu.; confidare: — *a un dottore;* — *alla clemenza della Corte.*

af|fi|da|tà|rio *agg., s.m.* [f. *-a*] (*dir.*) che, chi ha in affidamento qlcu. o ql.co.

af|fi|do *s.m.* (*dir.*) affidamento di minore.

af|fie|vo|li|mén|to *s.m.* diminuzione, indebolimento: — *della voce.*

af|fie|vo|lì|re *v.tr.* [indic.pres. *io affievolisco, tu affievolisci...*] rendere fievole, debole; smorzare: — *la luce* ♦ **-rsi** *intr.pron.* (*anche fig.*) diventare debole; diminuire: *le speranze si affievoliscono.*

af|fìg|ge|re *v.tr.* [indic. pres. *io affìggo, tu affìggi...*; pass.rem. *io affìssi, tu affiggésti...*; part.pass. *affisso*] appendere, attaccare in luogo pubblico, spec. su muro: — *un manifesto.*

af|fi|la|col|tèl|li *s.m.invar.* utensile per affilare la lama dei coltelli.

af|fi|là|re *v.tr.* **1** dare o ridare efficienza a una lama, renderla tagliente: — *il rasoio* | (*estens.*) appuntire: — *la matita* | (*fig.*) — *le armi*, prepararsi alla battaglia **2** (*estens.*) smagrire ♦ **-rsi** *intr.pron.* assottigliarsi, dimagrire.

af|fi|là|to *part.pass. di* affilare ♦ *agg.* **1** molto tagliente: *una lama affilata* **2** (*estens.*) sottile, magro, scarno: *naso, viso —.*

af|fi|la|tó|io *s.m.* strumento usato per affilare.

af|fi|la|trì|ce *s.f.* macchina con mole rotanti per affilare utensili metallici.

af|fi|la|tù|ra *s.f.* **1** l'operazione dell'affilare | il risultato di tale operazione **2** parte affilata della lama.

af|fi|liàn|do *agg., s.m.* [f. *-a*] che, chi sta per essere affiliato.

af|fi|lià|re *v.tr.* [indic.pres. *io affilio...*] inserire, iscrivere qlcu. a un'organizzazione o associazione, spec. iniziatica o segreta ♦ **-rsi** *rifl.* entrare in un'organizzazione, associazione o setta: — *alla camorra.*

af|fi|lià|to *part.pass. di* affiliare ♦ *agg., s.m.* [f. *-a*] che, chi è iscritto a un'organizzazione, associazione o setta: *gli affiliati alla società sportiva.*

af|fi|lia|zió|ne *s.f.* inserimento, iscrizione a un'organizzazione, associazione o setta..

af|fi|na|mén|to *s.m.* raffinamento, perfezionamento: — *dello stile.*

af|fi|nà|re *v.tr.* **1** rendere più fine; appuntire, affilare: — *una lama* | (*fig.*) —, *l'ingegno*, farsi più perspicace **2** raffinare, liberare dalle impurità, spec. vetro o metallo: — *l'argento* **3** (*fig.*) perfezionare: — *la tecnica pittorica* | ingentilire: — *i propri modi* ♦ **-rsi** *rifl.* perfezionarsi, migliorare: *il suo stile si è affinato.*

af|fin|ché *cong.* [introduce una prop. finale, con verbo al congiunt. pres. o imperf.] al fine di, con lo scopo che: *lo dico — sia chiaro; l'ho fatto — tu fossi felice.*

af|fì|ne *agg.* simile, analogo: *uno stile — al mio* | (*comm.*) dello stesso genere: *alimentari e generi affini* ♦ *s.m./f. spec.pl.* parenti acquisiti del coniuge (p.e. suocero, cognata).

af|fi|ni|tà *s.f.* **1** somiglianza; consonanza: — *di gusti* **2** reciproca simpatia, attrazione | — *elettiva*, attrazione reciproca tra persone con stessi gusti, idee o abitudini **3** (*dir.*) vincolo di parentela che unisce un coniuge ai parenti dell'altro coniuge **4** (*chim.*) tendenza degli elementi a combinarsi tra loro.

af|fio|chi|mén|to *s.m.* indebolimento, diminuzione.
af|fio|chì|re *v.tr.* [indic.pres. *io affiochisco, tu affiochisci...*] rendere fioco, attutire, smorzare: — *la luce* ♦ *intr.* [aus. *E*], **-rsi** *intr.pron.* divenire fioco, smorzarsi.
af|fio|ra|mén|to *s.m.* **1** emersione in superficie di un corpo immerso **2** (*geol.*) porzione di giacimento minerario o di formazione rocciosa che appare in superficie.
af|fio|rà|re *v.intr.* [indic.pres. *io affióro...*; aus. *E*] **1** apparire alla superficie o all'esterno; emergere, spuntare: — *dalla nebbia, dall'acqua* **2** (*fig.*) divenire visibile, venire alla luce; trapelare: *l'imbarazzo affiorò sul suo volto*; affiorano *nuovi elementi*.
af|fis|sió|ne *s.f.* esposizione in luogo pubblico di manifesti, avvisi e sim.: *l'— della graduatoria* | — *abusiva*, quella al di fuori degli spazi appositi.
af|fìs|so *part.pass. di* affiggere ♦ *s.m.* **1** avviso esposto in luogo pubblico **2** (*ling.*) elemento che è aggiunto in inizio (*prefisso*), mezzo (*infisso*) o fine (*suffisso*) di parola per modificarne il significato (p.e. *maxi-, -issimo*).
af|fit|ta|cà|me|re *s.m./f.invar.* persona che dà in affitto camere ammobiliate.
af|fit|tà|re *v.tr.* **1** concedere l'utilizzo o il godimento di ql.co. dietro pagamento di un canone periodico: — *un appartamento* | dare a nolo: — *una barca* **2** prendere in affitto, a nolo: *ho affittato una roulotte*.
af|fìt|to *s.m.* **1** cessione a tempo determinato di un bene dietro pagamento di un canone periodico; locazione: *prendere, dare in — una stanza* | (*estens.*) noleggio **2** pagamento per la concessione temporanea di un bene; canone: *un — elevato*; *riscuotere l'—*.
af|fit|tuà|rio *s.m.* [f. *-a*] chi ha preso in affitto un bene immobile; locatario.
af|flà|to *s.m.* (*lett.*) soffio | (*fig.*) — *poetico*, ispirazione.
af|flìg|ge|re *v.tr.* [indic.pres. *io affliggo, tu affliggi...*; pass.rem. *io afflissi, tu affliggésti...*; part.pass. *afflitto*] **1** dare dolore, fisico o morale; rattristare: *quella notizia lo afflisse profondamente* **2** tormentare: *la malattia lo affliggeva* ♦ **-rsi** *intr.pron.* soffrire, tormentarsi: — *per delle sciocchezze*.
af|flìt|to *part.pass. di* affliggere ♦ *agg.,s.m.* [f. *-a*] che, chi è sofferente, tormentato: *consolare gli afflitti*.
af|fli|zió|ne *s.f.* **1** stato di tristezza, sofferenza, angoscia **2** tormento, sventura: *una grave — lo colpì*.
af|flo|scià|re *v.tr.* [indic.pres. *io afflòscio...*] **1** rendere floscio, molle **2** (*fig.*) indebolire ♦ **-rsi** *intr.pron.* **1** diventare floscio, perdere consistenza | sgonfiarsi: *il pallone s'è afflosciato* **2** (*fig.*) accasciarsi, svenire: *si è afflosciato a terra*.
af|fluèn|te *part.pres. di* affluire ♦ *s.m.* corso d'acqua che si immette in un fiume maggiore; immissario.

af|fluèn|za *s.f.* l'affluire | afflusso di persone in un luogo: *l'— all'assemblea*.
af|fluì|re *v.intr.* [indic.pres. *io affluisco, tu affluisci...*; aus. *E*] **1** (*di liquido*) scorrere verso un luogo **2** (*estens.*) raccogliersi in un luogo; riversarsi: *la folla affluisce nell'arena* | essere convogliato: *il denaro delle tasse affluisce nelle casse statali*.
af|flùs|so *s.m.* **1** movimento di un liquido verso un luogo: *l'— dell'acqua alla diga* **2** (*estens.*) concentrazione di cose o persone in un luogo.
af|fo|ga|mén|to *s.m.* l'atto di annegare o far annegare.
af|fo|gà|re *v.tr.* [indic.pres. *io affógo, tu affóghi...*] uccidere ql.cu. immergendolo in acqua o sim.; annegare | — *ql.co. nell'alcol*, bere smodatamente per dimenticare un ricordo spiacevole ♦ *intr.* [aus. *E*] morire per annegamento: *è affogato nel fiume* ♦ **-rsi** *rifl.* suicidarsi per annegamento.
af|fo|gà|to *part.pass. di* affogare ♦ *agg.* morto o ucciso per affogamento | *gelato* —, con sopra versato del caffè o liquore ♦ *s.m.* gelato affogato.
af|fol|la|mén|to *s.m.* concentrazione di un gran numero di persone; ressa, folla.
af|fol|là|re *v.tr.* [indic.pres. *io affóllo o affòllo...*] riempire di folla un luogo; gremire: *i tifosi affollano lo stadio* ♦ **-rsi** *intr.pron.* (*anche fig.*) radunarsi in folla, accalcarsi: *i clienti si affollavano al bancone*; *i dubbi si affollavano nella mente*.
af|fol|là|to *part.pass. di* affollare ♦ *agg.* pieno di folla; gremito: *un mercato —*.
af|fon|da|mén|to *s.m.* l'affondare | la conseguenza che ne deriva: *l'— della portaerei*.
af|fon|dà|re *v.tr.* [indic.pres. *io affóndo...*] **1** sommergere ql.co. in un liquido | mandare a fondo: — *un'imbarcazione* **2** far penetrare in profondità, infilare a fondo: — *le radici nella terra* | (*sport*) — *i colpi*, nel pugilato, attaccare con decisione | (*anche fig.*) — *l'acceleratore*, accelerare notevolmente ♦ *intr.* [aus. *E*] **1** andare a fondo: *la nave affonda* **2** (*anche fig.*) sprofondare: — *nel sonno*.
af|fón|do *s.m.* (*sport*) **1** nella scherma, colpo d'attacco portato con il braccio armato disteso in avanti e la gamba corrispondente piegata a sostenere il peso del corpo **2** nella ginnastica, movimento in avanti appoggiandosi su una gamba piegata **3** (*estens.*) azione d'attacco: *il ciclista tenta l'affondo decisivo*.
af|fos|sa|mén|to *s.m.* **1** sprofondamento | (*fig.*) cancellazione, annullamento: *l'— di un'iniziativa* **2** avvallamento del terreno.
af|fos|sà|re *v.tr.* [indic.pres. *io affòsso...*] **1** scavare, incavare **2** (*fig.*) bloccare, accantonare, cancellare: *hanno affossato il nostro progetto* | rovinare ql.cu.: *gli scandali lo hanno affossato* ♦ **-rsi** *intr.pron.* incavarsi.
af|fos|sa|tó|re *s.m.* [f. *-trice*] **1** chi scava fosse, spec. in cimitero; becchino **2** (*fig.*) chi blocca i progetti altrui.
af|fran|ca|mén|to *s.m.* liberazione dalla servitù o da debiti, obblighi e sim.

af|fran|cà|re v.tr. [indic.pres. *io affranco, tu affranchi...*] **1** (anche fig.) liberare, emancipare: — *gli schiavi* **2** (dir.) liberare un bene da oneri: — *una casa dall'ipoteca* **3** applicare i francobolli su una lettera, cartolina e sim. ♦ **-rsi** rifl. (anche fig.) liberarsi, emanciparsi: — *dalla paura*.

af|fran|ca|tu|ra s.f. apposizione di francobolli su lettere, cartoline e sim. | i francobolli stessi.

af|fràn|to agg. sfinito in senso fisico o morale; abbattuto, fiaccato: — *dal dolore*.

af|fra|tel|la|mén|to s.m. unione fraterna; legame solidale.

af|fra|tel|là|re v.tr. [indic.pres. *io affratèllo...*] far sentire come fratelli; creare un legame di solidarietà ♦ **-rsi** rifl.rec. unirsi in fraterna amicizia.

af|fre|sca|re v.tr. [indic.pres. *io affrésco, tu affréschi...*] dipingere o decorare con la tecnica dell'affresco.

af|fre|schi|sta s.m./f. [m.pl. *-i*] pittore che usa la tecnica dell'affresco.

af|fré|sco s.m. [pl. *-schi*] **1** tecnica pittorica in cui i colori sono stesi su una superficie muraria ricoperta da intonaco ancora fresco | il dipinto eseguito con tale tecnica **2** (fig.) rappresentazione letteraria, cinematografica e sim. che descrive un'epoca: *questo film è un — degli anni Cinquanta*.

af|fret|tà|re v.tr. [indic.pres. *io affrétto...*] **1** rendere più rapido; accelerare: — *il passo* **2** cercare di anticipare: — *la partenza* ♦ **-rsi** rifl. far presto: *affrettati, sei in ritardo!* | sbrigarsi: — *a completare il lavoro*.

af|fret|tà|to part.pass. di affrettare ♦ agg. **1** accelerato, sveltito: *una camminata affrettata* **2** (estens.) svolto in fretta, con poca cura: *un compito* — ☐ **affrettatamente** avv.

af|fri|cà|to agg. (ling.) detto di suono consonantico ottenuto combinando in rapida successione una occlusiva con una fricativa (p.e. la *c* di *cena*).

af|fron|tà|re v.tr. [indic.pres. *io affrónto...*] **1** andare incontro a qlcu. con decisione: — *il direttore* | fronteggiare con disposizione ostile: — *i nemici* **2** andare incontro con risolutezza a una situazione difficile o rischiosa: — *una malattia* ♦ **-rsi** rifl.rec. scontrarsi in combattimento: *gli eserciti si affrontarono sul campo* | misurarsi, confrontarsi: *le due squadre si affrontavano con impegno*.

af|fron|tà|to part.pass. di affrontare ♦ agg. (arald.) detto di due figure collocate l'una di fronte all'altra.

af|frón|to s.m. offesa, ingiuria: *fare, patire un —*.

af|fu|mi|cà|re v.tr. [indic.pres. *io affùmico, tu affùmichi...*] **1** riempire un ambiente di fumo | annerire col fumo **2** esporre al fumo un alimento per allungarne la conservazione o modificarne il sapore: — *il salmone*.

af|fu|mi|cà|to part.pass. di affumicare ♦ agg. **1** annerito dal fumo: *una cucina affumicata* | (estens., di vetro e sim.) scurito: *lente affumicata* **2** (di cibo) che è stato sottoposto ad affumicatura: *scamorza affumicata*.

af|fu|mi|ca|tù|ra s.f. esposizione al fumo, spec. dei cibi | effetto dell'affumicare.

af|fu|so|là|re v.tr. [indic.pres. *io affùsolo...*] rendere ql.co. sottile dandogli la forma del fuso.

af|fu|so|là|to part.pass. di affusolare ♦ agg. **1** sottile, allungato e arrotondato: *dita affusolate* **2** (sartoria) detto di abito femminile aderente.

af|fù|sto s.m. sostegno apposito su cui viene collocata una bocca da fuoco: — *di cannone*.

af|gà|no o **afghàno** agg. dell'Afghanistan: *cittadino* — ♦ s.m. [f. *-a*] che è nato o abita in Afghanistan.

aficionado (sp.) [pr. *afisionàdo*] s.m. [m.pl. *-os*] **1** ammiratore, fan; tifoso **2** (estens.) frequentatore o cliente assiduo, abituale.

à|fi|de s.m. nome comune di Insetti di piccole dimensioni e talvolta privi di ali, parassiti dei vegetali; detti anche *pidocchi delle piante*.

a|fìl|lo agg. (bot.) detto di pianta che non ha foglie.

àf|nio s.m. elemento chimico, metallo simile allo zirconio (simb. Hf); è usato per i filamenti delle lampadine.

a|fo|nì|a s.f. (med.) grave o totale perdita della voce.

à|fo|no agg. **1** colpito da afonia **2** (estens.) che ha la voce bassa, fioca; rauco.

a|fo|rì|sma s.m. [pl. *-i*] breve massima che esprime una norma pratica o di saggezza | **parlare per aforismi**, esprimersi in modo conciso e sentenzioso.

a|fo|rì|sta s.m./f. [pl. *-i*] chi crea o si esprime per aforismi.

a|fo|rì|sti|co agg. [m.pl. *-ci*] che ha carattere di aforisma | (estens.) sentenzioso, conciso: *scritto —*.

a fortiori (lat.) loc.avv. a maggior ragione.

a|fo|si|tà s.f. condizione del clima caratterizzato da afa.

a|fó|so agg. carico d'afa; soffocante, spec. per eccessiva calura: *clima —*.

africander o **afrikander** (ingl.) o **afrikaner** (ol.) s.m./f.invar. chi è nato in Sudafrica da famiglia bianca europea, spec. olandese; boero.

a|fri|ca|nì|smo s.m. (st.) **1** posizione politica a favore dell'espansione coloniale in Africa **2** azione politica per l'autonomia e indipendenza dei Paesi africani.

a|fri|ca|nì|sta s.m./f. [m.pl. *-i*] studioso di africanistica.

a|fri|ca|nì|sti|ca s.f. disciplina che studia i gruppi etnici africani, le loro lingue e culture.

a|fri|cà|no agg. dell'Africa, relativo all'Africa ♦ s.m. [f. *-a*] che è nato o abita in Africa **2** dolce di marzapane ricoperto di cioccolato.

à|fri|co s.m. vento caldo proveniente da sudovest; libeccio | (estens.) vento caldo.

afrikaans (ol.) s.m.invar. la lingua parlata dai boeri sudafricani.

afrikander (ingl.) s.m./f.invar. → **africander**.

afrikaner (ol.) s.m./f.invar. → **africander**.

à|fro- primo elemento di parole composte che significa "africano" (*afroamericano*).

a|fro|a|me|ri|cà|no agg. proprio della popola-

zione americana di origine africana: *tradizione* — ♦ *s.m.* [f. *-a*] americano di origine africana.
a|fro|a|sià|ti|co *agg.* [m.pl. *-ci*] relativo all'Africa e all'Asia: *la storia afroasiatica* ♦ *s.m.pl.* gli abitanti di Africa e Asia.
a|fro|cu|bà|no *agg.* proprio della popolazione cubana di origine africana: *musica afrocubana* ♦ *s.m.* [f. *-a*] cubano di origine africana.
a|fro|di|sì|a|co *agg.*, *s.m.* [m.pl. *-ci*] (*di sostanza o cibo*) che stimola il desiderio sessuale.
a|fró|re *s.m.* odore acre e penetrante, come quello dell'uva in fermentazione o del sudore.
àf|ta *s.f.* (*med.*) piccola lesione della mucosa degli occhi, della bocca o dei genitali, dovuta a infezione | — **epizootica**, malattia virale di bovini, suini e ovini, caratterizzata da ulcerazioni e febbre.
after hours (*ingl.*) [pr. *afteràuars*] *s.m.invar.* locale che apre o resta aperto a notte inoltrata e fino all'alba.
aftershave (*ingl.*) [pr. *afterscèiv*] *s.m.invar.* crema o lozione dopobarba.
a|ga|mì|a *s.f.* (*biol.*) modalità asessuata di riproduzione, tipica degli animali privi di gameti e dei vegetali.
a|gà|mi|co *agg.* [m.pl. *-ci*] (*biol.*) proprio della riproduzione per agamia.
à|ga|pe *s.f.* banchetto collettivo cui partecipavano i componenti delle prime comunità cristiane.
à|gar-à|gar *s.m.invar.* sostanza gelatinosa estratta da alghe marine e usata nell'industria farmaceutica e alimentare.
A|ga|ri|cà|ce|e *s.f.pl.* famiglia di funghi Basidiomiceti; ne fanno parte specie velenose (p.e. l'amanita) e commestibili (p.e. il prataiolo, l'ovolo).
à|ga|ta *s.f.* (*min.*) pietra dura pregiata, costituita da calcedonio e con zone di diversi colori.
à|ga|ve *s.f.* pianta perenne, diffusa nel Mediterraneo e nell'America Centrale, con lunghe foglie carnose aculeate e fiore a pannocchia o grappolo.
a|ge|mì|na *s.f.* tecnica di decorazione a intarsio nella quale si inseriscono fili o lamine d'oro, argento o rame in un altro metallo.
a|ge|mi|na|tù|ra *s.f.* lavorazione con la tecnica dell'agemina | la decorazione così realizzata.
a|gèn|da *s.f.* **1** taccuino sulle cui pagine, associate ai giorni o alle settimane dell'anno, si segnano appuntamenti, impegni, ricorrenze e sim. | — **elettronica**, programma informatico con funzioni di agenda **2** (*fig.*) elenco degli impegni | elenco di questioni da trattare in una riunione: *l' — del congresso.*
a|gèn|te *s.m./f.* **1** chi agisce; chi produce un certo effetto | (*gramm.*) **complemento d'** —, quello che indica la persona che compie l'azione espressa da un verbo passivo **2** il rappresentante, chi cura gli interessi di qlcu.: *l' — di un cantante* **3** chi ha il mandato di compiere un dato servizio o ricoprire un certo incarico | — *di polizia*, *di pubblica sicurezza*, poliziotto | — *di custodia*, guardia carceraria | — *segreto*, chi lavora per

aggettivale

un'organizzazione di spionaggio | — *di borsa*, *di cambio*, mediatore negli scambi azionari | — *immobiliare*, mediatore nella compravendita di immobili | — **commerciale**, chi promuove gli affari di un'azienda **4** (*scient.*) corpo o sostanza che svolge un qualche tipo di azione | **agenti atmosferici**, *esogeni*, fenomeni che avvengono nell'atmosfera (p.e. la pioggia) | **agenti endogeni**, fenomeni che avvengono nella crosta terrestre (p.e. il terremoto) | (*med.*) — **patogeno**, microrganismo che provoca una malattia.
a|gen|zì|a *s.f.* **1** società o impresa che si occupa di intermediazione d'affari: — *immobiliare* **2** impresa che fornisce determinati servizi: — *viaggi*, *matrimoniale* | — *giornalistica*, *d'informazioni*, che si occupa di raccogliere notizie e trasmetterle, spec. alle testate giornalistiche | *notizia d'* — o (*ell.*) —, notizia raccolta e divulgata da un'agenzia d'informazioni **3** ufficio o sportello distaccato di un ente o società; succursale: *l' — di una banca* **4** organizzazione o ente, spec. pubblico, con fini istituzionali, sociali o scientifici: — *spaziale.*
a|ge|vo|là|re *v.tr.* [indic.pres. *io agévolo*...] **1** rendere più semplice, facilitare: — *lo svolgimento di una pratica* **2** avvantaggiare qlcu. rispetto ad altri: — *un concorrente.*
a|ge|vo|là|to *part.pass.* *di* agevolare. ♦ *agg.* (*banc.*) detto di credito concesso a un tasso d'interesse minore rispetto a quello del mercato: *prestito —*.
a|ge|vo|la|zió|ne *s.f.* aiuto, trattamento di favore, spec. in materia di pagamenti: *concedere*, *ricevere delle agevolazioni.*
a|gé|vo|le *agg.* che non presenta difficoltà; comodo, facile: *compito*, *passaggio* — □ **agevolmente** *avv.*
ag|gan|cia|mén|to *s.m.* **1** dispositivo per il collegamento di due parti meccaniche, spec. con un gancio o sim. | il collegamento stesso **2** l'azione di unire due elementi | (*mil.*) **manovra di** —, quella che impone il combattimento al nemico.
ag|gan|cià|re *v.tr.* [indic.pres. *io aggàncio*...] **1** unire con un gancio: — *due vagoni*, *il braccialetto* | (*fig.*) collegare, mettere in rapporto: — *gli aumenti salariali all'inflazione* | (*mil.*) — *il nemico*, realizzare una manovra di agganciamento **2** (*sport*) prendere al volo: — *il pallone* | — *l'avversario*, atterrarlo con uno sgambetto **3** (*fam.*) abbordare, stabilire un contatto: — *qlcu.* ♦ **-rsi** *rifl.* **1** collegarsi con un gancio o sim.: — *alla corda* **2** (*fig.*) ricollegarsi, far riferimento: *mi aggancio a quanto già detto.*
ag|gàn|cio *s.m.* **1** agganciamento **2** dispositivo meccanico per collegare due veicoli **3** (*spec.pl.*, *fig.*) relazione, rapporto, spec. con persone altolocate: *avere agganci nel mondo politico.*
ag|gég|gio *s.m.* **1** oggetto di scarso valore o utilità **2** (*fam.*) oggetto che non si sa o vuole definire: *un curioso —*.
ag|get|tà|re *v.intr.* [indic.pres. *io aggètto*...; aus. *E*] (*arch.*) sporgere rispetto a una superficie.
ag|get|ti|và|le *agg.* (*gramm.*) proprio dell'ag-

aggettivare

gettivo: *valore* — | *locuzione* —, con funzione di aggettivo (p.e. *di sani principi*).
ag|get|ti|va|re *v.tr.* (*gramm.*) **1** dare valore di aggettivo: — *un sostantivo* **2** (*assol.*) arricchire un discorso con aggettivi.
ag|get|ti|va|zió|ne *s.f.* (*gramm.*) **1** uso in funzione di aggettivo **2** l'insieme degli aggettivi in un testo: *un'— ridondante*.
ag|get|ti|vo *s.m.* (*gramm.*) parte variabile del discorso che si accorda per genere e numero al nome, di cui arricchisce o precisa il significato | *aggettivi qualificativi*, quelli che indicano una qualità | *aggettivi determinativi*, quelli che determinano il nome; si dividono in possessivi, numerali, dimostrativi, indefiniti, interrogativi ed esclamativi | — *attributivo*, direttamente collegato al nome | — *predicativo*, collegato al nome tramite il verbo | *gradi dell'* —, positivo, comparativo, superlativo.
ag|gèt|to *s.m.* **1** (*arch.*) sporgenza di un elemento rispetto al profilo della costruzione: *l'— del cornicione* | *fare* —, sporgere **2** (*estens.*) l'elemento stesso.
ag|ghiac|ciàn|te *part.pres.* di agghiacciare ♦ *agg.* **1** che agghiaccia **2** (*fig.*) spaventoso, terrificante: *una notizia* —.
ag|ghiac|cià|re *v.tr.* [indic.pres. *io agghiàccio*...] **1** trasformare in ghiaccio **2** (*fig.*) paralizzare per lo spavento; terrorizzare ♦ *intr.* [aus. *E*], **-rsi** *intr.pron.* (*spec. fig.*) diventare di ghiaccio: *mi si agghiacciò il sangue per la paura*.
ag|ghin|dà|re *v.tr.* (*anche iron.*) vestire, ornare in modo ricercato ♦ **-rsi** *rifl.* vestirsi, farsi bello in modo ricercato: — *per la festa*.
-ag|gi|ne *suff.* di sostantivi astratti caratterizzati da una connotazione negativa (*scempiaggine, cocciutaggine*).
àg|gio *s.m.* (*fin.*) maggior valore ottenuto da una moneta su un'altra rispetto al cambio ufficiale | *fare* —, prevalere.
-àg|gio *suff.* di sostantivi con valore generico (*ortaggio, personaggio*) o che esprimono operazioni e attività (*assemblaggio, pattinaggio*).
ag|gio|gà|re *v.tr.* [indic.pres. *io aggiógo, tu aggióghi*...] **1** sottomettere al giogo: — *il bue all'aratro* **2** (*fig.*) sottomettere, assoggettare: — *qlcu. alla propria volontà*.
ag|gior|na|mén|to *s.m.* **1** revisione, ammodernamento di conoscenze, competenze e sim.: *corso di* — **2** rinnovamento di un'opera, spec. di consultazione, alla luce degli avvenimenti più recenti | il volume che contiene tale revisione: *l'— dell'enciclopedia* **3** rinvio ad altra data: — *di un'udienza*.
ag|gior|nà|re[1] *v.tr.* [indic.pres. *io aggiórno*...] **1** adeguare agli ultimi sviluppi: — *le proprie competenze* | modernizzare un testo con nuove o più recenti informazioni: — *un dizionario* | ritoccare: — *il listino prezzi* **2** comunicare gli sviluppi recenti: *aggiornami sul tuo lavoro* **3** rinviare ad altra data: — *la riunione* ♦ **-rsi** *rifl.* **1** tenersi informato, adeguare la propria preparazione, spec. professionale, alle nuove conoscenze |

(*estens.*) tenersi al passo coi tempi: *aggiornati!* **2** (*di organo collettivo*) rinviare una riunione ad altra data: *la Corte si aggiorna al 26 aprile*.
ag|gior|nà|re[2] *v.intr.impers.* [indic.pres. *aggiorna*; aus. *E*] (*lett.*) farsi giorno.
ag|gior|nà|to *part.pass.* di aggiornare[1] ♦ *agg.* **1** (*di opera*) rielaborato in base alle conoscenze più recenti: *un atlante aggiornato al 2004* **2** (*di persona*) ben informato | al passo con i tempi.
ag|gio|tàg|gio *s.m.* (*dir.*) reato di chi illecitamente causa, spec. con notizie false, variazioni nei prezzi di valori o merci al fine di trarne profitto.
ag|gi|ra|mén|to *s.m.* **1** disposizione a cerchio attorno a qlcu. o ql.co. | (*mil.*) accerchiamento **2** movimento per superare un ostacolo girandovi attorno.
ag|gi|rà|re *v.tr.* **1** disporsi a cerchio attorno a ql.cu. o ql.co. | (*mil.*) accerchiare: — *le linee nemiche* **2** superare un ostacolo girandovi attorno | (*fig.*) eludere: — *il problema* ♦ **-rsi** *intr.pron.* **1** vagare, muoversi senza una meta precisa: *si aggirava per la piazza* **2** (*fig.*) approssimarsi: *il costo si aggira sui mille euro*.
ag|giu|di|cà|re *v.tr.* [indic.pres. *io aggiùdico, tu aggiùdichi*...] **1** attribuire ql.co. a qlcu. sulla base di un concorso, un'asta o una sentenza: — *un quadro* **2** ottenere per sé: *aggiudicarsi un appalto* | conseguire: *aggiudicarsi la vittoria*.
ag|giu|di|ca|tà|rio *s.m.* [f. *-a*] (*dir.*) persona, impresa o società cui viene aggiudicato ql.co.
ag|giùn|ge|re *v.tr.* [con. come *giungere*] **1** mettere in più: — *del sale* **2** inserire nel discorso nuovi elementi: *aggiunse che era ora di andare* ♦ **-rsi** *rifl.* unirsi: *si aggiungerà al gruppo* | sommarsi: *a questa si aggiunsero altre vittorie*.
ag|giùn|ta *s.f.* l'atto di aggiungere: *fare un'—* | ciò che si aggiunge | *in* — *a*, oltre a.
ag|giun|tì|vo *agg.* **1** che è aggiunto: *norma aggiuntiva* **2** che serve ad aggiungere | (*gramm.*) *congiunzione aggiuntiva*, che permette di aggiungere un nuovo termine a quelli già espressi (p.e. *anche, inoltre*).
ag|giùn|to *part.pass.* di aggiungere ♦ *agg.* detto di chi è incaricato di aiutare o sostituire qlcu. in una funzione: *presidente* — ♦ *s.m.* sostituto, delegato: — *del sindaco*.
ag|giu|stà|bi|le *agg.* che può essere aggiustato; riparabile.
ag|giu|stàg|gio *s.m.* (*tecn.*) rifinitura e adattamento manuale di elementi meccanici.
ag|giu|sta|mén|to *s.m.* **1** sistemazione, ritocco | (*mil.*) *tiri di* —, in artiglieria, tiri di prova per migliorare il puntamento dell'arma **2** accordo, compromesso: *venire a un* —.
ag|giu|stà|re *v.tr.* **1** riparare, rendere nuovamente funzionante: — *l'auto* **2** mettere in ordine, accomodare: — *la cravatta* | (*mil.*) — *il tiro*, perfezionare la mira; (*fig.*) ridefinire il proprio obiettivo a seconda delle circostanze | (*fam.*) — *qlcu.*, punirlo ♦ **-rsi** *rifl.* (*fam.*) adattarsi alla meglio, arrangiarsi: *non preoccuparti, mi aggiusto* ♦

rifl.rec. (*fam.*) trovare un accordo, un compromesso: *per il pagamento ci aggiustiamo tra noi*.

ag|giu|sta|ta *s.f.* riparazione rapida e sommaria.

ag|giu|sta|tù|ra *s.f.* 1 l'atto di riparare 2 la riparazione eseguita | il punto in cui è visibile la riparazione.

ag|glo|me|ra|mén|to *s.m.* ammassamento, raggruppamento di cose o persone.

ag|glo|me|ràn|te *part.pres. di agglomerare* ♦ *s.m.* (*edil.*) materiale fluido in grado di indurire rapidamente (p.e. cemento, calce), usato come collante tra elementi.

ag|glo|me|rà|re *v.tr.* [indic.pres. *io agglòmero*...] ammassare, riunire oggetti o persone ♦ **-rsi** *intr.pron.* ammassarsi.

ag|glo|me|rà|to *part.pass. di agglomerare* ♦ *s.m.* 1 insieme di edifici e strutture tra loro collegati: — *urbano* 2 materiale formato da elementi incoerenti uniti da un agglomerante: *agglomerati di legno* | (*geol.*) blocco formato da rocce unite fra loro; conglomerato.

ag|glo|me|ra|zió|ne *s.f.* 1 ammassamento, raggruppamento di cose o persone 2 procedimento per formare agglomerati.

ag|glu|ti|na|mén|to *s.m.* unione per azione del glutine o di altri adesivi.

ag|glu|ti|nàn|te *part.pres. di agglutinare* ♦ *agg.* 1 (*med.*) che provoca agglutinazione 2 (*ling.*) detto di lingue nelle quali prevale l'agglutinazione.

ag|glu|ti|nà|re *v.tr.* [indic.pres. *io agglùtino*...] 1 unire con glutine o altri adesivi 2 (*biol.*) provocare agglutinazione ♦ **-rsi** *intr.pron.* saldarsi, agglomerarsi.

ag|glu|ti|na|zió|ne *s.f.* 1 (*biol.*) fenomeno per cui batteri e globuli rossi in sospensione si uniscono in piccoli gruppi e tendono a sedimentare 2 (*ling.*) formazione di parole tramite giustapposizione di elementi grammaticali (p.e. affissi, desinenze).

ag|go|mi|to|là|re *v.tr.* [indic.pres. *io aggomitolo*...] avvolgere in forma di gomitolo ♦ **-rsi** *rifl.* raggomitolarsi, rannicchiarsi.

ag|gra|dà|re *v.intr.* [dif. ha solo la 3ª pers. sing. del pres. indic. *aggrada*] (*lett.*) piacere, preferire | **come vi aggrada**, come preferite, come volete.

ag|graf|fa|tù|ra *s.f.* (*tecn.*) unione di due lamiere realizzata ripiegandone i bordi assieme.

ag|gran|chi|re *v.tr.* [indic.pres. *io aggranchisco, tu aggranchisci*...] intirizzire, irrigidire per il freddo o per uno sforzo: *il gelo mi aggranchisce le mani* ♦ *intr.* [aus. *E*] intirizzirsi.

ag|grap|pàr|si *v.rifl.* (*anche fig.*) attaccarsi, tenersi con forza a ql.co.: — *a un ramo*; — *a un filo di speranza*.

ag|gra|va|mén|to *s.m.* peggioramento di una situazione, spec. di una malattia.

ag|gra|vàn|te *part.pres. di aggravare* ♦ *agg.* che rende più grave una situazione | (*dir.*) **circostanza** — o (*ell.*) —, che aumenta la gravità del reato ♦ *s.f.* elemento che aggrava una situazione.

ag|gra|và|re *v.tr.* 1 rendere più grave, più pesante: — *il carico* 2 (*fig.*) rendere più fastidioso, più doloroso: — *la sofferenza* | — **la pena**, aumentarla ♦ **-rsi** *intr.pron.* farsi più grave, peggiorare: *le sue condizioni si aggravano*.

ag|gra|và|to *part.pass. di aggravare* ♦ *agg.* peggiorato | (*dir.*) detto di reati con aggravanti: *truffa aggravata*.

ag|grà|vio *s.m.* peso aggiuntivo | (*estens.*) onere supplementare, inasprimento | — *fiscale*, aumento delle tasse.

ag|gra|zià|re *v.tr.* [indic.pres. *io aggràzio*...] rendere grazioso, affinare: — *le forme*.

ag|gra|zià|to *part.pass. di aggraziare* ♦ *agg.* 1 pieno di grazia; armonioso, elegante: *un portamento* — | (*estens.*) grazioso, bello 2 di maniere educate e cortesi; garbato: *modi aggraziati*.

ag|gre|dì|re *v.tr.* [indic.pres. *io aggredisco, tu aggredisci*...] 1 assalire con violenza e improvvisamente: — *qlcu. per strada* 2 (*estens.*) insultare o minacciare 3 (*fig.*) affrontare con decisione una situazione.

ag|gre|gà|bi|le *agg.* che può essere aggregato.

ag|gre|gà|re *v.tr.* [indic.pres. *io aggrègo, tu aggrèghi*...] 1 riunire a formare un gruppo 2 unire a un gruppo preesistente ♦ **-rsi** *rifl.* associarsi, aggiungersi: — *alla squadra* ♦ *intr.pron.* ammassarsi: *le particelle si aggregano in un composto*.

ag|gre|gà|to *part.pass. di aggregare* ♦ *agg.* 1 unito, associato, aggiunto 2 (*di impiegato*) provvisoriamente in servizio presso un ufficio diverso dal proprio ♦ *s.m.* 1 complesso, raggruppamento: — *di edifici* 2 (*mat.*) insieme.

ag|gre|ga|zió|ne *s.f.* 1 unione, raggruppamento di elementi 2 (*fis.*) stato fisico della materia (solido, liquido o gassoso), determinato dal tipo di legame esistente tra le molecole.

ag|gres|sió|ne *s.f.* attacco violento e improvviso contro qlcu.: — *verbale*; *compiere un'*—.

ag|gres|si|vi|tà *s.f.* 1 l'impulso o la tendenza a essere aggressivo 2 violenza | (*spec. di atleti*) combattività.

ag|gres|sì|vo *agg.* che ha la tendenza ad attaccare violentemente; impetuoso, irruento: *un carattere* — | combattivo: *un lottatore* — ♦ *s.m. nella loc.* — *chimico*, liquido o gas tossico usato spec. in azioni di guerra □ **aggressivamente** *avv.*

ag|gres|só|re *agg., s.m.* [f. *aggreditrice*] che, chi commette o ha commesso un'aggressione; assalitore.

ag|grot|tà|re *v.tr.* [indic.pres. *io aggròtto*...] corrugare, contrarre i muscoli facciali dando al viso un'espressione di severità o preoccupazione: — *le sopracciglia, la fronte*.

ag|grot|tà|to *part.pass. di aggrottare* ♦ *agg.* accigliato, corrugato | di cattivo umore, imbronciato.

ag|gro|vi|glia|mén|to *s.m.* groviglio | confusione.

ag|gro|vi|glià|re *v.tr.* [indic.pres. *io aggrovìglio*...] 1 intrecciare, ingarbugliare: — *i fili* 2 (*fig.*) complicare, confondere: — *il discorso* ♦ **-rsi** *intr.pron.* 1 intrecciarsi, ingarbugliarsi 2 (*fig.*) complicarsi, diventare confuso: *il racconto si aggroviglia sempre più*.

ag|gro|vi|glià|to *part.pass.* di aggrovigliare ♦ *agg.* **1** ingarbugliato **2** (*fig.*) complicato, confuso.

ag|gru|mà|re *v.tr.* ridurre in grumi, far coagulare ♦ **-rsi** *intr.pron.* coagularsi, rapprendersi.

ag|guan|tà|re *v.tr.* **1** prendere ql.co. prontamente e con forza; afferrare: — *il gatto per la coda*; — *la fortuna* **2** (*estens.*) raggiungere, spec. dopo un inseguimento: — *un ladro* ♦ **-rsi** *intr. pron.* aggrapparsi saldamente a ql.co.

ag|guà|to *s.m.* aggressione improvvisa; imboscata, tranello: *tendere un* — | *stare in* —, appostarsi, stare nascosto per cogliere qlcu. di sorpresa.

ag|guer|rì|re *v.tr.* [indic.pres. *io agguerrisco, tu agguerrisci...*] (*raro*) preparare qlcu. alla guerra | (*estens.*) rendere più forte, spec. moralmente ♦ **-rsi** *rifl.* prepararsi per la guerra, addestrarsi.

ag|guer|rì|to *part.pass.* di agguerrire ♦ *agg.* forte, combattivo: *un nemico* — | *preparato: uno studioso* —.

a|ghét|to *s.m.* cordoncino con punta rigida usato nell'allacciatura di scarpe e sim.; stringa.

a|ghi|fo|glia *s.f.* albero con foglie a forma di aghi (p.e. il pino, l'abete).

a|ghi|fór|me *agg.* (*spec. di foglia*) sottile e pungente come un ago.

a|gia|téz|za *s.f.* condizione di benessere economico; moderata ricchezza: *vivere nell'* —.

a|già|to *agg.* **1** che gode di una buona condizione economica; benestante: *persona agiata* **2** caratterizzato da benessere, spec. economico: *vita agiata* □ **agiatamente** *avv.*

a|gì|bi|le *agg.* detto di costruzione o impianto che si può usare in quanto dotato dei requisiti di sicurezza richiesti dalla legge.

a|gi|bi|li|tà *s.f.* **1** insieme dei requisiti, spec. legali, che rendono utilizzabile ql.co. **2** autorizzazione legale all'uso di edifici o impianti: *ottenere l'* —.

à|gi|le *agg.* **1** che si muove con sciolteza; svelto: — *nella corsa* | snello, flessuoso, elastico: *un fisico* — **2** (*fig.*) pronto, spigliato, disinvolto: *una mente* —| — *di mano*, veloce nel rubare **3** (*fig.*) di facile comprensione: *un libro* — □ **agilmente** *avv.*

a|gi|li|tà *s.f.* **1** sciolteza e facilità nei movimenti **2** (*fig.*) perspicacia; prontezza nel comprendere e ragionare: — *di pensiero*.

à|gio *s.m.* **1** comodità: *mettersi a proprio* — | (*pl.*) benessere, spec. economico: *vivere negli agi* **2** tranquillità, calma: *fai pure con* —| possibilità di fare ql.co.: *aver* — *di ragionare* **3** (*mecc.*) piccolo spazio lasciato tra due componenti per permetterne il movimento.

a|gio|gra|fì|a *s.f.* **1** genere letterario incentrato sulla narrazione della vite di santi o uomini virtuosi | la singola biografia: *l'* — *di san Francesco* **2** (*estens., spreg.*) biografia o narrazione storica celebrativa e acritica.

a|gio|grà|fi|co *agg.* [m.pl. *-ci*] **1** relativo all'agiografia **2** (*estens., spreg.*) celebrativo, acritico.

a|giò|gra|fo *s.m.* [f. *-a*] **1** chi scrive le biografie di santi o uomini virtuosi **2** studioso di agiografia **3** (*spreg.*) biografo adulatorio e acritico.

a|gio|lo|gìa *s.f.* studio critico della letteratura agiografica.

a|giò|lo|go *s.m.* [f. *-a*; m.pl. *-gi*] studioso di agiologia.

a|gì|re *v.intr.* [indic.pres. *io agisco, tu agisci...*; aus. A] **1** (*di persona*) fare, operare: *è ora di* —! | comportarsi: — *correttamente* **2** (*di cosa*) produrre il proprio effetto; funzionare: *i succhi gastrici agiscono nella digestione* **3** (*dir.*) avviare un'azione legale: — *in propria difesa*.

a|gi|ta|mén|to *s.m.* scuotimento ripetuto.

a|gi|tà|re *v.tr.* [indic.pres. *io àgito...*] **1** muovere rapidamente; scuotere con energia, sbattere: — *il succo di frutta* **2** (*fig.*) muovere emotivamente qlcu.; turbare, eccitare: *l'esame lo agita* | — *il popolo, la massa*, sobillare, spingere alla rivolta **3** (*fig., lett.*) proporre, discutere: — *una questione* ♦ **-rsi** *rifl., intr.pron.* **1** muoversi con forza | muoversi con irrequietezza: *mi sono agitato tutta notte nel letto* **2** (*fig.*) essere emotivamente turbato, eccitato: — *per un appuntamento* **3** (*fig.*) mobilitarsi, organizzarsi per manifestare: *i lavoratori iniziarono ad* —.

a|gi|tà|to *part.pass.* di agitare ♦ *agg.* **1** mosso: *mare* — **2** (*fig.*) inquieto, turbato, nervoso: *sei troppo* —| pieno di agitazione: *una notte agitata* **3** (*mus.*) indicazione che prescrive di eseguire un brano in maniera concitata ♦ *s.m.* [f. *-a*] (*psich.*) malato di mente in stato di forte eccitazione.

a|gi|ta|tó|re *s.m.* **1** [f. *-trice*] chi spinge qlcu., spec. una massa, ad azioni di protesta; sobillatore **2** strumento industriale o di laboratorio usato per agitare e mescolare.

a|gi|ta|zió|ne *s.f.* **1** movimento esasperato | turbamento, confusione: *l'* — *sta crescendo* | — *di stomaco*, nausea **2** azione di protesta | *stato di* —, quello proclamato dai sindacati in preparazione di uno sciopero.

à|gli *prep.art.m.pl.* composta da *a* e *gli*: — *amici*.

-à|glia *suff.* usato per formare nomi collettivi (*boscaglia*), spec. caratterizzati da una connotazione negativa (*plebaglia*).

a|glià|ce|o *agg.* proprio, tipico dell'aglio: *sapore* —.

a|glià|ni|co *s.m.* [pl. *-ci*] vitigno tipico dell'Italia meridionale | il vino, rosso e di media gradazione, che se ne ricava.

à|glio *s.m.* pianta erbacea con bulbo commestibile diviso in spicchi | (*estens.*) il bulbo di tale pianta, utilizzato come condimento.

a|gna|ti|zio *agg.* (*dir.*) relativo ai parenti o alla parentela in linea maschile.

a|gnà|to *s.m.* (*dir.*) parente in linea maschile.

a|gna|zió|ne *s.f.* (*dir.*) legame di parentela in linea maschile.

a|gnel|lì|no *s.m.* **1** agnello giovane dalle carni tenere | — *di Persia*, razza di agnello asiatico, da cui si ricava una pelliccia particolarmente pregiata **2** (*fig.*) persona mite e remissiva.

a|gnel|lo *s.m.* [f. *-a*] **1** il nato della pecora fino a un anno di età | (*estens.*) la carne macellata o la pelle conciata dell'animale stesso: *arrosto d'—*; *una pelliccia d'—* | (*relig.*) **Agnello di Dio**, appellativo simbolico di Gesù Cristo 2 (*fig.*) persona di carattere pacifico, mansueto.

a|gnel|ló|ne *s.m.* agnello slattato destinato alla macellazione | (*estens.*) la carne macellata di tale animale.

a|gni|zió|ne *s.f.* nelle opere teatrali o narrative, la rivelazione o il riconoscimento della vera identità di uno o più personaggi.

a|gno|cà|sto *s.m.* arbusto delle Verbenacee con foglie lanuginose e fiori violacei in spighe.

a|gno|lòt|to *s.m.* (*spec. pl.*) specialità gastronomica consistente in un involucro di pasta all'uovo con ripieno, spec. di carne.

a|gno|sti|cì|smo *s.m.* 1 (*filos.*) corrente di pensiero che sostiene l'impossibilità di conoscere tutto ciò che non è verificabile scientificamente 2 (*estens.*) tendenza ad astenersi dal giudizio su determinati argomenti: *— religioso.*

a|gno|sti|co *agg.* [f. *-a*; m.pl. *-ci*] 1 che riguarda l'agnosticismo 2 che evita di prendere posizione, spec. su questioni religiose o politiche | indifferente ♦ *s.m.* chi professa agnosticismo.

à|go *s.m.* [pl. *-ghi*] 1 piccola barretta appuntita, solitamente d'acciaio, con un'estremità dotata di un foro (*cruna*) in cui si fa passare il filo per cucire | *— da macchina*, usato nelle macchine per cucire, ha la cruna dalla parte della punta | *— da ricamo*, particolarmente sottile, viene utilizzato per lavori di rifinitura | *— da lana*, più grosso e a cruna larga | *— da sutura*, utilizzato in chirurgia per cucire le ferite | (*fig.*) *cercare un — in un pagliaio*, tentare qualcosa di difficilissimo o velleitario 2 (*estens.*) strumento spec. metallico, di forma allungata e appuntita, atto a vari usi | *— da siringa*, cavo all'interno, viene utilizzato per le iniezioni | *— magnetico*, nella bussola, lamina metallica magnetizzata che indica costantemente il nord | *— della bilancia*, l'indicatore che segna il peso sulla scala graduata; (*fig.*) persona o entità che risulta determinante nella risoluzione di una controversia o di un confronto tra due o più elementi 3 foglia sottile e allungata caratteristica delle Conifere.

a|go|gnà|re *v.tr.* [indic.pres. *io agógno...*, *noi agogniamo*, *voi agognate...*] desiderare ql.co. con passione; bramare ♦ *intr.* [aus. *A*] ambire; anelare: *— alla meta.*

à **gogo** (*fr.*) [pr. *a gogó*] *loc.agg.invar.*, *loc.avv.* in abbondanza, a volontà: *mangiare —*; *musica —*.

a|gó|ne *s.m.* 1 nell'antica Grecia, il luogo pubblico in cui, durante le feste, si svolgeva una competizione sportiva o poetica 2 (*estens.*) gara, competizione | lotta, combattimento.

a|go|nì|a *s.f.* 1 la fase che precede la morte, caratterizzata dalla progressiva perdita delle funzioni vitali | (*estens.*) periodo tormentoso che precede la conclusione di ql.co.: *l'— dell'impero* 2 (*fig.*) tormento, attesa angosciosa.

a|go|ni|co *agg.* [m.pl. *-ci*] proprio dell'agonia: *un malato in stato —.*

a|go|nì|smo *s.m.* 1 impegno e spirito combattivo di atleti e squadre durante una gara; combattività 2 pratica di uno sport a livello professionale o di grande impegno.

a|go|nì|sta *s.m./f.* [m.pl. *-i*] 1 nell'antica Grecia, chi partecipava a una gara nell'agone 2 (*estens.*) chi prende parte a una competizione sportiva; atleta ♦ *agg.* (*anat.*) detto di muscoli che contraendosi permettono un certo movimento.

a|go|nì|sti|co *agg.* [m.pl. *-ci*] 1 relativo alle competizioni sportive: *impegno —* 2 (*fig.*) competitivo, combattivo: *istinto —* □ **agonisticamente** *avv.*

a|go|niz|zàn|te *part.pres.* di agonizzare ♦ *agg.*, *s.m./f.* che, chi è in agonia; morente | (*fig.*) vicino alla fine: *una cultura —.*

a|go|niz|zà|re *v.intr.* [aus. *A*] 1 essere in agonia 2 (*fig.*) essere in forte crisi; sopravvivere stentatamente.

a|go|pun|tù|ra *s.f.* (*med.*) pratica terapeutica di origine cinese che si basa sull'infissione di sottili aghi in determinati punti della superficie cutanea.

a|go|rà o **àgora** *s.f.* nelle città dell'antica Grecia, piazza centrale dove avevano luogo il mercato e le assemblee pubbliche cittadine | (*estens.*) l'assemblea medesima.

a|go|ra|fo|bì|a *s.f.* (*psicol.*) paura patologica degli spazi aperti, come piazze, strade e sim., spec. se affollati.

a|go|rà|io *s.m.* astuccio porta aghi.

a|go|stà|no *agg.* 1 proprio del mese di agosto: *calura agostana* 2 di pianta, che matura in agosto: *uva agostana.*

a|go|sti|nià|no *agg.* 1 relativo a sant'Agostino e al suo pensiero: *l'opera agostiniana* 2 che fa parte di uno degli ordini monastici in cui si osserva la regola di sant'Agostino: *monaco —* ♦ *s.m.* [f. *-a*] religioso agostiniano.

a|gó|sto *s.m.* ottavo mese dell'anno, di 31 giorni.

a|gra|fì|a *s.f.* (*med.*) patologia che comporta la perdita della capacità di esprimersi attraverso la lingua scritta.

a|grà|ria *s.f.* insieme delle scienze e delle tecniche che riguardano l'agricoltura: *facoltà di —.*

a|grà|rio *agg.* relativo all'agricoltura o alla scienza agraria: *perito —*; *leggi agrarie* ♦ *s.m.* [f. *-a*] 1 proprietario terriero 2 chi si occupa di agraria | (*estens.*) chi lavora nel settore dell'agricoltura.

agreement (*ingl.*) [pr. *agrìment*] *s.m.invar.* accordo.

a|grè|ste *agg.* relativo alla campagna; rustico, dei campi: *prodotti agresti*; *quiete —.*

a|grét|to *s.m.* sapore agro ma non sgradevole.

a|gréz|za *s.f.* 1 sapore acido e pungente 2 (*fig.*, *lett.*) acredine, astio.

à|gri- o **àgro-** primo elemento di parole composte relative alla campagna o all'agricoltura (*agrimensore*, *agronomo*).

a|grì|co|lo *agg.* relativo all'agricoltura: *produzione agricola.*

a|gri|col|tó|re *s.m.* [f. *-trice*] 1 proprietario o im-

agricoltura

prenditore agricolo **2** lavoratore agricolo; contadino.
a|gri|col|tù|ra *s.f.* l'arte e la pratica di coltivare la terra per ricavarne prodotti utili all'uomo e alla sua alimentazione | — **di sussistenza**, finalizzata a produrre il cibo necessario al sostentamento dell'agricoltore e della sua famiglia | — **biologica**, bioagricoltura.
a|gri|fò|glio *s.m.* arbusto sempreverde con foglie lucide e coriacee, con bordo spinoso se la pianta è giovane, e bacche rosse; pungitopo.
a|gri|men|só|re *s.m.* chi esercita l'agrimensura come professione.
a|gri|men|sù|ra *s.f.* branca della topografia specializzata nella misurazione e nella rappresentazione cartografica delle aree agrarie.
a|grip|pì|na *s.f.* divano dotato di un solo bracciolo e di una spalliera poggiatesta.
a|gri|tu|rì|smo *s.m.* forma di turismo che consiste nel soggiornare presso un'azienda agricola appositamente attrezzata, eventualmente collaborando al lavoro dell'azienda stessa: *fare* — | (*estens.*) l'azienda agricola attrezzata per accogliere i turisti, fornendo loro vitto e alloggio.
a|gri|tu|rì|sti|co *agg.* (m.pl. *-ci*) relativo all'agriturismo: *soggiorno* —.
à|gro[1] *agg.* **1** di sapore acido e penetrante; aspro, acre **2** (*fig.*) pungente, sgradevole: *parole agre* ♦ *s.m.* sapore acidulo: *l'* — *della mela acerba* | *all'*—, detto di cibi conditi con limone o aceto.
à|gro[2] *s.m.* la campagna intorno a una città: *l'Agro pontino*.
à|gro- → **agri-**.
a|gro|a|li|men|tà|re *agg.* relativo alla produzione agricola e alla trasformazione industriale dei prodotti agricoli in generi alimentari.
a|gro|dól|ce *agg.* **1** di sapore tra l'aspro e il dolce: *salsa* — **2** (*fig.*) che dietro un'apparente dolcezza o cortesia lascia trasparire ironia o risentimento: *un discorso* — ♦ *s.m.* modo di cucinare che fonde i sapori agri con quelli dolci: *cipolle in* —.
a|gro|e|co|si|stè|ma *s.m.* situazione ambientale modificata dall'attività agricola dell'uomo, spec. con l'inserimento di nuove colture.
a|gro|in|dù|stria *s.f.* settore industriale specializzato nella produzione, nella trasformazione e nella vendita dei prodotti agricoli.
a|gro|in|du|striàle *agg.* relativo all'industria agricola.
a|gro|no|mì|a *s.f.* scienza che studia la coltivazione razionale delle aree agricole al fine di migliorarne la rendita e lo sfruttamento.
a|gròn|no|mo *s.m.* [f. *-a*] studioso o professionista nel settore dell'agronomia.
a|gro|pa|sto|ràl|e *agg.* relativo all'agricoltura e alla pastorizia | fondato su tali attività: *società* —.
a|gro|si|stè|ma *s.m.* l'insieme delle condizioni agricole che caratterizzano un dato territorio.
a|grù|me *s.m.* **1** nome generico di piante sempreverdi con fiori bianchi profumati e frutti commestibili a bacca **2** il frutto di tali piante, internamente diviso in spicchi succosi, ricco di vitamine e caratterizzato da un sapore aspro (arancia, bergamotto, cedro, limone, mandarino, pompelmo ecc.).
a|gru|mé|to *s.m.* terreno coltivato ad agrumi.
a|gru|mì|co|lo *agg.* relativo alla produzione e al commercio degli agrumi.
a|gru|mi|col|tó|re *s.m.* [f. *-trice*] coltivatore di agrumi.
a|gru|mi|col|tù|ra *s.f.* coltivazione degli agrumi.
a|gù|glia *s.f.* pesce di mare commestibile diffuso nel Mediterraneo, con corpo allungato e sottile e muso aguzzo.
a|gù|ti *s.m.* roditore erbivoro notturno diffuso nell'America centromeridionale, di piccola taglia e dalle carni commestibili.
a|guz|zà|re *v.tr.* **1** rendere acuto, appuntire, acuminare: — *un legno* **2** (*fig.*) stimolare, rendere più efficiente | — **la vista**, sforzarsi di vedere meglio ql.co. | — *l'ingegno*, darsi da fare per comprendere meglio ql.co. o trovare la soluzione a un problema.
a|guz|zì|no *s.m.* (f. *-a*) **1** sulle antiche galere, chi era incaricato di sorvegliare i rematori **2** (*fig.*) persecutore, tormentatore | (*estens.*) carnefice.
a|gùz|zo *agg.* **1** acuminato, appuntito: *ferro* —; *punta aguzza* **2** (*fig.*) intenso, penetrante, acuto: *sguardo* —.
ah *inter.* **1** può esprimere, a seconda di tono e contesto, diversi sentimenti come dolore, stupore, ira, fastidio, sollievo ecc.: —, *che sofferenza!*; —, *se non ci fossi tu...* **2** (*onom.*) ripetuto imita la risata.
àhi *inter.* esprime dolore fisico o morale: —, *che botta!*
ahi|mè o **aimè** *inter.* esprime un sentimento di dolore, sconforto, rimpianto, pentimento e sim.: —, *non c'è niente da fare!*
ài *prep.art.m.pl.* composta da *a* e *i*: — *posteri*.
à|ia *s.f.* terreno piano situato davanti o attorno alla casa colonica, utilizzato per essiccare o lavorare diversi prodotti agricoli | (*fig.*) **menare il can per l'**—, tirare ql.co. per le lunghe senza giungere a una conclusione.
-à|ia *suff.* presente in sostantivi che indicano luoghi in cui si raccolgono o si possono trovare determinate cose in grande quantità (*legnaia, piccionaia*) e terreni destinati a una coltura specifica (*risaia*).
AIDS *s.m./f.invar.* (*med.*) grave affezione virale che colpisce il sistema immunitario, indebolendolo ed esponendo l'organismo allo sviluppo di ulteriori malattie.
ai|ki|do (*giapp.*) *s.m.invar.* tecnica di difesa personale che insegna a liberarsi dalla presa dell'avversario e a pararne i colpi.
aimè *inter.* → **ahimè**.
-à|io *suff.* presente in sostantivi che indicano una professione (*burattinaio, cartolaio*) oppure un luogo destinato a contenere o raccogliere ql.co. (*granaio, bagagliaio*).
a|iò|la *s.f.* → **aiuola**.
-a|io *suff.* presente in sostantivi che indicano una professione (*barcaiolo, vignaiolo*) o una particolare inclinazione personale (*donnaiolo*),

oppure in aggettivi di relazione (*prataiolo, marzaiolo*).
airbag (*ingl.*) [pr. *erbèg*] *s.m.invar.* (*auto.*) dispositivo di sicurezza installato nel volante o nel cruscotto, consistente in una sacca di materiale resistente che, in caso di urto, si gonfia istantaneamente proteggendo guidatore e passeggero | — *laterale*, quello inserito nelle portiere per proteggere dagli urti laterali.
airbus (*ingl.*) [pr. *èrbus*] *s.m.invar.* denominazione commerciale di aereo per il trasporto passeggeri, impiegato su percorsi di breve e media lunghezza.
air mail (*ingl.*) [pr. *èrmeil*] *loc.sost.f.invar.* posta aerea.
ai|ró|ne *s.m.* uccello acquatico con zampe lunghe e sottili, collo flessuoso e becco lungo, piumaggio di diversi colori a seconda delle specie.
air terminal (*ingl.*) [pr. *èr tèrminal*] *loc.sost. m.invar.* aerostazione urbana collegata all'aeroporto con mezzi di trasporto terrestre.
ai|tàn|te *agg.* robusto, prestante: *un giovanotto —*.
a|iuò|la o **aiòla** *s.f.* superficie di terreno delimitata ed esclusa dal transito, coltivata a prato, con fiori e altre piante a scopo ornamentale.
a|iu|tàn|te *part.pres. di* aiutare ♦ *s.m./f.* 1 chi per cortesia o per incarico assiste qlcu. in un lavoro o in un'attività 2 (*mil.*) ufficiale o sottufficiale incaricato di aiutare un altro ufficiale di grado superiore | — *di campo*, addetto a un generale.
a|iu|tà|re *v.tr.* adoperarsi per sostenere qlcu. in un lavoro, in una difficoltà e sim.: — *la madre malata; — un collega a compilare la pratica* | soccorrere: *si tuffò per — un bagnante in difficoltà* 2 agevolare, favorire: *la camomilla aiuta il sonno* ♦ **-rsi** *rifl.* servirsi di ql.co. per facilitarsi un compito: *si aiutava a camminare con un bastone* ♦ *rifl.rec.* sostenersi, soccorrersi a vicenda: *tra fratelli è naturale —*.
a|iù|to *s.m.* 1 assistenza prestata a qlcu. che si trova in difficoltà: *prestare, chiedere —; venire in —; essere —* | soccorso, salvataggio 2 (*spec.pl.*) beni materiali utilizzati per portare soccorso, spec. in situazioni di emergenza su larga scala: *aiuti per i terremotati* 3 chi ricopre professionalmente il ruolo di aiutante; assistente, secondo: — *regista, — cuoco* ♦ *inter.* invocazione usata per chiedere l'intervento di qlcu. in caso di pericolo o difficoltà.
aiz|zà|re *v.tr.* spingere, incitare alla violenza o all'offesa; istigare: — *il cane contro i ladri*.
al *prep.art.m.sing. composta da a e il: — mare.*
à|la *s.f.* [pl. *ali*] 1 organo del volo di uccelli, insetti, pipistrelli ed esseri fantastici o mitici (angeli e diavoli, ippogrifo, draghi e sim.) | *battere le ali*, volare | (*fig.*) *in un batter d' —*, in un istante | (*fig.*) *avere le ali ai piedi*, essere rapido; affrettarsi spec. per entusiasmo | (*fig.*) *tarpare le ali*, frenare l'entusiasmo di qlcu.; frustrare il desiderio di autonomia di qlcu. | (*fig.*) *volare sulle ali della fantasia*, lasciarsi andare all'immaginazione | (*fig.*) *prendere sotto la propria —*, mettere sotto la propria protezione 2 (*aer.*) la superficie di sostentamento di aeroplani, alianti e sim., costituita da due elementi simmetrici collocati ai lati della fusoliera 3 (*estens.*) qualunque cosa che sporga dal corpo centrale di un oggetto e ricordi la forma o la funzione di un'ala: *le ali dell'elica; le ali del mulino a vento* | *l'— del cappello*, la falda, la tesa 4 (*edil.*) prolungamento laterale di un edificio: *l'— est del castello* 5 parte laterale di uno schieramento, spec. simmetrico: *il vincitore sfilò tra due ali di folla* | *fare — al passaggio di qlcu.*, disporsi su due lati in modo di consentire il passaggio 6 (*mil.*) la sezione più esterna di un esercito schierato: *l'— destra avanzava verso il nemico* | (*fig.*) *l'— di un partito*, gruppo con obiettivi parzialmente discordanti rispetto alla linea politica generale del partito 7 in diversi sport di squadra, l'attaccante che si muove all'estremità destra o sinistra dello schieramento.
a|la|bàr|da *s.f.* antica arma composta da una lunga asta di legno terminante con una lama appuntita alla cui base ci sono una scure, da un lato, e una punta uncinata, dall'altro.
a|la|bar|dà|to *agg.* 1 armato, munito di alabarda 2 a forma di alabarda | *giglio —*, il simbolo di Trieste.
a|la|bar|diè|re *s.m.* soldato armato di alabarda.
a|la|ba|strì|no *agg.* 1 fatto di alabastro: *coppa alabastrina* 2 (*fig., lett.*) che ricorda per colore o trasparenza l'alabastro; chiaro, pallido: *pelle alabastrina*.
a|la|bà|stro *s.m.* 1 (*min.*) varietà traslucida e compatta di calcare o di gesso, a zone di color bianco o giallognolo 2 oggetto realizzato in alabastro.
à la coque (*fr.*) [pr. *a la cok*] *loc.agg.invar., loc. avv.* detto di uovo cotto col guscio in acqua bollente per due o tre minuti.
à|la|cre o **alàcre** *agg.* 1 che agisce con efficienza e buona voglia; pronto, solerte, operoso 2 (*fig.*) brillante nel ragionare: *mente —* □ **alacremente** *avv.*
a|la|cri|tà *s.f.* efficienza e prontezza nell'operare; solerzia.
a|làg|gio *s.m.* rimorchio di un'imbarcazione lungo un canale o un corso d'acqua, effettuato mediante l'uso di funi tirate da riva | (*estens.*) manovra per tirare in secco un'imbarcazione.
a|la|mà|ro *s.m.* 1 allacciatura delle antiche uniformi militari e di alcuni cappotti, costituita da due cordoncini terminanti l'uno con un bottone a olivetta, l'altro con un cappio nel quale si infila il bottone 2 mostrina di carabinieri, granatieri e ufficiali superiori.
a|lam|bìc|co *s.m.* [pl. *-chi*] apparecchio per la distillazione dei liquidi costituito da una caldaia collegata, mediante un tubo, a una serpentina di raffreddamento nella quale si condensano i vapori.
a|là|no *s.m.* cane da guardia o da caccia di grandi dimensioni, con pelo raso, muso tozzo, orecchie corte e diritte; danese.
à la page (*fr.*) [pr. *a la pàj*] *loc.agg.invar., loc.*

alare

avv. alla moda, aggiornato sulle più recenti tendenze: *essere —; un vestito —*.
a|là|re[1] *s.m.* ciascuno dei due sostegni di ferro battuto, pietra o terracotta sui quali si sistema la legna nel focolare.
a|là|re[2] *agg.* relativo all'ala o alle ali: *apertura —*.
a là|te|re (*lat.*) *loc.agg.invar.* detto di funzionario che affianca un superiore nello svolgimento di una certa mansione | (*dir.*) ***giudice*** *—*, magistrato che assiste il presidente all'interno di un organo giurisdizionale collegiale | (*eccl.*) ***cardinale*** *—*, inviato come rappresentante del Papa.
a|là|to *agg.* **1** dotato di ali **2** (*fig.*, *lett.*) elevato, sublime: *versi alati* **3** (*bot.*) detto di organi vegetali con espansioni a forma di ali.
àl|ba *s.f.* **1** la luce bianca che compare in cielo prima dell'aurora e del sorgere del sole | (*estens.*) il primissimo mattino: *svegliarsi all'—* **2** (*fig.*) il principio: *l' — del nuovo millennio*.
al|ba|gìa *s.f.* (*lett.*) boria, vanità superba.
al|bà|na *s.f.* **1** vitigno a uva bianca coltivato spec. in Emilia-Romagna **2** il vino bianco, secco o amabile e frizzante, che se ne ricava.
al|ba|nèl|la *s.f.* uccello rapace di palude.
al|ba|né|se *agg.* dell'Albania ♦ *s.m.* **1** [anche f.] chi è nato o abita in Albania **2** la lingua parlata dagli albanesi.
al|ba|strèl|lo *s.m.* uccello di palude di colore grigio e bianco, con zampe lunghe e becco sottile, che transita in Italia durante la migrazione.
àl|ba|tro *s.m.* grande uccello oceanico dei Procellariformi di colore gener. bianco, con piedi palmati, becco robusto e uncinato, e grande apertura alare adatta al volo continuato.
al|beg|già|re *v.intr.impers.* [indic.pres. *albéggia*; aus. *E*] **1** farsi giorno, apparire della prima luce mattutina: *quando tornammo a casa già albeggiava* ♦ *intr.* [aus. *E*] (*fig.*) essere agli inizi: *albeggiavano i tempi moderni*.
al|be|rà|re *v.tr.* [indic.pres. *io àlbero...*] **1** piantare ad alberi un terreno **2** (*mar.*) innalzare gli alberi di un'imbarcazione.
al|be|rà|ta *s.f.* fila di alberi piantati lungo una strada o un corso d'acqua.
al|be|rà|to *part.pass.* di alberare ♦ *agg.* dotato di alberi, spec. per ornamento: *strada alberata*.
al|be|ra|tù|ra *s.f.* **1** piantagione di alberi **2** (*mar.*) il complesso degli alberi di un'imbarcazione.
al|be|ré|ta *s.f.* o **alberéto** *s.m.* terreno piantato ad alberi.
al|ber|gà|re *v.tr.* [indic.pres. *io albèrgo, tu albèrghi...*] **1** dare alloggio, ospitare: *i senza dimora* **2** (*fig.*) avere nell'animo; nutrire, covare: *alberga in cuore un odio rancoroso* ♦ *intr.* [aus. *A*] **1** avere alloggio, abitare: *— in hotel* **2** (*fig.*) essere presente: *nella memoria albergano i ricordi del passato*.
al|ber|ga|tó|re *s.m.* [f. *-trice*] chi possiede o gestisce uno o più alberghi.
al|ber|ghiè|ro *agg.* relativo agli alberghi: *ricettività, struttura alberghiera*.
al|bèr|go *s.m.* [pl. *-ghi*] **1** edificio attrezzato per dare alloggio, ed eventualmente vitto, a pagamento; hotel: *prenotare un —; soggiornare in un —* | ***casa*** *—*, struttura in cui si può risiedere per lungo tempo; residence | *— **per la gioventù***, che dà alloggio ai giovani a tariffe contenute; ostello **2** (*lett.*) ospitalità, rifugio: *chiedere, dare —*.
àl|be|ro *s.m.* **1** ogni pianta perenne con fusto eretto legnoso, che si divide in rami provvisti di foglie: *piantare, abbattere un — | — **di Natale***, abete (vero o artificiale) che nel periodo natalizio si adorna e sotto il quale si dispongono regali **2** (*anat.*) qualsiasi struttura costituita da un asse principale con diramazioni: *— arterioso, venoso, respiratorio* **3** (*mar.*) palo verticale di legno o altri materiali sul quale vengono fissati i pennoni e le vele di un'imbarcazione **4** (*estens.*) rappresentazione grafica a forma di albero stilizzato che illustra strutture, rapporti di derivazione o discendenza | ***— genealogico***, rappresentazione grafica dei rapporti di parentela all'interno di una famiglia **5** (*mecc.*) organo di forma allungata e sezione circolare che, attraverso un moto di rotazione, trasmette la potenza di un motore.
al|ber|tì|no *agg.* che riguarda il re di Sardegna Carlo Alberto (1798-1849): *statuto —*.
al|bi|còc|ca *s.f.* [pl. *-che*] frutto dell'albicocco ♦ *agg.invar.* del colore giallo-arancione simile a quello del frutto.
al|bi|coc|ché|to *s.m.* piantagione di albicocchi.
al|bi|còc|co *s.m.* [pl. *-chi*] albero delle Rosacee con foglie a cuore, fiori precoci bianchi o rosati e frutti dolci di color giallo arancio.
al|bi|gé|se *agg., s.m./f.* **1** della città francese di Albi **2** (*st.*) che, chi seguiva l'eresia catara, diffusasi nei secc. XII e XIII dalla città di Albi: *la crociata contro gli albigesi*.
al|bi|nì|smo *s.m.* **1** (*biol.*) nell'uomo e negli animali, marcato biancore di pelle, peli, capelli, iridi, piume e squame dovuto ad assenza congenita della pigmentazione **2** (*bot.*) decolorazione parziale o totale degli organi di una pianta, dovuta ad assenza di clorofilla.
al|bì|no *agg., s.m.* [f. *-a*] che, chi è affetto da albinismo.
àl|bo[1] *s.m.* **1** quadro, bacheca o vetrina su cui vengono affissi atti o avvisi di carattere pubblico: *— aziendale, sindacale* | (*estens.*) *— **d'onore**, **d'oro***, elenco delle persone che si sono distinte per il lavoro svolto in un determinato settore o dei vincitori di una manifestazione sportiva **2** registro pubblico in cui vengono iscritti coloro che sono abilitati all'esercizio di una professione: *iscriversi all' —; l' — dei giornalisti* **3** libro o fascicolo illustrato, spec. a fumetti: *gli albi di Tex*.
àl|bo[2] *agg.* (*lett.*) bianco.
al|bó|re *s.m.* **1** (*lett.*) chiarore, luminosità, spec. dell'alba **2** (*solo pl., fig.*) momento, fase iniziale; primordi: *gli albori dell'età contemporanea*.
àl|bum *s.m.invar.* **1** quaderno o volume rilegato in cui si raccolgono fotografie, francobolli, figurine autoadesive e sim. | *— **da disegno***, raccoglitore di fogli da disegno | *— **di famiglia***, raccolta di fotografie riguardanti la vita di una fami-

glia; (*fig.*) i ricordi familiari **2** raccolta di canzoni, spec. di un unico autore o gruppo, registrate su disco a 33 giri, musicassetta o compact disc.
al|bù|me *s.m.* **1** (*biol.*) nelle uova di uccelli e rettili, parte gelatinosa e fluida che riveste la cellula uovo e serve da nutrimento all'embrione durante il suo sviluppo **2** (*fam.*) il bianco dell'uovo di gallina usato come alimento **3** (*bot.*) tessuto che avvolge il seme di alcune piante e contiene sostanze nutritive di riserva.
al|bu|mi|na *s.f.* (*biol.*) sostanza proteica semplice, solubile in acqua, presente negli organismi animali e vegetali.
al|bu|mi|nó|so *agg.* **1** che contiene albumina **2** che è simile all'albumina.
al|bu|mi|nù|ria *s.f.* (*med.*) presenza di albumina nelle urine.
al|bùr|no *s.m.* (*bot.*) nel fusto degli alberi a legno duro, strato di più recente formazione, situato subito sotto la corteccia, in cui scorrono i vasi conduttori.
àl|ca|li *s.m.invar.* (*chim.*) **1** base **2** idrossido di metallo alcalino o alcalino-terroso con azione caustica e comportamento da base forte.
al|ca|li|ni|tà *s.f.* (*chim.*) proprietà di una soluzione di sviluppare reazioni alcaline; basicità.
al|ca|li|no *agg.* (*chim.*) **1** relativo o proprio degli alcali; basico **2** che contiene alcali.
al|ca|lòi|de *s.m.* (*chim.*) sostanza organica azotata di origine spec. vegetale, con proprietà alcaline ed effetto curativo o tossico a seconda del tipo e della dose (p.e. cocaina, caffeina, morfina, stricnina).
al|ca|lò|si *s.f.* (*med.*) eccesso di sostanze alcaline nel sangue.
al|can|tà|ra® *s.f.* nome commerciale di un tessuto sintetico di leggerezza e consistenza simile al camoscio, utilizzato nella confezione di abiti, accessori e rivestimenti.
alcazar (*sp.*) [pr. *alcàsar*] *s.m.invar.* in Spagna, fortezza o palazzo fortificato di origine araba.
àl|ce *s.m.* grosso mammifero ruminante dei Cervidi, con corna ossee palmate, muso allungato e labbro superiore molto sviluppato; vive in branco nelle regioni nordiche.
al|chè|mi|co *agg.* [m.pl. -*ci*] **1** inerente all'alchimia **2** (*fig.*) misterioso, esoterico.
al|che|chèn|gi *s.m.* pianta erbacea con bacche commestibili di color arancio | la bacca stessa.
al|chèr|mes *s.m.invar.* liquore rosso a base di spezie.
al|chi|mì|a *s.f.* **1** anticamente, complesso di dottrine filosofiche e di pratiche magiche tese alla ricerca del principio in grado di spiegare i segreti della vita e trasformare in oro gli altri metalli **2** (*fig.*) operazione complessa e volutamente poco chiara, volta spec. al conseguimento di interessi di parte: *le alchimie della politica* **3** (*estens.*) combinazione tra elementi complessi, tra membri di un gruppo o di una squadra: *trovare la giusta —*.
al|chi|mìl|la *s.f.* pianta erbacea delle Rosacee con piccoli fiori verdastri e foglie palmate utilizzate come astringente.
al|chi|mì|sta *s.m./f.* [m.pl. -*i*] chi si dedicava all'alchimia.
al|chi|mì|sti|co *agg.* [m.pl. -*ci*] relativo all'alchimia e agli alchimisti.
al|ció|ne *s.m.* (*lett.*) uccello marino identificabile con il martin pescatore o il gabbiano.
àl|col o **àlcool** *s.m.* [pl. -*li*] **1** (*chim.*) composto organico caratterizzato dalla presenza nella molecola di uno o più ossidrili in sostituzione di altrettanti atomi d'idrogeno | — *etilico*, etanolo, ottenuto dalla fermentazione e distillazione di sostanze zuccherine o per sintesi; si usa per preparare liquori | — *metilico*, metanolo, alcol tossico usato come solvente **2** (*fam.*) alcol etilico | — *denaturato*, con aggiunta di sostanze di odore e sapore repellenti, che lo rendono inutilizzabile per produrre liquori e profumi; si usa in farmacia e nell'industria **3** (*estens.*) bevande alcoliche: *annegare i dispiaceri nell'—*.
al|co|le|mì|a *s.f.* (*med.*) percentuale di alcol etilico nel sangue.
al|co|li|ci|tà *s.f.* (*chim.*) gradazione alcolica di un liquido.
al|cò|li|co *agg.* [m.pl. -*ci*] **1** relativo all'alcol: *gradazione alcolica* **2** contenente alcol: *aperitivo* — **3** che produce alcol: *fermentazione alcolica* ♦ *s.m.* bevanda contenente alcol: *consumare alcolici*.
al|co|li|me|tro *s.m.* strumento per misurare il grado alcolico di un liquido.
al|co|lì|smo *s.m.* l'abuso continuato di bevande alcoliche e i disturbi a esso legati; etilismo.
al|co|lì|sta *s.m./f.* [m.pl. -*i*] chi consuma abitualmente quantità eccessive di alcolici; alcolizzato, etilista | — *anonimo*, appartenente a un'associazione per il recupero degli alcolisti che garantisce l'anonimato.
al|co|liz|zà|re *v.tr.* **1** rendere un liquido alcolico **2** intossicare qlcu. con un eccesso di alcolici ♦ -**rsi** *rifl.* diventare alcolizzato.
al|co|liz|zà|to *part.pass.* di alcolizzare ♦ *agg.*, *s.m.* [f. -*a*] che, chi è affetto da cronico alcolismo; alcolizzato, etilista.
al|col|tèst *s.m.invar.* esame per accertare la quantità di alcol ingerita, spec. da un automobilista | *lo strumento per effettuare tale esame*.
àl|co|ol *s.m.* → **alcol**.
al|cò|va *s.f.* parte di una stanza, chiusa da tendaggi, in cui si collocava il letto | (*estens.*, *lett.*) camera da letto o luogo d'intimità amorosa: *i segreti dell'—*.
al|cun|ché *pron.indef.* (*lett.*) **1** qualcosa: *c'è di preoccupante* **2** (*in frasi neg.*) niente: *non ci trovo — di strano*.
al|cù|no *agg.* [al m.sing. si tronca in *alcun* davanti a vocale e consonante tranne *g*,*ps*,*s* impura,*x*,*z*] **1** (*solo pl.*) in quantità non definita ma limitata; certi, più di uno: *alcune persone non meritano la tua amicizia* **2** (*solo sing.*, *in frasi neg.*) nessuno: *non c'è una alcuna ragione per crederglì*;

aldeide 38

senza dubbio — ♦ *pron.indef.* (*solo pl.*) certi, certe persone: *alcuni sono già arrivati, altri no.*
al|dèi|de *s.f.* (*chim.*) composto organico ottenibile per ossidazione di alcuni alcoli, utilizzato nella produzione di materie plastiche e profumi.
al|di|là *s.m.* ciò che sta oltre la vita terrena, dopo la morte | *andare all'* —, morire.
-ale *suff.* forma aggettivo indicando per lo più stato, condizione (*invernale, avverbiale*) o appartenenza (*statale*).
a|lé *inter.* (*fam.*) espressione di incitamento, incoraggiamento.
à|le|a *s.f.* **1** (*lett.*) incertezza, rischio | *correr l'* —, affrontare il rischio **2** (*dir.*) normale margine di incertezza economica insito in ogni contratto.
a|le|à|ti|co *s.m.* [pl. -*ci*] varietà di vite che produce uva nera a grossi acini | il vino rosso, dolce, liquoroso, ad alta gradazione alcolica che si ricava da tale uva.
a|le|a|to|rie|tà *s.f.* incertezza, imprevedibilità.
a|le|a|tò|rio *agg.* che dipende dal caso, dalla sorte; imprevedibile | (*dir.*) *contratto* —, quello in cui i contraenti si assumono consapevolmente un margine di rischio non prevedibile.
a|leg|già|re *v.intr.* [indic.pres. *io aléggio*...; aus. A] **1** (*lett.*) muovere leggermente le ali **2** (*estens.*) detto di venti e odori, spirare | (*fig.*) essere presente in modo impalpabile: *aleggiava una certa tensione.*
a|le|màn|no *agg., s.m.* [f. -*a*] **1** che, chi appartiene all'antica popolazione germanica degli Alemanni **2** (*lett.*) germanico, tedesco.
a|le|sàg|gio *s.m.* (*mecc.*) **1** diametro interno di un tubo, spec. del cilindro di un motore **2** alesatura.
a|le|sà|re *v.tr.* [indic.pres. *io alèso*...] (*mecc.*) lavorare la superficie di un foro cilindrico con l'alesatore per ottenere il diametro voluto.
a|le|sa|tó|re *s.m.* **1** (*mecc.*) utensile a cilindro con taglienti utilizzato per la finitura dei fori a cilindro **2** [f. -*trice*] addetto all'alesatura.
a|le|sa|trì|ce *s.f.* (*mecc.*) macchina utensile usata per alesare.
a|le|sa|tù|ra *s.f.* (*mecc.*) lavorazione che permette di finire un foro a cilindro adattandolo al diametro voluto.
a|les|san|drì|no[1] *agg.* **1** di Alessandria d'Egitto | relativo alla civiltà ellenistica fiorita intorno a tale città nei secc. IV-I a.C.: *poesia alessandrina* **2** (*estens.*) di stile estremamente ricercato, decadente.
a|les|san|drì|no[2] *s.m.* verso della poesia provenzale e francese, costituito da due senari.
a|lét|ta *s.f.* **1** sporgenza a forma di ala applicata a un oggetto e destinata a particolari funzioni: *le alette di una bomba* **2** negli uccelli, piccolo gruppo di penne situate dietro l'angolo dell'ala.
a|let|tà|re *v.tr.* [indic.pres. *io alétto*...] fornire di alette un pezzo meccanico.
a|let|ta|tù|ra *s.f.* **1** operazione dell'alettare **2** l'insieme delle alette disposte intorno a un pezzo meccanico.
a|let|tó|ne *s.m.* **1** (*aer.*) parte mobile posta all'estremità delle ali, che permette di regolare l'assetto trasversale di un velivolo **2** (*auto.*) profilo trasversale posto sulla parte posteriore o anteriore delle automobili da corsa per aumentare l'aderenza al suolo e la tenuta di strada; spoiler **3** (*mar.*) nelle imbarcazioni a motore, piano orizzontale applicato a poppa che serve a migliorare la stabilità.
a|leu|ró|ne *s.m.* **1** sostanza proteica presente in molti semi, spec. oleosi **2** derivato del glutine di frumento utilizzato per l'alimentazione dei diabetici.
àl|fa *s.m./f.invar.* nome della prima lettera dell'alfabeto greco (corrisponde alla *a* dell'alfabeto latino) | (*ling.*) — *privativo*, l'uso della lettera *alfa* come prefisso nel greco antico, e quello analogo della *a* nell'italiano moderno, per dare senso negativo alla parola cui si unisce (*anormale*) | (*fig.*) *dall'*— *all'omega*, dall'inizio alla fine ♦ (*fis.*) *agg.invar. nelle loc.*: *raggi, particelle* —, radiazioni consistenti in nuclei di elio, emesse da sostanze radioattive.
al|fa|bè|ta *agg., s.m./f.* [m.pl. -*i*] (*raro*) che, chi sa leggere e scrivere.
al|fa|be|ti|ca|mén|te *avv.* secondo l'ordine dell'alfabeto: *nominativi ordinati* —.
al|fa|bè|ti|co *agg.* [m.pl. -*ci*] dell'alfabeto: *ordine* — | che segue l'ordine dell'alfabeto: *indice* — | *scrittura alfabetica*, in cui ogni segno rappresenta un singolo fonema e non un gruppo di suoni o un concetto.
al|fa|be|tì|smo *s.m.* (*raro*) la capacità di leggere e scrivere.
al|fa|be|tiz|zà|re *v.tr.* insegnare a qlcu. a leggere e scrivere; diffondere l'alfabetismo: — *una popolazione.*
al|fa|be|tiz|za|zió|ne *s.f.* **1** insegnamento delle abilità di lettura e scrittura | diffusione dell'alfabetismo **2** (*estens.*) insegnamento delle competenze di base in un dato campo: — *informatica.*
al|fa|bè|to *s.m.* **1** insieme ordinato dei segni grafici, chiamati "lettere", che rappresentano i diversi suoni di una data lingua: — *greco, latino, arabo* | (*ling.*) — *fonetico internazionale*, sistema convenzionale di trascrizione fonetica, che rende possibile la trascrizione delle parole di più lingue, in cui a ogni simbolo risponde in maniera univoca un suono | — *Morse*, codice costituito da punti e linee, utilizzato nelle trasmissioni telegrafiche **2** i rudimenti, le nozioni di base: *l'— della musica.*
al|fa|nu|me|ri|co *agg.* [m.pl. -*ci*] (*inform., ling.*) di codice o messaggio, costituito da lettere e numeri contemporaneamente: *scrittura alfanumerica.*
al|fiè|re[1] *s.m.* **1** portabandiera **2** (*fig.*) primo o maggiore sostenitore di una linea di pensiero: *l'— del liberismo.*
al|fiè|re[2] *s.m.* negli scacchi, pezzo che si muove in diagonale.
al|fì|ne *avv.* (*lett.*) finalmente, infine.
àl|ga *s.f.* forma vegetale dalla struttura cellula-

re semplice, fornita di clorofilla, che vive in ambienti acquatici o umidi.
àl|ge|bra *s.f.* **1** sezione della matematica che si occupa di operazioni e relazioni aritmetiche generalizzandole attraverso simboli che rappresentano numeri **2** (*fig.*, *fam.*) cosa molto complicata, poco comprensibile: *quel che dici per me è —!*
al|gè|bri|co *agg.* [m.pl. *-ci*] relativo all'algebra | che prevede l'utilizzo dei procedimenti dell'algebra | **equazione algebrica**, riducibile a un polinomio uguagliato a zero □ **algebricamente** *avv.* secondo le regole dell'algebra.
al|ge|ri|no *agg.*, *s.m.* [f. *-a*] che, chi è nato o abita in Algeria o ad Algeri.
al|ge|sì|a *s.f.* (*med.*) sensibilità al dolore.
al|gì|a *s.f.* (*med.*) dolore localizzato.
-al|gìa secondo elemento di parole composte del linguaggio medico, che significa "dolore" (*sciatalgia*, *nevralgia*).
àl|gi|do *agg.* (*lett.*) freddo, gelido.
àl|go-¹ primo elemento di parole composte della terminologia botanica, che significa "alga", "delle alghe" (*algocoltura*).
àl|go-² primo elemento di parole composte del linguaggio medico, che significa "dolore", "doloroso" (*algologia*).
al|go|col|tù|ra *s.f.* coltivazione industriale delle alghe a fini alimentari.
àl|gol *s.m.invar.* (*inform.*) linguaggio di programmazione adatto per la soluzione di problemi matematici.
al|go|lo|gì|a¹ *s.f.* branca della botanica che si occupa delle alghe.
al|go|lo|gì|a² *s.f.* (*med.*) studio del dolore, delle sue cause e di possibili terapie.
al|gon|chià|no *agg.* (*geol.*) relativo al periodo più recente in cui si suddivide l'era archeozoica ♦ *s.m.* periodo algonchiano.
al|go|rìt|mi|co *agg.* [m.pl. *-ci*] (*mat.*) relativo o basato su algoritmi: *procedimento —.*
al|go|rìt|mo *s.m.* **1** (*mat.*) procedimento per la risoluzione di problemi matematici **2** (*inform.*) procedimento di calcolo definibile in un insieme finito di regole e di operazioni da eseguire, la cui sequenza costituisce un programma.
al|gó|so *agg.* pieno o ricoperto di alghe.
a|liàn|te *s.m.* velivolo senza motore che per decollare utilizza il traino di un aeroplano e vola sfruttando le correnti atmosferiche.
à|lias (*lat.*) *avv.* altrimenti detto, soprannominato: *Richard Starkey*, *— Ringo Starr* ♦ *s.m. invar.* (*inform.*) icona di collegamento usata per facilitare l'accesso a un file o a un'applicazione presente nella memoria del computer o nella rete.
à|li|bi *s.m.* **1** (*dir.*) in un procedimento giudiziario, argomento di difesa con il quale un indiziato prova che al momento del reato si trovava in luogo diverso da quello in cui veniva consumato il reato stesso: *avere un — di ferro* **2** (*estens.*) scusa; giustificazione spec. pretestuosa: *crearsi un — morale.*

a|lì|ce *s.f.* acciuga.
a|li|dà|da *s.f.* nel goniometro, regolo mobile che, scorrendo su un cerchio graduato, consente di misurare l'apertura di un angolo.
a|lie|nà|bi|le *agg.* (*dir.*) che può essere alienato; cedibile.
a|lie|na|bi|li|tà *s.f.* (*dir.*) caratteristica di ciò che è alienabile.
a|lie|nàn|te *part.pres.* di alienare ♦ *s.m./f.* (*dir.*) chi aliena un bene, un diritto ♦ *agg.* **1** (*dir.*) detto di chi aliena ql.co. **2** (*sociol.*) che induce alienazione; che fa perdere coscienza di sé, estraniando dalla realtà: *un lavoro —.*
a|lie|nà|re *v.tr.* [indic.pres. *io alièno...*] **1** (*dir.*) trasferire ad altri la proprietà di un bene o un diritto; vendere **2** (*fig.*) allontanare, rendere estraneo: *— qlcu. dagli amici* | **alienarsi la simpatia, la stima di qlcu.**, perderle **3** (*sociol.*) indurre uno stato di alienazione in qlcu. ♦ **-rsi** *rifl.* **1** estraniarsi, distaccarsi: *— dalla vita reale* **2** (*sociol.*) essere o entrare in uno stato di alienazione.
a|lie|nà|to *part.pass.* di alienare ♦ *s.m.* [f. *-a*] **1** (*sociol.*) chi si trova in stato di alienazione **2** (*psicol.*) persona affetta da alienazione mentale.
a|lie|na|zió|ne *s.f.* **1** (*dir.*) trasferimento ad altri della proprietà di un bene o di un diritto; vendita **2** (*sociol.*) indifferenza e perdita di coscienza di sé e della realtà, causate spec. dall'esperienza della società e del lavoro modernamente organizzati | (*psich.*) *—* **mentale**, infermità mentale, pazzia.
a|liè|no *agg.* **1** che rimane lontano da ql.co.; contrario: *— dalle polemiche* **1** (*lett.*) di altri | straniero ♦ *s.m.* [f. *-a*] nella fantascienza, abitante di altri pianeti o mondi; extraterrestre.
a|li|fà|ti|co *agg.* [m.pl. *-ci*] (*chim.*) si dice di composto organico i cui atomi di carbonio sono collegati fra loro in catena aperta.
a|li|men|tà|re¹ *v.tr.* [indic.pres. *io alimènto...*] **1** nutrire, fornire qlcu. del necessario alimento **2** (*fig.*) mantenere vivo un sentimento; fomentare: *— il desiderio*, *l'amore* **3** (*estens.*) assicurare il suo funzionamento: *— il rasoio elettrico con le batterie* | *— il fuoco*, aggiungere legna o altro combustibile per tenerlo acceso ♦ **-rsi** *rifl.* (*anche fig.*) nutrirsi: *— per vivere*; *— di illusioni*.
a|li|men|tà|re² *agg.* **1** relativo agli alimenti e all'alimentazione: *frode —* **2** che serve per nutrirsi: *generi alimentari.*
a|li|men|tà|ri *s.m.pl.* generi commestibili, spec. in commercio: *vendita di —.*
a|li|men|ta|rì|sta *s.m./f.* [m.pl. *-i*] **1** commerciante al dettaglio di generi alimentari | chi lavora nell'industria alimentare **2** (*improprio*) studioso dell'alimentazione; dietologo.
a|li|men|ta|tó|re *agg.* [f. *-trice*] che alimenta ♦ *s.m.* (*tecn.*) dispositivo che assicura e regola l'afflusso di energia o combustibile a motori, macchine | (*elettr.*) apparecchio che fornisce la corrente a strumenti o circuiti elettronici.
a|li|men|ta|zió|ne *s.f.* **1** assunzione o somministrazione di alimenti: *curare la propria —* | modo

alimento

in cui ci si alimenta; dieta: — *equilibrata* **2** (*tecn.*) erogazione di energia o carburante necessari al funzionamento di una macchina, di un'apparecchiatura: — *a gas, nucleare*.
a|li|mén|to *s.m.* **1** qualsiasi sostanza utilizzabile da un organismo vivente come fonte di sostentamento; nutrimento, cibo: — *povero di grassi* **2** (*fig.*) ciò che da forza, sostegno: *la lettura è — dello spirito* **3** (*pl., dir.*) mezzi di sussistenza che, nei casi previsti dalla legge, devono essere assicurati tra parenti o affini: *passare gli — all'ex coniuge*.
a|li|ne|a *s.m.invar.* (*dir.*) capoverso | (*estens.*) comma.
a|li|quo|ta *s.f.* **1** ciascuna delle parti uguali nelle quali è suddivisa una data quantità; quota **2** (*dir., fin.*) percentuale dell'imponibile che deve essere versata come imposta: *un' — del 30%* | — *progressiva*, quella crescente con l'aumentare dell'imponibile.
a|li|scà|fo *s.m.* imbarcazione a motore dotata di ali immerse innestate sulla carena, che, a una data velocità, sollevano l'imbarcazione al pelo dell'acqua; idroplano.
a|li|sè|o *agg., s.m.* (*spec.pl.*) vento costante che spira dai tropici verso l'equatore.
a|li|tà|re *v.intr.* [indic.pres. *io àlito*...; aus. *A*] **1** mandar fuori il fiato, l'alito dalla bocca **2** (*fig.*) parlare; respirare: *nessuno osava* — **3** (*estens.*) di venti leggeri, soffiare.
à|li|to *s.m.* **1** fiato emesso dalla bocca | — *pesante*, alito cattivo, maleodorante **2** (*estens.*) refolo, lieve soffio: — *di vento*.
a|li|tò|si *s.f.* (*med.*) odore cattivo dell'alito.
àl|la *prep.art.f.sing.* composta da *a* e *la*: *all'alba*; — *casa*; — *scadenza*.
al|lac|cia|mén|to *s.m.* **1** l'azione di legare insieme | il risultato di tale operazione **2** (*tecn.*) collegamento a una rete di servizi, spec. pubblica: — *a Internet*; *chiedere l' — all'acquedotto*.
al|lac|cià|re *v.tr.* [indic.pres. *io allàccio*...] **1** stringere con lacci, annodare: *allacciarsi la scarpa* | legare insieme: — *due funi* | (*estens.*) abbottonare: — *il giubbotto* | affibbiare: — *la cintura* **2** (*tecn.*) effettuare il collegamento a una rete: — *alla rete telefonica* **3** (*fig.*) avviare, stringere un rapporto amoroso: — *buone amicizie*.
al|lac|cia|tù|ra *s.f.* **1** l'azione di chiudere con lacci o bottoni | il risultato di tale azione **2** chiusura di un abito con lacci, bottoni e sim.
al|làc|cio *s.m.* allacciamento, collegamento a una rete: *l' — del gas*.
al|la|ga|mén|to *s.m.* **1** inondazione, alluvione **2** immissione accidentale d'acqua in un ambiente chiuso: *l' — della cantina*.
al|la|gà|re *v.tr.* [indic.pres. *io allàgo, tu allàghi*...] **1** inondare, ricoprire d'acqua una vasta superficie: *la piena ha allagato la pianura* **2** riempire accidentalmente d'acqua un ambiente chiuso: *la lavatrice ha allagato la cucina* ♦ **-rsi** *intr.pron.* coprirsi d'acqua: *si è allagato il box*.
al|lam|pa|nà|to *agg.* magrissimo e alto: *un giovane* —.
al|lap|pà|re *v.tr.* (*anche assol.*) di cibi e bevande, produrre una sgradevole sensazione acre nella bocca, facendo sentire i denti legati tra loro; allegare: *la frutta acerba allappa*.
al|lar|ga|mén|to *s.m.* aumento in larghezza; ampliamento.
al|lar|gà|re *v.tr.* [indic.pres. *io allàrgo, tu allàrghi*...] **1** rendere più largo; ampliare: — *una strada, una buca* | (*estens.*) distanziare: — *le sedie attorno al tavolo* | — *le braccia*, aprirle, gener. in segno di impotenza | (*fig.*) *mi si allarga il cuore*, provo sollievo **2** estendere ql.co., ampliarne la portata o il campo: — *l'indagine*; — *il giro di conoscenze* ♦ *intr.* [aus. *A*] portarsi all'esterno, allargarsi: — *in curva* ♦ **-rsi** *rifl., intr.pron.* **1** aprirsi in larghezza: *al di là del ponte la città si allarga* | (*anche fig.*) ampliarsi, ingrandirsi: — *nella propria attività* **2** (*coll.*) andare oltre i limiti; esagerare: *non ti allargare!* | — *nelle spese*, spendere troppo **3** portarsi all'esterno su una strada o una pista.
al|lar|ga|tó|io *s.m.* (*tecn.*) strumento per allargare fori.
al|lar|ga|tù|ra *s.f.* **1** allargamento **2** il punto in cui ql.co. si allarga.
al|lar|màn|te *part.pres.* di *allarmare* ♦ *agg.* che desta preoccupazione, timore: *episodio* —.
al|lar|mà|re *v.tr.* mettere in allarme, far preoccupare ♦ **-rsi** *rifl.* preoccuparsi, spaventarsi: — *per una sciocchezza*.
al|làr|me *s.m.* **1** (*mil.*) l'ordine di prendere le armi e la segnale con cui lo si comunica **2** (*estens.*) segnalazione di pericolo: *dare l' —* | *stato d' —*, fase in cui ci si mantiene pronti a rispondere a un possibile allarme militare o civile | *cessato —*, il termine della fase di allarme | *falso —*, infondata segnalazione di pericolo; (*fig.*) notizia infondata **3** dispositivo che segnala i tentativi di furto o scasso; antifurto **4** (*fig., psicol.*) ansia causata dalla possibilità di un pericolo imminente: *essere in —*.
al|lar|mi|smo *s.m.* tendenza ad allarmarsi, anche senza motivazioni **2** tensione provocata da notizie negative, gener. incontrollate.
al|lar|mi|sta *s.m./f.* [m.pl. *-i*] chi si allarma facilmente o diffonde allarmismo.
al|lar|mi|sti|co *agg.* [m.pl. *-ci*] che provoca allarme, panico: *notizie allarmistiche*.
al|la|scà|re *v.tr.* [indic.pres. *io allasco, tu allaschi*...] (*mar.*) allentare una cima tesa.
al|là|to *o* **a lato** *avv.* (*lett.*) accanto, a fianco.
al|lat|ta|mén|to *s.m.* **1** l'atto di allattare | — *materno*, quello del seno della madre | — *artificiale*, con latte in polvere da sciogliere in acqua o con latte animale **2** periodo in cui il bambino o il cucciolo di mammifero vengono nutriti col latte.
al|lat|tà|re *v.tr.* nutrire un neonato o un cucciolo di mammifero con il latte, proprio o di altra provenienza.
àl|le *prep.art.f.pl.* composta da *a* e *le*: — *occasioni*; — *solite*.
al|le|àn|za *s.f.* **1** patto che impegna due o più stati a fornirsi aiuto reciproco per fini politici o

bellici: *stipulare, rompere un'* — **2** (*estens.*) accordo tra persone o gruppi; intesa: *un'* — *tra partiti*.
al|le|à|r|si *v.rifl.*, *rifl.rec.* [indic.pres. *io mi alleo*...] unirsi in alleanza; stringere un patto: — *con, a qlcu.*; — *contro il nemico*.
al|le|à|to *part.pass. di* allearsi ◆ *agg.* che ha stretto un'alleanza: *paesi alleati* ◆ *s.m.* [f. *-a*] chi è unito ad altri da un'alleanza | (*st.*) **gli Alleati**, durante la seconda guerra mondiale, gli eserciti che hanno combattuto il nazismo, con partic. riferimento agli angloamericani.
al|le|gà|re *v.tr.* [indic.pres. *io allégo, tu alléghi*...] **1** inserire nella stessa busta; accludere: — *una lettera di accompagnamento al curriculum* **2** (*inform.*) unire un file (di testo o altro genere) a un messaggio di posta elettronica per la spedizione **3** allappare.
al|le|gà|to *part.pass. di* allegare ◆ *agg.* unito, accluso ◆ *s.m.* **1** documento aggiunto, inserito all'interno di una pratica, una lettera o un plico **2** (*inform.*) file che viene spedito attraverso la posta elettronica assieme a un messaggio.
al|leg|ge|ri|mén|to *s.m.* riduzione di carico, di peso | sgravio.
al|leg|ge|rì|re *v.tr.* [indic.pres. *io alleggerisco, tu alleggerisci*...] **1** ridurre il peso di ql.co.; rendere più leggero: — *lo zaino* **2** (*fig.*) rendere più sopportabile: — *una sofferenza* | sgravare in parte da un compito oneroso | liberare un testo e sim. da parti sovrabbondanti | — *la pressione fiscale*, abbassare le tasse **3** (*iron.*) derubare: — *qlcu. del portafoglio*; — *le tasche di qlcu.* ◆ **-rsi** *rifl.* **1** (*spec. fig.*) liberarsi di un peso: — *del senso di colpa* **2** vestirsi con abiti più leggeri.
al|le|go|rì|a *s.f.* **1** (*ling.*) procedimento retorico per cui un concetto viene espresso con un'immagine che ha un diverso significato letterale **2** (*estens.*) quadro o statua che raffigura un'idea astratta o che ha valore simbolico.
al|le|gò|ri|co *agg.* [m.pl. *-ci*] **1** relativo all'allegoria **2** che contiene un'allegoria: *poesia allegorica* | espresso attraverso un'allegoria: *significato* — □ **allegoricamente** *avv.*
al|le|go|rì|smo *s.m.* **1** il complesso delle allegorie di un'opera **2** uso frequente dell'allegoria e dell'interpretazione allegorica: *l'* — *della cultura medievale*.
al|le|grét|to *s.m.* (*mus.*) **1** movimento intermedio tra l'allegro e l'andante **2** brano da eseguire in tale movimento.
al|le|grì|za *s.f.* stato d'animo e manifestazione di gioia; gaiezza, buonumore.
al|le|grì|a *s.f.* sentimento e manifestazione di gioia, buonumore: *la musica mi mette* —.
al|lé|gro *agg.* **1** che prova, manifesta allegria; gioioso, di buonumore: *un viso* —; *un'atmosfera allegra* | vivace, che rende allegri: *una canzone allegra* **2** spensierato; irresponsabile | *finanza allegra*, amministrazione non oculata | *donnina allegra*, di facili costumi | *fare una vita allegra*, vivere in maniera superficiale **3** (*iron.*) alticcio, brillo ◆ *s.m.* (*mus.*) **1** movimento piuttosto veloce,

tra il presto e l'andante **2** brano da eseguire in tale movimento □ **allegramente** *avv.*
al|le|gró|ne *s.m.* [f. *-a*] (*fam.*) persona sempre allegra; buontempone.
al|le|lù|ia *inter.* esclamazione di gioia, di esultanza | (*iron.*) espressione di soddisfazione: —, *era ora!* ◆ *s.m.invar.* (*lit.*) canto solenne di lode a Dio: *suonare l'*—.
al|le|na|mén|to *s.m.* graduale esercizio finalizzato ad acquisire, perfezionare o mantenere abilità e competenze; addestramento: — *al calcolo matematico* | (*sport*) metodico esercizio di preparazione alla pratica sportiva | *tenersi in* —, conservare un certo livello di preparazione, spec. fisica, attraverso il costante esercizio | *essere fuori* —, aver perso forma fisica o abilità a causa del poco esercizio.
al|le|nà|re *v.tr.* [indic.pres. *io alléno*...] **1** far acquisire, perfezionare o mantenere abilità e competenze con l'esercizio; addestrare: — *la classe allo studio*; — *il fisico* **2** (*sport*) preparare a una competizione con esercizi sistematici e progressivi: — *un atleta, una squadra* ◆ **-rsi** *rifl.* **1** *a parlare in pubblico* **2** (*sport*) esercitarsi in una disciplina, spec. in vista di una competizione: — *al tiro con l'arco*; — *duramente*.
al|le|na|tó|re *s.m.* [f. *-trice*] (*sport*) chi per professione allena squadre, atleti o animali da competizione; coach, mister.
al|len|ta|mén|to *s.m.* distensione, riduzione di tensione | allargamento.
al|len|tà|re *v.tr.* [indic.pres. *io allènto*...] **1** rendere meno teso, meno stretto; allargare: — *un nodo, la presa* | (*fig.*) — *i cordoni della borsa*, concedere denaro a qlcu.; spendere | — *il freno*, ammorbidire la disciplina | — *la morsa*, imporre un controllo meno rigido **2** mitigare, attenuare: — *la tensione* **3** (*fam.*) dare, mollare: — *un pugno* ◆ **-rsi** *intr.pron.* **1** diventare meno stretto: *il nodo si sta allentando; la vite si è allentata* **2** (*fig.*) perdere intensità: *la loro amicizia si è allentata*.
al|ler|gè|ne *s.m.* (*med.*) ogni sostanza in grado di provocare una reazione allergica.
al|ler|gì|a *s.f.* **1** (*med.*) ipersensibilità, intolleranza patologica di un organismo a determinate sostanze, che causa reazioni di vario genere: — *al polline* **2** (*fig., scherz.*) avversione, insofferenza per qlcu. o ql.co.
al|lèr|gi|co *agg.* [m.pl. *-ci*] **1** (*med.*) che riguarda o è causato da allergia: *reazione allergica* **2** che soffre di allergia **3** (*fig., scherz.*) che prova insofferenza per qlcu. o ql.co.: *è* — *al lavoro* ◆ *s.m.* [f. *-a*] persona affetta da allergia.
al|ler|giz|zàn|te *agg.* (*med.*) che provoca l'insorgere di un'allergia.
al|ler|go|lo|gì|a *s.f.* branca della medicina che studia i fenomeni allergici.
al|ler|gò|lo|go *s.m.* [f.; m.pl. *-gi*] (*med.*) specialista nella cura delle allergie.
al|lér|ta o **allèrta** o **all'érta** *inter.* (*mil.*) grido convenzionale con cui le sentinelle si invitavano reciprocamente alla vigilanza | (*estens.*) esor-

allertamento

tazione a fare attenzione ♦ *avv.* in condizione di vigilanza | *stare* —, fare attenzione ♦ *s.f.* (*mil.*) segnale di pericolo | *stato di* —, preallarme.
al|ler|ta|men|to *s.m.* l'allertare, la messa in stato di all'erta.
al|ler|tà|re *v.tr.* [indic.pres. *io allérto* o *allèrto*...] mettere in stato di preallarme: — *le truppe.*
al|le|sti|mén|to *s.m.* **1** preparazione, organizzazione di ql.co. | — *scenico*, il complesso delle scene per una rappresentazione teatrale; messa in scena **2** l'insieme di dotazioni e optional di un'autovettura: — *base*, *full optional* | (*mar.*) l'insieme delle attrezzature e dotazioni di bordo di un'imbarcazione.
al|le|stì|re *v.tr.* [indic.pres. *io allestisco*, *tu allestisci*...] preparare, organizzare: — *una cena di gala* | — *una nave*, dotarla delle attrezzature di bordo, spec. dopo il varo; armarla.
al|let|ta|mén|to *s.m.* l'atto di allettare o essere allettato; attrattiva, lusinga.
al|let|tàn|te *part.pres. di* allettare ♦ *agg.* che attrae; invitante; affascinante: *una proposta* —.
al|let|tà|re *v.tr.* [indic.pres. *io allètto*...] attrarre qlcu. promettendogli o facendogli sperare ql.co. di piacevole; lusingare, sedurre: *si lasciò dalla prospettiva di facili guadagni.*
al|let|tà|to *agg.* costretto a letto per malattia, spec. per un lungo periodo.
al|le|va|mén|to *s.m.* **1** l'insieme delle cure necessarie a favorire la crescita di un bambino **2** attività volta allo sviluppo, al mantenimento e alla riproduzione delle specie animali utili all'uomo | (*estens.*) il luogo e gli impianti utilizzati per l'allevamento: *un* — *di polli* | l'insieme degli animali che vengono allevati all'interno dell'impianto stesso **3** coltivazione sistematica e a fini commerciali di specie vegetali.
al|le|và|re *v.tr.* [indic.pres. *io allèvo*...] **1** prestare a un bambino le cure necessarie alla sua crescita | (*estens.*) educare **2** curare lo sviluppo, il mantenimento e la riproduzione di animali e piante a fini commerciali.
al|le|va|tó|re *s.m.* [f. *-trice*] chi alleva professionalmente animali, spec. bestiame | chi è proprietario di un allevamento.
al|le|via|mén|to *s.m.* alleggerimento, sollievo.
al|le|viá|re *v.tr.* [indic.pres. *io allèvio*...] **1** rendere più leggero: — *un peso* **2** (*fig.*) rendere meno doloroso; attenuare, mitigare: — *una pena, un dolore.*
al|li|bì|re *v.intr.* [indic.pres. *io allibisco, tu allibisci*...; aus. *E*] diventare pallido per stupore, timore e sim. | (*estens.*) rimanere sbigottito, sconcertato; sbalordire: *allibisco di fronte alle tue parole.*
al|li|bì|to *part.pass. di* allibire ♦ *agg.* stupito, sbigottito, sconcertato: *sono* —.
al|li|bra|mén|to *s.m.* (*fin.*) registrazione di un'operazione finanziaria su un libro contabile.
al|li|brà|re *v.tr.* (*fin.*) registrare su un libro contabile.
al|li|bra|tó|re *s.m.* [f. *-trice*] negli ippodromi e nei cinodromi, chi accetta e registra scommesse; bookmaker.
al|lie|tà|re *v.tr.* [indic.pres. *io allièto*...] rendere lieto, rallegrare persone o situazioni: — *la festa*; *la bella notizia ci allietò* ♦ **-rsi** *intr.pron.* rallegrarsi.
al|liè|vo *s.m.* [f. *-a*] **1** chi viene istruito in una scuola o presso un maestro | (*estens.*) discepolo: *gli allievi di Platone* **2** militare che viene istruito per ricoprire un determinato ruolo operativo o gerarchico: — *ufficiale*, *marconista.*
al|li|ga|tó|re *s.m.* grosso rettile anfibio simile al coccodrillo, ma con il muso più tozzo, presente nei fiumi asiatici e nordamericani.
al|li|gnà|re *v.intr.* [indic. pres. *io alligno*..., *noi allignamo, voi allignate*...; aus. *A*] **1** mettere radici, attecchire: *la vite alligna in collina* **2** (*fig.*) svilupparsi, trovarsi: *sono sentimenti che non allignano nel mio cuore.*
al|li|ne|a|mén|to *s.m.* **1** disposizione su una linea; schieramento: *l'* — *dei reparti* **2** (*fig.*) adeguamento, uniformazione: — *alla nuova normativa* | — *dei salari*, il loro adeguamento al costo della vita.
al|li|ne|à|re *v.tr.* [indic.pres. *io allíneo*...] **1** sistemare in fila, su una stessa linea: — *i banchi* | schierare: — *i soldati per la rassegna* **2** (*fig.*) portare a un dato livello; adeguare, uniformare: — *i salari dell'inflazione* **3** in tipografia, disporre su una stessa linea diversi elementi ♦ **-rsi** *rifl.* **1** sistemarsi in fila; schierarsi: *i giocatori si allinearono sulla metà campo* **2** (*fig.*) adeguarsi: — *alle istruzioni del superiore* | conformarsi: — *all'opinione comune.*
al|li|ne|à|to *part.pass. di* allineare ♦ *agg.* **1** che è in fila, in linea **2** conforme, concorde.
al|lit|te|rà|re *v.intr.* [indic.pres. *io allìttero*; aus. *A*] produrre un'allitterazione.
al|lit|te|ra|zió|ne *s.f.* (*ling.*) procedimento stilistico che consiste nella ripetizione di vocali, consonanti o sillabe con lo stesso suono in due o più parole vicine (p.e. *il pietoso pastor pianse al suo pianto*).
àl|lo *prep.art.m.sing.* composta da *a* e *lo*: *all'uomo*; — *spirito.*
àl|lo- primo elemento di parole composte dotte, che indica diversità (*allogeno*).
al|lò|bro|go *agg., s.m.* [m.pl. *-gi* o *-ghi*; f. *-a*] **1** relativo o appartenente all'antico popolo celtico degli Allobrogi **2** abitante del Piemonte o della Savoia.
al|lo|cà|re *v.tr.* [indic.pres. *io allòco, tu allòchi*...] **1** (*econ.*) ripartire le risorse disponibili | assegnare risorse a un fondo o a un progetto **2** (*inform.*) destinare una parte delle risorse di memoria del computer alla gestione di una certa applicazione.
al|lo|ca|zió|ne *s.f.* **1** (*econ.*) ripartizione di risorse tra fondi, progetti e sim. **2** (*inform.*) assegnazione di risorse di memoria del computer alla gestione di una applicazione | — *dinamica*, modificabile durante l'esecuzione dell'applicazione, a seconda delle necessità | — *statica*, stabilita una

volta per tutte all'avviamento del programma 3 nell'ippica, somma stanziata per i premi destinati ai primi classificati di una competizione.
al|lòc|co *s.m.* [pl. *-chi*] **1** uccello rapace notturno, con piumaggio grigio-bruno e grandi occhi rotondi, diffuso in Africa settentrionale, Europa e Asia occidentale **2** [f. *-a*] (*fig.*) persona sciocca; babbeo | *restare*, *rimanere come un* —, colto di sorpresa, istupidito.
al|lòc|to|no *agg.* (*geol.*) si dice di rocce o depositi minerali che sono stati trasportati da agenti esterni in luoghi diversi da quelli originari.
al|lo|cu|ti|vo *agg.* proprio o relativo all'allocuzione | (*ling.*) *pronomi allocutivi*, i pronomi usati per rivolgersi a un interlocutore.
al|lo|cu|tò|rio *agg.* (*ling.*) allocutivo.
al|lo|cu|zió|ne *s.f.* discorso pubblico solenne.
al|lo|dià|le *agg.* (*dir.*) che fa parte dell'allodio: *beni allodiali.*
al|lò|dio *s.m.* (*dir.*) nel Medioevo e nelle società di antico regime, possedimento fondiario libero da vincoli e tributi feudali.
al|lò|do|la *s.f.* piccolo uccello canoro dei Passeriformi, migratore e stanziale; ha piumaggio grigio-bruno, becco appuntito e lunga unghia posteriore | (*fig.*) *specchietto per le allodole*, inganno, trappola; offerta ingannevole fatta per attirare compratori.
al|lò|ge|no *agg., s.m.* [f. *-a*] che, chi appartiene a un diverso gruppo etnico, spec. minoritario.
al|log|gia|mén|to *s.m.* **1** (*mil.*) luogo coperto in cui vengono albergati i militari | accampamento **2** (*mecc.*) sede di un pezzo all'interno di una macchina o di un dispositivo.
al|log|già|re *v.tr.* [indic.pres. *io allòggio...*] **1** dare alloggio a qlcu.; sistemare, ospitare: — *i terremotati negli alberghi* **2** (*mil.*) accantonare, sistemare: — *la fanteria nelle tende* ♦ *intr.* [aus. *A*] sistemarsi, abitare spec. provvisoriamente: *a Milano alloggio presso un amico.*
al|lòg|gio *s.m.* **1** luogo abitabile; dimora, casa, appartamento: *prendere — in un condominio* **2** (*mar.*, *spec.pl.*) cabine: *alloggi di prima, di seconda classe* **3** (*mil.*, *spec.pl.*) sistemazione, fissa o provvisoria, dei soldati.
al|lo|glòt|to *agg., s.m.* [f. *-a*] che, chi parla una lingua diversa da quella prevalente o ufficiale in un paese: *minoranze alloglotte.*
al|lon|ta|na|mén|to *s.m.* **1** distacco, separazione da qlcu. o qlc.o. | (*gramm.*) *complemento di* —, introdotto dalla preposizione *da*, indica separazione, distacco, differenziazione **2** espulsione | destituzione, rimozione.
al|lon|ta|nà|re *v.tr.* **1** (*anche fig.*) porre a una certa distanza: — *un bambino dai fornelli accesi*; — *il pericolo* | separare: — *due persone che litigano* **2** mandare via; escludere, espellere: — *un calciatore violento dal campo di gioco* | licenziare: — *qlcu. dal posto di lavoro* | sospendere: — *da scuola* **3** suscitare avversione, respingere: *il tuo comportamento allontana gli amici* | stornare: — *da sé ogni sospetto* ♦ *-rsi* *rifl.* **1** andare lontano; portarsi a una certa distanza: — *dalla riva* | assentarsi: — *dall'ufficio* **2** (*fig.*) distaccarsi, allentare i rapporti: — *dalle amicizie di un tempo* | abbandonare opinioni, idee: — *dalla fede* **3** (*fig.*) diventare meno probabile: *la vittoria si allontana.*
al|lo|pa|tì|a *s.f.* (*med.*) terapia basata su rimedi che provocano effetti contrari a quelli della malattia.
al|lò|ra *avv.* in quel momento, in quel tempo (passato o futuro): — *me ne stupii*; — *tutto sarà più chiaro* | — —, proprio in quel momento | — *come* —, sul momento, in quella circostanza | *d'* —, di quel tempo (passato): *i giovani d'* — ♦ *cong.* **1** in questo caso, in tal caso: *se ne sei convinto,* — *fallo* **2** [rafforza una prop. interr. diretta o una prop. escl.] quindi, dunque, insomma: — *ne eri al corrente?*; *parla,* —*!* ♦ *agg.invar.* [si premette al nome] di quel tempo (passato): *l'* — *ministro.*
al|lor|ché *cong.* (*lett.*) [introduce prop. temporali con v. all'indicativo] quando, nel momento in cui, non appena: — *si ritrovarono, fu festa per tutti.*
al|lò|ro *s.m.* **1** albero delle Lauracee alto fino a dieci metri, con fiori giallini e foglie coriacee aromatiche sempreverdi | le foglie di tale pianta, utilizzate per aromatizzare: *insaporire l'arrosto con l'* — **2** (*st.*) corona d'alloro con cui nell'antichità si cingeva la fronte di poeti, atleti vincitori e generali vittoriosi | (*fig.*) gloria, trionfo | *l'* — *olimpico*, la vittoria alle Olimpiadi | *l'* — *poetico*, la fama nel campo della poesia | *mietere allori*, raccogliere numerose vittorie o successi | *dormire sugli allori*, perdere slancio, voglia di fare, accontentandosi dei successi passati.
al|lor|quàn|do *cong.* (*lett.*) quando, allorché.
al|lo|tra|piàn|to *s.m.* (*med.*) **1** trapianto di organi o tessuti tra due individui della stessa specie ma geneticamente differenti **2** l'organo o il tessuto così trapiantato.
al|lo|tro|pì|a *s.f.* **1** (*chim.*) caratteristica degli allotropi **2** (*ling.*) presenza nel lessico di una lingua di parole che hanno lo stesso etimo, ma differente forma (p.e. *obbedire* e *ubbidire*) o differente significato (p.e. *plebe* e *pieve*).
al|lò|tro|po *s.m.* **1** (*chim.*) elemento o composto che può assumere forme differenti con proprietà fisiche e chimiche diverse **2** (*ling.*) parola che ha lo stesso etimo di un'altra, ma significato o forma diversi.
all right (*ingl.*) [pr. *olràit*] *avv.* va bene, d'accordo.
àl|lu|ce *s.m.* il più grosso dito del piede, articolato in due sole falangi | (*med.*) — *valgo*, deformazione caratterizzata da una deviazione dell'alluce verso l'esterno.
al|lu|ci|nàn|te *part.pres. di* alluciare ♦ *agg.* **1** (*raro*) che abbaglia **2** (*fig.*) che causa un'impressione forte, violenta o spaventosa; impressionante: *figure allucinanti* | (*gerg.*) straordinario, fuori dal comune: *una cosa* —.
al|lu|ci|nà|re *v.tr.* [indic.pres. *io allùcino...*] **1** (*raro*) abbagliare, disturbare la vista con una luce intensa **2** (*fig.*) ingannare, confondere **3** (*fig.*) causare forte impressione; sconvolgere.
al|lu|ci|nà|to *part.pass. di* alluciare ♦ *agg., s.m.*

allucinatorio

[f. -a] che, chi soffre di allucinazioni | che, chi è o appare folle, esaltato: *uno sguardo —*.
al|lu|ci|na|tò|rio *agg.* (*psich.*) relativo all'allucinazione | che produce allucinazione: *psicosi allucinatoria*.
al|lu|ci|na|zió|ne *s.f.* **1** (*psich.*) percezione sensoriale patologica, per cui si crede di vedere o sentire ql.co. di inesistente nella realtà: *soffrire di allucinazioni* **2** (*estens.*) inganno, illusione: *ho avuto un' —*.
al|lu|ci|nò|ge|no *s.m.* sostanza naturale o sintetica che, introdotta nell'organismo, agisce sul sistema nervoso centrale provocando allucinazioni: *l'LSD è un potente —* ♦ *agg.* che provoca allucinazioni: *sostanze allucinogene*.
al|lù|de|re *v.intr.* [pass.rem. *io allùsi, tu alludésti...*; part.pass. *alluso*; aus. *A*] accennare, fare riferimento a ql.co. o a qlcu. in maniera volutamente poco chiara o indiretta: *stai forse alludendo a me?*
al|lù|me *s.m.* (*chim.*) solfato doppio contenente un metallo trivalente (p.e. alluminio o ferro) e uno monovalente (p.e. sodio o potassio) | *— di rocca*, solfato doppio di alluminio e potassio, incolore e cristallino; usato in tintoria e nell'industria della carta.
al|lu|mì|nio *s.m.* elemento chimico, metallo di colore argenteo, molto leggero, estremamente duttile e malleabile (*simb.* Al); si usa per fabbricare leghe leggere, utensili e conduttori elettrici.
al|lu|nàg|gio *s.m.* atterraggio sul suolo lunare.
al|lu|nà|re *v.intr.* [aus. *A*] scendere, posarsi sul suolo lunare.
al|lun|gà|bi|le *agg.* che può essere allungato.
al|lun|ga|mén|to *s.m.* **1** accrescimento in lunghezza o in durata; estensione **2** (*ling.*) aumento della durata di un suono, spec. vocalico | *— di compenso*, fenomeno per cui la durata di una vocale aumenta per compensare la caduta di una consonante vicina **3** diluizione di un liquido con un altro liquido, spec. con l'acqua.
al|lun|gà|re *v.tr.* [indic.pres. *io allungo, tu allunghi...*] **1** aumentare ql.co. in lunghezza o in durata: *— il tavolo; — l'orario di lavoro* | *— la strada*, scegliere un percorso più lungo del necessario | *— il passo*, accelerare, affrettarsi | *— le mani*, toccare, picchiare o derubare qlcu. | *— il collo*, cercare di vedere meglio | (*fig.*) *— le orecchie*, ascoltare attentamente; origliare **2** (*fam.*) porgere, passare: *mi allungheresti quel bicchiere?* | (*sport*) *— la palla*, passarla a un compagno in posizione più avanzata **3** (*fam.*) sferrare, assestare: *— un calcio a qlcu*. **4** diluire: *— la vernice col solvente* | annacquare: *— il vino* ♦ *intr.* [aus. *A*] (*sport*) effettuare un allungo, un'improvvisa accelerazione ♦ **-rsi** *intr.pron.* diventare più lungo: *le si sono allungati i capelli* | (*fam.*) alzarsi, aumentare di statura: *guarda quanto si è allungato in tre mesi!* | aumentare di durata: *i tempi del processo si stanno allungando* ♦ *rifl.* sdraiarsi, stendere le membra: *— sulla sdraio*.
al|lùn|go *s.m.* [pl. *-ghi*] (*sport*) nel podismo e nel ciclismo, accelerazione, attacco | nel calcio, passaggio della palla a un compagno in posizione più avanzata o tentativo di smarcarsi accelerando | nel pugilato e nella scherma, attacco portato distendendo al massimo il braccio; affondo.
al|lu|pà|to *agg.* (*gerg.*) molto affamato, spec. dal punto di vista sessuale.
al|lu|sió|ne *s.f.* accenno, velato riferimento a qlcu. o ql.co. | la frase con cui si allude: *misteriosa —; un testo pieno di allusioni*.
al|lu|si|vi|tà *s.f.* **1** caratteristica di ciò che è allusivo **2** la tendenza o la volontà di essere allusivo | simbolismo: *l' — di un testo poetico*.
al|lu|sì|vo *agg.* che accenna, che fa riferimento a ql.co. o qlcu. senza nominarlo esplicitamente: *frase allusiva* □ **allusivamente** *avv.*
al|lu|vio|nà|le *agg.* **1** relativo ad alluvione **2** (*geol.*) detto di formazione o terreno prodotto dall'accumularsi dei materiali trasportati dai fiumi: *pianura —*.
al|lu|vio|nà|to *agg., s.m.* [f. *-a*] che, chi è stato colpito o danneggiato da un'alluvione: *regione alluvionata*; *gli alluvionati sono stati alloggiati in una tendopoli*.
al|lu|vió|ne *s.f.* **1** allagamento di vaste proporzioni causato dallo straripamento di fiumi e bacini o da un eccesso di precipitazioni; inondazione **2** (*fig., spec.spreg.*) sovrabbondanza: *un' — di insulti* **3** (*geol.*) deposito di detriti trasportati da una corrente fluviale.
àl|ma *s.f.* (*poet.*) anima.
al|ma|nac|cà|re *v.intr.* [indic.pres. *io almanàcco, tu almanàcchi...*; aus. *A*] **1** riflettere a lungo su un problema per trovare una soluzione o una spiegazione: *continuava ad — sul mancato prestito* **2** fantasticare.
al|ma|nàc|co *s.m.* [pl. *-chi*] **1** pubblicazione annuale somigliante al calendario che fornisce indicazioni sulle festività, sulle fasi lunari e sui principali fenomeni astronomici relativi a ogni periodo dell'anno, e anche notizie e curiosità di vario genere **2** annuario contenente notizie statistiche e di cronaca relative a un dato campo: *— del calcio*.
al|mé|no *avv.* **1** se non altro: *dimmi — che cosa ti ha risposto* | come minimo: *per capirlo, devi leggerlo — due volte* **2** [preceduto o seguito da v. al congiunt.] serve a esprimere un desiderio: *— sapessi come fare!*
àl|mo *agg.* (*lett.*) **1** che nutre, che dà vita **2** grande, nobile.
àl|no *s.m.* ontano.
à|lo- (*scient.*) primo elemento di parole composte che significa "sale" (*alogeno*) o "mare" (*aloflora*).
à|lo|e o **aloè** *s.m.invar.* **1** genere di piante esotiche perenni delle Liliacee, con foglie carnose e fiori gialli, rossi o bianchi a pannocchia **2** il succo amaro che si estrae dalle foglie di tale pianta, usato in medicina.
a|lo|fàu|na *s.f.* (*biol.*) l'insieme degli animali che vivono nelle acque salate.

a|lo|flò|ra *s.f.* (*biol.*) l'insieme dei vegetali che vivono nelle acque salate.

a|lò|ge|no *s.m.* (*chim.*) ciascuno degli elementi (fluoro, cloro, bromo, iodio e astato) che, uniti con i metalli, generano sali ♦ *agg. nella loc.* **lampada alogena**, a vapori di iodio ad altissimo potere illuminante.

a|lò|ne *s.m.* **1** cerchio luminoso che appare talvolta intorno al Sole o alla Luna | (*estens.*) contorno sfumato attorno a una fonte di luce **2** (*fig.*) aura, atmosfera: *un — di mistero* **3** sfumatura luminosa sui contorni di un'immagine fotografica, televisiva e sim. **4** zona sbiadita che appare in un tessuto, spec. dopo una smacchiatura.

a|lo|pe|cì|a o alopècia *s.f.* (*med.*) perdita totale o parziale di peli o capelli, che può essere temporanea o definitiva.

a|lò|sa *s.f.* grosso pesce marino commestibile dei Clupeidi, con dorso azzurro e ventre argenteo; diffuso nel Mediterraneo, risale i fiumi per deporre le uova.

àl|pa|ca o alpàca *s.m.invar.* **1** ruminante domestico andino delle dimensioni di una pecora, simile al lama **2** la lana lunga e sottile ottenuta da tale animale | tessuto pregiato realizzato con tale lana.

al|pàc|ca *s.f.* lega di rame, zinco e nichel; di aspetto simile all'argento, è utilizzata per realizzare posate e oggetti ornamentali di poco pregio.

àl|pe *s.f.* **1** (*lett.*) montagna | **le Alpi**, sistema montuoso che delimita a Nord l'Italia **2** zona di alta montagna adibita al pascolo; malga, alpeggio.

al|peg|già|re *v.tr.* [indic.pres. *io alpéggio...*] portare gli animali ai pascoli di alta montagna ♦ *intr.* [aus. A] trascorrere l'estate nei pascoli di alta montagna.

al|pég|gio *s.m.* pascolo estivo d'alta montagna; malga.

alpenstock (*ted.*) *s.m.invar.* bastone con punta di ferro per l'escursionismo in montagna.

al|pè|stre *agg.* **1** relativo all'alpe; montano: *area, ambiente* — **2** (*estens.*) scosceso, ripido ♦ *s.m.* liquore a base di erbe alpine aromatiche.

alphorn (*ted.*) [pr. *àlphorn*] *s.m.invar.* (*mus.*) antico strumento della famiglia dei corni, lungo fino a 4 m e con padiglione ad angolo, ancora usato nelle Alpi svizzere.

al|pi|già|no *agg.* proprio o tipico delle regioni montane e dei suoi abitanti: *dialetti, costumi alpigiani* ♦ *s.m.* [f. -*a*] chi vive in montagna; montanaro.

al|pi|nì|smo *s.m.* la tecnica e la pratica sportiva di scalare le montagne | **accademico**, praticato senza guida su pareti di elevata difficoltà | — *estremo*, che presenta i massimi livelli di difficoltà tecnica.

al|pi|nì|sta *s.m./f.* [m.pl. -*i*] chi pratica l'alpinismo.

al|pi|nì|sti|co *agg.* [m.pl. -*ci*] che riguarda l'alpinismo: *attrezzatura alpinistica*.

al|pì|no *agg.* **1** relativo alle Alpi, che fa parte delle Alpi: *regione alpina* **2** (*estens.*) d'alta montagna, montano: *panorama* — ♦ *s.m.* militare appartenente al corpo dell'esercito italiano specializzato nelle operazioni di montagna.

al|quàn|to *agg.indef.* (*lett.*) in quantità intermedia tra poco e parecchio: *ci volle — denaro* ♦ *pron.indef. solo pl.* un certo numero, parecchi: *ne ho visti alquanti* ♦ *avv.* piuttosto, non poco: *ha rischiato —*.

àlt *inter.* espressione utilizzata per ordinare la sospensione di un'azione o l'arresto di un movimento ♦ *s.m.* **1** l'ordine di fermarsi o di smettere: *dare l'* — **2** sospensione, pausa, arresto: *fare un —*.

àl|ta fe|del|tà *loc.sost.f.* caratteristica delle tecniche di registrazione e di riproduzione del suono che permettono di ridurre notevolmente le distorsioni: *impianto stereo ad —*.

al|tài|co *agg.* [m.pl. -*ci*] relativo ai monti Altai e alla regione circostante | **lingue altaiche**, famiglia di lingue asiatiche di cui fanno parte il turco, il mongolo e il manciù.

al|ta|lé|na *s.f.* **1** gioco consistente nell'oscillare avanti e indietro stando seduti su un'asse o un seggiolino sospeso a due funi | gioco in cui due persone siedono agli estremi di un sostegno lungo e rigido, posto in bilico su un fulcro centrale e lo fanno alzare e abbassare alternativamente **2** l'attrezzo utilizzato in tali giochi **3** (*fig.*) il succedersi, l'alternarsi spec. repentino di stati d'animo o di situazioni contrastanti: *un' — di emozioni, di vittorie e sconfitte*.

al|ta|le|nàn|te *part.pres.di* altalenare ♦ *agg.* (*fig.*) oscillante, instabile.

al|ta|le|nà|re *v.intr.* [indic.pres. *io altaléno...*; aus. A] oscillare tra situazioni, comportamenti, stati d'animo contrastanti: *il suo umore altalena tra l'allegria e la disperazione*; *altalenava tra il sì e il no*.

al|tà|na *s.f.* terrazza coperta alla sommità di un tetto.

al|tà|re *s.m.* **1** nell'antichità, cippo, piano o edicola destinati ai sacrifici religiosi **2** nelle chiese cristiane, il tavolo di legno o pietra su cui viene celebrata la messa | — **maggiore**, quello principale, collocato solitamente in posizione di rilievo nell'abside della navata centrale | *condurre una donna all'* —, prenderla in moglie | *innalzare, levare all'onore degli altari*, proclamare beato o santo qlcu., autorizzandone il culto **3** *Altare della patria*, parte centrale del monumento dedicato a Vittorio Emanuele II in Roma sotto cui è stato sepolto il Milite Ignoto.

al|ta|rì|no *s.m.* piccolo altare portatile | (*fig.*, *scherz.*) *scoprire gli altarini*, svelare un piccolo segreto o sotterfugio.

al|tè|a *s.f.* pianta erbacea perenne delle Malvacee dotata di proprietà medicinali, con foglie grigioverdi ricoperte da peluria e fiori rosa chiaro.

al|te|rà|bi|le *agg.* **1** che può alterarsi o deteriorarsi: *cibo* — **2** (*fig.*) di persona che si irrita con facilità; irritabile, irascibile.

al|te|rà|re *v.tr.* [indic.pres. *io àltero...*] **1** modificare ql.co., spec. in peggio; trasformare, deterio-

alterativo 46

rare, rovinare: *il lavaggio ha alterato i colori* **2** falsificare: — *la firma, il bilancio aziendale* | sofisticare: — *un vino* **3** (*fig.*) irritare, far arrabbiare: *la brutta notizia lo ha alterato* | sconvolgere, squilibrare: *l'incidente alterò la sua mente* ♦ **-rsi** *intr.pron.* **1** modificarsi in peggio; guastarsi, rovinarsi: *i colori si sono alterati* **2** (*fig.*) irritarsi, arrabbiarsi.
al|te|ra|ti|vo *agg.* che causa alterazione | (*ling.*) *suffisso* —, che forma nomi e aggettivi alterati.
al|te|rà|to *part.pass. di* alterare ♦ *agg.* **1** che è stato modificato, volutamente o meno: *prodotti alterati*; *voce alterata* | *polso* —, sintomo di febbre **2** (*ling.*) detto di nome o aggettivo che, per l'aggiunta di un suffisso, acquista un valore aggiuntivo rispetto a quello base (p.e. *ragazzino, ragazzaccio* da *ragazzo; dolciastro* da *dolce*) ♦ *s.m.* (*ling.*) nome o aggettivo di forma alterata.
al|te|ra|zió|ne *s.f.* **1** modificazione, cambiamento, spec. in peggio: *l'— dei colori* **2** contraffazione, falsificazione: — *della firma* | sofisticazione: — *del vino col metadone* **3** (*med.*) anormale stato fisico o psichico: — *del quadro clinico* | leggero stato febbrile **4** (*chim.*) modificazione delle caratteristiche di una roccia a causa di agenti meccanici o chimici **5** (*mus.*) modificazione dell'altezza di una nota di uno o due semitoni.
al|ter|cà|re *v.intr.* [indic.pres. *io altèrco, tu altèrchi*...; aus. *A*] litigare in maniera animata.
al|tèr|co *s.m.* [pl. *-chi*] animato scontro verbale; litigio: *avere un* —.
àl|ter è|go (*lat.*) *loc.sost.m./f.invar.* **1** persona che ne sostituisce e rappresenta in tutto un'altra; sostituto, vicario **2** in un libro, film e sim., personaggio che ricalca la personalità e le caratteristiche dell'autore.
al|te|rì|gia *s.f.* eccessiva considerazione di sé esibita con sprezzo; superbia, boria.
al|ter|nàn|za *s.f.* **1** avvicendamento, successione di due o più elementi in maniera regolare e ripetuta: *l'— delle stagioni* **2** (*agr.*) rotazione delle colture su un campo.
al|ter|nà|re *v.tr.* [indic.pres. *io altèrno*...] disporre due o più elementi in maniera che uno succeda all'altro, anche ripetutamente, secondo un certo ordine; avvicendare: — *mattonelle bianche e nere*; *alternava momenti di esaltazione e di sconforto* ♦ **-rsi** *rifl.rec.* susseguirsi in alternanza; avvicendarsi: *diverse coalizioni si alternarono al governo*.
al|ter|na|ti|va *s.f.* **1** possibilità di scelta tra due o più opzioni: *non avere* — | scelta: *c'è una sola* —; *una difficile* — **2** (*raro*) avvicendamento.
al|ter|na|ti|vo *agg.* **1** che si alterna **2** che può essere scelto tra due o più opzioni: *strada alternativa* **3** detto di espressione culturale o sociale che si contrappone a quelle dominanti: *musica, moda alternativa*; *stile di vita* — □ **alternativamente** *avv.*
al|ter|nà|to *part.pass. di* alternare ♦ *agg.* **1** che si avvicenda; che si presenta o si verifica con altri elementi, in successione spec. ordinata | (*metr.*)

rima alternata, quella che si ha quando i versi pari rimano con i pari e i dispari con i dispari **2** (*elettr.*) detto di corrente elettrica il cui flusso cambia periodicamente direzione □ **alternatamente** *avv.*
al|ter|na|tó|re *s.m.* (*elettr.*) macchina che trasforma l'energia meccanica in corrente elettrica alternata.
al|tèr|no *agg.* **1** che si succede secondo uno schema o un ritmo regolare: *l'— rispondersi delle voci nel canto corale* | *ad anni alterni*, ogni due anni; un anno sì e uno no **2** (*estens.*) che cambia con una certa facilità; variabile, mutevole: *alterne fortune*.
al|tè|ro *agg.* che ha di sé un'opinione elevata | fiero: *incedere* — | superbo, sdegnoso: *parole altere*.
al|téz|za *s.f.* **1** dimensione di un corpo in verticale dalla base al punto più alto: *l'— della palazzina è di venti metri* | statura: *un uomo di notevole* **2** luogo elevato: *scrutare l'orizzonte da una notevole* — **3** quota, elevazione rispetto al livello del mare: *l'— del monte* | di aereo e sim., distanza in volo dalla superficie terrestre: *voliamo a un'— di 10.000 metri* **4** (*fig.*) grandezza spirituale, eccellenza morale: *l'— del suo ingegno, del suo comportamento* | *Sua Altezza*, titolo che spetta ai membri di un casato reale | *essere all'— di qlco.*, essere in grado di affrontarla | *essere all'— di qlcu.*, essergli pari **5** latitudine | (*riferito a luogo*) *all'— di*, in prossimità, nelle vicinanze **6** (*geom.*) in una figura geometrica, il segmento più breve che unisce tra loro due basi o una base al vertice più lontano | la misura di tale segmento: *l'— del triangolo* **7** (*fis.*) frequenza di vibrazione di un suono; acutezza | (*mus.*) grado di un suono in rapporto all'acuto e al grave, determinato dalla frequenza della sua vibrazione **8** distanza, espressa in centimetri, tra le due cimose di una stoffa.
al|tez|zo|si|tà *s.f.* caratteristica di chi è o si mostra altezzoso; superbia, sprezzo.
al|tez|zó|so *agg.* che si ritiene superiore agli altri e lo manifesta nei comportamenti; superbo, sprezzante: *un uomo, un atteggiamento* — □ **altezzosamente** *avv.*
al|tic|cio *agg.* [f.pl. *-ce*] che ha bevuto un po' troppo, ma non è ancora sbronzo; brillo.
al|ti|me|trì|a *s.f.* **1** branca della topografia che studia i metodi per determinare la quota di un punto della superficie terrestre rispetto a un livello stabilito **2** rappresentazione grafica dell'andamento in altitudine di una regione.
al|ti|mè|tri|co *agg.* [m.pl. *-ci*] che riguarda l'altimetria o l'altimetro: *disegno* — | *curva altimetrica*: isoipsa.
al|ti|me|tro *s.m.* strumento utilizzato per determinare l'altezza di un luogo rispetto al livello del mare.
al|ti|pià|no *s.m.* → altopiano.
al|ti|so|nàn|te *agg.* **1** dal suono potente e solenne **2** (*iron.*) retorico, pomposo: *un parlare* —.

al|tìs|si|mo *agg.superl. di* alto **1** molto alto **2** (*fig.*) illustre, sublime ♦ *s.m. solo sing.* Dio.
al|ti|tù|di|ne *s.f.* distanza in verticale di un luogo dal livello del mare; quota.
àl|to *agg.* [compar. *più alto o superiore*; superl. *altissimo o supremo o sommo*] **1** che ha una determinata misura in senso verticale, rispetto al suolo o ad altro piano di riferimento: *una torre alta 28 metri* | che ha una notevole altezza: *un'alta collina* | che ha statura superiore alla media: *un ragazzo — e robusto* | spesso: *una bistecca alla fiorentina alta due dita* **2** che si colloca in posizione elevata rispetto a ql.co.: *i piani alti del palazzo* | **la città alta**, in alcuni centri urbani, la parte più antica dell'abitato, collocata in posizione dominante | *alta montagna*, le zone montuose oltre 3000 metri di quota **3** profondo, riferito spec. alle acque: *non si può guadare il fiume dove l'acqua è alta* | — *mare*, lontano dalla costa | (*fig.*) **essere in** — *mare*, lontano dal completamento di ql.co. o dalla soluzione di un problema | *acqua alta*, nella città di Venezia, fenomeno di allagamento legato all'innalzamento delle maree **4** (*di tessuto*) largo **5** (*fig.*) grande: *un prezzo troppo* — | di grado elevato: *febbre alta* **6** (*di rumore o suono*) di volume elevato: *tenere la radio alta* | (*di nota*) acuto **7** (*geogr.*) settentrionale, del nord: *l'alta Italia* **8** (*di fiume*) vicino alla sorgente: *l' — corso del Po* | (*di epoca*) nel periodo iniziale, vicino all'origine: — *Medioevo* **9** (*fig.*) inoltrato, avanzato nel tempo: *notte alta* | *Pasqua alta*, che cade tardi | *alta stagione*, il periodo di una stagione turistica in cui l'affluenza è maggiore e i prezzi sono più elevati **10** (*fig.*) di grande valore morale; nobile: *un sentire* — **11** importante, di rilievo | *patrocinio*, concesso da importanti autorità pubbliche | *alta uniforme*, divisa di gala | — *magistrato*, di grado elevato | *alta moda*, di lusso | *alte sfere*, personalità potenti ♦ *s.m.* la parte più alta | (*assol. spec. fig.*) il cielo | (*fig.*) **alti e bassi**, i momenti fortunati e quelli sfortunati | (*fig.*) **guardare dall'— in basso**, in maniera superba | (*fig.*) *far cadere ql.co. dall'*—, concederlo in maniera sdegnosa | *in* —, verso l'alto: *mani in* —! ♦ *avv.* verso un luogo o un punto elevato: *puntare* — □ **altamente** *avv.*
al|to|a|te|si|no *agg.* [pl. *altoatesini*] dell'Alto Adige; sudtirolese ♦ *s.m.* [f. *-a*] chi è nato o abita in Alto Adige.
al|to|cù|mu|lo *s.m.* [pl. *altocumuli*] (*meteor.*) nube a strati formata da masse tondeggianti di colore chiaro.
al|to|fór|no *s.m.* [pl. *altiforni*] forno a tino per la produzione della ghisa.
al|to|là *inter.* espressione utilizzata, spec. dalle sentinelle, per intimare di fermarsi ♦ *s.m.invar.* l'ordine stesso: *dare l' — a qlcu.*
al|to|lo|cà|to *agg.* [pl. *altolocati*] che occupa una posizione sociale di rilievo: *personaggio* —.
al|to|par|làn|te *s.m.* [pl. *altoparlanti*] apparecchio elettromagnetico che converte impulsi elettrici in suoni | (*estens.*) apparecchio che amplifica i suoni.

al|to|pià|no o **altipiàno** *s.m.* [pl. *altipiani, altopiani*] (*geogr.*) regione estesa e prevalentemente pianeggiante situata ad almeno 200 metri di altitudine sul livello del mare.
al|to|ri|liè|vo *s.m.* [pl. *altorilievi*] scultura in cui le figure sporgono marcatamente dal piano di fondo a cui sono legate.
al|to|strà|to *s.m.* [pl. *altostrati*] (*meteor.*) nube a strati uniformi di colore scuro.
al|tre|sì *avv.* (*lett.*) inoltre, anche.
al|tret|tà|le *agg.* (*lett.*) simile; uguale.
al|tret|tàn|to *agg.indef.* in numero uguale; nella stessa misura: *ho tre cani e altrettanti gatti* ♦ *pron.indef.* **1** la stessa misura o quantità: *ho lavorato un anno in quella ditta e* — *nell'altra* **2** la stessa cosa: *ha fatto* —; "*Buon appetito!*" "*Grazie,* —" ♦ *avv.* egualmente, nello stesso modo: *vorrei riuscirci* — *facilmente*.
àl|tri *pron.indef.sing.invar.* (*lett.*) **1** [spec. come soggetto] un'altra persona: *chi* — *lo vorrebbe?*; *non desiderare la donna d'* — | *non* — *che*, nessun'altra persona se non **2** [anche in correlazione con *uno, alcuno, taluno*] qualcuno: — *saprebbe cosa fare*; *taluno ci crede,* — *no*.
al|tri|mén|ti *avv.* **1** in altra maniera, diversamente: *non saprei dirlo* — **2** in caso contrario, se no: *sbrigati,* — *non troverai posto*.
àl|tro *agg.indef.* **1** diverso, distinto: *un* — *momento*; *un'altra cosa* | *l'* — *mondo*, l'aldilà | *cose dell'* — *mondo*, pazzesche, inaudite **2** ulteriore, in più: *bere un* — *caffè* **3** scorso, precedente: *l'* — *ieri*; *l'* — *giorno* **4** seguente, successivo: *verrà quest'altra domenica* | *da un momento all'* —, tra breve, tra pochi istanti; improvvisamente **5** [preceduto da art.det.] rimanente, restante: *dove sono gli altri invitati?* **6** in correlazione con *uno* indica cosa o persona diversa dalla prima, oppure il secondo membro di una coppia: *non mi piace né l'uno, né l'* — ♦ *pron.indef.* **1** una persona o una cosa diversa: *se* — *te non interessa, lo dirò a un* —; *quel bicchiere è sporco, prendine un* — **2** in correlazione con *uno, alcuno*: *l'uno sì, l'* — *no*; *ha messo d'accordo gli uni e gli altri* | *l'un l'* —, reciprocamente **3** (*solo m.pl.*) la gente, le persone: *non mi interesso degli altri* ♦ *s.m.* altra cosa: *cos'* — *chiedi?*; *cercavo* — | *per* —, del resto | *più che* —, soprattutto | *senz'* —, senza dubbio, certamente | *se non* —, almeno | *non foss'* —, senza bisogno di aggiungere altro | *tra l'* —, inoltre | *tutt'* —, al contrario, niente affatto.
al|tro|ché *avv.* [in risposte aff.] assolutamente sì: "*Ti piace?*" "—!".
al|trón|de *nella loc. d'* —, del resto, d'altro canto: *va bene, d'* — *non ho scelta*.
al|tró|ve *avv.* in un altro luogo: *mi trovo* — | (*fig.*) *avere la testa* —, essere disattento, pensare ad altro.
al|trùi *agg.poss.invar.* di altri, di altre persone non determinate: *non bisogna invidiare le fortune* —.
al|tru|i|smo *s.m.* amore per il prossimo, disponibilità nei confronti degli altri: *ha fatto dell'* — *il suo stile di vita*.

al|tru|i|sta *agg., s.m./f.* [m.pl. *-i*] che, chi si comporta con altruismo.
al|tru|i|sti|co *agg.* [m.pl. *-ci*] proprio dell'altruista; caratterizzato da altruismo: *atteggiamento —* □ **altruisticamente** *avv.*
al|tù|ra *s.f.* **1** luogo elevato; colle **2** alto mare: *pesca d'—.*
a|lùn|no *s.m.* [f. *-a*] scolaro, allievo.
al|ve|à|re *s.m.* **1** il nido naturale delle api | cassetta artificiale per l'allevamento delle api; arnia **2** (*fig.*) grande condominio o caseggiato, spec. popolare.
àl|ve|o *s.m.* **1** solco del terreno nel quale scorre un corso d'acqua; letto **2** (*fig.*) ambito, contesto: *nell'— della tradizione.*
al|ve|o|là|re *agg.* **1** (*med.*) relativo agli alveoli polmonari o dentari **2** (*ling.*) detto di suono che si articola appoggiando o avvicinando la lingua agli alveoli degli incisivi superiori: *consonanti alveolari.*
al|vè|o|lo *s.m.* **1** piccola cavità | (*anat.*) *alveoli polmonari,* cavità dove avviene lo scambio gassoso tra aria e sangue | (*anat.*) *alveoli dentari,* cavità della mandibola e della mascella in cui sono impiantati i denti **2** ciascuna delle cellette del favo in cui le api depongono il miele.
àl|vo *s.m.* **1** (*med.*) canale intestinale | (*lett.*) ventre, utero **2** (*fig.*) parte interna, centrale.
al|za|ban|diè|ra *s.m.invar.* la cerimonia in cui si alza la bandiera col pennone.
al|za|cri|stàl|lo *s.m.* [pl.invar. o *-li*] dispositivo meccanico o elettrico utilizzato per abbassare e alzare i vetri dei finestrini di un autoveicolo.
al|zà|ia *s.f.* **1** fune per trainare un natante dalla riva di fiumi o canali, anche controcorrente **2** strada che costeggia fiumi o canali, utilizzata anche per il traino dei natanti.
al|zà|re *v.tr.* **1** muovere ql.co. verso l'alto; levare, sollevare: *— un peso, il braccio; — lo sguardo* | *— le mani su qlcu.,* malmenarlo, colpirlo | *— gli occhi al cielo,* in segno di preghiera, di supplica, di impazienza | *— le spalle,* mostrare disinteresse verso ql.co. | *— le carte,* tagliare il mazzo | (*fig.*) *— il gomito,* bere smodatamente; bronzarsi | *— i tacchi,* andarsene, fuggire | *— la cresta,* insuperbirsi | *— i prezzi,* aumentarli | *— la voce,* parlare con un tono di voce più alto, per rabbia o per imporsi **2** costruire, edificare: *— una torre* | rialzare, aumentare in altezza: *— la casa di un piano* **3** (*pallavolo*) fare un passaggio abbastanza alto affinché il compagno possa schiacciare ♦ **-rsi** *intr.pron.* **1** innalzarsi, crescere: *si sta alzando la marea* **2** levarsi; sorgere: *si alzò una brezza leggera* ♦ *rifl.* **1** tirarsi su, drizzarsi in piedi: *— dal divano* | (*assol.*) levarsi dal letto | (*estens.*) svegliarsi: *— di buon mattino, riposati* **2** levarsi in volo, decollare: *l'aereo stentava ad —.*
al|zà|ta *s.f.* **1** sollevamento, spec. rapido, di ql.co. | *— di spalle,* gesto che mostra noncuranza, disinteresse | *votazione per — di mano,* in cui si approva una proposta alzando il braccio | *— d'ingegno,* trovata, intuizione **2** vassoio per frutta o dolci costituito da più piatti sovrapposti **3** parte alta di un mobile, spec. di una credenza **4** (*arch.*) la parte verticale di uno scalino **5** nel linguaggio venatorio, il levarsi in volo di un uccello: *attendere l'— per sparare* **6** (*sport*) nella pallavolo, passaggio alto fatto a un compagno affinché possa schiacciare | nella pallacanestro, la messa in gioco della palla da parte dell'arbitro | nel sollevamento pesi, l'atto di sollevare il bilanciere fino alle spalle.
al|za|tàc|cia *s.f.* (*fam.*) sveglia di buon'ora; levataccia.
al|zà|to *s.m.* (*arch.*) proiezione verticale della facciata di un edificio; prospetto.
al|za|tó|re *s.m.* [f. *-trice*] nella pallavolo, giocatore che ha il compito di passare la palla in modo tale da permettere ai compagni di schiacciare.
al|zà|vo|la *s.f.* uccello di palude degli Anseriformi e simile all'anatra; è stanziale in Italia.
àl|zo *s.m.* congegno applicato alle armi da fuoco, che permette di regolarne l'inclinazione in rapporto alla distanza del bersaglio | *sparare — zero,* per il tiro da distanza ravvicinata.
AM *s.f.invar.* (*telecom.*) tecnica di trasmissione radio in cui si modifica l'ampiezza delle onde portanti sulla base del segnale da trasmettere; modulazione d'ampiezza.
a|mà|bi|le *agg.* **1** che è degno di essere amato **2** (*estens.*) che suscita simpatia; affabile, cortese: *un uomo, un sorriso —* **3** di vino, con gusto tendente al dolce; abboccato □ **amabilmente** *avv.*
a|ma|bi|li|tà *s.f.* la caratteristica di chi è amabile; affabilità, cortesia.
a|mà|ca *s.f.* giaciglio pensile costituito da una rete o telo sospeso tra due alberi, pali o sim.
a|ma|drì|a|de *s.f.* **1** (*mit.*) ninfa dei boschi della tradizione greca **2** (*zool.*) grande scimmia africana con muso canino, criniera lunga e coda corta a ciuffo.
a|màl|ga|ma *s.m.* [pl. *-i*] **1** (*chim.*) lega a freddo, spec. solida, di uno o più metalli con il mercurio **2** (*estens., anche fig.*) mescolanza di diverse sostanze o elementi: *un — di persone molto diverse.*
a|mal|ga|mà|re *v.tr.* [indic.pres. *io amàlgamo...*] **1** (*chim.*) fare un amalgama **2** (*estens., anche fig.*) unire e mescolare insieme elementi diversi; impastare, aggregare: *— uova e farina* ♦ **-rsi** *rifl., intr.pron.* **1** mescolarsi **2** (*fig.*) unirsi, combinarsi insieme.
a|ma|ni|ta *s.f.* (*bot.*) genere di funghi delle Agaricacee, che comprende specie commestibili e velenose.
a|màn|te[1] *part.pres.* di amare ♦ *agg.* che ama ♦ *s.m./f.* **1** chi ha una relazione amorosa, spec. segreta o extraconiugale **2** chi ha passione per ql.co.; amatore, appassionato: *è un — della musica.*
a|màn|te[2] *s.m.* (*mar.*) sistema di funi per sollevare o spostare pennoni e vele.
a|ma|nuèn|se *s.m.* **1** chi, prima dell'invenzione della stampa, si occupava della copia dei libri

manoscritti 2 impiegato che trascrive manualmente documenti; scrivano.
a|ma|ran|tà|ce|e *s.f.pl.* famiglia di piante erbacee o arbustive dicotiledoni, con foglie alterne, fiori a spiga e frutto a pisside.
a|ma|ràn|to *s.m.* 1 pianta erbacea delle Amarantacee originaria dell'India con fiori a spiga color rosso intenso 2 colore rosso scuro, caratteristico dei fiori di tale pianta ♦ *agg.invar.* di colore rosso scuro: *una maglietta —*.
a|ma|rà|sca *s.f.* → **marasca**.
a|ma|rà|sco *s.m.* → **marasco**.
a|mar|còrd *s.m.invar.* rievocazione nostalgica del passato.
a|mà|re *v.tr.* 1 nutrire un affetto intenso e durevole nei confronti di qlcu.: *— un fratello, un caro amico* 2 provare affetto e attrazione fisica nei confronti di qlcu.: *— un uomo, una donna* | fare l'amore; avere un rapporto sessuale: *la amò appassionatamente* 3 nutrire un sentimento religioso di amore, di solidarietà: *— il prossimo* 4 sentire attaccamento per ql.co.: *— il proprio paese* 5 nutrire passione per ql.co.: *— lo sport, il denaro* 6 gradire, desiderare: *— la vita tranquilla; ama giocare a calcio* 7 (*di piante*) predilegere determinate condizioni ambientali: *una pianta che ama la luce diretta* ♦ *-rsi rifl.rec.* 1 volersi bene 2 avere una relazione amorosa o rapporti sessuali: *si amarono appassionatamente*.
a|ma|reg|già|re *v.tr.* [indic.pres. io *amaréggio...*] rendere qlcu. triste; affliggere, addolorare: *questa notizia mi amareggia* ♦ *-rsi intr.pron.* rattristarsi, affliggersi.
a|ma|rè|na *s.f.* 1 frutto dell'amareno, simile alla ciliegia 2 sciroppo o bevanda preparati con tale frutto.
a|ma|rè|no *s.m.* varietà coltivata di visciolo, che produce frutti di sapore amarognolo.
a|ma|rét|to *s.m.* 1 pasticcino a base di pasta di mandorle 2 liquore al sapore di tale biscotto.
a|ma|réz|za *s.f.* 1 (*raro*) sapore amaro 2 (*fig.*) tristezza profonda; delusione dolorosa | (*spec. pl.*) dispiacere.
a|mà|ri|co *s.m. solo sing.* lingua semitica attualmente parlata in Etiopia.
a|ma|ril|li o **amarillide** *s.f.* pianta erbacea ornamentale con grandi fiori a calice di colore vivo.
a|mà|ro *agg.* 1 di sapore opposto al dolce: *un liquore —* | *caffè —*, non zuccherato 2 (*fig.*) che è motivo di dispiacere o delusione: *un'amara scoperta* | che esprime amarezza o delusione: *risata amara; parole amare* | *mandar giù un boccone —*, sopportare un torto, un'offesa | *lasciare la bocca amara*, deludere ♦ *s.m.* 1 sapore amaro: *l'— della cicoria* 2 (*fig.*) delusione, dispiacere, risentimento to | *masticare —*, provare rabbia o risentimento senza manifestarlo | *c'è dell'— tra loro*, c'è rancore, astio 3 liquore aromatico aperitivo o digestivo, preparato con estratti vegetali □ *amaramente avv.*
a|ma|ró|gno|lo o **amarognolo** *agg.* tendente all'amaro, ma non sgradevole.
a|màr|ra *s.f.* (*mar.*) corda da ormeggio.

amateur (*fr.*) [pr. *amatòr*] *s.m.invar.* dilettante, cultore.
a|mà|to *part.pass.* di amare ♦ *agg.*, *s.m.* [f. *-a*] che, chi è oggetto d'amore: *attendeva fiduciosa il suo —*.
a|ma|tó|re *s.m.* [f. *-trice*] 1 (*iron.*) seduttore, donnaiolo 2 appassionato, cultore | (*estens.*) collezionista: *— di mobili d'antiquariato* 3 chi pratica uno sport per diletto; atleta non professionista.
a|ma|to|rià|le *agg.* da dilettante: *fare sport a livello —*.
a|ma|tò|rio *agg.* (*raro*) relativo all'amore: *arte amatoria*.
a|ma|tri|cià|no *agg.* di Amatrice, cittadina del Lazio | *pasta all'amatriciana*, condita con sugo di pomodoro, cipolla, guanciale e pecorino grattugiato.
a|mau|rò|si *s.f.* (*med.*) perdita totale o parziale della vista, transitoria o permanente.
a|màz|zo|ne *s.f.* 1 (*mit.*) appellativo delle donne guerriere della mitica tribù della Cappadocia 2 (*estens.*) donna che cavalca; cavallerizza | *abito da cavallerizza* | *cavalcare all'—*, tenendo entrambe le gambe su un lato della sella.
a|maz|zò|ni|co *agg.* (*geog.*) relativo al Rio delle Amazzoni e ai territori da esso attraversati: *foresta amazzonica; fauna, flora amazzonica*.
am|bà|ge *s.f.* (*lett.*) 1 cammino tortuoso 2 (*fig.*) discorso confuso e oscuro | *parlare senz'ambagi*, con chiarezza, in maniera inequivocabile.
am|ba|ra|dàn *s.m.invar.* 1 confusione, guazzabuglio: *creare un —* 2 attività complessa e di difficile organizzazione: *mandare avanti l'—*.
am|ba|sce|rì|a *s.f.* 1 gruppo di persone mandate all'estero con un incarico diplomatico 2 l'incarico stesso.
am|bà|scia *s.f.* [pl. *-sce*] (*fig.*) affanno, angoscia.
am|ba|scià|ta *s.f.* 1 rappresentanza diplomatica di uno stato nella capitale di un altro | l'edificio in cui ha sede tale rappresentanza 2 l'incarico di recare un messaggio | messaggio inviato per interposta persona: *fare un'—*.
am|ba|scia|tó|re *s.m.* [f. *-trice*] 1 diplomatico che rappresenta il proprio Stato nella capitale di un altro paese 2 (*estens.*) chi porta un messaggio per qlcu.; messaggero | (*prov.*) *ambasciator non porta pena*, non si può incolpare il messaggero delle cattive notizie che porta.
am|bà|ta *s.f.* nel gioco del lotto, giocata di un numero, una o più ruote, che può accoppiarsi con uno qualsiasi degli altri ottantanove.
am|be|dù|e *agg.num.invar.* (*lett.*) l'uno e l'altro, entrambi: *conosco — i figli* ♦ *pron.invar.* tutti e due: *— lo salutammo*.
àm|bi— primo elemento di parole composte che significa "due", "entrambi" (*ambivalente*).
am|bi|de|stri|smo *s.m.* caratteristica di chi è ambidestro.
am|bi|dè|stro *agg.* che è capace di utilizzare con pari abilità entrambe le mani | che usa con uguale abilità entrambi i piedi: *calciatore —*.

am|bien|tà|le *agg.* relativo all'ambiente, spec. naturale: *impatto —*.

am|bien|ta|lì|smo *s.m.* **1** movimento politico e culturale centrato sulla difesa dell'ambiente naturale; ecologismo | le teorie e le pratiche di difesa dell'ambiente **2** (*psich.*) teoria che ritiene che il comportamento umano e animale sia fortemente influenzato dai fattori ambientali.

am|bien|ta|lì|sta *agg.*,*s.m./f.*[m.pl. -i] che, chi si impegna per la difesa dell'ambiente; ecologista.

am|bien|ta|mén|to *s.m.* adattamento a un dato ambiente.

am|bien|tà|re *v.tr.* [indic.pres. *io ambièsto*...] **1** adattare una persona, un animale o una pianta a un determinato ambiente; mettere nel luogo adatto **2** (*lett.*, *cine.*, *teat.*) collocare una vicenda o un personaggio in una data situazione storica, culturale e geografica: *i Promessi Sposi sono ambientati nella Lombardia del Seicento* ♦ **-rsi** *rifl.* abituarsi a un nuovo ambiente o a una diversa situazione climatica.

am|bien|ta|zió|ne *s.f.* **1** ambientamento **2** (*lett.*) collocazione di una vicenda in una data situazione storica, culturale e geografica: *l'— dei romanzi di Cassola* | (*cine.*, *teat.*) allestimento scenico.

am|bièn|te *s.m.* **1** il luogo, lo spazio fisico, le condizioni biologiche in cui un organismo vive: *— marino*, *terrestre* | il complesso di condizioni naturali fatte oggetto di salvaguardia: *la difesa dell'—* **2** (*fig.*) l'insieme delle condizioni sociali, culturali, morali in cui un individuo vive; ambito: *— lavorativo*, *domestico*; *frequentare un brutto —* | insieme di persone accomunate dalla frequentazione di uno stesso contesto sociale e culturale: *gli ambienti politici*, *studenteschi* **3** stanza, locale, vano: *l'— più luminoso della mia casa è la cucina* **4** (*inform.*) software operativo che assicura le operazioni fondamentali di gestione del computer e consente di utilizzare tutti gli altri programmi applicativi: *— DOS*.

am|bien|tì|sta *s.m./f.* [m.pl. -i] pittore o fotografo specializzato nella raffigurazione di ambienti.

am|bi|gè|ne|re *agg.* (*gramm.*) si dice di sostantivo che può essere utilizzato sia al maschile che al femminile senza mutare desinenza (p.e. *il pediatra*, *la pediatra*).

am|bi|gui|tà *s.f.* caratteristica di ciò che, prestandosi a una duplice interpretazione, manca di chiarezza; equivocità: *l'— delle tue parole mi inquieta*.

am|bì|guo *agg.* **1** che può essere interpretato in modi diversi; che è privo di un significato univoco e chiaro: *un'espressione ambigua* **2** (*estens.*) che è motivo di dubbi e timori per la sua scarsa chiarezza: *atteggiamento —* | di dubbia moralità; equivoco □ **ambiguamente** *avv*.

àm|bio *s.m.* andatura tipica di alcuni quadrupedi (p.e. giraffe, cammelli) che nella corsa muovono contemporaneamente in avanti le due zampe dello stesso lato, alternandole con quelle dell'altro lato; a tale andatura viene addestrato anche il cavallo.

am|bì|re *v.tr.*, *intr.* [indic.pres. *io ambisco*, *tu ambisci...*; aus. *A*] desiderare con forza, cercare di ottenere: *— a un incarico di prestigio*.

àm|bi|to *s.m.* (*anche fig.*) ambiente definito e circoscritto entro cui si compie una determinata attività o si verifica un dato fatto; contesto: *l'— familiare*; *in — scientifico*.

am|bi|va|lèn|te *agg.* che manifesta una duplicità di aspetti, significati, valori e sim., senza risultare necessariamente contraddittorio: *è un'argomentazione —*.

am|bi|va|lèn|za *s.f.* **1** caratteristica di ciò che presenta simultaneamente aspetti diversi, non necessariamente contraddittori: *— di una parola*, *di un'azione* **2** (*psich.*) comportamento di chi manifesta contemporaneamente due sentimenti o impulsi contraddittori (p.e. amore e odio) nei confronti di ql.co. o qlcu.

am|bi|zió|ne *s.f.* **1** (*assol.*) vivo desiderio di eccellere, di avere successo: *l'— lo rovinerà* **2** ferma volontà di raggiungere un obiettivo o di ottenere ql.co.: *ho l'— di vincere questo concorso* | ciò che si desidera ottenere: *entrare in politica è una sua segreta —*.

am|bi|zió|so *agg.* che nutre o rivela ambizione: *un uomo*, *un progetto —* ♦ *s.m.* [f. -*a*] chi è mosso dall'ambizione □ **ambiziosamente** *avv*.

am|blio|pì|a *s.f.* (*med.*) diminuzione dell'acutezza visiva, non correggibile con le lenti.

àm|bo *agg.num.invar.* (*raro*) entrambi, l'uno e l'altro: *in — i casi* ♦ *s.m.* nel gioco del lotto, giocata di una coppia di numeri sulla stessa ruota | nella tombola, estrazione di due numeri che figurano nella stessa fila di una cartella.

am|bó|ne *s.m.* nelle chiese cristiane, podio collocato a lato dell'altare da cui si tengono le letture liturgiche e l'omelia.

am|bo|sès|si o **ambosèsso** *agg.invar.* nel linguaggio delle inserzioni di lavoro, di entrambi i sessi: *cercansi collaboratori —*.

àm|bra *s.f.* **1** resina fossile, di colore dal giallo al rosso e di aspetto vetroso, utilizzata per oggetti ornamentali **2** colore bruno dorato: *avere la pelle d'— 3 — grigia*, sostanza secreta dall'intestino del capodoglio e utilizzata in profumeria.

am|bra|to *agg.* che ha il colore o il profumo dell'ambra: *carnagione ambrata*.

am|bró|sia[1] *s.f.* **1** (*mit.*) il cibo degli dei che donava l'immortalità **2** (*estens.*) cibo o bevanda squisiti: *un vino che è un —*.

am|bró|sia[2] *s.f.* pianta erbacea con fiori a grappolo; ha proprietà terapeutiche.

am|bro|sià|no *agg.* **1** relativo a sant'Ambrogio, vescovo di Milano dal 369 al 397 | *rito —*, liturgia dell'arcidiocesi di Milano e delle zone una volta soggette all'arcivescovo di Milano **2** (*estens.*) di Milano, dei milanesi: *la tradizione ambrosiana*.

am|bu|là|cro *s.m.* **1** (*arch.*) in edifici pubblici, portico o ambiente coperto destinato al transito e al passeggio **2** (*zool.*) negli Echinodermi,

appendice retrattile con funzioni tattili e di locomozione.
am|bu|làn|te *agg.* privo di sede fissa: *biblioteca —* ♦ *s.m./f.* venditore ambulante.
am|bu|làn|za *s.f.* 1 veicolo per il trasporto rapido e il primo soccorso di feriti e malati 2 (*mil.*) reparto sanitario mobile.
am|bu|la|to|rià|le *agg.* che si effettua in ambulatorio, senza ricoverare il paziente: *visita —*.
am|bu|la|tò|rio *agg.* che permette la deambulazione ♦ *s.m.* locale per visite mediche e cure specialistiche che non richiedono il ricovero del paziente: *— oculistico*.
-à|me *suff.* usato nella formazione di nomi con valore collettivo (*legname*, *bestiame*).
a|mè|ba *s.f.* 1 protozoo unicellulare che muta forma di continuo; alcune specie sono parassiti intestinali di uomini e animali 2 (*fig.*) persona priva di forza e personalità.
a|me|bè|o *agg.* detto di componimento poetico in cui due personaggi dialogano tra loro declamando alternativamente versi gener. di pari lunghezza.
à|men *inter.* 1 (*lit.*) formula che conclude le preghiere cristiane, equivalente a "così sia" 2 (*fam.*) espressione di rassegnazione, anche scherzosa: *—, facciamo così!* ♦ *s.m.invar.* nella *loc.* *in un —*, in un istante.
a|me|ni|tà *s.f.* 1 piacevolezza, gradevolezza: *l' — del luogo* 2 facezia | (*iron.*) scempiaggine.
a|mè|no *agg.* 1 piacevole: *panorama —* 2 divertente: *compagnia amena* | bizzarro, originale: *tipo —* □ **amenamente** *avv.*
a|me|nor|rè|a *s.f.* (*med.*) mancanza del flusso mestruale nella donna in età feconda.
a|mè|nto *s.m.* 1 (*bot.*) lunga infiorescenza con fiori unisessuati a spiga 2 striscia di cuoio che gli antichi romani fissavano attorno all'impugnatura del giavellotto per renderlo più maneggevole.
a|mèn|za *s.f.* (*psich.*) grave forma di confusione mentale, caratterizzata da deliri e allucinazioni.
a|me|ri|cà|na *s.f.* (*sport*) gara ciclistica su pista, disputata da squadre di due o più corridori che si alternano nella prova.
a|me|ri|ca|nà|ta *s.f.* (*spreg.*, *iron.*) comportamento o manifestazione di eccentrica grandiosità, che ricordano modi considerati comunemente tipici degli americani.
a|me|ri|ca|nì|smo *s.m.* 1 (*ling.*) parola o locuzione propria dell'inglese parlato negli Stati Uniti o delle lingue iberiche parlate nel Sud America entrata nella lingua di un altro paese 2 ammirazione e imitazione, spec. eccessivi, della politica e del modo di vivere statunitense.
a|me|ri|ca|nì|sta *s.m./f.* [m.pl. *-i*] 1 esperto di americanistica 2 (*ciclismo*) partecipante a un'americana.
a|me|ri|ca|nì|sti|ca *s.f.* disciplina che studia le civiltà americane dal punto di vista etnologico e storico | disciplina che si occupa della letteratura degli Stati Uniti d'America.

a|me|ri|ca|niz|zà|re *v.tr.* adattare agli usi e ai costumi americani, spec. statunitensi.
a|me|ri|cà|no *agg.* 1 delle Americhe: *le lingue americane* 2 degli Stati Uniti d'America: *cittadino —* ♦ *s.m.* 1 [f. *-a*] che è nato o risiede nelle Americhe, in particolare negli Stati Uniti 2 la lingua inglese parlata negli Stati Uniti 3 aperitivo a base di vermout, amaro e scorza di limone.
a|me|ri|cio *s.m.* elemento chimico artificiale (*simb.* Am) ottenuto dal plutonio e fortemente radioattivo.
a|me|rìn|dio *agg.* relativo agli indigeni americani, o indiani d'America: *cultura amerindia* ♦ *s.m.* [f. *-a*] indigeno americano.
a|me|tì|sta *s.f.* varietà pregiata del quarzo, di colore violetto, utilizzata in gioielleria.
a|me|tro|pìa *s.f.* (*med.*) qualunque difetto di rifrazione dell'occhio (p.e. miopia, ipermetropia e astigmatismo).
am|fe|ta|mì|na o **anfetamina** *s.f.* farmaco sintetico stimolante del sistema nervoso centrale, utilizzato per aumentare la resistenza alla fatica.
àm|fi- → **anfi-**.
a|miàn|to *s.m.* silicato fibroso usato per produrre rivestimenti antincendio.
a|mi|ché|vo|le *agg.* 1 da amico; affabile, cordiale: *saluto —* | *in via —*, in maniera informale | (*sport*) *partita —*, che non fa parte di un torneo ufficiale 2 (*inform.*) si dice di sistema o programma di uso semplice e immediato: *interfaccia —* □ **amichevolmente** *avv.*
a|mi|cì|zia *s.f.* 1 legame tra persone caratterizzato da affinità di sentimenti, stima reciproca e confidenza | (*estens.*) buoni rapporti: *l' — tra popoli* 2 (*eufem.*) legame amoroso 3 (*spec.pl.*) persona a cui si è legati da amicizia: *è tra le mie amicizie più care*.
a|mì|co *agg.* [m.pl. *-ci*] 1 solidale, benevolo: *persona amica* | propizio: *fortuna amica* 2 alleato: *paese —* ♦ *s.m.* [f. *-a*] 1 chi è legato da amicizia con qlcu.: *— di scuola*; *un mio caro —* 2 (*eufem.*) amante 3 appassionato, cultore: *il club degli amici degli scacchi*.
a|mi|cò|ne *s.m.* chi è legato a qlcu. da grande amicizia e confidenza 2 chi ostenta confidenza nei confronti di qlcu.: *l' —!*.
a|mi|dà|ce|o o **amilàceo** *agg.* che contiene o ha natura di amido.
a|mi|da|tù|ra *s.f.* (*ind. tessile*) operazione di appretto dei tessuti di cotone, che vengono trattati con sostanze amidacee o gommose per aumentarne resistenza, lucidità, rigidezza.
à|mi|do *s.m.* polimero del glucosio immagazzinato come sostanza di riserva di molti vegetali; è utilizzato nell'industria come collante o appretto.
a|mìg|da|la *s.f.* 1 (*anat.*) qualsiasi ghiandola del corpo umano a forma di mandorla 2 manufatto in pietra scheggiata a forma di mandorla, utilizzato dagli uomini preistorici come strumento di lavoro o arma.
a|mi|là|ce|o *agg.* → **amidaceo**.
a|mi|là|si *s.f.* (*chim.*) enzima presente in diver-

amina

si organismi, vegetali e animali, che scinde l'amido in maltosio e destrine.
a|mi|na *s.f.* → **ammina.**
a|mi|no- → **ammino-.**
a|mi|stà *s.f.* (*lett.*) amicizia.
a|mi|tò|si *s.f.* (*biol.*) divisione della cellula per sdoppiamento, in cui il corredo cromosomico non viene distribuito equamente tra le due cellule figlie.
a|mit|to *s.m.* (*lit.*) rettangolo di lino che il sacerdote si mette sulle spalle prima di vestire il camice.
am|lè|ti|co *agg.* [m.pl. *-ci*] relativo ad Amleto, protagonista dell'omonima tragedia di Shakespeare | (*estens.*) che non sa decidersi; irresoluto: *spirito —* | ambiguo: *comportamento —* | *dubbio —*, di difficile risoluzione □ **amleticamente** *avv.*
am|mac|cà|re *v.tr.* [indic.pres. *io ammàcco, tu ammàcchi...*] **1** deformare la superficie di un corpo, colpendolo o comprimendolo **2** (*estens.*) provocare una contusione in una parte del corpo di qlcu.: *quel calcio gli ha ammaccato il ginocchio* ♦ **-rsi** *intr.pron.* deformarsi, schiacciarsi.
am|mac|ca|tù|ra *s.f.* **1** deformazione della superficie di ql.co. prodotta da urto o compressione **2** (*estens.*) lesione superficiale di una parte del corpo umano, provocata da un colpo; contusione.
am|ma|e|strà|bi|le *agg.* che può essere ammaestrato.
am|ma|e|stra|mén|to *s.m.* **1** l'atto di insegnare ql.co. o di ricevere un insegnamento **2** il contenuto dell'insegnamento; monito, lezione.
am|ma|e|strà|re *v.tr.* [indic.pres. *io ammaèstro o ammaéstro...*] **1** istruire, educare qlcu.: *— i bambini nella danza* | rendere abile, esperto **2** addestrare, spec. un animale, a compiere determinate operazioni o esercizi: *— i delfini a saltare.*
am|ma|e|strà|to *part.pass. di* ammaestrare ♦ *agg.* detto di animale addestrato a compiere determinate operazioni a comando: *foche ammaestrate.*
am|ma|e|stra|tó|re *s.m.* [f. *-trice*] chi addestra animali: *— di cavalli.*
am|mai|na|ban|diè|ra *s.m.invar.* la cerimonia in cui si fa scendere la bandiera dal pennone.
am|mai|nà|re *v.tr.* [indic.pres. *io ammàino...*] calare bandiere, vele o carichi facendo scorrere la fune o il filo cui sono fissati.
am|ma|làr|si *v.intr.pron.* contrarre una malattia: *— di influenza.*
am|ma|là|to *part.pass. di* ammalarsi ♦ *agg.* malato, colpito da malattia: *— di colera* ♦ *s.m.* [f. *-a*] malato, infermo.
am|ma|liàn|te *part.pres. di* ammaliare ♦ *agg.* che seduce, affascinante.
am|ma|lià|re *v.tr.* [indic.pres. *io ammàlio...*] **1** fare un incantesimo o una fattura a qlcu. per controllarne la volontà **2** (*fig.*) sedurre, affascinare qlcu.
am|ma|lia|tó|re *agg., s.m.* [f. *-trice*] che, chi seduce, affascina: *sguardo —.*

am|màn|co *s.m.* [pl. *-chi*] somma di denaro mancante per errore contabile o appropriazione indebita; buco.
am|ma|net|tà|re *v.tr.* [indic.pres. *io ammanétto...*] impedire il libero movimento delle braccia mettendo le manette ai polsi | (*estens.*) arrestare.
am|ma|ni|càr|si *v.intr.pron.* (*fam.*) stringere rapporti con qlcu., spec. persone potenti o influenti, per trarne vantaggio.
am|ma|ni|cà|to *part.pass. di* ammanicarsi ♦ *agg.* (*fam.*) che è legato ad ambienti di potere e ha conoscenze influenti: *è — con alcuni noti politici.*
am|ma|ni|glià|re *v.tr.* [indic.pres. *io ammanìglio...*] (*mar.*) congiungere o agganciare catene, cavi e sim. mediante un ferro ricurvo, detto maniglia ♦ **-rsi** *intr.pron.* (*fam.*) ammanicarsi.
am|ma|ni|glià|to *part.pass. di* ammanigliare ♦ *agg.* ammanicato.
am|ma|ni|re *v.tr.* [indic.pres. *io ammannisco, tu ammannisci...*] **1** preparare, apparecchiare, spec. cibi o pasti: *— una cena alla buona* **2** (*iron.*) propinare, imporre ql.co. di sgradito: *ci ammannirono per ore le diapositive delle loro vacanze.*
am|man|sì|re *v.tr.* [indic.pres. *io ammansisco, tu ammansisci...*] rendere mansueto; domare | (*estens.*) placare, rabbonire qlcu.: *l'hanno ammansito con le promesse* ♦ **-rsi** *intr.pron.* divenire mansueto | (*estens.*) tranquillizzarsi, calmarsi.
am|man|tà|re *v.tr.* avvolgere, coprire con un manto, una veste | (*fig.*) ricoprire, rivestire: *la neve ammanta le cime* ♦ **-rsi** *rifl.* **1** avvolgersi in un manto | (*estens.*) ricoprirsi **2** (*fig.*) far mostra di qualità o meriti che non si possiedono: *si ammantava di virtù non sue.*
am|ma|ràg|gio *s.m.* (*aer.*) discesa di un aeromobile su uno specchio d'acqua.
am|ma|rà|re *v.intr.* [aus. *A*, raro *E*] detto di aeromobili, posarsi su uno specchio d'acqua.
am|mar|ràg|gio *s.m.* (*mar.*) attracco, ormeggio.
am|mar|rà|re *v.tr.* (*mar.*) attraccare, ormeggiare.
am|mas|sa|mén|to *s.m.* **1** raccolta di cose, spec. disordinata e in grosse quantità; accumulo **2** affollamento disordinato di persone; assembramento **3** (*mil.*) concentrazione di mezzi e forze.
am|mas|sà|re *v.tr.* **1** (*anche fig.*) radunare cose, spec. in maniera disordinata e in grosse quantità; accumulare: *— beni* **2** (*mil.*) concentrare mezzi e forze in un'area ♦ **-rsi** *intr.pron.* **1** unirsi a formare una massa; rapprendersi: *la crema si è ammassata* **2** detto di persone, affollarsi in gran numero e in maniera disordinata; assembrarsi, stiparsi: *— davanti all'entrata dello stadio.*
am|màs|so *s.m.* **1** (*anche fig.*) cumulo disordinato di oggetti inanimati: *— di legname* **2** (*scient.*) insieme di cose o elementi simili: *— cellulare* **3** raccolta di prodotti agricoli in appositi magazzini, spec. per disposizione statale | il luogo dove si ammassano tali prodotti: *portare il raccolto all' —* | (*fig.*) **portare il cervello all'** —, aderire in maniera acritica a un'idea o a un partito.

am|ma|tas|sà|re *v.tr.* avvolgere un filo formando una matassa.

am|mat|ti|mén|to *s.m.* **1** l'atto di impazzire **2** cosa che fa impazzire.

am|mat|ti|re *v.intr.* [indic.pres. *io ammattisco, tu ammattisci*...; aus. *E*] **1** diventare matto, impazzire | (*estens.*) comportarsi in maniera eccentrica e anormale **2** (*fig.*) perdere la pazienza: *a stargli dietro c'è da* — | scervellarsi: — *sulla decisione da prendere* ♦ **-rsi** *intr.pron.* (*fam.*) impazzire.

am|mat|to|nà|re *v.tr.* [indic.pres. *io ammattóno*...] pavimentare con mattoni.

am|mat|to|nà|to *part.pass. di* ammattonare ♦ *agg.*, *s.m.* si dice di superficie pavimentata a mattoni.

am|maz|za|caf|fè *s.m.invar.* (*fam.*) bevanda alcolica, spec. digestiva, che si beve dopo il caffè alla fine del pasto.

am|maz|za|mén|to *s.m.* **1** uccisione **2** (*fig.*) fatica estenuante; sfacchinata.

am|maz|zà|re *v.tr.* **1** uccidere in modo violento: *lo hanno ammazzato senza pietà* | far morire **2** (*fig.*) affaticare eccessivamente; sfinire: *il troppo lavoro ammazza* | avvilire, rovinare: *la pubblicità sta ammazzando lo spettacolo* | — *il tempo*, *la noia*, farli passare tenendosi occupati ♦ **-rsi** *rifl.* **1** togliersi la vita; suicidarsi: *si è ammazzato con il cianuro* **2** (*fig.*) sfinirsi: — *di lavoro* ♦ *intr. pron.* perdere la vita in maniera accidentale: *si è ammazzato cadendo dalle scale*.

am|maz|za|sèt|te *s.m.invar.* (*fam.*) chi si vanta di qualità non possedute o imprese mai compiute; spaccone.

am|maz|zà|ta *s.f.* (*fam.*) sfacchinata, faticata.

am|maz|za|tó|io *s.m.* luogo dove si abbattono gli animali destinati all'alimentazione umana; mattatoio.

am|mèn|da *s.f.* **1** (*dir.*) pena pecuniaria fissata per le contravvenzioni; multa: *comminare una* — **2** (*fig.*) riconoscimento e riparazione di un danno, di una colpa: *fare* — *dei propri peccati*.

am|men|da|mén|to *s.m.* (*agr.*) operazione di miglioramento della composizione e delle caratteristiche di un terreno coltivabile | il fertilizzante utilizzato a tal scopo.

am|men|ni|col|lo *s.m.* **1** oggetto di poco valore o scarsa importanza **2** scusa, pretesto cavilloso.

am|més|so *part.pass. di* ammettere ♦ *agg.*, *s.m.* [f. *-a*] che, chi è autorizzato ad accedere a un luogo | che, chi ha superato una prova di idoneità: *gli ammessi al corso* | (*loc.cong.*) — *che*, nel caso in cui: — *che venga davvero, lo accoglieremo*.

am|met|tèn|za *s.f.* (*fis.*) in un circuito a corrente alternata, grandezza elettrica che misura la facilità con cui la corrente percorre il circuito; è inversa all'impedenza.

am|mét|te|re *v.tr.* [con. come *mettere*] **1** lasciar entrare; accogliere: — *nella società, alla presenza di qlcu.* | riconoscere idoneo a partecipare a ql.co.: — *al corso* **2** permettere, consentire: *non ammetto repliche* **3** riconoscere come vero: — *le ragioni di qlcu.* **4** supporre: *ammettiamo pure che sia vero*.

am|mez|zà|re *v.tr.* [indic.pres. *io ammèzzo*...] **1** dividere a metà **2** riempire o svuotare un recipiente fino alla metà: — *una bottiglia*.

am|mez|zà|to *part.pass. di* ammezzare ♦ *agg.*, *s.m.* in un edificio, piano che si trova tra il pian terreno e il primo piano; mezzanino.

am|mic|ca|mén|to *s.m.* **1** cenno d'intesa, spec. con gli occhi **2** (*fisiol.*) la chiusura e riapertura rapida delle palpebre.

am|mic|cà|re *v.intr.* [indic.pres. *io ammìcco, tu ammicchi*...; aus. *A*] fare cenni d'intesa, spec. con gli occhi e di soppiatto: *ammiccava al complice senza farsi notare*.

am|mì|de *s.f.* (*chim.*) composto organico derivante dall'ammoniaca, utilizzato nella produzione di fertilizzanti, materie plastiche ecc.

am|mì|di|co *agg.* [m.pl. *-ci*] (*chim.*) che riguarda l'ammide.

am|mì|na o **amìna** *s.f.* (*chim.*) composto organico derivato dall'ammoniaca, utilizzato nella produzione di fibre sintetiche e resine.

am|mì|ni|co *agg.* [m.pl. *-ci*] (*chim.*) che riguarda l'ammina.

am|mi|ni|strà|re *v.tr.* **1** occuparsi della gestione, spec. economica, di beni, attività, enti e sim.: — *una società, un condominio* | — *la giustizia*, esercitare il potere giurisdizionale | (*lit.*) — *i sacramenti*, impartirli **2** dosare, utilizzare con parsimonia: — *le forze, il vantaggio*.

am|mi|ni|stra|ti|vi|sta *s.m./f.* [m.pl. *-i*] specialista di diritto amministrativo.

am|mi|ni|stra|ti|vo *agg.* relativo all'amministrazione | *diritto* —, branca del diritto pubblico inerente all'organizzazione e all'attività delle amministrazioni pubbliche | *decentramento* —, devoluzione a organi ed enti periferici di funzioni precedentemente detenute centralmente | *elezioni amministrative*, quelle in cui si eleggono i membri dei consigli comunali, provinciali e regionali ♦ *s.m.* [f. *-a*] chi lavora in un'amministrazione, spec. pubblica □ **amministrativamente** *avv.*

am|mi|ni|stra|tó|re *s.m.* [f. *-trice*] chi gestisce beni, enti o società: — *condominiale* | (*dir.*) — *delegato*, in una società per azioni, membro del consiglio di amministrazione al quale il consiglio stesso delega alcune funzioni.

am|mi|ni|stra|zió|ne *s.f.* **1** attività di chi gestisce e controlla beni, enti o società, nel pubblico e nel privato: *il sindaco si occupa dell'* — *cittadina* **2** ufficio o ente che si occupa di amministrare: *l'* — *della società ha chiuso un nuovo contratto* | *consiglio di* —, organo collegiale che si occupa della direzione di un'azienda | *amministrazioni locali*, comuni, province e regioni | *pubblica* —, l'insieme degli uffici dell'amministrazione statale **3** la sede materiale in cui si svolge un'attività di amministrazione.

am|mi|no- o **amìno-** primo elemento che indica la presenza del radicale amminico monovalente, $-NH_2$ all'interno di un composto chimico.

am|mi|no|à|ci|do o **aminoàcido** *s.m.* (*chim.*)

composto organico contenente gruppi amminici e carbossilici, che costituisce le proteine.
am|mi|rà|bi|le *agg.* degno di ammirazione.
am|mi|rà|glia *s.f.* **1** (*mar.*) nella marina militare, nave su cui è imbarcato un ammiraglio | (*estens.*) la nave più grande o più importante di una compagnia di navigazione **2** (*estens.*) il modello di automobile più prestigioso tra quelli fabbricati da una data casa automobilistica: *l'— di casa Fiat* **3** (*ciclismo*) la macchina sulla quale viaggia il direttore sportivo di una squadra, al seguito dei corridori.
am|mi|ra|glià|to *s.m.* **1** il grado e la carica di ammiraglio **2** la sede da cui opera un ammiraglio.
am|mi|rà|glio *s.m.* (*mil.*) ufficiale di alto grado della marina militare, corrispondente a quello di generale nell'esercito.
am|mi|rà|re *v.tr.* **1** guardare con interesse e piacere; contemplare: *— un dipinto* **2** provare stima e rispetto; apprezzare: *— qlcu. per la sua correttezza.*
am|mi|rà|to *part.pass. di* ammirare ♦ *agg.* pieno di ammirazione; affascinato: *restare — di tanta sapienza.*
am|mi|ra|tó|re *s.m.* [f. *-trice*] chi prova un sentimento di grande considerazione nei confronti di qlcu.; estimatore: *quel cantante ha molti ammiratori* | (*estens.*) corteggiatore.
am|mi|ra|zió|ne *s.f.* **1** l'atto di guardare con interesse e piacere; contemplazione: *stare in — di fronte al panorama* **2** sentimento di stima per ql.co. o qlcu.: *nutrire —; il suo coraggio desta l'— di tutti.*
am|mi|ré|vo|le *agg.* degno di ammirazione □ **ammirevolmente** *avv.*
am|mis|si|bi|le *agg.* **1** che si può consentire: *un comportamento non —* **2** che si può ritenere giusto o corretto; accettabile: *una teoria —.*
am|mis|si|bi|li|tà *s.f.* la condizione di ciò che è ammissibile.
am|mis|sió|ne *s.f.* **1** accettazione, accoglimento in un ambiente, a un corso di studi e sim.: *l'— al locale è riservata agli invitati* | *esame d'—*, quello da sostenere per potersi iscrivere a una scuola o a un corso **2** riconoscimento, spec. di una propria mancanza, di un errore: *— di colpa.*
am|mo|bi|lià|re *v.tr.* [indic.pres. *io ammobìlio...*] arredare con mobili: *— una stanza.*
am|mo|bi|lià|to *part.pass. di* ammobiliare ♦ *agg.* già arredato: *bilocale —.*
am|mo|der|na|mén|to *s.m.* sistemazione di ql.co. secondo esigenze, tendenze e tecnologie moderne; rinnovo: *l'— del palazzo, dell'impianto di aerazione.*
am|mo|der|nà|re *v.tr.* [indic.pres. *io ammodèrno...*] rimodernare, adeguare alle ultime tendenze: *— un abito.*
am|mò|do o **a mòdo** *avv.* con cura, nel modo più corretto: *comportarsi —* ♦ *agg.invar.* educato, di buone maniere: *un uomo —.*
am|mò|glia|re *v.tr.* [indic.pres. *io ammóglio...*] far sposare un uomo ♦ **-rsi** *rifl.* prendere moglie, sposarsi.
am|mo|glià|to *part.pass. di* ammogliare ♦ *agg.*, *s.m.* che ha moglie; sposato.
am|mol|là|re¹ *v.tr.* [indic.pres. *io ammòllo...*] ammorbidire ql.co immergendolo in un liquido| mettere a mollo ♦ **-rsi** *intr.pron.* ammorbidirsi, spec. per l'umidità: *il pane si è ammollato.*
am|mol|là|re² *v.tr.* [indic.pres. *io ammòllo...*] **1** allentare: *— un cavo* **2** (*fig.*) appioppare: *— una sberla.*
am|mol|li|re *v.tr.* [indic.pres. *io ammollisco, tu ammollisci...*] **1** rendere molle: *— l'impasto* **2** rendere debole, fiaccare: *l'ozio ammollisce lo spirito* ♦ **-rsi** *intr.pron.* diventare molle | (*estens.*) perdere vigore, rammollirsi.
am|mól|lo *s.m.* prolungata immersione in acqua, spec. della biancheria con un detergente: *mettere le camicie in —.*
am|mo|nì|a|ca *s.f.* (*chim.*) gas composto di azoto e idrogeno; incolore e irritante, viene impiegato nell'industria e, in soluzione, come detergente domestico.
am|mo|nia|cà|le *agg.* (*chim.*) di ammoniaca | contenente ammoniaca.
am|mo|ni|mén|to *s.m.* **1** consiglio, avvertimento: *il suo — mi ha evitato un errore* | esortazione morale **2** rimprovero, rilievo autorevole: *l'— del giudice lo richiamò alle sue colpe.*
am|mò|nio *s.m.* (*chim.*) radicale monovalente positivo presente nelle soluzioni acquose dell'ammoniaca.
am|mo|nì|re *v.tr.* [indic.pres. *io ammonisco, tu ammonisci...*] **1** consigliare, avvertire autorevolmente; esortare: *ti ammonisco: non farlo* **2** rimproverare, richiamare: *— qlcu. per la sua condotta* **3** (*dir., sport*) infliggere una sanzione disciplinare.
am|mo|nì|to *part.pass. di* ammonire ♦ *agg., s.m.* [f. *-a*] che, chi ha ricevuto una sanzione disciplinare.
am|mo|ni|zió|ne *s.f.* **1** esortazione, monito: *un'— ad agire diversamente* **2** rimprovero, richiamo: *fu un'— severa* **3** (*dir., sport*) sanzione disciplinare.
am|mo|niz|za|zió|ne *s.f.* (*chim., agr.*) processo in cui la riserva azotata organica del terreno viene trasformata in composti ammoniacali assimilabili dalle piante, grazie all'azione di alcuni microrganismi.
am|mon|tà|re¹ *v.intr.* [indic.pres. *io ammónto...*]; aus. *E*] raggiungere una certa cifra complessiva; assommare: *il conto ammonta a trentasette euro.*
am|mon|tà|re² *s.m.* importo totale, somma: *l'— delle entrate.*
am|mon|tic|chià|re *v.tr.* [indic.pres. *io ammontìcchio...*] ammucchiare, accatastare disordinatamente ♦ **-rsi** *intr.pron.* ammassarsi.
am|mor|ba|mén|to *s.m.* infezione, contaminazione.
am|mor|bà|re *v.tr.* [indic.pres. *io ammòrbo...*] **1** infettare, contaminare **2** (*estens.*) inquinare, rendere maleodorante e irrespirabile: *il fumo sta ammorbando tutta la stanza* **3** (*fig., fam.*) an-

noiare, dare fastidio: *ci hai ammorbato con i tuoi discorsi per tre giorni.*
am|mor|bi|dèn|te *part.pres.* di ammorbidire ♦ *agg.* che ammorbidisce: *sostanza —* ♦ *s.m.* **1** (*ind. tessile*) additivo dell'appretto utilizzato per ammorbidire i tessuti **2** additivo usato nel bucato per evitare che i capi perdano morbidezza.
am|mor|bi|di|mén|to *s.m.* **1** aumento di morbidezza **2** (*fig.*) mitigazione, addolcimento.
am|mor|bi|di|re *v.tr.* [indic.pres. *io ammorbidisco, tu ammorbidisci*...] **1** rendere morbido o più morbido **2** (*fig.*) mitigare, moderare: *— le proprie idee* | rendere conciliante o ragionevole; addolcire: *— qlcu. con la gentilezza* **3** sfumare attenuando i contrasti: *— i colori* ♦ **-rsi** *intr. pron.* **1** diventare morbido o molle: *l'impasto si è ammorbidito* **2** (*fig.*) addolcirsi: *con il tempo il suo carattere si ammorbidì.*
am|mor|ta|mén|to *s.m.* **1** estinzione rateale di un debito: *— del mutuo* **2** (*econ.*) procedimento contabile per recuperare una spesa in esercizi finanziari successivi.
am|mor|tà|re *v.tr.* [indic.pres. *io ammòrto*...] realizzare un ammortamento.
am|mor|tiz|zà|bi|le *agg.* che può essere ammortizzato.
am|mor|tiz|za|mén|to *s.m.* **1** ammortamento di un debito o di una spesa **2** assorbimento di un urto o di vibrazioni.
am|mor|tiz|zà|re *v.tr.* **1** ammortare **2** ridurre, assorbire urti o vibrazioni.
am|mor|tiz|za|tó|re *s.m.* (*mecc.*) dispositivo per assorbire e attutire urti e vibrazioni: *gli ammortizzatori dell'auto* | (*fig.*) **ammortizzatori sociali**, provvedimenti volti a limitare le conseguenze di crisi economiche sui lavoratori.
am|mo|scià|re *v.tr.* [indic.pres. *io ammóscio*...] (*fam.*) **1** rendere ql.co. moscio **2** (*fig.*) privare di energia e vivacità; deprimere, annoiare ♦ **-rsi** *intr.pron.* (*fam.*) **1** diventare moscio **2** (*fig.*) perdere energia e vivacità; deprimersi.
am|mo|stà|re *v.tr.* [indic.pres. *io ammósto*...] pigiare l'uva per ottenere il mosto ♦ *intr.* [aus. *A*] produrre mosto | diventare mosto.
am|mo|sta|tó|io *s.m.* strumento di legno costituito da un bastone, utilizzato per pestare e rimestare l'uva nel tino.
am|mo|sta|tù|ra *s.f.* preparazione del mosto.
am|muc|chià|re *v.tr.* [indic.pres. *io ammùcchio*...] mettere insieme, spec. in maniera disordinata: *— oggetti vari sul tavolo* | accumulare: *— denaro* ♦ **-rsi** *intr.pron.* affollarsi, concentrarsi disordinatamente in un luogo.
am|muc|chià|ta *s.f.* **1** (*anche spreg.*) raggruppamento non omogeneo e disordinato di persone **2** (*gerg.*) orgia.
am|muf|fi|mén|to *s.m.* formazione di muffa.
am|muf|fì|re *v.intr.* [indic.pres. *io ammuffisco, tu ammuffisci*...; aus. *E*] **1** fare la muffa | guastarsi per ammuffimento: *questa frutta è ammuffita* | (*fig.*) **tenere una cosa ad —**, non utilizzarla **2** (*fig.*) intristirsi e sciuparsi conducendo una vita isolata o svolgendo un lavoro monotono: *— sui libri; in questo ufficio finirò con l' —.*
am|muf|fì|to *part.pass.* di ammuffire ♦ *agg.* **1** che ha la muffa; guasto: *biscotto —* **2** (*fig.*) non più al passo con i tempi; superato.
am|mu|ti|na|mén|to *s.m.* **1** (*dir.*) rifiuto da parte di marinai o militari di eseguire gli ordini di un superiore **2** (*estens.*) ribellione.
am|mu|ti|nàr|si *v.intr.pron.* [indic.pres. *io mi ammùtino o ammutìno*...] fare un ammutinamento: *di fronte alla crudeltà del capitano, i marinai si ammutinarono.*
am|mu|ti|nà|to *part.pass.* di ammutinarsi ♦ *agg.*, *s.m.* che, chi prende parte a un ammutinamento.
am|mu|to|li|re *v.intr.* [indic.pres. *io ammutolisco, tu ammutolisci*...; aus. *E*] **1** diventare muto **2** (*estens.*) tacere, fare silenzio improvvisamente: *— per la sorpresa* ♦ *tr.* (*raro*) far tacere; zittire.
am|ne|si|a *s.f.* **1** (*med.*) perdita parziale o totale della memoria **2** dimenticanza passeggera; vuoto di memoria.
àm|nio *s.m.* (*biol.*) nei vertebrati superiori, membrana a forma di sacco contenente il liquido che avvolge l'embrione.
am|nio|cèn|te|si *s.f.* (*med.*) prelievo di un campione di liquido amniotico effettuato mediante un lungo ago, per diagnosticare precocemente le malformazioni fetali e individuare il sesso del nascituro.
am|niò|ti|co *agg.* [m.pl. *-ci*] (*biol.*) dell'amnio | *liquido —*, secreto della membrana dell'amnio, è il liquido in cui si sviluppa l'embrione.
am|ni|stì|a *s.f.* (*dir.*) atto legislativo con cui lo Stato annulla l'applicazione della pena per determinati reati e categorie di detenuti.
am|ni|stià|re *v.tr.* [indic.pres. *io amnistio o amnistìo*...] (*dir.*) concedere un'amnistia; esonerare dal scontare una pena.
am|ni|stià|to *part.pass.* di amnistiare ♦ *agg.*, *s.m.* [f. *-a*] che, chi fruisce o ha fruito di un'amnistia.
à|mo *s.m.* **1** piccolo uncino metallico sul quale si infila l'esca, utilizzato per pescare **2** (*fig.*) lusinga, trappola | **abboccare all' —**, lasciarsi affascinare; cadere in un raggiro.
a|mo|rà|le *agg.* **1** estraneo alla sfera della morale **2** privo di senso morale; che agisce indipendentemente da valutazioni morali: *un comportamento, una persona —* ♦ *s.m./f.* persona che non ha senso morale, spregiudicata □ **amoralmente** *avv.*
a|mo|ra|li|tà *s.f.* caratteristica di chi e di ciò che è amorale.
a|mo|ràz|zo *s.m.* (*spreg.*) amore volgare, passeggero e di poco conto; tresca.
a|mó|re *s.m.* **1** affetto intenso e durevole; tenerezza, attaccamento: *— paterno, filiale; provare — verso qlcu.* | *solidarietà, vicinanza morale: l' — per i più deboli* | **amor proprio**, orgoglio personale, dignità | **amor di sé**, egocentrismo | **andare d'— e d'accordo**, essere perfettamente affiatati | **per — o per forza**, comunque sia; che piaccia o meno

amoreggiamento

2 attrazione e coinvolgimento anche fisico tra due persone, spec. di sesso diverso: *giurarsi eterno* —; *passione d'* — | *fare l'* —, *all'* —, avere rapporti sessuali; intrattenere rapporti amorosi | — *libero*, libertà di avere rapporti sessuali al di fuori dei legami formali o delle convenzioni **3** (*estens*.) vicende amorose: *ha avuto degli amori difficili* **4** (*estens*.) la persona o la cosa che è oggetto d'amore: *sei il mio* —; *la motocicletta è il mio primo* — | cosa o persona amabile, graziosa: *un — di bimbo*; *hanno un terrazzo fiorito che è un* — **5** negli animali, l'istintiva tendenza all'accoppiamento e alla riproduzione: *la stagione degli amori* **6** passione per ql.co.: *nutre per lo sport un — infinito* | *fare ql.co. con* —, farlo con cura e passione | *per — di ql.co.*, per il piacere di farlo **7** aspirazione, desiderio di ql.co.: *l'— per la giustizia* **8** (*teol*.) l'affezione appassionata di Dio per le sue creature.
a|mo|reg|gia|mén|to *s.m.* relazione amorosa, spec. poco impegnativa.
a|mo|reg|già|re *v.intr.* [indic.pres. *io amoréggio*...; aus. *A*] intrattenere rapporti amorosi poco impegnativi; flirtare.
a|mo|ré|vo|le *agg.* che dimostra amore; affettuoso: *un sorriso* — □ **amorevolmente** *avv.*
a|mo|re|vo|léz|za *s.f.* affettuosità, tenerezza | atto che rivela affetto, amore.
a|mor|fi|smo *s.m.* proprietà di ciò che è amorfo.
a|mòr|fo *agg.* **1** che non ha una forma precisa; informe **2** (*fig.*) privo di personalità; debole, passivo: *una persona amorfa* **3** (*fis., chim.*) detto di sostanza che non ha struttura cristallina.
a|mo|ri|no *s.m.* **1** (*pitt., scult.*) bambino nudo alato, simboleggiante il dio dell'amore **2** (*estens*.) bambino piccolo e paffuto **3** (*bot., pop.*) reseda.
a|mo|ró|so *agg.* **1** che prova amore verso qlcu.: *un genitore* — | ispirato, mosso da amore: *cure amorose* **2** che riguarda l'amore: *poesia amorosa* ♦ *s.m.* [f. -*a*] (*fam.*) fidanzato, amante □ **amorosamente** *avv.*
a|mo|vì|bi|le *agg.* (*raro*) che può essere rimosso, spostato.
Am|pe|li|dà|ce|e *s.f.pl.* Vitacee.
am|pe|lo|gra|fì|a *s.f.* disciplina che descrive e classifica le diverse varietà di vitigni.
am|pe|ràg|gio *s.m.* (*fis*.) intensità di una corrente elettrica calcolata in ampere.
ampere (*fr.*) [pr. ampèr] *s.m.invar.* (*fis.*) unità di misura dell'intensità di una corrente elettrica.
am|pe|rò|me|tro *s.m.* (*fis*.) strumento per misurare l'intensità di una corrente elettrica.
am|pe|ró|ra *s.m.* (*fis*.) unità di misura quantitativa dell'elettricità; corrisponde alla carica trasportata da una corrente di un ampere in un'ora.
àm|pex® *s.m.invar.* **1** macchina e sistema per la registrazione di immagini su nastro magnetico: *registrare in* — **2** (*per anton*.) registrazione videomagnetica.
am|piéz|za *s.f.* **1** caratteristica di ciò che ha una certa estensione nello spazio **2** (*fig*.) grandezza, vastità **3** (*geom*.) misura di una grandezza, spec. di angoli o archi **4** (*fis*.) in una grandezza oscillante, lo scarto massimo dal valore medio: — *d'onda*.
àm|pio *agg.* [superl. *amplissimo*] **1** esteso in larghezza e lunghezza; spazioso, vasto: *una sala molto ampia* | capiente: *un sacco* — **2** (*estens*.) abbondante: *fornire ampie assicurazioni* | *di ampie vedute*, di mentalità aperta □ **ampiamente** *avv.*
am|plès|so *s.m.* **1** (*lett*.) abbraccio **2** coito, rapporto sessuale.
am|plia|mén|to *s.m.* (*anche fig*.) ingrandimento, allargamento: *lavori di* —; *l'— del fabbisogno industriale*.
am|plià|re *v.tr.* [indic.pres. *io àmplio*...] ingrandire, rendere più ampio: — *un negozio* | (*fig*.) aumentare: — *le proprie amicizie* ♦ **-rsi** *intr.pron.* ingrandirsi: *il suo giro d'affari si è ampliato*.
am|pli|fi|cà|re *v.tr.* [indic.pres. *io amplìfico, tu amplìfichi*...] **1** rendere più ampio **2** (*fig*.) presentare ql.co. esagerandone le caratteristiche: — *il pregio di un dipinto* **3** (*tecn*.) aumentare il valore di una grandezza fisica, spec. mediante appositi dispositivi: — *il suono di una chitarra*.
am|pli|fi|ca|tó|re *s.m.* (*tecn*.) dispositivo che permette di aumentare il valore di una grandezza fisica | dispositivo che amplifica il segnale acustico di apparecchi per la riproduzione del suono (lettori cd, giradischi e sim.) e di strumenti musicali elettrici.
am|pli|fi|ca|zió|ne *s.f.* **1** l'atto di amplificare e il suo effetto **2** (*ret*.) procedimento che rafforza determinati concetti attraverso la ripetizione e la ripresa di temi e argomenti.
am|pól|la *s.f.* **1** boccetta a collo stretto e base larga, dotata di beccuccio e manico: — *dell'olio, dell'aceto* **2** (*lit*.) vasetto metallico in cui si conserva l'olio santo **3** (*tecn*.) contenitore, spec. di vetro, a tenuta di vuoto o riempito con un gas inerte, in cui si sperimentano fenomeni elettrici o elettronici **4** (*anat*.) dilatazione di un condotto.
am|pol|liè|ra *s.f.* sostegno per ampolle.
am|pol|lì|na *s.f.* (*lit*.) ciascuna delle due boccette che contengono l'acqua e il vino da consacrare nella messa.
am|pol|lo|si|tà *s.f.* magniloquenza, ricercatezza, prolissità.
am|pol|ló|so *agg.* ricco di figure retoriche ed espressioni ricercate; magniloquente: *discorso* — | prolisso □ **ampollosamente** *avv.*
am|pu|tà|re *v.tr.* [indic.pres. *io àmputo*...] **1** (*med*.) asportare chirurgicamente un arto, un organo o una loro parte **2** (*fig*.) detto di scritti o discorsi, tagliare, accorciare.
am|pu|ta|zió|ne *s.f.* **1** (*med*.) asportazione chirurgica, parziale o totale, di un organo **2** (*fig*.) eliminazione di una o più parti di scritti o discorsi.
a|mu|lé|to o **amulèto** *s.m.* oggetto a cui si attribuisce per superstizione il potere di portare fortuna e proteggere dalle disgrazie; talismano.
an- *pref*. → **a-**[1].
à|na- *pref*. indica elevazione (*anabolismo*), opposizione (*anabattismo*), inversione (*anagramma*).

a|na|bat|ti|smo *s.m.* (*relig.*) movimento protestante del sec. XVI che negava la validità del battesimo dato ai neonati, sostenendo che tale sacramento dovesse essere impartito di nuovo nell'età adulta.

a|na|bat|ti|sta *agg.*, *s.m./f.* [m.pl. -*i*] (*relig.*) che, chi professa l'anabattismo.

a|nab|ba|glian|te *agg.* si dice di qualsiasi schermo utilizzato per diminuire l'intensità di una sorgente luminosa ♦ *s.m.* (*auto.*) proiettore che rivolge il fascio di luce verso il basso, in modo da non abbagliare chi procede nell'opposto senso di marcia.

a|na|bo|li|smo *s.m.* (*biol.*) fase del metabolismo in cui vengono trasformate e assimilate le sostanze nutritive assunte nell'organismo.

a|na|bo|liz|zan|te *agg.*, *s.m.* (*med.*) detto di sostanza che favorisce l'anabolismo, velocizzando la formazione di nuovi tessuti, spec. muscolari, nell'organismo.

a|na|càr|dio *s.m.* acagiù.

a|na|co|lù|to *s.m.* (*gramm.*) il susseguirsi nello stesso periodo di due diversi costrutti, tra loro collegati dal punto di vista logico ma non a livello sintattico, di modo che il primo resta come incompiuto (p.e. *io speriamo che me la cavo*).

a|na|còn|da *s.m.invar.* grande serpente non velenoso diffuso nelle aree tropicali dell'America meridionale.

a|na|co|rè|ta *s.m.* [pl. -*ti*] chi si ritirava in solitudine nel deserto per dedicarsi alla meditazione e alla preghiera; eremita.

a|na|cro|ni|smo *s.m.* **1** erronea attribuzione a un'epoca di fatti, usi e fenomeni che non le sono propri **2** (*estens.*) detto di ql.co. o qlcu. che risulta in contrasto o inadeguato rispetto alla propria epoca.

a|na|cro|ni|sti|co *agg.* [m.pl. -*ci*] **1** che presenta anacronismo **2** fuori tempo, obsoleto: *teoria anacronistica* □ **anacronisticamente** *avv.*

a|na|crù|si *s.f.* (*metr.*) aggiunta di sillabe fuori numero in apertura di verso.

a|na|di|plò|si *s.f.* (*ret.*) ripetizione di parole o espressioni prese dalla frase precedente, al fine rendere più enfatico o stringente il discorso.

a|na|e|rò|bi|co *agg.* [m.pl. -*ci*] (*biol.*) relativo all'anaerobiosi.

a|na|e|rò|bio *agg.*, *s.m.* (*biol.*) detto di microrganismo che vive in assenza di ossigeno: *batterio* —.

a|na|e|ro|biò|si *s.f.* (*biol.*) forma di vita propria degli organismi che vivono in assenza di ossigeno.

a|na|fi|làs|si *s.f.* (*med.*) esagerata reattività immunitaria dell'organismo nei confronti di una sostanza cui era già stato sensibilizzato.

a|na|fi|làt|ti|co *agg.* [m.pl. -*ci*] (*med.*) relativo o causato da anafilassi | *shock* —; insufficienza circolatoria causata dall'introduzione nell'organismo di sostanze cui il soggetto è allergico.

a|nà|fo|ra *s.f.* **1** (*ret.*) figura consistente nella ripetizione di una stessa parola o espressione in apertura di frasi o versi consecutivi **2** (*ling.*) procedimento per cui, attraverso l'uso di ripetizioni, pronomi, sinonimi e sim., si riprende un elemento già menzionato nel discorso.

a|na|fo|rè|si *s.f.* (*fis.*) migrazione verso l'anodo di particelle colloidali con carica negativa, per azione di un campo elettrico.

a|na|fò|ri|co *agg.* [m.pl. -*ci*] (*ret.*) proprio dell'anafora | contenente un'anafora: *procedimento* —.

a|na|go|gìa *s.f.* [pl. -*gie*] nell'esegesi biblica, il metodo interpretativo volto a individuare nel racconto sacro i simboli delle verità ultime.

a|na|gò|gi|co *agg.* [m.pl. -*ci*] relativo all'anagogia.

a|nà|gra|fe *s.f.* **1** registro in cui sono raccolti i dati relativi al numero e allo stato civile della popolazione di un comune **2** l'ufficio comunale che si occupa di tenere e aggiornare tale registro | — *tributaria*, archivio dell'amministrazione finanziaria statale nel quale vengono raccolti i dati relativi a cittadini, enti e società soggetti a tassazione.

a|na|grà|fi|co *agg.* [m.pl. -*ci*] relativo all'anagrafe e ai dati in essa raccolti: *registro* — □ **anagraficamente** *avv.*

a|na|gràm|ma *s.m.* [pl. -*i*] procedimento consistente nell'ottenere con le stesse lettere di una parola altre parole (p.e. *porta*, *prato*) | la parola così ottenuta.

a|na|gràm|ma|re *v.tr.* formare un anagramma.

a|nal|cò|li|co o **analcoòlico** *agg.* [m.pl. -*ci*] che non contiene alcol: *aperitivo* — ♦ *s.m.* bevanda priva di alcol.

a|nà|le *agg.* (*med.*) relativo all'ano.

a|nà|lès|si *s.f.invar.* **1** (*ret.*) ripresa insistita di una parola **2** in un testo narrativo, descrizione di avvenimenti svoltisi prima del tempo della narrazione.

a|na|lèt|ti|co *s.m.* [pl. -*ci*] (*farm.*) sostanza che stimola l'attività cardiaca e le funzioni circolatorie e respiratorie.

a|nal|fa|bè|ta *agg.*, *s.m./f.* [m.pl. -*i*] **1** che, chi non è capace di leggere e scrivere **2** (*estens.*) ignorante.

a|nal|fa|be|ti|smo *s.m.* la condizione di chi non sa leggere e scrivere | — *di ritorno*, proprio di chi ha disimparato a leggere e scrivere per mancanza di esercizio, spec. in età adulta.

a|nal|gè|si|co *agg.*, *s.m.* [m.pl. -*ci*] detto di farmaco che attenua o elimina la sensazione di dolore.

a|nà|li|si *s.f.* **1** metodo di ricerca in cui l'oggetto da studiare viene scomposto nelle sue parti, che vengono quindi esaminate singolarmente | (*med.*) — *clinica*, quella compiuta a scopo diagnostico | (*ling.*) — *grammaticale*, individuazione delle categorie grammaticali delle parole contenute in una frase | (*ling.*) — *logica*, individuazione delle funzioni sintattiche dei vari elementi che fanno parte di una proposizione | (*ling.*) — *del periodo*, individuazione del tipo di proposizioni che compongono un periodo | — *matematica*, ramo della matematica che studia il calcolo infinitesimale | — *di mercato*, analisi delle caratteristiche di un settore merceologico svolta al

analista

fine di favorire la commercializzazione di un dato prodotto 2 (*estens.*) studio, esame accurato | *in ultima* —, in conclusione 3 trattamento psicoanalitico: *essere in* —.

a|na|li|sta *s.m./f.* [m.pl. *-i*] 1 chi effettua analisi, spec. in ambito chimico o medico | — *finanziario*, chi si occupa di valutare la situazione finanziaria delle società per azioni e dei loro titoli 2 psicoanalista.

a|na|li|ti|ci|tà *s.f.* caratteristica di ciò che è analitico.

a|na|li|ti|co *agg.* [m.pl. *-ci*] 1 proprio dell'analisi o fondato su di essa | che è portato all'analisi: *intelligenza analitica* | (*estens.*) minuzioso, accurato: *stile* — | *indice* —, quello in cui sono elencati alfabeticamente gli argomenti trattati in un libro con i relativi numeri di pagina 2 (*mat.*) fondato sull'analisi: *geometria analitica* ☐ **analiticamente** *avv.*

a|na|liz|za|bi|le *agg.* che può essere analizzato.

a|na|liz|zà|re *v.tr.* 1 sottoporre ad analisi 2 (*estens.*) esaminare o studiare con cura 3 sottoporre a trattamento psicoanalitico.

a|na|liz|za|tó|re *s.m.* 1 [f. *-trice*] chi fa analisi 2 (*tecn.*) strumento per svolgere analisi.

a|nal|lèr|gi|co *agg.* [m.pl. *-ci*] (*med.*) che non provoca reazioni allergiche.

a|na|lo|gì|a *s.f.* 1 relazione di somiglianza tra due o più cose 2 (*ling.*) influenza esercitata da una forma linguistica su un'altra, che tende di conseguenza ad assimilarsi alla prima.

a|na|lò|gi|co *agg.* [m.pl. *-ci*] 1 proprio dell'analogia | basato sull'analogia: *metodo* — 2 detto di dispositivo che misura il variare di un fenomeno fisico attraverso un modello analogo di grandezze: *circuito* — ☐ **analogamente** *avv.*

a|nà|lo|go *agg.* [m.pl. *-ghi*] che è simile, per aspetto, funzione o dinamica, a ql.co.: *un fenomeno* — ☐ **analogamente** *avv.*

a|nàm|nè|si o **anamnèsi** *s.f.* (*med.*) raccolta dei dati che riguardano i precedenti fisiologici e patologici di un paziente e dei suoi consanguinei, svolta a scopo diagnostico.

a|na|mor|fo|si o **anamòrfosi** *s.f.* nelle arti figurative, artificio che consente di rendere visibile un'immagine, inserita in una più ampia raffigurazione, soltanto da un particolare punto di osservazione.

à|na|nas o **ananàs** *s.m.invar.* 1 pianta arbustiva tropicale con foglie rigide e aculeate e frutti commestibili simili a una grossa pigna 2 frutto di tale pianta.

a|nar|chì|a *s.f.* 1 assenza di governo 2 (*estens.*) situazione di disordine politico e amministrativo dovuto all'assenza o alla debolezza del governo | disordine, caos: *una classe in cui regna l'* — 3 dottrina politica che propugna l'abolizione di ogni istituzione o potere costituito.

a|nàr|chi|co *agg.* [m.pl. *-ci*] 1 relativo all'anarchia: *spirito* — 2 (*estens.*) indisciplinato, ribelle | caotico ♦ *s.m.* [f. *-a*] chi sostiene l'anarchia ☐ **anarchicamente** *avv.*

a|nar|chi|smo *s.m.* 1 l'organizzazione della società propugnata dalla dottrina anarchica, in cui tutte le istituzioni e i poteri organizzati vengono aboliti 2 tendenza o atteggiamento anarchico.

a|nar|còi|de *agg.*, *s.m./f.* (*spec. spreg.*) che, chi tende all'anarchia | (*estens.*) che, chi manifesta un'istintiva tendenza alla ribellione.

a|na|sàr|ca *s.m.* [pl. *-chi*] (*med.*) esteso edema sottocutaneo con versamenti nelle cavità sierose.

a|na|stà|ti|co *agg.* [m.pl. *-ci*] si dice del procedimento con cui un testo già stampato tipograficamente viene fotografato per ottenere una matrice litografica, da cui ricavare nuove stampe fedeli all'originale | *copia anastatica*, quella che si ottiene con tale sistema ☐ **anastaticamente** *avv.*

a|na|stig|mà|ti|co *agg.* [m.pl. *-ci*] (*fis.*) detto di lente o sistema ottico che correggano l'astigmatismo.

a|na|sto|mò|si *s.f.* (*anat.*) collegamento, naturale o chirurgico, tra due vasi o due organi cavi.

a|na|stro|fe *s.f.* (*ret.*) inversione dell'ordine in cui normalmente si presentano le parole in una frase (p.e. *di me più nobile*).

a|na|tè|ma *s.m.* [pl. *-i*] 1 (*relig.*) solenne esclusione dalla chiesa; scomunica 2 (*estens.*) maledizione.

A|nà|ti|di *s.m.pl.* famiglia di Uccelli acquatici, di cui fa parte anche l'anatra, con zampe palmate e becco largo.

a|na|to|mì|a *s.f.* 1 disciplina che studia la struttura esterna e interna degli organismi viventi | dissezione di un organismo, spec. a scopo di studio: *fare l'* — *di un cadavere* 2 la struttura di un organismo vivente o di una sua parte 3 (*fig.*) analisi minuziosa di qualsiasi realtà complessa: — *di un delitto.*

a|na|tò|mi|co *agg.* [m.pl. *-ci*] 1 relativo all'anatomia e alla sua pratica 2 (*fig.*) analitico, dettagliato 3 modellato secondo la forma del corpo umano o delle sue parti: *sedia anatomica* ☐ **anatomicamente** *avv.*

a|na|to|mi|sta *s.m./f.* [m.pl. *-i*] esperto o insegnante di anatomia.

a|na|to|miz|zà|re *v.tr.* 1 sezionare organismi viventi a scopo di studio e analisi 2 (*fig.*) studiare sistematicamente e in modo approfondito.

à|na|tra o **ànitra** *s.f.* nome comune di diversi uccelli acquatici con piedi palmati e becco largo.

a|na|tròc|co|lo *s.m.* il pulcino dell'anatra.

àn|ca *s.f.* (*anat.*) parte del corpo umano che comprende l'articolazione del femore col bacino: *artrosi dell'* — | (*fam.*) fianco: *muovere le anche.*

an|cèl|la *s.f.* (*lett.*) serva, schiava | (*relig.*) — *del Signore*, la Madonna.

an|ce|strà|le *agg.* 1 riferito agli antenati | (*estens.*) che ha origini remote; atavico: *paura* — 2 (*biol.*) detto di organo presente nei fossili e che nelle specie viventi risulta atrofizzato.

àn|che *cong.* 1 pure: *lo so anch'io*; *c'eri* — *tu* 2 perfino, addirittura: *hai fatto* — *troppo* 3 intro-

duce una prop. concessiva: — *potendo, non andrei mai* | — *se*, sebbene: *mi tratta male, — se io sono gentile* | *quand'* —, ammesso pure che.
an|cheg|già|re *v.intr.* [indic.pres. *io anchéggio...*; aus. *A*] dimenare le anche nel muoversi.
an|chi|lo|sàr|si *v.intr.pron.* irrigidirsi per anchilosi | (*estens.*) intorpidirsi: *mi si è anchilosata la gamba.*
an|chi|lo|sà|to *part.pass. di* anchilosare ♦ *agg.* **1** detto di articolazione irrigidita per anchilosi **2** (*estens., anche fig.*) intorpidito, lento: *avere un braccio —; avere il cervello —.*
an|chi|lò|si o **anchilosi** *s.f.* (*med.*) perdita o limitazione della naturale mobilità di un'articolazione.
anchorman (*ingl.*) [pr. *ankormèn*] *s.m.invar.* conduttore di programmi televisivi o radiofonici, spec. di tipo giornalistico.
àn|cia *s.f.* [pl. *-ce*] (*mus.*) lamina flessibile in legno o metallo che, collocata all'imboccatura di certi strumenti a fiato, vibra quando passa l'aria, producendo il suono.
an|cil|là|re *agg.* relativo alle ancelle.
an|ci|pi|te *agg.* **1** (*lett.*) a doppio taglio **2** (*metr.*) detto di sillaba o vocale che può avere valore sia breve, sia lungo.
an|có|na *s.f.* tavola dipinta o scolpita, di soggetto sacro e a più scomparti, collocata a decorazione di un altare.
an|co|ne|tà|no *agg.* di Ancona ♦ *s.m.* [f. *-a*] chi è nato o abita ad Ancona.
àn|co|ra[1] *s.f.* **1** (*mar.*) pesante arnese di ferro munito di due o più bracci ricurvi in grado di far presa sul fondale, che serve a trattenere il natante al quale è collegato da una catena: *gettare, levare l'*— | (*fig.*) — *di salvezza*, cosa o persona cui si ricorre in situazione di necessità; ultima speranza **2** (*elettr.*) elemento di ferro dolce che permette di aprire o chiudere un circuito elettrico.
an|có|ra[2] *avv.* **1** tuttora, anche ora: *stai* — *lavorando?* | finora: *non è* — *finito* **2** fino ad allora: *non l'avevo* — *capito* | a quel tempo: *ero* — *alle elementari* **3** nuovamente, un'altra volta: *te lo spiego* — **4** in più, in aggiunta: *ne vorrei* — *un po'* | — —, bene o male, forse: *ieri,* — —, *avrei potuto venire, ma oggi è impossibile* ♦ *cong.* [per rafforzare un compar.] persino, addirittura: *oggi fa* — *più caldo di ieri.*
an|co|ràg|gio *s.m.* **1** (*mar.*) zona in cui le navi possono ancorarsi o ormeggiare | l'azione di gettare l'ancora | *tassa d'*—, pagata dalle navi per ormeggiare in porto **2** (*estens.*) collegamento di una o più strutture, anche mobili, a un punto fisso mediante un cavo o un tirante al fine di assicurarne la stabilità: *l'*— *di un ponte, della corda al chiodo.*
an|co|rà|re *v.tr.* [indic.pres. *io àncoro...*] **1** (*mar.*) ormeggiare un natante gettando l'ancora **2** (*estens.*) fissare, bloccare: — *un pallone aerostatico al suolo* **3** agganciare una struttura o degli elementi mobili al fine di renderli stabili: — *il ponte* **4** (*econ.*) fissare il valore di una valuta a quello dell'oro o di una valuta estera: — *il peso al dollaro* ♦ **-rsi** *rifl.* **1** gettare l'ancora, ormeggiare **2** assicurarsi, fissarsi.
an|cor|ché *cong.* (*lett.*) benché, per quanto: — *fosse sfinito, volle proseguire.*
an|da|lù|so *agg.* dell'Andalusia ♦ *s.m.* [f. *-a*] chi è nato o abita in Andalusia.
an|da|mén|to *s.m.* **1** il modo in cui ql.co. procede nel tempo; svolgimento, sviluppo: *l'* — *dei lavori* **2** (*mus.*) il procedere dinamico ed espressivo di un brano: — *sostenuto.*
an|dàn|te *part.pres. di* andare ♦ *agg.* ordinario | di mediocre qualità ♦ *s.m.* (*mus.*) movimento di velocità compresa tra l'allegretto e l'adagio.
an|dan|ti|no *s.m.* (*mus.*) movimento moderato, appena più mosso o più lento dell'andante.
an|dà|re[1] *v.intr.* [indic.pres. *io vado, tu vai, egli va, noi andiamo, voi andate, essi vanno*; fut. *io andrò...*; congiunt.pres. *io, tu, egli vada, noi andiamo, voi andiate, essi vadano*; condiz. *io andrèi...*; imp. *va o va'* o *vai, andate*; le altre forme dal tema *and-* sono regolari; aus. *E*] **1** spostarsi, senza una meta specifica: *piano, veloce;* — *a piedi, a quattro zampe, in automobile, in tram;* — *per strada, a spasso* | — *a zonzo*, passeggiare senza meta | — *fiero, orgoglioso*, sentirsi e mostrarsi tale | (*fig.*) — *d'accordo*, trovarsi bene insieme | (*mus.*) — *a tempo*, seguire il ritmo; (*estens.*) essere sincronizzati | — *sul sicuro*, non prendersi rischi **2** muoversi in una certa direzione: — *avanti, indietro;* — *in salita, controvento* | spostarsi verso una meta precisa; recarsi, tendere a: — *a casa, al lavoro, da amici, in città* | (*fig.*) — *a nozze*, trovarsi molto bene in una data situazione | — *a fondo*, affondare, inabissarsi; (*fig.*) fallire | — *a rotoli*, in rovina | (*fig.*) — *all'altro mondo*, morire | — *in onda*, venir trasmesso per radio o televisione | (*teat.*) — *in scena*, iniziare una rappresentazione; essere rappresentato | (*tipografia*) — *in macchina*, essere avviato alla stampa | (*fig.*) — *a ruba*, di prodotto commerciale, essere venduto in grandi quantità | — *per la propria strada*, muoversi in autonomia, per conto proprio | (*fig.*) — *a naso*, scegliere istintivamente, seguire l'intuito | — *a male*, guastarsi | (*sport*) — *a rete, a canestro*, realizzare una rete, un canestro | (*sport*) — *in fuga*, nelle gare di corsa (podistiche, ciclistiche, motoristiche) prendere un vantaggio significativo rispetto agli altri concorrenti | (*sport*) — *al tappeto*, nel pugilato e nella lotta, venire atterrato **3** trascorrere, passare: *un altro anno se n'è andato* **4** modificarsi, cambiare di stato o situazione | (*anche fig.*) — *in frantumi, in pezzi*, rompersi irreparabilmente | (*anche fig.*) — *in fumo*, bruciarsi, venir meno **5** essere destinato: *quella sdraio va sul terrazzo; questi documenti vanno nell'archivio* **6** di abiti, scarpe e sim., calzare, stare: — *a pennello*, calzare, vestire bene **7** essere gradito: *lo faccio perché mi va* | essere di moda: *quest'estate andrà la gonna corta* | — *per la maggiore*, essere in voga **8** procedere, svolgersi: *come va?; gli affari vanno bene* | riuscire: — *male a scuola; mi è andata bene* | — *a gonfie vele*, stare, riuscire ottimamente | — *a buon fine*, concludersi

andare

positivamente 9 funzionare: *la mia auto va a gasolio*; *il computer non va* | toccare una certa velocità massima: *la mia moto va a 180 km orari* 10 seguito da un ger., esprime azione ripetuta o continuata: — *dicendo, cercando* 11 seguito da un part.pass., esprime obbligo, necessità: *questo lavoro va concluso entro domani* | — *errato*, sbagliare | — *perduto*, essere perduto.

an|dà|re² *s.m. solo sing.* l'atto di andare, di muoversi | *un* — *e venire*, un andirivieni, un viavai | *a lungo* —, alla lunga; con il passare del tempo.

an|dà|ta *s.f.* 1 l'atto di recarsi in un luogo; tragitto, percorso | *biglietto di sola* —, valido solo per raggiungere una destinazione, ma non per ritornare al punto di partenza 2 (*sport*) (*girone di*) —, nei tornei in cui è previsto che le squadre iscritte debbano affrontarsi due volte, il gruppo dei primi incontri: *partita di* —.

an|dà|to *part.pass. di* andare ♦ *agg.* 1 passato, trascorso 2 (*fam.*) morto, spacciato | avariato, marcio.

an|da|tù|ra *s.f.* 1 modo di camminare 2 velocità di movimento: *un'* — *rilassata* | (*sport*) ritmo.

an|dàz|zo *s.m.* abitudine o modo di fare deprecabile: *prendere un brutto* —.

an|dì|no *agg.* delle Ande ♦ *s.m.* [f. -*a*] chi è nato o abita nella regione delle Ande.

an|di|ri|viè|ni *s.m.invar.* continuo andare e venire di persone nello stesso luogo; viavai.

àn|di|to *s.m.* ambiente di passaggio o disimpegno; ingresso, corridoio.

-àn|do *suff.* di aggettivi che indicano necessità o dovere (*venerando, laureando*).

àn|dro-, -àn|dro primo e secondo elemento di parole composte dotte che significa "uomo", "relativo al sesso maschile" (*androgino*).

an|dro|cè|o *s.m.* 1 nell'antica Grecia, parte delle abitazioni riservata agli uomini 2 (*bot.*) l'insieme degli organi maschili del fiore.

an|dro|fo|bì|a *s.f.* (*psich.*) avversione morbosa della donna nei confronti dell'uomo.

an|dro|gè|no *agg.* (*biol.*) detto dell'ormone che regola lo sviluppo e la funzione dei caratteri sessuali secondari maschili ♦ *s.m.* l'ormone stesso.

an|dro|gi|nì|a *s.f.* ermafroditismo.

an|drò|gi|no *agg., s.m.* 1 che, chi presenta insieme caratteri del sesso maschile e di quello femminile; ermafrodito 2 (*estens.*) che, chi ha un aspetto sessualmente ambiguo.

an|droì|de *s.m./f.* nella letteratura e nei film di fantascienza, automa di aspetto simile all'uomo.

an|dro|lo|gì|a *s.f.* settore della medicina che studia la fisiologia e cura le patologie dell'apparato sessuale maschile.

an|drò|lo|go *s.m.* [f. -*a*; m.pl. *-gi*] medico specialista in andrologia.

an|dró|ne *s.m.* in un edificio, spec. condominiale, ambiente di passaggio tra il portone esterno e la scala o il cortile interno.

an|dro|pàu|sa *s.f.* nell'uomo, progressiva riduzione e cessazione della facoltà riproduttiva.

an|dro|ste|ró|ne *s.m.* (*biol.*) ormone sessuale maschile che viene prodotto nella corteccia surrenale e nelle ghiandole genitali.

a|ned|dò|ti|ca *s.f.* 1 arte di raccogliere e scrivere aneddoti 2 raccolta di aneddoti riguardanti un'epoca, un personaggio o un fatto.

a|ned|dò|ti|co *agg.* [m.pl. *-ci*] 1 che ha le caratteristiche dell'aneddoto | (*estens.*) che si fonda su episodi marginali e secondari 2 che raccoglie aneddoti: *tradizione aneddotica*.

a|nèd|do|to *s.m.* 1 episodio secondario, gener. divertente, relativo alla vita di un personaggio o a un momento storico 2 (*estens.*) raccontino divertente, spec. di vita vissuta.

a|ne|là|re *v.intr.* [indic.pres. *io anèlo*...; aus. *A*] (*lett.*) 1 respirare in maniera affannosa 2 (*fig.*) ambire, mirare ardentemente a ql.co.: — *a un cambiamento* ♦ *tr.* desiderare con forza ql.co.

a|ne|là|sti|co *agg.* [m.pl. *-ci*] (*fis.*) detto di corpo non elastico, che si deforma in maniera permanente.

a|nè|li|to *s.m.* (*lett.*) 1 respiro affannoso 2 (*fig.*) desiderio ardente, aspirazione: — *di potere*.

A|nèl|li|di *s.m.pl.* tipo di Invertebrati dal corpo vermiforme diviso in segmenti, detti metameri o anelli (p.e. il lombrico e la sanguisuga).

a|nèl|lo *s.m.* 1 cerchietto, spec. di metallo prezioso, che si porta al dito come ornamento o simbolo di una data condizione | — *nuziale, matrimoniale*, quello che portano gli sposi all'anulare della mano sinistra | — *episcopale*, quello portato dai vescovi come simbolo della loro dignità 2 (*anche fig.*) ciascuno degli elementi che compongono una catena | — *debole*, l'elemento più debole di un gruppo 3 qualunque oggetto, struttura o costruzione chiusa o a forma di cerchio: — *della pista, delle mura* | *ad* —, di forma circolare, chiusa 4 (*pl.*) attrezzo ginnico formato da due cerchi in legno sospesi a delle corde, utilizzato per esercizi di volteggio e sospensione 5 (*zool.*) metamero 6 (*bot.*) strato di legno che si forma ogni anno attorno al fusto delle piante 7 (*chim.*) catena chiusa di atomi, tipica spec. dei composti organici.

a|ne|mì|a *s.f.* 1 (*med.*) patologica riduzione dell'emoglobina nel sangue, collegata spesso a una diminuzione dei globuli rossi | — *mediterranea*, talassemia 2 (*fig.*) indebolimento, scarsa vitalità.

a|ne|mi|co *agg.* [m.pl. *-ci*] 1 (*med.*) relativo all'anemia | affetto da anemia 2 (*estens.*) pallido, smorto: *un colorito* — 3 (*fig.*) fiacco, privo di forza: *una scrittura anemica* □ **anemicamente** *avv.*

à|ne|mo- (*scient.*) primo elemento di parole composte che significa "vento" (*anemofilo*).

a|ne|mo|fi|lì|a *s.f.* (*bot.*) impollinazione dovuta all'azione del vento.

a|ne|mò|fi|lo *agg.* detto di pianta la cui impollinazione avviene per azione del vento.

a|ne|mo|gra|fì|a *s.f.* disciplina scientifica che studia e descrive i venti.

a|ne|mò|gra|fo *s.m.* (*meteor.*) anemometro che permette di registrare le variazioni di direzione e velocità del vento.

a|ne|mò|me|tro *s.m.* (*meteor.*) strumento costituito da un mulinello a semisfere o a palette con cui si misura la velocità del vento.

a|né|mo|ne *s.m.* pianta erbacea ornamentale perenne delle Ranuncolacee, con fiori bianchi, rossi o violacei e foglie lobate.

a|ne|mo|scò|pio *s.m.* strumento che indica la direzione del vento.

a|ne|ste|si|a *s.f.* (*med.*) eliminazione della sensibilità al dolore, indotta artificialmente per effettuare interventi chirurgici | — *totale*, *generale*, con perdita di coscienza | — *locale*, limitata a una parte del corpo, non induce perdita di coscienza.

a|ne|ste|sio|lo|gì|a *s.f.* branca della medicina che studia l'anestesia applicata alla pratica chirurgica.

a|ne|ste|sì|sta *s.m./f.* [m.pl. *-i*] medico specialista in anestesiologia.

a|ne|stè|ti|co *agg.* [m.pl. *-ci*] 1 relativo all'anestesia 2 che induce anestesia ♦ *s.m.* 1 (*farm.*) sostanza atta a diminuire o a eliminare la sensibilità, spec. a scopo chirurgico 2 (*fig.*) qualunque cosa abbia effetto tranquillizzante.

a|ne|ste|tiz|zà|re *v.tr.* sottoporre ad anestesia.

a|nè|to o anéto *s.m.* pianta erbacea simile al finocchio i cui semi aromatici sono usati in cucina, in liquoreria e in medicina.

a|neu|ri|sma *s.m.* [pl. *-i*] (*med.*) dilatazione anomala e permanente di un'arteria: — *cerebrale*.

an|fe|ta|mi|na *s.f.* → amfetamina.

àn|fi- o àmfi- primo elemento di parole composte che significa "intorno, attorno" (*anfiteatro*), "da entrambe le parti" (*anfibio*), "doppio" (*anfibologia*).

An|fì|bi *s.m.pl.* classe di Vertebrati con scheletro osseo e pelle viscida, che nella fase larvale vivono in acqua e hanno respirazione branchiale, mentre nella fase adulta vivono sulla terra e respirano con i polmoni; ne fanno parte la rana e la salamandra.

an|fì|bio *agg.* 1 di animale, che vive sia in ambiente acquatico, sia terrestre 2 (*estens.*) di veicolo e sim., che può muoversi e operare sia in acqua che su terra: *mezzo* — | *guerra anfibia*, in cui le operazioni militari sono condotte utilizzando congiuntamente forze terrestri, marittime e aeree ♦ *s.m.* 1 ogni animale appartenente alla classe degli Anfibi 2 veicolo in grado di muoversi indifferentemente sul terreno e nell'acqua 3 velivolo in grado di decollare e posarsi sul terreno e sull'acqua 4 scarpone impermeabile.

an|fi|bo|lo|gì|a *s.f.* (*lett.*) ambiguità di significato di un'espressione o di una frase.

an|fi|te|à|tro *s.m.* 1 nell'antica Roma, struttura ellittica o circolare a cielo aperto, dotata di gradinate concentriche per il pubblico e di un'arena centrale utilizzata per spettacoli gladiatori e sim. 2 (*estens.*) qualunque edificio o spazio con tale struttura: — *anatomico* 3 (*geogr.*) — *morenico*, insieme di morene disposte in archi concentrici attorno alla fronte di un ghiacciaio.

an|fi|trió|ne *s.m.* padrone di casa generoso e ospitale.

àn|fo|ra *s.f.* vaso a due anse, più stretto all'imboccatura e al piede.

an|fó|te|ro *agg.* (*chim.*) si dice di composto che, a seconda della sostanza con cui reagisce, può comportarsi da acido o da base.

an|fràt|to *s.m.* cavità o avvallamento, nella roccia o nel terreno, stretto e scarsamente accessibile.

an|frat|tuó|so *agg.* (*raro*) pieno di anfratti; tortuoso, accidentato.

an|ga|rià|re *v.tr.* [indic.pres. *io angàrio...*] tormentare qlcu. con maltrattamenti e soprusi; sottoporre ad angherie.

an|ge|li|cà|to *agg.* (*lett.*) considerato o reso simile ad angelo | *donna angelicata*, nella poesia dello Stilnovo e di Dante, la donna amata, considerata tramite tra l'uomo e Dio.

an|gè|li|co *agg.* [m.pl. *-ci*] 1 relativo agli angeli: *cori angelici* 2 (*fig.*) che ricorda all'aspetto un angelo; dolce, puro: *voce angelica*; *viso* —.

àn|ge|lo *s.m.* 1 nella tradizione ebraica e cristiana, essere puramente spirituale creato da Dio come suo messaggero presso gli uomini; viene rappresentato come un giovane alato di delicata bellezza | *l'* — *caduto*, *delle tenebre*, il diavolo | — *custode*, quello assegnato a ogni uomo perché lo assista e lo protegga nella vita terrena; (*fig.*) chi segue costantemente qlcu. per aiutarlo o proteggerlo | *lunedì dell'*—, il giorno seguente alla domenica di Pasqua | (*spec. iron.*) *l'* — *del focolare*, la madre di famiglia dedita ai figli e alla casa | (*fig.*) *discutere sul sesso degli angeli* 2 argomenti privi di importanza o di senso 2 (*fig.*) persona di grande virtù o bellezza.

àn|ge|lus *s.m.* 1 preghiera in latino rivolta alla Vergine, che si recita tre volte al giorno 2 (*estens.*) rintocco della campana che annuncia tale preghiera.

an|ghe|rì|a *s.f.* atto di prepotenza; maltrattamento, sopruso.

an|gi|na *s.f.* (*med.*) affezione infiammatoria delle tonsille e della gola.

an|gi|na pèc|to|ris (*lat.*) *loc.sost.f.* intenso dolore localizzato dietro lo sterno che gener. si irradia al braccio e alla spalla sinistri, causato perlopiù da un'insufficiente ossigenazione delle pareti cardiache; stenocardia.

àn|gio-, -àn|gio 1 (*bot.*) primo e secondo elemento di parole composte che significa "ricettacolo dei semi" (*angiosperma*) 2 (*med.*) solo come primo elemento, significa "vaso sanguigno" (*angiopatia*).

an|gio|gra|fì|a *s.f.* (*med.*) indagine radiologica dei vasi sanguigni e linfatici.

an|gio|i|no *agg.* (*st.*) relativo alla famiglia degli Angiò, che regnò sull'Italia meridionale nei secc. XIII-XV.

an|gio|lo|gì|a *s.f.* branca della medicina che studia la morfologia dell'apparato circolatorio e le patologie dei vasi sanguigni e linfatici.

an|giò|lo|go *s.m.* [f. *-a*; m.pl. *-gi*] medico specializzato in angiologia.

an|giò|ma *s.m.* [pl. *-i*] (*med.*) tumore benigno costituito da un insieme di vasi sanguigni o linfatici di nuova formazione.

an|gio|pa|tì|a *s.f.* (*med.*) qualunque malattia del sistema linfatico o vascolare.

An|gio|spèr|me *s.f.pl.* sottodivisione delle Spermatofite cui appartengono piante caratterizzate dalla doppia fecondazione e da fiori in cui gli ovuli sono racchiusi in un ovario, che si trasforma in frutto.

an|gi|pòr|to *s.m.* **1** stretto vicolo **2** (*spec. pl.*) quartiere malfamato; bassifondi.

an|gli|ca|né|si|mo o **anglicanismo** *s.m.* **1** movimento religioso cristiano protestante che fa riferimento alla Chiesa anglicana **2** la dottrina e le tradizioni della Chiesa anglicana.

an|gli|cà|no *agg.* della Chiesa nazionale d'Inghilterra, la cui autorità suprema è il re: *il credo* — ♦ *s.m.* [f. *-a*] chi appartiene alla Chiesa d'Inghilterra.

an|gli|ci|smo o **anglismo** *s.m.* parola, locuzione o struttura della lingua inglese entrata nell'uso di un'altra lingua.

an|gli|ciz|zà|re *v.tr.* adattare ai costumi o alla cultura inglese ♦ **-rsi** *intr.pron.* **1** assumere modi o tratti culturali inglesi **2** di lingua, adottare parole, locuzioni o strutture della lingua inglese.

an|gli|smo *s.m.* → **anglicismo**.

an|gli|sta *s.m./f.* [m.pl. *-i*] studioso di lingua e letteratura inglese.

an|gli|stì|ca *s.f.* studio della lingua, della letteratura e della civiltà dei popoli di lingua inglese.

àn|glo *s.m.* appartenente all'antica popolazione germanica degli Angli, stanziata nella Britannia romana.

àn|glo- primo elemento di parole composte che fa riferimento agli inglesi, all'Inghilterra o alla Gran Bretagna, alla lingua inglese (*angloamericano*, *anglofono*).

an|glo|a|me|ri|cà|no *agg.* **1** che si riferisce contemporaneamente all'Inghilterra e agli Stati Uniti: *truppe angloamericane* **2** che riguarda l'America di lingua inglese: *letteratura angloamericana*.

an|glo|fì|li|a *s.f.* interesse e simpatia per ciò che è inglese.

an|glò|fi|lo *agg.*, *s.m.* [f. *-a*] che, chi manifesta interesse e simpatia per gli inglesi e per tutto ciò che è inglese.

an|glo|fo|bì|a *s.f.* avversione nei confronti di ciò che è inglese.

an|glò|fo|bo *agg.*, *s.m.* [f. *-a*] che, chi manifesta avversione nei confronti degli inglesi e di quanto è inglese.

an|glò|fo|no *agg.* detto di persona o territorio di lingua inglese: *regioni anglofone* ♦ *s.m.* [f. *-a*] chi parla l'inglese come lingua principale.

an|glo|sàs|so|ne *agg.* **1** delle antiche popolazioni germaniche degli Angli e dei Sassoni, stabilitesi in Britannia nei secc. V-VI **2** relativo ai popoli e ai paesi di lingua inglese ♦ *s.m./f.* **1** chi apparteneva ai popoli degli Angli e dei Sassoni **2** chi appartiene a un popolo di lingua inglese.

an|go|là|no *agg.* dell'Angola ♦ *s.m.* [f. *-a*] chi è nato o abita in Angola.

an|go|là|re[1] *agg.* dotato di angoli | di forma tale da adattarsi a un angolo: *mobile* — | *pietra* —, quella collocata per sostenere muri perpendicolari fra loro; (*fig.*) il fondamento, l'elemento chiave di ql.co. ♦ *s.m.* profilato metallico ad angolo retto.

an|go|là|re[2] *v.tr.* [indic.pres. *io àngolo*...] **1** sistemare ad angolo | collocare in un angolo **2** (*cine.*, *tv*) riprendere una scena secondo una data angolazione **3** (*sport*) tirare la palla in modo tale che assuma una traiettoria diagonale, spec. verso l'angolo della porta o del campo.

an|go|la|zió|ne *s.f.* **1** (*cine.*, *tv*) ripresa di una scena da un determinato angolo visuale **2** (*fig.*) punto di vista da cui si considera un argomento, un problema: *affrontare il problema da un'altra* —.

an|go|liè|ra *s.f.* mobile a ripiani che si colloca negli angoli; cantoniera.

àn|go|lo *s.m.* **1** (*geom.*) la porzione di piano compresa tra due semirette uscenti da uno stesso punto, detto vertice: — *piatto, giro, retto, ottuso, acuto* | la misura di tale porzione **2** (*estens.*) l'intersezione di due muri, considerata sia dall'interno che dall'esterno: *svoltare l'* —; *l'* — *di una stanza* | (*calcio*) *calcio d'* —, tiro di rimessa effettuato da uno degli angoli della parte del campo di gioco in cui la palla ha oltrepassato la linea di fondo | — *cottura*, piccolo vano o rientranza di un soggiorno attrezzato come cucina **3** (*estens.*) spigolo, spec. di un mobile: *l'* — *del tavolo* **4** (*fig.*) luogo appartato, poco frequentato: *un* — *di paradiso* | *guardare*, *cercare in ogni* —, ovunque.

an|go|lo|si|tà *s.f.* caratteristica di ciò che è angoloso.

an|go|ló|so *agg.* **1** che ha molti angoli | ossuto, dai tratti spigolosi: *un viso* — **2** (*fig.*) di carattere scontroso; intrattabile.

àn|go|ra *s.f. solo nella loc. d'* — razze pregiate di capre, conigli e gatti a pelo lungo | *lana d'* —, il filato che si ricava dal pelo di tali capre e conigli.

an|gò|scia *s.f.* [pl. *-sce*] **1** stato d'ansia, di forte inquietudine o timore: *essere in* — **2** (*psicol.*) stato nevrotico caratterizzato da timore irrazionale, senso di impotenza e di costrizione, anche accompagnati da un malessere fisico generico.

an|go|scìan|te *part.pres.* di *angosciare* ♦ *agg.* che provoca angoscia, che rende ansiosi: *una notizia* —.

an|go|scià|re *v.tr.* [indic.pres. *io angòscio*...] provocare angoscia, rendere ansiosi ♦ **-rsi** *rifl.* provare angoscia; affannarsi: — *per il lavoro*.

an|go|sció|so *agg.* che è pieno d'angoscia: *urlo* — | che trasmette angoscia: *attesa angosciosa* □ **angosciosamente** *avv.*

an|go|stù|ra *s.f.* arbusto originario dell'America meridionale, dalla cui corteccia aromatica si estraggono un olio essenziale e un'essenza amara usata in liquoreria | (*estens.*) l'essenza ricavata da tale albero.

àng|strom *s.m.* (*fis.*) unità di lunghezza pari a 10^{-10} m (*simb.* Å).

An|gui|di *s.m.pl.* famiglia di rettili dei Sauri con corpo cilindrico e allungato e arti molto ridotti o assenti.

an|guil|la *s.f.* **1** pesce teleosteo commestibile con corpo allungato e cilindrico di colore verde-giallastro; vive in acqua dolce ma si sposta in mare per la riproduzione **2** (*fig.*) persona molto agile | persona che si sottrae con abilità alle sue incombenze: *quando c'è da faticare, sguscia via come un'—*.

An|guil|li|fór|mi *s.m.pl.* ordine di Pesci ossei dal corpo cilindrico e allungato, privo di pinne ventrali e con le pinne dorsale, anale e caudale unite in un'unica struttura continua; vi appartengono l'anguilla e la murena.

an|gù|ria *s.f.* (*region.*) cocomero.

an|gù|stia *s.f.* **1** scarsità o mancanza di spazio | (*fig.*) scarsità di ql.co.: *— di tempo* | (*fig.*) *— di mente*, grettezza **2** (*fig.*) ristrettezze economiche; povertà: *trovarsi in angustie* **3** (*fig.*) pena, angoscia: *stare in — per ql.co.*

an|gu|stià|re *v.tr.* [indic.pres. *io angùstio...*] causare ansia, affliggere ♦ **-rsi** *rifl.* preoccuparsi, tormentarsi.

an|gù|sto *agg.* (*anche fig.*) stretto, limitato: *camera angusta*; *di anguste vedute* □ **angustamente** *avv.*

à|ni|ce *s.m.* **1** pianta erbacea delle Ombrellifere i cui frutti aromatici sono impiegati in farmacia, pasticceria e liquoreria **2** il frutto di tale pianta | il liquore che se ne ricava.

a|ni|ci|no *s.m.* piccolo biscotto o confetto all'anice.

a|ni|drì|de *s.f.* (*chim.*) composto formato da un non metallo e da ossigeno | *— carbonica*, gas incolore, inodore e insapore, che si produce nelle combustioni e fermentazioni organiche; è utilizzato per gassare acqua e bibite.

a|ni|dro *agg.* detto spec. di composto chimico che non contiene acqua o che ha perso tutta l'acqua di cristallizzazione.

a|ni|dró|si *s.f.* (*med.*) diminuzione o assenza della sudorazione.

a|ni|li|na *s.f.* (*chim.*) ammina liquida, oleosa e incolore, che viene utilizzata nell'industria chimica e farmaceutica.

à|ni|ma *s.f.* **1** principio vitale dell'uomo e di tutti gli esseri viventi, distinto dal corpo **2** nella concezione cristiana, il principio vitale, immateriale e immortale, in cui risiedono le facoltà spirituali dell'uomo | *salvezza dell'—*, la beatitudine eterna | *rendere l'— a Dio*, morire | *vendere l'— al diavolo*, scendere a bassi compromessi; corrompersi moralmente | (*fam.*) *buon'—*, si dice di defunto | (*fig.*) *— candida*, persona ingenua | (*fig.*) *essere, sembrare un'— in pena*, essere inquieto, angosciato | (*fig.*) *dannarsi l'— per ql.co.*, sacrificarsi, spendersi | (*fig.*) *volere un bene dell'—*, amare profondamente | (*fig.*) *— gemella*, si dice di persona con la quale si prova una profonda affinità; la persona amata: *trovare l'— gemella* | (*fam.*) *rompere l'— a qlcu.*, importunarlo, irritarlo **3** (*estens.*) persona, individuo: *un paesino di duecento anime* | *non c'è — viva, un'—*, non c'è nessuno **4** (*estens.*) parte interna di ql.co.: *l'— del bottone, del legno* | (*fig.*) la persona o la cosa che sono il motore, l'elemento fondamentale di ql.co.: *la pubblicità è l'— del commercio*; *essere l'— della compagnia* **5** (*metall.*) in fonderia, parte della forma che genera una cavità nel getto | nelle armi da fuoco, cavità interna delle canne e delle bocche.

a|ni|mà|le[1] *s.m.* **1** ogni organismo vivente dotato di sensi e di movimento autonomo **2** bestia: *— domestico, ammaestrato, da cortile* **3** (*spreg.*) persona ignorante, rozza, volgare: *un comportamento da —*.

a|ni|mà|le[2] *agg.* **1** proprio degli animali: *fisiologia —* | ricavato da animali: *olio —* **2** detto spec. di comportamento umano, soggetto all'istinto; bestiale, animalesco.

a|ni|ma|lé|sco *agg.* [m.pl. *-schi*] bestiale: *istinto —*.

a|ni|ma|li|smo *s.m.* movimento di salvaguardia degli animali e del loro ambiente naturale.

a|ni|ma|li|sta *agg., s.m./f.* [m.pl. *-i*] che, chi aderisce al movimento dell'animalismo.

a|ni|ma|li|tà *s.f.* **1** l'insieme delle qualità peculiari degli animali **2** (*spec. spreg.*) con riferimento all'uomo, le caratteristiche non spirituali o irrazionali.

a|ni|mà|re *v.tr.* [indic.pres. *io ànimo...*] **1** dare la vita a ql.co. | (*fig.*) rendere un'opera d'arte particolarmente vivida: *— un ritratto* **2** dare vivacità; movimentare, rallegrare: *— la festa* **3** sostenere qlcu., dargli forza: *essere animato da grande coraggio* ♦ **-rsi** *intr.pron.* **1** acquistare vivacità; movimentarsi: *a sera la piazza si anima* **2** infervorarsi: *il dibattito iniziava ad —*.

a|ni|mà|to *part.pass.* di animare ♦ *agg.* **1** dotato di anima; vivente: *esseri animati e inanimati* | (*cine.*) *cartoni animati*, film in cui i fotogrammi, ripresi da disegni e riprodotti in successione, danno l'impressione del movimento **2** (*fig.*) movimentato, concitato: *una discussione animata* □ **animatamente** *avv.*

a|ni|ma|tó|re *agg.* [f. *-trice*] che anima: *principio —* ♦ *s.m.* **1** chi vivacizza uno spettacolo, una serata, un'attività: *l'— di un villaggio turistico* **2** chi disegna le fasi dei cartoni animati.

a|ni|ma|zió|ne *s.f.* **1** vivacità, enfasi: *discutere con —* **2** movimento, affollamento: *si notava una grande —* **3** *cinema d'—*, tecnica di ripresa in cui si impressiona un fotogramma per volta, come nei cartoni animati | (*teat.*) *teatro d'—*, spettacolo con burattini e marionette mossi dall'uomo.

a|ni|mèl|la *s.f. spec.pl.* parte commestibile delle interiora di agnelli e vitelli.

a|ni|mì|smo *s.m.* (*antrop.*) credenza, tipica di alcune religioni primitive, secondo cui tutte le cose sarebbero animate da principi vitali (anime, spiriti).

a|ni|mì|sta *s.m./f.* [m.pl. *-i*] seguace dell'animismo ♦ *agg.* animistico.

animistico 64

a|ni|mi|sti|co agg. [m.pl. -ci] relativo all'animismo: *teorie animistiche*.
à|ni|mo s.m. **1** l'anima dell'uomo, sede degli affetti, delle facoltà intellettive e della volontà: — *generoso*; *forza d'*— | *persona di buon* —, ben disposta verso gli altri | *stato d'*—, condizione di spirito | *conservare nell'*—, ricordare | *aprire il proprio* —, confidarsi | *mettersi l'*— *in pace*, rassegnarsi | *toccare l'*—, commuovere **2** (*estens.*) intenzione, proposito | *avere in* — *di*, avere l'intenzione di **3** coraggio: *darsi* — | *perdersi d'*—, scoraggiarsi ♦ *escl.* esorta a non lasciarsi abbattere: —! *Andrà tutto bene.*
a|ni|mo|si|tà s.f. ostilità, rancore, malanimo.
a|ni|mó|so agg. **1** coraggioso **2** (*di animali*) focoso: *un cavallo* — **3** ostile: *è* — *verso tutti.*
a|nió|ne s.m. (*fis.*) ione dotato di carica elettrica negativa che durante l'elettrolisi migra verso il polo positivo (*anodo*).
a|ni|sét|ta s.f. liquore all'anice dolce e aromatico.
aniso- primo elemento di parole composte della terminologia scientifica che indica differenza, disuguaglianza.
a|ni|so|tro|pi|a s.f. (*min.*) caratteristica dei cristalli le cui proprietà fisiche (conducibilità termica, indice di rifrazione ecc.) variano secondo la direzione considerata.
à|ni|tra s.f. → **anatra**.
an|nac|qua|mén|to s.m. atto dell'annacquare | (*econ.*) spravvalutazione del capitale di una società o impresa.
an|nac|quà|re v.tr. [indic.pres. *io annàcquo*...] **1** mettere acqua in un liquido; diluire: — *il vino* **2** (*fig.*) smorzare, mitigare: — *una critica*.
an|nac|quà|to part.pass. *di* annacquare ♦ agg. **1** diluito con acqua **2** (*fig.*) sbiadito, slavato: *un colore rosso* — | attenuato, falsato.
an|naf|fià|re o **innaffiàre** v.tr. [indic.pres. *io annàffio*...] **1** bagnare con un getto d'acqua simile a pioggia leggera: — *il terreno* **2** (*fig.*) accompagnare un cibo con una bevanda: — *il pasto con del vino bianco*.
an|naf|fià|ta o **innaffiàta** s.f. annaffiatura leggera | (*estens.*) breve pioggia.
an|naf|fia|tó|io o **innaffiatóio** s.m. recipiente usato per annaffiare, provvisto di manico e di lungo becco che termina in una bocchetta traforata.
an|naf|fia|tù|ra o **innaffiatùra** s.f. l'atto dell'annaffiare.
an|nà|li s.m.pl. **1** narrazione cronologica di fatti elencati anno per anno **2** (*estens.*) annuario: *gli* — *del cinema mondiale* | pubblicazioni annuali di enti, associazioni | (*fig.*) memoria storica: *un avvenimento che resterà negli* —.
an|na|li|sta s.m./f. [m.pl. -*i*] chi compila annali.
an|na|li|sti|ca s.f. genere storiografico in cui gli avvenimenti sono narrati anno per anno.
an|na|li|sti|co agg. [m.pl. -*ci*] relativo agli annalisti, all'annalistica | compilato secondo i criteri degli annali.
an|na|mì|ta agg. [m.pl. -*i*] relativo all'Annam ♦ s.m./f. nativo, abitante dell'Annam.

an|na|spà|re v.intr. [aus. *A*] **1** agitare disordinatamente le braccia o le gambe come in cerca di un appiglio: *annaspava nell'acqua per stare a galla* | gesticolare in modo vistoso **2** (*fig.*, *anche assol.*) affaticarsi inutilmente; confondersi: — *tra le carte* | parlare con difficoltà: *annaspa con l'inglese* ♦ tr. (*raro*) avvolgere il filo sull'aspo.
an|nà|ta s.f. **1** la durata di un anno, spec. con riferimento al tempo meteorologico e alla produzione agricola: *un'* — *asciutta*; *un'ottima* — *per gli agrumi* **2** insieme di fenomeni, attività, manifestazioni avvenuti in un anno: *una buona* — *sportiva* **3** importo di un anno di affitto, di stipendio ecc. **4** insieme dei numeri di un periodico usciti in un anno.
an|neb|bia|mén|to s.m. **1** il formarsi della nebbia **2** (*fig.*) ottenebramento, offuscamento: — *della vista*.
an|neb|bià|re v.tr. [indic.pres. *io annébbio*...] coprire di nebbia | (*spec.fig.*) offuscare, ottenebrare: *l'ira annebbia la mente* ♦ -**rsi** *intr.pron.* velarsi per la nebbia | (*fig.*) offuscarsi, confondersi: *per la paura mi si annebbiò la vista*.
an|neb|bià|to part.pass. *di* annebbiare ♦ agg. **1** velato di nebbia **2** (*fig.*) confuso: *mente annebbiata*.
an|ne|ga|mén|to s.m. morte per immersione in un liquido, spec. acqua.
an|ne|gà|re v.tr. [indic.pres. *io annégo*, *tu annéghi*...] far morire soffocando in un liquido, spec. acqua, affogare (*fig.*) — *i dispiaceri nell'alcol*, bere per dimenticare ♦ *intr.* [aus. *E*] morire soffocato in acqua | (*fig.*) sprofondare: — *nei debiti* | *in un bicchier d'acqua*, non riuscire a fare una cosa molto semplice ♦ -**rsi** *rifl.* uccidersi per annegamento.
an|ne|gà|to part.pass. *di* annegare ♦ agg., s.m. [f. -*a*] che, chi è morto per annegamento.
an|ne|rì|men|to s.m. l'annerire; l'annerirsi.
an|ne|rì|re v.tr. [indic.pres. *io annerisco*, *tu annerisci*...] far diventare nero ♦ *intr.* [aus. *E*], -**rsi** *intr.pron.* diventare nero; scurire: *il cielo si è annerito*.
an|nes|sió|ne s.f. atto con cui uno Stato estende il proprio dominio su parte o su tutto il territorio di un altro Stato.
an|nes|sio|ni|smo s.m. la politica di uno Stato che tende a espandersi mediante annessioni.
an|nes|si|te s.f. (*med.*) infiammazione degli annessi uterini.
an|nès|so o **annésso** part.pass.di annettere ♦ agg. unito; congiunto: *il bosco* — *alla villa* ♦ s.m.pl. **1** parti accessorie di una costruzione | (*fig.*) *annessi e connessi*, tutto ciò che si collega all'argomento di cui si parla **2** (*anat.*) formazioni collegate a un organo principale | *annessi uterini*, tube e ovaie.
an|nèt|te|re o **annéttere** v.tr. [pass.rem. *io annettéi*, *tu annettésti*...; part.pass. *annèsso* o *annésso*] **1** unire, collegare | allegare, accludere — *i documenti richiesti* | *importanza a ql.co.*, attribuirvi importanza **2** detto di uno stato, compiere un'annessione.

an|ni|chi|li|mén|to *s.m.* annientamento: — *della volontà*.

an|ni|chi|li|re *v.tr.* [indic.pres. *io annichilisco, tu annichilisci...*] annientare, distruggere | (*fig.*) umiliare, togliere la volontà di reagire: *la disgrazia improvvisa la annichilì* ♦ **-rsi** *rifl.* distruggersi; umiliarsi.

an|ni|da|mén|to *s.m.* **1** l'annidare, l'annidarsi **2** (*biol.*) impianto dell'uovo fecondato nella mucosa uterina **3** (*inform.*) inclusione di dati o programmi all'interno di un software.

an|ni|dà|re *v.tr.* **1** (*raro*) mettere nel nido **2** (*fig.*) accogliere, albergare: *l'odio si annidava nel suo animo* ♦ **-rsi** *rifl., intr.pron.* **1** fare il nido **2** (*estens.*) nascondersi, acquattarsi | (*fig.*) trovare dimora, radicarsi: *il rancore si annidava nel suo cuore*.

an|nien|ta|mén|to *s.m.* **1** distruzione, sbaragliamento: *l'— degli avversari* | (*fig.*) annullamento: — *della personalità* **2** (*fig.*) abbattimento, prostrazione.

an|nien|tà|re *v.tr.* [indic.pres. *io anniènto...*] **1** ridurre a niente, distruggere: — *l'esercito nemico* | sconfiggere clamorosamente un avversario **2** (*fig.*) abbattere, prostrare: *fu annientato dal dolore* ♦ **-rsi** *rifl.* annullarsi; distruggersi | umiliarsi profondamente.

an|ni|ver|sà|rio *s.m.* **1** ricorrenza annuale di una data importante: — *di nozze; l'— della vittoria* **2** (*raro*) compleanno ♦ *agg.* (*raro*) annuale, che ricorre ogni anno.

àn|no *s.m.* **1** (*com.*) unità di misura del tempo pari a 365 giorni | (*astr.*) — *solare*, tempo impiegato dal Sole per il suo ritorno apparente all'equinozio di primavera, pari a 365 giorni, 5 ore, 48', 46" | — *civile*, anno di 365 o 366 giorni interi (in quest'ultimo caso si dice *bisestile*) | — *luce*, unità di lunghezza per misure astronomiche equivalente alla distanza percorsa dalla luce in un anno, cioè 9460 miliardi di km ca **2** periodo di dodici mesi, compreso tra il 1° gennaio e il 31 dicembre, su cui è regolato il calendario civile e in base al quale si fissano le date: *è nato nell'— 1965; fra dieci anni; l'— scorso; il prossimo —* **3** unità di tempo usata per indicare l'età o il periodo a cui risale ql.co.: *ha sessant'anni; una casa di cinquant'anni* **4** periodo di tempo, non necessariamente di dodici mesi, in cui si svolge una certa attività | (*estens.*) corso di studi: *è iscritto al primo — di lettere* | — *accademico*, quello che inizia con l'apertura delle università **5** periodo di un anno dedicato a una celebrazione o a un importante problema civile o sociale: *l'— della donna* | **Anno santo**, quello in cui la Chiesa celebra il Giubileo, che cade ogni 25 anni **6** (*pl.*) periodo storico: *gli anni dello sviluppo economico* | *gli anni Venti, Trenta*, la decade compresa tra il 1920 e il '29, tra il 1930 e il '39 **7** (*pl.*) periodo della vita, età: *gli anni dell'adolescenza* | *portare bene gli anni*, essere una persona giovanile.

an|no|dà|re *v.tr.* [indic.pres. *io annòdo...*] **1** legare con nodi | — *il foulard, la cravatta*, stringerli al collo con un nodo | *annodarsi le scarpe*, allacciarsele **2** (*fig.*) stringere con un vincolo: — *una relazione* ♦ **-rsi** *intr.pron.* formare nodi, arruffarsi.

an|no|da|tù|ra *s.f.* l'annodare | il nodo stesso; il punto in cui è fatto il nodo.

an|no|ià|re *v.tr.* [indic.pres. *io annòio...*] **1** provocare noia, fastidio: *questo film mi annoia; lo annoi con le tue chiacchiere* ♦ **-rsi** *intr.pron.* provare noia: — *a uno spettacolo*.

an|no|ià|to *part.pass.* di annoiare ♦ *agg.* che manifesta noia: *aria annoiata*.

an|nò|na *s.f.* **1** (*st.*) nell'antica Roma, derrate alimentari distribuite periodicamente al popolo **2** ufficio pubblico che provvede al rifornimento di alimentari e di altri beni di prima necessità.

an|no|nà|rio *agg.* relativo all'annona | **tessera annonaria**, documento personale che permette di accedere a beni razionati.

an|no|si|tà *s.f.* (*raro*) caratteristica di ciò che è annoso.

an|nó|so *agg.* **1** che esiste da anni; molto vecchio: *un tiglio —* **2** che si protrae da anni: *affrontare un'annosa questione*.

an|no|tà|re *v.tr.* [indic.pres. *io annòto...*] **1** prendere nota, scrivere come appunto: — *un indirizzo* **2** corredare un testo di note.

an|no|ta|zió|ne *s.f.* **1** appunto, nota **2** postilla, commento.

an|no|ttà|re *v.intr.impers.* [*annòtta*; aus. *E*] farsi notte.

an|no|ve|rà|re *v.tr.* [indic.pres. *io annòvero...*] (*lett.*) elencare, enumerare **2** includere nel numero: — *uno scrittore tra i maggiori narratori del Novecento*.

an|nuà|le *agg.* **1** di ogni anno: *ricorrenza —*; che dura un anno, annuo: *contratto —; corso — di nuoto* □ **annualmente** *avv.*

an|nua|li|tà *s.f.* **1** rata annuale di un prestito o di una rendita **2** esame universitario relativo a un corso annuale.

an|nuà|rio *s.m.* pubblicazione annuale che registra dati ed eventi politici, scientifici, sportivi ecc. o elenca persone appartenenti a un dato gruppo.

an|nuì|re *v.intr.* [indic.pres. *io annuisco, tu annuisci*; aus. *A*] fare cenno di assenso | (*raro*) acconsentire.

an|nul|là|bi|le *agg.* che si può annullare: *contratto —*.

an|nul|la|mén|to *s.m.* **1** atto, effetto dell'annullare | (*dir.*) cancellazione di un atto o di un contratto non conformi alle norme del diritto: — *del matrimonio* | (*estens.*) abrogazione, revoca: — *di un bando di gara* **2** annullo postale.

an|nul|là|re *v.tr.* **1** dichiarare nullo: — *un provvedimento, una gara* | (*estens.*) cancellare: — *una prenotazione* **2** (*dir.*) dichiarare un atto privo di validità giuridica: — *un testamento* **3** vanificare: *la sua reazione annullò i tentativi di riconciliazione* **4** (*mat.*) uguagliare a zero **5** timbrare, obliterare | sottoporre ad annullo postale: — *un francobollo* ♦ **-rsi** *rifl.* annientarsi, ridursi a nul-

la ♦ *rifl.rec.* **1** escludersi a vicenda **2** (*mat.*) divenire uguale a zero.
an|nùl|lo *s.m.* timbro apposto sui francobolli per impedirne ulteriori utilizzazioni.
an|nun|cià|re o **annunziàre** *v.tr.* [indic.pres. *io annùncio...*] **1** rendere noto, dare notizia di ql.co.: — *un lieto evento* | predire: *i profeti annunciarono il Messia* **2** (*fig.*) far presumere, lasciar prevedere: *il barometro annuncia bel tempo* **3** comunicare la presenza e il nome di qlcu.: — *un visitatore.*
an|nun|cià|to *part.pass.* di annunciare ♦ *agg.* previsto: *una morte annunciata.*
an|nun|cia|tó|re *s.m.* [f. -*trice*] **1** chi annuncia **2** chi legge annunci e notizie alla radio o alla televisione: *annunciatrice televisiva.*
an|nun|cia|zió|ne *s.f.* **1** (*relig.*) l'annuncio, fatto a Maria Vergine dall'arcangelo Gabriele, dell'incarnazione di Cristo **2** rappresentazione artistica di tale avvenimento **3** festa liturgica che commemora l'annunciazione a Maria, celebrata il 25 marzo.
an|nùn|cio o **annùnzio** *s.m.* **1** informazione, notizia: *i giornali hanno dato l'— del ritrovamento dei dispersi* **2** breve comunicazione scritta di una notizia: — *di matrimonio* | — **pubblicitario**, messaggio formato da testo e immagine che pubblicizza un prodotto o un servizio | — *economico* breve testo pubblicato in apposite rubriche su riviste e giornali per offerte e richieste di lavoro o compravendite **3** presagio, predizione.
an|nun|zià|re *e deriv.* → **annunciare** *e deriv.*
An|nun|zià|ta *s.f.* **1** titolo di Maria Vergine, in quanto ha ricevuto l'annunciazione **2** (*estens.*) la festività dell'Annunciazione (25 marzo).
àn|nuo *agg.* **1** che dura un anno: *abbonamento* —|(*bot.*) **pianta annua**, quella il cui ciclo vitale si compie in un anno **2** che ricorre ogni anno, annuale.
an|nu|sà|re *v.tr.* **1** aspirare con il naso per sentire l'odore di ql.co.: — *un fiore* | fiutare: — *il tabacco* **2** (*fig.*) intuire, accorgersi di ql.co.: — *un imbroglio* ♦ -**rsi** *rifl.rec.* fiutarsi a vicenda | (*fig.*) studiarsi.
an|nu|vo|la|mén|to *s.m.* l'annuvolarsi; formazione di nuvole |(*fig.*) oscuramento, turbamento.
an|nu|vo|là|re *v.tr.* [indic.pres. *io annùvolo...*] **1** (*raro*) coprire di nuvole **2** (*fig.*) offuscare, annebbiare: — *il volto* ♦ -**rsi** *intr.pron.* **1** coprirsi di nuvole **2** (*fig.*) turbarsi, rabbuiarsi.
à|no *s.m.* (*anat.*) orifizio terminale esterno dell'intestino retto | — **artificiale**, apertura praticata chirurgicamente per collegare un tratto di intestino all'addome.
-ano *suff.* indica appartenenza a città, nazioni (*italiano*), gruppi ecc. oppure indica un mestiere o una categoria (*francescano*); forma aggettivi e sostantivi.
a|nò|di|co *agg.* [m.pl. -*ci*] (*chim.*, *fis.*) relativo all'anodo.
a|no|dì|no (*meno corretto* anodìno) *agg.* **1** (*med.*) che lenisce il dolore, calmante **2** (*fig.*) senza carattere, impersonale: *un discorso —.*

a|no|diz|zà|re *v.tr.* (*chim.*, *fis.*) applicare uno strato superficiale di ossido su metalli o leghe per proteggerli dalla corrosione.
à|no|do *s.m.* **1** (*chim.*, *fis.*) polo o elettrodo positivo di un apparecchio elettrico o elettronico **2** elettrodo negativo in una pila voltaica.
A|nò|fe|le *s.m.* genere di zanzare le cui femmine possono trasmettere la malaria all'uomo pungendolo.
a|no|ma|lì|a *s.f.* **1** deviazione dalla norma, dalla struttura normale | (*med.*, *biol.*) deviazione morfologica o funzionale dell'organismo: — *ereditaria* **2** (*astr.*) variabilità dell'orbita descritta da un corpo celeste.
a|nò|ma|lo *agg.* che non è conforme alla norma; irregolare, insolito.
a|no|mì|a *s.f.* (*sociol.*) situazione caratterizzata da carenza o inadeguatezza di norme sociali.
a|no|ni|mà|to *s.m.* condizione di chi è anonimo, sconosciuto: *vivere nell'—* | condizione di chi nasconde la propria identità: *mantenere l'—.*
a|nò|ni|mo *agg.* **1** senza nome, ignoto: *un donatore —* | non firmato: *poesia anonima* | (*estens.*) detto di gesto o scritto di chi non vuole rivelare la propria identità: *telefonata anonima* **2** (*fig.*) impersonale: *stile —* ♦ *s.m.* **1** autore sconosciuto: *un romanzo del — del '500* **2** scritto di autore sconosciuto □ **anonimamente** *avv.*
a|no|res|sì|a *s.f.* (*med.*) mancanza o perdita patologica dell'appetito | — **mentale** o **nervosa**, disturbo psichico che consiste nel rifiuto del cibo; colpisce per lo più giovani donne.
a|no|rès|si|co *agg.* [m.pl. -*ci*] **1** (*med.*) relativo all'anoressia **2** che soffre di anoressia ♦ *s.m.* [f. -*a*] chi soffre di anoressia.
a|no|res|siz|zàn|te *sm.* (*farm.*) sostanza che riduce l'appetito.
a|nor|mà|le *agg.* **1** anomalo, al di fuori della normalità **2** si dice di soggetto psichicamente non normale ♦ *s.m.*/*f.* (*psich.*) persona che si comporta in modo non normale.
a|nor|ma|li|tà *s.f.* **1** caratteristica di chi o di ciò che è anormale **2** anomalia, irregolarità.
a|nos|sì|a *s.f.* (*med.*) diminuzione o mancanza di ossigeno nel sangue o nei tessuti.
àn|sa *s.f.* **1** manico ricurvo di anfora o vaso **2** grande curva di un corso d'acqua; meandro **3** (*anat.*) struttura anatomica a forma di U: — *intestinale.*
an|sàn|te *part.pres.* di ansare ♦ *agg.* affannato, affannoso.
an|sà|re *v.intr.* [aus. *A*] respirare con affanno, ansimare.
an|se|à|ti|co *agg.* [m.pl. -*ci*] (*st.*) relativo alla Hansa, lega mercantile che riuniva le città marinare tedesche in difesa dei loro interessi economici (secc. XII-XVII).
An|se|ri|fór|mi *s.m.pl.* ordine di Uccelli acquatici con becco piatto, zampe palmate e ali sviluppate, cui appartengono oche, anatre e cigni.
àn|sia *s.f.* **1** stato di agitazione causato da preoccupazione, attesa: *siamo in — per il suo ri-*

tardo | brama, desiderio: — *di vincere* **2** (*psicol.*) stato nevrotico analogo all'angoscia.
an|sie|tà *s.f.* grande inquietudine causata da preoccupazione, ansia.
an|si|màn|te *part.pres. di* ansimare ♦ *agg.* affannato, ansante.
an|si|mà|re *v.intr.* [indic.pres. *io ànsimo...*; aus. A] respirare con affanno, a fatica: — *dopo una lunga corsa.*
an|siò|ge|no *agg.* che è causa di ansia.
an|sio|li|ti|co *agg., s.m.* [m.pl. *-ci*] si dice di medicinale che attenua e cura gli stati di ansia.
an|sió|so *agg.* che denota o prova ansia: *sguardo* — | impaziente, desideroso: *sono — di incontrarti* ♦ *s.m.* [f. *-a*] (*psicol.*) persona affetta da ansia □ **ansiosamente** *avv.*
àn|ta *s.f.* **1** sportello di un mobile | imposta, battente di finestra **2** (*pitt.*) tavola laterale dipinta di un polittico.
an|ta|go|nì|smo *s.m.* contrasto, contrapposizione fra persone o fazioni opposte; rivalità, competizione: *tra le due squadre c'è un forte* —.
an|ta|go|nì|sta *agg.* [m.pl. *-i*] **1** che è in antagonismo con altri **2** (*med.*) si dice di farmaco che annulla o contrasta l'azione di un altro | (*anat.*) *muscoli antagonisti*, muscoli che agiscono in opposizione ad altri (*agonisti*) ♦ *s.m./f.* rivale, avversario.
an|ta|go|nì|sti|co *agg.* [m.pl. *-ci*] relativo all'antagonismo, che è in antagonismo.
an|tàl|gi|co *agg., s.m.* [m.pl. *-ci*] (*farm.*) detto di farmaco che allevia il dolore; analgesico.
an|tàr|ti|co *agg.* [m.pl. *-ci*] che si riferisce all'Antartide e alla regione intorno al Polo Sud: *clima* — ♦ *s.m.* il Polo Sud e la zona che lo circonda.
àn|te- *pref.* indica precedenza, spec. nel tempo (*anteguerra*).
an|te|bèl|li|co *agg.* [m.pl. *-ci*] prebellico, riferito a ciò che precede una guerra.
an|te|ce|dèn|te *agg.* che viene prima ♦ *s.m.* **1** (*spec.pl.*) fatto che ne precede un altro con cui ha un qualche rapporto **2** (*mat.*) in una proporzione, ciascuno dei due dividendi □ **antecedentemente** *avv.* in precedenza.
an|te|fàt|to *s.m.* ciò che è avvenuto prima | (*teat., lett.*), ciò che è avvenuto prima dell'azione rappresentata o narrata.
an|te|fìs|sa *s.f.* (*archeol.*) negli edifici greci, etruschi e romani, elemento decorativo in terracotta o pietra lungo la linea di gronda.
an|te|guèr|ra *s.m.invar.* periodo anteriore a una guerra.
àn|te lit|te|ram (*lat.*) *loc.agg.invar.* che anticipa i caratteri propri di un periodo posteriore.
an|te|lu|cà|no *agg.* (*lett.*) che precede la luce del giorno: *ore antelucane.*
an|te|nà|to *s.m.* [f. *-a*] progenitore.
an|tèn|na *s.f.* **1** asta o palo verticale con funzioni di sostegno **2** (*mar.*) asta di legno, trasversale all'albero della nave, che sostiene una vela **3** (*telecom.*) dispositivo emettitore o ricevitore di onde elettromagnetiche: — *televisiva* | — *parabolica*, quella usata per trasmissioni a grande distanza o satellitari | — **centralizzata**, quella a cui si collegano più televisori **4** (*zool.*) appendice articolata presente sul capo di crostacei e insetti, con funzioni tattili od olfattive.
an|ten|nì|sta *s.m.* [m.pl. *-i*] tecnico che ripara o installa antenne televisive.
an|te|pór|re *v.tr.* [con. come *porre*] **1** mettere prima o davanti **2** (*fig.*) preferire, considerare maggiormente.
an|te|po|si|zió|ne *s.f.* (*lett.*) l'anteporre, l'essere anteposto.
an|te|prì|ma *s.f.* presentazione di uno spettacolo a un numero ristretto di persone, prima della rappresentazione pubblica | (*estens.*) *in* —, prima che sia noto ad altri: *ho ricevuto la notizia in* —.
an|te|rió|re *agg.* **1** posto davanti: *zampe anteriori* **2** precedente nel tempo: *un episodio — alla mia nascita* □ **anteriormente** *avv.* **1** davanti **2** in precedenza.
an|te|rio|ri|tà *s.f.* l'essere anteriore in ordine di tempo; precedenza, priorità.
àn|te|ro- (*scient.*) primo elemento di parole composte che significa "in posizione anteriore".
an|te|si|gnà|no *s.m.* **1** (*st.*) legionario romano posto a difesa delle insegne **2** [f. *-a*] (*fig.*) precursore di un'idea, di una teoria; pioniere: *un'antesignana del femminismo.*
àn|ti- [1] *pref.* indica opposizione, avversione (*antifascista*), posizione contraria, opposta (*antitesi, antipode*), contrasto (*antipolio*).
àn|ti- [2] *pref.* indica anteriorità nel tempo (*antidiluviano*) o nello spazio (*antibagno*).
an|ti|ab|ba|gliàn|te *agg.* si dice di ciò che evita l'abbagliamento: *siepe* — ♦ *s.m.* faro anabbagliante.
an|ti|a|bor|tì|sta *agg.,s.m./f.* [m.pl. *-i*] che, chi è contrario alla legalizzazione dell'aborto.
an|ti|à|ci|do *agg.invar.* (*chim.*) detto di sostanza che neutralizza un acido ♦ *s.m.* (*farm.*) rimedio contro l'acidità gastrica.
an|ti|àc|ne *agg. invar., s.m.invar.* detto di trattamento o sostanza che cura l'acne.
an|ti|a|de|rèn|te *agg.* detto di pentole e tegami nei quali il cibo non si attacca durante la cottura.
an|ti|a|è|re|a *s.f.* (*mil.*) l'insieme delle misure e dei mezzi di difesa che servono a proteggere dalle incursioni aeree.
an|ti|a|è|re|o *agg.* (*mil.*) che contrasta le incursioni aeree.
an|ti|al|cò|li|co *agg.* [m.pl. *-ci*] che combatte l'alcolismo.
an|ti|a|lì|sè|o *s.m.* vento che soffia in direzione contraria all'aliseo.
an|ti|al|lèr|gi|co *agg., s.m.* [m.pl. *-ci*] (*med.*) detto di farmaco che contrasta le allergie.
an|ti|ap|pan|nàn|te *agg., s.m.* detto di dispositivo o sostanza che impedisce l'appannamento dei vetri, spec. negli autoveicoli.
an|ti|a|tò|mi|co *agg.* [m.pl. *-ci*] che difende dalle armi atomiche: *rifugio* — **2** che si oppone all'uso delle armi atomiche.
an|ti|bà|gno *s.m.* locale che precede il bagno.

an|ti|bat|tè|ri|co *agg.*, *s.m.* [m.pl. *-ci*] (*med.*) detto di farmaco che previene o combatte lo sviluppo dei batteri.
an|ti|biò|ti|co *agg.*, *s.m.* [m.pl. *-ci*] (*med.*) detto di sostanza che impedisce lo sviluppo di microrganismi patogeni.
an|ti|bloc|càg|gio *agg.invar.* (*auto.*) detto di sistema elettronico che impedisce alle ruote di bloccarsi durante la frenata.
an|ti|cà|glia *s.f.* (*spreg.*) oggetto vecchio o passato di moda.
an|ti|cal|cà|re *agg.invar.*, *s.m.invar.* detto di sostanza che previene o elimina la fomazione di calcare.
an|ti|cà|me|ra *s.f.* 1 locale d'ingresso di un appartamento o di un ufficio | (*in uffici pubblici*) sala d'attesa | (*fam.*) **non mi passa neanche per l'— del cervello**, non ci penso neanche lontanamente 2 (*fig.*) attesa: *fare —*, attendere di essere ricevuti 3 (*fig.*) fase che precede il raggiungimento di ql.co.: *l'— del successo.*
an|ti|càn|cro *agg.invar.* (*med.*) detto di farmaco che serve a prevenire o combattere il cancro.
an|ti|cà|rie *agg.invar.*, *s.m.invar.* detto di sostanza che previene o combatte la carie.
an|ti|càr|ro *agg.invar.* (*mil.*) che serve a fermare o contrastare l'avanzata dei carri armati: *mine —.*
an|ti|ca|tar|rà|le *agg.*, *s.m.* (*med.*) detto di farmaco o altro medicamento che combatte la formazione di catarro.
an|ti|chi|tà *s.f.* 1 l'essere antico 2 l'età antica 3 (*spec.pl.*) oggetti antichi.
an|ti|ci|clò|ne *s.m.* (*meteor.*) area di alta pressione che determina condizioni di tempo buone.
an|ti|ci|clò|ni|co *agg.* [m.pl. *-ci*] (*meteor.*) relativo all'anticiclone.
an|ti|ci|pà|re *v.tr.* [indic.pres. *io antìcipo*...] 1 fare ql.co. prima del tempo stabilito | — *i tempi*, rendere più veloce l'esecuzione di ql.co.; precorrere i tempi 2 (*assol.*) essere in anticipo rispetto al tempo previsto: *l'inverno ha anticipato* 3 pagare una somma prima della scadenza | dare in acconto: *— metà della cifra pattuita* 4 dare informazioni ufficiose: *— l'esito degli scrutini* 5 prevenire: *— le mosse.*
an|ti|ci|pà|to *part.pass. di* anticipare ♦ *agg.* fatto prima del tempo stabilito: *pagamento —* □ **anticipatamente** *avv.* prima del tempo fissato o previsto.
an|ti|ci|pa|tò|re *s.m.* [f. *-trice*] chi anticipa; precursore.
an|ti|ci|pa|zió|ne *s.f.* 1 l'anticipare 2 (*banc.*) somma che una banca anticipa a un cliente dietro garanzia 3 informazione data in anticipo 4 ciò che precorre un evento 5 (*mus.*) emissione di una nota o di un gruppo di note in anticipo rispetto all'accordo di appartenenza.
an|ti|ci|po *s.m.* 1 anticipazione | *in —*, prima del dovuto o del previsto | *battere sull'—*, *giocare d'—*, precedere l'azione dell'avversario; (*fig.*) prevenire l'azione di qlcu. 2 (*fam.*) versamento anticipato di denaro 3 (*sport*) nel campionato di calcio, partita giocata prima delle altre 4 (*mecc.*) nei motori a scoppio, intervallo di tempo fra l'inizio della combustione e il momento di massima compressione.
an|ti|cle|ri|cà|le *agg.*, *s.m./f.* che, chi si oppone all'influenza del clero nella vita politica.
an|ti|co *agg.* [m.pl. *-chi*] 1 risalente a tempi remoti | *storia antica*, che riguarda il periodo precedente la caduta dell'impero romano 2 vissuto nel passato: *un — amore* | di vecchia data, abituale, consueto: *un'abitudine —* | *all'antica*, secondo le vecchie maniere: *una persona all'antica* ♦ *s.m.* 1 (*solo sing.*) ciò che è tipico dell'antichità, dei tempi remoti: *sapore d'—* 2 (*spec.pl.*) uomo appartenente alla civiltà antica □ **anticamente** *avv.*
an|ti|co|a|gu|làn|te *agg.*, *s.m.* (*med.*) detto di sostanza che impedisce la coagulazione del sangue.
an|ti|co|mu|ni|smo *s.m.* atteggiamento che si oppone al comunismo.
an|ti|co|mu|ni|sta *agg.*, *s.m./f.* [m.pl. *-i*] che, chi è contrario il comunismo.
an|ti|con|ce|zio|nà|le *agg.*, *s.m.* (*med.*) contraccettivo, antifecondativo.
an|ti|con|for|mì|smo *s.m.* atteggiamento di rifiuto delle abitudini e delle idee correnti.
an|ti|con|for|mì|sta *s.m./f.* [m.pl. *-i*] chi pensa o si comporta in modo opposto alle convenzioni sociali.
an|ti|con|for|mì|sti|co *agg.* [m.pl. *-ci*] proprio dell'anticonformismo.
an|ti|con|ge|làn|te *agg.*, *s.m.* (*chim.*) detto di sostanza che impedisce il congelamento di un liquido; antigelo.
an|ti|con|giun|tu|rà|le *agg.* (*econ.*) detto di provvedimento finalizzato a limitare gli effetti della congiuntura.
an|ti|còr|po *s.m.* (*med.*) sostanza proteica prodotta dall'organismo come reazione difensiva agli antigeni.
an|ti|co|sti|tu|zio|nà|le *agg.* che è contrario a quanto dice la Costituzione.
an|ti|cri|mi|ne *agg.invar.* che opera per prevenire e combattere la criminalità.
an|ti|crì|sto *s.m.* 1 (*relig.*) l'essere diabolico che, secondo l'Apocalisse, alla fine dei tempi combatterà contro Cristo e verrà sconfitto 2 (*estens.*) oppositore di Cristo o della Chiesa 3 (*fig.*) persona malvagia e diabolica.
an|ti|crit|to|gà|mi|co *agg.*, *s.m.* [m.pl. *-ci*] detto di sostanza chimica usata per combattere la crittogame parassite delle piante.
an|ti|da|tà|re *v.tr.* scrivere su atti e documenti una data anteriore a quella reale; retrodatare.
an|ti|de|mo|crà|ti|co *agg.*, *s.m.* [m.pl. *-ci*] che, chi si oppone alla democrazia.
an|ti|de|près|si|vo *agg.*, *s.m.* (*med.*) detto di farmaco che agisce contro i sintomi della depressione.
an|ti|de|to|nàn|te *agg.*, *s.m.* detto di composto chimico che, aggiunto in piccole dosi a un carburante, ne impedisce la detonazione spontanea.

antidiarroico agg., s.m. [m.pl. -ci] (med.) detto di farmaco che agisce contro la diarrea.
antidifterico agg. (farm.) che ha la funzione di prevenire o curare la difterite.
antidiluviano agg. 1 che esisteva prima del diluvio universale 2 (fig., scherz.) antiquato.
antidivorzismo s.m. posizione contraria al divorzio o alla legislazione che lo consente.
antidogmatismo s.m. atteggiamento contrario al dogmatismo.
antidolorifico agg., s.m. [m.pl. -ci] (med.) detto di farmaco che ha la funzione di attenuare o eliminare il dolore; analgesico.
antidoping agg.invar., s.m.invar. nella medicina sportiva, si dice delle analisi effettuate sul sangue o sulle urine di atleti o cavalli da corsa per accertare se hanno assunto droghe o stimolanti proibiti: test —.
antidoto s.m. 1 sostanza che neutralizza l'azione di un veleno 2 (fig.) rimedio: trovare un — alla depressione.
antidroga agg.invar. che ha lo scopo di combattere l'uso e il commercio di sostanze stupefacenti: legge —.
antieconomico agg. [m.pl. -ci] che è contrario alle leggi e ai principi dell'economia | (estens.) svantaggioso: metodo di lavoro —.
antielmintico agg., s.m. [m.pl. -ci] (med.) detto di farmaco o sostanza che ha la funzione di eliminare i vermi parassiti intestinali.
antiemetico agg., s.m. [m.pl. -ci] (med.) detto di farmaco o sostanza che previene o fa cessare il vomito.
antiemorragico agg., s.m. [m.pl. -ci] (med.) detto di farmaco che arresta o previene le emorragie.
antieroe s.m. (cine. lett.) personaggio con qualità opposte a quelle che contraddistinguono l'eroe.
antiestetico agg. [m.pl. -ci] che non corrisponde ai canoni estetici | (estens.) brutto, di cattivo gusto.
antifascismo s.m. movimento di opposizione al fascismo | tendenza politica contraria ai principi fascisti.
antifascista agg., s.m./f. [m.pl. -i] che, chi è contrario al fascismo.
antifebbrile agg., s.m. (med.) detto di farmaco che abbassa la febbre; antipiretico.
antifecondativo agg., s.m. contraccettivo, anticoncezionale.
antifemminista agg., s.m./f. che, chi è contrario al femminismo.
antiflogistico agg., s.m. [m.pl. -ci] (med.) antinfiammatorio.
antifona s.f. (mus.) nella musica greca, canto a due voci in ottave differenti 2 (lit.) versetto cantato o recitato all'inizio e alla fine di un salmo 3 (fig.) discorso allusivo: capire l' — | discorso ripetitivo e noioso.
antifonario s.m. (lit.) libro che contiene tutte le antifone | libro che contiene i canti liturgici della messa.
antiforfora agg.invar. che previene e combatte la forfora: trattamento —.
antifrasi s.f. (ret.) figura retorica per cui una parola è usata ironicamente con un significato opposto a quello proprio (p.e. quel brav'uomo, per non dire stupido).
antifurto agg., s.m.invar. detto di dispositivo che ha la funzione di segnalare o prevenire un furto.
antigas agg.invar. che serve a difendere dagli effetti dei gas velenosi: maschera —.
antigelo agg.invar., s.m.invar. anticongelante.
antigene o **antigène** s.m. (biol.) sostanza che, penetrando nell'organismo, provoca la formazione di anticorpi.
antigienico agg. [m.pl. -ci] contrario alle norme igieniche.
antiglobalizzazione agg.invar. detto di movimento di protesta che si oppone alla globalizzazione economica, culturale ecc. ♦ s.f. i movimenti che si oppongono alla globalizzazione considerati nel loro insieme.
antigraffio agg. che è resistente alle graffiature | che non provoca graffiature.
antilogaritmo s.m. (mat.) numero di cui si calcola il logaritmo.
antilope s.f. [pl. -i] 1 nome di alcuni mammiferi ruminanti, snelli e agilissimi. 2 la pelle conciata di tale animale.
antimafia agg.invar. che ha lo scopo di combattere l'organizzazione e l'attività della mafia: pool — ♦ s.f.invar. commissione parlamentare con il compito di indagare sulla mafia.
antimagnetico agg. [m.pl. -ci] che non subisce l'influsso di campi magnetici.
antimateria s.f. (fis.) l'insieme delle antiparticelle.
antimeridiano[1] che precede il mezzogiorno: alle undici antimeridiane.
antimeridiano[2] s.m. (geog.) meridiano che passa per un punto diametralmente opposto a quello considerato.
antimilitarismo s.m. corrente d'opinione che si oppone alle istituzioni militari in quanto strumento di violenza e di guerra.
antimilitarista agg., s.m./f. [m.pl. -i] che, chi è contrario al militarismo.
antimine agg.invar. detto di dispositivo che ha la funzione di individuare le mine e consente di evitarle o di disinnescarle per impedirne l'esplosione.
antimissile agg.invar. detto di mezzo che intercetta i missili o ne neutralizza gli effetti: missile —.
antimonio s.m. (chim.) elemento chimico semimetallico, fragile, di colore argenteo (simb. Sb); è impiegato nell'industria metallurgica e in quella farmaceutica.
antimonite s.f. minerale costituito da solfuro di antimonio.
antimonopolistico agg. [m.pl. -ci] che è contrario alla formazione di monopoli.

an|tim|pe|ria|li|sta *agg., s.m./f.* [m.pl. *-i*] che, chi è contrario all'imperialismo.
an|ti|mùf|fa *agg.invar., s.m.invar.* detto di sostanza che impedisce la formazione della muffa.
an|ti|na|zio|nà|le *agg.* contrario al sentimento e agli interessi nazionali.
an|tin|cèn|dio *agg.invar.* che previene o spegne gli incendi.
an|ti|na|zi|sta *agg., s.m./f.* che, chi si oppone al nazismo.
an|ti|néb|bia *agg.invar., s.m.invar.* detto di dispositivo che ha la funzione di migliorare la visibilità in caso di nebbia; fendinebbia.
an|ti|neu|tri|no *s.m.* (*fis.*) antiparticella del neutrino.
an|ti|neu|tró|ne *s.m.* (*fis.*) antiparticella del neutrone.
an|ti|ne|vràl|gi|co *agg., s.m.* [m.pl. *-ci*] (*med.*) detto di farmaco che combatte le nevralgie; antalgico.
an|tin|fiam|ma|tò|rio *agg., s.m.* (*med.*) detto di farmaco o trattamento che combatte le infiammazioni.
an|tin|fla|ti|vo o **antinflattivo** *agg.* (*econ.*) antinflazionistico.
an|tin|fla|zio|nì|sti|co *agg.* (*econ.*) detto di ciò che contrasta o limita gli effetti dell'inflazione.
an|tin|fluen|zà|le *agg., s.m.* (*med.*) detto di farmaco che previene o cura l'influenza.
an|tin|for|tu|nì|sti|co *agg.* [m.pl. *-ci*] che serve a prevenire gli infortuni.
an|ti|no|mìa *s.f.* 1 (*filos.*) contraddizione tra due proposizioni ciascuna delle quali può essere dimostrata come vera 2 (*estens.*) contraddizione evidente.
an|tin|qui|na|mén|to *agg.invar.* che ha lo scopo di prevenire o combattere l'inquinamento delle acque, dell'aria e del suolo.
an|ti|nu|cle|à|re *agg., s.m.* 1 che, chi è contrario all'uso dell'energia nucleare, spec. per uso bellico 2 che, chi è contrario all'installazione di centrali elettriche nucleari.
an|ti|nù|cle|o *s.m.* (*fis.*) nucleo formato da antineutroni e antiprotoni.
an|ti|oc|ci|den|ta|lì|smo *s.m.* atteggiamento contrario all'Occidente e all'occidentalismo.
an|ti|o|fì|di|co *agg.* [m.pl. *-ci*] (*med.*) detto di siero che contrasta l'effetto del veleno dei serpenti.
an|ti|o|pa *s.f.* farfalla diurna, diffusa in Italia, con ali scure bordate di giallo.
an|ti|o|rà|rio *agg.* che si muove in senso contrario a quello delle lancette dell'orologio.
an|ti|os|si|dàn|te *agg., s.m.* (*chim.*) detto di sostanza che impedisce o ritarda il processo di ossidazione.
an|ti|pà|pa *s.m.* [pl. *-i*] papa eletto in modo illegittimo in contrapposizione con quello legittimo.
an|ti|pa|pà|le *agg.* 1 che è contrario all'autorità del papa 2 proprio di un antipapa.
an|ti|pa|ras|si|tà|rio *agg., s.m.* (*chim.*) detto di preparato o sostanza in grado di distruggere i parassiti di animali e vegetali.

an|ti|par|la|men|tà|re *agg.* che si oppone al regime parlamentare.
an|ti|par|ti|cèl|la *s.f.* (*fis.*) particella con massa uguale, ma con carica elettrica e proprietà magnetiche opposte a quelle della particella corrispondente.
an|ti|pa|stiè|ra *s.f.* vassoio con diversi scomparti usato per servire gli antipasti.
an|ti|pà|sto *s.m.* vivande assortite che vengono servite all'inizio del pasto per stuzzicare l'appetito.
an|ti|pa|tì|a *s.f.* sentimento di avversione istintiva, anche immotivata, verso qlcu. o ql.co.: *nutrire, provare — per, verso qlcu.; suscitare —*.
an|ti|pà|ti|co *agg.* [m.pl. *-ci*] che suscita antipatia | increscioso, fastidioso: *un contrattempo —* | sgradevole, che si fa malvolentieri: *un lavoro — ♦ s.m.* [f. *-a*] persona antipatica □ **antipaticamente** *avv.*
an|ti|pa|trì|òt|ti|co *agg.* [m.pl. *-ci*] contrario all'ideale di patria o agli interessi della patria.
an|ti|piè|ga *agg.invar.* detto di tessuto trattato in modo tale da impedire la formazione di pieghe; ingualcibile.
an|ti|pi|rè|ti|co *agg., s.m.* [m.pl. *-ci*] (*med.*) detto di farmaco che combatte la febbre; antifebbrile.
an|ti|plàc|ca *agg.invar.* detto di sostanza che previene o combatte la formazione della placca batterica dentaria.
an|ti|po|de *s.m. spec.pl.* (*geog.*) luogo della superficie terrestre diametralmente opposto a un altro | (*fig.*) *essere agli antipodi*, essere di idee o di abitudini opposte.
an|ti|pò|lio *agg.invar.* (*med.*) detto di trattamento che immunizza dalla poliomielite ♦ *s.f.* vaccinazione contro la poliomielite.
an|ti|po|po|là|re *agg.* contrario agli interessi del popolo; impopolare.
an|ti|pòr|ta *s.f.* 1 porta che sta davanti a un'altra | spazio tra due porte 2 (*arch.*) fortificazione che protegge la porta di una città o di una fortezza.
an|ti|proi|bi|zio|nì|smo *s.m.* movimento d'opinione che si oppone al divieto di vendere o consumare alcune sostanze, spec. stupefacenti.
an|ti|pro|ièt|ti|le *agg.invar.* che protegge dai proiettili d'arma da fuoco: *vetri —*.
an|ti|pro|tó|ne *s.m.* (*fis.*) antiparticella del protone.
an|ti|qua|rià|to *s.m.* raccolta e commercio di oggetti, opere d'arte e libri antichi.
an|ti|quà|rio *agg.* relativo all'antiquariato ♦ *s.m.* [f. *-a*] commerciante di oggetti antichi.
an|ti|quà|rium *s.m.* piccolo museo che raccoglie reperti archeologici, ubicato nel luogo stesso del loro ritrovamento.
an|ti|quà|to *agg.* caduto in disuso.
an|ti|ràb|bi|co o **antirabico** *agg.* [m.pl. *-ci*] (*med.*) che previene e cura la rabbia: *siero —*.
an|ti|ràc|ket *agg.invar.* finalizzato a prevenire o combattere il racket: *reparto —*.

an|ti|rà|dar *agg.invar.* detto di dispositivo che disturba o neutralizza la ricezione radar.
an|ti|raz|zì|smo *s.m.* atteggiamento che si oppone al razzismo.
an|ti|re|fe|ren|dà|rio *agg.* contrario al ricorso al referendum.
an|ti|re|li|gió|so *agg.* contrario alla religione e ai suoi principi.
an|ti|reu|mà|ti|co *agg., s.m.* [m.pl. *-ci*] (*med.*) detto di farmaco che combatte le affezioni reumatiche.
an|ti|ri|vo|lu|zio|nà|rio *agg., s.m.* che, chi si oppone alla rivoluzione.
an|ti|rol|lì|o *agg.invar.* detto di dispositivo che riduce gli effetti del rollio di una nave.
an|ti|rùg|gi|ne *agg., s.m.invar.* detto di vernice o trattamento che protegge i materiali ferrosi dalla formazione della ruggine.
an|ti|rù|ghe *agg.invar.* detto di prodotto cosmetico che previene la formazione di rughe o le attenua.
an|ti|scàs|so *agg.invar.* detto di dispositivo che serve a impedire lo scasso.
an|ti|scìp|po *agg.invar.* fatto in modo da impedire lo scippo: *borsa* —| *che previene e combatte lo scippo: squadra* —.
an|ti|scì|vo|lo *agg.invar.* antisdrucciolevole.
an|ti|sdrùc|cio|lé|vo|le *agg.* che riduce il rischio di scivolare; antiscivolo.
an|ti|se|mì|ta *agg., s.m./f.* [m.pl. *-i*] che, chi' è ostile agli ebrei.
an|ti|se|mi|tì|smo *s.m.* ostilità nei riguardi degli ebrei.
an|ti|sè|psi *s.f.* (*med.*) sterilizzazione con sostanze chimiche per distruggere i germi patogeni.
an|ti|se|què|stro *agg.invar.* che serve a prevenire i sequestri di persona.
an|ti|sèt|ti|co *agg., s.m.* [m.pl. *-ci*] (*med.*) detto di sostanza che uccide i germi patogeni.
an|ti|sfon|da|mén|to *agg.invar.* detto di materiale che non può essere sfondato: *vetri* —.
an|ti|sin|da|cà|le *agg.* contrario al sindacato | che ostacola l'esercizio dell'attività sindacale.
an|ti|sì|smi|co *agg.* [m.pl. *-ci*] costruito in modo da resistere alle scosse sismiche.
an|ti|smòg *agg.invar.* che previene la formazione di smog o ne elimina gli effetti.
an|ti|so|cià|le *agg., s.m./f.* che, chi non rispetta le norme del vivere sociale.
an|ti|so|fi|sti|ca|zió|ni *agg.invar.* finalizzato a prevenire o combattere le sofisticazioni alimentari.
an|ti|so|là|re *agg., s.m.* detto di sostanza che protegge la pelle dagli effetti negativi dei raggi solari.
an|ti|spà|sti|co *agg., s.m.* [m.pl. *-ci*] (*med.*) detto di sostanza che calma gli spasmi muscolari.
an|ti|spor|tì|vo *agg.* contrario allo sport|contrario alle regole o allo spirito dello sport: *gesto* —.
an|ti|sta|mì|ni|co *agg., s.m.* (*med.*) detto di farmaco che contrasta l'azione dell'istamina e cura le sindromi allergiche.

an|ti|stàn|te *agg.* situato di fronte: *il giardino — la stazione.*
an|ti|sto|rì|cì|smo *s.m.* atteggiamento culturale che si oppone allo storicismo.
an|ti|stò|ri|co *agg.* [m.pl. *-ci*] che non considera gli aspetti storici: *giudizio* —| *che disconosce il progresso storico.*
an|ti|strèss *agg.invar.* che combatte lo stress.
an|ti|tàr|lo *agg.invar., s.m.invar.* detto di prodotto che protegge il legno dai tarli.
an|ti|tàr|mi|co *agg., s.m.* [m.pl. *-ci*] detto di prodotto che protegge i tessuti dalle tarme.
an|ti|tàr|ta|ro *agg.invar.* detto di prodotto che previene la formazione del tartaro dentario.
an|ti|ter|ro|rì|smo *s.m.invar.* reparto di polizia impiegato nella lotta contro il terrorismo ♦ *agg. invar.* volto a prevenire e debellare il terrorismo: *provvedimenti* —.
an|ti|ter|ro|rì|sti|co *agg.* [m.pl. *-ci*] finalizzato a prevenire e combattere il terrorismo.
an|ti|te|si *s.f.* 1 (*ret.*) figura retorica consistente nell'accostare due parole o concetti contrapposti 2 (*filos.*) proposizione che si contrappone a un'altra assunta come tesi 3 (*estens.*) contrasto irriducibile.
an|ti|te|tà|ni|co *agg.* [m.pl. *-ci*] (*med.*) detto di rimedio contro il tetano.
an|ti|tè|ti|co *agg.* [m.pl. *-ci*] che è in antitesi, opposto: *due opinioni antitetiche* □ **antiteticamente** *avv.*
an|ti|tòs|si|co *agg.* [m.pl. *-ci*] (*med.*) detto di sostanza che disintossica.
an|ti|tri|ni|tà|rì|smo *s.m.* (*relig.*) dottrina eretica che nega il dogma della Trinità.
an|ti|trust (*ingl.*) [pr. *antitràst*] *agg.invar.* (*econ.*) detto di provvedimento che impedisce il costituirsi di monopoli.
an|ti|tu|ber|co|là|re *agg.* (*med.*) detto di cura o rimedio contro la tubercolosi.
an|ti|tu|mo|rà|le *agg.* (*med.*) detto di farmaco che contrasta o rallenta lo sviluppo di un tumore.
an|ti|uò|mo *agg.invar.* (*mil.*) detto di armi che contrastano l'azione o l'avanzata delle unità di fanteria: *mina* —.
an|ti|ù|ri|co *agg.* [m.pl. *-ci*] (*med.*) detto di farmaco che favorisce l'eliminazione dell'acido urico.
an|ti|ùr|to *agg.invar., s.m.invar.* detto di dispositivo che attutisce gli effetti di un urto | che è dotato di tale dispositivo: *orologio* —.
an|ti|vi|gì|lia *s.f.* giorno che precede la vigilia.
an|ti|vì|pe|ra *agg.invar., s.m.invar.* (*med.*) detto del siero che neutralizza l'azione del veleno di vipera.
an|ti|vi|rà|le *agg.* (*med.*) che combatte le malattie virali.
an|ti|vì|rus *s.m.invar.* (*inform.*) programma capace di trovare e distruggere i virus di un computer.
an|ti|vi|vi|se|zio|nì|sta *agg., s.m./f.* che, chi si oppone alla vivisezione nella ricerca e nella sperimentazione scientifica.

àn|to- primo elemento di parole composte che significa "fiore" o che ha relazione con i fiori (*Antozoi*).
an|to|fil|lo *s.m.* (*bot.*) foglia modificata che forma le parti del fiore.
an|to|lo|gi|a *s.f.* raccolta di scritti scelti di uno o più autori | il volume contenente tale raccolta: — *di scrittori americani* | (*estens.*) selezione di opere musicali o artistiche | (*fig.*) *da* —, molto bello, esemplare.
an|to|lo|gi|ca *s.f.* mostra in cui viene presentata al pubblico una vasta scelta delle opere più importanti di un artista, di un movimento artistico o di un periodo storico.
an|to|lò|gi|co *agg.* [m.pl. *-ci*] di antologia, da antologia.
an|to|ni|mì|a *s.f.* contrapposizione semanticamente antitetica tra due parole.
an|tò|ni|mo *agg.*, *s.m.* (*ling.*) detto di parola che ha significato opposto a un'altra (*buono / cattivo*; *alto / basso*).
an|to|no|ma|sìa *s.f.* (*ret.*) figura retorica che consiste nell'usare il nome comune invece di quello proprio e viceversa (p.e. *la Voce* per dire "Frank Sinatra"; *Maciste* per dire "persona forte") | *per* —, per eccellenza.
An|to|zò|i *s.m.pl.* classe di Celenterati marini che vivono soprattutto in colonie sostenute da uno scheletro calcareo (coralli), ma anche isolati (attinie).
an|trà|ce *s.m.* (*med.*) infezione dolorosa del follicolo pilifero o delle ghiandole sebacee che si manifesta come un agglomerato di foruncoli nerastri.
an|tra|cè|ne *s.m.* (*chim.*) idrocarburo aromatico che si ottiene dal catrame del carbon fossile, usato per la preparazione di molti coloranti.
an|tra|ci|te *s.f.* varietà di carbon fossile nero e lucente ad alto potere calorifico ♦ *agg.invar.* detto di colore grigio scuro ma brillante.
àn|tro *s.m.* **1** caverna, grotta **2** (*fig.*) ambiente buio e squallido **3** (*anat.*) nome di alcune cavità corporee: — *del piloro*.
an|trò|pi|co *agg.* [m.pl. *-ci*] che riguarda l'uomo.
an|tro|piz|za|zió|ne *s.f.* insieme delle trasformazioni operate dall'uomo su un territorio per adattarlo alle proprie esigenze.
àn|tro|po-, **-àn|tro|po** primo e secondo elemento di parole composte che significa "uomo" (*antropologia*, *misantropo*).
an|tro|po|cèn|tri|co *agg.* [m.pl. *-ci*] (*filos.*) relativo all'antropocentrismo.
an|tro|po|cen|trì|smo *s.m.* (*filos.*) concezione filosofica che considera l'uomo come centro e fine ultimo dell'universo.
an|tro|po|fa|gì|a *s.f.* consumo di carne umana; cannibalismo.
an|tro|pò|fa|go *agg.*, *s.m.* [m.pl. *-gi*] che, chi pratica il cannibalismo.
an|tro|po|ge|o|gra|fì|a *s.f.* ramo della geografia che studia la distribuzione dell'uomo in rapporto all'ambiente.
an|tro|pòi|de *agg.* che ha sembianze umane ♦ *s.m./f.* (*fig.*) persona che nell'aspetto o per la sua scarsa intelligenza somiglia più a una scimmia che a un uomo.
an|tro|po|lo|gì|a *s.f.* disciplina che studia l'uomo nei suoi aspetti fisico-organici e razziali o, in correlazione con le scienze umane, le caratteristiche culturali dei vari gruppi | — *criminale*, scienza che studia le caratteristiche fisiche e psichiche dei criminali.
an|tro|po|lò|gi|co *agg.* [m.pl. *-ci*] dell'antropologia □ **antropologicamente** *avv.* dal punto di vista antropologico.
an|tro|pò|lo|go *s.m.* [f. *-a*; m.pl. *-gi*] studioso di antropologia.
an|tro|po|me|trì|a *s.f.* parte dell'antropologia fisica che si occupa della misurazione del corpo umano e delle sue parti.
an|tro|po|mòr|fi|co *agg.* [m.pl. *-ci*] relativo all'antropomorfismo.
an|tro|po|mor|fì|smo *s.m.* attribuzione di aspetto e sentimenti umani a una divinità.
an|tro|po|mòr|fo *agg.* **1** che ha aspetto umano **2** detto di scimmie che hanno caratteristiche fisiche simili a quelle dell'uomo ♦ *s.m.* (*antrop.*) nell'evoluzione umana, forma intermedia tra la scimmia e l'uomo.
an|tro|pò|ni|mo *s.m.* nome proprio di persona.
an|tro|po|sfè|ra *s.f.* (*ecol.*) parte della biosfera caratterizzata dalla presenza dell'uomo e delle sue opere.
an|tro|po|zòi|co *agg.* [m.pl. *-ci*] detto dell'era geologica quaternaria in cui comparve l'uomo sulla Terra; neozoico.
a|nu|là|re *agg.* che ha forma di anello | *raccordo* —, circonvallazione esterna nelle grandi città ♦ *s.m.* quarto dito della mano dove si porta l'anello.
a|nu|rè|si *s.f.* (*med.*) anuria.
A|nù|ri *s.m.pl.* ordine di Anfibi privi di coda, con arti posteriori molto sviluppati e idonei al salto; vi appartengono rane e rospi.
a|nù|ria[1] *s.f.* (*med.*) mancanza della secrezione delle urine.
a|nù|ri|a[2] *s.f.* (*zool.*) mancanza di coda.
a|nù|ro *agg.* detto di animale privo di coda.
-àn|za *suff.* forma sostantivi che indicano condizione, modo di essere, stato (*abbondanza*, *vacanza*).
àn|zi *cong.* **1** al contrario, invece | in espressioni ellittiche: *non è noioso, —!* | in formule di cortesia: "*Disturbo?*" "*—!*" **2** o meglio, o piuttosto: *ci sentiamo, — ci vediamo domani* | *— che no*, piuttosto, alquanto: *è faticoso — che no* **3** [con valore raff.] di più: *ti sei comportato male, — malissimo* ♦ *prep.* prima di | *— tempo*, *— tutto*, *— detto*, *— nùra*: *poc'—*, poco fa.
an|zia|ni|tà *s.f.* **1** l'essere anziano **2** periodo di tempo trascorso in un'attività.
an|zià|no *agg.* **1** che è in età avanzata | che ha più anni rispetto ad altri: *il componente più — del gruppo ha trent'anni* **2** che ricopre una cari-

ca da molto tempo: *l'impiegato più* — ♦ *s.m.* persona di età avanzata.
an|zi|ché *cong.* piuttosto che, invece di.
an|zi|dét|to *agg.* che è stato detto prima.
an|zi|tèm|po *avv.* (*lett.*) prima del tempo | *morire* —, prematuramente.
an|zi|tùt|to *avv.* prima di tutto.
a|o|rì|sto *s.m.* (*gramm.*) nella coniugazione greca e in altre lingue indoeuropee, tempo verbale che esprime un'azione momentanea non precisata nel tempo.
a|òr|ta *s.f.* (*anat.*) l'arteria principale del corpo umano, che parte dal ventricolo sinistro del cuore, scende lungo il torace e l'addome e porta il sangue a tutti gli organi.
a|or|to|co|ro|nà|ri|co *agg.* [m.pl. *-ci*] (*med.*) relativo all'aorta e alle coronarie.
a|o|stà|no *agg.* di Aosta ♦ *s.m.* [f. *-a*] chi è nato o abita ad Aosta.
a|pa|che (*sp.*) [pr. sp. *apàce*; fr. *apàsh*] *agg.*, *s.m./f.* [pl. *apaches*] che, chi appartiene a una tribù di pellirosse dell'America settentrionale.
a|par|theid (*ol.*) [pr. *apartàid*] *s.f.invar.* politica di segregazione razziale praticata in Sudafrica dalla minoranza bianca nei confronti della popolazione di colore; è stata abolita nel 1991 | (*estens.*) discriminazione razziale.
a|par|ti|ti|co *agg.* [m.pl. *-ci*] che non è legato ad alcun partito politico.
a|pa|tì|a *s.f.* stato di indifferenza, mancanza di volontà.
a|pà|ti|co *agg.* [m.pl. *-ci*] soggetto ad apatia.
à|pe *s.f.* insetto imenottero con corpo bruno dorato, munito di pungiglione; vive in società molto numerose e produce miele e cera | — *regina*, l'unica femmina feconda dell'alveare | — *operaia*, femmina sterile che provvede alle necessità dell'alveare.
a|pe|riò|di|co *agg.* [m.pl. *-ci*] **1** (*scient.*) non periodico: *fenomeno* — **2** (*mat.*) *numero* —, numero irrazionale.
a|pe|ri|ti|vo *s.m.* bevanda alcolica o analcolica che si beve prima dei pasti per stimolare l'appetito.
a|pèr|to *part.pass. di* aprire ♦ *agg.* **1** non chiuso | (*estens.*) ampio, spazioso: *mare* —; *in aperta campagna* | *all'aria aperta*, in luogo non chiuso | *lettera aperta*, resa pubblica attraverso la stampa **2** accessibile, a cui si può partecipare liberamente: *locale* — *al pubblico* **3** (*fig.*) manifesto, evidente: *un'aperta dichiarazione di lealtà* | *essere un libro* —, non avere nulla da nascondere **4** sincero: *carattere* — | *parlare a viso, a cuore* —, con sincerità **5** di ampie vedute: *ha una mentalità aperta* **6** passibile di ulteriori sviluppi: *la questione è ancora aperta* **7** (*fig.*) di vocale, che ha un grado di apertura maggiore rispetto ad altre ♦ *s.m.* luogo aperto | *all'* —, all'aria aperta □ *apertamente* *avv.* in modo aperto; con franchezza; pubblicamente.
a|per|tù|ra *s.f.* **1** l'aprire, l'aprirsi: *l'*— *della porta* **2** fenditura che consente il passaggio **3** ampiezza fra due estremità: | — *alare*, massima estensione delle ali di un uccello; (*aer.*) massima lunghezza dell'ala di un aeroplano | (*fig.*) — *mentale*, mentalità libera da pregiudizi **4** (*fig.*) disponibilità alla collaborazione con forze politiche opposte: — *a destra, a sinistra* **5** (*fig.*) avviamento, fase iniziale; inaugurazione: *l'*— *della stagione sciistica*; — *di un negozio*, — *di una mostra* | — *di credito*, contratto con cui una banca mette a disposizione di un cliente una somma di denaro per un dato periodo | *titolo, articolo d'*—, titolo o articolo con cui inizia la pagina di un giornale **6** (*foto.*) rapporto fra il diametro e la distanza focale di una lente o di un obiettivo.
a|pè|ta|lo *agg.* detto di fiore privo di petali.
a|pi|cà|le *agg.* **1** (*scient.*) detto di organo che si sviluppa alla sommità di un altro **2** (*ling.*) di consonante, che si pronuncia avvicinando la punta della lingua all'arcata dentale superiore o al palato duro.
à|pi|ce *s.m.* **1** punta, cima, sommità | (*fig.*) punto culminante: *essere all'* — *della carriera* **2** (*scient.*) estremità di un organo: *l'* — *del polmone* **3** segno diacritico simile a un apostrofo che si mette in alto a destra di alcune lettere o numeri, con varie funzioni (p.e. in ortografia, in matematica, nella trascrizione fonetica).
a|pi|col|tó|re *s.m.* [f. *-trice*] chi pratica l'apicoltura.
a|pi|col|tù|ra *s.f.* allevamento delle api per la produzione di miele e cera.
a|pì|na *s.f.* il veleno delle api.
a|pi|rè|no *agg.* detto di frutto privo di semi (p.e. la banana).
a|pi|res|sì|a *s.f.* (*med.*) assenza di febbre durante una malattia.
a|pi|rè|ti|co *agg.* [m.pl. *-ci*] (*med.*) privo di febbre.
a|pla|cen|tà|to *agg.*, *s.m.* detto di animale privo di placenta.
a|pla|sì|a *s.f.* (*med.*) malformazione consistente nel mancato sviluppo di un organo o di un tessuto.
a|plo- primo elemento di parole composte dotte o scientifiche che significa "singolo, semplice" (*aplologia*).
a|plo|lo|gì|a *s.f.* (*ling.*) caduta di una sillaba in una parola che dovrebbe avere, in base alla sua etimologia, due sillabe consecutive uguali o simili (p.e. *mineralogia* per *mineralologia*).
aplomb (*fr.*) [pr. *aplòm*] *s.m.invar.* **1** caduta perfetta del tessuto di un abito; appiombo **2** (*fig.*) disinvoltura, sicurezza di sé: *avere dell'* —.
a|pnè|a *s.f.* (*scient.*) cessazione o sospensione dell'attività respiratoria | *in* —, senza respirare, riferito spec. alle immersioni subacquee.
a|po- *pref.* indica "separazione, perdita, differenziazione, allontanamento" (*apofonia*).
a|po|ca|lìs|se (*raro* apocalìssi) *s.f.* **1** libro del Nuovo Testamento scritto da san Giovanni Evangelista | profezie sulla fine del mondo e sulla sorte degli uomini, descritte in tale libro | (*estens.*) fine del mondo **2** (*fig.*) grandioso sconvolgimento, rovina.
a|po|ca|lìt|ti|co *agg.* [m.pl. *-ci*] catastrofico,

a|pò|co|pe *s.f.* (*ling.*) caduta di una vocale o di una sillaba in fine di parola; è detta anche troncamento (p.e. *bel* per *bello*).

a|pò|cri|fo *agg., s.m.* **1** detto di libro sacro non riconosciuto dalla chiesa come ispirato da Dio: *Vangeli aprocrifi* **2** detto di scritto falsamente attribuito a un autore | (*estens.*) non autentico.

A|po|di *s.m.pl.* ordine di Anfibi e di Pesci teleostei dal corpo serpentiforme, privi di squame e di pinne, a cui appartengono anguille e murene.

a|po|dit|ti|co *agg.* [m.pl. *-ci*] evidente, inconfutabile: *verità apodittica*.

à|po|do *agg.* di animale, privo di piedi, di zampe.

a|pò|do|si *s.f.* (*gramm.*) nel periodo ipotetico, proposizione principale condizionata dalla protasi (p.e. *se domani ci fosse bel tempo* protasi, *potremmo andare al lago* apodosi).

a|pò|fi|si *s.f.* (*anat.*) parte sporgente di un osso: — *mastoidea*.

a|po|fo|ni|a *s.f.* (*ling.*) alternanza quantitativa o qualitativa della vocale di una radice o di un suffisso.

a|pof|tèg|ma o **apoftèmma** *s.m.* [m.pl. *-i*] (*lett.*) massima, motto, breve sentenza.

a|po|gèo *s.m.* **1** (*astr.*) punto dell'orbita di un corpo celeste che corrisponde alla massima distanza dalla Terra **2** (*fig.*) punto culminante: *essere all'— del successo* ♦ *agg.* che si trova all'apogeo.

a|pò|gra|fo *agg., s.m.* detto di un testo che è copia di un originale manoscritto.

a|pò|li|de *agg., s.m./f.* detto di chi non ha cittadinanza in nessuno Stato.

a|po|li|ti|ci|tà *s.f.* l'essere apolitico | indifferenza verso la politica.

a|po|li|ti|co *agg., s.m.* [m.pl. *-ci*] che, chi è estraneo o indifferente alla politica.

a|pol|li|ne|o *agg.* **1** (*lett.*) di Apollo, relativo ad Apollo **2** (*estens.*) di forme classicamente perfette: *bellezza apollinea*.

a|pòl|lo[1] *s.m.* uomo di grande bellezza.

a|pòl|lo[2] *s.m.* farfalla diurna con ali bianche arrotondate, macchiate di nero e di rosso, diffusa nelle zone montane.

a|po|lo|gè|ta *s.m.* [m.pl. *-ci*] **1** nei primi secoli del cristianesimo, chi difendeva ed esaltava la fede con scritti e discorsi **2** (*estens.*) chi difende ed esalta un personaggio, una teoria, una dottrina.

a|po|lo|gè|ti|ca *s.f.* **1** (*teol.*) parte della teologia che difende la verità del cristianesimo **2** l'opera degli apologisti cristiani, cioè dei difensori della fede cristiana nei primi secoli del cristianesimo **3** (*estens.*) parte della retorica che ha lo scopo di difendere o esaltare una dottrina, un personaggio ecc.

a|po|lo|gè|ti|co *agg.* [m.pl. *-ci*] relativo all'apologetica: *libro —* | elogiativo, celebrativo.

a|po|lo|gì|a *s.f.* [pl. *-gie*] **1** discorso, scritto in difesa di sé, di altri, di una dottrina **2** (*estens.*) elogio: *— di un regime* | (*dir.*) *— di reato*, reato che consiste nell'esaltare pubblicamente azioni contro la legge.

a|po|lo|gì|sti|co *agg.* [m.pl. *-ci*] (*raro*) che ha lo scopo di difendere o di esaltare.

a|pò|lo|go *s.m.* [m.pl. *-ghi*] narrazione allegorica con intenti morali.

a|po|neu|rò|si o **aponevròsi** *s.f.* (*anat.*) membrana fibrosa che avvolge i muscoli.

a|po|ples|sì|a *s.f.* (*med.*) **1** istantaneo arresto delle funzioni cerebrali causato da emorragia **2** emorragia all'interno di un organo.

a|po|plèt|ti|co *agg.* [m.pl. *-ci*] (*med.*) dovuto ad apoplessia: *colpo —*.

a|po|rì|a *s.f.* (*filos.*) difficoltà logica o incertezza causata da due ragionamenti opposti entrambi validi.

a|po|sta|sì|a *s.f.* ripudio pubblico e solenne della propria religione | (*estens.*) ripudio di un'opinione, di un'ideologia, di un partito ecc.

a|pò|sta|ta *s.m./f.* [m.pl. *-i*] chi compie apostasia.

a po|ste|rió|ri (*lat.*) *loc.agg.invar., loc.avv.* detto di dimostrazione che poggia sull'esperienza e da questa muove per formulare principi generali.

a|po|sto|là|to *s.m.* **1** la missione degli apostoli di Gesù | — **laico**, nelle Chiese cristiane, opera di diffusione della fede esercitata dai laici **2** (*estens.*) opera di propaganda e diffusione di un'idea, una religione ecc.

a|po|stò|li|co *agg.* [m.pl. *-ci*] **1** proprio di un apostolo o degli apostoli: *predicazione apostolica* **2** che deriva la sua autorità direttamente dagli apostoli e dai pontefici: *Chiesa apostolica*, la Chiesa cattolica, fondata dall'apostolo Pietro **3** (*estens.*) del pontefice; papale: *sede apostolica*.

a|pò|sto|lo *s.m.* **1** ciascuno dei dodici discepoli scelti da Cristo | *l'— delle genti*, san Paolo | *il principe degli apostoli*, san Pietro **2** (*estens.*) chi diffonde con passione un'idea: *un — della libertà*.

a|po|stro|fà|re[1] *v.tr.* [indic.pres. *io apòstrofo...*] segnare una parola con l'apostrofo.

a|po|stro|fà|re[2] *v.tr.* [indic.pres. *io apòstrofo...*] rivolgere la parola a qlcu. con durezza: *mi ha apostrofato in modo severo*.

a|pò|stro|fe *s.f.* (*ret.*) figura che consiste nel rivolgersi vivamente e improvvisamente a persona o cosa personificata | (*estens.*) rimprovero.

a|pò|stro|fo *s.m.* (*gramm.*) segno (') che indica l'elisione di una vocale (p.e. *l'amico, quest'anno*) o il troncamento di una sillaba (p.e. *po'* per *poco*) oppure, nelle date, che segnala la soppressione del millesimo o del centesimo: *il '700, la guerra del '15-'18*.

a|po|tè|ma *s.m.* [m.pl. *-i*] (*geom.*) in geometria piana, la perpendicolare dal centro a un lato di un poligono regolare | in geometria solida, la perpendicolare dal vertice a un lato della base di una piramide regolare o il segmento compreso tra il vertice e un punto della circonferenza di base di un cono.

a|po|te|ò|si *s.f.* **1** cerimonia solenne con cui gli antichi elevavano agli onori divini l'eroe morto o l'imperatore ancora vivente **2** (*fig.*) esaltazione, celebrazione: *fare l'— di qlcu.* | spettacolo

appartenere

grandioso: *un'— di colori* | grande successo, trionfo.
a|po|tro|pài|co *agg.* [m.pl. *-ci*] detto di oggetto o rito che tiene lontani gli influssi malefici.
ap|pa|gà|bi|le *agg.* che è possibile appagare: *desiderio —*.
ap|pa|ga|mén|to *s.m.* l'appagare, l'essere appagato; soddisfacimento.
ap|pa|gà|re *v.tr.* [indic.pres. *io appago, tu appaghi*...] soddisfare, esaudire: *— una richiesta* | saziare: *— la fame* ♦ **-rsi** *intr.pron.* accontentarsi: *— di poco*.
ap|pa|ià|re *v.tr.* [indic.pres. *io appàio*...] unire insieme due cose o persone; accoppiare: *— due colori* ♦ **-rsi** *rifl.* unirsi, accoppiarsi.
ap|pal|lot|to|là|re *v.tr.* [indic.pres. *io appallòtolo*...] rendere a forma di palla: *— un fazzoletto di carta* ♦ **-rsi** *intr.pron.* raggrumarsi ♦ *rifl.* avvolgersi a forma di palla, raggomitolarsi: *il gatto si era appallottolato sul letto*.
ap|pal|tàn|te *part.pres. di* appaltare ♦ *agg., s.m.* che, chi dà in appalto.
ap|pal|tà|re *v.tr.* **1** prendere in appalto **2** dare in appalto.
ap|pal|ta|tó|re *agg., s.m.* [f. *-trice*] che, chi prende in appalto: *impresa appaltatrice*.
ap|pàl|to *s.m.* contratto con cui una persona (l'appaltatore) assume a proprio rischio l'esecuzione di un'opera o l'esercizio di un'attività dietro un corrispettivo in denaro: *vincere un —*.
ap|pan|nàg|gio *s.m.* **1** assegno annuo spettante a capi di Stato o a membri di famiglie regnanti **2** (*estens.*) retribuzione: *riceve un notevole — mensile* **3** (*fig.*) prerogativa: *la parola è — degli esseri umani*.
ap|pan|na|mén|to *s.m.* l'appannare, l'appannarsi | (*fig.*) offuscamento, annebbiamento.
ap|pan|nà|re *v.tr.* rendere opaca una cosa lucida: *il vapore appannava lo specchio* | (*fig.*) offuscare, annebbiare: *la stanchezza mi appanna la mente* ♦ **-rsi** *intr.pron.* **1** velarsi, spec. per il vapore: *i finestrini si sono appannati* **2** (*fig.*) annebbiarsi: *le si appannò la vista* | spegnersi, perdere smalto: *col passare degli anni i riflessi si appannano*.
ap|pan|nà|to *part.pass. di* appannare ♦ *agg.* opaco | offuscato.
ap|pa|rà|to *s.m.* **1** insieme di apparecchi e strumenti funzionalmente connessi: *— elettrico* | *— di forze*, spiegamento di truppe e di mezzi militari | *— scenico*, arredi, scenari, abiti con cui si allestisce uno spettacolo teatrale | *— critico*, insieme delle note relative a varianti e fonti di un'opera letteraria **2** (*anat.*) insieme degli organi del corpo umano che svolgono la stessa funzione: *— circolatorio* **3** complesso dei dirigenti di un'amministrazione, di un partito: *l'— burocratico* **4** (*fig.*) insieme degli addobbi, dei preparativi solenni: *un grande — di luci*.
ap|pa|rec|chià|re *v.tr.* [indic.pres. *io apparécchio*...] preparare, allestire | (*assol.*) preparare la tavola per un pasto: *— per quattro*.
ap|pa|rec|chia|tù|ra *s.f.* insieme di strumenti, apparecchi ecc. destinati a un certo utilizzo: *— elettronica*.
ap|pa|réc|chio *s.m.* **1** dispositivo destinato a un certo scopo: *— telefonico* | (*med.*) *— (ortodontico)*, usato per correggere le malformazioni dei denti, spec. nei bambini **2** (*pop.*) aeroplano.
ap|pa|ren|ta|mén|to *s.m.* **1** (*raro*) l'apparentare, l'apparentarsi **2** (*polit.*) accordo elettorale fra due o più partiti per presentare un'unica lista al fine di evitare la dispersione dei voti.
ap|pa|ren|tà|re *v.tr.* [indic.pres. *io apparènto*...] (*raro*) unire con vincoli di parentela | (*fig.*) mettere in relazione ♦ **-rsi** *rifl.* (*raro*) imparentarsi con qlcu. | (*polit.*) associarsi, spec. a scopo elettorale.
ap|pa|rèn|te *part.pres. di* apparire ♦ *agg.* **1** manifesto: *senza un motivo —* **2** che sembra ma non è: *la sua calma è solo —* | (*estens., lett.*) apparíscente □ **apparentemente** *avv.* in apparenza.
ap|pa|rèn|za *s.f.* **1** presenza, aspetto esteriore: *di bell'—* **2** manifestazione esteriore spesso non corrispondente alla realtà: *nonostante l'— burbera è una persona gentile; giudicare dalle apparenze* | *salvare le apparenze*, agire rispettando la forma, le convenzioni sociali | *in —, all'—*, apparentemente; a prima vista | (*prov.*) *l'— inganna*, non bisogna lasciarsi fuorviare dall'apparenza.
ap|pa|ri|re *v.intr.* [indic.pres. *io appàio o apparisco, tu appari, egli appare, noi appariamo, voi apparite, essi appàiono*; pass.rem. *io apparvi o apparii, tu apparisti*...; fut. *io apparirò*...; congiunt.pres. *io appàia o apparisca..., noi appariamo, voi appariate, essi appàiano*; part.pres. *apparènte*; part.pass. *apparso*; aus. *E*] **1** mostrarsi improvvisamente allo sguardo: *il paese apparve dopo la curva* | spuntare: *il sole appare all'orizzonte* | comparire in sogno o come visione: *mi è apparso un angelo* **2** risultare: *è apparso subito evidente che non c'erano vie d'uscita* **3** sembrare: *apparso stanco*.
ap|pa|ri|scèn|te *agg.* vistoso: *abito —* | (*estens.*) di bella presenza: *bellezza —*.
ap|pa|ri|zió|ne *s.f.* **1** l'apparire, spec. di eventi fantastici o soprannaturali: *l'— di uno spettro* | visione: *un'— miracolosa* **2** (*estens., coll.*) veloce comparsa: *una breve — in pubblico*.
ap|par|ta|mén|to *s.m.* insieme di stanze che compongono un'abitazione indipendente in un edificio.
ap|par|tà|re *v.tr.* (*raro*) mettere da parte ♦ **-rsi** *rifl.* mettersi in disparte, isolarsi dagli altri.
ap|par|tà|to *part.pass. di* appartar ♦ *agg.* (*di luogo*) isolato | (*di persona*) che sta in disparte: *vivere —*.
ap|par|te|nèn|te *part.pres. di* appartenere ♦ *agg.* che appartiene ♦ *s.m./f.* persona che fa parte di un'associazione, di un gruppo e sim.
ap|par|te|nèn|za *s.f.* **1** l'appartenere, l'essere parte di un gruppo: *la squadra di —* **2** (*mat.*) in logica, relazione tra un individuo e l'insieme di cui fa parte.
ap|par|te|né|re *v.intr.* [con. come *tenere*; aus. *E, A*] **1** essere di proprietà di qlcu.: *questo quadro*

appassimento

gli appartiene **2** far parte di un gruppo, una categoria: *il gatto appartiene ai Felidi* | far parte di uno Stato, una regione **3** spettare, competere: *la decisione appartiene al giudice.*
ap|pas|si|mén|to *s.m. (anche fig.)* l'appassire, l'appassirsi.
ap|pas|sio|nàn|te *part.pres.* di appassionare ♦ *agg.* avvincente.
ap|pas|sio|nà|re *v.tr.* [indic.pres. *io appassióno...*] provocare un forte interesse, un'intensa passione: *lo spettacolo ha appassionato il pubblico* | avvincere, coinvolgere ♦ **-rsi** *intr.pron.* essere preso da passione per ql.co.: — *all'arte.*
ap|pas|sio|nà|to *part.pass.* di appassionare ♦ *agg.* **1** che prova passione | che esprime passione: *sguardi appassionati* **2** acceso: *un — sostenitore dei diritti civili* ♦ *s.m.* [f. *-a*] chi si dedica con passione a ql.co.: *gli appassionati della musica* □ **appassionatamente** *avv.*
ap|pas|sì|re *v.intr.* [indic.pres. *io appassisco, tu appassisci...*; aus. *E*], **appassirsi** *intr.pron.* **1** detto di vegetale, diventare secco, avvizzire **2** *(fig.)* sfiorire; invecchiare.
appeal *(ingl.)* [pr. *apìl*] *s.m.invar.* attrazione, richiamo.
appeasement *(ingl.)* [pr. *apìsment*] *s.m.invar. (polit.)* accordo di pacificazione ottenuto con varie concessioni.
ap|pel|là|bi|le *agg. (dir.)* che può essere impugnato mediante appello.
ap|pel|làn|te *part.pres.* di appellare ♦ *agg., s.m./f. (dir.)* che, chi ricorre in appello.
ap|pel|là|re *v.tr.* [indic.pres. *io appèllo...*] *(raro, lett.)* chiamare per nome ♦ **-rsi** *intr.pron.* **1** ricorrere a qlcu. o ql.co: — *all'autorità* **2** *(dir.)* ricorrere in appello per modificare una sentenza.
ap|pel|la|ti|vo *agg.* **1** *(dir.)* d'appello: *atto* — **2** *(gramm.) nome* —, nome comune; *verbi appellativi*, verbi quali "chiamare", "denominare" ecc. ♦ *s.m.* soprannome.
ap|pel|la|tò|rio *agg. (dir.)* che riguarda l'appello.
ap|pèl|lo *s.m.* **1** chiamata per nome dei componenti di un gruppo, seguendo l'ordine alfabetico: *fare l'—* | **votazione per — nominale**, quella in cui si chiama per nome il votante e si prende nota del suo voto **2** nelle università, sessione d'esami **3** *(fig.)* richiamo, invito pubblico: *un — per la pace; l'— dei partiti agli elettori* | invocazione: *faccio — alla tua generosità* | **fare — alle proprie forze**, raccogliere tutte le energie in un grande sforzo **4** *(dir.)* mezzo di impugnazione per il riesame di una sentenza di primo grado da parte di un giudice di grado superiore: *ricorso in —* | **corte d'—**, ordine giudiziario di secondo grado.
ap|pé|na *avv.* **1** a stento, con difficoltà **2** soltanto: *sono — le tre* **3** [anche in correlazione con *che* o *quando*] or ora; da poco: *hanno — suonato alla porta; era — uscito quando* (o *che*) *scoppiò il temporale* ♦ *cong.* [talvolta preceduto da *non* pleonastico] subito dopo che: *(non) — saremo pronti, partiremo.*
ap|pèn|de|re *v.tr.* [indic.pres. *io appèndo...*;

76

pass.rem. *io appési, tu appendésti...*; part.pass. *appéso*] fissare ql.co. in alto in modo che resti sospeso: — *la giacca all'attaccapanni; — un quadro* | *(fig.)* — **la bicicletta, i guantoni al chiodo**, abbandonare l'attività agonistica del ciclismo, del pugilato | *(fig.)* **essere appeso a un filo**, essere in pericolo ♦ **-rsi** *rifl.* attaccarsi | — *al collo di qlcu.*, gettargli le braccia al collo.
ap|pen|di|à|bi|ti *s.m.* attaccapanni.
ap|pen|di|ce *s.f.* **1** parte aggiunta a un'altra principale, a titolo complementare | documenti posti a integrazione alla fine di un libro | volume di aggiornamento di un'enciclopedia **2** nei giornali di un tempo, parte inferiore della pagina con articoli di varietà e sim. | **romanzo d'—**, romanzo a puntate nell'appendice di un giornale | *(estens.)* romanzo per un pubblico poco colto **3** *(anat.)* prolungamento vermiforme dell'intestino cieco.
ap|pen|di|cec|to|mì|a *s.f. (med.)* asportazione chirurgica dell'appendice.
ap|pen|di|cì|te *s.f. (med.)* infiammazione dell'appendice.
ap|pen|di|col|là|re *agg. (med.)* dell'appendice.
ap|pen|di|gòn|na o **appendigònne** *s.m.invar.* gruccia per appendere le gonne.
ap|pen|nì|ni|co *agg.* [m.pl. *-ci*] degli Appennini: *paesaggio —.*
ap|per|ce|zió|ne *s.f.* **1** *(filos.)* presa di coscienza delle proprie percezioni **2** *(psicol.)* stadio della percezione in cui le nuove acquisizioni sono messe in relazione con elementi già noti.
ap|pe|san|ti|mén|to *s.m.* l'appesantire, l'essere appesantito | *(anche fig.)* pesantezza.
ap|pe|san|tì|re *v.tr.* [indic.pres. *io appesantisco, tu appesantisci...*] *(anche fig.)* rendere pesante o più pesante: *gli scarponi appesantiscono lo zaino; sentire gli occhi appesantiti dal sonno* ♦ **-rsi** *intr.pron. (anche fig.)* divenire più pesante | ingrassare.
ap|pe|stà|re *v.tr.* [indic.pres. *io appèsto...*] **1** contagiare con la peste; infettare **2** *(anche assol.)* riempire di odore insopportabile: *una puzza che appesta* **3** *(moralmente)* corrompere.
ap|pe|stà|to *part.pass.* di appestare ♦ *agg., s.m.* [f. *-a*] contagiato dalla peste.
ap|pe|sta|tó|re *agg., s.m.* [f. *-trice*] che, chi appesta.
ap|pe|ti|bi|le *agg.* desiderabile: *una proposta —* | *(scherz.)* piacente.
ap|pe|tì|to *s.m.* **1** desiderio istintivo di cibo; fame non troppo intensa: *avere —* | **buon —** *!*, augurio pronunciato prima di iniziare a mangiare **2** desiderio di appagare i sensi: — *sessuale.*
ap|pe|ti|tó|so *agg.* **1** gustoso; che fa venire appetito: *un piatto —* **2** *(scherz.)* attraente.
ap|pez|za|mén|to *s.m.* parte di un terreno agricolo o edificabile.
ap|pia|nà|bi|le *agg.* che è possibile appianare.
ap|pia|na|mén|to *s.m.* l'appianare, l'appianarsi | soluzione, chiarimento.
ap|pia|nà|re *v.tr.* **1** spianare, rendere liscio: — *un percorso* **2** *(fig.)* togliere un ostacolo; risol-

vere: — *una controversia* ♦ **-rsi** *intr.pron.* risolversi: *i problemi si appianeranno col tempo*.
ap|piat|tàr|si *v.rifl.* rannicchiarsi in un nascondiglio: — *dietro i cespugli*.
ap|piat|ti|mén|to *s.m.* **1** (*anche fig.*) l'appiattire, l'appiattirsi: *l'— dei salari* | (*con sfumatura negativa*) livellamento: — *culturale* **2** (*astr.*) in un corpo celeste, schiacciamento ai poli.
ap|piat|tì|re *v.tr.* [indic.pres. *io appiattisco, tu appiattisci...*] **1** far diventare piatto **2** (*fig.*) livellare, uniformare: — *le retribuzioni* ♦ **-rsi** *rifl.* farsi piatto, schiacciarsi: — *per terra* | (*fig.*) uniformarsi | adagiarsi: — *nella noia* ♦ *intr.pron.* (*fig.*) livellarsi: *gli stipendi si sono appiattiti*.
ap|pic|cà|re *v.tr.* [indic.pres. *io appìcco, tu appìcchi...*] (*region.*) attaccare, unire | — *il fuoco*, *un incendio*, incendiare.
ap|pic|ci|cà|re *v.tr.* [indic.pres. *io appìccico, tu appiccichi...*] (*fam.*) **1** attaccare con una sostanza adesiva, incollare **2** (*fig.*) appioppare: — *un ceffone* | affibbiare: — *un nomignolo* ♦ *intr.* [aus. A] essere vischioso: *la marmellata appiccica* ♦ **-rsi** *rifl., intr.pron.* (*anche fig.*) attaccarsi: *sei insopportabile, ti appiccichi a tutti*.
ap|pic|ci|ca|tic|cio *agg.* [f.pl. -*ce*] **1** che appiccica; che si attacca vischiosamente **2** (*fig., di persona*) appiccicoso, fastidioso.
ap|pic|ci|ca|tù|ra *s.f.* (*fam.*) **1** l'appiccicare; ciò che è appiccicato **2** incollamento posticcio.
ap|pic|ci|có|so *agg.* **1** che appiccica, che si appiccica; vischioso: *il miele è — 2* (*fig., di persona*) importuno, di cui non ci si riesce a liberare.
ap|pìc|co *s.m.* [pl. -*chi*] parete di roccia o di ghiaccio perfettamente verticale.
ap|piè o **a piè** (*lett.*) *nella loc.* — *di*, ai piedi di, sotto: — *dei monti* | (*fig.*) — *di pagina*, in fondo alla pagina.
ap|pie|dà|re *v.tr.* [indic.pres. *io appièdo...*] **1** (*mil.*) far scendere soldati da un mezzo di trasporto **2** impedire a qlcu. di usare un mezzo di trasporto: *lo sciopero dei tram ha appiedato i cittadini*.
ap|piè|no o **a pièno** *avv.* del tutto, completamente: *capisco* — *le tue ragioni*.
ap|pi|gliàr|si *v.rifl.* [indic.pres. *io mi appìglio...*] .(*anche fig.*) aggrapparsi, attaccarsi: — *a una roccia*; — *a un cavillo* ♦ *intr.pron.* (*di piante*) abbarbicarsi; (*di fuoco*) appiccarsi.
ap|pì|glio *s.m.* **1** punto di sostegno | (*alpinismo*) sporgenza rocciosa a cui aggrapparsi o appoggiarsi **2** (*fig.*) pretesto: *un* — *per andarsene*.
ap|pióm|bo o **a piómbo** *s.m.* direzione verticale secondo la linea del filo a piombo | perfetta caduta del tessuto di un abito; aplomb ♦ *avv.* perpendicolarmente.
ap|piop|pà|re *v.tr.* [indic.pres. *io appiòppo...*] **1** (*agr.*) legare la vite a un pioppo **2** coltivare a pioppi un terreno **3** (*fig., fam.*) attribuire: — *un soprannome* | rifilare, spec. ql.co. di sgradevole: — *un incarico* | affibbiare: — *uno schiaffo*.
ap|pi|so|làr|si *v.intr.pron.* [indic.pres. *io mi appìsolo...*] (*fam.*) assopirsi; dormicchiare.
ap|plau|dì|re *v.tr., intr.* [indic.pres. *io applàudo*

o *applàudisco, tu applàudi...*; aus. A] **1** esprimere ammirazione ed entusiasmo con battimani: — *(a) un attore* **2** (*estens.*) approvare: — *(a) un'iniziativa*.
ap|plàu|so *s.m.* **1** battimani di approvazione; *un — fragoroso* | — *a scena aperta*, quello rivolto dal pubblico agli attori durante lo spettacolo **2** (*estens.*) lode, approvazione: *la sua proposta riscosse l'* — *di tutti*.
ap|plau|sò|me|tro *s.m.* strumento per misurare durata e intensità degli applausi, spec. negli spettacoli televisivi.
ap|pli|cà|bi|le *agg.* che si può applicare.
ap|pli|ca|bi|li|tà *s.f.* possibilità di essere applicato.
ap|pli|cà|re *v.tr.* [indic.pres. *io àpplico, tu àpplichi...*] **1** fare aderire una cosa su un'altra; attaccare: — *un adesivo*; — *una crema*, stenderla **2** (*fig.*) attribuire: — *un soprannome* **3** mettere in atto, imporre: — *le leggi* **4** destinare: — *qlcu. a un ufficio* | (*fig.*) rivolgere: — *la mente a ql.co*. ♦ **-rsi** *rifl.* dedicarsi con impegno a ql.co.: — *alla matematica* | (*assol.*) impegnarsi: *si applica poco*.
ap|pli|ca|tì|vo *agg.* che riguarda l'applicazione | (*inform.*) *programma* —, programma per automatizzare le fasi di un processo lavorativo.
ap|pli|cà|to *part.pass.* di *applicare* ♦ *agg.* detto di scienza usata per fini pratici: *chimica applicata* ♦ *s.m.* [f. -*a*] impiegato con mansioni esecutive.
ap|pli|ca|tó|re *s.m.* **1** [f. -*trice*] chi applica **2** (*tecn.*) strumento per applicare sostanze.
ap|pli|ca|zió|ne *s.f.* **1** l'applicare | attuazione: — *di un regolamento* | (*mil.*) *scuola di* —, scuola di addestramento **2** guarnizione di materiali vari applicata su abiti o mobili: — *di raso* **3** (*fig.*) impegno: *studiare con* — **4** (*inform.*) programma o insieme di programmi destinati a compiti specifici.
applique (*fr.*) [pr. *aplìk*] *s.f.invar.* lampada fissata al muro.
ap|pog|già|re *v.tr.* [indic.pres. *io appòggio...*] **1** avvicinare una cosa a un'altra che la sorregga: — *una scala al muro* **2** posare delicatamente: — *i piatti sul tavolo* **3** (*fig.*) favorire, sostenere: — *una proposta* ♦ *intr.* [aus. A] poggiare, reggersi ♦ **-rsi** *rifl.* **1** sostenersi: — *al bastone* **2** (*fig.*) basarsi sull'aiuto di qlcu.: — *agli amici*.
ap|pog|gia|tè|sta *s.m.invar.* poggiatesta.
ap|pòg|gio *s.m.* **1** sostegno: *il bastone gli serve da* — **2** (*fig.*) aiuto, favore: *sperare nell'* — *di qlcu.* | (*polit.*) — *esterno*, quello dato al Governo da un partito che non vi partecipa | (*estens.*) persona che può dare aiuto: *avere molti appoggi* **3** attrezzo ginnico formato da due blocchetti in legno con impugnatura.
ap|pol|la|iàr|si *v.rifl.* [indic.pres. *io mi appollàio...*] **1** (*di uccelli*) posarsi su un ramo o altri sostegni **2** (*fig.*) accovacciarsi, spec. su ql.co. di alto.
ap|pol|la|ià|to *part.pass.* di *appollaiarsi* ♦ *agg.* posto sulla sommità di un'altura: *un castello* — *in cima al monte*.
ap|po|nì|bi|le *agg.* che si può apporre.

ap|pon|tàg|gio *s.m.* (*aer.*) atterraggio di elicotteri o aerei sul ponte di una nave, spec. portaerei.
ap|pon|tà|re *v.intr.* [indic.pres. *io appónto*...; aus. *E*] (*aer.*) effettuare la manovra di appontaggio.
ap|pór|re *v.tr.* [con. come *porre*] porre accanto, sopra o sotto; aggiungere: — *un timbro*.
ap|por|tà|re *v.tr.* [indic.pres. *io appòrto*...] portare: — *miglioramenti* | provocare: — *danni*.
ap|por|ta|tó|re *agg.*, *s.m.* [f. *-trice*] che, chi apporta.
ap|pòr|to *s.m.* 1 l'apportare; contributo: *dare il proprio* — *a un progetto* 2 (*mecc.*) *metallo di —*, sostanza usata per unire due pezzi nella saldatura 3 (*dir.*) contributo di un socio alla costituzione del capitale di una società.
ap|po|si|ti|vo *agg.* 1 complementare; aggiunto 2 (*gramm.*) con funzione di apposizione.
ap|pò|si|to *agg.* fatto apposta; appropriato □ **appositamente** *avv.* apposta, di proposito.
ap|po|si|zió|ne *s.f.* 1 l'atto dell'apporre 2 (*gramm.*) sostantivo che si accompagna a un nome per meglio determinarlo (p.e. *il fiume Po, il pittore Beato Angelico*).
ap|pò|sta *avv.* 1 di proposito, deliberatamente: *non l'ho fatto —* | *neanche a farlo —*, si dice per rimarcare una coincidenza 2 per un fine specifico: *sono andato — per lei* ♦ *agg.invar.* adatto: *ci vorrebbe un attrezzo —*.
ap|po|sta|mén|to *s.m.* 1 l'appostare, l'appostarsi | agguato 2 (*mil.*) riparo per tiratori 3 il luogo dove ci si apposta per cacciare la selvaggina.
ap|po|stà|re *v.tr.* [indic.pres. *io appòsto*...] 1 spiare qlcu. stando nascosto 2 (*mil.*) disporre in appostamento o in postazione ♦ *-rsi rifl.* nascondersi per tendere un agguato.
ap|prèn|de|re *v.tr.* [con. come *prendere*] 1 (*anche assol.*) imparare: — *delle tecniche;* — *con facilità* 2 venire a sapere: — *un fatto dal giornale* ♦ *-rsi intr.pron.* (*lett.*) attaccarsi; (*di fuoco*) propagarsi.
ap|pren|di|mén|to *s.m.* processo di acquisizione di nuove conoscenze.
ap|pren|di|sta *s.m./f.* [m.pl. *-i*] chi sta apprendendo un mestiere; tirocinante.
ap|pren|di|stà|to *s.m.* 1 rapporto lavorativo di tirocinio 2 periodo di addestramento di un apprendista 3 (*raro*) la categoria degli apprendisti.
ap|pren|sió|ne *s.f.* ansia, inquietudine per il timore di pericoli o eventi dolorosi: *vivere in —*.
ap|pren|sì|vo *agg.* che si preoccupa facilmente; ansioso.
ap|pres|sà|re *v.tr.* [indic.pres. *io apprèsso*...] (*lett.*) mettere più vicino ♦ *-rsi intr.pron.* avvicinarsi.
ap|près|so *avv.* 1 vicino | con sé: *portarsi — 2* dietro: *camminare — 3* (*lett.*) in seguito: *come si legge —* ♦ *prep.* 1 vicino, accanto: *stammi —!* 2 dietro: *andare — a qlcu.* ♦ *agg.invar.* successivo, vicino: *la porta —* | seguente: *il mese —*.
ap|pre|stà|re *v.tr.* [indic.pres. *io apprèsto*...] (*lett.*) 1 preparare 2 offrire, porgere: — *soccorso* ♦ *-rsi rifl.* prepararsi: — *alla partenza* |.
ap|pret|tà|re *v.tr.* [indic.pres. *io apprètto*...] trattare tessuti e pellami con l'appretto.
ap|pret|ta|tù|ra *s.f.* il trattamento di tessuti e pellami con l'appretto.
ap|prèt|to *s.m.* 1 miscela di varie sostanze incorporata nei tessuti perché acquisiscano particolari proprietà (impermeabilità, consistenza ecc.) | soluzione a base di amido spruzzata sui tessuti per irrigidirli e facilitarne la stiratura 2 sostanza che conferisce lucentezza od opacità.
ap|prez|zà|bi|le *agg.* 1 degno di considerazione; pregevole: *una prova — 2* notevole, considerevole: *una cifra —* □ **apprezzabilmente** *avv.*
ap|prez|za|mén|to *s.m.* 1 valutazione; giudizio: *un — lusinghiero* 2 stima 3 (*econ.*) aumento del valore di un bene, di una moneta rispetto ad altri.
ap|prez|zà|re *v.tr.* [indic.pres. *io apprèzzo*...] 1 riconoscere il pregio di una persona o cosa; stimare | gradire: *apprezzo molto il tuo interessamento* 2 (*raro*) valutare il prezzo di ql.co.
ap|prez|zà|to *part.pass. di* apprezzare ♦ *agg.* stimato: *un — giornalista*.
ap|pròc|cio *s.m.* 1 primo contatto con una persona per stabilire un rapporto: *tentare un — con qlcu.* | primo contatto con una disciplina, una situazione: *l'— al lavoro* 2 (*estens.*) criterio con cui si affronta una questione, un testo ecc.: *l'— cattolico alla contraccezione*.
ap|pro|dà|re *v.intr.* [indic.pres. *io appròdo*...; aus. *E, A*] 1 giungere a riva 2 (*fig.*) riuscire | *non — a nulla*, fallire.
ap|pròdo|do *s.m.* 1 l'approdare 2 luogo dove approdare | (*fig.*) sbocco di un'indagine, un'attività ecc.
ap|pro|fit|tà|re *v.intr.* [aus. *A*], **approfittarsi** *intr.pron.* trarre vantaggio: — *dell'occasione* | abusare: — *della generosità altrui*.
ap|pro|fit|ta|tó|re *s.m.* [f. *-trice*] chi si approfitta di qlcu. o ql.co.
ap|pro|fon|di|mén|to *s.m.* l'approfondire | (*fig.*) analisi più accurata: — *dell'indagine*.
ap|pro|fon|di|re *v.tr.* [indic.pres. *io approfondisco, tu approfondisci*...] 1 rendere profondo o più profondo: — *una buca* | (*fig.*) aumentare: — *un divario* 2 (*fig.*) esaminare a fondo: — *un problema* | (*fig.*) rendere più intenso: — *una conoscenza*.
ap|pro|fon|dì|to *part.pass. di* approfondire ♦ *agg.* dettagliato: *un'analisi approfondita* □ **approfonditamente** *avv.*
ap|pron|ta|mén|to *s.m.* 1 allestimento 2 (*mil.*) insieme delle attività di addestramento e mobilitazione che rendono operativa un'unità militare.
ap|pron|tà|re *v.tr.* [indic.pres. *io appronto*...] 1 allestire 2 (*mil.*) mettere in assetto di guerra.
ap|pro|pin|quà|re *v.intr.* [indic.pres. *io appropinquo*...; aus. *E*] (*lett.*) avvicinare ♦ *-rsi intr. pron.* (*lett.; scherz.*) avvicinarsi.
ap|pro|priàre *v.tr.* [indic.pres. *io appròprio*...] (*raro*) 1 [con particella pron.] attribuirsi: *appropriarsi un'idea* 2 adattare ♦ *-rsi intr.pron.* impadronirsi: — *di un oggetto altrui*.
ap|pro|priàto *part.pass. di* appropriare ♦ *agg.* adatto, adeguato: *esprimersi in modo —*.
ap|pro|pria|zió|ne *s.f.* l'appropriarsi | (*dir.*) —

indebita, reato commesso da chi, avendo disponibilità di un bene altrui, se ne appropria.
ap|pros|si|màr|si *v.rifl.*, *intr.pron.* [indic.pres. *io mi appròssimo*...] (*anche fig.*) avvicinarsi, accostarsi: — *al traguardo*; *l'estate si approssima*.
ap|pros|si|ma|ti|vo *agg.* **1** che si avvicina all'esatto: *un calcolo* — **2** (*estens.*) superficiale, impreciso: *un lavoro* — □ **approssimativamente** *avv.*
ap|pros|si|mà|to *part.pass.* di approssimarsi ♦ *agg.* che si avvicina all'esattezza.
ap|pros|si|ma|zió|ne *s.f.* **1** mancanza di precisione: *un lavoro svolto con* — **2** (*mat.*) scarto fra il valore indicato di una grandezza e quello reale: — *per eccesso*, *per difetto*.
ap|pro|và|bi|le *agg.* che può o deve essere approvato.
ap|pro|và|re *v.tr.* [indic.pres. *io appròvo*...] **1** valutare in modo positivo: — *una scelta* | (*assol.*) assentire: — *con un cenno del capo* **2** ritenere idoneo: *la commissione ha approvato i progetti* **3** (*dir.*) deliberare favorevolmente: — *una legge*.
ap|pro|va|zió|ne *s.f.* **1** consenso: *dare la propria* — | lode: *ha avuto l'* — *dei colleghi* **2** (*dir.*) ratifica da parte di un privato o di un'autorità amministrativa di un atto concluso da altri o emanato da un'autorità inferiore: *aspettare l'* — *del sindaco*.
ap|prov|vi|gio|na|mén|to *s.m.* l'atto di approvvigionare, di approvvigionarsi | rifornimento di viveri di prima necessità | (*mil.*) insieme di viveri, materiali e munizioni necessari a un esercito.
ap|prov|vi|gio|nà|re *v.tr.* [indic.pres. *io approvvigióno*...] **1** fornire dei beni necessari, spec. di prima necessità: — *una città* **2** (*mil.*) rifornire un esercito di viveri e munizioni ♦ **-rsi** *rifl.* rifornirsi di viveri.
ap|pun|ta|mén|to *s.m.* accordo tra due o più persone di incontrarsi in un dato luogo a una data; l'incontro stesso: — *di lavoro*; *fissare un* —; *ricevere per*, *su* — | (*fig.*) **mancare all'** —, deludere le aspettative di qlcu., soprattutto in ambito sportivo | — **spaziale**, incontro programmato di due veicoli spaziali in orbita.
ap|pun|tà|re[1] *v.tr.* **1** fissare con un oggetto appuntito: — *un nastro* | — *uno spillo*, fissarlo a una stoffa introducendolo per la punta **2** (*fig.*) puntare, dirigere: — *il dito contro qlcu.* | — *lo sguardo*, *gli occhi*, guardare fissamente | — *le orecchie*, ascoltare attentamente | — *i propri sforzi*, impegnarsi **3** fare la punta: — *una matita* ♦ **-rsi** *intr. pron.* (*anche fig.*) rivolgersi: *la sua attenzione si appunta sui particolari*.
ap|pun|tà|re[2] *v.tr.* prendere appunti, annotare: — *un indirizzo*.
ap|pun|tà|to *s.m.* carabiniere o guardia di finanza di grado corrispondente a quello di caporal maggiore dell'esercito.
ap|pun|ti|no o **a puntino** *avv.* con precisione: *eseguire ql.co.* —.
ap|pun|ti|re *v.tr.* [indic.pres. *io appuntisco*...] fare la punta; aguzzare.

ap|pun|tì|to *part.pass.* di appuntire ♦ *agg.* a punta, aguzzo: *becco*, *naso* —.
ap|pùn|to[1] *s.m.* **1** annotazione rapida e concisa: *prendere appunti* **2** (*fig.*) rimprovero, osservazione: *fare*, *muovere un* —.
ap|pùn|to[2] *avv.* **1** proprio, esattamente: *le cose sono andate* — *così*; (*raff.*) *ecco*, — *lei!*; (*iron.*) *ci mancava* — *il tuo commento!* **2** (*nelle risposte*) esattamente, proprio così: "*È questo che volevi dire?*" "—*!* | ***per l'*** —, precisamente.
a|prà|re *v.tr.* ricercare la verità di ql.co. o controllarne l'esattezza; accertare: — *la verità*.
a|prì|bi|le *agg.* che si può aprire.
a|pri|bóc|ca *s.m.invar.* (*med.*) strumento per aprire e mantenere aperta la bocca del paziente, spec. durante un intervento chirurgico.
a|pri|bot|ti|glie *s.m.invar.* strumento per togliere dalle bottiglie i tappi a corona.
a|prì|co *agg.* [m.pl. *-chi*] (*lett.*) esposto al sole e all'aria; solatio.
a|prì|le *s.m.* quarto mese dell'anno nel calendario gregoriano, di 30 giorni | (*prov.*): —, *dolce dormire*, la primavera rilassa e induce al sonno.
a prì|ò|ri (*lat.*) *loc.agg.invar.*, *loc.avv.* si dice di giudizio, opinione non ricavati dall'esperienza e quindi non dimostrabili: *giudicare* — ♦ *loc.sost. m.invar.* (*filos.*) conoscenza o giudizio che non procede dall'esperienza ma dal ragionamento.
a|prio|rì|sti|co *agg.* [m.pl. *-ci*] **1** (*filos.*) detto di ragionamento basato su un'argomentazione a priori **2** non verificato, preconcetto: *valutazione aprioristica*.
a|pri|pì|sta *s.m.invar.* **1** [anche f.] (*sport*) sciatore incaricato di percorrere e battere la pista prima di una gara **2** (*fig.*) chi per primo si dedica a un'attività, seguito poi da altri **3** bulldozer.
a|prì|re *v.tr.* [pass.rem. *io aprii* o *apèrsi*, *tu apristi*, *egli aprì* o *apèrse*, *noi aprimmo*, *voi apriste*, *essi aprìrono* o *apèrsero*; part.pass. *apèrto*] **1** schiudere: — *una porta*, *un cassetto* | — *gli occhi*, svegliarsi; (*fig.*) stare in guardia; (*fig.*) capire o scoprire la verità su ql.co. | — *gli orecchi*, ascoltare attentamente | (*fig.*) — ***la strada***, intraprendere per primi un'attività, ponendo le premesse per gli sviluppi successivi | (*fig.*) — ***la strada a qlcu.***, aiutarlo all'inizio di un'attività **2** togliere il coperchio o l'involucro: — *una scatola*; — *una busta*, *un pacco* | — ***una bottiglia***, stapparla **3** stendere, allargare: — *il giornale*, *l'ombrello* | — ***le braccia***, allargarle; (*fig.*) mostrarsi rassegnato **4** (*fig.*) rivelare, manifestare | (*fig.*) — ***gli occhi a qlcu.***, svelargli la verità su ql.co per metterlo in guardia | — ***bocca***, parlare; *non* — ***bocca***, non rivelare nulla | — ***l'animo a qlcu.***, confidarsi **5** praticare un'apertura: — *una finestra nel muro* **6** fondare, istituire: — *una scuola* **7** iniziare, avviare: — *le trattative*; — *la seduta* | — ***il fuoco***, cominciare a sparare **8** iniziare un'attività: — *un ristorante* | — ***un conto in banca***, iniziare un rapporto d'affari con una banca che registrando la prima operazione a credito o a debito **9** slacciare, sbottonare: — *la giacca* **10** (*fam.*) mettere in funzione: — *la radio* | — ***l'acqua***, farla scorrere dal rubinetto ♦ *intr.* [aus. *A*] **1** ini-

apriscatole

ziare un'attività: *l'ufficio apre alle nove* **2** (*assol.*) nei giochi di carte, iniziare la partita ♦ **-rsi** *intr. pron.* **1** spaccarsi: *la terra si è aperta* | *apriti cielo!*, esclamazione che allude a ql.co. che potrebbe causare una forte reazione **2** schiudersi: *la finestra si aprì lentamente* **3** rischiararsi: *il cielo si è aperto all'improvviso* **4** incominciare: *le scuole si aprono a settembre* **5** sbocciare: *i fiori si sono aperti al calore del sole* **6** allargarsi, divenire più ampio: *la pianura si apriva davanti a noi* ♦ *rifl.* (*fig.*) confidarsi: — *con qlcu.*

a|pri|scà|to|le *s.m.invar.* arnese che serve ad aprire scatole di latta.

A|pte|ri|gi|fór|mi *s.m.pl.* ordine di Uccelli con ali ridotte, corpo tozzo privo di coda e becco lungo.

àp|te|ro *agg.* → **attero.**

aquagym (*ingl.*) *s.f.invar.* ginnastica che si esegue a ritmo di musica stando immersi nell'acqua.

aquaplaning (*ingl.*) [pr. *akkuaplànin*] *s.m. invar.* perdita di aderenza degli pneumatici di un veicolo sul fondo stradale bagnato.

à|qui|la *s.f.* **1** grosso uccello rapace diurno, con becco ricurvo, vista acutissima, zampe piumate e artigli robusti, che vive in alta montagna | (*fig.*) *vista d'* —, acutissima **2** (*fig.*) persona intelligentissima | *non è un'* —, non è molto intelligente **3** (*st.*) insegna delle legioni romane | emblema dell'autorità imperiale.

a|qui|li|no *agg.* da aquila | (*estens.*) adunco: *naso* —.

a|qui|ló|ne[1] (*lett.*) **1** vento di tramontana **2** (*estens.*) settentrione.

a|qui|ló|ne[2] *s.m.* **1** giocattolo costituito da una sottile telaiatura ricoperta di carta o plastica che, tirato controvento mediante un filo, si libra nell'aria **2** deltaplano.

a|qui|lòt|to *s.m.* il piccolo dell'aquila.

a quo (*lat.*) *loc.agg.invar.* indica un punto di riferimento iniziale, spec. nel linguaggio giuridico e storico.

à|ra[1] *s.f.* presso gli antichi romani, altare destinato ai sacrifici.

à|ra[2] *s.f.* misura di superficie, corrispondente a 100 m[2].

A|ra *s.f.* genere di pappagalli di grosse dimensioni e dai colori vivaci.

a|ra|be|scà|re *v.tr.* [indic.pres. *io arabésco, tu arabéschi...*] ornare con arabeschi | (*estens.*) ornare con figure bizzarre.

a|ra|bé|sco *agg.* [m.pl. *-schi*] di stile arabo ♦ *s.m.* decorazione a motivi geometrici o vegetali stilizzati.

arabesque (*fr.*) [pr. *arabèsk*] *s.f.invar.* **1** (*mus.*) composizione musicale orientaleggiante **2** figura della danza classica, usata anche nel pattinaggio e nella ginnastica artistica, effettuata sollevando all'indietro una gamba fino a portarla in linea con il tronco proteso in avanti.

a|rà|bi|co *agg.* [m.pl. *-ci*] dell'Arabia | *cifre arabiche,* numeri arabi | *gomma arabica,* resina ottenuta da alcune specie di acacie.

a|rà|bi|le *agg.* che si può arare.

a|ra|bì|smo *s.m.* locuzione o parola araba entrata in un'altra lingua.

a|ra|bi|sta *s.m./f.* [m.pl. *-i*] studioso di lingua e di civiltà araba.

a|ra|biz|zà|re *v.tr.* adattare alla cultura e ai costumi arabi ♦ **-rsi** *intr.pron.* agire in modo conforme alla cultura e ai costumi arabi.

à|ra|bo *agg.* che si riferisce a una popolazione semitica originaria dell'Arabia | *numeri arabi,* le cifre usate nel nostro sistema di scrittura dei numeri ♦ *s.m.* **1** [f. *-a*] nativo o abitante dell'Arabia o di un paese di lingua araba **2** la lingua degli arabi | (*fig.*) *parlare* —, in modo incomprensibile.

a|ra|chi|de *s.f.* pianta erbacea annuale con frutti a forma di bozzolo, che maturano sotterra e contengono semi commestibili, detti comunemente noccioline americane o spagnolette, da cui si ottiene un olio commestibile.

A|ràc|ni|di *s.m.pl.* classe di Artropodi senza antenne, con il capo fuso al torace e con otto zampe; vi appartengono il ragno e lo scorpione.

a|rac|nòi|de *s.f.* (*anat.*) la seconda delle tre meningi che avvolgono l'encefalo.

a|ra|go|né|se *agg.* **1** dell'Aragona, regione della Spagna settentrionale **2** del regno, della dinastia d'Aragona ♦ *s.m./f.* nativo o abitante dell'Aragona | *gli Aragonesi,* i sovrani del regno d'Aragona.

a|ra|go|sta *s.f.* grosso crostaceo marino commestibile ♦ *agg.invar.* detto di colore rosso aranciato tipico dell'aragosta cotta.

a|ràl|di|ca *s.f.* disciplina che studia le insegne e gli stemmi nobiliari.

a|ràl|di|co *agg.* [m.pl. *-ci*] relativo all'araldica.

a|ràl|di|sta *s.m./f.* [m.pl. *-i*] studioso di araldica.

a|ràl|do *s.m.* **1** nelle corti medievali, ufficiale che rendeva pubbliche le decisioni del signore **2** (*estens.*) messaggero, ambasciatore | banditore.

A|ra|lià|ce|e *s.f.pl.* famiglia di piante dicotiledoni a cui appartiene l'edera.

a|ra|mài|co *agg.* [m.pl. *-ci*] degli aramei: *testo* —.

a|ra|mè|o *agg., s.m.* che, chi apparteneva a una popolazione di origine semitica, stanziatasi prima in Mesopotamia e quindi in Siria e in Palestina.

a|ran|cè|ra *s.f.* → **aranciera.**

a|ran|cé|to *s.m.* terreno coltivato ad aranci.

a|ràn|cia *s.f.* [pl. *-ce*] frutto dell'arancio con polpa dolce e succosa.

a|ran|cià|ta *s.f.* bevanda a base di succo d'arancia.

a|ran|cié|ra o **aranceèra** *s.f.* serra in cui si conservano d'inverno le piante di agrumi in vaso.

a|ran|cì|no *s.m.* **1** frutto dell'arancio caduto dalla pianta non ancora maturo **2** (*gastr.*) crocchetta di riso a forma di arancia, ripiena di ragù o formaggio.

a|ràn|cio *s.m.* albero sempreverde con frutti sferici di color giallo oro e fiori bianchi dal profumo delicato | *fiori d'* —, quelli portati dalla sposa il giorno delle nozze come simbolo di purezza ♦ *agg.invar.* che ha il colore dell'arancia.

a|ran|ció|ne *agg.invar.* di colore simile a quello dell'arancia matura ♦ *s.m.* **1** il colore arancione **2** [anche f.)] seguace del movimento spirituale degli Hare Krishna, diffusosi negli anni '70, che si contraddistingue per il fatto di indossare vesti arancioni.
A|ra|nèi|di *s.m.pl.* ordine di Aracnidi di cui fanno parte i ragni.
a|rà|re *v.tr. (anche assol.)* dissodare la terra con l'aratro | *(fig.)* — *il mare*, lavorare inutilmente.
a|ra|ti|vo *agg.* detto di terreno adatto a essere coltivato; seminativo.
a|ra|tó|re *agg., s.m.* [f. *-trice*] che, chi ara.
a|rà|tro *s.m.* macchina agricola a trazione animale o meccanica per dissodare il terreno e predisporlo alla semina.
a|ra|tù|ra *s.f.* atto dell'arare|il periodo in cui si ara.
a|rau|cà|ria *s.f.* pianta delle Conifere originaria dell'America meridionale, di grandi dimensioni e con foglie aghiformi; è coltivata anche a scopo ornamentale.
a|raz|ze|rì|a *s.f.* **1** arte di tessere gli arazzi **2** insieme di arazzi che arredano un ambiente **3** luogo dove si tessono arazzi.
a|raz|ziè|re *s.m.* [f. *-a*] chi fabbrica o vende arazzi.
a|ràz|zo *s.m.* tessuto con figure e motivi ornamentali eseguito al telaio e destinato a ornare le pareti.
àr|bi|ter e|le|gan|tià|rum *(lat.) loc.sost.m. invar.* chi è considerato modello di gusto e di eleganza, spec. nel vestire.
ar|bi|tràg|gio *s.m.* **1** *(sport)* l'atto di arbitrare **2** *(fin.)* operazione di acquisto e immediata rivendita di titoli o valuta su piazze diverse a fini di lucro.
ar|bi|trà|le *agg.* dell'arbitro: *giudizio —*.
ar|bi|trà|re *v.tr.* [indic.pres. *io àrbitro...*] *(anche assol.)* risolvere una vertenza come arbitro | dirigere un incontro sportivo.
ar|bi|tra|rie|tà *s.f.* **1** caratteristica di ciò che è arbitrario **2** *(ling.)* convenzionalità nel rapporto tra significante e significato.
ar|bi|trà|rio *agg.* fatto ad arbitrio: *decisione arbitraria* | *(estens.)* illegittimo □ **arbitrariamente** *avv.*
ar|bi|trà|to *part.pass. di* arbitrare ♦ *s.m.* decisione arbitrale | *(dir.)* risoluzione di una controversia civile mediante il ricorso ad arbitri nominati dalle parti, anziché all'autorità giudiziale.
ar|bi|trio *s.m.* **1** facoltà di valutare, scegliere e operare secondo la propria volontà | *d'—*, arbitrariamente | *ad — di qlcu*, a suo piacere | *(filos.) libero —*, la libertà da parte dell'uomo di scegliere e di volere, come fondamento della responsabilità morale **2** sopruso: *commettere un —*.
àr|bi|tro *s.m.* **1** chi è libero di scegliere a suo piacere: *ognuno è — di ciò che fa*|chi domina o detta legge in un dato campo: *un — del gusto* **2** *(dir.)* persona che, designata dalle parti, risolve una controversia **3** *(sport)* chi è ufficialmente designato a dirigere una competizione, controllando che tutto si svolga secondo il regolamento.

ar|bò|re|o *agg.* che ha natura o forma di albero: *vegetazione arborea*.
ar|bo|re|scèn|te *agg. (bot.)* si dice di arbusto che assume la forma o la grandezza di un albero.
ar|bo|re|scèn|za *s.f. (bot.)* lo sviluppo completo di un albero.
ar|bo|ri|co|lo *agg.* si dice di animale o vegetale che vive sugli alberi.
ar|bo|ri|col|tù|ra *s.f.* tecnica della coltivazione degli alberi.
ar|bo|scèl|lo *s.m.* albero piccolo o giovane.
ar|bù|sto *s.m.* pianta legnosa, bassa, ramificata fin dalla base.
àr|ca *s.f.* **1** sarcofago monumentale **2** cassa di legno usata in passato per riporvi oggetti e tessuti | — *dell'Alleanza*, quella in cui il popolo ebraico conservava le Tavole della Legge, simbolo del patto stretto con Dio | *(fig.)* — *di scienza*, persona molto dotta **3** — *di Noè*, secondo la Bibbia, l'imbarcazione costruita dal patriarca Noè per salvare dal diluvio universale la propria famiglia e una coppia di ciascuna specie.
-àr|ca secondo elemento di parole composte che significa "capo", "chi comanda" *(patriarca)*.
àr|ca|de *agg.* dell'antica Arcadia, regione della Grecia ♦ *s.m./f.* **1** abitante dell'antica Arcadia **2** *(lett.)* membro dell'accademia dell'Arcadia **3** *(estens.)* scrittore retorico, manierato.
ar|cà|dia *s.f.* **1** *(lett.)* luogo dove si svolge una vita idillica **2** *Arcadia*, accademia letteraria fondata a Roma nel 1690, che propugnava il ritorno alla semplicità stilistica e tematica dei classici greci e latini | *(estens.)* modo di poetare frivolo e convenzionale **3** *(fig.)* riunione in cui si fanno discorsi astratti: *fare dell'—*.
ar|cà|di|co *agg.* [m.pl. *-ci*] **1** dell'Arcadia | *(fig.)* idillico, agreste: *paesaggio —* **2** dell'accademia dell'Arcadia: *poeta —* | *(fig.)* lezioso, manierato.
ar|cai|ci|tà *s.f.* caratteristica di ciò che è arcaico.
ar|cai|ciz|zà|re *v.intr.* → **arcaizzare**.
ar|cài|co *agg.* [m.pl. *-ci*] di remota antichità: *periodo —* | *(estens.)* fuori moda | *(geol.) era arcaica*, archeozoico □ **arcaicamente** *avv.*
ar|ca|i|smo *s.m.* **1** forma linguistica scomparsa dall'uso **2** in arte e in letteratura, tendenza a ritornare a forme primitive.
ar|caiz|zà|re o arcaicizzàre *v.intr.* [aus. *A*] usare forme arcaiche.
ar|càn|ge|lo *s.m. (teol.)* spirito celeste di grado più elevato dell'angelo.
ar|cà|no *agg.* misterioso ♦ *s.m.* mistero: *svelare l'—*.
ar|cà|ta *s.f.* **1** *(arch.)* apertura ad arco | struttura ad arco con funzione di sostegno: *le arcate di un ponte* **2** *(anat.)* formazione ad arco: — *dentaria*.
ar|chég|gio *s.m. (mus.)* la tecnica con cui si eseguono i movimenti dell'arco su uno strumento.
àr|che|o- primo elemento di parole composte che significa "antico, primitivo" *(archeografia, archeologia)*.
ar|che|o|lo|gì|a *s.f.* scienza che studia le civiltà antiche attraverso le testimonianze materiali rinvenute negli scavi | — *industriale*, scienza nata in Gran Bretagna che studia architetture, mac-

archeologico

chinari ecc. risalenti all'epoca della rivoluzione industriale.
ar|che|o|lò|gi|co *agg.* [m.pl. *-ci*] che riguarda l'archeologia: *scavo* — □ **archeologicamente** *avv.* dal punto di vista archeologico.
ar|che|ò|lo|go *s.m.* [m.pl. *-gi*] studioso di archeologia.
ar|che|ot|tè|ri|ge *s.m.invar.* uccello preistorico, fossile del giurassico, con bocca provvista di denti.
ar|che|o|zòi|co *agg.*, *s.m.* [m.pl. *-ci*] detto dell'era geologica più antica, nella quale sono apparse le prime tracce di forme viventi; protozoico.
ar|chè|ti|po *s.m.* **1** modello originario che ha valore esemplare **2** (*filos.*) per Platone, il modello originario delle cose sensibili **3** (*psican.*) per Jung, le immagini, i simboli primordiali e universali presenti nell'inconscio collettivo.
ar|chét|to *s.m.* **1** (*arch.*) piccolo arco **2** (*mus.*) arco per suonare strumenti a corda.
àr|chi- primo elemento di parole composte che significa "grado più alto, comando" (*archiatra, archidiocesi*).
-ar|chì|a secondo elemento di parole composte, che significa "dominio, governo" (*monarchia, oligarchia*).
ar|chi|a|cù|to *agg.* (*arch.*) a forma di arco acuto.
ar|chìa|tra *s.m.* [pl. *-i*] il medico principale, spec. della corte pontificia.
ar|chi|bu|giè|re *s.m.* soldato armato di archibugio.
ar|chi|bù|gio *s.m.* antica arma da fuoco portatile con canna lunga.
ar|chi|diò|ce|si o **arcidiòcesi** *s.f.* diocesi retta da un arcivescovo; diocesi metropolitana.
ar|chi|man|drì|ta *s.m.* [pl. *-i*] (*eccl.*) nella chiesa cristiana orientale, superiore di una congregazione monastica o di un monastero.
ar|chi|pèn|do|lo *s.m.* strumento a forma di squadra dal cui vertice pende un filo a piombo che serve a verificare se un piano è orizzontale.
ar|chi|tet|tà|re *v.tr.* [indic.pres. *io architétto*...] **1** ideare un progetto **2** (*fig.*) ordire, macchinare: — *un imbroglio*.
ar|chi|tèt|to *s.m.* **1** chi progetta costruzioni **2** (*fig.*) ideatore, creatore | *l'— dell'universo*, Dio.
ar|chi|tet|tò|ni|co *agg.* [m.pl. *-ci*] **1** proprio dell'architettura: *elemento* — **2** (*fig.*) strutturato armonicamente: *una composizione architettonica* □ **architettonicamente** *avv.* dal punto di vista architettonico; secondo i principi dell'architettura.
ar|chi|tet|tù|ra *s.f.* **1** arte e tecnica del progettare, realizzare edifici: — *civile, navale* **2** singola opera architettonica | insieme delle opere architettoniche di un luogo o di un periodo; stile architettonico: *l'— senese, gotica* **3** (*fig.*) struttura, schema: *l'— di un romanzo* **4** (*inform.*) struttura di un sistema informatico e dei suoi componenti.
ar|chi|tra|và|to *agg.* detto di struttura architettonica munita di architrave.

ar|chi|trà|ve *s.m.* (*edil.*) trave orizzontale sostenuta da pilastri o stipiti.
ar|chi|vià|re *v.tr.* [indic.pres. *io archìvio*...] **1** mettere in archivio un documento, una pratica ecc. **2** (*fig.*) abbandonare: — *un progetto* | (*dir.*) procedere all'archiviazione degli atti di un'istruttoria per l'infondatezza del reato.
ar|chi|via|zió|ne *s.f.* collocare in un archivio | (*dir.*) **decreto d'—**, provvedimento con cui il giudice delle indagini preliminari chiude il procedimento penale e trasmette gli atti all'archivio dopo aver accertato l'infondatezza del reato.
ar|chi|vio *s.m.* **1** raccolta di documenti pubblici o privati: — *fotografico*; *fare ricerche di* — | — **storico**, insieme di documenti che appartengono a un'amministrazione cessata | il luogo in cui si conserva tale raccolta: — *di Stato* **2** (*inform.*) complesso di informazioni memorizzate; file.
ar|chi|vì|sta *s.m./f.* [m.pl. *-i*] chi è addetto a un archivio.
ar|chi|vì|sti|ca *s.f.* insieme di norme che riguardano la sistemazione e il funzionamento degli archivi.
ar|chi|vòl|to *s.m.* (*arch.*) fascia decorativa posta lungo la parte frontale di un arco.
àr|ci- primo elemento di parole composte che corrisponde ad *archi-* (*arcivescovo*); si usa anche per formare superlativi (*arcistufo*).
ar|ci|ba|sì|li|ca *s.f.* basilica maggiore.
ar|ci|con|fra|tèr|ni|ta *s.f.* confraternita principale alla quale se ne possono aggregare altre.
ar|ci|dià|co|no *s.m.* (*eccl.*) il primo dei diaconi nel capitolo di una chiesa cattedrale.
ar|ci|dià|vo|lo *s.m.* (*scherz.*) capo dei diavoli.
ar|ci|diò|ce|si *s.f.invar.* → **archidiocesi**.
ar|ci|dù|ca *s.m.* [pl. *-chi*] (*st.*) titolo dei principi della casa d'Austria.
ar|ci|du|cà|to *s.m.* **1** titolo di arciduca **2** territorio dominato da un arciduca.
ar|ciè|re *s.m.* tiratore d'arco.
ar|ci|gno *agg.* severo, scostante: *viso* — □ **arcignamente** *avv.*
ar|ció|ne *s.m.* la parte arcuata della sella | (*estens.*) sella.
ar|ci|pè|la|go *s.m.* [pl. *-ghi*] **1** (*geog.*) gruppo di isole vicine tra loro **2** (*estens.*) raggruppamento di cose simili.
ar|ci|prè|te *s.m.* **1** titolo onorifico del parroco di una Chiesa preminente su altre **2** il primo dei preti in un'assemblea di canonici.
ar|ci|ve|sco|và|do o **arcivescovàto** *s.m.* **1** palazzo in cui risiede l'arcivescovo **2** ufficio dell'arcivescovo; territorio della sua giurisdizione.
ar|ci|ve|sco|vì|le *agg.* dell'arcivescovo.
ar|ci|vé|sco|vo *s.m.* vescovo titolare di archidiocesi o diocesi metropolitana.
àr|co *s.m.* [pl. *-chi*] **1** arma consistente in una bacchetta flessibile che, curvata da una corda legata alle due estremità, permette di scagliare una freccia **2** (*arch.*) struttura curva poggiante su colonne o pareti, con funzione portante e decorativa | — **a sesto acuto**, quello con vertice a punta | — **di trionfo**, monumento ad arco eretto

per celebrare imperatori o trionfi militari **3** (*estens.*) ciò che ha forma arcuata: *l'* — *delle sopracciglia* | (*anat.*) — **aortico**, tratto iniziale, ricurvo, dell'aorta | (*astr.*) — **diurno**, **notturno**, traiettoria che un astro compie sulla sfera celeste sopra e sotto l'orizzonte **4** (*mus.*) bacchetta di legno flessibile che tende una fascia di crini di cavallo, usata per far vibrare le corde di strumenti musicali (p.e. il violino) | **gli archi**, gli strumenti che si suonano con l'uso di un arco **5** (*geom.*) parte di una curva, spec. circonferenza, compresa fra due punti **6** (*fig.*) periodo di tempo: *nell'* — *di dieci anni* | serie: *un ristretto* — *di scelte* **7** (*polit.*) schieramento di forze politiche: *l'* — *della minoranza* | — **costituzionale**, insieme dei partiti politici che presero parte alla stesura della Costituzione italiana **8** (*elettr.*) — *voltaico*, *elettrico*, fenomeno luminoso creato dal passaggio di elettricità fra due elettrodi.

ar|co|ba|lé|no *s.m.* grande arco con i colori dello spettro solare che appare in cielo, dopo la pioggia o presso una cascata, per effetto della rifrazione dei raggi solari nelle gocce d'acqua sospese nell'aria.

ar|co|là|io *s.m.* strumento girevole su un perno usato per dipanare matasse.

ar|cón|te *s.m.* (*st.*) nell'antica Grecia, il più alto magistrato.

ar|co|sò|lio *s.m.* (*archeol.*) nelle catacombe, nicchia sepolcrale ad arco scavata nel muro.

ar|cuà|re *v.tr.* [indic.pres. *io àrcuo*...] piegare ad arco; inarcare: — *la schiena* ♦ **-rsi** *rifl.* piegarsi ad arco.

ar|cuà|to *part.pass. di* arcuare ♦ *agg.* piegato ad arco; ricurvo.

ar|dèn|te *part.pres. di* ardere ♦ *agg.* **1** che arde | infuocato: *sole* — | *camera* —, stanza parata a lutto in cui si espone la salma prima del funerale **2** (*fig.*) impetuoso, appassionato: *amore* — □ **ardentemente** *avv.*

àr|de|re *v.tr.* [pass.rem. *io arsi*, *tu ardésti*...; part.pass. *arso*] **1** bruciare **2** (*estens.*) inaridire, seccare ♦ *intr.* [aus. *E*] **1** essere in fiamme, bruciare: *le fiaccole ardevano* | (*estens.*) essere molto caldo: — *di febbre* **2** inaridirsi, disseccarsi **3** (*fig.*) provare un forte sentimento: — *di gelosia*.

ar|dé|sia *s.f.* **1** roccia argillosa di colore nerastro, divisibile in lastre sottili, usata spec. per tetti e lavagne **2** colore grigio-azzurrognolo.

ar|di|glió|ne *s.m.* **1** punta metallica che chiude le fibbie **2** punta dell'amo che impedisce al pesce di sganciarsi.

ar|di|mén|to *s.m.* **1** coraggio | atto audace.

ar|di|men|tó|so *agg.* che ha ardimento, coraggio.

ar|di|re[1] *v.intr.* [indic.pres. *io ardisco*, *tu ardisci*...; aus. *A*] aver coraggio, osare: *non ardiva (di) guardarmi*.

ar|di|re[2] *s.m.* **1** coraggio: *un grande* — **2** sfrontatezza: *ha avuto l'* — *di disobbedire*.

ar|di|téz|za *s.f.* l'essere ardito.

ar|di|tì|smo *s.m.* (*st.*) atteggiamento di esaltazione per la guerra e la violenza, nato presso gli Arditi nella prima guerra mondiale e diffusosi poi durante il fascismo.

ar|dì|to *part.pass. di* ardire ♦ *agg.* **1** audace | rischioso: *un'avventura ardita* **2** insolente, spavaldo: *parole ardite* **3** (*fig.*) originale: *un regalo* — ♦ *s.m.* (*st.*) nella prima guerra mondiale, soldato dei reparti d'assalto italiani □ **arditamente** *avv.* **-àr|do** *suff.* forma aggettivi e sostantivi generalmente di valore negativo (*bugiardo*, *codardo*).

ar|dó|re *s.m.* **1** calore intenso **2** (*fig.*) viva passione: *desiderare con* — **3** (*fig.*) entusiasmo, fervore: *lavorare con* —.

àr|duo *agg.* **1** (*lett.*) ripido: *un'ardua salita* **2** (*fig.*) che esige sforzo e fatica: *un'impresa ardua*.

à|re|a *s.f.* **1** superficie circoscritta di terreno | — **fabbricabile**, **edificabile**, quella destinata a costruzioni | — **di servizio**, spazio attrezzato per l'assistenza agli automobilisti | — **metropolitana**, zona amministrativa che raggruppa una grande città e i comuni limitrofi **2** (*geom.*) misura dell'estensione di una superficie: — *del cerchio* **3** zona in cui si realizza un particolare fenomeno: — *desertica* | ambito, settore: — *di studi* **4** (*sport*) settore di un campo di gioco: — *avversaria* | (*sport*) — *di rigore*, nel calcio, settore vicino alla porta nel quale il fallo sono puniti con il rigore **5** (*fig.*) schieramento politico, culturale: *l'* — *di centro*.

a|re|à|le *agg.* che riguarda un'area ♦ *s.m.* (*biol.*) zona di insediamento di una specie vegetale o animale.

a|re|à|re *v.tr.* → **aerare**.

a|rè|ca *s.f.* palma indiana con frutto a drupa.

à|rem *s.m.invar.* → **harem**.

a|rè|na[1] o **réna** *s.f.* (*lett.*) sabbia.

a|rè|na[2] *s.f.* **1** (*archeol.*) spazio coperto di sabbia situato al centro di anfiteatri | (*fig.*) **scendere nell'** —, affrontare la lotta | *l'* — **del circo**, pista **2** anfiteatro classico | i suoi resti, usati a volte per spettacoli: *l'* — *di Verona* | (*estens.*) luogo di spettacolo all'aperto: *l'* — *estiva*.

a|re|nà|ria *s.f.* **1** roccia sedimentaria costituita da sabbia cementata **2** pianta erbacea con fiori bianchi e frutto a capsula.

a|re|nà|rio *agg.* costituito di sabbia.

a|re|nàr|si *v.intr.pron.* **1** (*di imbarcazione*) incagliarsi su un fondo sabbioso **2** (*fig.*) non procedere, bloccarsi: *le trattative si sono arenate*.

a|ren|gà|rio *s.m.* (*st.*) palazzo municipale dei comuni medievali con un balcone da cui affacciarsi per arringare il popolo.

a|rén|go o **arèngo** *s.m.* [pl. *-ghi*] (*st.*) nel medioevo, l'assemblea del popolo di un comune | luogo in cui si teneva l'assemblea.

a|re|ni|co|lo *agg.* (*di animale o vegetale*) che vive nella sabbia.

a|re|nì|le *s.m.* distesa di sabbia in riva a mare, lago o fiume.

a|re|nó|so *agg.* sabbioso.

à|re|o- → **aero-**[1], **aero-**[2].

a|re|o|gràm|ma *s.m.* [pl. *-i*] diagramma circolare diviso in spicchi, ognuno dei quali ha un'ampiezza proporzionale alla grandezza dei valori.

areola

a|rè|o|la *s.f.* **1** piccola area **2** (*anat.*) area di colore bruno che circonda il capezzolo.
a|re|ò|me|tro *s.m.* (*fis.*) strumento usato per determinare il peso specifico o la densità di solidi e liquidi.
a|re|o|pa|gì|ta *s.m.* [pl. *-i*] (*st.*) giudice dell'Areopago.
a|re|ò|pa|go o **areopàgo** *s.m.* [pl. *-ghi*] **1** (*st.*, *spec.* con iniziale maiuscola) in Atene, il supremo tribunale **2** (*fig.*) assemblea autorevole e importante.
a|re|o|plà|no *s.m.* → **aeroplano**.
a|re|o|pòr|to *s.m.* → **aeroporto**.
àr|ga|no *s.m.* macchina, azionata da un motore o una manovella, che solleva i pesi grazie alla trazione esercitata da una fune che si avvolge attorno a un cilindro.
ar|gen|tà|na *s.f.* lega di rame, nichel e zinco; alpacca.
ar|gen|tà|re *v.tr.* [indic.pres. *io argènto*...] rivestire con uno strato d'argento.
ar|gen|tà|to *part.pass.* di argentare ♦ *agg.* **1** ricoperto di uno strato d'argento **2** simile all'argento per colore e lucentezza | (*di animali*) con mantello o piumaggio grigio brillante: *volpe argentata*.
ar|gen|ta|tù|ra *s.f.* **1** tecnica con cui si riveste un oggetto con uno strato, più o meno sottile, di argento **2** rivestimento d'argento.
ar|gèn|te|o *agg.* **1** d'argento **2** che ha il colore e la brillantezza dell'argento.
ar|gen|te|rì|a *s.f.* insieme di oggetti d'argento, spec. posate e vasellame.
ar|gen|tiè|re *s.m.* [f. *-a*] chi lavora o commercia oggetti d'argento.
ar|gen|tì|fe|ro *agg.* che contiene argento: *minerale —*.
ar|gen|tì|na *s.f.* maglietta girocollo a manica lunga.
ar|gen|tì|no[1] *agg.* **1** che ha la lucentezza dell'argento **2** che ha un timbro limpido e squillante: *suono —*.
ar|gen|tì|no[2] *agg.* dell'Argentina ♦ *s.m.* [f. *-a*] nativo o abitante dell'Argentina.
ar|gèn|to *s.m.* **1** elemento chimico, metallo prezioso, lucente, duttile e malleabile (*simb.* Ag) | (*sport*) (*medaglia d'*) —, quella assegnata al secondo classificato | (*fig.*) *nozze d'—*, il venticinquesimo anniversario di matrimonio | (*pop.*) — *vivo*, mercurio | (*fig.*) *avere l'— vivo addosso*, essere molto vivace **2** oggetto d'argento | *gli argenti*, l'argenteria **3** ciò che ha il colore e la lucentezza dell'argento | *capelli d'—*, canuti.
ar|gen|tó|ne *s.m.* lega di rame, nichel e zinco; alpacca.
ar|gìl|la *s.f.* roccia sedimentaria plasmabile, usata per fabbricare laterizi e ceramiche.
ar|gil|lò|so *agg.* che contiene argilla | simile all'argilla.
ar|gi|nà|re *v.tr.* [indic.pres. *io àrgino*...] **1** munire di argini; difendere con argini: — *un fiume* **2** (*fig.*) contenere, limitare: — *l'attacco*, *le perdite*.
ar|gi|na|tù|ra *s.f.* complesso di lavori eseguiti per controllare il corso di un fiume, spec. in caso di piena.
àr|gi|ne *s.m.* **1** rialzo naturale o artificiale che delimita le rive di un corso d'acqua | (*estens.*) terrapieno: *l'— della strada* **2** (*fig.*) riparo, limite: *porre un — alla corruzione*.
ar|gì|vo *agg.* **1** dell'antica città greca di Argo | dell'Argolide **2** (*per anton.*, *lett.*) greco ♦ *s.m.* [f. *-a*] **1** nativo o abitante di Argo o dell'Argolide **2** (*per anton.*, *lett.*) greco.
àr|go *s.m.* elemento chimico, gas nobile inodore, incolore, presente nell'aria (*simb.* Ar); è usato spec. nelle lampade a incandescenza.
ar|gò|li|co *agg.* [m.pl. *-ci*] argivo.
ar|go|men|tà|re *v.intr.* [indic.pres. *io argoménto*...; aus. *A*] ragionare: — *con chiarezza* ♦ *tr.* provare, sostenere con argomentazioni: — *le proprie idee*.
ar|go|men|ta|zió|ne *s.f.* l'argomentare | insieme di ragionamenti che dimostrano o confutano una tesi.
ar|go|mén|to *s.m.* **1** ragionamento portato a sostegno di una tesi: *confutare un* — | *essere a corto di argomenti*, non avere elementi in favore della propria tesi **2** materia, tema di un'opera o di una conversazione | *entrare in —*, affrontare un tema | *uscire dall'* —, allontanarsi da un tema **3** motivo, pretesto **4** (*mat.*) elemento a cui si applica una funzione o un'operazione.
ar|go|nàu|ta *s.m.* [pl. *-i*] **1** ciascuno dei navigatori che seguirono Giasone sulla nave Argo alla conquista del vello d'oro | *navigatore audace* **2** mollusco marino con otto tentacoli.
argot (*fr.*) [pr. *argò*] *s.m.invar.* gergo, spec. della malavita parigina.
ar|guì|re *v.tr.* [indic.pres. *io arguisco*, *tu arguisci*...] dedurre da certi indizi; inferire.
ar|gu|téz|za *s.f.* espressione arguta; arguzia.
ar|gù|to *agg.* che ha ingegno vivace e brillante: *conversatore* — | spiritoso, mordace: *battuta arguta*.
ar|gù|zia *s.f.* **1** vivacità di ingegno: *parlare con* — **2** espressione spiritosa: *un discorso pieno di arguzie*.
à|ria *s.f.* **1** miscuglio di gas, spec. azoto e ossigeno, che avvolge la Terra e forma l'atmosfera; è elemento indispensabile alla vita | — *condizionata*, regolata artificialmente a temperatura e umidità desiderate | *corrente d'—*, spostamento d'aria che si verifica in un ambiente con due o più aperture | *colpo d'—*, malanno provocato da una corrente d'aria | *cambiare l'—*, rinnovarla con l'apertura di finestre e sim. | *prendere (un po' d') —*, uscire all'aperto | *sentirsi mancare l'—*, sentirsi soffocare | (*fig.*) — *fritta*, discorsi inutili **2** spazio libero verso l'alto | *a mezz'—*, né in alto né in basso; sospeso | *saltare in —*, esplodere | *finire*, *mandare a gambe all'—*, cadere, far cadere, spec. all'indietro | (*anche fig.*) *buttare per —*, mettere in disordine | (*fig.*) *andare*, *mandare all'—*, fallire, far fallire | *fare castelli in —*, fantasticare | *discorso campato in —*, senza fondamento **3** clima: *l'— di montagna* | *atmosfera particolare: — natalizia* |

cambiare —, andare altrove; trasferirsi **4** vento: *non c'è un filo d'*— | (*fig.*) *tira una brutta* —, è un momento non favorevole **5** (*fig.*) aspetto: *avere un'— riposata* | apparenza: *ha l'— d'essere onesto* | *darsi delle arie*, avere un atteggiamento di superiorità **6** brano musicale melodico | (*estens.*) motivo: *un'— orecchiabile*.
à|ria-àc|qua *loc.agg.invar.* (*mil.*) detto di missile lanciato da un aereo contro una nave o un sommergibile.
à|ria-à|ria *loc.agg.invar.* (*mil.*) detto di missile lanciato da un veicolo aereo contro un obiettivo aereo.
a|ria|né|si|mo *s.m.* eresia promossa da Ario (256-336), che negava la consustanzialità di Cristo col Padre.
a|ria|no[1] *agg.* proprio dell'arianesimo ♦ *s.m.* [f. -a] seguace dell'arianesimo.
a|ria|no[2] *agg., s.m.* [f. -a] **1** (*ling.*) che, chi appartiene al gruppo linguistico indoeuropeo **2** (*estens.*) che, chi fa parte della supposta razza portatrice delle lingue indoeuropee, intesa dai nazisti come razza superiore.
à|ria-tèr|ra *loc.agg.invar.* (*mil.*) detto di missile lanciato da un veicolo aereo contro un obiettivo terrestre.
a|ri|di|tà *s.f.* **1** secchezza: *— del terreno* **2** (*fig.*) povertà di sentimenti.
à|ri|do *agg.* **1** povero di acqua, secco: *terra arida* | *clima* —, con scarsa piovosità **2** (*fig.*) privo di sensibilità, interessi e sim.: *una persona arida* ♦ *s.m.pl.* sostanze solide e granulose (p.e. la sabbia) misurabili con le misure di capacità dei liquidi □ **aridamente** *avv.*
a|rieg|già|re *v.tr.* [indic.pres. *io ariéggio...*] **1** dare aria a ql.co.: *— una camera* | (*estens.*) mettere all'aria: *— gli abiti* **2** (*fig.*) assomigliare; imitare.
a|rieg|già|to *part.pass. di* arieggiare ♦ *agg.* ventilato.
a|riè|te[1] *s.m.* **1** maschio della pecora; montone **2** antica macchina da guerra formata da una trave con l'estremità in metallo a forma di testa di ariete, usata per sfondare mura o porte.
A|riè|te[2] *s.m.* (*astr.*) costellazione dell'emisfero boreale e primo segno dello zodiaco, dominante il periodo tra il 21 marzo e il 20 aprile.
a|riét|ta *s.f.* **1** venticello; brezza fresca **2** (*mus.*) breve brano musicale melodico, tipico del Settecento | (*lett.*) componimento poetico in versi brevi musicato.
a|ri|màn|no *s.m.* (*st.*) presso i Longobardi, uomo libero arruolato nell'esercito e con il diritto di ricevere dal sovrano possedimenti terrieri inalienabili.
a|rin|ga *s.f.* pesce commestibile di medie dimensioni, diffuso nei mari freddi; ha il ventre color argenteo e il dorso verdastro.
a|ri|ni|a *s.f.* (*med.*) assenza totale e congenita del naso.
-à|rio *suff.* di aggettivi derivanti da sostantivi (*ferroviario, rivoluzionario*) e di sostantivi con valore collettivo (*notiziario*) o che indicano mestieri (*bibliotecario*) e strumenti (*lampadario*).

a|rió|so *agg.* **1** pieno di aria e luce; ampio, spazioso: *una stanza ariosa* **2** (*fig.*) di ampio respiro: *stile* — **3** (*mus.*) brano con andamento intermedio tra l'aria e il recitativo.
à|ri|sta[1] *s.f.* schiena del maiale macellato.
a|ri|sta[2] *s.f.* **1** (*bot.*) filamento rigido della brattea, proprio di alcune graminacee **2** (*estens., lett.*) spiga.
a|ri|sto|cràlti|co *agg., s.m.* [f. *-a*; m.pl. *-ci*] **1** che, chi appartiene all'aristocrazia **2** (*estens.*) signorile, raffinato: *modi aristocratici* □ **aristocraticamente** *avv.*
a|ri|sto|cra|zi|a *s.f.* **1** la classe predominante per diritto ereditario; nobiltà | (*estens.*) l'insieme delle famiglie nobili di una nazione o città **2** forma di governo in cui il potere è esercitato dai nobili **3** (*fig.*) l'insieme delle persone che primeggiano in un certo settore; élite: *l'— del mondo accademico*.
a|ri|sto|tè|li|co *agg.* [m.pl. *-ci*] del filosofo greco Aristotele (384-322 a.C.); conforme al suo pensiero ♦ *s.m.* [f. *-a*] chi segue la filosofia di Aristotele.
a|ri|sto|te|li|smo *s.m.* (*filos.*) la filosofia di Aristotele | corrente di pensiero che si ispira alla filosofia di Aristotele.
a|rit|mè|ti|ca *s.f.* ramo della matematica che studia i numeri e le operazioni con essi.
a|rit|mè|ti|co *agg.* [m.pl. *-ci*] relativo all'aritmetica: *problema* — □ **aritmeticamente** *avv.* secondo le regole aritmetiche.
a|rit|mì|a *s.f.* **1** mancanza di ritmo **2** (*med.*) irregolarità di un evento ritmico dell'organismo umano: *— respiratoria, cardiaca.*
a|rit|mi|co *agg.* [m.pl. *-ci*] **1** privo di ritmo **2** (*med.*) che ha un ritmo irregolare: *polso* —.
ar|lec|chi|nà|ta *s.f.* azione propria di Arlecchino | buffonata.
ar|lec|chi|no *s.m.* **1** persona mascherata da Arlecchino (maschera bergamasca con vestito a losanghe colorate) **2** (*fig.*) buffone | *essere un* —, essere incoerente, inaffidabile ♦ *agg.invar.* di svariati colori: *una stoffa* —.
àr|ma *s.f.* [pl. *armi*] **1** strumento usato dall'uomo per atti di offesa o difesa | *— da fuoco*, che spara proiettili | *— bianca*, dotata di lama | *— nucleare*, che usa l'energia nucleare | *— biologica, chimica* che usa virus e batteri o aggressivi chimici | *— convenzionale*, tradizionale, in contrapposizione alle armi nucleari e chimiche | (*dir.*) — *impropria*, oggetto usato occasionalmente come arma | *porto d'armi*, licenza per tenere armi da caccia o di difesa personale | *piazza d'armi*, spiazzo per esercitazioni militari | (*anche fig.*) *prendere, deporre le armi*, iniziare, cessare le ostilità | (*fig.*) *essere alle prime armi*, essere agli inizi di un'attività e sim. | *armi e bagagli*, tutte le proprie cose **2** (*fig.*) mezzo, anche non materiale, di offesa o difesa: *la sua migliore — è la pazienza* | *— a doppio taglio*, che può essere controproducente **3** (*estens.*) esercito | corpo dell'esercito: *l'— dei carabinieri* **4** (*pl.*) servizio militare | *compagno*

d'armi, commilitone | **chiamare, andare sotto le armi**, a fare il servizio militare.

ar|ma|diét|to *s.m.* piccolo armadio, spec. pensile: *l'— dei medicinali* | in palestre, scuole ecc., armadio di metallo alto e stretto, con serratura, in cui riporre le proprie cose.

ar|ma|dil|lo *s.m.* mammifero americano avvolto da una corazza di grosse squame cornee disposte in modo da consentire all'animale di avvolgersi a palla in caso di pericolo.

ar|mà|dio *s.m.* grande mobile chiuso da uno o più sportelli e composto da vani e cassetti, usato per riporre indumenti, cibi e oggetti vari | *— a muro*, ricavato nel vano di una parete.

ar|ma|iò|lo *s.m.* [f. *-a*] **1** chi fabbrica, vende o ripara armi **2** (*mil.*) sottufficiale addetto alla custodia e manutenzione delle armi portatili.

ar|ma|men|tà|rio *s.m.* l'insieme degli oggetti necessari per compiere un lavoro | (*scherz.*) insieme di oggetti inutili: *è venuto con tutto l'—* | (*fig., spec. spreg.*) complesso di idee: *— ideologico*.

ar|ma|mén|to *s.m.* **1** l'armare, l'armarsi **2** (*pl.*) insieme dei mezzi necessari a un esercito per essere in grado di combattere | insieme delle armi e dei mezzi militari che costituiscono la potenza bellica di una nazione: *corsa agli armamenti* **3** il complesso di materiali e marinai occorrenti per far navigare una nave **4** insieme di materiali, strumenti ecc. necessari per far funzionare ql.co.

ar|mà|re *v.tr.* **1** fornire di armi: *— un esercito* | inserire i proiettili in un'arma: *— una pistola* **2** fornire a una nave quanto occorre per navigare **3** (*tecn.*) rinforzare con strutture di sostegno opere murarie in costruzione, scavi ecc. ♦ **-rsi** *rifl.* **1** fornirsi di armi: *— contro i nemici*; *— di fucile* **2** (*fig.*) dotarsi, provvedersi di ql.co.: *— di buona volontà*; *— di carta e penna*.

ar|mà|ta *s.f.* **1** (*mil.*) unità militare divisa in corpi e con organizzazione logistica autonoma | (*estens.*) esercito | (*st.*) — *rossa*, esercito sovietico | (*fig.*) — **Brancaleone**, gruppo sgangherato e inefficiente (dal titolo del film di M. Monicelli, 1966) **2** il complesso delle forze navali o aeree di una nazione.

ar|mà|to *part.pass.* di armare ♦ *agg.* **1** fornito di armi: *il ladro era —* | corazzato: *carro —* | *forze armate*, esercito, aviazione e marina | *rapina a mano armata*, fatta con l'uso di armi **2** (*estens., anche fig.*) provvisto di ql.co.: *— delle migliori intenzioni* **3** (*tecn.*) provvisto di un'ossatura metallica che rafforza la struttura: *cemento —* ♦ *s.m. spec.pl.* soldato.

ar|ma|tó|re *agg.* che arma una nave: *società armatrice* ♦ *s.m.* [f. *-trice*] **1** chi arma una nave per sé o per altri **2** operaio che allestisce le opere di sostegno in gallerie, scavi e sim.

ar|ma|tù|ra *s.f.* **1** (*st.*) complesso di protezioni in materiale resistente, indossate dai guerrieri antichi per la propria difesa | (*edil.*) ossatura metallica nelle strutture in calcestruzzo.

ar|meg|già|re *v.intr.* [indic.pres. *io arméggio*...]; aus. *A*] (*fig.*) darsi da fare, affaccendarsi, spec. in modo confuso: *— intorno ai fornelli* | tramare.

ar|meg|gió|ne *s.m.* chi si dà da fare senza conclusione | maneggione, imbroglione.

ar|mè|no *agg.* dell'Armenia, in Asia Minore ♦ *s.m.* **1** [f. *-a*] nativo o abitante dell'Armenia **2** lingua parlata dagli armeni.

ar|mén|to *s.m.* branco di grossi quadrupedi domestici da pascolo (p.e. buoi).

ar|me|rì|a *s.f.* **1** (*mil.*) luogo in cui sono custodite le armi di un reparto **2** collezione di armi, spec. antiche **3** negozio di armi.

ar|miè|re *s.m.* (*mil.*) in artiglieria e aviazione, sottufficiale addetto alla manutenzione delle armi.

ar|mi|ge|ro *s.m.* (*lett.*) guerriero, soldato.

ar|mìl|la *s.f.* (*st.*) nell'antica Roma, bracciale, spec. d'oro, portato come ornamento o donato ai soldati come ricompensa militare.

ar|mi|stì|zio *s.m.* accordo per la sospensione delle ostilità tra belligeranti: *stipulare un —*.

àr|mo *s.m.* (*sport*) nel canottaggio e nella vela, equipaggio per una regata.

ar|mo|nì|a *s.f.* **1** consonanza di suoni emessi da voci o strumenti che producono un effetto gradevole **2** (*mus.*) insieme di nozioni teoriche e pratiche che regolano le strutture degli accordi **3** (*fig.*) accordo di più elementi: *— di colori* | *in — con*, in conformità con: *agire in — con le leggi* **4** (*fig.*) concordia di sentimenti o idee: *vivere in buona —*; *essere in — con qlcu*.

ar|mò|ni|ca *s.f.* (*mus.*) strumento, proprio del Settecento, composto da vetri fatti vibrare con le dita umide o con un piccolo martello | *— a bocca*, strumento a fiato formato da una scatoletta con dei fori provvisti di ance.

ar|mò|ni|co *agg.* [m.pl. *-ci*] **1** conforme alle leggi dell'armonia **2** (*mus.*) che produce armonia | *cassa armonica*, cavità di alcuni strumenti che, attraverso la risonanza, amplifica e migliora il suono **3** (*fig.*) ben proporzionato: *un fisico —* □ **armonicamente** *avv.*

ar|mo|nió|so *agg.* **1** che produce una piacevole armonia: *canto —* **2** (*fig.*) armonico, ben proporzionato □ **armoniosamente** *avv.*

ar|mò|nium *s.m.invar.* (*mus.*) strumento con tastiera, pedali e mantice, con suono simile a quello dell'organo.

ar|mo|niz|zà|re *v.tr.* **1** (*mus.*) corredare di accordi una melodia, secondo le leggi dell'armonia **2** (*fig.*) rendere armonioso ♦ *intr.* [aus. *A*], **-rsi** *intr.pron.* essere in armonia; accordarsi.

ar|mo|niz|za|zió|ne *s.f.* l'armonizzare, l'essere armonizzato | il loro risultato.

ar|né|se *s.m.* **1** strumento di lavoro: *gli arnesi dell'idraulico* | (*fam.*) oggetto di cui non si sa o non si vuole specificare il nome: *cos'è quell'—?* **3** (*lett.*) condizione fisica o economica | *essere bene, male in —*, trovarsi in buono, cattivo stato.

àr|nia *s.f.* cassetta destinata all'allevamento delle api.

àr|ni|ca *s.f.* pianta erbacea da cui si ricavano so-

stanze usate in medicina per curare distorsioni, contusioni e sim.
a|rò|ma *s.m.* [pl. *-mi*] **1** sostanza odorosa d'origine vegetale usata come condimento o profumo | spezia **2** profumo intenso e gradevole: *l'— del caffè*.
a|ro|mà|ti|co *agg.* [m.pl. *-ci*] che ha aroma | *piante aromatiche*, dalle quali si ricavano aromi.
a|ro|ma|tiz|zàn|te *part.pres.* di aromatizzare ♦ *s.m.* sostanza di origine naturale aggiunta ai prodotti alimentari per migliorarne l'aroma.
a|ro|ma|tiz|zà|re *v.tr.* profumare con aromi, spec. di vivanda.
àr|pa *s.f.* (*mus.*) strumento che si suona pizzicando con le dita o il plettro le corde di diversa lunghezza, tese su un grande telaio in legno di forma triangolare.
ar|pa|gó|ne *s.m.* persona molto avara; tirchio.
ar|peg|già|re *v.intr.* [indic.pres. *io arpéggio*...]; aus. *A*] suonare l'arpa o altri strumenti a corda | eseguire arpeggi ♦ *v.tr.* eseguire con arpeggi: *— un accordo*.
ar|pég|gio *s.m.* esecuzione successiva delle singole note di un accordo musicale.
ar|pé|se *s.m.* (*edil.*) perno di ferro usato nelle costruzioni per tenere unite le pietre.
ar|pì|a *s.f.* **1** mostro favoloso con corpo di uccello e volto di donna **2** (*fig.*) persona avara e malvagia | donna brutta e bisbetica **3** uccello rapace dell'America centromeridionale **4** farfalla notturna.
ar|pio|nà|re *v.tr.* [indic.pres. *io arpióno*...] colpire, catturare con l'arpione.
ar|pió|ne *s.m.* **1** ferro uncinato inserito nel muro che permette la rotazione dei battenti di porte e finestre **2** gancio infisso nel muro usato per appendere ql.co. | (*sport*) nell'alpinismo, attrezzo a punta per fare presa sul ghiaccio **3** lancia terminante con un ferro uncinato, usata nella caccia a cetacei e grossi pesci.
ar|pio|ni|smo *s.m.* (*mecc.*) meccanismo che permette a una ruota dentata di ruotare in un solo senso.
ar|pì|sta *s.m./f.* [m.pl. *-i*] chi suona l'arpa.
ar|ra|bat|tàr|si *v.intr.pron.* darsi da fare, impegnarsi in ql.co., ma con scarsi risultati.
ar|rab|bià|re *v.intr.* [indic.pres. *io arràbbio*...]; aus. *E*] prendere la rabbia ♦ **-rsi** *intr.pron.* irritarsi violentemente: *— per ql.co*.; *— con qlcu*.
ar|rab|bià|to *part.pass.* di arrabbiare ♦ *agg.* affetto da rabbia: *cane — 2* (*fig.*) adirato, infuriato | (*gastr.*) *all'arrabbiata*, detto di cibo cucinato in modo piccante: *penne all'arrabbiata* **3** (*fig.*) accanito: *scommettitore —*.
ar|rab|bia|tù|ra *s.f.* l'arrabbiarsi; stato di rabbia e collera: *prendersi un' —*.
ar|raf|fà|re *v.tr.* afferrare con violenza o in fretta: *arraffò il cibo* | (*estens.*) portar via in fretta e senza scegliere | rubare: *ha arraffato tutto ciò che poteva*.
ar|ram|pi|cà|re *v.intr.* [indic.pres. *io arràmpico, tu arràmpichi*...; aus. *E*] (*sport*) in alpinismo, salire aiutandosi con piedi e mani | nel ciclismo,

arrendevole

percorrere una salita ♦ **-rsi** *intr.pron.* **1** salire aggrappandosi: *— sugli alberi* | (*fig.*) — *sui vetri*, *sugli specchi*, sostenere una tesi con argomentazioni poco convincenti | (*di piante*) crescere aggrappandosi a ql.co.: *l'edera si arrampica al muro* **2** (*estens.*) procedere in salita con fatica: *l'auto s'arrampicava per i tornanti*.
ar|ram|pi|cà|ta *s.f.* **1** l'arrampicarsi **2** (*sport*) in alpinismo, salita su roccia o ghiaccio | — *libera*, compiuta servendosi solo degli appigli naturali | — *artificiale*, compiuta usando chiodi, staffe e sim. | nel ciclismo, superamento di una salita molto ripida.
ar|ram|pi|ca|tó|re *s.m.* [f. *-trice*] **1** chi si arrampica | (*fig.*) — *sociale*, chi con ogni mezzo tenta di raggiungere un'elevata posizione sociale **2** (*sport*) nell'alpinismo, chi compie scalate su roccia o ghiaccio | nel ciclismo, corridore forte in salita; scalatore.
ar|ran|cà|re *v.intr.* [indic.pres. *io arranco, tu arranchi*...; aus. *A*] camminare zoppicando | (*estens.*) procedere con fatica: *— su per le scale*.
ar|ran|gia|mén|to *s.m.* **1** accordo **2** rielaborazione di un tema musicale, spec. per adattare la composizione a strumenti diversi da quelli originariamente previsti.
ar|ran|già|re *v.tr.* [indic.pres. *io arràngio*...] **1** aggiustare alla meglio | (*fam.*) *ora ti arrangio io!*, dare una lezione; malmenare **2** (*fam.*) mettere insieme in qualche modo: *— un pasto* **3** adattare liberamente un pezzo musicale, spec. per suonarlo con strumenti diversi da quelli originariamente previsti ♦ **-rsi** *intr.pron.* **1** mettersi d'accordo: *— sul pagamento* **2** darsi da fare come si può; riuscire a cavarsela: *si arrangia con dei lavoretti* | *arrangiati!*, invito a superare una difficoltà da solo **3** sistemarsi alla meglio in un luogo.
ar|ran|gia|tó|re *s.m.* [f. *-trice*] chi cura gli arrangiamenti musicali.
ar|re|cà|re *v.tr.* [indic.pres. *io arrèco, tu arrèchi*...] causare: *— disturbo*.
ar|re|da|mén|to *s.m.* **1** la maniera di arredare **2** l'insieme di mobili e oggetti che arredano un locale: *cambiare —*.
ar|re|dà|re *v.tr.* [indic.pres. *io arrèdo*...] fornire un ambiente di mobili, suppellettili, decorazioni e sim.: *— un appartamento*.
ar|re|da|tó|re *agg., s.m.* [f. *-trice*] che, chi progetta e realizza un arredamento: *architetto —*.
ar|rè|do *s.m.* insieme di mobili e oggetti che servono ad arredare un locale | (*arch.*) — *urbano*, tutte le attrezzature necessarie per completare in modo funzionale gli spazi pubblici (p.e. lampioni, panchine) | *arredi sacri*, oggetti usati per il culto cattolico.
ar|rem|bàg|gio *s.m.* assalto a una nave nemica, dopo averla abbordata | *all' —*, grido per incitare l'assalto.
ar|rèn|der|si *v.intr.pron.* [con. come *rendere*] **1** consegnarsi al nemico, darsi vinto **2** (*fig.*) cedere: *— all'evidenza*.
ar|ren|dé|vo|le *agg.* che cede facilmente, remissivo: *un carattere —*.

ar|ren|de|vo|léz|za *s.f.* caratteristica di chi è arrendevole; remissività.

ar|re|stà|re *v.tr.* [indic.pres. *io arrèsto...*] **1** *(anche fig.)* fermare; far cessare: — *il treno*; — *un'emorragia* **2** trattenere in arresto dietro mandato dell'autorità giudiziaria: *il ladro è stato arrestato* ♦ **-rsi** *rifl.* fermarsi.

ar|re|stà|to *part.pass. di* arrestare ♦ *s.m.* [f. *-a*] chi è in stato di arresto.

ar|rè|sto *s.m.* **1** l'arrestare, l'arrestarsi; interruzione | *(med.)* — *cardiaco*, cessazione improvvisa dei battiti del cuore | *linea di* —, limite entro cui ci si deve fermare davanti a un segnale di stop | *battuta d'*—, interruzione, sosta **2** *(tecn.)* qualsiasi dispositivo che impedisce il funzionamento di un macchinario **3** *(dir.)* provvedimento limitativo della libertà personale | *arresti domiciliari*, divieto di lasciare la propria abitazione **4** *(spec. pl.)* punizione disciplinare inflitta a ufficiali e sottufficiali | *arresti semplici*, obbligo di restare nella propria stanza durante le ore libere dal servizio.

ar|re|tra|mén|to *s.m.* l'arretrare; spostamento all'indietro.

ar|re|trà|re *v.tr.* [indic.pres. *io arrètro...*] collocare più indietro: — *le truppe* ♦ *v.intr.* [aus. *E*] **1** *(anche fig.)* indietreggiare; tirarsi indietro: — *di fronte al nemico*; — *alle prime difficoltà* **2** diminuire di estensione: *i ghiacciai arretrano sempre più*.

ar|re|tra|téz|za *s.f.* l'essere indietro, in ritardo | *(fig.)* condizione di scarso sviluppo: — *economica*.

ar|re|trà|to *part.pass. di* arretrare ♦ *agg.* **1** che è rimasto indietro | *lavoro* —, accumulato, ancora da sbrigare | *(di giornale e sim.) numero* —, quello che precede l'ultimo uscito **2** che dura da tempo: *sonno* — **3** che ha un ritardo nello sviluppo culturale, economico: *nazione arretrata* ♦ *s.m.* **1** pagamento non saldato alla scadenza dovuta: *pagare gli arretrati* **2** *(pl.)* faccenda in sospeso.

ar|ric|chi|mén|to *s.m.* **1** *(anche fig.)* l'arricchire, l'arricchirsi: — *culturale* **2** *(chim.)* processo per aumentare la quantità di una certa sostanza in un miscuglio o in un minerale.

ar|ric|chi|re *v.tr.* [indic.pres. *io arricchisco, tu arricchisci...*] **1** far diventare ricco o più ricco **2** *(anche fig.)* accrescere: — *una collezione*; — *la propria cultura* **3** ornare: — *la tavola con dei fiori* ♦ *intr.* [aus. *E*], **-rsi** *rifl.*, *intr.pron.* *(anche fig.)* diventare ricco: *(si) è arricchito in poco tempo*.

ar|ric|chi|to *part.pass. di* arricchire ♦ *agg.*, *s.m.* **1** *(anche spreg.)* che, chi è diventato ricco, spec. in breve tempo: *sono degli arricchiti* **2** *(chim.)* che è stato sottoposto ad arricchimento: *uranio* —.

ar|ric|cia|búr|ro *s.m.invar.* utensile da cucina per ottenere riccioli di burro.

ar|ric|cià|re *v.tr.* [indic.pres. *io arríccio...*] **1** piegare a forma di riccio: — *i capelli* | *(di tessuto)* fare un'arricciatura **2** corrugare: — *il naso*, aggrinzirlo in segno di disgusto o insoddisfazione **3** *(edil.)* stendere uno strato di malta prima dell'intonaco definitivo ♦ **-rsi** *intr.pron.* farsi o diventare riccio.

ar|ric|cià|to *part.pass. di* arricciare ♦ *agg.* **1** piegato a forma di riccio: *baffi arricciati* **2** *(estens.)* corrugato, increspato ♦ *s.m. (edil.)* strato di malta stesa su un muro prima di intonacarlo in modo definitivo.

ar|ric|cia|tú|ra *s.f.* **1** l'arricciare, l'arricciarsi **2** le ondulazioni naturali che caratterizzano una fibra tessile | le pieghe date a un tessuto, spec. attraverso cuciture **3** *(edil.)* arricciato.

ar|ri|de|re *v.intr.* [con. come *ridere*; aus. *A*] essere favorevole, propizio: *la fortuna ti arride*.

ar|rìn|ga *s.f.* **1** discorso ufficiale pronunciato in pubblico **2** *(dir.)* discorso pronunciato in un processo penale dal difensore dell'imputato o dalla parte civile.

ar|rin|gà|re *v.tr.*, *intr.* [indic.pres. *io arringo, tu arringhi...*; aus. *A*] pronunciare un'arringa | esortare con un'arringa: — *la folla*.

ar|ri|schià|re *v.tr.* [indic.pres. *io arrìschio...*] **1** mettere a repentaglio, rischiare | *(assol.)* correre un rischio **2** azzardare: — *una risposta* ♦ **-rsi** *rifl.* rischiare | osare.

ar|ri|schià|to *part.pass. di* arrischiare ♦ *agg.* **1** che presenta rischi **2** azzardato.

ar|ri|và|re *v.intr.* [aus. *E*] **1** *(anche fig.)* giungere in un luogo stabilito; pervenire: — *alla meta*; — *a un patto* | *(fig.)* — *a qlcu.*, riuscire a prendere contatti con qlcu. di importante giungere a un determinato punto, livello o misura: — *ai cent'anni*; — *alla carica di presidente*; *questo colle arriva a 800 metri* | osare: *è arrivato perfino a ingannarmi* | *(coll.)* riuscire a capire: *non ci arriva!* **3** *(assol.)* ottenere il successo: *pensa solo ad —*.

ar|ri|và|to *part.pass. di* arrivare ♦ *agg.*, *s.m.* [f. *-a*] **1** che, chi è giunto: *un nuovo* — | *ben* —!, saluto dato a chi sopraggiunge **2** che, chi ha ottenuto il successo professionale.

ar|ri|ve|dér|ci *inter.* formula di saluto quando ci si separa in modo non definitivo | *(fam.)* — *e grazie!*, formula usata per interrompere una discussione sgradita ♦ *s.m.* saluto non definitivo: *lasciarsi con un* —.

ar|ri|ve|dér|la *inter.* formula di saluto usata nel rivolgersi a persone con cui non si ha confidenza.

ar|ri|vì|smo *s.m.* comportamento di chi tenta a tutti i costi di raggiungere un'elevata posizione economica, sociale o politica.

ar|ri|vì|sta *s.m./f.* [m.pl. *-i*] chi tenta a tutti i costi di raggiungere un'elevata posizione economica, sociale o politica; arrampicatore sociale.

ar|rì|vo *s.m.* **1** l'arrivare | *essere in* —, sul punto di arrivare **2** momento o luogo dell'arrivo: *ti aspetto all'*— *del treno* | *(pl.)* in aeroporti, stazioni e sim., zona riservata ai viaggiatori giunti a destinazione | *tabellone degli arrivi*, su cui sono esposti gli orari di arrivo **3** *(sport)* traguardo: *100 metri all'*—, *ultimi metri di una corsa*: — *in gruppo*, *in volata* **4** *(spec.pl.)* le merci appena arrivate: *gli ultimi arrivi*.

ar|roc|ca|mén|to *s.m.* **1** l'arroccare, l'arroccarsi | *(fig.)* chiusura in se stessi **2** *(negli scacchi)* arrocco **3** *(mil.) linea di* —, linea di difesa parallela a quella del fronte.

ar|roc|cà|re *v.tr.* [indic.pres. *io arròcco, tu arròcchi...*] **1** (*scacchi*) compiere l'arrocco **2** (*mil.*) muovere le truppe lungo linee interne al fronte **3** (*fig.*) mettere al sicuro ♦ **-rsi** *rifl.* mettersi al riparo | (*fig.*) chiudersi.
ar|ròc|co *s.m.* [pl. *-chi*] negli scacchi, scambio di posizione tra la torre e il re.
ar|ro|chi|to *agg.* roco, rauco.
ar|ro|gàn|te *agg.*, *s.m./f.* che, chi dimostra arroganza; insolente □ **arrogantemente** *avv.*
ar|ro|gàn|za *s.f.* atteggiamento insolente e presuntuoso: *agire con —.*
ar|ro|gàr|si *v.tr.* [indic.pres. *io mi arrògo, tu ti arròghi...*] rivendicare ql.co. che non spetta; attribuirsi: *arrogarsi un diritto.*
ar|ros|sa|mén|to *s.m.* l'arrossare, l'arrossarsi | parte del corpo che si presenta arrossata.
ar|ros|sà|re *v.tr.* [indic.pres. *io arròsso...*] far diventare rosso ♦ **-rsi** *intr.pron.* diventare rosso: *la pelle si è arrossata per la scottatura.*
ar|ros|sì|re *v.intr.* [indic.pres. *io arrossisco, tu arrossisci...*; aus. *E*] divenire rosso in volto: — *dalla* (o *per la*) *vergogna.*
ar|ro|sti|mén|to *s.m.* **1** l'arrostire, l'arrostirsi **2** (*metall.*) riscaldamento di un minerale in presenza d'aria in modo da eliminare le parti volatili e facilitare l'estrazione del metallo.
ar|ro|stì|re *v.tr.* [indic.pres. *io arrostisco, tu arrostisci...*] **1** cuocere cibi a fuoco vivo: — *le castagne* **2** sottoporre un minerale ad arrostimento ♦ *intr.* [aus. *E*], **-rsi** *intr.pron.* diventare arrostito | (*scherz.*) esporsi al sole cocente per molto tempo.
ar|ro|stì|to *part.pass.* di arrostire ♦ *agg.* cotto arrosto | (*scherz.*) eccessivamente abbronzato.
ar|rò|sto *s.m.* carne arrostita | (*fig.*) *tanto fumo e poco —,* tanta apparenza e poca sostanza ♦ *avv.* con arrostimento: *cuocere ql.co. —* ♦ *agg.invar.* arrostito: *pollo —.*
ar|ro|tà|re *v.tr.* [indic.pres. *io arròto...*] **1** rendere affilata una lama: — *la falce* **2** levigare con l'arrotatrice: — *il pavimento* | (*fig.*) — *la erre,* pronunciare la erre moscia **3** (*fam.*) investire con un veicolo.
ar|ro|ta|trì|ce *s.f.* (*tecn.*) macchina per levigare superfici dure, spec. pavimenti.
ar|ro|ta|tù|ra *s.f.* l'arrotare | il suo risultato.
ar|ro|ti|no *s.m.* chi arrota le lame.
ar|ro|to|là|re *v.tr.* [indic.pres. *io arròtolo...*] avvolgere a rotolo: — *un foglio* ♦ **-rsi** *rifl.*, *intr.pron.* avvolgersi su se stessi.
ar|ro|ton|da|mén|to *s.m.* **1** l'arrotondare, l'arrotondarsi **2** (*mat.*) approssimazione di un numero per eccesso o difetto, al fine di facilitare i conti | (*estens.*) integrazione: — *dello stipendio.*
ar|ro|ton|dà|re *v.tr.* [indic.pres. *io arrotóndo...*] **1** dare forma rotonda o più rotonda: — *uno spigolo* **2** (*mat.*) approssimare un numero, per difetto o eccesso, al fine di facilitare i conti: — *al secondo decimale* | — *un prezzo,* ridurre a cifra tonda | — *lo stipendio,* integrarlo con altri guadagni ♦ **-rsi** *intr.pron.* diventare rotondo | (*fam.*) ingrassare.
ar|ro|vel|la|mén|to *s.m.* l'arrovellarsi.
ar|ro|vel|là|re *v.tr.* [indic.pres. *io arrovèllo...*] (*raro*) tormentare | (*fig.*) **arrovellarsi il cervello,** riflettere intensamente per trovare una soluzione ♦ **-rsi** *rifl.* **1** tormentarsi **2** accanirsi; darsi da fare.
ar|ro|ven|tà|re *v.tr.* [indic.pres. *io arrovènto...*] (*anche fig.*) rendere rovente: *il sole arroventa le strade; il suo discorso arroventò gli animi* ♦ **-rsi** *intr.pron.* (*anche fig.*) diventare rovente.
ar|ruf|fa|pò|po|li o **arruffapòpolo** *s.m./f.invar.* chi, spec. con intrighi, incita le masse alla rivolta; sobillatore.
ar|ruf|fà|re *v.tr.* **1** mettere in disordine, spec. i capelli | (*di animale*) — *il pelo,* drizzarlo in segno di paura o minaccia | — *la matassa,* ingarbugliarne i fili; (*fig.*) rendere complicata una situazione **2** (*fig.*) confondere ♦ **-rsi** *rifl.* scarmigliarsi: — *i capelli* ♦ *intr.pron.* diventare scompigliato, disordinato.
ar|ruf|fà|to *part.pass. di* arruffare ♦ *agg.* **1** scompigliato **2** (*fig.*) confuso.
ar|ruf|fia|nà|re *v.tr.* rendersi qlcu. amico con un comportamento servile, spec. per ottenerne favori: *si è arruffianato il preside* ♦ **-rsi** *intr.pron.* (*pop.*) accordarsi, spec. per fini disonesti: — *con qlcu.*
ar|ruf|fó|ne *s.m.* [f. *-a*] persona confusionaria | (*estens.*) imbroglione.
ar|rug|gi|nì|re *v.tr.* [indic.pres. *io arrugginisco, tu arrugginisci...*] **1** causare la ruggine: *l'umidità ha arrugginito la serratura* **2** (*fig.*) indebolire | *lo zio arruginisce la mente* ♦ *intr.* [aus. *E*], **-rsi** *intr.pron.* **1** prendere la ruggine: *il cancello* (*si*) *è arrugginito* **2** (*fig.*) perdere agilità fisica o mentale.
ar|ruo|la|mén|to *s.m.* reclutamento: — *volontario.*
ar|ruo|là|re *v.tr.* [indic.pres. *io arruòlo...*] chiamare alle armi | (*estens.*) ingaggiare: *hanno arruolato un nuovo difensore* ♦ **-rsi** *rifl.* entrare volontariamente nelle forze armate.
ars dic|tàn|di (*lat.*) *loc.sost.f.invar.* (*ret.*) nel Medioevo, l'insieme di regole ed esempi per scrivere in modo corretto ed elegante lettere e documenti in latino.
ar|se|nà|le *s.m.* **1** il complesso dei cantieri in cui si costruiscono e riparano navi militari **2** deposito di armi ed esplosivi | (*estens.*) grossa quantità di armi **3** (*estens., scherz.*) luogo in cui sono ammassati oggetti di varia natura: *la sua soffitta è un —* | insieme di oggetti diversi.
ar|sè|ni|co *s.m.* elemento chimico, semimetallo grigio (*simb.* As), usato in ambito farmaceutico, zootecnico e metallurgico | (*estens.*) veleno ♦ *agg.* [m.pl. *-ci*] che contiene arsenico: *acido —.*
àr|si *s.f.invar.* **1** (*mus.*) tempo in levare della battuta **2** (*metr.*) nei versi greci, il tempo debole | nei versi latini, il tempo forte.
àr|so *part.pass.* di ardere ♦ *agg.* bruciato; secco.
ar|sù|ra *s.f.* **1** calore insopportabile | (*estens.*) aridità **2** sensazione di secchezza e bruciore in gola.
art déco (*fr.*) [pr. *art decò*] *loc.sost.f.invar.* mo-

art director

vimento artistico nato intorno al 1920 che prediligeva le forme stilizzate e geometriche.
art director *(ingl.) loc.sost.m.invar.* responsabile del settore tecnico-grafico di un ufficio o un'agenzia di pubblicità.
àr|te *s.f.* **1** attività umana che, per mezzo di forme, colori, parole e suoni, crea opere a cui si riconosce un valore estetico: *l'— della pittura; opera d'—* | il complesso delle opere artistiche di una zona o epoca: *l'— etrusca, gotica* **2** attività umana che si basa su determinate regole, sull'esperienza e sullo studio | *— militare*, scienza della guerra | *arti marziali*, tecniche di combattimento di origine orientale **3** professione, mestiere: *l'— del fabbro* | *eseguito a regola d'—*, fatto alla perfezione | *(fig.) senza — né parte*, senza nessuna capacità specifica **4** l'attività e le tecniche di chi lavora nello spettacolo: *— drammatica* | *figlio d'—*, artista figlio di artista | *nome d'—*, pseudonimo di un artista | *in —*, secondo il nome d'arte: *Antonio De Curtis, in — Totò* **5** *(estens.)* abilità: *l'— di saper fingere* | *(estens.)* astuzia, raggiro | *ad —*, di proposito **6** nel Medioevo, associazione di lavoratori: *l'— degli speziali.*
ar|te|fàt|to *agg.* fatto con artificio; adulterato: *vino —* | *(fig.)* innaturale: *modi artefatti.*
ar|té|fi|ce *s.m./f.* **1** chi svolge un lavoro che esige abilità e ingegno **2** *(estens.)* creatore: *essere l'— del proprio destino* | *(anton.) il Sommo —*, Dio.
ar|te|mì|sia *s.f.* pianta erbacea con foglie grigioverde e fiori gialli a grappolo.
ar|tè|ria *s.f.* **1** *(anat.)* vaso membranoso elastico in cui il sangue fluisce dal cuore ai tessuti: *aorta, femorale* **2** *(fig.)* importante via di comunicazione: *— stradale, fluviale.*
ar|te|rio|gra|fì|a *s.f. (med.)* visualizzazione di un'arteria tramite esame radiologico.
ar|te|rio|pa|tì|a *s.f. (med.)* qualsiasi malattia che colpisce le arterie.
ar|te|rio|scle|rò|si o **arteriosclèrosi** *s.f. (med.)* degenerazione e indurimento delle pareti delle arterie.
ar|te|rio|scle|rò|ti|co *agg.* [m.pl. *-ci*] *(med.)* proprio dell'arteriosclerosi ♦ *agg., s.m.* [f. *-a*] che, chi è affetto da arteriosclerosi | *(fig., fam.)* rimbambito.
ar|te|rió|so *agg.* delle arterie; relativo alle arterie: *pressione arteriosa.*
ar|te|rì|te *s.f. (med.)* infiammazione della parete di un'arteria.
ar|te|sià|no *agg.* detto di un pozzo che raggiunge una falda dalla quale l'acqua sgorga spontaneamente in superficie.
àr|ti|co *agg.* [m.pl. *-ci*] **1** del Nord | *circolo polare —*, Polo Nord **2** della regione geografica intorno al Polo Nord ♦ *s.m. Artico* Polo Nord | zona intorno al Polo Nord.
ar|ti|co|là|re¹ *v.tr.* [indic.pres. *io articolo...*] **1** muovere gli arti attorno alle articolazioni **2** pronunciare le parole in modo chiaro e distinto | *(estens.)* pronunciare **3** *(fig.)* svolgere in più parti distinte: *il racconto è articolato in due capitoli* ♦ *-rsi* *rifl., intr.pron.* **1** *(di parti del corpo)* congiungersi in un'articolazione **2** *(fig.)* dividersi in parti: *l'esame si articola in due prove.*
ar|ti|co|là|re² *agg.* relativo alle articolazioni del corpo: *dolore —.*
ar|ti|co|là|to¹ *part.pass.* di articolare ♦ *agg.* **1** dotato di articolazioni: *le parti articolate del corpo* | *(di parti meccaniche)* snodato: *il braccio — della ruspa* **2** *(estens.)* costituito da più parti | *(fig.)* ben collegato nelle sue parti; coerente: *un ragionamento —* **3** pronunciato distintamente: *suono —* | *linguaggio —*, il linguaggio dell'uomo, fondato sull'articolazione **4** ricco di insenature: *coste articolate* ♦ *s.m.* mezzo di trasporto formato da motrice e rimorchio.
ar|ti|co|là|to² *agg. (gramm.)* detto di preposizione unita a un articolo (p.e. *della, al*).
ar|ti|co|la|tò|rio *agg. (ling.)* relativo all'articolazione.
ar|ti|co|la|zió|ne *s.f.* **1** l'articolare, l'articolarsi **2** *(anat.)* punto di connessione fra due ossa contigue **3** *(mecc.)* collegamento di due parti meccaniche che permette la libera rotazione di una rispetto all'altra **4** *(ling.)* insieme dei movimenti dell'apparato di fonazione per produrre un suono.
ar|ti|co|li|sta *s.m./f.* [m.pl. *-i*] chi scrive articoli di giornale.
ar|tì|co|lo *s.m.* **1** *(gramm.)* parte variabile del discorso premessa al nome per determinarne genere e numero: *— determinativo, indeterminativo* **2** suddivisione di un testo normativo: *gli articoli della Costituzione* **3** parte essenziale di una religione | *— di fede*, verità di fede **4** scritto di vario argomento per un giornale o una rivista | *— di fondo*, commento a fatti di attualità, scritto dal direttore o da persona autorevole e pubblicato in prima pagina | *— di spalla*, quello in alto a destra in prima pagina **5** tipo di oggetto in vendita: *articoli sportivi.*
ar|ti|ficià|le *agg.* **1** fatto, prodotto dall'uomo, non dalla natura: *lago —; latte —* | *fuochi artificiali*, fuochi d'artificio **2** *(fig.)* privo di spontaneità: *sorriso —* □ **artificialmente** *avv.*
ar|ti|fi|cière *s.m.* **1** militare o tecnico civile specializzato nel preparare, custodire e disinnescare esplosivi **2** chi prepara fuochi d'artificio.
ar|ti|fì|cio *s.m.* **1** espediente per ottenere un certo effetto | astuzia, inganno: *artifici magici* **2** *(fig.)* ricercatezza, anche eccessiva: *parlare con — 3 (mil.)* congegno esplosivo usato per segnalazioni, inneschi e sim. | *fuochi d'—*, fuochi pirotecnici fatti esplodere a scopo spettacolare.
ar|ti|fi|cio|si|tà *s.f.* l'essere artificioso, innaturale.
ar|ti|fi|ció|so *agg.* privo di naturalezza; complicato: *ragionamento —* □ **artificiosamente** *avv.*
ar|ti|già|nà|le *agg.* di artigiano: *produzione —* | *(estens.)* fatto alla buona, con un'attrezzatura semplice: *un film —* □ **artigianalmente** *avv.*
ar|ti|già|nà|to *s.m.* **1** l'attività degli artigiani | l'insieme dei prodotti artigiani: *fiera dell'—* **2** la categoria degli artigiani.
ar|ti|già|no *s.m.* [f. *-a*] chi, con strumenti propri

e pochi dipendenti, compie lavorazioni che richiedono capacità tecnica o gusto artistico ♦ *agg.* artigianale: *bottega artigiana.*
ar|ti|glià|re *v.tr.* [indic.pres. *io artìglio*...] afferrare con gli artigli.
ar|ti|glià|to *part.pass. di* artigliare ♦ *agg.* 1 munito di artigli 2 (*estens.*) a forma di artiglio.
ar|ti|glìe|re *s.m.* soldato dell'artiglieria.
ar|ti|glie|rì|a *s.f.* 1 insieme di tutte le armi da fuoco pesanti | *pezzo d'* —, cannone, obice o mortaio 2 corpo dell'esercito specializzato nell'uso di armi da fuoco pesanti.
ar|tì|glio *s.m.* unghia adunca di animali predatori come rapaci, rettili, felini | (*estens.*) mano di persona violenta o avida | (*fig.*) *tirar fuori gli artigli,* farsi valere.
Ar|tio|dàt|ti|li *s.m.pl.* ordine di Mammiferi erbivori con dita del piede in numero pari e munite di zoccolo.
ar|tì|sta *s.m./f.* [m.pl. *-i*] 1 chi si dedica abitualmente a un'arte 2 chi si esibisce, spec. per professione, in spettacoli 3 chi è abilissimo in un'attività: *quel sarto è un vero* —.
ar|ti|sti|ci|tà *s.f.* valore artistico.
ar|tì|sti|co *agg.* [m.pl. *-ci*] 1 che riguarda l'arte: *liceo* — 2 che è fatto con arte: *lavoro* — | raffinato: *gusto* — □ **artisticamente** *avv.*
àr|to *s.m.* (*anat.*) parte del corpo unita al tronco per mezzo di articolazioni | *arti superiori,* braccia | *arti inferiori,* gambe.
ar|trì|te *s.f.* (*med.*) infiammazione delle articolazioni.
ar|trì|ti|co *agg.* [m.pl. *-ci*] (*med.*) relativo ad artrite: *disturbi artritici* ♦ *agg.*, *s.m.* [f. *-a*] che, chi è affetto da artrite.
àr|tro- primo elemento di parole composte della terminologia scientifica che significa "articolazione" o "arto" (*artropatia, Artropodi*).
ar|tro|lo|gì|a *s.f.* (*med.*) parte dell'anatomia che studia la struttura e la funzione delle articolazioni.
ar|tro|pa|tì|a *s.f.* (*med.*) malattia delle articolazioni.
ar|tro|plà|sti|ca *s.f.* (*med.*) riparazione di un'articolazione tramite intervento chirurgico.
Ar|tròpo|di *s.m.pl.* tipo di Invertebrati con zampe articolate e corpo diviso in segmenti protetto da uno strato di chitina (p.e. insetti, crostacei, aracnidi).
ar|tro|sco|pì|a *s.f.* (*med.*) esame endoscopico su un'articolazione.
ar|trò|si *s.f.* (*med.*) malattia cronica degenerativa di una cartilagine articolare.
ar|tro|to|mì|a *s.f.* (*med.*) incisione chirurgica di un'articolazione.
a|rù|spi|ce *s.m.* (presso etruschi e romani) sacerdote che prediceva il futuro esaminando le viscere degli animali sacrificati.
ar|vì|co|la *s.f.* piccolo roditore dannoso alle coltivazioni.
ar|zi|go|go|là|re *v.intr.* [indic.pres. *io arzigògolo*...; aus. *A*] fare ragionamenti contorti.
ar|zi|go|go|là|to *part.pass. di* arzigogolare ♦ *agg.* complicato, artificioso: *un discorso* —.
ar|zi|gò|go|lo *s.m.* 1 ragionamento contorto 2 trovata fantasiosa.
ar|zìl|lo *agg.* vivace, vispo; vitale.
a|sbùr|gi|co *agg.* [m.pl. *-ci*] degli Asburgo: *impero* —.
a|scèl|la *s.f.* 1 (*anat.*) cavità sotto il braccio nel punto in cui questo si articola con la spalla 2 (*bot.*) angolo compreso tra la foglia e il ramo a cui si attacca.
a|scel|là|re *agg.* 1 dell'ascella | *temperatura* —, quella presa mettendo il termometro sotto l'ascella 2 (*bot.*) detto di organo che si sviluppa nell'ascella di una foglia o di una brattea: *gemma* —.
a|scen|dèn|te *part.pres. di* ascendere ♦ *agg.* che sale: *movimento* — | (*mus.*) *scala* —, che va dai suoni più gravi a quelli più acuti ♦ *s.m.* 1 autorità morale, influenza: *avere, esercitare un* — *su qlcu.* 2 (*astrologia*) segno zodiacale che sorge all'orizzonte al momento della nascita di una persona 3 (*spec.pl.*) antenato in linea diretta.
a|scen|dèn|za *s.f.* 1 l'insieme degli antenati di una famiglia 2 (*fig.*) modello a cui risale un'opera artistica o un fenomeno culturale: *pittura di* — *giottesca.*
a|scén|de|re o **ascèndere** *v.intr.* [con. come *scendere*; aus. *E*] (*lett.*; *anche fig.*) salire; innalzarsi: *— al trono* | ammontare: *i debiti ascendono a un milione di euro.*
a|scen|sio|nà|le *agg.* che tende a salire: *corrente* — | *forza* —, quella che permette a un aeromobile di sollevarsi.
a|scen|sió|ne *s.f.* 1 l'ascendere | *— alpinistica,* scalata 2 (*relig.*) *Ascensione,* l'ascesa di Cristo al Cielo dopo la Resurrezione | festa religiosa che celebra tale evento.
a|scen|só|re *s.m.* impianto per il trasporto in verticale di persone o cose fra livelli diversi, spec. fra piani di un edificio.
a|scen|so|rì|sta *s.m./f.* [m.pl. *-i*] addetto alla manovra o alla manutenzione di ascensori.
a|scé|sa *s.f.* (*spec.fig.*) salita: — *al trono* | (*assol.*) rafforzamento; raggiungimento del potere: *una squadra in forte* —; *l'* — *dei nobili.*
a|scè|si *s.f.* pratica di vita che tende all'elevazione spirituale attraverso il dominio degli istinti, la preghiera e il distacco dal mondo.
a|scès|so *s.m.* (*med.*) raccolta di pus che si forma in una parte del corpo in seguito a infezione.
a|scè|ta *s.m./f.* [m.pl. *-i*] chi pratica l'ascesi | (*estens.*) chi vive con austerità.
a|scè|ti|co *agg.* [m.pl. *-ci*] di asceta, da asceta: *vita ascetica* | (*estens.*) austero.
a|sce|tì|smo *s.m.* sistema di vita fondato sull'ascesi | (*estens.*) modo di vivere austero.
à|scia *s.f.* [pl. *asce*] utensile costituito da un ferro tagliente inserito su un manico di legno; scure | — *di guerra,* nel Medioevo, scure da combattimento; (*presso i pellerossa*) tomahawk.
a|scì|dio *s.m.* (*bot.*) organo di alcune piante carnivore che, formatosi in seguito alla modifi-

ascissa 92

cazione di una foglia in sacca, serve per catturare le prede.
a|scis|sa *s.f.* (*mat.*) numero che, in un piano cartesiano, indica la distanza di un punto dall'asse verticale delle ordinate.
a|sciu|ga|bian|che|ri|a *s.m./f.invar.* elettrodomestico per asciugare la biancheria.
a|sciu|ga|ca|pél|li *s.m.invar.* apparecchio elettrico che produce un getto di aria calda per asciugare i capelli.
a|sciu|ga|mà|no *s.m.* [pl. *-i*] capo di biancheria di varie dimensioni, in tela o spugna, che serve per asciugarsi.
a|sciu|gà|re *v.tr.* [indic.pres. *io asciugo, tu asciughi...*] **1** rendere asciutto: — *i piatti*; *asciugarsi le mani* | detergere: — *il sudore* | prosciugare: — *una palude* **2** svuotare, privare spec. di denaro: *gli ha asciugato le tasche* | — *la bottiglia*, berne tutto il contenuto ♦ *intr.* [aus. *E*] diventare asciutto: *questa camicia asciuga subito* ♦ **-rsi** *intr.pron.* diventare asciutto | (*fig.*) dimagrire ♦ *rifl.* detergersi: *asciugati per bene*.
a|sciu|ga|tó|io *s.m.* (*ind.*) macchinario per asciugare.
a|sciu|ga|tó|re *s.m.* apparecchio elettrico che produce un getto di aria calda per asciugare, spec. le mani.
a|sciu|ga|tri|ce *s.f.* macchina per asciugare la biancheria.
a|sciu|ga|tù|ra *s.f.* l'asciugare, l'asciugarsi, l'essere asciugato.
a|sciut|téz|za *s.f.* l'essere asciutto | magrezza | concisione.
a|sciùt|to *agg.* **1** privo di umidità; secco | *restare a bocca asciutta*, senza mangiare o bere; (*fig.*) rimanere delusi **2** (*fig.*) snello e atletico: *un fisico* — **3** (*fig.*) brusco, secco: *una risposta asciutta* | conciso: *stile* — ♦ *s.m.* luogo o terreno non bagnato | *essere all'* —, al riparo; (*fig.*) senza soldi □ **asciuttamente** *avv.* bruscamente | in modo conciso.
A|scle|pia|dà|ce|e *s.f.pl.* famiglia di piante tropicali erbacee o arbustacee ricche di lattice.
à sco *s.m.* [pl. *-schi*] (*bot.*) organo proprio dei funghi Ascomiceti, a forma di sacco e contenente le spore.
a|sco|càr|po *s.m.* (*bot.*) corpo fruttifero proprio dei funghi Ascomiceti, contenente gli aschi.
a|sco|gò|nio *s.m.* (*bot.*) organo riproduttore femminile dei funghi Ascomiceti.
a|scol|tà|re *v.tr.* [indic.pres. *io ascólto...*] **1** (*anche assol.*) stare a sentire: — *una musica*; — *con attenzione* | — *la messa*, assistervi **2** dar retta, seguire: — *i consigli di qlcu.* | ubbidire: *non ascolta mai i suoi genitori* | esaudire: — *una preghiera* **3** (*med.*) auscultare.
a|scol|ta|tó|re *s.m.* [f. *-trice*] chi ascolta, spec. una conferenza o una trasmissione radiofonica.
a|scol|ta|zió|ne *s.f.* (*med.*) auscultazione.
a|scól|to *s.m.* l'atto di ascoltare: *mettersi in* — | *dare*, *prestare* —, prestare attenzione, dar retta | *indice di* —, percentuale di utenti sintonizzati su una frequenza o una rete in un determinato momento.
A|sco|mi|cè|ti *s.m.pl.* classe di funghi le cui spore sono contenute in aschi.
a|scón|de|re *v.tr.* [indic.pres. *io ascóndo...*; pass.rem. *io ascósi, tu ascondésti...*; part.pass. *ascóso*] (*lett.*) nascondere.
a|scòr|bi|co *agg.* [m.pl. *-ci*] (*chim.*) detto dell'acido organico meglio conosciuto come vitamina C.
a|scó|so *part.pass. di* ascondere ♦ *agg.* (*lett.*) nascosto.
a|scrì|ve|re *v.tr.* [con. come *scrivere*] (*lett.*) **1** annoverare **2** attribuire, imputare: — *un merito a qlcu.*
a|se|màn|ti|co *agg.* (*ling.*) privo di significato proprio (p.e. un prefisso).
a|sèp|si *s.f.* (*med.*) **1** assenza completa di germi **2** insieme delle tecniche per ottenere la sterilizzazione del materiale chirurgico.
a|ses|suà|le *agg.* (*biol.*) si dice di riproduzione che avviene senza il concorso degli organi sessuali.
a|ses|suà|to *agg.* **1** (*biol.*) che non ha differenziazioni di sesso: *organismo* — | *asessuale* **2** (*fig.*) neutro, privo di caratterizzazioni specifiche.
a|sèt|ti|co *agg.* [m.pl. *-ci*] **1** (*med.*) sterilizzato **2** (*fig.*) impersonale; freddo: *ambiente* — □ **asetticamente** *avv.*
a|sfal|tà|re *v.tr.* pavimentare con asfalto.
a|sfal|ta|tó|re *s.m.* [f. *-trice*] chi è addetto all'asfaltatura.
a|sfal|ta|tù|ra *s.f.* operazione dell'asfaltare | pavimentazione stradale di asfalto.
a|sfal|ti|sta *s.m./f.* [pl. *-i*] chi asfalta.
a|sfàl|to *s.m.* **1** insieme di pietrisco minuto impastato con bitume o catrame, usato per pavimentare strade, terrazze ecc. **2** (*estens.*) strada asfaltata: *la frenata segnò l'* —.
a|sfis|si|a *s.f.* (*med.*) impedimento dell'attività respiratoria.
a|sfis|siàn|te *part.pres. di* asfissiare ♦ *agg.* **1** che causa asfissia: *gas* — | che soffoca: *un caldo* — **2** (*fig.*) fastidioso, noioso: *una persona* —.
a|sfis|sià|re *v.tr.* [indic.pres. *io asfissio...*] **1** provocare asfissia **2** (*fig.*) infastidire: — *qlcu. con domande* ♦ *intr.* [aus. *E*] essere colpito da asfissia | sentirsi soffocare: — *per il fetore* ♦ **-rsi** *rifl.* uccidersi asfissiandosi.
a|sfit|ti|co *agg.* [m.pl. *-ci*] **1** causato da asfissia: *stato* — **2** colpito da asfissia **3** (*fig.*) senza vitalità: *un ambiente artistico ormai* —.
a|sfo|dè|lo *s.m.* pianta erbacea con radici a tubero, lunghe foglie lineari e fiori bianchi a grappolo.
a|shke|na|zi|ta o **askenazita** *agg.*, *s.m./f.* [m.pl. *-i*] ebreo originario della Germania e dell'Europa orientale che pratica una liturgia diversa dagli altri ebrei.
-à|si *suff.* di parole dell'ambito medico-chimico che indicano enzimi (*lipasi*).
a|sià|go *s.m.* formaggio semicotto di latte vaccino, prodotto nell'altopiano di Asiago.
a|sia|né|si|mo o **asianismo** *s.m.* nell'antichità greco-romana, movimento letterario che soste-

neva uno stile ricercato e ampolloso | (*estens.*) esagerata ricercatezza stilistica.
a|siàˈtiˈco *agg.* [pl. *-ci*] dell'Asia | *influenza asiatica*, provocata da un virus proveniente dall'Asia ♦ *s.m.* [f. *-a*] nativo o abitante dell'Asia.
a|siˈlo *s.m.* 1 rifugio, protezione: *chiedere, dare* — | — *politico*, ospitalità concessa da uno Stato a un rifugiato politico 2 luogo che accoglie chi ha bisogno di assistenza 3 istituto per bambini in età prescolare; scuola materna: — *infantile* | — *nido*, che ospita i bambini fino ai tre anni.
a|simˈmeˈtriˈa *s.f.* mancanza di simmetria.
a|simˈmeˈtriˈciˈtà *s.f.* proprietà dell'essere asimmetrico.
a|simˈmeˈtriˈco *agg.* [m.pl. *-ci*] privo di simmetria □ **asimmetricamente** *avv.*
a|siˈnàgˈgiˈne *s.f.* grande ignoranza.
a|siˈnàˈio *s.m.* chi conduce o custodisce asini.
a|siˈnàˈta *s.f.* (*fam.*) azione, discorso che rivela ignoranza e grossolanità.
a|sinˈcroˈniˈa *s.f.* mancanza di sincronia; asincronismo.
a|sinˈcroˈniˈsmo *s.m.* mancanza di sincronismo | (*cine.*) mancato sincronismo tra immagini e colonna sonora di un film.
a|sinˈcroˈno *agg.* che non è sincrono, che non è simultaneo.
a|sinˈdeˈto *s.m.* (*ret.*) figura che consiste nell'accostare parole o frasi senza usare congiunzioni; giustapposizione.
a|siˈneˈriˈa *s.f.* comportamento o discorso sciocco e ignorante.
a|siˈnéˈsco *agg.* [m.pl. *-schi*] da persona ignorante e sciocca.
a|siˈnìˈno *agg.* di asino; da asino: *orecchie asinine* | (*pop.*) *tosse asinina*, pertosse.
àˈsiˈno *s.m.* 1 quadrupede domestico da tiro, sella e soma, più piccolo del cavallo, con orecchie lunghe e dritte e manto grigiastro | (*fig.*; *di superficie*) *a schiena d'—*, convesso | *lavorare come un —*, lavorare sodo | *legare l'— dove vuole il padrone*, obbedire docilmente a chi comanda | (*fam.*) *qui casca l'—*, qui sta la difficoltà | *fare come l'— di Buridano*, essere indeciso tra due possibilità 2 persona ignorante | *pezzo d'—!*, detto come insulto.
a|sinˈtàtˈtiˈco *agg.* [m.pl. *-ci*] (*gramm.*) che non rispetta le regole della sintassi: *periodo —*.
a|sinˈtoˈmàˈtiˈco *agg.* [m.pl. *-ci*] che non presenta sintomi: *malattia asintomatica*.
a|sinˈtoˈto *s.m.* (*mat.*) retta a cui una curva si avvicina indefinitamente senza mai toccarla.
a|siˈsmiˈco *agg.* [m.pl. *-ci*] 1 che non è soggetto a terremoti: *zona asismica* 2 antisismico: *palazzo —*.
a|skeˈnaˈziˈta *agg.*, *s.m./f.* → **ashkenazita**.
ASL *s.f.invar.* ente pubblico per l'assistenza sanitaria che fa capo al Servizio Sanitario Nazionale.
àˈsma *s.f.* (*med.*) difficoltà respiratoria causata da spasmi bronchiali.
a|smàˈtiˈco *agg.* [m.pl. *-ci*] 1 (*med.*) relativo all'asma 2 che soffre d'asma ♦ *s.m.* [f. *-a*] chi soffre d'asma.

a|soˈciàˈle *agg.*, *s.m./f.* 1 che, chi è privo di coscienza sociale 2 che, chi ha carattere chiuso.
à|soˈla *s.f.* 1 orlatura di filo ai bordi di un occhiello | occhiello 2 (*estens.*) qualsiasi foro a forma di anello in cui si faccia scorrere un gancio, una corda e sim.
à|spa *s.f.* 1 (*ind.*) macchinario per l'aspatura; aspo 2 (*mar.*) leva dell'argano.
A|spaˈraˈgàˈceˈe *s.f.pl.* sottofamiglia di piante rizomatose a cui appartiene l'asparago.
a|spaˈraˈgiàˈia *s.f.* terreno coltivato ad asparagi.
a|spaˈraˈgiˈna *s.f.* 1 pianta asparagacea ornamentale con ramificazione in piccole foglie perenni 2 (*chim.*) amminoacido con azione diuretica, presente nei germogli dell'asparago.
a|spàˈraˈgo *s.m.* [pl. *-gi*] pianta erbacea verdebianca con rizoma corto da cui spuntano germogli commestibili.
a|sparˈtàˈme® *s.m.* (*chim.*) dolcificante a basso contenuto calorico costituito da amminoacidi.
a|spaˈtùˈra *s.f.* l'operazione di avvolgere un filato su aspi per formare matasse.
a|speˈcìˈfiˈco *agg.* [m.pl. *-ci*] 1 (*scient.*) detto di tutto ciò che non è caratterizzato in modo specifico 2 (*med.*) detto di malattia senza specifica causa.
a|spèrˈgeˈre *v.tr.* [indic.pres. *io aspèrgo, tu aspèrgi...*; pass.rem. *io aspèrsi, tu aspergésti...*; part.pass. *aspèrso*] spruzzare, spec. d'acqua benedetta ♦ **-rsi** *intr.pron.* cospargersi: — *il capo di cenere*.
A|sperˈgilˈlàˈceˈe *s.f.pl.* famiglia di funghi Ascomiceti, comprendenti le muffe verdi che si formano sui sostanze in decomposizione.
a|sperˈgilˈlo *s.m.* genere di funghi Ascomiceti a forma di aspersorio; alcune specie sono parassite dell'uomo.
a|sperˈgilˈlòˈsi *s.f.invar.* infezione nell'uomo e negli animali, diffusa spec. nei polmoni, causata da alcune specie di aspergillo.
a|speˈriˈtà *s.f.spec.pl.* 1 irregolarità, asprezza: *le — del terreno* 2 (*fig.*) difficoltà, impedimenti: *le — della vita*.
a|spèrˈriˈmo *agg.* [superl. di *aspro*] che è molto aspro.
a|sperˈsióˈne *s.f.* l'aspergere, l'aspergersi | (*lit.*) rito che consiste nello spruzzare acqua benedetta su cose al fine di benedirle o purificarle.
a|sperˈsòˈrio *s.m.* strumento per aspergere con acqua benedetta.
a|spetˈtàˈre *v.tr.* [indic.pres. *io aspètto...*] 1 (*anche assol.*) attendere qlcu. o ql.co.: — *un amico per cena; — l'autobus; sono stanco di —!* | *farsi —*, essere in ritardo | (*fig.*) — *un bambino*, essere incinta | — *qlcu. al varco*, attendere l'occasione per vendicarsi 2 prevedere: *mi aspetto una scenata* | *c'era da aspettarselo!*, era prevedibile 3 ritardare un'azione subordinandola a qualche fatto: *aspetta di sentire la sua versione prima di giudicare* | *che aspetti?*, detto per incitare qlcu. ad agire.
a|spetˈtaˈtiˈva *s.f.* 1 attesa 2 (*estens.*) quello che ci si aspetta; previsione: *la produzione è supe-*

riore alle aspettative **3** (*dir.*) sospensione temporanea del lavoro, richiesta dal lavoratore: *mettersi in —*.

a|spèt|to¹ *s.m.* (*raro*) attesa | *sala d'—*, nelle stazioni e negli uffici, quella in cui si resta in attesa di partire o di essere ricevuti.

a|spèt|to² *s.m.* **1** apparenza esteriore: *avere un bell'—* **2** punto di vista: *ho esaminato la questione sotto tutti gli aspetti*.

à|spi|de *s.m.* **1** varietà di serpente velenoso **2** (*fig.*) persona malvagia.

a|spi|ràn|te *part.pres. di* aspirare ♦ *agg.* **1** che aspira ql.co.: *pompa —* **2** che aspira a ottenere ql.co. ♦ *s.m./f.* chi aspira a ottenere ql.co.: *— al trono*.

a|spi|ra|pól|ve|re *s.m.invar.* elettrodomestico che aspira e raccoglie in un contenitore polvere e detriti.

a|spi|rà|re *v.tr.* **1** inspirare; immettere aria, profumi e sim. nei polmoni attraverso la bocca o il naso **2** (*estens.*, *di apparecchi*) trarre a sé, risucchiare: *— le briciole* **3** (*ling.*) pronunciare un suono con aspirazione ♦ *intr.* [aus. *A*] desiderare vivamente: *— alla promozione*.

a|spi|ra|tó|re *s.m.* **1** apparecchio per aspirare gas, fumo o esalazioni nocive da un ambiente **2** (*med.*) strumento chirurgico per eliminare sangue o altri liquidi da cavità o ferite.

a|spi|ra|zió|ne *s.f.* **1** l'aspirare **2** (*fig.*) desiderio vivo: *nutrire delle aspirazioni* **3** (*ling.*) soffio espiratorio che accompagna la pronuncia di alcuni suoni.

a|spi|ri|na® *s.f.* farmaco antinfluenzale e antidolorifico a base di acido acetilsalicilico.

à|spo *s.m.* **1** (*ind.*) strumento girevole usato per avvolgere un filato in matassa **2** organo rotante della mietitrebbiatrice che pone gli steli sul nastro trasportatore **3** piccola asta in legno su cui è avvolto un gomitolo di spago usato per tracciare vialetti e aiuole.

a|spor|tà|bi|le *agg.* che si può asportare

a|spor|tà|re *v.tr.* [indic.pres. *io aspòrto...*] **1** portare via: *hanno asportato la terra con la ruspa* | rubare **2** (*med.*) rimuovere chirurgicamente una parte malata del corpo.

a|spor|ta|zió|ne *s.f.* **1** l'asportare **2** (*med.*) rimozione chirurgica.

a|spòr|to *s.m.* l'atto di asportare | (*loc.agg.*) *da —*, da portare via, da consumare non sul posto di acquisto: *pizza da —*.

a|spréz|za *s.f.* **1** (*anche fig.*) l'essere aspro; caratteristica di ciò che è aspro: *l'— del limone* **2** durezza; severità: *— di carattere; ha risposto con — 3* (*di superficie*) ruvidezza | (*estens.*) difficoltà, impraticabilità: *l'— di un percorso* **4** (*di clima*) rigidità, freddo intenso: *l'— dell'inverno*.

a|sprì|gno *agg.* **1** che ha sapore tendente all'aspro: *vino —* **2** (*fig.*) sgarbato: *toni asprigni*.

à|spro *agg.* [superl. *asperrimo* o *asprissimo*] **1** dal sapore acidulo **2** dall'odore pungente **3** ruvido al tatto | (*estens.*) scosceso; selvaggio: *un paesaggio —* **4** sgradevole all'udito **5** (*fig.*) rigido: *un clima —* **6** (*fig.*) duro; violento: *una di-sputa aspra* | difficile: *una vita aspra* □ **aspramente** *avv.* con asprezza; duramente.

as|sa|fè|ti|da *s.f.* pianta ombrellifera da cui si estrae una gomma resinosa dall'odore sgradevole, usata in medicina per le sue proprietà sedative e antispastiche.

as|sag|già|re *v.tr.* [indic.pres. *io assàggio...*] provare a gustare un cibo, una bevanda | mangiare o bere poco: *— appena il pranzo* | (*fig.*, *iron.*) *— i pugni di qlcu.*, riceverli.

as|sag|gia|tó|re *s.m.* [f. -*trice*] chi per professione assaggia cibi o vini per definirne le caratteristiche e controllarne la qualità.

as|sàg|gio *s.m.* **1** l'assaggiare | ciò che si assaggia: *un — di formaggio* | (*fig.*) piccola quantità: *ne ho preso solo un —* **2** (*fig.*) prova: *dare un — delle proprie capacità*.

as|sài *avv.* **1** abbastanza, a sufficienza: *ho già lavorato —* **2** molto: *è — preparato*; *— felice* | *m'importa —*, non m'importa nulla ♦ *agg.invar.* grande quantità: *c'era — gente*.

as|sà|le *s.m.* (*auto.*) asse che trasmette il carico dal telaio alle ruote.

as|sa|li|re *v.tr.* [indic.pres. *io assalgo, tu assali...*; pass.rem. *io assalìi, tu assalisti...*] **1** (*anche fig.*) assaltare; aggredire: *— il nemico*; *— qlcu. di domande* **2** (*fig.*) cogliere, invadere: *essere assalito dalla paura*.

as|sa|li|tó|re *agg.*, *s.m.* [f. -*trice*] che, chi assale.

as|sal|tà|re *v.tr.* (*anche fig.*) assalire, spec. con armi; attaccare: *— la banca*; *— qlcu. con insulti* | fare calca intorno a qlcu. o ql.co.: *i tifosi assaltarono il cantante*.

as|sal|ta|tó|re *s.m.* [f. -*trice*] chi assalta.

as|sàl|to *s.m.* **1** l'azione di assaltare, spec. con uso di armi; attacco violento: *— al treno* | (*loc.agg.*) *d'—*, con atteggiamento risoluto: *un giornalista d'—* **2** (*mil.*) azione tattica per l'attacco decisivo: *reparti d'—* | *all'—!*, grido di battaglia **3** (*sport*) nella scherma, l'attacco di uno dei due schermidori; nel pugilato, round.

as|sa|po|rà|re *v.tr.* [indic.pres. *io assapóro...*] **1** gustare il sapore di un cibo o bevanda, spec. lentamente: *— un buon vino* **2** (*fig.*) gustare il piacere di ql.co.: *— i piaceri della vita*.

as|sas|si|nà|re *v.tr.* **1** uccidere **2** (*fig.*) rovinare gravemente.

as|sas|si|nio *s.m.* (*anche fig.*) l'assassinare, l'essere assassinato; omicidio: *l'— della democrazia*.

as|sas|sì|no *s.m.* [f. -*a*] **1** chi commette un assassinio **2** (*estens.*) persona malvagia | (*iperb.*) chi arreca danni gravi, per incapacità o scarsa diligenza: *quel chirurgo è un —* ♦ *agg.* **1** che è strumento di assassinio: *coltello —* | *criminali: istinto —* **2** (*fig.*) seducente: *sguardo —*.

as|sa|ta|nà|to *agg.* indemoniato | (*estens.*) esaltato.

às|se¹ *s.f.* [pl. *assi*] tavola di legno: *le assi del pavimento* | *— da stiro*, tavola ricoperta di panno usata per stirare | *— d'equilibrio*, attrezzo per esercizi ginnici.

às|se² *s.f.* [pl. *assi*] **1** (*geom.*) retta perpendicolare al punto medio di un segmento | *assi carte-*

siani, le due rette perpendicolari di riferimento in un sistema cartesiano | — *di rotazione*, retta intorno a cui, ruotando, una figura genera un solido | — *di simmetria*, retta che divide una figura in due parti simmetriche | (*geog.*) — *terrestre*, linea immaginaria attorno a cui la Terra ruota 2 (*fig.*) alleanza politico-militare tra due Stati, indicata in genere con il nome delle due capitali: *l' — Roma-Berlino* 3 (*mecc.*) organo di una macchina che sostiene elementi rotanti.

às|se³ *s.m.* 1 (*st.*) unità dell'antica moneta romana 2 insieme dei beni di una persona o di un ente | (*dir.*) — *ereditario*, il patrimonio del defunto su cui si calcolano le quote che spettano agli eredi.

as|se|con|dà|re *v.tr.* [indic.pres. *io assecóndo...*] favorire: — *un progetto* | esaudire: — *un desiderio* | accompagnare: — *il ritmo con il battito delle mani.*

as|se|diàn|te *part.pres. di* assediare ♦ *agg., s.m./f.* che, chi assedia.

as|se|dià|re *v.tr.* [indic.pres. *io assèdio...*] 1 circondare con truppe | (*estens.*) isolare: *il paese è assediato dalle acque* 2 (*fig.*) attorniare facendo ressa: *l'atleta era assediato dai tifosi* 3 (*fig.*) assillare.

as|sè|dio *s.m.* l'assediare, l'essere assediato | (*fig.*) ressa intorno a ql.co. o qlcu. | *stato d'—*, provvedimento eccezionale, determinato da gravi turbamenti dell'ordine pubblico, che prevede la temporanea sospensione delle garanzie costituzionali e la delega dei poteri civili ai militari.

as|se|gnà|re *v.tr.* [indic.pres. *io asségno..., noi assegniamo, voi assegnate...*] 1 attribuire ql.co. a ql-cu. | conferire: — *un premio* 2 affidare: — *un incarico* 3 destinare: — *a un nuovo ufficio* 4 stabilire: *il tempo assegnato è scaduto.*

as|se|gna|tà|rio *s.m.* [f. *-a*] persona a cui viene assegnato ql.co.

as|se|gna|zió|ne *s.f.* l'assegnare; conferimento | destinazione: *l' — a un nuovo reparto.*

as|sé|gno *s.m.* 1 somma assegnata a qlcu. a vario titolo | — *familiare*, integrazione al salario di un dipendente con familiari a carico, versato da un ente previdenziale 2 (*banc.*) titolo di credito, emesso dall'intestatario di un conto corrente, contenente l'ordine di pagare una somma: *emettere, firmare, riscuotere un —* | — *circolare*, emesso da una banca con la garanzia che la somma da pagare è già depositata nella banca stessa | — *a vuoto*, emesso senza copertura presso la banca | — *in bianco*, emesso senza indicare la somma o il beneficiario | — *postale*, vaglia | *spedire contro —*, detto di merce con ordine di pagamento alla consegna.

as|sem|blàg|gio *s.m.* 1 (*ind.*) fase in cui le varie parti di una macchina o di un dispositivo vengono montate insieme 2 tecnica artistica consistente nel montaggio di materiali eterogenei 3 (*inform.*) operazione eseguita da una assemblatore.

as|sem|blà|re *v.tr.* [indic.pres. *io assémblo...*] sottoporre ad assemblaggio.

as|sem|bla|tó|re *s.m.* 1 [f. *-trice*] operaio addetto all'assemblaggio 2 (*inform.*) programma che traduce dal linguaggio simbolico al linguaggio macchina.

as|sem|blè|a *s.f.* 1 riunione organizzata di persone per discutere problemi di interesse comune e prendere decisioni: *convocare, sciogliere un' —* 2 (*dir.*) l'insieme degli appartenenti a un gruppo organizzato che ha funzioni deliberative: *l' — dei soci* | organo di uno Stato, ente pubblico, organismo internazionale: *l' — dell'ONU* — *legislativa*, il parlamento | — *costituente*, incaricata di preparare una nuova Costituzione 3 (*mar.*) l'adunata degli equipaggi per l'assegnazione dei lavori e sim.

as|sem|ble|à|re *agg.* proprio di un'assemblea: *decisione —.*

as|sem|bra|mén|to *s.m.* affollamento disordinato di persone, spec. in luogo aperto.

as|sem|brà|re *v.tr.* [indic.pres. *io assémbro...*] (*lett.*) riunire, mettere insieme ♦ *intr.* [aus. *E*], **-rsi** *intr.pron.* radunarsi, fare ressa.

as|sen|na|téz|za *s.f.* senno; avvedutezza.

as|sen|nà|to *agg.* che ha, dimostra senno; giudizioso: *una scelta assennata.*

as|sèn|so *s.m.* l'assentire; approvazione: *dare, negare il proprio —.*

as|sen|tàr|si *v.intr.pron.* [indic.pres. *io mi assènto...*] allontanarsi per breve tempo: — *dal lavoro.*

as|sèn|te *agg.* 1 che non è presente; mancante 2 (*fig.*) distratto: *sguardo —* ♦ *s.m./f.* chi è assente.

as|sen|te|i|smo *s.m.* 1 l'assentarsi spesso dal lavoro senza validi motivi 2 disinteresse, spec. verso problemi politico-sociali.

as|sen|te|i|sta *agg., s.m./f.* [m. pl. *-i*] 1 che, chi si assenta spesso dal lavoro senza validi motivi 2 che, chi si disinteressa dei problemi politico-sociali.

as|sen|ti|re *v.intr.* [indic.pres. *io assènto...*]; part.pres. *assenziènte*; aus. *A*] dire di sì; approvare: — *una proposta.*

as|sèn|za *s.f.* 1 l'essere assente: *in mia —* | ogni volta in cui si è assente: *registro delle assenze* 2 (*fig.*) mancanza: — *di acqua*; — *di volontà* 3 (*dir.*) incertezza sull'esistenza in vita di qlcu. scomparso da almeno due anni: *dichiarazione d' —* 4 (*med.*) perdita momentanea della coscienza.

as|sen|zièn|te *part.pres. di* asserire ♦ *agg.* che assente; consenziente.

as|sèn|zio *s.m.* pianta erbacea perenne da cui si estrae un'essenza amara con proprietà toniche e stimolanti | il liquore ottenuto dalle foglie e dai fiori di tale pianta.

as|se|rì|re *v.tr.* [indic.pres. *io asserìsco, tu asserìsci...*; part.pass. *asserìto*] sostenere una cosa come vera: *asseriva di conoscerlo.*

as|ser|ra|glià|re *v.tr.* [indic.pres. *io asserràglio...*] (*raro*) chiudere con serragli; sbarrare ♦ **-rsi** *rifl.* barricarsi in un luogo chiuso | (*estens.*).

rifugiarsi in un luogo riparato: — *in casa* | (*fig.*) chiudersi: — *in un lungo silenzio*.
as|ser|ti|vo *agg.* (*lett.*) che afferma | che fa un'asserzione: *proposizione assertiva*.
as|ser|tó|re *s.m.* [f. *-trice*] chi sostiene con vigore un principio, un'opinione o una dottrina.
as|ser|tó|rio *agg.* (*dir.*) che convalida una dichiarazione: *giuramento* —.
as|ser|vi|mén|to *s.m.* **1** (*anche fig.*) l'asservire, l'asservirsi; sottomissione: — *culturale* **2** (*mecc.*) collegamento tra due elementi di un impianto per cui l'azione di uno è subordinata a quella dell'altro.
as|ser|vi|re *v.tr.* [indic.pres. *io asservisco, tu asservisci...*] **1** (*anche fig.*) sottomettere: — *un popolo*; — *l'istinto alla ragione* **2** (*mecc.*) collegare due elementi di un impianto mediante asservimento ♦ **-rsi** *rifl.* sottomettersi.
as|ser|zió|ne *s.f.* l'asserire | la cosa asserita; affermazione: *confutare un'*—.
as|ses|so|rà|to *s.m.* **1** carica di assessore | la durata di tale incarico **2** gli uffici dipendenti da un assessore.
as|ses|só|re *s.m./f.* chi fa parte di una giunta comunale, provinciale o regionale, con responsabilità in un certo settore: — *alla cultura*.
as|se|sta|mén|to *s.m.* **1** l'assestare, l'assestarsi | (*anche fig.*) sistemazione, riordinamento: *fase di* —| (*geol.*) *scosse di* —, lievi scosse a seguito di un terremoto, causate dagli spostamenti di strati rocciosi profondi che ricercano un migliore equilibrio **2** (*edil.*) lieve cedimento di un edificio dovuto al suo stesso peso o all'assestarsi dei materiali o del terreno.
as|se|stà|re *v.tr.* [indic.pres. *io assèsto...*] **1** (*anche fig.*) mettere in sesto, sistemare: — *il bilancio* **2** regolare con cura: — *la mira* | — *un colpo*, metterlo a segno ♦ **-rsi** *rifl.* (*anche fig.*) sistemarsi, adattarsi ♦ *intr.pron.* (*di terreno o costruzione*) raggiungere un assetto stabile.
as|se|stà|ta *s.f.* il riordinare, il riordinarsi velocemente e in modo sommario: *darsi un'*—.
asset (*ingl.*) *s.m.invar.* (*econ.*) ogni elemento dell'attivo di bilancio (p.e. liquidità, beni di proprietà, crediti).
as|se|tà|re *v.tr.* [indic.pres. *io asséto...*] ridurre alla sete | (*estens.*) seccare.
as|se|tà|to *part.pass. di* assetare ♦ *agg.* **1** che ha sete **2** (*di terreno e piante*) riarso, arido **3** (*fig.*) bramoso, avido: — *di ricchezza* ♦ *s.m.* [f. *-a*] chi ha sete.
as|set|tà|re *v.tr.* [indic.pres. *io assètto...*] mettere in ordine; sistemare con cura ♦ **-rsi** *rifl.* mettersi in ordine.
as|sèt|to *s.m.* **1** adeguata sistemazione | *mettere in* —, in ordine | (*estens.*) struttura, ordinamento: *l'* — *di una società* **2** equipaggiamento, tenuta: *in* — *di guerra* **3** (*aer., mar.*) corretta distribuzione dei carichi in un aeromobile o un natante.
as|se|ve|rà|re *v.tr.* [indic.pres. *io assèvero...*] (*lett.*) affermare in modo energico e con sicurezza.

as|se|ve|ra|tì|vo *agg.* (*lett.*) che assevera; affermativo: *tono* —.
as|sià|le *agg.* relativo all'asse; che è disposto secondo l'asse.
as|si|cu|rà|re *v.tr.* **1** rendere sicuro: — *il futuro della famiglia* | *assicurarsi ql.co.*, ottenerla: *assicurarsi un posto in prima fila* | — *qlcu. alla giustizia*, farlo arrestare **2** fissare saldamente: — *una fune* **3** rassicurare; affermare con certezza: *ti assicuro che non è pericoloso* **4** (*dir.*) proteggere un bene da determinati rischi stipulando un contratto di assicurazione | (*estens.*) — *un plico, una lettera*, spedirli assicurati ♦ **-rsi** *rifl.* **1** accertarsi di ql.co.: — *che non ci sia nessuno* **2** garantirsi verso un rischio con un contratto di assicurazione: — *contro i furti*.
as|si|cu|rà|ta *s.f.* lettera o plico postale che, dietro pagamento di una sovrattassa, le Poste assicurano contro eventuale danneggiamento o smarrimento.
as|si|cu|ra|tì|vo *agg.* relativo all'assicurazione: *quota assicurativa*.
as|si|cu|rà|to *part.pass. di* assicurare ♦ *agg.* coperto da assicurazione ♦ *s.m.* [f. *-a*] persona in favore della quale è stata stipulata un'assicurazione.
as|si|cu|ra|tó|re *agg., s.m.* [f. *-trice*] che, chi stipula assicurazioni: *società assicuratrice*.
as|si|cu|ra|zió|ne *s.f.* **1** l'assicurare; conferma: *ricevere assicurazioni* **2** (*dir.*) contratto per il quale l'assicurato, col versamento anticipato di una somma (*premio*), trasferisce il rischio di un possibile evento dannoso all'assicuratore, che si obbliga al risarcimento: *stipulare un'* — *sulla vita* **3** società che esercita attività assicurativa.
as|si|de|ra|mén|to *s.m.* (*med.*) insieme degli effetti dannosi dovuti a freddo intenso; congelamento.
as|si|de|rà|re *v.tr.* [indic.pres. *io assidero...*] **1** gelare **2** (*med.*) indurre all'assideramento ♦ *intr.* [aus. *E*], **-rsi** *intr.pron.* **1** (*med.*) essere colto da assideramento **2** (*estens.*) essere intirizzito per il freddo.
as|si|de|rà|to *part.pass. di* assiderare ♦ *agg.* **1** (*med.*) colpito da assideramento **2** (*estens.*) intirizzito per il freddo.
as|si|du|i|tà *s.f.* l'essere assiduo; continuità: — *nello studio*.
as|si|duo *agg.* **1** fatto in modo continuo e costante: *letture assidue* **2** perseverante; che si impegna con costanza: *un* — *studioso* | abituale: *un cliente* — □ **assiduamente** *avv.*
as|siè|me *avv.* insieme | (*loc.prep.*) — *a*, in compagnia di: *ho pranzato* — *a lei* ♦ *s.m.* gruppo di persone o cose in cui ci sia accordo e coesione: *un* — *orchestrale* | *gioco d'*—, di squadra.
as|sie|pa|mén|to *s.m.* l'assieparsi, l'assieparsi | affollamento.
as|sie|pà|re *v.tr.* [indic.pres. *io assièpo...*] **1** (*lett.*) chiudere con siepi **2** (*fig.*) affollare ♦ **-rsi** *rifl.* affollarsi.
as|sil|làn|te *part.pres. di* assillare ♦ *agg.* insistente, fastidioso: *un rumore* —.

as|sil|là|re v.tr. molestare con insistenza; importunare, tormentare: *un pensiero mi assilla* ♦ **-rsi** *rifl*. preoccuparsi, tormentarsi.
as|sil|lo s.m. pensiero continuo e tormentoso: *avere l'* — *dei debiti*.
as|si|mi|là|bi|le agg. che si può assimilare.
as|si|mi|là|re v.tr. [indic.pres. *io assìmilo...*] 1 (*lett.*) considerare simile 2 (*fisiol.*, *anche assol.*) trasformare le sostanze nutritive in parti integranti di un organismo vivente: *mangia, ma non assimila* 3 (*fig.*) far propri concetti, idee; apprendere.
as|si|mi|la|tó|re agg. [f. *-trice*] che ha la capacità di assimilare.
as|si|mi|la|zió|ne s.f. 1 acquisizione di concetti, idee 2 (*fisiol.*) assorbimento di sostanze nutritive utili per l'organismo 3 paragone: *l'* — *di due fenomeni* 4 (*psicol.*) processo graduale di apprendimento.
as|siò|lo o **assiuòlo** s.m. uccello rapace notturno di piccole dimensioni e di color bruno-grigio, con due ciuffetti ai lati del capo.
as|siò|ma s.m. [pl. *-i*] (*filos.*, *mat.*) verità; principio che per la sua evidenza non ammette discussioni.
as|sio|mà|ti|co agg. [m.pl. *-ci*] di assioma | (*estens.*) indiscutibile.
as|si|ro agg. dell'Assiria, regione antica della Mesopotamia ♦ s.m. 1 [f. *-a*] nativo o abitante dell'Assiria 2 lingua degli Assiri.
as|sì|se s.f.pl. 1 nel Medioevo, grande assemblea con potere giudiziale 2 (*estens.*) riunione plenaria 3 (*dir.*) *Corte d'* —, organo competente a giudicare i reati più gravi.
assist (*ingl.*) s.m.invar. (*sport*) negli sport di squadra con la palla, passaggio che permette a un giocatore di segnare.
as|si|sten|tà|to s.m. condizione, incarico di assistente | la durata di tale incarico.
as|si|stèn|te part.pres. di assistere ♦ s.m./f. 1 qualifica di chi collabora con il titolare o il responsabile di un'attività: — *alla regia* | (*aer.*) — *di volo*, personale incaricato di assistere i passeggeri sugli aerei civili | — *sociale*, persona che lavora presso enti pubblici e istituti assistenziali a sostegno di persone disagiate 2 nella polizia di Stato, grado immediatamente superiore a quello di guardia.
as|si|stèn|za s.f. 1 aiuto prestato a chi ne ha bisogno: — *ai malati* 2 attività svolta da enti o privati per aiutare persone disagiate o in difficoltà: — *sanitaria* | (*dir.*) — *giudiziaria*, istituto che assicura la tutela giudiziaria a chi non ha mezzi economici sufficienti | — *tecnica*, servizio di riparazione di prodotti industriali, fornito ai propri clienti dal produttore o rivenditore 3 l'atto di assistere | sorveglianza.
as|si|sten|zià|le agg. che ha per scopo l'assistenza, spec. pubblica e sociale: *ente* — | **Stato** —, sistema politico-sociale in cui lo Stato assicura ai cittadini un reddito minimo e servizi socialmente indispensabili (p.e. istruzione, sanità, sicurezza).

as|si|sten|zia|lì|smo s.m. degenerazione in forme clientelari del sistema di assistenza pubblica e sociale.
as|si|sten|zià|rio s.m. istituto che favorisce il reinserimento nella società, spec. degli ex detenuti.
as|si|ste|re v.intr. [pass.rem. *io assistéi* o *assistètti, tu assistésti...*; part.pass. *assistito*; aus. *A*] essere presente: — *a una conferenza* ♦ tr. stare vicino per dare aiuto materiale o spirituale: — *gli anziani* | aiutare qlcu. in un lavoro: — *il chirurgo in sala operatoria* | prestare aiuto con la propria professione: *farsi* — *da un avvocato*.
as|si|stì|to part.pass. di assistere ♦ agg., s.m. [f. *-a*] che, chi gode di assistenza, spec. da parte di un ente pubblico.
as|sì|to s.m. struttura di assi affiancate usata per dividere una stanza | pavimento di legno.
as|siuò|lo s.m. → assiolo.
às|so s.m. 1 carta da gioco che ha un solo segno, la prima di ogni seme: — *di cuori* | (*fig.*) *piantare in* —, abbandonare all'improvviso, in modo brusco | (*fig.*) *avere l'* — *nella manica*, avere buone possibilità di riuscire 2 (*fig.*) persona di straordinarie capacità: *un* — *del ciclismo*.
as|so|cià|bi|le agg. che è possibile associare.
as|so|cià|re v.tr. [indic.pres. *io assòcio...*] 1 ammettere qlcu. come socio 2 riunire, accomunare | (*fig.*) mettere in relazione: — *una canzone a qlcu*. ♦ **-rsi** *rifl*. 1 entrare in società 2 iscriversi a un'associazione 3 (*fig.*) unirsi ai sentimenti o alle idee di qlcu.: *mi associo alle tue parole*.
as|so|cia|tì|vo agg. 1 che associa | proprio delle associazioni | (*mat.*) *proprietà associativa*, nell'addizione e moltiplicazione, regola per cui, sostituendo a più addendi la loro somma o a più fattori il loro prodotto, il risultato non cambia 2 che genera associazioni di idee.
as|so|cia|zió|ne s.f. 1 l'atto di associare 2 unione organizzata di più persone che operano per fini comuni: — *culturale* | (*dir.*) — *a* (o **per**) **delinquere**, accordo tra persone allo scopo di commettere reati 3 nesso fra immagini o pensieri: — *di idee*.
as|so|cia|zio|nì|smo s.m. tendenza a riunirsi in associazioni | l'insieme delle associazioni accomunate da uno stesso indirizzo ideologico: *l'* — *cattolico*.
as|so|da|mén|to s.m. 1 l'assodare, l'essere assodato | consolidamento 2 (*fig.*) accertamento.
as|so|dà|re v.tr. [indic.pres. *io assòdo...*] 1 (*raro*) rendere sodo | (*anche fig.*) consolidare 2 (*fig.*) accertare: — *la verità*.
as|sog|get|tà|bi|le agg. che è possibile assoggettare.
as|sog|get|ta|mén|to s.m. l'assoggettare, l'essere assoggettato | sottomissione.
as|sog|get|tà|re v.tr. [indic.pres. *io assoggètto...*] 1 sottomettere; ridurre in schiavitù 2 costringere a subire | sottoporre a determinati obblighi, spec. fiscali: — *i cittadini a nuove tasse* ♦ **-rsi** *rifl*. sottomettersi.
as|so|là|to agg. esposto al sole; soleggiato.
as|sol|dà|re v.tr. [indic.pres. *io assòldo...*] 1 re-

assolo

clutare soldati mercenari **2** (*estens.*) assumere | pagare qlcu. perché compia un'azione illecita.
as|só|lo *s.m.invar.* **1** (*mus.*) nell'ambito di un pezzo di musica d'assieme, brano eseguito da un solo strumento o una sola voce **2** (*estens.*) azione individuale di spicco, spec. sportiva.
as|so|lu|téz|za *s.f.* proprietà di ciò che è assoluto.
as|so|lu|ti|smo *s.m.* **1** sistema politico in cui non sono posti limiti al potere del sovrano **2** (*estens.*) tendenza a imporre le proprie idee, la propria volontà.
as|so|lu|ti|sta *agg.* [m.pl. *-i*] proprio dell'assolutismo ♦ *s.m./f.* **1** sostenitore dell'assolutismo **2** (*fig.*) chi impone le proprie idee, la propria volontà.
as|so|lu|ti|sti|co *agg.* [m.pl. *-ci*] che è proprio dell'assolutismo: *governo* —.
as|so|lù|to *agg.* **1** che non è limitato o vincolato da nulla: *libertà assoluta* | **Stato, regime** —, in cui tutti i poteri sono concentrati nelle mani di un'unica persona **2** (*fig.*) autoritario: *padrone* — **3** universale, generale: *verità assoluta* | (*ell.*) *in* —, in modo assoluto, senza limitazioni: *è il migliore in* — **4** completo, totale: *bisogno* —, *fede assoluta* | *il primo* —, il vincitore incontrastato **5** (*gramm.*) detto di costruzione che non ha legami sintattici con il resto del periodo: *ablativo* —| *superlativo* —, grado massimo dell'aggettivo, che esprime la superiorità senza paragoni **6** (*mat.*) *valore* —, il valore di un numero indipendentemente dal segno positivo o negativo **7** (*sport*) detto del campionato che assegna il più alto titolo stagionale ♦ *s.m.* (*filos.*) ciò che esiste di per sé ed è fondamento di tutte le cose | *l'Assoluto*, Dio □ **assolutamente** *avv.* **1** in modo assoluto **2** a qualsiasi costo: *bisogna finire* — | affatto: *non devi* — *dirglielo* | (*assol., coll.*) no, per niente: *"Ti annoi?" "*—*"* **3** del tutto: *è* — *vero* | (*assol., coll.*) sì, certamente: *"Sei d'accordo?" "*—*"*.
as|so|lu|tó|re *s.m.* [f. *-trice*] chi assolve.
as|so|lu|tò|rio *agg.* che assolve: *sentenza assolutoria*.
as|so|lu|zió|ne *s.f.* **1** (*dir.*) sentenza pronunciata dal giudice penale con cui si esclude la responsabilità dell'accusato **2** (*relig.*) nel cattolicesimo, remissione dei peccati concessa dal sacerdote al penitente tramite la confessione.
as|sól|ve|re *v.tr.* [indic.pres. *io assòlvo*...; pass.rem. *io assolvéi* o *assolvètti* o *assòlsi, tu assolvésti*...; part.pass. *assòlto*] **1** dispensare, liberare da una promessa, un obbligo, una responsabilità e sim. **2** (*dir.*) prosciogliere da un'imputazione con una sentenza **3** (*relig.*) concedere al penitente l'assoluzione dei peccati **4** adempiere; portare a termine: — *un dovere* | — *un debito*, pagarlo.
as|sol|vi|mén|to *s.m.* l'assolvere; compimento.
as|so|mi|glia|re *v.intr.* [indic.pres. *io assomìglio*...; aus. *A*] essere simile: *assomiglia a suo fratello* ♦ **-rsi** *rifl.rec.* presentare caratteri simili: — *come due gocce d'acqua*.
as|som|mà|re *v.tr.* [indic.pres. *io assómmo*...] (*spec. fig.*) riunire: *assomma in sé tutte le virtù* ♦ *intr.* [aus. *E*] ammontare: *il conto assomma a tremila euro*.
as|so|nàn|za *s.f.* (*metr.*) sorta di rima imperfetta tra parole che terminano con vocali uguali a partire da quella accentata, ma consonanti diverse (p.e. *climi* / *mattini*).
as|son|nà|to *agg.* che ha sonno; insonnolito.
as|so|no|me|trì|a *s.f.* metodo geometrico per rappresentare su un piano oggetti tridimensionali.
as|so|pi|mén|to *s.m.* **1** l'assopirsi; sonnolenza **2** (*fig.*) attenuazione.
as|so|pì|re *v.tr.* [indic.pres. *io assopisco, tu assopisci*...] **1** provocare sopore, dare sonnolenza **2** (*estens.*) calmare: — *un dolore* ♦ **-rsi** *intr.pron.* **1** esser preso da sopore, sonnolenza **2** (*estens.*) calmarsi: *l'odio si è assopito col tempo*.
as|sor|bèn|te *part.pres.* di assorbire ♦ *agg.* che assorbe ♦ *s.m.* **1** sostanza adatta ad assorbire i rumori **2** tampone per l'igiene intima femminile nel periodo mestruale.
as|sor|bi|mén|to *s.m.* **1** l'assorbire, l'essere assorbito | (*fig.*) acquisizione | annessione: *l'* — *di una società* **2** (*fis.*) fenomeno per cui una certa quantità di radiazioni si trasforma, nel corpo in cui è penetrata, in un'altra forma di energia **3** (*chim.*) fenomeno per cui sostanze liquide o gassose penetrano in sostanze solide o liquide **4** (*biol.*) processo fisiologico per cui i prodotti della digestione, trasformati, vengono assimilati dalle cellule.
as|sor|bì|re *v.tr.* [indic.pres. *io assorbìsco* o *assòrbo, tu assorbìsci* o *assòrbi*...; part.pass. *assorbìto*] **1** impregnarsi di un liquido **2** (*fig.*) annettere, inglobare | assimilare: — *le usanze di un popolo* **3** (*fig.*) esaurire, consumare: *quell'acquisto ha assorbito i suoi risparmi* | impegnare: *è assorbito da vari impegni*.
as|sor|da|mén|to *s.m.* l'assordare | indebolimento della capacità uditiva.
as|sor|dàn|te *part.pres.* di assordare ♦ *agg.* che assorda | (*estens.*) che stordisce; fortissimo: *musica* —.
as|sor|dà|re *v.tr.* [indic.pres. *io assórdo*...] **1** far diventare sordo | (*estens.*) stordire con un rumore forte o fastidioso **2** (*fig.*) infastidire, frastornare: *mi assorda con le sue lamentele*.
as|sor|ti|mén|to *s.m.* **1** varietà di oggetti dello stesso genere ma diversi per alcune caratteristiche come forma, colore ecc. **2** disponibilità di merce all'interno di un negozio: *un vasto* — *di abiti*.
as|sor|tì|re *v.tr.* [indic.pres. *io assortìsco, tu assortìsci*...] **1** disporre insieme più cose di uno stesso genere ma con caratteristiche diverse | abbinare in modo armonioso **2** (*estens.*) rifornire un negozio di articoli vari.
as|sor|tì|to *part.pass.* di assortire ♦ *agg.* di vario tipo, forma, qualità: *dolci assortiti* | abbinato armoniosamente: *sapori ben assortiti* | *una coppia bene*, *male assortita*, che sta bene, male insieme.

as|sòr|to *agg.* intento, immerso in un'attività, un pensiero e sim.

as|sot|ti|glia|mén|to *s.m.* **1** l'assottigliare, l'assottigliarsi **2** (*fig.*) riduzione.

as|sot|ti|glià|re *v.tr.* [indic.pres. *io assottiglio...*] **1** rendere sottile | snellire: *questo abito ti assottiglia* **2** ridurre: — *lo stipendio* **3** (*fig.*) aguzzare: — *l'ingegno* ♦ **-rsi** *intr.pron.* **1** diventare sottile, magro **2** (*fig.*) diminuire di quantità.

as|sue|fà|re *v.tr.* [con. come *fare*] abituare: — *i muscoli alla fatica* ♦ **-rsi** *rifl.*, *intr.pron.* abituarsi | (*med.*) essere in stato di assuefazione.

as|sue|fa|zió|ne *s.f.* **1** l'assuefarsi; abitudine, adattamento **2** (*med.*) stato di progressiva tolleranza dell'organismo all'azione di un farmaco, tale da ridurne l'efficacia | dipendenza: — *alla droga*.

as|sù|me|re *v.tr.* [pass.rem. *io assunsi, tu assumésti...*; part.pass. *assunto*] **1** addossare a sé: — (*o assumersi*) *un impegno* **2** fare proprio; prendere: — *un tono confidenziale* | (*estens.*) introdurre nell'organismo: — *una medicina* **3** prendere alle proprie dipendenze: — *un operaio* **4** ammettere come ipotesi: *assumiamo che ciò sia vero* **5** (*lett.*) innalzare: *la Madonna fu assunta in Cielo* | (*estens.*) elevare a una carica: — *al pontificato*.

as|sùn|to[1] *part.pass. di* assumere ♦ *s.m.* [f. *-a*] **1** chi ha avuto una regolare assunzione in un posto di lavoro **2** *l'Assunta*, la Madonna in quanto elevata in corpo e anima in Cielo | (*pop.*) la festa e il giorno in cui si celebra l'Assunzione.

as|sùn|to[2] *s.m.* **1** ciò che si intende dimostrare **2** (*filos.*) tesi che si pone premessa di un ragionamento.

as|sun|zió|ne *s.f.* **1** l'assumere | il prendere, l'essere preso come dipendente in un posto di lavoro **2** innalzamento a una carica **3** (*filos.*) il porre una proposizione come premessa di un ragionamento **4** (*relig.*) *Assunzione*, elevazione di Maria in anima e corpo al Cielo | la festa e il giorno in cui si celebra tale evento.

as|sur|di|tà *s.f.* **1** l'essere assurdo: *l'— di un discorso* **2** detto, fatto assurdo: *non dire —*.

as|sùr|do *agg.* contrario alla ragione, alla logica | ingiustificato: *un'accusa assurda* | strano: *è un personaggio —* ♦ *s.m.* affermazione illogica | *dimostrazione per —*, che prova la verità di una tesi mostrando che quella opposta è falsa □ **assurdamente** *avv.*

as|sùr|ge|re *v.intr.* [indic.pres. *io assurgo, tu assurgi...*; pass.rem. *io assursi, tu assurgésti...*; part.pass. *assurto*; aus. *E*] (*fig.*) elevarsi.

à|sta *s.f.* **1** barra lunga, diritta, sottile | *— degli occhiali*, ognuna delle due stanghette della montatura **2** (*sport*) attrezzo tubolare su cui l'atleta fa leva per effettuare un tipo di salto in alto **3** antica arma con punta in metallo; lancia **4** tratto verticale di alcune lettere dell'alfabeto: *l'— della d* **5** (*dir.*) vendita pubblica di beni al migliore offerente: *mettere, comprare all'—* | *— fallimentare*, quella di beni provenienti da un fallimento.

a|stàn|te *s.m. spec.pl.* chi è presente in un certo luogo: *la folla degli astanti*.

a|stan|te|rì|a *s.f.* zona di un ospedale dove si ricoverano i malati per il primo soccorso.

a|stà|to[1] *agg.* **1** armato di asta **2** (*bot.*) detto di foglia a forma di lancia ♦ *s.m. spec.pl.* (*st.*) nell'esercito romano, soldato armato di asta.

à|sta|to[2] *s.m.* elemento chimico artificiale appartenente al gruppo degli alogeni (*simb.* At).

a|stè|mio *agg.*, *s.m.* [f. *-a*] che, chi non beve mai alcolici.

a|ste|nér|si *v.rifl.* [indic.pres. *io mi astèngo...*] **1** tenersi lontano da ql.co.; evitare di fare o dire ql.co. **2** (*polit.*, *anche assol.*) non votare.

a|ste|nì|a *s.f.* (*med.*) stato di debolezza generale dell'organismo.

a|stè|ni|co *agg.* [m.pl. *-ci*] proprio dell'astenia ♦ *s.m.* [f. *-a*] chi è affetto da astenia.

a|sten|sió|ne *s.f.* **1** l'astenersi: — *dal cibo* | — *dal lavoro*, sciopero **2** rinuncia a esercitare il diritto al voto.

a|sten|sio|nì|smo *s.m.* l'astenersi dall'esprimere il proprio voto e dal partecipare alla vita politica in genere.

a|sten|sio|nì|sta *agg.*, *s.m./f.* [m.pl. *-i*] che, chi è astensionista.

a|ste|nù|to *part.pass. di* astenersi ♦ *s.m.* [f. *-a*] chi ha rinunciato a esprimere il proprio voto.

a|stèr|ge|re *v.tr.* [con. come *tergere*] (*lett.*) **1** pulire delicatamente **2** (*fig.*) cancellare.

a|ste|rì|sco *s.m.* [m.pl. *-schi*] **1** segno tipografico a forma di stella (*) usato convenzionalmente con diverse funzioni **2** (*giornalismo*) ognuno dei trafiletti in cui sono divise alcune rubriche.

a|ste|ròi|de *s.m.* (*astr.*) ciascuno dei piccoli pianeti che ruotano intorno al Sole.

A|ste|roi|dèi *s.m.pl.* classe degli Echinodermi, di cui fanno parte le stelle marine.

a|stic|ciò|la *s.f.* penna alla cui estremità si infila il pennino.

à|sti|ce *s.m.* grosso crostaceo marino di color azzurro scuro con grandi chele e carni prelibate.

a|sti|cèl|la *s.f.* (*sport*) nel salto in alto e con l'asta, listello orizzontale in legno o metallo che, sostenuto a una certa altezza da due supporti, costituisce l'ostacolo da superare.

a|stig|mà|ti|co *agg.* [m.pl. *-ci*] **1** relativo all'astigmatismo | *lente astigmatica*, che corregge l'astigmatismo **2** affetto da astigmatismo ♦ *s.m.* [f. *-a*] chi è affetto da astigmatismo.

a|stig|ma|tì|smo *s.m.* **1** (*med.*) difetto della vista dovuto a irregolare curvatura della cornea per cui un punto è percepito come una macchia **2** (*fis.*) difetto delle lenti per cui l'immagine di un punto appare indistinta.

a|stì|le *agg.* detto di croce posta sopra un'asta e usata nelle processioni.

a|stì|lo *agg.* che è senza colonne: *tempio —*.

a|sti|nèn|za *s.f.* **1** l'astenersi dal compiere atti sessuali o dall'assumere determinati cibi o bevande | (*estens.*) austerità di vita **2** (*relig. cattolica*) rinuncia a certi cibi in alcuni periodi o giorni dell'anno **3** (*med.*) il non assumere, forzata-

astio

mente o volontariamente, una droga o un farmaco | *crisi di* —, complesso di disturbi dovuti alla mancata assunzione della dose abituale di medicinale o droga.
a|stio *s.m.* sordo rancore: *provare — verso* (*o contro*) *qlcu.*
a|stio|si|tà *s.f.* caratteristica dell'essere astioso.
a|stió|so *agg.* pieno di astio □ **astiosamente** *avv.*
a|stó|re *s.m.* uccello rapace diurno simile allo sparviero, ma più grande.
à|stra|can *s.m.invar.* → **astrakan**.
a|strà|ga|lo *s.m.* **1** (*anat.*) osso del piede, posto tra calcagno, scafoide, tibia e perone **2** dado da gioco usato nell'antichità, ricavato dall'osso del tarso della capra o del montone **3** (*arch.*) modanatura che divide il fusto della colonna dal capitello o dalla base.
à|stra|kan o **astrakàn** o **àstracan** *s.m.invar.* pregiata pelliccia nera e ricciuta ottenuta da una varietà di agnelli originaria della Persia.
a|strà|le *agg.* **1** proprio degli astri **2** (*fig.*) smisurato: *distanza* —.
a|stràr|re *v.tr.* [con. come *trarre*] **1** (*filos.*) compiere l'operazione mentale dell'astrazione: — *l'universale dal particolare* **2** distogliere, allontanare ◆ *intr.* [aus. *A*] prescindere ◆ **-rsi** *rifl.* concentrarsi distogliendosi mentalmente dalla realtà circostante.
a|strat|téz|za *s.f.* l'essere astratto: *l'— di un discorso.*
a|strat|ti|smo *s.m.* movimento artistico del Novecento che tende a rappresentare forme prive di riferimento alla realtà sensibile.
a|strat|ti|sta *agg., s.m./f.* [m.pl. *-i*] che, chi è seguace dell'astrattismo.
a|stràt|to *part.pass. di* astrarre ◆ *agg.* **1** che non ha contatto diretto con la realtà | (*ell.*) *in* —, in modo astratto, senza legami con la realtà: *ragionare in* — **2** (*gramm.*) detto di un sostantivo che indica ql.co. che non si può percepire con i sensi (p.e. *libertà, modestia*) **3** che segue l'astrattismo: *un quadro* — ◆ *s.m.* concetto astratto □ **astrattamente** *avv.*
a|stra|zió|ne *s.f.* **1** (*filos.*) procedimento logico attraverso il quale da elementi particolari si ricavano concetti universali **2** (*estens.*) idea che non ha rispondenza nella realtà **3** l'isolarsi col pensiero.
a|strin|gèn|te *part.pres. di* astringere ◆ *agg.* che astringe ◆ *s.m.* (*med.*) sostanza che fa diminuire o arresta secrezioni ed emorragie | farmaco che riduce l'evacuazione intestinale.
a|strin|ge|re *v.tr.* [con. come *stringere*] (*med.*) limitare la secrezione e l'emorragia dei tessuti organici.
à|stro *s.m.* **1** corpo celeste **2** (*fig.*) chi eccelle in un campo: *un — della musica* | **— nascente**, chi ha iniziato con successo un'attività e fa presagire una carriera brillante.
à|stro- primo elemento di parole composte che indica relazione con gli astri (*astrofisica*) o con la navigazione spaziale (*astronauta*).

-à|stro *suff.* di aggettivi e sostantivi con valore peggiorativo (*medicastro*); in parole che indica no colori dà un senso di impurità e approssimazione (*giallastro*).
a|stro|di|nà|mi|ca *s.f.* insieme dei problemi connessi con il moto dei veicoli spaziali.
a|stro|fi|si|ca *s.f.* scienza che studia i fenomeni fisici o chimici che si verificano sugli astri e negli spazi interstellari.
a|stro|fi|si|co *agg.* [m.pl. *-ci*] proprio dell'astrofisica ◆ *s.m.* [f. *-a*] studioso di astrofisica.
a|stro|fo|to|me|trì|a *s.f.* (*astr.*) misurazione della luminosità degli astri.
a|stro|gra|fì|a *s.f.* (*astr.*) fotografia di corpi celesti.
a|stro|là|bio *s.m.* antico strumento, oggi sostituito dal sestante, usato dai naviganti per misurare l'altezza apparente di un astro sull'orizzonte.
a|stro|lo|gì|a *s.f.* [pl. *-gie*] arte divinatoria che presume di scoprire l'influsso degli astri sulle vicende umane e di prevedere gli eventi futuri.
a|stro|lò|gi|co *agg.* [m.pl. *-ci*] che riguarda l'astrologia.
a|stró|lo|go *s.m.* [f. *-a*; m.pl. *-gi*] chi studia e pratica l'astrologia | (*estens.*) indovino.
a|stro|nà|uta *s.m./f.* [m.pl. *-i*] pilota spaziale.
a|stro|nàu|ti|ca *s.f.* scienza e tecnica applicate alla navigazione spaziale.
a|stro|nàu|ti|co *agg.* [m.pl. *-ci*] relativo all'astronautica.
a|stro|nà|ve *s.f.* veicolo per la navigazione nello spazio.
a|stro|no|mì|a *s.f.* scienza che studia l'aspetto e la natura chimico-fisica degli astri e i moti dei corpi spaziali.
a|stro|nò|mi|co *agg.* [m.pl. *-ci*] **1** relativo all'astronomia | usato per l'astronomia: *osservatorio* — **2** (*fig.*) smisurato: *cifra astronomica* □ **astronomicamente** *avv.* **1** secondo i principi dell'astronomia **2** (*fig.*) smisuratamente.
a|stró|no|mo *s.m.* [f. *-a*] studioso di astronomia.
a|stru|se|rì|a *s.f.* **1** astrusità **2** ciò che è astruso, incomprensibile.
a|stru|si|tà *s.f.* **1** l'essere astruso **2** ragionamento o discorso incomprensibile.
a|strù|so *agg.* che è difficile da capire: *discorso* — □ **astrusamente** *avv.*
a|stùc|cio *s.m.* custodia di un oggetto: *l'— delle matite.*
a|stù|to *agg.* **1** furbo, scaltro **2** che rivela furbizia, scaltrezza: *sguardo* — □ **astutamente** *avv.*
a|stù|zia *s.f.* **1** scaltrezza **2** idea, comportamento astuto | (*estens.*) stratagemma: *ricorrere a delle astuzie.*
at (*ingl.*) [pr. *æt*] *s.m.invar.* nome del carattere chiocciola (@), usato anche nella posta elettronica.
-à|ta *suff.* di sostantivi indicanti azione (*mangiata*), risultato (*cannonata*) o collettività (*armata*).

a|ta|bà|gi|co *s.m.* [m.pl. *-ci*] (*med.*) sostanza usata per disabituare a fumare.
a|ta|ras|si|a *s.f.* (*filos.*) l'imperturbabilità dell'animo.
a|tas|si|a *s.f.* (*med.*) mancanza di coordinazione nei movimenti per cause neurologiche.
a|tà|vi|co *agg.* [m.pl. *-ci*] 1 ereditato dagli antenati | (*anche iron.*) che ha origini lontane: *fame atavica* 2 (*biol.*) relativo all'atavismo.
a|ta|vi|smo *s.m.* (*biol.*) ricomparsa in un individuo di caratteri fisici o psichici presenti negli antenati.
a|te|i|smo *s.m.* negazione dell'esistenza di Dio | dottrina basata su tale negazione.
a|te|i|sti|co *agg.* [m.pl. *-ci*] relativo all'ateismo, all'ateo.
atelier (*fr.*) [pr. *ateliè*] *s.m.invar.* 1 sartoria d'alta moda 2 laboratorio di un artista.
a|tel|là|na *s.f.* nell'antica Roma, farsa popolare di origine campana con personaggi fissi.
a|tem|po|rà|le *agg.* (*filos.*) che è pensato fuori del tempo; che prescinde dal tempo.
a|te|nèo *s.m.* università.
a|te|niése *agg.* di Atene ♦ *s.m./f.* nativo o abitante di Atene.
à|te|o *agg., s.m.* [f. *-a*] che, chi professa l'ateismo; non credente.
a|tèr|mi|co *agg.* [m.pl. *-ci*] (*fis.*) che non trasmette calore.
a|te|ro|scle|rò|si o **aterosclerosi** *s.f.invar.* (*med.*) malattia degenerativa che colpisce le arterie medie e grandi (p.e. l'aorta).
a|te|si|no *agg.* della val d'Adige ♦ *s.m.* [f. *-a*] nativo o abitante della val d'Adige.
a|ti|pi|ci|tà *s.f.* originalità, singolarità.
a|tì|pi|co *agg.* [m.pl. *-ci*] 1 che non presenta i caratteri propri del tipo normale 2 (*med.*) detto di malattia che non presenta le caratteristiche conosciute: *influenza atipica* □ **atipicamente** *avv.*
a|tlàn|te[1] *s.m.* 1 raccolta di carte geografiche rilegate in volume 2 raccolta di tavole illustrate relative a un determinato argomento: *—storico.*
a|tlàn|te[2] *s.m.* 1 (*anat.*) prima vertebra cervicale su cui poggia il cranio 2 (*arch.*) statua a figura umana con funzione di sostegno, detta anche telamone.
a|tlàn|ti|co *agg.* [m.pl. *-ci*] 1 dell'Oceano atlantico 2 (*st.*) *Patto —*, patto politico-militare stipulato nel 1949 tra gli Stati Uniti e i Paesi dell'Europa occidentale | che riguarda tale Patto.
a|tlan|ti|smo *s.m.* politica estera che si basa sul Patto atlantico.
a|tlè|ta *s.m./f.* [m.pl. *-i*] chi pratica regolarmente uno sport, spec. in modo agonistico | (*estens.*) persona forte e dal fisico armonioso.
a|tlè|ti|ca *s.f.* l'insieme di varie prove sportive agonistiche | **— leggera**, quella che comprende corsa, marcia, lancio e salto | **— pesante**, quella che comprende lotta e sollevamento pesi.
a|tlè|ti|co *agg.* [m.pl. *-ci*] 1 relativo all'atletica: *preparazione atletica* 2 proprio di un atleta, prestante: *fisico —* □ **atleticamente** *avv.*
at|mo|sfè|ra *s.f.* 1 massa d'aria che circonda la Terra 2 (*fig.*) condizione psicologica che si determina in un ambiente: *un'— serena* 3 (*fis.*) unità di misura della pressione (*simb.* atm).
at|mo|sfè|ri|co *agg.* [m.pl. *-ci*] dell'atmosfera: *inquinamento —.*
-à|to *suff.* 1 forma sostantivi che indicano una carica (*papato*), una condizione sociale (*nubilato*) o una collettività (*elettorato*) 2 forma aggettivi con il significato di "provvisto di" (*alato, fortunato*) 3 forma i participi passati dei verbi regolari in *-are* (*odiato*).
a|tòl|lo *s.m.* (*geog.*) piccola isola corallina o madreporica a forma di anello.
a|tò|mi|ca *s.f.* bomba atomica.
a|tò|mi|co *agg.* [m.pl. *-ci*] 1 (*fis., chim.*) dell'atomo: *fisica atomica* 2 (*estens.*) che è collegato con l'energia atomica; nucleare: *guerra atomica* | **sottomarino —**, che usa l'energia nucleare per muoversi 3 (*fig., scherz.*) straordinario: *una bellezza atomica.*
a|to|mi|smo *s.m.* 1 (*filos.*) corrente filosofica greca che concepiva ogni realtà come aggregato di atomi 2 (*fig.*) frammentazione eccessiva.
a|to|mì|sta *agg.* [m.pl. *-i*] (*filos.*) seguace dell'atomismo.
a|to|miz|zà|re *v.tr.* ridurre un liquido in minuscole goccioline; nebulizzare.
a|to|miz|za|tó|re *s.m.* nebulizzatore.
à|to|mo *s.m.* 1 (*chim., fis.*) la particella più piccola di un elemento chimico, formata da un nucleo di cariche positive (*protoni*) e neutre (*neutroni*) attorno al quale ruotano cariche negative (*elettroni*) 2 (*fig.*) quantità piccolissima.
a|to|nà|le *agg.* detto di musica che non si basa sui principi della tonalità.
a|to|na|li|tà *s.f.* (*mus.*) caratteristica di ogni musica che non segue i principi della tonalità.
a|to|nì|a *s.f.* 1 (*med.*) indebolimento del tono muscolare 2 (*ling.*) mancanza di accento tonico.
a|tò|ni|co *agg.* [m.pl. *-ci*] (*med.*) affetto da atonia.
à|to|no *agg.* 1 (*ling.*) detto di vocale o sillaba priva di accento tonico 2 (*estens.*) privo di espressione.
a|tòs|si|co *agg.* [m.pl. *-ci*] privo di effetto tossico.
atout (*fr.*) [pr. *atù*] *s.m.invar.* 1 in certi giochi di carte, seme che, dominando sugli altri, dà vantaggio nelle prese 2 (*fig.*) buone possibilità di riuscita.
a|tra|zi|na *s.f.* (*chim.*) composto usato come diserbante, pericoloso perché può inquinare le falde acquifere.
a|trià|le *agg.* (*med.*) proprio dell'atrio cardiaco.
à|trio *s.m.* 1 (*di edificio*) il primo ambiente a cui si accede dall'esterno: *l'— della stazione* 2 (*archeol.*) nelle antiche case greche e romane, cortile centrale con portici 3 (*anat.*) ognuna delle due cavità superiori del cuore.
a|tró|ce *agg.* 1 terribile; orrendo: *una morte —* 2 crudele: *un'— tortura* 3 (*estens.*) intenso: *un bruciore —; un freddo —* □ **atrocemente** *avv.*
a|tro|ci|tà *s.f.* l'essere atroce; ferocia | atto atroce: *le — della guerra.*
a|tro|fì|a *s.f.* (*med.*) ridotto sviluppo o diminu-

atrofico

zione di volume di un organo o di un tessuto: — *dei muscoli*.
a|tro|fi|co *agg.* [m.pl. *-ci*] (*med.*) dell'atrofia | affetto da atrofia.
a|tro|fiz|zà|re *v.tr.* 1 rendere atrofico 2 (*fig.*) indebolire: *l'ozio atrofizza la mente* ♦ **-rsi** *intr. pron.* 1 divenire atrofico, paralizzarsi 2 (*fig.*) perdere la capacità di agire.
a|tro|pi|na *s.f.* (*chim.*) alcaloide velenoso estratto dalla belladonna, usato come antispastico e dilatatore della pupilla.
à|tro|po *s.m.* grossa farfalla notturna, con una macchia a forma di teschio sul dorso e per ciò detta anche *testa di morto*.
at|tac|cà|bi|le *agg.* che si può attaccare | (*fig.*) discutibile.
at|tac|ca|bot|tó|ni *s.m./f.invar.* (*fam.*) chi si dilunga in chiacchiere fastidiose.
at|tac|ca|brì|ghe *s.m./f.invar.* (*fam.*) chi litiga facilmente.
at|tac|ca|mén|to *s.m.* (*fig.*) vincolo affettivo: — *ai nonni* | dedizione, forte interesse: — *ai soldi*.
at|tac|càn|te *part.pres. di* attaccare ♦ *agg.* che attacca ♦ *s.m./f.* 1 chi attacca 2 (*sport*) nei giochi di squadra, chi è in posizione avanzata col compito di attaccare e segnare punti.
at|tac|ca|pàn|ni *s.m.invar.* pezzo d'arredamento a cui si appendono cappotti, giacche, cappelli e sim.
at|tac|cà|re *v.tr.* [indic.pres. *io attacco, tu attacchi*...] 1 unire tra loro due o più cose: — *un adesivo* | applicare: — *una spilla* | (*fam.*) — *bottone*, mettersi a parlare con sconosciuti; chiacchierare a lungo con qlcu. in modo fastidioso 2 appendere | affiggere: — *un manifesto* 3 assalire: — *i nemici* | (*fig.*) criticare, osteggiare: — *una decisione* | intaccare, corrodere: *la ruggine attacca il ferro* | (*sport, assol.*) effettuare azioni di attacco 4 dare inizio | (*fam.*) — **briga**, causare una lite 5 (*fig.*) trasmettere: *mi ha attaccato il raffreddore* 6 allacciare: — *la corrente* | (*fam.*) accendere un apparecchio elettrico: — *la lavatrice* ♦ *intr.* [aus. *A*] 1 aderire: *questo cerotto non attacca* 2 (*anche fig.*) attecchire | trovare consenso | (*fam.*) **non attacca!**, si dice quando non si vuole dare ascolto o fiducia a un discorso, una proposta 3 iniziare: *lo spettacolo attaccò con un coro* | (*fam.*) iniziare a lavorare: *attacco alle sette* 4 (*mil.; sport*) andare all'attacco ♦ **-rsi** *rifl., intr.pron.* 1 appiccicarsi: *la pasta si è attaccata* 2 (*anche fig.*) appigliarsi: — *a delle scuse* | (*fig., fam.*) — *al telefono*, fare molte, lunghe telefonate | — *alla bottiglia*, bere esageratamente | *attaccati al tram!*, arrangiati! 3 trasmettersi per contagio 4 affezionarsi a una persona ♦ *rifl.rec.* assalirsi a vicenda.
at|tac|ca|tìc|cio *agg.* [f.pl. *-ce*] 1 appiccicoso 2 (*fig., di persona*) invadente, importuno.
at|tac|cà|to *part.pass. di* attaccare ♦ *agg.* 1 legato da affetto o interesse: *è molto — ai soldi* | appeso | (*fig.*) appiccicato; molto vicino: *la palestra è attaccata alla scuola* 2 ligio, dedito: — *al lavoro*.
at|tac|ca|tù|ra *s.f.* 1 (*raro*) l'attaccare 2 punto in cui una cosa s'attacca a un'altra: *l'— della manica*.
at|tac|chì|no *s.m.* [f. *-a*] chi attacca manifesti per mestiere.
at|tàc|co *s.m.* [pl. *-chi*] 1 punto di congiunzione di due cose; attaccatura 2 dispositivo che serve a congiungere due elementi | *gli attacchi degli sci*, ganci che fissano gli scarponi agli sci 3 (*elettr.*) dispositivo che collega un apparecchio alla rete di alimentazione 4 (*mil.*) assalto: *andare all'*— | (*sport*) azione offensiva | (*estens., nel calcio*) la linea più avanzata dei giocatori di una squadra 5 (*fig.*) aspra critica: *un duro — alla politica del governo* 6 (*med.*) manifestazione improvvisa: — *di febbre* | — *di cuore*, crisi cardiaca 7 avvio, inizio: *l'— di una canzone*.
attaché (*fr.*) [pr. *atascé*] *s.m./f.invar.* nel linguaggio diplomatico, addetto.
attachment (*ingl.*) [pr. *atàchment*] *s.m.invar.* (*inform.*) file allegato a un messaggio di posta elettronica.
at|ta|gliàr|si *v.intr.pron.* [indic.pres. *io mi attàglio*...] essere adatto; adattarsi.
at|ta|na|glià|re *v.tr.* [indic.pres. *io attanàglio*...] 1 stringere con tenaglie 2 (*estens.*) serrare 3 (*fig.*) tormentare: *un dolore che attanaglia*.
at|tar|dàr|si *v.intr.pron.* indugiare, trattenersi | fare tardi.
at|tec|chì|re *v.intr.* [indic.pres. *io attecchìsco, tu attecchìsci*...; aus. *A*] 1 (*di piante*) mettere radici 2 (*fig.*) diffondersi: *una moda che ha attecchito*.
at|teg|gia|mén|to *s.m.* 1 il modo di disporsi o presentarsi 2 (*fig.*) modo di comportarsi: *un — da bullo* | disposizione mentale di fronte a un problema, una situazione e sim.: — *critico*.
at|teg|già|re *v.tr.* [indic.pres. *io attéggio*...] disporre la persona in un dato modo ♦ **-rsi** *rifl.* 1 ostentare un atteggiamento: — *a vittima* 2 (*assol.*) darsi delle arie.
at|tem|pà|to *agg.* che è avanti negli anni.
at|ten|da|mén|to *s.m.* accampamento di tende.
at|ten|dàr|si *v.intr.pron.* [indic.pres. *io mi attèndo*...] accamparsi in tende.
at|ten|dèn|te *s.m.* soldato assegnato un tempo al servizio personale di un ufficiale.
at|tèn|de|re *v.tr.* [con. come *tendere*] (*anche assol.*) aspettare: — *l'arrivo di qlcu.*; *non posso più* — | aspettarsi: *mi attendo una ricompensa* ♦ *intr.* [aus. *A*] dedicarsi con impegno: — *agli studi*.
at|ten|dì|bi|le *agg.* credibile, degno di fede: *una notizia* —.
at|ten|di|bi|li|tà *s.f.* l'essere attendibile; affidabilità.
at|ten|dì|smo *s.m.* (*polit.*) atteggiamento dell'attendista.
at|ten|dì|sta *agg., s.m./f.* [m.pl. *-i*] che, chi evita di decidere e aspetta l'evolversi degli eventi.
at|te|né|re *v.intr.* [con. come *tenere*; aus. *E*] riguardare, riferirsi ♦ **-rsi** *rifl.* seguire con conformità: — *alle regole*.
at|ten|tà|re *v.intr.* [indic.pres. *io attènto*...; aus. *A*] compiere un attentato | (*fig.*) cercare di arrecare danno od offesa a qlcu.

at|ten|tà|to *s.m.* **1** tentativo criminoso di recare un danno a ql.co. o qlcu.: — *terroristico* **2** (*fig.*) offesa grave: — *alla democrazia*.
at|ten|ta|tó|re *s.m.* [f. *-trice*] chi compie un attentato.
at|tèn|ti *inter.* si usa come comando rivolto a soldati o ginnasti perché assumano posizione eretta, con braccia tese lungo i fianchi, restando immobili e in silenzio, in attesa di ordine o in segno di saluto ♦ *s.m.invar.* **1** il comando stesso: *dare l'*— **2** la posizione di attenti: *stare sull'*— | (*fig.*) **mettere qlcu. sull'**—, farlo rigare dritto.
at|tèn|to *agg.* **1** intensamente concentrato su un oggetto o in un atto | che dimostra attenzione: *sguardo* — | che si impegna in ciò che fa: *è* — *ai dettagli* | premuroso, interessato: — *ai problemi altrui* **2** eseguito con attenzione, in modo accurato: *un'attenta analisi* **3** (*nelle escl.*, anche *assol.*) detto per avvertire di un pericolo o per richiamare l'attenzione: *attenti al cane!* □ **attentamente** *avv.*
at|te|nua|mén|to *s.m.* attenuazione.
at|te|nuàn|te *part.pres.* di attenuare ♦ *agg.* che attenua | (*dir.*) **circostanza** —, quella che rende meno grave un reato, determinando una riduzione della pena ♦ *s.f.* (*ell.*, *dir.*) circostanza attenuante | (*estens.*) giustificazione.
at|te|nuà|re *v.tr.* [indic.pres. *io attènuo*...] **1** rendere più tenue, meno forte: — *un colore*, *un urto* **2** (*fig.*) diminuire di gravità: — *una pena* | lenire: — *un dolore* ♦ **-rsi** *intr.pron.* diminuire di intensità.
at|te|nua|zió|ne *s.f.* riduzione, affievolimento, diminuzione di intensità.
at|ten|zió|ne *s.f.* **1** l'intensa applicazione dei sensi e della mente | *prestare*, *fare* —, stare attento | diligenza, cura: *lavorare con* — **2** (*spec.pl.*) premure: *è pieno di attenzioni nei miei confronti* **3** (*nelle escl.*, anche *assol.*) detto per segnalare un pericolo o esortare qlcu. a stare attento: — *al ghiaccio!*
àt|te|ro o **àptero** *agg.* **1** (*zool.*) detto di insetto senza ali **2** (*arch.*) detto di tempio privo di colonne sui lati.
at|ter|ràg|gio *s.m.* **1** manovra con cui un aeromobile riprende contatto con il terreno | — *di fortuna*, quello compiuto in condizioni di emergenza **2** (*estens.*) il toccare terra dopo un volo o un salto.
at|ter|ra|mén|to *s.m.* (*sport*) il finire a terra in seguito ad azione consentita o fallosa.
at|ter|rà|re *v.tr.* [indic.pres. *io attèrro*...] far cadere a terra | (*sport*) gettare a terra un avversario ♦ *intr.* [aus. *A*, *raro E*] **1** compiere un atterraggio con un aeromobile **2** (*estens.*) toccare terra dopo un salto o un volo.
at|ter|ri|re *v.tr.* [indic.pres. *io atterrisco*, *tu atterrisci*...; part.pass. *atterrito*] terrorizzare: — qlcu. *con una minaccia* ♦ **-rsi** *intr.pron.* essere preso da terrore.
at|té|sa *s.f.* **1** l'attendere; il tempo che trascorre nell'attendere | *sala d'*—, sala d'aspetto | *lista d'*—, lista di persone che attendono di essere ricevute, visitate, assunte ecc. | *nell'*—, *in* —, aspettando | (*fam.*) **essere in dolce** —, in gravidanza **2** (*spec. pl.*) aspettativa: *ha deluso le mie attese*.
at|té|so *part.pass.* di attendere ♦ *agg.* **1** aspettato, spec. con desiderio: *un incontro* — | previsto: *un risultato* — **2** (*lett.*) considerato, dato | (*bur.*) — **che**, dato che.
at|te|stà|re[1] *v.tr.* [indic.pres. *io attèsto*...] **1** testimoniare; affermare per conoscenza diretta **2** (*fig.*) provare in modo evidente: *il fatto attesta la sua colpevolezza* | documentare: *il nome dell'autore non è attestato*.
at|te|stà|re[2] *v.tr.* **1** mettere due cose testa a testa **2** (*mil.*) schierare le truppe per l'attacco o la difesa ♦ **-rsi** *rifl.* **1** (*mil.*) schierarsi su una linea per far fronte al nemico **2** (*mil.*) consolidare l'occupazione di una zona **3** (*fig.*) mantenere un atteggiamento rigido su un'idea e sim.
at|te|stà|to *part.pass.* di attestare ♦ *s.m.* **1** dichiarazione scritta | certificato: *un* — *scolastico* **2** (*fig.*) dimostrazione, segno: *un* — *di bontà*.
at|te|sta|zió|ne *s.f.* **1** testimonianza **2** attestato: *rilasciare un'* — **3** (*fig.*) dimostrazione.
at|ti|cì|smo *s.m.* **1** (*ling.*) espressione tipica del dialetto attico **2** nell'antichità greco-romana, movimento letterario che sosteneva una stile sobrio e conciso | (*estens.*) purezza e sobrietà di linguaggio.
àt|ti|co[1] *s.m.* [m.pl. *-ci*] dell'Attica, regione storica della Grecia ♦ *s.m.* **1** [f. *-a*] nativo o abitante dell'Attica **2** dialetto greco parlato nell'Attica.
àt|ti|co[2] *s.m.* [m.pl. *-ci*] **1** (*arch.*) parte di un edificio costruita sopra il cornicione a scopo decorativo **2** (*edil.*) ultimo piano abitabile di un edificio, costruito al di sopra della cornice di coronamento e arretrato rispetto alla facciata.
at|ti|guì|tà *s.f.* vicinanza, adiacenza.
at|tì|guo *agg.* vicino, adiacente.
àt|ti|la *s.m./f.invar.* (*per anton.*, anche *scherz.*) devastatore, distruttore.
at|til|là|to *agg.* (*di abito*) aderente, che fascia il corpo.
àt|ti|mo *s.m.* brevissimo spazio di tempo | *in un* — *!*, si dice quando si è pressati da una richiesta **2** (*fam.*) un po': *la pasta è un* — *scotta*.
at|ti|nèn|te *agg.* pertinente.
at|ti|nèn|za *s.f.* **1** connessione logica **2** (*pl.*) costruzioni che sono parte di un edificio.
at|tìn|ge|re *v.tr.* [con. come *tingere*] **1** (*di liquido*) prendere con un recipiente **2** (*fig.*) trarre, ricavare: — *informazioni* | prendere: — *soldi dalla cassa*.
at|tì|nia *s.f.* animale marino con forma simile a un fiore e provvisto di tentacoli urticanti; detto anche *anemone di mare*.
at|tì|ni|co *agg.* [m.pl. *-ci*] (*fis.*) detto di radiazione elettromagnetica, spec. ultravioletta, in grado di svolgere un'azione fotochimica | *luce attinica*, quella che imprime una pellicola fotografica.
at|tì|ni|de *s.m.* (*chim.*) ognuno dei quindici elementi radioattivi con caratteristiche chimiche

attinio

analoghe, compresi nel sistema periodico tra l'attinio e il laurenzio.

at|ti|nio *s.m.* elemento chimico metallico radioattivo (*simb.* Ac); si trova in natura in piccole quantità nei minerali dell'uranio.

At|ti|no|mi|cè|ti *s.m.pl.* → **Actinomiceti**.

at|ti|rà|re *v.tr.* [indic.pres. *io attìro*...] **1** tirare verso di sé; attrarre: *la calamita attira il ferro* **2** (*fig.*) richiamare: — *l'attenzione*; *lo spettacolo ha attirato molti spettatori* | allettare: *la tua proposta mi attira* ♦ **-rsi** *rifl.rec.* (*anche fig.*) provare attrazione reciproca.

at|ti|tu|di|na|le *agg.* che si riferisce all'attitudine | *esame*, *test* —, che valuta l'attitudine a svolgere una derminata attività.

at|ti|tù|di|ne *s.f.* inclinazione naturale per un'attività fisica o mentale.

at|ti|và|re *v.tr.* [indic.pres. *io attivo*...] **1** rendere attivo; far funzionare | predisporre per il funzionamento: — *un dispositivo* **2** (*chim.*) avviare un processo di attivazione **3** (*bur.*) sollecitare una pratica ♦ **-rsi** *rifl.* darsi da fare.

at|ti|va|zió|ne *s.f.* **1** l'attivare, l'essere attivato **2** (*chim.*) processo in cui una reazione chimica è accelerata con l'aggiunta di sostanze.

at|ti|vi|smo *s.m.* **1** l'essere in continua attività **2** partecipazione attiva e volontaria a un'organizzazione politica, culturale e sim. **3** (*pedag.*) teoria che considera l'attività spontanea del bambino fondamentale per il processo educativo.

at|ti|vi|sta *s.m./f.* [m.pl. *-i*] chi svolge attività di propaganda in un'organizzazione, spec. politica.

at|ti|vi|tà *s.f.* **1** l'essere attivo | *essere in* —, lavorare; (*di impianto, fabbrica e sim.*) funzionare **2** lavoro: *avviare, svolgere un'* — | — *primaria*, agricoltura | — *secondaria*, industria | — *terziaria*, commercio, turismo, trasporti, comunicazioni, libere professioni **3** (*econ.*) ognuna delle voci che costituiscono l'attivo di un bilancio **4** (*geol.*) fase di eruzione di un vulcano.

at|ti|vo *agg.* **1** operoso; che svolge molte attività: *una persona attiva* **2** che ha una funzione specifica e determinante: *parte attiva* **3** che è in funzione: *l'impianto non è più* — | *vulcano* —, in fase di eruzione **4** (*gramm.*) si dice di verbo transitivo quando l'azione è compiuta dal soggetto (p.e. *il giocatore lancia la palla*) **5** (*econ.*) che registra un utile: *bilancio* — ♦ *s.m.* **1** (*gramm.*) il complesso delle forme attive di un verbo transitivo **2** (*econ.*) il complesso dei beni di cui dispone un'azienda in un certo momento | parte del bilancio in cui sono registrati gli utili | *in* —, che realizza degli utili **3** l'insieme di funzionari e attivisti di un partito o sindacato □ **attivamente** *avv.*

at|tiz|zà|re *v.tr.* [indic.pres. *io attìzzo*...] **1** ravvivare il fuoco **2** (*fig.*) eccitare, aizzare: — *l'odio*.

at|tiz|za|tó|io *s.m.* attrezzo che si usa per attizzare il fuoco.

àt|to[1] *s.m.* **1** azione | *essere in* —, in fase di svolgimento | *mettere in* —, realizzare | *all'* — *pratico*, praticamente | *nell'* — *di*, mentre si compie un'azione: *fu sorpreso nell'* — *di rubare* **2** gesto | *fare l'* — *di*, accennare un'azione **3** manifestazione di un pensiero o sentimento: — *d'amore* | (*lit.*) dichiarazione in forma di preghiera: — *di fede* **4** nella filosofia aristotelica, la piena realizzazione di ciò che è in potenza **5** (*dir.*) dichiarazione di volontà o comportamento che produce effetti giuridici | documento con valore legale: — *notarile* | — *d'accusa*, quello con cui sono resi noti a un imputato i capi d'accusa; (*fig.*) critica | — *osceno*, comportamento che offende il senso del pudore | *prendere* — *di ql.co.*, tenerla in considerazione | *dare* —, ammettere **6** ognuna delle parti principali in cui è suddivisa un'opera teatrale **7** (*pl.*) l'insieme dei documenti di un archivio | pubblicazione delle relazioni svolte in assemblee, convegni **8** (*pl.*, *relig.*) cronaca della vita di personaggi esemplari | *Atti degli apostoli*, libro del Nuovo Testamento sui fatti avvenuti dopo la morte di Cristo.

àt|to[2] *agg.* adatto, idoneo | appropriato: — *allo scopo*.

àt|to- primo elemento che, davanti a unità di misura, ne indica la moltiplicazione per 10^{-18}.

at|tò|ni|to *agg.* sbalordito; meravigliato: *sguardo* —.

at|tor|ci|glia|mén|to *s.m.* avvolgimento su se stesso o attorno a ql.co.

at|tor|ci|glià|re *v.tr.* [indic.pres. *io attorciglio*...] torcere e avvolgere più volte una cosa su se stessa: — *una corda* ♦ **-rsi** *rifl., intr.pron.* avvolgersi su se stesso o attorno a ql.co.: *la vite si è attorcigliata al palo*.

at|tó|re *s.m.* [f. *-trice*] **1** chi recita interpretando la parte di un personaggio in uno spettacolo | (*estens.*) chi sa fingere bene **2** (*fig.*) chi prende parte attiva a un fatto, una vicenda **3** (*sociol.*) l'individuo considerato come soggetto sociale **4** (*dir.*) chi intraprende un processo civile.

at|tor|nià|re *v.tr.* [indic.pres. *io attórnio*...] circondare ♦ **-rsi** *rifl.* circondarsi, spec. di persone.

at|tór|no *avv.* intorno | *andare* —, gironzolare | *levarsi qlcu.*, *ql.co. d'* —, liberarsene | (*fig.*) *darsi d'* —, darsi da fare | *guardarsi* —, cercare ql.co. che interessa; agire con cautela | (*loc.prep.*) — *a*, intorno a | *stare* — *a qlcu.*, stargli vicino; (*fig.*) assillarlo per ottenere ql.co.

at|trac|cà|re *v.tr., intr.* [indic.pres. *io attracco, tu attracchi*...; aus. E, A] accostarsi col fianco di un'imbarcazione alla banchina o a un altro natante.

at|tràc|co *s.m.* [pl. *-chi*] **1** manovra per attraccare **2** luogo in cui si attracca.

at|tra|èn|te *part.pres.* di *attrarre* ♦ *agg.* che attrae; affascinante | allettante.

at|tràr|re *v.tr.* [con. come *trarre*] **1** tirare a sé: *la calamita attrae il ferro* **2** (*fig.*) attirare, allettare: — *la clientela con offerte speciali* | (*anche assol.*) affascinare: *un viso che attrae* **3** richiamare: *la diva ha attratto molti curiosi* | suscitare: — *le simpatie di qlcu.* ♦ **-rsi** *rifl.rec.* **1** attirarsi l'un l'altro **2** (*fig.*) piacersi a vicenda.

at|trat|ti|va *s.f.* **1** capacità di attrarre su di sé

l'interesse; fascino 2 (*pl.*) qualità che attirano l'interesse.
at|trat|ti|vo *agg.* che affascina, che attrae.
at|tra|ver|sa|mén|to *s.m.* 1 l'attraversare 2 il luogo dove si può attraversare | — *pedonale*, punto della strada segnato da strisce riservato al passaggio dei pedoni.
at|tra|ver|sà|re *v.tr.* [indic.pres. *io attravèrso*...] 1 (*anche fig.*) passare da una parte all'altra; passare attraverso: — *un torrente*; *un dubbio mi attraversa la mente* | (*assol.*) passare da una parte all'altra di una strada: — *sulle strisce pedonali* 2 (*fig.*) trovarsi in, vivere: — *un periodo fortunato*.
at|tra|vèr|so *avv.* (*lett.*) per traverso, obliquamente ♦ *prep.* 1 da parte a parte, da una parte all'altra: *spiare — una fessura* | (*fig.*) in mezzo a: *è passato — molte difficoltà* 2 per mezzo di: — *molti esercizi* 3 di traverso: *un ostacolo — la strada*.
at|tra|zió|ne *s.f.* 1 potere di avvicinare a sé | (*fis.*) forza per cui due corpi tendono ad avvicinarsi: — *gravitazionale* 2 (*fig.*) capacità di richiamare l'attenzione; fascino | (*estens.*) interesse: *provare — per qlcu.* 3 numero o personaggio eccezionale di uno spettacolo.
at|trez|zà|re *v.tr.* [indic.pres. *io attrézzo*...] fornire di attrezzatura: — *una nave* 2 (*estens.*) fornire del necessario: — *un ufficio* ♦ **-rsi** *rifl.* equipaggiarsi: — *per il campeggio*.
at|trez|za|tú|ra *s.f.* 1 operazione dell'attrezzare 2 insieme di attrezzi, strumenti per svolgere una determinata attività: — *sportiva*.
at|trez|ze|rì|a *s.f.* 1 (*teat.*) insieme degli oggetti necessari all'allestimento di una scena 2 reparto di un'industria destinato alla costruzione e manutenzione delle attrezzature di produzione.
at|trez|zì|sta *s.m./f.* [m.pl. *-i*] 1 (*sport*) ginnasta che esegue esercizi agli attrezzi 2 (*teat.*) chi si occupa degli oggetti necessari per l'allestimento di una scena 3 operaio addetto all'attrezzeria.
at|trez|zì|sti|ca *s.f.* (*sport*) ginnastica eseguita con gli attrezzi.
at|tréz|zo *s.m.* 1 oggetto adatto a un determinato uso; utensile: — *da giardinaggio* 2 (*sport*) strumenti per gli esercizi ginnici e l'atletica.
at|tri|bu|ì|bi|le *agg.* che è possibile attribuire.
at|tri|bu|ì|re *v.tr.* [indic.pres. *io attribuìsco*, *tu attribuìsci*...] 1 riconoscere come proprio di qlcu.: — *una colpa*; *attribuirsi dei meriti* | assegnare: — *importanza a ql.co.* 2 far dipendere; imputare: *l'errore è da — alla distrazione* 3 riconoscere qlcu. come autore di un'opera: *il dipinto è attribuito a Giotto*.
at|tri|bu|tì|vo *agg.* (*gramm.*) che ha funzione di attributo.
at|tri|bù|to *s.m.* 1 qualità propria di qlcu. o ql.co. 2 (*spec.pl.*) caratteri sessuali | (*pl.*, *euf.*) organi sessuali maschili 3 emblema col quale vengono rappresentate le divinità pagane 4 (*gramm.*) aggettivo che esprime una qualità del sostantivo a cui si riferisce.
at|tri|bu|zió|ne *s.f.* 1 l'attribuire; assegnazione:

dipinto d'incerta — 2 (*spec.pl.*) i doveri propri di chi svolge un determinato compito.
at|trì|to *s.m.* 1 (*fis.*) resistenza che ostacola il moto di un corpo su di un altro provocando dispersione di energia | (*estens.*) logorio 2 (*fig.*) contrasto di sentimenti o idee.
at|trup|pà|re *v.tr.* raggruppare confusamente ♦ **-rsi** *intr.pron.* radunarsi confusamente.
at|tuà|bi|le *agg.* che si può attuare.
at|tuà|le *agg.* 1 del tempo presente: *l'— presidente* | che ha valore anche oggi: *una legge ancora — 2* (*filos.*) che è in atto □ **attualmente** *avv.* adesso, nel momento presente.
at|tua|lì|smo *s.m.* (*filos.*) dottrina di G. Gentile (1875-1944) che pone il principio della realtà nell'attività del pensiero.
at|tua|li|tà *s.f.* 1 qualità di ciò che è attuale | *essere*, *tornare di —*, idea, movimento, moda del passato che suscita ancora o torna a suscitare interesse nel presente 2 fatto recente: *notizia di* — | *film d'—*, che riguarda avvenimenti recenti.
at|tua|liz|zà|re *v.tr.* [indic.pres. *io attualìzzo*...] 1 rendere attuale 2 (*econ.*) esprimere al presente grandezze finanziarie future.
at|tua|liz|za|zió|ne *s.f.* 1 realizzazione 2 (*econ.*) calcolo che esprime al presente grandezze finanziarie future.
at|tuà|re *v.tr.* [indic.pres. *io àttuo*...] mettere in atto; realizzare: — *una riforma* ♦ **-rsi** *intr.pron.* divenire realtà.
at|tua|rià|le *agg.* (*mat.*) che studia le variabili contabili delle assicurazioni sulla base di dati statistici.
at|tua|tì|vo *agg.* (*bur.*) che permette di realizzare.
at|tua|zió|ne *s.f.* realizzazione; compimento.
at|tu|tì|re *v.tr.* [indic.pres. *io attutìsco*, *tu attutìsci*...] rendere meno intenso; attenuare: — *un suono* ♦ **-rsi** *intr.pron.* (*anche fig.*) attenuarsi; calmarsi, mitigarsi.
au|dà|ce *agg.* 1 coraggioso 2 che rivela o richiede audacia: *un'impresa* — | (*estens.*) molto originale e innovativo: *una pubblicità* — 3 provocante: *un abito* — | irriverente: *una risposta* — ♦ *s.m./f.* chi è coraggioso e intraprendente: *la fortuna aiuta gli audaci* □ **audacemente** *avv.*
au|dà|cia *s.f.* [pl. *-cie*] 1 ardimento; coraggio sprezzante 2 novità originale e ardita 3 sfrontatezza: *ha avuto l'— di telefonarmi*.
audience (*ingl.*) [pr. *òdiens*] *s.f.invar.* insieme delle persone raggiunte da un messaggio dei mezzi di comunicazione di massa.
àu|dio *s.m.invar.* 1 insieme di congegni che costituiscono un apparato di riproduzione sonora 2 il suono emesso; il volume, spec. di televisione e radio: *alza l'—* ♦ *agg.invar.* che riguarda il suono: — *registrazione* —.
àu|dio— primo elemento di parole composte che significa "suono" (*audiovisivo*) o "udito" (*audioleso*).
au|dio|cas|sét|ta *s.f.* nastro magnetico chiuso in una cassetta usato per registrare e riprodurre suoni.

au|dio|fre|quèn|za *s.f.* (*fis.*) frequenza delle oscillazioni acustiche udibili dall'uomo.

au|dio|lé|so o **audiolèso** *agg.*, *s.m.* [f. *-a*] (*med.*) menomato nell'udito.

au|dio|li|bro *s.m.* testo, spec. per bambini, la cui lettura è incisa su un'audiocassetta.

au|dio|lo|gi|a *s.f.* (*med.*) studio dell'orecchio e delle sue patologie.

au|dio|me|tri|a *s.f.* (*med.*) misurazione della sensibilità uditiva.

au|dio|vi|si|vo *agg.* che riproduce suoni e immagini ♦ *s.m. spec.pl.* mezzo che riproduce contemporaneamente suoni e immagini (p.e. film, videocassetta).

àu|di|tel *s.m.invar.* sistema di rilevamento degli ascolti televisivi.

auditing (*ingl.*) [pr. *òditing*] *s.m.invar.* (*fin.*) revisione ufficiale dei conti di una società.

au|di|tò|rio o **auditòrium** *s.m.* sala per concerti, conferenze e sim.

au|di|zió|ne *s.f.* **1** ascolto a fini di prova | prova sostenuta da attori, cantanti e sim. per ottenere un certo ruolo **2** (*dir.*) ascolto di un testimone.

àu|ge *s.f.invar.* punto massimo; culmine | *in* —, al culmine della notorietà, del successo.

au|gèl|lo *s.m.* (*poet.*) uccello.

au|gna|tu|ra *s.f.* (*tecn.*) taglio obliquo di due parti di una struttura per collegarle ad angolo.

au|gu|rà|bi|le *agg.* che è da augurarsi; sperabile.

au|gu|rà|le *agg.* **1** proprio degli àuguri **2** che esprime augurio: *discorso —*.

au|gu|rà|re *v.tr.* [indic.pres. *io àuguro...*] esprimere un augurio: *— buon compleanno* | *augurarsi ql.co.*, sperarlo: *mi auguro che tu guarisca presto.*

àu|gu|re *s.m.* (*presso gli antichi romani*) sacerdote che interpretava la volontà divina osservando il volo degli uccelli o altri fenomeni naturali | (*lett.*) indovino.

au|gù|rio *s.m.* **1** desiderio manifestato a qlcu. che si realizzi un evento positivo | (*spec.pl.*) formula usata in occasioni particolari per esprimere la speranza di felicità: *tanti auguri!* **2** (*estens.*) presagio, auspicio **3** (*st.*) responso degli àuguri.

au|gù|sto *agg.* venerabile, maestoso.

àu|la *s.f.* **1** locale in cui si tengono lezioni scolastiche o universitarie | *— magna*, la più importante di un istituto scolastico o di un'università **2** negli edifici pubblici, sala adibita a riunioni e assemblee importanti: *— parlamentare.*

àu|li|co *agg.* [m.pl. *-ci*] **1** (*lett.*) di corte **2** (*fig.*) illustre, raffinato, solenne: *stile —.*

au|men|tà|re *v.tr.* [indic.pres. *io auménto...*] **1** rendere più grande, più intenso o più numeroso: *— lo stipendio* **2** (*fam.*) aumentare il prezzo di ql.co. ♦ *intr.* [aus. *E*] crescere per intensità, peso, dimensioni e sim.: *il caldo sta aumentando; è aumentato di tre chili* | costare più caro: *la benzina aumenta sempre più.*

au|mén|to *s.m.* crescita | (*fam.*) rincaro: *— delle tasse.*

àu|ra *s.f.* **1** (*poet.*) aria in leggero movimento **2** (*fig.*, *lett.*) atmosfera: *un'— di mistero* **3** nell'occultismo, energia emanata dal corpo, visibile come alone di luce colorata.

àu|re|o *agg.* **1** d'oro: *corona aurea* | (*econ.*) *riserva aurea*, l'oro di uno Stato a garanzia della cartamoneta circolante **2** (*lett.*) che ha il colore dell'oro **3** (*fig.*) eccellente, ottimo | *periodo* —, quello di massimo splendore.

au|rè|o|la *s.f.* **1** cerchio splendente che, nelle immagini, circonda il capo di Cristo, della Madonna e dei santi **2** (*fig.*) splendore dato da virtù: *un'— di bontà* **3** (*estens.*) alone luminoso.

àu|ri- o **àuro-** primo elemento di parole composte che significa "oro" (*aurifero*).

au|ri|co|la *s.f.* (*anat.*) atrio del cuore.

au|ri|co|là|re *agg.* **1** (*anat.*) dell'orecchio: *padiglione —* **2** che ha forma simile all'orecchio **3** proprio dell'ascoltare | (*dir.*) *testimone* —, che rivela ciò che ha direttamente udito ♦ *s.m.* dispositivo da applicare all'orecchio per l'ascolto individuale.

au|ri|fe|ro *agg.* che contiene oro.

au|ri|ga *s.m.* [pl. *-ghi*] presso gli antichi, chi guidava il carro da guerra o il cocchio.

au|rò|ra o **auròra** *s.f.* **1** il chiarore che, dopo l'alba, precede il sorgere del sole | *— polare*, fenomeno luminoso del cielo notturno che si manifesta nelle regioni polari: *— boreale*, a nord; *— australe*, a sud **2** (*fig.*, *lett.*) principio, fase iniziale: *l'— della civiltà.*

au|scul|tà|re *v.tr.* [indic.pres. *io ausculto...*] (*med.*) ascoltare per fini diagnostici, con l'orecchio o con appositi apparecchi acustici, i suoni provenienti dagli organi interni.

au|scul|ta|zió|ne *s.f.* (*med.*) esame che consiste nell'auscultare.

au|si|lià|re *agg.* che dà aiuto | (*gramm.*) *verbo* —, verbo che serve a formare i tempi composti e il passivo degli altri verbi ♦ *s.m.* **1** [anche f.] chi collabora **2** (*gramm.*) verbo ausiliare.

au|si|lià|ria *s.f.* (*mil.*) donna arruolata spec. con mansioni amministrative o assistenziali.

au|si|lià|rio *agg.* che aiuta | da usare in caso di emergenza: *motore —* | *forze ausiliarie*, reparti con mansioni amministrative, assistenziali e sim. ♦ *s.m.* [f. *-a*] **1** collaboratore **2** (*mil.*) ufficiale non più in servizio ma che può essere richiamato.

Au|si|lia|trì|ce *agg.*, *s.f.* titolo della Madonna, in quanto soccorritrice dei fedeli.

au|sì|lio *s.m.* (*lett.*) aiuto.

au|sò|nio *agg.* proprio dell'Ausonia, antico nome della Campania | (*estens.*) italico.

au|spi|cà|bi|le *agg.* augurabile, desiderabile.

au|spi|cà|re *v.tr.* [indic.pres. *io àuspico, tu àuspichi...*] **1** (*lett.*) trarre gli auspici **2** (*estens.*) pronosticare **2** (*estens.*) augurare.

àu|spi|ce *s.m.* (*presso gli antichi romani*) sacerdote che traeva gli auspici **2** chi promuove qualche iniziativa.

au|spì|cio *s.m.* **1** (*presso i romani*) presagio tratto da un augure | (*estens.*) pronostico, presagio: *essere di buon —* **2** augurio, desiderio **3** (*fig.*) patrocinio: *sotto l'— delle autorità.*

au|ste|ri|tà *s.f.* **1** l'essere austero **2** (*econ.*) politica di restrizione dei consumi imposta dal governo.
austerity (*ingl.*) *s.f.invar.* (*econ.*) austerità, limitazione dei consumi.
au|stè|ro *agg.* rigoroso nell'osservanza del dovere; severo, rigido | essenziale: *arredamento —* | grave, solenne: *atteggiamento —* □ **austeramente** *avv.*
au|strà|le *agg.* dell'emisfero meridionale della Terra.
au|stra|lià|no *agg.* dell'Australia ♦ *s.m.* [f. *-a*] nativo o abitante dell'Australia.
au|stra|lo|pi|tè|co *s.m.* [m.pl. *-chi* o *-ci*] scimmia fossile con caratteristiche di transizione tra le grandi scimmie e l'uomo.
au|strì|a|co *agg.* [m.pl. *-ci*] dell'Austria ♦ *s.m.* [f. *-a*] nativo o abitante dell'Austria.
àu|stro *s.m.* (*lett.*) vento umido e caldo che soffia da sud | (*estens.*) le regioni meridionali.
àu|stro- primo elemento di parole composte che significa "austriaco" (*austroungarico*).
au|stro|un|gà|ri|co *agg.* [m.pl. *-ci*] (*st.*) dello Stato costituito dall'Impero d'Austria e dal Regno di Ungheria (1867-1918).
au|tar|chì|a[1] *s.f.* (*econ.*) indipendenza del mercato nazionale dai mercati esteri.
au|tar|chì|a[2] *s.f.* (*dir.*) facoltà di alcuni enti pubblici di amministrarsi in modo autonomo.
au|tàr|chi|co[1] *agg.* [m.pl. *-ci*] relativo all'autarchia: *politica autarchica* | detto di merce prodotta con materia prima o procedimento non importati.
au|tàr|chi|co[2] *agg.* [m.pl. *-ci*] (*dir.*) detto di ente con autonomia amministrativa.
aut aut (*lat.*) *loc.sost.m.invar.* scelta alternativa obbligatoria | ***imporre un — a qlcu.***, costringerlo a scegliere.
au|tèn|ti|ca *s.f.* (*bur.*) autenticazione, certificato.
au|ten|ti|cà|re *v.tr.* [indic.pres. *io autèntico, tu autèntichi*...] **1** (*bur.*) dichiarare autentico: *— una firma* | *— un'opera d'arte*, farla dichiarare autentica da un esperto **2** (*estens.*) confermare ql.co.
au|ten|ti|ca|zió|ne *s.f.* l'autenticare | (*bur.*) dichiarazione di autenticità di un documento.
au|ten|ti|ci|tà *s.f.* l'essere autentico; verità, validità: *verificare l'— di una notizia.*
au|tèn|ti|co *agg.* [m.pl. *-ci*] **1** che è vero e si può dimostrare | ***copia autentica***, convalidata da un pubblico ufficiale **2** (*fig.*) originale: *un orologio — del 1700* | (*fig.*) genuino: *un amore —* | (*fam.*, *iron.*) vero e proprio: *è un — ignorante!* □ **autenticamente** *avv.*
authority (*ingl.*) *s.f.invar.* organismo che controlla un determinato settore amministrativo.
au|tiè|re *s.m.* (*mil.*) soldato addetto alla guida di automezzi.
au|tì|smo *s.m.* (*psich.*) mancanza di rapporto psichico con gli altri e con la realtà esterna.
au|tì|sta[1] *s.m./f.* [m.pl. *-ci*] chi conduce autoveicoli per mestiere | (*estens.*) chi è alla guida di un'automobile.
au|tì|sta[2] *s.m./f.* [m.pl. *-i*] (*psich.*) chi è affetto da autismo.
au|tì|stì|co *agg.* [m.pl. *-ci*] (*psich.*) proprio dell'autismo | affetto da autismo.
àu|to *s.f.invar. abbr. di* automobile | **— *civetta***, quella priva di segni distintivi usata dalle forze dell'ordine per operare in incognito | ***— pirata***, quella il cui conducente, dopo aver causato un incidente, non si ferma per il soccorso.
àu|to-[1] primo elemento di parole composte che significa "di se stesso" (*autobiografia*) o "spontaneamente, da sé" (*autoadesivo*).
àu|to-[2] primo elemento di parole composte che significa "automobile" (*autoambulanza*).
au|to|ab|bron|zàn|te *agg., s.m.* detto di cosmetico che procura l'abbronzatura senza esporsi al sole.
au|to|ac|cen|sió|ne *s.f.* accensione spontanea di materiali combustibili | nei motori a scoppio, accensione della miscela aria-combustibile senza innesco artificiale.
au|to|ac|cù|sa *s.f.* l'accusare se stessi di una colpa.
au|to|a|de|sì|vo *agg., s.m.* detto di oggetto che, grazie alla sua superficie ricoperta di sostanza adesiva, aderisce senza uso di colla.
au|to|af|fer|ma|zió|ne *s.f.* piena espressione di se stessi e del proprio ruolo.
au|to|am|bu|làn|za *s.f.* autoveicolo attrezzato per il trasporto di feriti o ammalati.
au|to|a|nà|li|si *s.f.* (*psicoan.*) analisi di se stessi e dei propri comportamenti con metodi psicoanalitici.
au|to|ap|pren|di|mén|to *s.m.* apprendimento che è possibile raggiungere da soli, senza l'aiuto di un insegnante.
au|to|ar|ti|co|là|to *s.m.* autoveicolo composto da una motrice e da un semirimorchio.
au|to|as|sòl|ver|si *v.rifl.* [indic.pres. *io mi autoassòlvo...*] giustificare le proprie azioni e scelte senza attribuirsi responsabilità, errori e colpe.
au|to|bi|o|grà|fi|a *s.f.* opera in cui l'autore narra la propria vita.
au|to|bi|o|grà|fi|co *agg.* [m.pl. *-ci*] proprio dell'autobiografia | che riguarda fatti della propria vita.
au|to|bi|o|gra|fì|smo *s.m.* tendenza di un autore a porre se stesso al centro della propria opera.
au|to|blin|dà|to *agg.* detto di automezzo corazzato e armato.
au|to|blìn|do *s.f.invar.* automezzo corazzato e armato di mitragliatrici e piccoli cannoni.
au|to|bóm|ba *s.f.* auto contenente esplosivo usata per azioni terroristiche.
au|to|bòt|te *s.f.* autoveicolo dotato di grossa cisterna per il trasporto di liquidi.
àu|to|bus o (*pop.*) **autobùs** *s.m.invar.* autoveicolo adibito al trasporto collettivo di persone.
au|to|cà|ra|van *s.f.invar.* camper.
au|to|càr|ro *s.m.* autoveicolo formato da una cabina di guida e un cassone per il trasporto di merci.

au|to|cen|sù|ra *s.f.* censura esercitata su se stesso | censura che un autore si impone per rispettare le direttive di un'autorità pubblica.

au|to|cèn|tro *s.m.* centro di vendita, assistenza e riparazione di automobili.

au|to|cer|ti|fi|ca|zió|ne *s.f.* (*bur.*) dichiarazione scritta con cui un cittadino, sotto responsabilità penale, certifica i propri dati personali.

au|to|cin|go|là|to *s.m.* autoveicolo con cingoli al posto delle ruote.

au|to|ci|stèr|na *s.f.* autoveicolo dotato di serbatoio per il trasporto di liquidi.

au|to|ci|tàr|si *v.rifl.* citare se stessi o una propria opera.

au|to|clà|ve *s.f.* recipiente cilindrico a chiusura ermetica capace di resistere ad alte temperature, usato anche come sterilizzatore.

au|to|co|lón|na *s.f.* colonna di autoveicoli, spec. militari.

au|to|com|bu|stió|ne *s.f.* incendio spontaneo, spec. a causa di eccessivo calore | (*auto.*) combustione in seguito all'autoaccensione.

au|to|com|mi|se|ra|zió|ne *s.f.* il sentire e manifestare pietà per se stessi; il compiangersi.

au|to|com|pia|ci|mén|to *s.m.* il compiacersi di sé e delle proprie azioni.

au|to|con|ces|sio|nà|rio *s.m.* concessionario che vende automobili.

au|to|con|tròl|lo *s.m.* controllo di sé: *perdere l'—*.

au|to|con|vin|zió|ne *s.f.* convinzione basata su valutazioni del tutto soggettive.

au|to|cor|riè|ra *s.f.* autobus extraurbano; corriera.

au|to|co|scièn|za *s.f.* 1 (*filos.*) coscienza che l'io ha di sé 2 analisi collettiva in cui le persone analizzano e confrontano le proprie esperienze.

au|tò|cra|te *s.m./f.* chi esercita la propria autorità in modo assoluto | (*estens.*) chi impone la propria volontà.

au|to|cràt|ti|co *agg.* [m.pl. *-ci*] che è proprio dell'autocrazia; assolutista: *governo —*.

au|to|cra|zì|a *s.f.* governo assoluto; dittatura.

au|to|crì|ti|ca *s.f.* critica di se stessi e delle proprie azioni.

au|to|crì|ti|co *agg.* [m.pl. *-ci*] proprio dell'autocritica: *atteggiamento —*.

au|to|cròss *s.m.invar.* (*sport*) gara automobilistica su percorso reso accidentato.

au|tòc|to|no *agg.* 1 che è nato nello stesso luogo in cui vive 2 (*geol.*) detto di roccia formatasi nello stesso luogo in cui si trova ♦ *s.m.* [f. *-a*] indigeno.

au|to|da|fé o **auto da fe** *s.m.invar.* 1 (*st.*) in Spagna, durante l'Inquisizione, abiura di un eretico pentito | esecuzione sul rogo di un eretico 2 (*estens.*) ritrattazione.

au|to|de|ci|sió|ne *s.f.* capacità di decidere in modo autonomo e libero.

au|to|de|mo|li|zió|ne *s.f.* demolizione di vecchie automobili | (*estens.*) il luogo dove si raccolgono i veicoli destinati alla demolizione.

au|to|de|nùn|cia *s.f.* denuncia di se stesso; confessione delle proprie colpe ed errori | (*dir.*) denuncia di un reato fatta all'autorità da chi l'ha commesso.

au|to|de|ter|mi|na|zió|ne *s.f.* autodecisione | *— dei popoli*, il diritto di ciascun popolo di scegliere autonomamente la propria condizione politica.

au|to|di|dàt|ta *s.m./f.* [m.pl. *-i*] chi si è istruito da solo, senza l'aiuto di insegnanti.

au|to|di|dàt|ti|co *agg.* [m.pl. *-ci*] proprio dell'autodidatta; da autodidatta.

au|to|di|fé|sa *s.f.* 1 (*dir.*) il sostenere in giudizio la propria difesa senza l'assistenza di un legale 2 difesa personale con tecniche di lotta, spec. orientali.

au|to|di|sci|plì|na *s.f.* controllo di sé.

au|to|di|strùg|ger|si *v.rifl.* [con. come *distruggere*] 1 (*di ordigni*) distruggersi automaticamente 2 (*fig.*) causare a se stessi un danno fisico o psichico.

au|to|di|strut|tì|vo *agg.* che si autodistrugge | (*estens.*) detto di comportamento che provoca un danno alla persona stessa che lo attua.

au|to|di|stru|zió|ne *s.f.* l'autodistruggersi.

au|tò|dro|mo *s.m.* pista attrezzata per competizioni automobilistiche.

au|to|e|mo|tè|ca *s.f.* (*med.*) autoveicolo attrezzato per il prelievo e la conservazione del sangue.

au|to|e|ro|tì|smo *s.m.* masturbazione.

au|to|e|sal|ta|zió|ne *s.f.* esaltazione compiaciuta di sé e del proprio operato.

au|to|e|stin|guèn|te *agg.* detto di materiale che, a contatto con il fuoco, interrompe la combustione.

au|to|fe|con|da|zió|ne *s.f.* (*biol.*) fecondazione tra gameti maschili e femminili prodotti da uno stesso individuo.

au|to|fer|ro|tran|vià|rio *agg.* che riguarda nell'insieme i trasporti pubblici automobilistici, ferroviari e tranviari: *sciopero —*.

au|tof|fi|cì|na *s.f.* officina in cui si riparano autoveicoli.

au|to|fi|let|tàn|te *agg.* detto di vite d'acciaio che filetta il foro mentre si avvita.

au|to|fi|lo|tran|vià|rio *agg.* che riguarda nell'insieme il trasporto pubblico su autobus, filobus e tram.

au|to|fi|nan|ziàr|si *v.rifl.* [indic.pres. *io mi autofinànzio...*] (*econ.*) provvedere al finanziamento di un'azienda mediante i suoi stessi utili | (*estens.*) finanziare con soldi propri un'attività che si promuove o a cui si partecipa.

au|to|fò|cus *s.m./f.* dispositivo, spec. in apparecchi fotografici, per la messa a fuoco automatica di un obiettivo | (*estens.*) la macchina fotografica con tale dispositivo.

au|to|fur|gó|ne *s.m.* autoveicolo con furgone chiuso.

au|to|ga|mì|a *s.f.* 1 (*biol.*) autofecondazione 2 (*bot.*) fecondazione di un fiore con il suo stesso polline.

au|to|gè|ne|si *s.f.invar.* (*biol.*) generazione spontanea di organismi viventi.

au|tò|ge|no *agg.* 1 che si produce da sé | *training* —, tecnica di rilassamento con effetti psicoterapeutici, praticabile autonomamente dal paziente 2 (*tecn.*) detto di saldatura tra parti metalliche che si ottiene grazie alla fusione del metallo stesso.

au|to|ge|stió|ne *s.f.* conduzione di una qualsiasi attività da parte dei diretti interessati.

au|to|ge|sti|re *v.tr.* [indic.pres. *io autogestisco, tu autogestisci...*] sottoporre ad autogestione: *scuola autogestita* ♦ **-rsi** *rifl.* gestire il proprio tempo, le proprie scelte ecc. in modo autonomo.

au|to|gi|ro *s.m.* (*aer.*) aeromobile con elica a motore e rotori mossi dal vento prodotto dal movimento.

au|to|gòl *s.m.invar.* 1 (*sport*) spec. nel calcio, punto a vantaggio degli avversari, segnato lanciando involontariamente il pallone nella propria rete 2 (*fig.*) azione che si ritorce contro la stessa persona che l'ha compiuta.

au|to|go|vèr|no *s.m.* la facoltà riconosciuta a un ente o gruppo sociale di amministrarsi in modo autonomo.

au|tò|gra|fo *agg.* scritto di propria mano dall'autore: *testamento* — ♦ *s.m.* 1 qualsiasi documento scritto da una persona di propria mano | (*estens.*) firma: *chiedere l'* — *a un cantante* 2 manoscritto originale di un'opera: *un* — *manzoniano*.

au|to|grill® *s.m.invar.* posto di ristoro situato sulle autostrade.

au|to|grù *s.f.* autoveicolo provvisto di gru.

au|to|gui|da *s.f.* (*mil.*) dispositivo che guida automaticamente missili, siluri ecc. verso l'obiettivo.

au|to|gui|dà|to *agg.* dotato di autoguida: *missile* —.

au|to|im|mon|di|zie *s.m.invar.* automezzo attrezzato per il carico e lo scarico delle immondizie.

au|to|in|cèn|dio *s.m.* automezzo attrezzato per spegnere gli incendi.

au|to|in|du|zió|ne *s.f.* (*fis.*) fenomeno per cui in un circuito elettrico, a ogni variazione del flusso magnetico determinata dal variare dell'intensità della corrente, si produce una corrente indotta che si contrappone a quella principale.

au|to|in|nè|sto *s.m.* (*med.*) operazione di innesto chirurgico di tessuti prelevati dal paziente stesso.

au|to|i|ro|nì|a *s.f.* ironia che ha per oggetto se stessi.

au|to|la|vàg|gio *s.m.* impianto per la pulizia e il lavaggio automatico di autoveicoli.

au|to|le|git|ti|ma|zió|ne *s.f.* legittimazione del proprio operato sulla base di criteri soggettivi, spec. al fine di trarne vantaggi.

au|to|le|sio|nì|smo *s.m.* il ferirsi o mutilarsi in modo volontario | (*estens.*) comportamento di chi volontariamente danneggia se stesso.

au|to|le|sio|nì|sta *s.m./f.* [m.pl. *-i*] chi si ferisce o si mutila in modo volontario | (*estens.*) chi volontariamente si danneggia.

au|to|li|ne|a *s.f.* linea percorsa da automezzi pubblici.

au|tò|ma *s.m.* [m.pl. *-i*] 1 macchina in grado di imitare i movimenti dell'uomo o degli animali; robot 2 (*fig.*) chi agisce meccanicamente: *muoversi come un* —.

au|to|ma|ti|ci|tà *s.f.* l'essere automatico.

au|to|mà|ti|co *agg.* [m.pl. *-ci*] 1 che funziona senza l'intervento diretto dell'uomo: *pilota* — | *arma automatica*, arma da fuoco che espelle il bossolo scarico e ricarica subito il nuovo | *orologio* —, orologio da polso che si carica con i movimenti del braccio 2 (*estens.*) che si compie senza l'intervento della volontà: *gesto* — | che si produce come conseguenza diretta di un fatto ♦ *s.m.* bottone composto da due elementi che si incastrano facilmente per pressione □ **automaticamente** *avv.*

au|to|ma|ti|smo *s.m.* 1 proprietà dell'essere automatico 2 insieme dei dispositivi che permettono un funzionamento automatico 3 (*psicol.*) propensione a compiere azioni meccaniche e ripetitive, senza esserne consapevoli.

au|to|ma|tiz|zà|re *v.tr.* [indic.pres. *io automatizzo...*] rendere automatico: — *un processo*.

au|to|ma|zió|ne *s.f.* introduzione di processi produttivi meccanici, in cui l'intervento dell'uomo è minimo.

au|to|me|di|ca|zió|ne *s.f.* cura di piccoli disturbi con farmaci per i quali non è obbligatoria la ricetta medica.

au|to|mèz|zo *s.m.* autoveicolo.

au|to|mò|bi|le *s.f.* veicolo a motore a quattro ruote per il trasporto su strada di un numero limitato di persone.

au|to|mo|bi|li|smo *s.m.* 1 ciò che riguarda le automobili e il loro impiego 2 lo sport delle corse con automobili.

au|to|mo|bi|li|sta *s.m./f.* [m.pl. *-i*] chi guida un'automobile.

au|to|mo|bi|lì|sti|co *agg.* [m.pl. *-ci*] relativo all'automobile o all'automobilismo: *gara automobilistica*.

au|to|mo|del|lì|smo *s.m.* collezione o costruzione di modellini di automobili.

au|to|mo|del|lì|sta *s.m./f.* [m.pl. *-i*] chi si dedica all'automodellismo.

au|to|mo|trì|ce *s.f.* vettura ferroviaria, tranviaria o filoviaria provvista di motore e adibita al trasporto di persone.

au|to|no|lég|gio *s.m.* noleggio di automobili | azienda che gestisce tale attività.

au|to|no|mì|a *s.f.* 1 il governarsi da sé, sulla base di leggi liberamente scelte | (*dir.*) facoltà di amministrarsi in modo autonomo che lo Stato riconosce a regioni, province e comuni 2 libertà di pensare e di agire 3 (*di macchine*) la durata di funzionamento senza essere riforniti d'energia | (*di mezzo di trasporto*) distanza percorribile con un rifornimento di carburante.

au|to|no|mì|smo *s.m.* movimento tendente all'autonomia politica o amministrativa.

au|to|no|mì|sta *s.m./f.* [m.pl. *-i*] chi promuove l'autonomia.

au|tò|no|mo *agg.* 1 che gode di autonomia | *ente* —, ente pubblico con autonomia finanziaria 2 indipendente | *lavoro* —, non subordinato | *sindacato* —, che non è collegato ai sindacati confederali (CGIL, CISL, UIL) ♦ *s.m.* [f. *-a*] chi è iscritto a un sindacato autonomo □ **autonomamente** *avv.*

au|to|pal|pa|zió|ne *s.f.* (*med.*) esame del seno che la donna esegue da sé al fine di verificare eventuali alterazioni.

au|to|par|chég|gio *s.m.* parcheggio per automobili.

au|to|pàr|co *s.m.* [m.pl. *-chi*] insieme di autoveicoli adibiti a un servizio.

au|to|pat|tù|glia *s.f.* pattuglia di polizia che svolge il servizio di vigilanza in automobile.

au|to|pi|sta *s.f.* 1 nei luna park, pista per piccole automobili elettriche 2 nelle zone desertiche, strada naturale percorribile da autoveicoli.

au|to|pla|sti|a *s.f.* (*med.*) riparazione chirurgica tramite innesto o trapianto di tessuto prelevato dal paziente stesso.

au|to|póm|pa *s.f.* autocarro munito di una pompa antincendio.

au|to|pòr|to *s.m.* grande parcheggio per veicoli in attesa del controllo doganale.

au|to|pro|pul|sió|ne *s.f.* spinta esercitata su un corpo per sviluppo di energia all'interno del corpo stesso.

au|to|psì|a *s.f.* (*med.*) esame di un cadavere per scopi scientifici o indagini giudiziarie.

au|tòp|ti|co *agg.* [m.pl. *-ci*] relativo ad autopsia.

au|to|pu|lèn|te *agg.* (*tecn.*) detto di impianto o apparecchio che elimina da sé i residui: *forno* —.

au|to|pull|man *s.m.invar.* autobus di linea o turistico; pullman.

au|to|pu|ni|ti|vo *agg.* relativo all'autopunizione.

au|to|pu|ni|zió|ne *s.f.* (*psicol.*) il punirsi per una colpa, reale o presunta.

au|to|rà|dio *s.f.invar.* apparecchio radiofonico a bordo di autoveicoli.

au|to|ra|dù|no *s.m.* raduno di automobili, spec. a scopo sportivo.

au|tó|re *s.m.* [f. *-trice*] 1 chi è origine, causa di ql.co.; creatore: *l'— di un furto* 2 chi crea un'opera letteraria, artistica, scientifica | *d'—*, di artista noto e apprezzato: *dipinto d'—*.

au|to|re|at|tó|re *s.m.* reattore in cui la compressione dell'aria è ottenuta aerodinamicamente.

au|to|re|fe|ren|zià|le *agg.* che fa riferimento solo a sé e alla propria situazione.

au|to|reg|gèn|te *agg.* detto di calza da donna che si regge grazie a un bordo in silicone che aderisce alla coscia.

au|to|re|go|la|men|ta|zió|ne *s.f.* disciplina che un'organizzazione sindacale o di altro tipo dà alle proprie forme di attività.

au|to|re|go|la|zió|ne *s.f.* regolazione automatica, spec. di impianti.

au|to|re|spi|ra|tó|re *s.m.* apparecchiatura che consente la respirazione subacquea.

au|to|ré|te *s.f.* (*sport*) spec. nel calcio, la rete segnata per errore nella propria porta; autogol.

autoreverse (*ingl.*) [pr. *autorevèrs*] *s.m.invar.* nel registratore, dispositivo che permette di cambiare il lato d'ascolto della cassetta in modo automatico.

au|to|ré|vo|le *agg.* che ha autorità, prestigio derivante da meriti effettivi: *uno scienziato —* | che proviene da persona che ha autorità: *un giudizio —* □ **autorevolmente** *avv.*

au|to|re|vo|léz|za *s.f.* l'essere autorevole; prestigio.

au|to|ri|bal|tà|bi|le *s.m.* autocarro con cassone ribaltabile.

au|to|ri|càm|bio *s.m.* 1 settore specializzato in produzione e commercio di ricambi per autoveicoli 2 (*pl.*) negozio in cui si vendono ricambi per autoveicoli.

au|to|ri|més|sa *s.f.* edificio per il parcheggio e la manutenzione di autoveicoli.

au|to|ri|tà *s.f.* 1 facoltà di esercitare legittimamente un pubblico potere | il potere stesso e la persona, o l'ente che lo esercita: — *giudiziaria*; *le* — *militari* | *agire d'—*, sulla base di un potere legittimo | — *costituita*, riconosciuta pubblicamente 2 (*estens.*) influenza esercitata da qlcu. per il suo ruolo 3 prestigio, stima di cui gode una persona per i suoi meriti o la sua competenza in un dato settore: *l'— di uno scienziato* | chi gode di tale stima: *è un'— nel campo della musica* | parere autorevole.

au|to|ri|tà|rio *agg.* 1 che esercita con intransigenza ed esagerazione la propria autorità | *Stato*, *governo* —, che limita il ruolo dell'opposizione e le libertà civili 2 (*estens.*) prepotente: *carattere* — □ **autoritariamente** *avv.*

au|to|ri|ta|ri|smo *s.m.* autorità esercitata in modo intransigente ed esagerato da parte di persone o istituzioni.

au|to|ri|tràt|to *s.m.* ritratto di se stesso | (*estens.*) descrizione di sé e delle proprie caratteristiche.

au|to|riz|zà|re *v.tr.* [indic.pres. *io autorizzo...*] consentire, concedere il permesso, il diritto: — *un corteo* 2 giustificare: *i suoi problemi non autorizzano un tale comportamento*.

au|to|riz|za|zió|ne *s.f.* 1 permesso, approvazione: *ottenere un'—* 2 (*dir.*) documento che attesta il permesso dato dall'autorità competente a esercitare un diritto o una facoltà | — *a procedere*, atto con cui è autorizzato l'inizio o il proseguimento di un'azione penale.

au|to|sa|ló|ne *s.m.* locale in cui sono esposte le automobili in vendita.

au|to|scàt|to *s.m.* dispositivo di apparecchio fotografico che permette di scattare una foto senza l'intervento di un operatore.

au|to|scón|tro *s.m.* nei luna park, pista su cui circolano e si scontrano piccole automobili elettriche con respingenti di gomma.

au|to|scuò|la *s.f.* scuola in cui si insegna a guidare autoveicoli; scuola guida.
au|to|ser|vi|zio *s.m.* servizio di trasporto pubblico con autobus.
au|to|si|lo *s.m.* edificio a più piani per il parcheggio di autoveicoli.
au|to|sno|dà|to *s.m.* veicolo per il trasporto di persone o merci, formato da parti collegate non rigidamente fra loro.
au|to|soc|cór|so *s.m.* autoveicolo attrezzato per la rimozione e il trasporto di autovetture guaste o incidentate.
au|to|stàr|ter *s.m.invar.* 1 (*sport*) nell'ippica, autoveicolo munito di barriera dietro la quale si allineano i cavalli nella fase di partenza 2 (*auto.*) nei motori a iniezione elettronica, starter automatico.
au|to|sta|zió|ne *s.f.* 1 stazione per gli autobus di linea 2 stazione per la sosta e il rifornimento di autoveicoli.
au|to|stòp *s.m.invar.* richiesta di trasporto gratuito rivolta ad automobilisti | il trasporto stesso: *raggiungere un luogo in —.*
au|to|stop|pì|smo *s.m.* la pratica dell'autostop.
au|to|stop|pì|sta *s.m./f.* [m.pl. *-i*] chi fa l'autostop.
au|to|strà|da *s.f.* 1 strada priva di attraversamenti riservata alla circolazione veloce degli autoveicoli e ai motoveicoli di grossa cilindrata 2 (*inform.*) — *informatica*, rete informatica per la trasmissione di grandi quantità di dati a cui accedono molti utenti.
au|to|stra|da|le *agg.* che riguarda l'autostrada: *ingorgo —.*
au|to|suf|fi|cièn|te *agg.* che basta a se stesso | economicamente autonomo.
au|to|suf|fi|cièn|za *s.f.* l'essere autosufficiente; autonomia.
au|to|sug|ge|stió|ne *s.f.* 1 condizionamento psichico o emotivo che si esercita su se stessi 2 (*psicol.*) tecnica per migliorare la propria salute o il proprio comportamento basata sulla ripetizione di gesti e parole.
au|to|tas|sa|zió|ne *s.f.* versamento da parte del contribuente dell'imposta da lui stesso calcolata in base alla dichiarazione dei redditi.
au|to|te|là|io *s.m.* telaio di un autoveicolo senza carrozzeria, ma con tutti gli organi meccanici.
au|to|tra|pian|to *s.m.* (*med.*) trapianto di un tessuto prelevato dal paziente stesso.
au|to|tra|sfor|ma|tó|re *s.m.* (*elettr.*) trasformatore in cui l'avvolgimento primario e quello secondario non sono elettricamente separati.
au|to|tra|sfu|sió|ne *s.f.* (*med.*) trasfusione effettuata con sangue precedentemente prelevato dallo stesso paziente che lo riceve.
au|to|tra|spor|tà|re *v.tr.* [indic.pres. *io autotrasportò...*] trasportare merci o persone con autoveicoli.
au|to|tra|spor|ta|tó|re *s.m.* [f. *-trice*] chi lavora nel settore degli autotrasporti.
au|to|tra|spòr|to *s.m.* trasporto di merci o persone su autoveicoli.
au|to|tra|zió|ne *s.f.* trazione di autoveicoli capaci di muoversi in modo autonomo.
au|to|trè|no *s.m.* autoveicolo costituito da una motrice con rimorchio per il trasporto di merci.
au|to|tro|fì|a *s.f.* (*biol.*) capacità di un organismo di trasformare le sostanze inorganiche in sostanze organiche necessarie al proprio nutrimento.
au|to|ve|i|co|lo *s.m.* mezzo di trasporto su strada azionato da motore proprio.
au|to|vè|lox® *s.m.invar.* dispositivo usato dalla polizia stradale per controllare la velocità degli autoveicoli.
au|to|vet|tù|ra *s.f.* automobile.
au|tun|nà|le *agg.* dell'autunno: *clima* — | che si svolge in autunno: *corso —.*
au|tùn|no *s.m.* stagione dell'anno compresa tra l'estate e l'inverno; inizia il 23 settembre e finisce il 21 dicembre | (*fig.*) nella vita di una persona, l'età prossima alla vecchiaia | in un'epoca storica, fase che precede il declino: *l'— del Medioevo.*
au|xo|lo|gì|a *s.f.* (*biol.*) scienza che studia l'accrescimento e lo sviluppo degli organismi.
a|val|là|re *v.tr.* [indic.pres. *io avallo...*] 1 garantire con un avallo 2 (*fig.*) confermare | sostenere: — *una proposta.*
a|vàl|lo *s.m.* 1 impegno di chi garantisce in proprio il pagamento di una cambiale altrui 2 (*fig.*) conferma, sostegno.
a|vàm- → **avàn-**.
a|vam|bràc|cio *s.m.* [pl. *-ci*] la parte del braccio compresa tra il gomito e il polso.
a|vam|pó|sto *s.m.* posto avanzato di uno schieramento militare, con funzione di difesa e sorveglianza.
a|vàn- [davanti a *p* e *b* la *n* diventa *m*] primo elemento di parole composte che significa "prima" (*avanspettacolo*) o "davanti"(*avamposto*).
a|và|na *s.m.invar.* 1 tipo pregiato di tabacco, coltivato spec. a Cuba | sigaro con tale tabacco 2 color nocciola scuro ♦ *agg.* di color nocciola scuro: *un abito —.*
a|van|cà|ri|ca *solo nella loc. ad* —, detto di arma da fuoco, spec. antica, che si carica dalla bocca.
avance (*fr.*) [pr. *avàns*] *s.f.invar.* proposta, spec. in campo amoroso.
a|van|còr|po *s.m.* (*arch.*) parte di un edificio che sporge rispetto al corpo principale.
a|van|guàr|dia *s.f.* 1 (*mil.*) reparto militare che precede il grosso delle truppe 2 movimento artistico o culturale che cerca nuove forme espressive, in polemica con quelle tradizionali | (*fig.*) *all'*—, innovativo.
a|van|guar|dì|smo *s.m.* (*arte*, *lett.*) adesione all'avanguardia.
a|van|guar|dì|sta *s.m./f.* [m.pl. *-i*] chi partecipa a correnti artistiche o culturali d'avanguardia.
a|van|sco|pèr|ta *s.f.* (*mil.*) ricognizione militare a largo raggio | (*fig.*) ricerca, esplorazione.

avanspettacolo

a|van|spet|tà|co|lo s.m. spettacolo di rivista o varietà che un tempo precedeva un film.

a|vàn|ti avv. 1 innanzi | andare —, procedere; (fig.) continuare | **farsi** —, avanzare; (fig.) farsi valere | (fig.) **tirare** —, vivere alla meglio | **essere** — **negli anni**, in età avanzata | **essere** — **negli studi**, **in un lavoro**, a buon punto | **mettere le mani** —, prendere delle precauzioni | **mandare** — **la casa**, **un'attività**, gestirla 2 poi, in seguito: d'ora in — ♦ prep. 1 (raro) davanti: — casa 2 prima di: — Cristo ♦ inter. ordine di avanzare o invito a entrare ♦ s.m. (sport) spec. nel calcio e nel rugby, attaccante.

a|van|ti|e|lèn|co s.m. nell'elenco telefonico, parte iniziale con le informazioni sui servizi telefonici.

a|van|tiè|ri o **avant'ièri** avv. il giorno prima di ieri; l'altro ieri.

a|van|trè|no s.m. in un autoveicolo, l'insieme dell'assale, delle ruote e delle sospensioni anteriori.

a|van|za|mén|to s.m. 1 l'avanzare: — dei soldati | (fig.) progresso: — della ricerca 2 promozione.

a|van|zà|re¹ v.intr. [indic.pres. io avanzo...; aus. E] 1 procedere: — lentamente | (fig.) progredire: — nella carriera 2 (mil.) inoltrarsi nel territorio nemico ♦ tr. 1 spostare in avanti | (fig.) promuovere: lo hanno avanzato di grado 2 presentare, porgere: — delle pretese; — delle scuse 3 superare: — qlcu. in agilità ♦ **-rsi** intr.pron. farsi vicino.

a|van|zà|re² v.tr. essere creditore di ql.co. ♦ intr. [aus. E] rimanere: è avanzato del gelato | (estens.) essere in più: il cibo basta e avanza.

a|van|zà|ta s.f. 1 l'avanzare | (fig.) il progredire: l'— dei partiti dell'opposizione 2 (mil.) avvicinamento progressivo al nemico, inoltrandosi nel suo territorio.

a|van|zà|to¹ part.pass. di avanzare¹ ♦ agg. 1 che si trova avanti 2 (fig.) innovatore, audace: idee avanzate 3 (di tempo) inoltrato: giorno —; in età avanzata.

a|van|zà|to² part.pass. di avanzare² ♦ agg. rimasto: c'è del riso —.

a|van|zo s.m. 1 (anche assol.) ciò che rimane di ql.co., resto: mangiare gli avanzi | (spec.pl.) ruderi: gli avanzi di una città | **averne d'**—, più del necessario | (fig.) — **di galera**, persona poco raccomandabile 2 (comm.) eccedenza delle entrate sulle uscite 3 (mat.) resto.

a|va|rì|a s.f. 1 danno subito da una nave o dal suo carico durante la navigazione 2 (estens.) deterioramento di una merce durante il trasporto 3 guasto meccanico: motore in —.

a|va|rià|re v.tr. [indic.pres. io avàrio...] guastare, danneggiare: il caldo ha avariato il cibo ♦ intr. [aus. E], **-rsi** intr.pron. guastarsi, andare a male.

a|va|rià|to part.pass. di avariare ♦ agg. danneggiato | guasto, deteriorato.

a|va|ri|zìa s.f. esagerato attaccamento al denaro; tirchieria | (teol.) eccessivo attaccamento a ciò che si possiede, considerato uno dei sette vizi capitali.

a|và|ro agg. 1 che dimostra abitualmente avarizia; tirchio | (fig.) restio, riluttante nel concedere ql.co.: è — di sorrisi | (estens.) concesso con parsimonia: complimenti avari 2 poco produttivo ♦ s.m. [f. -a] persona avara □ **avaramente** avv.

à|ve s.f./m.invar. forma abbreviata di avemaria: recitare tre — ♦ inter. saluto latino usato spec. nelle preghiere.

a|vel|là|na s.f. 1 nocciola 2 (arald.) croce —, composta da quattro nocciole unite a formare una croce.

a|vèl|lo s.m. (lett.) sepolcro.

a|ve|ma|rì|a o **avemmaria** o **Ave Maria** s.f. 1 preghiera alla Madonna 2 il suono delle campane, spec. al tramonto | (estens.) l'ora del tramonto 3 ciascun grano del rosario.

a|vé|na s.f. pianta erbacea, simile al grano, con fiori in pannocchia; è usata nell'alimentazione sia animale che umana.

a|vé|re¹ v.tr. [indic.pres. io ho, tu hai, egli ha, noi abbiamo, voi avéte, essi hanno; pass.rem. io èbbi, tu avésti, egli èbbe, noi avémmo, voi avéste, essi èbbero; fut. io avrò...; condiz. io avrèi...; congiunt.pres. io àbbia...; imp. abbi, abbiate; part.pass. avuto; le altre forme sono regolari; come aus. forma i tempi composti di v. tr. attivi e di parte di quelli intr.] 1 possedere beni materiali | (assol.) essere ricco | possedere cose non materiali: — tante amicizie | possedere qualità fisiche, intellettuali e sim.: — i capelli biondi; — poca memoria | (fig.) — **ql.co. di qlcu.**, assomigliargli | **avercela con qlcu.**, essere arrabbiato con qlcu. 2 tenere: — ql.co. in mano 3 contenere: il paese ha pochi abitanti 4 indossare: ha una giacca a righe 5 ottenere; ricevere: — un posto di prestigio; — informazioni 6 acquistare; riscuotere: ha avuto i mobili a buon prezzo 7 sentire, provare: — simpatia per qlcu. 8 con un compl. oggetto che esprime una determinazione di tempo, indica età oppure quanto manca alla scadenza di ql.co.: — dieci anni; ho pochi giorni per finire il lavoro 9 con un compl. oggetto riferito a persona, indica relazione: ha tre figli | (fig.) — **qlcu. dalla propria parte**, averne l'appoggio 10 con indicazioni di luogo, indica collocazione nello spazio: — vicino gli amici 11 seguito da da e verbo all'inf., indica dovere: ho molto da fare 12 in alcune loc., il suo significato è precisato dal sostantivo o aggettivo (talvolta preceduto da a o in) | — **luogo**, avvenire | — **a mente**, ricordare | — **a che fare con ql.co., ql.co.**, essere legato a qlcu., coinvolto in ql.co. | — **in odio qlcu., ql.co.**, odiarlo.

a|vé|re² s.m. 1 (spec.pl.) ricchezza: sperperare i propri averi 2 (comm.) ciò che si ha; credito | nella contabilità a partita doppia, sezione destra di un conto, in cui sono registrati i crediti.

a|vèr|no s.m. (lett.) l'inferno.

a|ver|ro|i|smo s.m. indirizzo filosofico che si ispira al pensiero di Averroè (1126-1198).

à|vi- primo elemento di parole composte che significa "uccello" (avicoltura).

a|vià|rio agg. che riguarda gli uccelli ♦ s.m. grande voliera.

a|via|tó|re s.m. [f. -trice] chi pilota un aeroplano.
a|via|to|rio agg. relativo all'aviazione.
a|via|zió|ne s.f. 1 scienza, tecnica e attività che riguardano il volo degli aeroplani; aeronautica 2 (estens.) insieme degli aviatori e dei mezzi aerei: — civile | l'arma aeronautica.
a|vi|co|lo agg. che riguarda l'avicoltura.
a|vi|col|tó|re s.m. [f. -trice] chi esercita l'avicoltura.
a|vi|col|tù|ra s.f. allevamento di uccelli, spec. pollame.
a|vi|di|tà s.f. desiderio ardente, smodato; brama.
à|vi|do agg. che desidera ql.co. con eccessiva intensità | (estens.) che rivela avidità: occhi avidi □ avidamente avv.
a|vie|re s.m. militare appartenente all'aviazione.
a|vi|fàu|na s.f. l'insieme degli uccelli di una certa zona.
à|vio- primo elemento di parole composte che significa "aereo" o "relativo all'aviazione" (aviolinea).
a|vio|gèt|to s.m. aeroplano dotato di motore a getto.
a|vio|li|ne|a s.f. linea aerea.
a|vio|ra|dù|no s.m. raduno di aerei, spec. per fini sportivi.
a|vio|ri|més|sa s.f. capannone usato per il ricovero di aeromobili; hangar.
a|vio|tra|spòr|to s.m. aerotrasporto.
a|vi|ta|mi|nò|si s.f. (med.) stato morboso dovuto a carenza di vitamine.
a|vi|to agg. ereditato dagli avi.
à|vo s.m. [f. -a] spec.pl. antenato.
a|vo|cà|do s.m.invar. albero tropicale che produce frutti commestibili simili nell'aspetto a una pera | il frutto stesso.
a|vo|cà|re v.tr. [indic.pres. io àvoco, tu àvochi...] 1 chiamare a sé, assumersi 2 (bur.) assumere, da parte di un organo giudiziario, un procedimento di competenza di un altro organo.
a|vò|rio s.m. 1 sostanza ossea che costituisce le zanne di elefanti, rinoceronti, tricheche ecc. | d'—, candido: pelle d'— 2 (spec.pl.) oggetto artistico d'avorio 3 il colore caratteristico dell'avorio ♦ agg.invar. di color bianco tendente lievemente al giallo.
a|vul|sió|ne s.f. (med.) estirpazione, asportazione.
a|vùl|so agg. staccato; isolato: un'espressione avulsa dal contesto.
av|va|lér|si v.intr.pron. [con. come valere] valersi, servirsi; giovarsi: — dell'aiuto di qlcu.
av|val|la|mén|to s.m. abbassamento circoscritto del terreno.
av|val|là|to agg. che presenta avvallamenti.
av|val|lo|rà|re v.tr. [indic.pres. io avvalóro...] dare più valore o forza; comprovare: il suo comportamento avvalora i miei sospetti ♦ -rsi intr. pron. acquistare forza, valore.
av|vam|pà|re v.intr. [aus. E] 1 bruciare divampando | (estens.) diventare rosso: il cielo avvampa al tramonto | arrossire 2 (fig.) essere in preda a una passione.

av|van|tag|già|re v.tr. [indic.pres. io avvantàggio...] arrecare vantaggio | (estens.) favorire lo sviluppo: questa iniziativa avvantaggia le industrie ♦ -rsi rifl. 1 trarre vantaggio 2 (estens.) approfittare: — di una situazione 3 prevalere: — su qlcu.
av|ve|dér|si v.intr.pron. [con. come vedere] accorgersi, rendersi conto.
av|ve|du|téz|za s.f. l'essere avveduto | prudenza, attenzione.
av|ve|dù|to part.pass. di avvedersi ♦ agg. assennato, prudente □ avvedutamente avv.
av|ve|le|na|mén|to s.m. 1 inquinamento, contaminazione: — dell'aria | (fig.) degenerazione 2 intossicazione: morte per —.
av|ve|le|nà|re v.tr. [indic.pres. io avveléno...] 1 uccidere col veleno 2 rendere velenoso: — un cibo 2 (fig.) amareggiare ♦ -rsi rifl. uccidersi con il veleno.
av|ve|le|nà|to part.pass. di avvelenare ♦ agg. 1 ucciso col veleno 2 (fig.) rabbioso | avere il dente —, nutrire rancore.
av|ve|nèn|te agg. bello, attraente.
av|ve|nèn|za s.f. l'essere avvenente; bellezza.
av|ve|ni|mén|to s.m. 1 fatto: gli avvenimenti del giorno 2 evento di particolare rilievo: incontrarlo fu un —.
av|ve|ni|re¹ v.intr. [con. come venire; aus. E] accadere, succedere: il fatto è avvenuto ieri.
av|ve|ni|re² agg.invar. futuro: l'anno — ♦ s.m.invar. 1 il futuro | in —, per l'—, in futuro 2 (estens.) benessere futuro: lavora per l'— dei suoi figli.
av|ve|ni|ri|smo s.m. fiducia ottimistica in un progetto, in un'idea e sim. che si crede avranno successo in futuro.
av|ve|ni|ri|sti|co agg. [m.pl. -ci] che anticipa il futuro; futuristico.
av|ven|tà|re v.tr. [indic.pres. io avvènto...] 1 (lett.) scagliare violentemente 2 (fig.) esprimere senza riflettere: — giudizi ♦ -rsi rifl. gettarsi con impeto | (fig.) gettarsi con avidità: — sul cibo.
av|ven|ta|téz|za s.f. l'essere avventato | imprudenza.
av|ven|tà|to part.pass. di avventare ♦ agg. 1 che agisce o parla senza riflettere 2 che è fatto o detto senza riflettere □ avventatamente avv.
av|ven|ti|sta agg., s.m./f. [m.pl. -i] (relig.) detto di seguace di una setta cristiana evangelica che sostiene l'imminente ritorno di Cristo in terra.
av|ven|ti|zio agg. 1 provvisorio, occasionale: guadagno — 2 (lett.) straniero ♦ s.m. [f. -a] chi è stato assunto temporaneamente; precario.
av|vèn|to s.m. 1 venuta, arrivo 2 ascesa ad alta carica 3 (relig.) nel cristianesimo, periodo dell'anno liturgico che precede il Natale.
av|ven|tó|re s.m. [f. -trice] cliente abituale.
av|ven|tu|ra s.f. 1 avvenimento eccezionale e imprevisto | impresa rischiosa: un'— a lieto fine | per —, per caso 2 relazione amorosa di breve durata: avere un'— con qlcu.
av|ven|tu|ràr|si v.rifl. [indic.pres. io mi avventuro...] 1 mettersi in una situazione pericolosa:

avventuriero

si sono avventurati al buio nel bosco 2 (fig.) arrischiarsi.
av|ven|tu|riè|ro agg., s.m. [f. -a] 1 (lett.) che, chi ama la vita avventurosa 2 (estens.) che, chi è privo di scrupoli.
av|ven|tu|ri|smo s.m. (spec. in politica) tendenza a compiere o proporre scelte avventate.
av|ven|tu|ró|so agg. 1 ricco di avventure | (fig.) rischioso: *un'impresa avventurosa* 2 amante dell'avventura.
av|ve|rà|re v.tr. [indic.pres. *io avvéro...*] realizzare: — *un desiderio* ♦ **-rsi** intr.pron. diventare vero; realizzarsi: *le mie previsioni si sono avverate.*
av|ver|bia|le agg. proprio dell'avverbio; con funzione di avverbio.
av|vèr|bio s.m. (gramm.) parte invariabile del discorso che modifica o specifica in vario modo il senso di un verbo, di un aggettivo, di un altro avverbio o di un'intera frase.
av|ver|sà|re v.tr. [indic.pres. *io avvèrso...*] essere contrario; ostacolare.
av|ver|sà|rio agg. che si oppone ♦ s.m. [f. -a] la persona o la parte sfidante, nemica in una contesa, gara, discussione e sim.; antagonista: *affrontare l'—.*
av|ver|sa|ti|vo agg. che serve a contrapporre | (gramm.) **congiunzioni avversative**, quelle che collegano parole o frasi mettendole in contrasto (p.e. *ma, invece, tuttavia*).
av|ver|sió|ne s.f. 1 forte antipatia 2 (estens.) ripugnanza: *provare — per i rettili.*
av|ver|si|tà s.f. 1 l'essere avverso; ostilità 2 (spec.pl.) evento avverso, disgrazia: *lottare contro le —.*
av|vèr|so[1] agg. contrario, sfavorevole, ostile: *vento —.*
av|vèr|so[2] prep. (bur.) in opposizione, contro.
av|ver|tèn|za s.f. 1 prudenza; accortezza 2 avviso 3 (pl.) istruzioni per l'uso: *leggere le avvertenze.*
av|ver|ti|bi|le agg. che può essere percepito.
av|ver|ti|mén|to s.m. 1 consiglio 2 (estens.) intimidazione, minaccia: *ricevere un — mafioso* 3 (sport) invito dell'arbitro agli atleti a comportarsi in modo corretto.
av|ver|tì|re v.tr. [indic.pres. *io avvèrto...*] 1 avvisare; informare: *lo avvertì del pericolo* 2 consigliare 3 ammonire; minacciare 4 sentire, percepire: — *un dolore improvviso.*
av|vez|zà|re v.tr. [indic.pres. *io avvézzo...*] abituare ♦ **-rsi** rifl. abituarsi.
av|véz|zo agg. abituato: — *alle fatiche.*
av|via|mén|to s.m. 1 l'avviare | inizio di un'attività commerciale 2 l'indirizzare verso uno studio, una professione: *scuola di — professionale* 3 (econ.) valore di un'azienda calcolato in base al volume di affari 4 (mecc.) fase di messa in moto.
av|vi|à|re v.tr. [indic.pres. *io avvio...*] 1 mettere su una via | (fig.) indirizzare verso una professione 2 incominciare: — *un'attività, i lavori* 3 mettere in moto ♦ **-rsi** intr.pron. incamminarsi:

— *verso l'uscita* | (fig.) stare per: *si avvia a diventare avvocato.*
av|vi|à|to part.pass. di avviare ♦ agg. detto di attività che funziona bene: *ha un negozio ben —.*
av|vi|cen|da|mén|to s.m. 1 successione, alternanza 2 (agr.) successione ciclica di colture diverse sullo stesso terreno; rotazione.
av|vi|cen|dà|re v.tr. [indic.pres. *io avvicèndo...*] alternare periodicamente ♦ **-rsi** intr.pron. 1 darsi il cambio 2 ripetersi con ritmo costante.
av|vi|ci|nà|bi|le agg. che si può avvicinare | (fig.) (di persona) affabile.
av|vi|ci|na|mén|to s.m. l'avvicinare, l'avvicinarsi.
av|vi|ci|nà|re v.tr. [indic.pres. *io avvicino...*] 1 mettere vicino; accostare: — *la panca al tavolo* 2 farsi vicino a qlcu. per parlargli, conoscerlo: *ho avvicinato tuo fratello* 3 (fig.) far conoscere; introdurre a un'esperienza spirituale o intellettuale: — *i giovani al teatro* ♦ **-rsi** rifl., intr.pron. 1 (anche fig.) farsi vicino nello spazio: *avvicinati un po'; si avvicina un temporale* | farsi vicino nel tempo: *le vacanze si avvicinano* 2 (fig.) accostarsi intellettualmente o spiritualmente a un'esperienza: — *alla fede* 3 assomigliare: *un sapore che si avvicina alla menta.*
av|vi|lèn|te part.pres. di avvilire ♦ agg. che umilia o rattrista.
av|vi|li|mén|to s.m. l'avvilire, l'avvilirsi.
av|vi|lì|re v.tr. [indic.pres. *io avvilisco, tu avvilisci...*] 1 rendere vile; degradare 2 umiliare; deprimere: *il tuo comportamento mi avvilisce* ♦ **-rsi** intr.pron. abbattersi, demoralizzarsi.
av|vi|lì|to part.pass. di avvilire ♦ agg. scoraggiato, demoralizzato.
av|vi|lup|pà|re v.tr. [indic.pres. *io avviluppo...*] avvolgere con cura: *ha avviluppato il bimbo in una coperta* | avvolgere in modo confuso | circondare: *le fiamme avvilupparono la casa* ♦ **-rsi** rifl. avvolgersi ♦ intr.pron. ingarbugliarsi.
av|vi|naz|zà|to agg. che ha bevuto troppo vino ♦ s.m. [f. -a] ubriaco.
av|vin|cèn|te part.pres. di avvincere ♦ agg. affascinante, attraente: *un racconto —.*
av|vìn|ce|re v.tr. [con. come *vincere*] 1 (lett.) legare 2 (fig., anche assol.) affascinare, attrarre: *una trama che avvince.*
av|vin|ghià|re v.tr. [indic.pres. *io avvinghio...*] afferrare con forza ♦ **-rsi** rifl., rifl.rec. aggrapparsi, stringersi con forza: — *a un ramo.*
av|vì|o s.m. avviamento, inizio: *l'— delle gare* | *dare l'—*, mettere in moto; (fig.) dare inizio | *prendere l'—*, mettersi in movimento; (fig.) avere inizio.
av|vi|sà|glia s.f. 1 (spec.pl.) avvisamento, sintomo: *le prime avvisaglie del male* 2 (mil.) breve scontro.
av|vi|sà|re v.tr. [indic.pres. *io avviso...*] 1 avvertire, informare 2 consigliare; mettere in guardia: *ti avviso che sto per arrabbiarmi.*
av|vi|sa|tó|re s.m. 1 [f. -trice] chi avvisa 2 dispositivo che dà segnalazioni | — **d'incendio**, dispositivo che segnala il pericolo d'incendio in un locale.
av|vì|so s.m. 1 avvertimento, notizia | — *di peri-*

colo, segnalazione acustica o visiva della presenza di un pericolo | (*estens.*) annuncio pubblicato a pagamento su giornali e riviste: — *pubblicitario* **2** foglio contenente notizie di carattere ufficiale: — *di sfratto* **3** consiglio | ***mettere, stare sull'***—, mettere in guardia, stare in allerta **4** parere, opinione: *sono anch'io dello stesso* —.

av|vi|sta|mén|to *s.m.* l'avvistare.

av|vi|stà|re *v.tr.* [indic.pres. *io avvisto*...] vedere da lontano: — *la costa.*

av|vi|ta|mén|to *s.m.* **1** l'avvitare, l'avvitarsi **2** (*aer.*) rotazione a vite di un aereo in discesa **3** (*sport*) nella ginnastica e nei tuffi, rotazione del corpo lungo il proprio asse longitudinale.

av|vi|tà|re *v.tr.* [indic.pres. *io avvito*...] **1** girare verso destra un elemento della coppia vite-madrevite | fissare con viti **2** unire mediante un collegamento a vite: — *una maniglia* ♦ **-rsi** *rifl.* avvolgersi su se stesso a spirale | (*aer.*, *sport*) eseguire un avvitamento.

av|vi|ta|tri|ce *s.f.* macchina per avvitare e svitare.

av|vi|tic|chià|re *v.tr.* [indic.pres. *io avviticchio*...] stringere intorno; avvolgere, avvinghiare ♦ **-rsi** *rifl.*, *intr.pron.* avvinghiarsi, stringersi.

av|vi|và|re *v.tr.* [indic.pres. *io avvivo*...] animare; rendere più vivo, intenso, vivace.

av|viz|zi|mén|to *s.m.* l'avvizzire; appassimento.

av|viz|zì|re *v.tr.* [indic.pres. *io avvizzisco, tu avvizzisci*...] (*anche fig.*) far appassire, rendere vizzo ♦ *intr.* [aus. *E*] (*anche fig.*) appassire, sfiorire: *la rosa è avvizzita subito.*

av|viz|zì|to *part.pass.* di avvizzire ♦ *agg.* (*anche fig.*) vizzo, appassito; sfiorito: *viso* —.

av|vo|cà|to *s.m.* [f. *-a* o *-essa*] **1** laureato in giurisprudenza abilitato ad assistere una parte nei giudizi civili e penali | (*estens.*) *fare l'*— *di qlcu.*, prendere le sue difese | (*fam.*) ***parlare come un*** —, avere la parola facile | (*scherz.*) — *delle cause perse*, chi difende opinioni insostenibili | — *del diavolo*, ecclesiastico incaricato di sollevare obiezioni nei processi di canonizzazione; (*fig.*) chi sostiene il contrario di un'opinione generalmente accettata **2** (*estens.*) difensore.

av|vo|ca|tù|ra *s.f.* **1** la professione dell'avvocato **2** l'insieme degli avvocati che esercitano in un circondario | — *dello Stato*, insieme degli avvocati a cui è affidato il compito di difendere in giudizio lo Stato.

av|vol|gèn|te *part.pres.* di avvolgere ♦ *agg.* **1** che avvolge **2** che circonda, che accerchia: *manovra* — **3** (*fig.*) che affascina | che dà calore, affetto: *un'atmosfera* —.

av|vòl|ge|re *v.tr.* [con. come *volgere*] **1** arrotolare; volgere intorno **2** (*anche fig.*) circondare: *un mistero avvolge la sua scomparsa* | (*estens.*) avviluppare, ricoprire: — *in un vaso nella carta*; *il fumo avvolge i palazzi* ♦ **-rsi** *rifl.* **1** coprirsi, avvilupparsi: — *nell'accappatoio* **2** attorcigliarsi.

av|vol|gi|bi|le *agg.* che si può avvolgere ♦ *s.m.* tipo di serranda a stecche parallele, che si solleva avvolgendosi intorno a un rullo.

av|vol|gi|mén|to *s.m.* **1** arrotolamento, piegatura intorno o su se stesso: *l'*— *di una fune* | copertura **2** (*mil.*) manovra per cogliere il nemico alle spalle **3** (*elettr.*) filo conduttore isolato avvolto su una o più bobine.

av|vol|gi|tó|re *agg.* [f. *-trice*] che avvolge ♦ *s.m.* **1** operaio specializzato che avvolge il filo in bobine **2** (*cine.*) apparecchio che avvolge la pellicola intorno alla bobina.

av|vol|gi|trì|ce *s.f.* macchina che avvolge fili, nastri ecc. in bobine.

av|vol|tó|io *s.m.* **1** nome comune di vari grandi uccelli rapaci diurni, con collo senza piume e becco adunco **2** (*fig.*) persona avida che trae profitto dalle disgrazie altrui.

av|vol|to|là|re *v.tr.* [indic.pres. *io avvòltolo*...] avvolgere più volte e in modo disordinato ♦ **-rsi** *rifl.* **1** avvolgersi **2** rotolarsi.

ayatollah (*persiano*) *s.m.invar.* capo religioso dei musulmani sciiti.

ayurveda (*sanscrito*) *s.f.invar.* (*med.*) medicina indiana che si basa su rimedi naturali.

a|za|lèa *s.f.* pianta ornamentale sempreverde dai fiori bianchi, rossi o rosa.

a|zer|bai|già|no *agg.* dell'Azerbaigian, regione dell'Asia occidentale ♦ *s.m.* **1** [f. *-a*] nativo o abitante dell'Azerbaigian **2** lingua dell'Azerbaigian, simile al turco.

a|zè|ro *agg.* che riguarda l'Azerbaigian ♦ *s.m.* [f. *-a*] nativo o abitante dell'Azerbaigian.

a|zièn|da *s.f.* complesso di beni e persone organizzati da un soggetto imprenditore per svolgere un'attività con fini economici | — ***familiare***, in cui lavorano i componenti della famiglia proprietaria dell'azienda | — ***autonoma***, ente pubblico che è dotato di autonomia economica e finanziaria | — ***sanitaria locale***, ente pubblico, dipendente dal Servizio Sanitario Nazionale, che fornisce l'assistenza sanitaria sul territorio.

a|zien|dà|le *agg.* che riguarda un'azienda e i suoi dipendenti: *contratto* —.

a|zien|da|lì|smo *s.m.* **1** tendenza a considerare di primaria importanza gli interessi dell'azienda **2** studio dei problemi di un'azienda.

a|zien|da|lì|sta *s.m./f.* [m.pl. *-i*] **1** chi considera di primaria importanza gli interessi dell'azienda **2** esperto di economia aziendale.

à|zi|ma *s.f.* → *azzima.*

à|zi|mo *agg.* → *azzimo.*

à|zi|mut *s.m.invar.* (*astr.*) angolo che il piano verticale passante per un astro forma con il piano meridiano del luogo di osservazione.

a|zio|nà|bi|le *agg.* che si può azionare.

a|zio|nà|re *v.tr.* [indic.pres. *io azióno*...] far funzionare, attivare.

a|zio|na|rià|to *s.m.* (*fin.*) **1** partecipazione nel possesso di azioni di una società **2** l'insieme degli azionisti di una società.

a|zio|nà|rio *agg.* (*fin.*) che è relativo alle azioni: *mercato* — | costituito da azioni: *capitale* —.

a|zió|ne[1] *s.f.* **1** l'agire, l'operare | ***entrare in*** —, cominciare ad agire | ***uomo d'***—, attivo **2** atto, spec. legato a una valutazione morale: *compiere una buona, cattiva* — **3** produzione di un effetto: *l'*— *corrosiva dell'acido* **4** movimento, funziona-

azione

mento: *mettere in — un allarme* | (*cine.*) —!, ordine dato dal regista per iniziare le riprese **5** (*in un'opera letteraria, teatrale o cinematografica*) insieme delle vicende: *l'— si svolge nel Medioevo* | (*estens.*) ritmo incalzante delle vicende: *un film ricco d'* — **6** (*dir.*) attività volta a ottenere una pronuncia giudiziale: — *civile* **7** (*mil.*) manovra tattica: — *di avvicinamento* **8** (*sport*) manovra di gioco: *ha fatto gol con una bella —*.

a|zió|ne[2] *s.f.* (*fin.*) titolo di credito che rappresenta una quota del capitale nominale della società emittente.

a|zio|ni|sta *s.m./f.* [m.pl. *-i*] chi possiede azioni di una società.

a|zo|o|sper|mi|a *s.f.* (*med.*) assenza di spermatozoi nel liquido seminale.

a|zo|tà|to *agg.* contenente azoto.

a|zo|te|mi|a *s.f.* (*med.*) tasso dell'azoto ureico nel sangue.

a|zò|to *s.m.* elemento chimico gassoso incolore e inodore (*simb.* N); è presente nell'atmosfera, nei tessuti animali e vegetali.

az|tè|co *s.m.* **1** [f. *-a*; m.pl. *-chi*] appartenente a un'antica popolazione dell'America centro-meridionale **2** lingua degli aztechi ♦ *agg.* degli atzechi.

a|zu|lè|ne *s.m.* (*chim.*) idrocarburo liquido di colore azzurro, ottenuto da oli essenziali e usato per la preparazione di cosmetici.

az|zan|nà|re *v.tr.* [indic.pres. *io azzanno...*] afferrare con le zanne | (*estens., scherz.*) addentare voracemente: — *un panino* | (*fig.*) criticare ferocemente.

az|zar|dà|re *v.tr.* [indic.pres. *io azzanno...*] **1** mettere a rischio | (*assol.*) esporsi a rischi **2** (*estens.*) fare o dire qlco. con esitazione: — *una proposta* ♦ **-rsi** *intr.pron.* arrischiarsi, osare: *non azzardarti a entrare!*

az|zar|dà|to *part.pass. di* azzardare ♦ *agg.* avventato, temerario: *una risposta azzardata.*

az|zàr|do *s.m.* avventura pericolosa; rischio | *giochi d'*—, quelli a fine di lucro, in cui la vittoria è affidata al caso e non alla capacità.

-az|zà|re *suff.* di verbi ai quali conferisce un valore attenuativo, peggiorativo o frequentativo (*sbevazzare, scopiazzare, svolazzare*).

az|zec|ca|gar|bù|gli *s.m.* avvocato da strapazzo e disonesto.

az|zec|cà|re *v.tr.* [indic.pres. *io azzécco, tu azzécchi...*] **1** cogliere nel segno: — *un bersaglio* **2** (*fig.*) indovinare: *azzeccare la soluzione* | (*fam.*) *non azzeccarne* (*mai*) *una*, sbagliare tutto.

az|zec|cà|to *part.pass. di* azzeccare ♦ *agg.* ben riuscito, indovinato.

az|ze|ra|mén|to *s.m.* cancellazione, annullamento: — *dei dati.*

az|ze|rà|re *v.tr.* [indic.pres. *io azzèro...*] **1** portare a zero una grandezza variabile | portare a zero l'indice di uno strumento di misurazione: — *il cronometro* **2** (*estens.*) annullare: — *i risultati* | riportare al punto di partenza.

àz|zi|ma o **àzima** *s.f.* pane azzimo.

az|zi|mà|re *v.tr.* [indic.pres. *io àzzimo...*] ornare, abbellire ♦ **-rsi** *rifl.* agghindarsi, adornarsi.

az|zi|mà|to *part.pass. di* azzimare ♦ *agg.* vestito con grande ricercatezza.

àz|zi|mo o **àzimo** *agg.* (*spec. di pane*) non lievitato ♦ *s.m.* pane non lievitato, consumato dagli ebrei nella settimana pasquale e dai cattolici durante la messa.

az|zit|tì|re *v.tr.* [indic.pres. *io azzittisco, tu azzittisci...*] far tacere ♦ *intr.* [aus. E], **-rsi** *intr.pron.* smettere di parlare.

-àz|zo *suff.* di sostantivi con valore spregiativo (*amorazzo*).

az|zop|pa|mén|to *s.m.* l'azzoppare, l'azzopparsi.

az|zop|pà|re *v.tr.* [indic.pres. *io azzòppo...*] rendere zoppo ♦ **-rsi** *intr.pron.* diventare zoppo.

az|zuf|fàr|si *v.rifl., rifl.rec.* venire alle mani, accapigliarsi | (*fig.*) litigare violentemente.

az|zur|rà|re *v.tr.* colorare di azzurro, rendere azzurro.

az|zur|rà|to *part.pass. di* azzurrare ♦ *agg.* **1** reso azzurro **2** (*di lente o vetro*) sottoposto a un trattamento antiriflesso, che dà una sfumatura azzurra.

az|zùr|ro *agg.* **1** che ha il colore del cielo sereno | *pesce* —, caratterizzato da scaglie azzurro-argento (p.e. lo sgombro, la sardina) **2** (*sport*) detto di atleta di una squadra nazionale italiana | (*estens.*) detto di squadra che rappresenta l'Italia: *il nuoto* — **3** (*polit.*) detto di chi aderisce al partito politico Forza Italia ♦ *s.m.* **1** colore azzurro **2** [f. *-a*] (*sport*) atleta di una squadra nazionale italiana **3** [f. *-a*] (*polit.*) chi aderisce al partito politico Forza Italia.

az|zur|ró|gno|lo o **azzurrògnolo** *agg.* che è di colore azzurro sbiadito.

Bb

b *s.f./m.invar.* seconda lettera dell'alfabeto (il suo nome è *bi*) | — *come Bologna*, si usa nella compitazione, spec. telefonica, delle parole | (*sport*) *serie B*, categoria che raggruppa le squadre del secondo livello | (*estens.*) *di serie B*, si dice di cosa non di prima qualità.
ba|bà *s.m.* dolce napoletano di soffice pasta inzuppata nel rum.
ba|bàu *s.m.invar.* mostro immaginario evocato come spauracchio per i bambini | (*scherz.*) persona dalla reputazione o dall'aspetto terrificante.
bab|bè|o *agg.*, *s.m.* [f. -*a*] stupidotto, tonto.
bàb|bo *s.m.* padre, papà | (*scherz.*) *a — morto*, a data da definirsi, detto spec. di pagamenti e rimborsi molto dilazionati.
bab|bùc|cia *s.f.* [pl. -*ce*] **1** calzatura dalla punta all'insù, di provenienza orientale **2** (*estens.*) pantofola, pianella | scarpetta di lana, spec. per neonati.
bab|bu|ì|no *s.m.* **1** scimmia africana addomesticabile dalla lunga coda e dal muso canino **2** (*fig.*) babbeo.
ba|bè|le *s.f.* luogo pieno di confusione | grande disordine.
ba|bè|li|co *agg.* [m.pl. -*ci*] **1** della città di Babele **2** (*fig.*) pieno di confusione, caotico.
ba|bi|lo|né|se *agg.* dell'antica città di Babilonia: *esercito —* ♦ *s.m.* **1** [anche f.] abitante di Babilonia **2** lingua semitica parlata dai babilonesi.
ba|bi|lò|nia *s.f.* caos, confusione, babele.
ba|bór|do *s.m.* (*mar.*) il lato sinistro dell'imbarcazione dando le spalle alla poppa.
baby (ingl.) [pr. *bébi*] *s.m./f.invar.* bambino ♦ *agg.invar.* per bambini: *moda —* | giovanissimo: *un — campione*.
baby-doll (ingl.) [pr. *bebidòl*] *s.m.invar.* corta camicia da notte femminile, gener. completata da mutandine.
baby-gang (ingl.) [pr. *bebighèng*] *s.f.invar.* banda formata da malviventi molto giovani.
baby-sitter (ingl.) [pr. *bebisìtter*] *s.m./f.invar.* persona che si occupa dei bambini quando i genitori non sono presenti.
ba|cà|re *v.tr.* [indic.pres. *io baco...*] (*raro*) far marcire | (*fig.*) corrompere moralmente ♦ **-rsi** *intr.pron.* marcire, guastarsi per l'azione di vermi: *la mela si è bacata*.
ba|cà|to *part.pass.* di *bacare* ♦ *agg.* **1** guastato dai vermi: *pomo —* **2** (*fig.*) corrotto | (*scherz.*) bislacco: *cervello —*.
bàc|ca *s.f.* **1** (*bot.*) frutto tondeggiante e carnoso con endocarpo non legnoso e contenente numerosi semi (p.e. uva, pomodoro) **2** (*com.*) piccolo frutto tondeggiante di vari alberi e arbusti selvatici: *— di ginepro*.
bac|ca|là *s.m.* **1** merluzzo conservato sotto sale **2** (*fig.*) persona magra, secca | babbeo; persona maldestra | (*fam.*) *restare come un —*, essere profondamente sorpreso.
bac|ca|làu|re|à|to *s.m.* in Francia, titolo di licenza media superiore | in Gran Bretagna e USA, titolo accademico inferiore a quello di dottore.
bac|ca|nà|le *s.m.* **1** (*spec.pl.*, *st.*) rito orgiastico con cui nell'antica Roma si festeggiava Bacco **2** (*estens.*) baldoria; orgia.
bac|cà|no *s.m.* rumore assordante spec. prodotto da persone che parlano ad alta voce; chiasso | (*fig.*) scalpore, clamore.
bac|càn|te *s.f.* **1** (*st.*) nell'antichità classica, sacerdotessa di Dioniso (in Grecia) o di Bacco (a Roma), che ne celebrava i riti orgiastici **2** (*estens.*) donna in preda a frenesia incontrollabile, spec. sessuale.
bac|ca|rà *s.m.* gioco d'azzardo con le carte in cui i giocatori sfidano il banco.
bac|cel|liè|re *s.m.* **1** nella cavalleria medievale, aspirante cavaliere **2** nelle università medievali, studente che ha completato il primo ciclo accademico.
bac|cèl|lo *s.m.* frutto delle Leguminose, di forma allungata, con due valve, che contiene i semi.
bac|chét|ta *s.f.* bastoncino sottile e diritto in materiale rigido: *— di legno* | (*mus.*) *— del direttore d'orchestra*, asticciola usata per dare il tempo all'orchestra | (*fig.*) *comandare a —*, imporre obbedienza totale | *— magica*, quella usata da fate e da maghi; (*fig.*) capacità di realizzare compiti molto difficili.
bac|chet|tà|re *v.tr.* [indic.pres. *io bacchétto...*] percuotere con una bacchetta un tessuto per toglierne la polvere | punire a bacchettate | (*fig.*) criticare con durezza.
bac|chet|tà|ta *s.f.* colpo di bacchetta: *una — sulle mani.*
bac|chet|tó|ne *s.m.* [f. -*a*] (*spreg.*) chi mostra una devozione soltanto esteriore nelle pratiche religiose.
bac|chià|re *v.tr.* [indic.pres. *io bàcchio...*] percuotere con una pertica i rami di un albero per farne cadere i frutti da raccogliere.
bac|chia|tù|ra *s.f.* l'azione del bacchiare; il raccolto così ottenuto.

bàc|chi|co *agg.* [m.pl. *-ci*] di Bacco; realizzato in onore di Bacco: *rito* — | (*fig.*) sfrenato.

bàc|chio *s.m.* lunga pertica utilizzata nella bacchiatura.

ba|chè|ca *s.f.* **1** mobile con anta di vetro per oggetti rari o preziosi: *le bacheche di una biblioteca* **2** vetrinetta o pannello a muro destinato ad avvisi e comunicazioni: *la lista dei candidati è esposta in* —.

ba|che|li|te® (*raro* bakelìte) *s.f.* resina sintetica impiegata spec. nella realizzazione di vernici e di materiali isolanti.

ba|chi|col|tó|re *s.m.* [f. *-trice*] chi alleva bachi da seta.

ba|chi|col|tù|ra *s.f.* allevamento di bachi da seta.

ba|cia|mà|no *s.m.* [pl. *-i*] atto del baciare la mano in segno di galanteria o di rispetto.

ba|cia|pi|le *s.m./f.invar.* chi esibisce un'osservanza bigotta dei precetti religiosi | (*estens.*) ipocrita.

ba|cià|re *v.tr.* [indic.pres. *io bàcio*...] appoggiare le labbra su qlcu. o ql.co., dare uno o più baci: — *sulla bocca;* — *un oggetto sacro* ♦ **-rsi** *rifl.rec.* scambiarsi uno o più baci.

ba|cià|to *part.pass. di* baciare | (*fig.*) — *dalla fortuna,* fortunatissimo ♦ *agg.* (*metr.*) *nella loc.* **rima baciata,** quella che lega versi consecutivi.

ba|ci|le *s.m.* recipiente basso e largo di forma circolare per contenere acqua e liquidi vari, usato anche per lavarsi; catino.

ba|cil|là|re *agg.* (*biol., med.*) che ha a che fare con bacilli; provocato da bacilli: *infezione* —.

ba|cil|lo *s.m.* **1** (*biol.*) batterio dalla forma allungata, simile a un bastoncino: — *di Koch* **2** (*spec.pl., estens.*) germe, microbo patogeno: *diffondere bacilli.*

ba|cil|lò|si *s.f.* (*med.*) ogni patologia causata da bacilli.

ba|ci|nèl|la *s.f.* piccolo recipiente basso e largo, di forma rotonda.

ba|ci|nét|to *s.m.* (*anat.*) *nella loc.* — *renale,* pelvi renale, cavità del rene che convoglia l'urina verso l'uretra.

ba|ci|no *s.m.* **1** recipiente rotondo, basso e largo, destinato a contenere liquidi **2** (*geogr.*) depressione del terreno in cui si raccolgono le acque: — *lacustre* | vasto avvallamento della crosta terrestre riempito dalle acque del mare: — *oceanico* | — **idroelettrico,** lago artificiale che alimenta una centrale elettrica **3** (*geol.*) area della crosta terrestre in lento sprofondamento, dove si accumulano sedimenti **4** (*geog.*) zona della superficie terrestre con caratteristiche uniformi | regione il cui sottosuolo è ricco di una stessa sostanza: — *aurifero, carbonifero* | — **idrografico,** area solcata da corsi d'acqua che sfociano nello stesso fiume, lago, mare | (*estens., bur.*) — *d'utenza,* zona di residenza degli utenti di un dato servizio pubblico **5** (*mar.*) specchio d'acqua di mare riparato con moli | — *di carenaggio,* vasca di grandi dimensioni che ospita imbarcazioni in costruzione o in riparazione **6** (*anat.*) parte inferiore del tronco umano.

bà|cio *s.m.* manifestazione di amore, affetto o rispetto, consistente nell'appoggiare le labbra su qlcu. o ql.co. | (*fig.*) — **di Giuda,** effusione o lusinga che cela un tradimento | (*fam.*) **al** —, a puntino, alla perfezione: *un arrosto al* — | — **di dama,** pasticcino formato da due semisfere di pastafrolla separate da uno strato di cioccolato.

backgammon (*ingl.*) [pr. *bekghèmon*] *s.m. invar.* gioco da tavolo in cui le pedine vengono spostate su un tavoliere in base al punteggio ottenuto coi dadi.

background (*ingl.*) [pr. *bekgràund*] *s.m.invar.* retroterra culturale di una persona | sfondo da cui trae origine un fenomeno culturale: *il* — *dell'illuminismo.*

backstage (*ingl.*) [pr. *bekstéig*] *s.m.invar.* complesso di avvenimenti e sensazioni che si vivono dietro le quinte durante l'allestimento di uno spettacolo (ripresa cinematografica, incisione discografica, sfilata di moda ecc.).

backup (*ingl.*) [pr. *bekàp*] *s.m.invar.* (*inform.*) **1** sistema ausiliario che interviene durante i guasti del sistema principale **2** copia di sicurezza di programmi e dati realizzata su un supporto magnetico distinto.

bà|co *s.m.* [pl. *-chi*] **1** bruco, stadio larvale di lepidottero | — **da seta,** larva del lepidottero noto come bombice del gelso, che si avvolge in un bozzolo da cui si ricava la seta **2** (*pop.*) larva d'insetto che guasta la frutta o la farina | (*fig.*) tormento, tarlo interiore: *il* — *dell'invidia* | difetto **3** (*inform.*) errore nella progettazione di un sistema o di un programma, bug.

bacon (*ingl.*) [pr. *bèkon*] *s.m.invar.* pancetta affumicata: *uova al* —.

ba|cùc|co *agg.* [m.pl. *-chi*] *solo nella loc.* **vecchio** —, persona molto vecchia e rimbambita.

bà|da *s.f. solo nella loc.* **tenere a** — *qlcu.,* sorvegliarlo, tenerlo sotto controllo.

ba|dàn|te *s.m./f.* collaboratore familiare o sorvegliante di struttura pubblica che si prende cura di anziani, malati, invalidi o bambini.

ba|dà|re *v.intr.* [aus. A] **1** occuparsi, prendersi cura: — *agli affari, alla famiglia; bada ai fatti tuoi!* **2** fare attenzione; usare cautele: *bada di non esagerare!* | (*da solo, come minaccia o esortazione*) *bada!,* stai molto attento! **3** tenere in considerazione; attribuire importanza: *non* — *ai pettegolezzi!* | **non** — **a spese,** spendere molto, non fare economia.

ba|dés|sa *s.f.* superiora in un convento di monache: *madre* — | (*fam.*) **sembrare una** —, essere una donna alta e robusta.

badge (*ingl.*) [pr. *bèğ*] *s.m.invar.* targhetta di riconoscimento che si applica all'abito di partecipanti a convegni, visitatori di aziende ecc.: — *magnetico.*

ba|dì|a *s.f.* abbazia | (*fig.*) casa grande, lussuosa.

ba|di|làn|te *s.m./f.* manovale che provvede alle opere di sterro con il badile.

ba|di|là|ta *s.f.* colpo dato con un badile **2** quantità di materiale contenuta nella pala di un badile.

ba|dì|le *s.m.* attrezzo con lungo manico in legno e ampia pala metallica leggermente concava, solitamente quadrata, usato per rimuovere o spianare terra, sabbia.
badminton (*ingl.*) [pr. *bèdminton*] *s.m.invar.* gioco simile al tennis che consiste nel lanciarsi il volano con racchette leggere.
baedeker (*ted.*) [pr. *bedèker*] *s.m.invar.* guida tascabile per turisti.
bàf|fo *s.m.* **1** (*spec.pl.*) il complesso dei peli che cresce sopra il labbro superiore dell'uomo: *un paio di baffi ben curati*|(*estens.*) peli e organi affini presenti sul muso di vari animali; vibrisse: *i baffi dei felini* | (*fig.*) *coi baffi*, eccellente | *da leccarsi i baffi*, detto di cibo squisito | *ridere sotto i baffi*, sogghignare maliziosamente di nascosto | (*fam.*) *fare un —*, non interessare minimamente: *le tue minacce mi fanno un —* **2** (*fig.*) macchia; sbavatura: *— di rossetto*.
baf|fó|ne *s.m.* (*scherz.*) uomo con baffi lunghi e folti.
baf|fù|to *agg.* provvisto di baffi.
ba|ga|glia|io *s.m.* **1** vagone ferroviario per il trasporto delle merci ingombranti **2** nei mezzi di trasporto, spec. automobili, il vano adibito al bagaglio **3** nelle stazioni ferroviarie, deposito bagagli.
ba|gà|glio *s.m.* **1** insieme delle valigie e degli oggetti di un viaggiatore: *fare i bagagli* | *a mano*, quello di piccole dimensioni che si tiene con sé in aereo | (*fig.*) *armi e bagagli*, con tutte le proprie cose **2** (*fig.*) insieme delle cose che si conoscono: *— di cognizioni*.
ba|ga|ri|nàg|gio *s.m.* incetta di merci ricercate allo scopo di rivenderle a prezzo maggiorato, spec. biglietti per manifestazioni, spettacoli.
ba|ga|rì|no *s.m.* chi fa incetta di merci da rivendere a prezzo maggiorato.
bagarre (*fr.*) [pr. *bagàr*] *s.f.invar.* **1** discussione animata | trambusto **2** (*ciclismo*) fase concitata di una corsa in cui la competizione si intensifica.
ba|gà|scia *s.f.* [pl. *-sce*] (*spreg.*) donna di malaffare.
ba|gat|tèl|la o **bagatèlla** *s.f.* **1** cosa di scarsa importanza; inezia **2** (*mus.*) composizione da camera semplice e breve.
bag|gia|nà|ta *s.f.* fesseria, sciocchezza.
bag|già|no *agg.*, *s.m.* [f. *-a*] babbeo, sciocco.
bà|gher *s.m.* (*pallavolo*) risposta in cui si respinge la palla colpendola dal basso verso l'alto con gli avambracci uniti.
ba|gliò|re *s.m.* **1** luce abbagliante e improvvisa | luminosità diffusa **2** (*fig.*) apparizione fugace: *— di uno sguardo* **3** (*spec.pl.*, *fig.*) manifestazione di un fenomeno splendido: *gli ultimi bagliori dell'impero*.
ba|gna|càu|da o **bàgna càuda** *s.f.* (*gastr.*) salsa piemontese a base di aglio, acciughe, burro e olio.
ba|gnàn|te *part.pres.* di bagnare ♦ *s.m./f.* chi fa il bagno in uno specchio d'acqua, spec. in mare | chi passa le vacanze al mare.
ba|gnà|re *v.tr.* [indic.pres. *io bagno...*, *noi bagniamo*, *voi bagnate...*] **1** cospargere di un liquido o immergere in un liquido, spec. in acqua: *— un tessuto*; *bagnarsi i piedi*|inzuppare: *— il pane nel vino* | *bagnarsi la gola*, *la bocca*, dissetarsi | *bagnarsi le labbra*, inumidirle **2** (*di fiumi*, *mari*) lambire, toccare: *l'Adige bagna Verona* ♦ *-rsi rifl.* fare un bagno: *— in un torrente* ♦ *intr.pron.* inzupparsi: *ti sei bagnato tutto!*
ba|gna|ró|la *s.f.* (*region.*) **1** tinozza da bagno **2** (*scherz.*) mezzo di trasporto malridotto.
ba|gna|sciù|ga *s.m.invar.* **1** (*mar.*) zona dello scafo compresa tra la linea d'immersione massima e quella minima **2** (*improprio*) tratto di spiaggia dove si frangono le onde; battigia.
ba|gnà|ta *s.f.* il bagnare o il bagnarsi in modo rapido: *dare una — al giardino*.
ba|gnà|to *part.pass.* di bagnare ♦ *agg.* cosparso di un liquido o inzuppato ♦ *s.m.* luogo, terreno bagnato | (*fig.*) *piovere sul —*, sommarsi di nuove disgrazie o fortune a chi ne ha già abbastanza.
ba|gna|tù|ra *s.f.* atto o effetto del bagnare o del bagnarsi.
ba|gni|no *s.m.* [f. *-a*] assistente ai bagnanti stabilimenti balneari.
bà|gno *s.m.* **1** immersione in un liquido: *fare il —*; *— di mare* | *da —*, che si usa per il bagno: *cuffia*, *vasca da —*|(*iperb.*) *— di sangue*, strage | *— di folla*, incontro di una persona famosa con una folla entusiasta **2** acqua o liquido in cui ci si immerge: *il — è caldo* | (*foto.*) *— fotografico*, soluzione in cui si immergono copie o negativi da sviluppare e trattare **3** vasca in cui si fa il bagno| locale dotato di vasca e servizi igienici o solo di questi ultimi | *— pubblico*, struttura con servizi igienici a pagamento **4** (*estens.*) immersione del corpo in una data sostanza | *bagni di sabbia*, sabbiature **5** (*estens.*) esposizione terapeutica del corpo ad agenti fisici: *— di sole* **6** (*spec.pl.*) stabilimento balneare.
ba|gno|ma|rì|a *s.m.invar. nella loc. a —*, immersione in acqua calda di un recipiente che contiene ciò che va scaldato: *cuocere a —*.
ba|gno|schiù|ma *s.m.invar.* prodotto da sciogliere nell'acqua del bagno per produrre schiuma.
ba|gór|do *s.m. spec.pl.* gozzoviglia, baldoria: *fare bagordi*.
baguette (*fr.*) [pr. *baghèt*] *s.f.invar.* **1** taglio rettangolare di pietre preziose **2** filone lungo e stretto di pane francese.
bah *inter.* esprime incertezza, incredulità, rassegnazione: —, *non so più che cosa dire!*
bà|ia *s.f.* **1** (*geogr.*) insenatura costiera dall'imboccatura stretta e meno ampia di un golfo **2** (*aer.*) settore dell'hangar attrezzato per la manutenzione dei velivoli.
ba|ia|dè|ra *s.f.* danzatrice indiana | *a —*, di stoffa a righe vivaci.
bai|làm|me *s.m.invar.* confusione, baraonda.
bà|io *agg.*, *s.m.* di cavallo dal mantello rossobruno con criniera e coda nere.
ba|iòc|co *s.m.* [pl. *-chi*] **1** (*st.*) moneta anticamente in uso nello Stato pontificio **2** (*spec.pl.*, *scherz.*) denaro, quattrini.

baionetta

ba|io|nét|ta *s.f.* corta arma bianca da punta che si applica sulla cima del fucile | (*fig.*) soldato: *un assalto di seicento baionette* | (*mecc.*) *innesto a —*, unione di due pezzi che si infilano l'uno dentro l'altro e vengono fissati con una rotazione.
ba|io|net|tà|ta *s.f.* colpo assestato con una baionetta.
bài|ta *s.f.* casetta di montagna di legno o pietre, che serve da rifugio o abitazione.
ba|la|fòn o **balafòng** *s.m.* (*mus.*) strumento a percussione di origine africana e diffuso anche in America latina, simile allo xilofono.
ba|la|làì|ca o **balalàika** *s.f.* (*mus.*) strumento popolare russo simile alla chitarra, ma con cassa triangolare e tre corde.
ba|la|ni|te *s.f.* (*med.*) processo infiammatorio del glande.
ba|la|ù|sta *s.f.* (*bot.*) fiore e frutto di melograno.
ba|la|ù|stra o **balaustràta** *s.f.* parapetto per altari, terrazze, scalinate, formato da base, pilastrini e ripiano superiore.
ba|lau|stri|no *s.m.* compasso di precisione per disegnare circonferenze di piccolo diametro.
ba|la|ù|stro *s.m.* (*arch.*) **1** ciascuno dei pilastrini di varia foggia che ornano le balaustre **2** elemento decorativo dei capitelli ionici.
bal|bet|ta|mén|to *s.m.* il balbettare | parola o frase balbettata.
bal|bet|tà|re *v.intr.* [indic.pres. *io balbétto...*; aus. *A*] **1** pronunciare le sillabe senza articolarle correttamente e ripetendole più volte, per motivi psicologici o difetto congenito; tartagliare **2** (*estens.*) spec. di bambini, cominciare a parlare ♦ *tr.* pronunciare in modo stentato e confuso, farfugliare: *— qualche frase* | parlare una lingua straniera in modo incerto: *— un po' di russo*.
bal|bet|ti|o *s.m.* un balbettare ripetuto.
bal|bù|zie *s.f.* (*med.*) il difetto del balbettare, causato da spasmo intermittente dell'apparato fonatorio che impedisce di articolare correttamente le parole e costringe a ripetere le stesse sillabe.
bal|bu|zièn|te *agg.*, *s.m./f.* che, chi soffre di balbuzie.
bal|cà|ni|co *agg.* [m.pl. *-ci*] relativo ai Balcani o all'area circostante: *lingue balcaniche*.
bal|ca|niz|zà|re *v.tr.* ridurre uno Stato a una situazione di grave disordine politico, analoga a quella degli Stati balcanici all'inizio del Novecento | (*estens.*) frazionare uno Stato in diversi staterelli.
bal|ca|niz|za|zió|ne *s.f.* crisi dell'ordine politico o dell'unità territoriale di uno Stato.
bal|co|nà|ta *s.f.* **1** lungo balcone su cui si affacciano tante finestre **2** (*teatri*, *cinema*) settore di posti che sta sopra la platea; galleria.
bal|con|cì|no *s.m.* piccolo balcone | *reggiseno a —*, con struttura rigida per sostenere il seno, gener. senza spalline.
bal|có|ne *s.m.* struttura in muratura, cemento armato o legno, che sporge dal muro esterno di un edificio in corrispondenza di una porta o di una finestra ed è protetta da ringhiera o parapetto.
bal|dac|chì|no *s.m.* **1** struttura fissa o mobile composta da quattro aste verticali che sorreggono un drappo, gener. con frange, usata per coprire altari, troni o, durante le processioni, reliquiari | analoga struttura in uso un tempo come copertura per letti **2** (*arch.*) copertura in pietra o marmo di tombe e tempietti.
bal|dàn|za *s.f.* ferma fiducia in se stessi; spavalderia.
bal|dan|zó|so *agg.* pieno di baldanza, spavaldo ☐ **baldanzosaménte** *avv.*
bàl|do *agg.* baldanzoso, sicuro di sé: *— giovane*.
bal|dò|ria *s.f.* festa rumorosa; chiassosa espressione di allegria: *fare —*.
bal|dràc|ca *s.f.* (*volg.*) prostituta.
ba|lè|na *s.f.* **1** enorme mammifero cetaceo dei mari freddi con corpo pisciforme, pinne anteriori, capo sormontato da sfiatatoi e fanoni al posto dei denti | *stecche di —*, lamine flessibili ricavate dai fanoni che servivano per irrigidire corsetti femminili, colletti ecc. **2** (*scherz.*) donna troppo grassa.
ba|le|nà|re *v.intr.* [indic.pres. *io baléno...*; aus. *A* nei sign. 1 e 2, *E* nel sign. 3] **1** (*impers.*) lampeggiare **2** (*estens.*) brillare per un istante **3** (*fig.*) passare d'improvviso per la mente: *mi è balenato un dubbio*.
ba|le|niè|ra *s.f.* **1** nave per la caccia alla balena **2** un tempo, barca a remi per uso personale del comandante di un veliero.
ba|le|niè|re *s.m.* marinaio di una baleniera | cacciatore di balene.
ba|le|niè|ro *agg.* relativo alla caccia alle balene e al loro sfruttamento industriale: *flotta baleniera*.
ba|le|nì|o *s.m.* un balenare continuo.
ba|lé|no *s.m.* (*anche fig.*) lampo; guizzo di luce vivida: *il — degli occhi* | *in un —*, in un attimo.
ba|le|nòt|te|ra *s.f.* enorme cetaceo che si distingue dalla balena per la pinna dorsale, il corpo più snello, le pieghe longitudinali su petto e gola | *— azzurra*, la specie più grossa delle balenottere che vive nei mari polari.
ba|lè|ra *s.f.* locale popolare da ballo.
ba|lè|stra *s.f.* **1** arma di origine medievale costituita da un arco applicato a croce su un fusto, per lanciare frecce e sim. **2** (*spec.pl.*, *mecc.*) fascio di lamine d'acciaio sovrapposte, unite da staffe, che funciona come una molla nelle sospensioni dei veicoli.
ba|le|striè|re *s.m.* (*st.*) soldato munito di balestra | (*caccia*, *sport*) tiratore di balestra.
ba|le|strùc|cio *s.m.* uccello passeriforme sim. alla rondine ma più piccolo.
ba|lì *s.m.* balivo.
bà|lia[1] *s.f.* donna che allatta figli altrui a pagamento; nutrice | *— asciutta*, donna che, dietro compenso, si prende cura di un bambino senza allattarlo | (*scherz.*) *fare da — a qlcu.*, assisterlo in tutto come fosse un bambino | (*fig.*) *tenere a — ql.co.*, ritardarne la realizzazione (spec. di progetti e sim.).

ba|li|a² *nella loc. in — di*, alla mercé di, in potere di: *in — delle emozioni, della tempesta*.
ba|lil|la *s.m.invar*. (*st.*) in epoca fascista, ragazzino tra gli otto e i quattordici anni inquadrato in una formazione paramilitare ♦ *s.f.invar*. nome commerciale di un'automobile utilitaria diffusa in Italia a partire dal 1932.
ba|li|né|se *agg*. dell'isola indonesiana di Bali ♦ *s.m./f.* chi abita o è nato a Bali.
ba|lí|pè|dio *s.m.* (*mil.*) campo sperimentale in cui si eseguono prove di tiro dell'artiglieria.
ba|li|sta *s.f.* (*st.*) antica macchina da guerra sim. a una grande balestra, per lanciare pietre.
ba|li|sti|ca *s.f.* scienza che studia il moto dei proiettili.
ba|li|sti|co *agg.* [m.pl. -*ci*] relativo alla balistica | *perizia balistica*, accertamento della traiettoria e del calibro di un proiettile sparato da un'arma.
ba|li|sti|te *s.f.* esplosivo da sparo composto di nitrocellulosa e nitroglicerina.
ba|li|vo *s.m.* **1** (*st.*) in tarda epoca feudale, governatore di circoscrizioni o città **2** grado elevato in alcuni ordini cavallereschi.
bàl|la *s.f.* **1** quantità di merci legate o avvolte in un tolo per rendere più agevole il trasporto: — *di fieno* **2** (*fam.*) frottola, bugia: *inventare una —*.
bal|là|bi|le *agg., s.m.* detto di pezzo musicale adatto ad accompagnare il ballo.
bal|là|re *v.intr.* [aus. *A*] **1** eseguire passi di danza, muoversi a tempo di musica **2** sobbalzare; oscillare: *l'imbarcazione ballava per il mare mosso* | essere instabile; traballare: *il tavolino balla* **3** (*estens.*) agitarsi, non stare fermo: — *per il nervosismo* **4** (*di indumento*) essere troppo largo: *la camicia ti balla addosso* ♦ *tr.* con riferimento a un ballo, eseguirne i passi al ritmo della musica: — *un valzer*.
bal|là|ta *s.f.* **1** (*lett.*) componimento poetico, che in origine accompagnava la danza, in cui le strofe sono scandite da un ritornello | *lirica narrativa di epoca romantica; romanza* **2** (*mus.*) composizione per strumento solista o per accompagnamento vocale, diffusa spec. nell'Ottocento | pezzo di musica leggera con testo narrativo.
bal|la|tó|io *s.m.* balconata con parapetto che corre intorno alla parte esterna di un edificio o a quella che dà sul cortile.
bal|le|rì|na *s.f.* **1** donna che balla per passione o per lavoro **2** (*spec.pl.*) calzatura femminile scollata con suola flessibile e tacco molto basso **3** (*zool.*) nome comune di alcuni uccelli che si caratterizzano perché, quando camminano sul terreno, alzano e abbassano continuamente la coda; batticoda.
bal|le|rì|no *s.m.* uomo che balla per passione o per lavoro ♦ *agg.* **1** che balla | *cavalli ballerini*, quelli ammaestrati al circo **2** (*fig.*) instabile: *salute ballerina; tavolo —* | *terre ballerine*, quelle che sono spesso colpite dai terremoti.
bal|lét|to *s.m.* **1** spettacolo di danza; numero di ballo | (*mus.*) componimento destinato alla danza **2** corpo di ballo, compagnia di ballerini **3** (*fig.*) succedersi frenetico di informazioni o eventi contraddittori: *il — dei commenti ufficiali*.
bal|li|sta *s.m./f.* [m.pl. -*i*] (*fam.*) bugiardo.
bàl|lo *s.m.* **1** movimento del corpo a tempo di musica; danza | *corpo di —*, compagnia di ballerini | (*fig.*) *essere in —*, di persona, essere totalmente implicato, coinvolto in ql.co.; di cosa, essere in questione, in gioco: *in — c'è il tuo futuro* | *tirare in — qlcu.* o *ql.co.*, coinvolgere una persona in ql.co.; fare oggetto di discussione **2** tipo di danza: *balli acrobatici, — liscio* | giro di ballo: *permette questo —?* **3** festa danzante: *dare un —* **4** (*fig.*) serie di sobbalzi, spec. di veicoli **5** (*med., fam.*) *— di san Vito*, malattia del sistema nervoso caratterizzata da movimenti scoordinati e involontari; corea | (*fig.*) *avere il — di san Vito*, non stare mai fermi.
ballon d'essai (*fr.*) [pr. *ballòn dessé*] *loc.sost. m.invar.* notizia diffusa o iniziativa intrapresa per saggiare le reazioni dell'opinione pubblica.
bal|lon|zo|là|re *v.intr.* [indic.pres. *io ballónzolo...;* aus. *A*] **1** ballare alla buona, senza impegno **2** (*estens.*) saltellare | muoversi tremolando e sussultando: *il mazzo di chiavi gli ballonzolava dalla cintura*.
balloon (*ingl.*) [pr. *ballùn*] *s.m.invar.* nei fumetti, nuvoletta che contiene le parole dei personaggi.
bal|lòt|ta *s.f.* castagna lessata.
bal|lot|tàg|gio *s.m.* **1** nelle elezioni, secondo scrutinio fra i candidati che, al primo turno, hanno riportato il numero di voti più vicino alla maggioranza richiesta **2** (*sport*) spareggio fra concorrenti o squadre a pari merito.
bal|ne|à|bi|le *agg.* che può essere frequentato da bagnanti: *spiaggia —; acque non balneabili*.
bal|ne|à|re *agg.* che riguarda i bagni, spec. di mare: *turismo —*.
bal|ne|a|zió|ne *s.f.* **1** il fare il bagno in mare, lago o sim.: *divieto di —* **2** (*med.*) il praticare la balneoterapia.
bal|ne|o|te|ra|pì|a *s.f.* (*med.*) cura a base di bagni.
ba|loc|cà|re *v.tr.* [indic.pres. *io balòcco, tu balòcchi...*] far divertire, trastullare ♦ *-rsi intr. pron.* **1** giocare **2** (*estens.*) oziare, gingillarsi.
ba|lòc|co *s.m.* [pl. -*chi*] giocattolo | (*fig.*) passatempo.
ba|lor|dàg|gi|ne *s.f.* **1** stupidità **2** frase o azione sciocca; scempiaggine.
ba|lòr|do *agg.* **1** sciocco, stupido | stordito: — *di stanchezza* **2** assurdo; strampalato: *fantasia balorda* | imprevedibile, che non promette nulla di buono: *che tempo —!* ♦ *s.m.* [f. -*a*] **1** idiota, babbeo **2** (*gerg.*) poco di buono; delinquente; sbandato.
bàl|sa *s.f.* legno leggerissimo di provenienza sudamericana, usato nel modellismo.
bal|sà|mi|co *agg.* [m.pl. -*ci*] **1** relativo al balsamo; che agisce come un balsamo: *pasticche balsamiche* **2** (*estens.*) odoroso, profumato | (*di aria*) salubre ♦ *s.m.* (*med.*) medicamento contro le infiammazioni delle vie aeree e urinarie o dell'epidermide.

bal|sa|mi|na *s.f.* pianta ornamentale con fiori molto colorati.

bàl|sa|mo *s.m.* **1** sostanza resinosa ricavata da varie piante, ricca di applicazioni in profumeria e in medicina **2** emolliente da applicare sui capelli dopo lo shampoo **3** (*estens.*) lenitivo, rimedio contro il dolore | (*fig.*) ristoro, conforto.

bàl|te|o *s.m.* (*st.*) tracolla in cuoio cui i soldati romani appendevano la spada.

bàl|ti|co *agg.* [m.pl. *-ci*] del mar Baltico e degli Stati da esso bagnati: *repubbliche baltiche* | **lingue baltiche**, gruppo di lingue indoeuropee costituito da lettone e lituano.

ba|luàr|do *s.m.* **1** bastione **2** (*fig.*) riparo, difesa; sostegno: *il — della libertà*.

ba|lù|ba *agg.invar.* relativo all'omonima popolazione congolese di lingua bantu ♦ *s.m./f.invar.* **1** individuo della popolazione baluba **2** (*spreg.*, *dial.*) persona ignorante e rozza.

ba|lu|gi|nà|re *v.intr.* [indic.pres. *io balùgino...*; aus. *E*] **1** apparire solo per un istante; essere visibile a malapena **2** (*fig.*) presentarsi alla mente in modo confuso.

ba|lu|gi|ni|o *s.m.* **1** luce fioca e intermittente **2** (*fig.*) fugace apparizione.

bàl|za *s.f.* **1** luogo ripido, dirupo | piccola terrazza pianeggiante che interrompe un dirupo **2** striscia di stoffa attaccata al bordo inferiore di un tendaggio o di un abito.

bal|zà|na *s.f.* **1** (*antiq.*) guarnizione in fondo a tende o abiti | risvolto dei pantaloni **2** striscia chiara sopra gli zoccoli del cavallo.

bal|zà|no *agg.* **1** di cavallo, che ha qualche balzana sopra gli zoccoli **2** (*fig.*) bizzarro, stravagante: *ragionamento —*.

bal|zà|re *v.intr.* [aus. *E*] **1** saltare in modo energico e scattante: *il cane balzò sul ladro* | detto del cuore, sussultare: *il cuore gli balzò in petto* **2** (*fig.*) risaltare con chiarezza: *— agli occhi*.

bal|zel|là|re *v.intr.* [indic.pres. *io balzèllo...*; aus. *E, A*] procedere a piccoli salti, saltellare.

bal|zèl|lo *s.m.* tassa, tributo arbitrario.

bal|zel|ló|ni *avv.* a piccoli salti, balzellando: *camminare (a) —* | (*estens.*) in modo irregolare.

bàl|zo *s.m.* **1** salto energico e scattante | (*fig.*) **cogliere la palla al —**, sfruttare l'occasione **2** (*fig.*) miglioramento clamoroso: *l'azienda ha fatto un grande —*.

bam|bà|gia *s.f.* [pl. *-gie*] cotone di scarto o in fiocchi | (*fig.*) **allevare nella —**, con cure esagerate | **vivere nella —**, in totale agiatezza.

bam|ba|gi|na *s.f.* tela di bambagia.

bam|bi|nà|ia *s.f.* donna che, dietro compenso, si prende cura dei figli altrui.

bam|bi|nà|ta *s.f.* comportamento ingenuo, atto puerile.

bam|bi|neg|già|re *v.intr.* [indic.pres. *io bambinéggio...*; aus. *A*] comportarsi ingenuamente; assumere atteggiamenti puerili.

bam|bi|nèl|lo *s.m.* (*per anton.*) Gesù Bambino.

bam|bi|né|sco *agg.* [m.pl. *-schi*] (*gener. spreg.*) puerile, da bambino: *atteggiamento —*.

bam|bi|no *s.m.* [f. *-a*] **1** l'essere umano dalla nascita alla fanciullezza | *— prodigio*, dotato di capacità straordinarie per la sua età | (*per anton.*) *il Bambino*, Gesù Bambino **2** (*estens.*) figlio | *aspettare un —*, essere incinta **3** (*fig.*) persona adulta che si comporta in modo ingenuo o immaturo: *non fare il —!* ♦ *agg.* giovanissimo: *sposa bambina* | semplice, ingenuo.

bam|bi|nó|ne *s.m.* [f. *-a*] **1** bambino robusto **2** persona adulta che si comporta come un bambino.

bam|boc|cià|ta *s.f.* comportamento immaturo.

bam|bòc|cio *s.m.* [f. *-a*; f.pl. *-ce*] **1** bambino grassottello **2** (*fig.*) persona immatura | *fare il —*, comportarsi in modo infantile **3** fantoccio, pupazzo.

bàm|bo|la *s.f.* **1** fantoccio con fattezze femminili, usato come giocattolo **2** (*fig.*) ragazza dal viso bello ma inespressivo | ragazza bella e appariscente **3** (*sport*) *in —*, in stato di torpore, prostrazione, dovuto spec. a stanchezza: *il ritmo sostenuto mandò il ciclista in —*.

bam|bo|leg|già|re *v.intr.* [indic.pres. *io bamboléggio...*; aus. *A*] **1** comportarsi in maniera puerile **2** assumere atteggiamenti sdolcinati o smorfiosi.

bam|bo|li|fi|cio *s.m.* fabbrica di bambole.

bam|bo|li|na *s.f.* bambina o donna dalle fattezze delicate e graziose.

bam|bo|lòt|to *s.m.* bambola con fattezze maschili; fantoccio **2** (*estens.*) bambino grassoccio.

bam|bù *s.m.* **1** sempreverde tropicale, spesso molto alto, il cui fusto nodoso, cavo e diritto somiglia a una canna **2** il fusto flessibile e cavo di tale pianta, col quale vengono realizzati mobili, bastoni, canne da pesca ecc.

bam|bu|sà|ia *s.f.* piantagione di bambù.

ba|nà|le *agg.* poco originale, convenzionale; ovvio | ordinario, privo di complicazioni: *un compito —* | di poco conto: *una — incomprensione* ◻ **banalmente** *avv.*

ba|na|li|tà *s.f.* **1** il mancare di originalità; mediocrità: *la — di un gioco* **2** frase o azione scontata | impresa o compito privo di complicazioni.

ba|na|liz|zà|re *v.tr.* semplificare troppo; privare d'importanza: *non — sempre tutto!*

ba|na|liz|za|zió|ne *s.f.* semplificazione eccessiva; minimizzazione.

ba|nà|na *s.f.* **1** frutto tropicale di forma allungata, buccia gialla e polpa saporita | (*spreg.*) **Repubblica delle banane**, qualsiasi Stato centroamericano con un'economia debole basata soprattutto sull'esportazione di frutta; (*estens.*) Stato inefficiente e corrotto **2** (*fam.*) ciocca di capelli arrotolata, spec. nelle acconciature infantili **3** (*estens.*) panino stretto e lungo.

banana split (*ingl.*) *loc.sost.f.invar.* dolce composto da una banana tagliata nel senso della lunghezza, cosparsa di liquore e ricoperta di gelato, panna e nocciole tritate.

ba|na|né|to *s.m.* piantagione di banani.

ba|na|ni|col|tù|ra *s.f.* coltivazione di banani.

ba|na|niè|ra *s.f.* nave mercantile attrezzata per trasportare banane.

ba|na|niè|ro agg. relativo alle banane: *mercato —*.
ba|nà|no s.m. albero tropicale con lunghe e grandi foglie e con frutti commestibili che crescono in caschi.
bàn|ca s.f. [pl. *-che*] **1** istituto di credito che riceve in deposito e presta denaro, fornendo anche altri servizi finanziari | l'edificio che ospita tale istituto: *andare in —* | *— centrale*, istituto che gestisce il sistema monetario di uno Stato | *— etica*, istituto di credito che gestisce i risparmi secondo criteri etici, spec. con investimenti socialmente utili | *— on line*, istituto di credito che pemette di compiere operazioni finanziarie attraverso Internet | *— del tempo*, associazione attraverso la quale si scambiano varie prestazioni il cui valore è calcolato in ore **2** (*med.*) centro di raccolta di materiali biologici destinati a trapianti o altri trattamenti terapeutici: *— del seme* **3** (*inform.*) *— dati*, insieme di dati raccolti e ordinati attraverso una catalogazione elettronica.
ban|cà|le s.m. **1** lungo sedile dotato di schienale **2** (*tecn.*) piattaforma rigida, trasportabile con carrelli elevatori, su cui sono impilate merci imballate; pallet **3** (*tecn.*) supporto metallico di macchina utensile su cui poggiano le parti mobili.
ban|ca|rèl|la s.f. piccolo banco o carretto dei venditori, spec. ambulanti: *una — di libri usati*.
ban|ca|rel|li|sta s.m./f. [m.pl. *-i*] chi vende merci su una bancarella.
ban|cà|rio agg. relativo alla banca: *assegno —* ♦ s.m. [f. *-a*] impiegato di banca.
ban|ca|rót|ta s.f. (*dir.*) reato commesso da un imprenditore dichiarato fallito per insolvenza | (*fig.*) fallimento | *— fraudolenta*, quella dolosa.
ban|ca|rot|tiè|re s.m. [f. *-a*] (*dir.*) imprenditore fallito per insolvenza.
ban|chet|tà|re v.intr. [indic.pres. *io banchétto*...; aus. *A*] partecipare a un banchetto | (*estens.*) mangiare e bere in abbondanza; gozzovigliare.
ban|chét|to s.m. **1** ricco pranzo con invitati, spec. per festeggiare ql.co. o qlcu.: *— nuziale* **2** tavolino all'aperto per sottoscrizioni, promozioni, informazioni: *un — elettorale* | (*estens.*) bancarella.
ban|chiè|re s.m. [f. *-a*] proprietario o grande azionista di una banca | direttore di una banca.
ban|chi|na s.f. **1** molo d'ormeggio **2** fascia di terreno rialzato e pavimentato a fianco di binari ferroviari **3** striscia marginale di una strada, spec. usata da pedoni e ciclisti: *— cedevole* **4** (*edil.*) trave orizzontale di rinforzo o sostegno di un muro.
ban|chi|sa s.f. massa galleggiante di ghiaccio che ricopre i mari polari.
bàn|co[1] s.m. [pl. *-chi*] **1** sedile in legno, di varia foggia, con o senza schienale e piano di appoggio, a seconda degli usi a cui è destinato: *— dei rematori* | seggio parlamentare: *i banchi della maggioranza* | *— di scuola*, con tavolino per scrivere **2** nei negozi, mobile a forma di tavolo che separa i venditori dai compratori | bancarella di mercato: *il — dei formaggi* | *consumazione al —*, presa senza sedersi | (*farm.*) *da —*, detto dei medicinali vendibili senza prescrizione medica | (*fig.*) *sotto —*, di nascosto **3** tavolo di lavoro per artigiani | *— di prova*, attrezzatura per collaudare motori e macchine; (*fig.*) situazione che permette di verificare il valore di ql.co. o qlcu. **4** ammasso compatto: *— di pesci*.
bàn|co[2] s.m. [pl. *-chi*] **1** azienda di credito: *Banco di Sardegna* | *— dei pegni*, azienda o istituto che concede prestiti in cambio di oggetti lasciati in garanzia **2** nei giochi d'azzardo, denaro che si vince | chi riceve le puntate e paga le vincite: *il — vince* | *— del lotto*, ricevitoria del lotto.
bàn|co|mat® s.m.invar., agg.invar. (*banc.*) sistema che permette di prelevare denaro presso gli sportelli automatici bancari o postali e di pagare gli acquisti nei negozi convenzionati: *sportello —* | tessera magnetica personalizzata che permette l'accesso a tale sistema: *pagare col —*.
ban|có|ne s.m. lungo tavolo, chiuso sino a terra, dietro il quale il venditore o l'impiegato tratta con i clienti.
ban|co|ni|sta s.m./f. [m.pl. *-i*] addetto al banco di vendita.
ban|co|nò|ta s.f. biglietto di banca, emesso dalla banca centrale, con valore di moneta legale: *— da dieci dollari*.
ban|co|pò|sta s.m.invar., agg.invar. servizi di tipo bancario effettuati dalle Poste italiane (p.e. deposito, trasferimento di denaro): *prodotto —*.
band (*ingl.*) [pr. *bènd*] s.f.invar. complesso di musicisti rock o jazz.
bàn|da[1] s.f. **1** gruppo armato irregolare: *— di guerriglieri* **2** gruppo organizzato di delinquenti: *una — di ladri* | *— armata*, gruppo armato che compie azioni delittuose, spec. contro lo Stato | (*scherz.*) compagnia di amici, cricca: *una — di amici* **3** (*mus.*) complesso di suonatori che si esibisce spec. all'aperto: *la — del paese*.
bàn|da[2] s.f. **1** striscia che contrasta con lo sfondo o che corre lungo il bordo: *tre bande rosse in campo bianco*; *una — ricamata* **2** (*arald.*) striscia diagonale che parte dall'angolo in alto a destra dello scudo **3** (*lit.*) stendardo con emblemi posto su un'asta, che apre le processioni **4** (*tecn.*) *— magnetica*, striscia di materiale magnetizzabile su cui sono memorizzate informazioni, applicata su tessere, carte di credito e sim. **5** (*telecom.*, *elettron.*) intervallo tra la frequenza minima e massima di un segnale; gamma di frequenza | *— larga*, rete di connessione Internet ad alta velocità **6** (*fis.*) complesso delle righe nello spettro di un gas.
bàn|da[3] s.f. (*mar.*) fianco di un'imbarcazione.
bàn|dà|na s.m./f.invar. [m.pl. invar.; f.pl. *-e*] piccolo foulard che può essere portato al collo o in testa.
bandeau (*fr.*) [pr. *bandó*] s.m.invar. ciascuna delle due ciocche di capelli che scendono lungo le guance in una particolare acconciatura femminile.
ban|dèl|la s.f. **1** striscia metallica con un anello all'estremità, applicata a sportelli, imposte e

banderilla

sim. per montarli sui cardini **2** piano ribaltabile di un tavolo.
banderilla (*sp.*) [pr. *banderìglia*] *s.f.* [pl. *-as*] nella corrida, asta con punta metallica ornata da nastri colorati che il torero conficca nel collo del toro.
ban|de|ruò|la *s.f.* **1** bandierina metallica, girevole intorno a un perno, che indica la direzione del vento **2** (*fig.*) persona volubile.
ban|diè|ra *s.f.* **1** drappo fissato a un'asta, di colore, forma e disegno variabili, usato come simbolo di un'entità politica, sociale e sim. o come segnalazione di ql.co.: *la — della Croce Rossa*; *alzare, ammainare la —* | *— a mezz'asta*, abbassata a metà dell'asta in segno di lutto | (*anche fig.*) *alzare — bianca*, arrendersi | *— rossa*, simbolo del comunismo; segnalazione di pericolo | *— a scacchi*, quella che segnala la partenza e l'arrivo nelle gare di auto e moto | (*di navi o aeromobili*) *battere —*, portare raffigurata la bandiera dello Stato di appartenenza | (*fig.*) *cambiare —*, mutare idea | *tenere alta la —*, fare onore al proprio paese, partito e sim. | (*sport*) *punto della —*, l'unico segnato da un concorrente pesantemente sconfitto **2** (*fig.*) ideale, principio: *la — della giustizia* | chi rappresenta un valore o un gruppo **3** gioco in cui i partecipanti, divisi in squadre, si sfidano a turno nell'afferrare un drappo posto al centro del campo.
ban|die|ri|na *s.f.* piccola bandiera da segnalazione | (*sport*) nel calcio e sim., ciascuna delle bandiere piantate ai quattro angoli del campo: *tiro dalla —*.
ban|di|nèl|la *s.f.* tessuto leggero usato per modelli di sartoria o come imballaggio di altri tessuti.
ban|di|re *v.tr.* [indic.pres. *io bandisco, tu bandisci...*] **1** comunicare attraverso avviso pubblico: *— una gara* **2** esiliare, espellere | (*fig.*) evitare, eliminare: *— i discorsi inutili*.
ban|di|sti|co *agg.* [m.pl. *-i*] di banda musicale: *concerto —*.
ban|di|ta *s.f.* zona in cui è proibito pescare, cacciare e pascolare.
ban|di|té|sco *agg.* [m.pl. *-schi*] criminale, delinquenziale.
ban|di|ti|smo *s.m.* attività di banditi | fenomeno sociale costituito dalla diffusione di criminalità organizzata.
ban|di|to *part.pass.* di bandire ♦ *s.m.* [f. *-a*] chi commette crimini, spec. con un gruppo organizzato | (*fig.*) persona senza scrupoli.
ban|di|tó|re *s.m.* [f. *-trice*] **1** chi un tempo annunciava per strada le disposizioni delle autorità **2** chi conduce un'asta, comunicando ad alta voce le offerte.
bàn|do *s.m.* **1** comunicazione ufficiale di un'autorità: *— di arruolamento* **2** (*st.*) condanna all'esilio | (*fig.*) *mettere al —*, escludere, eliminare | *— a*, lasciamo perdere | *— alle ciance*.
ban|do|liè|ra *s.f.* tracolla in cuoio che contiene le munizioni.
bàn|do|lo *s.m.* capo di una matassa | (*fig.*) *trova-*

re il — della matassa, individuare la soluzione di un problema.
ban|dó|ne *s.m.* **1** grosso foglio di lamiera **2** saracinesca di lamiera ondulata.
bang (*ingl.*) [pr. *bèng*] *inter.* (*onom.*) riproduce il rumore di uno sparo, uno schianto e sim. ♦ *s.m.invar.* il rumore stesso | (*aer.*) *— sonico*, il boato generato da un aereo quando raggiunge o supera la velocità del suono.
ban|gla|dé|se *agg.* del Bangladesh ♦ *s.m./f.* nativo o abitante del Bangladesh.
banjo (*ingl.*) [pr. *bèngio*] *s.m.invar.* chitarrina con cassa armonica circolare, usata spec. nel jazz e nel blues.
banlieue (*fr.*) [pr. *banliò*] *s.f.invar.* quartiere della periferia parigina | (*estens.*) periferia di una grande città.
banner (*ingl.*) *s.m.invar.* (*inform.*) nelle pagine web, spazio pubblicitario che rinvia al sito dell'inserzionista.
bàn|tu o **bantù** *s.m.invar.* **1** [anche f.] chi appartiene a una certa etnia dell'Africa centro-meridionale **2** gruppo di lingue dell'Africa centro-meridionale ♦ *agg.invar.* relativo ai bantu: *villaggio —*.
ba|o|bàb *s.m.invar.* enorme albero tropicale con frutti commestibili a forma di zucca.
bar¹ *s.m.invar.* **1** locale pubblico dove si consumano spuntini e bevande, spec. caffè e alcolici **2** mobiletto per bevande, spec. liquori.
bar² *s.m.invar.* (*fis.*) unità di misura della pressione, pari a 0,986 atmosfere.
bà|ra *s.f.* cassa che contiene il cadavere; feretro.
ba|ràb|ba *s.m.invar.* (*per anton.*) malfattore, delinquente | (*scherz.*) birbante.
ba|ràc|ca *s.f.* [pl. *-che*] **1** costruzione in legno, lamiera e sim. destinata a magazzino, stalla o abitazione provvisoria **2** (*spreg.*) oggetto o strumento mal funzionante: *la tua auto è ormai una —* **3** (*fig.*) famiglia, attività, organizzazione e sim. con andamento difficoltoso e precario: *mandare avanti la —* | (*fig.*) *— e burattini*, tutto ciò che si ha: *piantare — e burattini*.
ba|rac|cà|to *agg., s.m.* [f. *-a*] chi vive in una baracca.
ba|rac|chì|no *s.m.* **1** piccolo rifugio provvisorio di montagna; bivacco **2** (*pop.*) chiosco che vende cibi e bevande.
ba|rac|có|ne *s.m.* **1** struttura provvisoria, gener. coperta, per giostre, fiere e spettacoli popolari **2** (*fig.*) istituzione inefficiente e disorganizzata.
ba|rac|cò|po|li *s.f.invar.* agglomerato di baracche alla periferia di una grande città | insieme di baracche per ospitare temporaneamente persone colpite da calamità naturali.
ba|ra|ón|da *s.f.* **1** caotico e rumoroso andirivieni di persone **2** (*estens.*) disordine, confusione.
ba|rà|re *v.intr.* [aus. *A*] **1** imbrogliare al gioco, spec. delle carte **2** (*estens.*) ingannare, agire in maniera disonesta: *— negli affari*.
bà|ra|tro *s.m.* **1** luogo buio e profondo | abisso;

precipizio 2 (*fig.*) disastro morale o economico: *sull'orlo del —*.
ba|rat|tà|re *v.tr.* scambiare una cosa con un'altra senza far uso di denaro.
ba|rat|te|rì|a *s.f.* 1 (*st.*) il trarre profitti illeciti da un pubblico ufficio 2 (*estens.*) frode, inganno.
ba|ràt|to *s.m.* 1 scambio diretto tra due beni non monetari: *economia fondata sul — 2* (*dir.*) permuta.
ba|ràt|to|lo *s.m.* 1 vasetto chiudibile con coperchio 2 (*estens.*) la quantità che un barattolo può contenere: *si è mangiato un — di miele*.
bàr|ba *s.f.* 1 il complesso dei peli che spuntano all'uomo su mento, guance e parte della gola: *tenere la — lunga* | (*estens.*) peli sul muso di alcuni animali: — *delle capre* | filamenti di alcuni fiori o frutti: — *del mais* | **far(si) la** —, radersi in viso | (*fig.*) **farla in** — **a qlcu.**, imbrogliarlo; avere la meglio su di lui 2 (*pop.*) noia: *che* —*!* | cosa o persona noiosa: *il tuo amico è una* — 3 (*spec.pl.*) piccole radici filamentose delle piante | (*anche fig.*) **mettere le barbe**, attecchire.
bar|ba|biè|to|la *s.f.* 1 pianta erbacea dalle radici carnose e commestibili | — **da zucchero**, varietà a radice bianca dalla quale si ricava lo zucchero 2 radice commestibile di alcune varietà di barbabietola, che si arrossa durante la cottura.
bar|ba|blù *s.m.* (*per anton.*) marito violento | (*estens., scherz.*) uomo che terrorizza.
bar|ba|cà|ne *s.m.* 1 (*st., mil.*) opera di sostegno a una fortificazione | muro con feritoie davanti alla porta di una fortezza 2 (*edil.*) apertura di scolo in un muro di sostegno.
bar|ba|fòr|te *s.m./f.* pianta erbacea con le cui radici si preparano salse piccanti; rafano.
bar|ba|giàn|ni *s.m.invar.* 1 uccello rapace notturno con piume giallo-rossicce 2 (*fig.*) persona sciocca e noiosa.
bar|ba|glio[1] *s.m.* 1 improvviso splendore abbagliante 2 (*anche fig.*) barlume.
bar|ba|glìo[2] *s.m.* sfavillio intenso e ripetuto.
bar|ba|rè|sco[1] *s.m.invar.* pregiato vino rosso di vitigno nebbiolo, prodotto nella zona di Cuneo.
bar|ba|rè|sco[2] *agg.* [m.pl. -*schi*] (*st.*) relativo alla Barberia, antica regione tra Libia e Marocco: *corsaro* — ♦ *s.m.* 1 [f. -*a*] nativo o abitante della Barberia | (*estens.*) saraceno 2 cavallo da corsa della Barberia.
bar|ba|ri|ci|no *agg.* della Barbagia, regione della Sardegna ♦ *s.m.* [f. -*a*] nativo o abitante della Barbagia.
bar|bà|ri|co *agg.* [m.pl. -*ci*] dei barbari: *popolazione barbarica* | (*estens.*) da barbaro.
bar|bà|rie *s.f.invar.* 1 condizione propria di un popolo barbaro | (*estens.*) arretratezza civile e culturale 2 atto crudele e feroce: *le — contro gli animali*.
bar|ba|rì|smo *s.m.* (*ling.*) parola o espressione presa da una lingua straniera.
bàr|ba|ro *agg.* 1 (*st.*) per gli antichi Greci e Romani, straniero | (*dal* IV *sec.*) proprio delle popolazioni che invasero l'Impero romano 2 (*estens., fig.*) ignorante; selvaggio, incivile: *modi barbari* | feroce, crudele: *un — omicidio* | rozzo: *un gusto* — 3 (*metr.*) che riproduce i ritmi della poesia classica in quella italiana moderna: *odi barbare* ♦ *s.m.* [f. -*a*] (*st.*) per gli antichi Greci e Romani, straniero | (*dal* IV *sec.*) appartenente a una delle popolazioni che invasero l'Impero romano □ **barbaramente** *avv.* incivilmente | con ferocia | in modo rozzo.
bar|bà|to *agg.* (*bot.*) 1 detto di organo vegetale coperto da peli paralleli 2 che ha messo radici.
bar|baz|zà|le *s.m.* 1 catenella che passa sotto la barbozza di un equino e viene fissata ai lati del morso 2 (*zool.*) ciascuna appendice cutanea che alcune razze di capre hanno ai lati del collo.
barbecue (*ingl.*) [pr. barbekiù] *s.m.invar.* 1 griglia per cotture alla brace 2 (*estens.*) grigliata all'aperto.
bar|bè|ra *s.m./f.invar.* vitigno di origine piemontese, diffuso anche in altre zone d'Italia | vino rosso secco che da esso si ottiene.
bàr|be|ro *agg., s.m.* detto di cavallo veloce addestrato per correre un palio.
bar|bét|ta *s.f.* 1 (*mar.*) corda usata per il rimorchio o l'ormeggio 2 (*zool.*) ciuffo di peli che spunta dietro lo stinco degli equini.
Barbie® (*ingl.*) [pr. bàrbi] piccola bambola in plastica di fabbricazione statunitense con corpo snello e capelli biondi | (*estens., scherz.*) ragazza che cura molto l'aspetto fisico.
bar|biè|re *s.m.* [f. -*a*] chi rade la barba e taglia i capelli agli uomini per mestiere.
bar|bì|glio *s.m.* 1 (*zool.*) sorta di baffo cutaneo che alcuni pesci presentano agli angoli della bocca 2 uncino laterale sulla punta di ami e frecce per trattenerli nella ferita.
bar|bì|no *agg.* (*fam.*) gretto, meschino | **fare una figura barbina**, una brutta figura.
bar|bi|tù|ri|co *s.m.* [pl. -*ci*] (*farm.*) tipo di sedativo a base organica.
bar|bi|tu|rì|smo *s.m.* (*med.*) intossicazione da barbiturici.
bàr|bo *s.m.* pesce commestibile d'acqua dolce.
bar|bò|gio *agg., s.m.* [f. -*a*; f.pl. -*gie* o -*ge*] che, chi è vecchio, noioso o brontolone.
bar|bó|ne *s.m.* 1 (*spec. scherz.*) chi porta la barba lunga 2 [f. -*a*] senzatetto dall'aspetto trascurato, che vive emarginato e in miseria | (*estens.*) mendicante 3 razza di cane dal pelo ricciuto.
bar|bó|so *agg.* noioso: *libro* — □ **barbosamente** *avv.*
bar|bòz|za *s.f.* 1 la parte inferiore della mandibola del cavallo 2 parte dell'armatura che proteggeva il mento e il collo.
barbudo (*sp.*) *s.m.invar.* seguace di Fidel Castro.
bar|bù|ta *s.f.* elmo medievale con visiera mobile o con protezione metallica per il naso.
bar|bù|to *agg.* che ha la barba: *un viso —*.
bàr|ca[1] *s.f.* [pl. -*che*] 1 piccola imbarcazione, a remi, a vela o a motore: *andare in —* | (*estens.*) qualsiasi imbarcazione da diporto 2 (*fig.*) famiglia, affari, lavoro e sim.: *mandare avanti la —* |

barca

essere nella stessa —, condividere la stessa situazione.
bàr|ca² *s.f.* [pl. *-che*] **1** catasta di covoni di foraggio o cereali **2** (*fig.*) mucchio, gran quantità: *una — di guai.*
bar|càc|cia *s.f.* [pl. *-ce*] **1** (*mar.*) sui velieri, imbarcazioni di servizio **2** (*teat.*) grande palco di proscenio.
bar|ca|iò|lo *s.m.* [f. *-a*] chi guida barche per mestiere; traghettatore | chi dà barche a noleggio.
bar|ca|me|nàr|si *v.intr.pron.* [indic.pres. *io mi barcaméno...*] cavarsela nelle difficoltà o tra impegni vari, senza compromettersi.
bar|ca|réc|cio *s.m.* (*mar.*) complesso delle imbarcazioni che svolgono una medesima attività nelle stesse acque.
bar|ca|riz|zo *s.m.* (*mar.*) apertura nella fiancata della nave dove si aggancia la scala per salire a bordo | (*estens.*) la scala stessa.
bar|ca|ròl|la *s.f.* (*mus.*) **1** tipico canto dei gondolieri veneziani **2** canzone dal ritmo cullante.
bar|cà|ta *s.f.* **1** carico massimo di una barca **2** (*fig.*) gran quantità: *una — di impegni.*
bar|chét|ta *s.f.* **1** qualunque oggetto o struttura a forma di barca | *collo a* —, scollatura che arriva fin quasi alle spalle **2** (*auto.*) vettura biposto scoperta **3** (*mar.*) contenitore della zavorra sotto la chiglia del sommergibile.
bar|chét|to *s.m.* (*mar.*) veliero da pesca con doppio albero.
bar|chi|no *s.m.* (*mar.*) **1** piccola barca a fondo piatto per cacciare nelle paludi **2** (*mil.*) piccolo motoscafo d'assalto.
bar|col|la|mén|to *s.m.* andatura vacillante, passo traballante.
bar|col|là|re *v.intr.* [indic.pres. *io barcòllo...*; aus. *A*] **1** vacillare; camminare in modo incerto: *— dal sonno* **2** (*fig.*) rischiare di perdere prestigio, stabilità o credibilità; essere in crisi: *la repubblica barcolla; le sue certezze barcollavano.*
bar|col|lìo *s.m.* barcollamento continuo.
bar|col|ló|ni o **barcollóne** *avv.* vacillando, in maniera barcollante: *procedere —.*
bar|có|ne¹ *s.m.* (*mar.*) **1** grossa barca usata per trasportare merci **2** (*mil.*) imbarcazione a fondo piatto usata per costruire ponti provvisori.
bar|có|ne² *s.m.* catasta di covoni.
bàr|da *s.f.* **1** (*st.*) armatura medievale per cavalli **2** sella priva di arcioni.
bar|dà|na *s.f.* pianta erbacea i cui piccoli fiori rossastri sono riuniti in capolini che si attaccano al pelo degli animali e agli abiti.
bar|dà|re *v.tr.* **1** (*st.*) mettere la barda al cavallo | (*estens.*) munirlo di finimenti **2** (*fig.*) agghindare in maniera ricercata o pretenziosa ♦ **-rsi** *rifl.* (*scherz.*) vestirsi in modo troppo vistoso.
bar|da|tù|ra *s.f.* **1** complesso di operazioni per munire il cavallo di finimenti o di barda | l'insieme dei finimenti **2** (*scherz.*) abbigliamento molto vistoso | (*fig.*) sovrabbondanza che appesantisce.
bar|di|glio *s.m.* marmo calcareo grigio-azzurro.
bàr|do *s.m.* **1** (*presso i Celti*) cantore di gesta eroiche **2** (*estens.*, *lett.*) poeta, spec. su temi patriottici.
bar|do|li|no *s.m.invar.* vino secco rosso o rosato dei colli veronesi.
bar|dòt|to *s.m.* animale sterile da soma, nato dall'accoppiamento tra un'asina e un cavallo.
ba|rèl|la *s.f.* **1** attrezzo a forma di letto per trasportare feriti o malati; lettiga **2** tavola rettangolare con stanghe laterali per trasportare materiali pesanti.
ba|rel|liè|re *s.m.* [f. *-a*] **1** chi trasporta malati o feriti con barelle **2** manovale addetto al trasporto di materiali pesanti.
ba|ré|na *s.f.* nelle lagune, dosso sabbioso che affiora con la bassa marea.
ba|re|na|trì|ce *s.f.* (*mecc.*) alesatrice dotata di bareno per fori profondi.
ba|re|na|tù|ra *s.f.* (*mecc.*) foratura di un cilindro metallico particolarmente lungo.
ba|rè|no *s.m.* (*mecc.*) utensile montato su alesatrici e torni per eseguire e rifinire fori particolarmente lunghi.
ba|ré|se *agg.* di Bari ♦ *s.m./f.* chi è nato o abita a Bari.
ba|re|ste|si|a *s.f.* (*fisiol.*) sensibilità corporea alla pressione.
bar|gèl|lo *s.m.* (*st.*) nei Comuni medievali, magistrato responsabile dell'ordine pubblico | la sede di tale magistratura.
bar|gi|glio *s.m.* escrescenza carnosa che pende sotto il becco di galli, tacchini e altri uccelli.
bà|ri- primo elemento di parole composte che significa "pesante" (*barisfera*).
ba|rì|a *s.f.* (*fis.*) unità di misura della pressione equivalente a una dina per cm^2.
bà|ri|bal *s.m.invar.* orso americano dalla pelliccia scura.
ba|ri|cèn|tro o **baricéntro** *s.m.* **1** (*fis.*) punto in cui si concentra la forza peso di un corpo o di un sistema fisico; centro di gravità **2** (*geom.*) — *di un triangolo*, punto in cui le mediane si incontrano.
bà|ri|co¹ *agg.* [m.pl. *-ci*] (*fis.*) **1** che riguarda la pressione atmosferica **2** relativo al peso di un corpo | *indice* —, rapporto fra statura e peso.
bà|ri|co² *agg.* [m.pl. *-ci*] (*chim.*) relativo al bario.
ba|rì|le *s.m.* **1** piccola botte di legno per conservare spec. prodotti liquidi o in polvere **2** quantità contenuta in un barile: *un — di polvere da sparo* | unità di misura del petrolio, corrispondente a 158,98 litri **3** (*fig.*) persona grassa.
ba|ri|lét|to *s.m.* (*tecn.*) negli orologi, contenitore metallico della molla **2** (*foto.*) parte dell'obiettivo con i regolatori della messa a fuoco.
ba|ri|lòt|to *s.m.* **1** barile piccolo e tozzo: *un — di whisky* **2** (*scherz.*) persona grassa e bassa **3** nel tiro a segno, centro del bersaglio | (*anche fig.*) *far —*, fare centro **4** (*mus.*) nel clarinetto, parte che unisce il becco al resto dello strumento.
ba|ri|me|trì|a *s.f.* calcolo del peso di un animale a partire dalle sue dimensioni corporee **2**

(*fis.*) complesso delle tecniche di rilevazione della pressione atmosferica.

bà|rio *s.m.* elemento chimico, metallo alcalino-terroso di colore bianco argenteo (*simb.* Ba).

ba|rió|ne *s.m.* (*fis.*) qualsiasi particella subnucleare pesante.

ba|ri|sfè|ra *s.f.* (*geol.*) nucleo della Terra, formato da materiale a densità elevata e altissima temperatura.

ba|ri|sta *s.m./f.* [m.pl. *-i*] chi serve i clienti in un bar.

ba|ri|ti|na *s.f.* (*chim., med.*) solfato di bario, polvere bianca insolubile usata in radiologia o come pigmento.

ba|ri|to|nà|le *agg.* proprio di baritono: *timbro —*.

ba|ri|to|no *s.m.* voce maschile intermedia tra basso e tenore | il cantante che la possiede ♦ *agg.* (*ling.*) detto di sillaba priva di accento o di parola che ha l'ultima sillaba non accentata.

bar|lù|me *s.m.* 1 luce fioca; tenue bagliore: *un — in lontananza* 2 (*fig.*) debole traccia, vaga parvenza: *un — di speranza*.

barman (*ingl.*) *s.m.invar.* barista, spec. addetto alla preparazione di cocktail.

bar|na|bi|ta *agg., s.m.* [pl. *-i*] (*relig.*) che, chi è dell'ordine di san Paolo, fondato nel 1530.

barnum (*ingl.*) *s.m.invar.* continuo susseguirsi di momenti sensazionali e incredibili: *il — della politica*.

bà|ro *s.m.* 1 chi imbroglia al gioco, spec. a carte 2 (*estens.*) truffatore.

bà|ro-, -bà|ro primo e secondo elemento di parole composte che significa "pressione" o "peso" (*barometro, isobaro*).

ba|roc|chi|smo *s.m.* tendenza al gusto barocco | (*estens.*) artificiosità.

ba|ròc|co *s.m.* gusto artistico-letterario affermatosi nel Seicento, caratterizzato dalla ricerca di effetti bizzarri e scenografici ♦ *agg.* [m.pl. *-chi*] 1 relativo al barocco o alla sua epoca: *stile —* 2 (*fig.*) artificioso; bizzarro, stravagante.

ba|ròl|lo *s.m.* vino rosso secco di elevata qualità e gradazione, prodotto nel cuneese.

ba|ro|me|trì|a *s.f.* misurazione della pressione atmosferica tramite il barometro.

ba|ro|mè|tri|co *agg.* [m.pl. *-ci*] relativo al barometro o alle sue misurazioni.

ba|rò|me|tro *s.m.* 1 strumento che misura la pressione atmosferica 2 (*fig.*) ciò che rispecchia la situazione o le variazioni di un fenomeno, spec. economico.

ba|ro|nàg|gio *s.m.* titolo di barone | dominio di un barone.

ba|ro|nà|le *agg.* relativo al barone.

ba|ro|nà|to *s.m.* baronia, baronaggio.

ba|ró|ne *s.m.* [f. *-essa*] 1 grande feudatario medievale investito direttamente dal sovrano 2 titolo nobiliare intermedio fra cavaliere e visconte 3 (*fig.*) chi ha molto potere in un dato ambito: *— universitario*.

ba|ro|nés|sa *s.f.* donna investita del baronaggio | moglie di un barone.

ba|ro|nét|to *s.m.* in Gran Bretagna, titolo nobiliare appena inferiore a quello di barone | importante riconoscimento conferito dal sovrano a un cittadino altamente meritevole.

ba|ro|nì|a *s.f.* 1 titolo di barone | dominio baronale 2 (*estens.*) potere economico o politico incontrollato.

bàr|ra *s.f.* 1 asta rigida usata come leva di comando o come collegamento meccanico | (*mar.*) asta che governa il timone: *— a dritta!* | (*aer.*) cloche | *— spaziatrice*, quella che viene premuta sulla tastiera per inserire uno spazio tra due caratteri 2 sbarra; spranga | (*metall.*) verga metallica piena, spec. cilindrica: *— di platino* 3 nella scrittura, lineetta verticale o diagonale che indica separazione o alternativa: *diploma e/o esperienza*; *essere/non essere* | nella poesia, indicatore di fine verso quando non si va a capo | (*mat.*) segno di frazione 4 nelle aule giudiziarie, tramezzo che separa l'area riservata a giudici e avvocati da quella per il pubblico | (*fig.*) *andare alla —*, comparire in giudizio 5 (*inform.*) area dell'interfaccia grafica che raggruppa le icone o i pulsanti relativi ai comandi e alle applicazioni: *— del menu*.

bar|ra|cà|no *s.m.* 1 tessuto in pelo di cammello o lana di capra 2 veste, tradizionalmente di lana, tipica dell'Africa settentrionale.

bar|ra|cù|da *s.m.invar.* pesce tropicale aggressivo, con denti robusti e taglienti.

barrage (*fr.*) [pr. *barràj*] *s.m.invar.* (*sport*) nei concorsi ippici, gara di spareggio.

bar|ra|mì|na *s.f.* asta d'acciaio con punta acuminata usata per forare le rocce.

bar|ràn|co *s.m.* [pl. *-chi*] (*geol.*) crepaccio scavato dall'erosione sui fianchi di un cono vulcanico.

bar|rà|re *v.tr.* segnare con una o più barre; sbarrare | (*banc.*) *— un assegno*, marcarlo con barre trasversali per renderlo non trasferibile.

bar|ri|ca|diè|ro *agg., s.m.* [f. *-a*] rivoluzionario, estremista.

bar|ri|cà|re *v.tr.* [indic.pres. *io bàrrico, tu bàrrichi...*] bloccare il passaggio con barricate | (*estens.*) sprangare: *la porta* ♦ *-rsi* *rifl.* 1 ripararsi dietro a una barricata | asserragliarsi, chiudersi: *— in casa* 2 (*fig.*) assumere un atteggiamento di chiusura polemica: *— nel silenzio*.

bar|ri|cà|ta *s.f.* cumulo di materiali occasionali per sbarrare la strada al nemico e ripararsi, spec. nel corso di rivolte popolari | (*fig.*) *fare le barricate*, opporsi strenuamente | *essere dall'altra parte della —*, schierarsi con la parte opposta.

bar|riè|ra *s.f.* 1 sbarramento che ostacola o regola il passaggio | *— autostradale*, casello dove si paga il pedaggio | *— architettonica*, elemento dell'edilizia urbana che ostacola il libero movimento dei disabili 2 (*estens.*) linea di terreno in rilievo | *— corallina*, banco di corallo vicino al litorale 3 (*fig.*) ostacolo, impedimento; elemento di separazione: *una — di egoismo* 4 (*fis.*) soglia limite, per superare la quale occorrono particolari tecnologie: *— del suono* 5 (*sport*) nel calcio, schieramento davanti alla propria porta per

barrique

ostacolare un calcio di punizione avversario | nell'atletica, ostacolo nei tremila siepi | nell'equitazione, sbarra posta a ostacolo.
barrique (*fr.*) [pr. *barìk*] *s.f.invar.* botte per l'affinamento di vari vini, con capacità intorno ai 200 litri.
bar|ri|re *v.intr.* [indic.pres. *io barrisco, tu barrisci*...; aus. *A*] emettere barriti.
bar|ri|to *s.m.* verso dell'elefante | (*estens.*) urlo forte e sgraziato.
bar|roc|cià|io *s.m.* [f. *-a*] chi conduce un carretto a mano.
bar|roc|ci|no *s.m.* **1** calesse **2** carretto a mano, spec. di ambulanti.
bar|ròc|cio *s.m.* carro con due ruote per il trasporto di materiale vario.
ba|rùf|fa *s.f.* litigio caotico con schiamazzi: *fare — con qlcu.*
ba|ruf|fà|re *v.intr.* [aus. *A*] litigare; far baruffa.
bar|zel|lét|ta *s.f.* **1** breve racconto umoristico | (*estens.*) vicenda o persona ridicola: *divenne la — del paese* **2** (*estens.*) questione da poco, bazzecola: *l'impresa non fu una —* **3** composizione poetico-musicale simile alla ballata, tipica del XV sec.
bar|ze|mì|no *agg., s.m.* detto di vitigno lombardo che produce uve dolci: *uva barzemina*.
ba|sà|le *agg.* **1** relativo alla base | situato alla base: *foglie basali* **2** (*med.*) necessario per mantenere le attività corporee essenziali: *metabolismo —*.
ba|sàl|ti|co *agg.* [m.pl. *-ci*] (*min.*) di basalto; simile al basalto: *roccia basaltica*.
ba|sàl|to *s.m.* (*min.*) roccia di origine vulcanica di colore scuro.
ba|sa|mén|to *s.m.* **1** ampia base su cui poggia una struttura: *il — della statua* | striscia di diverso colore o materiale che decora la parte bassa delle pareti di un locale **2** (*mecc.*) struttura su cui poggia una macchina | parte inferiore di un motore.
ba|sà|re *v.tr.* (*anche fig.*) collocare su una base; fondare: *il ragionamento su solidi presupposti* ♦ *-rsi rifl.* fare affidamento, attenersi: *mi baso sempre sull'esperienza* ♦ *intr.pron.* fondarsi, dipendere da: *il nostro rapporto si basa sulla fiducia reciproca*.
bà|sco *agg.* [m.pl. *-schi*] della popolazione che vive tra Spagna e Francia, nella zona dei Pirenei vicino al golfo di Biscaglia | (*geog.*) *Paesi Baschi*, la regione dei baschi ♦ *s.m.* **1** [f. *-a*] nativo o abitante dei Paesi Baschi **2** lingua dei baschi **3** berretto di panno, tondo, privo di falda e visiera | (*mil.*) berretto dei militari italiani, il cui colore è specifico per ogni arma o corpo: *baschi rossi*, paracadutisti.
bà|scu|la *s.f.* bilancia con barra graduata oscillante, per oggetti di dimensioni o peso rilevanti.
ba|scu|làn|te *agg.* (*tecn.*) libero di oscillare intorno a un asse, come la barra della bascula.
bà|se *s.f.* **1** parte inferiore di un oggetto o di una struttura con funzioni di appoggio o sostegno: *la — di una colonna* **2** (*fig.*) presupposto;

fondamento: *la — del ragionamento* | *a — di*, costituito soprattutto da: *dieta a — di carboidrati* | *sulla — di, in — a*, alla luce di, a partire da: *sulla — di recenti scoperte* | *avere le basi*, avere una buona preparazione | *gettare le basi*, fissare i punti essenziali di un progetto, una teoria, un'impresa e sim. **3** (*mil.*) area attrezzata in cui sono concentrati uomini e mezzi per le missioni: *— aerospaziale; rientrare alla —* | *— di lancio*, luogo da cui partono i veicoli per le missioni spaziali | (*estens.*) centro di coordinamento; punto di ritrovo: *la — dei ladri* **4** (*polit.*) l'insieme degli iscritti a un sindacato, partito e sim. **5** (*mat.*) nelle potenze, il numero da moltiplicare per se stesso tante volte quanto indica l'esponente | nei sistemi di numerazione, numero naturale preso come unità: *contare in — dieci* | (*geom.*) nelle figure piane, lato orizzontale; nei solidi, poligono d'appoggio: *le basi del trapezio*; *— della piramide* **6** (*chim.*) composto che, reagendo con un acido, forma un sale **7** (*sport*) nel baseball, ciascuno dei quattro vertici del campo che vanno occupati dai giocatori per far punto **8** (*mus.*) pista già registrata che fa da sottofondo a esibizioni dal vivo o a registrazioni più complesse **9** crema da applicare sul viso prima del trucco ♦ *agg.invar.* [segue sempre il s.] principale, fondamentale: *ingredienti —* | di partenza, iniziale: *prezzo —*.
baseball (*ingl.*) [pr. *béisbol*] *s.m.invar.* gioco tra due squadre di nove giocatori in cui l'avversario deve ribattere con una mazza la pallina che gli è stata lanciata e, quindi, correre a una base per ottenere il punto.
ba|sét|ta *s.f.* striscia di capelli che scende lungo la guancia presso l'orecchio.
ba|set|tó|ne *s.m.* chi ha lunghe basette.
basic (*ingl.*) [pr. *bèsik*] *s.m.invar.* (*inform.*) linguaggio di programmazione molto semplice.
ba|si|ci|tà *s.f.* (*chim.*) proprietà di una base | in una soluzione, prevalenza di ossidrili.
bà|si|co *agg.* [m.pl. *-ci*] **1** (*chim.*) che ha la proprietà di una base: *composto —* **2** (*min.*) detto di roccia eruttiva che contiene poco silicio.
ba|si|dio *s.m.* (*bot.*) organo dei Basidiomiceti che produce estremità per le spore.
Ba|si|dio|mi|cè|ti *s.m.pl.* classe di funghi con meccanismi di riproduzione semplici.
ba|si|fi|cà|re *v.tr.* [indic.pres. *io basifico, tu basifichi*...] (*chim.*) aggiungere basi a una soluzione fino a renderla basica o neutra.
ba|si|fi|ca|zió|ne *s.f.* (*chim.*) aggiunta di basi a una soluzione.
ba|si|là|re *agg.* fondamentale: *conoscere le norme basilari*.
ba|si|la|ri|tà *s.f.* l'essere basilare, fondamentale.
ba|si|lià|no *agg.* che si riferisce a san Basilio (330-379) | (*estens.*) proprio delle correnti monastiche orientali che seguono la regola ♦ *s.m.* religioso che segue la regola monastica di san Basilio.
ba|si|li|ca *s.f.* **1** (*st.*) nell'antica Roma, edificio per riunioni spec. giudiziarie, a pianta rettango-

lare e con ampi saloni 2 (*arch.*) tempio cristiano a più navate, derivante dalla basilica romana 3 (*relig.*) titolo riconosciuto a chiese importanti e di antica tradizione.
ba|si|li|cà|le *agg.* relativo alla basilica.
ba|sì|li|co *s.m.* pianta erbacea dalle foglie aromatiche con cui si preparano condimenti.
ba|si|lì|sco *s.m.* [pl. *-schi*] **1** grosso rettile sudamericano di colore verdastro con cresta sul capo e sul dorso **2** (*mit.*) animale leggendario che uccideva attraverso lo sguardo.
ba|si|lìs|sa *s.f.* (*st.*) imperatrice bizantina.
ba|sì|re *v.intr.* [indic.pres. *io basìsco, tu basìsci...*; aus. *E*] (*lett.*) **1** svenire **2** (*estens.*) sbalordire, allibire.
ba|sì|sta *s.m./f.* [m.pl. *-i*] chi contribuisce a elaborare un piano criminale fornendo informazioni su luoghi, tempi e vittime.
ba|sì|to *part.pass. di* basire ◆ *agg.* attonito, sbalordito: *restare —*.
basket (*ingl.*) [pr. *bàsket*] *s.m.invar.* pallacanestro.
ba|smà|ti *s.m.invar.* tipo di riso orientale dal chicco allungato.
ba|so|fo|bì|a *s.f.* (*psicol.*) paura morbosa di stare eretti o di camminare.
ba|so|là|to *s.m.* pavimentazione stradale a basoli.
bà|so|lo *s.m.* lastra di pietra per pavimentare strade.
bàs|sa *s.f.* **1** (*geog.*) la zona di una pianura con la minore altitudine **2** (*meteor.*) area in cui c'è una pressione atmosferica inferiore ai valori normali.
bas|séz|za *s.f.* **1** scarsa altezza; bassa statura **2** (*fig.*) meschinità; miseria spirituale: *— morale* | atto abietto: *è pronto a compiere qualsiasi —*.
bàs|so *agg.* [compar. *più basso* o *inferiore*; superl. *bassissimo* o *infimo*] **1** poco alto; in posizione poco elevata: *bassa statura*; *la parte bassa del paese* | *colpo —*, nel pugilato e nella lotta, colpo al di sotto della cintura; (*fig.*) comportamento sleale | *fare man bassa*, portar via il più possibile | *avere il morale —*, essere triste o scoraggiato | (*euf.*) *le parti basse*, i genitali **2** poco profondo: *qui l'acqua è —* **3** (*geog.*) situato nella parte meridionale: *bassa Italia* | *che è* a valle, verso il mare: *— Polesine* | (*di fiume*) vicino alla foce: *— Reno* **4** scarso, esiguo; modico: *temperatura bassa*; *— prezzo* | *bassa stagione*, periodo scarsamente frequentato dai turisti **5** (*di suoni*) sommesso: *a — volume* | grave: *sax — 6* (*fig.*) squallido; abietto, vile: *avere bassi fini* **7** (*fig.*) umile, modesto: *le classi sociali più basse* | *di — profilo*, mediocre | *tenere un — profilo*, cercare di non farsi notare **8** (*di epoca storica*) tardo: *— Impero* | (*di festività mobile*) che è in anticipo rispetto al solito: *Pasqua bassa* ◆ *avv.* **1** in giù, verso il basso: *guardare —* | *volare —*, a bassa quota **2** a basso volume: *parlare —* ◆ *s.m.* **1** la zona inferiore di ql.co.: *nel — della figura* | *da —*, al piano di sotto | (*fig.*) *cadere in —*, finire in miseria; corrompersi moralmente | *guardare qlcu. dall'alto in —*, trattarlo con sprezzante superiorità | *alti e bassi*, alternarsi di vicende positive e negative **2** (*mus.*) la voce maschile più profonda [il cantante che la possiede | lo strumento che esegue la parte grave **3** (*spec. a Napoli*) seminterrato abitato con accesso a livello della strada □ *bassamente avv.* spregevolmente, in modo meschino.
bas|so|fón|do *s.m.* [pl. *bassifondi*] **1** tratto di mare poco profondo; banco **2** (*pl., fig.*) strati sociali particolarmente disagiati | aree urbane degradate: *vivere nei bassifondi*.
bas|so|pià|no *s.m.* [pl. *bassopiani* o *bassipiani*] vasta pianura di poco elevata sul livello del mare.
bas|so|ri|liè|vo *s.m.* [pl. *bassorilievi*] scultura in cui le figure emergono appena dal fondo piano.
bas|sòt|to *s.m.* razza di cane a zampe molto corte, corpo lungo e pelo raso.
bas|so|tù|ba *s.m.invar.* (*mus.*) strumento a fiato in ottone dal suono possente e profondo.
bas|so|vèn|tre *s.m.* regione inferiore dell'addome | (*euf.*) i genitali.
bà|sta¹ o bàstia *s.f.* **1** cucitura provvisoria a punti larghi; imbastitura **2** orlo alto che permette di allungare all'occorrenza un indumento.
bà|sta² *inter.* si dice per mettere fine a ql.co.: *— discutere!*
ba|stàn|te *part.pres. di* bastare ◆ *agg.* sufficiente: *denaro — per un mese.*
ba|star|dàg|gi|ne *s.f.* cattiveria; crudele slealtà.
ba|star|dà|ta *s.f.* azione vile e sleale.
ba|stàr|do *agg.* **1** (*spreg., di persona*) nato da unione illegittima **2** (*di vegetale o animale*) ibrido, nato da un incrocio: *cane —* **3** (*estens.*) impuro; corrotto: *pronuncia bastarda* **4** (*volg.*) sleale; cattivo ◆ *s.m.* [f. *-a*] **1** (*spreg.*) figlio illegittimo **2** animale ibrido, spec. cane non di razza **3** (*volg.*) mascalzone, carogna.
ba|stà|re *v.intr.* [aus. *E*] **1** essere sufficiente: *bastava poco* | *— a se stesso*, essere autosufficiente **2** (*estens.*) conservarsi, durare: *il raccolto basterà per tutto l'inverno.* ◆ *intr.impers.* essere sufficiente | *basta che*, a patto che | *quanto basta*, nul-l'altro che il necessario: *aggiungere sale quanto basta* | *e non basta!*, detto quando si ha altro da aggiungere.
bà|sti¹ *s.f.* → basta¹.
ba|stì|a² *s.f.* fortificazione con fossato a difesa di città o accampamenti.
ba|stiàn con|trà|rio *loc.sost.m.* [pl. *bastian contrari*] chi contraddice sempre.
ba|sti|mén|to *s.m.* **1** imbarcazione di grandi dimensioni, spec. da trasporto **2** (*estens.*) quantità di merce caricabile su un bastimento.
ba|stio|nà|ta *s.f.* **1** insieme di bastioni difensivi **2** (*estens.*) grande parete di roccia.
ba|stió|ne *s.m.* **1** terrapieno sostenuto da grosse mura, usato per difesa **2** (*fig.*) difesa, riparo.
bà|sto *s.m.* rozza sella in legno per cavalcare o caricare animali da soma.
ba|sto|nà|re *v.tr.* [indic.pres. *io bastóno...*] **1** percuotere con un bastone | (*estens.*) picchiare | *sembrare un cane bastonato*, avere un'aria impaurita o depressa **2** (*fig.*) maltrattare.

ba|sto|nà|ta *s.f.* **1** colpo di bastone **2** (*fig.*) batosta, grave danno.

ba|sto|na|tù|ra *s.f.* l'azione del bastonare.

ba|ston|cèl|lo *s.m.* **1** panino sottile e allungato **2** (*biol.*) ognuna delle terminazioni nervose cilindriche che sulla retina ricevono i segnali luminosi **3** (*tipografia*) carattere sim. al bastone, ma di dimensioni più piccole.

ba|ston|ci|no *s.m.* **1** qualsiasi oggetto piccolo e cilindrico: — *di liquirizia* **2** (*sport*) racchetta da sci | testimone da staffetta **3** (*edil.*) tondino **4** *bastoncini di pesce*®, barrette di polpa di pesce pronte da friggere.

ba|stó|ne *s.m.* **1** ramo d'albero levigato o qualunque oggetto rigido di forma simile, per sorreggersi o menare colpi: *camminare col —*; *picchiare con un —* | (*fig.*) — *della vecchiaia*, persona che aiuta un anziano | *mettere il — tra le ruote*, ostacolare | *usare il — e la carota con qlcu.*, trattarlo ora con le cattive, ora con le buone **2** (*sport*) attrezzo di varia forma, usato in diverse discipline per colpire palline e sim.: — *da hockey* | nella ginnastica, barra per gli esercizi a corpo libero | nelle corse a staffetta, testimone **3** simbolo di un'autorità | — *pastorale*, bastone ricurvo da vescovo | (*fig.*) — *del comando*, potere supremo **4** pane di forma allungata **5** (*tipografia*) carattere con aste uniformi **6** (*spec.pl.*) uno dei quattro semi delle carte da gioco italiane e dei tarocchi.

ba|tac|chio *s.m.* **1** battaglio della campana **2** lungo bastone da bacchiatura **3** anello o martello metallico appeso alla porta per bussare; battiporta.

ba|tà|ta *s.f.* pianta erbacea dell'America centrale che produce tuberi commestibili; patata americana | il tubero stesso.

bà|ti- o **bàto-** primo elemento di parole composte, che significa "profondità, profondo" (*batiscafo*, *batoscopico*).

batida (*port.*) *s.f.invar.* bevanda alcolica dolce a base di frutta.

ba|ti|gra|fì|a *s.f.* rappresentazione cartografica delle profondità dei mari.

ba|tik *s.m.invar.* sistema indonesiano per colorare i tessuti | il tessuto così colorato.

ba|ti|me|trì|a o **batometrìa** *s.f.* disciplina che studia la misurazione delle profondità marine o lacustri.

ba|ti|me|tro o **batòmetro** *s.m.* strumento per misurare le profondità dei fondali; scandaglio.

ba|ti|scà|fo *s.m.* sommergibile per esplorazioni a grande pofondità.

ba|ti|sfè|ra *s.f.* cabina metallica sferica per esplorazioni sottomarine, collegata a un'imbarcazione in superficie tramite un cavo.

ba|ti|sta *s.f.invar.* tela di lino finissima che si usa per guarnizioni e biancheria.

bà|to- → **bati-**.

ba|tòc|chio *s.m.* **1** grosso bastone | bastone per ciechi **2** battaglio della campana.

ba|to|fo|bì|a *s.f.* (*psicol.*) paura morbosa del vuoto.

Ba|toi|dèi *s.m.pl.* ordine di Pesci cartilaginei dal corpo piatto, di cui fanno parte anche razze e torpedini.

ba|to|lì|te *s.f.* (*geol.*) enorme massa di rocce che si sviluppa dalle profondità fino alla superficie.

ba|to|scò|pi|co *agg.* [m.pl. *-ci*] che serve a esplorare le profondità del mare.

ba|tò|sta *s.f.* **1** legnata; percossa **2** (*fig.*) grave danno fisico, emotivo o economico | pesante sconfitta: *la squadra subì una — memorabile*.

battage (*fr.*) [pr. *bataj*] *s.m.invar.* campagna pubblicitaria martellante.

bat|tà|glia *s.f.* **1** scontro armato fra eserciti | — *campale*, scontro in campo aperto; (*fig.*) impresa difficile | *campo di —*, terreno di scontro; (*fig.*) locale lasciato in grave disordine | (*fig., fam.*) *da —*, detto di oggetti, abiti e sim. destinati all'uso quotidiano **2** (*fig.*) lotta; conflitto di opinioni o interessi: — *parlamentare* | *nome di —*, soprannome di combattente, spec. clandestino **3** insieme di attività e interventi contro un problema: *la — sul nucleare*.

bat|ta|glia|re *v.intr.* [indic.pres. *io battàglio...*; aus. *A*] **1** (*lett.*) combattere **2** (*estens.*) lottare per uno scopo | polemizzare vivacemente.

bat|ta|glié|ro *agg.* che ama la battaglia; aggressivo bellicoso | (*estens.*) combattivo: *temperamento —*.

bat|tà|glio *s.m.* **1** pendaglio di ferro dentro la campana che la fa risuonare quando è scossa **2** battiporta.

bat|ta|gliò|la *s.f.* (*mar.*) ringhiera che corre lungo il bordo di un ponte scoperto.

bat|ta|gliò|ne *s.m.* unità tattica dell'esercito.

bat|tà|na *s.f.* (*mar.*) piccolo battello a fondo piatto in uso nell'alto Adriatico.

bat|tel|liè|re *s.m.* pilota di battello.

bat|tèl|lo *s.m.* imbarcazione di media dimensione, gener. a motore | — *a vapore*, motobarca per il trasporto di persone, spec. nelle lagune e nei laghi | — *pneumatico*, gommone.

bat|tèn|te *part.pres.* di *battere* ♦ *agg.* intenso; incessante: *pioggia —* | *a tamburo —*, in modo deciso e rapido ♦ *s.m.* **1** ciascuna delle due metà di una porta o finestra; anta di armadio e sim. | (*fig.*) *chiudere i battenti*, cessare l'attività **2** anello o martello metallico appeso alla porta per bussare; battiporta **3** nell'orologio a suoneria, martelletto che batte le ore | nella campana, fascia interna su cui picchia il battaglio **4** zona della cornice su cui si incastra un quadro, uno specchio ecc.

bàt|te|re *v.tr.* [pass.rem. *io battéi...*; part.pass. *battuto*] **1** colpire, percuotere; sbattere; urtare: — *la testa* | — *le mani*, applaudire | — *i denti*, tremare dalla paura o dal freddo | — *il tappeto*, spolverarlo | — *moneta*, coniarla | (*fig.*) — *cassa*, chiedere soldi | — *la fiacca*, lavorare di malavoglia | *battersi il petto*, pentirsi | — *senza — ciglio*, impassibilmente | *in un batter d'occhio*, in un baleno | *non sapere dove — la testa*, non sapere cosa fare | — *il ferro finché è caldo*, approfittare del momento fa-

vorevole | (*fam.*) **battersela**, scappare, andarsene **2** scandire: *la pendola batte le ore*; — *il tempo musicale* **3** frequentare; perlustrare: *questa via è sempre molto battuta*; — *la zona* **4** (*sport*) nei giochi a squadre con la palla, tirare per iniziare o ricominciare il gioco: — *una punizione* **5** scrivere tramite tastiera: — (*a macchina, a computer*) *una relazione* **6** sconfiggere, vincere: — *il nemico* | migliorare, superare: — *un primato* ♦ *intr.* [aus. *A*] **1** picchiare; cadere: *la pioggia batte sui tetti* **2** (*di cuore*) pulsare | (*fig.*) **far** — *il cuore*, suscitare un'emozione **3** insistere | (*fig.*) — *sempre sullo stesso tasto*, ribadire continuamente lo stesso punto | *batti e ribatti*, a furia di tentativi **4** (*sport*) nei giochi con la palla, fare un lancio: — *a rete* **5** (*pop.*) esercitare la prostituzione in strada ♦ *-rsi intr.pron.* **1** combattere: — *con un rivale* **2** (*estens.*) impegnarsi: — *per i propri diritti* ♦ *rifl.rec.* scontrarsi, lottare l'uno contro l'altro.

bat|te|ri|a *s.f.* **1** (*elettr.*) generatore di energia elettrica, composto da vari elementi voltaici (pile, condensatori, accumulatori ecc.) | — *solare*, dispositivo che trasforma l'energia luminosa in elettricità **2** insieme di elementi coordinati per uno stesso fine: — *da cucina* **3** (*mus.*) insieme di percussioni, riunite per essere suonate da una sola persona **4** (*mil.*) unità d'artiglieria con quattro o sei bocche da fuoco: — *contraerea* **5** (*sport*) gara eliminatoria per la qualificazione alle prove successive **6** (*zootec.*) gabbia a più compartimenti usata nell'allevamento, spec. di polli.

bat|te|ri|ci|da *agg.*, *s.m.* [m.pl. *-i*] detto di sostanza che uccide i batteri.

bat|tè|ri|co *agg.* [m.pl. *-ci*] relativo ai batteri.

bat|te|rio *s.m.* (*biol.*) microrganismo unicellulare dal nucleo indistinto, spec. portatore di malattie.

bat|te|riò|fa|go *s.m.* [pl. *-gi*] (*biol.*) particella di tipo virale che distrugge i batteri.

bat|te|rio|lo|gi|a *s.f.* parte della microbiologia che studia i batteri.

bat|te|rio|lò|gi|co *agg.* [m.pl. *-ci*] relativo alla batteriologia o ai batteri | (*mil.*) **guerra batteriologica**, in cui sono usati batteri nocivi per l'uomo.

bat|te|riò|lo|go *s.m.* [f. *-a*; m.pl. *-gi*] chi studia i batteri.

bat|te|rio|sco|pia *s.f.* (*med.*) osservazione di batteri al microscopio.

bat|te|rio|te|ra|pi|a *s.f.* (*med.*) cura di alcune malattie attraverso l'uso di batteri.

bat|te|ri|sta *s.m./f.* [m.pl. *-i*] suonatore di batteria.

bat|te|si|mà|le *agg.* (*lit.*) relativo al battesimo | *fonte* —, vasca che contiene l'acqua benedetta usata per il battesimo.

bat|té|si|mo *s.m.* **1** (*relig.*) il primo tra i sacramenti cristiani, con il quale si entra a far parte della Chiesa attraverso una simbolica purificazione con acqua benedetta | *tenere a* — *qlcu.*, fare da padrino o madrina nella cerimonia in cui si amministra il sacramento | (*fig.*) *tenere a* — *ql.co.*, promuovere un progetto | *nome di* —, nome dato nel momento del battesimo **2** (*estens.*) inaugurazione **3** (*fig.*) prima esperienza in un dato settore o attività | — *del fuoco*, primo combattimento di un soldato; (*estens.*) prima prova in un'attività impegnativa.

bat|tez|zàn|do *s.m.* [f. *-a*] chi sta per ricevere il battesimo.

bat|tez|zà|re *v.tr.* [indic.pres. *io battèzzo...*] **1** amministrare il battesimo **2** imporre il nome di battesimo | (*estens.*) soprannominare **3** tenere a battesimo ♦ *-rsi intr.pron.* ricevere il battesimo.

bat|tez|zà|to *part.pass. di* battezzare ♦ *s.m.* [f. *-a*] chi ha ricevuto il battesimo.

bat|ti|ba|lé|no *solo nella loc.* **in un** —, in un istante.

bat|ti|bec|cà|re *v.intr.* [indic.pres. *io battibécco, tu battibécchi...*; aus. *A*] discutere vivacemente | bisticciare.

bat|ti|béc|co *s.m.* [pl. *-chi*] disputa, litigio di breve durata.

bat|ti|càr|ne *s.m.invar.* arnese da cucina composto da un disco in legno o metallo con manico perpendicolare, usato per battere le fette di carne.

bat|ti|có|da *s.f.invar.* (*zool.*) nome comune della cutrettola o ballerina.

bat|ti|cuò|re *s.m.* [pl. *-i*] **1** battito cardiaco accelerato per fatica o emozione; palpitazione **2** (*fig.*) trepidazione; paura.

bat|ti|fàl|ce *s.m.invar.* (*agr.*) incudine su cui si affila la falce a martellate.

bat|ti|fiàn|co *s.m.* [pl. *-chi*] in scuderia, stanga o bassa parete che tiene separati i cavalli.

bat|ti|gia *s.f.* [pl. *-gie*] tratto della spiaggia dove si frangono le onde.

bat|ti|làr|do *s.m.invar.* piccolo tagliere su cui si battono vari cibi.

bat|ti|là|stra *s.m.invar.* (*metall.*) operaio che percuote le lamiere per raddrizzarle.

bat|ti|lò|ro *s.m.invar.* artigiano che riduce i metalli preziosi in lamine sottili.

bat|ti|mà|no o **battimàni** *s.m.spec.pl.* [pl. *-i*] applauso di approvazione.

bat|ti|mù|ro *s.m.invar.* gioco infantile in cui si lanciano monete e sim. contro il muro per farle rimbalzare in un punto prestabilito.

bat|ti|pà|lo *s.m.* [pl. *-i*] **1** macchina per conficcare pali nel terreno **2** operaio addetto a tale macchina.

bat|ti|pàn|ni *s.m.invar.* paletta a manico lungo, spec. in vimini intrecciato, con cui si battono tappeti, materassi e sim. per farne uscire la polvere.

bat|ti|pén|na *s.m.invar.* (*mus.*) la parte arrotondata del plettro.

bat|ti|pi|sta *s.m.invar.* **1** [anche *f.*] chi prepara una pista di discesa battendo la neve con gli sci **2** mezzo meccanico per preparare una pista sciistica.

bat|ti|pòr|ta *s.m.invar.* **1** battaglio per bussare alla porta **2** seconda porta che rinforza la prima.

bat|ti|rà|me *s.m.invar.* **1** chi lavora il rame artigianalmente; ramaio **2** bottega in cui si lavora il rame.

bat|ti|scó|pa *s.m.invar.* fascia, spec. in legno, che corre alla base di una parete interna per riparare il muro.

bat|ti|sta *agg.* [m.pl. *-i*] (*relig.*) relativo alla Chiesa riformata che amministra il battesimo solo agli adulti ♦ *s.m./f.* **1** (*lett.*) chi battezza | (*per anton.*) *il Battista*, san Giovanni che battezzò Gesù **2** (*relig.*) chi appartiene alla Chiesa battista.

bat|ti|stè|ro *s.m.* **1** edificio minore costruito presso la chiesa per amministrarvi il battesimo **2** fonte battesimale.

bat|ti|stra|da *s.m.invar.* **1** chi apre la via a processioni, sfilate, cortei | (*sport*) chi si trova in testa a una corsa e detta l'andatura **2** (*auto.*) parte del pneumatico a contatto con la strada.

bat|ti|tac|co *s.m.* [pl. *-chi*] nastro di rinforzo inserito nell'orlo interno dei pantaloni.

bat|ti|tap|pé|to *s.m.* [pl. *-i*] tipo di aspirapolvere per pulire moquette, tappeti e sim.

bàt|ti|to *s.m.* **1** il battere: *un — d'ali* | (*estens.*) successione continua di colpi regolari: *il — della sveglia* **2** (*med.*) pulsazione, contrazione cardiaca: *rilevare il — al polso*.

bat|ti|tó|io *s.m.* **1** battente di porta o imposta **2** parte della cornice in cui si incastra il quadro, il vetro o lo specchio.

bat|ti|tó|re *s.m.* [f. *-trice*] **1** chi batte | chi effettua la bacchiatura **2** (*sport*) nella pallavolo, nel tennis e sim., chi effettua il servizio per mettere in gioco la palla | nel baseball, giocatore che deve respingere la palla con la mazza **3** nelle aste, chi presenta gli oggetti e li aggiudica al miglior offerente **4** (*caccia*) chi batte i cespugli per stanare la selvaggina.

bat|ti|tù|ra *s.f.* **1** il battere, il percuotere **2** colpo, percossa **3** (*agr.*) trebbiatura **4** scrittura su tastiera di macchina da scrivere, computer e sim.

bàt|to|la *s.f.* **1** sorta di raganella in legno, usata spec. nelle funzioni religiose pasquali | (*caccia*) aggeggio che produce suoni per stanare la selvaggina **2** (*tecn.*) elemento del mulino che si alza e si abbassa rumorosamente al girare della ruota **3** (*spec. edil.*) utensile usato per spianare.

bat|to|na *s.f.* (*volg.*) prostituta di strada.

bat|tù|ta *s.f.* **1** percossa; serie di colpi: *gli hanno dato una bella* — **2** (*teat.*) ogni frase che l'attore deve pronunciare | *dare la —*, fornire un suggerimento **3** frase, risposta spiritosa ed efficace | *avere la — pronta*, essere brillante nelle risposte **4** ognuno dei tocchi dati su una tastiera per scrittura | ogni carattere battuto: *riga di cinquanta battute* **5** (*mus.*) unità di tempo rappresentata sul pentagramma tra due stanghette verticali | *— d'arresto*, pausa; (*fig.*) rallentamento o blocco imprevisto in un'attività | (*fig.*) *alle prime*, *ultime battute*, all'inizio, alla fine **6** (*sport*) nella pallavolo, nel tennis e sim., colpo che mette la palla in gioco **7** caccia con numerosi partecipanti e cani al seguito | (*estens.*) ricerca approfondita della polizia per individuare dei ricercati; rastrellamento.

bat|tù|to *part.pass.* di *battere* ♦ *agg.* **1** colpito; pressato | (*di metallo*) lavorato con il martello: *ferro —* **2** (*di luogo*) frequentato **3** sconfitto ♦ *s.m.* **1** (*gastr.*) pesto o trito di ingredienti vari, spec. per condimento: *— di basilico e aglio* **2** pavimentazione in vari materiali pressati e lisciati.

ba|tùf|fo|lo *s.m.* **1** piccolo ammasso di materiale soffice, spec. cotone o lana **2** (*fig.*) creatura piccola, che desta tenerezza: *il cucciolo è un —*.

bàu *inter.* (*onom.*) suono che riproduce l'abbaiare del cane.

baud [pr. *bàud* o *bod*] *s.m.invar.* (*telecom.*) unità di misura della velocità dei dati via telefono o telegrafo, pari a un bit al secondo (*simb.* B).

ba|ù|le *s.m.* **1** cassa con coperchio, per lo più convesso, che serve per contenere o trasportare biancheria, abiti ecc. **2** (*auto.*) bagagliaio.

bau|lét|to *s.m.* **1** borsetta a forma di piccolo baule **2** cofanetto; beauty case **3** (*sulla motocicletta*) contenitore rigido posto dietro la sella.

ba|ù|scia *s.m.invar.* **1** (*dial.*) sbruffone **2** (*scherz.*) milanese.

ba|ùt|ta *s.f.* **1** mantella nera con cappuccio e maschera usata durante il carnevale nella Venezia del Settecento **2** piccola maschera che copre la parte alta del viso, lasciando libera la bocca.

bau|xi|te *s.f.* (*min.*) roccia biancastra o rossastra da cui si estrae l'alluminio.

bà|va *s.f.* **1** saliva schiumosa che cola dalla bocca di animali o persone in particolari condizioni fisiche o psicologiche | (*fig.*) *avere la — alla bocca*, essere folli di rabbia **2** secrezione viscosa di lumache e altri molluschi | filo di sostanza serica prodotto dal baco da seta **3** brezza leggera: *una — di vento* **4** sbavatura di colore.

ba|va|gli|no *s.m.* tovagliolo che si mette al collo dei bambini per non macchiare gli abiti.

ba|và|glio *s.m.* pezzo di stoffa con cui si blocca la bocca a qlcu. per impedirgli di urlare | (*fig.*) *mettere il — a qlcu.*, non permettergli di esprimersi.

ba|va|ré|se[1] *agg.* della regione tedesca della Baviera ♦ *s.m./f.* chi è nato o abita in Baviera.

ba|va|ré|se[2] *s.f.* semifreddo a base di panna, uova e latte, variamente aromatizzato | bevanda in cui si mescolano latte, cioccolato, liquore e tuorlo d'uovo | salsa da pesce con pepe, uova e aceto.

bà|ve|ro *s.m.* colletto ripiegato del cappotto o del vestito: *portare il — alzato* | (*fig.*) *prendere qlcu. per il —*, prenderlo in giro.

ba|vét|ta *s.f.* **1** (*metall.*) sbavatura nella lavorazione di un metallo **2** (*pl., gastr.*) sorta di spaghetti appiattiti; linguine **3** (*auto.*) foglio rettangolare di gomma applicato dietro i pneumatici per riparare dalla polvere e fango **4** bavaglino.

ba|vó|so *agg.* che perde bava.

ba|zàr *s.m.invar.* **1** tipico mercato nordafricano e mediorientale **2** negozio che vende generi vari; emporio | (*fig.*) ambiente disordinato.

bazooka (*ingl.*) [pr. *bazùka*] *s.m.invar.* **1** (*mil.*)

lanciarazzi portatile 2 (*cine.*) cavalletto da cinepresa con un solo piede.
bàz|za[1] *s.f.* mento sporgente.
bàz|za[2] *s.f.* colpo di fortuna.
baz|zè|co|la *s.f.* cosa insignificante; inezia: *quell'esame è una —*.
bàz|zi|ca *s.f.* **1** gioco di carte a metà fra tressette e briscola **2** tipo di gioco a biliardo.
baz|zi|cà|re *v.tr., intr.* [indic.pres. *io bàzzico, tu bàzzichi...*; aus. *A*] (*fam.*) frequentare regolarmente luoghi o persone: *— brutti ceffi; — al bar*.
baz|zòt|to (*region.* barzòtto) *agg.* detto di uovo bollito con il guscio senza renderlo completamente sodo.
be' *inter.* → **beh**.
bè *inter.* → **bee**.
beach volley (*ingl.*) [pr. *bič vòllei*] *loc.sost. m.invar.* sport simile alla pallavolo, giocato sulla sabbia da squadre di due o tre giocatori.
beagle (*ingl.*) [pr. *bìgol*] *s.m.invar.* piccolo cane da caccia dal pelo fitto; bracchetto.
be|àr|si *v.intr.pron.* [indic.pres. *io mi bèo...*] deliziarsi, provare gioia e compiacimento.
beat[1] (*ingl.*) [pr. *bit*] *agg.invar.* **1** relativo al movimento di contestazione nato negli USA a metà del Novecento | *— generation*, l'insieme delle persone che rifiutarono gli ideali e gli stili di vita tradizionali **2** (*mus.*) detto del genere musicale nato in Inghilterra negli anni '60 del Novecento come sviluppo del rock americano ♦ *s.m.invar.* **1** chi animò o condivise la cultura della beat generation | (*estens.*) giovane contestatore dagli atteggiamenti trasgressivi **2** (*mus.*) musica beat.
beat[2] (*ingl.*) [pr. *bit*] *s.m.invar.* (*mus.*) **1** tempo di battuta **2** nel jazz, scansione ritmica di base.
be|a|ti|fi|cà|re *v.tr.* [indic.pres. *io beatìfico, tu beatìfichi...*] (*eccl.*) dichiarare beato.
be|a|ti|fi|ca|zió|ne *s.f.* (*eccl.*) proclamazione di un beato e autorizzazione al suo culto pubblico.
be|a|ti|tù|di|ne *s.f.* **1** felicità completa; serenità; estasi **2** (*relig.*) perfezione dell'anima dovuta alla visione di Dio in paradiso.
be|à|to *part. pass. di* bearsi ♦ *agg.* **1** che si trova in uno stato di felicità completa | che è fonte di felicità | che esprime serenità estatica: *espressione beata* | nelle esclamazioni, si usa per sottolineare una condizione fortunata: *beati voi!* | (*iron.*) *beata ignoranza!*, detto in riferimento a chi è sereno perché ignora qlco. | *— fra le donne*, detto di un uomo quando è l'unico fra molte donne **2** che gode della visione di Dio: *un'anima beata* ♦ *s.m.* [f. *-a*] **1** chi contempla Dio in paradiso **2** chi è stato beatificato □ **beatamente** *avv.* serenamente, tranquillamente; con gioia.
beaujolais (*fr.*) [pr. *bojolé*] *s.m.invar.* vino francese diffuso soprattutto come novello.
beauty-case (*ingl.*) [pr. *biùti kéis*] *s.m.invar.* bauletto per prodotti di igiene personale e accessori da trucco; trousse.
beauty center (*ingl.*) [pr. *biùti sènter*] *loc.sost. m.invar.* istituto di bellezza.
beauty farm (*ingl.*) [pr. *biùti fàrm*] *loc.sost.f.*

invar. centro estetico e di terapia naturale che propone soggiorni rigeneranti.
be|bè *s.m.* bambino piccolo; pupo.
be-bop (*ingl.*) [pr. *bi bòp*] *s.m.invar.* (*mus.*) stile di jazz affermatosi negli anni '40 del Novecento.
bec|càc|cia *s.f.* [pl. *-ce*] uccello migratore dal becco lungo e sottile, zampe corte e piumaggio nerastro.
bec|cac|cì|no *s.m.* **1** uccello di palude sim. alla beccaccia, ma più piccolo **2** (*mar.*) piccola imbarcazione a vela da regata.
bec|ca|fì|co *s.m.* [pl. *-chi*] piccolo uccello canoro di color grigio che si nutre di frutta.
bec|cà|io *s.m.* [f. *-a*] (*region.*) macellaio.
bec|ca|mòr|to *s.m.* [pl. *beccamorti*] **1** (*spreg.*) becchino **2** (*scherz.*) spasimante: *fare il — con qlcu.*
bec|cà|re *v.tr.* [indic.pres. *io bécco, tu bécchi...*] **1** prendere il cibo col becco | colpire col becco | (*pop.*) di insetto, pungere **2** colpire, centrare: *il proiettile l'ha beccato alla schiena* | (*fig.*) azzeccare: *ho beccato la risposta esatta* | cogliere in flagrante: *è stato beccato mentre rubava* | prendere alla sprovvista: *la prossima volta non mi beccheranno più* **3** (*fam.*) ricevere, spec. senza fatica: *— una ricompensa* | prendere ql.co. di sgradito, buscare: *— una punizione; ha beccato l'influenza* ♦ **-rsi** *rifl.rec.* **1** colpirsi col becco vicendevolmente **2** (*fig.*) bisticciare; polemizzare.
bec|cà|ta *s.f.* **1** colpo di becco | quantità di cibo che un uccello prende con il becco **2** (*fig.*) battuta pungente | (*teat.*) contestazione da parte del pubblico.
bec|ca|tó|io *s.m.* contenitore del becchime in gabbie e voliere.
bec|cheg|già|re *v.intr.* [indic.pres. *io becchéggio...*; aus. *A*] (*di aeromobili o imbarcazioni*) oscillare in senso longitudinale.
bec|chég|gio *s.m.* in aeromobili o imbarcazioni, oscillazione dello scafo in senso longitudinale, per turbolenze o moto ondoso.
bec|che|rì|a *s.f.* (*region.*) macelleria.
bec|chét|to *s.m.* nella scarpa, ciascuna delle due bande fornite di buchi per le stringhe.
bec|chì|me *s.m.* mangime per uccelli, spec. domestici.
bec|chì|no *s.m.* addetto alle sepolture dei cadaveri.
béc|co[1] *s.m.* [pl. *-chi*] **1** coppia di escrescenze cornee che rivestono mandibole e mascelle di uccelli, alcuni rettili e dei mammiferi Monotremi (p.e. ornitorinco) **2** (*scherz.*) bocca umana | *aprire, chiudere il —*, parlare, tacere | *tenere il — chiuso*, stare zitto; mantenere un segreto | (*fig.*) *restare a — asciutto*, essere privato di ql.co. di piacevole | (*fig.*) *mettere —*, intromettersi **3** (*estens.*) sporgenza a punta di vari oggetti: *— di un'ampolla* | (*pop.*) *non avere il — di un quattrino*, essere completamente senza denaro **4** bruciatore a gas con fiamma regolabile **5** *— d'oca*, molletta per capelli.

béc|co² *s.m.* [pl. *-chi*] **1** maschio della capra **2** (*volg.*) marito tradito; cornuto.
bec|cùc|cio *s.m.* **1** sporgenza sul bordo di recipienti per versare più facilmente i liquidi **2** pinzetta per la messa in piega dei capelli.
be|ce|ràg|gi|ne *s.f.* comportamento maleducato e volgare.
bé|ce|ro *agg.*, *s.m.* [f. *-a*] che, chi è maleducato, villano.
bechamel (*fr.*) [pr. *besciamèl*] *s.f.invar.* salsa francese a base di latte, farina e burro; besciamella.
becher (*ted.*) [pr. *bèker*] *s.m.invar.* (*chim.*) recipiente da laboratorio di forma cilindrica, trasparente e resistente al fuoco.
becquerel (*fr.*) [pr. *bekerèl*] *s.m.invar.* (*fis.*) unità di misura dell'attività radioattiva, pari a un decadimento al secondo (*simb.* Bq).
bè|chi|co *agg.*, *s.m.* [m.pl. *-ci*] (*med.*) detto di preparato contro la tosse.
be|da|na|trì|ce *s.f.* (*tecn.*) macchina per forare o scavare tavole di legno.
bed and breakfast (*ingl.*) [pr. *bèd ènd brèkfast*] *loc.sost.m.invar.* formula alberghiera che prevede pernottamento e prima colazione | casa privata o albergo che offre tale formula.
be|dà|no *s.m.* in falegnameria, scalpello dalla lama spessa e stretta.
be|du|i|no *s.m.* [f. *-a*] **1** nomade del Sahara e d'Arabia **2** (*fig.*) persona trasandata o bizzarra.
bèe o **bè** *inter.* (*onom.*) verso che imita un belato.
be|fa|na *s.f.* **1** (*pop.*) Epifania **2** personaggio fantastico raffigurato come una vecchia che porta doni ai bambini nella notte dell'Epifania **3** (*estens.*) donna brutta.
bèf|fa *s.f.* burla o inganno ai danni di qlcu. che si vuol deridere | espressione di scherno | *farsi beffe di qlcu.*, prendersi gioco di lui.
bef|fàr|do *agg.* che manifesta sarcasmo o scherno: *ghigno* — | che si compiace di beffare, deridere: *tipo* — □ **beffardamente** *avv.*
bef|fà|re *v.tr.* [indic.pres. *io bèffo*...] rendere vittima di una burla | schernire, deridere | ingannare: — *la sorte* ♦ **-rsi** *intr.pron.* farsi beffe: — *degli avversari*.
bef|fa|tó|re *agg.*, *s.m.* [f. *-trice*] che, chi beffa.
bef|feg|già|re *v.tr.* [indic.pres. *io beffég̀gio*...] beffare con insistenza.
bef|feg|gia|tó|re *agg.*, *s.m.* [f. *-trice*] che, chi beffeggia.
bè|ga o **béga** *s.f.* [pl. *-ghe*] **1** litigio banale; bisticcio **2** grana, guaio: *non voler beghe*.
be|ghi|na *s.f.* (*spreg.*) bigotta.
be|go|nia *s.f.* pianta ornamentale dai piccoli fiori colorati.
beguine (*fr.*) [pr. *beghìn*] *s.f.invar.* danza dal ritmo lento originaria dei Caraibi.
bèh o **be'** *inter.* dunque, ebbene: —, *che intenzioni hai?*
be|ha|vio|rì|smo *s.f.* (*psicol.*) comportamentismo.
beige (*fr.*) [pr. *bèj*] *agg.invar.*, *s.m.invar.* detto di tonalità tra il grigio e il nocciola: *pantaloni* —.

bèl *s.m.invar.* (*fis.*) unità di misura della variazione di potenza | unità di misura della sensazione uditiva (*simb.* B).
be|là|re *v.intr.* [indic.pres. *io bèlo*...; aus. *A*] **1** emettere belati **2** (*estens.*) piagnucolare; esprimersi in tono lamentoso.
bel|là|to *s.m.* **1** verso di pecore e capre **2** (*fig.*) discorso, tono, canto lamentoso.
bèl|ga *agg.* [m.pl. *-gi*; f.pl. *-ghe*] del Belgio ♦ *s.m./f.* nativo o abitante del Belgio.
bèl|la *s.f.* **1** donna di riconosciuta bellezza: *la — della scuola* | (*fam.*) l'amata: *è uscito con la sua* — | (*scherz.*) — *mia!*, espressione con valore fraseologico: — *mia, non scherzare* **2** idea, fatto, discorso clamoroso: *dirne, farne delle belle* | *alla bell'e meglio*, in modo approssimativo **3** stesura definitiva di uno scritto; bella copia: *ricopiare in* — **4** (*sport*) partita di spareggio **5** — *di giorno*, pianta erbacea i cui fiori sono aperti nelle ore di luce | — *di notte*, pianta erbacea i cui fiori si aprono la sera per chiudersi all'alba.
bel|la|dòn|na *s.f.* [pl. *belledonne*] **1** erba perenne con bacche scure e foglie ovali **2** (*farm.*) estratto medicinale da tale pianta.
bel|la|vi|sta *s.f.* [pl. *belleviste*] bel panorama, belvedere | *in* —, bene in mostra; (*gastr.*) detto di vivanda in gelatina servita su un vassoio.
belle époque (*fr.*) [pr. *bèl epòk*] *loc.sost.f. invar.* periodo tra la fine dell'Ottocento e l'inizio della prima guerra mondiale, caratterizzato, per la borghesia europea, da benessere economico e spensieratezza.
bel|lét|to *s.m.* cosmetico femminile per truccarsi il viso.
bel|léz|za *s.f.* **1** qualità di ciò che è bello | *trattamento di* —, cura rivolta al miglioramento dell'aspetto fisico | *finire, chiudere in* —, concludere bene la propria opera **2** cosa o persona bella | (*scherz.*) —!, espressione con valore fraseologico: *non mi incanti,* —! | *che* —!, splendido! | *che è una* —, meraviglioso: *ha una figlia che è una* —; nel migliore dei modi: *si viaggia che è una* — **3** (*iron.*) grande quantità: *c'è voluta la* — *di dieci persone*.
bel|li|ci|smo *s.m.* tendenza a risolvere le questioni internazionali con il ricorso alle armi.
bel|li|ci|sta *agg.*, *s.m./f.* [m.pl. *-i*] che, chi è favorevole al bellicismo.
bel|li|ci|sti|co *agg.* [m.pl. *-ci*] proprio del bellicismo e dei suoi sostenitori.
bèl|li|co *agg.* [m.pl. *-ci*] della guerra, relativo alla guerra: *industria bellica*.
bel|li|co|si|tà *s.f.* tendenza a risolvere i conflitti con il ricorso alla guerra | aggressività.
bel|li|có|so *agg.* **1** sempre pronto alla guerra **2** (*estens.*) battagliero: *atteggiamento* —.
bel|li|ge|rànte *agg.*, *s.m./f.* che, chi si trova in guerra: *tregua tra i belligeranti*.
bel|li|ge|rànza *s.f.* condizione, definita dal diritto internazionale, di uno Stato impegnato in guerra | *non* —, condizione di uno Stato non neutrale che non partecipa alla guerra.

bel|lim|bù|sto *s.m.* [pl. *-i*] uomo galante ed elegante, ma frivolo.
bèl|lo *agg.* [davanti a *s* impura, *gn, ps, x, z*: sing. *bello*, pl. *begli*; davanti ad altre consonanti: sing. *bel*, pl. *bei*; davanti a vocale: sing. *bell'*, pl. *begli*] **1** dall'aspetto tanto perfetto ed elegante da essere contemplato con piacere: *un bel quadro; un bell'uomo* | *bella copia*, stesura definitiva | *belle arti*, arti figurative | (*fig.*) *farsi — di ql.co.*, vantarsene **2** ben fatto; ben riuscito: *un bel discorso; una bella festa* **3** agiato | *bel mondo*, alta società | *bella vita*, vita agiata; vita mondana **4** educato; raffinato: *belle maniere* **5** di valore, di qualità: *una bella mente* **6** consistente, cospicuo: *un bel guadagno* | *a bella posta*, apposta | *bell'e buono*, in tutto e per tutto: *un delinquente bell'e buono* (*iron.*) | *un bel niente*, proprio nulla | *un bel giorno*, un certo giorno **7** giusto, buono, morale: *un gesto bellissimo* **8** (*meteor.*) sereno, calmo: *un bell'autunno* | (*fig.*) *fare il — e il cattivo tempo*, fare tutto ciò che si vuole | *bel —*, in modo tranquillo: *passeggiare bel —* ♦ *s.m.* **1** ciò che è bello; l'insieme delle cose belle: *gusto del —* **2** la parte decisiva: *ora viene il —; sul più — | il — è che*, la cosa strana è che **3** caratteristica positiva: *di — ha che è sempre disponibile* **4** uomo avvenente: *un — di Hollywood* **5** (*meteor.*) bel tempo, sereno | *mettersi al —*, rasserenarsi □ *bellamente avv.* **1** (*anche iron.*) con bei modi: *mi ha — sbattuto fuori* **2** beatamente, tranquillamente.
bel|lòc|cio *agg.* [f.pl. *-ce*] che ha una bellezza semplice, non raffinata.
bel|lu|i|no *agg.* (*lett.*) da belva | (*estens.*) spietato, feroce.
be|lo|dón|te *s.m.* grande rettile fossile del Triassico superiore.
bel|pa|é|se® *s.m.invar.* (*gastr.*) formaggio lombardo a pasta molle.
bel|tà *s.f.* (*lett.*) bellezza.
be|lù|ga *s.m.invar.* **1** grosso cetaceo dei mari artici, detto anche *delfino bianco* **2** varietà di caviale.
bél|va *s.f.* **1** animale feroce **2** (*fig.*) persona che si comporta con crudeltà.
bel|ve|dé|re *s.m.* [pl. *-i* o invar.] punto panoramico in posizione elevata.
bel|ze|bù *s.m.* demonio | *Belzebù*, il principe dei diavoli; Satana.
be|mòl|le *s.m.* (*mus.*) segno di alterazione posto davanti a una nota per abbassarla di un semitono.
be|nac|cèt|to *agg.* gradito: *in questa casa sei sempre —*.
be|na|cén|se *agg.* relativo al lago di Garda.
be|na|mà|to *agg.* → beneamato.
be|nar|ri|và|to *agg.* benvenuto ♦ *s.m.* **1** saluto accogliente: *dare il — a qlcu.* **2** [f. *-a*] chi è ben accetto.
be|nau|gu|ràn|te *agg.* di buon auspicio.
ben|ché *cong.* introduce prop. concessive con v. al congiunt.] quantunque, sebbene | *il — minimo*, nemmeno il più piccolo: *non ha il — minimo dubbio*.

benchmark (*ingl.*) [pr. *bènčmark*] *s.m.invar.* (*inform.*) rilevazione di dati che servono per valutare il rendimento o le prestazioni di un certo prodotto.
bèn|da *s.f.* **1** striscia di garza, tela o stoffa usata per fasciare ferite o fratture **2** fascia di tessuto posta sugli occhi per impedire la vista.
ben|dàg|gio *s.m.* fasciatura | l'insieme delle bende di una medicazione.
ben|dà|re *v.tr.* [indic.pres. *io bèndo...*] **1** fasciare con bende: *— una ferita* **2** coprire gli occhi con una benda | *la dea bendata*, la fortuna.
ben|da|tù|ra *s.f.* il bendare; fasciatura.
ben|di|di|o o **bén di dio** *s.m.invar.* enorme abbondanza, spec. di cibo.
ben|di|spó|sto *agg.* favorevole a qlcu. o ql.co.: *— verso di noi; — a intervenire.*
bè|ne[1] *avv.* [spesso troncato in *ben* se in posizione proclitica; compar. *meglio*; superl. *benissimo* od *ottimamente*] **1** nel modo corretto, adeguato; in maniera buona, giusta, educata: *un lavoro ben fatto; comportatevi — alla cerimonia* | *persona per —*, onesta **2** in modo soddisfacente, piacevole: *dormire — | stare —, (di persona)* essere in salute: *stai — oggi?; (con riferimento ai soldi)* essere benestante: *a ricchezze stanno —; (di azione)* risultare conveniente: *non sta — in società* | *ben ti sta!*, te lo sei meritato | *andare —, (di cosa o scelta)* essere adeguato: *quello va benissimo; (di vicenda)* concludersi in modo fortunato: *ti è andata ancora —; (di abito)* essere della misura giusta: *le scarpe non le vanno più — | va —!*, d'accordo! | *di — in meglio*, sempre meglio | *o male*, in un modo o nell'altro **3** (*raff.*) addirittura; davvero: *ben tre persone; vorrei ben dire!* | *ben altro*, tutt'altro | *ben —*, accuratamente, nei minimi dettagli ♦ *agg.invar.* [segue il sost.] socialmente elevato: *gente, ambienti —* ♦ *inter.* **1** esprime approvazione, ammirazione, entusiasmo: *—, bravo!* **2** si dice per iniziare o mettere fine a un discorso: *—, direi che siamo tutti d'accordo.*
bè|ne[2] *s.m.* **1** (*solo sing.*) fondamento etico; quel che è buono e giusto: *la ricerca del — supremo* | azione altruistica: *fare opere di —* **2** (*solo sing.*) amore, affetto | *voler —*, amare **3** interesse; vantaggio: *il — collettivo* | *a fin di —*, con le migliori intenzioni | *fare —*, essere salutare: *un po' di vacanza ti farà —* **4** ciò che è in grado di soddisfare dei bisogni: *beni materiali, spirituali; — di consumo* **5** (*spec.pl.*) cosa dotata di un qualche valore | (*econ.*) *— immobile*, proprietà non trasportabile (p.e. una casa, un terreno) | *beni culturali*, opere d'arte e sim. di notevole importanza.
be|ne|a|mà|to o **benamàto** *agg.* amatissimo; diletto.
be|ne|det|ti|no *agg.* relativo a san Benedetto da Norcia (480-547) o all'ordine monastico da lui fondato ♦ *s.m.* religioso che segue la regola monastica di san Benedetto.
be|ne|dét|to *part.pass.* di benedire ♦ *agg.* **1** (*relig.*) che ha ricevuto la benedizione ecclesia-

benedire

stica; consacrato | santo **2** (*estens*.) pieno di salute, benessere o fertilità: *una terra benedetta* | fortunato, fausto: *un incontro* — **3** si dice per esprimere ammirazione, ringraziamento o benevolo rimprovero: *che tu sia* —*!*; — *te che sei giovane!* | (*per antifrasi*) dannato: *questo* — *traffico ci farà tardare*.
be|ne|di|re *v.tr.* [indic.imperf. *io benedicévo*..., (*pop.*) *benedivo*...; pass.rem. *io benedissi*..., (*pop.*) *benedii*...; imp. *benedici*; nelle altre forme è con. come *dire*] **1** (*relig.*) porre sotto la protezione di Dio con formule rituali: — *i fedeli* | rendere sacro, consacrare: — *il pane eucaristico* | (*fam.*) *andare a farsi* —, andare in malora **2** (*spec. di Dio o santi*) dare protezione: *Signore, benedici questa casa* | *Dio ti benedica!*, detto come ringraziamento **3** lodare, esaltare spec. con gratitudine: *benedico quella scelta*.
be|ne|di|zió|ne *s.f.* **1** (*relig.*) rito con cui si invoca la protezione di Dio: *impartire, ricevere una* — **2** (*estens.*) grazia concessa da Dio | (*fig.*) fonte di gioia: *la notizia fu una vera* —.
be|ne|du|cà|to *agg*. che si comporta in modo garbato.
be|ne|fat|tó|re *s.m.* [f. *-trice*] chi compie opere buone verso gli altri, spec. con aiuti materiali.
be|ne|fi|cà|re *v.tr.* [indic.pres. *io benèfico, tu benèfichi*...] aiutare qlcu., spec. a livello materiale.
be|ne|fi|cèn|za *s.f.* aiuto materiale a chi è in difficoltà economica; carità: *dare in* —; *spettacolo di* —.
be|ne|fi|cià|re *v.intr.* [indic.pres. *io beneficio*...; aus. *A*] trarre vantaggio, godere; usufruire: — *di una licenza*.
be|ne|fi|cià|rio *agg*. che fruisce di un beneficio | che riguarda un beneficio ♦ *s.m.* [f. *-a*] **1** chi fruisce di un beneficio **2** (*dir.*) persona che gode degli effetti favorevoli di un atto.
be|ne|fi|cio (*desueto* benefizio) *s.m.* atto che genera vantaggi | godimento, effetto positivo: *trarre* — *dal nuoto* | (*dir.*) *benefici di legge*, vantaggi che sono concessi per legge in certe circostanze | (*dir.*) — *ecclesiastico*, patrimonio per il mantenimento del titolare di un ufficio ecclesiastico | (*fig.*) *con* — *d'inventario*, riservandosi ulteriori controlli.
be|nè|fi|co *agg*. [m.pl. *-ci*; manca del superl., reso con *molto benefico o beneficentissimo*] **1** che ha effetti positivi, che dà giovamento: *trattamento* — **2** che si dedica a opere di bene | destinato alla beneficenza: *concerto* — □ **beneficamente** *avv*.
benefit (*ingl.*) [pr. *bénefit*] *s.m.invar.* (*econ.*) **1** servizio, privilegio, facilitazione che un'azienda dà al dipendente in aggiunta al normale stipendio **2** facilitazione o vantaggio offerto al consumatore che acquisti un certo prodotto.
be|ne|me|rèn|za *s.f.* pubblico riconoscimento di meriti particolari.
be|ne|mè|ri|to *agg., s.m.* [f. *-a*] che, chi ha ottenuto il riconoscimento di meriti particolari | *la Benemerita*, l'arma dei Carabinieri.
be|ne|plà|ci|to *s.m.* **1** approvazione, consenso,

spec. di un'autorità: *ottenere il* — *da qlcu.* **2** arbitrio, volontà.
be|nès|se|re *s.m. solo sing.* **1** condizione fisica e psicologica soddisfacente: *una sensazione di* — **2** agiatezza economica | *società del* —, modello socio-economico orientato a diffondere elevati standard di qualità della vita.
be|ne|stàn|te *agg., s.m./f.* che, chi dispone di risorse economiche sufficienti a garantirgli un'esistenza agiata.
be|ne|stà|re *s.m.invar.* autorizzazione esplicita e formale.
be|ne|vo|lèn|te *agg.* (*lett.*) benevolo.
be|ne|vo|lèn|za *s.f.* disposizione d'animo benigna | indulgenza, clemenza: — *verso i sottoposti*.
be|nè|vo|lo *agg*. [manca del superl., reso con *molto benevolo o benevolentissimo*] ben disposto; affettuoso: *sei sempre* — *con noi* | indulgente, comprensivo: *sguardo* — □ **benevolmente** *avv*.
ben|fàt|to o **bèn fàtto** *agg.invar.* **1** realizzato con cura, a regola d'arte: *lavoro* — | (*spec. di corpo umano*) ben proporzionato ♦ *inter.* bravo!, sono d'accordo!: *l'hai mandato via?* —*!*
ben|gà|la *s.m.invar.* **1** fuoco d'artificio con luci di vario colore **2** razzo luminoso usato per segnalazioni | (*mil.*) dispositivo di illuminazione col paracadute lanciato di notte per individuare i bersagli.
ben|ga|lé|se *agg*. relativo alla regione asiatica del Bengala ♦ *s.m.* **1** [anche f.] nativo o abitante del Bengala **2** (*ling.*) bengali.
ben|gà|li *s.m.invar.* lingua indiana diffusa dal Bengala al delta del Gange.
ben|ga|li|na *s.f.* stoffa con coste in rilievo di origine bengalese.
ben|ga|li|no *s.m.* piccolo uccello tropicale dalle piume coloratissime, allevato in gabbia per il canto.
ben|gò|di *s.m.* immaginaria terra di abbondanza e godimento; cuccagna.
be|nia|mi|no *s.m.* [f. *-a*] **1** figlio prediletto **2** (*estens.*) persona preferita; favorito: *il* — *della folla*.
be|ni|gni|tà *s.f.* disposizione favorevole verso gli altri; benevolenza | indulgenza, clemenza.
be|ni|gno *agg.* **1** ben disposto verso il prossimo, benevolo **2** indulgente, clemente; favorevole: *valutazione benigna; clima* —; *esito* — **3** (*med.*) non letale: *tumore* — □ **benignamente** *avv*. in maniera benevola, con benignità.
be|nin|for|mà|to *agg., s.m.* [f. *-a*] che, chi ha notizie attendibili.
be|nin|ten|zio|nà|to *agg., s.m.* [f. *-a*] che, chi ha intenzioni buone.
be|nin|té|so *avv.* (*con valore aff. o raff.*) naturalmente, certamente: *avrete,* —, *molti guadagni* | — *che*, a patto che: *vi aiuterò,* — *che partiate subito*.
bèn|na *s.f.* dispositivo meccanico che, sorretto da una gru, serve per lo scavo e il sollevamento di materiali incoerenti (p.e. sabbia).
ben|nà|to *agg*. (*lett.*) **1** di elevata condizione so-

ciale 2 ricco di doti morali o intellettuali | educato, cortese.
ben|pen|sàn|te *agg.*, *s.m./f.* che, chi segue acriticamente l'opinione della maggioranza delle persone; conformista, conservatore.
ben|ser|vì|to *s.m.* attestato rilasciato a chi ha lavorato bene | (*iron.*) *dare il* —, licenziare.
ben|sì *cong.* [in correlazione con espressioni neg.] ma, invece, piuttosto, anzi: *non è colpa tua, — mia.*
benthos (*gr.*) [pr. *béntos*] *s.m.invar.* → **bentos**.
ben|tò|ni|co *agg.* (*biol.*) relativo al bentos: *organismi bentonici.*
ben|tor|nà|to *agg.* [spec. con funzione di inter.] usato per accogliere chi ritorna dopo un'assenza: *— a casa!* ♦ *s.m.* il saluto stesso.
bèn|tos o **bènthos** *s.m.invar.* (*biol.*) complesso degli organismi acquatici che vivono nei fondali.
ben|ve|nù|to *agg.* usato per salutare chi arriva: *— fra noi!* ♦ *s.m.* **1** [*f. -a*] chi è accolto bene: *siete sempre i benvenuti* **2** il saluto stesso: *un caloroso —.*
ben|vì|sto *agg.* stimato, apprezzato: *non è — nell'ambiente.*
ben|vo|lé|re *v.tr.* [dif.: usato solo all'inf.pres. e al part.pass.] voler bene; avere in simpatia, stimare: *farsi — da tutti.*
ben|zal|dèi|de *s.f.* (*chim.*) aldeide liquida estratta dalla mandorla amara e usata per profumi, solventi, coloranti ecc.
ben|ze|drì|na® *s.f.* denominazione commerciale di un tipo di anfetamina.
ben|zè|ne *s.m.* (*chim.*) idrocarburo aromatico liquido ricavato da petrolio e carbon fossile, usato come solvente e per lavorazioni farmaceutiche e chimiche.
ben|zè|ni|co *agg.* [m.pl. *-ci*] (*chim.*) del benzene o che contiene benzene.
ben|zì|na *s.f.* miscela di idrocarburi ottenuta dal petrolio greggio e usata come carburante e solvente | *— verde*, senza piombo e perciò meno inquinante | (*fam.*) *fare* —, rifornire il proprio veicolo di carburante.
ben|zi|nà|io *s.m.* [f. *-a*] addetto a una pompa di benzina | gestore di un distributore di benzina.
ben|zòi|co *agg.* [m.pl. *-ci*] (*chim.*) detto di composto che contiene o deriva dal benzoile | *acido —*, acido organico cristallino, usato in medicina, profumeria e nell'industria chimica.
ben|zo|ì|le *s.m.* (*chim.*) radicale aromatico ricavato dall'acido benzoico.
ben|zo|ì|no *s.m.* **1** pianta indonesiana di medie dimensioni con fiori a grappolo o capolino e frutto a drupa **2** (*chim.*) resina estratta dalla corteccia del benzoino, usata in medicina e profumeria.
ben|zò|lo *s.m.* (*chim.*) benzene.
bè|o|la *s.f.* (*min.*) varietà di gneiss usata per rivestimenti, scalini e pavimentazioni.
be|ó|ne *s.m.* [f. *-a*] chi ha il vizio di bere alcolici; ubriacone.
be|ò|ta *agg.*, *s.m./f.* [pl. *-i*] **1** che, chi è nato o abita nella regione greca della Beozia **2** (*fig.*) idiota: *espressione* (o *da*) —.
be|quà|dro o **beqquàdro** *s.m.* [pl. *-i* o invar.] (*mus.*) segno anteposto a una nota per annullare un'alterazione precedente.
bèr|be|ro *agg.* **1** relativo a una popolazione dell'Africa nordoccidentale **2** (*st.*) relativo alla Barberia, antica regione tra Libia e Marocco ♦ *s.m.* **1** [f. *-a*] chi appartiene alla popolazione berbera | (*st.*) nativo o abitante dell'antica Barberia **2** (*ling.*) lingua parlata dai berberi **3** (*zootec.*) cavallo purosangue da corsa, originario dell'Africa settentrionale.
berceau (*fr.*) [pr. *bersò*] *s.m.invar.* **1** culla, spec. in legno **2** pergolato a cupola; bersò.
berceuse (*fr.*) [pr. *bersòs*] *s.f.invar.* (*mus.*) composizione che si ispira alla ninna nanna.
ber|cià|re *v.intr.* [indic.pres. *io bèrcio...*; aus. *A*] strillare in maniera sguaiata.
bé|re *v.tr.* [indic.pres. *io bévo...*; pass.rem. *io bévvi* o *bevètti*, *tu bevésti...*; fut. *io berrò...*; condiz. *io berrèi...*; le altre forme derivano dal tema *bev-*] **1** inghiottire liquidi: *— un'aranciata* | *— a collo*, direttamente dalla bottiglia | *— alla salute di qlcu.*, dedicargli un brindisi | *come — un bicchiere d'acqua*, detto di cosa facilissima **2** (*assol.*) bere alcolici: *devi smettere di —!* | *non —*, essere astemio | *berci sopra*, bere per dimenticare | *— come una spugna*, moltissimo **3** (*estens.*) assorbire e consumare: *il motore beve troppo carburante* **4** (*fig.*) prendere per vero, credere in modo ingenuo: *beve qualunque sciocchezza* | *darla a — a qlcu.*, riuscire a fargli credere ql.co.
be|rèt|ta® *s.f.* (*per anton.*) pistola semiautomatica.
ber|ga|mòt|ta *agg.*, *s.f.* detto di varietà di pera che profuma di cedro.
ber|ga|mòt|to *s.m.* albero simile all'arancio, con fiori molto profumati | frutto del bergamotto, non commestibile | *essenza di —*, olio estratto dalla buccia dell'agrume, usato per profumi e liquori.
bergère (*fr.*) [pr. *berjèr*] *s.f.invar.* ampia poltrona imbottita, con appoggi laterali per la testa.
be|ri|bè|ri o **béri béri** *s.m.invar.* malattia causata dalla carenza di vitamina B₁.
be|rìl|lio *s.m.* elemento chimico, metallo raro e leggero (*simb.* Be); è usato nella tecnologia nucleare.
be|rìl|lo *s.m.* (*min.*) silicato di alluminio e berillio, tra le cui varietà ci sono anche pietre preziose come l'acquamarina e lo smeraldo.
ber|kè|lio *s.m.* elemento chimico artificiale (*simb.* Bk); si ottiene bombardando l'americio con particelle nucleari.
ber|lì|na¹ *s.f.* **1** (*auto.*) automobile dotata di carrozzeria chiusa **2** carrozza di gala a quattro posti.
ber|lì|na² *s.f.* **1** (*st.*) pena medievale in cui il condannato era esposto alla pubblica derisione **2** (*fig.*) scherno | *mettere alla —*, esporre alla derisione di tutti.

bèr|ma *s.f.* (*edil.*) gradino posto alla base di un muro per proteggerlo dall'erosione.
ber|mù|da *s.m.pl.* pantaloni che arrivano al ginocchio.
ber|mu|dià|na *s.f.* **1** albero simile al ginepro con fiori lilla e legno bianco **2** (*mar.*) vela triangolare.
ber|nàr|do l'e|re|mì|ta *loc.sost.m.invar.* (*zool.*) paguro.
ber|né|sco *agg.* [m.pl. *-schi*] **1** proprio del poeta satirico F. Berni (1497-1535) **2** (*estens.*) parodistico, satirico: *componimento* —.
ber|nòc|co|lo *s.m.* **1** protuberanza della testa, naturale o causata da una botta **2** (*fig.*) dote naturale; inclinazione: *avere il* — *degli affari*.
ber|noc|co|lù|to *agg.* coperto di bernoccoli.
ber|rét|ta *s.f.* copricapo di forme e materiali vari | copricapo indossato dai membri del clero, con colore diverso a seconda del grado: — *rossa*, quella dei cardinali; — *violetta*, quella dei vescovi.
ber|ret|tà|io *s.m.* [f. *-a*] fabbricante o commerciante di berretti.
ber|ret|ti|fi|cio *s.m.* fabbrica che produce berretti.
ber|rét|to *s.m.* copricapo di varie fogge, solitamente aderente al capo e con visiera | (*spec.pl.*, *mil.*) — *verde*, soldato statunitense addestrato per situazioni di guerriglia.
ber|sa|glià|re *v.tr.* [indic.pres. *io bersàglio...*] **1** tirare ripetutamente con un'arma contro un bersaglio: — *le anatre* **2** (*estens.*) riempire di colpi: *lo bersagliarono di calci* | tempestare: — *di domande* **3** (*fig.*) perseguitare: *bersagliato dalle disgrazie*.
ber|sa|glié|ra *s.f.invar.* nella loc. *alla* —, come i bersaglieri; (*fig.*) con slancio, senza titubanze.
ber|sa|glié|re *s.m.* **1** (*mil.*) militare di un corpo speciale della fanteria leggera italiana **2** [f. *-a*] (*scherz.*) tipo energico.
ber|sa|glie|ré|sco *agg.* [m.pl. *-schi*] **1** da bersagliere **2** (*fig.*) energico, risoluto | spavaldo.
ber|sà|glio *s.m.* obiettivo da colpire con un'arma | (*estens.*) persona o cosa presa di mira: *essere* — *di scherzi* | (*fig.*) *centrare il* —, raggiungere il proprio scopo.
ber|sò *s.m.invar.* pergolato a cupola ricoperto di rampicanti ornamentali.
bèr|ta[1] *s.f.* (*tecn.*) battipalo.
bèr|ta[2] *s.f.* genere di uccelli marini con piedi palmati, ali lunghe e becco sottile.
ber|té|sca *s.f.* torretta con feritoie | barriera mobile sistemata tra i merli di una fortificazione per proteggerne i difensori.
ber|tòl|do *s.m.* persona incolta ma furba.
ber|tùc|cia *s.f.* [pl. *-ce*] **1** piccola scimmia senza coda, dal pelo folto e dal muso espressivo **2** (*scherz.*) persona goffa e brutta | persona dispettosa.
be|scia|mèl|la *s.f.* (*gastr.*) salsa francese a base di latte, farina e burro; bechamel.
be|stém|mia *s.f.* **1** espressione ingiuriosa contro il sacro o il divino **2** (*estens.*) offesa irriverente contro ciò che è solitamente rispettato | (*fig.*) sproposito, grossa sciocchezza.
be|stem|mià|re *v.tr.* [indic.pres. *io bestémmio...*] offendere con un'ingiuria ciò che è sacro o rispettato: — *i santi* | (*estens.*) maledire: — *il destino* ♦ *intr.* [aus. *A*] **1** pronunciare bestemmie; imprecare **2** (*fig.*) dire assurdità.
be|stem|mia|tó|re *s.m.* [f. *-trice*] chi è solito bestemmiare.
bé|stia *s.f.* **1** animale, come essere non razionale: — *da soma* | — *feroce*, predatore selvatico, fiera | *come una* —, *come bestie*, con uno sforzo terribile: *faticare come bestie*; in condizioni indegne di un essere umano: *vive come una* — | (*fig.*) — *nera*, persona o cosa che ossessiona | — *rara*, persona non comune | *brutta* —, persona o cosa difficile da affrontare | *andare in* —, perdere le staffe, infuriarsi **2** (*fig.*) cafone, maleducato | persona violenta; bruto.
be|stià|le *agg.* **1** da bestia; animalesco **2** (*fam.*) insostenibile, insopportabile: *sofferenza* — **3** (*estens.*) disumano: *violenza* — **4** (*gerg.*) straordinario, eccezionale: *una festa* —.
be|stia|li|tà *s.f.* **1** brutalità, rudezza **2** azione o discorso grossolano | sciocchezza clamorosa.
be|stià|me *s.m.* il complesso degli animali allevati, spec. bovini e ovini.
be|stià|rio[1] *s.m.* **1** nel Medioevo, trattato che illustrava la varietà degli animali, spec. in modo allegorico **2** miniatura o decorazione scultorea con animali reali o immaginari.
be|stià|rio[2] *s.m.* **1** (*st.*) nell'antica Roma, schiavo che lottava nel circo contro le belve **2** (*estens.*) custode delle bestie feroci allo zoo.
be|stió|ne *s.m.* (*fig.*) persona dal fisico possente ma dall'intelligenza scarsa.
best seller (*ingl.*) *loc.sost.m.invar.* disco, libro o sim. che ha venduto un numero elevatissimo di copie.
bè|ta *s.m./f.invar.* nome della seconda lettera dell'alfabeto greco, corrispondente a *b* dell'alfabeto latino ♦ *s.f.* (*astr.*) in una costellazione, designazione della stella che è seconda per luminosità ♦ *agg.invar.* nelle loc. (*fis.*) *particelle*, *raggi* —, elettroni emessi da nuclei radioattivi.
bè|ta|cam *s.m.invar.* (*cine.*) telecamera portatile professionale.
be|ta|tró|ne *s.m.* (*fis.*) acceleratore elettromagnetico di elettroni.
bè|tel *s.m.invar.* **1** rampicante le cui foglie hanno un leggero potere eccitante **2** preparato da masticare, avvolto nelle foglie del rampicante.
be|tòn *s.m.invar.* (*edil.*) impasto di sabbia, ghiaia, cemento e acqua; calcestruzzo.
be|to|nàg|gio *s.m.* (*edil.*) processo di preparazione del calcestruzzo.
be|to|nì|ca *s.f.* → **bettonica**.
be|to|niè|ra *s.f.* (*edil.*) macchina rotante per impastare calcestruzzo e sim.
be|to|nì|sta *s.m.* [pl. *-i*] operaio edile che prepara il calcestruzzo.
bèt|ta[1] *s.f.* piccolo pesce tropicale d'acqua dol-

ce, detto anche *pesce combattente* per la sua aggressività.
bét|ta² *s.f.* piccola nave da trasporto.
bét|to|la¹ *s.f.* osteria di livello infimo.
bét|to|la² *s.f.* (*mar.*) chiatta per il trasporto di terriccio e sim.
bet|to|li|na *s.f.* (*mar.*) grossa chiatta usata per trasportare materiali vari.
bet|tò|ni|ca o **betònica** *s.f.* pianta erbacea perenne dai fiori violacei, un tempo impiegata per preparati medicamentosi | (*pop.*) *conosciuto più della* —, notissimo.
be|tùl|la *s.f.* alto albero dalla corteccia biancastra, con foglie argentee romboidali.
bèu|ta *s.f.* recipiente conico di vetro, usato per riscaldare liquidi nelle analisi chimiche.
be|vàn|da *s.f.* ogni liquido che può essere bevuto: — *analcolica*, *alcolica*.
be|ve|ràg|gio *s.m.* **1** bevanda per il bestiame, composta da un miscuglio di acqua e crusca; beverone | (*estens.*) intruglio **2** (*scherz.*) bevanda qualunque.
be|ve|ri|no *s.m.* piccolo abbeveratoio nelle gabbie per gli uccelli.
be|ve|ró|ne *s.m.* **1** pastone di acqua e crusca per dissetare il bestiame **2** (*spreg.*) bevanda abbondante, priva di sapore oppure disgustosa.
be|vi|bi|le *agg.* **1** che si può bere; potabile | (*estens.*) si dice di bevanda di qualità scarsa, ma accettabile: *fammi un caffè almeno* —! **2** (*fig.*) plausibile, credibile: *una spiegazione* —.
be|vic|chià|re *v.tr.* [indic.pres. *io bevicchio*...] bere poco alla volta ♦ *intr.* [aus. *A*] essere abituati a consumare alcolici.
be|vi|tó|re *s.m.* [f. *-trice*] chi beve in abbondanza, spec. alcolici.
be|vù|ta *s.f.* **1** atto del bere | quantità di liquido ingerita in una sola volta **2** (*fam.*) riunione conviviale con alcolici; rinfresco: *una — in compagnia*.
be|vù|to *part.pass.* di **bere** ♦ *agg.* (*gerg.*) ubriaco, sbronzo.
bhu|ta|nè|se *agg.*, *s.m./f.* che, chi è nato o abita nello Stato himalayano del Bhutan.
bi *s.f./m.invar.* nome della lettera *b*.
bi- primo elemento di parole composte che significa "due", "doppio" o "due volte" (*biciclo*, *bivalve*, *bimestrale*).
biàc|ca *s.f.* **1** carbonato basico di piombo, usato per vernici **2** (*estens.*) sostanza colorante bianca.
biàc|co *s.m.* [pl. *-chi*] serpente giallo verdastro innocuo; biscia.
bià|da *s.f.* qualunque cereale per alimentare il bestiame; foraggio.
bia|de|si|vo *agg.* che appiccica da entrambi i lati ♦ *s.m.* nastro che ha una doppia superficie adesiva.
biàn|ca *s.f.* **1** (*tipografia*) dritto di un foglio a stampa; facciata che viene impressa per prima **2** (*zootec.*) prima dormita dei bachi da seta.
bian|cà|stro *agg.* di colore simile al bianco; bianco sporco.
bian|cheg|già|re *v.intr.* [indic.pres. *io biancheggio*...; aus. *A*] **1** apparire bianco **2** (*estens.*) incanutire ♦ *tr.* imbiancare: — *la stanza*.
bian|che|rì|a *s.f.* insieme degli indumenti intimi: — *per signora* | insieme dei panni per uso domestico (p.e. tovaglie, lenzuola, asciugamani).
bian|chét|to *s.m.* **1** sostanza imbiancante che, a seconda della miscela e della consistenza, serve per cancellature, cosmesi, imbiancature ecc. **2** (*spec.pl.*) sardine, alici e acciughe appena nate.
bian|chéz|za *s.f.* qualità di quel che è bianco; candore.
bian|chìc|cio *agg.*, *s.m.* [f.pl. *-ce*] tendente al bianco.
bian|chi|mén|to *s.f.* **1** raffinatura di sale e zucchero **2** (*oreficeria*) pulitura dei metalli preziosi | soluzione usata nella pulitura.
bian|chì|re *v.tr.* [indic.pres. *io bianchisco*, *tu bianchisci*...] **1** (*tecn.*) riferito a sale e zucchero, raffinarli per renderli più bianchi **2** (*oreficeria*) pulire i metalli preziosi.
biàn|co *agg.* [m.pl. *-chi*] **1** di un colore simile a quello della neve fresca: *una maglia bianca* | *sporco*, che tende al grigio **2** chiaro, in rapporto a una tonalità scura della stessa cosa: *barba bianca* | *carne bianca*, quella di pollo, tacchino o coniglio **3** privo di colorito, pallido: — *in volto* **4** senza alcun segno; non scritto: *pagina bianca* | (*anche fig.*) pulito, lindo: *lenzuolo* — ♦ *s.m.* **1** il colore bianco | *di punto in* —, tutt'a un tratto | (*cine.*, *foto.*) — *re in* —, si dice di immagine o filmato non a colori **2** la parte più chiara | (*pop.*) *il* — *dell'occhio*, la sclera | (*pop.*) — *d'uovo*, albume **3** parte non scritta, senza segni | *mettere nero su* —, riportare un accordo in forma scritta | *lasciare in* —, non compilare | (*fig.*) *firmare in* —, accettare senza conoscere i dettagli **4** (*loc.*, *fig.*) *in* —, detto in riferimento a una mancanza | *andare in* —, fallire l'obiettivo, spec. sessuale | *notte in* —, nottata insonne | (*di cibo*) *in* —, senza condimento **5** [f. *-a*] persona dalla pelle chiara: *conflitti razziali tra bianchi e negri* **6** vino bianco **7** invernale; legato alla neve: *sport* — **8** (*dama*, *scacchi*) pezzo bianco | giocatore che tiene i bianchi.
bian|co|fió|re *agg.* (*polit.*) inno della Democrazia Cristiana fino al 1994 | (*estens.*) la Democrazia Cristiana.
bian|co|man|già|re *s.m.invar.* (*gastr.*) budino di farina e latte di mandorle, tipico della cucina francese.
bian|co|nà|to *agg.* (*agr.*) si dice di frumento colpito dalla bianconatura.
bian|co|na|tù|ra *s.f.* (*agr.*) malattia che impoverisce il frumento, riconoscibile da macchioline chiare sui chicchi.
bian|cò|ne *s.m.* uccello rapace diurno con dorso bruno e petto bianco.
bian|có|re *s.m.* luce diffusa, chiarore | candore; bianchezza.
bian|co|sé|gno *s.m.* (*dir.*) contratto firmato in bianco dal contraente e successivamente compilato da qualcun altro secondo accordi preventivi.

bian|co|spì|no *s.m.* arbusto con rami spinosi e fiori bianchi in corimbi.
bian|co|stà|to *s.m.* (*region.*) in macelleria, spuntatura di manzo o maiale.
bia|sci|cà|re *v.tr.* [indic.pres. *io biàscico, tu biàscichi...*] 1 mangiare tenendo a lungo il cibo in bocca e masticando male 2 (*fig.*) parlare con pronuncia stentata; farfugliare: — *frasi incomprensibili*.
bia|sci|chì|o *s.m.* il continuo strascicare le parole | rumore confuso così prodotto.
bia|si|mà|re *v.tr.* [indic.pres. *io biàsimo...*] criticare duramente; disapprovare.
bia|si|mé|vo|le *agg.* che va biasimato; riprovevole.
bià|si|mo *s.m.* disapprovazione, rimprovero.
bi|as|sià|le *agg.* (*fis.*) che ha due assi ottici.
bi|às|si|co *agg.* [m.pl. *-ci*] (*fis.*) biassiale.
bi|a|thlé|ta o **biatléta** *s.m./f.* [m.pl. *-i*; f.pl. *-e*] (*sport*) chi partecipa a prove di biathlon.
bi|a|thlon o **biatlon** *s.m.invar.* (*sport*) gara che combina sci da fondo e tiro alla carabina | (*estens.*) gara che abbina prove di due differenti specialità.
bi|a|tlé|ta *s.m./f.* → **biathleta**.
bi|a|tlon *s.m.invar.* → **biathlon**.
bi|a|tò|mi|co *agg.* [m.pl. *-ci*] (*chim.*) detto di molecola costituita da due atomi.
Bib|bia *s.f.* 1 (*relig.*) complesso dei libri sacri del Vecchio e del Nuovo Testamento | (*estens.*) stampa del testo biblico: *la — illustrata* 2 (*fig.*) testo fondamentale: *la bibbia del bravo velista* | regola assoluta; autorità indiscussa.
bibelot (*fr.*) [pr. *biblò*] *s.m.invar.* soprammobile grazioso, ma senza valore; ninnolo.
biberon (*fr.*) [pr. *biberòn*] *s.m.invar.* piccola bottiglia con tettarella in gomma per l'allattamento artificiale | (*fam.*) *avere bisogno del —*, detto di adulto ingenuo e immaturo.
bì|bi|ta *s.f.* bevanda dissetante analcolica.
bì|bli|co *agg.* [m.pl. *-ci*] 1 relativo alla Bibbia: *letture bibliche* 2 (*fig.*) grandioso; drammatico: *disastro —* □ **biblicamente** *avv.* secondo la Bibbia.
bi|blio- primo elemento di parole composte che significa "libro" (*bibliofilo*)
bi|blio|fi|lì|a *s.f.* amore per i libri, spec. rari.
bi|bliò|fi|lo *s.m.* [f. *-a*] amatore, collezionista di libri, spec. rari.
bi|blio|gra|fì|a *s.f.* 1 disciplina e tecnica della descrizione e della catalogazione dei libri 2 elenco delle opere pubblicate su un tema: *la — manzoniana* | elenco dei testi consultati per una ricerca scientifica.
bi|blio|grà|fi|co *agg.* [m.pl. *-ci*] che riguarda la bibliografia.
bi|blió|gra|fo *s.m.* [f. *-a*] esperto di bibliografia.
bi|blio|lo|gì|a *s.f.* scienza che studia l'evoluzione della stampa e la storia e diffusione del libro.
bi|blio|lò|go *s.m.* [m.pl. *-gi*; f. *-a*] studioso di bibliologia.
bi|blio|ma|ne *s.m./f.* chi ha la mania di collezionare libri, spec. rari.
bi|blio|ma|nì|a *s.f.* mania di collezionare libri, spec. rari.
bi|blio|tè|ca *s.f.* 1 edificio in cui sono raccolti e ordinati i libri a disposizione del pubblico: — *civica, universitaria* | (*estens.*) insieme ordinato di libri 2 collezione di libri accomunati da una stessa caratteristica; collana 3 mobile con scaffali per libri; libreria.
bi|blio|te|cà|rio *s.m.* [f. *-a*] addetto o direttore di una biblioteca.
bi|blio|te|co|no|mì|a *s.f.* disciplina che stabilisce criteri organizzativi e metodi gestionali per una biblioteca.
bi|blì|sta *s.m./f.* [m.pl. *-i*] studioso della Bibbia.
bi|blì|sti|ca *s.f.* complesso di discipline che studiano la Bibbia.
bì|ca *s.f.* 1 ammasso di covoni di grano 2 (*estens.*) mucchio di roba, cumulo di cose.
bi|ca|me|rà|le *agg.* (*polit.*) di sistema parlamentare con due Camere di rappresentanza | (*estens.*) che coinvolge entrambe le Camere ♦ *s.f.* (*ell.*) commissione formata da membri di entrambe le Camere.
bi|ca|me|ra|lì|smo *s.m.* (*polit.*) sistema parlamentare bicamerale.
bi|cà|me|re *agg.*, *s.m.invar.* detto di appartamento con due camere e servizi.
bi|car|bo|nà|to *s.m.* (*chim.*) sale dell'acido carbonico | (*anche ell.*) — (**di sodio**), composto cristallino di colore bianco, usato come medicinale e per rendere effervescente l'acqua.
bic|chie|rà|ta *s.f.* 1 bevuta fatta in allegra compagnia 2 quantità di liquido che può essere contenuta in un bicchiere.
bic|chiè|re *s.m.* 1 piccolo recipiente di svariate forme usato per bere: — *di plastica* | (*fig.*) *affogare in un — d'acqua*, perdersi in difficoltà minime | *fondo di —*, diamante falso 2 (*estens.*) quantità di liquido contenuta in un bicchiere: *bere un — di aranciata* | *il — della staffa*, l'ultimo che si beve prima di andarsene.
bi|cè|fa|lo *agg.* (*lett.*) con due teste: *mostro —*.
bi|cen|te|nà|rio *agg.* che esiste da due secoli | che avviene ogni duecento anni ♦ *s.m.* duecentesimo anniversario di un fatto memorabile.
bì|ci *s.f.invar.* (*fam.*) *abbr. di* bicicletta.
bi|ci|clét|ta *s.f.* veicolo a due ruote che viene mosso pedalando.
bi|ci|clet|tà|ta *s.f.* escursione in bicicletta.
bi|cì|clo *s.m.* veicolo a due ruote, con la ruota anteriore ben più grande di quella posteriore.
bi|ci|lìn|dri|co *agg.* [m.pl. *-ci*] (*mecc.*) dotato di due cilindri: *motore —*.
bi|cì|pi|te *agg.* 1 (*anat.*) detto di muscolo con due capi che confluiscono in un'unica massa 2 (*spec. arald.*) con due teste: *aquila —* ♦ *s.m.* (*anat.*) muscolo bicipite: — *femorale*.
bi|còc|ca *s.f.* catapecchia, baracca cadente.
bi|co|ló|re *agg.* 1 a due colori 2 (*fig., pol.*) formato da membri di due partiti diversi: *amministrazione —*.
bi|còn|ca|vo *agg.* concavo da entrambe le par-

ti | **lente biconcava**, quella divergente, usata per correggere la miopia.
bi|con|vès|so *agg.* convesso da entrambe le parti | *lente biconvessa*, quella convergente, usata per correggere la presbiopia.
bi|còr|ne *agg.* dotato di due corna o punte.
bi|còr|nia *s.f.* piccola incudine a due punte.
bi|còr|no *s.m.* cappello a due punte: *il — dell'alta uniforme dei Carabinieri*.
bi|cro|mì|a *s.f.* (*tipografia*) stampa a due colori.
bi|cu|spi|da|le *agg.* bicuspide.
bi|cù|spi|de *agg.* 1 (*spec. arch.*) che presenta due cuspidi, due punte: *tetto —* 2 (*anat.*) che ha due lembi a punta | *valvola —*, valvola mitrale, che collega atrio e ventricolo nella parte sinistra del cuore.
bi|dè *s.m.invar.* → **bidet**.
bi|dèl|lo *s.m.* [f. *-a*] addetto alla pulizia e custodia delle scuole.
bi|dèn|te *s.m.* 1 forca con due denti metallici 2 zappa con doppio dente 3 (*st.*) nell'antica Roma, pecora di due anni da sacrificare.
bidet (*fr.*) [pr. *bidè*] o **bidè** *s.m.invar.* piccola vasca bassa usata per lavare le parti intime.
bi|di|men|sio|nà|le *agg.* che ha due dimensioni.
bi|di|re|zio|nà|le *agg.* che funziona o si muove in due direzioni contrarie: *corrente —* | (*inform.*) si dice di stampante che scrive alternativamente da sinistra a destra e viceversa.
bi|do|nà|re *v.tr.* [indic.pres. *io bidóno...*] (*fam.*) ingannare, raggirare.
bi|do|nà|ta *s.f.* (*fam.*) fregatura, truffa.
bi|dó|ne *s.m.* 1 grosso contenitore cilindrico in plastica o lamiera: *— dell'immondizia* 2 (*fam.*) raggiro, imbroglio | appuntamento mancato | (*fig.*) *tirare un —*, fregare; non presentarsi a un appuntamento 3 (*scherz.*) apparecchio mal funzionante.
bi|don|vì|a *s.f.* funivia con cabine cilindriche.
bidonville (*fr.*) [pr. *bidonvil*] *s.f.invar.* quartiere alla periferia di una metropoli, formato da misere baracche.
bièco *agg.* [m.pl. *-chi*] (*spec. di sguardo*) torvo, minaccioso, sinistro | malvagio: *azione bieca* □ **biecamente** *avv.*
bi|è|li|ca *agg.invar.* con due eliche: *velivolo —*.
bièl|la *s.f.* (*mecc.*) asta che collega due parti di una macchina, per trasformare il moto rettilineo alternativo in rotatorio continuo o viceversa.
bie|lo|rùs|so *agg.* della Bielorussia ♦ *s.m.* 1 [f. *-a*] chi è nato o abita in Bielorussia 2 lingua parlata dai bielorussi.
bi|en|nà|le *agg.* 1 che dura due anni: *programma —* | (*bot.*) *pianta —*, vegetale che si sviluppa interamente in un biennio 2 che avviene ogni due anni ♦ *s.f.* iniziativa organizzata ogni due anni: *la Biennale di Venezia*.
bi|èn|nio *s.m.* periodo di due anni | corso di studi di due anni.
bie|ta *s.f.* → **bietola**.
bie|ti|co|lo *agg.* relativo alla coltivazione di barbabietole da zucchero.
bie|ti|col|tó|re *s.m.* [f. *-trice*] chi coltiva barbabietole da zucchero.
bie|ti|col|tù|ra *s.f.* coltivazione di barbabietole da zucchero.
biè|to|la o **bièta** *s.f.* barbabietola da orto, con larghe foglie commestibili.
bie|to|ló|ne *s.m.* 1 pianta erbacea dalle foglie commestibili 2 [f. *-a*] (*fig.*) persona ingenua; sempliciotto.
biét|ta *s.f.* 1 pezzo di legno o metallo a forma di cuneo infilato sotto un mobile per non farlo traballare; zeppa 2 (*edil.*) parallelepipedo di legno inserito fra due travi collegate 3 (*mus.*) pezzetto di ebano che si inserisce nell'archetto per tirare i crini.
bi|fa|mi|lià|re o **bifamigliàre** *agg.* che può ospitare due famiglie: *villa —*.
bi|fà|se *agg.invar.* (*fis.*) che ha due fasi | *sistema —*, sistema di due correnti alternate.
bif|fa *s.f.* 1 asta usata per rilevamenti topografici o livellamenti 2 dispositivo a x che si sistema su una crepa per tenerne sotto controllo eventuali allargamenti.
bif|fà|re *v.tr.* 1 marcare un terreno con biffe 2 mettere biffe su una crepa.
bi|fi|do *agg.* diviso in due: *lingua bifida*.
bi|fo|cà|le *agg.* (*fis.*) detto di lente divisa in due sezioni con curvature diverse, per mettere a fuoco ora gli oggetti vicini, ora quelli lontani.
bi|fól|co *s.m.* [f. *-a*; m.pl. *-chi*] 1 guardiano del bestiame; contadino 2 (*fig.*) persona rozza; cafone.
bi|fo|ra *agg. solo f., s.f.* (*arch.*) detto di finestra divisa in due parti da un pilastrino.
bi|for|cà|re *v.tr.* [indic.pres. *io bifórco, tu bifórchi...*] dividere in due tronconi ♦ **-rsi** *intr.pron.* dividersi in due: *il torrente si biforca*.
bi|for|ca|zió|ne *s.f.* separazione di due tronconi; diramazione | punto in cui ql.co. si biforca | *— ferroviaria*, *stradale*, bivio.
bi|for|cù|to *agg.* diviso in due punte; bifido | *lingua biforcuta*, quella di certi rettili; (*fig.*) quella di una persona che dice malignità.
bi|frón|te *agg.* 1 che ha due facce: *Giano —* 2 (*fig.*) che cambia idea o atteggiamento per opportunismo | contraddittorio; ambiguo 3 detto di parole, lette alla rovescia, restano identiche o formano nuove parole ♦ *s.m.* gioco enigmistico basato su parole che, lette alla rovescia, restano identiche (p.e. *oro*) o formano nuove parole (p.e. *roma - amor*); palindromo.
big (*ingl.*) *s.m./f.invar.* persona importante; personaggio famoso: *i — della canzone*.
bì|ga *s.f.* (*st.*) nell'antichità greco-romana, cocchio a due ruote trainato da due cavalli.
bi|ga|mì|a *s.f.* condizione di chi è sposato contemporaneamente con due persone.
bì|ga|mo *agg.*, *s.m.* [f. *-a*] chi ha due consorti contemporaneamente.
bi|gat|tiè|ra *s.f.* (*region.*) locale dove si allevano i bachi da seta.
bi|gat|tiè|re *s.m.* (*region.*) [f. *-a*] chi alleva bachi da seta.

bi|gat|ti|no *s.m.* (*pesca*) larva di mosca impiegata come esca.
bi|gàt|to *s.m.* (*region.*) baco da seta.
big bang (*ingl.*) [pr. *big bèng*] *loc.sost.m.invar.* grande esplosione che, secondo alcune teorie astrofisiche, ha dato origine all'universo.
big crunch (*ingl.*) [pr. *big kranč*] *loc.sost.m. invar.* collasso della materia che, secondo una teoria astrofisica, metterà fine all'universo.
bi|gè|mi|no *agg.* (*med.*) gemellare: *parto —*.
bi|ghel|lo|na|re *v.intr.* [indic.pres. *io bighellóno*...; aus. *A*] gironzolare a vuoto; perdere tempo in attività inutili.
bi|ghel|ló|ne *s.m.* [f. *-a*] fannullone, perdigiorno.
bi|già|re *v.tr.*, *intr.* [indic.pres. *io bìgio*...] (*region.*) marinare la scuola.
bi|gi|no *s.m.* (*fam.*) piccolo libro con traduzione letterale di classici greci e latini | (*estens.*) manualetto riassuntivo.
bi|gio *agg.* [f.pl. *-gie* o *-ge*] grigiastro: *il cielo era — ♦ s.m.* tonalità spenta di grigio.
bi|giot|te|rì|a *s.f.* insieme di collane, orecchini, bracciali e sim. realizzati in materiali non preziosi | negozio dove si vendono.
bi|glia *s.f.* → **bilia**.
bi|gliàr|do *s.m. e deriv.* → **biliardo** *e deriv.*
bi|gliet|tà|io *s.m.* [f. *-a*] venditore di biglietti validi per l'ingresso a spettacoli e locali o per l'uso di mezzi di trasporto.
bi|gliet|te|rì|a *s.f.* luogo dove si vendono biglietti validi per l'ingresso a spettacoli e locali o per l'uso di mezzi di trasporto.
bi|gliét|to *s.m.* **1** cartoncino o foglietto per saluti o brevi comunicazioni: *— d'auguri* | *— da visita*, cartoncino a stampa con nome, cognome e recapiti **2** cartoncino o foglietto che dà diritto a entrare a spettacoli e locali o a usare mezzi di trasporto: *— del treno* | *— della lotteria*, tagliando numerato per partecipare a un'estrazione a premi **3** *— di banca*, banconota.
bi|gliet|tó|ne *s.m.* (*gerg.*) banconota di grosso taglio.
big match (*ingl.*) [pr. *big mèč*] *loc.sost.m.invar.* (*sport*) l'incontro principale e più atteso tra tutte le competizioni in programma.
bi|gnà|mi® *s.m.invar.* manualetto riassuntivo di materie scolastiche.
bi|gnè *s.m.* pasticcino dolce ripieno di crema, zabaione o cioccolato.
bi|gnò|nia *s.f.* arbusto rampicante con fiori rossi a campanula.
bi|go|di|no *s.m.* piccolo cilindro per avvolgere le ciocche di capelli da mettere in piega.
bi|gón|cia *s.f.* [pl. *-ce*] recipiente in legno a doghe, svasato e senza manici, usato per pigiare e trasportare l'uva | (*fig.*) *a bigonce*, in gran quantità.
bi|got|te|rì|a *s.f.* condizione o comportamento da bigotto.
bi|gòt|to *agg.*, *s.m.* [f. *-a*] che, chi bada solo alle pratiche puramente esteriori della religione.
bi|iet|ti|vo *agg.* (*mat.*) detto di elemento di un insieme che corrisponde a uno e un solo elemento di un altro.
bi|ie|zió|ne *s.f.* (*mat.*) corrispondenza biunivoca.
bijou (*fr.*) [pr. *bijù*] *s.m.invar.* **1** gioiello **2** (*estens.*) cosa o persona graziosa, raffinata.
biker (*ingl.*) [pr. *bàiker*] *s.m./f.invar.* **1** chi ha una grande passione per la motocicletta; centauro **2** appassionato di mountain bike.
bi|ki|ni *s.m.invar.* costume da bagno femminile in due pezzi.
bi|la|bià|le *agg.* detto si suono articolato grazie all'uso di entrambe le labbra ♦ *s.f.* (*ling.*) consonante articolata con entrambe le labbra (in italiano: p, b, m).
bi|là|ma *agg.invar.* detto di rasoio con doppia lama.
bi|làn|cia[1] *s.f.* [pl. *-ce*] **1** strumento per misurare pesi: *— di precisione* (*fis.*). *— idrostatica* o *di Archimede*, calcolo del volume o del peso specifico di un corpo attraverso la sua immersione in un fluido | (*fig.*) *mettere sulla —*, considerare **2** (*econ.*) *— dei pagamenti*, entrate e uscite complessive di uno Stato in un dato periodo; *— commerciale*, esportazioni e importazioni di uno Stato in un dato periodo **3** rete da pesca di forma quadrata, che si cala e si solleva tramite un'asta di sostegno.
Bi|làn|cia[2] *s.f.* (*astr.*) costellazione dell'emisfero australe e settimo segno dello zodiaco, dominante il periodo tra il 23 settembre e il 22 ottobre.
bi|lan|cia|mén|to *s.m.* condizione o ricerca di equilibrio | (*mar.*) equa distribuzione dei pesi a bordo | (*mecc.*) interventi per ridurre le vibrazioni.
bi|lan|cià|re *v.tr.* [indic.pres. *io bilàncio*...] **1** disporre in modo da mettere o tenere in equilibrio: *— i pesi* **2** (*estens.*) avere lo stesso valore; pareggiare: *i vantaggi bilanciano gli svantaggi* ♦ **-rsi** *rifl.* mettersi, tenersi in equilibrio ♦ *rifl.rec.* equivalersi: *pregi e difetti si bilanciano*.
bi|lan|cià|to *part.pass. di* bilanciare ♦ *agg.* che si trova in equilibrio | (*fig.*) equilibrato: *dieta bilanciata*.
bi|lan|cia|tù|ra *s.f.* (*auto.*) operazione di controllo e correzione dell'equilibrio di peso nelle ruote di un veicolo.
bi|lan|cię|re *s.m.* **1** (*mecc.*) asta che oscilla su un perno e regola il movimento di un meccanismo | nell'orologio, elemento oscillante che regola il moto delle lancette **2** lunga asta alle cui estremità si appendono carichi per il trasporto a spalla | (*sport*) sbarra metallica per il sollevamento pesi | asta che il funambolo usa per tenersi in equilibrio **3** torchio a vite | macchina per il conio di monete e medaglie.
bi|lan|ci|no *s.m.* **1** bilancia di precisione | (*fig.*) *pesare con il —*, valutare nei minimi dettagli **2** impugnatura a croce per manovrare i burattini.
bi|làn|cio *s.m.* **1** (*econ.*, *fin.*) conteggio relativo alle entrate e alle uscite di azienda, ente e sim. in un dato periodo | *— familiare*, gestione delle risorse materiali di una famiglia; (*stat.*) rilevazio-

ne di entrate e uscite in famiglie campione per definire gli indici del costo della vita 2 (*fig.*) valutazione di una situazione nei suoi vari aspetti: *fare un — della vicenda* 3 (*scient.*) equilibrio; rapporto tra due grandezze | — **demografico**, confronto fra tassi di natalità, mortalità, immigrazione ed emigrazione | — *energetico*, (*chim.*, *fis.*) raffronto tra i livelli di energia prima e dopo una trasformazione; (*fisiol.*) rapporto tra energia assunta coi cibi e quella bruciata dall'organismo.
bi|la|te|rà|le *agg.* 1 che riguarda entrambi i lati | (*biol.*) *simmetria* —, presenza di due parti simmetriche in uno stesso organo od organismo 2 (*estens.*) che coinvolge due parti diverse: *incontro* —.
bi|là|te|ro *agg.* 1 (*geom.*) che ha due lati o facce 2 (*biol.*) dotato di simmetria bilaterale.
bildungsroman (*ted.*) [pr. *bildungsromàn*] *s.m.invar.* (*lett.*) romanzo di formazione.
bi|le *s.f.* 1 (*biol.*) secrezione giallo-verdastra del fegato, che si raccoglie nella cistifellea e ha funzioni digestive 2 (*fig.*) rabbia, collera: *crepare dalla* —.
bi|lhar|ziò|si *s.f.invar.* (*med.*) grave malattia tropicale dell'uomo, causata da un verme trematode parassita, le cui larve, diffuse nelle acque stagnanti, penetrano nell'organismo attraverso la pelle; schistosomiasi.
bi|lia o **biglia** *s.f.* 1 palla d'avorio per giocare al biliardo 2 pallina di vetro per giochi infantili.
bi|liar|di|no o **bigliardìno** *s.m.* biliardo di dimensioni ridotte con le buche disposte ad arco | flipper.
bi|liàr|do o **bigliàrdo** *s.m.* 1 gioco che consiste nel colpire, con apposite stecche, delle bilie d'avorio su un tavolo rettangolare 2 il tavolo rivestito di panno verde su cui si gioca | la sala dove si gioca.
bi|lià|re *agg.* (*anat.*) relativo alla bile: *dotto* —.
bì|li|co *s.m.* [pl. *-chi*] 1 posizione di equilibrio instabile | *in* —, sull'orlo: *in* — *su un precipizio*; a metà: *in* — *tra la vita e la morte*; (*fig.*) incerto in dubbio: *in* — *tra due alternative* 2 ciascuno dei due perni su cui la campana oscilla 3 nella bilancia, punto di attacco dell'asta cui sono appesi i piatti.
bi|lìn|gue *agg.* 1 detto di persona che parla due lingue | detto di zona in cui si parlano correntemente due lingue 2 scritto in due lingue: *iscrizione* — | *dizionario* —, che fornisce la traduzione di ciascun vocabolo in un'altra lingua ♦ *s.m./f.* chi parla due lingue.
bi|lin|guì|smo *s.m.* 1 il conoscere o parlare correntemente due lingue 2 compresenza in una zona di due distinti gruppi linguistici.
bi|liò|ne *s.m.* miliardo | (*raro*) mille miliardi.
bi|liò|so *agg.* irascibile, collerico.
bi|li|ru|bì|na *s.f.* (*biol.*) pigmento organico che si trova nel siero sanguigno e nella bile.
billing (*ingl.*) *s.m.invar.* finanziamento di una campagna pubblicitaria, amministrata direttamente dall'agenzia incaricata.

bi|lo|bà|to *agg.* 1 (*arch.*) detto di elemento che termina con un arco a due lobi 2 (*anat.*, *bot.*) detto di organo con due lobi.
bi|lo|cà|le *s.m.* abitazione composta da due vani abitabili e servizi.
bi|lo|ca|zió|ne *s.f.* (*parapsicologia*) presenza simultanea di una persona in due posti diversi.
bìm|bo *s.m.* [f. *-a*] bambino.
bi|men|sì|le *agg.* che accade due volte al mese: *pagamento*, *pubblicazione* —.
bi|me|strà|le *agg.* 1 che accade ogni due mesi: *riunione*, *rata* — 2 che ha durata di due mesi: *contratto* —.
bi|mè|stre *s.m.* periodo di due mesi.
bi|me|tàl|li|co *agg.* [m.pl. *-ci*] composto da due metalli diversi.
bi|me|tàl|lo *s.m.* (*tecn.*) lamina formata dalla saldatura di due strisce di metallo diverso.
bi|mil|le|nà|rio *agg.* che esiste da due millenni | che avviene ogni duemila anni ♦ *s.m.* ricorrenza di un evento avvenuto duemila anni prima.
bi|mo|tó|re *agg.* fornito di due motori ♦ *s.m.* aeroplano con due motori.
bi|nà|rio[1] *s.m.* coppia di rotaie o guide parallele su cui scorrono funicolari, tram, treni ecc. | — *morto*, *tronco*, che da un lato non prosegue | *doppio* —, quello che permette di far viaggiare i veicoli in entrambi i sensi di marcia | (*fig.*) *rientrare nei binari*, tornare nella norma.
bi|nà|rio[2] *agg.* costituito da due elementi | (*metr.*) *verso* —, che ha due sillabe | (*mus.*) *tempo* —, ritmo a due misure | (*mat.*, *inform.*) *sistema* —, sistema di numerazione, impiegato spec. nei computer, in cui si usano solo le cifre 0 e 1.
bi|na|trì|ce *s.f.* (*tecn.*) macchinario per tessitura, che accoppia i fili da torcere.
bìn|da *s.f.* apparecchio con ingranaggi per sollevare a mano grossi carichi; cric.
bin|dèl|lo *s.m.* striscia di lamiera che chiude ermeticamente le latte alimentari, rimovibile con un'apposita chiavetta.
bin|dò|lo *s.m.* 1 arcolaio 2 macchina per cavare acqua, spec. dai pozzi 3 (*fig.*) imbroglio, raggiro.
bìn|go *s.m.invar.* gioco simile alla tombola diffuso spec. nei paesi anglosassoni ♦ *inter.* trovato!, indovinato!
bi|nò|co|lo *s.m.* strumento ottico formato dall'accoppiamento di due cannocchiali, usato per guardare con entrambi gli occhi soggetti lontani.
bi|no|cu|là|re *agg.* detto di visione che avviene attraverso entrambi gli occhi.
bi|no|mià|le *agg.* (*mat.*) relativo a un binomio.
bi|nò|mio *s.m.* 1 (*mat.*) espressione algebrica costituita dalla somma di due monomi 2 (*estens.*) coppia di concetti strettamente collegati: *il* — *paura e ignoranza* | coppia di persone o cose: *un* — *vincente* ♦ *agg.* composto da due termini.
bì|o *agg.invar.* *abbr.* *di* biologico: *una linea di prodotti* —.
bì|o-, **-bì|o** primo e secondo elemento di parole composte che significa "vita" (*biografia*), "vi-

bioagricoltura 144

vente" (*aerobio*) o anche "biologia, biologico" (*biotecnologia*).

bi|o|a|gri|col|tu|ra *s.f.* sistema di coltivazione che riduce al minimo o elimina del tutto l'uso di prodotti chimici.

bi|o|ar|chi|tet|tu|ra *s.f.* progettazione di abitazioni basata su materiali naturali e tecnologie a basso impatto ambientale.

bi|o|bi|blio|gra|fi|a *s.f.* elenco delle opere di un autore e degli scritti che lo riguardano.

bioc|co|lo *s.m.* 1 ciuffo di cotone o lana non filati 2 (*estens.*) batuffolo, fiocco.

bioc|co|lù|to *s.m.* pieno di bioccoli.

bi|o|ce|nò|si *s.f.invar.* (*biol.*) convivenza in uno stesso ambiente di varie specie vegetali e animali.

bi|o|chi|mi|ca *s.f.* scienza che studia i processi chimici negli organismi viventi.

bi|o|chi|mi|co *agg.* [m.pl. *-ci*] relativo alla biochimica ♦ *s.m.* [f. *-a*] studioso di biochimica.

bi|o|cli|ma|to|lo|gi|a *s.f.* scienza che studia le relazioni fra gli esseri viventi e il clima.

bi|o|com|pa|ti|bi|le *agg.* detto di materiale o protesi che non causa danni o reazioni di rigetto all'organismo.

bi|o|cu|là|re *agg.* detto di microscopio con due oculari.

bi|o|de|gra|dà|bi|le *agg.* (*ecol., chim.*) si dice di materiale che può essere scomposto in sostanze più semplici da microrganismi e altri agenti naturali.

bi|o|de|gra|da|bi|li|tà *s.f.* possibilità di essere scomposto in elementi più semplici per via naturale.

bi|o|de|gra|da|zió|ne *s.f.* scomposizione di un materiale in sostanze più semplici a opera di microrganismi e altri agenti naturali.

bi|o|di|nà|mi|ca *s.f.* 1 (*geol.*) studio dell'azione degli organismi viventi sulla morfologia terrestre 2 (*fisiol.*) bioenergetica.

bi|o|di|nà|mi|co *agg.* [m.pl. *-ci*] 1 detto di coltivazione che usa solo fertilizzanti naturali 2 (*geol., fisiol.*) relativo alla biodinamica.

bi|o|di|ver|si|tà *s.f.* (*biol.*) varietà degli organismi che abitano in un dato ecosistema.

bi|o|e|let|tri|ci|tà *s.f.* (*fis.*) complesso dei fenomeni elettrici che avvengono nei tessuti animali.

bi|o|e|let|trò|ni|ca *s.f.* studio dell'applicabilità di tecniche elettroniche in ambito biologico.

bi|o|e|ner|gè|ti|ca *s.f.* 1 (*biol.*) disciplina che studia le trasformazioni energetiche negli organismi viventi 2 (*fisiol.*) disciplina che studia il movimento negli organismi viventi 3 (*psicol.*) metodo di interpretazione della personalità sulla base di processi energetici corporei.

bi|o|è|ti|ca *s.f.* disciplina che studia i problemi etici sollevati dalle moderne tecnologie genetiche e mediche.

bi|o|fi|si|ca *s.f.* scienza che studia i fenomeni biologici dal punto di vista della fisica nei loro aspetti meccanici ed energetici.

bio|fi|si|co *agg.* [m.pl. *-ci*] relativo alla biofisica ♦ *s.m.* [f. *-a*] studioso di biofisica.

bi|o|gàs *s.m.invar.* gas naturale che si sviluppa dalla fermentazione di materiale organico.

bi|o|gè|ne|si *s.f.invar.* teoria sull'origine della vita secondo cui ogni essere vivente discende da un altro essere vivente.

bi|o|ge|nè|ti|ca *s.f.* disciplina che studia l'origine della vita e l'evoluzione degli esseri viventi.

bi|o|ge|o|gra|fi|a *s.f.* (*geogr.*) studio del rapporto tra condizioni ambientali e distribuzione degli esseri viventi.

bi|o|gra|fi|a *s.f.* storia della vita di una persona, spec. illustre | l'opera letteraria che la narra.

bi|o|grà|fi|co *agg.* [m.pl. *-ci*] relativo alla biografia: *dati biografici*.

bi|o|gra|fi|smo *s.m.* sovrabbondanza di elementi biografici in un testo narrativo o critico.

bi|ò|gra|fo *s.m.* [f. *-a*] autore di biografie.

bi|o|in|ge|gne|ri|a *s.f.* applicazione di nozioni di ingegneria per realizzare strumenti impiegati in campo biologico e medico.

bi|o|lo|gi|a *s.f.* [pl. *-gie*] scienza che studia le caratteristiche degli organismi viventi e i processi che li riguardano: *— molecolare*.

bi|o|lò|gi|co *agg.* [pl. *-ci*] 1 relativo alla biologia | *guerra biologica*, quella che usa batteri e virus come armi 2 (*di coltivazione o prodotto*) ottenuto senza l'uso di fertilizzanti e pesticidi chimici: *agricoltura biologica* 3 relativo a materiali organici: *fossa biologica*.

bi|o|lo|go *s.m.* [f. *-a*; m.pl. *-gi*] studioso di biologia.

bi|o|lu|mi|ne|scèn|za *s.f.* energia luminosa di origine animale: *la — di una lucciola*.

bi|o|ma *s.m.* [pl. *-i*] (*biol.*) insieme di comunità animali e vegetali la cui stabilità è mantenuta da certe condizioni ambientali.

bi|o|màs|sa *s.f.* (*scient.*) massa complessiva degli organismi viventi presenti in un dato volume di terra o acqua.

bi|o|mec|cà|ni|ca *s.f.* scienza che studia le leggi meccaniche applicate agli esseri viventi.

bi|o|me|di|ci|na *s.f.* studio unificato di materie biologiche e mediche.

bi|o|me|te|o|ro|lo|gi|a *s.f.* (*meteor.*) studio dell'influenza delle condizioni meteorologiche sugli esseri viventi.

bi|o|me|tri|a *s.f.* settore della biologia che studia i dati osservati sugli esseri viventi usando metodi statistici.

biòn|da *s.f.* (*gerg.*) 1 sigaretta 2 birra chiara.

biòn|da|stro *agg.* tendente al biondo.

bion|deg|già|re *v.intr.* [indic.pres. *io biondéggio...*; aus. *A*] (*spec. di grano*) avere un colore biondo.

bion|dèl|la *s.f.* erba medicinale dai fiori porporini e foglie lanceolate.

bion|dic|cio *agg.* [f.pl. *-ce*] di un colore biondo pallido.

biòn|do *agg.* 1 di colore tra il giallo e il castano chiaro: *capelli biondi* 2 (*di persona*) che ha capelli biondi ♦ *s.m.* 1 il colore biondo 2 [f. *-a*] persona con i capelli biondi.

bi|ò|ni|ca *s.f.* scienza che studia i sistemi elet-

tronici che simulano il comportamento di organi o di interi organismi viventi.
bi|ò|ni|co *agg.* [m.pl. *-ci*] relativo alla bionica | prodotto dalla bionica: *braccio* —.
bi|o|pàr|co *s.m.* nuovo tipo di giardino zoologico che riproduce un ambiente naturale, rispettando il più possibile gli equilibri tra le varie specie che lo abitano.
bi|o|psì|a *s.f.* (*med.*) prelievo a scopo diagnostico di tessuti da un organismo vivente.
bi|o|rit|mo *s.m.* **1** (*biol.*) variazione ciclica di un fenomeno vitale **2** (*med.*) diagramma dei ritmi relativi all'attività e alle condizioni psicofisiche di un organismo.
BIOS *s.m.invar.* (*inform.*) sistema operativo che gestisce le operazioni di avvio del computer.
bi|o|sco|pì|a *s.f.* esame medico-legale per accertare se una persona sia realmente morta.
bi|o|sfè|ra *s.f.* l'insieme delle zone della Terra (comprese idrosfera e atmosfera) in cui ci sono le condizioni per la vita | (*estens.*) l'insieme di tutti gli organismi viventi.
bi|o|sìn|te|si *s.f.* (*biol.*) sintesi chimica effettuata da organismi viventi.
bi|o|si|stè|ma *s.m.* [pl. *-i*] (*biol.*) ecosistema.
bi|òs|si|do *s.m.* (*chim.*) composto formato da un atomo di un metallo o metalloide e da due atomi di ossigeno.
bi|o|stra|ti|gra|fì|a *s.f.* (*geol.*) studio delle rocce sedimentarie in base ai fossili che contengono.
bi|o|tec no|lo|gì|a *s.f.* applicazione delle moderne tecnologie ai processi biologici, spec. per ottenere prodotti d'interesse industriale.
bi|o|te|ra|pì|a *s.f.* (*med.*) sistema di cura attraverso prodotti biologici o colture viventi (p.e. lieviti, vaccini, sieri ecc.).
bi|o|ter|ro|rì|smo *s.m.* uso di armi chimiche e batteriologiche a fini terroristici.
bi|o|ti|na *s.f.* (*chim.*) vitamina H.
bi|o|ti|po o **biotipo** *s.m.* **1** (*biol.*) insieme di individui che presentano il medesimo genotipo **2** (*med.*) assieme delle caratteristiche somatiche, fisiologiche e psichiche che definiscono un individuo.
bi|o|ti|po|lo|gì|a *s.f.* (*med.*) scienza che studia i tipi costituzionali umani.
bi|o|tì|te *s.f.* (*min.*) mica di magnesio e ferro, presente spec. nelle rocce eruttive.
bi|ò|to|po *s.m.* (*ecol.*) insieme delle caratteristiche fisico-chimiche di un ambiente che ospita una data popolazione di organismi.
bi|o|vu|là|re *agg.* (*biol.*) si dice di ciascuno dei gemelli nati dalla fecondazione di due uova da parte di due spermatozoi diversi; dizigotico.
bip *s.m.invar.* (*onom.*) suono che riproduce il segnale acustico di alcuni congegni elettronici.
bi|par|tì|re *v.tr.* [indic.pres. *io bipartisco, tu bipartisci*...] (*anche fig.*) dividere in due ♦ **-rsi** *intr. pron.* dividersi in due, biforcarsi.
bipartisan (*ingl*) [pr. *baipàrtisan*; com. *bipàrtisan*] *agg.invar.* (*polit.*) sostenuto sia dalla maggioranza di governo, sia dall'opposizione: *voto* —.

bi|par|tì|ti|co *agg.* [m.pl. *-ci*] relativo al bipartitismo; costituito da due partiti: *regime* —.
bi|par|ti|tì|smo *s.m.* (*polit.*) sistema in cui due soli partiti si alternano al governo e all'opposizione: *il* — *statunitense*.
bi|par|tì|to[1] *part.pass.* di bipartire ♦ *agg.* (*spec. bot.*) che presenta due parti nettamente distinte: *foglia bipartita*.
bi|par|tì|to[2] *agg.* che riguarda due parti politiche ♦ *s.m.* alleanza, spec. di governo, fra due partiti.
bi|par|ti|zió|ne *s.f.* separazione in due parti.
bi|pe|de *agg.* dotato di due piedi ♦ *s.m./f.* animale con due piedi (p.e. la gallina) | (*per anton., scherz.*) l'essere umano.
bi|pen|nà|to *agg.* (*bot.*) detto di foglia composta da un picciolo comune dal quale partono molti piccioli più piccoli terminanti in foglioline.
bi|pèn|ne o **bipénne** *s.f.* scure a doppio taglio.
bi|plà|no *agg.* (*aer.*) fornito di due piani aerodinamici ♦ *s.m.* velivolo con due piani alari sovrapposti.
bi|po|là|re *agg.* **1** (*elettr.*) che ha due poli **2** detto di sistema politico dominato da due soli partiti o di politica internazionale basata sulla contrapposizione di due grandi blocchi.
bi|po|la|rì|smo *s.m.* (*polit.*) sistema i cui elementi costitutivi si aggregano in blocchi contrapposti intorno a due elementi guida.
bi|pò|lo *s.m.* (*elettr.*) circuito elettrico a due poli.
bi|pó|sto *agg.invar.* (*spec. di mezzo di trasporto*) fornito di due posti: *scafo* — ♦ *s.m.invar.* velivolo a due posti ♦ *s.f.invar.* auto a due posti.
bìr|ba *s.f.* (*fam.*) bambino vivace e furbo; monello.
bir|ban|tàg|gi|ne *s.f.* (*anche scherz.*) l'essere birbante | atto da birbante.
bir|bàn|te *s.m.* **1** tipo molto astuto e disonesto; mascalzone **2** (*scherz.*) ragazzo scapestrato; monello.
bir|ban|te|rì|a *s.f.* birbantaggine.
bir|ban|té|sco *agg.* [m.pl. *-schi*] da birbante.
bir|bo|nàg|gi|ne *s.f.* (*anche scherz.*) l'essere birbone | atto da birbone, briccornata.
bir|bo|nà|ta *s.f.* atto di birbone; canagliata.
bir|bó|ne *s.m.* [f. *-a*] **1** tipo scaltro e disonesto; briccone **2** (*scherz.*) monello ♦ *agg.* maligno: *un tiro* —.
bir|bo|ne|rì|a *s.f.* birbonaggine.
bird watching (*ingl.*) [pr. *börd uòccin*] *loc.sost. m.invar.* osservazione, spec. con binocolo, degli uccelli nel loro habitat naturale a scopo ricreativo o sportivo.
bi|re|at|tó|re *s.m.* (*aer.*) velivolo azionato da due motori a getto.
bi|rè|me *s.f.* antica nave con un doppio ordine di remi.
bi|ri|chi|nà|ta *s.f.* azione da birichino, da monello.
bi|ri|chì|no *agg.* (*spec. di bambino*) vispo, vivace | (*estens.*) malizioso; furbo: *mosse birichine* ♦ *s.m.* [f. *-a*] birba.
bi|ri|fran|gèn|te *s.f.* (*fis.*) si dice di cristallo che

bi|ri|gnà|o *s.m.invar.* pronuncia strascicata e con tonalità caricate, assunta talora da attori o cantanti.
bi|ril|lo *s.m.* piccolo cilindro che, in diversi giochi, deve essere abbattuto con palle.
bir|mà|no *agg.* dello Stato asiatico della Birmania ♦ *s.m.* **1** [f. *-a*] chi è nato o abita in Birmania **2** lingua parlata in Birmania.
bi|ro® *agg.invar., s.f.invar.* detto di penna a sfera: *scrivere con la — blu.*
bir|ra *s.f.* bevanda alcolica ottenuta fermentando malto, frumento o altri cereali e aggiungendo luppolo | (*fig.*) **avere — in corpo**, essere pieno di energia | *a tutta —*, più velocemente possibile.
bir|rà|io *s.m.* [f. *-a*] chi vende birra | chi produce birra.
bir|rà|rio *agg.* relativo alla produzione e commercializzazione della birra: *industria birraria.*
bir|re|rì|a *s.f.* locale dove si consuma o si vende soprattutto birra.
bir|ri|fì|cio *s.m.* fabbrica che produce birra.
bis *inter.* (*teat.*) esclamazione del pubblico per chiedere la replica di una parte dello spettacolo ♦ *s.m.invar.* replica immediata di un'esecuzione: *concedere il —* | (*estens.*) ripetizione: *è così buono che farei il —* ♦ *agg.invar.* [sempre posposto] **1** (*nelle enumerazioni*) aggiuntivo: *via Cassia 7 — 2* supplementare: *treno —.*
bis- primo elemento di parole composte che può significare "doppio" (*bisarca*) o "due volte" (*biscotto*) | può indicare un rinvio a un grado ulteriore (*bisnonno, biscroma*) | può far assumere un valore peggiorativo (*bisunto, bistrattare*).
bi|sàc|cia *s.f.* [pl. *-ce*] sacca a due tasche da portare a tracolla o da caricare di traverso sugli animali da soma.
bi|sàn|te *s.m.* **1** (*st.*) moneta d'oro bizantina **2** (*arald.*) figura simile a una moneta.
bi|sàr|ca *s.f.* autotreno a due piani per il trasporto di automobili.
bi|sà|vo o **bisàvolo** *s.m.* [f. *-a*] bisnonno | (*estens.*) antenato.
bi|sbè|ti|co *agg., s.m.* [m.pl. *-ci*; f. *-a*] che, chi ha umore mutevole, indole scontrosa.
bi|sbi|glià|re *v.intr.* [indic.pres. *io bisbìglio...*; aus. *A*] **1** parlare sommessamente, mormorare: *bisbigliavano tra loro* **2** (*estens.*) fare pettegolezzi ♦ *tr.* dire sottovoce: *— parole incomprensibili.*
bi|sbì|glio[1] *s.m.* **1** mormorio **2** (*estens.*) pettegolezzo.
bi|sbi|glì|o[2] *s.m.* bisbigliare continuo; brusio.
bi|sbòc|cia *s.f.* [pl. *-ce*] riunione di amici allegra e rumorosa, spec. per mangiare e bere; baldoria.
bi|sboc|cià|re *v.intr.* [indic.pres. *io bisbòccio...*; aus. *A*] fare baldoria.
bì|sca *s.f.* locale in cui si gioca d'azzardo: *— clandestina.*
bi|sca|glì|na *s.f.* (*mar.*) scaletta a pioli in corda.
bi|scaz|ziè|re *s.m.* [f. *-a*] **1** chi lavora in una bi-

sca o la gestisce **2** nel biliardo, chi segna i punti ottenuti dai giocatori.
bi|sche|ràt|a *s.f.* (*region.*) comportamento stupido; espressione sciocca: *non dire bischerate!* | (*estens.*) cosa da nulla, sciocchezza.
bi|sche|ro *s.m.* **1** (*region.*) sciocco, babbeo **2** (*mus.*) nel manico degli strumenti a corda, astina che permette di tendere le corde.
bì|scia *s.f.* [pl. *-sce*] **1** piccolo serpente non velenoso **2** (*fig.*) persona infida.
bi|scòt|tà|re *v.tr.* [indic.pres. *io biscòtto...*] cuocere fino a rendere croccante: *— il pane.*
bi|scot|tà|to *part.pass.* di biscottare ♦ *agg.* cotto a mo' di biscotto: *fetta biscottata.*
bi|scot|te|rì|a *s.f.* **1** fabbrica di biscotti | rivendita di biscotti **2** assortimento di paste dolci.
bi|scot|tiè|ra *s.f.* recipiente per i biscotti.
bi|scot|ti|fì|cio *s.m.* stabilimento dolciario che produce biscotti.
bi|scòt|to *s.m.* piccola pasta dolce, secca e croccante, cotta a lungo.
bi|scrò|ma *s.f.* (*mus.*) nota che dura la metà di una croma, cioè 1/32 dell'intero.
bi|sdrùc|cio|lo *agg.* (*ling.*) si dice di parola il cui accento tonico cade sulla quart'ultima sillaba (p.e. *trepidano, infischiandosene*).
bi|se|càn|te *agg., s.f.* (*geom.*) detto di retta che passa per due punti distinti di una curva sghemba.
bi|sé|gol|o *s.m.* arnese rigido che il calzolaio usa per levigare tacchi e suole.
bi|sel|là|re *v.tr.* [indic.pres. *io bisèllo...*] (*tecn.*) smussare un bordo destinato all'incastro o alla saldatura.
bi|sèl|lo *s.m.* **1** (*tecn.*) smusso nello spigolo di una lamiera da saldare | smusso del bordo di un pannello da inserire in una scanalatura | assottigliamento del margine di una lente da incastrare nella montatura degli occhiali **2** (*arch.*) modanatura nella quale un piano inclinato collega due superfici parallele.
bi|sèn|so *agg.* che ha due significati ♦ *s.m.* **1** termine con due significati **2** gioco enigmistico basato su una parola dal doppio significato.
bi|ses|suà|le *agg.* **1** (*biol.*) che presenta caratteri di entrambi i sessi; ermafrodito | (*bot.*) si dice di fiore dotato sia di pistilli, sia di stami **2** (*di persona*) disponibile a esperienze sia omosessuali che eterosessuali ♦ *s.m./f.* chi è sessualmente attratto sia da femmine, sia da maschi.
bi|ses|sua|li|tà *s.f.* l'essere bisessuale.
bi|ses|suà|to *agg.* (*biol.*) bisessuale.
bi|se|stì|le *agg.* si dice dell'anno di 366 giorni che capita ogni quadriennio.
bi|sè|sto *s.m.* il giorno che si aggiunge al mese di febbraio negli anni bisestili.
bi|set|ti|ma|nà|le *agg.* che accade due volte alla settimana: *incontri bisettimanali.*
bi|set|trì|ce *s.f.* (*geom.*) semiretta che, passando per il vertice di un angolo, lo divide in due parti uguali.
bi|sèx *agg., s.m./f.invar.* **1** (*di persona*) bisessuale **2** (*di abbigliamento*) unisex.

bi|se|zió|ne *s.f.* *(geom.)* divisione di un angolo in due parti uguali.
bi|sil|là|bi|co *agg.* [m.pl. *-ci*] bisillabo.
bi|sil|la|bo *agg.* di due sillabe ♦ *s.m.* *(ling.)* parola di due sillabe | *(lett.)* verso di due sillabe.
bi|slàc|co *agg.* [m.pl. *-chi*] stravagante, bizzarro □ **bislaccamente** *avv.*
bi|slùn|go *agg.* [m.pl. *-ghi*] di forma molto allungata.
bi|smù|to *s.m.* elemento chimico, metallo di colore bianco-roseo *(simb.* Bi); si usa per leghe e prodotti farmaceutici.
bi|sni|pó|te *s.m./f.* pronipote.
bi|snòn|no *s.m.* [f. *-a*] padre del nonno o della nonna.
bi|so|gnà|re *v.intr.impers.* essere necessario, occorrere; dovere: *bisogna prendere una decisione*; *non bisognava aspettare.*
bi|só|gno *s.m.* 1 il non disporre del necessario; necessità: *avere — di cibo* | *in caso di —*, se dovesse servire | *per —*, per necessità 2 la cosa che occorre: *soddisfare i propri bisogni* 3 grave difficoltà: *in caso di —, telefonami* | *trovarsi nel —*, in una situazione economica difficile 4 *(psicol.)* stimolo: *sento il — di piangere* 5 *(spec.pl., euf.)* necessità corporali: *fare i bisogni.*
bi|so|gnó|so *agg., s.m.* [f. *-a*] 1 che, chi ha bisogno di ql.co.: *— di attenzioni* 2 indigente, povero: *aiutare un —.*
bi|són|te *s.m.* 1 grosso ruminante selvatico con fronte ampia e piccole corna arcuate 2 *(fig.)* autotreno, autoarticolato.
bis|sà|re *v.tr.* concedere un bis | *(estens.)* ripetere, replicare.
bìs|so *s.m.* 1 tela finissima di lino 2 secrezione filamentosa con cui alcuni molluschi acquatici si fissano a un sostegno.
bi|stéc|ca *s.f.* fetta di carne di vitello o manzo tagliata dalla costa o dal lombo, da cuocere in padella o sulla griglia | *— al sangue*, poco cotta.
bi|stec|chiè|ra *s.f.* piastra o griglia per la cottura delle bistecche.
bi|stic|cià|re *v.intr.* [indic.pres. *io bistìccio...*; aus. *A*] prendersi a male parole, litigare.
bi|stìc|cio *s.m.* 1 breve litigio, lite non grave 2 accostamento di parole di suono simile, fatto per gioco o per errore (p.e. *traduttore - traditore*).
bi|strà|re *v.tr.* truccare con il bistro.
bi|strat|tà|re *v.tr.* maltrattare: *non — gli strumenti di lavoro* | *(fig.)* criticare aspramente: *bistrattato dai recensori.*
bi|stro *s.m.* 1 polvere colorante scura usata in pittura e come cosmetico 2 colore blu nerastro.
bistrot *(fr.)* [pr. *bistrò*] *s.m.invar.* locale tipico parigino, in cui si beve, spec. vini o liquori, o si mangia un rapido pranzo; caffè.
bì|stu|ri *s.m.* *(med.)* strumento chirurgico affilato per incidere i tessuti molli.
bi|sùn|to *agg.* sporco, molto unto | *(fam.)* *unto e —*, esageratamente sporco.
bit *(ingl.)* *s.m.invar.* *(inform.)* unità di misura della quantità di informazione | ognuna delle due cifre del sistema binario.
bi|to|nà|le *agg.* 1 che ha due toni, due note: *clacson —* 2 *(mus.)* si dice di composizione che presenta due tonalità simultaneamente.
bi|to|na|li|tà *s.f.* *(mus.)* compresenza di due scale tonali diverse nello stesso pezzo.
bi|tór|zo|lo *s.m.* piccolo rigonfiamento, spec. sulla pelle.
bi|tor|zo|lù|to *agg.* coperto di bitorzoli.
bit|ta *s.f.* *(mar.)* colonnetta d'acciaio o ghisa per avvolgervi cavi o catene di ormeggio.
bit|ter *s.m.invar.* bevanda amara, alcolica o analcolica, bevuta spec. come aperitivo.
bi|tu|mà|re *v.tr.* rivestire con uno strato di bitume: *— la via.*
bi|tu|ma|trì|ce *s.f.* macchina che stende il bitume sul fondo stradale.
bi|tu|ma|tù|ra *s.f.* operazioni necessarie per stendere il bitume | strato di bitume.
bi|tù|me *s.m.* 1 miscela solida o semisolida o idrocarburi, usata nella pavimentazione stradale 2 *(mar.)* miscela di catrame, zolfo, sego e olio di pesce che si spalma sulla carena delle imbarcazioni.
bi|tu|mi|nó|so *agg.* contenente bitume.
bi|u|ni|vo|ci|tà *s.f.* *(mat.)* relazione tra due insiemi, tale per cui a ogni elemento dell'uno corrisponde uno e uno solo dell'altro e viceversa.
bi|u|nì|vo|co *agg.* [m.pl. *-ci*] *(mat.)* si dice di corrispondenza di un elemento di un insieme con uno e un solo elemento di un altro insieme e viceversa.
bi|vac|cà|re *v.intr.* [indic.pres. *io bivacco, tu bivacchi...*; aus. *A*] 1 accamparsi all'aperto per la notte 2 *(estens.)* sistemarsi alla meglio in un rifugio provvisorio.
bi|vàc|co *s.m.* [pl. *-chi*] sistemazione di fortuna all'aperto, spec. di escursionisti | luogo di tale sistemazione | *— fisso*, riparo in lamiera usato dagli alpinisti.
bi|va|lèn|te *agg.* 1 *(chim.)* si dice di atomo o radicale con due valenze libere 2 *(fig.)* che presenta due possibilità di applicazione, soluzione e sim.: *ipotesi —.*
bi|va|lèn|za *s.f.* proprietà, caratteristica di ciò che è bivalente.
bi|vàl|ve *agg.* composto da due valve | *(zool.)* **conchiglia —**, costituita da due valve tenute da una specie di cerniera | *(bot.)* **frutto —**, divisibile in due valve nel senso della lunghezza.
Bi|vàl|vi *s.m.pl.* classe di Molluschi acquatici con conchiglia a due valve; ne fanno parte ostriche, vongole, mitili ecc.
bì|vio *s.m.* 1 punto dove una via di comunicazione si biforca 2 *(fig.)* momento decisivo; scelta fondamentale: *la nostra amicizia è a un —* | *(estens.)* alternativa, scelta: *essere di fronte a un —.*
bi|zan|tì|nì|smo *s.m.* 1 *(arte)* imitazione dello stile bizantino | *(estens.)* *s.m.* 1 preziosismo formale ricercato 2 *(fig.)* sottigliezza argomentativa | pedanteria.

bi|zan|ti|ni|sta *s.m./f.* [m.pl. *-i*] studioso dell'arte e della storia della civiltà bizantina.
bi|zan|ti|no *agg.* 1 di Bisanzio | dell'Impero Romano d'Oriente: *esercito* — 2 (*estens.*) spec. in arte, raffinato fino all'eccesso: *decorazioni bizantine* 3 (*fig.*) capzioso, pedante: *argomenti bizantini* ♦ *s.m.* [f. *-a*] nativo o abitante di Bisanzio | suddito dell'Impero Romano d'Oriente.
biz|za *s.f.* breve stizza, accesso di rabbia | *fare le bizze*, fare i capricci.
biz|zar|ri|a *s.f.* stranezza, stravaganza | idea stravagante; comportamento bizzarro.
biz|zar|ro *agg.* 1 originale, stravagante, strano: *ragionamento* — 2 (*di cavallo*) facile a imbizzarrirsi □ **bizzarramente** *avv.*
biz|zef|fe *solo nella loc. a* —, in gran quantità, in abbondanza.
biz|zó|so *agg.* stizzoso, nervoso; capriccioso: *carattere* — | (*di cavallo*) che si imbizzarrisce facilmente.
bla|blà o **bla bla** o **blablablà** *s.m.invar.* (*onom.*) discorso vuoto e inconcludente.
blackjack (*ingl.*) [pr. *blekgèk*] *s.m.invar.* gioco d'azzardo con due mazzi di carte, simile al sette e mezzo.
blackout (*ingl.*) [pr. *blèk àut*] *s.m.invar.* 1 improvvisa interruzione nella fornitura di energia elettrica e conseguente blocco degli apparecchi che la usano (*estens.*) interruzione di un servizio: — *telefonico* | (*fig.*) silenzio stampa: *il* — *sul rapimento* 3 (*pop.*) vuoto di memoria.
blan|di|re *v.tr.* [indic.pres. *io blandisco, tu blandisci...*] lusingare | (*di passioni, vizi e sim.*) assecondare.
blan|di|zia *s.f.* spec.pl. lusinga; moina: *lo circondò di blandizie.*
blàn|do *agg.* che agisce con moderazione, senza particolare vigore: *terapia blanda* | (*estens.*) smorzato, tenue | (*fig.*) dolce, soave: *musica blanda* □ **blandamente** *avv.*
blasé (*fr.*) *agg.invar.* indifferente, scettico.
bla|sfè|mo *agg.* che offende il sacro o il divino: *frase blasfema* | (*estens.*) irrispettoso ♦ *s.m.* [f. *-a*] bestemmiatore.
bla|so|nà|to *agg.* che ha un blasone; nobile | (*estens.*) che vanta record, vittorie, titoli: *un atleta* — ♦ *s.m.* [f. *-a*] membro della nobiltà.
bla|só|ne *s.m.* 1 stemma nobiliare | (*estens.*) nobiltà di natali 2 complesso di regole e principi dell'araldica 3 (*fig.*) concetto emblematico; simbolo: *il suo* — *è l'impegno civile.*
blà|sti|co *agg.* [m.pl. *-ci*] 1 (*biol.*) di cellula embrionale immatura 2 (*med.*) che genera un tumore: *attività blastica* | tumorale.
blà|sto-, -blà|sto primo e secondo elemento di parole composte che significa "cellula" (*blastomero*) o "embrione" (*blastoma, eritroblasto*).
bla|stò|ma *s.f.* [pl. *-i*] (*med.*) tumore maligno.
bla|stò|me|ro *s.f.* (*biol.*) ogni cellula che lo zigote genera nelle proprie divisioni iniziali.
blà|stu|la *s.f.* (*biol.*) stadio iniziale di sviluppo dell'embrione, in cui i blastomeri si dispongono a formare una cavità centrale.

bla|te|rà|re *v.intr.* [indic.pres. *io blàtero...*; aus. *A*] parlare a vanvera: *smettila di* — ♦ *tr.* dire ql.co. senza senso: *che cosa stai blaterando?*
blàt|ta *s.f.* scarafaggio.
Blat|toi|dè|i *s.m.pl.* ordine di insetti terrestri dal corpo piatto e antenne filiformi; ne fanno parte piattole e scarafaggi.
blazer (*ingl.*) [pr. *bléser*] *s.m.invar.* giacca sportiva con taschino decorato, tipica spec. dei collegi inglesi.
ble|fa|rì|te *s.f.* (*med.*) infiammazione che colpisce le palpebre.
ble|fa|ro- primo elemento di parole composte che significa "palpebra" (*blefarospasmo*).
ble|fa|ro|plà|sti|ca *s.m.* (*med.*) intervento di chirurgia plastica per ricostruire o correggere le palpebre.
ble|fa|ro|spà|smo *s.m.* (*med.*) contrazione spastica della palpebra.
blef|fà|re *v.intr. e deriv.* → **bluffare** *e deriv.*
blè|no- primo elemento di parole composte che significa "pus, muco" (*blenorragia*).
ble|nor|ra|gì|a *s.f.* (*med.*) malattia venerea contagiosa causata da gonococco.
ble|nor|rè|a *s.f.* (*med.*) blenorragia.
ble|si|tà *s.f.* difetto di pronuncia consistente nel deformare, sostituire o sopprimere una o più consonanti, spec. *s, l, r.*
blè|so *agg., s.m.* [f. *-a*] che, chi rivela, è affetto da blesità.
bleu (*fr.*) [pr. *blö*] *agg.invar., s.m.invar.* blu: *una giacca* —.
blìn|da *s.f.* robusto rivestimento a protezione di uomini, mezzi, strutture.
blin|dàg|gio *s.m.* blindatura.
blin|dà|re *v.tr.* rivestire con strutture d'acciaio o altro materiale resistente a scopo protettivo | (*fig.*) mettere sotto stretta sorveglianza: *la città è blindata* | (*estens.*) protetto da ogni tentativo di modifica o disturbo: — *una procedura.*
blin|dà|to *part.pass.* di blindare ♦ *agg.* corazzato, munito di rinforzo protettivo: *porta blindata* | (*mil.*) **reparto** —, che impiega mezzi corazzati ♦ *s.m.* veicolo blindato.
blin|da|tù|ra *s.f.* il blindare, l'essere blindato | rivestimento di rinforzo.
blìn|do *s.f.invar.* autoblindo.
blin|do|sbàr|ra® *s.f.* (*tecn.*) sistema di distribuzione della corrente, usato spec. per impianti industriali, costituito da barre di rame o alluminio avvolte in un involucro metallico sospeso sopra le macchine utilizzatrici.
blind trust (*ingl.*) [pr. *blàind tràst*] *loc.sost.m. invar.* l'affidare completamente i propri affari a un fiduciario per evitare accuse di conflitto di interessi.
blinker (*ingl.*) *s.m.invar.* sistema che fa lampeggiare a intermittenza tutte le luci direzionali di un veicolo, per segnalare sosta irregolare o pericolo.
blister (*ingl.*) *s.m.invar.* confezione, spec. farmaceutica, per fiale, compresse e sim., ciascuna

delle quali è contenuta in piccoli involucri di plastica incollati su un foglio di alluminio.
blitz (*ted.*) [pr. *bliz*] *s.m.invar.* azione fulminea, spec. militare: — *antiterroristico*.
blizzard (*ingl.*) [pr. *blìsard*] *s.m.invar.* tempesta di vento glaciale, tipica del Nordamerica.
blob *s.m.invar.* **1** (*cine.*, *tv*) montaggio satirico, realizzato con spezzoni di trasmissioni varie **2** (*estens.*) mescolanza di spezzoni.
blob|bà|re *v.tr.* (*cine.*, *tv*) mescolare sequenze differenti con intenti parodistici.
bloc|càg|gio *s.m.* il bloccare, il bloccarsi.
bloc|cà|re *v.tr.* [indic.pres. *io blòcco, tu blòcchi...*] **1** fermare ql.co. che è in movimento: — *il meccanismo, la ruota* | interrompere un'azione: — *la fuga* **2** immobilizzare: *la catena lo bloccava* | frenare emotivamente: *bloccato dalla paura* **3** (*fig.*) mantenere inalterato: — *i prezzi* **4** impedire l'accesso, ostruire: — *l'entrata* ♦ **-rsi** *intr.pron.* **1** smettere di funzionare: *la lavatrice si è bloccata* **2** (*psicol.*) avere un blocco emotivo.
bloc|ca|stèr|zo *s.m.* [pl. invar. o *-i*] (*auto.*) dispositivo antifurto che blocca meccanicamente lo sterzo.
bloc|cà|to *part.pass.* di bloccare ♦ *agg.* (*fam.*) si dice di chi ha forti inibizioni.
bloc|chét|to *s.m.* **1** pezzetto di materiale omogeneo: — *di cioccolato* **2** piccolo bloc-notes | insieme di tagliandi uniti alla matrice: — *dei biglietti della lotteria* **3** (*alpinismo*) dado metallico da incastrare nelle fessure della roccia.
blòc|co[1] *s.m.* [pl. *-chi*] **1** arresto, interruzione di un meccanismo o di una macchina | sospensione **2** interruzione forzata di un passaggio: — *navale* | *posto di —*, sbarramento stradale delle forze dell'ordine per effettuare controlli **3** limite imposto per legge: — *dei salari* **4** (*med.*) arresto di funzioni fisiologiche: — *renale* | (*psicol.*) — *emotivo*, crisi d'ansia che ostacola momentaneamente l'azione o il pensiero.
blòc|co[2] *s.m.* [pl. *-chi*] massa compatta di grandi dimensioni: — *di ghiaccio* | (*fig.*) *in —*, tutto insieme: *comprare in — * **2** (*polit.*) schieramento, alleanza di forze per uno scopo comune | (*estens.*) unione, alleanza | *fare — intorno a qlcu.*, *ql.co.*, unirsi in sua difesa o sostegno **4** insieme di fogli incollati da un lato: — *da disegno* | bloc-notes **5** (*sport*) — *di partenza*; (*nel nuoto*) piedistallo per i tuffi; (*nell'atletica leggera*) attrezzo da cui i velocisti si danno lo slancio iniziale | (*fig.*) *essere ai blocchi di partenza*, in procinto di iniziare.
bloc-nòtes (*improprio* block-nòtes) *s.m.invar.* blocco di fogli staccabili per prendere appunti; taccuino.
blog (*ingl.*) *s.m.invar.* (*inform.*) sorta di diario in rete; sito creato da un utente per pubblicare storie o informazioni, in cui tutti i lettori possono scrivere messaggi o commenti.
blu *agg.invar.* azzurro scuro | (*fig.*) *avere sangue —*, essere di nobile stirpe ♦ *s.m.invar.* colore blu: — *oltremare*, *navy*, *elettrico*.
blu|à|stro *agg.* tendente al blu.

blue chips (*ingl.*) [pr. *blu cips*] *loc.sost.f.pl.* (*fin.*) azioni il cui rendimento è considerato affidabile.
blue-jeans (*ingl.*) [pr. *blu gins*] *s.m.pl.* calzoni lunghi di cotone pesante, gener. azzurro scuro, sportivi o da lavoro; jeans.
blues (*ingl.*) [pr. *blus*] *s.m.invar.* (*mus.*) genere vocale e strumentale, lento e malinconico, sviluppatosi dai canti popolari dei neri americani.
bluff (*ingl.*) [pr. *blèf*] *s.m.invar.* **1** (*gioco*) spec. nel poker, tentativo di intimorire l'avversario fingendo di avere carte migliori di quelle effettivamente possedute **2** (*fig.*) esagerazione di ql.co. per ottenere vantaggi personali.
bluf|fà|re [pr. *bléffare*] o **bleffare** *v.intr.* [aus. *A*] **1** (*gioco*) spec. nel poker, fingere di avere carte ottime per ingannare l'avversario **2** (*fig.*) simulare qualità, risorse che in realtà non si hanno.
bluf|fa|tó|re [pr. *bleffatòre*] o **bleffatòre** *s.m.* [f. *-trice*] persona che bluffa, spec. al gioco.
blù|sa *s.f.* **1** camicia corta non aderente **2** camiciotto di tela pesante: — *da operaio, da pittore*.
blu|sòt|to *s.m.* camiciotto corto da uomo, indossato sopra abiti leggeri.
b-movie (*ingl.*) [pr. *bimùvi*] *s.m.invar.* (*cine.*) film realizzato con mezzi limitati e scarse pretese artistiche.
bò|a[1] *s.f.* galleggiante usato per ormeggio o per segnalazione.
bò|a[2] *s.m.invar.* **1** grosso serpente non velenoso che stritola la preda **2** (*estens.*) sciarpa femminile, fatta di pelliccia o piume di struzzo.
bo|à|to *s.m.* fragore cupo e possente; rimbombo: *il — del tuono*.
boat people (*ingl.*) [pr. *bòt pìpol*] *loc.sost.m. pl.* (*giorn.*) profughi in fuga su imbarcazioni di fortuna, spec. dell'Asia sudoccidentale.
bòb *s.m.invar.* (*sport*) slitta con due coppie di pattini e numero variabile di posti per l'equipaggio: — *a quattro* | (*estens.*) disciplina in cui si scende con tale slitta lungo una pista ghiacciata.
bob|bì|sta *s.m./f.* [m.pl. *-i*] (*sport*) chi pratica lo sport del bob.
bo|bì|na *s.f.* **1** avvolgimento di nastro e sim. su un supporto | il supporto stesso **2** (*cine.*, *foto.*) rotolo di pellicola **3** (*elettr.*) avvolgimento di un filo conduttore in spire, tale da creare un campo magnetico al passaggio della corrente elettrica | (*auto.*) — *d'accensione*, trasformatore di corrente dalla batteria alle candele.
bo|bi|na|trì|ce *s.f.* macchina che avvolge nastri, fili e pellicole in bobine.
bobtail (*ingl.*) [pr. *bobtéil*] *s.m.invar.* razza inglese di cane pastore a pelo lungo.
bóc|ca *s.f.* **1** (*anat.*) cavità facciale di uomini e animali, circondata dalle labbra, organo dell'apparato respiratorio e digerente | (*fig.*) *restare a — aperta*, meravigliarsi | *restare a — asciutta*, non ottenere quanto sperato | *fare la — a ql.co.*, abituarcisi | *di — buona*, si dice di chi mangia di tutto; (*estens.*) sempre pronto ad accontentarsi | (*escl.*) *in — al lupo!*, buona fortuna! **2** la cavità orale

boccaccesco 150

umana in quanto organo della parola | *di — in* —, si dice di notizia trasmessa da una persona all'altra | (*fig.*) *essere la — della verità*, essere sincero | *essere sulla — di tutti*, al centro delle chiacchiere della gente | *cavare di — qlco. a qlcu.*, strappargli un'informazione e sim. | *mettere in — qlco. a qlcu.*, attribuirgli affermazioni altrui | *togliere la parola di — a qlcu.*, anticiparlo mentre sta per dirla | *non aprire —*, non dire niente | *tenere la — chiusa*, tacere; non svelare nulla | *tappare la — a qlcu.*, farlo tacere | *acqua in —!*, mantieni il segreto! 3 labbra: *bacio sulla —* | *fare la — storta*, in segno di disgusto o disapprovazione 4 (*estens.*) apertura di contenitore, tubo, cavità e sim.: *la — del vaso; la — di una grotta* | *— da fuoco*, parte terminale della canna di un'arma da fuoco; (*estens.*) pezzo d'artiglieria 5 (*geog.*) foce | (*pl.*) stretto di mare: *bocche di Bonifacio* 6 — *di leone*, pianta erbacea con piccole foglie lanceolate e fiori di vari colori dalla forma simile a una bocca.

boc|cac|cé|sco agg. [m.pl. *-schi*] 1 boccacciano 2 (*estens.*) licenzioso; salace: *storia boccaccesca*.

boc|càc|cia s.f. [pl. *-ce*] 1 smorfia fatta per disgusto o sberleffo 2 (*fig.*) persona che parla male degli altri | chi è scurrile.

boc|cac|cià|no agg. dello scrittore G. Boccaccio (1313-1375): *stile —*.

boc|cà|glio s.m. 1 parte finale di strumenti che si portano alla bocca per respirare | tubo delle maschere subacquee che fuoriesce dall'acqua per permettere la respirazione 2 estremità di un tubo di scarico.

boc|cà|le[1] s.m. 1 grande bicchiere con manico, talvolta con beccuccio 2 il liquido che può stare in un boccale: *un — di sidro*.

boc|cà|le[2] agg. (*anat.*) relativo alla bocca: *mucosa —*.

boc|ca|le|ri|a s.f. arte della maiolica.

boc|ca|ló|ne s.m. [f. *-a*] (*pop.*) 1 persona maldicente | persona scurrile 2 credulone.

boc|ca|pòr|to s.m. [pl. *boccaporti*] (*mar.*) in una nave, portello a chiusura stagna che porta dal ponte ai locali inferiori.

boc|ca|scè|na s.m.invar. parte di palcoscenico che risulta visibile dagli spettatori.

boc|cà|ta s.f. quantità che può essere contenuta in bocca | *prendere una — d'aria*, fare un giro all'aperto.

boc|cét|ta s.f. 1 bottiglietta: *— di sali* 2 piccola palla per giocare a biliardo senza stecca: *giocare a boccette*.

boc|cheg|giàn|te part.pres. di boccheggiare ♦ agg. agonizzante | (*fig.*) che è in difficoltà.

boc|cheg|già|re v.intr. [indic.pres. *io bocchéggio...*; aus. *A*] respirare affannosamente, aprendo e chiudendo la bocca | (*estens.*) essere in punto di morte | (*fig.*) trovarsi in difficoltà serie; mancare di risorse.

boc|chét|ta s.f. 1 imboccatura di tubi, canali, contenitori 2 (*mus.*) imboccatura di strumento a fiato 3 foro di scolo | presa d'aria | *— stradale*, placca metallica forata che sta sopra il tombino 4 borchia metallica per proteggere od ornare la toppa di una serratura.

boc|chet|tó|ne s.m. 1 imboccatura con chiusura ermetica per tubi, serbatoi e sim. 2 elemento filettato per unire due tubi.

boc|chì|no s.m. 1 piccolo cannello in cui si infila la sigaretta | imboccatura della pipa 2 piccola imboccatura di certi strumenti a fiato 3 (*volg.*) fellatio.

bòc|cia s.f. [pl. *-ce*] 1 vaso panciuto in vetro dal lungo collo 2 palla in materiale rigido che si usa in vari giochi 3 (*pl.*) gioco in cui bisogna lanciare una boccia il più possibile vicino a un boccino | *a bocce ferme*, quando la situazione è tranquilla 4 (*pl., volg.*) seni.

boc|ciàr|da s.f. (*tecn.*) 1 sorta di pestello in ferro per zigrinare superfici in cemento 2 martello con punte piramidali per la lavorazione della pietra.

boc|cià|re v.tr. [indic.pres. *io bòccio...*] 1 respingere, rifiutare, non approvare: *— il progetto* | respingere ad un esame, alla fine del corso o dell'anno scolastico 2 nel gioco delle bocce, colpire un'altra boccia con la propria ♦ intr. [aus. *A*] (*fam.*) avere un incidente automobilistico.

boc|cià|ta s.f. nel gioco delle bocce, lancio a parabola con cui si tenta di colpire il boccino o un'altra boccia.

boc|cia|tù|ra s.f. il fatto di bocciare o essere bocciato: *— di una legge*.

boc|cì|no s.m. nel gioco delle bocce, la palla più piccola a cui ci si deve avvicinare con le proprie bocce per ottenere punto.

bòc|cio s.m. fiore che deve ancora sbocciare; bocciolo | (*fig.*) *in —*, ancora immaturo.

boc|ciò|dro|mo s.m. impianto attrezzato per il gioco delle bocce.

boc|cio|fi|lo agg. relativo al gioco delle bocce: *società bocciofila* ♦ s.m. [f. *-a*] chi gioca a bocce.

boc|ciò|lo o **bòcciolo** s.m. fiore non ancora sbocciato; boccio.

bóc|co|la s.f. 1 borchia ornamentale 2 cerchietto metallico che rinforza l'estremità di aste 3 (*elett.*) presa fissa unipolare 4 (*mecc.*) nel materiale rotabile, supporto che trasmette il carico agli assi.

bóc|co|lo s.m. ricciolo di capelli a spirale.

boc|con|cì|no s.m. 1 assaggio di pietanza prelibata 2 (*pl.*) spezzatino 3 (*fig.*) cosa o persona attraente, desiderabile.

boc|có|ne s.m. 1 quantità di cibo che può stare in bocca in una sola volta | *mangiare un —*, fare un rapido spuntino | (*fig.*) *a bocconi*, un pezzo alla volta | *ingoiare bocconi amari*, dover sopportare gravi delusioni o dispiaceri 2 pietanza succulenta | (*fig.*) cosa o persona desiderabile.

boc|có|ni avv. steso sul ventre, a faccia in giù; prono: *cadde —*.

bo|dó|ni s.m.invar. carattere tipografico dall'occhio marcato e tondo.

body (*ingl.*) s.m.invar. indumento intimo femminile che unisce mutandine e corpetto | indu-

mento analogo, anche maschile, indossato nelle attività sportive.
body building (*ingl.*) [pr. *bòdi bìlding*] *loc.sost.m.invar.* ginnastica finalizzata alla modellazione e accrescimento dei muscoli; culturismo.
body copy (*ingl.*) *loc.sost.m.invar.* testo che accompagna uno slogan pubblicitario e spiega l'offerta.
boeing® (*ingl.*) [pr. *bòing*] *s.m.invar.* aereo di grandi dimensioni per il trasporto di persone e merci.
bo|è|mo *agg.* della regione centroeuropea di Boemia ♦ *s.m.* [f. *-a*] chi è nato o abita in Boemia.
bo|è|ro *agg.* relativo alla popolazione sudafricana discesa da coloni olandesi: *guerra anglo-boera* ♦ *s.m.* **1** [f. *-a*] chi appartiene alla popolazione sudafricana di origine olandese **2** cioccolatino ripieno con ciliegina sotto spirito.
bo|fon|chià|re *v.tr.*, *intr.* [indic.pres. *io bofónchio*...; aus. *A*] borbottare, dire sbuffando.
bò|ga *s.f.* piccolo pesce commestibile diffuso nel Mediterraneo, con il dorso a fasce dorate.
bóh *inter.* (*fam.*) non so, non saprei; mah: *"Come si chiama?" "Boh!"*.
bohème (*fr.*) [pr. *boèm*] *s.f.invar.* vita povera e anticonformista, spec. di studenti, artisti e sim.
bohémien (*fr.*) [pr. *boemièn*] *s.m.invar.* chi conduce un'esistenza povera, ma libera e anticonformista.
bò|ia *s.m.invar.* **1** esecutore delle condanne a morte; carnefice **2** (*estens.*) canaglia, mascalzone | detto nelle escl. di rabbia, stupore o delusione: — *d'un cane!* ♦ *agg.invar.* tremendo: *fatica* — | detto nelle escl. di rabbia, stupore o delusione: *mondo* —*!*
bo|iàc|ca *s.f.* (*edil.*) impasto di cemento molto fluido, per fissare piastrelle e sim.
bo|iàr|do *s.f.* **1** (*st.*) nobile latifondista della Russia zarista **2** [f. *-a*] (*spreg.*) personaggio potente nell'amministrazione pubblica.
bo|ia|ta *s.f.* (*fam.*) **1** cosa realizzata malamente **2** cattiveria, carognata | stupidata, sciocchezza: *ha detto solo boiate*.
boi|cot|tàg|gio *s.m.* operazione o strategia che cerca di impedire un'attività, spec. a livello economico.
boi|cot|tà|re *v.tr.* [indic.pres. *io boicòtto*...] **1** (*econ.*) ostacolare una normale attività economica, spec. con azioni di disturbo o tramite una pubblica campagna per il non acquisto **2** (*estens.*) ostacolare la riuscita di ql.co., spec. con ostruzionismo o non partecipazione: — *un progetto*.
boiler (*ingl.*) *s.m.invar.* scaldabagno elettrico.
boiserie (*fr.*) [pr. *buaserì*] *s.f.invar.* rivestimento in legno per pareti.
bo|len|ti|no *s.m.* lenza a più ami per pescare a mano sul fondo.
bo|lè|ro *s.m.* **1** danza tradizionale spagnola **2** giacchino corto, tipico del costume popolare spagnolo.
Bo|lè|to *s.m.* genere di funghi dal cappello carnoso che include sia specie velenose, sia specie commestibili come il porcino.
bòl|gia *s.f.* [pl. *-ge*] (*lett.*) ciascuna delle dieci fosse in cui è diviso l'ottavo cerchio dell'inferno dantesco | (*fig.*) luogo rumoroso e pieno di confusione.
bò|li|de *s.m.* **1** (*astr.*) corpo solido incandescente che proviene dallo spazio interplanetario **2** (*estens.*) oggetto che si muove a velocità elevata | vettura da corsa | *come un* —, velocissimo.
bo|li|na *s.f.* (*mar.*) **1** cavo applicato a una vela quadra per farle prendere più vento possibile **2** andatura di imbarcazione a vela su una rotta che forma con la direzione del vento un angolo inferiore a 90°.
bo|li|vià|no *agg.* dello Stato sudamericano della Bolivia ♦ *s.m.* **1** [f. *-a*] chi è nato o abita in Bolivia **2** moneta della Bolivia.
bólla[1] *s.f.* **1** piccola sfera che si forma nei liquidi per ebollizione e sim. | — *di sapone*, sfera trasparente che si ottiene soffiando dell'aria nell'acqua saponata tramite una cannuccia; (*fig.*) cosa che finisce in niente | (*fin.*) — *speculativa*, impennata di un titolo azionario dovuta a manovre speculative o a speranze non sostenute da una reale solidità aziendale **2** (*med.*) vescica piena di siero che si forma sulla pelle **3** cavità gassosa che si forma nel vetro o nel metallo durante la fusione.
bólla[2] *s.f.* **1** (*st.*) sigillo, spec. di papa o sovrano, che autentica i documenti | documento ufficiale munito di sigillo **2** (*comm.*) documento che descrive la merce che accompagna | ricevuta di consegna o di pagamento di diritti: — *di spedizione*.
bol|là|re *v.tr.* [indic.pres. *io bóllo*...] **1** contrassegnare con un bollo o un timbro | — *a fuoco*, marchiare **2** (*fig.*) infamare, segnare negativamente: — *come delinquente*.
bol|là|rio *s.m.* raccolta di bolle papali.
bol|la|tù|ra *s.f.* apposizione di un bollo o di altro marchio.
bol|lèn|te *part.pres. di* bollire ♦ *agg.* **1** estremamente caldo, rovente: *olio* — **2** (*fig.*) esuberante, focoso: *temperamento* — | aggressivo: *parole bollenti* | *bollenti spiriti*, impulso istintivo: *calmare i bollenti spiriti*.
bol|lét|ta *s.f.* documento che attesta un pagamento, una consegna, una spedizione | fattura di un servizio: — *telefonica* | (*fam.*) *essere in* —, non avere soldi.
bol|let|tà|rio *s.m.* registro con pagine a madre e figlia, dal quale si staccano le bollette.
bol|let|tì|no *s.m.* **1** comunicazione ufficiale di notizie di pubblico interesse: — *della viabilità* | — *di guerra*, (*mil.*) bilancio quotidiano sull'andamento del conflitto; (*fig.*) resoconto di un avvenimento tragico: *i dati sugli incidenti sono un* — *di guerra* **2** pubblicazione periodica di un ente: — *della parrocchia*.
bol|li|làt|te *s.m.invar.* bollitore per latte con coperchio forato per non far uscire la schiuma d'ebollizione.

bol|li|no *s.m.* piccolo tagliando che va applicato su tessere e documenti per validarli | (*estens.*) punto di una raccolta a premi: — *del supermercato.*
bol|li|re *v.intr.* [indic.pres. io *bóllo*...; aus. *A*] **1** (*di liquido che passa allo stato di vapore*) formare bolle di gas **2** (*di cibi*) cuocersi nell'acqua in ebollizione: *i fagioli stanno bollendo* | (*fig.*) *ql.co.* **bolle in pentola**, è in preparazione, in progetto **3** (*fig., fam.*) sentire caldo eccessivo: *in soffitta si bolliva* **4** (*fig.*) fremere, agitarsi: — *d'ira* ♦ *tr.* portare a ebollizione, spec. per disinfettare: *bollire l'acqua* | (*gastr.*) lessare: — *le patate.*
bol|li|ta *s.f.* bollitura veloce.
bol|li|to *part.pass. di* bollire ♦ *s.m.* carne bollita; lesso | pezzo di carne da cucinare lesso.
bol|li|tó|re *s.m.* recipiente per bollire liquidi.
bol|li|tù|ra *s.f.* il bollire | durata del bollire | liquido in cui si è bollito ql.co.
ból|lo *s.m.* **1** marchio o timbro per autenticazione; convalida | — *postale*, quello che annulla i francobolli **2** (*estens.*) tagliando che attesta l'avvenuto pagamento di una tassa: — *di circolazione* **3** (*fam.*) francobollo.
bol|ló|re *s.m.* **1** stato di ebollizione **2** (*fig.*) agitazione passionale; smania, eccitazione: *bollori di rabbia.*
bò|lo *s.m.* cibo insalivato, masticato e deglutito.
-bò|lo secondo elemento di parole composte che significa "che lancia" (*discobolo*).
bo|lo|gné|se *agg.* di Bologna ♦ *s.m./f.* chi è nato o abita a Bologna.
bol|sàg|gi|ne *s.f.* **1** (*vet.*) nel cavallo, cronica insufficienza respiratoria **2** (*fig.*) spossatezza.
bol|sce|vì|co *agg.* [m.pl. *-chi*] **1** (*st.*) relativo al bolscevismo: *il partito* — **2** (*estens.*) comunista rivoluzionario ♦ *s.m.* [f. *-a*] appartenente al bolscevismo russo.
bol|sce|vì|smo *s.m.* (*st.*) teoria e prassi della parte maggioritaria del partito socialdemocratico russo che guidò la rivoluzione nel 1917.
ból|so *agg.* **1** (*vet.*) si dice di cavallo che fatica a respirare a causa della bolsaggine **2** (*estens.*) asmatico | (*fig.*) fiacco **3** (*fig.*) detto di discorso goffamente enfatico.
bò|ma *s.m.invar.* (*mar.*) pennone orizzontale che si diparte dall'albero di poppa per tendere la randa.
bóm|ba[1] *s.f.* **1** ordigno metallico pieno di esplosivo, con dispositivo d'innesco: *lanciare una* — | — *atomica*, basata sulla fissione nucleare di uranio o plutonio | — *H*, basata sulla trasformazione dell'idrogeno in elio | — *Molotov*, ordigno incendiario costituito da una bottiglia di benzina e da uno straccio che fa da innesco | — *a orologeria*, ordigno con timer; (*fig.*) situazione destinata a evolvere in catastrofe entro un dato tempo | (*fig.*) *a prova di* —, assolutamente inattaccabile **2** (*pop.*) cosa o persona fantastica, eccezionale: *quel vestito è una* — **3** (*giorn.*) notizia clamorosa; scandalo **4** pasticcino alla crema **5** (*geol.*) lava eruttata **6** (*gerg.*) sostanza eccitante | (*sport*) sostanza dopante.
bóm|ba[2] *s.f.* in giochi come nascondino, punto da cui il giocatore di turno parte alla ricerca degli altri e a cui tutti devono tornare; tana.
Bom|ba|cà|ce|e *s.f.* famiglia di piante arboree tropicali di grandi dimensioni, di cui fa parte anche il baobab.
bom|bàg|gio *s.f.* rigonfiamento delle latte alimentari causato da un'alterazione del prodotto contenuto.
bom|bàr|da *s.f.* **1** (*st.*) nel Medioevo, bocca da fuoco ad avancarica **2** (*mil.*) mortaio da trincea a tiro curvo **3** (*mar.*) piccolo veliero, un tempo dotato di bocche da fuoco **4** (*mus.*) strumento a fiato caratterizzato da un suono profondo.
bom|bar|da|mén|to *s.m.* **1** (*mil.*) fuoco continuo di artiglieria pesante o lancio di bombe su un obiettivo: — *a tappeto* **2** (*estens.*) serie di colpi | (*fig.*) rapida sequela di accuse, domande e sim. **3** (*fis.*) invio di fotoni o particelle contro una sostanza per studiarne le componenti.
bom|bar|dà|re *v.tr.* **1** (*mil.*) colpire con lancio di bombe o proiettili pesanti: — *le linee nemiche* | (*assol.*) lanciare bombe: — *dal cielo* **2** (*fig.*) investire con una serie di atti o parole: — *di domande* **3** (*fis.*) sottoporre a un fascio di fotoni o di particelle.
bom|bar|diè|re *s.m.* velivolo militare attrezzato per il lancio di bombe.
bom|bar|dì|no *s.m.* (*mus.*) tipo di strumento a fiato; flicorno baritono.
bom|bar|dó|ne *s.m.* (*mus.*) sorta di bombardino di maggiori dimensioni; flicorno basso grave.
bom|bà|re *v.tr.* [indic.pres. io *bómbo*...] (*tecn.*) rendere convesso, gonfiare, detto spec. di superfici metalliche, lignee o vetrose.
bom|ba|rò|lo *s.m.* [f. *-a*] chi compie attentati con dell'esplosivo.
bom|bà|to *part.pass. di* bombare ♦ *agg.* tondeggiante, convesso: *vaso* —.
bom|ba|tù|ra *s.f.* curvatura di una superficie, rigonfiamento.
bomber (*ingl.*) *s.m.invar.* (*sport*) nel calcio, cannoniere | nel pugilato, picchiatore **2** giubbotto imbottito corto.
bom|be|rì|na *s.f.* chiodo a capocchia larga e convessa.
bom|bét|ta *s.f.* cappello maschile a cupola tondeggiante, in feltro rigido, con piccola tesa.
bóm|bi|ce *s.m.* farfalla notturna la cui larva si chiude in un bozzolo | — *del gelso*, baco da seta.
bóm|bo *s.m.* insetto simile all'ape, con corpo tozzo e peloso, che si nutre di nettare.
bóm|bo|la *s.f.* recipiente cilindrico di metallo, per contenere fluidi compressi: — *di ossigeno.*
bom|bo|lét|ta *s.f.* cilindro metallico per liquidi, che un erogatore spray fa uscire in forma schiumosa o nebulizzata: *una* — *di vernice.*
bóm|bo|lo *s.m.* [f. *-a*] (*scherz.*) chi è tozzo e grassottello.
bom|bo|ló|ne *s.m.* **1** dolce fritto tondeggiante, farcito di marmellata o crema **2** grande contenitore di gas liquido che alimenta impianti, spec. caldaie.

bom|bo|lòt|to *s.m. spec.pl.* cannelloni rigati e ricurvi da minestra.
bom|bo|niè|ra *s.f.* scatoletta, vasetto o altro oggetto che contiene confetti per cerimonia.
bom|près|so *s.m.* (*mar.*) albero che sporge quasi orizzontalmente dalla prua.
bò|na *agg.*, *s.f.* (*pop.*) si dice di donna formosa.
bo|nàc|cia *s.f.* [pl. -*ce*] **1** condizione di mare calmo, senza vento **2** (*fig.*) tranquillità, calma.
bo|nac|ció|ne *agg.*, *s.m.* [f. -*a*] che, chi ha semplicità d'animo e buon cuore.
bo|na|e|rèn|se *agg.*, *s.m./f.* che, chi è nato o abita nella provincia di Buenos Aires.
bo|na|par|ti|smo *s.m.* **1** (*st.*) movimento politico francese che voleva restaurare la dinastia napoleonica **2** (*polit.*) regime autoritario basato sul culto del capo e sul diretto consenso del popolo.
bo|nàr|da *s.f.* **1** vitigno settentrionale di uve nere **2** [anche m.invar.] vino rosso e profumato prodotto in Lombardia, Piemonte, Emilia Romagna.
bo|na|rie|tà *s.f.* disposizione benigna verso gli altri; affabilità.
bo|nà|rio *agg.* che è ben disposto verso gli altri; indulgente; affabile: *carattere —* □ **bonariamente** *avv.*
bonbon (*fr.*) *s.m.invar.* confetto; dolcetto.
bond (*ingl.*) *s.m.invar.* (*fin.*) titolo obbligazionario.
bon|de|riz|za|zió|ne *s.f.* (*metall.*) trattamento a base di fosforo che difende i metalli ferrosi dalla ruggine.
bón|ghi *s.m.pl.* (*mus.*) strumento di origine afrocubana formato da una coppia di tamburelli da battere con le dita.
bòn|go *s.m.* mammifero ruminante africano con grandi corna a spirale.
bo|ni|fi|ca *s.f.* **1** serie di interventi per rendere coltivabile un terreno prima paludoso | decontaminazione di terreni o acque inquinati | il territorio così trasformato | — *integrale,* risanamento agricolo accompagnato dalla realizzazione di infrastrutture **2** (*mil.*) sminamento **3** (*fig.*) miglioramento da un punto di vista urbano e sociale: *la — di un quartiere.*
bo|ni|fi|cà|re *v.tr.* [indic.pres. *io bonifico, tu bonifichi...*] **1** prosciugare terreni paludosi | purificare da inquinanti | (*estens.*) rendere coltivabile **2** (*mil.*) liberare da mine o proiettili inesplosi **3** (*fig.*) liberare da elementi negativi | (*edil.*) ricostruire un'area urbana fatiscente **4** (*banc.*) eseguire un bonifico **5** abbuonare, ridurre: *— un debito.*
bo|ni|fi|ca|tó|re *agg.*, *s.m.* [f. -*trice*] che, chi bonifica.
bo|ni|fi|co *s.m.* [pl. *-ci*] **1** (*banc.*) operazione con cui si ordina a una banca un versamento a terzi **2** riduzione di prezzo, sconto.
bo|no|mì|a *s.f.* benignità, bonarietà.
bonsai (*giapp.*) *s.m.invar.* speciale tecnica con cui si coltivano piante nane | pianta coltivata in modo da conservarla nana.

bon|tà *s.f.* **1** inclinazione a fare del bene; buona disposizione verso gli altri: *atto di —* | gentilezza; benevolenza: *abbia la — di ricevermi* | (*iron.*) *— sua, vostra, loro,* per sua, vostra, loro grazia: *— sua, si è deciso a rispondere* **2** qualità di quel che è buono; valore: *la — di un progetto* **3** squisitezza, gradevolezza al palato: *questa torta è una —.*
bon ton (*fr.*) *loc.sost.m.invar.* buone maniere.
bò|nus (*lat.*) *s.m.invar.* **1** premio che l'azienda aggiunge alla retribuzione base di un dipendente per incentivarlo **2** (*spec. nei videogame*) aggiunta di punti, vite e sim.: *un — di 3000 punti.*
bò|nus-mà|lus (*lat.*) *s.m.invar.* nell'assicurazione, spec. automobilistica, formula per cui il premio annuale diminuisce o aumenta in rapporto al numero di incidenti che l'assicurato ha avuto.
bón|za *s.f.* macchina che trasporta il bitume durante i lavori stradali.
bón|zo *s.m.* **1** sacerdote buddista **2** (*fig.*) chi si atteggia a personaggio importante.
boogie woogie (*ingl.*) [pr. *bùghi vùghi*] *loc.sost.m.invar.* (*mus.*) stile di jazz che riprende ritmi blues accelerandoli | ballo basato su tale stile.
book (*ingl.*) [pr. *bùk*] *s.m.invar.* **1** raccolta di opere che illustrano l'attività di un artista, grafico, illustratore e sim. **2** raccolta di foto di una modella.
bookmaker (*ingl.*) [pr. *bukmèker*] *s.m.invar.* allibratore.
bookmark (*ingl.*) [pr. *bùkmark*] *s.m.invar.* (*inform.*) in Internet, collegamento a un sito senza digitarne l'indirizzo, preventivamente registrato in un elenco del browser; preferito.
boom (*ingl.*) [pr. *bum*] *s.m.invar.* rapido e rilevante sviluppo: *— demografico* | (*econ.*) fase di rapida espansione: *gli anni del —; — delle telecomunicazioni* | affermazione e diffusione di una moda e sim.: *il — dei disco-pub.*
boomerang (*ingl.*) [pr. *bùmerang*] *s.m.invar.* **1** arma da getto australiana, consistente in una sorta di bastone ricurvo che ritorna a chi lo scaglia **2** (*fig.*) azione che si ritorce contro l'autore stesso.
booster (*ingl.*) [pr. *bùster*] *s.m.invar.* **1** (*tecn.*) motore ausiliario | razzo ausiliario per aumentare la spinta durante il lancio di astronauti o missili **2** (*mus., telecom.*) amplificatore di potenza.
bootleg (*ingl.*) [pr. *bùtleg*] *s.m.invar.* incisione pirata, non autorizzata dall'artista; spec. registrazione abusiva durante un concerto.
bò|ra *s.f.* vento invernale, freddo e impetuoso, che soffia da nord-est sull'Adriatico.
bo|rà|ce *s.m.* (*chim.*) sale sodico del boro, usato spec. nell'industria farmaceutica.
bo|ra|cì|fe|ro *agg.* che contiene borace | *soffione —,* getto di vapore ricco di acido borico che scaturisce dal terreno.
bo|rà|i|co *agg.* (*chim.*) sale dell'acido borico.
bor|bò|ni|co *agg.* [m.pl. *-ci*] **1** relativo ai Borboni **2** (*fig.*) retrivo, reazionario ♦ *s.m.* [f. *-a*] sostenitore, seguace dei Borboni.

bor|bo|rìg|mo *s.m.* gorgoglio spontaneo nell'addome.
bor|bot|ta|mén|to *s.m.* borbottio.
bor|bot|tà|re *v.intr.* [indic.pres. *io borbòtto...*; aus. A] **1** brontolare tra sé e sé **2** rumoreggiare: *lo stomaco borbotta dalla fame* ♦ *tr.* dire in modo confuso: — *lamentele*.
bor|bot|tì|o *s.m.* un borbottare continuato.
bòr|chia *s.f.* **1** disco metallico che serve per chiudere e ornare abiti spec. di pelle: *giubbotto con le borchie* **2** chiodo ornamentale da tappezzeria, a testa molto larga.
bor|chià|to *agg.* ornato o fissato con borchie: *cintura borchiata*.
bor|dà|me *s.m.* (*mar.*) lato inferiore della vela.
bor|dà|re *v.tr.* [indic.pres. *io bórdo...*] **1** mettere un bordo; orlare: — *la gonna* **2** (*mar.*) distendere una vela per farle prendere il vento al meglio.
bor|dà|ta *s.f.* **1** nelle navi da guerra, sparo simultaneo dei cannoni di uno stesso fianco | (*fig.*) serie continuata di colpi, offese ecc.: *una* — *di insulti* **2** (*mar.*) percorso di imbarcazione a vela che rimonta il vento.
bor|da|tì|no *s.m.* tessuto resistente di cotone a piccole righe, usato spec. per grembiuli e abiti infantili.
bor|da|tu|ra *s.f.* **1** orlatura di un tessuto **2** (*tecn.*) piegatura del bordo di una lamiera.
bordeaux (*fr.*) [pr. *bordó*] *s.m.invar.* **1** vino bianco o rosso della zona di Bordeaux **2** colore rosso scuro ♦ *agg.invar.* di colore rosso scuro.
bor|deg|già|re *v.intr.* [indic.pres. *io bordéggio...*; aus. A] **1** (*mar.*) veleggiare zigzagando per risalire controvento **2** (*fig.*) destreggiarsi.
bor|dég|gio *s.m.* (*mar.*) andatura di bolina con frequenti cambi di bordo.
bor|dèl|lo *s.m.* **1** casa di tolleranza **2** (*fig.*) luogo corrotto **3** (*pop.*) posto caotico | fracasso: *basta fare* —!
borderline (*ingl.*) [pr. *borderlàin*] *agg.invar., s.m./f.invar.* (*med., psicol.*) che, chi è al confine tra due classificazioni patologiche.
bor|de|rò *s.m.* **1** elenco, distinta di documenti, pagamenti e sim. **2** (*in teatri e cinema*) registro con gli incassi giornalieri **3** (*in un giornale*) elenco mensile dei compensi ai collaboratori.
bor|di|no *s.m.* **1** orlino di passamaneria **2** nei veicoli tranviari e ferroviari, parte in rilievo delle ruote che serve a guidare il veicolo nelle rotaie.
bór|do *s.m.* **1** margine, orlo; parte terminale: *sul* — *di un precipizio*; — *della piscina* **2** (*mar.*) fiancata di imbarcazione | parte della fiancata che sta sopra il pelo dell'acqua | *d'alto* —, di nave destinata a navigare in alto mare; (*fig.*) altolocato: *persone d'alto* — | *virare di* —, cambiare rotta **3** (*estens.*) l'interno di un mezzo di trasporto, spec. dotato di scafo | *salire a* —, imbarcarsi su aereo o nave; entrare in auto **4** orlo per guarnire biancheria e sim.
bor|dò *agg., s.m.* bordeaux.
bor|do|lé|se *agg.* della città francese di Bordeaux | *bottiglia* —, scura e cilindrica, per vini rossi ♦ *s.m./f.* nativo o abitante di Bordeaux.
bor|dó|ne *s.m.* (*mus.*) emissione di una o più note fisse, usate come accompagnamento; registro d'organo con suono cupo e grave | (*fig.*) *tener* — *a qlcu.*, dargli una mano in cattive azioni.
bor|du|ra *s.f.* **1** orlo di tovaglie e sim. **2** decorazione del margine di un'aiuola **3** (*gastr.*) guarnizione laterale di una pietanza **4** (*arald.*) pezza onorevole lungo l'orlo interno dello scudo.
bò|re|a *s.m.* vento freddo settentrionale; tramontana.
bo|re|à|le *agg.* relativo all'emisfero terrestre settentrionale: *cielo* — | *clima* —, estremamente rigido.
bor|gà|ta *s.f.* **1** piccolo raggruppamento di case **2** (*a Roma*) rione popolare periferico.
bor|ghé|se *agg., s.m./f.* **1** che, chi appartiene alla borghesia: *classe* —; *essere un* — **2** (*estens.*) che, chi rispetta formalmente le convenzioni del quieto vivere, della carriera professionale e dell'ordine costituito | (*spreg.*) dalla mentalità gretta; conservatore: *pregiudizio* — **3** civile, contrapposto a *ecclesiastico* o *militare* | *in* —, in abiti civili, non in uniforme.
bor|ghe|sì|a *s.f.* nell'età comunale, classe sociale, contrapposta ad aristocrazia e proletariato, costituita dai non nobili che possedevano mezzi di produzione | in epoca moderna, classe sociale composta da imprenditori, professionisti, impiegati, commercianti ecc.
bór|go *s.m.* [pl. *-ghi*] **1** piccolo centro abitato | quartiere esterno alle vecchie mura **2** nella toponomastica, nome di alcune strade urbane.
bor|gó|gna *s.m.invar.* vino francese, bianco o rosso, che prende nome dall'area di produzione.
bor|go|gnó|ne *agg.* della Borgogna | *bottiglia borgognona*, panciuta con collo un po' svasato, da vino ♦ *s.m.* [f. *-a*] nativo o abitante della Borgogna.
bor|go|mà|stro *s.m.* (*spec. in Germania*) capo dell'amministrazione comunale.
bourguignonne (*fr.*) [pr. *burghignòn*] *s.f.invar.* piatto a base di bocconi di filetto, immersi in olio mantenuto bollente da un recipiente apposito e insaporiti poi con varie salse.
bò|ria *s.f.* atteggiamento di superiorità; altezzosità: *gonfio di* —.
bò|ri|co *agg.* [m.pl. *-ci*] (*chim.*) detto di composto che contiene boro.
bo|rio|si|tà *s.f.* boria.
bo|rió|so *agg., s.m.* [f. *-a*] che, chi è altezzoso, pieno di boria.
bor|làn|da *s.f.* residuo della distillazione dello zucchero di barbabietola o di altre sostanze, usato per preparare mangimi.
bor|lòt|to *s.m.* varietà di fagiolo di media grandezza dalla corteccia rosso scuro.
bò|ro *s.m.* elemento chimico non metallico, solido, di colore giallo bruno (*simb.* B); si usa come disossidante nella metallurgia.
bo|ro|tàl|co® [pl. *-chi*] *s.m.* polvere bianca di talco e acido borico dalle proprietà rinfrescanti e assorbenti, usata per l'igiene della pelle.

bór|ra *s.f.* **1** cascame di seta o lana, miscuglio di crini o peli, usato per imbottiture o feltri di bassa qualità **2** (*estens.*) scarto, materiale scadente.
bor|ràc|cia *s.f.* [pl. *-ce*] piccolo fiasco di alluminio, plastica o legno usato da soldati, escursionisti e atleti per conservare acqua o altre bevande.
bor|rac|ci|na *s.f.* muschio verde che forma tappeti ornamentali.
bor|rà|gi|ne *s.f.* erba annua con foglie commestibili e fiori usati in erboristeria.
bor|rà|re *v.tr.* [indic.pres. *io bórro*...] in miniera, tappare con materiale inerte il foro dove c'è la mina, per aumentare la forza esplosiva.
bor|ra|tó|re *s.m.* maglio ogivale usato per consolidare il terreno.
bór|ro *s.m.* canale scavato da un torrente | canale di scolo di palude | fosso di campagna.
bór|sa[1] *s.f.* **1** piccola sacca in tessuto, plastica o pelle, spec. per contenere soldi, documenti ed oggetti vari | — *dell'acqua*, in gomma, riempita d'acqua calda per riscaldare parti del corpo | — *del ghiaccio*, sacchetto impermeabile per applicare il ghiaccio su punti dolenti | — *termica, frigorifera*, sacca termoisolata che conserva freschi i cibi durante un viaggio **2** contenitore di denaro | *o la — o la vita!*, minaccia di rapinatore | *mettere mano alla —*, pagare | — *di studio*, contributo economico per finanziare gli studi **3** (*anat.*) cavità a forma di sacco; rigonfiamento | (*pop.*) *borse sotto gli occhi*, occhiaie **4** (*sport*) nella boxe, ricompensa del pugile per un incontro.
bór|sa[2] *s.f.* mercato pubblico di valori mobiliari (p.e. titoli, azioni) o di merci (p.e. metalli, minerali): *contrattazioni di —* | *l'edificio in cui si svolgono le contrattazioni* | (*fin.*) *giocare in —*, acquistare e vendere titoli sfruttandone ribassi e rialzi | (*fin.*, *banc.*) — *valori*, quella in cui si trattano valute, titoli e buoni del Tesoro.
bor|sa|iò|lo *s.m.* [f. *-a*] ladro che ruba dalle tasche o dalle borse.
bor|sa|né|ra o **bórsa néra** *s.f.* (pl. *borsenere*) compravendita clandestina, a prezzi maggiorati, di generi di monopolio o difficilmente reperibili.
bor|seg|già|re *v.tr.* [indic.pres. *io borséggio*...] compiere un furto dalle tasche o dalla borsa con abilità e sveltezza.
bor|seg|gia|tó|re *s.m.* [f. *-trice*] chi compie un furto abile e rapido dalla borsa o dalle tasche.
bor|ség|gio *s.m.* furto di denaro o altri oggetti, sottratti con destrezza dalla borsa o dalle tasche.
bor|sel|li|no *s.m.* portamonete.
bor|sèl|lo *s.m.* borsa per uomo, spec. a tracolla.
bor|sét|ta *s.f.* borsa per signora, a tracolla o a mano, per contenere oggetti personali e denaro.
bor|si|no *s.m.* (*banc.*) ufficio bancario collegato alla borsa valori, in cui si effettuano operazioni sui titoli **2** (*fin.*) contrattazione a borsa chiusa su titoli non ammessi alla quotazione ufficiale **3** (*estens.*) ufficio che effettua o che informa sulle contrattazioni di un dato tipo di beni: — *immobiliare*.
bor|sì|sta[1] *s.m./f.* [m.pl. *-i*] chi gode di una borsa di studio.
bor|sì|sta[2] *s.m./f.* [m.pl. *-i*] (*fin.*) chi gioca in borsa.
bor|sì|sti|co *agg.* [m.pl. *-ci*] relativo a contrattazioni di borsa.
bor|sì|te *s.f.* (*med.*) infiammazione di una borsa sierosa o mucosa.
bo|scà|glia *s.f.* bosco intricato e fitto | macchia di arbusti.
bo|sca|iò|lo *s.m.* [f. *-a*] **1** chi taglia legna nei boschi **2** chi è addetto alla sorveglianza e manutenzione dei boschi; guardaboschi ♦ *agg.* del bosco | (*gastr.*) *alla boscaiola*, cucinato con funghi.
bo|sche|réc|cio *agg.* [f.pl. *-ce*] **1** del bosco; che viene dal bosco: *more boscherecce* **2** (*lett.*) rozzo, semplice.
bo|schi|vo *agg.* **1** piantato a bosco: *area boschiva* **2** del bosco: *fauna boschiva*.
bo|sci|ma|no *s.m.* **1** [f. *-a*] chi appartiene a una popolazione nomade dell'Africa sudoccidentale **2** lingua parlata dai boscimani ♦ *agg.* relativo ai boscimani: *civiltà boscimana*.
bò|sco *s.m.* [pl. *-schi*] **1** terreno coperto di alberi d'alto fusto e arbusti | (*fig.*) *essere, diventare uccel di —*, rendersi irreperibile **2** (*zootec.*) complesso di frasche su cui i bachi da seta fanno il bozzolo.
bo|sco|si|tà *s.f.* densità dei boschi su una data superficie.
bo|scó|so *agg.* pieno di boschi: *pendici boscose*.
bò|sni|a|co *agg.* [m.pl. *-ci*] della Bosnia: *confine —* ♦ *s.m.* [f. *-a*] chi è nato o abita in Bosnia.
bo|só|ne *s.m.* (*fis.*) particolare tipo di particella atomica o subatomica.
boss (*ingl.*) *s.m.invar.* (*spec. spreg.*) chi comanda un'organizzazione; personaggio molto potente in un certo ambito: *il — di una cosca*; *i — dell'edilizia*.
bossa nova (*port.*) *loc.sost.f.invar.* ballo derivato dal samba, arricchito da motivi jazz.
bòs|so *s.m.* **1** arbusto sempreverde con foglie lucenti **2** il legno durissimo che se ne ricava.
bòs|so|la *s.f.* spazzola per i cavalli.
bòs|so|lo *s.m.* **1** (*mil.*) cilindro metallico contenente la carica di lancio di un'arma da fuoco **2** urna da cui si estrae a sorte | contenitore in cui vengono raccolte le schede durante le votazioni | bussolotto per dadi.
BOT *s.m.invar.* titolo di credito statale a breve termine.
bo|tà|ni|ca *s.f.* scienza che studia e classifica i vegetali.
bo|tà|ni|co *agg.* [m.pl. *-ci*] relativo alla botanica. ♦ *s.m.* [f. *-a*] studioso di botanica.
bò|to|la *s.f.* apertura in un soffitto o pavimento, munita di imposta di chiusura, che consente di accedere a un vano soprastante o sottostante.
bò|to|lo *s.m.* piccolo cane ringhioso.
bòt|ta *s.f.* **1** colpo violento; percossa: *una — con la spranga* | *fare a botte*, picchiarsi | (*fig.*) *tenere —*, non mollare **2** colpo che si riceve cadendo e urtando ql.co.: *ho preso una — contro lo stipite* |

bottaio

(*estens.*) segno lasciato da urti violenti | (*fig.*) **a — calda**, quando il fatto è appena accaduto **3** (*fig.*, *fam.*) danno serio; profonda sofferenza: *il lutto fu una — per tutti* **4** rumore di esplosione o di urto violento; botto **5** (*fam.*) battuta pungente | — **e risposta**, scambio rapido di frasi o azioni **6** (*pop.*) volta: *in una — sola* | (*volg.*) rapporto sessuale | (*fig.*) — **di vita**, svago occasionale che spezza la routine **7** (*sport*) colpo di scherma.
bot|tà|io *s.m.* [f. -*a*] produttore o commerciante di botti.
bot|ta|me *s.m.* complesso delle botti di una cantina.
bot|tàr|ga *s.f.* (*gastr.*) uova di tonno o muggine, salate, pressate e seccate.
bót|te *s.f.* **1** recipiente di legno fatto di doghe arcuate unite da cerchi di ferro, per la conservazione di vino o altro | (*fig.*) **la — piena e la moglie ubriaca**, due cose vantaggiose che non si possono avere insieme | **dare un colpo al cerchio e uno alla —**, barcamenarsi tra esigenze opposte | **in una — di ferro**, al riparo da ogni pericolo **2** quantità di materiale contenuta in una botte **3** (*scherz.*) persona molto grassa; ciccione.
bot|té|ga *s.f.* **1** locale per vendita al dettaglio; negozio: — *del droghiere* | (*fig.*) **chiudere —**, smettere di svolgere una qualche attività | (*fig.*) **interesse di —**, di parte **2** laboratorio artigianale: — *di restauro* | **andare a —**, essere apprendista **3** tra il Duecento e il Seicento, studio di un artista e scuola che vi si formava | **opera di —**, opera eseguita da aiutanti e allievi **4** (*pop.*) apertura dei pantaloni; patta: *avere la — aperta*.
bot|te|gà|io *s.m.* [f. -*a*] **1** gestore di una bottega; negoziante **2** (*spreg.*) persona meschina, che pensa solo ai soldi.
bot|te|ghi|no *s.m.* **1** biglietteria di cinema, teatri, stadi | incasso di uno spettacolo: *successo di —* **2** banco del lotto | ricevitoria di scommesse all'ippodromo.
bot|ti|cel|lià|no *agg.* del pittore S. Botticelli (1445-1510): *produzione botticelliana* | (*estens.*) che ricorda le figure di Botticelli: *volto —*.
bot|tì|glia *s.f.* **1** recipiente per liquidi, cilindrico con collo stretto, gener. in plastica o vetro: *stappare una —* | — **Molotov**, bomba Molotov **2** (*estens.*) quantità di liquido che sta in una bottiglia: *consumare una — d'olio* ♦ *agg.invar.* nella loc. **verde —**, verde scuro.
bot|ti|glià|ta *s.f.* colpo dato con una bottiglia.
bot|ti|glie|ra *s.f.* parte del bancone da bar dove si tengono le bottiglie di liquori.
bot|ti|glie|ri|a *s.f.* **1** rivendita di vini e liquori **2** locale per conservare vini pregiati.
bot|ti|glió|ne *s.m.* grossa bottiglia da circa due litri.
bot|ti|nà|re[1] *v.intr.* [aus. A] **1** (*di api*) volare a raccogliere polline e nettare **2** (*di formiche*) andare a raccogliere cibo.
bot|ti|nà|re[2] *v.tr.* (*agr.*) concimare con liquami organici.
bot|ti|na|tù|ra *s.f.* (*agr.*) concimazione con liquami di pozzo nero.

bot|ti|no[1] *s.m.* **1** preda di guerra **2** (*estens.*) refurtiva | guadagno complessivo di un'impresa: — *di caccia*.
bot|ti|no[2] *s.m.* pozzo nero | i liquami in esso contenuti, utilizzati come concime.
bòt|to *s.m.* **1** secco boato causato da un'esplosione o un urto violento | (*fig.*) **in un —**, in un attimo | **di —**, improvvisamente **2** (*spec.pl.*; *region.*) fuoco d'artificio, mortaretto: *sparare i botti*.
bot|tó|ne *s.m.* **1** dischetto di vari materiali e forme che, infilato in un occhiello, tiene uniti i lembi di un indumento | — **automatico**, coppia di dischi metallici che si incastrano a pressione | (*fam.*) **attaccare — a qlcu.**, coinvolgerlo in chiacchiere noiose **2** (*estens.*) oggetto o strumento a forma di bottone; spec. pulsante di comando: — *di accensione* | (*fig.*) **stanza dei bottoni**, centrale direttiva da cui partono tutte le decisioni **3** (*inform.*) area della videata su cui si clicca per ottenere informazioni o trasmettere istruzioni **4** (*anat.*) formazione nodulare.
bot|to|niè|ra *s.f.* **1** serie di bottoni: — *dei jeans* **2** pulsantiera: — *d'ascensore* **3** occhiello, spec. sulla giacca.
bot|to|niè|ro *agg.* relativo all'industria dei bottoni.
bot|to|ni|fi|cio *s.m.* fabbrica di bottoni.
bo|tu|lì|no *s.m.* (*med.*) bacillo che si forma negli alimenti avariati, spec. scatolame o carni insaccate, e produce una tossina potente.
bo|tu|lì|smo *s.m.* (*med.*) avvelenamento dalle tossine di botulino contenute in alimenti avariati.
bouclé (*fr.*) [pr. *buklé*] *agg.invar.*, *s.m.invar.* si dice di fibra o tessuto dal pelo lungo e arricciato: *lana —*.
boudoir (*fr.*) [pr. *buduàr*] *s.m.invar.* salottino privato per signora | spogliatoio.
boule (*fr.*) [pr. *bul*] *s.f.invar.* borsa di gomma riempibile con acqua calda o ghiaccio per scaldare o raffreddare una parte del corpo.
boulevard (*fr.*) [pr. *bulvàr*] *s.m.invar.* ampio viale alberato, tipico spec. delle città francesi.
bouquet (*fr.*) [pr. *buké*] *s.m.invar.* **1** mazzolino di fiori, spec. da sposa **2** aroma di un vino invecchiato.
bourbon (*ingl.*) [pr. *bàrbon*] *s.m.invar.* varietà americana di whisky, distillata da grano, malto e segale.
boutade (*fr.*) [pr. *butàd*] *s.f.invar.* battuta, trovata spiritosa.
boutique (*fr.*) [pr. *butìk*] *s.f.invar.* raffinato negozio di abiti e accessori.
bo|va|rì|smo *s.m.* (*psicol.*) insoddisfazione per il conformismo borghese e desiderio romantico di evasione.
bo|va|rì|sta *agg.* [m.pl. -*i*] (*psicol.*) che mostra bovarismo.
bo|và|ro *s.m.* **1** (*zootec.*) custode di bovini **2** [f. -*a*] (*fig.*) persona rozza.
bò|ve *s.m.* (*region.*; *lett.*) bue.
Bò|vi|di *s.m.pl.* famiglia di ruminanti con dentatura incompleta e corna cave.

bo|vìn|do *s.m.* bow window.
Bo|vì|ni *s.m.pl.* sottofamiglia dei Bovidi, che comprende grossi animali dalle corna ricurve (p.e. buoi, bufali e bisonti).
bo|vì|no *agg.* 1 di bue, di buoi: *anatomia bovina* | *occhi bovini*, sporgenti e tondi come quelli di un bue (*fig.*) ottuso: *intelligenza bovina* ♦ *s.m.* qualunque specie domestica appartenente alla sottofamiglia dei Bovini (p.e. toro, vacca, bue): — *da latte*.
bowling (*ingl.*) [pr. *bùling*] *s.m.invar.* gioco che consiste nel lanciare una boccia per abbattere dei birilli posti in fondo a una pista di legno | (*estens.*) locale attrezzato per tale gioco.
bow window (*ingl.*) [pr. *bòu uindou*] *s.m.* (*arch.*) sorta di balcone coperto, chiuso da vetrate, che sporge dalla facciata di un edificio.
box (*ingl.*) *s.m.invar.* 1 area separata dal resto di un locale mediante tramezzi: — *doccia* | cabina per servizi al pubblico: — *informazioni* | — *office*, botteghino 2 nelle stalle, recinto per un singolo animale 3 garage, gener. collegato a un'abitazione | (*sport*) area dell'autodromo per l'assistenza alle vetture 4 in una pagina, riquadro che evidenzia un testo 5 recinto per i bambini che ancora non camminano.
bo|xà|re *v.intr.* [indic.pres. *io bòxo...*; aus. *A*] praticare il pugilato.
boxe (*fr.*) [pr. *bòx*] *s.f.invar.* pugilato | *tirare alla* —, boxare.
boxer[1] (*ingl.*) *s.m.invar.* cane da guardia con pelo raso e muso rincagnato.
boxer[2] (*ingl.*) *s.m.pl.* mutande maschili a forma di calzoncino.
boxeur (*fr.*) [pr. *boxör*] *s.m.invar.* pugile.
boy (*ingl.*) [pr. *bòi*] *s.m.invar.* 1 giovane inserviente d'albergo 2 ballerino di uno spettacolo di rivista 3 mozzo di stalla 4 (*tennis*) raccattapalle.
boyfriend (*ingl.*) [pr. *boifrènd*] *s.m.invar.* fidanzato.
boy scout (*ingl.*) [pr. *boiskàut*] *loc.sost.m.invar.* chi appartiene allo scoutismo; scout.
bòz|za[1] *s.f.* 1 prima impostazione di un lavoro; abbozzo 2 prova di stampa per correggere eventuali errori.
bòz|za[2] *s.f.* → bozzo.
bòz|za[3] *s.f.* (*mar.*) corda che trattiene un peso o mantiene la tensione di un cavo.
boz|zà|to *s.m.* (*arch.*) bugnato.
boz|zet|tì|smo *s.m.* (*lett.*) frequente ricorso al bozzetto come soluzione narrativa.
boz|zet|tì|sta *s.m./f.* [m.pl. -*i*] 1 (*lett.*) scrittore di bozzetti 2 ideatore o disegnatore di cartelli pubblicitari.
boz|zet|tì|sti|ca *s.f.* (*lett.*) arte, genere del bozzetto letterario.
boz|zet|tì|sti|co *agg.* [m.pl. -*ci*] proprio del bozzetto | (*fig.*) spontaneo e vivido, sebbene sommario e frammentario.
boz|zét|to *s.m.* 1 abbozzo, schizzo | modellino in scala 2 (*pitt.*) quadretto realistico di maniera dai tocchi vivaci 3 (*lett.*) breve racconto che descrive scene di vita quotidiana.
bòz|zì|ma *s.f.* 1 (*tecn.*) sostanza con cui si impregnano i filati da tessere, per renderli più lavorabili 2 (*zootec.*) pastone per i polli.
bòz|zo *s.m.* o **bòzza** *s.f.* 1 pietra sporgente da un muro; bugna 2 (*estens.*) protuberanza; bernoccolo.
boz|zo|là|ia *s.f.* stanza dove si tengono i bozzoli dei bachi da seta.
bòz|zo|lo *s.m.* involucro di seta costruito dalle larve di varie farfalle, spec. dal baco da seta, come ricovero protettivo durante la metamorfosi | (*fig.*) *chiudersi nel proprio* —, isolarsi dal mondo | *uscire dal* —, si dice del baco che diventa farfalla; (*fig.*) emanciparsi; (*fig.*) aprirsi a esperienze nuove 2 nodo che si forma nei filati.
boz|zo|ló|so *agg.* coperto di bitorzoli: *tronco* — | che contiene grumi: *tessuto* —.
boz|zó|ne *s.m.* (*giorn.*) bozza di un'intera pagina per l'ultimo controllo prima della stampa.
brà|ca o (*region.*) **bràga** *s.f.* [pl. -*che*] 1 (*spec.pl.*) pantalone maschile diffuso nel Medioevo, più corto di quello odierno 2 (*pl.*) calzoni | mutande | (*iron.*) *calare le brache*, cedere in modo umiliante | (*fig.*) *in brache di tela*, imbrogliato e senza risorse 3 legatura per imbrigliare o sostenere.
bra|ca|ló|ne *s.m.* [f. -*a*] (*fam.*) chi ha sempre i calzoni che cascano | (*estens.*) persona trasandata ♦ *agg.* sciatto, trasandato | (*a*) *bracaloni*, detto di pantaloni o calze che cascano sempre.
brac|cà|re *v.tr.* [indic.pres. *io bràcco...*, *tu bràcchi...*] 1 (*caccia*) inseguire la selvaggina 2 (*fig.*) inseguire senza concedere tregua: — *il fuggiasco*.
brac|cét|to *s.m.* nella loc. *a* —, sottobraccio, intrecciando il braccio con quello altrui | (*fig.*) *andare a* —, andare d'accordo.
brac|chét|to *s.m.* cane segugio di piccola taglia e a pelo raso; beagle.
brac|cià|le *s.m.* 1 gioiello che si porta al polso: *un* — *d'argento* 2 striscia di stoffa portata al braccio come distintivo 3 salvagente gonfiabile che cinge il braccio.
brac|cia|lét|to *s.m.* 1 gioiello che cinge il polso 2 cinturino d'orologio.
brac|cian|tà|to *s.m.* categoria dei braccianti | la loro condizione.
brac|cià|nte *s.m./f.* lavoratore agricolo, spec. stagionale o a giornata.
brac|cian|tì|le *agg.* relativo ai braccianti: *condizione* —.
brac|cià|ta *s.f.* 1 movimento regolare del braccio eseguito per nuotare 2 quantità di materiale che si può tenere fra le braccia.
bràc|cio *s.m.* [pl.f. *le braccia* nei sign. 1, 6, 7; pl.m. *i bracci*, nei sign. 2, 3, 4 e 5] 1 (*anat.*) parte dell'arto superiore che va dalla spalla al gomito | (*estens.*) l'intero arto superiore, dalla spalla alla mano | *tenere*, *prendere in* — *qlcu.*, sorreggerlo fra le braccia piegate appoggiandolo al petto | *sotto* —, riferito a persone, a braccetto: *prendere sotto* — *un amico*; riferito a cose, sotto l'ascel-

bracciolo

la tenendo il braccio stretto al corpo: *portare la cartelletta sotto* — | (*fig.*) *allargare le braccia*, ammettere la propria impotenza, rassegnarsi | *accogliere a braccia aperte*, con cordiale affetto | *incrociare le braccia*, rifiutarsi di lavorare; entrare in sciopero | *il* — *e la mente*, chi esegue e chi progetta | — *di ferro*, gara di forza tra due contendenti, in cui vince chi riesce a piegare il braccio dell'altro; (*estens.*) qualsiasi prova di forza: — *di ferro politico* | *parlare a* —, improvvisando **2** (*estens.*) parte di oggetto che sporge, che si dirama: — *della bilancia* **3** (*arch.*) ala di un edificio; padiglione: — *carcerario* | — *della morte*, settore di penitenziario dove i condannati alla pena capitale attendono l'esecuzione della sentenza **4** (*spec. geog.*) diramazione: — *di fiume* | — *di terra*, istmo | — *di mare*, stretto, canale **5** (*fig.*) autorità; facoltà: *il* — *della legge* | — *destro*, aiutante fidato | (*dir.*) — *secolare*, autorità della magistratura civile di eseguire sentenze ecclesiastiche; (*estens.*) autorità statale **6** (*pl.; fig.*) manodopera, forza lavoro: *braccia per lo sterro* **7** unità di misura della profondità marina, equivalente a 1,8288 m | (*st.*) antica unità di misura lineare.

brac|ciò|lo *s.m.* elemento di appoggio per le braccia, ai lati di poltrone, divani.

bràc|co *s.m.* [pl. *-chi*] cane da ferma e da riporto, con finissimo odorato.

brac|co|nàg|gio *s.m.* caccia di frodo.

brac|co|niè|re *s.m.* cacciatore di frodo.

brà|ce *s.f.* legna o carbone che continua a bruciare anche dopo che la fiamma si è spenta: *arrostire alla* — | (*fig.*) *soffiare sulla* —, alimentare conflitti e passioni violente | *stare sulla* —, attendere con ansia.

bra|chét|ta o (*region.*) **braghètta** *s.f.* **1** parte anteriore abbassabile di alcuni pantaloni, che copre lo sparato **2** (*pl.*) mutandine | calzoncini con elastico in vita.

bra|chét|to *s.m.* vino rosso piemontese, amabile, con profumo di rosa.

brà|chi- primo elemento di parole composte che significa "breve, corto" (*brachigrafia*).

bra|chià|le *agg.* (*anat.*) relativo al braccio: *anatomia* —.

bra|chial|gì|a *s.f.* (*med.*) nevralgia al braccio.

bra|chi|ce|fa|lì|a *s.f.* (*antrop.*) conformazione cranica con diametro longitudinale corto.

bra|chi|cè|fa|lo *agg., s.m.* [f. *-a*] (*antrop.*) si dice di chi ha il cranio corto.

bra|chi|dat|ti|lì|a *s.f.* (*med.*) anomala brevità delle dita.

bra|chi|gra|fì|a *s.f.* scrittura abbreviata, con sintesi o accorciamenti.

bra|chi|lo|gì|a *s.f.* concisione del discorso, spec. mediante ellissi.

brà|chio- primo elemento di parole composte che significa "braccio, del braccio" (*Brachiopodi*).

Bra|chiò|po|di *s.m.pl.* gruppo di animali marini con valva ventrale e valva dorsale, che si attaccano al fondo con un peduncolo.

bra|chio|ra|dià|le *agg., s.m.* (*anat.*) detto del muscolo esterno dell'avambraccio.

bra|chi|pnè|a *s.f.* (*med.*) respirazione affannosa.

bra|chi|ti|po o **brachìtipo** *s.m.* tipo umano di bassa statura, in cui il tronco è molto più sviluppato rispetto agli arti.

Bra|chiù|ri *s.m.pl.* sottordine di Crostacei muniti di chele, al quale appartiene il granchio.

bra|ciè|re *s.m.* recipiente di metallo dove si conserva accesa la brace.

bra|ciò|la *s.f.* fetta di carne bovina o suina, da cuocere alla griglia o in padella.

brà|di- primo elemento di parole composte che significa "ritardato, lento" (*bradisismo*).

bra|di|car|di|a *s.f.* (*med.*) bassa frequenza del battito cardiaco.

bra|di|fa|sì|a *s.f.* lentezza nel pronunciare le parole.

bra|di|la|lì|a *s.f.* lentezza nell'articolare parole.

bra|di|pe|psì|a *s.f.* (*med.*) lentezza digestiva.

bra|di|pnè|a *s.f.* (*med.*) rallentamento della respirazione.

brà|di|po *s.m.* **1** mammifero brasiliano con pelo folto e lunghi arti dotati di grosse unghie ricurve; vive sugli alberi e ha movimenti lentissimi **2** (*fig.*) poltrone.

bra|di|si|smi|co *agg.* [m.pl. *-ci*] (*geol.*) che riguarda il bradisismo: *fenomeno* —.

bra|di|sì|smo *s.m.* (*geol.*) lento spostamento verticale della crosta terrestre.

brà|do *agg.* detto di equini e bovini che vivono in libertà | *allo stato* —, detto di animale selvaggio, non addomesticato; (*fig.*) in una libertà quasi primitiva, senza regole.

brà|ga *s.f.* [pl. *-ghe*] **1** (*tecn.*) raccordo tra un tubo di scarico verticale e uno orizzontale **2** (*region.*) braca.

bra|gòz|zo *s.m.* barca da pesca, con scafo in legno e vele vivacemente colorate, usata nell'Adriatico.

bra(h)|ma|né|si|mo *s.m.* sistema speculativo formatosi in India nel sec. VI d.C., che fornì le basi della religione induista e del sistema di casta.

bra(h)|mà|no o **bramino** *s.m.* antico sacerdote induista, esponente della casta suprema.

braille® (*fr.*) [pr. *bràil*] *agg.invar.* e *s.m.invar.* detto di sistema di scrittura per non vedenti, basato su punti in rilievo sensibili ai polpastrelli.

brainstorming (*ingl.*) [pr. *breinstòrmin*] *s.m. invar.* tecnica di ricerca di gruppo per stimolare idee creative attraverso la libera espressione di idee e proposte.

brain trust (*ingl.*) [pr. *bréin tràst*] *loc.sost.m. invar.* gruppo di consulenti specializzati, incaricati di contribuire alla risoluzione di problemi complessi.

brà|ma *s.f.* voglia smodata; avidità | intenso desiderio: — *di conoscenza*.

bra|mà|no *s.m.* e *deriv.* → **brahmano** e *deriv.*

bra|mà|re *v.tr.* desiderare in misura incontenibile.

bra|mì|no *s.m.* → **brahmano**.

bra|mì|re *v.intr.* [indic.pres. *io bramisco, tu bramisci...*; aus. *A*] emettere un bramito.
bra|mì|to *s.m.* urlo di grossi animali selvatici, spec. cervi e orsi.
bra|mo|sì|a *s.f.* (*lett.*) desiderio incontenibile.
bra|mó|so *agg.* (*lett.*) voglioso, ardente di desiderio: — *di successo*.
bràn|ca *s.f.* 1 zampa dotata di artigli | (*estens., spec.pl.*) grinfia, mano avida | (*fig.*) dominio, potere: *nelle branche di uno sfruttatore* 2 ramo principale di una pianta 3 (*fig.*) ramo, settore: *una — della matematica*.
bràn|chia *s.f.* (*zool.*) organo di respirazione con cui pesci, anfibi e vari molluschi assorbono l'ossigeno disciolto nell'acqua.
bran|chià|le *agg.* relativo alle branchie: *apparato —*.
Bran|chià|ti *s.m.pl.* denominazione di tutti i Vertebrati che respirano principalmente tramite branchie.
Bran|chiò|po|di *s.m.pl.* ordine di Crostacei d'acqua dolce, i cui arti toracici servono per nuotare e respirare.
bran|ci|cà|re *v.tr.* [indic.pres. *io bràncico, tu bràncichi...*] (*fam.*) tastare con insistenza o sensualità ♦ *intr.* [aus. *A*] brancolare.
bràn|co *s.m.* [pl. *-chi*] 1 gruppo di animali della stessa specie che vivono insieme: — *di elefanti* 2 (*spreg.*) gruppo di persone: — *di fifoni* | gruppo di giovani dai comportamenti devianti | (*fig.*) *muoversi in —*, in gruppo | (*fig.*) *stare nel, seguire il —*, conformarsi alla norma.
bran|co|la|mén|to *s.m.* l'andare brancolando.
bran|co|là|re *v.intr.* [indic.pres. *io bràncolo...*; aus. *A*] procedere a tastoni | (*fig.*) operare in modo incerto, senza precisi riferimenti: *gli inquirenti brancolavano nel buio*.
brand (*ingl.*) [pr. *brènd*] *s.m.invar.* (*comm.*) simbolo di una linea di prodotti; marchio.
bràn|da *s.f.* 1 letto pieghevole e trasportabile 2 amaca in tela dove dormono i marinai.
bran|de|bur|ghé|se *agg.* relativo alla regione storica tedesca del Brandeburgo: *i concerti brandeburghesi di Bach* ♦ *s.m./f.* nativo, abitante del Brandeburgo.
bran|deg|già|re *v.tr.* [indic.pres. *io brandéggio...*] ruotare orizzontalmente, spec. una bocca da fuoco o un'apparecchiatura.
bran|dég|gio *s.m.* 1 (*mil., tecn.*) rotazione sul piano orizzontale 2 (*tv*) supporto per telecamera libero di ruotare in orizzontale e in verticale.
bran|dèl|lo *s.m.* 1 pezzetto lacerato: — *di carta* | *a brandelli*, a pezzi 2 (*fig.*) parte minima, briciolo: *un — di speranza*.
bran|dì|re *v.tr.* [indic.pres. *io brandisco, tu brandisci...*] impugnare o agitare con forza un oggetto capace di offendere, spec. un'arma: — *una scimitarra*.
brandy (*ingl.*) [pr. *brèndi*] *s.m.invar.* acquavite ricavata da vino distillato e invecchiato.
brà|no *s.m.* 1 pezzo strappato; brandello | *fare a brani*, lacerare, fare a pezzi 2 (*mus., lett.*) parte di canzone, opera musicale, testo scritto.

bran|zì|no *s.m.* (*region.*) spigola.
bra|sà|re[1] *v.tr.* cuocere la carne in casseruola a fuoco lento, con aromi, verdure e vino.
bra|sà|re[2] *v.tr.* (*tecn.*) saldare tramite metallo fuso.
bra|sà|to *part.pass. di* brasare ♦ *s.m.* carne cotta in casseruola con aromi e vino.
bra|sa|tù|ra *s.f.* (*tecn.*) saldatura effettuata usando ottone o argento fusi come collante.
bra|si|lià|no *agg.* del Brasile ♦ *s.m.* 1 [f. *-a*] chi è nato o abita in Brasile 2 la lingua, variante del portoghese, parlata dai brasiliani.
brasserie (*fr.*) [pr. *brasserì*] *s.f.* locale che vende birra e piatti freddi.
Bràs|si|ca *s.f.* genere di piante erbacee come rapa, cavolo, ravizzone.
bràt|te|a *s.f.* 1 (*bot.*) piccola foglia che ricopre il fiore o l'infiorescenza prima che sbocci 2 antico ornamento in lamina d'oro o d'argento.
brat|tè|o|la *s.f.* (*bot.*) in alcuni fiori, piccola brattea che forma un calice secondario.
brau|nì|te *s.f.* (*min.*) minerale roccioso, ricco di manganese.
bra|vàc|cio *s.m.* 1 (*st.*) sgherro, bravo 2 (*estens.*) gradasso; millantatore.
bra|và|ta *s.f.* discorso, comportamento spavaldo | azione rischiosa non necessaria.
bra|ve|rì|a *s.f.* 1 (*st.*) categoria, condizione dei bravi 2 (*estens.*) spavalderia; arroganza.
brà|vo *agg.* 1 che mostra destrezza, buona capacità: *un — allievo* 2 buono; onesto: *una brava persona* 3 (*fam.*) con funzione rafforzativa o espressiva: *farsi una brava risata* 4 (*raro*) sregolato | *notte brava*, piena di trasgressioni e sregolatezze ♦ *inter.* complimenti! | (*iron.*) accidenti a te!: —, *ci mancava solo questa!* ♦ *s.m.* 1 complimento, plauso: *meritarsi un —* 2 (*st.*) bandito che si metteva al servizio di un potente: *don Abbondio e i bravi* □ **bravaménte** *avv.* 1 con abilità, con bravura 2 in modo spavaldo.
bra|vù|ra *s.f.* perizia, abilità.
break (*ingl.*) [pr. *brèk*] *s.m.invar.* intervallo, pausa: *un — tra una riunione e l'altra* | (*radio, tv*) interruzione momentanea di un programma per trasmettere annunci pubblicitari ♦ *inter.* (*pugilato*) comando impartito dall'arbitro per separare i pugili da un corpo a corpo.
breakdance (*ingl.*) [pr. *brekdèns*] *s.f.invar.* ballo nato a New York negli anni '80, ricco di acrobazie e caratterizzato da movimenti a scatti.
breakdown (*ingl.*) [pr. *brekdàun*] *s.m.invar.* guasto, crisi: *il sistema elettrico ha avuto un —*.
break-even (*ingl.*) [pr. *brèk ìven*] *s.m.invar.* (*econ.*) raggiungimento del pareggio in un'azienda di recente costituzione.
breakfast (*ingl.*) [pr. *brèkfast*] *s.m.invar.* prima colazione all'inglese.
bréc|cia[1] *s.f.* [pl. *-ce*] 1 pietrisco, ghiaia | (*edil.*) pezzetti di sasso per pavimentazioni stradali e costruzioni 2 (*geol.*) conglomerato sedimentario di piccoli detriti a spigoli vivi.
bréc|cia[2] *s.f.* [pl. *-ce*] varco aperto in un sistema

brecciame 160

difensivo per penetrarvi a forza | (*estens.*) crepa, squarcio: *una — nel muretto* | (*fig.*) apertura, varco: *trovare una — fra la folla* | (*fig.*) *fare — su qlcu.*, fare colpo su di lui; convincerlo | (*fig.*) *essere sulla* —, avere successo nella propria attività.

brec|cià|me *s.m.* pietrisco per pavimentazione stradale.

brech|tià|no *agg.* relativo allo scrittore e drammaturgo tedesco B. Brecht (1898-1956) e al tipo di teatro da lui inaugurato.

bre|fo|trò|fio *s.m.* istituto dove vengono allevati bambini abbandonati.

brèn|to|lo *s.m.* sempreverde simile all'erica, diffuso nelle brughiere dell'Italia settentrionale.

bre|sà|o|la *s.f.* (*gastr.*) carne di manzo salata ed essiccata, tipica della Valtellina.

bre|tèl|la *s.f.* **1** (*spec.pl.*) ciascuna delle due strisce di tessuto elastico che, passando sulle spalle, sorreggono i pantaloni **2** raccordo stradale.

bre|tel|lì|na *s.f. spec.pl.* spallina: *le bretelline del reggiseno*.

brè|to|ne o **brèttone** *agg.* della Bretagna | (*lett.*) *ciclo* —, serie di racconti epici sui cavalieri della Tavola Rotonda ♦ *s.m.* **1** [anche f.] chi è nato o abita in Bretagna **2** lingua celtica di Bretagna.

bré|va *s.f.* (*region.*) vento periodico che spira sui laghi lombardi.

brè|ve[1] *agg.* **1** corto: *— tratto* **2** che dura poco: *un — istante* | *in* —, rapidamente | *tra* —, tra poco **3** di poche parole, conciso: *sarò —* | (*pop.*) *farla* —, andare subito al sodo **4** (*ling.*) lettera che viene pronunciata con durata inferiore rispetto alla sua versione "lunga" ♦ *s.f.* **1** (*mus.*) figura di nota di durata doppia rispetto a quella della semibreve **2** (*metr.*) vocale breve □ **brevemente** *avv.* **1** in breve tempo **2** in poche parole: *riassumere* —.

brè|ve[2] *s.m.* (*eccl.*) lettera pontificia, spec. su questioni temporali.

bre|vet|tà|re *v.tr.* [*indic.pres. io brevétto*...] **1** far riconoscere ufficialmente un'invenzione mediante brevetto: *— il macchinario* **2** abilitare con brevetto: *— un ufficiale*.

bre|vet|tà|to *part.pass. di* brevettare ♦ *agg.* **1** registrato; garantito: *marchio — 2* (*fam.*) collaudato, sperimentato: *ricetta brevettata* | (*scherz.*) sicuramente efficace: *trucco* —.

bre|vét|to *s.m.* **1** dichiarazione ufficiale che attesta la paternità di un'invenzione e ne assicura lo sfruttamento economico in esclusiva **2** patente che abilita a esercitare funzioni particolari: *— di pilotaggio*.

brè|vi- primo elemento di parole composte che significa "corto, breve" (*brevilineo*).

bre|vià|rio *s.m.* **1** libro liturgico contenente l'insieme di preghiere, salmi, inni da recitare ogni giorno **2** (*fig.*) testo che si consulta con grande frequenza.

bre|vi|lì|ne|o *agg.*, *s.m.* [f. -*a*] si dice di tipo costituzionale dalla bassa statura, con arti corti e prevalenza delle misure orizzontali.

bré|vi mà|nu (*lat.*) *loc.avv.* a mano, di persona: *consegna* —.

bre|vi|tà *s.f.* **1** caratteristica di ciò che è breve: *la — del percorso* **2** concisione: *la — della spiegazione*.

bréz|za *s.f.* vento periodico, debole o moderato | (*estens.*) arietta, gradevole venticello | *— di terra*, vento notturno dalla terra al mare | *— di mare*, vento diurno dal mare verso terra.

bri|an|tè|o *agg.* (*di cose*) brianzolo: *circuito* —.

bri|an|zò|lo *agg.* della Brianza ♦ *s.m.* [f. -*a*] chi è nato o abita in Brianza.

bric-à-brac (*fr.*) [pr. *brikabràk*] *s.m.invar.* **1** cianfrusaglie **2** anticaglie; negozio che le vende.

brìc|co *s.m.* [pl. -*chi*] piccolo recipiente con beccuccio e manico: *un — di latte*.

bric|co|nà|ta *s.f.* azione da briccone | (*scherz.*) birichinata.

bric|có|ne *s.m.* [f. -*a*] persona scaltra, priva di scrupoli; furfante | (*scherz.*) ragazzo furbo e vivace; birbante.

bric|co|ne|rì|a *s.f.* **1** l'essere briccone **2** bricconata.

brì|cio|la *s.f.* **1** frammento di pane **2** (*fig.*) quantità minima: *una — dei guadagni* | *andare in briciole*, sbriciolarsi | *ridurre in briciole*, annichilire.

brì|cio|lo *s.m.* pezzo minutissimo | (*fig.*) quantità minima, granello: *un — di cervello*.

bricolage (*fr.*) [pr. *bricolàj*] *s.m.invar.* realizzazione in proprio di lavoretti manuali e interventi di manutenzione; fai da te.

bridge (*ingl.*) [pr. *briġ*] *s.m.invar.* gioco di carte fra quattro giocatori in coppie, nel quale all'apertura bisogna dichiarare quante prese si prevede di fare.

briefing (*ingl.*) [pr. *brìfin*] *s.m.invar.* **1** rapida riunione per aggiornare sugli sviluppi di un'operazione **2** istruzioni per affidare un compito a uno o più collaboratori.

brì|ga *s.f.* [pl. -*ghe*] **1** problema complesso e preoccupante; rogna | *prendersi la — di fare ql.co.*, assumersi un impegno gravoso **2** contrasto | *attaccare* —, mettersi a litigare.

bri|ga|diè|re *s.m.* sottufficiale della Guardia di Finanza o dei Carabinieri.

bri|gan|tàg|gio *s.m.* **1** attività da brigante; banditismo **2** (*st.*) diffusione di bande organizzate di briganti nell'Italia meridionale, dopo l'unificazione della penisola.

bri|gàn|te *s.m.* [f. -*essa*] **1** bandito **2** (*scherz.*) bricconе.

bri|gan|tì|no *s.m.* (*mar.*) piccolo veliero a vele quadre, con due alberi.

bri|gà|re *v.intr.* [indic.pres. *io brigo, tu brighi*...; aus. A] provare in ogni modo, darsi da fare: *— per fare carriera*.

bri|gà|ta *s.f.* **1** gruppo di persone, spec. riunite per svago: *— di amici* **2** (*mil.*) unità tattica composta di due o tre reggimenti **3** gruppo di combattenti irregolari organizzati in formazioni armate: *— partigiana* | *Brigate Rosse*, formazione terroristica di sinistra diffusa nell'Italia degli anni '70 e '80.

bri|ga|tì|smo *s.m.* fenomeno storico dell'orga-

nizzazione in brigate eversive | (*per anton.*) attività delle Brigate Rosse.
bri|ga|ti|sta *s.m./f.* [m.pl. *-i*] militante in una brigata armata | (*per anton.*) membro delle Brigate Rosse.
bri|gi|di|no *s.m.* (*region.*) biscottino toscano all'anice.
bri|glia *s.f.* **1** complesso dei finimenti per guidare il cavallo | ciascuna delle redini **2** (*fig.*) freno | (*fig.*) ***tirare la* —**, esercitare rigore | *a* — *sciolta*, a tutta velocità, di gran carriera; senza porsi limitazione, a ruota libera: *parlare a* — *sciolta* **3** ciascuna delle due fasce in cuoio per sorreggere un bambino ai primi passi **4** (*tecn.*) traversa in muratura nell'alveo di un torrente per frenare l'erosione del fondale.
bril|la|mén|to *s.m.* **1** il risplendere | (*astr.*) — *solare*, breve e repentino aumento della luminosità di un settore del disco solare **2** operazione con cui si fanno esplodere le mine.
bril|lan|tàn|te *part.pres. di* brillantare ♦ *s.m.* detersivo che dona lucentezza alle stoviglie.
bril|lan|tà|re *v.tr.* **1** tagliare a faccette: — *un diamante* **2** (*metall.*) rendere lucido, brillante **3** (*gastr.*) rivestire confetti con uno strato lucido di zucchero **4** ornare con piccoli brillanti.
bril|lan|ta|tù|ra *s.f.* **1** sfaccettatura di diamanti e altre pietre **2** (*gastr.*) rivestimento di confetti con zucchero.
bril|làn|te[1] *agg.* **1** che splende; rilucente: *luce* —; *superfici brillanti* | (*di colore*) vivace: *amaranto* — **2** (*fig.*) di successo; efficace: *ricercatore* —; *tesi* — | che suscita impressione favorevole, ammirazione: — *esecuzione* | disinvolto, spigliato: *conversazione* — **3** (*cine., teat.*) spiritoso; leggero: *commedia* — □ **brillantemente** *avv.* con disinvoltura; con mondana eleganza: *comportarsi* — *a un ricevimento* | con risultato ottimo: *superare* — *il test*.
bril|làn|te[2] *s.m.* **1** diamante tagliato a faccette disposte a doppia piramide **2** (*estens.*) gioiello con brillanti.
bril|lan|téz|za *s.f.* **1** lucentezza | (*di colore*) vivacità **2** (*fig.*) efficacia; spigliatezza.
bril|lan|tì|na *s.f.* cosmetico per rendere lucenti i capelli.
bril|lan|tì|no *s.m.* tessuto leggero, spec. di seta, molto lucido.
bril|làn|za *s.f.* (*fotometria*) energia raggiante emessa da una superficie.
bril|là|re *v.intr.* [aus. *A*] **1** splendere di luce viva, scintillare; luccicare: *le stelle brillano*; — *di felicità* **2** (*fig.*) farsi notare: — *per coraggio* | (*iron.*) — *per l'assenza*, farsi notare perché non ci si trova dove si è attesi **3** esplodere: *far* — *le mine* ♦ *tr.* **1** liberare un chicco di cereale (spec. riso) dal suo involucro **2** far scoppiare: — *una carica*.
bril|la|tù|ra *s.f.* operazione del brillare cereali (spec. riso).
bril|lì|o *s.m.* scintillio di luce, spec. tremolante: *il* — *della cometa*.
bril|lo *agg.* (*fam.*) un po' sbronzo, alticcio.
bri|na *s.f.* rugiada che si congela e cristallizza per il freddo.
bri|nà|re *v.intr.impers.* [aus. *E*] formarsi e calare, detto di brina ♦ *tr.* rivestire di brina: *il gelo ha brinato i campi*.
bri|nà|ta *s.f.* il formarsi della brina; distesa di brina.
brin|dà|re *v.intr.* [aus. *A*] fare un brindisi: — *alla vittoria*.
brin|dèl|lo *s.m.* brandello.
brin|del|lό|ne *s.m.* [f. *-a*] chi si veste in modo trasandato.
brìn|di|si *s.m.* augurio o saluto che si fa in onore di qlcu. o ql.co., alzando i bicchieri.
brì|o[1] *s.m.* vivacità di spirito; gaiezza: *persona piena di* — | (*lett.*) vivacità espressiva: *un romanzo senza* — | (*mus.*) *con* —, si dice di esecuzione brillante e vivace.
brì|o[2] *s.m.* muschio verde-argento, diffuso lungo strade e muri.
brioche (*fr.*) [pr. *briòsh*] *s.f.invar.* dolce di pasta lievitata: — *farcita alla crema*.
Bri|ò|fi|te *s.f.pl.* divisione che comprende piante di ambienti umidi, come muschi ed epatiche.
brio|si|tà *s.f.* qualità di chi ha brio; esuberanza.
brì|ό|so *agg.* che ha brio, vivace: *una ragazza briosa* □ **briosamente** *avv.*
Bri|ο|zò|i *s.m.pl.* classe di piccolissimi animali marini, riuniti in colonie che paiono piante.
bri|scό|la *s.f.* gioco di carte in cui una carta scoperta sul tavolo indica il seme predominante | la carta scoperta e ogni altra del suo stesso seme | (*fig.*) *contare come il due a* —, essere una persona priva di influenza, di importanza.
bri|stol® *s.m.invar.* cartoncino per biglietti da visita.
bri|tàn|ni|co *agg.* [m.pl. *-ci*] **1** (*st.*) dell'antica Britannia; della Gran Bretagna: *monarchia britannica* ♦ *s.m.* **1** [f. *-a*] chi è nato o abita in Gran Bretagna **2** ceppo linguistico celtico che comprende il gallese, il bretone e lo scomparso cornico.
bri|tàn|no *agg.*, *s.m.* [f. *-a*] (*st.*) che, chi apparteneva all'antico popolo celtico che abitava la Britannia prima di Angli e Sassoni.
bri|vì|do *s.m.* **1** tremito dato da febbre, freddo, emozione **2** (*fig.*) emozione intensa: *il* — *dell'ignoto* | (*pop.*) *da* —, molto emozionante, mozzafiato | (*iperb.*) *dare*, *far venire*, *mettere i brividi* — *lungo la schiena*, fremito spec. di paura.
briz|zo|là|to *agg.* che comincia a incanutire: *capelli brizzolati*.
broadcast (*ingl.*) [pr. *bròdkast*] *s.m.* (*telecom.*) sistema di trasmissione in cui varie emittenti radiofoniche o televisive fungono da ripetitori di quella principale.
bròc|ca[1] *s.f.* **1** recipiente per liquidi, in terracotta, vetro o metallo, dotato di manico e beccuccio **2** quantità di liquido che sta in una brocca: *consumare una* — *d'acqua*.
bròc|ca[2] *s.f.* chiodino da scarpe.

broc|cà|to *s.m.* 1 stoffa di seta pesante per abbigliamento e arredo 2 (*estens.*) veste di broccato.
bròc|co *s.m.* [pl. *-chi*] 1 cavallo di poco pregio | (*iron.*) atleta scadente | (*estens.*) persona incapace, imbranato 2 ramo potato.
broc|co|lét|to *s.m.* spec.pl. infiorescenza di rapa, colta prima dello sbocciare dei fiori per essere cucinata; cima di rapa.
bròc|co|lo *s.m.* 1 varietà di cavolo con infiorescenza meno compatta del cavolfiore 2 [f. *-a*] (*fig.*) persona goffa e sciocca.
brochure (*fr.*) [pr. *broshùr*] *s.f.invar.* 1 brossura 2 opuscolo pubblicitario.
brò|da *s.f.* 1 acqua in cui sono state cotte verdure e simili | (*spreg.*) cibo liquido senza sapore; sbobba 2 acqua sporca.
bro|dà|glia *s.f.* 1 brodo lungo, insipido | (*estens.*) minestra insapore; bevanda disgustosa 2 (*fig.*) discorso o scritto noioso.
bro|dét|to *s.m.* (*gastr.*) 1 zuppa di pesce 2 salsa preparata con brodo, uova e succo di limone.
brò|do *s.m.* cibo liquido ottenuto con la lenta cottura in acqua di vegetali o carni: — *di gallina* | (*fig.*) *tutto fa* —, niente è inutile | *lasciar qlcu. nel suo* —, lasciargli fare di testa sua.
bro|dó|so *agg.* con parecchio brodo: *piatto* —.
bro|gliàc|cio *s.m.* 1 quaderno di appunti; scartafaccio | (*estens.*) prima bozza 2 (*bur.*) registro di prima nota, spec. per operazioni contabili.
bro|glià|re *v.intr.* [indic.pres. *io bròglio*...; aus. A] fare dei brogli.
brò|glio *s.m.* imbroglio, spec. per alterare i risultati di una votazione: — *ai seggi*.
broker (*ingl.*) *s.m.invar.* (*fin.*) intermediario d'affari che negozia titoli, cambi.
bro|ke|ràg|gio *s.m.* (*fin.*) attività di intermediazione svolta dal broker.
bro|mà|to *agg.* (*chim.*) contenente bromo ♦ *s.m.* sale di acido bromico.
bro|ma|to|lo|gì|a *s.f.* branca della chimica che ha per oggetto le sostanze alimentari.
Bro|me|lià|ce|e *s.f.pl.* famiglia di Monocotiledoni tropicali alla quale appartiene l'ananas.
bro|mi|drì|co *agg.* [m.pl. *-ci*] (*chim.*) si dice di acido dall'odore irritante, formato da bromo e idrogeno.
bro|mi|drò|si *s.f.* (*med.*) sudorazione maleodorante.
bro|mì|smo *s.m.* (*med.*) intossicazione cronica da preparati al bromo.
brò|mo *s.m.* elemento chimico non metallico, liquido, di colore rosso bruno, tossico e dall'odore ripugnante (*simb.* Br); viene usato nell'industria chimica e in medicina.
bro|mo|fòr|mio *s.m.* (*med.*) liquido organico dolciastro a base di bromo, usato come sedativo per la tosse.
bro|mù|ro *s.m.* (*chim.*) sale dell'acido bromidrico, usato in fotografia e medicina.
bron|chià|le *agg.* che riguarda i bronchi: *patologia* —.
bron|chi|ec|ta|sì|a o **bronchiettasia** *s.f.* (*med.*) dilatazione patologica dei bronchi.
bron|chì|o|lo *s.m.* (*anat.*) ciascuna delle numerose ramificazioni terminali del bronco.
bron|chì|te *s.f.* (*med.*) infiammazione della mucosa dei bronchi.
bron|chì|ti|co *agg.* [m.pl. *-ci*] 1 della bronchite 2 affetto da bronchite: *anziano* — ♦ *s.m.* [f. *-a*] malato di bronchite.
brón|cio *s.m.* atteggiamento del volto che manifesta malumore: *tenere il* — *a qlcu.*
brón|co *s.m.* [pl. *-chi*] (*anat.*) ciascuno dei due tratti dell'apparato respiratorio che si dipartono dalla trachea per raggiungere i polmoni.
bron|co|gra|fì|a *s.f.* (*med.*) radiografia dei bronchi.
bron|co|pleu|rì|te *s.f.* (*med.*) infiammazione che colpisce i bronchi e almeno una pleura.
bron|co|pol|mo|nà|re *agg.* (*med.*) relativo a bronchi e polmoni insieme.
bron|co|pol|mo|nì|te *s.f.* (*med.*) infiammazione di bronchi e polmoni.
bron|co|sco|pì|a *s.f.* (*med.*) esame dei bronchi tramite il broncoscopio.
bron|co|scò|pio *s.m.* (*med.*) strumento per ispezionare l'interno del bronco.
bron|co|to|mìa *s.f.* (*med.*) incisione chirurgica di un bronco.
bron|to|la|mén|to *s.m.* il brontolare.
bron|to|là|re *v.intr.* [indic.pres. *io bróntolo*...; aus. A] 1 esprimere malcontento a voce bassa: — *in continuazione* 2 fare un rumore sordo: *il temporale brontola allontanandosi* ♦ *tr.* dire tra i denti: — *maledizioni*.
bron|to|lì|o *s.m.* 1 un brontolare insistente 2 rumore sordo: *il* — *dello stomaco*.
bron|to|ló|ne *agg., s.m.* [f. *-a*] che, chi brontola sempre: *vecchio* —.
bron|to|sàu|ro *s.m.* enorme dinosauro con testa piccola e zampe anteriori corte.
bron|zà|re *v.tr.* [indic.pres. *io brónzo*...] 1 rivestire di bronzo 2 dare il colore del bronzo 3 brunire.
bron|zà|to *part.pass.* di bronzare ♦ *agg.* (*zool.*) di tacchini con piume del colore del bronzo | di cavalli dal manto con riflessi bronzei.
bron|za|tù|ra *s.f.* (*metall.*) 1 rivestimento in bronzo 2 brunitura.
brón|ze|o *agg.* di bronzo: *rivestimento* — | del colore del bronzo.
bron|zét|to *s.m.* piccola statua in bronzo.
bron|zi|na *s.f.* 1 (*mecc.*) cuscinetto antifrizione in lega metallica facilmente fusibile, per supporti di perni 2 campanellino in bronzo per animali da pascolo.
bron|zì|sta *s.m./f.* [m.pl. *-i*] chi realizza lavori in bronzo | commerciante di bronzi.
brón|zo *s.m.* 1 lega costituita di rame e stagno, per fabbricare e rivestire oggetti vari | *età del* —, epoca preistorica inaugurata e dominata dall'invenzione del bronzo | (*fig.*) *faccia di* —, persona 2 oggetto, spec. scultura, in bronzo: *i Bronzi di Riace*.
bros|sù|ra *s.f.* legatura a basso costo di un libro, con fogli cuciti e copertina in cartoncino.

brow|nià|no [pr. *brauniàno*] *agg.* (*fis.*) *nella loc.* **moto —**, disordinato movimento di particelle in sospensione causato dall'agitazione termica.

browning® (*ingl.*) [pr. *bràunin*] *s.f.invar.* (*per anton.*) piccola pistola semiautomatica.

brown sugar (*ingl.*) [pr. *bràun shùgar*] *loc.sost. m.invar.* (*gerg.*) tipo di eroina che arriva dall'Oriente.

browser (*ingl.*) [pr. *bràuser*] *s.m.invar.* (*inform.*) programma per navigare in Internet.

brr *inter.* (*onom.*) voce che riproduce il verso emesso da chi rabbrividisce.

bru|cà|re *v.tr.* [indic.pres. *io bruco, tu bruchi*...] riferito a erbivori, strappare l'erba a piccoli morsi.

Bru|cel|la *s.f.* (*biol.*) genere di batteri, che comprende specie patogene che causano la brucellosi.

bru|cel|lò|si *s.f.* (*med., vet.*) malattia infettiva scatenata dalle brucelle, che l'uomo può contrarre da varie specie di animali domestici.

bru|ciac|chià|re *v.tr.* [indic.pres. *io bruciàcchio*...] **1** bruciare superficialmente: *bruciacchiare il pollo* **2** seccare, inaridire: *il vento ha bruciacchiato le gemme* ♦ **-rsi** *intr.pron.* riportare bruciature superficiali: *la pizza si è bruciacchiata*.

bru|ciac|chia|tù|ra *s.f.* il bruciacchiare; segno di piccola bruciatura.

bru|cian|te *part.pres. di* bruciare ♦ *agg.* **1** (*fig.*) che offende, umilia: *sconfitta —* **2** (*fig.*) veloce; fulmineo: *scatto —*.

bru|cia|pé|lo *solo nella loc.* **a —**, da brevissima distanza, riferito a uno sparo: *fucilata a —* | (*fig.*) all'improvviso: *domanda a —*.

bru|cia|pro|fù|mi *s.m.invar.* piccola ciotola per bruciare sostanze profumate.

bru|cià|re *v.tr.* [indic.pres. *io brucio*...] **1** ardere, distruggere tramite calore, consumare con il fuoco: *— la carta* | (*fig.*) — **le tappe**, progredire, spec. nella carriera, con velocità straordinaria **2** ustionare **3** (*fig.*) seccare, inaridire | gelare: *il ghiaccio ha bruciato l'erba* **4** (*estens.*) corrodere; rovinare: *un acido che brucia la tela* | (*fig.*) sprecare: *— un'occasione* | mettere fuori gioco: *— un candidato* **5** (*gastr.*) cuocere troppo: *— la torta* ♦ *intr.* [aus. *E*] **1** ardere: *il bosco brucia* **2** (*fig.*) essere preda di (passioni, emozioni ecc.): *— di rabbia* **3** (*estens.*) scottare; avere un calore elevato: *la sabbia brucia* **4** (*fisiol.*) dare bruciore: *la ferita brucia* **5** (*fig.*) offendere; infastidire: *la sconfitta brucia* ♦ **-rsi** *rifl., intr.pron.* **1** ustionarsi; scottarsi **2** danneggiarsi per fuoco o calore eccessivo **3** (*gastr.*) rovinarsi per cottura eccessiva **4** (*fig.*) rovinarsi con imprese troppo rischiose.

bru|cià|ta *s.f.* caldarrosta.

bru|cia|tic|cio *agg.* [f.pl. *-ce*] bruciacchiato ♦ *s.m.* residuo di cosa bruciata, spec. di cibo: *il — sul fondo della padella* | **sapere di —**, avere un leggero sapore, odore di bruciato.

bru|cià|to *part.pass. di* bruciare ♦ *agg.* **1** inaridito, riarso | (*fig.*) **fare terra bruciata**, lasciare dietro di sé una distruzione che impedisce iniziative ulteriori **2** (*fig.*) che ha rovinato la carriera con azioni azzardate: *imprenditore —* | **gioventù bruciata**, disordinata e senza valori **3** (*di colore*) con sfumatura rossiccia: *marrone —* ♦ *s.m.* odore, sapore di cosa bruciata: *il pane sa di —* | (*fig.*) **puzza di —**, sospetto, sentore di imbroglio, corruzione o minaccia incombente.

bru|cia|tó|re *s.m.* dispositivo per miscelare e bruciare un combustibile.

bru|cia|to|ri|sta *s.m./f.* [pl. *-i*] addetto alla sorveglianza dei bruciatori in impianti termici.

bru|cia|tù|ra *s.f.* il bruciare | scottatura, ustione.

bru|ció|re *s.m.* **1** sensazione dolorosa causata da calore eccessivo | (*estens.*) sensazione simile dovuta a infiammazione organica, irritazione, puntura d'insetto: *— di gola, della pelle* **2** (*fig.*) umiliazione irritante: *il — dell'offesa*.

brù|co *s.m.* [pl. *-chi*] larva vermiforme di farfalla | (*estens.*) larva di insetto.

brù|fo|lo *s.m.* piccolo foruncolo.

bru|fo|ló|so *agg.* (*fam.*) coperto di brufoli: *fronte brufolosa*.

bru|ghiè|ra *s.f.* vasto terreno incolto, ricoperto di erica e piante simili.

brù|go|la *s.f.* (*tecn.*) chiave esagonale per viti a testa cava | **vite a —**, con testa a incavo esagonale.

brulé (*fr.*) *agg. solo nella loc.* **vin —**, vino bollito con spezie e zucchero, che si consuma caldo.

bru|li|cà|re *v.intr.* [indic.pres. *io brùlico, tu brùlichi*...; aus. *A*] **1** muoversi freneticamente, detto di una moltitudine di esseri viventi affollati, spec. insetti o persone; formicolare: *le operaie brulicano nel formicaio* **2** essere affollato in modo disordinato; pullulare: *viottoli brulicanti di gente* **3** (*fig.*) affollarsi; turbinare: *i progetti mi brulicano in testa*.

bru|li|chì|o *s.m.* movimento frenetico di esseri viventi, spec. di insetti o persone: *un — di api* | (*fig.*) turbinio: *— di immagini, idee*.

brùl|lo *agg.* spoglio di vegetazione, arido: *panorama —*.

bru|lòt|to *s.m.* (*mar. mil.*) imbarcazione zeppa di esplosivo lanciata contro le navi nemiche.

brù|ma *s.f.* foschia, nebbiolina.

bru|mà|io *s.m.* secondo mese nel calendario della Rivoluzione francese (22 ottobre-21 novembre).

bru|mó|so *agg.* nebbioso: *mattino —*.

bru|nà|stro *agg.* tendente al colore bruno.

brunch (*ingl.*) [pr. *brànč*] *s.m.invar.* pasto di tarda mattinata che sostituisce prima colazione e pranzo.

bru|nèl|lo *s.m.* pregiato vino rosso prodotto nelle terre senesi intorno a Montalcino.

bru|nì|re *v.tr.* [indic.pres. *io brunisco, tu brunisci*...] **1** sottoporre un oggetto metallico a trattamento antiossidante **2** (*estens.*) scurire un metallo.

bru|nì|to *part.pass. di* brunire ♦ *agg.* (*estens.*) scurito e levigato: *pelle brunita, legno —*.

bru|ni|tó|io *s.m.* attrezzo con cui si levigano e lucidano superfici metalliche.

brunitura 164

bru|ni|tù|ra *s.f.* **1** trattamento antiossidante di un oggetto metallico **2** lucidatura di un metallo per sfregamento.
brù|no *agg.* **1** di colore castano scuro: *capelli bruni* **2** di persona che ha carnagione e/o capelli scuri ♦ *s.m.* **1** il colore bruno **2** [f. *-a*] persona coi capelli bruni.
brù|sca *s.f.* spazzola dura per la strigliatura dei cavalli.
bru|schét|ta *s.f.* (*gastr.*) fetta di pane abbrustolita, condita con aglio, olio e sale.
brù|sco *agg.* [m.pl. *-schi*] **1** che ha un gradevole sapore asprigno: *arancio —* **2** (*fig.*) sgarbato: *modi bruschi* **3** (*fig.*) improvviso: *brusca impennata* ♦ *s.m.* sapore tendente all'aspro: *il — del nebbiolo* □ **bruscamente** *avv.* **1** in maniera sgarbata; senza complimenti **2** tutt'a un tratto: *accelerò —*.
brù|sco|lo *s.m.* granello di polvere; corpuscolo | pagliuzza | (*fig.*) *un — nell'occhio*, una seccatura, un fastidio.
bru|sì|o *s.m.* rumore indistinto e sommesso: *il — dei commenti, delle vespe*.
bru|sto|li|no *s.m.* seme di zucca tostato.
brut (*fr.*) *agg.invar.*, *s.m.invar.* detto di spumante molto secco.
bru|tà|le *agg.* **1** da bruto: *comportamento —* | (*estens.*) violento; bestiale: *un pestaggio —* **2** (*fig.*) brusco; senza delicatezza: *comunicazione —* □ **brutalmente** *avv.*
bru|ta|li|tà *s.f.* fatto, discorso brutale.
bru|ta|liz|zà|re *v.tr.* **1** trattare rudemente **2** (*estens.*) violentare.
brù|to *agg.* **1** privo di ragione umana: *animale —* | non regolato dalla ragione: *istinto —* | violento, bestiale: *forza bruta* **2** inerte | (*fig.*) non elaborato: *le brute cifre* | *materia bruta*, quella inanimata; (*scult.*) il materiale dell'artista prima di essere plasmato; (*fig.*) argomento non ancora organizzato ♦ *s.m.* **1** creatura che vive solo secondo istinto: *la differenza tra uomini e bruti* **2** (*estens.*) uomo violento, ai limiti della bestialità | maniaco sessuale.
brùt|ta *s.f.* **1** prima stesura; brutta copia, minuta **2** situazione difficile | (*fam.*) *alla —, alle brutte*, se le cose vanno male, nel peggiore dei casi.
brut|téz|za *s.f.* **1** brutto aspetto: *la — del dipinto* **2** (*fig.*) abiezione, immoralità **3** ciò che è brutto: *le bruttezze del mondo*.
brùt|to *agg.* **1** sgradevole a vedersi: *un viso —* | *brutta copia*, prima stesura **2** negativo; sfavorevole; disagevole: *un — volto; una brutta situazione* | triste, doloroso: *un — colpo* | (*fam.*) *vedersela brutta*, incontrare difficoltà serie; richiare moltissimo **3** dannoso; pericoloso: *brutta ferita* **4** (*fig.*) cattivo; immorale: *brutta azione* **5** (*meteor.*) piovoso; cupo: *tempo* | *brutta stagione*, inverno **6** si antepone ad agg. o sost. per rafforzarne la negatività: *— stupido!* ♦ *s.m.* **1** [f. *-a*] persona brutta **2** (*solo sing.*) ciò che suscita un'impressione sgradevole: *estetica del —* **3** ciò che arreca danno, crea difficoltà, suscita ansia: *il — è che...; il — deve ancora venire* | (*gerg.*) *di —*, tantissimo: *mi piace di —* **4** (*solo sing.; meteor.*) maltempo: *si mette al —*.
brut|tù|ra *s.f.* **1** cosa esteticamente brutta: *bruttura architettoniche* **2** (*fig.*) sconcezza.
bù|a *s.f.* (*fam.*) nel linguaggio infantile, dolore fisico | *farsi la —*, farsi male.
bu|àg|gi|ne *s.f.* balordaggine, stupidità.
bù|ba|lo *s.m.* antilope africana con corna anellate, piegate ad angolo retto.
bùb|bo|la *s.f.* **1** menzogna, frottola **2** cosuccia da nulla.
bùb|bo|lo *s.m.* sonaglio metallico tondo contenente una sferetta in acciaio, che si appende al collare di cani, cavalli e muli.
bub|bó|ne *s.m.* **1** (*med.*) tumefazione dei gangli linfatici **2** (*fig.*) segno di degenerazione; piaga sociale: *il — dello sfruttamento minorile*.
bub|bò|ni|co *agg.* [m.pl. *-ci*] (*med.*) che si manifesta attraverso bubboni: *peste bubbonica*.
bù|ca *s.f.* **1** cavità che si apre in una superficie, spec. nel terreno | (*estens.*) avvallamento, depressione del terreno | (*golf, biliardo*) *mandare in —*, far cadere la pallina o la biglia nelle apposite fessure **2** contenitore, vano a cui dà accesso una fenditura, un'apertura | *— delle lettere*, cassetta postale | (*teat.*) *— del suggeritore*, vano al centro del palcoscenico, invisibile agli spettatori, dove sta il suggeritore **3** (*gerg.*) *dare —*, non rispettare un impegno; mancare a un appuntamento.
bu|ca|né|ve *s.m.invar.* pianta erbacea con fiori bianchi che sbocciano a fine inverno, anche quando c'è ancora neve.
bu|ca|niè|re *s.m.* (*st.*) corsaro seicentesco, attivo nei Caraibi contro gli spagnoli | (*estens.*) pirata ♦ *agg.* dei bucanieri: *nave bucaniera*.
bu|cà|re *v.tr.* [indic.pres. *io buco, tu buchi...*] **1** praticare uno o più fori: *— una parete* | (*auto.*) *— una gomma*, subire la foratura accidentale di un pneumatico; (*anche assol.*): *ho bucato in salita* | *— il biglietto*, praticare una foratura di controllo su documenti di viaggio o biglietti di ingresso | (*tv*) *— lo schermo*, imporsi all'attenzione degli spettatori **2** pungere: *— con la siringa* | (*gerg.*) ferire con arma da taglio o pallottola **3** (*fig.*) mancare | (*sport*) *— la palla*, non riuscire a colpirla | (*pop.*) *— un appuntamento*, dare buca | (*giorn.*) *— una notizia*, non pubblicarla, non trasmetterla perché se ne sottovaluta l'importanza ♦ *-rsi* *rifl.* pungersi: *— fra i rovi* ♦ *intr.pron.* **1** (*di cosa*) forarsi: *la maglia si è bucata* **2** (*gerg.*) drogarsi con iniezioni di eroina; farsi: *cominciare a —*.
bu|ca|ti|no *s.m.spec.pl.* (*gastr.*) grosso spaghetto cavo.
bu|cà|to[1] *part.pass.* di bucare ♦ *agg.* che ha uno o più fori | (*fig.*) *avere le mani bucate*, spendere con estrema facilità, con prodigalità | (*raff.*) *non valere un soldo —*, non valere assolutamente nulla.
bu|cà|to[2] *s.m.* **1** lavatura della biancheria: *sapone da —; fare il —* | *di —*, appena lavato **2** biancheria da lavare o lavata: *stirare il —*.
bu|ca|tù|ra *s.f.* **1** il bucare **2** foratura di pneumatico.

bùc|che|ro *s.m.* 1 argilla nera, tipica dei vasi etruschi 2 terracotta in tale materiale.

bùc|cia *s.f.* [pl. *-ce*] 1 membrana esterna di frutti, tuberi e semi: — *di pompelmo*, *di mandorla* | *a — d'arancia*, si dice di cute dai pori troppo larghi o piena di rigonfiamenti da cellulite | *scivolare su una — di banana*, (*scherz.*) avere un incidente; (*fig.*) commettere uno sbaglio banale 2 (*gastr.*) crosta o pellicola che riveste insaccati e latticini: *la — del salamino* | (*fig.*) *lasciare le bucce*, non avanzare nulla | *rivedere le bucce*, esaminare in modo pignolo 3 (*pop.*) pelle umana | *lasciarci la —*, morire | *avere la — dura*, avere resistenza, essere pieni di risorse 4 (*bot.*) corteccia giovane delle piante 5 (*estens.*) parte esterna di ql.co. | (*fig.*) aspetto esteriore.

bùc|ci|na *s.f.* 1 conchiglia del buccino, anticamente impiegata come tromba 2 (*st.*) strumento a fiato, simile al corno, formato da un tubo di bronzo ricurvo, usato dagli antichi soldati romani.

buc|ci|na|tó|re *s.m.* (*anat.*) muscolo che si trova nella guancia.

buc|ci|no *s.m.* (*zool.*) mollusco dalla grande conchiglia a chiocciola.

bùc|co|la *s.f.* orecchino.

bu|cè|fa|lo *s.m.* (*scherz.*) cavallo malandato.

bù|ce|ro *s.m.* grande uccello nero con un enorme becco ricurvo sormontato da una protuberanza ossea simile a un elmo.

bu|che|rel|là|re *v.tr.* [indic.pres. *io bucherèllo*...] praticare tanti piccoli fori.

bu|cin|tò|ro *s.m.* (*st.*) galea da parata del doge di Venezia.

bù|co[1] *s.m.* [pl. *-chi*] 1 apertura, spec. stretta; piccola cavità; foro tondeggiante: *un — nel muro* | *— del lavandino*, tubo di scarico | *— della serratura*, toppa | (*volg.*) *— di culo*, ano; (*fig.*) fortuna sfacciata | (*fig.*) *cercare in ogni —*, dovunque | (*astr.*) *— nero*, stadio finale della vita di una stella, la quale, collassando, contrae fortemente la propria massa generando un aumento della gravità così intenso da trattenere la luce | (*fig.*) *— nell'acqua*, tentativo fallito 2 (*fig.*) ambiente poco spazioso; luogo squallido: *vivere in un —* | spazio disponibile, spec. posto a sedere 3 (*fig.*) momento libero, gener. breve: *ho un — tra l'una e le due* 4 (*gerg.*) iniezione di eroina; pera 5 (*sport*) intervento a vuoto sulla palla 6 lacuna, vuoto | (*econ.*) ammanco: *— di bilancio*.

bù|co[2] *agg.* (*region.*) bucato | (*gerg.*) *andare buca*, non andare a buon fine, riferito a impresa, tentativo e simili | (*gerg.*) *avere un'ora buca*, avere un'ora libera dagli impegni lavorativi o di studio.

bu|cò|li|ca *s.f.* (*lett.*) componimento poetico di tema pastorale: *una — virgiliana*.

bu|cò|li|co *agg.* [m.pl. *-ci*] 1 di bucolica; che concerne la poesia pastorale 2 (*fig.*) che rinvia alla serenità campestre; idilliaco: *ambiente —* | □ **bucolicamente** *avv.* in maniera idillica.

bùd|da *s.m.invar.* (*per anton.*) uomo robusto con aria serafica, meditativa.

bud|dì|smo o **buddhismo** *s.m.* dottrina filosofico-religiosa predicata in Oriente dal Buddha (secc. VI-V a.C.).

bud|di|sta o **buddhista** *s.m./f.* [m.pl. *-i*] seguace del buddismo.

bud|di|sti|co o **buddhistico** *agg.* [m.pl. *-ci*] che concerne il buddismo o i buddisti.

bu|dèl|lo *s.m.* [pl.f. *le budella* nel sign. 1; pl.m. *i budelli* nei sign. 2 e 3] 1 (*pl.*) intestino umano o animale | (*gerg.*) *cavare le budella a qlcu.*, ucciderlo | (*pop.*) *riempirsi le budella*, mangiare a crepapelle | (*fig.*) *sentirsi torcere le budella*, avere una gran paura 2 (*fig.*) tubo stretto e lungo 3 (*estens.*) locale lungo e stretto | vicolo angusto; passaggio scomodo: *i budelli del centro storico*.

budget (*ingl.*) [pr. *bàgget*] *s.m.invar.* (*fin.*) bilancio di previsione: *il — dell'azienda* | stanziamento per un determinato obiettivo o settore: *— per gli acquisti*.

bu|di|no *s.m.* dolce di consistenza molle, cotto in stampo apposito: *— al cioccolato*.

bù|e *s.m.* [pl. *buòi*] 1 maschio adulto castrato dei bovini domestici; (*estens.*) carne del bovino macellato: *bistecche di — | — marino*, mammifero marino simile alla foca; dugongo | *— muschiato*, grande ruminante con corna larghe e lungo pelo scuro, diffuso nelle zone artiche | (*fig.*) *lavorare come un —*, ammazzarsi di lavoro 2 (*fig.*) uomo ignorante e grossolano.

bù|fa|la *s.f.* 1 femmina di bufalo 2 (*scherz.*) madornale svista 3 (*pop.*) prodotto di scarso valore: *il libro era una —* | (*giorn.*) notizia infondata 4 (*ell.*) mozzarella di bufala.

bù|fa|lo *s.m.* [f. *-a*] mammifero ruminante con corna rivolte all'indietro, che vive per lo più allo stato brado.

bu|fè|ra *s.f.* 1 (*meteor.*) turbine di vento con pioggia o neve; tormenta 2 (*fig.*) grave sconvolgimento: *la notizia scatenò una —*.

bùf|fa *s.f.* visiera mobile dell'elmo che riparava la faccia.

buffer (*ingl.*) [pr. *bàffer*] *s.m.invar.* (*inform.*) dispositivo di un elaboratore elettronico per memorizzare temporaneamente dei dati.

buffet (*fr.*) [pr. *buffè*] *s.m.invar.* 1 mobile per cibi e stoviglie; credenza 2 tavola con pasticcini, cibi freddi e bevande per un rinfresco | (*estens.*) rinfresco 3 punto di ristoro in luoghi di transito o locali pubblici: *il — della stazione*.

buf|fet|te|rì|a[1] *s.f.* servizio di buffet.

buf|fet|te|rì|a[2] *s.f. spec.pl.* accessori in cuoio per il soldato.

buf|fét|to *s.m.* colpetto sulla guancia dato con due dita.

bùf|fo[1] *agg.* 1 che suscita il riso; ridicolo: *un — racconto* 2 (*teat.*) comico | *opera buffa*, melodramma comico ♦ *s.m.solo sing.* l'aspetto divertente, il lato comico: *il — è che...* | □ **buffamente** *avv.*

bùf|fo[2] *s.m.* soffio di vento | (*estens.*) sbuffo di fumo.

buf|fo|nàg|gi|ne *s.f.* comportamento da buffone | mancanza di serietà.

buf|fo|nà|ta *s.f.* cosa poco seria; pagliacciata: *è tutta una —*.

buf|fó|ne *s.m.* **1** (*st.*) giullare delle corti medievali e rinascimentali **2** [f. *-a*] (*fig.*) chi suscita il riso con parole o azioni; burlone **3** (*estens.*) chi si comporta senza dignità: *sei solo un —!*

buf|fo|ne|rì|a *s.f.* **1** buffonaggine **2** buffonata.

buf|fo|né|sco *agg.* [m.pl. *-schi*] da buffone | (*estens.*) ridicolo □ **buffonescamente** *avv.*

buf|tal|mì|a *s.f.* (*med.*) prominenza dell'occhio dall'orbita.

bug (*ingl.*) [pr. *bàg*] *s.m.invar.* (*inform.*) errore di programmazione; baco.

bu|gan|vìl|le|a *s.f.* arbusto rampicante ornamentale, con brattee lilla o arancio.

bug|ge|rà|re *v.tr.* [indic.pres. *io bùggero...*] (*pop.*) imbrogliare.

bug|ge|ra|tù|ra *s.f.* (*pop.*) raggiro, inganno.

bu|gìa[1] *s.f.* affermazione intenzionalmente falsa; menzogna: *raccontare bugie* | (*prov.*) *le bugie hanno le gambe corte*, vengono presto scoperte | — *pietosa*, raccontata a qlcu. per evitargli sofferenze.

bu|gìa[2] *s.f.* candeliere piccolo e basso con base rotonda e manico.

bu|giar|dàg|gi|ne *s.f.* caratteristica di chi mente abitualmente.

bu|giàr|do *agg.* **1** che ha il vizio di mentire **2** menzognero: *pianto —* **3** (*spec. sport*) che non rispecchia i reali valori in campo, l'effettivo sviluppo di un confronto: *risultato —* ♦ *s.m.* [f. *-a*] chi mente sempre; impostore.

bu|gi|gàt|to|lo *s.m.* stanzino buio e scomodo | ambiente squallido e angusto.

bu|gliò|lo *s.m.* **1** (*mar.*) secchio fissato a una fune, che viene calato in mare per attingere acqua **2** secchio per bisogni fisiologici che un tempo si usava nelle carceri.

bù|gna *s.f.* **1** (*arch.*) pietra lavorata aggettante, impiegata per rivestire facciate o muri esterni **2** (*mar.*) rinforzo dell'angolo inferiore della vela, dotato di anello di fissaggio.

bu|gnà|to *s.m.* (*arch.*) rivestimento murario a bugne.

bù|gno *s.m.* arnia rustica.

bù|io *agg.* **1** senza luce; scuro: *una stanza buia* | (*meteor.*) nuvoloso: *cielo —* **2** (*fig.*) fosco, triste: *una giornata buia* | decadente, barbaro: *tempi bui* **3** (*di espressione*) accigliato, corrucciato: *— in viso* ♦ *s.m.* **1** oscurità | — *fitto*, *pesto*, totale mancanza di luce **2** (*estens.*) sera | *venire*, *farsi —*, calare la notte **3** (*fig.*) ignoranza: *essere al — di ql.co.* | *fare un salto nel —*, prendere un'iniziativa di cui non si possono prevedere le conseguenze | (*gioco*) *aprire al —*, nel poker si dice quando il primo giocatore ad avere diritto di parola raddoppia la posta senza guardare le carte, riservandosi il diritto di giocare anche senza apertura e di parlare dopo gli altri.

bul|bà|re *agg.* (*anat.*) del bulbo, che riguarda il bulbo.

bul|bi|col|tó|re *s.m.* [f. *-trice*] (*agr.*) floricoltore che coltiva bulbi.

bul|bi|col|tù|ra *s.f.* (*agr.*) coltivazione dei bulbi da fiore.

bul|bi|fe|ro *agg.* (*bot.*) dotato di bulbo.

bul|bi|fór|me *agg.* a forma di bulbo.

bùl|bo *s.m.* **1** (*bot.*) gemma sotterranea tondeggiante, costituita da un piccolo fusto avvolto da foglie carnose, tipica di alcune piante **2** (*anat.*) struttura a forma di bulbo | — *pilifero*, radice del pelo | — *oculare*, parte sferoidale dell'occhio **3** (*estens.*) ogni oggetto tondeggiante: *il — del termometro* | involucro di vetro delle lampadine.

bul|bo|cà|sta|no *s.m.* pianta erbacea con radici commestibili; castagna di terra.

bu|lè *s.f.* (*st.*) nell'antica Grecia, consiglio della polis.

bùl|ga|ro *agg.* della Bulgaria ♦ *s.m.* **1** [f. *-a*] chi è nato o vive in Bulgaria **2** lingua slava dei bulgari **3** pregiato cuoio rosso scuro.

bu|li|mì|a *s.f.* (*psicol.*) patologico aumento della fame.

bu|li|nà|re *v.tr.* incidere con un bulino.

bu|li|na|tó|re *s.m.* [f. *-trice*] artigiano specializzato nell'incidere metalli o cuoio col bulino | incisore.

bu|li|na|tù|ra *s.f.* incisione con il bulino.

bu|lì|no *s.m.* attrezzo di acciaio appuntito per incidere metalli o cuoio | *arte del —*, quella dell'incisione.

bulldog (*ingl.*) [pr. *buldòg*] *s.m.invar.* cane da guardia, robustissimo, con muso schiacciato.

bulldozer (*ingl.*) *s.m.invar.* macchina cingolata munita di grossa lama per livellare terreni, sgomberare macerie.

bul|lét|ta *s.f.* chiodino con capocchia larga.

bul|let|tà|re *v.tr.* [indic.pres. *io bullètto...*] applicare bullette per fissaggio o decorazione.

bul|let|to|nà|to *agg.*, *s.m.* si dice di pavimento formato da pezzi di marmo o travertino uniti tra loro con malta di cemento.

bul|lì|smo *s.m.* comportamento esibizionista e prepotente di un ragazzo o di un gruppo.

bùl|lo *s.m.* **1** giovane gradasso | teppista: *— di periferia* **2** (*estens.*) chi ostenta sicurezza per mettersi in evidenza: *fare il —*.

bul|lo|nà|re *v.tr.* [indic.pres. *io bullóno...*] (*mecc.*) bloccare tramite bulloni.

bul|ló|ne *s.m.* (*mecc.*) organo metallico di collegamento, composto da una vite e da un dado che si avvita su di essa.

bum *inter.* (*onom.*) riproduce il rumore di uno scoppio.

bungalow (*ingl.*) [pr. *bùngalou*] *s.m.invar.* villetta a un solo piano con veranda | (*estens.*) casetta diffusa spec. in campeggi e villaggi turistici.

bungee jumping (*ingl.*) [pr. *bànghi giàmpin*] *s.m.invar.* pratica ricreativa che consiste nel lanciarsi da un punto situato a notevole altezza, con i piedi assicurati a una lunga fune elastica che si tende solo a poca distanza da terra e che rimbalzare più volte nel vuoto.

bunker (*ted.*) *s.m.invar.* (*mil.*) fortino di cemento armato | (*estens.*) ambiente tanto protetto da risultare impenetrabile.

buo|na|fé|de o **buòna féde** *s.f.invar.* convincimento di agire in modo onesto: *essere in —* | fiducia negli altri: *abusare della — di qlcu.*

buo|nà|ni|ma *s.f.* [pl. *buonànime*] defunto degno di rispettosa memoria: *la — di tuo nonno* ♦ *agg. invar.* morto e ricordato caramente: *mio zio —*.

buo|na|nòt|te o **buòna nòtte** *inter.* saluto di commiato prima di andare a dormire | (*pop.*) — *al secchio!, ai suonatori!*, non c'è più nulla da fare ♦ *s.f.invar.* la formula di saluto; l'augurio: *scambiarsi la —*.

buo|na|sé|ra o **buòna séra** *inter.* saluto del tardo pomeriggio e della sera, sia quando ci si incontra sia quando ci si accommiata ♦ *s.f.invar.* la formula di saluto; l'augurio: *dare la —*.

buon|co|stù|me *s.m.invar.* modo di vita, linea di comportamento conformi alla morale comune | *squadra del —*, reparto di polizia, ora abolito, che sanzionava i reati contro la morale ♦ *s.f. invar.* (*ell.*) squadra del buoncostume.

buon|dì *inter., s.m.invar.* buongiorno.

buon|giór|no o **buòn giórno** *inter.* saluto del mattino e del primo pomeriggio, sia quando ci si incontra sia quando ci si accommiata ♦ *s.m. invar.* 1 la formula di saluto; l'augurio 2 avvio della giornata, spec. se positivo | (*prov., anche iron.*) *il — si vede dal mattino*, basta poco per capire se la giornata sarà positiva o negativa.

buon|gra|do o **buòn gràdo** *solo nella loc.* **di —**, volentieri: *accetteremo di —*.

buon|gu|stà|io *s.m.* [f. *-a*] amante della buona cucina.

buon|gù|sto o **buòn gùsto** *s.m.invar.* 1 facoltà di apprezzare le cose belle: *— nel vestire* 2 (*estens.*) senso di opportunità: *il — di tacere*.

buò|no[1] *agg.* [si tronca in *buon* davanti a s.m.sing. che comincia per vocale, semiconsonante, consonante seguita da vocale o da *l* o *r*; compar. *più buono* o *migliore*; superl. *buonissimo* o *ottimo*] 1 conforme al bene; onesto: *buona abitudine* | *buona volontà*, impegno, voglia di fare | *opera buona*, gesto caritatevole | *a buon rendere*, espressione che indica l'intenzione di ricambiare un favore | *andare a buon fine*, avere esito positivo 2 bonario, benevolo | (*pop.*) *buon diavolo*, brava persona | (*ell.*) *alla buona*, semplice, senza raffinatezze: *ristorante alla buona* | (*pop.*) *buona donna*, prostituta | (*ell.*) *essere in buona*, in rapporti amichevoli; di buonumore 3 pregevole, di qualità: *buona esecuzione* 4 quieto, tranquillo: *state buoni!* 5 gentile, premuroso, cortese: *buone maniere* | *metterci una buona parola*, raccomandare | *buoni uffici*, appoggi influenti | *tenersi — qlcu.*, trattarlo con riguardo per interesse | *troppo —!*, ringraziamento per complimenti o gentilezze | *buona educazione*, garbo | (*ell.*) *con le buone*, gentilmente e con maniere persuasive | *fare buon viso a cattivo gioco*, rassegnarsi serenamente a ql.co. di sgradito 6 che procura sensazioni gradevoli: *buon profumo*; *buon odore* | *che fa bene*; salutare: *respirare aria buona* | che non fa male: *acqua buona da bere* 7 (*di persona*) abile, in gamba: *buon pilota* | (*di cosa*) efficace; efficiente: *buon progetto*; *buona memoria* | *— a nulla*, persona incapace | *essere in — stato*, conservato bene e ancora funzionante | (*fig.*) *essere in buone mani*, affidato a persone affidabili 8 vantaggioso; redditizio: *fare buoni affari* | *a buon mercato*, a prezzo conveniente; (*fig.*) *senza faticare: si è preso il merito a buon mercato* 9 propizio, favorevole: *l'occasione buona*; *buon anno!* | (*fig.*) *avere buon gioco*, trovarsi in una situazione di vantaggio | *Dio ce la mandi buona!*, che il cielo ci protegga! | (*fig.*) *buona stella*, destino propizio | *buon pro ti faccia!*, che ti possa risultare utile | *di buon grado*, volentieri 10 rispettabile: *di buona famiglia* | *buon nome*, reputazione positiva 11 valido, autentico: *questa banconota non è buona* | fondato, consistente: *ho i miei buoni motivi* | *a ogni buon conto*, a ogni modo | *a buon diritto*, giustamente 12 (*meteor.*) sereno: *domani avremo tempo —* 13 (*raff.*) notevole; cospicuo: *un buon numero*; *in buona parte* | abbondante: *manca un chilometro —* | *di buona lena*, con voglia, con impegno | *di buon'ora*, presto | *una buona volta*, una volta per tutte ♦ *s.m.* 1 [f. *-a*] persona buona: *buoni e cattivi* | *poco di —*, tipo poco raccomandabile 2 (*solo sing.*) ciò che è buono; giusto; cosa vantaggiosa, valida: *fare ql.co. di —*; *di — c'è che si fa presto* | qualità morali positive: *avere molto di —*.

buò|no[2] *s.m.* tagliando, certificato e sim. che dà diritto a ricevere una somma, una merce, un vantaggio, un servizio: *— sconto* | *d'ordine*, modulo per ordinare merci.

buo|nó|ra *s.f.* nelle loc. **di —**, il mattino presto | **alla —**, finalmente.

buon|sèn|so o **buòn sènso** *s.m.* saggezza naturale; equilibrio di giudizio e comportamento: *scegliere con —*.

buon|tem|pó|ne *s.m.* [f. *-a*] amante della vita allegra ♦ *agg.* gioviale, pieno di allegria.

buo|nu|mó|re *s.m.* stato d'animo sereno, allegro: *essere, mettere di —*.

buo|nuò|mo *s.m.* uomo bonario, privo di qualunque malizia; ingenuo.

buo|nu|sci|ta *s.f.* 1 compenso dato a chi lascia un immobile prima della scadenza contrattuale 2 indennità di anzianità | (*estens.*) somma data dall'azienda a un dipendente per incoraggiarlo a licenziarsi.

bu|rat|ti|nà|io *s.m.* [f. *-a*] 1 chi manovra i burattini | fabbricante di burattini 2 (*fig.*) chi, occultamente, ordisce una trama: *il — della crisi di governo*.

bu|rat|ti|nà|ta *s.f.* 1 commedia coi burattini 2 (*estens.*) comportamento ridicolo; pagliacciata.

bu|rat|ti|né|sco *agg.* [m.pl. *-schi*] 1 di burattino, da burattini 2 (*estens.*) privo di serietà; ridicolo.

bu|rat|tì|no *s.m.* 1 fantoccio per spettacoli teatrali popolari o infantili, costituito da una testa montata su una veste nella quale il burattinaio infila la mano per manovrarlo | (*per anton.*) Pinocchio | (*fig.*) uomo privo di carattere, manovrabile: *sei un — nelle sue mani*.

bu|ràt|to *s.m.* macchina con setacci per separa-

burbero 168

re la farina dalla crusca o per eliminare le impurità da un materiale granulare.
bùr|be|ro *agg.* che ha modi scontrosi ♦ *s.m.* persona rude □ **burberamente** *avv.*
burberry® (*ingl.*) [pr. *bàrberri*] *s.m.invar.* soprabito sportivo.
bur|chiel|lé|sco *agg.* [m.pl. *-schi*] (*lett.*) proprio del poeta fiorentino Burchiello (1404-1449) o che ne imita lo stile: *poesia burchiellesca* | (*estens.*) oscuro e bizzarro ♦ *s.m.* imitatore del Burchiello.
bur|chièl|lo *s.m.* piccola barca fluviale.
bù|re *s.f.* (*agr.*) stanga centrale dell'aratro da attaccare al giogo.
bureau (*fr.*) [pr. *buró*] *s.m.invar.* ufficio dell'amministrazione di un albergo.
bu|rèt|ta *s.f.* (*chim.*) tubo graduato in vetro per misurazioni di liquidi.
bur|gùn|do *agg., s.m.* [f. *-a*] che, chi apparteneva a un'antica popolazione germanica.
bu|ria|na *s.f.* (*region.*) **1** breve temporale **2** (*fig.*) chiasso; baldoria.
bu|rì|no *agg., s.m.* (*region.*) villano, zotico.
burka (*ar.*) *s.m./f. invar.* veste femminile musulmana, che copre tutto il corpo, lasciando solo una fascia di tessuto più rado all'altezza degli occhi.
bùr|la *s.f.* **1** scherzo fatto senza malanimo | *mettere in — ql.co.*, trattarlo come un gioco **2** (*estens.*) inezia, bagattella.
bur|là|re *v.tr.* canzonare; fare oggetto di scherzo bonario ♦ **-rsi** *intr.pron.* farsi beffa, prendersi gioco: *non burlarti di me!*
bur|lé|sco *agg.* [m.pl. *-schi*] **1** canzonatorio, scherzoso: *un fare —* **2** (*lett.*) di stile caricaturale: *composizione —* ♦ *s.m.* **1** (*solo sing.*) ciò che ha toni o contenuti da burla: *scadere nel —* **2** (*lett.*) genere letterario caratterizzato da brevi componimenti parodistici | autore di poesie scherzose □ **burlescamente** *avv.*
bur|lét|ta *s.f.* scherzo | evento ridicolo | *mettere ql.co. in —*, ridicolizzarla.
bur|ló|ne *agg., s.m.* [f. *-a*] che, chi ama gli scherzi, le burle: *sei sempre il solito —*.
bur|nùs *s.m.invar.* **1** ampia mantella in lana usata nell'Africa settentrionale, spec. dai berberi **2** mantellina femminile con cappuccio.
bu|ro|cra|te *s.m.* **1** funzionario della pubblica amministrazione **2** (*spreg.*) persona gretta, eccessivamente fiscale.
bu|ro|cra|té|se *s.m.* (*scherz.*) gergo da comunicazione burocratica, formale, stereotipato e complesso.
bu|ro|cra|ti|co *agg.* [m.pl. *-ci*] **1** della burocrazia, relativo alla burocrazia: *lungaggini burocratiche* **2** (*spreg.*) pedante, formalista: *comportamento —* □ **burocraticamente** *avv.* in modo burocratico | sul piano burocratico.
bu|ro|cra|ti|smo *s.m.* eccesso di burocrazia | tendenza a esasperare gli aspetti burocratici di un'organizzazione.
bu|ro|cra|tiz|zà|re *v.tr.* (*spec. spreg.*) organizzare in maniera burocratica.
bu|ro|cra|tiz|za|zió|ne *s.f.* organizzazione in senso burocratico | (*spreg.*) esasperazione dei vincoli burocratici.
bu|ro|cra|zì|a *s.f.* **1** complesso di uffici, di impiegati gerarchicamente organizzati che svolgono i compiti della pubblica amministrazione **2** (*spreg.*) osservanza pedante, formalistica dei regolamenti: *una — asfissiante*.
bu|rò|ti|ca *s.f.* complesso dei sistemi, spec. informatici, per automatizzare il lavoro d'ufficio.
bur|rà|sca *s.f.* **1** violenta tempesta, spec. marina: *mare in —* | *— magnetica*, perturbazione del campo magnetico terrestre prodotta dall'attività solare **2** (*fig.*) violento sconvolgimento: *una — politica*.
bur|ra|scó|so *agg.* **1** che è in burrasca: *tempo —* **2** (*fig.*) molto agitato; pieno di sconvolgimenti: *vicenda burrascosa* □ **burrascosamente** *avv.*
bur|rà|ta *s.f.* (*region.*) formaggio fresco a pasta molle e filata, ripieno di crema di latte.
bur|riè|ra *s.f.* piccolo contenitore per il burro.
bur|ri|fi|cà|re *v.tr.* [indic.pres. *io burrìfico, tu burrìfichi...*] trasformare in burro.
bur|ri|fi|ca|zió|ne *s.f.* trasformazione della crema di latte in burro.
bur|ri|fi|cio *s.m.* fabbrica dove si produce burro.
bur|rì|no *s.m.* formaggio stagionato a forma di pera con cuore di burro.
bùr|ro *s.m.* **1** sostanza grassa alimentare ottenuta dalla lavorazione della crema di latte: *panetto di —*; *uova al —* **2** (*estens.*) sostanza con consistenza simile al burro: *— di arsenico* | **— (di) cacao**, grasso biancastro ricavato dai semi del cacao, usato in cosmesi **3** (*fig., fam.*) cosa tenerissima, spec. pietanza: *questo filetto è un —* | (*fig.*) *mani di —*, presa debole.
bur|ró|ne *s.m.* luogo scosceso e dirupato; precipizio.
bur|ró|so *agg.* **1** che ha molto burro **2** (*fig.*) morbido come burro: *materiale —*.
bus *s.m.invar.* autobus.
-bus secondo elemento di parole composte che si riferiscono a mezzi pubblici di trasporto (*omnibus*).
bu|scà|re *v.tr.* [indic.pres. *io busco, tu buschi...*] ottenere, prendersi: *— la ricompensa*; *buscarsi uno spavento* | (*fam.*) **buscarle**, ricevere botte; (*gerg.*) venire sconfitti: *la squadra le ha buscate in trasferta*.
bu|séc|chia *s.f.* (*region.*) budello di animale per preparare insaccati.
bu|sìl|lis *s.m.invar.* (*pop.*) problema molto complesso: *questo è il —*.
business (*ingl.*) [pr. *bìsnes*] *s.m.invar.* affare, attività economica: *— dei rifiuti*.
business class (*ingl.*) [pr. *bìsnes klas*] *loc.sost. f.invar.* nei voli aerei, classe intermedia tra la prima e l'economica.
businessman (*ingl.*) [pr. *bìsnesmèn*] *s.m.invar.* uomo d'affari.
busker (*ingl.*) [pr. *bàsker*] *s.m./f.invar.* musicista di strada.
bùs|sa *s.f. spec.pl.* percossa, colpo: *prendere le busse*.

bus|sà|re v.*intr*. [aus. *A*] battere a una porta per farsi aprire | (*fig*.) — *alla porta di qlcu.*, cercarne l'aiuto.

bus|sà|ta s.*f*. il bussare | colpo alla porta.

bus|sét|to s.*m*. attrezzo per lucidare tacchi e suole; bisegolo.

bùs|so|la¹ s.*f*. **1** portantina chiusa **2** seconda porta, oltre quella d'ingresso, per evitare correnti d'aria; (*estens*.) corpo cilindrico a scomparti, che funge da porta girevole per locali pubblici **3** urna, cassettina per raccogliere schede di voto, elemosine, bigliettini ecc.

bùs|so|la² s.*f*. **1** strumento per determinare i punti cardinali, dotato di indicatore che punta sempre a nord **2** (*fig*.) direzione, criterio di orientamento | *perdere la* —, confondersi; smarrire il proprio autocontrollo.

bus|so|lòt|to s.*m*. recipiente usato per gettare i dadi o per giochi di prestigio | *gioco dei bussolotti*, gioco di prestigio; (*fig*.) imbroglio.

bù|sta s.*f*. **1** involucro di carta per lettere e fogli, spec. destinati alla spedizione: — *sigillata* | (*estens*.) cartelletta per documenti: — *d'archivio* | — *paga*, quella che contiene e/o illustra analiticamente lo stipendio di un lavoratore dipendente **2** piccola custodia flessibile in materiali vari: — *di liofilizzati;* — *degli occhiali* | borsetta femminile piatta **3** (*gerg*.) dose di cocaina.

bu|sta|rèl|la s.*f*. compenso dato illecitamente per ottenere favori.

bu|sti|na s.*f*. **1** piccolo involucro di carta per prodotti in polvere, spec. farmaceutici e alimentari: *una* — *di zucchero*, *di aspirina* | il contenuto dell'involucro **2** berretto ripiegabile a mo' di busta, spec. in divise militari o da lavoro.

bu|sti|no s.*m*. **1** corpino dotato di stecche che un tempo le donne usavano per stringere e modellare la vita e i fianchi **2** parte superiore di abito per signora.

bù|sto s.*m*. **1** (*anat*.) parte del corpo umano compresa tra il collo e i fianchi **2** scultura che rappresenta una figura umana dalla testa alla vita | (*pitt*., *foto*.) *a mezzo* —, si dice di rappresentazione dalla testa al petto **3** indumento intimo di tessuto elastico e gener. dotato di stecche per modellare la vita e i fianchi | (*med*.) — *ortopedico*, apparecchio ortopedico per correggere o prevenire le malformazioni della spina dorsale.

bu|stòc|co agg., s.*m*. [f. -*a*; m.pl. -*chi*] nativo o abitante di Busto Arsizio, in provincia di Varese.

bu|stò|me|tro s.*m*. rettangolo che indica le dimensioni massime che la corrispondenza deve avere per essere smistata in modo meccanico e non essere assoggettata a soprattassa.

bu|stro|fè|di|co agg. [m.pl. -*ci*] detto di antica scrittura che a ogni riga cambia direzione.

bu|tà|no s.*m*. (*chim*.) idrocarburo gassoso, liquefatto, venduto in bombole come combustibile domestico.

but|ta|fuò|ri s.*m.invar*. **1** nelle discoteche e sim., persona incaricata di allontanare i clienti che disturbano **2** (*teat*.) persona incaricata di avvertire gli attori quando è il loro momento di entrare in scena **3** (*mar*.) asta che sporge dall'imbarcazione e tiene tesa una vela.

but|tà|re v.*tr*. **1** lanciare, gettare: — *dall'alto* | (*fig*.) — *all'aria*, mettere in disordine | (*gastr*.) — *la pasta*, metterla nell'acqua che bolle | — *giù un edificio*, abbatterlo, demolirlo | (*fig*.) — *giù qlcu.*, demoralizzarlo, scoraggiarlo; indebolirlo, farlo deperire: *la febbre mi ha buttato giù* | — *giù ql.co.*, mangiare in fretta; riferito a bevande e spec. medicine, inghiottire **2** emettere, mandar fuori: *lo scarico butta troppo fumo* | (*di contenitori e sim*.) lasciar defluire; perdere | (*anche assol*.) germogliare **3** disfarsi di: — (*via*) *le cose vecchie* | (*fig*.) sciupare, sprecare: — *un'occasione*; — *via i soldi* ♦ *intr*. [aus. *A*] **1** tendere, volgere: *il tempo butta al bello* **2** prendere una certa piega: *vediamo come butta la faccenda* ♦ **-rsi** *rifl*. **1** gettarsi, lasciarsi cadere: — *dal ponte* | scagliarsi violentemente: — *contro l'avversario* | (*fig*.) — *giù*, avvilirsi, perdersi d'animo **2** impegnarsi a fondo: — *in un'attività* | (*assol*., *gerg*.) osare, rischiare: *a volte bisogna* —!

but|ta|ta s.*f*. (*bot*.) butto, germoglio.

but|te|rà|re v.*tr*. [indic.pres. *io bùttero*...] coprire di butteri o di altre piccole cicatrici: *il vaiolo buttera la pelle*.

but|te|rà|to part.pass. di butterare ♦ agg. pieno di butteri; coperto di cicatrici varie: *pelle butterata*.

bùt|te|ro¹ s.*m*. guardiano a cavallo di bestiame allevato allo stato brado, spec. in Maremma.

bùt|te|ro² s.*m*. cicatrice da vaiolo.

bùt|to s.*m*. (*agr*.) germoglio.

buvette (*fr*.) [pr. *buvèt*] s.*f.invar*. bar all'interno di ambienti pubblici: — *di Montecitorio*.

Bu|xà|ce|e s.*f.pl*. famiglia di Dicotiledoni, cui appartiene il bosso.

buyer (*ingl*.) [pr. *bàier*] s.*m.invar*. in aziende, grandi magazzini e sim., responsabile degli acquisti e dei rifornimenti | (*fin*.) compratore di borsa.

bùz|zo s.*m*. (*pop*.) ventre, pancia | (*fig*.) *di* — *buono*, con voglia, con il piglio giusto.

buz|zùr|ro s.*m*. [f. -*a*] persona rozza, zoticone.

bwana (*swahili*) [pr. *buàna*] s.*m./f.invar*. capo, padrone.

by night (*ingl*.) [pr. *bài nàit*] loc.agg.invar. di notte, notturno, spec. di una metropoli: *New York* —.

by-pass (*ingl*.) [pr. *bài pas*] s.*m.invar*. **1** (*med*.) innesto chirurgico in un tratto di vena o di vaso artificiale in un'arteria occlusa, per consentire di nuovo il passaggio del sangue **2** (*tecn*.) diramazione in un circuito idraulico o elettrico, spec. per aprire un percorso alternativo rispetto a quello deterioratosi.

by|pas|sà|re [pr. *baipassàre*] v.*tr*. **1** riattivare o derivare mediante by-pass **2** (*fig*.) eludere, aggirare: — *un ostacolo*.

by|ro|nià|no [pr. *baironiàno*] agg. relativo al poeta inglese G.G. Byron (1788-1824) e alla sua opera: *eroe* —.

byte (*ingl*.) [pr. *bàit*] s.*m.invar*. (*inform*.) unità di misura dell'informazione, che corrisponde a 8 bit.

Cc

c *s.f./m.invar.* terza lettera dell'alfabeto (il suo nome è *ci*); ha suono velare davanti ad *a*, *o*, *u* o altra consonante; ha suono palatale davanti a *e*, *i* | — *come Catania*, nella compitazione, spec. telefonica, delle parole | **C**, nella numerazione romana, il numero cento | (*sport*) *serie C*, suddivisione di cui fanno parte squadre del terzo livello di una graduatoria | (*estens.*) *di serie —*, si dice di cosa di qualità scadente.

cà|ba|la *s.f.* **1** (*relig.*) dottrina ebraica medievale, basata sull'interpretazione esoterica e mistica dei numeri e delle lettere, di cui pochi iniziati erano depositari **2** (*estens.*) arte di predire il futuro o di indovinare i numeri vincenti del lotto | (*fig.*) imbroglio; complotto.

ca|ba|lét|ta *s.f.* (*mus.*) nell'opera, brano vivace e orecchiabile che conclude un'aria o un duetto.

ca|ba|li|sta *s.m./f.* [m.pl. -*i*] **1** (*relig.*) studioso della cabala **2** chi indovina il futuro o i numeri vincenti del lotto con la cabala.

ca|ba|li|sti|co *agg.* [m.pl. -*ci*] della cabala, relativo alla cabala | (*fig.*) indecifrabile, oscuro □ **cabalisticamente** *avv.*

cabaret (*fr.*) [pr. *kabarè*] *s.m.invar.* locale notturno in cui si danno spettacoli di varietà, comici e satirici | (*estens.*) lo spettacolo stesso.

ca|ba|ret|ti|sti|co *agg.* [m.pl. -*ci*] da cabaret, relativo al cabaret.

cabernet (*fr.*) [pr. *kabernè*] *s.m.invar.* vitigno di origine francese coltivato spec. nell'Italia nordorientale | il vino rosso ottenuto da tale vitigno.

ca|bì|na *s.f.* **1** piccolo locale, destinato all'alloggio, a bordo di navi o barche: — *passeggeri* **2** vano destinato al trasporto di cose o persone: — *della funivia, dell'ascensore* **3** vano destinato a operazioni di guida o di manovra, spec. su aerei e automezzi: — *della gru* | — *telefonica*, in cui è installato un telefono pubblico | — *di proiezione*, nei cinema, locale in cui è situato il proiettore | — *di regia*, locale appositamente attrezzato da cui il regista dirige una trasmissione radio-televisiva | — *elettorale*, spazio chiuso su tre lati che garantisce all'elettore la segretezza del voto **4** piccola costruzione, gener. di legno, adibita a spogliatoio sulle spiagge o nelle piscine.

ca|bi|nà|to *agg.* dotato di cabina ♦ *s.m.* imbarcazione da diporto con cabine.

ca|bi|ni|sta *s.m./f.* [m.pl. -*i*] operaio addetto alla manutenzione e alla manovra delle apparecchiature delle cabine elettriche.

ca|bi|no|vì|a *s.f.* funivia con cabine a due o quattro posti.

ca|blàg|gio *s.m.* (*elettr.*) in apparecchi o impianti elettrici o elettronici, il complesso dei cavi di collegamento interno.

ca|blà|re *v.tr.* **1** (*elettr.*) effettuare un cablaggio **2** trasmettere mediante un cablogramma.

ca|blo|gràm|ma *s.m.* [pl. -*i*] telegramma trasmesso tramite cavi sottomarini.

ca|bo|tàg|gio *s.m.* (*mar.*) navigazione mercantile tra un porto e l'altro di uno stesso Stato | *grande, piccolo —*, a seconda della distanza, lunga o breve, tra i porti toccati dall'imbarcazione | (*fig.*) *di piccolo —*, di poca importanza.

ca|brà|re *v.tr.* fare una cabrata: — *l'aereo* ♦ *intr.* [aus. *A*] (*aer.*) compiere una cabrata.

ca|brà|ta *s.f.* (*aer.*) manovra che un aereo compie alzando la prora per mettersi in posizione verticale; impennata.

cabriolet (*fr.*) [pr. *kabriolè*] *s.m.invar.* **1** carrozza a due ruote con copertura a soffietto, tirata da un solo cavallo **2** automobile decappottabile.

ca|cà|o *s.m.invar.* **1** pianta tropicale con piccoli fiori bianchi o rosa e frutti a forma di grosse bacche allungate contenenti numerosi semi **2** polvere scura e amara, ottenuta dai semi abbrustoliti di tale pianta; è il principale ingrediente del cioccolato.

ca|cà|re o **cagàre** *v.intr.* [indic.pres. *io càco, tu càchi...*; aus. *A*] (*volg.*) andare di corpo, defecare | (*fig.*) *cacarsi sotto*, avere molta paura ♦ *tr.* **1** eliminare, espellere defecando **2** (*fig., gerg.*) prendere in considerazione | *non — una persona*, non considerarla.

ca|ca|rèl|la o **cagarèlla** *s.f.* (*pop.*) **1** diarrea **2** (*fig.*) fifa, paura.

ca|ca|sót|to o **cagasòtto** *s.m./f.invar.* (*pop.; spreg.*) persona paurosa | vigliacco.

ca|cà|ta o **cagàta** *s.f.* (*volg.*) **1** atto del defecare **2** escremento, merda **3** (*fig., gerg.*) cosa senza valore; cosa brutta, malfatta | stupidaggine.

ca|ca|tò|a *s.m.invar.* → cacatua.

ca|ca|tó|io *s.m.* (*volg.*) cesso.

ca|ca|tù|a o **cacatòa** *s.m.invar.* nome di varie specie di pappagalli australiani, che hanno sul capo un caratteristico ciuffo di penne dai colori vivaci.

càc|ca *s.f.* **1** (*fam.*) escremento **2** (*fam.*) ciò che suscita repulsione | (*estens.*) detto spec. nel rivolgersi ai bambini, cosa sporca, da non toccare.

càc|chio *s.m.* (*euf.*) cazzo.

càc|cia[1] *s.f.* [pl. -*ce*] **1** ricerca, cattura o uccisione di animali selvatici, compiuta dall'uomo con armi o trappole, o da altri animali: — *alla lepre*;

andare a — | uccisione di animali selvatici regolamentata dalla legge: *apertura della* — | — *grossa*, ad animali grossi, spec. feroci **2** (*estens.*) ricerca, inseguimento tenace di qlcu.: — *ai rapitori* | — *all'uomo*, ricerca incessante di un criminale da parte della polizia | (*fig.*) — *alle streghe*, persecuzione di gruppi ideologici o politici ritenuti pericolosi per la morale comune o il potere costituito **3** (*fig.*) ricerca ansiosa e perseverante di ql.co.: *essere a* — *di un lavoro* **4** gioco in cui bisogna cercare ql.co.: — *al tesoro* **5** operazione militare di inseguimento condotta con mezzi aerei o navali: — *aerea*.

càc|cia[2] *s.m.invar.* **1** aereo da caccia **2** cacciatorpediniere.

cac|cia|bàl|le *s.m./f.* (*fam.*) persona che racconta fandonie per vantarsi di qualità che non possiede; sbruffone, spaccone.

cac|cià|bi|le *agg.* detto di animale a cui per legge può essere data la caccia.

cac|cia|bom|bar|diè|re *s.m.* aereo da caccia e da bombardamento.

cac|cia|gió|ne *s.f.* **1** insieme degli animali a cui si dà la caccia **2** selvaggina uccisa a caccia.

cac|cia|mi|ne *s.m.invar.* dragamine.

cac|cià|re *v.tr.* [indic.pres. *io càccio*...] **1** inseguire animali selvatici per catturarli o ucciderli: — *una volpe* | (*assol.*) andare a caccia **2** inseguire qlcu. per catturarlo **3** (*anche fig.*) mandare via in modo brusco e deciso; allontanare: — *dall'aula*; — *la tristezza* **4** (*fam.; anche fig.*) ficcare, mettere: *mi hai cacciato in un grosso guaio* **5** (*fam.*) estrarre, tirare fuori: *caccia fuori i soldi!* | emettere: — *un urlo* ♦ **-rsi** *rifl.* (*anche fig.*) ficcarsi, mettersi: — *tra la folla*; — *in una brutta situazione* | (*fam.*) nascondersi, andare a finire: *dove ti sei cacciato?*

cac|cia|som|mer|gi|bi|li *s.m.invar.* piccola nave da guerra per la ricerca e l'attacco dei sommergibili.

cac|cià|ta *s.f.* allontanamento, espulsione: *la* — *dell'invasore*.

cac|cia|tó|ra *s.f.* solo nella loc. *alla* —, secondo il modo dei cacciatori | *giacca alla* —, giacca ampia e resistente, dotata di larghe tasche in cui mettere gli animali uccisi | si dice di carni cotte in umido, con vino, pomodoro, aglio e aromi vari: *coniglio, pollo alla* —.

cac|cia|tó|re *s.m.* [f. *-trice*] **1** chi va a caccia di animali selvatici | — *di teste*, chi ricerca e procura, alle aziende interessate, personale altamente qualificato senza ricorrere agli annunci economici **2** (*fig.*) chi va alla ricerca incessante di ql.co.

cac|cia|to|ri|no *s.m.* piccolo salame di pasta dura.

cac|cia|tor|pe|di|niè|re *s.m.invar.* veloce nave da guerra, armata di siluri, missili e cannoni.

cac|cia|vì|te *s.m.invar.* attrezzo per allentare o stringere le viti, costituito da una barretta metallica dotata di impugnatura e terminante con una punta appiattita o a croce.

càc|co|la *s.f.* **1** sterco che resta attaccato alla lana di capre o pecore **2** (*fam.*) muco del naso secco e rappreso | cispa dell'occhio.

cachemire (*fr.*) [pr. *kashmìr*; com. *kàshmir*] o **cashmere** (*ingl.*) *s.m.invar.* lana a pelo lungo, ottenuta da una razza di capre della regione indiana del Kashmir | pregiato tessuto, molto leggero e morbido, ottenuto da tale lana.

cache-pot (*fr.*) [pr. *kashpò*] *s.m.invar.* portavasi decorato.

ca|ches|sì|a *s.f.* (*med.*) grave deperimento fisico dovuto a denutrizione o a malattia debilitante.

cachet (*fr.*) [pr. *kascé*] *s.m.invar.* **1** capsula contenente un medicinale in polvere, da ingoiare senza masticare | (*estens.*) pasticca analgesica **2** boccetta di tintura per capelli | la tintura stessa **3** compenso per una prestazione professionale, spec. di attori, cantanti e sim.; gettone di presenza.

cà|chi[1] *s.m.invar.* **1** albero originario della Cina e del Giappone, che produce un frutto arancione, rotondo e grosso, con la buccia sottile e la polpa molle e dolce **2** il frutto di tale albero.

cà|chi[2] *agg., s.m.* detto di colore beige chiaro, come quello degli abiti coloniali: *camicia* —.

cà|cio *s.m.* formaggio | (*fig.*) *arrivare, cadere come il* — *sui maccheroni*, a proposito | (*fig.*) *alto quanto un soldo di* —, basso di statura.

ca|cio|ca|vàl|lo *s.m.* [pl. *caciocavalli* o *cacicavalli*] formaggio a pasta dura dolce o piccante, dalla caratteristica forma a pera, tipico dell'Italia meridionale.

ca|ciòt|ta *s.f.* formaggio tenero, dalla forma tonda e schiacciata, tipico dell'Italia centrale.

cà|co- primo elemento di termini composti che significa "cattivo", "sgradevole", "difettoso" (*cacofonia*).

ca|co|fo|nì|a *s.f.* **1** effetto sgradevole determinato dall'accostamento o dalla ripetizione di sillabe uguali **2** (*mus.*) impressione sgradevole causata da una successione di voci o suoni non armonici.

ca|co|fò|ni|co *agg.* [m.pl. *-ci*] che produce cacofonia ◊ **cacofonicamente** *avv.*

ca|co|lo|gì|a *s.f.* (*ret.*) espressione difettosa perché non del tutto logica.

Cac|tà|ce|e *s.f.pl.* famiglia di piante grasse, originarie dei paesi tropicali, con fusto carnoso, foglie trasformate in spine e fiori gener. solitari vivacemente colorati.

càc|tus *s.m.invar.* pianta grassa tropicale, con fusto carnoso, corto e tondeggiante, foglie trasformate in spine, fiori variamente colorati.

ca|da|ù|no *agg.indef., pron.indef.* ciascuno, spec. nel linguaggio commerciale: *al prezzo di un euro* —.

ca|dà|ve|re *s.m.* corpo umano dopo la morte; salma | *diventare bianco come un* —, impallidire | (*fig.*) — *ambulante*, si dice di persona debilitata, sofferente.

ca|da|vè|ri|co *agg.* [m.pl. *-ci*] **1** proprio di un cadavere **2** (*fig.*) emaciato, pallido, inerte: *volto* —.

ca|da|ve|rì|na *s.f.* (*chim.*) sostanza azotata prodotta dalla putrefazione degli organismi animali.

ca|dèn|te *part.pres. di* cadere ♦ *agg.* **1** che cade o che sta per cadere; fatiscente: *un edificio* — | *stella* —, meteora che attraversa il cielo con una scia luminosa **2** decrepito: *un vecchio* —.

ca|dèn|za *s.f.* **1** modulazione della voce o di un suono prima di una pausa; (*estens.*) inflessione di una lingua, di un dialetto o caratteristica di un certo modo di parlare: *una* — *lagnosa* **2** ritmo di un movimento, di un ballo o di una marcia.

ca|den|zà|re *v.tr.* [indic.pres. *io cadènzo...*] dare una cadenza; ritmare: — *il passo.*

ca|dé|re *v.intr.* [pass.rem. *io càddi, tu cadésti, egli càdde...*; fut. *io cadrò...*; condiz.pres. *io cadrèi...*; aus. E] **1** andare giù a causa del proprio peso; cascare | andare in terra per aver perso l'equilibrio o il sostegno; precipitare: — *dal balcone* | di fenomeni atmosferici, venire giù dal cielo: *cade la pioggia* | (*fig.*) *far* — *le braccia,* scoraggiare | (*fig.*) — *in piedi,* cavarsela bene in una situazione difficile | (*fig.*) — *dalle nuvole,* rimanere stupito | (*fig.*) *far* — *una cosa dall'alto,* concederla facendola apparire molto complessa **2** (*di foglie, denti, capelli e sim.*) staccarsi **3** (*fig.*) detto del governo di uno Stato, finire o essere rovesciato: *il regime è caduto* **4** (*fig.*) cessare, venire meno: *sono cadute tutte le speranze* | di collegamento telefonico o televisivo, interrompersi: *la linea è caduta* **5** (*fig.*) venirsi a trovare in una situazione negativa: — *in miseria* **6** (*fig.*) essere ucciso in guerra; morire: — *in un attacco aereo* **7** capitare; ricorrere: *il mio compleanno cade di domenica* **8** (*fig.*) posarsi, andare a finire: *lo sguardo cadde su di lei.*

ca|dét|to *agg.* **1** detto del figlio maschio non primogenito di una famiglia nobile, che non ha diritto di successione **2** (*sport*) appartenente a una squadra di serie B ♦ *s.m.* **1** figlio maschio non primogenito **2** (*sport*) giocatore di una squadra di serie B **3** allievo di un'accademia militare.

càd|mio *s.m.* elemento chimico metallico, grigio lucente, molto duttile e malleabile (*simb.* Cd); è usato per rivestire lamiere di ferro.

ca|du|cè|o *o* **cadùceo** *s.m.* (*mit.*) bastone alato su cui si attorcigliano due serpenti usato da Ermes o Mercurio per comporre le liti, antico simbolo di pace e attributo dei messaggeri | oggi, simbolo dell'arte medica.

ca|du|ci|fò|glio *agg.* (*bot.*) detto di pianta che perde le foglie in autunno.

ca|du|ci|tà *s.f.* (*lett.*) l'essere caduco; labilità, fugacità: *la* — *dell'esistenza.*

ca|dù|co *agg.* [m.pl. *-chi*] **1** che cade precocemente: *foglie caduche* **2** (*fig., lett.*) di breve durata, fugace: *una speranza caduca.*

ca|dù|ta *s.f.* **1** il cadere di ql.co. o qlcu.: *una* — *dalla bicicletta* | (*fis.*) *la* — *dei gravi,* il moto dei corpi verso il centro della terra, per effetto della forza di gravità **2** perdita, distacco: *la* — *dei denti, dei capelli* **3** (*fig.*) il venir meno di ql.co. in cui si è creduto; fine: *la* — *di un mito* **4** (*fig.*) capitolazione, sconfitta: *la* — *di un esercito* **5** fine di un potere politico **6** calo, diminuzione: *la* — *dei prezzi.*

ca|dù|to *part.pass. di* cadere ♦ *agg., s.m.* che, chi muore in guerra: *monumento ai caduti.*

ca|fe|tà|no *s.m.* → **caffettano.**

caf|fè *s.m.* **1** pianta tropicale sempreverde, con piccoli fiori bianchi, drupe rosse contenenti uno o due semi **2** i semi di tale pianta, anche torrefatti e macinati: — *in grani; tostare, macinare il* — | bevanda scura, aromatica e amara, ottenuta dall'infusione della polvere dei semi torrefatti e macinati | — *espresso,* preparato al momento con speciali macchine da bar | — *lungo,* diluito | — *macchiato,* cui si aggiunge un po' di latte | — *corretto,* cui si aggiunge un po' di liquore | — *d'orzo,* fatto con semi di orzo **3** locale pubblico in cui si consumano caffè, bibite e altri prodotti; bar | *chiacchiere da* —, discorsi vuoti e oziosi ♦ *agg.* di colore marrone scuro.

caf|fe|ì|na *s.f.* (*chim.*) alcaloide contenuto spec. nel caffè e nel tè, eccitante del sistema nervoso centrale e stimolante dell'attività cardiaca.

caf|fe|i|smo *s.m.* (*med.*) intossicazione dovuta all'abuso di caffè o di altre sostanze contenenti caffeina.

caf|fel|làt|te *o* **caffelàtte** *s.m.invar.* bevanda di latte e caffè che si prende la mattina a colazione ♦ *agg.invar.* di colore beige scuro.

caf|fet|tà|no *o* **caffetàno** *o* **cafetàno** *o* **caftàn** *o* **caftàno** *s.m.* lungo abito maschile, aperto sul davanti e con maniche molto larghe, tipico dei paesi musulmani.

caf|fet|te|rì|a *s.f.* **1** bar, caffè | in stazioni, aeroporti, teatri e sim., locale dove si possono consumare caffè, bevande ecc. **2** il complesso di cibi e bevande che vengono serviti nei caffè **3** negli alberghi, sala per la prima colazione.

caf|fet|tiè|ra *s.f.* **1** macchina per preparare il caffè | bricco per servire il caffè **2** (*fig., scherz.*) automobile vecchia e sgangherata.

ca|fo|nàg|gi|ne *s.f.* **1** l'essere cafone **2** maleducazione, scortesia.

ca|fo|nà|ta *s.f.* azione o espressione maleducata, scortese.

ca|fó|ne *s.m.* [f. *-a*] **1** (*region.*) contadino **2** (*estens.*) persona maleducata, scortese ♦ *agg.* maleducato: *una persona cafona* | di cattivo gusto, volgare: *una camicia cafona.*

ca|fo|ne|rì|a *s.f.* cafonaggine.

ca|fo|né|sco *agg.* [m.pl. *-schi*] di, da cafone.

caf|tà|n *s.m.* → **caffettano.**

caf|tà|no *s.m.* → **caffettano.**

ca|gà|re *v.tr. e deriv.* → cacare *e deriv.*

ca|gio|nà|re *v.tr.* [indic.pres. *io cagióno...*] (*lett.*) provocare, suscitare.

ca|gió|ne *s.f.* (*lett.*) motivo determinante di eventi gener. con conseguenze spiacevoli; causa.

ca|gio|né|vo|le *agg.* debole, che si ammala spesso; delicato: *costituzione* —.

ca|glià|re *v.intr.* [indic.pres. *io càglio...*; aus. E] detto del latte, coagularsi, rapprendersi per effetto del caglio ♦ *tr.* far coagulare, far rapprendere.

ca|glia|ri|tà|no *agg.* di Cagliari ♦ *s.m.* [f. *-a*] chi è nato o abita a Cagliari.

ca|glià|ta *s.f.* prodotto ottenuto dalla coagulazione del latte per effetto del caglio.
ca|glia|tù|ra *s.f.* processo di coagulazione del latte.
cà|glio *s.m.* **1** sostanza acida, ricavata dallo stomaco di vitelli o agnelli lattanti, usata come coagulante del latte per la preparazione dei formaggi **2** piccola pianta erbacea dai fiori gialli, un tempo usata per far cagliare il latte.
cà|gna *s.f.* **1** femmina del cane **2** (*fig.*, *spreg.*) donna di facili costumi.
ca|gnà|ra *s.f.* **1** l'abbaiare contemporaneo di molti cani **2** (*estens.*) baccano fatto da persone che si divertono o litigano.
ca|gné|sco *agg.* [m.pl. -*schi*] **1** di, da cane **2** (*fig.*) ostile | *guardare in* —, con ostilità □ **cagnescamente** *avv.* in modo ostile.
ca|ìc|co *s.m.* [pl. -*chi*] (*mar.*) imbarcazione a vela usata per trasportare persone | leggera imbarcazione a remi.
cai|mà|no *s.m.* grosso rettile acquatico, simile al coccodrillo, ma con il muso più corto e meno appuntito, che vive nei fiumi e nei laghi dell'America centrale e meridionale.
ca|i|no *s.m.* persona malvagia, che tradisce amici e parenti.
cà|io *s.m.* persona qualsiasi di cui non si conosce il nome o che non si vuole nominare.
cai|rò|ta *agg.* [m.pl. -*i*] del Cairo ♦ *s.m./f.* nativo o abitante del Cairo.
cà|la *s.f.* insenatura marina, gener. piccola e con acque poco profonde; calanca.
ca|la|brà|che *s.m./f.* **1** persona paurosa che non sa affrontare situazioni complesse **2** gioco di carte fra due persone, in cui vince chi resta con più carte.
ca|la|bré|se *agg.* della Calabria ♦ *s.m.* **1** [anche f.] nativo o abitante della Calabria **2** il dialetto che si parla in Calabria.
cà|la|bro *agg.* **1** calabrese: *Appennino* — **2** relativo a un'antica popolazione stanziata nella penisola salentina ♦ *s.m.* [f. -*a*] appartenente all'antica popolazione dei Calabri.
ca|la|bró|ne *s.m.* **1** grosso insetto simile alla vespa, di colore rosso scuro con l'addome striato di giallo; la femmina è dotata di pungiglione la cui puntura, molto dolorosa, può causare febbre **2** (*fig.*) corteggiatore insistente e scocciante | persona noiosa.
ca|la|fa|tàg|gio *s.m.* (*mar.*) operazione volta a rendere stagna e impermeabile una struttura che deve stare nell'acqua.
ca|la|fa|tà|re *v.tr.* (*mar.*) impermeabilizzare lo scafo in legno di una nave, inserendo stoppa e catrame tra le tavole | chiudere a tenuta stagna tutte le fessure di uno scafo metallico, ribattendo le lamiere.
ca|la|mà|io *s.m.* boccetta contenente inchiostro in cui si intingeva la penna per scrivere.
ca|la|mà|ro *s.m.* **1** mollusco marino commestibile, con corpo allungato dotato di due larghe pinne laterali e dieci tentacoli; quando viene aggredito, per nascondersi, secerne un liquido scuro **2** (*spec.pl.*; *fig.*, *fam.*) occhiaie scure.
ca|la|mì|na *s.f.* silicato basico di zinco che si presenta in masse bianche e lucenti.
ca|la|mì|ta *s.f.* **1** corpo che attrae il ferro; magnete **2** (*fig.*) persona o cosa molto attraenti.
ca|la|mi|tà *s.f.* **1** disgrazia collettiva di grosse proporzioni; catastrofe, disastro **2** (*fig.*) persona o cosa fastidiosa e insopportabile | persona sbadata, che spesso fa danni.
ca|la|mi|tà|re *v.tr.* **1** magnetizzare acciaio o ferro **2** (*fig.*) attirare, polarizzare: — *l'interesse*.
ca|la|mi|tó|so *agg.* (*lett.*) che porta o provoca disastri: *eventi calamitosi*.
cà|la|mo *s.m.* **1** (*bot.*) fusto sottile di alcune piante, spec. della canna | nel fusto della canna, parte compresa tra due nodi **2** (*zool.*) parte basale cornea della penna degli uccelli, a forma di tubicino, che si inserisce nella pelle **3** (*lett.*) cannuccia a punta delle penne degli uccelli, usata per scrivere.
ca|làn|ca *s.f.* piccola insenatura marina, tipica delle coste rocciose alte; cala.
ca|làn|co *s.m.* [pl. -*chi*] solco profondo, lungo e stretto causato dall'erosione delle acque sui terreni argillosi.
ca|làn|dra[1] *s.f.* uccello simile all'allodola, con piumaggio scuro, ali lunghe e becco grosso.
ca|làn|dra[2] *s.f.* insetto coleottero | — *del grano*, insetto di colore scuro, la cui larva divora i chicchi di grano.
ca|làn|dra[3] *s.f.* **1** (*tecn.*) macchina composta da cilindri rotanti che stende e comprime in fogli materiali diversi (carta, tessuti, metalli o plastica); è usata nell'industria tessile, cartaria e chimica **2** parte anteriore del cofano di un'automobile.
ca|làn|te *part.pres.* di *calare* ♦ *agg.* che diminuisce | *luna* —, la luna tra plenilunio e novilunio, quando la sua superficie visibile diminuisce gradatamente.
ca|la|pràn|zi *s.m.invar.* piccolo montacarichi per vivande.
ca|là|re *v.tr.* **1** far scendere gradatamente: — *la scialuppa in mare* | — *le vele*, ammainarle | abbassare: — *i costi* **2** nei giochi di carte, mettere una carta in tavola **3** nei lavori a maglia, ridurre il numero delle maglie ♦ *intr.* [aus. È] **1** scendere verso il basso: *le pecore calano a valle* | occupare un territorio giungendo dal nord: *i barbari calarono nel paese* **2** (*anche fig.*) diminuire: — *di dieci chili*; *i prezzi sono calati*; — *nella stima di qlcu*. **3** detto di un corpo celeste, declinare, tramontare **4** scendere pian piano: *la notte sta calando* **5** (*mus.*) eseguire una nota con il tono più basso del dovuto ♦ **-rsi** *rifl.* **1** scendere lentamente reggendosi a un sostegno: — *nel burrone con una fune* **2** immedesimarsi: — *nel ruolo*.
ca|là|ta *s.f.* **1** l'atto di calare; discesa | invasione: *la* — *dei barbari* **2** nell'alpinismo, discesa lungo una parete con la corda.
ca|la|vèr|na o **galavèrna** *s.f.* **1** sottile brina che si forma intorno alle foglie e ai rami di una

pianta 2 (*mar.*) copertura in cuoio o tela per proteggere attrezzature navali sottoposte ad attrito.

cal|la|zio *s.m.* (*med.*) tumore benigno, grande quanto un chicco di grano o un pisello, che si forma sulla palpebra in seguito all'infiammazione di una ghiandola.

càl|ca *s.f.* folla di gente che si spintona; ressa.

cal|cà|gno *s.m.* [pl. *i calcagni*; pl.f. *calcagna* negli usi fig.] osso del tarso, corrispondente alla parte posteriore del piede; tallone | (*fig.*) *stare alle calcagna di qlcu.*, inseguirlo | (*fig.*) *avere qlcu. alle calcagna*, essere inseguiti da vicino.

cal|cà|re¹ *s.m.* 1 (*geol.*) roccia sedimentaria, composta spec. da calcite, usata per le costruzioni o per produrre la calce e il cemento 2 incrostazione bianca lasciata dall'acqua vicino a rubinetti, tubi e sim.

cal|cà|re² *v.tr.* [indic.pres. *io càlco, tu càlchi*...] 1 premere ql.co. con i piedi; calpestare: — *la sabbia* | (*fig.*) — *le orme di qlcu.*, prenderlo a modello | (*fig.*) — *le scene*, fare l'attore 2 schiacciare, premere: — *gli abiti nel baule* | (*anche assol.*) nello scrivere, premere eccessivamente la penna sul foglio | (*fig.*) — *la mano*, esagerare 3 dare rilievo a ql.co., sottolinearla: — *una frase.*

cal|cà|re|o *agg.* di calcare | che contiene calcare: *roccia calcarea.*

cal|ca|tó|io *s.m.* strumento con una punta arrotondata per ricalcare i disegni.

càl|ce¹ *s.f.* (*chim.*) ossido di calcio, ricavato dalla cottura dei calcari; è una sostanza terrosa e biancastra, capace di assorbire notevolmente l'acqua, usata in edilizia | — *viva*, quella pura, senz'acqua | — *spenta*, quella che si ottiene aggiungendo molta acqua; calcina.

càl|ce² *s.m.* solo nella loc. *in* —, (*bur.*) in fondo alla pagina, nella parte inferiore di un foglio: *firmare in* —.

cal|ce|dò|nio *s.m.* (*min.*) varietà di quarzo, di colori vari, usata come pietra ornamentale.

cal|ce|mì|a *s.f.* (*med.*) tasso di calcio presente nel sangue.

cal|ce|o|là|ria *s.f.* pianta erbacea ornamentale, con fiori bianchi, gialli o rossi.

cal|ce|strùz|zo *s.m.* materiale molto duro composto da pietrisco, sabbia e cemento mescolati ad acqua, usato in edilizia o nelle costruzioni stradali.

cal|cét|to *s.m.* 1 calcio-balilla 2 (*sport*) gioco simile al calcio, ma con squadre di cinque calciatori che giocano su un campo di dimensioni ridotte.

cal|cià|re *v.tr.* [indic.pres. *io càlcio*...] 1 colpire ql.co. con il piede spingendolo dinanzi a sé: — *un sasso* 2 (*sport, anche assol.*) nel calcio e nel rugby, colpire il pallone con il piede per eseguire un tiro: — *in porta* ♦ *intr.* [aus. *A*] tirare calci; scalciare: *il cavallo calciava nervosamente.*

cal|cia|tó|re *s.m.* [f. *-trice*] giocatore di calcio.

cal|ci|fi|cà|re *v.tr.* [indic.pres. *io calcìfico, tu calcìfichi*...] incrostare ql.co. di sali di calcio ♦ *-rsi*

intr.pron. (*med.*) di tessuto organico, indurirsi per l'accresciuto deposito di sali di calcio.

cal|ci|fi|ca|zió|ne *s.f.* (*med.*) deposito di sali di calcio nei tessuti organici.

cal|ci|na *s.f.* sostanza pastosa, bianca, composta da calce, pietrisco e sabbia mescolati con acqua, impiegata nella malta da costruzione | (*estens.*) calce spenta.

cal|ci|nàc|cio *s.m.* pezzo di intonaco secco che si stacca da una parete.

cal|ci|nà|io *s.m.* 1 operaio addetto alla preparazione della calcina 2 vasca scavata nel terreno per trattare con acqua la calce viva 3 vasca contenente latte di calce dove si immergono le pelli da conciare.

cal|ci|nà|re *v.tr.* 1 (*chim.*) cuocere un calcare ad alta temperatura per ottenere calce viva 2 (*agr.*) spargere sui terreni polvere di calce per concimarli 3 immergere le pelli nel latte di calce per eliminarne i grassi residui.

cal|ci|na|tu|ra *s.f.* immersione in un bagno di calce delle pelli da conciare.

cal|ci|na|zió|ne *s.f.* (*chim.*) riscaldamento di sostanze solide a temperatura elevata per sottrarne l'acqua e gli elementi volatili.

càl|cio¹ *s.m.* 1 colpo dato con il piede; pedata: *ricevere, dare un* — | (*fig.*) *dare un* — *alla fortuna*, perdere un'occasione favorevole 2 colpo dato con la zampa, spec. da cavalli e asini 3 (*sport*) gioco in cui due squadre, ciascuna composta da undici giocatori, si contendono un pallone e cercano di farlo entrare nella porta avversaria calciandolo o colpendolo con la testa, senza mai toccarlo con le mani; football 4 (*sport*) tiro effettuato calciando il pallone con il piede: — *di rigore, di punizione, d'angolo.*

càl|cio² *s.m.* elemento chimico metallico, di colore bianco argenteo (*simb.* Ca); molto diffuso in natura come composto di numerosi minerali e, sotto forma di sali, costituente principale dello scheletro umano e animale.

càl|cio³ *s.m.* parte inferiore della cassa del fucile | impugnatura della pistola.

càl|cio-ba|lìl|la *loc.sost.m.invar.* 1 tavolo rettangolare raffigurante un campo di calcio, dotato di barre trasversali a cui sono fissate le miniature dei calciatori di due squadre calcistiche 2 gioco che si svolge su tale tavolo, in cui gli avversari, manovrando le apposite barre, cercano di colpire con i calciatori una pallina per mandarla nella porta avversaria, simulando una partita di calcio.

càl|cio|mer|cà|to *loc.sost.m.invar.* trattative condotte da società calcistiche per la compravendita dei calciatori.

cal|cì|sti|co *agg.* [m.pl. *-i*] relativo al gioco del calcio.

cal|cì|te *s.f.* minerale composto da carbonato di calcio cristallizzato, gener. incolore.

càl|co *s.m.* [pl. *-chi*] 1 impronta ottenuta facendo aderire una materia duttile e solidificabile, p.e. cera o gesso, a un oggetto, in modo da ottenerne la forma originale in negativo e farne delle copie | (*estens.*) copia positiva dell'oggetto stesso 2 (*ling.*) parola o locuzione che riproduce la struttura di quelle di un'altra lingua (p.e. *locale notturno*, dall'ingl. *night-club*) 3 copia di un disegno ottenuta ripassandone i contorni 4 impronta di una matrice di stampa da cui si ricavano successivamente altre copie.

càl|co- primo elemento di termini composti scientifici che significa "rame" o "relativo, somigliante al rame" (*calcografia*).

cal|co|gra|fì|a *s.f.* tecnica di stampa con matrici incise su lastre di rame | (*estens.*) la stampa che se ne ricava.

cal|co|grà|fì|co *agg.* [m.pl. *-ci*] relativo alla calcografia: *metodo* —.

cal|co|là|bi|le *agg.* che può essere calcolato.

cal|co|là|re *v.tr.* [indic.pres. *io càlcolo...*] 1 determinare, spec. una misura, una quantità ecc., mediante calcoli: — *il diametro della circonferenza* | (*assol.*) eseguire calcoli 2 tenere in considerazione, includere in un conteggio: *non lo hanno calcolato tra i partecipanti* 3 (*estens.*) prevedere ql.co.: — *le probabilità di successo* 4 ponderare con attenzione, soppesare: — *le parole da usare*.

cal|co|la|tó|re *agg.* [f. *-trice*] 1 che esegue calcoli 2 (*fig.*) che ragiona prima di prendere una decisione | che agisce per interesse o per freddo calcolo ♦ *s.m.* 1 chi sa eseguire bene i calcoli 2 (*fig.*) chi pondera bene le proprie azioni, badando spec. al proprio interesse 3 macchina per eseguire calcoli | — *elettronico*, apparecchio per l'elaborazione, la memorizzazione e la gestione elettronica di dati e informazioni; computer.

cal|co|la|trì|ce *s.f.* macchina tascabile o da tavolo che esegue operazioni matematiche.

càl|co|lo[1] *s.m.* 1 operazione matematica: *fare un — mentale* 2 (*estens.*) matematica 3 (*fig.*) stima precisa, previsione | *far bene i propri calcoli*, valutare bene i pro e i contro prima di agire | *agire per* —, badando al proprio interesse.

càl|co|lo[2] *s.m.* (*med.*) concrezione di sali minerali o di sostanze organiche in organi cavi o condotti dell'organismo: — *biliare*, *renale*.

cal|co|lò|si *s.f.* (*med.*) malattia causata dalla presenza di calcoli in alcuni organi.

cal|co|ma|nì|a *s.f.* decalcomania.

cal|dà|ia *s.f.* 1 grosso recipiente in metallo per cuocere o bollire ql.co. 2 apparecchio in cui l'acqua viene riscaldata per produrre vapore sotto pressione, da utilizzare come fonte di energia: *la — dell'impianto di riscaldamento*.

cal|dà|na *s.f.* improvvisa sensazione di calore.

cal|dar|rò|sta *s.f.* [pl. *caldarroste*] castagna arrostita.

cal|dar|ro|stà|io *s.m.* [f. *-a*] venditore di castagne arrostite.

cal|deg|già|re *v.tr.* [indic.pres. *io caldéggio...*] sostenere, appoggiare con fermezza e ardore: — *un progetto*.

cal|dè|o *agg., s.m.* [f. *-a*] che, chi appartiene a un'antica popolazione semitica della Mesopotamia.

cal|dè|ra *s.m.* depressione circolare provocata dallo sprofondamento di un vulcano.

cal|de|ró|ne *s.m.* 1 grossa caldaia 2 (*fig.*) accumulo disordinato di cose.

càl|do *agg.* 1 che dà una sensazione di calore; che ha una temperatura alta: *giornata calda* 2 detto di cibi che sono stati cucinati da poco: *minestra calda* | (*fig.*) recente | *una notizia calda calda*, giunta da poco 3 (*fig.*) passionale, irruento: *un temperamento* — | *avere il sangue* —, essere impetuoso, violento 4 (*fig.*) critico, conflittuale: *si preannuncia una stagione calda per il governo* 5 (*fig.*) molto affettuoso, cordiale: *una calda partecipazione* | *piangere a calde lacrime*, a dirotto 6 (*fig.*) di colore vivace, luminoso | *tinte calde*, della gamma tra il rosso e il giallo | di suono, profondo, basso e piacevole: *voce calda* ♦ *s.m.* 1 calore, temperatura alta | sensazione di calore: *un* — *appiccicoso*; *avere molto* — 2 (*fig.*) entusiasmo, passione | (*fig.*) *non fare né* — *né freddo*, lasciare indifferente | *a* —, (*metall.*, *tecn.*) detto di lavorazione effettuata ad alte temperature o impiegando calore o fuoco; (*fig.*) senza pensarci su; immediato: *rispondere a* —; *impressioni a* — □ **caldamente** *avv.* calorosamente.

ca|le|do|nià|no *agg.* (*geol.*) relativo a fenomeni dell'era paleozoica che hanno dato origine alla formazione di alcune catene montuose.

ca|le|fa|zió|ne *s.f.* (*fis.*) fenomeno per il quale un liquido, versato su una lastra metallica caldissima, si raccoglie in gocce che scivolano su di essa senza andare in ebollizione, grazie allo strato di vapore che si crea tra il liquido e la lastra stessa.

ca|lei|do|scò|pi|co *agg.* 1 proprio del caleidoscopio 2 (*fig.*) fantasmagorico; vario e mutevole.

ca|lei|do|scò|pio *s.m.* 1 giocattolo ottico composto da un cilindro chiuso contenente pezzetti di vetro colorato che, riflettendosi su degli specchi posti all'interno, creano svariate combinazioni di figure e di colori osservabili da un foro 2 (*fig.*) rapido succedersi di immagini.

calembour (*fr.*) [pr. *kalambùr*] *s.m.invar.* gioco di parole; freddura.

ca|len|dà|rio *s.m.* 1 sistema di suddivisione del tempo in anni, mesi e giorni, basato sui cicli astronomici 2 elenco progressivo dei giorni dell'anno, ripartiti in mesi e settimane, con l'indicazione delle festività e talvolta anche delle fasi lunari 3 programma delle attività da svolgere in un determinato periodo di tempo: — *scolastico*, *del campionato di calcio*.

ca|lèn|de *s.f.pl.* primo giorno di ogni mese dell'antico calendario romano | (*scherz.*) *rimandare alle* — *greche*, rinviare a un momento indefinito.

ca|len|di|màg|gio *s.m.* festa della primavera, un tempo celebrata a Firenze il primo giorno di maggio.

ca|lèn|do|la **o calèndula** *s.f.* pianta erbacea ornamentale con foglie dentellate, fiori gialli o arancioni.

ca|le|pì|no *s.m.* **1** grosso dizionario di lingua latina | (*scherz.*) grosso e vecchio volume **2** taccuino.
ca|lès|se *s.m.* piccola carrozza a due ruote trainata da un solo cavallo.
ca|lét|ta *s.f.* intaglio praticato in un pezzo di legno o di altro materiale per poterlo incastrare ad altri pezzi; incastro.
ca|let|ta|mén|to *s.m.* (*mecc.*) collegamento fisso di due organi meccanici.
ca|let|tà|re *v.tr.* [indic.pres. *io calétto*...] collegare due pezzi tramite calette o calettamenti ♦ *intr.* [aus. *A*] combaciare con precisione.
ca|let|ta|tù|ra *s.f.* calettamento.
ca|li|brà|re *v.tr.* [indic.pres. *io càlibro*...] **1** ridurre a un determinato calibro la canna di un'arma da fuoco **2** misurare con il calibro pezzi meccanici **3** (*estens.*) calcolare con esattezza | soppesare ql.co. in base alla situazione in cui ci si trova: — *i gesti*.
ca|li|bra|tó|re *s.m.* **1** strumento che regola il calibro di un'arma da fuoco **2** [f. *-trice*] (*ind.*) macchina per la cernita di vari prodotti in base alla loro grandezza.
càˈ|li|bro *s.m.* **1** strumento per misurare con precisione pezzi meccanici **2** diametro interno della bocca delle armi da fuoco, espresso in millimetri, in base al quale vengono classificati armi e proiettili **3** (*fig.*) livello, bravura: *due squadre dello stesso* — | (*estens.*) *un grosso* —, persona potente.
Ca|li|can|tà|ce|e *s.f.pl.* famiglia di piante dicotiledoni di cui fa parte il calicanto.
ca|li|càn|to *s.m.* arbusto con fiori rosso scuro o gialli, molto fumati, coltivato a scopo ornamentale.
càˈ|li|ce¹ *s.m.* **1** bicchiere a forma di coppa o cono rovesciato, sostenuto da uno stelo lungo e sottile poggiante su una base circolare | il contenuto di tale bicchiere | (*lett.*) *levare i calici*, brindare **2** (*lit.*) coppa per consacrare il vino durante la messa.
càˈ|li|ce² *s.m.* (*bot.*) parte esterna del fiore, costituita da sepali liberi o uniti tra loro.
ca|li|cét|to *s.m.* (*bot.*) involucro esterno del calice di alcuni fiori, costituito da brattee.
ca|li|dà|rio *s.m.* (*archeol.*) nelle terme romane, locale per i bagni d'acqua calda o di vapore.
ca|lif|fà|to *s.m.* **1** istituto e titolo di califfo **2** territorio sottoposto al potere di un califfo.
ca|lif|fo *s.m.* **1** nel Medioevo, supremo capo religioso e politico dei musulmani **2** (*scherz.*) uomo che ha molte donne.
ca|li|for|nià|no *agg.* della California ♦ *s.m.* [f. *-a*] chi è nato o abita in California.
ca|li|fòr|nio *s.m.* elemento chimico radioattivo ricavato dal curio (*simb.* Cf)
càˈ|li|ga *s.f.* sandalo degli antichi soldati romani.
ca|lì|gi|ne *s.f.* offuscamento dell'aria causato dalla presenza di particelle di polvere o cenere | (*estens.*) nebbia; bruma.
ca|li|gi|nó|so *agg.* pieno di caligine; offuscato.
ca|li|pso o **calypso** *s.m.invar.* ballo originario delle Antille, dal ritmo simile a quello della rumba.
càl|la *s.f.* pianta erbacea palustre, dal fiore bianco e profumato.
call center (*ingl.*) [pr. *kol sènter*] *loc.sost.m. invar.* società di servizi che fornisce risposte telefoniche ai clienti di un'azienda.
càlˈ|le *s.m.* (*lett.*) via stretta; cammino ♦ *s.f.* nome delle stradine del centro storico di Venezia.
call girl (*ingl.*) [pr. *kol gherl*] *loc.sost.f.invar.* ragazza squillo.
càlˈ|li- primo elemento di parole composte che significa "bello" (*calligrafia*).
cal|li|fu|go *agg.*, *s.m.* [pl. *-ghi*] si dice di prodotto che elimina i calli.
cal|li|gra|fì|a *s.f.* **1** arte di scrivere con caratteri eleganti e nitidi: *esercitarsi in* — **2** (*estens.*) modo di scrivere, grafia personale: *una* — *chiara*.
cal|li|gràˈ|fi|co *agg.* [m.pl. *-ci*] **1** di calligrafia **2** riguardante la grafia personale: *analisi calligrafica* **3** (*fig.*) che cura esclusivamente l'aspetto formale: *stile* —.
cal|li|gra|fo *s.m.* [f. *-a*] **1** insegnante o esperto di calligrafia | *perito* —, esperto che esegue perizie calligrafiche **2** (*estens.*) chi ha una bella grafia **3** (*fig.*) scrittore o artista che predilige la perfezione formale.
cal|li|sta *s.m./f.* [m.pl. *-i*] chi cura i calli.
càlˈ|lo *s.m.* **1** piccolo ispessimento della pelle di mani e piedi, dovuto a compressione o sfregamento | (*fig.*) *fare il* — *a ql.co.*, abituarvisi | *pestare i calli a qlcu.*, dargli fastidio **2** (*bot.*) tessuto che si crea intorno alla ferita di una pianta **3** (*zool.*) protuberanza delle zampe dei cavalli vicino alle articolazioni.
cal|lo|si|tà *s.f.* **1** caratteristica di ciò che è calloso **2** ispessimento.
cal|lóˈ|so *agg.* **1** pieno di calli; duro, spesso: *mani callose* **2** (*anat.*) *corpo* —, sostanza bianca che unisce i due emisferi del cervello.
càl|ma *s.f.* **1** assenza di vento nell'aria e in mare; bonaccia **2** (*estens.*) atmosfera di tranquillità e pace: *desiderare la* — **3** (*fig.*) quiete, serenità: *lavorare con* — | *prendersela con* —, non agitarsi | *perdere la* —, perdere il controllo dei nervi.
cal|màn|te *part.pres. di* calmare ♦ *agg.*, *s.m.* detto di medicinale che calma il dolore o l'ansia; tranquillante.
cal|màˈ|re *v.tr.* **1** rendere calmo, tranquillizzare **2** mitigare, placare: *la tensione nervosa* ♦ *-rsi intr.pron.* **1** ritornare calmo; tranquillizzarsi: *il bambino si è calmato* **2** attenuarsi.
cal|mà|ta *s.f.* (*fam.*) il tornare calmo dopo essersi agitato.
cal|mie|ra|mén|to *s.m.* misura o complesso di misure che si adottano per calmierare.
cal|mie|rà|re *v.tr.* [indic.pres. *io calmiero*...] sottoporre a calmiere: — *il pane*.
cal|miè|re *s.m.* prezzo massimo a cui possono essere venduti beni di prima necessità, stabilito dalla legge per evitare aumenti indiscriminati.
càl|mo *agg.* **1** detto del tempo, del mare e sim., che è in stato di quiete **2** (*estens.*, *fig.*) detto di

periodo che procede tranquillo o inattivo: *giornata calma* **3** detto di chi è libero da ansie o preoccupazioni; sereno | detto di chi non si agita e rimane tranquillo in qualsiasi situazione; pacato.

cà|lo *s.m.* **1** abbassamento, diminuzione di quantità: *il — del peso*; *il — della temperatura* | contrazione, ribasso: *— delle vendite*; *il — del prezzo* **2** (*fig.*) declino, perdita di prestigio | perdita di forza fisica o mentale: *avere un — nella concentrazione.*

ca|ló|re *s.m.* **1** (*fis.*) l'energia prodotta dal moto delle particelle che costituiscono la materia, percepita come sensazione di caldo: *il — solare* **2** calura; temperatura elevata: *il — dei giorni estivi* **3** (*fig.*) sentimento di affettuosa comprensione: *il — di un amico* | entusiasmo, fervore: *ha sostenuto con — la sua opinione* **4** (*zool.*) periodo in cui le femmine di alcune specie animali hanno un maggiore desiderio sessuale: *andare in —.*

ca|lo|ri|a *s.f.* **1** (*fis.*) unità di misura della quantità di calore, corrispondente alla quantità di calore necessaria per elevare di un grado la temperatura di un grammo d'acqua distillata **2** (*med.*) unità di misura del contenuto energetico degli alimenti; kilocaloria | (*pl.*) il contenuto energetico stesso: *cibi poveri di calorie.*

ca|lò|ri|co *agg.* [m.pl. *-ci*] relativo alle calorie.
ca|lo|ri|fe|ro *s.m.* impianto o apparecchio che serve a riscaldare un ambiente; termosifone.
ca|lo|ri|fi|co *agg.* [m.pl. *-ci*] che produce calore.
ca|lo|ri|me|tro *s.m.* (*fis.*) strumento per misurare la quantità di calore che si sviluppa da una combustione.
ca|lo|riz|za|zió|ne *s.f.* (*metall.*) processo di rivestimento di un metallo con uno strato protettivo e anticorrosivo di altro metallo.
ca|lo|ro|si|tà *s.f.* (*fig.*) caratteristica di ciò che è caloroso; cordialità.
ca|lo|ró|so *agg.* **1** che produce calore, che riscalda **2** che non patisce il freddo **3** (*fig.*) cordiale: *una testimonianza calorosa* | fervido, vivace: *un entusiasmo —* ☐ **calorosamente** *avv.* **1** cordialmente **2** vivacemente.
ca|lò|scia o **galòscia** *s.f.* [pl. *-sce*] soprascarpa impermeabile | stivaletto in gomma.
ca|lo|sò|ma *s.m.* [pl. *-i*] coleottero che si ciba di insetti nocivi ad alcune piante, caratterizzato da una livrea lucente di colore blu o verde puntinata di nero.
ca|lòt|ta *s.f.* **1** (*mat.*) ciascuna delle due porzioni di una superficie sferica tagliata da un piano secante **2** (*estens.*) oggetto o struttura di forma convessa o semisferica | (*anat.*) — *cranica*, il complesso delle ossa che formano la parte superiore del cranio | (*geogr.*) — *polare*, ciascuna delle due zone della superficie terrestre compresa tra il Polo e il Circolo polare: *— artica, antartica* **3** involucro di forma convessa per meccanismi o dispositivi **4** parte convessa del cappello | (*estens.*) berretto senza tesa; zucchetto | caschetto di protezione in metallo o cuoio.

cal|pe|stà|re *v.tr.* [indic.pres. *io calpésto...*] **1** camminare su ql.co., schiacciare con i piedi: *— il prato* **2** (*fig.*) offendere, non rispettare: *— i diritti di qlcu.* | non tenere in considerazione: *— i bisogni di qlcu.*
cal|pe|stì|o *s.m.* un calpestare prolungato | il rumore che ne deriva: *il — della folla.*
ca|lù|gi|ne o **calùggine** *s.f.* **1** (*lett.*) negli uccelli, lanugine che precede lo spuntare delle piume | (*estens.*) prima peluria degli adolescenti **2** (*bot.*) lanugine bianca che copre foglie e frutta.
calumet (*fr.*) [pr. *kalumé*] *s.m.invar.* lunga pipa sacra agli indiani d'America, che in occasione di cerimonie solenni o in circostanze ufficiali veniva fumata da tutti in segno di pace e amicizia.
ca|lùn|nia *s.f.* **1** menzogna, maldicenza: *rovinare qlcu. con le calunnie* **2** (*dir.*) reato commesso da chi incolpa qlcu., pur sapendo che è innocente, solo per screditarlo.
ca|lun|nià|re *v.tr.* [indic.pres. *io calunnio...*] divulgare falsità; denigrare, diffamare.
ca|lun|nia|tó|re *agg., s.m.* [f. *-trice*] che, chi calunnia; denigratore.
ca|lun|nió|so *agg.* che ha natura o scopo di calunnia; denigratorio: *voci calunniose* ☐ **calunniosamente** *avv.*
ca|lù|ra *s.f.* forte caldo estivo.
calvados (*fr.*) [pr. *kalvadòs*] *s.m.invar.* acquavite ottenuta dalla distillazione del sidro.
cal|và|rio *s.m.* **1** gruppo di sculture popolari che raffigurano la passione di Cristo **2** (*fig.*) dolore intenso e prolungato: *la sua esistenza si trasformò in un —.*
cal|vi|nì|smo *s.m.* **1** dottrina religiosa professata dal riformatore francese Giovanni Calvino (1509-1564) **2** (*fig.*) rigorismo etico.
cal|vi|nì|sta *s.m./f.* [m.pl. *-i*] seguace della dottrina di Calvino ♦ *agg.* **1** relativo al calvinismo **2** (*fig.*) detto di individuo fortemente intransigente.
cal|vì|zie *s.f.invar.* **1** caduta progressiva dei capelli **2** scarsità o assenza di capelli.
càl|vo *agg.* **1** che non ha capelli; pelato **2** (*estens., raro*) detto di monti o terreni, privo di vegetazione; brullo ♦ *s.m.* [f. *-a*] persona calva.
ca|ly|pso *s.m.invar.* → **calipso**.
càl|za *s.f.* indumento a maglia, di fibra naturale o sintetica, che veste il piede e parte della gamba: *— di cotone* | (*spec.pl.*) calza da donna, spec. in tessuto intessitivo, che ricopre tutta la gamba; collant | *fare la —*, lavorare a maglia | *la — della Befana*, per tradizione, quella che i bambini appendono al camino o altrove la notte dell'Epifania, affinché la Befana vi infili dentro i doni.
cal|za|mà|glia *s.f.* [pl. *calzemaglie* o *calzamaglie*] **1** indumento aderente che veste tutto il corpo dal collo in giù, usato spec. dai ballerini **2** nel Medioevo e nel Rinascimento, calzoni aderenti del costume da uomo.
cal|zàn|te *part.pres. di* **calzare** ♦ *agg.* **1** che calza perfettamente **2** (*fig.*) adeguato, idoneo: *argomento particolarmente —* ♦ *s.m.* arnese di vario

materiale, leggermente concavo, usato per calzare le scarpe; calzascarpe.
cal|zà|re[1] *v.tr.* **1** indossare un indumento aderente al corpo, spec. scarpe, calze o guanti **2** fornire di calzature: *questo negozio calza tutto il quartiere* ♦ *intr.* [aus. *A* nel sign. 1; *E* nel sign. 2] **1** aderire, vestire bene: *quelle scarpe non ti calzano bene* **2** (*fig.*) essere idoneo, appropriato: *l'esempio calza a pennello*.
cal|zà|re[2] *s.m.* (*lett.*) calzatura.
cal|za|scàr|pe *s.m.invar.* calzante.
cal|za|tó|ia *s.f.* rialzo in legno o metallo da porre sotto un mobile traballante per renderlo stabile | cuneo che frena le ruote di veicoli fermi in discesa.
cal|za|tó|io *s.m.* calzascarpe, calzante.
cal|za|tù|ra *s.f.* ogni tipo di scarpa: *industria di calzature*.
cal|za|tu|riè|re *s.m.* [f. -a] industriale delle calzature.
cal|za|tu|riè|ro *agg.* relativo alle calzature e all'industria che le produce: *reparto —* ♦ *s.m.* [f. -a] operaio di un calzaturificio.
cal|za|tu|ri|fì|cio *s.m.* fabbrica di calzature.
cal|ze|ròt|to *s.m.* calza corta che arriva fino al ginocchio.
cal|zét|ta *s.f.* calzino | (*fig.*) *mezza* —, si dice di persona mediocre, con poche capacità.
cal|zet|tó|ne *s.m.* calza pesante, di lana o cotone, che arriva fino al ginocchio.
cal|zi|fì|cio *s.m.* fabbrica di calze.
cal|zì|no *s.m.* calza corta di lana o di filato sottile, indossata spec. da bambini e uomini.
cal|zo|là|io *s.m.* [f. -a] artigiano che fabbrica o ripara calzature; ciabattino.
cal|zo|le|rì|a *s.f.* **1** bottega in cui vengono fabbricate o riparate scarpe | rivendita di scarpe **2** arte del calzolaio.
cal|zon|cì|no *s.m. spec.pl.* calzone corto.
cal|zó|ne *s.m.* **1** (*spec.pl.*) capo d'abbigliamento, un tempo indossato solo dall'uomo, che veste dalla vita in giù coprendo separatamente le gambe; pantalone **2** (*gastr.*) disco di pasta di pane ripiegato a metà e farcito di prosciutto, mozzarella o altri ingredienti, che viene fritto o cotto al forno.
ca|mal|do|lé|se *agg., s.m.* che, chi fa parte della congregazione di monaci ed eremiti benedettini fondata da san Romualdo a Camaldoli nel 1012.
ca|ma|le|ón|te *s.m.* **1** grosso rettile simile a una lucertola, ma più tozzo, dotato di dita e coda prensili, lingua protrattile e grandi occhi che ruotano l'uno indipendentemente dall'altro; è capace di mimetizzarsi nell'ambiente variando il colore della pelle **2** (*fig.*) chi cambia idea a seconda delle situazioni; opportunista.
ca|ma|le|òn|ti|co *agg.* [m.pl. *-ci*] (*spec.fig.*) di, da camaleonte: *sguardo —*.
ca|ma|le|on|tì|smo *s.m.* atteggiamento di chi muta continuamente idea per opportunismo.
ca|màu|ro *s.m.* berretto in velluto rosso portato un tempo dal Papa.

cam|bia|dì|schi *s.m.invar.* meccanismo di giradischi e juke-box per cambiare automaticamente i dischi.
cam|bià|le *s.f.* titolo di credito che contiene la promessa di pagare una determinata somma a una scadenza stabilita: *emettere una —*.
cam|bia|mén|to *s.m.* mutamento, variazione: *— di stagione*.
cam|bia|mo|né|te *s.m./f.invar.* cambiavalute.
cam|bià|re *v.tr.* [indic.pres. *io cambio*...] **1** sostituire una cosa o una persona con un'altra analoga: *— abito; — casa* | fare indossare a qlcu. biancheria o abiti puliti, riferito spec. a bambini o malati | *— aria*, trasferirsi in un luogo con un clima diverso; (*fig.*) allontanarsi da un luogo pericoloso | *— vita*, migliorare il proprio modo di vivere, dal punto di vista materiale o morale | *— rotta*, prenderne un'altra; (*fig.*) fare nuove scelte | *— faccia*, alterarsi in viso per un'emozione improvvisa | *— le carte in tavola*, modificare una situazione in base al proprio interesse **2** rendere diverso, modificare: *quell'esperienza lo cambiò moltissimo* **3** barattare, permutare | convertire il denaro in spiccioli o in valuta di altro paese: *— gli euro in dollari* **4** (*auto., anche assol.*) muovere la leva del cambio per passare da una marcia all'altra ♦ *intr.* [aus. *E*] trasformarsi nel tempo: *sono molto cambiato adesso* ♦ **-rsi** *rifl.* togliersi un indumento per indossarne un altro: *— la camicia* ♦ *intr.pron.* mutarsi; trasformarsi: *la passione si cambiò in profondo amore*.
cam|bià|rio *agg.* relativo a cambiale; che ha caratteristica di cambiale: *vaglia —*.
cam|bia|va|lù|te *s.m.invar.* chi, per professione, effettua la compravendita di monete o titoli, di Stato e di banca.
càm|bio *s.m.* **1** scambio; sostituzione di una cosa o di una persona con un'altra analoga: *il — dell'insegnante* | *dare il — a qlcu.*, sostituirlo in una specifica mansione | *in — di*, al posto di **2** (*econ., fin.*) prezzo della moneta di un paese convertito in quello di un'altra moneta: *tasso di —* | agenzia di cambiavalute o sportello di banca che svolge analoghe mansioni | *mercato dei cambi*, il complesso delle operazioni di compravendita di valuta estera **3** (*mecc.*) dispositivo che serve a variare la velocità di un veicolo: *— a mano*.
cam|bì|sta *s.m.* (*econ.*) cambiavalute.
cam|bo|già|no *agg.* della Cambogia ♦ *s.m.* **1** [f. -a] chi è nato o abita in Cambogia **2** lingua austro-asiatica che si parla in Cambogia.
cam|brì *s.m.* sottile tela di cotone, simile alla batista, usata per confezionare biancheria.
cam|brià|no *agg., s.m.* detto del più antico periodo geologico dell'era paleozoica.
càm|brì|co *agg., s.m.* [pl. *-ci*] (*geol.*) detto del periodo cambriano.
cam|bù|sa *s.f.* (*mar.*) sulle navi, deposito dei viveri.
ca|mè|lia *s.f.* arbusto ornamentale sempreverde con foglie ovali lucenti e grandi fiori bianchi o rossi.
Ca|mè|li|di *s.m.pl.* famiglia di Mammiferi ru-

minanti di cui fanno parte il cammello, il dromedario e il lama.

camembert (fr.) [pr. kamambér] s.m. formaggio francese molle dal sapore forte.

ca|me|pi|zio s.m. erba spontanea e perenne della famiglia delle Labiate, con foglie tripartite di colore verde chiaro e fiori gialli; è usata in medicina per la cura dell'artrite.

cà|me|ra[1] s.f. 1 locale di una casa ad uso abitativo; stanza: — da letto, da pranzo | (per anton.) stanza da letto: pensione con venti camere | *fare, rifare le camere*, rimetterle in ordine | (estens.) *musica da* —, quella eseguita in una sala da concerto da pochi suonatori 2 il complesso dei mobili che arreda la stanza da letto 3 locale chiuso, destinato a usi particolari | — *a gas*, nei lager nazisti, locale in cui si sterminavano i prigionieri mediante immissione di gas venefici | — *sterile*, negli ospedali, stanza asettica per pazienti con insufficienza immunitaria | — *ardente*, luogo dove si espone la salma del defunto per onorarla | — *oscura*, locale in cui si sviluppano i negativi fotografici 4 organismo addetto alla tutela di attività lavorative ed economiche | — *di commercio*, ente preposto al coordinamento e alla promozione di attività commerciali | — *del lavoro*, organismo sindacale territoriale 5 assemblea che ha potere legislativo: *la Camera dei deputati* 6 spazio o apparecchio cavo | — *d'aria*, involucro di gomma, riempito di aria compressa, posto all'interno di uno pneumatico o di un pallone; (edil.) intercapedine lasciata all'interno di un muro allo scopo di favorire l'isolamento termico | — *di combustione*, nei motori a scoppio, lo spazio del cilindro in cui avviene la compressione e la combustione del carburante.

cà|me|ra[2] s.f. macchina per riprese fotografiche, cinematografiche o televisive.

cameraman (ingl.) [pr. kàmeramen] s.m.invar. operatore di telecamere o cineprese.

ca|me|rà|ta[1] s.f. 1 ampio locale adibito a dormitorio in collegi, caserme e sim. 2 l'insieme delle persone che dormono in una stessa stanza.

ca|me|rà|ta[2] s.m. [pl. -i] 1 compagno d'armi o di studi 2 (st.) appellativo che si davano gli appartenenti al partito fascista.

ca|me|ra|té|sco agg. [m.pl. -schi] di, da camerata | detto di atteggiamento solidale: *gesto* —.

ca|me|ra|ti|smo s.m. amicizia e complicità tra compagni d'armi, di studi o di fede politica.

ca|me|riè|re s.m. [f. -a] 1 nelle case private e negli alberghi, persona che pulisce le camere o serve a tavola; domestico 2 nei bar e nei ristoranti, persona che serve i clienti al tavolo.

ca|me|ri|no s.m. 1 nei teatri, negli studi televisivi e sim., piccola camera in cui gli attori si truccano, si cambiano d'abito o si riposano 2 nei negozi, spogliatoio 3 nelle navi da guerra, stanza in cui alloggiano ufficiali e sottufficiali.

ca|me|ri|sti|co agg. [m.pl. -ci] relativo alla musica da camera: *brano* —.

ca|mer|lén|go o **camerlèngo** s.m. [pl. -ghi] (eccl.) titolo del cardinale che governa la Santa Sede nel periodo intercorrente fra la morte di un Papa e l'elezione di quello successivo.

cà|mi|ce s.m. 1 tunica, spec. di colore bianco, indossata da medici, farmacisti, tecnici e sim., per motivi igienici o a scopo protettivo 2 (lit.) veste bianca in lino o canapa, indossata dal sacerdote sotto i paramenti sacri.

ca|mi|ce|ri|a s.f. fabbrica o laboratorio di camicie | negozio in cui si vendono camicie.

ca|mi|cét|ta s.f. indumento femminile di tessuto vario, che copre il busto fino alla cintura, provvisto o meno di maniche.

ca|mi|cia s.f. [pl. -cie] 1 indumento che copre il busto, gener. in cotone o in un altro tessuto leggero, munito di colletto, maniche lunghe o corte, e abbottonato sul davanti | — *da notte*, tunica femminile che si indossa per dormire | — *di forza*, bustino di tela rigida dotato di lacci e maniche chiuse, usato un tempo per immobilizzare i malati di mente in stato di agitazione | (fig.) *essere nato con la* —, essere molto fortunato | *ridursi in* —, restare senza soldi | *sudare sette camicie*, faticare molto | (st.) — *nera*, divisa dei fascisti | *uova in* —, uova sgusciate e bollite in acqua con aceto 2 copertura di protezione per apparecchi meccanici: — *della caldaia* 3 (edil.) rivestimento impermeabile applicato ai muri 4 fodera o cartella per documenti.

ca|mi|ciài|o s.m. [f. -a] chi fabbrica o vende camicie.

ca|mi|ciò|la s.f. 1 maglietta intima di lana o flanella 2 camicia estiva di tessuto leggero, con collo aperto e maniche corte.

ca|mi|ciòt|to s.m. 1 blusa da lavoro in stoffa resistente 2 camicia estiva da donna o da uomo, che si indossa fuori dalla gonna o dai pantaloni.

ca|mi|nét|to s.m. piccolo camino posto all'interno di una stanza, allo scopo di riscaldarla.

ca|mi|no s.m. 1 impianto domestico usato per riscaldare o cucinare, ricavato nello spessore della parete o addossato a essa; è composto da una base su cui si accende il fuoco e da una cappa che convoglia il fumo nella canna fumaria 2 parte terminale di un condotto attraverso cui avviene lo scarico dei fumi prodotti da una combustione: *il* — *di una locomotiva*; *il* — *sul tetto* | spec. negli impianti industriali, fumaiolo; ciminiera 3 (geol.) nel vulcano, condotto da cui fuoriescono i materiali eruttivi 4 nell'alpinismo, lunga e profonda spaccatura verticale che solca una parete rocciosa.

cà|mion s.m.invar. autocarro.

ca|mio|nà|bi|le agg., s.f. detto di strada che può essere percorsa da autocarri e autotreni o destinata espressamente al transito di questi mezzi.

ca|mio|nàl|le agg., s.f. camionabile.

ca|mio|ci|no s.m. piccolo camion.

ca|mio|nét|ta s.f. piccolo autocarro veloce, in dotazione alle forze armate e di polizia, che trasporta persone e cose.

ca|mio|ni|sta s.m./f. [m.pl. -i] autista di camion.

ca|mi|ta *agg.*, *s.m.* [m.pl. *-i*] che, chi appartiene al popolo dei Camiti.

ca|mi|ti|co *agg.* [m.pl. *-ci*] camita; dei Camiti | *razza camitica*, razza non negride stanziatasi nell'Africa nordorientale ♦ *s.m.* lingua camitica, parlata da alcune popolazioni dell'Etiopia e dell'Egitto.

càm|ma *s.f.* (*mecc.*) organo meccanico usato spec. nei motori a combustione per trasformare il moto rotatorio uniforme in moto rettilineo alternato.

cam|mel|liè|re *s.m.* conducente di cammelli.

cam|mèl|lo *s.m.* **1** grosso e alto mammifero ruminante dal pelo folto, con testa piccola e due gobbe adipose sul dorso; nelle zone desertiche in cui vive, è usato come cavalcatura e come animale da soma **2** leggera e calda stoffa di lana ricavata dal pelo del cammello o da altri pelami morbidi: *giacca di* — ♦ *agg.invar.* di colore nocciola chiaro.

cam|mè|o *s.m.* pietra dura a strati di diverso colore, che reca figure ornamentali intagliate a bassorilievo.

cam|mi|na|mén|to *s.m.* (*mil.*) passaggio che collega fra loro trincee o fortificazioni.

cam|mi|nà|re *v.intr.* [aus. *A*] **1** spostarsi a piedi da un luogo all'altro: — *in fretta* | (*fig.*) — *sulle uova*, agire con prudenza | (*estens.*) detto di veicoli, procedere | detto di apparecchi o meccanismi, funzionare: *l'orologio non cammina bene* **3** (*fig.*) evolversi, progredire: *la tecnologia cammina velocemente.*

cam|mi|nà|ta *s.f.* **1** passeggiata gener. lunga **2** modo personale di camminare, andatura: *una — veloce.*

cam|mi|na|tó|re *s.m.* [f. *-trice*] chi ama camminare e percorre lunghe distanze senza far fatica.

cam|mì|no *s.m.* **1** azione del camminare; viaggio: *mettersi in* — | *cammin facendo*, lungo il percorso **2** strada percorsa o da percorrere; tragitto: *pochi minuti di* — **3** direzione, rotta: *indicare il — da seguire* **4** (*estens.*) moto degli astri: *il — del sole* | *corso di un fiume* **5** (*lett.*) il corso della vita umana nel tempo | (*fig.*) condotta morale, spec. in senso positivo: *il — della virtù* **6** (*fig.*) evoluzione: *il — di una civiltà.*

cà|mo|la *s.f.* (*region.*) larva di insetto | tignola, tarlo.

ca|mo|mìl|la *s.f.* **1** pianta erbacea aromatica, spontanea, con fiori piccoli a capolino simili alle margherite; viene usata in medicina come sedativo e antispasmodico **2** l'infuso ricavato dai fiori di tale pianta, che ha un leggero effetto calmante.

ca|mòr|ra *s.f.* **1** associazione malavitosa napoletana, sorta durante il dominio spagnolo, che esercita il controllo su attività illecite come il contrabbando, le estorsioni o lo spaccio di stupefacenti | (*estens.*) associazione mafiosa **2** (*estens.*) associazione di persone che per vie illegali si procurano vantaggi personali.

ca|mor|rì|sta *s.m./f.* [m.pl. *-i*] appartenente alla camorra | (*estens.*) delinquente, malavitoso.

ca|mor|rì|sti|co *agg.* [m.pl. *-ci*] relativo alla camorra, da camorrista.

ca|mò|scio o **camóscio** *s.m.* **1** mammifero ruminante d'alta montagna, simile alla capra, con corna dritte e ricurve all'estremità; ha pelo fulvo in estate, nero in inverno **2** la pelle di tale animale, che, con una particolare concia, viene resa morbida e vellutata: *giacca di —.*

cam|pà|gna *s.f.* **1** distesa di terreno, coltivato o coperto di vegetazione spontanea, distante dai centri urbani: *la tranquillità della —* **2** la zona rurale contrapposta a quella urbana: *abitare in —* **3** il complesso delle operazioni militari che fanno parte del piano strategico di una guerra: *le campagne di Giulio Cesare* **4** (*fig.*) l'insieme delle iniziative e delle attività volte al raggiungimento di un obiettivo: — *elettorale*, *promozionale.*

cam|pa|gnò|lo *agg.* di campagna; campestre, rurale: *usi campagnoli* | (*estens.*) poco fine, rozzo ♦ *s.m.* [f. *-a*] chi vive in campagna, chi coltiva la terra; contadino | (*estens.*) persona dai modi rozzi.

cam|pà|le *agg.* (*mil.*) di, da campo; che si svolge in campo aperto: *scontro —* | (*fig.*) *giornata —*, giorno denso di fatiche e impegni lavorativi.

cam|pà|na *s.f.* **1** strumento gener. in bronzo, a forma di vaso rovesciato, che, se percosso da un battacchio interno o da un martello esterno, vibra producendo suoni: *suonare le campane a festa* | *suonare le campane a morto*, con rintocchi lenti e cupi | *sordo come una —*, completamente sordo | (*fam.*) *stare in —*, stare attento | (*fig.*) *sentire entrambe le campane*, in un litigio, ascoltare le ragioni di entrambi | *a —*, detto di gonna o pantalone di forma svasata **2** calotta in vetro o in altro materiale per proteggere cose fragili o alterabili | (*fig.*) *tenere qlcu. sotto una — di vetro*, proteggerlo eccessivamente **3** (*arch.*) corpo del capitello corinzio adornato di foglie d'acanto e altri ornamenti **4** — *di raccolta*, contenitore a forma di campana collocato lungo le strade e adibito alla raccolta differenziata di alcuni rifiuti, spec. vetro, plastica o carta **5** paralume semisferico per lampade da tavolo **6** gioco infantile consistente nel saltellare con un solo piede entro le caselle di una scacchiera disegnata per terra; è chiamato anche "mondo" o "settimana".

cam|pa|nàc|cio *s.m.* grosso campanello che si appende al collo di animali da pascolo per facilitarne il ritrovamento.

cam|pa|nà|rio *agg.* della campana | *torre campanaria*, campanile.

cam|pa|nà|ro *s.m.* [f. *-a*] chi ha l'incarico di suonare le campane.

cam|pa|nèl|la *s.f.* **1** campanello: *la — della ricreazione* **2** denominazione di varie piante con i fiori a forma di campana.

cam|pa|nèl|lo *s.m.* **1** piccola campana con battacchio interno, che si suona scuotendola per il manico o tirando una corda **2** — *elettrico*, dispositivo di segnalazione acustica azionato da un

pulsante | — *d'allarme*, negli impianti di sicurezza, dispositivo sonoro che segnala infrazioni, incendi ecc.; (*fig.*) primo segnale di una serie di eventi negativi **3** (*solo pl.*; *mus.*) strumento a percussione costituito da una serie di piccole campane o sbarrette di metallo.
cam|pa|ni|fór|me *agg.* a forma di campana.
cam|pa|nì|le *s.m.* **1** torre costruita accanto alla chiesa o incorporata a essa, nella cui parte superiore si trova il vano delle campane | (*fig.*, *sport*) *tiro a* —, nel calcio e sim., tiro in verticale che si innalza quasi perpendicolarmente **2** (*fig.*) paese nativo | *questioni di* —, tra paesi vicini **3** (*geog.*) formazione dolomitica con pareti verticali e cima aguzza.
cam|pa|ni|lì|smo *s.m.* eccessivo e fazioso attaccamento alle tradizioni del proprio paese nativo.
cam|pa|ni|lì|sta *s.m./f.* [m.pl. *-i*] chi dimostra campanilismo.
cam|pa|ni|lì|sti|co *agg.* [m.pl. *-ci*] proprio dei campanilisti, ispirato da campanilismo: *polemica campanilistica* □ **campanilisticamente** *avv.*
cam|pà|no *agg.* della Campania ♦ *s.m.* **1** [f. *-a*] abitante o nativo della Campania **2** il complesso dei dialetti parlati in Campania.
cam|pa|nó|ne *s.m.* la campana maggiore di un campanile.
cam|pà|nu|la *s.f.* pianta erbacea con fiori piccoli a campana, bianchi o violetti, molto diffusa in montagna.
Cam|pa|nu|là|ce|e *s.f.pl.* famiglia di piante erbacee o arbustacee, coltivate spec. a scopo ornamentale, con fiori a forma di campana, di cui fanno parte la campanula e il raperonzolo.
cam|pà|re[1] *v.intr.* [aus. *E*] vivere, mantenersi spec. arrangiandosi con i pochi mezzi a disposizione; sopravvivere: — *della carità altrui*, *del proprio lavoro* | (*fam.*) restare in vita: *non avrà pace finché campa* | *tirare a* —, vivere alla giornata senza preoccuparsi del futuro | (*prov.*) *campa cavallo che l'erba cresce*, in riferimento a ql.co. che si desidera ardentemente ma che non si sa se e quando si otterrà.
cam|pà|re[2] *v.tr.* nei dipinti o nelle sculture, far risaltare una figura su uno sfondo, metterla a rilievo.
cam|pà|ta *s.f.* (*edil.*) in una costruzione, spazio compreso tra due sostegni vicini, gener. colonne o pilastri: *le campate dei portici*.
cam|pà|to *part.pass.* di campare ♦ *agg. solo nella loc.* — *in aria*, incoerente, senza fondamento: *discorso* — *in aria*.
cam|peg|già|re *v.intr.* [indic.pres. *io campéggio...*; aus. *A*] **1** fare un campeggio, accamparsi: — *nella pineta* **2** (*anche fig.*) spiccare su uno sfondo; distinguersi: *nella sua vita campeggia la figura del padre*.
cam|peg|gia|tó|re *s.m.* [f. *-trice*] chi pratica il campeggio per turismo.
cam|pég|gio *s.m.* **1** forma di turismo all'aria aperta, che consiste nel soggiornare in tenda o in roulotte: *partire per il* — **2** area attrezzata, adibita alla sistemazione di accampamenti per turisti; camping.
camper (*ingl.*) *s.m.invar.* furgone da turismo internamente attrezzato per essere abitato.
cam|pè|stre *agg.* del campo, della campagna; rustico: *casa* — | (*sport*) **corsa** —, nel podismo, ciclismo e motociclismo, gara che si svolge fra i campi, su percorsi accidentati.
cam|pic|chià|re *v.intr.* [indic.pres. *io campicchio...*; aus. *E*] vivere alla meno peggio, modestamente.
cam|pièl|lo *s.m.* (*region.*) a Venezia, piazzetta in cui sboccano le calli.
cam|piè|re o **campièro** *s.m.* (*region.*) in Sicilia, guardia privata che sorveglia una tenuta agricola.
camping (*ingl.*) [pr. *kèmpin*] *s.m.invar.* campeggio.
cam|pio|na|mén|to *s.m.* **1** selezione di campioni a scopo di ricerca o classificazione **2** (*stat.*) selezione di un numero di elementi da una totalità, allo scopo di creare un campione rappresentativo dell'insieme stesso.
cam|pio|nà|re *v.tr.* [indic.pres. *io campióno...*] prelevare campioni da un insieme; effettuare un campionamento.
cam|pio|nà|rio *s.m.* esposizione di campioni, spec. di prodotti commerciali, a scopo dimostrativo di vendita: *un* — *di tappeti* | *di* —, si dice di merce venduta a prezzi inferiori perché usata in precedenza a scopo dimostrativo ♦ *agg.* che è costituito da campioni: *fiera campionaria*.
cam|pio|nà|to *s.m.* **1** gara singola o serie di gare sportive per l'assegnazione del titolo di campione a una squadra o a un atleta: — *di automobilismo* **2** (*estens.*) gara non sportiva in cui si dà il premio al concorrente giudicato migliore: — *di cucina regionale*.
cam|pio|na|tó|re *s.m.* **1** [f. *-trice*] chi si occupa del campionamento **2** dispositivo per campionare merci.
cam|pio|na|tù|ra *s.f.* campionatura.
cam|pió|ne *s.m.* [f. *-essa*, nei sign. **1** e **2**] **1** nel Medioevo, guerriero che si batteva in duello per difendere ql.co. | (*fig.*) eroe; difensore di un ideale, di una nobile causa: — *della libertà*, *della fede* **2** atleta o squadra che si aggiudica il titolo di un campionato: — *nazionale di ciclismo* | (*estens.*) atleta fuori classe | (*fig.*) persona molto capace rispetto agli altri in un determinato ambito: *quello studente è un* — *in matematica!* **3** (*stat.*) insieme di elementi selezionati da una totalità, rappresentativi dell'insieme stesso **4** piccola porzione di prodotto, prelevata per verificarne la qualità; saggio: *esaminare un* — **5** (*fis.*) modello di riferimento delle unità di misura: — *di peso* ♦ *agg.* **1** che ha vinto un campionato: *squadra* — **2** relativo a una parte rappresentativa di un tutto: *ricerca* —.
cam|pio|nìs|si|mo *s.m.* nel linguaggio giornalistico sportivo, atleta notevolmente superiore agli altri in un determinato ambito.
càm|po *s.m.* **1** area di terreno coltivabile: *un* — *di mais* | (*spec.pl.*) campagna: *la vita dei campi*

camposanto 182

2 grande estensione di terreno allo stato naturale: *campi di neve* | *sul* —, si dice di osservazione o ricerca effettuata a contatto diretto con l'ambiente in cui si svolge il fenomeno da studiare **3** luogo di combattimenti o di esercitazioni militari: — *di battaglia* | *mettere in* —, schierare le forze in un combattimento; (*fig.*) addurre, presentare | *scendere in* —, affrontare in una competizione; (*fig.*) intervenire in un dibattito | (*anche fig.*) *essere padrone del* —, vincere | *perdere* —, perdere potere | *cedere il* —, ritirarsi **4** accampamento militare: *ospedale da* — | area attrezzata per accogliere un gran numero di persone: — *profughi* | — *di concentramento*, quello dotato di baracche e circondato da filo spinato, in cui vengono raccolti prigionieri di guerra, detenuti politici e sim. **5** terreno attrezzato per varie attività: — *sportivo*; — *da golf*; — *d'atterraggio* **6** sfondo di un rilievo o di un dipinto **7** (*arald.*) sfondo dei simboli di uno stemma o di uno scudo: *una croce rossa in* — *bianco* **8** (*fig.*) ambito di competenza; settore, ramo: *è un* — *che non ho mai esplorato* **9** (*ling.*) — *semantico*, gruppo di parole con significato affine **10** — *visivo*, tratto di orizzonte che si abbraccia con l'occhio | (*cine., foto, tv*) — *d'immagine*, lo spazio rientrante nell'inquadratura della macchina da presa **11** (*fis.*) spazio in cui si definisce una determinata grandezza fisica: — *gravitazionale*, *magnetico*.
cam|po|sàn|to *s.m.* [pl. *campisanti* o *camposanti*] terreno consacrato e recintato in cui si seppelliscono i defunti; cimitero.
campus (*ingl.*) *s.m.invar.* negli Stati Uniti, l'insieme dei terreni su cui sorge un'università e gli edifici che la costituiscono | (*estens.*) l'università stessa.
ca|muf|fa|mén|to *s.m.* travestimento.
ca|muf|fà|re *v.tr.* (*anche fig.*) nascondere l'aspetto di ql.co. o qlcu. con un travestimento; travestire, mascherare: — *un errore* ♦ -**rsi** *rifl.* (*anche fig.*) travestirsi, mascherarsi: — *da pagliaccio*.
ca|mù|no *agg.* della Valcamonica | dell'antica popolazione dei Camuni stanziata in Valcamonica ♦ *s.m.* [f. -*a*] **1** appartenente all'antica popolazione che abita la Valcamonica | nativo o abitante della Valcamonica **2** dialetto parlato in Valcamonica.
ca|mù|so *agg.* detto di naso corto e schiacciato | (*estens.*) detto di persona che ha tale naso.
ca|na|dé|se *agg.* del Canada | *tenda* —, tenda da campeggio a sezione triangolare e pianta rettangolare ♦ *s.m./f.* nativo o abitante del Canada.
ca|nà|glia *s.f.* persona malvagia e disonesta; carogna | (*scherz.*) persona astuta, furba; birbante.
ca|na|glià|ta *s.f.* azione spregevole.
ca|na|gliè|sco *agg.* [m.pl. -*schi*] da canaglia □ **canagliescamente** *avv.*
ca|nà|le *s.m.* **1** corso d'acqua creato artificialmente a scopi di irrigazione, bonifica o navigazione: — *di irrigazione* **2** braccio di mare, compreso fra due territori, più largo di uno stretto: — *di Sicilia*, *di Suez* **3** (*anat.*) condotto di forma tubolare gener. lungo, da cui passano sostanze e formazioni nervose o vascolari: — *aortico* **4** (*geog.*) profonda spaccatura di un pendio roccioso, determinata da un'erosione **5** (*telecom.*) gamma di frequenze su cui si realizzano comunicazioni telefoniche, telegrafiche o radio-televisive | banda di frequenze di ciascuna emittente televisiva o radiofonica | la stessa emittente: *primo*, *secondo* — **6** (*fig.*) mezzo di comunicazione o di diffusione; tramite: *la liberazione dei prigionieri sfrutterà i canali diplomatici*.
ca|na|li|co|lo *s.m.* **1** (*anat.*) nei tessuti animali, piccolo canale posto fra le cellule **2** (*bot.*) canaletto di comunicazione intercellulare che si forma nelle pareti di rivestimento delle cellule.
ca|na|li|na *s.f.* tubo di plastica da cui passano fili elettrici.
ca|na|liz|zà|re *v.tr.* **1** scavare canali per l'irrigazione, la bonifica, la navigazione ecc. **2** orientare il deflusso delle acque; incanalare: — *l'acqua del torrente* | (*anche fig.*) convogliare, indirizzare: — *la fila delle auto*; — *le richieste del pubblico*.
ca|na|liz|za|zió|ne *s.f.* **1** (*anche fig.*) azione del canalizzare; incanalamento: *la* — *di un territorio paludoso* **2** (*estens.*) rete di condutture per la distribuzione dell'elettricità, dell'acqua, del gas ecc.
ca|na|ló|ne *s.m.* profondo solco scavato dalle acque su pendii montuosi o tra due pareti rocciose.
ca|na|nè|o *agg.*, *s.m.* [f. -*a*] che, chi appartiene all'antico popolo stanziatosi nella terra di Canaan, sulla costa siro-palestinese.
cà|na|pa *s.f.* **1** pianta erbacea annuale con foglie ruvide palmate, dal cui stelo si ricava una fibra tessile | — *indiana*, varietà di tale pianta dalla cui resina si ricava l'hashish e dalle cui foglie e fiori essiccati si ottiene la marijuana **2** la fibra estratta da tale pianta | il tessuto ruvido e grossolano che se ne ricava.
ca|na|pè *s.m.* **1** divano imbottito, con braccioli e schienale; sofà **2** (*gastr.*) tartina da antipasto guarnita in vario modo.
ca|na|pi|co|lo *agg.* relativo alla coltivazione della canapa.
ca|na|pi|col|tù|ra *s.f.* coltivazione della canapa.
ca|na|piè|ro *agg.* relativo alla lavorazione della canapa: *industria canapiera*.
ca|na|pi|fì|cio *s.m.* fabbrica in cui si lavora la canapa.
ca|na|pì|na *s.f.* in sartoria, tela grezza di rinforzo che si inserisce sotto la fodera delle giacche.
ca|na|pì|no *agg.* **1** di canapa **2** che è di un colore beige molto chiaro, simile a quello della canapa ♦ *s.m.* [f. -*a*] chi lavora la canapa.
cà|na|po *s.m.* grossa fune di canapa, costituita da corde sottili ritorte insieme.
ca|na|pùc|cia *s.f.* [pl. -*ce*] seme della canapa, dato come alimento agli uccelli da gabbia.
ca|na|rì|no *s.m.* **1** piccolo uccello canterino dal becco tozzo, con piumaggio di colore verde screziato di grigio e giallo o interamente giallo **2** (*gerg.*) informatore della polizia **3** (*region.*)

bevanda digestiva preparata con acqua calda e scorza di limone ♦ *agg.invar.* di colore giallo chiaro: *giallo* —.

ca|nà|sta *s.f.* gioco di carte di origine sudamericana, simile al ramino.

cancan[1] *(fr.) s.m.invar.* ballo vivace in voga tra la seconda metà dell'Ottocento e i primi del Novecento negli spettacoli di varietà francesi.

cancan[2] *s.m.invar.* gran baccano; baraonda.

can|cel|là|bi|le *agg.* che può essere cancellato.

can|cel|là|re *v.tr.* [indic.pres. *io cancello*...] 1 eliminare parole di uno scritto o parti di un disegno per mezzo di gomma, bianchetto, cancellino o ricoprendole con tratti di penna: — *un errore* 2 ripulire una superficie su cui qlcu. ha scritto o disegnato ql.co.: — *i graffiti dal muro* 3 *(inform.)* eliminare i dati registrati su un supporto magnetico 4 *(estens.)* escludere, cassare: — *qlcu. da un elenco* 5 *(estens.)* annullare, disdire: — *una partenza* 6 *(estens., fig.)* estinguere: — *una cambiale* ♦ **-rsi** *intr.pron. (anche fig.)* scolorire, sparire: *un'immagine che non si cancellerà più.*

can|cel|là|ta *s.f.* recinzione costituita da sbarre di metallo o legno interconnesse fra loro: *la — della scuola.*

can|cel|la|tù|ra *s.f.* segno che si fa per cancellare | la traccia di tale segno: *un esercizio pieno di cancellature.*

can|cel|la|zió|ne *s.f.* 1 cancellatura 2 *(fig.)* abolizione, eliminazione, annullamento: — *di un debito.*

can|cel|le|ré|sco *agg.* [m.pl. *-schi*] relativo alla cancelleria o ai cancellieri | *stile* —, stile pedante, burocratico.

can|cel|le|rì|a *s.f.* 1 ufficio e carica di cancelliere | la sede di tale ufficio: — *giudiziaria* 2 nel Medioevo e nel Rinascimento, ufficio pubblico in cui venivano redatti i documenti di Stato 3 *(dir.)* Ministero degli Affari esteri | in Germania e in Austria, ufficio di Primo ministro 4 l'insieme del materiale necessario per scrivere, come penne, gomme, quaderni e sim.

can|cel|lie|ra|to *s.m.* grado di cancelliere | periodo di tempo in cui resta in carica un cancelliere.

can|cel|liè|re *s.m.* 1 funzionario che ha il compito di redigere e registrare le scritture pubbliche: — *giudiziario* 2 nel Medioevo e nel Rinascimento, funzionario statale che dirigeva una cancelleria 3 in Germania e in Austria, il Primo ministro | — *dello Scacchiere*, in Inghilterra, il ministro delle finanze.

can|cel|li|no *s.m.* tessuto imbottito e arrotolato usato per cancellare i segni scritti sulla lavagna.

can|cel|lo *s.m.* 1 struttura costituita da grate in ferro o legno unite fra loro e dotata di una o due ante, che viene posta a chiusura di entrate: — *automatico* 2 nelle autostrade, passaggio del casello 3 negli aeroporti, porta da cui escono i passeggeri che si imbarcano 4 *(sport)* nell'equitazione, sbarramento che fa da ostacolo.

can|ce|riz|zàr|si *v.intr.pron. (med.)* degenerare a stato canceroso.

can|ce|riz|za|zió|ne *s.f. (med.)* evoluzione tumorale di una lesione o affezione.

can|ce|rò|ge|no *agg. (med.)* che è causa di un cancro o crea le condizioni per la sua formazione: *sostanze cancerogene* ♦ *s.m.* sostanza cancerogena: *il benzene è un* —.

can|ce|ró|so *agg. (med.)* di cancro; che ha natura o aspetto di cancro ♦ *s.m.* [f. *-a*] chi è malato di cancro.

can|crè|na *s.f.* 1 *(med.)* necrosi o disfacimento dei tessuti dell'organismo dovuta all'interruzione della circolazione sanguigna, in seguito a gravi processi infettivi o traumatici: *andare in* — 2 *(fig.)* vizio insanabile, corruzione morale.

can|cre|nó|so *agg. (med.)* che ha i caratteri della cancrena; che presenta cancrena: *arto* — ♦ *s.m.* [f. *-a*] chi è affetto da cancrena.

càn|cro[1] *s.m.* 1 tumore maligno causato dall'irregolare proliferazione di cellule anormali; può causare morte 2 malattia delle piante, causata da infezioni batteriche, che provoca formazioni anomale 3 *(fig.)* male; vizio radicato 4 *(fig.)* assillo, tormento: *ha un — che gli rode lo stomaco.*

Càn|cro[2] *s.m. (astr.)* costellazione dell'emisfero boreale e quarto segno dello zodiaco, dominante il periodo tra il 22 giugno e il 22 luglio.

can|deg|giàn|te *part.pres. di* candeggiare ♦ *agg., s.m.* detto di sostanza chimica che sbianca i tessuti e altri prodotti.

can|deg|già|re *v.tr.* [indic.pres. *io candéggio*...] sbiancare un tessuto con il candeggio.

can|deg|gì|na *s.f.* soluzione di ipoclorito di sodio, usata per candeggiare il bucato; varechina.

can|dég|gio *s.m.* 1 lavaggio della biancheria con candeggina per eliminare macchie particolarmente resistenti e sbiancare i tessuti 2 lavorazione industriale di decolorazione di fibre e tessuti.

can|dé|la *s.f.* 1 cilindro di cera, paraffina o stearina, fornito di uno stoppino in cotone o lino che si accende per fare luce | *(fig.) spegnersi, consumarsi come una* —, morire lentamente | *reggere la* —, fare da terzo incomodo in presenza di due innamorati | *il gioco non vale la* —, non vale la pena | *avere la — al naso*, avere il muco del naso che cola dalle narici 2 *(fis.)* unità di misura dell'intensità luminosa *(simb. Cd)*: *una lampadina da venti candele* 3 *(mecc.)* nei motori a scoppio, dispositivo che genera la scintilla di accensione 4 *(sport)* in ginnastica, posizione ottenuta appoggiando a terra il collo e le spalle e tenendo il resto del corpo in posizione verticale.

can|de|là|bro *s.m.* grande candeliere con due o più bracci, finemente decorato.

can|de|liè|re *s.m.* 1 sostegno per una o più candele, realizzato in metallo, legno o altro materiale, le cui estremità si aprono a vasetto per contenere le candele: *un — di cristallo* 2 *(mar.)* sulla coperta delle navi, barra verticale in ferro con funzioni di sostegno.

can|de|lì|na *s.f.* ciascuna delle piccole candele

Candelora

colorate che si mettono sulle torte di compleanno, nella quantità corrispondente al numero degli anni compiuti dal festeggiato.

Can|de|lò|ra *s.f.* (*lit.*) festa della Purificazione della Madonna e della Presentazione di Gesù al Tempio che si celebra il 2 febbraio con la benedizione delle candele.

can|de|lòt|to *s.m.* cilindro contenente sostanze esplosive, lacrimogene o fumogene.

can|di|dà|re *v.tr.* [indic.pres. *io càndido...*] proporre qlcu. come candidato a una carica ♦ **-rsi** *rifl.* proporsi come candidato: — *come sindaco*.

can|di|dà|to *s.m.* [f. **-a**] **1** persona che è proposta o si propone per ricoprire una carica politica o amministrativa **2** persona che si presenta a un concorso o a sostenere un esame.

can|di|da|tù|ra *s.f.* presentazione di una persona come candidato a una carica pubblica o privata o a un riconoscimento: *sostenere una —*.

candid camera (*ingl.*) [pr. *kèndid kàmera*] *loc. sost.f.invar.* ripresa cinematografica o televisiva effettuata con una telecamera nascosta, spec. per ottenere un risultato comico.

càn|di|do *agg.* **1** di un bianco splendido e incontaminato: *lenzuola candide* **2** (*fig.*) incorrotto, innocente | ingenuo, semplice □ **candidamente** *avv.* con semplicità d'animo; ingenuamente.

can|dì|re *v.tr.* [indic.pres. *io candisco, tu candisci...*] bollire frutta o scorzette di frutta in uno sciroppo denso e zuccherino, in modo tale che se ne impregnino totalmente.

can|dì|to *part.pass.* di candire ♦ *agg., s.m.* detto di frutta impregnata di zucchero.

can|dó|re *s.m.* **1** bianchezza splendente, luminosa: *il — del giglio* **2** (*fig.*) integrità, innocenza | schiettezza, ingenuità: *il — dell'anima*.

cà|ne *s.m.* [f. *cagna*] **1** mammifero domestico onnivoro, le cui dimensioni e caratteristiche variano a seconda delle razze; possiede olfatto, udito e vista molto sviluppati: *— da guardia, da caccia, da compagnia* | (*fig.*) *lavorare come un —*, duramente | *trattare qlcu. come un —*, maltrattarlo | *avere il colore del — che fugge*, avere un aspetto pallido, di colore indefinibile | *menare il can per l'aia*, divagare | *stare da cani*, sentirsi malissimo | *essere solo come un —*, essere trascurato da tutti | *come un — bastonato*, avvilito, mogio | *non esserci un —*, non esserci nessuno | (*polit.*) — *sciolto*, chi opera al di fuori di qualsiasi organizzazione **2** (*fig.*) persona cattiva, malvagia: *si è comportato come un — | roba da cani!*, che porcheria! **3** (*fig.*) chi è incapace di svolgere il proprio lavoro; inetto: *quell'attore è un —* **4** nelle antiche armi da fuoco, congegno che portava la pietra focaia | nelle armi moderne, martelletto d'acciaio che, spinto da una molla quando si preme il grilletto, va a innescare la carica di lancio determinando lo sparo ♦ *agg.invar.* **1** cattivo, malvagio: *mondo —!* **2** forte, tremendo: *fa proprio un freddo —*.

ca|nè|a *s.f.* **1** (*lett.*) muta di cani che abbaia inseguendo la selvaggina | (*estens.*) l'urlo rabbioso e insistente di tale muta **2** (*fig.*) chiasso, schiamazzo | clamore di critiche e polemiche: *la — del pubblico*.

ca|né|der|lo *s.m.* (*gastr.*) piatto tipico del Trentino Alto-Adige che consiste in un grosso gnocco, preparato con pane, latte, uova, speck o verdura e cotto nel brodo.

ca|ne|strà|to *s.m.* formaggio siciliano piccante simile al pecorino.

ca|nè|stro *s.m.* **1** contenitore tondo di vimini o di altre fibre vegetali intrecciate, dotato di un manico | (*estens.*) il contenuto di tale recipiente: *un — di mele* **2** (*sport*) nella pallacanestro, cesto costituito da un anello di ferro e da una rete senza fondo, fissato a un tabellone, attraverso cui i giocatori devono far passare la palla per segnare i punti | il punto segnato.

càn|fo|ra *s.f.* (*chim.*) sostanza cristallina di colore bianco e dal caratteristico odore penetrante, ottenuta per sintesi o ricavata dal canforo; è usata in medicina, nella preparazione della celluloide o come antitarmico.

can|fo|rà|to *agg.* (*chim.*) contenente canfora.

càn|fo|ro *s.m.* albero con foglie sempreverdi, fiori piccoli e frutti a drupe, da cui si estrae la canfora.

can|giàn|te *agg.* che cambia colore a seconda della diversa incidenza dei raggi luminosi ♦ *s.m.* tessuto iridescente.

can|gù|ro *s.m.* alto mammifero marsupiale australiano, dal pelame rosso bruno, con testa piccola e robuste zampe posteriori atte a spiccare lunghi balzi; la femmina è dotata di marsupio, un'ampia tasca addominale nella quale trasporta i piccoli durante il periodo dell'allattamento.

ca|ni|co|la *s.f.* il periodo più caldo dell'estate | (*estens.*) caldo afoso e torrido.

ca|ni|co|là|re *agg.* della canicola | (*estens.*) afoso, torrido.

Cà|ni|di *s.m.pl.* famiglia di Mammiferi carnivori dal muso gener. allungato, dotati di orecchie grandi, coda di media lunghezza e zampe con unghie non retrattili; ne fanno parte il cane, il lupo, la volpe.

ca|nì|le *s.m.* **1** casotto, gener. in legno, con la cuccia del cane **2** luogo per l'allevamento o la custodia temporanea dei cani **3** (*fig.*) casa sudicia e squallida.

ca|nì|no *agg.* di, da cane | (*pop.*) *tosse canina*, pertosse | *dente —*, quello che si trova tra gli incisivi e i molari ♦ *s.m.* dente canino.

ca|nì|zie *s.f.invar.* **1** (*fisiol.*) progressivo imbiancamento di peli e capelli dovuto all'avanzare dell'età **2** (*lett.*) capigliatura bianca **3** (*fig., lett.*) età matura, vecchiaia.

càn|na *s.f.* **1** nome comune di molte specie di piante erbacee con fusto alto, sottile e cavo | *— da zucchero*, pianta tipica delle regioni tropicali dal cui midollo si ricava il saccarosio **2** (*estens.*) che la pianta usato spec. come sostegno o per fabbricare canestri | pertica, bastone | *— da pesca*, bastone flessibile munito di lenza per pescare | (*fig.*) *essere povero in —*, essere in condizioni di grave povertà 3 oggetto di forma tubolare e internamente vuoto: — *fumaria* | — *della bicicletta*, tubo che unisce la sella al manubrio | nelle armi da fuoco, tubo d'acciaio che contiene la carica e il proiettile 4 (*mus.*) negli organi e negli strumenti a fiato, tubo in cui si produce il suono: — *della zampogna* 5 (*pop.*) gola 6 (*gerg.*) sigaretta di droga leggera, gener. hashish o marijuana; spinello.

can|na|bà|ce|e *s.f.pl.* famiglia di piante erbacee dicotiledoni di cui fanno parte il luppolo e la canapa.

can|na|bì|na *s.f.* (*chim.*) alcaloide estratto dalla canapa indiana, usato in medicina come sedativo e analgesico.

càn|na|bis *s.f.invar.* hashish, canapa indiana.

can|na|bì|smo *s.m.* (*med.*) intossicazione causata da canapa indiana.

can|nà|ce|e *s.f.pl.* famiglia di piante monocotiledoni di cui fa parte la canna indiana.

can|nèl|la[1] *s.f.* tubicino con cui termina una conduttura, spesso collegato a un rubinetto, da cui sgorga l'acqua | tubicino di legno che si infila nella base della botte per estrarne il vino.

can|nèl|la[2] *s.f.* corteccia di colore giallo-bruno tendente al rosso ricavata dal cinnamomo o da piante simili a questa, usata in cucina come aroma o condimento ♦ *agg.invar.* di colore giallo-bruno tendente al rosso.

can|nel|li|no *s.m.* 1 (*spec.pl.*) fagiolo bianco piccolo e oblungo 2 vino dei Castelli Romani, bianco e dolce.

can|nèl|lo *s.m.* 1 pezzo di canna tagliato fra un nodo e l'altro del fusto della pianta e aperto alle due estremità 2 (*estens.*) qualsiasi tubicino forato: — *della penna* 3 (*tecn.*) cannello costituito da due tubi metallici, in cui passano un gas combustibile e uno comburente, e da un bruciatore terminante con un beccuccio dove i gas si miscelano, sprigionando all'uscita una fiamma ad alta temperatura; è usato per tagliare o saldare metalli.

can|nel|ló|ne *s.m.spec.pl.* sfoglia di pasta arrotolata e ripiena, cotta al forno.

can|né|to *s.m.* terreno in cui crescono canne.

can|ni|ba|le *s.m.* 1 chi mangia carne umana; antropofago 2 (*fig.*) chi si comporta in modo disumano, crudele.

can|ni|ba|lé|sco *agg.* [m.pl. -*schi*] 1 di, da cannibale: *cerimonia cannibalesca* 2 (*fig.*) disumano, crudele.

can|ni|ba|li|smo *s.m.* 1 il cibarsi di carne umana 2 (*fig.*) accanimento, crudeltà 3 (*biol.*) distruzione e assimilazione di una cellula da parte di un'altra.

can|nic|cià|ta *s.f.* struttura costituita da cannicci, usata per proteggere dal vento orti, giardini, stalle ecc.

can|nic|cio *s.m.* 1 riparo di canne allineate e legate fra loro, usato per proteggere le colture dal vento o dal sole cocente | riparo per chiudere le finestre delle stalle 2 graticcio per essiccare la frutta o per allevare i bachi da seta 3 (*edil.*)

stuoia di canne che, intonacata, viene disposta sotto i soffitti per nascondere le travi.

can|noc|chià|le *s.m.* strumento ottico costituito da un obiettivo e un oculare posti alle due estremità di un tubo, che consente di osservare oggetti lontani ingrandendoli | — *astronomico*, quello in cui le immagini risultano capovolte perché obiettivo e oculare sono costituiti da lenti convergenti.

can|no|lic|chio *s.m.* 1 nome di alcune specie di molluschi che vivono nella sabbia e hanno il corpo rivestito da una conchiglia tubolare 2 (*spec.pl.*) pasta alimentare corta a forma di tubetti.

can|nò|lo *s.m.* (*gastr.*) dolce costituito da un rotolo di pasta sottile fritta e riempita con ricotta, zucchero, canditi e pezzetti di cioccolato, tipico della Sicilia.

can|no|nà|ta *s.f.* 1 colpo di cannone; il rimbombo che esso provoca | (*estens.*) forte boato, fragore 2 (*fig.*, *coll.*) cosa o persona fantastica, straordinaria: *quella ragazza è una vera* — 3 (*sport*) nel calcio, violento tiro in porta.

can|non|ci|no *s.m.* 1 cannone di piccolo calibro 2 (*gastr.*) cannolo di pasta sfoglia, cotto al forno e ripieno di crema o panna 3 stretta piega a rilievo di abiti femminili.

can|nó|ne *s.m.* 1 pezzo di artiglieria di grosso calibro con canna lunga, che spara a velocità e distanza notevoli | *carne da* —, si dice di soldati mandati a morire allo sbaraglio 2 (*estens.*) grosso tubo 3 — *sparaneve*, dispositivo che produce neve artificiale e la lancia da un'apertura simile alla bocca di un cannone spargendola sui campi da sci 4 (*fig.*, *fam.*) persona particolarmente brava in un determinato settore | (*in funzione agg.invar.*) *donna* —, donna eccezionalmente grassa 5 grande piega doppia di abiti femminili.

can|no|neg|gia|mén|to *s.m.* bombardamento con colpi di cannone.

can|no|neg|già|re *v.tr.* [indic.pres. *io cannonéggio...*] bombardare a lungo con colpi di cannone ♦ *intr.* [aus. *A*] sparare colpi di cannone.

can|no|niè|ra *s.f.* 1 piccola nave armata con pochi cannoni di piccolo e medio calibro, usata per la protezione delle coste 2 nelle navi da guerra o in altri impianti di artiglieria, foro da cui passa la bocca del cannone.

can|no|niè|re *s.m.* 1 soldato addetto ai cannoni 2 (*sport*) nel calcio, giocatore che segna molti goal.

can|nòt|to *s.m.* tubo metallico, spec. con funzioni di collegamento.

can|nùc|cia *s.f.* [pl. -*ce*] 1 cannello 2 sottile tubicino, gener. di plastica, usato per sorbire bevande.

càn|nu|la *s.f.* tubicino di dimensione e materiale variabile, usato spec. in medicina come sistema di drenaggio o per l'immissione di medicinali nell'organismo.

ca|nò|a *s.f.* 1 leggera barca a pagaia, usata spec. da popoli primitivi, ricavata dal tronco di un albero scavato 2 imbarcazione a pagaia, stretta e lunga, con uno, due o quattro vogatori, usata

per gare sportive | (*estens.*) sport praticato con tale imbarcazione.
ca|nòc|chia *s.f.* piccolo crostaceo marino di colore giallo-rosa, apprezzato per la sua carne; cicala di mare.
ca|no|ì|sta *s.m./f.* [m.pl. *-i*] chi pratica lo sport della canoa.
cà|no|ne *s.m.* **1** norma, precetto, regola fondamentale: *i canoni della morale cattolica* **2** norma stabilita dalla Chiesa riguardante il dogma o la disciplina ecclesiastica: *i canoni conciliari* **3** insieme degli autori e delle opere che costituiscono un modello da imitare **4** (*eccl.*) l'insieme dei libri sacri che la Chiesa ha riconosciuto come ispirati da Dio **5** (*eccl.*) catalogo dei santi canonizzati **6** (*dir.*) pagamento periodico, corrisposto per l'utilizzo di un bene o di un servizio: — *della televisione* **7** (*eccl.*) parte centrale della messa, compresa tra prefazio e comunione **8** (*mus.*) composizione a più voci che si imitano strettamente, ma iniziando in momenti diversi l'una dall'altra.
ca|nò|ni|ca *s.f.* abitazione del parroco, gener. adiacente alla chiesa.
ca|no|ni|cà|to *s.m.* ufficio e beneficio di canonico.
ca|no|ni|ci|tà *s.f.* **1** conformità a un canone **2** (*eccl.*) appartenenza al canone delle Sacre Scritture.
ca|nò|ni|co¹ *agg.* [m.pl. *-ci*] **1** conforme a un canone, a una regola | (*estens.*) regolare, convenzionale, classico: *procedura canonica* **2** conforme ai canoni della Chiesa cattolica | *diritto* —, ordinamento giuridico della Chiesa cattolica ☐ **canonicamente** *avv.*
ca|nò|ni|co² *s.m.* [pl. *-ci*] ecclesiastico appartenente al capitolo di una chiesa cattedrale o collegiata.
ca|no|ni|sta *s.m./f.* [m.pl. *-i*] studioso o esperto di diritto canonico.
ca|no|niz|zà|re *v.tr.* **1** dichiarare ufficialmente santo un beato **2** includere in un canone | (*estens.*) sancire la validità di ql.co. **3** (*dir.*) accogliere nel diritto canonico una norma di un altro ordinamento giuridico.
ca|no|niz|za|zió|ne *s.f.* **1** dichiarazione ufficiale della santità di un beato formulata dal Papa | la cerimonia durante la quale il Papa rende pubblica tale nomina | (*estens.*) legittimazione, riconoscimento ufficiale.
ca|nò|po *s.m.* (*archeol.*) nell'antico Egitto e in Etruria, vaso funerario con coperchio a forma di testa umana o animale, usato per custodire le viscere del defunto.
ca|nò|ro *agg.* che canta con dolcezza e di frequente: *uccello* —.
ca|nòt|ta *s.f.* maglietta senza maniche, scollata sul davanti e dietro; canottiera.
ca|not|tàg|gio *s.m.* sport nautico, praticato su imbarcazioni leggere a remi, a uno o più vogatori.
ca|not|tiè|ra *s.f.* canotta da indossare direttamente sulla pelle, simile a quella usata dai canottieri.
ca|not|tiè|re *s.m.* (*sport*) chi pratica il canottaggio.
ca|nòt|to *s.m.* piccola imbarcazione a remi, a vela o con motore, usata per diporto o come mezzo di salvataggio | gommone.
ca|no|vàc|cio *s.m.* **1** tela rigida a trama larga, gener. di canapa, usata per fare strofinacci da cucina **2** tela leggera a trama larga, usata come base di alcuni ricami **3** (*teat.*) traccia scritta di un'opera teatrale a partire dalla quale gli attori improvvisano | (*estens.*) abbozzo di un'opera letteraria.
can|tà|bi|le *agg.* **1** che può essere cantato **2** (*mus.*) detto di pezzo vocale o strumentale prevalentemente melodico.
can|tàn|te *part.pres. di* cantare ♦ *agg.* che canta ♦ *s.m./f.* chi canta, spec. per professione: — *rock*.
can|tà|re¹ *v.tr.* **1** eseguire, interpretare con il canto: — *un'opera* **2** (*lett.*) narrare in versi, celebrando ql.co. o qlcu.: — *le gesta epiche* | (*fig.*) — *vittoria*, gioire per un successo personale **3** (*fam.*) esprimere con chiarezza, spec. cose spiacevoli: *gliene canterò quattro* ♦ *intr.* [aus. *A*] **1** modulare la voce seguendo una melodia | fare il cantante per professione **2** (*estens.*) detto di animali canori, emettere un suono armonioso: *gli uccellini cantano in coro* **3** detto di strumento musicale, risuonare: *ho sentito — un violino* **4** detto di macchine, produrre un rumore che indica un perfetto funzionamento: *hai sentito come canta il motore?* **5** (*fam.*) detto di uno scritto, attestare: *questo documento canta chiaro* **6** (*gerg.*) fare la spia; confessare: *il ladro ha cantato dopo un lungo interrogatorio*.
can|tà|re² *s.m.* **1** (*solo sing.*) canto: *il — del gallo* **2** (*lett.*) poema popolare in versi, diffuso nei secc. XIV e XV, che narra le gesta degli eroi cristiani o episodi cavallereschi, recitato sulle piazze dai cantastorie.
can|tà|ri|de *s.f.* **1** grande insetto coleottero di colore verde oro e dall'odore sgradevole, che si nutre delle foglie delle piante **2** droga ricavata dall'essiccazione di tale coleottero, usata come afrodisiaco.
càn|ta|ro¹ *s.m.* (*archeol.*) **1** nell'antichità greca e romana, vaso con due anse ricurve che sormontano il bordo **2** nelle basiliche paleocristiane, vasca per le abluzioni.
càn|ta|ro² *s.m.* pesce dalla forma ovale, di colore grigio, molto comune nel Mediterraneo.
can|ta|stò|rie *s.m./f.invar.* chi, un tempo, recitava o cantava poemi in versi nelle piazze di città e paesi.
can|tà|ta *s.f.* **1** canto prolungato, individuale o in coro, fatto per divertimento **2** (*mus.*) componimento vocale e strumentale, sacro o profano, composto da recitativi e arie: *le cantate di Schubert*.
can|tau|tó|re *s.m.* [f. *-trice*] chi interpreta canzoni composte da lui stesso.
can|te|rà|no *s.m.* mobile con due o più cassetti; cassettone, comò.

can|te|rel|là|re *v.tr.* [indic.pres. *io canterèllo*...] cantare un motivo o una canzone sottovoce ♦ *intr.* [aus. *A*] cantare in sordina.

can|te|ri|no *agg.* che canta frequentemente e a lungo: *uccello —*. ♦ *s.m.* [f. *-a*] chi ama cantare spesso.

càn|ti|ca *s.f.* componimento poetico di argomento narrativo o religioso, suddiviso in canti | ciascuna delle tre parti della "Divina Commedia".

can|tic|chià|re *v.tr.* [indic.pres. *io cantìcchio*...] canterellare ♦ *intr.* [aus. *A*] cantare sommessamente.

càn|ti|co *s.m.* [pl. *-ci*] componimento poetico di argomento religioso o civile | *Cantico dei Cantici*, uno dei libri dell'Antico Testamento.

can|tiè|re *s.m.* luogo attrezzato per la realizzazione di vari tipi di lavori | *— edile*, quello in cui si eseguono opere edilizie, stradali e sim. | *— navale*, quello in cui si costruiscono e si riparano imbarcazioni | (*fig.*) *mettere in — ql.co.*, avviarne la realizzazione.

can|tie|ri|sti|ca *s.f.* attività industriale relativa alla costruzione di navi e imbarcazioni.

can|tie|ri|sti|co *agg.* [m.pl. *-ci*] relativo ai cantieri, spec. navali: *settore —*.

can|ti|lè|na *s.f.* 1 canto lento e ripetitivo | (*estens.*) filastrocca; ninna nanna 2 (*estens.*) tono noioso della voce; lamento prolungato 3 (*fig.*) discorso lagnoso e ripetitivo.

can|ti|le|nà|re *v.tr.* [indic.pres. *io cantilèno*...] canticchiare lentamente ql.co. ♦ *intr.* [aus. *A*] cantare o recitare con tono noioso.

can|ti|na *s.f.* 1 vano seminterrato in cui si conserva il vino | (*estens.*) scantinato di un edificio | (*fig.*) *andare in —*, di voce, calare di tono 2 (*fig.*) stanza buia e umida 3 rivendita di vini al dettaglio | osteria 4 insieme dei locali attrezzati per la vinificazione e la conservazione di vini e liquori | *— sociale*, cooperativa in cui i viticoltori associati producono e vendono il vino fatto con le loro uve.

can|ti|nét|ta *s.f.* scaffale con ripiani inclinati e sagomati in cui collocare e conservare le bottiglie di vino.

can|ti|niè|re *s.m.* [f. *-a*] 1 addetto alla custodia e alla cura di vini e cantine nelle residenze signorili o negli alberghi lussuosi 2 addetto alla produzione del vino nelle aziende vinicole 3 proprietario o garzone di una rivendita di vini.

can|ti|no *s.m.* (*mus.*) la corda più sottile e dal suono più acuto degli strumenti a corda.

càn|to[1] *s.m.* 1 suono musicale modulato emesso dalla voce umana: *— melodioso, gioioso* 2 (*estens.*) tecnica e arte del cantare: *lezione di —* | (*mus.*) stile del cantare: *lirico* | (*mus.*) in una composizione, parte vocale accompagnata o meno da uno strumento 3 (*estens.*) verso modulato prodotto dagli uccelli e da altri animali: *il — dell'allodola, delle cicale* | (*fig.*) *il — del cigno*, l'ultima grande opera di qlcu. | (*fig.*) *il — del gallo*, l'alba 4 (*lett.*) poesia lirica: *i "Canti" di Leopardi* | ciascuna delle parti di un poema o una cantica: *il quinto — dell' "Orlando Furioso"*.

càn|to[2] *s.m.* 1 angolo formato dall'incontro di due muri; cantone: *il — di una strada* 2 lato, parte | *da un —*, da una parte | *d'altro —*, d'altronde | *dal — mio*, per quanto mi riguarda.

can|to|nà|le[1] *agg.* di un cantone o dei cantoni della Svizzera.

can|to|nà|le[2] *s.m.* mobile a sezione triangolare, angoliera.

can|to|nà|ta *s.f.* 1 angolo costituito dai muri esterni di un edificio fra una strada e un'altra 2 (*fig.*) errore clamoroso | *prendere una —*, prendere un grosso abbaglio.

can|tó|ne *s.m.* 1 suddivisione politico-amministrativa di alcuni Stati, partic. della Svizzera 2 angolo di un edificio o di una stanza.

can|to|niè|ra *s.f.* cantonale, angoliera ♦ *agg. so-lo nella loc. casa —*, abitazione dei cantonieri.

can|to|niè|re *s.m.* [f. *-a*] chi si occupa della cura e della sorveglianza di un tratto di ferrovia o di strada.

can|tó|re *s.m.* [f. *-a*] 1 chi canta nel coro di una chiesa 2 (*fig.*) poeta.

can|to|rì|a *s.f.* 1 nelle chiese, palco in cui trovano posto i cantori 2 il gruppo dei cantori.

can|tuc|ci|no *s.m.* biscotto toscano; cantuccio.

can|tùc|cio *s.m.* 1 angolo appartato, nascondiglio | (*fig.*) *stare in un —*, in disparte 2 biscotto croccante con mandorle, tipico della Toscana.

ca|nù|to *agg.* 1 (*di capelli, barba e baffi*) bianco: *una chioma canuta* 2 che ha capelli o barba bianchi | (*estens.*) anziano 3 (*fig., lett.*) saggio.

canyon (ingl.) [pr. *kènion*] *s.m.invar.* valle molto profonda e dai versanti scoscesi, prodotta dall'erosione di un corso d'acqua, tipica delle zone montuose dell'America settentrionale.

can|zo|nà|re *v.tr.* [indic.pres. *io canzóno*...] prendere in giro qlcu., deriderlo.

can|zo|na|tó|re *agg., s.m.* [f. *-trice*] che, chi ha l'abitudine di prendere in giro.

can|zo|na|tò|rio *agg.* proprio di chi canzona; che vuole canzonare: *tono —*.

can|zo|na|tù|ra *s.f.* beffa, presa in giro.

can|zó|ne *s.f.* 1 breve composizione vocale dalla melodia facile, generalm. con accompagnamento musicale: *la — napoletana* | (*estens.*) il genere musicale relativo a queste composizioni: *festival della —* 2 (*fig.*) discorso o situazione che si ripete in modo identico e monotono: *tutti i giorni è sempre la stessa —* 3 (*lett.*) componimento lirico originariamente destinato al canto, composto da un certo numero di strofe: *le canzoni di Dante* | *— di gesta*, poema dell'epica medievale.

can|zo|nét|ta *s.f.* 1 composizione di musica leggera facilmente orecchiabile 2 (*lett.*) componimento poetico di carattere popolare, più breve della canzone.

can|zo|net|tì|sta *s.m./f.* [m.pl. *-i*] cantante di musica leggera.

can|zo|niè|re *s.m.* 1 raccolta di poesie liriche di un autore, legate fra loro da un tema narrativo: *— di Saba* 2 raccolta di testi di canzonette.

ca|o|li|ni|te *s.f.* (*min.*) silicato idrato di alluminio, principale componente del caolino.
ca|o|li|no *s.m.* (*min.*) argilla bianca e friabile, usata nell'industria della carta e della porcellana.
cà|os *s.m.* 1 nelle antiche teorie sull'origine del cosmo, lo stato di disordine degli elementi prima della formazione del mondo 2 (*fig.*) grande disordine, marasma: *creare il —*.
ca|ò|ti|co *agg.* [m.pl. -*ci*] estremamente disordinato, confuso: *un discorso —* □ **caoticamente** *avv.*
ca|pà|ce *agg.* 1 che può contenere una certa quantità di cose o persone | (*estens.*) grande, spazioso: *una tasca, una sala —* 2 che è in grado di fare una data cosa: *sei — di scendere da solo?* | (*assol.*) che sa fare bene ciò che fa; intelligente, preparato: *uno studente —* 3 (*fam.*) disposto a fare una determinata cosa: *è — di mettersi a piangere* 4 (*dir.*) che possiede piena capacità giuridica.
ca|pa|ci|tà *s.f.* 1 possibilità di contenere cose o persone; capienza | volume interno di un recipiente: *la — di una bottiglia* 2 attitudine, talento: *è una persona di grandi —* 3 (*dir.*) *— giuridica,* idoneità di una persona a essere titolare di diritti e doveri | *— d'intendere e di volere,* piena padronanza e autonomia dei propri atti e possibilità di comprenderne le conseguenze | *— di agire,* idoneità a compiere atti giuridici, acquisibile con la maggiore età 4 (*fis.*) *— elettrica,* rapporto tra la carica elettrica di un conduttore e il suo potenziale.
ca|pa|ci|tà|re *v.tr.* [indic.pres. *io capàcito...*] persuadere, convincere qlcu. ♦ **-rsi** *rifl.* convincersi, rendersi conto; rassegnarsi: *non riesco a capacitarmi di come sia potuto accadere.*
ca|pàn|na *s.f.* 1 piccola costruzione in frasche o paglia 2 (*estens.*) casa umile, tugurio.
ca|pan|nèl|lo *s.m.* gruppo di persone riunite all'aperto, spec. per discutere o commentare ql.co.
ca|pàn|no *s.m.* 1 piccola capanna usata dai cacciatori per appostarsi o dai contadini per fare la guardia alle piantagioni 2 casotto per custodire attrezzi o usato come deposito.
ca|pan|nó|ne *s.m.* grande costruzione usata come deposito o per lavorazioni che necessitano di ampi spazi.
ca|par|bie|ri|a *s.f.* 1 caparbietà 2 comportamento da persona caparbia.
ca|par|bie|tà *s.f.* ostinazione, testardaggine.
ca|pàr|bio *agg.* che si comporta e pensa in base alle proprie idee, senza prendere in considerazione i consigli e le opinioni degli altri; ostinato, testardo: *carattere —* □ **caparbiamente** *avv.*
ca|pàr|ra *s.f.* 1 in un contratto, cifra di denaro corrisposta come garanzia da una delle due parti; acconto, cauzione 2 (*fig., lett.*) pegno.
ca|pà|ta *s.f.* 1 (*dial.*) colpo dato con la testa 2 (*fig., fam.*) breve visita: *capatina.*
ca|pa|tì|na *s.f.* (*fam.*) breve visita: *fare una —.*
ca|péc|chio *s.m.* materiale grezzo usato per imbottiture, ricavato dalla canapa e dal lino.
ca|peg|già|re *v.tr.* [indic.pres. *io capéggio...*] essere a capo di un gruppo di persone o di un movimento: *— una banda.*
ca|pel|li|no *s.m. spec.pl.* pasta alimentare lunga e molto sottile.
ca|pél|lo *s.m.* 1 pelo che cresce sul cuoio capelluto: *lavarsi, pettinarsi i capelli* | *tirare qlcu. per i capelli,* prenderlo per i capelli; (*fig.*) costringerlo a fare ql.co. | (*fig.*) *averne fin sopra i capelli,* essere stufo di ql.co. | *avere un diavolo per —,* essere molto infuriato | *mettersi le mani nei capelli,* essere disperato | *non torcere un — a qlcu.,* non fargli male | *spaccare un — in quattro,* analizzare in modo pignolo 2 (*spec.pl.*) *— d'angelo,* pasta lunga e sottile; capellino.
ca|pel|ló|ne *agg.* che ha tanti capelli o li porta molto lunghi ♦ *s.m.* [f. *-a*] negli anni Sessanta e Settanta, giovane che portava i capelli lunghi come simbolo di anticonformismo.
ca|pel|lù|to *agg.* che ha molti capelli.
ca|pel|vè|ne|re *s.m.* piccola felce composta da fogliame triangolari ed eleganti steli neri, diffusa nei luoghi umidi della regione mediterranea; viene coltivata come pianta ornamentale.
ca|pè|stro *s.m.* 1 fune con nodo scorsoio per impiccare | (*estens.*) forca: *mandare a —* | (*fig., lett.*) *persona da —,* degna della forca 2 grossa fune per legare buoi, cavalli e altri animali; cavezza 3 il cordone che i frati francescani portano alla vita ♦ *agg.invar.* che impone durissime condizioni: *contratto —.*
ca|pe|tìn|gio *agg.* [f.pl. *-ge* o *-gie*] (*st.*) relativo alla dinastia iniziata da Ugo Capeto (946-996) e succeduta ai Carolingi, che regnò in Francia fino al 1338.
ca|pét|to *s.m.* (*spreg.*) chi esercita con prepotenza e arroganza un'autorità in realtà limitata.
ca|pez|zà|le *s.m.* 1 lungo guanciale che si inseriva tra il lenzuolo inferiore e il materasso per tenere alzato il cuscino | (*estens.*) parte del letto dove ci sono i cuscini 2 (*fig.*) letto di un malato: *correre al — di qlcu.*
ca|pez|zo|lo *s.m.* (*anat.*) piccola prominenza al centro della mammella su cui ci sono i pori lattiferi.
ca|pi|bà|ra *s.m.invar.* grosso mammifero roditore che vive in branco lungo le rive dei laghi e dei fiumi dell'America meridionale.
ca|pi|còl|lo *s.m.* → **capocollo**.
ca|pi|dò|glio *s.m.* → **capodoglio**.
ca|pièn|te *agg.* capace di contenere; grande: *una borsa —.*
ca|pièn|za *s.f.* possibilità di contenere: *un teatro con una notevole —.*
ca|pi|fòs|so *s.m.* → **capofosso**.
ca|pi|glia|tù|ra *s.f.* l'insieme dei capelli; chioma.
ca|pil|là|re *agg.* 1 sottile come un capello | (*anat.*) detto di sottilissimi vasi sanguigni 2 (*fig.*) dettagliato, minuzioso: *analisi —* 3 che si estende ovunque, ramificato: *diffusione —* ♦ *s.m.* (*anat.*) ognuno dei sottilissimi vasi sanguigni che collegano le ultime diramazioni delle arterie alle radi-

ci delle vene, attraverso le cui pareti il sangue cede ai tessuti l'ossigeno e gli elementi nutritivi e riceve in cambio le scorie da eliminare □ **capillarmente** *avv.* **1** dettagliatamente **2** in modo molto ramificato.
ca|pil|la|ri|tà *s.f.* **1** caratteristica di ciò che è capillare **2** (*fis.*) fenomeno per cui il livello di un liquido all'interno di un tubo capillare si alza o si abbassa rispetto a quello del liquido esterno in cui il tubo è immerso.
ca|pi|né|ra *s.f.* piccolo uccello dal canto melodioso e piumaggio grigio, che ha capo nerissimo nel maschio e rosso scuro nella femmina.
ca|pi|re *v.tr.* [indic.pres. *io capìsco, tu capìsci...*] **1** intendere, comprendere con la mente: — *il significato di ql.co.* | (*assol.*) avere capacità intellettive: *quel bambino capisce poco* | — *una persona*, coglierne sentimenti e desideri | — *la musica, la poesia*, percepirne l'intimo significato | (*fig.*) — *l'antifona*, cogliere ciò che è sottinteso in un discorso | *si capisce*, ovviamente | (*fam.*) **capirci, non capirci**, riuscire o meno a comprendere ql.co.: *non ci capirò mai niente* **2** scusare, giustificare, essere comprensivi: *cerca di capirlo* ♦ **-rsi** *rifl.* *rec.* intendersi, andare d'accordo: — *con uno sguardo*.
ca|pi|rós|so *s.m.* → caporosso.
ca|pi|tà|le¹ *agg.* **1** che comporta la morte di qlcu.: *pena* — | (*estens.*) mortale: *odio* — | *peccati capitali*, nella religione cattolica, i sette peccati che conducono alla morte spirituale **2** (*fig.*) principale; di fondamentale importanza: *questione* — **3** *scrittura* —, nell'antica Roma, scrittura composta da lettere maiuscole, usata spec. nelle epigrafi.
ca|pi|tà|le² *s.m.* **1** (*econ.*) somma di denaro da cui si ricava un interesse | insieme dei mezzi di produzione di un'impresa o di una società | — *sociale*, valore di denaro dei conferimenti dei soci all'atto costitutivo di una società **2** (*estens.*) denaro di cui si è in possesso; ricchezza, patrimonio **3** la classe di coloro che possiedono i mezzi di produzione: *i conflitti fra* — *e lavoro*.
ca|pi|tà|le³ *s.f.* la città in cui ha sede il governo di uno Stato | la città più importante di un determinato settore: — *culturale, industriale*.
ca|pi|ta|lì|smo *s.m.* sistema economico e sociale basato sulla proprietà privata dei mezzi di produzione | — *di Stato*, sistema economico e politico in cui i capitali sono possesso dello Stato.
ca|pi|ta|lì|sta *s.m./f.* [m.pl. *-i*] chi investe i propri capitali in attività produttive | (*estens.*) chi fa parte della classe alto-borghese | (*scherz.*) persona ricca ♦ *agg.* capitalistico: *regime* —.
ca|pi|ta|lì|sti|co *agg.* [m.pl. *-ci*] relativo al capitalismo o ai capitalisti.
ca|pi|ta|liz|zà|re *v.tr.* (*econ.*) **1** far fruttare risparmi, redditi o interessi trasformandoli in capitale o aggiungendoli al capitale già esistente **2** calcolare il capitale prodotto da un determinato reddito in base a un certo tasso di interesse: — *una rendita*.
ca|pi|ta|liz|za|zió|ne *s.f.* (*econ.*) trasformazione di risparmi, redditi o interessi in capitale.
ca|pi|ta|nà|re *v.tr.* comandare e guidare in qualità di capitano | (*estens.*) capeggiare, dirigere: — *un'insurrezione, una squadra*.
ca|pi|ta|ne|rì|a *s.f.* **1** parte di litorale che è sotto la giurisdizione di un'autorità amministrativa marittima **2** — *di porto*, ufficio pubblico in cui ha sede l'organo amministrativo preposto al controllo di una determinata parte di litorale.
ca|pi|tà|no *s.m.* **1** (*mil.*) ufficiale di grado intermedio fra tenente e maggiore che comanda una compagnia di soldati **2** nella marina mercantile, comandante di una nave | — *di lungo corso*, capitano abilitato a comandare navi di qualsiasi tonnellaggio in qualsiasi mare **3** nella marina militare, grado di vari ufficiali | — *di corvetta*, maggiore | — *di fregata*, tenente colonnello | — *di vascello*, colonnello **4** (*aer.*) comandante di una squadriglia di aerei **5** nel Medioevo e nel Rinascimento, titolo dato ai comandanti militari o ad alcuni magistrati | — *di ventura*, comandante delle truppe mercenarie | — *del popolo*, magistrato preposto alla tutela degli interessi del popolo, in carica per un anno **6** chi ha un ruolo di comando | *capitani reggenti*, i due capi dello Stato della repubblica di San Marino | — *d'industria*, grande industriale **7** (*sport*) nei giochi di squadra, il responsabile del comportamento dei compagni in campo | nel ciclismo, il corridore che fa da caposquadra.
ca|pi|tà|re *v.intr.* [indic.pres. *io càpito...*; aus. *E*] **1** detto di persone, arrivare casualmente in un luogo o essere di passaggio: *se capiti da queste parti, vienimi a trovare* | — *bene, male*, imbattersi in ql.co. di positivo o negativo **2** detto di cose, offrirsi per caso: *gli è capitata una grossa opportunità* | toccare, avere in assegnazione: *gli capitano sempre lavori difficili* **3** (*anche impers.*) avvenire, succedere: *sono inconvenienti che capitano; capita che lo incontri spesso*.
ca|pi|tèl|lo *s.m.* **1** (*arch.*) elemento di raccordo tra l'estremità superiore della colonna o del pilastro e l'arco o l'architrave, con funzione anche decorativa: — *dorico, ionico, corinzio* **2** striscia di pelle o tessuto applicata come rinforzo al dorso di un libro rilegato.
ca|pi|to|là|re¹ *v.intr.* [indic.pres. *io capìtolo...*; aus. *A*] **1** arrendersi al nemico trattando le condizioni della resa **2** (*fig.*) piegarsi alle richieste altrui, cedere.
ca|pi|to|là|re² *agg.* **1** che si riferisce a un capitolo ecclesiastico: *vicario* — **2** relativo a una capitolazione: *regime* —.
ca|pi|to|là|re³ *s.m.* (*st.*) ordinanza legislativa promulgata dai sovrani carolingi **2** (*estens.*) il complesso delle delibere di un'assemblea civile o ecclesiastica.
ca|pi|to|là|to *s.m.* (*dir.*) documento in cui le condizioni e i diritti definiti in un contratto, spec. d'appalto, vengono spiegati in modo dettagliato: — *dei lavori*.
ca|pi|to|la|zió|ne *s.f.* **1** accordo con cui i capi delle forze belligeranti stipulano le condizioni della resa | *resa: la* — *del nemico* **2** (*fig.*) resa al-

le richieste incessanti di qlcu. **3** (*pl.*, *st.*) convenzioni che tutelavano gli europei residenti in paesi musulmani o dell'Estremo Oriente.
ca|pi|to|li|no *agg.* **1** del Campidoglio **2** (*estens.*) di Roma, romano.
ca|pi|to|lo *s.m.* **1** ciascuna delle parti in cui un testo si divide: *l'ultimo — del racconto* **2** ripartizione di un regolamento, di una convenzione e sim.; paragrafo **3** (*fig.*) periodo particolare nella storia di un paese o di una persona: *ho chiuso un — doloroso della mia vita* **4** (*lett.*) componimento poetico in terzine, a carattere prevalentemente burlesco **5** (*eccl.*) il complesso dei canonici assegnati a una chiesa cattedrale o collegiata **6** assemblea dei membri di un ordine religioso o cavalleresco; luogo dell'assemblea | (*fig.*) *avere voce in —*, avere autorità in una decisione importante.
ca|pi|tóm|bo|lo *s.m.* **1** caduta con la testa all'ingiù; ruzzolone: *ha fatto un — dall'altalena* **2** (*fig.*) crollo, fallimento.
ca|pi|tó|ne *s.m.* grossa anguilla femmina, piatto tradizionale della vigilia di Natale.
cà|po *s.m.* **1** parte superiore del corpo umano, unita al torace per mezzo del collo; testa | (*fig.*) *fra — e collo*, di cosa negativa che capita inaspettatamente | *alzare il —*, ribellarsi | *chinare il —*, sottomettersi **2** (*estens.*) mente, cervello | *passare per il —*, si dice di idee che giungono improvvisamente | *levarsi dal — ql.co.*, rinunciarci in modo definitivo **3** chi comanda: *— dello Stato* | chi esercita una carica direttiva: *— settore* | (*estens.*) chi ha potere carismatico sugli altri **4** (*fig.*) il principio | *da —*, da principio | *andare a —*, riprendere a scrivere dall'inizio del rigo successivo | (*fig.*) *senza — né coda*, si dice di ragionamento illogico e vago | *far — a qlcu.*, farvi riferimento | *venire a — di ql.co.*, risolverla | *in — a*, entro un determinato periodo di tempo: *in — a una settimana* **5** parte superiore di un oggetto: *in — alla pagina* | ciascuna delle due estremità di un oggetto allungato: *da un — all'altro della via*; *il — del letto* | (*fig.*) *in — al mondo*, molto lontano **6** l'estremità più grossa e tondeggiante di un oggetto: *il — di un chiodo* **7** ciascun individuo di un gruppo di animali **8** ciascun elemento di una serie: *— di abbigliamento* **9** capitolo | *per sommi capi*, sinteticamente | (*dir.*) *— d'accusa*, imputazione **10** (*geog.*) promontorio; sporgenza di una costa nel mare ♦ *agg.invar.* che comanda, che dirige: *redattore —*
cà|po- primo elemento di parole composte che significa "chi dirige", "chi è capo" (*caposquadra*), "preminenza", "eccellenza" (*capolavoro*) o "inizio" (*capoverso*).
ca|po|à|re|a *s.m./f.* [m.pl. *capiarea*; f.pl.invar.] nel settore commerciale di un'azienda, coordinatore della distribuzione e della vendita di prodotti in una zona.
ca|po|bàn|da *s.m./f.* [m.pl. *capibanda*; f.pl.invar.] **1** capo di una banda di delinquenti | (*scherz.*) capo di una comitiva di amici **2** direttore di una banda musicale.

ca|po|ba|stó|ne *s.m.* [pl. *capibastone*] nel gergo della mafia, chi ha il controllo di una determinata zona.
ca|po|bràn|co *s.m./f.* [m.pl. *capibranco*; f.pl.invar.] animale, gener. di sesso maschile, a cui il branco riconosce un ruolo di guida.
ca|po|ca|me|riè|re *s.m.* [f. *-a*; m.pl. *capicamerieri*; f.pl. *capocameriere*] cameriere che dirige il lavoro degli altri camerieri in un ristorante.
ca|po|can|no|niè|re *s.m.* [pl. *capicannonieri*] **1** (*mil.*) sottufficiale della marina che si occupa delle artiglierie **2** (*sport*) in un campionato di calcio, giocatore che ha segnato il maggior numero di goal.
ca|po|can|tiè|re *s.m.* [pl. *capicantiere*] (*edil.*) in un cantiere, chi organizza e dirige il lavoro degli operai.
ca|pòc|chia *s.f.* **1** estremità grossa e tondeggiante di spilli, chiodi ecc. **2** (*fam.*, *scherz.*) testa | *a —*, in modo scriteriato, a casaccio.
ca|pòc|cia *s.m.* [pl. *capoccia* o *capocci*] **1** capo di una famiglia contadina **2** sorvegliante di una squadra di lavoratori **3** (*scherz.*) persona che ha compiti dirigenziali, capo | (*spreg.*) capo di una banda di disonesti; boss | *s.f.* [pl. *-ce*] (*dial.*) testata.
ca|poc|cià|ta *s.f.* (*dial.*) testata.
ca|poc|ció|ne *s.m.* (*dial.*) **1** persona con la testa grossa **2** persona testarda e ottusa **3** (*scherz.*) persona molto intelligente **4** persona molto influente e autoritaria.
ca|po|clàs|se *s.m./f.* [m.pl. *capiclasse*; f.pl.invar.] in una classe, l'alunno scelto o eletto per mansioni di coordinamento, organizzazione e disciplina.
ca|po|còl|lo o **capicòllo** *s.m.* [pl. *capicollo*] salume tipico dell'Italia meridionale ricavato dalla carne del collo del maiale.
ca|po|cò|mi|co *s.m.* [pl. *capocomici* o *capicòmici*] chi un tempo dirigeva una compagnia teatrale e scritturava gli attori.
ca|po|còr|da *s.m./f.* (*elettr.*) elemento metallico applicabile all'estremità di un conduttore elettrico per facilitare il collegamento con altri conduttori.
ca|po|cor|dà|ta *s.m./f.* [m.pl. *capicordata*; f.pl.invar.] **1** alpinista che guida una cordata durante una scalata **2** chi guida una cordata finanziaria o politica.
ca|po|crò|na|ca *s.m.* [pl. *capicronaca*] in un quotidiano, articolo di apertura della pagina di cronaca cittadina.
ca|po|cro|ni|sta *s.m./f.* [m.pl. *capicronisti*; f.pl. *capocroniste*] redattore di un quotidiano che dirige i servizi della cronaca cittadina.
ca|po|cuò|co *s.m.* [f. *-a*; m.pl. *capocuochi* o *capicuochi*; f.pl. *capocuoche*] in alberghi e ristoranti, chi dirige il lavoro della cucina.
ca|po|dàn|no o **càpo d'ànno** *s.m.* [pl. *capodanni* o *capi d'anno*] primo giorno dell'anno.
ca|po|dò|glio o **capidòglio** *s.m.* mammifero marino di grosse dimensioni, simile alla balena, con testa squadrata e larga pinna caudale; dalla sua testa si ricavano oli e sostanze grasse.

ca|po|fa|mì|glia *s.m./f.* [m.pl. *capifamiglia*; f.pl.invar.] chi è a capo della famiglia | chi ha a carico i componenti di una famiglia.

ca|po|fi|ci|na o **capoofficina** *s.m./f.* [m.pl. *capiofficina*; f.pl.invar.] direttore dei lavori e del personale di un'officina.

ca|po|fi|la *s.m./f.* [m.pl. *capifila*; f.pl.invar.] **1** chi è primo in una fila ordinata di persone o di oggetti **2** (*fig.*) esponente di rilievo di una corrente culturale o politica: *il — dei cattolici*.

ca|po|fit|to *solo nella loc.* **a —**, con la testa all'ingiù; (*fig.*) con grande impegno: *buttarsi a — nel lavoro*.

ca|po|fòs|so o **capifòsso** *s.m.* canale in cui convogliano le acque di scolo dai campi.

ca|po|ga|bi|nèt|to *s.m./f.* [m.pl. *capigabinetto*; f.pl.invar.] chi dirige il gabinetto di un ministro.

ca|po|gàt|to *s.m.* [pl. *capogatti* o *capigatti*] (*agr.*) propaggine della vite che si ottiene incurvando un ramo e interrandone l'estremità per farla radicare.

ca|po|gì|ro *s.m.* [pl. *capogiri*] vertigine, giramento di testa | (*fig.*) *da —*, stupefacente.

ca|po|grùp|po *s.m./f.* [m.pl. *capigruppo*; f.pl.invar.] chi dirige un gruppo | coordinatore di un gruppo parlamentare.

ca|po|la|vó|ro *s.m.* [pl. *capolavori*] **1** opera di eccezionale valore | massima espressione di un autore, di un movimento culturale, di un'epoca: *questo romanzo è un —* **2** (*estens.*, *anche iron.*) opera eccellentemente riuscita: *un — di idiozia* **3** opera eseguita da un artigiano o da uno studente per dimostrare le abilità raggiunte durante un apprendistato o alla fine di un corso d'istruzione professionale.

ca|po|lèt|te|ra o **capoléttera** *s.m.* [pl. *capilettera*] **1** lettera, di corpo maggiore rispetto alle altre, usata per l'inizio della prima parola di un capitolo o di un articolo **2** (*st.*) emblema usato per intestare i documenti di Stato e le lettere private.

ca|po|li|ne|a *s.m.* [pl. *capilinea*] ultima fermata di un servizio di trasporto pubblico, da cui inizia il percorso contrario.

ca|po|li|no *s.m.* **1** testolina | *far —*, sporgere un poco la testa; (*estens.*) spuntare: *ha fatto — tra la folla* **2** (*bot.*) infiorescenza composta da un ricettacolo in cui sono inseriti tanti fiorellini così vicini tra loro da sembrare un unico fiore.

ca|po|li|sta *s.m./f.* [m.pl. *capilista*; f.pl.invar.] **1** (*anche agg.invar.*) chi occupa il primo posto di una lista: *il — della lista elettorale*; *candidato —* | (*estens.*) chi è stato più votato in un'elezione | (*sport*) *la — del campionato*, la squadra che è in testa alla classifica **2** il capo riconosciuto di un gruppo, una corrente.

ca|po|luò|go *s.m.* [pl. *capoluoghi*] in una regione o in una provincia, la città più importante, sede degli organi amministrativi.

ca|po|mà|stro *s.m.* [pl. *capomastri* e *capimastri*] **1** chi guida i lavori di un gruppo di muratori **2** (*estens.*) piccolo imprenditore o appaltatore edilizio.

ca|po|nà|ta o **capponàta** *s.f.* piatto tipico della Sicilia, a base di melanzane e sedani fritti conditi in agrodolce con pomodoro, olive e capperi.

ca|po|of|fi|ci|na *s.m./f.* → **capofficina**.

ca|po|pà|gi|na *s.m.* [pl. *capipagina*] **1** fregio che decora la parte superiore della pagina iniziale di un libro o di un suo capitolo **2** inizio di una pagina.

ca|po|pat|tù|glia *s.m.* [pl. *capipattuglia*] comandante di una pattuglia militare.

ca|po|pò|po|lo *s.m./f.* [m.pl. *capipopolo*; f.pl.invar.] chi guida il popolo, spec. durante una rivolta.

ca|po|pó|sto *s.m.* [pl. *capiposto*] graduato che comanda un posto di guardia militare.

ca|po|ra|là|to *s.m.* **1** il grado e l'ufficio di caporale **2** sistema di reclutamento illegale di braccianti agricoli, retribuiti con salari inferiori al minimo stabilito dalla legge, effettuato, spec. nel Meridione, dai caporali.

ca|po|rà|le *s.m.* **1** graduato di truppa che ricopre il primo grado militare e comanda una squadra **2** (*estens.*) persona che ha un comportamento autoritario **3** capo di una squadra di operai | chi recluta illegalmente, per conto d'altri, braccianti agricoli a giornata.

ca|po|ra|lé|sco *agg.* [m.pl. *-schi*] (*fig.*) dispotico; sgarbato: *atteggiamento —*.

ca|po|ral|mag|gió|re o **caporale maggióre** *s.m.* graduato di truppa, di grado intermedio tra caporale e sergente.

ca|po|re|dat|tó|re *s.m.* [f. *caporedattrice*; m.pl. *capiredattori*] chi è a capo della redazione di una casa editrice, di una rivista; redattore capo.

ca|po|re|pàr|to o **càpo repàrto** *s.m./f.* [m.pl. *capireparto*; f.pl.invar.] chi è responsabile e dirige un reparto di un'azienda o di uno stabilimento.

ca|po|ri|ó|ne o **ca|po|rió|ne** *s.m.* [f. *-a*; m.pl. *-i*] (*spreg.*) chi è a capo di un gruppo di persone chiassose o in rivolta.

ca|po|rós|so o **capirósso** *s.m.* denominazione di alcuni uccelli con il capo rossastro, tra cui il cardellino.

ca|po|sà|la *s.m./f.* [m.pl. *capisala*; f.pl.invar.] chi sovrintende il personale di una sala in un reparto ospedaliero, in un ufficio pubblico, in una fabbrica e sim.

ca|po|sàl|do *s.m.* [pl. *capisaldi*] **1** in topografia, punto del terreno di cui sono note altitudine e posizione planimetrica, usato come riferimento stabile per successive misurazioni | il segnale che indica tale punto sul terreno **2** (*mil.*) postazione fortificata di una linea difensiva **3** (*fig.*) principio basilare; fondamento: *i capisaldi della filosofia kantiana*.

ca|po|scuò|la *s.m./f.* [m.pl. *capiscuola*; f.pl.invar.] fondatore e rappresentante di una scuola o di una corrente letteraria, artistica o scientifica.

ca|po|ser|vi|zio *s.m./f.* [m.pl. *capiservizio*; f.pl.invar.] **1** chi dirige il settore organizzativo di un'azienda pubblica **2** redattore che si occupa di una particolare sezione di un giornale o di un'agenzia di informazione.

ca|po|se|zió|ne *s.m./f.* [m.pl. *capisezione*; f.pl. invar.] chi dirige una sezione di un ufficio pubblico.

ca|po|squà|dra *s.m./f.* [m.pl. *capisquadra*; f.pl. invar.] **1** chi comanda una squadra di persone, spec. un gruppo di operai **2** (*mil.*) sottufficiale o graduato che comanda una squadra di fanteria.

ca|po|sta|zió|ne *s.m./f.* [m.pl. *capistazione*; f.pl. invar.] chi è a capo di una stazione ferroviaria.

ca|po|sti|pi|te *s.m./f.* [pl. *capostipiti*] **1** chi dà origine a una famiglia **2** (*estens.*) primo esemplare di una serie di cose piuttosto simili fra loro.

ca|po|tà|sto *s.m.* [pl. *capotasti*] (*mus.*) sul manico degli strumenti a corda, barretta di avorio, ebano o plastica posta trasversalmente in cima alla tastiera per tenere sollevate le corde e consentirne la vibrazione.

ca|po|tà|vo|la *s.m./f.* [m.pl. *capitavola*; f.pl.invar.] chi sta a capo della tavola, per tradizione il posto d'onore | (*estens.*) il posto stesso: *il festeggiato si siede a —*.

capote (*fr.*) [pr. *kapòt*] *s.f.* tettuccio apribile di un'automobile o di una carrozza.

ca|po|trè|no *s.m./f.* [m.pl. *capitreno* e *capotreni*; f.pl.invar.] capo del personale in servizio su un treno.

ca|po|tri|bù *s.m./f.* [m.pl. *capitribù*; f.pl.invar.] capo di una tribù.

ca|pòt|ta *s.f.* capote.

ca|pot|ta|mén|to o **cappottaménto** *s.m.* capovolgimento, ribaltamento.

ca|pot|tà|re o **cappottàre** *v.intr.* [indic.pres. *io capòtto*...; aus. *A*] detto di automobili e di aerei, capovolgersi.

ca|po|uf|fi|cio o **capufficio** *s.m./f.* [m.pl. *capiufficio*; f.pl.invar.] chi dirige un ufficio.

ca|po|vèr|so *s.m.* [pl. *capoversi*] **1** in un testo a stampa, inizio di un periodo, gener. rientrato rispetto alle altre righe **2** (*dir.*) ciascuna ripartizione del testo di un articolo di legge.

ca|po|vòl|ge|re *v.tr.* [con. come *volgere*] **1** rivoltare, ribaltare, rovesciare: *un colpo di vento ha capovolto il tavolo* **2** (*fig.*) modificare completamente ql.co., renderlo profondamente diverso: *la sua partenza ha capovolto il mio destino* ♦ **-rsi** *intr.pron.* **1** rivoltarsi, ribaltarsi **2** (*fig.*) trasformarsi radicalmente: *la situazione si è capovolta*.

ca|po|vol|gi|mén|to *s.m.* ribaltamento | (*fig.*) cambiamento totale: *il — di una condizione sociale*.

càp|pa¹ *s.f.* **1** parte sovrastante camini o fornelli che raccoglie i fumi e li convoglia nella canna fumaria | (*fig.*) *la — del cielo*, la volta celeste **2** largo e corto mantello, con o senza cappuccio, un tempo usato dai cavalieri | oggi, mantello usato dal clero durante alcune cerimonie religiose | *romanzi*, *film di — e spada*, di amore e di avventura | (*fig.*) *trovarsi sotto una — di piombo*, sentirsi oppresso da una grossa preoccupazione **3** (*mar.*) tela impermeabile che protegge le apparecchiature di bordo esposte a vento, pioggia, ondate | *navigare alla —*, in caso di tempesta, ridurre le vele e mantenere una velocità minima con un'andatura in senso contrario alle onde.

càp|pa² *s.f.* mollusco marino commestibile, con conchiglia bivalve; cappalunga.

càp|pa³ *s.m./f.invar.* **1** nome della lettera *k* **2** nome della nona lettera dell'alfabeto greco, che corrisponde alla *c* gutturale dell'alfabeto latino.

cap|pa|lùn|ga *s.f.* [pl. *cappelunghe*] mollusco marino, cappa.

cap|pèl|la¹ *s.f.* **1** piccolo edificio religioso, costituito da una navata unica, incluso nel corpo di un'altra struttura o isolato | *— laterale*, nicchia con altare lungo le navate laterali di una chiesa **2** tabernacolo o edicola con un'immagine religiosa, spec. ai lati delle strade **3** gruppo di cantori e musicisti di una chiesa.

cap|pèl|la² *s.f.* **1** estremità superiore larga e tonda del fungo **2** (*gerg.*, *mil.*) recluta.

cap|pel|là|io *s.m.* [f. *-a*] venditore o fabbricante di cappelli.

cap|pel|la|nì|a *s.f.* ente ecclesiastico costituito con il lascito di un fedele, destinato spec. alla celebrazione di messe in una determinata cappella.

cap|pel|là|no *s.m.* **1** sacerdote che aiuta un parroco, ma non si occupa della cura spirituale dei fedeli **2** sacerdote che presta assistenza al vescovo durante alcune cerimonie **3** sacerdote addetto alla cura spirituale dei fedeli presso alcuni enti: *— militare*.

cap|pel|là|ta *s.f.* **1** colpo dato con il cappello **2** ciò che può essere contenuto in un cappello **3** (*fam.*) sbaglio madornale.

cap|pel|le|rì|a *s.f.* rivendita di cappelli.

cap|pel|lét|to *s.m.* **1** piccolo cappuccio **2** estremità rinforzata delle calze che copre le dita del piede **3** anellino di tela impermeabile sulla cupola degli ombrelli **4** (*spec.pl.*) tipo di pasta all'uovo a forma di piccolo cappello ripieno di carne, formaggio e uova.

cap|pel|liè|ra *s.f.* **1** custodia cilindrica per cappelli **2** (*auto.*) ripiano che chiude superiormente il vano portabagagli.

cap|pel|li|fi|cio *s.m.* fabbrica di cappelli.

cap|pel|lì|no *s.m.* cappello da donna o da bambino.

cap|pèl|lo *s.m.* **1** copricapo, di diverse forme e materiali, dotato gener. di una tesa più o meno larga: *— di feltro*, *di lana* | *portare il — sulle ventitré*, inclinato da una parte | (*fig.*) *prèndere —*, offendersi | *far tanto di —*, riconoscere il valore di una persona o di un evento **2** (*fig.*) breve introduzione di un testo scritto o orale **3** (*estens.*) oggetto che somiglia a un cappello: *— del chiodo*.

càp|pe|ro *s.m.* pianta arbustiva sempreverde con foglie tondeggianti e fiori bianco-rosa, le cui gemme floreali, messe sotto sale, vengono usate in cucina come condimento | (*spec.pl.*) bocciolo di tale pianta conservato sotto sale o sotto aceto e usato come condimento | (*euf.*) **capperi!**, espressione usata per esprimere sorpresa o meraviglia; caspita!

càp|pio *s.m.* **1** nodo che si scioglie tirando uno dei capi della corda **2** capestro.

cap|po|nà|ta *s.f.* → **caponata**.

cap|pó|ne *s.m.* **1** grosso pollo maschio castrato,

apprezzato per le sue carni tenere 2 denominazione di varie specie di pesci.
cap|pòt|ta *s.f.* capote.
cap|pot|ta|mén|to *s.m.* → **capottamento**.
ca|ppot|tà|re *v.intr.* → **capottare**.
cap|pot|ti|no *s.m.* 1 cappotto leggero 2 cappotto per bambino.
cap|pòt|to¹ *s.m.* soprabito femminile o maschile in tessuto pesante, da usare in inverno.
cap|pòt|to² *s.m. spec. nelle loc.* **dare**, **fare —**, in un gioco o in una competizione sportiva, battere l'avversario non lasciandogli segnare neanche un punto.
cap|puc|ci|na *s.f.* varietà di lattuga a foglie grosse e tonde.
cap|puc|ci|no¹ *s.m.* frate di un ordine mendicante francescano fondato nel XVI sec. ♦ *agg.* relativo a tale ordine.
cap|puc|ci|no² *s.m.* bevanda calda a base di caffè e poco latte.
cap|pùc|cio *s.m.* 1 copricapo a forma di cono, cucito al mantello o al vestito 2 (*estens.*) copertura conica, posta sulla sommità di un oggetto: *il — del pennarello* ♦ *agg.* detto di una varietà di cavolo le cui larghe foglie sono strettamente riunite assieme.
cà|pra *s.f.* 1 mammifero ruminante domestico, allevato per il latte, la carne, la lana e le pelle; ha corna piegate all'indietro, mento barbuto, coda corta, pelo liscio e lungo | (*fig.*) *salvare — e cavoli*, risolvere un problema conciliando esigenze opposte 2 (*fig.*) deficiente; ignorante 3 cavalletto composto da un'asta che poggia su due sostegni a forma di V rovesciata | treppiede a cui è fissato un paranco per sollevare pesi.
ca|prà|io *s.m.* [f. *-a*] custode delle capre.
ca|pré|se *agg.* 1 dell'isola di Capri 2 (*gastr.*) insalata con pomodori, mozzarella, olive ♦ *s.m./f.* nativo o abitante dell'isola di Capri.
ca|prét|to *s.m.* piccolo della capra durante il primo anno di età | carne o pelle conciata di tale animale.
ca|pri|à|ta *s.f.* (*arch.*) struttura triangolare costituita da travi di legno, cemento armato o ferro che regge il tetto di un edificio: *soffitto a capriate*.
ca|pric|cio *s.m.* 1 desiderio bizzarro e improvviso: *togliersi un —* | voglia ostinata e immotivata, tipica dei bambini | *fare i capricci*, insistere per ottenere ql.co. 2 (*estens.*) passione passeggera 3 evento o fatto inconsueto e curioso: *i capricci del caso* 4 espressione artistica non convenzionale, fantasiosa e innovativa 5 (*mus.*) composizione fantasiosa di schema libero 6 mantovana drappeggiata di una tenda.
ca|pric|ció|so *agg.* 1 che ha o fa capricci: *ragazza capricciosa* 2 mutevole, incostante: *stagione capricciosa* 3 che è molto originale e fantasioso; estroso: *artista —* | (*gastr.*) *insalata capricciosa*, con verdure miste | *pizza capricciosa*, con prosciutto, funghetti, olive ecc. □ **capricciosamente** *avv.*
ca|pri|còr|no¹ *s.m.* mammifero ruminante che vive nelle zone montuose dell'Asia, simile alla capra, ma più alto e con le corna lievemente ricurve.
Ca|pri|còr|no² *s.m.* (*astr.*) costellazione dell'emisfero australe e decimo segno dello zodiaco, dominante il periodo tra il 22 dicembre e il 20 gennaio.
ca|pri|fi|co *s.m.* [pl. *-chi*] fico selvatico.
Ca|pri|fo|glià|ce|e *s.f.pl.* famiglia di piante dicotiledoni, con frutto gener. a bacca, di cui fanno parte il caprifoglio e il sambuco.
ca|pri|fò|glio *s.m.* arboscello rampicante dal fusto sottile, con profumatissimi fiori bianchi o rosa e foglie ovali.
Ca|pri|mul|gi|fór|mi *s.m.pl.* ordine di Uccelli, crepuscolari o notturni, con becco piatto e piccolo, zampe corte, piumaggio soffice.
ca|pri|mùl|go *s.m.* [pl. *-gi*] uccello crepuscolare dalle piume scure, con testa grande, occhi sporgenti e piccolo becco piatto, che si ciba degli insetti parassiti delle capre.
Ca|pri|ni *s.m.pl.* sottofamiglia di Bovidi, di cui fanno parte le capre, caratterizzati da un mento barbuto e un paio di corna sia nel maschio che nella femmina.
ca|pri|no *agg.* di, da capra | (*fig.*) *questione di lana caprina*, inutile e oziosa ♦ *s.m.* 1 puzzo di capra 2 sterco di capra usato come concime 3 formaggio morbido ottenuto dal latte di capra.
ca|pri|ò|la *s.f.* 1 ribaltamento in avanti del corpo che si fa poggiando testa e mani a terra, buttando le gambe in aria e rotolando sul dorso | (*estens.*) ruzzolone, capitombolo | (*fig.*) *fare —*
capriole, cercare di destreggiarsi in una situazione difficile 2 nella danza classica, salto in cui i ballerini scambiano rapidamente la posizione delle gambe 3 nell'equitazione, figura nella quale il cavallo, dopo aver spiccato un salto, distende indietro le zampe posteriori raccogliendo contemporaneamente quelle anteriori.
ca|pri|ò|lo *s.m.* mammifero ruminante del corpo snello ed elegante, con pelo bruno d'estate e rossiccio d'inverno, corna corte e poco ramificate nel maschio.
cà|pro *s.m.* maschio della capra | (*fig.*) **— espiatorio**, chi sconta le colpe degli altri.
ca|pró|ne *s.m.* 1 capro 2 (*fig.*) uomo tozzo, rozzo e dai modi volgari.
ca|prùg|gi|ne *s.f.* tacca interna delle botti in cui si incastra il fondo.
cà|psu|la *s.f.* 1 involucro sferico o cilindrico che serve a proteggere o a contenere ql.co. | (*farm.*) involucro solubile contenente polveri medicinali | (*med.*) **— dentaria**, copertura di un dente, in metallo o ceramica 2 (*bot.*) frutto secco contenente i semi 3 (*anat.*) membrana più o meno resistente che riveste un organo: **— cartilaginea** 4 *— spaziale*, veicolo spaziale che accoglie equipaggio e apparecchiature 5 cappuccio metallico o di stagnola che ricopre il collo e il tappo delle bottiglie.
ca|psu|la|trì|ce *s.f.* macchina che inserisce la capsula a flaconi, barattoli ecc.
cap|tà|re *v.tr.* 1 riuscire a procurarsi: *— l'attenzio-*

capufficio

ne del pubblico **2** riuscire a catturare ql.co. per poi farne uso: — *l'energia del sole* **3** (*telecom.*) intercettare onde elettromagnetiche: — *un segnale di soccorso* **4** (*fig.*) intuire, percepire: — *lo sdegno altrui*.

ca|puf|fi|cio *s.m./f.* → **capofficio**.

cap|zio|si|tà *s.f.* **1** caratteristica propria di ciò che è capzioso; tendenziosità **2** ragionamento capzioso.

cap|zió|so *agg.* cavilloso, ingannevole: *discorso* — □ **capziosamente** *avv*.

ca|ra|bàt|to|la *s.f.* (*region.*) **1** oggetto di poco valore **2** (*fig.*) stupidaggine, inezia.

ca|ra|bì|na *s.f.* fucile leggero di precisione con un'unica canna rigata.

ca|ra|bi|niè|re *s.m.* **1** militare di un corpo speciale dell'esercito italiano, con compiti di polizia **2** negli eserciti di un tempo, soldato di cavalleria armato di carabina **3** (*fig.*) chi sorveglia con eccessiva severità.

cà|ra|bo *s.m.* insetto coleottero con piccolo corpo dai colori metallici, che si ciba di insetti dannosi per l'agricoltura.

ca|ra|col|là|re *v.intr.* [indic.pres. *io caracollo...*; aus. *A*] **1** in equitazione, ondeggiare saltellando a destra e a sinistra **2** (*estens., fam.*) procedere a salti ondeggiando da una parte all'altra.

ca|ra|còl|lo *s.m.* movimento del cavallo quando caracolla.

ca|ra|ràf|fa *s.f.* recipiente in vetro o ceramica, gener. panciuto, dotato di manico, collo stretto e bocca larga con beccuccio, usato per servire acqua o altre bevande | il liquido contenuto in tale recipiente: *una — di limonata*.

ca|ra|i|bi|co *agg.* [m.pl. *-ci*] → **caribico**.

ca|ra|i|bo *agg., s.m.* → **caribo**.

caramba (*sp.*) *inter.* esclamazione di gioia o di meraviglia.

ca|ràm|bo|la¹ *s.f.* piccolo albero diffuso nelle zone tropicali, con fiorellini bianchi, rossi o rosa e frutti gialli a forma di bacche con polpa succosa.

ca|ràm|bo|la² *s.f.* **1** nel biliardo, colpo con cui la propria palla va a colpire quella dell'avversario e il pallino | (*estens.*) gioco che si basa su questo tipo di colpo **2** (*sport*) nel calcio, tiro in cui il pallone cambia traiettoria dopo aver urtato contro un ostacolo **3** (*estens.*) urto con rimbalzo | scontro a catena di più veicoli.

ca|ram|bo|là|re *v.intr.* [indic.pres. *io caràmbolo...*; aus. *A*] fare carambole.

ca|ra|mèl|la *s.f.* pasticca di zucchero cotto a cui si aggiungono aromi e coloranti: — *all'arancia*.

ca|ra|mel|là|io *s.m.* [f. *-a*] venditore o fabbricante di caramelle.

ca|ra|mel|là|re *v.tr.* [indic.pres. *io caramello...*] **1** far fondere e cristallizzare lo zucchero **2** coprire con caramello **3** aggiungere caramello alle bevande per colorarle e aromatizzarle.

ca|ra|mèl|lo *s.m.* **1** zucchero fuso e brunito tramite cottura, usato per colorare e aromatizzare dolci e bevande **2** colore rossiccio scuro dello zucchero caramellato ♦ *agg.invar.* di colore rossiccio scuro.

ca|ra|mel|ló|so *agg.* **1** che ha le caratteristiche e il gusto di una caramella **2** (*fig.*) lezioso, melenso: *stile —*.

ca|ra|pà|ce *s.m.* (*zool.*) corazza dura e resistente che protegge il cefalotorace di tartarughe e crostacei, originata dalla duplicazione dell'esoscheletro.

Ca|ràs|sio *s.m.* genere di Pesci d'acqua dolce simili a piccole carpe, a cui appartengono molte razze di pesci d'acquario, fra cui i pesci rossi.

ca|ra|tà|re *v.tr.* stabilire i carati di metallo puro contenuti in un'oncia di oro.

ca|ra|tèl|lo *s.m.* piccola botte per conservare vini pregiati e liquori.

ca|rà|to *s.m.* **1** unità di misura che specifica quante parti di oro puro ci sono in 24 parti di lega | *oro a 24 carati*, oro puro **2** unità di peso per perle e pietre preziose equivalente a 0,2 g, suddiviso in 4 grani di 0,05 g ciascuno **3** (*dir.*) ciascuna delle 24 quote in cui si suddivide la proprietà di una nave mercantile | ciascuna delle quote di partecipazione di una società commerciale.

ca|ràt|te|re *s.m.* **1** segno grafico a cui si attribuisce un significato | ciascuna lettera di un alfabeto: *caratteri greci, latini* **2** in tipografia, piccolo parallelepipedo in legno o lega di piombo che porta, inciso a rovescio, il segno da stampare | (*estens.*) il segno stampato: — *tondo, corsivo, neretto* **3** (*inform.*) lettera, numero o simbolo che appare sul video del computer **4** (*biol.*) peculiarità distintiva di un organismo: *caratteri ereditari, acquisiti* **5** aspetto, tratto, natura che distingue una cosa dall'altra: *un testo di — scientifico* **6** insieme delle qualità psicologiche che caratterizzano una persona; temperamento, indole: — *aggressivo, introverso* **7** fermezza e costanza nell'agire | *senza* —, si dice di una persona sempre indecisa.

ca|rat|te|rià|le *agg.* **1** riguardante il carattere di ql.co. o qlcu.: *aspetti caratteriali* **2** (*psicol.*) si dice di un soggetto con un normale quoziente di intelligenza, ma con seri problemi nel comportamento □ **caratterialmente** *avv*.

ca|rat|te|rì|no *s.m.* carattere difficile, suscettibile o capriccioso.

ca|rat|te|rì|sta *s.m./f.* [m.pl. *-i*] attore non protagonista che interpreta personaggi caratteristici.

ca|rat|te|rì|sti|ca *s.f.* qualità che definisce ql.co. o qlcu.: *la silenziosità è la — di questa casa*.

ca|rat|te|rì|sti|co *agg.* [m.pl. *-ci*] che è proprio di ql.co. o qlcu., in quanto parte della sua indole o della sua natura: *un tono — della voce* □ **caratteristicamente** *avv*.

ca|rat|te|riz|zà|re *v.tr.* [indic.pres. *io caratterizzo...*] **1** definire ql.co. o qlcu. evidenziandone le caratteristiche: — *uno scrittore* **2** contraddistinguere: *lo caratterizza una grande tenacia*.

ca|rat|te|riz|za|zió|ne *s.f.* definizione, descrizione di ql.co. o qlcu.

ca|ra|tù|ra *s.f.* **1** misurazione in carati **2** (*fig.*) li-

vello, valore: *artista di notevole* — **3** (*dir.*) quota della proprietà di una nave mercantile | quota di partecipazione a una società commerciale.
caravan (*ingl.*) [pr. *kàravan*] *s.m.inv.* grande roulotte attrezzata per lunghe permanenze.
ca|ra|van|ser|rà|glio *s.m.* in Oriente, recinto per la sosta delle carovane | (*fam.*) luogo pieno di rumore e disordine.
ca|ra|vèl|la *s.f.* agile nave a vela con tre alberi, usata nel XV e XVI sec. da portoghesi e spagnoli.
cà|rbo- (*chim.*) primo elemento di parole composte che significa "relativo al carbone" o "presenza di carbonio" (*carbochimica, carboidrato*).
car|bo|chì|mi|ca *s.f.* settore della chimica che studia i composti del carbonio.
car|bo|i|drà|to *s.m.* (*chim.*) idrato di carbonio, molto diffuso nei tessuti degli organismi viventi, animali e vegetali.
car|bo|nà|ia *s.f.* **1** impianto artigianale per trasformare il legno in carbone **2** stanza usata come deposito di carbone **3** (*fig.*) ambiente sporco e buio **4** in una nave, deposito del carbone per la caldaia.
car|bo|nà|io *s.m.* [f. *-a*] **1** chi allestisce carbonaie e si occupa del loro funzionamento **2** venditore di carbone.
car|bo|nà|ro *s.m.* (*st.*) membro della società segreta della carboneria ♦ *agg.* (*st.*) riguardante la carboneria: *moti carbonari* | *alla carbonara*, detto di pasta condita con uova, pancetta soffritta e formaggio.
car|bo|na|ta|zió|ne *s.f.* (*chim.*) aggiunta di anidride carbonica a ossidi o idrossidi per formare carbonati.
car|bo|nà|to *s.m.* (*chim.*) sale dell'acido carbonico.
car|bón|chio *s.m.* **1** (*vet.*) malattia infettiva molto grave che colpisce bovini, equini e ovini, caratterizzata dalla formazione di pustole e trasmissibile anche all'uomo **2** (*agr.*) malattia dei cereali causata da un fungo parassita.
car|bon|cì|no *s.m.* **1** bastoncino di carbone vegetale usato per disegnare **2** (*estens.*) il disegno eseguito con tale strumento.
car|bó|ne *s.m.* sostanza nera solida ricca di carbonio, che la forma dalla decomposizione di sostanze organiche, usata spec. come combustibile: *caldaia a* — | **carbon fossile**, derivato dalla decomposizione di sostanze vegetali, gener. classificato come antracite, litantrace | *nero come il* —, nerissimo e lucido | (*fig.*) **stare sui carboni accesi, ardenti**, essere a disagio, inquieto ♦ *agg.invar.* di colore nero lucido, simile a quello del carbone | *carta* —, cartacarbone.
car|bo|nèl|la *s.f.* carbone ottenuto da legna minuta.
car|bo|ne|rì|a *s.f.* (*st.*) società segreta basata su un'ideologia liberal-costituzionale e su un programma di opposizione all'assolutismo monarchico, che fu attiva in Italia e in Francia nei primi decenni del XIX sec.
car|bò|ni|co *agg.* [m.pl. *-ci*] (*chim.*) si dice di composto contenente carbonio | **anidride carbo-**

nica, gas costituente dell'atmosfera, inodore e incolore, derivato dalla combustione delle sostanze organiche e dalla respirazione degli esseri viventi.
car|bo|niè|ro *agg.* relativo al carbone: *imprenditore* —.
car|bo|nì|fe|ro *agg.* che è ricco di carbone: *minerale* —; *bacino* — ♦ *s.m.* (*geol.*) il quinto periodo dell'era paleozoica, caratterizzato dalla comparsa di giacimenti di carbon fossile.
car|bò|nio *s.m.* elemento chimico non metallico, diffuso in natura sia come diamante e grafite sia come principale costituente del carbone e dei composti organici, delle rocce calcaree e degli organismi viventi (*simb.* C) | **ossido di** —, gas molto tossico, inodore e incolore, che si forma in varie miscele gassose combustibili | — **14**, isotopo radioattivo del carbonio usato in archeologia per la datazione dei reperti.
car|bo|niz|zà|re *v.tr.* **1** trasformare una sostanza organica in carbone **2** (*estens.*) bruciare ql.co. in modo da renderne l'aspetto simile al carbone: *la carne era carbonizzata*.
car|bo|niz|za|zió|ne *s.f.* **1** trasformazione in carbone, spec. del legno **2** (*estens.*) processo in cui ql.co. che brucia diventa come il carbone **3** processo chimico con il quale si libera la lana dalle impurità.
car|bo|si|de|rùr|gi|co *agg.* [m.pl. *-ci*] relativo all'industria del carbone e dell'acciaio.
car|bos|sì|le *s.m.* (*chim.*) radicale monovalente, caratteristico degli acidi organici, formato da carbonio, ossigeno e idrogeno.
car|bu|rà|nte *s.m.* combustibile liquido o gassoso che, bruciando in presenza di aria o di un altro gas comburente, è in grado di produrre l'energia necessaria per il funzionamento dei motori a combustione interna.
car|bu|rà|re *v.tr.* provocare una carburazione ♦ *intr.* [aus. *A*] **1** detto del motore, effettuare la carburazione **2** (*fig.*) detto di una persona, essere in forma, rendere il massimo di sé: *stamattina non riesco a* —.
car|bu|ra|tó|re *s.m.* apparecchio in cui si miscelano aria e carburante.
car|bu|ra|zió|ne *s.f.* **1** miscelazione di aria e carburante **2** (*fig.*) produttività, efficienza.
car|bù|ro *s.m.* (*chim.*) composto del carbonio con un altro elemento.
car|ca|dè o **karkadè** *s.m.* **1** nome comune di una pianta tropicale con frutti incapsulati e fiori gialli **2** infuso simile al tè ottenuto dai sepali secchi e rossi di tale pianta.
car|cà|me *s.m.* (*lett.*) carcassa di animale | (*estens.*) relitto di una nave.
Car|cà|ri|di *s.m.pl.* famiglia di grossi squali con il muso a forma di cono.
car|càs|sa *s.f.* **1** complesso delle ossa che formano la cavità toracica degli animali | (*estens.*) scheletro di un animale morto **2** (*fig.*) individuo malridotto per una malattia o per le continue privazioni **3** (*fig.*) vecchia automobile malanda-

carcerario

ta; catorcio 4 ossatura di sostegno di apparecchiature e sim.
car|ce|rà|rio *agg.* del carcere: *agente —*.
car|ce|rà|to *agg.* [f. *-a*] detto di persona detenuta in carcere; recluso.
car|ce|ra|zió|ne *s.f.* 1 imprigionamento 2 durata della prigionia | (*dir.*) — *preventiva*, privazione della libertà dell'imputato prima del processo, sostituita nel 1984 dalla custodia cautelare.
càr|ce|re *s.m.* [f.pl. *le carceri*] 1 luogo di reclusione per chi è condannato alla privazione della libertà: *rinchiudere in —* 2 detenzione, pena da scontare: *condannare a cinque anni di —* 3 (*estens.*) luogo chiuso, soffocante.
car|ce|riè|re *s.m.* [f. *-a*] vigilante di un carcere | (*estens.*) chi sorveglia con esagerata severità.
car|ci|nò|ma *s.m.* [pl. *-i*] (*med.*) tumore maligno dei tessuti epiteliali.
car|ci|nò|si *s.f.* (*med.*) tumore diffuso con formazione di metastasi.
car|cio|fà|ia *s.f.* piantagione di carciofi.
car|ciò|fo *s.m.* 1 pianta erbacea delle Composite, la cui infiorescenza a capolino è protetta da brattee carnose, spesso terminanti con una spina | capolino e brattee carnose di tale pianta, che vengono consumati, crudi o cotti, prima della completa fioritura 2 (*fig.*) individuo insignificante e sciocco.
càr|da *s.f.* macchina per la cardatura composta da un elemento cilindrico su cui sono fissati aghi ricurvi di acciaio che districano e stendono le fibre tessili.
car|da|mò|mo *s.m.* grande pianta erbacea diffusa nei paesi caldi, con fiori bianchi e frutti gialli a capsula molto odorosi | il frutto di tale pianta, contenente semi ricchi di un olio essenziale e usati in profumeria, in medicina e per preparare liquori e tinture.
car|dà|ni|co *agg.* [m.pl. *-ci*] (*mecc.*) si dice di giunto che consente la trasmissione del moto rotatorio tra due alberi che formano un angolo tra loro.
car|dà|no *s.m.* (*mecc.*) giunto cardanico.
car|dà|re *v.tr.* districare, stendere e pulire le fibre tessili.
car|da|tó|re *s.m.* [f. *-trice*] operaio addetto alla cardatura.
car|da|trì|ce *s.f.* carda.
car|da|tù|ra *s.f.* operazione consistente nel pettinare e pulire le fibre tessili.
car|del|lì|no *s.m.* piccolo uccello canoro con piume gialle sulle ali, bianche e nere sul capo.
-car|di|a (*med.*) secondo elemento di parole composte che significa "cuore" (*tachicardia*).
car|dì|a|co *agg.* [m.pl. *-ci*] (*med.*) relativo al cuore: *battito —*.
car|dial|gì|a *s.f.* (*med.*) dolore al cardias, più in generale, allo stomaco.
càr|dias *s.m.invar.* (*anat.*) orifizio superiore dello stomaco da cui sbocca l'esofago.
cardigan (*ingl.*) [pr. *kàrdigan*] *s.m.invar.* giacca di maglia, ampia e senza collo, con bottoni sul davanti.

car|di|nà|le[1] *agg.* fondamentale, basilare, essenziale: *norma —* | (*geog.*) **punti cardinali**, i quattro punti fondamentali dell'orizzonte, ossia nord, sud, est e ovest | (*mat.*) **numeri cardinali**, numeri interi che indicano gli elementi di un insieme indipendente dall'ordine | (*relig.*) **virtù cardinali**, nel cattolicesimo, prudenza, giustizia, fortezza, temperanza.
car|di|nà|le[2] *s.m.* alto prelato della Chiesa cattolica nominato dal Papa e membro del Sacro Collegio ♦ *agg.invar.* di colore rosso porpora, come quello dell'abito cardinalizio.
car|di|na|li|zio *agg.* di, da cardinale.
càr|di|ne *s.m.* 1 perno metallico di forma cilindrica su cui girano i battenti di porte o finestre 2 (*fig.*) principio fondamentale di una teoria.
càr|dio-, -càr|dio (*scient.*) primo e secondo elemento di parole composte che significa "cuore" (*cardiopalmo, miocardio*) o "cardias" (*cardiospasmo*).
car|dio|chi|rur|gì|a *s.f.* (*med.*) branca della chirurgia che si occupa degli interventi sul cuore.
car|dio|chi|rùr|go *s.m.* [pl. *-ghi* o raro *-gi*] (*med.*) chirurgo che esegue interventi sul cuore.
car|dio|ci|nè|ti|co *agg.*, *s.m.* [m.pl. *-ci*] (*farm.*) detto di medicinale che stimola le contrazioni cardiache e ne aumenta la forza.
car|dio|cir|co|la|tò|rio *agg.* (*med.*) relativo al cuore e alla circolazione del sangue.
car|dio|di|la|ta|zió|ne *s.f.* (*med.*) dilatazione patologica delle cavità cardiache.
car|dio|gra|fì|a *s.f.* (*med.*) registrazione grafica dell'attività cardiaca.
car|dio|grà|fo *s.m.* (*med.*) apparecchio per la cardiografia.
car|dio|gràm|ma *s.m.* [pl. *-i*] (*med.*) tracciato grafico della cardiografia.
car|dio|lo|gì|a *s.f.* branca della medicina che studia il cuore e le sue malattie.
car|diò|lo|go *s.m.* [f. *-a*; m.pl. *-gi*] specialista in cardiologia.
car|dio|pàl|mo o **cardiopàlma** *s.m.* [pl. *-i*] (*med.*) sensazione cosciente del battito cardiaco dovuta all'ansia emotiva o a una malattia cardiaca.
car|dio|pa|tì|a *s.f.* (*med.*) denominazione generica di una malattia cardiaca.
car|dio|pà|ti|co *agg.*, *s.m.* [f. *-a*; m.pl. *-ci*] (*med.*) che, chi è affetto da una malattia cardiaca.
car|dio|pol|mo|nà|re *agg.* (*med.*) che si riferisce al cuore e ai polmoni.
car|dio|scle|rò|si o **cardiosclèrosi** *s.f.* (*med.*) induramento del miocardio.
car|dio|spà|smo *s.m.* (*med.*) contrazione del cardias che ostacola il passaggio del cibo dall'esofago allo stomaco.
car|dio|ste|nò|si *s.f.* (*med.*) stenosi del cardias.
car|dio|tò|ni|co *agg.*, *s.m.* [m.pl. *-ci*] (*farm.*) detto di medicinale che stimola l'attività cardiaca.
car|dio|va|sco|là|re *agg.* (*med.*) relativo al cuore e ai vasi sanguigni.
càr|do *s.m.* 1 pianta erbacea con foglie chiare,

caricatore

lunghe e carnose, che in alcune specie sono commestibili 2 strumento per cardare.
ca|rè|na *s.f.* 1 (*mar.*) parte inferiore di uno scafo che rimane immersa nell'acqua 2 (*aer.*) rivestimento esterno del dirigibile 3 (*bot.*) sporgenza lineare di alcuni organi vegetali 4 (*zool.*) formazione ossea prominente dello sterno degli uccelli da cui si dipartono i muscoli pettorali.
ca|re|nàg|gio *s.m.* (*mar.*) operazione con cui si porta una nave in secco per poterne pulire o riparare la carena.
ca|re|nà|re *v.tr.* [indic.pres. *io careno...*] 1 (*mar.*) mettere in secco una nave per la manutenzione o la riparazione della carena 2 (*tecn.*) dotare un veicolo o un velivolo di carenatura.
Ca|re|nà|ti *s.m.pl.* sottoclasse di Uccelli con sterno carenato, eccellenti volatori.
ca|re|nà|to *agg.* 1 che ha forma di carena 2 che ha una sporgenza lineare a carena: *petalo* — 3 (*tecn.*) dotato di carenatura.
ca|re|na|tù|ra *s.f.* involucro rigido e aerodinamico di un veicolo o velivolo.
ca|rèn|te *agg.* che è privo di ql.co.; insufficiente: *rendimento* —.
ca|rèn|za *s.f.* mancanza; insufficienza: — *di informazioni.*
ca|re|stì|a *s.f.* 1 penuria o estrema scarsezza di alimenti 2 (*estens.*) mancanza, scarsità di ql.co.
ca|réz|za *s.f.* 1 gesto di affetto che si fa sfiorando qlcu. con la mano: *una* — *sulla guancia* 2 (*estens.*) lieve sfioramento: *la* — *dell'acqua.*
ca|rez|zà|re *v.tr.* [indic.pres. *io carezzo...*] accarezzare.
ca|rez|zé|vo|le *agg.* 1 che accarezza, che sfiora lievemente: *un soffio* — 2 (*fig.*) dolce, piacevole: *una melodia* — □ **carezzevolmente** *avv.* dolcemente.
cargo (*ingl.*) [pr. *kàrgou*; com. *kàrgo*] *s.m.invar.* 1 (*mar.*) nave da carico 2 (*aer.*) aereo da carico.
ca|rià|re *v.tr.* [indic.pres. *io cario...*] 1 provocare la carie: *troppo zucchero caria i denti* 2 (*estens.*) consumare, corrodere ql.co.: *il vento ha cariato il muro* ♦ **-rsi** *intr.pron.* essere colpito da carie | (*estens.*) consumarsi, corrodersi.
ca|rià|ti|de *s.f.* 1 (*arch.*) statua di donna con funzioni di elemento portante 2 (*estens.*) chi resta fermo, muto e indifferente 3 (*fig.*) chi sostiene idee vecchie e superate.
ca|riàto *part.pass. di* cariare ♦ *agg.* che è colpito da carie: *un dente* — | (*estens.*, *anche fig.*) consumato, corroso.
ca|ri|bi|co o **caraibico** *agg.* [m.pl. *-ci*] 1 proprio della popolazione dei Caribi e della loro lingua 2 relativo alla regione del mar dei Caraibi.
ca|ri|bo o **caraibo** *agg.* della popolazione dei Caribi ♦ *s.m.* [f. *-a*] 1 chi appartiene alla popolazione amerindia diffusa un tempo tra le Antille e il Rio delle Amazzoni 2 la lingua parlata dai Caribi.
ca|ri|bù *s.m.* mammifero ruminante simile alla renna, diffuso nelle fredde regioni nordiche americane.
cà|ri|ca *s.f.* 1 incarico, responsabilità pubblica di rilievo; ufficio onorifico: *la* — *di ministro* 2 energia che viene data a un apparecchio per farlo funzionare: *la* — *della sveglia* | (*estens.*) energia e meccanismo che consentono tale funzionamento 3 (*fis.*) — *elettrica*, quantità di elettricità propria di un corpo 4 — *di lancio*, esplosivo che fa partire un proiettile | — *di scoppio*, esplosivo che fa scoppiare una bomba 5 (*fig.*) energia fisica o interiore di una persona: — *di simpatia* | *dar la* — *a qlcu.*, incoraggiarlo | valenza morale o emotiva di un'opera o di un ideale: *una poesia con una forte* — *sentimentale* 6 (*mil.*) assalto di truppa per concludere un attacco bellico | squillo di tromba che accompagna l'assalto | *carica!*, comando usato per dare inizio all'assalto | *passo di* —, svelto e sostenuto | (*fig.*) *ritornare alla* —, insistere nella richiesta di ciò che già una volta è stato negato 7 (*sport*) nel calcio e nei giochi di squadra, azione compiuta per ostacolare un avversario.
ca|ri|ca|bat|te|rì|a *s.m.invar.* (*elettr.*) alimentatore per caricare accumulatori di corrente.
Ca|ri|cà|ce|e *s.f.pl.* famiglia di piante arboree e arbustive, con ampie foglie e frutti a bacca, di cui fa parte la papaia.
ca|ri|ca|mén|to *s.m.* 1 azione con cui si pone ql.co. su un mezzo di trasporto 2 operazione del caricare un'arma da fuoco 3 (*inform.*) trasferimento di dati o programmi a un disco magnetico alla memoria del computer 4 (*sport*) azione con cui l'atleta si prepara a fare un salto o a balzare in avanti, effettuata piegando le gambe e flettendo il busto in modo da comprimere i muscoli.
ca|ri|cà|re *v.tr.* [indic.pres. *io càrico, tu càrichi...*] 1 porre ql.co. su una persona, un animale o un veicolo per trasportarla: — *la merce sul camion, lo zaino in spalla* | (*fam.*) far salire i passeggeri su un veicolo: *ha caricato in auto gli amici* 2 riempire con un carico: — *la mensola di libri* 3 dotare di carica: — *l'orologio, il fucile* 4 (*fig.*) incoraggiare qlcu. nella realizzazione di un'impresa: — *gli studenti prima degli esami* 5 (*fig.*) sovraccaricare: — *qlcu. di responsabilità* 6 eccedere, calcare: — *il tono* | (*fig.*) — *le tinte*, esagerare nel descrivere un fatto ingigantendone alcuni aspetti 7 (*mil.*) partire alla carica | (*estens.*) attaccare impetuosamente: *i celerini hanno caricato gli studenti* 8 (*sport*) nel calcio e nei giochi di squadra, compiere un'azione di carica 9 (*inform.*) effettuare il caricamento di dati o programmi ♦ **-rsi** *rifl.* 1 (*anche fig.*) imporsi troppi pesi; (*di* impegni 2 concentrarsi nell'affrontare un grosso impegno: — *per un lavoro.*
ca|ri|cà|to *part.pass. di* caricare ♦ *agg.* 1 gravato di un peso 2 (*fig.*) detto di persona, concentrato, preparato 3 (*fig.*) esagerato; artificioso, falso.
ca|ri|ca|tó|re *s.m.* 1 serbatoio metallico delle cartucce di armi automatiche 2 contenitore per pellicola di macchine fotografiche o cineprese 3 attrezzatura usata per il trasporto, il carico e lo scarico di merce varia 4 [f. *-trice*] operaio che ha

il compito di caricare e scaricare ql.co. ♦ agg. [f. -trice] che serve a caricare: *ponte —*.
ca|ri|ca|tù|ra *s.f.* **1** disegno che raffigura in modo comico o grottesco una persona **2** (*estens.*) rappresentazione o imitazione parodistica di qlcu. o di un evento realmente accaduto: *nel romanzo traspare la — della piccola borghesia* **3** (*spreg.*) chi tenta goffamente di imitare qlcu.
ca|ri|ca|tu|rà|le *agg.* di, da caricatura: *bozzetto —* □ **caricaturalmente** *avv.*
ca|ri|ca|tu|ri|sta *s.m./f.* [m.pl. *-i*] disegnatore di caricature.
cà|ri|co[1] *agg.* [m.pl. *-chi*] **1** che sostiene o trasporta uno o più pesi: *è — di borse* | detto di un mezzo di trasporto, pieno: *un autobus — di scolari* **2** (*estens.*) sovraccarico, zeppo: *una libreria carica di volumi* | (*fig.*) — **di soldi**, molto ricco **3** detto di colore, intenso: *rosso —* | (*estens.*) detto di bevanda, concentrata, forte, densa: *caffè —* **4** (*fig.*) oberato, oppresso: *— di lavoro* **5** caricato, pronto al funzionamento: *pistola carica*.
cà|ri|co[2] *s.m.* [pl. *-chi*] **1** azione del caricare: *fare il — della merce* **2** ciò che si carica su una persona, un animale o un mezzo di trasporto: *il — di un camion* **3** peso di ciò che poggia su ql.co. **4** (*fig.*) responsabilità, onere: *sopportare il — della famiglia* | *avere qlcu. a —*, provvedere al suo mantenimento | *farsi — di ql.co.*, prendersene la responsabilità | *a — di*, a spese di: *telefonata a — del ricevente* | *testimone a —*, che depone contro l'imputato **5** (*elettr.*) potenza che una macchina elettrica eroga o assorbe **6** nel gioco della briscola, l'asso e il tre.
cà|rie *s.f.invar.* (*med.*) processo distruttivo di un tessuto duro | *— dentaria*, malattia dei denti, gener. di origine batterica, che si manifesta con l'erosione dello smalto e la formazione di una cavità.
carillon (*fr.*) [pr. *kariiòn*] *s.m.* **1** meccanismo costituito da un cilindro rotante dotato di punte che, facendo vibrare le lamelle metalliche, produce delicate melodie | (*estens.*) scatola contenente tale meccanismo **2** sistema di campane con battaglio esterno che vengono fatte suonare tramite un congegno collegato a una tastiera a pedale, producendo un motivo musicale.
ca|ri|no *agg.* **1** bello; piacevole **2** gentile, dolce.
cà|rio- primo elemento di parole composte che significa "nucleo" o "seme" (*cariogenesi*).
ca|riò|ca *agg.*, *s.m./f.invar.* che, chi è nato o abita a Rio de Janeiro | (*estens.*) brasiliano ♦ *s.f. invar.* danza popolare brasiliana più veloce della rumba.
ca|rio|ci|nè|si *s.f.* (*biol.*) fenomeno di scissione del nucleo della cellula e di riproduzione della cellula stessa; mitosi.
Ca|rio|fil|là|ce|e *s.f.pl.* famiglia di piante dicotiledoni con caratteristici fiori sfrangiati, di cui fa parte il garofano.
ca|rio|gè|ne|si *s.f.* (*biol.*) processo di formazione del nucleo di una cellula.
ca|riò|ge|no *agg.* (*med.*) che causa la carie.
ca|riòs|si|de *s.f.* (*bot.*) frutto secco avvolto in un pericarpo sottile, tipico dei cereali: *— del grano*.
ca|rì|sma *s.m.* [pl. *-i*] **1** (*teol.*) dono elargito dallo Spirito Santo a un fedele per il bene della Chiesa **2** (*fig.*) fascino, capacità persuasiva basata sulle qualità esemplari di una persona.
ca|ri|smà|ti|co *agg.* [m.pl. *-ci*] **1** (*teol.*) di, del carisma **2** (*fig.*) si dice di potere che si basa sulle qualità innate di un individuo: *forza carismatica* | si dice della persona che esercita tale potere: *capo —*.
ca|ri|tà *s.f.* **1** (*teol.*) virtù teologale consistente nell'amare Dio e il prossimo **2** (*estens.*) predisposizione spontanea ad amare e ad aiutare i bisognosi **3** gesto misericordioso; beneficenza, elemosina: *fare la —* **4** (*estens.*) cortesia, favore | *per —!*, espressione usata per esprimere una supplica o per indicare un rifiuto.
ca|ri|ta|té|vo|le *agg.* che ama il prossimo | che compie atti di beneficenza: *donna —* □ **caritatevolmente** *avv.*
ca|ri|ta|ti|vo *agg.* finalizzato alla carità: *istituto —*.
car|lin|ga *s.f.* (*aer.*) parte del velivolo che contiene il motore e l'equipaggio.
car|lì|no *s.m.* moneta d'oro o d'argento usata in alcune regioni italiane fino agli inizi del XIX sec.
car|lό|na *solo nella loc.* **alla —**, frettolosamente e in modo trascurato: *un compito fatto alla —*.
car|ma|gnò|la *s.f.* **1** giubba a falde corte indossata dai rivoluzionari francesi **2** canto e ballo dei rivoluzionari francesi.
càr|me *s.m.* **1** solenne composizione lirica: *— elegiaco* **2** (*lett.*) qualsiasi componimento poetico.
car|me|li|tà|no *agg.* dell'ordine religioso del Carmelo, fondato nel XIII sec. da Alberto di Vercelli ♦ *s.m.* [f. *-a*] monaco di tale ordine.
car|mi|na|ti|vo *agg.*, *s.m.* detto di medicinale o di estratto vegetale che facilita l'espulsione di gas intestinali.
car|mì|nio *s.m.* colorante rosso vivo, ricavato dal corpo essiccato della cocciniglia, usato per produrre vernici e nell'industria alimentare, cosmetica e tessile ♦ *agg.invar.* di colore rosso vivo.
car|na|gió|ne *s.f.* colorito della pelle umana, spec. del viso; incarnato: *— chiara*.
car|nà|io *s.m.* **1** cumulo di cadaveri; luogo colmo di cadaveri **2** (*spreg.*) affollamento | (*estens.*) luogo sovraffollato: *di sabato il mercato è un —*.
car|nà|le *agg.* **1** (*lett.*) relativo alla carne | (*estens.*) mondano, materiale **2** relativo ai sensi: *passione —* | sessuale: *violenza —* **3** che è nato dagli stessi genitori: *fratelli carnali* □ **carnalmente** *avv.*
car|na|li|tà *s.f.* **1** (*lett.*) caratteristica di ciò che è carnale **2** sensualità.
car|nal|lì|te *s.f.* minerale bianco-rosa contenente potassio e magnesio.
car|na|scia|lé|sco *agg.* [m.pl. *-schi*] (*lett.*) carnevalesco | *canto —*, canto di accompagnamento ai cortei mascherati della Firenze rinascimentale.
car|na|ù|ba *s.f.* cera bianca ricavata dalle foglie di una palma brasiliana, usata per le creme da calzature e per le cere da pavimenti.

càr|ne *s.f.* **1** insieme dei muscoli del corpo dell'uomo e degli animali vertebrati | *in* — *e ossa*, in persona | — *viva*, che rimane scoperta a causa di una ferita | *avere poca* — *addosso*, essere molto magri **2** (*estens.*) l'essere umano nella sua corporalità, spec. in riferimento alla sua sessualità e in contrapposizione all'anima: *i peccati, i piaceri della* — | (*estens.*) corpo umano | (*teol.*) *la resurrezione della* —, ricostituzione dei corpi dopo il giudizio universale **3** tessuto muscolare e adiposo degli animali, usato dall'uomo come alimento: — *suina, bovina* | — *rossa*, di suino e bovino | — *bianca*, di coniglio, pollo o vitello | (*fig.*) *mettere troppa* — *al fuoco*, assumere troppi impegni contemporaneamente | *non essere né* — *né pesce*, non avere una precisa identità **4** (*spec.pl.*) aspetto fisico di una persona; membra: *essere di carni flaccide, sode* ♦ *agg.invar.* di colorito roseo, come quello della carne: *una maglietta color* —.

car|né|fi|ce *s.m.* **1** chi esegue le condanne a morte; boia **2** (*fig.*) tormentatore, aguzzino.

car|ne|fi|ci|na *s.f.* uccisione spietata e feroce di molte persone; massacro, strage | (*fig., scherz.*) disastro, scempio.

car|ne|séc|ca *s.f.* pancetta o un altro taglio di carne suina salata.

carnet (*fr.*) [pr. *karné*] *s.m.invar.* libretto, blocchetto: — *di assegni*.

car|ne|va|là|ta *s.f.* **1** divertimento, festa di carnevale **2** (*fig.*) cosa ridicola e poco seria, buffonata.

car|ne|và|le *s.m.* **1** periodo compreso fra l'Epifania e la Quaresima; partic. l'ultima settimana di tale periodo, durante la quale si organizzano balli e feste mascherati | (*prov.*) *a* — *ogni scherzo vale*, a carnevale tutto è consentito **2** (*estens.*) l'insieme di feste e manifestazioni che caratterizzano questo periodo: *il* — *di Venezia*.

car|ne|va|lé|sco *agg.* [m.pl. *-schi*] di, da carnevale: *sfilata carnevalesca*.

car|nic|cio *s.m.* parte di carne che resta attaccata alla pelle degli animali che vengono scuoiati | (*estens.*) la colla che si ricava da questa carne.

càr|ni|co *agg.* [m.pl. *-ci*] della Carnia, regione delle Alpi orientali.

car|niè|lo *agg., s.m.* che, chi è nato o abita nella Carnia.

car|niè|ra *s.f.* ampia tasca posteriore, aperta ai lati, della giacca dei cacciatori, dove viene messa la selvaggina | (*estens.*) la giacca stessa.

car|niè|re *s.m.* **1** borsa a tracolla in cui i cacciatori mettono la selvaggina **2** (*estens.*) la selvaggina presa durante una battuta di caccia.

car|ni|fi|ca|zió|ne *s.f.* (*med.*) induriménto di un tessuto molle di un organo, spec. del polmone, la cui consistenza diventa simile a quella della carne.

Car|nì|vo|ri *s.m.pl.* ordine di Mammiferi con dentatura completa, grossi artigli o unghie, che si nutrono prevalentemente delle carni di altri animali.

car|ni|vo|ro *agg.* che si nutre prevalentemente o esclusivamente di carne | (*scherz.*) detto di persona, che mangia molta carne.

car|no|si|tà *s.f.* **1** caratteristica di ciò che è carnoso: *la* — *di un frutto* **2** (*anat.*) escrescenza carnosa.

car|nó|so *agg.* **1** che è bene in carne; sodo, florido: *labbra carnose* **2** (*estens.*) pieno e turgido come la carne: *pesca carnosa*.

car|no|ti|te *s.f.* minerale radioattivo di colore giallo, contenente potassio e uranio.

cà|ro[1] *agg.* **1** che fa parte della sfera affettiva di una persona; amato: *un* — *compagno*; *un* — *ricordo* | *Caro...*, formula affettuosa e amichevole usata per rivolgersi a qlcu. quando si inizia una lettera | *cari saluti*, formula cortese per salutare qlcu. | *cara lei, cari miei*, formula ironica per esprimere insofferenza o fastidio **2** (*estens.*) che è benvoluto, gradito: *un artista tanto* — *ai giovani* **3** che sta a cuore perché di grande valore: *la salute è cara anche a me* | *aver* — *qlcu.*, volergli bene, amarlo | *tenersi* — *qlcu.*, tenerlo vicino **4** disponibile, cortese, affettuoso: *una cara ragazza* **5** che ha un prezzo eccessivo, costoso: *un vestito molto* — | *che fa pagare molto, che ha dei prezzi elevati*: *un supermercato* — | (*fig.*) *pagarla cara*, scontarla duramente | *vender cara la pelle*, difendersi fino all'ultimo ♦ *avv.* (*anche fig.*) a prezzo molto alto: *vendere, costare, pagare, comprare* — ♦ *s.m.spec.pl.* [f. *-a*] genitori, familiari, o più in generale, parenti: *ho trascorso il Natale con i miei cari* □ *caramente* *avv.* con affetto, con amore.

cà|ro[2] *s.m.* eccessivo rialzo dei prezzi: *il* — *casa*.

ca|ró|gna *s.f.* **1** corpo, spec. in decomposizione, di un animale morto | (*spreg.*) cadavere **2** (*fig., spreg.*) persona malvagia, perfida, cattiva.

ca|ro|gnà|ta *s.f.* (*fam.*) azione malvagia, perfida, cattiva.

ca|ro|gné|sco *agg.* [m.pl. *-schi*] malvagio, perfido, cattivo □ **carognescamente** *avv.*

ca|ro|lin|gio *agg.* [f.pl. *-ge* o *-gie*] relativo a Carlo Magno o alla sua dinastia.

ca|ro|sèl|lo *s.m.* **1** nel Rinascimento, torneo di cavalieri che eseguivano spettacolari esercizi | (*estens.*) corteo per festeggiare o commemorare avvenimenti particolari: *il* — *degli ufficiali a cavallo* **2** giostra per bambini **3** movimento rapido e circolare: *il* — *delle auto dei tifosi* | (*fig.*) turbine, confusione: *un* — *di preoccupazioni* **4** nome di una popolarissima rubrica pubblicitaria, trasmessa dalla televisione italiana fino al 1976.

ca|ró|ta *s.f.* **1** pianta erbacea con foglie frastagliate, fiori composti e una grossa radice carnosa di colore arancione **2** la radice commestibile di tale pianta **3** (*min.*) campione di roccia a forma di cilindro, estratto dal sottosuolo tramite sonde ♦ *agg.invar.* di colore arancione, simile a quello della carota.

ca|ro|tàg|gio *s.m.* (*min.*) estrazione di un campione di roccia dal sottosuolo.

ca|ro|tè|ne *s.m.* (*chim.*) sostanza di colore arancione contenuta nella carota e nelle foglie

carotide

o nei frutti di altre piante, trasformata in vitamina A dall'organismo.

ca|rò|ti|de *s.f.* (*anat.*) ciascuna delle due grandi arterie del collo che portano il sangue dall'aorta alla testa.

ca|ro|ti|dè|o *agg.* (*anat.*) della carotide.

ca|ro|và|na *s.f.* **1** comitiva di persone che viaggiano insieme attraversando, con carri e bestie, luoghi pericolosi o zone desertiche **2** (*estens.*) gruppo di mezzi che viaggiano in fila: *la — dei giostrai* | folto gruppo di persone che si spostano insieme: *una — di boy-scout*.

ca|ro|va|niè|ra *s.f.* strada attraversata da carovane.

ca|ro|va|niè|re *s.m.* chi guida gli animali da soma di una carovana.

ca|ro|va|niè|ro *agg.* di, da carovana.

ca|ro|vì|ta *s.m. solo sing.* elevato prezzo dei beni primari causato dall'inflazione: *fronteggiare il —*.

càr|pa *s.f.* pesce d'acqua dolce commestibile, di colore verde-oro.

car|pàc|cio *s.m.* (*gastr.*) piatto di carne cruda tagliata a fette sottilissime, che vengono fatte macerare nel succo di limone e poi condite con olio e scaglie di grana.

car|pen|te|rì|a *s.f.* **1** insieme delle operazioni eseguite per preparare e montare gli elementi in ferro o legno di una costruzione | la costruzione stessa **2** stabilimento o reparto destinato a tali operazioni.

car|pen|tiè|re *s.m.* operaio specializzato in lavori di carpenteria.

car|pià|to *agg.* (*sport*) si dice di tuffo in cui il corpo si piega a novanta gradi con braccia e gambe dritte e ravvicinate.

càr|pi|ne o **càrpino** *s.m.* albero con fusto alto, corteccia liscia e grigia, foglie ovali seghettate e frutto a noce; il suo legno, duro e chiaro, è usato nei lavori al tornio.

car|pi|nèl|la *s.f.* albero con corteccia di colore rosso scuro simile al carpine.

càr|pi|no *s.m.* → carpine.

car|pió|ne *s.m.* pesce lacustre di colore argenteo con piccole chiazze rosse, simile alla trota | *in —*, fritto e poi marinato nell'aceto con aromi vari: *pesce, verdure in —; cucinare in —*.

car|pì|re *v.tr.* [indic.pres. *io carpisco, tu carpisci...*] (*anche fig.*) sottrarre ql.co. con l'inganno: *— la fiducia di qlcu*.

càr|po *s.m.* (*anat.*) parte dello scheletro della mano, tra metacarpo e avambraccio, costituito da otto piccole ossa che formano l'articolazione del polso.

càr|po-, -càr|po (*bot.*) primo e secondo elemento di parole composte che significa "frutto" (*carpologia, endocarpo*).

car|po|lo|gì|a *s.f.* settore della botanica che studia i frutti.

car|pó|ni *avv.* con ginocchia e mani a terra: *procedere —*.

car|rà|bi|le *agg.* si dice di strada che può essere attraversata da carri o autoveicoli; carreggiabi-

le | *passo —*, tratto di marciapiede inclinato che permette l'ingresso dei veicoli in cortili o edifici.

car|ra|dó|re *s.m.* fabbricante o riparatore di carri.

car|rà|io *agg.* che consente il passaggio di carri o autoveicoli | *passo —*, passo carrabile.

car|ra|réc|cia *s.f.* [pl. *-ce*] strada rurale non asfaltata, percorribile con carri.

carré (*fr.*) *s.m.invar.* **1** lombata di suino o bovino **2** nelle camicie e in alcuni abiti femminili, quadrato di stoffa che scende dalle spalle sul dorso o sul petto **3** pettinatura femminile molto squadrata **4** nella roulette, combinazione di quattro numeri da giocare con un solo gettone ♦ *agg. solo nella loc. pan —*, pane in cassetta.

car|reg|già|bi|le *agg.* percorribile con carri e autoveicoli ♦ *s.f.* strada carrabile.

car|reg|già|ta *s.f.* **1** parte della strada destinata al traffico dei veicoli | settore della strada percorribile in uno dei due sensi di marcia **2** solco lasciato dalle ruote di un veicolo sul terreno **3** (*fig.*) giusto cammino, retta via | *rimettersi in —*, tornare alle proprie responsabilità; riprendere il filo del discorso | *uscire di —*, deviare dal comportamento considerato corretto; divagare **4** distanza tra le ruote dello stesso asse di un veicolo.

car|rég|gio *s.m.* **1** trasporto su carri | nelle miniere, trasporto su rotaie del materiale estratto **2** convoglio militare di carri o veicoli al seguito di un esercito.

car|rel|la|ta *s.f.* **1** (*cine., tv*) ripresa di una scena con la telecamera o la cinepresa montata su un carrello che esegue un movimento orizzontale **2** (*fig.*) rapida rassegna; panoramica sommaria: *una — dei fatti accaduti*.

car|rel|li|sta *s.m./f.* [m.pl. *-i*] **1** macchinista addetto al movimento del carrello cinematografico **2** nelle stazioni ferroviarie, venditore ambulante di panini, bibite o giornali, esposti su un carrello.

car|rèl|lo *s.m.* **1** struttura di trasporto o sostegno, costituita da un telaio montato su quattro ruote: *— del supermercato; — elevatore; — portavivande* **2** parte scorrevole di impianto o macchina: *— della stampante* **3** piccolo vagone a quattro ruote, anche con motore, usato per effettuare lavori lungo i binari ferroviari o per trasportare il materiale nelle cave e nelle miniere **4** piattaforma mobile su cui poggia la macchina da presa cinematografica **5** (*aer.*) struttura con ruote per il decollo e l'atterraggio di un aereo **6** sedile mobile delle imbarcazioni da canottaggio.

car|rét|ta *s.f.* **1** piccolo carro con sponde alte, a due ruote, usato per trasportare merce varia | (*fig.*) *tirare la —*, fare un lavoro duro; tirare a campare **2** (*fig., scherz.*) auto o imbarcazione vecchia e rovinata.

car|ret|ta|ta *s.f.* ciò che può essere trasportato da un carretto o da una carretta.

car|ret|tiè|re *s.m.* [f. *-a*] **1** conducente di carri **2** (*fig.*) individuo rozzo e volgare.

car|rét|to *s.m.* piccolo carro a due ruote, trainato da un animale o a mano dall'uomo | — **siciliano**, carro a due ruote vistosamente decorato e colorato, tipico della Sicilia.

car|riè|ra *s.f.* **1** professione, corso di studi in cui sono previsti avanzamenti di grado: — *accademica* | *far* —, salire di livello in ambito professionale **2** (*estens.*) andatura veloce: *di, a gran* —.

car|rie|rì|smo *s.m.* gran desiderio di far carriera a ogni costo.

car|rie|rì|sta *s.m./f.* [m.pl. *-i*] chi vuole far carriera a ogni costo.

car|rì|ò|la *s.f.* piccolo carretto con una sola ruota e due stanghe che viene spinto a mano | ciò che può essere contenuto in tale carretto.

car|rì|sta *s.m.* [pl. *-i*] militare di un reparto di carri armati ♦ *agg.* relativo al corpo militare dell'esercito che impiega carri armati: *reparto* —.

càr|ro *s.m.* **1** mezzo di trasporto a trazione animale, a due o quattro ruote: *attaccare al* — **2** ciò che può essere trasportato da un carro: *un* — *di legname* **3** mezzo a trazione meccanica per usi particolari: — *merci, bestiame* | — *attrezzi*, mezzo per il rimorchio di veicoli in avaria | — *armato*, mezzo cingolato e corazzato, dotato di cannone e mitragliatrici | — *funebre*, veicolo per trasportare i defunti **4** (*astr.*) denominazione delle costellazioni boreali dell'Orsa Maggiore e Minore: *Gran, Piccolo* —.

car|ròc|cio *s.m.* nel Medioevo, grande carro trainato da buoi, recante le insegne del comune e dotato di altare e campana; veniva portato nei campi di battaglia per celebrarvi messa prima degli scontri e per poggiare i feriti.

car|ro|pón|te *s.m.* [pl. *carriponte*] gru che esegue movimenti longitudinali e trasversali per il sollevamento e lo spostamento di grossi pesi.

car|ròz|za *s.f.* **1** vettura a quattro ruote, trainata da cavalli, per trasportare persone **2** vagone ferroviario per passeggeri: — *di prima, seconda classe* **3** (*gastr.*) *mozzarella in* —, specialità napoletana che consiste in due fette di pane senza crosta farcite di mozzarella, passate nell'uovo e fritte.

car|roz|zà|bi|le *agg.* che può essere attraversata da carrozze o autoveicoli: *strada* —.

car|roz|zèl|la *s.f.* **1** carrozzina **2** veicolo, con o senza motore, per il trasporto di invalidi **3** tipica carrozza per turisti.

car|roz|ze|rìa *s.f.* **1** parte del veicolo che ricopre le parti meccaniche e accoglie merci e passeggeri | — *portante*, che serve a collegare e sostenere gli organi meccanici e il motore **2** fabbrica o settore in cui si costruiscono le carrozzerie | officina di riparazione delle carrozzerie.

car|roz|zie|re *s.m.* progettista, costruttore o riparatore di carrozzerie degli autoveicoli.

car|roz|zì|na *s.f.* culla dotata di quattro ruote da spingere a mano, usata per portare a passeggio i neonati.

car|roz|zó|ne *s.m.* **1** grosso mezzo a trazione animale o a motore, che talvolta funge anche da abitazione: *il* — *del circo* **2** (*fig.*, *spreg.*) grosso ente pubblico partic. inefficiente.

car|rù|ba *s.f.* frutto del carrubo, usato come alimento per buoi e cavalli.

car|rù|bo *s.m.* albero sempreverde con fusto largo e frutti di colore marrone scuro ricchi di zuccheri.

car|rù|co|la *s.f.* dispositivo per il sollevamento di pesi, composto da una ruota scanalata in cui scorre una fune.

car|rù|ga *s.f.* insetto coleottero con piccolo corpo ovale di colore scuro con riflessi metallici; è partic. dannoso per la vite di cui mangia radici e foglie.

càr|si|co *agg.* [m.pl. *-ci*] **1** del Carso **2** si dice di terreni calcarei che sono soggetti a carsismo.

car|sì|smo *s.m.* fenomeno di erosione causato dalle acque sulla superficie o al di sotto di rocce calcaree, tipico del Carso.

càr|ta *s.f.* **1** materiale ricavato dalla lavorazione di fibre di cellulosa, a forma di foglio sottile, adatto a vari usi: — *da lettera, da pacchi*; *tovaglia di* — | — *velina*, trasparente e resistente perché trattata con oli speciali | — *vetrata*, ruvida per la presenza di granuli e polveri di vetro, adatta per levigare **2** foglio per scrivere: *prendete* — *e penna* | — *legale, bollata* o *da bollo*, con bollo di Stato, per usi burocratici **3** (*solo pl.*) insieme di pagine scritte: *tenere in ordine le carte nel cassetto* **4** documento rilasciato da un ente statale o privato | — *d'identità*, documento di riconoscimento personale | — *di credito*, tessera bancaria per acquistare beni e servizi senza pagare in contanti | (*fig.*) *fare carte false*, fare di tutto per raggiungere un obiettivo | *avere le carte in regola*, avere le giuste qualità o i documenti per portare avanti un compito **5** dichiarazione dei principi fondamentali di uno Stato o di un organo internazionale; statuto: — *costituzionale* **6** rappresentazione grafica simbolica, su scala ridotta, di un territorio o di tutta la superficie terrestre: — *stradale, fisica* **7** menu dei ristoranti **8** (*spec.pl.*) cartoncino rettangolare con impressi semi o figure, che, insieme ad altri simili, forma un mazzo usato per diversi giochi da tavolo: *giocare a carte* | *carte napoletane*, che hanno per semi coppe, denari, bastoni e spade | *carte francesi*, che hanno per semi cuori, quadri, fiori e picche | *leggere le carte*, predire il futuro mediante le carte | (*fig.*) *giocare a carte scoperte*, non nascondere nulla | *giocare l'ultima* —, fare l'ultimo tentativo | *cambiare le carte in tavola*, distorcere il senso di una cosa già detta | *mettere le carte in tavola*, esporre sinceramente la propria opinione.

car|ta|car|bó|ne o **càrta carbóne** *s.f.* [pl. *carte-carbone*] carta con un lato nero o scuro che si inserisce in fogli di carta bianca per ottenere diverse copie di un originale.

car|tàc|cia *s.f.* [pl. *-ce*] carta usata da gettare.

càr|tà|ceo *agg.* di carta: *messaggio* —.

car|ta|gi|né|se *agg.* dell'antica Cartagine, città sulla costa settentrionale dell'Africa ♦ *s.m./f.* nativo o abitante di Cartagine.

car|tà|io *s.m.* [f. *-a*] **1** chi fabbrica o vende carta | chi fabbrica carte da gioco **2** nei giochi di carte, colui che le distribuisce.
car|ta|mo|dèl|lo *s.m.* [pl. *cartamodelli*] modello di un capo d'abbigliamento prodotto su carta in dimensioni reali.
car|ta|mo|né|ta o **càrta monéta** *s.f.* [pl. *cartemonete*] moneta cartacea.
car|ta|pè|co|ra *s.f.* [pl. *cartapecore*] pergamena.
car|ta|pé|sta *s.f.* [pl. *cartapeste* o *cartepeste*] miscela di carta, acqua, collanti e gesso, usata per fabbricare pupazzi e bambole o per eseguire speciali decorazioni | (*fig.*) **di** —, senza carattere, debole: *uomo di* —.
car|tà|rio *agg.* relativo alla fabbricazione della carta: *settore* —.
car|ta|stràc|cia o **càrta stràccia** *s.f.* [pl. *cartestracce*] **1** carta di bassa qualità, usata per fare i pacchi **2** carta usata e da gettare.
car|ta|ve|trà|re *v.tr.* ripulire o levigare la superficie di ql.co. con la carta vetrata; scartavetrare.
car|tég|gio *s.m.* intenso scambio di lettere | l'insieme delle lettere scambiate.
car|tèl|la *s.f.* **1** pagina o scheda che reca stampate o scritte a mano informazioni varie: — *della tombola* | — *clinica*, quella che contiene i dati di una persona ricoverata in ospedale o del paziente di un medico **2** pagina destinata alla composizione tipografica: *un testo di quindici cartelle* **3** (*fin.*) titolo di credito: — *di rendita fondiaria* **4** custodia rettangolare per fogli, costituita da due cartoncini fermati insieme da un elastico o da una borchia metallica **5** borsa di pelle o altro materiale per documenti, quaderni e libri.
car|tel|li|no *s.m.* **1** cartoncino rettangolare legato o applicato a oggetti, di cui fornisce descrizione, costo o altro; targhetta, etichetta **2** scheda o modulo su cui si registrano dei dati | scheda che i lavoratori dipendenti timbrano all'entrata e all'uscita del luogo di lavoro **3** (*sport*) documento personale e controfirmato da un atleta, che attesta il suo impegno a far parte di una società sportiva per un determinato periodo **4** (*sport*) nel calcio, cartoncino colorato usato dall'arbitro sul campo per ammonire o espellere un giocatore: — *giallo*, *rosso*.
car|tel|li|sta *s.m.* [pl. *-i*] chi appartiene a un determinato cartello politico o industriale.
car|tèl|lo[1] *s.m.* **1** grande avviso per comunicazioni al pubblico, scritto a mano o stampato su cartone, metallo o legno: — *stradale* **2** insegna di un esercizio commerciale.
car|tèl|lo[2] *s.m.* **1** (*econ.*) accordo stipulato tra imprese dello stesso settore produttivo per frenare la concorrenza reciproca stabilendo prezzi e quote di mercato **2** (*estens.*) alleanza tra elementi ideologicamente affini: *il* — *dei sindacati*.
car|tel|ló|ne *s.m.* **1** manifesto, per lo più di grandi dimensioni, che riporta programmi cinematografici, teatrali, musicali o sportivi | **tenere il** —, si dice di spettacolo di successo che viene rappresentato da molto tempo **2** grande manifesto pubblicitario **3** nella tombola, tabella che riporta in successione i novanta numeri del gioco.
car|tel|lo|ni|sta *s.m./f.* [m.pl. *-i*] chi progetta e realizza cartelloni pubblicitari.
càr|ter *s.m.invar.* **1** in un meccanismo, rivestimento plastico o metallico per proteggere le parti in movimento | copricatena di biciclette e motociclette **2** coppa dell'olio nel motore delle automobili.
car|te|sià|no *agg.* **1** di Cartesio, relativo alla sua filosofia **2** (*estens.*) razionale, logico: *ragionamento* — **3** (*mat.*) *coordinate cartesiane*, ascissa e ordinata, le coppie di numeri reali usate per l'individuazione di un punto su un piano.
car|te|va|ló|ri o **càrte valóri** *s.f.pl.* documenti che rappresentano un valore monetario su carta, p.e. titoli o carte bollate.
car|tiè|ra *s.f.* fabbrica per la produzione della carta.
car|ti|glio *s.m.* (*pitt.*, *scult.*) raffigurazione di un rotolo di carta srotolato in parte e recante iscrizioni, usato come elemento decorativo: *angeli con* —.
car|ti|là|gi|ne *s.f.* (*anat.*) tessuto connettivo resistente, elastico, flessibile, meno consistente del tessuto osseo, che costituisce lo scheletro di alcuni organi, come laringe, naso, orecchie.
car|ti|la|gi|ne|o *agg.* (*anat.*) di cartilagine.
car|ti|na *s.f.* **1** copertura di carta per medicine o piccoli oggetti | (*estens.*) il contenuto stesso **2** foglietto di carta leggerissima per confezionare sigarette **3** carta geografica di piccole dimensioni; piantina: *la* — *di Firenze*.
car|tòc|cio *s.m.* **1** foglio di carta arrotolato a cono per incartare poca merce | il contenuto di tale involucro: *un* — *di castagne* | (*gastr.*) *al* —, tipo di cottura al forno, in cui la carne o il pesce vengono prima avvolti in carta oleata o di alluminio **2** carica di lancio di artiglieria a forma di cono | cartone cilindrico contenente la polvere pirica dei fuochi d'artificio **3** (*bot.*) l'insieme delle brattee che avvolgono la pannocchia di granturco.
car|to|gra|fi|a *s.f.* la teoria e le tecniche necessarie per realizzare carte geografiche.
car|to|grà|fi|co *agg.* [m.pl. *-ci*] relativo alla cartografia: *metodo* — □ **cartograficamente** *avv.* tramite la cartografia.
car|tò|gra|fo *s.m.* [f. *-a*] esperto in cartografia.
car|to|gràm|ma *s.m.* [pl. *-i*] rappresentazione grafica di dati statistici riguardanti un particolare fenomeno.
car|to|là|io *s.m.* [f. *-a*] chi vende prodotti di cancelleria.
car|to|le|rì|a *s.f.* negozio di prodotti di cancelleria.
car|to|li|brerì|a *s.f.* negozio in cui si vendono prodotti di cancelleria e libri, spec. testi scolastici.
car|to|li|na *s.f.* cartoncino rettangolare, gener. illustrato su una facciata, per scambi epistolari non riservati e piuttosto brevi | — **postale**, con affrancatura prestampata | — **precetto**, che contiene l'ordine di richiamo alle armi.

car|to|màn|te *s.m./f.* chi esercita la cartomanzia.

car|to|man|zì|a *s.f.* arte di indovinare il futuro attribuendo un significato particolare alle carte da gioco o ad altri tipi di carte.

car|to|nà|re *v.tr.* [indic.pres. *io cartóno*...] rivestire o rilegare con cartone.

car|to|nà|to *agg.* di cartone; rinforzato con cartone: *copertina cartonata* ♦ *s.m.* rilegatura di cartone.

car|ton|ci|no *s.m.* **1** cartone sottile e leggero **2** biglietto di cartone leggero, usato spec. per auguri e partecipazioni o per biglietti da visita.

car|tó|ne *s.m.* **1** tipo di carta spessa per scatole e rivestimenti resistenti **2** confezione, imballaggio: *un — di lattine* **3** (*pitt.*) disegno preparatorio su carta pesante di ciò che poi l'artista eseguirà su tela o su muro **4** (*cine.*) *— animato*, film costituito da fotogrammi di disegni in serie che, proiettati rapidamente, riproducono il movimento.

car|ton|gès|so *s.m.* [pl. *cartongessi*] cartone coperto di gesso, usato in edilizia per formare o rivestire pareti interne.

car|to|ni|fi|cio *s.m.* fabbrica di cartone.

car|to|ni|sta *s.m./f.* [m.pl. -*i*] disegnatore di cartoni animati.

car|to|tèc|ni|ca *s.f.* tecnica e industria della lavorazione della carta e di oggetti in carta o cartone.

car|to|tèc|ni|co *agg.* [m.pl. -*ci*] che riguarda la lavorazione di carta e cartone ♦ *s.m.* [f. -*a*] operaio dell'industria cartotecnica.

car|tuc|cè|ra *s.f.* → **cartucciera**.

car|tùc|cia *s.f.* [pl. -*ce*] **1** cilindro metallico o di cartone contenente carica e proiettile delle armi da fuoco portatili; munizione | (*fig.*) *mezza —*, persona che non vale niente **2** oggetto cilindrico che si cambia quando si esaurisce il suo contenuto: *la — dell'olio* | contenitore di inchiostro per penne stilografiche senza serbatoio.

car|tuc|ciè|ra o **cartuccèra** *s.f.* cintura, tracolla o tasca di cuoio in cui si tengono le cartucce da caccia.

cà|sa *s.f.* **1** costruzione abitativa a uno o più piani, suddivisa in camere o in appartamenti: *— moderna, antica* **2** abitazione di una persona o di una famiglia; alloggio | *fare gli onori di —*, ricevere un ospite con cortesia | *fatto in —*, prodotto in casa e non industrialmente *donna di —*, casalinga | *mettere su —*, andare a vivere per conto proprio **3** (*fig.*) famiglia di appartenenza: *telefonare a — | essere — e lavoro*, si dice di persona che pensa solo alla famiglia e ai doveri | *essere di —*, frequentare con assiduità una famiglia **4** (*estens.*) dinastia, stirpe: *la — reale* **5** edificio per ospitare qlcu. per un periodo di tempo determinato e con un obiettivo preciso | organismo che amministra tale edificio | *— di correzione*, riformatorio | *— di cura*, clinica privata **6** sede di un'associazione o di un circolo ricreativo: *— del ferroviere, del soldato* | sede di una congregazione religiosa; convento | *— madre*, sede principale di un ordine religioso | *— di Dio*, la Chiesa **7** (*fig.*) la propria patria, il proprio paese **8** (*comm.*) azienda, impresa, ditta: *— editrice* **9** (*sport*) il campo della propria sede: *giocare in —* **10** nel gioco della dama e degli scacchi, ciascuna delle sessantaquattro caselle bianche e nere della scacchiera.

ca|sàc|ca *s.f.* **1** giacca di taglio diritto da uomo o da donna **2** maglia con i colori della squadra portata dagli atleti **3** giubba dei fantini.

ca|sàc|cio *s.m. nella loc. a —*, a caso, senza criterio: *rispondere a —*.

ca|sà|le *s.m.* **1** piccolo agglomerato di case di campagna **2** casa rustica isolata.

ca|sa|lìn|ga *s.f.* donna che si occupa della casa e della famiglia e non ha altra occupazione.

ca|sa|lìn|go *agg.* [m.pl. -*ghi*] **1** relativo alla casa | fatto in casa: *cucina casalinga* **2** che ama la propria casa e vivere in famiglia: *è un tipo —* ♦ *s.m. solo pl.* oggetti per la casa: *emporio di casalinghi*.

ca|sa|màt|ta *s.f.* [pl. *casematte*] opera difensiva in muratura bassa e fortificata, dotata di feritoie per le artiglierie.

ca|sa|mén|to *s.m.* grande costruzione popolare, suddivisa in numerosi appartamenti | il complesso delle persone che vi abitano.

ca|sa|nò|va *s.m.invar.* uomo che ha particolare successo con le donne; seduttore.

ca|sa|réc|cio *agg.* → **casereccio**.

ca|sa|ro *s.m.* addetto alla lavorazione dei latticini.

ca|sà|ta *s.f.* complesso delle famiglie che fanno parte della stessa stirpe e che gener. hanno lo stesso cognome | (*estens.*) casato, stirpe.

ca|sà|to *s.m.* **1** famiglia, dinastia, stirpe: *un uomo di antico —* **2** (*antiq.*) cognome della famiglia.

cà|sba o **càsbah** *s.f.* vecchi quartieri arabi nelle città dell'Africa settentrionale | (*estens.*) quartiere malfamato di una città, gener. situato nel centro storico.

ca|scà|me *s.m.* **1** scarto di alcune lavorazioni industriali: *cascami di seta* **2** (*fig.*) opera artistica di scarso valore.

ca|sca|mòr|to *s.m.* (*scherz.*) corteggiatore svenevole e sdolcinato.

ca|scàn|te *part.pres.* di cascare | *agg.* che casca; floscio: *mento —*.

ca|scà|re *v.intr.* [indic.pres. *io casco, tu caschi*...; aus. *E*] (*fam.*) cadere: *— da un gradino* | (*fig.*) *— dalla fame*, essere molto affamati | *cascarci*, lasciarsi ingannare; cadere in uno scherzo | *non casca il mondo*, non è poi così grave | *qui casca l'asino!*, qui viene la vera difficoltà.

ca|scà|ta *s.f.* **1** (*geog.*) caduta d'acqua corrente violenta e impetuosa provocata da un forte dislivello del terreno **2** (*fam.*) caduta; ruzzolone **3** (*fig.*) serie rapida e incessante: *gli eventi si sono verificati a —*.

ca|sca|tó|re *s.m.* (*cine.*) controfigura dell'attore nelle scene pericolose, p.e. salti, cadute.

ca|schét|to *s.m.* acconciatura in cui i capelli, li-

sci e tagliati corti con frangetta, incorniciano il viso.
ca|sci|na *s.f.* costruzione rurale adibita parte ad abitazione, parte a stalla per gli animali e a deposito per gli attrezzi, gener. con un cortile centrale | casolare | azienda agricola in cui si producono spec. latte e formaggi.
ca|sci|nà|io *s.m.* [f. *-a*] proprietario di una cascina.
ca|sci|nà|le *s.m.* 1 cascina o gruppo di cascine 2 casolare.
cà|sco *s.m.* [pl. *-schi*] 1 copricapo rigido e resistente per proteggere la testa di militari, motociclisti o sportivi | — *blu*, soldato dell'ONU | — *coloniale*, leggero copricapo in sughero e tela per riparare la testa dal sole, usato nei paesi tropicali 2 apparecchio elettrico, usato dai parrucchieri, per asciugare i capelli 3 (*bot.*) grappolo di banane.
ca|se|à|rio *agg.* relativo alla produzione di latticini e formaggi: *settore —*.
ca|seg|già|to *s.m.* 1 grande edificio ad uso abitativo | il complesso delle persone che vi abita 2 gruppo di case vicine.
ca|sei|fi|ca|zió|ne *s.f.* complesso delle operazioni per trasformare il latte in formaggio.
ca|sei|fi|cio *s.m.* stabilimento in cui si producono burro e formaggi.
ca|se|i|na *s.f.* (*chim.*) proteina del latte, usata nell'industria casearia, della carta e in medicina.
ca|sèl|la *s.f.* 1 piccolo scomparto di scaffali, mobili e cassetti | — *postale*, cassetta numerata data in affitto dagli uffici postali ai privati per custodire la corrispondenza | (*inform.*) — *di posta elettronica*, in un computer, spazio di memoria da cui si inviano o in cui si ricevono i messaggi | (*telecom.*) — *vocale*, spazio di memoria per i messaggi di segreteria telefonica 2 (*estens.*) in un foglio, ciascuno dei piccoli riquadri o rettangoli risultanti dall'incrocio di linee verticali e orizzontali: *indicare la risposta nella —; le caselle del cruciverba* | ciascuno dei riquadri, bianchi o neri, di una scacchiera.
ca|sel|làn|te *s.m./f.* 1 custode di un tratto di strada o di ferrovia, spec. di un passaggio a livello, che abita in un casello 2 addetto alla riscossione del pedaggio presso un casello autostradale.
ca|sel|là|rio *s.m.* mobile o scaffale suddiviso in caselle per riporvi ordinatamente lettere, documenti ecc. | — *giudiziario*, schedario contenente i dati anagrafici di chi ha subito condanne penali.
ca|sèl|lo *s.m.* 1 casa cantoniera in cui abita il casellante, posta lungo le strade statali o le linee ferroviarie 2 barriera autostradale in cui si paga il pedaggio.
ca|se|réc|cio o *casaréccio agg.* [f.pl. *-ce*] 1 fatto in casa: *pane —* 2 (*estens.*) tipico del luogo, nostrano.
ca|sèr|ma *s.f.* costruzione destinata all'alloggiamento di reparti militari o di alcuni corpi civili, p.e. carabinieri, vigili del fuoco.

ca|ser|màg|gio *s.m.* (*mil.*) insieme dei mobili e degli oggetti usati in una caserma.
ca|ser|mé|sco *agg.* [m.pl. *-schi*] (*spreg.*) da caserma: *linguaggio —*.
ca|ser|mét|ta *s.f.* (*mil.*) in una caserma, costruzione destinata all'alloggiamento di un solo reparto militare.
ca|ser|mó|ne *s.m.* edificio popolare grosso e squallido.
cash (*ingl.*) [pr. *kèsh*] *s.m.invar.* denaro contante.
cash and carry (*ingl.*) [pr. *kèshenkèrri*] *loc.sost. m.invar.* sistema di vendita all'ingrosso in cui il compratore paga la merce in contanti e la trasporta a proprie spese | (*estens.*) magazzino in cui avviene questo tipo di vendita.
cashmere (*ingl.*) [pr. *kàshmir*] *s.m.invar.* ➝ *cachemire*.
ca|si|nà|ro *s.m.* [f. *-a*] (*region.*) casinista.
ca|si|ni|sta *s.m./f.* [m.pl. *-i*] (*coll.*) persona chiassosa che fa confusione e crea disordine.
ca|si|no *s.m.* 1 casa signorile di campagna, usata spec. per battute di caccia o di pesca 2 (*pop.*) casa chiusa; bordello 3 (*fig.*, *coll.*) chiasso, confusione | (*estens.*) grande quantità, mucchio | (*estens.*) situazione complicata; pasticcio: *che — hai combinato!*
ca|si|nò *s.m.* casa da gioco.
ca|si|sta *s.m.* [pl. *-i*] teologo esperto in casistica.
ca|si|sti|ca *s.f.* 1 analisi che si basa su un elenco di casi specifici da cui si ricava una norma di carattere generale: *la — degli ultimi anni; la — medica* | 2 (*teol.*) studio dei comportamenti in rapporto all'applicabilità delle regole morali.
cà|so *s.m.* 1 circostanza accidentale, evento imprevisto: *è stato un — incontrarti* | *per —*, accidentalmente | *a —*, senza un criterio preciso, a casaccio | *che —!*, che combinazione!; (*iron.*) ma guarda un pò! | *si dà il — che*, succede che 2 fatto, avvenimento, circostanza particolare: *un — di infortunio; mi è capitato un — analogo* | situazione problematica: *è un — veramente difficile* 3 destino, fatalità: *il — ha voluto che quel giorno restassi in ufficio* 4 vicenda inconsueta; evento di particolare rilievo o risonanza | — *limite*, avvenimento che presenta accentuate al massimo certe caratteristiche | — *di coscienza*, fatto che suscita in un problema morale | (*anche scherz.*) — *di Stato*, evento di fondamentale importanza 5 possibilità, eventualità: *in — di necessità* | *nel — che*, se | *nel peggiore dei —*, nell'ipotesi peggiore | *in — contrario*, altrimenti 6 opportunità, convenienza, occasione | *non è il —*, non è opportuno | *fare a —*, essere opportuno 7 (*med.*) individuo che presenta una malattia: *un — di epatite* | (*scherz.*) *sei un — clinico!*, individuo che manifesta tendenze o caratteristiche anormali 8 (*ling.*) nella grammatica di alcune lingue, forma che l'articolo, il nome, l'aggettivo, il pronome assumono per esprimere diverse funzioni sintattiche | *la funzione sintattica stessa: — genitivo*.
ca|so|là|re *s.m.* piccola casa di contadini, gener. isolata.
ca|so|mài o **càso mài** *cong.* [introduce prop.

condiz. con v. al congiunt.] nell'ipotesi che, nel caso che: — *arrivasse, salutamelo* ♦ *avv.* eventualmente, sempmai: *ora no, — domani.*
ca|sòt|to *s.m.* 1 piccolo capanno in legno usato per vari scopi, spec. come riparo o deposito; baracca 2 (*region.*) chiasso, disordine; casino.
cà|spi|ta *inter.* espressione di stupore, impazienza o ammirazione.
casqué (*fr.*) [pr. *kaské*] *s.m.invar.* nel tango, figura in cui l'uomo si piega in avanti sostenendo con il braccio la donna che, a sua volta, si lascia cadere all'indietro.
casquette (*fr.*) [pr. *kaskét*] *s.f.invar.* berretto con visiera.
càs|sa *s.f.* 1 contenitore in metallo o in altro materiale rigido, a forma di parallelepipedo, usato per riporre o trasportare oggetti | il contenuto di tale contenitore: *vuotare una —; una di arance* | — *da morto*, feretro 2 (*estens.*) oggetto cavo adatto a contenere ql.co.: *la — dell'orologio* | — *armonica, di risonanza*, corpo cavo degli strumenti a corda o a percussione che amplifica il suono; (*fig.*) ciò che tende ad amplificare ql.co.: *la notizia ha fatto da — di risonanza per la sua nomina* | — *acustica*, negli impianti stereofonici, struttura contenente uno o più altoparlanti 3 (*anat.*) cavità ossea che contiene un organo o una struttura anatomica: — *del timpano* 4 mobile con scomparti in cui si conservano i soldi | (*estens.*) macchina che registra gli importi di vendita di un negozio: *attendere alla —* 5 (*estens.*) sportello di una banca o di un ufficio per pagamenti e riscossioni 6 (*estens.*) insieme del denaro contante e dei valori di un'azienda, di un ufficio o di un negozio | *batter* —, chiedere denaro 7 (*dir.*) istituto di credito | istituto che raccoglie denaro a scopo assistenziale o previdenziale | — *integrazione (guadagni)*, organismo che garantisce il reddito ai lavoratori temporaneamente sospesi dal lavoro; condizione del lavoratore dipendente che percepisce lo stipendio grazie a tale organismo.
cas|sa|fór|ma *s.f.* [pl. *casseforme*] (*edil.*) struttura provvisoria di legno o metallo usata per dare forma alle gettate di cemento armato.
cas|sa|fòr|te *s.f.* [pl. *casseforti*] armadio blindato o cassetta di sicurezza con speciali chiusure per custodire denaro e valori.
cas|sa|in|te|grà|to o cassintegràto *s.m.* [f. *-a*] lavoratore dipendente che viene messo in cassa integrazione per necessità aziendali.
cas|sàn|dra *s.f.* persona che preannuncia eventi negativi ma a cui nessuno crede.
cas|sa|pàn|ca *s.f.* [pl. *cassapanche* o *cassepanche*] grande e lunga cassa il cui coperchio può essere usato anche come sedile.
cas|sà|re *v.tr.* 1 eliminare uno scritto facendovi sopra un segno di penna o raschiandolo; cancellare 2 (*estens., dir.*) abolire, revocare ql.co.: — *una legge*.
cas|sà|ta *s.f.* 1 dolce siciliano fatto di pan di Spagna, ricotta, canditi, cioccolato a pezzetti e liquore 2 gelato a forma di fetta di torta, costituito da uno strato esterno di crema o cioccolato e un ripieno di panna con canditi.
cas|sa|zió|ne *s.f.* (*dir.*) abolizione, annullamento: *ricorso per —* | *Corte di Cassazione*, supremo organo di giustizia che verifica l'esatta applicazione di una legge e può annullare la sentenza di un tribunale.
càs|se|ro *s.m.* 1 (*mar.*) ponte superiore della parte centrale o della poppa di una nave 2 (*edil.*) cassaforma.
cas|se|ruò|la *s.f.* recipiente di metallo o di un altro materiale, più fondo del tegame e gener. dotato di un lungo manico, usato per cuocere.
cas|sét|ta *s.f.* 1 piccola cassa, con o senza coperchio | (*estens.*) il contenuto di tale cassa: — *di liquori* | — *delle lettere*, quella pubblica per impostare le lettere, quella privata per ricevere la corrispondenza | *pane a, in —*, pane affettato per toast o tramezzini 2 (*tecn.*) involucro di protezione per impianti 3 contenitore di un nastro magnetico per registrazioni di suoni, musica o video | il nastro stesso 4 nei banchi degli esercizi commerciali, cassetto per custodire l'incasso | (*estens.*) l'incasso stesso, spec. quello di un'opera teatrale e cinematografica | *film di —*, prodotto divulgativo, senza valore artistico e con finalità esclusivamente commerciali 5 nelle carrozze, il sedile del cocchiere: *montare a —*.
cas|set|tiè|ra *s.f.* mobile con più cassetti | in un mobile, la parte in cui stanno i cassetti.
cas|set|to *s.m.* in un mobile, cassetta quadrata o rettangolare scorrevole su due guide e dotata di maniglia per l'apertura; viene usata per riporre vari tipi di oggetti: — *del comodino* | (*fig.*) *avere un sogno nel —*, custodire un sogno in attesa che si realizzi.
cas|set|tó|ne *s.m.* 1 mobile con cassetti molto capienti, usato gener. per riporre la biancheria; comò 2 (*arch.*) motivo quadrangolare o poligonale, intagliato o dipinto, usato per decorare un soffitto: *soffitto a cassettoni*.
cas|siè|re *s.m.* [f. *-a*] in un ufficio, responsabile delle operazioni di cassa | in un esercizio commerciale, addetto alla cassa.
cas|sin|te|grà|to *s.m.* → cassaintegrato.
cas|só|ne *s.m.* 1 cassa molto capiente per riporre o trasportare diversi tipi di oggetti 2 nel Medioevo e nel Rinascimento, mobile simile a una cassapanca, di solito intagliato o dipinto 3 copertura con vetrate usata per proteggere piante o fiori dagli agenti esterni 4 parte della carrozzeria di un autocarro in cui si mette il carico 5 qualsiasi grande recipiente o parte cava di impianti: — *dell'acqua*.
cas|so|nét|to *s.m.* 1 vano sotto l'architrave delle finestre in cui si raccolgono le persiane avvolgibili 2 grande contenitore mobile di rifiuti solidi, gener. posto lungo i marciapiedi.
cast (*ingl.*) *s.m.invar.* il complesso degli attori di un film o di un'opera teatrale.
cà|sta *s.f.* 1 gruppo sociale chiuso, con regole religiose e giuridiche che vietano il contatto con altri gruppi: *le caste indiane* 2 (*estens., spreg.*)

castagna

gruppo sociale o professionale chiuso che difende i propri particolaristici interessi e privilegi: *la — dei militari*.
ca|stà|gna *s.f.* **1** frutto del castagno, con buccia scura e polpa dura, dolce e farinosa | *(fig.)* **prendere qlcu. in —**, coglierlo in errore | *levare le castagne dal fuoco a, per qlcu.*, toglierlo da una situazione difficile **2** *(zool.)* piccola placca cornea che si trova all'interno della zampa anteriore e del garretto degli equini.
ca|sta|gnàc|cio *s.m.* dolce di farina di castagne.
ca|sta|gné|to *s.m.* bosco di castagni; piantagione di castagni.
ca|sta|gnét|ta *s.f.* petardo; castagnola.
ca|sta|gnét|te *s.f.pl.* nacchere.
ca|stà|gno *s.m.* **1** albero alto con fronde sviluppate, foglie lanceolate dentate, fiori bianchi, frutti avvolti in un riccio **2** *(estens.)* il legno ricavato da tale albero, molto usato per fabbricare mobili.
ca|sta|gnò|la *s.f.* **1** petardo composto da un involucro cartaceo contenente la polvere pirica **2** *(spec.pl.)* nacchere **3** pasta dolce a forma di piccola palla, fritta e ricoperta di zucchero, tipica della Romagna.
ca|stàl|do *s.m.* **1** *(st.)* nel regno longobardo, amministratore che agiva per conto del re **2** nel Medioevo, capo di un'arte o corporazione **3** fattore di campagna.
ca|sta|ni|col|tù|ra *s.f.* coltivazione del castagno.
ca|stà|no *agg.* di colore bruno scuro, come quello della buccia della castagna: *occhi castani*.
ca|stel|là|no *s.m.* [f. -a] proprietario di un castello | *(estens.)* proprietario di una vasta regione.
ca|stel|la|tù|ra *s.f.* rinforzo in legno per mobili.
ca|stel|lét|to *s.m.* **1** nelle miniere, torretta in legno, acciaio o cemento armato, posta sui pozzi di estrazione **2** nei cantieri edili, impalcatura in legno o metallo.
ca|stel|liè|re *s.m.* *(archeol.)* insediamento preistorico su un'altura circondato da una grossa cinta muraria.
ca|stèl|lo *s.m.* **1** grande edificio medievale fortificato, dotato di torri, cinta muraria e fossato, adibito a dimora di un signore feudale | *(estens.)* imponente palazzo signorile ad uso abitativo costruito sul modello dei castelli medievali | *(fig.) fare castelli in aria*, fantasticare progettando cose inattuabili **2** paese posto su un'altura un tempo difeso da mura: *castelli romani* **3** *(tecn.)* impalcatura o struttura portante | nei lavori murari, struttura di legno simile a una torre usata per innalzare pesi o come piattaforma per eseguire lavori ad una certa altezza | *letto a —*, con due letti sovrapposti uno sull'altro **4** *(mar.)* ponte superiore della prua di una nave.
ca|sti|ga|màt|ti *s.m.* **1** un tempo, bastone usato dai vigilanti dei manicomi **2** *(fig., scherz.)* persona molto severa che riesce a disciplinare anche gli individui più scalmanati.
ca|sti|gà|re *v.tr.* [indic.pres. *io castigo, tu castighi...*] infliggere un castigo per correggere, educare o punire qlcu.
ca|sti|ga|téz|za *s.f.* caratteristica di chi è molto rispettoso della morale.
ca|sti|gà|to *part.pass.* di castigare ♦ *agg.* **1** che rispetta la morale; morigerato, sobrio: *modi castigati* **2** detto di linguaggio e stile, corretto, ripulito da errori.
ca|sti|ga|tó|re *agg., s.m.* [f. -*trice*] *(lett.)* che, chi castiga o corregge.
ca|sti|glià|no *agg.* della Castiglia, regione spagnola ♦ *s.m.* **1** [f. -a] chi è nato o abita in Castiglia **2** la lingua spagnola.
ca|stì|go *s.m.* [pl -ghi] **1** punizione finalizzata a correggere o a ristabilire l'ordine | *(fam.) essere in —*, scontare una punizione | *mettere in —*, dare una punizione **2** *(fig., anche scherz.)* cosa o persona fastidiosa, molesta; impiastro | *— di Dio*, calamità.
casting *(ingl.)* [pr. *kàstin*] *s.m.invar. (cine., teat., tv)* selezione degli attori e distribuzione delle parti.
ca|sti|tà *s.f.* astensione dall'attività sessuale, spec. per motivi religiosi: *voto di —* | *(estens.)* illibatezza, verginità.
cà|sto *agg.* **1** che si astiene dai rapporti sessuali per rispetto di una norma morale o religiosa **2** *(estens.)* innocente, puro **3** *(fig.)* sobrio, semplice: *stile —* □ **castamente** *avv.*
ca|stó|ne *s.m.* in un gioiello, spazio cavo in cui si incassa la pietra preziosa.
ca|sto|rì|no *s.m.* **1** pelliccia di nutria simile a quella del castoro, ma meno folta **2** tessuto peloso di lana a fili grossi.
ca|stò|ro *s.m.* **1** mammifero roditore dotato di grossi incisivi e larga coda a spatola, che vive lungo i corsi d'acqua dell'America e dell'Europa del nord; ha una pelliccia assai pregiata di colore marrone scuro, folta e molto morbida **2** *(estens.)* la pelliccia di tale animale | il pelo di tale animale usato per la fabbricazione di feltri **3** tessuto pesante di lana usato per abiti e cappotti da uomo.
ca|strà|re *v.tr.* **1** asportare gli organi genitali di un animale o di una persona o renderli inefficienti alla riproduzione **2** *(fig.)* reprimere le potenzialità e i desideri di qlcu.
ca|strà|to *part.pass.* di castrare ♦ *agg.* **1** che è stato privato della possibilità di riprodursi **2** *(fig., volg.)* detto di uomo senza carattere, effeminato ♦ *s.m.* **1** agnello castrato | la carne che se ne ricava **2** *(st.)* cantante di sesso maschile che veniva castrato prima della pubertà perché potesse avere una voce molto acuta.
ca|stra|zió|ne *s.f.* operazione con cui si asportano o si rendono inefficienti gli organi genitali.
ca|strèn|se *agg.* relativo a un accampamento militare | *vescovo —*, il superiore dei cappellani militari.
ca|stro|ne|rì|a *s.f. (pop.)* sciocchezza, scemenza.
casual *(ingl.)* [pr. *kèjual*] *agg., s.m.invar.* detto di abbigliamento informale e sportivo, adatto in ogni occasione ♦ *avv.* in maniera disinvolta: *vestire —*.
ca|su|à|le *agg.* che si deve al caso, che accade

per caso | accidentale, fortuito □ **casualmente** avv. per caso.
ca|sua|li|tà s.f. **1** caratteristica di ciò che è casuale: la — di un incontro **2** evento casuale.
ca|su|à|rio s.m. grosso uccello corridore australiano, con piumaggio nero, lunghe zampe a tre dita, collo senza piume dotato di barbigli viola, rossi e blu, e una caratteristica protuberanza cornea sulla testa.
cà|su|la s.f. (lit.) pianeta a forma di largo mantello con un'unica apertura centrale da cui far passare la testa.
ca|sù|po|la s.f. casa piccola e modesta.
cà|sus bèl|li (lat.) loc.sost.m. **1** evento o pretesto che fa scoppiare una guerra **2** (fig.) motivo di contrasto che scatena un litigio.
cata- primo elemento di parole composte che significa "giù", "in basso", o "relativo a", "simile a" (catabolico, catapulta).
ca|ta|bò|li|co agg. [m.pl. -ci] (biol.) relativo al catabolismo: processo —.
ca|ta|bo|li|smo s.m. (biol.) in un organismo, processo di degradazione dei composti organici con conseguente formazione di sostanze residue.
ca|ta|cla|si s.f. (geol.) fratturazione di origine metamorfica delle rocce.
ca|ta|clì|sma s.m. [pl. -i] **1** catastrofe naturale **2** (fig.) grave capovolgimento sociale, politico o economico.
ca|ta|còm|ba s.f. **1** (archeol.) galleria o complesso di gallerie sotterranee dove i primi cristiani davano sepoltura ai defunti e celebravano segretamente i loro riti **2** (fig.) ambiente buio e soffocante.
ca|ta|com|bà|le agg. da catacomba.
ca|ta|crè|si o **catàcresi** s.f. uso metaforico di una parola con cui si designa ql.co. che nella lingua non ha un nome specifico (p.e. i denti del pettine).
ca|ta|fàl|co s.m. [pl. -chi] **1** palco coperto da un drappeggio nero su cui si colloca il feretro durante la cerimonia funebre **2** (fig., scherz.) struttura molto ingombrante.
ca|ta|fà|scio solo nella loc. a —, sottosopra | andare a —, andare in rovina.
ca|ta|fo|re|si s.f. (fis.) **1** spostamento delle particelle colloidali di carica positiva verso il catodo per azione di un campo elettrico **2** ionoforesi.
ca|ta|là|no agg. della Catalogna, regione spagnola ♦ s.m. **1** [f. -a] nativo o abitante della Catalogna **2** lingua parlata in Catalogna.
ca|ta|lès|si o **catalessìa** s.f. (med.) condizione di immobilità o rigidità muscolare che si riscontra nella schizofrenia o in altre malattie nervose e mentali; può anche essere indotta da ipnosi.
ca|ta|lèt|ti|co agg. [m.pl. -ci] (med.) proprio della catalessi.
ca|ta|lèt|to s.m. feretro, bara.
ca|ta|li|si s.f. (chim., fis.) fenomeno per cui un catalizzatore, pur restando inalterato, influenza la velocità di una reazione.
ca|ta|li|ti|co agg. [m.pl. -ci] **1** (chim., fis.) relativo alla catalisi **2** munito di catalizzatore: marmitta catalitica.
ca|ta|liz|zà|re v.tr. **1** (chim., fis.) produrre una catalisi **2** (fig.) velocizzare un processo | polarizzare, attirare: — le forze.
ca|ta|liz|zà|to part.pass. di catalizzare ♦ agg. si dice di automobile che ha la marmitta catalitica.
ca|ta|liz|za|tó|re agg., s.m. [f. -trice] **1** (chim., fis.) detto di sostanza che provoca una catalisi **2** (fig.) detto di ciò che velocizza un processo o polarizza l'interesse.
ca|ta|lo|gà|bi|le agg. che può essere catalogato.
ca|ta|lo|gà|re v.tr. [indic.pres. io catàlogo, tu catàloghi...] **1** registrare, ordinare in un catalogo: — i libri appena arrivati **2** (estens.) enumerare in base a un determinato ordine: — le regole da rispettare **3** (fig.) classificare in modo sommario; etichettare: — qlcu. come un criminale.
ca|ta|lo|ga|tó|re agg., s.m. [f. -trice] che, chi cataloga.
ca|ta|lo|ga|zió|ne s.f. compilazione di un catalogo, spec. dei libri di una biblioteca.
ca|tà|lo|go s.m. [pl. -ghi] elenco sistematico di oggetti dello stesso genere, gener. con aggiunta di dati e informazioni a essi relativi | (estens.) schedario o registro che contiene tale elenco: — dei libri antichi; il — di una collezione.
ca|ta|ma|rà|no s.m. **1** imbarcazione primitiva fatta con tronchi di albero legati assieme **2** imbarcazione sportiva a vela con due scafi collegati da un ponte.
ca|ta|péc|chia s.f. casa misera, decadente e squallida.
ca|ta|plà|sma s.m. [pl. -i] **1** un tempo, preparazione medicamentosa costituita da sostanze emollienti **2** (scherz.) persona noiosa che parla sempre dei suoi acciacchi.
ca|ta|pùl|ta s.f. **1** antica macchina da guerra usata per scagliare pietre e frecce, costituita da un organo di lancio simile a un grosso cucchiaio montato su una piattaforma mobile **2** (aer.) apparecchiatura collocata sulle portaerei che imprime agli aeroplani la velocità necessaria per decollare.
ca|ta|pul|tà|re v.tr. **1** scagliare con la catapulta **2** (estens.) lanciare con forza, scaraventare ♦ **-rsi** rifl. gettarsi con violenza.
ca|ta|rà|tta s.f. → **cateratta**.
ca|ta|ri|fran|gèn|te agg. che riflette la luce nella stessa direzione da cui è colpito ♦ s.m. dispositivo di vetro o plastica applicato a veicoli e ostacoli lungo le strade per segnalarli al buio.
ca|ta|ri|fran|gèn|za s.f. (fis.) fenomeno per cui una superficie speculare riflette e rifrange il raggio luminoso che la colpisce.
ca|ta|rì|smo s.m. nel Medioevo, dottrina eretica dei catari, basata su un intransigente ascetismo e sull'opposizione radicale tra bene e male: eresia catara ♦ s.m. [f. -a] seguace del catarismo.
ca|tar|rà|le agg. (med.) di catarro, provocato e caratterizzato da catarro: affezione —.
ca|tàr|ro s.m. (med.) secrezione delle mucose,

catarroso spec. delle vie respiratorie, in seguito a fenomeni infiammatori: — *bronchiale*.
ca|tar|ró|so *agg., s.m.* **1** che manifesta la presenza di catarro: *tosse catarrosa* **2** che è affetto da catarro.
ca|tàr|si *s.f.* **1** (*filos.*) nell'estetica di Aristotele, purificazione dalle passioni e rasserenamento prodotti dall'arte, spec. dalla tragedia | (*estens.*) redenzione, liberazione **2** (*psicoan.*) liberazione da conflitti interiori attraverso la rievocazione delle esperienze traumatiche che li hanno causati: — *verbale*.
ca|tàr|ti|co *agg.* [m.pl. *-ci*] **1** della catarsi; purificatorio: *rito* — **2** (*psicoan.*) *metodo* —, terapia che si fonda sulla catarsi.
ca|tà|sta *s.f.* mucchio di oggetti sovrapposti alla rinfusa: *una* — *di legna*.
ca|ta|stà|le *agg.* relativo al catasto: *imposta* —.
ca|tà|sto *s.m.* **1** inventario che registra, a scopi fiscali, le proprietà immobiliari esistenti in un comune o in una provincia: — *fondiario* **2** ufficio che conserva tale inventario.
ca|tà|stro|fe *s.f.* **1** disastro improvviso; sciagura gravissima, calamità: — *naturale* **2** nella tragedia classica, l'avvenimento luttuoso che conclude la vicenda.
ca|ta|strò|fi|co *agg.* [m.pl. *-ci*] **1** che causa o costituisce una catastrofe: *inondazione catastrofica* | che annuncia una catastrofe: *previsione catastrofica* **2** (*estens.*) estremamente pessimista: *non essere così* —! □ **catastroficamente** *avv.*
ca|ta|stro|fi|smo *s.m.* **1** (*geol.*) teoria in base alla quale le trasformazioni geologiche e l'evoluzione degli organismi viventi sono da attribuire a catastrofi naturali **2** tendenza a fare previsioni catastrofiche.
ca|ta|to|ni|a *s.f.* (*psich.*) patologia che presenta mutismo, immobilità o, viceversa, iperattività.
ca|ta|tò|ni|co *agg.* [m.pl. *-ci*] (*psich.*) **1** relativo alla catatonia **2** affetto da catatonia ♦ *s.m.* [f. *-a*] chi è affetto da catatonia.
catch (*ingl.*) [pr. kèč] *s.m.invar.* lotta libera americana in cui tutti i tipi di colpi sono ammessi.
catcher (*ingl.*) [pr. kècer] *s.m.invar.* (*baseball*) il ricevitore.
ca|te|chè|si *s.f.* insegnamento dei principi fondamentali del cristianesimo.
ca|te|chi|smo *s.m.* **1** insieme dei principi fondamentali della religione cristiana **2** insegnamento di tali principi | il testo che li contiene **3** (*estens.*) principi fondamentali di una dottrina, p.e. politica.
ca|te|chi|sta *s.m./f.* [m.pl. *-i*] (*relig.*) persona che insegna il catechismo.
ca|te|chi|sti|co *agg.* [m.pl. *-ci*] **1** che riguarda il catechismo **2** (*estens.*) detto di insegnamento dogmatico, basato sulla ripetizione di formule fisse.
ca|te|chiz|zà|re *v.tr.* **1** istruire nel catechismo **2** (*estens.*) cercare di persuadere; indottrinare.
ca|te|cù|me|no *s.m.* [f. *-a*] chi riceve l'istruzione cristiana per essere battezzato.

ca|te|go|rì|a *s.f.* **1** insieme di persone o cose con caratteristiche comuni: — *dei medici*; — *di problemi* | gruppo sociale | (*ling.*) **categorie grammaticali**, classi in cui si distribuiscono le varie parti del discorso **2** gruppo di cose con lo stesso livello di qualità: *albergo di prima* — **3** livello professionale **4** (*sport*) raggruppamento di atleti secondo le prestazioni, l'età o altro **5** (*filos.*) ciascuna delle classi concettuali nelle quali si ordinano le idee.
ca|te|go|ri|ci|tà *s.f.invar.* l'essere categorico, assoluto: *la* — *di un'affermazione*.
ca|te|gò|ri|co *agg.* [m.pl. *-ci*] che non ammette alternative o discussioni: *tono* —| (*estens.*) preciso, deciso: *un ordine* — □ **categoricamente** *avv.* in modo perentorio: *asserire* —.
ca|te|go|riz|zà|re *v.tr.* (*lett.*) ordinare per categorie.
ca|té|na *s.f.* **1** serie di anelli, spec. di metallo, collegati tra loro; è usata per legare, come strumento di trazione o trasmissione oppure come ornamento: *la* — *del cane*; *la* — *della bicicletta*; *la* — *dell'orologio* | (*auto.*) *catene da neve*, insieme di catenelle che si montano sugli pneumatici per aumentarne l'aderenza su ghiaccio e neve **2** (*anche fig.*) successione di cose o fatti: — *di montagne*; — *di disgrazie* | (*ecol.*) — *alimentare*, successione di organismi in cui ciascuno si nutre del precedente e costituisce il nutrimento del successivo | (*tecn.*) — *di montaggio*, metodo di produzione industriale che prevede la ripetizione di gesti identici da parte degli operai; (*estens.*) lavoro ripetitivo | — *di negozi*, serie di esercizi commerciali aventi la stessa proprietà | *reazione a* —, serie di eventi connessi tra loro, ognuno dei quali ha origine dal precedente **3** (*fig.*) legame, costrizione: *le catene dell'amore* | *spezzare le catene*, riconquistare la propria libertà **4** (*edil.*) asta orizzontale che sostiene volte o archi **5** (*chim.*) insieme di atomi legati fra loro in una molecola **6** (*inform.*) serie continua di dati connessi tra loro.
ca|te|nàc|cio *s.m.* **1** chiavistello: *mettere il* — **2** (*scherz.*) vecchia auto malridotta **3** (*sport*) nel calcio, tattica esageratamente difensiva: *fare il* — **4** (*giorn.*) dicitura sotto il titolo di un articolo che ne evidenzia un particolare.
ca|te|nèl|la *s.f.* **1** catenina **2** le maglie iniziali del lavoro a uncinetto | *punto a* —, punto di ricamo che crea un intreccio a catena.
ca|te|nì|na *s.f.* catena sottile di metallo prezioso, spec. oro, da portare al collo.
ca|te|ràt|ta o **cataràtta** *s.f.* **1** serie di gradini che provocano piccole cascate nel corso di un fiume **2** sbarramento che regola il decorso dell'acqua **3** (*med., più com.* cataratta) opacizzazione del cristallino dell'occhio.
catering (*ingl.*) [pr. kàterin] *s.m.invar.* servizio di rifornimento alimentare fornito da aziende specializzate a comunità, alberghi, aerei, treni, navi ecc.
caterpillar® (*ingl.*) [pr. katerpillar] *s.m.invar.*

autoveicolo cingolato impiegato per lavori stradali o in edilizia.
ca|tèr|va *s.f.* moltitudine di persone: *una — di gente* | grande quantità disordinata di cose.
ca|tè|te|re o **catetère** *s.m.* (*med.*) sottile tubo flessibile che si introduce in una cavità dell'organismo a scopo terapeutico o diagnostico.
ca|te|te|ri|smo *s.m.* (*med.*) introduzione del catetere in una cavità dell'organismo: *— vescicale.*
ca|te|te|riz|zà|re *v.tr.* (*med.*) trattare un paziente con un catetere.
ca|tè|to *s.m.* (*geom.*) nel triangolo rettangolo, ciascuno dei due lati che formano l'angolo retto.
catgut (*ingl.*) [pr. *kètgat*] s.*m.invar.* (*med.*) filo di origine animale utilizzato per le suture profonde.
ca|ti|li|nà|ria *s.f.* ciascuna delle quattro orazioni pronunciate contro Catilina da Cicerone | (*estens.*) invettiva violenta, discorso minaccioso.
ca|ti|nèl|la *s.f.* piccolo catino; bacinella | *a catinelle*, a dirotto: *piovere a catinelle.*
ca|tì|no *s.m.* recipiente circolare, basso e largo, usato per lavarsi o per lavare stoviglie, indumenti; bacile.
ca|tió|ne *s.m.* (*chim., fis.*) ione di carica positiva che, durante l'elettrolisi, si sposta verso il catodo.
ca|to|di|co *agg.* [m.pl. *-ci*] (*fis.*) relativo al catodo | *raggi catodici*, fasci di elettroni emessi dal catodo in un tubo a gas rarefatto | *tubo —*, nel televisore e in altri apparecchi, parte in cui vengono emessi raggi catodici.
cà|to|do *s.m.* (*fis.*) in un apparecchio elettrico o elettronico, elettrodo negativo che raccoglie cariche elettriche positive.
ca|to|nià|no *agg.* relativo a Catone il Censore, noto nell'antica Roma per la sua severità | (*estens.*) austero, intransigente.
ca|tòr|cio *s.m.* (*fig., fam.*) oggetto in pessime condizioni, malridotto: *la mia auto è un vecchio —.*
ca|tòt|tri|ca *s.f.* parte dell'ottica che si occupa dei fenomeni di riflessione della luce.
ca|tra|mà|re *v.tr.* ricoprire, impermeabilizzare con catrame: *— una strada.*
ca|tra|ma|trì|ce *s.f.* (*tecn.*) macchina per catramare una superficie stradale.
ca|tra|ma|tù|ra *s.f.* applicazione di catrame su una superficie.
ca|trà|me *s.m.* sostanza nera, densa, vischiosa, prodotta dalla distillazione a secco di legna o combustibili fossili; usata per impermeabilizzare le pavimentazioni stradali e come materia prima per produrre oli combustibili.
ca|tra|mó|so *agg.* contenente catrame | simile al catrame.
càt|te|dra *s.f.* 1 nelle scuole e università, scrivania o tavolo dell'insegnante, gener. su una predella | (*fig.*) *montare*, *salire in —*, acquisire un tono autorevole, saccente 2 (*fig.*) insegnamento di una disciplina | posto del professore di ruolo: *concorso a cattedre* 3 trono con baldacchino del Papa o dei vescovi durante le funzioni | (*fig.*) *la Cattedra di Pietro*, l'autorità del Papa.

cat|te|drà|le *agg.* che appartiene a una sede vescovile ♦ *s.f.* chiesa principale della diocesi, sede della cattedra del vescovo | (*fig.*) *— nel deserto*, grande opera improduttiva perché costruita in una zona senza le necessarie infrastrutture.
cat|te|drà|ti|co *agg.* [m.pl. *-ci*] 1 relativo a chi occupa una cattedra universitaria 2 (*fig.*) presuntuoso, saccente: *contegno —* ♦ *s.m.* [f. *-a*] titolare di una cattedra universitaria □ **cattedraticamente** *avv.* in modo pedante.
cat|ti|và|re *v.tr.* accattivare, conquistare: *cattivarsi la simpatia di qlcu.*
cat|ti|vè|ria *s.f.* 1 disposizione al male; l'essere malvagio 2 frase o azione cattiva: *dire una — gratuita.*
cat|ti|vi|tà *s.f.* 1 (*lett.*) prigionia, schiavitù | *— babilonese*, periodo della deportazione degli Ebrei a Babilonia (597-538 a.C.) 2 condizione degli animali che vivono in gabbia o lontano dal loro ambiente naturale.
cat|tì|vo *agg.* [compar. *più cattivo* o *peggiore*; superl. *cattivissimo* o *pessimo*] 1 moralmente riprovevole: *un — pensiero* | predisposto al male; malvagio: *uomo —* 2 indisciplinato, disubbidiente: *— studente* | (*di animale*) feroce 3 scortese; ostile verso gli altri: *— comportamento*; *— umore* | *cattive maniere*, modi maleducati | *con le buone o con le cattive*, con ogni mezzo 4 di qualità scadente: *stoffa cattiva* | *cattiva imitazione di ql.co.*, volgare, grossolana 5 (*di persona*) che non è capace di fare ql.co, inefficiente: *un — sarto* | (*di cosa*) difettoso: *un — udito* | *in — stato*, malmesso 6 brutto, spiacevole: *tempo —; — odore* | (*fig.*) negativo; sfavorevole: *cattiva sorte*; *avere un — giudizio su ql.co.* | infausto: *— presagio* | *navigare in cattive acque*, essere in una situazione difficile, spec. dal punto di vista economico 7 dannoso, inopportuno: *un — consiglio* ♦ *s.m.* 1 [f. *-a*] persona perfida, disonesta, malvagia 2 la parte cattiva di ql.co. 3 odore o sapore sgradevole.
cat|to|co|mu|nì|sta *s.m./f.* [m.pl. *-i*] (*polit.*) cattolico che aderisce ai partiti e ai movimenti di sinistra.
cat|to|li|cè|si|mo *s.m.* 1 religione e dottrina cristiana che considera il Papa vicario di Cristo e capo della Chiesa universale 2 insieme di coloro che professano tale fede.
cat|to|li|ci|tà *s.f.* 1 universalità della Chiesa cattolica: *la — della Chiesa apostolica romana* 2 l'insieme di tutti i cattolici 3 conformità alla dottrina del cattolicesimo.
cat|tò|li|co *agg.* [m.pl. *-ci*] 1 della Chiesa cristiana di Roma, il cui insegnamento si basa sui principi di universalità: *Chiesa cattolica* 2 che si ispira ai principi della Chiesa cristiana: *fede, religione cattolica* ♦ *s.m.* [f. *-a*] che, chi professa il cattolicesimo □ **cattolicamente** *avv.* secondo il cattolicesimo.
cat|tù|ra *s.f.* 1 l'arrestare qlcu. o il catturare un animale | *ordine di —*, oggi, custodia cautelare 2 (*geogr.*) fenomeno per cui un corso d'acqua, a causa dell'erosione, ingloba le acque di un altro fiume o torrente 3 (*astr.*) fenomeno per cui un

catturare

corpo celeste ne attrae uno più piccolo rendendolo suo satellite 4 (*fis.*) fenomeno per cui un sistema atomico acquisisce una nuova particella.
cat|tu|rà|re *v.tr.* 1 imprigionare, arrestare: — *un evaso, un soldato nemico* 2 prendere vivo un animale 3 (*fig.*) attirare, conquistare: — *la simpatia di qlcu.* 4 (*geog.*) detto di fiume, aumentare il proprio bacino mediante la cattura delle acque di un fiume vicino.
cau|cà|si|co *agg.* [m.pl. *-ci*] della Caucasia, del Caucaso: *catena caucasica* | relativo al gruppo di lingue parlate nella regione del Caucaso ♦ *s.m.* [f. *-a*] chi abita o è nato nella Caucasia.
cauc|ciù *s.m.* gomma elastica naturale contenuta nel latice di alcune piante equatoriali.
cau|dà|le *agg.* della coda: *pinna* —.
cau|dà|to *agg.* 1 (*anat.*) dotato di coda 2 (*lett.*) *sonetto* —, che ha uno o più versi in aggiunta ai quattordici normali.
caudillo (*sp.*) [pr. *kaudìglio*] *s.m.* [pl. *-os*] in Spagna e nei paesi dell'America latina, capo militare che diventa capo di Stato.
cau|dì|no *agg.* di Caudio, antica città sannita dove i Romani furono sconfitti e obbligati a passare sotto un giogo | (*fig.*) *passare sotto le forche caudine*, subire una grave umiliazione.
càu|le *s.m.* (*bot.*) fusto delle piante erbacee.
càu|sa *s.f.* 1 ciò che produce una conseguenza, ciò che dà origine a ql.co.; ragione: *la — del disastro* | (*gramm.*) *complemento di* —, indica la causa per cui si verifica ql.co. (p.e. *piange per la disperazione*) | (*gramm.*) *complemento di — efficiente*, indica la cosa da cui è compiuta l'azione espressa da un verbo passivo (p.e. *la casa è invasa dall'acqua*) 2 (*fig.*) obiettivo, ideale per cui ci si adopera: *sposare una* — | *combattere per una giusta* —, impegnarsi in ql.co. 3 (*dir.*) controversia giudiziaria, processo: — *civile* | *fare* —, compiere i passi necessari per aprire un processo | *essere parte in* —, parte contendente; (*fig.*) essere direttamente interessato.
cau|sà|le *agg.* che costituisce o indica una causa di ql.co.: *rapporto* — | (*gramm.*) *congiunzióne* —, introduce la proposizione causale (p.e. *perché, poiché, siccome*) | *proposizione* —, subordinata che indica la causa per cui avviene l'azione della reggente (p.e. *me ne vado perché sono stanco*) ♦ *s.f.* 1 (*bur.*) causa, motivo: *indicare la — del pagamento* 2 (*gramm.*) proposizione causale □ **causalmente** *avv.* per effetto di una causa, in modo causale.
cau|sa|li|tà *s.f.* relazione tra la causa e l'effetto.
cau|sà|re *v.tr.* [indic.pres. *io càuso...*] provocare, far succedere ql.co.: *il maltempo ha causato danni.*
cau|sa|tì|vo *agg.* che è causa di ql.co. ♦ *s.m.* (*gramm.*) verbo che indica un'azione causata dal soggetto, ma non compiuta da esso (p.e. *svegliare*).
cau|sì|di|co *s.m.* [pl. *-ci*] 1 nell'antichità, chi rappresentava in giudizio le parti avverse senza essere avvocato 2 (*spreg.*) avvocato senza valore.
cau|sti|ca|zió|ne *s.f.* (*med.*) eliminazione di verruche, porri e sim. mediante sostanze chimiche; cauterizzazione.
cau|sti|ci|tà *s.f.* 1 caratteristica delle sostanze caustiche 2 (*fig.*) stile sarcastico, mordace: *la — di una frase.*
càu|sti|co *agg.* [m.pl. *-ci*] 1 (*farm., med.*) detto di sostanza che corrode i tessuti organici 2 (*fig.*) graffiante, pungente: *discorso* — □ **causticamente** *avv.*
cau|tè|la *s.f.* prudenza, circospezione: *parlare con* — | precauzione: *procedere con* —.
cau|te|là|re[1] *agg.* che ha lo scopo di proteggere, tutelare: *misura* — □ **cautelarmente** *avv.* a scopo precauzionale.
cau|te|là|re[2] *v.tr.* [indic.pres. *io cautèlo...*] prendere le necessarie precauzioni per proteggere o difendere ql.co. o qlcu.: — *il proprio patrimonio* ♦ **-rsi** *rifl.* difendersi di ql.co. prendendo delle precauzioni: — *contro il furto.*
cau|te|la|tì|vo *agg.* che previene o garantisce ql.co. □ **cautelativamente** *avv.*
cau|tè|rio *s.m.* (*med.*) strumento adoperato per bruciare porri, verruche e sim.
cau|te|riz|zà|re *v.tr.* (*med.*) eseguire una cauterizzazione.
cau|te|riz|za|zió|ne *s.f.* (*med.*) bruciatura di verruche o altri tessuti malati mediante un cauterio o con sostanze caustiche.
càu|to *agg.* 1 che si comporta con prudenza: *essere* — *nelle spese* 2 che possiede accortezza: *un carattere* — □ **cautamente** *avv.*
cau|zio|nà|le *agg.* (*dir.*) relativo alla cauzione; che funge da cauzione: *denaro* —.
cau|zio|nà|re *v.tr.* [indic.pres. *io cauzióno...*] tutelare ql.co. con una cauzione ♦ *intr.* [aus. *A*] pagare una cauzione.
cau|zió|ne *s.f.* (*dir.*) deposito di denaro a garanzia dell'adempimento di un obbligo | *libertà dietro* —, libertà provvisoria concessa in cambio di denaro | (*estens.*) somma o beni depositati.
cà|va *s.f.* scavo a cielo aperto per l'estrazione di materiali rocciosi o torba: — *di pietra.*
ca|va|dèn|ti *s.m./f.* chi un tempo estraeva i denti | (*spreg.*) dentista di poco valore.
ca|val|cà|re *v.tr.* [indic.pres. *io cavàlco, tu cavàlchi...*] 1 montare un cavallo o un altro animale | (*estens.*) stare a cavalcioni su ql.co. | (*fig.*) — *la tigre*, cercare di controllare una situazione complessa | (*giorn., polit.*) sostenere le proteste popolari per ottenere consenso 2 (*estens.*) traversare passando sopra: *il viadotto cavalca l'autostrada* ♦ *intr.* [aus. *A*] andare a cavallo.
ca|val|cà|ta *s.f.* il cavalcare; passeggiata a cavallo: *fare una — nei prati.*
ca|val|ca|tù|ra *s.f.* cavallo o altro animale che si cavalca.
ca|val|ca|vì|a *s.m.invar.* ponte che passa sopra una strada o una linea ferroviaria.
ca|val|ció|ni *solo nella loc.* **a** —, nella posizione di chi va a cavallo: *sedere a — su una panca.*
ca|va|lie|rà|to *s.m.* grado di cavaliere.
ca|va|liè|re *s.m.* 1 chi va a cavallo 2 soldato a cavallo | guerriero medievale a cavallo | — *erran-*

te, nei poemi cavallereschi, chi vagava affrontando qualsiasi pericolo pur di soccorrere le donne e gli oppressi **3** chi accompagna una donna, spec. ai balli | *(fig.)* chi agisce con cortesia; gentiluomo | — *servente*, chi serviva con galanteria la dama **4** grado inferiore a quello di nobile | *(estens.)* chi appartiene a un ordine cavalleresco o riceve un'onoreficenza cavalleresca: *ricevere l'investitura di* — | — *del lavoro*, titolo conferito dallo Stato a chi si è distinto per meriti in campo economico **5** — *d'Italia*, uccello palustre dal piumaggio bianco e nero, con zampe molto lunghe e becco sottile.

ca|val|leg|gè|ro *s.m.* **1** *(ant.)* soldato a cavallo dotato di un'armatura limitata **2** soldato appartenente alla cavalleria degli eserciti moderni.

ca|val|le|ré|sco *agg.* [m.pl. -*schi*] **1** della cavalleria medievale | *letteratura cavalleresca*, che si ispira alle imprese dei cavalieri medievali **2** di cavaliere: *dignità cavalleresca* **3** da cavaliere | *(fig.)* leale, generoso: *animo* —, *modi cavallereschi* □ **cavallerescamente** *avv.*

ca|val|le|rì|a *s.f.* **1** *(st.)* milizia a cavallo | *(mil.)* arma dell'esercito moderno motocorazzata: *brigata di* — **2** *(st.)* istituzione medievale sorta per la difesa della cristianità, delle donne e dei deboli: *ordine di* — **3** *(fig.)* coraggio, generosità, lealtà **4** cortesia, gentilezza nei confronti di una donna.

ca|val|le|riz|za *s.f.* **1** equitazione; arte di ammaestrare i cavalli **2** maneggio.

ca|val|le|riz|zo *s.m.* [f. -*a*] **1** chi cavalca con particolare abilità | chi si esibisce in esercizi equestri, spec. nei circhi **2** maestro di equitazione; chi ammaestra i cavalli.

ca|val|lét|ta *s.f.* **1** nome comune di molte specie di insetti saltatori che a sciami sono nocivi per le coltivazioni **2** *(fig.)* persona invadente, insaziabile.

ca|val|lét|to *s.m.* **1** sostegno per piani di lavoro composto da due elementi a forma di V rovesciata | treppiede: — *da pittore* **2** struttura che regge i fili di sciovie e funivie.

ca|val|lì|na *s.f.* **1** cavalla giovane | *(fig.) correre la* —, condurre una vita dissoluta, spensierata **2** *(sport)* nella ginnastica, attrezzo per salto e volteggio **3** gioco consistente nel saltare a gambe divaricate un compagno chinato in avanti, dopo aver appoggiato le mani sulla sua schiena.

ca|val|lì|no *agg.* **1** da cavallo, che somiglia al cavallo: *dentatura cavallina* **2** *mosca cavallina*, che si nutre del sangue di equini, bovini e altri animali.

ca|vàl|lo *s.m.* **1** grosso mammifero erbivoro domestico con testa allungata, collo robusto ornato di criniera, zampe lunghe e sottili fornite di un solo dito rivestito da uno zoccolo corneo; è usato come cavalcatura o animale da tiro: — *da sella; montare a* — | *a* — *di ql.co.*, a cavalcioni; *(fig.)* tra: *a* — *di due secoli*, tra la fine di un secolo e l'inizio del successivo | *(fig.) dose da* —, medicinale, dose eccessiva | *(fig.) febbre da* —, molto alta | — *a dondolo*, giocattolo costituito da un cavallino di legno o plastica attaccato a due assicelle ricurve che gli consentono di oscillare | *(fig.)* — *di battaglia*, parte od opera in cui un artista offre la prova migliore; *(estens.)* attività o materia in cui si è particolarmente abili | *(fig.)* — *di razza*, persona che possiede grandi qualità nel settore in cui lavora | *(fig.)* — *di ritorno*, notizia che torna nel luogo da cui è stata divulgata | — *di Troia*, cavallo di legno con cui i Greci entrarono nella città di Troia; *(estens.)* tranello | — *fiscale*, grandezza per la valutazione fiscale della potenza del motore dei veicoli | *(fig.) essere a* —, essere vicini all'obiettivo che si vuole raggiungere **2** *(mil.)* — *di Frisia*, cavalletto avvolto da filo spinato per sbarrare strade e sim. **3** *(sport)* attrezzo ginnico per volteggi **4** negli scacchi, il pezzo a forma di testa di cavallo | nelle carte italiane, l'uomo a cavallo **5** *(fis.)* — *vapore*, unità di misura pratica della potenza di un motore **6** punto da cui si biforcano le gambe dei pantaloni e sim.

ca|val|ló|na *s.f.* donna alta, robusta, priva di armonia.

ca|val|ló|ne *s.m.* grossa onda marina.

ca|val|lòt|to *s.m. (tecn.)* congegno metallico simile a una U rovesciata usato come connettore.

ca|val|lùc|cio *s.m.* **1** piccolo cavallo | cavallo a dondolo per bambini | *a* —, stare sulle spalle di qlcu., con le gambe a cavalcioni del collo **2** — *marino*, ippocampo **3** *(spec. pl.)* biscotto al miele tipico di Siena.

ca|va|piè|tre *s.m.invar.* chi è impiegato nelle cave.

ca|và|re *v.tr.* **1** estrarre; estirpare: — *il marmo*; — *un dente* | *(fig.) ti caverei gli occhi*, espressione violenta che manifesta una forte arrabbiatura **2** ottenere: — *una promessa* | *(fig.) non* — *una parola di bocca a qlcu.*, non riuscire a ottenere la risposta o l'informazione desiderata **3** togliersi ql.co. di dosso: *cavarsi le scarpe* **4** soddisfare un'esigenza: *cavarsi un desiderio* | *(fig.) cavarsela*, superare una situazione difficile senza grosse conseguenze ♦ **-rsi** *rifl.* togliersi da ql.co.: — *dal gruppo*.

ca|và|ta *s.f.* **1** l'estrarre **2** *(mus.)* qualità e quantità del suono tratto da uno strumento ad arco o a fiato: — *robusta*.

ca|va|tàp|pi *s.m.* utensile con punta a spirale per sturare le bottiglie.

ca|va|tì|na *s.f. (mus.)* nell'opera, aria in una o due parti che introduce un personaggio.

ca|va|tó|re *s.m.* [f. -*trice*] operaio impiegato negli scavi.

ca|va|tu|ràc|cio|li *s.m.invar.* cavatappi.

ca|va|zió|ne *s.f. (sport)* nella scherma, il movimento con cui lo schermitore libera la sua lama da quella del rivale.

cà|ve|a *s.f. (archeol.)* nel teatro classico, il complesso delle gradinate per il pubblico.

caveau *(fr.)* [pr. kavò] *s.m.invar.* in una banca, luogo in cui si custodiscono i valori.

ca|vè|dio *s.m.* **1** cortile interno delle antiche case romane **2** negli edifici moderni, cortile di pic-

cole dimensioni che serve a dare aria e luce a locali secondari (scale, servizi e sim.).
ca|vèr|na *s.f.* **1** grande cavità sotterranea naturale o artificiale **2** (*estens.*) buco enorme | (*fig.*) casa buia e sudicia: *quella casa è una* — **3** (*med.*) cavità che si crea in un organo, spec. nel polmone e nel fegato, in seguito a un processo morboso.
ca|ver|ni|co|lo *agg.*, *s.m.* [f. -a] che, chi abitava nelle caverne | (*fig.*) incivile.
ca|ver|no|si|tà *s.f.* parte vuota di ql.co.
ca|ver|nó|so *agg.* **1** che possiede caverne **2** simile a una caverna: *luogo* — **3** (*anat.*) di organo o tessuto, caratterizzato da cavità **4** (*fig.*) roco, cupo: *tosse cavernosa*.
ca|vét|to *s.m.* (*elettr.*) piccolo cavo usato per collegamenti telefonici o negli impianti elettrici.
ca|véz|za *s.f.* fune o correggia con cui si lega per la testa un cavallo o un altro animale | (*fig.*) *prendere qlcu. per la* —, obbligare qlcu. a fare ql.co.
cà|via *s.f.* **1** piccolo mammifero roditore usato per esperimenti di laboratorio **2** (*estens.*) animale o persona sottoposti a esperimenti scientifici | (*fig.*) *fare da* —, chi è disposto ad affrontare per primo un'impresa incerta o rischiosa.
ca|vià|le *s.m.* alimento pregiato costituito da uova di storione salate.
ca|vìc|chio *s.m.* **1** piolo in legno adoperato come chiodo **2** (*agr.*) arnese in legno a punta usato per forare il terreno da seminare **3** piolo di una scala in legno **4** (*mar.*) cuneo di legno per turare i buchi negli scafi.
ca|vì|glia *s.f.* **1** parte della gamba immediatamente sopra il piede **2** grossa vite di ferro o di legno; cavicchio **3** (*mar.*) impugnatura della ruota del timone **4** (*mar.*) piolo a cui si fissano i cavi.
ca|vi|glie|ra *s.f.* **1** fascia elastica protettiva delle caviglie **2** (*mar.*) rastrelliera per sostenere le caviglie collocata alla base degli alberi.
ca|vi|glie|re *s.m.* (*mus.*) parte terminale del manico degli strumenti a corda in cui sono fissati i bischeri.
ca|vil|là|re *v.intr.* [aus. *A*] ricorrere a cavilli; sottilizzare.
ca|vìl|lo *s.m.* ragionamento sottile e capzioso: — *forense* | clausola ingannevole, insidiosa: — *burocratico*.
ca|vil|lo|si|tà *s.f.* caratteristica di ciò che è cavilloso: — *di un argomento*.
ca|vil|ló|so *agg.* **1** detto di persona, che ricorre a cavilli **2** che si basa su cavilli, sottile e complicato: *ragionamento* — □ **cavillosamente** *avv.*
ca|vi|tà *s.f.* **1** parte cava di ql.co.: — *del tronco* **2** (*anat.*) spazio cavo all'interno del corpo umano o di un organo: — *toracica*.
cà|vo¹ *agg.* incavato, vuoto: *pietra cava* | (*anat.*) *vena cava*, ciascuna delle due vene che portano il sangue al cuore ♦ *s.m.* **1** incavatura: *il* — *della mano* **2** cavità anatomica: — *laringeo*.
cà|vo² *s.m.* **1** grossa fune di materiale vario: — *metallico*, *da rimorchio* **2** (*elettr.*) conduttore, spesso costituito da più fili isolati tra loro, rivestito di materiale isolante: — *telefonico*.
ca|vo|là|ia *s.f.* farfalla con ali bianche o giallastre punteggiate di nero, la cui larva si nutre delle foglie dei cavoli.
ca|vo|là|ta *s.f.* **1** pietanza di cavoli (*fig.*, *pop.*) sciocchezza, sbaglio: *ho fatto una* —.
ca|vo|lét|to o **cavolino** *s.m.* *spec.pl.* (*bot.*) *cavoletti*, *cavolini di Bruxelles*, piccoli germogli rotondi e commestibili del cavolo di Bruxelles.
ca|vol|fió|re *s.m.* varietà di cavolo con infiorescenza carnosa, gialliccia, commestibile.
cà|vo|lo *s.m.* **1** pianta con foglie larghe di cui si coltivano per uso alimentare numerose varietà: — *cappuccio* **2** (*coll.*) niente, nulla: *non me ne importa un* — | *col* —!, per niente | *testa di* —, imbecille, stupido **3** (*solo pl.*, *coll.*) affari, fatti personali: *pensare ai cavoli propri* ♦ *inter.* esprime meraviglia, ammirazione o rabbia.
caz|zà|re *v.tr.* (*mar.*) tendere un cavo | tendere una vela.
caz|zà|ta *s.f.* (*volg.*) stupidaggine, errore: *ho detto una* —.
caz|zeg|già|re *v.intr.* [indic.pres. *io cazzéggio*...; aus. *A*] (*volg.*) perdere tempo, non concludere nulla: *ho cazzeggiato tutto il pomeriggio*.
càz|zo *s.m.* (*volg.*) **1** pene **2** (*coll.*) nulla, niente: *non capisci un* —! | *testa di* —, stupido **3** (*solo pl.*, *coll.*) fatti, affari | *farsi i cazzi propri*, occuparsi dei propri problemi senza pensare a quelli altrui ♦ *inter.* esprime meraviglia, ammirazione o rabbia.
caz|zó|ne *s.m.* (*volg.*) individuo stupido, spesso anche superbo.
caz|zòt|to *s.m.* (*fam.*) colpo violento dato col pugno.
caz|zuò|la *s.f.* attrezzo del muratore a forma di grossa spatola triangolare, usato per stendere la malta.
CD *s.m.invar.* compact disc.
CD-ROM *s.m.invar.* (*inform.*) compact disc di sola lettura usato sui personal computer per immagazzinare i dati.
ce *pron.pers.* *di 1ª pers.pl.* [usato al posto del pron. *ci* come compl. di termine davanti ai pron. atoni *lo*, *la*, *li*, *le* e con la particella *ne*] a noi: — *diede*, *forniteceli* ♦ *avv.* [usato al posto dell'avv. *ci* davanti ai pron. atoni *lo*, *la*, *li*, *le* e con la particella *ne*] qui, lì; nel luogo di cui si parla: *non* — *ne sono*.
ce|càg|gi|ne *s.f.* **1** cecità, diminuzione della vista **2** (*fig.*) incapacità di comprendere e giudicare.
cec|chi|nàg|gio *s.m.* **1** azione dei cecchini **2** (*polit.*, *gerg.*) atto di disturbo svolto da un parlamentare che, segretamente, vota contro le direttive del proprio partito.
cec|chì|no *s.m.* **1** tiratore scelto che spara di sorpresa, stando appostato **2** (*fig.*, *polit.*) franco tiratore.
cé|ce *s.m.* **1** pianta erbacea con semi commestibili | il seme stesso: *farina di ceci* **2** (*estens.*) escrescenza che somiglia a tale seme.
ce|cè|no *agg.* dei ceceni; della Cecenia ♦ *s.m.* **1**

[f. -a] chi appartiene a una popolazione della Caucasia centrale | chi è nato o abita in Cecenia, repubblica autonoma russa 2 lingua parlata dai ceceni.

ce|ci|tà *s.f.* 1 (*med.*) mancanza della vista 2 (*fig.*) incapacità di giudizio: — *della mente.*

cè|co *agg.* [m.pl. *-chi*] della regione formata da Boemia, Moravia e parte della Slesia | della Repubblica Ceca ♦ *s.m.* 1 [f. *-a*] nativo, abitante della regione formata da Boemia, Moravia e parte della Slesia 2 lingua slava parlata in tale regione.

ce|co|slo|vàc|co *agg.*, *s.m.* [f. *-a*; m.pl. *-chi*] che, chi è relativo all'ex Cecoslovacchia.

cè|de|re *v.tr.* 1 rinunciare a ql.co. per darla ad altri: — *il biglietto d'invito* | (*fig.*) — *terreno*, retrocedere 2 vendere: — *i diritti d'autore* ♦ *intr.* [pass.rem. *io cedéi o cedètti, tu cedésti...*; part.pass. *cedùto*; aus. *A*] 1 non opporre più resistenza; arrendersi: — *ai nemici*; — *alla forza* 2 rassegnarsi: — *alle insistenze di qlcu.*; — *alla tentazione* 3 rompersi per lo sforzo o il peso eccessivo: *la diga ha ceduto.*

ce|dé|vo|le *agg.* 1 che cede o si rompe con facilità; molle: *pavimento* — | *terreno* —, franoso, soggetto a smottamenti 2 (*fig.*) che cede alla volontà degli altri senza opporre resistenza; docile, remissivo: *un carattere* — □ **cedevolmente** *avv.*

ce|de|vo|léz|za *s.f.* 1 tendenza a cedere 2 (*fig.*) docilità, arrendevolezza.

ce|dì|bi|le *agg.* che può essere dato, venduto o trasferito ad altri: *diritto non* —.

ce|dì|glia *s.f.* segno grafico che, in alcune lingue, si pone sotto la lettera *c* per indicare che va pronunciata in modo diverso.

ce|di|mén|to *s.m.* 1 il cessare di resistere 2 deformazione, frana, crollo: — *del terreno* 3 (*fig.*) perdita della capacità di reazione, dal punto di vista fisico o psichico: — *psichico.*

cè|do|la *s.f.* (*banc.*) tagliando staccabile da titoli di credito per la riscossione degli interessi o dei dividendi: — *ipotecaria.*

ce|do|là|re *agg.* relativo alla cedola | *imposta* —, tassa sulla riscossione delle cedole ♦ *s.f.* imposta cedolare.

ce|do|li|no *s.m.* foglio che registra le voci della busta paga.

ce|drà|ta *s.f.* 1 bibita a base di sciroppo di cedro 2 dolce con bucce di cedro, tipico della Sicilia.

cé|dro[1] *s.m.* alberello sempreverde con frutti simili ai limoni | il frutto di tale pianta.

cé|dro[2] *s.m.* conifera dalla chioma larga, con foglie aghiformi sempreverdi | — *del Libano*, grande conifera dal legno molto pregiato.

ce|dua|zió|ne *s.f.* taglio periodico delle piante nei boschi cedui.

cè|duo *agg.* detto di bosco o albero soggetto a tagli periodici ♦ *s.m.* bosco ceduo.

ce|fa|lè|a *s.f.* (*med.*) mal di testa.

-ce|fa|li|a (*med.*) secondo elemento che, nei termini composti, significa "testa".

ce|fà|li|co *agg.* [m.pl. *-ci*] (*scient.*) relativo alla testa.

cè|fa|lo *s.m.* pesce di mare commestibile dal corpo quasi cilindrico e squame argentee.

cè|fa|lo-, -cè|fa|lo (*scient.*) primo e secondo elemento che, nei termini composti, significa "testa" (*cefaloide, mesocefalo*).

Ce|fa|lo|cor|dà|ti *s.m.pl.* sottotipo di Cordati nei quali la corda dorsale percorre il corpo a forma di fuso.

ce|fa|lo|ple|gì|a *s.f.* (*med.*) paralisi dei muscoli del capo.

Ce|fa|lò|po|di *s.m.pl.* classe di Molluschi marini con corpo simmetrico simile a una sacca, grandi occhi e tentacoli dotati di ventose (p.e. polpi, seppie).

ce|fa|lo|ra|chi|dià|no o **cefalorachideo** *agg.* (*anat.*) relativo all'encefalo e al rachide | *liquido* —, contenuto nelle cavità cerebrali e nel midollo spinale.

ce|fa|lo|tò|rà|ce *s.m.* (*zool.*) parte anteriore del corpo degli Artropodi, derivata dalla fusione della testa e del torace.

cèf|fo *s.m.* 1 muso d'animale 2 (*spreg.*) volto umano deforme | (*estens.*) uomo dall'aspetto minaccioso: *non mi piace quel* —.

cef|fó|ne *s.m.* schiaffo dato con forza sulla faccia.

ce|là|re *v.tr.* [indic.pres. *io cèlo...*] tenere nascosto o segreto: — *le proprie idee* ♦ **-rsi** *rifl.* nascondersi.

Ce|la|strà|ce|e *s.f.pl.* famiglia di piante arboree o arbustacee presenti nelle aree tropicali.

ce|là|ta *s.f.* copricapo leggero, privo di cimiero, con visiera abbassabile sul viso | parte in plastica del casco usato dalla polizia durante le manifestazioni.

ce|là|to *part.pass.* di celare ♦ *agg.* che è tenuto nascosto, segreto: *mal* — *disprezzo* □ **celatamente** *avv.*

-cel|le secondo elemento che nei termini composti, spec. in med., significa "tumefazione" (*artrocele*).

ce|le|bèr|ri|mo *superl.* di celebre.

ce|le|bràn|te *part.pres.* di celebrare ♦ *agg.* che celebra ♦ *s.m.* sacerdote che celebra le funzioni religiose.

ce|le|brà|re *v.tr.* [indic.pres. *io cèlebro...*] 1 festeggiare solennemente: — *il centenario di ql.co.* 2 (*estens.*) officiare: — *un matrimonio* | eseguire un atto giuridico secondo la forma stabilita: — *un processo* 3 (*fig.*) glorificare: — *i martiri del cristianesimo.*

ce|le|bra|ti|vo *agg.* finalizzato a celebrare, a commemorare un evento importante: *discorso* —.

ce|le|bra|zió|ne *s.f.* il celebrare | festeggiamento solenne: *la* — *della nascita di qlcu.*

cè|le|bre *agg.* [superl. *celeberrimo*] molto noto, famoso: *un attore* —, *un romanzo* —.

ce|le|bri|tà *s.f.* 1 fama: *raggiungere la* — 2 persona celebre: *è una* —.

Ce|len|te|rà|ti *s.m.pl.* famiglia di Invertebrati

celere

acquatici, a simmetria raggiata, dotati di cellule urticanti, p.e. coralli, idre, meduse.
cè|le|re *agg.* [superl. *celerissimo* o *celerrimo*] **1** veloce, immediato: *posta* —; *intervento* — **2** di breve durata: *corso* — *di informatica* ♦ *s.f. solo sing.* reparto della polizia di Stato autotrasportato, per interventi celeri finalizzati a mantenere l'ordine pubblico □ **celermente** *avv.*
ce|le|ri|no *s.m.* (*pop.*) agente di polizia della Celere.
ce|le|ri|tà *s.f.* rapidità, prontezza, velocità: *lavorare con* —.
ce|lè|sta *s.f.* (*mus.*) strumento a tastiera, con pedaliera e martelletti che, azionati dai tasti, fanno vibrare delle lamine d'acciaio intonate.
ce|lè|ste *agg.* **1** proprio del cielo: *astro* — | (*estens.*) del colore del cielo sereno: *camicia* — **2** del cielo in quanto sede di Dio e dei beati; divino: *misericordia* — | *corte* —, gli angeli e i santi ♦ *s.m.* il colore celeste.
ce|le|stia|le *agg.* **1** (*lett.*) del cielo, divino **2** (*estens.*) eccezionale, sublime, paradisiaco: *estasi* —.
ce|le|sti|no[1] *agg.*, *s.m.* detto di colore celeste pallido.
ce|le|sti|no[2] *s.m.* (*relig.*) appartenente alla congregazione benedettina fondata da Pietro del Morrone (Celestino V): *regola dei celestini*.
cè|lia *s.f.* (*lett.*) piccola burla | *per* —, per scherzo.
ce|lia|chi|a *s.f.* (*med.*) malattia intestinale causata da intolleranza alle proteine del glutine; provoca diarrea, deperimento organico e arresto della crescita.
ce|lì|a|co *agg.* (*anat.*) che sta nella cavità addominale: *tronco* — ♦ *s.m.* [f. -*a*] (*med.*) chi è affetto da celiachia.
ce|lià|re *v.intr.* [indic.pres. *io cèlio*...; aus. *A*] scherzare.
ce|li|ba|to *s.m.* condizione di chi è celibe: — *ecclesiastico* | *addio al* —, festa organizzata in onore dello sposo dagli amici, prima del matrimonio.
cè|li|be *agg.*, *s.m.* che non ha preso moglie; scapolo: *uomo* —.
ce|li|do|nia *s.f.* pianta dai fiori gialli usata in passato nella medicina popolare.
cèl|la *s.f.* **1** ambiente ristretto destinato a un uso particolare | — *frigorifera*, ambiente in cui la temperatura viene tenuta molto bassa per potervi conservare cibi o altri generi deperibili | — *campanaria*, vano in cima al campanile in cui sono collocate le campane **2** nei conventi, piccola stanza disadorna abitata da frati o suore **3** nelle carceri, ogni stanza in cui vengono rinchiusi i detenuti **4** scompartimento di un alveare: — *da miele*.
cèl|lo|fan o **cellofàn** o **cellophane** *s.m.invar.* materiale trasparente ottenuto dalla cellulosa, usato per involucri, spec. di prodotti alimentari.
cel|lo|fa|na|re o **incellofanare** *v.tr.* [indic.pres. *io cellòfano*...] avvolgere con cellofan.
cel|lo|fa|na|tri|ce *s.f.* (*ind.*) macchina che imballa oggetti o alimenti nel cellophane.

cel|lo|fa|na|tù|ra *s.f.* eseguire un imballaggio con il cellophane.
cellophane® (*fr.*) [pr. *selofàn*] *s.m.invar.* → **cellofan**.
cèl|lu|la *s.f.* **1** (*biol.*) la più piccola unità di sostanza vivente, costituita da una membrana cellulare che contiene il citoplasma e il nucleo | (*estens.*) elemento base di una struttura complessa: — *familiare* **2** (*fis.*) — *fotoelettrica*, dispositivo che permette di trasformare energia luminosa in energia elettrica **3** (*polit.*) la più piccola struttura organizzativa di un partito, spec. di quello comunista: — *militante*.
cel|lu|là|re *agg.* **1** (*biol.*) delle cellule; costituito da cellule: *parete* — **2** diviso in celle ♦ *s.m.* **1** carcere dove i detenuti sono segregati in celle **2** furgone —, autoveicolo per il trasporto dei carcerati **3** *telefono* —, telefono portatile.
cel|lu|li|te *s.f.* **1** antiestetico aumento del deposito adiposo in alcune parti del corpo, frequente spec. nelle donne: *trattamento contro la* — **2** (*med.*) infiammazione dei tessuti' connettivi sottocutanei.
cel|lu|li|ti|co *agg.* [m.pl. -*ci*] (*med.*) che rivela presenza di cellulite: *tessuto* —.
cel|lu|lòi|de *s.f.* sostanza plastica, trasparente, infiammabile ottenuta da nitrocellulosa e canfora; usata per produrre pellicole fotografiche | (*estens.*) il cinema e l'ambiente relativo a esso: *divi della* —.
cel|lu|ló|sa *s.f.* sostanza organica bianca e fibrosa contenuta nella membrana delle cellule dei vegetali; è usata come materia prima spec. nell'industria tessile e cartaria.
cel|lu|lò|so *agg.* formato da cellule: *struttura cellulosa dei tessuti* | spugnoso: *minerale* —.
ce|lò|ma *s.m.* (*biol.*) nei Vertebrati superiori e nell'uomo, cavità del corpo dell'embrione, che nell'individuo adulto dà origine alla cavità toracica e addominale.
cèl|ta *s.m.* e *f.* [m.pl. -*ti*] appartenente agli antichi popoli indoeuropei che vivevano nell'Europa centroccidentale | antico abitante della Gallia.
cèl|ti|co *agg.* [m.pl. -*ci*] **1** relativo ai Celti **2** venereo ♦ *s.m.* gruppo di lingue indoeuropee che ha lasciato tracce in alcune lingue dell'Irlanda, Gran Bretagna e Francia, p.e. nel gaelico, nel gallese e nel bretone.
cel|ti|smo *s.m.* (*ling.*) elemento linguistico celtico presente ancora oggi in alcune lingue europee.
cem|ba|li|sta *s.m./f.* [m.pl. -*i*] (*mus.*) chi compone o suona musiche al clavicembalo e sim.
cèm|ba|lo *s.m.* (*mus.*) **1** clavicembalo **2** (*spec. pl.*) antico strumento a percussione, simile ai moderni piatti.
cém|bro *s.m.* pino delle Alpi.
ce|men|tàn|te *part.pres* di cementare ♦ *agg.* che cementa ♦ *s.m.* (*edil.*) sostanza che ha la proprietà di cementare.
ce|men|tà|re *v.tr.* [indic.pres. *io ceménto*...] **1** (*edil.*) unire con cemento | rivestimento di cemento:

— *una strada* 2 (*fig.*) consolidare: — *un rapporto* 3 (*metall.*) sottoporre a cementazione ♦ **-rsi** *rifl.* 1 unirsi grazie al cemento 2 (*fig.*) rafforzarsi.
ce|men|ta|zió|ne *s.f.* 1 il cementare 2 (*metall.*) operazione che indurisce superfici e pezzi metallici.
ce|men|tiè|re *s.m.* [f. *-a*] industriale, operaio dell'industria cementifera.
ce|men|tiè|ro *agg.* relativo al cemento: *settore* —.
ce|men|tì|fe|ro *agg.* che produce cemento: *stabilimento* —.
ce|men|ti|fi|cà|re *v.tr.* [indic.pres. *io cementifico, tu cementifichi...*] occupare la maggior parte di un territorio con nuove costruzioni alterandone l'ambiente e deturpandone il paesaggio.
ce|men|ti|fi|cà|to *part.pass.* di cementificare ♦ *agg.* sottoposto a cementificazione.
ce|men|ti|fi|ca|zió|ne *s.f.* operazione e risultato del cementificare.
ce|men|ti|fi|cio *s.m.* fabbrica di cemento.
ce|men|tì|te *s.f.* 1 (*metall.*) carburo di ferro, contenente carbonio, presente nell'acciaio e nella ghisa 2 vernice opaca per legno, muri e metalli, usata come base per gli smalti.
ce|men|tì|zio *agg.* relativo al cemento | che contiene cemento: *sostanza cementizia*.
ce|mén|to *s.m.* 1 (*edil.*) polvere a base di calcari e argille, che mescolata ad acqua serve a tenere saldamente uniti elementi costruttivi | — **armato**, struttura mista costituita da calcestruzzo e tondini di ferro o acciaio, disposti in modo tale da sopportare gli sforzi di trazione | — *bianco*, cemento artificiale | — *espansivo*, che nella presa aumenta di volume 2 (*fig.*) elemento che rafforza un legame 3 (*med.*) — *dentario*, sostanza usata per otturare le carie o per fissare le capsule.
cé|na *s.f.* pasto della sera.
ce|nà|co|lo *s.m.* 1 (*ant.*) la sala in cui si cenava | la stanza in cui Gesù consumò, con i dodici apostoli, l'ultimo pasto prima dell'arresto 2 dipinto che raffigura l'ultima cena di Gesù 3 (*fig.*) luogo in cui si riuniscono artisti, letterati | circolo.
ce|nà|re *v.intr.* [indic.pres. *io céno...*; aus. *A*] consumare la cena.
cen|cia|iò|lo *s.m.* chi raccoglie e vende stracci; stracciivendolo.
cén|cio *s.m.* 1 pezzo di stoffa vecchio e logoro: — *per lavare* | *pallido come un* — *lavato*, molto pallido | vestito logoro 2 (*fig.*) cosa di scarso valore 3 (*fig.*) persona malridotta, sofferente | *è crollato come un* —, si è sentito male 4 (*spec.pl.*) in Toscana, dolci tipici del carnevale, preparati friggendo cerchi, rettangoli o strisce di pasta sottile.
cen|ció|so *agg.* logoro, lacero: *vestito* — | vestito di stracci; malmesso: *individuo* — ♦ *s.m.* poveraccio □ **cenciosamente** *avv.*
-cè|ne (*geol.*) secondo elemento di termini composti, che significa "recente" (*miocene*).
ce|ne|ràc|cio *s.m.* un tempo, la cenere adoperata per il bucato | il canovaccio con cui veniva filtrata.

ce|ne|ra|tó|io *s.m.* vano posto sotto la griglia di stufe e sim., in cui cade la cenere.
cé|ne|re *s.f.* 1 residuo polveroso e grigio della combustione di sostanze organiche: *ceneri vegetali* | (*geol.*) *ceneri vulcaniche*, frammenti che contengono gli stessi elementi della lava | (*fig.*) *ridurre in* —, distruggere, polverizzare 2 (*solo pl.*) resti mortali dopo la cremazione | *diventare* —, morire | *mercoledì delle Ceneri*, primo giorno di Quaresima nel quale il sacerdote traccia una croce con la cenere sulla fronte dei fedeli, in segno di penitenza ♦ *agg.invar.* di colore grigio chiaro.
ce|ne|rèn|to|la *s.f.* ragazza costretta a svolgere umili mansioni | (*fig.*) persona o cosa di cui si ha poca o nulla considerazione.
ce|ne|rì|no *agg.*, *s.m.* che, chi è di colore simile a quello della cenere.
ce|ne|rù|me *s.m.* ammasso di cenere.
cén|gia o **cèngia** *s.f.* [pl. *-ge*] piano orizzontale poco esteso che sporge in una roccia.
cen|na|mèl|la o **ciaramèlla** *s.f.* strumento popolare a fiato simile alla cornamusa.
cén|no *s.m.* 1 segno fatto con la mano, il capo o gli occhi per indicare ql.co.: *fare un* — *di approvazione* 2 breve spiegazione: *fornire qualche* — *sull'argomento* 3 indizio: *avvertire i primi cenni di stanchezza*.
cè|no-[1] primo elemento di termini composti che significa "nuovo" (*cenozoico*).
cè|no-[2] primo elemento di termini composti che significa "vuoto" (*cenotafio*).
cè|no-[3] primo elemento di termini composti che significa "comune" (*cenobio*).
ce|nò|bio *s.m.* 1 (*lett.*) monastero in cui i religiosi vivono in comunità 2 (*biol.*) colonia di organismi micro o unicellulari.
ce|no|bì|ta *s.m.* [pl. *-i*] (*lett.*) monaco che vive con altri confratelli | (*fig.*) chi vive isolato, in meditazione o dedicandosi allo studio.
ce|no|bì|ti|co *agg.* [m.pl. *-ci*] relativo al cenobio | di, da cenobita | (*fig.*) austero □ **cenobiticamente** *avv.*
ce|nó|ne *s.m.* cena sfarzosa con molti invitati, spec. della vigilia di Natale o dell'ultimo sera dell'anno.
ce|nò|si *s.f.* (*biol.*) l'insieme degli animali e dei vegetali che vivono in un ecosistema.
ce|no|tà|fio *s.m.* monumento sepolcrale che non contiene la spoglia del defunto.
ce|no|zòi|co *agg.* [m.pl. *-ci*] (*geol.*) della quarta era geologica: *flora cenozoica* ♦ *s.m.* era cenozoica, caratterizzata dallo sviluppo dei Mammiferi.
cen|sì|bi|le *agg.* di patrimonio che può essere censito.
cen|si|mén|to *s.m.* indagine statistica sugli elementi di un insieme: — *della popolazione*.
cen|sì|re *v.tr.* [indic.pres. *io censisco, tu censisci...*] 1 sottoporre a censimento 2 iscrivere nei registri catastali: — *i beni demaniali*.
cen|sì|to *part.pass.* di censire ♦ *agg.* soggetto a imposta: *reddito* —.

cèn|so *s.m.* beni individuali sottoponibili a tributi; tributo dovuto allo Stato | (*estens.*) ricchezza, patrimonio.
cen|so|rà|to *s.m.* ufficio e carica di censore.
cen|só|re *s.m.* **1** (*st.*) nell'antica Roma, magistrato che eseguiva il censimento e controllava la condotta dei cittadini **2** chi ha il compito di verificare che tutto ciò che viene pubblicato o rappresentato sia conforme alla legge, alla religione o alla morale **3** (*fig.*) chi giudica aspramente gli altri: *è un rigido — della condotta altrui.*
cen|sò|rio *agg.* del, da censore: *multa, commissione censoria.*
cen|su|à|rio *agg.* relativo al censo: *diritto —* | soggetto al pagamento di un'imposta: *patrimonio —* ♦ *s.m.* colui che è obbligato a pagare una tassa.
cen|sù|ra *s.f.* **1** (*st.*) nell'antica Roma, ufficio o carica di censore **2** controllo esercitato dall'autorità sui mezzi d'informazione e su tutto ciò che viene pubblicato e rappresentato per accertare che non offendano lo Stato, la religione, la morale: *— politica* | ufficio addetto a tale controllo **3** (*fig.*) severa critica dell'operato altrui **4** (*bur.*) misura disciplinare applicata a un impiegato pubblico **5** (*psicoan.*) funzione psichica che tende a impedire che desideri e pensieri inconsci affiorino alla coscienza | *— onirica*, che riguarda i sogni.
cen|su|rà|bi|le *agg.* che si può o va censurato: *spettacolo —.*
cen|su|rà|re *v.tr.* **1** sottoporre a censura: *— uno scritto* (*fig.*) | criticare: *— un'opinione* ♦ *-rsi rifl.* sottoporsi ad aspra critica.
cent (*ingl.*) [pr. sènt] *s.m.invar.* moneta pari alla centesima parte di un dollaro.
cen|tàu|ro *s.m.* **1** essere mitologico con corpo di cavallo e busto, capo e braccia umani **2** (*fig.*) corridore motociclista.
cen|tel|li|nà|re *v.tr.* **1** bere a piccoli sorsi per gustare appieno: *— il vino* | (*fig.*) gustare con lentezza **2** (*fig.*) dosare: *— le parole.*
cen|tel|lì|no *s.m.* piccolo sorso: *bere a centellini.*
cen|te|nà|rio *agg.* **1** che ha cento anni **2** che ricorre ogni cento anni: *festeggiare il terzo —* ♦ *s.m.* persona che ha raggiunto i cento anni **2** centesimo anniversario di un avvenimento: *il — della morte di qlcu.*
cen|ten|nà|le *agg.* **1** che dura da cento anni o più: *fondazione —* **2** che si replica ogni cento anni: *celebrazione —.*
cen|tèr|be *s.m.invar.* liquore di erbe aromatiche ad alta gradazione alcolica.
-cèn|te|si, -cen|tè|si (*med.*) secondo elemento di termini composti che significa "puntura" (*amniocentesi*).
cen|te|si|mà|le *agg.* che corrisponde alla centesima parte | che è suddiviso in cento parti.
cen|tè|si|mo *agg.num.ord.* che in una serie occupa il posto numero cento: *classificarsi al — posto* | (*fig.*) ennesimo, con valore iperb.: *te lo dico per la centesima volta!* ♦ *s.m.* **1** centesima parte dell'unità **2** moneta equivalente alla centesima parte di un'unità monetaria | (*estens.*) in frasi negative, nulla, quasi nulla: *non valere un —* | *spendere fino all'ultimo —*, spendere tutto il proprio denaro | *calcolare al —*, minuziosamente.
cèn|ti- primo elemento di termini composti che significa "cento" | nelle unità di misura indica la centesima porzione (*centilitro*).
cen|tià|ra *s.f.* misura di superficie che corrisponde alla centesima parte dell'ara, cioè a 1 m² (*simb.* ca).
cen|ti|grà|do *agg.* diviso in cento gradi | *scala centigrada*, scala termometrica di Celsius, divisa in cento gradi | *grado —*, grado Celsius, centesima parte della scala centigrada e unità di misura della temperatura.
cen|ti|gràm|mo *s.m.* centesima parte del grammo (*simb.* cg).
cen|ti|li|tro *s.m.* centesima parte del litro (*simb.* cl).
cen|ti|me|trà|re *v.tr.* [indic.pres. *io centìmetro*...] dividere in centimetri.
cen|ti|me|tro *s.m.* **1** centesima parte del metro (*simb.* cm) | *svolgere un compito al —*, (*fig.*) eseguire un lavoro perfetto **2** nastro per misurare lungo un metro e mezzo e suddiviso in centimetri, che si usa in sartoria.
cèn|ti|na *s.f.* (*edil.*) armatura provvisoria per sostenere le volte durante la loro costruzione o riparazione | armatura metallica permanente per sostenere tettoie e sim.
cen|ti|nà|io *s.m.* [pl.f. *centinaia*] insieme di cento o circa cento unità: *l'assemblea radunò un — di persone* | (*estens.*) gran numero: *l'ho fatto un — di volte* | *a centinaia*, in grande quantità.
cen|ti|nà|re *v.tr.* [indic.pres. *io centìno*...] (*arch., edil.*) reggere con centine: *— il soffitto a volta.*
cen|ti|na|tù|ra *s.f.* **1** applicare le centine **2** complesso delle centine che reggono una struttura a volta o ad archi.
cen|ti|sta *s.m./f.* [m.pl. *-i*] (*sport*) centometrista.
cèn|to *agg.num.card.invar.* **1** quantità che equivale a dieci decine: *— pagine* | *a — a —*, cento alla volta | *al — per —*, completamente; con certezza, sicuramente | *per — (simb.* %), calcolato su cento unità; percentuale: *sconto del 15 per — * **2** in senso iperb., innumerevoli, tantissimi: *me l'hai ripetuto — volte* | *— di questi giorni!*, augurio formulato in occasione del compleanno ♦ *s.m.* **1** il numero cento **2** (*pl., sport*) nel nuoto e nell'atletica, gara di velocità che si svolge su una distanza di cento metri.
cen|to|me|tri|sta *s.m./f.* [m.pl. *-i*] (*sport*) atleta specializzato nella corsa dei cento metri piani.
cen|to|mì|la *agg.num.card.invar.* **1** numero pari a cento migliaia **2** con valore iperb., numero molto grande: *avere — idee per la testa.*
cen|tó|ne *s.m.* composizione letteraria o musicale costituita da estratti di opere di vari autori.
cen|to|piè|di *s.m.invar.* invertebrato velenoso dal tronco piatto diviso in segmenti, ciascuno dotato di due arti, p.e. scolopendra.
cen|to|tré|di|ci *s.m.* in Italia, il numero telefo-

nico per chiamare una squadra di polizia di pronto intervento.
cen|tra|fri|cà|no o **centroafricàno** *agg.* relativo all'Africa centrale o alla Repubblica Centrafricana ♦ *s.m.* [f. *-a*] chi è nato o abita nell'Africa centrale o nella Repubblica Centrafricana.
cen|trà|le *agg.* 1 del centro; situato nel centro; centralizzato: *posizione* — 2 (*geog.*) relativo all'area posta nel mezzo di un territorio: *regione* — 3 (*fig.*) principale, fondamentale: *l'argomento* — *di una discussione* ♦ *s.f.* 1 sede di organi direttivi: — *operativa* 2 complesso di impianti per la produzione di beni o servizi: — *idroelettrica, nucleare* □ **centralmente** *avv.*
cen|tra|li|na *s.f.* piccola centrale periferica, elettrica, telefonica o telegrafica, che eroga il servizio in alcuni quartieri cittadini | pannello in cui sono riuniti tutti i comandi che azionano un impianto o ne controllano l'attività: — *per il riscaldamento.*
cen|tra|li|ni|sta *s.m./f.* [m.pl. *-i*] persona addetta a un centralino telefonico.
cen|tra|li|no *s.m.* piccola centrale telefonica per smistare su linee interne le chiamate provenienti da linee esterne, o viceversa.
cen|tra|li|smo *s.m.* (*polit.*) sistema governativo che tende a concentrare i poteri negli organi centrali dello Stato.
cen|tra|li|sta *agg., s.m./f.* [m.pl. *-i*] che, chi favorisce e promuove il centralismo.
cen|tra|li|tà *s.f.* 1 collocazione centrale: — *di una piazza* 2 (*fig.*) priorità: — *di una questione* 3 (*polit.*) posizione politica moderata.
cen|tra|liz|zà|re *v.tr.* 1 accentrare: — *il governo* 2 unificare, riunire in un unico centro di comando: — *l'impianto dell'aria condizionata.*
cen|tra|liz|zà|to *part.pass di* centralizzare ♦ *agg.* unificato, diretto da un unico organo di comando | *economia centralizzata*, diretta dallo Stato.
cen|tra|liz|za|tó|re *agg., s.m.* [f. *-trice*] che, chi accentra.
cen|tra|liz|za|zió|ne *s.f.* accentramento, spec. amministrativo: — *di un'azienda.*
cen|tra|mén|to *s.m.* 1 centratura 2 (*aer.*) in un velivolo, distribuzione equilibrata dei carichi e dei pesi per garantire un buon assetto di volo.
cen|tra|me|ri|cà|no o **centroamericàno** *agg.* relativo all'America centrale ♦ *s.m.* [f. *-a*] chi è nato o abita nell'America centrale.
cen|trà|re *v.tr.* [indic.pres. *io cèntro* o *cédro*...] 1 colpire nel centro: — *il bersaglio* | (*fig.*) — *l'obiettivo*, raggiungerlo 2 (*mecc.*) fissare nel centro, equilibrare rispetto a un asse: — *una ruota* 3 (*sport*) nel calcio, mandare il pallone dalle fasce laterali all'area di rigore 4 (*fig.*) capire con precisione un problema o sim.: — *l'argomento* | — *un personaggio*, interpretare bene una parte.
cen|trat|tàc|co *s.m.* [pl. *-chi*] (*sport*) nel calcio, centravanti.
cen|tra|tù|ra *s.f.* azione e risultato del centrare | (*mecc.*) operazione con cui un pezzo da lavorare si fissa a una macchina utensile, spec. il tornio, facendo coincidere il loro asse di rotazione.

cen|tra|vàn|ti *s.m.* (*sport*) nel calcio, il giocatore che occupa il centro del settore d'attacco.
cen|treu|ro|pè|o *agg.* → **centroeuropeo.**
cen|tri|fu|ga *s.f.* 1 macchina dotata di un elemento rotante che, sfruttando l'azione della forza centrifuga, separa sostanze di diversa densità | elettrodomestico per centrifugare frutta o verdura 2 nel lavaggio a macchina, fase in cui il cestello gira a forte velocità per asciugare parzialmente la biancheria.
cen|tri|fu|gà|re *v.tr.* [indic.pres. *io centrìfugo, tu centrìfughi*...] sottoporre all'azione di una centrifuga.
cen|tri|fu|gà|to *part.pass.* di centrifugare ♦ *agg.* che è stato sottoposto a centrifugazione ♦ *s.m.* bevanda ricavata dalla centrifugazione di frutta o verdura.
cen|tri|fu|ga|zió|ne *s.f.* operazione del centrifugare.
cen|tri|fu|go *agg.* [m.pl. *-ghi*] che tende ad allontanarsi dal centro | (*fis.*) *forza centrifuga*, quella che sposta verso l'esterno un corpo in rotazione.
cen|tri|no *s.m.* tovaglietta ricamata o in pizzo, di forma tonda o ovale, che si dispone su tavoli o mobili a scopo ornamentale.
cen|tri|o|lo *s.m.* (*biol.*) corpuscolo contenuto nel citoplasma delle cellule animali; è responsabile dei movimenti intercellulari e ha un ruolo nella riproduzione delle cellule.
cen|tri|pe|to *agg.* che tende verso il centro | (*fis.*) *forza centripeta*, quella che, in un sistema in rotazione, spinge in ogni istante verso il centro della traiettoria.
cen|tri|smo *s.m.* (*polit.*) formula politica imperniata sulla coalizione dei partiti di centro.
-cen|tri|smo secondo elemento di termini composti che indica la centralità di un fenomeno (*etnocentrismo*).
cen|tri|sta *agg., s.m./f.* [m.pl. *-i*] 1 (*polit.*) detto di chi si associa a una politica di centro 2 che, chi è favorevole al centrismo.
cèn|tro o **céntro** *s.m.* 1 (*geom.*) punto equidistante da tutti i punti di una circonferenza o di una sfera 2 (*estens.*) zona o parte che sta nel mezzo e è considerata più interna: *al* — *della via; il* — *della Terra* | *fare* —, colpire in pieno ql.co.; (*fig.*) indovinare | in una città, la zona più centrale in cui sorgono gli edifici più importanti e dove l'attività è più intensa 3 (*fig.*) parte più importante, fondamentale: *il* — *del discorso* | *mettersi al* — *dell'attenzione*, catturare l'attenzione degli altri su di sé 4 agglomerato urbano con amministrazione autonoma; paese 5 complesso edilizio o di attrezzature destinato a determinati servizi o attività: — *medico, sportivo* | — *commerciale*, edificio in cui sono riuniti diversi negozi e servizi 6 (*polit.*) partiti di posizione moderata: *essere di* — | (*fig.*) — *di potere*, gruppo politico, partitico, economico ecc. in grado di condizionare le scelte di uno Stato 7 (*anat.*) organo che compie determinate funzioni: *centri nervosi*

8 (*sport*) nel calcio, il centrocampo: *palla al — 9* (*fis.*) *— di gravità*, baricentro.
cèn|tro- primo elemento di termini composti che significa "centrale" (*centroeuropeo*).
cen|tro|a|fri|cà|no *agg.* → **centrafricano**.
cen|tro|a|me|ri|cà|no *agg.* → **centramericano**.
cen|tro|cam|pi|sta *s.m./f.* [pl. *-i*] (*sport*) nel calcio, giocatore che svolge la sua azione soprattutto al centrocampo.
cen|tro|càm|po *s.m.* (*sport*) **1** area centrale del campo di gioco **2** (*estens.*) nel calcio, i giocatori impegnati in quest'area.
cen|tro|dè|stra o **cèntro-dèstra** *s.m.invar.* (*polit.*) alleanza dei partiti di centro e di destra.
cen|tro|eu|ro|pè|o o **centreuropèo** *agg.* relativo all'Europa centrale.
cen|tro|me|dià|no *s.m.* (*sport*) nel calcio, chi gioca al centro della linea dei mediani.
cen|tro|pà|gi|na *s.m.invar.* pezzo collocato al centro della pagina di un quotidiano.
cen|tro|si|ni|stra o **cèntro-sinìstra** *s.m.invar.* (*polit.*) alleanza dei partiti di centro e di sinistra.
cen|tro|tà|vo|la *s.m.* [pl. *centritavola*] oggetto ornamentale disposto al centro di un tavolo.
cen|tum|vi|ra|to *s.m.* carica di centumviro | tribunale dei centumviri.
cen|tùm|vi|ro *s.m.* nell'antica Roma, giudice competente in questioni private.
cen|tu|pli|cà|re *v.tr.* [indic.pres. *io centùplico, tu centùplichi...*] **1** moltiplicare per cento ql.co. **2** (*estens.*) con valore iperb., aumentare molto ql.co.: *— l'impegno*.
cèn|tu|plo *agg.* che è cento volte più grande ♦ *s.m.* grandezza pari a cento volte un'altra | (*estens.*) quantità che ha un valore più elevato rispetto a un'altra: *ottenere il —*.
cen|tù|ria *s.f.* (*st.*) **1** suddivisione dei cittadini dell'antica Roma in base al censo **2** reparto della legione romana costituito da cento uomini.
cen|tu|rià|to *agg.* classificato, organizzato per centurie | *comìzi centuriati*, assemblea in cui il popolo romano votava in base alla ripartizione in centurie.
cen|tu|rió|ne *s.m.* comandante di una centuria dell'esercito romano.
cep|pà|ia *s.f.* **1** parte del tronco che emerge dal terreno dopo il taglio della pianta **2** terreno cosparso di tronchi tagliati alla base.
cép|po *s.m.* **1** parte del tronco di un albero da cui si diramano le radici | blocco di legno | grosso legno da bruciare **2** (*fig.*) capostipite, origine | discendenza | (*biol.*) organismi della stessa specie con caratteristiche comuni | *nati dallo stesso* —, con la medesima origine **3** (*solo pl.*) arnesi di legno tra i quali si serravano i piedi dei prigionieri | (*fig.*) *spezzare i ceppi*, liberarsi dai vincoli.
cé|ra[1] *s.f.* **1** sostanza di origine animale o vegetale, che fonde a calore moderato | *— d'api*, sostanza giallastra elaborata dalle api per costruire le celle degli alveari; è usata in cosmesi e per fare candele **2** sostanza di origine minerale o sintetica con caratteristiche simili a quella animale o vegetale **3** prodotto a base di cera usato per lucidare pavimenti o mobili in legno **4** (*estens.*) manufatto, ritratto di cera: *museo delle cere*.
cé|ra[2] *s.f.* aspetto, espressione del viso | *avere una brutta —*, apparire in cattive condizioni di salute | *fare buona — a qlcu.*, accogliere con cortesia.
ce|ra|iò|lo *s.m.* [f. *-a*] chi produce o vende oggetti in cera.
ce|ra|làc|ca *s.f.* [pl. *ceralacche*] miscuglio a base di resine naturali, usato per sigillare.
ce|ràm|bi|ce *s.m.* insetto coleottero dotato di antenne sviluppate e corpo nero lungo chiazzato di giallo.
ce|rà|mi|ca *s.f.* **1** impasto di materiale plastico argilloso e acqua, usato per fabbricare porcellane, terrecotte, maioliche e sim. **2** arte e tecnica di fabbricare e decorare oggetti di tale impasto: *corso di — 3* ogni prodotto di tale arte: *— attica*.
ce|rà|mi|co *agg.* [m.pl. *-ci*] relativo alla ceramica: *tecnica ceramica* | di ceramica: *manufatto —*.
ce|ra|mì|sta *s.m./f.* [m.pl. *-i*] chi esegue lavori in ceramica.
cè|ra|mo- primo elemento di termini composti che significa "ceramica".
ce|ra|mo|lo|gì|a *s.f.* studio degli oggetti in ceramica e della loro tecnica di produzione.
ce|rà|ste *s.m.* rettile velenoso, diffuso nella regione africana, dotato di due corna sopra gli occhi.
ce|rà|ta *s.f.* **1** tela cerata **2** giacca impermeabile all'acqua, spesso abbinata a cappello e pantaloni, usata da pescatori e marinai.
ce|rà|to *agg.* **1** cosparso di cera **2** reso impermeabile mediante un rivestimento di gomma e vernice o con sostanze cerose: *tovaglia cerata*.
ce|ra|tù|ra *s.f.* lucidatura dei mobili in legno con una miscela di cera, acquaragia e altri coloranti.
cèr|be|ro *s.m.* sorvegliante severo e intransigente | persona arcigna.
cer|biàt|to *s.m.* [f. *-a*] giovane cervo.
cer|bot|tà|na *s.f.* arma primitiva costituita da un tubo, con cui si lanciano, soffiando, piccole frecce | arnese analogo usato come giocattolo.
cér|ca *s.f.* **1** l'azione del cercare | *andare in — di guai*, comportarsi senza prudenza procurandosi guai evitabili **2** (*eccl.*) raccolta di elemosine dei frati mendicanti: *andare alla — 3* azione del cane da caccia quando fiuta e stana la preda.
cer|ca|per|só|ne *s.m.invar.* dispositivo radioricevente portatile che, mediante un segnale acustico, permette di rintracciare una persona avvisandola che deve mettersi in contatto con l'unità base.
cer|cà|re *v.tr.* [indic.pres. *io cérco, tu cérchi...*] **1** adoperarsi per trovare qlcu. o ql.co.: *— alloggio* | *— qlcu. per conseguire: — la fama* ♦ *intr.* [aus. *A*] tentare: *— di vincere*.
cer|ca|tó|re *agg., s.m.* [f. *-trice*] **1** che, chi cerca: *— di antichità* **2** che, chi raccoglie offerte, mendicante.
cér|chia *s.f.* **1** struttura circolare, naturale o artificiale, che cinge ql.co.: *— delle mura*; *— dei*

monti 2 (*fig.*) | insieme di persone che si frequentano: — *di conoscenze*; — *familiare* 3 (*fig.*) | campo, ambito: *una vasta* — *di affari*.
cer|chià|re *v.tr.* [indic.pres. *io cérchio*...] 1 serrare, fissare ql.co. con i cerchi: — *una ruota* 2 evidenziare ql.co. con un cerchio: — *un'inserzione*. **cer|chià|to** *part.pass. di. cerchiare* ♦ *agg.* serrato o fissato con un cerchio | circondato da uno o più cerchi | *avere gli occhi cerchiati*, avere le occhiaie.
cer|chia|tù|ra *s.f.* 1 applicare cerchi a ql.co. 2 complesso dei cerchi applicati a barili, botti e sim.
cer|chiét|to *s.m.* 1 piccolo cerchio, anello | — *nuziale*, anello scambiato dagli sposi 2 semicerchio ornamentale per sostenere i capelli sulla fronte 3 (*solo pl.*) gioco infantile in disuso, consistente nel lanciare e riprendere un cerchio con due bacchette.
cér|chio *s.m.* 1 (*geom.*) porzione di piano racchiusa da una circonferenza: *superficie del* — 2 oggetto di forma circolare o che cinge ql.co.: — *della ruota* | — *d'oro*, anello | striscia di metallo o legno usata per tenere insieme le doghe di botti o barili | *dare un colpo al — e uno alla botte*, destreggiarsi cercando di non scontentare nessuno 3 gruppo di persone o cose disposte in circolo: — *di curiosi* 4 attrezzo circolare usato per esercizi ginnici 5 percorso circolare | *girare in* —, muoversi in circolo.
cer|chio|bot|tì|smo *s.m.* (*giorn.*) il destreggiarsi tra formazioni politiche contrastanti per non scontentare nessuno.
cer|chió|ne *s.m.* cerchio metallico su cui si adatta lo pneumatico di un veicolo stradale: — *della bicicletta* | anello in ferro o acciaio posto sulle ruote di locomotori e veicoli ferroviari.
cer|ci|na|tù|ra *s.f.* (*agr.*) eliminazione di un anello di corteccia dal tronco di un albero per ottenere una maggiore quantità di legname.
cér|ci|ne *s.m.* 1 tessuto avvolto a corona da portare in testa per appoggiarvi recipienti e oggetti pesanti da trasportare | pettinatura femminile costituita da trecce raccolte a forma di cerchio intorno al capo 2 (*bot.*) ispessimento circolare che si forma intorno alle lesioni di fusti e rami.
cèr|co-, -cèr|co (*scient.*) primo e secondo elemento di parole composte che significa "coda" (*cercopiteco*).
cer|co|pi|tè|co *s.m.* [pl. -*ci* o -*chi*] scimmia africana dal pelo gener. grigio, con arti sottili e coda lunga.
ce|re|à|le *s.m. spec.pl.* nome di alcune piante graminacee, p.e. mais e riso, dai cui frutti si ricavano farine altamente nutritive | i frutti e i semi di queste piante utilizzati nell'alimentazione: *snack ai cereali* ♦ *agg.* relativo ai cereali.
ce|re|a|lì|co|lo *agg.* attinente ai cereali: *coltura cerealicola*.
ce|re|a|li|col|tò|re *s.m.* (*agr.*) chi è addetto alla coltivazione e alla produzione di cereali.
ce|re|a|li|col|tù|ra *s.f.* coltivazione di cereali.

ce|re|bel|là|re *agg.* (*anat.*) relativo al cervelletto: *emisfero* —.
ce|re|brà|le *agg.* 1 (*anat.*) del cervello 2 (*fig.*) che pecca di cerebralismo: *artista* —.
ce|re|bra|lì|smo *s.m.* eccessiva prevalenza della ragione sul sentimento e sulla spontaneità: *il* — *di un poeta*.
cè|re|bro- primo elemento di parole composte che significa "cervello" (*cerebroleso*).
ce|re|bro|lé|so *agg.*, *s.m.* [f. -*a*] 1 (*med.*) che, chi ha subito una lesione al cervello 2 (*scherz.*) stupido, deficiente.
ce|re|bro|pa|tì|a *s.f.* (*med.*) malattia del cervello.
ce|re|bro|pà|ti|co *agg.*, *s.m.* [f. -*a*] (*med.*) detto di chi ha una malattia del cervello: *individuo* —; *terapia del* —.
ce|re|bro|spi|nà|le *agg.* (*med.*) relativo al cervello e al midollo spinale.
cè|re|o *agg.* 1 di cera 2 dello stesso colore della cera; molto pallido: *diventare* — ♦ *s.m.* pianta grassa con fusto lungo, foglie spinose e fiori notturni.
ce|re|rì|a *s.f.* fabbrica di prodotti in cera | rivendita di tali prodotti.
ce|rét|ta *s.f.* miscela a base di cera usata per la depilazione.
cer|fò|glio *s.m.* pianta aromatica spontanea o coltivata, le cui foglie commestibili sono usate come condimento e, in erboristeria, per preparare infusi e colliri.
ce|ri|mò|nia *s.f.* 1 celebrazione di un avvenimento civile o religioso: — *funebre* | *abito da* —, per occasioni speciali 2 (*spec.pl.*) manifestazione eccessiva di cortesia: *fare cerimonie con qlcu*.
ce|ri|mo|nià|le *s.m.* 1 complesso delle regole da seguire per una data cerimonia: *secondo il* — 2 testo che descrive tali regole ♦ *agg.* relativo a una cerimonia □ **cerimonialmente** *avv.*
ce|ri|mo|niè|re *s.m.* nelle cerimonie, chi cura il cerimoniale.
ce|ri|mo|nio|si|tà *s.f.* eccessivo ricorso a convenevoli o formalità.
ce|ri|mo|niò|so *agg.* che ha un comportamento troppo complimentoso o fa troppi convenevoli □ **cerimoniosamente** *avv.*
ce|rì|no *s.m.* 1 fiammifero con il fusto impregnato di cera 2 stoppino incerato con cui si accendono le candele.
cè|rio *s.m.* (*chim.*) metallo grigio, tenero e duttile (*simb.* Ce), impiegato nell'industria vetriaria e in fotografia; una sua lega contenente ferro è usata per produrre le pietrine degli accendisigari.
cèr|ne|re *v.tr.* [indic.pres. *io cèrno*...; pass.rem. *io cernéi* o *cernètti, tu cernésti, egli cerné* o *cernètte*..., *essi cernérono* o *cernèttero*...; part.pass. *cèrnito*] (*lett.*) distinguere una cosa dall'altra; separare, scegliere in base a determinati criteri: — *il vero dal falso*; — *le ciliegie*.
cèr|nia *s.f.* pesce di grosse dimensioni, le cui carni sono piuttosto apprezzate.
cer|niè|ra *s.f.* 1 dispositivo meccanico che unisce due elementi e ne consente l'articolazione

cernita 220

mediante la rotazione di entrambi intorno a un asse | (*fig.*) elemento, fattore di collegamento: *terre di* — 2 — *lampo*, chiusura di borse, abiti e sim. costituita da due strisce di tessuto provviste di dentini che si incastrano tra loro per azione di un cursore 3 (*zool.*) giunzione tra le due valve della conchiglia dei molluschi.

cèr|ni|ta *s.f.* scelta, selezione secondo precisi criteri: *la — dei semi*.

cé|ro *s.m.* grossa candela di cera per uso votivo o liturgico | — *pasquale*, quello che viene acceso il Sabato Santo e poi durante tutte le funzioni fino al giorno dell'Ascensione.

ce|ró|ne *s.m.* crema cosmetica colorata usata dagli attori per il trucco del viso.

ce|ró|so *agg.* 1 che somiglia alla cera 2 che contiene cera.

ce|ròt|to *s.m.* striscia adesiva usata per fissare medicazioni o come supporto per garze sterili o medicate | adesivo impregnato di una sostanza, spec. medicinale, assorbibile attraverso la pelle: *— alla nicotina*.

cer|ré|to *s.m.* bosco di cerri.

cèr|ro *s.m.* 1 albero simile alla quercia 2 il legno di tale albero.

cer|tà|me *s.m.* (*lett.*) 1 disputa, lotta tra due o più persone 2 gara letteraria.

cer|ta|mén|te *avv.* certo, sicuramente.

cer|téz|za *s.f.* 1 condizione di ciò che è certo: — *scientifica* | *con tutta* —, sicuramente 2 convinzione, persuasione 3 attendibilità: — *di una notizia*.

cer|ti|fi|cà|bi|le *agg.* che può essere documentato: *qualità* —.

cer|ti|fi|cà|re *v.tr.* [indic.pres. *io certìfico, tu certìfichi...*] dimostrare ql.co. con un certificato legale: — *lo stato di salute di qlcu*.

cer|ti|fi|cà|to *s.m.* 1 dichiarazione scritta da un'autorità competente in cui si attesta un fatto o un diritto: — *di matrimonio, elettorale* 2 (*fin.*) — *di credito*, titolo rilasciato da aziende di credito che attesta un deposito bancario | — *di credito del tesoro* (**CCT**), titolo emesso dallo Stato.

cer|ti|fi|ca|zió|ne *s.f.* 1 insieme dei documenti di una pratica:*allegare la* — 2 dimostrazione dell'autenticità di ql.co. mediante un certificato | — **ISO**, attestazione della standardizzazione di un prodotto.

cèr|to *agg.* [posposto al s.] 1 indubitabile: *un fatto* — | *che si verificherà sicuramente: una sconfitta certa* 2 (*di persona*) convinto, persuaso: *sono — di ciò che sostengo* ♦ *avv.* (*anche con valore raff.*) sicuramente: — *accetterà*; *"Verrai domani?" "(Sì,) —!"* | *ma* —!, sicuramente sì ♦ *s.m.* ciò che è sicuro, indiscutibile: *sostenere il* — ♦ *agg. indef.* [preposto al s.] 1 [indica quantità o qualità non definite] qualche, alcuno, alquanto: *passerà un — tempo; noto in te un — stupore; ho una certa fiducia in loro* | *un* — **non so che**, ql.co. di indefinibile 2 (*spreg.*) tale, simile: *non frequento certe persone*; assurdo: *hai certe pretese!* 3 specifico, determinato: *il direttore riceve in certi giorni* 4 (*seguito da un nome proprio*) tale: *ha chiamato una certa Antonella* non meglio precisata

♦ *pron.indef.pl.* alcuni, taluni: *certi affermano che non è vero*.

cer|tó|sa *s.f.* monastero certosino:*la — di Parma*.

cer|to|si|no *s.m.* 1 monaco dell'ordine fondato da san Brunone nel 1084 a La Chartreuse, in Francia | (*fig.*) *lavoro da* —, minuzioso, che richiede tempo e molta pazienza 2 (*estens.*) chi conduce una vita di solitudine e di sacrificio 3 nome commerciale di un formaggio molle lombardo ♦ *agg.* 1 relativo all'ordine dei certosini: *monaco* — 2 (*fig.*) degno di un certosino: *pazienza certosina*.

cer|tù|no *pron.indef. spec.pl.* alcuno, taluno, qualche persona: *certuni non ci credono*.

ce|rù|le|o *agg.* (*lett.*) del colore del cielo; celeste.

ce|rù|me *s.m.* sostanza giallastra secreta dalle ghiandole sebacee del condotto uditivo esterno.

ce|rù|si|co [m.pl. -*ci*] (*antiq.*) chirurgo | (*spreg.*) pessimo medico.

cer|vel|lét|to *s.m.* (*anat.*) parte dell'encefalo che occupa la zona posteriore della scatola cranica; ha la funzione di coordinare i movimenti muscolari e di mantenere l'equilibrio.

cer|vèl|lo *s.m.* [pl. -*li*; anche pl.f. *cervella* nel sign. 1] 1 (*anat., zool.*) la massa più voluminosa dell'encefalo contenuta nella scatola cranica; coordina le funzioni intellettuali, psichiche, sensoriali e motorie | *sparare alle cervella*, in testa | (*spec.pl.*) l'encefalo di animali macellati, usato anche in cucina: *cervella fritte* 2 (*fig.*) senno, ragione | ingegno, intelligenza: *agire con* — | *avere un* — *di gallina*, essere poco intelligenti | *avere il* — *fino*, essere particolarmente acuti e intelligenti | *dare di volta il* —, impazzire 3 persona intellettualmente dotata: *i cervelli della matematica* | mente direttiva di un'organizzazione: *il* — *dell'azienda* 4 (*fam.*) — *elettronico*, elaboratore elettronico, computer.

cer|vel|ló|ne *s.m.* 1 (*scherz.*) persona con grandi doti intellettuali 2 (*fam.*) elaboratore elettronico.

cer|vel|lò|ti|co *agg.* [m.pl. -*ci*] stravagante, bislacco | contorto, oscuro: *frase cervellotica* □ **cervelloticamente** *avv.*

cer|vi|cà|le *agg.* (*anat., med.*) 1 relativo alla cervice; della parte del collo più vicina alla nuca 2 relativo al collo dell'utero ♦ *s.f.* (*ell., fam.*) artrosi cervicale.

cer|vì|ce *s.f.* 1 (*lett.*) parte posteriore del collo; nuca 2 (*anat.*) — *uterina*, collo dell'utero.

Cèr|vi|di *s.m.pl.* famiglia di Mammiferi con grandi corna ossee ramificate che cadono ogni anno, di cui fanno parte cervi, renne, daini.

cer|vì|no *agg.* 1 relativo al cervo 2 di colore rossiccio, simile al pelo del cervo.

cèr|vo *s.m.* 1 [f. -*a*] mammifero ruminante selvatico dal pelo rossiccio, con corpo agile e, nel maschio, corna caduche e ramificate 2 — *volante*, insetto scuro, il cui maschio è dotato di grosse mandibole ricurve simili a corna | (*fig.*) aquilone.

cé|sa|re *s.m.* (*lett.*) imperatore; sovrano | (*estens.*) signore.

ce|sà|re|o¹ *agg.* **1** (*st.*) di Cesare, dei Cesari: *palazzo* — **2** (*estens.*) dell'imperatore; relativo al sovrano: *potere* —.

ce|sà|re|o² *agg.* (*med.*) detto dell'incisione chirurgica dell'addome e dell'utero eseguita per estrarre il feto: *taglio* — | *parto* —, che avviene mediante un taglio cesareo.

ce|sa|ri|smo *s.m.* governo dittatoriale basato su un'investitura popolare.

ce|sa|ro|pa|pi|smo *s.m.* complesso di relazioni fra Stato e Chiesa in cui il potere politico si estende anche all'ambito ecclesiastico.

ce|sa|ro|pa|pi|sta *s.m./f.* [m.pl. -*i*] chi sostiene il cesaropapismo ♦ *agg.* **1** del cesaropapismo: *politica* — **2** che sostiene il cesaropapismo.

ce|sel|là|re *v.tr.* [indic.pres. *io cesèllo*...] **1** incidere metalli con il cesello: — *l'argento* **2** (*fig.*) eseguire, elaborare con estrema accuratezza.

ce|sel|là|to *part.pass. di* cesellare ♦ *agg.* **1** realizzato con il cesello: *un vaso* — **2** (*fig.*) raffinato, curato nei dettagli.

ce|sel|la|tó|re *s.m.* [f. -*trice*] **1** chi lavora di cesello **2** decoratore di ceramiche **3** (*fig.*) artista che tende alla perfezione formale e stilistica.

ce|sel|la|tù|ra *s.f.* **1** realizzazione di un'opera con il cesello | arte di scolpire, incidere con il cesello **2** (*fig.*) rifinitura perfetta di un lavoro.

ce|sèl|lo *s.m.* **1** scalpello di acciaio con la punta di varia forma, per incidere i metalli | (*fig.*) *lavorare di* —, con molta cura **2** arte di realizzare opere con il cesello.

ce|sè|na *s.f.* uccello simile a un grosso tordo; ha piume grigio-blu sulla testa e marroni sul dorso.

cè|sio *s.m.* (*chim.*) metallo alcalino, di colore argenteo, tenero e duttile (*simb.* Cs), usato per produrre cellule fotoelettriche e alcuni tipi di leghe.

ce|só|ia *s.f.* **1** (*spec.pl.*) forbici per giardinaggio o per sarti **2** (*mecc.*) macchina per tagliare lamiere sottili, tubi e sim. | grosse forbici impiegate per lo stesso scopo.

cè|spi|te *s.m.* **1** fonte di guadagno; reddito: — *di entrata* **2** (*lett.*) cespo.

cé|spo *s.m.* ciuffo di rami, steli o foglie nati dalla stessa radice: — *d'insalata*.

ce|spù|glio *s.m.* **1** pianta, o pianticelle, bassa e con fitti rami che nascono dalla stessa radice **2** (*fig., scherz.*) capelli folti e disordinati; barba folta e incolta.

ce|spu|glió|so *agg.* **1** a cespuglio: *pianta cespugliosa* **2** (*estens.*) simile a un groviglio: *barba cespugliosa* **3** ricco di cespugli.

ces|sà|re *v.tr.* [indic.pres. *io cèsso*...] interrompere, sospendere ql.co.: — *la discussione* | *cessate il fuoco*, comando militare per dire di smettere di sparare ♦ *intr.* [aus. *E* nel sign. 1, *A* nel sign. 2] **1** terminare, finire: *il temporale è cessato* **2** smettere di fare ql.co.: *ha cessato di vivere*.

ces|sà|to *part.pass. di* cessare ♦ *agg.* terminato, sospeso: — *pericolo*.

ces|sa|zió|ne *s.f.* il sospendere; termine, conclusione: — *dell'attività*.

ces|sio|nà|rio *agg., s.m.* [f. -*a*] (*dir.*) che, chi è destinatario di una cessione.

ces|sió|ne *s.f.* **1** il risultato del cedere; l'essere trasmesso **2** (*dir.*) trasferimento ad altri di beni, diritti ecc.

cès|so *s.m.* (*pop.*) **1** bagno, gabinetto **2** (*estens.*) luogo molto sporco | *che* —!, che schifo! **3** (*fig.*) cosa o persona molto brutta o sgradevole: *quel ragazzo è un* —; *che* — *di macchina!*

cé|sta *s.f.* **1** grosso canestro, gener. di vimini, a sponde alte, adatto per il trasporto di merci varie o come contenitore: — *del bucato* | il contenuto di una cesta: *una* — *di frutta* **2** (*teat.*) cassa che contiene il corredo di scena di un attore **3** navicella dell'aerostato.

ce|stà|io *s.m.* [f. -*a*] chi realizza ceste e manufatti in vimini, paglia ecc. | rivenditore di tali oggetti.

ce|stèl|lo *s.m.* **1** contenitore diviso in scomparti, usato per il trasporto: — *delle bottiglie* | cestino **2** nella lavatrice, il contenitore metallico in cui si mette la biancheria | nella lavastoviglie, il ripiano scorrevole per le stoviglie **3** piattaforma montata su un autocarro e sostenuta da un braccio articolato per svolgere lavori a una certa altezza da terra **4** contenitore in metallo per sterilizzare strumenti chirurgici.

ce|sti|nà|re *v.tr.* **1** gettare nel cestino della carta straccia scritti o lettere che non interessano: — *gli appunti* **2** (*fig.*) rifiutare ql.co., non prendere in considerazione: — *un invito, una proposta* | non pubblicare testi: — *un romanzo*.

ce|stì|no *s.m.* **1** piccolo cesto di vimini o d'altro materiale per usi diversi: — *della frutta, dei rifiuti* | — *da lavoro*, quello che contiene il necessario per cucire **2** (*inform.*) contenitore in cui si raccolgono i file eliminati.

ce|stì|sta *s.m./f.* [m.pl. -*i*] (*sport*) giocatore di pallacanestro.

cé|sto¹ *s.m.* **1** cesta: *un* — *di pane* (*sport*) nella pallacanestro, canestro.

cè|sto² *s.m.* nell'antichità, specie di guantone in cuoio e metallo per proteggere mani e braccia usato dai pugilatori durante i combattimenti.

ce|sù|ra *s.f.* **1** (*metr.*) pausa interna al verso che cade dopo la fine di una parola **2** (*mus.*) sosta che segue un inciso o una frase musicale **3** (*fig.*) interruzione.

Ce|tà|cei *s.m.pl.* ordine di grossi Mammiferi acquatici, di cui fanno parte le balene e i delfini, con corpo pisciforme, arti anteriori a pinna e posteriori mancanti, coda trasformata in pinna orizzontale che serve come propulsore e timone.

cè|to *s.m.* insieme dei cittadini di una medesima condizione sociale ed economica; classe sociale: *persona di* — *basso*.

ce|tò|nia *s.f.* coleottero verde con riflessi dorati; vive sui fiori, spec. sulle rose.

cé|tra *s.f.* **1** (*mus.*) strumento a corda privo di manico, costituito da una cassa armonica lungo la quale sono tese le corde **2** (*fig., lett.*) ispirazione poetica; poesia.

ce|tri|ò|lo *s.m.* **1** pianta erbacea rampicante

cha cha cha

con frutti commestibili dalla buccia verde, lunghi e carnosi **2** il frutto di questa pianta **3** (*fig.*) individuo maldestro e stupido **4** (*zool.*) — *di mare*, oloturia.
cha cha cha (*sp.*) [pr. *ciaciacià*] *s.m.invar.* ballo cubano dal ritmo sincopato veloce, molto popolare negli anni Cinquanta.
chador (*persiano*) [pr. *ciadòr*] *s.m.invar.* velo indossato dalle donne di religione islamica per coprire le spalle, il capo e il volto fino agli occhi.
chairman (*ingl.*) [pr. *cèrmen*] *s.m.invar.* presidente di riunioni, sessioni di congressi e sim.
chalet (*fr.*) [pr. *scialé*] *s.m.invar.* villetta di montagna in legno, con base in pietra e tetto spiovente.
challenger (*ingl.*) [pr. *cèllenger*] *s.m.invar.* (*sport*) sfidante di chi detiene un titolo o un trofeo | (*estens.*) chi partecipa a una gara sportiva.
champagne (*fr.*) [pr. *shampàgn*] *s.m.invar.* vino spumante francese, bianco o rosé prodotto nell'omonima regione ♦ *agg.invar.* di colore biondo chiaro, con sfumature tendenti al rosa.
champenois (*fr.*) [pr. *shampenuà*] *agg.* detto del processo di vinificazione con cui si ottiene lo champagne: *metodo —* ♦ *s.m.invar.* spumante ottenuto con tale metodo.
champignon (*fr.*) [pr. *shampignòn*] *s.m.invar.* fungo coltivato, molto usato in gastronomia, conosciuto anche come fungo prataiolo.
chance (*fr.*) [pr. *shàns*] *s.f.invar.* occasione favorevole; possibilità di riuscita: *avere le stesse —*.
chantilly (*fr.*) [pr. *shantiì*] *s.f.invar.* (*gastr.*) **1** (*anche agg.invar.*) farcitura per dolci a base di crema pasticciera e panna aromatizzata con rum o altro liquore: *crema —* **2** (*estens.*) il dolce guarnito con tale crema ♦ *s.m.invar.* **1** pizzo in filato molto sottile realizzato al tombolo **2** stivale di pelle lucida che arriva al ginocchio, usato dai cavallerizzi.
chardonnay (*fr.*) [pr. *shardonnè*] *s.m.invar.* **1** vitigno francese, diffuso anche in Italia, da cui si ottengono vini bianchi pregiati **2** (*anche agg.invar.*) vino bianco secco ottenuto da tale vitigno: *pinot —*.
charleston (*ingl.*) [pr. *ciàrlston*] *s.m.invar.* **1** ballo di origine americana diffuso negli anni Venti, dal ritmo vivace e sincopato **2** (*mus.*) strumento a percussione costituito da una coppia di piatti metallici che, azionando un pedale, vengono spinti uno contro l'altro; è un elemento della batteria.
charlotte (*fr.*) [pr. *sharlòt*] *s.f.invar.* **1** (*gastr.*) dolce preparato con savoiardi o pan di Spagna, crema chantilly e frutta **2** copricapo femminile decorato con pizzi e nastri.
charme (*fr.*) [pr. *shàrm*] *s.m.invar.* fascino, seduzione: *una donna ricca di —*.
charter (*ingl.*) [pr. *ciàrter*] *s.m.invar.* (*aer.*) **1** noleggio di un aereo non di linea da parte di compagnie di viaggio **2** (*anche agg.invar.*) aereo noleggiato da una compagnia aerea: *prendere un* (*volo*) —.

châssis (*fr.*) [pr. *shassì*] *s.m.invar.* telaio di un autoveicolo.
chat (*ingl.*) [pr. *ciàt*] *s.f.invar.* (*inform.*) scambio di messaggi di testo in tempo reale tra due o più utenti collegati: *partecipare a una — in rete*.
chat line (*ingl.*) [pr. *ciàtlain*] *loc.sost.f.invar.* **1** servizio telefonico a pagamento che consente la comunicazione tra più utenti **2** (*inform.*) in Internet, servizio che consente agli utenti di comunicare tra loro in tempo reale: *entrare nella —*.
chat|ta|re [pr. *ciattàre*] *v.intr.* [aus. *A*] (*gerg., inform.*) in Internet, conversare con altri utenti in tempo reale servendosi del computer.
chauffeur (*fr.*) [pr. *shoför*] *s.m.invar.* autista; guidatore.
che[1] *pron.rel.invar.* **1** [con funzione di sogg. e compl. ogg.] il quale, la quale, i quali, le quali: *il bambino — piange*; *la signora — compra un vestito*; *ecco i libri — mi hai prestato* **2** [con funzione di compl. indiretto] (*fam.*) in cui: *nell'anno — mi sono sposato* | *non avere a — fare con qlcu.*, non avere nessun legame con ql.co. o con qlcu. | *non c'è di —*, risposta a un ringraziamento **3** la qual cosa: *è molto in ritardo, il — mi innervosisce*; *mi ha insultato, al — ho reagito* ♦ *pron.interr.invar. solo sing.* [nelle prop. interr. dirette e indirette] quale cosa, che cosa: *— ti è successo?*; *non so — pensi di me*; *a — mirano i tuoi discorsi?*; *ma — hai da guardare?* ♦ *pron.escl.invar. solo sing.* quale cosa, che cosa: *— sento!* | (*fam.*) —*!*, esclamazione di stupore, meraviglia: "—*! Non ci penso affatto"* | *ma —!*, macché ♦ *pron.indef.* [preceduto da *un* indica ql.co. di indeterminato] qualche cosa | *un* (*certo*) *non so —*, qualche cosa: *un certo non so — di strano* | *non è un gran —*, non è una gran cosa, non vale molto | *ogni minimo —*, ogni nonnulla ♦ *agg.interr.invar.* quale, quali: *tempo fa?*; *— ragazzi frequenti?* ♦ *agg.escl.invar.* quale, quali: *— splendida casa!*; *— persone noiose!* | (*fam.*) [seguito da agg.] quant'è, com'è | *buono!*, che bontà, com'è buono ♦ *s.m. solo nella loc. il — e il come*, ogni cosa, tutto: *vorrei conoscere il — e il come di questa vicenda*.
che[2] *cong.* **1** introduce prop. dichiarative soggettive e oggettive con v. al congiunt. (in questo caso può anche essere omesso) o all'indic.: *è necessario — ci diamo da fare*; *sembra* (—) *sia arrivato*; *penso — hai ragione* **2** introduce prop. causali con v. all'indic. o al congiunt.: *mi dispiace — tu non ci sia* **3** introduce prop. ottative e imperative con v. al congiunt.: *spero — tu stia attento!*; *— non si ripeta più!* **4** introduce prop. consecutive con v. all'indic. o al congiunt.: *mi ha così spaventato — non riesco a calmarmi*; *era lontano a tal punto — non lo vedevo* **5** introduce prop. finali con v. al congiunt.: *stai attenta — non si faccia male* **6** introduce prop. temporali con significato di "quando", "da quando": *aspettiamo — torni il bel tempo*; *dal giorno — ti ho conosciuto* **7** introduce prop. comparative: *è meglio essere esclusi — coinvolti in questa storia* **8** introduce prop. condizionali con v. al congiunt.: *nel caso — piova, prenderemo l'autobus* **9** introduce prop.

limitative con v. al congiunt. con significato di "per quanto": — *io sappia, non è mai successo* **10** [dopo espressione neg., spec. con *altro*, *altri*, *altrimenti*, anche sottintesi] introduce prop. eccettuative: *non mangia (altro)* — *dolciumi*; *non vuole vedere (altri)* — *suo padre* **11** [introduce il secondo termine di paragone] nei compar. di maggioranza e minoranza: *sembri più soddisfatto* — *felice* | (*fam.*) nei compar. di uguaglianza in correlazione con *tanto*: *mi piace tanto l'uno* — *l'altro* **12** forma espressioni con valore superl.: *è più caro* — *mai*; *sono più* — *convinta* **13** nelle espressioni correlative, ha valore cooordinativo: *sia* — *tu voglia, sia* — *tu non voglia, partiremo domani* **14** entra in alcune loc. congiuntive, p.e. *appena* —, *sempre* —, *nonostante* — e sim.
ché *cong.* [introduce prop. interrogative, causali e finali] perché: —, *ti sei offeso?*; *vado via,* — *sono stanco*; *sbrigati,* — *arriviamo per primi.*
chéc|ca *s.f.* (*gerg.*,*spreg.*) maschio omosessuale.
chec|ché *pron.rel.indef.invar.* [con funzione di sogg. o compl. ogg., sempre con v. al congiunt.] qualsiasi cosa: — *se ne dica, l'inflazione aumenterà.*
chec|ches|si|a *pron.indef.invar.* **1** (*lett.*) qualsiasi cosa, qualunque cosa: *raccontaci* — *di allegro* **2** [in prop. negative] nulla: *non so* —, *credetemi.*
check-in (*ingl.*) [pr. *cekkìn*] *s.m.invar.* negli aeroporti, accettazione dei passeggeri in partenza effettuata mediante il controllo dei biglietti e il ritiro dei bagagli: *andare al* —.
check list (*ingl.*) [pr. *cèklist*] *loc.sost.m.|f.invar.* elenco delle operazioni o dei controlli da effettuare nelle varie fasi di attività complesse: *la* — *per l'utilizzo in sicurezza delle macchine.*
check-point (*ingl.*) [pr. *cèkpoint*] *s.m.invar.* posto di controllo militare.
check-up (*ingl.*) [pr. *cèkkap*] *s.m.invar.* **1** (*med.*) controllo medico generale, con analisi ed esami clinici **2** revisione generale di macchinari e attrezzature per assicurarne il corretto funzionamento.
cheeseburger (*ingl.*) [pr. *cìsburgher*] *s.m.invar.* panino con hamburger e formaggio.
chef (*fr.*) [pr. *scef*] *s.m.invar.* capocuoco.
chei|lo- (*med.*) primo elemento di parole composte che significa "labbro" (*cheiloschisi*).
chei|lo|fa|gi|a *s.f.* (*med.*) tic nervoso caratterizzato dal mordersi ripetutamente le labbra.
chei|lo|schi|si *s.f.* (*med.*) malformazione consistente nella divisione del labbro superiore; labbro leporino.
chè|la *s.f.* (*zool.*) organo di presa, difesa e offesa simile a una pinza, presente in molti crostacei, p.e. nel granchio, e negli scorpioni.
Che|lò|ni *s.m.pl.* ordine di Rettili, di cui fanno parte le tartarughe, dotati di carapace convesso rivestito da piastre cornee.
chemin de fer (*fr.*) [pr. *shmèn dfèr*] *s.m.invar.* gioco d'azzardo con le carte, simile al baccarà.
chè|mio *s.f.* (*fam.*) chemioterapia.
chè|mio- primo elemento di parole composte scientifiche che significa "chimico", "chimica" (*chemioterapico*).
che|mio|te|ra|pì|a *s.f.* (*med.*) cura di malattie infettive effettuata con farmaci prodotti per sintesi chimica | terapia chimica dei tumori.
che|mio|te|rà|pi|co *agg.* [m.pl. *-ci*] (*med.*) che si riferisce alla chemioterapia | **istituto** —, che produce farmaci di sintesi ♦ *s.m.* farmaco per la cura dei tumori.
chemisier (*fr.*) [pr. *shemisié*] *s.m.invar.* vestito da donna dalla linea diritta, abbottonato e con collo simile a quello delle camicie maschili.
chèn|zia *s.f.* pianta da interni, simile alla palma.
che|pì o **képi** *s.m.* cappello militare a forma di cilindro e con tesa in cuoio.
chèque (*fr.*) [pr. *scèk*] *s.m.invar.* assegno bancario.
che|ra|ti|na *s.f.* (*biol.*) sostanza proteica, elaborata dalle cellule epidermiche della cute, componente fondamentale dei tessuti cornei (unghie, capelli, corna); resiste alla digestione gastrica.
che|ra|ti|niz|zà|re *v.tr.* (*farm.*) rivestire con cheratina i medicinali che devono passare inalterati nell'intestino ♦ -**rsi** *intr.pron.* (*biol.*) subire un trattamento di cheratinizzazione.
che|ra|ti|niz|za|zió|ne *s.f.* **1** (*biol.*) processo di formazione dello strato corneo dell'epidermide **2** (*farm.*) operazione che consiste nel rivestire medicinali con cheratina.
che|ra|ti|te *s.f.* (*med.*) infiammazione della cornea dell'occhio.
chè|ra|to- (*scient.*) primo elemento di parole composte che significa "corneo", "strato corneo" oppure "relativo alla cornea".
che|ra|to|der|mì|a *s.f.* (*med.*) aumento della produzione dei tessuti cornei con ispessimento e infiammazione dell'epidermide.
che|ra|to|plà|sti|ca *s.f.* (*med.*) intervento chirurgico di trapianto della cornea.
che|ro|sè|ne o **kerosène** *s.m.* (*chim.*) miscela di idrocarburi ottenuta dal petrolio greggio, usata come propellente per motori a getto e come combustibile.
cherry brandy (*ingl.*) [pr. *cèri brèndi*] *s.m.invar.* liquore di ciliegie.
che|ru|bì|no *s.m.* **1** (*teol.*) angelo del secondo coro della prima gerarchia **2** (*arte*) raffigurazione di un angelo **3** (*estens.*) giovinetto o fanciulla di soave bellezza: *biondo come un* —.
che|tà|re *v.tr.* [indic.pres. *io chéto...*] far calmare, tranquillizzare qlcu. o ql.co.: — *un bimbo* ♦ -**rsi** *rifl.* calmarsi.
che|ti|chèl|la *solo nella loc.* **alla** —, di nascosto, senza farsi notare: *svignarsela alla* —.
chéto *agg.* tranquillo, calmo: *voce cheta* | — —, zitto zitto | (*fig.*) **acqua cheta**, individuo apparentemente calmo e remissivo, ma dal carattere molto forte.
Che|to|gnà|ti *s.m.pl.* gruppo di animali marini costituenti il plancton, ermafroditi e con il corpo trasparente e sottile.
che|tó|ne *s.m.* (*chim.*) ogni composto organico,

chewing-gum

ottenuto per ossidazione di alcoli secondari, contenente carbonile (il più semplice è l'acetone).

chewing-gum (*ingl.*) [pr. *ciùingam*] *s.m.invar.* gomma da masticare.

chi[1] *pron.rel.invar. solo sing.* **1** [con funzione di sogg. o compl.] colui il quale, colei la quale: — *ha dipinto questo quadro è un vero artista*; *cercherò* — *lo sa fare* **2** uno/a che, qualcuno/a che: *c'è sempre* — *giudica a sproposito*; *regalalo a* — *vuoi* **3** chiunque: *lo dirò a* — *me lo chiederà* ♦ *pron.indef.invar.* [usato sempre in correlazione: *chi... chi...*] uno... un altro; qualcuno... qualcun altro; (*pl.*) alcuni... altri: — *urlava,* — *rideva*; — *la racconta in un modo,* — *in un altro* ♦ *pron.interr. invar.* [in prop. dirette e indirette, con funzione di sogg. o compl.] quale persona, quali persone: — *ha parlato?*; — *hai visto?*; *a* — *sta telefonando?*; *ho chiesto* — *ha mangiato il mio panino* | (*fam.*) *ma* —*?*, ma va, neanche per sogno!: *"L'hai detto tu?" "Ma* —*?"* | *non so* —, una persona sconosciuta o di cui non si ricorda il nome: *non so* — *me l'ha raccontato* | — *mai*, forma rafforzativa, anche esclamativa: — *mai lo avrebbe detto!* | — *sa*, chissà | — *lo sa!*, esclamazione di dubbio, incertezza.

chi[2] *s.m./f.* nome della ventiduesima lettera dell'alfabeto greco, che corrisponde al digramma *ch* dell'alfabeto latino.

chiàc|chie|ra *s.f.* **1** (*spec.pl.*) conversazione su argomenti di poca importanza, futili | *fare due, quattro chiacchiere*, parlare del più e del meno: *tanto per fare due chiacchiere* | *a* —, soltanto a parole, non a fatti **2** (*spec.pl.*) notizia infondata e maligna; pettegolezzo: *non ascoltare le chiacchiere della gente* **3** loquacità, parlantina: *ha una gran* — **4** (*gastr.*) strisce di pasta fritta cosparse di zucchero, preparate a carnevale.

chiac|chie|ra|re *v.intr.* [indic.pres. *io chiàcchiero...*; aus. *A*] **1** discorrere, parlare | conversare su argomenti futili **2** fare della maldicenza, sparlare di qlcu.

chiac|chie|ra|ta *s.f.* **1** conversazione amichevole **2** discorso lungo e inconcludente.

chiac|chie|ra|to *part.pass.* di chiacchierare ♦ *agg.* che è oggetto di pettegolezzi: *un'amicizia molto chiacchierata*.

chiac|chie|ric|cio *s.m.* chiacchierio.

chiac|chie|ri|o *s.m.* conversazione prolungata e continua di più persone.

chiac|chie|ró|ne *agg., s.m.* [f. *-a*] **1** (*scherz.*) che, chi chiacchiera molto e volentieri **2** (*spreg.*) che, chi non riesce a tenere un segreto: *non dirlo a quel* —*!*

chià|ma *s.f.* (*bur.*) appello nominale.

chia|mà|re *v.tr.* **1** rivolgersi a qlcu., anche a un animale, dicendone il nome oppure con gesti o segnali, affinché risponda, si avvicini: — *il cane per strada* | (*fam.*) telefonare: *chiamami appena arrivi* | svegliare: *domattina chiamami alle sette* **2** richiedere l'intervento o la presenza di qlcu.: — *la polizia*; — *un taxi*; *gli affari mi chiamano in Svizzera* | (*fig.*) invitare: *ha chiamato tutti i bambini della classe per il suo compleanno* | (*fig.*) *Dio l'ha chiamato a sé*, è morto | (*dir.*) — *in giudizio*, citare qlcu. in una causa penale | — *qlcu. a testimone*, invitare qlcu. a testimoniare | (*estens.*) — *in causa qlcu.*, coinvolgerlo in una faccenda o discussione perlopiù incresciosa **3** chiedere, domandare a gran voce: — *aiuto* **4** attrarre, attirare: *soldi chiamano soldi* **5** dare un nome, un nomignolo: *in famiglia lo chiamiamo Billy* | (*fig.*) — *le cose con il loro nome*, parlare con sincerità **6** nominare, designare qlcu. a un incarico: *lo hanno chiamato alla direzione dell'azienda* ♦ *-rsi rifl.* **1** dichiararsi: — *fortunato* **2** darsi nome: *ha voluto* — *suor Carla* ♦ *intr.pron.* **1** avere nome: *come si chiama?*; *mio zio si chiama Luigi* **2** essere: *questa si chiama maleducazione*.

chia|mà|ta *s.f. s.f.* **1** invito orale, scritto o gestuale a fare ql.co. o a recarsi in un determinato posto | — *alle armi*, convocazione a prestare servizio di leva o ad arruolarsi nelle forze armate in caso di guerra | (*teat.*) — *alla ribalta*, applauso che invita gli attori a ripresentarsi sulla scena | (*relig.*) — *di Dio*, vocazione religiosa **2** telefonata: — *internazionale* **3** in un testo a stampa o manoscritto, segno con cui si indica una correzione o un'aggiunta.

chiàn|ti *s.m.* vino rosso toscano ottenuto spec. da uva sangiovese.

chian|ti|già|no *agg.* del Chianti, in Toscana ♦ *s.m.* [f. *-a*] nativo o abitante del Chianti.

chiàp|pa *s.f.* (*pop.*) natica.

chià|ra *s.f.* (*fam.*) albume dell'uovo crudo: *battere le chiare*.

chia|ra|mén|te *avv.* **1** in modo comprensibile: *un concetto espresso* — **2** francamente: *mi ha detto* — *che cosa ne pensa*.

chia|rét|to *s.m.* vino rosé a bassa gradazione ♦ *agg.* detto di vino dal colore chiaro.

chia|réz|za *s.f.* **1** l'essere chiaro; limpidezza: — *dell'acqua* **2** (*fig.*) evidenza; comprensibilità: *la* — *di un discorso* | *fare* —, fornire spiegazioni per eliminare eventuali equivoci **3** sincerità, lealtà: *comportarsi con* —.

chia|ri|fi|càn|te *part.pres.* di chiarificare ♦ *agg.*, *s.m.* detto di sostanza che, aggiunta a un liquido, lo rende più chiaro o limpido.

chia|ri|fi|cà|re *v.tr.* [indic.pres. *io chiarìfico, tu chiarìfichi...*] **1** rendere chiaro o limpido, spec. un liquido: — *il vino, l'olio, il burro* **2** (*fig.*) spiegare, rendere comprensibile ql.co.: — *un concetto*.

chia|ri|fi|ca|tó|re *agg.* [f. *-trice*] che rende chiaro, fornisce spiegazioni: *incontro* — ♦ *s.m.* dispositivo dotato di centrifuga per chiarificare i liquidi.

chia|ri|fi|ca|zió|ne *s.f.* **1** operazione eseguita per chiarificare una sostanza **2** (*fig.*) spiegazione.

chia|ri|mén|to *s.m.* spiegazione, precisazione: *ho chiesto un* —.

chia|rì|re *v.tr.* [indic.pres. *io chiarìsco, tu chiarìsci...*] (*fig.*) rendere comprensibile o più comprensibile ql.co. fornendo spiegazioni, esempi ecc.: — *una questione, un problema* | risolvere: — *un dubbio* | esplicitare, giustificare: — *il proprio*

comportamento | mettere in chiaro: *dobbiamo — la faccenda* | *chiarirsi le idee*, riflettere per capire meglio ql.co. ♦ **-rsi** *rifl.* acquisire certezza su ql.co.: — *di un dubbio* ♦ *intr.pron.* (*fig.*) diventare più comprensibile: *il caso si è chiarito*.
chia|ris|si|mo *agg.* [superl.] di *chiaro*] titolo un tempo attribuito agli aristocratici e oggi dato ai professori universitari.
chia|ri|tó|io *s.m.* 1 filtro per chiarificare i liquidi 2 locale in cui si esegue la chiarificazione dei liquidi.
chià|ro *agg.* 1 luminoso: *una giornata chiara* 2 di colore non intenso, pallido: *un abito* — 3 limpido, trasparente, puro: *acqua chiara* 4 (*fig.*) schietto, onesto: *ha intenzioni chiare* 5 che si comprende facilmente: *definizioni chiare* | *essere* —, farsi capire | (*fig.*) *mettere in* —, spiegare in modo convincente, senza lasciare dubbi 6 che si sente o si vede distintamente: *voce chiara* 7 deciso, risoluto: *avere convinzioni chiare* 8 (*fig.*) illustre, meritevole: *persona di chiara fama* ♦ *avv.* 1 in modo sincero, apertamente: *parlare* — 2 in modo comprensibile: *scrivere* — 3 distintamente | (*fig.*) *non vederci* — *in ql.co.*, supporre che ci sia ql.co. di losco ♦ *s.m.* 1 luce, luminosità: *fare* — *con una torcia* 2 colore chiaro: *stai bene con il* — 3 (*spec.pl.*) in un disegno o in un dipinto, la zona più illuminata.
chia|ró|re *s.m.* luminosità tenue e diffusa: *il — dell'alba* | luce poco intensa che si vede nel buio.
chia|ro|scu|rà|le *agg.* caratterizzato dal chiaroscuro: *gradazioni chiaroscurali*.
chia|ro|scu|rà|re *v.tr.* elaborare a chiaroscuro un dipinto, un disegno e sim. | (*fig.*) creare un contrasto di toni: — *una composizione musicale* ♦ *intr.* [aus. *A*] dipingere, disegnare a chiaroscuro.
chia|ro|scù|ro *s.m.* 1 nella pittura e nel disegno, tecnica con cui, mediante il passaggio graduale dai toni più scuri a quelli più chiari, si crea un effetto di luci e ombre che conferisce profondità a un'immagine | (*estens.*) pittura o disegno eseguiti con tale tecnica 2 (*estens.*) contrasto di toni | — *musicale*, variazione dell'intensità dei suoni | (*fig.*) alternanza di avvenimenti lieti e tristi.
chia|ro|veg|gèn|te *s.m./f.* chi riesce a prevedere il futuro; veggente ♦ *agg.* 1 dotato di chiaroveggenza 2 che è in grado di prevedere razionalmente gli sviluppi futuri; lungimirante.
chia|ro|veg|gèn|za *s.f.* 1 facoltà paranormale di vedere avvenimenti lontani nel tempo e nello spazio 2 (*fig.*) perspicacia, lungimiranza.
chià|smo *s.m.* (*ret.*) disposizione a struttura incrociata di quattro elementi costitutivi di una frase, in cui il primo corrisponde all'ultimo e il secondo al terzo (p.e. *tutti per uno, uno per tutti*).
chias|sà|ta *s.f.* 1 schiamazzo prolungato 2 lite animata, talvolta violenta; scenata.
chiàs|so *s.m.* rumore forte e prolungato provocato da persone o cose; baccano: *il — dei bambini in cortile* | (*fig.*) suscitare clamore, scalpore: *una notizia che ha fatto* —.
chias|só|ne *agg., s.m.* [f. *-a*] che, chi è chiassoso.
chias|so|si|tà *s.f.* l'essere chiassoso.

chias|só|so *agg.* 1 che fa chiasso gridando, ridendo ecc.: *una folla chiassosa* | rumoroso: *un mercato* — 2 (*fig.*) che è troppo appariscente, vistoso: *un vestito* — □ **chiassosamente** *avv.*
chià|sti|co *agg.* [m.pl. *-ci*] a forma di chiasmo.
chiàt|ta *s.f.* barcone da rimorchio o dotato di motore proprio, largo e a fondo piatto, usato per il trasporto di merci o persone nei porti o su fiumi e canali.
chia|vàr|da *s.f.* 1 (*mecc.*) grosso bullone per ancorare i basamenti delle macchine fisse o per unire parti di strutture 2 (*edil.*) tirante a sbarra per contenere la spinta di un arco.
chia|và|re *v.tr.* (*volg.*) 1 possedere sessualmente 2 imbrogliare ♦ *intr.* [aus. *A*] avere rapporti sessuali con qlcu.
chia|và|ta *s.f.* (*volg.*) 1 rapporto sessuale 2 imbroglio, fregatura.
chià|ve *s.f.* 1 dispositivo metallico che aziona una serratura: *la porta è chiusa a* — | — *universale*, che apre tutte le serrature | (*fig.*) *chiavi in mano*, detto di un bene utilizzabile subito all'atto della vendita | (*fig.*) *tenere sotto* —, custodire con molta cura 2 (*fig.*) ciò che permette di raggiungere un determinato fine: *la* — *della vittoria* | ciò che serve per capire ql.co.: *la* — *di un mistero* | — *di lettura*, criterio, anche soggettivo, con cui si interpreta un testo, un film o una determinata realtà | numero, lettera o parola (anche in combinazione) che consente di interpretare messaggi cifrati, rebus e sim. 3 (*tecn.*) attrezzo metallico per caricare meccanismi a molla, stabilire contatti elettrici, allentare o serrare viti, dadi ecc. | — *inglese*, quella che si può adattare in modo da far presa su viti e bulloni di diverso diametro | — *a stella*, cacciavite con punta a stella 4 (*arch.*) — *di volta*, pietra a forma di cuneo che, posta a sommità di un arco o di una volta, ne assicura la stabilità | (*fig.*) elemento fondamentale; punto di svolta: *la — di volta di un romanzo* 5 (*mus.*) segno convenzionale che, posto all'inizio di un rigo, indica l'altezza delle note: — *di fa, di violino* | (*fig.*) *in* —, in base a un determinato punto di vista: *in* — *contemporanea* 6 (*metr.*) nella canzone, la rima che collega il primo gruppo di versi (*fronte*) al secondo (*sirma*) ♦ *agg.inyar*. che ha valore determinante, risolutivo: *elementi* — | *parola* —, vocabolo che consente di accedere a informazioni protette: *inserire la parola* —.
chia|vét|ta *s.f.* chiave per caricare congegni a molla 2 dispositivo girevole che regola il passaggio di gas o fluidi nelle tubature; rubinetto 3 (*mecc.*) barretta metallica che collega saldamente due elementi.
chià|vi|ca *s.f.* 1 fogna 2 (*fig.*) persona vorace, smodata 3 struttura dotata di paratoie per regolare il deflusso delle acque.
chia|vi|stèl|lo *s.m.* barra di ferro per tenere chiuse le imposte di porte o finestre; catenaccio.
chiàz|za *s.f.* grossa macchia larga e tondeggiante: *una* — *d'olio*.
chiaz|zà|re *v.tr.* coprire di macchie: *ho chiazza-*

chic *to tutto il tovagliolo* ♦ **-rsi** *intr.pron.* macchiarsi in più punti.

chic (*fr.*) [pr. *scik*] *agg.invar.* che ha eleganza, che è distinto: *una persona —; un ristorante —* ♦ *s.m.invar.* eleganza.

chicane (*fr.*) [pr. *scikàn*] *s.f.invar.* (*auto.*) doppia curva a esse creata nei circuiti per costringere a rallentare.

chic|ca *s.f.* 1 caramella; dolciume 2 (*fig.*) elemento prezioso: *la — della serata.*

chic|che|ra *s.f.* tazzina con manico per bevande calde | (*estens.*) il liquido in essa contenuto.

chic|ches|si|a o **chi che sia** *pron.indef.m./f. solo sing.* 1 qualunque persona, chiunque: *lo dirò a —* 2 [in prop. neg.] nessuno: *non m'importa di —*.

chic|co *s.m.* [pl. *-chi*] 1 seme di cereale o di altra pianta: *— di riso* | *— d'uva*, acino 2 piccolo oggetto rotondo: *— di grandine.*

chie|de|re *v.tr.* [indic.pres. *io chièdo...*; pass.rem. *io chièsi, tu chiedésti, egli chièse..., essi chièsero...*; congiunt.pres. *io chièda...*; part.pass. *chièsto*] 1 domandare per ottenere: *— un permesso; — ql.co.in prestito* | *— scusa*, scusarsi 2 domandare per sapere: *— l'ora; mi chiedo che fine abbia fatto* 3 esigere, pretendere: *non posso chiedergli questo sacrificio* | pretendere un corrispettivo in denaro: *chiede troppo per quella casa* ♦ *intr.* [aus. *A*] 1 informarsi su ql.co. o qlcu.: *mi hanno chiesto della tua amica* 2 (*fam.*) esprimere il desiderio di vedere o di parlare con qlcu.: *di là chiedono di te.*

chié|ri|ca o **chièrica** *s.f.* rasatura rotonda sulla testa che caratterizzava gli ecclesiastici | (*estens.*) mancanza di capelli sulla sommità della testa; calvizie.

chie|ri|cà|to *s.m.* 1 situazione, stato del chierico 2 insieme degli ecclesiastici.

chie|ri|chét|to *s.m.* [f. *-a*] giovane che assiste il sacerdote durante la messa o in altre funzioni religiose.

chié|ri|co o **chièrico** *s.m.* [pl. *-ci*] 1 chi appartiene al clero; ecclesiastico 2 (*estens.*) chi studia per diventare sacerdote; seminarista 3 (*estens.*) chi assiste il celebrante durante la messa o in altre funzioni religiose.

chiè|sa *s.f.* 1 [spec. con iniziale maiuscola] comunità di fedeli di una stessa confessione cristiana: *— cattolica, valdese* | (*estens.*) gruppo di persone accomunate dalla stessa fede o ideologia 2 (*per anton.*) la Chiesa cattolica romana 3 edificio sacro adibito agli atti di culto cristiano: *frequentare la —* | *essere tutto casa e —*, avere un comportamento socialmente irreprensibile 4 il clero.

chie|sà|sti|co *agg.* [m.pl. *-ci*] 1 che riguarda la chiesa 2 (*spreg.*) da prete.

chiffon (*fr.*) [pr. *scifòn*] *s.m.invar.* stoffa molto sottile sintetica o in seta.

chi|glia *s.f.* (*mar.*) elemento rigido dello scafo che va da prora a poppa e congiunge le strutture trasversali di un'imbarcazione.

chignon (*fr.*) [pr. *scignòn*] *s.m.invar.* treccia di capelli raccolta sulla nuca.

chihuahua (*sp.*) [pr. *ciuàua*] *s.m.invar.* cane da compagnia dalla corporatura minuta, con pelo corto e fulvo, occhi tondi e orecchie grandi.

chili (*sp.*) [pr. *cìli*] *s.m.invar.* peperoncino piccante | salsa piccante messicana.

chi|li|fe|ro *agg.* (*anat.*) detto del vaso linfatico che trasporta il chilo attraverso l'intestino.

chi|li|fi|cà|re *v.tr., intr.* [indic.pres. *io chilifico, tu chilifichi...*; aus. *A*] (*biol.*) sottoporre a chilificazione.

chi|li|fi|ca|zió|ne *s.f.* (*biol.*) processo per cui, nel corso della digestione, il chimo si trasforma in chilo.

chi|lo[1] *s.m. abbr. di* chilogrammo.

chi|lo[2] *s.m.* (*biol.*) liquido lattiginoso formato dagli alimenti digeriti nell'intestino tenue.

chi|lo- o **kilo-** primo elemento di parole composte relative a unità di misura, che indica la moltiplicazione per mille del valore espresso nella seconda parte (*chilometro*).

chi|lo|gràm|me|tro *s.m.* (*fis.*) unità di misura di lavoro equivalente al lavoro compiuto per alzare 1 chilogrammo all'altezza di 1 metro.

chi|lo|gràm|mo *s.m.* unità di misura di peso equivalente a 1000 grammi (*simb.* kg).

chi|lò|li|tro *s.m.* unità di misura di capacità equivalente a 1000 litri (*simb.* kl).

chi|lo|me|tràg|gio *s.m.* distanza misurata in chilometri.

chi|lo|me|trà|re *v.tr.* [indic.pres. *io chilòmetro...*] misurare un percorso in chilometri.

chi|lo|mè|tri|co *agg.* [m.pl. *-ci*] 1 misurato in chilometri: *percorso —* 2 (*fig.*) interminabile: *una telefonata chilometrica.*

chi|lò|me|tro *s.m.* unità di misura di lunghezza equivalente a 1000 metri (*simb.* km).

Chi|lò|po|di *s.m.pl.* classe di Artropodi, noti con il nome di *centopiedi*, con due antenne e un lungo corpo piatto suddiviso in segmenti, ognuno dei quali è dotato di un paio di arti.

chi|lo|tó|ne o **chiloton** *s.m.* (*fis.*) unità di misura di energia equivalente a quella prodotta dall'esplosione di 1000 tonnellate di tritolo (*simb.* kt).

chi|lo|watt o **kilowatt** *s.m.invar.* unità di misura di potenza elettrica equivalente a 1000 watt (*simb.* kW).

chi|lo|wat|tó|ra o **kilowattóra** *s.m.invar.* (*fis.*) unità di misura dell'energia elettrica equivalente a quella sviluppata da 1 chilowatt in un'ora (*simb.* kWh).

chi|mè|ra *s.f.* 1 (*mit.*) mostro con testa e corpo di leone, una testa di capra sul dorso e un serpente per coda 2 (*fig.*) sogno irrealizzabile, illusione: *correre dietro a una —*.

chi|mè|ri|co *agg.* [m.pl. *-ci*] 1 proprio della chimera 2 (*fig.*) fantastico, utopistico: *progetti chimerici.*

Chi|me|ri|fór|mi *s.m.pl.* ordine di Pesci cartilaginei degli abissi marini.

chi|mi|ca *s.f.* scienza che studia la composizione, la struttura, le proprietà e le trasformazioni delle sostanze organiche e inorganiche.

chi|mi|co *agg.* [m.pl. *-ci*] 1 di chimica: *stabili-*

mento — 2 che si ottiene attraverso processi di laboratorio: *sostanza —* ♦ *s.m.* [*f. -a*] studioso o professionista che si occupa di scienze chimiche □ **chimicamente** *avv.* secondo leggi o procedure chimiche.

chi|mi|fi|ca|zió|ne *s.f.* (*biol.*) trasformazione delle sostanze alimentari in chimo.

chi|mì|smo *s.m.* (*chim.*) insieme delle attività chimiche di un organismo vivente | insieme delle proprietà chimiche di una materia organica.

chi|mo *s.m.* (*biol.*) materia alimentare presente nello stomaco dopo la digestione operata dai succhi gastrici.

chi|mó|no o **kimòno** *s.m.invar.* **1** abito tradizionale giapponese, lungo, con maniche larghe e fascia alta in vita | *manica a —*, quella unita alla spalla, senza cuciture **2** (*sport*) abbigliamento di chi esercita le arti marziali.

chi|na¹ *s.f.* terreno in pendio | (*fig.*) *essere, mettersi su una brutta —*, su una strada pericolosa.

chi|na² *s.f.* **1** pianta arborea dalla cui corteccia si estraggono sostanze medicamentose **2** liquore alcolico a base di corteccia di china.

chi|na³ *s.f.* (*ell.*) (*inchiostro di —*) inchiostro scuro da disegno, a base di nerofumo e gomma lacca.

chi|nà|re *v.tr.* volgere verso il basso; piegare | — *lo sguardo, il capo*, abbassarli in segno di saluto, vergogna o sottomissione ♦ **-rsi** *rifl.* piegarsi con tutta la persona; inchinarsi.

chin|ca|glie|rì|a *s.f. spec.pl.* piccolo oggetto ornamentale di poco valore: *un negozio di chincaglierie* | cosa inutile e di nessun valore; cianfrusaglia.

chi|né|si-, -chi|né|si → **cinesi-, -cinesi.**

chi|ne|sio|lo|gì|a *s.f.* → **cinesiologia.**

chi|ne|si|te|ra|pì|a *s.f.* → **cinesiterapia.**

chi|ne|tò|si o **cinetòsi** *s.f.* (*med.*) malessere caratterizzato da vertigini, nausea e vomito, che insorge su un mezzo di trasporto a causa di movimenti irregolari e ripetuti (p.e. il mal d'auto, il mal di mare).

chi|nì|na *s.f.* (*chim.*) sostanza organica contenente azoto, estratta dalla corteccia della china, i cui sali hanno azione antimalarica e antifebbrile.

chi|nì|no *s.m.* (*farm.*) sale di chinina, usato contro malaria e malattie febbrili.

chi|no *agg.* chinato, rivolto verso il basso, curvo (anche per fatica o dolore): *camminare —.*

chi|no|lì|na *s.f.* (*chim.*) composto organico contenente azoto impiegato nella produzione di farmaci e coloranti.

chi|nòt|to *s.m.* **1** piccolo albero dai frutti tondi e amarognoli, simili a mandarini | il frutto di tale albero **2** bevanda analcolica gassata a base di estratto di chinotto.

chintz (*ingl.*) [pr. *cinz*] *s.m.invar.* stoffa di cotone resa lucida con un trattamento specifico, usata spec. nell'arredamento.

chiòc|cia *s.f.* [pl. *-ce*] gallina che cova le uova e alleva i pulcini | (*fig.*) persona troppo protettiva, detto spec. di una madre verso i figli.

chioc|cià|re *v.intr.* [indic.pres. *io chiòccio...*; aus. *A*] **1** emettere un suono fioco e stridulo, caratteristico della chioccia quando cova **2** covare.

chiòc|cio *agg.* [f.pl. *-ce*] (*di suono*) fioco e stridulo, come il verso della chioccia: *voce chioccia.*

chiòc|cio|la *s.f.* **1** mollusco con conchiglia a spirale, capo dotato di antenne retrattili, corpo lungo e viscido | *a —*, con sviluppo a spirale: *scala a — 2* (*anat.*) coclea **3** (*mus.*) estremità superiore del manico del violino **4** (*inform.*) segno (@) che nell'indirizzo di posta elettronica separa il nome dell'utente da quello del fornitore del servizio.

chioc|co|là|re *v.intr.* [indic.pres. *io chiòccolo...*; aus. *A*] **1** (*di merlo, fringuello e sim.*) emettere un fischio leggero e intermittente **2** imitare il verso degli uccelli con il chioccolo **3** (*estens.*) gorgogliare dolcemente.

chiòc|co|lì|o *s.m.* **1** il verso continuo del merlo, del fringuello e sim. **2** (*estens.*) gorgoglio leggero e incessante dell'acqua: *il — della sorgente.*

chiòc|co|lo *s.m.* **1** verso tipico di uccelli come il merlo, il fringuello ecc. **2** fischietto che imita il verso degli uccelli, usato come richiamo per catturarli **3** leggero gorgoglio dell'acqua.

chio|dà|me *s.m.* assortimento di chiodi.

chio|dà|re *v.tr.* [indic.pres. *io chiòdo...*] **1** munire di chiodi **2** (*alpinismo*) dotare una parete di chiodi per arrampicarsi.

chio|dà|to *part.pass.* di **chiodare** ♦ *agg.* provvisto di chiodi: *ruota chiodata* | *bastone —*, con punta in metallo | (*sport*) *scarpe chiodate*, con suola dotata di chiodi per una migliore presa sul terreno.

chio|da|trì|ce *s.f.* macchina per inchiodare e battere i chiodi.

chio|da|tù|ra *s.f.* **1** operazione e risultato del mettere chiodi | unione di elementi metallici mediante chiodi **2** insieme dei chiodi di un oggetto, spec. di una scarpa.

chio|de|rì|a *s.f.* fabbrica di chiodi **2** chiodame.

chio|di|no *s.m.* fungo commestibile con gambo lungo e sottile e cappello di colore giallo-bruno; cresce in gruppi alla base degli alberi.

chiò|do *s.m.* **1** barretta metallica appuntita a un'estremità e con una testa dall'altra, usata per unire fra loro parti di metallo, legno o altro, o per appendere oggetti: *piantare un —* | (*sport*) *— da roccia*, nell'alpinismo, asta che si pianta nella roccia o nel ghiaccio come appiglio per la corda | *magro come un —*, magrissimo | (*fig.*) *appendere ql.co. al —*, non usarlo più **2** bastoncino metallico inserito in pneumatici o suole di calzature per accrescere l'aderenza al terreno **3** (*fig.*) pensiero ossessivo: *avere un — fisso* | (*fig.*) dolore acuto e incessante | (*prov.*) *— scaccia —*, una preoccupazione manda via l'altra **4** (*med.*) elemento in acciaio inossidabile usato per saldare le fratture **5** (*bot.*) *— di garofano*, gemma di pianta esotica, essiccata e usata in cucina come aroma.

chiò|ma *s.f.* **1** capigliatura fluente **2** (*estens.*) criniera **3** (*fig.*) insieme di foglie e rami di un al-

chiomato

bero 4 (*astr.*) chiarore che circonda o segue una cometa.
chio|mà|to *agg.* (*lett.*) 1 (*di persona*) che ha una chioma fluente | (*di animale*) che ha una folta criniera 2 (*fig.*, *di albero*) con grandi fronde.
chio|sa *s.f.* spiegazione di una parola o di un passo difficile; nota: *le chiose di un testo*.
chio|sà|re *v.tr.* [indic.pres. *io chiòso...*] 1 aggiungere chiose a un testo di difficile interpretazione 2 (*estens.*) interpretare, spiegare.
chiò|sco *s.m.* [pl. -*schi*] 1 piccola costruzione per la vendita di giornali, bibite o altro: *il — del fioraio* 2 in giardini e parchi, struttura circolare a volta con colonne.
chiò|stra *s.f.* (*lett.*) 1 struttura a semicerchio, cerchia: *la — dei monti* 2 luogo chiuso.
chiò|stro *s.m.* 1 cortile di conventi, chiese e sim. delimitato da portici 2 (*estens.*) convento, monastero | (*fig.*) vita monastica 3 (*lett.*) spazio chiuso e appartato.
chiòt|to *agg.* tranquillo e silenzioso, cauto: *allontanarsi —*.
chip (*ingl.*) [pr. *cip*] *s.m.invar.* 1 (*elettron.*) piastrina in silicio su cui vengono costruiti i circuiti integrati 2 gettone per giochi d'azzardo.
chippendale (*ingl.*) [pr. *cippendeil*] *s.m.invar.* stile di mobili inglesi del Settecento, caratterizzato da motivi gotici, rococò ed esotici ♦ *agg. invar.* detto di mobile appartenente a tale stile: *sedia —*.
chips (*ingl.*) [pr. *cips*] *s.f.pl.* patatine fritte prodotte industrialmente, tagliate a fette o a fiammifero.
chi|ro- primo elemento di parole composte che significa "mano" (*chiromante*) o "pinna" (*chirotteri*).
chi|ro|gra|fà|rio *agg.* (*dir.*) garantito da un semplice atto scritto: *debito, credito —* ♦ *s.m.* [f. -*a*] (*dir.*) creditore che ha un documento firmato dal debitore.
chi|rò|gra|fo *s.m.* 1 atto autografo 2 (*dir.*) documento firmato che certifica un'obbligazione patrimoniale.
chi|ro|màn|te *s.m./f.* chi legge il carattere e il destino di una persona nelle linee della mano.
chi|ro|màn|ti|co *agg.* [m.pl. -*ci*] proprio della chiromanzia.
chi|ro|man|zì|a *s.f.* arte divinatoria che individua il carattere e il futuro di una persona leggendone le linee della mano.
chi|ro|no|mì|a *s.f.* 1 (*ret.*, *teat.*) arte di usare in modo appropriato la gestualità 2 (*mus.*) arte di dirigere un'orchestra o un coro con i gesti delle mani.
chi|ro|prà|ti|ca *s.f.* trattamento terapeutico basato sulla manipolazione delle articolazioni, spec. della colonna vertebrale.
chi|ro|spà|smo *s.m.* (*med.*) contrattura della mano causata da sforzo muscolare prolungato, nota come *crampo dello scrivano*.
chi|ro|te|ra|pì|a *s.f.* chiropratica.
chi|ro|te|rà|pi|co *agg.* [m.pl. -*ci*] attinente alla chiroterapia.
chi|ro|ti|pì|a *s.f.* metodo di riproduzione di scritte o disegni eseguita passando manualmente l'inchiostro su un'apposita mascherina traforata.
Chi|ròt|te|ri *s.m.pl.* ordine di Mammiferi, comunemente noti come pipistrelli, con arti anteriori trasformati in ali grazie a una membrana che unisce le lunghe dita e si collega al corpo e agli arti posteriori.
chi|rur|gì|a *s.f.* [pl. -*gie*] branca della medicina che cura malattie o lesioni con interventi operatori.
chi|rùr|gi|co *agg.* [m.pl. -*ci*] di chirurgia, che riguarda la chirurgia: *operazione chirurgica* □ **chirurgicamente** *avv.*
chi|rùr|go *s.m.* [m.pl. -*ghi* o -*gi*; f. -*a*] medico specialista in chirurgia.
chis|sà o **chi sa** *avv.* 1 indica indecisione, dubbio o vaga speranza: *— se tornerò; — come sta* 2 (*nelle risposte*) forse: *"Ci rivedremo?" "—!"* 3 seguito da *che* o *chi* indica ql.co. o qlcu. di imprecisato: *le avrà detto — che e lei ci ha creduto; sarà finito nelle mani di — chi* | (*iron.*) **crédersi —** *chi*, reputarsi esageratamente importante.
chi|tàr|ra *s.f.* 1 (*mus.*) strumento a sei corde costituito da una cassa di risonanza a forma di ottondo dotata di manico lungo e foro acustico rotondo 2 attrezzo da cucina, tipico della tradizione abruzzese, composto da corde metalliche tese su un telaio e usato per tagliare la pasta all'uovo: *spaghetti alla —*.
chi|tar|rì|sta *s.m./f.* [m.pl. -*i*] suonatore di chitarra.
chi|tì|na *s.f.* (*chim.*) sostanza azotata resistente e insolubile, che costituisce il rivestimento esterno di granchi e aragoste e di altri Invertebrati.
chi|ti|nó|so *agg.* (*biol.*) detto di organo animale che contiene chitina.
chi|tó|ne *s.m.* tunica di lino o lana indossata dagli antichi greci, raccolta in vita da una cintura e fermata sulle spalle con fibbie o fermagli.
chiù|de|re *v.tr.* [pass.rem. *io chiusi, tu chiudésti...*; part.pass. *chiuso*] 1 far combaciare i battenti di porte, finestre e sim. per impedire il passaggio o rendere inaccessibile: *— il cancello; — la cassaforte* | far combaciare due o più parti disgiunte: *— l'ombrello; — un libro* | (*fig.*) **— la bocca a qlcu.**, zittirlo in malo modo | (*fig.*) **— le orecchie**, non prestare ascolto, essere indifferenti | (*fig.*) **— un occhio**, sorvolare su ql.co. | (*fig.*) **non — occhio**, non dormire 2 coprire ql.co. con un coperchio o un tappo: *— un barattolo* 3 impedire un accesso, sbarrare: *— il centro storico* | **— il gas**, *l'acqua*, impedirne il passaggio nelle condutture | circondare ql.co.: *il recinto chiude il giardino* 4 serrare, stringere: *— la mano* 5 riporre ql.co.: *— i documenti nel cassetto* | segregare qlcu.: *— in prigione* 6 terminare, porre fine a ql.co.: *— la riunione* | (*fig.*) **— bottega**, cessare un'attività | *— una lista, una fila*, esserne ultimi 7 (*comm.*) porre termine a un esercizio finanziario, a un contratto: *— il bilancio* ♦ *intr.* [aus. *A*] 1 essere chiuso,

combaciare: *il rubinetto chiude male* **2** interrompere, cessare un'attività: *la ditta chiude* | *(fig.)* — *con qlcu.*, interrompere i rapporti con lui ♦ **-rsi** *rifl.* **1** ritirarsi: — *in camera* | — *in se stessi*, non confidarsi con nessuno **2** avvolgersi in ql.co.: — *nel mantello* | *(fig.)* raccogliersi: — *nel proprio lutto* ♦ *intr.pron.* **1** serrarsi: *la cassaforte si chiude automaticamente* **2** rimarginarsi: *la ferita si chiuderà presto*.
chiu|di|lèt|te|ra *s.m.invar.* bollino simile a un francobollo, messo in commercio per beneficenza o con finalità pubblicitarie, usato per sigillare le buste.
chi|ùn|que *pron.indef. solo sing.* qualsiasi persona: — *si sarebbe comportato così*; — *di voi può riuscirci*; *non è un lavoro per* — ♦ *pron.rel.indef. solo sing.* qualunque persona che: *accetterò* — *si presenti.*
chiùr|lo *s.m.* **1** uccello con piume nero-grigie chiazzate di bianco, becco stretto, lungo e curvato in basso **2** il verso emesso da tale uccello.
chiù|sa *s.f.* **1** recinzione, protezione di un campo | *(estens.)* campo recintato **2** sbarramento artificiale di un corso d'acqua **3** restringimento di un letto fluviale o di una vallata **4** parte conclusiva di uno scritto, un discorso o un componimento letterario: *la* — *di un racconto*.
chiu|si|no *s.m.* chiusura in metallo o pietra usata per i tombini.
chiù|so *part.pass. di* chiudere ♦ *agg.* **1** serrato: *finestra chiusa*; *libro* — | *processo a porte chiuse*, al quale il pubblico non è ammesso | *avere il naso* —, intasato per il raffreddore | *(fig.)* **a occhi chiusi**, con estrema fiducia: *comprare a occhi chiusi* | *chiuso!*, basta! **2** *(fig.)* riservato, introverso: *carattere* — | *(di mentalità)* ristretta **3** poco chiaro **4** *(ling.)* detto di vocale che va pronunciata stretta | detto di sillaba che finisce in consonante ♦ *s.m.* **1** spazio coperto e serrato: *ripararsi al* — | terreno recintato per bestiame **2** ambiente in cui l'aria è viziata: *puzza di* —.
chiu|sù|ra *s.f.* **1** l'atto di serrare, di serrarsi; l'essere serrato: — *del cancello* | interruzione di un passaggio: — *della via* | termine, fine di ql.co.: — *dell'anno scolastico* | — *dei conti*, operazioni contabili effettuate per determinare il reddito di un esercizio | interruzione di un'attività: — *della fabbrica*; *orario di* — **2** dispositivo per chiudere: — *a tempo*, *centralizzata* | — *lampo*, cerniera lampo **3** *(fig.)* indisponibilità a comunicare e a confrontarsi con gli altri **4** nei giochi di carte, combinazione o punteggio che permette di porre termine al gioco.
choc *(fr.)* [pr. *shok*] *s.m.invar.* shock.
chou *(fr.)* [pr. *shu*] *s.m.invar.* **1** *(gastr.)* bignè con farcitura dolce o salata **2** fiocco vistoso.
chow chow *(ingl.)* [pr. *ciau ciau*] *s.m.invar.* cane d'aspetto leonino, con corpo grosso, pelo lungo molto folto, rossiccio o nero, orecchie dritte e coda alta.
ci[1] *pron.pers. di 1ª pers.pl.* [atono; con le particelle pron. atone *lo, la, li, le* e la particella *ne* è sostituito da *ce*; con altri pron.pers. precede *si* e

se; è posposto a *mi, ti, gli, le, vi*] **1** [con funzione di compl. oggetto, in posizione proclitica ed enclitica; è usato nella con. dei v. pron.] noi: *egli vide*; *collabora aiutandoci*; — *accorgiamo della tua assenza* **2** [con funzione di compl. di termine, in posizione proclitica ed enclitica] a noi: — *inviate un pacco*; *raccontateci ql.co.* ♦ *pron. dimostr.* (*detto di cosa*) a ciò, a questo; su ciò: — *penserò sempre*; — *puoi giurare* ♦ *avv.* **1** [in posizione proclitica ed enclitica] qui, lì; nel luogo di cui si parla: — *siamo ancora*; *andateci domani* | — *siamo!*, siamo arrivati; *(fig.)* abbiamo capito **2** con il v. *essere* nel significato di "esistere": *non c'è dubbio*; *c'era una volta...* | *non c'è modo*, *non c'è verso*, non è possibile: *non c'è verso di farlo ragionare* **3** per questo, quel luogo: — *passo ogni mattina*.
ci[2] *s.f./m.* nome della lettera *c*.
cia|bàt|ta *s.f.* **1** pantofola aperta dietro | *(estens.)* scarpa vecchia e rovinata **2** *(spreg.)* oggetto o individuo vecchio o malconcio **3** *(region.)* forma di pane schiacciata e oblunga.
cia|bat|tà|io *s.m.* chi produce o vende ciabatte.
cia|bat|tà|re *v.intr.* [aus. *A*] camminare strascicando ciabatte o scarpe.
cia|bat|tà|ta *s.f.* colpo inferto con una ciabatta.
cia|bat|tì|no *s.m.* [f. *-a*] **1** chi ripara le scarpe; calzolaio **2** *(fig.)* chi è trascurato nell'eseguire un compito o un lavoro.
ciàc o **ciàk** *inter.* (*onom.*) **1** imita il frangersi delle onde o il suono prodotto quando si schiaccia ql.co. di morbido **2** imita il rumore dell'asta di legno che sbatte sulla tavoletta per segnare l'inizio delle riprese di un film ♦ *s.m.invar.* (*cine.*) tavoletta numerata munita inferiormente di un'asta di legno, su cui sono scritti il titolo del film in lavorazione, il nome del regista e altre informazioni, anch'essa filmata all'inizio di ogni nuova ripresa per facilitare le operazioni in fase di montaggio.
ciac|co|na *s.f.* (*mus.*) antica danza d'andamento lento diffusasi in Europa nel XVII sec. | componimento strumentale e vocale ispirato a tale danza.
ciàl|da *s.f.* **1** sottile sfoglia di pasta non lievitata, cotta in particolari stampi roventi **2** ostia in cui si avvolgono farmaci in polvere per renderne più facile l'ingestione.
cial|dó|ne *s.m.* cialda avvolta a cartoccio, guarnita con panna o gelato.
cial|tro|nàg|gi|ne *s.f.* cialtroneria.
cial|tro|nà|ta *s.f.* comportamento da cialtrone.
cial|tró|ne *s.m.* [f. *-a*] **1** persona ignobile e volgare **2** persona trasandata e inaffidabile, che non si applica costantemente nel lavoro.
cial|tro|ne|rì|a *s.f.* **1** l'essere cialtrone; comportamento di chi è cialtrone **2** cialtronata.
cial|tro|né|sco *agg.* [m.pl. *-schi*] da, di cialtrone
☐ **cialtronescamente** *avv.*
ciam|bèl|la *s.f.* **1** dolce di forma circolare con un buco al centro, preparato con farina, zucchero e uova **2** oggetto che ha tale forma | — *di salvataggio*, galleggiante gonfiabile a forma di

anello, indossato da chi non sa nuotare; salvagente **3** anello di gomma o altro materiale che viene dato da mordere ai bambini per alleviare il fastidio causato dallo spuntare dei primi denti **4** cercine.

ciam|bel|là|io *s.m.* chi vende o produce ciambelle.

ciam|bel|là|no *s.m.* ufficiale di alto grado al servizio di un sovrano con l'incarico di dirigere il cerimoniale di corte e di curare gli appartamenti e il tesoro reali.

ciàn|cia *s.f. spec.pl.* [pl. *-ce*] discorso sciocco, privo di senso e fondamento | pettegolezzo, frottola.

cian|cià|re *v.intr.* [indic.pres. *io ciàncio...*; aus. *A*] raccontare ciance, chiacchierare; blaterare: *perdere tempo a —*.

cian|ci|cà|re *v.tr.* [indic.pres. *io ciàncico, tu ciàncichi...*] (*region.*) spiegazzare, sgualcire ♦ *intr.* [aus. *A*] **1** parlare con difficoltà pronunciando stentatamente e male le parole **2** mangiare con lentezza e senza alcun gusto **3** eseguire un compito lentamente e in modo svogliato.

cian|fri|nà|re *v.tr.* (*tecn.*) ribattere i chiodi che uniscono due lamiere per garantire una tenuta ermetica.

cian|fri|no *s.m.* (*tecn.*) speciale scalpello con taglio arrotondato, usato per cianfrinare.

cian|fru|sà|glia *s.f. spec.pl.* cosa inutile e senza valore: *una stanza con tante cianfrusaglie.*

cian|got|tà|re *v.intr.* [indic.pres. *io ciangòtto...*; aus. *A*] **1** pronunciare male le parole smozzicandole | (*estens.*) fare chiacchiere inutili **2** detto di uccelli, cinguettare **3** detto di acqua che scorre, gorgogliare dolcemente.

cia|ni|dri|co *agg.* [m.pl. *-ci*] (*chim.*) detto di acido formato da un gruppo ciano e da un atomo di idrogeno, che si presenta come liquido incolore dal caratteristico odore di mandorle amare, molto velenoso; è utilizzato come disinfestante; acido prussico.

cia|ni|na *s.f.* (*chim.*) colorante azzurro ricavato da alcuni fiori e impiegato come sensibilizzatore in fotografia.

ci|a|no¹ *s.m.* **1** (*lett.*) fiordaliso **2** colore azzurro, uno dei tre colori fondamentali per stampare in tricromia.

cià|no² *s.m., agg.invar.* (*chim.*) detto di gruppo monovalente formato da un atomo di carbonio e da uno di azoto.

cià|no³ *s.f.invar.* cianografica.

ciàn|no-¹ (*scient.*) primo elemento di parole composte che significa "azzurro" (*cianosi*).

ciàn|no-² (*chim.*) primo elemento di parole composte che indica la presenza del gruppo ciano (*cianogeno*).

cia|nò|ge|no *s.m.* (*chim.*) gas molto velenoso formato da carbonio e azoto.

cia|no|grà|fi|a *s.f.* procedimento di stampa fotografica su carta trattata con ferrocianuro di potassio, dal colore azzurro.

cia|no|grà|fi|ca *s.f.* bozza stampata con procedimento cianografico.

cia|no|grà|fi|co *agg.* [m.pl. *-ci*] relativo alla cianografia.

cia|nò|si *s.f.* (*med.*) colorazione bluastra della pelle e delle mucose per insufficiente ossigenazione del sangue, dovuta a malattie respiratorie e circolatorie.

cia|nò|ti|co *agg.* [m.pl. *-ci*] **1** (*med.*) relativo alla cianosi; caratterizzato da cianosi: *labbra cianotiche* **2** (*estens.*) che è diventato violaceo a causa del freddo, per uno spavento o una forte emozione.

cia|no|ti|pì|a *s.f.* cianografia.

cia|nu|ra|zió|ne *s.f.* (*metall.*) procedimento per estrarre dai minerali i metalli preziosi, p.e. oro e argento, utilizzando soluzioni a base di cianuri.

cia|nù|ro *s.m.* (*chim.*) sale dell'acido cianidrico, molto velenoso: *— di benzile.*

cià|o *inter.* formula per salutare qlcu. in modo amichevole e confidenziale.

ciàp|po|la *s.f.* piccolo bulino per cesellare metalli o incastonare gemme.

ciàr|mèl|la *s.f.* → **cennamella.**

ciàr|da o **czàrda** *s.f.* ballo popolare ungherese il cui lento avvio diventa gradatamente più vivace.

ciàr|la *s.f.* **1** maldicenza, pettegolezzo **2** (*spec.pl.*) discorso inutile, chiacchiera **3** (*fam.*) loquacità.

ciar|là|re *v.intr.* [aus. *A*] **1** chiacchierare inutilmente e a lungo **2** parlare male di qlcu.

ciar|la|tà|nà|ta *s.f.* discorso o comportamento da ciarlatano; sparata grossolana.

ciar|la|ta|ne|rì|a *s.f.* **1** l'essere ciarlatano **2** tecnica usata per raggirare qlcu. con discorsi ingannevoli **3** ciarlatanata.

ciar|la|ta|né|sco *agg.* [m.pl. *-schi*] di, da ciarlatano: *discorso —.*

ciar|la|tà|no *s.m.* [f. *-a*] **1** chi vende prodotti o servizi di scarso o nessun valore, spacciandoli per ottimi **2** chi finge di essere ciò che non è | spaccone, imbroglione.

ciar|liè|ro *agg.* che parla a lungo e volentieri; chiacchierone.

ciar|ló|ne *agg., s.m.* [f. *-a*] detto di chi ciarla molto.

ciar|pà|me *s.m.* insieme di oggetti inutili e senza valore; cianfrusaglia.

cia|sche|dù|no *agg.indef., pron.indef. solo sing.,* (*raro*) ciascuno.

cia|scù|no *agg.indef. solo sing.* [precede il s.; si tronca dinanzi ai s.m. che iniziano per vocale o consonante che non sia *s impura, gn, ps, x* e *z*; si può elidere dinanzi ai s.f. che cominciano per vocale] in un insieme indica i singoli elementi; ogni: *ciascuna proposta; ciascun uomo* ♦ *pron. indef. solo sing.* **1** ognuno, ogni persona: *— svolga il proprio compito; ho parlato con — di loro* **2** [con valore distributivo] a persona: *mangiammo un biscotto —.*

ci|bà|re *v.tr.* alimentare, nutrire qlcu. ♦ **-rsi** *rifl.* (*anche fig.*) nutrirsi, alimentarsi: *— di ideali.*

ci|bà|ria *s.f. spec.pl.* alimento, cibo.

ci|ber- → **cyber-**.

ci|ber|nè|ti|ca *s.f.* scienza che studia i principi

di funzionamento e la realizzazione di macchine automatiche, generalmente elettroniche, in grado di simulare le funzioni del cervello umano.
ci|ber|nè|ti|co *agg.* [m.pl. *-ci*] della cibernetica, riguardante la cibernetica ♦ *s.m.* [f. *-a*] studioso di cibernetica.
ci|ber|spà|zio *s.m.* → cyberspazio.
cì|bo *s.m.* (*anche fig.*) alimento; ciò di cui ci si nutre: — *confezionato*; *la matematica è il suo* — | *non toccare* —, digiunare.
ci|bò|rio *s.m.* 1 (*arch.*) nelle antiche basiliche cristiane, edicola sorretta da quattro colonne sovrastante l'altare | (*estens.*) tabernacolo | pisside.
ci|cà|la *s.f.* 1 grosso insetto bruno-giallastro, con quattro ali grandi e trasparenti, due corte antenne nere, il cui maschio, in estate, emette un caratteristico stridio 2 (*fig.*) persona che parla continuamente e di argomenti futili 3 (*elettr.*) cicalino 4 (*mar.*) anello di ferro posto all'estremità superiore del fuso dell'ancora al quale si attacca la catena 5 — *di mare*, crostaceo di colore giallastro madreperlaceo, con due caratteristiche macchie violacee, le cui carni sono molto apprezzate; canocchia.
ci|ca|là|re *v.intr.* [aus. *A*] parlare continuamente e di argomenti futili.
ci|ca|là|ta *s.f.* 1 discorso interminabile e futile 2 (*lett.*) nel Seicento e nel Settecento, componimento accademico basato su argomenti eccentrici e fuori dal comune.
ci|ca|léc|cio *s.m.* chiacchierio incessante e simultaneo di più persone.
ci|ca|lì|no *s.m.* (*elettr.*) segnalatore acustico che emette un suono simile a quello della cicala | cercapersone.
ci|ca|lì|o *s.m.* cicaleccio.
ci|ca|trì|ce *s.f.* 1 (*med.*) tessuto fibroso che si forma per riparare una lesione dovuta a un trauma o una malattia | segno lasciato sulla pelle da una ferita rimarginata 2 (*fig.*) intima ferita lasciata da esperienze tristi e dolorose: *la morte del padre lasciò in lui una* — *profonda*.
ci|ca|trì|co|la *s.f.* 1 (*bot.*) segno che rimane sul suo punto in cui si stacca dal frutto 2 piccola macchia biancastra del tuorlo dell'uovo degli uccelli, dove c'è il germe.
ci|ca|tri|zià|le *agg.* (*med.*) relativo a una cicatrice.
ci|ca|triz|zàn|te *agg.*, *s.m.* detto di medicinale che facilita la cicatrizzazione.
ci|ca|triz|zà|re *v.tr.* far rimarginare una ferita ♦ *intr.* [aus. *A*, *E*] *-rsi intr.pron.* rimarginarsi con formazione di cicatrice.
ci|ca|triz|za|zió|ne *s.f.* (*med.*) processo di riparazione della lesione di un tessuto che termina con la formazione di una cicatrice.
cic|ca¹ *s.f.* mozzicone di sigaretta o sigaro fumati | (*fam.*) *non valere una* —, non valere nulla.
cic|ca² *s.f.* gomma da masticare.
cic|cà|re *v.tr.* (*coll.*) sbagliare, mancare clamorosamente: — *la palla* ♦ *intr.* [aus. *A*] 1 masticare tabacco 2 (*region.*) indispettirsi: — *dalla rabbia*.

cic|chét|to *s.m.* 1 (*fam.*) bicchierino di vino o di liquore 2 (*fam.*) rimprovero da parte di un superiore: *prendere un* —.
cìc|cia *s.f.* (*fam.*) 1 carne da mangiare 2 (*scherz.*) grasso del corpo umano: *ho messo su un po' di* —.
cic|cio|lo *s.m.* *spec.pl.* residui abbrustoliti del grasso di maiale utilizzato per fare lo strutto, usati come cibo o condimento.
cic|ció|ne *agg.*, *s.m.* [f. *-a*] (*fam.*) detto di persona molto grassa: *un ragazzo* —.
cic|ciòt|to *agg.* (*fam.*) che è piuttosto grassottello ♦ *s.m.* (*fam.*) escrescenza carnosa della cute.
ci|cèr|chia *s.f.* pianta erbacea delle Leguminose rampicante o striscianti, con fiori rosa, blu o bianchi | il seme di tale pianta, usato spec. nell'alimentazione animale.
ci|ce|ró|ne *s.m.* 1 chi, dietro compenso, spiega ai turisti e ai visitatori quali sono le caratteristiche di un museo o di una città; guida turistica 2 (*estens.*, *fam.*, *scherz.*) persona partic. dotata nel parlare e che ostenta la propria cultura.
ci|ce|ro|nià|no *agg.* 1 di Cicerone, relativo a Cicerone 2 che imita lo stile e la lingua di Cicerone: *prosa ciceroniana*.
ci|ci|sbè|o *s.m.* 1 nel Settecento, gentiluomo che accompagnava una dama con il consenso del marito 2 (*estens.*) corteggiatore galante.
ci|clà|bi|le *agg.* che può essere percorso da biciclette | *pista* —, strada o corsia riservata alle biciclette.
ci|cla|mì|no *s.m.* pianta erbacea, con fiori di colore bianco o rosa violaceo e foglie a forma di cuore | il fiore di tale pianta ♦ *agg.invar.* di colore rosa violaceo: *una camicetta* —.
ci|cli|cità *s.f.* caratteristica di ciò che è ciclico.
cì|cli|co *agg.* [m.pl. *-ci*] 1 che si ripete a cicli | che si verifica a intervalli regolari: *crisi ciclica*; *andamento* — 2 (*chim.*) relativo a composto organico i cui atomi formano un anello 3 (*lett.*) che fa parte di un ciclo: *poema* — 4 (*mus.*) attinente a un brano in cui un identico tema si ripropone nei diversi tempi □ *ciclicamente avv.*
ci|clì|smo *s.m.* sport della corsa con la bicicletta, spec. a livello agonistico.
ci|clì|sta *s.m./f.* [m.pl. *-i*] 1 chi va in bicicletta 2 persona che pratica lo sport della bicicletta.
ci|clì|sti|co *agg.* [m.pl. *-ci*] attinente ai ciclisti e al ciclismo: *gara ciclistica*.
ci|cliz|zà|to *agg.* (*chim.*) relativo a composto ciclico.
ci|cliz|za|zió|ne *s.f.* (*chim.*) reazione che trasforma dei composti a catena aperta in composti ciclici.
cì|clo¹ *s.m.* 1 ripetizione periodica e regolare di un fenomeno: — *solare*, *stagionale* | — *mestruale*, modificazioni che si producono nell'apparato genitale femminile tra un mestro e quello successivo; (*estens.*) mestruazione 2 (*lett.*) gruppo di poemi, romanzi, leggende di argomento unitario: — *epico* 3 serie di eventi o di attività a carattere più o meno regolare, che riguardano uno stesso tema: *un* — *di lezioni* | — *di lavorazio-*

ne, serie di operazioni necessarie per ottenere un prodotto finito **4** (*fis.*) serie di trasformazioni che riconducono un corpo alle condizioni iniziali.
ci|clo[2] *s.m.* bicicletta.
ci|clo-, -ci|clo (*scient.*) primo e secondo elemento di parole composte che significa "cerchio", "forma circolare", "forma cilindrica" (*ciclometria*) o "ciclicità", "ciclico" (*ciclotimia*).
ci|clo|a|ma|tó|re *s.m.* chi pratica lo sport della bicicletta da dilettante.
ci|clo|cam|pè|stre *agg.*, *s.f.* detto di corsa ciclistica che si svolge in campagna e nei boschi, su percorsi accidentati e talvolta impervi.
ci|clo|cròss *s.m.invar.* ciclocampestre | sport di chi pratica corse ciclocampestri.
ci|clo|cros|sì|sta *s.m./f.* persona che pratica il ciclocross.
ci|clo|fur|gó|ne *s.m.* veicolo a tre ruote che funziona a pedali, usato per trasportare merci.
ci|clòi|de *s.f.* (*geom.*) curva tracciata da un punto di una circonferenza che rotola su una retta.
ci|clo|me|trì|a *s.f.* (*geom.*) branca della geometria che studia il cerchio e la circonferenza.
ci|clo|mo|tó|re *s.m.* motociclo a due o tre ruote, con cilindrata non superiore a 50 cm³.
ci|clo|mo|to|rì|sta *s.m.* chi è alla guida di un ciclomotore.
ci|clò|ne *s.m.* **1** (*meteor.*) violenta perturbazione atmosferica provocata da una massa d'aria che ruota vorticosamente intorno a una zona di bassa pressione e accompagnata da forti temporali | (*fig.*) *essere nell'occhio del —*, in una situazione pericolosa **2** (*fig.*) evento critico inaspettato che sconvolge l'ordine precostituito **3** (*fig.*) persona iperattiva e irruente, che causa disordine: *quella donna è un —*.
ci|clò|ni|co *agg.* [m.pl. *-ci*] di ciclone, proprio dei cicloni.
ci|clò|pe *s.m.* nella mitologia greca, enorme e fortissimo gigante con un solo occhio al centro della fronte.
ci|clò|pi|co *agg.* [m.pl. *-ci*] **1** di ciclope: *occhio —* **2** (*estens.*) gigantesco, enorme.
ci|clo|pì|sta *s.f.* pista ciclabile.
ci|clo|ra|dù|no *s.m.* raduno di ciclisti.
ci|clo|stì|là|re *v.tr.* stampare in ciclostile.
ci|clo|stì|là|to *s.m.* foglio stampato con il ciclostile.
ci|clo|stì|le *s.m.* macchina che riproduce e stampa in più copie testi preparati su speciali matrici di carta incerata.
Ci|clò|sto|mi *s.m.pl.* classe di Vertebrati acquatici simili alle anguille, con scheletro cartilagineo, corpo lungo e viscido, di colore verde-bruno, e bocca circolare a forma di ventosa, cui appartengono le lamprede.
ci|clo|tì|mì|a *s.f.* (*psicol.*) psicosi caratterizzata da stati di euforia ed eccitazione che si alternano ad altri di tristezza e malinconia; può sfociare in depressione maniacale.
ci|clo|tró|ne *s.m.* (*fis.*) macchina acceleratrice di particelle subatomiche a cui imprime velocità molto elevate mediante una serie di impulsi elettromagnetici.
ci|clo|tu|rì|smo *s.m.* il viaggiare per turismo usando la bicicletta.
ci|clo|tu|rì|sta *s.m./f.* [m.pl. *-i*] chi pratica il cicloturismo.
ci|có|gna *s.f.* **1** grande uccello palustre migratore, dal piumaggio bianco o nero, con becco e zampe lunghi e rossi **2** (*aer.*) aeroplano da ricognizione militare che decolla e atterra in spazi ristretti **3** autotreno a due piani per il trasporto di automezzi.
ci|co|gnì|no *s.m.* piccolo della cicogna.
ci|cò|ria *s.f.* pianta erbacea spontanea o coltivata con fiori azzurri e foglie e radici commestibili, usate per fare infusi, sciroppi e decotti; dalle radici torrefatte si ricava anche un surrogato del caffè.
ci|cù|ta *s.f.* **1** pianta erbacea velenosa della famiglia delle Ombrellifere **2** infuso velenoso ricavato da tale pianta.
-ci|da secondo elemento di parole composte che significa "uccisore" (*omicida*).
-ci|dio secondo elemento di parole composte che significa "uccisione" (*omicidio*).
cie|co *agg.* [m.pl. *-chi*] **1** che è privo della vista: *diventare —* | *alla cieca*, senza vederci; (*fig.*) casualmente **2** (*fig.*) che è privo del lume della ragione: *— dalla gelosia* | che rende incapaci di ragionare: *amore —* **3** totale, assoluto: *fiducia cieca* **4** (*estens.*) che è privo di apertura o di sbocco: *strada cieca; corridoio —* | *finestra cieca*, finta **5** (*anat.*) *intestino —*, tratto iniziale dell'intestino crasso ♦ *s.m.* [f. *-a*] chi è privo della vista ☐ **ciecamente** *avv.* **1** senza vedere **2** (*fig.*) senza riflettere, in modo insensato.
cie|lo *s.m.* **1** spazio in cui si muovono gli astri e la Terra, apparentemente semisferico | atmosfera intorno alla Terra: *— coperto, limpido* | *— a pecorelle*, coperto da piccole nuvole bianche che indicano l'imminenza della pioggia | *a — aperto / scoperto*, all'aria aperta; allo scoperto | (*fig.*) *toccare il — con un dito*, essere euforici **2** volta aerea che si trova di sopra di un luogo o di una regione: *il — di Milano* | (*aer.*) spazio aereo che sovrasta una località **3** (*anche fig.*) la sede di Dio e dei beati; paradiso: *regno dei cieli* | (*estens.*) Dio, la Provvidenza divina: *il volere del —* | *essere mandato dal —*, detto di ciò che giunge opportuno: *è una fortuna mandata dal —* | *alzare le mani al —*, per pregare | (*fig.*) *salire in —*, morire | *—!*, esclamazione di sorpresa | *sia lodato il —!*, esclamazione di sollievo | *volesse il —!*, esclamazione di speranza **4** nel sistema tolemaico, ognuna delle sette sfere celesti | (*fig.*) *essere al settimo —*, essere al colmo della gioia | *portare qlcu. al settimo —*, esaltarlo al massimo **5** soffitto, volta: *il — di una stanza*.
ci|fò|si *s.f.* (*med.*) incurvamento a convessità posteriore della colonna vertebrale.
cì|fra *s.f.* **1** ciascuno dei segni usati per rappresentare i numeri da zero a nove: *un numero di*

tre cifre | (*estens.*) numero | — *tonda*, numero senza decimale o frazioni **2** somma di denaro: *l'ho pagato una — enorme* **3** sigla formata dalle iniziali di un nome; monogramma: *ho ricamato le tue cifre sul colletto* **4** codice cifrato usato per mantenere segreto ql.co.: *messaggio trasmesso in cifre* **5** (*lett.*) elemento stilistico tipico di un artista o di uno scrittore.

ci|frà|re *v.tr.* **1** indicare un nome o altro utilizzando una sigla; contrassegnare con le proprie iniziali | ricamare ql.co. con le cifre: — *un lenzuolo* **2** scrivere un messaggio utilizzando un codice segreto.

ci|frà|rio *s.m.* testo che consente di codificare o interpretare un messaggio in cifre.

ci|frà|to *part.pass. di* cifrare ♦ *agg.* **1** siglato con le iniziali di una persona: *lettera cifrata* **2** ricamato con cifre **3** espresso o tradotto seguendo un codice prestabilito: *messaggio* — | (*fig.*) oscuro, poco chiaro.

ci|glià|to *agg.* (*anche biol.*) che è dotato di ciglia.

cì|glio *s.m.* [f.pl. *ciglia* nei sign. 1, 2 e 3; m.pl. *cigli* nei sign. 4 e 5] **1** (*spec.pl.*, *anat.*) ogni pelo del bordo della palpebra; complesso di tali peli: *ciglia corte, lunghe* | (*estens.*) bordo della palpebra | (*fig.*) *non batter* —, restare impassibili | (*fig.*) *in un batter di* —, in pochissimo tempo **2** (*estens.*) sopracciglio: *abbassare le ciglia* **3** (*spec.pl.*, *biol.*) sottili filamenti che ricoprono alcuni protozoi o le cellule di un epitelio e sono dotati di movimenti ritmici che permettono alla cellula di spostarsi o di far scivolare via particelle presenti sulla sua superficie **4** (*fig.*) bordo, orlo: *il — del burrone* **5** (*lett.*) occhio, vista.

ci|glió|ne *s.m.* rialzo di terreno lungo i margini di una strada, di un fosso o di un burrone.

cì|gno *s.m.* **1** grosso uccello acquatico dalle piume completamente bianche, con collo flessuoso e molto lungo, becco arancione che presenta una protuberanza nera (*fig.*) appellativo dato ai poeti o ai musicisti di grande valore.

ci|go|là|re *v.intr.* [indic.pres. *io cìgolo...*; aus. *A*] emettere un suono stridente: *la porta cigola*.

ci|go|lì|o *s.m.* il cigolare prolungato di ql.co.: *il — della finestra*.

ci|léc|ca *s.f.* (*region.*) raggiro, scherzo | (*estens.*) *fare* —, detto di arma da fuoco che non spara per cattivo funzionamento; (*fig.*) mancare un obiettivo, fallire: *ho tentato, ma ho fatto* —.

ci|lè|no *agg.* del Cile ♦ *s.m.* [f. -*a*] nativo o abitante del Cile.

ci|le|strì|no *agg.* (*lett.*) di colore celeste molto chiaro.

ci|lià|re *agg.* relativo al ciglio, alle ciglia o ai sopraccigli.

Ci|lià|ti *s.m.pl.* classe di Protozoi dotati di ciglia vibratili che consentono loro di muoversi.

ci|lì|cio *s.m.* **1** tessuto grezzo e pungente ricavato da lana di capra o da crini di cavallo, usato nell'antica Roma **2** veste ruvida o cintura con nodi messa a diretto contatto con la pelle a scopo di penitenza **3** (*fig.*) ciò che suscita dolore o fastidio, al corpo o alla coscienza.

ci|lie|gé|to *s.m.* piantagione di ciliegi.

ci|liè|gia *s.f.* [pl. -*gie* o -*ge*] frutto del ciliegio, tondeggiante e rosso intenso | (*fig.*) *una — tira l'altra*, una cosa succede a un'altra ♦ *agg.invar.* di colore rosso intenso: *una maglietta color* —.

ci|lie|gì|na *s.f.* ciliegia candita, usata per decorare pasticcini o torte | (*spec.iron.*) *mettere la — sulla torta*, dare il tocco finale.

ci|liè|gio *s.m.* **1** albero con foglie ovali seghettate, fiori bianchi e frutti tondeggianti di colore rosso intenso **2** il legno di tale albero, impiegato in ebanisteria.

ci|lìn|drà|re *v.tr.* (*tecn.*) **1** far scorrere tra due o più cilindri del materiale da levigare, spianare o calibrare **2** spianare con un rullo il manto stradale per renderlo compatto e uniforme.

ci|lìn|drà|ta *s.f.* (*mecc.*) nei motori alternativi, il volume descritto dai pistoni a ogni corsa | (*estens.*) veicolo con una determinata cilindrata.

ci|lìn|dra|tù|ra *s.f.* (*tecn.*) l'azione del cilindrare e i suoi risultati.

ci|lìn|dri|co *agg.* [m.pl. -*ci*] che ha forma di cilindro.

ci|lìn|dro *s.m.* **1** (*geom.*) solido generato da un rettangolo che ruota intorno a uno dei suoi lati | (*estens.*) oggetto o dispositivo di forma cilindrica **2** elegante cappello da uomo, alto, rigido e di forma cilindrica **3** (*mecc.*) nei motori a scoppio, nelle pompe e sim., organo entro cui scorre lo stantuffo o il pistone.

cì|ma *s.f.* **1** punto più alto, apice: *la — della torre* | sommità di una montagna **2** (*estens.*) estremità di ql.co.: *la — della fune* | (*fig.*) *da — a fondo*, dal principio alla fine **3** (*fig.*) livello o grado più elevato: *giungere in — alla carriera* | *trovarsi, essere in ai pensieri di qlcu.*, essere sempre oggetto della sua attenzione **4** (*fam.*) persona con talento e grandi doti intellettuali in un determinato campo: *è una — in latino* **5** (*bot.*) ramificazione o infiorescenza che nasce da uno stesso punto: — *di rapa* **6** (*mar.*) fune in fibra vegetale usata per le manovre di attracco **7** (*gastr.*) piatto tipico genovese preparato con petto di vitello farcito e lessato.

ci|mà|re *v.tr.* **1** eliminare la cima di ql.co. | (*agr.*) potare le piante **2** nell'industria tessile, livellare i peli di un tessuto.

ci|mà|sa *s.f.* cornice decorativa che rifinisce l'estremità superiore di una struttura architettonica o di un mobile.

ci|ma|tù|ra *s.f.* **1** azione del cimare | insieme delle cime potate di una pianta **2** peluria del tessuto **3** nell'industria petrolifera, separazione dei composti volatili dal petrolio grezzo.

cìm|bro *agg.* che apparteneva a un'antica popolazione germanica | (*estens., lett.*) germanico, tedesco ♦ *s.m.* [f. -*a*] **1** individuo che apparteneva all'antica popolazione dei Cimbri, di stirpe germanica **2** lingua parlata dai Cimbri, ancora oggi attestata nella provincia di Verona.

ci|mè|lio *s.m.* **1** oggetto un tempo appartenente a un noto personaggio o risalente a un determinato periodo o evento storico: — *garibaldino* |

cimentare

(*estens.*) oggetto particolarmente caro in quanto ricordo di qlcu.o ql.co.: *cimeli di famiglia* **2** (*estens.*) cosa vecchia, sciupata e priva di valore | (*fig., scherz.*) persona dalle idee antiquate e superate.
ci|men|tà|re *v.tr.* [indic.pres. *io ciménto...*] **1** (*lett.*) mettere alla prova, a rischio: — *la propria dignità* | sfidare, provocare qlcu. **2** usare il cimento per purificare o saggiare metalli preziosi ♦ **-rsi** *rifl.* sottoporsi a una prova rischiosa o impegnativa; confrontarsi, misurarsi: — *con un compito di matematica.*
ci|mén|to *s.m.* **1** (*lett.*) prova difficile e rischiosa **2** mistura usata dagli orafi per purificare o saggiare metalli preziosi.
cì|mi|ce *s.f.* **1** insetto parassita dell'uomo e di molti animali, maleodorante, con il corpo rosso scuro, piatto e senza ali | — *delle piante*, insetto parassita dei vegetali **2** (*gerg.*) microspia elettronica per intercettare telefonate o ascoltare comunicazioni riservate.
ci|mi|cià|io *s.m.* posto infestato da cimici | (*estens.*) casa sporca e brutta.
ci|mi|ciò|so *agg.* infestato da cimici: *materasso —.*
ci|miè|ro *s.m.* decorazione della parte superiore dell'elmo | (*estens., lett.*) l'elmo stesso.
ci|mi|niè|ra *s.f.* fumaiolo molto alto di stabilimenti industriali, convogli ferroviari e navi: *la — dell'officina siderurgica.*
ci|mi|te|rià|le *agg.* **1** relativo ai cimiteri; dei cimiteri: *arte — cristiana* **2** (*fig.*) triste, da cimitero: *aria —.*
ci|mi|tè|ro *s.m.* **1** luogo di sepoltura dei morti | (*fig.*) — *delle automobili*, centro di raccolta dei veicoli da demolire **2** (*fig.*) mortorio, posto squallido e desolante: *questo paese è un —.*
ci|mó|sa *s.f.* **1** ciascuno dei due bordi laterali di una stoffa, dalla trama doppia e più resistente **2** tessuto arrotolato a spirale per cancellare il gesso sulle lavagne.
ci|mùr|ro *s.m.* **1** (*vet.*) malattia contagiosa molto comune nei cani e nei gatti, dovuta a un virus che provoca un'infiammazione acuta delle mucose nasali **2** (*scherz.*) forte raffreddore.
ci|nà|bro *s.m.* **1** (*min.*) solfuro di mercurio a granelli o in cristalli, di colore rosso acceso **2** il colore rosso acceso.
cìn|cia *s.f.* [pl. *-ce*] nome di piccoli uccelli dalle piume variamente colorate, che vivono a gruppi nei boschi di montagna e fanno il nido nelle cavità degli alberi.
cin|cial|lé|gra *s.f.* grossa cincia dalle piume verdi e azzurre, con testa nero-blu e petto giallo striato di nero.
cin|cil|là *s.m.* **1** piccolo roditore sudamericano, d'aspetto simile a un coniglio, cacciato e allevato per la pregiata pelliccia color argento **2** (*estens.*) la pelliccia di tale animale.
cìn|cin o **cin cin** *inter.* formula augurale che accompagna il brindisi.
cin|ci|schia|mén|to *s.m.* **1** inutile perdita di tempo **2** discorso balbettato e confuso.
cin|ci|schià|re *v.tr.* [indic.pres. *io cincischio...*]

sciupare, spiegazzare: — *la gonna* ♦ *intr.* [aus. *A*] impiegare male il tempo e non concludere nulla: *studia, non —!*
ci|ne- primo elemento di parole composte che significa "cinema" o "cinematografia" (*cineamatore, cinepresa*).
ci|ne|a|ma|tó|re *s.m.* [f. *-trice*] **1** regista dilettante di film **2** persona che ha la passione del cinema.
ci|ne|à|sta *s.m./f.* [m.pl. *-i*] professionista del cinema.
ci|ne|bòx *s.m.invar.* juke-box che trasmette su schermo il filmato del pezzo musicale scelto.
ci|ne|cà|me|ra *s.f.* macchina da presa cinematografica.
ci|ne|club [pr. *cineklèb*] *s.m.invar.* circolo culturale che promuove proiezioni di film, dibattiti e incontri sul cinema; cineforum.
ci|ne|fi|li|a *s.f.* passione per il cinema.
ci|ne|fi|lo *s.m.* [f. *-a*] chi è appassionato di cinema.
ci|ne|fò|rum *s.m.invar.* cineclub.
ci|ne|gior|nà|le *s.m.* breve proiezione di servizi di cronaca e di attualità che una volta nelle sale cinematografiche precedeva la visione del film.
ci|ne|ma *s.m.invar.* **1** arte e industria dei film | produzione cinematografica nel suo insieme: *il — italiano, americano* **2** sala in cui si assiste alla proiezione di un film.
cinemascòpe® (*ingl.*) [pr. *sìnimeskòup*; com. *cinemaskòp(e)*] *s.m.invar.* speciale metodo di ripresa e proiezione dei film che, grazie a lenti particolari, ne consente la visione su schermo panoramico ricurvo.
ci|ne|mà|ti|ca *s.f.* (*fis.*) settore della meccanica che si occupa del moto senza considerare le cause che lo producono.
ci|ne|mà|ti|co *agg.* [m.pl. *-ci*] (*fis.*) che riguarda la cinematica.
ci|ne|ma|to|gra|fà|re *v.tr.* [indic.pres. *io cinematògrafo...*] filmare con la macchina da presa.
ci|ne|ma|to|gra|fi|a *s.f.* **1** arte e tecnica della ripresa e proiezione cinematografica, consistente nella riproduzione del movimento attraverso la successione rapida di fotogrammi **2** industria cinematografica.
ci|ne|ma|to|grà|fi|co *agg.* [m.pl. *-ci*] **1** che riguarda la cinematografia o il cinematografo **2** (*estens.*) detto di stile o tecnica narrativa che ricorda il cinema **3** (*fig.*) inverosimile come nei film □ **cinematograficamente** *avv.* **1** dal punto di vista cinematografico: — *è bravissimo* **2** in forma cinematografica: *rendere — un romanzo.*
ci|ne|ma|tò|gra|fo *s.m.* **1** arte e tecnica della cinematografia **2** sala cinematografica **3** (*estens.*) successione di eventi bizzarri e imprevisti: *la mia vita è un —* **4** (*fig.*) persona o cosa stravagante.
ci|ne|pré|sa *s.f.* piccola macchina da presa portatile per riprese cinematografiche.
ci|ne|rà|ma® *s.m.invar.* sistema di ripresa e proiezione tridimensionale dei film.
ci|ne|rà|rio *agg.* che contiene cenere; adibito a

contenere cenere | ***urna cineraria***, contenitore delle ceneri di un defunto dopo la cremazione ♦ *s.m.* (*archeol.*) urna con le ceneri del defunto.
ci|nè|re|o *agg.* (*lett.*) del colore della cenere; grigio: *viso* —.
ci|ne|scò|pio *s.m.* negli apparecchi televisivi, tubo a raggi catodici che consente la produzione delle immagini su schermo.
ci|né|se *agg.* della Cina ♦ *s.m.* **1** [anche f.] chi è nato o abita in Cina **2** lingua parlata in Cina.
ci|ne|se|rì|a *s.f.* **1** (*spec.pl.*) piccolo oggetto ornamentale cinese o che somiglia a un originale cinese **2** (*spreg.*) cianfrusaglia.
ci|ne|si-, -ci|ne|si o **chinèsi-, -chinèsi** (*scient.*) primo e secondo elemento di parole composte che significa "movimento" (*chinesiterapia*).
ci|nè|si|ca *s.f.* studio della comunicazione non verbale che si esprime con la mimica, la gestualità e i movimenti.
ci|ne|sio|lo|gia *s.f.* → **chinesiologia**.
ci|ne|si|te|ra|pi|a *s.f.* → **chinesiterapia**.
ci|ne|tè|ca *s.f.* raccolta di filmati cinematografici | (*estens.*) il luogo che ospita tale raccolta.
ci|nè|ti|ca *s.f.* (*chim., fis.*) studio della velocità con cui si svolgono le reazioni chimiche e dei fattori che la determinano.
ci|nè|ti|co *agg.* [m.pl. -*ci*] (*fis.*) riferito al movimento | *energia cinetica*, quella di un corpo in movimento.
ci|ne|tò|si *s.f.* → **chinetosi**.
cìn|ge|re *v.tr.* [indic.pres. *io cingo, tu cingi...*; pass.rem. *io cinsi, tu cingésti...*; part.pass. *cinto*] **1** legare attorno; avvolgere attorno al corpo: *una fascia le cingeva la vita*; *le cinse le braccia al collo* | — *la corona*, divenire re **2** circondare: — *un giardino con le siepi* | (*fig.*) — *d'assedio*, assediare.
cin|ghia *s.f.* **1** fascia in pelle o in tessuto elastico, usata per sostenere, stringere o legare ql.co.: *la — della valigia* | cintura | (*fig.*) *stringere, tirare la* —, patire la fame; fare economia **2** — *di trasmissione*, anello di nastro che trasmette il moto tra due pulegge di una macchina | (*fig.*) cosa che fa da tramite o intermediario.
cin|ghià|le *s.m.* **1** mammifero selvatico d'aspetto simile al maiale, che ha corpo massiccio, pelle spessa con setole scure e canini inferiori sporgenti come zanne **2** la carne macellata di tale animale **3** la pelle conciata di tale animale.
cin|ghià|re *v.tr.* [indic.pres. *io cinghio...*] stringere ql.co. con una cinghia.
cin|ghià|ta *s.f.* colpo dato con la cinghia.
cin|ghia|tù|ra *s.f.* azione del legare con una cinghia.
cin|go|là|to *agg., s.m.* detto di veicolo con cingoli.
cìn|go|lo *s.m.* **1** (*mecc.*) anello di piastre metalliche, montato sulle ruote motrici di automezzi pesanti per consentirne la marcia su terreni impervi **2** nell'antica Roma, cintura di soldati **3** (*lit.*) cordone che lega la tonaca di sacerdoti e monache **4** (*anat.*) insieme di elementi ossei disposti ad arco che collegano gli arti al tronco.
cin|guet|tà|re *v.intr.* [indic.pres. *io cinguétto...*]; aus. *A*] **1** detto di uccelli, produrre un canto sommesso e vibrato **2** (*fig.*) conversare a voce bassa di futilità | detto di bambini, chiacchierare animatamente.
cin|guet|tì|o *s.m.* un cinguettare ripetuto.
cì|ni|co *s.m.* [f. -*a*; m.pl. -*ci*] (*filos.*) seguace della scuola greca che predicava il disprezzo per i beni materiali e le convenzioni sociali, a favore di un ideale basato sull'ascesi e il dominio di se stessi ♦ *agg.* **1** dei filosofi cinici **2** che, chi manifesta apertamente insensibilità verso i valori umani: *risata cinica* □ **cìnicamente** *avv.* in modo cinico e sprezzante.
ci|ni|glia *s.f.* filato peloso e morbido | (*estens.*) tessuto di tale filato.
ci|ni|smo *s.m.* **1** (*filos.*) la dottrina e la pratica di vita professate dai cinici **2** atteggiamento indifferente o sprezzante verso gli ideali e i sentimenti collettivi.
Cin|na|mò|mo *s.m.* genere di piante sempreverdi, originarie delle regioni asiatiche, cui appartengono le specie dalle quali si ottengono cannella e canfora.
ci|no- primo elemento di parole composte che significa "cane" (*cinofilo*).
ci|no|cè|fa|lo *agg.* che ha la testa di cane ♦ *s.m.* scimmia africana di grossa taglia, dotata di un muso lungo simile a quello dei cani.
ci|nò|dro|mo *s.m.* impianto adibito alle corse dei cani.
ci|no|fì|li|a *s.f.* passione per i cani; interesse per l'allevamento dei cani e il miglioramento delle loro razze.
ci|nò|fi|lo *agg.* **1** di cinofilia; che riguarda la cinofilia **2** (*estens.*) che adopera i cani per operazioni varie | *unità cinofila di pubblica sicurezza*, quella costituita da un agente e un cane addestrato per azioni di salvataggio o di repressione del crimine ♦ *s.m.* [f. -*a*] chi ha la passione dei cani | allevatore ed esperto di razze canine.
cin|quàn|ta *agg.num.card.invar.* che equivale a cinque decine ♦ *s.m.invar.* il numero equivalente a cinque decine | il segno che rappresenta tale numero.
cin|quan|te|nà|rio *agg.* che ricorre ogni cinquant'anni ♦ *s.m.* cinquantesimo anniversario di un evento importante.
cin|quan|tèn|ne *agg., s.m.* si dice di persona che ha cinquant'anni d'età.
cin|quan|tè|si|mo *agg.num.ord.* che, nella serie corrisponde al posto numero cinquanta.
cin|quan|tì|na *s.f.* insieme di cinquanta o circa cinquanta unità | *essere sulla* —, avere più o meno cinquant'anni.
cìn|que *agg.num.card.invar.* che equivale a quattro unità più una ♦ *s.m.invar.* il numero naturale equivalente a quattro unità più una | il simbolo che rappresenta tale numero.
cin|que|cen|tè|sco *agg.* [m.pl. -*schi*] del Cinquecento, del sec. XVI.
cin|que|cen|tì|sta *s.m.* [m.pl. -*i*] **1** letterato o artista del Cinquecento **2** [anche f.] studioso di letteratura, storia o arte del Cinquecento.

cin|que|cèn|to *agg.num.card.invar.* che equivale a cinque volte cento ♦ *s.m.invar.* 1 il numero equivalente a cinque volte cento | il simbolo che rappresenta tale numero 2 *il Cinquecento*, il XVI sec. 3 [anche f.] autovettura utilitaria prodotta in Italia.

cin|que|fò|glie *s.m.invar.* 1 pianta erbacea strisciante con fiori gialli e foglie dentate, simile alla fragola 2 infuso ricavato da tale pianta, con proprietà astringenti.

cin|qui|na *s.f.* 1 insieme di cinque oggetti uguali 2 nel gioco del lotto, estrazione di cinque numeri sulla stessa ruota | nella tombola, estrazione di cinque numeri su una stessa fila della cartella.

cin|ta *s.f.* 1 complesso delle mura o delle fortificazioni costruite a scopo difensivo attorno a un centro abitato, un castello o una fortezza: — *muraria* | (*estens.*) recinzione di case, coltivazioni, parchi o giardini 2 cintura.

cin|tà|re *v.tr.* chiudere con una recinzione: — *l'orto*.

cìn|to *part.pass.* di cingere ♦ *agg.* recintato ♦ *s.m.* (*lett.*) cintura | (*med.*) — *erniario*, fascia per contenere e comprimere ernie di una certa gravità.

cin|to|la *s.f.* 1 cintura usata nell'abbigliamento: *la* — *dei pantaloni* 2 parte del corpo, al di sopra dei fianchi, dove si indossa la cintura.

cin|tù|ra *s.f.* 1 fascia in tessuto o in pelle, dotata gener. di fibbia, indossata per stringere gli abiti in vita o come accessorio: *allentare*, *slacciare la* — | (*estens.*) parte superiore di una gonna, un pantalone e sim., che si stringe in vita: *pantalone largo di* — | — *di sicurezza*, quella che, nelle automobili o negli aerei, trattiene il passeggero al sedile in caso di incidente 2 (*estens.*) il punto della vita su cui si lega la cintura; girovita 3 (*fig.*) area intorno a una città: — *industriale* 4 nel judo, cinta del chimono che, a seconda del colore, indica la categoria dell'atleta | (*estens.*) l'atleta stesso: *è* — *nera* 5 (*sport*) nella lotta, mossa con cui si stringe l'avversario usando entrambe le braccia.

cin|tu|rà|to *agg., s.m.* detto di pneumatico che ha una struttura di rinforzo sotto il battistrada.

cin|tu|rì|no *s.m.* sottile cintura in pelle o tessuto usata per allacciare o stringere ql.co.: *il* — *della scarpa*, *dell'orologio*.

cin|tu|ró|ne *s.m.* alta cintura in pelle usata da agenti di pubblica sicurezza, militari e cacciatori per appendere l'arma e le giberne.

ciò *pron.dimostr.invar.* questa, quella, codesta cosa: *di* — *parleremo domani*; — *che dici non mi convince* | *a* —, a tale scopo | *con* —, quindi | — *nonostante*, tuttavia.

cióc|ca *s.f.* 1 ciuffo di capelli 2 ciuffo di fiori o foglie di un unico ramo.

cióc|co *s.m.* [pl. -*chi*] 1 grosso pezzo di legno da ardere | (*fig.*) **dormire come un** —, pesantemente 2 (*fig.*) tonto, ebete.

cioc|co|là|ta *s.f.* 1 cioccolato: *stecca di* — 2 bevanda calda che si ottiene facendo sciogliere polvere di cacao nel latte o nell'acqua.

cioc|co|la|tà|io *s.m.* [f. -*a*] chi produce o vende cioccolato.

cioc|co|la|tiè|ra *s.f.* bricco usato per preparare o servire la cioccolata calda.

cioc|co|la|tì|no *s.m.* piccolo dolce di cioccolato, anche farcito con liquore, caffè o creme varie.

cioc|co|là|to *s.m.* prodotto alimentare costituito da polvere di cacao, zucchero e altri ingredienti: — *al latte*, *fondente*, *con nocciole* ♦ *agg. invar.* di colore marrone scuro, come quello del cioccolato.

cio|cià|ro *agg.* della Ciociaria, regione del Lazio ♦ *s.m.* [f. -*a*] nativo o abitante della Ciociaria.

cioè *avv.* 1 ossia, vale a dire, in altre parole: *l'ubiquità*, — *l'essere in più posti nello stesso momento* | —?, che significa, cosa intendi? 2 anzi, piuttosto: *ti scriverò*, — *ti telefonerò*.

ciómpo *s.m.* nella Firenze medievale, operaio che lavora la lana.

cion|do|la|mén|to *s.m.* ciondolio.

cion|do|là|re *v.intr.* [indic.pres. *io ciòndolo*...; aus. *A*] 1 penzolare; stare appeso oscillando 2 (*estens.*) reggersi a stento sulle gambe 3 (*estens.*, *fig.*) girovagare senza concludere nulla: — *per strada* ♦ *tr.* far penzolare oscillando ql.co.: — *la testa*.

cion|do|lì|o *s.m.* il ciondolare di continuo e a lungo; dondolio.

cióndo|lo *s.m.* piccolo oggetto ornamentale da portare appeso a un braccialetto o a una catenina.

cion|do|ló|ne *agg.*, *s.m.* [f. -*a*] che, chi non fa nulla seriamente e passa il tempo a ciondolare.

cion|do|ló|ni *avv.* in modo da pendere verso il basso | (*fig.*) *stare* —, senza far nulla.

cio|no|no|stàn|te o **ciò nonostànte** *avv.* malgrado ciò, tuttavia.

ciò|to|la *s.f.* tazza larga e bassa, priva di manico, usata per bere e mangiare o per contenere piccole cose | la quantità che una ciotola può contenere: *una* — *di brodo*.

ciòt|to *s.m.* ciottolo.

ciòt|to|lo *s.m.* sasso smussato e arrotondato dall'acqua | (*estens.*) sasso di piccole dimensioni.

ciot|to|ló|so *agg.* pieno di ciottoli.

cip[1] *inter.* (*onom.*) suono che imita il verso del passero o il cinguettio di altri uccelli.

cip[2] *s.m.invar.* (*poker*) puntata minima.

Ci|pe|rà|ce|e *s.f.* famiglia di piante erbacee perenni dai fiori riuniti a spiga, diffuse nelle regioni calde e umide; ne fa parte il papiro.

ci|pì|glio *s.m.* corrugamento delle sopracciglia o della fronte che indica furore, indignazione, orgoglio | atteggiamento che incute timore: *guardare con* —.

ci|pól|la *s.f.* 1 pianta erbacea dal bulbo commestibile, di colore bianco, rosso o dorato | il bulbo stesso, usato spec. in cucina come condimento 2 (*estens.*) bulbo di alcune piante (p.e. il tulipano, il giacinto) 3 oggetto a forma di bulbo di cipolla | — *dell'annaffiatoio*, estremità tonda e forata

per la fuoriuscita dell'acqua 4 (*fam.*) orologio da tasca.
ci|pol|la|ta *s.f.* vivanda a base di cipolle.
ci|pol|la|to *agg.* detto di legno con cipollature.
ci|pol|la|tu|ra *s.f.* difetto del legno che si sfoglia tra un anello e l'altro.
ci|pol|li|na *s.f.* 1 varietà di cipolle con bulbo piccolo, che si mangiano fresche o sotto aceto 2 pianta erbacea le cui foglie sottili sono usate in cucina come condimento; è anche detta *erba cipollina*.
ci|pol|li|no *agg.*, *s.m.* detto di marmo usato per arredi interni ed esterni, con fondo chiaro venato di grigio o verde.
ci|pol|ló|ne *s.m.* (*scherz.*) grosso orologio da tasca di scarso o nessun valore.
ci|pol|ló|so *agg.* cipollato.
cip|po *s.m.* 1 (*archeol.*) tronco di pilastro o colonna eretto spec. con funzioni commemorative 2 pietra un tempo usata per indicare i confini di un'area 3 blocco di pietra posto sul ciglio delle strade per indicare le distanze chilometriche.
ci|prèa *s.f.* mollusco con lunghi tentacoli sottili e conchiglia dai colori vivaci.
ci|pres|sé|to *s.m.* terreno con molti cipressi o piantato a cipressi.
ci|près|so *s.m.* albero delle Conifere con foglie scagliose sempreverdi e chioma a piramide, coltivato a scopo ornamentale e forestale o per ricavarne legname.
ci|pria *s.f.* polvere cosmetica molto fine, di varie tonalità, usata per il trucco del viso.
Ci|pri|ni|di *s.m.pl.* famiglia di pesci d'acqua dolce con corpo allungato e piccola bocca priva di denti; vi appartengono la carpa, la tinca e il pesce rosso.
ci|pri|ò|ta *agg.* [m.pl. *-i*] di Cipro, isola del Mediterraneo orientale ♦ *s.m./f.* nativo o abitante dell'isola di Cipro.
cir|ca *prep.* [talvolta seguita dalla prep. *a*] intorno a, riguardo a, a proposito di: *ho saputo molte cose — quella vicenda*; *— al progetto, ho nuove idee* ♦ *avv.* approssimativamente, quasi: *c'erano — dieci persone*; *a tre ore —*; *di — tre metri*.
cir|càs|so *agg.* relativo ai circassi, popolazione del Caucaso ♦ *s.m.* 1 [f. *-a*] chi fa parte della popolazione circassa 2 lingua parlata dai circassi.
cir|cèn|se *agg.* 1 del circo dell'antica Roma 2 relativo ai circhi equestri.
cìr|co *s.m.* [pl. *-chi*] 1 (*archeol.*) nell'antica Roma, grande edificio di forma ellittica o circolare, destinato alle lotte dei gladiatori, alle corse e ad altri giochi pubblici 2 — (*equestre*), costruzione smontabile, in cui si danno spettacoli acrobatici, esibizioni di pagliacci e di animali ammaestrati | la compagnia di artisti che vi lavora 3 insieme di atleti, tecnici ecc. di una determinata disciplina che partecipano a gare internazionali: *il — della Formula 1* 4 (*geol.*) — *glaciale*, estesa depressione semicircolare che i ghiacciai causano per erosione ai bordi delle montagne e sul fondo delle valli.
cir|co|làn|te *part.pres.* di circolare ♦ *agg.* che

circola: *veicoli circolanti* ♦ *s.m.* (*fin.*) complesso di monete e banconote che circolano all'interno di uno Stato.
cir|co|là|re[1] *agg.* 1 che ha la forma di un cerchio: *traiettoria —* 2 (*di comunicazione scritta*) che circola tra più persone o uffici | *lettera —*, in cui si danno disposizioni o notizie 3 (*geom.*) del cerchio; riguardante il cerchio | *settore —*, parte di cerchio compresa fra due raggi ♦ *s.f.* 1 lettera circolare 2 linea urbana pubblica con tragitto ad anello | tram o autobus che percorre tale tragitto: *prendere la —* □ **circolarmente** *avv.* in circolo.
cir|co|là|re[2] *v.intr.* [indic.pres. *io cìrcolo*...; aus. *A*, *E*] 1 muoversi in circolo | (*di fluido*) scorrere, fluire: *il sangue — nelle vene* 2 (*di veicoli o persone*) andare in giro, muoversi da una parte all'altra: *le auto non possono — nel centro storico* 3 passare di mano in mano, da una persona all'altra: *fate — il libro* 4 (*fig.*) divulgarsi, diffondersi: *la notizia circolò rapidamente*.
cir|co|la|ri|tà *s.f.* forma o movimento circolare | ciclicità.
cir|co|la|tò|rio *agg.* relativo alla circolazione, spec. sanguigna.
cir|co|la|zió|ne *s.f.* 1 movimento in circolo o secondo un percorso circolare | spostamento, movimento di veicoli o pedoni: *— a senso unico*; *bloccare la —* | *libretto di —*, documento che autorizza un veicolo a viaggiare | (*fig.*) **mettere in** —, diffondere | **togliere dalla** —, far scomparire 2 (*fisiol.*, *bot.*) il flusso del sangue o della linfa 3 (*fin.*) movimento di beni e denaro nelle fasi di scambio economico | *— monetaria*, denaro che circola in uno Stato.
cìr|co|lo *s.m.* 1 (*geom.*) cerchio 2 (*geog.*, *astr.*) ciascuna delle circonferenze immaginarie tracciate sulla sfera terrestre e celeste | *— polare*, parallelo che limita ciascuna delle due calotte polari 3 gruppo di persone appartenenti alla stessa categoria sociale o che svolgono la stessa professione: *— ufficiali*, *ferrovieri* | gruppo di persone che si riuniscono a scopi culturali o ricreativi: *— artistico* | (*estens.*) il luogo d'incontro di tali gruppi 4 (*biol.*, *med.*) circolazione sanguigna 5 *— vizioso*, (*filos.*) ragionamento ingannevole, le cui conclusioni tornano al punto di partenza; (*fig.*) situazione senza via d'uscita 6 (*econ.*) *— virtuoso*, processo che, partendo da un evento favorevole, provoca un miglioramento a catena 7 circoscrizione giudiziaria o di un'amministrazione.
cir|con- → **circum-**.
cir|con|ci|de|re *v.tr.* [pass.rem. *io circoncisi*, *tu circoncidésti*...; part.pass. *circonciso*] sottoporre a circoncisione.
cir|con|ci|sió|ne *s.f.* asportazione chirurgica del prepuzio, che musulmani ed ebrei praticano per motivi religiosi e che in medicina viene eseguita a scopo terapeutico.
cir|con|cì|so *part.pass.* di circoncidere ♦ *agg.*, *s.m.* che, chi ha subito una circoncisione.
cir|con|dà|bi|le *agg.* che si può circondare.

circondare 238

cir|con|dà|re *v.tr.* [indic.pres. *io circóndo*...] chiudere in cerchio; cingere: *la villa è circondata dagli alberi* | avvolgere, colmare: — *qlcu. di attenzioni* ♦ **-rsi** *rifl.* (*anche fig.*) avere intorno, attorniarsi: — *di amici*.

cir|con|da|rià|le *agg.* (*bur.*) che riguarda un circondario | *casa —*, carcere di un circondario giudiziario.

cir|con|dà|rio *s.m.* **1** circoscrizione amministrativa di un territorio | circoscrizione giudiziaria di un tribunale **2** (*estens.*) area circostante un centro abitato: *le ricerche sono estese a tutto il —*.

cir|con|dùr|re *v.tr.* [con. come *condurre*] (*lett.*) girare attorno | (*sport*) nella ginnastica, fare una circonduzione.

cir|con|du|zió|ne *s.f.* (*sport*) nella ginnastica, movimento rotatorio delle braccia, delle gambe o del busto.

cir|con|fe|rèn|za *s.f.* **1** (*mat.*) luogo dei punti di un piano equidistanti da un punto fisso detto *centro* **2** (*estens.*) linea che misura la grandezza di un corpo cilindrico o tondeggiante: *la — di un tronco, dei fianchi* | linea che delimita un'area: *la — di un campo*.

cir|con|flès|so *agg.* **1** piegato ad arco **2** accento —, segno grafico rappresentato in greco dalla forma ˜ e nelle lingue moderne dalla forma ˆ.

cir|con|flu|i|re *v.tr.* [indic.pres. *io circonfluisco, tu circonfluisci*...] (*spec. di acqua o aria*) fluire intorno.

cir|con|lo|cu|zió|ne *s.f.* giro di parole usato per esprimere ciò che non si vuole o può dire con termini propri; perifrasi.

cir|con|val|la|zió|ne *s.f.* **1** linea di fortificazioni edificata dagli assedianti intorno al luogo assediato **2** (*estens.*) strada intorno al perimetro esterno di un centro abitato.

cir|con|ven|zió|ne *s.f.* inganno, frode | (*dir.*) — *di incapace*, reato commesso da chi induce minori o persone in stato di infermità mentale a compiere atti giuridici a loro danno e a proprio vantaggio.

cir|con|vi|cì|no *agg.* che è vicino; circostante.

cir|con|vo|lu|zió|ne *s.f.* giro intorno a un centro | (*anat.*) — *cerebrale*, rilievo superficiale della corteccia cerebrale.

cir|co|scrìt|to *part.pass. di* circoscrivere ♦ *agg.* **1** (*geom.*) detto di figura che è racchiusa in un'altra e la tocca: *quadrato — a una circonferenza* **2** (*anche fig.*) chiuso entro certi limiti; delimitato con precisione: *un fenomeno —* | ridotto: *un potere —*; *un — numero di invitati*.

cir|co|scrì|ve|re *v.tr.* [con. come *scrivere*] **1** (*geom.*) disegnare una figura intorno a un'altra in modo che la tocchi **2** (*estens., anche fig.*) contenere entro certi limiti, delimitare: — *un danno* | definire precisamente: — *un concetto*.

cir|co|scri|ví|bi|le *agg.* che può essere circoscritto; delimitabile.

cir|co|scri|zio|nà|le *agg.* che riguarda una circoscrizione.

cir|co|scri|zió|ne *s.f.* suddivisione di un'area per scopi amministrativi o giudiziari | complesso degli uffici della circoscrizione e l'edificio in cui risiedono.

cir|co|spèt|to *agg.* che dimostra o si muove con cautela; guardingo, cauto.

cir|co|spe|zió|ne *s.f.* prudenza, cautela, accortezza: *agire con —*.

cir|co|stàn|te *agg.* che sta intorno o vicino: *ambiente —*.

cir|co|stàn|za *s.f.* **1** condizione oggettiva che determina o caratterizza un evento: *per una — imprevista, non posso venire* | (*dir.*) — *di reato*, eventuale elemento che rende la pena prevista dalla legge più o meno grave: — *aggravante, attenuante* **2** condizione particolare; occasione: *trovarsi in una — difficile* | *di —*, formale, convenzionale: *parole, discorso di —*.

cir|co|stan|zià|le *agg.* di una circostanza, relativo alle circostanze.

cir|co|stan|zià|re *v.tr.* [indic.pres. *io circostànzio*...] riferire con precisione.

cir|co|stan|zià|to *part.pass. di* circostanziare ♦ *agg.* completo nei dettagli; particolareggiato: *resoconto — dei fatti*.

cir|cu|ì|re *v.tr.* [indic.pres. *io circuisco, tu circuisci*...; *part.pass. circuìto*] frequentare qlcu. con insistenza, per imbrogliarlo o per convincerlo a fare ql.co.; insidiare, raggirare.

cir|cuì|to *s.m.* **1** perimetro, linea che delimita una zona **2** spec. nelle gare sportive, percorso in cui il punto di partenza e quello di arrivo sono coincidenti **3** (*elettr.*) sistema di conduttori collegati fra loro per far passare la corrente | — *chiuso*, percorso nel quale la corrente non è interrotta; (*estens., in varie tecnologie*) processo continuo: *telecamere a — chiuso* **4** (*tecn.*) insieme di condutture per il passaggio di un fluido o di un materiale: — *di raffreddamento* **5** (*econ.*) sistema che permette la circolazione di capitali e la commercializzazione di merci **6** — *cinematografico*, gruppo di sale cinematografiche gestite da uno stesso proprietario o legate a uno stesso distributore.

cir|cum- o **circon-** *pref.* di parole composte che significa "intorno" (*circumnavigazione, circonvicino*).

cir|cum|na|vi|gà|re *v.tr.* [indic.pres. *io circumnàvigo, tu circumnàvighi*...] navigare intorno al perimetro di un'isola o di un continente | compiere per mare un giro completo attorno alla Terra.

cir|cum|na|vi|ga|tó|re *s.m.* -*trice*) chi compie una circumnavigazione.

cir|cum|na|vi|ga|zió|ne *s.f.* navigazione intorno al perimetro di un'isola o di un continente | giro completo attorno alla Terra via mare.

cir|cum|po|là|re *agg.* (*geogr., astr.*) che è attorno ai poli terrestri o celesti.

ciré (*fr.*) [pr. *siré*] *agg.invar.*, *s.m.* detto di tela impermeabilizzata con sostanze cerose, usata nell'abbigliamento e nella tappezzeria.

ci|re|naì|co *agg.* [m.pl. -*ci*] di Cirene, antica città della Libia, o della Cirenaica, regione del-

l'Africa settentrionale ♦ *s.m.* [f. *-a*] nativo o abitante di Cirene o della Cirenaica.
ci|re|nè|o *s.m.* [f. *-a*] **1** abitante dell'antica Cirene **2** (*fig.*) chi si assume un lavoro impegnativo che spetterebbe ad altri.
ci|ril|li|co *agg.* [m.pl. *-ci*] detto dei caratteri dell'alfabeto usato dai popoli slavi (p.e. russi e serbi) ♦ *s.m.* alfabeto cirillico.
cir|nè|co *s.m.* cane da caccia di piccola taglia con il pelo fulvo, originario della Sicilia.
ci|rò *s.m.* vino rosso pregiato di alta gradazione, dal profumo intenso, prodotto in Calabria.
cir|ri|fór|me *agg.* **1** (*meteor.*) a forma di cirro **2** (*bot.*) a forma di tralcio o di viticcio.
Cir|ri|pe|di *s.m.pl.* sottoclasse di Crostacei marini, piccoli e con gli arti a forma di cirro, che vivono attaccati agli scogli.
cir|ro *s.m.* **1** (*meteor.*) nuvola bianca di alta quota, trasparente, a forma di filamenti, strisce o chiazze **2** (*bot.*) organo di sostegno filamentoso di alcune piante rampicanti; viticcio **3** (*zool.*) organo tattile o locomotorio di Anellidi, Ciliati e Cirripedi.
cir|ro|cù|mu|lo *s.m.* (*meteor.*) nuvola biancastra d'alta quota, densa e stratificata, caratteristica del cosiddetto *cielo a pecorelle.*
cir|rò|si *s.f.* (*med.*) malattia consistente nella proliferazione del tessuto connettivo di un organo, spec. del fegato.
cir|ró|so *agg.* **1** (*meteor.*) detto di cielo coperto di cirri **2** (*bot.*) detto di foglia o picciolo con le caratteristiche di un cirro.
cir|ro|strà|to *s.m.* (*meteor.*) nuvola trasparente, biancastra e sottile.
cir|rò|ti|co *agg.*, *s.m.* [f. *-a*; m.pl. *-ci*] (*med.*) che, chi è affetto da cirrosi.
cis- *pref.* di aggettivi che significa "di qua da"; nei termini geografici indica una collocazione al di qua di un certo luogo (*cisalpino*, *cispadano*).
ci|sal|pi|no *agg.* rispetto a Roma, che è al di qua delle Alpi.
ci|spa *s.f.* materia vischiosa che si deposita tra le palpebre, spec. durante il sonno, prodotta dalla solidificazione del sebo secreto dalle palpebre stesse.
cis|pa|dà|no *agg.* rispetto a Roma, che si trova al di qua del Po.
ci|spo|si|tà *s.f.* **1** l'essere cisposo **2** cispa.
ci|spó|so *agg.* pieno di cispa.
ci|sta *s.f.* (*archeol.*) nell'antichità greco-romana, vaso cilindrico con due manici e coperchio, di uso rituale o quotidiano, che conteneva capi d'abbigliamento od oggetti di toeletta.
Ci|stà|ce|e *s.f.pl.* famiglia di piante arbustacee ed erbacee con foglie opposte e fiori vistosi, diffuse nell'area mediterranea.
ci|ste *s.f.* → **cisti**.
ci|stec|to|mì|a *s.f.* (*med.*) **1** parziale o totale asportazione della vescica urinaria **2** asportazione di una cisti.
ci|ste|i|na *s.f.* (*chim.*) amminoacido che contiene zolfo, presente in tutte le proteine.
ci|ster|cièn|se o **cistercènse** *agg.* dell'ordine monastico fondato a Cîteaux nel 1098 da san Roberto di Molesme: *monastero* —. ♦ *s.m.* monaco di tale ordine.
ci|stèr|na *s.f.* **1** vasca interrata rivestita in muratura per la raccolta dell'acqua piovana **2** (*estens.*) grande serbatoio per liquidi ♦ *agg. invar.* detto di mezzo munito di serbatoio per trasportare liquidi: *aereo*, *vagone* —.
ci|sti o **ciste** *s.f.* **1** (*med.*) formazione tondeggiante con pareti fibrose, dal contenuto fluido o semifluido: — *cutanea* **2** (*zool.*) involucro in cui si avvolgono alcuni Protozoi per difendersi in condizioni ambientali sfavorevoli | — *parassitaria*, stadio larvale di alcuni parassiti, fra cui le tenie.
ci|sti- → **cisto-**.
ci|sti|cèr|co *s.m.* stadio larvale di alcuni parassiti (p.e. la tenia) quando si annidano in una parte del corpo dell'ospite.
ci|sti|co *agg.* **1** (*med.*) relativo a una cisti **2** (*anat.*) *dotto* —, quello che unisce la cistifellea al coledoco.
ci|sti|fèl|le|a *s.f.* (*anat.*) piccola vescica di forma allungata che si trova sulla superficie inferiore del fegato e in cui si deposita la bile.
ci|sti|na *s.f.* (*chim.*) amminoacido contenente zolfo, prodotto per ossidazione della cisteina.
ci|sti|te *s.f.* (*med.*) infiammazione della vescica urinaria.
ci|sto- o **cisti-** (*scient.*) primo elemento di parole composte che significa "vescica" (*cistoscopia*).
ci|sto|pie|li|te *s.f.* (*med.*) infiammazione che colpisce la vescica e il bacinetto renale.
ci|sto|sco|pì|a *s.f.* (*med.*) tecnica di esplorazione visiva della vescica urinaria.
-ci|ta → **-cito**.
ci|tà|bi|le *agg.* che si può citare; che è degno di citazione.
ci|tàn|te *part.pres.* di **citare** ♦ *agg.*, *s.m./f.* (*dir.*) che, chi cita qlcu. in tribunale.
ci|ta|ra *s.f.* (*mus.*) strumento dell'antica Grecia simile alla lira; cetra.
ci|tà|re *v.tr.* **1** (*dir.*) convocare qlcu. in giudizio come accusato o testimone **2** riportare esattamente, in uno scritto o in un discorso, parole altrui: — *un verso di Leopardi* **3** (*estens.*) indicare qlcu. o ql.co.: — *ad esempio*.
ci|ta|rè|do *s.m.* [f. *-a*] nell'antica Grecia, cantore che accompagna il canto suonando la cetra.
ci|ta|rì|sta *s.m./f.* [m.pl. *-i*] (*lett.*) suonatore di cetra.
ci|ta|zió|ne *s.f.* **1** (*dir.*) il citare qlcu. in giudizio | documento con cui si ordina a qlcu. di comparire in tribunale per una determinata udienza **2** il brano e le parole altrui riportati con esattezza in un discorso o in uno scritto, spec. per confermare una teoria o per aprire un dibattito | (*estens.*) riferimento bibliografico di un testo **3** menzione di qlcu. per motivi particolari: — *al merito.*
ci|te|rió|re *agg.* che sta al di qua rispetto a un certo confine: *Gallia* —.
ci|to-, **-ci|to** o **-cita** primo e secondo elemento

di parole composte che significa "cellula" (*citocromo*, *fagocito*, *leucocita*).

ci|to|ci|nè|si *s.f.* (*biol.*) insieme delle modificazioni del citoplasma durante la divisione cellulare.

ci|to|crò|mo *s.m.* (*biol.*) enzima presente nelle cellule animali e vegetali, fondamentale per la loro respirazione.

ci|to|fa|gì|a *s.f.* (*biol.*) azione fagocitaria su una cellula o parte di essa.

ci|to|fo|nà|re *v.intr.* [indic.pres. *io citòfono...*; aus. *A*] parlare con qlcu. attraverso il citofono.

ci|to|fo|niè|ra *s.f.* impianto di citofoni.

ci|tò|fo|no *s.m.* apparecchio telefonico privato che collega locali di uno stesso edificio lontani fra loro e spec. gli appartamenti con il portone d'ingresso.

ci|to|gè|ne|si *s.f.* (*biol.*) origine e sviluppo della cellula.

ci|to|ge|nè|ti|ca *s.f.* (*genetica*) branca che studia geni e cromosomi in quanto fattori ereditari della cellula.

ci|to|lo|gì|a *s.f.* [pl. *-gie*] (*biol.*) branca che studia la forma, la struttura e le funzioni delle cellule.

ci|to|lò|gi|co *agg.* [m.pl. *-ci*] (*biol.*) proprio della cellula | relativo alla citologia.

ci|to|plà|sma *s.m.* [pl. *-i*] (*biol.*) parte della cellula intorno al nucleo.

ci|to|sò|ma *s.m.* [pl. *-i*] (*biol.*) corpo cellulare indipendentemente dal suo nucleo.

ci|tra|to *s.m.* (*chim.*) sale dell'acido citrico | — *di magnesia*, sale in cristalli che, disciolto in acqua, è usato come purgante.

ci|tri|co *agg.* [m.pl. *-ci*] (*chim.*) detto di acido presente in molti frutti spec. agrumi, usato nella preparazione di bibite e in farmacia.

ci|tri|no *agg.* di cedro; dal sapore o colore del cedro ♦ *s.m.* **1** il colore giallo tendente al verde, tipico del cedro **2** (*min.*) varietà di quarzo giallo.

ci|tro|nèl|la *s.f.* pianta erbacea dalle cui larghe foglie si ottiene un olio con il profumo di limone, usato in farmacia e in cosmesi.

ci|trul|làg|gi|ne *s.f.* **1** stupidità, imbecillità **2** frase o azione da citrullo.

ci|trul|lo *agg.*, *s.m.* [f. *-a*] scemo, tonto.

cit|tà *s.f.* **1** centro abitato esteso, sede di attività amministrative, economiche e culturali di cui può beneficiare una collettività numerosa: *periferia, centro della —; abitare in —* | — *d'arte*, ricca di musei, monumenti ecc. | — *aperta*, quella che, in caso di guerra, non ospita installazioni militari e che le parti in conflitto si impegnano a non attaccare **2** porzione di città, quartiere | — *nuova*, l'area costruita più di recente | — *bassa*, sviluppata in zona pianeggiante | — *giardino*, quartiere residenziale con viali alberati e giardini | — *universitaria*, *degli studi*, insieme di edifici di un'università raggruppati in un unico quartiere **3** (*estens.*) popolazione di una città: *ne parla tutta la* — **4** (*anche fig.*) comunità, collettività.

cit|ta|dèl|la *s.f.* **1** fortezza edificata per la difesa della città **2** (*fig.*) ambiente in cui un movimento politico, culturale e sim. è maggiormente sostenuto: *la — del socialismo*.

cit|ta|di|nàn|za *s.f.* **1** insieme dei cittadini **2** (*dir.*) la condizione di chi appartiene ad uno Stato ed è, perciò, titolare di determinati diritti e doveri: *acquisire la — italiana* | — *onoraria*, quella conferita a persone particolarmente meritevoli da parte di una città o di uno Stato diversi da quelli d'origine o residenza.

cit|ta|dì|no *s.m.* [f. *-a*] **1** abitante di una città: — *di Genova* | *primo* —, sindaco **2** chi ha la cittadinanza di uno Stato: — *italiano* **3** ciascun componente di una popolazione o di una comunità, anche ideale ♦ *agg.* della città, dei cittadini: *strade cittadine*; *lutto* —.

city bike (*ingl.*) [pr. *sìti bàik*] *loc.sost.f.invar.* bicicletta da città adatta anche su terreni accidentati.

city car (*ingl.*) [pr. *sìti kar*] *loc.sost.f.invar.* piccola automobile dai consumi ridotti, progettata per l'uso in città.

ciùc|ca *s.f.* (*pop.*) sbornia.

ciuc|cià|re *v.tr.*, *intr.* [indic.pres. *io ciùccio...*; aus. *A*] (*fam.*, *spec. di bambini*) succhiare.

ciùc|cio¹ o **ciucciòtto** *s.m.* (*fam.*) tettarella in gomma o plastica; succhiotto.

ciùc|cio² *s.m.* [f. *-a*] (*region.*) asino.

ciùc|co *agg.* [m.pl. *-chi*] (*pop.*) ubriaco.

ciù|co *s.m.* [f. *-a*; m.pl. *-chi*] (*region.*) **1** asino **2** (*fig.*) persona ignorante | alunno con scarso rendimento negli studi.

ciuf|fo *s.m.* **1** grossa ciocca di capelli che gener. cade sulla fronte **2** (*estens.*) insieme di peli, crini o piume che alcuni animali hanno sulla testa **3** (*estens.*) gruppo di piante, cespo: — *di prezzemolo* | gruppo di oggetti legati insieme, spec. a scopo ornamentale.

ciuf|fo|lòt|to *s.m.* uccello dal piumaggio rosso, nero e bianco, con becco corto e convesso.

ciur|là|re *v.intr.* [aus. *A*] *solo nella loc.* (*fig.*) — *nel manico*, sottrarsi a un impegno con scuse ed espedienti vari.

ciùr|ma *s.f.* **1** (*st.*) insieme degli schiavi e dei forzati ai remi in una galea | (*estens.*) basso personale di bordo di una nave **2** (*fig.*) insieme disordinato di persone volgari e poco raccomandabili; marmaglia.

ciur|mà|glia *s.f.* insieme di persone spregevoli; gentaglia.

ci|vét|ta *s.f.* **1** uccello rapace notturno, dal folto piumaggio bruno chiazzato di bianco e grigio, con zampe corte, testa tondeggiante, grandi occhi gialli e becco corto a uncino | *naso da* —, adunco **2** (*fig.*) donna frivola e vanitosa che cerca in tutti i modi di catturare l'attenzione degli uomini **3** piccolo manifesto esposto nelle edicole che riporta i titoli dei servizi più interessanti di un giornale | (*giorn.*) richiamo in testa, posto in prima pagina, anticipa le notizie riportate all'interno ♦ *agg.invar.* che serve da esca | *prodotto* —, quello venduto a un prezzo inferiore con lo scopo di attirare i clienti.

ci|vet|tà|re *v.intr.* [indic.pres. *io civétto...*; aus. *A*]

cercare di attirare l'attenzione di qlcu. con atteggiamenti stucchevoli o falsi.
ci|vet|te|rì|a *s.f.* 1 l'atteggiamento del civettare 2 comportamento o atto falso e stucchevole per catturare l'ammirazione altrui 3 ornamento eccessivamente grazioso.
ci|vet|tuò|lo *agg.* 1 che rivela civetteria: *ragazza civettuola* 2 che attira l'attenzione per la sua graziosità e originalità: *un cappello* —.
ci|vi|co *agg.* [m.pl. -*ci*] 1 relativo al cittadino in quanto membro di uno Stato, di una collettività: *senso* — | *educazione civica*, materia scolastica che insegna i diritti e i doveri che i cittadini hanno nell'ambito della vita politica e sociale 2 della città; municipale: *biblioteca civica* | *numero* —, quello che identifica abitazioni, negozi, locali e sim. in una strada o piazza □ **civicamente** *avv.* con senso civico; dal punto di vista civico.
ci|vi|le *agg.* 1 che riguarda il cittadino in quanto membro di uno Stato, di una collettività | *guerra* —, tra i cittadini del medesimo Stato | *stato* —, insieme dei dati anagrafici di un cittadino | *diritti civili*, quelli di cui godono tutti i cittadini | *valore* —, quello dimostrato da chi compie un'azione altruistica a rischio della propria vita | (*dir.*) *diritto* —, che si occupa dei rapporti giuridici tra privati 2 che riguarda il privato cittadino; che non è né militare né religioso: *ospedale* — | *servizio* —, servizio che prevede attività socialmente utili, svolto un tempo in alternativa al servizio militare e oggi volontariamente 3 che è caratterizzato da un alto grado di sviluppo politico, sociale, economico e tecnologico: *paesi civili* 4 rispettoso, educato: *modi civili* 5 che si occupa di temi sociali o politici: *poesia* — ♦ *s.m.* privato cittadino, spec. in contrapposizione a *militare*: *negli scontri sono rimasti feriti anche alcuni civili* □ **civilmente** *avv.* 1 in maniera civile: *trattare qlcu.* — 2 secondo il diritto civile: *sposarsi* —.
ci|vi|li|sta *s.m./f.* [m.pl. -*i*] studioso di diritto civile | avvocato specializzato in diritto civile.
ci|vi|li|sti|co *agg.* [m.pl. -*ci*] che è relativo al diritto civile.
ci|vi|liz|zà|re *v.tr.* rendere civile o più civile ♦ **-rsi** *rifl.* acquisire aspetto e modi più civili.
ci|vi|liz|za|tó|re *agg.*, *s.m.* [f. -*trice*] che, chi civilizza.
ci|vi|liz|za|zió|ne *s.f.* il civilizzare, l'essere civilizzato | il suo risultato.
ci|vil|tà *s.f.* 1 l'insieme degli aspetti politici, economici, sociali e culturali che caratterizzano un popolo o una società, spec. in relazione a un dato momento storico, a una determinata area: *la* — *greca* | *la* — *delle macchine*, quella contemporanea, caratterizzata dal sempre più crescente uso di macchine in ogni settore 2 grado di sviluppo politico, economico, tecnologico, sociale raggiunto da un popolo o da una società; progresso 3 (*estens.*) educazione, rispetto.
ci|vì|smo *s.m.* coscienza che ha il cittadino riguardo ai suoi doveri civili.
clàc|son o **clàxon** *s.m.invar.* apparecchio di segnalazione acustica di cui sono dotati automobili e motoveicoli.
Cla|dò|ce|ri *s.m.pl.* ordine di piccoli Crostacei d'acqua dolce, con carapace bivalve e il capo dotato di antenne ramificate natanti; ne fa parte la dafnia.
cla|dò|dio *s.m.* (*bot.*) fusto o ramo piatto e verde che, nelle piante prive di foglie (p.e. il cactus), svolge la funzione clorofilliana.
Cla|dò|nia *s.f.* genere di licheni rossi o bruni, dal talo a cratere o a corno.
cla|mi|dà|to *agg.* 1 (*lett.*) che porta la clamide | (*bot.*) detto di fiore che ha calice e corolla.
clà|mi|de *s.f.* 1 nell'antichità greco-romana, corto mantello da uomo, chiuso su una spalla o sul petto mediante una fibbia 2 (*lett.*) mantello reale 3 (*bot.*) *fiore* —, fiore clamidato.
cla|mi|do|spò|ra *s.f.* (*bot.*) spora rivestita da una spessa parete protettiva, tipica di alcuni funghi.
cla|mó|re *s.m.* 1 forte schiamazzo prodotto da più persone: *il* — *del pubblico* | (*lett.*) rumore assordante, baccano 2 (*fig.*) scalpore, grande curiosità e interesse: *suscitare* —.
cla|mo|ró|so *agg.* 1 rumoroso, chiassoso 2 (*fig.*) che crea interesse e scalpore: *una vicenda clamorosa* | (*estens.*) straordinario, di grandi proporzioni: *una vittoria clamorosa* □ **clamorosamente** *avv.*
clan *s.m.invar.* 1 (*etnologia*) gruppo sociale numericamente intermedio tra la famiglia e la tribù, i cui componenti sono legati da una comune discendenza 2 (*estens.*) gruppo chiuso di persone | (*spreg.*) combriccola, cricca 3 (*sport*) squadra.
clan|de|sti|ni|tà *s.f.* condizione dell'essere clandestino.
clan|de|sti|no *agg.* che si fa di nascosto, contravvenendo alle leggi: *attività clandestina; giornale* — ♦ *s.m.* [f. -*a*] 1 passeggero che viaggia senza documenti 2 chi vive in un paese straniero senza regolare permesso □ **clandestinamente** *avv.*
clan|gó|re *s.m.* (*lett.*) suono squillante prodotto da trombe o campane | (*estens.*) rumore fragoroso e acuto.
clap *inter.* (*onom.*) suono che riproduce il rumore di un applauso.
claque (*fr.*) [pr. *clak*] *s.f.invar.* gruppo di persone assoldate per applaudire in teatro.
cla|ri|net|ti|sta *s.m./f.* [m.pl. -*i*] chi suona il clarinetto.
cla|ri|nét|to *s.m.* (*mus.*) strumento a fiato ad ancia semplice, costituito da un tubo cilindrico forato, di legno o metallo, che termina con una svasatura a campana.
cla|ri|nì|sta *s.m./f.* [m.pl. -*i*] chi suona il clarino.
cla|rì|no *s.m.* (*mus.*) 1 tromba dal suono molto acuto in uso nel XVII e XVIII sec. 2 clarinetto.
cla|ris|sa *s.f.* religiosa dell'ordine di clausura fondato da san Francesco d'Assisi e santa Chiara nel 1212.
clàs|se *s.f.* 1 nell'antica Roma, ognuna delle

classica

cinque categorie in cui erano raggruppate le persone in base al censo **2** insieme di persone con la stessa condizione economica, sociale e culturale: — *borghese* | *lotta di* —, secondo il marxismo, quella destinata a ristabilire l'equilibrio fra classi con interessi contrastanti | (*estens.*) insieme di persone che svolgono la stessa professione: *la — dei macchinisti*; *la — politica* **3** insieme di entità di varia natura con una o più caratteristiche comuni; categoria: *le classi degli aggettivi* | (*biol.*) gruppo che comprende più ordini vegetali o animali: *la — dei Vertebrati* | (*mat.*) insieme di enti con determinate proprietà: *la — di numeri interi* **4** insieme dei soldati dello stesso anno di leva | (*estens.*) insieme di persone nate nello stesso anno: *la — del 1989* | (*scherz.*) — *di ferro*, generazione caratterizzata da coraggio, tenacia o resistenza **5** (*estens.*) insieme di studenti di uno stesso corso: — *di inglese* | aula in cui stanno tali studenti: *compito in —* | grado del percorso scolastico elementare e medio: *che — fai?* **6** (*estens.*) su aerei, treni e navi, suddivisione dei posti basata sulla qualità dei servizi offerti al passeggero: *viaggio in prima —* **7** (*fig.*) eleganza, signorilità: *persona di gran —* | bravura, competenza: *un atleta di —* **8** (*biol.*) gruppo che comprende più ordini animali o vegetali.
clàs|si|ca *s.f.* **1** (*ell.*) musica classica **2** (*sport*) gara annuale di antica tradizione.
clas|si|cheg|giàn|te *agg.* che imita i classici: *letteratura —*.
clas|si|ci|smo *s.m.* **1** movimento culturale e artistico che si ispira ai modelli della civiltà classica imitandone l'armonia e la perfezione formale | ideale di perfezione espressiva e formale ispirato all'arte classica **2** classicità.
clas|si|ci|sta *s.m./f.* [m.pl. *-i*] **1** seguace del classicismo **2** studioso dell'antichità classica.
clas|si|ci|sti|co *agg.* [m.pl. *-ci*] proprio del classicismo o dei classicisti.
clas|si|ci|tà *s.f.* **1** caratteristica di ciò che è classico; spirito classico | (*estens.*) misura, eleganza formale **2** l'antichità greca e latina, spec. nel periodo di massimo splendore: *un autore della —*.
clàs|si|co *agg.* [m.pl. *-ci*] **1** che appartiene all'antichità greca e latina, spec. nel suo periodo di maggior splendore: *cultura classica* | *studi classici*, quelli che si occupano prevalentemente di materie umanistiche **2** (*estens.*, *di artista o di opera*) che è preso a modello o che è considerato fondamentale: *uno scrittore — dell'Ottocento* **3** (*fig.*) consueto, tipico: *ricetta classica siciliana* | tradizionale: *vestito dalla linea classica* **4** musica classica, quella colta, contrapposta alla musica popolare e leggera ♦ *s.m.* **1** artista od opera esemplare o di grande valore: *i classici del Novecento* | (*per anton.*) *i classici*, gli scrittori greci e latini **2** ciò che si considera caratteristico, tipico di una tradizione: *la piadina è un — della cucina emiliano-romagnola*.
clas|si|fi|ca *s.f.* **1** graduatoria di squadre o di atleti in base alla bravura dimostrata in una gara sportiva **2** in una competizione o in un concorso, ordinamento dei partecipanti in base ai punti ottenuti da ciascuno di essi: *essere primo in —*.
clas|si|fi|cà|bi|le *agg.* che può essere classificato o suddiviso in classi.
clas|si|fi|cà|re *v.tr.* [indic.pres. *io classìfico*, *tu classifichi*...] **1** suddividere in classi, ordinare per classi: — *i libri* **2** giudicare con voto o parere formale la bravura di qlcu. o la qualità di ql.co.; valutare ♦ **-rsi** *intr.pron.* ottenere un certo grado o posto in una classifica | in una competizione, essere ammesso alla fase successiva: — *per le finali*.
clas|si|fi|ca|tó|re *s.m.* **1** [f. *-trice*] chi classifica **2** album, cartella, mobile per riporre ordinatamente documenti, fascicoli e sim.
clas|si|fi|ca|zió|ne *s.f.* **1** suddivisione, ordinamento per classi: — *degli animali* **2** valutazione espressa con un giudizio o con un punteggio di merito.
clas|sì|smo *s.m.* **1** teoria che individua nel contrasto tra le classi sociali il fattore decisivo dell'evoluzione storica **2** difesa incondizionata degli interessi della propria classe.
clas|sì|sta *agg.* [m.pl. *-i*] **1** basato sul classismo **2** che accetta, conserva o accentua la suddivisione della società in classi: *mentalità —* ♦ *s.m./f.* chi accetta e sostiene il classismo.
clas|sì|sti|co *agg.* [m.pl. *-ci*] del classismo; ispirato al classismo.
-cla|stì|a secondo elemento di termini composti che significa "rottura, distruzione" (*iconoclastia*).
clà|sti|co *agg.* [m.pl. *-ci*] (*geol.*) detto di roccia formata da detriti e frammenti.
clau|di|càn|te *part.pres.* di claudicare ♦ *agg.* zoppicante, zoppo | (*estens.*) difettoso.
clau|di|cà|re *v.intr.* [indic.pres. *io clàudico*, *tu clàudichi*...; aus. *A*] (*lett.*) zoppicare | (*estens.*) essere incerto.
clau|né|sco o **clownésco** *agg.* [m.pl. *-schi*] che è tipico dell'arte del clown: *mimica claunesca* **2** (*fig.*) che è poco serio; buffonesco.
clàu|so|la *s.f.* **1** (*dir.*) proposizione inserita in un atto legale, contratto, testamento e sim. per modificarne o definirne il contenuto | (*estens.*) condizione **2** nella prosa, conclusione di un periodo | nella poesia, parte finale di un verso | (*estens.*) conclusione di un discorso **3** (*mus.*) chiusura di una melodia.
clau|stràle *agg.* (*lett.*) **1** del chiostro | (*estens.*) religioso, conventuale **2** (*fig.*) solitario, tranquillo.
clau|stro|fo|bì|a *s.f.* (*psicol.*) tendenza patologica a vivere isolati dal mondo esterno.
clau|stro|fo|bì|a *s.f.* (*psicol.*) paura patologica degli spazi chiusi.
clau|sù|ra *s.f.* **1** regola della vita conventuale che impone l'isolamento dei religiosi rispetto al mondo esterno: *monaca di —* **2** (*estens.*) parte del convento a cui possono accedere solo i religiosi **3** (*fig.*) vita molto appartata.
clà|va *s.f.* **1** solido bastone nodoso, con una

grossa estremità tondeggiante e l'altra assottigliata per l'impugnatura, usato come arma dai popoli preistorici e primitivi | (*estens.*) grosso bastone 2 (*sport*) attrezzo ginnico in legno di forma simile a una bottiglia.
cla|và|ria *s.f.* fungo di medie dimensioni, commestibile quando non è ancora maturo; anche detto *manina* o *ditola*.
Cla|va|rià|ce|e *s.f.pl.* famiglia di funghi dal corpo fruttifero carnoso ramificato o a forma di clava.
cla|vi|cem|ba|li|sta *s.m./f.* [m.pl. -*i*] suonatore di clavicembalo | compositore di musica per clavicembalo.
cla|vi|cém|ba|lo *s.m.* (*mus.*) strumento a corde e tastiera usato spec. tra il XVI e il XVIII sec.; è dotato di una cassa armonica all'interno della quale le corde sono fatte vibrare da plettri azionati dai tasti.
cla|vi|co|la *s.f.* (*anat.*) ciascuna delle due ossa della spalla che va dalla scapola allo sterno.
cla|vi|còr|do *s.m.* (*mus.*) strumento a corde e tastiera, usato tra il XIV e il XVIII sec., da cui è derivato l'attuale pianoforte.
clà|vo *s.m.* 1 nell'antica Roma, striscia di porpora portata sulla tunica per indicare l'appartenenza all'ordine senatorio o equestre 2 (*lit.*) striscia di stoffa ricamata con simboli sacri cucita sui paramenti del sacerdote.
clà|xon *s.m.invar.* → **clacson**.
clearing (*ingl.*) [pr. *klèring*] *s.m.invar.* compensazione tra banche o Stati di reciproci debiti e crediti.
cle|mà|ti|de *s.f.* pianta erbacea rampicante coltivata a scopo ornamentale, con fiori privi di corolla, ma calice vistoso.
cle|mèn|te *agg.* 1 che perdona facilmente; indulgente 2 (*fig.*, *di clima o stagione*) mite, temperato.
cle|men|ti|na *s.f.* pianta ottenuta dall'incrocio dell'arancio amaro con il mandarino | il frutto di tale pianta; mandarancio.
cle|mèn|za *s.f.* 1 l'essere clemente; benevolenza, indulgenza 2 (*fig.*, *di clima o stagione*) mitezza.
cle|o|pà|tra *s.f.* farfalla diurna molto diffusa in Italia, con le ali di colore biancastro nelle femmine e giallastro nel maschio.
clep|tò|ma|ne *agg.*, *s.m./f.* che, chi è affetto da cleptomania.
clep|to|ma|nì|a *s.f.* (*psicol.*) impulso ossessivo e irresistibile a rubare.
clergyman (*ingl.*) [pr. *klèrgimen*] *s.m.invar.* completo di giacca, pantaloni, camicia scuri e collarino bianco che i sacerdoti indossano quando non celebrano le funzioni religiose.
cle|ri|cà|le *agg.* 1 del clero 2 che appoggia il clericalismo ♦ *s.m./f.* chi sostiene il potere politico del clero e della Chiesa.
cle|ri|ca|li|smo *s.m.* (*polit.*) orientamento favorevole a un ruolo preminente del clero nella vita politica e sociale.
clè|ro *s.m.* insieme delle persone che appartengono all'ordine sacerdotale e che si occupano del culto divino.
cle|ro|dèn|dro *s.m.* pianta arborea o arbustiva, ornamentale, dai fiori variamente colorati.
cles|si|dra *s.f.* antico strumento per misurare il tempo formato da due ampolle in vetro sovrapposte e fra loro comunicanti tramite una piccola apertura attraverso cui scorre, in modo lento e uniforme, una certa quantità di acqua o sabbia.
clic o **click** *inter.* (*onom.*) suono che suggerisce il rumore di uno scatto metallico ♦ *s.m.invar.* 1 rumore metallico, netto e breve: *il — del grilletto* 2 (*inform.*) comando dato al computer schiacciando il pulsante del mouse.
clic|cà|re *v.intr.* [indic.pres. *io clicco, tu clicchi...*; aus. *A*] (*inform.*) schiacciare il pulsante del mouse per dare un comando al computer: *clicca qui per inserire i tuoi dati* ♦ *tr.* schiacciare un pulsante di un apparecchio e fare clic: *il — telecomando*.
cliché (*fr.*) [pr. *cliscé*] *s.m.invar.* 1 lastra metallica incisa con procedimenti fotochimici per la riproduzione tipografica di disegni e fotografie 2 (*fig.*) modello, schema | luogo comune; fatto o detto privo di originalità.
click *inter.* → **clic**.
cli|èn|te *s.m./f.* 1 chi frequenta con regolarità un locale o un negozio | chi richiede la prestazione di un professionista, un artigiano e sim. 2 nell'antica Roma, individuo libero protetto da un cittadino potente (*patrono*) in cambio di determinati obblighi 3 (*estens.*, *spreg.*) chi appoggia un personaggio potente, spec. nell'ambito politico, per interessi personali.
cli|en|tè|la *s.f.* 1 l'insieme dei clienti di un locale o negozio: *una vasta — | l'insieme dei clienti di un professionista, artigiano e sim.* 2 nell'antica Roma, rapporto di protezione tra cliente e patrono | l'insieme dei clienti di un patrono 3 (*spreg.*) l'insieme dei sostenitori di un personaggio potente, spec. politico.
cli|en|te|là|re *agg.* (*spreg.*) di clientela, basato sul clientelismo: *interessi clientelari*.
cli|en|te|li|smo *s.m.* rete di relazioni tra persone basato su favoritismi e benefici personali, diffuso, spec. in ambito politico, con personaggi potenti.
clì|ma *s.m.* [pl. -*i*] 1 complesso dei fenomeni atmosferici (p.e. temperatura, pressione, umidità) che caratterizzano determinate zone o periodi: *— desertico; — estivo; il — di Trieste* 2 (*fig.*) l'insieme delle condizioni psicologiche, politiche, culturali e sim. che contraddistinguono un ambiente, un'epoca: *— di tesione; il — politico del Novecento*.
cli|ma|tè|rio *s.m.* fase della vita femminile e maschile caratterizzata da un'involuzione dell'attività delle ghiandole sessuali.
cli|mà|ti|co *agg.* [m.pl. -*ci*] del clima; che è in rapporto al clima: *variazioni climatiche | stazione climatica*, luogo del clima mite e gradevole, adatto a particolari cure.
cli|ma|tiz|zà|re *v.tr.* dotare di climatizzatore.

cli|ma|tiz|za|tó|re *s.m.* impianto o apparecchio per regolare la temperatura e l'umidità dell'aria in un ambiente chiuso.

cli|ma|tiz|za|zió|ne *s.f.* regolazione mediante climatizzatore della temperatura e dell'umidità dell'aria in un ambiente chiuso.

cli|ma|to|lo|gì|a *s.f.* studio dei climi in relazione alla geografia terrestre e alla loro influenza sulla vita animale e vegetale.

cli|ma|to|te|ra|pì|a *s.f.* (*med.*) cura di una malattia mediante gli effetti benefici offerti da un particolare clima.

cli|max *s.m.invar.* (*ret.*) figura che consiste nel disporre parole o concetti in un ordine crescente di intensità espressiva; gradazione.

cli|ni|ca *s.f.* **1** branca della medicina che si occupa della diagnosi, dello studio e della cura delle malattie mediante l'osservazione diretta degli ammalati **2** reparto ospedaliero di una facoltà universitaria **3** istituto di cura, spec. privato.

cli|ni|co *agg.* [m.pl. -ci] che è connesso alla clinica in quanto scienza e pratica medica | *quadro* —, complesso dei sintomi di una malattia | (*anche fig.*) *avere l'occhio* —, saper interpretare una situazione con prontezza ♦ *s.m.* [f. -a] medico specializzato in clinica | (*estens.*) docente universitario di tale disciplina □ **clinicamente** *avv.* dal punto di vista clinico.

clinker o **klinker** (*ingl.*) *s.m.invar.* **1** materiale derivato dalla cottura di una miscela a base di calcare e argilla e che, macinato, dà il cemento **2** tipo di mattone cotto a temperatura altissima.

cli|nò|me|tro *s.m.* strumento per misurare l'inclinazione di un corpo rispetto a un piano orizzontale.

clip[1] *s.f.invar.* **1** fermaglio per tenere insieme fogli di carta; graffetta **2** asticciola del cappuccio della penna con cui la si fissa alle tasche **3** fermaglio a molla applicato agli orecchini per fissarli al lobo dell'orecchio | (*estens.*) orecchino, spilla con tale fermaglio.

clip[2] *s.m.invar. abbr.* di videoclip.

clip art *loc.sost.f.invar.* (*inform.*) immagine digitale inseribile in un documento, spec. a scopo ornamentale.

cli|pe|o *s.m.* **1** nell'antica Roma, scudo rotondo in rame o cuoio usato dai soldati **2** (*zool.*) parte anteriore della testa degli insetti.

clipper (*ingl.*) *s.m.invar.* **1** (*mar.*) grande veliero mercantile veloce, usato nel secondo Ottocento **2** (*aer.*) aereo di notevoli dimensioni per collegamenti transatlantici **3** (*elettr.*) dispositivo elettronico che consente di ridurre l'ampiezza di un'onda.

cli|stè|re *s.m.* **1** introduzione nell'intestino retto, mediante apposito apparecchio, di una soluzione liquida a scopo terapeutico o purgativo **2** il liquido medicamentoso così introdotto | (*estens.*) lo strumento usato per tale scopo.

cli|to|rì|de *s.f./m.* (*anat.*) organo erettile dell'apparato genitale esterno femminile, situato nel punto di congiunzione delle piccole labbra.

cli|to|ri|dec|to|mì|a *s.f.* asportazione della clitoride, praticata a scopo rituale da alcune popolazioni musulmane.

cli|via *s.f.* pianta ornamentale sempreverde con grandi fiori arancioni.

cli|vo *s.m.* (*lett.*) pendio, piccolo colle.

clo|à|ca *s.f.* **1** canale interrato che convoglia le acque di scarico di un centro abitato nel mare o in un fiume **2** (*fig.*) ambiente malsano; luogo di corruzione e vizi **3** (*zool.*) tratto terminale dell'intestino di uccelli, rettili, anfibi e pesci.

clo|à|sma *s.m.* [pl. -i] (*med.*) insieme di macchie di dimensioni varie e di colore scuro che appaiono sul viso, spec. di donne in gravidanza o che soffrono di disturbi ovarici.

clochard (*fr.*) [pr. *closhàr*] *s.m.invar.* vagabondo, barbone.

cloche (*fr.*) [pr. *closh*] *s.f.invar.* **1** (*aer.*) barra di comando per azionare gli alettoni e il timone di profondità **2** (*auto.*) cambio a —, quello la cui leva di comando è sul pavimento della vettura **3** cappello femminile a forma di campana.

clo|nà|re *v.tr.* [indic.pres. *io clóno...*] **1** (*biol.*) creare un clone **2** (*estens.*) creare la copia identica di ql.co. | (*inform.*) creare copie identiche di un elemento hardware o software | riprodurre illegalmente il codice segreto di una carta di credito, di un telefono cellulare e sim.

clo|na|zió|ne *s.f.* **1** (*biol.*) tecnica che consente di riprodurre in laboratorio individui geneticamente identici partendo da una singola cellula **2** (*estens.*) riproduzione di una o più copie identiche di ql.co. | (*inform.*) riproduzione di prodotti informatici | riproduzione illegale del codice segreto di una carta di credito, di un telefono cellulare e sim.

cló|ne *s.m.* **1** (*biol.*) gruppo di cellule derivate da una singola cellula capostipite e quindi geneticamente uguali **2** (*estens.*) copia identica | (*inform.*) elemento hardware o software che è copia identica di un altro.

clo|rà|lio *s.m.* (*chim.*) liquido oleoso e incolore, dall'odore penetrante, ricavato dall'azione del cloro sull'alcool; una volta come anestetico e per produrre DDT.

clo|rà|to *agg.* che contiene cloro: *acqua clorata* ♦ *s.m.* (*chim.*) sale dell'acido clorico | — *di potassio*, componente del collutorio.

clo|ra|zió|ne *s.f.* (*tecn.*) sterilizzazione dell'acqua mediante l'aggiunta di piccole quantità di cloro.

clo|rèl|la *s.f.* alga verde unicellulare usata negli studi di laboratorio e coltivata per le sue vitamine e proteine.

clò|ri|co *agg.* [m.pl. -ci] (*chim.*) detto di composto che contiene cloro pentavalente.

clo|ri|drà|to *s.m.* (*chim.*) sale derivato dall'acido cloridrico e da basi organiche.

clo|ri|drì|co *agg.* [m.pl. -ci] (*chim.*) detto di acido costituito da idrogeno e cloro.

clo|ri|te *s.f.* (*min.*) minerale fatto da piccole lamelle verdi, costituito da silicato di alluminio, ferro e magnesio.

clò|ro *s.m.* elemento chimico metalloide, gassoso, di colore giallo-verde, solubile in acqua (*simb*. Cl); è usato come sbiancante di tessuti vegetali e per la produzione di prodotti farmaceutici e chimici.

clò|ro- primo elemento di parole composte che indica colore verde (*clorofilla*), presenza di cloro (*cloroformio*) o clorofilla (*cloroplasto*).

Clo|ro|coc|cà|li *s.f.pl.* ordine di alghe verdi unicellulari presenti spec. in acque dolci.

Clo|ro|fi|ce|e *s.f.pl.* classe di alghe verdi presenti nei mari, nelle acque dolci e negli ambienti umidi.

clo|ro|fìl|la *s.f.* (*bot.*) pigmento verde presente nelle cellule vegetali che sfrutta la luce come fonte di energia per la fotosintesi; è usato nell'industria spec. come deodorante e colorante.

clo|ro|fil|lià|no *agg.* relativo alla clorofilla.

clo|ro|fòr|mio *s.m.* (*chim.*) composto organico liquido incolore, dal sapore dolciastro, usato come solvente nell'industria e, in passato, come anestetico in medicina.

clo|ro|for|miz|zà|re *v.tr.* **1** (*med.*) anestetizzare con il cloroformio | addormentare qlcu. costringendolo a respirare cloroformio **2** (*fig.*) rendere qlcu. incapace di comprendere o agire | (*fig.*) annoiare.

clo|ro|plà|sto *s.m.* (*bot.*) corpuscolo verde contenente clorofilla, presente nelle cellule vegetali che sono esposte alla luce.

clo|rò|si *s.f.* **1** (*med.*) malattia caratterizzata da una riduzione dei globuli rossi nel sangue e da macchie verdastre sulla pelle **2** (*bot.*) mancata formazione della clorofilla nelle piante, con conseguente ingiallimento delle parti verdi.

clo|ró|so *agg.* (*chim.*) detto di composto che contiene cloro trivalente.

clo|rò|ti|co *agg.* [m.pl. -*ci*] (*med.*, *bot.*) relativo alla clorosi | che è affetto da clorosi.

clo|ru|rà|re *v.tr.* (*chim.*) **1** trattare una sostanza con il cloro o depurare l'acqua con il cloro per renderla potabile.

clo|ru|ra|zió|ne *s.f.* (*chim.*) introduzione di cloro in una sostanza.

clo|rù|ro *s.m.* (*chim.*) sale dell'acido cloridrico | — *di sodio*, sale da cucina.

clou (*fr.*) [pr. *clu*] *s.m.invar.* punto culminante; il momento più bello e importante, quello su cui si concentra maggiormente l'attenzione: *il — della festa* ♦ *agg.invar.* di grande interesse: *frase —*.

clown (*ingl.*) [pr. *clàun*] *s.m.invar.* pagliaccio del circo equestre.

clow|né|sco *agg.* → **claunesco**.

club (*ingl.*) [pr. *clab*] *s.m.invar.* circolo; società ricreativa, politica, culturale o sportiva.

clu|nia|cèn|se *agg.* dell'abbazia o dell'ordine benedettino di Cluny, fondato dall'abate Brunone nel 909 ♦ *s.m.* monaco cluniacense.

Clu|pèi|di *s.m.pl.* famiglia di Pesci di mare e d'acqua dolce, di cui fanno parte la sardina e l'aringa.

Clu|pei|fór|mi *s.m.pl.* ordine di Pesci ossei di mare e d'acqua dolce, la cui vescica natatoria comunica con lo stomaco; ne fanno parte aringhe, acciughe e sardine.

cluster (*ingl.*) [pr. *clàster*] *s.m.invar.* **1** (*scient.*) gruppo di elementi tra loro collegati **2** (*astr.*) ammasso stellare.

co- → **con-**.

co|a|bi|tà|re *v.intr.* [indic.pres. *io coàbito*...; aus. A] abitare insieme ad altre persone nello stesso appartamento | convivere.

co|a|bi|ta|zió|ne *s.f.* il coabitare, l'abitare insieme | convivenza.

co|a|cèr|vo *s.m.* (*lett.*) insieme disordinato di cose; accozzaglia | (*fig.*) insieme di concetti confusi: *un — di idee*.

coach (*ingl.*) [pr. *kóč*] *s.m.invar.* (*sport*) allenatore.

co|a|diu|tó|re *s.m.* [f. -*trice*] **1** chi aiuta qlcu. o lo sostituisce in un lavoro **2** (*eccl.*) sacerdote che aiuta o sostituisce un vescovo o un parroco.

co|a|diu|vàn|te *part.pres.* di coadiuvare ♦ *agg.* che aiuta, che collabora ♦ *s.m.* **1** [anche f.] chi aiuta qlcu. a svolgere una mansione **2** (*med.*) farmaco che si unisce a un altro per accrescerne l'efficacia.

co|a|diu|và|re *v.tr.* [indic.pres. *io coàdiuvo*...] aiutare qlcu. in un lavoro; collaborare.

co|a|gu|là|bi|le *agg.* che si può coagulare.

co|a|gu|la|bi|li|tà *s.f.* caratteristica di ciò che si può coagulare.

co|a|gu|làn|te *part.pres.* di coagulare ♦ *agg.*, *s.m.* detto di sostanza che facilita o provoca la coagulazione.

co|a|gu|là|re *v.tr.* [indic.pres. *io coàgulo*...] trasformare un liquido in una massa semisolida; raggrumare ♦ *intr.* [aus. E], -**rsi** *intr.pron.* **1** (*di liquido*) rapprendersi, raggrumarsi: *latte coagulato* **2** (*fig.*) raggiungere una forma concreta.

co|a|gu|la|zió|ne *s.f.* trasformazione di un liquido organico in una massa semisolida mediante agenti chimici o fisici: *— del latte, del sangue*.

co|à|gu|lo *s.m.* coagulazione | massa semisolida prodotta dalla coagulazione.

co|a|le|scèn|za *s.f.* **1** (*fis.*) fenomeno per cui le gocce più piccole di un liquido disperso in un altro liquido o in un gas tendono a unirsi in aggregati (p.e. le gocce di olio nell'acqua) **2** (*med.*) fusione di due o più organi | aderenza tra parti malate.

co|a|li|zió|ne *s.f.* **1** alleanza tra persone, partiti e sim. per una finalità comune: *— di sinistra, di destra* | *governo di —*, quello formato dall'alleanza tra più partiti **2** (*econ.*) accordo tra imprese produttrici per il controllo di determinati settori del mercato.

co|a|liz|zà|re *v.tr.* (*anche fig.*) unire in una coalizione: *— i partiti; — le energie* ♦ -**rsi** *rifl.rec.* formare una coalizione; allearsi.

co|à|na *s.f.* (*anat.*) ognuna delle due aperture interne delle fosse nasali attraverso le quali il naso comunica con la faringe.

co|ar|tà|re *v.tr.* (*lett.*) **1** limitare, reprimere: *— le aspirazioni di qlcu.* **2** costringere, forzare.

co|ar|ta|zió|ne *s.f.* 1 costrizione, coercizione 2 (*med.*) restringimento di un organo cavo: — *aortica*.

co|as|sià|le *agg.* 1 (*tecn.*) detto di elementi o dispositivi che hanno lo stesso asse di rotazione 2 (*elettron.*) detto di cavo elettrico che contiene più conduttori uno dentro l'altro.

co|at|ti|vo *agg.* 1 che impone con la forza: *mezzi coattivi* 2 che è imposto dalla legge; obbligatorio.

co|àt|to *agg.* imposto dalla legge o con la forza | (*dir.*) **domicìlio** —, (oggi detto *soggiorno obbligato*) provvedimento che obbliga persone ritenute pericolose a risiedere in un determinato luogo ♦ *s.m.* [f. -a] 1 chi è condannato al soggiorno obbligato 2 (*region.*) persona rozza e volgare.

co|au|tó|re *s.m.* [f. -*trice*] chi, assieme ad altri, è autore di un'opera.

co|a|zió|ne *s.f.* 1 costrizione fisica o morale 2 (*psicoan.*) stato nevrotico caratterizzato da comportamenti o pensieri ossessivi | — *a ripetere*, tendenza inconscia a ripetere esperienze passate.

co|bàl|to *s.m.* 1 elemento chimico metallico, di colore argenteo (*simb.* Co); forma numerose leghe ed è usato nell'industria di vernici e smalti 2 colore azzurro intenso ♦ *agg.invar.* che è di colore azzurro intenso.

co|bal|to|te|ra|pì|a *s.f.* (*med.*) terapia per la cura di tumori mediante radiazioni di cobalto radioattivo.

COBAS *s.m.invar.* organismo sindacale autonomo che si propone come alternativa ai sindacati confederali e di categoria.

co|bel|li|ge|ràn|te *agg.*, *s.m.* detto di Stato che, senza vincoli di alleanza, si associa ad altri Stati in un conflitto contro un nemico comune.

co|bel|li|ge|ràn|za *s.f.* condizione di uno Stato cobelligerante.

cò|bo *s.m.* antilope africana di grossa taglia, dal pelo scuro con una chiazza bianca sul dorso.

co|bòl|do *s.m.* nella mit. germanica, folletto benigno e scherzoso.

cò|bra *s.m.invar.* serpente velenoso diffuso in Asia e Africa, caratterizzato da un disegno a forma di occhiali sul collo.

cò|ca[1] *s.f.* piccolo albero delle regioni peruviane e boliviane dalle cui foglie si estrae la cocaina.

cò|ca[2] *s.f.* (*pop.*) 1 *abbr. di* cocaina 2 *abbr. di* Coca-Cola.

Cò|ca-Cò|la® *s.f.invar.* bevanda gasata che, tra i vari ingredienti, contiene modiche quantità di zucchero, caramello, estratti di foglie di coca e di noce di cola.

co|ca|i|na *s.f.* alcaloide estratto dalle foglie di coca sotto forma di polvere bianca; è usata come anestetico locale e come stupefacente.

co|ca|i|ni|co *agg.* [m.pl. -*ci*] relativo alla cocaina | *intossicazione cocainica*.

co|cai|nò|ma|ne *s.m./f.* chi abitualmente fa uso di cocaina come stupefacente.

co|cai|no|ma|nì|a *s.f.* abituale assunzione della cocaina come stupefacente; tossicodipendenza da cocaina.

còc|ca o **còcca** *s.f.* 1 intaglio della parte terminale della freccia, nel quale si inserisce la corda dell'arco 2 angolo di fazzoletto, tovagliolo e sim.

coc|càr|da *s.f.* nastro in vari colori pieghettato a forma di rosa e usato come distintivo di una nazione, un partito, una squadra sportiva ecc.

coc|chiè|re *s.m.* [f. -*a*] conduttore di carrozza trainata da cavalli | vetturino.

còc|chio *s.m.* 1 elegante carrozza trainata da due o più cavalli 2 nell'antichità, carro a due ruote, usato spec. in guerra e nelle gare.

coc|chiù|me *s.m.* apertura posta sul diametro massimo della botte | (*estens.*) tappo di sughero o legno che la chiude.

còc|cia *s.f.* [pl. -*ce*] 1 calotta che copre la mano nell'impugnatura della sciabola, della spada o del fioretto 2 (*region.*) testa 3 (*region.*) buccia, guscio 4 cuffia usata dagli attori per simulare la calvizie.

còc|ci|ge *s.m.* (*anat.*) osso terminale della colonna vertebrale; si trova sotto l'osso sacro.

coc|ci|ge|o *agg.* (*anat.*) relativo al coccige.

coc|ci|nèl|la *s.f.* piccolo insetto coleottero dalle elitre rosse o gialle puntinate di nero.

coc|ci|ni|glia *s.f.* 1 piccolo insetto parassita che vive sul fusto delle piante per succhiarne la linfa 2 sostanza color rosso ottenuta per essiccamento to della cocciniglia; è usata in tintoria, per colorare gli inchiostri e nell'industria dolciaria | (*estens.*) colore simile al carminio; rosso intenso.

còc|cio *s.m.* 1 terracotta di basso pregio | (*estens.*) oggetto di coccio 2 ciascuno dei frammenti di un oggetto rotto.

coc|ciu|tàg|gi|ne *s.f.* 1 testardaggine, ostinazione 2 azione di persona cocciuta.

coc|ciù|to *agg.*, *s.m.* [f. -*a*] che, chi rifiuta i consigli altrui e resta fermo nelle proprie convinzioni; testardo, ostinato □ **cocciutaménte** *avv.*

còc|co[1] *s.m.* [pl. -*chi*] 1 alta palma tropicale con un ciuffo di foglie pennate larghe e lunghe 2 (*noce di*) —, il frutto commestibile di tale palma, dalla cui polpa essiccata si ricava un olio usato nell'industria alimentare e cosmetica, e il cui latte, un succo bianco e dolce, è usato per preparare bevande.

còc|co[2] *s.m.* [f. -*a*; m.pl. -*chi*] (*scherz.*, *fam.*) persona preferita, spec. bambino: *essere il — della mamma*.

còc|co[3] *s.m.* [pl. -*chi*] (*bot.*) fungo dalla forma simile a un uovo, anche detto *ovolo buono*.

còc|co[4] *s.m.* [pl. -*chi*] (*biol.*) batterio di forma tondeggiante.

-còc|co (*scient.*) secondo elemento di parole composte che significa "batterio di forma tondeggiante" (*stafilococco*).

coc|co|dè *inter.* (*onom.*) suono che suggerisce il verso della gallina quando ha deposto l'uovo.

coc|co|drìl|lo *s.m.* 1 grande rettile anfibio dal corpo e muso allungati, zampe corte, piedi pal-

mati, pelle a squame e con placche ossee; vive nei fiumi e nelle paludi tropicali | (*fig.*) **lacrime di** —, pentimento falso e tardivo **2** pelle conciata di tale animale, molto pregiata: *scarpe di* — **3** (*gerg.*) biografia aggiornata di un personaggio vivente, pronta per pubblicazioni improvvise, spec. in caso di morte **4** (*tecn.*) piccola pinza per collegamenti elettrici provvisori **5** carrello per trasportare vagoni ferroviari su strada.
coc|co|i|na® *s.f.* colla bianca solida usata spec. per la carta.
còc|co|la[1] *s.f.* frutto del ginepro | (*estens.*) bacca.
còc|co|la[2] *s.f. spec.pl.* (*fam.*) gesto affettuoso; carezza: *fare le coccole*.
coc|co|là|re *v.tr.* [indic.pres. *io còccolo*...] (*fam.*) trattare qlcu. con affetto e tenerezza: — *i figli*.
coc|co|ló|ne[1] *s.m.* [f. -*a*] (*fam.*) persona che ama farsi coccolare.
coc|co|ló|ne[2] *s.m.* (*pop.*) colpo apoplettico | grande spavento | colpo di sonno.
coc|co|ló|ni *avv.* nella posizione di chi è seduto sui calcagni.
co|cèn|te *part.pres. di* cuocere ♦ *agg.* **1** che scotta; caldissimo, rovente **2** (*fig.*) violento, forte; pungente, penetrante: *dolore* —; *parole cocenti*.
co|cìn|ci|na *s.f.* gioco di carte per due giocatori, simile alla scopa ma con due mazzi di quaranta carte.
cocker (*ingl.*) *s.m.invar.* cane da caccia inglese, dal corpo piccolo, pelo liscio, lunghe orecchie pendenti, muso squadrato.
cocktail (*ingl.*) [pr. *kòkteil*] *s.m.invar.* **1** bevanda a base di vari liquori mescolati e spesso uniti ad altri ingredienti **2** cocktail party **3** (*anche fig.*) unione, miscuglio: — *di farmaci*; — *di sensazioni* **4** (*estens.*) piatto di vari ingredienti serviti con maionese o altre salse.
cocktail party (*ingl.*) [pr. *kòkteil pàrti*] *loc.sost. m.invar.* ricevimento pomeridiano durante il quale si offrono cocktail, bevande, sandwich ecc.
cò|cle|a *s.f.* **1** (*anat.*) struttura dell'orecchio interno costituita da un canale a forma di chiocciola; contiene l'organo dell'udito **2** (*mecc.*) apparecchio idraulico usato un tempo per trasportare acqua e materiali in grani o polvere.
co|cle|à|ria *s.f.* pianta erbacea con fiori bianchi e foglie cuoriformi dalle proprietà medicinali.
cò|cli|de *agg.* (*arch.*) detto di colonna decorata con un rilievo a spirale o con una scala a chiocciola all'interno.
co|còl|la o **cocòlla** *s.f.* saio con cappuccio dei monaci.
co|co|me|rà|io *s.m.* [f. -*a*] chi coltiva o vende cocomeri.
co|có|me|ro *s.m.* **1** pianta erbacea dalle grandi foglie e con grosso frutto tondeggiante o oblungo; anguria **2** il frutto del cocomero, caratterizzato da spessa buccia verde, rossa polpa zuccherosa e acquosa con semi piatti e neri.
co|co|rì|ta *s.f.* (*fam.*) piccolo pappagallo domestico con le piume verdi.

co|cùz|za o **cucùzza** *s.f.* (*region.*) **1** zucca | (*fig.*, *scherz.*) testa **2** (*spec.pl.*; *fig.*, *scherz.*) soldi **3** persona ottusa; stupido.
co|cùz|zo|lo o **cucùzzolo** *s.m.* **1** parte più alta del cappello o della testa **2** (*estens.*) cima di una montagna.
có|da *s.f.* **1** nei Vertebrati, estremità posteriore del corpo, costituita nei Mammiferi e nei Rettili da un prolungamento della colonna vertebrale | (*fig.*) **avere la** — **di paglia**, sentirsi in colpa e perciò essere sospettoso e suscettibile | **andarsene con la** — **tra le gambe**, dispiaciuto e deluso | — **di cavallo**, acconciatura di capelli legati e lasciati cadere dietro la nuca **2** (*estens.*) parte finale, conclusiva di ql.co.: — *degli sci*, *di un brano musicale* | *pianoforte a* —, con cassa armonica orizzontale | — **dell'occhio**, il suo angolo esterno | (*fig.*) **senza capo né** —, senza alcun ordine **3** (*estens.*) appendice, prolungamento di ql.co. | — **della cometa**, la sua scia luminosa | (*di abito femminile*) strascico | (*fig.*) serie di conseguenze: *la* — *di una polemica* **4** fila di persone o di mezzi: *c'è* — *al casello*; *mettersi in* — **5** (*tecn.*) — *di rondine*, incastro trapezoidale che collega due pezzi.
co|dar|di|a *s.f.* (*lett.*) vigliaccheria, viltà | atto da codardo.
co|dàr|do *agg.* **1** che evita i pericoli venendo meno ai suoi doveri **2** che dimostra viltà ♦ *s.m.* [f. -*a*] persona vile, vigliacca.
co|dàz|zo *s.m.* (*spreg.*) gruppo scomposto di persone al seguito di qlcu.: *un* — *di fans*.
co|de|ì|na *s.f.* (*chim.*) alcaloide derivato dalla morfina, usato in medicina per calmare la tosse.
co|dé|sto *agg.dimostr.* (*region.*, *lett.*) indica qlcu. o ql.co. vicino a chi ascolta: *presentami codeste persone* | indica ragionamento, discorso e sim. dell'interlocutore: *non mi piace codesta idea* | (*bur.*) indica l'ufficio, il ministero e sim. a cui ci si rivolge: *si richiede a* — *ente* ♦ *pron. dimostr.* (*region.*, *lett.*) **1** indica qlcu. o ql.co. vicino a chi ascolta: *tra i due vestiti prendo* — | indica ragionamento, discorso e sim. dell'interlocutore: *codesta è una bugia* **2** ciò: — *è bello*.
co|dét|ta *s.f.* **1** parte terminale della frusta, alla quale si attacca lo sverzino **2** ciascuna delle estremità inferiori della tomaia delle scarpe **3** (*elettr.*) parte interna del bulbo della lampada, in cui si inseriscono i sostegni dei filamenti **4** (*gastr.*) granello colorato di zucchero o di cioccolato usato per decorare dolci.
cò|di|ce *s.m.* **1** libro manoscritto **2** (*dir.*) raccolta sistematica delle leggi relative a una determinata materia: — *civile*, *della strada* | (*estens.*) insieme non formalizzato delle regole di comportamento: — *etico* **3** sistema di segni convenzionali usato per scambiare informazioni tra un emittente e un ricevente: — *linguistico* | sistema di segni usato in un gruppo per comunicare in segreto: *parlare in* — | linguaggio che caratterizza un certo settore: — *giornalistico* **4** combinazione di segni, spec. lettere e numeri, per identificare qlcu. o ql.co. | — **a barre**, quello composto da linee verticali che identificano un prodotto

codicillo

commerciale | — *fiscale*, serie di numeri e lettere per identificare il contribuente | — *d'avviamento postale* (CAP), numero associato a ogni località italiana per velocizzare lo smistamento della corrispondenza 5 (*inform.*) sequenza di istruzioni o dati in forma simbolica 6 (*biol.*) — *genetico*, insieme delle informazioni contenute nel DNA e nell'RNA.

co|di|cìl|lo *s.m.* 1 clausola in appendice a una scrittura legale o a un testamento 2 aggiunta a una lettera già conclusa | postilla.

co|di|fi|ca *s.f.* codificazione.

co|di|fi|cà|re *v.tr.* [indic.pres. *io codìfico, tu codìfichi...*] 1 ordinare sistematicamente in un codice: — *il diritto civile* | (*estens.*) far diventare legge o regola 2 tradurre in un codice convenzionale: — *un'informazione* 3 (*inform.*) scrivere un programma in un linguaggio di programmazione.

co|di|fi|ca|tó|re *agg., s.m.* [f. *-trice*] 1 (*dir.*) che, chi ordina le norme in un codice 2 che, chi fissa regole 3 che, chi traduce dati o messaggi in un certo codice.

co|di|fi|ca|zió|ne *s.f.* 1 il codificare, l'essere codificato | traduzione di un dato o di un messaggio in una forma adatta a essere trasmessa o elaborata 2 complesso di norme o leggi ordinate in un codice.

co|di|ni|smo *s.m.* mentalità o comportamento conservatore, da codino.

co|dì|no *s.m.* 1 coda o treccia di capelli raccolti dietro la nuca 2 (*estens.*) piccola coda o treccia 3 (*fig.*) persona ostinatamente conservatrice ♦ *agg.* conservatore, retrogrado: *mentalità codina*.

co|di|rós|so *s.m.* uccello simile al tordo, dal piumaggio grigio con petto e coda rossi.

có|do|lo *s.m.* 1 in un attrezzo o utensile, estremità più sottile inserita nell'impugnatura o nel manico 2 cilindro con alette che stabilizza la traiettoria della bomba da lancio.

co|dri|ó|ne *s.m.* estremità della colonna vertebrale degli uccelli che sostiene la coda.

co|e|di|tó|re *s.m.* [f. *-trice*] editore che pubblica un'opera insieme ad altri editori.

co|e|di|zió|ne *s.f.* edizione di un'opera realizzata da due o più editori.

co|ef|fi|cièn|te *s.m.* 1 (*mat.*) numero che moltiplica grandezze incognite o indeterminate 2 (*scient.*) quantità numerica che definisce le caratteristiche o i rapporti tra le grandezze di un sistema: — *di attrito* 3 (*fig.*) elemento che, insieme ad altri, influenza l'andamento di una situazione.

co|e|lèt|to *agg.* che è stato eletto a una carica insieme ad altri.

co|er|cì|bi|le *agg.* 1 che può essere bloccato, limitato 2 (*fis.*) detto di gas che può essere trasformato in liquido.

co|er|ci|bi|li|tà *s.f.* l'essere coercibile.

co|er|ci|tì|vo *agg.* che impone un obbligo; costrittivo.

co|er|ci|zió|ne *s.f.* il costringere, l'essere co-

248

stretto con la forza o le minacce a fare ql.co. contro la propria volontà.

co|e|rè|de *s.m./f.* (*dir.*) chi è erede insieme ad altri.

co|e|rèn|te *agg.* 1 privo di contraddizioni | che è conforme al proprio pensiero 2 fatto di parti fra loro saldamente unite; compatto: *roccia* — □ **coerenteménte** *avv.*

co|e|rèn|za *s.f.* 1 assenza di contraddizioni | conformità tra comportamento e pensiero 2 forte coesione di parti.

co|e|sió|ne *s.f.* 1 (*fis.*) forza che unisce le molecole di un corpo 2 (*fig.*) legame, unione: *la* — *di una famiglia* | organicità, accordo fra le parti di un insieme: *la* — *di un discorso*.

co|e|si|stèn|za *s.f.* il coesistere, l'esistere insieme | — *pacifica*, fra Stati con regimi politici ed economici diversi.

co|e|si|ste|re *v.intr.* [con. come *esistere*; aus. *E*] esistere insieme con altri o altro.

co|e|sì|vo *agg.* che mantiene unito.

co|è|so *agg.* (*lett.*) compatto, saldo.

co|e|tà|ne|o *agg., s.m.* [f. *-a*] che, chi ha la stessa età.

co|è|vo *agg.* dello stesso periodo, contemporaneo: *artisti coevi*.

co|fa|nét|to *s.m.* 1 piccolo ed elegante contenitore usato per custodire oggetti preziosi | cassetta per cosmetici, dolci e sim. 2 astuccio rigido per più volumi di un'opera editoriale.

cò|fa|no *s.m.* 1 cassa dotata di coperchio bombato 2 (*auto.*) vano apribile del veicolo che chiude il motore o il portabagagli 3 (*mil.*) cassa per trasportare le munizioni.

còf|fa *s.f.* (*mar.*) piattaforma posta sugli alberi delle navi, usata come posto di vedetta o per collocare strumenti di bordo.

co|fir|ma|tà|rio *agg., s.m.* [f. *-a*] che, chi firma ql.co. insieme ad altri.

co|ge|stió|ne *s.f.* gestione condotta insieme ad altri | — *aziendale*, partecipazione dei dipendenti alla gestione di un'impresa.

co|ge|stì|re *v.tr.* [indic.pres. *io cogestisco, tu cogestisci...*] gestire insieme ad altri un'impresa, un'attività.

có|gli *prep.art.m.pl.* composta da *con* e *gli*: *vai* — *altri*.

cò|glie|re *v.tr.* [indic.pres. *io còlgo, tu cògli...*); pass.rem. *io còlsi, tu cogliésti...*; fut. *io cogliérò...*; congiunt.pres. *io còlga...*; part.pass. *còlto*] 1 staccare da una pianta o dal terreno: — *una rosa* 2 (*estens., anche fig.*) afferrare, prendere: — *l'occasione* | (*fig.*) — *la palla al balzo*, approfittare subito di un'opportunità 3 colpire nel punto giusto: — *il bersaglio* 4 (*estens.*) sorprendere qlcu.: — *alla sprovvista* 5 (*fig.*) comprendere: — *il problema* | (*fig.*) — *ql.co. al volo*, capirlo immediatamente.

co|glio|nà|re *v.tr.* (*volg.*) prendere in giro qlcu.

co|glio|nà|ta *s.f.* (*volg.*) grossa scemenza; comportamento o azione stupidi.

co|glió|ne *s.m.* (*volg.*) 1 testicolo | (*fig.*) *rompere, far girare i coglioni*, irritare, disturbare | *levarsi dai*

coglioni, andarsene | *stare sui coglioni*, essere antipatico 2 [f. -a] (*fig.*) persona stupida, sciocca.
cognac (*fr.*) [pr. *kognàk*] *s.m.invar.* 1 acquavite ottenuta dalla distillazione del vino prodotto nella regione francese Charente 2 bicchiere di cognac.
co|gnà|ta *s.f.* moglie del proprio fratello o del fratello del coniuge | sorella del marito o della moglie.
co|gnà|to *s.m.* marito della propria sorella o della sorella del coniuge | fratello del marito o della moglie.
co|gni|ti|vi|smo *s.m.* corrente della psicologia contemporanea che studia i meccanismi conoscitivi quali percezione, intelligenza, pensiero e linguaggio.
co|gni|ti|vi|sta *agg.* [m.pl. -*i*] relativo al cognitivismo ♦ *s.m./f.* seguace del cognitivismo.
co|gni|ti|vo *agg.* conoscitivo.
co|gni|zió|ne *s.f.* 1 (*lett.*) conoscenza: *avere — di un fatto* 2 (*spec.pl.*) ciò che si conosce; insieme di conoscenze apprese con lo studio 3 (*dir.*) esame dei fatti da parte di un organo giudiziario | (*fig.*) **con** — *di causa*, con profonda conoscenza dei fatti.
co|gnó|me *s.m.* nome di famiglia che accompagna il nome di persona.
co|guà|ro *s.m.* puma.
cói *prep.art.m.pl.* composta da con *e* i: — *migliori auguri.*
coi|ben|tà|re *v.tr.* [indic.pres. *io coibènto...*] rivestire con materiale coibente.
coi|ben|ta|zió|ne *s.f.* rivestimento con materiale coibente.
coi|bèn|te *agg., s.m.* detto di materiale che è cattivo conduttore di elettricità, calore, suono ecc.; isolante.
coi|bèn|za *s.f.* (*fis.*) proprietà di un coibente.
coiffeur (*fr.*) [pr. *kuafför*] *s.m.invar.* parrucchiere per signore.
co|im|pu|tà|to *agg., s.m.* [f. -*a*] che, chi è imputato insieme ad altri.
coin|ci|dèn|za *s.f.* 1 concomitanza casuale fra due eventi: *una* — *straordinaria* 2 (*fig.*) accordo, identità: — *di intenti* 3 (*trasporti pubblici*) corrispondenza d'orario tra arrivo e partenza di due mezzi per consentire ai viaggiatori di spostarsi da uno all'altro | (*fam.*) il mezzo che parte in coincidenza: *perdere la* —.
coin|ci|de|re *v.intr.* [con. come *incidere*; aus. *A*] 1 accadere contemporaneamente: *il tuo compleanno coincide con il mio* 2 (*anche fig.*) essere uguale, corrispondere: *le vostre idee non coincidono* 3 (*geom.*) combaciare perfettamente: *triangoli che coincidono.*
coi|nè *s.f.invar.* → *koinè.*
co|in|qui|li|no *s.m.* [f. -*a*] ogni inquilino di una casa, nei confronti degli altri inquilini.
co|in|te|res|sà|re *v.tr.* [indic.pres. *io cointerèsso...*] (*dir., econ.*) far partecipare qlcu. agli utili o alle perdite di un'impresa, di un'azienda.
co|in|te|res|sà|to *part.pass. di* cointeressare

♦ *agg., s.m.* [f. -*a*] che, chi partecipa agli utili o alle perdite di un'impresa, di un'azienda.
co|in|te|res|sèn|za *s.f.* (*dir., econ.*) partecipazione agli utili o alle perdite di un'impresa, di un'azienda.
co|in|te|stà|re *v.tr.* [indic.pres. *io cointèsto...*] (*dir., banc.*) intestare a più persone.
co|in|te|sta|tà|rio *agg., s.m.* [f. -*a*] (*dir., banc.*) che, chi è intestatario insieme ad altri di un contratto, un atto ecc.
co|in|vol|gèn|te *part.pres. di* coinvolgere ♦ *agg.* che suscita emozioni; affascinante, avvincente: *musica* —.
co|in|vòl|ge|re *v.tr.* [con. come *volgere*] 1 trascinare in circostanze rischiose o che impongono delle responsabilità: — *qlcu. in uno scandalo* | far partecipare qlcu. a un'iniziativa 2 (*fig.*) far partecipare qlcu. da un punto di vista emotivo; appassionare, avvincere: *questo libro mi coinvolge molto.*
co|in|vol|gi|mén|to *s.m.* (*anche fig.*) partecipazione a una situazione, un evento, un'iniziativa ecc.
còi|to *s.m.* rapporto sessuale.
coke (*ingl.*) [pr. *kòuk*] *s.m.invar., agg.invar.* combustibile ottenuto dalla distillazione del carbon fossile.
cól *prep.art.m.sing.* composta da con *e* il: — *arriverò* — *treno.*
còl|la¹ *s.f.* 1 pianta arborea africana con semi della grandezza di una noce, bianchi o rossi 2 (*med.*) polvere con proprietà toniche e diuretiche ricavata dai semi di tale pianta.
còl|la² *s.f.* 1 setaccio per calcina o sabbia 2 filtro in tela per il vino.
co|là *avv.* (*lett.*) là, in quel luogo.
co|la|brò|do *s.m.invar.* arnese di cucina a forma di mestolo con il fondo bucherellato usato per filtrare il brodo.
co|la|gò|go *agg., s.m.* [m.pl. -*ghi*] (*med.*) detto di medicinale che favorisce il passaggio della bile dal fegato e dalla colecisti all'intestino.
co|lan|gio|gra|fì|a *s.f.* (*med.*) esame radiografico delle vie biliari attraverso l'introduzione di un mezzo di contrasto.
co|la|pà|sta *s.m.invar.* arnese di cucina simile a una grande scodella forata, usata per scolare la pasta; scolapasta.
co|là|re *v.tr.* [indic.pres. *io cólo...*] 1 far passare un liquido attraverso un filtro per ripulirlo; filtrare | separare un liquido dalle parti solide: — *la pasta* 2 fondere un metallo per versarlo in uno stampo: — *il ferro* ♦ *v.intr.* [aus. *E* nei sign. 1, 3 e 4; *A* nel sign. 2] 1 gocciolare; scorrere a goccia a goccia: *l'acqua è colata dal thermos* 2 (*di recipiente*) perdere liquido: *la bottiglia ha colato* 3 sciogliersi: *la cera sta colando* 4 — *a picco*, andare a fondo.
co|la|sció|ne *s.m.* (*mus.*) strumento popolare a sei corde e manico lungo, simile al liuto, usato nel XVI e XVII sec. nel Sud Italia.
co|là|ta *s.f.* 1 versamento di liquido o fluido | — *lavica*, massa di lava eruttata dal vulcano o fuo-

riuscita da una sua fenditura che si espande nell'area circostante **2** (*estens.*) cumulo di detriti, ghiaccio o fango che scivola sul versante di un mónte **3** (*metall.*) operazione consistente nel versare metallo fuso nella forma.

co|la|tìc|cio *s.m.* **1** materia fusa e raffreddata: *il — di una candela* **2** liquame fuoriuscito dalla concimaia.

co|là|to *part.pass. di colare* ♦ *agg.* (*di metallo*) purificato, raffinato | (*fig.*) *prendere ql.co. per oro* —, crederci senza porsi alcun dubbio.

co|la|tó|io *s.m.* (*sport*) nell'alpinismo, ripido canalone lungo il quale cadono detriti o valanghe.

co|la|tù|ra *s.f.* **1** operazione del colare con un filtro | materiale colato **2** sgocciolatura; colaticcio.

co|la|zió|ne *s.f.* **1** primo pasto del mattino | (*estens.*) momento della giornata dedicato a esso | (*estens.*) cibo che si mangia in questo pasto | — *continentale*, costituita da bevande calde accompagnate da biscotti, pane, burro e marmellata **2** secondo pasto della giornata; pranzo | (*estens.*) momento della giornata dedicato a esso | (*estens.*) cibo che si mangia in questo pasto.

col|bàc|co *s.m.* [pl. -*chi*] cappello rivestito di pelliccia, spec. d'uso militare.

col|chi|cì|na *s.f.* (*farm.*) alcaloide tossico estratto dai semi e dal bulbo del colchico, usato nella cura della gotta, come antipiretico, analgesico e antitumorale.

còl|chi|co *s.m.* pianta erbacea con fiori lilla a imbuto e grandi foglie lanceolate.

co|le- (*scient.*) primo elemento di parole composte che significa "bile, biliare" (*colecisti*).

co|le|ci|stec|to|mì|a *s.f.* (*med.*) asportazione chirurgica della colecisti o cistifellea.

co|le|cì|sti *s.f.* (*anat.*) cistifellea.

co|le|ci|stì|te *s.f.* (*med.*) infiammazione della cistifellea.

co|le|ci|sto|gra|fì|a *s.f.* (*med.*) esame radiografico per rendere visibile la cistifellea.

co|lec|to|mì|a *s.f.* (*med.*) asportazione chirurgica parziale o totale del colon.

co|lè|do|co *s.m.* [pl. -*chi*] (*anat.*) tratto finale delle vie biliari che raccoglie la bile e la convoglia nell'intestino.

co|lèi *pron.dimostr.f.sing.* → *colui*.

co|le|li|tì|a|si *s.f.* (*med.*) formazione di calcoli biliari.

co|le|mì|a *s.f.* (*med.*) presenza nel sangue di bile o suoi componenti.

Co|le|òt|te|ri *s.m.pl.* ordine di insetti con il capo dotato di lunghe antenne, corpo con tegumento spesso e resistente di vari colori, due ali che, a riposo, sono ricoperte da altre due ali rigide (*elitre*).

co|lè|ra *s.m.invar.* (*med.*) grave malattia intestinale contagiosa causata da un bacillo presente in acqua o alimenti infetti; causa crampi, vomito, diarrea, collasso cardiocircolatorio.

co|lè|ri|co *agg.* [m.pl. -*ci*] **1** di colera: *epidemia colerica* **2** che è affetto da colera ♦ *s.m.* [f. -*a*] chi è affetto da colera.

co|le|ró|so *agg.*, *s.m.* [f. -*a*] che, chi è affetto da colera.

co|le|ste|ro|le|mì|a *s.f.* (*med.*) concentrazione di colesterolo nel sangue.

co|le|ste|rò|lo *s.m.* (*chim.*, *biol.*) sostanza grassa presente negli organismi animali, costituente principale dei calcoli biliari; in quantità eccessiva, causa danni al sistema circolatorio.

còlf *s.f.invar.* collaboratrice familiare; domestica.

cò|lia *s.f.* farfalla diurna con ali gialle o aranciò ni e bordo nero.

co|li|ba|cìl|lo *s.m.* (*biol.*) bacillo presente nell'intestino; è indispensabile per l'equilibrio della flora batterica, ma può anche provocare malattie.

co|li|ba|cil|lò|si *s.f.* (*med.*) infezione causata dal colibacillo.

co|li|brì *s.m.* uccello tropicale molto piccolo, con piumaggio dai colori accesi, lunga coda e becco sottile adatto per nutrirsi del nettare dei fiori.

cò|li|ca *s.f.* (*med.*) dolore violento dovuto alla contrazione di un organo cavo: — *intestinale*, *biliare*.

co|li|fór|me *agg.* (*biol.*) che è simile al colibacillo.

Co|li|fór|mi *s.m.pl.* ordine di uccelli africani piccolissimi, con ali brevi, coda lunga e becco corto.

co|lìm|bo *s.m.* uccello acquatico con testa tonda, becco lungo appuntito, zampe corte e piedi palmati.

co|lì|no *s.m.* arnese di cucina di forma concava, con tanti piccoli fori e dotato di retina, usato per filtrare liquidi.

co|lì|te *s.f.* (*med.*) infiammazione del colon.

còl|la[1] *s.f.* adesivo di origine animale, vegetale o sintetica, usato per unire pezzi e oggetti vari | — *di pesce*, quella ricavata dalla vescica natatoria di alcuni pesci, usata per la preparazione di farmaci e in cucina come gelatina.

cól|la[2] *prep.art.f.sing.* composta da *con* e *la*: — *mia amica*.

col|la|bo|rà|re *v.intr.* [indic.pres. *io collàboro*...; aus. *A*] **1** lavorare insieme ad altri; partecipare a un'attività collettiva: — *alla ricerca* | (*estens.*) cooperare: — *con la giustizia* **2** svolgere un lavoro, spec. in ambito culturale, per un'azienda, impresa e sim. senza esserne dipendente: — *con una rivista* **3** fare collaborazionismo.

col|la|bo|ra|tì|vo *agg.* che si basa sulla collaborazione.

col|la|bo|ra|tó|re *s.m.* [f. -*trice*] chi collabora | chi scrive su una rivista o lavora per una casa editrice senza esserne dipendente.

col|la|bo|ra|zió|ne *s.f.* **1** contributo fornito a un lavoro collettivo | cooperazione **2** lavoro periodico, spec. in ambito culturale **3** attività di collaborazionismo.

col|la|bo|ra|zio|nì|smo *s.m.* aiuto fornito al nemico invasore durante uno scontro bellico.

col|la|bo|ra|zio|nì|sta *s.m./f.* [m.pl. *-i*] chi pratica il collaborazionismo: *governo —*.
collage (*fr.*) [pr. *kolàj*] *s.m.invar.* 1 tecnica artistica consistente nell'incollare su una superficie frammenti di materiali vari, sfruttandone le diverse tonalità di colore | la composizione così ottenuta 2 (*fig.*) insieme di diversi elementi.
col|là|ge|ne o **collàgeno** *s.m.* (*biol.*) proteina dei tessuti connettivi, costituente principale di ossa e cartilagini.
col|là|na *s.f.* 1 monile che si porta intorno al collo come ornamento: *— di coralli* | (*estens.*) ghirlanda: *— di fiori* 2 (*fig.*) insieme di testi con caratteristiche comuni, pubblicati dallo stesso editore con la medesima veste tipografica: *una — di gialli* 3 collare araldico.
collant (*fr.*) [pr. *kollàn*] *s.m.invar.* calzamaglia femminile in filato molto leggero.
col|làn|te *agg.*, *s.m.* detto di sostanza adesiva, gener. sintetica.
col|là|re *s.m.* 1 striscia di materiale vario, spec. di cuoio, che si mette al collo di cani o altri animali 2 (*zool.*) anello di pelo, piume o squame intorno al collo di alcuni animali che ha un colore diverso dal resto del corpo 3 girocollo spec. di stoffa, indossato un tempo dalle donne come ornamento 4 (*eccl.*) colletto bianco e rigido indossato dai sacerdoti 5 (*st.*) anello di ferro messo al collo o alle caviglie di schiavi e prigionieri 6 bordatura metallica posta intorno a vari oggetti: *il — dell'ombrello* 7 (*arald.*) catena variamente intrecciata da cui pende l'insegna di un ordine | (*estens.*) persona che la porta.
col|la|rì|no *s.m.* 1 (*eccl.*) collare sacerdotale 2 (*arch.*) nella colonna, modanatura leggermente sporgente che separa il fusto dal capitello.
col|las|sà|re *v.tr.* (*med.*) provocare un collasso ♦ *intr.* [aus. *E*] 1 (*med.*) avere un collasso 2 (*fig.*) essere in crisi, essere incapace di procedere 3 (*astr.*) subire un collasso gravitazionale.
col|làs|so *s.m.* 1 (*med.*) malore improvviso con forte abbassamento della pressione arteriosa, sudorazione e perdita di coscienza 2 (*med.*) afflosciamento di un organo: *— polmonare* 3 (*fig.*) crisi, blocco: *le vendite sono giunte al — 4* (*astr.*) *— gravitazionale*, fase finale dell'evoluzione di una stella in cui la materia precipita verso il nucleo.
col|la|te|ràl|le *agg.* 1 che sta a lato | che si accompagna a un elemento principale; secondario: *attività —* | *effetto —*, (*med.*) effetto secondario, spec. nocivo, causato da un farmaco; (*estens.*) conseguenza indiretta, spec. dannosa 2 detto di rapporto parentale tra individui che hanno un capostipite comune ma che non discendono direttamente l'uno dall'altro: *linea —* ♦ *s.m./f.* chi è parente in linea collaterale.
col|la|te|ra|lì|smo *s.m.* (*polit.*) appoggio dato a un partito o un'organizzazione senza esserne iscritti.
col|lau|dà|re *v.tr.* [indic.pres. *io collàudo...*] 1 effettuare il collaudo di ql.co.: *— un motore* 2 (*fig.*) sottoporre a prova; verificare.

col|lau|dà|to *part.pass.* di collaudare ♦ *agg.* 1 che ha superato positivamente il collaudo 2 che è risultato efficace nel tempo; sicuro: *un metodo —*.
col|lau|da|tó|re *s.m.* [f. *-trice*] chi svolge il collaudo.
col|làu|do *s.m.* 1 prova sperimentale di macchine, materiali, impianti e sim. per verificarne l'idoneità all'uso 2 (*fig.*) verifica; esame.
col|la|zio|nà|re *v.tr.* [indic.pres. *io collazióno...*] fare una collazione.
col|la|zió|ne *s.f.* confronto tra la copia o le copie di un testo con l'originale o fra loro stesse.
còl|le[1] *s.m.* rilievo la cui altezza è intermedia tra il monte e la collina.
còl|le[2] *s.m.* passo o valico di montagna: *col di Tenda*.
còl|le[3] *prep.art.f.pl.* composta da *con* e *le*: *non entrare — scarpe*.
col|lè|ga *s.m./f.* [m.pl. *-ghi*] chi svolge identica professione; compagno di lavoro o studi.
col|le|gà|bi|le *agg.* che può essere collegato | (*estens.*) che è unito da un rapporto: *fatti collegabili*.
col|le|ga|mén|to *s.m.* 1 il collegare, il collegarsi; unione, contatto | *— a Internet*, comunicazione tra un provider e un personal computer | mezzo con cui si collega o ci si collega: *— via satellite*; *— aereo* | (*estens.*) connessione, rapporto: *cercare un — tra due notizie* 2 (*mil.*) contatto permanente fra reparti e servizi di un esercito: *ufficiale di — 3* (*elettr.*) contatto tra gli elementi di un circuito | *— a terra*, contatto con la terra di un punto di un circuito elettrico.
col|le|gà|re *v.tr.* [indic.pres. *io collégo, tu collèghi...*] 1 stabilire un contatto, unire 2 (*fig.*) connettere, mettere in rapporto: *— due eventi* ♦ *-rsi* *rifl.*, *rifl.rec.* 1 unirsi in associazione; allearsi con qlcu. 2 mettersi in comunicazione; connettersi.
college (*ingl.*) [pr. *kòllegˇ*] *s.m.invar.* in Inghilterra, scuola secondaria o istituto universitario con alunni interni | negli Stati Uniti, facoltà universitaria della durata di quattro anni | l'edificio in cui risiedono gli alunni.
col|le|già|le *agg.* 1 proprio di un insieme di persone; collettivo: *una decisione — 2* di, da collegio: *regole collegiali* ♦ *s.m./f.* 1 alunno che vive in collegio 2 (*estens.*) giovane goffo e inesperto □ **collegialmente** *avv.* collettivamente.
col|le|gia|li|tà *s.f.* l'essere collegiale.
col|le|già|ta *s.f.* (*eccl.*) 1 chiesa *—*, chiesa che ha un capitolo di canonici ma non il vescovo 2 capitolo di canonici assegnato a tale chiesa.
col|lè|gio *s.m.* 1 complesso di persone che svolgono la stessa professione o sono unite da interessi comuni | *— (dei) docenti*, organo deliberativo delle scuole secondarie, costituito da preside e insegnanti 2 *— elettorale*, circoscrizione a cui spetta di diritto un rappresentante da eleggere in parlamento 3 istituto di educazione e istruzione che ospita gli alunni | l'edificio in cui ha sede il collegio.
Col|lèm|bo|li *s.m.pl.* ordine di insetti saltatori

collenchima   252

piccolissimi e molto comuni, senza ali e con corpo segmentato.
col|lèn|chi|ma *s.m.* [pl. *-i*] (*bot.*) tessuto vegetale che serve da sostegno; si trova nei fusti delle piante e nei piccioli delle foglie.
còl|le|ra *s.f.* sdegno che si manifesta con parole o gesti violenti; furore, rabbia: *essere in — con qlcu.*
col|lè|ri|co *agg.*, *s.m.* [f. *-a*; m.pl. *-ci*] che, chi va in collera facilmente; irascibile.
col|lét|ta *s.f.* **1** raccolta di denaro per beneficenza o spese comuni **2** (*lit.*) preghiera per chiedere una grazia collettiva.
col|let|tà|me *s.m.* insieme di merci varie suddivise in colli, che viaggiano su uno stesso mezzo con mete diverse.
col|let|ti|vi|smo *s.m.* ordinamento economicosociale basato sull'abolizione della proprietà privata e sull'amministrazione collettiva di beni e mezzi di produzione.
col|let|ti|vi|sta *agg.*, *s.m./f.* [m.pl. *-i*] che, chi sostiene il collettivismo.
col|let|ti|vi|sti|co *agg.* [m.pl. *-ci*] proprio del collettivismo, conforme a esso.
col|let|ti|vi|tà *s.f.* **1** l'essere in comune, collettivo **2** pluralità di persone considerate come unità; comunità sociale: *alla manifestazione ha partecipato tutta la —.*
col|let|ti|viz|zà|re *v.tr.* trasformare in proprietà collettiva: *— un'impresa.*
col|let|ti|vo *agg.* **1** che riguarda, che è comune a più individui o cose: *bisogno —* | *che è relativo alla comunità*: *benessere —* **2** (*gramm.*) *nome —*, nome che indica un insieme di individui o cose (p.e. mandria, flotta, decina) ♦ *s.m.* associazione, spec. politica o sindacale, di persone che si riuniscono per discutere argomenti di comune interesse: *— studentesco* □ **collettivamente** *avv.* in comune, insieme.
col|lét|to *s.m.* **1** parte che sta intorno al collo di un indumento | (*fig.*) *colletti bianchi*, impiegati | *colletti blu*, operai **2** (*bot.*) nella pianta, parte tra la radice e il fusto **3** (*anat.*) nel dente, parte tra la corona e la radice.
col|let|tó|re *agg.* [f. *-trice*] che raccoglie | *canale —*, per la raccolta delle acque dei canali secondari | (*geog.*) *bacino —*, zona del ghiacciaio in cui si accumula neve ♦ *s.m.* **1** chi riscuote denaro, raccoglie firme o altro | (*bur.*) impiegato che riscuote le tasse per conto dell'esattore **2** (*elettr.*) organo che rende possibile il passaggio di corrente nelle macchine rotanti **3** (*tecn.*) impianto per raccogliere o incanalare fluidi.
col|le|zio|nà|re *v.tr.* [indic.pres. *io colleziòno...*] riunire in una collezione: *— quadri* | (*fig.*) ottenere in gran numero: *— successi.*
col|le|zió|ne *s.f.* **1** raccolta ordinata di oggetti dello stesso tipo, rari, preziosi o curiosi: *— di francobolli* | (*fig.*) gran numero **2** collana editoriale **3** serie di modelli che uno stilista propone per una stagione: *— autunno-inverno.*

col|le|zio|ni|smo *s.m.* interesse, passione per il collezionare oggetti.
col|le|zio|ni|sta *s.m./f.* [m.pl. *-i*] chi colleziona ql.co.: *— di monete.*
col|li|de|re *v.intr.* [pass.rem. *io collisi*, *tu collidésti...*; part.pass. *colliso*; aus. *A*] (*raro*) urtare contro ql.co. | (*fig.*) essere in contrasto.
collie (*ingl.*) [pr. *kòlli*] *s.m.invar.* cane da pastore scozzese dal muso allungato, orecchie dritte, pelo folto e coda lunga.
collier (*fr.*) [pr. *kolliè*] *s.m.invar.* collana.
col|li|già|no *agg.* proprio dei colli.
col|li|mà|re *v.intr.* [aus. *A*] **1** coincidere perfettamente, corrispondere **2** (*fig.*) concordare: *idee che collimano.*
col|li|ma|tó|re *s.m.* **1** strumento topografico che permette di allineare lo strumento stesso a uno o più punti **2** (*fis.*) dispositivo ottico che rende paralleli i raggi di una fonte luminosa.
col|li|ma|zió|ne *s.f.* il collimare | allineamento fra il collimatore e uno o più punti topografici.
col|li|na *s.f.* **1** altura non superiore ai 600 m **2** (*estens.*) territorio o regione con tali alture.
col|li|nà|re *agg.* di collina.
col|li|nó|so *agg.* con molte colline: *regione collinosa.*
col|li|rio *s.m.* farmaco liquido per gli occhi.
col|li|sió|ne *s.f.* **1** scontro fra corpi in movimento; urto | (*di nave o aereo*) *rotta di —*, quella che, se non variata, porta a uno scontro **2** (*fig.*) divergenza; conflitto.
còl|lo[1] *s.m.* **1** (*anat.*) parte del corpo tra la testa e il torace | *gettare le braccia al — di qlcu.*, abbracciarlo | *portare in — qlcu.*, *ql.co.*, sulle spalle o in braccio | (*fig.*) *rischiare*, *rimetterci l'osso del —*, rischiare o subire un grave danno | *prendere qlcu. per il —*, imporgli condizioni sfavorevoli | *capitare tra capo e —*, improvvisamente | *a rotta di —*, a precipizio: *andare*, *correre a rotta di — | fino al —*, al limite massimo di sopportazione: *essere nei guai fino al —* **2** parte di un indumento che sta intorno al collo | (*estens.*) colletto: *un cappotto con il — di pelliccia* **3** (*estens.*) parte più stretta e cilindrica di un recipiente: *il — della bottiglia* **4** (*anat.*) parte di un organo o arto che si restringe a cilindro | *il — dell'utero*, cervice **5** (*mecc.*) *— d'oca*, albero a gomiti.
còl|lo[2] *s.m.* pacco piuttosto grande che si spedisce o si trasporta.
cól|lo[3] *prep.art.m.sing.* composta da *con* e *lo*: *coll'aiuto di qlcu.*
col|lo|cà|bi|le *agg.* che è possibile collocare.
col|lo|ca|mén|to *s.m.* **1** (*anche fig.*) sistemazione in un certo luogo **2** lavoro, impiego | *ufficio di —*, ufficio pubblico che faceva da mediazione fra disoccupati e datori di lavori; oggi sostituito dal *Centro per l'impiego* **3** (*fin.*) ridistribuzione a privati di obbligazioni o azioni da parte di un consorzio finanziario che le ha acquistate all'emissione.
col|lo|cà|re *v.tr.* [indic.pres. *io còlloco*, *tu còllochi...*] **1** (*anche fig.*) sistemare in un determinato posto, contesto: *— i libri sullo scaffale*; *— un ar-*

tista nella sua epoca **2** trovare un lavoro a qlcu.: — presso un'azienda | — *a riposo*, in pensione **3** vendere merce o altro ♦ **-rsi** *rifl.* mettersi in un determinato luogo ♦ *intr.pron.* essere in una certa posizione, in un dato contesto: *una vicenda che si colloca tra i due secoli*.

col|lo|ca|zió|ne *s.f.* **1** il collocare | posto in cui è collocato qlcu., ql.co. **2** nelle biblioteche, posto assegnato a un libro negli scaffali | insieme di informazioni per trovarlo **3** (*fig.*) posizione politica, storica e culturale.

col|lò|dio *s.m.* (*chim.*) soluzione di nitrati di cellulosa in una miscela di alcol ed etere, usata nell'industria per le sue proprietà adesive e in farmacologia per preparare prodotti dermatologici.

col|loi|dà|le *agg.* (*chim.*) di colloide, che ha le caratteristiche di un colloide.

col|lòi|de *s.m.* (*chim.*) sostanza che, dispersa in un'altra sostanza spec. fluida, si suddivide in aggregati di particelle.

col|lo|quià|le *agg.* che è specifico della conversazione; non ufficiale, familiare: *linguaggio* —.

col|lo|quia|li|tà *s.f.* modo di parlare colloquiale.

col|lo|quià|re *v.intr.* [indic.pres. *io collòquio*...; aus. *A*] **1** conversare, parlare con qlcu. **2** (*fig.*) cercare un accordo con l'avversario.

col|lò|quio *s.m.* **1** conversazione tra più persone su argomenti rilevanti | (*estens.*) scambio di opinioni; dialogo **2** esame orale | in ambito lavorativo, incontro per la selezione del personale: *sostenere un* —.

col|lo|si|tà *s.f.* l'essere colloso; viscosità.

col|ló|so *agg.* che contiene colla | (*estens.*) appiccicoso come la colla.

col|lo|ti|pì|a *s.f.* tecnica di stampa basata sull'uso di lastre rivestite di colla che si impressionano alla luce e sono poi sviluppate in acqua.

col|lo|tòr|to o **còllo tòrto** *s.m.* [pl. *collitorti* o *colli torti*] bigotto, bacchettone, falso.

col|lòt|to|la *s.f.* (*fam.*) parte posteriore del collo.

col|lù|de|re *v.intr.* [pass.rem. *io collusi, tu colludésti*...; part.pass. *colluso*; aus. *A*] (*dir.*) attuare una collusione | (*estens.*) stringere accordi con qlcu. in segreto a danno di un terzo.

col|lu|sió|ne *s.f.* **1** (*dir.*) intesa fraudolenta di due parti a danno di una terza **2** (*polit.*) accordo segreto tra gruppi o partiti divergenti **3** (*econ.*) accordo tra venditori di uno stesso prodotto per una comune politica dei prezzi **4** complicità.

col|lu|sì|vo *agg.* (*dir.*) che riguarda la collusione: *accordo* —.

col|lù|so *agg.* detto di chi ha stretto accordi con la criminalità: *sindaco* —.

col|lu|tò|rio o **colluttòrio** *s.m.* (*med.*) soluzione usata per sciacqui curativi della bocca e della gola.

col|lut|ta|zió|ne *s.f.* litigio violento; mischia, rissa | (*estens.*) scontro verbale.

col|lut|tò|rio *s.m.* → **collutorio**.

col|lu|vià|le *agg.* (*geol.*) detto di deposito costituito da detriti accumulati in fondo a un pendio.

cól|ma *s.f.* altezza massima raggiunta dall'acqua durante l'alta marea.

col|mà|re *v.tr.* [indic.pres. *io cólmo*...] **1** riempire fino all'orlo, completamente: — *una tazzina* | — *la misura*, esagerare **2** riempire una depressione o ricoprire un terreno di detriti per alzarne il livello: — *una palude* | (*fig.*) — *un vuoto*, *una lacuna*, eliminare una mancanza, un'insufficienza **3** (*fig.*) offrire in abbondanza: — *qlcu. di affetto* | riempire l'animo di un sentimento: — *di felicità*.

col|mà|ta *s.f.* **1** riempimento di una depressione del terreno o di una palude con acque torbide che lasciano sedimentare i depositi solidi | terreno elevato con tale operazione **2** accumulo di sabbia che impedisce la navigazione.

col|ma|tù|ra *s.f.* **1** il colmare, l'essere colmato **2** ciò che fuoriesce da un recipiente colmo **3** aggiunta di vino nelle botti a integrazione di quello evaporato durante la fermentazione.

cól|mo[1] *s.m.* **1** punto più elevato; sommità **2** (*fig.*) massimo livello, culmine: *il* — *della gioia* | *per* — *di*, per eccesso: *per* — *di sventura* | *è il* —!, è troppo! **3** battuta di spirito basata sul doppio senso delle parole **4** (*edil.*) linea più alta del tetto da cui partono gli spioventi.

cól|mo[2] *agg.* (*anche fig.*) pieno fino all'orlo, traboccante: *piatto* —; — *di tristezza*.

-cò|lo secondo elemento di parole composte che significa "abitatore" (*cavernicolo*) oppure "relativo alla coltivazione di" (*cerealicolo*) o "relativo all'allevamento di" (*avicolo*).

cò|lo|bo *s.m.* scimmia africana, agile saltatrice, con pollice rudimentale, naso corto, pelliccia folta e coda molto lunga.

co|lo|cà|sia *s.f.* pianta erbacea tropicale con grandi foglie e radice a tubero commestibile.

co|lo|fó|ne *s.m.* → **colophon**.

co|lo|fò|nia *s.f.* resina giallastra ottenuta come residuo solido della distillazione della trementina, usata per preparare saponi e vernici.

co|lo|ga|rìt|mo *s.m.* (*mat.*) logaritmo dell'inverso di un numero.

co|lóm|ba *s.f.* **1** femmina del colombo **2** (*fig.*) simbolo di pace e innocenza **3** (*fig.*) persona candida e innocente | chi, nelle controversie, sostiene soluzioni pacifiche ed è contro il ricorso alla violenza **4** (*gastr.*) dolce pasquale a forma di colomba.

co|lom|bàc|cio *s.m.* grosso colombo selvatico con piumaggio grigio dai riflessi rossi e verdi.

co|lom|bà|ia *s.f.* struttura a torre in cui si allevano i colombi.

co|lom|bà|na *s.f.* uva bianca da tavola.

co|lom|bà|rio[1] *s.m.* **1** nei cimiteri, struttura muraria suddivisa in loculi per contenere le bare, le cassette con le ossa delle salme esumate o le urne con le ceneri **2** (*archeol.*) nell'antica Roma, sepolcro a nicchie.

co|lom|bà|rio[2] *agg.* adattato a colombaia.

co|lom|bèl|la *s.f.* uccello selvatico più piccolo del colombaccio con piume verdi sul collo.

co|lom|bià|no[1] *agg.* della Colombia, Stato su-

damericano ♦ *s.m.* [f. *-a*] nativo o abitante della Colombia.

co|lom|bià|no[2] *agg.* che riguarda, che è di Cristoforo Colombo (1451-1506): *navigazioni colombiane*.

co|lom|bi|col|tó|re *s.m.* [f. *-trice*] allevatore di colombi.

co|lom|bi|col|tù|ra *s.f.* allevamento di colombi.

co|lom|biè|re *s.m.* (*mar.*) estremità superiore dell'albero maggiore dei velieri.

Co|lom|bi|fór|mi *s.m.pl.* ordine di uccelli con zampe corte e ali di lunghezza media; ne fanno parte i colombi.

co|lom|bi|na[1] *s.f.* **1** razzo a forma di colomba, usato negli spettacoli pirotecnici **2** (*gastr.*) focaccia dolce preparata a Pasqua.

co|lom|bi|na[2] *s.f.* **1** concime organico costituito da escrementi di colombi **2** pietra usata per fare la calce **3** nome comune di molti funghi dai colori accesi, spec. del genere Russola.

co|lóm|bo *s.m.* **1** uccello con piumaggio grigio scuro con riflessi verdi o rossastri, becco dritto e sottile, ali di media lunghezza; piccione **2** (*pl.*; *fig.*, *fam.*) innamorati.

cò|lon *s.m.invar.* (*anat.*) tratto mediano dell'intestino crasso fra l'intestino cieco e il retto.

co|lò|nia[1] *s.f.* **1** nell'antichità, gruppo di cittadini trasferiti dalla madrepatria in un altro territorio | in età moderna, territorio distinto e spesso lontano su cui uno Stato impone la sua sovranità: *le colonie francesi* **2** (*estens.*) gruppo di persone di una stessa nazione o città che risiedono in territorio straniero: *la — italiana di Zurigo* | gruppo di persone che soggiornano per un certo tempo in un dato luogo: *— di vacanzieri* **3** (*estens.*) istituzione che cura il soggiorno di bambini e ragazzi in località di villeggiatura: *— estiva* | insieme dei partecipanti a tale soggiorno | . luogo stesso del soggiorno **4** (*biol.*) insieme di individui animali o vegetali della stessa specie.

co|lò|nia[2] *s.f.* (*ell.*) (*acqua di*) —, profumo a base di alcol ed essenze varie.

co|lo|nì|a[3] *s.f.* contratto agrario tra un proprietario terriero e un colono.

co|lo|nià|le *agg.* **1** di colonia, proprio di una colonia **2** (*biol.*) detto di organismo animale o vegetale che vive in colonia **3** di colore simile al beige; marrone chiaro ♦ *s.m.* **1** [anche f.] chi abita in una colonia **2** (*pl.*) generi alimentari che provengono da paesi extraeuropei un tempo colonie (p.e. spezie, caffè).

co|lo|nia|li|smo *s.m.* politica condotta dagli Stati europei fino alla metà del XX sec., basata sulla conquista e lo sfruttamento delle colonie | (*estens.*) influenza culturale, politica ed economica di uno Stato su un altro.

co|lo|nia|li|sta *s.m./f.* [m.pl. *-i*] **1** sostenitore del colonialismo **2** esperto in colonialismo.

co|lo|nia|li|sti|co *agg.* [m.pl. *-ci*] proprio del colonialismo.

co|lò|ni|co *agg.* [m.pl. *-ci*] del colono: *casa colonica*.

co|lo|niz|zà|re *v.tr.* **1** istituire colonie in un territorio | (*estens.*, *fig.*) esercitare su un paese la propria influenza culturale, politica ed economica **2** ridurre un paese a colonia | (*fig.*) conquistare, sfruttare **3** (*med.*, *di cellula*) proliferare a livello di metastasi | (*biol.*, *di organismo*) formare colonie **4** procedere alla bonifica di un territorio.

co|lo|niz|za|tó|re *agg.*, *s.m.* [f. *-trice*] che, chi colonizza.

co|lo|niz|za|zió|ne *s.f.* **1** assoggettamento, conquista e sfruttamento di un territorio diverso dalla madrepatria **2** (*estens.*) dominio culturale, politico ed economico **3** (*biol.*) proliferazione di batteri **4** bonifica di un territorio.

co|lón|na *s.f.* **1** (*arch.*) elemento verticale a sezione circolare, con funzione ornamentale o di sostegno: *— dorica, ionica, corinzia* **2** (*fig.*) aiuto, sostegno morale: *è la — della ditta* **3** (*estens.*) massa fluida o gassosa che è disposta o si espande verticalmente: *— di acqua, di fumo* | insieme di elementi disposti in verticale: *— di numeri* | (*anat.*) — **vertebrale**, serie di vertebre che costituiscono la spina dorsale **4** coda di persone, automobili, reparti militari ecc.: *mettersi in —* | (*fig.*) **quinta** —, complesso di individui che agiscono in segreto a favore del nemico **5** ciascuna delle suddivisioni verticali di uno spazio grafico, spec. di pagina stampata o scritta: *articolo su due colonne*; *tabella a sei colonne* **6** (*cine.*) — *sonora*, parte della pellicola su cui è registrato il suono | il complesso di suoni registrati in tal modo | l'insieme dei brani musicali di un film **7** (*edil.*) tubazione verticale usata per contenere o far defluire fluidi o altri materiali **8** (*sport*) esercizio ginnico in cui le spalle dell'atleta poggiano a terra e le gambe vengono innalzate unite in posizione verticale **9** (*inform.*) unità di misura della larghezza del carrello della stampante elettronica.

co|lon|nà|re *agg.* che ha forma di colonna.

co|lon|nà|to *s.m.* (*arch.*) successione di colonne unite tra loro da architravi o arcate.

co|lon|nèl|lo *s.m.* (*mil.*) ufficiale superiore che comanda un reggimento | **tenente** —, ufficiale superiore di grado intermedio tra maggiore e colonnello.

co|lon|nét|ta *s.f.* **1** segnalatore stradale gener. luminoso **2** — *di distribuzione*, distributore di carburante per veicoli.

co|lon|ni|na *s.f.* **1** colonnetta di distribuzione **2** piccolo spartitraffico a colonna per incroci **3** — *di mercurio*, quella che, in un termometro, indica la temperatura.

co|lon|ni|no *s.m.* **1** sostegno per ringhiera e sim. **2** colonna tipografica di giustezza ridotta rispetto al resto del testo, tale da permettere l'inserimento di un'immagine **3** (*giorn.*) colonna o parte di essa che contiene un articolo breve.

co|lò|no *s.m.* [f. *-a*] **1** chi ha un contratto di colonia **2** mezzadro o contadino che coltiva la terra altrui | (*estens.*) abitante di una colonia.

co|lon|sco|pì|a *s.m.* (*med.*) endoscopia del colon.

còlo|phon (*lat.*) [*pr. còlofon*] *s.m.* **1** nei libri antichi, indicazione finale con le notizie relative all'opera fra cui titolo, nome dello stampatore, data e luogo di edizione **2** in alcune edizioni, spec. di un tempo, disposizione trapezoidale delle ultime righe di un libro con la base minore rivolta verso il basso | nei libri moderni, la formula *finito di stampare* con luogo e data di stampa, nome dello stampatore e altri dati d'obbligo, posta a fine o inizio del volume.

co|lo|quìn|ti|de *s.f.* pianta erbacea con frutti duri di colore giallo, ricchi di proprietà medicinali.

co|lo|rà|bi|le *agg.* che si può colorare.

co|lo|ra|mén|to *s.m.* colorazione.

co|lo|ràn|te *agg.*, *s.m.* (*chim.*) detto di sostanza naturale o artificiale in grado di dare colore a un materiale o a un alimento senza alterarne la struttura.

co|lo|rà|re *v.tr.* [indic.pres. *io colóro*...] **1** coprire di colore; tingere **2** (*fig.*) abbellire ql.co., renderlo più interessante: — *un racconto* **3** (*fig.*) camuffare, mascherare ♦ -rsi *intr.pron.* **1** assumere un colore, tingersi: — *di nero* **2** (*fig.*) assumere una certa sfumatura: *una frase che si colora di nostalgia*.

co|lo|rà|to *part.pass. di* colorare ♦ *agg.* **1** che ha un colore diverso dal bianco **2** (*fig.*) vivace.

co|lo|ra|zió|ne *s.f.* il colorare, il colorarsi, l'essere colorato | colore assunto da un oggetto: *una — rossastra*.

co|ló|re *s.m.* **1** impressione che la luce, riflessa con lunghezza d'onda differente dalla superficie dei vari corpi, produce sull'occhio | *a colori*, non in bianco e nero | *colori fondamentali*, *primari*, i tre colori (giallo, rosso magenta, azzurro ciano) che, sovrapposti, danno il nero | *colori complementari*, coppia di colori che, mescolati, danno il bianco | (*fig.*) *farne di tutti i colori*, compiere svariate azioni, spec. riprovevoli | *dirne di tutti i colori*, sfogarsi a parole, spec. in modo violento **2** sostanza usata per dipingere: — *a olio*, *ad acqua* **3** pigmentazione della pelle, anche come indicazione razziale | *persona di* —, non della razza bianca | colorito del volto | (*fig.*) *diventare di tutti i colori*, assumere un colorito che tradisce un'emozione, un turbamento e sim. **4** colorazione di una bandiera, di uno stemma | (*estens.*) bandiera | (*estens.*, *spec.pl.*) squadra sportiva | *i colori del cuore*, quelli della squadra preferita **5** orientamento politico: *il — di una giunta* **6** (*fig.*) aspetto, caratteristica che contraddistingue una località, un ambiente e sim. **7** ciascuno dei semi delle carte da gioco | nel poker, combinazione di cinque carte dello stesso seme **8** (*fig.*) brio, vivacità | (*fig.*) *senza* —, monotono.

co|lo|ri|fì|cio *s.m.* fabbrica di colori o coloranti | negozio in cui si vendono.

co|lo|ri|me|trì|a *s.f.* disciplina che esamina le caratteristiche dei colori.

co|lo|rì|me|tro *s.m.* (*chim.*) strumento per misurare l'intensità del colore di alcune soluzioni.

co|lo|rì|re *v.tr.* [indic.pres. *io colorisco*, *tu colorisci*...] **1** colorare ql.co. **2** (*fig.*) rendere più interessante o fantasioso; abbellire: — *un fatto* | mascherare **3** (*gastr.*) ravvivare il colore di un alimento con la cottura: — *le patate* ♦ -rsi *intr.pron.* ravvivarsi: — *in viso* | (*gastr.*) dorarsi.

co|lo|rì|smo *s.m.* (*pitt.*) tendenza ad accentuare l'importanza espressiva del colore | (*mus.*, *lett.*) ricerca di vivacità stilistica.

co|lo|ri|sta *s.m./f.* [m.pl. -*i*] **1** (*ind.*) operaio addetto alla preparazione di colori e coloranti **2** pittore molto bravo nell'usare il colore | (*estens.*) artista, musicista, scrittore, con uno stile vivace ed espressivo **3** (*cine.*) tecnico addetto al corrotto cromatico della pellicola.

co|lo|rì|sti|co *agg.* [m.pl. -*ci*] che riguarda il colorismo | da colorista.

co|lo|rì|to *part.pass. di* colorire ♦ *agg.* **1** che ha un colore vivace: *un volto* — **2** (*fig.*) intenso, espressivo: *narrazione colorita* ♦ *s.m.* **1** colore della pelle; carnagione **2** (*pitt.*) tecnica o modo di usare il colore **3** (*fig.*) vivacità espressiva di un artista o di un'opera.

co|lo|ri|tù|ra *s.f.* **1** il colorire, il colorirsi, l'essere colorito **2** (*fig.*) ricchezza, intensità espressiva.

co|ló|ro *pron.dimostr.m./f.pl.* → *colui*.

co|los|sà|le *agg.* proprio di un colosso | (*anche fig.*) eccezionalmente grande, enorme: *statua* —; *sbaglio* —.

co|lòs|so *s.m.* **1** statua di grandi dimensioni **2** persona di mole e statura eccezionali **3** (*fig.*) individuo di grande valore, particolarmente stimato nel proprio settore **4** opera di grande importanza: — *del cinema* | azienda, società, industria di grandi dimensioni.

co|lò|stro *s.m.* (*fisiol.*) liquido viscoso e giallastro, secreto dalle ghiandole mammarie nel periodo finale della gravidanza e nei giorni successivi al parto.

cól|pa *s.f.* **1** azione contraria alle norme giuridiche o morali | (*teol.*) azione contraria alle norme religiose; peccato **2** (*dir.*) atto negligente o imprudente da cui deriva un danno ad altri **3** (*estens.*) responsabilità di un'azione negativa: *non avere* —; *è* — *tua se siamo arrivati in ritardo*.

col|pàc|cio *s.m.* **1** grave colpo; sventura **2** situazione difficile che, spec. all'improvviso, si conclude positivamente.

col|pé|vo|le *agg.* **1** che è responsabile di una colpa | (*dir.*) che ha compiuto un atto illegale **2** che costituisce una colpa ♦ *s.m./f.* chi ha commesso una colpa □ **colpevolménte** *avv.*

col|pe|vo|léz|za *s.f.* stato di colpa.

col|pe|vo|lì|smo *s.m.* atteggiamento di chi è colpevolista.

col|pe|vo|lì|sta *agg.*, *s.m./f.* [m.pl. -*i*] che, chi sostiene la colpevolezza di un imputato prima della sentenza.

col|pe|vo|liz|zà|re *v.tr.* far sentire qlcu. colpevole; fare in modo che qlcu. si senta in colpa ♦ -rsi *rifl.* sentirsi colpevole; coltivare in se stessi sensi di colpa.

col|pì|re *v.tr.* [indic.pres. *io colpisco*, *tu colpisci*...] **1** percuotere, battere: — *un bersaglio* |

(*fig.*). — *nel vivo*, toccare un punto sul quale si è suscettibili | — *nel segno*, indovinare 2 (*fig.*) suscitare una forte emozione, impressionare: *questo caso mi ha colpito* 3 (*fig.*) danneggiare: *la crisi ha colpito i commercianti*.
col|pi|te *s.f.* (*med.*) vaginite.
cól|po *s.m.* 1 percossa, botta: — *di martello* | — *basso*, (*sport*) nel pugilato, quello vietato dato sotto la cintura; (*fig.*) atto sleale 2 rumore netto e breve; sparo | (*estens.*) proiettile sparato: *lo ha ucciso un — di fucile* | — *di grazia*, proiettile mortale inferto a chi è ferito o in agonia; (*fig.*) evento che fa crollare una situazione già difficile | (*anche fig.*) **senza** — **ferire**, senza usare armi; (*fig.*) senza incontrare ostacoli | (*fig.*) *agire a — sicuro*, conoscendo bene la situazione 3 movimento brusco: — *di freni* | — *di telefono*, telefonata breve 4 manifestazione improvvisa e violenta di un fenomeno: — *di vento* | *sul* —, nello stesso istante | *di* —, all'improvviso | (*anche fig.*) — *di scena*, azione inaspettata; mutamento improvviso | (*fig.*) — *di fulmine*, innamoramento immediato | — *di testa*, decisione presa senza riflettere | (*fam.*) — *di vita*, momento di stravaganza 5 atto criminale violento e veloce: *fare un — in una gioielleria* | — *di Stato*, sovversione violenta del governo da parte di un organismo dello Stato stesso (p.e. l'esercito) 6 (*fig.*) forte emozione causata da un evento imprevisto, spec. spiacevole e dannoso: *la sua morte è stato un duro —* | *far — su qlcu.*, attirare la sua attenzione, il suo interesse e sim. | — *giornalistico*, servizio in esclusiva; scoop 7 malore improvviso | — *apoplettico*, apoplessia cerebrale | — *di sole*, insolazione | (*fig.*) *ti venga un —*, accidenti a te!
còl|po- (*med.*) primo elemento di termini composti che significa "vagina" (*colposcopio*).
col|por|ra|gì|a *s.f.* (*med.*) emorragia della vagina.
col|po|scò|pi|a *s.f.* (*med.*) esame della vagina e del collo dell'utero con il colposcopio.
col|po|scò|pio *s.m.* (*med.*) strumento ottico per l'esame della vagina.
col|pó|so *agg.* (*dir.*) detto di reato compiuto per imprudenza o negligenza ma senza la volontà di provocare un danno.
colt (*ingl.*) *s.f.invar.* tipo di pistola a tamburo rotante.
col|tèl|la *s.f.* coltello a lama larga, usato spec. per affettare salumi e carni.
col|tel|làc|cio *s.m.* (*mar.*) vela a forma di trapezio che, accanto alle vele quadre, aumenta la superficie esposta al vento.
col|tel|là|me *s.m.* varietà di coltelli.
col|tel|là|ta *s.f.* 1 colpo dato con la lama di un coltello | ferita di coltello 2 (*fig.*) evento che provoca un grave dolore.
col|tel|lé|ri|a *s.f.* 1 coltellame 2 fabbrica, rivendita di coltelli.
col|tel|liè|ra *s.f.* custodia per coltelli.
col|tèl|lo *s.m.* 1 strumento costituito da una lama affilata in acciaio da un lato e inserita in un manico: — *da macellaio* | — *a serramanico*, con lama a scatto | — *svizzero*, quello multiuso a serramanico | *a* —, detto di mattone disposto di taglio | (*fig.*) *avere il — dalla parte del manico*, essere avvantaggiato 2 (*estens.*) attrezzo a forma di lama o con la funzione di tagliare | — *della bilancia*, prisma su cui poggia il giogo.
col|ti|và|bi|le *agg.* che si può coltivare.
col|ti|va|bi|li|tà *s.f.* l'essere adatto per la coltivazione.
col|ti|và|re *v.tr.* 1 lavorare la terra per renderla produttiva | curare le piante per ricavarne i frutti 2 (*fig.*) impegnarsi in un lavoro intellettuale: — *le arti* | tenere in allenamento, educare: — *il corpo* | mantenere, rafforzare, migliorare una relazione personale: — *un'amicizia* | nutrire un intento, una passione, un ideale e sim.: — *una speranza*.
col|ti|và|to *part.pass.* di coltivare ♦ *agg.* 1 sottoposto a coltivazione: *orto* — 2 ottenuto con la coltivazione ♦ *s.m.* terreno coltivo.
col|ti|va|tó|re *s.m.* [f. *-trice*] chi coltiva | — *diretto*, chi coltiva un terreno proprio o di altro proprietario avendone tutta la responsabilità della gestione.
col|ti|va|zió|ne *s.f.* il coltivare, l'essere coltivato | il terreno e le piante coltivati: — *di legumi*.
col|ti|vo *agg.*, *s.m.* detto di terreno coltivato o che può essere coltivato.
cól|to *agg.* che ha cultura; istruito.
-cól|to o **-cultore** secondo elemento di parole composte che significa "coltivatore" (*agricoltore*) o "allevatore" (*avicoltore*).
cól|tre *s.f.* 1 coperta per letto 2 (*estens.*) ciò che copre una superficie: *una — di nebbia* 3 drappo funebre che copre la bara.
cól|tro *s.m.* lama dell'aratro posta davanti al vomere | (*estens.*) tipo di aratro che rovescia la terra solo da un lato.
col|tró|ne *s.m.* 1 coperta imbottita da letto 2 tenda imbottita che d'inverno si mette alle porte delle chiese per ripararar dal freddo.
col|tù|ra *s.f.* 1 tecnica e pratica del coltivare un terreno | il terreno e le piante coltivati: *la — del grano* 2 allevamento: — *di trote* | (*biol.*) tecnica con cui si coltivano e si moltiplicano batteri e altri microrganismi per effettuare ricerche in laboratorio: — *microbica*.
-col|tù|ra o **-cultùra** secondo elemento di parole composte che significa "coltivazione" (*agricoltura*) o "allevamento" (*avicoltura*).
col|tu|rà|le *agg.* realtivo a una coltura.
Co|lù|bri|di *s.m.pl.* famiglia di serpenti molto diffusi; hanno forma e lunghezza varia e si caratterizzano per la pupilla rotonda.
co|lu|brì|na *s.f.* antica arma da fuoco con canna lunga e sottile, usata dal XV al XVII sec.
cò|lu|bro o **colùbro** *s.m.* serpente con il corpo rivestito di squame colorate, non particolarmente pericoloso per l'uomo.
co|lùi *pron.dimostr.m.sing.* [f. *colèi*; m./f.pl. *colóro*; con funzione di sogg. o compl., gener. seguito da pron.rel.] quello; quella persona: — *che parla*; *gli presentò colei che amava*.

co|lu|mèl|la *s.f.* (*zool.*) asse centrale della conchiglia dei Molluschi o di una struttura a spirale.
columnist (*ingl.*) [pr. *kòlumnist*] *s.m./f.invar.* giornalista che si occupa di una rubrica fissa, la cui lunghezza è pari circa a una colonna.
co|lù|ro *s.m.* (*astr.*) ciascuno dei due meridiani celesti passanti per gli equinozi o i solstizi.
còl|za *s.f.* pianta erbacea con fiori gialli, i cui semi forniscono un olio commestibile.
cò|ma *s.m.* [pl. -i o invar.] **1** (*med.*) condizione patologica di sonno profondo in cui la coscienza e la motilità si perdono parzialmente o totalmente, mentre le funzioni vegetative sono più o meno conservate **2** (*fig.*, *scherz.*) grande stanchezza.
co|man|da|mén|to *s.m.* (*teol.*) precetto dettato da Dio che costituisce norma etica e religiosa.
co|man|dàn|te *part.pres. di* comandare ♦ *s.m./f.* **1** chi comanda **2** (*mil.*) titolo assegnato a chi ha un compito di direzione **3** (*mar.*) chi ha il comando di una nave **4** (*aer.*) chi ha il comando di un aereo.
co|man|dà|re *v.tr.* **1** ordinare, imporre ql.co. a qlcu. **2** esercitare il comando, governare: — *un esercito* **3** (*mecc.*) azionare un apparecchio o una macchina: *il pulsante comanda l'apertura del portone* **4** (*bur.*) destinare un militare o un impiegato a un incarico o luogo diverso dal solito ♦ *intr.* [aus. *A*] imporre la propria volontà in modo autoritario | (*fam.*) *fatto come Dio comanda*, nel migliore dei modi.
co|man|dà|to *part.pass. di* comandare ♦ *agg.* **1** imposto, ordinato | (*relig.*) *feste comandate*, ordinate dalla Chiesa **2** (*bur.*) detto di militare o impiegato destinato a un incarico o luogo diverso da quello abituale.
co|màn|do *s.m.* **1** imposizione, azione autorevole che esige obbedienza | ciò che si comanda: *svolgere un* — **2** grado di chi comanda | potere, governo: *assumere il* — *della situazione* **3** (*mil.*) organismo costituito dal comandante e dai suoi collaboratori | luogo in cui essi operano: *il* — *della guardia di finanza* **4** dispositivo per controllare, attivare o disattivare un apparecchio o una macchina: *interruttore di* — | (*inform.*) istruzione data a un programma, spec. via tastiera **5** (*sport*) primo posto: *essere al* — *del campionato* **6** (*bur.*) provvedimento con cui un dipendente viene assegnato a un incarico o ufficio diverso da quello abituale.
co|mà|re *s.f.* **1** (*region.*) madrina **2** (*fam.*) vicina di casa, amica | (*estens.*) donna curiosa e pettegola.
co|ma|tó|so *agg.* (*med.*) proprio del coma | che è in stato di coma.
co|mà|tu|la *s.f.* echinoderma marino che vive nei bassi fondali.
com|ba|cià|re *v.intr.* [indic.pres. *io combàcio...*; aus. *A*] corrispondere, essere attaccato perfettamente | (*fig.*) coincidere: *idee che combaciano.*
com|bat|tèn|te *part.pres. di* combattere ♦ *agg.*, *s.m./f.* che, chi combatte: *unità* — | *ex* —, reduce di guerra.
com|bat|ten|tì|smo *s.m.* **1** (*st.*) organizzazione nazionalista dei reduci della prima guerra mondiale **2** (*polit.*) idealizzazione della guerra come valore individuale e collettivo.
com|bat|ten|tì|sti|co *agg.* [m.pl. -*ci*] del combattentismo | dei combattenti o dei reduci.
com|bàt|te|re *v.intr.* [con. come *battere*; aus. *A*] **1** partecipare a un combattimento, una guerra **2** (*fig.*) opporsi a ql.co.: — *contro l'ingiustizia* **3** (*fig.*) impegnarsi per realizzare ql.co.: — *per i propri ideali* **4** (*sport*) gareggiare con molto impegno ♦ *tr.* **1** lottare fisicamente, attaccare con armi: — *l'invasore* **2** (*fig.*) contrastare ql.co.: — *l'ignoranza* ♦ -**rsi** *rifl.rec.* affrontarsi, farsi guerra.
com|bat|ti|mén|to *s.m.* **1** conflitto, scontro, spec. armato **2** (*fig.*) contrasto interiore **3** (*sport*) incontro di pugilato o di lotta | (*anche fig.*) *mettere fuori* —, avere la meglio in uno scontro.
com|bat|ti|vi|tà *s.f.* caratteristica di chi è combattivo.
com|bat|ti|vo *agg.* aggressivo | battagliero, pronto a lottare per le proprie idee.
com|bat|tù|to *part.pass. di* combattere ♦ *agg.* **1** affrontato con tenacia e ostinazione: *una partita molto combattuta* **2** (*fig.*) animato, tormentato: — *dalle passioni* | indeciso, dubbioso: — *tra due possibilità.*
com|bi|nà|bi|le *agg.* **1** che si può combinare, accordare **2** (*chim.*) detto di sostanza che si può combinare.
com|bi|na|bi|li|tà *s.f.* disposizione a combinarsi, ad accordarsi.
com|bi|nà|re *v.tr.* **1** mettere insieme due o più cose, armonizzare: — *i sapori* **2** (*estens.*) mettere d'accordo **3** preparare, organizzare: — *un matrimonio* | concludere, realizzare: — *un progetto* | *non* — *nulla*, non concludere nulla **4** fare ql.co. di sbagliato: *ne ha combinata un'altra delle sue* **5** (*chim.*) mettere insieme due o più sostanze ♦ -**rsi** *intr.pron.* **1** (*fam.*) mettersi d'accordo **2** (*fam.*) ridursi, sistemarsi: *guarda come ti sei combinato!* **3** (*chim.*) reagire insieme: *idrogeno e ossigeno si combinano.*
com|bi|nà|ta *s.f.* (*sport*) gara di sci costituita da varie prove.
com|bi|nà|to *part.pass. di* combinare ♦ *agg.* **1** che è risultato di un'intesa: *incontro* — | truccato: *gara combinata* **2** (*mil.*) detto di operazione a cui partecipano più armi o eserciti.
com|bi|na|tó|re *agg.* che combina ♦ *s.m.* (*tecn.*) apparecchio per creare vari tipi di collegamenti.
com|bi|na|tò|rio *agg.* basato sulla combinazione di due o più elementi | (*mat.*) *calcolo* —, calcolo che studia le possibili combinazioni di un insieme.
com|bi|na|zió|ne *s.f.* unione tra diversi elementi: — *di sapori* **2** serie ordinata di numeri o lettere per aprire speciali serrature **3** casualità, coincidenza **4** (*chim.*) insieme di diverse sostanze che formano un nuovo aggregato; reazione **5** completo di biancheria intima da donna.
combine (*fr.*) [pr. *kombìn*] *s.f.invar.* **1** intesa il-

combriccola

lecita con cui si fissa in anticipo il risultato di una gara sportiva **2** (*estens.*) accordo segreto a danno di altri.
com|bric|co|la *s.f.* **1** (*spreg.*) gruppo di persone riunite per fini illeciti; cricca **2** (*fam.*) comitiva, compagnia di amici.
com|bu|rèn|te *agg.*, *s.m.* (*chim.*) detto di sostanza che facilita, consente o conserva la combustione (p.e. l'ossigeno).
com|bu|sti|bi|le *agg.*, *s.m.* detto di sostanza capace di bruciare in presenza di un comburente, sviluppando luce e calore (p.e. il legno).
com|bu|sti|bi|li|tà *s.f.* caratteristica di un corpo di poter bruciare in presenza di un comburente.
com|bu|stió|ne *s.f.* (*chim.*) reazione in cui un combustibile in presenza di un comburente brucia sviluppando luce e calore.
com|bù|sto *agg.* **1** (*chim.*) che ha subito una combustione **2** (*lett.*) arso.
com|bùt|ta *s.f.* gruppo di individui riuniti per scopi illeciti; banda: *una — di delinquenti*.
có|me *avv.* **1** [in prop. interr.] in quale maniera, in quale modo: *— va?*; *vorrei sapere — sta* | *— mai?*, perché? | *com'è che...?*, per quale motivo...? | *— sarebbe a dire?*, che cosa significa? | *— no?*, certamente | *ma —?*, per esprimere meraviglia o sdegno | *— dire?*, per esprimere incertezza o cautela: *è un film bello ma, — dire?*, *un po' noioso* **2** [in prop. escl.] quanto: *— vorrei essere con lei!* **3** [in prop. dichiarative] il modo in cui, in quale modo: *— raccontava — hai trascorso le vacanze* **4** [in prop. modali; talvolta preceduto da *così*] nel modo in cui: *ho fatto — mi hai detto tu*; *ha lasciato tutto così com'era* **5** [in prop. o compl. compar.; talvolta preceduto da *così* o *tanto*] quanto, nello stesso modo: *è grande — te*; *non è tanto difficile — dicono*; *non è così sciocco — vuol far credere* | *ora — ora*, proprio adesso | *è —...*, è simile a: *è — parlare al muro* **6** [introduce un'apposizione o un compl. predicativo] in qualità di: *è stato interpellato — esperto* ♦ *cong.* **1** [introduce prop. dichiarative] che: *mi raccontò — l'impresa fosse fallita* **2** [introduce prop. compar., spec. con *così* e *tanto*] nel modo in cui: *ripetimelo (così)* — *l'hai sentito* **3** [introduce prop. temporali] quando; appena, non appena: *— arrivi, chiamami* | via via che: *— scappavano, venivano catturati* **4** [introduce prop. modali] quasi, quasi che: *mi guardi — se non mi conoscessi* **5** [introduce prop. incidentali] nel modo in cui: *tua madre, — sai, non vuole* ♦ *s.m.invar.* modo, maniera; causa: *dimmi il — e il quando*; *il — e il perché di ql.co.*
co|me|dó|ne *s.m.* (*med.*) piccolo accumulo di grasso sulla pelle, tondo e di colore scuro, causato da un'ostruzione delle ghiandole sebacee.
co|mé|ta *s.f.* (*astr.*) corpo celeste che si muove attorno al Sole, formato da una testa luminosa, una chioma e una coda.
comfort (*ingl.*) [pr. **kònfort**] *s.m.invar.* comodità, agio, spec. di una residenza o di un mezzo di trasporto.

cò|mi|ca *s.f.* (*cine.*) breve film comico, tipico del cinema muto.
co|mi|ci|tà *s.f.* capacità di far ridere: *la — di una scena*.
cò|mi|co *agg.* [m.pl. *-ci*] **1** proprio della commedia: *attore —* **2** che fa ridere o vuole far ridere; ridicolo ♦ *s.m.* **1** [f. *-a*] attore di commedie | attore specializzato in ruoli comici **2** (*solo sing.*) comicità: *il senso del —* □ **comicamente** *avv.*
co|mì|gno|lo *s.m.* **1** parte della canna del camino che fuoriesce dal tetto **2** linea più alta del tetto, in cui si incontrano gli spioventi.
co|min|cià|re *v.tr.* [indic.pres. *io comìncio...*] (*anche assol.*) dare inizio a ql.co.; incominciare: *— un lavoro* ♦ *intr.* [aus. *E*] avere inizio: *il corso è cominciato*.
-cò|mio secondo elemento di parole composte che significa "ospedale", "casa di cura" o "ricovero" (*manicomio*).
co|mi|tà|le *agg.* di, da conte.
co|mi|tà|to *s.m.* gruppo di persone riunite per realizzare obiettivi comuni.
co|mi|ti|va *s.f.* gruppo di persone che si riuniscono per un viaggio, una gita, una festa e sim.; compagnia.
co|mi|zià|le *agg.* di, da comizio.
co|mi|zian|te *s.m./f.* chi tiene un comizio.
co|mì|zio *s.m.* **1** (*st.*) nell'antica Roma, assemblea popolare convocata a scopo legislativo o elettorale | luogo in cui si teneva tale assemblea **2** adunanza pubblica politica o sindacale in cui i relatori espongono le proprie opinioni | (*estens.*) discorso lungo e ridondante.
còm|ma *s.m.* [pl. *-i*] **1** (*dir.*) ciascun paragrafo di una legge, un regolamento, un contratto **2** (*mus.*) minima differenza di frequenza tra due suoni simili, di circa 1/10 di tono.
com|màn|do *s.m.invar.* **1** (*mil.*) pattuglia armata per assalti speciali o a sorpresa **2** (*estens.*) piccolo gruppo di terroristi o banditi.
com|mè|dia *s.f.* **1** opera teatrale in prosa o in versi, caratterizzata dal lieto fine | *— dell'arte*, caratterizzata da recitazione improvvisata e maschere fisse | *— musicale*, spettacolo di musica, recitazione, ballo dal tema comico o sentimentale | *— d'intreccio*, con trama complessa **2** (*estens.*, *cine.*) film leggero, brillante | *— all'italiana*, genere italiano tipico degli anni Sessanta, basato sulla satira di costume **3** (*fig.*) presa in giro, situazione ridicola: *è tutta una —*; locuz. *fare la —*.
com|me|diàn|te *s.m./f.* **1** (*spec. spreg.*) attore di commedie **2** (*fig.*) falso; ipocrita.
com|me|diò|gra|fo *s.m.* [f. *-a*] autore di commedie.
com|me|mo|rà|bi|le *agg.* che è degno di commemorazione.
com|me|mo|rà|re *v.tr.* [indic.pres. *io commèmoro...*] celebrare solennemente qlcu. o ql.co.: *— la nascita della repubblica*.
com|me|mo|ra|ti|vo *agg.* che commemora: *francobollo —*.
com|me|mo|ra|zió|ne *s.f.* cerimonia celebrativa in ricordo di qlcu. o ql.co.: *la — dei morti*.

com|mèn|da *s.f.* onorificenza civile conferita ai cittadini che si sono distinti in attività particolari.
com|men|dà|re *v.tr.* [indic.pres. *io commèndo...*] (*lett.*) **1** lodare **2** raccomandare.
com|men|da|tì|zio *agg.* (*lett.*) detto di lettera scritta per raccomandare qlcu.
com|men|da|tó|re *s.m.* chi ha ricevuto l'onorificenza della commenda.
com|men|sà|le *s.m./f.* chi partecipa a un pranzo assieme ad altre persone; convitato.
com|men|sa|lì|smo *s.m.* (*biol.*) fenomeno per cui due individui di specie diversa sfruttano le stesse riserve alimentari.
com|men|su|rà|bi|le *agg.* **1** che si può porre in relazione; paragonabile **2** (*mat.*) detto di due grandezze omogenee con un sottomultiplo in comune.
com|men|su|ra|bi|li|tà *s.f.* l'essere commensurabile.
com|men|su|rà|re *v.tr.* [indic.pres. *io commensùro...*] (*lett.*) commisurare; confrontare.
com|men|tà|bi|le *agg.* che può essere commentato.
com|men|tà|re *v.tr.* [indic.pres. *io comménto...*] **1** esprimere opinioni, giudizi su ql.co.: — *una scelta* **2** spiegare, fornire un'interpretazione mediante un commento: — *un testo.*
com|men|tà|rio *s.m.* **1** lungo trattato che spiega e interpreta un testo **2** memoria di una cronaca storica, scritta da chi vi partecipò.
com|men|ta|tó|re *s.m.* [f. *-trice*] **1** chi commenta fatti di cronaca e di attualità alla televisione, alla radio e sim.: — *politico* **2** autore del commento a un testo: *un* — *di Boccaccio.*
com|mén|to *s.m.* **1** giudizio orale o scritto espresso su ql.co. o qlcu.|critica **2** interpretazione di un testo; complesso di annotazioni che lo spiegano **3** (*inform.*) spiegazione fornita nelle istruzioni di un programma.
com|mer|cià|bi|le *agg.* vendibile; adatto per essere messo in commercio.
com|mer|cia|bi|li|tà *s.f.* l'essere commerciabile: *la* — *di un articolo.*
com|mer|cià|le *agg.* **1** di commercio, relativo al commercio: *attività commerciali* **2** che riguarda il settore delle vendite e degli acquisti di un'azienda, società e sim.: *ufficio* — **3** (*fig.*) di qualità scadenti | (*di film, libro e sim.*) che mira solo a essere venduto in gran quantità, senza pretese artistiche.
com|mer|cia|li|sta *agg., s.m./f.* [m.pl. *-i*] **1** laureato in economia e commercio **2** diplomato in ragioneria **3** (*dir.*) detto di avvocato specialista in diritto commerciale.
com|mer|cia|li|sti|co *agg.* [m.pl. *-i*] che riguarda l'attività di commercialista.
com|mer|cia|li|tà *s.f.* proprietà di ciò che è commerciale.
com|mer|cia|liz|zà|re *v.tr.* **1** immettere sul mercato un prodotto | renderlo commerciabile **2** (*spreg.*) trattare come merce ql.co. che per sua natura non lo è; svilire: — *la cultura.*
com|mer|cia|liz|za|zió|ne *s.f.* il commercializzare, l'essere commercializzato.
com|mer|ciàn|te *s.m./f.* chi per lavoro esercita il commercio: — *di tappeti.*
com|mer|cià|re *v.tr.* [indic.pres. *io commèrcio...*] comprare e vendere ql.co.: — *automobili* ♦ *intr.* [aus. *A*] esercitare il commercio: — *in gioielli.*
com|mèr|cio *s.m.* attività economica consistente nel comprare e vendere ql.co.: — *di tessuti;* — *ambulante* | *ritirare ql.co. dal* —, toglierlo dal mercato | *fuori* —, detto di prodotto non destinato alla vendita o che è esaurito | — *all'ingrosso*, tra produttore e commerciante | — *al minuto*, tra commerciante e acquirente | — *elettronico*, quello attraverso Internet (*e-commerce*).
com|més|sa *s.f.* ordine di merce | il valore di tale ordine | *produzione su* —, effettuata in base a un'ordinazione.
com|més|so *part.pass.* di *commettere* ♦ *s.m.* [f. *-a*] **1** addetto alla vendita in un negozio | — *viaggiatore*, chi si reca personalmente dai clienti per vendere la merce **2** impiegato subalterno con compiti generici: — *del tribunale.*
com|mes|sù|ra *s.f.* punto in cui si collegano, uniscono due o più parti.
com|me|stì|bi|le *agg.* che si può mangiare: *cibo* — ♦ *s.m. solo pl.* generi alimentari.
com|me|sti|bi|li|tà *s.f.* l'essere commestibile.
com|mét|te|re *v.tr.* [con. come *mettere*] compiere un'azione, spec. riprovevole o illegale: — *un peccato.*
com|mià|to *s.m.* **1** permesso di andare via, di allontanarsi; congedo: *chiedere* — **2** saluto prima di una separazione: *un* — *affettuoso* **3** in poesia, strofa più breve con cui si conclude una canzone; congedo.
com|mi|li|tó|ne *s.m.* [f. *-a*] **1** compagno d'armi **2** (*estens., scherz.*) compagno di avventure.
com|mi|nà|re *v.tr.* [indic.pres. *io commino...*] (*dir.*) prescrivere una pena o una multa per i trasgressori di una legge: — *sanzioni economiche.*
com|mi|na|tò|ria *s.f.* (*dir.*) sanzione prevista da una legge in caso di violazione di un provvedimento.
com|mi|na|tò|rio *agg.* (*dir.*) che commina una sanzione.
com|mi|nù|to *agg.* (*scient.*) composto da piccoli pezzi | (*med.*) detto di osso rotto in piccoli frammenti.
com|mi|nu|zió|ne *s.f.* **1** (*med.*) frattura comminuta **2** triturazione in piccoli pezzi, spec. di minerale grezzo.
com|mi|se|rà|bi|le *agg.* che si può o si deve commiserare.
com|mi|se|rà|re *v.tr.* [indic.pres. *io commìsero...*] avere compassione, pietà per qlcu. o ql.co.; compiangere, compatire.
com|mi|se|ra|zió|ne *s.f.* pietà, compassione.
com|mis|sa|rià|le *agg.* (*bur.*) relativo a commissario | gestito da un commissario.

com|mis|sa|ria|mén|to *s.m.* (*bur.*) il commissariare, l'essere commissariato.
com|mis|sa|rià|re *v.tr.* [indic.pres. *io commissàrio...*] (*bur.*) in un ente o in un'azienda, nominare un commissario in sostituzione dei previsti organi direttivi.
com|mis|sa|rià|to *s.m.* **1** (*bur.*) mansione di commissario **2** sede del commissario, spec. di polizia.
com|mis|sà|rio *s.m.* [f. -a] **1** (*bur.*) funzionario preposto all'amministrazione straordinaria di un ente o di un'azienda | — **prefettizio**, chi amministra un comune in mancanza della giunta **2** chi è incaricato di una determinata mansione | (*sport*) — **tecnico**, chi sceglie e allena gli atleti di una squadra nazionale **3** chi fa parte di una commissione: — *di un concorso* **4** grado massimo di un funzionario della polizia di Stato.
com|mis|sio|nà|re *v.tr.* [indic.pres. *io commissióno...*] ordinare la fornitura di prodotti | affidare un lavoro a qlcu.: — *un dipinto*.
com|mis|sio|nà|rio *agg., s.m.* [f. -a] **1** che, chi riceve una commissione **2** che, chi compra o vende ql.co. per conto di un committente: *azienda commissionaria*.
com|mis|sió|ne *s.f.* **1** mansione da eseguire per conto di altri: *affidare una* — | *su* —, per volere di qlcu. **2** compenso elargito a un rappresentante o intermediario **3** (*spec.pl.*) compiti poco impegnativi; piccole compere **4** gruppo di persone nominate per svolgere insieme un incarico: — *antimafia* **5** (*comm.*) ordine di una merce.
com|mi|stió|ne *s.f.* unione, mescolanza.
com|mi|su|rà|re *v.tr.* valutare ql.co. confrontandolo con altro; stabilire una proporzione tra due elementi: — *il rischio al vantaggio*.
com|mi|su|ra|zió|ne *s.f.* proporzione.
com|mit|tèn|te *agg., s.m./f.* che, chi commissiona un lavoro, un compito | che, chi fa una commessa.
com|mit|tèn|za *s.f.* **1** insieme di committenti **2** ordinazione di una merce, un lavoro e sim.
com|mo|dò|ro *s.m.* nella marina militare americana e inglese, titolo del capitano di vascello che ha il comando di una divisione da guerra | nella marina mercantile inglese, il capitano più anziano di una società marittima.
com|mòs|so *part.pass. di* commuovere ♦ *agg.* preso da commozione | che manifesta commozione.
com|mo|vèn|te *part.pres. di* commuovere ♦ *agg.* che fa commuovere.
com|mo|zió|ne *s.f.* **1** emozione, sconvolgimento interiore, spec. di affetto e pietà **2** (*med.*) alterazione di un organo a causa di un trauma | — **cerebrale**, con perdita di coscienza, sensibilità e mobilità.
com|muò|ve|re *v.tr.* [con. come *muovere*] destare emozioni di affetto o pietà in qlcu. | coinvolgere sentimentalmente: *quella canzone commuove tutti* ♦ **-rsi** *intr.pron.* essere scosso, turbarsi.
com|mu|tà|bi|le *agg.* che si può commutare.

com|mu|ta|bi|li|tà *s.f.* l'essere commutabile; sostituibilità.
com|mu|tà|re *v.tr.* **1** sostituire una cosa con un'altra: — *una condanna* **2** (*elettr.*) scambiare i collegamenti tra circuiti | in un circuito, invertire il verso della corrente **3** (*telecom., estens.*) creare una connessione telefonica ♦ **-rsi** *rifl.rec.* scambiarsi l'uno con l'altro.
com|mu|ta|tì|vo *agg.* che consente una commutazione | che è proprio della commutazione | (*mat.*) **proprietà commutativa**, possibilità di variare l'ordine dei termini di un'operazione senza che il risultato cambi.
com|mu|ta|tó|re *s.m.* **1** (*elettr.*) dispositivo che serve per cambiare i collegamenti tra circuiti o per invertire il verso della corrente in un circuito **2** (*telecom.*) dispositivo che connette tra loro gli utenti di una rete.
com|mu|ta|trì|ce *s.f.* (*elettr.*) macchina per trasformare la corrente alternata in continua e viceversa.
com|mu|ta|zió|ne *s.f.* **1** sostituzione **2** (*elettr.*) in un circuito, scambio dei collegamenti o inversione del verso della corrente.
co|mò *s.m.* mobile con due o più cassetti; cassettone.
cò|mo|da *s.f.* sedia o poltrona per anziani e malati, dotata di vaso estraibile sotto il sedile per i bisogni corporali.
co|mo|dàn|te *part.pres. di* comodare ♦ *agg., s.m./f.* che, chi dà beni in comodato.
co|mo|dà|re *v.tr.* dare beni in comodato.
co|mo|da|tà|rio *s.m.* [f. -a] chi riceve un bene in comodato.
co|mo|dà|to *s.m.* (*dir.*) contratto con cui si fornisce gratuitamente l'uso di un bene per un certo periodo.
co|mo|dì|no *s.m.* piccolo mobile con uno o più cassetti posto accanto al letto.
co|mo|di|tà *s.f.* **1** l'essere comodo, caratteristica di ciò che è comodo: *la* — *di una sedia* **2** agiatezza; carattere confortevole di ql.co.: *avere la* — *di abitare in centro* **3** (*spec.pl.*) comfort: *una villa con tutte le comodità*.
cò|mo|do *agg.* **1** che permette di stare bene; confortevole: *scarpe comode* | **prendersela comoda**, non affannarsi per fare le cose **2** che è in una situazione piacevole, senza fastidi; indisturbato | **state comodi**, state seduti, non disturbatevi ♦ *s.m.* ciò che reca benessere, vantaggio o piacere | **con** —, senza fretta | **di** —, vantaggioso, conveniente: *soluzione di* — | **fare i propri comodi**, pensare solo a se stessi ♦ **comodamente** *avv.*
co|mo|dó|ne *s.m.* [f. -a] (*scherz.*) chi fa tutto comodamente, senza fretta; pigrone.
compact disk (*ingl.*) *loc.sost.m.invar.* disco a lettura ottica con raggio laser su cui vengono registrati suoni, immagini o altri dati; CD(-ROM).
com|pae|sà|no *s.m.* [f. -a] abitante o nativo dello stesso paese o della stessa regione.
com|pà|gi|ne *s.f.* **1** stretta unione di più parti **2** unione di più individui con un comune obiettivo: *la* — *di un partito* | (*sport*) squadra.

com|pa|gni|a *s.f.* **1** il frequentare altre persone: *cercare la — di qlcu.* | (*gramm.*) *complemento di —*, indica la persona o l'animale con cui si sta insieme o con cui si compie un'azione (p.e. *parto con i miei fratelli*) **2** gruppo di amici; insieme di persone riunite per attività comuni: *una — di ragazzi* | (*fam.*) *e — bella*, e così via **3** società commerciale o di trasporti: *— aerea* **4** gruppo di attori e tecnici che esegue spettacoli a contratto: *— itinerante* **5** (*mil.*) reparto tra il plotone e il battaglione al comando di un capitano | *— di ventura*, in Europa nei secc. XII-XV, gruppo di mercenari guidati da un condottiero **6** confraternita, ordine religioso | *Compagnia di Gesù*, ordine dei Gesuiti.

com|pà|gno *s.m.* **1** [f. *-a*; f.pl. *-gne*] chi fa ql.co. con altre persone: *— di viaggio* | chi partecipa alla stessa condizione di altri: *— di sventura* **2** persona con cui si sta in coppia o si convive **3** appellativo con cui si chiamano gli aderenti dei partiti di sinistra **4** (*comm.*) socio in un'impresa.

com|pa|gnó|ne *agg.*, *s.m.* [f. *-a*] (*fam.*) che, chi è allegro e ama la compagnia.

com|pa|nà|ti|co *s.m.* [pl. *-ci*] ciò che si mangia con il pane.

com|pa|rà|bi|le *agg.* che si può comparare; confrontabile.

com|pa|rà|re *v.tr.* [indic.pres. *io comparo*...] paragonare, confrontare.

com|pa|rà|ti|co *s.m.* [pl. *-ci*] **1** rapporto tra madrina o padrino e figlioccio | rapporto tra compare e sposi **2** condizione di comare e compare **3** complesso delle cerimonie cui partecipano i compari.

com|pa|ra|ti|sta *s.m./f.* [m.pl. *-i*] studioso che usa il metodo comparativo.

com|pa|ra|ti|sti|ca *s.f.* disciplina basata sul metodo comparativo | insieme degli studi in cui si usa tale metodo.

com|pa|ra|ti|vo *agg.* **1** che stabilisce un confronto | *metodo —*, quello che si basa sul confronto tra fenomeni cronologicamente, culturalmente o geograficamente diversi **2** che esprime una comparazione: *aggettivo di grado —* ♦ *s.m.* (*gramm.*) grado dell'aggettivo e dell'avverbio che indica il valore di una qualità in relazione a un termine di paragone; può essere di maggioranza (*più buono di me*), minoranza (*meno buono di me*) o uguaglianza (*buono come me*).

com|pa|rà|to *part.pass. di* comparare ♦ *agg.* detto di disciplina basata sul confronto di differenti elementi e fenomeni: *grammatica comparata*.

com|pa|ra|zió|ne *s.f.* **1** confronto, paragone **2** (*gramm.*) *grado di —*, indica la gradazione della qualità espressa da un aggettivo o da un avverbio; può essere comparativo (p.e. *più alto*) o superlativo (p.e. *altissimo*).

com|pà|re *s.m.* **1** (*region.*) padrino di battesimo o cresima | *— d'anello*, *di matrimonio*, testimone di nozze **2** (*coll.*) amico, compagno | complice in azioni illegali.

com|pa|rèn|te *part.pres. di* comparire ♦ *agg.*, *s.m./f.* (*dir.*) che, chi si presenta in giudizio o davanti a un'autorità.

com|pa|rì|re *v.intr.* [indic.pres. *io comparisco* o *compàio*, *tu comparisci* o *compari*...; pass.rem. *io comparvi* o *comparii* o *comparsi*, *tu comparisti*...; part.pass. *comparso*; aus. *E*] **1** apparire, presentarsi: *comparve inaspettatamente* **2** essere incluso, figurare: *non compaio nella lista degli invitati* | farsi conoscere, farsi notare: *fa di tutto pur di —* **3** (*dir.*) presentarsi come parte in un processo: *— in giudizio.*

com|pa|ri|zió|ne *s.f.* (*dir.*) in un processo, presentazione davanti al giudice: *ordine di —.*

com|pàr|sa *s.f.* **1** il comparire; apparizione: *ha fatto la sua — ieri* **2** (*cine.*, *teat.*) persona che appare per poco tempo sulla scena senza pronunciare battute | (*fig.*) *fare da —*, essere spettatori di ql.co. senza prendervi parte **3** (*dir.*) in un processo civile, atto scritto che riporta le richieste e ragioni di ciascuna parte.

com|par|te|ci|pàn|te *part.pres.di* compartecipare ♦ *s.m./f.* (*dir.*) chi partecipa con altri a un'impresa.

com|par|te|ci|pà|re *v.intr.* [indic.pres. *io compartécipo*...; aus. *A*] partecipare con altri a ql.co.: *— alle spese.*

com|par|te|ci|pa|zió|ne *s.f.* **1** partecipazione a ql.co. insieme ad altri: *— in una società* **2** (*dir.*) ciò che spetta al compartecipante.

com|par|té|ci|pe *agg.*, *s.m./f.* che, chi, assieme ad altri, prende parte a ql.co.

com|par|ti|men|tà|le *agg.* che riguarda un compartimento amministrativo.

com|par|ti|men|ta|zió|ne *s.f.* suddivisione in compartimenti.

com|par|ti|mén|to *s.m.* **1** ciascuna porzione in cui è suddiviso un ambiente o una superficie; scomparto | (*mar.*) *— stagno*, ognuna delle aree chiuse a tenuta d'acqua in cui è diviso lo scafo di una nave | (*fig.*) *a compartimenti stagni*, chiuso nel proprio ambito di appartenenza **2** circoscrizione amministrativa.

com|par|tì|re *v.tr.* [indic.pres. *io compartisco* o *comparto*, *tu compartisci* o *comparti*...] (*lett.*) suddividere.

com|pàr|to *s.m.* **1** suddivisione, compartimento **2** settore di una determinata attività economica: *— agrario.*

com|pas|sà|to *agg.* (*di persona*) che agisce con molta formalità e discrezione.

com|pas|sio|nà|re *v.tr.*, *intr.* [indic.pres. *io compassióno*...; aus. *A*] (*lett.*) compatire, mostrare compassione.

com|pas|sió|ne *s.f.* **1** sentimento di premurosa partecipazione alle sofferenze altrui: *sentire — per qlcu.* | *far —*, suscitare pietà | *muoversi a —*, impietosirsi **2** disapprovazione o disprezzo verso qlcu. o ql.co.: *quell'attore faceva —.*

com|pas|sio|né|vo|le *agg.* (*lett.*) **1** che ha compassione per qlcu. o ql.co. **2** che suscita compassione; penoso: *un individuo —.*

com|pàs|so *s.m.* strumento costituito da due piccole aste articolate fra loro a un'estremità in

compatibile

modo da assumere diverse inclinazioni, di cui gener. una termina con una punta e l'altra con inchiostro o mina, usato per tracciare cerchi o calcolare distanze.

com|pa|ti|bi|le *agg.* **1** che può coesistere con ql.co.; conciliabile: *le tue opinioni non sono compatibili con le mie* **2** (*tecn.*, *inform.*) detto di dispositivo, sistema, computer e sim. che può adattarsi o funzionare insieme a un altro □ **compatibilmente** *avv.* per quanto è compatibile: *andrò in vacanza, — con lo studio.*

com|pa|ti|bi|li|tà *s.f.* **1** l'essere compatibile; conciliabilità: *— di idee* **2** (*tecn.*, *inform.*) proprietà di un dispositivo, sistema, computer e sim. che può adattarsi o funzionare insieme a un altro.

com|pa|ti|mén|to *s.m.* pietà, compassione.

com|pa|ti|re *v.tr.* [indic.pres. *io compatisco, tu compatisci...*] **1** sentire compassione; compiangere, commiserare: *— un amico per le sue sventure* **2** giustificare, perdonare: *— gli errori dei figli.*

com|pa|tri|ò|ta *s.m./f.* [m.pl. *-i*] chi è della stessa patria.

com|pa|tró|no *s.m.* [f. *-a*] santo che è patrono insieme con uno o più santi.

com|pat|tà|re *v.tr.* **1** rendere compatto: *— la carta* | (*tecn.*) comprimere; ridurre in poco spazio **2** (*fig.*) rafforzare, rinsaldare un'unione ♦ **-rsi** *intr.pron.* (*anche fig.*) consolidarsi, indurirsi.

com|pat|ta|zió|ne *s.f.* schiacciamento, riduzione.

com|pat|téz|za *s.f.* solidità | (*fig.*) concordia.

com|pàt|to *agg.* **1** che non presenta separazione fra le sue parti; coerente | duro: *legno* — | fitto: *una nebbia compatta* **2** (*fig.*) solidale, concorde: *gli studenti parteciparono compatti al corteo* **3** piccolo e raccolto: *uno stereo* — □ **compattamente** *avv.*

com|pen|dià|re *v.tr.* [indic.pres. *io compèndio...*] riassumere in un compendio; sintetizzare.

com|pen|dia|tó|re *s.m.* [f. *-trice*] chi riassume in un compendio.

com|pèn|dio *s.m.* **1** riassunto di un testo o di un discorso; sintesi: *— di un capitolo* | elaborazione sintetica di un argomento: *— di letteratura greca* | *in* —, in breve **2** (*fig.*) sintesi di più elementi: *un — di passioni.*

com|pen|dió|so *agg.* breve, sintetico: *trattato* —.

com|pe|ne|trà|bi|le *agg.* che si può compenetrare.

com|pe|ne|tra|bi|li|tà *s.f.* proprietà di ciò che è compenetrabile.

com|pe|ne|trà|re *v.tr.* [indic.pres. *io compènetro...*] **1** (*di sostanza*) penetrare profondamente in ql.co. **2** (*fig.*) invadere diffusamente, colmare ♦ **-rsi** *intr.pron.* essere coinvolto; identificarsi.

com|pe|ne|tra|zió|ne *s.f.* **1** (*fis.*) processo di fusione tra due sostanze che penetrano l'una nell'altra **2** (*fig.*) coinvolgimento, identificazione.

com|pen|sà|bi|le *agg.* che può essere compensato.

com|pen|sà|re *v.tr.* [indic.pres. *io compènso...*] **1** pagare per un lavoro, una prestazione e sim.: *— una consulenza* **2** rimborsare, risarcire: *— qlcu. di un danno* **3** premiare, ripagare: *— la fedeltà del cliente* **4** creare una situazione di parità; equilibrare: *— una sconfitta* ♦ **-rsi** *rifl.rec.* (*anche fig.*) equilibrarsi reciprocamente: *due esperienze che si compensano a vicenda.*

com|pen|sa|ti|vo *agg.* che serve a compensare.

com|pen|sà|to *part.pass. di* compensare ♦ *s.m.* materiale costituito da sottili lamine di legno incollate e pressate l'una sull'altra.

com|pen|sa|tó|re *agg.* che dà un compenso | che equilibra ♦ *s.m.* **1** (*mecc.*) congegno che, negli strumenti di misura a vite e negli utensili, compensa l'errore causato dal passo della vite **2** (*elettr.*) condensatore di piccola capacità **3** (*fis.*) dispositivo che annulla l'effetto di una grandezza applicando la grandezza opposta.

com|pen|sa|zió|ne *s.f.* **1** creazione di una situazione di equilibrio **2** (*dir.*) eliminazione di reciproci debiti e crediti.

com|pèn|so *s.m.* **1** paga; indennizzo: *un modesto* — **2** ciò che serve a equilibrare | *in* —, in cambio.

cóm|pe|ra *s.f. spec.pl.* ciò che si compra; acquisto: *fare compere.*

com|pe|rà|re *v.tr.* → **comprare**.

com|pe|tèn|te *part.pres. di* competere ♦ *agg.* **1** che possiede la cultura, le capacità, l'esperienza specifiche per svolgere un certo lavoro: *persona* — *in statistica* **2** (*dir.*) che ha competenza: *tribunale* — ♦ *s.m./f.* persona che è esperta in un determinato settore: *chiedere il parere di un* —.

com|pe|tèn|za *s.f.* **1** l'essere competente, esperto **2** (*dir.*) idoneità di un'autorità amministrativa o giurisdizionale a emanare atti giuridici | ambito entro il quale può agire tale autorità: *la — della giunta regionale* **3** (*estens.*) pertinenza, spettanza: *la questione non è di mia* — | (*spec.pl.*) mansione, funzione: *ciò rientra nelle competenze dell'ingegnere* **4** (*spec.pl.*) onorario.

com|pè|te|re *v.intr.* [indic.pres. *io compèto...*; dif. del part.pass. e dei tempi composti] **1** gareggiare: *— per il primo posto* **2** essere dovuto, spettare: *mi compete un onorario* | riguardare, essere di pertinenza: *la causa compete alla pretura.*

com|pe|ti|ti|vi|tà *s.f.* **1** l'essere competitivo; caratteristica di chi è competitivo **2** (*di azienda o prodotto*) capacità di competere con la concorrenza.

com|pe|ti|ti|vo *agg.* **1** che riguarda o proprio di una competizione: *carattere* — **2** concorrenziale: *modello* —.

com|pe|ti|zió|ne *s.f.* gara, sfida: *è in — con la sorella.*

com|pia|cèn|te *part.pres. di* compiacere ♦ *agg.* **1** disponibile a compiacere | gentile **2** (*spreg.*) che accorda con leggerezza i suoi favori | che si presta ad azioni illegali: *un politico* —.

com|pia|cèn|za *s.f.* **1** compiacimento, soddisfazione **2** gentilezza, cortesia: *abbiate la — di abbassare la voce* **3** condiscendenza.

com|pia|cé|re *v.intr.* [con. come *piacere*; aus. *A*]

fare piacere; assecondare ♦ *tr.* accontentare, soddisfare: *suo nonno lo compiaceva sempre* ♦ **-rsi** *intr.pron.* 1 provare soddisfazione o gioia per ql.co.: — *di una notizia* 2 manifestare la propria soddisfazione; congratularsi: *mi compiaccio con voi per il successo.*

com|pia|ci|mén|to *s.m.* 1 soddisfazione 2 congratulazione: *esprimere il proprio — a qlcu.*

com|pia|ciù|to *agg.* che prova, che manifesta compiacimento interiore.

com|piàn|ge|re *v.tr.* [con. come *piangere*] provare compassione per qlcu. o ql.co.; commiserare ♦ **-rsi** *rifl.* compatire se stesso ♦ *intr.pron.* (*lett.*) dispiacersi, addolorarsi.

com|piàn|to *part.pass.* di compiangere ♦ *agg.* (*spec. di defunto*) che è rimpianto: *il — padre* ♦ *s.m.* lutto, dolore.

cóm|pie|re *v.tr.* [indic.pres. *io cómpio*...; pass.rem. *io compiéi*, più com. *compiì* (da *compire*)...; ger. *compièndo*; part.pass. *compiuto*; le altre forme sono dal v. *compire*] 1 portare a conclusione, finire, terminare: — *un lavoro* | — *gli anni*, arrivare all'anniversario della propria nascita 2 eseguire: — *il proprio dovere* ♦ **-rsi** *intr. pron.* concludersi | realizzarsi, avverarsi: *la profezia si è compiuta.*

com|piè|ta *s.f.* (*lit.*) ultima ora canonica durante la quale si recitano salmi e preghiere serali.

com|pi|là|re *v.tr.* [indic.pres. *io compìlo*...] 1 riempire con una serie di dati richiesti: — *un questionario* | (*estens.*) scrivere un testo attingendo da varie fonti 2 (*inform.*) rendere un programma in linguaggio macchina.

compilation (*ingl.*) [pr. *kompilèscion*] *s.f.* raccolta antologica su un unico disco o musicassetta di vari brani musicali.

com|pi|la|ti|vo *agg.* proprio di una compilazione.

com|pi|la|tó|re *s.m.* 1 [f. *-trice*] chi compila 2 (*inform.*) programma di computer che traduce il linguaggio simbolico di programmazione in linguaggio macchina.

com|pi|la|zió|ne *s.f.* stesura di uno scritto | lo scritto stesso.

com|pi|mén|to *s.m.* realizzazione, adempimento | *portare a* —, terminare.

com|pì|re *v.tr.* [indic.pres. *io compìsco, tu compìsci*...] compiere, portare a conclusione ♦ **-rsi** *intr.pron.* compiersi, realizzarsi.

com|pi|tà|re *v.tr.* [indic.pres. *io cómpito*...] pronunciare o leggere con lentezza; sillabare | (*estens.*) leggere con difficoltà.

com|pi|ta|zió|ne *s.f.* il compitare.

com|pi|téz|za *s.f.* cortesia; gentilezza.

cóm|pi|to[1] *s.m.* 1 mansione affidata a qlcu.; incarico, lavoro | funzione, obbligo: *ha il — di dare l'esempio* 2 esercizio, spec. scritto, assegnato a studenti.

com|pi|to[2] *agg.* gentile, cortese, di buone maniere: *un ragazzo* —.

com|piu|téz|za *s.f.* completezza, perfezione.

com|più|to *part.pass.* di compiere ♦ *agg.* 1 finito 2 esauriente, completo: *lavoro* — □ **compiutamente** *avv.*

com|pla|nà|re *agg.* 1 (*geom.*) detto di figura che sta sullo stesso piano di un'altra 2 detto di strada che fa da raccordo o svincolo a un'altra.

com|pla|na|ri|tà *s.f.* (*geom.*) caratteristica delle figure complanari.

com|ple|àn|no *s.m.* giorno anniversario della nascita.

com|ple|men|tà|re *agg.* che completa ql.co.; secondario | detto di cose che si completano l'una con l'altra: *concetti fra loro complementari* | (*geom.*) *angoli complementari*, la cui somma dà un angolo retto.

com|ple|men|ta|ri|tà *s.f.* l'essere complementare.

com|ple|mén|to *s.m.* 1 ciò che si aggiunge a ql.co. per completarla 2 (*mil.*) complesso di militari che completano le unità dell'esercito 3 (*gramm.*) elemento di una proposizione che definisce le relazioni fra le diverse parti, completando così il senso della proposizione stessa: — *di modo* 4 (*mat.*) la parte che manca per ottenere il tutto.

com|ples|sà|re *v.tr.* [indic.pres. *io complèsso*...] 1 (*fam.*) creare in qlcu. un complesso 2 (*chim.*) formare un complesso ♦ **-rsi** *rifl.* (*fam.*) crearsi un complesso | (*estens.*) farsi troppi problemi.

com|ples|sà|to *part.pass.* di complessare ♦ *agg., s.m.* [f. *-a*] (*fam.*) che, chi è tormentato da complessi, da agitazioni esasperanti | (*estens.*) che, chi ha un carattere difficile, oscuro.

com|ples|sió|ne *s.f.* costituzione fisica.

com|ples|si|tà *s.f.* (*fam.*) complesso, l'essere formato da molti elementi | l'essere difficile: *la — di un problema.*

com|ples|si|vo *agg.* detto di ql.co. valutato nel suo complesso; generale, globale □ **complessivamente** *avv.* nell'insieme, in totale.

com|plès|so *agg.* 1 costituito da più parti o da vari elementi: *sistema* — 2 (*estens.*) complicato, difficile da capire: *una questione complessa* ♦ *s.m.* 1 insieme di più elementi valutati insieme | *nel* — , in totale, in generale 2 (*psicol.*) condizione psichica di turbamento causata da conflitti affettivi dell'età infantile | (*estens.*) preoccupazione eccessiva, fissazione: — *di colpa, d'inferiorità* 3 (*mus.*) gruppo di cantanti o musicisti: — *rock* 4 insieme di edifici progettati per un'unica funzione: — *ospedaliero* 5 (*estens.*) industria di grandi dimensioni: — *siderurgico.*

com|ple|ta|bi|le *agg.* che si può completare.

com|ple|ta|mén|to *s.m.* il completare, l'essere completato | elemento che completa ql.co.

com|ple|tà|re *v.tr.* [indic.pres. *io complèto*...] rendere completo aggiungendo ciò che manca | portare a compimento: — *un lavoro* ♦ **-rsi** *rifl. rec.* compensarsi reciprocamente.

com|ple|téz|za *s.f.* l'essere completo; compiutezza; interezza.

com|ple|tì|no *s.m.* 1 vestito per neonati 2 coordinato di biancheria intima da donna.

com|ple|ti|vo *agg.* (*raro*) complementare | (*gramm.*) *proposizione completiva*, proposizione oggettiva o soggettiva.

com|plè|to *agg.* **1** che non è privo di alcuna delle sue parti; intero: *opera completa* **2** (*di mezzo di trasporto o locale*) pieno, senza posti liberi: *il tram è* — **3** (*di persona*) che ha le caratteristiche indispensabili per compiere una determinata attività: *un musicista* — **4** totale, generale: *completa fiducia* ♦ *s.m.* **1** condizione di totale occupazione di posti in un locale o su un mezzo di trasporto: *il teatro è al* — | presenza di tutti i componenti di un gruppo: *l'equipaggio è riunito al* — **2** insieme di capi di abbigliamento coordinati, con medesimo tessuto o identico colore | coordinato di vestiario o di oggetti per svolgere una determinata attività: — *da sci* **3** (*sport*) concorso ippico costituito dalle diverse specialità dell'equitazione □ **completamente** *avv.*

com|pli|cà|re *v.tr.* [indic.pres. *io còmplico, tu còmplichi...*] rendere complesso, difficile, oscuro ♦ **-rsi** *intr.pron.* diventare più complesso, più ingarbugliato.

com|pli|cà|to *agg.* **1** difficile, ingarbugliato: *una questione complicata* **2** (*di persona*) che pensa e si comporta in modo difficile da capire.

com|pli|ca|zió|ne *s.f.* **1** il complicare, il complicarsi | ostacolo, difficoltà: *una* — *insormontabile* **2** (*di persona*) aspetto caratteriale di difficile comprensione **3** peggioramento di una malattia.

còm|pli|ce *s.m./f.* chi partecipa con altri a un'azione immorale o illecita o fa in modo che essa si verifichi ♦ *agg.* **1** che facilita un'azione, spec. immorale o illecita: *complice l'oscurità, riuscì a fuggire* **2** che svela un tacito accordo: *gesto* —.

com|pli|ci|tà *s.f.* **1** l'essere complice di altri in un'azione illegale | (*fig.*) favoreggiamento, aiuto: *con la* — *di un amico* **2** (*estens.*) accordo segreto | intesa.

com|pli|men|tà|re *v.tr.* [indic.pres. *io complimènto...*] rivolgere a qlcu. espressioni di cortesia, di ammirazione ♦ **-rsi** *intr.pron.* felicitarsi, congratularsi: *ci complimentammo con l'attore per il successo*.

com|pli|mén|to *s.m.* **1** atto o parola che esprime ammirazione, rallegramento **2** (*solo pl.*) eccessive gentilezze formali | *fare complimenti*, fare convenevoli prima di accettare ql.co. | *senza complimenti*, sbrigativamente.

com|pli|men|tó|so *agg.* **1** che fa troppi complimenti, cerimonioso **2** che è detto o fatto per complimento.

com|plot|tà|re *v.intr.* [indic.pres. *io complòtto...*; aus. *A*] **1** fare un complotto; congiurare **2** (*scherz.*) confabulare ♦ *tr.* ordire, macchinare.

com|plòt|to *s.m.* cospirazione, congiura, macchinazione: *sventare, organizzare un* —.

com|plù|vio *s.m.* **1** (*archeol.*) nell'antica Roma, apertura del tetto delle abitazioni in corrispondenza dell'atrio, per far passare luce e pioggia **2** linea di incontro tra due spioventi del tetto, in cui confluisce l'acqua piovana.

com|po|nèn|do *ger. di* comporre ♦ *s.m.* (*mat.*) proprietà delle proporzioni in base alla quale il totale dei primi due termini sta al primo o al secondo termine come il totale degli ultimi due sta al terzo o al quarto.

com|po|nèn|te *agg.* che fa parte di un composto, di un tutto ♦ *s.m.* **1** [anche f.] chi fa parte di un gruppo con compiti specifici; membro: *i componenti del consiglio* **2** [anche f.] sostanza che fa parte di un composto, una miscela e sim.; ingrediente: — *chimico* **3** (*tecn.*) parte di una struttura complessa | (*elettr.*) elemento di un circuito ♦ *s.f.* elemento che, insieme ad altri, forma un'entità astratta: *le componenti della personalità*.

com|po|nen|tì|sti|ca *s.f.* (*ind.*) produzione dei componenti per determinati tipi di prodotti | complesso delle industrie che realizzano tali componenti: — *automobilistica*.

com|po|nen|zià|le *agg.* proprio di un componente.

com|po|nì|bi|le *agg.* che può essere unito ad altre parti per formare un'opera più complessa, più grande: *elementi componibili; armadio* — ♦ *s.m.* mobile componibile.

com|po|ni|mén|to *s.m.* **1** compito scritto assegnato agli studenti, nel quale viene trattato un determinato argomento; tema **2** opera, testo artistico, spec. letterario.

com|pór|re *v.tr.* [con. come *porre*] **1** mettere assieme diversi elementi per formare un tutto organico: — *un mazzo di fiori* | formare, costituire: *la giuria è composta da sette persone* **2** (*anche assol.*) ideare e realizzare un'opera letteraria o musicale: — *un poema* **3** ordinare, ricomporre | — *una salma*, prepararla per il funerale **4** conciliare, risolvere: — *un conflitto* **5** combinare: — *un codice* ♦ **-rsi** *intr.pron.* essere formato, costituito: *la classe si compone di venti bambini* ♦ *rifl.* assumere un atteggiamento corretto e ordinato.

com|por|ta|men|tà|le *agg.* che riguarda il comportamento.

com|por|ta|men|tì|smo *s.m.* (*psicol.*) studio del comportamento esterno dell'individuo.

com|por|ta|men|tì|sti|co *agg.* proprio del comportamentismo.

com|por|ta|mén|to *s.m.* **1** (*di persona*) modo di comportarsi; atteggiamento, contegno: — *equivoco* **2** (*di organismo, sostanza, macchina ecc.*) reazione a un certo stimolo o a determinate condizioni esterne.

com|por|tà|re *v.tr.* [indic.pres. *io compòrto...*] provocare come conseguenza; implicare: *questo lavoro comporta molte rinunce* ♦ **-rsi** *intr.pron.* avere una particolare condotta; agire in un certo modo: — *con discrezione*.

com|pòr|to *s.m.* **1** (*bur.*) tempo tollerato dopo una scadenza: *un* — *di una settimana* **2** ritardo consentito a un treno in partenza per attendere una coincidenza.

Com|pò|si|te *s.f.pl.* famiglia di piante erbacee e arbustive con fiori piccoli raccolti a capolino; comprende specie ornamentali (p.e. crisantemo, margherita, stella alpina) e commestibili (p.e. carciofo, cicoria, indivia).

com|po|si|tì|vo *agg.* **1** che fa parte di una com-

posizione **2** proprio di una composizione, spec. artistica: *tecnica compositiva*.
com|po|si|to *agg*. costituito da elementi differenti; complesso: *opera composita* | (*arch*.) *ordine* —, nell'antichità, ordine composto da elementi ionici e corinzi.
com|po|si|tó|re *s.m.* [f. *-trice*] **1** chi compone, spec. opere musicali **2** operaio addetto alla composizione tipografica.
com|po|si|tri|ce *s.f.* macchina tipografica che esegue in automatico la composizione di righe e pagine.
com|po|si|zió|ne *s.f.* **1** l'atto della creazione, formazione, costituzione di un insieme organico: *la — di un quadro*; *la — di un comitato* **2** ciò che è composto: *una — floreale* | l'insieme degli elementi che costituiscono, formano ql.co.: *la — di una bibita* **3** (*mus.*) arte e tecnica del comporre: *— per orchestra* | *pezzo musicale* **4** testo scritto, spec. letterario; componimento **5** il comporre tipograficamente un testo per la stampa | testo così composto **6** (*dir.*) accordo, conciliazione.
compost (*ingl.*) *s.m.invar*. fertilizzante usato in agricoltura, ricavato mediante compostaggio.
com|pó|sta o **compòsta** *s.f.* conserva o marmellata di frutta cotta in acqua e zucchero.
com|po|stàg|gio *s.m.* trattamento a cui sono sottoposti i rifiuti organici per ottenere, attraverso la decomposizione batterica, il compost.
com|po|stéz|za *s.f.* **1** l'essere o lo stare composto **2** (*fig*.) educazione, decoro, ordine.
com|po|stiè|ra¹ *s.f.* coppa di vetro o ceramica, in cui si serve la composta.
com|po|stiè|ra² *s.f.* contenitore per il recupero dei rifiuti organici sottoposti a compostaggio.
com|pó|sto o **compòsto** *part.pass. di* comporre ♦ *agg*. **1** costituito da diverse parti o componenti | (*gramm.*) *tempi composti*, quelli formati dall'aus. e dal part.pass. del verbo | (*gramm.*) *parola composta*, costituita dall'unione di più parole (p.e. *capostazione*) **2** ordinato | decoroso, educato: *stai —!* ♦ *s.m.* **1** ciò che deriva dall'insieme di più elementi | *parola composta* **2** (*chim*.) sostanza omogenea formata dalla combinazione tra due o più molecole o elementi □ **compostamente** *avv*. in modo composto.
com|prà|bi|le *agg*. che si può comprare.
com|prà|re o **comperàre** *v.tr.* [indic.pres. *io cómpro...*] **1** acquistare ql.co. pagando una somma di denaro: *— a rate* **2** (*estens.*) corrompere qlcu. con il denaro: *— un poliziotto*.
com|pra|tó|re *s.m.* [f. *-trice*] chi compra; acquirente, cliente.
com|pra|vén|di|ta *s.f.* **1** (*dir.*) contratto con cui si trasferisce la proprietà di ql.co. in cambio di denaro **2** commercio consistente nel comprare un bene per rivenderlo: *— di terreni*.
com|prèn|de|re *v.tr.* [con. come *prendere*] **1** contenere, includere, racchiudere ql.co.: *la somma comprende il trasporto* **2** (*fig.*) cogliere il significato di ql.co.; capire: *— il senso di un discorso* | giustificare: *bisogna comprenderla*.

com|pren|dò|nio *s.m.* (*fam*., *scherz*.) capacità di comprendere; raziocinio, intelligenza | *essere duro di —*, lento a capire.
com|pren|sì|bi|le *agg*. **1** che può essere capito facilmente; chiaro **2** che si può scusare; tollerabile: *una reazione —*.
com|pren|si|bi|li|tà *s.f.* l'essere comprensibile; chiarezza.
com|pren|sió|ne *s.f.* **1** facoltà di comprendere, di intendere **2** volontà di accettare le ragioni altrui; tolleranza, indulgenza: *è pieno di —*.
com|pren|si|vo *agg*. **1** che comprende, che racchiude: *quota comprensiva di iscrizione* **2** che ha o mostra comprensione; tollerante, condiscendente.
com|pren|sò|rio *s.m.* **1** territorio costituito da più fondi finalizzati a un determinato obiettivo: *— industriale* **2** (*estens.*) ente che gestisce tale territorio.
com|pre|sèn|te *agg*. presente assieme ad altri.
com|pre|sèn|za *s.f.* presenza di più persone o cose in uno stesso luogo e momento | concomitanza: *la — di più elementi*.
com|pré|so *part.pass. di* comprendere ♦ *agg*. **1** contenuto, racchiuso | *tutto —*, nell'insieme, considerando tutto **2** capito, inteso, spec. nei sentimenti **3** (*fig*.) preso, concentrato, assorbito | compunto, serio.
com|près|sa *s.f.* **1** (*med*.) garza ripiegata che si applica su una ferita **2** (*farm*.) pasticca medicinale.
com|pres|sì|bi|le *agg*. (*fis*.) che può essere compresso.
com|pres|si|bi|li|tà *s.f.* (*fis*.) caratteristica dei corpi di poter essere compressi.
com|pres|sió|ne *s.f.* **1** il comprimere, l'essere compresso **2** (*fis*.) riduzione del volume di un corpo sottoposto a una forza applicata alla superficie **3** (*inform*.) riduzione delle dimensioni di un file **4** (*mecc*.) nel motore a scoppio, fase in cui lo stantuffo comprime la miscela nel cilindro.
com|près|si|vo *agg*. che serve a comprimere.
com|près|so *part.pass. di* comprimere ♦ *agg*. **1** sottoposto a forte pressione: *gas — 2* (*fig.*) represso, frenato: *sentimento — 3* detto di motore a scoppio i cui cilindri sono modificati per sostenere una pressione più elevata del normale.
com|pres|só|re *agg*. che comprime: *rullo —* ♦ *s.m.* (*tecn*.) **1** macchina che esercita una pressione su un fluido **2** nel motore a scoppio, dispositivo che immette la miscela nei cilindri.
com|pri|mà|rio *agg.,s.m.* [f. *-a*] **1** (*teat.*) che, chi recita una parte secondaria solo a quella del protagonista | (*estens.*) che, chi ha un ruolo decisivo in un evento, pur non essendone il protagonista **2** che, chi, in un ospedale, condivide il titolo di primario.
com|pri|me|re *v.tr.* [pass.rem. *io comprèssi*, *tu compriméstï...*; part.pass. *comprèsso*] **1** schiacciare con molta pressione; premere, pressare **2** (*fig*.) frenare, contenere: *— la rabbia* **3** (*fis*.) sot-

comprimibile 266

toporre a compressione: — *un fluido* **4** (*inform.*) ridurre le dimensioni di un file.
com|pri|mi|bi|le *agg.* (*anche fig.*) che si può comprimere.
com|pri|mi|bi|li|tà *s.f.* l'essere comprimibile | (*fis.*) compressibilità.
com|pro|més|so *part.pass.* di compromettere ♦ *agg.* che è in pericolo, in difficoltà: *un affare* —| screditato moralmente: *onestà compromessa* ♦ *s.m.* **1** intesa stabilita con concessioni da entrambe le parti: *trovare un* — | (*estens.*, *anche spreg.*) abbandono delle proprie aspettative, dei propri ideali per ottenere un benessere immediato: *vivere di compromessi* **2** unione malriuscita di elementi contrastanti: *un — tra due stili* **3** (*dir.*) accordo preliminare per la compravendita di un immobile.
com|pro|met|tèn|te *part.pres.* di compromettere ♦ *agg.* rischioso, pericoloso: *atto* —.
com|pro|mét|te|re *v.tr.* [con. come *mettere*] **1** mettere in pericolo; rovinare: — *l'esito della trattativa* **2** coinvolgere qlcu. in circostanze per lui dannose, spec. per la reputazione ♦ **-rsi** *rifl.* partecipare a un'impresa rischiosa assumendosene le responsabilità | mettersi in una situazione difficile.
com|pro|mis|sò|rio *agg.* proprio di un compromesso: *scelta compromissoria*.
com|pro|prie|tà *s.f.* (*dir.*) diritto di proprietà di un bene condiviso con altri: *casa in* —.
com|pro|prie|tà|rio *s.m.* [f. *-a*] (*dir.*) proprietario insieme ad altri di una comproprietà.
com|pro|và|bi|le *agg.* che può essere comprovato; attestabile.
com|pro|và|re *v.tr.* [indic.pres. *io compròvo*...] provare ulteriormente una cosa già dimostrata; confermare, dimostrare con decisione e chiarezza.
com|pul|sà|re *v.tr.* (*dir.*) obbligare qlcu. a presentarsi in giudizio.
com|pul|sió|ne *s.f.* (*psicol.*) impulso irresistibile a compiere azioni, anche in contrasto con i propri principi morali.
com|pùn|to *agg.* **1** che dimostra compunzione; dispiaciuto, turbato **2** che ostenta, talvolta in modo ipocrita, umiltà e pentimento, spec. in ambito religioso.
com|pun|zió|ne *s.f.* **1** manifestazione di dispiacere e pentimento; contrizione **2** atteggiamento, spec. ipocrita, di modestia e umiltà.
com|pu|tà|bi|le *agg.* che si può computare; quantificabile, valutabile.
com|pu|tà|re *v.tr.* [indic.pres. *io còmputo*...] **1** includere in un calcolo; contare **2** comprendere in un conto; addebitare.
com|pu|ta|zio|nà|le *agg.* relativo a elaborazioni elettroniche.
computer (*ingl.*) [pr. *kompiùter*] *s.m.invar.* calcolatore, elaboratore elettronico.
computer game (*ingl.*) [pr. *kompiùter ghèim*] *loc.sost.m.invar.* gioco elettronico per computer.
computer graphic (*ingl.*) [pr. *kompiùter gràfik*] *loc.sost.m.invar.* tecnica grafica basata sulla progettazione computerizzata di modelli, immagini ecc., molto usata spec. nell'ambito industriale, pubblicitario, architettonico, medico.
com|pu|te|rì|sti|co [pr. *kompiuterìstico*] *agg.* [m.pl. *-ci*] relativo al computer.
com|pu|te|riz|zà|re [pr. *kompiuterizzàre*] *v.tr.* automatizzare con l'impiego di computer; informatizzare: — *il catalogo*.
com|pu|te|riz|za|zió|ne [pr. *kompiuterizzazióne*] *s.f.* il computerizzare, l'essere computerizzato; informatizzazione.
com|pu|tì|sta *s.m./f.* [m.pl. *-i*] chi tiene i conti; contabile.
com|pu|ti|ste|rì|a *s.f.* disciplina che utilizza il calcolo aritmetico nella contabilità d'azienda e in finanza.
còm|pu|to *s.m.* conteggio, calcolo.
co|mu|nà|le *agg.* **1** del comune: *ufficio* — **2** (*st.*) che è proprio dei comuni medievali: *periodo* —.
co|mu|nàn|za *s.f.* condivisione, comunione.
co|mu|nàr|do *agg., s.m.* [f. *-a*] che, chi partecipò alla rivolta della Comune di Parigi (1871) | (*estens., raro*) rivoluzionario.
co|mù|ne[1] *agg.* **1** che appartiene a più persone o a tutti: — *a molti*; *un nostro — desiderio* **2** (*gramm.*) *nome* —, quello che si riferisce a una persona, animale, cosa in modo generico (p.e. *maestro, gatto, libro*) **3** condiviso dalla maggioranza: *opinione* — **4** che rientra nella media; ordinario, usuale: *uomo non* — | *luogo* —, banalità ♦ *s.m.* carattere generale; normalità | *in* —, insieme | *fuori del* —, straordinario □ **comunemente** *avv.* generalmente, abitualmente.
co|mù|ne[2] *s.m.* **1** suddivisione territoriale amministrativa del sindaco, un consiglio e una giunta, comprendente un centro abitato e l'area circostante | complesso degli uffici che amministrano tale area | edificio in cui hanno sede tali uffici; municipio **2** (*st.*) nel basso Medioevo, forma di governo cittadino | la città così governata **3** (*polit.*) *Camera dei Comuni* o (*ell.*) *i Comuni*, assemblea elettiva del Parlamento inglese.
co|mù|ne[3] *s.f.* **1** (*st.*) *la Comune*, governo rivoluzionario sorto a Parigi negli anni del Terrore e nel 1871 **2** (*st.*) ciascuna delle organizzazioni economiche agricole istituite nella Repubblica popolare cinese **3** (*estens.*) comunità basata su principi egualitari.
co|mu|nèl|la *s.f.* (*fam.*) **1** intesa tra varie persone, gener. per fini poco onesti; combriccola **2** in un albergo, chiave che apre tutte le camere; passe-partout.
co|mu|ni|cà|bi|le *agg.* che può essere comunicato ad altri.
co|mu|ni|ca|bi|li|tà *s.f.* il poter essere comunicabile.
co|mu|ni|càn|do *s.m.* [f. *-a*] chi sta per ricevere il sacramento della comunione.
co|mu|ni|càn|te *part.pres.* di comunicare ♦ *agg.* che è collegato, che è in comunicazione: *camere comunicanti*.
co|mu|ni|cà|re *v.tr.* [indic.pres. *io comùnico, tu*

comùnichi...] **1** trasmettere, divulgare, rendere comune: — *un'informazione* **2** (*relig.*) amministrare la comunione ♦ *intr.* [aus. *A*] **1** scambiare comunicazioni: — *con qlcu.* **per telefono** | (*estens.*) condividere ideali e sentimenti **2** essere in collegamento: *la porta comunica con l'esterno* ♦ **-rsi** *intr.pron.* **1** divulgarsi, diffondersi **2** (*relig.*) ricevere la comunione.

co|mu|ni|ca|ti|va *s.f.* spontanea facilità a comunicare con gli altri.

co|mu|ni|ca|ti|vo *agg.* **1** che ha comunicativa; affabile: *un maestro molto* — **2** che si trasmette facilmente; contagioso: *riso* —.

co|mu|ni|ca|to *part.pass.* di comunicare ♦ *agg.* divulgato ♦ *s.m.* **1** informazione di interesse collettivo diffusa dai mezzi di comunicazione | — **stampa**, comunicazione ufficiale spedita ai giornali affinché sia stampata **2** chi ha ricevuto la comunione.

co|mu|ni|ca|zió|ne *s.f.* **1** l'atto del comunicare **2** (*ling.*) scambio di informazioni tra un emittente e un ricevente **3** annuncio, comunicato | relazione presentata a un convegno e sim.|**mezzi di** — **di massa**, insieme dei mezzi (radio, televisione, stampa ecc.) usati per divulgare informazioni d'interesse collettivo; mass media **4** (*estens.*) contatto che consente di comunicare: *mettersi in* — | (*spec.pl.*) insieme di strutture e servizi che permettono un collegamento con un mezzo di trasporto: — *ferroviaria* **5** (*dir.*) — *giudiziaria*, avviso con cui si informa una persona dell'avvio di un procedimento penale nei suoi confronti.

co|mu|nió|ne *s.f.* **1** condivisione, comunanza: — *d'intenti* **2** (*relig.*) sacramento dell'eucaristia: *fare, ricevere la* — | (*estens.*) ostia consacrata **3** (*dir.*) — *dei beni*, situazione patrimoniale in cui i coniugi condividono le proprietà dei beni.

co|mu|ni|smo *s.m.* dottrina politica, economica e sociale basata sull'uguaglianza e sulla condivisione di beni e mezzi di produzione | governo ispirato a tale dottrina.

co|mu|ni|sta *agg.* [m.pl. *-i*] **1** proprio del comunismo **2** che sostiene il comunismo|che è membro di un partito comunista ♦ *s.m./f.* chi sostiene il comunismo | chi è membro di un partito comunista.

co|mu|ni|sti|co *agg.* [pl. *-ci*] del comunismo, dei comunisti.

co|mu|ni|tà *s.f.* **1** insieme di individui che vivono nello stesso territorio o che hanno le stesse origini|insieme di persone che fanno vita in comune e seguono le stesse regole: — *monastica* | gruppo di persone che condividono cultura, ideali, passioni e sim.: — *scientifica* | — **(terapeutica)**, istituzione per la cura e il recupero dei tossicodipendenti **2** organizzazione fra Stati della stessa area geografica: *Comunità Economica Europea*.

co|mu|ni|tà|rio *agg.* **1** della comunità; conforme agli obiettivi di una comunità: *ordinamento* — **2** (*anton.*) relativo alla Comunità Economica Europea.

co|mùn|que *cong.* **1** [introduce una prop. con v. al congiunt.] in qualunque modo: — *vada, dirò tutto* **2** tuttavia, ma: *hai fatto bene ad andare,* — *potevi telefonarmi* ♦ *avv.* in ogni modo, in ogni caso: *verrò* — | (*con valore conclusivo*) infine, in ogni caso: —, *risolverò io il problema*.

còn *prep.* [unita agli art. forma le prep.art. *col, coi e collo, colla, cogli, colle*, desuete] **1** introduce il compl. di compagnia: *vado al cinema* — *un'amica* | introduce il compl. di unione: *testo* — *figure* **2** introduce il compl. di rapporto o relazione: *si è fidanzata* — *me*; *sii buono* — *lui*; *ha litigato* — *il capo* **3** introduce il compl. di limitazione, spec. in espressioni fam.: *come va* — *la matematica?* **4** introduce il compl. di paragone: *confronta il tuo compito col mio* **5** introduce il compl. di modo o maniera: *ascoltare* — *stupore*; *stare* — *le mani in tasca* | seguito da un sostantivo ha funzione avverbiale: — *gentilezza*, gentilmente; — *difficoltà*, difficilmente **6** introduce il compl. di qualità: *una ragazza col naso aquilino*; *una casa* — *tavernetta* **7** introduce il compl. di mezzo o strumento: *lavarsi col sapone*; *mi hai convinto* — *l'inganno* **8** introduce il compl. di circostanza: *partirò* — *qualsiasi tempo* **9** ha valore concessivo o avversativo: — *tutto quel chiasso, riesce a studiare* **10** [seguita da inf.sost.] ha valore di gerundio: *col mentirmi, hai perso per sempre la mia fiducia*.

còn- *pref.* [*com-* davanti a *m, p, b*; *col-* davanti a *l*; *cor-* davanti a *r*; *co-* davanti a *s* impura e spesso davanti a vocale] indica unione, compagnia (*condirettore, compartecipe, collegare, corrodere, cospargere, coabitare*).

co|nà|to *s.m.* sforzo, tentativo | — **di vomito**, impulso a vomitare.

cón|ca *s.f.* **1** capiente vaso in terracotta a imboccatura larga, un tempo usato per fare il bucato | (*estens.*) la quantità di liquido in esso contenuta **2** (*geog.*) cavità del terreno di forma circolare | (*estens.*) vallata **3** (*estens.*) bacino artificiale o naturale.

con|ca|te|na|mén|to *s.m.* collegamento stretto | (*fig.*) associazione, connessione.

con|ca|te|nà|re *v.tr.* [indic.pres. *io concatèno*...] **1** (*lett.*) unire strettamente, spec. con catena **2** (*fig.*) collegare secondo un criterio logico: — *i fatti* ♦ **-rsi** *rifl.rec.* collegarsi logicamente, secondo un determinato ordine.

con|ca|te|na|zió|ne *s.f.* (*spec.fig.*) connessione, legame: — *di eventi*.

con|càu|sa *s.f.* causa che insieme ad altre determina una circostanza.

con|ca|vi|tà *s.f.* l'essere concavo | cavità, rientranza.

còn|ca|vo *agg.* (*di superficie o linea*) che curva verso l'interno; cavo.

con|cè|de|re *v.tr.* [indic.pres. *io concèdo*...; pass.rem. *io concèssi o concedéi o concedètti, tu concedésti*...; part.pass. *concèsso*] **1** dare, elargire con benevolenza e generosità: — *un favore* | permettere: *concedersi una pausa* **2** accettare come vero, ammettere: *ti concedo di esserti sbagliato*

concelebrare

♦ **-rsi** *rifl.* acconsentire ad avere un rapporto sessuale.
con|ce|le|brà|re *v.tr.* [con. come *celebrare*] celebrare insieme ad altri, spec. detto di funzione religiosa.
con|cen|tra|mén|to *s.m.* ammassamento, raggruppamento: — *di soldati* | *campo di* —, luogo di detenzione per prigionieri di guerra o condannati politici.
con|cen|trà|re *v.tr.* [indic.pres. *io concèntro...*] **1** raccogliere, raggruppare: — *la folla* **2** (*fig.*) focalizzare, raccogliere: — *le energie* **3** (*chim.*) ridurre di volume, condensare | aumentare la quantità di una sostanza sciolta in una soluzione ♦ **-rsi** *rifl.* **1** adunarsi, riunirsi **2** (*fig.*) raccogliersi in se stessi senza distrarsi: — *nella lettura*.
con|cen|trà|to *part.pass. di* concentrare ♦ *agg.* **1** raccolto in un unico punto o luogo | (*fig.*) assorto, intento **2** (*di prodotto alimentare*) condensato, intenso, ristretto: *succo* — ♦ *s.m.* liquido o sostanza che ha subito una riduzione di volume | prodotto alimentare privato dell'acqua: — *di pomodoro* | (*fig.*) cumulo: *questo discorso è un — di banalità*.
con|cen|tra|zió|ne *s.f.* **1** adunanza, raggruppamento | (*fig.*) raccoglimento intellettuale **2** (*chim.*) la quantità di una sostanza presente in una soluzione rispetto al volume totale della soluzione stessa.
con|cen|tri|ci|tà *s.f.* (*geom.*) l'essere concentrico.
con|cèn|tri|co *agg.* [m.pl. *-ci*] (*geom.*) detto di due o più enti geometrici (p.e. linee curve, circonferenze, sfere) con lo stesso centro.
con|ce|pi|bi|le *agg.* che si può concepire; immaginabile.
con|ce|pi|mén|to *s.m.* **1** l'atto del concepire, dell'essere concepito: *il — di un bambino* | (*fig.*) ideazione: *il — di un progetto* **2** (*biol.*) l'unione di ovulo e spermatozoo che dà origine all'embrione.
con|ce|pì|re *v.tr.* [indic.pres. *io concepisco, tu concepisci...*; part.pass. *concepito*] **1** (*di donna o femmina di animale*) originare un nuovo essere attraverso la fecondazione: — *un figlio* **2** (*fig.*) coltivare un sentimento; provare: — *odio* | capire: *non concepisco come tu possa farlo* | progettare, ideare.
con|ce|rì|a *s.f.* **1** fabbrica in cui si conciano le pelli **2** tecnica della concia.
con|cer|nèn|te *part.pres. di* concernere ♦ *agg.* inerente, pertinente.
con|cèr|ne|re *v.tr.* [raro pass.rem. *io concernéi* o *concernètti*, tu *concernésti...*; dif. del part.pass. e dei tempi composti] avere relazione con qlcu. o ql.co.; essere inerente, riguardare.
con|cer|tà|re *v.tr.* [indic.pres. *io concèrto...*] **1** (*fig.*) organizzare ql.co. in segreto; ordire, tramare: — *una rapina* **2** (*mus.*) preparare l'esecuzione di un brano | accordare insieme e fra loro voci e strumenti musicali.
con|cer|tà|to *part.pass. di* concertare ♦ *agg.* **1** (*fig.*) organizzato, convenuto **2** (*mus.*) detto di stile in cui si sovrappongono e alternano strumenti e voci ♦ *s.m.* (*teat.*) nel melodramma dell'Ottocento, brano eseguito da orchestra, solisti e coro.
con|cer|ta|tó|re *agg., s.m.* [f. *-trice*] (*mus.*) che, chi concerta | *maestro* —, che prepara l'esecuzione concertata.
con|cer|ta|zió|ne *s.f.* **1** (*mus.*) il concertare un brano **2** organizzare ql.co. insieme ad altri | metodo e pratica del prendere una decisione, spec. in ambito economico e sociale, in seguito a trattative fra governo e parti sociali.
con|cer|tì|no *s.m.* (*mus.*) **1** gruppo di solisti che nel concerto grosso si contrappone all'insieme dell'orchestra **2** esecuzione musicale dal vivo, spec. in parchi o caffè, eseguita da un piccolo complesso | il complesso musicale stesso.
con|cer|tì|sta *s.m./f.* [m.pl. *-i*] artista solista in un concerto | chi per professione suona nei concerti.
con|cer|tì|sti|co *agg.* [m.pl. *-ci*] proprio di un concerto | da concertista.
con|cèr|to *s.m.* **1** (*mus.*) composizione in più tempi per un complesso con parti soliste: — *per violino e orchestra* **2** (*mus.*) esecuzione di una o più composizioni musicali: — *di musica da camera* | (*di cantante, gruppo e sim.*) *in* —, che si esibisce in uno spettacolo dal vivo **3** (*estens.*, *anche scherz.*) molteplicità di suoni o voci: *un — di risate* **4** (*raro*) intesa | *di* —, d'accordo.
con|ces|sio|nà|ria *s.f.* **1** (*dir.*) società o ditta che ha ottenuto una concessione **2** società o ditta che ha l'autorizzazione per la vendita, spec. esclusiva, di un prodotto per conto della casa produttrice: *concessionaria FIAT*.
con|ces|sio|nà|rio *agg., s.m.* [f. *-a*] **1** che, chi ha ottenuto una concessione **2** che, chi ha l'autorizzazione, spec. esclusiva, per la vendita di un prodotto per conto della casa produttrice.
con|ces|sió|ne *s.f.* **1** l'atto con cui si concede; autorizzazione: — *di un prestito* **2** (*dir.*) atto con cui la pubblica amministrazione conferisce a un privato l'autorizzazione a gestire un'attività di interesse collettivo: — *di un acquedotto* **3** (*comm.*) contratto con cui un'industria concede a terzi la vendita, spec. esclusiva, dei propri prodotti.
con|ces|sì|vo *agg.* che esprime una concessione | (*gramm.*) *proposizione concessiva*, subordinata che indica una circostanza malgrado la quale si verifica ciò che è espresso nella reggente (p.e. *sebbene fosse dispiaciuto, non lo dimostrò*).
con|cès|so *part.pass. di* concedere ♦ *agg.* che è permesso, autorizzato | *ammesso e non* — *che*, anche ammettendo per ipotesi che.
con|cet|tì|smo *s.m.* tecnica letteraria barocca basata su espressioni ricercate e originali.
con|cèt|to *s.m.* **1** ciò che l'intelletto concepisce; pensiero, idea | nozione che delinea le proprietà di ql.co.: *il — della bellezza* **2** giudizio, opinione: *farsi un cattivo — di qlcu.* **3** nella letteratura barocca, espressione ingegnosa e bizzarra.
con|cet|to|si|tà *s.f.* l'essere concettoso | uso eccessivo di concetti difficili.

con|cet|tó|so *agg.* **1** pieno di concetti **2** oscuro, difficile: *stile —*.
con|cet|tu|à|le *agg.* **1** proprio di un concetto; che riguarda un concetto **2** (*estens.*) logico, speculativo □ **concettualmente** *avv.*
con|cet|tu|a|liz|zà|re *v.tr.* organizzare in concetti.
con|ce|zio|nà|le *agg.* che riguarda il concepimento.
con|ce|zió|ne *s.f.* **1** il concepire, l'elaborare concettualmente; ideazione: *la — di un'impresa* **2** complesso di idee su un argomento preciso: *la — religiosa della donna* **3** (*relig.*) *Immacolata Concezione*, il concepimento della Madonna senza peccato originale.
con|chì|glia *s.f.* **1** guscio calcareo che riveste il corpo di numerosi molluschi **2** (*arch.*) decorazione a forma di ventaglio, usata spec. nel barocco **3** (*spec.pl.*) varietà di pasta alimentare **4** (*tecn.*) forma per fusioni in serie, costituita da due pezzi apribili **5** (*sport*) elemento di protezione per i genitali maschili.
con|chi|lì|fe|ro *agg.* (*geol.*) detto di roccia ricca di fossili di conchiglie.
con|chi|li|fór|me *agg.* che ha la forma di una conchiglia.
cón|cia *s.f.* [pl. *-ce*] **1** complesso delle operazioni per trasformare in cuoio le pelli animali **2** trattamento eseguito su alcuni prodotti vegetali per preservarne la qualità e per conservarli **3** (*estens.*) sostanza usata per conciare.
con|cia|pèl|li *s.m./f.invar.* conciatore di pelli animali.
con|cià|re *v.tr.* [indic.pres. *io cóncio...*] **1** sottoporre a concia: *— la seta* **2** (*estens.*) risistemare, aggiustare | ridurre in pessime condizioni; rovinare, sporcare | *— qlcu. per le feste*, malmenarlo ♦ **-rsi** *rifl.* ridursi in pessimo stato; sporcarsi | vestirsi in modo inadeguato: *ma come ti sei conciato?*
con|cià|rio *agg.* che riguarda la concia ♦ *s.m.* [f. *-a*] operaio addetto alla concia delle pelli.
con|cia|tó|re *s.m.* [f. *-trice*] chi è addetto alla conciatura.
con|cia|tù|ra *s.f.* operazione del conciare; concia.
con|ci|lià|bi|le *agg.* che può essere conciliato.
con|ci|lia|bi|li|tà *s.f.* possibilità di raggiungere una conciliazione, un'intesa; compatibilità.
con|ci|lià|bo|lo *s.m.* riunione, dialogo segreto o appartato, spec. per scopi illeciti.
con|ci|liàn|te *part.pres. di* conciliare ♦ *agg.* che tende a conciliare, a scendere a patti; tollerante: *tono —*.
con|ci|lià|re¹ *v.tr.* [indic.pres. *io concìlio...*] **1** mettere d'accordo, armonizzare persone o cose fra loro in contrasto: *— giudizi diversi* | *una contravvenzione*, pagarla subito **2** (*fig.*) facilitare, agevolare: *il silenzio concilia il sonno* ♦ **-rsi** *intr. pron., rifl.rec.* armonizzarsi; riconciliarsi: *le nostre opinioni non si conciliano*.
con|ci|lià|re² *agg.* che riguarda, che è proprio di un concilio ecclesiastico: *sessione —* ♦ *s.m.* partecipante a tale concilio: *vescovo —*.
con|ci|lia|tì|vo *agg.* che tende a conciliare: *parole conciliative*.
con|ci|lia|tó|re *agg., s.m.* [f. *-trice*] che, chi concilia | (*dir.*) *giudice —*, magistrato onorario nominato in ogni comune, che risolve lievi cause civili; giudice di pace.
con|ci|lia|tò|rio *agg.* adatto a conciliare: *atteggiamento —*.
con|ci|lia|zió|ne *s.f.* **1** pace, accordo: *giungere a una —* **2** intesa tra lo Stato italiano e la Chiesa sancita dai Patti Lateranensi del 1929.
con|cì|lio *s.m.* **1** (*eccl.*) adunanza dei vescovi della Chiesa cattolica per discutere sui principi della fede e sulla disciplina ecclesiastica **2** (*estens., scherz.*) riunione, assemblea, spec. segreta.
con|ci|mà|ia *s.f.* luogo in cui si raccoglie il letame.
con|ci|mà|re *v.tr.* fertilizzare un terreno con il concime.
con|ci|ma|tù|ra *s.f.* concimazione | periodo in cui si concima un terreno.
con|ci|ma|zió|ne *s.f.* il concimare; concimatura.
con|cì|me *s.m.* sostanza usata per fertilizzare un terreno, chimica o naturale.
cón|cio¹ *s.m.* (*arch.*) blocco di pietra squadrato per esterni.
cón|cio² *agg.* [f.pl. *-ce*] sottoposto a concia; conciato.
con|ci|sió|ne *s.f.* brevità, laconicità, essenzialità nello scrivere e nel parlare.
con|cì|so *agg.* che è o si esprime in modo breve e sintetico: *messaggio, autore —* □ **concisamente** *avv.*
con|ci|sto|rià|le *agg.* (*eccl.*) del concistoro.
con|ci|stò|ro *s.m.* (*eccl.*) assemblea solenne composta dai cardinali e presieduta dal Papa, nella quale si trattano questioni importanti per il governo della Chiesa | luogo nel quale si svolge tale assemblea.
con|ci|tà|re *v.tr.* [indic.pres. *io còncito...*] (*lett.*) **1** incitare **2** (*fig.*) (*di sentimenti*) agitare, turbare.
con|ci|tà|to *part.pass. di* concitare ♦ *agg.* sconvolto da profondo stato d'animo; che mostra grande agitazione: *voce concitata*.
con|ci|ta|zió|ne *s.f.* fervore, impeto, forte agitazione.
con|cit|ta|dì|no *s.m.* [f. *-a*] chi abita o è nato nella stessa città.
con|cla|mà|re *v.tr.* (*lett.*) gridare assieme ad altri | acclamare.
con|cla|mà|to *part.pass. di* conclamare ♦ *agg.* **1** (*med.*) chiaro nei sintomi, evidente **2** (*lett.*) chiaro, evidente, riconosciuto da tutti: *verità conclamata*.
con|clà|ve *s.m.* (*eccl.*) luogo nel quale si riuniscono i cardinali per eleggere il Papa | (*estens.*) assemblea per l'elezione del Papa | (*scherz.*) riunione tra persone importanti.
con|clu|dèn|te *part.pres. di* concludere ♦ *agg.* che arriva a una conclusione | convincente; persuasivo.

con|clù|de|re *v.tr.* [pass.rem. *io conclusi, tu concludésti*...; part.pass. *concluso*] **1** portare a conclusione, a compimento: — *un'intesa* **2** (*anche assol.*) realizzare: *oggi ho concluso ben poco* **3** finire, chiudere: — *un lavoro* | decidere come conclusione di un ragionamento, una riflessione e sim.; dedurre: *ho concluso che non mi convince* ♦ **-rsi** *intr.pron.* avere termine: *il film si conclude con un lieto fine.*

con|clu|sió|ne *s.f.* **1** termine, esito, compimento | *in* —, per concludere **2** deduzione logica: *trarre le conclusioni* **3** (*dir.*, *solo pl.*) alla fine di un processo, le richieste avanzate dalle parti in causa o dal pubblico ministero.

con|clu|sì|vo *agg.* che conclude; che pone termine a ql.co.: *verdetto* — | (*gramm.*) *congiunzione conclusiva*, che introduce una proposizione in cui è espressa la conseguenza di ciò che è stato detto prima (p.e. *dunque, perciò*).

con|clù|so *part.pass.* di concludere ♦ *agg.* terminato, finito; fissato: *affare* —.

con|co|mi|tàn|te *agg.* contemporaneo: *eventi concomitanti* | che interviene, insieme ad altri aspetti, nella spiegazione di un evento: *cause, fattori concomitanti.*

con|co|mi|tàn|za *s.f.* presenza di ql.co. insieme ad altro; simultaneità, contemporaneità.

con|cor|dà|bi|le *agg.* che si può concordare.

con|cor|dàn|za *s.f.* **1** corrispondenza, accordo: — *di vedute* **2** (*gramm.*) accordo tra le parti del discorso per caso, genere, numero e persona **3** (*solo pl.*) elenco alfabetico di tutte le parole usate in un'opera o da un autore, con l'indicazione dei passi in cui ricorrono.

con|cor|dà|re *v.tr.* [indic.pres. *io concòrdo*...] **1** mettere d'accordo (*gramm.*) concordare le parti del discorso per caso, genere, numero e persona **3** decidere di comune accordo: — *un appuntamento* ♦ *intr.* [aus. *A*] accordarsi; corrispondersi: *risultati che concordano* | (*gramm.*) presentare concordanza: *l'aggettivo concorda col sostantivo.*

con|cor|da|tà|rio *agg.* di concordato | stabilito da un concordato | *matrimonio* —, quello celebrato con il rito religioso ma che ha effetti anche civili.

con|cor|dà|to *part.pass.* di concordare ♦ *agg.* stabilito con un accordo ♦ *s.m.* **1** accordo, patto **2** (*dir.*) accordo tra le parti basato sulla reciproca rinuncia di diritti **3** (*dir.*) convenzione solenne tra la Santa Sede e uno Stato per regolare interessi comuni | (*anton.*) la convenzione stipulata tra Stato italiano e Chiesa nel 1929 (Patti Lateranensi).

con|còr|de *agg.* **1** che concorda, che è in accordo: *azione* — **2** che è in armonia: *voce* — **3** sincrono, simultaneo: *movimento* — **4** (*mat.*) che ha lo stesso segno □ **concordemente** *avv.* in accordo | conformemente a ql.co.: — *con quanto detto.*

con|còr|dia *s.f.* conformità di ideali, sentimenti, obiettivi; armonia: *in famiglia regna la* —.

con|cor|rèn|te *part.pres.* di concorrere ♦ *agg.* che assieme ad altre cause produce un dato effetto ♦ *s.m./f.* **1** chi partecipa a una gara, un concorso **2** (*econ.*) chi compete sul mercato commerciale.

con|cor|rèn|za *s.f.* **1** competizione tra persone che cercano di superarsi reciprocamente **2** (*econ.*) tipo di mercato in cui c'è libera contrattazione economica **3** competitività tra imprese per conquistare la clientela | (*estens.*) l'insieme delle imprese che competono: *superare la* —.

con|cor|ren|zià|le *agg.* (*econ.*) che è proprio della concorrenza | in grado di fronteggiare la concorrenza; competitivo: *merce* —.

con|cor|ren|zia|li|tà *s.f.* (*econ.*) l'essere concorrenziale.

con|cór|re|re *v.intr.* [con. come *correre*; aus. *A*] **1** collaborare alla realizzazione di un progetto; cooperare: — *a un'impresa* **2** partecipare a una gara, un concorso: — *per il primo posto* **3** (*geom.*) convergere in un unico punto.

con|cór|so *s.m.* **1** affluenza di più persone in un punto: *un* — *di popolo* **2** (*fig.*) simultaneità di vari elementi: — *di fattori* **3** partecipazione, contributo, collaborazione: — *alle spese* **4** (*dir.*) partecipazione di più persone | — *di colpa*, parziale responsabilità di un danno da parte della parte lesa **5** selezione tra più persone per l'attribuzione di posti di lavoro, premi, appalti: — *pubblico*; — *di poesia* | *fuori* —, detto di opera che partecipa a un concorso senza essere inclusa nella premiazione **6** (*sport*) competizione, gara: — *ippico*.

con|cor|suà|le *agg.* **1** che riguarda un concorso **2** (*dir.*) detto di procedura che riguarda la partecipazione di più persone aventi diritto.

con|cre|tà|re *v.tr.* [indic.pres. *io concrèto*...] concretizzare ♦ **-rsi** *intr.pron.* concretizzarsi.

con|cre|téz|za *s.f.* l'essere concreto; realismo: *la* — *di una aspirazione.*

con|cre|tiz|zà|re *v.tr.* **1** tradurre in pratica; attuare, realizzare: — *un desiderio* **2** (*estens.*) precisare: — *le proprie proposte* ♦ **-rsi** *intr.pron.* attuarsi, realizzarsi.

con|cre|tiz|za|zió|ne *s.f.* il concretizzare, il concretizzarsi.

con|crè|to *agg.* **1** relativo all'esperienza pratica e percepibile; riguardante un oggetto reale | (*estens.*) reale, tangibile: *situazione concreta* | (*gramm.*) *nomi concreti*, quelli relativi a persone, animali, cose percepibili, non astratti **2** che si fonda su dati obiettivi | che è attento ai fatti pratici: *persona concreta* ♦ *s.m.* ciò che è determinato, reale, non astratto: *andare al* — | (*ell.*) *in* —, in modo concreto, nella realtà □ **concretamente** *avv.*

con|cre|zió|ne *s.f.* **1** (*geol.*) incrostazione costituita da depositi di sostanze minerali **2** (*med.*) nell'organismo, deposito di sostanza organica o inorganica; calcolo.

con|cu|bi|nà|to *s.m.* convivenza tra un uomo e una donna non uniti in matrimonio.

con|cu|bì|no *s.m.* [f. *-a*] chi vive in concubinato.

con|cu|pì|re *v.tr.* [indic.pres. *io concupisco, tu*

concupisci...] (*lett.*) desiderare ardentemente, bramare, spec. in senso erotico.
con|cu|pi|scèn|te (*lett.*) che mostra, esprime concupiscenza.
con|cu|pi|scèn|za *s.f.* (*lett.*) desiderio ardente di piaceri sessuali.
con|cus|sio|nà|rio *s.m.* [f. *-a*] (*dir.*) chi è colpevole di concussione.
con|cus|sió|ne *s.f.* (*dir.*) reato commesso dal pubblico ufficiale che abusa del proprio ruolo per estorcere a qlcu. denaro o altri beni.
con|cùs|so *agg.* (*dir.*) estorto mediante concussione ♦ *agg.*, *s.m.* che, chi ha subito o subisce una concussione.
con|dàn|na *s.f.* **1** (*dir.*) sentenza con cui un giudice infligge una pena | pena a cui si è condannati **2** (*estens.*) condizione difficile in cui si è costretti a vivere **3** (*fig.*) disapprovazione, critica: *dichiarare la propria —*.
con|dan|nà|bi|le *agg.* che si può o si deve condannare; biasimevole.
con|dan|nà|re *v.tr.* **1** (*dir.*) stabilire pene o sanzioni per un individuo riconosciuto colpevole: *— qlcu. per omicidio* **2** (*estens.*) forzare, costringere: *la povertà lo condanna all'isolamento* **3** (*estens.*) criticare, biasimare: *— l'ignoranza* | rivelare la falsità di un'ideologia o di una dottrina **4** (*di malato*) dichiarare inguaribile.
con|dan|nà|to *part.pass.* di condannare ♦ *agg.*, *s.m.* [f. *-a*] che, chi ha subito una condanna.
con|de|bi|tó|re *s.m.* [f. *-trice*] chi è debitore insieme ad altri nei confronti di uno stesso creditore.
con|dèn|sa *s.f.* acqua formata per condensazione.
con|den|sà|bi|le *agg.* **1** che si può condensare **2** (*fig.*) che si può sintetizzare.
con|den|sa|bi|li|tà *agg.* capacità di condensarsi.
con|den|sa|mén|to *s.m.* condensazione.
con|den|sàn|te *s.m.* (*chim.*) sostanza che facilita la condensazione.
con|den|sà|re *v.tr.* [indic.pres. *io condènso...*] **1** fare in modo che una sostanza diventi più densa e compatta | (*fis.*) far passare una sostanza dallo stato di vapore a quello liquido **2** (*fig.*) sintetizzare ♦ **-rsi** *intr.pron.* diventare più denso | (*fis.*) passare dallo stato di vapore a quello liquido.
con|den|sà|to *part.pass.* di condensare ♦ *agg.* che ha subito condensazione: *latte —* ♦ *s.m.* **1** (*fis.*) liquido ottenuto mediante condensazione **2** (*fig.*) concentrato: *un — di idiozie*.
con|den|sa|tó|re *s.m.* (*tecn.*) dispositivo che condensa sostanze o energia.
con|den|sa|zió|ne *s.f.* **1** il condensare, il condensarsi **2** (*fis.*) passaggio di una sostanza dallo stato di vapore a quello liquido mediante compressione o raffreddamento **3** (*chim.*) reazione di unione tra più molecole con eliminazione di acqua.
con|di|cio si|ne qua non (*lat.*) *loc.sost.f.invar.* condizione necessaria perché si verifichi una circostanza o si svolga un'azione.
còn|di|lo *s.m.* (*anat.*) protuberanza ossea di forma tondeggiante, articolata a un altro osso: *— della mandibola*.
con|di|lò|ma *s.m.* [pl. *-i*] (*med.*) piccola escrescenza della pelle o della mucosa simile a una verruca.
con|di|mén|to *s.m.* **1** sostanza o insieme di sostanze impiegate per condire **2** (*fig.*) ciò che rende ql.co. più piacevole.
con|dì|re *v.tr.* [indic.pres. *io condisco, tu condisci...*] **1** migliorare il sapore di una vivanda aggiungendo una o più sostanze: *— con sale e pepe* **2** (*fig.*) rendere più piacevole o vivace: *— un racconto con battute ironiche*.
con|di|ret|tó|re *s.m.* [f. *-trice*] chi assieme ad altri dirige un ufficio, un ente ecc.
con|di|scen|dèn|te *part.pres.* di condiscendere ♦ *agg.* indulgente, compiacente.
con|di|scen|dèn|za *s.f.* indulgenza, comprensione.
con|di|scén|de|re *v.intr.* [con. come *scendere*; aus. *A*] essere compiacevole, indulgente; acconsentire: *— alle richieste di qlcu.*
con|di|scé|po|lo *s.m.* [f. *-a*] chi assieme ad altri è discepolo dello stesso insegnante.
con|di|vì|de|re *v.tr.* [con. come *dividere*] spartire, avere in comune con altri: *— l'entusiasmo*.
con|di|vi|sì|bi|le *agg.* che può essere condiviso.
con|di|vi|sió|ne *s.f.* **1** il condividere: *— di giudizi* **2** (*inform.*) uso dei programmi, dati, file da parte di più utenti simultaneamente.
con|di|zio|nà|le *agg.* **1** che esprime una condizione **2** che è soggetto a una condizione | (*gramm.*) **modo — del verbo**, modo finito che esprime un'azione o uno stato che dipendono da una circostanza | (*gramm.*) **proposizione —**, subordinata che esprime la condizione per cui avviene quanto espresso nella reggente **3** (*dir.*) *sospensione — della pena*, sospensione della pena a condizione che l'imputato non commetta altri reati ♦ *s.m.* modo condizionale del verbo ♦ *s.f.* **1** proposizione condizionale **2** (*dir.*) sospensione condizionale della pena.
con|di|zio|na|mén|to *s.m.* **1** il condizionare, l'essere condizionato; influenza: *subire un —* **2** (*tecn.*) insieme delle operazioni che modificano una sostanza per darle certe proprietà | climatizzazione.
con|di|zio|nà|re *v.tr.* [indic.pres. *io condizióno...*] **1** sottoporre a condizioni precise **2** influenzare il comportamento di qlcu.: *la tua presenza mi condiziona molto* **3** (*tecn.*) sottoporre a condizionamento | climatizzare **4** confezionare le merce deperibile per proteggerla.
con|di|zio|nà|to *part.pass.* di condizionare ♦ *agg.* **1** che dipende da condizioni precise: *la mia vita è condizionata dal lavoro* **2** che subisce un'influenza: *essere — da un amico* **3** sottoposto a condizionamento: *locale —*.
con|di|zio|na|tó|re *s.m.* climatizzatore.
con|di|zió|ne *s.f.* **1** circostanza indispensabile per fare in modo che si verifichi un fatto: *partirò a — che tu venga* **2** (*dir.*) elemento di un accor-

do; clausola: *porre condizioni favorevoli* **3** situazione, stato in cui si trova persona o cosa: *sei in ottime condizioni* | (*estens.*) posizione sociale o economica: *un uomo di — modesta*.
con|do|glian|za *s.f.* **1** dispiacere, dolore per i problemi altrui **2** (*spec.pl.*) parole con cui si manifesta la propria partecipazione al lutto altrui: *fare le condoglianze*.
còn|dom *s.m.invar.* profilattico.
con|do|mi|nià|le *agg.* del condominio: *disposizione —*.
con|do|mì|nio *s.m.* **1** (*dir.*) diritto di proprietà immobiliare condivisa da più persone | immobile, spec. edificio, di proprietà comune: *abitare in un —* **2** il gruppo dei condòmini.
con|dò|mi|no *s.m.* [f. *-a*] chi condivide la proprietà di un condominio.
con|do|nà|bi|le *agg.* che si può condonare.
con|do|nà|re *v.tr.* [indic.pres. *io condóno...*] **1** (*dir.*) eliminare, totalmente o in parte, una pena o un obbligo **2** (*coll.*) pagare una multa per liberare un bene dalla condizione di abusività.
con|dó|no *s.m.* (*dir.*) cancellazione totale o parziale di una pena o una multa: *— edilizio, fiscale*.
còn|dor *s.m.invar.* grande avvoltoio dal piumaggio scuro con collare bianco, capo e collo nudi con pelle rugosa e rossiccia.
con|dót|ta *s.f.* **1** modo con cui si conduce un lavoro, un'attività **2** modo di vivere; comportamento: *linea di —* | comportamento dello studente in classe | **— *di gioco***, comportamento degli atleti in una gara **3** incarico assegnato dal comune a un operatore sanitario: *— medica* | (*estens.*) zona coperta da tale incarico **4** (*tecn.*) canale o tubo per il passaggio di fluidi o liquidi | **— forzata**, quella che negli impianti idroelettrici conduce l'acqua in pressione dal punto di raccolta alle turbine **5** treno adibito al trasporto di merci.
con|dot|tiè|ro *s.m.* **1** capo supremo di un esercito **2** nel Medioevo, capitano di ventura.
con|dót|to[1] *s.m.* **1** tubo o canale nel quale scorre un liquido; conduttura **2** (*anat.*) dotto, canale.
con|dót|to[2] *part.pass. di* condurre ♦ *agg.* che gestisce una condotta sanitaria: *veterinario —*.
con|drìo|ma *s.m.* [pl. *-i*] (*biol.*) apparato cellulare composto da condriosomi.
con|drio|sò|ma *s.m.* [pl. *-i*] (*biol.*) corpuscolo a forma di granulo, filamento o bacchetta, presente nelle cellule animali e vegetali; mitocondrio.
con|drì|te *s.m.* (*med.*) infiammazione della cartilagine che spesso riguarda anche l'osso vicino.
con|drò|ma *s.m.* [pl. *-i*] (*med.*) tumore del tessuto cartilagineo, gener. benigno.
con|du|cèn|te *part.pres. di* condurre ♦ *s.m./f.* chi guida un veicolo: *il — del tram* | chi guida animali da tiro o da soma.
con|du|cì|bi|le *agg.* che può essere condotto.
con|du|ci|bi|li|tà *s.f.* (*fis.*) proprietà di un corpo a trasmettere calore, elettricità, onde sonore e sim.; conduttività.

con|dùr|re *v.tr.* [indic.pres. *io conduco, tu conduci...*; imperf. *io conducévo...*; pass.rem. *io condussi, tu conducésti...*; congiunt.pres. *io conduca...*; imp. *conduci...*; part.pres. *conducènte*; part.pass. *condótto*; ger. *conducèndo*] **1** (*anche fig.*) accompagnare, portare: *— i bimbi al parco* | (*assol.*) portare in un determinato luogo: *questo autobus conduce in centro* **2** guidare un veicolo: *— la macchina* | (*fig.*) guidare un'attività; gestire, dirigere: *— una ditta* **3** (*sport*) essere in vantaggio in una gara **4** (*fis.*) trasmettere elettricità o calore.
con|dut|tàn|za *s.f.* (*elettr.*) in un circuito, grandezza inversa alla resistenza; misura la capacità di condurre una corrente elettrica.
con|dut|ti|vi|tà *s.f.* (*fis.*) proprietà di un corpo a trasmettere elettricità, calore, onde sonore e sim.; conducibilità.
con|dut|tì|vo *agg.* (*fis.*) detto di corpo adatto a trasmettere elettricità, calore, onde sonore e sim.
con|dut|tó|re *agg.* [f. *-trice*] che conduce | (*mecc.*) che trasmette il moto | (*fig.*) *filo —*, elemento comune tra le varie parti di un discorso, una ricerca e sim. ♦ *s.m.* **1** [f. *-trice*] chi guida veicoli per professione; autista **2** [f. *-trice*] presentatore di spettacoli radiotelevisivi **3** (*fis.*) corpo che consente la trasmissione di calore, elettricità, onde sonore e sim.
con|dut|tù|ra *s.f.* condotto o insieme di condotti per il passaggio di elettricità, acqua o gas.
con|du|zió|ne *s.f.* **1** gestione, guida: *la — di una ditta* **2** (*fis.*) passaggio di calore, elettricità, onde sonore e sim. attraverso un corpo **3** (*dir.*) affitto, locazione: *prendere in —*.
co|ne|stà|bi|le *s.m.* nel Medioevo, capo delle milizie o alto funzionario di corte.
con|fa|bu|là|re *v.intr.* [indic.pres. *io confàbulo...*; aus. *A*] parlare con qlcu. a bassa voce o di nascosto.
con|fa|cèn|te *part.pres. di* confarsi ♦ *agg.* adatto, consono: *agire in modo — alla situazione* | (*estens.*) che è salutare.
con|fàr|si *v.intr.pron.* [indic.pres. *io mi confàccio, tu ti confai, egli si confà...*; con. come *fare*; usato spec. nelle terze pers.sing. e pl.] (*lett.*) **1** essere adeguato, consono: *questo stile non ti si confà* **2** giovare.
con|fe|de|rà|le *agg.* di confederazione ♦ *agg., s.m.* (*polit.*) che, chi appartiene a una confederazione sindacale.
con|fe|de|rà|re *v.tr.* [indic.pres. *io confèdero...*] riunire in confederazione ♦ *-rsi* rifl., rifl.rec. unirsi in confederazione | (*estens.*) allearsi.
con|fe|de|ra|tì|vo *agg.* di confederazione: *patto —*.
con|fe|de|rà|to *part.pass. di* confederare ♦ *agg., s.m.* [f. *-a*] che, chi fa parte di una confederazione: *paesi confederati*.
con|fe|de|ra|zió|ne *s.f.* **1** unione politica tra più Stati autonomi per il raggiungimento di obiettivi comuni mediante l'attività di organi unitari | (*estens.*) Stato confederale: *Confedera-*

zione elvetica **2** alleanza tra organizzazioni o enti che hanno obiettivi comuni: — *sindacale.*
con|fe|rèn|za *s.f.* **1** discorso pubblico su temi culturali, politici o scientifici | — *stampa,* intervista concessa da persone note a un gruppo di giornalisti **2** riunione di persone competenti per discutere temi specifici.
con|fe|ren|ziè|re *s.m.* [f. *-a*] chi tiene una conferenza | chi fa spesso conferenze.
con|fe|ri|mén|to *s.m.* assegnazione, consegna: — *di un titolo.*
con|fe|rì|re *v.tr.* [indic.pres. *io conferisco, tu conferisci...*] **1** concedere, attribuire, assegnare: — *una carica* | dare, aggiungere: *quella pettinatura le conferisce un'aria sbarazzina* **2** portare ql.co. in un punto di raccolta ♦ *intr.* [aus. *A*] avere un colloquio con qlcu.: — *con il presidente.*
con|fér|ma *s.f.* **1** attestazione, convalida: *la — di una nomina* **2** dimostrazione che avvalora un'ipotesi: *la — di un mio sospetto.*
con|fer|mà|re *v.tr.* [indic.pres. *io conférmo...*] **1** ribadire, rafforzare: *questo fatto conferma le mie supposizioni* **2** convalidare, dimostrare la verità di ql.co.: — *le previsioni* | ammettere la validità di ql.co.: — *una dottrina* **3** ribadire quanto detto, dopo averne verificato la fondatezza: — *una notizia* **4** convalidare il ruolo, l'incarico, la funzione di una persona: *l'hanno confermato segretario del partito* **5** (*relig.*) cresimare ♦ **-rsi** *intr.pron.* **1** mantenere, rafforzare una qualità, una capacità e sim. già prima dimostrata: *si è confermato come migliore calciatore* **2** convincersi definitivamente di ql.co.
con|fer|ma|tì|vo *agg.* che serve a dare conferma.
con|fer|ma|zió|ne *s.f.* **1** (*lett.*) conferma **2** (*relig.*) sacramento della cresima.
con|fes|sà|bi|le *agg.* che si può confessare, rivelare.
con|fes|sà|re *v.tr.* [indic.pres. *io confèsso...*] **1** riconoscere, dichiarare di aver fatto un errore o di aver commesso un'azione riprovevole | (*anche assol.*) dichiararsi colpevole: *il rapinatore ha confessato* **2** svelare questioni private a qlcu.: — *di essere in crisi* **3** (*relig.*) dichiarare i propri peccati durante la confessione | (*di sacerdote*) ascoltare la confessione del penitente e dargli l'assoluzione **4** dichiarare apertamente il proprio credo religioso | — *una fede,* riconoscerla come vera e aderirsi ♦ **-rsi** *rifl.* (*relig.*) riferire i propri peccati al confessore | (*estens.*) confidarsi.
con|fes|sio|nà|le *agg.* **1** relativo alla confessione: *segreto* — **2** che riguarda una fede religiosa: *insegnamento* — ♦ *s.m.* struttura in legno un tempo costituita da un vano centrale e due inginocchiatoi laterali separati da grata in cui si incontrano il sacerdote e il fedele per la confessione.
con|fes|sio|na|lì|smo *s.m.* **1** ideologia secondo cui la vita civile e politica deve ispirarsi ai principi di una confessione religiosa **2** (*estens.*) chiusura mentale verso ciò che non concorda con la propria ideologia.
con|fes|sió|ne *s.f.* **1** ammissione di una colpa,

di una mancanza | (*dir.*) dichiarazione delle proprie responsabilità in una causa civile o penale | rivelazione di un segreto **2** (*relig.*) nel cattolicesimo, parte del sacramento della penitenza in cui il fedele dichiara i propri peccati al sacerdote | (*estens.*) il sacramento stesso **3** (*relig.*) comunità di credenti che professano un determinata fede religiosa: — *evangelica* | (*estens.*) fede, ideologia politica **4** ciò che è confessato | (*spec.pl.*) titolo di opera autobiografica: *le Confessioni di sant'Agostino* **5** (*arch.*) nelle chiese, sotto o dentro l'altare, luogo di sepoltura di un santo.
con|fès|so *agg.* che ha ammesso colpe, peccati e sim.: *reo* —.
con|fes|só|re *s.m.* **1** sacerdote che amministra il sacramento della penitenza **2** santo che ha eroicamente professato la propria fede in Cristo, senza essere vittima di martirio.
con|fet|te|rì|a *s.f.* **1** fabbrica, rivendita di confetti e altri tipi di dolci **2** assortimento di confetti e dolci.
con|fet|tiè|ra *s.f.* scatola per confetti o altri piccoli dolci.
con|fèt|to *s.m.* **1** dolcetto ovale ripieno di pistacchi, mandorle o cioccolato e rivestito di zucchero bianco o colorato, offerto in occasione di battesimi, matrimoni, lauree ecc. **2** preparato medicinale rivestito di sostanza zuccherosa; pillola.
con|fet|tù|ra *s.f.* conserva di frutta fatta a pezzi e lavorata; marmellata: — *di pesche.*
con|fet|tu|riè|ro *agg.* relativo alla confettura e alla conservazione industriale della frutta: *settore* —.
con|fe|zio|na|mén|to *s.m.* **1** preparazione di un prodotto **2** imballaggio di una scatola.
con|fe|zio|nà|re *v.tr.* [indic.pres. *io confezióno...*] **1** realizzare, cucire un capo d'abbigliamento: — *un vestito* **2** avvolgere in una confezione; impacchettare, incartare: — *un regalo.*
con|fe|zió|ne *s.f.* **1** lavorazione, fabbricazione **2** (*estens.*) prodotto preparato per la vendita | (*spec.pl.*) capo d'abbigliamento messo in vendita già fatto **3** modo in cui un prodotto viene impacchettato | involucro in cui esso è contenuto | — *famiglia,* che contiene una quantità di prodotto maggiore rispetto al normale.
con|fic|cà|re *v.tr.* [indic.pres. *io conficco, tu conficchi...*] **1** piantare con forza una cosa dentro un'altra: — *un palo nel terreno* | (*fig.*) imprimere un concetto, un'idea ♦ **-rsi** *intr.pron.* penetrare profondamente in qualcosa: *l'ago mi si conficcò nel dito.*
con|fi|dà|re *v.tr.* comunicare per via confidenziale; svelare ql.co. a qlcu.: — *un tradimento* ♦ *intr.* [aus. *A*] credere in ql.co.; sperare: — *in un futuro migliore* ♦ **-rsi** *rifl.* rivelare i propri pensieri più intimi a qlcu., raccontare i propri segreti: — *con un'amica.*
con|fi|dèn|te *agg.* che ha fiducia ♦ *s.m./f.* **1** persona a cui si rivelano i propri segreti **2** informatore, spec. della polizia.
con|fi|dèn|za *s.f.* **1** rivelazione: *fare una — a*

confidenziale

qlcu. | (*estens.*) segreto che si confida **2** familiarità, intimità: *avere — con ql.co.* | *dare* —, trattare con familiarità | **prendersi delle confidenze**, comportarsi con esagerata familiarità.
con|fi|den|zià|le *agg.* **1** riferito o fatto in confidenza; personale: *lettera* — **2** che svela familiarità, affabilità: *tono* — □ **confidenzialmente** *avv.*
con|fig|ge|re *v.tr.* [con. come *figgere*] (*lett.*) conficcare ♦ **-rsi** *rifl.* conficcarsi.
con|fi|gu|rà|re *v.tr.* delineare in un certo modo | (*inform.*) strutturare il sistema operativo in base a determinate esigenze ♦ **-rsi** *intr.pron.* assumere una determinata forma | (*estens.*) presentarsi, apparire.
con|fi|gu|ra|zió|ne *s.f.* **1** aspetto esterno, figura, forma: *la — del suolo* **2** (*astr.*) — *planetaria*, posizione della Luna o di un pianeta rispetto al Sole e alla Terra **3** (*inform.*) strutturazione del sistema operativo in base a certe esigenze | insieme delle componenti hardware di un computer.
con|fi|nàn|te *part.pres. di confinare* ♦ *agg.* che ha i confini in comune; attiguo, limitrofo: *terreni confinanti* ♦ *s.m./f.* chi ha una proprietà contigua a quella di un altro.
con|fi|nà|re *v.tr.* **1** mandare qlcu. al confino **2** (*fig.*) obbligare a restare in un luogo: *la pioggia mi ha confinato in casa* ♦ *intr.* [aus. *A*] (*anche fig.*) essere confinante: *il mio campo confina con il suo* ♦ **-rsi** *rifl.* appartarsi, isolarsi.
con|fi|nà|to *part.pass. di confinare* ♦ *agg.*, *s.m.* [f. *-a*] che, chi è stato condannato al confino.
con|fin|du|strià|le *agg.* della Confindustria (Confederazione nazionale degli industriali) o dei suoi iscritti.
con|fì|ne *s.m.* **1** limite estremo, termine | linea che indica i limiti amministrativi di uno Stato; frontiera: *il — fra Italia e Svizzera* | *senza* —, vastissimo **2** pietra, recinto e sim. che indicano i limiti di una proprietà.
con|fì|no *s.m.* misura di polizia, oggi sostituita dall'obbligo di soggiorno, che costringeva il condannato ad abbandonare il proprio domicilio e a rimanere in un luogo indicato dalle autorità | il luogo dove si era mandati.
con|fi|sca *s.f.* (*dir.*) provvedimento di sicurezza patrimoniale, in base al quale sono consegnati allo Stato i beni usati per commettere un reato o da esso ricavati.
con|fi|scà|bi|le *agg.* che può essere confiscato.
con|fi|scà|re *v.tr.* [indic.pres. *io confisco, tu confischi...*] **1** (*dir.*) procedere alla confisca di un bene **2** (*estens.*) sequestrare.
con|fla|grà|re *v.intr.* [aus. *E*] **1** (*lett.*) prendere improvvisamente fuoco **2** (*fig.*) scoppiare, accadere all'improvviso.
con|fla|gra|zió|ne *s.f.* **1** (*lett.*) incendio inaspettato **2** (*fig.*) manifestazione improvvisa; scoppio: *una — di eventi.*
con|flìt|to *s.m.* **1** scontro, lotta; guerra: *— bellico* **2** (*fig.*) forte contrasto, urto, dissenso: *— di passioni* **3** (*dir.*) contrasto tra autorità | *— di interessi*, situazione in cui un individuo rappresenta contemporaneamente più persone giuridiche con interessi in contrasto tra loro.
con|flit|tu|à|le *agg.* proprio di un conflitto; caratterizzato da conflitto: *carattere —.*
con|flit|tua|li|tà *s.f.* situazione caratterizzata da un conflitto.
con|flu|èn|za *s.f.* **1** punto d'incontro e unione tra più strade, fiumi, valli ecc. **2** (*fig.*) convergenza di idee.
con|flu|ì|re *v.intr.* [indic.pres. *io confluisco, tu confluisci...*; aus. *A, E*] **1** (*di fiumi, valli, strade ecc.*) unirsi **2** (*fig.*) incontrarsi, congiungersi: *in questo dipinto confluisce tutta l'arte contemporanea.*
con|fón|de|re *v.tr.* [con. come *fondere*] **1** mettere insieme in modo disordinato: *— le carte* **2** scambiare una persona o cosa per un'altra: *ti ho confuso con tuo fratello* **3** rendere ingarbugliato, poco comprensibile: *— le idee* | (*fig.*) sconvolgere; mettere in soggezione: *le tue parole mi confondono* ♦ **-rsi** *rifl.* nascondersi: *si confuse tra la gente* ♦ *intr.pron.* **1** sbagliarsi, fare confusione **2** smarrirsi, turbarsi.
con|fon|dì|bi|le *agg.* che può essere confuso, che si può confondere.
con|for|mà|bi|le *agg.* che può essere conformato, che si può adeguare.
con|for|mà|re *v.tr.* [indic.pres. *io conformo...*] **1** dare a ql.co. una forma determinata **2** (*estens.*) rendere adeguato, conforme ♦ **-rsi** *rifl.* uniformarsi; adeguarsi: *— alle scelte del gruppo.*
con|for|mà|to *part.pass. di conformare* ♦ *agg.* **1** proporzionato, ben formato | (*di abito*) modellato su taglie più grandi della media **2** adattato a ql.co.
con|for|ma|zió|ne *s.f.* forma, aspetto; modo in cui ql.co. o qlcu. è strutturato.
con|fór|me *agg.* **1** uguale nella forma o nell'aspetto; simile: *copia — all'originale* **2** che si adegua, che si uniforma: *— alle norme* □ **conformemente** *avv.* in modo corrispondente.
con|for|mì|smo *s.m.* atteggiamento di chi è conformista.
con|for|mì|sta *agg.*, *s.m./f.* [m.pl. *-i*] che, chi si adatta passivamente alle ideologie e ai modi di agire prevalenti in una collettività.
con|for|mì|sti|co *agg.* [m.pl. *-ci*] relativo al conformismo o al conformista.
con|for|mi|tà *s.f.* affinità, corrispondenza: *— di intenti* | *in — di, a*, in modo conforme a, secondo: *in — alla legge.*
con|for|tàn|te *agg.* che procura conforto, serenità: *ipotesi —.*
con|for|tà|re *v.tr.* [indic.pres. *io confòrto...*] **1** infondere coraggio, forza; rasserenare: *quella visita lo confortò* **2** avvalorare, confermare, rafforzare ♦ **-rsi** *rifl.*, *rifl.rec.* consolarsi, rincuorarsi.
con|for|té|vo|le *agg.* **1** (*lett.*) che conforta **2** comodo: *poltrona —.*
con|fòr|to *s.m.* consolazione, sollievo: *trovare — in qlcu.* | **conforti religiosi**, sacramenti somministrati a chi sta per morire **2** (*estens.*) aiuto, so-

stegno: *argomenti a* — *di un'ipotesi* **3** (*raro*) ristoro fisico | **generi di** —, alimenti non indispensabili (p.e. caffè, liquori).
con|fra|tèl|lo *s.m.* chi appartiene allo stesso ordine religioso o alla stessa confraternita.
con|fra|tèr|ni|ta *s.f.* (*relig.*) associazione di fedeli laici con scopi di culto e carità | (*estens.*) associazione, gruppo.
con|fron|tà|bi|le *agg.* comparabile, paragonabile.
con|fron|tà|re *v.tr.* [indic.pres. *io confrónto...*] **1** porre a confronto; comparare, paragonare **2** (*estens.*) consultare: — *l'enciclopedia* ♦ **-rsi** *rifl.*, *rifl.rec.* **1** paragonarsi **2** mettere a confronto le proprie capacità, spec. in una competizione; sfidarsi | mettere a confronto le proprie idee in un dibattito e sim.: *i due partiti si confrontarono sui temi sociali.*
con|frón|to *s.m.* **1** comparazione, paragone: *fare un* — *tra due persone* | **reggere al** —, essere allo stesso livello | **senza confronti**, senza paragone | **in** — **a**, rispetto a | **nei confronti di**, nei riguardi di **2** discussione | (*sport*) gara, competizione **3** (*dir.*) interrogatorio simultaneo di due o più imputati o testimoni.
con|fu|cia|né|si|mo *s.m.* complesso degli insegnamenti morali e religiosi del filosofo cinese Confucio (551-479 a.C.).
con|fu|sio|nà|le *agg.* (*med.*) che indica confusione mentale: *stato* —.
con|fu|sio|nà|rio *agg.*, *s.m.* [f. -a] che, chi si comporta senza un criterio logico, creando molta confusione.
con|fu|sió|ne *s.f.* **1** mescolanza caotica di persone o cose; disordine, scompiglio **2** (*estens.*) frastuono, chiasso **3** errore di individuazione; scambio di una cosa o persona con un'altra: — *di nomi* **4** stato di soggezione, sconvolgimento interiore; turbamento | (*med.*) — **mentale**, stato di disorientamento e di incapacità di coordinare idee ed emozioni.
con|fu|sio|ni|sta *agg.*, *s.m./f.* [m.pl. -*i*] che, chi tende a fare confusione.
con|fù|so *part.pass. di* confondere ♦ *agg.* **1** caotico, disordinato | messo disordinatamente assieme ad altri, mescolato: — *tra la folla* **2** indistinto, impreciso; intricato: *un racconto* — **3** sconvolto; emozionato, smarrito □ **confusamente** *avv.*
con|fu|tà|bi|le *agg.* che si può confutare; contestabile: *un ragionamento* —.
con|fu|tà|re *v.tr.* [indic.pres. *io cònfuto...*] contestare la veridicità di ql.co.; contraddire: — *un argomento.*
con|fu|ta|tì|vo *agg.* che serve a confutare.
con|fu|ta|tó|re *agg.*, *s.m.* [f. -*trice*] che, chi confuta.
con|fu|ta|tò|rio *agg.* che confuta, che è adatto a confutare.
con|fu|ta|zió|ne *s.f.* ragionamento o testo con cui si confuta ql.co.: *la* — *di una teoria.*
còn|ga *s.f.* ballo cubano di origini africane.
con|ge|dà|re *v.tr.* [indic.pres. *io congèdo...*] **1** lasciare andare via qlcu.; invitarlo ad andarsene | salutare chi se ne va: — *gli invitati* **2** (*mil.*) mettere in congedo ♦ **-rsi** *rifl.* andare via salutando: *si congedò dai suoi amici* | (*mil.*) andare in congedo.
con|ge|dà|to *part.pass. di* congedare ♦ *agg.*, *s.m.* (*mil.*) che, chi ha avuto il congedo.
con|gè|do *s.m.* **1** permesso, invito ad andarsene | *separazione* | **prendere** — **da qlcu.**, andarsene **2** (*mil.*) interruzione o fine del servizio militare | documento che certifica il congedo **3** permesso concesso a un impiegato di sospendere il lavoro | — **di maternità, di paternità**, periodo retribuito di astensione dal lavoro per la nascita di un figlio **4** (*metr.*) strofa breve che conclude la poesia; commiato.
con|ge|gnà|re *v.tr.* [indic.pres. *io congégno...*, *noi congegniamo*, *voi congegnate...*] mettere insieme i componenti di un meccanismo o di una struttura | (*fig.*) ideare, costruire, progettare.
con|gé|gno *s.m.* meccanismo, dispositivo composto da più elementi coordinati.
con|ge|la|mén|to *s.m.* **1** solidificazione di un liquido in seguito al raggiungimento di una temperatura inferiore a zero gradi | (*estens.*) irrigidimento **2** trattamento di conservazione degli alimenti a una temperatura inferiore a zero gradi **3** (*fig.*) blocco, sospensione: *il* — *dei finanziamenti* **4** (*med.*) lesione dei tessuti dovuta all'azione del freddo.
con|ge|là|re *v.tr.* [indic.pres. *io congèlo...*] **1** far passare allo stato solido sostanze liquide in seguito al raggiungimento di una temperatura inferiore a zero gradi | (*estens.*) irrigidire, diventare freddo: *mi sto congelando i piedi* **2** sottoporre un alimento a congelamento: — *i piselli* **3** (*fig.*) sospendere, bloccare: — *una trattativa* ♦ **-rsi** *intr.pron.* **1** (*di liquido*) solidificarsi per congelamento **2** (*di persona*) subire un congelamento | (*estens.*) patire il freddo.
con|ge|la|tó|re *agg.* [f. -*trice*] che congela ♦ *s.m.* elettrodomestico in cui si congelano e si conservano congelati i prodotti alimentari | freezer.
con|gè|ne|re *agg.* dello stesso genere; affine, simile.
con|ge|nià|le *agg.* conforme al carattere, alle preferenze di qlcu.: *ruolo* —.
con|ge|nia|li|tà *s.f.* l'essere congeniale.
con|gè|ni|to *agg.* che si possiede dalla nascita; innato: *difetto* —.
con|gè|rie *s.f.* insieme disordinato di vari oggetti; ammasso: *una* — *di documenti.*
con|ge|stio|nà|re *v.tr.* [indic.pres. *io congestióno...*] **1** (*med.*) provocare una congestione **2** (*fig.*) intralciare con una molteplicità di persone o cose: — *il centro con il traffico.*
con|ge|stio|nà|to *part.pass. di* congestionare ♦ *agg.* **1** (*med.*) che ha subito una congestione | (*estens.*) arrossato **2** molto affollato, caotico.
con|ge|stió|ne *s.f.* **1** (*med.*) accumulo di sangue in un organo o in un tessuto: — *cerebrale* **2** ingorgo, intasamento dovuto a un grande affollamento.

con|get|tù|ra *s.f.* ipotesi fondata su deduzioni personali; supposizione.
con|get|tu|rà|bi|le *agg.* che può essere congetturato.
con|get|tu|rà|le *agg.* che è proprio di una congettura; che si fonda su congetture.
con|get|tu|rà|re *v.tr.* prevedere, costruire per congettura; supporre.
con|giùn|ge|re *v.tr.* [con. come *giungere*] (*anche fig.*) mettere insieme, unire; collegare: *la strada che congiunge i due comuni; — le forze* ♦ **-rsi** *rifl.*, *rifl.rec.* (*anche fig.*) unirsi | — *in matrimonio*, sposarsi.
con|giun|gi|mén|to *s.m.* 1 unione, collegamento 2 (*lett.*) unione sessuale.
con|giun|tì|va *s.f.* (*anat.*) mucosa trasparente che riveste e unisce la parte anteriore del bulbo oculare e la superficie interna delle palpebre.
con|giun|ti|và|le *agg.* (*anat.*) relativo alla congiuntiva.
con|giun|ti|vì|te *s.f.* (*med.*) infiammazione della congiuntiva caratterizzata da secrezioni, arrossamento e tumefazione.
con|giun|tì|vo *agg.* che congiunge | (*gramm.*) *locuzione congiuntiva*, quella formata da più parole con valore di congiunzione (p.e. *per la qual cosa*) ♦ *s.m.* (*gramm.*) modo finito del verbo che esprime un'azione possibile, incerta, desiderata o irreale.
con|giùn|to *part.pass. di* congiungere ♦ *agg.* che è unito ♦ *s.m.* [f. *-a*] parente □ **congiuntamente** *avv.* assieme.
con|giun|tù|ra *s.f.* 1 punto di unione; giuntura: *la — delle ossa* 2 (*fig.*) occasione, circostanza: *approfittare di un'ottima —* 3 (*econ.*) condizione economica in un dato settore e periodo | momento critico: *fronteggiare la —*.
con|giun|tu|rà|le *agg.* proprio di una congiuntura economica.
con|giun|zió|ne *s.f.* 1 congiungimento: *linea di —* 2 (*astr.*) posizione di due astri quando hanno identica longitudine celeste 3 (*gramm.*) parte invariabile del discorso che congiunge due parole, due gruppi di parole o due proposizioni | — *coordinativa*, quella che congiunge parole o proposizioni dello stesso tipo (p.e. *e*, *sia... sia...*, *ma*, *o*, *dunque*) | — *subordinativa*, quella che stabilisce una dipendenza tra proposizioni (p.e. *che*, *quando*, *poiché*, *affinché*, *se*).
con|giù|ra *s.f.* 1 accordo segreto contro lo Stato o il governo; complotto, cospirazione 2 (*estens.*, *anche scherz.*) macchinazione ai danni di qlcu.
con|giu|rà|re *v.intr.* [aus. *A*] 1 organizzare, tramare una congiura; complottare, cospirare: *— contro il regime* 2 (*estens.*, *anche scherz.*) tramare contro ql.co. o qlcu. 3 (*fig.*, *di eventi o circostanze*) contribuire a rendere negativa una situazione.
con|giu|rà|to *part.pass. di* congiurare ♦ *agg.*, *s.m.* [f. *-a*] che, chi prende parte a una congiura.
con|glo|ba|mén|to *s.m.* unificazione, riunione in un unico insieme.

con|glo|bà|re *v.tr.* [indic.pres. *io conglòbo...*] 1 riunire assieme varie cose 2 (*econ.*) contare assieme, sommare: *— i debiti*.
con|glo|me|rà|re *v.tr.* [indic.pres. *io conglòmero...*] riunire assieme per creare un unico complesso; agglomerare ♦ **-rsi** *intr.pron.* agglomerarsi, riunirsi.
con|glo|me|rà|to *part.pass. di* conglomerare ♦ *s.m.* 1 cumulo, riunione di elementi fra loro diversi 2 (*geol.*) roccia sedimentaria costituita da frammenti di rocce cementate 3 impasto di ghiaia e pietrisco uniti a bitume o cemento usato in edilizia; calcestruzzo.
con|go|lé|se *agg.* del Congo, regione dell'Africa equatoriale ♦ *s.m./f.* nativo o abitante del Congo.
con|gra|tu|làr|si *v.intr.pron.* felicitarsi con qlcu. per un evento lieto o per un successo; complimentarsi, rallegrarsi.
con|gra|tu|la|zió|ne *s.f.* il congratularsi; felicitazione, complimento | (*spec.pl.*) parole con cui ci si congratula con qlcu.: *ricevere le congratulazioni*.
con|grè|ga *s.f.* 1 confraternita, congregazione religiosa 2 (*spreg.*) gruppo di persone, spec. con finalità disoneste: *una — di banditi*.
con|gre|gà|to *part.pass. di* congregare ♦ *s.m.* membro di una confraternita religiosa.
con|gre|gà|re *v.tr.* [indic.pres. *io congrègo*, *tu congrèghi...*] riunire, convocare varie persone spec. per motivi religiosi.
con|gre|ga|zio|na|lì|smo *s.m.* movimento religioso protestante sorto in Inghilterra nel XVI sec. che rivendica l'autonomia di ogni singola chiesa o comunità.
con|gre|ga|zio|na|lì|sta *agg.* del congregazionalismo ♦ *s.m./f.* [m.pl. *-i*] seguace del congregazionalismo.
con|gre|ga|zió|ne *s.f.* associazione di religiosi autorizzata dalla Chiesa.
con|gres|sì|sta *s.m./f.* [m.pl. *-i*] chi partecipa a un congresso.
con|grès|so *s.m.* 1 riunione ufficiale degli appartenenti a una categoria professionale o a un'associazione per discutere argomenti di comune interesse: *— dei chirurghi* 2 riunione dei rappresentanti di più Stati per discutere questioni politiche: *— di Vienna* 3 negli USA e negli altri Stati americani, Parlamento.
con|gres|suà|le *agg.* proprio di un congresso: *sessioni congressuali*.
còn|gru|a *s.f.* rendita che lo Stato garantisca agli ecclesiastici per la loro sussistenza.
con|gru|èn|te *agg.* 1 coerente; corrispondente, appropriato: *una fine — con il resto della storia* 2 (*geom.*) caratterizzato da congruenza.
con|gru|èn|za *s.f.* 1 corrispondenza, accordo di una cosa con un'altra; coerenza 2 (*geom.*) proprietà di figure piane di essere perfettamente sovrapponibili.
con|gruì|tà *s.f.* l'essere congruo, coerente, corrispondente.

còn|gru|o *agg.* coerente; corrispondente, appropriato: *un — riconoscimento.*
con|gua|glià|re *v.tr.* [indic.pres. *io conguàglio...*] pareggiare un conto mediante conguaglio.
con|guà|glio *s.m.* pareggiamento di un conto in base a quanto manca o eccede rispetto alla somma dovuta | somma di denaro che pareggia il dovuto | pagamento, versamento di tale somma.
co|nià|re *v.tr.* [indic.pres. *io cònio...*] **1** procedere alla coniazione | (*estens.*) fabbricare monete o medaglie **2** (*fig.*) inventare, creare, spec. di parole.
co|nia|tó|re *s.m.* [f. *-trice*] chi conia.
co|nia|zió|ne *s.f.* **1** operazione con la quale si stampano le due facce di monete o medaglie | (*estens.*) emissione di monete o medaglie **2** invenzione, spec. di nuove parole.
cò|ni|ca *s.f.* (*mat.*) curva piana algebrica ottenuta intersecando un cono semplice o doppio con un piano (p.e. ellisse, iperbole).
co|ni|ci|tà *s.f.* l'essere conico.
cò|ni|co *agg.* [m.pl. *-ci*] (*geom.*) relativo al cono | che ha forma di un cono.
co|nì|dio *s.m.* (*bot.*) cellula di fungo che, staccandosi da esso, crea un nuovo individuo.
Co|nì|fe|re *s.f.pl.* classe di piante arboree sempreverdi, le cui foglie possono essere aghiformi, lanceolate, allargate o molto piccole, con i frutti a forma di cono; ne fanno parte l'abete, il cipresso e il pino.
co|ni|gliè|ra *s.f.* gabbia o recinto per l'allevamento di conigli.
co|ni|glié|sco *agg.* [m.pl. *-schi*] da coniglio | (*fig.*) che ha un comportamento molto timoroso, timido.
co|ni|gliét|ta *s.f.* ragazza in abito corto e scollato che serve ai tavoli in locali solo per uomini.
co|nì|glio *s.m.* [f. *-a*] **1** mammifero roditore con pelo morbido e fitto, orecchie lunghe, coda breve, zampe adatte per il salto | carne macellata di tale animale | la sua pelliccia: *cappotto di —* **2** (*fig.*) individuo molto pauroso o timido.
cò|nio *s.m.* **1** coniazione **2** stampo a forma di punzone per coniare monete o medaglie | impronta che esso produce **3** (*fig.*) invenzione, creazione: *un termine di nuovo —*.
co|niu|gà|bi|le *agg.* che può essere coniugato.
co|niu|gà|le *agg.* proprio del matrimonio; che riguarda i coniugi: *rapporto —*.
co|niu|gà|re *v.tr.* [indic.pres. *io còniugo, tu còniughi...*] **1** (*gramm.*) elencare in ordine le forme di un verbo secondo modi, tempi, persone e numeri: *— un verbo al congiuntivo presente* **2** (*fig.*) conciliare, far coesistere: *— pregi e difetti* ♦ **-rsi** *intr.pron.* avere una determinata coniugazione: *i verbi intransitivi non si coniugano al passivo* ♦ *rifl.* conciliarsi, unirsi | sposarsi.
co|niu|gà|to *part.pass. di* coniugare ♦ *agg.* **1** sposato **2** (*gramm.*) detto di verbo ordinato in base alla coniugazione **3** (*mat.*) detto di numeri complessi uguali ma con differente parte immaginaria **4** (*geom.*) detto di angoli formati da una secante che taglia due rette, collocati entrambi all'interno o all'esterno delle due rette **5** (*chim.*) detto di composti che contengono due doppi legami separati da uno semplice **6** (*ottica*) detto di punti corrispondenti della figura proiettata da una lente o uno specchio ♦ *s.m.* [f. *-a*] persona sposata.
co|niu|ga|zió|ne *s.f.* (*gramm.*) sistema di flessione del verbo secondo modi, tempi, persone, numeri.
cò|niu|ge *s.m./f.* ognuna delle due persone unite in matrimonio; consorte.
con|na|tu|rà|le *agg.* conforme alla natura di qlcu. o ql.co.; insito, innato: *il vizio è — all'abitudine.*
con|na|tu|rà|to *agg.* che è diventato connaturale; insito, radicato: *difetto —.*
con|na|zio|nà|le *agg., s.m./f.* che, chi è della medesima nazione.
connection (*ingl.*) [pr. *konnèkscion*] *s.f.invar.* unione, relazione, connubio finalizzato ad azioni illegali.
con|nes|sió|ne *s.f.* **1** unione, rapporto stretto **2** (*fig.*) legame, collegamento dal punto di vista logico: *delitti in —* **3** (*elettr.*) collegamento presente nei conduttori elettrici **4** (*inform.*) operazione con la quale un computer si collega a una rete: *— a Internet.*
con|nés|so o **connèsso** *part.pass. di* connettere ♦ *agg.* **1** unito saldamente **2** (*fig.*) collegato dal punto di vista logico ♦ *s.m.pl. solo nella loc.* **annessi e connessi,** tutto ciò che riguarda ql.co.: *vorrei conoscere gli annessi e i connessi di questa storia.*
con|nét|te|re o **connèttere** *v.tr.* [con. come *annettere*] **1** unire assieme, collegare: *— i fili dell'apparecchio* **2** (*fig.*) mettere in relazione, collegare dal punto di vista logico: *i due racconti* | (*assol.*) ragionare: *ormai non connette più* ♦ **-rsi** *intr.pron.* collegarsi.
con|net|ti|vo *agg.* che serve a connettere | (*biol.*) *tessuto —,* quello che serve a legare, nutrire e proteggere gli organi ♦ *s.m.* **1** elemento atto a connettere **2** (*biol.*) tessuto connettivo **3** (*gramm.*) parola o elemento che serve a unire due parti di una frase o di un testo.
con|net|tó|re *s.m.* (*tecn.*) dispositivo usato per collegare e mettere in connessione fra loro i circuiti elettrici.
con|ni|vèn|te *agg.* che acconsente a un'azione illecita senza prendervi direttamente parte; complice.
con|ni|vèn|za *s.f.* l'acconsentire tacitamente a un'azione illecita.
con|no|tà|re *v.tr.* [indic.pres. *io connòto...*] (*ling., filos.*) fornire ql.co. tramite una sua proprietà; caratterizzare.
con|no|ta|tì|vo *agg.* che fornisce una connotazione; che caratterizza: *fattore —.*
con|no|tà|to *s.m.* ciascuno dei tratti somatici e dei segni caratteristici che contraddistinguono un individuo | (*scherz.*) *cambiare i connotati a qlcu.,* renderlo irriconoscibile con le percosse.

con|no|ta|zió|ne *s.f.* **1** complesso di attributi o proprietà specifici **2** (*ling.*) sfumatura di significato che una parola ha in aggiunta a quello principale.

con|nù|bio *s.m.* **1** (*lett.*) nozze, matrimonio **2** (*fig.*) unione, accordo tra elementi, spec. in contrasto tra loro | (*estens.*) alleanza politica.

cò|no *s.m.* **1** (*geom.*) solido generato dalla rotazione di un triangolo rettangolo intorno a un cateto **2** oggetto a forma di cono | — *gelato*, cialda a forma di cono che contiene palline di gelato | (*astr.*) — *d'ombra*, l'ombra di forma conica che si estende dietro a un corpo celeste illuminato dal sole **3** (*bot.*) frutto conico delle Conifere.

co|nòc|chia *s.f.* quantità di canapa, lino o lana avvolta sulla rocca | (*estens.*) rocca usata per filare.

co|nòi|de *s.m./f.* **1** (*geom.*) solido simile al cono **2** (*geol.*) accumulo sedimentario a ventaglio | — *di deiezione*, quello che si forma quando in una valle sbocca un corso fluviale.

co|no|pè|o *s.m.* (*lit.*) cortina collocata davanti al tabernacolo | velo usato per coprire la pisside.

co|no|scèn|te *part.pres. di* conoscere ♦ *agg.* che si conosce ♦ *s.m./f.* persona che si conosce, ma con cui non si hanno relazioni di amicizia.

co|no|scèn|za *s.f.* **1** il conoscere, il conoscersi; *un tale di mia* — **2** il possesso di nozioni mediante lo studio; acquisizione **3** ciò che si conosce; cognizione, nozione: *avere ampie conoscenze | essere a* — *di ql.co.*, saperla | *venire a* — *di ql.co.*, averne notizia **4** persona conosciuta: *è una tua* —? **5** facoltà di intendere e coordinare i pensieri | *perdere, riacquistare* —, svenire, rinvenire.

co|nó|sce|re *v.tr.* [indic.pres. *io conósco, tu conósci...*; pass.rem. *io conóbbi, tu conoscésti...*; part.pass. *conosciuto*] **1** avere informazione, cognizione riguardo a ql.co.: — *la situazione dell'economia* | possedere un insieme di nozioni in seguito a studio, letture ecc.: *conosci l'inglese?* | saper svolgere un'attività: — *il proprio lavoro* **2** avere esperienza di ql.co., sapere: — *cosa significa patire la fame* | accettare, ammettere: *il suo impegno non conosce interruzioni* **3** avere rapporti più o meno familiari con qlcu. | riconoscere ♦ -**rsi** *rifl.rec.* fare conoscenza reciproca: *quando vi siete conosciuti?*

co|no|sci|bi|le *agg.* che si può conoscere ♦ *s.m.* ciò che si può conoscere.

co|no|sci|ti|vo *agg.* proprio della conoscenza | che ha come scopo la conoscenza, l'acquisizione.

co|no|sci|tó|re *s.m.* [f. *-trice*] chi conosce; chi possiede competenze specifiche, esperto: *un* — *di mobili antichi*.

co|no|sciù|to *part.pass. di* conoscere ♦ *agg.* famoso: *un pittore piuttosto* —.

con|qui|bus *s.m.invar.* (*scherz.*) denaro.

con|qui|sta *s.f.* **1** riduzione in proprio potere; ottenimento | cosa conquistata: *le conquiste romane* **2** (*fig.*) risultato di un duro impegno, di lotte e sacrifici: *la* — *dei propri diritti* | progresso: *le conquiste della tecnologia* **3** (*fig.*) successo in amore: *ieri ho fatto una* —.

con|qui|stà|bi|le *agg.* che può essere conquistato.

conquistador (*sp.*) [pr. *konkistadòr*] *s.m.* [pl. *-res*] ciascuno degli avventurieri spagnoli che durante il XVI sec. conquistarono le regioni dell'America centromeridionale.

con|qui|stà|re *v.tr.* **1** impossessarsi di ql.co., spec. con uno scontro armato: — *un territorio* **2** (*fig.*) ottenere con molto impegno, fatica, sacrifici: — *una buona posizione* | (*estens.*) accattivarsi, guadagnarsi: — *l'attenzione* **3** (*fig.*) sedurre, affascinare.

con|qui|sta|tó|re *s.m.* [f. *-trice*] chi conquista | chi ha successo in amore.

con|sa|crà|re *v.tr.* **1** rendere sacro mediante un rito religioso: — *una chiesa alla Madonna* **2** conferire gli ordini sacri: — *un sacerdote* | (*estens.*) conferire o confermare una carica con un rito religioso: *è stato consacrato re* | (*estens.*) riconoscere in modo solenne, ufficiale: — *qlcu. campione del mondo* | (*estens.*) legittimare: — *un'usanza* **3** dedicare: — *un monumento alle vittime di guerra* **4** (*fig.*) destinare, votare: — *tutto ai propri figli* ♦ -**rsi** *rifl.* dedicarsi totalmente | — *a Dio*, prendere i voti religiosi.

con|sa|cra|zió|ne *s.f.* **1** rito religioso con cui si consacra | (*estens.*) riconoscimento pubblico e solenne **2** (*lit.*) — *eucaristica*, nella messa, atto con cui il sacerdote trasforma l'ostia e il vino nel corpo e sangue di Cristo | parte della messa in cui avviene tale atto.

con|san|gui|nei|tà *s.f.* parentela tra persone che hanno comuni progenitori.

con|san|gui|ne|o *agg., s.m.* [f. *-a*] che, chi appartiene alla stessa famiglia, alla stessa stirpe.

con|sa|pé|vo|le *agg.* **1** che ha consapevolezza; conscio: — *delle responsabilità* **2** informato: — *di una circostanza* □ **consapevolmente** *avv.*

con|sa|pe|vo|léz|za *s.f.* l'essere consapevole; coscienza.

còn|scio *agg.* [f.pl. *-sce*] (*lett.*) che ha coscienza di ql.co.; cosciente, consapevole: *essere* — *delle proprie capacità* ♦ *s.m.* (*psicoan.*) sfera dell'attività psichica di cui la persona ha piena consapevolezza □ **consciamente** *avv.*

con|se|cù|tio tèm|po|rum (*lat.*) [pr. *consecùzio tèmporum*] *loc.sost.f.* (*gramm.*) in latino, italiano e altre lingue, complesso delle regole che stabiliscono l'uso dei tempi verbali nel periodo.

con|se|cu|ti|vo *agg.* che segue immediatamente dopo | (*gramm.*) *proposizione consecutiva*, subordinata che indica la conseguenza di quanto è espresso nella reggente (p.e. *ero così stanco che mi addormentai*) | (*geom.*) *angoli consecutivi*, quelli che hanno in comune il vertice e un lato □ **consecutivamente** *avv.* successivamente, di seguito.

con|sé|gna *s.f.* **1** affidamento o trasmissione di ql.co. a qlcu.: — *a casa*; *dare, prendere in* — | *passare le consegne*, trasferire un incarico a qlcu. fornendogli le informazioni indispensabili **2** (*mil.*) insieme di ordini a cui deve obbedire un subordinato: *rispettare la* — | punizione per soldati e sottufficiali, consistente nella sospensione della libera uscita.

con|se|gnà|re *v.tr.* [indic.pres. *io conségno...*, *noi consegniamo*, *voi consegnate...*] **1** (*anche fig.*) dare ql.co. a qlcu. con uno scopo preciso: — *un pacco*; — *il colpevole alla giustizia* **2** (*mil.*) punire con una consegna ♦ **-rsi** *rifl.* arrendersi, costituirsi: — *al nemico*.

con|se|gna|tà|rio *s.m.* [f. *-a*] (*dir.*) chi ha ql.co. in consegna: — *delle chiavi*.

con|se|guèn|te *part.pres. di* conseguire ♦ *agg.* **1** che consegue, che deriva per conseguenza **2** logico, coerente: *una riflessione* — ♦ *s.m.* **1** (*filos.*) secondo termine di una conseguenza logica **2** (*mat.*) ciascuno dei termini al secondo e quarto posto in una proporzione □ **conseguentemente** *avv.* di conseguenza.

con|se|guèn|za *s.f.* ciò che consegue logicamente da una o più premesse | (*spec.pl.*) effetti negativi, ripercussioni: *queste sono le conseguenze della sua condotta!* | *in* — *di*, a causa di | *di* —, perciò.

con|se|guì|bi|le *agg.* che si può conseguire; ottenibile: *successo difficilmente* —.

con|se|gui|mén|to *s.m.* raggiungimento, ottenimento: — *della maturità classica*.

con|se|guì|re *v.tr.* [indic.pres. *io conséguo...*] raggiungere, ottenere: — *un obiettivo*; — *un diploma* ♦ *intr.* [aus. *E*] risultare come conseguenza; derivare.

con|sèn|so *s.m.* **1** autorizzazione, assenso, approvazione: *ottenere il* — **2** accordo di intenti, ideali, opinioni; intesa.

con|sen|su|à|le *agg.* (*dir.*) che è eseguito con il consenso reciproco: *separazione* —.

con|sen|tì|re *v.tr.* [indic.pres. *io consènto...*; part.pres. *consenziènte*] concedere, autorizzare, permettere: *non gli hanno consentito di spiegarsi* ♦ *intr.* [aus. *A*] **1** essere d'accordo su ql.co. con qlcu. **2** accondiscendere, cedere: — *alle richieste del bambino*.

con|sen|zièn|te *part.pres. di* consentire ♦ *agg.* che consente, che autorizza, che è della stessa opinione.

con|se|quen|zià|le *agg.* che consegue come risultato logico; conseguente.

con|se|quen|zia|li|tà *s.f.* l'essere consequenziale; logicità.

con|sèr|to *agg.* (*lett.*) intrecciato, congiunto | *a braccia conserte*, incrociate.

con|sèr|va *s.f.* trattamento di conservazione dei cibi: — *sott'olio* | il cibo, spec. frutta o ortaggio, lavorato e confezionato per essere conservato | (*assol.*) salsa di pomodoro.

con|ser|và|bi|le *agg.* che si può conservare.

con|ser|vàn|te *part.pres. di* conservare ♦ *s.m.* (*chim.*) detto di sostanza aggiunta ad alcuni prodotti, spec. alimentari, per ostacolarne o ritardarne i processi di alterazione.

con|ser|và|re *v.tr.* [indic.pres. *io consèrvo...*] **1** (*spec. di cibi*) preservare da una possibile alterazione; custodire **2** possedere ancora ql.co., non averla persa; serbare, mantenere: — *le vec-*

consigliare

chie foto ♦ **-rsi** *intr.pron.* mantenersi in buone condizioni | preservarsi in salute.

con|ser|va|tì|vo *agg.* **1** che tende a conservare | (*polit.*) conservatore **2** (*dir.*) detto di provvedimento che tutela il mantenimento di un diritto.

con|ser|và|to *part.pass. di* conservare ♦ *agg.* (*di cibo*) che ha subito un trattamento di conservazione: *latte* —.

con|ser|va|tó|re *agg.* [f. *-trice*] **1** che conserva: *liquido* — **2** (*fig.*) che si mantiene uguale nel tempo **3** che è ideologicamente contrario a innovazioni, riforme ecc. ♦ *s.m.* [f. *-trice*] **1** (*bur.*) funzionario addetto ad archivi, biblioteche, musei **2** chi non accetta innovazioni, riforme ecc. | (*polit.*) chi fa parte di un partito conservatore.

con|ser|va|to|rì|a *s.f.* (*bur.*) la carica di conservatore | ufficio di conservatore | la sede di tale ufficio.

con|ser|va|tò|rio *s.m.* scuola in cui si insegnano tutte le discipline musicali.

con|ser|va|to|rì|smo *s.m.* (*polit.*) tendenza a difendere ordinariamente e istituti tradizionali di uno Stato, opponendosi a qualsiasi riforma politica o sociale.

con|ser|va|zió|ne *s.f.* **1** mantenimento di una certa condizione: *un monumento in ottimo stato di* — | *istinto di* —, tendenza innata che spinge a mantenersi in vita **2** (*polit.*) atteggiamento da conservatore **3** (*fis.*) principio secondo il quale un sistema si mantiene costante nel tempo: — *dell'energia*.

con|ser|viè|ro *agg.* relativo alla conservazione alimentare.

con|ser|vi|fi|cio *s.m.* industria di conserve alimentari.

con|sès|so *s.m.* riunione di persone importanti.

con|si|de|rà|bi|le *agg.* degno di attenzione.

con|si|de|rà|re *v.tr.* [indic.pres. *io considero...*] **1** tenere in considerazione, analizzare attentamente — *un'offerta* **2** reputare, valutare: *lo considero molto competente* **3** (*ass.*) apprezzare, stimare qlcu.: *il capo non lo considera affatto* **4** (*dir.*) contemplare, prevedere: *la legge considera anche questi aspetti* ♦ **-rsi** *rifl.* reputarsi, ritenersi: — *intelligente*.

con|si|de|rà|to *part.pass. di* considerare ♦ *agg.* **1** valutato, esaminato | *tutto* —, in complesso **2** apprezzato, stimato: *essere poco* — **3** prudente, avveduto.

con|si|de|ra|zió|ne *s.f.* **1** il considerare, il valutare attentamente e con scrupolosità: *tenere in* — *gli impegni* | *prendere in* —, valutare, spec. in modo favorevole **2** apprezzamento, stima, reputazione **3** riflessione, osservazione **4** cautela, avvedutezza.

con|si|de|ré|vo|le *agg.* meritevole di considerazione | grande, cospicuo: *una spesa* —.

con|si|glià|bi|le *agg.* opportuno, utile, raccomandabile.

con|si|glià|re *v.tr.* [indic.pres. *io consìglio...*] dare un consiglio; suggerire, raccomandare ♦ **-rsi** *intr.pron.* rivolgersi a qlcu. per chiedere un'opinione, un consiglio; consultarsi.

con|si|gliè|re *s.m.* [f. *-a*] **1** (anche *fig.*) chi consiglia **2** membro di un consiglio: — *regionale* | *titolo e grado di funzionari con determinati ruoli* | — *d'amministrazione*, membro del consiglio d'amministrazione di una società **3** (*dir.*) membro di una commissione giudicante.

con|sì|glio *s.m.* **1** suggerimento, parere dato a chi ha bisogno di aiuto per risolvere un problema o un dubbio: *sentirò il — dell'avvocato* **2** conversazione o consultazione tra varie persone per discutere questioni rilevanti: *convocare un — 3* (*dir.*) organo con funzioni consultive o deliberative: — *comunale* **4** (*lett.*) avvedutezza, cautela.

con|si|lià|re *agg.* del consiglio, che riguarda un consiglio: *assemblea —*.

con|sì|mi|le *agg.* (*lett.*) analogo, simile.

con|si|stèn|te *part.pres. di* consistere ♦ *agg.* resistente, solido: *un tessuto —* | (*fig.*) cospicuo, notevole: *una cifra —*.

con|si|stèn|za *s.f.* **1** solidità, resistenza | (*estens.*) quantità **2** (*fig.*) valore, fondatezza: *idee prive di —*.

con|si|ste|re *v.intr.* [pass.rem. *io consistéi* o *consistètti, tu consistésti...*; part.pass. *consistito*; aus. *E*] **1** essere costituito, composto: *l'enciclopedia consiste di venti volumi* **2** constare, fondarsi: *la prova consiste in un tema*.

con|so|cià|re *v.tr.* [indic.pres. *io consòcio...*] associare, unire in società.

con|so|cia|ti|vi|smo *s.m.* (*polit.*) gestione del potere basato sui compromessi con forze politiche e sociali di opposizione.

con|so|cia|ti|vo *agg.* **1** relativo a consociazione **2** (*polit.*) fondato sul consociativismo.

con|so|cià|to *part.pass. di* consociare ♦ *agg.*, *s.m.* [f. *-a*] **1** che, chi è iscritto a una consociazione **2** che, chi fa parte dello stesso gruppo aziendale.

con|so|cia|zió|ne *s.f.* **1** unione, associazione, spec. di imprese, società e sim. in un solo ente | (*polit.*) consociativismo **2** (*agr.*) coltivazione di specie diverse di piante in uno stesso terreno.

con|sò|cio *s.m.* [f. *-a*; f.pl. *-cie*] chi è socio con altre persone nella stessa impresa, società e sim.

con|so|làn|te *part.pres. di* consolare ♦ *agg.* che procura conforto; rassicurante.

con|so|là|re[1] *v.tr.* [indic.pres. *io consòlo...*] **1** calmare qlcu. che ha sofferto; confortare | alleviare, mitigare **2** rallegrare: *ascoltare le tue parole mi consola* ♦ **-rsi** *rifl.* **1** trovare conforto **2** rallegrarsi.

con|so|là|re[2] *agg.* **1** nell'antica Roma, relativo a un console o ai consoli **2** proprio del diplomatico con il ruolo di console di Stato.

con|so|là|to *s.m.* **1** nell'antica Roma e nel Medioevo, carica e dignità di console | durata della sua carica **2** carica di console | sede del console.

con|so|la|tó|re *agg.*, *s.m.* [f. *-trice*] che, chi consola.

con|so|la|tò|rio *agg.* che consola: *discorso —*.

con|so|la|zió|ne *s.f.* **1** il consolare, il consolarsi o l'essere consolato | sollievo, conforto: *essere di — a qlcu.* | *premio di —*, dato a chi non ha ottenuto i premi principali **2** cosa o persona che consola: *la figlia è la sua —*.

còn|so|le *s.m.* **1** nell'antica Roma, ciascuno dei due supremi magistrati eletti annualmente **2** nel Medioevo, magistrato comunale con funzioni governative, giuridiche e militari **3** rappresentante di uno Stato all'estero, con funzioni spec. amministrative.

console (*fr.*) [pr. *konsòl*] *s.f.invar.* **1** quadro di comando degli apparecchi elettrici o elettronici **2** (*mus.*) parte dell'organo contenente le tastiere e i comandi per farlo funzionare **3** tavolino stretto e lungo, con due o quattro gambe, intagliato ad arte, che si appoggia alle pareti come una mensola.

con|so|li|da|mén|to *s.m.* **1** rinsaldamento; rafforzamento **2** (*econ.*) conversione di debiti a breve termine in debiti a lungo termine.

con|so|li|dà|re *v.tr.* [indic.pres. *io consòlido...*] **1** (anche *fig.*) rendere stabile, più saldo; rinforzare: — *un rapporto;* — *le fondamenta di un palazzo* | (*fig.*) — *la propria posizione*, rendere più forte il proprio ruolo **2** (*econ.*) operare un consolidamento ♦ **-rsi** *intr.pron.* diventare saldo, compatto.

con|so|li|dà|to *part.pass. di* consolidare ♦ *agg.* (anche *fig.*) reso stabile, rinforzato: *amicizia consolidata*.

consommé (*fr.*) *s.m.invar.* brodo ristretto.

con|so|nàn|te *agg.* (*mus.*) che è in accordo con un altro suono; armonioso ♦ *s.f.* (*ling.*) suono pronunciato con la chiusura o il restringimento dell'apparato fonatorio | lettera dell'alfabeto che rappresenta tale suono.

con|so|nàn|ti|co *agg.* [m.pl. *-ci*] (*ling.*) relativo a consonante.

con|so|nan|ti|smo *s.m.* (*ling.*) complesso delle consonanti di una lingua | evoluzione delle consonanti o di un gruppo consonantico.

con|so|nàn|za *s.f.* **1** (*mus.*) combinazione armonica di suoni e intervalli **2** (*fig.*) uniformità, sintonia: — *di propositi* **3** (*metr.*) sorta di rima imperfetta tra parole che dalla vocale accentata in poi hanno uguali consonanti (p.e. *stìlla-stélla*).

còn|so|no *agg.* adeguato, confacente: *una retribuzione consona alla posizione*.

con|so|rèl|la *s.f.* **1** (*relig.*) donna appartenente allo stesso ordine religioso o alla stessa confraternita di altre **2** (*comm.*) ogni impresa o filiale che appartiene allo stesso gruppo di altre ♦ *agg.* del medesimo gruppo | *consociata: azienda —*.

con|sòr|te *s.m./f.* **1** (*lett.*) coniuge **2** (*dir.*) persona che ha la stessa posizione processuale di un'altra.

con|sor|te|rìa *s.f.* nel Medioevo, associazione di famiglie nobili che difendono comuni interessi **2** (*spreg.*) gruppo, spec. politico o economico, attento solo alla salvaguardia dei propri interessi.

con|sòr|ti|le *agg.* proprio di un consorzio | creato mediante consorzio: *gruppo —*.

con|sor|zià|le *agg.* relativo a un consorzio.
con|sor|zià|re *v.tr.* [indic.pres. *io consòrzio...*] associare in consorzio ♦ **-rsi** *rifl.* associarsi in consorzio.
con|sòr|zio *s.m.* **1** (*lett.*) società: *il — umano* | (*estens.*) gruppo, comitiva: *un — di giovani* **2** associazione per il coordinamento di individui o imprese di uno stesso settore economico: *— industriale*.
con|stà|re *v.intr.* [indic.pres. *io cònsto...*; aus. *E*] essere costituito, composto: *l'opera consta di cinque volumi* ♦ *intr.impers.* [aus. *E*] essere noto, risultare.
con|sta|tà|bi|le *agg.* che può essere constatato, accertato.
con|sta|tà|re *v.tr.* [indic.pres. *io constato o cònstato...*] accertare, verificare: *— i dati*.
con|sta|ta|tì|vo *agg.* che si basa sulla constatazione.
con|sta|ta|zió|ne *s.f.* verifica, accertamento | osservazione, considerazione: *fare una —*.
con|su|è|to *agg.* normale, solito: *orari consueti* ♦ *s.m.* ciò che si fa o accade normalmente; consuetudine | *di —*, di solito.
con|sue|tu|di|nà|rio *agg.* **1** che accade, si verifica, si manifesta come di solito: *un lavoro —* | *diritto —*, che si basa sulle consuetudini, non su un codice legislativo **2** (*di persona*) che segue certe abitudini ♦ *s.m.* [f. *-a*] abitudinario.
con|sue|tù|di|ne *s.f.* **1** abitudine | convenzione; tradizione: *comportarsi secondo le consuetudini* **2** (*dir.*) norma sociale non scritta, rispettata costantemente da tutti **3** (*estens.*) dimestichezza, familiarità: *ho — con la lingua inglese*.
con|su|lèn|te *s.m./f.* professionista che fornisce giudizi sulla materia di cui è competente: *— immobiliare*.
con|su|lèn|za *s.f.* giudizio dato da un professionista competente.
con|sùl|ta *s.f.* organo o collegio con funzioni consultive | (*anton.*) *la Consulta*, la corte costituzionale.
con|sul|tà|bi|le *agg.* che può essere consultato.
con|sul|tà|re *v.tr.* **1** chiedere un parere, un suggerimento su determinate questioni: *— il commercialista* **2** (*estens.*) cercare un'informazione, approfondire una conoscenza esaminando libri, enciclopedie e sim.: *— il dizionario* ♦ **-rsi** *intr.pron.* rivolgersi a qlcu. per avere un suggerimento: *— con un amico* ♦ *rifl.rec.* scambiarsi informazioni o consigli: *gli avvocati si consultarono*.
con|sul|ta|tó|re *s.m.* [f. *-trice*] chi consulta.
con|sul|ta|zió|ne *s.f.* il consultare, il consultarsi, l'essere consultato | il giudizio della persona consultata | *— popolare*, espressione della volontà popolare mediante votazioni | *opere in —*, in una biblioteca, libri che possono essere consultati ma non presi in prestito.
con|sul|tì|vo *agg.* che si esprime in merito a ql.co. senza poter prendere decisioni concrete a riguardo: *organo —*.
con|sùl|to *s.m.* **1** visita di un malato fatta da più medici insieme **2** (*estens.*) esame approfondito condotto da più esperti su un certo argomento.
con|sul|tò|rio *s.m.* centro pubblico in cui è possibile consultare specialisti sociosanitari | *— familiare*, quello che fornisce assistenza in campo ostetrico-ginecologico.
con|su|mà|bi|le *agg.* che può essere consumato.
con|su|mà|re¹ *v.tr.* **1** (*anche fig.*) logorare ql.co. con l'uso, deteriorare; finire, esaurire: *— le scarpe*; essere consumato dalla rabbia | (*estens.*) spendere; dilapidare: *— il patrimonio* **2** (*anche assol.*) usare, consumare una certa quantità di energia, di carburante e sim.: *il gas; quest'auto consuma troppo* **3** (*lett.*) mangiare, bere: *— la cena* | (*anche assol.*) mangiare o bere in un locale pubblico: *è vietato sedersi ai tavoli senza —* ♦ **-rsi** *intr.pron.* ridursi; esaurirsi: *la candela si è consumata* ♦ *rifl.* logorarsi, struggersi: *— d'amore*.
con|su|mà|re² *v.tr.* portare a termine: *— un omicidio* | *— il matrimonio*, detto di coniugi, compiere l'atto sessuale per la prima volta.
con|su|mà|to *part.pass.* di *consumare* ♦ *agg.* **1** logorato, usato **2** esperto, competente: *un negoziatore —*.
con|su|ma|tó|re *s.m.* [f. *-trice*] **1** chi consuma prodotti o servizi acquistabili **2** chi mangia o beve in un locale pubblico.
con|su|ma|zió|ne¹ *s.f.* **1** il consumarsi, l'essere consumato **2** ciò che si mangia o beve in un locale pubblico.
con|su|ma|zió|ne² *s.f.* il portare a termine; compimento: *la — di un reato*.
con|su|mì|smo *s.m.* nella società capitalistica, modello di comportamento, rafforzato dalle tecniche pubblicitarie, basato sull'impulso a ricorrere a consumi sempre nuovi.
con|su|mi|stì|co *agg.* [m.pl. *-ci*] proprio del consumismo.
con|sù|mo *s.m.* **1** uso, impiego di ql.co. per soddisfare un'esigenza | quanto si consuma: *un basso — di energia* | (*fig.*) *a uso e — di qlcu.*, solo per tale persona **2** (*econ.*) nel processo produttivo, destinazione finale di un servizio o di un bene | *civiltà dei consumi*, che si basa sul consumismo | *di —*, destinato allo svago, senza fini artistici: *letteratura di —*.
con|sun|tì|vo *agg.* (*econ.*) destinato al consumo e non all'investimento | detto di bilancio che fa il rendiconto finale di un periodo di attività ♦ *s.m.* (*anche fig.*) bilancio consuntivo.
con|sùn|to *agg.* consumato, rovinato: *un impermeabile —*.
con|sun|zió|ne *s.f.* (*med.*) processo di deperimento progressivo dovuto a malattia.
con|suò|ce|ro *s.m.* [f. *-a*] padre o madre di un coniuge rispetto al padre o alla madre dell'altro coniuge.
con|su|stan|zià|le *agg.* (*teol.*) detto di ognuna delle tre persone della Trinità per definirne l'identità di sostanza e natura le altre due.
con|su|stan|zia|li|tà *s.f.* (*teol.*) identità di sostanza e natura delle tre persone della Trinità.
con|su|stan|zia|zió|ne *s.f.* (*teol.*) dottrina lute-

rana che, in opposizione alla transustanziazione cattolica, afferma la coesistenza nell'eucaristia del corpo e sangue di Cristo con il pane e il vino.
cón|ta *s.f.* nei giochi dei bambini, conteggio per decidere a chi tocca fare una cosa precisa.
con|ta|bàl|le *agg.*, *s.m./f.invar.* (*pop.*) che, chi racconta storie inverosimili e bugie.
con|tà|bi|le *agg.* relativo alla contabilità: *ufficio —* ♦ *s.m./f.* chi cura la contabilità; ragioniere.
con|ta|bi|li|tà *s.f.* **1** parte della ragioneria che studia come tenere i conti di un'amministrazione **2** il complesso delle operazioni contabili di un'amministrazione | il complesso dei libri contabili e dei conti **3** ufficio amministrativo che cura la tenuta dei conti.
con|ta|bi|liz|zà|re *v.tr.* **1** iscrivere nei documenti contabili: *— un'uscita* **2** (*estens.*) conteggiare.
con|ta|bi|liz|za|zió|ne *s.f.* registrazione contabile.
con|ta|chi|lò|me|tri *s.m.invar.* strumento per contare i chilometri percorsi da un veicolo.
con|ta|di|né|sco *agg.* [m.pl. *-schi*] **1** da contadino **2** (*estens.*, *spreg.*) rozzo, maleducato; cafone.
con|ta|dì|no *s.m.* [f. *-a*] **1** chi fa il mestiere di lavorare la terra; agricoltore **2** (*spreg.*) persona grossolana e cafona ♦ *agg.* relativo ai contadini: *insurrezione contadina.*
con|tà|do *s.m.* campagna che circonda una città | popolazione che vi abita.
con|ta|già|re *v.tr.* [indic.pres. *io contàgio...*] **1** infettare una persona sana (*fig.*) influenzare: *il tuo malumore mi contagia.*
con|tà|gio *s.m.* **1** trasmissione di una malattia infettiva da un individuo a un altro | (*estens.*) la malattia stessa **2** (*fig.*) influsso negativo.
con|ta|gio|si|tà *s.f.* caratteristica di ciò che è contagioso.
con|ta|gió|so *agg.* (*anche fig.*) che ha la capacità di trasmettersi, di diffondersi per contagio: *idea contagiosa* □ **contagiosamente** *avv.*
con|ta|gi|ri *s.m.invar.* apparecchio che conta i giri compiuti da un corpo rotante in un determinato tempo.
con|ta|góc|ce *s.m.invar.* piccolo tubo in vetro o plastica con pompetta di gomma usato per il dosaggio in gocce di medicinali liquidi | (*fig.*) *col —*, a dosi molto piccole: *le ho rivelato la notizia col —.*
container (*ingl.*) [pr. *kontèiner*] *s.m.invar.* grande contenitore in metallo per il trasporto di merci.
con|ta|mi|nàn|te *part.pres. di* contaminare ♦ *agg.*, *s.m.* detto di sostanza che provoca inquinamento.
con|ta|mi|nà|re *v.tr.* [indic.pres. *io contàmino...*] **1** inquinare, sporcare, infettare **2** (*fig.*) infettare spiritualmente **3** fondere elementi di diversa origine in un'unica opera letteraria o artistica.
con|ta|mi|na|zió|ne *s.f.* **1** inquinamento: *— ra-*

dioattiva **2** (*lett.*) in un'opera, fusione fra più elementi di diversa origine.
con|ta|mi|nù|ti *s.m.invar.* apparecchio a orologeria che suona dopo un numero stabilito di minuti; timer.
con|tàn|te *part.pres. di* contare ♦ *agg.*, *s.m. spec. pl.* detto di cifra di denaro costituita esclusivamente da banconote e monete | **pagare in**, **per contanti**, in banconote e monete; pagare subito dopo l'acquisto, senza dilazioni.
con|tà|re *v.tr.* [indic.pres. *io cónto...*] **1** enumerare in successione persone o cose per calcolarne la quantità: *— gli studenti assenti* | (*fig.*) *— i giorni, le ore*, attendere con trepidazione **2** (*assol.*) pronunciare i numeri in progressione | (*estens.*) eseguire semplici operazioni di aritmetica: *ha appena imparato a —* **3** tenere presente, considerare: *saranno in dieci, senza — i genitori* **4** (*fig.*) limitare: *— il denaro a qlcu.* **5** vantare, annoverare: *conta molti anni di esperienza nel settore* **6** ripromettersi, proporsi: *contavo di raggiungerti oggi* ♦ *intr.* [aus. *A*] **1** avere importanza, valere; godere di prestigio o autorità: *conta molto nell'azienda* **2** fare conto, confidare: *contano su di me.*
con|ta|scàt|ti *s.m.invar.* apparecchio che calcola gli scatti telefonici.
con|ta|se|cón|di *s.m.invar.* tipo di orologio che misura secondi e frazioni di secondo.
con|tà|to *part.pass. di* contare ♦ *agg.* che è in quantità minima o in numero limitato: *ho il denaro —* | *avere i giorni contati*, avere poco tempo a disposizione o da vivere.
con|ta|tó|re *s.m.* (*tecn.*) apparecchio per calcolare il numero di operazioni compiute da una macchina o l'energia erogata da un impianto: *— del gas, della luce, dell'acqua.*
con|ta|to|rì|sta *s.m./f.* [m.pl. *-i*] chi è incaricato della manutenzione e riparazione dei contatori.
con|tat|tà|re *v.tr.* mettersi in contatto con qlcu.
con|tàt|to *s.m.* **1** condizione di due oggetti che si toccano: *non metto mai la lana a — con la pelle* | **lenti a —**, lenti applicabili alla cornea che correggono i difetti della vista **2** (*fig.*) relazione, legame: *è in — con molte persone* **3** (*tecn.*) collegamento: *— radio* | *— elettrico*, collegamento tra due conduttori che consente il passaggio di energia elettrica dall'uno all'altro.
con|tat|to|lo|gì|a *s.f.* branca dell'ottica che si occupa dell'applicazione delle lenti a contatto.
con|tat|tó|re *s.m.* (*elettr.*) apparecchio che comanda l'apertura e la chiusura di un circuito elettrico.
cón|te *s.m.* [f. *contèssa*] **1** nella gerarchia nobiliare, titolo inferiore al barone e successivo al marchese **2** (*st.*) nell'ordinamento feudale, nobile a cui era assegnato il governo di una contea.
con|tè|a *s.f.* **1** territorio governato da un conte | titolo o grado di conte **2** divisione amministrativa dell'Inghilterra e di alcuni paesi anglosassoni.
con|teg|già|re *v.tr.* [indic.pres. *io contéggio...*]

includere in un conto, calcolare: — *gli anni di servizio* ♦ *intr.* [aus. *A*] fare un conteggio.
con|tég|gio *s.m.* conto, calcolo.
con|te|gno *s.m.* **1** comportamento; atteggiamento **2** comportamento serio e composto | *darsi*, *assumere un* —, darsi un tono nonostante l'imbarazzo o la timidezza.
con|te|gnó|so *agg.* che ha molto contegno; riservato, dignitoso, sostenuto □ **contegnosamente** *avv.*
con|tem|pe|rà|re *v.tr.* [indic.pres. *io contèmpero...*] **1** adeguare una cosa a un'altra; accordare, armonizzare: — *esigenze differenti* **2** mitigare, temperare: — *l'irascibilità del carattere*.
con|tem|plà|bi|le *agg.* **1** che può essere contemplato **2** (*estens.*) che si può o si deve considerare attentamente.
con|tem|plà|re *v.tr.* [indic.pres. *io contèmplo* o *contémplo...*] **1** osservare ql.co. intensamente con meraviglia o ammirazione; ammirare: — *il paesaggio* **2** tenere in considerazione, prevedere: *le disposizioni comunali non contemplano questi casi* **3** riflettere, meditare spec. su tematiche filosofiche e religiose.
con|tem|pla|ti|vo *agg.* detto di chi dedica l'esistenza alla contemplazione religiosa o alla meditazione filosofica ♦ *s.m.* [f. *-a*] chi conduce vita contemplativa.
con|tem|pla|zió|ne *s.f.* **1** osservazione attenta, ammirazione **2** meditazione su questioni soprannaturali o intuizione di verità eterne; visione: — *mistica*.
con|tèm|po *solo nella loc.* **nel** —, nello stesso tempo; insieme: *leggeva e nel* — *ascoltava la musica*.
con|tem|po|ra|ne|i|sta *s.m./f.* [m.pl. *-i*] studioso degli aspetti contemporanei di una disciplina letteraria, artistica, storica ecc.
con|tem|po|ra|nei|tà *s.f.* caratteristica di ciò che è contemporaneo.
con|tem|po|rà|ne|o *agg.* **1** che vive o accade nello stesso tempo **2** relativo all'età presente: *ambientazione contemporanea* ♦ *s.m.* [f. *-a*] chi vive nella stessa epoca di un'altra persona | chi vive nell'età presente □ **contemporaneamente** *avv.* nello stesso tempo.
con|ten|dèn|te *part.pres. di* contendere ♦ *agg.*, *s.m./f.* che, chi compete per avere ql.co.; rivale.
con|tèn|de|re *v.tr.* [con. come *tendere*] competere con un'altra persona per avere ql.co.: — *un premio*, *un posto di lavoro* | — **un diritto a qlcu.**, negarglielo | **contendersi**, disputarsi ql.co. l'uno l'altro: — *l'amore di una persona* ♦ *intr.* [aus. *A*] essere in contrasto con qlcu., litigare: — *con un amico per stupidaggini* | competere, gareggiare: — *per il primo posto*.
con|te|né|re *v.tr.* [con. come *tenere*] **1** racchiudere in sé, includere **2** (*estens.*) bloccare, reprimere: — *la rabbia* | diminuire, limitare: — *le uscite* ♦ **-rsi** *rifl.* controllarsi: — *a stento*.
con|te|ni|bi|le *agg.* **1** che può essere contenuto in ql.co. **2** che può essere represso, limitato.
con|te|ni|mén|to *s.m.* **1** capacità di contenere

2 limitazione, arginamento: *il* — *dell'aumento dei prezzi*.
con|te|ni|tó|re *s.m.* **1** recipiente **2** involucro per l'imballaggio di materiali da trasportare **3** lungo programma televisivo in cui si propongono spettacoli di varietà e servizi.
con|ten|tà|bi|le *agg.* che si accontenta facilmente.
con|ten|tà|re *v.tr.* [indic.pres. *io contento...*] accontentare; soddisfare, compiacere ♦ **-rsi** *intr. pron.* considerarsi appagato, soddisfatto | limitarsi nelle pretese o nelle aspirazioni: *si contenta anche di poco* | (*prov.*) **chi si contenta gode**, è meglio essere moderati nei desideri; contento lui, contenti tutti.
con|ten|téz|za *s.f.* stato d'animo di chi è contento; (*estens.*) ciò che rende contento qlcu.
con|ten|ti|no *s.m.* piccola ricompensa data per contentare o consolare qlcu.: *me lo ha concesso come* —.
con|tèn|to *agg.* **1** soddisfatto, compiaciuto | *far* — *qlcu.*, accontentarlo **2** felice, allegro.
con|te|nu|ti|smo *s.m.* **1** in un'opera d'arte, preminenza del contenuto sugli aspetti formali **2** giudizio critico espresso più sul contenuto delle opere che sulla loro forma.
con|te|nu|ti|sti|co *agg.* [m.pl. *-ci*] relativo al contenuto di un'opera d'arte.
con|te|nù|to[1] *s.m.* **1** ciò che è incluso in ql.co.: *il* — *di una confezione* **2** tema trattato, argomento: *il* — *di un messaggio* **3** in un'opera artistica o letteraria, l'argomento trattato, considerato separatamente dalla forma.
con|te|nù|to[2] *part.pass. di* contenere ♦ *agg.* che si limita, non eccede; controllato | modesto, misurato: *una parcella contenuta*.
con|ten|zió|so *agg.* (*dir.*) relativo a una controversia giuridica ♦ *s.m.* (*dir.*) complesso delle controversie di un preciso ambito.
con|te|rìa *s.f.* spec.pl. perline di dimensioni e tonalità varie usate per monili e decorazioni.
con|ter|rà|ne|o *agg.*, *s.m.* [f. *-a*] che, chi è della stessa terra o dello stesso paese.
con|té|sa *s.f.* **1** contrasto; polemica, lite **2** competizione tra due o più persone.
con|té|so *part.pass. di* contendere ♦ *agg.* che è desiderato da molte persone: *un titolo* —.
con|tés|sa *s.f.* **1** nelle famiglie nobili, donna con titolo comitale **2** moglie o figlia di un conte.
con|tes|sì|na *s.f.* figlia giovane di un conte.
con|te|stà|re *v.tr.* [indic.pres. *io contesto...*] **1** (*dir.*) notificare in modo formale: — *un'accusa* **2** negare la validità o la veridicità di ql.co.: — *un'affermazione* **3** opporsi radicalmente: — *il governo*.
con|te|sta|tà|rio *agg.*, *s.m.* che, chi contesta.
con|te|sta|tó|re *s.m.* [f. *-trice*] chi contesta le istituzioni o le convenzioni sociali.
con|te|sta|zió|ne *s.f.* (*dir.*) notifica formale: — *di una multa* **2** confutazione della validità o della veridicità di ql.co.: — *di una testimonianza* **3** opposizione critica, protesta.

con|te|sti|mò|ne *s.m.* (*dir.*) chi testimonia assieme ad altre persone.
con|tè|sto *s.m.* **1** complesso delle parti o dei concetti di un elaborato scritto o orale: *collocare un'espressione nel suo* — **2** (*estens.*) insieme delle circostanze in cui si determina un avvenimento o un fenomeno: *il* — *religioso*.
con|te|stu|à|le *agg.* **1** del contesto, attinente a un contesto **2** (*bur.*, *dir.*) detto di un avvenimento che si verifica contemporaneamente a un altro □ **contestualmente** *avv.* contemporaneamente.
con|te|stua|li|tà *s.f.* caratteristica di ciò che è contestuale | appartenenza allo stesso contesto.
con|te|stua|liz|zà|re *v.tr.* **1** (*lett.*) collocare nel contesto: — *una frase* **2** riferire ql.co. a un determinato contesto storico, culturale ecc.: — *un artista nella sua epoca.*
con|ti|gui|tà *s.f.* caratteristica di ciò che è contiguo; prossimità, vicinanza.
con|ti|guo *agg.* prossimo, vicino, confinante: *abitazioni contigue.*
con|ti|nen|tà|le *agg.* del continente, relativo al continente: *clima* —; *Europa* — ♦ *s.m./f.* chi è nato o abita sul continente, rispetto agli abitanti delle isole.
con|ti|nèn|te[1] *s.m.* **1** ciascuna delle grandi estensioni di terre emerse della crosta terrestre **2** rispetto alle isole vicine, la terraferma.
con|ti|nèn|te[2] *agg.* che sa tenere a bada i propri desideri; morigerato, sobrio □ **continentemente** *avv.* con moderazione.
con|ti|nèn|za *s.f.* caratteristica di ciò che è continente; moderazione spec. nei piaceri materiali e sensuali | astinenza.
con|tin|gen|ta|mén|to *s.m.* (*econ.*) definizione, stabilita dallo Stato, della quantità e della tipologia di merci esportabili e importabili.
con|tin|gen|tà|re *v.tr.* [indic.pres. *io contingento*...] (*econ.*) stabilire il contingentamento di esportazioni e importazioni delle merci.
con|tin|gèn|te[1] *agg.* **1** (*filos.*) accidentale, casuale **2** (*estens.*) detto di quanto è strettamente connesso a una circostanza precisa o a un dato periodo: *cause contingenti* □ **contingentemente** *avv.*
con|tin|gèn|te[2] *s.m.* **1** quota attribuita o fissata come contribuzione: *stabilire un* — **2** (*econ.*) quantità e tipologia di merce stabilita come contingentamento **3** (*mil.*) insieme di uomini e mezzi | — *di leva*, complesso degli uomini chiamati alle armi nello stesso periodo.
con|tin|gèn|za *s.f.* **1** (*filos.*) accidentalità; ciò che è contingente **2** (*estens.*) situazione, occasione: *una fortunata* — **3** (*econ.*) **indennità di** —, somma aggiunta allo stipendio che varia in base all'aumento del costo della vita.
con|ti|nu|à|re *v.tr.* [indic.pres. *io continuo*...] proseguire ciò che si è intrapreso o che altri hanno avviato | ricominciare dopo una pausa ♦ *intr.* [riferito a persona, aus. *A*; riferito a cosa, aus. *E*, *A*] andare avanti, non smettere; proseguire nel tempo o nello spazio: *ha continuato a ridere a lungo*; *l'afa è continuata per tutto luglio.*
con|ti|nua|tì|vo *agg.* che continua; durevole □ **continuativamente** *avv.*
con|ti|nu|à|to *part.pass.* di *continuare* ♦ *agg.* che non ha interruzioni, continuo □ **continuatamente** *avv.*
con|ti|nua|tó|re *s.m.* [f. *-trice*] chi continua un'opera iniziata da altre persone.
con|ti|nua|zió|ne *s.f.* prosecuzione | (*estens.*) il seguito di ql.co.: *la* — *di un episodio*; *la* — *della strada* | *in* —, incessantemente.
con|ti|nui|tà *s.f.* caratteristica di ciò che è continuo.
con|tì|nu|o *agg.* **1** che non ha pause; ininterrotto, incessante | (*elettr.*) **corrente continua**, corrente con intensità e senso costanti | *di* —, senza pausa; ripetutamente **2** frequente: *scontri continui* □ **continuamente** *avv.*
con|tì|nu|um (*lat.*) *s.m.invar.* ciò che perdura nel tempo e nello spazio.
cón|to *s.m.* **1** operazione aritmetica; conteggio: *un* — *facile* | *far di* —, conoscere l'aritmetica fondamentale | *i conti tornano*, non ci sono errori; (*fig.*) è tutto chiaro | — *alla rovescia*, conteggio in ordine inverso che si fa al lancio di un missile o alla partenza di una gara; (*fig.*) calcolo del tempo che precede un evento importante | *per* — *di*, a nome di | *per* — *proprio*, da solo **2** (*fig.*) calcolo, previsione, valutazione: *fare bene, male i propri conti* | *far* — *che*, supporre, immaginare | *far* — *di*, ripromettersi | *far* — *su qlcu.* o *ql.co.*, fare assegnamento su **3** registrazione di operazioni economiche in termini numerici | — *corrente*, contratto tra una banca e un cliente che regola i rapporti di debito e di credito e che consente al cliente di effettuare una serie di operazioni con il denaro depositato **4** somma dovuta | nota di spesa: *chiedere il* — **5** spiegazione: *dare* — *di ql.co.* | *rendere* —, giustificarsi, rispondere dei propri comportamenti | *rendersi* —, realizzare, capire | *fare i conti con qlcu.*, portare avanti le proprie ragioni **6** stima, valore; rilevanza: *tenere qlcu. in gran* —.
con|tòr|ce|re *v.tr.* [con. come *torcere*] torcere ripetutamente o con vigore ♦ *-rsi* *rifl.* dimenarsi, piegarsi su se stessi.
con|tor|ci|mén|to *s.m.* contorsione.
con|tor|nà|re *v.tr.* [indic.pres. *io contórno*...] **1** circondare, spec. a scopo decorativo: *la mia casa è contornata dal prato* **2** (*fig.*) attorniare: *essere contornato da amici* ♦ *-rsi* *rifl.* circondarsi: — *di persone poco raccomandabili.*
con|tór|no *s.m.* **1** linea che circoscrive un oggetto o un'immagine: *un disegno dai contorni imprecisi* | (*spec.pl.*) lineamenti del volto: *viso dai contorni squadrati* **2** piatto che accompagna carne o pesce: *un* — *di verdure* **3** in numismatica, il complesso dei segni incisi sullo spessore delle monete.
con|tor|sió|ne *s.f.* **1** torsione ripetuta e innaturale del corpo **2** (*fig.*) difficoltà, tortuosità nel modo di pensare e di esprimersi.
con|tor|sio|nì|smo *s.m.* **1** complesso degli

esercizi fatti dagli acrobati, consistenti in innaturali torsioni e piegamenti del corpo 2 (*fig.*) comportamento di chi muta idea frequentemente nel tentativo di destreggiarsi tra posizioni opposte.
con|tor|sio|ni|sta *s.m./f.* [m.pl. *-i*] acrobata che si esibisce in spettacoli di contorsionismo.
con|tòr|to *part.pass. di contorcere* ♦ *agg.* **1** torto, attorcigliato: *un ramo* — **2** (*fig.*) non chiaro, complesso: *linguaggio* —.
cón|tra- *pref.* [raddoppia la consonante iniziale del secondo componente] significa "opposizione" o "contrasto" (*contraddistinguere*, *contraccolpo*).
con|trab|ban|dà|re *v.tr.* **1** esportare o importare merci di contrabbando **2** (*fig.*) far credere che una cosa sia diversa da quella che è.
con|trab|ban|diè|re *s.m.* [f. *-a*] chi fa il contrabbando ♦ *agg.* di contrabbandieri: *barca contrabbandiera*.
con|trab|bàn|do *s.m.* esportazione o importazione di merci soggette a monopolio oppure effettuata senza pagare i tributi doganali imposti dalla legge: *— di sigarette* | (*fig.*) *di* —, di nascosto, illecitamente.
con|trab|bas|sì|sta *s.m./f.* [m.pl. *-i*] chi suona il contrabbasso.
con|trab|bàs|so *s.m.* (*mus.*) strumento ad arco dotato di quattro o cinque corde, più grande del violoncello; produce un suono grave.
con|trac|cam|bià|re *v.tr.* [indic.pres. *io contraccambio...*] **1** dare o fare ql.co. in cambio di ciò che si è ricevuto: *— un regalo* **2** manifestare riconoscenza a qlcu; ricompensare.
con|trac|càm|bio *s.m.* ricompensa | (*estens.*) ciò con cui si ricambia: *ti ho fatto questo favore in* —.
con|trac|cet|ti|vo *agg.,s.m.* detto di pratica, sostanza o dispositivo che impedisce il concepimento; anticoncezionale, antifecondativo.
con|trac|ce|zió|ne *s.f.* complesso dei mezzi e delle pratiche anticoncezionali.
con|trac|cól|po *s.m.* **1** colpo dato o ricevuto di rimando **2** (*fig.*) conseguenza, ripercussione: *il rialzo dei prezzi ha dei contraccolpi sui consumi*.
con|trac|cù|sa *s.f.* → **controaccusa**.
con|tra|da *s.f.* **1** strada di un centro abitato **2** (*ant.*) quartiere di una città, rione: *le contrade di Siena* **3** (*lett.*) paese, regione.
con|trad|dàn|za *s.f.* antica danza in cui le coppie dei ballerini, disposte su due file, si muovevano l'una di fronte all'altra.
con|trad|dì|re *v.tr.* [con. come *dire*; imp. *contraddici*] **1** affermare il contrario di quanto è stato detto da altre persone; smentire: *lo contraddico spesso* **2** essere in disaccordo, in contrasto: *il suo modo di fare contraddice quanto predica* ♦ *intr.* [aus. *A*] essere in opposizione: *— a una norma* ♦ **-rsi** *rifl.* affermare o fare l'opposto di ciò che si è affermato o fatto prima: *mia moglie si è contraddetta* ♦ *rifl.rec.* fare affermazioni opposte, essere in reciproco disaccordo: *i due alunni si contraddicevano*.
con|trad|di|stìn|gue|re *v.tr.* [con. come *distinguere*] (*anche fig.*) distinguere con un determinato segno; segnare: *— il grembiule con una sigla* ♦ **-rsi** *intr.pron.* distinguersi.
con|trad|dit|to|rie|tà *s.f.* caratteristica di ciò che è contraddittorio: *la — di una proposta*.
con|trad|dit|tò|rio *agg.* **1** (*pl.*) che è in contraddizione; che si contraddice: *discorsi contraddittori* **2** (*filos.*) che include una contraddizione logica: *ipotesi contraddittorie* **3** (*fig.*) che è privo di coerenza; ambiguo: *atteggiamento —* ♦ *s.m.* scontro pubblico tra individui che sostengono teorie opposte □ **contraddittoriamente** *avv.*
con|trad|di|zió|ne *s.f.* **1** discordanza, contrasto; la cosa che si contraddice: *un'altra* | *spirito di —*, abitudine a contraddire gli altri **2** (*filos.*) illogicità.
con|tra|èn|te *part.pres. di contrarre* ♦ *agg.,s.m.* (*dir.*) che, chi stipula un contratto.
con|tra|è|re|o *agg.* che si usa in difesa dagli attacchi aerei: *difesa contraerea*.
con|traf|fà|re *v.tr.* [indic.pres. *io contraffàccio* o *contraffò...*; nelle altre forme, con. come *fare*] produrre una cosa su imitazione di un'altra, in modo che possa essere scambiata per l'originale; falsificare: *— una firma* | *la voce*, camuffarla.
con|traf|fàt|to *part.pass. di contraffare* ♦ *agg.* **1** copiato, falsificato | adulterato **2** (*fig.*) alterato, sconvolto.
con|traf|fat|tó|re *s.m.* [f. *-trice*] chi contraffà; falsificatore, imitatore: *— di un dipinto*.
con|traf|fa|zió|ne *s.f.* falsificazione, imitazione: *— di banconote*.
con|traf|fòr|te *s.m.* **1** (*arch.*) elemento sporgente in muratura aggiunto come rinforzo all'esterno di muri soggetti alle spinte di archi o volte **2** diramazione laterale di un massiccio montuoso.
con|tra|ì|bi|le *agg.* che si può contrarre: *debito* —.
con|tràl|be|ro *s.m.* nelle costruzioni meccaniche, l'albero mediano tra l'albero conduttore e quello condotto.
con|tra|li|sè|o *s.m.* → **controaliseo**.
con|tral|tà|re *s.m.* **1** altare costruito di fronte a un altro **2** (*fig.*) istituzione o attività che si crea allo scopo di diminuire il prestigio o la rilevanza di un'altra simile: *servire da —* | individuo che si oppone a un altro | *fare da* —, controbilanciare.
con|tràl|to *s.m.* (*mus.*) la più grave delle voci femminili o infantili | la cantante o il cantore che la possiedono.
con|tram|mi|rà|glio *s.m.* (*mil.*) grado della marina intermedio tra il capitano di vascello e l'ammiraglio di divisione.
con|trap|pàs|so *s.m.* punizione consistente nell'infliggere una pena uguale al reato commesso; pena del taglione | (*lett.*) nella "Divina Commedia", corrispondenza della pena inflitta anime con i peccati da loro commessi in vita.
con|trap|pèl|lo *s.m.* secondo appello con cui si verifica l'esattezza di quello precedente | nelle caserme, appello effettuato per controllare che i soldati siano rientrati prima del riposo notturno.

con|trap|pe|sà|re v.tr. [indic.pres. io contrappéso...] 1 equilibrare un peso con un altro; controbilanciare 2 (fig.) confrontare due o più cose per valutarle meglio: — i vantaggi e gli svantaggi ♦ **-rsi** rifl.rec. equilibrarsi, bilanciarsi: il bene e il male talvolta si contrappesano.
con|trap|péso s.m. 1 peso che ne controbilancia un altro: — del montacarichi 2 (fig.) elemento o individuo che si oppone a un altro controbilanciandone l'influenza: la mia prudenza fa da — alla sua leggerezza.
con|trap|po|ni|bi|le agg. che può essere contrapposto.
con|trap|pór|re v.tr. [con. come porre] 1 collocare di fronte, opporre come contrasto 2 (estens.) confrontare: — due modelli ♦ **-rsi** rifl. collocarsi di fronte ♦ rifl.rec. opporsi.
con|trap|po|si|zió|ne s.f. azione del contrapporre; opposizione, contrasto: due opinioni in —.
con|trap|pó|sto part.pass. di contrapporre ♦ agg. opposto, contrario, contrastante: caratteri contrapposti.
con|trap|pun|ti|sta s.m./f. [m.pl. -i] (mus.) chi esegue o studia il contrappunto.
con|trap|pùn|to s.m. 1 (mus.) arte di sovrapporre linee melodiche utilizzando voci, strumenti, o entrambi, al fine di creare una composizione organica 2 (estens.) in un film o in un'opera letteraria, contrasto realizzato unendo elementi narrativi e stilistici differenti.
con|tra|rià|re v.tr. [indic.pres. io contrario...] 1 contrastare, avversare; contraddire 2 irritare, infastidire: il suo ritardo lo ha contrariato.
con|tra|rià|to part.pass. di contrariare ♦ agg. infastidito, irritato.
con|tra|rie|tà s.f. 1 opposizione: la — della fortuna 2 sensazione di fastidio; disappunto: avvertire — 3 (spec.pl.) avversità, contrattempo: una gita con molte —.
con|trà|rio agg. 1 che è in opposizione; contrastante: parere — | **in caso** —, altrimenti | **fino a prova contraria**, finché non sarà dimostrato l'opposto 2 avverso, ostile: è — alla tua proposta 3 che procede in direzione opposta: macchina in senso — ♦ s.m. 1 ciò che è opposto: è il — di quanto gli avevo richiesto | **avere ql.co. in** —, da obiettare 2 (ling.) parola con significato opposto a un'altra □ **contrariamente** avv.
con|tràr|re v.tr. [con. come trarre] 1 fissare, stabilire con un contratto: — un patto | — **matrimonio**, sposarsi | (estens.) stringere, stabilire: — un'amicizia 2 prendere, acquisire: — un raffreddore, un vizio; — un debito 3 raggrinzire, contrarre, accorciare: — la bocca, il viso; — un muscolo | (estens.) contenere, ridurre: — gli investimenti ♦ **-rsi** rifl. 1 rattrappirsi, raggrinzirsi: mi si è contratto un muscolo 2 (ling.) detto di due o più suoni vocalici, fondersi in un dittongo o in una vocale.
con|tras|se|gnà|re v.tr. [indic.pres. io contrasségno..., noi contrassegniamo, voi contrassegnate...] (anche fig.) distinguere con un contrassegno: — le pagine di un libro.

con|tras|sé|gno[1] s.m. segno caratteristico che consente di riconoscere ql.co. o qlcu.
con|tras|sé|gno[2] o **cóntro asségno** avv. detto di modalità di pagamento per cui una merce inviata può essere ritirata solo dopo aver pagato l'importo indicato: inviare un volume —.
con|tra|stà|bi|le agg. che può essere contrastato.
con|tra|stàn|te part.pres. di contrastare ♦ agg. che contrasta, che è in contrasto; contrario: idee contrastanti; tonalità contrastanti.
con|tra|stà|re v.tr. contestare, osteggiare: — la realizzazione di un sogno ♦ intr. [aus. A] 1 discordare, essere contrario: gusti, scelte che contrastano 2 (raro) contendere, litigare ♦ **-rsi** rifl. rec. disputarsi ql.co.; avversarsi l'un l'altro.
con|tra|stà|to part.pass. di contrastare ♦ agg. 1 ostacolato, bloccato: un successo — 2 (foto.) che ha contrasti accentuati di luce e ombra.
con|trà|sto s.m. 1 ostacolo, impedimento: la sua carriera ha incontrato molti contrasti 2 contrapposizione, notevole diversità: — di culture; — di colori | conflitto, disaccordo: contrasti familiari 3 in un'immagine fotografica o televisiva, giustapposizione di chiaro e scuro | (med.) **mezzo di** —, in radiologia, liquido opaco ai raggi X che viene somministrato per rendere visibili organi interni o tessuti 4 (sport) nei giochi di squadra, azione di difesa del giocatore 5 componimento poetico in cui due personaggi dialogano o disputano.
con|trat|tà|bi|le agg. che può essere contrattato: prezzo —.
con|trat|tac|cà|re v.tr. [indic.pres. io contrattacco, tu contrattacchi...] rispondere a un attacco con un altro attacco.
con|trat|tàc|co s.m. [pl. -chi] 1 (mil.) intervento offensivo in reazione a un attacco nemico: passare al — | (sport) azione difensiva in risposta a un attacco di un giocatore della squadra avversaria 2 (fig.) in una discussione o in una polemica, replica vigorosa.
con|trat|tà|re v.tr. 1 trattare le condizioni di una compravendita: — l'acquisto di un terreno 2 (estens.) prendere accordi.
con|trat|ta|zió|ne s.f. trattativa, l'azione del contrattare.
con|trat|tèm|po s.m. 1 imprevisto che sconvolge, sospende o ritarda il regolare svolgimento di un'azione 2 (mus.) contrasto ritmico; controtempo.
con|tràt|ti|le agg. (scient.) che ha la proprietà di contrarsi, di ridurre le proprie dimensioni.
con|trat|ti|li|tà s.f. (scient.) capacità di ridurre le proprie dimensioni: la — di un muscolo.
con|trat|ti|sta s.m./f. [m.pl. -i] chi stipula un contratto di lavoro a termine con un'azienda | chi svolge attività di ricerca con un contratto a termine presso università, enti, istituti di ricerca e sim.
con|tràt|to[1] s.m. (dir.) accordo formale, giuridico o economico, stipulato da due o più parti | documento su cui è scritto tale accordo: concludere un —.

con|tràt|to² *part.pass. di* contrarre ♦ *agg.* che subisce una contrazione; ridotto, rattrappito.
con|trat|tu|à|le *agg.* relativo a un contratto, fissato da un contratto □ **contrattualmente** *avv.* in base al contratto.
con|trat|tua|li|smo *s.m.* dottrina filosofico-giuridica secondo la quale all'origine dello Stato e del diritto c'è un accordo stipulato tra gli individui, che rinunciano a una parte della loro libertà per formare una società.
con|trav|ve|ni|re *v.intr.* [con. come *venire*; aus. *A*] agire in modo contrario; trasgredire.
con|trav|ven|tó|re *s.m.* [f. *-trice*] chi non rispetta una norma o una legge; trasgressore.
con|trav|ven|zió|ne *s.f.* **1** trasgressione, infrazione di una norma **2** (*dir.*) reato punito con l'arresto o con il pagamento di una multa | notifica di tale reato e multa necessaria a estinguerlo: *pagare una —*.
con|tra|zió|ne *s.f.* **1** ritrazione, restringimento: *— del volto* **2** (*fisiol.*) accorciamento di una struttura anatomica o di una fibra muscolare | *contrazioni uterine*, quelle che si possono manifestare in modo debole durante la gravidanza, ma che diventano sempre più dolorose e intermittenti nel travaglio, per favorire l'espulsione del feto **3** (*fig.*) calo, riduzione: *— dei guadagni* **4** (*fonetica*) fusione di due o più vocali vicine in un dittongo o in una sola vocale | (*ling.*) abbreviazione per sincope di una parola.
con|tri|bu|èn|te *part.pres. di* contribuire ♦ *agg.* che contribuisce ♦ *s.m./f.* cittadino tenuto al pagamento di tasse e imposte.
con|tri|bu|i|re *v.intr.* [indic.pres. *io contribuisco, tu contribuisci...*; aus. *A*] **1** cooperare con altre persone alla realizzazione di un progetto; collaborare: *— al completamento di un'opera* | dare un contributo in denaro: *— alle spese*.
con|tri|bu|ti|vo *agg.* attinente ai contributi.
con|tri|bù|to *s.m.* **1** apporto di ciascun individuo alla realizzazione di un programma comune: *fornire un —* **2** denaro dovuto allo Stato, a un ente pubblico o privato, in cambio dei servizi erogati | *contributi previdenziali*, denaro che il datore di lavoro deve versare agli enti previdenziali per l'assicurazione sociale obbligatoria dei propri dipendenti **3** somma che un privato, un ente statale o internazionale versa per sostenere determinate opere: *— alla ricerca scientifica* **4** ricerca letteraria, artistica, scientifica ecc. che contribuisce all'approfondimento delle conoscenze in un determinato settore o propone nuove soluzioni a un problema.
con|tri|bu|zió|ne *s.f.* cooperazione, contributo.
con|tri|stà|re *v.tr.* (*lett.*) rendere molto triste, addolorare ♦ **-rsi** *intr.pron.* rattristarsi; dispiacersi.
con|trì|to *agg.* pentito, dispiaciuto.
con|tri|zió|ne *s.f.* pentimento per una colpa commessa | (*teol.*) pentimento perfetto per i peccati commessi accompagnato dal proposito di non peccare più, determinato dall'amore per Dio: *atto di —*.

cón|tro *prep.* [si unisce direttamente ai nomi; si unisce ai pron.pers. mediante *di*; se il pron.pers. è atono viene posposta al v.] **1** indica opposizione, avversione: *lottare — il male*; *esprimersi — un'iniziativa* | in dipendenza da v. che esprimono difesa o protezione: *proteggersi — il freddo* | *— voglia*, malvolentieri **2** indica un movimento verso ql.co. o qlcu.: *urtò — il palo*; *gli andò — a gran velocità*; *scagliò una pietra — di lui* | in senso inverso: *andare — mano* **3** di fronte: *sedevano con la faccia rivolta — il muro* | indica contatto: *il bambino si strinse — la madre*; *spinse il tavolo — la porta* **4** (*comm.*) in cambio di: *la consegna dei libri avviene — pagamento* ♦ *avv.* in modo opposto: *voterò —* | *per —*, invece | *di —*, di fronte ♦ *s.m.invar.* l'aspetto negativo o sfavorevole: *valutare il pro e il —*.
cón|tro- *pref.* può indicare "opposizione" (*Controriforma*); "azione opposta" o "direzione inversa" (*controcorrente, contromano*); "sostituzione" (*controfigura*); "contrapposizione" (*contromisura*); "riscontro" (*controprova*).
con|tro|ac|cù|sa o **contraccùsa** *s.f.* (*dir.*) accusa fatta dall'accusato all'accusatore.
con|tro|a|li|sè|o o **contralisèo** *s.m.* vento equatoriale che spira in direzione opposta al corrispettivo aliseo, ma più in alto.
cóntro asségno *avv.* → **contrassegno**².
con|tro|bàt|te|re *v.tr.* [con. come *battere*] rispondere, replicare a ciò che sostiene un'altra persona: *non puoi — la verità*.
con|tro|bi|lan|cià|re *v.tr.* [indic.pres. *io controbilancio...*] **1** equilibrare un peso collocandone un altro dalla parte opposta **2** (*fig.*) compensare ♦ **-rsi** *rifl.rec.* bilanciarsi l'uno con l'altro.
con|tro|bór|do *s.m.* (*mar.*) posizione assunta reciprocamente da due navi che percorrono la stessa rotta in direzione inversa.
con|tro|càm|po *s.m.* (*cine.*) inquadratura filmata dal punto di vista opposto rispetto a quello precedente.
con|tro|càn|to *s.m.* (*mus.*) melodia secondaria sovrapposta alla principale.
con|tro|càs|sa *s.f.* cassa che ne contiene un'altra, usata come protezione.
con|tro|chià|ve *s.f.* **1** seconda chiave di una serratura | chiave di una seconda serratura **2** chiave falsa.
con|tro|chì|glia *s.f.* (*mar.*) nelle imbarcazioni, struttura longitudinale sovrapposta alla chiglia per proteggerla e aumentarne la stabilità.
con|tro|co|per|ti|na *s.f.* quarta pagina della copertina di un volume o di una rivista; quarta di copertina.
con|tro|cor|rèn|te *s.f.* corrente con direzione opposta a quella principale ♦ *avv.* in direzione opposta a quella della corrente: *navigare —* (*fig.*) pensare in modo contrario alla maggioranza delle persone: *gli piace andare —* ♦ *agg. invar.* originale: *individuo, idee —*.
con|tro|cul|tù|ra *s.f.* complesso di ideali e di valori diversi rispetto a quelli della cultura dominante, proprio dei movimenti di contestazione.

con|tro|cùr|va *s.f.* curva della strada che viene subito dopo un'altra curva, ma orientata in senso contrario.

con|tro|dà|do *s.m.* (*mecc.*) dado che viene fissato su un altro per impedire che si allenti.

con|tro|da|tà|re *v.tr.* aggiungere una data a un documento già datato.

con|tro|e|sà|me *s.m.* (*dir.*) nella fase dibattimentale di un processo penale, interrogatorio del testimone condotto dalla parte che non ne aveva chiesto l'ammissione.

con|tro|e|sèm|pio *s.m.* esempio contrario che smentisce una norma.

con|tro|è|so|do *s.m.* ritorno in massa dei turisti dai luoghi di vacanza alle rispettive città di residenza.

con|tro|fa|gòt|to *s.m.* (*mus.*) strumento a fiato ad ancia doppia, simile al fagotto, ma con suono più grave.

con|trof|fen|sì|va *s.f.* contrattacco.

con|trof|fen|sì|vo *agg.* attinente a una controffensiva.

con|trof|fèr|ta *s.f.* offerta che viene fatta in risposta a una richiesta.

con|tro|fi|gù|ra *s.f.* (*cine.*) attore secondario che prende il posto di quello principale nelle scene pericolose o di sesso | (*estens.*) individuo che somiglia a un altro o tenta di imitarlo: *è la — di sua sorella.*

con|tro|fi|lét|to *s.m.* taglio di carne bovina tra il filetto e il girello.

con|tro|fi|nè|stra *s.f.* intelaiatura con vetri applicata alla finestra per migliorare l'isolamento acustico e termico della stanza.

con|tro|fiòc|co *s.m.* (*mar.*) vela più piccola del fiocco, collocata dinanzi a esso.

con|tro|fir|ma *s.f.* (*bur.*, *banc.*) seconda firma apposta sui documenti o sugli assegni per verifica o convalida.

con|tro|fir|mà|re *v.tr.* (*bur.*, *banc.*) mettere una controfirma.

con|tro|fò|de|ra *s.f.* tela grezza inserita tra la stoffa e la fodera nei colli e nei risvolti degli abiti.

con|tro|fuò|co *s.m.* [pl. -*chi*] incendio volontario per bruciare materiale combustibile che potrebbe alimentare un altro incendio in corso.

con|tro|gi|rèl|lo *s.m.* taglio di carne bovina vicino al girello, nella parte esterna della coscia.

con|tro|in|di|cà|to *agg.* detto di medicinale o cura vietati o sconsigliati in determinati casi | (*estens.*) inadeguato: *il caffè è — per i soggetti ipertesi.*

con|tro|in|di|ca|zió|ne *s.f.* **1** condizione che sconsiglia una cura o l'uso di un medicinale **2** nota a margine di uno scritto.

con|tro|in|for|ma|zió|ne *s.f.* informazione che si fornisce in alternativa a quella divulgata dai mass media ufficiali.

con|trol|là|bi|le *agg.* che può essere sottoposto a controllo o a conferma: *una notizia —.*

con|trol|là|re *v.tr.* [indic.pres. *io controllo...*] **1** valutare la precisione o la validità di ql.co.; confermare **2** badare, sorvegliare: — *la classe* **3** dominare, governare: — *il mercato* | (*fig.*) — *i nervi*, stare calmo ♦ **-rsi** *rifl.* conservare l'autocontrollo; dominarsi.

con|trol|là|to *part.pass.* di controllare ♦ *agg.* **1** che si manifesta secondo determinate norme: *un decorso —* **2** che sa dominare comportamento e reazioni; equilibrato, moderato: *è molto — in ciò che dice.*

controller (*ingl.*) *s.m.invar.* **1** apparecchio elettronico o elettromeccanico che regola il funzionamento di una macchina **2** (*econ.*) funzionario amministrativo incaricato della gestione economica di un'azienda.

con|tròl|lo *s.m.* **1** accertamento, ispezione: *effettuare un —* **2** sorveglianza, vigilanza spec. da parte delle forze dell'ordine: — *del territorio* **3** azione svolta per disciplinare un settore secondo criteri prestabiliti | — *delle nascite*, complesso delle metodiche finalizzate alla limitazione delle nascite **4** dominio, padronanza: *avere il — del gruppo societario* | (*assol.*) dominio dei propri impulsi, autocontrollo: *mantenere il —* **5** insieme di persone o ufficio che ha il compito di verificare un'attività: — *doganale* **6** (*tecn.*) dispositivo per regolare il funzionamento di un impianto: — *della luminosità* **7** (*elettron.*) dispositivo che segnala gli errori o il cattivo funzionamento di un sistema o di una macchina: *quadro di —.*

con|trol|ló|re *s.m.* **1** chi ha il compito di esercitare un controllo **2** sui mezzi di trasporto pubblici, chi verifica che i passeggeri siano muniti di biglietto.

con|tro|lù|ce o **còntro lùce** *s.f.* (*raro*) luce che è in contrasto con un'altra | luce che proviene di fronte ♦ *s.m.* (*cine.*, *foto.*) fotografia o ripresa di un soggetto illuminato da dietro, in cui la sagoma risalta sullo sfondo ♦ *avv.* in posizione opposta rispetto alla sorgente luminosa | *guardare ql.co.* (*in*) —, in trasparenza.

con|tro|mà|no o **còntro màno** *avv.* in direzione inversa a quella stabilita dal codice della strada: *andare —.*

con|tro|ma|nò|vra *s.f.* **1** (*mil.*) azione che tende a sventare una manovra nemica **2** (*fig.*) reazione immediata a un atto ostile.

con|tro|màr|ca *s.f.* gettone o tessera contrassegnata che consente il ritiro di un oggetto depositato o il rientro al cinema o al teatro dello spettatore temporaneamente allontanatosi.

con|tro|màr|cia *s.f.* **1** (*mil.*) inversione della direzione di marcia **2** retromarcia di un veicolo a motore.

con|tro|mi|sù|ra *s.f.* disposizione finalizzata a prevenire o fronteggiare una situazione negativa: *adottare, individuare le opportune contromisure.*

con|tro|mòs|sa *s.f.* azione orientata a vanificare l'attacco di un avversario: *prepararsi a una —.*

con|tro|mù|ro *s.m.* (*edil.*) muro edificato vicino a un altro per rinforzarlo o per creare un'intercapedine.

con|tro|pà|lo *s.m.* palo che fa da puntello a un altro.

con|tro|pàr|te *s.f.* (*dir.*, *polit.*) in un processo civile oppure in una controversia sindacale o politica, la parte avversaria.
con|tro|par|ti|ta *s.f.* **1** in ragioneria, partita corrispettiva a un'altra in un libro di conti | operazione finanziaria che ha lo scopo di pareggiare un'altra **2** (*fig.*) compenso: *fornire ql.co. in —*.
con|tro|pé|lo o **còntro pélo** *avv.* nel senso contrario al verso del pelo: *accarezzare il gatto —* ♦ *s.m.* rasatura in senso contrario al verso del pelo | (*fig.*) **fare il pelo e il — a qlcu.**, dargli una lezione.
con|tro|pen|dèn|za *s.f.* **1** pendenza inclinata in senso inverso a quella precedente | (*geog.*) pendenza anomala, che va verso il monte invece che verso il fondovalle **2** pendenza verso l'esterno di una curva stradale.
con|tro|piè|de *s.m.* (*sport*) veloce contrattacco di una squadra mentre quella avversaria sta attaccando e ha pochi giocatori in difesa | (*fig.*) **prendere in —**, alla sprovvista.
con|tro|pòr|ta *s.f.* seconda porta che viene aggiunta a un'altra per sicurezza o per migliorare l'isolamento termico e acustico.
con|tro|po|té|re *s.m.* forma di potere che si contrappone a quella costituita.
con|tro|pro|du|cèn|te *agg.* che provoca un effetto opposto a quello voluto: *una scelta —*.
con|tro|pro|pó|sta *s.f.* proposta fatta in opposizione a un'altra.
con|tro|prò|va *s.f.* **1** prova con cui si controlla la validità di una prova precedente: *— di un esame* **2** seconda votazione che verifica i risultati della precedente.
con|tro|que|rè|la *s.f.* (*dir.*) querela che a sua volta il querelato fa al querelante.
con|tro|ràn|da *s.f.* (*mar.*) piccola vela a triangolo che si alza sulla randa con vento favorevole.
con|tròr|di|ne *s.m.* ordine che cambia o annulla quello precedente.
con|tro|re|la|tó|re *s.m.* [f. *-trice*] chi fa una controrelazione | nella discussione della tesi di laurea, correlatore che ha la funzione di muovere eventuali critiche al candidato.
con|tro|re|la|zió|ne *s.f.* relazione contrapposta a un'altra o che la modifica.
Con|tro|ri|fór|ma *s.f.* **1** (*st.*) vasto movimento di riforma religiosa e morale con cui la Chiesa cattolica cercò di combattere la Riforma protestante, culminato nel concilio di Trento (1545-1563) **2** (*estens.*) fenomeno culturale o politica che si oppone a ogni forma di rinnovamento.
con|tro|ri|for|mì|sta *s.m./f.* [m.pl. *-i*] seguace o sostenitore della Controriforma ♦ *agg.* controriformistico.
con|tro|ri|for|mì|sti|co *agg.* [m.pl. *-ci*] relativo alla Controriforma | (*estens.*) che si oppone a ogni rinnovamento.
con|tro|ri|vo|lu|zio|nà|rio *agg.* caratteristico della controrivoluzione ♦ *s.m.* [f. *-a*] chi sostiene o partecipa a una controrivoluzione.
con|tro|ri|vo|lu|zió|ne *s.f.* azione rivoluzionaria in risposta a una rivoluzione precedente.
con|tro|sèn|so *s.m.* idea, enunciato o azione che include in sé una contraddizione o che si oppone al senso comune.
con|tro|sof|fit|to *s.m.* (*edil.*, *arch.*) secondo soffitto collocato al di sotto di un altro, usato per creare un isolamento termico e acustico o per motivi estetici.
con|tro|spio|nàg|gio *s.m.* servizio segreto di uno Stato che ha la funzione di contrastare e sventare l'attività di spionaggio di altri Stati.
con|tro|ster|zà|re *v.tr.* [indic.pres. *io controsterzo...*] (*auto.*) sterzare in modo tale che le ruote anteriori vengano orientate verso l'esterno di una curva.
con|tro|ster|zà|ta *s.f.* manovra per controsterzare.
con|tro|tèm|po *s.m.* **1** (*mus.*) contrasto ritmico **2** (*sport*) nella scherma, azione con cui si tende ad annullare quella dell'avversario | nel pugilato, attacco simulato per costringere l'avversario alla parata | nel tennis, tiro nell'angolo da cui l'avversario si è allontanato ♦ *avv.* non a tempo.
con|tro|ten|dèn|za *s.f.* tendenza in reazione o in contrasto a un'altra.
con|tro|va|ló|re *s.m.* corrispettivo del valore di una cifra di denaro in valuta straniera.
con|tro|vèn|to *avv.* in direzione opposta a quella del vento ♦ *s.m* (*arch.*) membratura per garantire la resistenza di una struttura alle forze orizzontali del vento.
con|tro|vèr|sia *s.f.* **1** discordanza di opinioni; discussione, questione: *— politica* **2** (*dir.*) contrasto di interessi discusso in un processo | (*estens.*) causa, lite, giudizio.
con|tro|vèr|so *agg.* incerto, discutibile: *risultato —*.
con|tro|ver|tì|bi|le *agg.* che può essere oggetto di controversia; contestabile: *opinione —*.
con|tro|vò|glia o **còntro vòglia** *avv.* contro il proprio volere, malvolentieri: *mangiare —*.
con|tu|mà|ce *agg.*, *s.m./f.* (*dir.*) detto di chi è in contumacia.
con|tu|mà|cia *s.f.* **1** (*dir.*) nel diritto penale, situazione dell'imputato che non si presenta al processo | nel diritto civile, situazione di una parte che non si costituisce in giudizio **2** (*med.*) provvedimento sanitario consistente nell'isolamento per un determinato tempo di merci, persone o animali provenienti da aree infette; quarantena.
con|tu|mè|lia *s.f.* (*lett.*) frase o parola ingiuriosa; villania.
con|tun|dèn|te *part.pres.* di **contundere** ♦ *agg.* che procura contusioni | *corpo —*, oggetto in grado di provocare gravi contusioni.
con|tùn|de|re *v.tr.* [pass.rem. *io contùsi*, *tu contundésti...*; part.pass. *contùso*] procurare contusioni ♦ *-rsi* *intr.pron.* procurarsi una contusione: *si è contuso scivolando dal gradino*.
con|tur|bàn|te *part.pres.* di **conturbare** ♦ *agg.* che sconvolge intimamente; provocante: *sguardo —*.
con|tur|bà|re *v.tr.* sconvolgere intimamente ♦ *-rsi* *intr.pron.* impressionarsi, turbarsi.
con|tu|sió|ne *s.f.* (*med.*) lesione delle parti

contuso

molli dell'organismo dovuta a compressione e schiacciamento, gener. caratterizzata dalla rottura dei capillari ma senza lacerazione della pelle.

con|tù|so *part.pass. di* contundere ♦ *agg., s.m.* [f. *-a*] che, chi ha subito una o varie contusioni.

co|nur|ba|zió|ne *s.f.* fenomeno che si verifica quando una città in espansione ingloba i vicini centri urbani | l'agglomerato urbano che deriva da tale fenomeno.

con|va|le|scèn|te *agg., s.m./f.* che, chi, dopo essere guarito da una malattia, non si è ancora del tutto ristabilito.

con|va|le|scèn|za *s.f.* condizione di chi è convalescente | (*estens.*) periodo di tempo compreso tra la fine delle manifestazioni cliniche di una malattia e la completa guarigione del malato.

con|và|li|da *s.f.* (*bur.*) conferma della validità di un documento, di un atto e sim. | (*estens.*) avvaloramento.

con|va|li|dà|re *v.tr.* [indic.pres. *io convàlido...*] **1** (*bur.*) rendere legalmente valido: — *un provvedimento* **2** (*estens.*) confermare, rafforzare: — *un sospetto*.

con|ve|gni|sta *s.m./f.* [m.pl. -*i*] chi prende parte a un convegno.

con|vé|gno *s.m.* riunione di varie persone in un determinato luogo | congresso tenuto da studiosi per discutere su temi di ricerca comuni: *un — di industriali* | (*lett.*) **darsi** —, darsi appuntamento.

con|ve|né|vo|li *s.m.pl.* complesso di espressioni e di comportamenti convenzionali di cortesia: *tralasciare i convenevoli*.

con|ve|nièn|te *part.pres. di* convenire ♦ *agg.* **1** adeguato, idoneo: *comportarsi in modo* — **2** buono, favorevole: *prezzo —* □ **convenientemente** *avv.* come richiede la situazione, adeguatamente.

con|ve|nièn|za *s.f.* **1** idoneità, adeguatezza, proporzione **2** interesse, tornaconto, utilità: *badare solo alla* — **3** gentilezza, cortesia: *una telefonata di* — **4** (*solo pl.*) l'insieme delle norme di comportamento sociale: *osservare le convenienze*.

con|ve|nì|re *v.tr.* [con. come *venire*] **1** stabilire, fissare: — *il prezzo di un prodotto* **2** (*dir.*) citare in giudizio ♦ *intr.* [aus. *E* nei sign. 1, 3 e 4, *A* nel sign. 2] **1** (*lett.*) giungere in un medesimo luogo da parti diverse; riunirsi **2** essere d'accordo: *su questo punto conveniamo tutti* | stabilire di comune accordo: *convennero di ritrovarsi più tardi* | riconoscere, ammettere: *convengo di avere sbagliato* **3** essere appropriato: *non è un comportamento che conviene a una persona educata* **4** essere vantaggioso: *una spesa che conviene; ti conviene stare zitto* ♦ *intr.impers.* [aus. *E*] essere necessario, indispensabile: *non conviene allontanarsi* ♦ **-rsi** *intr.pron.* essere idoneo, proporzionato: *vestirsi come si conviene*.

convention (*ingl.*) [pr. *konvènscion*] *s.f.invar.* convegno, raduno programmatico, spec. politico o di marketing.

con|vèn|to *s.m.* edificio in cui vivono i religiosi o le religiose di un ordine; monastero | (*estens.*) la comunità religiosa che vi risiede | (*fig., scherz.*) **accontentarsi di quel che passa il —**, accontentarsi di ciò che si ha.

con|ven|tu|à|le *agg.* di convento, relativo a un convento: *disciplina* — | **frati minori conventuali**, ramo dell'ordine francescano distintosi dagli osservanti nel 1517 ♦ *s.m.* religioso che vive in convento | chi fa parte dell'ordine dei conventuali.

con|ve|nù|to *part.pass. di* convenire ♦ *agg.* che è stato fissato, concordato: *cifra convenuta* ♦ *s.m.* **1** quanto è stato fissato di comune accordo **2** (*dir.*) chi viene chiamato a comparire in un processo civile **3** [f. -*a*] (*spec.pl.*) partecipante con altri a una riunione o manifestazione.

con|ven|zio|nà|le *agg.* **1** che è tale per comune accordo: *simbolo* — **2** che segue passivamente le usanze e le idee correnti; banale, scontato: *linguaggio* — **3** tradizionale, usuale | **armi convenzionali**, quelle né chimiche né nucleari □ **convenzionalmente** *avv.*

con|ven|zio|na|li|smo *s.m.* conformismo, assenza di originalità.

con|ven|zio|na|li|sta *agg., s.m./f.* [m.pl. -*i*] che, chi è conformista.

con|ven|zio|na|li|tà *s.f.* caratteristica di ciò che è convenzionale.

con|ven|zio|nà|re *v.tr.* [indic.pres. *io convenzióno...*] (*bur.*) fissare con una convenzione ♦ **-rsi** *rifl.* accordarsi grazie a una convenzione.

con|ven|zio|nà|to *part.pass. di* convenzionare ♦ *agg.* **1** fissato da una convenzione: *tariffe convenzionate* **2** che offre determinati servizi o effettua particolari prezzi in base a una convenzione: *studio medico —*.

con|ven|zió|ne *s.f.* **1** accordo tra persone, enti o Stati su questioni di interesse comune o per la prestazione di particolari servizi: — *militare; fissare una* — **2** quanto deriva da una norma o da una consuetudine accettata da tutti | **convenzioni sociali**, norme di comportamento accettate in una società **3** (*polit.*) assemblea legislativa.

con|ver|gèn|te *part.pres. di* convergere ♦ *agg.* **1** che converge verso uno stesso punto: *rette convergenti* **2** (*fig.*) corrispondenti, coincidenti: *opinioni convergenti* **3** (*fis.*) si dice di lente che converge i raggi verso uno stesso punto.

con|ver|gèn|za *s.f.* **1** (*anche fig.*) direzione di più verso lo stesso punto | confluenza: — *di fiumi* **2** (*fig.*) coincidenza: — *di giudizi* **3** in un autoveicolo, posizione lievemente convergente delle ruote che ne controbilancia la tendenza a divergere durante la marcia **4** (*geog.*) incontro di masse d'aria o di correnti marine.

con|vèr|ge|re *v.intr.* [indic.pres. *io convergo, tu convergi...*; pass.rem. *io conversi, tu convergésti...*; raro il part.pass. *converso* e i tempi composti; aus. *E*] **1** andare contemporaneamente verso un unico punto, partendo da punti diversi; tendere a unirsi: *le strade convergono nella* *piazza* 2 (*fig.*) tendere a corrispondere, a coincidere: *aspettative che convergono.*

con|vèr|sa[1] *s.f.* suora laica che si occupa dei servizi in un convento.

con|vèr|sa[2] *s.f.* (*edil.*) nelle coperture dei tetti, lastra in metallo che convoglia l'acqua piovana nei compluvi.

con|ver|sà|re *v.intr.* [indic.pres. *io converso...*; aus. A] discorrere piacevolmente con una o varie persone.

con|ver|sa|tó|re *s.m.* [f. *-trice*] persona a cui piace conversare | chi tiene conversazioni piacevoli.

con|ver|sa|zió|ne *s.f.* 1 dialogo, colloquio su vari argomenti 2 discorso condotto in tono colloquiale; chiacchierata: *fare —.*

con|ver|sió|ne *s.f.* 1 cambiamento sostanziale di comportamenti, abitudini o ideali | passaggio da una religione a un'altra 2 trasformazione di un bene economico in un altro che gli equivale, ma è di specie diversa: — *di euro in dollari* 3 (*chim.*, *fis.*) trasformazione di una cosa in un'altra: *la — di un liquido in un solido* 4 (*anche fig.*) variazione della direzione di movimento: — *di marcia* 5 (*inform.*) operazione con cui si trasferiscono i dati da un sistema a un altro o da un programma a un altro.

con|vèr|so *s.m.* frate laico che si occupa dei lavori manuali in un convento.

con|ver|ti|bi|le *agg.* che può essere convertito | (*banc.*) **obbligazione** —, che può essere convertita in azioni | **automobile** —, decappottabile.

con|ver|ti|bi|li|tà *s.f.* 1 caratteristica di ciò che è convertibile 2 (*banc.*) situazione in cui una moneta può essere convertita in oro o in moneta straniera.

con|ver|ti|re *v.tr.* [indic.pres. *io converto...*; pass.rem. *io convertii...*; part.pass. *convertito*] 1 persuadere qlcu. a modificare radicalmente vita e ideali o a cambiare credo religioso: — *al cristianesimo* 2 trasformare ♦ **-rsi** *rifl.* modificare vita, ideali o credo religioso ♦ *intr.pron.* modificarsi, trasformarsi.

con|ver|ti|to *part.pass. di* convertire ♦ *agg., s.m.* [f. *-a*] che, chi ha cambiato vita, ideali o credo religioso.

con|ver|ti|tó|re *s.m.* 1 (*tecn.*, *fis.*, *elettr.*) dispositivo o apparecchio che trasforma composti, segnali o forze 2 (*metall.*) apparecchio in cui i metalli fusi vengono trasformati in metalli puri o in leghe 3 (*mecc.*) — *di coppia*, dispositivo che trasmette la potenza da un albero motore a un albero condotto che si muovono a velocità diverse 4 (*inform.*) programma che traduce i dati da un formato a un altro.

con|ves|si|tà *s.f.* 1 caratteristica di ciò che è convesso 2 parte convessa.

con|vès|so *agg.* detto di linea o superficie curvata verso l'esterno | (*geom.*) **angolo** —, inferiore a 180°.

con|vet|ti|vo *agg.* (*fis.*) relativo a convezione: *moto —.*

con|vet|tó|re *s.m.* apparecchio di riscaldamento ad aria calda.

con|ve|zió|ne *s.f.* (*fis.*) diffusione di calore nei fluidi tramite spostamento di materia.

con|vin|cèn|te *part.pres. di* convincere ♦ *agg.* che persuade: *tono —.*

con|vìn|ce|re *v.tr.* [con. come *vincere*] (*anche assol.*) persuadere qlcu. ad ammettere ql.co.: *discorso che convince* | indurre qlcu. a comportarsi in un determinato modo: *la convinse a restare* ♦ **-rsi** *rifl.* acquisire sicurezza, eliminando eventuali dubbi; persuadersi: *si è convinto del suo sbaglio.*

con|vin|ci|mén|to *s.m.* convinzione.

con|vìn|to *part.pass. di* convincere ♦ *agg.* che è fermo nelle sue convinzioni: *comunista —.*

con|vin|zió|ne *s.f.* 1 condizione di chi è convinto; persuasione: *asserire con —* 2 (*spec.pl.*) ciò di cui si è convinti; certezze acquisite: *convinzioni ideologiche.*

con|vi|tà|re *v.tr.* (*lett.*) chiamare a convito.

con|vi|tà|to *agg., s.m.* [f. *-a*] che, chi prende parte a un convito; invitato.

con|vì|to *s.m.* (*lett.*) insigne pranzo fatto in occasione di particolari cerimonie a cui partecipano molti invitati; banchetto.

con|vìt|to *s.m.* istituto in cui gli studenti frequentano le lezioni, risiedono e ricevono il vitto; collegio.

con|vit|tó|re *s.m.* [f. *-trice*] studente di un convitto; collegiale.

con|vi|vèn|te *part.pres. di* convivere ♦ *agg., s.m./f.* che, chi convive con qlcu. senza esserne coniugato.

con|vi|vèn|za *s.f.* 1 vita in comune nello stesso luogo | coabitazione di una coppia non sposata 2 gruppo di persone che convivono: — *civile* 3 (*fig.*) coesistenza.

con|vi|ve|re *v.intr.* [con. come *vivere*; aus. A] vivere insieme, coabitare: — *con i nonni* | vivere con una persona senza esserne coniugato.

con|vi|vià|le *agg.* (*lett.*) di convivio, relativo ai conviti.

con|vì|vio *s.m.* (*lett.*) banchetto, convito.

con|vo|cà|re *v.tr.* [indic.pres. *io cònvoco, tu cònvochi...*] 1 chiamare i membri di un organo collegiale a consiglio 2 (*estens.*) chiamare qlcu. a un colloquio, a un incontro o a una riunione.

con|vo|ca|zió|ne *s.f.* invito a una riunione, a un colloquio.

con|vo|glià|re *v.tr.* [indic.pres. *io convoglio...*] 1 (*anche fig.*) dirigere verso un luogo preciso: — *le acque in un progetto ambizioso* | indirizzare: — *le acque in un bacino* 2 trasportare, trascinare: *i residui sono convogliati dal torrente.*

con|vo|glia|tó|re *s.m.* apparecchio usato per convogliare oggetti o materiali: — *a nastro.*

con|vò|glio *s.m.* 1 gruppo di imbarcazioni che navigano insieme | gruppo di veicoli che si muovono uno di seguito all'altro | **ferroviario**, treno con più vagoni 2 gruppo di individui spostati da un posto a un altro: *un — di soldati.*

con|vo|là|re *v.intr.* [indic.pres. *io convólo...*;

convolvolo

aus. *E*] (*scherz.*) *solo nella loc.* — *a giuste nozze,* sposarsi.
con|vòl|vo|lo *s.m.* pianta erbacea rampicante con profumati e vistosi fiori a imbuto.
Con|vol|vu|là|ce|e *s.f.pl.* famiglia di piante erbacee o arbustacee, dicotiledoni, dal fusto volubile, con frutto capsulare, fiori variamente colorati, singoli o riuniti in cime.
con|vul|sió|ne *s.f.* **1** (*med.*) violenta e brusca contrazione involontaria dei muscoli: — *interna* **2** (*estens.*) gesto convulso | manifestazione inarrestabile e violenta: *una — di collera.*
con|vul|sì|vo *agg.* di convulsione; caratterizzato da convulsione: *movimento —.*
con|vùl|so *agg.* **1** che possiede le caratteristiche di una convulsione; inarrestabile, violento: *rabbia convulsa* | *tosse convulsa,* pertosse **2** (*fig.*) estremamente veloce, disordinato, scoordinato: *ragionamento* — | esagitato, intenso: *attività convulsa* □ **convulsamente** *avv.*
co|o|pe|rà|re *v.intr.* [indic.pres. *io coòpero...*; aus. *A*] operare con altri; collaborare alla realizzazione di un obiettivo; coadiuvare.
co|o|pe|ra|tì|va *s.f.* (*econ.*) società di più persone che si dividono in parti uguali capitale, compiti lavorativi e guadagni | — *di consumo,* quella costituita allo scopo di fornire beni e servizi a prezzi competitivi | — *di lavoro,* quella che prende in appalto dei lavori e poi divide gli utili dell'impresa tra i soci.
co|o|pe|ra|ti|vì|smo *s.m.* movimento che favorisce la diffusione della cooperazione e delle cooperative.
co|o|pe|ra|ti|vì|sti|co *agg.* [m.pl. *-ci*] attinente al cooperativismo o alle cooperative.
co|o|pe|ra|ti|vo *agg.* di cooperazione; che è basato sulla cooperazione.
co|o|pe|ra|tó|re *agg., s.m.* [f. *-trice*] **1** che, chi coopera **2** che, chi prende parte a una cooperativa.
co|o|pe|ra|zió|ne *s.f.* **1** collaborazione **2** attività economica che si basa sul cooperativismo.
co|op|tà|re *v.tr.* [indic.pres. *io coòpto...*] **1** (*bur.*) chiamare qlcu. a far parte di un collegio, una società e sim. per decisione dei membri già in carica **2** (*estens.*) far partecipare qlcu. a un progetto, un'impresa ecc.
co|or|di|nà|bi|le *agg.* **1** che può essere coordinato **2** detto di prodotti con funzioni diverse concepiti per essere accostati e creare un tutto armonico: *cintura — con la borsa.*
co|or|di|na|mén|to *s.m.* organizzazione che coordina | insieme degli individui che sono coordinati.
co|or|di|nàn|te *part.pres. di* coordinare ◆ *agg.* che ha lo scopo di coordinare.
co|or|di|nà|re *v.tr.* [indic.pres. *io coórdino...*] **1** riunire, mettere insieme con uno scopo preciso: — *le iniziative* | rendere armonico e funzionale: — *i movimenti* **2** (*gramm.*) unire con un rapporto di coordinazione due proposizioni o due elementi di una stessa proposizione.
co|or|di|nà|ta *s.f.* **1** (*mat.*) ciascuno dei numeri che consentono di localizzare un punto rispetto a un sistema di riferimento: *coordinate cartesiane* **2** (*spec.pl.*) *coordinate geografiche,* quelle usate convenzionalmente per localizzare un punto sulla superficie terrestre; sono rappresentate dalla latitudine e dalla longitudine **3** (*gramm.*) proposizione coordinata.
co|or|di|nà|to *part.pass. di* coordinare ◆ *agg.* **1** messo insieme, ordinato per la realizzazione di uno scopo; armonioso **2** che partecipa con altri al raggiungimento dello stesso obiettivo; collegato: *indagini coordinate* **3** (*mat.*) detto di rette o piani che costituiscono un sistema di riferimento **4** (*gramm.*) detto di proposizione unita a un'altra da un rapporto di coordinazione (p.e. *noi ridiamo, ma tu piangi*) ◆ *s.m. spec.pl.* capo o accessorio d'abbigliamento che si può abbinare in modo armonico ad altri capi o accessori.
co|or|di|na|tó|re *agg., s.m.* [f. *-trice*] che, chi coordina la comune attività di un gruppo di persone.
co|or|di|na|zió|ne *s.f.* **1** coordinamento, funzionalità d'insieme: — *di idee* **2** (*gramm.*) rapporto di uguaglianza tra due elementi di una stessa proposizione o tra due proposizioni (p.e. *il cane e il gatto; io studio, invece tu dormi*).
co|òr|te *s.f.* (*st.*) unità della legione romana.
co|pà|le *o* **coppàle** *s.f./m.* **1** resina naturale usata per preparare vernici **2** pelle per calzature lucidata con tale vernice.
co|pè|co *s.m.* [pl. *-chi*] moneta divisionale russa, corrispondente alla centesima parte del rublo.
Co|pè|po|di *s.m.pl.* ordine di piccoli Crostacei costituenti il plancton marino o di acqua dolce, con il corpo allungato, un solo occhio e antenne per nuotare o galleggiare; alcuni sono fosforescenti.
co|pèr|chio *s.m.* utensile con cui si coprono contenitori, recipienti, pentole.
co|per|ni|ca|né|si|mo *o* **copernicanismo** *s.m.* insieme delle dottrine scientifiche fondate sulla cosmologia eliocentrica copernicana.
co|per|ni|cà|no *agg.* relativo all'astronomo polacco Niccolò Copernico (1473-1543) | *sistema* —, quello per cui la Terra e i pianeti girano intorno al Sole con orbite circolari.
co|pèr|ta *s.f.* **1** drappo per coprire | panno pesante rettangolare che si stende sulle lenzuola del letto per ripararsi dal freddo **2** fodera di tessuto con cui si ricopre un oggetto per evitare che si impolveri o si inumidisca: *la* — *del divano* **3** telone tondo ed elastico, usato dai vigili del fuoco per attutire la caduta di chi si lancia da edifici incendiati **4** (*mar.*) in un'imbarcazione, il ponte scoperto superiore che va da poppa a prua.
co|per|tì|na *s.f.* involucro di carta o cartoncino che riveste libri, quaderni e sim.
co|pèr|to[1] *part.pass. di* coprire ◆ *agg.* **1** riparato, protetto | vestito, spec. con indumenti pesanti che riparano dal freddo: *sei ben* —? **2** chiuso da un tetto o sim.: *parcheggio* — **3** (*fig.*) garantito in modo adeguato, sicuro | *assegno* —, a cui equi-

vale un fondo corrispettivo versato in banca **4** (*estens.*) ricoperto, cosparso: *un albero — di neve* | *cielo —*, nuvoloso **5** (*fig.*) dissimulato, non chiaro: *parole coperte* ♦ *s.m. solo sing.* luogo riparato: *dormire al —* | (*fig.*) **essere al —**, essere al sicuro □ **copertamente** *avv.* in modo non chiaro; di nascosto.

co|pèr|to² *s.m.* quanto è necessario alla preparazione della tavola per ciascun commensale, ossia piatti, bicchieri, posate ecc. | prezzo pagato in un ristorante per ogni consumazione al tavolo.

co|per|tó|ne *s.m.* **1** nei veicoli, robusto rivestimento in gomma che preserva da eventuali rotture la camera d'aria degli pneumatici **2** grande telo impermeabile usato per proteggere dal maltempo merci e automezzi.

co|per|tù|ra *s.f.* **1** ciò che copre: — *del terrazzo* **2** (*anche fig.*) falsa apparenza, ciò che è usato per tenere nascosto: *il negozio faceva da — a un'attività di contrabbando* **3** (*edil.*) ciò che completa la sommità di un edificio **4** (*econ.*) garanzia di un'operazione finanziaria **5** (*mil.*) l'insieme delle misure adottate per garantire la sicurezza delle frontiere | *fuoco di —*, quello con cui si protegge un'unità che viene mandata all'attacco | (*fig.*) protezione: *misure di —* **6** (*sport*) tattica di difesa **7** territorio coperto da un segnale radiofonico o televisivo.

cò|pia¹ *s.f.* (*lett.*) grande quantità, abbondanza.

cò|pia² *s.f.* **1** trascrizione fedele di uno scritto | **brutta —**, stesura provvisoria di uno scritto | **bella —**, stesura definitiva di uno scritto **2** (*anche spreg.*) imitazione di un'opera originale: *la — di un quadro* | (*estens.*) persona che somiglia molto a un'altra **3** ciascun esemplare di un libro o giornale: *ne sono state vendute ventimila copie* **4** (*tecn.*) riproduzione di immagini, suoni o dati su supporto magnetico **5** (*foto.*) immagine ottenuta dalla stampa del negativo.

co|pià|re *v.tr.* [*indic.pres. io copio...*] **1** riscrivere uno scritto in modo identico **2** fare la copia di un'opera d'arte | riprodurre un modello o un soggetto reali: — *un panorama* **3** (*estens.*) trascrivere in modo illecito quanto è stato scritto da altri: — *la soluzione di un esercizio* | imitare ciò che altri fanno o pensano: — *un amico* **4** (*tecn.*) duplicare un'audiocassetta, un compact disc ecc.

co|pia|ti|vo *agg.* che serve a copiare | **carta copiativa**, carta carbone | **matita copiativa**, quella che traccia un segno indelebile.

co|pia|tri|ce *s.f.* apparecchio che riproduce documenti; fotocopiatrice.

co|pia|tù|ra *s.f.* **1** l'azione del copiare, il modo in cui si copia **2** imitazione di un'opera originale, plagio: — *di una canzone*.

co|pì|glia o **coppìglia** *s.f.* (*mecc.*) barretta in metallo ricurva su se stessa usata per impedire che si sfilino i perni passanti.

co|pió|ne¹ *s.m.* testo di un lavoro teatrale dal quale vengono prese le parti di ciascun attore | sceneggiatura di un film | testo di trasmissioni televisive o radiofoniche | (*fig.*) **come da, secondo —**, come previsto, in modo scontato.

co|pió|ne² *s.m.* [f. -a] (*fam.*) chi imita gli altri nelle idee e atteggiamenti | a scuola, chi copia le esercitazioni dei compagni di classe.

co|pió|so *agg.* (*lett.*) che è in grande quantità; abbondante: *pioggia copiosa* □ **copiosamente** *avv.*

co|pì|sta *s.m./f.* [m.pl. -i] prima dell'invenzione della stampa, chi trascriveva i manoscritti; amanuense | chi copia scritture, documenti e sim. per professione.

co|pi|ste|rì|a *s.f.* negozio o ufficio in cui si effettuano copie di testi per conto terzi, gener. con la macchina da scrivere o con il computer.

còp|pa¹ o **cóppa** *s.f.* **1** bicchiere dalla forma semisferica con gambo a stelo | (*estens.*) ciò che vi è contenuto: *una — di gelato* **2** qualsiasi oggetto di forma semisferica | — **dell'olio**, nei motori a scoppio, vaschetta in cui si raccoglie l'olio lubrificante **3** ciascuna delle due parti concave che formano il reggiseno **4** trofeo in metallo a forma di calice dato in premio ai vincitori di gare sportive; la gara stessa: *la Coppa Davis* **5** (*solo pl.*) uno dei quattro semi dei tarocchi e delle carte da gioco italiane.

còp|pa² o **cóppa** *s.f.* **1** parte posteriore del collo del bue macellato **2** salume tipico dell'Italia settentrionale a base di carne di maiale, gener. il lombo, che viene aromatizzata, insaccata e stagionata.

cop|pà|le *s.m./f.* → **copale**.

cop|pèl|la *s.f.* crogiolo simile a una coppa usato un tempo per raffinare oro e argento.

cop|pel|la|zió|ne *s.f.* (*metall.*) separazione di due metalli allo stato liquido, basata sulla maggiore o minore affinità di un metallo con l'ossigeno; è usata per es. nell'estrazione dell'argento dal piombo argentifero.

cóp|pia o **còppia** *s.f.* **1** insieme di due persone, due animali o due cose dello stesso genere | insieme di due persone legate da una relazione amorosa: *— di fidanzati* | **a —**, **in —**, a due a due **2** (*sport*) insieme di due atleti che gareggiano uniti: *gara a coppie* **3** (*mecc.*) insieme di due parti meccaniche collegate tra loro **4** (*fis.*) insieme di due forze parallele, di uguale intensità e di verso opposto, applicate in due punti diversi di un corpo: *una — di vettori* **5** nei giochi di carte, due carte dello stesso valore: *una — d'assi*.

cop|piè|re *s.m.* [f. -a] nell'antichità, chi nei banchetti versava da bere ai convitati.

cop|piét|ta *s.f.* coppia di fidanzati.

cop|pì|glia *s.f.* → **copiglia**.

cóp|po *s.m.* **1** largo recipiente di terracotta per conservare l'olio **2** tegola ricurva per la copertura dei tetti.

cóp|po|la *s.f.* basso berretto tondo con visiera, tipico della Sicilia.

cò|pra *s.f.* polpa essiccata della noce di cocco da cui si estrae l'olio di cocco.

co|prèn|te *part.pres. di* coprire ♦ *agg.* che serve a coprire | detto di alcuni indumenti e cosmetici

copresidente

che nascondono la pelle o le sue imperfezioni: *calze coprenti; fondotinta* —.

co|pre|si|dèn|te *s.m.* chi presiede assieme ad altri un ente, un'istituzione e sim.

co|pri|ca|lo|ri|fe|ro *s.m.* piccolo mobile che nasconde il calorifero | copertura che si pone sopra i caloriferi per trattenere la polvere.

co|pri|càn|na *s.m.invar.* legno sagomato che riveste in parte la canna del fucile per impedire che si surriscaldi durante lo sparo.

co|pri|cà|po *s.m.* qualsiasi cappello usato per riparare il capo.

co|pri|ca|té|na *s.m.invar.* involucro protettivo per la catena di biciclette e motociclette; carter.

co|pri|co|stù|me *s.m.invar.* capo d'abbigliamento femminile che si indossa sopra il costume da bagno.

co|pri|cu|sci|no *s.m.* fodera che riveste i cuscini.

co|pri|fiàm|ma *s.m.invar.* specie di imbuto d'acciaio applicato alle armi da fuoco per schermarne la vampa durante lo sparo.

co|pri|fuò|co *s.m.invar.* ordine di non uscire di casa dopo una certa ora, imposto ai cittadini per motivi di sicurezza.

co|pri|lèt|to *s.m.invar.* coperta ornamentale che si mette sul letto.

co|pri|ma|te|ràs|so *s.m.* pesante fodera usata per rivestire i materassi a scopo igienico.

co|pri|re *v.tr.* [indic. pres. *io copro*...; pass.rem. *io coprii* o *copersi*, *tu copristi*...; part.pass. *coperto*] **1** porre ql.co. sopra, dinanzi o attorno a un'altra per proteggerla, ripararla, mascherarla: — *la poltrona con una fodera* | proteggere il corpo con indumenti: — *la gola con una sciarpa* **2** (*estens.*) rivestire completamente una superficie, avvolgere: *la neve copre la campagna* **3** (*fig.*) nascondere, occultare: — *le manchevolezze del collega* **4** (*fig.*) impedire l'ascolto di un suono: *il rumore del traffico copre la tua voce* **5** difendere, proteggere dall'offensiva nemica o dell'avversario: — *la fuga dei soldati* | nel linguaggio assicurativo e bancario, garantire: *l'assicurazione non copre il furto* **6** (*fig.*) occupare, esercitare: — *un impiego* **7** (*fig.*) riempire, colmare: — *di carezze* **8** (*fig.*) percorrere una spazio in un certo tempo: — *una distanza* **9** (*fig.*) detto di animali che si accoppiano, montare la femmina ♦ **-rsi** *rifl.* **1** proteggere il proprio corpo con indumenti **2** (*fig.*) riempirsi, colmarsi: — *di vergogna* **3** nel linguaggio assicurativo e bancario, garantirsi da un rischio, premunirsi ♦ *intr.pron.* rivestirsi, ricoprirsi: *le foglie si coprono di rugiada* | detto del cielo, rannuvolarsi.

co|pri|vi|vàn|de *s.m.invar.* coperchio di forma semisferica usato per proteggere le vivande dalle mosche.

cò|pro- primo elemento di parole composte che significa "feci" (*coprocoltura*) o "volgarità", "oscenità" (*coprolalia*).

co|pro|ces|só|re *s.m.* (*inform.*) microprocessore d'ausilio a determinate elaborazioni.

co|pro|col|tù|ra *s.f.* (*biol.*) esame consistente nella coltura di materiale fecale, al fine di rilevarne i ceppi batterici.

co|pro|dut|tó|re *agg.*, *s.m.* [f. *-trice*] che, chi prende parte a una coproduzione.

co|pro|du|zió|ne *s.f.* produzione di un'opera cinematografica grazie al finanziamento di più produttori | l'opera così prodotta.

co|pro|fa|gì|a *s.f.* (*psich.*) grave anomalia del comportamento, tipica di alcune malattie mentali, caratterizzata dall'impulso a manipolare e ingerire le feci.

co|pro|la|lì|a *s.f.* (*psich.*) tendenza impulsiva a dire volgarità.

co|prò|li|to *s.m.* **1** (*med.*) calcolo intestinale **2** (*geol.*) escremento fossile ricco di fosfati, un tempo usato come fertilizzante.

còp|to *s.m.* **1** [f. *-a*] cristiano d'Egitto e d'Etiopia **2** lingua parlata in Egitto fino al XVI sec., usata attualmente solo come lingua liturgica ♦ *agg.* dei Copti: *chiesa copta*.

cò|pu|la *s.f.* **1** (*lett.*) amplesso **2** (*gramm.*) congiunzione copulativa (p.e. *e*, *né*, *neanche*) | verbo copulativo (p.e. *essere*, *sembrare*, *divenire*).

co|pu|la|tì|vo *agg.* (*gramm.*) che serve a unire | *congiunzione copulativa*, ciascuna di quelle che unisce due o più termini o due o più proposizioni (p.e. *e*; *né*... *né*) | *verbo* —, quello che unisce il soggetto al predicato nominale (p.e. *è cattivo*; *sembra buona*).

copyright (*ingl.*) [pr. kòpirait] *s.m.invar.* diritto che tutela la proprietà di un'opera letteraria o artistica; diritto d'autore | marchio apposto sull'opera che ne riporta il nome del titolare del diritto e l'anno a cui risale.

coque (*fr.*) [pr. kok] *s.f.invar. solo nella loc.* **alla** —, si dice dell'uovo bollito per pochi minuti, in modo da far rapprendere l'albume e non il tuorlo.

co|ràg|gio *s.m.* **1** forza d'animo nell'affrontare e superare difficoltà, pericoli, sacrifici e dolori | *avere il* — *delle proprie azioni*, assumersene la responsabilità | *farsi* —, farsi forza | *il* — *della disperazione*, quello che viene quando tutto sembra perduto | —!, esortazione a non affliggersi **2** sfrontatezza, impudenza: *che* — *andar via così!*

co|rag|gió|so *agg.* che ha coraggio, audace | compiuto con coraggio, che mostra coraggio: *scelta coraggiosa* □ **coraggiosamente** *avv.*

co|rà|le *agg.* **1** di, da coro: *musica* — **2** (*fig.*) detto di opera letteraria o artistica che descrive la storia di una collettività: *dramma* — **3** (*fig.*) unanime: *risposta* — | (*sport*) *azione*, *gioco* —, che è il risultato della collaborazione di tutti i giocatori ♦ *s.m.* (*mus.*) canto liturgico per coro | libro in cui sono raccolti tali canti | composizione per organo che si ispira ai canti corali ♦ *s.f.* coro, gruppo di cantori □ **coralmente** *avv.*

co|ra|li|tà *s.f.* (*lett.*) carattere corale di un testo letterario.

co|ral|lì|fe|ro *agg.* che è costituito da coralli; ricco di coralli: *banco* —.

co|ral|lì|na *s.f.* **1** (*bot.*) alga marina rossa ramificata e ricoperta di uno strato calcareo **2** (*min.*)

roccia calcarea costituita da residui fossili corallini 3 tipo di barca appositamente attrezzata per la pesca del corallo.
co|ral|li|no *agg.* 1 di corallo, composto da coralli: *isola corallina* 2 di colore rosso vermiglio, simile a quello del corallo.
co|ràl|lo *s.m.* 1 celenterato che vive in colonie sui fondi rocciosi dei mari caldi; è caratterizzato da uno scheletro ramificato calcareo, di colore rosso o rosa 2 lo scheletro calcareo di tali animali, usato per realizzare oggetti ornamentali e monili 3 (*lett.*) colore rosso vermiglio: *labbra di* —. ♦ *agg.invar.* che è di colore rosso vermiglio.
co|ra|me *s.m.* cuoio lavorato.
co|ra|mèl|la *s.f.* striscia di cuoio usata per affilare i rasoi.
co|ra|mì|na® *s.f.* medicinale stimolante dell'apparato cardiaco e di quello respiratorio.
còram pò|pu|lo (*lat.*) *loc.avv.* dinanzi a tutti, in pubblico: *dichiarare ql.co.* —.
co|rà|ni|co *agg.* [m.pl. *-ci*] del Corano.
Co|rà|no *s.m.* libro sacro dei musulmani che contiene la dottrina di Maometto; è il fondamento della religione e del diritto islamici.
co|rà|ta *s.f.* fegato, milza, cuore e polmoni degli animali macellati.
co|ra|tèl|la *s.f.* corata di animali macellati di piccola taglia, spec. di capretti e agnelli.
co|ràz|za *s.f.* 1 armatura a forma di busto, in metallo o cuoio, usata dai soldati fino al XVII sec. 2 (*mil.*) rivestimento in acciaio o in altro materiale resistente applicato a fortificazioni fisse e a mezzi da combattimento come navi da guerra e carri armati 3 (*zool.*) copertura protettiva del corpo di alcuni animali, costituito da piastre ossee: *la — delle tartarughe* 4 (*sport*) copertura rigida e imbottita indossata a scopo protettivo dai giocatori di hockey su ghiaccio, rugby e football americano 5 (*fig.*) difesa, protezione: *l'aggressività gli serve da* —.
co|raz|zà|re *v.tr.* 1 dotare di corazza, armare: — *un carro armato* 2 (*fig.*) difendere, proteggere ♦ **-rsi** *rifl.* difendersi, proteggersi: — *contro i guai*.
co|raz|zà|ta *s.f.* grande nave della marina militare, protetta da corazze in acciaio e armata di potenti artiglierie.
co|raz|zà|to *part.pass.* di *corazzare* ♦ *agg.* 1 armato, dotato di corazza 2 (*fig.*) difeso, protetto.
co|raz|ziè|re *s.m.* nei secc. XVI-XVII, soldato a cavallo dotato di elmo, lancia e corazza | carabiniere dell'attuale guardia d'onore del Capo dello Stato italiano.
corbeille (*fr.*) [pr. *korbèi*] *s.f.invar.* 1 cestino di fiori artisticamente composti 2 (*econ.*) in Borsa, lo spazio in cui gli agenti di cambio svolgono la contrattazione dei titoli.
cor|bel|le|rì|a *s.f.* scemenza, sciocchezza; errore madornale: *commettere una* —.
cor|béz|zo|lo *s.m.* arbusto sempreverde, i cui frutti commestibili sono costituiti da grosse bacche rosso-gialle.
còr|da *s.f.* 1 fascio di lunghi fili attorcigliati, usato per legare, sostenere o trainare ql.co.: — *di cotone, di acciaio* | (*fig.*) *dare — a qlcu.*, prestargli attenzione, invitarlo a parlare | *tenere qlcu. sulla* —, tenerlo in ansia | *tagliare la* —, svignarsela | *reggere la* —, aiutare qlcu. in un'azione, spec. disonesta 2 capestro | (*fig.*) *avere la — al collo*, essere in gran difficoltà, non avere scampo | *mettere la — al collo a, di qlcu.*, imporgli condizioni molto pesanti 3 (*mus.*) filo in metallo o nylon teso sulla cassa armonica di alcuni strumenti che, se fatto vibrare, produce un suono: *le corde della chitarra* | (*fig.*) *essere teso come una — di violino*, essere nervoso 4 (*fig.*) particolare sensibilità: *questa musica fa vibrare le corde del cuore* | argomento, questione a cui si è molto suscettibili: *perché tocchi sempre quella* —? 5 (*anat.*) — *vocale*, ciascuna delle quattro pieghe della laringe che producono la modulazione della voce 6 (*zool.*) — *dorsale*, forma embrionale della colonna vertebrale 7 (*geom.*) segmento che unisce gli estremi di un arco di curva 8 (*sport*) funicella con due manopole alle estremità, usata per saltare | nell'alpinismo, fune usata per assicurarsi durante un'ascensione | nel ciclismo e nell'atletica leggera, delimitazione interna della pista | nel pugilato e nella lotta, ognuna delle funi poste a recinzione del quadrato | (*anche fig.*) *mettere l'avversario alle corde*, metterlo in difficoltà 9 elemento dell'arco che, quando viene teso, fa curvare l'arma consentendo il lancio della freccia 10 dal XIII al XVIII sec., tortura consistente nel tenere un uomo sospeso a una corda con i polsi legati dietro la schiena e nel farlo poi ricadere violentemente a terra.
cor|dà|io *s.m.* [f. *-a*] chi produce o vende corde.
cor|dà|me *s.m.* 1 varietà di corde 2 (*mar.*) l'insieme dei cavi mobili che servono per manovrare le vele.
cor|dà|ta *s.f.* 1 (*sport*) gruppo di alpinisti che durante un'ascensione si legano alla stessa corda 2 (*econ.*) gruppo di imprenditori che si riuniscono per portare a termine grossi progetti finanziari o economici.
Cor|dà|ti *s.m.pl.* tipo di animali dotati, in modo permanente o transitorio, di corda dorsale.
cor|da|trì|ce *s.f.* (*tecn.*) macchina per fabbricare corde.
cor|da|tù|ra *s.f.* (*tecn.*) operazione mediante la quale si fabbrica una corda.
cor|del|li|no *s.m.* tessuto con righe diagonali in rilievo.
cor|de|rì|a *s.f.* 1 fabbrica di corde 2 (*mar.*) negli arsenali, officina per fabbricare cordame e cavi da nave.
cor|dià|le[1] *agg.* 1 che viene dal cuore; affettuoso, sincero: *saluto* — | affabile, caloroso: *persona* — 2 che è reciproco, intenso, profondo: *una — simpatia* □ **cordialmente** *avv.*
cor|dià|le[2] *s.m.* 1 bevanda alcolica stimolante 2 brodo cui si aggiungono uova e succo di limone.
cor|dia|li|tà *s.f.* affabilità | *con* —, formula di congedo epistolare.
cor|diè|ra *s.f.* (*mus.*) stecca di legno con fori cui si fissano le corde degli strumenti ad arco.

cor|di|gliè|ra *s.f.* nome di alcune catene di montagne dell'America centrale e meridionale.

cor|di|glio *s.m.* **1** cordone con nodi indossato da frati e monache sopra la tonaca, all'altezza della vita **2** funicella portata dal sacerdote attorno alla vita durante le funzioni religiose.

cor|di|no *s.m.* **1** sottile corda di vario impiego **2** (*sport*) nell'alpinismo, piccola corda di sicurezza usata nelle arrampicate su roccia.

cordless (*ingl.*) *agg.invar.* detto di apparecchio, spec. di telefono, che funziona a batteria, senza fili.

cor|dò|fo|no *agg. s.m.* (*mus.*) si dice di strumento che suona per vibrazione di corde tese, come la chitarra: *strumenti cordofoni*.

cor|dò|glio *s.m.* dolore profondo dovuto a un grave lutto: *manifestazione di —*.

còr|do|lo *s.m.* **1** (*edil.*) trave in cemento armato posta lungo lo spessore dei muri per rinforzarli **2** rialzo stradale che delimita i sensi di marcia o la corsia dei mezzi pubblici.

cor|do|nà|ta *s.f.* **1** strada in discesa con gradini ampi e bassi delimitati da cordoni trasversali di pietra o mattoni **2** bordo arrotondato che circonda le aiuole.

cor|do|na|to *agg., s.m.* detto di tessuto a coste in rilievo.

cor|do|na|tù|ra *s.f.* **1** solco praticato a secco su cartoni e cartoncini per facilitarne la piegatura **2** decorazione in rilievo a forma di cordicella su terrecotte, vasi e sim.

cor|do|ne *s.m.* **1** (*lett.*) grossa fune | cordiglio dei frati **2** corda in cotone o seta, di grossezza media, usata per lavori di tappezzeria: *il — della tenda* **3** (*anat.*) struttura allungata e flessibile, simile a una corda | **— ombelicale**, fascio di vasi sanguigni che collegano il feto alla placenta, tagliato dopo la nascita **4** elemento lineare che segnala o circonda un limite: *il — del marciapiede, di una gradinata* | (*arch.*) elemento decorativo a forma di cilindro **5** collare della suprema dignità di un ordine cavalleresco | tale carica e la persona che ne è insignita **6** (*fig.*) barriera difensiva lungo un confine | barriera costituita da varie persone che bloccano un accesso: *un — di celerini fermava i manifestanti* | (*fig.*) **— sanitario**, insieme di misure adottate per isolare una malattia contagiosa **7** (*geog.*) **— litoraneo**, rilievo sabbioso di detriti parallelo a una costa | **— morenico**, rilievo composto dai detriti di un ghiacciaio accumulati.

co|rè|a o **còrea** *s.f.* (*med.*) malattia del sistema nervoso caratterizzata da movimenti involontari e violenti del volto e degli arti, comunemente chiamata "ballo di san Vito".

co|re|à|no *agg.* della Corea, penisola dell'Asia orientale ♦ *s.m.* **1** [f. *-a*] chi è nato o abita in Corea **2** lingua parlata in Corea.

co|rè|go|no o **coregóne** *s.m.* pesce lacustre commestibile dal corpo allungato, simile alla trota.

co|re|o|gra|fì|a *s.f.* **1** arte di ideare balletti | complesso delle figure che fanno parte di un balletto **2** (*estens.*) complesso di elementi che insieme creano effetti spettacolari: *curare la —*.

co|re|o|grà|fi|co *agg.* [m.pl. *-ci*] **1** di coreografia, attinente a una coreografia **2** (*fig.*) spettacolare, sontuoso: *rappresentazione coreografica* □ **coreograficamente** *avv.*

co|re|ò|gra|fo *s.m.* [f. *-a*] ideatore o direttore di coreografie.

co|rèu|ti|ca *s.f.* (*lett.*) arte della danza.

co|rià|ce|o *agg.* **1** di cuoio | (*estens.*) che è forte e duro come il cuoio **2** (*fig.*) insensibile, forte: *temperamento —*.

co|riàm|bo *s.m.* nella metrica greca e latina, piede di quattro sillabe costituito da un trocheo e da un giambo.

co|rian|do|lo *s.m.* **1** pianta erbacea i cui frutti aromatici sono usati in gastronomia, pasticceria e liquoreria **2** (*gastr.*) confetto che contiene un seme di coriandolo **3** (*spec.pl.*) ognuno dei dischetti di carta variamente colorata che durante il carnevale le persone si lanciano addosso per scherzo.

co|ri|bàn|te *s.m.* nella mitologia greca, divinità minore del seguito della dea Cibele | sacerdote della dea Cibele.

co|ri|cà|re *v.tr.* [indic.pres. *io còrico, tu còrichi...*] **1** far distendere, far adagiare su un letto: *— i bambini* **2** (*estens.*) collocare in piano; mettere giù: *— un tronco* ♦ **-rsi** *rifl.* mettersi a letto, andare a dormire.

co|ri|fè|o *s.m.* [f. *-a*] **1** nella tragedia greca antica, capo del coro **2** (*fig.*) promotore di un partito, di un movimento.

co|rìm|bo *s.m.* (*bot.*) tipo di infiorescenza nella quale tutti i fiori di un ramo terminano allo stesso livello, come accade nel ciliegio.

co|rin|dó|ne *s.m.* minerale di alluminio cristallizzato, lucente, molto duro, di colori vari; alcune pregiate varietà sono lo zaffiro, lo smeraldo, il rubino, l'ametista e il topazio.

co|rìn|zio *agg.* **1** di Corinto, città della Grecia **2** (*arch.*) detto di stile architettonico caratterizzato da una colonna con fusto scanalato culminante in un capitello ornato di brevi volute e foglie di acanto ♦ *s.m.* **1** [f. *-a*] nativo o abitante di Corinto **2** stile, ordine architettonico corinzio.

cò|rion *s.m.invar.* **1** (*biol.*) membrana mediana in cui è avvolto l'embrione dei Vertebrati superiori **2** (*anat.*) strato di connettivo sottostante l'epidermide degli animali.

co|rì|sta *s.m.* [m.pl. *-i*] (*mus.*) **1** [anche f.] chi canta in un coro | chi dirige il coro di una chiesa **2** diapason.

cò|rì|za o **corìzza** *s.f.* (*med.*) rinite, raffreddore.

còr|mo *s.m.* (*bot.*) corpo vegetativo delle piante superiori, costituito da radici, fusto e foglie.

cor|mò|fi|ta *s.f.* (*bot.*) pianta dotata di cormo.

cor|mo|rà|no *s.m.* grosso uccello acquatico dal piumaggio scuro, con piedi palmati, becco adunco e collo lungo.

cor|nàc|chia *s.f.* **1** uccello simile al corvo, ma più piccolo e dotato di becco più grande ricurvo

all'estremità 2 (*fig.*) persona chiacchierona, pettegola o che predice disgrazie.
cor|nà|ce|e *s.f.pl.* famiglia di piante arboree dicotiledoni di cui fa parte il corniolo; sono diffuse nelle regioni tropicali e temperate.
cor|na|mù|sa *s.f.* (*mus.*) strumento a fiato, costituito da uno o vari tubi sonori a doppia ancia, inseriti in un sacco di pelle che contiene aria.
cor|nà|ta *s.f.* colpo dato con le corna.
còr|ne|a *s.f.* (*anat.*) membrana anteriore trasparente che ricopre la parte esterna dell'occhio.
cor|ne|à|le *agg.* relativo alla cornea.
cor|nei|fi|ca|zió|ne *s.f.* (*biol.*) cheratinizzazione degli strati epiteliali della cute.
còr|ne|o *agg.* di corno; che possiede le caratteristiche di un corno | (*anat.*) *strato* —, quello più superficiale dell'epidermide, costituito da cellule ricche di cheratina.
corner (*ingl.*) *s.m.invar.* (*sport*) calcio d'angolo | *salvarsi in* —, calciare il pallone oltre la propria linea di fondo in un'azione difensiva; (*fig.*) salvarsi all'ultimo istante, per un pelo.
cor|nét|ta *s.f.* 1 (*mus.*) strumento a fiato in ottone simile alla tromba, con canna più corta 2 (*mus.*) cornettista 3 (*region.*) ricevitore del telefono.
cor|net|ti|sta *s.m./f.* [m.pl. *-i*] (*mus.*) suonatore di cornetta.
cor|nét|to *s.m.* 1 piccolo corno usato come portafortuna 2 (*gastr.*) tipo di brioche a forma di mezzaluna | gelato confezionato a forma di cono | (*region.*, *spec.pl.*) fagiolino 3 — *acustico*, apparecchio a forma di corno da applicare all'orecchio, usato un tempo dalle persone deboli d'udito.
cornflakes o **corn flakes** (*ingl.*) [pr. *kòrnfleiks*] *loc.sost.m.pl.* fiocchi di granturco soffiato da consumare nel latte a colazione.
cor|ni|ce *s.f.* 1 (*arch.*) struttura decorativa aggettante posta lungo il bordo di un edificio; cornicione 2 telaio in legno, stucco o altro materiale che racchiude dipinti, specchi, fotografie a scopo decorativo o pratico 3 (*estens.*) ciò che circonda, racchiude o rende bello ql.co.: *il lago è racchiuso da una — di abeti; i riccioli fanno — al viso* 4 (*fig.*) complesso degli elementi che fanno da contorno a un avvenimento: *l'incontro si è svolto in una — informale* 5 in un'opera letteraria, complesso delle parti che collegano tra loro vari episodi o novelle: *la — del "Decameron"* 6 riquadro nel quale si stampa un testo o una figura 7 sporgenza di una parete rocciosa o di un ghiacciaio.
cor|ni|cià|io *s.m.* [f. *-a*] chi fabbrica, vende o compone le cornici.
cor|ni|ció|ne *s.m.* (*arch.*) elemento orizzontale aggettante, posto lungo la facciata degli edifici.
còr|ni|co *agg.* [m.pl. *-ci*] della Cornovaglia, regione della Gran Bretagna ♦ *s.m.* lingua celtica un tempo parlata in Cornovaglia.
cor|ni|fi|cà|re *v.tr.* [indic.pres. *io cornìfico, tu cornìfichi...*] (*coll.*) essere infedele al proprio coniuge; tradire.
cor|niò|la *s.f.* 1 (*min.*) varietà di calcedonio con colore variabile dal rosso scuro al rosso chiaro, usata in gioielleria come pietra semipreziosa o come elemento decorativo di alcuni oggetti | (*estens.*) tipo di cammeo con rilievo chiaro su sfondo rosso 2 frutto del corniolo.
còr|nio|lo o **corniòlo** *s.m.* piccolo albero montano che fornisce un legno molto duro; ha fiori gialli e frutti commestibili ovali e rossi.
cor|ni|sta *s.m./f.* [m.pl. *-i*] (*mus.*) suonatore di corno.
còr|no *s.m.* [pl.f. *còrna*, nei sign. 1, 4; pl.m. *còrni*, nei sign. 5, 6; solo sing. nei sign. 2, 3] 1 (*zool.*) ciascuna delle due prominenze ossee o cornee, incurvate e a punta, tipiche del capo di vari mammiferi ungulati o anche attribuite al diavolo e a esseri mitologici | *fare le corna*, gesto offensivo o scaramantico che si fa tenendo dritti l'indice e il mignolo della mano chiusa | *dire peste e corna di qlcu.*, parlarne molto male | *rompere le corna a qlcu.*, picchiarlo o sconfiggerlo moralmente | *rompersi le corna*, subire una sconfitta | *abbassare le corna*, umiliarsi | *fare le corna alla moglie, al marito*, tradirla o tradirlo 2 (*coll.*) niente, nulla: *non sapere un — | un —!*, per niente! 3 materiale ricavato dalle corna degli animali, usato per fabbricare vari oggetti: *manico, bottone di* — 4 (*estens.*) ognuna delle appendici molli, simili a corna, che alcuni animali hanno sul capo: *le corna della chiocciola* 5 oggetto a forma di corno | piccolo amuleto di tale forma | estremità a punta di ql.co.: *i corni della luna* 6 (*mus.*) strumento a fiato in ottone, costituito da un tubo avvolto a spirale | — *inglese*, strumento a fiato in legno, dritto, a doppia ancia, di suono più grave dell'oboe.
cor|nu|cò|pia *s.f.* vaso a forma di corno pieno di fiori e di frutti, simbolo di abbondanza e prosperità nella mitologia greco-romana.
cor|nù|to *agg.* 1 dotato di corna 2 (*pop.*) che è tradito dal proprio coniuge ♦ *s.m.* [f. *-a*] (*pop.*) chi viene tradito dal proprio coniuge.
cò|ro *s.m.* 1 nella tragedia greca antica, gruppo di cantori e danzatori che insieme declamavano brani lirici | parte della tragedia recitata da un coro | luogo del teatro destinato al coro 2 canto eseguito da più persone | complesso delle persone che eseguono un canto: *un — polifonico* 3 (*estens.*) gruppo di individui che parlano o urlano nello stesso momento | ciò che tali individui proclamano: *protestare in —; un — di insulti* | verso emesso da vari animali contemporaneamente: *un — di uccelli* 4 ordine angelico o di esseri mitologici 5 (*arch.*) parte della chiesa retrostante all'altare, dotata di sedili per i cantori degli uffici sacri | l'insieme di tali sedili.
co|ro|grà|fi|a *s.f.* descrizione geografica di una regione.
co|ro|grà|fi|co *agg.* [m.pl. *-ci*] relativo alla corografia | *carta corografica*, che rappresenta una zona molto vasta.

co|ròi|de *s.f.* (*anat.*) membrana vascolare dell'occhio che si estende tra la sclerotica e la retina; membrana coroidea.
co|roi|dè|o *agg.* (*anat.*) relativo alla coroide.
co|roi|di|te *s.f.* (*med.*) infiammazione della coroide.
co|ròl|la o **coròlla** *s.f.* parte del fiore, costituita dal complesso dei petali, che protegge gli organi riproduttori.
co|rol|là|rio *s.m.* **1** (*filos.*) conseguenza logica di una verità già dimostrata in precedenza **2** (*mat.*) teorema che si deduce direttamente da un altro dimostrato in precedenza **3** (*estens.*) aggiunta.
co|ró|na *s.f.* **1** ornamento del capo a forma di cerchio, gener. di metallo prezioso, portato come simbolo di sovranità, di alto grado: — *imperiale* | (*estens.*) la dignità reale; la persona del re | ornamento di fronde e fiori portato come simbolo di gloria: — *d'alloro* | *cingere la* —, diventare re | *deporre la* —, abdicare **2** ghirlanda di fiori che viene posta sui monumenti a scopo commemorativo | — *funebre*, quella posta sulla bara dei defunti **3** (*estens.*) oggetto a forma di cerchio | elementi disposti a cerchio: — *di monti* | — *del rosario*, catenina di grani da scorrere fra le dita quando si recita il rosario **4** (*geom.*) — *circolare*, porzione di piano compresa tra due circonferenze concentriche di diverso raggio **5** (*astr.*) — *solare*, aureola che circonda il Sole **6** (*anat.*) porzione esterna del dente, rivestita di smalto, che fuoriesce dalla gengiva **7** nome che si dava alla moneta di alcuni Stati europei: — *danese, norvegese, svedese* **8** (*mus.*) segno convenzionale che indica la possibilità di prolungare una nota **9** (*mecc.*) — *dentata*, ruota costituita da un anello con dentatura interna.
co|ro|na|mén|to *s.m.* **1** conclusione felice e positiva: *il* — *di una dura fatica* **2** (*arch.*) elemento con cui termina un edificio nella parte superiore **3** (*mar.*) bordo superiore della poppa delle navi.
co|ro|nà|re *v.tr.* [indic.pres. *io coróno*...] **1** cingere di corona, incoronare **2** circondare: *i monti coronano la valle* **3** (*fig.*) realizzare, concludere degnamente: *il proprio lavoro* | premiare, ricompensare: *gli sforzi saranno coronati da un premio*.
co|ro|nà|ria *s.f.* (*anat.*) ciascuna delle arterie e delle vene che irrorano il cuore.
co|ro|nà|ri|co *agg.* [m.pl. *-ci*] (*med.*) che riguarda le arterie e le vene coronarie | *unità coronarica*, reparto ospedaliero specializzato nella cura di pazienti con malattia delle coronarie.
co|ro|nà|rio *agg.* (*anat.*) che circonda un organo con una disposizione simile a una corona | *arterie coronarie*, quelle che irrorano il cuore.
co|ro|nà|to *part.pass.* di *coronare* ♦ *agg.* cinto di corona.
cor|pac|ciù|to *agg.* che ha un corpo robusto, grosso; panciuto.
cor|pét|to *s.m.* **1** panciotto da uomo **2** corpino da donna.

cor|pi|no *s.m.* bustino di abito femminile.
còr|po *s.m.* **1** oggetto con un'estensione e una forma determinate | porzione di sostanza chimica con proprietà fisiche specifiche: — *solido, gassoso, liquido* | *corpi celesti*, gli astri | *dare* — *a ql.co.*, realizzarla | (*dir.*) — *del reato*, oggetto con cui è stata commessa un'azione delittuosa **2** struttura fisica umana o animale: — *slanciato, snello* | parte centrale del corpo; tronco | *piaceri del* —, quelli che derivano dai sensi | *a* — *morto*, pesantemente | (*fig.*) *con passione* | (*fig.*) *anima e* —, con tutte le proprie energie | *avere una grande rabbia in* —, covare sentimenti ostili | *a* — *libero*, si dice di ginnastica da praticare senza attrezzature **3** (*estens.*) cadavere: *abbiamo seppellito il* — **4** (*anche fig.*) la parte centrale, essenziale di ql.co.: *il* — *del motore*; *il* — *del racconto* | — *di fabbrica*, edificio principale di un complesso architettonico **5** (*fam.*) pancia | *mettere in* — *ql.co.*, ingerire | *andare di* —, defecare **6** (*anat.*) formazione anatomica con specificità morfologiche e funzionali proprie | — *luteo*, formazione che si produce nell'ovaio subito dopo l'ovulazione **7** persone che costituiscono un organismo con funzioni specifiche: — *accademico, di ballo* | — *diplomatico*, insieme di ambasciatori, ministri e funzionari che rappresentano il proprio paese all'estero | *spirito di* —, sentimento di solidarietà tra persone che appartengono a uno stesso organismo, spec. militare **8** unità militare: *il* — *dei bersaglieri*; *il* — *di guardia* **9** raccolta completa delle opere di un autore o di opere che riguardano un determinato campo del sapere; corpus: *il* — *delle opere di D'Annunzio* **10** misura della grandezza di un carattere tipografico: *un* — *molto grande*; *otto*.
cor|po|rà|le[1] *agg.* del corpo umano | relativo al corpo umano: *punizioni corporali*.
cor|po|rà|le[2] *s.m.* (*lit.*) telo di forma quadrata in lino o canapa bianca che il celebrante stende sull'altare durante la messa per deporvi il calice e l'ostia consacrati.
cor|po|ra|li|tà *s.f.* corporeità.
cor|po|ra|ti|vi|smo *s.m.* **1** (*polit.*) dottrina politica e sociale cui obiettivo fondamentale è il superamento dei conflitti di classe, raggiungibile mediante l'intervento autoritario dello Stato e l'organizzazione degli individui in corporazioni in base alla loro categoria economica e professionale: *il* — *fascista* **2** (*estens.*) tendenza degli organismi professionali a difendere i propri particolaristici interessi.
cor|po|ra|ti|vi|sti|co *agg.* [m.pl. *-ci*] attinente al corporativismo | tendente al corporativismo.
cor|po|ra|ti|vo *agg.* attinente alle corporazioni, al corporativismo: *organizzazione corporativa*.
cor|po|ra|tù|ra *s.f.* aspetto, struttura del corpo umano: *è di* — *massiccia*.
cor|po|ra|zió|ne *s.f.* **1** associazione composta da tutti gli individui che svolgono la stessa professione **2** (*estens.*) organismo professionale unito nella difesa dei propri interessi: *la* — *degli insegnanti*.

cor|po|rei|tà *s.f.* caratteristica di ciò che è corporeo; materialità.
cor|pò|re|o *agg.* 1 del corpo umano: *peso* — 2 che ha corpo; materiale: *sostanza corporea*.
cor|po|si|tà *s.f.* caratteristica di ciò che è corposo.
cor|pó|so *agg.* che è denso; consistente: *vino* —| (*estens.*) che conferisce volume a un corpo: *pittura dalle tinte corpose* □ **corposamente** *avv.*
cor|pu|lèn|to *agg.* 1 che ha un corpo grosso; robusto: *un ragazzo* — 2 (*fig.*) materiale; privo di rifinitura, rozzo.
cor|pu|lèn|za *s.f.* caratteristica di ciò che è corpulento.
còr|pus (*lat.*) *s.m.invar.* raccolta completa e ordinata di opere, testi, norme giuridiche: *il* — *dei filosofi antichi*.
cor|pu|sco|là|re *agg.* di corpuscolo, riguardante i corpuscoli.
cor|pù|sco|lo *s.m.* 1 corpo molto piccolo 2 (*fis.*) corpo di dimensioni microscopiche, formato dall'unione di più particelle.
Còr|pus Dò|mi|ni (*lat.*) *loc.sost.m.invar.* festività cattolica che ricorre sessanta giorni dopo la Pasqua, in cui si celebra il sacramento dell'eucarestia.
cor|re|dà|re *v.tr.* [indic.pres. *io corredo...*] fornire di ciò che è utile o indispensabile: — *di antifurto l'automobile* | dotare di sussidi, accessoriare: — *di glosse uno scritto* ♦ **-rsi** *rifl.* fornirsi, dotarsi.
cor|re|den|trì|ce *s.f.* (*relig.*) in riferimento a Maria Vergine, cooperatrice con Cristo nella redenzione.
cor|re|di|no *s.m.* quanto è necessario per l'abbigliamento del neonato.
cor|rè|do *s.m.* 1 insieme di capi d'abbigliamento e di biancheria personali, spec. quello che la sposa porta con sé: — *nuziale* 2 insieme di strumenti necessari allo svolgimento di una determinata attività o al funzionamento di ql.co.: — *di laboratorio* 3 insieme delle parti che completano o rendono più esplicativo un testo: — *iconografico* 4 (*fig.*) patrimonio culturale, morale, fisico di un individuo: — *di conoscenze*.
cor|règ|ge|re *v.tr.* [con. come *reggere*] 1 eliminare errori, difetti compensandoli con gli opportuni cambiamenti: — *un esercizio, un compito* 2 far notare a una persona un'imperfezione, un errore; ammonire 3 addizionare una sostanza a cibi, bevande o carburante in modo da modificarne il sapore o la concentrazione: — *il caffè con la grappa* ♦ **-rsi** *rifl.* 1 liberarsi da un vizio; modificare il proprio carattere: — *dall'abitudine di urlare* 2 sostituire un'espressione errata o inadatta con un'altra più appropriata: *ho capito di aver sbagliato e mi sono no corretto*.
cor|règ|gia *s.f.* [pl. *-ge*] striscia di cuoio.
cor|reg|gì|bi|le *agg.* che può essere corretto.
cor|re|gio|nà|le *agg., s.m./f.* che, chi è della stessa regione.
cor|rei|tà *s.f.* (*dir.*) condizione di correo.

cor|re|là|bi|le *agg.* che si può correlare.
cor|re|là|re *v.tr.* [indic.pres. *io correlo...*] mettere in correlazione: — *due circostanze*.
cor|re|la|ti|vo *agg.* 1 che è in correlazione, che sta in relazione 2 (*gramm.*) detto di congiunzioni, avverbi, pronomi, aggettivi, che stabiliscono una relazione tra le varie parti del discorso (p.e. *sia... sia, né... né, quale... tale*).
cor|re|là|to *part.pass.* di *correlare* ♦ *agg.* che è messo o sta in correlazione; corrispondente: *due aspetti correlati*.
cor|re|la|tó|re *s.m.* [f. *-trice*] 1 chi svolge o prepara una relazione con un'altra persona 2 durante l'esame di laurea, docente che può prendere parte attiva alla discussione, in riferimento alla materia di tesi.
cor|re|la|zió|ne *s.f.* corrispondenza reciproca tra due concetti o fenomeni: *tra questi fatti non c'è alcuna* —.
cor|re|li|gio|nà|rio *agg., s.m.* [f. *-a*] che, chi professa la stessa religione di un'altra persona.
cor|rèn|te¹ *part.pres.* di *correre* ♦ *agg.* 1 che scorre, che fluisce: *acqua* —|(*fig.*) fluido, scorrevole: *stile* — 2 (*fig.*) comune, diffuso: *moda* —| abituale: *affari correnti* 3 (*fig.*) che ha corso; che circola, che ha validità: *denaro* | che si ripete con regolarità, continuo: *flusso* — | in corso; attuale: *mese, anno* —| *titoli correnti*, in un libro, quelli ripetuti gener. nel margine superiore della pagina stampata ♦ *s.m.* solo nelle loc. **essere al** —, essere informato; **tenere, mettere al** —, informare □ **correntemente** *avv.* 1 speditamente, con disinvoltura: *parlare* — *una lingua straniera* 2 di frequente, comunemente: *un tragitto compiuto* —.
cor|rèn|te² *s.f.* 1 massa di liquido o di aria che si muove in una determinata direzione: *la* — *del fiume* | in un ambiente chiuso, movimento d'aria creato dall'apertura di porte e finestre | (*geog.*) — **marina**, moto costante e regolare di una massa d'acqua marina | (*fig.*) **seguire la** —, uniformarsi a ciò che ha la maggioranza | (*fig.*) **andare contro** —, comportarsi diversamente rispetto alla maggioranza 2 (*estens.*) massa di materia fluente: — *di lava* | flusso di cose, persone, animali o merci verso una determinata direzione: — *delle importazioni, del traffico* 3 (*fig.*) gruppo di persone che fanno parte di uno stesso movimento culturale, artistico, politico: *le correnti di un partito* 4 (*elettr.*) flusso di cariche elettriche in un conduttore | — **continua**, con verso e intensità costanti | — **alternata**, con verso e intensità variabili periodicamente | **presa di** —, dispositivo in cui si inserisce la spina.
cor|ren|tì|sta *s.m./f.* [m.pl. *-i*] titolare di un conto corrente bancario o postale.
cor|rè|o o **còrreo** *s.m.* [f. *-a*] (*dir.*) chi ha commesso un reato insieme ad altre persone.
cór|re|re *v.intr.* [indic.pres. *io corro...*; pass.rem. *io corsi, tu corresti...*; part.pass. *corso*; aus. **E** quando si indica una meta, **A** quando l'azione è considerata in sé e nel sign. di "partecipare a una gara"] 1 procedere velocemente, sollevan-

corresponsabile

do un piede prima di aver appoggiato l'altro: — *a precipizio, a gambe levate* | (*estens.*) di veicoli, andare a gran velocità | — *dietro a qlcu.*, tallonarlo; (*fig.*) corteggiarlo | (*fig.*) — *dietro a ql.co.*, perseguire un obiettivo con tenacia **2** partecipare a una gara di corsa: — *in moto;* — *in Formula 1* **3** precipitarsi, affrettarsi: — *a fare una telefonata* | (*fig.*) — *ai ripari*, cercare una soluzione immediata a un problema **4** scorrere, fluire: *il torrente corre lentamente* **5** (*estens.*) estendersi, disporsi secondo un tracciato: *il sentiero corre accanto al fiume* **6** (*fig.*) rivolgersi rapidamente verso qlcu. o ql.co.: *lo sguardo corse alla madre* **7** (*fig.*) trascorrere, passare rapidamente: *la giornata corre veloce* | essere in corso: *correva l'anno 1900* | (*fig.*) *lasciar* —, sorvolare, non intervenire **8** (*fig.*) essere in corso, avere validità: *moneta che corre ancora* **9** decorrere: *gli interessi corrono dall'inizio del mese* **10** (*fig.*) circolare, diffondersi: *in famiglia non corrono tanti soldi* | *corre voce*, si dice **11** (*fig.*) intercorrere: *tra casa mia e l'ufficio corre solo un chilometro* | *c'è corso poco*, c'è mancato poco ♦ *tr.* **1** (*anche fig.*) percorrere, viaggiare **2** (*fig.*) affrontare: — *un pericolo* **3** disputare una gara di velocità: — *i cento metri*.

cor|re|spon|sà|bi|le *agg.*, *s.m./f.* che, chi è responsabile insieme ad altre persone.

cor|re|spon|sa|bi|li|tà *s.f.* responsabilità condivisa con altre persone.

cor|re|spon|sa|bi|liz|zà|re *v.tr.* rendere corresponsabile.

cor|re|spon|sió|ne *s.f.* **1** denaro versato in cambio di un bene o di un servizio **2** (*fig.*) corrispondenza.

cor|ret|téz|za *s.f.* **1** caratteristica di ciò che è corretto: — *di un compito* **2** conformità alle norme etiche e sociali: — *di comportamento* **3** precisione nel parlare: — *di linguaggio*.

cor|ret|ti|vo *agg.* che serve a correggere un difetto ♦ *s.m.* ciò che serve a correggere; additivo.

cor|rèt|to *part.pass. di* correggere ♦ *agg.* **1** che non ha errori; formulato con precisione, esatto: *esposizione corretta* **2** conforme alle norme etiche e sociali, educato: *modo —* | irreprensibile, leale: *una squadra corretta* **3** detto di bevanda dal sapore modificato mediante additivo | *caffè* —, con l'aggiunta di liquore □ *correttamente avv.* **1** in modo corretto, esattamente **2** perbene, secondo le norme.

cor|ret|tó|re *s.m.* **1** [f. *-trice*] chi corregge | chi corregge i testi da stampare: — *di bozze* **2** dispositivo che corregge il cattivo funzionamento di un macchinario **3** prodotto di cancelleria per correggere gli errori su testi dattiloscritti o scritti a mano.

cor|re|zió|ne *s.f.* **1** azione del correggere **2** cambiamento applicato a un testo al fine di correggerlo o migliorarlo | segno fatto a questo scopo: *una pagina con molte correzioni*.

cor|ri|da *s.f.* spettacolo popolare spagnolo che si svolge nell'arena, consistente in una lotta tra uomini e tori.

cor|ri|dó|io *s.m.* **1** passaggio stretto e lungo su cui si affacciano stanze varie | stretto passaggio che mette in comunicazione gli scompartimenti nelle carrozze dei treni | passaggio che consente di accedere alle file dei posti a sedere, su autobus, aerei e sim. | — *aereo*, passaggio aereo che alcuni Stati stabiliscono con particolari accordi internazionali **2** striscia di territorio di uno Stato che penetra nel territorio di un altro **3** (*sport*) nel tennis, ciascuna delle porzioni laterali del campo comprese tra la linea che delimita lo spazio del singolare e quella del doppio | nel calcio, zona non controllata dalla squadra avversaria o varco nella difesa avversaria.

cor|ri|dó|re *agg.* [f. *-trice*] che è in grado di correre: *uccello, cavallo —* ♦ *s.m.* (*sport*) chi prende parte a una gara di corsa.

cor|riè|ra *s.f.* autobus che effettua il trasporto di passeggeri e di posta su un percorso di linea | un tempo, vettura trainata da cavalli con la stessa funzione.

cor|riè|re *s.m.* **1** individuo o azienda privata che effettua il trasporto di corrispondenze e pacchi tra due città: *mandare per —* | (*bur.*) — *diplomatico*, chi è incaricato di portare documenti e corrispondenza da un governo a una sede diplomatica e viceversa **2** battello che effettua il servizio postale **3** nome di giornali e periodici: *Corriere della Sera*.

cor|ri|mà|no *s.m.* [pl. *-i*] barra per appoggiare le mani fissata lungo le scale o sui mezzi di trasporto.

cor|rió|ne *s.m.* uccello delle regioni desertiche con becco sottile, zampe lunghe, coda piccola.

cor|ri|spet|ti|vo *agg.* **1** che si riceve o si dà in cambio di ql.co.; corrispondente, adeguato **2** che è in rapporto di corrispondenza reciproca; correlativo ♦ *s.m.* quanto si riceve o si dà come compenso o risarcimento: *ottenere il —*.

cor|ri|spon|dèn|te *part.pres. di* corrispondere ♦ *agg.* che corrisponde; equivalente, congruente ♦ *s.m./f.* **1** chi ha un rapporto epistolare con qlcu. | chi si occupa della corrispondenza di un ufficio, un'azienda e sim. **2** giornalista che ha il compito di inviare articoli o servizi che informano su quanto accade nel luogo in cui risiede | — *di guerra*, giornalista inviato al fronte di guerra.

cor|ri|spon|dèn|za *s.f.* **1** correlazione, conformità: — *tra parole e fatti* **2** contraccambio, spec. di affetti, di sentimenti **3** rapporto epistolare; carteggio | (*estens.*) complesso delle lettere spedite o ricevute: *conservare la —* | *per —*, tramite posta **4** articolo o servizio inviato da un corrispondente alla redazione del giornale per cui lavora **5** (*mat.*) legge in base alla quale ogni elemento di un insieme si associa a uno o più elementi di un altro.

cor|ri|spón|de|re *v.tr.* [con. come *rispondere*] **1** contraccambiare un sentimento: — *una passione* **2** versare una somma a qlcu.: — *una retta trimestrale* ♦ *intr.* [aus. *A*] **1** essere in conformità; coincidere: *copie che corrispondono* **2** essere adeguato a ql.co.; appagare: *ricompensa che corrisponde alle aspettative* 3 avere lo stesso valore; equivalere a ql.co.: *un metro corrisponde a mille millimetri* 4 ricambiare un sentimento: — *all'amore di qlcu.* 5 essere in relazione simmetrica, fare riscontro: *a ogni finestra corrisponde un balcone* 6 essere in relazione epistolare: — *con un parente lontano.*

cor|ri|spó|sto *part.pass.* di corrispondere ♦ *agg.* 1 ricambiato: *un affetto non* — 2 versato, pagato.

cor|ri|vi|tà *s.f.* caratteristica di ciò che è corrivo; avventatezza.

cor|ri|vo *agg.* 1 avventato, incauto 2 eccessivamente accomodante.

cor|ro|bo|ràn|te *part.pres.* di corroborare ♦ *agg.* che corrobora, che rinvigorisce: *passeggiata* — ♦ *s.m.* sostanza o medicinale che corrobora | liquore tonico.

cor|ro|bo|rà|re *v.tr.* [indic.pres. *io corròboro...*] 1 rinvigorire, rivitalizzare: — *l'anima e il corpo* 2 *(fig.)* confermare, suffragare: *l'esperimento corrobora le intuizioni* ♦ **-rsi** *rifl.* rinvigorirsi, rivitalizzarsi.

cor|ró|de|re *v.tr.* [con. come *rodere*] 1 consumare o deteriorare progressivamente ql.co. | deteriorare con un processo chimico 2 *(fig.)* logorare ql.co.: *il tempo corrode l'amore* ♦ **-rsi** *intr.pron.* consumarsi, disgregarsi.

cor|róm|pe|re *v.tr.* [con. come *rompere*] 1 provocare un processo di corruzione, guastare | contaminare, inquinare 2 *(fig.)* convincere qlcu., spec. con denaro, a compiere un'azione illecita o a venir meno ai propri doveri | rovinare moralmente ♦ **-rsi** *rifl.* decomporsi ♦ *intr.pron.* *(fig.)* rovinarsi moralmente.

cor|ro|sió|ne *s.f.* deterioramento.

cor|ro|si|vi|tà *s.f.* proprietà di ciò che è corrosivo.

cor|ro|sì|vo *agg.* 1 di corrosione; che riesce a corrodere: *ruggine corrosiva* 2 *(fig.)* che esercita un'azione deteriorante; caustico, pungente: *giudizio* — ♦ *s.m.* sostanza che è in grado di corrodere □ **corrosivamente** *avv.*

cor|ró|so *part.pass.* di corrodere ♦ *agg.* deteriorato, eroso da sostanze corrosive o da agenti atmosferici.

cor|rót|to *part.pass.* di corrompere ♦ *agg.* 1 immorale, sviato | detto di individuo che, dietro pagamento di denaro, non compie il proprio dovere; disonesto: *poliziotto* — 2 deteriorato rispetto alla purezza originaria: *bellezza corrotta.*

cor|ruc|cià|re *v.tr.* [indic.pres. *io corruccio...*] *(raro)* far addolorare, far sdegnare ♦ **-rsi** *intr.pron.* addolorarsi, provare sdegno | mostrare corruccio.

cor|ruc|cià|to *part.pass.* di corrucciare ♦ *agg.* che sente, che mostra corruccio; irritato.

cor|rùc|cio *s.m.* sentimento di rabbia unito a dolore.

cor|ru|ga|mén|to *s.m.* 1 increspatura, aggrottamento 2 *(geol.)* insieme di fenomeni che modificano la crosta terrestre con la formazione di catene montuose.

cor|ru|gà|re *v.tr.* [indic.pres. *io corrugo, tu corrughi...*] aggrottare, increspare per rabbia o preoccupazione: — *la fronte* ♦ **-rsi** *intr.pron.* aggrottarsi, incresparsi.

cor|rù|sco *agg.* [m.pl. *-schi*] *(lett.)* brillante, scintillante; *(estens.)* fiammeggiante.

cor|rut|tè|la *s.f.* 1 deterioramento, disfacimento 2 *(fig.)* corruzione morale.

cor|rut|ti|bi|le *agg.* 1 che può corrompersi o marcire e decomporsi: *materia* — 2 *(fig.)* detto di persona che si fa corrompere con il denaro o altri mezzi illeciti: *un funzionario* —.

cor|rut|ti|bi|li|tà *s.f.* caratteristica di ciò che è corruttibile.

cor|rut|tó|re *agg., s.m.* [f. *-trice*] che, chi corrompe.

cor|ru|zió|ne *s.f.* 1 decomposizione, degenerazione: *la* — *del corpo* 2 *(fig.)* opera di chi convince qlcu. a compiere atti immorali o illeciti | *(dir.)* reato commesso da un pubblico ufficiale che deroga ai suoi doveri in cambio di denaro 3 *(fig.)* immoralità, depravazione: *la* — *dei costumi.*

cór|sa *s.f.* 1 attività di chi corre | movimento, andatura veloce: *fare una* — | *(estens.)* spazio percorso in tal modo: *una* — *di dieci chilometri* | *a passo di* —, con passi rapidi | *(fig.) di* —, in fretta | *di gran* —, molto rapidamente 2 *(estens.)* moto di un veicolo: *scendere da un treno in* — 3 viaggio di un mezzo di trasporto pubblico: *biglietto di* — 4 *(sport)* gara di velocità; competizione: — *ciclistica, ippica;* — *a tappe; automobile da* — 5 *(fig.)* tentativo di superare a ogni costo gli altri per raggiungere un obiettivo: — *al successo* 6 *(mecc.)* movimento alterno compiuto da un elemento scorrevole | distanza percorsa tra i due limiti estremi durante tale movimento: *la* — *dello stantuffo.*

cor|sa|lét|to *s.m.* 1 corsetto 2 corazza di protezione per l'addome e il petto, usata fino al XVII sec. 3 *(zool.)* primo segmento del torace di alcuni insetti, p.e. dei coleotteri.

cor|sà|ro *s.m.* [f. *-a*] 1 comandante di una nave che attacca i bastimenti per depredarli dietro autorizzazione di un sovrano 2 *(estens.)* pirata ♦ *agg.* di corsaro: *nave corsara.*

cor|set|te|rì|a *s.f.* 1 l'insieme dei capi di abbigliamento intimo da donna, come reggiseni, busti e sim. 2 *(estens.)* fabbrica o negozio di tali capi.

cor|sét|to *s.m.* 1 bustino elastico da donna, alto dalla vita al seno, che viene chiuso con stringhe sopra la camicia 2 *(med.)* apparecchio ortopedico per correggere la scoliosi o per immobilizzare la colonna vertebrale a seguito di un intervento chirurgico.

cor|sì|a *s.f.* 1 nei cinema e nei teatri, passaggio tra due file di posti a sedere | nei dormitori, passaggio tra due file di letti 2 *(estens.)* negli ospedali, grande stanza con vari letti disposti in una o più file 3 nella carreggiata stradale, suddivisione longitudinale: *autostrada a tre corsie* | nelle piscine, nelle piste d'atletica e sim., spazio delimitato da corde o strisce riservato a ciascun

concorrente 4 lungo tappeto steso sulle scale o nei corridoi.
cor|si|sta *s.m./f.* [m.pl. *-i*] chi è iscritto a un corso di lezioni.
cor|si|vi|sta *s.m./f.* [m.pl. *-i*] chi scrive corsivi giornalistici.
cor|si|vo *agg.* detto della scrittura usata solitamente per scrivere a mano | detto del carattere di stampa tipografico con inclinazione verso destra delle lettere; italico ♦ *s.m.* **1** scrittura corsiva | carattere tipografico italico **2** breve articolo di giornale, spesso di commento critico o satirico, stampato in carattere corsivo.
còr|so[1] *s.m.* **1** flusso delle acque; massa d'acqua in movimento: *il — rapido del fiume* **2** lo scorrere del tempo e il susseguirsi degli eventi; evoluzione, sviluppo: *il — della vita, della storia* | *nel — di*, durante | *in —*, in via di svolgimento | *dare — a*, iniziare ql.co. | *nuovo —*, mutamento di tendenza: *il partito ha intrapreso un nuovo —* **3** moto reale o apparente degli astri: *il — del Sole* **4** serie di lezioni programmate per l'apprendimento progressivo: *— di specializzazione* | anno di studio universitario | ciclo degli studi superiori | insieme degli studenti di una stessa sezione scolastica **5** manuale di studio in cui la materia è disposta in modo sistematico: *— di fisica per i licei* **6** grande strada di un centro abitato, molto frequentata da persone e mezzi | (*estens.*) passaggio di persone o mezzi; corteo **7** circolazione della moneta | *moneta fuori —*, non più valida legalmente **8** (*fin.*) quotazione in Borsa di cambi e titoli.
còr|so[2] *agg.* della Corsica ♦ *s.m.* [f. *-a*] nativo o abitante della Corsica.
còr|te *s.f.* **1** residenza di un sovrano | insieme dei familiari, dei funzionari amministrativi e del personale addetto ai servizi privati di un sovrano: *— imperiale*; *ballo di —* **2** cortile di un edificio **3** (*fig.*) gruppo di persone che circondano un personaggio importante per interesse personale | *fare la — a qlcu.*, corteggiarlo **4** (*dir.*) collegio con funzioni giurisdizionali | il gruppo dei magistrati che formulano il giudizio: *— di giustizia*; *la — si ritira* | *Corte d'appello*, organo giudiziario che in materia civile e penale ha la funzione di giudice di secondo grado.
cor|téc|cia *s.f.* [pl. *-ce*] **1** (*bot.*) rivestimento del tronco e dei rami dell'albero **2** (*estens.*) involucro esterno di ql.co.; scorza, buccia | (*fig.*) apparenza, sembianza: *sotto la rude — nasconde una dolcezza infinita* **3** (*anat.*) parte esterna e più superficiale di alcuni organi: *— surrenale*.
cor|teg|gia|mén|to *s.m.* l'azione di chi corteggia.
cor|teg|già|re *v.tr.* [indic.pres. *io cortéggio*...] colmare qlcu. di lusinghe e adulazioni per interesse personale | cercare di conquistare l'amore di una persona colmandola di premure e cortesie.
cor|teg|gia|tó|re *s.m.* [f. *-trice*] chi corteggia; spec. chi fa la corte a una donna.
cor|tég|gio *s.m.* gruppo di persone che costituiscono il seguito di un personaggio noto.

cor|tè|o *s.m.* **1** complesso di persone che seguono qlcu. durante una cerimonia: *— nuziale, funebre* **2** insieme di dimostranti che sfilano durante una manifestazione pubblica: *un — di metalmeccanici* **3** serie di veicoli: *un — di camion*.
cor|té|se *agg.* **1** affabile, cordiale, garbato | (*lett.*) prodigo, generoso **2** (*lett.*) relativo alla corte o alle corti medievali: *virtù —* | *letteratura —*, quella medievale, costituita da poesie e romanzi in cui l'amore è il tema principale □ **cortesemente** *avv.*
cor|te|sì|a *s.f.* **1** affabilità, gentilezza: *comportarsi con —* **2** gesto cortese: *mi fai questa —?* | *per —*, per favore.
cor|ti|cà|le *agg.* (*bot., anat.*) riguardante la corteccia di un organo.
còr|ti|co- (*scient.*) primo elemento di parole composte che significa "tessuto corticale", "corteccia" (*corticosurrenale*).
cor|ti|co|sur|re|nà|le *agg.* (*biol.*) relativo alla corteccia surrenale.
cor|ti|già|na *s.f.* (*lett.*) **1** donna che apparteneva a una corte **2** (*euf.*) prostituta.
cor|ti|gia|ne|rì|a *s.f.* condizione o comportamento del cortigiano | (*estens.*) adulazione; servilismo.
cor|ti|già|no *agg.* **1** relativo alla corte: *vita cortigiana* **2** (*fig.*) adulatore; servile: *comportamento —* ♦ *s.m.* **1** gentiluomo che apparteneva a una corte **2** (*fig.*) adulatore, servo.
cor|ti|le *s.m.* **1** spazio scoperto su cui si affacciano i locali interni di un palazzo, una scuola e sim. **2** spazio libero adiacente a una casa di campagna | *animali da —*, pollame, conigli e sim.
cor|ti|na *s.f.* **1** tenda che divide un ambiente da un altro o ne nasconde una zona **2** (*estens.*) ciò che si interpone tra due elementi, ostacolando la vista o rendendo difficile il passaggio: *— di nebbia, di polvere* | *Cortina di ferro*, nel secondo dopoguerra europeo, linea di divisione politica e militare fra i paesi dell'Est, a regime comunista, e quelli dell'Ovest, a regime capitalista **3** elemento murario delle antiche fortificazioni, compreso tra due bastioni o due torri.
cor|ti|nàg|gio *s.m.* spec.pl. grande tenda | baldacchino.
cor|ti|só|ne *s.m.* (*chim., biol.*) ormone steroide prodotto dalla corteccia della ghiandola surrenale, usato nella cura di alcune malattie.
cor|ti|sò|ni|co *agg.* [m.pl. *-ci*] (*med.*) relativo al cortisone, a base di cortisone.
còr|to *agg.* **1** che è poco lungo o che ha una lunghezza inferiore al normale: *maniche corte* **2** basso, piccolo **3** che non ha lunga durata; breve | *settimana corta*, settimana lavorativa che va dal lunedì al venerdì | (*fig.*) *per farla corta*, riassumendo **4** (*estens.*) insufficiente, debole, limitato | *— di cervello*, poco intelligente | *— di vista*, miope | *essere a — di ql.co.*, averne una minima quantità: *essere a — di soldi* ♦ *avv.* nella loc. *tagliar —*, chiudere bruscamente una discussione.
cor|to|cir|cùi|to o **córto circùito** *s.m.* [pl. *cortocircuiti*] **1** (*elettr.*) difetto di un circuito elettrico

causato da un surriscaldamento dei conduttori in seguito a un'improvvisa riduzione della resistenza **2** (*fig.*) offuscamento momentaneo delle idee | (*estens.*) fase critica.
cor|to|me|tràg|gio *s.m.* [pl. *cortometraggi*] film breve, gener. di tipo pubblicitario o didattico.
cor|vé o **corvè** *s.f.* **1** durante il feudalesimo, lavoro che i coloni erano obbligati a svolgere nelle terre del signore **2** (*mil.*) compito di fatica imposto ai soldati **3** (*estens.*) lavoro ingrato e oneroso.
cor|vét|ta *s.f.* (*mar.*) leggera nave da guerra, che ha la funzione di scortare convogli e cacciare sommergibili.
Còr|vi|di *s.m.pl.* famiglia di uccelli piuttosto grandi e voraci che vivono a gruppi, caratterizzati da becco grosso, ali lunghe e verso gracchiante; ne fanno parte il corvo, la gazza, la ghiandaia.
cor|vì|no *agg.* **1** relativo al corvo **2** di colore nero come quello delle piume del corvo: *occhi corvini*.
còr|vo *s.m.* **1** grosso uccello dalle ali lunghe e grandi, con fitto piumaggio nero lucido, becco grosso e robusto **2** (*fig.*) persona che porta sfortuna; iettatore **3** (*spreg.*) nel linguaggio giornalistico, autore di lettere anonime **4** (*scherz.*, *spreg.*) prete.
cò|sa *s.f.* **1** entità astratta o concreta che non si può o non si vuole indicare con precisione: *le cose da mangiare*; *la — migliore, peggiore* | *la — pubblica*, lo Stato | *credersi chissà —*, darsi molte arie **2** nelle prop. interr. o escl. sostituisce o rafforza l'agg. *che: (che) — dici?* **3** unito ad agg. assume il valore del sostantivo neutro corrispondente: *è una bella — rivederti* | *gran —*, fatto rilevante | *— da nulla*, inezia | *sopra ogni altra —*, più di tutto | *per la qual —*, perciò **4** oggetto materiale: *ho messo tutte le mie cose nel cassetto* **5** (*solo pl.*) beni, patrimonio: *trascurare le proprie cose* **6** fatto, vicenda, evento: *cose incredibili* | *cose dell'altro mondo*, assurde **7** causa, motivo, ragione: *si arrabbia sempre per cose di poco conto* **8** (*spec.pl.*) questione, problema: *sono cose che non ti riguardano* | *da — nasce —*, fatta la prima mossa, ci sarà un seguito **9** ciò che si conosce, si pensa, si riferisce: *raccontare cose banali* | *capire una — per un'altra*, equivocare **10** opera, azione, lavoro | *fare le cose in grande*, senza badare a spese | *fare le cose come viene*, a casaccio **11** *Cosa Nostra*, grande organizzazione mafiosa di famiglie italo-americane, attiva negli Stati Uniti e in Sicilia.
co|sà *avv.* solo nelle loc. (*fam.*) *così e —*, in questo e in quel preciso modo | *così —*, né bene né male; né bello né brutto.
co|sàc|co *s.m.* [f. *-a*; m.pl. *-chi*] **1** membro di una popolazione di stirpe tartara della Russia meridionale **2** soldato della cavalleria russa appartenente a tale popolazione ♦ *agg.* relativo a cosacchi.
cò|sca *s.f.* organizzazione di mafiosi | (*estens.*) banda, marmaglia.

cò|scia *s.f.* [pl. *-sce*] **1** (*anat.*) parte della gamba che va dall'anca al ginocchio | (*estens.*) la parte corrispettiva del corpo di alcuni animali: *— di pollo* **2** parte dei pantaloni che copre la coscia **3** (*edil.*) supporto murario laterale dei ponti.
co|scià|le *s.m.* **1** parte delle antiche armature posta a protezione della coscia **2** capo o parte di vestiario che serve a coprire e a proteggere la coscia **3** (*med.*) protesi ortopedica applicata in sostituzione della coscia.
co|scièn|te *agg.* **1** che è consapevole di se stesso e delle proprie azioni; conscio: *essere pienamente —* **2** compiuto in modo responsabile e coscienzioso: *azione —* **3** (*med.*) che ha consapevolezza di se stesso e dell'ambiente esterno: *il paziente è perfettamente —* □ **coscientemente** *avv.*
co|scièn|za *s.f.* **1** (*psicol.*) consapevolezza di se stessi e del mondo esterno | complesso delle capacità e attività psicofisiche; senso, cognizione | *perdere —*, svenire | *riprendere —*, rinvenire **2** (*estens.*) consapevolezza, conoscenza: *avere — dei propri limiti* **3** sistema di valori etici attraverso cui una persona è in grado di valutare le proprie azioni, intenzioni ecc.; consapevolezza del bene e del male | *avere ql.co. sulla —*, sentire di aver commesso un'azione riprovevole | *avere la — pulita*, essere certi di non avere nulla da rimproverarsi | *venire a patti con la propria —*, accettare un compromesso | *mettersi una mano sulla —*, giudicare con obiettività e senso etico | *fare l'esame di —*, fare l'analisi del proprio comportamento **4** senso del dovere, consapevolezza dei propri compiti; responsabilità: *lavorare con —* | *in —*, sinceramente **5** sensibilità di fronte a determinate questioni: *— civile* **6** individuo in quanto entità morale.
co|scien|zio|si|tà *s.f.* caratteristica di chi è coscienzioso | l'agire in base alla coscienza.
co|scien|zió|so *agg.* **1** che ha coscienza, del dovere nello svolgere i propri compiti; responsabile: *giudice —* **2** eseguito con cura, impegno e serietà: *lavoro —* □ **coscienziosamente** *avv.* in modo coscienzioso, con diligenza.
cò|scio *s.m.* coscia di animale macellato.
co|sciòt|to *s.m.* coscio, spec. di ovini: *— di agnello*.
co|scrìt|to *agg.* reclutato, iscritto | (*st.*) *padri coscritti*, i senatori romani ♦ *s.m.* (*mil.*) soldato di leva reclutato da poco | (*estens.*, *region.*) chi è nato nello stesso anno.
co|scri|zió|ne *s.f.* (*mil.*) arruolamento.
co|se|càn|te *s.f.* (*mat.*) funzione trigonometrica equivalente all'inverso del seno.
co|sé|no *s.m.* (*mat.*) funzione trigonometrica definita come il rapporto esistente in un triangolo rettangolo tra la misura del cateto adiacente a un angolo dato e la misura dell'ipotenusa.
co|sì *avv.* **1** in questo modo: *bisogna fare —*; *non ho detto —* | *e — via*, eccetera | *basta —*, non occorre altro | (*con valore attenuativo*) *per — dire*, per modo di dire | *cambiare da — a —*, in maniera

radicale | — (e) —, discretamente: *"come stai?" "— (e) —"* | *per* —, secondo questa direzione: *metti la sedia per* — 2 tanto, talmente: *costa — tanto?*; *più di* — *non ti so dire* 3 (*con valore di agg.invar.*) simile, siffatto, tale: *spectacoli* — *è difficile vederne*; *gente* — *è bene evitarla* ♦ *cong.* 1 [introduce prop. compar. e modali in correlazione con *come*] nello stesso modo: *non è* — *bravo come sembra* 2 [introduce prop. consecutive in correlazione con *che, da*] tanto, talmente: *ero* — *stanco che mi sono addormentato subito*; *non è* — *stupido da andarsene* 3 [con valore desiderativo e v. al congiunt.] magari | — *sia*, formula conclusiva di molte preghiere; amen 4 [con valore conclusivo in prop. coordinate] dunque, perciò, pertanto: *era malato e* — *non andò a scuola* 5 [con valore concessivo avversativo] sebbene, nonostante: — *agitato, mi ascoltò* 6 [in correlazione con *come, appena che*] subito: *come lo seppe,* — *iniziò a piangere*.

co|sic|ché o **così che** *cong.* 1 [introduce prop. consecutive o conclusive con v. all'indic.] e perciò, in conseguenza di ciò: *si mise a urlare,* — *non dissi nulla* 2 [introduce prop. finali con v. al congiunt.] affinché: *parla più forte,* — *ti possa sentire*.

co|sid|dét|to o **così détto** *agg.* (*anche spreg.*) che si chiama in tal modo; detto comunemente così: *i cosiddetti vip.*

co|sif|fàt|to o **così fàtto** *agg.* fatto in tal modo; tale.

co|smè|si *s.f.* tecnica per la cura e l'estetica del viso e del corpo.

co|smè|ti|ca *s.f.* cosmesi.

co|smè|ti|co *agg.* [m.pl. *-ci*] che serve a curare e a migliorare l'estetica del viso e del corpo: *prodotto* — ♦ *s.m.* prodotto di bellezza.

co|smi|ci|tà *s.f.* che riguarda il mondo intero; universalità.

cò|smi|co *agg.* [m.pl. *-ci*] 1 riguardante il cosmo: *spazio* — | *raggi cosmici*, radiazioni energetiche che da ogni parte dello spazio arrivano sulla Terra 2 (*estens.*) universale, di tutti: *sentimento* — □ **cosmicamente** *avv.* universalmente.

cò|smo *s.m.* 1 l'universo fisico in quanto insieme ordinato da leggi precise 2 (*geog.*) spazio che racchiude il complesso delle galassie conosciute | lo spazio celeste.

cò|smo-, -cò|smo primo e secondo elemento di parole composte che significa "mondo", "universo" o che si riferisce all'insieme degli astri e allo spazio extraterrestre (*cosmogonia, microcosmo*).

co|smò|dro|mo *s.m.* base per l'assistenza tecnica e il lancio dei veicoli spaziali.

co|smo|go|nì|a *s.f.* origine dell'universo, del mondo | (*estens.*) dottrina mitologica o religiosa che spiega le origini e l'evoluzione dell'universo.

co|smo|go|nì|co *agg.* [m.pl. *-ci*] che riguarda l'origine dell'universo, del mondo.

co|smo|gra|fì|a *s.f.* 1 descrizione dell'universo in base ai dati astronomici 2 scienza che studia la Terra in quanto corpo celeste; geografia astronomica.

co|smò|gra|fo *s.m.* [f. *-a*] studioso di cosmografia.

co|smo|lo|gì|a *s.f.* [pl. *-gie*] scienza che studia la struttura dell'universo e i principi generali che lo regolano.

co|smo|lò|gi|co *agg.* [m.pl. *-ci*] che riguarda la cosmologia.

co|smò|lo|go *s.m.* [f. *-a*; m.pl. *-gi*] studioso di cosmologia.

co|smo|nàu|ta *s.m./f.* [m.pl. *-i*] astronauta.

co|smo|nàu|ti|ca *s.f.* complesso di studi e tecniche per la navigazione spaziale; astronautica.

co|smo|nà|ve *s.f.* veicolo per viaggiare nello spazio; astronave.

co|smo|po|lì|ta *agg.* [m.pl. *-i*] 1 (*di persona*) che vive o ha vissuto in molti paesi del mondo | (*estens.*) che non ha pregiudizi e guarda con interesse le culture degli altri paesi 2 (*di luogo*) frequentato da persone di nazionalità diverse; internazionale: *Milano è una città* — ♦ *s.m./f.* chi si considera cittadino del mondo | (*estens.*) chi ha una cultura e una mentalità aperte.

co|smo|po|lì|ti|co *agg.* [m.pl. *-ci*] da cosmopolita | (*estens.*) universale.

co|smo|po|lì|ti|smo *s.m.* 1 dottrina che considera il mondo come una comune grande patria, senza distinguere razze e nazioni 2 carattere cosmopolita: *il* — *delle città moderne*.

co|smo|rà|ma *s.m.* [pl. *-i*] apparecchio ottico un tempo usato per vedere panorami ingranditi e in rilievo.

cò|so *s.m.* (*fam.*) oggetto o individuo di cui non si conosce, non si ricorda o non si vuole pronunciare il nome: *portami quel* —; *ho detto a* — *di andarsene*.

co|spàr|ge|re *v.tr.* [con. come *spargere*] ricoprire, disseminare qua e là: — *lo zucchero sulla ciambella*.

co|spèt|to *s.m. solo nella loc.* **al, in** — **di**, dinanzi a, alla presenza di: *stare al* — *di qlcu.*

co|spi|cu|i|tà *s.f.* l'essere cospicuo.

co|spì|cuo *agg.* degno di attenzione per grandezza o valore | notevole, considerevole: *un danno* —.

co|spi|rà|re *v.intr.* [aus. A] 1 accordarsi in segreto per uno stesso obiettivo, spec. politico; congiurare, ordire: — *contro il nemico* 2 (*estens.*) concorrere al fallimento di qlcu. o ql.co.

co|spi|ra|tì|vo *agg.* di cospirazione.

co|spi|ra|tó|re *s.m.* [f. *-trice*] chi partecipa a una cospirazione.

co|spi|ra|tò|rio *agg.* cospiratorio.

co|spi|ra|zió|ne *s.f.* 1 complotto, macchinazione contro qlcu., spec. contro chi detiene il potere 2 (*fig.*) ostacolo di vari elementi alla realizzazione di ql.co.

cò|sta *s.f.* 1 (*anat.*) costola | (*estens., lett.*) parte laterale del corpo 2 dorso di un libro 3 nervatura centrale delle foglie | gambo commestibile di alcuni ortaggi 4 rilievo di alcune stoffe | *velluto a coste*, con righe in rilievo 5 ripido versante delle

montagne | *a mezza* —, a metà del pendio 6 (*mar.*) ognuno degli elementi trasversali che formano l'ossatura dello scafo di un'imbarcazione 7 area di terraferma in prossimità del mare: — *sabbiosa* | (*estens.*) zona che si affaccia sul mare: *le città della* —.
co|stàl|le *agg.* (*anat.*) delle costole.
co|stàn|te *agg.* 1 che si conserva a lungo nello stesso stato; stabile, continuo: *vento* — 2 (*di persona*) fermo nelle sue intenzioni; perseverante, tenace ♦ *s.f.* 1 (*mat., fis.*) elemento che mantiene lo stesso valore al variare delle grandezze con cui è in rapporto 2 (*estens.*) caratteristica che resta identica; elemento fisso: *il delitto è una — dei film gialli* □ **costantemente** *avv.*
co|stàn|za *s.f.* 1 fermezza, perseveranza: *allenarsi con* — 2 (*mat., fis.*) invariabilità di un elemento al variare delle grandezze con cui è in rapporto.
co|stà|re *v.intr.* [indic.pres. *io còsto...*; aus. *E*] 1 avere un dato prezzo: *il pranzo mi è costato dieci euro*; — *troppo* | (*assol.*) avere un prezzo elevato: *oggi le case costano* | (*fam.*) — *caro*, avere un prezzo alto; (*fig.*) comportare notevoli conseguenze: *una bugia che costerà cara* | (*anche fig.*) **costi quel che costi**, a qualunque prezzo | (*fig.*) — *un occhio della testa*, avere un prezzo molto elevato 2 (*fig.*) esigere sforzo, impegno: *ti costa aiutarmi?* | pesare, rincrescere: *tacere mi costa*.
co|sta|ri|cà|no *agg.* della Costa Rica, Stato dell'America centrale ♦ *s.m.* [f. *-a*] nativo o abitante della Costa Rica.
co|stà|ta *s.f.* taglio di carne bovina o suina della parte che ricopre le costole, da cui si ottengono le bistecche | (*estens.*) la bistecca stessa.
co|stà|to *s.m.* 1 gabbia toracica; torace 2 il complesso delle costole del bestiame macellato.
co|steg|già|re *v.tr.* [indic.pres. *io costéggio...*] 1 navigare lungo una costa: — *la penisola* | (*estens.*) camminare lungo un margine: *abbiamo costeggiato il recinto* 2 estendersi lungo ql.co.; fiancheggiare: *la pista ciclabile costeggia il bosco*.
co|stéi *pron.dimostr.f.sing.* → **costui**.
co|stèl|la|re *v.tr.* [indic.pres. *io costèllo o costéllo...*] 1 punteggiare: *i papaveri costellano il campo* 2 (*estens.*) disseminare qua e là, cospargere.
co|stel|la|zió|ne *s.f.* 1 (*astr.*) gruppo di stelle che appaiono vicine sulla sfera celeste 2 (*estens.*) gruppo di elementi simili riuniti su una superficie: *una — di laghi* | gruppo di persone famose o che suscitano interesse.
co|ster|nà|re *v.tr.* [indic.pres. *io costèrno...*] avvilire fortemente, affliggere: *la morte del suo amico lo costernò*.
co|ster|nà|to *part.pass.* di **costernare** ♦ *agg.* che mostra costernazione; intimamente avvilito, afflitto: *sguardo* —.
co|ster|na|zió|ne *s.f.* avvilimento, afflizione profonda.
co|stiè|ra *s.f.* 1 tratto di costa alto e irregolare | (*estens.*) il territorio adiacente 2 costa di una montagna; pendio.

co|stiè|ro *agg.* 1 della costa, riguardante la costa: *tratto* — 2 che è svolto nei pressi della costa: *pesca costiera*.
co|sti|na *s.f.* taglio di carne di maiale o agnello costituito dalle costole e dalla carne vicina.
co|sti|pa|mén|to *s.m.* 1 ammassamento 2 (*di terreno, rocce incoerenti e sim.*) assestamento, compattamento.
co|sti|pà|re *v.tr.* 1 ammassare 2 (*agr., edil.*) schiacciare un terreno per compattarlo 3 (*med.*) causare costipazione ♦ **-rsi** *intr.pron.* (*med.*) diventare costipato, subire una costipazione.
co|sti|pà|to *agg.* affetto da raffreddore o da stitichezza.
co|sti|pa|tó|re *s.m.* rullo usato per livellare e costipare il terreno.
co|sti|pa|zió|ne *s.f.* 1 (*agr.*) riduzione naturale dello spessore di un terreno 2 (*med.*) raffreddore | stitichezza.
co|sti|tu|èn|do *agg.* che sta per essere costituito | che deve essere costituito: *la costituenda commissione*.
co|sti|tu|èn|te *part.pres.* di **costituire** ♦ *agg.* che costituisce | *assemblea* —, insieme di persone elette dal popolo con lo scopo di formulare o cambiare una costituzione ♦ *s.m.* 1 (*chim.*) elemento di un composto 2 [anche f.] membro di un'assemblea costituente.
co|sti|tu|ì|re *v.tr.* [indic.pres. *io costituisco, tu costituisci...*] 1 istituire, fondare, creare ql.co. per uno scopo: — *un partito* 2 comporre, formare: *una raccolta costituita da mille esemplari* 3 essere, rappresentare: *il tuo ritardo non costituisce un problema* 4 (*dir.*) designare qlcu. a fare, eleggere: *lo costituì unico erede* ♦ **-rsi** *intr.pron.* 1 comporsi, formarsi: *si è costituito un nuovo comitato* 2 organizzarsi, ordinarsi ♦ *rifl.* 1 consegnarsi per propria scelta alla giustizia: *il colpevole si è costituito alle autorità* 2 (*dir.*) dichiararsi, nominarsi ufficialmente o pubblicamente | *parte civile*, in un processo penale, richiedere il risarcimento dei danni subiti a causa del reato.
co|sti|tu|ì|to *part.pass.* di **costituire** ♦ *agg.* 1 composto, formato 2 istituito per legge: *potere* —.
co|sti|tu|tì|vo *agg.* 1 che costituisce, che forma ql.co. 2 (*estens.*) distintivo, specifico: *l'allegria è il tratto* — *del suo carattere* 3 (*dir.*) detto di atto che crea o modifica rapporti giuridici: *atto* — *di una società*.
co|sti|tu|tó|re *agg., s.m.* [f. *-trice*] che, chi costituisce.
co|sti|tu|zio|nà|le *agg.* 1 (*dir.*) della costituzione, che riguarda la costituzione | *Stato* —, fondato su una costituzione | *Corte* —, organo collegiale che valuta la legittimità delle leggi sulla base della costituzione | *diritto* —, branca del diritto pubblico che studia la costituzione 2 (*med.*) relativo alla costituzione fisica: *malattia* — □ **costituzionalmente** *avv.* 1 in modo costituzionale, secondo la costituzione 2 dal punto di vista della costituzione fisica.

co|sti|tu|zio|na|li|smo *s.m.* (*dir.*) insieme dei principi su cui si basa uno Stato costituzionale.
co|sti|tu|zio|na|li|sta *s.m./f.* [m.pl. *-i*] (*dir.*) studioso di diritto costituzionale.
co|sti|tu|zio|na|li|sti|co *agg.* [m.pl. *-ci*] 1 (*dir.*) che riguarda il costituzionalismo 2 *medicina costituzionalistica*, quella che studia le relazioni fra la costituzione fisica e le malattie.
co|sti|tu|zio|na|li|tà *s.f.* (*dir.*) conformità alle norme di una costituzione.
co|sti|tu|zió|ne *s.f.* 1 l'atto del costituire, del costituirsi | fondazione, istituzione: *la — di una società* 2 insieme degli elementi e delle caratteristiche di una sostanza, un oggetto, un corpo; composizione: *la — chimica della crosta terrestre* | complesso delle caratteristiche fisiche di un individuo: *— debole, robusta* 3 (*dir.*) insieme delle leggi che definiscono l'ordinamento di uno Stato e i diritti e doveri dei cittadini.
cò|sto *s.m.* 1 spesa sostenuta per acquistare un bene o per usufruire di un servizio; prezzo | *— della vita*, l'insieme delle spese per l'acquisto dei beni e servizi più comuni | *sotto —*, a un prezzo minore rispetto a quello di produzione 2 (*fig.*) sacrificio che bisogna sostenere per ottenere ql.co.| (*fig.*) *a qualunque —*, *a ogni —*, *a tutti i costi*, in qualsiasi modo | *a nessun —*, in nessun modo | *a — di*, a rischio di.
cò|sto|la *s.f.* 1 (*anat.*) ognuna delle ossa, curve e appiattite, che, dodici per lato, si congiungono con le vertebre formando la cassa toracica | (*fig.*) *stare alle costole di qlcu.*, stargli vicino, seguirlo 2 parte della lombata di un animale macellato 3 nervatura principale di una foglia 4 dorso di un oggetto, spec. di un libro | in un coltello, parte opposta al taglio 5 (*mar.*) ciascuno degli elementi trasversali dell'ossatura dello scafo di un'imbarcazione.
co|sto|la|tú|ra *s.f.* 1 insieme e struttura delle costole 2 (*arch.*) insieme dei costoloni di volte e cupole.
co|sto|lét|ta *s.f.* costola di animale macellato, tagliata con la carne che la ricopre, da cucinare arrosto o fritta | (*estens.*) bistecca, cotoletta.
co|sto|ló|ne *s.m.* 1 dosso montano 2 (*arch.*) elemento in rilievo di cupole o volte con funzioni estetiche e strutturali.
co|stó|ne *s.m.* rilievo che emerge sul dorso o sul fianco di una montagna | prominenza di un ghiacciaio, costituita da roccia o detriti.
co|stó|ro *pron.dimostr.m./f.pl.* → **costui**.
co|stó|so *agg.* 1 che costa molto: *un vestito —* 2 (*fig.*) che richiede sacrificio, fatica, sforzo.
co|strìn|ge|re *v.tr.* [con. come *stringere*] forzare, obbligare qlcu. ad agire in un certo modo: *mi ha costretto a dirgli tutto*.
co|strit|ti|vo *agg.* 1 che costringe; coercitivo: *norme costrittive* 2 (*med.*) che comprime, che stringe molto: *bendaggio —*.
co|stri|zió|ne *s.f.* coercizione; imposizione ad agire in un certo modo.
co|stru|í|re *v.tr.* [indic.pres. *io costruisco, tu costruisci...*; pass.rem. *io costruii, tu costruisti...*; part.pass. *costruito*] 1 fabbricare, edificare, erigere: *— un palazzo* 2 unire elementi vari per creare un tutto organico: *— una macchina* | (*fig.*) ideare, inventare: *— una teoria* 3 (*ling.*) ordinare i vari elementi di una proposizione secondo l'ordine grammaticale e sintattico 4 (*geom.*) disegnare una figura geometrica seguendo determinate regole: *— un cubo*.
co|strú|i|to *part.pass.* di *costruire* ♦ *agg.* 1 (*fig.*, *di persona o atteggiamento*) non spontaneo; innaturale 2 (*lett.*, *di opera*) elaborato con molta ricercatezza formale.
co|strut|ti|vì|smo *s.m.* movimento artistico nato in Russia negli anni Venti, basato sull'esaltazione delle tecnologie industriali e su un ideale di arte per le masse.
co|strut|tí|vo *agg.* 1 che serve a costruire, che riguarda la costruzione: *tecnica costruttiva* 2 (*fig.*) che tende a realizzare o a rendere positivi dei propositi: *idee costruttive*.
co|strút|to *s.m.* 1 (*ling.*) in una frase, disposizione e ordine delle parole; struttura sintattica 2 (*estens.*) significato logico; coerenza: *ragionamento privo di —* 3 (*fig.*) profitto, vantaggio: *impegnarsi senza —*.
co|strut|tó|re *agg.*, *s.m.* [f. *-trice*] che, chi costruisce.
co|stru|zió|ne *s.f.* 1 edificazione, fabbricazione: *la — di un palazzo* | *in —*, che si sta costruendo 2 tecnica con cui ql.co. è costruito: *casa di solida — 3* opera costruita: *— in legno* | edificio, immobile 4 (*ling.*) ordine con il quale si succedono le parole in una frase o le frasi in un periodo; costrutto 5 (*geom.*) successione di operazioni che consentono di rappresentare graficamente una figura 6 (*fig.*) struttura generale di un'opera letteraria, artistica, musicale 7 (*pl.*) gioco costituito da pezzi di varia forma e materiale che si incastrano per formare edifici in miniatura e sim.
co|stù|i *pron.dimostr.m.sing.* [f. *costei*; m./f.pl. *costoro*; indica persona appena nominata o vicina a chi parla o ascolta; anche spreg.] questo, *cosa vuole —?*
co|stu|mà|re *v.intr.* [aus. *E*] (*lett.*) essere consueto, avere come abitudine.
co|stu|mà|to *part.pass.* di *costumare* ♦ *agg.* (*lett.*) educato | che rivela buona educazione: *modi costumati*.
co|stù|me *s.m.* 1 abitudine, modo di agire di un individuo 2 condotta morale 3 (*spec.pl.*) usanze, credenze, tradizioni che caratterizzano un gruppo, una comunità: *usi e costumi locali* 4 abbigliamento tipico di una determinata epoca, comunità, gruppo sociale | vestito, indumento usato in determinate occasioni: *— carnevalesco* | *in —*, detto di feste, spettacoli e sim. in cui i partecipanti indossano maschere carnevalesche, abiti tradizionali o storici | *— da bagno*, indumento usato per fare il bagno e prendere il sole | (*spec. scherz.*) *— adamitico*, nudità.
co|stu|mí|sta *s.m./f.* [m.pl. *-i*] chi disegna, realizza e prepara i costumi per rappresentazioni teatrali, cinematografiche ecc.

co|stù|ra *s.f.* cucitura in rilievo che unisce due pezzi di stoffa, pelle e sim.
co|tan|gèn|te *s.f.* (*mat.*) in trigonometria, funzione inversa della tangente.
cò|te o **cóte** *s.f.* pietra naturale abrasiva usata per affilare i ferri da taglio.
co|te|chì|no *s.m.* insaccato da cuocere, preparato con carni e cotenne di maiale tritate e aromatizzate.
co|tén|na *s.f.* **1** pelle spessa, dura e setolosa del maiale e del cinghiale **2** (*scherz.*) pelle dell'uomo.
có|ti|ca *s.f.* **1** (*region.*) cotenna del maiale **2** (*agr.*) strato superficiale di un terreno erboso formato dalle radici delle piante.
cò|ti|le *s.m./f.* (*anat.*) cavità articolare di un osso; acetabolo.
co|ti|lè|do|ne *s.m.* (*bot.*) foglia, piccola e carnosa, che ha la funzione di nutrire e proteggere l'embrione di alcune piante.
cotillon (*fr.*) [pr. *kotiiòn*] *s.m.invar.* dono offerto durante una festa da ballo o uno spettacolo.
co|ti|lòi|de *agg.* (*anat.*) del cotile, cotiloideo.
co|ti|loi|dè|o *agg.* (*anat.*) del cotile, che riguarda il cotile.
co|to|gna *s.f.* frutto del cotogno.
co|to|gnà|ta *s.f.* marmellata di mele cotogne.
co|tó|gno *s.m.* albero fruttifero, dai fiori bianchi o rosa, che produce una mela profumata e aspringa ♦ *agg.* del cotogno: *mela cotogna*.
co|to|lét|ta *s.f.* (*gastr.*) fetta di carne con o senza osso | — *alla milanese*, passata nell'uovo, impanata e fritta.
co|to|nà|ce|o *agg.* che è simile al cotone.
co|to|nà|re *v.tr.* [indic.pres. *io cotóno...*] **1** trattare un tessuto per farlo somigliare al cotone **2** increspare ciocche di capelli per creare un'acconciatura compatta, voluminosa e soffice.
co|to|nà|to *agg.* sottoposto a cotonatura ♦ *s.m.* tessuto in puro cotone | tessuto in cotone misto ad altre fibre.
co|to|na|tù|ra *s.f.* tecnica di acconciatura dei capelli che consiste nell'increspare le ciocche per ottenere maggiore sofficità e volume.
co|tó|ne *s.m.* **1** pianta arbustiva coltivata nei paesi caldi, con fiori gialli e frutto a capsula in cui si trovano i semi avvolti in una peluria bianca, usata come fibra tessile **2** filo o tessuto ricavati da tale pianta | peluria dei semi di cotone, trattata per imbottire materassi, tappezzerie e sim. o per fare medicazioni e fasciature; ovatta.
co|to|ne|rìa *s.f.* varietà di filati e tessuti di cotone.
co|to|ni|col|tù|ra *s.f.* coltivazione del cotone.
co|to|niè|re *s.m.* [f. -*a*] **1** industriale o commerciante del cotone **2** operaio di un cotonificio.
co|to|niè|ro *agg.* del cotone.
co|to|ni|fì|cio *s.m.* fabbrica in cui si lavora il cotone per ricavarne filati e tessuti.
co|to|nì|na *s.f.* tessuto leggero di cotone.
co|to|niz|zà|re *v.tr.* trattare una fibra tessile per renderla simile nell'aspetto e nelle qualità al cotone.
co|to|nó|so *agg.* che contiene del cotone | che è coperto di peluria come il cotone | soffice e bianco come il cotone.
còt|ta[1] *s.f.* **1** cottura rapida | (*fig.*) *furbo di tre cotte*, molto furbo **2** (*fig.*) innamoramento passeggero; sbandata: *si è preso una bella* — **3** (*sport*) stato di prostrazione fisica e psichica dell'atleta per eccessivo sforzo o per abuso di eccitanti.
còt|ta[2] *s.f.* **1** nel Medioevo, sopravveste indossata da uomini e donne | — *di maglia*, armatura completa costituita da anelli metallici concatenati **2** (*eccl.*) tunica bianca di cotone o lino, lunga fino al ginocchio, indossata dai sacerdoti sopra la veste talare in alcune cerimonie.
cottage (*ingl.*) [pr. *kòtteğ*] *s.m.* villino rustico di campagna.
cot|ti|mì|sta *s.m./f.* [m.pl. -*i*] lavoratore pagato a cottimo.
còt|ti|mo *s.m.* tipo di retribuzione basata sulla quantità di lavoro compiuto, indipendentemente dal tempo impiegato: *fare un lavoro a* —.
còt|to *part.pass. di* cuocere ♦ *agg.* **1** sottoposto a cottura: *verdura cotta*; *prosciutto* — | (*fig.*) *farne di cotte e di crude*, compiere ogni tipo di stranezze **2** (*estens.*) riarso, bruciato: *sentirsi la pelle cotta dal sole* **3** (*fam.*) detto di chi è molto innamorato **4** (*sport*) detto di atleta stremato dallo sforzo ♦ *s.m.* mattone di terracotta.
cotton fioc® *loc.sost.m.invar.* bastoncino con le estremità rivestite d'ovatta, usato per l'igiene o per il trucco.
cot|tù|ra *s.f.* il cuocere, il cuocersi, l'essere cotto | modo in cui ciò avviene: — *nel forno* | *punto di* —, momento in cui il cibo è perfettamente cotto.
co|tur|nì|ce *s.f.* uccello simile alla pernice, con zampe e becco rossi, piumaggio folto e grigio; nidifica a terra.
co|tùr|no *s.m.* nell'antichità, calzatura con suola alta usata dagli attori tragici.
coulisse (*fr.*) [pr. *kulìs*] *s.f.invar.* **1** scanalatura, incastro | *porta a* —, porta scorrevole su guide **2** (*teat.*) quinta, scenario **3** tubo scorrevole di alcuni strumenti a fiato.
coulomb (*fr.*) [pr. *kùlomb*] *s.m.invar.* unità di misura della carica elettrica, corrispondente alla quantità di elettricità trasportata in un secondo da una corrente di un ampère (*simb.* C).
counselling (*ingl.*) [pr. *kàunselin*] *s.m.invar.* attività di consulenza, spec. per l'orientamento professionale.
count down (*ingl.*) [pr. *kàunt dàun*] *loc.sost.m. invar.* conto alla rovescia.
country (*ingl.*) [pr. *kàuntri*] *agg., s.m.invar.* detto di stile musicale che si ispira alle ballate delle campagne degli Stati Uniti.
coup de foudre (*fr.*) [pr. *ku de fùdr*] *loc.sost.m.invar.* colpo di fulmine; amore a prima vista.
coupé (*fr.*) [pr. *kupé*] *s.m.* automobile sportiva dalla linea slanciata ed elegante.
coupon (*fr.*) [pr. *kupòn*] *s.m.invar.* cedola, tagliando, buono.
co|u|tèn|te *s.m./f.* chi è utente di ql.co. insieme ad altri.

couturier (*fr.*) [pr. *kuturié*] *s.m.invar.* sarto di alta moda.

có|va *s.f.* l'azione del covare | tempo e luogo del covare.

co|va|lèn|te *agg.* (*chim.*) detto del legame di covalenza.

co|va|lèn|za *s.f.* (*chim.*) legame in cui due atomi hanno in comune una o più coppie di elettroni.

co|và|re *v.tr.* [indic.pres. *io cóvo*...] **1** (*di uccelli e altri animali ovipari*) stare accovacciati sopra le uova per tenerle al caldo e consentire lo sviluppo dell'embrione **2** (*fig.*) custodire, proteggere gelosamente: *l'avaro cova il suo patrimonio* | — *qlcu.*, *ql.co.* *con gli occhi*, fissarlo con amore, con desiderio **3** (*fig.*) nascondere un sentimento: — *l'odio* | — *una malattia*, averla in incubazione ♦ *intr.* [aus. *A*] stare nascosto: *in lui cova un grave sospetto* | (*scherz.*) *qui gatta ci cova*, qui c'è un segreto, un inganno.

co|và|ta *s.f.* numero delle uova che un uccello o altro animale oviparo cova in una sola volta | insieme dei piccoli che ne nascono.

cover (*ingl.*) *s.f.invar.* nuova edizione di un brano musicale eseguita da artisti diversi dal primo esecutore.

cover girl (*ingl.*) [pr. *kòver gherl*] *loc.sost.f.invar.* modella che posa per le copertine di riviste.

co|vi|le *s.m.* **1** luogo appartato in cui trovano rifugio animali selvatici; covo | (*estens.*) cuccia del cane **2** (*fig.*) stanza o letto misero, sporco.

có|vo *s.m.* **1** tana in cui si nascondono animali selvatici; riparo **2** (*fig.*) luogo, nascondiglio segreto dove si riuniscono persone che svolgono attività illecite: — *di banditi*.

co|vó|ne *s.m.* fascio di spighe di cereali, tagliate e legate insieme.

cowboy (*ingl.*) [pr. *kauböi*] *s.m.invar.* guardiano delle mandrie nelle praterie nordamericane | (*estens.*) protagonista di film e fumetti ambientati al tempo della conquista del West.

co|xal|gi|a *s.f.* [pl. *-gie*] (*med.*) dolore all'articolazione dell'anca.

co|xar|trò|si *s.f.* (*med.*) artrosi dell'anca che provoca una limitazione progressiva dei movimenti.

co|xi|te *s.f.* (*med.*) infiammazione dell'articolazione dell'anca.

coyote (*sp.*) *s.m.invar.* mammifero carnivoro dell'America centrale e settentrionale, con corpo, zampe e coda da lupo e muso da volpe; emette un caratteristico latrato lamentoso.

còz|za *s.f.* **1** mollusco con conchiglia nera allungata; mitilo **2** (*gerg.*) ragazza brutta **3** individuo pigro e svogliato.

coz|zà|re *v.tr.* [indic.pres. *io còzzo*...] battere: — *l'auto contro un palo* ♦ *intr.* [aus. *A*] **1** sbattere, urtare con le corna **2** (*estens.*) urtare con violenza **3** (*fig.*) contrastare; essere in contraddizione: — *con la realtà* ♦ **-rsi** *rifl.rec.* **1** (*di animali*) scontrarsi con le corna | (*di persone o cose*) scontrarsi violentemente **2** (*fig.*) litigare.

còz|zo *s.m.* **1** colpo dato con le corna **2** (*estens.*) botta violenta; scontro.

cra *inter.* (*onom.*) suono che riproduce il gracchiare della cornacchia, del corvo o il gracidare della rana, del rospo.

crac *inter.* (*onom.*) suono che riproduce il rumore di un oggetto che si rompe, si spacca o cade ♦ *s.m.invar.* **1** il rumore stesso; schianto: *il* — *del pavimento* **2** (*fig.*) fallimento, rovina; tracrollo: — *finanziario*.

crack (*ingl.*) *s.m.invar.* droga sintetica derivata dalla cocaina.

cracker (*ingl.*) [pr. *krèker*] *s.m.invar.* sottile galletta croccante e leggera dal sapore simile a quello del pane.

cracking (*ingl.*) [pr. *krèking*] *s.m.invar.* processo di conversione degli idrocarburi pesanti del petrolio in idrocarburi leggeri mediante l'azione del calore e della pressione.

crà|fen *s.m.* → **krapfen**.

cràm|po *s.m.* (*med.*) contrazione involontaria, brusca e dolorosa di uno o più muscoli causata dalla stanchezza o da uno sforzo.

cra|nià|le *agg.* (*anat.*) riguardante il cranio.

crà|ni|co *agg.* [m.pl. *-ci*] (*anat.*) del cranio: *trauma* —.

crà|nio *s.m.* (*anat.*) struttura scheletrica della testa dei Vertebrati.

cra|nio|gra|fi|a *s.f.* branca della craniologia che studia e classifica la conformazione del cranio per mezzo di rilevazioni grafiche.

cra|nio|lé|so *agg.*, *s.m.* [f. *-a*] (*med.*) che, chi ha una lesione al cranio.

cra|nio|lo|gi|a *s.f.* branca dell'antropologia che studia la conformazione del cranio in relazione alle differenze socio-ambientali.

cra|nio|me|trì|a *s.f.* branca della craniologia che si occupa della misurazione del cranio umano a scopo scientifico | la misurazione stessa.

cra|nio|sco|pì|a *s.f.* (*med.*) esame del cranio.

cra|nio|to|mì|a *s.f.* (*med.*) intervento chirurgico di apertura della scatola cranica.

crà|pu|la *s.f.* (*lett.*) il mangiare e bere smodatamente.

cra|pu|ló|ne *s.m.* [f. *-a*] (*lett.*) chi si abbandona facilmente alla crapula.

craquelé (*fr.*) [pr. *kraklé*] *agg.invar.* detto di oggetto, spec. antico, che presenta screpolature nello smalto o nella vernice ♦ *s.m.* tecnica per ottenere un effetto di screpolatura di ceramiche, porcellane ecc., a scopo decorativo o per simularne l'antichità.

crash test (*ingl.*) [pr. *krash test*] *loc.sost.m.invar.* simulazione di uno scontro per valutare l'affidabilità e la sicurezza di un veicolo.

crà|si *s.f.* **1** (*ling.*) unione tra la vocale finale di una parola e la vocale iniziale della parola successiva **2** (*med. ant.*) fusione dei quattro umori principali (sangue, flemma, bile bianca e bile nera) componenti dell'organismo umano.

cràs|so *agg.* **1** (*lett.*) consistente, denso **2** (*fig.*) volgare, rozzo: *comicità crassa* **3** (*anat.*) *intestino*

—, ultimo tratto dell'intestino, suddiviso in cieco, colon e retto.

Cras|su|là|ce|e *s.f.pl.* famiglia di piante dicotiledoni con fusti e foglie carnosi e fiori molto colorati; vi appartiene il semprevivo.

-crà|te secondo elemento di parole composte che significa "che detiene il potere" (*burocrate*); è proprio dei nomi di persona corrispondenti ai sostantivi astratti in *-crazia*.

cra|tè|re *s.m.* **1** (*archeol.*) grande vaso a bocca larga, con manici laterali, in cui greci e romani mescolavano acqua e vino da offrire nei banchetti **2** (*geol.*) cavità a forma di imbuto di un vulcano, da cui fuoriesce la lava **3** scavo a forma di imbuto provocato nel terreno da una esplosione **4** (*astr.*) — *meteorico*, cavità della superficie terrestre prodotta dalla caduta di una grande meteorite; — *lunare*, ciascuna delle cavità circolari presenti sulla superficie della Luna.

cra|te|ri|co *agg.* [m.pl. *-ci*] relativo al cratere di un vulcano.

-crà|ti|co secondo elemento di aggettivi corrispondenti ai sostantivi in *-crazia* (*aristocratico*).

cra|tó|ne *s.m.* (*geol.*) grande blocco della crosta terrestre soggetto a traslazioni verticali e orizzontali, ma non a deformazioni.

cràu|ti *s.m.pl.* foglie di cavolo tagliate a listelle molto sottili, salate, pepate e fatte fermentare in fusti di legno e cotte successivamente.

cra|vàt|ta *s.f.* **1** accessorio dell'abbigliamento spec. maschile costituito da una striscia di tessuto da far passare sotto il colletto della camicia e da annodare sul davanti | (*estens.*) qualsiasi striscia di tessuto da portare intorno al collo **2** nastro legato all'asta della bandiera **3** fascetta usata per bloccare o fissare un elemento **4** (*sport*) spec. nella lotta greco-romana, colpo proibito consistente nello stringere il collo dell'avversario con un braccio.

cra|vat|tà|io *s.m.* [f. *-a*] fabbricante o venditore di cravatte.

cra|vat|tì|no *s.m.* cravatta con le estremità rigide e corte, da portare annodata a forma di farfalla; farfallino.

crawl (*ingl.*) [pr. *kròl*] *s.m.invar.* stile di nuoto veloce in posizione prona in cui le braccia ruotano alternativamente fuori e sotto l'acqua, la testa, immersa, ruota per l'inspirazione e le gambe, distese, battono sull'acqua; è detto anche *stile libero*.

-cra|zia secondo elemento di parole composte che significa "potere, dominio" (*burocrazia, teocrazia*).

cre|àn|za *s.f.* buone maniere; contegno, educazione | *mala* —, maleducazione.

cre|à|re *v.tr.* [indic.pres. *io crèo*...] **1** produrre ql.co. dal nulla; dare vita | (*estens.*) realizzare; comporre, ideare: — *una nuova moda* **2** provocare, suscitare: — *difficoltà* ♦ *-rsi intr.pron.* nascere, prodursi: *si è creata una situazione difficile*.

cre|a|tì|na *s.f.* (*chim., biol.*) amminoacido presente nei tessuti muscolari e nervosi, fondamentale nella trasformazione dell'energia chimica in energia meccanica.

cre|a|ti|nì|na *s.f.* (*chim., biol.*) sostanza presente nel sangue e nelle urine, derivata dalla degradazione della creatina.

cre|a|ti|vi|tà *s.f.* capacità inventiva, estro.

cre|a|tì|vo *agg.* **1** proprio della creazione: *processo* — | che riguarda la creazione artistica: *fantasia creativa* **2** che ha capacità inventiva: *talento* — ♦ *s.m.* [f. *-a*] chi prepara un progetto per una campagna pubblicitaria.

cre|à|to *part.pass.* di creare ♦ *s.m.* l'universo in quanto creazione di Dio.

cre|a|tó|re *agg.* [f. *-trice*] che crea dal nulla | che ha creatività: *genio* — ♦ *s.m.* chi crea; autore, artefice, inventore | (*anton.*) *il Creatore*, Dio | (*fam.*) *andare al Creatore*, morire.

cre|a|tù|ra *s.f.* **1** ogni essere vivente, spec. in quanto creazione divina | — *umana*, l'uomo **2** figlio, bambino | (*fam.*) bambino o adulto che suscita affetto, pietà o ammirazione: *che splendida* —*!* **3** persona formata o protetta da un personaggio importante: *è una — del direttore*.

cre|a|zió|ne *s.f.* **1** il creare, l'essere creato, spec. in riferimento all'opera divina: *la — del mondo* **2** invenzione, ideazione: *la — di un progetto* | (*estens.*) formazione, istituzione: *la — di un gruppo* **3** opera creata; prodotto: *una — artistica*.

cre|a|zio|nì|smo *s.m.* (*filos., teol.*) teoria e dottrina secondo le quali l'origine della vita si deve all'intervento di un dio creatore.

cre|dèn|te *part.pres.* di credere ♦ *agg., s.m./f.* **1** che, chi professa una fede religiosa **2** che, chi crede con fiducia in una dottrina, in un ideale o sim.

cre|dèn|za[1] *s.f.* **1** fede, spec. religiosa | ciò in cui si crede **2** convinzione, opinione: — *popolare*.

cre|dèn|za[2] *s.f.* mobile costituito da una parte bassa e da una alta, usato per riporre alimenti, stoviglie, arredi per la tavola.

cre|den|zià|le *agg.* che serve ad accreditare | *lettera* —, documento con cui si accredita un diplomatico presso uno Stato straniero ♦ *s.f.* **1** (*banc.*) lettera di credito **2** (*spec.pl.*) referenza, segnalazione.

cré|de|re[1] *v.tr.* [indic.pres. *io crédo*...; pass.rem. *io credéi* o *credètti, tu credésti*...] **1** ritenere vero: *non credo a ciò che dichiara* | *darla a — a qlcu.*, illuderlo | (*escl.*) *ci credo!*, detto per esprimere una forte approvazione **2** reputare, stimare: *ti credevo sincero* **3** essere del parere, supporre: *credo che ritornerà* ♦ *intr.* [aus. A] **1** essere sicuri dell'esistenza di ql.co. o ql.co.: — *in Dio* (*assol.*) avere una fede religiosa **2** dare credito a qlcu. o ql.co.: — *a tutti* | *non* — *ai propri occhi*, essere sbalorditi | — *sulla parola*, senza aver bisogno di prove **3** avere fiducia in qlcu. o ql.co.: — *negli altri* | essere convinto di ql.co.: — *nelle proprie capacità* ♦ *-rsi rifl.* ritenersi, stimarsi: *si crede il migliore* | *si crede di essere?*, detto di persona arrogante e saccente.

cré|de|re[2] *s.m. solo sing.* opinione, convinzione: *a mio, a nostro* —.

cre|di|bi|le *agg.* che si può credere; attendibile, probabile: *resoconto* — | (*estens.*) degno di fiducia: *è una persona* — □ **credibilmente** *avv.* in modo credibile, verosimile.
cre|di|bi|li|tà *s.f.* **1** l'essere credibile **2** (*estens.*) affidabilità, fiducia: *ispirare* —.
credit card (*ingl.*) *loc.sost.f.invar.* carta di credito.
cre|di|ti|zio *agg.* (*econ.*) relativo al credito.
cré|di|to *s.m.* **1** il credere, l'essere creduto; fiducia: *avere* —; *dare* — *alle parole di qlcu.* **2** buona reputazione, stima; considerazione, fiducia: *godere di molto* — **3** (*dir.*) diritto a ottenere la restituzione o il pagamento di una somma di denaro | (*estens.*) la somma a cui si ha diritto **4** (*econ.*) passaggio di somme di denaro da un soggetto a un altro in cambio di un interesse: *aprire un* — | **carta di** —, tessera nominale che consente di effettuare pagamenti mediante diretto prelevamento dal conto bancario del titolare **5** attività economica e finanziaria connessa alle operazioni di credito | il settore economico costituito dalle istituzioni che esercitano tale attività | istituto bancario **6** (*in un sistema scolastico con punteggio finale*) punto assegnato allo studente per il superamento di una prova o per lo svolgimento di un'attività formativa.
cre|di|tó|re *agg., s.m.* [f. *-trice*] (*dir.*) che, chi ha un diritto di credito.
crè|do *s.m.invar.* **1** (*lit.*) formula di fede che comprende le verità rivelate: *recitare il* — | (*estens.*) parte della messa in cui è recitata tale formula **2** complesso delle verità fondamentali di una religione **3** (*fig.*) complesso di ideali, principi politici, morali e culturali di un individuo o di una collettività.
cre|du|li|tà *s.f.* ingenuità, semplicità.
cre|du|ló|ne *agg.,s.m.* [f. *-a*] che, chi crede a tutto con molta facilità; ingenuo, sempliciotto.
crè|ma *s.f.* **1** parte grassa del latte che emerge in superficie; panna **2** (*fig.*) insieme delle persone migliori di un gruppo o di un ambiente: *era presente la* — *della città* **3** dolce dalla consistenza densa e dal colore giallo chiaro preparato con tuorli d'uovo, zucchero, farina e latte: *un bignè alla* — **4** passato di verdure o legumi: — *di lenticchie* **5** sostanza densa usata come cosmetico o medicinale: — *idratante* ♦ *agg.invar.* di colore giallo chiaro: *una sciarpa color* —.
cre|ma|glìè|ra *s.f.* asta dentata che in coppia con una ruota dentata trasforma il moto rotatorio in rettilineo e viceversa; è usata in alcune macchine utensili, nei sistemi di sollevamento e come terza rotaia nelle ferrovie di montagna per superare forti pendenze.
cre|ma|re *v.tr.* [indic.pres. *io crèmo*...] bruciare un cadavere.
cre|ma|tó|io *s.m.* parte del forno crematorio in cui si mette il cadavere da bruciare.
cre|ma|tò|rio *agg.* che riguarda la cremazione | che serve per cremare: *forno* — ♦ *s.m.* edificio in cui si trova il forno crematorio.

cre|ma|zió|ne *s.f.* procedimento mediante il quale un cadavere è ridotto in cenere.
crème (*fr.*) [pr. *krèm*] *s.f.invar.* **1** crema **2** (*fig.*) insieme delle persone migliori di un gruppo, di una società.
crème caramel (*fr.*) [pr. *krèm karamèl*] *loc. sost.f.invar.* dolce simile al budino, preparato con uova, latte e farina, cotto a bagnomaria in stampi rivestiti di zucchero caramellato.
cre|me|rì|a *s.f.* (*region.*) latteria in cui si vendono anche gelati e altri dolci.
cre|mi|no *s.m.* **1** cioccolatino a più strati, di cui almeno uno è di crema **2** cibo morbido e cremoso (p.e. formaggino, gelato).
crè|mi|si *s.m.* tonalità molto intensa di rosso ♦ *agg.invar.* di colore rosso intenso.
cre|mi|sì|no *agg.* di colore cremisi, rosso intenso ♦ *s.m.* colore cremisi.
cre|mo|là|to *s.m.* (*region.*) gelato molle servito in bicchiere o coppa.
cre|mo|né|se *s.f.* sistema di chiusura di infissi, costituito da due aste verticali che scorrono entro anelli mediante una maniglia.
cre|mó|so *agg.* ricco di crema; simile a una crema.
crèn *s.m.* **1** pianta erbacea ha cui radice, bianca e dal sapore forte, è usata per preparare salse e condimenti; rafano **2** salsa piccante ottenuta dalla radice di tale pianta.
cre|na|tù|ra *s.f.* (*bot.*) dentello arrotondato posto ai margini delle foglie.
cre|no|te|ra|pì|a *s.f.* cura medica a base di acque minerali termali, fanghi, vapori ecc.
cre|o|lì|na *s.f.* (*chim.*) soluzione densa di colore rosso scuro, a base di cresolo e di sapone di resina, usata come disinfettante.
crè|o|lo *agg.,s.m.* **1** [f. *-a*] che, chi, nell'America centro-meridionale, è nato da immigrati europei o da padre europeo e madre indigena **2** detto di linguaggio derivato dalla mescolanza tra lingue.
cre|o|sò|to *s.m.* (*chim., farm.*) liquido incolore, oleoso e dall'odore pungente, ottenuto per distillazione dal legno di faggio e usato spec. in medicina come antisettico e antipiretico.
crè|pa *s.f.* **1** spaccatura che si produce in un muro o in un terreno; apertura, fessura **2** (*fig.*) crisi, dissidio, contrasto.
cre|pàc|cio *s.m.* fessura grande e profonda in un terreno, in una roccia o in un ghiacciaio.
cre|pa|cuò|re *s.m.* dolore morale, strazio: *morire di* —.
cre|pa|pèl|le *solo nella loc.* **a** —, moltissimo: *ridere a* —.
cre|pà|re *v.intr.* [indic.pres. *io crèpo*...; aus. *E*] **1** spaccarsi, fendersi **2** (*fig.*) non poterne più di ql.co., scoppiare: — *dalle risate* | soffrire per ql.co.: — *di fame* | struggersi, tormentarsi per ql.co.: — *di gelosia* | — **di salute**, godere di ottima salute **3** (*spreg.*) morire: *è crepato come un cane* | *crepi l'avarizia!*, detto quando si fa una grossa spesa ♦ **-rsi** *intr.pron.* spaccarsi, fessurarsi: *il vetro si è crepato*.
cre|pa|tù|ra *s.f.* crepa, fessura.

crêpe (fr.) [pr. crèp] s.f.invar. frittella molto sottile, farcita con un ripieno dolce o salato; crespella ♦ s.m. stoffa crespa.
cre|pe|rì|a s.f. locale pubblico in cui si cucinano e si servono le crêpe.
cre|pi|tà|re v.intr. [indic.pres. io crèpito...; aus. A] 1 scoppiettare, spec. detto di fuoco e legna che brucia, di pioggia e grandine, di spari di arma da fuoco 2 (estens.) cigolare, scricchiolare.
cre|pi|tì|o s.m. il crepitare continuo e prolungato.
cre|pu|sco|là|re agg. 1 del crepuscolo: ora — 2 (fig.) incerto, indefinito, vago 3 relativo al crepuscolarismo: poetica — ♦ s.m. poeta del crepuscolarismo.
cre|pu|sco|la|rì|smo s.m. corrente poetica del primo Novecento che affronta temi intimistici e quotidiani con tono ironico e malinconico.
cre|pù|sco|lo s.m. 1 luce tenue che si diffonde nel cielo prima dell'alba o dopo il tramonto | momento in cui c'è tale luce | (anton.) tramonto 2 (fig.) declino, fine: il — della civiltà.
cre|scèn|do ger. di crescere ♦ s.m.invar. 1 (mus.) nello spartito, indicazione che stabilisce una graduale intensificazione del suono 2 (fig.) progressivo aumento: un — di grida.
cre|scèn|te part.pres. di crescere ♦ agg. 1 che cresce, che è in progressivo aumento: fase — | **luna** —, periodo compreso tra il novilunio e il plenilunio 2 (mat.) detto di funzione il cui valore cresce al crescere della variabile indipendente.
cre|scèn|za s.f. formaggio molle, simile allo stracchino, prodotto in Lombardia.
cré|sce|re v.tr. [indic.pres. io crésco, tu crésci...; pass.rem. io crébbi, tu crescésti...; part.pass. cresciùto] allevare, educare: — i bambini | coltivare: — le piante ♦ intr. [aus. E] 1 svilupparsi in base a un processo naturale: l'albero sta crescendo; il cucciolo cresce 2 diventare adulto: tuo figlio è ormai cresciuto 3 (estens.) essere allevato: è cresciuto nella nostra famiglia 4 aumentare: — di peso; il livello del fiume cresceva 5 (fig.) fare progressi, migliorare: — di grado 6 (coll.) essere in più, avanzare.
cre|sció|ne s.m. pianta erbacea con piccoli fiori bianchi e larghe foglie commestibili, usate anche nella preparazione di medicinali.
cré|sci|ta s.f. il crescere, l'essere cresciuto: fase della — | aumento, sviluppo: la — dell'economia | (sociol., stat.) — zero, quando in una popolazione il numero delle morti corrisponde a quello delle nascite.
crè|si|ma o **crésima** s.f. (relig.) sacramento impartito dal vescovo al battezzato, il quale riceve così lo Spirito Santo e conferma la propria appartenenza alla Chiesa; conformazione.
cre|si|màn|do s.m. [f. -a] chi si sta preparando per ricevere il sacramento della cresima.
cre|si|mà|re v.tr. [indic.pres. io crésimo...] amministrare il sacramento della cresima ♦ **-rsi** intr.pron. ricevere il sacramento della cresima.
crè|so s.m. persona molto ricca.
cre|sò|lo s.m. (chim.) composto organico aromatico derivato dal fenolo, usato come disinfettante e antisettico.
cré|spa s.f. grinza, piega.
cre|spà|re v.tr. [indic.pres. io créspo...] corrugare, increspare.
cre|spà|to part.pass. di crespare ♦ agg. pieno di sottili crespe; increspato.
cre|spa|tù|ra s.f. il crespare ql.co. | insieme di sottili pieghe; increspatura.
cre|spèl|la s.f. frittata sottile, gener. salata, farcita con verdure, formaggi ecc.; crêpe.
cré|spo agg. 1 fittamente ondulato: capelli crespi | (estens.) increspato in superficie 2 (di pelle) rugoso ♦ s.m. tessuto increspato | fascia nera che si indossa al braccio o si lega all'asta di una bandiera in segno di lutto.
cré|sta¹ s.f. 1 escrescenza carnosa dentellata, rossa, sulla testa di polli e altri uccelli | (estens.) ciuffo di piume sulla testa di alcuni uccelli | escrescenza sulla testa di pesci e rettili | (fig.) **alzare la** —, comportarsi da superbo | **abbassare la** —, umiliarsi 2 cuffietta bianca indossata dalle cameriere 3 rilievo ornamentale o di rinforzo sull'elmo medievale 4 (geog.) linea di intersezione di due versanti montuosi; cima 5 (estens.) vertice, culmine | (fig.) **essere sulla** — **dell'onda**, essere in un periodo molto fortunato.
cré|sta² s.f. solo nella loc. **fare la** —, rubare sulla spesa fatta per altri, facendo credere di aver speso una somma superiore a quella effettiva e tenendo per sé la differenza.
cre|stà|to agg. che possiede la cresta.
cre|stì|na s.f. piccola cuffia bianca decorata con pizzi indossata dalle cameriere.
cre|sto|ma|zì|a s.f. (lett.) antologia di brani scelti di vari autori.
cré|ta s.f. 1 terra argilloso-calcarea, bianca e farinosa, che può essere facilmente plasmata per produrre ceramiche, terracotte ecc. 2 (estens.) oggetto di creta.
cre|tà|ce|o agg. 1 (di terreno) simile alla creta per aspetto e composizione 2 (geol.) che riguarda il Cretaceo ♦ s.m. (geol.) il più recente periodo dell'era mesozoica, caratterizzato da rocce calcaree e argillose.
cre|té|se agg. dell'isola di Creta ♦ s.m./f. nativo o abitante di Creta.
cre|ti|nà|ta s.f. 1 frase, comportamento da cretino 2 (estens.) inezia, cosa senza valore.
cre|ti|ne|rì|a s.f. l'essere cretino; stupidità | frase, comportamento da cretino.
cre|ti|nì|smo s.m. 1 (med.) malattia dovuta a insufficienza tiroidea, caratterizzata da un ritardo nello sviluppo fisico e psichico 2 (estens.) imbecillità, stupidità.
cre|tì|no agg., s.m. [f. -a] 1 che, chi è imbecille, stupido 2 (med.) che, chi è affetto da cretinismo □ **cretinamente** avv. in modo cretino; da imbecille.
cretonne (fr.) [pr. kretòn] s.f.invar. tessuto di cotone stampato a colori e disegni vivaci, usato spec. per confezionare tende.

cre|tó|so *agg.* che contiene creta | che ha le caratteristiche della creta.
cri o **cri cri** *inter.* (*onom.*) suono che riproduce il verso del grillo.
crib|bio *inter.* esclamazione di stupore, disappunto o ammirazione.
cric[1] o **cricco** *s.m.invar.* martinetto a vite, spec. quello usato per sollevare un autoveicolo per sostituire una ruota.
cric[2] *inter.* (*onom.*) suono che riproduce lo scricchiolio del vetro o del ghiaccio che si rompono o il rumore di uno scatto.
cric|ca *s.f.* 1 gruppo di persone che si favoriscono a vicenda a scapito degli altri 2 (*scherz.*) gruppo di amici.
cric|cà|re *v.intr.* [indic.pres. io cricco, tu cricchi...; aus. A] (*metall.*, di laminati metallici) spaccarsi, fendersi.
cric|chià|re *v.intr.* [indic.pres. io cricchio...; aus. A] scricchiolare.
cric|co *s.m.* [pl. -*chi*] → **cric**[1].
cri|cé|to o **cricèto** *s.m.* piccolo mammifero roditore, con pelo giallo-rossastro sul dorso, nero sul petto, orecchie grandi, coda e zampe corte e guance dotate di tasche.
cricket (*ingl.*) *s.m.invar.* sport di origine inglese per due squadre di undici giocatori ciascuna, consistente nel colpire la porta avversaria con una palla lanciata usando una mazza di legno.
cri cri *inter.* → **cri**.
cri|mi|nà|le *agg.* 1 che riguarda il crimine: *psicologia* — 2 criminoso, delittuoso: *attività* — ♦ *s.m./f.* chi ha commesso gravi delitti | (*estens.*) chi ha un comportamento socialmente pericoloso, da delinquente.
cri|mi|na|li|sta *s.m./f.* [m.pl. -*i*] studioso di diritto criminale; penalista.
cri|mi|na|li|tà *s.f.* 1 l'essere criminale 2 l'attività criminale in quanto fenomeno sociale; delinquenza: *sconfiggere la* —.
cri|mi|na|liz|zà|re *v.tr.* considerare o trattare come criminale ql.co. o qlcu. che giuridicamente non lo è: — *la droga*.
cri|mi|na|liz|za|zió|ne *s.f.* il criminalizzare, l'essere criminalizzato.
crì|mi|ne *s.m.* delitto, reato grave e orrendo | — *di guerra*, delitto compiuto da militari che non rispettano le norme internazionali sul comportamento in guerra.
cri|mi|no|lo|gì|a *s.f.* scienza che studia le cause dei crimini e come prevenirli.
cri|mi|nò|lo|go *s.m.* [f. -*a*; m.pl. -*gi*] studioso di criminologia.
cri|mi|no|si|tà *s.f.* carattere criminoso.
cri|mi|nó|so *agg.* che costituisce crimine; che ha carattere di crimine; delittuoso: *gesto* —.
cri|nà|le *s.m.* (*geog.*) linea sulla sommità di una catena montuosa che separa un versante dall'altro.
crì|ne *s.m.* 1 pelo della coda o della criniera del cavallo o di altri animali | l'insieme di tali peli usato per fabbricare tessuti, spazzole, pennelli o come imbottitura di cuscini, materassi ecc. 2 (*lett.*) chioma, capigliatura.
cri|niè|ra *s.f.* 1 insieme dei crini del cavallo o di altri animali 2 (*scherz.*) folta capigliatura.
cri|nì|to *agg.* (*lett.*) dotato di criniera.
-cri|no secondo elemento di parole composte che significa "secrezione" (*esocrino*).
Cri|noi|dèi *s.m.pl.* classe di Echinodermi marini, con corpo a forma di calice con sottili ramificazioni che fanno somigliare l'animale a un fiore.
cri|no|lì|na *s.f.* sottana in tessuto rigido sostenuta da cerchi, portata nell'Ottocento dalle donne sotto la gonna.
crio- primo elemento di parole composte che significa "freddo, gelo" (*criochirurgia*).
cri|o|bi|o|lo|gì|a *s.f.* (*biol.*, *med.*) scienza che studia la conservazione delle cellule viventi a temperature molto inferiori allo zero.
cri|o|chi|rur|gì|a *s.f.* (*med.*) tecnica chirurgica che usa temperature molto basse per eliminare tumori cutanei, cataratte e sim.
cri|o|ge|nì|a *s.f.* (*fis.*) tecnica della produzione di temperature molto basse, prossime anche allo zero assoluto | studio del loro possibile sfruttamento.
cri|o|lì|te *s.f.* minerale bianco di aspetto simile al ghiaccio, composto da fluoruro di alluminio e di sodio, usato nell'industria come fondente e abrasivo.
cri|o|lo|gì|a *s.f.* 1 branca della fisica che studia il comportamento dei corpi a temperature molto basse 2 criogenia.
cri|o|sfè|ra *s.f.* area della superficie terrestre ricoperta da ghiacciai e nevi perenni.
cri|o|tèc|nì|ca *s.f.* applicazione delle bassissime temperature alla tecnologia.
cri|o|te|ra|pì|a *s.f.* (*med.*) uso del freddo e delle basse temperature a scopo curativo.
crip|ta *s.f.* 1 vano interrato di una chiesa che spesso ospita tombe o reliquie e che può avere anche funzione di cappella 2 (*anat.*) piccola cavità sulla superficie di un organo.
crip|tà|re *v.tr.* (*inform.*, *telecom.*) tradurre in codice un segnale o un messaggio in modo da renderlo comprensibile solo a chi possiede l'appropriato decodificatore.
crìp|ti|co *agg.* [m.pl. -*ci*] (*lett.*) misterioso, occulto: *stile* —.
crìp|to o **cripton** *s.m.* (*chim.*) gas nobile, incolore, inodore presente nell'aria (*simb.* Kr); è usato nelle lampade a incandescenza.
crip|to- o **critto-** primo elemento di parole composte che significa "nascosto, oscuro" (*criptoportico*, *crittogramma*).
Crip|to|fì|ce|e *s.f.pl.* classe di alghe unicellulari d'acqua dolce; vivono isolate o in colonie.
crip|to|la|lì|a *s.f.* uso di un linguaggio misterioso, difficilmente comprensibile.
crìp|ton *s.m.* → **cripto**.
crip|to|pòr|ti|co *s.m.* [pl. -*ci*] (*archeol.*) portico coperto, parzialmente sotterraneo, diffuso nell'architettura romana.

cri|sà|li|de *s.f.* (*zool.*) stadio intermedio tra il bruco e la forma adulta di farfalle o altri insetti; può essere sospesa a un filo, interna a un involucro ovale o racchiusa in un bozzolo di seta.
cri|san|tè|mo *s.m.* pianta erbacea ornamentale con fiori grandi a capolino, presente in varietà diverse per forma e colori.
cri|se|le|fan|ti|no *agg.* detto di opera fatta a intarsi in oro e avorio.
crì|si *s.f.* **1** situazione transitoria, instabile e difficoltosa nella vita di un individuo o di una collettività: — *affettiva*; — *politica* | — *economica*, periodo caratterizzato da caduta della produzione, contrazione degli investimenti e disoccupazione; (*estens.*) qualsiasi periodo in cui la crescita economica è negativa | — *di governo*, caduta di un governo in seguito a dimissioni o a una mozione di sfiducia; periodo compreso fra tale evento e la composizione del governo successivo **2** (*med.*) cambiamento improvviso, spesso negativo, nel decorso di una malattia | (*estens.*) fase acuta di una malattia: — *epilettica* **3** (*estens.*) scoppio improvviso di uno stato emotivo: — *di pianto*, *di riso*.
cri|sma *s.m.* [pl. -*i*] **1** (*lit.*) olio benedetto dal vescovo il giovedì santo, usato per amministrare il battesimo, la cresima, l'ordine e l'estrema unzione **2** (*fig.*) approvazione, convalida concessa da chi ne ha l'autorità | *con tutti i crismi*, rispettando tutte le regole.
cri|smà|le *agg.* (*lit.*) relativo al crisma ♦ *s.m.* (*lit.*) panno con cui si copre il corpo del battezzato | tela con cui si riveste la mensa sull'altare consacrato dal crisma | vaso che contiene il crisma.
crì|so- primo elemento di parole composte che significa "oro, aureo", "dorato, giallo" (*crisoberillo*).
cri|so|be|ril|lo *s.m.* minerale di colore verdegiallo, costituito da berillio, usato come pietra preziosa.
cri|so|càl|co *s.m.* (*metall.*) lega con un'alta percentuale di rame e una piccola percentuale di ottone, di aspetto simile all'oro.
Cri|so|fi|ce|e *s.f.pl.* classe di alghe unicellulari, con due o tre flagelli, di colore giallo-bruno.
cri|sò|li|to *s.m.* varietà trasparente di olivina, di colore verde con sfumature gialle, usata come pietra preziosa.
cri|so|prà|sio *s.m.* varietà di calcedonio contenente ossido di nichel, di colore verde con riflessi dorati, usata come pietra preziosa.
cri|stal|le|rì|a *s.f.* **1** insieme di oggetti di cristallo che costituiscono un servizio da tavola **2** fabbrica o rivendita di oggetti in cristallo.
cri|stal|liè|ra *s.f.* mobile con vetrine e ripiani, usato per riporvi la cristalleria e altri oggetti ornamentali.
cri|stal|li|no *agg.* **1** (*min.*) che ha struttura o aspetto di cristallo: *formazione cristallina* **2** che è di cristallo | (*estens.*) limpido: *acqua cristallina* | (*fig.*) chiaro, sonoro: *voce cristallina* | incontaminato, puro: *animo* — ♦ *s.m.* (*anat.*) struttura trasparente dell'occhio, simile a una lente biconvessa, collocata dietro l'iride, che permette la messa a fuoco dell'immagine.
cri|stal|liz|zà|re *v.tr.* **1** (*chim.*) far passare una sostanza allo stato cristallino **2** (*fig.*) fissare, fossilizzare in una forma definitiva e immutabile ♦ *intr.* [aus. *E*], **-rsi** *intr.pron.* **1** (*chim.*) acquisire una struttura cristallina: *il sale si cristallizza* **2** (*fig.*) assumere una forma definitiva e immutabile; fossilizzarsi.
cri|stal|liz|za|zió|ne *s.f.* **1** (*chim.*, *fis.*) processo attraverso il quale una sostanza passa allo stato cristallino **2** (*fig.*) rigidità di idee, norme, abitudini, che esclude ogni eventuale cambiamento.
cri|stàl|lo *s.m.* **1** (*chim.*, *min.*) solido le cui molecole sono aggregate in una struttura interna regolare che determina all'esterno una forma poliedrica | — *di rocca*, varietà di quarzo limpido e trasparente | — *liquido*, sostanza liquida organica con caratteristiche ottiche cristalline, usata nei display di orologi digitali e di elaboratori elettronici **2** vetro molto trasparente e rifrangente, a base di silicato di piombo e potassio, usato per fabbricare apparecchiature ottiche o di laboratorio e oggetti pregiati: *un bicchiere di* — | (*estens.*) oggetto o lastra di cristallo | — *di Boemia*, qualità pregiata di vetro privo di piombo.
cri|stal|lo|gra|fì|a *s.f.* branca della mineralogia che studia la formazione e le caratteristiche chimiche, fisiche e geometriche dei cristalli.
cri|stal|lòi|de *agg.* (*chim.*) detto di sostanza la cui struttura è simile a quella del cristallo ♦ *s.m.* **1** (*chim.*) sostanza dalla struttura simile al cristallo **2** (*anat.*) membrana che riveste il cristallino dell'occhio.
cri|stia|né|si|mo *s.m.* **1** religione monoteista, rivelata e predicata da Gesù Cristo | l'insieme delle dottrine religiose e delle Chiese che fanno riferimento a Cristo **2** (*estens.*) la cultura e la civiltà cristiana.
cri|stia|ni|tà *s.f.* **1** l'essere cristiano; condizione di cristiano **2** l'insieme di tutti i cristiani; il mondo cristiano.
cri|stia|niz|zà|re *v.tr.* convertire al cristianesimo.
cri|stia|niz|za|zió|ne *s.f.* conversione al cristianesimo.
cri|stià|no *agg.* **1** riguardante Gesù Cristo: *fede cristiana* | *era cristiana*, che prende avvio con la nascita di Cristo **2** che professa la religione di Cristo: *comunità cristiana* **3** ispirato al cristianesimo: *letteratura cristiana* **4** (*estens.*) pervaso da sentimento amorevole, da solidarietà fraterna; buono: *carità cristiana* **5** (*fam.*) educato, conveniente: *comportamento* — ♦ *s.m.* [f. *-a*] **1** chi professa la religione di Gesù Cristo **2** (*pop.*) essere umano □ **cristianamente** *avv.* **1** da cristiano **2** (*estens.*) con umanità | in modo educato.
Crì|sto *s.m.* **1** appellativo di Gesù di Nazareth | *anni avanti* — (*a.C.*), **dopo** — (*d.C.*), quelli che si contano avendo come riferimento l'anno della nascita di Gesù **2** (*estens.*) immagine artistica di Cristo: *un* — *di legno* **3** (*pop.*) essere umano | *po-*

cristologia

vero cristo, persona infelice, sfortunata o malconcia.

cri|sto|lo|gì|a *s.f.* [pl. *-gie*] (*teol.*) complesso delle dottrine che trattano la natura e la funzione di Cristo | studio della figura storica di Cristo.

cri|tè|rio *s.m.* **1** regola, valore usato per giudicare, valutare, scegliere e sim.; norma: — *di selezione* **2** (*estens.*) discernimento, buon senso: *comportarsi con* — **3** (*mat.*) principio o metodo per verificare rapidamente una proprietà.

cri|tè|rium *s.m.invar.* (*sport*) gara riservata a una determinata categoria di concorrenti.

crì|ti|ca *s.f.* **1** esame intellettuale che serve a descrivere proprietà e natura di eventi, nozioni e sim. **2** disciplina che esamina e giudica le opere d'arte o dell'ingegno: — *letteraria* | il giudizio espresso; recensione: *scrivere la — di un film* | il complesso dei critici o delle opere di critica **3** giudizio negativo; condanna: *lasciarsi influenzare dalle critiche*.

cri|ti|cà|bi|le *agg.* che si può criticare; discutibile, condannabile.

cri|ti|cà|re *v.tr.* [indic.pres. *io crìtico, tu critichi...*] **1** sottoporre a un giudizio critico: — *un autore* **2** giudicare negativamente; disapprovare, condannare.

cri|ti|cì|smo *s.m.* **1** (*filos.*) dottrina che esamina e valuta i limiti e le possibilità conoscitive del pensiero **2** (*estens.*) abitudine a criticare e a fare polemica.

cri|ti|ci|tà *s.f.* **1** qualità critica **2** crisi, gravità **3** (*chim., fis.*) condizione per cui un fenomeno subisce una notevole variazione al minimo cambiamento dei parametri che lo definiscono.

crì|ti|co *agg.* [m.pl. *-ci*] **1** riguardante la critica: *valutazione critica* | (*di un testo*) *edizione critica*, quella più fedele possibile all'originale **2** proprio di una crisi; difficile, cruciale: *sta attraversando un momento* — **3** (*chim., fis.*) detto di valore che, in un sistema, è legato al verificarsi di un determinato fenomeno | *temperatura critica di un gas*, quella al di sopra della quale è impossibile liquefarlo **4** (*med.*) relativo allo stadio acuto di una malattia | relativo a un periodo in cui si verificano mutamenti nell'organismo (p.e. l'adolescenza) ♦ *s.m.* [f. *-a*; m.pl. *-ci*] **1** chi esercita per professione la critica artistica, letteraria, teatrale ecc. **2** chi critica con giudizi negativi □ **criticamente** *avv.* in modo critico, con metodo critico.

cri|ti|có|ne *s.m.* [f. *-a*] (*fam.*) chi critica negativamente tutto e tutti.

crit-to- → **cripto-**.

crit|tò|ga|ma *agg.* detto di pianta i cui organi produttori non sono visibili ♦ *s.f.* **1** (*bot.*) ogni pianta i cui organi riproduttori non sono visibili (p.e. felce) **2** (*com.*) fungo o batterio parassita delle piante.

crit|to|gà|mi|co *agg.* [m.pl. *-ci*] **1** (*bot.*) relativo alle piante crittogame **2** detto di malattia delle piante causata da funghi o batteri parassiti.

crit|to|gra|fì|a *s.f.* **1** scrittura segreta o convenzionale che può essere interpretata solo da chi ne conosce la chiave **2** (*in enigmistica*) gioco che consiste nel ricavare una frase da un gruppo di lettere, interpretandone l'esatta posizione.

crit|to|gràm|ma *s.m.* [pl. *-i*] **1** testo cifrato **2** (*enigmistica*) crittografia.

cri|vel|là|re *v.tr.* [indic.pres. *io crivèllo...*] bucherellare come un crivello, forare in più punti: *muro crivellato con pallottole*.

cri|vel|la|tù|ra *s.f.* **1** il crivellare **2** ciò che passa attraverso il crivello.

cri|vèl|lo *s.m.* grosso setaccio usato per selezionare grano, sabbia o altri materiali incoerenti; vaglio.

cro|à|to *agg.* della Croazia ♦ *s.m.* **1** [f. *-a*] chi abita o è nato in Croazia **2** lingua slava parlata in Croazia.

croc|càn|te *agg.* detto di cibo cotto da poco o secco, che scricchiola sotto i denti: *pane* — ♦ *s.m.* dolce secco e molto duro, preparato con nocciole o mandorle tostate e zucchero caramellato.

croc|chét|ta *s.f.* polpetta ovale o cilindrica, a base di carne, riso, patate o altro, impanata e fritta.

cròc|chia *s.f.* acconciatura femminile consistente in una ciocca o treccia di capelli avvolti a spirale e fissati sulla nuca.

cròc|chio *s.m.* riunione di persone che chiacchierano.

cró|ce *s.f.* **1** antico strumento di tortura formato da due pali disposti perpendicolarmente, su cui il condannato veniva legato o inchiodato | (*anton.*) quella su cui morì Gesù Cristo, divenuta simbolo del cristianesimo | (*fig.*) *mettere, gettare la — addosso a qlcu.*, dargli tutte le colpe **2** (*fig.*) disgrazia, tormento | *mettere in — qlcu.*, farlo soffrire, tormentarlo **3** riproduzione della croce | *segno della* —, gesto rituale dei cattolici | — *greca*, quella con bracci uguali che si intersecano ad angolo retto | — *latina*, quella con il braccio verticale più lungo di quello orizzontale | — *uncinata*, svastica | — *di sant'Andrea*, quella a forma di una X schiacciata, usata nella segnaletica stradale per indicare i passaggi a livello **4** qualsiasi segno formato da due linee incrociate: *indicare la risposta con una* — | (*fig.*) *fare una — sopra ql.co.*, rinunciarvi definitivamente | *fare a testa e* —, lanciare una moneta in aria e associare all'una o all'altra faccia su cui essa ricade una decisione | *a occhio e* —, più o meno **5** simbolo di istituzioni, enti, organismi di assistenza sanitaria, ordini cavallereschi: *Croce Rossa*.

cro|ce|fig|ge|re *v.tr. e deriv.* → **crocifiggere** *e deriv.*

crò|ce|o *agg.* (*lett.*) che ha il colore giallo-rosso dello zafferano.

cro|ce|rì|sta *s.m./f.* [m.pl. *-i*] chi prende parte a una crociera.

cro|ce|ros|sì|na *s.f.* infermiera della Croce Rossa.

cro|ce|vì|a *s.m.invar.* **1** punto in cui si incrociano due o più strade; incrocio **2** (*fig.*) luogo di incontro e confronto di diversi popoli o culture.

crochet (*fr.*) [pr. *krosćé*] *s.m.invar.* **1** uncinetto |

merletto ottenuto con la lavorazione all'uncinetto 2 (*sport*) nei pugilato, colpo inferto con il braccio piegato ad angolo retto; gancio.
cro|cia|né|si|mo *s.m.* dottrina filosofica, critica e storica ispirata al pensiero di Benedetto Croce (1866-1952).
cro|cià|no *agg.* proprio di Benedetto Croce (1866-1952) o della sua dottrina: *estetica crociana* ♦ *s.m.* [f. *-a*] studioso, seguace della dottrina di B. Croce.
cro|cià|ta *s.f.* 1 nel Medioevo, ciascuna delle spedizioni militari condotte dai cristiani per conquistare la Palestina e scacciare i musulmani dal Santo Sepolcro | (*estens.*) spedizione militare contro gli eretici o i non cristiani 2 (*fig.*) attività collettiva per promuovere iniziative sociali, politiche, religiose o morali: *una — contro la droga.*
cro|cià|to *agg.* a forma di croce; contraddistinto da una croce | *parole crociate*, cruciverba ♦ *s.m.* 1 nel Medioevo, soldato che prende parte a una crociata 2 (*fig.*) sostenitore di una causa.
cro|cic|chio *s.m.* incrocio di due o più strade; crocevia, incrocio.
cro|ciè|ra[1] *s.f.* 1 disposizione di linee, barre e sim. a forma di croce | il punto in cui si intersecano tali elementi 2 (*arch.*) nelle chiese a pianta cruciforme, punto in cui si incrociano la navata principale e il transetto | *volta a —*, quella formata dall'intersezione di due volte a botte.
cro|ciè|ra[2] *s.f.* 1 (*mar.*) navigazione in un determinato tratto di mare, compiuta per scopi bellici, controlli militari o ricerche | *velocità di —*, quella media di una nave, o di altro veicolo, in condizioni normali 2 (*aer.*) trasvolata aerea per scopi bellici o perlustrativi 3 viaggio turistico compiuto su una nave.
Cro|ci|fe|re *s.f.pl.* famiglia di piante erbacee i cui fiori hanno quattro petali disposti a croce; sono coltivate a scopo ornamentale (p.e. viola), alimentare (p.e. cavolo, rapa), medicinale (p.e. senape nera) o per estrarne l'olio (p.e. colza).
cro|ci|fe|ro *agg.*, *s.m.* che, chi porta la croce.
cro|ci|fig|ge|re o **crocefiggere** *v.tr.* [con. come *affiggere*] 1 sottoporre al martirio della croce 2 (*fig.*) affliggere, assillare.
cro|ci|fis|sió|ne o **crocefissióne** *s.f.* 1 il crocifiggere, l'essere crocifisso | (*anton.*) martirio sulla croce di Gesù Cristo 2 (*arte*) rappresentazione del martirio di Cristo.
cro|ci|fis|so o **crocefisso** *part.pass.* di *crocifiggere* ♦ *agg.* messo in croce ♦ *s.m.* 1 (*anton.*) Gesù Cristo martirizzato sulla croce 2 scultura o dipinto di Cristo in croce.
crò|co *s.m.* [pl. *-chi*] 1 pianta erbacea con fiori a forma di imbuto, bianchi, viola o gialli | *zafferano* 2 (*lett.*) colore giallo-rosso, come quello dello zafferano.
crò|da *s.f.* (*geol.*) cima rocciosa caratteristica delle Dolomiti, con pareti lisce e spigoli vivi.
cro|gio|là|re *v.tr.* [indic.pres. *io crògiolo...*] 1 cuocere a fuoco lento 2 collocare un oggetto in vetro ancora caldo nella camera di ricottura per temprarlo ♦ *-rsi intr.pron.* dilettarsi in una situazione gradevole: *— al sole* | (*estens.*) estasiarsi, bearsi per un pensiero, un sentimento: *— nei ricordi.*
cro|giò|lo *s.m.* 1 recipiente tronco-conico in materiale resistente alle temperature elevate, usato per fondere metalli o per effettuare reazioni chimiche | parte inferiore dell'altoforno in cui si raccoglie il materiale fuso 2 (*fig.*) ambiente in cui confluiscono, si fondono elementi diversi: *un — di culture.*
croissant (*fr.*) [pr. *kruassàn*] *s.m.invar.* pasta sfoglia a forma di mezzaluna, dolce o salata a seconda del ripieno con cui viene farcita; cornetto.
crol|là|re *v.intr.* [indic.pres. *io cròllo...*; aus. *E*] 1 (*anche fig.*) cadere violentemente: *l'impalcatura è crollata; crollarono tutte le speranze* 2 (*estens.*) lasciarsi cadere di colpo: *— a terra* | (*fig.*) cedere all'improvviso, smettere di fare resistenza a ql.co.: *— dal sonno* 3 (*di prezzo*) subire un forte ribasso.
cròl|lo *s.m.* 1 (*anche fig.*) caduta violenta: *il — di un palazzo; il — di un mito* | (*di persona*) *avere un —*, avere un cedimento fisico o psicologico 2 fallimento economico o politico 3 (*lett.*) scossa, scuotimento | *dare un — a ql.co.*, scuoterlo.
crò|ma *s.f.* (*mus.*) valore di una nota o di una pausa equivalente a 1/8 della semibreve.
cro|mà|re *v.tr.* [indic.pres. *io cròmo...*] ricoprire un metallo con uno strato di cromo per renderlo lucido e resistente all'ossidazione.
cro|ma|ti|ci|tà *s.f.* proprietà di ciò che è cromatico.
cro|mà|ti|co *agg.* [m.pl. *-ci*] 1 che riguarda i colori 2 (*mus.*) che procede per semitoni.
cro|ma|ti|dio *s.m.* (*biol.*) ciascuno dei due filamenti di un cromosoma che si dividono durante la divisione cellulare.
cro|ma|ti|na *s.f.* (*biol.*) sostanza, presente nel nucleo delle cellule, che nella fase di divisione cellulare origina i cromosomi.
cro|ma|ti|smo *s.m.* 1 colorazione, spec. intensa | (*in pittura, fotografia ecc.*) stile basato prevalentemente sull'uso espressivo dei colori 2 (*mus.*) procedimento stilistico che si basa sull'alterare di un semitono discendente o ascendente una o più note di una scala 3 (*in un sistema ottico*) difetto che rende le immagini sfumate e con bordi iridescenti; aberrazione cromatica.
cro|mà|to *part.pass.* di *cromare* ♦ *agg.* detto di metallo ricoperto da uno strato di cromo.
crò|ma|to- primo elemento di parole composte che significa "colore" (*cromatografia*).
cro|ma|to|gra|fì|a *s.f.* (*chim.*) metodo di analisi basato sulla diversa colorazione dei componenti di una sostanza trattata con determinati reagenti.
cro|ma|tù|ra *s.f.* operazione del cromare | rivestimento di cromo.
-cro|mì|a secondo elemento di termini composti che significa "colorazione" (*monocromia*).

cro|mi|te *s.f.* (*min.*) ossido di ferro e di cromo, da cui si ricava il cromo.

crò|mo *s.m.* elemento chimico metallico, duro e resistente, di colore grigio lucente, usato per fabbricare acciai e per rivestire altri metalli (*simb.* Cr).

crò|mo-, -crò|mo primo e secondo elemento di parole composte che significa "colore, colorazione" (*cromosfera, policromo*).

cro|mo|fo|to|gra|fi|a *s.f.* metodo fotografico con cui si ottengono immagini a colori.

cro|mo|li|to|gra|fi|a *s.f.* metodo con cui si ottengono litografie a colori | la stampa ottenuta con tale metodo.

cro|mo|plà|sto *s.m.* (*biol.*) corpuscolo delle cellule vegetali, giallo o arancione, presente in fiori, frutti e alcune radici a cui conferisce la tipica colorazione.

cro|mo|sfè|ra *s.f.* (*astr.*) lo strato più basso dell'atmosfera solare, osservabile solo durante le eclissi totali o con speciali strumenti.

cro|mo|sò|ma *s.m.* [pl. *-i*] (*biol.*) ciascuno degli elementi del nucleo cellulare, visibili durante la mitosi, in cui si trovano i geni portatori dei caratteri ereditari.

cro|mo|ti|pi|a *s.f.* metodo di stampa a colori effettuata con matrici in rilievo.

crò|na|ca *s.f.* **1** narrazione storica di fatti registrati nella loro successione **2** resoconto di un evento o di una serie di eventi: — *sportiva* **3** sezione dei quotidiani in cui sono narrati gli avvenimenti più rilevanti del giorno | — *nera*, che riguarda sciagure, delitti e sim. | — *rosa*, che tratta delle vicende personali, spec. sentimentali, di personaggi famosi | (*fam.*) *per la* —, espressione usata per introdurre un'informazione, una precisazione.

cro|na|chì|sta *s.m./f.* [m.pl. *-i*] (*lett.*) autore di cronache antiche.

cro|na|chì|sti|ca *s.f.* **1** studio delle antiche cronache **2** l'insieme delle cronache di una certa epoca o area.

cro|na|chì|sti|co *agg.* [m.pl. *-ci*] che ha le caratteristiche di una cronaca.

cro|ni|cà|rio *s.m.* reparto d'ospedale o casa di cura per malati cronici.

cro|ni|ci|tà *s.f.* l'essere cronico.

cro|ni|ciz|zà|re *v.tr.* rendere cronico ♦ **-rsi** *intr. pron.* assumere carattere cronico.

cro|ni|ciz|za|zió|ne *s.f.* (*spec. di malattie*) l'assumere carattere cronico.

crò|ni|co *agg.* [m.pl. *-ci*] **1** (*di malattia*) che dura nel tempo; permanente: *colite cronica* **2** affetto da una malattia cronica | (*fig.*) perenne, incorreggibile: *un ritardatario* — ♦ *s.m.* [f. *-a*] malato cronico.

cro|ni|sta *s.m./f.* [m.pl. *-i*] **1** antico scrittore di cronache **2** (*giorn.*) redattore addetto ai servizi di cronaca.

cro|ni|stò|ria *s.f.* narrazione di avvenimenti storici riferiti nella loro successione cronologica; cronaca.

crò|no *s.f.invar.* *abbr. di* (gara a) cronometro.

cròno-, -crò|no primo e secondo elemento di parole composte che significa "tempo" (*cronometro, sincrono*).

cro|no|bi|o|lo|gì|a *s.f.* (*biol.*) disciplina che si occupa dei ritmi biologici e della durata della vita.

cro|no|fo|to|gra|fi|a *s.f.* metodo che consente di fotografare le fasi di un movimento mediante immagini scattate a intervalli prestabiliti.

cro|nò|gra|fo *s.m.* cronometro dotato di un dispositivo che registra gli intervalli di tempo.

cro|no|lo|gì|a *s.f.* [pl. *-gie*] **1** disciplina che stabilisce la successione temporale degli eventi storici | l'ordine temporale con cui tali eventi si sono verificati **2** opera che espone gli eventi storici nell'ordine in cui questi si sono verificati.

cro|no|lò|gi|co *agg.* [m.pl. *-ci*] relativo alla cronologia □ **cronologicamente** *avv.* in base all'ordine cronologico.

cro|no|me|tràg|gio *s.m.* misurazione del tempo effettuata con il cronometro.

cro|no|me|trà|re *v.tr.* [indic.pres. *io cronòmetro...*] (*spec. in una gara sportiva*) misurare il tempo con il cronometro | (*estens.*) misurare un intervallo di tempo con estrema precisione.

cro|no|me|trì|a *s.f.* disciplina che si occupa della metodologia e della strumentazione per misurare il tempo.

cro|no|mè|tri|co *agg.* [m.pl. *-ci*] **1** proprio della cronometria | relativo al cronometro: *calcolo* — **2** (*fig.*) preciso come un cronometro: *esattezza cronometrica*.

cro|no|me|trì|sta *s.m./f.* [m.pl. *-i*] persona addetta alla misurazione dei tempi.

cro|nò|me|tro *s.m.* strumento che misura brevi intervalli di tempo | orologio di estrema precisione ♦ *s.f.invar.* (*sport*) gara ciclistica con tempo cronometrato; crono.

cro|no|ta|chì|gra|fo *s.m.* strumento che, montato su autoveicoli, ne registra la velocità.

cro|nò|to|po *s.m.* (*fis.*) nella teoria della relatività, rappresentazione dello spazio mediante le tre coordinate spaziali e quella temporale.

croquet (*ingl.*) [pr. *kròket*] *s.m.invar.* gioco simile al golf, in cui una pallina, colpita da una mazza, deve raggiungere il traguardo passando sotto una serie di archetti fissati nel terreno.

cross[1] (*ingl.*) *s.m.invar.* (*sport*) nel calcio, lancio da un punto laterale verso l'area di rigore; traversone | nel tennis, tiro in diagonale | nel pugilato, colpo lineare.

cross[2] (*ingl.*) *s.m.invar.* (*sport*) **1** *abbr. di* cross-country **2** *abbr. di* motocross o ciclocross.

cros|sàr|co *s.m.* [pl. *-chi*] mammifero carnivoro, comune in Africa, simile alla mangusta, con muso ruvido e aguzzo, pelo bruno.

cros|sà|re *v.intr.* [indic.pres. *io cròsso...*; aus. *A*] (*sport*) nel calcio, fare un cross.

cross-country (*ingl.*) [pr. *kroskàuntri*] *s.m.invar.* (*sport*) nell'ippica, nel motociclismo, nel ciclismo e nel podismo, corsa campestre.

cros|sò|dro|mo *s.m.* (*sport*) impianto per corse di cross.

Cros|sop|te|rì|gi *s.m.pl.* sottoclasse di pesci ossei comprendenti numerose specie fossili, con corpo tozzo, pinne a forma di peduncoli, coda arrotondata.

crò|sta *s.f.* **1** parte superficiale dura e secca di ql.co.: *la — del pane* | *— terrestre*, strato superficiale della Terra **2** strato secco di sangue o pus che si forma sulle ferite | *— lattea*, eczema che appare sul capo, sul volto dei neonati **3** *(fig.)* aspetto visibile, apparenza **4** *(spreg.)* dipinto privo di valore artistico.

Cro|stà|cei *s.m.pl.* classe di Artropodi per lo più acquatici, con respirazione branchiale e corpo rivestito da un involucro calcareo suddiviso in segmenti; sono dotati di quattro antenne e arti in numero vario, di cui il primo paio trasformato in chele (ne fanno parte granchi e gamberi).

cro|stà|ta *s.f.* dolce di pasta frolla coperto di frutta, marmellata o crema e cotto al forno.

cro|stì|no *s.m.* piccola fetta di pane, fritta o abbrustolita e condita in vario modo, che viene offerta negli antipasti | *(spec.pl.)* dadino di pane fritto o abbrustolito, che accompagna minestre o zuppe.

cro|stó|ne *s.m.* **1** *(geol.)* incrostazione calcarea e gessosa, costituita da detriti cementati **2** grossa fetta di pane abbrustolito, che accompagna minestre o arrosti.

cro|stó|so *agg.* rivestito di crosta.

crò|ta|lo *s.m.* **1** grosso e lungo serpente velenoso, dotato, all'estremità della coda, di anelli cornei che producono un caratteristico suono; serpente a sonagli **2** *(mus.)* antico strumento simile alle nacchere.

crò|ton *s.m.invar.* pianta ornamentale dei paesi caldi, con foglie ovali di vari colori.

croupier *(fr.)* [pr. *krupié*] *s.m./f.invar.* nelle case da gioco, chi dirige il gioco ai tavoli e paga le vincite a nome della direzione.

crown *(ingl.)* [pr. *kràun*] *s.m.invar.* vetro usato in ottica per la sua durezza e il suo basso indice di rifrazione e dispersione.

cru *(fr.) s.m.invar.* vigneto da cui si ottiene vino pregiato | *(estens.)* il vino di tale vigneto.

cruc|cià|re *v.tr.* [indic.pres. *io cruccio*...] affliggere, tormentare ♦ **-rsi** *intr.pron.* preoccuparsi, amareggiarsi.

cruc|cià|to *part.pass.* di *crucciare* ♦ *agg.* preoccupato, amareggiato.

crùc|cio *s.m.* preoccupazione, dolore accompagnato da rancore.

crùc|co *s.m.* *(spreg.)* soprannome usato durante la seconda guerra mondiale per indicare i tedeschi ♦ *agg.* proprio dei tedeschi.

crù|ci- primo elemento di parole composte che significa "a forma di croce" *(cruciverba)*.

cru|cià|le *agg.* critico, decisivo: *punto —*.

cru|cia|li|tà *s.f.* proprietà di ciò che è cruciale; criticità.

cru|ci|fi|ge *(lat.) s.m.invar.* persecuzione ingiusta.

cru|ci|fór|me *agg.* a forma di croce.

cru|ci|vèr|ba *s.m.invar.* gioco enigmistico che consiste nel trovare, sulla base di una serie di definizioni date, le parole da inserire orizzontalmente e verticalmente in una griglia di caselle, in modo che si incrocino perfettamente tra loro; parole incrociate.

cru|dè|le *agg.* **1** che non prova pietà; disumano, feroce: *animo —* | *destino —*, avverso **2** che provoca dolore, sofferenza: *privazione —* □ **crudelmente** *avv.*

cru|del|tà *s.f.* **1** disumanità, brutalità: *la — di un assassinio* **2** atto crudele: *è una — condannarlo alla solitudine.*

cru|déz|za *s.f.* **1** *(raro)* caratteristica dei cibi non cotti **2** *(estens.)* detto del clima, avversità, rigidezza **3** *(fig.)* asprezza, rudezza | *(cine., pitt.)* marcato realismo: *— di un'espressione.*

crù|do *agg.* **1** non cotto o non sufficientemente cotto: *carne cruda* **2** che non è stato lavorato: *petrolio —* | *seta cruda*, greggia **3** detto di clima che è particolarmente freddo **4** *(fig.)* crudele; rude, schietto: *è una cruda menzogna* | *nudo e —*, così com'è □ **crudamente** *avv.* in modo franco; duramente.

cru|èn|to *agg.* *(lett.)* detto di atto che provoca spargimento di sangue: *combattimento —*.

cruise *(ingl.)* [pr. *krùus*] *s.m.invar.* missile da crociera statunitense, in grado di sfuggire ai rilevamenti radar.

cruiser *(ingl.)* [pr. *krùuser*] *s.m.invar.* imbarcazione di diporto, a vela e a motore, attrezzata per crociere.

cru|mi|ràg|gio *s.m.* comportamento da crumiro.

cru|mì|ro *s.m.* [f. *-a*] *(spreg.)* lavoratore che non partecipa a uno sciopero e continua a lavorare, o che accetta di sostituire chi sciopera.

crù|na *s.f.* piccolo foro dell'ago da cucire attraverso cui passa il filo.

crup *s.m./f.invar. (med.)* infiammazione della laringe, per lo più di origine difterica, che può provocare asfissia.

cru|rà|le *agg. (anat.)* relativo alla coscia; femorale: *muscolo —*.

crù|sca *s.f.* **1** residuo della macinazione dei cereali costituito dagli involucri dei semi che, aggiunto all'acqua, serve come nutrimento per il bestiame **2** *(lett.) la Crusca*, accademia fondata nel XVI sec. a Firenze e tuttora esistente, finalizzata a salvaguardare il purismo del lingua italiana: *il Vocabolario della Crusca*.

cru|scàn|te *s.m.* accademico della Crusca; purista ♦ *agg.* **1** che rispetta il purismo linguistico **2** *(anche scherz.)* detto di stile purista.

cru|schèl|lo *s.m.* crusca minuta contenente farina, usata come alimento per gli animali.

cru|scòt|to *s.m.* nei veicoli a motore, pannello posto dinanzi a chi guida, su cui sono disposti gli strumenti di comando e di controllo del mezzo.

Cte|nò|fo|ri *s.m.pl.* tipo di animali marini facenti parte del plancton, con corpo gelatinoso e privo di scheletro.

-ctò|no secondo elemento di parole composte

che significa "terra", "luogo di origine" (*autoctono*).
cu|bà|no *agg.* di Cuba ♦ *s.m.* **1** [f. *-a*] nativo o abitante di Cuba **2** la lingua parlata a Cuba.
cu|ba|tù|ra *s.f.* misura e calcolo del volume di un solido o di uno spazio interno.
cu|bè|be *s.m.* **1** arbusto spontaneo, rampicante, i cui frutti somigliano ai grani del pepe **2** il frutto di tale pianta, usato in medicina per le sue proprietà antisettiche, balsamiche e diuretiche.
cu|bet|ta|tri|ce *s.f.* macchina che confeziona prodotti in forma di cubetti.
cu|bét|to *s.m.* piccolo oggetto dalla forma cubica.
cù|bi|co *agg.* [m.pl. *-ci*] **1** di cubo, che ha la forma di un cubo: *pacco* — **2** (*mat.*) di terzo grado, relativo o elevato alla terza potenza: *radice cubica*; *centimetro* —.
cu|bi|co|lo *s.m.* (*archeol.*) **1** nell'antica casa romana, camera da letto **2** nelle catacombe, camera sepolcrale e cappella.
cu|bi|fór|me *agg.* che ha forma cubica.
cu|bi|smo *s.m.* movimento artistico nato in Francia verso il 1907, caratterizzato dalla disintegrazione prospettica e dalla scomposizione di oggetti e figure umane in solidi geometrici.
cu|bì|sta *s.m./f.* [m.pl. *-i*] **1** (*pitt.*) artista seguace del cubismo **2** nelle discoteche, chi per professione balla su pedane generalmente di forma cubica; ragazza cubo ♦ *agg.* riguardante il cubismo: *la fase — di Picasso*.
cu|bi|tà|le *agg.* che misura un cubito | (*estens.*, *iperb.*) molto grande: *caratteri cubitali*.
cu|bi|tiè|ra *s.f.* parte dell'armatura in corrispondenza del gomito.
cù|bi|to *s.m.* **1** (*anat.*) ulna **2** nell'antichità, unità di misura di lunghezza.
cù|bo *s.m.* **1** figura solida geometrica costituita da sei facce quadrate uguali **2** (*estens.*) qualsiasi oggetto con la forma di cubo: *un — di cartone* | nelle discoteche, pedana su cui danzano ballerini ingaggiati a tale scopo **3** (*mat.*) terza potenza di un numero, ovvero il prodotto di un numero moltiplicato due volte per se stesso ♦ *agg.* detto di misura che calcola il volume di un corpo | *metro* —, unità di misura di volume che corrisponde al volume di un cubo il cui spigolo è lungo un metro.
cù|boi|de *agg.* che somiglia grossomodo a un cubo ♦ *s.m.* (*anat.*) osso del tarso.
cucaracha (*sp.*) [pr. *kukaràcia*] *s.f.invar.* ballo popolare messicano | la musica che accompagna tale ballo.
cuc|cà|gna *s.f.* **1** posto favoloso, dove il cibo è abbondante e il divertimento sfrenato **2** (*estens.*) vita spensierata e ricca di piaceri | *albero della* —, nelle feste di paese, palo insaponato su cui ci si arrampica per raggiungere i premi appesi alla sommità.
cuc|cà|re *v.tr.* [indic.pres. *io cucco, tu cucchi*...] (*coll.*) **1** imbrogliare, ingannare **2** prendere, buscare: *ti sei cuccato il raffreddore* **3** rimorchiare qlcu. per sedurlo.
cuc|cét|ta *s.f.* ognuno dei lettini isolati e sovrapposti ad altri che si trovano sui treni e nelle cabine navali.
cuc|chià|ia *s.f.* **1** grosso cucchiaio usato in cucina per schiumare preparazioni brodose o per servire in tavola **2** cazzuola del muratore per stendere la malta **3** attrezzo di scavo per asportare dai terreni i detriti rocciosi.
cuc|chia|ià|ta *s.f.* quantità di cibo o di liquido contenuta in un cucchiaio.
cuc|chia|i|no *s.m.* **1** piccolo cucchiaio: — *da caffè* | (*estens.*) ciò che esso contiene **2** esca in metallo, simile a un piccolo cucchiaio, che attira i pesci per la sua lucentezza.
cuc|chià|io *s.m.* **1** posata da tavola formata da un'estremità ovale concava sostenuta da un manico, usata per portare alla bocca alimenti per lo più liquidi | (*estens.*) cucchiaiata **2** (*tecn.*) attrezzo a forma di paletta.
cùc|cia *s.f.* [pl. *-ce*] **1** giaciglio del cane **2** (*estens.*, *scherz.*, *spreg.*) letto piccolo e disordinato.
cuc|cio|là|ta *s.f.* **1** insieme dei cuccioli nati da un solo parto **2** (*fig.*) figliolanza numerosa | gruppo di bambini piccoli.
cùc|cio|lo *s.m.* [f. *-a*] **1** cane piccolo | (*estens.*) il piccolo di un altro animale **2** (*estens.*, *fam.*) bambino piccolo | (*fig.*) giovane con poca esperienza.
cùc|co *s.m.* [pl. *-chi*] **1** cuculo **2** (*fig.*) rincretinito, fesso | *vecchio come il* —, vecchissimo, fuori tempo.
cùc|cu|ma *s.f.* bricco per preparare e contenere il caffè.
cu|ci|na *s.f.* **1** stanza attrezzata per preparare e cucinare i cibi: *mangiare in* — **2** l'insieme dei mobili che costituiscono l'arredamento di tale stanza: — *in laminato* **3** apparecchio con fornelli usato per cuocere i cibi **4** l'arte di preparare e cuocere i cibi: *scuola di* — | (*estens.*) l'insieme dei cibi stessi e il modo di prepararli: — *casalinga*.
cu|ci|nà|re *v.tr.* **1** preparare e cuocere i cibi: — *la carne* | — *alla francese* | (*assol.*) preparare da mangiare **2** (*fig.*) accomodare alla meglio, arrangiare: — *un articolo* **3** (*fam.*) conciare per le feste.
cu|ci|niè|re *s.m.* [f. *-a*] chi cucina, spec. in comunità come ospedali o caserme.
cu|ci|nì|no *s.m.* piccolo ambiente attrezzato per cucinare, comunicante con il soggiorno o con il tinello.
cu|ci|nòt|to *s.m.* cucinino.
cu|cì|re *v.tr.* [indic.pres. *io cucio*...] **1** unire pezzi di stoffa, di pelle e sim., usando l'ago e il filo o altri strumenti idonei: — *il bordo della tovaglia* | (*assol.*) lavorare di cucito: — *con cura* **2** confezionare un capo di abbigliamento: — *un pantalone* **3** unire a mano una ferita; suturare | (*fig.*) — *la bocca a qlcu.*, imporgli il silenzio | *cucirsi la bocca*, tacere per evitare di dire cose inopportune **4** (*fig.*) mettere insieme, collegare: — *le idee*.
cu|ci|rì|no *s.m.* filo in cotone o di seta per cucire o ricamare.

cu|ci|ta *s.f.* (*fam.*) cucitura rapida e approssimativa.

cu|ci|to *part.pass. di* cucire ♦ *agg.* unito con ago e filo ♦ *s.m.* 1 l'arte del cucire: *corso di* — 2 ciò che si deve ancora cucire o che si è già cucito.

cu|ci|tri|ce *s.f.* 1 macchina per cucire stoffe, carte o altro 2 attrezzo di cancelleria che unisce più fogli di carta attraversandoli con punti metallici; pinzatrice.

cu|ci|tù|ra *s.f.* 1 attività del cucire | il complesso dei punti che tengono insieme le parti cucite; il tracciato di tali punti: *una — interna* 2 in legatoria, operazione che permette di cucire insieme le diverse parti di un libro 3 margine interno della pagina di un libro.

cu|cù *s.m.* 1 cuculo 2 verso del cuculo | *orologio a* —, quello che scandisce le ore emettendo un suono simile al verso del cuculo ♦ *inter.* 1 voce che riproduce il verso del cuculo 2 chiamata dei ragazzi che giocano a nascondino 3 esclamazione ironica e beffarda usata per rifiutare una richiesta insensata.

Cu|cu|li|fór|mi *s.m.pl.* ordine di uccelli arrampicatori, di cui fa parte il cuculo.

cu|cùl|lo *s.m.* 1 nell'antica Roma, cappuccio unito all'abito 2 cappuccio dei monaci.

cu|cù|lo o **cùculo** *s.m.* uccello di medie dimensioni, con piume color grigio piombo, zampe corte, coda lunga e ali sottili; il maschio emette un caratteristico verso in due toni, la femmina depone le uova nei nidi di altri uccelli.

cu|cùr|bi|ta *s.f.* 1 (*lett.*) zucca 2 (*chim.*) parte dell'alambicco in cui si deposita il residuo della distillazione.

Cu|cur|bi|tà|ce|e *s.f.pl.* famiglia di piante erbacee rampicanti i cui frutti hanno la forma di grosse bacche; ne fanno parte la zucca, il cetriolo, l'anguria e il melone.

cu|cùz|za *s.f.* → **cocùzza**.

cu|cùz|zo|lo *s.m.* → **cocùzzolo**.

cu|dù *s.m.* grossa antilope africana, con grandi corna ritorte a spirale.

cùf|fia *s.f.* 1 aderente copricapo per neonati, fermato sotto il mento da due nastri che si annodano 2 copricapo usato da inservienti, infermiere, cuoche e operaie per tenere in ordine i capelli | — *da bagno*, calotta impermeabile che si indossa quando si fa il bagno o si nuota in piscina per non bagnare i capelli | (*fig.*) *passare per il rotto della* —, cavarsela a malapena 3 (*spec.pl., tecn.*) coppia di ricevitori acustici uniti da un semicerchio in metallo estendibile che si poggia sulle orecchie ed è collegata a un telefono o a un apparecchio amplificatore per l'ascolto del suono 4 protezione auricolare che permette l'isolamento acustico dei lavoratori esposti a forti rumori 5 (*tecn.*) copertura semisferica, gener. metallica, usata per la protezione di apparecchiature da eventuali danni 6 in teatro, cupola in cui si nasconde il suggeritore per non essere visto dal pubblico.

cu|gi|no *s.m.* [f. -a] figlio dello zio o della zia.

cùi *pron.rel.invar.* 1 [nei compl. indiretti è preceduto da prep.; nel compl. di termine si può usare anche senza prep.] il quale, la quale, i quali, le quali: *un regalo di* — *ero entusiasta*; *l'amico con* — *partirò*; *la città in* — *viviamo*; *l'impiegato (a)* — *mi rivolsi* | *per* —, perciò, per la qual cosa: *non l'ho visto, per* — *ho gridato* 2 [come compl. di specificazione si pone fra art. e sost. senza la prep. *di*] del quale, della quale, dei quali, delle quali: *un autore la* — *opera è molto nota*.

cu|là|ta *s.f.* (*volg.*) colpo dato con il sedere cadendo a terra.

cu|la|tèl|lo *s.m.* prosciutto ottenuto dalla parte magra della coscia del maiale.

cu|làt|ta *s.f.* 1 parte posteriore di una bocca da fuoco in cui è contenuta la carica di lancio 2 taglio vicino alla coda di animali macellati 3 rigonfiamento posteriore di pantaloni molto larghi.

cul|bià|n|co *s.m.* [pl. *-chi*] piccolo uccello dal piumaggio cinerino, con ali nere e una grande chiazza bianca sulla coda.

cul-de-sac (*fr.*) [pr. *kuldsàk*] *loc.sost.m.invar.* 1 vicolo cieco; strada senza uscita | (*fig.*) situazione senza vie di uscita 2 (*anat.*) cavità cieca.

cu|li|nà|ria *s.f.* arte della cucina; gastronomia.

cu|li|nà|rio *agg.* riguardante la cucina; gastronomico.

cùl|la *s.f.* 1 piccolo letto a dondolo per neonati, dotato di tendine e sponde protettive 2 (*fig.*) nascita: *fin dalla* — 3 (*fig., lett.*) luogo di origine e sviluppo: — *della cultura*.

cul|là|re *v.tr.* 1 calmare o far dormire un bambino dondolandolo nella culla o fra le braccia 2 (*estens.*) far dondolare con dolcezza: *le onde la cullavano* (*fig.*). 3 coltivare, nutrire in sé un'idea, un sentimento: — *un'illusione* 4 (*fig.*) illudere suscitando false speranze: — *qlcu. con vane promesse* ♦ **-rsi** *rifl.* 1 dondolarsi: — *nella barca* 2 (*fig.*) illudersi inutilmente | crogiolarsi.

cul|là|ta *s.f.* movimento del cullare.

cul|mi|nàn|te *part.pres. di* culminare ♦ *agg.* 1 che sta al culmine di ql.co. 2 (*fig.*) che è determinante; cruciale: *momento* —.

cul|mi|nà|re *v.intr.* [indic.pres. *io cùlmino...*; aus. *E*] 1 detto di un astro, essere nel punto più alto della sua traiettoria sulla sfera celeste 2 (*estens.*) toccare il punto più alto (*fig.*) raggiungere il massimo livello di intensità; sfociare: *la lite culminò in dramma*.

cul|mi|na|zió|ne *s.f.* (*astr.*) posizione assunta da un astro rispetto a un osservatore sul meridiano del luogo di osservazione.

cùl|mi|ne *s.m.* 1 punto più elevato; cima; vetta: *il* — *di una montagna* (*fig.*) livello massimo; apice: *essere al* — *della notorietà*.

cùl|mo *s.m.* (*bot.*) fusto molto resistente tipico delle Graminacee, cavo e pieno di nodi, usato per impagliare sedie e per fabbricare cappelli.

cù|lo *s.m.* (*volg.*) 1 sedere | (*fig.*) *avere una faccia di* —, essere sfrontato | *prendere per il* —, prendere in giro 2 (*fig.*) estrema fortuna | *colpo di* —, colpo di fortuna 3 (*fig.*) fondo di un recipiente: — *di un fiasco*.

culottes (*fr.*) [pr. *kulòt*] *s.f.pl.* mutandine da donna simili a calzoncini.
cult (*ingl.*) [pr. *kalt*] *s.m.invar.* oggetto di culto, spec. disco, film o libro, molto amato dai fans: *quel romanzo è diventato un —*.
cul|ti|smo *s.m.* (*ling.*) termine o espressione di origine colta.
cul|ti|var o **cultivàr** *s.f.invar.* (*agr.*) varietà di una pianta coltivata.
cult movie (*ingl.*) [pr. *kalt mùvi*] *loc.sost.m. invar.* film considerato modello intramontabile dai cinefili.
cùl|to *s.m.* **1** (*relig.*) ossequio per la divinità: *il — di Dio* **2** complesso dei riti religiosi: *— cattolico, protestante* **3** (*fig.*) venerazione per qlcu. | amore profondo, talvolta esasperato, per ql.co.: *ha un — per il suo insegnante; il — del cibo* | cura eccessiva della propria persona | — **della personalità**, ammirazione incondizionata per un personaggio, spec. politico.
cul|tó|re *s.m.* [f. *-trice*] chi coltiva un'arte o una scienza per passione, non a livello professionale: *— di musica classica*.
-**cul|tó|re** → **-coltore**.
cul|tu|à|le *agg.* (*lett.*) del culto, pertinente al culto.
cul|tù|ra *s.f.* **1** insieme di conoscenze possedute da un individuo che contribuiscono in maniera determinante alla formazione della sua personalità; istruzione, erudizione: *uomo di vasta —* **2** il sapere artistico, letterario e scientifico di un popolo o di una determinata epoca: *la — latina*; *la — contemporanea* **3** (*antrop.*) complesso di tradizioni, costumi, manifestazioni spirituali, conoscenze tecniche di una collettività; civiltà: *la — contadina* **4** — *fisica*, complesso degli esercizi fisici per mantenere in forma il corpo; culturismo.
-**cul|tù|ra** → **-coltùra**.
cul|tu|rà|le *agg.* **1** relativo alla cultura **2** che promuove lo sviluppo della cultura: *circolo —* ☐ **culturalmente** *avv.* dal punto di vista culturale.
cul|tu|ra|li|smo *s.m.* sfoggio eccessivo di cultura.
cul|tu|ri|smo *s.m.* ginnastica finalizzata allo sviluppo dei muscoli del corpo.
cul|tu|ri|sta *s.m./f.* [m.pl. *-i*] chi pratica il culturismo.
cu|ma|rì|na *s.f.* (*chim.*) composto organico aromatico contenuto in molte piante, usato in farmacia, profumeria e liquoreria per correggere gli odori.
cu|ma|ró|ne *s.m.* (*chim.*) liquido incolore e oleoso ricavato dal catrame di carbon fossile, usato per produrre materie plastiche.
cu|mì|no *s.m.* piccola pianta erbacea, i cui semi, molto aromatici, sono usati in cucina e in medicina.
cu|mu|là|bi|le *agg.* che può essere cumulato: *redditi cumulabili*.
cu|mu|là|re *v.tr.* [indic.pres. *io cùmulo...*] accumulare, mettere insieme: *— guadagni*.
cu|mu|la|ti|vo *agg.* che cumula, comprensivo di più cose | **biglietto** *—*, valido per più viaggi o più passeggeri ☐ **cumulativamente** *avv.*
cu|mu|li|fór|me *agg.* che ha la forma di un cumulo: *nuvola —*.
cù|mu|lo *s.m.* **1** (*anche fig.*) ammasso di oggetti accumulati, messi l'uno sull'altro; mucchio: *— di libri; dire un — di stupidaggini* **2** (*meteor.*) nube bassa con la parte superiore a cupola.
cu|mu|lo|ném|bo *s.m.* [pl. *cumulinembi*] (*meteor.*) nube scura e densa, ricca di pioggia.
cu|mu|lo|strà|to *s.m.* (*meteor.*) grande nube bassa e scura.
cù|na *s.f.* (*lett.*) culla.
cu|nei|fór|me *agg.* che è a forma di cuneo | **scrittura** *—*, antica scrittura usata dagli Assiro-Babilonesi, dai Medi e dai Persi.
cù|ne|o *s.m.* **1** oggetto di legno o ferro a forma di prisma triangolare, usato per spaccare pietre o legname duro **2** (*geom.*) figura solida formata da un prisma a base triangolare.
cu|nét|ta *s.f.* **1** canaletto per lo scolo delle acque piovane posto ai bordi delle strade **2** (*estens.*) avvallamento del fondo stradale.
cu|nì|co|lo *s.m.* **1** stretto tunnel sotterraneo usato per lo scolo delle acque piovane, per l'inserimento di tubazioni o a scopo militare **2** tana scavata da un animale nel terreno.
cu|ni|col|tó|re *s.m.* [f. *-trice*] allevatore di conigli.
cu|ni|col|tù|ra *s.f.* allevamento di conigli.
cuò|ce|re *v.tr.* [indic.pres. *io cuòcio, tu cuòci...*; pass.rem. *io còssi, tu cuocésti o cocésti...*; part.pass. *còtto o cociuto* nel sign. 2 dell'intr.] **1** trattare un alimento o altre sostanze con il calore: *— la verdura; — la creta* **2** bruciare, scottare | (*estens.*) seccare: *il sole mi cuoce la pelle* ♦ *intr.* [aus. *E*] **1** essere sottoposto a cottura: *la torta sta cuocendo nel forno* **2** (*fig.*) generare umiliazione, risentimento: *l'errore gli è cociuto non poco* ♦ -**rsi** *intr.pron.* **1** giungere a cottura: *la carne non si è cotta ancora* **2** bruciarsi, ustionarsi: *— al sole*.
cuò|co *s.m.* [f. *-a*; m.pl. *-chi*] chi, per professione, cucina cibi in alberghi, ristoranti e sim. | chi cucina, spec. chi sa cucinare con particolare abilità.
cuo|ià|me *s.m.* quantità, assortimento di cuoio o di oggetti di cuoio.
cuò|io *s.m.* [pl.m. *cuòi*; pl.f. *cuòia* solo in alcune loc. del sign. 2] **1** pelle di animale conciata per la fabbricazione di oggetti d'uso: *cartella, portafoglio di —* **2** (*scherz., spreg.*) la pelle dell'uomo | — **capelluto**, strato di cute che riveste il capo, coperto dai capelli | (*fig.*) **tirare le cuoia**, morire.
cuò|ra *s.f.* strato di alghe ed erba che galleggia sulla superficie di laghi e paludi | nelle aree bonificate, il terreno torboso prosciugato e divenuto coltivabile.
cuor|con|tèn|to *s.m./f.invar.* persona allegra e serena, facilmente accontentabile.
cuò|re *s.m.* (*anat.*) organo muscolare cavo di forma conica, con la punta in basso rivolta verso sinistra, e diviso in quattro cavità; si trova nella cassa toracica, fra i due polmoni, ed è il

centro principale dell'apparato circolatorio | — *artificiale*, congegno meccanico capace di sostituire l'azione di pompa del cuore **2** parte del petto in cui sta il cuore | (*estens.*) petto: *stringere al* — **3** (*fig.*) sede dei sentimenti, degli affetti, delle emozioni; anima | *avere un* — *d'oro*, essere buono e disponibile | *avere il* — *tenero*, essere compassionevole | *avere un* — *di pietra*, essere crudele | *in cuor suo*, dentro di sé | *a* — *aperto*, con tutta sincerità | *di buon* —, molto volentieri | *amico del* —, quello più intimo | *spezzare il* — *a qlcu.*, farlo soffrire profondamente | *andare al* — *di qlcu.*, farsi amare | *toccare il* — *di qlcu.*, commuoverlo | *avere la morte nel* —, essere molto angosciati | *mettersi il* — *in pace*, rassegnarsi | *stare a* —, importare | *sentire un tuffo al* —, provare un'improvvisa emozione | *togliersi un peso dal* —, liberarsi di una preoccupazione | *sentirsi stringere il* —, provare un dolore | *sentirsi allargare il* —, provare sollievo | *ridere di* —, di gusto | *aprire il* — *a qlcu.*, confidarsi con lui **4** (*fig.*) amore: *affari di* — **5** (*fig.*) audacia, coraggio: *non ha avuto il* — *di reagire* | *avere un* — *di leone*, essere molto coraggioso **6** oggetto a forma di cuore: — *votivo* **7** (*fig.*) il centro, la parte interna o centrale di ql.co.: *il* — *della casa*; *il* — *del carciofo* | *nel* — *della notte*, a notte fonda **8** (*solo pl.*) uno dei quattro semi delle carte da gioco francesi.

cuo|ri|fór|me *agg.* a forma di cuore: *foglia* —.

cu|péz|za *s.f.* (*anche fig.*) caratteristica di ciò che è cupo: *la* — *dello sguardo*.

cu|pi|di|gia *s.f.* [pl. *-gie*] (*lett.*) desiderio irrefrenabile e smodato di oggetti e potere: — *di soldi*.

cu|pi|do[1] *s.m.* **1** rappresentazione artistica della divinità dell'amore come un paffuto angioletto armato di arco e frecce **2** (*scherz.*) mediatore nelle relazioni amorose **3** (*estens.*) bambino grassottello e con la testa ricciuta.

cù|pi|do[2] *agg.* (*lett.*) avido, bramoso | libidinoso, voglioso □ **cupidamente** *avv.*

cù|po *agg.* **1** profondo: *burrone* — **2** (*estens.*) oscuro, buio: *notte cupa* | di colore, scuro, intenso: *rosso* — **3** di suono, basso, grave, tetro: *rumore* — **4** (*fig.*) di stati d'animo negativi, profondo, ostinato: *odio* — | pensieroso, ombroso, triste: *carattere* — | misterioso, equivoco: *tono* — □ **cupamente** *avv.* **1** foscamente **2** malinconicamente.

cù|po|la *s.f.* **1** (*arch.*) volta semisferica che sormonta edifici, chiese e sim.: *la* — *di una basilica* **2** copertura emisferica apribile e girevole **3** oggetto a forma di calotta: *la* — *di un cappello* **4** (*bot.*) involucro duro e legnoso delle Cupulifere che copre il frutto o parte di esso: *la* — *della ghianda* **5** nel gergo mafioso, vertice dell'organizzazione.

Cu|pres|sà|ce|e *s.f.pl.* famiglia di piante conifere, di cui fanno parte il cipresso e il ginepro.

cù|pri|co *agg.* [m.pl. *-ci*] (*chim.*) di rame; contenente rame.

cu|pri|smo *s.m.* (*med.*) avvelenamento da sali di rame che provoca paralisi muscolare.

cu|pri|te *s.f.* minerale costituito da ossido di rame, di colore rosso cupo.

Curculionidi

Cu|pu|li|fe|re *s.f.pl.* famiglia di piante arboree, di cui fanno parte il castagno, il faggio e la quercia.

cù|ra *s.f.* **1** interessamento premuroso e attento; sollecitudine amorevole: *avere* — *di qlcu.* **2** accuratezza, solerzia: *un lavoro svolto con* — **3** attività, occupazione; incarico: *la* — *della casa*; *sarà mia* — *gestire la situazione* | *a* — *di*, per opera di **4** (*lett.*) ansia, preoccupazione **5** (*dir.*) assistenza di incapace; curatela **6** ufficio del sacerdote | — *delle anime*, governo spirituale dei fedeli di una parrocchia **7** complesso delle prescrizioni mediche per ottenere la guarigione da una malattia; terapia: — *dell'asma*; *seguire, interrompere una* — **8** assistenza prestata dal medico per guarire un malato: *avere in* — *un epilettico* | *casa di* —, clinica privata.

cu|rà|bi|le *agg.* che può essere curato.

curaçao (*fr.*) [pr. *kurasö*] *s.m.invar.* liquore dolce e poco alcolico, ricavato distillando la scorza di un tipo di arancia amara originaria dell'isola omonima.

cu|ràn|te *part.pres. di* curare ♦ *agg.* che cura | *medico* —, che ha in cura una persona.

cu|rà|re *v.tr.* **1** fare oggetto delle proprie cure: — *il proprio patrimonio*, *la famiglia* | sorvegliare, tenere d'occhio **2** (*estens.*) organizzare ql.co. nei dettagli sulla base di competenze specifiche | — *l'edizione di un'opera*, prepararla per la pubblicazione facendo in modo che sia fedele al testo originale e corredandola di note **3** sottoporre un malato a idonee cure mediche; trattare una malattia con una terapia capace di debellarla: — *una gastrite* **4** fare in modo, procurare: *curate che sia tutto a posto* ♦ *-rsi rifl.* preoccuparsi della propria salute; ricorrere a una terapia medica ♦ *intr.pron.* **1** prendersi cura di ql.co. o di qlcu.: — *dei propri cari* **2** considerare: *non dare peso alle critiche*.

cu|ra|rì|na *s.f.* (*chim.*) alcaloide del curaro.

cu|rà|ro *s.m.* veleno amarissimo, dall'aspetto simile alla pece, ricavato da alcune piante della foresta tropicale americana, che provoca paralisi muscolare e asfissia; è usato in medicina come anestetico.

cu|ra|tè|la *s.f.* (*dir.*) **1** assistenza che la legge impone per i soggetti che non hanno piena capacità giuridica o per la tutela di patrimoni fallimentari | in editoria, cura di un'opera.

cu|ra|ti|vo *agg.* che serve a curare una malattia; terapeutico.

cu|ra|to[1] *part.pass. di* curare ♦ *agg.* fatto con molta cura; preciso.

cu|ra|to[2] *s.m.* parroco.

cu|ra|tó|re *s.m.* [f. *-trice*] **1** (*dir.*) chi ha l'incarico di una curatela **2** chi cura o assiste **3** chi cura l'edizione di un'opera.

cur|cu|lió|ne *s.m.* coleottero dannoso per le piante.

Cur|cu|lió|ni|di *s.m.pl.* famiglia di insetti coleotteri molto dannosi per l'agricoltura; hanno la parte anteriore del capo prolungata in un rostro in cui si trovano la bocca e le antenne e spesso sono privi di ali.

cùr|cu|ma *s.f.* pianta erbacea originaria dell'Asia tropicale e dell'Australia, dal cui rizoma si ricava una spezia di colore giallo, componente principale del curry.

cur|cu|mì|na *s.f.* (*chim.*) sostanza gialla estratta dal rizoma della curcuma, usata come colorante delle cartine per le analisi chimiche.

cùr|do *s.m.* **1** [f. -*a*] appartenente alla popolazione stanziata nel Kurdistan, regione politicamente divisa tra Turchia orientale, Iraq settentrionale, Iran nordoccidentale, Armenia e Siria settentrionale **2** lingua iranica parlata da tale popolazione ♦ *agg.* della popolazione dei curdi.

cù|ria *s.f.* **1** (*eccl.*) complesso degli organi amministrativi, dei funzionari e degli uffici che governano la Chiesa: — *diocesana* **2** (*dir.*) il complesso dei magistrati di una circoscrizione giudiziaria **3** nell'antica Roma, ciascuna delle dieci suddivisioni di una tribù | (*estens.*) edificio in cui si riunivano tali suddivisioni, poi sede del senato **4** nel Medioevo, nome di alcune magistrature **5** (*lett.*) corte.

cu|rià|le *agg.* **1** (*eccl.*) di curia, appartenente a una curia **2** (*lett.*) di corte | (*estens.*) aulico, solenne ♦ *s.m.* (*eccl.*) religioso o laico che lavora in una curia.

cu|rià|to *agg.* delle curie dell'antica Roma | *comizio —*, assemblea deliberativa del popolo suddiviso in curie.

curie (*fr.*) [pr. *kurì*] *s.m.invar.* (*fis.*) unità di misura della radioattività.

cù|rio *s.m.* elemento chimico artificiale molto radioattivo (*simb.* Cm).

cu|rio|sàg|gi|ne *s.f.* curiosità smodata e indiscreta.

cu|rio|sà|re *v.intr.* [indic.pres. *io curióso*...; aus. A] **1** osservare con curiosità: — *tra vecchie cianfrusaglie* **2** osservare in modo importuno e indelicato: — *nella posta del vicino*.

cu|rio|si|tà *s.f.* **1** desiderio di sapere, di accrescere le proprie conoscenze: — *scientifica* **2** (*spreg.*) atteggiamento smodato e indiscreto di chi indaga nei fatti degli altri per fare pettegolezzi **3** cosa originale, strana; evento singolare, bizzarro: *uno scaffale con tante —*.

cu|rió|so *agg.* **1** desideroso di sapere, di accrescere le proprie conoscenze **2** (*spreg.*) che vuole conoscere i fatti degli altri; indiscreto, impiccione **3** che scatena la curiosità; originale, strano, bizzarro: *fenomeno —* ♦ *s.m.* **1** [f. -*a*] chi ha o mostra curiosità **2** ciò che appare originale, strano: *il — di un fatto* □ **curiosamente** *avv.* **1** in modo attento: *osservare —* **2** in modo strano: *reagire —*.

curling (*ingl.*) [pr. *kèrlin*] *s.m.invar.* gioco simile alle bocce, in cui si fanno scivolare sul ghiaccio dei dischi di pietra lanciandoli dall'impugnatura.

cur|ri|co|là|re *agg.* relativo al curriculum.

cur|ri|cu|lum (*lat.*) *s.m.* [pl.invar. o *curricula*] **1** curriculum vitae **2** programma di un corso di studi, spec. universitario.

cur|rì|cu|lum vì|tae (*lat.*) [pr. *kurrìkulum vìte*] *loc.sost.m.invar.* carriera degli studi, delle esperienze professionali e scientifiche di un individuo | testo scritto che riassume tale carriera.

curry (*ingl.*) [pr. *kàrri*] *s.m.invar.* condimento piccante, composto da un miscuglio di varie spezie.

cur|só|re *s.m.* **1** (*tecn.*) elemento scorrevole di un dispositivo meccanico | in uno strumento di misura o di calcolo, indice mobile lungo la scala graduata | parte scorrevole della cerniera lampo **2** (*elettr.*) contatto mobile di apparecchi elettrici, come i televisori, che regola luminosità, volume ecc. **3** (*inform.*) segnale luminoso che indica sullo schermo del computer il punto in cui sarà digitato il carattere | segnale luminoso, gener. a forma di freccia, che segue sullo schermo i movimenti del mouse.

cùr|sus ho|nó|rum (*lat.*) *loc.sost.m.invar.* nell'antica Roma, la successione delle cariche pubbliche che il cittadino poteva rivestire.

cur|tèn|se *agg.* detto del sistema economico medievale basato sull'indipendenza produttiva del feudo.

cùr|va *s.f.* **1** (*geom.*) linea che non segue una traiettoria retta **2** tratto curvilineo di una superficie o di un oggetto: *la — del cranio* | tratto curvilineo di una strada: *rallentare in —* | in uno stadio, settore delle gradinate sui lati minori del campo da gioco **3** grafico delle variazioni di un fenomeno in relazione a determinati fattori: — *del bilancio* **4** (*solo pl.; fam.*) rotondità del corpo femminile.

cur|và|re *v.tr.* rendere curvo: — *una sbarra, un ramo* | (*fig.*) — *la testa*, obbedire | — *la schiena*, sottomettersi ♦ *intr.* [aus. A] tracciare una curva; svoltare, girare: *l'autobus curvò lentamente* ♦ **-rsi** *rifl.* **1** piegarsi, chinarsi **2** (*fig.*) sottomettersi, umiliarsi ♦ *intr.pron.* incurvarsi, piegarsi ad arco: *la mensola si è curvata sotto il peso dei libri*.

cur|va|trì|ce *s.f.* (*mecc.*) macchina con rulli per curvare sbarre, lamiere ecc.

cur|va|tù|ra *s.f.* **1** piegatura ad arco **2** tratto in cui una cosa è curva.

cur|vi|lì|ne|o *agg.* **1** che segue una linea curva: *contorno, moto —* **2** (*geom.*) detto di figura che è formata o delimitata da linee curve: *triangolo —* ♦ *s.m.* strumento che si usa per disegnare linee curve.

cur|vì|me|tro *s.m.* strumento che misura la lunghezza dell'arco di una curva, usato nel calcolo delle distanze sulle carte geografiche.

cùr|vo *agg.* **1** piegato ad arco: *linea curva* **2** incurvato, chino: *testa curva sui libri*.

cu|scì|nà|ta *s.f.* colpo dato con un cuscino.

cu|sci|nét|to *s.m.* **1** qualsiasi oggetto simile a un cuscino: — *per timbri* **2** (*fam.*) grasso sottocutaneo di fianchi e cosce **3** (*mecc.*) elemento interposto tra un organo fisso e uno rotante allo scopo di ridurre l'attrito **4** (*tecn.*) sottile strato che, interposto fra altri due di materiale di-

verso, ha la funzione di impedire l'usura ♦ *agg. invar.* che fa da tramite, da mediatore | *Stato* —, quello che, trovandosi tra altri due Stati più potenti, ostacola lo scontro diretto.
cu|sci|no *s.m.* **1** sacchetto imbottito di piume, lana, fibre artificiali e sim., su cui si appoggia la testa o ci si siede **2** — *d'aria*, spessore di aria compressa tra due superfici solide.
cù|scus o **cuscùs** *s.m.invar.* preparazione gastronomica di origine araba, costituita da semola, carne e verdure condite con salsa piccante.
cù|scu|ta *s.f.* pianta erbacea parassita, priva di radici e di foglie, con piccoli fiori bianchi o rosa e fusto sottile che si avvolge attorno alle altre piante.
Cu|scu|tà|ce|e *s.f.pl.* famiglia di piante dicotiledoni parassite, di cui fa parte la cuscuta.
cu|spi|dà|le *agg.* che si riferisce alla cuspide; cuspidato.
cu|spi|dà|to *agg.* che termina a forma di cuspide.
cù|spi|de *s.f.* **1** estremità acuminata di un oggetto, spec. di un'arma o di una freccia **2** (*arch.*) struttura ornamentale a forma di triangolo che sovrasta un edificio.
cu|stò|de *s.m./f.* **1** chi ha il compito di sorvegliare qlcu. o ql.co.: *il — del museo* **2** (*fig.*) chi difende un ideale, un principio morale: *i custodi della libertà* ♦ *agg. solo nella loc.* **angelo** —, nella religione cristiana, l'angelo che assiste e protegge ogni persona | (*fig.*) individuo che protegge e aiuta qlcu. in ogni occasione.
cu|stò|dia *s.f.* **1** assistenza, vigilanza; cura: *avere la — di un anziano* | (*dir.*) — *cautelare*, limitazione della libertà personale per motivi cautelari **2** astuccio per custodire oggetti delicati o di valore: *la — del compasso*.
cu|sto|dì|re *v.tr.* [indic.pres. *io custodisco, tu custodisci...*] **1** (*anche fig.*) conservare, preservare con cura; proteggere: — *i gioielli*; — *un'informazione riservata* **2** avere in custodia; vigilare, sorvegliare: — *un appartamento* **3** (*lett.*) avere cura, accudire.
cu|tà|ne|o *agg.* della cute.

cù|te *s.f.* (*anat.*) rivestimento dei Vertebrati costituito da uno strato esterno che ha funzione protettiva e isolante, e da un altro strato connettivo interno di collegamento con gli organi sottostanti; pelle.
cu|ti|cà|gna *s.f.* **1** (*lett.*) collottola, nuca **2** (*estens.*, *scherz.*) testa.
cu|ti|co|la *s.f.* **1** (*anat.*) sottile pellicola isolante che riveste organi o tessuti **2** (*zool.*) formazione epidermica, gener. chitinosa e impermeabile, di Artropodi e Anellidi che costituisce l'esoscheletro **3** (*bot.*) strato impermeabile di cutina che ricopre il fusto e le foglie di una pianta.
cu|ti|na *s.f.* (*bot.*) sostanza organica prodotta dall'epidermide del fusto e delle foglie di una pianta.
cu|ti|re|a|zió|ne *s.f.* (*med.*) test di immunità o di ipersensibilità dell'organismo controllato sulla cute.
cu|trét|to|la *s.f.* piccolo uccello con piumaggio giallo, coda mobilissima e ali lunghe; batticoda.
cutter (*ingl.*) [pr. *kàtter*] *s.m.invar.* **1** veloce barca da regata o da diporto **2** piccolo arnese costituito da una lama affilata estraibile, usato per tagliare o rifilare con precisione i bordi di ql.co.
cutting (*ingl.*) [pr. *kàttin*] *s.m.invar.* materiale roccioso e frammentario prodotto durante la perforazione dei pozzi petroliferi.
cuvée (*fr.*) *s.f.invar.* vino ottenuto dalla fermentazione di uve diverse in uno stesso tino.
cyber- o **ciber-** (*ingl.*) [pr. *saìber*] primo elemento di parole composte che significa "relativo alla cibernetica" o "relativo alla realtà virtuale" (*cyberspazio*).
cyberspazio o **ciberspàzio** *s.m.* **1** nella fantascienza, universo artificiale creato dalla grande informatica, che si esplora collegando il cervello a un computer **2** (*inform.*) spazio virtuale.
cyclette® (*fr.*) [pr. *siklèt*] *s.f.invar.* bicicletta da camera priva di ruote, usata per eseguire esercizi fisici.

Dd

d *s.f./m.invar.* quarta lettera dell'alfabeto (il suo nome è *di*); consonante occlusiva dentale sonora | — *come Domodossola*, nella compitazione, spec. telefonica, delle parole | *D*, nella numerazione romana, il numero cinquecento | (*sport*) *serie D*, in una graduatoria, la quarta posizione in ordine decrescente.
da *prep.* [fondendosi con gli art. det. forma le prep. art. *dal, dallo, dalla, dai, dagli, dalle*; si elide solo nelle loc.: *d'ora in poi, d'altronde, d'altro canto*...] **1** introduce una specificazione di luogo, spec. di moto da luogo (*anche fig.*): *siamo appena usciti dal ristorante*; *ricominciare — zero* | in correlazione con la prep. *a* indica passaggio: — *destra a sinistra* | stato in luogo: *ti aspetto — Carlo* | moto a luogo: *siamo andati dall'avvocato* | moto per luogo: *passare dal cortile* **2** esprime allontanamento: *è andato via — casa* | esprime separazione: *liberarsi — uno scocciatore* **3** esprime distanza: *— qui a casa mia ci sono pochi metri* **4** indica origine, provenienza: *discende — una famiglia di proprietari terrieri*; *Leonardo — Vinci* **5** introduce una specificazione temporale: *lavoro qui — due giorni* | in correlazione con la prep. *a*, indica durata: *dalle sette alle dieci* **6** introduce il compl. di causa: *sudare dal caldo* **7** nelle costruzioni passive, introduce il compl. d'agente o di causa efficiente: *è stato visitato dal dottore*; *la campagna fu bruciata dal fuoco* **8** esprime il fine o lo scopo: *sala — pranzo* **9** esprime il mezzo: *riconoscere dalla voce* **10** introduce il compl. di stima e prezzo: *una cosa — poco*; *un pullover — 100 euro* | in correlazione con la prep. *a*, indica quantità approssimativa: *erano presenti dalle cento alle centocinquanta persone* **11** esprime una qualità, una caratteristica: *un gatto dal pelo nero* **12** ha valore modale: *comportarsi — gentiluomo*; *lo trattò — nemico* | con funzione attributiva: *giocare — difensore* | con funzione rafforzativa: *gestiscitelo — te* **13** con funzione limitativa: *miope — un occhio* **14** ha funzione predicativa e appositiva: *fungere — segretario*; *— vecchio andrò ad abitare al mare* **15** seguita da infinito, introduce prop. consecutive o finali: *ho mangiato tanto — scoppiare*; *dammi ql.co. — mangiare* | esprime dovere, necessità: *non cè tempo — perdere*; *una cosa assolutamente — fare* **16** entra nella formazione di molte loc.avv. e prep.: *— lontano*; *— vicino*; *— presso*; *— parte*; *di qua —*; *di là —*; *fuori —*; *fino —*.
d'a|vàn|zo *avv.* → davanzo.
da bàs|so *avv.* → dabbasso.

da cà|po *avv.* → daccapo.
da fà|re *s.m.invar.* → daffare.
da pò|co *agg.invar.* → dappoco.
da tór|no *avv.* → dattorno.
dab|bàs|so o **da bàsso** *avv.* di sotto, in basso.
dab|be|nàg|gi|ne *s.f.* eccessiva semplicità; ingenuità: *hanno approfittato della sua —*.
dab|bè|ne *agg.invar.* onesto, buono d'animo; educato: *un uomo —* | ingenuo.
dac|cà|po o **da càpo** *avv.* di nuovo, dal principio | *essere —*, essere alle solite | *punto e —*, *andare —*, riprendere a scrivere dal rigo successivo; (*fig.*) indica l'intenzione di ricominciare da zero.
dac|ché (raro *da che*) *cong.* [con v. all'indic.] **1** [introduce una prop. temporale] da quando: *— è arrivato, non ha fatto che telefonare* **2** (*lett.*) [introduce una prop. causale] poiché, dal momento che: *— tu insisti, verrò*.
dà|cia *s.f.* [pl. *-cie* o *-ce*] villetta russa di campagna.
dà|cron® *s.m.invar.* nome commerciale di fibre tessili sintetiche in poliestere.
dada (*fr.*) [pr. *dadà*] *s.m.invar.* dadaismo ♦ *agg. invar.*, *s.m./f.invar.* dadaista: *pittori —*.
da|da|i|smo *s.m.* movimento artistico e letterario d'avanguardia, affermatosi nel primo Novecento in Europa, che rifiutava ogni atteggiamento razionalistico in nome della spontaneità e dell'assoluta libertà d'espressione.
da|da|i|sta *s.m./f.* [m.pl. *-i*] seguace del dadaismo ♦ *agg.* relativo al dadaismo: *quadro —*.
dà|do *s.m.* **1** cubetto in legno, avorio e sim. recante su ciascuna delle sei facce un numero, da uno a sei, impresso con puntini colorati; è usato per vari giochi, spec. d'azzardo | (*fig.*) *il — è tratto*, si dice quando una decisione è presa e non è più possibile tornare indietro **2** (*estens.*) qualunque oggetto a forma di piccolo cubo: *tagliare il formaggio a dadi* | (*gastr.*) cubetto di estratto di carne, vegetali o spezie, utilizzato nella preparazione di sughi e brodi **3** (*arch.*) blocco parallelepipedo di pietra che fa da piedistallo a colonne o pilastri **4** (*tecn.*) prisma in metallo a sezione quadrata o esagonale, dotato di foro filettato cui si inserisce una vite per costituire un bullone **5** (*sport*) nell'arrampicata su roccia, bullone di metallo munito di cordino, che viene inserito nelle fessure della roccia e utilizzato come ancoraggio.
da|do|là|ta *s.f.* insieme di dadini di carne, verdura o pane usati come guarnizione per minestre o altre pietanze.

daf|fà|re o **da fàre** *s.m.invar.* attività intensa e frenetica | *darsi un gran* —, impegnarsi molto.
dà|ga *s.f.* spada corta e larga a due tagli.
da|gher|ro|ti|pì|a *s.f.* (*foto.*) tecnica in uso nell'Ottocento che consisteva nel riprodurre le immagini su lastre metalliche sensibili alla luce.
da|gher|rò|ti|po *s.m.* apparecchio per la dagherrotipia | l'immagine fotografica ottenuta con tale apparecchio.
dà|gli¹ *prep.art.m.pl.* composta da da e gli: — *amici*.
da|gli² *inter.* si usa per incitare all'inseguimento di qlcu.: — *al ladro!* | — *oggi*, — *domani*, a forza di ripetere, di insistere | *e —!*, si dice a qlcu. che ripete insistentemente la stessa cosa, per farlo smettere.
dai *prep.art.m.pl.* composta da da e i: — *compagni*.
dai *inter.* si usa per esortare, incoraggiare: —, *non lasciarti andare!* | (*coll.*) *ma —!*, esprime sorpresa o insofferenza.
dai|no *s.m.* [f. *-a*] 1 mammifero ruminante con pelo grigio in inverno e fulvo d'estate, il cui maschio si distingue dal cervo per le caratteristiche corna appiattite all'estremità 2 la pelle conciata di tale animale usata per confezionare abiti, guanti, scarpe e per lucidare oggetti d'argento o di cristallo.
daiquiri (*sp.*) [pr. *daikìri*] *s.m.invar.* cocktail a base di rum, succo di limone e zucchero.
dal *prep.art.m.sing.* composta da da e il: — *dentista*.
da|lài là|ma *s.m.invar.* capo supremo della Chiesa buddista tibetana.
dà|lia *s.f.* pianta ornamentale con grandi fiori di vari colori riuniti in capolini.
dàl|la *prep.art.f.sing.* composta da da e la: — *campagna*; *dall'uscita*.
dàl|le *prep.art.f.pl.* composta da da e le: — *montagne*.
dàl|lo *prep.art.m.sing.* composta da da e lo: — *zio*, *dall'amico*.
dàl|ma|ta *agg.* [m.pl. *-i*] della Dalmazia ♦ *s.m.* 1 [anche f.] nativo o abitante della Dalmazia 2 razza di cane dal mantello bianco con piccole macchie nere | *cane* di tale razza.
dal|mà|ti|ca *s.f.* 1 (*st.*) tunica corta e bianca che veniva indossata dai romani all'epoca imperiale 2 paramento liturgico indossato dai diaconi durante le funzioni solenni.
dal|tò|ni|co *agg.*, *s.m.* [f. *-a*; m.pl. *-ci*] (*med.*) detto di chi è affetto da daltonismo.
dal|to|ni|smo *s.m.* (*med.*) difetto della percezione visiva dei colori, spec. del rosso e del verde, dovuto a un'alterazione dei pigmenti della retina.
d'al|tròn|de *loc.avv.* d'altra parte.
dà|ma¹ *s.f.* 1 (*st.*) nel Medioevo, gentildonna titolare di un feudo o moglie di un feudatario, di un cavaliere | (*estens.*) donna altolocata e raffinata, dal portamento signorile | *darsi arie da gran* —, esibire atteggiamenti di superiorità | — *di compagnia*, donna stipendiata per fare compagnia a persone anziane benestanti 2 nel ballo a coppie, la compagna del ballerino 3 (*spec.pl.*) donna che fa parte di associazioni o enti assistenziali: *Dame della Carità*.
dà|ma² *s.f.* 1 gioco effettuato su una scacchiera muovendo dodici pedine per parte | la scacchiera di tale gioco 2 la pedina giunta all'ultima linea avversaria che, sovrapposta a un'altra, può muoversi avanti e indietro ed essere eliminata soltanto da un'altra dama | *fare* —, *andare a* —, raddoppiare la pedina che è arrivata sull'ultima fila avversaria.
da|ma|scà|re *v.tr.* [indic.pres. *io damasco, tu damaschi...*] 1 lavorare un tessuto a damasco 2 intarsiare con fili d'oro o d'argento le parti d'acciaio delle armi; damaschinare.
da|ma|scà|to *part.pass. di* damascare ♦ *agg.*, *s.m.* si dice di tessuto lavorato a damasco.
da|ma|schi|nà|re *v.tr.* decorare con intarsi d'oro e d'argento una superficie metallica, spec. d'acciaio.
da|mà|sco *s.m.* [pl. *-schi*] tessuto di seta di un solo colore, lavorato con disegno a fiorami che risalta sul fondo per contrasto di lucentezza.
da|me|rì|no *s.m.* 1 uomo che veste in modo ricercato e lezioso 2 chi è troppo galante con le donne.
da|mi|gèl|la *s.f.* fanciulla di nobile famiglia | fanciulla nobile al servizio di regine e principesse | — *d'onore*, fanciulla che accompagna la sposa nel corteo nuziale.
da|mi|già|na *s.f.* recipiente di vetro a forma di grosso fiasco che contiene liquidi, spec. olio e vino | la quantità di liquido contenuta in tale recipiente.
da|nà|ro *s.m.* → denaro.
da|na|ró|so *agg.* ricco, facoltoso.
dancing (*ingl.*) [pr. *dénsin*] *s.m.invar.* locale in cui si balla.
dàn|da *s.f. spec.pl.* ciascuna delle due strisce che si usano per sorreggere i bambini quando imparano a camminare.
dan|di|smo *s.m.* ostentazione di raffinata eleganza.
dandy (*ingl.*) [pr. *déndi*] *s.m.invar.* 1 chi ostenta grande raffinatezza nel vestire e nel modo di comportarsi 2 (*mar.*) imbarcazione a vela da diporto con due alberi e un bompresso.
da|né|se *agg.* della Danimarca ♦ *s.m.* 1 [anche f.] chi è nato o abita in Danimarca 2 lingua parlata in Danimarca 3 (*zool.*) alano tedesco.
dan|nà|re *v.tr.* (*lett.*) condannare | condannare alle pene dell'inferno | (*fig.*) *far* — *qlcu.*, farlo arrabbiare, affaticare | *dannarsi l'anima per ql.co.*, volerla a tutti i costi ♦ *-rsi rifl.* 1 perdere l'anima 2 (*fig.*) tormentarsi: *si danna con continui ripensamenti* 3 (*fig.*) fare ql.co. con grande impegno: *si danna da un mese su quel lavoro*.
dan|nà|to *part.pass. di* dannare ♦ *agg.* 1 (*lett.*) condannato | condannato alle pene dell'inferno | (*fig.*) *gridare come un'anima dannata*, gridare in modo disperato | *anima dannata*, persona priva di ritegno morale 2 (*fam.*, *iperb.*) si dice di ql.co. o

dannazione 326

qlcu. che suscita preoccupazione, fastidio; maledetto: *dove hai messo quella dannata borsa?* | insopportabile, terribile: *fa un caldo —* | smisurato: *una paura dannata* | **nella dannata ipotesi**, nella malaugurata eventualità ♦ *s.m.* [f. *-a*] chi è condannato all'inferno | (*fam., iperb.*) **soffrire come un —**, non darsi pace | **studiare, lavorare come un —**, senza tregua o con eccessivo impegno □ **dannatamente** *avv.* **1** esageratamente: *è un tipo — orgoglioso* **2** terribilmente.

dan|na|zió|ne *s.f.* **1** perdizione; condanna **2** (*fig.*) tormento; sventura: *sei la mia —* ♦ *inter.* esclamazione di disappunto, rabbia: —, *ho rotto l'orologio!*

dan|neg|gia|mén|to *s.m.* danno inferto o subito.
dan|neg|già|re *v.tr.* [indic.pres. *io dannéggio...*] **1** arrecare danno morale o materiale a qlcu. **2** sciupare, rovinare; rendere inutilizzabile: *la grandine ha danneggiato il raccolto* | (*fig.*) compromettere, nuocere: *il fumo danneggia la salute* ♦ **-rsi** *rifl.* arrecarsi danno: *con la sua iniziativa si è danneggiato* ♦ *intr.pron.* rovinarsi: *nell'urto il motorino si è danneggiato.*

dan|neg|già|to *part.pass. di* danneggiare ♦ *agg.* che ha subìto un danno, che si è deteriorato: *merci danneggiate* ♦ *s.m.* [f. *-a*] chi ha subìto un danno.

dàn|no *s.m.* **1** tutto ciò che nuoce a persone o cose, dal punto di vista materiale o morale: *la chiusura della fabbrica è un — per tutti* | *a — di*, a svantaggio: *ha avuto il posto a — del suo amico* **2** (*dir.*) lesione di un diritto causata da un comportamento antigiuridico | **chiedere i danni**, chiederne il risarcimento **3** (*med.*) lesione di un organo o di una sua parte: *— cerebrale.*

dan|no|si|tà *s.f.* caratteristica di ciò che è dannoso; nocività.

dan|nó|so *agg.* che arreca danno; nocivo: *è un insetto — per le piante.*

dan|nun|zia|né|si|mo *s.m.* atteggiamento letterario e politico che si ispira allo scrittore G. D'Annunzio (1863-1938).

dan|nun|zià|no *agg.* che si riferisce a G. D'Annunzio e alla sua opera ♦ *s.m.* [f. *-a*] seguace di D'Annunzio.

dan|té|sco *agg.* [m.pl. *-schi*] **1** che si riferisce a Dante Alighieri (1265-1321) o alle sue opere **2** (*estens., fig.*) sublime: *una figura dantesca.*

dan|ti|sta *s.m./f.* [m.pl. *-i*] studioso della vita e delle opere di Dante.

da|nu|bià|no *agg.* relativo al fiume Danubio o alle regioni che attraversa.

dàn|za *s.f.* **1** successione di movimenti ritmici che il corpo esegue in accordo con una musica; ballo | **classica**, forma di espressione artistica in cui i movimenti del corpo sono codificati da rigorose regole accademiche | *— del ventre*, danza femminile originaria dei paesi mediorientali e nordafricani, eseguita con particolari movenze dell'addome e dei fianchi **2** musica scritta per accompagnare la danza **3** (*fig.*) sovrapposizione continua di idee, immagini, parole **4** (*zool.*) sequenza di movimenti rituali che alcune specie animali compiono per comunicare tra loro: *la — delle api.*

dan|zàn|te *part.pres. di* danzare ♦ *agg.* che danza | (*fig.*) **serata —**, serata di intrattenimento durante la quale si balla.

dan|zà|re *v.intr.* [aus. *A*] **1** muoversi al ritmo della musica **2** (*fig.*) agitarsi, ondeggiare: *le foglie dei pioppi danzano al vento* | susseguirsi rapidamente: *le danzavano nella mente mille fantasie* ♦ *tr.* ballare: *— il flamenco.*

dan|za|tó|re *s.m.* [f. *-trice*] chi danza, spec. per professione.

dap|per|tùt|to *avv.* ovunque, da ogni parte.
dap|po|càg|gi|ne *s.f.* inettitudine, incapacità.
dap|pò|co o **da pòco** *agg.invar.* **1** che non vale molto; mediocre, incapace: *un maestro —* **2** di poco conto, di scarso valore: *sono questioni —*; *un quadro —.*

dap|près|so *avv.* vicino | da vicino: *seguito —.*
dap|prì|ma *avv.* in un primo momento, inizialmente.

dàr|deg|già|re *v.tr.* [indic.pres. *io dardéggio...*] (*lett., spec.fig.*) colpire ql.co. con dardi: *il sole dardeggia la campagna* ♦ *intr.* [aus. *A*] **1** (*lett.*) scagliare dardi **2** (*fig.*) fissare qlcu. con occhi ardenti.

dà|re¹ *v.tr.* [indic.pres. *io do, tu dai, egli dà, noi diamo, voi date, essi danno* (anche *dànno*); imperf. *io davo, tu davi...*; pass.rem. *io dièdi* o *dètti, tu désti, egli diède* o *dètte, noi démmo, voi déste, essi dièdero* o *dèttero*; fut. *io darò, tu darai...*; congiunt.pres. *io dia,... noi diamo, voi diate, essi dìano*; congiunt.imperf. *io déssi, tu déssi, egli désse, noi déssimo, voi déste, essi déssero*; imp. *dai* o *dà'* o *da'*; ger. *dando*; part.pass. *dato*] **1** trasferire ql.co. da sé ad altri: *mi ha dato la sua sciarpa* | porgere: *dammi quel libro* | **— una mano**, aiutare **2** assegnare, affidare: *— un incarico* | conferire: *gli hanno dato il posto di vicedirettore* | **— carta bianca**, concedere piena libertà **3** attribuire: *— grande fiducia* | riconoscere, ascrivere: *— ragione* | **per**, considerare, ritenere: *— per scontato*; *— per disperso*; *— per certo* **4** regalare; offrire: *ha dato una bellissima festa* | concedere: *— il proprio posto a qlcu.*; *— la precedenza* | concedere, accordare: *— il permesso* | **in moglie**, far sposare **5** vendere: *gli ho dato il terreno per poco* **6** (*fam.*) pagare: *per questo lavoro ti do mille euro* **7** fruttare, rendere: *la vigna dà cento barili di vino* | provocare, causare: *mi dà la nausea* **8** arrecare: *— noia* | infondere: *— coraggio* **9** procurare, fornire: *— le informazioni necessarie* **10** somministrare: *— una medicina da bere*, somministrare una bevanda **11** comunicare: *ci hanno dato una bella notizia* | *— a bere*, *— a intendere*, far credere | *— un ordine*, impartirlo **12** assestare, colpire: *mi ha dato un pugno* **13** infliggere: *le hanno dato un anno di reclusione* **14** battere: *ha dato la testa contro il muro* **15** augurare: *— la buona notte, il benvenuto* **16** sostenere, affrontare: *— gli esami* **17** proposto ad alcuni sostantivi, forma costruzioni che equivalgono al v. il cui significato rimanda al sostantivo stesso |

— *sapore*, insaporire | — *consigli*, consigliare | — *le dimissioni*, dimettersi | — *fuoco*, incendiare | — *la colpa*, incolpare | — *l'avvio*, avviare ♦ *intr.* [aus. *A*] 1 essere rivolto: *il salone dà sul giardino* 2 riferito a colori, tendere: *un marrone che dà sul rosso* 3 prorompere: *diede in una fragorosa risata* 4 urtare in qlcu. o in ql.co. o in ql.co.: *ha dato con il gomito nel vetro* 5 unito ad alcune prep. forma loc. particolari | — *alla testa*, stordire | — *in escandescenze*, perdere il controllo | — *nell'occhio*, farsi notare | — *sui nervi*, irritare ♦ -*rsi* rifl. 1 dedicarsi a ql.co.: — *alla carriera militare* | abbandonarsi: — *alla bella vita* | — *per*, dichiararsi, farsi credere: — *per morto* 2 arrendersi: — *prigioniero* ♦ *rifl.rec.* scambiarsi: — *un appuntamento* | — *del lei*, nei rapporti formali o quando non c'è familiarità tra due persone, rivolgersi l'uno all'altro usando la terza persona ♦ *intr.pron*. 1 verificarsi: *può — che ci vediamo sabato* 2 concedersi: *si è dato un po' di tempo per riflettere* 3 (*fam.*) *darsela a gambe*, scappare.
dà|re² *s.m. solo sing.* 1 ciò che si deve 2 nella contabilità a partita doppia, sezione sinistra di un conto, dove sono registrati i debiti | *il* — *e l'avere*, il debito e il credito di un'azienda.
dàr|se|na *s.f.* parte più riparata di un porto adibita alla manutenzione di navi in avaria o all'ormeggio.
dar|wi|nià|no o **darviniàno** *agg.* relativo a Darwin e alle sue teorie ♦ *s.m.* [f. *-a*] sostenitore delle teorie di Darwin; darwinista.
dar|wi|nì|smo o **darvinismo** *s.m.* (*biol.*) teoria del naturalista inglese Darwin (1809-82) secondo cui l'evoluzione della specie avviene per selezione naturale.
dar|wi|nì|sta o **darvinista** *s.m./f.* [m.pl. -*i*] seguace delle teorie di Darwin.
dà|ta¹ *s.f.* 1 indicazione temporale che indica quando è accaduto o accadrà un avvenimento: — *di nascita* | indicazione del tempo, a volte del luogo, in cui uno scritto è stato redatto o pubblicato | — *di scadenza*, termine entro il quale va consumato un prodotto confezionato o va eseguito un determinato lavoro 2 tempo: *una conoscenza di vecchia* —.
dà|ta² (*ingl.*) [pr. *dèita*] *s.f.pl.* (*inform.*) insieme di dati da elaborare elettronicamente.
data base (*ingl.*) [pr. *dèita beis*; com. *dàta beis*] *loc.sost.m.invar.* (*inform.*) archivio di informazioni strutturato in un sistema di elaborazione elettronico.
da|tà|bi|le *agg.* che può essere datato.
da|tà|re *v.tr.* 1 fornire di data 2 collocare un avvenimento nel tempo in cui è avvenuto | attribuire una data: *hanno datato l'affresco intorno al 1300* ♦ *intr.* decorrere: *la legge data da giugno*.
da|tà|to *part.pass.* di *datare* ♦ *agg.* 1 fornito di data: *documento* — 2 (*fig.*) caratteristico dell'epoca cui è appartenuto | superato, non più attuale: *film* —, *una relazione datata*.
da|ta|zió|ne *s.f.* attribuzione di una data: — *di un documento* | (*geol., archeol.*) determinazione dell'età di rocce, fossili o reperti.

da|tì|vo *agg*., *s.m.* (*ling.*) detto del terzo caso della declinazione di lingue indoeuropee antiche, come latino e greco, e di alcune lingue moderne, come tedesco e russo; indica il complemento di termine.
dà|to *part.pass.* di *dare* ♦ *agg.* 1 certo, stabilito, determinato: *in un* — *giorno* 2 con valore causale in alcune espressioni: *data la situazione, è meglio rimandare* | — *che*, poiché, siccome | — *e non concesso*, ammesso come ipotesi ma non accertato ♦ *s.m.* 1 elemento conosciuto o verificato: *se conosci quel* — *puoi risolvere il problema* | — *di fatto*, elemento certo, reale 2 (*inform.*) ciascuna informazione acquisita, elaborata, memorizzata o emessa da un computer sotto forma di bit in sequenza.
da|tó|re *s.m.* [f. -*trice*] colui che dà | — *di lavoro*, chi assume lavoratori retribuiti.
dàt|te|ro *s.m.* 1 bacca commestibile, zuccherina e polposa, di una varietà di palma 2 (*zool.*) — *di mare*, mollusco marino commestibile con conchiglia bivalve, dalla forma simile a quella di un dattero.
dat|tì|li|co *agg.* [m.pl. -*ci*] (*metr.*) nella metrica classica, detto di verso composto da dattili.
dàt|ti|lo *s.m.* (*metr.*) piede della poesia latina e greca, composto da una sillaba lunga e due sillabe brevi.
dàt|ti|lo-, -dàt|ti|lo primo e secondo elemento di parole composte che significa "dito" (*dattilografo*).
dat|ti|lo|gra|fà|re *v.tr.* (*indic.pres. io dattilògrafo...*] scrivere a macchina.
dat|ti|lo|gra|fì|a *s.f.* tecnica usata per scrivere a macchina.
dat|ti|lo|grà|fi|co *agg.* [m.pl. -*ci*] relativo alla dattilografia.
dat|ti|lò|gra|fo *s.m.* [f. -*a*] chi per professione scrive a macchina.
dat|ti|lo|scò|pi|a *s.f.* rilievo ed esame delle impronte digitali a fini giudiziari.
dat|ti|lo|scò|pi|co *agg.* [m.pl. -*ci*] relativo alla dattiloscopia: *esame* —.
dat|ti|lo|scrit|to *agg.* scritto a macchina ♦ *s.m.* testo scritto a macchina.
dat|ti|lo|scrì|ve|re *v.tr.* [con. come *scrivere*] dattilografare.
dat|tór|no o **da tórno** *avv.* appresso, intorno: *mi sta sempre* — | *togliersi qlcu.* —, liberarsene | *darsi* —, darsi da fare ♦ *agg.invar.* circostante, dei dintorni: *i colli* —.
da|vàn|ti *avv.* di fronte: *me lo sono trovato* — | nella parte anteriore: *la bicicletta è ammaccata* — | (*loc.prep.*) — *a*, di fronte, dirimpetto: *abita a noi*; in presenza di: *non farlo più* — *a me* ♦ *agg.invar.* anteriore: *la fila* — ♦ *s.m.* la parte anteriore: *sul* — *della villa*.
da|van|zà|le *s.m.* la cornice inferiore della finestra su cui poggiano gli stipiti.
da|vàn|zo o **d'avànzo** *avv.* più del necessario.
dav|vé|ro *avv.* 1 effettivamente, veramente: *sta lavorando* — 2 sul serio: *dico* —! | *per* —, veramente 3 [come raff. di un agg.] proprio, molto:

day after 328

un tipo — *divertente* **4** con valore raff. in espressioni negative: *non lo merita —!* **5** espressione che indica meraviglia, incredulità: —?
day after *(ingl.)* [pr. *dei àfter*] *loc.sost.m.invar.* il giorno successivo a un'ipotetica catastrofe nucleare | *(estens.)* il giorno successivo a un avvenimento straordinario.
day hospital *(ingl.)* [pr. *dei òspital*] *loc.sost. m.invar.* struttura sanitaria attrezzata per l'ospedalizzazione soltanto diurna dei pazienti | il servizio offerto da tale struttura.
da|ze|bà|o o **tazebào** *s.m.invar.* manifesto murale di propaganda politica realizzato in Cina durante la rivoluzione culturale e adottato poi in Occidente dai movimenti studenteschi di contestazione.
dà|zio *s.m.* imposta doganale applicata sulle merci importate o esportate | l'ufficio in cui si paga tale imposta.
de- *pref.* anteposto a verbi, sost. e agg. indica abbassamento (*degradare*), allontanamento (*decentramento*), privazione (*decaffeinato*), negazione (*decrescere*), derivazione (*deaggettivale*); può anche avere funzione intensiva (*definire*) o corrispondere a *dis-* o *s-* (*denaturare, defogliare*).
dè|a *s.f.* **1** nelle religioni politeistiche e nella mitologia classica, divinità femminile **2** (*estens.*) incarnazione simbolica di una virtù, un valore | *la* — *bendata*, la fortuna **3** (*fig.*) donna bellissima e fascinosa | (*lett.*) donna amata.
de|ag|get|ti|và|le *agg.* (*ling.*) si dice di sostantivo o verbo che deriva da un aggettivo (p.e. *grandezza* da *grande*; *rosseggiare* da *rosso*).
de|am|bu|là|re *v.intr.* [indic.pres. *io deàmbulo...*; aus. *A*] (*lett., anche scherz.*) camminare, passeggiare.
de|am|bu|la|tó|re *s.m.* sostegno per chi ha difficoltà a camminare, costituito da tubi metallici e da quattro piccole ruote.
de|am|bu|la|tó|rio *agg.* relativo alla deambulazione ♦ *s.m.* (*arch.*) corridoio o porticato che si affianca al vano principale di un edificio | nelle chiese gotiche, corridoio che circonda l'abside.
de|am|bu|la|zió|ne *s.f.* (*fisiol.*) la facoltà di camminare per mezzo delle gambe, propria dell'uomo e dei Vertebrati superiori.
de|a|mi|ci|sià|no *agg.* **1** che riguarda lo scrittore Edmondo De Amicis (1846-1908) o la sua opera **2** (*fig.*) sentimentale, commovente, moralistico.
débâcle (*fr.*) [pr. *debàcl*] *s.f.invar.* sconfitta clamorosa.
deb|bià|re *v.tr.* [indic.pres. *io débbio...*] (*agr.*) trattare un terreno con il debbio.
déb|bio *s.m.* tecnica agricola che consiste nel bruciare stoppie ed erbe per migliorare la produttività di un terreno.
de|bel|là|re *v.tr.* [indic.pres. *io debello...*] vincere in modo definitivo, sgominare | (*fig.*) eliminare completamente: *la medicina ha debellato la peste.*

de|bi|li|tàn|te *part.pres. di* debilitare ♦ *agg.* che indebolisce le forze fisiche o interiori; spossante.
de|bi|li|tà|re *v.tr.* [indic.pres. *io debìlito...*] indebolire, consumare le energie fisiche, mentali o morali: *lo sforzo mi ha debilitato* ♦ *-rsi intr.pron.* indebolirsi, esaurire le energie.
de|bi|li|ta|zió|ne *s.f.* deperimento; sfinimento | condizione di chi è debilitato.
dé|bi|to¹ *agg.* **1** che è dovuto, in base alle circostanze, agli obblighi morali o alle convenzioni sociali; doveroso: *trattare col* — *rispetto* | *a tempo* —, al momento adatto, opportuno **2** meritato: *una debita condanna* □ **debitamente** *avv.* nel modo dovuto.
dé|bi|to² *s.m.* **1** impegno a restituire ql.co. a qlcu., spec. denaro: *sono in* — *nei tuoi confronti* | la cosa che si deve restituire: *estinguere un* — | (*econ.*) — *pubblico*, il totale dei prestiti contratto dallo Stato per far fronte a un deficit di bilancio **2** (*fig.*) obbligo; dovere morale: — *di riconoscenza.*
de|bi|tó|re *agg., s.m.* [f. *-trice*] **1** che, chi deve restituire ql.co. a qlcu., spec. denaro **2** (*fig.*) che, chi ha un obbligo morale verso qlcu.: *ti sarò sempre* — *per il tuo aiuto.*
de|bi|tò|rio *agg.* (*dir.*) che si riferisce al debito | proprio del debitore.
dé|bo|le *agg.* **1** che ha poca energia, forza fisica | (*coll.*) *il sesso* —, il genere femminile **2** detto di qlcu. che patisce l'inefficienza di organi o funzioni vitali: *mio fratello è* — *di stomaco*; *sono* — *di memoria* **3** (*fig.*) che non ha capacità decisionale, volontà, autorità: *carattere* — | *punto, lato* —, aspetto del carattere nel quale una persona è più deficitaria, vulnerabile | *la carne è* —, condizione per cui si è incapaci di resistere alle tentazioni **4** che è carente in una materia, in un'attività: *sono* — *in filosofia* **5** di ql.co. che non convince; inconsistente: *la tua teoria mi pare* — **6** fievole, poco intenso: *suono* — **7** di ql.co. che ha poca resistenza, stabilità: *una struttura* —; *un governo* — ♦ *s.m.* **1** [anche f.] persona priva di carattere o di forza fisica **2** l'attività, la materia in cui qlcu. dimostra meno abilità **3** predisposizione, preferenza: *ha un* — *per le brune* **4** l'aspetto del carattere più suscettibile; difetto: *l'invidia è il suo* —.
de|bo|léz|za *s.f.* **1** caratteristica di chi è debole fisicamente o caratterialmente **2** (*spec.pl., fig.*) abituale difetto: *ho le mie debolezze* **3** predilezione: *ha una* — *per il nipote* **4** azione che denota poca forza morale: *so che è stata una mia* — **5** instabilità, incapacità di ql.co.: *la* — *delle istituzioni.*
de|bor|dà|re *v.intr.* [indic.pres. *io debórdo...*; aus. *A*] traboccare, straripare: *il fiume debordò sui prati* | (*fig.*) eccedere; oltrepassare i limiti ♦ *tr.* (*mar.*) **1** allontanare ql.co. dal bordo della nave **2** sgombrare la nave dal fasciame.
de|bo|scià|to *agg., s.m.* [f. *-a*] che, chi è depravato, vizioso.
de|but|tàn|te *part.pres. di* debuttare ♦ *agg., s.m./f.* che, chi debutta, spec. in riferimento ad

attori, cantanti e sim.; esordiente, principiante ♦ *s.f.* ragazza diciottenne che si presenta in società per la prima volta: *ballo delle debuttanti*.

de|but|tà|re *v.intr.* [indic.pres. *io debutto...*; aus. *A*] spec. di attori e cantanti, esordire sulla scena | (*estens.*) iniziare una professione, un'attività.

de|bùt|to *s.m.* **1** prima apparizione sulle scene, spec. di cantanti o di attori; esordio | la prima rappresentazione di una serie di spettacoli **2** (*estens.*) inizio di una professione, di un'attività.

dè|ca- primo elemento di parole composte che significa "dieci" (*decalogo*); anteposto a un'unità di misura, ne moltiplica il valore per dieci (*decagrammo*).

dè|ca|de *s.f.* **1** periodo di dieci giorni | paga riscossa ogni dieci giorni, spec. dai soldati **2** serie di dieci elementi.

de|ca|dèn|te *part.pres. di* decadere ♦ *agg.* **1** che è in decadenza **2** che riguarda il decadentismo: *scrittore —* ♦ *s.m./f.* seguace, esponente del decadentismo.

de|ca|den|ti|smo *s.m.* corrente artistica e letteraria affermatasi in Europa tra la fine dell'Ottocento e l'inizio del Novecento, che, in opposizione alla cultura positivistica, si caratterizzò per un raffinato estetismo e per il gusto dell'esoterico.

de|ca|den|ti|sta *s.m./f.* [m.pl. *-i*] seguace, esponente del decadentismo ♦ *agg.* decadentistico.

de|ca|den|ti|sti|co *agg.* [m.pl. *-ci*] relativo al decadentismo, ai decadentisti.

de|ca|dèn|za *s.f.* **1** progressivo declino di una civiltà, di uno Stato: *la — dell'impero romano* **2** cedimento fisico o morale **3** (*dir.*) perdita di un diritto per non averlo esercitato entro il termine previsto dalla legge.

de|ca|dé|re *v.intr.* [con. come *cadere*; aus. *E*] **1** passare gradatamente da una condizione di potere e prestigio a una di debolezza e di miseria: *dopo le sconfitte subite, Cartagine iniziò a —* **2** perdere progressivamente vitalità, forza: *col passare degli anni il fisico decade* **3** (*dir.*) perdere l'esercizio di un diritto per non averlo esercitato entro i termini stabiliti dalla legge **4** (*fis.*) subire un processo di decadimento radioattivo.

de|ca|di|mén|to *s.m.* **1** decadenza **2** (*fis.*) diminuzione progressiva di una grandezza nel tempo | — *radioattivo*, in fisica nucleare, emissione di particelle da parte di nuclei atomici di una sostanza radioattiva che si trasforma in una diversa sostanza.

de|ca|dù|to *part.pass. di* decadere ♦ *agg.* detto di chi è passato da uno stato di prestigio e ricchezza a uno di povertà: *un nobile —*.

de|ca|è|dro *s.m.* (*geom.*) solido con dieci facce poligonali piane.

de|caf|fei|nà|re *v.tr.* [indic.pres. *io decaffeino...*] privare della caffeina i semi del caffè, le foglie del tè e sim.

de|caf|fei|nà|to *part.pass di* decaffeinare ♦ *agg.* privato della caffeina ♦ *s.m.* caffè senza caffeina.

de|cà|go|no *s.m.* (*geom.*) poligono con dieci lati e dieci angoli.

de|ca|gràm|mo *s.m.* [pl. *-i*] unità di misura del peso che equivale a dieci grammi (*simb.* dag).

décalage (*fr.*) [pr. *decalàj*] *s.m.invar.* **1** (*tecn.*) scarto tra due o più elementi; spostamento **2** (*psicol.*) la mancata corrispondenza tra l'età mentale e l'età reale; sfasamento.

de|cal|ci|fi|cà|re *v.tr.* [indic.pres. *io decalcìfico, tu decalcìfichi...*] privare del calcio, ridurre la quantità di calcio ♦ **-rsi** *intr.pron.* essere soggetto a decalcificazione.

de|cal|ci|fi|ca|zió|ne *s.f.* **1** (*med.*) diminuzione della quantità di calcio nei tessuti dell'organismo, spec. ossei **2** (*geol.*) dilavamento progressivo del carbonato di calcio presente nelle rocce nel terreno, ad opera di acque ricche di anidride carbonica.

de|cal|co|ma|ni|a *s.f.* procedimento con cui si trasferiscono su carta o altra superficie liscia figure o scritte che si trovano su un supporto plastico | (*estens.*) la figura o la scritta preparata per il trasferimento o già applicata sulla superficie definitiva.

de|cà|li|tro *s.m.* unità di misura di capacità che equivale a dieci litri (*simb.* dal).

de|cà|lo|go *s.m.* [pl. *-ghi*] **1** (*teol.*) l'insieme dei dieci comandamenti consegnati da Dio a Mosè sul monte Sinai **2** (*estens.*) l'insieme dei precetti basilari da osservare in un'attività: *il — del velista*.

de|cà|me|tro *s.m.* unità di misura di lunghezza che equivale a dieci metri (*simb.* dam).

de|cam|pà|re *v.intr.* [aus. *A*] (*raro*) **1** (*mil.*) levare il campo; sloggiare **2** (*estens.*) ritirarsi; desistere | (*fig.*) recedere dalle proprie opinioni.

de|cà|no *s.m.* **1** (*eccl.*) il cardinale del Sacro Collegio che è più anziano per nomina **2** [f. *-a*] chi, per età o per nomina, occupa il primo posto tra quanti ricoprono uno stesso ufficio: *il — del corpo accademico* | (*estens.*) in un gruppo, il più anziano o il più esperto.

de|can|tà|re[1] *v.tr.* elogiare, esaltare anche in modo eccessivo: *le virtù di una persona*.

de|can|tà|re[2] *v.tr.* **1** (*chim.*) sottoporre a processo di decantazione **2** (*fig.*) liberare da eccessi; purificare ♦ *intr.* [aus. *A*, *E*] **1** (*chim.*) subire la decantazione **2** (*fig.*) chiarirsi, purificarsi: *la situazione si sta decantando*.

de|can|ta|zió|ne *s.f.* **1** (*chim.*) separazione ottenuta per sedimentazione di un liquido da un solido o di due liquidi non miscibili **2** (*fig.*) in un sentimento, uno scritto ecc., purificazione da quanto vi è di torbido o estraneo.

de|ca|pàg|gio *s.m.* pulitura di superfici metalliche, effettuata con mezzi chimici o per via elettrolitica, allo scopo di eliminare ossidazioni e incrostazioni.

de|ca|pi|tà|re *v.tr.* [indic.pres. *io decàpito...*] **1** uccidere tagliando la testa, spec. per condanna **2** (*estens.*) privare dell'estremità superiore; recidere: *— una statua; — un fiore*.

de|ca|pi|ta|zió|ne *s.f.* **1** uccisione con taglio

Decapodi

della testa 2 (*estens.*) troncamento dell'estremità superiore di ql.co.
De|cà|po|di *s.m.pl.* 1 ordine di Crostacei ricoperti da corazza e muniti di cinque paia di zampe; vi appartengono gamberi e aragoste 2 ordine di molluschi Cefalopodi con dieci tentacoli sull'apertura boccale; vi appartengono calamari e seppie.
de|cap|pot|tà|bi|le *agg.*, *s.f.* detto di automobile che si può decappottare.
de|cap|pot|tà|re *v.tr.* [indic.pres. *io decappòtto...*] rendere scoperta un'automobile sollevando la cappotta.
de|car|bu|rà|re *v.tr.* [indic.pres. *io decarbùro...*] (*metall.*) ridurre o eliminare in una sostanza la quantità di carbonio.
de|ca|sil|la|bo *agg.*, *s.m.* (*metr.*) detto di verso formato da dieci sillabe.
de|cà|sti|co *agg.*, *s.m.* [pl. *-ci*] detto di componimento composto da dieci versi.
dè|ca|thlon o **dècatlon** *s.m.invar.* (*sport*) in atletica leggera, gara maschile articolata in dieci prove che comprendono corse, salti e lanci.
de|cè|de|re *v.intr.* [con. come *cedere*; aus. *E*] (*lett.*) detto di persone, morire.
de|ce|dù|to *part.pass.* di decedere ♦ *agg.*, *s.m.* [f. *-a*] (*bur.*) che, chi è morto.
de|ce|le|rà|re *v.tr.*, *intr.* [indic.pres. *io decèlero...*; aus. dell'intr. *A*] ridurre la velocità, rallentare.
de|ce|le|ra|tó|re *agg.* [f. *-trice*] che produce decelerazione.
de|ce|le|ra|zió|ne *s.f.* 1 riduzione della velocità, spec. di veicoli in movimento 2 (*fis.*) accelerazione negativa.
de|cem|vi|rà|to o **decenvirato** *s.m.* 1 nell'antica Roma, la carica di decemviro | la durata di tale carica 2 l'insieme dei decemviri.
de|cèm|vi|ro o **decènviro** *s.m.* nell'antica Roma, ciascuno dei componenti di un collegio di dieci magistrati.
de|cen|nà|le *agg.* 1 che dura dieci anni: *piano — di sviluppo* 2 che ricorre ogni dieci anni: *celebrazioni decennali* ♦ *s.m.* il decimo anniversario di un avvenimento memorabile.
de|cèn|ne *agg.* 1 che ha dieci anni 2 (*lett.*, *raro*) che dura dieci anni o da dieci anni; che concerne un periodo di dieci anni ♦ *s.m./f.* chi ha dieci anni d'età.
de|cèn|nio *s.m.* periodo di dieci anni.
de|cèn|te *agg.* 1 che è conforme al decoro, al pudore, alla dignità, alla convenienza: *abito — | che è pulito e decoroso, anche se modesto: la camera ha un aspetto —* 2 accettabile, adeguato: *ha ottenuto un voto —* □ **decentemente** *avv.*
de|cen|tra|mén|to *s.m.* decentralizzazione | *— produttivo*, trasferimento di fasi di lavorazione da grandi a piccole imprese per ridurre i costi.
de|cen|trà|re *v.tr.* [con. come *centrare*] 1 allontanare dal centro; dislocare in luoghi periferici 2 delegare a organi periferici competenze prima attribuite a organi centrali.
de|cen|vi|rà|to *s.m.* → decemvirato.

de|cèn|vi|ro *s.m.* → decemviro.
de|cèn|za *s.f.* conformità alle norme del pudore, del decoro, della convenienza, richiesta dalla società nel rispetto delle esigenze etiche collettive.
de|ce|spu|glia|tó|re *s.m.* attrezzo agricolo portatile a motore usato per tagliare cespugli, arbusti e sim.; è composto da un'asta metallica recante all'estremità un disco, un filo o due lame rotanti.
de|cès|so *s.m.* (*bur.*) morte.
dè|ci- primo elemento di parole composte che, anteposto a un'unità di misura, ne indica la decima parte (*decimetro*).
de|ci|bèl o **dècibel** *s.m.invar.* (*fis.*) unità di misura della potenza dei suoni, pari a un decimo di bel (*simb.* dB) | *— acustico*, unità di misura dell'intensità sonora.
de|ci|dé|re *v.tr.* [pass.rem. *io decisi, tu decidésti...*; part.pass. *deciso*] 1 risolvere con un giudizio definitivo: *— una vertenza* 2 fissare, stabilire: *— la data di partenza* | (*estens.*) scegliere: *ha finalmente deciso il modello dell'abito* | influenzare, determinare: *quell'incontro decise la sua vita* ♦ *intr.* [aus. *A*] 1 essere determinante, decisivo al fine di ql.co.: *il suo intervento deciderà del mio futuro* 2 prendere una decisione, scegliere: *tocca a loro —* ♦ *-rsi intr.pron.* arrivare a una decisione; risolversi: *si è deciso a telefonare; si è finalmente decisa per gli studi universitari.*
de|ci|duo *agg.* si dice di organo animale o vegetale destinato a cadere una volta esaurita la sua funzione: *corna decidue* | *denti decidui*, denti da latte.
de|ci|frà|bi|le *agg.* che può essere decifrato.
de|ci|frà|re *v.tr.* 1 interpretare una scrittura in cifra: *— un codice* | (*estens.*) riuscire a chiarire ciò che è espresso in modo oscuro, difficile: *— un enigma, una grafia* 2 (*fig.*) riuscire a interpretare, a capire, a conoscere: *non riesco a — le tue intenzioni.*
de|ci|fra|zió|ne *s.f.* l'atto del decifrare; decodificazione: *la — di uno scritto* | (*fig.*) interpretazione: *è un mistero di difficile —.*
de|ci|grà|do *s.m.* unità di misura equivalente a un decimo di grado.
de|ci|gràm|mo *s.m.* [pl. *-i*] unità di misura di peso che equivale a un decimo di grammo (*simb.* dg).
de|ci|li|tro *s.m.* unità di misura della capacità che equivale a un decimo di litro (*simb.* dl).
dè|ci|ma *s.f.* 1 (*st.*) nella legislazione ebraica antica, decima parte del raccolto che i contadini dovevano offrire alla tribù sacerdotale dei Leviti | stesso tributo che, nel mondo romano, i coltivatori dell'agro pubblico dovevano allo Stato e che, nel Medioevo, si doveva alla Chiesa o al feudatario 2 (*mus.*) intervallo di dieci gradi della scala musicale, comprendente un'ottava e una terza.
de|ci|mà|le *agg.* (*mat.*) che ha per base il numero dieci: *cifra — | sistema metrico —*, sistema di numerazione basato su unità di misura decima-

li ♦ *s.m.* in un numero decimale, la cifra a destra della virgola.
de|ci|mà|re *v.tr.* [indic.pres. *io dècimo*...] **1** in età romana e anche moderna, punire un reparto militare uccidendo un soldato ogni dieci **2** (*estens.*) ridurre notevolmente di numero; sterminare: *la guerra ha decimato la popolazione*.
de|ci|ma|zió|ne *s.f.* **1** l'azione del decimare **2** (*estens.*) strage: *la — degli ostaggi*.
de|cì|me|tro *s.m.* **1** unità di misura di lunghezza che equivale alla decima parte del metro (*simb.* dm) **2** righello graduato per misurare lunghezze fino a dieci centimetri.
dè|ci|mo *agg.num.ord.* che in una serie corrisponde al posto numero dieci: *sono arrivato —* | *il secolo —* (o *x*), gli anni compresi tra il 901 e il 1000 | *la decima musa*, il cinema ♦ *s.m.* **1** ciascuna delle dieci parti uguali in cui è suddivisibile una quantità **2** (*med.*) in oculistica, unità di misura dell'acutezza visiva, riferita a un massimo di dieci decimi.
de|ci|na o **diecina** *s.f.* insieme di dieci unità | (*estens.*) quantità di dieci o circa dieci persone, cose simili: *ho scritto una — di inviti* | *a decine*, in gran numero.
de|ci|sio|nà|le *agg.* relativo a decisione | (*bur.*) che può decidere; deliberativo: *ha lui il potere —*.
de|ci|sió|ne *s.f.* **1** scelta, deliberazione, risoluzione **2** determinazione nel decidere; risolutezza: *agire con —* **3** (*dir.*) sentenza che risolve una causa, una controversia.
de|ci|sio|ni|smo *s.m.* in politica, tendenza a prendere decisioni senza consultare gli organi collegiali cui spetta l'approvazione delle decisioni stesse.
de|ci|sio|ni|sta *agg.*, *s.m./f.* [m.pl. -*i*] che, chi sostiene o pratica il decisionismo.
de|ci|si|vo *agg.* determinante, risolutivo: *un intervento —* | cruciale: *è un momento —*.
de|ci|so *part.pass.* di decidere ♦ *agg.* **1** che agisce con prontezza | *essere — a tutto*, essere determinato a fare qualsiasi cosa pur di raggiungere uno scopo | che denota decisione, fermezza: *è stato — nelle risposte* **2** ben definito, netto: *una tinta decisa* □ **decisamente** *avv.* **1** in modo deciso, risoluto: *rispondere — a una difficoltà* **2** indubbiamente, indiscutibilmente: *era — soddisfatto*.
de|cla|mà|re *v.tr.* recitare con tono solenne, spesso accompagnando con gesti le parole: *— un'orazione* ♦ *intr.* [aus. *A*] (*anche spreg.*) parlare con molta enfasi.
de|cla|ma|tó|re *s.m.* [f. -*trice*] chi declama | (*estens.*) parlatore retorico, enfatico.
de|cla|ma|zió|ne *s.f.* **1** l'azione del declamare; il modo, l'arte di declamare | il brano che viene declamato **2** (*estens.*) discorso enfatico, vuoto.
de|clas|sa|mén|to *s.m.* degradazione; dequalificazione.
de|clas|sà|re *v.tr.* abbassare da una categoria superiore a una inferiore: *— una vettura ferroviaria* | degradare socialmente: *— un impiegato*.

de|cli|nà|bi|le *agg.* **1** (*gramm.*) che può essere declinato **2** che può essere rifiutato.
de|cli|nà|re *v.intr.* [aus. *A*] (*lett.*) **1** scendere gradatamente verso il basso; digradare: *le colline declinano verso la pianura* | (*estens.*) tramontare **2** (*fig.*) volgere verso la fine: *il giorno sta declinando* | decadere, scemare: *il suo prestigio comincia a —* ♦ *tr.* **1** evitare, rifiutare: *— un invito* **2** (*bur.*) dichiarare, rendere noto: *— le proprie generalità* **3** (*gramm.*) flettere un sost., un agg., un art. o un pron. secondo le forme della sua declinazione ♦ *s.m. solo sing.* la fase ultima: *il — del sole*.
de|cli|na|zió|ne *s.f.* **1** l'azione del declinare **2** (*astr.*) arco di meridiano celeste che è compreso fra un astro e l'equatore celeste | *— magnetica*, in geofisica, angolo fra la direzione del meridiano geografico e quella indicata dall'ago della bussola **3** (*gramm.*) flessione di nomi, agg., art., pron. secondo il genere, il numero e il caso.
de|cli|no *s.m.* **1** (*lett.*) declivio; pendenza | (*estens.*) tramonto degli astri, dei pianeti e sim. **2** (*fig.*) perdita di prestigio; decadenza: *il — di una civiltà*.
de|cli|ve *agg.* (*lett.*) che digrada; che è in pendio.
de|cli|vio *s.m.* **1** pendio di un terreno: *il — di una montagna* **2** inclinazione di una superficie: *il — dei tetti*.
de|clo|ra|zió|ne *s.f.* (*chim.*) riduzione dell'eccesso di cloro dall'acqua potabile.
decoder (*ingl.*) *s.m.invar.* (*elettron.*) nelle pay-tv, nelle tv digitali ecc., apparecchio che decodifica i segnali trasmessi dalle emittenti permettendo la ricezione dei programmi.
de|co|di|fi|cà|re *v.tr.* [indic.pres. *io decodifico*...] **1** decifrare un testo scritto in codice | (*estens.*) interpretare, comprendere **2** (*ling.*, *elettron.*) tradurre un messaggio espresso in un codice che è comune all'emittente e al ricevente.
de|co|di|fi|ca|tó|re *agg.* che decodifica ♦ *s.m.* **1** [f. -*trice*] chi decodifica un messaggio **2** (*elettron.*) dispositivo usato per decodificare dati o messaggi **3** spec. nella pay-tv, apparecchio che decodifica un segnale televisivo, consentendo la ricezione corretta del programma; decoder.
de|co|di|fi|ca|zió|ne *s.f.* l'operazione del decodificare; decifrazione.
de|col|là|re *v.intr.* [indic.pres. *io decollo*...; aus. *A*, raro *E*] **1** (*aer.*) alzarsi in volo sollevandosi dal suolo o dall'acqua **2** (*fig.*) detto di un'attività, di un progetto e sim. avviarsi alla piena realizzazione.
décolleté (*fr.*) [pr. *dekolté*] *s.m.invar.* **1** in un abito femminile, scollatura | (*estens.*) abito scollato **2** la parte delle spalle e del petto che resta scoperta quando si indossa un abito scollato **3** scarpa femminile che lascia scoperto il collo del piede ♦ *agg.invar.* scollato.
de|còl|lo *s.m.* **1** (*aer.*) manovra del decollare **2** (*fig.*) l'avvio di un processo di sviluppo: *il — di un'industria* | *— economico*, primo decisivo avvio verso uno sviluppo industriale di paesi economicamente poco progrediti.

de|co|lo|niz|zà|re *v.tr.* rendere indipendente un paese coloniale | (*estens.*) liberare un paese dal dominio politico o economico di uno Stato straniero ♦ **-rsi** *intr.pron.* liberarsi dal dominio straniero.
de|co|lo|niz|za|zió|ne *s.f.* processo di liberazione dal colonialismo.
de|co|lo|ràn|te *part.pres. di* decolorare ♦ *agg.*, *s.m.* (*chim.*) detto di sostanza che elimina o attenua il colore | in cosmesi, detto di preparato che schiarisce i capelli.
de|co|lo|rà|re *v.tr.* [indic.pres. *io decolóro...*] (*chim.*) eliminare o attenuare il colore | in cosmesi, scolorire i capelli.
de|co|lo|ra|zió|ne *s.f.* (*chim.*) trattamento che rimuove o attenua il colore di materiali o sostanze: — *dei tessuti* | in cosmesi, trattamento per schiarire i capelli.
de|com|po|ni|bi|le *agg.* che si può decomporre.
de|com|pór|re *v.tr.* [con. come *porre*] **1** dividere ql.co. negli elementi che lo compongono | (*chim.*) scindere un composto in sostanze più semplici o nei suoi elementi | (*mat.*) — *un numero naturale*, scomporlo nei fattori primi **2** (*estens.*) sottoporre a putrefazione, disgregazione ♦ **-rsi** *intr.pron.* **1** (*chim.*) scindersi negli elementi costitutivi o in sostanze più semplici **2** (*estens.*) putrefarsi, disgregarsi.
de|com|po|si|zió|ne *s.f.* **1** scissione, scomposizione **2** (*estens.*, *biol.*) di materia organica, putrefazione.
de|com|pres|si|me|tro *s.m.* apparecchio usato dai subacquei per calcolare i valori di decompressione.
de|com|pres|sió|ne *s.f.* **1** (*fis.*) diminuzione progressiva della pressione **2** nel nuoto subacqueo, graduale riadeguamento alla pressione normale durante l'emersione.
de|com|pri|me|re *v.tr.* [con. come *comprimere*] ridurre la compressione.
de|con|cen|trà|re *v.tr.* [indic.pres. *io deconcéntro...*] distogliere dalla concentrazione mentale; distrarre ♦ **-rsi** *intr.pron.* perdere la concentrazione mentale; distrarsi.
de|con|cen|trà|to *part.pass. di* deconcentrare ♦ *agg.* privo della concentrazione mentale necessaria.
de|con|cen|tra|zió|ne *s.f.* mancanza di concentrazione mentale; distrazione.
de|con|di|zio|nà|re *v.tr.* [indic.pres. *io decondizióno...*] (*psicol.*) liberare da condizionamento ♦ **-rsi** *rifl.* liberarsi dai condizionamenti.
de|con|ge|là|re *v.tr.* [indic.pres. *io decongelo...*] riportare a temperatura ambiente un prodotto alimentare surgelato o congelato; scongelare | (*fig.*) svincolare ql.co.; sbloccare: — *crediti*; — *prezzi*.
de|con|ge|stio|na|mén|to *s.m.* (*med.*) riduzione di uno stato di congestione; decongestione | (*fig.*) eliminazione di ciò che intralcia, ingorga.
de|con|ge|stio|nàn|te *part.pres. di* decongestionare ♦ *agg.*, *s.m.* (*med.*) detto di farmaco che attenua o elimina uno stato di congestione: — *delle vie respiratorie*.
de|con|ge|stio|nà|re *v.tr.* [indic.pres. *io decongestióno...*] **1** (*med.*) attenuare o eliminare uno stato di congestione **2** (*fig.*) rendere scorrevole eliminando intralci: — *il traffico* ♦ **-rsi** *intr.pron.* liberarsi da congestione.
de|con|ta|mi|nà|re *v.tr.* [indic.pres. *io decontàmino...*] **1** (*anche fig.*) liberare da ciò che contamina **2** (*tecn.*) sottoporre a riduzione o eliminazione di sostanze radioattive.
de|con|ta|mi|na|zió|ne *s.f.* (*tecn.*) riduzione o eliminazione, da una miscela di sostanze radioattive, dei componenti che contribuiscono alla sua radioattività | (*estens.*) eliminazione di sostanze radioattive o inquinanti da persone, materiali, locali, oggetti contaminati.
de|con|te|stua|liz|zà|re *v.tr.* (*ling.*, *lett.*, *psicol.*) isolare ql.co. dal contesto in cui è inserito.
de|con|tràr|re *v.tr.* [con. come *trarre*] produrre una decontrazione | rilassare i muscoli ♦ **-rsi** *intr.pron.* **1** di muscolo, distendersi **2** (*fig.*) rilassarsi dopo una forte tensione psicologica o nervosa.
de|con|tra|zió|ne *s.f.* rilassamento da una contrazione: — *muscolare*.
de|co|rà|re *v.tr.* [indic.pres. *io decoro...*] **1** adornare con fregi e ornamenti **2** insignire qlcu. di un'onorificenza, di una decorazione: — *al valor civile*.
de|co|ra|ti|vì|smo *s.m.* in un'opera d'arte, prevalenza degli elementi decorativi su quelli figurativi.
de|co|ra|ti|vo *agg.* **1** che serve a decorare; ornamentale | *arti decorative*, le arti applicate, p.e. l'oreficeria e la ceramica, cui è attribuita la funzione di abbellimento esteriore **2** (*estens.*) che si rivela accattivante nell'aspetto, ma povero nella sostanza: *uno stile* — | (*iron.*) di persona che conferisce lustro a un ambiente esclusivamente per il suo aspetto o la sua posizione sociale ☐ **decorativamente** *avv.*
de|co|rà|to *part.pass. di* decorare ♦ *agg.* ornato o insignito di decorazioni ♦ *s.m.* [f. *-a*] persona che è stata insignita di una decorazione.
de|co|ra|tó|re *s.m.* [f. *-trice*] **1** artigiano che esegue lavori di decorazione: — *in ceramica*; — *in pelletteria* | chi fa tappezzeria di interni o chi esegue su disegno lavori di pittura parietale **2** chi per professione addobba sale o chiese ♦ *agg.* che esegue lavori di decorazione: *orafo* —.
de|co|ra|zió|ne *s.f.* **1** l'attività del decorare **2** (*spec.pl.*) elemento decorativo: *una sala piena di decorazioni* | addobbo: *decorazioni natalizie* **3** conferimento di un'onorificenza in riconoscimento di meriti civili o militari | tale onorificenza.
de|cò|ro *s.m.* **1** dignità nel comportamento, nell'aspetto; contegno: *vivere con* — **2** la coscienza della propria dignità: *è privo di* — **3** (*fig.*) prestigio, onore: *difendere il* — *della propria famiglia* | lustro, gloria: *essere il* — *della stirpe* **4** (*fig.*) ornamento | decorazione, spec. pittorica, eseguita su manufatti ceramici.

de|co|ró|so *agg.* conforme al decoro, alla convenienza | (*estens.*) dignitoso, decente □ **decorosamente** *avv.*

de|cor|rèn|za *s.f.* proprietà del decorrere | il termine da cui incomincia ad avere effetto un'attività, un impegno.

de|cór|re|re *v.intr.* [con. come *correre*; aus. *E*] **1** detto di tempo, trascorrere: *lasciò — un mese* **2** cominciare ad avere effetto, a essere calcolato, a entrare in vigore: *gli interessi decorrono dal giorno successivo al deposito* | *a — da*, a partire da. de|cór|so *part.pass.* di *decorrere* ♦ *agg.* trascorso: *gli anni decorsi* ♦ *s.m.* lo svolgimento del tempo | evoluzione, andamento: *il — della malattia*.

de|còt|to *s.m.* bevanda medicamentosa che si ottiene da sostanze vegetali bollite in acqua e filtrate; infuso: *— di tiglio* ♦ *agg.* (*econ.*, *dir.*) si dice di impresa in fallimento.

découpage (*fr.*) [pr. dekupàʒ] *s.m.invar.* **1** tecnica decorativa che consiste nel rivestire piccoli oggetti con ritagli di stoffa e di carta **2** (*cine.*) ripartizione in scene della sceneggiatura di un film o di uno spettacolo | (*estens.*) la sceneggiatura stessa.

de|cre|mén|to *s.m.* **1** calo, diminuzione: *— dei redditi* **2** (*mat.*) diminuzione del valore di una variabile; incremento negativo.

de|crè|pi|to *agg.* **1** che è nello stremo della vecchiaia, in decadimento fisico | (*estens.*) di strutture, allo sfacelo: *una casa decrepita* **2** (*fig.*) privo di vitalità; antiquato: *un'istituzione decrepita*.

de|cre|scèn|do *s.m.invar.* (*mus.*) in una composizione, graduale diminuzione di intensità del suono | la didascalia che indica tale diminuzione.

de|cre|scèn|te *part.pres.* di *decrescere* ♦ *agg.* che decresce, che va progressivamente diminuendo: *una serie — di numeri*; *fase di luna —* | (*mat.*) *funzione —*, i cui valori diminuiscono al crescere della variabile dipendente.

de|cré|sce|re *v.intr.* [con. come *crescere*; aus. *E*] calare gradatamente di quantità, volume, livello; diminuire: *il livello dell'acqua incomincia a —*.

de|cre|tà|le *agg.* (*eccl.*) di decreto papale redatto in forma di lettera: *lettera, bolla —* ♦ *s.f./m. spec.pl.* lettera o bolla papale contenente le disposizioni giuridiche del diritto canonico.

de|cre|tà|re *v.tr.* [indic.pres. *io decréto...*] ordinare per mezzo di un decreto; deliberare | (*estens.*) stabilire in virtù della propria autorità: *— l'atleta vincitore del torneo*.

de|cre|ta|zió|ne *s.f.* emissione di un decreto | (*estens., dir.*) ricorso da parte del Governo all'istituto del decreto-legge in alternativa al normale iter di presentazione in Parlamento dei disegni di legge | *— d'urgenza*, in casi di urgenza, l'emanazione da parte del potere esecutivo di provvedimenti che normalmente competono al potere legislativo.

de|cré|to *s.m.* **1** (*dir.*) atto di tipo legislativo, amministrativo o giudiziario emanato dal potere esecutivo: *— ministeriale* | (*estens.*) il documento di tale atto | *— delegato*, atto con forza di legge emanato dal governo su delega del Parlamento | *— legge*, atto con forza di legge emanato dal Governo in casi di urgenza, la cui conversione in legge deve avvenire su approvazione del parlamento entro sessanta giorni dall'emanazione **2** nel diritto processuale, provvedimento, di solito non motivato, emesso dal giudice | *— ingiuntivo*, ingiunzione **3** (*estens.*) ordine di chi è in potere di deliberare | (*per anton.*) disposizione della volontà di Dio: *i decreti della Provvidenza*.

de|cre|tó|ne *s.m.* spec. nel linguaggio giornalistico e nel gergo politico, decreto che regola sotto un unico titolo provvedimenti diversi.

de|crit|tà|re o decriptàre *v.tr.* decodificare un testo segreto o cifrato; decifrare.

de|cù|bi|to *s.m.* posizione assunta da chi giace nel letto | (*med.*) *piaghe da —*, lesioni che si formano sul corpo di un malato costretto a una lunga degenza a letto, per effetto dello sfregamento o della continua compressione.

de|cu|mà|no *s.m.* **1** (*st.*) soldato della decima legione romana **2** ciascuna strada che attraversava da oriente a occidente l'accampamento o la città dei romani.

de|cu|pli|cà|re *v.tr.* [indic.pres. *io decùplico, tu decùplichi...*] moltiplicare per dieci | (*estens.*) aumentare considerevolmente.

dè|cu|plo *agg.* che è dieci volte più grande ♦ *s.m.* quantità dieci volte maggiore.

de|cù|ria *s.f.* (*st.*) nella Roma antica, ciascuna delle dieci divisioni del senato o della curia | nell'esercito romano, squadra di dieci soldati di cavalleria.

de|cu|rió|ne *s.m.* (*st.*) **1** nella Roma antica, capo di una decuria **2** nell'Italia dominata dagli Spagnoli, membro del governo comunale.

de|cur|tà|re *v.tr.* diminuire, ridurre, relativamente a valori, importi, somme: *— le spese*.

de|cus|sa|zió|ne *s.f.* **1** (*raro*) incrocio, intersezione a forma di x **2** (*anat.*) punto in cui si incrociano due fasci di fibre nervose.

de|cùs|se *s.f.* [pl. *-i*] **1** nella numerazione romana, cifra a forma di x rappresentante il numero dieci **2** in numismatica, antica moneta romana del valore di dieci assi, segnata con una x.

dè|da|lo *s.m.* intrico di strade e passaggi; labirinto | (*fig.*) groviglio di concetti; confusione.

dè|di|ca *s.f.* il breve scritto con cui si offre a qlcu. una propria opera, una fotografia, un oggetto e sim.

de|di|cà|re *v.tr.* [indic.pres. *io dèdico, tu dèdichi...*] **1** consacrare alla Madonna, ai santi o a una divinità | intitolare una strada, un edificio, un monumento e sim. alla memoria di qlcu. **2** offrire un'opera letteraria o artistica in segno di omaggio o di affetto **3** destinare il proprio tempo a uno scopo: *— il tempo libero al giardinaggio* ♦ *-rsi rifl.* darsi con impegno e passione a un'attività | votarsi completamente a una persona o a un ideale: *— al volontariato*.

de|di|ca|tà|rio *s.m.* [f. *-a*] persona a cui è dedicato ql.co.

de|di|cà|to *part.pass.* di dedicare ♦ *agg.* **1** consacrato, intestato, destinato **2** (*tecn.*, *inform.*) si dice di dispositivo destinato a un compito specifico: *computer —*.

de|di|ca|tò|ria *s.f.* lettera di dedica.

de|di|ca|tò|rio *agg.* detto di lettera che funge da dedica.

de|di|ca|zió|ne *s.f.* **1** offerta | cerimonia con cui si dedica una chiesa, un altare, una cappella al culto divino o a un santo; consacrazione **2** festa in cui si celebra l'anniversario della consacrazione di una chiesa.

dè|di|to *agg.* che si dedica a ql.co. con impegno: *— allo studio* | che ha un'abitudine riprovevole: *— al bere*.

de|di|zió|ne *s.f.* completa consacrazione di se stessi a un'attività, una persona, un ideale | (*estens.*) totale sacrificio di sé; abnegazione.

de|du|cì|bi|le *agg.* **1** desumibile; che può essere dedotto **2** (*fin.*, *econ.*) detto di somma che si può detrarre, in tutto o in parte, dal reddito: *oneri deducibili*.

de|dùr|re *v.tr.* [con. come *condurre*] **1** (*filos.*) derivare da premesse generali una conclusione particolare; ricavare per deduzione logica | (*estens.*) arguire, desumere, presumere: *dal tuo silenzio deduco che non approvi* **2** trarre, ricavare: *ha dedotto la storia da un racconto popolare* **3** detrarre, sottrarre: *— le spese dal ricavo*.

de|dut|tì|vo *agg.* (*filos.*) che si fonda su deduzione logica: *metodo —* □ **deduttivamente** *avv.*

de|du|zió|ne *s.f.* **1** (*filos.*) ragionamento per cui da certe premesse generali si ricavano conclusioni logicamente necessarie | (*estens.*) giudizio emesso a conclusione di tale procedimento logico **2** detrazione; diminuzione dell'imponibile.

dee-jay (*ingl.*) [pr. *digèi*] *s.m.invar.* disc-jockey.

de fàc|to (*lat.*) *loc.avv.* (*dir.*) di fatto, in realtà; indica ciò che non è ancora riconosciuto giuridicamente.

défaillance (*fr.*) [pr. *defaiàns*] *s.f.invar.* **1** debolezza o crisi momentanea **2** spec. nel linguaggio sportivo, improvviso cedimento fisico o mentale.

de|fal|cà|re *v.tr.* [indic.pres. *io defalco, tu defalchi...*] togliere una quantità da un'altra maggiore; detrarre: *— dallo stipendio una somma consistente*.

de|fa|ti|ca|mén|to *s.m.* (*sport*) esercizi di breve durata che servono a eliminare l'acido lattico formatosi nei muscoli in seguito a sforzi prolungati.

de|fa|ti|gà|nte *part.pres.* di defatigare ♦ *agg.* stancante, psicologicamente logorante: *una contrattazione —*.

default (*ingl.*) [pr. *defòlt*] *s.m.invar.* (*inform.*) condizione per cui un dispositivo o un programma opera automaticamente, in mancanza di istruzioni da parte dell'operatore.

de|fe|cà|re *v.intr.* [indic.pres. *io defeco, tu defechi...*; aus. *A*] espellere le feci ♦ *tr.* purificare un liquido mediante trattamento chimico o meccanico.

de|fe|ne|strà|re *v.tr.* [indic.pres. *io defenestro...*] **1** (*raro*) lanciare dalla finestra **2** (*fig.*) togliere a qlcu. una carica, un impiego e sim., spec. in modo brusco, inaspettato.

de|fe|ne|stra|zió|ne *s.f.* **1** l'atto e l'effetto del defenestrare | assassinio compiuto buttando qlcu. fuori dalla finestra: *— di Praga* **2** (*fig.*) brusca estromissione di qlcu. da una carica.

de|fe|rèn|te *part.pres.* di deferire ♦ *agg.* **1** che esprime rispetto; ossequioso **2** che trasporta giù o fuori; che consente il deflusso | (*anat.*) *canale —*, condotto che collega il testicolo alla vescichetta seminale.

de|fe|rèn|za *s.f.* atteggiamento rispettoso; riverenza: *ascoltare con —*.

de|fe|rì|mén|to *s.m.* l'atto di deferire.

de|fe|rì|re *v.tr.* [indic.pres. *io deferisco, tu deferisci...*] (*dir.*) sottoporre al giudizio, all'esame di altri | *— qlcu. all'autorità giudiziaria*, denunciarlo o citarlo in giudizio.

de|fe|zio|nà|re *v.intr.* [indic.pres. *io defeziono...*; aus. *A*] **1** lasciare un gruppo, un partito a cui si aderiva; disertare **2** (*estens.*) venir meno alla parola data: *— da una promessa*.

de|fe|zió|ne *s.f.* abbandono di un impegno, un gruppo, un partito e sim. cui si apparteneva; diserzione | rinuncia, assenza: *ci sono state molte defezioni*.

de|fi|bril|la|tó|re *s.m.* (*med.*) stimolatore cardiaco usato per fermare la fibrillazione e ripristinare il normale ritmo cardiaco.

de|fi|bril|la|zió|ne *s.f.* (*med.*) tecnica che, attraverso l'uso di un defibrillatore, consente di arrestare le aritmie cardiache gravi.

de|fi|cièn|te *agg.* **1** insufficiente, scarso **2** privo di ql.co.; carente: *una dieta — di zuccheri* ♦ *s.m./f.* chi ha uno sviluppo intellettuale e psichico inferiore alla media | (*estens.*, *spreg.*) imbecille, stupido.

de|fi|cièn|za *s.f.* **1** scarsezza, esiguità: *— di viveri* | (*fig.*, *spec.pl.*) mancanza, lacuna: *ha gravi deficienze in latino* **2** (*med.*) insufficienza mentale | (*estens.*) stupidità.

dè|fi|cit (*lat.*) *s.m.invar.* **1** (*fin.*) eccedenza del passivo sull'attivo; disavanzo: *il bilancio è in —* **2** (*fig.*) carenza, difetto: *— intellettuale*.

de|fi|ci|tà|rio *agg.* **1** (*fin.*) che è in perdita **2** (*fig.*) scarso.

de|fi|là|re *v.tr.* (*mil.*) sottrarre uomini e armamenti all'osservazione o al tiro nemico ♦ **-rsi** *rifl.* **1** (*mil.*) sottrarsi all'osservazione o al tiro nemico **2** (*fig.*) rendersi irreperibile; svignarsela: *riesce sempre a —* | (*estens.*) scansare un impegno, un obbligo: *se la defila dall'aula prima del termine delle lezioni*.

de|fi|là|to *part.pass.* di defilare ♦ *agg.* **1** (*mil.*) che è al riparo dall'osservazione o dal tiro del nemico **2** che resta in disparte; appartato.

défilé (*fr.*) *s.m.invar.* passerella; sfilata di moda.

de|fi|nì|bi|le *agg.* che si può definire.

de|fi|nì|re *v.tr.* [indic.pres. *io definisco, tu defi-*

nisci...] **1** descrivere le caratteristiche di una cosa o di una persona usando termini appropriati; esprimere un concetto: — *le proprietà del triangolo*; *è un uomo difficile da* —; *è difficile* — *cos'è l'amore* **2** spiegare il significato di un vocabolo: — *un lemma* **3** qualificare, ritenere: *è stato definito da tutti un genio* **4** (*anche fig.*) determinare tracciando dei limiti; precisare: — *i confini* **5** (*fig.*) risolvere, sistemare: — *una questione*.

de|fi|ni|ti|vo *agg.* **1** che mette fine a una questione; risolutivo: *una scelta definitiva* **2** che non può più subire cambiamenti; finale | (*dir.*) *sentenza definitiva*, sentenza non più appellabile | *in definitiva*, in conclusione □ **definitivamente** *avv.*

de|fi|nì|to *part.pass. di* definire ♦ *agg.* preciso, distinto: *una sensazione non ben definita*.

de|fi|ni|zió|ne *s.f.* **1** l'azione del definire | l'insieme delle parole usate per descrivere qlcu. o ql.co. | *per* —, per propria natura; (*estens.*) per antonomasia **2** spiegazione del significato di una parola **3** risoluzione, conclusione: — *di una lite* **4** determinazione di un confine **5** (*foto.*, *cine.*, *tv*) nitidezza di immagine | *alta* —, sistema di ripresa e trasmissione televisiva che consente di avere immagini molto nitide.

de|fi|sca|liz|za|zió|ne *s.f.* abolizione del carattere fiscale di una data operazione | — *degli oneri sociali*, ritrasferimento dei contributi sociali ai datori di lavoro e talvolta ai lavoratori, precedentemente assunto dallo Stato.

de|fla|grà|re *v.intr.* [aus. *A*] **1** detto di esplosivi da lancio, esplodere **2** (*fig.*, *lett.*) scatenarsi all'improvviso e in modo violento: *la rivolta deflagrò* **3** (*geol.*) subire delle deflagrazioni.

de|fla|gra|zió|ne *s.f.* **1** scoppio, esplosione **2** (*fig.*) scoppio improvviso di un conflitto, una rivolta e sim. **3** (*geol.*) disgregazione meccanica e violenta di rocce sottoposte a improvvisi cambiamenti di temperatura.

de|fla|ti|vo (*errato* deflattivo) *agg.* (*econ.*) che adotta come mezzo o si propone come fine la deflazione; deflazionistico.

de|fla|zió|ne *s.f.* (*econ.*) **1** rallentamento o contrazione della crescita della produzione e del reddito **2** riduzione della circolazione monetaria con conseguente aumento del potere di acquisto della moneta e ribasso dei prezzi.

de|fla|zio|ni|sti|co *agg.* [m.pl. *-ci*] (*econ.*) proprio della deflazione; che tende a produrre deflazione.

de|fles|sió|ne *s.f.* **1** spostamento, deviazione | (*fig.*) cedimento morale: — *da un principio* **2** (*fis.*) variazione di traiettoria di un fascio di particelle o di fotoni.

de|flèt|te|re *v.intr.* [con. come *flettere*; aus. *A*] **1** cambiare direzione; dirottare **2** (*fig.*) recedere da un proposito, un'opinione, un principio morale o politico.

de|flet|tó|re *s.m.* **1** elemento meccanico usato per deviare flussi di liquidi o di gas **2** in un autoveicolo, vetro orientabile del finestrino anteriore.

de|flo|rà|re *v.tr.* [indic.pres. *io defloro...*] (*lett.*) privare della verginità una donna.

de|flo|ra|zió|ne *s.f.* (*lett.*) l'atto e l'effetto del deflorare.

de|fluì|re *v.intr.* [indic.pres. *io defluisco, tu defluisci...*; aus. *E*] **1** detto di liquidi, scorrere verso il basso: *il torrente defluiva* **2** (*fig.*) avviarsi in massa fuori da un luogo: *il pubblico defluiva dal teatro*.

de|flùs|so *s.m.* **1** flusso, scorrimento di un liquido **2** in idraulica, quantità d'acqua che passa attraverso la sezione di un canale in un intervallo di tempo **3** (*fig.*) uscita in massa da un luogo.

de|fo|gliàn|te o **defoliànte** *agg.*, *s.m.* detto di prodotto chimico che provoca nelle piante la caduta delle foglie; è usato spec. a scopo bellico.

de|fo|re|sta|zió|ne *s.f.* diboscamento su larga scala.

de|for|mà|bi|le *agg.* che si può deformare; flessibile.

de|for|ma|bi|li|tà *s.f.* la proprietà di ciò che si può deformare.

de|for|mà|re *v.tr.* [indic.pres. *io defórmo...*] **1** alterare ql.co. nella forma; sformare **2** rendere deforme, deturpare: *l'artrite gli deforma le mani* | (*fig.*) distorcere, travisare: — *i fatti* ♦ **-rsi** *intr. pron.* (*anche fig.*) perdere o mutare la propria forma: *la giacca si è deformata con l'uso*; *i sentimenti si deformano col tempo*.

de|for|ma|zió|ne *s.f.* **1** l'atto e l'effetto del deformare | (*fig.*) travisamento, alterazione | — *professionale*, distorsione della mentalità o del comportamento provocata dalla ripetitività di un lavoro **2** (*fis.*) variazione della forma e del volume di un corpo per effetto di forze esterne: — *elastica*.

de|fór|me *agg.* che è lontano dalla forma naturale; sproporzionato, sgradevole nell'aspetto.

de|for|mi|tà *s.f.* **1** condizione di chi, di ciò che è deforme **2** (*med.*) deformazione permanente, congenita o acquisita, di una parte del corpo.

de|frau|dà|re *v.tr.* [indic.pres. *io defraudo...*] sottrarre a qlcu. con la frode ciò che gli spetta: *mi hanno defraudato dei miei diritti*.

de|fùn|ge|re *v.intr.* [indic.pres. *io defungo, tu defungi...*; aus. *E*] **1** (*lett.*) morire **2** (*scherz.*) cessare di funzionare.

de|fùn|to *part.pass. di* defungere ♦ *agg.* (*lett.*) **1** morto **2** (*fig.*) scomparso, dimenticato: *un amore* — ♦ *s.m.* [f. *-a*] persona morta.

dégagé (*fr.*) [pr. *degajé*] *s.m.invar.* disinvolto, spigliato.

de|ge|ne|rà|re *v.intr.* [indic.pres. *io degènero...*; aus. *A* o *E*] **1** allontanarsi dai valori e dalle qualità morali della propria famiglia o stirpe **2** evolversi in peggio: *la discussione è presto degenerata in rissa* | di malattia, aggravarsi: *l'appendicite è degenerata in peritonite* **3** (*biol.*) spec. di organi, tessuti o cellule, subire una degenerazione.

de|ge|ne|ra|ti|vo *agg.* (*med.*) relativo a degenerazione | provocato da degenerazione: *processo* —.

degenerato

de|ge|ne|rà|to *part.pass. di* degenerare ♦ *agg.*, *s.m.* [f. *-a*] detto di chi è corrotto, depravato.
de|ge|ne|ra|zió|ne *s.f.* **1** il processo del degenerare **2** decadenza, degradazione: — *dei costumi* **3** (*biol.*) alterazione nella composizione di tessuti, organi, cellule.
de|ge|ne|re *agg.* che degenera | che ha perso le qualità e i valori della propria famiglia o tradizione: *figlio* —.
de|gèn|te *agg.*, *s.m./f.* che, chi è costretto a letto per malattia o è ricoverato in ospedale.
de|gèn|za *s.f.* il periodo trascorso a letto per malattia o in ospedale.
dé|gli *prep.art.m.pl.* composta da di e gli: *la casa — zii* ♦ *art.part.m.pl.* un po' di: *ho messo in valigia — abiti pesanti* | alcuni: *ho incontrato — amici* | certi: *ha — istinti che mettono paura!*
de|glu|tì|re *v.tr.* [indic.pres. *io deglutisco, tu deglutisci*...] far passare il cibo dalla bocca nell'esofago; inghiottire.
de|glu|ti|zió|ne *s.f.* l'atto del deglutire; ingestione.
de|gnà|re *v.tr.* [indic.pres. *io dégno..., noi degniamo, voi degnate*...] ritenere degno; concedere: *non mi degnò di una risposta* ♦ *intr.* [aus. *E*], **-rsi** *intr.pron.* (*iron.*) accondiscendere a fare ql.co., spec. con atteggiamento di sufficienza: *ti sei finalmente degnato di telefornarmi?*
de|gna|zió|ne *s.f.* atteggiamento di ostentata benevolenza verso persone ritenute inferiori: *mi ha salutato con —; quanta —!* | **avere la — di**, degnarsi di.
dé|gno *agg.* **1** meritevole di stima o critica: *un uomo — di biasimo* **2** capace, adatto: *non è — di ricoprire quella carica* **3** (*anche iron.*) adeguato, conveniente: *questa casa non è degna della sua posizione*; *è sempre con il suo — compare* **4** perbene, onesto: *una persona degna* | pregevole, ammirevole: *fare ql.co. di —* □ **degnamente** *avv.*
de|gra|dà|bi|le *agg.* (*chim.*) che può subire una decomposizione.
de|gra|dàn|te *part.pres. di* degradare ♦ *agg.* che degrada, umiliante.
de|gra|dà|re *v.tr.* **1** privare del grado un ecclesiastico o un militare **2** (*fig.*) rendere vile, abietto: *questo comportamento ti degrada* **3** danneggiare: *le scritte sui muri degradano l'ambiente urbano* **4** (*geol., fis., chim.*) produrre una degradazione ♦ *intr.* [aus. *A*] scendere gradatamente: *i monti degradano verso la valle* ♦ *intr.pron.* **1** subire un progressivo degrado: *la situazione degrada lentamente* **2** (*geol., fis., chim.*) subire una degradazione ♦ **-rsi** *rifl.* avvilirsi, abbrutirsi.
de|gra|da|zió|ne *s.f.* **1** (*mil.*) pena che consiste nella privazione del grado | (*eccl.*) pena della riduzione allo stato laicale **2** (*fig.*) stato di abiezione morale **3** degrado, deterioramento: *la — ambientale* **4** (*geol.*) processo di demolizione delle rocce da parte degli agenti atmosferici **5** (*chim.*) decomposizione di sostanze **6** (*fis.*) trasformazione da forme superiori a forme inferiori di energia.
de|grà|do *s.m.* deterioramento progressivo,

spec. in relazione a fattori sociali, urbanistici, ecologici.
de|gu|stà|re *v.tr.* assaporare, assaggiare: — *il vino*.
de|gu|sta|tó|re *s.m.* [f. *-trice*] chi degusta | chi, per professione, degusta cibi e bevande per valutarne le caratteristiche organolettiche.
de|gu|sta|zió|ne *s.f.* **1** l'atto del degustare **2** nell'industria alimentare, assaggio dei prodotti per valutarne le caratteristiche organolettiche **3** pubblico esercizio in cui si degustano e si vendono bevande alcoliche.
dèh *inter.* (*lett.*) esclamazione di preghiera, desiderio, esortazione, sdegno e sim.
dehors (*fr.*) [pr. *deòr*] *s.m.invar.* la parte di un locale pubblico allestita all'aperto.
déi *prep.art.m.pl.* composta da di e i: *la casa — nonni* ♦ *art.part.m.pl.* un po' di: *ho comprato — libri* | alcuni: *alla festa c'erano — bambini molto vivaci* | certi: *ha — bei denti.*
dei|ci|dio *s.m.* uccisione di un dio, in particolare di Gesù Cristo in quanto Dio.
dei|dra|tà|re *v.tr.* disidratare.
dei|dra|ta|zió|ne *s.f.* disidratazione.
de|ie|zió|ne *s.f.* **1** (*geol.*) deposito di detriti trasportati dall'acqua o dal vento nei punti in cui diminuisce la forza di trascinamento | fuoriuscita di materiale lavico da un vulcano **2** (*fisiol.*) espulsione delle feci | (*pl.*) escrementi, feci.
dei|fi|cà|re *v.tr.* [indic.pres. *io deìfico, tu deìfichi*...] **1** divinizzare **2** (*fig.*) spec. in riferimento a persona, esaltare in modo eccessivo; magnificare, mitizzare.
dei|fór|me *agg.* **1** che ha sembianze divine **2** che riceve la propria forma da Dio.
de|in|di|ciz|zà|re *v.tr.* (*econ.*) svincolare una grandezza economica dalle variazioni di un indice di riferimento: — *i salari*.
de|in|du|stria|liz|za|zió|ne *s.f.* nei sistemi economici sviluppati, predominio del terziario avanzato sull'industria.
dei|scèn|te *agg.* (*bot.*) si dice del frutto maturo, che si apre spontaneamente per lasciar uscire il contenuto.
dei|scèn|za *s.f.* (*bot.*) di frutto o altro organo vegetale, proprietà di aprirsi spontaneamente per lasciare uscire semi, polline o spore.
de|ì|smo *s.m.* (*filos.*) dottrina che, pur ammettendo l'esistenza di un dio come principio dell'universo, nega ogni forma di rivelazione e non riconosce alcun dogma.
de|ìt|ti|co *agg.*, *s.m.* [pl. *-ci*] (*ling.*) detto di elemento della frase che contribuisce a collocarla nel contesto spazio-temporale; sono p.e. gli avv. di luogo e di tempo, i pron. personali e gli agg. dimostr.
de iù|re (*lat.*) *loc.avv.* (*dir.*) di diritto, secondo legge.
déjà vu (*fr.*) *loc.sost.m.invar.* **1** (*psicol.*) sensazione illusoria di aver già visto una determinata immagine o di aver già vissuto la situazione che ci si trova a vivere **2** (*anche loc.agg.invar.*) che è privo di originalità.

dél *prep.art.m.sing.* composta da di e il: *la cuccia — cane* ♦ *art.part.m.sing.* un po' di: *vorrei — caffè.*

de|la|tó|re *s.m.* [f. *-trice*] chi, per interesse personale, denuncia all'autorità un reato o l'autore di esso; spia.

de|la|zió|ne *s.f.* l'azione del delatore | cosa denunciata da un delatore; spiata, soffiata.

del|lè|bi|le *agg.* che si può cancellare; cancellabile.

dè|le|ga *s.f.* 1 l'atto del delegare 2 (*dir.*) atto con cui si autorizza qlcu. ad agire in vece propria; mandato ♦ *agg.invar. nella loc. legge —*, legge emanata dal Governo per volere del Parlamento.

de|le|gà|re *v.tr.* [indic.pres. *io dèlego, tu dèleghi...*] 1 autorizzare qlcu. ad agire in vece propria 2 (*dir.*) affidare temporaneamente ad altri un compito di propria competenza | conferire a qlcu. il potere di rappresentanza | conferire agli organi del potere esecutivo la facoltà di emanare provvedimenti legislativi 3 (*estens.*) incaricare, deferire: *delego a voi la risoluzione della lite.*

de|le|gà|to *part.pass.* di delegare ♦ *agg., s.m.* [f. *-a*] che, chi rappresenta qlcu. o esercita funzioni che sono di competenza altrui | *amministratore —*, la persona a cui il consiglio di amministrazione d'una società delega i propri compiti | *— apostolico*, rappresentante del Pontefice presso le comunità cattoliche degli Stati che non intrattengono rapporti diplomatici con la Santa Sede.

de|le|ga|zió|ne *s.f.* 1 l'atto del delegare | *— legislativa*, atto con cui il Parlamento abilita il Governo a emanare un decreto con valore di legge 2 la sede e l'autorità del delegato | circoscrizione territoriale su cui un delegato esercita i propri poteri: *— apostolica* 3 commissione di più delegati con incarico di rappresentanza: *la — italiana alle Olimpiadi.*

de|le|git|ti|mà|re *v.tr.* [indic.pres. *io delegittimo...*] privare della legittimazione determinati organi o poteri | (*estens.*) diminuire il prestigio di un'istituzione o di qlcu.

de|le|tè|rio *agg.* che provoca grave danno fisico o morale.

dèl|fi|co *agg.* [m.pl. *-ci*] 1 relativo a Delfi, spec. al famoso santuario eretto al culto del dio Apollo 2 (*estens., lett.*) profetico.

del|fi|no¹ *s.m.* 1 mammifero cetaceo marino dal corpo affusolato, dotato di una pinna dorsale a mezzaluna (*sport*) stile di nuoto in cui le braccia compiono un movimento circolare aprendosi simultaneamente e le gambe unite battono l'acqua.

del|fi|no² *s.m.* 1 (*st.*) titolo onorifico attribuito al primogenito del re di Francia 2 (*estens.*) chi viene scelto come il più probabile successore di un personaggio che ricopre una carica importante, spec. politica.

de|li|bà|re *v.tr.* 1 (*lett.*) degustare cibi o bevande, assaporare 2 (*fig., lett.*) trattare superficialmente una questione 3 (*dir.*) approvare | *— una sentenza*, riconoscere in Italia l'efficacia di una sentenza emessa dal tribunale di un paese straniero.

de|li|be|ra *s.f.* (*bur.*) deliberazione.

de|li|be|ràn|te *part.pres.* di deliberare ♦ *agg.* che delibera, che è in facoltà di deliberare.

de|li|be|rà|re *v.tr.* [indic.pres. *io delìbero...*] 1 (*lett.*) decidere: *deliberarono di restare* 2 (*bur.*) approvare con una decisione che ha valore esecutivo: *la giunta comunale ha deliberato la ricostruzione dello stadio* 3 in una vendita all'asta, aggiudicare ♦ *intr.* [aus. *A*] (*bur.*) stabilire con una decisione che ha valore esecutivo: *la Corte si è ritirata per —.*

de|li|be|ra|ti|vo *agg.* 1 che è in potere di deliberare: *voto* — 2 *genere* —, nella retorica antica, genere dell'eloquenza che mira a persuadere o dissuadere.

de|li|be|rà|to *part.pass.* di deliberare ♦ *agg.* 1 stabilito mediante deliberazione 2 risoluto, deciso: *è — a tutto* 3 intenzionale, voluto: *è stata una mossa deliberata* ♦ *s.m.* (*bur.*) decisione: *il — della commissione* □ **deliberatamente** *avv.* di proposito.

de|li|be|ra|zió|ne *s.f.* 1 l'atto e l'effetto del deliberare 2 (*psicol.*) momento in cui l'uomo valuta le proprie intenzioni.

de|li|ca|téz|za *s.f.* 1 la qualità di ciò che è fine, delicato: *— di colori* 2 detto di materiali, deteriorabilità, fragilità: *la — del cristallo* 3 debolezza di costituzione fisica; gracilità 4 tatto, sensibilità: *ha dimostrato — d'animo* | prudenza, discrezione: *è una faccenda da trattare con —* 5 gesto di cortesia; gentilezza: *è stata una — da parte sua invitarmi* 6 detto di cibi o bevande, raffinatezza | (*pl.*) cibi prelibati, spec. dolciumi 7 (*pl.*) abitudini raffinate; agi: *è stato allevato in mezzo alle delicatezze.*

de|li|cà|to *agg.* 1 che trasmette una sensazione di finezza, morbidezza, leggerezza: *pelle delicata; profumo —; suono —* | detto di lineamenti, fini, eleganti: *un visino —* | detto di colore, tenue | detto di cibi, facilmente digeribili o raffinati 2 che si rompe, che si guasta facilmente: *gli specchi di cristallo sono molto delicati; un congegno —* | che si deteriora: *indumenti delicati* 3 cagionevole di salute 4 si dice di situazione che richiede tatto, abilità: *è un momento —* 5 che denota dolcezza, sensibilità; gentile: *ha avuto un pensiero veramente —* 6 detto di organi del corpo umano, dotato di spiccata sensibilità ricettiva: *orecchio —* □ **delicatamente** *avv.*

de|li|mi|tà|re *v.tr.* [indic.pres. *io delìmito...*] 1 racchiudere entro limiti precisi; circoscrivere 2 (*fig.*) determinare, definire: *— il campo di ricerca.*

de|li|mi|ta|zió|ne *s.f.* 1 l'atto del delimitare | ciò che delimita; circoscrizione 2 (*fig.*) definizione.

de|li|ne|à|re *v.tr.* [indic. pres. *io delìneo...*] 1 tracciare con linee essenziali i contorni di ql.co.: *— un paesaggio* 2 (*fig.*) descrivere sommariamente: *— il quadro della situazione* ♦ *-rsi intr. pron.* 1 apparire nei contorni essenziali: *sullo sfondo si delineavano le colline* 2 (*fig.*) presen-

delinquente

tarsi in una forma non ben definita: *si delineano nuove difficoltà*.
de|lin|quèn|te *part.pres. di* delinquere ♦ *s.m./f.* **1** (*dir.*) chi ha commesso delitti **2** (*estens.*) persona capace di azioni riprovevoli; mascalzone: *si comporta da* —|(*fam.*) birbante: *è un piccolo* —!
de|lin|quèn|za *s.f.* **1** attitudine alla violenza **2** la criminalità come fenomeno sociale, riferita a un certo tempo, luogo o categoria di persone|— *minorile*, quella degli individui di età inferiore ai diciotto anni.
de|lin|quen|zià|le *agg.* di delinquenza | tipico di chi delinque.
de|lin|que|re *v.intr.* [usato solo nell'inf.] (*dir.*) commettere delitti | *associazione per* (o *a*) —, reato consistente nell'associazione di più persone al fine di commettere delitti.
de|li|que|scèn|te *agg.* (*chim.*) detto di sostanza solida soggetta a deliquescenza.
de|li|que|scèn|za *s.f.* (*chim.*) fenomeno per cui alcune sostanze solide si sciolgono in presenza del vapore acqueo contenuto nell'aria.
de|li|quio *s.m.* perdita temporanea dei sensi | *cadere in* —, svenire.
de|li|ràn|te *part.pres. di* delirare ♦ *agg.* **1** (*med.*, *psich.*) che presenta i caratteri del delirio **2** (*estens.*) sfrenato, esaltato: *un entusiasmo* —|assurdo: *parole deliranti*.
de|li|rà|re *v.intr.* [aus. *A*] **1** (*med.*, *psich.*) trovarsi in uno stato di delirio **2** (*estens.*) entusiasmarsi oltre misura; esaltarsi: *il pubblico delirava per il cantante* | dire o fare cose insensate: — *d'amore*.
de|li|rio *s.m.* **1** (*med.*) alterazione dello stato di coscienza che provoca allucinazioni e agitazione motoria: — *febbrile* | (*psich.*) stato di coscienza che riflette un distacco dalla realtà **2** perdita di controllo razionale su ciò che si dice o si fa | (*estens.*) discorso illogico o gesto insensato **3** (*estens.*) esaltazione dei sensi, della fantasia; estasi: — *poetico*; — *mistico* | manifestazione fanatica di entusiasmo, spec. collettivo: *un* — *di applausi*.
de|li|rium tré|mens (*lat.*) *loc.sost.m.invar.* (*med.*) crisi frequente negli alcolisti cronici caratterizzata da allucinazioni, delirio e tremore.
de|lit|to *s.m.* **1** (*dir.*) violazione di una norma penale che comporta le pene della reclusione, dell'ergastolo o della multa | *corpo del* —, la prova materiale che attesta l'avvenuto delitto **2** omicidio | — *perfetto*, quello compiuto senza lasciare tracce o indizi **3** (*estens., anche scherz.*) colpa, mancanza grave: *è un* — *partire così presto*.
de|lit|tu|ó|so *agg.* che ha natura di delitto | che tende al delitto: *intenzioni delittuose*.
de|li|zia[1] *s.f.* **1** (*spec.pl.*) intenso e raffinato piacere di natura fisica o spirituale: *le delizie della musica* | tutto ciò che provoca tale piacere: *quest'aria fresca è una* — **2** (*estens.*) cibo o bevanda dal sapore prelibato; leccornia: *questo gelato è una* —! **3** persona che è fonte di gioia: *una* — *di bambina*.
de|li|zia[2] *s.f.* varietà di mela.

de|li|zià|re *v.tr.* [indic.pres. *io delizio...*] (*anche iron.*) procurare piacere: — *con dell'ottima musica*; *ci ha deliziato con le sue lamentele* ♦ **-rsi** *intr.pron.* trarre godimento da ql.co.
de|li|zió|so *agg.* che suscita delizia; piacevole: *un locale* —; *una compagnia deliziosa* | squisito: *questo cibo è* — | gentile, grazioso; attraente: *una donna deliziosa* □ **deliziosamente** *avv.*
dél|la *prep.art.f.sing.* composta da di e la: *un libro* — *biblioteca* ♦ *art.part.f.sing.* un po' di: *c'è* — *polvere sui mobili*.
dél|le *prep.art.f.pl.* composta da di e le: *cassetta* — *lettere* ♦ *art.part.f.pl.* **1** un po' di: *ho colto* — *ciliegie* **2** alcune: *ho visto* — *farfalle*.
dél|lo *prep.art.m.sing.* composta da di e lo: *palazzetto* — *sport* ♦ *art.part.m.sing.* un po' di: *c'è* — *zucchero?*
dèl|ta[1] *s.m./f.invar.* quarta lettera dell'alfabeto greco corrispondente alla *d* dell'alfabeto latino | *a* —, a forma di triangolo ♦ *agg.invar.* (*scient.*) *nella loc.* *raggi* —, elettroni che vengono liberati durante una ionizzazione prodotta da particelle alfa.
dèl|ta[2] *s.m.invar.* (*geog.*) pianura a forma triangolare formata dai depositi alluvionali di un fiume presso la foce.
del|ta|plà|no *s.m.* velivolo per il volo planato a forma di grande aquilone triangolare, composto da un telaio e da un'imbracatura semirigida capace di sostenere un uomo | lo sport praticato con tale velivolo.
del|ti|zio *agg.* (*geog.*) di delta: *formazione deltizia*.
del|tòi|de *agg.* (*scient.*) che ha forma di triangolo | (*anat.*) *muscolo* —, muscolo della spalla che permette di sollevare il braccio.
de|lù|bro *s.m.* (*lett.*) santuario pagano, tempio | chiesa.
de|lu|ci|dà|re *v.tr.* [indic.pres. *io delùcido...*] rendere chiaro; spiegare.
de|lu|ci|da|zió|ne *s.f.* chiarimento, spiegazione.
de|lu|dèn|te *part.pres. di* deludere ♦ *agg.* che delude le aspettative: *un risultato* —.
de|lù|de|re *v.tr.* [pass.rem. *io delusi, tu deludésti...*; part.pass. *deluso*] tradire le aspettative, le speranze altrui: *il tuo comportamento mi ha deluso*.
de|lu|sió|ne *s.f.* sentimento di sconforto che deriva dalla vanificazione delle aspettative; disillusione | fatto, persona che delude: *l'incontro è stato una* —.
de|lù|so *part.pass. di* deludere ♦ *agg.* **1** che è stato tradito nelle proprie aspettative: *è* — *dalla politica* **2** che mostra delusione: *hai un'aria delusa* **3** che non ha trovato realizzazione: *speranza delusa*.
de|ma|gne|tiz|zà|re *v.tr.* smagnetizzare.
de|ma|go|gìa *s.f.* **1** forma degenerata della democrazia in cui i governanti fanno concessioni al popolo al solo fine di mantenere il potere **2** l'arte di accattivarsi il favore delle masse con promesse difficilmente realizzabili: *fare della* — |

(*estens.*) comportamento di chi ricerca il consenso altrui usando affermazioni mirate.
de|ma|gò|gi|co *agg.* [m.pl. *-ci*] relativo o incline alla demagogia; da demagogo: *politica demagogica* □ **demagogicamente** *avv.*
de|ma|gò|go *s.m.* [pl. *-ghi*] **1** nell'antica Grecia, oratore, uomo politico **2** [f. *-a*] (*estens.*) chi fa della demagogia ♦ *agg.* che agisce demagogicamente.
de|man|dà|re *v.tr.* affidare, deferire: — *un compito a qlcu.*
de|ma|nià|le *agg.* del demanio.
de|mà|nio *s.m.* complesso dei beni di proprietà dello Stato e degli enti pubblici territoriali | (*estens.*) amministrazione di tali beni.
de|mar|cà|re *v.tr.* [indic.pres. *io demarco, tu demarchi...*] (*anche fig.*) tracciare, distinguere: — *un confine.*
de|mar|ca|zió|ne *s.f.* delimitazione | *linea di* —, confine.
d'emblée (*fr.*) [pr. *damblé*] *loc.avv.* subito, al primo colpo | (*estens.*) all'improvviso.
de|mèn|te *agg., s.m./f.* **1** (*med.*) che, chi è affetto da demenza **2** (*estens.*) stupido, incapace.
de|mèn|za *s.f.* **1** (*med.*) infermità mentale dovuta a lesioni anatomiche, caratterizzata dalla perdita delle facoltà intellettive e del controllo sull'emotività | — *senile,* perdita delle facoltà intellettive che avviene in tarda età **2** (*estens.*) stupidità.
de|men|zià|le *agg.* **1** (*med.*) relativo alla demenza **2** (*estens.*) idiota, assurdo: *discorso* — **3** si dice di genere artistico, spec. a carattere dissacratorio, che si fonda su contenuti apparentemente assurdi: *comicità —.*
de|me|ri|tà|re *v.tr.* [indic.pres. *io demèrito...*] non meritare più ql.co.: — *la stima di qlcu.* ♦ *intr.* [aus. *A*] essere o rendersi indegno: — *dell'amicizia.*
de|mè|ri|to *s.m.* **1** azione indegna **2** biasimo | *nota di* —, giudizio negativo.
de|mi|li|ta|riz|zà|re *v.tr.* smilitalizzare.
de|mi|ne|ra|liz|zà|re *v.tr.* ridurre o eliminare i minerali presenti in una sostanza, spec. liquida.
demi-sec (*fr.*) [pr. *demisék*] *agg., s.m.invar.* detto di vino o liquore, tra il secco e l'amabile.
de|mi|sti|fi|cà|re *v.tr.* [indic.pres. *io demistìfico, tu demistìfichi...*] criticare in modo radicale un'idea, un personaggio in cui altri credono incondizionatamente, mettendone in evidenza le reali caratteristiche; demitizzare: — *un personaggio famoso.*
de|mi|sti|fi|ca|zió|ne *s.f.* demitizzazione di ql.co.
de|mi|tiz|zà|re *v.tr.* privare qlcu. o ql.co. delle componenti mitiche.
de|mi|tiz|za|zió|ne *s.f.* demistificazione.
de|miùr|gi|co *agg.* [m.pl. *-ci*] **1** relativo a demiurgo, da demiurgo: *forza demiurgica* **2** (*fig.*) capace di creare, organizzare: *facoltà demiurgica.*
de|miùr|go *s.m.* [pl. *-ghi*] **1** (*st.*) nell'antica Grecia, il lavoratore libero in contrapposizione allo schiavo | in alcune città greche, alto magistrato **2** (*filos.*) nel platonismo, l'artefice divino che ha ordinato l'universo **3** (*fig., lett.*) chi ha capacità creative e organizzative **4** (*iron.*) capo indiscusso: *si sente un —.*
dè|mo- primo elemento di parole composte che significa "popolo" (*democrazia*) o, nel linguaggio politico moderno, "democratico" (*democristiano*).
de|mo|cra|ti|ci|tà *s.f.* caratteristica di ciò che è democratico.
de|mo|crà|ti|co *agg.* [m.pl. *-ci*] **1** della democrazia | che si fonda sui principi della democrazia: *Stato* — **2** (*estens.*) detto di chi, pur rivestendo un ruolo di preminenza, tratta i subordinati con affabilità: *il nostro capufficio è molto* — **3** semplice, alla buona: *si comporta in modo* — ♦ *s.m.* [f. *-a*] chi sostiene idee democratiche o si comporta in modo democratico □ **democraticamente** *avv.*
de|mo|cra|tiz|zà|re *v.tr.* convertire ai principi della democrazia: — *le istituzioni* ♦ **-rsi** *rifl., intr. pron.* **1** di ordinamento, istituzione e sim., diventare democratico **2** (*fig.*) rendersi disponibile verso chi è inferiore.
de|mo|cra|zì|a *s.f.* **1** forma di governo in cui la sovranità appartiene al popolo, che la esercita direttamente o mediante gli organi che elegge a rappresentarlo: — *diretta*; — *parlamentare* | — *costituzionale,* quella che si fonda su una Costituzione **2** denominazione di partiti politici | *Democrazia Cristiana,* partito democratico di ispirazione cattolica, trasformatosi nel 1994 in Partito Popolare Italiano **3** paese retto da un governo democratico: *le democrazie europee* **4** (*estens.*) atteggiamento affabile verso persone di condizione inferiore.
de|mo|cri|stià|no *agg.* della Democrazia Cristiana ♦ *s.m.* [f. *-a*] chi era esponente o sostenitore della Democrazia Cristiana.
démodé (*fr.*) *agg.invar.* passato di moda; superato.
de|mo|dos|so|lo|gì|a o **demodossalogìa** *s.f.* studio dell'opinione pubblica considerata come fenomeno di psicologia collettiva.
de|mo|du|la|tó|re *s.m.* (*elettron.*) nelle telecomunicazioni, dispositivo che serve a ottenere, da un'onda modulata ad alta frequenza, l'onda originaria a bassa frequenza.
de|mo|fo|bì|a *s.f.* (*med., psich.*) paura morbosa della folla.
de|mo|gra|fì|a *s.f.* scienza che studia i fenomeni quantitativi che riguardano il movimento e lo stato della popolazione.
de|mo|grà|fi|co *agg.* [m.pl. *-ci*] relativo alla demografia: *ricerca demografica* | relativo alla popolazione: *incremento* — □ **demograficamente** *avv.*
de|mo|lì|re *v.tr.* [indic.pres. *io demolisco, tu demolisci...*] **1** abbattere in tutto o in parte un edificio | smontare impianti, costruzioni, mezzi di trasporto; smantellare: — *una macchina* **2** (*fig.*) annientare, confutare: — *una tesi* **3** (*fig.*) screditare: — *la reputazione di qlcu.*
de|mo|li|tì|vo *agg.* (*med.*) si dice di intervento

demolitore

chirurgico durante il quale si effettua l'asportazione o la riduzione di un organo.
de|mo|li|tó|re *agg., s.m.* [f. *-trice*] **1** che, chi demolisce **2** (*fig.*) si dice di chi esercita un'azione o una critica distruttiva.
de|mo|li|zió|ne *s.f.* **1** (*anche fig.*) abbattimento, smantellamento: *la — di un edificio*; *la — di un alibi* **2** (*chim.*) scomposizione di una molecola nei suoi atomi o trasformazione di una molecola in altre che contengono un minor numero di atomi.
de|mo|lo|gì|a *s.f.* studio delle tradizioni popolari, del folclore.
de|mol|ti|pli|cà|re *v.tr.* [indic.pres. *io demoltìplico, tu demoltìplichi...*] (*mecc., mat.*) ridurre una grandezza secondo un determinato rapporto.
dè|mo|ne *s.m.* **1** nelle religioni politeiste, essere benigno o maligno, di natura intermedia tra l'uomo e la divinità **2** (*filos.*) nello stoicismo e nel neoplatonismo, essere razionale intermedio tra gli uomini e gli dei | genio soprannaturale, ispiratore della coscienza umana **3** (*fig.*) passione travolgente, sfrenata: *il — del gioco*.
de|mo|ne|tiz|zà|re *v.tr.* togliere valore monetario, spec. a un metallo | ritirare dalla circolazione monete metalliche per rifonderle.
de|mo|nì|a|co *agg.* [m.pl. *-ci*] **1** del demonio **2** (*estens.*) perverso, diabolico.
de|mò|ni|co *agg.* [m.pl. *-ci*] relativo a un demone, al demonio ♦ *s.m.* (*filos.*) manifestazione del divino nella natura e nell'uomo.
de|mò|nio *s.m.* [pl. *demòni*] **1** nell'Ebraismo e nel Cristianesimo, spirito tentatore del male | (*per anton.*) diavolo **2** (*fig.*) persona molto brutta o deforme **3** (*fig.*) persona particolarmente malvagia **4** (*fig.*) persona irascibile: *s'infuria come un —* **5** (*fam.*) persona straordinariamente abile: *negli affari è proprio un —!* | persona vivace, attiva: *mio figlio è un piccolo —!*
de|mo|nì|smo *s.m.* forma primitiva di religione che spiega i fenomeni naturali come effetto della lotta di spiriti, buoni e cattivi.
de|mo|niz|zà|re *v.tr.* far apparire ql.co. o qlcu. come animato da cattive intenzioni.
de|mo|no|lo|gì|a *s.f.* [pl. *-gie*] studio delle credenze religiose relative ai dèmoni o al demonio.
de|mo|psi|co|lo|gì|a *s.f.* scienza che studia la psicologia di un popolo attraverso le tradizioni, gli usi e i costumi.
de|mo|ra|liz|zàn|te *part.pres. di* demoralizzare ♦ *agg.* scoraggiante, avvilente.
de|mo|ra|liz|zà|re *v.tr.* deprimere la forza morale di qlcu., avvilire: *la tua partenza lo ha demoralizzato* ♦ **-rsi** *intr.pron.* scoraggiarsi, avvilirsi: *si demoralizza per poco*.
de|mo|ra|liz|za|zió|ne *s.f.* l'atto e l'effetto del demoralizzare | stato d'animo di chi è demoralizzato; sconforto.
de|mòr|de|re *v.intr.* [con. come *mordere*; aus. *A*; raro nei tempi composti e usato spec. in costruzioni neg.] rinunciare, desistere: *non demorde mai!*
de|mo|sco|pì|a *s.f.* tecnica d'indagine statistica dell'opinione pubblica su determinate questioni.
de|mo|scò|pi|co *agg.* [m.pl. *-ci*] della demoscopia: *indagine demoscopica* □ **demoscopicamente** *avv.* secondo i criteri della demoscopia.
De|mo|spòn|ge *s.f.pl.* classe di spugne di cui fanno parte le spugne marine più comuni.
de|mò|ti|co *agg.* [m.pl. *-ci*] (*lett.*) popolare ♦ *s.m.* (*ling.*) **1** varietà popolare del greco moderno. **2** antica scrittura egizia usata spec. dai giudici.
de|mo|tì|smo *s.m.* (*ling.*) parola o locuzione di origine popolare.
de|mo|ti|và|re *v.tr.* privare di motivazione psicologica e di stimoli ♦ **-rsi** *intr.pron.* essere privo di motivazione psicologica e di stimoli.
de|nà|ro o **danàro** *s.m.* **1** (*st.*) antica moneta d'argento romana e medievale **2** (*estens.*) ogni tipo di moneta, metallica o cartacea **3** [al pl., o al sing., con valore collettivo] soldi, ricchezze: *avere molto, poco —* | *avere il — contato*, possedere il minimo indispensabile | (*fig.*) *— sporco*, denaro che è frutto di un'attività illecita | *sprecare tempo e —*, impiegare le proprie risorse senza risultato | *buttare il —*, spenderlo in malo modo **4** (*pl.*) uno dei semi dei tarocchi e delle carte da gioco italiane.
de|na|ta|li|tà *s.f.* in una popolazione, diminuzione delle nascite.
de|na|tu|rà|re *v.tr.* **1** (*chim.*) alterare con additivi una sostanza per impedire che ne venga fatto un uso diverso da quello legalmente previsto: *— l'alcol* **2** (*fig.*) snaturare, corrompere.
de|na|zio|na|liz|zà|re *v.tr.* **1** (*econ.*) rendere nuovamente private industrie che erano state nazionalizzate **2** privare un gruppo etnico dei caratteri nazionali propri.
den|drì|te[1] *s.m.* (*anat., biol.*) nelle cellule nervose, prolungamento ramificato del citoplasma del neurone.
den|drì|te[2] *s.f.* **1** (*min.*) concrezione minerale che si forma sopra una roccia o al suo interno **2** (*metall.*) aggregato cristallino che si può formare durante la fase di solidificazione di un metallo fuso.
den|dro|cro|no|lo|gì|a *s.f.* (*archeol.*) metodo di datazione degli alberi fossili basato sul conteggio e sull'analisi degli anelli di accrescimento; consente anche di stabilire i fenomeni meteorologici avvenuti nel passato.
den|dro|lo|gì|a *s.f.* [pl. *-gie*] branca della botanica che studia gli alberi dal punto di vista sistematico ed ecologico.
dengue (sp.) [pr. *dènghe*] *s.f.invar.* (*med.*) malattia infettiva, trasmessa da una specie di zanzara e caratterizzata da febbre, eruzioni cutanee, dolori articolari.
de|ni|co|tiz|zà|re *v.tr.* eliminare o ridurre la nicotina dal tabacco.
de|ni|grà|re *v.tr.* danneggiare la reputazione, l'onore di qlcu. o ql.co.; diffamare.

de|ni|gra|tó|re *agg.*, *s.m.* [f. *-trice*] che, chi denigra; diffamatore.
de|ni|gra|tò|rio *agg.* che ha lo scopo di denigrare: *lettera denigratoria.*
de|ni|gra|zió|ne *s.f.* l'atto del denigrare | calunnia.
denim (*ingl.*) *s.m.invar.* tessuto jeans molto robusto di cotone ritorto.
de|noc|cio|là|to *agg.* si dice di frutto privato del nocciolo: *olive denocciolate.*
de|no|mi|nà|le *agg.*, *s.m.* (*ling.*) si dice di verbo, di sost. o agg. che deriva da un nome (p.e. *navale* da *nave*).
de|no|mi|nà|re *v.tr.* [indic.pres. *io denòmino...*] dare un nome; chiamare: *l'eroe greco Achille fu denominato Pelide* ♦ *-rsi intr.pron.* avere per nome; soprannominarsi: *la casa di cura si denomina "villa Quiete"* | prendere nome.
de|no|mi|na|tó|re *s.m.* (*mat.*) in una frazione, il numero posto sotto il segno di frazione che indica in quante parti è diviso l'intero | — *comune*, multiplo comune dei denominatori di due o più frazioni; (*fig.*) caratteristica comune a più elementi tra loro differenti: *la difesa dell'ambiente è il — di molti partiti.*
de|no|mi|na|zió|ne *s.f.* 1 l'atto del denominare | il nome dato: *non conosco la — scientifica di molti fiori* | — *d'origine controllata*, marchio garantito dalla legge per prodotti alimentari originari di precise zone geografiche 2 (*gramm.*) *complemento di* —, quello composto da un nome proprio che specifica un nome di significato generico (p.e. la città *di Ferrara*).
de|no|tà|re *v.tr.* [indic.pres. *io denoto...*] dimostrare, rivelare: *ha un'espressione che denota furbizia.*
de|no|ta|ti|vo *agg.* 1 che denota 2 (*filos.*, *ling.*) che esprime una denotazione.
de|no|ta|zió|ne *s.f.* 1 indicazione di ql.co. o qlcu. per mezzo di segni esteriori 2 (*ling.*) il significato oggettivo di un vocabolo, che non contiene sfumature espressive.
den|si|me|tro *s.m.* (*fis.*) strumento che misura la densità di liquidi e gas.
den|si|tà *s.f.* 1 proprietà di ciò che è denso; stato di ridotta fluidità o elevata concentrazione di una sostanza o di un corpo: *la — della colla* | (*fig.*) intensità, pregnanza: *— di idee* 2 (*fis.*) — *assoluta*, il rapporto tra la massa di un corpo e il suo volume 3 (*stat.*) — *di popolazione*, rapporto tra il numero degli abitanti e la superficie del territorio 4 (*inform.*) la capacità di registrazione di un dischetto: *alta*, *bassa* —.
dèn|so *agg.* 1 che ha grande massa rispetto al volume: *vernice densa* | (*estens.*) fitto, compatto: *nebbia densa* 2 (*anche fig.*) che è ricco di ql.co.: *un albero — di fronde*; *un anno — di avvenimenti* □ *densamente avv.*
den|tà|le *agg.* 1 (*anat.*) dei denti: *carie* — 2 (*ling.*) si dice di consonante che si pronuncia appoggiando la punta della lingua contro la superficie interna dei denti anteriori (p.e. *d* e *t*) ♦ *s.f.* tale consonante.

dentista

den|tà|rio *agg.* che riguarda i denti: *protesi dentaria.*
den|tà|ta *s.f.* colpo o morso dato con i denti | il segno lasciato da un morso.
den|tà|to *agg.* 1 munito di denti | (*estens.*) che ha punte a forma di dente: *corona dentata* 2 (*anat.*) detto di organi che presentano prolungamenti: *muscolo* —.
den|ta|tù|ra *s.f.* 1 l'insieme dei denti negli uomini e negli animali 2 serie di sporgenze di uno strumento dentato: — *di una ruota.*
dèn|te *s.m.* 1 ognuno degli organi ossei infissi nelle mascelle dell'uomo e di alcuni Vertebrati, destinato alla masticazione: — *permanente*, *cariato*; *mal di denti* | — *del giudizio*, ciascuno dei quattro molari che si possono sviluppare solo in età adulta | *mettere i denti*, si dice di bambino al quale iniziano a spuntare i primi denti | *mettere ql.co. sotto i denti*, mangiare | *al* —, si dice di pasta o riso cotti in modo da rimanere consistenti | (*fig.*) *battere i denti*, tremare per il freddo o la paura | *stringere i denti*, impegnarsi al massimo per ottenere ql.co. | *a denti stretti*, controvoglia, rabbiosamente | *mostrare*, *digrignare i denti*, assumere un'espressione aggressiva, minacciosa | *avere il — avvelenato contro qlcu.*, provare risentimento o rancore contro qlcu. | *essere armato fino ai denti*, essere attrezzato di armi | *difendere con i denti*, difendere ql.co. o qlcu. a tutti i costi | *parlare fuori dai denti*, dire la propria opinione con franchezza | *tirata coi denti*, di giustificazione o spiegazione poco convincente 2 elemento sporgente di un meccanismo, di un utensile e sim.: *i denti della forchetta* 3 (*geog.*) picco aguzzo e dirupato di un monte: — *il Gigante* 4 (*bot.*) — *di cane*, piccola pianta erbacea di montagna con un solo fiore pendulo di colore rosa | — *di leone*, soffione.
den|tel|là|re *v.tr.* [indic.pres. *io dentello...*] intagliare a dentelli, spec. un orlo: — *una stoffa.*
den|tel|là|to *part.pass.* di *dentellare* ♦ *agg.* fabbricato a dentelli | munito di dentellatura: *francobollo* —.
den|tel|la|tù|ra *s.f.* 1 l'atto del dentellare 2 l'insieme dei dentelli di una superficie: *la — della foglia.*
den|tèl|lo *s.m.* 1 ogni sporgenza a forma di dente di una superficie | in filatelia, ognuna delle piccole sporgenze del bordo del francobollo 2 (*arch.*) piccolo parallelepipedo sporgente applicato in serie come ornamento di trabeazioni e cornici.
dèn|ti|ce *s.m.* pesce marino comune nel Mediterraneo con denti sporgenti e carni pregiate.
den|tiè|ra *s.f.* 1 dentatura artificiale; protesi dentaria 2 (*mecc.*) cremagliera | *ferrovia a* —, ferrovia provvista di una rotaia dentata.
den|ti|frì|cio *s.m.* preparato che si usa per la pulizia dei denti e l'igiene della bocca ♦ *agg.* che ha la funzione di pulire i denti: *pasta dentifricia.*
den|tì|na *s.f.* (*anat.*) tessuto duro del dente a base di calcio, situato fra la polpa e lo smalto.
den|ti|sta *s.m./f.* [pl. *-i*] medico specializzato

nella cura dei denti; odontoiatra ♦ *agg.* detto di specialista nella cura dei denti: *medico* —.
den|ti|sti|co *agg.* [m.pl. *-ci*] di dentista; odontoiatrico: *laboratorio* —.
den|ti|zió|ne *s.f.* processo di comparsa e crescita dei denti: *prima, seconda* — | periodo in cui avviene tale processo: *età della* —.
dén|tro *avv.* 1 all'interno di ql.co.: *vieni* — | (*fig.*) *essere, andare, mettere* —, essere, andare, mettere in prigione | rafforzato da altri avv. di luogo: *guarda lì* —, *qui* — | preceduto da prep.: *viene da* —; *si piega in* — 2 (*fig.*) nell'animo: *cova* — *un grande rancore* ♦ *prep.* 1 in, nel: — *casa* | (*fig., fam.*) *darci* —, impegnarsi al massimo in ql.co. | seguito dalle prep. *a, in*: — *alla stanza*; — *nell'armadio* | *essere* — *a ql.co.*, esserne parte attiva | seguito dalla prep. *di* si unisce ai pron. pers.: *pensavo a questo* — *di me* 2 (*raro*) entro, prima del termine: — *l'anno* ♦ *s.m.* 1 la parte interna: *il* — *della giacca è rosso* 2 (*fig.*) l'animo.
de|nu|cle|a|riz|zà|re *v.tr.* escludere un territorio dall'installazione di armi e centrali nucleari o dallo svolgimento di esperimenti nucleari.
de|nu|cle|a|riz|zà|to *part.pass.* di denuclearizzare ♦ *agg.* si dice di territorio nel quale è stata bandita l'installazione di armi o centrali nucleari: *comune* —.
de|nu|dà|re *v.tr.* 1 spogliare | (*estens.*) rendere spoglio da ciò che copre o arricchisce: *l'autunno ha denudato gli alberi* 2 (*fig.*) privare di beni: — *un appartamento dei quadri* ♦ *-rsi rifl.* spogliarsi.
de|nùn|cia o **denùnzia** *s.f.* [pl. *-ce* o *-cie*] 1 (*dir.*) atto col quale si porta a conoscenza dell'autorità giudiziaria o di polizia un reato: *sporgere* — 2 dichiarazione richiesta dalla legge per scopi burocratici, fiscali, anagrafici: — *dei redditi*; — *di nascita* 3 (*estens.*) dichiarazione di pubblica accusa: *gli ambientalisti hanno denunciato il degrado del territorio* 4 (*fig.*) dichiarazione di recesso da un trattato, un accordo.
de|nun|cià|re o **denunziàre** *v.tr.* [indic.pres. *io denuncio...*] 1 dichiarare, notificare all'autorità competente | accusare qlcu. di un reato 2 portare a conoscenza dell'opinione pubblica con atto di accusa 3 rendere palese: *l'espressione del viso denuncia la sua disapprovazione* 4 disdire: — *un trattato*.
de|nùn|zia e deriv. → **denuncia** e deriv.
de|nu|trì|to *agg.* nutrito in modo insufficiente; deperito.
de|nu|tri|zió|ne *s.f.* nutrizione insufficiente | il deperimento che ne consegue.
de|o|do|ràn|te *part.pres.* di deodorare ♦ *agg.*, *s.m.* si dice di sostanza capace di eliminare i cattivi odori.
de|o|do|rà|re *v.tr.* [indic.pres. *io deodóro...*] ridurre o eliminare i cattivi odori: — *l'ambiente*; — *le ascelle* ♦ *-rsi intr.pron.* liberarsi da odori cattivi.
Dè|o grà|tias (*lat.*) [pr. *dèo gràzias*] *loc.inter.* 1 formula liturgica di ringraziamento a Dio 2 (*fam.*) esclamazione di sollievo o di contentezza: —, *ha smesso di urlare!*

de|on|to|lo|gì|a *s.f.* 1 (*filos.*) dottrina dei doveri 2 l'insieme delle norme etico-sociali che disciplinano l'esercizio di una professione: — *professionale*.
de|on|to|lò|gi|co *agg.* [m.pl. *-ci*] che si riferisce alla deontologia.
de|os|si|ri|bo|nu|clèi|co *agg.* → **desossiribonucleico**.
de|o|stru|ì|re *v.tr.* [indic.pres. *io deostruisco, tu deostruisci...*] liberare da un'ostruzione.
de|pau|pe|ra|mén|to *s.m.* impoverimento.
de|pau|pe|rà|re *v.tr.* [indic.pres. *io depàupero...*] impoverire | privare delle sostanze costitutive; svigorire: — *un terreno*.
de|pe|na|liz|zà|re *v.tr.* (*dir.*) togliere a un atto il carattere di reato penale che aveva precedentemente.
dépendance (*fr.*) [pr. *depandàns*] *s.f.invar.* edificio secondario complementare, separato da quello principale: *abita nella* — *della villa*.
de|pen|nà|re *v.tr.* [indic.pres. *io depénno...*] cancellare con un tratto di penna: — *un nome da una lista* | (*fig.*) eliminare: *l'ho depennato dal gruppo*.
de|pe|ri|bi|le *agg.* che è soggetto a deterioramento.
de|pe|ri|bi|li|tà *s.f.* qualità di ciò che è deperibile.
de|pe|ri|mén|to *s.m.* 1 indebolimento dell'organismo, causato da denutrizione o da una malattia 2 deterioramento di cose, spec. merci o generi alimentari.
de|pe|ri|re *v.intr.* [indic.pres. *io deperisco, tu deperisci...*; aus. *E*] 1 perdere forza e salute: — *per una malattia* 2 (*di merci e generi alimentari*, deteriorarsi.
de|pe|ri|to *part.pass.* di deperire ♦ *agg.* 1 debilitato nel fisico 2 deteriorato.
de|pi|là|re *v.tr.* privare dei peli ♦ *-rsi rifl.* togliere dal proprio corpo i peli superflui: — *le gambe*.
de|pi|la|tó|re *agg.*, *s.m.* [f. *-trice*] detto di apparecchio o di prodotto che si usa per depilare.
de|pi|la|tó|rio *agg.*, *s.m.* detto di sostanza o di mezzo usato per depilare: *crema depilatoria*.
de|pi|la|zió|ne *s.f.* 1 l'atto del depilare 2 in conceria, asportazione del pelo dalle pelli.
de|pi|stà|re *v.tr.* (*spec.fig.*) sviare dalla giusta pista fornendo false indicazioni: — *le indagini*.
dépliant (*fr.*) [pr. *depliàn*] *s.m.invar.* foglietto pubblicitario pieghevole.
de|plo|rà|bi|le *agg.* degno di biasimo.
de|plo|rà|re *v.tr.* [indic.pres. *io deploro...*] disapprovare, biasimare: *deploro la tua condotta*.
de|plo|ra|zió|ne *s.f.* disapprovazione; biasimo.
de|plo|ré|vo|le *agg.* 1 riprovevole: *atteggiamento* — 2 miserando, vergognoso: *era in condizioni deplorevoli*.
de|po|la|riz|za|zió|ne *s.f.* (*fis.*) attenuazione o annullamento dell'alterazione chimica che si produce agli elettrodi di una pila con il passaggio di corrente.
de|po|li|me|riz|za|zió|ne *s.f.* (*chim.*) scissione di un polimero in molecole più semplici.

de|po|nèn|te¹ *agg.,s.m. (gramm.)* si dice di verbo latino che ha forma passiva e significato attivo.
de|po|nèn|te² *s.m. (mat., chim.)* nelle formule, lettera, numero o simbolo che viene collocato in basso, gener. a destra, rispetto ad altri segni (p.e. *b₁*).
de|pór|re *v.tr.* [con. come *porre*] **1** posare, mettere giù: — *la valigia* | levarsi ql.co. di dosso: — *i guanti* | *(fig.)* — **le armi**, cessare di combattere **2** depositare: *i fiumi depongono a valle i detriti* **3** *(fig.)* rimuovere qlcu. da un incarico **4** *(fig.)* abbandonare, lasciare: — *un'idea* | — **la corona**, abdicare | — *l'abito talare*, abbandonare il sacerdozio **5** *(dir.)* testimoniare in giudizio: — *il falso* ♦ *intr.* [aus. *A*] **1** *(dir.)* testimoniare: — *contro, a favore di qlcu.* **2** *(fig.)* fornire elementi utili per la formazione di un'idea, di un parere: *i risultati dell'inchiesta depongono a favore dell'imputato.*
de|por|tà|re *v.tr.* [indic.pres. *io deporto...*] assoggettare alla deportazione.
de|por|tà|to *part.pass* di deportare ♦ *agg., s.m.* [f. *-a*] che, chi ha subito la deportazione.
de|por|ta|zió|ne *s.f.* **1** *(dir.)* trasferimento di un condannato lontano dal suo territorio **2** *(st.)* durante la seconda guerra mondiale, trasferimento dei prigionieri nei campi di concentramento.
de|po|si|tà|re *v.tr.* [indic.pres. *io depòsito...*] **1** mettere giù, posare: — *un pacco a terra* **2** affidare ql.co. in custodia: — *i soldi in banca* **3** consegnare un atto e sim. a un ufficio, a un'autorità per farne constatare l'esistenza e riconoscere la validità: — *la firma* | — *un marchio*, brevettarlo **4** *(anche assol.)* detto di liquidi, lasciare sedimentare sul fondo i materiali solidi in sospensione: *il vino deposita in poco tempo* ♦ **-rsi** *intr.pron.* *(anche fig.)* raccogliersi sul fondo: *le esperienze della vita si depositano nella memoria.*
de|po|si|tà|rio *agg.,s.m.* [f. *-a*] **1** che, chi riceve ql.co. in deposito **2** *(fig.)* che, chi custodisce una confidenza, un segreto.
de|pò|si|to *s.m.* **1** l'atto del depositare **2** ciò che si deposita | sedimento di un liquido: *il — dell'aceto* **3** *(dir.)* contratto con cui una parte consegna all'altra un bene mobile in custodia: — *bancario* | consegna a una pubblica autorità di documenti, atti e sim. da cui derivano effetti giuridici: — *di un ricorso* **4** la somma di denaro, gli oggetti o i valori depositati: *ho ritirato il — dalla banca* | somma versata come cauzione per avere ql.co. in prestito: *bisogna lasciare un —* **5** accumulo di oggetti o materiali dello stesso genere: — *degli attrezzi* **6** *(estens.)* luogo per la raccolta e la custodia di oggetti, merci e sim.: — *bagagli* | rimessa per veicoli e mezzi di trasporto pubblico: *il — dei tram* **7** *(geol.)* accumulo di materiale dovuto all'azione di agenti naturali come il vento o la pioggia **8** *(anat.)* accumulo di sostanze di riserva in alcune parti del corpo: — *di grasso.*
de|po|si|zió|ne *s.f.* **1** l'atto del deporre **2** *(fig.)* rimozione da una carica **3** *(dir.)* dichiarazione del testimone davanti al giudice **4** rimozione di Gesù dalla croce | rappresentazione iconografica di tale rimozione.
de|pra|và|to *agg., s.m.* [f. *-a*] corrotto, vizioso.
de|pra|va|zió|ne *s.f.* pervertimento, corruzione.
de|pre|cà|bi|le *agg.* **1** che si può deprecare **2** riprovevole.
de|pre|cà|re *v.tr.* [indic.pres. *io depreco, tu deprechi...*] **1** *(lett.)* pregare affinché un danno o un pericolo venga scongiurato **2** biasimare fortemente; disapprovare: — *il ricorso alla violenza.*
de|pre|ca|zió|ne *s.f.* **1** *(lett.)* la preghiera fatta per scongiurare un pericolo **2** biasimo, deplorazione.
de|pre|dà|re *v.tr.* [indic.pres. *io depredo...*] derubare, rapinare **2** spogliare, saccheggiare: *la città fu depredata dagli invasori.*
de|pres|sio|nà|rio *agg. (meteor.)* che si riferisce a una depressione | *area depressionaria*, area di bassa pressione.
de|pres|sió|ne *s.f.* **1** *(geog.)* area che si trova al di sotto del livello del mare o a un livello inferiore rispetto a quello delle regioni circostanti | *(estens.)* avvallamento **2** *(meteor.)* bassa pressione atmosferica | zona interessata da bassa pressione; area ciclonica **3** *(econ.)* recessione, fase discendente del ciclo economico, caratterizzata da un rallentamento nella produzione e dall'aumento della disoccupazione **4** *(psicol.)* alterazione dell'umore caratterizzata da ansia, pessimismo e mancanza di interessi | *(estens.)* stato d'animo di debolezza, abbattimento.
de|pres|sì|vo *agg.* **1** che ha la capacità di deprimere **2** caratterizzato da depressione: *stato —.*
de|près|so *part.pass.* di deprimere ♦ *agg.* **1** che è in stato di depressione **2** *(econ.)* arretrato economicamente e socialmente: *aree depresse* ♦ *s.m.* [f. *-a*] *(med.)* chi è in stato di depressione | *(estens.)* demoralizzato, abbattuto.
de|pres|sò|re *agg. (anat.)* si dice di struttura anatomica che ha la funzione di abbassare l'organo a cui è legata: *muscolo —.*
de|pres|su|riz|zà|re *v.tr.* ridurre la pressione dell'aria in un ambiente, portandola ai valori di quella esterna.
de|prez|za|mén|to *s.m.* **1** abbassamento del valore o del prezzo di un bene | *(econ.)* — *della moneta*, svalutazione **2** *(fig.)* denigrazione: — *dei meriti di qlcu.*
de|prez|zà|re *v.tr.* [indic.pres. *io deprezzo...*] **1** far calare di valore, di prezzo **2** *(fig.)* sminuire: — *le proprie capacità* ♦ **-rsi** *intr.pron.* perdere di valore, svalutarsi: *la nostra casa al mare si è deprezzata.*
de|pri|mèn|te *part.pres.* di deprimere ♦ *agg.* **1** avvilente, triste: *un panorama —* **2** noioso: *che discorso —! * **3** *(farm.)* si dice di sostanza che abbassa il tono psichico o nervoso.
de|prì|me|re *v.tr.* [pass.rem. *io depressi, tu depriméstí...*; part.pass. *depresso*] *(anche assol.)* deprime; le delusioni deprimono ♦ **-rsi** *intr.pron.* abbattersi, avvilirsi.
de|pri|và|re *v.tr.* causare deprivazione | *(estens.,*

depurare

psicol.) escludere dalla soddisfazione di un bisogno ritenuto essenziale.
de|pu|rà|re *v.tr.* liberare da impurità: — *l'acqua* | *(fig.)* raffinare, rendere puro: — *il linguaggio* ♦ **-rsi** *intr.pron.* divenire puro; ripulirsi.
de|pu|ra|ti|vo *agg.*, *s.m.* (*med.*) detto di medicamento che serve a disintossicare l'organismo.
de|pu|ra|tó|re *agg.* [f. *-trice*] che depura: *impianto* — ♦ *s.m.* **1** [f. *-trice*] operaio che si occupa dei processi di depurazione **2** apparecchio che elimina le impurità da liquidi e gas: — *dell'acqua* **3** impianto di depurazione di scarichi fognari e industriali.
de|pu|ra|zió|ne *s.f.* eliminazione delle impurità da una sostanza; purificazione.
de|pu|tà|re *v.tr.* [indic.pres. *io dèputo...*] **1** delegare qlcu. a svolgere un compito; incaricare: *è stato deputato a rappresentare gli inquilini* **2** destinare ql.co. a un fine: — *una cifra per i bisognosi.*
de|pu|tà|to *part.pass. di* deputare ♦ *agg.* **1** si dice di persona designata per un compito **2** si dice di organo del corpo destinato a una certa funzione: *organo* — *alla digestione* ♦ *s.m.* [f. *-a*, la forma *-essa* è scherz. o iron.] **1** persona che è stata eletta dai cittadini a rappresentarli in Parlamento **2** persona incaricata dello svolgimento di particolari compiti: — *alla sorveglianza dell'area a rischio.*
de|pu|ta|zió|ne *s.f.* **1** commmissione di persone incaricate di svolgere un compito preciso **2** l'incarico ufficialmente assegnato.
de|qua|li|fi|cà|re *v.tr.* [indic.pres. *io dequalifico, tu dequalifichi...*] (*anche assol.*) abbassare il prestigio o il livello di ql.co.: *la massa dei turisti ha dequalificato il centro balneare*; *un lavoro che dequalifica* ♦ **-rsi** *rifl.*, *intr.pron.* squalificarsi, spec. dal punto di vista professionale.
de|ra|glia|mén|to *s.m.* sviamento dalle rotaie.
de|ra|glià|re *v.intr.* [indic.pres. *io deraglio...*]; aus. *A*] detto di treno, uscire dalle rotaie.
de|ra|glia|tó|re *s.m.* (*mecc.*) nelle biciclette con cambio di velocità, dispositivo che sposta la catena da una ruota dentata all'altra della moltiplica.
dérapage (*fr.*) [pr. *derapàj*] *s.m.invar.* sbandamento.
de|ra|pà|re *v.intr.* [aus. *A*] detto di aerei, deviare verso l'esterno di una traiettoria curva | detto di veicoli o di sciatori, slittare lateralmente.
de|rat|tiz|zàn|te o **deratizzànte** *part.pres. di* derattizzare ♦ *agg.*, *s.m.* detto di sostanza velenosa usata per eliminare i topi.
de|rat|tiz|zà|re o **deratizzàre** *v.tr.* liberare dai topi: — *un garage.*
de|rat|tiz|za|zió|ne o **deratizzàzione** *s.f.* il processo del derattizzare.
derby (*ingl.*) *s.m.invar.* **1** nell'ippica, corsa al galoppo per puledri di tre anni **2** (*estens.*) negli sport di squadra, incontro tra due squadre della stessa città o regione.
de|re|go|la|men|tà|re *v.tr.* [indic.pres. *io deregolaménto...*] semplificare o eliminare norme e vincoli che limitano spec. le attività economiche.
deregulation (*ingl.*) [pr. *dereguléscion*] *s.f.invar.* (*polit.*, *econ.*) liberalizzazione di attività economiche già sottoposte a vincoli.
de|re|lit|to *agg.* che si trova in una condizione di miseria materiale o morale | (*estens.*) che si trova in stato di abbandono: *un paese* — ♦ *s.m.* [f. *-a*] persona che si trova in una condizione di estrema miseria.
de|re|spon|sa|bi|liz|zà|re *v.tr.* liberare dalle responsabilità ♦ **-rsi** *intr.pron.* perdere il senso della propria responsabilità.
de|re|tà|no *s.m.* (*scherz.*) fondoschiena; sedere.
de|ri|de|re *v.tr.* [con. come *ridere*] prendere in giro, schernire.
de|ri|sió|ne *s.f.* beffa, scherno.
de|ri|sò|rio *agg.* canzonatorio, beffardo: *gesto* —.
de|ri|va *s.f.* **1** corrente marina superficiale prodotta dai venti | *andare alla* —, lasciarsi trasportare dalla corrente; (*fig.*) subire passivamente gli eventi **2** spostamento laterale della rotta di un natante o di un aeromobile per effetto di una corrente marina o aerea **3** (*mar.*) piccola imbarcazione a vela provvista di chiglia | sporgenza longitudinale applicata alla chiglia per aumentarne la stabilità **4** (*aer.*) in un velivolo, parte fissa dell'impennaggio verticale **5** (*geol.*) — *dei continenti*, slittamento delle masse continentali sugli strati sottostanti della crosta terrestre.
de|ri|và|bi|le *agg.* che si può derivare; deducibile | (*mat.*) *funzione* —, funzione che ammette una o più derivate.
de|ri|và|re[1] *v.tr.* **1** far provenire, ricavare: — *un canale del fiume* | (*fig.*) trarre, dedurre: *da questi fatti non puoi* — *certezze* **2** (*mat.*) calcolare una derivata ♦ *intr.* [aus. *E*] **1** detto di corso d'acqua, avere origine, sgorgare **2** (*fig.*) provenire, trarre origine: *la lingua italiana deriva dal latino* | discendere: *deriva da un casato illustre* **3** (*fig.*) venire come conseguenza; essere causato: *i tuoi timori derivano dall'insicurezza.*
de|ri|và|re[2] *v.intr.* [aus. *E*] detto di imbarcazione e aeromobile, subire l'effetto della deriva.
de|ri|và|ta *s.f.* (*mat.*) limite del rapporto fra l'incremento di una funzione e l'incremento tendente a zero attribuito alla variabile indipendente.
de|ri|va|ti|vo *agg.* **1** che è causato da derivazione; derivato **2** (*ling.*) che forma derivati: *suffisso* —.
de|ri|và|to *part.pass. di* derivare ♦ *agg.* che deriva da ql.co.; originato: *parole derivate* ♦ *s.m.* **1** (*chim.*) sostanza ottenuta da un'altra: *molti sono i derivati del petrolio* **2** (*ling.*) vocabolo formato da un altro per derivazione.
de|ri|va|tó|re *agg.* che serve a derivare | *canale* —, canale che consente di derivare le acque ♦ *s.m.* [f. *-trice*] dispositivo che pone in circuito in derivazione se un altro.
de|ri|va|zió|ne *s.f.* **1** l'effetto del derivare **2** (*ling.*) formazione di una parola nuova da un'altra mediante l'aggiunta di suffissi o prefis-

si **3** complesso di impianti per il prelievo di acque da bacini naturali o artificiali **4** (*elettr.*) elemento di circuito elettrico disposto in parallelo con un altro | collegamento tra due punti di un circuito elettrico al fine di derivare parte della corrente che lo attraversa.
dèr|ma *s.m.* [pl. *-i*] (*anat.*) strato della pelle che si trova sotto l'epidermide, costituito da tessuto connettivo.
dèr|ma-, **-dèr|ma** primo e secondo elemento di parole composte che significa "pelle" (*dermatite*).
der|ma|sché|le|tro *s.m.* (*zool.*) scheletro osseo o calcareo che si forma per secrezione dalle cellule del derma, tipico degli Echinodermi.
der|ma|ti|te *s.f.* (*med.*) malattia cutanea a carattere infiammatorio.
dèr|ma|to- (*scient.*) primo elemento di parole composte che significa "pelle" (*dermatologo*).
der|ma|to|lo|gi|a *s.f.* (*med.*) ramo della medicina che studia le malattie cutanee.
der|ma|to|lò|gi|co *agg.* [m.pl. *-ci*] (*med.*) che si riferisce alla dermatologia □ **dermatologicamente** *avv.*
der|ma|tò|lo|go *s.m.* [f. *-a*; m.pl. *-gi*] (*med.*) medico specializzato in dermatologia.
der|ma|tò|si *s.f.* (*med.*) affezione non infiammatoria della pelle.
dèr|mi|co *agg.* [m.pl. *-ci*] del derma; relativo al derma.
der|mòi|de *s.f.* in pelletteria e legatoria, materiale artificiale che imita il cuoio.
der|mo|pa|ti|a *s.f.* (*med.*) denominazione delle malattie cutanee.
der|mo|pro|tet|ti|vo *agg.,s.m.* (*farm.*) si dice di sostanza o cosmetico che esercita un'azione protettiva sulla pelle.
der|mo|si|fi|lo|pa|ti|a (*med.*) *s.f.* ramo della medicina che studia le malattie veneree e della pelle.
dè|ro|ga *s.f.* l'atto del derogare | *in — a*, facendo eccezione a quanto stabilito: *in — alle disposizioni date.*
de|ro|gà|re *v.intr.* [indic.pres. *io dèrogo, tu dèroghi...*; aus. *A*] **1** (*dir.*) porre un'eccezione a una norma, senza violarne i principi generali **2** (*fig.*) venir meno; rinunciare: *non derogo alle mie abitudini* | non osservare quanto stabilito; contravvenire: *— a un accordo.*
der|rà|ta *s.f. spec.pl.* prodotto agricolo, spec. di uso alimentare | (*estens.*) merce.
derrick (*ingl.*) [pr. *dèrik*] *s.m.invar.* torre metallica piramidale usata per la trivellazione di pozzi petroliferi o per sondaggi minerari.
de|ru|bà|re *v.tr.* sottrarre a qlcu. ciò che gli spetta o gli appartiene con il furto o con la frode.
de|ru|bà|to *part.pass.* di derubare ♦ *agg., s.m.* [f. *-a*] che, chi ha subito una frode o un furto.
de|ru|bri|cà|re *v.tr.* [indic.pres. *io derùbrico, tu derùbrichi...*] (*dir.*) escludere un reato dalla rubrica in cui era stato incluso, riqualificandolo come reato di minore gravità.
der|vi|scio o **dervìs** *s.m.* **1** membro di una confraternita religiosa musulmana **2** (*pl.; st.*) nome dato ai seguaci del mahdismo che nel sec. XIX combatterono in Sudan contro il colonialismo europeo.
de|sa|cra|liz|zà|re *v.tr.* privare del valore sacro un luogo, una persona o una cosa; sconsacrare: *— un tempio.*
desaparecido (*sp.*) [pr. *desaparesìdo*] *agg., s.m.* [m.pl. *-dos*] si dice di persona fatta scomparire per motivi politici.
dé|sco *s.m.* [pl. *-schi*] (*lett.*) tavola imbandita per mangiare: *— familiare.*
de|scrit|ti|vo *agg.* **1** che descrive; relativo a una descrizione **2** nell'arte figurativa, si dice di opera che descrive il soggetto in modo minuzioso **3** (*scient.*) si dice di branca che si occupa della descrizione degli oggetti o dei fenomeni sottoposti a esame: *botanica descrittiva.*
de|scrì|ve|re *v.tr.* [con. come *scrivere*] **1** rappresentare, con parole o per iscritto, una persona, un evento, un oggetto evidenziandone le caratteristiche | spiegare con ricchezza di particolari; raccontare: *— una scena* | rappresentare attraverso forme espressive non verbali: *un quadro che descrive scene apocalittiche* **2** spec. di corpi in movimento, tracciare una particolare linea: *l'aquila descrive cerchi nel cielo* ♦ **-rsi** *intr.pron.* rappresentare se stessi nelle proprie caratteristiche.
de|scri|zió|ne *s.f.* esposizione; narrazione | l'insieme delle parole con cui si descrive.
de|sen|si|bi|liz|zà|re *v.tr.* **1** ridurre la sensibilità di qlcu. verso ql.co. **2** (*med.*) eliminare o ridurre la sensibilità di un organo | attenuare o rimuovere con dosi graduate di antigene uno stato di ipersensibilità allergica.
de|sen|si|bi|liz|za|zió|ne *s.f.* **1** (*med.*) eliminazione o riduzione della sensibilità di un organo | rimozione o attenuazione di uno stato allergico **2** (*foto.*) procedimento effettuato per ridurre la sensibilità di un'emulsione alla luce.
de|sèr|ti|co *agg.* [m.pl. *-ci*] proprio del deserto: *vegetazione desertica* | che ha l'aspetto o la natura del deserto: *paesaggio —.*
de|ser|ti|fi|ca|zió|ne *s.f.* (*geog.*) progressiva trasformazione in deserto di zone fertili, dovuta a variazioni climatiche e geologiche o all'intervento dell'uomo.
de|sèr|to[1] *s.m.* **1** (*geog.*) vasta regione arida e sabbiosa, con scarsissime precipitazioni e una vita animale e vegetale estremamente ridotta **2** (*fig.*) luogo quasi disabitato | *fare il — intorno a sé*, isolarsi e allontanarsi da tutti | *predicare, parlare nel* (o *al*) *—*, parlare senza essere ascoltato.
de|sèr|to[2] *agg.* **1** disabitato, spopolato: *il centro di notte è —* **2** incolto: *un campo —.*
déshabillé (*fr.*) [pr. *desabiié*] *s.m.invar.* (*desueto*) vestaglia femminile | *essere in —*, essere non completamente vestita.
de|si|à|re *v.tr.* [indic.pres. *io desìo...*] (*lett.*) desiderare.
de|si|de|rà|bi|le *agg.* **1** che si può desiderare |

desiderare

che suscita desiderio; attraente **2** auspicabile, opportuno: *è — che tutti rispettino le regole*.
de|si|de|rà|re *v.tr.* [indic.pres. *io desìdero...*] **1** aspirare alla realizzazione di un bisogno o di un piacere: *desidero un gelato*; *desidero dormire* | — *una donna*, *un uomo*, esserne attratti | *farsi* —, farsi vedere raramente; (*estens.*) arrivare in ritardo | *far* — *ql.co.*, esitare a concederla | *lasciare a* —, essere manchevole, insufficiente **2** in formule di cortesia, gradire: *desidera ancora ql.co.?* | richiedere: *sei desiderato al telefono*; *il pubblico desidera essere informato*.
de|si|de|rà|ta *s.m.pl.* le cose che si desiderano; le richieste.
de|si|dè|rio *s.m.* **1** moto dell'animo che spinge a voler possedere, realizzare ql.co. **2** bramosia, avidità: — *di vendetta* | voglia sessuale **3** senso di bisogno, di privazione: — *d'amore* **4** la cosa che si desidera: *il mio unico* — *è riabbracciare i miei cari*.
de|si|de|ró|so *agg.* che desidera ql.co. | pieno di desiderio | bramoso, avido.
design (*ingl.*) [pr. *disàin*] *s.m.invar.* progettazione di oggetti da fabbricare industrialmente in serie, che accorda l'elemento funzionale a quello estetico | disegno industriale | la linea o la forma di oggetti prodotti industrialmente.
de|si|gnà|re *v.tr.* [indic.pres. *io designo...*, *noi designiamo*, *voi designate...*] **1** destinare, proporre qlcu. a un incarico, un ufficio: *è stato designato come successore del direttore* **2** indicare con esattezza; stabilire: *bisogna — la data della partenza* **3** definire, significare: *il termine designa un concetto ben noto*.
de|si|gnà|to *part.pass. di* designare ♦ *agg.*, *s.m.* [f. -*a*] che, chi è stato destinato a un incarico, un ufficio.
de|si|gna|zió|ne *s.f.* **1** destinazione a un incarico, un ufficio; nomina: *è stata approvata la — alla presidenza* **2** indicazione, definizione.
designer (*ingl.*) [pr. *disàiner*] *s.m./f.invar.* chi si occupa per professione di design industriale.
de|si|nà|re[1] *v.intr.* [indic.pres. *io désino...*; aus. A] (*tosc.*) in una giornata, consumare il pasto principale; pranzare.
de|si|nà|re[2] *s.m.* (*region.*) in una giornata, il pasto principale; pranzo.
de|si|nèn|za *s.f.* (*gramm.*) terminazione variabile di nomi, aggettivi, verbi e pronomi che, aggiunta al tema, determina le varie forme della flessione grammaticale.
de|sì|o *s.m.* (*lett.*) desiderio.
de|si|ste|re *v.intr.* [pass.rem. *io desistéi o desistètti*, *tu desistésti...*; part.pass. *desistito*; aus. A] smettere; rinunciare, recedere: — *da un proposito*.
desktop (*ingl.*) *s.m.invar.* (*inform.*) **1** computer da tavolo **2** visualizzazione sullo schermo, all'avvio del computer, degli strumenti disponibili; scrivania.
de|so|làn|te *part.pres. di* desolare ♦ *agg.* **1** che affligge **2** (*estens.*) squallido: *uno spettacolo* —.
de|so|là|re *v.tr.* [indic.pres. *io dèsolo...*] **1** (*lett.*)

sacheggiare, devastare: *la guerra ha desolato paesi e città* **2** affliggere, sconfortare.
de|so|là|to *part.pass. di* desolare ♦ *agg.* **1** addolorato, afflitto **2** (*estens.*) dispiaciuto: *sono — di non poterti accontentare* **3** di luogo, in stato di abbandono.
de|so|la|zió|ne *s.f.* **1** rovina, devastazione: *la guerra ha portato solo — 2 di un luogo*, stato di abbandono **3** sconforto, afflizione.
de|sol|fo|rà|re *v.tr.* [indic.pres. *io desólforo...*] (*chim.*) togliere in tutto o in parte lo zolfo da una sostanza: — *un metallo*, *un gas*.
de|so|no|riz|za|zió|ne *s.f.* (*ling.*) fenomeno per cui un suono sonoro si trasforma in sordo.
de|sos|si|ri|bo|nu|clèi|co o **deossiribonuclèico** *agg.* (*biol.*) si dice dell'acido, noto comunemente come DNA, responsabile della trasmissione dei caratteri ereditari.
dè|spo|ta *s.m.* [pl. -*i*] **1** sovrano assoluto, tiranno **2** (*estens.*) chi esercita la propria autorità in modo tirannico e arbitrario: *in famiglia è un* —.
de|squa|mà|re *v.tr.* produrre desquamazione ♦ **-rsi** *intr.pron.* subire desquamazione.
de|squa|ma|zió|ne *s.f.* **1** (*med.*) sfaldamento dell'epidermide sotto forma di squame **2** (*geol.*) fenomeno di erosione delle rocce dovuto spec. a escursioni termiche, consistente in un distacco di frammenti sotto forma di squame.
dessert (*fr.*) [pr. *dessèr*] *s.m.invar.* l'ultima portata di un pasto, spec. frutta o dolce.
des|sio|gra|fi|a *s.f.* scrittura che procede da sinistra a destra.
de|sta|bi|liz|zà|re *v.tr.* rendere instabile | turbare un assetto costituito, spec. politico.
de|sta|bi|liz|za|zió|ne *s.f.* sovvertimento.
de|sta|li|niz|za|zió|ne *s.f.* processo di rinnovamento e liberalizzazione del regime sovietico e del movimento comunista intrapreso dopo la morte di Stalin (1879-1953).
de|stà|re *v.tr.* [indic.pres. *io désto...*] **1** svegliare **2** (*fig.*) scuotere da uno stato d'inerzia: — *gli animi* **3** (*fig.*) suscitare, provocare: — *interesse*, *curiosità* ♦ **-rsi** *intr.pron.* **1** svegliarsi **2** (*fig.*) scuotersi dall'inerzia; risvegliarsi **3** (*fig.*, *lett.*) nascere, insorgere: *si destano nuove speranze*.
de|sti|nà|re *v.tr.* **1** assegnare qlcu. a un incarico | (*estens.*) avviare qlcu. a una professione, un'attività: *è destinato a continuare l'attività paterna* | riservare ql.co. a una funzione; adibire: — *una cifra in beneficenza* **2** rivolgere; indirizzare: *il regalo è destinato a voi*; *lo spettacolo è destinato ai ragazzi* **3** (*anche assol.*) stabilire in modo definitivo: *la sorte ha destinato così* | fissare: *non hanno ancora destinato la data dell'incontro*.
de|sti|na|tà|rio *s.m.* [f. -*a*] la persona a cui si indirizza ql.co., spec. un discorso o uno scritto.
de|sti|na|zió|ne *s.f.* **1** l'atto del destinare | il fine, l'uso a cui è destinata una cosa: *ignoro la — di questi soldi* **2** meta: *siamo giunti a —* | il luogo in cui viene spedita una merce, una lettera **3** sede assegnata a un impiegato, un funzionario.
de|sti|no *s.m.* **1** il corso degli eventi considerato come predeterminato da una forza superiore

determinatezza

2 sorte | *abbandonare qlcu. al proprio* —, disinteressarsene.
de|sti|tu|i|re *v.tr.* [indic.pres. *io destituisco, tu destituisci...*] rimuovere qlcu. da una carica, da un ufficio.
de|sti|tu|zió|ne *s.f.* licenziamento da una carica, un ufficio e sim.
dé|sto *part.pass. di* destare ♦ *agg.* che non dorme, sveglio | (*fig.*) acuto, vivace: *ha una mente desta.*
de|sto|ri|ciz|za|re *v.tr.* valutare un evento, un'idea, un personaggio al di fuori del suo contesto storico.
dè|stra *s.f.* **1** la mano destra **2** la parte che si trova dal lato della mano destra: *vieni alla mia* — | *tenere la* —, procedere sul lato destro della strada **3** l'insieme dei partiti conservatori, i cui deputati siedono in Parlamento alla destra del Presidente | (*estens.*) la corrente moderata e conservatrice di un partito, di un movimento culturale.
de|streg|giàr|si *v.intr.pron.* [indic.pres. *io mi destréggio...*] procedere con destrezza e abilità al fine di superare situazioni difficili e raggiungere i propri obiettivi; barcamenarsi: *si destreggia bene nel mondo degli affari;* — *nel traffico cittadino.*
de|stréz|za *s.f.* **1** agilità **2** (*fig.*) astuzia, sagacia: *si comporta con molta* —.
de|striè|ro *s.m.* (*lett.*) cavallo da sella di bell'aspetto e particolare pregio.
de|stri|na *s.f.* (*chim.*) sostanza in forma di polvere ottenuta dall'amido, usata nell'industria farmaceutica, alimentare e dei collanti.
dè|stro *agg.* **1** nel corpo umano, che è dal lato opposto a quello del cuore | (*fig.*) *braccio* —, collaboratore fidato **2** che sta alla destra di chi guarda | *la sponda destra di un fiume*, quella a destra di chi dà le spalle alla sorgente | *il lato — della strada*, quello stabilito rispetto al verso di marcia **3** abile, svelto: *è un tipo — di mano* ♦ *s.m.* **1** occasione, opportunità: *offrire il* — **2** (*sport*) nel pugilato, colpo inferto col pugno destro | nel calcio, il piede destro: *ha segnato con un tiro di* — □ **destramente** *avv.* abilmente, con destrezza.
de|stro|gì|ro *agg.* **1** destrorso **2** (*fis., chim.*) detto di composto otticamente attivo che fa ruotare a destra il piano di polarizzazione della luce.
de|strór|so *agg.* **1** che va da sinistra a destra **2** che gira nel verso di rotazione delle lancette dell'orologio: *vite destrorsa* ♦ *s.m.* [f. *-a*] (*fig., scherz.*) chi politicamente simpatizza per la destra.
de|strò|sio *s.m.* (*chim.*) glucosio.
de|strut|tu|rà|re *v.tr.* scomporre un insieme strutturato nei suoi elementi costitutivi ♦ **-rsi** *intr.pron.* disaggregarsi.
de|suè|to *agg.* (*lett.*) caduto in disuso.
de|sue|tù|di|ne *s.f.* **1** (*lett.*) cessazione di una consuetudine **2** (*dir.*) cessazione della validità di una norma a causa dell'inosservanza da parte dei cittadini.
de|sù|me|re *v.tr.* [con. come *assumere*] **1** ricavare, trarre: — *informazioni da una fonte sicura* **2** dedurre, arguire: *desumo dal tuo comportamento che sei arrabbiato con me.*
de|su|mì|bi|le *agg.* che si può desumere; deducibile.
de|sùn|to *part.pass. di* desumere ♦ *agg.* **1** tratto, ricavato **2** dedotto.
de|tas|sà|re *v.tr.* abolire le tasse che gravano su un servizio, su una merce e sim.
detective (*ingl.*) [pr. *detèktiv*] *s.m./f.invar.* agente investigativo, poliziotto privato.
detector (*ingl.*) [pr. *detèktor*] *s.m.invar.* (*elettr.*) strumento che rileva onde o frequenze.
de|te|i|nà|to *agg.* si dice del tè privato in tutto o in parte della teina.
de|te|né|re *v.tr.* [con. come *tenere*] **1** tenere presso di sé | (*estens.*) possedere: — *un titolo* **2** (*dir.*) tenere ql.co. in custodia, spec. senza averne il possesso: — *armi* **3** tenere in prigione.
de|ten|tì|vo *agg.* (*dir.*) che comporta la restrizione della libertà personale: *pena detentiva.*
de|ten|tó|re *agg., s.m.* [f. *-trice*] che, chi detiene ql.co.: *il — del record mondiale.*
de|te|nù|to *part.pass. di* detenere ♦ *agg., s.m.* [f. *-a*] detto di chi è in prigione; carcerato.
de|ten|zió|ne *s.f.* **1** la condizione del detenere ql.co. **2** pena che implica la carcerazione | (*estens.*) la carcerazione stessa **3** (*dir.*) disponibilità materiale di una cosa altrui: — *di un appartamento* | possesso illecito di ql.co.: — *di sostanze stupefacenti.*
de|ter|gèn|te *part.pres. di* detergere ♦ *agg., s.m.* si dice di sostanza che deterge, pulisce: *latte* —.
de|tèr|ge|re *v.tr.* [con. come *tergere*] pulire | asciugare, togliere via: — *il sudore.*
de|te|rio|rà|bi|le *agg.* che si può deteriorare; soggetto a deteriorarsi.
de|te|rio|ra|mén|to *s.m.* alterazione, danno.
de|te|rio|rà|re *v.tr.* [indic.pres. *io deterióro...*] (*anche fig.*) danneggiare, alterare: *l'umidità deteriora gli alimenti; l'invidia deteriora i rapporti* ♦ **-rsi** *intr.pron.* guastarsi, alterarsi.
de|te|rió|re *agg.* meno buono, peggiore | scadente di qualità.
de|ter|mi|nà|bi|le *agg.* che si può determinare; definibile.
de|ter|mi|nàn|te *part.pres. di* determinare ♦ *agg.* che è essenziale; risolutivo, decisivo: *la sua deposizione è stata* — ♦ *s.m.* **1** (*ling.*) elemento che determina la funzione di un altro, p.e. l'articolo **2** (*mat.*) valore numerico che si associa a una matrice quadrata.
de|ter|mi|nà|re *v.tr.* [indic.pres. *io detèrmino...*] **1** fissare i termini di ql.co.: — *i confini del podere* **2** stabilire, precisare: — *il prezzo del carburante* **3** causare: *il maltempo ha determinato un calo nel turismo* **4** indurre ad agire in un certo modo: *il sole lo determinò a uscire* | decidere, deliberare: *l'assemblea ha determinato di riprendere i lavori* ♦ **-rsi** *intr.pron.* risolversi, decidersi: — *a fare ql.co.*
de|ter|mi|na|téz|za *s.f.* qualità di chi è deter-

determinativo 348

minato: *agisce sempre con* — | *precisione: la — di una misura.*
de|ter|mi|na|ti|vo *agg.* che determina | (*gramm.*) *articolo* —, quello premesso a un nome per indicarlo in modo preciso (p.e. *il* gatto, *la* casa).
de|ter|mi|nà|to *part.pass. di* determinare ♦ *agg.* **1** stabilito, preciso: *in un luogo* — **2** particolare: *si è verificato solo in determinati casi* **3** deciso, risoluto: *è una persona determinata.*
de|ter|mi|na|zió|ne *s.f.* **1** l'atto del determinare **2** precisazione, definizione: — *di un confine* **3** decisione: *alla fine siamo arrivati a una* — **4** risolutezza, fermezza.
de|ter|mi|ni|smo *s.m.* concezione filosofica per cui ogni evento dell'universo è causato da un altro precedente; meccanicismo.
de|ter|rèn|te *agg., s.m.* **1** si dice di ciò che ha la capacità di dissuadere dal compiere un'azione **2** si dice di arma così potente da scoraggiare eventuali aggressioni nemiche: — *nucleare, atomico.*
de|ter|si|vo *agg., s.m.* si dice di prodotto, liquido o in polvere, contenente una sostanza che pulisce.
de|te|stà|bi|le *agg.* degno d'essere detestato.
de|te|stà|re *v.tr.* [indic.pres. *io detesto...*] avere in odio; aborrire: — *la violenza* | provare grande antipatia verso qlcu.: *quell'uomo lo detesto proprio* | non aprezzare, non gradire: — *i funghi* ♦ **-rsi** *rifl.rec.* disprezzarsi, odiarsi a vicenda.
de|to|nàn|te *part.pres. di* detonare ♦ *agg., s.m.* si dice di sostanza che ha una violenta e istantanea reazione esplosiva.
de|to|nà|re *v.intr.* [indic.pres. *io detono...*; aus. *A*] esplodere istantaneamente e con fragore.
de|to|na|tó|re *s.m.* dispositivo usato per innescare cariche di esplosivo.
de|to|na|zió|ne *s.f.* **1** reazione esplosiva che si propaga con fragore e con velocità elevatissima | (*estens.*) scoppio **2** (*mecc.*) nei motori a scoppio, rumore metallico provocato dalla combustione irregolare della miscela.
de|tra|ì|bi|le *agg.* che si può detrarre; deducibile.
de|tra|i|bi|li|tà *s.f.* qualità di ciò che è detraibile.
de|tràr|re *v.tr.* [con. come *trarre*] sottrarre, defalcare: — *dallo stipendio due giornate di lavoro* | scaricare dalle tasse.
de|trat|tó|re *s.m.* [f. *-trice*] chi calunnia, denigra qlcu.
de|tra|zió|ne *s.f.* l'atto del detrarre | ciò che è detratto.
de|tri|mén|to *s.m.* danno morale o materiale.
de|trì|ti|co *agg.* [m.pl. *-ci*] di detrito | costituito da detriti: *terreno* —.
de|trì|to *s.m.* **1** (*geol.*) frammento proveniente dalla disgregazione delle rocce **2** (*estens.*) frammento: *a causa dei lavori, la casa è piena di detriti* **3** (*fig.*) rifiuto.
de|tro|niz|zà|re *v.tr.* **1** deporre dal trono **2** (*estens.*) privare di una carica, di un potere: *il presidente della squadra è stato detronizzato* | nel linguaggio sportivo, togliere il titolo di campione.

dét|ta *solo nella loc.* **a — di**, secondo l'opinione di.
det|ta|gliàn|te *s.m./f.* chi vende al dettaglio; negoziante.
det|ta|glià|re *v.tr.* [indic.pres. *io dettaglio...*] descrivere con tutti i particolari.
det|ta|glià|to *part.pass. di* dettagliare ♦ *agg.* particolareggiato, minuzioso □ **dettagliatamente** *avv.*
det|tà|glio *s.m.* **1** elemento particolare, minimo: *ha raccontato tutti i dettagli della sua avventura* | **entrare nei dettagli**, addentrarsi fin nei minimi particolari **2** piccola quantità | **vendere al** —, vendere al minuto.
det|tà|me *s.m.* norma, precetto: *ascolta i dettami del cuore* | suggerimento: *non seguo i dettami della moda.*
det|tà|re *v.tr.* [indic.pres. *io détto...*] **1** pronunciare lentamente e con chiarezza ciò che qlcu. deve scrivere **2** stabilire, imporre: — *condizioni* | — *legge,* imporsi da padrone **3** consigliare, suggerire: *segui ciò che ti detta la coscienza.*
det|tà|to¹ *part.pass. di* dettare ♦ *s.m.* il testo scritto sotto dettatura, spec. per esercizio scolastico.
det|tà|to² *s.m.* ciò che prescrive una norma di legge: — *costituzionale.*
det|ta|tù|ra *s.f.* l'atto del dettare.
dét|to *part.pass. di* dire ♦ *agg.* **1** espresso con parole | — **fatto,** si dice per indicare che ciò che si è affermato viene fatto immediatamente | **come non** —, si dice per ritrattare parole dichiarate **2** chiamato, soprannominato: *Guido di Pietro* — *"Beato Angelico"* **3** precedentemente nominato; fissato: *il* — *personaggio; nella detta ora* ♦ *s.m.* **1** discorso, parola: *stando al suo* — **2** proverbio, motto, sentenza: *è un* — *popolare.*
de|tur|pà|re *v.tr.* **1** rendere brutto, sfigurato: *una macchia scura le deturpa il viso* **2** (*fig.*) corrompere, rovinare: *abbandonarsi ai vizi deturpa l'anima.*
deu|mi|di|fi|cà|re *v.tr.* [indic.pres. *io deumidifico, tu deumidifichi...*] ridurre il tasso di umidità dell'aria.
deu|mi|di|fi|ca|tó|re *s.m.* apparecchio usato per deumidificare l'aria.
dé|us ex mà|chi|na (*lat.*) *loc.sost.m.invar.* **1** nel teatro classico, divinità che veniva calata in scena dall'alto tramite apposito meccanismo, al momento della risoluzione di un intrigo **2** (*estens.*) persona o evento che imprevedibilmente risolve una situazione complessa.
deu|tè|rio *s.m.* isotopo dell'idrogeno che costituisce con l'ossigeno la molecola dell'acqua pesante; idrogeno pesante (*simb.* D).
de|va|stà|re *v.tr.* **1** distruggere, saccheggiare **2** (*fig.*) deturpare: *il suo viso è devastato dalle cicatrici* | (*fig.*) sconvolgere: *il dolore lo ha devastato.*
de|va|sta|tó|re *agg., s.m.* [f. *-trice*] che, chi devasta.
de|va|sta|zió|ne *s.f.* distruzione, rovina.
de|ver|bà|le *agg., s.m.* (*ling.*) si dice di parola che deriva da un verbo (p.e. *studente* da *studiare*).

de|viàn|te *part.pres. di deviare* ♦ *agg.* **1** che si allontana dalla strada principale | *(fig.)* che mira a confondere: *un discorso* — **2** *(sociol.)* si dice di comportamento che non rispetta le norme sociali.

de|viàn|za *s.f. (sociol.)* caratteristica di comportamenti e atteggiamenti che appaiono in contrasto con le norme o le aspettative sociali.

de|vià|re *v.intr.* [indic.pres. *io devìo...*; aus. *A*] **1** uscire dalla strada che si sta seguendo: *ha deviato verso il centro* **2** *(fig.)* scostarsi dal giusto, da una linea di condotta: — *dalle regole del gruppo* | divagare: — *dal tema stabilito* ♦ *tr.* **1** far mutare direzione: — *l'autobus* **2** *(fig.)* distogliere, sviare: — *i sospetti* **3** *(sport)* nel calcio, lanciare il pallone fuori dal campo: — *la palla in angolo*.

de|vià|to *part.pass. di deviare* ♦ *agg.* **1** che ha cambiato direzione **2** *(sociol.)* che si allontana da una linea di condotta socialmente corretta.

de|via|tó|io *s.m.* scambio ferroviario.

de|via|tó|re *s.m.* ferroviere addetto a manovrare scambi e segnali.

de|via|zió|ne *s.f.* **1** cambiamento di direzione **2** spostamento rispetto alla direzione normale: — *della spina dorsale* **3** *(fig.)* allontanamento dal giusto, da una linea di condotta | — **psichica, sessuale**, comportamento psichico, sessuale patologicamente anomalo **4** *(fis.)* modificazione della traiettoria di un corpo per effetto di una forza | — **ottica**, modificazione del percorso rettilineo di un'onda luminosa in seguito all'attraversamento di un prisma.

de|via|zio|ni|smo *s.m. (polit.)* allontanamento dalla linea ufficiale di un partito.

de|vi|sce|rà|re *v.tr.* [indic.pres. *io devìscero...*] privare un animale macellato dei visceri.

de vi|su *(lat.) loc.avv.* di persona, con i propri occhi: *constatare —*.

de|vi|ta|liz|zà|re *v.tr. (med.)* eliminare a scopo terapeutico la vitalità di un organo o di un nervo | — *un dente*, distruggere la polpa dentaria.

devolution *(ingl.)* [pr. *devolùscion*] *s.f.invar. (polit.)* all'interno di uno Stato, trasferimento dei poteri dal Governo centrale alle regioni.

de|vo|lu|zió|ne *s.f.* trasferimento di diritti o beni a un altro soggetto: *la — di un patrimonio*.

de|vòl|ve|re *v.tr.* [indic.pres. *io devòlvo...*; pass.rem. *io devolvéi* (o *devolvètti*), *tu devolvésti...*; part.pass. *devoluto*] *(dir.)* trasferire a qlcu. un bene o un diritto: — *i propri averi a qlcu.* | *(estens.)* destinare a qlcu. — *una somma in beneficenza*.

de|vo|nià|no *agg., s.m. (geol.)* si dice del quarto periodo dell'era paleozoica, iniziato circa 400 milioni di anni fa.

de|vò|to *agg.* **1** che si dedica interamente a un principio, un ideale: — *alla patria* **2** che dimostra devozione; pio: *è molto — alla Madonna* **3** ispirato a devozione: *raccogliersi in — silenzio* | che suscita devozione: *luogo —* **4** fedele, affezionato: *è un amico —* ♦ *s.m.* [f. *-a*] **1** chi partecipa con assiduità alle pratiche religiose | chi pratica un determinato culto: *i devoti di sant'Antonio* **2** persona fedele e affezionata: *è uno dei miei devoti* □ **devotamente** *avv.*

de|vo|zió|ne *s.f.* **1** *(relig.)* particolare venerazione per un santo o un mistero religioso **2** vivo sentimento religioso: *pregare con —* | *luogo di —*, luogo di culto **3** *(pl.)* preghiere **4** affetto, attaccamento: *ha una grande — per la madre* | dedizione a una persona o a un ideale.

di¹ *prep.* [si elide davanti a parola che inizia con vocale] **1** introduce una relazione di specificazione, oggettiva e soggettiva: *l'amore della patria*; *il profumo delle viole* | di appartenenza o possesso: *la barca — mio fratello* | di parentela: *la zia — Franco* **2** in funzione partitiva, indica un insieme di cui si considera solo una parte: *tre dei miei amici* | ha valore generico: *comprammo del pane* **3** in dipendenza da sost., agg. o pron. che indicano quantità, numero, insieme, introduce ciò a cui quella quantità o quell'insieme si riferisce: *migliaia — persone*; *un minimo — attenzione* **4** in una comparazione, introduce il secondo termine di paragone: *Laura è più elegante — Maria*; *il più veloce di tutti* **5** introduce un compl. di moto da luogo: *sono uscito — casa all'alba* | in correlazione con la prep. *in*, indica passaggio o cambiamento di condizione: — *città in città*; — *bene in meglio* | esprime separazione o allontanamento: *andar via — casa* **6** indica provenienza: *è — Padova* | discendenza: *una ragazza — nobili origini* **7** prima di un nome proprio, ha funzione denominativa: *il nome — Fabio*; *il paese — Recanati* **8** introduce l'argomento di uno scritto o di un discorso: *un corso monografico — filosofia*; *parlare — politica* **9** circoscrive l'ambito o l'aspetto per cui una condizione o una qualità è valida: *forte — corporatura* | può introdurre un concetto di privazione o di abbondanza: *povero — capacità*; *ricco — progetti* | di pena o di colpa: *colpevole — omicidio*; *ha preso una multa — cinquecento euro* **10** esprime un valore modale: *ridere — gusto*; *lavorare — buona lena* | una qualità: *un giovane — bella presenza* | la materia di cui una cosa è costituita: *un bracciale d'argento* | il prezzo, la stima di ql.co.: *un oggetto — scarso valore* | una quantità, un'indicazione d'età: *una cassa — due chili*; *un giovane — vent'anni* **11** in correlazione con la prep. *in*, esprime una funzione distributiva: *cinque in cinque* **12** definisce uno strumento, un mezzo: *spalmare — burro* **13** introduce una causa: *urlare — rabbia* **14** stabilisce lo scopo, la finalità: *il campo — calcio* **15** introduce un compl. di tempo determinato: *notte*; *d'inverno* | di tempo continuato: *un incontro — quattro ore* | in correlazione con la prep. *in*, indica un passaggio temporale: — *anno in anno* **16** in alcune espressioni enfatiche, ha funzione raff.: *ne ha commessi errori!* | ha funzione pleonastica: *dire — sì* **17** introduce prop. soggettive e oggettive con verbo all'inf.: *capita — arrivare in ritardo*; *ti augura — essere felice* | ha funzione dichiarativa: *ti prego — arrivare puntuale* | ha funzione consecutiva: *sono degni — essere biasimati* | ha funzione finale:

procura — *studiare seriamente* **18** concorre alla formazione di loc.prep., avv., cong.: *prima* —; *sotto* —; *fuori* —; *dopo* —; *a causa* —; *qua*; —*là*; —*fronte*; —*gran lunga*; —*modo che*; *dopo* —*che*.
di² *s.f./m.invar.* nome della lettera *d*.
dì *s.m.* (*lett.*) **1** giorno | *ai miei* —, ai miei tempi | *notte e* —, notte e giorno **2** periodo di illuminazione diurna.
di-¹ *pref.* indica movimento verso il basso (*discendere*), negazione (*disperare*) o intensificazione (*divorare*).
di-² *pref.* → **dis-**.
di|a- (*scient.*) primo elemento di parole composte che significa "attraverso, mediante" o "separazione, differenza" (*diascopia, diaframma*).
dia|bà|se *s.m.* (*min.*) roccia magmatica di colore verde scuro costituita da plagioclasio e augite.
dia|bè|te *s.m.* (*med.*) malattia del ricambio degli idrati di carbonio, dovuta a insufficiente secrezione di insulina da parte del pancreas; è caratterizzata dall'aumento di zucchero nel sangue e dalla presenza di zucchero nell'urina.
dia|bè|ti|co *agg.* [m.pl. *-ci*] **1** relativo al diabete **2** che è affetto da diabete ♦ *s.m.* [f. *-a*] persona affetta da diabete.
dia|bò|li|co *agg.* [m.pl. *-ci*] **1** del diavolo **2** (*estens.*) maligno, perverso: *animo* — □ **diabolicamente** *avv.*
dia|clà|si *s.f.invar.* (*geol.*) frattura di una massa rocciosa, dovuta spec. a movimenti tellurici, che non comporta un forte spostamento delle parti separate.
dia|co|nà|to *s.m.* nella Chiesa cattolica, il primo degli ordini della gerarchia ecclesiastica che abilita ad assistere il sacerdote durante le funzioni liturgiche, a leggere il Vangelo, ad amministrare il Battesimo e l'Eucarestia | grado, ufficio di diacono.
dia|co|nés|sa *s.f.* **1** nella Chiesa cristiana primitiva, donna anziana, vedova o vergine che si dedicava alla cura dei bisognosi e ad alcuni uffici liturgici **2** in alcune chiese protestanti, donna nubile cui sono affidati compiti assistenziali e di carità.
di|à|co|no *s.m.* **1** nella Chiesa cattolica, chi ha ricevuto l'ordine del diaconato **2** [f. *-a* o *-essa*] in alcune chiese protestanti, laico cui sono affidati compiti amministrativi e opere di carità.
dia|crì|ti|co *agg.* [m.pl. *-ci*] (*ling.*) detto di segno grafico usato per conferire ai segni abituali un valore distintivo, come la cediglia in francese e la tilde in spagnolo.
dia|cro|nì|a *s.f.* (*ling.*) **1** valutazione di qualunque fatto secondo il suo sviluppo storico **2** prospettiva di studio e analisi per cui si considera un determinato fenomeno in base alla sua evoluzione nel tempo.
dia|crò|ni|co *agg.* [m.pl. *-ci*] **1** relativo alla diacronia **2** che si analizza in base alla diacronia | *linguistica diacronica*, quella che studia l'evoluzione di una lingua nel tempo □ **diacronicamente** *avv.* sotto l'aspetto diacronico, storicamente.
dia|dè|ma *s.m.* [pl. *-i*] **1** nell'antichità classica e presso i popoli orientali, nastro di tela o cerchio d'oro ornato di pietre preziose, che veniva portato sulla fronte come simbolo di potere religioso o civile | (*estens., lett.*) corona **2** gioiello di forma circolare o semicircolare usato come ornamento femminile del capo.
di|à|do|co *s.m.* [pl. *-chi*] **1** (*st.*) ognuno dei successori di Alessandro Magno **2** nella Grecia moderna, fino alla caduta della monarchia, erede al trono.
dia|fa|no *agg.* (*lett.*) **1** che lascia passare la luce; trasparente: *cristallo* — **2** (*fig.*) di aspetto delicato, esile; pallido: *viso* —.
di|à|fi|si *s.f.* (*anat.*) parte di un osso lungo compresa tra le due estremità.
dia|fo|nì|a *s.f.* **1** (*mus.*) nella Grecia antica, dissonanza | nel Medioevo, tipo primitivo di polifonia **2** (*elettron.*) interferenza che si può verificare nelle conversazioni telefoniche e nelle trasmissioni radiofoniche.
dia|fo|rè|si *s.f.* (*med.*) sudorazione.
dia|fràm|ma *s.m.* [pl. *-i*] **1** ogni dispositivo o elemento che separa due cavità o ne divide una in due parti | (*fig.*) elemento che divide spiritualmente ostacolando la comunicazione **2** (*anat.*) muscolo membranoso e piatto che divide la cavità toracica da quella addominale **3** (*foto.*) dispositivo ad apertura regolabile che si usa per limitare la luce trasmessa dall'obiettivo alla pellicola | l'apertura stessa **4** (*med.*) anticoncezionale femminile consistente in una calotta di gomma da applicare al collo dell'utero.
di|à|gno|si *s.f.* **1** (*med.*) identificazione di una malattia in base ai sintomi, all'anamnesi e agli esami strumentali e di laboratorio **2** (*estens.*) valutazione di un fenomeno dopo averne analizzato le manifestazioni.
dia|gnò|sta *s.m.* medico specialista nel formulare le diagnosi; diagnostico.
dia|gnò|sti|ca *s.f.* (*med.*) l'insieme delle tecniche e dei metodi per formulare diagnosi.
dia|gno|sti|cà|re *v.tr.* [*io diagnòstico, tu diagnòstichi...*] determinare attraverso diagnosi | (*fig.*) identificare le cause di un fenomeno analizzando le sue manifestazioni.
dia|gnò|sti|co *agg.* [m.pl. *-ci*] di diagnosi; che consente una diagnosi ♦ *s.m.* [f. *-a*] diagnosta.
dia|go|nà|le *s.f.* **1** (*geom.*) linea retta che unisce due vertici non consecutivi di un poligono **2** linea obliqua, trasversale: *scrivere su un foglio in* — ♦ *s.m.* nel calcio e nel tennis, tiro obliquo rispetto ai lati del campo ♦ *agg.* obliquo, trasversale □ **diagonalmente** *avv.* trasversalmente.
dia|gràm|ma *s.m.* [pl. *-i*] rappresentazione grafica di una funzione matematica o dell'andamento di un fenomeno | (*estens.*) rappresentazione schematica | — *di flusso*, metodo di rappresentazione grafica sotto forma di caselle utilizzato per l'analisi e la risoluzione di un qualsiasi problema.

dia|lè|fe *s.f.* (*metr.*) iato tra due vocali consecutive, l'una in fine di parola, l'altra all'inizio della parola immediatamente successiva.

dia|let|tà|le *agg.* **1** che è tipico del dialetto: *cadenza* — **2** che è scritto e pronunciato in dialetto: *poesia* —|che si serve del dialetto per esprimersi: *scrittore* —.

dia|lèt|ti|ca *s.f.* **1** (*filos.*) l'arte del dialogo, della discussione|procedimento logico con cui si cerca la verità contrapponendo concetti antitetici o diversi: *la — sofista* **2** (*estens.*) abilità nel discorrere, nel sostenere le proprie argomentazioni: *quell'uomo ha una buona* —|condizione derivante dallo scontro fra posizioni opposte: *la — dei diversi partiti politici*.

dia|lèt|ti|co *agg.* [m.pl. *-ci*] **1** che riguarda la dialettica: *teoria dialettica* **2** (*estens.*) proprio di chi sa argomentare con logica stringente e forza persuasiva **3** che avviene attraverso la contrapposizione di elementi antitetici: *processo* — □ **dialetticamente** *avv.*

dia|lèt|to *s.m.* parlata propria di un'area geografica ristretta cui si contrappone la lingua nazionale.

dia|let|to|lo|gi|a *s.f.* ramo della linguistica che studia i dialetti e i loro rapporti con sistemi linguistici o lingue affini.

dia|let|tò|lo|go *s.m.* [f. *-a*; m.pl. *-gi*] esperto, studioso di dialettologia.

dia|li|pè|ta|lo *agg.* (*bot.*) si dice di corolla i cui petali sono separati l'uno dall'altro; coripetalo.

dia|li|sè|pa|lo *agg.* (*bot.*) si dice di calice i cui sepali sono separati l'uno dall'altro; corisepalo.

di|à|li|si *s.f.* **1** (*chim.*) processo di separazione di sostanze colloidi da altre cristalloidi, presenti in una stessa soluzione, mediante membrane semipermeabili **2** (*med.*) metodo di purificazione del sangue dalle sostanze tossiche, spec. in caso di insufficienza renale **3** (*ling.*) figura retorica che consiste nell'interruzione di un periodo mediante inciso.

dia|liz|zà|to *agg., s.m.* [f. *-a*] (*med.*) si dice di paziente sottoposto periodicamente a dialisi.

dia|lo|gà|re *v.intr.* [indic.pres. *io diàlogo, tu diàloghi...*; aus. *A*] conversare | (*estens.*) condividere pensieri e sentimenti.

dia|lo|gà|to *part.pass. di* dialogare ♦ *agg.* che ha natura di dialogo; fornito di dialoghi: *le parti dialogate di un racconto* ♦ *s.m.* parte di un romanzo, di un testo teatrale o cinematografico, che si svolge in forma di dialogo.

dia|lo|ghi|sta *s.m./f.* [m.pl. *-i*] (*cine., tv, teat.*) chi scrive, riduce o traduce dialoghi.

dia|lò|gi|co *agg.* [m.pl. *-ci*] **1** relativo al dialogo | (*estens.*) colloquiale **2** che si presenta sotto forma di dialogo: *un pezzo* — □ **dialogicamente** *avv.*

di|à|lo|go *s.m.* [pl. *-ghi*] **1** discorso che si svolge tra due o più persone **2** (*estens.*) continuo scambio di opinioni allo scopo di favorire la reciproca comprensione: *è importante il — tra genitori e figli*|trattativa fra gruppi politici in seguito a un periodo di scontri: *il — tra Governo e opposizione* **3** (*spec.pl.*) insieme delle battute di un testo letterario, teatrale o cinematografico **4** componimento letterario in forma di dialogo: *i "Dialoghi" di Platone*.

dia|ma|gnè|ti|co *agg.* [m.pl. *-ci*] (*fis.*) detto di sostanza che viene respinta anziché attratta da un magnete.

dia|ma|gne|ti|smo *s.m.* (*fis.*) proprietà delle sostanze diamagnetiche.

dia|màn|te *s.m.* **1** (*min.*) carbonio puro cristallizzato, durissimo, trasparente, incolore; è usato come pietra preziosa e a scopo industriale | (*fig.*) *duro come il* —, durissimo | *nozze di* —, il sessantesimo anniversario di matrimonio **2** strumento con punta di diamante che si usa per tagliare il vetro **3** (*sport*) nel baseball, il quadrato centrale del campo **4** in tipografia, antico carattere dal corpo minutissimo: *edizioni* —.

dia|man|ti|fe|ro *agg.* che contiene diamanti: *roccia diamantifera*.

dia|man|ti|no *agg.* **1** che ha le qualità del diamante **2** (*fig.*) puro, integerrimo.

dia|me|trà|le *agg.* (*geom.*) di diametro; che si riferisce al diametro □ **diametralmente** *avv.* **1** lungo il diametro **2** agli estremi opposti: *abitano in due zone della città — opposte* | (*fig.*) in completa avversione: *pareri — opposti*.

di|à|me|tro *s.m.* (*geom.*) segmento che unisce due punti di una circonferenza o di una superficie sferica passando per il centro.

dia|mi|na *s.f.* → **diammina**.

di|à|mi|ne *inter.* esclamazione di meraviglia, disapprovazione, irritazione: —, *che tono!* | si usa come risposta energicamente affermativa: *ti ricordi dove abito? —!*

diam|mi|na o **diamina** *s.f.* (*chim.*) composto organico con due gruppi amminici.

di|à|na *s.f.* **1** stella che splende in cielo all'alba **2** (*estens.*) nelle caserme, segnale di sveglia.

Di|àn|to *s.m.* genere di piante erbacee di cui fa parte il garofano.

diàn|zi *avv.* (*lett.*) or ora, poco fa.

dia|pa|son *s.m.invar.* **1** (*mus.*) forcella metallica che, percossa, vibra emettendo la nota *la*; viene usata per accordare gli strumenti musicali **2** (*mus.*) estensione di suono che una voce o uno strumento è in grado di percorrere dal tono più basso al tono più alto; registro | (*fig.*) il culmine, il massimo grado: *giungere al* —.

dia|po|si|ti|va *s.f.* immagine fotografica positiva su supporto trasparente in vetro o pellicola, da proiettare su uno schermo.

dia|pro|iet|tó|re *s.m.* proiettore per diapositive.

diar|chì|a *s.f.* forma di governo in cui il potere è esercitato da due persone con uguali diritti | (*estens.*) divisione del potere fra due persone all'interno dello stesso gruppo politico.

di|à|ria *s.f.* rimborso spese spettante a un lavoratore dipendente per ogni giorno di lavoro svolto fuori sede.

di|à|rio *s.m.* **1** quaderno in cui si annotano ogni giorno fatti, riflessioni e sensazioni che si reputano importanti: — *intimo* | *racconto giornaliero delle esperienze vissute: il — di guerra* **2** registro

diarista

giornaliero: — *scolastico* | — *di bordo*, quello su cui il comandante di una nave annota i dati di navigazione 3 calendario dei giorni in cui si svolgeranno le prove di un esame, un concorso e sim.: — *degli esami*.

dia|ri|sta *s.m./f.* [m.pl. *-i*] autore, scrittore di diari.

diar|rè|a *s.f.* (*med.*) emissione frequente di feci liquide o semiliquide.

diar|roi|co *agg.* [m.pl. *-ci*] che si riferisce alla diarrea: *scariche diarroiche*.

di|à|spo|ra *s.f.* dispersione di un popolo nel mondo dopo l'abbandono della terra d'origine | (*st.*) la migrazione del popolo ebraico fuori dalla Palestina, spec. dopo l'esilio babilonese | (*estens.*) dispersione dei membri di una comunità.

di|à|spro *s.m.* (*min.*) roccia silicea dai colori vivaci, usata come pietra ornamentale.

di|à|sta|si *s.f.invar.* 1 (*med.*) allontanamento di organi che normalmente sono a contatto 2 (*biol.*) enzima capace di trasformare l'amido in zucchero.

di|à|sto|le *s.f.* 1 (*fisiol.*) fase di dilatazione del muscolo cardiaco 2 (*metr.*) spostamento dell'accento tonico verso la fine della parola per motivi ritmici.

dia|stro|fi|smo *s.m.* (*geol.*) il processo delle deformazioni meccaniche cui è sottoposta la crosta terrestre.

dia|ter|mi|a *s.f.* (*med.*) terapia, spec. per la cura di forme reumatiche, praticata mediante emissione di correnti elettriche ad alta frequenza nei tessuti, allo scopo di sviluppare calore in profondità.

di|à|te|si *s.f.* 1 (*med.*) predisposizione, per lo più ereditaria, dell'organismo a una malattia 2 (*gramm.*) funzione del verbo nel rapporto con il sogg. o l'ogg.: — *passiva*.

Dia|to|mè|e *s.f.pl.* classe di alghe unicellulari microscopiche d'acqua dolce o marina, dotate di un caratteristico guscio siliceo.

di|à|tri|ba o **diatriba** *s.f.* 1 (*filos.*) nell'antichità greca, discussione a carattere divulgativo su temi etici 2 discorso violento di accusa, critica | (*estens.*) disputa accesa.

dià|vo|la *s.f. nella loc. alla —*, detto di cibo cucinato in salsa rossa e piccante: *pollo alla —*.

dia|vo|le|rì|a *s.f.* 1 azione diabolica | (*estens.*) trovata astuta 2 (*scherz.*) cosa strana, bizzarra.

dia|vo|lét|to *s.m.* 1 [f. *-a*] (*scherz.*) bambino vispo, vivace 2 bigodino 3 (*fis.*) — *di Cartesio*, figurina di vetro, cava e forata alla base, usata per sperimentare il principio idrostatico di Pascal.

dià|vo|lo *s.m.* 1 nell'Ebraismo e nel Cristianesimo, potenza che guida le forze del male, identificato con Lucifero | (*fig.*) **mandare qlcu. al —**, inveire contro qlcu. | **avere un — per capello**, essere molto nervoso, insofferente | **saperne una più del —**, essere molto astuto | **abitare a casa del —**, abitare in un luogo lontano, scomodo | **il — ci ha messo la coda**, si dice quando una situazione si è conclusa negativamente 2 (*fig.*) persona dal brutto aspetto o malvagia 3 (*fig.*) persona vivace, irrequieta: *quel ragazzino è un —* | **fare il —** **a quattro**, fare gran confusione o impegnarsi in tutti i modi per conseguire un obiettivo | **avere il — in corpo**, essere molto agitato 4 (*fig.*) persona le cui qualità suscitano ammirazione, meraviglia: *è un — che riesce a fare tutto!* | persona mite, bonaria | persona sfortunata: *è un povero —* 5 si usa in esclamazioni di meraviglia o di rabbia: *al —!*; *che il — ti porti!* | si usa come raff. in frasi escl. e interr.: *dove — ti sei cacciato?* | (*prov.*) *il —* **fa le pentole ma non i coperchi**, gli inganni prima o poi vengono alla luce | **il — non è brutto come lo si dipinge**, la situazione non è grave quanto si temeva.

di|bàt|te|re *v.tr.* esaminare una questione con cura, discutere vagliando ogni aspetto: *la proposta è stata a lungo dibattuta* ♦ **-rsi** *rifl.* agitarsi, divincolarsi | (*fig.*) essere combattuto da tendenze opposte: — *nel dubbio*.

di|bat|ti|men|tà|le *agg.* (*dir.*) che riguarda il dibattimento.

di|bat|ti|mén|to *s.m.* 1 discussione 2 (*dir.*) la fase del processo penale in cui si discutono, in presenza di tutti i soggetti, i risultati dell'istruttoria.

di|bàt|ti|to *s.m.* discussione fra più persone su un determinato argomento, spec. culturale o politico: *partecipare a un —*; — *parlamentare*.

di|bo|sca|mén|to o **disboscamento** *s.m.* deforestazione.

di|bo|scà|re o **disboscàre** *v.tr.* [indic.pres. *io dibosco, tu diboschi...*] (*anche assol.*) tagliare completamente o diradare gli alberi di un bosco: — *una collina*; *hanno incominciato a —*.

di|ca|stè|ro *s.m.* ministero.

di|cèm|bre *s.m.* dodicesimo e ultimo mese dell'anno del calendario gregoriano e giuliano, di 31 giorni.

di|ce|rì|a *s.f.* voce malevola e priva di fondamento; chiacchiera.

di|chia|rànte *part.pres. di* dichiarare ♦ *agg.*, *s.m./f.* (*bur.*) chi fa una dichiarazione.

di|chia|rà|re *v.tr.* 1 rendere manifesto; rivelare 2 affermare pubblicamente; denunciare: — *le proprie generalità*; — *i redditi* | **guerra**, annunciare che la si incomincia; (*fig.*) voler contrastare qlcu. o ql.co. 3 giudicare, sentenziare: *è stato dichiarato colpevole* | proclamare, nominare: *ha dichiarato suoi eredi i nipoti* 4 nel bridge e in altri giochi di carte, fare la dichiarazione ♦ **-rsi** *rifl.* 1 affermare di essere: *puoi dichiararti soddisfatto* 2 manifestare la propria opinione: — *a favore di ql.co.* 3 manifestare i propri sentimenti alla persona che si ama.

di|chia|ra|tì|vo *agg.* 1 che serve a spiegare, a chiarire: *nota dichiarativa* 2 (*gramm.*) *congiunzione dichiarativa*, si dice di cong. coordinativa che introduce una prop. in cui si spiega quanto detto in precedenza (p.e. *infatti, cioè*) | si dice di cong. subordinativa che introduce un'affermazione, un'enunciazione (p.e. *che*) 3 (*gramm.*) si dice di prop. coordinata o subordinata che è introdotta da una cong. dichiarativa **4** (*gramm.*) si dice di v. che esprime comunicazione (p.e. *dire, affermare, raccontare*).

di|chia|rà|to *part.pass. di* dichiarare ♦ *agg.* **1** che è oggetto di una dichiarazione **2** manifesto, palese: *nemico* — □ **dichiaratamente** *avv.* in modo chiaro e manifesto.

di|chia|ra|zió|ne *s.f.* **1** l'atto del dichiarare; discorso o documento con cui si dichiara ql.co.: — *di fedeltà; rilasciare una* — | *fare la* —, confessare a una persona il proprio amore **2** (*dir.*) il contenuto di un provvedimento dichiarativo | (*estens.*) il provvedimento stesso **3** in alcuni giochi di carte, annuncio del possesso di certe combinazioni; nel bridge, annuncio del numero di prese che si intende realizzare.

di|cian|nò|ve *agg.num.card.invar.* che equivale a una decina più nove unità | (*anche ell.*) *le (ore)* —, le sette di sera ♦ *s.m.invar.* il numero naturale che equivale a una decina più nove unità | il simbolo che rappresenta tale numero.

di|cian|no|vèn|ne *agg., s.m./f.* che, chi ha diciannove anni d'età.

di|cian|no|vè|si|mo *agg.num.ord.* che in una serie corrisponde al posto numero diciannove | *il secolo* — (o xix), gli anni compresi tra il 1801 e il 1900.

di|cias|sèt|te *agg.num.card.invar.* che equivale a una decina più sette unità | (*anche ell.*) *le (ore)* —, le cinque del pomeriggio ♦ *s.m.invar.* il numero naturale che equivale a una decina più sette unità | il simbolo che rappresenta tale numero.

di|cias|set|tèn|ne *agg., s.m./f.* che, chi ha diciassette anni d'età.

di|cias|set|tè|si|mo *agg.num.ord.* che in una serie corrisponde al posto numero diciassette |*il secolo* — (o xvii), gli anni compresi tra il 1601 e il 1700.

di|ciot|tè|si|mo *agg.num.ord.* che in una serie corrisponde al posto numero diciotto | *il secolo* — (o *xviii*), gli anni compresi tra il 1701 e il 1800.

di|ciòt|to *agg.num.card.invar.* che equivale a una decina più otto unità | (*anche ell.*) *le (ore)* —, le sei del pomeriggio ♦ *s.m.invar.* il numero naturale che equivale a una decina più otto unità | il simbolo che rappresenta tale numero.

di|ci|tù|ra *s.f.* **1** (*lett.*) la forma sotto cui uno scritto o un discorso si presenta **2** breve scritta con funzione informativa o di avviso: *sulla confezione compare la* — *"Tenere fuori dalla portata dei bambini"*.

di|co- primo elemento di parole composte che significa "diviso in due parti" (*dicotiledone*).

di|co|ti|lè|do|ne *agg.* si dice di pianta il cui embrione ha due cotiledoni.

Di|co|ti|lè|do|ni *s.f.pl.* classe di piante angiosperme con due cotiledoni nell'embrione.

di|co|to|mìa *s.f.* **1** separazione netta tra due elementi **2** (*filos.*) suddivisione di un concetto in due parti contrarie **3** (*bot.*) tipo di ramificazione in cui la gemma apicale si divide in due

formando due rami uguali **4** (*astr.*) fase del primo o dell'ultimo quarto di luna.

di|cro|mì|a *s.f.* nelle opere artistiche, uso di due colori; bicromia.

di|da|sca|lì|a *s.f.* **1** testo esplicativo che accompagna un'illustrazione **2** scritta che appare in sovrimpressione su pellicole cinematografiche o immagini televisive come traduzione o commento; sottotitolo **3** nel testo di un'opera teatrale, indicazione per gli attori, intercalata alle battute, che riguarda la scenografia o la recitazione.

di|da|scà|li|co *agg.* [m.pl. *-ci*] **1** che concerne l'insegnamento | che si propone di insegnare **2** si dice di opera o genere letterario che ha come scopo l'ammaestramento scientifico, morale, religioso del lettore: *poema* — | (*estens., spreg.*) saccente; pedante □ **didascalicamente** *avv.*

di|dàt|ti|ca *s.f.* ramo della pedagogia che studia i metodi dell'insegnamento.

di|dàt|ti|co *agg.* [m.pl. *-ci*] **1** relativo all'insegnamento | pedagogico, istruttivo: *opera didattica* **2** (*estens.*) tipico di chi insegna: *tono* — □ **didatticamente** *avv.* in base ai principi della didattica; dal punto di vista didattico.

di|dén|tro o **di déntro** *avv.* nell'interno; internamente ♦ *s.m.invar.* la parte interna: *il* — *del pneumatico* ♦ *agg.invar.* che sta dentro; interno: *il lato* — *dell'altare*.

di|diè|tro o **di diètro** *avv.* dietro ♦ *s.m.invar.* **1** la parte posteriore di ql.co.: *il* — *dell'edificio* **2** (*scherz.*) il sedere: *ti prendo a calci nel* — ♦ *agg. invar.* che sta dietro; posteriore: *la parte* — *dell'automobile*.

diè|ci *agg.num.card.invar.* che equivale a nove unità più una ♦ *s.m.* il numero naturale che equivale a nove unità più una | il simbolo che rappresenta tale numero.

die|ci|na *s.f.* → **decina**.

di|è|dro *agg., s.m.* (*geom.*) detto di angolo compreso fra due semipiani aventi la stessa retta come origine.

di|e|let|tri|ci|tà *s.f.* (*elettr.*) qualità distintiva dei materiali dielettrici.

di|e|lèt|tri|co *agg., s.m.* [m.pl. *-ci*] (*elettr.*) detto di materiale caratterizzato da bassa conducibilità elettrica e quindi usato come isolante.

di|en|cè|falo *s.m.* (*anat.*) la parte del cervello in cui hanno sede i centri di regolazione delle più importanti funzioni dell'organismo; comprende il talamo e l'ipotalamo.

di|è|re|si *s.f.* **1** (*ling.*) in una parola, divisione di un gruppo vocalico tale che le due vocali non formino dittongo ma facciano parte di due diverse sillabe | il segno che indica tale divisione, rappresentato da due puntini posti sulla vocale più debole (p.e. *quïete*) **2** (*med.*) separazione di tessuti normalmente uniti.

di|es i|rae (*lat.*) [pr. *dìes ire*] *loc.sost.m.invar.* **1** sequenza liturgica cantata o recitata durante l'ufficio funebre | (*estens.*) il giorno del Giudizio Universale **2** (*fig., scherz.*) il momento della resa dei conti.

diesel (*ted.*) [pr. *dìsel*] *agg.* (*mecc.*) si dice di motore a combustione interna per combustibili pesanti (p.e. nafta, gasolio) | (*estens.*) detto di veicolo dotato di tale motore ♦ *s.m./f.invar.* veicolo con tale motore.

diè|sis *s.m.invar.* (*mus.*) segno dell'alterazione di una nota che si eleva di mezzo tono | l'elevazione stessa.

diè|ta[1] *s.f.* **1** regime alimentare basato sull'assunzione regolata di certi cibi a scopo igienico o terapeutico | — *mediterranea*, dieta basata sui prodotti originari dell'area mediterranea (p.e. cereali, legumi, pasta, olio d'oliva) **2** (*estens.*) astensione per un certo periodo di tempo dal cibo o da alcuni cibi al fine di un dimagrimento.

diè|ta[2] *s.f.* **1** in alcuni Stati, assemblea politica o parlamentare **2** (*st.*) l'assemblea del Sacro Romano Impero.

die|tè|ti|ca *s.f.* (*med.*) studio della composizione degli alimenti in rapporto alle condizioni fisiologiche dell'organismo.

die|tè|ti|co *agg.* [m.pl. -*ci*] che concerne la dieta: *alimentazione dietetica* | fornito di componenti adatti a una certa dieta: *gelato* —.

die|tì|sta *s.m./f.* [m.pl. -*i*] chi è diplomato in dietetica.

die|to|lo|gì|a *s.f.* ramo della medicina che studia i regimi alimentari in funzione terapeutica; dietetica.

die|tò|lo|go *s.m.* [f. -*a*; m.pl. -*gi*] medico specialista in dietetica.

diè|tro *avv.* nella parte posteriore: *non metterti* —; *vorrei stare* — ♦ *prep.* **1** nella parte posteriore: *il giardino è* — *la casa* **2** di là da: *sta* — *la finestra* **3** appresso | (*fig.*) *correre* — *a qlcu.*, corteggiarlo | *correre* — *a ql.co.*, desiderarla intensamente | *tirarsi* — *qlcu.*, farsi seguire | *portarsi* — *qlcu.*, *ql.co.*, portarlo con sé **4** (*fig.*) alle spalle: *tutti gli parlano* — **5** dopo: *le idee vengono una* — *l'altra* | in seguito a: — *versamento* | in base a, secondo: — *tuo consiglio* ♦ *s.m.invar.* la parte posteriore: *il* — *della camicia*.

die|tro|frónt o **dietro frónt** *loc.inter.* comando dato ai soldati perché invertano la marcia o il fronte dello schieramento ♦ *s.m.invar.* tale comando: *ordinare il* — | (*fig.*) improvviso cambiamento di opinione.

die|tro|lo|gì|a *s.f.* nel linguaggio giornalistico e politico, ricerca di fatti o motivi occulti che starebbero dietro un evento, le azioni o le parole di qlcu.

di|fat|ti *cong.* infatti.

di|fèn|de|re *v.tr.* [indic.pres. *io difendo*...; pass. rem. *io difési, tu difendésti*...; part.pass. *diféso*] **1** proteggere da pericoli, danni; salvaguardare: — *dall'assalto nemico* **2** prendere le difese di qlcu.: — *i più deboli* | (*estens.*) scagionare: *difende sempre i suoi amici* | sostenere diritti e ragioni contro attacchi avversari: — *le proprie opinioni* **3** (*dir.*) ribattere le accuse con argomentazioni giuridiche e prove: — *in giudizio* ♦ *-rsi rifl.* **1** ripararsi, proteggersi: — *dal freddo;* — *dal fumo* **2** far valere le proprie ragioni **3** (*dir.*) opporre resistenza **4** (*fam.*) far fronte a ql.co.; cavarsela: *in italiano si difende bene.*

di|fen|dì|bi|le *agg.* **1** che si può difendere **2** sostenibile: *una teoria difficilmente* — | scusabile.

di|fen|sì|va *s.f.* (*mil.*) tattica di combattimento che ha lo scopo di difendere le posizioni occupate | (*estens.*) atteggiamento di cautela: *stare sulla* —.

di|fen|si|vì|smo *s.m.* atteggiamento di chi sceglie una condotta difensiva reputandola la più proficua | (*sport*) tattica impostata sulla difesa.

di|fen|sì|vo *agg.* di difesa: *atteggiamento* — | che serve a difendere o a difendersi: *linea difensiva.*

di|fen|só|re *s.m.* [f. *difenditrice*] **1** chi difende: — *degli oppressi* **2** (*dir.*) in un processo, legale che assiste e difende una parte | — *di fiducia*, quello nominato dalla parte | — *d'ufficio*, quello nominato dal giudice quando manca il difensore di fiducia **3** (*sport*) giocatore al quale è affidato il ruolo difensivo ♦ *agg.* che difende: *avvocato* —.

di|fé|sa *s.f.* **1** protezione offerta contro pericoli, la — *dei diritti umani* | (*estens.*) chi o tutto ciò che serve a difendere, a proteggere: *sei la mia* — **2** parole o scritto con cui si difende qlcu. | (*dir.*) insieme degli atti e delle prove presentati in tribunale a favore di un imputato | (*estens.*) avvocato difensore **3** (*mil.*) insieme dei mezzi destinati alla difesa; fortificazione: — *antiaerea* | *ministero della* —, quello che sovrintende alle forze armate **4** (*sport*) nei giochi di squadra, azione di ostacolo contro gli attacchi della squadra avversaria **5** (*spec.pl., med.*) l'insieme dei meccanismi con cui l'organismo si difende dagli agenti esterni.

di|féso *part.pass.* di difendere ♦ *agg.* **1** protetto, riparato **2** fortificato.

di|fet|tà|re *v.intr.* [indic.pres. *io difetto*...; aus. *A*] **1** mancare di ql.co.; scarseggiare: — *dei mezzi di sussistenza* **2** essere difettoso, carente in ql.co.: — *nell'intelligenza.*

di|fet|tì|vo *agg.* **1** (*lett.*) manchevole, incompleto **2** (*gramm.*) si dice di sost. o v. che mancano di alcune forme.

di|fèt|to *s.m.* **1** insufficienza, mancanza | *in* — *di*, in mancanza di **2** imperfezione fisica o morale | abitudine negativa; vizio: *ha il* — *di arrivare sempre in ritardo* | colpa, torto: *essere in* — **3** ciò che costituisce l'elemento di svalutazione di ql.co.: — *di funzionamento* **4** (*mat.*) *approssimazione per* —, determinazione di una grandezza o di un numero in un valore leggermente inferiore a quello reale.

di|fet|tó|so *agg.* **1** insufficiente, manchevole **2** che presenta qualche difetto: *è* — *di udito* **3** che non funziona bene: *un motore* —.

dif|fa|mà|re *v.tr.* danneggiare la reputazione di qlcu. diffondendo maldicenze sul suo conto; calunniare.

dif|fa|ma|tó|re *s.m.* [f. *-trice*] chi diffama; denigratore.

dif|fa|ma|tò|rio *agg.* che diffama | che mira a diffamare; calunnioso.

diffamazióne *s.f.* calunnia | (*dir.*) reato consistente nel recare offesa alla reputazione di qlcu. che non è presente.

differènte *part.pres. di* differire ♦ *agg.* che differisce nelle caratteristiche da persona o cosa con cui si è stabilito un confronto; diverso: *avere gusti differenti* □ **differentemente** *avv.*

differènza *s.f.* **1** diversità | elemento qualitativo o quantitativo che rende differenti persone, cose: — *di statura*; — *di censo* | *non fa* —, è lo stesso | *c'è una bella* —!, c'è una diversità notevole | *non fare differenze*, trattare allo stesso modo, mettere sullo stesso piano | *a* — *di*, differentemente da **2** (*mat.*) risultato dell'operazione di sottrazione **3** somma che manca per completare un pagamento.

differenziàle *agg.* basato su una differenza | (*mat.*) *calcolo* —, lo studio dei limiti, delle derivate, degli integrali | (*med.*) *pressione* —, l'intervallo che intercorre fra la pressione massima e la pressione minima ♦ *s.m.* **1** (*mecc.*) in un autoveicolo, sistema di ingranaggi che consente di differenziare la velocità di rotazione delle ruote motrici in curva **2** (*mat.*) infinitesimo incremento di una funzione.

differenziaménto *s.m.* **1** differenziazione **2** (*biol.*) fenomeno di progressive trasformazioni, nel corso dello sviluppo embrionale, per cui cellule, tessuti e organi acquistano proprietà e funzioni specifiche.

differenziàre *v.tr.* [indic.pres. *io differenzio*...] **1** rendere differente; distinguere sulla base delle caratteristiche: *il suo stile lo differenzia dagli altri* **2** diversificare ♦ **-rsi** *rifl.*, *intr.pron.* essere differente o acquisire caratteristiche differenti; distinguersi: — *dalla massa*.

differenziazióne *s.f.* distinzione | diversificazione.

differìbile *agg.* che si può differire, rinviare.

differiménto *s.m.* aggiornamento, rinvio; proroga.

differìre *v.tr.* [indic.pres. *io differisco*, *tu differisci*...] rimandare a un tempo successivo; rinviare: *ha differito la partenza di un mese* ♦ *intr.* [aus. *A*] essere diverso; differenziarsi: — *da qlcu. in ql.co.*

differìta *s.f.* **1** trasmissione radiotelevisiva registrata e mandata in onda successivamente | *in* —, detto di programma radiotelevisivo che non viene trasmesso in diretta.

difficile *agg.* **1** che richiede fatica, abilità: *un problema* — *da risolvere* | (*estens.*) arduo da capire: *una spiegazione* — **2** chiuso, scontroso: *è un bambino* — | incontentabile, esigente **3** pieno di disagi, critico: *è un momento* — | *rendere la vita* — *a qlcu.*, angustiarlo, ostacolarlo **4** poco probabile: *è* — *che torni presto* ♦ *s.m.* **1** [anche f.] persona difficile **2** problema; difficoltà: *in questo sta il* — □ **difficilmente** *avv.* **1** in modo difficile **2** con difficoltà: — *si trova il posteggio* **3** con poca probabilità: — *verrò a cena*.

difficoltà *s.f.* **1** qualità di ciò che è difficile | ostacolo, complicazione: *ha superato una grande* — **3** sforzo, fatica: *si muove con* — **4** opposizione, obiezione: *non ho alcuna* — *ad accettare il loro invito* **5** situazione difficile | (*spec.pl.*) scarsità di mezzi; ristrettezza economica.

difficoltóso *agg.* che presenta difficoltà; arduo.

diffìda *s.f.* (*dir.*) avviso rivolto a qlcu. affinché si astenga da un certo comportamento o dal compiere una determinata attività.

diffidàre *v.intr.* [aus. *A*] non avere fiducia ♦ *tr.* (*dir.*) intimare una diffida.

diffidènte *agg.*, *s.m./f.* detto di chi non si fida, è scettico o sospettoso: *non fare il* —!

diffidènza *s.f.* disposizione d'animo e atteggiamento di chi è diffidente.

difflüènte *s.m.* (*geog.*) corso d'acqua secondario che si stacca dal fiume principale e sfocia separatamente nel mare o in un lago.

diffóndere [*con.* come *fondere*] **1** spargere intorno; effondere: *il pianoforte diffondeva un suono grave* **2** (*fig.*) propagare, divulgare: — *il contagio* | trasmettere, propagandare: — *notizie*; *la TV ha diffuso il messaggio del pontefice* ♦ **-rsi** *intr.pron.* **1** spargersi intorno: *il profumo delle rose si diffonde* **2** (*fig.*) propagarsi, divulgarsi: *la malattia si diffuse* **3** dilungarsi nello scrivere o nel parlare: — *in spiegazioni inutili*.

diffórme *agg.* che non è conforme; diverso, discordante: *la copia è* — *dall'autentico*.

difformità *s.f.* diversità, discordanza: — *di giudizi*.

diffrattòmetro *s.m.* (*fis.*) apparecchio che permette di determinare la struttura del reticolo cristallino, attraverso l'esame della radiazione dei raggi X; spettrometro.

diffrazióne *s.f.* (*fis.*) fenomeno per cui un fascio di luce o un'onda acustica, passando attraverso una fessura o incontrando un ostacolo, si propagano in direzione non rettilinea.

diffusióne *s.f.* **1** fenomeno per cui ql.co. si propaga; divulgazione: — *di un virus* | *area di* —, quella entro cui un dato fenomeno si è diffuso | trasmissione; distribuzione: *la* — *di un giornale* **2** (*fis.*) propagazione nello spazio | rinvio in tutte le direzioni di un fascio luminoso battente su una superficie scabra non assorbente né trasparente **3** (*chim.*, *fis.*) migrazione di atomi o molecole da una parte all'altra di due sostanze in contatto.

diffusìvo *agg.* **1** che ha la capacità di diffondersi: *la proprietà diffusiva dei gas* **2** che si riferisce alla diffusione: *processo* —.

diffùso *part.pass.* di diffondere ♦ *agg.* **1** sparso largamente; esteso | *luce diffusa*, quella che si espande uniformemente | frequente, comune: *un'abitudine diffusa* **2** (*fig.*) detto di discorso o scritto, ampio, esauriente | detto di parlatore o scrittore, prolisso □ **diffusamente** *avv.* **1** in modo diffuso **2** in modo prolisso: *descrivere* — *l'accaduto*.

diffusóre *s.m.* [f. *diffonditrice*] **1** chi diffonde; divulgatore **2** in ottica, apparecchio che diffonde uniformemente un flusso luminoso **3** in elettroacustica, dispositivo che trasforma gli impul-

difilato

si elettrici in energia sonora ♦ *agg.* che diffonde | (*foto.*) **filtro** —, vetro ottico non perfettamente levigato che si antepone all'obbiettivo per ottenere immagini sfumate.

di|fi|là|to *avv.* direttamente e in fretta: *andarono — a casa* | di continuo, senza interruzione: *ha parlato — per un'ora* ♦ *agg.* veloce, risoluto: *venivano difilati verso di noi.*

di|fio|dón|te *agg.* detto di mammifero che ha due dentizioni, una decidua e una permanente.

di|frón|te o **di frónte** *avv.* davanti, dirimpetto | (*loc.prep.*) — *a*, davanti a: *uno — all'altro*; in seguito a: *cedere — alle insistenze di qlcu.* ♦ *agg. invar.* che sta di faccia; antistante: *il palazzo —*.

dif|tè|ri|co *agg.* [m.pl. *-ci*] (*med.*) di difterite.

dif|te|rì|te *s.f.* (*med.*) malattia infettiva che si manifesta nelle prime vie respiratorie, spec. nelle tonsille e nella laringe.

di|fuó|ri o **di fuóri** *avv.* fuori | (*loc.prep.*) *al — di*, fuori da; aldilà di; eccetto ♦ *s.m.invar.* la parte esterna: *il — della casa.*

di|ga *s.f.* 1 sbarramento artificiale atto a regolare il deflusso di un corso d'acqua, a creare un bacino o a proteggere coste e porti 2 (*fig.*) freno, difesa, barriera: *erigere una — contro la delinquenza.*

di|ge|rèn|te *part.pres. di* digerire ♦ *agg.* che digerisce | che serve alla funzione digestiva: *apparato —.*

di|ge|rì|bi|le *agg.* 1 che si digerisce facilmente; leggero: *cibi digeribili* 2 (*fig.*) accettabile, sopportabile: *la tua risposta non è facilmente —.*

di|ge|ri|bi|li|tà *s.f.* qualità di ciò che è digeribile; assimilabilità.

di|ge|rì|re *v.tr.* [indic.pres. *io digerisco, tu digerisci...*] 1 trasformare i cibi in sostanze assimilabili dall'organismo | (*fam., iperb.*) — **anche i sassi**, avere un'ottima digestione 2 (*estens., fig.*) smaltire, far passare; dominare: *— la rabbia* 3 (*fig.*) assimilare, far proprio un concetto: *non digerisco la chimica* 4 (*fig., fam.*) accettare, sopportare: *non — una persona* 5 (*chim.*) sottoporre a digestione una sostanza.

di|ge|stió|ne *s.f.* 1 (*fisiol.*) processo di trasformazione degli alimenti in sostanze semplici assimilabili dall'organismo 2 (*chim.*) trattamento di decomposizione di sostanze organiche o inorganiche mediante reattivi chimici o microrganismi.

di|ge|stì|vo *agg.* che si riferisce alla digestione | che aiuta a digerire: *un liquore —* ♦ *s.m.* bevanda che aiuta la digestione.

di|gè|sto *s.m.* 1 (*st.*) raccolta delle leggi dei più celebri giuristi romani fatta redigere dall'imperatore Giustiniano nel VI sec. 2 (*dir.*) repertorio di norme o leggi.

di|gi|tà|le[1] *agg.* relativo al dito, alle dita: *impronte digitali.*

Di|gi|tà|le[2] *s.f.* genere di piante erbacee con foglie lanceolate e fiori rosso-violacei, da cui si estraggono sostanze impiegate nella preparazione di farmaci ad azione cardiotonica: *— purpurea.*

di|gi|tà|le[3] *agg.* (*elettron., inform.*) si dice di dispositivo o sistema che rappresenta dati e grandezze sotto forma di numeri o lettere alfabetiche: *telecamera —* | **orologio** —, quello in cui l'ora si legge direttamente in cifre.

di|gi|ta|lì|na *s.f.* farmaco ad azione cardiotonica ricavato dalla digitale purpurea.

di|gi|ta|liz|zà|re *v.tr.* 1 (*tecn.*) convertire una determinata grandezza fisica in forma numerica 2 (*elettron.*) rendere in forma digitale un segnale analogico continuo.

di|gi|tà|re *v.tr.* [indic.pres. *io dìgito...*] 1 agire con le dita sulla tastiera di un computer e sim. per inserire dei dati o un testo 2 (*mus.*) muovere opportunamente le dita sulla tastiera di uno strumento musicale.

di|gi|tà|to *agg.* 1 (*bot.*) si dice di organo vegetale disposto come le dita allargate di una mano 2 (*zool.*) si dice di animale che ha le zampe divise in più dita.

di|giu|nà|re *v.intr.* [aus. *A*] astenersi dal cibo in parte o completamente per un periodo di tempo determinato | (*scherz.*) mangiare meno di quanto si desidera: *qui ci fanno —.*

di|giù|no[1] *s.m.* 1 astensione dal cibo | *a —*, a stomaco vuoto | **rompere il —**, ricominciare a mangiare dopo un periodo di digiuno 2 (*fig.*) lunga privazione di ql.co. che si desidera: *sono a — di notizie sull'accaduto.*

di|giù|no[2] *agg.* 1 che non ha mangiato da tempo 2 (*fig.*) sprovvisto, privo; ignaro: *sono — di filosofia.*

di|giù|no[3] *s.m.* (*anat.*) tratto dell'intestino tenue che va dal duodeno all'ileo.

di|gni|tà *s.f.* 1 nobiltà morale e condizione di onorabilità che derivano all'uomo dalle doti naturali o da particolari meriti | il rispetto che si esige dagli altri e che si ha di sé in virtù di tale condizione: *conservare la propria —* 2 decenza, decoro; rispettabilità: *la — di un'istituzione* 3 aspetto severo, autorevole 4 ufficio, grado elevato: *— cardinalizia.*

di|gni|tà|rio *s.m.* chi è investito di una dignità ecclesiastica o civile: *il — di corte.*

di|gni|tó|so *agg.* 1 che si comporta con dignità 2 che rivela dignità, che suscita rispetto: *un atteggiamento —* | decoroso, decente: *vive in una casa dignitosa* □ **dignitosamente** *avv.*

di|gra|dà|re *v.intr.* [aus. *A*] abbassarsi gradatamente: *i rilievi digradano verso il mare* | (*fig.*) diminuire d'intensità; attenuarsi, sfumare: *colori che vanno digradando.*

di|gràm|ma *s.m.* [pl. *-i*] gruppo di due lettere che rappresentano un unico suono (p.e. *gn*).

di|gres|sió|ne *s.f.* 1 allontanamento dal cammino intrapreso 2 (*fig.*) divagazione dall'argomento principale di un discorso.

di|gres|sì|vo *agg.* che costituisce una digressione | che è pieno di digressioni.

di|gri|gnà|re *v.tr.* [indic.pres. *io digrigno..., noi digrigniamo, voi digrignate...*] (*anche assol.*) detto degli animali, far stridere i denti muovendo le mascelle in segno di rabbia o minaccia: *il*

cane digrignava | (estens.) detto degli uomini, scoprire i denti in una smorfia di rabbia.

di|gros|sà|re v.tr. [indic.pres. io digrosso...] 1 sgrossare; sbozzare: — un blocco di granito | dare la prima forma: — una scultura in marmo 2 (fig.) fornire a qlcu. le prime nozioni di una materia, di un'arte: — un allievo in latino | rendere meno rozzo; affinare: le nuove amicizie lo hanno digrossato ♦ **-rsi** rifl., intr.pron. istruirsi, raffinarsi.

diktat (ted.) [pr. diktàt, com. dìktat] s.m.invar. 1 trattato di pace imposto senza possibilità di negoziazione 2 (estens.) ordine indiscutibile.

di|la|gàn|te part.pres. di dilagare ♦ agg. che dilaga | (fig.) che si diffonde rapidamente.

di|la|gà|re v.intr. [indic.pres. io dilago, tu dilaghi...; aus. A] 1 detto di acque, espandersi sul terreno allagando; straripare | (estens.) invadere un territorio: le truppe nemiche dilagarono sull'altipiano 2 (fig.) diffondersi con rapidità: la criminalità sta dilagando.

di|la|nià|re v.tr. [indic.pres. io dilanio...] fare a brandelli; smembrare: il leone dilania la preda | (fig.) tormentare, torturare: è dilaniato dai rimorsi ♦ **-rsi** rifl. (fig.) tormentarsi, straziarsi.

di|la|pi|dà|re v.tr. [indic.pres. io dilàpido...] dissipare, sperperare: — il patrimonio.

di|la|pi|da|tó|re agg., s.m. [f. -trice] che, chi dilapida.

di|la|tà|bi|le agg. che si può dilatare; che è capace di dilatarsi: corpi dilatabili.

di|la|ta|bi|li|tà s.f. proprietà di ciò che si può dilatare per cause termiche o meccaniche.

di|la|tà|re v.tr. 1 far aumentare di dimensioni: — le pupille | rendere più largo: — un passaggio 2 (fig.) rendere più esteso; ampliare: hanno dilatato il loro giro d'affari ♦ **-rsi** intr.pron. 1 crescere di volume o di superficie: i corpi si dilatano col calore | allargarsi, espandersi: la macchia si dilata 2 (fig.) ampliarsi, accrescersi; diffondersi: è un fenomeno che si sta dilatando.

di|la|tà|to part.pass. di dilatare ♦ agg. che ha subito dilatazione; allargato: pupille dilatate.

di|la|ta|tó|re agg. [f. -trice] che dilata: muscoli dilatatori ♦ s.m. (med.) strumento che dilata dalle pareti le strutture cave del corpo; divaricatore: — ostetrico.

di|la|ta|zió|ne s.f. 1 (anche fig.) estensione | (fis.) aumento delle dimensioni di un corpo solido, liquido o gassoso dovuto spec. a variazioni di temperatura 2 (fisiol.) allargamento, spontaneo o provocato, di un organo cavo del corpo | — della cavità uterina, allargamento del collo dell'utero al momento del parto.

di|la|tò|rio agg. che tende a rinviare nel tempo: manovra dilatoria.

di|la|va|mén|to s.m. (geol.) erosione esercitata su rocce e terreni in pendio dalla pioggia o dalle acque di scorrimento superficiale.

di|la|và|to part.pass. di dilavare ♦ agg. 1 eroso dalle acque; consumato 2 (fig.) smorto, sbiadito: viso —.

di|la|zio|nà|bi|le agg. che può essere dilazionato; rinviabile: scadenza —.

di|la|zio|nà|re v.tr. [indic.pres. io dilazióno...] rimandare, rinviare ad altro tempo: — un pagamento.

di|la|zió|ne s.f. rinvio; proroga.

di|leg|già|re v.tr. [indic.pres. io diléggio...] prendersi gioco di qlcu. o ql.co.; schernire, deridere.

di|lég|gio s.m. derisione, scherno | (spec.pl.) ogni azione o parola con cui si dileggia: i dileggi della folla.

di|le|guà|re v.tr. [indic.pres. io diléguo...] (lett., anche fig.) far sparire, dissipare: il sole ha dileguato le tenebre; — un sospetto ♦ **-rsi** intr.pron. 1 sparire fuggendo; allontanarsi: si sono dileguati tutti in un baleno 2 (anche fig.) svanire, dissolversi: i miei dubbi si sono dileguati.

di|lèm|ma s.m. [pl. -i] 1 (filos.) ragionamento con cui si dimostra che da due premesse contrarie scaturisce una stessa conclusione | (estens.) scelta difficile tra due alternative; bivio: essere di fronte a un — 2 (fig.) problema di difficile risoluzione: questa equazione è un vero —!

di|let|tàn|te agg., s.m./f. 1 che, chi si dedica a un'attività, spec. artistica o sportiva, non per professione ma per passione 2 (spreg.) che, chi dimostra di avere in una data attività una preparazione insufficiente: nella pittura sei un —. m.pl. -schi (spreg.) da dilettante.

di|let|tan|té|sco agg. m.pl. -schi (spreg.) da dilettante.

di|let|tan|tì|smo s.m. 1 pratica di un'attività sportiva a fini dilettantistici 2 (spreg.) incompetenza | (estens.) atteggiamento che denota superficialità; pressapochismo.

di|let|tan|tì|sti|co agg. [m.pl. -ci] 1 fatto, praticato da dilettanti 2 (spreg.) proprio di chi è dilettante; dilettantesco.

di|let|tà|re v.tr. [indic.pres. io diletto...] (lett., anche assol.) procurare piacere; rallegrare: un panorama che diletta la vista; una scena che diletta ♦ **-rsi** intr.pron. provare piacere; deliziarsi | dedicarsi a un'attività solamente per trarne svago: — di fotografia.

di|let|té|vo|le agg. che reca piacere; divertente ♦ s.m. ciò che reca piacere: unire l'utile al — □ **dilettevolmente** avv.

di|lèt|to[1] agg. che è molto caro, amato: la figliola diletta ♦ s.m. [f. -a] persona particolarmente cara, prediletta.

di|lèt|to[2] s.m. 1 sentimento d'intima gioia derivante dall'appagamento di un desiderio: trovo — nella musica | **per** —, per svago 2 (lett., estens.) ciò che procura piacere, divertimento: la lettura è il suo —.

di|li|gèn|te agg. 1 che opera con diligenza; coscienzioso: un alunno — 2 fatto con cura e attenzione scrupolosa: un lavoro — □ **diligentemente** avv.

di|li|gèn|za[1] s.f. cura scrupolosa nello svolgimento di un lavoro, un incarico; precisione.

di|li|gèn|za[2] s.f. grande carrozza pubblica a cavalli, adibita un tempo al trasporto di persone, bagagli e posta.

di|lu|èn|te *part.pres. di* diluire ♦ *agg., s.m.* (*chim.*) si dice di sostanza che, aggiunta a una soluzione, ne aumenta il volume o ne diminusce la concentrazione.

di|lu|i|re *v.tr.* [indic.pres. *io diluisco, tu diluisci...*] **1** sciogliere una sostanza solida in un liquido o solvente: — *la pastiglia con acqua;* — *la vernice* | rendere meno concentrato un liquido con l'aggiunta di altro liquido: — *il vino* **2** (*fig.*) esporre ql.co. dilungandosi con abbondanza di parole: — *un'idea.*

di|lui|zió|ne *s.f.* l'azione del diluire.

di|lun|gàr|si *v.intr.pron.* [indic.pres. *io mi dilungo, tu ti dilunghi...*] **1** allungarsi **2** (*fig.*) trattare troppo diffusamente un argomento.

di|lu|vià|re *v.intr.* [impers. *dilùvia*; aus. *E* o *A*] **1** piovere a dirotto: *diluvia ormai da tutto il giorno* **2** (*fig.*) susseguirsi ininterrottamente; arrivare in abbondanza: *diluviavano le critiche.*

di|lù|vio *s.m.* **1** pioggia che cade a dirotto e per un lungo periodo di tempo | — **universale**, secondo la Bibbia, quello mandato da Dio al fine di punire gli uomini peccatori **2** (*fig.*) grande quantità: *un* — *di complimenti.*

di|ma|gràn|te *agg.* che fa dimagrire; che favorisce la perdita di peso: *dieta* —.

di|ma|gri|mén|to *s.m.* perdita di peso corporeo in seguito alla diminuzione dei grassi di deposito.

di|ma|gri|re *v.intr.* [indic.pres. *io dimagrisco, tu dimagrisci...*; aus. *E*] diventare magro, meno grasso ♦ *tr.* far sembrare più magro; smagrire: *il nero ti dimagrisce.*

di|me|nà|re *v.tr.* [indic.pres. *io diméno...*] agitare in qua e in là spec. parti del corpo: *il cane dimenava la coda* ♦ **-rsi** *rifl.* muoversi in modo agitato; divincolarsi: *si dimenava come un pazzo.*

di|men|sio|na|mén|to *s.m.* proporzionamento.

di|men|sio|nà|re *v.tr.* [indic.pres. *io dimensióno...*] **1** definire le dimensioni di ql.co.: — *un edificio* **2** (*fig.*) stabilire il giusto valore, la qualità di cose o persone.

di|men|sió|ne *s.f.* **1** ognuna delle misure che, nello spazio tridimensionale, determinano l'estensione di un corpo in lunghezza, larghezza, altezza **2** (*estens., anche fig.*) misura, ampiezza; proporzione: *un progetto di grandi dimensioni* **3** (*fig.*) valore intrinseco, caratteristica reale: *riportare i fatti alle loro dimensioni* | **trovare la propria** —, trovare il proprio equilibrio psicologico.

di|men|ti|càn|za *s.f.* **1** difetto di memoria; amnesia: *non ti ho telefonato per* — **2** distrazione, negligenza: *questa è una* — *imperdonabile.*

di|men|ti|cà|re *v.tr.* [indic.pres. *io diméntico, tu diménticchi...*] **1** non ricordare più **2** (*estens.*) omettere i propri doveri; trascurare: *si dimentica spesso degli amici* **3** giustificare, perdonare: — *i torti subiti* **4** lasciare ql.co. in un luogo per distrazione ♦ **-rsi** *intr.pron.* **1** non ricordarsi **2** tralasciare un impegno.

di|men|ti|ca|tó|io *s.m.* (*scherz.*) luogo immaginario dove finisce ciò che si dimentica: *cadere, mettere nel* —.

di|mén|ti|co *agg.* [m.pl. *-chí*] (*lett.*) **1** che si è dimenticato **2** (*estens.*) poco attento; noncurante: — *di tutto e di tutti.*

di|més|so *part.pass. di* dimettere ♦ *agg.* **1** umile, sottomesso: *atteggiamento* — | poco curato, trasandato: *abbigliamento* — **2** detto di uno stile, semplice, scarno: *prosa* — | **voce dimessa**, fioca, bassa □ **dimessamente** *avv.*

di|me|sti|chéz|za *s.f.* confidenza, familiarità: *prendere* — *con una persona* | pratica, esperienza: *ha poca* — *con i fornelli.*

di|me|tro *s.m.* nella metrica classica, verso composto da due metri o dipodie | — **giambico**, verso formato da due metri giambici.

di|mét|te|re *v.tr.* [con. come *mettere*] **1** far uscire, spec. da ospedale o carcere **2** licenziare da una carica ♦ **-rsi** *rifl.* lasciare volontariamente un impiego, una carica.

di|mez|za|mén|to *s.m.* divisione a metà.

di|mez|zà|re *v.tr.* [indic.pres. *io dimezzo...*] **1** dividere una cosa in due parti **2** ridurre della metà: — *le spese* | (*estens.*) ridurre notevolmente; abbattere: *hanno dimezzato il personale.*

di|mi|nu|èn|do *s.m.* (*mus.*) indicazione di una graduale diminuzione dell'intensità sonora.

di|mi|nu|i|re *v.tr.* [indic.pres. *io diminuisco, tu diminuisci...*] rendere minore di quantità, di dimensione, di intensità; ridurre: — *le tasse;* — *la forza* ♦ *intr.* [aus. *E*] diventare minore; calare: *sono diminuite le iscrizioni;* è *diminuito di tre chili; il freddo è diminuito.*

di|mi|nu|ti|vo *agg.* che diminuisce ♦ *s.m.* (*ling.*) forma alterata di un sost. o di un agg. ottenuta con l'aggiunta di un suffisso indicante una diminuzione o una connotazione affettiva (p.e. *porticina, visino*).

di|mi|nu|zió|ne *s.f.* riduzione di quantità, numero, dimensioni, peso, intensità e sim.

di|mis|sio|nà|re *v.tr.* [indic.pres. *io dimissióno...*] (*bur.*) licenziare; esonerare da un incarico invitando a dare le dimissioni.

di|mis|sio|nà|rio *agg., s.m.* [f. *-a*] che, chi ha presentato le dimissioni.

di|mis|sió|ne *s.f.* **1** (*spec.pl.*) rinuncia formale a un impiego, una carica, un ufficio: *rassegnare le dimissioni* **2** congedo di un malato da un ospedale.

di|mo|do|ché o **di mòdo che** *cong.* in modo tale che; cosicché.

di|mò|ra *s.f.* **1** luogo in cui una persona soggiorna | (*estens.*) casa, abitazione | **senza fissa** —, senza una residenza | **l'ultima** —, la tomba **2** (*agr.*) **mettere a** — **una pianta**, piantarla nel terreno.

di|mo|rà|re *v.intr.* [indic.pres. *io dimoro...*; aus. *A*] abitare stabilmente o per un breve periodo di tempo in un luogo.

di|mor|fi|smo *s.m.* **1** (*biol.*) presenza di due forme distinte in una stessa specie animale o vegetale | — **sessuale**, presenza di diversità tra i due sessi di una stessa specie **2** (*chim.*) proprietà di alcune sostanze di cristallizzare in due forme differenti.

di|mo|strà|bi|le *agg.* che si può dimostrare; verificabile.
di|mo|stràn|te *part.pres.* di dimostrare ♦ *agg.*, *s.m./f.* che, chi partecipa a una manifestazione pubblica.
di|mo|strà|re *v.tr.* [indic.pres. *io dimóstro*...] **1** rendere manifesto con azioni, parole o segni un sentimento, una condizione e sim.: — *simpatia*; *non dimostra i suoi anni* | detto di cose, essere una prova: *ciò che ha fatto dimostra che non è cambiato* **2** provare la verità, l'esattezza di ql.co.: — *l'innocenza di qlcu.* **3** spiegare, rendere evidente: — *il funzionamento di un elettrodomestico* ♦ *intr.* [aus. *A*] *(assol.)* prendere parte a una manifestazione pubblica ♦ **-rsi** *rifl.* rivelarsi, manifestarsi: *si è dimostrato un amico*.
di|mo|stra|ti|vo *agg.* **1** che serve a dimostrare; che dà prova di ql.co.: *metodo* — **2** *(gramm.)* detto di agg. o pron. che indica la vicinanza o la lontananza, nello spazio o nel tempo, di un oggetto o di una persona rispetto a chi parla o a chi ascolta (p.e. *questo* oggetto, *quel* vestito).
di|mo|stra|tó|re *s.m.* [f. *-trice*] **1** chi dimostra **2** chi per professione spiega a possibili acquirenti le caratteristiche e il modo d'uso di un prodotto ♦ *agg.* che dimostra.
di|mo|stra|zió|ne *s.f.* **1** manifestazione di un sentimento, di una condizione e sim. | attestazione, prova: — *d'amore* **2** ragionamento con cui si prova la verità di una tesi, di un assunto | *(filos., mat.)* — *per assurdo*, argomentazione per la quale si considera vera la tesi contraria a quella che si vuole dimostrare **3** esperimento che mira a dimostrare ql.co.: — *scientifica* | illustrazione al pubblico di prodotti da vendere **4** manifestazione pubblica caratterizzata da comizi e cortei.
di|na *s.f.* *(fis.)* unità di forza nel sistema CGS, pari alla forza che imprime alla massa di un grammo l'accelerazione di un centimetro al secondo per secondo *(simb.* dyn).
di|nà|mi|ca *s.f.* **1** *(fis.)* branca della meccanica che studia il moto dei corpi in relazione alle forze che lo producono **2** *(estens., fig.)* sviluppo, andamento: — *dei fatti* **3** *(mus.)* graduazione dell'intensità del suono, indipendentemente dall'accentuazione ritmica.
di|na|mi|ci|tà *s.f.* proprietà di ciò che è dinamico.
di|nà|mi|co *agg.* [m.pl. *-ci*] **1** *(fis.)* che si riferisce alla dinamica **2** *(fig.)* energico, attivo: *è un tipo* — **3** *(mus.)* *segni dinamici*, quelli che indicano le graduazioni di intensità del suono □ **dinamicamente** *avv.* **1** *(fis.)* secondo le leggi della dinamica **2** *(fig.)* in modo energico, attivo.
di|na|mi|smo *s.m.* **1** *(filos.)* dottrina secondo la quale l'energia o la forza sono l'unica realtà sostanziale della materia **2** energia vitale, vivacità: *una persona piena di —.*
di|na|mi|tàr|do *agg.* messo in atto con la dinamite: *attentato —* ♦ *s.m.* [f. *-a*] chi compie attentati con esplosivi.
di|na|mi|te *s.f.* esplosivo di grande potenza, ottenuto mischiando nitroglicerina con sostanze assorbenti | *(fig.)* tutto ciò che suscita scalpore: *questa notizia è —.*
di|na|mo *s.f.invar.* macchina elettrica rotante che converte energia meccanica in energia elettrica.
di|na|mò|me|tro *s.m.* *(fis.)* strumento usato per misurare l'intensità di una forza.
di|nàn|zi o **dinnànzi** *avv.* avanti, davanti: *guardare* — | *(loc.prep.)* — *a*, di fronte a; in presenza di: — *a questo non so che cosa dire*; *comparirò* — *a voi* ♦ *agg.invar.* **1** che si trova di fronte, davanti: *l'oggetto —* **2** precedente: *la notte —.*
di|na|stì|a *s.f.* **1** serie di sovrani di una stessa famiglia che si succedono al trono per diritto ereditario: *la — carolingia* **2** *(estens.)* la serie dei componenti di una famiglia che si succedono nel tempo svolgendo la stessa attività.
di|nà|sti|co *agg.* [m.pl. *-ci*] della dinastia; relativo a una dinastia.
dinghy *(ingl.)* *s.m.invar.* *(mar.)* piccola imbarcazione a vela da regata e da diporto | battellino a remi o a motore a bordo degli yacht.
di|niè|go *s.m.* [pl. *-ghi*] negazione, rifiuto.
din|nan|zi *avv.* → **dinanzi**.
di|noc|co|là|to *agg.* che ha movimenti sciolti e scoordinati.
Di|no|fla|gel|là|ti *s.m.pl.* ordine di protozoi marini e d'acqua dolce, fosforescenti e dotati di flagelli.
di|no|sàu|ro *s.m.* rettile preistorico di grandi dimensioni, vissuto durante l'era mesozoica.
din|tór|no o **d'intórno** *avv.* *(lett.)* intorno, attorno: *la folla che stava* — | *(loc.prep.)* — *a*, intorno a: — *alla piazza* ♦ *s.m.pl.* i luoghi circostanti, le vicinanze: *i dintorni di Firenze* | *(fig.)* argomenti simili: *tratta degli anni Trenta e dintorni*.
di|o *s.m.* [pl. *dèi*; al sing. l'art. è *il*, al pl. *gli*] **1** nelle religioni monoteiste, l'essere supremo inteso come creatore di tutta la realtà o ordinatore del caos primordiale; in genere, costituisce il fondamento della morale umana: *credere in un —* **2** nella religione cristiana, l'essere supremo creatore dell'universo, concepito come uno e trino (Padre, Figlio, Spirito Santo), eterno, onnipotente, infinito | *l'Uomo —*, Gesù Cristo | *la casa di —*, la Chiesa | *la Madre di —*, la Madonna | *castigo di —*, grave calamità | *grazia*, *bene di —*, abbondanza | *come — volle*, finalmente | *fare una cosa come — comanda*, farla bene, a regola d'arte **3** usato in formule particolari, spec. esclamative, per esprimere impazienza, collera, stupore: —, *che pasticcio hai combinato!*; *buon —*, *che meraviglia!* | *come invocazione:* —, *aiutaci!* | per esprimere augurio; speranza: *che — ti assista*; *volesse — che* | come formula di scongiuro: — *ci scampi e liberi!* | per esprimere riconoscenza, ringraziamento: *grazie a — è andato tutto bene* | per indicare rassegnazione, sfiducia: *quando — vorrà*; *sa quando* | *(prov.)* *l'uomo propone e — dispone*, non si può essere sicuri che ciò che si desidera si attuerà **4** nelle religioni politeiste, ciascuno degli esseri immortali dotati di attributi soprannaturali: *il — dell'amore*; *il — della guerra* **5** *(estens.,*

diocesano 360

fig.) persona fatta oggetto di ammirazione per le sue eccellenti qualità: *in cucina è un — | da —,* in modo eccellente **6** (*estens.*, *fig.*) cosa fatta oggetto di venerazione: *il suo — è il denaro.*
dio|ce|sà|no *agg.* (*eccl.*) della diocesi ♦ *s.m.* ciascun appartenente di una diocesi.
diò|ce|si *s.f.* **1** (*st.*) presso gli antichi Romani, circoscrizione amministrativa **2** (*eccl.*) circoscrizione sottoposta alla giurisdizione di un vescovo.
di|o|do *s.m.* dispositivo elettronico a due elettrodi che lascia passare la corrente in una sola direzione.
di|òi|co *agg.* [m.pl. *-ci*] (*bot.*) detto di pianta che porta fiori maschili su un individuo e fiori femminili su un altro della medesima specie.
dio|nè|a *s.f.* pianta carnivora munita di foglie a forma di imbuto con le quali cattura gli insetti; acchiappamosche.
dio|ni|sì|a|co *agg.* [m.pl. *-ci*] **1** relativo a Dioniso, il dio greco del vino: *culto* — **2** (*estens.*) caratterizzato da uno stato di ebbrezza, di esaltazione: *delirio —.*
dio|rà|ma *s.m.* [pl. *-i*] rappresentazione in voga nell'Ottocento ottenuta con grandi tele dipinte che, opportunamente illuminate, producevano l'effetto di una visione reale.
dio|rì|te *s.f.* (*geol.*, *min.*) roccia eruttiva di colore variante tra il verdastro e il nero; viene usata come materiale da costruzione.
dios|sì|na *s.f.* (*chim.*) composto organico molto tossico a base di cloro, usato nella produzione di coloranti, erbicidi, battericidi.
di|òt|tra *s.f.* nei rilevamenti topografici, strumento usato per l'individuazione di punti, linee o piani di riferimento.
di|ot|trì|a *s.f.* **1** (*fis.*) grandezza definita come il reciproco della distanza focale, espressa in metri, di un sistema ottico **2** in oculistica, unità di misura della capacità visiva.
di|òt|tri|ca *s.f.* (*fis.*) parte dell'ottica che studia i fenomeni relativi alla rifrazione della luce.
di|òt|tri|co *agg.* [m.pl. *-ci*] (*fis.*) che riguarda la diottrica.
di|òt|tro *s.m.* (*fis.*) sistema ottico costituito da due mezzi trasparenti con diverso indice di rifrazione.
di|pa|nà|re *v.tr.* **1** svolgere il filo di una matassa per raccoglierlo in un gomitolo **2** (*fig.*) sbrogliare una situazione complicata; chiarire ♦ **-rsi** *intr.pron.* **1** detto di filo, svolgersi **2** (*fig.*) districarsi; distendersi: *la questione si sta dipanando.*
di|par|ti|men|tà|le *agg.* che riguarda un dipartimento.
di|par|ti|mén|to *s.m.* **1** ciascuna delle circoscrizioni in cui è diviso il litorale italiano, spec. ai fini difensivi **2** in Francia, circoscrizione territoriale e amministrativa, simile alla nostra provincia **3** negli Stati Uniti d'America, ciascuna delle dieci divisioni del potere esecutivo **4** — *universitario*, organismo didattico formato dal raggruppamento di materie affini, anche di facoltà diverse, allo scopo di coordinare la ricerca scientifica.

di|par|tì|re *v.intr.* [con. come *partire*; aus. *E*], **di|par|tìr|si** *intr.pron.* **1** (*lett.*) partire | (*fig.*) morire **2** diramarsi; avere inizio: *dalla stazione si dipartono tre viali.*
di|par|tì|ta *s.f.* (*lett.*) partenza, congedo | (*fig.*) morte.
di|pen|dèn|te *part.pres.* di *dipendere* ♦ *agg.* **1** che dipende; che è soggetto o subordinato ad altri **2** si dice di chi è in stato di assuefazione, spec. da droga o alcol ♦ *s.m./f.* **1** chi lavora alle dipendenze di altri: — *statale* ♦ *s.f.* (*gramm.*) proposizione subordinata.
di|pen|dèn|za *s.f.* **1** stato di dipendente | *avere qlcu. alle proprie dipendenze,* essere il datore di lavoro | *essere alle dipendenze di qlcu.*, lavorare in posizione subordinata | *in — di ciò,* conseguentemente a ciò **2** (*gramm.*) relazione di subordinazione tra due proposizioni **3** (*psicol.*) mancanza di autonomia di un individuo nei confronti di un altro | impossibilità di fare a meno di ql.co. | bisogno irrefrenabile di assumere determinate sostanze, spec. droga; tossicodipendenza **4** terreno o edificio annesso alla parte principale di una proprietà: *ha comprato la villa con le dipendenze.*
di|pèn|de|re *v.intr.* [indic.pres. *io dipendo...*; pass.rem. *io dipési, tu dipendésti...*; part.pass. *dipéso*; aus. *E*] **1** derivare, essere causato: *il tuo nervosismo può — dallo stress; tutto dipende dalla tua abilità* | essere legato al determinarsi di una condizione: *l'esito della gara dipende dal tempo* **2** spec. con *con* impers., esprime l'incertezza di una risposta: *"Rientri presto?" "Dipende"* **3** essere in rapporto di subordinazione (psicologica, economica o di lavoro) | *non — da nessuno,* essere autosufficiente **4** (*gramm.*) essere retto: *la subordinata dipende dalla proposizione principale.*
di|pìn|ge|re *v.tr.* [indic.pres. *io dipingo, tu dipingi...*; pass.rem. *io dipinsi, tu dipingesti...*; part.pass. *dipinto*] **1** rappresentare immagini artisticamente, attraverso l'uso del disegno e dei colori: — *a tempera un paesaggio* | (*assol.*) dedicarsi all'arte della pittura: *ho imparato a —* **2** decorare con pitture: — *un salone* **3** verniciare, tingere: — *di bianco una ringhiera* | (*fam.*) **di|pìngersi,** imbellettarsi, truccarsi: — *gli occhi* **4** (*fig.*) descrivere ql.co. in modo realistico ed efficace, spec. parlando o scrivendo ♦ **-rsi** *intr. pron.* (*fig.*) apparire esteriormente; assumere un'espressione rivelatrice di uno stato d'animo: *il terrore le si dipinse in volto* ♦ *rifl.* (*fig.*) farsi passare: *si dipinge come un santo.*
di|pìn|to *part.pass.* di *dipingere* ♦ *agg.* **1** decorato con disegni e colori; pitturato | abbondantemente truccato: *viso* — | *pare* —, si dice di ql.co. tanto bello da sembrare finto | *nemmeno* —!, affatto, assolutamente **2** (*fig.*) descritto con vivacità: *la scena dipinta nel racconto* **3** (*fig.*) detto di sentimenti e sensazioni, evidente, manifesto: *ha la felicità dipinta in viso* ♦ *s.m.* opera di pittura.
di|ple|gì|a *s.f.* (*med.*) paralisi dei due arti superiori o dei due inferiori.

di|plo- (*scient.*) primo elemento di parole composte che significa "doppio" (*diploide*).

di|pio|dò|co *s.m.* [pl. *-chi*] enorme dinosauro del giurassico.

di|plòi|de *agg.* (*biol.*) si dice di cellula o di individuo che possiede una doppia serie di cromosomi.

di|plò|ma *s.m.* [pl. *-i*] **1** titolo che attesta il compimento di un corso di studi **2** attestato con cui un'autorità, un'accademia, un ente accorda un titolo: — *di benemerenza* **3** (*st.*) antico documento rilasciato da una pubblica autorità.

di|plo|mà|re *v.tr.* [indic.pres. *io diplòmo...*] conferire un diploma scolastico ♦ **-rsi** *intr.pron.* conseguire un diploma scolastico: *si è diplomato con il massimo dei voti.*

di|plo|mà|ti|ca *s.f.* scienza che studia i documenti antichi, al fine di accertarne la provenienza e l'autenticità.

di|plo|mà|ti|co *agg.* [m.pl. *-ci*] **1** relativo agli antichi documenti: *archivio* — **2** che riguarda la diplomazia: *la risoluzione è avvenuta per vie diplomatiche* | *rapporti diplomatici*, quelli regolati dal diritto internazionale **3** (*fig.*) abile, accorto nel trattare questioni importanti o delicate ♦ *s.m.* **1** [f. *-a*] (*dir.*) chi rappresenta lo Stato di appartenenza nelle relazioni internazionali **2** [f. *-a*] (*fig.*) persona abile e accorta nel trattare questioni importanti o delicate **3** (*gastr.*) dolce preparato con due strati di sfoglia, farciti di crema e pan di Spagna inzuppato di liquore □ **diplomaticamente** *avv.* **1** per via diplomatica **2** (*fig.*) con accortezza, tatto.

di|plo|mà|to *part.pass. di diplomare* ♦ *agg., s.m.* [f. *-a*] che, chi ha conseguito un diploma scolastico.

di|plo|ma|zì|a *s.f.* **1** l'insieme delle norme e delle procedure che regolano i rapporti internazionali fra gli Stati **2** il complesso dei funzionari e degli organi attraverso cui uno Stato mantiene i rapporti con gli altri Stati | la carriera, la professione di diplomatico **3** (*fig.*) abilità nel trattare questioni importanti o delicate.

di|plo|pì|a *s.f.* (*med.*) percezione visiva sdoppiata degli oggetti.

Di|pnòi|i *s.m.pl.* sottoclasse di Pesci ossei d'acqua dolce, dotati di respirazione branchiale e polmonare.

di|pò|lo *s.m.* (*fis.*) sistema di due poli elettrici o magnetici di uguale carica e di segno opposto.

di|pòr|to *s.m.* svago, divertimento: *fare ql.co. per* — | *imbarcazione da* —, quella usata per svago o per competizioni sportive.

di|près|so *solo nella loc.* **a un** —, all'incirca, press'a poco: *ci vorranno a un* — *due ore*.

Dip|sa|cà|ce|e *s.f.pl.* famiglia di piante dicotiledoni con foglie opposte e fiori riuniti in spighe o capolini.

di|pso|ma|nì|a *s.f.* (*med.*) desiderio incontrollabile di bere in gran quantità, spec. alcol.

di|pte|ro o **dittero** *agg.* (*archeol.*) si dice di tempio classico con una doppia fila di colonne su ogni lato.

di|ra|da|mén|to *s.m.* **1** l'atto e l'effetto del diradare: *il* — *della foschia* **2** (*agr.*) in piantagioni molto fitte, estirpazione di alcune piante al fine di facilitare lo sviluppo di altre.

di|ra|dà|re *v.tr.* **1** rendere meno fitto: *il sole ha diradato le nubi* **2** (*agr.*) effettuare un diradamento **3** (*fig.*) rendere meno frequente: — *gli incontri* ♦ **-rsi** *intr.pron.* **1** diventare meno fitto: *la nebbia si è diradata* **2** diventare meno frequente.

di|ra|mà|re *v.tr.* diffondere in più luoghi, fra più persone; trasmettere: — *una notizia, un ordine* ♦ **-rsi** *intr.pron.* **1** detto spec. degli alberi, dividersi in più rami | (*estens.*) suddividersi, ripartirsi: *dalla via principale si diramano molte vie secondarie* **2** (*fig.*) diffondersi, divulgarsi: *la notizia si è diramata subito.*

di|ra|ma|zió|ne *s.f.* **1** ramificazione | il punto in cui una pianta, una strada, un corso d'acqua e sim. si diramano | ognuno dei rami | *stazione di* —, stazione in cui si dipartono due o più linee ferroviarie **2** (*fig.*) organo periferico di un'impresa, una società; succursale **3** (*fig.*) diffusione.

dì|re[1] *v.tr.* [indic.pres. *io dico, tu dici, egli dice, noi diciamo, voi dite, essi dicono*; imperf. *io dicévo...*; pass.rem. *io dissi, tu dicésti...*; fut. *io dirò, tu dirai...*; congiunt.pres. *io dica..., noi diciamo, voi diciate, essi dicano*; congiunt.imperf. *io dicéssi...*; imp. *di' o dì', dite*; part.pres. *dicente*; ger. *dicendo*; part.pass. *détto*] **1** (*anche assol.*) esprimere, comunicare con parole: *dico ciò che penso*; *non so che cosa* — | — *di sì*, affermare, acconsentire | — *di no*, negare | *per meglio* —, per esprimersi con più precisione | *per così* —, per dire approssimativamente | — *e non* —, lasciar appena trapelare ciò che si pensa | *a* — *poco*, come minimo | *non che* —!, non c'è niente da ridire | *volevo ben* —!, ero sicuro, m'immaginavo che | *e* — *che*, e pensare che: *e* — *che era una persona di cui mi fidavo!* | usato in costruzioni impers., significa sembrare, risultare: *dicono, si dice che* **2** dichiarare, esporre con parole o attraverso uno scritto: *che cosa dice il telegiornale?*; *dimmi che cosa hai fatto oggi* | affermare: *mi hai detto che ho mentito* | consigliare: *dimmi come devo comportarmi* | riferire: *non dirlo a nessuno* **3** ordinare, imporre: *digli di tacere!* **4** raccontare; recitare: — *una fiaba*; — *una poesia* | — *la messa*, celebrarla **5** significare, esprimere: *un viso che non dice molto* **6** attestare, dimostrare: *questo ti dice quanto sia importante per me* | suggerire, far presagire: *l'esperienza mi dice che andrà tutto bene* **7** esprimere in una certa lingua: *come si dice in francese?* **8** reputare, ritenere: *lo dicono tutti un esperto di cinema* **9** (*assol.*) discorrere; parlare: — *bene, male di qlcu.* | *dica pure*, parli pure liberamente | *non faccio per* —, non faccio tanto per vantarmi | *si fa per* —, si dice solo per parlare | *è tutto* —, non c'è altro da aggiungere | *avere, trovare da* —, avere, trovare da lamentarsi, da ridire.

dì|re[2] *s.m.* **1** l'atto e il modo del parlare; discorso | *si ha un bel* — *che*, è inutile dire che | *l'arte del* —, la retorica **2** opinione: *a suo* — *è tutto vero.*

directory (*ingl.*) [pr. *dirèktori*] *s.f.invar.* (*inform.*)

diretta

1 indice dei file che sono contenuti in un disco o in una porzione della sua memoria **2** porzione di memoria, contrassegnata da un nome, che contiene file; cartella.

di|ret|ta *s.f.* trasmissione radiotelevisiva trasmessa nel momento stesso in cui viene realizzata.

di|ret|tis|si|ma *s.f.* **1** linea ferroviaria che collega attraverso la via più breve centri importanti messi in comunicazione già da linee normali **2** nell'alpinismo, la via più rapida per raggiungere la vetta **3** (*dir.*) *per —*, si dice di procedimento penale privo della forma istruttoria: *processo per —*.

di|ret|ti|va *s.f. spec.pl.* **1** disposizione generale relativa al modo di agire, emanata da un'autorità o da un dirigente verso i dipendenti: *attenersi alle direttive* | (*estens.*) *linea di condotta* **2** (*dir.*) *— comunitaria*, provvedimento emanato dal consiglio della Comunità europea che fissa, per ogni Stato membro, il raggiungimento di un determinato risultato.

di|ret|ti|vo *agg.* **1** che dirige; che mira a dirigere: *consiglio —* | (*estens.*) **linea direttiva**, direzione che si percorre in un pensiero o in un'azione **2** che riguarda un direttore, un dirigente ♦ *s.m.* comitato direttivo: *il — del partito*.

di|ret|to *part.pass.* di dirigere ♦ *agg.* **1** che si dirige verso una meta; destinato: *nave diretta in Sardegna; misure dirette al contenimento della spesa pubblica* **2** inviato, indirizzato: *un messaggio — al pubblico* **3** condotto, gestito: *un film ben —* **4** che procede diritto, senza ostacoli o deviazioni; immediato: *la strada diretta* | *luce diretta*, quella che proviene direttamente dalla fonte | **vendita diretta**, si dice di vendita che avviene senza intermediari **5** ovvio; conseguente: *il mal di testa è l'effetto — del troppo sole* **6** (*gramm.*) *complemento —*, complemento oggetto | *discorso —*, quello che riporta direttamente le parole di qlcu. ♦ *s.m.* **1** treno che effettua un maggior numero di fermate rispetto all'espresso; interregionale **2** (*sport*) nel pugilato, pugno sferrato con il braccio teso ♦ *avv.* diritto, senza indugio: *andare — alla meta* □ **direttamente** *avv.* **1** per la via diretta e immediata, senza deviazioni: *vado — a casa* **2** senza intermediari: *è andato — dal responsabile*.

di|ret|tó|re *s.m.* [f. -*trice*] chi dirige un'azienda, un'attività e sim. | *— di produzione*, il responsabile organizzativo e amministrativo di una produzione cinematografica o televisiva | *— artistico*, il responsabile delle scelte artistiche di un teatro, di uno spettacolo ecc. | *— d'orchestra*, musicista che coordina gli elementi di un'orchestra durante l'esecuzione di un brano musicale | *— sportivo*, chi si occupa degli aspetti organizzativi di una società sportiva | *— di gara*, arbitro | *— spirituale*, sacerdote che assiste spiritualmente una persona o una comunità.

di|ret|tó|rio *s.m.* **1** organismo, spec. politico, che svolge funzioni direttive **2** (*st.*) *Direttorio*, comitato composto da cinque membri che eser-

362

citò il potere esecutivo in Francia tra il 1795 e il 1799.

di|ret|trì|ce *agg.f.* che indica la direzione da seguire: *linea —* ♦ *s.f.* **1** donna incaricata di dirigere un'azienda, un'attività e sim. **2** impostazione di principio che viene seguita spec. nello svolgimento di azioni politiche e militari; direzione: *le direttrici del programma governativo* **3** (*geom.*) linea di una superficie rigata che incontra tutte le generatrici.

di|re|zio|nà|le *agg.* **1** che ha il compito di dirigere | *centro —*, quartiere di una città in cui sorgono gli uffici direttivi dei più importanti servizi pubblici e privati **2** che segnala una direzione: *freccia —* **3** (*elettr.*) orientato in una determinata direzione: *antenna —*.

di|re|zió|ne *s.f.* **1** parte o punto verso cui si muove o si rivolge una persona, una cosa: *muoversi in — del vento* | (*fig.*) indirizzo, tendenza: *le mie idee stanno mutando —* **2** attività del dirigere: *la — dei lavori* **3** organo che è a capo di un ente, un'azienda, un'associazione | luogo in cui risiede tale organo.

di|ri|gèn|te *part.pres.* di dirigere ♦ *agg.* che dirige un'attività o un gruppo di persone | *classe —*, l'insieme delle persone che sono a capo della vita politica ed economica di un paese ♦ *s.m./f.* chi svolge un ruolo direttivo: *— amministrativo*.

di|ri|gèn|za *s.f.* **1** la funzione, l'attività di dirigere **2** l'insieme dei dirigenti di un'azienda, di un partito e sim.

di|ri|gen|zià|le *agg.* relativo ai dirigenti, alla dirigenza: *compiti dirigenziali*.

di|ri|ge|re *v.tr.* [indic.pres. *io dirigo, tu dirigi...*; pass.rem. *io diressi, tu dirigésti...*; part.pass. *diretto*] **1** volgere verso una direzione: *— lo sguardo all'orizzonte* | (*fig.*) volgere verso un fine: *— gli sforzi al raggiungimento del successo* **2** rivolgere, indirizzare: *— un messaggio a qlcu.* **3** essere a capo di un'attività o di un gruppo di persone | disciplinare, controllare: *— il traffico* ♦ *-rsi* rifl. (*anche fig.*) volgersi verso una direzione: *— verso la stazione; — verso nuovi ideali*.

di|ri|gì|bi|le *s.m.* aerostato di forma affusolata, munito di propulsori, piani stabilizzatori e timoni per facilitare la navigazione.

di|ri|gì|smo *s.m.* indirizzo politico che sostiene l'intervento dello Stato nella vita economica; interventismo.

di|ri|me|re *v.tr.* [mancano il part.pass. e tutti i tempi composti] (*lett.*) appianare, risolvere: *— una lite*.

di|rim|pet|tà|io *s.m.* [f. -*a*] (*fam.*) chi abita nell'alloggio dirimpetto.

di|rim|pèt|to o **di rimpètto** *avv.* di fronte, davanti | (*loc.prep.*) *— a*, di fronte a, davanti a: *erano uno — all'altro* ♦ *agg.invar.* che sta di fronte; antistante: *il palazzo —*.

di|rìt|to[1] *agg.* **1** che procede seguendo una linea retta: *sentiero —* **2** che sta eretto, in posizione verticale: *stai con la schiena diritta; un muro —* **3** (*fig.*) giusto, onesto: *segui la diritta via* ♦ *avv.* **1** in linea retta: *vada sempre —* **2** direttamente:

disagiato

vai — a studiare! ♦ *s.m.* **1** la parte di ql.co. che deve restare visibile: *qual è il — della gonna?* **2** la faccia più importante di un oggetto con due facce: *il — di una moneta* | (*fig.*) *il — e il rovescio di una medaglia*, il lato positivo e negativo di una situazione **3** (*sport*) nel tennis, colpo dato alla palla con la parte interna della racchetta **4** nel lavoro a maglia, punto fondamentale.

di|rìt|to[2] *s.m.* **1** il complesso delle leggi che regolano i rapporti sociali: — *pubblico* | — *ecclesiastico*, parte del diritto pubblico che regola i rapporti fra Stato e Chiesa | — *del lavoro*, quello che regola i rapporti tra datore di lavoro e lavoratori **2** la scienza che ha per oggetto lo studio delle leggi: *filosofia del —* **3** la facoltà assicurata dalla legge di operare proprie scelte o di esigere un determinato comportamento dagli altri: *— di voto* | *diritti civili*, quelli propri del cittadino, garantiti dalla Costituzione | *diritti dell'uomo*, quelli che riguardano l'uguaglianza, la libertà e la dignità di ogni uomo | *di —*, secondo quanto predisposto dalla legge o per diritto acquisito **4** (*estens.*) la facoltà fondata su norme morali o consuetudini: — *dei bambini* | *a buon —*, giustamente | *a maggior —*, a maggior ragione **5** (*spec. pl.*) compenso dovuto come corrispettivo di un servizio offerto: *diritti doganali* | *diritti d'autore*, compenso spettante all'autore per lo sfruttamento commerciale della sua opera.

di|rìt|tu|ra *s.f.* **1** direzione rettilinea **2** (*sport*) tratto rettilineo di una pista | — *d'arrivo*, ultimo tratto rettilineo prima del traguardo; (*fig.*) parte finale di un lavoro, di una trattativa e sim. **2** (*fig.*) rettitudine morale; lucidità di giudizio: *è una persona di grande — morale*.

di|rìz|zó|ne *s.m.* (*fam.*) **1** impulso irragionevole **2** (*estens.*) cantonata; grosso fraintendimento: *prendere un —*.

di|roc|cà|to *agg.* pericolante, in rovina: *casa diroccata.*

di|rom|pèn|te *part.pres.* di dirompere ♦ *agg.* **1** che ha forte potere esplosivo: *bomba —* | (*fig.*) sconvolgente, clamoroso: *una notizia —* **2** *frutto —*, detto di frutto secco che, una volta giunto a maturazione, si divide in più pezzi contenenti ciascuno un solo seme.

di|róm|pe|re *v.intr.* [con. come *rompere*; aus. *E*] (*lett.*) prorompere, scoppiare: — *in una fragorosa risata.*

di|rot|ta|mén|to *s.m.* cambiamento di rotta, spec. di mezzi di trasporto, indotto forzatamente da un'azione delittuosa | (*estens.*) la deviazione che ne deriva.

di|rot|tà|re *v.tr.* [indic.pres. *io dirótto...*] far deviare dalla rotta prestabilita, spec. un aereo o una nave | (*estens.*) incanalare: *il traffico è stato dirottato su strade periferiche* ♦ *intr.* [aus. *A*] cambiare rotta o direzione.

di|rot|ta|tó|re *s.m.* [f. *-trice*] chi impone un dirottamento con la minaccia delle armi.

di|rót|to *part.pass.* di dirompere ♦ *agg.* abbondante, impetuoso: *scoppiò in un pianto —* | *a —*, abbondantemente e con intensità: *piove a —*.

di|roz|zà|re *v.tr.* [indic.pres. *io dirózzo...*] **1** sbozzare, sgrossare: — *un marmo* **2** (*fig.*) rendere meno rozzo; ingentilire, educare: *quell'uomo dovrebbe — i suoi modi* ♦ **-rsi** *intr.pron.* ingentilirsi, raffinarsi.

di|ru|pà|to *agg.* impervio, scosceso.

di|rù|po *s.m.* luogo scosceso e roccioso; precipizio.

di|rù|to o **dirùto** *agg.* (*lett.*) **1** diroccato, in rovina: *le mura dirute* **2** scosceso.

dis- o **di-** *pref.* indica negazione, opposizione (*disonesto*, *difficile*), dispersione (*disperdere*, *distribuire*), separazione (*disgiungere*, *divaricare*), ma può anche avere valore intensivo (*dissimulare*) o indicare processo inverso (*disgelare*).

dis- *pref.* (*med.*) in parole composte, indica alterazione, anomalia (*displasia*).

di|sà|bi|le *agg.*, *s.m./f.* che, chi è privo di alcune capacità fisiche o mentali; handicappato.

di|sa|bi|li|tà|re *v.tr.* [indic.pres. *io disabìlito...*] privare qlcu. o ql.co. della possibilità o capacità di svolgere determinate funzioni: — *al lavoro*; — *un apparecchio.*

di|sa|bi|tà|to *agg.* privo di abitanti; spopolato.

di|sa|bi|tu|à|re *v.tr.* [indic.pres. *io disabìtuo...*] far perdere un'abitudine ♦ **-rsi** *rifl.* o *intr.pron.* perdere l'abitudine a ql.co.

di|sac|cà|ri|de *s.m.* (*chim.*) glucide formato dalla condensazione di due molecole di monosaccaride (p.e. *il saccarosio*).

di|sac|cop|pià|re *v.tr.* [indic.pres. *io disaccoppio...*] dividere due elementi accoppiati.

di|sac|còr|do *s.m.* **1** (*mus.*) mancanza di accordo **2** (*fig.*) discordia, dissenso.

di|sa|dat|ta|mén|to *s.m.* (*psicol.*) incapacità di adattarsi ad ambienti e situazioni | — *sociale*, incapacità di stabilire e mantenere relazioni sociali.

di|sa|dat|tà|to *agg.*, *s.m.* [f. *-a*] (*psicol.*) che, chi è incapace di adattarsi all'ambiente sociale.

di|sa|dàt|to *agg.* **1** non adatto, inadeguato: *il tuo abito è — all'occasione* **2** non idoneo, negato: *è una persona disadatta a quel tipo di lavoro.*

di|sa|dór|no *agg.* privo di ornamenti; spoglio: *ambiente —* | (*estens.*) sobrio, essenziale: *stile —*.

di|saf|fe|zio|nà|re *v.tr.* [indic.pres. *io disaffezióno...*] (*lett.*) far perdere l'affetto, l'interesse: — *una persona allo studio* ♦ **-rsi** *intr.pron.* perdere l'affetto, l'attaccamento per qlcu. o ql.co.

di|saf|fe|zió|ne *s.f.* (*lett.*) perdita di affetto, di interesse per qlcu. o ql.co.

di|sa|gé|vo|le *agg.* scomodo, disagiato: *posizione —* | pieno di ostacoli, difficoltà: *viaggio —*.

di|sà|gio *s.m.* (*fin.*) differenza in meno tra il valore nominale e quello reale di una moneta.

di|sag|gre|gà|re *v.tr.* [indic.pres. *io disaggrego*, *tu disaggreghi...*] **1** dividere ciò che era aggregato **2** (*stat.*) separare dati globali per analizzarli ♦ **-rsi** *intr.pron.* dividersi, disgregarsi.

di|sag|gre|ga|zió|ne *s.f.* mancanza di aggregazione; disgregazione.

di|sa|già|to *agg.* privo di comodità, scomodo:

disagio 364

un luogo — | misero, privo di mezzi: *vive in condizioni disagiate.*

di|sà|gio *s.m.* **1** mancanza di agi, di comodità **2** (*estens.*) inquietudine, malessere: *il — di molti giovani* **3** imbarazzo, difficoltà: *trovarsi a — in un ambiente.*

di|sal|be|rà|re *v.tr.* [indic.pres. *io disàlbero...*] (*mar.*) privare dell'alberatura una nave.

di|sal|li|ne|à|re *v.tr.* [indic.pres. *io disallìneo...*] disporre su linee diverse ciò che è allineato.

di|sam|bien|tà|to *agg.* che è a disagio in un ambiente; spaesato.

di|sà|mi|na *s.f.* esame accurato di qlco.; analisi.

di|sa|mo|ra|mén|to *s.m.* perdita di amore, di interesse.

di|sa|mo|rà|re *v.tr.* [indic.pres. *io disamóro...*] far perdere l'amore, l'interesse per qlcu. o ql.co. ♦ **-rsi** *intr.pron.* perdere l'amore, l'interesse per qlcu. o ql.co; disaffezionarsi.

di|sa|mo|rà|to *part.pass. di* disamorare ♦ *agg.* che ha perduto l'amore, l'interesse per qlcu. o ql.co.

di|sa|mó|re *s.m.* mancanza d'amore, di interesse; indifferenza.

di|san|co|rà|re *v.tr.* [indic.pres. *io disàncoro...*] **1** (*mar.*) levare l'ancora per iniziare la navigazione **2** (*fig.*) rendere indipendente, slegato da vincoli ♦ **-rsi** *rifl.* **1** liberarsi dall'ancora **2** (*fig.*) staccarsi, rendersi autonomi: *— dalla famiglia.*

di|sa|ni|mà|re *v.tr.* [indic.pres. *io disànimo...*] (*lett.*) far perdere la voglia di agire, togliere il coraggio: *— qlcu. da un proposito* ♦ **-rsi** *intr. pron.* scoraggiarsi.

di|sap|pan|nà|re *v.tr.* [indic.pres. *io disappanno...*] eliminare l'appannamento da vetri o superfici lucide.

di|sap|pe|tèn|za *s.f.* mancanza di appetito; inappetenza.

di|sap|pro|và|re *v.tr.* [indic.pres. *io disapprovo...*] (*anche assol.*) non approvare; condannare: *— un'idea; — con un cenno del capo.*

di|sap|pro|va|zió|ne *s.f.* riprovazione; biasimo.

di|sap|pùn|to *s.m.* senso di delusione e fastidio causato da un impedimento imprevisto: *non ha nascosto il suo —.*

di|sar|cio|nà|re *v.tr.* [indic.pres. *io disarciόno...*] **1** buttare giù dall'arcione; sbalzare: *il cavallo disarciònò il fantino* **2** (*fig.*) privare bruscamente qlcu. di una carica.

di|sar|màn|te *part.pres. di* disarmare ♦ *agg.* (*fig.*) talmente semplice e ingenuo da spegnere ogni aggressività: *una dolcezza —* | scoraggiante, sconfortante: *un'indifferenza —.*

di|sar|mà|re *v.tr.* [indic.pres. *io disarmo...*] **1** privare delle armi **2** (*fig.*) togliere la volontà di reagire; rabbonire: *la sua gentilezza li ha disarmati* **3** (*mar.*) privare una nave delle attrezzature per navigare **4** (*edil.*) togliere le impalcature di una costruzione ♦ *intr.* [aus. *A*] **1** ridurre gli armamenti per realizzare una politica di pace **2** (*fig.*) cedere, desistere: *non — davanti agli ostacoli.*

di|sar|mà|to *part.pass. di* disarmare ♦ *agg.* **1** privato delle armi; sguarnito di armi **2** (*fig.*)

inerme, indifeso: *è — di fronte alle difficoltà della vita.*

di|sàr|mo *s.m.* **1** l'azione del disarmare: *il — dei prigionieri* | riduzione o abolizione degli armamenti al fine di realizzare una politica di pace **2** (*mar.*) cessazione dell'attività di una nave.

di|sar|mo|nì|a *s.f.* mancanza di armonia, spec. di suoni; dissonanza | (*estens., fig.*) mancanza di regolarità: *— di crescita* | disaccordo.

di|sar|mò|ni|co *agg.* [m.pl. *-ci*] **1** privo di armonia: *colori disarmonici* **2** privo di regolarità: *un edificio —.*

di|sar|ti|co|là|re *v.tr.* [indic. pres. *io disartìcolo...*] **1** (*med.*) amputare un arto in corrispondenza di un'articolazione **2** (*fig.*) disgregare, scomporre ♦ **-rsi** *intr.pron.* **1** slogarsi, lussarsi **2** (*fig.*) dividersi, disgregarsi.

di|sar|ti|co|là|to *part.pass. di* disarticolare ♦ *agg.* **1** slogato, lussato **2** (*fig.*) privo di unità e di coerenza; sconnesso: *un testo —* **3** (*fig., ling.*) detto di suono, indistinto.

di|sar|ti|co|la|zió|ne *s.f.* **1** l'atto del disarticolare **2** (*med.*) amputazione di un arto in corrispondenza di un'articolazione **3** (*fig.*) mancanza di unità e di coerenza.

di|sas|sor|tì|to *agg.* si dice di prodotto in vendita di cui non è più disponibile l'assortimento.

di|sas|so|fà|re *v.tr.* [con. come *fare*] disabituare ♦ **-rsi** *rifl.* perdere la assuefazione; disabituarsi.

di|sa|strà|to *agg., s.m.* [f. *-a*] che, chi ha subito un danno grave, spec. una calamità: *zone disastrate dal terremoto.*

di|sà|stro *s.m.* **1** sciagura di grandi proporzioni; cataclisma: *— ecologico* **2** incidente grave che porta danni ingenti e causa la morte di molte persone: *— aereo* **3** (*estens.*) danno; sventura: *l'acqua uscita dalla lavatrice ha fatto un —* | disordine, confusione; pasticcio: *la tua camera è un —; ma che — hai combinato!* | (*fig.*) totale fallimento: *i miei esami sono stati un —!* **4** (*fig., fam.*) persona o cosa che è piena di difetti o causa danni: *quel ragazzo è un vero —.*

di|sa|stró|so *agg.* **1** che provoca disastri **2** pieno di guai, disavventure: *un weekend —* | che ha un esito negativo; pessimo: *una gara disastrosa*
□ **disastrosamente** *avv.*

di|sat|tèn|de|re *v.tr.* [con.: come *tendere*] **1** (*bur.*) non applicare, non rispettare: *— una norma* **2** (*estens.*) non ascoltare, non accogliere: *— un consiglio, una richiesta* | tradire, deludere: *— le speranze di qlcu.*

di|sat|tèn|to *agg.* che non è attento; distratto: *un alunno —* | che non è eseguito con la dovuta attenzione: *una lettura disattenta.*

di|sat|ten|zió|ne *s.f.* **1** mancanza di attenzione | errore, svista che derivano dalla poca attenzione: *un compito pieno di disattenzioni* **2** mancanza di considerazione; scortesia: *le sue continue disattenzioni mi indurranno a lasciarlo.*

di|sat|ti|và|re *v.tr.* rendere inattivo; interrompere il funzionamento di un congegno, un impianto: *— un servizio* | *— **una bomba**,* disinnescarla.

di|sa|vàn|zo *s.m.* (*fin.*) eccedenza delle uscite rispetto alle entrate; deficit.

di|sav|ve|du|tèz|za *s.f.* caratteristica di chi è disavveduto | (*estens.*) gesto incauto dovuto a mancanza di avvedutezza.

di|sav|ve|dù|to *agg.* privo di avvedutezza; malaccorto.

di|sav|ven|tù|ra *s.f.* evento sfortunato, contrarietà | *per* —, per malaugurata sorte, per disgrazia.

di|sav|vez|zà|re *v.tr.* [indic.pres. *io disavvézzo...*] (*raro*) disabituare, disassuefare: — *qlcu. dal vizio dell'alcol* ♦ **-rsi** *rifl.* disabituarsi.

di|sav|véz|zo *agg.* (*raro*) disabituato: *essere — alla fatica fisica.*

di|sbo|scà|re e *deriv.* → **diboscare** e *deriv.*

di|sbri|gà|re *v.tr.* [indic.pres. *io disbrigo, tu disbrighi...*] risolvere, sbrigare con rapidità un impegno, un'incombenza.

di|sbrì|go *s.m.* [pl. *-ghi*] esecuzione rapida di un impegno, un'incombenza: *il — di una pratica.*

di|scac|cià|re *v.tr.* [indic.pres. *io discaccio...*] (*lett.*) allontanare, scacciare.

di|scàn|to *s.m.* (*mus.*) 1 polifonia medievale in cui se una voce sale l'altra scende e viceversa 2 la voce più acuta in una composizione polifonica | lo strumento con il registro più acuto in una famiglia di strumenti.

di|scà|pi|to *s.m.* danno, svantaggio: *torna tutto a suo —.*

di|scà|ri|ca *s.f.* 1 luogo di raccolta dei materiali di rifiuto: — *pubblica* | l'operazione di scarico dei rifiuti: *divieto di —* 2 (*mar.*) scarico di merci da una nave mercantile.

di|scà|ri|co *s.m.* [pl. *-chi*] (*fig.*) discolpa, difesa, giustificazione: *parlare a proprio —* | *testimone a* —, quello che testimonia a favore dell'accusato.

di|scen|dèn|te *part.pres. di* discendere ♦ *agg.* che procede dall'alto verso il basso, oppure dal grande verso il piccolo | (*mus.*) *scala* —, che va dai suoni più acuti a quelli più gravi ♦ *s.m./f.* chi discende da qlcu. per vincolo di sangue; successore, erede.

di|scen|dèn|za *s.f.* 1 relazione di sangue tra un individuo e i suoi antenati; stirpe | origine, provenienza: *è di nobile —* 2 l'insieme di coloro che discendono da un capostipite.

di|scén|de|re *v.intr.* [con. come *scendere*; aus. E] 1 andar giù, scendere | calare progressivamente, digradare: *i colli discendono fino al mare* 2 smontare da un mezzo di trasporto: — *dal treno* 3 (*fig.*) avere origine, provenire: — *da una famiglia aristocratica* 4 (*fig.*) venire come conseguenza; risultare: *da questo discende che avevo ragione* ♦ *tr.* scendere: — *la scalinata.*

di|scen|sio|nà|le *agg.* (*fis.*) si dice di spinta o forza volta verso il basso.

di|scen|só|re *s.m.* nell'alpinismo e nella speleologia, dispositivo ad attrito che frena la discesa dello scalatore lungo le corde.

di|scèn|te *s.m./f.* (*lett.*) chi impara; scolaro, discepolo ♦ *agg.* che impara.

di|scé|po|lo *s.m.* [f. *-a*] 1 (*lett.*) allievo 2 (*estens.*) chi professa un'attività, in una dottrina e sim. gli insegnamenti di un maestro: *i moderni discepoli di Giotto* 3 (*spec.pl.*) apostolo e seguace di Gesù Cristo.

di|scèr|ne|re *v.tr.* [indic.pres. *io discerno...*; dif.: mancano il part.pass. e i tempi composti] 1 distinguere con la vista: *nell'oscurità non poteva — nulla* | (*estens.*) riconoscere attraverso gli altri sensi: — *l'aroma* 2 (*fig.*) distinguere mentalmente; differenziare, comprendere: — *il vero dal falso.*

di|scer|ni|mén|to *s.m.* capacità di giudicare in modo oculato; saggezza, buon senso: *ha poco —.*

di|scé|sa *s.f.* 1 movimento verso il basso | (*estens.*, *fig.*) diminuzione, calo: *la — dei prezzi* | (*fig.*) *in* —, si dice di fase che è in declino; senza ostacolo, facile: *un successo in —*; *in questo periodo la sua vita va in —* 2 (*estens.*) invasione dal nord, calata: *la — dei barbari* 3 percorso in pendenza; china 4 (*sport*) nello sci, gara su percorso in forte pendenza | — *libera*, gara su percorso non obbligato; nel calcio e in altri giochi di squadra, azione d'attacco in area avversaria.

di|sce|sì|sta *s.m./f.* [m.pl. *-i*] (*sport*) sciatore specializzato nelle gare di discesa libera | ciclista molto abile in discesa.

di|scet|tà|re *v.tr.* e *intr.* [indic.pres. *io discetto...*; aus. dell'intr. *A*] (*lett.*) discutere, disputare | (*estens.*) argomentare, spec. con saccenteria: — *intorno a ql.co.*

di|schét|to *s.m.* 1 (*inform.*, *elettron.*) piccolo disco magnetico per la registrazione di dati; floppy disk 2 (*sport*) nel calcio, segno circolare sul campo su cui si posiziona la palla per tirare il calcio di rigore.

di|schiù|de|re *v.tr.* [con. come *chiudere*] (*lett.*) 1 aprire, schiudere: — *le labbra* 2 (*fig.*) svelare, rendere manifesto: — *un sentimento* ♦ **-rsi** *intr. pron.* aprirsi, schiudersi: *la farfalla si è dischiusa.*

di|sci|ne|sì|a *s.f.* (*med.*) movimento scoordinato dei muscoli dovuto ad alterazioni del sistema nervoso.

di|scìn|to *agg.* si dice di persona vestita in modo scomposto e succinto | si dice di abito che lascia nude alcune parti del corpo.

di|sciò|glie|re *v.tr.* [con. come *sciogliere*] 1 (*lett.*) sciogliere, slegare; svincolare: — *la chioma*, — *le catene* | (*fig.*) disfare, smembrare: — *un legame affettivo*; — *un'associazione* 2 fondere; ridurre allo stato liquido: — *la pastiglia nell'acqua* ♦ **-rsi** *intr. pron.* dissolversi, liquefarsi: *la neve si discioglie al sole* | (*fig.*) disfarsi, smembrarsi.

di|sci|plì|na *s.f.* 1 (*lett.*) ammaestramento: *la — del dolore* | materia, ambito di studio: *le discipline scientifiche* 2 il complesso delle norme che regolano il comportamento di una persona, di un gruppo | (*estens.*) l'obbedienza a tali norme | — *militare*, quella basata su norme relative alla subordinazione, all'onore, allo spirito di corpo 3 (*estens.*) controllo dei propri impulsi, spec. suggerito da principi morali; autodisciplina.

di|sci|pli|nà|re[1] *v.tr.* 1 assoggettare, abituare a una disciplina 2 ordinare con norme: — *il traffi-*

disciplinare 366

co 3 (*fig.*) gestire, frenare: — *i propri impulsi* ♦ **-rsi** *rifl.* imporsi una disciplina, delle regole di vita.
di|sci|pli|nà|re² *agg.* 1 che riguarda la disciplina, le norme di comportamento: *sanzione* — ♦ *s.m.* documento con le disposizioni che regolano un'attività: *un* — *di vendita.*
di|sci|pli|nà|to *part.pass. di* disciplinare ♦ *agg.* 1 rispettoso delle regole: *allievo* — 2 che si svolge nel rispetto delle norme; regolato, ordinato: *traffico* — □ **disciplinatamente** *avv.*
disc-jockey (*ingl.*) [pr. *disk giòkei*] *loc.sost.m./f.invar.* in discoteca o nelle trasmissioni radiotelevisive, chi sceglie e presenta i brani musicali.
di|sco¹ *s.m.* [m.pl. *-schi*] 1 qualsiasi oggetto piatto e di forma circolare: *un* — *in argento* | — *orario*, cartoncino da esporre sul parabrezza di un veicolo per segnalare l'ora di arrivo e di partenza nelle zone a sosta limitata | — *volante*, veicolo spaziale luminoso dalla forma appiattita di presunta origine extraterrestre; U.F.O 2 (*anat.*) anello fibroso-cartilagineo posto fra due capi articolari 3 piastra circolare di vinile su cui sono registrati, sotto forma di solco a spirale, suoni riproducibili con il giradischi | (*estens.*) l'insieme dei brani musicali incisi: *un* — *di musica classica* | (*fig., fam.*) *cambiare* —, cambiare argomento di discorso 4 (*sport*) nelle gare di atletica leggera, attrezzo piatto circolare che viene lanciato | nell'hockey su ghiaccio, piastra di gomma dura 5 (*inform., elettron.*) supporto magnetico circolare utilizzato nei computer per la registrazione dei dati | — *rigido, fisso*, supporto magnetico inserito stabilmente nel computer per la memorizzazione di programmi e dati hard | — *flessibile*, floppy disk/ dischetto 6 strumento di segnalazione ferroviaria che, attraverso un fascio di luce colorata, indica ai treni la via libera o lo stop: — *verde*; — *rosso*.
di|sco² *s.f.invar. abbr. di* disco-music | *abbr. di* discoteca.
di|scò|bo|lo *s.m.* [f. *-a*] nell'atletica, lanciatore di disco.
di|sco|gra|fì|a *s.f.* 1 la tecnica e l'attività industriale relative alla registrazione e riproduzione di dischi o compact disc 2 elenco di incisioni di un autore, un esecutore, un genere musicale.
di|sco|grà|fi|co *agg.* [m.pl. *-ci*] relativo alla discografia: *casa discografica* ♦ *s.m.* [f. *-a*] chi lavora nell'industria discografica come tecnico o imprenditore.
di|scoi|dà|le *agg.* che ha la forma di un disco.
di|scoi|dè *agg.* discoidale ♦ *s.m.* qualsiasi oggetto discoidale, spec. compressa medicinale in forma di piccolo disco.
di|scol|li|bro *s.m.* [pl. *dischilibri* o *discolibri*] libro corredato di uno o più dischi, a integrazione dell'argomento trattato.
di|scol|lo *agg., s.m.* [f. *-a*] si dice spec. di ragazzo vivace, indisciplinato.
di|scòl|pa *s.f.* scusa, giustificazione | l'insieme delle ragioni addotte per discolparsi.
di|scol|pà|re *v.tr.* [indic.pres. *io discólpo...*] difendere da un'accusa; scagionare ♦ **-rsi** *rifl.* difendersi da un'accusa; giustificarsi.
disco-music (*ingl.*) [pr. *dìsko miùsik*] *s.f.invar.* genere di musica leggera molto ritmata, spec. ballata nelle discoteche.
di|scon|nét|te|re *v.tr.* [con. come *annettere*] interrompere un collegamento separando ciò che è connesso; sconnettere.
di|sco|nó|sce|re *v.tr.* [con. come *conoscere*] non riconoscere; rifiutarsi di riconoscere, rinnegare.
di|scon|no|sci|mén|to *s.m.* rifiuto di riconoscere | (*dir.*) — *di paternità*, atto con cui si rifiuta una presunta paternità.
di|scon|ti|nui|tà *s.f.* 1 mancanza di continuità, di uniformità: — *di una tradizione* | (*fig.*) incoerenza: — *di metodo* 2 incostanza nello svolgimento di un lavoro, un impegno: *si impegna con* — *nello studio* 3 (*mat.*) punto in cui una funzione si interrompe.
di|scon|ti|nuo *agg.* 1 privo di continuità, di uniformità: *superficie discontinua* 2 (*fig.*) incoerente, disarmonico: *umore* —; *stile* — | si dice di chi ha rendimento incostante nello svolgimento di un'attività 3 (*mat.*) che presenta discontinuità: *funzione discontinua* □ **discontinuamente** *avv.*
di|sco|pa|ti|a *s.f.* (*med.*) malattia di uno o più dischi intervertebrali.
di|scor|dàn|te *part.pres. di* discordare ♦ *agg.* 1 che non si accorda, che non è in armonia: *suoni, colori discordanti* 2 dissenziente, divergente: *opinione* —.
di|scor|dàn|za *s.f.* 1 mancanza di accordo; disarmonia | divergenza di opinioni 2 (*geol.*) in una sovrapposizione di rocce sedimentarie, diversità di orientamento dei piani di stratificazione.
di|scor|dà|re *v.intr.* [indic.pres. *io discordo...*; aus. *A*] 1 essere in contrasto; dissentire, divergere: *come discordano i tuoi principi dalle tue azioni!* 2 detto di suoni e colori, non armonizzare, stonare.
di|scòr|de *agg.* che non è in accordo; diverso.
di|scòr|dia *s.f.* 1 mancanza di concordia, disarmonia: *c'è molta* — *tra loro* 2 divergenza di opinioni; dissenso.
di|scór|re|re *v.intr.* [con. come *correre*; aus. *A*] parlare diffusamente; conversare | — *del più e del meno*, dialogare senza seguire un argomento preciso; chiacchierare | *e via discorrendo*, e così via.
di|scor|si|vi|tà *s.f.* caratteristica di ciò che è discorsivo.
di|scor|sì|vo *agg.* 1 che riguarda il discorso | che ha natura di discorso; scorrevole: *tono* — □ **discorsivamente** *avv.*
di|scór|so *s.m.* 1 colloquio su un argomento; conversazione | (*estens.*) l'argomento di cui si parla | *lasciar cadere il* —, non dare seguito a un argomento | *entrare nel* —, inserirsi in una conversazione | *cambiare* —, cambiare argomento, spec. per evitare una situazione imbarazzante |

che discorsi!, quante stupidaggini! **2** dissertazione su un argomento, pronunciata in pubblico o scritta: *tenere un —* **3** (*ling.*) enunciato che si articola in più frasi concatenate | *— diretto*, quello in cui si riportano testualmente le parole pronunciate da qlcu. | *— indiretto*, quello in cui le parole dette da qlcu. sono riportate in forma narrativa | *parti del —*, categorie in cui si dividono le parole di una lingua secondo la loro funzione e la loro forma (p.e. *aggettivo, nome, verbo*) **4** (*estens., fig.*) orientamento, linea di condotta: *le parti politiche stanno proponendo un nuovo —*.

di|sco|stà|re *v.tr.* [indic.pres. *io discosto...*] (*lett.*) rimuovere, scostare ♦ **-rsi** *rifl.* **1** (*lett.*) allontanarsi **2** (*fig.*) divergere, non attenersi a ql.co.: *— dalla linea del gruppo*.

di|scò|sto *agg.* (*lett.*) distante, lontano: *un edificio — dal parco* | (*fig.*) distaccato, alieno: *— dallo studio* ♦ *avv.* distante: *tre chilometri —* | (*loc. prep.*) *— da*, lontano da: *stai — dalla parete*.

di|sco|tè|ca *s.f.* **1** collezione di dischi musicali **2** istituzione pubblica o privata che si occupa della raccolta e della conservazione di dischi musicali | la sede di tale istituzione **3** locale pubblico, spec. per giovani, in cui si balla al suono di dischi.

di|sco|te|cà|rio *s.m.* [f. *-a*] in una discoteca, chi si occupa della raccolta e della conservazione di dischi.

discount (*ingl.*) [pr. *diskàunt*] *s.m.invar.* (*comm.*) negozio o grande magazzino in cui si vendono prodotti a prezzi più bassi di quelli correnti sul mercato.

di|scra|si|a *s.f.* **1** (*med.*) alterazione dei componenti del sangue o di altri liquidi organici **2** (*fig.*) stato di squilibrio, disfunzione, spec. in riferimento a organismi politici ed economici.

di|scré|di|to *s.m.* diminuzione o perdita della stima, della reputazione: *cadere in —*.

di|scre|pàn|te *agg.* discordante, contrastante.

di|scre|pàn|za *s.f.* disaccordo, divario: *— di idee*.

di|scre|téz|za *s.f.* discrezione, riserbo.

di|scré|to *agg.* **1** non eccessivo; moderato, misurato: *è molto — nelle sue richieste; un trucco —* | non importuno; sensibile, riservato: *è un signore veramente —* **2** abbastanza buono; soddisfacente di qualità: *ha un — successo; un — attore* **3** non piccolo, più che sufficiente: *ha venduto una discreta quantità di libri* | (*scherz.*) notevole: *ho una discreta fame* **4** (*mat.*) si dice di insieme i cui elementi sono distinti fra loro □ **discretamente** *avv.* **1** con tatto, discrezione: *si è — allontanato* **2** abbastanza, sufficientemente: *è — preparato* | abbastanza bene: *le cose vanno —*.

di|scre|zio|nà|le *agg.* affidato al giudizio personale | (*dir.*) *potere —*, si dice della facoltà di valutare e decidere entro limiti imposti dalla legge.

di|scre|zio|na|li|tà *s.f.* (*dir.*) facoltà di decidere secondo il proprio giudizio.

di|scre|zió|ne *s.f.* **1** capacità di discernere; avvedutezza **2** (*estens.*) piena libertà, arbitrio: *scegliere secondo la propria —* **3** senso della misura; tatto.

di|scri|mi|nàn|te *part.pres.* di discriminare ♦ *agg.* che discrimina, distintivo ♦ *s.f.* **1** elemento che crea distinzione: *la qualità del servizio è un'importante —* **2** (*dir.*) circostanza che riduce o annulla la responsabilità di un reato: *l'incapacità di intendere è una —* ♦ *s.m.* (*mat.*) funzione razionale intera dei coefficienti di un'equazione algebrica.

di|scri|mi|nà|re *v.tr.* [indic.pres. *io discrìmino...*] **1** distinguere, discernere: *— i buoni dai cattivi* **2** (*assol.*) fare discriminazioni di carattere sessuale, sociale, razziale.

di|scri|mi|na|tò|rio *agg.* di discriminazione | che compie una discriminazione: *legge discriminatoria*.

di|scri|mi|na|zió|ne *s.f.* **1** differenza, distinzione **2** disparità di trattamento nei confronti di determinati gruppi politici, sociali, etnici | *— razziale*, applicazione di provvedimenti restrittivi nei confronti di gruppi etnici che sono diversi dal gruppo dominante.

di|scrì|mi|ne *s.m.* (*lett.*) linea di confine, spec. in riferimento a idee, concetti.

di|scro|mì|a *s.f.* (*med.*) alterazione della pigmentazione della pelle.

di|scus|sió|ne *s.f.* **1** esame approfondito di una questione, sulla base di diverse opinioni | *mettere, rimettere in —*, sottoporre a esame esprimendo dubbi, riserve | *essere fuori —*, essere sicuro, indiscutibile **2** (*estens.*) litigio, contrasto: *con loro scoppiano sempre discussioni* **3** (*estens.*) protesta, contestazione: *hanno ubbidito senza discussioni* **4** (*dir.*) nel processo civile, fase in cui i legali delle parti espongono le proprie argomentazioni | nel processo penale, fase riservata alla requisitoria del pubblico ministero, alle arringhe dei difensori dell'imputato e della parte civile.

di|scùs|so *part.pass.* di discutere ♦ *agg.* che è oggetto di discussione; che dà adito a pareri contrastanti: *un libro —*.

di|scù|te|re *v.tr.* e *intr.* [pass.rem. *io discussi, tu discutésti...*; part.pass. *discusso*; aus. dell'intr. *A*] **1** esaminare un argomento mettendo a confronto diversi punti di vista **2** muovere obiezioni; mettere in dubbio: *non discuto le tue scelte* | (*assol.*) litigare: *smettetela di —!*

di|scu|tì|bi|le *agg.* **1** che si può discutere; opinabile: *punto di vista —* **2** (*estens.*) incerto, dubbio: *ha una moralità —* □ **discutibilmente** *avv.*

di|sde|gnà|re *v.tr.* [indic.pres. *io disdégno..., noi disdegniamo, voi disdegnate...*] disprezzare, ritenere indegno di sé | rifiutare, non gradire: *non disdegno i complimenti*.

di|sdé|gno *s.m.* disprezzo, sdegno | *avere a —*, disprezzare, non tenere in conto.

di|sde|gnó|so *agg.* (*lett.*) che manifesta disdegno; sprezzante □ **disdegnosamente** *avv.*

di|sdét|ta *s.f.* **1** rifiuto **2** sfortuna: *che —!* **3** (*dir.*) atto col quale si dichiara l'intenzione di recedere da un contratto.

di|sdét|to *part.pass.* di disdire ♦ *agg.* annullato.

disdicevole

di|sdi|cé|vo|le *agg.* (*lett.*) sconveniente, inopportuno.

di|sdi|re *v.tr.* [con. come *dire*] **1** negare di aver detto ql.co.; ritrattare | smentire la fondatezza di ql.co.; rinnegare: *i fatti disdicono le chiacchiere* **2** annullare un impegno previsto: — *un appuntamento* | (*dir.*) sciogliere un contratto.

di|sdir|si *v.intr.pron.* (*lett.*) essere poco adatto, sconveniente.

di|sdò|ro *s.m.* (*lett.*) vergogna, disonore.

di|se|du|cà|re *v.tr.* [indic.pres. *io disèduco, tu disèduchi...*] (*anche assol.*) annullare i risultati di un'educazione; educare male: *insegnamenti che diseducano*.

di|se|du|ca|tì|vo *agg.* che diseduca; non istruttivo.

di|se|du|ca|zió|ne *s.f.* annullamento di un'educazione; cattiva educazione.

di|se|gnà|re *v.tr.* [indic.pres. *io diségno..., noi disegniamo, voi disegnate...*] **1** (*anche assol.*) rappresentare un'immagine per mezzo di linee e segni: — *una casa*; *non sa* — | (*estens.*) tracciare, formare: *l'acqua disegna dei cerchi* **2** (*fig.*) ideare un progetto nelle linee essenziali; abbozzare: — *la trama di un film* **3** (*fig.*) descrivere con parole; delineare: *ha disegnato perfettamente la situazione*.

di|se|gna|tó|re *s.m.* [f. *-trice*] chi disegna, spec. per professione.

di|sé|gno *s.m.* **1** rappresentazione di immagini per mezzo di linee e segni | — *a mano libera*, quello eseguito senza l'ausilio di righe o altri strumenti | — *preparatorio*, quello che precede la realizzazione di un dipinto, un affresco, una scultura | (*cine.*) — *animato*, cartone animato **2** progetto grafico per la costruzione di ql.co. | — *industriale*, quello eseguito per la progettazione di oggetti riproducibili in serie **3** l'arte di disegnare | modo personale di disegnare **4** motivo ornamentale, decorativo **5** (*fig.*) abbozzo di un testo che verrà steso: *il* — *di un nuovo romanzo* | — *di legge*, progetto di legge sottoposto al Parlamento per l'approvazione **6** (*fig.*) piano, proposito: *tutto è andato secondo i miei disegni*.

di|se|guà|le *e deriv.* → **disuguale** *e deriv.*

di|se|qui|lì|brio *s.m.* mancanza di equilibrio; instabilità.

di|ser|bàn|te *part.pres. di* diserbare ♦ *agg., s.m.* (*agr.*) si dice di prodotto chimico che elimina l'erba infestante da un terreno; erbicida.

di|ser|bà|re *v.tr.* [indic.pres. *io diserbo...*] eliminare l'erba infestante da un terreno.

di|se|re|dà|re *v.tr.* [indic.pres. *io diseredo...*] privare dell'eredità un successore legittimo.

di|se|re|dà|to *part.pass. di* diseredare ♦ *agg., s.m.* [f. *-a*] **1** che, chi è stato privato di un'eredità **2** (*estens.*) che, chi vive in condizioni di estrema miseria.

di|ser|tà|re *v.tr.* [pres. *io diserto...*; part.pass. *disertato*] abbandonare volontariamente un luogo: *i giovani disertano la montagna* | non prendere parte: — *le lezioni* ♦ *intr.* [aus. *A*] **1** (*mil.*) abbandonare senza autorizzazione il reparto in cui si presta servizio; non ritornarvi dopo un'assenza autorizzata | (*estens.*) passare al nemico **2** (*fig.*) abbandonare un partito, una causa, un ideale cui si aderiva | tradire un dovere.

di|ser|tó|re *s.m.* [f. *-trice*] **1** militare che diserta **2** (*fig.*) chi abbandona un partito, una causa e sim.

di|ser|zió|ne *s.f.* **1** abbandono del reparto militare **2** (*fig.*) abbandono di un partito, di una causa e sim.

di|sfa|ci|mén|to *s.m.* **1** l'atto del disfare | decomposizione, putrefazione: *materiale organico in* — **2** (*fig.*) corruzione, decadenza: *il* — *dei costumi di una società*.

di|sfa|gì|a *s.f.* (*med.*) difficoltà a deglutire cibi solidi.

di|sfà|re *v.tr.* [indic.pres. *io disfàccio* o *disfò* o *disfo, tu disfai, egli disfà* o *disfa, noi disfacciamo, voi disfate, essi disfanno* o *disfano*; nelle altre forme con. come *fare*] **1** scomporre, smontare ciò che era fatto | — *le valigie*, aprirle e toglierne il contenuto | — *il letto*, togliere biancheria e coperte | — *un nodo*, districarlo **2** liquefare, sciogliere: *il calore disfa la cera* ♦ *-rsi rifl.* liberarsi, sbarazzarsi di qlcu. o di ql.co. ♦ *intr.pron.* **1** detto di carne, frutta e sim., guastarsi, putrefarsi | (*estens.*) sfiorire a causa dell'età o per le malattie **2** (*fig.*) andare in rovina, decadere: *un'istituzione che si disfa* **3** sciogliersi: *si sono disfatti tutti i nodi* | (*fig.*) struggersi: — *per il troppo dolore*.

di|sfa|sì|a *s.f.* (*med.*) incapacità di articolazione delle parole secondo un ordine logico causata da lesione dei centri nervosi.

di|sfàt|ta *s.f.* **1** sconfitta definitiva di un esercito **2** (*fig.*) grosso insuccesso: *la squadra ha subito una* —.

di|sfat|tì|smo *s.m.* **1** attività di chi, in tempo di guerra, ostacola con ogni mezzo il proprio paese **2** (*estens.*) atteggiamento di chi ostacola la riuscita di un'impresa diffondendo sfiducia | (*fig.*) atteggiamento negativo e pessimistico.

di|sfat|tì|sta *agg., s.m./f.* [m.pl. *-i*] **1** che, chi compie opera di disfattismo **2** (*fig.*) chi assume un atteggiamento negativo e pessimistico.

di|sfat|tì|sti|co *agg.* [m.pl. *-ci*] che rivela disfattismo; da disfattista.

di|sfàt|to *part.pass. di* disfare ♦ *agg.* **1** distrutto; liquefatto **2** (*fig.*) molto prostrato.

di|sfì|da *s.f.* (*lett.*) sfida, spec. in duello: *la* — *di Barletta*.

di|sfo|nì|a *s.f.* (*med.*) qualsiasi alterazione della voce, nel timbro o nell'intensità.

di|sfo|rì|a *s.f.* (*psich.*) stato d'animo depresso.

di|sfun|zió|ne *s.f.* (*med.*) alterazione della funzione di un organo, di un tessuto o di una ghiandola **2** (*estens.*) cattivo funzionamento; inefficienza: *le* — *dei servizi pubblici*.

di|sge|là|re *v.tr.* [indic.pres. *io disgelo...*] (*anche fig.*) sciogliere, liberare dal gelo: *il sole disgela i campi*, *un fiato disgela il rigelato l'atmosfera* ♦ *intr.* [aus. *E*, *A*], **-rsi** *intr.pron.* (*anche fig.*) liberarsi dal gelo: *l'acqua disgela*.

di|sgè|lo *s.m.* **1** scioglimento del ghiaccio e della neve causato da un aumento della temperatura 2 (*fig.*) miglioramento dei rapporti fra persone o gruppi; distensione | nel linguaggio politico, allentamento di posizioni particolarmente rigide da parte di uno Stato verso un altro: *la nuova politica del Governo ha favorito il* —.

di|sgiùn|ge|re *v.tr.* [con. come *giungere*] separare, staccare: — *le mani* | (*fig.*) considerare in modo separato: — *la teoria dalla pratica* ♦ **-rsi** *rifl.*, *rifl.rec.* (*lett.*) dividersi, staccarsi.

di|sgiun|ti|vo *agg.* 1 che disgiunge, che indica opposizione 2 (*gramm.*) *congiunzione disgiuntiva*, quella che disgiunge sintatticamente due parole o frasi (p.e. *o*, *oppure*) | *proposizioni disgiuntive*, quelle coordinate da una o più congiunzioni disgiuntive.

di|sgiùn|to *part.pass.* di disgiungere ♦ *agg.* 1 non congiunto; separato | (*banc.*) *firme disgiunte*, quelle degli intestatari di uno stesso conto che possono prelevare denaro separatamente 2 (*mat.*) si dice di due insiemi senza elementi comuni □ **disgiuntamente** *avv.*

di|sgiun|zió|ne *s.f.* separazione, distacco | (*fig.*) distinzione.

di|sgra|fì|a *s.f.* (*med.*, *psicol.*) incapacità di scrivere correttamente a causa di una malattia nervosa o di una lesione cerebrale.

di|sgrà|zia *s.f.* 1 perdita del favore altrui: *cadere in* — *di qlcu.* 2 cattiva sorte; sfortuna: *la* — *non lo abbandona* | *per mia* —, sfortunatamente per me | *portare* —, essere la causa di sventure, di guai 3 improvviso evento doloroso o evento sfortunato involontario; contrattempo: *non l'ho rotto di proposito, è stata una* — | *per* —, senza volere, per un caso sfortunato.

di|sgra|zià|to *agg.* 1 sfortunato, perseguitato da disgrazie, malanni | usato in espressioni di rimprovero o biasimo, sciagurato: *che cosa hai combinato,* —! 2 che ha prodotto esiti negativi: *una vacanza disgraziata* | pieno di avversità: *un periodo* — ♦ *s.m.* [f. -*a*] 1 persona colpita da disgrazia, che suscita pietà 2 persona disonesta, cattiva: *non frequentare quel* —! □ **disgraziatamente** *avv.* sfortunatamente, per disgrazia.

di|sgre|gà|bi|le *agg.* che si può disgregare; decomponibile.

di|sgre|ga|mén|to *s.m.* (*spec.fig.*) disgregazione: *il* — *di un gruppo*.

di|sgre|gà|re *v.tr.* [indic.pres., *io disgrego, tu disgreghi*...] sgretolare, frantumare: *le onde disgregano le rocce* | (*fig.*) privare di coesione: *i contrasti hanno disgregato il gruppo* ♦ **-rsi** *intr.pron.* frantumarsi, sgretolarsi | (*fig.*) perdere la coesione.

di|sgre|ga|tó|re *agg.*, *s.m.* [f. -*trice*] (*anche fig.*) che, chi disgrega.

di|sgre|ga|zió|ne *s.f.* 1 sgretolamento, frantumazione 2 (*fig.*) disunione, smembramento.

di|sguì|do *s.m.* errore involontario nel recapito di ql.co.: — *postale* | (*banc.*) contrattempo nello svolgimento di un programma.

di|sgu|stà|re *v.tr.* 1 suscitare disgusto: *odore che disgusta* 2 (*fig.*) provocare ripugnanza, fastidio: *una scena che disgusta* ♦ **-rsi** *intr.pron.* (*anche fig.*) provare disgusto.

di|sgù|sto *s.m.* sensazione di nausea, di ripugnanza fisica verso cibi o bevande 2 (*fig.*) sentimento di repulsione, avversione.

di|sgu|stó|so *agg.* 1 che provoca disgusto: *un sapore* — 2 (*fig.*) che suscita ripugnanza morale.

di|si|dra|tàn|te *part.pres.* di disidratare ♦ *agg.*, *s.m.* si dice di sostanza che è in grado di sottrarre acqua ad altre sostanze.

di|si|dra|tà|re *v.tr.* eliminare o ridurre la quantità di acqua presente in una sostanza, in un corpo, con l'uso di mezzi chimici o fisici ♦ **-rsi** *intr. pron.* essere soggetti a disidratazione.

di|si|dra|ta|zió|ne *s.f.* 1 (*scient.*) eliminazione o riduzione dell'acqua contenuta in una sostanza, in un corpo 2 (*med.*) perdita eccessiva di liquidi organici che danneggia le normali funzioni fisiologiche.

di|sil|lù|de|re *v.tr.* [con. come *illudere*] far perdere le illusioni; deludere ♦ **-rsi** *rifl.* perdere le illusioni; disincantarsi.

di|sil|lu|sió|ne *s.f.* perdita delle illusioni; disincanto, delusione.

di|sil|lù|so *part.pass.* di disilludere ♦ *agg.*, *s.m.* [f. -*a*] che, chi ha perso le illusioni; disincantato.

di|sim|bal|làg|gio *s.m.* l'operazione del disimballare.

di|sim|bal|là|re *v.tr.* togliere una merce dall'imballaggio.

di|sim|pa|rà|re *v.tr.* (*anche assol.*) dimenticare quello che si è imparato | (*estens.*) smettere un'abitudine: *devi* — *a sederti così.*

di|sim|pe|gnà|re *v.tr.* [indic.pres. *io disimpégno*..., *noi disimpegniamo, voi disimpegnate...*] 1 svincolare da un impegno, una promessa, un obbligo 2 liberare qlcu. o ql.co. da un impedimento: — *le braccia da un peso* 3 riscattare ql.co. dato in pegno: — *dei gioielli* 4 rendere nuovamente disponibile ciò che era occupato: — *le linee telefoniche; — la cantina* | rendere direttamente accessibile un ambiente: — *l'atrio con un corridoio* ♦ **-rsi** *intr.pron.* 1 svincolarsi da un impegno, una promessa, un obbligo 2 riuscire ad assolvere bene un compito.

di|sim|pe|gnà|to *part.pass.* di disimpegnare ♦ *agg.* non impegnato in campo sociale, politico, ideologico.

di|sim|pé|gno *s.m.* 1 svincolamento da un impegno, un dovere 2 locale adibito a ripostiglio o di accesso per altri locali 3 rifiuto o mancanza dell'impegno politico o sociale 4 espletamento, compimento di un incarico.

di|sin|ca|glià|re *v.tr.* [indic.pres. *io disincaglio*...] 1 (*mar.*) liberare un'imbarcazione da un incaglio 2 (*fig.*) liberare da un ostacolo, sbloccare: — *le trattative* ♦ **-rsi** *intr.pron.* 1 (*mar.*) detto di un'imbarcazione, liberarsi da un incaglio 2 (*fig.*) liberarsi da un ostacolo, una difficoltà.

di|sin|can|tà|re *v.tr.* disilludere, riportare alla realtà ♦ **-rsi** *rifl.* disilludersi.

di|sin|can|tà|to *part.pass.* di disincantare ♦ *agg.*

disincanto

smaliziato, senza illusioni: *guarda la realtà con occhi disincantati*.

di|sin|càn|to *s.m.* disinganno; scetticismo.

di|sin|cen|ti|và|re *v.tr.* annullare o ridurre togliendo gli incentivi: — *le esportazioni* | frenare, scoraggiare un comportamento, una tendenza, un'attività: — *gli acquisti per corrispondenza*.

di|sin|cen|ti|vo *s.m.* misura introdotta per disincentivare; freno.

di|sin|cro|stàn|te *part.pres. di* disincrostare ♦ *agg.*, *s.m.* si dice di sostanza che scioglie le incrostazioni calcaree o ne impedisce la formazione.

di|sin|cro|stà|re *v.tr.* [indic.pres. *io disincrosto*...] liberare da incrostazioni: — *le tubature*.

di|sin|du|stria|liz|za|zió|ne *s.f.* riduzione o eliminazione delle industrie.

di|sin|fe|stàn|te *part.pres. di* disinfestare ♦ *agg.*, *s.m.* (*chim.*) si dice di sostanza che elimina parassiti, animali nocivi e erbe infestanti.

di|sin|fe|stà|re *v.tr.* [indic.pres. *io disinfesto*...] 1 liberare dai parassiti, dagli animali nocivi, dalle erbe infestanti 2 (*fig.*) liberare da ciò che è dannoso per la collettività; sanare: — *una zona dagli spacciatori*.

di|sin|fe|sta|zió|ne *s.f.* operazione disinfestante; bonifica.

di|sin|fet|tàn|te *part.pres. di* disinfettare ♦ *agg.*, *s.m.* si dice di sostanza che disinfetta.

di|sin|fet|tà|re *v.tr.* [indic.pres. *io disinfetto*...] eliminare i germi patogeni con l'uso di mezzi idonei ♦ **-rsi** *rifl.* ripulire una parte del proprio corpo dai germi patogeni.

di|sin|fe|zió|ne *s.f.* l'operazione del disinfettare.

di|sin|fiam|mà|re *v.tr.* (*med.*) togliere l'infiammazione ♦ **-rsi** *intr.pron.* esaurire l'infiammazione.

di|sin|fla|zió|ne *s.f.* (*econ.*) contenimento dell'inflazione.

di|sin|for|mà|to *agg.* che non è informato; poco o male informato.

di|sin|for|ma|zió|ne *s.f.* mancanza di informazione; informazione scarsa o inesatta.

di|sin|gan|nà|re *v.tr.* **1** (*lett.*) liberare dall'errore, dall'inganno mediante il confronto con la realtà: *questo episodio mi ha disingannato sul suo conto* **2** disilludere, deludere ♦ **-rsi** *intr. pron.* ricredersi, disilludersi.

di|sin|gàn|no *s.m.* delusione, disillusione.

di|si|ni|bi|re *v.tr.* [indic.pres. *io disinibisco, tu disinibisci*...] liberare da inibizioni ♦ **-rsi** *intr. pron.* perdere le inibizioni.

di|si|ni|bi|to *part.pass. di* disinibire ♦ *agg.* privo di inibizioni | emancipato, spregiudicato: *un comportamento* —.

di|sin|na|mo|ràr|si *v.intr.pron.* [indic.pres. *io mi disinnamoro*...] **1** smettere di essere innamorato **2** (*estens.*) esaurire l'interesse per ql.co.: — *del lavoro*.

di|sin|ne|scà|re *v.tr.* [indic.pres. *io disinnésco, tu disinnéschi*...] **1** togliere l'innesco: — *una bomba* **2** (*fig.*) togliere la potenzialità di pericolo a un fenomeno: — *la violenza negli stadi*.

di|sin|né|sco *s.m.* [pl. -*schi*] disattivazione.

di|sin|ne|stà|re *v.tr.* [indic.pres. *io disinnesto*...] togliere l'innesto tra due elementi o tra organi meccanici che agiscono in connessione: — *la spina dalla sua presa* ♦ **-rsi** *intr.pron.* (*mecc.*) svincolarsi da un innesto.

di|sin|nè|sto *s.m.* (*mecc.*) azione del disinnestare; disinserimento.

di|sin|qui|na|mén|to *s.m.* operazione del disinquinare.

di|sin|qui|nà|re *v.tr.* liberare dall'inquinamento.

di|sin|se|ri|re *v.tr.* [indic.pres. *io disinserisco, tu disinserisci*...] **1** privare del collegamento **2** (*elettr.*) staccare il collegamento tra un apparecchio elettrico e il circuito di alimentazione; disinnestare: — *una spina*.

di|sin|se|ri|to *part.pass. di* disinserire ♦ *agg.* **1** scollegato **2** (*fig.*) si dice di persona non inserita in un gruppo, in una comunità; disadattato.

di|sin|ta|sà|re *v.tr.* eliminare un'ostruzione; sturare: — *lo scarico della vasca da bagno*.

di|sin|te|grà|re *v.tr.* [indic.pres. *io disintegro*...] **1** ridurre un oggetto in frammenti; sgretolare: *lo scoppio ha disintegrato la casa* | (*fis.*) — *l'atomo*, causarne la disintegrazione in particelle subatomiche **2** (*fig.*) distruggere, disgregare: *le contestazioni hanno disintegrato l'associazione* ♦ **-rsi** *intr.pron.* **1** ridursi in frammenti **2** (*fig.*) dissolversi, disgregarsi.

di|sin|te|grà|to|re *s.m.* apparecchio che disintegra materiali fibrosi.

di|sin|te|gra|zió|ne *s.f.* disgregazione, frantumazione | (*fis.*) — *atomica*, trasformazione di un nucleo, dovuto a un processo radioattivo.

di|sin|te|res|sa|mén|to *s.m.* mancanza di interesse verso ql.co.; indifferenza.

di|sin|te|res|sà|re *v.tr.* [indic.pres. *io disinteresso*...] far perdere l'interesse per ql.co. ♦ **-rsi** *intr. pron.* non curarsi di qlcu. o di ql.co.; cessare di interessarsene: — *degli affari*.

di|sin|te|res|sà|to *part.pass. di* disinteressare ♦ *agg.* detto di persona, che non agisce per interesse personale | detto di azione, che non è compiuta per ricavarne un vantaggio □ **disinteressatamente** *avv.*

di|sin|te|rès|se *s.m.* **1** mancanza di interesse per ql.co. o qlcu.; indifferenza **2** noncuranza del proprio interesse morale o materiale: *presta aiuto a tutti con* —.

di|sin|tos|si|càn|te *part.pres. di* disintossicare ♦ *agg.*, *s.m.* si dice di farmaco che ha la funzione di disintossicare.

di|sin|tos|si|cà|re *v.tr.* [indic.pres. *io disintòssico, tu disintòssichi*...] liberare da ql.co. che intossica ♦ **-rsi** *rifl.* eliminare le sostanze tossiche dal proprio organismo | liberarsi dall'assuefazione all'uso di alcol e droghe.

di|sin|tos|si|ca|zió|ne *s.f.* eliminazione di sostanze tossiche dall'organismo.

di|sin|ve|stì|re *v.tr.* [indic.pres. *io disinvesto*...] **1** (*econ.*) ridurre l'ammontare dei beni utilizzabili nell'attività produttiva **2** (*fin.*) convertire in denaro liquido fondi precedentemente investiti in attività finanziarie.

di|sin|vòl|to *agg.* **1** spigliato, sicuro, non timido | detto di movimento, sciolto **2** (*estens.*) sfrontato, sfacciato □ **disinvoltamente** *avv.*

di|sin|vol|tù|ra *s.f.* **1** atteggiamento di chi è disinvolto, sicuro di sé | scioltezza di movimento **2** (*estens.*) sfrontatezza, sfacciataggine: *ha negato tutto con* — **3** leggerezza, superficialità: *sperpera con estrema* —.

di|si|stì|ma *s.f.* scarsa considerazione; mancanza di stima.

di|sla|lì|a *s.f.* (*med.*) disturbo della pronuncia per difetto di conformazione o per alterazione organica dell'apparato fonatorio.

di|sles|sì|a *s.f.* (*med.*, *psicol.*) disturbo della capacità di riconoscimento del linguaggio scritto che si manifesta, durante la lettura, con inversioni di parole o sillabe; è causata da malattia nervosa o da lesioni cerebrali.

di|sli|vèl|lo *s.m.* **1** scarto, differenza di livello tra due punti **2** (*fig.*) disparità di condizione, di situazione: — *economico*.

di|slo|ca|mén|to *s.m.* **1** dislocazione: — *di materiali* **2** (*mar.*) peso della massa d'acqua spostata dalla parte immersa dello scafo.

di|slo|cà|re *v.tr.* [indic.pres. *io disloco, tu dislochi...*] **1** trasferire, collocare in un luogo opportuno: — *le truppe al confine* **2** (*mar.*) detto di una nave, spostare una certa quantità d'acqua con la parte immersa dello scafo.

di|slo|ca|zió|ne *s.f.* **1** dislocamento, ripartizione nel territorio **2** (*geol.*) spostamento dalla giacitura originaria di alcuni strati superficiali di crosta terrestre per effetto di forze naturali.

di|sme|nor|rè|a *s.f.* (*med.*) mestruazione dolorosa.

di|smés|so *part.pass.* di dismettere ♦ *agg.* (*lett.*) non più usato; malandato.

di|smét|te|re *v.tr.* [con. come *mettere*] (*lett.*) cessare di usare | (*econ.*) — *un titolo azionario*, venderlo.

di|smis|sió|ne *s.f.* cessazione | (*econ.*) cessione, vendita.

di|smi|sù|ra *s.f.* mancanza del senso della misura; eccesso | *a* —, eccessivamente, esageratamente.

di|sob|be|dì|re e *deriv.* → **disubbidire** e *deriv.*

di|sob|bli|gà|re *v.tr.* [indic.pres. *io disòbbligo, tu disòbblighi...*] liberare qlcu. da un obbligo, un impegno ♦ **-rsi** *rifl.* **1** svincolarsi da un obbligo, un impegno **2** sdebitarsi, contraccambiare una cortesia.

di|soc|cu|pà|re *v.tr.* [indic.pres. *io disòccupo...*] lasciare libero, smettere di occupare: — *un alloggio*.

di|soc|cu|pà|to *part.pass.* di disoccupare ♦ *agg.* **1** che non trova un'occupazione, un lavoro **2** (*lett.*) che non ha niente da fare; ozioso | di oggetto o di luogo non occupato da nessuno ♦ *s.m.* [f. -*a*] chi è senza un lavoro, un'occupazione.

di|soc|cu|pa|zió|ne *s.f.* **1** condizione di chi non ha o non riesce a trovare lavoro **2** fenomeno sociale che consiste nella scarsità di posti di lavoro in relazione alla domanda | — **tecnologica**, quella causata dal progressivo aumento dell'uso delle macchine e dalla conseguente riduzione della manodopera.

di|so|mo|ge|nei|tà *s.f.* mancanza di omogeneità; eterogeneità.

di|so|mo|gè|ne|o *agg.* che manca di omogeneità: *opinioni disomogenee*.

di|so|ne|stà *s.f.* **1** mancanza di onestà, di rettitudine morale **2** azione disonesta, immorale.

di|so|nè|sto *agg.* **1** che manca di onestà, di rettitudine morale: *atto* — **2** (*estens.*) impudico, corrotto: *donna disonesta* ♦ *s.m.* [f. -*a*] persona disonesta; truffatore □ **disonestamente** *avv.*

di|so|no|rà|re *v.tr.* [indic.pres. *io disonóro...*] privare dell'onore | screditare, infamare: — *il proprio nome* ♦ **-rsi** *rifl.* perdere l'onore; compromettersi.

di|so|no|rà|to *part.pass.* di disonorare ♦ *agg.* che ha perduto la stima, l'onore.

di|so|nó|re *s.m.* **1** perdita dell'onore; vergogna, infamia: *è un* — *scappare* **2** persona, azione che disonora: *sei il* — *della scuola*.

di|so|no|ré|vo|le *agg.* che è causa di disonore; infamante.

di|só|pra o **di sópra** *avv.* sopra: *andare* — | (*loc. prep.*) *al* — *di*, sopra; (*fig.*) al di fuori di: *al* — *del comignolo; essere al* — *delle parti* ♦ *agg.invar.* **1** superiore: *il piano* — **2** esterno: *il lato* — *del petalo* ♦ *s.m.invar.* la parte esterna o superiore di ql.co.

di|sor|di|nà|re *v.tr.* [indic.pres. *io disórdino...*] **1** mettere in disordine **2** (*fig.*) confondere, turbare: *mi ha disordinato le idee*.

di|sor|di|nà|to *part.pass.* di disordinare ♦ *agg.* **1** che manca di ordine | (*fig.*) poco chiaro, confuso: *racconto* — **2** che non tiene in ordine le proprie cose: *è una ragazza disordinata* **3** senza misura, sregolato: *fa una vita disordinata* ♦ *s.m.* [f. -*a*] persona disordinata □ **disordinatamente** *avv.*

di|sór|di|ne *s.m.* **1** (*anche fig.*) mancanza di ordine; stato di confusione: *c'è un gran* — *qui*; — *mentale* | *in* —, senza ordine, fuori posto: *non lasciare tutto in* —! | *avere i capelli in* —, averli spettinati **2** (*estens.*) disservizio, cattivo funzionamento: *il* — *dei servizi pubblici* **3** sregolatezza **4** (*spec.pl.*) l'insieme dei fatti che turbano l'ordine pubblico.

di|sor|ga|ni|ci|tà *s.f.* caratteristica di ciò che è disorganico.

di|sor|gà|ni|co *agg.* [m.pl. -*ci*] che è privo di organicità, di sistematicità □ **disorganicamente** *avv.*

di|sor|ga|niz|zà|re *v.tr.* [indic.pres. *io disorganizzo...*] privare dell'ordine, dell'organizzazione; disfare: — *i progetti di qlcu.* ♦ **-rsi** *intr.pron.* perdere la propria organizzazione.

di|sor|ga|niz|zà|to *part.pass.* di disorganizzare ♦ *agg.* che manca di organizzazione: *lavoro* — | detto di persona, che agisce in modo disordinato, confuso.

disorganizzazione

di|sor|ga|niz|za|zió|ne *s.f.* mancanza di organizzazione; disordine.

di|so|rien|ta|mén|to *s.m.* mancanza, perdita dell'orientamento | (*fig.*) smarrimento, confusione intellettuale o morale.

di|so|rien|tà|re *v.tr.* [indic.pres. *io disoriento*...] far perdere la direzione, l'orientamento | (*fig.*) confondere, sconcertare: *la sua risposta lo disorientò* ♦ **-rsi** *intr.pron.* perdere l'orientamento | (*fig.*) confondersi, turbarsi.

di|so|rien|tà|to *part.pass. di* disorientare ♦ *agg.* che ha perso la direzione, l'orientamento | (*fig.*) confuso, smarrito: *mi sento —*.

di|sos|sà|re *v.tr.* [indic.pres. *io disosso*...] **1** togliere le ossa a un animale macellato **2** snocciolare frutta o olive.

di|sos|si|dàn|te *part.pres. di* disossidare ♦ *agg.*, *s.m.* (*chim.*) si dice di sostanza usata per disossidare.

di|sos|si|dà|re *v.tr.* [indic.pres. *io disòssido*...] **1** (*chim.*) eliminare o ridurre da un composto la quantità d'ossigeno presente **2** (*tecn.*) eliminare l'ossido da un metallo mediante abrasione o con sostanze chimiche.

di|so|stru|i|re *v.tr.* [indic.pres. *io disostruisco*, *tu disostruisci*...] eliminare un'ostruzione ♦ **-rsi** *intr.pron.* liberarsi da un'ostruzione.

di|sót|to o **di sótto** *avv.* giù, sotto: *andiamo —* | (*loc.prep.*) *al — di*, sotto; (*fig.*) meno: *al — del mobile*; *al — delle proprie possibilità* ♦ *agg.invar.* **1** inferiore: *il piano —* **2** interno: *il lato — del petalo* ♦ *s.m.invar.* la parte interna o inferiore di ql.co.

di|spàc|cio *s.m.* **1** comunicazione ufficiale scritta di un'autorità, spec. riguardante affari di Stato | — *diplomatico*, lettera diplomatica **2** (*estens.*) comunicazione scritta: — *di agenzia* | — *telegrafico*, telegramma.

di|spa|rà|to *agg.* molto diverso; svariato: *le opinioni più disparate*.

di|spa|ri *agg.invar.* **1** (*mat.*) detto di numero non divisibile per due **2** inferiore, inadatto: *contrattaccare con forze —* ♦ *s.m.invar.* numero non pari.

di|spa|ri|tà *s.f.* disuguaglianza, netta differenza: — *di forze fisiche* | *divario di opinioni*.

di|spàr|te *avv. solo nella loc. in —*, da parte, a distanza: *stare in —* | *mettere qlcu. in —*, non occuparsene più.

di|spèn|dio *s.m.* spreco, spesa elevata | (*fig.*) consumo eccessivo: — *di energie*.

di|spen|dió|so *agg.* che comporta dispendio; costoso: *hanno un tenore di vita —*.

di|spèn|sa *s.f.* **1** luogo o mobile in cui si conservano le scorte di cibo **2** ogni fascicolo di un'opera pubblicata con cadenza periodica | — *universitaria*, fascicolo contenente un corso di lezioni tenuto da un docente **3** (*dir.*) atto con cui l'amministrazione esonera qlcu. da un obbligo: — *dalle tasse scolastiche*.

di|spen|sà|re *v.tr.* [indic.pres. *io dispenso*...] **1** (*anche fig.*) distribuire fra più persone; elargire: — *i viveri ai bisognosi*; — *sorrisi* **2** esonerare qlcu. da un obbligo ♦ **-rsi** *rifl.* esentarsi dal fare ql.co.

di|spen|sà|rio *s.m.* ambulatorio che offre gratuitamente assistenza medica e medicine per la cura di determinate malattie.

di|spèn|ser (*ingl.*) *s.m.invar.* **1** dispositivo che eroga dalla confezione un prodotto in quantità stabilita: *dentifricio con —* **2** espositore che consente al cliente il prelievo diretto dei prodotti in vendita.

di|spen|siè|re *s.m.* [f. -a] chi è addetto alla dispensa, spec. nelle comunità e sulle navi.

di|spep|sì|a *s.f.* (*med.*) alterazione della funzione digestiva, caratterizzata da vomito, nausea e sim.

di|spe|rà|re *v.tr.* [indic.pres. *io dispero*...] seguito da prop. dichiarativa o oggettiva, perdere la speranza di ottenere ql.co.: — *di superare la prova* | *far — qlcu.*, portarlo alla disperazione; (*fig.*) fargli perdere la pazienza ♦ *intr.* [aus. *A*] (*anche assol.*) perdere del tutto la speranza su ql.co.: — *del buon esito di un'iniziativa*; *non devi —!* ♦ **-rsi** *intr.pron.* farsi prendere dalla disperazione; abbattersi.

di|spe|rà|to *part.pass. di* disperare ♦ *agg.* **1** che è in preda alla disperazione **2** che non lascia speranze: *è in condizioni disperate* **3** che è indotto dalla disperazione: *gesto —* **4** frenetico: *ho fatto una corsa disperata* ♦ *s.m.* [f. -a] **1** persona in preda alla disperazione **2** (*fam.*) persona senza soldi né lavoro; spiantato | *come un —*, con grande impegno | (*loc.avv.*) *alla disperata*, in qualunque modo, con furia □ **disperatamente** *avv.* **1** in modo disperato: *gridare —* **2** con grande impegno; freneticamente: *lavorare —*.

di|spe|ra|zió|ne *s.f.* **1** stato d'animo di chi non nutre più alcuna speranza e vive nell'angoscia | *per —*, per estrema necessità **2** persona o cosa che crea problemi, che fa disperare: *l'informatica è la mia —*.

di|spèr|de|re *v.tr.* [con. come *perdere*] **1** allontanare spargagliando: *la polizia disperse la folla* **2** (*fig.*) dissipare: *non — le tue energie* | *i voti*, darli ai partiti che non hanno la possibilità di vincere le elezioni **3** (*fis.*, *chim.*) causare una dispersione ♦ **-rsi** *rifl.* o *intr.pron.* **1** sparpagliarsi, disseminarsi **2** (*estens.*) diradarsi, scomparire: *le nebbie cominciarono a —* **3** andare perduto senza risultati: *tutti i miei sforzi si sono dispersi* **4** (*fig.*) sprecare in diverse attività le proprie forze fisiche e intellettuali: — *fra troppi interessi*.

di|sper|sió|ne *s.f.* **1** sparpagliamento | (*fig.*) spreco **2** (*fis.*) separazione di un'onda elettromagnetica o sonora nelle sue componenti elementari | — *della luce*, fenomeno per cui la luce, attraversando un mezzo rifrangente, viene scissa nei colori che la compongono | — *elettrica*, perdita spontanea di cariche elettriche da parte di un corpo elettrizzato | — *termica*, perdita di calore dovuta a un imperfetto isolamento termico **3** (*stat.*) il modo in cui si distribuiscono intorno al valore medio i dati relativi a un fenomeno.

di|sper|si|vi|tà *s.f.* qualità di ciò che è dispersivo.

di|sper|sì|vo *agg.* **1** (*fig.*) che disperde le proprie energie senza profitto | disorganico, disordinato: *un lavoro* — **2** ricco di particolari privi di importanza: *un racconto* — ☐ **dispersivamente** *avv.*

di|spèr|so *part.pass. di* disperdere ♦ *agg.* **1** disseminato, sparso: *ho amici dispersi ovunque* **2** smarrito: *oggetto* — **3** [f. *-a*] si dice di persona di cui non si hanno più notizie, spec. dopo una guerra o una catastrofe ♦ *s.m.* persona dispersa: *i dispersi di un naufragio.*

di|sper|só|re *s.m.* (*elettr.*) elemento terminale di un impianto di messa a terra che disperde nel terreno la corrente.

di|spèt|to *s.m.* **1** gesto compiuto per dare dispiacere o noia a qlcu. | *a — di*, nonostante, malgrado: *è partito a — del cattivo tempo* **2** astio, invidia: *provare — per i successi di qlcu.*

di|spet|tó|so *agg.* **1** che si compiace di fare dispetti: *una ragazza dispettosa* | (*estens.*) irritante, fastidioso: *tempo* — **2** fatto per dispetto: *gesto* — ☐ **dispettosamente** *avv.*

di|spia|cé|re¹ *v.intr.* [con. come *piacere*; aus. *E*] **1** non piacere, essere sgradito; urtare | *non* —, gradire abbastanza pur senza entusiasmare: *il concerto non mi è dispiaciuto* **2** essere causa di rammarico: *avvenimenti che dispiacciono* | con uso impers., esprime rincrescimento: *dispiace che tu non possa venire* | in espressioni di scusa, esprime rammarico: *non volevo offenderti, mi dispiace* | (*anche iron.*) in formule di cortesia, attenua una richiesta, un comando: *ti dispiace?*; *non ti dispiace*; *ti dispiacerebbe stare zitto?* ♦ **-rsi** *intr.pron.* provare rincrescimento: *mi sono dispiaciuta che tu non sia venuto.*

di|spia|cé|re² *s.m.* **1** sentimento di pena, di amarezza, di dolore **2** fatto che arreca dolore | *morire dal* —, soffrire molto.

di|spie|gà|re *v.tr.* [indic.pres. *io dispiego, tu dispieghi...*] (*lett.*) **1** distendere, spiegare: *— le vele al vento* **2** (*fig.*) rendere manifesto ♦ **-rsi** *intr. pron.* **1** allargarsi, distendersi spec. di catena montuosa, di paesaggio **2** svilupparsi, svolgersi: *un canto si dispiega nell'aria* **3** (*fig.*) manifestarsi, rendersi chiaro: *la verità gli si dispiegò in modo chiaro.*

di|spla|sì|a *s.f.* (*med.*) anomalia di sviluppo di un organo, un tessuto o un sistema.

display (*ingl.*) [pr. *displèi*] *s.m.invar.* (*elettron.*) schermo video che visualizza i dati elaborati da un'apparecchiatura elettronica: *il — della calcolatrice.*

di|splù|vio *s.m.* **1** (*geog.*) versante di un monte, di una collina | *linea di* —, spartiacque **2** linea d'intersezione delle due falde del tetto che facilita lo scolo dell'acqua piovana.

dis|pnè|a *s.f.* (*med.*) difficoltà a respirare accompagnata da affanno.

di|spo|ni|bi|le *agg.* **1** di cui si può disporre; utilizzabile: *denaro* — | (*estens.*) vuoto, libero: *ci sono ancora posti disponibili* **2** (*fig.*) che non ha impegni, legami: *il dentista è — lunedì* **3** (*fig.*) ben disposto ad ascoltare e aiutare gli altri: *il di-*

disprezzabile

rettore è una persona — | aperto a esperienze nuove, libero da pregiudizi.

di|spo|ni|bi|li|tà *s.f.* **1** atteggiamento di chi è disponibile **2** possibilità di disporre di denaro, di beni **3** (*spec.pl.*) il denaro, l'insieme dei mezzi di cui si può disporre: *non abbiamo grandi* —.

di|spór|re *v.tr.* [con. come *porre*] **1** collocare secondo un certo ordine: *— i libri nella biblioteca* **2** (*anche fig.*) preparare, predisporre: *ho disposto tutto per il ricevimento*; *— la mente alla riflessione filosofica* **3** mettere in una determinata condizione di spirito: *il suo comportamento dispose i genitori al perdono* **4** (*anche assol.*) stabilire, prescrivere: *la legge dispone gli orari dei negozi*; *ha disposto di affittare l'appartamento* ♦ *intr.* [aus. *A*] **1** avere la possibilità di servirsi di ql.co. o di qlcu.: *— liberamente del proprio tempo* **2** (*spec. in formule di cortesia*) contare su qlcu.: *disponi pure di noi* **3** essere fornito, possedere: *la nostra casa dispone di molti posti letto* ♦ **-rsi** *rifl.* **1** mettersi in un certo ordine; posizionarsi: *i manifestanti si disposero in cerchio* **2** prepararsi, accingersi: *— a partire.*

di|spo|si|ti|vo *agg.* che dispone a un determinato scopo: *la parte dispositiva di un contratto* ♦ *s.m.* **1** (*tecn.*) congegno inserito in un meccanismo o in un impianto che serve a svolgere una determinata funzione | *— di sicurezza*, nelle armi da fuoco, la sicura **2** (*dir.*) parte di un atto giurisdizionale che contiene le decisioni del giudice.

di|spo|si|zió|ne *s.f.* **1** sistemazione secondo un determinato criterio | modo in cui ql.co. o qlcu. è disposto: *la — della merce in vendita* **2** umore, stato d'animo: *non sono nella — adatta per fare baldoria* | inclinazione naturale, predisposizione: *avere — per la pittura* **3** norma, prescrizione; volontà: *ho lasciato le — per voi* **4** possibilità di servirsi di ql.co. o di qlcu.: *le biciclette sono a — di tutti* | *mettersi a — di qlcu.*, essere pronti ad aiutarlo in ogni momento.

di|spó|sto *part.pass. di* disporre ♦ *agg.* **1** collocato secondo un certo criterio: *oggetti disposti sulle mensole* **2** propenso, pronto: *sei — a venire al cinema con me?* | che ha una certa disposizione d'animo: *essere ben — verso qlcu.* **3** stabilito, deliberato: *ho fatto secondo quanto — dalla legge.*

di|spò|ti|co *agg.* [m.pl. *-ci*] **1** da despota, tirannico: *governo* — **2** (*estens.*) molto autoritario: *ha un padre* — ☐ **dispoticamente** *avv.*

di|spo|ti|smo *s.m.* **1** governo assoluto, senza il rispetto delle leggi | — *illuminato*, nel sec. XVIII, il governo di sovrani assoluti che si impegnarono a promuovere il progresso sociale e civile **2** (*estens.*) atteggiamento autoritario e tirannico.

di|spre|già|re *v.tr.* [indic.pres. *— dispregio...*] (*lett.*) disprezzare.

di|spre|gia|ti|vo *agg.* **1** che esprime o mostra disprezzo **2** (*gramm.*) peggiorativo.

di|sprè|gio *s.m.* opinione negativa nei confronti di ql.co. o di qlcu.; disprezzo.

di|sprez|zà|bi|le *agg.* che è degno di disprezzo;

detestabile | di scarsa importanza; trascurabile | **non** —, discreto, notevole: *una somma non* —.
di|sprez|zà|re *v.tr.* [indic.pres. *io disprezzo...*] **1** considerare indegno di stima, di rispetto: *si fa* — *da tutti* **2** non tenere in alcun conto; disdegnare: — *il lusso* ♦ **-rsi** *rifl.* considerarsi indegno di rispetto.
di|sprèz|zo *s.m.* **1** assoluta mancanza di stima o interesse nei confronti di qlcu. o ql.co. **2** (*estens.*) noncuranza: — *del rischio.*
di|sprò|sio *s.m.* elemento chimico che appartiene al gruppo dei lantanidi, molto raro in natura (*simb.* Dy).
di|spu|ta *s.f.* **1** discussione, dibattito animato | diverbio, lite **2** svolgimento di una competizione sportiva; gara: *la* — *della partita è stata rinviata.*
di|spu|tà|re *v.intr.* [indic.pres. *io disputo...*; aus. A] **1** discutere opponendo la propria opinione a quella altrui | (*estens.*) litigare **2** gareggiare, contendere: — *per il primo posto in classifica* ♦ *tr.* **1** prendere parte a una gara: *la squadra sta disputando una partita accanita* **2** contrastare, contendere a qlcu. ql.co.: *l'avversario gli ha disputato a lungo la vittoria* | **disputarsi** *ql.co.*, contendersi reciprocamente ql.co.
di|squi|sì|re *v.intr.* [indic.pres. *io disquisisco, tu disquisisci...*; aus. A] discutere con sottigliezza, analizzando con minuziosa eleganza un argomento.
di|squi|si|zió|ne *s.f.* indagine e trattazione particolareggiata di un argomento: — *dotta.*
dis|sa|cràn|te *part.pass. di* dissacrare ♦ *agg.* che dissacra; dissacratorio: *testo* —.
dis|sa|crà|re *v.tr.* [indic.pres. *io dissacro...*] criticare e irridere istituzioni, valori culturali, usanze, tradizionalmente considerati indiscutibili: — *la famiglia.*
dis|sa|cra|tó|re *agg., s.m.* [f. *-trice*] che, chi dissacra; demistificatore.
dis|sa|cra|zió|ne *s.f.* demistificazione, desacralizzazione di valori e ideali.
dis|sa|là|re *v.tr.* **1** (*tecn.*) asportare o ridurre la quantità dei sali presenti in un liquido: — *il petrolio, l'acqua marina* **2** eliminare l'eccesso di sale dagli alimenti, tenendoli a bagno nell'acqua: — *il baccalà.*
dis|sa|la|tó|re *s.m.* (*tecn.*) impianto usato per dissalare le acque marine allo scopo di renderle potabili.
dis|sa|la|zió|ne *s.f.* (*tecn.*) procedimento del dissalare.
dis|sal|dà|re *v.tr.* [indic.pres. *io dissaldo...*] **1** disunire togliendo la saldatura: — *due tubi* **2** (*fig.*) spezzare, infrangere un legame affettivo e sim.
♦ **-rsi** *intr.pron.* staccarsi per la rottura della saldatura.
dis|san|gua|mén|to *s.m.* perdita abbondante di sangue | (*fig.*) perdita di beni: — *economico.*
dis|san|guà|re *v.tr.* [indic.pres. *io dissanguo...*] **1** privare un corpo del sangue: *la ferita lo ha dissanguato* **2** (*fig.*) mandare in rovina, esaurire la disponibilità finanziaria o altri beni di sussistenza: *le spese folli lo hanno dissanguato* ♦ **-rsi** *rifl.* o *intr.pron.* **1** perdere una grande quantità di sangue **2** (*fig.*) rovinarsi economicamente: *si è dissanguato per pagare i debiti di gioco.*
dis|san|guà|to *part.pass. di* dissanguare ♦ *agg.* **1** privo di sangue, esangue **2** (*fig.*) impoverito, ridotto in miseria: *una popolazione dissanguata dalla guerra.*
dis|sa|pó|re *s.m.* disaccordo non grave; screzio: *il* — *tra i due amici si è risolto subito.*
dis|sec|cà|re *v.tr.* [indic.pres. *io dissécco, tu dissécchi...*] **1** rendere secco, asciutto; inaridire: *il sole cocente ha disseccato la campagna* **2** (*fig.*) isterilire, rendere arido ♦ **-rsi** *intr.pron.* **1** inaridirsi, seccarsi **2** (*fig.*) perdere qualsiasi vitalità.
dis|sel|cià|re *v.tr.* [indic.pres. *io dissélcio...*] privare del selciato: — *una strada.*
dis|se|mi|nà|re *v.tr.* [indic.pres. *io dissémino...*] **1** spargere qua e là allo stesso modo di chi semina: — *gli abiti nella stanza* **2** (*fig.*) divulgare, diffondere: — *zizzania.*
dis|se|mi|na|zió|ne *s.f.* **1** spargimento | (*fig.*) diffusione **2** (*bot.*) dispersione naturale dei semi sul terreno, lontano dalla pianta madre.
dis|sen|na|téz|za *s.f.* mancanza di senno; irragionevolezza.
dis|sen|nà|to *agg., s.m.* [f. *-a*] che, chi manca di senno; stolto | irresponsabile, insensato: *ragionamento* — □ **dissennataménte** *avv.*
dis|sèn|so *s.m.* **1** mancanza d'accordo; divergenza d'opinioni **2** contestazione, disapprovazione: *suscitare il* — *degli accusatori* **3** critica ideologica o politica di un gruppo minoritario nei confronti di un centro ufficiale di potere: *il* — *dei paesi comunisti* | (*estens.*) l'insieme dei dissidenti.
dis|sen|te|rì|a *s.f.* **1** (*med.*) infiammazione infettiva dell'intestino che provoca diarrea, sangue, muco **2** (*estens.*) diarrea.
dis|sen|tì|re *v.intr.* [indic.pres. *io dissento...*; aus. A] avere opinioni diverse; divergere.
dis|sen|zièn|te *part.pres. di* dissentire ♦ *agg.*, *s.m./f.* che, chi dissente | che, chi appartiene a un gruppo di dissenso.
dis|sep|pel|li|mén|to *s.m.* riesumazione | dissotterramento.
dis|sep|pel|lì|re *v.tr.* [con. come *seppellire*] **1** togliere dalla sepoltura, esumare: — *un morto* | (*estens.*) riportare alla luce, dissotterrare: — *le rovine di un palazzo antico* **2** (*fig.*) rievocare dall'oblio; scoprire: — *un mito antico.*
dis|se|que|strà|re *v.tr.* [indic.pres. *io dissequestro, tu dissequestri...*] liberare da un sequestro.
dis|se|què|stro *s.m.* revoca di un sequestro.
dis|ser|rà|re *v.tr.* [indic.pres. *io disserro...*] (*lett.*) **1** aprire **2** (*fig.*) rendere manifesto ♦ **-rsi** *intr. pron.* (*lett.*) **1** aprirsi **2** (*fig.*) sprigionarsi, manifestarsi.
dis|ser|tà|re *v.intr.* [indic.pres. *io disserto...*; aus. A] trattare un argomento con competenza.
dis|ser|ta|zió|ne *s.f.* discorso o scritto che approfondisce un argomento specifico | — *di laurea*, tesi.

dis|ser|vì|zio *s.m.* cattivo funzionamento di un servizio, spec. pubblico: — *ferroviario*.
dis|se|stà|re *v.tr.* [indic.pres. *io dissesto*...] **1** privare della stabilità, dell'equilibrio: *il calcio ha dissestato la porta* **2** (*estens.*) ridurre in cattive condizioni: *hanno dissestato il manto stradale* | condurre al dissesto economico: — *le finanze*.
dis|se|stà|to *part.pass. di* dissestare ♦ *agg.* che è in dissesto: *strada dissestata*.
dis|sè|sto *s.m.* **1** stato di squilibrio, disordine: — *sociale* **2** situazione di grave decadimento: — *geologico* **3** condizione patrimoniale disastrosa; fallimento.
dis|se|tàn|te *part.pres. di* dissetare ♦ *agg.*, *s.m.* si dice di ciò che disseta.
dis|se|tà|re *v.tr.* [indic.pres. *io disséto*...] **1** (*anche assol.*) togliere la sete: *l'acqua della sorgente disseta* **2** (*fig.*) soddisfare, appagare ♦ **-rsi** *rifl.* **1** togliersi la sete **2** (*fig.*) soddisfarsi, appagarsi.
dis|se|zio|nà|re *v.tr.* [indic.pres. *io dissezióno*...] sottoporre a dissezione | (*fig.*) analizzare nei dettagli.
dis|se|zió|ne *s.f.* **1** sezionamento di un cadavere a fini di studio **2** (*fig.*) analisi dettagliata.
dis|si|dèn|te *agg.*, *s.m./f.* che, chi dissente su ciò che è accettato dalla maggioranza, spec. in campo religioso e politico.
dis|si|dèn|za *s.f.* contrasto di idee, di opinioni, spec. in un gruppo | l'insieme dei dissidenti.
dis|si|dio *s.m.* profondo contrasto di idee, sentimenti, valori: — *tra ragione e spirito* | (*estens.*) lite, discordia.
dis|si|gil|là|re *v.tr.* aprire togliendo i sigilli: — *un plico*.
dis|si|mi|la|zió|ne *s.f.* **1** differenziazione **2** (*ling.*) fenomeno per cui due suoni uguali o simili, vicini nella parola, si differenziano (p.e. *peregrino, pellegrino*).
dis|si|mi|le *agg.* non simile nelle caratteristiche; differente, diverso.
dis|sim|me|trì|a *s.f.* mancanza di simmetria.
dis|sim|mè|tri|co *agg.* [m.pl. *-ci*] che presenta dissimmetria; asimmetrico.
dis|si|mu|là|re *v.tr.* [indic.pres. *io dissìmulo*...] nascondere i propri pensieri o sentimenti, non lasciar trasparire: — *la propria invidia* | (*fig.*, *assol.*) fingere: *sai — bene*.
dis|si|mu|la|tó|re *s.m.* [f. *-trice*] chi riesce a dissimulare.
dis|si|mu|la|zió|ne *s.f.* capacità di dissimulare | (*fig.*) finzione.
dis|si|pà|re *v.tr.* [indic.pres. *io dissipo*...] **1** dissolvere, disperdere: *il vento ha dissipato il fumo* | (*fig.*) far svanire, risolvere: *la sua spiegazione ha dissipato ogni dubbio* **2** sperperare, scialacquare: *hanno dissipato l'eredità* **3** sciupare, sprecare: *non — le tue energie!* ♦ **-rsi** *intr.pron.* dissolversi, disperdersi | (*fig.*) dileguarsi, risolversi: *il mio sospetto si è dissipato*.
dis|si|pa|téz|za *s.f.* caratteristica di chi o di ciò che è dissipato, vizioso.
dis|si|pà|to *part.pass. di* dissipare ♦ *agg.* detto di chi scialacqua ricchezze conducendo una vita oziosa: *un ragazzo* — | (*estens.*) che mostra dissipazione; sregolato, vizioso: *conduce una vita dissipata* ♦ *s.m.* [f. *-a*] persona che conduce una vita dissipata.
dis|si|pa|tó|re *s.m.* [f. *-trice*] **1** chi sperpera beni e ricchezze **2** elettrodomestico che tritura i rifiuti e li convoglia nelle fognature.
dis|si|pa|zió|ne *s.f.* **1** spreco, dilapidazione di beni e risorse **2** modo di vivere sregolato **3** (*fis.*) trasformazione di un'energia che va dispersa o che non è utilizzabile.
dis|so|cià|bi|le *agg.* che si può dissociare; divisibile.
dis|so|cia|bi|li|tà *s.f.* caratteristica di ciò che è dissociabile.
dis|so|cià|re *v.tr.* [indic.pres. *io dissocio*...] **1** separare idee o cose normalmente unite **2** (*chim.*) provocare una dissociazione ♦ **-rsi** *rifl.* non aderire a ql.co.: *mi dissocio dalle vostre iniziative*.
dis|so|cia|tì|vo *agg.* che effettua dissociazione: *processo* — | relativo alla dissociazione.
dis|so|cià|to *part.pass. di* dissociare ♦ *agg.* separato ♦ *s.m.* [f. *-a*] **1** (*psich.*) chi soffre di dissociazione mentale **2** chi si dissocia da un movimento, un gruppo e sim. | spec. nei processi per terrorismo, imputato che, pur sconfessando la propria ideologia, non collabora con la giustizia.
dis|so|cia|zió|ne *s.f.* **1** separazione, disgiungimento | atteggiamento di chi non aderisce a ql.co. **2** (*psich.*) alterazione delle normali associazioni logiche, tipica della schizofrenia **3** (*chim.*) scissione di molecole in altre più semplici, in atomi o in ioni.
dis|so|da|mén|to *s.m.* operazione del dissodare; scasso.
dis|so|dà|re *v.tr.* [indic.pres. *io dissodo*...] rompere e lavorare un terreno incolto per renderlo coltivabile.
dis|sòl|to *part.pass. di* dissolvere ♦ *agg.* disciolto, disfatto.
dis|so|lù|bi|le *agg.* che si può dissolvere, sciogliere.
dis|so|lu|bi|li|tà *s.f.* caratteristica di ciò che è dissolubile.
dis|so|lu|téz|za *s.f.* **1** sregolatezza, licenziosità: — *di costumi* **2** stile di vita dissoluto | azione, comportamento dissoluti.
dis|so|lù|to *agg.* privo di moralità, corrotto; vizioso ♦ *s.m.* [f. *-a*] persona dissoluta.
dis|so|lu|zió|ne *s.f.* **1** dissolvimento, disfacimento: *la — della materia* **2** (*fig.*) decadimento, disgregazione: — *della società* | dissolutezza, sfacelo morale.
dis|sol|vèn|za *s.f.* (*cine.*, *tv*) scomparsa o apparizione graduale di un'immagine proiettata sullo schermo o viceversa.
dis|sòl|ve|re *v.tr.* [indic.pres. *io dissolvo*...; pass.rem. *io dissolsi, tu dissolvésti*...; part.pass. *dissolto*] **1** (*fig.*) slegare, disgregare: — *un rapporto* **2** (*anche fig.*) disfare, struggere: *il sole ha dissolto la neve*; — *un dubbio* ♦ **-rsi** *intr.pron.* **1** disfarsi, sciogliersi: *un gruppo che si è dissolto*

dissolvimento 376

2 (*anche fig.*) dileguarsi, svanire: *le incertezze si sono dissolte.*

dis|sol|vi|mén|to *s.m.* (*lett.*) disfacimento, dissoluzione.

dis|so|mi|gliàn|za *s.f.* diversità | ognuna delle caratteristiche che rende diverse cose e persone.

dis|so|nàn|te *part.pres. di* dissonare ♦ *agg.* **1** (*mus.*) che produce una dissonanza **2** (*fig.*) stonante, discordante: *colori dissonanti.*

dis|so|nàn|za *s.f.* **1** (*mus.*) intervallo o accordo che produce un'impressione sgradevole all'orecchio **2** (*fig.*) difformità, discordanza: — *di opinioni.*

dis|so|nà|re *v.intr.* [indic.pres. *io dissuono...*, *noi dissoniamo...*; aus. A] **1** (*mus.*) produrre una dissonanza **2** (*fig.*) discordare, contrastare.

dis|sot|ter|rà|re *v.tr.* [indic.pres. *io dissotterro...*] **1** riesumare, disseppellire **2** (*estens.*, *fig.*) riportare alla luce, rievocare: — *un'antica emozione.*

dis|sua|dé|re *v.tr.* [pass.rem. *io dissuasi, tu dissuadésti...*; part.pass. *dissuaso*] indurre qlcu. a desistere da un proposito: *lo ha dissuaso dal restare* ♦ **-rsi** *rifl.* distogliersi dal fare ql.co.

dis|sua|sió|ne *s.f.* convincimento, persuasione.

dis|sua|sì|vo *agg.* che ha lo scopo di dissuadere.

dis|sue|tu|di|ne *s.f.* (*lett.*) mancanza o perdita di consuetudine.

di|stac|ca|mén|to *s.m.* **1** distacco, separazione **2** (*mil.*) reparto di soldati assegnato a una sede diversa da quella di appartenenza: — *di artiglieria.*

di|stac|cà|re *v.tr.* [indic.pres. *io distacco, tu distacchi...*] **1** staccare: — *un'etichetta dal quaderno* | (*fig.*) allontanare da un interesse, un legame: — *qlcu. dalle brutte abitudini* **2** (*mil.*) inviare un gruppo di militari in località diversa da quella del reparto di appartenenza | (*estens.*) trasferire una persona per motivi di lavoro **3** (*sport*) infliggere un distacco agli avversari ♦ **-rsi** *intr.pron.* **1** staccarsi | (*fig.*) allontanarsi da un interesse, un legame **2** (*fig.*) distinguersi per particolari caratteristiche o virtù; spiccare: *si distacca dal resto del gruppo per la sua bontà* **3** (*sport*) avere un vantaggio sugli avversari.

di|stac|cà|to *part.pass. di* distaccare ♦ *agg.* **1** staccato, separato **2** dislocato in altra sede **3** (*fig.*) indifferente, schivo: *ha un'aria distaccata* **4** (*sport*) che ha un distacco sugli avversari.

di|stàc|co *s.m.* [pl. *-chi*] **1** separazione di cose o parti attaccate | (*med.*) — **della retina**, lesione dell'occhio che consiste nella separazione della retina dalla coroide, gener. dovuta a un trauma o a un'emorragia **2** (*fig.*) allontanamento, separazione da un interesse, un affetto **3** (*fig.*) astrazione dalla realtà; indifferenza: *tratta tutti con* — **4** (*sport*) distanza fra i partecipanti a una competizione sportiva.

di|stà|le *agg.* (*anat.*) detto di un organo o di una sua parte che si trova distante dal centro dell'apparato a cui appartiene.

di|stàn|te *part.pres. di* distare ♦ *agg.* **1** che è lontano nello spazio o nel tempo **2** (*fig.*) divergente, diverso: *la mia idea di amicizia è troppo — dalla tua* **3** (*fig.*) che ha un atteggiamento distaccato, indifferente: *ha un'aria* — ♦ *avv.* lontano: *non andiamo* —.

di|stàn|za *s.f.* **1** spazio che intercorre tra due luoghi, due cose o due persone | — *di sicurezza*, quella che va mantenuta tra due veicoli per evitare il tamponamento | **tenersi a debita** —, tenersi prudentemente lontano | (*fig.*) **mantenere le distanze**, non dare troppa confidenza | **prendere le distanze da qlcu., da ql.co.**, dissociarsene **2** intervallo di tempo intercorrente fra due eventi **3** (*fig.*) differenza, divergenza: *c'è una bella — tra le nostre vedute!* **4** (*sport*) in una gara di corsa, lunghezza del tracciato; nel pugilato e in altri sport di lotta, la durata dell'incontro | **vincere, venir fuori alla** —, vincere, emergere nella fase finale.

di|stan|zià|re *v.tr.* [indic.pres. *io distanzio...*] **1** porre a una determinata distanza **2** (*sport*) dare un distacco agli avversari **3** (*fig.*) distaccare, superare in impegno, abilità: *ha distanziato tutti i colleghi di lavoro.*

di|stan|zia|tó|re *s.m.* (*mecc.*) apparecchio che tiene distanziati due o più elementi.

di|stan|zio|mè|tri|co *agg.* [m.pl. *-ci*] che misura le distanze: *cannocchiale* — | **pannello** —, ciascuno dei tre segnali stradali, posti a distanze convenute, che indicano la presenza di un passaggio a livello.

di|stan|zió|me|tro *s.m.* cannocchiale, usato per i rilevamenti topografici, che consente la misura della distanza di un punto in cui sia stata collocata un'asta graduata.

di|stà|re *v.intr.* [indic.pres. *io disto...*; dif.: non sono usati i tempi composti] **1** essere a una determinata distanza rispetto a un punto di riferimento **2** (*fig.*) differire, divergere: *i nostri ideali distano alquanto.*

di|stèn|de|re *v.tr.* [con. come *tendere*] **1** rendere meno teso: — *la corda* **2** (*fig.*) rilassare: *la musica distende l'animo* **3** allargare, allungare: — *le gambe* | spiegare, stendere: — *il lenzuolo* **4** far sdraiare: *far — il malato sul lettino* ♦ **-rsi** *rifl.* **1** sdraiarsi **2** (*fig.*) rilassarsi dalla tensione mentale o fisica ♦ *intr.pron.* estendersi: *la spiaggia si distende fino al molo.*

di|sten|sió|ne *s.f.* **1** estensione in larghezza o lunghezza **2** rilassamento, calma: *non ho un attimo di* — | miglioramento della situazione politica in uno Stato o nei rapporti fra gli Stati.

di|sten|sì|vo *agg.* **1** che serve a distendere **2** (*fig.*) rilassante, riposante.

di|sté|sa *s.f.* **1** grande estensione spaziale: *una — di prati in fiore* **2** insieme di oggetti disposti l'uno accanto all'altro | *a* —, intensamente e senza interruzione.

di|sté|so *part.pass. di* distendere ♦ *agg.* **1** steso, allungato; dispiegato: *vele distese* **2** sdraiato **3** (*fig.*) rilassato, calmo: *hai la faccia distesa.*

di|stì|co *s.m.* [pl. *-ci*] **1** (*metr.*) strofa di due versi: — *elegiaco* **2** breve scritto posto a presentazione di un articolo di giornale e stampato in diverso carattere.

di|stil|là|re *v.tr.* **1** (*chim.*) sottoporre a processo di distillazione | ricavare per distillazione: — *un profumo* **2** (*fig.*) estrarre faticosamente; stillare: — *il meglio delle sensazioni*.
di|stil|là|to *part.pass. di distillare* ♦ *agg.*, *s.m.* detto di liquido ottenuto per distillazione.
di|stil|la|tó|re *s.m.* **1** [f. -*trice*] chi distilla **2** apparecchio usato per distillare.
di|stil|la|zió|ne *s.f.* (*chim.*) operazione che consiste nel separare un liquido volatile dalle sostanze non volatili in esso disciolte; si effettua portando il liquido a ebollizione e condensando per raffreddamento i vapori.
di|stil|le|rì|a *s.f.* laboratorio, industria in cui si effettua la distillazione di alcol e liquori.
di|stin|gue|re *v.tr.* [indic.pres. *io distinguo...*; pass.rem. *io distinsi, tu distinguésti...*; part.pass. *distinto*] **1** percepire con la mente la differenza fra i concetti: — *il vero dal falso* **2** percepire con i sensi le differenze esistenti tra persone, cose: — *i suoni, i sapori* | riuscire a vedere: *non si distinguono le case in lontananza* **3** contrassegnare, rendere riconoscibile: — *il tovagliolo con un nodo* | caratterizzare: *i capelli rossi lo distinguono dai suoi amici* **4** suddividere: — *una ricerca in capitoli* ♦ **-rsi** *intr.pron.* **1** essere riconoscibile, differenziarsi: *i due sinonimi si distinguono per una sfumatura di significato* **2** spiccare, farsi notare: *si distingue per la sua grazia*.
di|stin|guo *s.m.invar.* **1** (*filos.*) nella filosofia scolastica, formula che introduceva l'analisi di un'argomentazione **2** distinzione sottile.
di|stin|ta *s.f.* elenco dettagliato; lista: — *dei prezzi* | (*banc.*) — *di versamento*, quella che si compila quando si fa un versamento in denaro o in titoli di credito, in cui si specificano la quantità di contanti e il numero e l'importo degli assegni versati.
di|stin|ti|vo *agg.* che serve a distinguere: *elemento* — ♦ *s.m.* **1** (*mil.*) contrassegno che si porta sull'uniforme per indicare l'arma di appartenenza e il grado **2** contrassegno che indica l'appartenenza a un'associazione, un gruppo, un partito e sim. **3** (*fig.*) fattore di differenziazione; aspetto peculiare.
di|stin|to *part.pass. di distinguere* ♦ *agg.* **1** separato, diverso: *due episodi ben distinti* | **posti distinti**, spec. nei teatri e negli stadi, posti collocati nel settore da cui si vede meglio o chiaro, percepibile con i sensi e la mente: *suoni, concetti distinti* **3** raffinato, signorile: *una persona distinta* **4** spec. in formule di cortesia, degno di rispetto, di stima: *al nostro — professore* □ **distintamente** *avv.* **1** separatamente: *i due argomenti vanno considerati* — **2** in modo chiaro: *pronuncia — le frasi* **3** con distinzione signorile: *vestire* —.
di|stin|zió|ne *s.f.* **1** differenziazione: *fare una* — **2** differenza, disparità: — *di ruoli* | **senza** —, senza fare differenze **3** signorilità, raffinatezza.
di|stò|glie|re *v.tr.* [con. come *togliere*] **1** allontanare, volgere altrove: — *lo sguardo verso l'orizzonte* **2** sviare, dissuadere: *gli amici lo hanno distolto dal progetto di viaggio* | distrarre: — *l'at-*

tenzione da ql.co. ♦ **-rsi** *rifl.* **1** allontanarsi, desistere: — *dalle buone abitudini* **2** distrarsi: *si distoglie troppo dallo studio*.
di|sto|nì|a *s.f.* (*med.*) alterazione del tono muscolare o nervoso.
di|stòr|ce|re *v.tr.* [con. come *torcere*] **1** torcere, contorcere: *ha distorto un pezzo di ferro*; — *la bocca* **2** (*fig.*) falsare, deformare: *il suo racconto distorce i fatti* **3** (*fig.*) produrre una distorsione: *la caduta gli ha distorto la caviglia* ♦ **-rsi** *rifl.* o *intr.pron.* subire una distorsione.
di|stor|siò|ne *s.f.* **1** contorcimento, deformazione | (*fig.*) travisamento, stravolgimento: — *dei fatti* **2** (*med.*) lesione ai legamenti di un'articolazione causata da un movimento brusco **3** (*fis.*) deformazione o alterazione di un segnale acustico o elettrico.
di|stòr|to *part.pass. di distorcere* ♦ *agg.* **1** (*lett.*) storto **2** falsato, travisato: *notizie distorte* **3** traviato, perverso: *un ragionamento* —.
di|stràr|re *v.tr.* [con. come *trarre*] **1** far volgere altrove: — *la curiosità di qlcu.* **2** (anche *assol.*) distogliere la concentrazione di qlcu. da un impegno: *non mi* — *dallo studio!* **3** impiegare ql.co. per usi diversi da quelli a cui è destinato: — *una somma* **4** svagare, divertire: *la musica mi distrae* ♦ **-rsi** *rifl.* **1** sviare l'attenzione da un'attività **2** svagarsi, divertirsi.
di|stràt|to *part.pass. di distrarre* ♦ *agg.*, *s.m.* [f. -*a*], che ha la mente rivolta altrove; disattento, sbadato □ **distrattamente** *avv.* con distrazione o per distrazione.
di|stra|zió|ne *s.f.* **1** condizione in cui l'attenzione è lontana dalla realtà | errore, negligenza causati da disattenzione **2** ciò che distrae | (*fig.*) divertimento, svago: *hai troppe distrazioni* **3** (*dir.*) impiego di ql.co. per scopo diverso da quello cui era destinato.
di|strét|to *s.m.* suddivisione del territorio a scopo amministrativo o giurisdizionale: — *militare*.
di|stret|tu|à|le *agg.* relativo al distretto.
di|stri|bu|ì|re *v.tr.* [indic.pres. *io distribuisco, tu distribuisci...*] **1** consegnare ql.co. a diverse persone; assegnare in vista di precise finalità: — *gli inviti*; — *il lavoro nei vari uffici* | dispensare a profusione: — *sorrisi* **2** diffondere capillarmente: — *i giornali* | (*estens.*) erogare, fornire: — *energia elettrica* **3** disporre secondo un determinato criterio: — *i libri nella libreria*.
di|stri|bu|tì|vo *agg.* **1** che serve a distribuire | che riguarda la distribuzione: *criterio* — **2** (*mat.*) **proprietà distributiva**, proprietà della moltiplicazione per cui il prodotto di un fattore per una somma di addendi è uguale alla somma dei prodotti dal quel fattore per ciascuno degli addendi.
di|stri|bu|tó|re *s.m.* **1** [f. -*trice*] chi distribuisce; chi, per lavoro, provvede alla distribuzione **2** qualcosa apparecchio meccanico che serve a distribuire un prodotto: — *di benzina* | — **automatico**, quello che, grazie all'inserimento di monete o gettoni, distribuisce biglietti, pacchetti

distribuzione 378

di igarette, bevande e sim. ♦ *agg.* che distribuisce.

di|stri|bu|zió|ne *s.f.* **1** spartizione, assegnazione | il modo in cui sono distribuite le cose; disposizione: *la — dei libri nello scaffale* **2** (*econ.*) l'insieme delle attività commerciali che portano la merce dal produttore al consumatore | *grande —*, quella effettuata con catene di magazzini **3** il complesso degli impianti che portano l'energia elettrica dal luogo di produzione agli utenti **4** (*mecc.*) l'insieme delle operazioni che regolano il ciclo di un motore termico.

di|stri|cà|re *v.tr.* [indic.pres. *io dìstrico, tu distrìchi*] **1** sbrogliare, sciogliere: *— un nodo* **2** (*fig.*) chiarire una situazione complicata ♦ **-rsi** *rifl.* liberarsi: *— da una siepe* | (*fig.*) trarsi d'impaccio, cavarsela.

di|stro|fì|a *s.f.* (*med.*) anomalia dovuta a scarsa nutrizione dell'organismo o dei tessuti.

di|strò|fi|co *agg.* [m.pl. *-ci*] (*med.*) che riguarda la distrofia ♦ *s.m.* [f. *-a*] chi è affetto da distrofia.

di|strùg|ge|re *v.tr.* [indic.pres. *io distruggo, tu distruggi...*; pass.rem. *io distrussi, tu distruggésti...*; part.pass. *distrutto*] **1** devastare, annientare: *la guerra ha distrutto tutto* **2** (*estens.*) ridurre in pessime condizioni; rovinare: *mi hanno distrutto i libri* **3** (*fig.*) far finire: *i litigi hanno distrutto la nostra amicizia* **4** (*fig.*) privare di energia fisica e morale: *la morte del figlio lo ha distrutto* ♦ **-rsi** *rifl.* ridursi in pessime condizioni: *si distrugge con le proprie mani.*

di|strut|tì|bi|le *agg.* che si può distruggere.

di|strut|tì|vo *agg.* **1** che distrugge: *forza distruttiva* **2** (*fig.*) detto di atteggiamento o critica, che ha uno scopo puramente demolitorio.

di|strùt|to *part.pass. di* distruggere ♦ *agg.* **1** annientato, ridotto in rovina **2** (*fig.*) privato di ogni energia fisica o morale; sfinito: *dopo la gita mi sento —*.

di|strut|tó|re *agg., s.m.* [f. *-trice*] che, chi distrugge, annienta: *l'opera distruttrice del vento*.

di|stru|zió|ne *s.f.* annientamento, rovina.

di|stur|bà|re *v.tr.* **1** molestare, importunare **2** causare malessere fisico: *questa strada a curve mi ha veramente disturbato* **3** ostacolare il normale svolgimento di ql.co.: *— la lezione* ♦ **-rsi** *rifl.* spec. in frasi di cortesia, prendersi il fastidio: *non dovete disturbarvi!*

di|stur|bà|to *part.pass. di* disturbare ♦ *agg.* **1** che soffre di un malessere fisico: *oggi ho la pancia disturbata* **2** affetto da disturbi psichici.

di|stur|ba|tó|re *agg., s.m.* [f. *-trice*] che, chi disturba.

di|stùr|bo *s.m.* **1** incomodo, fastidio | *togliere il —*, congedarsi da qlcu. **2** indisposizione, malessere fisico: *— intestinale* **3** (*telecom.*) interferenza che impedisce una buona ricezione.

di|sub|bi|dièn|te o **disobbediènte** *part.pres. di* disubbidire ♦ *agg., s.m./f.* che, chi disubbidisce.

di|sub|bi|dièn|za o **disobbediènza** *s.f.* **1** abitudine a disubbidire **2** l'azione con cui si disubbidisce | *— civile*, protesta pubblica che consiste nel rifiuto di una legge considerata ingiusta.

di|sub|bi|dì|re o **disobbedire** *v.intr.* [indic.pres. *io disubbidisco, tu disubbidisci...*; aus. *A*] (*anche assol.*) agire in modo contrario a quanto stabilito da qlcu.: *— ai genitori*; *disubbidisce sempre di più* | contravvenire a una disposizione, a una legge.

di|su|gua|glian|za o **diseguaglianza** *s.f.* **1** differenza, disparità **2** irregolarità: *le disuguaglianze del terreno* **3** (*mat.*) relazione fra due grandezze di cui una è maggiore o minore dell'altra.

di|su|guà|le o **diseguale** *agg.* **1** che presenta differenze; diverso **2** difforme, irregolare **3** (*fig.*) mutevole, discontinuo: *rendimento —*.

di|su|ma|ni|tà *s.f.* **1** crudeltà **2** azione disumana.

di|su|ma|niz|zà|re *v.tr.* (*anche assol.*) privare delle caratteristiche proprie dell'uomo: *le continue atrocità disumanizzano* ♦ **-rsi** *intr.pron.* diventare disumano.

di|su|mà|no *agg.* **1** privo di umanità: *ferocia disumana* **2** che non si addice all'uomo: *condizioni disumane* | superiore alle possibilità umane di sopportazione: *dolore —*.

di|su|nió|ne *s.f.* **1** separazione; mancanza di unione **2** (*fig.*) contrasto, discordia.

di|su|nì|re *v.tr.* [indic.pres. *io disunisco, tu disunisci...*] **1** staccare cose che sono unite **2** (*fig.*) dividere creando discordia ♦ **-rsi** *rifl.* e *rifl.rec.* dividersi, separarsi ♦ *intr.pron.* (*sport*) perdere la coordinazione dei movimenti: *il pugile si è disunito*.

di|su|nì|to *part.pass. di* disunire ♦ *agg.* **1** separato, decoeso **2** (*fig.*) privo di accordo: *coppia disunita* | disomogeneo, discontinuo: *discorso —* **3** (*sport*) scoordinato.

di|sù|ria o **disuria** *s.f.* (*med.*) irregolarità o difficoltà nell'emissione dell'urina.

di|su|sà|re *v.tr.* smettere di adoperare: *— un vestito* | (*lett.*) far cadere in disuso: *— un vocabolo*.

di|su|sà|to *part.pass. di* disusare ♦ *agg.* che non è più utilizzato; caduto in disuso.

di|sù|so *s.m.* cessazione d'uso | *in —*, non più in uso: *parola caduta in —*.

di|sù|ti|le *agg.* (*lett.*) **1** che non è utile; inutile **2** dannoso, svantaggioso ♦ *s.m.* perdita, danno.

di|sva|ló|re *s.m.* **1** valore negativo **2** (*econ.*) calo di valore; perdita: *— delle azioni*.

di|tà|le *s.m.* **1** piccolo cappuccio di metallo o di altro materiale usato per la protezione del dito con il quale si spinge l'ago mentre si cuce **2** piccolo cappuccio di pelle o di plastica usato per proteggere un dito ferito o malato **3** (*pl.*) tipo di pasta da minestra a forma di piccoli cilindri rigati o lisci.

di|ta|li|ni *s.m.pl.* tipo di pasta a forma cilindrica più piccola dei ditali.

di|tà|ta *s.f.* **1** colpo dato con un dito **2** impronta lasciata con un dito su una superficie: *il ripiano è pieno di ditate* **3** tutto ciò che si può raccogliere con un dito: *una — di panna*.

di|teg|già|re *v.tr.* [indic.pres. *io ditéggio...*] (*mus.*) segnare ogni nota in un testo con il numero corrispondente al dito usato per l'esecuzione ♦ *intr.* [aus. *A*] (*mus.*) durante l'esecuzio-

ne di un passo, muovere opportunamente le dita sui tasti o sulle corde di uno strumento.
di|ti|ràm|bo *s.m.* nella lett. classica greca, canto corale in onore di Dioniso | nella lett. italiana, componimento poetico a elogio del vino e dell'amore.
dì|to *s.m.* [pl.f. *le dita*; pl.m. *i diti*, solo quando seguito dal nome del dito: *i diti pollici*] **1** ciascuna delle parti mobili e articolate, con cui terminano le mani e i piedi dell'uomo o le zampe di parecchi animali | (*fig.*) ***legarsela al* —**, non dimenticare un'offesa per vendicarsene al momento opportuno | ***non alzare, non muovere un* —**, non fare nulla di produttivo | ***mordersi le dita***, provare rabbia, pentimento o rimpianto | ***contarsi sulle dita***, essere in numero assai limitato | ***mettere il — sulla piaga***, individuare il punto dolente o debole di una questione **2** (*estens.*) oggetto che richiama la forma di un dito **3** ciascuna delle parti del guanto che ricoprono il dito **4** (*estens.*) misura corrispondente alla larghezza di un dito: *un — di liquore*.
dit|ta *s.f.* denominazione di un'impresa in cui un imprenditore esercita la sua attività | (*estens.*) l'azienda stessa e la sua sede.
dit|tà|fo|no® *s.m.* **1** apparecchio dotato di altoparlante usato negli uffici per comunicare fra una stanza e l'altra **2** magnetofono usato un tempo negli uffici per la dettatura della corrispondenza.
dit|ta|mo *s.m.* pianta erbacea aromatica con fiori bianchi o rossi riuniti in grappolo.
dit|ta|tó|re *s.m.* **1** (*st.*) nell'antica Roma, magistrato supremo straordinario munito di pieni poteri civili e militari, eletto nei momenti di pericolo **2** capo di un governo antidemocratico e totalitario **3** [f. *-trice*] (*estens.*) persona dispotica e autoritaria.
dit|ta|to|rià|le *agg.* **1** proprio di un dittatore, di una dittatura: *regime* — **2** (*estens.*) dispotico, autoritario.
dit|ta|tù|ra *s.f.* **1** (*st.*) nell'antica Roma, ufficio e dignità del dittatore **2** governo autoritario in cui tutti i poteri sono concentrati in un solo organo o in una sola persona: *la — fascista* **3** (*estens.*) imposizione dispotica del proprio potere | (*fig.*) dominio assoluto e incontrastato di una persona, un ente, una categoria in un determinato settore: *la — dell'alta moda*.
Dìt|te|ri *s.m.pl.* ordine di insetti dotati di ali anteriori sviluppate e di ali posteriori trasformate in organi di regolazione del volo; ne fanno parte le mosche e le zanzare.
dit|tì|co *s.m.* [pl. *-ci*] **1** complesso di due tavolette d'avorio o di legno dipinte o scolpite, congiunte da una cerniera | dipinto di tale forma, spec. di argomento sacro.
dit|ton|gà|re *v.intr.* [indic.pres. *io dittongo, tu dittonghi*...; aus. *A*] (*ling.*) formare un dittongo ♦ *tr.* trasformare una vocale in un dittongo.
dit|ton|ga|zió|ne *s.f.* (*ling.*) trasformazione di una vocale in un dittongo.
dit|tòn|go *s.m.* [pl. *-ghi*] (*ling.*) gruppo fonetico composto da una semiconsonante e da una vocale nella stessa sillaba (p.e. *fió-re*).
diu|rè|si *s.f.* (*med.*) secrezione di urina | quantità di urina prodotta in un periodo di tempo determinato.
diu|rè|ti|co *agg.* [m.pl. *-ci*] (*med.*) che riguarda o facilita la diuresi: *acqua diuretica* ♦ *s.m.* farmaco o sostanza che favorisce la diuresi.
di|ùr|no *agg.* relativo al giorno: *ore diurne* | che si verifica durante il giorno: *servizio —* ♦ *s.m.* albergo diurno.
di|va *s.f.* **1** (*lett.*) dea **2** attrice o cantante molto famosa.
di|va|gà|re *v.intr.* [indic.pres. *io divago, tu divaghi*...; aus. *A*] (*anche assol.*) allontanarsi dall'argomento di un discorso o di uno scritto: *per piacere non divagare (dal tema)*.
di|va|ga|zió|ne *s.f.* digressione, parentesi.
di|vam|pà|re *v.intr.* [aus. *E*] **1** accendersi o ardere improvvisamente con grandi fiamme **2** (*fig.*) scoppiare e diffondersi con irruenza: *il tumulto divampò nelle strade* | provare una passione travolgente per qlcu.
di|và|no *s.m.* **1** lungo sedile imbottito, a più posti e munito di braccioli e schienale | ***— letto***, quello che può essere decappottato in letto **2** (*st.*) nell'impero ottomano, consiglio dei ministri.
di|va|ri|cà|re *v.tr.* [indic.pres. *io divàrico, tu divàrichi*...] allargare, far divergere: *— le gambe* ♦ ***-rsi*** *intr.pron.* allargarsi in direzioni opposte; divergere.
di|va|ri|cà|ta *s.f.* in ginnastica, apertura delle gambe eseguita con un piccolo salto.
di|va|ri|ca|tó|re *s.m.* (*med.*) strumento chirurgico usato per tenere divaricati i bordi di un'incisione durante un'operazione.
di|va|ri|ca|zió|ne *s.f.* **1** allargamento, biforcazione | spazio intercorrente fra due parti divaricate **2** (*fig.*) differenza, divergenza.
di|và|rio *s.m.* differenza, diversità: *— di opinioni*.
di|vèl|le|re *v.tr.* [con. come *svellere*] (*lett.*) sradicare, strappare con forza: *— un albero* ♦ ***-rsi*** *rifl.* separarsi con sforzo da qlcu. o da ql.co.
di|ve|nì|re *v.intr.* [con. come *venire*; aus. *E*] (*lett.*) cambiare in qualche modo, diventare: *crescendo diventa più saggio* ♦ *s.m.* **1** trasformazione, passaggio da una condizione a un'altra **2** (*filos.*) il flusso perenne del tutto, opposto all'"essere" concepito come immobile.
di|ven|tà|re *v.intr.* [*io divento*...; aus. *E*] divenire, trasformarsi nel tempo; assumere un aspetto diverso: *— vecchio* | (*fig.*) ***— rosso***, arrossire per la vergogna | ***— matto***, perdere la testa, disperarsi.
di|vèr|bio *s.m.* discussione aspra, animata; litigio.
di|ver|gèn|te *part.pres. di* divergere ♦ *agg.* **1** che ha direzione opposta: *due strade divergenti* **2** (*fig.*) contrastante, discordante: *si sono sentite opinioni divergenti* **3** (*fis.*) ***lente —***, lente che fa divergere dall'asse ottico i raggi luminosi che giungono paralleli a esso.
di|ver|gèn|za *s.f.* **1** allontanamento in diverse direzioni **2** il punto da cui due cose divergono **3**

divergere

(*fig.*) mancanza di accordo: *abbiamo avuto una piccola* — | *diversità, disparità:* — *di vedute*.
di|vèr|ge|re *v.intr.* [indic.pres. *io divergo, tu divergi...*; dif.: non usati il pass.rem. e il part.pass.] **1** muovere in direzioni diverse, deviare da un punto comune: *il sentiero diverge dopo l'incrocio* **2** (*fig.*) essere diverso, in contrasto: *i nostri interessi divergono.*
di|ver|si|fi|cà|re *v.tr.* [indic.pres. *io diversìfico, tu diversìfichi...*] **1** rendere diverso, differenziare: — *la produzione* | rendere variegato, vivace: — *gli interessi* **2** (*econ.*) investire il patrimonio in diverse attività ♦ *intr.* [aus. *E*], **-rsi** *intr.pron.* essere diverso, distinguersi in base a certe caratteristiche.
di|ver|si|fi|ca|zió|ne *s.f.* differenziazione; varietà.
di|ver|sió|ne *s.f.* **1** digressione dal tema principale **2** (*mil.*) manovra che mira ad attrarre il nemico in una zona diversa da quella dell'effettivo attacco.
di|ver|si|tà *s.f.* **1** differenza | (*estens.*) molteplicità, varietà: — *di tessuti* **2** ciò per cui due cose o persone differiscono.
di|ver|si|vo *agg.* che serve a deviare, a distrarre: *manovra diversiva* ♦ *s.m.* ciò che distoglie da un'attività impegnativa, una preoccupazione e sim.: *trovare un* — *nel gioco.*
di|vèr|so *agg.* **1** differente, distinto **2** contrastante, discordante ♦ *agg.indef. spec.pl.* molto, parecchio: *per diverse motivazioni; c'è diversa gente che chiede di te* ♦ *pron.indef.pl.* parecchie persone: *erano in diversi ad aderire alla manifestazione* ♦ *s.m.* [f. *-a*] chi differisce, per caratteristiche o comportamento, dai canoni comunemente accettati dalla maggioranza | omosessuale □ **diversamente** *avv.* **1** in modo diverso **2** altrimenti: *penso di arrivare domani,* — *ti avviso.*
di|ver|tèn|te *part.pres. di* divertire ♦ *agg.* che diverte; piacevole.
di|ver|tì|co|lo *s.m.* (*anat.*) piccola estroflessione a fondo cieco, anche patologica, della parete di un organo cavo.
di|ver|ti|mén|to *s.m.* **1** la cosa o la persona che serve a divertire | passatempo, svago: *per me il lavoro è un* — | (*anche iron.*) *buon* —!, divertiti, divertitevi **2** (*mus.*) composizione strumentale di carattere allegro.
di|ver|tì|re *v.tr.* [indic.pres. *io diverto...*] (*anche assol.*) svagare, rallegrare ♦ **-rsi** *rifl.* prendere gusto nel fare ql.co.: *non penso che a divertirmi* | — *alle spalle di qlcu.*, beffarlo, prendersene gioco | — *con una ragazza, con un ragazzo,* amoreggiare senza impegno | — *un mondo,* moltissimo.
divertissement (*fr.*) [pr. *divertismàn*] *s.m.invar.* composizione artistica o letteraria consistente nell'elaborazione giocosa di un tema.
di|ver|tì|to *part.pres. di* divertire ♦ *agg.* che si diverte | che denota divertimento: *un'aria divertita.*
di|vez|zà|re *v.tr.* [indic.pres. *io divézzo...*] **1** far perdere un'abitudine **2** svezzare: — *un bambino*
♦ **-rsi** *rifl.* perdere un vizio, un'abitudine: — *dal fumare.*
di|vi|dèn|do *s.m.* **1** (*mat.*) il primo termine di una divisione; numero o quantità da dividere **2** (*econ., fin.*) utile netto distribuito annualmente tra i soci di una società per azioni.
di|vi|de|re *v.tr.* [pass.rem. *io divisi, tu dividésti...*; part.pass. *diviso*] **1** scomporre un tutto in parti: — *una mela in due parti* | suddividere, ripartire: — *la classe in gruppi* **2** (*mat.*) eseguire una divisione **3** separare uno spazio dall'altro: *il fiume divide le due proprietà* | (*fig.*) portare a contrasto: *la gelosia divide le persone* **4** assegnare, distribuire: — *gli utili fra i soci* **5** distingure: — *le cose necessarie da quelle superflue* **6** spartire, condividere: *in campeggio divido la tenda con due amici* ♦ **-rsi** *rifl.* **1** separarsi **2** suddividersi in gruppi **3** dedicarsi contemporaneamente a più attività: — *tra il lavoro e lo sport* ♦ *rifl.rec.* detto di coniugi, separarsi anche legalmente ♦ *intr. pron.* **1** essere suddiviso in parti, periodi: *la giornata si divide in 24 ore* **2** spartire con altre persone: — *il patrimonio.*
di|viè|to *s.m.* proibizione imposta da un regolamento o dalla legge di determinate azioni.
di|vi|nà|re *v.tr.* (*lett.*) **1** presso gli antichi, predire il futuro mediante divinazione **2** (*estens.*) prevedere, intuire.
di|vi|na|tò|rio *agg.* (*lett.*) che riguarda la divinazione; profetico.
di|vi|na|zió|ne *s.f.* **1** nelle religioni antiche e primitive, arte di prevedere il futuro attraverso l'interpretazione di eventi ritenuti manifestazione del volere divino **2** (*estens.*) presentimento, predizione.
di|vin|co|làr|si *v.rifl.* [indic.pres. *io mi divìncolo...*] dimenarsi, spec. per liberarsi da una stretta.
di|vi|ni|tà *s.f.* **1** essere divino; dio: *le* — *pagane* **2** essenza, origine divina: *la* — *di Cristo.*
di|vi|niz|zà|re *v.tr.* **1** considerare divino; adorare come dio: *gli antichi divinizzarono gli animali* **2** (*fig.*) esaltare qlcu. o ql.co. come divini: — *un cantante.*
di|vi|niz|za|zió|ne *s.f.* deificazione.
di|vì|no *agg.* **1** di Dio; che proviene da Dio: *bontà divina* | *la divina scrittura*, la Bibbia **2** di un dio o degli dei: *apparizioni divine* **3** (*fig.*) che ha natura di divinità; sovrumano: *una bellezza divina* **4** che è degno degli dei o di Dio: *gli hanno tributato onori divini* | (*iperb.*) bellissimo: *uno spettacolo* — | buonissimo: *un pranzo* — ♦ *s.m.* (*filos.*) l'essenza divina: *conoscere il* — □ **divinamente** *avv.* **1** per ispirazione di Dio **2** (*fig.*) in modo straordinario: *suona* —.
di|vì|sa[1] *s.f.* **1** abbigliamento che indossa una determinata categoria di persone; uniforme: — *dei carabinieri* **2** figura o frase posta in un'insegna, in uno stemma.
di|vì|sa[2] *s.f.* (*fin.*) titolo di credito in valuta estera (*estens.*) valuta estera.
di|vi|sì|bi|le *agg.* **1** che si può dividere **2** (*mat.*) si dice di numero che, diviso esattamente per un altro, dà come resto zero.

di|vi|si|bi|li|tà *s.f.* **1** proprietà di ciò che si può dividere **2** (*mat.*) la proprietà di un numero di essere esattamente divisibile per un altro.
di|vi|sio|nà|le *agg.* **1** (*mil.*) relativo a una divisione **2** detto di moneta che rappresenta una frazione dell'unità monetaria.
di|vi|sió|ne *s.f.* **1** spartizione, scomposizione: — *di un'anguria*; *sbagli la — in sillabe* **2** suddivisione, distribuzione: — *degli incarichi* | — *del lavoro*, nell'organizzazione industriale, attribuzione a ogni lavoratore di una mansione precisa | — *dei poteri*, principio secondo cui i tre poteri fondamentali dello Stato (legislativo, esecutivo e giudiziario) sono esercitati da organi distinti e indipendenti **3** (*fig.*) distinzione concettuale: *la — fra giusto e ingiusto* | disaccordo, discordia: — *degli animi* **4** (*mat.*) operazione con la quale si calcola quante volte un numero ne contiene un altro **5** settore di un'amministrazione o reparto di un'azienda, un ospedale e sim.: *la — chirurgica* **6** (*mil.*) grande unità dell'esercito e dell'aviazione composta di più brigate **7** (*sport*) raggruppamento di squadre partecipanti a un campionato **8** (*bot.*) la categoria più elevata della classificazione del mondo vegetale.
di|vi|sio|ni|smo *s.m.* movimento pittorico affermatosi in Italia tra la fine dell' '800 e gli inizi del '900 che adottò una tecnica basata sull'accostamento di colori puri, stesi a pennellate molto piccole e regolari; puntinismo.
di|vi|smo *s.m.* **1** fenomeno di infatuazione collettiva per i divi dello spettacolo e dello sport **2** il comportamento esibizionistico con cui tali divi incrementano il fenomeno.
di|vi|so *part.pass.* di *dividere* ♦ *agg.* **1** separato in parti **2** (*fig.*) indeciso: *è — tra gli amici e la moglie* **3** (*fig.*) discorde: *i pareri restano divisi* **4** (*mat.*) nelle espressioni aritmetiche, segno di divisione.
di|vi|só|re *s.m.* (*mat.*) numero per cui si divide il dividendo; il secondo termine di una divisione.
di|vi|sò|rio *agg.*, *s.m.* detto di ciò che serve a dividere: *parete divisoria*.
di|vi|sti|co *agg.* [m.pl. *-ci*] tipico del divismo, dei divi.
di|vo *s.m.* personaggio di grande popolarità.
di|vo|rà|re *v.tr.* [indic.pres. *io divóro*...] **1** mangiare con avidità **2** (*fig.*) distruggere, consumare: *essere divorati dalla passione* | — *un libro*, leggerlo d'un fiato | — *la strada*, *i chilometri*, percorrerli a tutta velocità | — *con gli occhi*, guardare con intenso desiderio **3** (*fig.*) dilapidare: — *le risorse* ♦ *-rsi intr.pron.* (*fig.*) consumarsi, struggersi: — *dalla paura*.
di|vo|ra|tó|re *agg.* [f. *-trice*] (*spec.fig.*) che divora ♦ *s.m.* [f. *-trice*] grande mangiatore: *un — di torte* | (*fig.*) consumatore insaziabile: *un — di fumetti*.
di|vor|zià|re *v.intr.* [indic.pres. *io divorzio*...; aus. *A*] sciogliere il matrimonio con il divorzio | (*estens.*) separarsi da cose o persone a cui si era legati.
di|vor|zià|to *part.pass.* di *divorziare* ♦ *agg.*, *s.m.*

[f. *-a*] che, chi ha ottenuto lo scioglimento del matrimonio con il divorzio.
di|vòr|zio *s.m.* **1** (*dir.*) scioglimento legale del matrimonio civile **2** (*estens.*) separazione da persone o cose a cui si era legati da qualche vincolo: *il — fra le due società*.
di|vor|zì|sta *s.m./f.* [m.pl. *-i*] **1** avvocato specializzato in cause di divorzio **2** chi sostiene il divorzio.
di|vul|gà|re *v.tr.* [indic.pres. *io divulgo, tu divulghi*...] **1** rendere noto a molti; propagandare: — *un testo* **2** esporre in modo chiaro e accessibile a molti, spec. cognizioni di tipo specialistico ♦ *-rsi intr.pron.* diffondersi largamente.
di|vul|ga|ti|vo *agg.* che ha il fine di divulgare: *un manuale —*.
di|vul|ga|tó|re *s.m.* [f. *-trice*] chi divulga | chi si dedica alla divulgazione culturale o scientifica.
di|vul|ga|zió|ne *s.f.* **1** diffusione, propagazione **2** esposizione chiara e accessibile a molti di argomenti specialistici.
di|zio|nà|rio *s.m.* **1** volume che contiene e spiega le parole di una lingua nel loro complesso o limitatamente a determinati aspetti; vocabolario: — *della lingua italiana*; — *dei neologismi* | — *bilingue*, quello in cui le parole di una lingua sono poste in corrispondenza con gli equivalenti di un'altra | — *dei sinonimi*, quello in cui le parole vengono spiegate mediante altre di significato equivalente **2** trattazione della terminologia pertinente a tutti gli ambiti della cultura o a una disciplina specifica: — *enciclopedico*.
di|zió|ne *s.f.* la tecnica del pronunciare in modo chiaro le parole, usata spec. da attori, oratori e annunciatori | (*estens.*) pronuncia.
dixieland (*ingl.*) [pr. *dìcsilend*] *s.m.invar.* jazz tradizionale, nato a New Orleans, suonato spec. da strumentisti bianchi.
DNA *s.m.invar.* (*biol.*) acido desossiribonucleico cui è affidata la trasmissione dei caratteri ereditari.
do *s.m.* (*mus.*) nei paesi latini, nome della prima nota della scala musicale | — *di petto*, il più acuto che un tenore possa emettere; (*fig.*) il massimo, l'apice di ql.co.
dobermann (*ted.*) *s.m.invar.* cane da guardia di media taglia, dal corpo snello, dotato di pelo corto e muso lungo, appuntito.
do|bló|ne *s.m.* moneta d'oro coniata in Spagna a partire dal XVI sec. e successivamente diffusa in Italia.
DOC *agg.invar.* **1** si dice di vino o di altro prodotto le cui caratteristiche e la cui provenienza sono garantite secondo modalità previste dalla legge **2** (*fig.*, *scherz.*) autentico, genuino: *è un napoletano —*.
dóc|cia *s.f.* [pl. *-ce*] **1** impianto idraulico con bocchetta traforata da cui fuoriesce acqua a spruzzo | locale in cui si trova tale impianto | (*estens.*) il getto d'acqua che si fa cadere sul corpo: *fare la —* | (*fig.*) — *fredda*, fatto o notizia che spegne ogni entusiasmo **2** (*med.*) apparecchio

ortopedico di metallo o gesso usato per immobilizzare un arto.

doc|cia|tù|ra *s.f.* doccia fatta a scopo terapeutico.

doc|ció|ne *s.m.* parte terminale della grondaia che serve a scaricare l'acqua lontano dai muri.

do|cèn|te *agg.* che insegna | *il corpo* —, l'insieme degli insegnanti ♦ *s.m./f.* professore, insegnante.

dò|ci|le *agg.* **1** che si sottomette facilmente alla volontà altrui | mansueto: *un cane* — **2** (*estens.*, *fig.*) detto di cose che si possono manovrare con facilità: *cazzuola* —.

do|ci|li|tà *s.f.* arrendevolezza, condiscendenza.

do|ci|mo|lo|gì|a *s.f.* disciplina di carattere pedagogico che studia i metodi e i criteri di valutazione delle prove scolastiche.

do|cu|men|tà|bi|le *agg.* che si può documentare.

do|cu|men|tà|le *agg.* che si riferisce a documenti | che è basato su documenti.

do|cu|men|tà|re *v.tr.* [indic.pres. *io documénto*...] corredare di documenti; provare con documenti: — *la verità degli avvenimenti* ♦ **-rsi** *rifl.* procurarsi documentazioni e informazioni su un argomento di ricerca.

do|cu|men|tà|rio *agg.* **1** che riguarda documenti | fondato su documenti **2** che serve a documentare: *materiale* — ♦ *s.m.* (*cine.*, *tv*) film o cortometraggio che illustra aspetti della natura, della scienza e sim. a scopo informativo o didattico.

do|cu|men|ta|rì|sta *s.m./f.* [m.pl. *-i*] regista, autore di documentari.

do|cu|men|ta|rì|sti|co *agg.* [m.pl. *-ci*] **1** che riguarda un documentario | proprio dei documentari divulgativi: *immagini documentaristiche* **2** relativo alla documentazione; che serve a documentare.

do|cu|men|tà|to *part.pass.* di documentare ♦ *agg.* **1** basato su documenti certi; attendibile: *un'accusa documentata* **2** che si è documentato; ben informato: *uno scrittore molto* —.

do|cu|men|ta|zió|ne *s.f.* **1** raccolta di informazioni a fini documentaristici: *ricerche di* — **2** l'insieme dei documenti necessari per documentare ql.co.

do|cu|mén|to *s.m.* **1** scritto che convalida o certifica la realtà di un fatto, di una situazione: — *notarile*, *contabile* | (*spec.pl.*) mezzo di identificazione personale: *esibisca i documenti!* **2** testimonianza storica; attestazione **3** qualunque oggetto che possa essere utilizzato a fini di studio, di ricerca: — *iconografico*.

dò|de|ca- primo elemento di parole composte che significa "dodici" (*dodecaedro*).

do|de|ca|è|dro *s.m.* (*geom.*) poliedro avente dodici facce | — *regolare*, quello avente come facce dodici pentagoni regolari uguali.

do|de|ca|fo|nì|a *s.f.* (*mus.*) metodo di composizione che organizza in serie i dodici suoni della scala cromatica, svincolandoli dalle strutture tonali tradizionali.

do|de|ca|fò|ni|co *agg.* [m.pl. *-ci*] (*mus.*) proprio della dodecafonia.

do|de|cà|go|no *s.m.* (*geom.*) poligono con dodici lati.

do|de|ca|sìl|la|bo *agg.*, *s.m.* si dice di verso composto da dodici sillabe.

do|di|cèn|ne *agg.*, *s.m./f.* che, chi ha dodici anni di età.

do|di|cè|si|mo *agg.num.ord.* che in una serie corrisponde al posto numero dodici | *il secolo* — (o XII), gli anni compresi tra il 1101 e il 1200.

dó|di|ci *agg.num.card.invar.* che equivale a una decina più due unità | (*anche ell.*) *le (ore)* — , mezzogiorno ♦ *s.m.invar.* il numero naturale che equivale a una decina più due unità | il simbolo che rappresenta tale numero.

dò|do *s.m.* grosso uccello inetto al volo, oggi estinto, dotato di ali brevi e becco uncinato.

dó|ga *s.f.* **1** ognuna delle assicelle di legno che formano botti, tini, barili **2** ognuna delle assicelle di legno che reggono il materasso nei letti senza rete.

do|gà|le *agg.* (*lett.*) del doge: *residenza* — | *la città* —, Venezia.

do|gà|na *s.f.* **1** ufficio che controlla il passaggio di merci e beni alla frontiera di uno Stato e riscuote gli eventuali dazi | il luogo in cui tale ufficio ha sede | il complesso del personale addetto a tale ufficio **2** dazio doganale: *pagare la* —.

do|ga|nà|le *agg.* che riguarda la dogana.

do|ga|niè|re *s.m.* impiegato della dogana | guardia di finanza.

do|ga|rés|sa *s.f.* (*st.*) moglie del doge di Venezia.

dò|ge *s.m.* [pl. *-gi*] (*st.*) titolo attribuito alla più alta autorità delle repubbliche di Venezia e di Genova, fino al sec. XVIII.

dò|glia *s.f.* **1** (*lett.*) dolore fisico o morale **2** (*pl.*) i dolori provocati dalle contrazioni dell'utero durante la prima fase del parto: *avere le doglie*.

do|gliàn|za *s.f.* **1** (*lett.*) rimostranza, lamento | dolore, angoscia **2** (*dir.*) rimostranza contro precedenti provvedimenti giudiziali da parte di chi ricorre o si appella.

dò|glio *s.m.* **1** (*st.*) grande vaso usato nell'antichità per la conservazione di olio, vino e cereali **2** (*lett.*) giara, barile.

dòg|ma *s.m.* [pl. *-i*] **1** (*teol.*) nella religione cattolica, verità contenuta nella Rivelazione e imposta ai credenti come indiscutibile | articolo di fede: *il* — *della Trinità* **2** (*estens.*) principio ritenuto indiscutibilmente vero: *i dogmi della filosofia*.

dog|mà|ti|ca *s.f.* parte della scienza teologica che studia i dogmi.

dog|mà|ti|co *agg.* [m.pl. *-ci*] **1** che riguarda i dogmi **2** (*estens.*) categorico, che non ammette discussione: *affermazione dogmatica* **3** detto di persona che sostiene un'opinione o una teoria con intransigenza, senza addurre prove e rifiutando verifiche, obiezioni ♦ *s.m.* [f. *-a*] persona dogmatica □ **dogmaticamente** *avv.*

dog|ma|tì|smo *s.m.* **1** qualsiasi posizione filosofica che si fondi su principi ritenuti indiscuti-

bili e inconfutabili 2 (*estens*.) tendenza a ritenere indiscutibilmente vere le proprie opinioni.
dolby (*ingl*.) *s.m.invar*. nella registrazione dei nastri magnetici, sistema di filtraggio che permette di attenuare il rumore di fondo.
dól|ce *agg*. 1 che ha il sapore gradevole dello zucchero | — *come il miele*, dolcissimo 2 scarso di sali: *formaggio* — | *acqua* —, quella dei fiumi e dei laghi 3 (*fig*.) mite, temperato: *un autunno* — 4 (*fig*.) non ripido: *salita* — | non brusco: *movimenti dolci* 5 (*fig*.) facile da lavorare; malleabile: *metallo* — 6 (*fig*.) che rallegra i sensi, che rincuora lo spirito: *una musica, un profumo* —; *dolci ricordi* | amato, caro: *la sua* — *metà* 7 (*fig*.) gentile, affabile | *fare gli occhi dolci*, guardare qlcu. con tenerezza ♦ *s.m.* 1 alimento il cui ingrediente principale è lo zucchero o il miele | (*pl*.) dolciumi 2 gusto, sapore dolce □ **dolcemente** *avv*. 1 in modo dolce, aggraziato: *mi sorrideva* — 2 gradatamente: *i rilievi digradano* — *verso la vallata*.
dol|ce|a|mà|ro *agg*. [m.pl. -*i*] che è dolce e amaro nello stesso tempo.
dol|cét|to *s.m.* vitigno piemontese che dà un'uva molto dolce | vino rosso asciutto, ricavato da tale vitigno.
dol|ce|vì|ta o **dólce vita** *s.f.invar*. maglia o maglione a collo alto.
dol|céz|za *s.f.* 1 sapore di ciò che è dolce: *la* — *di una torta* 2 (*fig*.) qualità di ciò che è dolce: *la* — *di un sorriso* 3 (*fig*.) affabilità, gentilezza: *trattare con* — 4 (*fig*.) sentimento di felicità e tenerezza | (*spec.pl*.) piacere, gioia: *quante dolcezze nella vita!* 5 (*fig*.) persona amata.
dol|cià|rio *agg*. relativo alla lavorazione e alla produzione di dolci ♦ *s.m.* [f. -*a*] addetto che lavora nell'industria dolciaria.
dol|cià|stro *agg*. 1 che ha sapore dolce ma sgradevole 2 (*fig*.) mellifluo, ambiguo: *ha un tono* —.
dol|ci|fi|càn|te *part.pres. di* dolcificare ♦ *agg*., *s.m.* detto di sostanza usata per dolcificare alimenti e bevande.
dol|ci|fi|cà|re *v.tr.* [indic.pres. *io dolcìfico, tu dolcìfichi...*] 1 rendere dolce spec. cibi e bevande 2 (*chim*.) diminuire la durezza dell'acqua eliminando o riducendo i sali di calcio e di magnesio disciolti in essa.
dol|ci|fi|ca|zió|ne *s.m.* addolcimento.
dol|ciù|me *s.m. spec.pl.* ciascun prodotto dell'industria dolciaria o di pasticceria.
do|lèn|te *part.pres. di* dolere ♦ *agg*. 1 che duole | *punto* —, parte del corpo in cui è focalizzato il dolore; (*fig*.) aspetto delicato di una questione 2 dispiaciuto, afflitto: *sono* — *di non poterti accontentare* 3 che manifa dolore: *voce* — ♦ *s.m./f.* (*lett*.) persona che soffre di dolori fisici o morali.
do|lé|re *v.intr*. [indic.pres. *io dòlgo, tu duòli, egli duòle, noi doliamo, voi doléte, essi dòlgono*; pass.rem. *io dòlsi, tu dolésti...*; fut. *io dorrò...*; congiunt.pres. *io dòlga..., noi doliamo, voi doliate, essi dòlgano*; condiz.pres. *io dorrèi, tu dorrésti...*; ger. *dolèndo*; part.pass. *dolènte*; part.pass.

doluto; aus. *E*] 1 provocare un male fisico: *mi duole la testa* 2 [usato solo alla terza pers. sing.] (*estens*.) dispiacere, rincrescere: *mi duole di averti disturbato* ♦ **-rsi** *intr.pron*. 1 provare rincrescimento per ql.co., rammaricarsi | pentirsi: — *dei propri peccati* 2 lamentarsi: *mi dolgo spesso di loro*.
do|li|co|ce|fa|lì|a *s.f.* conformazione del cranio molto allungata.
do|li|co|cè|fa|lo *agg*., *s.m.* [f. -*a*] si dice di persona che presenta dolicocefalia.
do|li|co|mòr|fo *agg*. si dice di cranio o di altra parte del corpo che presenta forma allungata.
do|lì|na *s.f.* (*geol*.) depressione a forma d'imbuto, frequente nelle regioni carsiche.
dòl|la|ro *s.m.* unità monetaria degli Stati Uniti d'America e di alcuni altri paesi.
dòl|men *s.m.invar*. monumento sepolcrale preistorico costituito da due pietre infisse verticalmente nel terreno e sormontate da una lastra orizzontale.
dò|lo *s.m.* 1 (*dir*.) nel diritto civile, volontà, intenzione di ledere un diritto altrui | nel diritto penale, volontà di commettere un reato 2 (*lett*.) inganno, raggiro.
do|lo|mìa *s.f.* (*geol*.) roccia sedimentaria costituita da magnesio e carbonato di calcio.
do|lo|mì|te *s.f.* minerale composto di carbonato di calcio e magnesio in cristalli bianchi | *le* **Dolomiti**, montagne delle Alpi orientali costituite spec. di dolomia.
do|lo|mì|ti|co *agg*. [m.pl. -*ci*] 1 (*geol*.) relativo alla dolomite: *calcare* — 2 (*geog*.) delle Dolomiti.
do|lo|ràn|te *part.pres. di* dolorare ♦ *agg*. che accusa dolore fisico | che fa male; dolente: *spalla* —.
do|lo|rà|re *v.intr*. [indic.pres. *io dolóro...*; aus. *A*] (*lett*.) provare, esprimere dolore.
do|ló|re *s.m.* 1 sensazione di sofferenza fisica 2 profonda sofferenza morale; afflizione: *morire di* — 3 (*estens*.) persona, cosa o fatto che procura dolore: *la tua partenza è un vero* —.
do|lo|ró|so *agg*. 1 che procura dolore fisico 2 che causa sofferenza morale: *destino* — 3 colmo di dolore: *una vita dolorosa* | *che dimostra dolore: pianto* — □ **dolorosamente** *avv*.
do|ló|si|tà *s.f.* (*dir*.) qualità di ciò che è doloso: *la* — *di un fatto*.
do|ló|so *agg*. (*dir*.) commesso con dolo, intenzionalmente □ **dolosamente** *avv*.
dò|ma *s.m.* (*min*.) forma cristallina semplice, composta da due facce simmetriche rispetto a un piano.
do|mà|bi|le *agg*. che si può domare | (*fig*.) che può essere represso, sedato: *sommossa* —.
do|màn|da *s.f.* 1 l'atto del domandare | l'insieme delle parole con le quali si domanda | *che* —!, domanda banale o superflua 2 richiesta scritta; istanza: *ho fatto* — *per il passaporto* 3 quesito, interrogazione 4 (*econ*.) quantità di un bene richiesta dal mercato.
do|man|dà|re *v.tr.* 1 chiedere per sapere ql.co. | **domandarsi** *ql.co.*, essere dubbioso, incerto su ql.co.: *mi domando come sia successo* 2 chiedere

domani

per ottenere: — *scusa* ♦ *intr.* [aus. *A*] chiedere informazioni, notizie riguardo a una persona, una cosa: *mi domanda sempre di voi* | cercare qlcu., volergli parlare: *c'è un tale che domanda di te*.

do|mà|ni *avv.* 1 nel giorno che succede immediatamente all'oggi | — *l'altro*, dopodomani | *a* —, formula di saluto con promessa di incontrarsi il giorno seguente 2 in un tempo futuro contrapposto all'oggi: *continua a dire che lo farà* — | *dàgli oggi e dàgli* —, a lungo andare, perseverando ♦ *s.m.* 1 il giorno che viene dopo quello presente: *aspetta il* — 2 (*estens.*) l'avvenire: *il suo* — *è molto incerto*.

do|mà|re *v.tr.* [indic.pres. *io dómo...*] 1 detto di animale selvatico o feroce, rendere docile, mansueto; addomesticare 2 detto di persona, rendere ubbidiente: *le punizioni lo hanno domato* 3 (*fig.*) sottomettere: — *una popolazione* | stroncare, sedare: — *una rivolta* | — *un incendio*, spegnerlo 4 (*fig.*) frenare, trattenere: *dovresti* — *i tuoi impulsi*.

do|ma|tó|re *s.m.* [f. *-trice*] chi doma animali selvatici | chi, spec. in un circo, presenta bestie feroci addomesticate e addestrate.

do|mat|ti|na *avv.* nel mattino del giorno seguente l'oggi; domani mattina.

do|mé|ni|ca *s.f.* settimo giorno della settimana | per i cristiani, giorno festivo dedicato alle pratiche religiose | — *delle Palme*, quella precedente la Pasqua, in cui vengono benedetti i rami d'ulivo.

do|me|ni|cà|le *agg.* 1 della domenica: *gita* — 2 (*fig.*) allegro, festoso.

do|me|ni|cà|no *agg.* dell'ordine religioso fondato da san Domenico nel 1215: *convento* — ♦ *s.m.* [f. *-a*] chi appartiene all'ordine fondato da san Domenico.

do|me|sti|cà|re *v.tr.* [indic.pres. *io domèstico, tu domèstichi...*] (*biol.*) provocare in una specie animale o vegetale modificazioni di forma e di comportamento allo scopo di renderla domestica.

do|me|sti|ca|zió|ne *s.f.* (*biol.*) l'azione e il risultato del domesticare.

do|mè|sti|co *agg.* [m.pl. *-ci*] 1 che riguarda la casa, la famiglia: *focolare* — 2 detto di animale allevato dall'uomo, che vive con l'uomo: *il gatto è un animale* — ♦ *s.m.* [f. *-a*] collaboratore retribuito che si occupa delle faccende di casa.

do|mi|ci|lià|re *agg.* del domicilio: *visita* — | (*dir.*) *arresti domiciliari*, obbligo di non abbandonare il proprio domicilio.

do|mi|ci|lià|to *agg.* che ha il domicilio in un dato luogo.

do|mi|ci|lia|zió|ne *s.f.* (*banc.*) l'indicazione del luogo in cui è pagabile una cambiale, una tratta, una bolletta.

do|mi|cì|lio *s.m.* 1 luogo in cui una persona ha la sede dei propri interessi, affari | — *fiscale*, quello che ogni contribuente deve dichiarare ai fini di suoi rapporti con l'amministrazione finanziaria 2 abitazione.

do|mi|nà|bi|le *agg.* che si può dominare; controllabile.

do|mi|nàn|te *part.pres. di* dominare ♦ *agg.* 1 che domina; egemone: *Stato* —; *classe* — | *posizione* —, quella che sovrasta i luoghi sottostanti 2 prevalente su altri; diffuso: *pensiero* — ♦ *s.f.* 1 (*mus.*) il quinto grado di una scala musicale 2 (*foto., cine.*) colore prevalente sugli altri, dovuto a un errore nello sviluppo della pellicola.

do|mi|nàn|za *s.f.* 1 la condizione di dominante; predominanza 2 (*biol.*) negli esiti di un incrocio, prevalenza di un determinato carattere genetico.

do|mi|nà|re *v.tr.* [indic.pres. *io dòmino...*] 1 tenere soggetto alla propria volontà, autorità: — *un popolo* | — *un avversario*, dimostrarsi nettamente superiore a lui | — *la situazione*, tenerla sotto controllo | — *il pubblico, l'uditorio*, affascinarlo, avvincerlo 2 (*fig.*) tenere a freno gli impulsi: — *la gelosia* 3 (*fig.*) tenere occupato; distrarre: *un pensiero che domina la mente* 4 detto di luogo, trovarsi in posizione soprelevata; sovrastare: *il colle domina la valle* ♦ *intr.* [aus. *A*] 1 avere autorità e potere indiscussi: *i Borboni dominarono in Sicilia* 2 essere superiore, primeggiare: *dominava sugli amici per la sua intraprendenza* 3 detto di monti, edifici e sim., elevarsi, ergersi 4 (*fig.*) detto di cose astratte, regnare, prevalere: *nella tua stanza domina il caos* ♦ **-rsi** *rifl.* esercitare il controllo su di sé.

do|mi|na|tó|re *agg., s.m.* [f. *-trice*] che, chi domina.

do|mi|na|zió|ne *s.f.* 1 potere, dominio esercitato da un sovrano su un popolo, da una nazione su un'altra | periodo di tempo durante il quale si esercita tale dominio 2 (*pl., teol.*) *Dominazioni*, gli angeli del primo grado della seconda gerarchia.

do|mi|ned|di|o *s.m.* (*fam.*) Dio; Signore Iddio.

do|mi|ni|cà|le *agg.* 1 della domenica; del Signore 2 (*dir.*) del proprietario di un terreno: *reddito* —.

do|mi|ni|cà|no *agg.* della Repubblica Dominicana ♦ *s.m.* [f. *-a*] nativo, abitante della Repubblica Dominicana.

do|mi|nio *s.m.* 1 potere, supremazia 2 territorio su cui è esercitato un dominio 3 (*dir.*) proprietà | *di* — *pubblico*, detto di bene che appartiene alla collettività; (*fig.*) noto a tutti 4 controllo, padronanza: *devi mantenere il* — *dei tuoi nervi* 5 ambito, settore: *il* — *della chimica* 6 (*inform.*) denominazione di un sito Internet, spec. costituito da un nome seguito da un punto e da un'estensione che indica il paese di appartenenza.

dominion (*ingl.*) *s.m.invar.* ognuno degli Stati facenti parte un tempo dell'impero britannico e successivamente del Commonwealth, autonomi politicamente ma legati alla Corona da vincoli particolari.

dò|mi|no[1] *s.m.invar.* gioco con 28 tessere numerate in cui vince chi riesce a liberarsi per primo delle proprie.

dò|mi|no[2] *s.m.invar.* grande mantello in seta munito di cappuccio che uomini e donne indossano a Carnevale | la persona così mascherata.

dó|mo o **dòmo** *agg.* (*lett.*) domato.
dòn[1] *s.m.invar.* **1** titolo onorifico che si premette al nome o al cognome degli ecclesiastici **2** (*st.*) spec. in Spagna e Portogallo, titolo onorifico che si premetteva al nome di nobili e principi **3** in Italia meridionale, titolo che si antepone al nome di una persona di riguardo.
dòn[2] *inter.* voce onomatopeica che imita il suono delle campane o il rintocco degli orologi.
do|nà|re *v.tr.* [indic.pres. *io dóno...*] **1** dare con spontaneità senza attendersi una ricompensa; regalare | — *tutto se stesso a qlcu.*, dedicarvisi completamente | — *il sangue*, fare una trasfusione | — *un organo*, autorizzare, in caso di morte o in caso di organi non vitali, l'espianto di un proprio organo affinché sia trapiantato in un'altra persona | (*prov.*) *a caval donato non si guarda in bocca*, non si deve criticare un dono ricevuto ♦ *intr.* [aus. *A*] **1** conferire bellezza; giovare esteticamente: *il verde ti dona* **2** (*dir.*) fare una donazione ♦ **-rsi** *rifl.* dedicarsi completamente; offrirsi.
do|na|tà|rio *s.m.* [f. *-a*] (*dir.*) chi riceve una donazione; beneficiario.
do|na|ti|vo *s.m.* dono fatto per omaggio o ricompensa.
do|na|tó|re *s.m.* [f. *-trice*] **1** chi dona ql.co. **2** chi dà un proprio organo per un trapianto o il proprio sangue per una trasfusione **3** (*dir.*) chi fa una donazione.
do|na|zió|ne *s.f.* **1** l'atto del donare **2** (*dir.*) contratto con cui si trasferisce gratuitamente ad altri un bene.
don|chi|sciòt|te *s.m.invar.* persona generosa che lotta per ideali nobili ma irraggiungibili o che difende cause assurde (dal nome del protagonista del romanzo *Don Chisciotte della Mancia* di M. De Cervantes).
don|chi|sciot|té|sco *agg.* [m.pl. *-schi*] **1** relativo al personaggio di Don Chisciotte **2** (*fig.*) da donchisciotte: *atteggiamento —*.
dón|de *avv.* **1** da dove: *— arrivi in questo stato?* | (*estens.*) da quale fonte: *— arrivano queste notizie?* **2** [con valore rel.] dal luogo da cui: *vengo — viene lui* **3** [con valore causale] (*lett.*) dalla qual cosa, da cui: *— si deduce che*.
don|do|la|mén|to *s.m.* dondolio.
don|do|là|re *v.tr.* [indic.pres. *io dóndolo...*] far andare in qua e in là una cosa sospesa o poggiante su un solo punto: *— una corda* | cullare: *— un neonato* ♦ *intr.* [aus. *A*] oscillare: *la sedia dondola* ♦ **-rsi** *rifl.* **1** muoversi oscillando, ciondolando **2** (*fig.*) bighellonare.
don|do|lì|o *s.m.* dondolamento continuo.
dón|do|lo *s.m.* **1** movimento di ql.co. che dondola: *cavallo a —* **2** divano appeso a un sostegno fatto in modo tale che la persona seduta possa dondolarsi.
don|do|ló|ni *avv.* dondolandosi, dondolando.
don|gio|vàn|ni *s.m.* galante e fortunato corteggiatore di donne.
don|gio|van|ni|smo *s.m.* comportamento da dongiovanni.

dòn|na *s.f.* **1** essere umano fisicamente adulto di sesso femminile | *diventare —*, di una ragazza, raggiungere la pubertà | *da —*, femminile | *— in carriera*, donna impegnata in una professione prestigiosa | *— di mondo*, donna che ama stare con gli altri e divertirsi | *andare a donne*, *correre dietro alle donne*, cercare avventure amorose | (*eufem.*) *— di vita*, *di strada*, prostituta | *prima —*, attrice o cantante lirica che interpreta la parte femminile principale **2** moglie, compagna, amante **3** (*fam.*) collaboratrice familiare, domestica **4** titolo che si dà a una signora d'alto rango **5** nelle carte da gioco francesi, la regina: *la — di fiori*.
don|nàc|cia *s.f.* [pl. *-ce*] prostituta.
don|na|iò|lo *s.m.* uomo sempre alla ricerca di avventure amorose.
don|né|sco *agg.* [m.pl. *-schi*] (*spreg.*) proprio delle donne: *lavori donneschi*.
don|nét|ta *s.f.* (*spreg.*) donna mediocre o di umili condizioni.
don|nic|ciò|la *s.f.* (*spreg.*) **1** donna meschina e pettegola **2** uomo debole, pauroso o pettegolo.
don|ni|na *s.f.* donna graziosa e piccola | bambina assennata.
don|no|la *s.f.* piccolo mammifero carnivoro dal corpo lungo e muso appuntito, dotato di una pelliccia rosso-bruna sul dorso, bianca sul ventre.
dó|no *s.m.* **1** l'atto del donare | la cosa che è stata donata; regalo **2** (*fig.*) qualità, virtù: *ha il — della discrezione* | *— di natura*, dote, propensione naturale.
don|zèl|la *s.f.* (*lett.*) fanciulla, giovinetta.
doping (*ingl.*) *s.m.invar.* somministrazione illegale di sostanze ad atleti o animali al fine di migliorare le prestazioni sportive.
dó|po *avv.* **1** in seguito, più tardi: *ci vediamo —* | *a —*, a più tardi **2** di luogo, oltre, più avanti: *la via che viene —* ♦ *prep.* **1** successivamente a: *telefonerò — le otto* **2** di luogo, oltre, più avanti di; di là da: *— l'incrocio vai a sinistra* **3** dietro: *viene — me* ♦ *cong.* introduce una prop. temporale implicita con il v. all'inf. o al part.pass.: *— mangiato, è bene riposare* ♦ *agg.invar.* successivo, seguente: *il giorno —* ♦ *s.m.invar.* il futuro: *al — penseremo quando sarà il momento*.
dópo- primo elemento di parole composte che significa "in un periodo successivo" (*dopoguerra*).
do|po|bàr|ba *agg.*, *s.m.invar.* detto di preparato che si applica sul viso dopo la rasatura.
do|po|bór|sa *s.m.invar.* l'insieme delle contrattazioni che avvengono dopo la chiusura della Borsa.
do|po|cé|na *s.m.invar.* il periodo della sera che succede alla cena | (*estens.*) riunione, intrattenimento e sim. che ha luogo in tale periodo: *ti aspetto per il —*.
do|po|ché o **dópo che** *cong.* **1** [introduce una prop. temporale con il v. all'indic.] successivamente a, da quando: *l'ho incontrato — ci siamo sentiti* **2** [introduce una prop. temporale-condiz.

con il v. al congiunt.] una volta che: *ci vedremo solo — tu abbia finito il lavoro.*
do|po|di|ché o **dópo di che** *avv.* in seguito alla qual cosa: *mi ha telefonato il mese scorso, — non l'ho più sentito.*
do|po|do|mà|ni *avv.* tra due giorni ♦ *s.m.invar.* il giorno successivo a domani.
do|po|guèr|ra *s.m.invar.* il periodo che succede a una guerra, spec. con riferimento ai problemi che lo caratterizzano | *(per anton.) il primo, il secondo* —, il periodo successivo alla prima e alla seconda guerra mondiale.
do|po|la|vó|ro *s.m.invar.* ente che organizza le attività ricreative e culturali dei lavoratori nel tempo libero.
do|po|pràn|zo *s.m.invar.* il periodo del pomeriggio che segue al pranzo di mezzogiorno ♦ *avv.* nel primo pomeriggio.
do|po|scì o **dópo sci** *agg., s.m.invar.* si dice di abbigliamento o calzature che gli sciatori indossano dopo l'attività sportiva: *(scarponi) —.*
do|po|scuò|la *s.m.invar.* l'insieme delle attività didattiche integrative per gli alunni della scuola dell'obbligo | le ore dedicate a tali attività.
do|po|só|le *agg., s.m.invar.* si dice di cosmetico idratante e rinfrescante che si applica dopo l'esposizione ai raggi solari.
do|po|tùt|to o **dópo tùtto** *avv.* alla fin fine, in conclusione: — *sono fatti vostri.*
dop|piàg|gio *s.m. (cine.)* nell'approntamento della colonna sonora, registrazione del parlato eseguita successivamente alla ripresa, allo scopo di riprodurre il parlato in un'altra lingua o di migliorarlo nella lingua originale.
dop|pià|re¹ *v.tr.* [indic.pres. *io dóppio...*] **1** *(mar.)* oltrepassare un punto determinato: — *una boa* **2** *(sport)* nelle gare di corsa, superare un avversario di un giro di pista.
dop|pià|re² *v.tr.* [indic.pres. *io dóppio*] *(cine.)* praticare il doppiaggio.
dop|pià|to¹ *part.pass. di* doppiare¹ ♦ *agg., s.m.* [f. *-a*] *(sport)* detto di concorrente che è stato sopravanzato di un giro di pista.
dop|pià|to² *part.pass. di* doppiare² ♦ *agg. (cine.)* che è stato sottoposto a doppiaggio ♦ *s.m.* la colonna del parlato di un film ottenuta doppiando gli attori.
dop|pia|tó|re *s.m.* [f. *-trice*] attore che presta la propria voce per il doppiaggio di un film, una serie televisiva, uno spot, un cartone animato.
dop|piét|ta *s.f.* **1** fucile da caccia a due canne | doppio colpo di fucile **2** *(sport)* nel calcio, due reti segnate da un giocatore nella stessa partita | nel pugilato, rapida serie di due colpi consecutivi portati di sinistro e di destro.
dop|piéz|za *s.f.* falsità, ipocrisia.
dóp|pio *agg.* **1** che è due volte la quantità o la grandezza di una cosa analoga: — *lavoro* **2** che è composto da due elementi uguali, uniti o sovrapposti: *doppi vetri* **3** che si compie o accade due volte: — *errore; chiudere a doppia mandata* **4** *(fig.)* ambiguo, falso: *mi sembra un uomo —* ♦ *avv.* due volte; sdoppiato: *vedo —* ♦ *s.m.* **1** gran-

dezza o quantità due volte maggiore: *ne ho preso il —* **2** *(sport)* nel tennis e nel ping pong, incontro fra quattro giocatori divisi in coppie □ **doppiamente** *avv.* **1** due volte, in misura doppia: *sono — felice* **2** *(fig.)* in modo ambiguo: *agire —.*
dop|pio|fón|do o **dóppio fóndo** *s.m.* [pl. *doppifondi*] intercapedine celata sotto il fondo di un oggetto: *baule a —.*
dop|pio|gio|chi|sta *s.m./f.* [m.pl. *-i*] persona opportunista che fa il doppio gioco.
dop|pió|ne *s.m.* cosa che è identica un'altra | altro esemplare di un oggetto da collezione che già si possiede.
dop|pio|pèt|to o **dóppio pètto** *agg., s.m.invar.* **1** si dice di giacca o cappotto che ha i due davanti sovrapposti e chiusi da una doppia fila di bottoni | *(fig.) in —,* si dice di chi vuole dare un'immagine di rispettabilità: *un ladro in —.*
dop|pio|vé|tro *s.m.* finestra con due lastre di vetro inserite in una doppia intelaiatura allo scopo di aumentare l'isolamento acustico e termico.
dop|pì|sta *s.m./f.* [m.pl. *-i*] *(sport)* tennista che disputa gare di doppio.
do|rà|re *v.tr.* [indic.pres. *io dòro...*] **1** *(tecn.)* rivestire ql.co. con un sottile strato d'oro | *(estens.)* verniciare con una sostanza color oro **2** *(gastr.)* passare il cibo nell'uovo sbattuto prima di friggerlo | cuocere a fuoco moderato fino a dare al cibo un colore simile a quello dell'oro ♦ **-rsi** *intr.pron.* assumere il colore dell'oro; indorarsi.
do|rà|to *part.pass. di* dorare ♦ *agg.* **1** *(tecn.)* rivestito di uno strato d'oro: *acciaio —* **2** che ha il riflesso o il colore dell'oro: *biondo —* **3** *(gastr.)* detto di cibo, indorato.
do|ra|tó|re *s.m.* [f. *-trice*] *(tecn.)* chi è specializzato in lavori di doratura.
do|ra|tù|ra *s.f.* **1** *(tecn.)* l'operazione del dorare **2** rivestimento dorato | fregio, ornamento dorato.
dò|ri|co *agg.* [m.pl. *-ci*] dei Dori, popolazione della Grecia antica | *(arch.)* **ordine** —, il più semplice ordine architettonico greco, caratterizzato da una colonna scanalata priva di base, un capitello con abaco quadrato e un echino rigonfio.
do|rì|fo|ra *s.f.* coleottero giallo a strisce nere le cui larve danneggiano le coltivazioni di patate.
dormeuse *(fr.)* [pr. *dormòs*] *s.f.invar.* divano munito di spalliera rialzata a una delle estremità.
dor|mic|chià|re *v.intr.* [indic.pres. *io dormicchio...*; aus. A] dormire un sonno leggero; sonnecchiare.
dor|mièn|te *part.pres. di* dormire ♦ *agg., s.m./f.* che, chi dorme.
dor|mi|glió|ne *s.m.* [f. *-a*] **1** *(fam.)* chi ama dormire tanto **2** *(fig.)* pigro, negligente.
dor|mì|re *v.intr.* [indic.pres. *io dormo...*; aus. A] **1** riposare in stato di sonno | — **sodo, come un ghiro, come un masso**, dormire profondamente | *(fig.) —* **a occhi aperti, in piedi**, avere molto sonno | **poter — tranquillo**, potersi fidare | — **con gli occhi aperti, con un occhio solo**, essere molto vigile an-

che nel sonno | *dormirci sopra*, rimandare una decisione per poter riflettere meglio | (*prov.*) *chi dorme non piglia pesci*, chi non si dà da fare non ottiene risultati 2 (*eufem.*) essere morto: — *in pace* 3 (*fig.*) essere inattivo; oziare: *studia, non —! 4 (fig., lett.*) spec. di luoghi, essere tranquillo, silenzioso 5 (*fig.*) essere accantonato ♦ *tr.* [con compl. ogg. interno] essere in stato di sonno: — *sonni tranquilli* | *dormirsela*, dormire di gusto.

dor|mì|ta *s.f.* sonno ininterrotto, riposante.

dor|mi|tò|rio *s.m.* in collegi, caserme e sim., stanzone a più letti ♦ *agg.invar.* si dice di quartiere periferico con edifici addensati, povero di spazi verdi e servizi.

dor|mi|vé|glia *s.m.invar.* stato intermedio tra il sonno e la veglia.

dor|sà|le *agg.* 1 che riguarda il dorso | (*anat.*) *spina —*, colonna vertebrale | (*zool.*) *pinne dorsali*, quelle situate sul dorso dei pesci 2 (*anat.*) detto della parte posteriore o superiore di una zona del corpo: *si è fatto male a un muscolo —* 3 (*sport*) si dice di salto in alto effettuato superando l'asticella con il dorso ♦ *s.m.* 1 testata del letto 2 schienale di sedie e poltrone ♦ *s.f.* (*geog.*) catena montuosa: — *appenninica*.

dor|sì|sta *s.m./f.* [m.pl. *-i*] (*sport*) atleta specializzato in nuoto sul dorso.

dòr|so *s.m.* 1 la parte posteriore del corpo dell'uomo, situata fra la nuca e la regione lombare | (*estens.*) schiena 2 la parte superiore del corpo degli animali, situata fra le spalle e le reni 3 (*bot.*) faccia dorsale di un organo vegetale 4 la zona più elevata di un monte da cui iniziano gli opposti versanti 5 (*estens.*) parte posteriore o superiore di ql.co., per lo più di forma convessa: *il — di un cucchiaio* | *il — della mano*, la parte opposta al palmo 6 (*estens.*) la costola che congiunge i due piatti della copertina di un libro 7 (*aer.*) la superficie superiore di un'ala 8 (*sport*) stile di nuoto praticato sulla schiena, in cui le braccia si muovono a ritmo alternato e le gambe battono l'acqua come nello stile libero.

do|sàg|gio *s.m.* dosatura.

do|sà|re *v.tr.* [indic.pres. *io doso...*] 1 misurare la dose giusta o necessaria: — *il sale* | stabilire le dosi delle sostanze che devono costituire un composto: — *gli ingredienti di una torta* 2 (*fig.*) usare con parsimonia; soppesare, ponderare: — *le parole, le energie*.

do|sa|tó|re *agg.* che serve a dosare: *tappo —* ♦ *s.m.* 1 [f. *-trice*] chi dosa 2 contenitore graduato che consente il giusto dosaggio di una sostanza.

dò|se *s.f.* 1 quantità di sostanza necessaria per un dato uso | (*farm.*) quantità di medicinale necessaria per conseguire un determinato effetto | (*gerg.*) quantità di droga assunta in una volta da un tossicodipendente 2 (*anche fig.*) quantità; razione, porzione: *una buona —* | *di coraggio*.

do|si|me|trì|a *s.f.* (*fis.*) determinazione della quantità di radiazioni assorbite da un organismo.

do|sì|me|tro *s.m.* (*fis.*) apparecchio usato per la dosimetria.

dossier (*fr.*) [pr. *dossié*] *s.m.invar.* 1 pratica, fascicolo che raccoglie documenti relativi a uno stesso argomento, fatto o persona 2 (*estens.*) raccolta di dati e informazioni di pubblico interesse.

dòs|so *s.m.* 1 (*lett.*) dorso, schiena | *di —*, dalle spalle, dal corpo: *levarsi di — un vestito* | (*fig.*) *togliersi un peso di —*, liberarsi di una preoccupazione 2 cima, sommità | piccola altura 3 rialzo della strada che impedisce ai veicoli la visibilità.

do|tà|re *v.tr.* [indic.pres. *io doto...*] 1 fornire di dote 2 (*anche fig.*) corredare, provvedere di ql.co.; fornire: *hanno dotato l'esercito di nuove divise* ♦ **-rsi** *intr.pron.* fornirsi di ql.co.

do|tà|to *part.pass.* di dotare ♦ *agg.* 1 fornito: *il laboratorio è — di pochi strumenti* 2 ricco di doti, di qualità: *è un pianista molto —*.

do|ta|zió|ne *s.f.* 1 complesso di beni e mezzi finanziari assegnati a un ufficio, un ente e sim. affinché li utilizzi nello svolgimento delle sue attività 2 (*mil.*) materiale d'equipaggiamento assegnato ai reparti militari | — *di bordo*, l'insieme delle attrezzature di un aereo o di una nave.

dò|te *s.f.* 1 il complesso dei beni portati dalla sposa all'atto del matrimonio | (*fig.*) *cacciatore di —*, chi cerca una donna ricca da sposare 2 il complesso dei beni personali portati in convento da una novizia all'atto della monacazione 3 il complesso di beni assegnati a un ente, un istituto per l'espletamento delle sue attività; dotazione 4 (*fig.*) qualità di una persona; virtù.

dòt|to[1] *agg.* dotato di molta cultura in senso assoluto o specificatamente a determinati ambiti del sapere: *è una donna molto dotta* | *che rivela cultura: un libro —* ♦ *s.m.* [f. *-a*] persona dotta □ **dottamente** *avv.*

dòt|to[2] *s.m.* (*anat.*) condotto che consente il passaggio dei liquidi organici: — *epatico*.

-dòt|to secondo elemento di parole composte che significa "conduttura, condotto" (*acquedotto, viadotto*).

dot|to|rà|le *agg.* di, da dottore: *titolo —* | (*iron.*) tipico di chi si atteggia a persona dotta; saccente: *un tono —*.

dot|to|ràn|do *s.m.* [f. *-a*] laureato che frequenta un corso di dottorato di ricerca.

dot|to|rà|to *s.m.* grado, titolo di dottore conseguito con la laurea | — *di ricerca*, titolo accademico conseguito dopo la laurea.

dot|tó|re *s.m.* [f. *-essa*] 1 titolo spettante a chi consegue una laurea | *parlare come un —*, esibire un tono saccente | — *della Chiesa*, titolo attribuito dalla Chiesa ad alcuni scrittori di cose sacre per la loro santità e conformità ai dogmi 2 (*coll.*) medico curante.

dot|trì|na *s.f.* 1 insieme di cognizioni apprese con lo studio; cultura 2 l'insieme delle teorie su cui si basa un movimento filosofico, politico scientifico e sim. 3 complesso dei dogmi e dei principi su cui si basa la fede cristiana | catechismo 4 studio scientifico del diritto | insieme degli scritti che sono l'esito di tale studio.

dot|tri|nà|le *agg.* 1 relativo a una dottrina 2 che

dottrinario

ha lo scopo di insegnare: *commento* — **3** che ostenta erudizione: *un tono* —.
dot|tri|nà|rio *agg.*, *s.m.* [f. *-a*] detto di chi si attiene ai principi teorici senza tener conto della realtà.
double-face (*fr.*) [pr. *dublfàs*] *agg.*, *s.m.invar.* si dice di stoffa che ha due diritti, ognuno con un proprio colore e disegno | si dice di abito che può essere indossato da entrambe le parti perché rifinito all'interno come all'esterno.
dó|ve *avv.* **1** in quale luogo: — *abiti?* **2** nel luogo in cui: *appoggia tutto — ti capita* **3** il luogo in cui: *ti faccio vedere — ci siamo incontrati* **4** in cui: *il paese — sono nato* **5** dal luogo in cui: *da — abito vedo le montagne* ♦ *s.m.invar.* luogo.
do|vé|re[1] *v.tr.* [indic.pres. *io dèvo o dèbbo, tu dèvi, egli dève, noi dobbiamo, voi dovéte, essi dèvono o dèbbono*; pass.rem. *io dovéi o dovètti, tu dovésti...*; fut. *io dovrò...*; congiunt.pres. *io dèbba o dèva, noi dobbiamo, voi dobbiate, essi dèbbano o dèvano*; condiz.pres. *io dovrèi...*; manca l'imp.; come v. indipendente, si coniuga con l'aus. *A*; come v. servile, con l'aus. richiesto dal v. cui si accompagna] **1** avere l'obbligo: *devi comportarti bene* **2** avere bisogno, necessità; ritenere opportuno: *per stare bene, devo passeggiare* **3** avere la convenienza: *dovresti accettare il suo invito* **4** essere sul punto di fare ql.co.: *devo uscire fra pochi minuti* **5** essere necessario: *deve piovere, altrimenti secca tutto* | essere inevitabile: *tutti dobbiamo provare dolori* **6** essere possibile, probabile: *il cielo è scuro, dovrebbe piovere* | avere l'apparenza; sembrare: *dev'essere una persona simpatica* **7** essere debitore: *ti devo riconoscenza* **8** (*fig.*) derivare: *deve il suo soprannome ai capelli rossi* **9** in costruzioni passive o pron., avere origine, essere causato: *l'incendio è dovuto a un corto circuito* **10** in frasi interr., escl., enfatiche o ipotetiche, ha valore pleonastico: *ma perché devi sempre interrompere?*
do|vé|re[2] *s.m.* **1** obbligo imposto da una legge o da una norma morale: *ha il senso del —* **2** quello che è considerato giusto: *comportati secondo il —!* | *fare ql.co. a* —, farlo bene, nel modo giusto | *rivolgersi a chi di* —, affidarsi alla persona cui spetta la responsabilità di una questione.
do|ve|ró|so *agg.* **1** che è opportuno, necessario: *osservare un — silenzio* **2** che è di dovere; che è imposto dalla legge o da una norma morale: *è —* metterlo al corrente della situazione □ **doverosamente** *avv.*
do|vi|zia *s.f.* (*lett.*) ricchezza; grande abbondanza: *— di particolari.*
do|vi|zió|so *agg.* (*lett.*) **1** facoltoso, ricco **2** abbondante.
do|vùn|que *avv.* dappertutto, in qualsiasi luogo: *si trova —* ♦ *cong.* in qualsiasi luogo in cui: *ti seguirò — tu vada.*
do|vù|to *part.pass.* di dovere ♦ *agg.* **1** che si deve; obbligatorio: *lo stipendio —* **2** necessario, conveniente; *trattare la questione con la dovuta calma* **3** provocato, causato: *l'incidente è — alla nebbia* ♦ *s.m.* ciò che si deve: *ho pagato più del —.*

down (*ingl.*) [pr. *dàun*] *agg.*, *s.m.invar.* (*med.*) che, chi è affetto da sindrome di Down, malattia congenita che comporta difficoltà psichiche e motorie; mongoloide.
download (*ingl.*) [pr. *daunlòd*] *s.m.invar.* (*inform.*) trasferimento di informazioni fra sistemi collegati in rete.
doz|zi|na *s.f.* insieme di dodici elementi dello stesso genere: *una — di quaderni* | *a dozzine*, in grande quantità.
doz|zi|nà|le *agg.* di poco pregio; scadente: *merce —* | detto di persona, mediocre, grossolano.
Dra|cè|na *s.f.* genere di piante tropicali giganti, dalla cui corteccia si estrae una resina rossa usata come colorante.
dràc|ma *s.m.* → **dramma**[2].
dra|co|nià|no *agg.* **1** relativo a Dracone, legislatore ateniese famoso per la sua severità **2** (*fig.*, *lett.*) molto rigoroso, severo: *un provvedimento —.*
drà|ga *s.f.* macchina scavatrice usata per asportare sabbia e ghiaia da un fondo subacqueo | macchina scavatrice per terreni asciutti.
dra|gàg|gio *s.m.* **1** operazione del dragare | scavo effettuato con una draga **2** operazione di ricerca e distruzione di mine subacquee.
dra|ga|mi|ne *s.m.invar.* piccola nave militare attrezzata per il dragaggio di mine subacquee.
dra|gà|re *v.tr.* [indic.pres. *io drago, tu draghi...*] **1** scavare con la draga il fondo del mare, di un canale, di un fiume **2** recuperare dal fondo del mare o distruggere le mine subacquee.
drà|go *s.m.* [pl. *-ghi*] **1** animale fantastico simile a un enorme rettile alato che vomita fuoco dalle fauci **2** (*fig.*, *fam.*) persona dotata di qualità eccezionali, asso: *è un — in latino.*
dra|gon|cèl|lo *s.m.* pianta erbacea aromatica, con fiori riuniti in ampie pannocchie, usata in cucina e in profumeria.
dra|gó|na *s.f.* doppia striscia di cuoio o di cordoncino fissata all'elsa della sciabola per infilarvi il polso.
dra|gó|ne[1] *s.m.* **1** mostro fantastico; drago **2** (*mil.*) soldato di un corpo di cavalleria.
dra|gó|ne[2] *s.m.* imbarcazione a vela da diporto o per regate con chiglia fissa e scafo tondo.
dràm|ma[1] *s.m.* [pl. *-i*] **1** qualunque componimento in versi o in prosa che è destinato alla rappresentazione scenica | **— sacro**, quello di carattere religioso | **— musicale**, melodramma **2** componimento teatrale moderno che rappresenta spec. situazioni drammatiche o problematiche esistenziali **3** tensione drammatica, forza **4** (*estens.*, *anche iperb.*) fatto triste e doloroso: *— della gelosia; avere a che fare con voi è un —.*
dràm|ma[2] o **dràcma** *s.f.* **1** moneta d'argento dell'antica Grecia | unità monetaria della Grecia odierna **2** antica misura di peso, equivalente all'ottava parte di un'oncia.
dram|ma|ti|ci|tà *s.f.* **1** caratteristica di ciò che è drammatico **2** forza drammatica: *la — di un dipinto.*
dram|mà|ti|co *agg.* [m.pl. *-ci*] **1** proprio del

dramma: *arte drammatica* | che scrive o rappresenta un dramma: *attore* — | *compagnia drammatica*, compagnia teatrale 2 (*estens.*) che ha la tragicità di un dramma: *una situazione drammatica* □ **drammaticamente** *avv.*
dram|ma|tiz|zà|re *v.tr.* 1 rendere adatto alla rappresentazione scenica: — *un racconto* 2 (*estens., anche assol.*) esagerare la gravità di un evento: — *un piccolo malessere*; *non* —!
dram|ma|tiz|za|zió|ne *s.f.* 1 rappresentazione in forma scenica di un testo scritto o di un evento realmente accaduto 2 (*fig.*) esasperazione della negatività.
dram|ma|tur|gì|a *s.f.* 1 arte e tecnica di scrivere drammi 2 (*lett., teat.*) genere drammatico.
dram|ma|tùr|gi|co *agg.* [m.pl. *-ci*] che si riferisce alla drammaturgia.
dram|ma|tùr|go *s.m.* [f. *-a*; m.pl. *-ghi*] scrittore di drammi.
drap|peg|già|re *v.tr.* [indic.pres. *io drappéggio*...] 1 disporre un tessuto in modo che cada con pieghe armoniose 2 ornare con drappeggi: — *un altare* ♦ **-rsi** *rifl.* avvolgersi, ornarsi con drappeggi.
drap|pég|gio *s.m.* 1 tessuto sistemato in ampie pieghe che ricadono armoniosamente 2 insieme di pieghe ampie e ricadenti che ornano un abito femminile.
drap|pèl|lo *s.m.* 1 piccolo gruppo di soldati uniti sotto la stessa insegna 2 (*estens.*) gruppetto di persone: *un* — *di gitanti*.
drap|pe|rì|a *s.f.* insieme di stoffe, di drappi | magazzino, fabbrica di drappi e di tessuti.
dràp|po *s.m.* tessuto pregiato spec. in seta per abiti di lusso, paramenti, tendaggi, tappezzerie.
drà|sti|co *agg.* [m.pl. *-ci*] energico e deciso: *una drastica punizione* □ **drasticamente** *avv.*
dre|nàg|gio *s.m.* 1 metodo di prosciugamento di terreni acquitrinosi per mezzo di tubi che convogliano le acque in bacini di raccolta 2 (*med.*) eliminazione di secrezioni da cavità naturali o ferite 3 (*fin.*) — *fiscale*, aumento del prelievo tributario su redditi per effetto dell'inflazione.
dre|nà|re *v.tr.* [indic.pres. *io dreno*...] 1 bonificare un terreno 2 (*med.*) liberare una cavità organica da un liquido 3 (*fin.*) effettuare un drenaggio di capitali.
dressage (*fr.*) [pr. *dresàj*] *s.m.invar.* 1 gara di equitazione con esecuzione di figure di alta scuola 2 addestramento di animali, spec. cavalli e cani.
drì|a|de *s.f.* 1 (*mit.*) ninfa dei boschi 2 pianta erbacea perenne con piccoli fiori bianchi.
drib|blà|re *v.tr.* [indic.pres. *io dribblo*...] 1 (*sport*) nel calcio, scartare un avversario effettuando un dribbling 2 (*fig.*) aggirare, evitare ql.co. di spiacevole: — *una domanda*.
dribbling (*ingl.*) [pr. *driblin*] *s.m.invar.* (*sport*) nel calcio, serie di finte e rapidi tocchi di piede che il giocatore esegue, conservando il possesso della palla, per scartare l'avversario.
drink (*ingl.*) *s.m.invar.* bibita spec. alcolica |

(*estens.*) ricevimento, festicciola in cui si servono bevande alcoliche: *ci ha invitato per un* —.
dripping (*ingl.*) [pr. *drìpin*] *s.m.invar.* tecnica pittorica consistente nel far gocciolare i colori sulla tela.
drìt|ta *s.f.* 1 (*gerg.*) suggerimento utile e riservato; spiata 2 (*mar.*) il fianco destro di un'imbarcazione guardando verso la prua.
drìt|to *agg.* diritto, rettilineo ♦ *avv.* difilato, diritto: *deve proseguire sempre* — ♦ *s.m.* [f. *-a*] (*fam.*) persona furba, priva di scrupoli: *è un* —!
drive (*ingl.*) [pr. *dràiv*] *s.m.invar.* (*inform.*) dispositivo per la registrazione e la lettura di dati su nastro magnetico o disco.
drive-in (*ingl.*) [pr. *draivìn*] *s.m.invar.* locale pubblico all'aperto dove i clienti possono accedere ai servizi offerti rimanendo entro il loro autoveicolo.
driver (*ingl.*) [pr. *dràiver*] *s.m.invar.* 1 chi conduce il cavallo nelle corse al trotto 2 (*elettr.*) insieme dei programmi utilizzati per la gestione di un'unità periferica.
drìz|za *s.f.* (*mar.*) cavo che serve a issare pennoni, antenne e vele.
drìz|zà|re *v.tr.* 1 rendere dritto; raddrizzare ql.co. che è storto: — *un tubo* | (*fig.*) — *le orecchie*, ascoltare con attenzione 2 (*anche fig.*) dirigere verso una meta; rivolgere: — *lo sguardo al cielo* 3 erigere ♦ **-rsi** *rifl., intr.pron.* alzarsi: — *in piedi* | rizzarsi: *mi si drizzano i capelli in testa*.
drò|ga *s.f.* 1 sostanza vegetale usata per aromatizzare i cibi; spezia 2 (*farm.*) sostanza naturale con azione terapeutica 3 sostanza naturale o sintetica con proprietà stupefacenti, eccitanti o allucinogene | *droghe pesanti* (p.e. cocaina, eroina), quelle che provocano assuefazione e gravi alterazioni dello stato psicofisico | *droghe leggere* (p.e. marijuana, hashish), quelle che provocano effetti meno gravi di quelle pesanti | (*estens.*) il fenomeno legato alla vendita di tali sostanze: *la diffusione della* — 4 (*fig.*) abitudine o vizio a cui non si riesce a rinunciare: *il fumo è la sua* —.
dro|gàg|gio *s.m.* 1 uso o somministrazione di droghe in ambito sportivo; doping 2 (*fis.*) aggiunta di impurezze in un semiconduttore per alterarne le caratteristiche elettriche.
dro|gà|re *v.tr.* [indic.pres. *io drogo, tu droghi*...] 1 aggiungere spezie ai cibi per aromatizzarli 2 somministrare droghe 3 (*fig.*) eccitare, stordire: *la televisione lo droga* 4 (*econ.*) alterare dati, prezzi attribuendo loro un valore superiore a quello reale ♦ **-rsi** *rifl.* assumere droga.
dro|gà|to *part.pass.* di drogare ♦ *agg., s.m.* [f. *-a*] che, chi assume abitualmente droga; tossicodipendente.
dro|ghe|rì|a *s.f.* negozio in cui si vendono spezie, alimentari e prodotti di uso domestico.
dro|ghiè|re *s.m.* [f. *-a*] esercente di una drogheria.
dro|me|dà|rio *s.m.* ruminante simile al cammello, ma con una sola gobba; fornisce latte, carne e lana.

-dro|mo secondo elemento di parole composte che significa "luogo dove si effettuano corse" (*autodromo*).
drop (*ingl.*) *s.m.invar.* **1** caramella dura, a base di frutta, non incartata **2** (*sport*) nel rugby, calcio di rimbalzo con cui si manda la palla sopra la traversa della porta.
dro|sè|ra *s.f.* pianta carnivora con foglie ricoperte di peli vischiosi per catturare gli insetti.
drugstore (*ingl.*) [pr. *dràgstor*] *s.m.invar.* emporio dove si vendono articoli di vario tipo (p.e. bigiotteria, riviste, generi alimentari).
drù|i|da o **drùido** *s.m.* [pl. *-i*] sacerdote dell'antica popolazione celtica.
drù|pa *s.f.* frutto con la parte esterna sottile, la parte media carnosa e quella interna, contenente il seme, legnosa (p.e. la pesca).
drù|so *s.m.* [f. *-a*] membro di una comunità etnico-religiosa, nata in Egitto nel sec. XI e poi diffusasi in Siria, Libano e Israele, che professa una religione esoterica islamica.
dry (*ingl.*) [pr. *dràj*] *agg.invar.* detto di alcolici, secco, asciutto.
dual band (*ingl.*) [pr. *dùal bènd*] *loc.agg.invar.* nella telefonia cellulare, detto di apparecchio che comunica su due bande di frequenza.
du|a|le *agg.*,*s.m.* (*ling.*) si dice di numero di forme grammaticali, diverso dal singolare e dal plurale, che indica l'insieme di due persone o cose; è presente in alcune lingue antiche, come il greco e il sanscrito.
dua|li|smo *s.m.* **1** concezione filosofica o religiosa che consideri la realtà come dipendente da due principi opposti e irriducibili (p.e. bene e male) **2** (*fig.*) antagonismo, contrasto.
dua|li|sti|co *agg.* [m.pl. *-ci*] **1** (*filos.*) che si riferisce al dualismo **2** che crea o riflette una dualità.
dùb|bio *agg.* **1** che non è possibile definire con precisione; incerto, insicuro: *una notizia dubbia* **2** che dà adito a diffidenza; ambiguo: *persona di dubbia moralità* **3** che non dà prospettive favorevoli: *un futuro —* ♦ *s.m.* **1** condizione di incertezza; perplessità: *lasciare, rimanere nel —*| *senza —*, *senza ombra di —*, sicuramente | *non c'è —*, è *fuor di —*, è sicuro, è certo | *mettere in —*, esprimere la propria incertezza su ql.co. | *essere in —*, detto di cosa, essere in bilico, lasciar luogo a titubanze **2** sospetto, presentimento: *ho il — che abbia mentito* **3** cosa oscura, controversa; dilemma: *chiariscimi un —*.
dub|bió|so *agg.* **1** che è in dubbio **2** che rivela dubbio: *espressione dubbiosa* **3** che provoca incertezza: *il risultato delle analisi è —* ♦ *s.m.* [f. *-a*] persona piena di dubbi □ **dubbiosamente** *avv.*
du|bi|tà|re *v.intr.* [indic.pres. *io dùbito...*; aus. *A*] **1** essere in una situazione di dubbio | mettere in dubbio, diffidare: *perché dubiti sempre dei tuoi amici?* **2** non ritenere probabile: *dubito di poter venire* **3** temere: *non —, ci sarò*.
du|bi|ta|ti|vo *agg.* **1** che manifesta dubbio: *tono —* **2** (*ling.*) si dice di parte del discorso che esprime dubbio: *avverbio —*.

dù|ca *s.m.* [pl. *-chi*] titolo nobiliare superiore a marchese e inferiore a principe | chi detiene tale titolo.
du|cà|le *agg.* **1** del duca **2** del doge: *palazzo —*.
du|cà|to[1] *s.m.* **1** dignità, titolo di duca **2** territorio soggetto all'autorità di un duca.
du|cà|to[2] *s.m.* moneta d'oro o d'argento coniata a Venezia | moneta coniata in vari stati italiani.
dù|ce *s.m.* **1** (*lett.*) condottiero, capo **2** titolo dato a B. Mussolini (1883-1945) come capo del fascismo **3** (*estens.*) persona che si comporta in modo autoritario.
du|chés|sa *s.f.* **1** sovrana di un ducato **2** moglie o figlia di un duca.
dù|e *agg.num.card.invar.* **1** che equivale a un'unità più uno **2** (*estens.*) indica una piccola quantità; pochi: *vado a fare — passi* | *a — passi*, vicinissimo ♦ *s.m.invar.* il numero naturale che equivale a un'unità più uno | il simbolo che rappresenta tale numero.
due|cen|té|sco *agg.* [m.pl. *-schi*] del Duecento.
due|cen|ti|sta *s.m./f.* artista del Duecento | studioso della cultura del Duecento.
due|cèn|to *agg.num.card.invar.* che equivale a due volte cento unità ♦ *s.m.invar.* il numero naturale che equivale a due centinaia | il simbolo che rappresenta tale numero | *il Duecento*, il secolo XIII.
due|cen|to|me|tri|sta *s.m./f.* [pl. *-i*] atleta che disputa gare di corsa o nuoto sulla distanza dei duecento metri.
duel|làn|te *part.pres. di* duellare ♦ *s.m./f.* chi combatte in duello | (*estens.*) avversario, sfidante.
duel|là|re *v.intr.* [indic.pres. *io duello...*; aus. *A*] **1** affrontarsi in duello **2** lottare in un incontro sportivo | (*fig.*) polemizzare.
du|èl|lo *s.m.* **1** secondo le norme cavalleresche, combattimento tra due contendenti ad armi pari: *sfidarsi a —* **2** (*fig.*) lotta, contesa accanita: *il — tra i due concorrenti si è risolto con la vittoria del favorito*.
due|mì|la *agg.num.card.invar.* che equivale a due volte mille unità ♦ *s.m.invar.* il numero naturale che equivale a due migliaia | il simbolo che rappresenta tale numero.
due|pèz|zi o **dùe pèzzi** *s.m.invar.* **1** costume da bagno femminile, costituito di reggiseno e mutandine; bikini **2** abito femminile formato da gonna e giacca.
du|èt|to *s.m.* **1** (*mus.*) composizione strumentale o vocale a due parti **2** (*fam.*, *scherz.*) vivace scambio di battute fra due persone | coppia di individui ben assortiti.
dul|ca|mà|ra *s.f.* pianta erbacea strisciante o rampicante dalle proprietà depurative, con fiori violacei e frutti a bacca.
dù|ma *s.f.* (*st.*) assemblea rappresentativa russa, dotata di poteri legislativi; è stata operante fino al 1917 | oggi, camera bassa del Parlamento della Russia.
dumping (*ingl.*) [pr. *dàmpin*] *s.m.invar.* (*econ.*) vendita all'estero di un bene a prezzo inferiore

a quello praticato sul mercato interno, allo scopo di conquistare un mercato straniero.
dù|na *s.f.* instabile rilievo sabbioso formato dal vento sulle spiagge o nei deserti.
dùn|que *cong.* 1 [con valore conclusivo] perciò, quindi: *hai mentito, — sarai punito* 2 [con valore raff. in interr., escl., esortazioni] allora: *su —, deciditi!* 3 [a conclusione o inizio di discorso] quindi, allora: *—, stavamo dicendo* ♦ *s.m.invar.* momento o argomento decisivo: *venire al —*.
dù|o *s.m.invar.* 1 (*mus.*) duetto spec. strumentale 2 coppia di artisti che si esibiscono insieme | (*estens.*) coppia di persone inseparabili.
dù|o- primo elemento di parole composte che significa "due", "doppio" (*duopolio*).
duo|dè|ci|mo *agg.num.ord.* (*lett.*) dodicesimo.
duo|de|nà|le *agg.* che riguarda il duodeno: *ulcera —*.
duo|de|ni|te *s.f.* (*med.*) infiammazione del duodeno.
duo|dè|no *s.m.* (*anat.*) il primo tratto dell'intestino tenue, situato fra stomaco e digiuno.
duò|mo[1] *s.m.* la chiesa principale di una città | cattedrale.
duò|mo[2] *s.m.* (*mecc.*) la parte a forma di cupola di una caldaia in cui si raccoglie il vapore saturo.
duo|pò|lio *s.m.* (*econ.*) mercato caratterizzato dalla presenza di due soli venditori di un bene o di un servizio.
du|pli|cà|re *v.tr.* [indic.pres.*io dùplico, tu dùplichi...*] 1 (*raro*) raddoppiare 2 riprodurre in una o più copie; effettuare un duplicato di ql.co.: *— una pagina*.
du|pli|cà|to *part.pass. di* duplicare ♦ *agg.* (*raro*) raddoppiato ♦ *s.m.* copia di un documento che sostituisce l'originale | (*estens.*) copia.
du|pli|ca|tó|re *s.m.* apparecchio che riproduce copie da un testo originale.
du|pli|ca|zió|ne *s.f.* azione del duplicare.
dù|pli|ce *agg.* 1 che si costituisce di due parti; doppio: *un documento in — copia* 2 che presenta due aspetti diversi: *un — problema* | che si svolge tra due parti: *una — intesa.*
du|pli|ci|tà *s.f.* qualità di ciò che è duplice.
du|rà|ci|no *agg.* si dice di una varietà di pesche e di ciliegie con polpa soda e attaccata al nocciolo.
du|ral|lu|mì|nio® *s.m.* lega metallica leggera e molto resistente composta da alluminio, rame, magnesio, manganese e silicio.
du|ra|mà|dre o **dùra màdre** *s.f.* (*anat.*) la più esterna delle tre meningi, composta da una membrana fibrosa.
du|rà|me *s.m.* la parte interna del legno degli alberi, più compatta, scura, vecchia della parte esterna; alburno.
du|ràn|te *part.pres. di* durare ♦ *agg. solo nella loc.* **vita natural** *—*, per tutto il corso della vita ♦ *prep.* nel corso di, mentre si svolge ql.co.: *ho fatto le foto — la gita* ♦ *s.m.invar.* (*econ.*) operazione che si esegue tra l'apertura e la chiusura di una seduta di borsa.

du|rà|re *v.intr.* [aus. *E* o *A*] 1 protrarsi per un certo tempo: *una relazione che dura da anni* 2 mantenersi; conservarsi: *quanto dura il latte fuori dal frigorifero?* 3 bastare, essere sufficiente 4 restare in vita: *non credo che durerà molto*.
du|rà|ta *s.f.* il tempo in cui ql.co. si svolge: *la — del film | di lunga, di breve —*, che dura a lungo, poco.
du|ra|tù|ro *agg.* che dura; destinato a durare; durevole: *legame —*.
du|ré|vo|le *agg.* che può durare per molto tempo; duraturo.
du|re|vo|léz|za *s.f.* caratteristica di ciò che è durevole | proprietà dei materiali che non si deteriorano facilmente.
du|réz|za *s.f.* 1 consistenza, solidità | resistenza di un materiale alla scalfittura o alla penetrazione 2 (*chim.*) la quantità di sali di calcio e magnesio che sono presenti nell'acqua 3 (*fig.*) rigidezza, asprezza: *mi ha trattato con —*.
dù|ro *agg.* 1 che si scalfisce difficilmente; resistente alla pressione: *l'acciaio è un materiale —* 2 (*fig.*) che non cede facilmente; ostinato: *non riesco a convincerlo, è un tipo —* | rigido, severo: *è — coi figli* | **un osso —**, persona con cui è difficile trattare | **— di testa, di comprendonio**, ottuso nel capire | **— di cuore**, insensibile | **— d'orecchi**, un po' sordo | **avere la pelle dura**, essere resistente fisicamente o moralmente 3 (*fig.*) gravoso, difficile: *ha avuto una vita dura* | detto di tempo, inclemente, rigido: *un inverno —* 4 (*fig.*) detto di lineamenti e contorni, privo di delicatezza; marcato: *viso —* 5 (*chim.*) detto di acqua ricca di sali di calcio e di magnesio ♦ *avv.* 1 intensamente: *lavorare —* | **tenere —**, resistere, perseverare 2 con asprezza, severamente: *parlare —* ♦ *s.m.* 1 [*-a*] persona che non si piega di fronte alle difficoltà: *il direttore è un —* | persona insensibile e spietata: *fare il —* 2 cosa rigida: *dormire sul —* | (*fig.*) cosa spiacevole, difficoltà: *il — verrà ora* □
du|ra|mén|te *avv.* con durezza, severità.
du|ró|ne *s.m.* callo ai piedi o alle mani.
dùt|ti|le *agg.* 1 detto spec. di metallo, che si può deformare e ridurre in fili sottili: *l'oro è un metallo —* 2 (*fig.*) che si adatta con facilità: *carattere —* | versatile: *mente —*.
dut|ti|li|tà *s.f.* 1 malleabilità di un metallo 2 (*fig.*) adattabilità: *dimostra poca —* | versatilità.
duty-free (*ingl.*) [pr. *diutifrì*] *loc.agg.invar.* che è esente da tasse doganali.
duty-free shop (*ingl.*) [pr. *diutifrì sciòp*] *loc. sost.m.invar.* spec. in aeroporti, navi e sim, negozio che vende merci esenti da tasse doganali.
du|um|vi|rà|to *s.m.* (*st.*) nell'antica Roma, dignità e ufficio del duumviro | la durata di tale ufficio.
du|ùm|vi|ro *s.m.* (*st.*) nell'antica Roma, ciascuno dei due magistrati che esercitavano insieme una funzione.
DVD (*ingl.*) *s.m.invar., agg. invar.* (*inform.*) detto di disco laser di elevatissima capienza, usato spec. per la lettura di film: *lettore —*.

Ee

e[1] *s.f./m.invar.* quinta lettera dell'alfabeto; quando è tonica può avere pronuncia semichiusa (*perché*) o semiaperta (*caffè*), quando è atona è sempre semichiusa (*fiume*) | — *come Empoli*, nella compitazione, spec. telefonica, delle parole.
e[2] *cong.* [nello scritto si usa *ed* davanti a parola che comincia per *e*-] **1** coordina elementi della stessa natura grammaticale o proposizioni dello stesso tipo: *noi — voi*; *il gatto — la volpe*; *ci videro — ci vennero incontro* | (*raff.*) *mesi — mesi*; *corri — corri, siamo arrivati in tempo*; *tutt'— due*; *bell'— finito* **2** in principio di frase ha valore esortativo o enfatico: *— piantala!* **3** (*con valore avversativo*) ma: *lo sapeva — non mi ha detto niente*.
e- *pref.* → **es-**.
eau de toilette (*fr.*) [pr. *o de tualèt*] *loc.sost.f. invar.* liquido profumato per uso cosmetico.
e|ba|ni|sta *s.m./f.* [m.pl. *-i*] artigiano specializzato nella lavorazione dell'ebano e dei legni di pregio.
e|ba|ni|ste|ri|a *s.f.* **1** arte della lavorazione dell'ebano e dei legni pregiati in genere **2** laboratorio dell'ebanista.
e|ba|ni|te *s.f.* sostanza dura, di colore scuro, ottenuta tramite vulcanizzazione del caucciù e utilizzata spec. come isolante.
è|ba|no *s.m.* **1** albero delle Ebenacee diffuso spec. in India e Malesia | (*estens.*) il legno nero, duro e molto pregiato, che se ne ricava **2** (*estens.*) colore nero intenso: *capelli d'—*.
eb|bè|ne *cong.* **1** (con valore deduttivo e conclusivo) dunque: *— sì, sono stato io* **2** [nelle prop.interr. sollecita una risposta] e allora, e dunque: *—, cosa ne pensi?*
eb|brèz|za *s.f.* **1** stato euforico o confusionale prodotto da abuso di alcolici o di sostanze eccitanti: *guida in stato d'—* **2** (*estens.*) esaltazione, eccitazione legata spec. a sensazioni forti.
èb|bro *agg.* (*lett.*) **1** ubriaco **2** (*estens.*) esaltato, eccitato: *— di gioia*.
e|be|fre|ni|a *s.f.* (*psicol.*) forma di schizofrenia tipica dell'adolescenza.
E|be|nà|ce|e *s.f.pl.* famiglia di piante dicotiledoni dell'area indo-malese, dal legno pesante e duro; ne fanno parte l'ebano e il cachi.
è|be|te *agg.*, *s.m./f.* che, chi è ottuso, mentalmente debole; idiota, deficiente: *avere un'aria —*.
e|be|tì|smo *s.m.* idiozia.
e|bol|li|zió|ne *s.f.* **1** passaggio di un liquido allo stato aeriforme per effetto del calore, con formazione di bolle gassose | ***punto di*** *—*, temperatura in cui avviene tale passaggio **2** (*fig.*) eccitazione, inquietudine.
e-book (*ingl.*) [pr. *ibùk*] *s.m.invar.* libro elettronico, realizzato e diffuso sotto forma di testo informatico.
e|bràì|co *agg.* [m.pl. *-ci*] relativo agli ebrei: *popolo —* ♦ *s.m.* lingua semitica parlata dagli ebrei.
e|braì|smo *s.m.* **1** il complesso delle tradizioni religiose e culturali degli ebrei **2** (*ling.*) vocabolo o espressione ebraica entrati in un'altra lingua.
e|braì|sta *s.m./f.* [m.pl. *-i*] studioso della lingua e della cultura ebraica.
e|brè|o *agg.*, *s.m.* [f. *-a*] **1** che, chi appartiene al popolo semitico stanziatosi anticamente in Palestina e poi disperso in varie parti del mondo **2** (*spreg.*) avaro.
e|brie|tà *s.f.* (*lett.*) ebbrezza.
e|bùr|ne|o *agg.* (*lett.*) **1** di avorio **2** di colore bianco intenso: *pelle eburnea*.
e-business (*ingl.*) [pr. *ibìsness*] *s.m. invar.* (*econ.*) il complesso di attività commerciali ed economiche che si svolgono via Internet.
e|ca|tóm|be *s.f.* **1** nella Grecia antica, sacrificio di cento buoi agli dei | (*estens.*) grande sacrificio rituale **2** (*fig.*) massacro, strage.
ec|ce|dèn|te *part.pres.* di *eccedere* ♦ *agg.* **1** che oltrepassa un dato limite **2** che avanza: *quantità —* ♦ *s.m.* ciò che avanza.
ec|ce|dèn|za *s.f.* **1** il superamento di una misura: *— di prezzo* **2** la quantità che supera una data misura; avanzo: *un' — di quasi dieci chili*.
ec|cè|de|re *v.tr.* [indic.pres. *io eccèdo...*; pass.rem. *io eccedéi* o *eccedètti*, *tu eccedésti...*; part.pass. *ecceduto*] superare un dato limite; oltrepassare: *è ql.co. che eccede le mie capacità* ♦ *intr.* [aus. *A*] superare il limite della convenienza o della normalità; esagerare: *— nelle spese*.
èc|ce hò|mo (*lat.*) *loc.sost.m.invar.* dipinto o scultura raffigurante Cristo flagellato e coronato di spine.
ec|cel|lèn|te *part.pres.* di *eccellere* ♦ *agg.* che spicca sugli altri per qualità, meriti, prestigio; ottimo, egregio: *un — avvocato*; *un pranzo —* □ **eccellentemente** *avv.*
ec|cel|lèn|za *s.f.* **1** qualità superiore: *— d'ingegno* | altissimo livello, perfezione: *un'opera che raggiunge l' —* | ***per*** *—*, per antonomasia **2** titolo onorifico, oggi spec. dei vescovi cattolici.
ec|cèl|le|re *v.intr.* [indic.pres. *io eccèllo...*; pass.rem. *io eccèlsi*, *tu eccellésti...*; rari i tempi composti] distinguersi dagli altri o in un determinato campo per qualità, opere, prestigio; pri-

meggiare: — *tra i concorrenti;* — *nella matematica.*
ec|cèl|so *part.pass. di eccellere* ♦ *agg.* **1** (*lett.*) altissimo: *un monte* — **2** (*fig.*) di dignità o meriti altissimi; sommo | eccellente ♦ *s.m.* (*lett.*) Dio: *l'Eccelso.*
ec|cen|tri|ci|tà *s.f.* **1** lontananza dal centro **2** (*fig.*) originalità | bizzarria, stravaganza: — *di comportamento.*
ec|cèn|tri|co *agg.* [m.pl. *-ci*] **1** (*geom.*) che ha diverso centro, detto di due cerchi l'uno contenuto nell'altro **2** (*estens.*) lontano dal centro, decentrato: *quartiere* — **3** (*fig.*) originale o bizzarro rispetto agli usi e al pensare comuni: *un personaggio* — ♦ *s.m.* [f. *-a*] persona originale, stravagante □ **eccentricamente** *avv.*
ec|ce|pi|bi|le *agg.* che può essere messo in discussione o criticato.
ec|ce|pi|re *v.tr.* [indic.pres. *io eccepisco, tu eccepisci...*] sollevare obiezioni o critiche: *si potrebbe* — *che...*
ec|ces|si|vi|tà *s.f.* carattere di ciò che oltrepassa i limiti; esagerazione.
ec|ces|si|vo *agg.* che oltrepassa un dato limite o la giusta misura: *prezzo* — □ **eccessivamente** *avv.*
ec|cès|so *s.m.* **1** superamento del limite normale o consentito; esagerazione: — *di severità;* — *di velocità* | eccedenza | *in* —, in abbondanza, oltre il necessario | *per* —, di approssimazione fatta in un valore superiore rispetto a quello reale del numero o della misura da determinare | *all'* —, al massimo grado **2** atto, sentimento fuori misura, smodato: *abbandonarsi agli accessi.*
ec|cè|te|ra *avv.* [si usa al termine di un'elencazione, un discorso e sim. per sostituire quello che si ritiene superfluo] e così via, e tutto il resto (*abbr.* ecc. *o* etc.).
ec|cèt|to *prep.* tranne, a parte: *ho passato tutti gli esami,* — *quello di inglese* ♦ *nella loc.cong.* **eccetto che**, a meno che: *andremo in montagna,* — *che non si metta a piovere.*
ec|cet|tuà|re *v.tr.* [indic.pres. *io eccèttuo...*] non includere; escludere da un dato insieme: *eccettuato quell'errore, è un ottimo lavoro.*
ec|cet|tua|ti|vo *agg.* che introduce un'eccezione | (*gramm.*) *proposizioni eccettuative,* indicano una circostanza che condiziona il verificarsi di quanto espresso nella reggente (p.e. *a meno che non si dia fastidio, accenderei la radio*).
ec|ce|zio|nà|le *agg.* **1** che costituisce un'eccezione; fuori dal comune: *un avvenimento* — | *in via (del tutto)* —, in via straordinaria **2** (*estens.*) straordinario, eccellente: *un pianista* — □ **eccezionalmente** *avv.*
ec|ce|zio|na|li|tà *s.f.* caratteristica di ciò che è eccezionale.
ec|ce|zió|ne *s.f.* **1** cosa o fatto che non rientra nella norma | deroga a una norma | *fare un'* —, fare una concessione rispetto a una norma | *a* — *di,* a parte, fuorché **2** critica, obiezione, osservazione: *opporre un'* — **3** (*gramm.*) aspetto della lingua che non corrisponde alla regola.

ec|chì|mo|si *o* **ecchimòsi** *s.f.* (*med.*) piccola emorragia nel tessuto sottocutaneo causata da un trauma.
ec|cì *o* **etcì** *inter.* espressione che imita lo starnuto.
ec|ci|dio *s.m.* (*lett.*) strage, massacro.
ec|ci|pièn|te *agg., s.m.* (*farm.*) detto di sostanza inerte usata per dare consistenza ai medicinali e renderne più facile la somministrazione.
ec|ci|tà|bi|le *agg.* che si eccita facilmente; emotivo: *una personalità* —.
ec|ci|ta|bi|li|tà *s.f.* tendenza a eccitarsi facilmente; emotività.
ec|ci|ta|mén|to *s.m.* **1** l'atto di provocare eccitazione **2** stato di eccitazione.
ec|ci|tàn|te *part.pres. di* eccitare ♦ *agg.* che provoca eccitazione ♦ *s.m.* sostanza che stimola il sistema nervoso.
ec|ci|tà|re *v.tr.* [indic.pres. *io èccito...*] **1** suscitare, stimolare ql.co.: — *i desideri, la rabbia* **2** trasmettere agitazione in qlcu.: — *il pubblico* | provocare desiderio sessuale ♦ **-rsi** *intr.pron.* **1** agitarsi **2** essere presi dal desiderio sessuale.
ec|ci|ta|zió|ne *s.f.* **1** l'atto di eccitare **2** condizione di ciò che è eccitato; agitazione, fermento: *l'* — *della folla* **3** (*fis.*) acquisto di energia da parte di un atomo o di una molecola, che passano così a uno stato di instabilità.
ec|cle|sià|le *agg.* che riguarda la Chiesa, intesa spec. come comunità di fedeli: *lo spirito* —.
ec|cle|sià|sti|co *agg.* [m.pl. *-ci*] relativo alla Chiesa o al clero: *gerarchia ecclesiastica* ♦ *s.m.* sacerdote, religioso.
ec|cle|sio|lo|gìa *s.f.* nella teologia cristiana, la dottrina lo studio della natura della Chiesa.
èc|co *avv.* **1** si usa per segnalare la comparsa di qlcu. o ql.co., l'inizio di ql.co.: — *Giovanni, il nostro bus;* —, *inizia il film* | *quand'* —, quando improvvisamente | *eccomi, eccoci,* sono, siamo qui; ci sono, ci siamo **2** introduce le conclusioni di un discorso, di una spiegazione: *non ero in casa,* — *perché non mi hai trovato* **3** seguito da *part. pass.* indica un'azione già compiuta: — *fatto* ♦ *inter.* (*fam.*) conferisce enfasi alla frase che segue: —, *lo sapevo!*
ec|có|me *avv., inter.* senza dubbio, assolutamente sì: — *se lo so!; "Ti è piaciuto?" "Eccome!".*
ec|dè|mi|co *agg.* [m.pl. *-ci*] (*med.*) di malattia che non dipende da fattori ambientali e non è, quindi, stabilmente presente in una data regione.
e|cheg|gia|mén|to *s.m.* prolungata risonanza.
e|cheg|già|re *v.intr.* [indic.pres. *io echéggio...*; aus. *A e E*] produrre l'eco; risuonare: *improvvisamente echeggiò un'esplosione* ♦ *tr.* (*fig.*) imitare, ripetere le parole o i gesti di ql.cu.
e|chìd|na *s.m.* mammifero dei Monotremi con muso sottile simile a un becco, corpo ricoperto di aculei e zampe dotate di unghie robuste atte allo scavo; vive in Australia e Tasmania.
e|chì|no *s.m.* **1** (*zool.*) riccio di mare **2** (*arch.*) nei capitelli dorico e ionico, elemento posto sotto to l'abaco.

e|chi|no- (*scient.*) primo elemento di parole composte che significa "riccio" o "spinoso" (*echinodermi*).
e|chi|no|còc|co *s.m.* [pl. *-chi*] verme dei Platelminti che parassita l'intestino del cane e, da questi, può trasmettersi all'uomo.
E|chi|no|dèr|mi *s.m.pl.* invertebrati marini dotati di dermascheletro calcareo; ne fanno parte il riccio di mare, la stella marina e l'oloturia.
e|cla|tàn|te *agg.* che risulta del tutto chiaro; evidente | clamoroso, stupefacente: *errore, risultato —*.
e|clet|ti|ci|tà *s.f.* versatilità.
e|clèt|ti|co *agg.*, *s.m.* [m.pl. *-ci*] **1** che, chi opera con abilità in contesti e attività diversi **2** che, chi tende a utilizzare e combinare insieme teorie e dottrine differenti □ **ecletticamente** *avv.*
e|clet|ti|smo *s.m.* **1** dottrina filosofica ellenistica che puntava a conciliare tra loro diverse scuole di pensiero **2** (*estens.*) tendenza a non seguire un unico metodo o una sola dottrina, ma a fonderne diversi.
e|clis|sà|re *v.tr.* **1** rendere invisibile un corpo celeste: *il sole fu eclissato dal disco lunare* **2** (*estens.*) offuscare con una luce più forte una fonte luminosa meno intensa: *le luci della città eclissano le stelle* **3** (*fig.*) superare di gran lunga; far scomparire nel confronto: *le sue opere eclissavano quelle di tutti gli altri* ♦ **-rsi** *intr.pron.* **1** di un corpo celeste, divenire invisibile per eclissi **2** (*estens.*) non farsi più vedere o trovare, spec. in maniera inaspettata.
e|clìs|si *s.f.* (*astr.*) temporaneo oscuramento di un corpo celeste per l'interposizione di un altro | *— totale, parziale*, a seconda che l'astro sia oscurato del tutto o parzialmente | *— solare*, quando la luna si interpone tra terra e sole | *— lunare*, quando la terra, trovandosi tra sole e luna, proietta la sua ombra su quest'ultima.
e|clìt|ti|ca *s.f.* (*astr.*) **1** l'orbita immaginaria descritta dal Sole sulla sfera celeste **2** il piano dell'orbita della Terra attorno al Sole.
è|co *s.f./m.* [m.pl. *gli echi*] **1** ripetizione di un suono dovuta al riflettersi delle onde sonore contro un ostacolo | *fare l'— a qlcu.*, ripetere le parole di qlcu. per approvazione, scherzo o imitazione pedissequa **2** (*fig.*) i commenti e le reazioni a un evento, una notizia, un discorso e sim.; risonanza: *destare una vasta —*.
è|co- primo elemento di parole composte che significa "casa" (*ecofobia*), "ambiente naturale" (*ecologia*).
e|co|car|dio|gra|fì|a *s.f.* (*med.*) tecnica diagnostica basata sull'utilizzo di ultrasuoni per rilevare anomalie cardiache o vascolari.
e|co|ca|tà|stro|fe *s.f.* grave disastro ecologico.
e|co|cì|dio *s.m.* distruzione dell'ambiente naturale a opera dell'uomo.
e|co|com|pa|tì|bi|le *agg.* realizzato in modo da non danneggiare l'ambiente naturale: *edilizia —*.
e|co|fo|bì|a *s.f.* (*psich.*) paura patologica di rimanere da soli in casa propria.
e|co|go|niò|me|tro *s.m.* (*mar.*) dispositivo che permette di localizzare corpi immersi e misurare distanze subacquee tramite l'emissione di onde acustiche o ultrasoniche e la ricezione del loro riflesso.
e|co|gra|fì|a *s.f.* (*med.*) **1** tecnica diagnostica basata sulla rilevazione dell'eco delle onde ultrasoniche inviate sull'organo o sui tessuti da esplorare **2** l'immagine ricavata con tale tecnica.
e|cò|gra|fo *s.m.* (*med.*) apparecchio ultrasonico usato per la realizzazione dell'ecografia.
e|còi|de *s.m.* unità ecologica equilibrata risultante dall'interazione di un organismo e del suo habitat.
e|co|in|cen|ti|vo *s.m.* sconto fiscale o altra agevolazione concessa a chi realizza o acquista prodotti a basso valore inquinante.
e|co|lo|gì|a *s.f.* scienza che studia le relazioni tra gli esseri viventi e l'ambiente che li circonda | (*estens.*) difesa e cura dell'ambiente naturale.
e|co|lò|gi|co *agg.* [m.pl. *-ci*] **1** relativo all'ecologia e allo stato dell'ambiente naturale: *disastro —* **2** che è finalizzato al rispetto e alla difesa dell'ambiente: *prodotto —*.
e|co|lo|gì|smo *s.m.* movimento di opinione con l'obiettivo di tutelare l'ambiente naturale; ambientalismo.
e|co|lo|gì|sta *agg.* relativo alla difesa dell'ambiente: *manifestazione —* ♦ *s.m./f.* [m.pl. *-i*] chi si impegna nella salvaguardia dell'ambiente naturale; ambientalista.
e|cò|lo|go *s.m.* [f. *-a*; m.pl. *-gi*] studioso specialista in ecologia.
e|cò|me|tro *s.m.* (*mar.*) strumento a onde sonore utilizzato per rilevare l'andamento e la profondità del fondo marino, e localizzare corpi sommersi.
e-commerce (*ingl.*) [pr. *ikòmmers*] *s.m.invar.* il complesso delle attività commerciali svolte attraverso Internet.
e|co|no|mà|to *s.m.* **1** carica di economo **2** ufficio che si occupa dell'approvvigionamento di ciò che è necessario al funzionamento di un ente.
e|co|no|mì|a *s.f.* **1** insieme delle attività umane relative alla produzione, alla gestione e alla distribuzione di beni | *— di mercato*, quella dei sistemi capitalistici, basata sulla libera proprietà dei mezzi di produzione | *— domestica*, la quotidiana gestione dei beni familiari **2** scienza che studia l'attività economica e i sistemi economici: *laurearsi in Economia* **3** uso parsimonioso dei beni e delle risorse di cui si dispone: *vivere in —* | risparmio.
e|co|no|mi|ci|tà *s.f.* vantaggio economico, risparmio.
e|co|nò|mi|co *agg.* [m.pl. *-ci*] **1** che riguarda l'economia: *pensiero —* **2** che è fatto contenendo al minimo le spese, in modo da apportare un risparmio: *gestione economica* □ **economicamente** *avv.*
e|co|no|mì|sta *s.m./f.* [m.pl. *-i*] studioso di economia.
e|co|no|miz|zà|re *v.tr.* utilizzare con parsimonia; risparmiare: *— le energie* ♦ *intr.* [aus. *A*] ri-

durre il più possibile le spese: *dobbiamo — anche sul cibo.*
e|co|no|miz|za|tó|re *s.m.* (*tecn.*) dispositivo che permette di limitare il consumo di combustibile o di altre fonti energetiche.
e|cò|no|mo *s.m.* [f. *-a*] **1** chi ha l'incarico dell'amministrazione di un ente **2** chi gestisce ql.co. evitando sprechi ♦ *agg.* capace di risparmiare; parsimonioso.
e|co|scan|dà|glio *s.m.* (*mar.*) ecometro a ultrasuoni.
e|co|sfè|ra *s.f.* la porzione più bassa dell'atmosfera terrestre, in cui si è sviluppata la vita.
e|co|si|stè|ma *s.m.* [pl. *-i*] unità ecologica costituita da un dato ambiente e dagli organismi che in esso vivono, interagendo reciprocamente.
e|co|tì|po *s.m.* (*biol.*) sottospecie particolare di una specie vegetale o animale che si è differenziata per vivere in uno specifico ambiente.
e|co|tàs|sa *s.f.* tassa che penalizza i consumi e le attività che danneggiano l'ambiente.
ecstasy (*ingl.*) [pr. *éxtasi*] *s.m.invar.* droga sintetica in pillole a effetto allucinogeno e stimolante.
ec|to- (*scient.*) primo elemento di parole composte che significa "fuori, esterno" (*ectoparassita*).
-ec|to|mia (*med.*) secondo elemento di parole composte che significa "taglio, asportazione" (*tonsillectomia*).
ec|to|pa|ras|sì|ta *s.m.* [pl. *-i*] parassita che vive sulla superficie esterna o nelle cavità più accessibili dell'organismo ospite.
ec|to|plà|sma *s.m.* [pl. *-i*] **1** (*biol.*) parte periferica del citoplasma cellulare **2** in parapsicologia, sostanza fluida emanata da alcuni medium.
è cu *s.m.invar.* unità monetaria convenzionale del Sistema Monetario Europeo, rimasta in vigore fino all'introduzione dell'Euro.
e|cua|do|rià|no *agg.* dell'Ecuador ♦ *s.m.* [f. *-a*] chi è nato o abita in Ecuador.
e|cu|mè|ne *s.f.* (*geog.*) la porzione delle terre emerse in cui si è insediato l'uomo.
e|cu|me|ni|ci|tà *s.f.* (*relig.*) caratteristica di ciò che è ecumenico, universale.
e|cu|mè|ni|co *agg.* [m.pl. *-ci*] **1** che riguarda tutto il mondo; universale **2** (*relig.*) di tutta la Chiesa cattolica | *concilio —,* assemblea di tutti i vescovi, convocata e presieduta dal papa **3** (*estens.*) che tende a riunire tutte le chiese cristiane: *movimento —.*
e|cu|me|nì|smo *s.m.* (*relig.*) movimento che tende a riunire le diverse confessioni cristiane.
ec|zè|ma *s.m.* [pl. *-i*] (*med.*) dermatosi pruriginosa, caratterizzata da arrossamento e vesciche.
ed *cong.* → **e².**
edelweiss (*ted.*) [pr. *edelvàis*] *s.m.invar.* stella alpina.
e|dè|ma o **èdema** *s.m.* [pl. *-i*] (*med.*) infiltrazione di liquido organico nei tessuti: — *sottocutaneo.*
è|den *s.m.invar.* **1** nome dato al paradiso terrestre nell'Antico Testamento **2** (*fig.*) luogo delizioso e di felicità.
e|dè|ni|co *agg.* [m.pl. *-ci*] (*lett.*) dell'eden; paradisiaco.
é|de|ra *s.f.* pianta sempreverde rampicante delle Araliacee che, tramite piccole radici avventizie, si attacca ai tronchi degli alberi o ai muri.
e|di|cò|la *s.f.* **1** piccola costruzione a tempietto o tabernacolo, anche annessa a un edificio più grande, che ospita un'immagine sacra **2** chiosco per la vendita dei giornali.
e|di|co|làn|te *s.m./f.* gestore di un chiosco per la vendita dei giornali.
e|di|fi|cà|bi|le *agg.* detto di terreno o area su cui, a norma di legge, è possibile costruire.
e|di|fi|ca|bi|li|tà *s.f.* possibilità legale di costruire su una data area.
e|di|fi|càn|te *part.pres. di* edificare ♦ *agg.* che dà il buon esempio; esemplare: *racconto —.*
e|di|fi|cà|re *v.tr.* [indic.pres. *io edìfico, tu edifichi...*] **1** realizzare una struttura in muratura: — *un condominio* **2** (*fig.*) istituire stabilmente: — *lo stato* **3** (*fig.*) dare il buon esempio; educare per esempi: — *lo spirito.*
e|di|fi|ca|zió|ne *s.f.* **1** (*anche fig.*) costruzione **2** buon esempio.
e|di|fi|cio *s.m.* **1** costruzione architettonica spec. in muratura **2** (*fig.*) struttura organica: — *costituzionale.*
e|dì|le *agg.* che riguarda l'edilizia: *perito —* ♦ *s.m.* **1** nell'antica Roma, il magistrato addetto alla cura degli edifici pubblici **2** (*spec.pl.*) chi lavora nell'industria edilizia.
e|di|lì|zia *s.f.* l'arte, la tecnica e l'industria della costruzione di edifici: — *scolastica, residenziale.*
e|di|lì|zio *agg.* che riguarda l'edilizia: *cooperativa edilizia* | *speculazione edilizia,* massiccia realizzazione di edifici in aree protette o comunque in violazione dei vincoli di legge.
e|di|pi|co *agg.* [m.pl. *-ci*] (*psicoan.*) relativo all'attaccamento morboso del bambino al genitore del sesso opposto, spec. del figlio maschio alla madre, con conseguente gelosia verso l'altro genitore | *complesso —,* tale situazione psicologica, presente spec. nei bambini dai tre ai cinque anni.
e|di|tà|re *v.tr.* [indic.pres. *io èdito...*] **1** (*raro*) pubblicare **2** fare l'editing di un testo **3** (*inform.*) elaborare file, spec. di testo, tramite un computer.
editing (*ingl.*) [pr. *éditin*] *s.m.invar.* **1** (*editoria*) revisione e correzione di un testo effettuate prima della stampa **2** (*inform.*) elaborazione di testi, immagini, programmi e sim. tramite mezzi informatici, ai fini della loro pubblicazione.
è|di|to *agg.* pubblicato: *un volume — dalla nostra casa editrice.*
editor (*ingl.*) [pr. *éditor*] *s.m.invar.* **1** (*editoria*) chi all'interno di una casa editrice si occupa di curare le pubblicazioni o ha la responsabilità di una collana, di un'area di attività **2** (*inform.*)

editore

programma per la modifica di testi, immagini, filmati, file audio.
e|di|tó|re *s.m.* [f. *-trice*] **1** imprenditore o società che realizza e pubblica libri, giornali, prodotti musicali (dischi, cassette, CD) o video per la fruizione domestica (VHS, DVD) **2** studioso che cura la pubblicazione di un testo altrui, anche utilizzando metodi di ricostruzione filologica ♦ *agg.* che pubblica libri, giornali, prodotti musicali e sim.: *casa, società editrice.*
e|di|to|rì|a *s.f.* l'industria che ha per oggetto la pubblicazione e distribuzione di libri, giornali, prodotti musicali e sim.: — *musicale* | — *elettronica*, quella che si occupa della realizzazione di prodotti diffusi su supporti informatici.
e|di|to|rià|le *agg.* relativo all'editoria e agli editori: *industria* — ♦ *s.m.* (*giorn.*) spec. sui quotidiani, articolo di prima pagina con carattere di commento, firmato dal direttore o da un collaboratore autorevole; può in certi casi esprimere la linea politica della testata.
e|di|to|ria|li|sta *s.m./f.* [m.pl. *-i*] chi collabora con testate giornalistiche scrivendo editoriali.
e|dit|to *s.m.* (*st.*) ordinanza emanata da una pubblica autorità.
e|di|zió|ne *s.f.* **1** pubblicazione di un'opera a stampa: — *economica, integrale, tascabile, scolastica* | — *critica*, quella curata secondo i metodi della filologia testuale **2** l'insieme degli esemplari stampati in una tiratura: *prima, seconda —* | (*estens.*) ciascun esemplare di una tiratura: *una rara —* **3** ciascuna delle tirature di un quotidiano durante la giornata | ogni trasmissione di un giornale radio o di un telegiornale: — *di mezzogiorno* | — *straordinaria*, quella realizzata per comunicare tempestivamente una notizia di particolare importanza **4** (*estens.*) ogni ripetizione di una manifestazione che si ripete a cadenze regolari: *la settantesima — del Giro d'Italia* | l'allestimento di uno spettacolo: *la nuova — dell'Amleto* **5** ogni versione in lingua diversa da quella originale: *l'— italiana di un romanzo, di un film.*
e|do|ni|smo *s.m.* **1** (*filos.*) concezione morale che identifica il bene con il piacere **2** (*estens.*) ricerca del piacere, anche slegata da ogni morale.
e|do|ni|sta *s.m./f.* [m.pl. *-i*] chi orienta la sua vita alla ricerca del piacere.
e|do|ni|sti|co *agg.* [m.pl. *-ci*] relativo all'edonismo e all'edonista: *comportamento —.*
e|dòt|to *agg.* al corrente di ql.co.: *rendere — qlcu. su ql.co.*
-e|dro (*geom.*) secondo elemento di parole composte che significa "faccia" (*esaedro*).
e|du|càn|da *s.f.* **1** giovane che viene educata in un collegio, spec. di tipo religioso **2** (*estens.*, anche iron.) ragazza pudica, vergognosa.
e|du|can|dà|to *s.m.* collegio per l'educazione delle ragazze, spec. a gestione religiosa.
e|du|cà|re *v.tr.* [indic.pres. *io èduco, tu èduchi...*] **1** formare con l'insegnamento e con l'esempio il carattere e la personalità di qlcu. secondo determinati principi **2** (*estens.*) sviluppa-

re e raffinare determinate abilità o facoltà: — *all'arte* | abituare: — *il palato a nuovi sapori* **3** addestrare: — *il cane alla vita domestica.*
e|du|ca|ti|vo *agg.* **1** relativo all'educazione: *competenza educativa* **2** che mira o è adatto a educare: *un libro —.*
e|du|cà|to *part.pass. di* educare ♦ *agg.* **1** che ha ricevuto una buona educazione; cortese, gentile: *un giovane —*; *un atteggiamento —* **2** che si è affinato con lo studio e la pratica: *una voce educata* □ **educatamente** *avv.*
e|du|ca|tó|re *s.m.* [f. *-trice*] **1** chi ha compiti educativi o di istruzione **2** chi svolge attività professionali incentrate sulla cura psico-pedagogica dei più giovani e delle persone handicappate o disadattate.
e|du|ca|zió|ne *s.f.* **1** trasmissione di saperi, competenze e comportamenti volti alla formazione morale e intellettuale della persona: *l'— dei figli*; — *al rispetto* | nella scuola, nome di alcune discipline di carattere spec. pratico: — *artistica, fisica, tecnica* **2** comportamento adeguato alle norme che regolano i rapporti sociali; correttezza, cortesia.
e|dul|co|rà|n|te *part.pres. di* edulcorare ♦ *agg., s.m.* dolcificante.
e|dul|co|rà|re *v.tr.* [indic.pres. *io edùlcoro...*] **1** (*raro*) rendere dolce **2** (*fig.*) rendere meno sgradevole, più accettabile; mitigare, addolcire: — *una notizia.*
e|dù|le *agg.* (*scient.*) che può essere mangiato; commestibile: *frutto —.*
e|fè|bi|co *agg.* [m.pl. *-ci*] (*lett.*) **1** di efebo **2** di aspetto effeminato.
e|fè|bo o **èfebo** *s.m.* **1** nell'antica Grecia, giovane appena uscito dalla fanciullezza **2** (*estens., lett.*) giovane dai tratti e dalle maniere effeminate.
e|fè|li|de *s.f. spec.pl.* piccola macchia bruna della pelle che compare nelle carnagioni chiare | (*fam.*) lentiggine.
e|fe|sì|no *agg.* dell'antica città di Efeso, in Asia Minore.
èf|fe *s.f./m.invar.* nome della lettera *f.*
ef|fe|mè|ri|de *s.f.* **1** (*lett.*) registrazione quotidiana dei principali avvenimenti; diario **2** (*astr.*) pubblicazione che indica la posizione degli astri sulla sfera celeste per ogni anno solare.
ef|fe|mi|na|téz|za o **effeminatézza** *s.f.* aspetto o comportamenti femminei in un uomo.
ef|fe|mi|nà|to o **effeminàto** *agg.* **1** si dice di uomo che ha aspetto o comportamenti femminei **2** (*estens.*) rammollito, fiacco.
ef|fe|ra|téz|za *s.f.* crudeltà, ferocia: *uccidere con —.*
ef|fe|rà|to *agg.* crudele, disumano: *strage efferata* | atroce □ **efferatamente** *avv.*
ef|fer|ve|scèn|te *agg.* **1** che produce effervescenza o è in effervescenza: *una pastiglia, una bibita —* **2** (*fig.*) vivace, dinamico: *un carattere —.*
ef|fer|ve|scèn|za *s.f.* **1** rapido sviluppo di gas in un liquido, con formazione di bollicine **2** (*fig.*) eccitazione, fermento.

ef|fet|ti|vo *agg.* 1 che esiste realmente; tangibile, concreto: — *cambiamento* 2 che ricopre un incarico o è parte di un'organizzazione in maniera stabile: *ufficiale* — ♦ *s.m.* 1 chi ricopre un incarico in maniera stabile all'interno di una squadra o di un'organizzazione 2 l'insieme dei soldati che fanno parte di un'unità militare 3 consistenza reale di ql.co.: *l'— del patrimonio* □ **effettivamente** *avv.*

ef|fèt|to *s.m.* 1 ogni evento o fenomeno visto come conseguenza di un altro evento o fenomeno; risultato: *rapporto di causa —; essere l'— di ql.co.* | **in effetti**, in realtà, a ben guardare 2 realizzazione, esito sperato: *mandare a —; non fa —* 3 efficacia, validità: *norma con — immediato* 4 impressione, apparenza ingannevole | — *ottico, acustico*, che modifica la percezione visiva o uditiva, falsandola | (*cine.*) **effetti speciali**, tecniche che consentono di creare sequenze filmiche modificate, difficili o impossibili da realizzare nella realtà, spec. ad alta spettacolarità; le immagini che se ne ottengono 5 che suscita emozione, sorpresa e sim.: *di grande —; battuta ad —* 6 negli sport con la palla e nel biliardo, rotazione impressa alla sfera colpendola di taglio per modificarne la traiettoria: *tiro ad —* 7 (*banc.*) titolo di credito o cambiale 8 (*pl.*) vestiario e oggetti d'uso: *effetti personali.*

ef|fet|tuà|bi|le *agg.* che si può realizzare, fare.
ef|fet|tuà|le *agg.* (*lett.*) reale, effettivo.
ef|fet|tuà|re *v.tr.* [indic.pres. *io effèttuo...*] mandare a effetto, realizzare ql.co. | (*bur.*) fare: *il treno non effettua servizio ristorante* ♦ **-rsi** *intr. pron.* realizzarsi, avvenire.
ef|fet|tua|zió|ne *s.f.* attuazione, realizzazione.
ef|fi|cà|ce *agg.* 1 che raggiunge lo scopo o produce l'effetto desiderato: *azione, prodotto —* 2 di discorso e sim., convincente, persuasivo: *parole efficaci* □ **efficacemente** *avv.*
ef|fi|cà|cia *s.f.* 1 capacità di ottenere l'effetto desiderato: *l'— di una cura* 2 di discorso e sim., chiarezza e capacità persuasiva 3 (*dir.*) validità di una norma.
ef|fi|cièn|te (*errato* efficènte) *agg.* 1 che ha la capacità di produrre un effetto | (*gramm.*) **complemento di causa —**, quello che indica il fattore non umano che ha provocato l'azione espressa da un verbo passivo 2 che funziona | (*estens.*) che svolge ottimamente le sue mansioni: *un impiegato —.*
ef|fi|cien|tì|smo *s.m.* tendenza a essere o a mostrarsi sempre in piena attività, al massimo dell'impegno.
ef|fi|cien|tì|sta *s.m./f.* [m.pl. *-i*] chi opera con efficientismo.
ef|fi|cièn|za *s.f.* piena funzionalità: *rimettere in — un macchinario* | — *fisica*, salute.
ef|fi|già|re *v.tr.* [indic.pres. *io effìgio...*] (*lett.*) 1 fare il ritratto di qlcu. 2 scolpire, ornare.
ef|fì|gie o **effige** *s.f.* [pl. *-gie*, meno com. *-gi*] 1 (*scult., pitt.*) opera che rappresenta l'immagine o il ritratto di qlcu. 2 (*estens.*) l'aspetto di qlcu.
ef|fì|me|ro *agg.* 1 che dura un giorno solo 2 (*estens.*) che ha breve durata; che è destinato a finire rapidamente: — *trionfo* | (*bot.*) detto di fiore, che resta aperto poche ore e poi sfiorisce | (*zool.*) detto di insetto, che nello stadio adulto vive poche ore ♦ *s.m.* ciò che ha breve durata | (*estens.*) ciò che ha scarso valore.
ef|flo|re|scèn|te *agg.* (*chim.*) che presenta efflorescenza.
ef|flo|re|scèn|za *s.f.* 1 (*chim.*) fenomeno per cui un composto idrato a contatto con l'aria perde l'acqua di cristallizzazione, divenendo opaco e riducendosi in polvere 2 (*geol.*) formazione di materiali salini su una roccia o un terreno dovuta all'umidità 3 (*med.*) eruzione cutanea.
ef|flùs|so *s.m.* fuoriuscita di liquidi o gas.
ef|flù|vio *s.m.* (*lett.*) 1 odore spec. gradevole che si diffonde nell'aria | (*iron.*) puzza, odore sgradevole 2 (*estens.*) flusso, diffusione, spec. di luci o suoni.
ef|fón|de|re *v.tr.* [con. come *fondere*] (*lett.*) 1 versare, spargere 2 (*fig.*) manifestare, comunicare apertamente: — *la propria tristezza.*
ef|fra|zió|ne *s.f.* (*bur.*) scasso di serratura o altri dispositivi di chiusura, spec. a scopo di furto.
ef|fu|sió|ne *s.f.* 1 versamento 2 (*fig.*) manifestazione d'affetto: *lasciarsi andare in effusioni* 3 (*geol.*) fuoriuscita di lava, spec. in maniera non violenta | la lava stessa 4 (*fis.*) diffusione di un gas.
ef|fu|sì|vo *agg.* 1 di effusione | (*geol.*) **roccia effusiva**, prodotta dalla solidificazione della lava 2 (*fig.*) che tende a manifestare il suo affetto; espansivo: *carattere —.*
è|fo|ro *s.m.* nell'antica Sparta, ciascuno dei cinque magistrati eletti annualmente e incaricati di controllare l'operato dei re e delle altre cariche dello stato.
è|ga|gro o **egàgro** *s.m.* grossa capra selvatica diffusa in Asia, a Creta e nelle Cicladi.
e|gè|mo|ne *agg.* (*lett.*) che esercita un predominio: *gruppo —.*
e|ge|mo|nì|a *s.f.* 1 supremazia economica o politica di uno stato su altri 2 (*estens.*) predominio, preminenza: *l'— di una classe sulle altre.*
e|ge|mò|ni|co *agg.* [m.pl. *-ci*] che esercita o punta a esercitare un predominio: *piano —.*
e|ge|mo|nì|smo *s.m.* tendenza all'egemonia.
e|ge|mo|niz|zà|re *v.tr.* sottomettere, porre sotto il proprio controllo: — *un'area geografica, il campionato di calcio.*
e|ge|mo|niz|za|zió|ne *s.f.* processo con cui si instaura un predominio.
e|gè|o *agg.* del mare Egeo | **civiltà egea**, quella sviluppatasi a Creta durante il II millennio a.C.
-eg|gia|re *suff.* forma verbi, spec. intr. che indicano la realizzazione di quanto espresso nella parola di base (*ombreggiare, noleggiare*), spesso con valore iterativo (*guerreggiare*).
è|gi|da *s.f.* 1 lo scudo di Giove e di Minerva 2 (*fig., lett.*) protezione | *patrocinio: evento realizzato sotto l'— della Regione.*

egittologia

e|git|to|lo|gì|a *s.f.* scienza che studia la civiltà dell'antico Egitto.
e|git|tò|lo|go *s.m.* [f. *-a*; m.pl. *-gi*] esperto di egittologia.
e|gi|zià|no *agg.* dell'Egitto moderno o antico ♦ *s.m.* **1** [f. *-a*] chi è nato o abita in Egitto **2** la lingua dell'antico Egitto.
e|gì|zio *agg.* dell'Egitto antico: *arte egizia*.
é|gli *pron.pers.m. di 3ª pers.sing.* [f. *ella*; m.pl. *essi*; solo con funzione di sogg.] indica una persona cui si è già fatto riferimento (nel linguaggio parlato è spesso sostituito da *lui*).
è|glo|ga *s.f.* componimento poetico, spesso in forma dialogica, nel quale viene idealizzato il mondo pastorale.
è|go *s.m.* (*lat.*, *psicoan.*) l'"Io", il livello cosciente della psiche umana.
è|go- primo elemento di parole composte moderne che significa "se stesso" (*egotismo*).
e|go|cèn|tri|co *agg.*, *s.m.* [f. *-a*; m.pl. *-ci*] che, chi pone la propria persona al centro di ogni relazione, esperienza e valutazione □ **egocentricamente** *avv.*
e|go|cen|trì|smo *s.m.* **1** tendenza a prendere in considerazione unicamente la propria persona, il proprio modo di essere e di vedere la realtà, senza tener conto della personalità e delle esigenze altrui **2** (*estens.*) atteggiamento accentratore.
e|go|ì|smo *s.m.* eccessiva considerazione di sé e del proprio interesse, tale da non lasciare spazio alle esigenze e ai diritti altrui.
e|go|ì|sta *agg.*, *s.m./f.* [m.pl. *-i*] che, chi bada unicamente a sé e al proprio interesse, senza curarsi degli altri.
e|go|ì|sti|co *agg.* [m.pl. *-ci*] che rivela o è causato da egoismo: *atteggiamento* — □ **egoisticamente** *avv.*
e|go|la|lì|a *s.f.* (*psicol.*) tendenza a parlare continuamente di sé.
e|go|tì|smo *s.m.* tendenza a fare della propria persona l'oggetto di continue analisi e riflessioni, dettata da un eccessivo compiacimento di sé.
e|grè|gio *agg.* [f.pl. *-gie*] eccellente, fuori dal comune: *un musicista* — | — **signore**, formula di cortesia della corrispondenza □ **egregiamente** *avv.*
e|gres|sì|vo *agg.* (*ling.*) detto di suono che viene articolato con emissione d'aria.
è|gro *agg.* (*lett.*) malato, debole.
e|gua|glianza *s.f.* → **uguaglianza**.
e|gua|gliàre *v.tr.* → **uguagliare**.
e|guà|le *agg.* → **uguale**.
e|gua|li|tà|rio o **ugualitario** *agg.* relativo o ispirato all'egualitarismo: *ideologia egualitaria*.
e|gua|li|tà|ri|smo o **ugualitarismo** *s.m.* concezione politica che mira a realizzare l'uguaglianza sociale ed economica tra tutti gli uomini.
èh o **éh** *inter.* espressione di stupore, rimprovero, dispiacere.
éhi *inter.* (*fam.*) espressione usata per chiamare una persona, richiamarne l'attenzione o esprimere stupore: —, *ascolta!*; —, *che botta!*
ehi|là *inter.* → **ehi**.

e|ia|cu|là|re *v.intr.* [indic.pres. *io eiàculo*...; aus. *A*] emettere lo sperma dall'uretra.
e|ia|cu|la|zió|ne *s.f.* emissione dello sperma.
e|iet|tà|bi|le *agg.* che si può proiettare fuori, spec. da un aereo in volo: *sedile* —.
e|ie|zió|ne *s.f.* **1** (*med.*) espulsione energica di un liquido biologico **2** (*geol.*) espulsione di materiale spec. fluido da vulcani e sim.
ein|stei|nio [pr. *ainstàinio*] *s.m.* elemento chimico transuranico, radioattivo e prodotto artificialmente (*simb.* Es).
e|la|bo|rà|re *v.tr.* [indic.pres. *io elàboro*...] **1** realizzare ql.co. in maniera sistematica e accurata: — *un progetto di legge* **2** raccogliere e ordinare dati per ricavarne informazioni, spec. per mezzo di un computer **3** assimilare tramite digestione: *l'apparato digerente elabora il cibo*.
e|la|bo|rà|to *part.pass. di* elaborare ♦ *agg.* **1** fatto con cura **2** (*estens.*) complesso: *discorso* — | eccessivamente studiato; ricercato: *stile* — ♦ *s.m.* **1** il risultato di un'elaborazione, di un lavoro complesso e accurato **2** (*scuola*) componimento, compito scritto **3** (*inform.*) tabulato □ **elaboratamente** *avv.*
e|la|bo|ra|tó|re *agg.* [f. *-trice*] che elabora ♦ *s.m.* **1** chi elabora **2** strumento che elabora | — (**elettronico**), apparecchio elettronico per l'elaborazione di dati; calcolatore, computer.
e|la|bo|ra|zió|ne *s.f.* procedimento con cui si analizzano e si ordinano dati ed elementi diversi per realizzare un progetto o un'opera complessa, o per ottenere la soluzione di un problema | — **elettronica dei dati**, analisi e trattamento di dati per mezzo di sistemi informatici.
e|lar|gì|re *v.tr.* [indic.pres. *io elargisco*, *tu elargisci*...] donare, concedere con generosità: — *doni*, *aiuti*.
e|lar|gi|zió|ne *s.f.* **1** l'atto di concedere, di donare **2** ciò che si concede.
e|la|sti|ci|tà *s.f.* **1** proprietà di un corpo di deformarsi per azione di forze esterne e di riprendere la forma originaria al cessare di tali forze **2** (*estens.*) agilità dei movimenti **3** (*fig.*) capacità di comprendere rapidamente e di adattarsi alle situazioni | (*estens.*) relativismo etico.
e|la|sti|ciz|zà|re *v.tr.* rendere elastico.
e|la|sti|ciz|zà|to *part.pass. di* elasticizzare ♦ *agg.* si dice di tessuto reso elastico con appositi trattamenti.
e|là|sti|co *agg.* [m.pl. *-ci*] **1** dotato di elasticità: *materiale* — **2** che si muove con agilità; scattante **3** (*fig.*) che si può adattare alle circostanze: *orario di apertura* — | accomodante | **mente elastica**, brillante, duttile ♦ *s.m.* **1** sottile anello di gomma utilizzato per legare e tenere uniti diversi oggetti **2** nastro intessuto con fili di gomma utilizzato in sartoria □ **elasticamente** *avv.*
e|la|stò|me|ro *s.m.* (*chim.*) ogni sostanza che presenti proprietà elastiche simili a quelle della gomma.
e|la|tì|vo *agg.* (*ling.*) superlativo assoluto.
él|ce *s.f./m.* (*lett.*) leccio.

el|do|rà|do *s.m.* luogo mitico di ricchezza e abbondanza.

e|lèc|tron *s.m.invar.* (*metall.*) nome di diverse leghe ultraleggere a base di magnesio, utilizzate in aeronautica e nell'industria automobilistica.

e|le|fàn|te *s.m.* [f. -essa] **1** grosso mammifero diffuso in Africa e nell'Asia meridionale, dotato di lunga proboscide prensile, zanne e orecchie di grandi dimensioni | *avere una memoria da* —, ricordarsi sempre tutto **2** (*fig.*) persona corpulenta e impacciata nei movimenti **3** — *marino* grosso mammifero simile alla foca, diffuso nelle regioni subantartiche, il cui maschio ha il naso terminante in una breve proboscide.

e|le|fan|té|sco *agg.* [m.pl. -*schi*] **1** da elefante **2** (*fig.*) simile all'elefante per dimensioni o per la pesantezza dei movimenti: *passo* —.

e|le|fan|tì|a|co *agg.* [m.pl. -*ci*] **1** (*med.*) di elefantiasi | affetto da elefantiasi **2** (*fig.*) cresciuto in modo esagerato: *amministrazione elefantiaca*.

e|le|fan|tì|a|si *s.f.* **1** (*med.*) patologico aumento del volume di una parte del corpo dovuto a edema linfatico della cute **2** (*fig.*) anormale sviluppo di ql.co.: *l'— dell'apparato burocratico*.

e|le|gàn|te *agg.* **1** che rivela finezza, signorilità, buon gusto: *abito, portamento, arredamento* — **2** (*estens.*) frequentato da persone di classe; chic, d'élite: *ristorante, salotto* — **3** che unisce cortesia e disinvoltura: *un — diniego* □ **elegantemente** *avv.*

e|le|gan|tó|ne *agg., s.m.* [f. -*a*] (*iron.*) chi veste con ostentata eleganza.

e|le|gàn|za *s.f.* **1** modo di comportarsi e di vestirsi che rivela buon gusto e signorilità: *vestirsi con* —; *un' — innata* **2** (*solo pl.*) raffinatezze formali: *le eleganze di certi scrittori*.

e|lèg|ge|re *v.tr.* [con. come *leggere*] **1** scegliere per votazione la persona destinata a ricoprire una data carica o i componenti di un organo rappresentativo: — *il sindaco, il Parlamento* **2** (*lett.*) scegliere | (*dir.*) — *il proprio domicilio*, andare a risiedere in un dato luogo.

e|leg|gi|bi|le *agg.* che possiede i requisiti per venire eletto.

e|leg|gi|bi|li|tà *s.f.* possesso dei requisiti richiesti per venire eletto.

e|le|gì|a *s.f.* **1** componimento poetico di tono riflessivo e malinconico **2** (*estens.*) malinconia, pacata tristezza.

e|le|gì|a|co *agg.* [m.pl. -*ci*] **1** dell'elegia: *componimento, genere* — | *distico* —, in metrica classica, strofa costituita da un esametro e da un pentametro **2** (*fig.*) malinconico, triste: *spirito* —.

e|le|men|tà|re *agg.* **1** (*fis., chim.*) che ha natura di elemento | *analisi chimica* —, volta a rilevare la presenza dei diversi elementi in una sostanza **2** che si riferisce ai contenuti più semplici di una scienza, di un'arte o di un percorso d'apprendimento; fondamentale, di base: *livello* —; *nozioni elementari* | *scuola* —, quella per i bambini tra i sei e gli undici anni | *maestro* —, che insegna in tale scuola **3** (*estens.*) di facile apprendimento o realizzazione: *un'operazione* — **4** primario e quindi imprescindibile: *bisogno* —.

e|le|men|ta|ri|tà *s.f.* **1** estrema facilità **2** eccessiva semplicità; rozzezza.

e|le|mén|to *s.m.* **1** ciascuno dei componenti di un insieme complesso: *gli elementi di un macchinario, della trama* | ogni persona che fa parte di un gruppo: *gli elementi dell'orchestra* **2** ciascuno dei componenti fondamentali del mondo fisico, che per gli antichi erano aria, acqua, terra, fuoco | *la furia degli elementi*, violente manifestazioni naturali (tempeste, terremoti e sim.) | (*chim., fis.*) sostanza pura costituita da atomi che hanno uguale il numero e la disposizione degli elettroni **3** ambiente: *l'aria è l' — naturale dell'aquila* **4** (*solo pl.*) nozioni di base di una materia, tecnica, arte; rudimenti: *elementi di chitarra jazz*.

e|le|mò|si|na *s.f.* **1** offerta ai poveri: *fare, chiedere l'* — **2** (*spreg.*) compenso inadeguato al lavoro fatto e quindi insultante: *più che un salario è un'* — | sdegnosa concessione.

e|le|mo|si|nà|re *v.intr.* [indic.pres. *io elemòsino...*; aus. A] chiedere la carità; mendicare ♦ *tr.* **1** chiedere ql.co. in offerta: — *quattro soldi* **2** (*fig.*) umiliarsi nella speranza di ottenere ql.co.: — *un saluto, un favore*.

e|len|cà|re *v.tr.* [indic.pres. *io elènco, tu elènchi...*] **1** ordinare in sequenza secondo un dato criterio: — *in ordine alfabetico* **2** (*estens.*) enumerare, esporre una serie di elementi senza un ordine prefissato: — *gli avvenimenti della giornata*.

e|len|ca|zió|ne *s.f.* **1** l'atto di elencare **2** elenco.

e|lèn|co *s.m.* [pl. -*chi*] **1** raccolta di dati ordinati secondo un certo criterio **2** il documento, la pubblicazione che contiene tali dati: — *della spesa*.

e|let|ti|vo *agg.* **1** che è tale per scelta: *patria elettiva* **2** cui si accede tramite una votazione: *ufficio* — □ **elettivamente** *avv.*

e|lèt|to *part.pass.* di *eleggere* ♦ *agg.* **1** che è stato scelto | *il popolo* —, nell'Antico Testamento, il popolo ebraico scelto da Dio come suo alleato **2** nobile, di valore ♦ *s.m.* [f. -*a*] **1** chi riveste una carica elettiva: *gli eletti al consiglio comunale* **2** (*relig., spec. pl.*) chi è stato scelto da Dio per la salvezza eterna.

e|let|to|rà|le *agg.* riguardante le elezioni e gli elettori: *scheda* —; *liste elettorali*.

e|let|to|ra|lì|smo *s.m.* atteggiamento politico volto in maniera preponderante a ottenere il consenso degli elettori.

e|let|to|rà|to *s.m.* **1** diritto di prendere parte alle elezioni politiche e amministrative | — *attivo*, il diritto di votare | — *passivo*, il diritto di candidarsi **2** l'insieme degli elettori attivi e passivi.

e|let|tó|re *s.m.* [f. -*trice*] chi ha il diritto di votare in un'elezione.

e|let|trà|u|to *s.m.invar.* **1** tecnico specializzato nella riparazione degli impianti elettrici degli autoveicoli **2** l'officina dove si eseguono tali lavori.

e|let|tri|ci|sta *s.m.* [pl. *-i*] tecnico specializzato nell'installazione e riparazione di impianti e apparecchi elettrici.
e|let|tri|ci|tà *s.f.* **1** proprietà fondamentale della materia che si manifesta con interazioni attrattive o repulsive fra i corpi e che è la causa prima di tutti i fenomeni elettrici, magnetici, chimici **2** (*fam.*) energia elettrica: *zona ancora senza* — **3** (*fig.*) agitazione | tensione, nervosismo: *c'è — nell'aria.*
e|lèt|tri|co *agg.* [m.pl. *-ci*] **1** relativo all'elettricità: *filo* —; *corrente elettrica* **2** alimentato a elettricità: *apparecchio* — **3** (*fig.*) agitato | teso, nervoso: *clima* — | *blu* —, azzurro brillante ♦ *s.m.* *spec.pl.* [f. *-a*] chi lavora nell'industria elettrica □ **elettricamente** *avv.*
e|let|tri|fi|cà|re *v.tr.* [indic.pres. *io elettrìfico, tu elettrìfichi*...] trasformare o attrezzare un impianto perché possa essere alimentato a energia elettrica: — *i binari del treno.*
e|let|tri|fi|ca|zió|ne *s.f.* sistemazione di un impianto in modo che possa essere alimentato a energia elettrica.
e|let|triz|zà|bi|le *agg.* che si può elettrizzare.
e|let|triz|zàn|te *part.pres.* di *elettrizzare* ♦ *agg.* che trasmette entusiasmo: *un finale* —.
e|let|triz|zà|re *v.tr.* **1** far acquisire cariche elettriche a un corpo inizialmente neutro **2** (*fig.*) appassionare, entusiasmare: — *il pubblico* ♦ **-rsi** *intr.pron.* **1** acquisire una carica elettrica **2** (*fig.*) appassionarsi, entusiasmarsi.
e|let|triz|za|zió|ne *s.f.* (*fis.*) processo mediante il quale un corpo acquisisce una carica elettrica: — *per strofinio, per contatto.*
e|let|tro- (*scient., tecn.*) primo elemento di parole composte che significa "elettrico" (*elettrocardiogramma, elettrochimica*).
e|let|tro|bi|stu|ri *s.m.* (*med.*) apparecchio chirurgico elettrico che mentre incide i tessuti svolge un'azione emostatica, limitando la perdita di sangue.
e|let|tro|ca|la|mi|ta *s.f.* elettromagnete.
e|let|tro|car|dio|gra|fì|a *s.f.* (*med.*) tecnica diagnostica che registra i fenomeni elettrici legati all'attività cardiaca.
e|let|tro|car|dió|gra|fo *s.m.* (*med.*) apparecchio per elettrocardiogrammi.
e|let|tro|car|dio|gràm|ma *s.m.* [pl. *-i*] (*med.*) registrazione grafica a scopo diagnostico dei fenomeni elettrici che accompagnano l'attività cardiaca.
e|let|tro|chi|mi|ca *s.f.* branca della chimica che studia le reciproche influenze tra energia elettrica e reazioni chimiche.
e|let|tro|chì|mi|co *agg.* [m.pl. *-ci*] dell'elettrochimica ♦ *s.m.* [f. *-a*] studioso di elettrochimica.
e|let|tro|chòc *s.m.* → **elettroshock**.
e|let|tro|cu|zió|ne *s.f.* **1** il complesso delle lesioni provocate accidentalmente sul corpo umano dalle scariche elettriche, naturali o artificiali **2** esecuzione capitale mediante sedia elettrica.
e|let|tro|dia|gnò|sti|ca *s.f.* analisi diagnostica delle disfunzioni del sistema nervoso e dei muscoli volontari effettuata per mezzo di stimoli elettrici.
e|let|tro|di|nà|mi|ca *s.f.* branca della fisica che studia le azioni reciproche di attrazione e repulsione fra conduttori percorsi da corrente.
e|let|tro|do *s.m.* (*elettr.*) ciascuno dei due conduttori che fanno entrare (*anodo*) e uscire (*catodo*) la corrente elettrica che attraversa un corpo.
e|let|tro|do|mè|sti|co *s.m.* [m.pl. *-ci*] ogni apparecchio a energia elettrica comunemente impiegato nelle abitazioni.
e|let|tro|dót|to *s.m.* sistema di conduttori per il trasporto a distanza dell'energia elettrica.
e|let|tro|en|ce|fa|lo|gra|fì|a *s.f.* (*med.*) tecnica diagnostica che registra i fenomeni elettrici legati all'attività cerebrale.
e|let|tro|en|ce|fa|ló|gra|fo *s.m.* (*med.*) apparecchio per elettroencefalogrammi.
e|let|tro|en|ce|fa|lo|gràm|ma *s.m.* [pl. *-i*] (*med.*) registrazione grafica a scopo diagnostico dei fenomeni elettrici che accompagnano l'attività cerebrale.
e|let|tro|fi|sio|lo|gì|a *s.f.* studio dei rapporti tra organismi viventi ed elettricità.
e|let|tro|fo|rè|si *s.f.* (*chim., fis.*) spostamento delle particelle sospese in una soluzione per azione di un campo elettrico.
e|let|tro|gè|no *agg.* che produce energia elettrica: *impianto* —.
e|let|trò|li|si *s.f.* (*chim.*) il complesso delle reazioni prodotte dal passaggio di una corrente elettrica continua in una soluzione elettrolitica.
e|let|trò|li|ta o **elettròlito** *s.m.* [pl. *-i*] (*chim.*) ogni sostanza che, in soluzione o allo stato fuso, ha la proprietà di dissociarsi in ioni e condurre la corrente elettrica.
e|let|tro|lì|ti|co *agg.* [m.pl. *-ci*] (*chim.*) relativo o proprio dell'elettrolisi.
elettròlito *s.m.* → **elettrolita**.
e|let|tro|lo|gì|a *s.f.* branca della fisica che studia i fenomeni elettrici, magnetici ed elettromagnetici.
e|let|tro|lò|gi|co *agg.* [m.pl. *-ci*] che riguarda l'elettrologia.
e|let|tro|ma|gnè|te *s.m.* (*fis.*) dispositivo composto da un nucleo ferromagnetico che si magnetizza al passaggio della corrente elettrica nel conduttore che lo avvolge.
e|let|tro|ma|gnè|ti|co *agg.* [m.pl. *-ci*] relativo all'elettromagnetismo: *fenomeno* —.
e|let|tro|ma|gne|ti|smo *s.m.* branca dell'elettrologia che studia le relazioni tra fenomeni elettrici e fenomeni magnetici.
e|let|tro|mec|cà|ni|ca *s.f.* branca dell'elettrotecnica che studia le trasformazioni dell'energia elettrica in meccanica e viceversa.
e|let|tro|mec|cà|ni|co *agg.* [m.pl. *-ci*] **1** relativo all'elettromeccanica **2** detto di macchinario che è alimentato a energia elettrica o che la genera ♦ *s.m.* tecnico specializzato nell'istallazione e nella manutenzione di macchinari elettrici.
e|let|tro|me|trì|a *s.f.* (*fis.*) la misurazione delle

grandezze elettriche e delle differenze di potenziale.

e|let|trò|me|tro *s.m.* (*fis.*) strumento atto a misurare le differenze di potenziale.

e|let|tro|mo|tri|ce *agg.f.* motrice ferroviaria o tranviaria mossa da motori elettrici.

e|let|tró|ne *s.m.* (*fis.*) particella subatomica elementare a carica negativa.

e|let|tro|ne|ga|ti|vi|tà *s.f.* (*chim., fis.*) proprietà di ciò che ha carica elettrica negativa.

e|let|tro|ne|ga|ti|vo *agg.* **1** (*fis.*) di particella o corpo, a carica elettrica negativa **2** (*chim.*) di molecola o atomo, che tende a guadagnare elettroni.

e|let|trò|ni|ca *s.f.* branca dell'elettrotecnica che studia la propagazione degli elettroni nel vuoto, nei gas e nei materiali semiconduttori, e le possibili applicazioni di tali fenomeni.

e|let|trò|ni|co *agg.* [m.pl. -*ci*] **1** degli elettroni **2** relativo all'elettronica | realizzato in base ai principi dell'elettronica: *calcolatore, orologio —* | *musica elettronica*, realizzata con suoni creati o manipolati per mezzo di dispositivi elettronici.

e|let|tron|vòlt *s.m.* (*fis.*) unità di misura dell'energia, utilizzata in fisica atomica e nucleare; equivale all'energia cinetica acquistata da un elettrone sottoposto alla differenza di potenziale di un volt.

e|let|tro|póm|pa *s.f.* pompa mossa da motore elettrico.

e|let|tro|po|si|ti|vi|tà *s.f.* (*chim., fis.*) proprietà di ciò che ha carica elettrica positiva.

e|let|tro|po|si|ti|vo *agg.* **1** (*fis.*) a carica elettrica positiva **2** (*chim.*) di molecola o atomo, che tende a cedere elettroni.

e|let|tro|scò|pio *s.m.* (*fis.*) strumento che permette di rilevare le cariche elettriche eventualmente presenti in un corpo.

e|let|tro|shòck o **elettrochòc** [pr. *elettroshòk*] *s.m.* (*med.*) metodo di cura delle malattie mentali in cui si provocano reazioni convulsive di tipo epilettico tramite la trasmissione di scariche elettriche al cervello.

e|let|tro|smòg *s.m.* inquinamento ambientale derivante da un'eccessiva concentrazione di onde elettromagnetiche provocata da antenne, linee dell'alta tensione e sim.

e|let|tro|stà|ti|ca *s.f.* branca dell'elettrologia che si occupa dei fenomeni legati alle cariche elettriche in quiete.

e|let|tro|stà|ti|co *agg.* [m.pl. -*ci*] relativo all'elettrostatica.

e|let|tro|tèc|ni|ca *s.f.* tecnica delle applicazioni pratiche e industriali dei fenomeni elettrici.

e|let|tro|tèc|ni|co *agg.* [m.pl. -*ci*] che si riferisce all'elettrotecnica ♦ *s.m.* [f. -*a*] specialista in elettrotecnica.

e|let|tro|te|ra|pì|a *s.f.* (*med.*) applicazione di corrente elettrica a basso voltaggio a scopo antidolorifico o di riabilitazione muscolare.

e|let|tro|ter|mì|a *s.f.* **1** (*fis.*) trasformazione dell'energia elettrica in energia termica **2** branca dell'elettrotecnica che studia tale trasformazione.

e|let|tro|tèr|mi|co *agg.* [m.pl. -*ci*] relativo all'elettrotermia.

e|let|tro|tra|zió|ne *s.f.* trazione per mezzo di motori elettrici.

e|let|tro|trè|no *s.m.* treno a elettrotrazione dotato di due motrici, situate alle estremità del convoglio.

e|le|va|mén|to *s.m.* (*raro*) **1** innalzamento **2** rialzo.

e|le|và|re *v.tr.* [indic.pres. *io elèvo...*] **1** rendere più alto; innalzare: — *un edificio di un piano* | (*fig.*) spingere in alto il pensiero, i sentimenti: — *l'animo* **2** (*fig.*) rendere migliore: — *la qualità di un prodotto* **3** (*fig.*) promuovere a una carica: — *al grado di capitano* **4** (*mat.*) calcolare la potenza di un numero; moltiplicarlo per se stesso un dato numero di volte: — *al quadrato, alla nona* **5** (*bur.*) dare, notificare: — *una contravvenzione* ♦ **-rsi** *intr.pron.* innalzarsi, ergersi: ♦ *rifl.* migliorarsi.

e|le|va|téz|za *s.f.* caratteristica di ciò che è elevato.

e|le|và|to *part.pass.* di elevare ♦ *agg.* **1** alto: *un picco —; un deficit —* **2** (*fig.*) moralmente nobile: *animo —* **3** (*fig.*) solenne: *discorso —*.

e|le|va|tó|re *agg.* [f. -*trice*] che eleva | (*anat.*) **muscolo** —, muscolo volontario che, contraendosi, solleva una parte del corpo ♦ *s.m.* macchinario utilizzato per sollevare e trasportare materiali.

e|le|va|zió|ne *s.f.* **1** atto di portare a maggiore altezza, di aumentare | (*mat.*) — **a potenza**, calcolo in cui si moltiplica un numero per se stesso un dato numero di volte **2** (*estens.*) punto o area che si distinguono in altezza; rilievo **3** (*lit.*) nella messa, il gesto con cui vengono mostrati ai fedeli l'ostia e il vino consacrati **4** (*sport*) slancio verso l'alto, stacco da terra | *in —*, in salto **5** (*astr.*) altezza di un astro sull'orizzonte.

e|le|zió|ne *s.f.* **1** scelta, nomina per votazione: *l' — del presidente* | (*solo pl.*) l'insieme delle operazioni di voto | **elezioni politiche**, in cui si eleggono deputati e senatori | **elezioni amministrative**, in cui si eleggono sindaci, presidenti di provincia e di regione e rispettivi consigli | **elezioni europee**, in cui si eleggono i parlamentari dell'Unione Europea **2** (*lett.*) scelta | **patria d'** —, il paese dove si vive per libera scelta, pur essendo originari di altra nazione.

èl|fo *s.m.* (*mit.*) nelle tradizioni nordiche, piccolo genio dall'aspetto umano dotato di poteri magici.

e|li|am|bu|làn|za *s.f.* elicottero attrezzato per il soccorso e il trasporto di feriti o di malati.

E|liàn|to *s.m.* genere di piante erbacee cui appartengono il girasole e il topinambur.

è|li|bus *s.m.invar.* elicottero che effettua il trasporto di passeggeri su tratte brevi.

è|li|ca *s.f.* **1** organo propulsore di aeromobili o imbarcazioni, costituito da un mozzo attorno al quale sono disposte due o più pale rotanti **2** (*mat.*) linea curva tracciata sulla superficie di

elicicoltura

un cilindro o di un cono che taglia le generatrici secondo uno stesso angolo | (*biol.*) **doppia —**, la conformazione delle molecole di DNA e RNA.
e|li|ci|col|tù|ra *s.f.* allevamento di chiocciole commestibili.
E|li|ci|di *s.m.pl.* famiglia di molluschi terrestri dei Gasteropodi dotati di conchiglia elicoidale; ne fa parte la chiocciola.
e|li|coi|dà|le *agg.* dell'elica | a forma di elica.
e|li|cot|te|ri|sta *s.m./f.* [m.pl. *-i*] pilota di elicotteri.
e|li|còt|te|ro *s.m.* aeromobile in cui sostentamento e propulsione sono garantiti da pale rotanti orizzontali, fissate a un rotore verticale e mosse da un motore.
e|li|de|re *v.tr.* [pass.rem. *io elìsi, tu elidésti...*; part.pass. *elìso*] **1** eliminare ql.co. **2** (*ling.*) eliminare la vocale atona finale di una parola, sostituendola con l'apostrofo, quando la parola seguente inizia con un'altra vocale ♦ **-rsi** *rifl.rec.* annullarsi a vicenda.
e|li|mi|nà|bi|le *agg.* che si può eliminare: *un impedimento —*.
e|li|mi|nà|re *v.tr.* [indic.pres. *io elìmino...*] **1** togliere, rimuovere: *— un problema, un sospetto* | escludere **2** (*sport*) sconfiggere un avversario ed estrometterlo così da un torneo **3** ammazzare.
e|li|mi|na|tò|ria *s.f.* (*sport*) in un torneo, gara o gruppo di gare preliminari volte a selezionare i concorrenti per le fasi successive della competizione.
e|li|mi|na|tò|rio *agg.* che serve a eliminare: *turno —*.
e|li|mi|na|zió|ne *s.f.* **1** esclusione, rimozione | *per —*, nel ragionare tra più ipotesi o scelte possibili, escludere una dopo l'altra le diverse opzioni, fino a giungere a quella più accettabile | *— fisica*, uccisione **2** (*sport*) esclusione di un atleta o di una squadra dal proseguimento di una gara.
è|lio *s.m.* elemento chimico, gas leggerissimo e non infiammabile (*simb.* He); presente in tracce sulla Terra, è utilizzato per gonfiare dirigibili e palloni sonda.
è|lio- primo elemento di parole composte che significa "sole, solare" (*eliocentrismo, eliotropismo*).
e|lio|cèn|tri|co *agg.* [m.pl. *-ci*] (*astr.*) che ha come centro il Sole: *sistema —*.
e|lio|cen|tri|smo *s.m.* teoria astronomica formulata da Niccolò Copernico (1473-1543) secondo la quale la Terra e gli altri pianeti orbitano attorno al Sole.
e|lio|e|lèt|tri|co *agg.* [m.pl. *-ci*] relativo alle tecniche di conversione dell'energia solare in energia termica o elettrica.
e|lio|fi|li|a *s.f.* (*bot.*) caratteristica dei vegetali che prediligono gli ambienti molto luminosi.
e|lio|fo|bi|a *s.f.* **1** (*bot.*) caratteristica dei vegetali che prediligono gli ambienti poco luminosi **2** (*psicol.*) paura morbosa della luce solare.
e|lio|gra|fi|a *s.f.* tecnica di riproduzione grafica tramite l'esposizione di una superficie trattata chimicamente a una fonte luminosa.

e|lio|grà|fi|co *agg.* [m.pl. *-ci*] **1** relativo all'eliografia: *apparecchio —* **2** realizzato con l'eliografia: *riproduzione eliografica*.
e|liò|gra|fo *s.m.* **1** telegrafo ottico che trasmette segnali riflettendo la luce solare con una serie di specchi **2** cannocchiale astronomico impiegato per fotografare il sole.
e|lió|ne *s.m.* (*fis.*) nucleo dell'atomo di elio.
e|lio|scò|pio *s.m.* (*astr.*) strumento per l'osservazione diretta del Sole dotato di un dispositivo che ne attenua l'intensità luminosa.
e|lio|te|ra|pì|a *s.f.* (*med.*) esposizione del corpo alla luce solare a scopo curativo.
e|lio|te|rà|pi|co *agg.* [m.pl. *-ci*] dell'elioterapia: *stazione elioterapica*.
e|lio|ti|pì|a *s.f.* (*foto.*) fototipia.
e|lio|trò|pio *s.m.* **1** (*antiq.*) girasole **2** pianta medicinale a fiori bianchi imbutiformi **3** (*min.*) varietà di calcedonio verde scuro.
e|lio|tro|pi|smo *s.m.* (*bot.*) tendenza di alcuni organismi vegetali o di loro organi a volgersi verso il sole; fototropismo.
e|li|pàr|co *s.m.* [pl. *-chi*] **1** insieme degli elicotteri in dotazione a un ente, una società, un reparto militari **2** campo di stazionamento per elicotteri.
e|li|plà|no *s.m.* velivolo dotato di ali fisse per il volo orizzontale e di elica per quello verticale.
e|li|pòr|to *s.m.* area attrezzata adibita al decollo e all'atterraggio degli elicotteri.
e|li|sa|bet|tià|no *agg.* relativo al regno di Elisabetta I d'Inghilterra (1533-1603): *teatro —*.
e|li|scà|lo *s.m.* eliporto.
e|lì|sio o **elìso** *s.m.* (*mit.*) luogo di felicità dove gli dei inviano le anime dei virtuosi dopo la morte ♦ *agg.* dell'elisio.
e|li|sió|ne *s.f.* **1** eliminazione **2** (*ling.*) soppressione della vocale finale atona di una parola dinanzi alla vocale iniziale della parola seguente; nello scritto si segnala con l'apostrofo.
e|li|sir *s.m.invar.* liquore a base di sostanze aromatiche dalle proprietà benefiche | *— di lunga vita*, pozione che si credeva fosse in grado di prolungare la vita; (*fig.*) qualsiasi cosa si ritiene avere effetti estremamente benefici sul benessere di qlcu.
e|li|skì *s.m.* **1** elicottero in grado di atterrare su neve o ghiaccio **2** pratica di sci alpinistico in cui si utilizza l'elicottero come mezzo di risalita.
e|lì|so *s.m., agg.* → elisio.
e|li|soc|còr|so *s.m.* soccorso medico effettuato tramite elicotteri appositamente attrezzati.
e|li|tà|rio *agg.* che riguarda o è riservato a un'élite: *atteggiamento —*.
e|li|ta|rì|smo *s.m.* atteggiamento elitario.
e|li|ta|xi *s.m.invar.* elicottero che effettua servizio taxi.
élite (*fr.*) [pr. *elìt*] *s.f.invar.* ristretta cerchia di persone che si distinguono per superiore posizione sociale, ricchezza, cultura.
è|li|tra *s.f.* (*zool.*) nei coleotteri, ciascuna delle due ali esterne e rigide che proteggono le sottostanti ali membranose.

él|la *pron.pers.f. di 3ª pers.sing.* [pl. *elle*; solo con funzione di sogg.] (*antiq.*) indica una persona cui si è già fatto riferimento (oggi è quasi completamente sostituito da *lei*).

-el|là|re *suff.* di verbi con valore diminutivo e frequentativo (*saltellare*).

èl|le *s.f./m.invar.* nome della lettera *l*.

el|lè|bo|ro *s.m.* pianta erbacea perenne delle Ranuncolacee, con foglie palmate, fiori a calice e rizoma velenoso.

el|lè|ni|co *agg.* [m.pl. *-ci*] greco, della Grecia, spec. antica e classica.

el|le|ni|smo *s.m.* **1** il periodo di diffusione e fioritura della civiltà greca nel mondo mediterraneo e asiatico, collocato per convenzione tra la morte di Alessandro Magno (323 a.C.) e la battaglia di Azio (31 a.C.) **2** (*ling.*) grecismo.

el|le|ni|sta *s.m./f.* [m.pl. *-i*] studioso della lingua e della cultura dell'antica Grecia.

el|le|ni|sti|co *agg.* [m.pl. *-ci*] dell'ellenismo: *filosofia ellenistica* | (*estens.*) che si rifà ai modelli artistici dell'ellenismo.

el|le|niz|zàn|te *agg.* ispirato agli ideali o alle forme culturali della civiltà greca.

el|le|pì *s.m.* disco a trentatré giri; long playing | (*estens.*) raccolta di canzoni o brani musicali.

el|lis|se (*raro* ellìssi) *s.f.* **1** (*geom.*) curva piana chiusa con la forma di un ovale simmetrico; luogo dei punti del piano le cui distanze da due punti fissi, detti fuochi, hanno somma costante **2** (*astr.*) orbita descritta da un corpo celeste intorno a un altro.

el|lis|si *s.f.* (*ling.*) omissione di una parola o di un elemento sintattico intuibile dal contesto.

el|lis|sòi|de *s.m.* (*geom.*) solido geometrico in cui ogni intersezione con un piano individua un'ellisse | — *di rotazione*, superficie ottenuta per rotazione di un'ellisse intorno a uno dei suoi assi.

el|lit|ti|co[1] *agg.* [m.pl. *-ci*] (*geom.*) che riguarda l'ellisse | che ha la forma di un'ellisse: *piazza a pianta ellittica*.

el|lit|ti|co[2] *agg.* [m.pl. *-ci*] **1** (*ling.*) che contiene o fa uso di ellissi: *stile* — **2** (*estens.*) svolto in maniera rapida, non sistematica; sintetico | allusivo; poco chiaro: *discorso* —.

-èl|lo *suff.* alterativo di sostantivi e aggettivi, con valore diminutivo (*finestrella*) e spesso vezzeggiativo (*cattivello*).

el|mét|to *s.m.* robusto copricapo protettivo utilizzato da soldati, operai, carpentieri e sim.

el|min|ti|a|si *s.f.* (*med.*) malattia provocata dalla presenza di vermi parassiti nell'uomo o negli animali.

el|mìn|to-, **-el|min|to** (*scient.*) primo e secondo elemento di parole composte che significa "verme" (*elmintiasi*).

el|min|to|lo|gì|a *s.f.* branca della parassitologia che studia i vermi parassiti.

él|mo *s.m.* **1** il copricapo, spec. metallico, delle antiche armature **2** la parte dello scafandro da palombaro che ospita la testa.

e|lo|cu|zió|ne *s.f.* **1** parte della retorica classica che insegna a scegliere le parole e le frasi adatte per esprimere al meglio le proprie idee **2** (*estens.*) esposizione verbale chiara e ben strutturata.

e|lo|già|re *v.tr.* [indic.pres. *io elògio*...] lodare, encomiare: — *qlcu. per i suoi meriti*; — *i pregi di qlcu.*

e|lo|gia|tì|vo *agg.* che ha lo scopo di elogiare; che loda: *giudizio* — □ **elogiativamente** *avv.*

e|lò|gio *s.m.* **1** discorso che approva il comportamento e riconosce i meriti di qlcu. **2** parole di lode: *un* — *meritato*.

e|lon|ga|zió|ne *s.f.* (*astr.*) distanza angolare tra il Sole e un pianeta o la Luna, visti dalla Terra.

e|lo|quèn|te *agg.* **1** che parla in maniera efficace e coinvolgente: *avvocato* — **2** (*estens.*) che esprime ql.co. con chiarezza: *gesto* — □ **eloquentemente** *avv.*

e|lo|quèn|za *s.f.* **1** la capacità di esprimersi oralmente con efficacia, in modo da interessare, persuadere o commuovere gli ascoltatori: *l'* — *del politico* **2** il complesso delle tecniche e delle regole dell'arte oratoria: *l'* — *classica* **3** (*estens.*) forza comunicativa, immediatezza: *l'* — *degli avvenimenti*, *di uno sguardo*.

e|lò|quio *s.m.* (*lett.*) il modo di parlare: — *pomposo*.

él|sa *s.f.* traversa metallica posta tra la lama e l'impugnatura della spada | (*estens.*) impugnatura della spada.

e|lu|cu|brà|re *v.tr.* [indic.pres. *io elùcubro*] (*anche iron.*) elaborare mentalmente ql.co. in maniera accurata; riflettere attentamente su ql.co.: — *un piano complesso*.

e|lu|cu|bra|zió|ne *s.f.* (*anche iron.*) riflessione minuziosa e complessa.

e|lù|de|re *v.tr.* [pass.rem. *io elùsi, tu eludésti*...; part.pass. *elùso*] sottrarsi con scaltrezza a ql.co.; evitare: — *ogni controllo, un problema*.

e|lu|dì|bi|le *agg.* che può essere evitato.

e|lu|sió|ne *s.f.* (*raro*) l'atto di sottrarsi a ql.co. (*dir.*) — **fiscale, tributaria**, operazione che, senza commettere reati, permette di sottrarsi parzialmente o totalmente alla tassazione.

e|lu|si|vi|tà *s.f.* la tendenza o la capacità di sottrarsi a domande e sim.

e|lu|sì|vo *agg.* che tende o permette di sottrarsi alle domande; evasivo, ambiguo: *un atteggiamento* — □ **elusivamente** *avv.*

e|lù|vio *s.m.* (*geol.*) roccia sedimentaria detritica formatasi per degradazione di rocce preesistenti sul posto.

el|vè|ti|co *agg.* [m.pl. *-ci*] **1** degli antichi Elvezi **2** relativo alla Confederazione Elvetica; svizzero ♦ *s.m.* [f. *-a*] **1** chi apparteneva alla popolazione degli Elvezi **2** svizzero.

el|ze|vi|ri|sta *s.m./f.* [m.pl. *-i*] autore di elzeviri.

el|ze|vì|ro *s.m.* **1** tipo di carattere tipografico latino molto piccolo **2** nei quotidiani, articolo di argomento letterario o artistico.

-è|ma (*ling.*) secondo elemento di parole composte che significa "unità minima" (*monema*).

e|ma|cià|to *agg.* molto magro, patito.

e-mail (*ingl.*) [pr. *imèil*] *s.f.invar.* **1** (*anche agg.*

invar.) posta elettronica: *posso avere il tuo indirizzo —?* **2** messaggio inviato tramite la posta elettronica: *inviare, ricevere una —*.

e|ma|nà|re *v.intr.* [aus. *E*] scaturire | diffondersi: *dal calorifero emana un gradevole tepore* ♦ *tr.* **1** inviare verso l'esterno; emettere, diffondere: *i fiori emanano profumo* **2** (*dir.*) promulgare: — *una legge*.

e|ma|na|zió|ne *s.f.* **1** diffusione, propagazione: *l'— del calore* | ciò che viene diffuso **2** (*fig.*) espressione, manifestazione: *il parlamento è — della volontà popolare* **3** (*dir.*) atto di promulgazione.

e|man|ci|pà|re *v.tr.* [indic.pres. *io emàncipo...*] **1** (*dir.*) attribuire a un minorenne la capacità di compiere determinati atti legali **2** liberare uno schiavo ♦ **-rsi** *rifl.* liberarsi da un vincolo di soggezione materiale o morale; rendersi autonomo: *— dalla dipendenza dai propri genitori*.

e|man|ci|pà|to *part.pass. di* emancipare ♦ *agg.* **1** indipendente, autonomo **2** (*estens.*) svincolato da modi di pensare tradizionali o da vincoli sociali: *una donna emancipata*.

e|man|ci|pa|zió|ne *s.f.* liberazione da una situazione di sudditanza o inferiorità | — *femminile, della donna,* raggiungimento, da parte della donna, della parità con l'uomo nell'ambito sociale, economico, giuridico.

e|mar|gi|nà|re *v.tr.* [indic.pres. *io emàrgino...*] escludere, limitare qlcu. nella sua possibilità di inserirsi nella vita sociale; isolare: *la nostra società emargina gli anziani*.

e|mar|gi|nà|to *part.pass. di* emarginare ♦ *agg.* isolato, escluso ♦ *s.m.* [f. *-a*] chi viene escluso, in misura più o meno radicale, dai rapporti con gli altri e dall'accesso alla vita sociale.

e|mar|gi|na|zió|ne *s.f.* esclusione, isolamento sociale.

e|mà|ti|co *agg.* [m.pl. *-ci*] del sangue: *perdite ematiche*.

e|ma|tì|te *s.f.* ossido di ferro che si presenta in masse terrose rossastre o in cristalli e lamelle grigio scuro; è tra i più importanti minerali per l'estrazione del ferro.

è|ma|to- (*med.*) primo elemento di composti che significa "sangue", "sanguigno" (*ematologia*).

e|ma|tò|cri|to *s.m.* **1** rapporto percentuale tra volume dei globuli rossi e volume del sangue **2** strumento che permette di rilevare tale rapporto.

e|ma|to|lo|gìa *s.f.* (*med.*) scienza che studia le caratteristiche, la produzione e le eventuali alterazioni del sangue umano.

e|ma|to|lò|gi|co *agg.* [m.pl. *-ci*] (*med.*) relativo all'ematologia.

e|ma|tò|lo|go *s.m.* [f. *-a*; m.pl. *-gi*] (*med.*) specialista di ematologia.

e|ma|tò|ma *s.m.* [pl. *-i*] (*med.*) raccolta di sangue all'interno di tessuti dovuta alla rottura di vasi sanguigni.

e|ma|to|poiè|si *s.f.* → **emopoiesi**.
e|ma|to|poiè|ti|co *agg.* → **emopoietico**.

e|ma|tò|si *s.f.* (*fisiol.*) ossigenazione del sangue che ha luogo nei capillari polmonari.

e|ma|tù|rìa *s.f.* (*med.*) presenza di sangue nell'urina.

e|mà|zia *s.f.* (*biol.*) globulo rosso del sangue.

em|bàr|go *s.m.* [pl. *-ghi*] **1** sanzione economica con la quale vengono sospesi i rapporti commerciali con certi paesi a seguito di crisi internazionali o come forma di pressione politica **2** divieto di lasciare i porti di uno stato imposto alle imbarcazioni mercantili straniere come forma di rappresaglia o misura di polizia.

em|blè|ma *s.m.* [pl. *-i*] **1** figura simbolica, spesso unita a un motto, impiegata come insegna da stati e organizzazioni: *l'— dell'Unione Europea* **2** (*estens.*) simbolo: *la volpe è l'— della furbizia* | personificazione: *quell'uomo è l'— della pazienza*.

em|ble|mà|ti|co *agg.* [m.pl. *-ci*] **1** che fa da emblema o accompagna un emblema **2** (*fig.*) che simboleggia perfettamente ql.co.; esemplare: *fatto —* ♦ **emblematicamente** *avv.*

em|bo|lì|a *s.f.* (*med.*) improvvisa occlusione di un vaso sanguigno da parte di un embolo: *— polmonare, cerebrale*.

èm|bo|lo *s.m.* (*med.*) formazione solida, liquida o gassosa all'interno di un vaso sanguigno in grado di causare un'embolia.

em|bri|cà|to *agg.* **1** ricoperto di embrici: *tetto —* **2** detto spec. di foglie, penne, squame parzialmente sovrapposte le une alle altre.

èm|bri|ce *s.m.* lastra di terracotta a forma di trapezio allungato con i bordi dei due lati obliqui rialzati a convergere, utilizzata nella copertura dei tetti; tegola piana.

èm|brio- (*scient.*) primo elemento di parole composte che significa "embrione, feto" (*embriogenesi*).

em|brio|gè|ne|si *s.f.* (*biol.*) processo di formazione e sviluppo dell'embrione.

em|brio|lo|gìa *s.f.* branca della biologia che studia lo sviluppo dell'embrione.

em|brio|lò|gi|co *agg.* [m.pl. *-ci*] dell'embriologia.

em|briò|lo|go *s.m.* [f. *-a*; m.pl. *-gi*] specialista di embriologia.

em|brio|nà|le *agg.* **1** (*biol.*) dell'embrione, che riguarda o è proprio dell'embrione **2** (*fig.*) che è ancora in fase di progettazione o di primo sviluppo: *un progetto ancora in fase —*.

em|briò|ne *s.m.* **1** (*biol.*) organismo animale nel suo primo sviluppo dopo la fecondazione della cellula uovo | nell'uomo, organismo vivente dalla fecondazione all'ottava settimana di vita intrauterina **2** (*bot.*) abbozzo di pianta presente all'interno del seme **3** (*fig.*) stadio iniziale di ql.co.; abbozzo, tentativo: *l'— di un'opera*; *un piano in —*.

e|men|dà|bi|le *agg.* che può essere corretto, riparato.

e|men|da|mén|to *s.m.* **1** correzione, riparazione **2** (*dir.*) parziale modifica apportata a un progetto di legge durante la sua discussione in parlamento: *presentare, approvare, respingere un —*.

e|men|dà|re *v.tr.* [*indic.pres. io emèndo*...] liberare da errori o difetti; correggere | (*dir.*) — *un disegno di legge*, modificarne delle parti durante la discussione parlamentare | (*agr.*) — *un terreno*, modificarne la composizione per renderlo più fertile | — *un testo*, in filologia, correggerne gli errori derivanti dalla tradizione manoscritta ♦ -**rsi** *rifl.* correggersi.

e|me|ra|lo|pì|a *s.f.* difetto della vista in condizioni di luminosità limitata.

e|mer|gèn|te *part.pres. di* emergere ♦ *agg.* che sta acquistando notorietà, potere, successo e sim.: *cantante, paese* —.

e|mer|gèn|za *s.f.* situazione di rischio grave e incombente: *stato di* — | (*estens.*) imprevisto | *freno di* —, quello presente in ogni carrozza ferroviaria e che, in caso di necessità, consente di arrestare improvvisamente il treno.

e|mèr|ge|re *v.intr.* [*indic.pres. io emèrgo, tu emèrgi*...; *pass.rem. io emèrsi, tu emergésti*...; *part.pass. emèrso*; *aus. E*] **1** venire a galla, alla superficie di un liquido | venir fuori, comparire: *un'ombra emerse nel buio* **2** (*estens.*) spiccare, apparire al di sopra di ql.co.: *un grattacielo emerge tra i palazzi* | distinguersi, primeggiare **3** (*fig.*) risultare con chiarezza: *la verità emerge da tutti i documenti raccolti.*

e|mè|ri|to *agg.* **1** che non esercita più un ufficio, ma ne conserva il titolo in via onorifica: *socio* —; *professore* — **2** (*estens., anche iron.*) egregio, famoso: *un* — *briccone.*

e|me|ro|tè|ca *s.f.* **1** raccolta di giornali e periodici **2** luogo dove tale raccolta è custodita e disponibile alla consultazione.

e|mer|sió|ne *s.f.* **1** affioramento, uscita in superficie: *l'* — *di un subacqueo* **2** (*geol.*) fenomeno per cui aree sommerse s'innalzano progressivamente al di sopra della superficie delle acque **3** (*astr.*) riapparizione di un astro dopo un momentaneo occultamento.

e|mèr|so *part.pass. di* emergere ♦ *agg.* che rimane al di fuori delle acque: *terre emerse.*

e|mè|ti|co *agg., s.m.* [m.pl. *-ci*] si dice di farmaco che è in grado di indurre il vomito.

e|mét|te|re *v.tr.* [con. *come mettere*] **1** mandare fuori, far uscire: — *un lamento* (*fig.*) mettere in circolazione: — *nuove monete* **3** (*fig.*) emanare: — *una legge* **4** (*fig.*) esprimere, manifestare: — *un parere legale.*

è|mi- primo elemento di parole composte che significa "metà, mezzo" (*emiciclo, emiparesi*).

-e|mi|a (*med.*) secondo elemento di parole composte che significa "sangue" (*ischemia*).

e|mi|ci|clo *s.m.* spazio o edificio a forma semicircolare: *l'* — *del Parlamento.*

e|mi|crà|nia *s.f.* (*med.*) cefalea che rimane circoscritta a una metà della testa | (*estens.*) mal di testa.

e|mi|gràn|te *part.pres. di* emigrare ♦ *agg., s.m./f.* che, chi abbandona il proprio luogo d'origine e si trasferisce altrove, spec. per necessità o lavoro.

e|mi|grà|re *v.intr.* [aus. *E*; anche *A* quando il v. è usato assol.] **1** abbandonare il proprio luogo d'origine e trasferirsi altrove, spec. per necessità e per lavoro: — *all'estero, in un'altra città* **2** (*estens.*) di animali, spostarsi da un luogo all'altro con il mutare delle stagioni; migrare.

e|mi|grà|to *part.pass. di* emigrare ♦ *agg., s.m.* [f. *-a*] che, chi ha abbandonato il proprio luogo d'origine e si è trasferito altrove.

e|mi|gra|zió|ne *s.f.* **1** trasferimento dal proprio luogo d'origine a un'altra regione o stato, spec. per motivi di lavoro | — *interna*, da una regione all'altra all'interno dello stesso stato | — *esterna*, da uno stato all'altro | — *stagionale*, limitata a un dato periodo lavorativo (p.e. il raccolto) **2** (*estens.*) trasferimento, spostamento: — *di valuta verso l'estero.*

e|mi|lià|no *agg.* dell'Emilia ♦ *s.m.* **1** [f. *-a*] chi è nato o abita in Emilia **2** dialetto parlato in Emilia.

e|mi|nèn|te *agg.* **1** (*raro*) che si distingue in altezza **2** (*fig.*) che eccelle, che si distingue per le sue qualità positive; illustre: *un* — *scienziato* □ **eminentemente** *avv.* soprattutto, in particolar modo: *disciplina* — *teorica.*

e|mi|nèn|za *s.f.* **1** (*raro*) elevazione | luogo elevato **2** (*fig.*) superiorità, eccellenza: *l'* — *della tua saggezza* **3** titolo cardinalizio | (*fig.*) — *grigia*, personaggio influente ma che rimane nell'ombra.

e|mi|pa|rè|si *s.f.* (*med.*) riduzione della motilità muscolare che colpisce una metà del corpo.

e|mi|ple|gì|a *s.f.* (*med.*) paralisi che colpisce una metà (destra o sinistra) del corpo.

e|mi|rà|to *s.m.* **1** il titolo e la carica dell'emiro **2** territorio governato da un emiro.

e|mì|ro *s.m.* **1** nel mondo musulmano, titolo spettante ai discendenti di Maometto e ai capitribù **2** (*estens.*) monarca di stato islamico.

e|mi|sfè|ri|co *agg.* [m.pl. *-ci*] proprio o a forma di emisfero: *volta emisferica.*

e|mi|sfè|ro *s.m.* **1** la metà di una sfera **2** (*geog.*) ciascuna delle due parti emisferiche in cui l'equatore divide il globo terrestre | — *boreale*, quello settentrionale | — *australe*, quello meridionale **3** (*anat.*) — *cerebrale*, ciascuna delle due parti simmetriche in cui è diviso il cervello.

e|mis|sà|rio[1] *s.m.* corso d'acqua che riceve le acque di un lago.

e|mis|sà|rio[2] *s.m.* [f. *-a*] chi viene inviato da uno Stato o da un privato per svolgere delle trattative segrete o scoprire ql.co. | (*spreg.*) chi viene inviato a compiere attività di spionaggio o sabotaggio.

e|mis|sió|ne *s.f.* **1** fuoriuscita: — *di voce*; — *di liquido* **2** (*econ.*) operazione con cui si mettono in circolazione titoli di credito, valuta, francobolli e sim. **3** (*telecom.*) diffusione nello spazio di segnali trasmessi sotto forma di onde elettromagnetiche.

e|mi|stì|chio *s.m.* (*metr.*) ciascuna delle due metà di un verso.

e|mit|tèn|te *agg.* che mette in circolazione o diffonde ql.co. ♦ *s.f.* (*telecom.*) canale radiofoni-

emittenza 406

co o televisivo: — *locale, commerciale* ♦ *s.m./f.* nella teoria della comunicazione, chi emette un messaggio.
e|mit|tèn|za *s.f.* il complesso delle emittenti radiofoniche e televisive: *legislazione sull'—.*
E|mit|tè|ri *s.m.pl.* superordine di insetti con apparato boccale atto a pungere e succhiare, ali rigide o membranose e corpo piatto; ne fanno parte la cimice e la cicala.
èm|me *s.f./m.invar.* nome della lettera *m.*
èm|men|tal (*errato* èmmenthal) *s.m.invar.* formaggio svizzero a pasta dura caratterizzato da grandi buchi.
è|mo- (*med.*) primo elemento di parole composte che significa "sangue", "del sangue" (*emocromo, emofilia*).
e|mo|col|tù|ra o **emocultùra** *s.f.* (*med.*) esame colturale del sangue, al fine di identificare i batteri in esso contenuti.
e|mo|crò|mo *s.m.invar.* (*med.*) esame emocromocitometrico.
e|mo|cro|mo|ci|to|mè|tri|co *agg.* [m.pl. *-ci*] (*med.*) detto di esame di laboratorio che mira a determinare il contenuto in emoglobina del sangue, il numero dei globuli rossi e bianchi e la formula leucocitaria.
e|mo|cul|tù|ra *s.f.* → **emocoltura**.
e|mo|di|à|li|si *s.f.* (*med.*) depurazione del sangue dalle scorie azotate eseguita per mezzo di un'apparecchiatura denominata rene artificiale.
e|mo|dia|liz|zà|to *agg., s.m.* [f. *-a*] che, chi deve sottoporsi a emodialisi.
e|mo|fi|lì|a *s.f.* (*med.*) malattia ereditaria trasmessa per linea femminile ai soli maschi, che consiste nella mancanza di un fattore di coagulazione del sangue ed è causa di frequenti emorragie.
e|mo|fi|lì|a|co *agg.* [m.pl. *-ci*] 1 (*med.*) dell'emofilia 2 che è malato di emofilia ♦ *s.m.* [f. *-a*] chi è malato di emofilia.
e|mo|glo|bì|na *s.f.* (*chim., biol.*) sostanza proteica contenente ferro; è presente nei globuli rossi e trasporta l'ossigeno nel sangue.
e|mo|lin|fa *s.f.* (*zool.*) liquido circolante negli insetti e in altri artropodi che svolge funzioni analoghe a quelle del sangue.
e|mo|lì|si *s.f.* (*biol.*) dissoluzione dei globuli rossi con fuoriuscita dell'emoglobina.
e|mol|lièn|te *agg., s.m.* 1 (*farm.*) detto di preparato in grado di proteggere le mucose e decongestionarne le infiammazioni 2 detto di sostanza impiegata nell'industria tessile per rendere morbidi e flessibili i tessuti.
e|mo|lu|mén|to *s.m. spec.pl.* somma corrisposta come compenso di prestazioni professionali, spec. non occasionali: *aumentare gli emolumenti.*
e|mo|me|trì|a *s.f.* (*med.*) misurazione del tasso di emoglobina nel sangue.
e|mo|po|iè|si o **ematopoièsi** *s.f.* (*biol.*) produzione delle cellule del sangue nel midollo osseo e nella milza.

e|mo|po|iè|ti|co o **ematopoiètico** *agg.* [m.pl. *-ci*] (*biol.*) relativo all'emopoiesi: *processo —.*
e|mor|ra|gì|a *s.f.* 1 (*med.*) fuoriuscita di sangue dai vasi sanguigni | — *interna*, quella in cui il versamento avviene dentro una cavità interna dell'organismo 2 (*fig.*) grave perdita; deflusso: — *di voti.*
e|mor|rà|gi|co *agg.* [m.pl. *-ci*] relativo o dovuto a emorragia.
e|mor|ròi|de *s.f. spec.pl.* (*med.*) dilatazione varicosa di una o più vene del retto e dell'ano.
e|mò|sta|si o **emostàsi** *s.f.* (*med.*) arresto di un'emorragia.
e|mo|stà|ti|co *agg.* [m.pl. *-ci*] che è in grado di arrestare un'emorragia: *laccio* — ♦ *s.m.* farmaco in grado di arrestare un'emorragia.
e|mo|tè|ca *s.f.* luogo dove si conservano il sangue e il plasma sanguigno per trasfusioni.
e|mo|te|ra|pì|a *s.f.* (*med.*) terapia che si basa sulle trasfusioni di sangue.
e|mò|ti|si *s.f.* → **emottisi**.
emoticon (*ingl.*) [pr. *imòtikon*, com. *emòtikon*] *s.m./f.invar.* (*inform.*) nei messaggi di posta elettronica e sim., combinazione di segni alfanumerici che, visti di lato, riproducono in modo stilizzato le espressioni del viso; è utilizzata da chi scrive per manifestare il proprio stato d'animo.
e|mo|ti|vi|tà *s.f.* 1 (*psicol.*) capacità di reagire ai diversi stimoli provando emozioni 2 (*estens.*) facilità a commuoversi, a turbarsi; sensibilità: *lasciarsi prendere dall'—.*
e|mo|tì|vo *agg.* 1 che riguarda, provoca o è causato da emozione: *fattore* — 2 che tende a lasciarsi dominare dalle emozioni: *carattere* — ♦ *s.m.* [f. *-a*] chi si lascia dominare dalle emozioni
□ **emotivamente** *avv.* 1 in maniera emotiva 2 dal punto di vista emotivo.
e|mo|to|rà|ce *s.m.* (*med.*) versamento di sangue nella cavità toracica.
e|mot|tì|si o (*pop.*) **emotìsi** *s.f.* (*med.*) fuoriuscita di sangue dalle lesioni provocate da lesioni delle vie respiratorie.
e|mo|zio|nà|bi|le *agg.* che si lascia prendere facilmente dalle emozioni.
e|mo|zio|nà|le *agg.* (*psicol.*) di emozione: *fattore —.*
e|mo|zio|nàn|te *part.pres.* di emozionare ♦ *agg.* che suscita emozioni; che coinvolge, appassiona: *una partita, un libro —.*
e|mo|zio|nà|re *v.tr.* [indic.pres. *io emozióno...*] trasmettere, suscitare emozione in qlcu.; commuovere, impressionare: *il loro arrivo ci emozionò*; *un libro che emoziona* ♦ **-rsi** *intr.pron.* provare emozione; commuoversi, turbarsi.
e|mo|zio|nà|to *part.pass.* di emozionarsi ♦ *agg.* in agitazione, confuso, turbato: *alla cerimonia eri visibilmente —.*
e|mo|zió|ne *s.f.* 1 (*psicol.*) intensa reazione affettiva a eventi esterni o soggettivi, spesso accompagnata da manifestazioni fisiologiche e comportamentali 2 (*estens.*) forte impressione; turbamento: *provare un'intensa —* | esperienza eccitante, coinvolgente: *cercare nuove emozioni.*

em|pa|tì|a *s.f.* 1 (*psicol.*) capacità di comprendere i pensieri e le emozioni di un'altra persona 2 (*filos.*) il coinvolgimento emotivo che accompagna la contemplazione di un'opera d'arte.
em|pà|ti|co *agg.* dell'empatia.
em|pie|tà *s.f.* 1 mancanza di venerazione e rispetto per ciò che è sacro 2 azione empia; sacrilegio: *commettere un' —*.
ém|pio *agg.* 1 che disprezza o offende ciò che è sacro; sacrilego 2 (*estens.*) spietato, crudele, scellerato ♦ *s.m.* [f. -a] persona sacrilega o crudele.
em|pì|re *v.tr.* [indic.pres. *io émpio, tu émpi, egli émpie, noi empiàmo, voi empìte, essi émpiono*; imperf. *io empìvo...*; pass.rem. *io empìi, tu empìsti...*; fut. *io empirò...*; congiunt.pres. *io émpia...*; congiunt.imperf. *io empìssi...*; condiz. *io empirèi...*; imp. *émpi, empìte*; ger. *empièndo*; part. pass. *empìto* o *empiùto*] (*raro*) riempire, colmare: *— un bicchiere* ♦ **-rsi** *rifl.* (*fam.*) saziarsi, mangiare in abbondanza ♦ *intr.pron.* riempirsi.
em|pì|re|o *agg.* nella filosofia medievale, si diceva del decimo e più alto dei cieli, dove avevano sede Dio e i beati ♦ *s.m.* il cielo empireo.
em|pì|ri|a *s.f.* (*filos.*) l'attività pratica come fonte di conoscenza; esperienza.
em|pì|ri|co *agg.* [m.pl. *-ci*] 1 basato sull'esperienza e sulla sperimentazione 2 (*estens.*) basato unicamente sulla pratica, senza alcun riferimento teorico o scientifico: *medicina empirica* □ **empiricamente** *avv.*
em|pi|ri|smo *s.m.* 1 (*filos.*) corrente di pensiero che considera l'esperienza come unica fonte valida di conoscenza 2 carattere di ciò che è empirico o di chi agisce in maniera empirica.
em|pi|ri|sta *s.m./f.* [m.pl. *-i*] 1 (*filos.*) chi aderisce all'empirismo 2 chi agisce in maniera empirica.
em|pi|ri|sti|co *agg.* [m.pl. *-ci*] che riguarda l'empirismo: *pensiero —* □ **empiristicamente** *avv.*
ém|pi|to *s.m.* (*lett.*) impeto; forza violenta e travolgente.
em|pò|rio *s.m.* 1 grande centro di attività mercantile: *il porto di Genova era un tempo uno dei grandi empori del Mediterraneo* 2 negozio di grandi dimensioni in cui si vendono prodotti di vario genere.
e|mù *s.m.* grosso uccello australiano simile allo struzzo, ma con zampe e collo più piccoli; ha piumaggio bruno, ali brevissime e zampe con tre dita.
e|mu|là|re *v.tr.* [indic.pres. *io èmulo...*] prendere a modello qlcu. e tentare di uguagliarne o superarne le opere e i pregi: *— un grande artista.*
e|mu|la|tó|re *s.m.* 1 [f. *-trice*] chi emula 2 (*inform.*) programma che permette di utilizzare un'applicazione su un computer con un sistema operativo diverso da quello per cui era stata originariamente realizzata.
e|mu|la|zió|ne *s.f.* 1 il tentativo o il desiderio di uguagliare o superare un dato modello 2 (*inform.*) procedimento con cui si impiega un'applicazione su un sistema operativo diverso da quello per cui era stata realizzata.
è|mu|lo *agg.,s.m.* [f. *-a*] che, chi si propone come seguace o imitatore di qualcun altro; epigono.
e|mul|sio|nàn|te *part.pres.* di emulsionare ♦ *agg.,s.m.* (*chim.*) detto di sostanza che facilita la formazione o il mantenimento di emulsioni.
e|mul|sio|nà|re *v.tr.* [indic.pres. *io emulsióno...*] ridurre una sostanza a emulsione.
e|mul|sió|ne *s.f.* 1 (*chim.*) mescolanza di due liquidi non solubili tra loro, uno dei quali è disperso nell'altro sotto forma di minutissime gocce in sospensione 2 (*foto.*) *— sensibile*, sostanza gelatinosa in cui sono diffusi sali d'argento sensibili alla luce; viene applicata su lastre e pellicole fotografiche.
e|nàl|la|ge *s.f.* figura retorica che consiste nell'utilizzo, a fini stilistici, di una parte del discorso o di una forma verbale in sostituzione di quella grammaticalmente più appropriata (p.e. *parlare chiaro* invece di *chiaramente*).
e|nar|trò|si *s.f.* (*anat.*) articolazione mobile formata dalla connessione di due superfici sferiche, una concava e una convessa.
en|càu|sto *s.m.* antica tecnica pittorica nella quale i colori vengono diluiti in cera fusa e poi applicati a caldo sull'intonaco.
en|ce|fà|li|co *agg.* [m.pl. *-ci*] (*anat.*) dell'encefalo.
en|ce|fa|lì|te *s.f.* (*med.*) denominazione generica delle diverse infezioni che possono colpire l'encefalo.
en|ce|fa|lì|ti|co *agg.* [m.pl. *-ci*] 1 (*med.*) dell'encefalite 2 che soffre di encefalite ♦ *s.m.* [f. *-a*] chi soffre di encefalite.
en|cè|fa|lo *s.m.* (*anat.*) la porzione del sistema nervoso centrale racchiusa nel cranio, costituita da cervello, cervelletto e tronco encefalico.
en|ce|fa|lo|gra|fì|a *s.f.* (*med.*) radiografia dell'encefalo a fini diagnostici.
en|ce|fa|lo|gràm|ma *s.m.* (*med.*) immagine risultante dall'encefalografia.
en|ce|fa|lo|pa|tì|a *s.f.* (*med.*) qualsiasi malattia dell'encefalo derivante da una lesione.
en|cì|cli|ca *s.f.* lettera su temi dottrinali o pastorali inviata dal papa ai vescovi e ai fedeli di tutto il mondo o di una determinata regione.
en|ci|clo|pe|dì|a *s.f.* opera che raccoglie in maniera sistematica, spec. in ordine alfabetico, cognizioni relative all'intero sapere umano o a un singolo ambito: *— universale, medica, dello sport.*
en|ci|clo|pè|di|co *agg.* [m.pl. *-ci*] 1 che ha carattere di enciclopedia: *opera enciclopedica | dizionario —*, che riporta voci enciclopediche unitamente a voci del lessico comune 2 (*fig.*) che denota il possesso di vaste conoscenze in diversi campi del sapere: *cultura enciclopedica.*
en|ci|clo|pe|dì|smo *s.m.* tendenza ad acquisire conoscenze nei più vari campi del sapere.
enclave (*fr.*) [pr. *anclàv*] *s.f.invar.* territorio di dimensioni limitate situato all'interno dei con-

enclisi

fini di uno Stato (o di una circoscrizione amministrativa) diverso da quello di appartenenza.
en|cli|si *s.f.* (*ling.*) fenomeno per cui una parola atona si appoggia alla precedente, legandosi a essa (p.e. *dammi, prendilo*; si contrappone a *proclisi*) | **doppia** —, nel caso in cui due parole atone si appoggiano a una stessa parola (p.e. *dammelo*).
en|cli|ti|ca *s.f.* [pl. *-che*] (*ling.*) particella atona soggetta a enclisi.
en|cli|ti|co *agg.* (*ling.*) detto di particella atona che si appoggia alla parola precedente: *avverbio —*.
en|co|mià|bi|le *agg.* degno di lode: *condotta —*.
en|co|mià|re *v.tr.* [indic.pres. *io encòmio...*] elogiare in maniera pubblica e solenne: *— qlcu. per i suoi meriti; — i meriti di qlcu.*
en|co|mià|sti|co *agg.* [m.pl. *-ci*] che mira a lodare qlcu.: *discorso —.*
en|cò|mio *s.m.* pubblico e solenne elogio fatto da una persona autorevole o comunque superiore per grado o incarico: *tributare un —.*
en|de|ca|sìl|la|bo *agg.*, *s.m.* (*metr.*) si dice di verso di undici sillabe | nella metrica italiana, si dice di verso il cui ultimo accento tonico ricade sulla decima sillaba e che tende pertanto ad avere undici sillabe, prevalendo in italiano le parole piane | **endecasillabi sciolti**, non legati da una rima.
en|de|mì|a *s.f.* tendenza di una malattia a manifestarsi ripetutamente in un dato territorio.
en|de|mi|ci|tà *s.f.* carattere endemico.
en|dè|mi|co *agg.* [m.pl. *-ci*] **1** (*med.*) di malattia infettiva, presente in maniera costante in un dato territorio **2** (*biol.*) si dice di specie animali o vegetali diffuse esclusivamente in un dato territorio **3** (*fig.*) tipico o proprio di un certo ambiente: *corruzione endemica*.
en|de|mì|smo *s.m.* (*biol.*) presenza permanente ed esclusiva di una specie animale o vegetale in una regione.
en|dì|a|di *s.f.* figura retorica in cui un singolo concetto viene espresso con due nomi coordinati tra loro (p.e. *bella di luci e di stelle*, per *di luminose stelle*)
èn|do- (*scient.*) primo elemento di parole composte che significa "interno", "all'interno" (*endocellulare, endoscopia*).
en|do|càr|dio *s.m.* (*anat.*) membrana che riveste le pareti interne del cuore.
en|do|càr|po o **endocàrpio** *s.m.* (*bot.*) lo strato più interno del frutto.
en|do|cel|lu|là|re *agg.* (*biol.*) situato all'interno della cellula.
en|dò|cri|no *agg.* (*biol.*) si dice di ghiandola o cellula a secrezione interna, che versa le proprie secrezioni nei vasi sanguigni: *sistema —.*
en|do|cri|no|lo|gì|a *s.f.* branca della medicina che studia le ghiandole a secrezione interna.
en|do|cri|nò|lo|go *s.m.* [f. *-a*; m.pl. *-gi*] specialista in endocrinologia.
en|do|dèr|ma *s.m.* [pl. *-i*] (*bot.*) lo strato più interno della corteccia delle piante.

en|do|fa|sì|a *s.f.* (*psicol.*) stato allucinatorio in cui il soggetto sente o crede di sentire delle voci interiori.
en|do|ga|mì|a *s.f.* **1** (*antrop.*) norma sociale che impone di contrarre matrimonio all'interno di un clan o di una tribù **2** (*estens.*) tendenza a sposare persone del proprio ceto economico e sociale.
en|do|gà|mi|co *agg.* [m.pl. *-ci*] caratterizzato da endogamia.
en|do|gè|ne|si *s.f.* (*biol., geol.*) generazione determinata da fenomeni interni.
en|dò|ge|no *agg.* **1** (*scient.*) che ha origine o si sviluppa all'interno **2** (*geol.*) detto di fenomeno che ha origine o agisce all'interno della Terra, ma produce effetti anche in superficie: *forze endogene*.
en|do|mè|trio *s.m.* (*anat.*) mucosa che riveste l'interno dell'utero.
en|do|me|triò|si *s.f.* (*med.*) malattia caratterizzata dallo sviluppo anomalo di mucosa uterina in sedi diverse dall'utero.
en|do|pa|ras|si|ta *s.m.* [pl. *-i*] parassita che vive all'interno del corpo dell'ospite.
en|do|plà|sma *s.m.* [pl. *-i*] (*biol.*) parte più interna del citoplasma cellulare.
en|do|pla|smà|ti|co *agg.* [m.pl. *-ci*] (*biol.*) dell'endoplasma: *organulo —.*
en|do|re|at|tó|re *s.m.* (*aer.*) motore termico a combustione interna continua, utilizzato spec. in missilistica; motore a razzo.
en|do|rfì|na *s.f.* (*biol.*) ciascuna delle sostanze prodotte dal cervello che riducono la percezione del dolore.
en|do|sco|pì|a *s.f.* (*med.*) ispezione endoscopica di una cavità organica eseguita a scopo diagnostico.
en|do|scò|pio *s.m.* (*med.*) strumento dotato di illuminazione e gruppo ottico che permette di ispezionare cavità interne dell'organismo.
en|do|tè|lio *s.m.* (*anat.*) tessuto connettivale che riveste l'interno del cuore e dei vasi sanguigni e linfatici.
en|do|tèr|mi|co *agg.* [m.pl. *-ci*] che si verifica con assorbimento di calore: *reazione endotermica*.
en|do|vé|na *s.f.* iniezione endovenosa.
en|do|ve|nó|so *agg.* (*med.*) che penetra in una vena | **iniezione endovenosa**, che inietta il liquido direttamente in una vena.
en|dù|ro *s.m.invar.* (*sport*) competizione motociclistica che si svolge su percorsi di notevole lunghezza, spec. fuoristrada.
e|ne|o|lì|ti|co *agg.* [m.pl. *-ci*] dell'età preistorica caratterizzata dall'uso simultaneo della pietra levigata e del rame: *reperto —.* ♦ *s.m.* età eneolitica.
e|ner|gè|ti|co *agg.* [m.pl. *-ci*] **1** che riguarda l'energia: *politica energetica* **2** detto di sostanza che stimola l'organismo, ridandogli vigore fisico o psichico: *bevanda energetica*.
e|ner|gì|a *s.f.* **1** vigore psicofisico; vitalità, prontezza: *non ho più —; recuperare le energie* | vigore morale; decisione, risolutezza: *sostenere un'i-*

dea con — 2 (*fis.*) attitudine di un corpo a compiere un lavoro: *— potenziale, cinetica* | *— eolica,* ottenuta sfruttando il vento | *— idraulica,* ottenuta sfruttando la pressione dell'acqua | *— nucleare,* ottenuta dalla fissione o dalla fusione nucleare | *— solare,* ottenuta trasformando le radiazioni solari per mezzo di appositi pannelli | *energie alternative,* quelle considerate meno inquinanti rispetto alle fonti energetiche tradizionali.

e|nèr|gi|co *agg.* [m.pl. *-ci*] **1** che possiede o dimostra energia **2** determinato, risoluto: *modi energici* | drastico □ **energicamente** *avv.*

e|ner|gù|me|no *s.m.* chi si comporta in maniera brutale e irragionevole.

enfant prodige (*fr.*) [pr. *anfàn prodìj*] *loc.sost. m.invar.* bambino prodigio, che consegue risultati eccezionali in una certa attività, spec. artistica.

enfant terrible (*fr.*) [pr. *anfàn terrìbl*] *loc.sost. m.invar.* **1** bambino turbolento **2** (*estens.*) chi agisce in maniera anticonformista e irriverente.

èn|fa|si *s.f.* **1** solennità e calore, spec. eccessivi, nell'esprimersi: *declamare con —* **2** particolare risalto dato a un'espressione o a un passaggio importante di un discorso o di un testo scritto.

en|fà|ti|co *agg.* [m.pl. *-ci*] pieno di enfasi | troppo solenne e magniloquente: *espressione —* □ **enfaticamente** *avv.*

en|fa|tiz|zà|re *v.tr.* **1** pronunciare in maniera enfatica **2** accentuare, ingigantire: *— una notizia.*

en|fi|sè|ma *s.m.* [pl. *-i*] (*med.*) infiltrazione di aria in un organo o tessuto | *— polmonare,* dilatazione degli alveoli polmonari con patologica riduzione della funzionalità respiratoria.

en|fi|tèu|si *s.f.* (*dir.*) diritto di utilizzo e godimento di un fondo agricolo, a tempo indeterminato o per almeno vent'anni, con l'obbligo di pagare un canone e apportare migliorie al terreno.

en|fi|tèu|ta *s.m./f.* [pl. *-i*] (*dir.*) titolare del diritto di enfiteusi.

engagement (*fr.*) [pr. *angajmàn*] *s.m.invar.* impegno sociale e politico.

engineering (*ingl.*) [pr. *enginierin*] *s.m.invar.* il complesso di attività legate alla progettazione, alla realizzazione e al controllo di impianti industriali.

e|ni|dro|col|tù|ra *s.f.* acquicoltura.

e|nìg|ma *s.m.* [pl. *-i*] **1** breve testo, spec. in versi, che allude in maniera ambigua a un concetto da indovinare; indovinello: *proporre, risolvere un —* **2** (*estens.*) frase o discorso di difficile comprensione: *le tue parole sono un —* **3** (*fig.*) cosa o persona ambigua, misteriosa, incomprensibile: *quell'uomo è un —.*

e|nig|ma|ti|ci|tà *s.f.* caratteristica di ciò che è ambiguo, poco comprensibile.

e|nig|mà|ti|co *agg.* [m.pl. *-ci*] ambiguo, incomprensibile, misterioso: *frase enigmatica* □ **enigmaticamente** *avv.*

e|nig|mi|sta *s.m./f.* [m.pl. *-i*] chi si dedica a inventare o risolvere giochi enigmistici.

e|nig|mì|sti|ca *s.f.* **1** l'arte di creare e risolvere giochi enigmistici **2** l'insieme dei diversi giochi enigmistici.

e|nig|mì|sti|co *agg.* [m.pl. *-ci*] che riguarda l'enigmistica: *settimanale —* | *giochi enigmistici,* quelli in cui si devono risolvere rebus, indovinelli, cruciverba, anagrammi o incastri.

enjambement (*fr.*) [pr. *anjambmàn*] *s.m.invar.* in poesia, procedimento stilistico che consiste nel prolungare una frase o un sintagma oltre la fine del verso, collocandone una o due parole all'inizio del verso successivo.

en|nà|go|no *s.m.* (*geom.*) poligono a nove lati e nove angoli.

èn|ne *s.f./m.invar.* nome della lettera *n.*

-èn|ne secondo elemento di parole composte che indicano l'età espressa in anni (*dodicenne, quarantenne*).

en|nè|si|mo *agg.* **1** (*mat.*) riferito alla lettera *n,* simbolo di numero naturale indefinito | *elevare all'ennesima potenza,* a un esponente indeterminato **2** (*fam.*) che equivale a un numero molto alto ma indeterminato: *fare ql.co. per l'ennesima volta.*

-èn|nio secondo elemento di parole composte che indicano un certo periodo di anni (*triennio, sessantennio*).

è no- primo elemento di parole composte che significa "vino" (*enofilo, enoteca*).

e|nò|fi|lo *agg.* che si interessa, professionalmente o per passione, del vino e dei metodi per produrlo: *associazione enofila.*

e|no|ga|stro|no|mì|a *s.f.* **1** l'insieme delle competenze teoriche e pratiche relative all'arte culinaria e alla selezione dei vini da abbinare ai diversi cibi **2** la cultura culinaria e vinicola di una regione: *l'— piemontese.*

e|no|lo|gì|a *s.f.* l'arte di produrre, conservare e far invecchiare il vino.

e|no|lò|gi|co *agg.* [m.pl. *-ci*] dell'enologia; della produzione vinicola: *consorzio —.*

e|nò|lo|go *s.m.* [f. *-a*; m.pl. *-gi*] esperto in enologia.

e|nór|me *agg.* **1** fuori dal normale; grandissimo, smisurato: *costruzione, albero —* **2** (*fig.*) eccezionale, straordinario: *un — successo* □ **enormemente** *avv.*

e|nor|mi|tà *s.f.* **1** straordinaria grandezza o gravità: *l'— di quello che hai fatto* **2** cosa eccessiva o irragionevole: *dire, —* | *pagare un' —,* un prezzo eccessivo.

e|no|tè|ca *s.f.* **1** raccolta di vini pregiati in bottiglia | (*estens.*) il luogo dove si conservano tali bottiglie **2** esercizio commerciale specializzato nella degustazione e nella vendita di vini.

e|no|tèc|ni|ca *s.f.* la tecnica della produzione di vini; enologia.

E|no|te|rà|ce|e *s.f.pl.* famiglia di piante erbacee dicotiledoni dell'ordine Mirtali, tipiche delle regioni temperate, di cui fa parte la fucsia.

en passant (*fr.*) [pr. *an passàn*] *loc.avv.* incidentalmente, di sfuggita, a margine: *dire ql.co. —.*

en plein (*fr.*) [pr. *an plèn*] *loc.sost.m.invar.* **1** nel

gioco della roulette, vincita massima **2** (*fig.*) pieno successo: *fare l'—*.
ensemble (*fr.*) [pr. ansàmbl] *s.m.invar.* **1** (*mus.*) complesso strumentale **2** abito completo con accessori coordinati.
en|tal|pi|a *s.f.* (*fis.*) in un sistema termodinamico, funzione equivalente alla somma dell'energia interna e del prodotto tra volume occupato e pressione su di esso esercitata.
èn|te *s.m.* **1** (*filos.*) tutto ciò che esiste **2** (*dir.*) istituzione dotata di personalità giuridica: *— di ricerca* | *— locale*, ogni amministrazione regionale, provinciale o comunale | *— pubblico*, istituzione organizzata che persegue fini di interesse collettivo.
enter (*ingl.*) *s.m.* (*inform.*) nei computer, tasto speciale che autorizza od ordina l'esecuzione di un dato comando | (*estens.*) il comando in questione: *dare l'—*.
en|tè|ri|co *agg.* [m.pl. -*ci*] (*med.*) dell'intestino: *succhi enterici*.
en|te|ri|te *s.f.* (*med.*) infiammazione dell'intestino tenue.
èn|te|ro- (*scient.*) primo elemento di parole composte che significa "intestino" (*enteroclisi*).
en|te|ro|cli|si *s.f.* (*med.*) lavaggio dell'ultimo tratto dell'intestino effettuato, gener. a scopo terapeutico, mediante l'introduzione di liquidi per via rettale; clistere.
en|te|ro|cli|sma *s.m.* [pl. -*i*] (*med.*) **1** enteroclisi **2** apparecchio per enteroclisi.
en|te|ro|co|li|te *s.f.* (*med.*) infiammazione simultanea di intestino tenue e colon.
en|te|ro|lo|gi|a *s.f.* branca della medicina che studia l'intestino e le sue patologie.
en|te|ro|pa|ti|a *s.f.* (*med.*) ogni tipo di patologia dell'intestino.
entertainment (*ingl.*) [pr. entertèinmen] *s.m.invar.* spettacolo, intrattenimento leggero.
en|ti|tà *s.f.* **1** ogni cosa, concreta o astratta, che esiste **2** grado di consistenza o di grandezza: *l'— di un patrimonio, di un danno*.
èn|to|mo- (*scient.*) primo elemento di parole composte che significa "insetto" (*entomologia*).
en|to|mò|fa|go *agg.*, *s.m.* [m.pl. -*gi*] che, chi si ciba di insetti: *animale —*.
en|to|mo|fi|li|a *s.f.* (*bot.*) impollinazione a opera degli insetti.
en|to|mò|fi|lo *agg.* (*bot.*) detto di pianta la cui impollinazione è effettuata da insetti.
en|to|mo|lo|gi|a *s.f.* branca della zoologia che studia gli insetti.
en|to|mo|lò|gi|co *agg.* [m.pl. -*ci*] dell'entomologia.
en|to|mò|lo|go *s.m.* [f. -*a*; m.pl. -*gi*] studioso di entomologia.
entourage (*fr.*) [pr. anturàj] *s.m.invar.* gruppo, cerchia di persone che ruotano attorno a un personaggio di rilievo.
entraîneuse (*fr.*) [pr. antrenòs] *s.f.invar.* donna che intrattiene la clientela dei locali notturni inducendoli a spendere in consumazioni e divertimenti.

en|tràm|bi [f. *entrambe*] *pron.m.pl.* tutti e due, ambedue: *— sono presenti* ♦ *agg.* [seguito dall'art.det.] tutti e due: *occorre valutare — i dati*.
en|tràn|te *part.pres. di* entrare ♦ *agg.* **1** di periodo, che sta per iniziare: *la settimana — 2 di persona*, che sta assumendo una carica o un ufficio: *preside —*.
en|trà|re *v.intr.* [indic.pres. *io éntro*...; aus. *E*] **1** penetrare all'interno, introdursi: *— nella stanza*; *— dal cancello*; *mi è entrata una spina nel piede* | *— in scena*, presentarsi sul palcoscenico; (*fig.*) diventare parte di una vicenda | *— nella parte*, di attore, immedesimarsi nel personaggio recitato | (*fam.*) *— in testa*, essere compreso e memorizzato **2** (*fig.*) entrare a far parte di un gruppo organizzato: *— nella squadra, nel partito* | *— in convento, in monastero*, intraprendere la vita monastica **3** poter essere contenuto; starci: *le bottiglie non entrano nel cestello* | (*fig.*) **entrarci**, **non entrarci**, avere o non avere attinenza: *questo proprio non c'entra* **4** mettersi o trovarsi in una nuova situazione: *— in guerra* | *— in azione*, iniziare ad agire | (*dir.*) *— in vigore*, di leggi e sim., divenire valido, diventare esecutivo | *— in possesso di ql.co.*, diventarne il proprietario | *— in contatto*, iniziare ad avere rapporti **5** (*mus.*) di strumenti in un'orchestra, attaccare, iniziare a suonare: *a metà brano entra la batteria* **6** (*sport*) effettuare un intervento deciso contro l'avversario.
en|trà|ta *s.f.* **1** l'atto di entrare in un luogo o in una situazione: *l'— a scuola, nel conflitto* | *— libera*, la possibilità di avere accesso gratuito a un luogo pubblico o di entrare in un negozio senza acquistare nulla **2** il passaggio attraverso cui si entra: *l'— dello stadio*; *— di servizio* **3** (*mus.*) il momento in cui uno o più strumenti di un complesso attaccano a suonare: *l'— dei flauti* **4** (*sport*) nel calcio, intervento deciso contro l'avversario: *— a gamba tesa* **5** (*spec.pl.*) l'incasso, il guadagno: *le entrate dello Stato*.
en|tra|tù|ra *s.f.* **1** la possibilità di accedere a un luogo esclusivo, grazie spec. alla conoscenza di chi lo frequenta abitualmente **2** (*estens.*, *spec. pl.*) frequentazione, conoscenza di personaggi famosi o influenti: *avere entrature negli ambienti politici*.
entrecôte (*fr.*) [pr. antrkòt] *s.f.invar.* (*gastr.*) costata disossata e senza filetto.
én|tro *prep.* **1** prima che sia trascorso: *— ventiquattro ore*; *— settembre* **2** (*lett.*) dentro.
en|tro|bór|do *s.m.invar.* imbarcazione con motore installato allo scafo | il motore stesso.
en|tro|pi|a *s.f.* (*fis.*) grandezza termodinamica che misura il livello di disordine di un sistema fisico, esprimendo la degradazione dell'energia al suo interno (il livello dell'entropia è inversamente proporzionale alla quantità di energia utilizzabile).
en|trò|pi|co *agg.* [m.pl. -*ci*] dell'entropia: *fenomeno —*.
en|tro|tèr|ra *s.m.invar.* territorio che si estende alle spalle della linea costiera: *spingersi nell'—*.

en|tu|sia|smàn|te *part.pres. di* entusiasmare ♦ *agg.* che entusiasma; appassionante.

en|tu|sia|smà|re *v.tr.* suscitare entusiasmo o passione in qlcu.: *lo spettacolo ha entusiasmato tutti* ♦ **-rsi** *intr.pron.* provare entusiasmo per ql.co.

en|tu|sià|smo *s.m.* intenso sentimento di partecipazione, di passione per ql.co.: *suscitare —; essere preso da —* | slancio, voglia di fare.

en|tu|sià|sta *agg.* **1** che manifesta entusiasmo: *atteggiamento* — **2** soddisfatto e felice: *essere — di ql.co.* ♦ *s.m./f.* [m.pl. *-i*] chi si mostra sempre appassionato, pieno di voglia di fare, ottimista.

en|tu|sià|sti|co *agg.* [m.pl. *-ci*] che comunica entusiasmo; caloroso, appassionato: *una reazione entusiastica* □ **entusiasticamente** *avv.*

e|nu|cle|à|re *v.tr.* [indic.pres. *io enùcleo...*] individuare e spiegare gli elementi fondamentali di un argomento.

e|nu|me|rà|re *v.tr.* [indic.pres. *io enùmero...*] esporre gli elementi di una serie uno dopo l'altro; elencare: *— i pro e i contro.*

e|nu|me|ra|zió|ne *s.f.* elenco, spiegazione ordinata di una sequenza di cose: *un'accurata —.*

e|nun|cià|re *v.tr.* [indic.pres. *io enùncio...*] definire, illustrare con precisione di termini e chiarezza: *— una proposta.*

e|nun|cia|ti|vo *agg.* che spiega, definisce con precisione | (*gramm.*) **proposizione enunciativa**, che asserisce, che si limita a esprimere una constatazione o a descrivere uno stato di cose.

e|nun|cià|to *s.m.* **1** (*ling.*) qualsiasi espressione linguistica, orale o scritta, che abbia senso compiuto **2** (*mat.*) definizione sistematica di un teorema o di un problema.

e|nun|cia|zió|ne *s.f.* definizione, spiegazione; *una teoria di difficile —; l'— di un concetto.*

e|nu|rè|si *s.f.* (*med.*) perdita involontaria di urina, spec. notturna; incontinenza.

en|zì|ma *s.m.* [pl. *-i*] (*biol.*) sostanza proteica di origine vegetale, animale o microbica, in grado di favorire o accelerare determinate reazioni chimiche nell'organismo.

en|zi|mà|ti|co *agg.* [m.pl. *-ci*] (*biol.*) che riguarda gli enzimi.

e/o *loc.cong.* si usa nella lingua scritta per collegare due elementi che possono essere presenti contemporaneamente o alternativi l'uno all'altro: *benefici economici — sociali.*

e|o|cè|ne *s.m.* (*geol.*) il secondo periodo del paleogene, compreso tra 53 e 37 milioni di anni fa.

e|o|li|co[1] *agg.* [m.pl. *-ci*] dell'Eolide, antica regione dell'Asia Minore | degli Eoli, antica popolazione greca | *dialetto* —, il dialetto del greco antico parlato in Eolide.

e|o|li|co[2] *agg.* [m.pl. *-ci*] del vento; prodotto dall'azione del vento: *erosione eolica.*

E|pà|ti|che *s.f.pl.* classe di piccole piante briofite che crescono in ambienti umidi e ricchi di ombra.

e|pà|ti|co *agg.* [m.pl. *-ci*] del fegato; relativo al fegato: *cirrosi epatica.*

e|pa|ti|te *s.f.* (*med.*) termine generico per varie patologie infiammatorie, croniche o acute, del fegato: *— virale.*

è|pa|to- (*med.*) primo elemento di parole composte che significa "fegato", "del fegato" (*epatobiliare, epatomegalia*).

e|pa|to|bi|lià|re *agg.* (*med.*) che riguarda fegato e vie biliari: *infiammazione —.*

e|pa|to|gra|fi|a *s.f.* (*med.*) ogni esame radiologico del fegato.

e|pa|to|me|ga|li|a *s.f.* (*med.*) abnorme ingrossamento del fegato.

e|pa|to|pa|ti|a *s.f.* (*med.*) nome generico di qualsiasi patologia del fegato.

e|pa|to|pro|tet|ti|vo *agg., s.m.* epatoprotettore.

e|pa|to|pro|tet|tó|re *agg., s.m.* [f. *-trice*] (*farm.*) detto di farmaco che protegge il fegato e la sua funzionalità.

e|pa|tò|si *s.f.* (*med.*) ogni malattia degenerativa del fegato non legata a processi infiammatori.

e|pèn|te|si *s.f.* **1** (*ling.*) inserzione di un fonema non etimologico all'interno di una parola (p.e. *inverno* dal latino *hibernum*) **2** gioco enigmistico in cui si deve produrre una nuova parola inserendo una lettera all'interno di quella di partenza; zeppa (p.e. *orca* da *oca*).

e|pe|se|gè|ti|co *agg.* [pl. *-ci*] esplicativo.

è|pi- primo elemento di parole composte che significa "sopra" (*epicarpo*), "all'esterno di" (*epicarpo*), "dopo" (*epilogo*).

è|pi|ca *s.f.* **1** genere di poesia che racconta le imprese di un popolo e di uno o più eroi: *l'— bretone* **2** (*estens.*) poesia di tipo narrativo, che adotta metri e stile non lirici.

e|pi|càr|dio *s.m.* (*anat.*) strato interno del pericardio che avvolge la superficie esterna del cuore.

e|pi|càr|po o **epicàrpio** *s.m.* (*bot.*) lo strato più esterno del frutto; buccia.

e|pi|cè|dio *s.m.* **1** nell'antica Grecia, canto corale di tema funebre **2** (*estens.*) componimento poetico funebre.

e|pi|cèn|tro *s.m.* **1** (*geol.*) punto della superficie terrestre colpito per primo e in modo più intenso da un terremoto, perché situato al di sopra dell'ipocentro del sisma **2** (*fig.*) l'area da cui ha origine un fenomeno o un avvenimento: *l'— della rivolta.*

è|pi|co *agg.* [m.pl. *-ci*] **1** che racconta in poesia le imprese di un popolo e dei suoi eroi | tipico della poesia epica: *stile, personaggio —* **2** (*estens.*) di poesia non lirica a carattere narrativo **3** (*fig.*) fuori dal comune; sublime, memorabile: *imprese epiche* ♦ *s.m.* autore di poesia epica.

e|pi|cu|rei|smo *s.m.* **1** corrente filosofica dell'antica Grecia fondata da Epicuro (341-270 a.C.), basata sulla ricerca della serenità attraverso la liberazione dalle paure e la padronanza di sé **2** (*estens.*) stile di vita fondato sulla ricerca del piacere.

e|pi|cu|rè|o *agg.* che riguarda Epicuro e l'epicureismo: *pensiero —* ♦ *s.m.* [f. *-a*] **1** discepolo di Epicuro **2** (*estens.*) chi fonda la sua esistenza sulla ricerca del piacere, spec. materiale.

e|pi|de|mi|a *s.f.* **1** diffusione su vasta scala di una malattia infettiva: — *di difterite* **2** (*fig.*) rapida e generalizzata diffusione di un fenomeno o costume, spec. negativo: — *di corruzione*.

e|pi|dè|mi|co *agg.* [m.pl. *-ci*] di epidemia | che ha il carattere di un'epidemia.

e|pi|de|mio|lo|gì|a *s.f.* settore della medicina che studia le cause e le modalità di diffusione delle malattie epidemiche.

e|pi|de|mio|lò|gi|co *agg.* [m.pl. *-ci*] dell'epidemiologia, riguardante l'epidemiologia: *studio* —.

e|pi|dèr|mi|co *agg.* [m.pl. *-ci*] **1** (*anat.*) dell'epidermide: *tessuto* — **2** (*fig.*) superficiale, privo di profondità: *interesse del tutto* — □ **epidermicamente** *avv.*

e|pi|dèr|mi|de *s.f.* **1** (*anat.*) strato esterno della pelle, formato da diversi strati di cellule epiteliali | (*com.*) pelle **2** (*bot.*) tessuto di protezione delle piante **3** (*fig.*) la parte esterna di qlco.

e|pi|di|di|mo *s.m.* (*anat.*) canale, collocato dietro il testicolo, che costituisce il primo tratto delle vie spermatiche.

e|pi|dìt|ti|co *agg.* [m.pl. *-ci*] che serve a esporre e dimostrare.

e|pi|fa|nì|a *s.f.* **1** (*relig.*) apparizione, rivelazione di una divinità **2** (*lit.*) festa cristiana, celebrata il 6 gennaio, che commemora l'arrivo dei Magi alla grotta di Betlemme.

e|pi|fe|nò|me|no *s.m.* (*med.*) sintomo collaterale.

e|pi|fi|si *s.f.* (*anat.*) **1** ghiandola endocrina situata nell'encefalo **2** ogni estremità delle ossa lunghe.

e|pi|fi|ta *s.f.* pianta che si sviluppa utilizzando come sostegno un'altra pianta.

e|pi|gà|stri|co *agg.* [m.pl. *-ci*] (*anat.*) dell'epigastrio.

e|pi|gà|strio *s.m.* (*anat.*) regione centrale della parte superiore dell'addome, compresa tra il margine inferiore delle arcate costali e l'ombelico; bocca dello stomaco.

e|pi|glòt|ti|de *s.f.* (*anat.*) lamina cartilaginea posta davanti all'apertura della laringe, che durante la deglutizione chiude l'apertura della glottide.

e|pi|go|no *s.m.* detto di artista o pensatore che si limita a riproporre senza alcuna originalità le idee o le scelte stilistiche di un predecessore | imitatore.

e|pi|gra|fe *s.f.* **1** breve iscrizione commemorativa incisa su una tomba o un monumento **2** citazione o dedica posta all'inizio di un libro o di altro scritto.

e|pi|gra|fì|a *s.f.* scienza che si occupa dello studio e dell'interpretazione delle iscrizioni antiche.

e|pi|grà|fi|co *agg.* [m.pl. *-ci*] **1** di epigrafe, relativo alle epigrafi: *documentazione epigrafica* **2** (*fig.*) breve, sintetico.

e|pi|gràm|ma *s.m.* [pl. *-i*] componimento poetico di forma concisa e carattere satirico.

e|pi|gram|mà|ti|co *agg.* [m.pl. *-ci*] **1** di epigramma, relativo agli epigrammi: *stile* — **2** (*estens.*) conciso e ironico | lapidario.

e|pi|gram|mì|sta *s.m./f.* [m.pl. *-i*] autore di epigrammi.

e|pi|les|sì|a *s.f.* (*med.*) malattia del sistema nervoso caratterizzata dall'attivazione contemporanea di un elevato numero di neuroni cerebrali, che causa crisi convulsive e perdita di coscienza.

e|pi|lèt|ti|co *agg.* [m.pl. *-ci*] **1** (*med.*) di epilessia: *crisi epilettica* **2** che è affetto da epilessia ♦ *s.m.* [f. *-a*] chi è affetto da epilessia.

e|pi|lo|go *s.m.* [pl. *-ghi*] **1** (*lett.*) parte finale e risolutiva di un'opera teatrale o narrativa **2** (*estens.*) fine, conclusione | risultato: *l'— della gara*.

e|pi|nì|cio *s.m.* **1** (*lett.*) nella Grecia antica, componimento poetico in onore del vincitore di una competizione sportiva **2** (*estens.*) discorso celebrativo.

e|pi|ro|gè|ne|si *s.f.* (*geol.*) il complesso dei movimenti di sollevamento o abbassamento di aree della superficie terrestre.

e|pi|sco|pà|le *agg.* di vescovo, relativo ai vescovi: *dignità* — | *conferenza* —, nella chiesa cattolica, assemblea che riunisce i vescovi di una determinata zona | *chiesa* —, ogni chiesa cristiana il cui governo è affidato all'autorità dei vescovi.

e|pi|sco|pà|to *s.m.* **1** l'ordine e la carica di vescovo **2** il periodo in cui un vescovo resta in carica in una determinata sede **3** l'insieme dei vescovi.

e|pi|scò|pio[1] *s.m.* (*raro*) casa e curia di vescovo; vescovado.

e|pi|scò|pio[2] *s.m.* apparecchio ottico per proiettare oggetti non trasparenti su uno schermo.

e|pi|so|di|ci|tà *s.f.* carattere di ciò che si verifica sporadicamente.

e|pi|sò|di|co *agg.* [m.pl. *-ci*] **1** che si verifica sporadicamente, a scadenze variabili: *episodiche esplosioni di rabbia* | (*estens.*) di scarsa importanza **2** (*lett.*) che si divide in episodi: *narrazione episodica* | (*estens.*) frammentario □ **episodicamente** *avv.*

e|pi|sò|dio *s.m.* **1** in un'opera letteraria, teatrale o cinematografica, vicenda dotata di una sua compiutezza narrativa e di una certa autonomia: *l'— della monaca di Monza nei "Promessi Sposi"* **2** avvenimento, vicenda: *un — di violenza* | (*estens.*) caso isolato e di minore importanza: *si è trattato solo di un —*.

e|pi|stas|si *s.f.* (*med.*) emorragia nasale.

e|pi|stè|me *s.m./f.* **1** nella filosofia di Platone, il sapere categoriale contrapposto a opinioni e credenze **2** (*estens.*) scienza esatta.

e|pi|stè|mi|co *agg.* [m.pl. *-ci*] relativo alla conoscenza scientifica.

e|pi|ste|mo|lo|gì|a *s.f.* (*filos.*) studio delle caratteristiche della conoscenza scientifica e del metodo attraverso il quale essa viene conseguita; filosofia della scienza.

e|pi|ste|mo|lò|gi|co *agg.* [m.pl. *-ci*] che riguarda l'epistemologia.
e|pi|ste|mò|lo|go *s.m.* [f. *-a*; m.pl. *-gi*] studioso di epistemologia.
e|pi|sti|lio *s.m.* (*arch.*) architrave.
e|pi|sto|la *s.f.* (*lett.*) componimento in prosa o versi, in forma di lettera, di contenuto familiare, elevato, satirico: *le epistole di Petrarca*.
e|pi|sto|là|re *agg.* 1 relativo alla corrispondenza scritta 2 che si svolge attraverso uno scambio di lettere: *amicizia —* | *romanzo —*, costituito dalle lettere scritte da uno o più personaggi.
e|pi|sto|là|rio *s.m.* raccolta pubblicata di lettere, spec. di uno o più personaggi illustri: *l'— di Abelardo ed Eloisa*.
e|pi|sto|lo|gra|fì|a *s.f.* 1 il complesso di norme che regolano lo stile utilizzato nella composizione di lettere, spec. a carattere letterario o diplomatico 2 la produzione epistolare di un certo periodo: *l'— romana*.
e|pi|sto|lò|gra|fo *s.m.* [f. *-a*] autore di epistole.
e|pi|tàf|fio *s.m.* iscrizione posta sulla tomba in onore di un defunto.
e|pi|ta|là|mio *s.m.* (*lett.*) componimento in versi in onore degli sposi.
e|pi|tà|la|mo *s.m.* (*anat.*) parte dell'encefalo in cui si trova l'epifisi.
e|pi|te|lià|le *agg.* relativo o proprio dell'epitelio.
e|pi|tè|lio *s.m.* (*anat.*) tessuto cellulare privo di vasi sanguigni che riveste le superfici del corpo.
e|pi|te|liò|ma *s.m.* [pl. *-i*] (*med.*) tumore maligno proprio dei tessuti epiteliali.
e|pi|tè|si *s.f.* (*ling.*) aggiunta di fonemi non etimologici alla fine di una parola.
e|pi|tè|to *s.m.* 1 sostantivo, aggettivo o locuzione che viene unito al nome di qlcu. e ne descrive una caratteristica (p.e. Giovanni *Cuor di Leone*) 2 (*estens.*) insulto.
e|pi|tò|me *s.f.* riassunto di un'opera, spec. a fini divulgativi o didattici.
e|pi|zo|ò|ti|co *agg.* [m.pl. *-ci*] (*vet.*) di malattia degli animali che ha carattere infettivo e può in certi casi contagiare anche l'uomo: *afta epizootica*.
è|po|ca *s.f.* 1 periodo storico caratterizzato da personaggi, avvenimenti, aspetti culturali specifici: *l'— classica, napoleonica* | *d'—*, che appartiene a un momento storico non recente: *mobile d'—* | (*fig.*) *fare —*, essere memorabile 2 momento, stagione: *l'— della spensieratezza* 3 (*geol.*) ogni suddivisione di un periodo geologico.
e|po|càl|le *agg.* di straordinario rilievo; tanto importante da caratterizzare un periodo: *avvenimento —*.
e|pò|do *s.m.* 1 nella poesia classica, secondo verso di un distico | distico costituito da un trimetro e un dimetro giambici 2 (*estens.*) testo in versi di argomento satirico e morale.
e|pò|ni|mo *agg., s.m.*, che, chi dà il proprio nome a una dinastia, a una città, a un periodo, a una raccolta di testi e sim.
e|po|pè|a *s.f.* 1 narrazione in versi di vicende eroiche | l'insieme delle narrazioni epiche di un popolo o di una cultura 2 il genere letterario dei poemi epici 3 (*estens.*) serie di vicende eroiche o memorabili: *l'— risorgimentale*.
e|po|re|diè|se o eporediènse *agg.* di Ivrea ♦ *s.m./f.* chi è nato o abita a Ivrea.
è|pos *s.m.invar.* 1 genere letterario di tema eroico; epica 2 narrazione in versi di genere epico.
ep|pù|re *cong.* tuttavia, però, ma: *non aveva speranze, — ha voluto provarci*.
èp|si|lon *s.m.invar.* nome della quinta lettera dell'alfabeto greco, cui corrisponde la e breve in quello latino.
èp|ta- o ètta- primo elemento di parole composte che significa "sette" (*eptathlon, ettagono*).
ep|ta|còr|do *s.m.* 1 strumento musicale antico a sette corde, analogo alla lira 2 scala musicale composta da sette suoni.
ep|ta|sìl|la|bo *agg., s.m.* (*metr., raro*) settenario.
èp|ta|thlon o èptatlon *s.m.invar.* (*sport*) disciplina dell'atletica leggera femminile in cui le atlete competono in sette differenti specialità.
ep|ta|tlè|ta *s.f.* atleta che pratica l'eptathlon.
e|pu|lό|ne *s.m.* persona che manifesta una passione eccessiva per la buona tavola; ingordo, ghiottone.
e|pu|rà|re *v.tr.* [indic.pres. *io epùro...*] 1 liberare un'organizzazione dai componenti che ne limitano l'efficienza 2 escludere qlcu. da un ufficio o privarlo della sua carica per ragioni politiche.
e|pu|ra|zió|ne *s.f.* esclusione da un'organizzazione, da un ufficio, spec. per ragioni politiche: *subire un —*.
e|qua|do|rè|gno *agg., s.m.* ecuadoriano.
e|qua|liz|za|tó|re *s.m.* (*elettr.*) negli impianti stereofonici, dispositivo che permette di esaltare o ridurre le diverse frequenze modificando la resa del suono.
e|qua|liz|za|zió|ne *s.f.* (*elettr.*) negli apparecchi stereofonici, riduzione delle distorsioni del suono ottenuta modificando le frequenze.
e|quà|ni|me *agg.* equilibrato e sereno; giusto, imparziale: *soluzione —*.
e|qua|ni|mi|tà *s.f.* correttezza e imparzialità nel formulare un giudizio e sim.: *valutare con —*.
e|qua|tó|re *s.m.* 1 (*geog.*) la massima circonferenza terrestre, che divide il pianeta nei due emisferi boreale e australe 2 (*estens.*) la fascia di territorio che si estende lungo l'equatore | — *celeste*, massima circonferenza della sfera celeste appartenente allo stesso piano dell'equatore terrestre | — *termico*, linea immaginaria che unisce i punti della superficie terrestre in cui si registrano le temperature medie annue più elevate.
e|qua|to|rià|le *agg.* 1 dell'equatore: *circonferenza —* 2 relativo alla fascia territoriale prossima all'equatore: *popolazioni equatoriali* | *clima —*, molto caldo e umido.
e|qua|zió|ne *s.f.* 1 (*mat.*) uguaglianza tra due espressioni verificata solo per particolari valori

equestre

attribuiti alle variabili in essa contenute **2** (chim.) rappresentazione grafica di una reazione attraverso simboli chimici.
e|què|stre *agg.* relativo a cavalli o cavalieri | *circo* —, quello in cui lo spettacolo prevede esibizioni a cavallo | *statua* —, che ritrae un personaggio a cavallo.
e|qui- primo elemento di parole composte che significa "uguale" (*equiangolo*, *equidistante*).
e|qui|àn|go|lo *agg.* (*geom.*) detto di poligono che ha tutti gli angoli uguali.
E|qui|di *s.m.pl.* famiglia di Mammiferi dei Perissodattili, caratterizzati da zampe robuste dotate di zoccolo; ne fanno parte il cavallo, l'asino e la zebra.
e|qui|di|stàn|te *agg.* **1** che si trova a uguale distanza: *due rette parallele equidistanti da un punto* **2** (*fig.*) che mantiene una posizione imparziale tra due parti contrapposte.
e|qui|di|stàn|za *s.f.* carattere di ciò che è equidistante.
e|qui|là|te|ro *agg.* (*geom.*) detto di poligono che ha tutti i lati uguali.
e|qui|li|brà|re *v.tr.* (*anche fig.*) mettere in equilibrio: — *profitti e investimenti* | distribuire un carico in maniera uniforme per dare stabilità: — *i pesi nello zaino* ♦ -**rsi** *rifl.rec.* **1** bilanciarsi a vicenda **2** (*fig.*) avere lo stesso valore, la stessa forza.
e|qui|li|brà|to *part.pass.* di equilibrare ♦ *agg.* **1** che è distribuito in maniera uniforme, in modo da non pesare più da una parte che dall'altra: *carico* — **2** (*fig.*) moderato nelle scelte e nei comportamenti; dotato di senso della misura □ **equilibratamente** *avv.*
e|qui|li|bra|tó|re *agg.* [f. *-trice*] che mette o mantiene in equilibrio ♦ *s.m.* (*aer.*) parte mobile dell'impennaggio orizzontale, che permette di mantenere l'aereo in equilibrio sul piano longitudinale e di controllarne il beccheggio.
e|qui|li|bra|tù|ra *s.f.* (*auto.*) operazione che permette di correggere gli squilibri di peso nei copertoni delle automobili tramite l'applicazione di piccoli pesi in piombo sui cerchioni.
e|qui|li|brio *s.m.* **1** (*fis.*) condizione dei corpi che rimangono immobili perché sollecitati da forze uguali e contrarie | — **stabile**, quando un corpo che viene spostato tende a ritornare nella posizione di partenza | — **instabile**, quando un corpo tende ad abbandonare la posizione di partenza **2** (*com.*) stato di un corpo in posizione eretta e stabile: *stare in* —; *perdere l'* — **3** (*fig.*) situazione in cui forze diverse si compensano tra loro, non prevalendo l'una sull'altra: *tra le due squadre c'è* — **4** (*fig.*) senso della misura e della moderazione nelle scelte e nei comportamenti **5** (*fig.*) armonia nella distribuzione degli elementi che compongono un insieme: *l'* — *delle decorazioni di un'altare*.
e|qui|li|brì|smo *s.m.* **1** l'arte dell'equilibrista **2** (*fig.*) l'attitudine a destreggiarsi, anche in maniera spregiudicata, nelle situazioni più complesse: *l'* — *di certi politici*.

e|qui|li|brì|sta *s.m./f.* [m.pl. *-i*] **1** artista che si esibisce in giochi di equilibrio **2** (*fig.*) chi si destreggia con abilità nelle situazioni più complicate.
e|qui|no *agg.* di cavallo: *allevamento* — ♦ *s.m.* denominazione comune per cavalli, asini e muli.
e|qui|no|ziàl|le *agg.* dell'equinozio | *linea* —, l'equatore celeste.
e|qui|nò|zio *s.m.* (*astr.*) **1** ciascuno dei due punti in cui l'eclittica interseca l'equatore celeste **2** ciascuna delle due date dell'anno in cui il Sole transita per tali punti e, sulla Terra, la durata del giorno è pari a quella della notte | — *di primavera*, 21 marzo | — *d'autunno*, 23 settembre.
e|qui|pag|gia|mén|to *s.m.* l'insieme degli oggetti necessari per svolgere una data attività o mansione: — *da alpinismo*; *l'* — *dei militari*.
e|qui|pag|già|re *v.tr.* [indic.pres. *io equipàggio...*] fornire di quanto occorre per una certa mansione o attività; attrezzare: — *la nave* ♦ **-rsi** *rifl.* dotarsi dell'occorrente per un certo scopo; attrezzarsi: — *per la pesca subaquea*.
e|qui|pàg|gio *s.m.* **1** l'insieme delle persone che prestano servizio su una nave, su un aeromobile o su un veicolo spaziale **2** (*sport*) squadra che prende parte a una competizione a bordo di un veicolo a motore, di un'imbarcazione o di un bob.
e|qui|pa|rà|bi|le *agg.* che può essere equiparato.
e|qui|pa|rà|re *v.tr.* [indic.pres. *io equipàro...*] **1** rendere o considerare pari | trattare alla stessa maniera, parificare: — *il salario di impiegati e dirigenti* **2** comparare, paragonare: *non si possono* — *gli avvenimenti di epoche tanto diverse*.
e|qui|pa|ra|zió|ne *s.f.* **1** parificazione **2** confronto, paragone.
équipe (*fr.*) [pr. *ekìp*] *s.f.* **1** gruppo organizzato di persone che collaborano nello svolgimento di un'attività: — *chirurgica* **2** (*sport*) squadra.
e|qui|pol|lèn|te *agg.* (*bur.*) di valore uguale; equivalente.
e|qui|pol|lèn|za *s.f.* (*bur.*) equivalenza, parità di valore o validità.
E|qui|se|tà|ce|e *s.f.pl.* famiglia di piante pteridofite, palustri o terrestri, cui appartiene l'equiseto.
e|qui|sè|to *s.m.* pianta delle Equisetacee con fusto aereo e cavo, rami verdi sottili e foglie in verticilli.
e|qui|tà *s.f.* capacità di valutare in maniera imparziale ed equilibrata.
e|qui|ta|zió|ne *s.f.* **1** tecnica e pratica del cavalcare **2** (*sport*) attività sportiva e agonistica svolta con i cavalli; ippica.
e|qui|va|lèn|te *part.pres.* di equivalere ♦ *agg.* che ha lo stesso valore o significato | (*geom.*) *figure equivalenti*, che hanno area o volume uguali ♦ *s.m.* ciò che ha valore uguale rispetto a un'altra cosa; corrispettivo: *pagare l'* — *in assegni*.
e|qui|va|lèn|za *s.f.* **1** parità di valore **2** (*mat.*) relazione binaria che gode della proprietà riflessiva, simmetrica e transitiva.
e|qui|va|lé|re *v.intr.* [con. come *valere*; aus. *E*,

A] avere valore o significato uguale: *parole che equivalgono a un no*; *mille metri equivalgono a un chilometro* ♦ **-rsi** *rifl.rec.* avere uguale valore: *le due squadre si equivalgono* | avere significato uguale.

e|qui|vo|cà|re *v.intr.* [indic.pres. *io equìvoco, tu equìvochi*...; aus. A] capire male, fraintendere: — *le parole, i gesti di qlcu.*

e|qui|vo|ci|tà *s.f.* carattere di ciò che si presta a essere frainteso; ambiguità.

e|qui|vo|co *agg.* [m.pl. *-ci*] **1** che si presta a essere frainteso; ambiguo: *parola equivoca* **2** (*fig.*) losco, malfamato: *un personaggio, un quartiere —* ♦ *s.m.* erronea comprensione di ql.co.; malinteso: *c'è stato un —.*

è|quo *agg.* **1** (*di persona*) che giudica con giustizia, in maniera imparziale: *un magistrato —* **2** (*di cosa*) fatto secondo giustizia: *una legge equa* □ **equamente** *avv.*

è|ra *s.f.* **1** nella periodizzazione storica, lungo periodo caratterizzato da uno o più avvenimenti di grande rilievo: — *cristiana, industriale* **2** (*geol.*) ciascuna delle cinque unità maggiori in cui è ripartita la cronologia della Terra: — *archeozoica, neozoica.*

e|ra|rià|le *agg.* dell'erario.

e|rà|rio *s.m.* fisco, amministrazione finanziaria dello Stato: *introiti dell'—.*

èr|ba *s.f.* **1** nome generico di ogni pianta bassa con fusto verde non legnoso | *in —*, appena germogliato; (*fig.*) alle prime armi, poco esperto: *musicista in —* | (*fig.*) *far d'ogni — un fascio*, mettere insieme senza distinzione cose diverse | (*prov.*) *l'— del vicino è sempre più verde*, è facile invidiare le cose degli altri, anche se non sono migliori delle nostre | (*prov.*) *l'— voglio non cresce neppure nel giardino del re*, nessuno può pretendere di avere tutto ciò che desidera | l'insieme delle piante erbacee che ricoprono un terreno: *giocare sull'—*; *tagliare l'—* **3** (*spec. pl.*) verdure commestibili | *erbe aromatiche*, aromi utilizzati per insaporire le pietanze | *erbe medicinali*, utilizzate nella cura di varie patologie **4** (*gerg.*) marijuana.

er|bàc|cia *s.f.* [pl. *-ce*] erba selvatica che danneggia le piante coltivate.

er|bà|ce|o *agg.* che ha natura di erba: *pianta erbacea.*

er|bàg|gio *s.m. spec.pl.* erba commestibile.

er|bà|rio *s.m.* **1** raccolta di piante, seccate e classificate per uso scientifico o didattico **2** libro in cui venivano descritte e illustrate le piante medicinali.

er|ba|tù|ra *s.f.* il periodo di ricrescita dell'erba fra una falciatura e l'altra.

er|bét|ta *s.f.* **1** erba appena spuntata **2** (*spec.pl.*) nome generico delle piante utilizzate per insaporire i cibi **3** (*region., spec.pl.*) bietole.

er|bi|cì|da *agg., s.m.* [m.pl. *-i*] detto di sostanza usata per impedire la crescita dell'erba; diserbante.

èr|bio *s.m.* elemento chimico, metallo del gruppo delle terre rare (*simb.* Er); è presente in natura sotto forma di polveri grigio-verdi.

er|bi|vén|do|lo *s.m.* [f. *-a*] venditore di erbaggi, frutta e legumi.

er|bì|vo|ro *agg., s.m.* detto di animale che si nutre di erbe.

er|bo|ri|nà|to *agg.* detto di formaggio con striature di muffa verde (p.e. il gorgonzola).

er|bo|rì|sta *s.m./f.* [m.pl. *-i*] chi raccoglie o vende erbe aromatiche e medicinali | specialista in erboristeria.

er|bo|ri|ste|rì|a *s.f.* **1** raccolta, preparazione e conservazione di piante aromatiche e medicinali **2** negozio in cui si vendono erbe medicinali e aromatiche e prodotti a base di tali erbe.

er|bo|ri|stì|co *agg.* [m.pl. *-ci*] dell'erboristeria.

er|bó|so *agg.* ricco d'erba | *tappeto —*, prato.

èr|co|le *s.m.* persona molto forte e robusta: *essere un —.*

er|cù|le|o *agg.* degno di Ercole | straordinariamente forte.

e|rè|de *s.m./f.* **1** (*dir.*) la persona cui spettano, in tutto o in parte, i beni, i diritti e gli obblighi di un defunto | *— universale*, di tutti i beni | *— legittimo*, che è tale perché parente del defunto | *— testamentario*, che è tale in forza di un testamento | *— al trono*, chi è destinato a succedere a un sovrano **2** (*fam.*) figlio **3** (*fig.*) chi continua un'attività iniziata da qlcu.: *gli eredi della fabbrica di famiglia* | chi prosegue e arricchisce l'opera avviata da personalità di rilievo: *gli eredi di Kant.*

e|re|di|tà *s.f.* **1** trasmissione dei beni e dei rapporti giuridici di un defunto ad altra persona | l'insieme dei beni trasmessi: *ricevere un'—* **2** (*fig.*) conoscenze, tradizioni, forme di pensiero che vengono trasmesse da una persona o da un gruppo ad altre persone o gruppi: *l'— di Karl Marx, dell'Illuminismo* **3** (*biol.*) *— genetica*, trasmissione dai genitori ai figli dei caratteri morfologici e comportamentali attraverso le cellule germinali | il complesso dei caratteri trasmessi.

e|re|di|tà|re *v.tr.* [indic.pres. *io erèdito*...] ricevere ql.co. in eredità.

e|re|di|ta|rie|tà *s.f.* **1** diritto di trasmettere ql.co. ai propri eredi: *l'— di una carica* **2** (*biol.*) possibilità che un dato carattere o una certa patologia vengano trasmessi dai genitori ai figli.

e|re|di|tà|rio *agg.* **1** dell'eredità | che può essere trasmesso ai propri eredi: *patrimonio —* | *principe —*, chi è destinato a succedere sul trono al-l'attuale sovrano **2** (*biol.*) di carattere o patologia, che può trasmettersi geneticamente dai genitori ai figli □ **ereditariamente** *avv.* per via ereditaria.

e|re|di|tiè|ra *s.f.* donna che è erede di un grosso patrimonio.

-e|rel|là|re *suff.* usato con valore attenuativo nella formazione di verbi da altri verbi (*bucherellare, giocherellare*).

e|re|mì|ta *s.m./f.* [m.pl. *-i*] persona che si ritira a vivere in luoghi isolati per dedicarsi alla peni-

eremitaggio 416

tenza, alla preghiera e all'ascesi | *fare una vita da* —, vivere in solitudine.

e|re|mi|tàg|gio *s.m.* 1 posto isolato scelto come residenza da uno o più eremiti; eremo 2 (*estens.*) abitazione isolata e silenziosa.

e|re|mí|tà|no *agg., s.m.* si dice di monaco dell'ordine agostiniano di osservanza eremitica.

e|re|mí|ti|co *agg.* [m.pl. *-ci*] proprio dell'eremita: *condurre un'esistenza eremitica*.

è|re|mo *s.m.* 1 residenza isolata in cui si ritirano uno o più eremiti 2 (*estens.*) luogo tranquillo e isolato.

e|re|sì|a *s.f.* 1 (*relig.*) dottrina ritenuta contraria o inconciliabile a una verità di fede: *l'— ariana* 2 (*estens.*) idea che si oppone al pensiero ufficiale o all'opinione corrente 3 (*fig.*) assurdità, affermazione del tutto priva di senso.

e|re|si|àr|ca *s.m.* [pl. *-chi*] capo o fondatore di un gruppo che sostiene dottrine eretiche.

e|re|ti|càl|le *agg.* 1 di eretico, di eretici 2 che professa un'eresia: *setta —*.

e|rè|ti|co *agg.* [m.pl. *-ci*] che sostiene una dottrina eretica: *cristiano —* ♦ *s.m.* [f. *-a*] 1 seguace di un'eresia 2 (*fam.*) persona non religiosa; miscredente 3 (*estens.*) chi sostiene idee o posizioni alternative rispetto a quelle comunemente condivise.

e|re|ti|smo *s.m.* (*med.*) eccessiva irritabilità nervosa o sensibilità dell'organismo o di una singola parte di esso.

e|rèt|ti|le *agg.* (*scient.*) detto di tessuto o organo animale o vegetale che può inturgidirsi ed erigersi in risposta a particolari stimoli.

e|rèt|to *part.pass. di* erigere ♦ *agg.* diritto: *tenere il busto —*.

e|re|zió|ne *s.f.* 1 innalzamento, costruzione di un edificio o di altra struttura architettonica 2 (*fisiol.*) inturgidimento di organo erettile, spec. del pene.

èrg¹ *s.m.invar.* (*fis.*) nel sistema CGS, unità di misura del lavoro, pari al lavoro svolto dalla forza di una dina quando sposta il suo punto di applicazione di un centimetro.

èrg² *s.m.invar.* (*geog.*) deserto formato da dune di sabbia.

er|ga|sto|là|no *s.m.* [f. *-a*] chi sta scontando la pena dell'ergastolo.

er|gà|stol|lo *s.m.* 1 pena che consiste nella detenzione a vita 2 luogo dove viene imprigionato chi sconta tale pena.

èr|ge|re *v.tr.* [indic.pres. *io èrgo, tu èrgi...*; pass.rem. *io èrsi, tu ergésti...*; part.pass. *èrto*] (*lett.*) innalzare, levare verso l'alto ♦ **-rsi** *rifl.* mettersi in piedi, raddrizzarsi: *si erge alto sopra la folla* ♦ *intr.pron.* innalzarsi: *alle spalle della città si ergono i monti*.

èr|go- primo elemento di parole composte moderne che significa "lavoro" (*ergonomia*).

er|gò|me|tro *s.m.* (*fis.*) strumento con cui si misurano la potenza e il lavoro meccanico.

er|go|no|mì|a *s.f.* scienza che studia i metodi per rendere più funzionale il rapporto tra uomo, macchina e ambiente, al fine di ottimizzare il lavoro.

er|go|nò|mi|co *agg.* [m.pl. *-ci*] 1 di ergonomia 2 realizzato secondo i principi dell'ergonomia: *sedia ergonomica*.

er|go|no|mì|sta *s.m./f.* [m.pl. *-i*] specialista in ergonomia.

er|go|te|ra|pì|a *s.f.* (*med.*) metodo di terapia psichiatrica che mira a reintrodurre i pazienti nella vita sociale attraverso il lavoro.

-e|rì|a *suff.* forma nomi concreti che indicano negozi e attività commerciali (*cartoleria, birreria*), laboratori e fabbriche (*falegnameria, segheria*) o insiemi (*fanteria*); forma inoltre nomi astratti, spec. con valore spregiativo (*porcheria*).

è|ri|ca *s.f.* pianta delle Ericacee con rami sottili, foglie piccole aghiformi e fiori rosa solitari o a grappoli.

E|ri|cà|ce|e *s.f.pl.* famiglia di piante arbustive legnose, a cui appartengono il rododendro, l'azalea e l'erica.

e|rì|ge|re *v.tr.* [indic.pres. *io erìgo, tu erìgi...*; pass.rem. *io erèssi, tu erigésti...*; part.pass. *erètto*] 1 innalzare, edificare: *— una cattedrale* 2 (*fig.*) fondare: *— un'associazione* 3 (*fig.*) promuovere: *— una città a capoluogo di provincia* ♦ **-rsi** *rifl.* 1 (*fisiol.*) assumere una posizione verticale; drizzarsi 2 (*fig.*) attribuirsi un'autorità in maniera arbitraria: *— a giudice* 3 (*fig.*) costituirsi.

E|ri|na|cèi|di *s.m.pl.* famiglia di mammiferi insettivori con il corpo rivestito di pelo ispido e aculei, cui appartiene il riccio.

e|rìn|ni *s.f.* 1 (*mit.*) ciascuna delle tre dee della vendetta, che punivano gli assassini 2 (*fig.*) donna vendicativa e crudele: *è un' —*.

e|rì|te|ma *s.m.* [pl. *-i*] (*med.*) arrossamento della cute, diffuso o a chiazze: *— solare*.

e|ri|tre|mì|a *s.f.* (*med.*) malattia del sangue potenzialmente mortale caratterizzata da un eccessivo aumento di globuli rossi.

e|ri|trè|o *agg.* dell'Eritrea ♦ *s.m.* [f. *-a*] nato o abita in Eritrea.

e|ri|tro|blà|sto *s.m.* (*biol.*) globulo rosso immaturo.

e|ri|tro|cì|ta o **eritrocito** *s.m.* [pl. *-i*] (*biol.*) globulo rosso.

e|ri|tro|ci|tò|si *s.f.* (*med.*) crescita abnorme del numero di globuli rossi nel sangue.

e|ri|tro|po|iè|si *s.f.* (*biol.*) processo di formazione dei globuli rossi del sangue da parte del midollo osseo.

èr|ma *s.f.* scultura posta su un pilastro e raffigurante una testa umana con parte del busto.

er|ma|fro|di|tì|smo *s.m.* (*biol.*) presenza in un unico individuo degli organi riproduttivi di entrambi i sessi.

er|ma|fro|dì|to *agg., s.m.* (*biol.*) detto di essere vivente che presenta i caratteri dell'ermafroditismo.

er|mel|lì|no *s.m.* 1 mammifero carnivoro di piccole dimensioni, con corporatura sottile e flessuosa, zampe corte e pelliccia bianca d'inverno e nera d'estate **2** la pelliccia invernale, molto pregiata, di tale animale.

er|me|nèu|ta *s.m./f.* [m.pl. *-i*] chi studia e interpreta documenti e testi spec. antichi; esegeta.

er|me|nèu|ti|ca *s.f.* teoria e tecnica dell'interpretazione dei testi e dei documenti, spec. antichi.

er|me|nèu|ti|co *agg.* [m.pl. *-ci*] relativo all'ermeneutica, all'interpretazione e alla comprensione: *problema —*.

er|me|ti|ci|tà *s.f.* (*anche fig.*) caratteristica di ciò che è ermetico: *l'— di un testo*.

er|mè|ti|co *agg.* [m.pl. *-ci*] **1** che chiude perfettamente, impedendo il passaggio di fluidi: *confezione ermetica* **2** (*fig.*) difficile da comprendere appieno; enigmatico: *un racconto —* **3** che riguarda la corrente poetica dell'ermetismo o ne fa parte □ **ermeticamente** *avv.*

er|me|ti|smo *s.m.* **1** incomprensibilità, enigmaticità **2** (*lett.*) corrente della poesia italiana del Novecento, caratterizzata dall'utilizzo di un linguaggio allusivo e analogico, con risultati di estrema sintesi e spesso di oscurità del testo.

ér|mo *agg.* (*lett.*) remoto e solitario.

èr|nia *s.f.* (*med.*) fuoriuscita di un viscere dalla cavità in cui è contenuto: *— addominale, inguinale, del disco*.

er|nià|rio *agg.* (*med.*) relativo all'ernia ♦ **cinto —**, cintura di tessuto elastico utilizzata per contenere un'ernia.

e|ró|de|re *v.tr.* [con. come *rodere*] esercitare un'azione corrosiva; consumare lentamente: *la corrente ha eroso il fondale*.

e|rò|e *s.m.* [f. *-ina*] **1** (*mit.*) essere intermedio tra gli uomini e le divinità, protagonista di imprese leggendarie **2** chi dimostra straordinaria coraggio e dedizione: *un — di guerra*; comportarsi da *—* **3** il protagonista di una narrazione, di una rappresentazione drammatica o di un film | (*estens.*) il personaggio del momento: *l'— del giorno*.

e|ro|gà|bi|le *agg.* che può essere erogato.

e|ro|gà|re *v.tr.* [indic.pres. *io èrogo, tu èroghi...*] **1** destinare una somma di denaro alla realizzazione o alla gestione di un'opera pubblica o di beneficenza: *— nuovi stanziamenti per gli ospedali* **2** fornire ql.co. attraverso una rete di distribuzione pubblica: *— il gas, la corrente elettrica* | *— servizi*, renderli disponibili al pubblico.

e|ro|ga|tó|re *agg.* [f. *-trice*] che eroga ♦ *s.m.* valvola che permette di regolare l'erogazione di un liquido o di un gas.

e|ro|ga|zió|ne *s.f.* **1** l'atto di erogare: *l'— dell'acqua* **2** ciò che viene erogato.

e|rò|ge|no *agg.* che suscita o trasmette sensazioni erotiche: *zona erogena*.

e|ròi|ci|tà *s.f.* carattere di ciò o di ciò che è eroico.

e|roi|ciz|zà|re *v.tr.* **1** considerare qlcu. come un eroe **2** narrare ql.co. in tono eroico.

e|ròi|co *agg.* [m.pl. *-ci*] **1** che riguarda gli eroi mitologici: *poema —* **2** da eroe: *impresa eroica* | chi dà prova di grande coraggio o dedizione: *soldato —* | straordinario, fuori dal comune □ **eroicamente** *avv.*

e|roi|cò|mi|co *agg.* [m.pl. *-ci*] di narrazione che tratta argomenti comici utilizzando uno stile eroico.

e|ro|ì|na[1] *s.f.* **1** donna di qualità eroiche **2** protagonista femminile di una narrazione, di una rappresentazione drammatica o di un film.

e|ro|ì|na[2] *s.f.* (*chim.*) sostanza alcaloide ricavata dalla morfina, con proprietà analgesiche, narcotiche e stupefacenti.

e|ro|i|nò|ma|ne *s.m./f.* tossicodipendente da eroina.

e|ro|ì|smo *s.m.* **1** valore e coraggio fuori dal comune: *dar prova di —* **2** azione eroica.

e|róm|pe|re *v.intr.* [con. come *rompere*; dif. del part. pass. e dei tempi composti] (*anche fig.*) venir fuori con impeto: *i manifestanti eruppero in strada*.

è|ros *s.m.* il desiderio sessuale.

e|ro|sió|ne *s.f.* **1** asportazione delle parti superficiali del terreno per l'azione di agenti atmosferici e naturali **2** (*fig.*) riduzione lenta e progressiva del valore di ql.co.: *l'— dei tassi d'interesse*.

e|ro|sì|vo *agg.* che provoca erosione: *agente —*.

e|rò|ti|co *agg.* [m.pl. *-ci*] **1** che riguarda o è determinato dall'impulso sessuale: *sogno —* **2** che suscita pulsioni sessuali □ **eroticamente** *avv.*

e|ro|tì|smo *s.m.* **1** il complesso di azioni e comportamenti con cui si manifesta la sessualità umana **2** la tendenza ad assecondare le pulsioni sessuali **3** l'accentuazione delle tematiche sessuali in opere d'arte, narrazioni, film: *un romanzo ricco d'—*.

e|ro|tiz|zà|re *v.tr.* (*psicoan.*) attribuire a ql.co. una particolare valenza erotica.

e|rò|to- primo elemento di parole composte che significa "amore", "impulso sessuale" (*erotomane*).

e|ro|tò|ma|ne *agg., s.m./f.* (*med.*) che, chi è affetto da erotomania.

e|ro|to|ma|nì|a *s.f.* (*med.*) morbosa accentuazione degli impulsi sessuali.

er|pè|ti|co *agg.* [m.pl. *-ci*] **1** (*med.*) dell'herpes: *manifestazione erpetica* **2** che soffre di herpes ♦ *s.m.* [f. *-a*] chi soffre di herpes.

ér|pi|ce *s.m.* macchina agricola dotata di lame, denti o dischi allineati verticalmente, con cui si lavora lo strato superficiale del terreno.

er|ra|bón|do *agg.* (*lett.*) che vaga senza meta.

er|rà|n|te *part.pres.* di *errare* ♦ *agg.* (*anche fig.*) che viaggia senza una meta o un obiettivo definito: *cavaliere —*.

er|rà|re *v.intr.* [indic.pres. *io èrro...*; aus. A] **1** muoversi senza una meta o uno scopo; vagare: *— da un luogo all'altro* **2** commettere un errore; sbagliare.

er|rà|ta cor|rì|ge (*lat.*) *loc.sost.m.invar.* elenco degli errori di stampa e delle relative correzioni, aggiunto solitamente alla fine di un libro.

er|rà|ti|co *agg.* [m.pl. *-ci*] **1** (*geol.*) si dice di materiali che i ghiacciai hanno trasportato lontano dalla loro sede originale: *masso —*.

er|rà|to *part.pass.* di errare ♦ *agg.* sbagliato | **andare** —, sbagliare, confondersi.

èr|re *s.f./m.invar.* nome della lettera *r*.

er|ro|nei|tà *s.f.* caratteristica di ciò che è sbagliato.

er|rò|ne|o *agg.* che è illogico o falso; sbagliato: *erronea ricostruzione dei fatti* □ **erroneamente** *avv.*

er|ró|re *s.m.* 1 ciò che si allontana dal giusto, dalla verità o dalla norma; sbaglio: — *di valutazione, di stampa*; commettere un — *di distrazione*; *indurre in* — | *salvo errori*, a meno che non ci sia uno sbaglio | *per* —, per sbaglio 2 colpa, peccato: *pagare un* —.

ér|ta *s.f.* salita ripida e difficile da percorrere: *l'* — *che conduce al valico* | *all'*—, allerta.

ér|to *part.pass.* di ergere ♦ *agg.* ripido, difficile da salire.

e|ru|be|scèn|za *s.f.* (*lett.*) rossore del viso causato da vergogna o timidezza.

e|ru|dì|re *v.tr.* [indic.pres. *io erudisco, tu erudisci...*] trasmettere conoscenze a qlcu.; istruire: *gli studenti nel calcolo matematico* ♦ **-rsi** *intr. pron.* acquisire conoscenze, istruirsi.

e|ru|dì|to *part.pass.* di erudire ♦ *agg.* 1 ricco di cognizioni; istruito; colto: *studioso* — 2 che è frutto di vaste cognizioni: *libro* — ♦ *s.m.* [f. *-a*] 1 chi ha una vasta cultura, una conoscenza approfondita di uno o più campi del sapere 2 (*spreg.*) chi ha acquisito un vasto bagaglio di conoscenze, ma solo a un livello superficiale: *saprà anche tante cose, ma è solo un* —.

e|ru|di|zió|ne *s.f.* 1 ricco insieme di cognizioni relative a uno o più campi del sapere: *persona ricca di* —; *l'* — *storica* 2 (*spreg.*) complesso di cognizioni accumulate senza sviluppare alcun tipo di riflessione originale: *fare sfoggio di* —.

e|rut|tà|re *v.tr.* 1 (*geol.*) detto di vulcano e sim., mandar fuori lava, materiale piroclastico e gas 2 (*estens.*) buttare fuori in maniera violenta o brutale: — *parole di fuoco* ♦ *intr.* [aus. *A*] (*raro*) emettere rutti.

e|rut|ta|zió|ne *s.f.* l'atto di ruttare.

e|rut|tì|vo *agg.* (*geol.*) che riguarda le eruzioni vulcaniche | che è prodotto da eruzione | *roccia eruttiva*, formata dal magma solidificato.

e|ru|zió|ne *s.f.* 1 (*geol.*) fuoriuscita da un vulcano di lava, materiale piroclastico e gas | — *effusiva*, in cui il magma viene espulso sotto forma di colate di lava | — *esplosiva*, caratterizzata da fenomeni più violenti 2 (*med.*) comparsa di macchie, pustole e bolle sulla cute.

er|zià|no *agg.* → hertziano.

Es (*ted.*) *s.m.invar.* (*psicoan.*) parte inconscia della psiche umana in cui hanno origine gli istinti e le pulsioni.

es- o **e-** *pref.* compare solo in parole di origine latina e può avere valore privativo (*esautorare*), intensivo (*espugnare*) oppure può indicare "allontanamento" (*espellere, escludere*).

è|sa- primo elemento di parole composte che significa "sei" (*esaedro, esagono*).

e|sa|cer|bà|re *v.tr.* [indic.pres. *io esacèrbo...*] 1 rendere più duro; aggravare, inasprire: — *un conflitto* 2 irritare oltre misura; provocare fino all'esasperazione ♦ **-rsi** *intr.pron.* inasprirsi.

e|sa|cer|ba|zió|ne *s.f.* aggravamento, inasprimento: *l'* — *di un contrasto*.

e|sa|de|ci|mà|le *agg.* si dice di sistema di numerazione a base sedici, impiegato per l'elaborazione elettronica.

e|sa|è|dro *s.m.* (*geom.*) poliedro a sei facce quadrangolari.

e|sa|ge|rà|re *v.tr.* [indic.pres. *io esàgero...*] 1 parlare di ql.co. in modo tale da farlo apparire maggiore di quanto sia in realtà: — *il proprio valore* 2 accentuare oltre misura: — *le proporzioni* ♦ *intr.* [aus. *A*] eccedere, andare oltre i limiti opportuni: — *nelle manifestazioni d'affetto*.

e|sa|ge|rà|to *part.pass.* di esagerare ♦ *agg.* che oltrepassa la giusta misura: *entusiasmo* — ♦ *s.m.* [f. *-a*] chi tende a esagerare □ **esageratamente** *avv.*

e|sa|ge|ra|zió|ne *s.f.* 1 l'atto di esagerare: *reagire con* — 2 affermazione fuori misura, non veritiera: *una biografia piena di esagerazioni* 3 quantità eccessiva, superiore al giusto: *l'ho pagato un* —.

e|sa|gi|tà|to *agg., s.m.* [f. *-a*] che, chi è eccessivamente agitato.

e|sa|gi|ta|zió|ne *s.f.* (*lett.*) agitazione eccessiva, fuori controllo.

e|sa|go|nà|le *agg.* a forma di esagono: *edificio a pianta* —.

e|sà|go|no *s.m.* (*geom.*) poligono a sei lati e sei angoli.

e|sa|là|re *v.tr.* diffondere nell'aria; emanare: — *un odore* | *l'ultimo respiro*, morire ♦ *intr.* [aus. *E*] diffondersi, disperdersi nell'aria: *un profumo intenso esala dalla cucina*.

e|sa|la|tó|re *agg.* [f. *-trice*] che fa fuoriuscire fumi o gas da un ambiente chiuso: *condotto* — ♦ *s.m.* sfiatatoio che consente il ricambio d'aria in un ambiente chiuso.

e|sa|la|zió|ne *s.f.* 1 dispersione nell'aria di odori, gas, vapori 2 gli odori, i gas e i vapori stessi.

e|sal|tàn|te *part.pres.* di esaltare ♦ *agg.* che dà entusiasmo: *un risultato* —.

e|sal|tà|re *v.tr.* 1 esprimere grandi lodi nei confronti di qlcu. o ql.co.; celebrare: — *le virtù di un amico*; — *la bellezza di un'opera d'arte* 2 entusiasmare, caricare emotivamente: — *il pubblico* 3 accrescere, intensificare | mettere in evidenza: *questo abito esalta le tue forme* ♦ **-rsi** *intr.pron.* 1 entusiasmarsi: *dopo il gol la squadra si è esaltata* 2 montarsi la testa ♦ *rifl.* vantarsi, lodarsi.

e|sal|tà|to *part.pass.* di esaltare ♦ *agg.* eccitato, pieno di entusiasmo ♦ *s.m.* [f. *-a*] esagitato | fanatico.

e|sal|ta|tó|re *agg.* [f. *-trice*] che esalta ♦ *s.m.* 1 chi esalta 2 additivo usato per rendere più intenso il sapore di un cibo, spec. conservato.

e|sal|ta|zió|ne *s.f.* 1 lode incondizionata; glorificazione: — *delle imprese di qlcu.* 2 eccitazione, entusiasmo anche eccessivo: *essere in preda all'*—.

esàme *s.m.* **1** analisi sistematica di qlcu. o ql.co., allo scopo di giudicarne il valore o la condizione e valutarne l'importanza, le motivazioni o le possibili conseguenze: — *della situazione*; *sottoporre a* — | — *medico*, analisi clinica a scopo di diagnosi **2** prova finalizzata a verificare la preparazione teorica o le abilità pratiche di un candidato in un determinato campo: — *universitario, di guida*; *sostenere un* — | — *di Stato*, esame a carattere pubblico e ufficiale, mediante il quale lo Stato rilascia un attestato a valore legale.

esàmetro *s.m.* (*metr.*) verso di sei piedi della poesia classica greco-latina.

esaminàbile *agg.* che può essere esaminato.

esaminàndo *agg.*, *s.m.* [f. *-a*] che, chi è in procinto di sostenere un esame.

esaminàre *v.tr.* [indic.pres. *io esàmino*...] **1** analizzare attentamente: — *tutti gli aspetti di una situazione* **2** sottoporre a un esame: — *gli studenti*.

esaminatóre *agg.*, *s.m.* [f. *-trice*] che, chi esamina i candidati in un esame scolastico, universitario, concorsuale e sim.

esàngue *agg.* **1** che ha perso molto sangue **2** (*fig.*) pallido: *viso* —.

esànime *agg.* che ha perso i sensi; svenuto | morto.

esàno *s.m.* (*chim.*) idrocarburo saturo liquido a sei atomi di carbonio; si ottiene dal petrolio e viene usato come solvente.

esantèma *s.m.* [pl. *-i*] (*med.*) eruzione cutanea con bolle, pustole e sim., tipica di alcune malattie infettive.

esantemàtico *agg.* [m.pl. *-ci*] (*med.*) **1** di esantema **2** che provoca la comparsa di esantemi: *malattia esantematica*.

esàrca *s.m.* [pl. *-chi*] **1** (*st.*) nell'alto Medioevo, delegato dell'impero bizantino nella penisola italiana **2** titolo ecclesiastico nella chiesa cristiana ortodossa.

esarcàto *s.m.* (*st.*) territorio sottoposto alla giurisdizione di un esarca.

esasperànte *part.pres. di esasperare* ♦ *agg.* irritante; insopportabile: *un comportamento* —.

esasperàre *v.tr.* [indic.pres. *io esàspero*...] **1** portare agli estremi livelli; inasprire: — *uno scontro* **2** irritare: *quell'atteggiamento mi esaspera* ♦ *-rsi intr.pron.* **1** irritarsi, perdere la calma **2** inasprirsi.

esasperàto *part.pass. di esasperare* ♦ *agg.* **1** portato all'eccesso, al massimo dell'intensità: *un odio* — **2** irritato oltre misura: — *dai troppi torti subiti*.

esasperazióne *s.f.* **1** inasprimento: *l'*— *di un conflitto* | il livello massimo cui può arrivare un sentimento o una situazione: *l'* — *dello spirito competitivo* **2** irritazione estrema: *giungere, portare qlcu. all'*—.

esattézza *s.f.* **1** caratteristica di ciò che è esatto **2** precisione, accuratezza.

esàtto¹ *agg.* **1** giusto, corretto **2** eseguito secondo le regole e senza commettere errori: *con-*

teggio — | *scienze esatte*, quelle rette da regole chiaramente determinate e fisse **3** preciso: *alle due esatte* ♦ *avv.* certamente, proprio così □ **esattamente** *avv.* **1** in modo esatto, correttamente: *hai risposto* — **2** precisamente, proprio **3** [nelle risposte] sì, proprio così.

esàtto² *part.pass. di esigere* ♦ *agg.* (*di somma*) riscosso, percepito.

esattóre *s.m.* [f. *-trice*] chi è incaricato della riscossione di determinati pagamenti: — *delle tasse*.

esattorìa *s.f.* l'ufficio dell'esattore | l'edificio in cui ha sede tale ufficio.

esattoriàle *agg.* relativo all'esattoria o all'esattore: *lavoro* —.

esaudìbile *agg.* che può essere esaudito.

esaudìre *v.tr.* [indic.pres. *io esaudisco, tu esaudisci*...] assecondare, soddisfare: — *una richiesta*.

esaurìbile *agg.* che può esaurirsi: *fonte d'energia* —.

esauriènte *part.pres. di esaurire* ♦ *agg.* **1** che illustra in maniera completa e approfondita un argomento: *spiegazione* — **2** che convince: *dimostrazione* — □ **esaurientemente** *avv.*

esauriménto *s.m.* **1** consumo completo di ql.co.: — *della miniera* **2** (*med.*) forte e perdurante indebolimento fisico o psichico | — *nervoso*, patologia da eccessivo affaticamento, caratterizzata da spossatezza, irritabilità, ansia e talvolta depressione.

esaurìre *v.tr.* [indic.pres. *io esaurisco, tu esaurisci*...] **1** consumare completamente; finire: — *provviste, la pazienza* **2** completare, portare a termine: — *le ricerche* **3** trattare compiutamente: — *l'argomento* **4** sfinire, ridurre all'esaurimento: *lo stress accumulato lo sta esaurendo* ♦ *-rsi rifl.* consumare fino allo sfinimento le proprie energie ♦ *intr.pron.* consumarsi del tutto; vuotarsi: *il pozzo si è esaurito*.

esaurìto *part.pass. di esaurire* ♦ *agg.* **1** completamente consumato; finito **2** non più disponibile alla vendita | *tutto* —, si dice di spettacolo per il quale tutti i biglietti sono andati venduti: *far registrare il tutto* — **3** affetto da esaurimento fisico o nervoso: *essere* —.

esaustìvo *agg.* che sviluppa pienamente un argomento; esauriente: *sei stato* — □ **esaustivamente** *avv.*

esàusto *agg.* **1** (*fig.*) privo di forze; sfinito: *sono del tutto* — **2** (*lett.*) completamente vuoto; esaurito.

esautoraménto *s.m.* esautorazione.

esautoràre *v.tr.* [indic.pres. *io esàutoro*...] privare qlcu. o ql.co. di autorità o competenze precedentemente esercitate: — *il Parlamento*.

esautoràto *part.pass. di esautorare* ♦ *agg.* privo di autorità; poco credibile: *un sovrano del tutto* —.

esautorazióne *s.f.* privazione di autorità, competenze o credibilità.

esavalènte *agg.* (*chim.*) detto di elemento con valenza sei.

e|sa|zió|ne *s.f.* la riscossione di una tassa | la somma che viene riscossa.
e|sbor|sà|re *v.tr.* [indic.pres. *io esbórso...*] (*bur.*) versare in pagamento.
e|sbór|so *s.m.* (*bur.*) pagamento, spesa: *un — eccezionale*.
é|sca *s.f.* **1** cibo con cui si attirano e catturano animali, spec. pesci: *mettere l'— all'amo* **2** (*fig.*) cosa che attira, spesso ingannando **3** sostanza vegetale che si utilizzava per accendere il fuoco con l'acciarino.
escalation (*ingl.*) [pr. *eskalèshon*] *s.f.invar.* **1** progressivo aumento della tensione e delle azioni militari in ambito bellico **2** (*estens.*) intensificazione di un fenomeno politico, economico o sociale, spec. negativo: *l'— del terrorismo*.
escamotage (*fr.*) [pr. *eskamotàj*] *s.m.invar.* espediente che consente di evitare una difficoltà.
e|scan|de|scèn|za *s.f. spec.pl.* moto d'ira improvviso e violento: *dare in escandescenze*.
escape (*ingl.*) [pr. *eskèip*] *s.m.* (*inform.*) nei computer, tasto che ha la funzione di interrompere lo svolgimento di un comando o di chiudere un programma.
e|sca|to|lo|gì|a *s.f.* il complesso di dottrine che trattano del destino ultimo dell'uomo e dell'universo.
e|sca|to|lò|gi|co *agg.* [m.pl. *-ci*] riguardante l'escatologia: *visioni escatologiche*.
e|sca|va|tó|re *s.m.* macchina semovente dotata di benna o cucchiaio, utilizzata per eseguire scavi e movimenti di terreno.
e|sca|va|trì|ce *s.f.* macchina per eseguire scavi; escavatore.
e|sca|va|zió|ne *s.f.* operazione di scavo.
e|schi|mé|se o **esquimése** *agg.* appartenente a un gruppo etnico con caratteri mongoloidi, presente nelle zone artiche della Siberia e dell'America ♦ *s.m.* **1** [anche f.] chi fa parte del gruppo etnico eschimese **2** nome generico dei diversi dialetti parlati dagli eschimesi.
è|schi|mo *s.m.invar.*→ **eskimo**.
e|scis|sió|ne *s.f.* (*med.*) asportazione chirurgica di tessuti o organi.
e|scla|mà|re *v.intr.* [aus. *A*] dire ad alta voce e con forza.
e|scla|ma|tì|vo *agg.* che esprime esclamazione: *intonazione esclamativa* | **punto** —, segno di interpunzione (!) che denota l'esclamazione, usato per sottolineare e dare enfasi alla frase.
e|scla|ma|zió|ne *s.f.* **1** espressione verbale enfatica che comunica una forte impressione: *un'— di sorpresa* **2** (*gramm.*) interiezione.
e|sclù|de|re *v.tr.* [pass.rem. *io esclùsi, tu escludésti...*; part.pass. *escluso*] **1** (*raro*) chiudere fuori **2** (*estens.*) non ammettere all'interno di un dato gruppo o contesto: *— dalla compagnia, dal concorso* **3** ritenere o rendere impossibile: *un'ipotesi esclude l'altra* ♦ **-rsi** *rifl.* isolarsi ♦ *rifl.rec.* eliminarsi a vicenda: *gli opposti si escludono*.
e|sclu|sió|ne *s.f.* eliminazione, estromissione da un dato gruppo o contesto: *— dal torneo, dal-*
la festa | ***procedere per*** —, svolgere un'analisi o una ricerca esaminando e scartando le diverse ipotesi fino a quando non se ne individua una accettabile come corretta.
e|sclu|sì|va *s.f.* il diritto di essere il solo a godere di un diritto o a commercializzare un bene: *detenere l'— di un prodotto*; *vendita in —*.
e|sclu|si|va|mèn|te *avv.* unicamente, soltanto.
e|sclu|si|vì|smo *s.m.* **1** tendenza a considerare valida unicamente la propria opinione **2** (*econ.*) pratica politica che consiste nel garantire posizioni monopolistiche a singole società.
e|sclu|si|vì|sta *s.m./f.* [m.pl. *-i*] **1** chi detiene l'esclusiva sulla commercializzazione di un dato prodotto **2** chi ritiene degna di considerazione unicamente la propria opinione **3** (*econ.*) chi pratica l'esclusivismo come indirizzo politico.
e|sclu|si|vì|sti|co *agg.* [m.pl. *-ci*] mosso o caratterizzato da esclusivismo: *politica esclusivistica*.
e|sclu|si|vi|tà *s.f.* **1** caratteristica di ciò che è esclusivo **2** diritto di commercializzazione in esclusiva | prodotto realizzato da un'unica società.
e|sclu|sì|vo *agg.* **1** che limita il possesso di un bene o un diritto a un singolo o ad alcune persone, gruppi e sim.: *beneficio* — **2** che è riservato a un gruppo selezionato per prestigio sociale o ricchezza: *prodotto, locale* — **3** prodotto in un solo esemplare, unico: *abito* —.
e|sclù|so *part.pass.* di **escludere** ♦ *agg.* **1** lasciato fuori, scartato | **nessuno** —, tutti, senza eccezioni **2** impossibile, fuori discussione: *non è — che ci siano novità* ♦ *s.m.* [f. *-a*] **1** chi è stato scartato da un gruppo, da una selezione, da un concorso: *gli esclusi dalla graduatoria hanno fatto ricorso* **2** emarginato, tagliato fuori dalla società.
-é|sco *suff.* di aggettivi sostantivali con valori diversi (*dantesco, furbesco, ottocentesco*).
e|sco|gi|tà|re *v.tr.* [indic.pres. *io escògito...*] trovare o inventare per mezzo di ragionamento; architettare: *— un piano*.
e|sco|rià|re *v.tr.* [indic.pres. *io escòrio...*] produrre una lesione superficiale della pelle ♦ **-rsi** *intr.pron.* procurarsi un'escoriazione.
e|sco|ria|zió|ne *s.f.* (*med.*) lesione superficiale della pelle; abrasione.
e|scre|men|tì|zio *agg.* di escremento.
e|scre|mén|to *s.m. spec.pl.* residuo della digestione espulso dall'intestino; feci.
e|scre|scèn|za *s.f.* (*med.*) rigonfiamento della superficie di pelle o mucose.
e|scre|tó|re *agg.* [f. *-trice*] (*biol.*) che riguarda l'escrezione o la rende possibile: *apparato* —.
e|scre|zió|ne *s.f.* (*fisiol.*) **1** processo fisiologico di eliminazione dei prodotti di rifiuto e delle sostanze dannose dai parte degli organismi viventi **2** la sostanza che viene eliminata.
e|scur|sió|ne *s.f.* **1** gita o breve viaggio fatto per ragioni di studio o piacere | gita in montagna **2** (*scient.*) differenza tra valore minimo e massimo | — ***termica***, differenza tra temperatura massima e minima in un dato contesto **3** (*tecn.*)

massima ampiezza del movimento che una parte mobile di un macchinario è in grado di fare.
e|scur|sio|ni|smo *s.m.* l'attività di chi effettua uscite e brevi viaggi in contesti naturali, spec. per piacere.
e|scur|sio|ni|sta *s.m./f.* [m.pl. *-i*] chi sta facendo o è solito fare escursioni, spec. in montagna.
e|scur|sio|ni|sti|co *agg.* [m.pl. *-ci*] riguardante l'escursionismo: *percorso —*.
e|scus|sió|ne *s.f.* (*dir.*) l'interrogatorio dei testimoni durante un processo.
e|scù|te|re *v.tr.* [pass.rem. *io escùssi, tu escutésti...*; part.pass. *escusso*] (*dir.*) interrogare un testimone durante un processo.
-é/se *suff.* indica appartenenza a un ambito geografico o etnico (*norvegese, milanese*) o a un dato stato o gruppo sociale (*borghese, marchese*).
e|se|crà|bi|le *agg.* che è moralmente degno di condanna; vergognoso: *gesto —* ☐ **esecrabilmente** *avv.*
e|se|cràn|do *agg.* (*lett.*) che deve essere condannato, biasimato.
e|se|crà|re *v.tr.* [indic.pres. *io esècro...*] condannare dal punto di vista morale | avere in orrore: *— l'uso sistematico della violenza.*
e|se|cra|zió|ne *s.f.* condanna morale; biasimo, riprovazione: *suscitare —*.
e|se|cu|ti|vi|tà *s.f.* (*dir.*) condizione di un provvedimento che può essere eseguito immediatamente.
e|se|cu|ti|vo *agg.* **1** che può essere attuato, realizzato in concreto | *progetto —*, quello completo di tutti i dettagli, che viene utilizzato nell'esecuzione di un lavoro edile e sim. **2** (*dir.*) di provvedimento cui si può dare immediata esecuzione: *sentenza esecutiva* **3** che ha il compito di attuare quanto è stato progettato o deliberato: *responsabile —* | (*dir.*) *potere —*, quello del Governo e degli organi amministrativi ♦ *s.m.* **1** il Governo e i suoi organi **2** ogni organismo collegiale cui spetta il compito di attuare quanto deliberato da altri.
e|se|cu|tó|re *s.m.* [f. *-trice*] **1** chi esegue materialmente quanto stabilito da altri | (*dir.*) *— testamentario*, la persona incaricata di far eseguire le disposizioni testamentarie **2** chi esegue un brano musicale.
e|se|cu|tò|rio *agg.* (*dir.*) esecutivo.
e|se|cu|zió|ne *s.f.* **1** messa in opera di quanto stabilito o progettato; realizzazione: *l'— dei lavori* | (*inform.*) lo svolgimento di un comando da parte del computer: *programma in —* **2** (*dir.*) la messa in atto di deliberazioni, sentenze e atti amministrativi | *— (capitale)*, uccisione di un condannato a morte | *— sommaria*, messa a morte senza regolare processo **3** interpretazione di un brano musicale.
e|sè|dra *s.f.* (*arch.*) **1** negli edifici dell'età greca e romana, spazio semicircolare scoperto, spesso a porticato e dotato di sedili, dove ci si intratteneva per la conversazione **2** nell'uso odierno, qualunque edificio o spazio architettonico semicircolare.

e|se|gè|si *s.f.* lo studio, l'interpretazione e la spiegazione di un testo: *— biblica, giuridica*.
e|se|gè|ta *s.m./f.* [m.pl. *-i*] chi fa l'esegesi di un testo; interprete.
e|se|gè|ti|co *agg.* [m.pl. *-ci*] relativo o proprio dell'esegesi: *pratica esegetica*.
e|se|gui|bi|le *agg.* che può essere eseguito ♦ *s.m.* (*inform.*) programma realizzato in un formato comprensibile all'elaboratore e in grado di funzionare immediatamente.
e|se|gui|bi|li|tà *s.f.* caratteristica di ciò che è eseguibile.
e|se|gui|re *v.tr.* [indic.pres. *io eséguo, tu eségui...*] **1** mettere in atto, svolgere, realizzare: *— un dipinto* **2** portare a compimento un ordine, una deliberazione, una sentenza **3** interpretare un brano musicale: *— una canzone*.
e|sèm|pio *s.m.* **1** qualunque cosa o persona che possa essere presa come modello positivo o negativo: *— di eccellenza; dare il buon —; essere un — per qlco.* **2** frase che si utilizza per rendere comprensibile un concetto o per attestare un uso linguistico | *ad —* (*abbr.* ad es., ad e.), *per —* (*abbr.* per es., p.es., p.e.), formule utilizzate per introdurre un esempio **3** ogni cosa che possa essere usata per rappresentare una tipologia: *questo libro è un — di romanzo giallo*.
e|sem|plà|re¹ *agg.* **1** che può essere utilizzato come esempio per far comprendere ql.co.: *caso —* **2** che può essere preso a modello positivo: *comportamento —* | eccellente: *un lavoro —* **3** che può fare da monito: *castigo —*.
e|sem|plà|re² *s.m.* **1** ogni elemento che fa parte di una serie di oggetti con caratteristiche analoghe: *un prezioso — di francobollo* **2** ogni animale, vegetale o minerale rappresentativo di una specie: *un — di balena*.
e|sem|plà|re³ *v.tr.* [indic.pres. *io esèmplo...*] (*lett.*) adeguare a un modello, imitare.
e|sem|pla|ri|tà *s.f.* caratteristica di ciò che può fare da esempio o da monito.
e|sem|pli|fi|cà|re *v.tr.* [indic.pres. *io esemplìfico, tu esemplìfichi...*] chiarire o dimostrare tramite esempi: *— le regole grammaticali*.
e|sem|pli|fi|ca|tì|vo *agg.* che si utilizza per esemplificare.
e|sem|pli|fi|ca|zió|ne *s.f.* **1** spiegazione per mezzo di esempi **2** l'insieme di esempi utilizzati: *dizionario dotato di ricca —*.
e|sen|tà|re *v.tr.* [indic.pres. *io esènto...*] liberare da un obbligo; esonerare: *— dalle tasse*.
e|sen|tàs|se *agg.invar.* (*bur.*) esente da tasse.
e|sèn|te *agg.* **1** libero da un obbligo: *merci esenti da tassazione* **2** (*estens.*) privo di ql.co. di negativo: *— da difetti* | immune: *area — dal contagio*.
e|sen|zió|ne *s.f.* esclusione da un obbligo; esonero: *— fiscale*.
e|sè|quie *s.f.pl.* cerimonia funebre; funerale.
e|ser|cèn|te *agg.* che esercita un'attività ♦ *s.m./f.* proprietario o gestore di negozio.
e|ser|ci|tà|bi|le *agg.* che si può esercitare.
e|ser|ci|tà|re *v.tr.* [indic.pres. *io esèrcito...*] **1** far

diventare o mantenere efficiente tramite la pratica e l'allenamento: — *il fisico agli sforzi* **2** *(anche assol.)* praticare una certa attività professionale o un certo mestiere: — *la professione di notaio; sono medico ma non esercito* **3** fare uso di un potere, di una facoltà, di una virtù: — *il comando, i propri diritti* | — **pressioni su qlcu.**, insistere perché faccia ql.co. ♦ **-rsi** *rifl.* allenarsi: — *nel gioco degli scacchi.*

e|ser|ci|ta|zió|ne *s.f.* attività pratica volta ad acquisire, perfezionare o mantenere abilità in un dato settore; allenamento.

e|sèr|ci|to *s.m.* **1** le forze militari di uno Stato | *(partic.)* le forze armate di terra **2** *(fig.)* grande numero, moltitudine: *un — di manifestanti, di formiche.*

e|ser|ci|zià|rio *s.m.* libro o quaderno in cui sono raccolti esercizi per una data materia.

e|ser|cì|zio *s.m.* **1** pratica: — *di un mestiere* | messa in atto di ql.co.: — *del potere* **2** attività pratica svolta per mantenersi efficienti o per migliorare le proprie competenze in un certo campo: *fare —* | *(scuola)* prova che serve a migliorare le abilità o a verificare le conoscenze in una materia: *svolgere gli esercizi di matematica* | **tenersi in** —, mantenersi efficienti tramite la pratica | **essere in** —, **fuori** —, *(di persone)* allenato o non allenato; *(di cose)* funzionante o non funzionante **3** conduzione di un'azienda, un negozio e sim.|l'azienda, il negozio stessi | **costi d'**—, le spese ordinarie per la gestione di un'azienda **4** periodo di tempo per il quale vengono calcolati i risultati economici di un ente, un'impresa.

e|sfo|lia|zió|ne o **esfogliazióne** *s.f.* *(med.)* distacco di strati superficiali della cute.

e|si|bì|re *v.tr.* [indic.pres. *io esibisco, tu esibisci...*] **1** ostentare, sfoggiare: — *la propria ricchezza* **2** *(bur.)* far vedere, mostrare: — *un documento* ♦ **-rsi** *rifl.* **1** farsi notare **2** dare spettacolo, dimostrare la propria abilità davanti a un pubblico: — *con la chitarra.*

e|si|bi|zió|ne *s.f.* **1** *(bur.)* presentazione di documenti e sim. davanti a un'autorità **2** sfoggio, ostentazione: *fare — della propria cultura* **3** spettacolo; numero: *l'— del giocoliere* | gara sportiva non competitiva svolta a carattere dimostrativo.

e|si|bi|zio|nì|smo *s.m.* **1** tendenza a farsi notare, a mettersi al centro dell'attenzione **2** *(psicol.)* tendenza morbosa a mostrare in pubblico i propri organi sessuali.

e|si|bi|zio|nì|sta *s.m./f.* [m.pl. *-i*] **1** chi cerca di porsi maggiormente al centro dell'attenzione **2** *(psicol.)* chi è affetto da esibizionismo patologico.

e|si|bi|zio|nì|sti|co *agg.* [m.pl. *-ci*] proprio dell'esibizionismo, dell'esibizionista: *impulsi esibizionistici* □ **esibizionisticamente** *avv.*

e|si|gèn|te *part.pres. di esigere* ♦ *agg.* che pretende molto; severo: *un superiore —.*

e|si|gèn|za *s.f.* **1** necessità, bisogno **2** *(spec.pl.)* pretesa, richiesta eccessiva: *essere pieni di esigenze.*

e|sì|ge|re *v.tr.* [indic.pres. *io esigo, tu esigi...*; pass.rem. *io esigéi* o *esigètti, tu esigésti...*; part.pass. *esatto*] **1** chiedere ql.co. con forza o autorità; pretendere: — *chiarimenti* **2** rendere necessario, imporre: *gli ultimi avvenimenti esigono una pronta reazione* **3** *(bur.)* riscuotere: — *una tassa.*

e|si|gì|bi|le *agg.* che può essere riscosso: *credito —.*

e|si|gi|bi|li|tà *s.f.* caratteristica di ciò che è esigibile.

e|si|guì|tà *s.f.* scarsezza, piccolezza.

e|sì|guo *agg.* di quantità o valore ridotto; piccolo, scarso: *un reddito —* □ **esiguamente** *avv.*

e|si|la|ràn|te *part.pres. di esilarare* ♦ *agg.* che diverte e fa ridere; spassoso: *una gag —.*

e|si|la|rà|re *v.tr.* [indic.pres. *io esìlaro...*] indurre alla risata; divertire ♦ **-rsi** *intr.pron.* divertirsi.

e|sì|le *agg.* **1** sottile, minuto: *membra esili* **2** *(fig.)* debole, flebile: *un'— speranza.*

e|si|lià|re *v.tr.* [indic.pres. *io esìlio...*] **1** espellere temporaneamente o definitivamente qlcu. dal proprio paese | confinare in un certo luogo o contesto: — *in campagna* **2** *(estens.)* allontanare, escludere qlcu. dal contesto abitualmente frequentato: *fu esiliato dalla sua famiglia* ♦ **-rsi** *rifl.* **1** abbandonare volontariamente il proprio paese **2** *(estens.)* allontanarsi da un certo contesto: — *dalla vita politica.*

e|si|lià|to *part.pass. di esiliare* ♦ *s.m.* [f. *-a*] chi vive in esilio.

e|sì|lio *s.m.* **1** espulsione temporanea o definitiva dal proprio paese, per ragioni giudiziarie, politiche, ideologiche: *pena dell'—* | volontario abbandono del proprio paese, per protesta o per scampare da un pericolo: *prendere la via dell'—* **2** la condizione dell'esiliato | il luogo e il periodo in cui si vive tale condizione: *essere in —* **3** *(estens.)* esclusione, vita ritirata: — *dal mondo* | luogo isolato.

e|si|li|tà *s.f.* caratteristica di ciò che è esile; debolezza: *l'— di un argomento.*

e|sì|me|re *v.tr.* [raro il pass.rem. *io esiméi* o *esimètti, tu esimésti...*; del part.pass. e dei tempi composti] liberare qlcu. da un obbligo; esonerare: — *da un pagamento* ♦ **-rsi** *rifl.* sottrarsi a un obbligo.

e|sì|mio *agg.* *(anche iron.)* che si distingue per valore, qualità; egregio, eccellente: — *collega; un — imbecille.*

e|si|stèn|te *part.pres. di esistere* ♦ *agg.* che esiste ♦ *s.m.* ciò che esiste.

e|si|stèn|za *s.f.* **1** condizione di ciò che esiste **2** vita: *un'— agiata.*

e|si|sten|zià|le *agg.* **1** relativo alla vita e all'esperienza personale: *dubbi esistenziali* **2** *(filos.)* relativo all'esistenza e ai suoi modi.

e|si|sten|zia|lì|smo *s.m.* corrente filosofica contemporanea che insiste sul valore specifico dell'esistenza individuale umana e sul suo carattere di precarietà.

e|si|sten|zia|lì|sta *agg.* relativo all'esistenzialismo: *pensiero —* ♦ *s.m./f.* [m.pl. *-i*] *(filos.)* chi segue l'esistenzialismo.

e|si|sten|zia|li|sti|co *agg.* [m.pl. *-ci*] relativo all'esistenzialismo, agli esistenzialisti.

e|si|ste|re *v.intr.* [pass.rem. *io esistéi o esistètti, tu esistésti...*; part.pass. *esistito*; aus. *E*] **1** essere nella realtà: *esistono animali di ogni genere* | esserci: *non esistono altre possibilità* **2** essere in vita: *cessare di* —.

e|si|tàn|te *part.pres. di* esitare ♦ *agg.* dubbioso, insicuro.

e|si|tà|re *v.intr.* [indic.pres. *io èsito...*; aus. *A*] non riuscire a prendere una decisione o un'iniziativa; rimanere incerto: — *a entrare*; *esitò a lungo prima di farlo*.

e|si|ta|zió|ne *s.f.* stato d'animo e condizione di chi non riesce a decidersi; incertezza, dubbio: *avere un '*—; *senza alcuna* —.

è|si|to *s.m.* **1** risultato, effetto: — *positivo*, *negativo*; *avere buon* — | (*bur.*) **dare** —, rispondere, evadere: *diede* — *alla pratica* **2** (*comm.*) vendita.

e|si|zià|le *agg.* (*raro*) che danneggia gravemente; funesto, rovinoso.

è|ski|mo o **èschimo** *s.m.* giaccone impermeabile con cappuccio e fodera di pelo.

è|so- primo elemento di parole composte, spec. del linguaggio scientifico, che significa "esterno, all'esterno" (*esocrino*, *esoscheletro*).

e|sò|cri|no *agg.* (*anat.*) detto di ghiandole che versano le proprie secrezioni all'esterno dell'organismo attraverso appositi condotti (p.e. le ghiandole sudoripare).

è|so|do *s.m.* **1** l'abbandono di una regione da parte di un popolo o di una grande compagine sociale | (*per anton.*) l'uscita degli ebrei dall'Egitto sotto la guida di Mosè | *Esodo*, nella Bibbia, secondo libro del Pentateuco **2** (*estens.*) spostamento in massa: *l'* — *dei vacanzieri diretti al mare* | spostamento di grosse somme di denaro o di altri beni mobili.

e|so|fa|gè|o *agg.* (*med.*) dell'esofago.

e|so|fa|gì|te *s.f.* (*med.*) infiammazione dell'esofago.

e|sò|fa|go *s.m.* [pl. *-gi*] (*anat.*) tratto del tubo digerente che va dalla faringe allo stomaco.

e|so|ga|mì|a *s.f.* **1** costume diffuso presso molti popoli antichi che imponeva di contrarre matrimonio soltanto con una persona non appartenente al proprio gruppo sociale o alla propria tribù **2** (*biol.*) riproduzione tra individui geneticamente poco simili.

e|so|gà|mi|co *agg.* [m.pl. *-ci*] riguardante o proprio dell'esogamia.

e|so|gè|ne|si *s.f.* (*scient.*) generazione di un fenomeno per cause esterne.

e|sò|ge|no *agg.* **1** (*biol.*) che ha origine al di fuori dell'organismo: *patologia esogena* **2** (*geol.*) detto delle forze che agiscono sulla superficie terrestre mutandone la conformazione (p.e. venti, acque e ghiacci) | *rocce esogene*, sedimentarie.

e|so|mor|fì|smo *s.m.* (*geol.*) il complesso di trasformazioni mineralogiche operate sulle rocce dal contatto col magma.

e|so|ne|rà|re *v.tr.* [indic.pres. *io esònero...*] **1** liberare da un obbligo; esentare: — *dal pagamento del ticket* **2** allontanare da un incarico; licenziare: *l'allenatore è stato esonerato* ♦ **-rsi** *rifl.* esimersi, dispensarsi.

e|so|ne|rà|to *part.pass. di* esonerare ♦ *agg.*, *s.m.* [f. *-a*] che, chi è libero da un obbligo.

e|sò|ne|ro *s.m.* l'atto di esonerare e il suo effetto; dispensa, esenzione.

e|sor|bi|tàn|te *part.pres. di* esorbitare ♦ *agg.* che supera il limite opportuno; fuori misura, eccessivo: *spese esorbitanti*.

e|sor|bi|tà|re *v.intr.* [indic.pres. *io esòrbito...*; aus. *A*] superare la giusta misura, il limite opportuno.

e|sor|ci|smo *s.m.* rito religioso che mira a liberare una persona da demoni o spiriti maligni | (*estens.*) **fare gli esorcismi**, gli scongiuri.

e|sor|ci|sta *s.m./f.* [m.pl. *-i*] **1** chi pratica gli esorcismi **2** (*eccl.*) sacerdote autorizzato dal vescovo a compiere esorcismi sui posseduti.

e|sor|ci|sti|co *agg.* [m.pl. *-ci*] relativo all'esorcismo.

e|sor|ciz|zà|re *v.tr.* **1** liberare dal demonio mediante un esorcismo: — *chi è posseduto* | scacciare per mezzo di un esorcismo: — *il demonio* **2** (*estens.*) rimuovere un pensiero sgradevole dalla mente | tentare di allontanare ql.co. di negativo; scongiurare: — *un pericolo*.

e|sor|ciz|za|zió|ne *s.f.* la pratica di esorcizzare.

e|sor|dièn|te *part.pres. di* esordire ♦ *agg.*, *s.m./f.* che, chi è all'inizio di un'attività o in un campo.

e|sòr|dio *s.m.* **1** inizio di una qualsiasi attività: *l'* — *di un calciatore in prima squadra* **2** (*ret.*) l'apertura di un discorso o di uno scritto; introduzione.

e|sor|dì|re *v.intr.* [indic.pres. *io esordisco, tu esordisci...*; aus. *A*] **1** fare la prima apparizione in un nuovo ruolo, spec. in ambito pubblico, artistico o sportivo: — *come direttore d'orchestra*; — *al cinema* **2** iniziare un discorso: — *con una citazione colta*.

e|so|re|at|tó|re *s.m.* (*aer.*) propulsore che impiega come comburente l'aria esterna.

e|sor|nà|re *v.tr.* [indic.pres. *io esórno...*] (*lett.*) abbellire, spec. discorsi o scritti.

e|sor|na|tì|vo *agg.* (*lett.*) che serve come abbellimento | non essenziale.

e|sor|tà|re *v.tr.* [indic.pres. *io esòrto...*] cercare di convincere qlcu. ad agire in un certo modo: — *alla conversione*; *ti esorto a ripensarci*.

e|sor|ta|tì|vo *agg.* **1** che mira a esortare **2** (*gramm.*) che esprime un'esortazione.

e|sor|ta|tó|rio *agg.* (*lett.*) esortativo.

e|sor|ta|zió|ne *s.f.* sollecitazione ad agire in un certo modo.

e|so|schè|le|tro *s.m.* (*zool.*) rivestimento esterno, gener. di chitina, caratteristico degli Artropodi.

e|so|sfè|ra *s.f.* (*geog.*) la regione più alta dell'atmosfera terrestre, posta a circa 500 km dalla superficie del pianeta.

e|so|si|tà *s.f.* caratteristica di chi è esoso.

e|sò|so *agg.* **1** avido di guadagni: *un negoziante* — | avaro, gretto **2** che rivela avidità.

e|so|tè|ri|co *agg.* [m.pl. -*ci*] **1** detto di dottrina destinata a una ristretta cerchia di iniziati: *filosofia esoterica* **2** (*estens.*) misterioso, comprensibile a pochi: *comunicazione esoterica*.

e|so|te|ri|smo *s.m.* caratteristica di ciò che è esoterico.

e|so|tèr|mi|co *agg.* [m.pl. -*ci*] (*fis.*) si dice di ciò che avviene per reazione chimica e libera calore.

e|so|ti|ci|tà *s.f.* caratteristica di ciò che viene da paesi lontani | originalità, stravaganza.

e|sò|ti|co *agg.* [m.pl. -*ci*] **1** proveniente da paesi lontani o da culture molto diverse da quella di appartenenza | proprio, caratteristico di tali paesi **2** (*estens.*) stravagante, originale ♦ *s.m.* tutto ciò che appartiene a paesi e culture lontani: *la moda dell'—*.

e|so|ti|smo *s.m.* **1** carattere esotico: *l'— di un abito* **2** elemento straniero all'interno di un insieme: *architettura con molti esotismi* **3** (*ling.*) forestierismo **4** gusto per le culture, gli stili e i gusti esotici.

e|so|tiz|zàn|te *agg.* che richiama stili e gusti esotici.

espadrilles (*fr.*) [pr. *espadrìi*] o **espadrillas** (*sp.*) [pr. *espadrìglias*] *s.f.pl.* calzatura bassa e leggera in tela, con suola di corda intrecciata.

e|spàn|de|re *v.tr.* [pass.rem. *io espànsi, tu espandésti...*; part.pass. *espanso*] **1** ingrandire, ampliare: *— il proprio dominio*; *— la rete commerciale* **2** diffondere odori; emanare, spandere **3** (*inform.*) migliorare le prestazioni di un computer tramite l'aggiunta di nuovo materiale hardware ♦ **-rsi** *intr.pron.* **1** aumentare di volume, dilatarsi **2** di odore, diffondersi.

e|span|sì|bi|le *agg.* che può espandersi | che tende a espandersi.

e|span|sió|ne *s.f.* **1** ingrandimento, ampliamento: *— territoriale* | *sviluppo, crescita economica: paesi in via di —* | (*astr.*) *— dell'universo*, tendenza delle galassie ad allontanarsi le une dalle altre **2** (*fis.*) aumento di volume **3** (*inform.*) materiale hardware che viene aggiunto a un computer per incrementarne le prestazioni.

e|span|sio|ni|smo *s.m.* tendenza di uno Stato ad ampliare il proprio territorio o la propria sfera di influenza politica ed economica.

e|span|sio|nì|sta *agg., s.m./f.* che, chi pratica o sostiene l'espansionismo.

e|span|sio|nì|sti|co *agg.* [m.pl. -*ci*] di espansionismo: *tendenza espansionistica*.

e|span|si|vi|tà *s.f.* tendenza a essere affettuoso, a manifestare i propri sentimenti.

e|span|sì|vo *agg.* che manifesta apertamente, a parole o gesti, i propri sentimenti di affetto: *comportamento —*.

e|spàn|so *part.pass. di* espandere ♦ *agg.* **1** allargato, dilatato **2** (*chim.*) detto di materie plastiche a struttura porosa e cellulare con elevate proprietà di isolamento termico e acustico: *polistirolo —*.

e|spa|tria|re *v.intr.* [indic.pres. *io espàtrio...*; aus. *E*] lasciare il proprio paese d'origine, in maniera definitiva o per lungo tempo.

e|spà|trio *s.m.* uscita dal territorio nazionale: *visto di —*.

e|spe|dièn|te *s.m.* accorgimento, trovata ingegnosa per superare una difficoltà | *vivere di espedienti*, arrangiandosi, senza avere una fonte di reddito fissa.

e|spèl|le|re *v.tr.* [indic.pres. *io espèllo...*; pass.rem. *io espùlsi, tu espellésti...*; part.pass. *espulso*] **1** mandare via, escludere con un provvedimento disciplinare: *— dal campo di gioco* **2** mandare fuori, emettere: *— fumi di scarico* **3** (*fisiol.*) eliminare dall'organismo.

e|spe|ràn|to *s.m.* lingua creata artificialmente per gli scambi internazionali | (*estens.*) linguaggio comprensibile universalmente.

e|spè|ria *s.f.* farfalla diurna di piccole dimensioni, con corpo tozzo e ali variopinte.

e|spe|rì|bi|le *agg.* **1** che si può mettere in atto **2** che si può provare.

e|spe|rièn|za *s.f.* **1** conoscenza pratica della vita o di una particolare realtà, acquistata con il tempo e l'esercizio: *avere una vasta —* | *in fatto di commercio* | *fare —*, conoscere un certo ambiente e imparare a fare ql.co. tramite la pratica diretta **2** avvenimento o serie di avvenimenti che arricchisce e modifica la propria personalità: *una brutta —*; *esperienze passate* **3** (*scient.*) esperimento: *— di laboratorio*.

e|spe|ri|mén|to *s.m.* **1** prova mirante a verificare la natura e le qualità di qlcu. o ql.co. | *a titolo di —*, per prova **2** (*scient.*) osservazione sistematica di un fenomeno naturale o artificialmente ricreato, al fine di verificare un'ipotesi: *fare un —*.

e|spe|rì|re *v.tr.* [indic.pres. *io esperisco, tu esperisci...*; part.pass. *esperito*] **1** (*bur.*) mettere in atto: *— un'inchiesta* **2** (*lett.*) sperimentare.

e|spèr|to *agg.* **1** che ha acquisito vaste conoscenze in un dato campo; competente: *insegnante —*; *un uomo — in campo artistico* | che agisce per perizia: *la mano esperta del chirurgo* **2** che per le molte esperienze vissute conosce bene la realtà ♦ *s.m.* [f. -*a*] chi ha vaste competenze in un certo campo: *interpellare un —*.

e|spet|to|ràn|te *part.pres. di* espettorare ♦ *agg., s.m.* detto di farmaco che favorisce l'espettorazione.

e|spet|to|rà|re *v.tr.* [indic.pres. *io espèttoro...*] (*med.*) espellere muco o altro materiale organico attraverso la bocca.

e|spet|to|rà|to *part.pass. di* espettorare ♦ *s.m.* (*med.*) materiale proveniente dall'apparato respiratorio ed espulso attraverso la bocca.

e|spet|to|ra|zió|ne *s.f.* espulsione di materiale organico tramite la bocca.

e|spià|bi|le *agg.* che si può espiare.

e|spian|tà|re *v.tr.* (*med.*) asportare un organo o un tessuto sano da un donatore per trapiantarlo su un'altra persona.

e|spian|ta|zió|ne *s.f.* (*biol.*) prelevamento di

un organo o di un tessuto organico a scopo di coltura o trapianto.
e|spiàn|to *s.m. (biol., med.)*) 1 espiantazione 2 organo o tessuto prelevato da un organismo e conservato per il trapianto o per essere coltivato in vitro.
e|spi|à|re *v.tr.* [indic.pres. *io espìo*...] subire una punizione per riparare a una colpa commessa: — *la pena in carcere.*
e|spi|a|tò|rio *agg.* che serve a riparare le colpe: *rito* —.
e|spi|a|zió|ne *s.f.* riparazione di una colpa tramite una pena o un rito penitenziale.
e|spi|rà|re *v.tr.* espellere l'aria dai polmoni.
e|spi|ra|tò|rio *agg.* dell'espirazione: *moto* —.
e|spi|ra|zió|ne *s.f.* fase della respirazione in cui l'aria viene espulsa dai polmoni.
e|sple|ta|mén|to *s.m. (bur.)* svolgimento, completamento: — *di una pratica.*
e|sple|tà|re *v.tr.* [indic.pres. *io esplèto*...] *(bur.)* svolgere, portare a termine: — *i propri incarichi.*
e|sple|ti|vo *agg. (gramm.)* pleonastico e intensivo | *particelle espletive*, quelle che non hanno valore semantico, ma conferiscono alla frase una maggiore intensità espressiva (p.e. la negazione *non* nella frase: *più di quanto non fosse necessario*).
e|spli|cà|bi|le *agg. (lett.)* che può essere spiegato.
e|spli|cà|re *v.tr.* [indic.pres. *io èsplico, tu èsplichi*...] 1 svolgere, compiere 2 *(raro)* spiegare, chiarire.
e|spli|ca|ti|vo *agg.* che serve a spiegare ql.co.: *manuale* — | *(gramm.) congiunzioni esplicative*, congiunzioni dichiarative.
e|spli|ca|zió|ne *s.f.* 1 svolgimento, attuazione 2 *(raro)* spiegazione, chiarimento.
e|spli|ci|tà|re *v.tr.* [indic.pres. *io esplìcito*...] esprimere con chiarezza; rivelare apertamente: — *la propria posizione* | *(mat.)* — *un'equazione*, risolverla isolando al primo membro l'incognita.
e|spli|ci|to *agg.* 1 espresso apertamente e con chiarezza: *dichiarazione esplicita* | *(gramm.) proposizione esplicita*, frase dipendente con verbo di modo finito 2 *(di persona)* che esprime il suo pensiero in maniera chiara e senza reticenza: *tende a essere molto* — □ **esplicitamente** *avv.*
e|splò|de|re *v.intr.* [pass.rem. *io esplòsi, tu esplodésti*...; part.pass. *esplòso*; aus. *E*] 1 scoppiare producendo molto rumore: *è esplosa la bombola* 2 *(fig.)* manifestare in maniera improvvisa e brusca i propri sentimenti: *dopo aver taciuto tutta la sera, è esploso* 3 *(fig.)* manifestarsi in maniera rapida e perentoria: *è esplosa una grave crisi* ♦ *tr.* sparare: *gli hanno esploso addosso cinque colpi di pistola.*
e|splo|rà|bi|le *agg.* che può essere esplorato.
e|splo|rà|re *v.tr.* [indic.pres. *io esplòro*...] 1 percorrere un luogo o una regione studiandoli con attenzione al fine di conoscerli meglio; perlustrare: — *una casa disabitata, una valle selvaggia* 2 *(med.)* esaminare in profondità una parte del corpo a scopi diagnostici 3 *(fig.)* indagare ql.co.

per averne migliore conoscenza: — *l'opera di un autore.*
e|splo|ra|ti|vo *agg.* di esplorazione | che serve a esplorare | *mandato* —, incarico di indagare le intenzioni delle diverse forze politiche in vista della formazione di un nuovo Governo.
e|splo|ra|tó|re *agg.* [f. -*trice*] che esplora ♦ *s.m.* 1 chi si dedica all'esplorazione geografica 2 *(mil.)* soldato incaricato di muoversi in avanscoperta per raccogliere informazioni sulle posizioni del nemico 3 scout.
e|splo|ra|zió|ne *s.f.* 1 ricognizione diretta di un luogo o di una regione non conosciuti 2 *(mil.)* invio di uno o più soldati in avanscoperta allo scopo di raccogliere informazioni sulle forze nemiche 3 *(med.)* indagine accurata di una parte del corpo a scopo diagnostico.
e|splo|sió|ne *s.f.* 1 reazione chimica o fisica caratterizzata da un notevole sviluppo di energia e da violenti effetti meccanici, termici e acustici: — *atomica* 2 *(fig.)* manifestazione improvvisa e travolgente di un fenomeno o di un sentimento: — *di felicità; l'— del conflitto.*
e|splo|si|vi|tà *s.f.* caratteristica di ciò che è esplosivo.
e|splo|si|vo *agg.* 1 di esplosione | che può esplodere o produrre un'esplosione: *materiale* — 2 *(fig.)* che può avere conseguenze molto gravi: *situazione esplosiva* ♦ *s.m.* sostanza o miscuglio di sostanze che in conseguenza di urti, combustione o altro può provocare un'esplosione.
e|spo|nèn|te *part.pres.* di esporre ♦ *s.m.* 1 [anche f.] chi rappresenta in modo autorevole una corrente politica, artistica, di pensiero: — *della poesia crepuscolare* 2 *(mat.)* numero posto in alto a destra del numero base, di cui indica la potenza 3 *(ling.)* lemma, voce di vocabolario.
e|spo|nen|zià|le *agg.* 1 *(mat.)* detto di funzione o equazione in cui la variabile o l'incognita compaiono a esponente 2 *(stat.)* detto di incremento o diminuzione a tassi costanti nel tempo | *(com.)* detto di grandezza la cui crescita è straordinaria: *l'indebitamento aumenta a ritmi esponenziali.*
e|spór|re *v.tr.* [con. come *porre*] 1 porre in vista; mostrare in pubblico: — *un manifesto* 2 *(assol.)* fare un'esposizione d'arte: — *nei più importanti musei* 3 spiegare, riferire ordinatamente: — *i fatti* | esprimere: — *i propri sentimenti* 4 porre o lasciare in una data situazione, spec. negativa: — *ai pericoli, alle intemperie* ♦ **-rsi** *rifl.* 1 offrirsi all'azione di un elemento esterno: — *al vento*; — *al pubblico ludibrio* 2 mettere in gioco la propria immagine o credibilità; compromettersi: — *prendendo posizione* 3 *(fin.)* indebitarsi.
e|spor|tà|bi|le *agg.* che può essere esportato.
e|spor|tà|re *v.tr.* [indic.pres. *io espòrto*...] 1 trasportare beni di fuori dei confini nazionali spec. a fini commerciali: — *prodotti alimentari* 2 *(fig.)* diffondere all'estero: — *una moda.*
e|spor|ta|tó|re *agg., s.m.* [f. -*trice*] che, chi effettua esportazione, spec. commerciali.
e|spor|ta|zió|ne *s.f.* 1 il trasporto di beni all'e-

esposimetro

stero 2 (*spec.pl.*) l'insieme delle merci commercializzate all'estero: *le esportazioni sono in calo*.

e|spo|si|me|tro *s.m.* (*foto.*) apparecchio che misura l'intensità luminosa e indica la corretta esposizione per fotografare un dato oggetto.

e|spo|si|ti|vo *agg.* che viene utilizzato per esporre: *spazio —*.

e|spo|si|tó|re *s.m.* 1 [f. *-trice*] chi presenta al pubblico opere d'arte o prodotti commerciali in una mostra 2 supporto per presentare al pubblico prodotti in vendita.

e|spo|si|zió|ne *s.f.* 1 descrizione ordinata di fatti; rapporto, cronaca, narrazione 2 collocazione di ql.co. in pubblico: *l'— della bandiera* 3 mostra, rassegna: *l'— di un noto pittore* 4 (*foto.*) quantità di luce che impressiona la pellicola: *regolare l'—* 5 collocazione di ql.co. rispetto ai punti cardinali o al moto del sole: *— a nord, a levante* 6 (*fin.*) il totale dei crediti vantati da un'azienda rispetto a un altro soggetto.

e|spó|sto *part.pass. di esporre* ♦ *agg.* 1 messo in mostra 2 rivolto verso ql.co.: *edificio — a sud, a valle* 3 non riparato e quindi sottoposto all'azione di agenti esterni: *— alla pioggia* 4 (*fin.*) in credito: *— per diversi milioni verso qlcu.* 5 nell'alpinismo, detto di parete o passaggio scoperto e aperto sul vuoto ♦ *s.m.* scritto rivolto a un'autorità, spec. giudiziaria, per notificare un fatto: *presentare un —*.

e|spres|sa|mén|te *avv.* 1 in maniera chiara; esplicitamente: *riferirò — le tue parole* 2 di proposito, apposta: *sono qui — per te*.

e|spres|sió|ne *s.f.* 1 manifestazione di sentimenti, opinioni e sim.: *queste parole sono — del mio stato d'animo* 2 parola o frase con cui si esprime un sentimento o un'opinione: *espressioni d'augurio, di gioia* | vocabolo, locuzione: *— vernacolare* 3 atteggiamento del viso che comunica un sentimento, un'opinione e sim.: *mi guardava con un'— interrogativa* 4 intonazione della voce che dà particolare efficacia a ciò che si dice: *leggere una poesia con grande —* 5 (*mat.*) scrittura, in numeri o in lettere, contenente una sequenza di operazioni da eseguire.

e|spres|sio|ni|smo *s.m.* movimento artistico e culturale sorto nel primo Novecento come reazione al naturalismo e all'impressionismo.

e|spres|sio|ni|sta *agg.* dell'espressionismo ♦ *s.m./f.* [m.pl. *-i*] fautore, seguace dell'espressionismo.

e|spres|sio|ni|sti|co *agg.* [m.pl. *-ci*] dell'espressionismo; degli espressionisti: *rappresentazione espressionistica della realtà*.

e|spres|si|vi|tà *s.f.* capacità di comunicare con efficacia sentimenti o stati d'animo: *un artista di grande —*.

e|spres|sì|vo *agg.* 1 di espressione 2 che è in grado di comunicare con efficacia: *linguaggio, volto —* □ **espressivamente** *avv.*

e|près|so¹ *part.pass. di esprimere* ♦ *agg.* dichiarato apertamente: *un diniego —*.

e|près|so² *agg.* 1 rapido | **treno** —, che ferma solo nei centri maggiori 2 di cibo o bevanda preparato al momento, su richiesta del cliente | **caffè** —, preparato sul momento con una macchina apposita ♦ *s.m.* 1 corrispondenza che viene recapitata in maniera più rapida del normale 2 treno espresso 3 caffè espresso.

e|sprì|me|re *v.tr.* [pass.rem. *io esprèssi, tu espriméstì...*; part.pass. *esprèsso*] 1 manifestare, comunicare sentimenti o pensieri: *— la delusione* 2 rappresentare con le forme proprie dell'arte: *un quadro che esprime l'angoscia dell'artista* ♦ *-rsi* *rifl.* 1 comunicare i propri sentimenti o pensieri | (*estens.*) parlare: *si esprime in un italiano stentato* 2 manifestarsi compiutamente, apparire: *un talento che fatica a — pienamente*.

e|sprì|mi|bi|le *agg.* che può essere comunicato.

e|spro|prià|re *v.tr.* [indic.pres. *io espròprio...*] (*dir.*) privare qlcu. del diritto di proprietà su un bene: *— un fondo agricolo* | (*estens.*) privare qlcu. di qlco.

e|spro|pria|zió|ne *s.f.* (*dir.*) esproprio.

e|spro|prio *s.m.* (*dir.*) privazione del diritto di proprietà su un bene, imposto spec. dall'autorità pubblica in seguito a sentenza giudiziaria o per ragioni di utilità comune.

e|spu|gnà|bi|le *agg.* che si può espugnare.

e|spu|gnà|re *v.tr.* [indic. pres. *io espugno..., noi espugniamo, voi espugnate...*] 1 conquistare militarmente una fortezza o una città fortificata 2 (*fig.*) piegare, vincere: *hanno — la sua resistenza*.

e|spu|gna|zió|ne *s.f.* conquista di un luogo fortificato.

e|spul|sió|ne *s.f.* 1 allontanamento, estromissione spec. per ragioni disciplinari: *l'— di uno studente dalla scuola* | cacciata: *l'— dei dissidenti dal paese* 2 eliminazione da un organismo o da un macchinario: *l'— dei gas di scarico*.

e|spul|sì|vo *agg.* che spinge fuori, che espelle: *provvedimento —*.

e|spùl|so *part.pass. di espellere* ♦ *agg., s.m.* [f. *-a*] che, chi è stato allontanato da un certo luogo o contesto: *una partita con due espulsi per parte*.

e|spul|só|re *agg.* che espelle ♦ *s.m.* (*tecn.*) il congegno che, nelle armi da fuoco a retrocarica, espelle il bossolo dopo lo sparo.

e|spùn|ge|re *v.tr.* [con. come *pungere*] eliminare singole parole o interi brani da un testo.

e|spun|zió|ne *s.f.* eliminazione di parole o frasi da un testo.

e|spur|gà|re *v.tr.* [indic.pres. *io espurgo, tu espurghi...*] eliminare o modificare gli elementi di un testo o dell'opera d'arte che si ritengano lesivi della morale.

e|squi|mé|se *agg., s.m.* → **eschimese**.

és|sa *pron.pers.f. di 3ª pers.sing.* → **esso**.

-és|sa *suff.* usato nella formazione di nomi femminili animati, indicanti titoli, cariche o professioni (*contessa, dottoressa*) o animali (*leonessa*); può avere anche valore iron. (*generalessa*) o spreg. (*avvocatessa*).

essai (*fr.*) [pr. *essè*] *s.m.invar.* spec. nella loc. *cinema d'*—, film d'avanguardia | sala dove si

proiettano film d'autore di particolare valore artistico.
és|se pron.pers.f. di 3ª pers.pl. → **esso**.
ès|se s.f./m.invar. nome della lettera s.
es|sèn|za s.f. 1 (filos.) ciò per cui una cosa è quello che è; la natura fondamentale di un ente 2 (estens.) la parte più importante di ql.co.; il cuore, il nucleo fondamentale: l'— di un ragionamento 3 (chim.) sostanza odorosa volatile di origine naturale, utilizzata in profumeria e in farmacia: — di lavanda.
es|sen|zià|le agg. 1 che costituisce la parte fondamentale di ql.co.: è un elemento — del discorso | necessario, irrinunciabile: punto — del contratto è che le parti si accordino 2 (chim.) che contiene un'essenza odorosa: olio — ♦ s.m. 1 la cosa più importante: l'— è che stiate tutti bene 2 le cose fondamentali; il minimo indispensabile: vivere con l'— □ **essenzialmente** avv. in sostanza, fondamentalmente: ciò che mi interessa è — questo.
es|sen|zia|li|tà s.f. caratteristica di ciò che è essenziale.
ès|se|re[1] v.intr. [indic.pres. io sóno, tu sèi, egli è, noi siàmo, voi siète, essi sóno; imperf. io èro, tu èri, egli èra, noi eravàmo, voi eravàte, essi èrano; pass.rem. io fùi, tu fósti, egli fu, noi fùmmo, voi fóste, essi fùrono; fut. io sarò, tu sarài, egli sarà, noi sarémo, voi saréte, essi sarànno; congiunt.pres. io sìa, tu sìa, egli sìa, noi siàmo, voi siàte, essi sìano; congiunt.imperf. io fóssi...; condiz. io sarèi, tu sarésti, egli sarèbbe, noi sarémmo, voi saréste, essi sarèbbero; imp. sìi, siàte; part.pres. essènte; part.pass. stàto; ger. essèndo. È v. ausiliare nei tempi semplici e composti dei v. tr. alla forma passiva (io sono descritto), nei tempi composti dei v. rifl. e pron. (tu ti sei impegnato; io mi sono lavato il viso), dei v. impers. (era accaduto; è piovuto), dei v. servili seguiti da un verbo che vuole l'ausiliare essere (non sono potuto andare; sono dovuto tornare) e di molti v. intr. attivi] 1 in funzione di copula unisce soggetto e predicato nominale: io ero triste; Gianni è avvocato 2 [anche accompagnato dalle particelle avverbiali ci o vi] esprime l'esistenza o l'essenza di qlcu. o ql.co.: e la luce fu; non c'è nessuno che possa capirmi | (bur.) **del fu...**, figlio del defunto | esprime la presenza in un dato contesto: sono in casa; è a scuola; qui non c'è nessuno; ci sono tre persone che aspettano 3 accadere, succedere, verificarsi: quel che è stato è stato; così sia | arrivare: ci siamo quasi; tra un'ora saremo in città | (fig.) **ci sono!**, ho capito | (fig.) **ci siamo!**, è arrivato il momento atteso o culminante | **sarà!**, forse è vero, ma non sono convinto | **può**, è possibile | **come sarebbe?**, enfatica richiesta di chiarimenti 4 (fam.) misurare: sono due metri e venti | costare: quant'è? 5 seguito dalle prep. a, da, di, in, per determina in vario modo il soggetto, indicando la condizione, la funzione, la materia, la proprietà, la provenienza ecc.: — a disposizione; — da provare; — di ql.cu.; — di piombo; — di Bologna; — in gara; — in buone condizioni; — per pochi | **di ritorno**, ritornare

6 spec. in costruzioni impersonali, indica condizioni meteorologiche o indicazioni di tempo cronologico: è bello; è soleggiato; è tardi; è Natale.
ès|se|re[2] s.m. 1 (filos.) l'esistenza, la condizione di ciò che esiste: studiare l'— nella sua totalità | **porre in** —, realizzare, concretizzare 2 ogni cosa che ha una sua forma di vita: — vivente | il modo in cui si è; la natura profonda: comprendere qlcu. nel suo — più intimo 3 (spreg.) persona, individuo: è un — insopportabile.
és|si pron.pers.m. di 3ª pers.pl. → **esso**.
es|sic|ca|mén|to s.m. essiccazione.
es|sic|cà|re v.tr. [indic.pres. io essìcco, tu essìcchi...] 1 (ind.) far seccare ql.co. eliminando tutti i liquidi che contiene: — le pelli 2 prosciugare: — uno stagno ♦ **-rsi** intr.pron. divenire secco, prosciugarsi: la palude si è essiccata.
es|sic|ca|tó|io s.m. 1 macchina per eseguire il processo di essiccazione 2 luogo nel quale si svolge tale processo.
es|sic|ca|zió|ne s.f. (ind.) processo di lavorazione che consiste nel privare una sostanza o un materiale dei liquidi che contiene: l'— del tabacco | disidratazione.
és|so pron.pers.m. di 3ª pers.sing. [f. essa; m.pl. essi; f.pl. esse] 1 [m.sing. spec. in funzione di sogg.; f.sing. anche compl.] si usa per fare riferimento ad animali o cose già nominati | (bur.) **chi per** —, chi ne fa le veci 2 [m./f.pl in funzione di sogg. e compl.] indica animali, persone o cose già nominati.
es|so|te|ri|co agg. [m.pl. -ci] di dottrina destinata a essere diffusa al di fuori del gruppo iniziatico.
èst s.m. 1 il punto cardinale che corrisponde al sorgere del sole nei giorni di equinozio; levante, oriente: dirigersi a — 2 (estens.) parte orientale di una regione, di un territorio: l'— asiatico; l'— del continente americano.
establishment (ingl.) [pr. estàblishment] s.m.invar. gruppo di persone che detengono il potere in ambito politico, economico e sociale: l'— del paese.
e|stà|si s.f. 1 stato mistico di separazione dal mondo materiale e di contatto diretto con il divino: andare in — 2 (estens.) stato di intenso trasporto emotivo e piacere: un sapore che manda in —.
e|sta|sià|re v.tr. [indic.pres. io estàsio...] indurre uno stato di grande trasporto emotivo e piacere: la bellezza di quell'affresco mi ha estasiato ♦ **-rsi** intr.pron. provare grande trasporto e piacere.
e|sta|sià|to part.pass. di estasiare ♦ agg. colto da estasi | pieno di stupore e di ammirazione: il suo modo di suonare mi ha lasciato —.
e|stà|te s.f. la stagione più calda, che nell'emisfero settentrionale va dal 21 giugno al 23 settembre.
e|stà|ti|co agg. [m.pl. -ci] 1 proprio o causato dall'estasi: stato — 2 estasiato | assorto in una stupita ammirazione: guardare con occhio — □ **estaticamente** avv.

e|stem|po|ra|nei|tà *s.f.* caratteristica di ciò che è estemporaneo: *l' — di un'affermazione*.

e|stem|po|rà|ne|o *agg.* 1 effettuato al momento, senza preparazione; improvvisato: *ragionamento —* | (*estens.*) raffazzonato, superficiale: *una sistemazione estemporanea* 2 che si dedica all'improvvisazione: *artista —* □ **estemporaneamente** *avv.*

e|stèn|de|re *v.tr.* [con. come *tendere*] 1 aumentare in estensione, ampliare: *— il territorio comunale* | distendere: *— un braccio* | applicare a un numero crescente di persone o di ambiti: *— una normativa* 2 (*fig.*) accrescere, arricchire: *— la propria cultura* ♦ **-rsi** *intr.pron.* 1 aumentare in estensione, ampliarsi: *la zona edificata si è estesa oltre il fiume* | (*anche fig.*) diffondersi, propagarsi: *l'epidemia si è estesa a tutta la regione* 2 occupare una data superficie: *la Pianura Padana si estende dal Piemonte al Veneto*.

e|stèn|se *agg.* relativo alla famiglia nobiliare italiana degli Este: *castello —*.

e|sten|si|bi|le *agg.* che può essere esteso: *una deliberazione — a tutti i casi analoghi*.

e|sten|sió|ne *s.f.* 1 aumento in estensione; ampliamento: *— di una proprietà* | applicazione di ql.co. a nuovi soggetti o ambiti: *— di un diritto* | (*ling.*) **per** *—*, ampliando il significato di una parola 2 la dimensione di una certa superficie: *— del parco nazionale* | la durata nel tempo 3 (*mus.*) la gamma dei suoni, dal più grave al più acuto, che uno strumento o una voce sono in grado di produrre 4 (*fisiol.*) movimento con cui si allunga un arto 5 (*inform.*) la parte finale del nome di ogni file, preceduta da un punto e costituita solitamente da tre lettere, che permette al computer di riconoscerne il formato e associarlo alla corretta applicazione.

e|sten|si|vo *agg.* che va oltre il valore o il significato proprio: *uso — di una parola* □ **estensivamente** *avv.*

e|sten|só|re *agg.* che estende | (*anat.*) **muscolo** *—*, quello che regola l'estensione di un arto ♦ *s.m.* 1 chi compila un testo, spec. di ambito legale: *l' — della sentenza* 2 (*anat.*) muscolo estensore 3 attrezzo ginnico utilizzato per il potenziamento delle braccia e del torace.

e|ste|nuàn|te *part.pres. di* estenuare ♦ *agg.* che provoca sfinimento fisico o psichico: *un comportamento —*.

e|ste|nuà|re *v.tr.* [indic.pres. *io estènuo...*] privare di tutte le energie sul piano fisico o psichico; sfinire ♦ **-rsi** *intr.pron.* indebolirsi, sfinirsi.

e|ste|nuà|to *part.pass. di* estenuare ♦ *agg.* privo di forze, spossato | portato al punto estremo di resistenza.

e|ste|nua|zió|ne *s.f.* sfinimento, spossatezza estrema.

è|ste|re *s.m.* (*chim.*) composto organico la cui molecola è costituita da un radicale acido e da uno alcolico, uniti da un atomo di idrogeno.

e|ste|ri|fi|ca|zió|ne *s.f.* (*chim.*) il processo chimico di formazione degli esteri.

e|ste|rió|re *agg.* [compar. di *esterno*] 1 che si trova o appare al di fuori; estrinseco: *forma —* 2 che riguarda l'ambito materiale della realtà: *la bellezza è un aspetto — delle cose* | (*estens.*) superficiale, apparente: *un atteggiamento puramente —* ♦ *s.m.* apparenza, esteriorità: *guardare all' —* □ **esteriormente** *avv.*

e|ste|rio|ri|tà *s.f.* 1 l'aspetto esteriore di ql.co., spec. in opposizione a quello interiore, più profondo 2 apparenza, superficialità.

e|ste|rio|riz|zà|re *v.tr.* manifestare all'esterno; rendere visibile: *— un sentimento* ♦ **-rsi** *intr.pron.* manifestarsi all'esterno.

e|ste|rio|riz|za|zió|ne *s.f.* 1 manifestazione di sentimenti, stati d'animo e sim. 2 (*med.*) spostamento chirurgico di un organo all'esterno del corpo.

e|ster|nà|re *v.tr.* [indic.pres. *io estèrno...*] esprimere, manifestare all'esterno: *— un'opinione, la propria delusione* ♦ **-rsi** *intr.pron.* esprimersi.

e|ster|na|zió|ne *s.f.* pubblica dichiarazione di opinioni o sentimenti.

e|stèr|no *agg.* [compar. *esteriore*; superl. *estremo*] 1 che si trova al di fuori di ql.co.: *cortile —*; *struttura esterna* | (*geom.*) **angolo** *—*, nei poligoni, quello compreso tra un lato e il prolungamento di un altro contiguo oltre il vertice 2 che non fa parte stabilmente di un gruppo, di una struttura, di una società: *il consulente — di una grande azienda* 3 che agisce dall'esterno | **medicinale per uso** *—*, da impiegare sulle parti esterne del corpo 4 (*sport*) di partita giocata fuori casa, sul campo dell'avversario ♦ *s.m.* 1 ciò che si trova al di fuori di ql.co.: *l' — dell'edificio* | **all'** *—*, fuori; all'aperto 2 (*solo pl.*, *cine.*) riprese effettuate all'aperto □ **esternamente** *avv.*

è|ste|ro *agg.* 1 di un paese straniero | che proviene da un paese straniero o gli appartiene: *produzione estera* | che riguarda i rapporti con stati stranieri: *ministro degli Affari Esteri* ♦ *s.m.* il complesso dei territori al di fuori dei confini nazionali: *traferirsi all' —*.

e|ste|ro|fi|lì|a *s.f.* atteggiamento che tende ad apprezzare in maniera incondizionata tutto ciò che viene dall'estero.

e|ste|rò|fi|lo *agg., s.m.* [f. *-a*] che, chi tende a mostrare esterofilia.

e|ste|ro|fo|bì|a *s.f.* (*raro*) tendenza a guardare con ostilità tutto ciò che viene dall'estero.

e|ste|rò|fo|bo *agg.* (*raro*) che, chi tende a mostrare esterofobia.

e|ster|re|fàt|to *agg.* stupito e sconcertato; sbigottito, sbalordito: *espressione esterrefatta*.

-e|ste|sìa (*med.*) secondo elemento di parole composte che significa "sensibilità", "sensazione" (*anestesia*).

e|sté|so *part.pass. di* estendere ♦ *agg.* 1 di grande superficie; vasto: *un parco molto —* | **per** *—*, in forma non abbreviata o sintetica 2 che occupa un certo spazio: *un territorio — dai monti al mare* □ **estesamente** *avv.*

e|stè|ta *s.m./f.* [m.pl. *-i*] 1 chi ha il culto del bello 2 (*estens.*) persona di gusti ricercati ed estremamente raffinati.

e|stè|ti|ca *s.f.* **1** (*filos.*) disciplina che ha come oggetto il bello e l'arte **2** (*estens.*) aspetto esteriore: *badare all'*—; *l'*— *di una piazza* | bellezza.

e|ste|ti|ci|tà *s.f.* le caratteristiche estetiche di ql.co.

e|stè|ti|co *agg.* [m.pl. -*ci*] **1** relativo alla bellezza e al valore artistico: *il valore* — *di un'opera* **2** bello, di aspetto gradevole: *un oggetto utile, ma poco* — **3** che migliora l'aspetto fisico: *chirurgo* —. □ **esteticamente** *avv.*

e|ste|ti|smo *s.m.* l'atteggiamento di chi attribuisce al culto del bello un ruolo fondamentale nella vita.

e|ste|ti|sta *s.m./f.* [m.pl. -*i*] persona esperta in prodotti e cure di bellezza.

e|ste|tiz|zàn|te *part.pres. di* estetizzare ♦ *agg.* **1** seguace dell'estetismo **2** (*estens.*) eccessivamente raffinato: *atteggiamento* —.

e|ste|tiz|zà|re *v.intr.* [aus. *A.*] assumere comportamenti da esteta.

e|sti|ma|tó|re *s.m.* [f. -*trice*] chi nutre e manifesta interesse e ammirazione; appassionato: *un* — *dell'opera lirica*.

è|sti|mo *s.m.* **1** stima del valore di un bene immobile **2** la disciplina che studia i metodi per eseguire tali valutazioni.

e|stìn|gue|re *v.tr.* [indic.pres. *io estìnguo*...; pass.rem. *io estinsi, tu estinguésti*...; part.pass. *estìnto*] **1** spegnere: — *le fiamme* **2** (*fig.*) porre fine a ql.co.; eliminare, cancellare: — *la sete, un debito* ♦ *-rsi intr.pron.* **1** spegnersi **2** (*fig.*) venir meno, terminare: *il ricordo di quell'impresa si estinse rapidamente* | scomparire per esaurimento della discendenza: *molti animali si sono estinti a causa dell'inquinamento*.

e|stin|gui|bi|le *agg.* che può essere estinto, cancellato: *un mutuo* — *in pochi anni.*

e|stìn|to *part.pass.* di estinguere ♦ *agg.* che è scomparso; che non esiste più: *animale* — ♦ *s.m.* [f. -*a*] (*lett.*) chi è defunto: *il caro* —.

e|stin|tó|re *s.m.* apparecchio che permette di spruzzare schiume o altre sostanze antincendio, usato per spegnere focolai circoscritti.

e|stin|zió|ne *s.f.* **1** spegnimento: *l'* — *degli incendi* **2** sparizione, scomparsa: *l'* — *del panda* **3** cancellazione, pagamento: *l'* — *di un debito.*

e|stir|pà|re *v.tr.* **1** strappare una pianta dal terreno con tutte le radici; sradicare: — *l'erba* **2** (*estens.*) asportare chirurgicamente: — *un dente, ma, un dente* **3** (*fig.*) eliminare totalmente e in maniera durevole: — *la malaria da una regione.*

e|stir|pa|zió|ne *s.f.* **1** l'atto di estirpare **2** (*fig.*) eliminazione totale: *l'* — *della corruzione.*

e|stì|và|re *v.tr.* condurre il bestiame ai pascoli di alta montagna durante i mesi estivi.

e|sti|va|zió|ne *s.f.* trasferimento del bestiame verso i pascoli di alta montagna durante l'estate; alpeggio.

e|stì|vo *agg.* dell'estate; relativo all'estate: *abito* —; *mesi estivi.*

è|stó|ne *agg.* dell'Estonia ♦ *s.m.* **1** [anche f.] chi è nato o abita in Estonia **2** la lingua parlata in Estonia.

e|stòr|ce|re *v.tr.* [con. come *torcere*] ottenere ql.co. con l'inganno o con la forza; carpire: — *un riscatto ai parenti del rapito.*

e|stor|sió|ne *s.f.* (*dir.*) atto fraudolento volto a ottenere ql.co. da qlcu. con l'inganno, la forza o le minacce.

e|stor|sì|vo *agg.* (*dir.*) relativo o finalizzato all'estorsione.

e|stor|só|re *s.m.* [f. *estorcitrice*] (*dir.*) chi compie un'estorsione.

e|stra|dà|re *v.tr.* (*dir.*) consegnare un ricercato per estradizione.

e|stra|di|zió|ne *s.f.* (*dir.*) atto con il quale uno Stato consegna una persona arrestata nel proprio territorio a un altro Stato, che ne fa richiesta per ragioni giudiziarie: *chiedere, ottenere l'* —.

e|stra|dòs|so *s.m.* (*arch.*) la superficie esterna e convessa di una volta o di un arco.

e|stra|gó|ne *s.m.* dragoncello.

e|stra|ì|bi|le *agg.* che può essere estratto.

e|stra|nei|tà *s.f.* condizione di chi o di ciò che è estraneo a ql.co.

e|strà|neo *agg.* che non fa parte di un certo gruppo o contesto: *convinzioni estranee al mio modo di pensare; personaggio* — *al mondo dello spettacolo* | *essere* — *ai fatti*, non avere nulla a che fare con quanto accaduto | *corpo* —, qualsiasi corpo solido che penetri all'interno di un organismo ♦ *s.m.* [f. -*a*] persona che non si conosce: *sentirsi a disagio con gli estranei.*

e|stra|nià|re *v.tr.* [indic.pres. *io estrànio...*] allontanare, escludere ♦ *-rsi rifl.* isolarsi, escludersi da un certo contesto | — *dalla realtà*, distrarsi, perdersi nei propri pensieri.

e|stra|nia|zió|ne *s.f.* **1** condizione di esclusione; alienazione **2** (*lett.*) straniamento.

e|stra|po|là|re *v.tr.* [indic.pres. *io estràpolo...*] ql.co. all'interno di un insieme più ampio: — *alcune frasi da un discorso.*

e|stra|po|la|zió|ne *s.f.* selezione di uno o più elementi da un insieme più ampio.

e|stràr|re *v.tr.* [con. come *trarre*] **1** tirare fuori: — *la pistola dalla fondina* | (*med.*) estirpare: — *un dente* **2** scavare del materiale da una cava o da una miniera: — *il marmo, l'oro* **3** ricavare ql.co. per mezzo di un particolare procedimento: — *il sale dall'acqua di mare* | (*mat.*) — *la radice quadrata*, calcolarla **4** sorteggiare un numero e sim.: — *il biglietto vincente della lotteria.*

e|stràt|ti|vo *agg.* relativo all'estrazione: *industria estrattiva.*

e|stràt|to *part.pass.* di estrarre ♦ *agg.* tirato fuori | ricavato | sorteggiato ♦ *s.m.* **1** sostanza concentrata ricavata da sostanze minerali, vegetali o animali; essenza: — *di pomodoro, di carne* **2** copia di un documento riportante solo i dati fondamentali: — *dello stato di famiglia* | (*banc.*) — *conto*, elenco delle operazioni relative a un conto corrente **3** pubblicazione come opuscolo autonomo di un articolo già stampato in una rivista o in un volume miscellaneo **4** numero uscito per sorteggio.

e|strat|tó|re *s.m.* **1** chi è incaricato di operazio-

estrazione

ni di estrazione 2 nelle armi da fuoco, dispositivo che estrae i bossoli dopo lo sparo.
e|stra|zió|ne *s.f.* 1 operazione con cui si ricava un certo prodotto da ql.co.: — *petrolifera* | (*mat.*) calcolo di una radice quadrata 2 (*chim.*) separazione, tramite l'utilizzo di solventi, di una o più sostanze dal miscuglio che le contiene 3 sorteggio: — *dei numeri del lotto* 4 (*fig.*) condizione sociale; ceto: *alta, bassa — sociale*.
e|stre|mi|smo *s.m.* 1 l'atteggiamento di chi sostiene idee estreme e intransigenti, utilizzando metodi di lotta radicali 2 l'insieme delle forze e dei gruppi che assumono tali atteggiamenti: *l'— di destra, di sinistra*.
e|stre|mi|sta *agg.* estremistico: *ideologia —* ♦ *s.m./f.* [m.pl. *-i*] chi sostiene posizioni intransigenti con metodi di lotta radicali.
e|stre|mi|sti|co *agg.* [m.pl. *-ci*] relativo all'estremismo o agli estremisti: *azioni estremistiche* □ **estremisticamente** *avv.*
e|stre|mi|tà *s.f.* 1 la parte estrema di ql.co.: *l'— del ponte* 2 (*pl.*) di animale, gli arti | di persona, le mani e i piedi: *avere le — intirizzite*.
e|stre|miz|zà|re *v.tr.* portare ql.co. all'eccesso; radicalizzare: *— le posizioni ideologiche*.
e|stre|miz|za|zió|ne *s.f.* radicalizzazione, esasperazione.
e|strè|mo *agg.* [superl. di *esterno*] 1 ultimo | *l'ora estrema, i momenti estremi*, la morte | (*relig.*) *estrema unzione*, il sacramento dell'unzione degli infermi 2 il più lontano nello spazio: *gli estremi confini del mondo* | *— Oriente*, l'Asia orientale 3 (*fig.*) al livello massimo: *rischio — | sport —*, con grandi difficoltà tecniche e molto pericoloso 4 (*polit.*) radicale: *posizioni estreme*; *estrema destra* ♦ *s.m.* 1 il punto più esterno; la parte terminale: *gli estremi del segmento* 2 (*pl.*, *bur.*) i dati essenziali di un documento o di un fatto, che permettono di definirne le caratteristiche fondamentali: *gli estremi del reato* 3 limite: *l'— delle energie* | *all'—*, al massimo livello □ **estremamente** *avv.*
e|strin|se|cà|re *v.tr.* [indic.pres. *io estrìnseco, tu estrìnsechi*...] esprimere, dichiarare: *— il proprio pensiero* ♦ **-rsi** *intr.pron.* esprimersi, rivelarsi.
e|strin|se|ca|zió|ne *s.f.* espressione, manifestazione di sentimenti o idee.
e|strìn|se|co *agg.* [m.pl. *-ci*] che non appartiene all'essenza del soggetto; che proviene dall'esterno | esteriore, non fondamentale: *ragioni estrinseche* □ **estrinsecamente** *avv.*
è|stro *s.m.* 1 impulso creativo dell'artista; ispirazione: *l'— poetico*; *seguire l'—* 2 desiderio estemporaneo; capriccio, bizza 3 (*biol.*) nelle femmine dei Mammiferi, periodo favorevole all'accoppiamento; calore 4 (*zool.*) insetto parassita di diversi animali domestici.
e|stro|fles|sió|ne *s.f.* (*med.*) ripiegamento verso l'esterno di un organo anatomico o di un tessuto.
e|stro|fles|so *agg.* (*med.*) di organo o tessuto, che presenta estroflessione.
e|strò|ge|no *agg., s.m.* (*biol.*) detto di ormone

del gruppo degli steroidi, responsabile della caratterizzazione sessuale femminile.
e|stro|mét|te|re *v.tr.* [con. come *mettere*] escludere in maniera netta da un gruppo, da un incarico e sim.: *un ministro è stato estromesso dal Governo*.
e|stro|mis|sió|ne *s.f.* esclusione, allontanamento da gruppi o cariche.
e|stro|si|tà *s.f.* ricchezza di ispirazione; originalità | bizzarria.
e|stró|so *agg.* 1 originale, ispirato: *un musicista —* | che agisce secondo l'ispirazione del momento; bizzarro: *comportamento —* 2 originale, particolare: *un'opera estrosa* □ **estrosamente** *avv.*
e|stro|ver|sió|ne *s.f.* (*psicol.*) l'atteggiamento di chi è più portato a rapportarsi con il mondo esterno piuttosto che a dedicarsi al proprio mondo interiore.
e|stro|vèr|so *agg., s.m.* [f. *-a*] che, chi ha carattere o atteggiamenti che denotano estroversione | detto di persona che ha un carattere aperto ed espansivo.
e|stru|sió|ne *s.f.* 1 (*geol.*) emissione di lava molto densa che tende a raffreddarsi all'interno del camino vulcanico stesso 2 tecnica di lavorazione di metalli e materie plastiche che consiste nel comprimere una certa quantità di materiale all'interno di un cilindro sagomato, da cui esce modellata nella forma desiderata.
e|stru|si|vo *agg.* (*geol.*) relativo all'estrusione.
e|stu|à|rio *s.m.* foce di fiume che si allarga a imbuto, la cui formazione è dovuta all'azione erosiva delle maree.
e|su|be|ràn|te *agg.* 1 superiore al necessario; eccedente: *manodopera —* 2 (*fig.*) pieno di vitalità, espansivo: *comportamento —*.
e|su|be|ràn|za *s.f.* 1 eccessiva abbondanza; eccedenza: *— di manodopera* 2 (*fig.*) vivacità, estroversione: *l'— dei bambini*.
e|sù|be|ro *s.m.* (*bur.*) eccedenza: *lavoratori in —*.
e|su|là|re *v.intr.* [indic.pres. *io èsulo*...; aus. *A*] 1 (*raro*) andare in esilio 2 (*fig.*) non avere a che fare con ql.co.; essere estraneo: *questioni che esulano dalle nostre competenze*.
e|sul|ce|rà|re *v.tr.* [indic.pres. *io esùlcero*...] (*lett.*) 1 (*med.*) causare un'ulcera, una piaga 2 (*fig.*) provocare un forte dolore; esacerbare, amareggiare ♦ **-rsi** *intr.pron.* (*med.*) piagarsi.
e|su|le *agg., s.m./f.* che, chi va o si trova in esilio.
e|sul|tàn|za *s.f.* gioia intensa espressa con manifestazioni esteriori di festa: *il vincitore fu accolto con grande —*.
e|sul|tà|re *v.intr.* [aus. *A*] provare e manifestare apertamente una gioia intensa: *— per l'esame superato*.
e|su|mà|re *v.tr.* [indic.pres. *io esùmo*...] 1 estrarre dalla tomba; disseppellire: *— una salma* 2 (*fig.*) riportare alla memoria cose dimenticate.
e|su|ma|zió|ne *s.f.* 1 disseppellimento 2 (*fig.*) riscoperta e recupero di cose dimenticate.
è|ta *s.f./m.invar.* nome della settima lettera del-

l'alfabeto greco, cui corrisponde la *e* lunga dell'alfabeto latino.

e|tà *s.f.* 1 ciascuna delle fasi in cui può essere suddivisa la vita di un essere umano | *verde* —, la giovinezza | — *dello sviluppo*, la pubertà | — *evolutiva*, quella che va dalla nascita al pieno sviluppo fisico e psicologico | *mezza* —, quella compresa tra giovinezza e vecchiaia | *terza* —, la vecchiaia | *minore* —, quella inferiore ai 18 anni, in cui non sono ancora riconosciuti taluni diritti | *maggiore* —, quella in cui si dispone della pienezza dei diritti civili | *avere una certa* —, non essere più giovane 2 il numero di anni trascorsi dalla nascita: *avere quindici anni d'* —; *all'* — *di trent'anni* | il numero di anni trascorsi dalla costruzione o dalla formazione di ql.co.: *l'* — *della Terra*; *l'* — *di un palazzo* 3 epoca storica: *l'* — *di Napoleone*; *l'* — *delle crociate* 4 ciascuna delle suddivisioni cronologiche della preistoria: — *del ferro, della pietra*.

e|tà|no *s.m.* (*chim.*) idrocarburo saturo contenente due atomi di carbonio, impiegato come mezzo refrigerante e come combustibile.

e|ta|nò|lo *s.m.* (*chim.*) alcol etilico.

et|cì *inter.* → eccì.

è|te|re¹ *s.m.* 1 secondo gli antichi, la parte più alta e limpida dello spazio celeste 2 lo spazio come luogo di propagazione delle onde elettromagnetiche: *trasmissione via* — 3 (*lett.*) cielo, aria.

è|te|re² *s.m.* (*chim.*) composto organico in cui due radicali di idrocarburi sono collegati a uno stesso atomo di ossigeno | — *etilico*, liquido volatile, infiammabile, utilizzato un tempo come anestetico.

e|te|rè|o agg. (*lett.*) 1 relativo all'etere, allo spazio 2 (*estens.*) perfettamente puro | spirituale, immateriale: *bellezza eterea*.

e|te|ri|fi|ca|zió|ne *s.f.* (*chim.*) reazione che porta alla formazione di eteri.

e|ter|nà|re *v.tr.* [indic.pres. *io etèrno...*] rendere eterno, immortale: — *in un'opera d'arte*.

è|ter|nìt o eternìt® *s.m.invar.* (*edil.*) denominazione commerciale di un materiale da costruzione in cemento e amianto impiegato per molteplici applicazioni.

e|ter|ni|tà *s.f.* 1 caratteristica di ciò che ha durata infinita: *l'* — *di Dio* 2 la vita eterna 3 il tempo inteso come durata infinita | *per l'* —, per sempre 4 (*fam.*) spazio di tempo estremamente lungo: *metterci un'* —.

e|tèr|no *agg.* 1 che è senza inizio e senza fine; che esiste da sempre ed esisterà sempre: *Dio è* —; *una verità eterna* 2 che ha avuto un inizio ma non avrà fine: *vita eterna* 3 che durerà fino a quando esisterà il mondo: *gloria eterna* 4 che durerà fino alla morte: *amore, odio* — 5 (*estens.*) che si consuma molto lentamente: *un tessuto* — 6 (*fam.*) che dura troppo a lungo; interminabile: *un dibattito* —; *eterne promesse*, che vengono ripetute più volte ma mai realizzate 7 che conserva sempre lo stesso atteggiamento, indipendentemente dalla realtà dei fatti: *un* — *ottimista* | *un*

— *bambino*, persona immatura ♦ *s.m.* 1 ciò che dura per sempre; l'eternità | *in* —, per sempre 2 (*per anton.*) Dio □ **eternamente** *avv.* per l'eternità; costantemente, sempre.

è|te|ro- primo elemento di parole composte che significa "altro, diverso" (*eteroclito, eterosessuale*).

e|te|rò|cli|to *agg.* 1 (*gramm.*) detto di verbo, sostantivo o aggettivo che nella flessione utilizza diversi temi o radici (p.e. *andare, vado*) 2 (*lett.*) anomalo, stravagante.

e|te|ro|cro|mo|sò|ma *s.m.* [pl. -i] (*biol.*) cromosoma che si distingue dagli altri per dimensioni e comportamento (p.e. il cromosoma sessuale).

e|te|ro|di|rèt|to *agg.* (*sociol.*) detto di chi non è in grado di prendere decisioni autonome o la scia facilmente condizionare da elementi esterni, spec. dai mezzi di comunicazione.

e|te|ro|dón|te *agg.* detto di animale i cui denti hanno forme diverse.

e|te|ro|dos|si|a *s.f.* 1 (*relig.*) dottrina diversa da quella ufficialmente riconosciuta 2 (*estens.*) ogni opinione o forma di pensiero che si discosta da quelle comunemente accettate.

e|te|ro|dòs|so *agg.* 1 (*relig.*) che si discosta dalla dottrina ufficialmente riconosciuta: *credo* — 2 (*estens.*) che sostiene opinioni o posizioni differenti da quelle comuni: *un pensatore* — ♦ *s.m.* [f. -a] chi sostiene dottrine o opinioni eterodosse.

e|te|ro|fìl|li|a *s.f.* (*bot.*) presenza di foglie di forma diversa in una stessa pianta.

e|te|ro|fìl|lo *agg.* (*bot.*) detto di pianta che presenta eterofillia.

e|te|ro|ga|mè|te *s.m.* (*biol.*) gamete con caratteristiche morfologiche differenti nel sesso maschile e in quello femminile.

e|te|ro|ga|mì|a *s.f.* (*biol.*) riproduzione sessuata nella quale si uniscono gameti maschili e femminili, che differiscono per forma e dimensioni.

e|te|ro|ge|nei|tà *s.f.* caratteristica di ciò che è eterogeneo; diversità, varietà.

e|te|ro|gè|ne|o *agg.* 1 costituito da elementi differenti e poco coerenti tra loro; disomogeneo, variegato: *un pubblico eterogeneo* 2 (*gramm.*) si dice di sostantivo che al plur. ha o può avere genere diverso rispetto al sing. (p.e. *braccio, braccia*) □ **eterogeneamente** *avv.*

e|te|rò|lo|go *agg.* si dice di organo o altra sostanza organica proveniente da una specie diversa da quella presa in considerazione: *trapianto* — 2 (*chim.*) si dice di elemento che nel sistema periodico è collocato sulla stessa serie orizzontale di un altro.

e|te|ro|mor|fì|smo *s.m.* (*bot.*) presenza su una medesima pianta di più organi che svolgono la stessa funzione (p.e. radici normali e radici aeree).

e|te|ro|ni|mì|a *s.f.* (*ling.*) fenomeno per cui nomi che costituiscono una coppia dal punto di vista del significato hanno temi diversi (p.e. *fratello* e *sorella*).

e|te|rò|ni|mo *s.m.* (*ling.*) parola che è legata da eteronimia con un'altra.

e|te|ro|no|mì|a *s.f.* (*filos.*) dipendenza del comportamento umano da motivazioni esterne alla volontà del soggetto.

e|te|rò|no|mo *agg.* (*filos.*) che agisce sulla base di motivazioni esterne.

e|te|ro|ses|suà|le *agg.* 1 relativo ai rapporti amorosi tra persone di sesso diverso: *legame —* 2 che è attratto da persone del sesso opposto ♦ *s.m./f.* chi prova attrazione sessuale per individui del sesso opposto.

e|te|ro|ses|sua|li|tà *s.f.* attrazione sessuale verso l'altro sesso.

e|te|ro|sfè|ra *s.f.* (*geog.*) la regione più esterna dell'atmosfera terrestre, compresa tra gli 80 e i 100 km di quota.

e|te|ro|tas|sì|a *s.f.* (*biol.*) anomalia congenita nella disposizione di determinati organi.

e|te|ro|tèr|mo *agg.* (*zool.*) si dice di animale la cui temperatura corporea varia con il variare di quella dell'ambiente.

e|te|ro|tra|piàn|to *s.m.* (*med.*) trapianto di organi o tessuti provenienti da una specie animale diversa da quella del ricevente.

e|te|ro|tro|fì|a *s.f.* (*biol.*) caratteristica degli organismi privi di clorofilla che, non potendo produrre autonomamente sostanze organiche, le assumono da altri organismi.

e|te|rò|tro|fo *agg.* (*biol.*) si dice di organismo che presenta eterotrofia.

e|te|ro|zi|gò|te *agg.*, *s.m.* (*biol.*) 1 detto di cromosoma che per uno stesso carattere presenta due alleli differenti, uno dominante e uno recessivo 2 detto di individuo derivato da gameti a fattori ereditari differenti | (*spec.pl.*) detto di gemelli derivati dalla fecondazione di uova diverse.

è|thos *s.m.* (*lett.*) norma di vita; etica|comportamento pratico dell'uomo e delle società umane.

è|ti|ca *s.f.* 1 parte della filosofia che si occupa della morale umana, ossia del comportamento dell'uomo e delle motivazioni che lo governano 2 complesso di norme che regolano il comportamento di un individuo o di un gruppo | *— professionale*, le regole di comportamento proprie di una determinata professione; deontologia.

e|ti|chét|ta[1] *s.f.* 1 cartellino che si applica su oggetti di diverso genere per indicarne contenuto, prezzo o altre caratteristiche: *l'— di un barattolo* 2 (*fig.*) formula generica utilizzata per definire una corrente di pensiero, un movimento artistico e sim.: *i poeti riuniti sotto l'— dell'Ermetismo* | *affibbiare un'— a qlcu., a ql.co.*, classificarlo in maniera superficiale.

e|ti|chét|ta[2] *s.f.* insieme di regole di comportamento tipiche degli ambienti ufficiali o dell'alta società | *badare all'—*, preoccuparsi soprattutto delle forme esteriori.

e|ti|chet|tà|re *v.tr.* [indic.pres. *io etichétto...*] 1 munire di etichetta 2 (*fig.*) definire in maniera superficiale o schematica: *— qlcu. come codardo.*

e|ti|chet|ta|trì|ce *s.f.* macchina per stampare e applicare etichette.

e|ti|chet|ta|tù|ra *s.f.* l'applicazione di etichette.

e|ti|ci|tà *s.f.* caratteristica di ciò che è etico.

è|ti|co *agg.* [m.pl. *-ci*] 1 relativo all'etica: *giudizio —* 2 conforme all'etica: *un comportamento —* □ **eticamente** *avv.* secondo l'etica, in maniera etica.

e|ti|là|to *agg.* (*chim.*) detto di composto che contiene uno o più gruppi etilici.

e|tì|le *s.m.* (*chim.*) radicale monovalente derivato dall'etano a seguito dell'eliminazione di un atomo di idrogeno.

e|ti|lè|ne *s.m.* (*chim.*) idrocarburo gassoso insaturo a due atomi di carbonio, utilizzato nella produzione delle materie plastiche.

e|tì|li|co *agg.* [m.pl. *-ci*] (*chim.*) detto di composto che contiene un etile: *alcol —*.

e|ti|lì|smo *s.m.* alcolismo.

e|ti|lì|sta *s.m./f.* [m.pl. *-i*] alcolista.

e|ti|lò|me|tro *s.m.* apparecchio che rileva la concentrazione di alcol etilico nell'organismo attraverso l'analisi dell'alito di una persona; viene utilizzato dalle forze dell'ordine per valutare l'eventuale stato di ebbrezza di un automobilista.

è|ti|mo *s.m.* (*ling.*) la forma più antica da cui si fa derivare una parola.

e|ti|mo|lo|gì|a *s.f.* scienza che studia l'origine e la formazione delle parole di una lingua 2 etimo di una parola | spiegazione dell'origine di una parola e dei suoi rapporti di derivazione con altre parole.

e|ti|mo|lò|gi|co *agg.* [m.pl. *-ci*] relativo all'etimologia | *significato — di una parola*, quello originario e più antico | *dizionario —*, quello che fornisce l'etimologia dei lemmi registrati | (*ret.*) *figura etimologica*, pratica stilistica nella quale si associano termini aventi la medesima etimologia; annominazione □ **etimologicamente** *avv.*

e|ti|mo|lo|gì|sta *s.m./f.* [m.pl. *-i*] specialista in etimologia.

e|tì|o|pe *agg.* dell'Etiopia ♦ *s.m./f.* chi è nato o abita in Etiopia.

e|ti|ò|pi|co *agg.* [m.pl. *-ci*] dell'Etiopia.

et|mòi|de *s.m.* (*anat.*) osso della base del cranio.

et|nè|o *agg.* (*lett.*) del vulcano Etna e della regione circostante.

et|nì|a *s.f.* gruppo umano accomunato da determinati caratteri fisici, linguistici e culturali.

èt|ni|co *agg.* [m.pl. *-ci*] 1 proprio di una nazione o di un popolo: *caratteri etnici* | *gruppo —*, gruppo umano definito sulla base di comuni caratteri culturali e linguistici, ma non fisici | *pulizia etnica*, eliminazione sistematica di un gruppo etnico mediante deportazione o genocidio 2 (*estens.*) che riprende elementi della cultura e del folklore tipici di altre popolazioni, spec. extraeuropee: *musica etnica; moda etnica* □ **etnicamente** *avv.*

èt|no- primo elemento di parole composte che significa "popolo" (*etnocentrismo*).

et|no|cèn|tri|co *agg.* [m.pl. *-ci*] relativo o ispirato a etnocentrismo.

et|no|cen|tri|smo *s.m.* concezione che colloca il proprio gruppo etnico di appartenenza su un piano di superiorità, spec. culturale, rispetto agli altri.

et|no|gra|fi|a *s.f.* studio dei costumi e delle tradizioni dei popoli tuttora esistenti.

et|no|gra|fi|co *agg.* [m.pl. *-ci*] relativo all'etnografia o basato su di essa: *ricerca etnografica*.

et|nò|gra|fo *s.m.* [f. *-a*] studioso di etnografia.

et|no|lin|gui|sti|ca *s.f.* branca della linguistica che studia il rapporto tra le lingue e le tradizioni culturali dei diversi popoli.

et|no|lo|gì|a *s.f.* disciplina che studia le culture dei vari gruppi umani, la loro origine e la loro diffusione.

et|no|lò|gi|co *agg.* [m.pl. *-ci*] relativo all'etnologia o basato su di essa: *ricerche etnologiche*.

et|nò|lo|go *s.m.* [f. *-a*; m.pl. *-gi*] studioso di etnologia.

et|no|mu|si|co|lo|gì|a *s.f.* branca della musicologia che studia le tradizioni musicali popolari delle diverse nazioni.

-é|to *suff.* di nomi collettivi che indicano terreni dedicati a una particolare coltura (*agrumeto, pioppeto*) o luoghi dove si trovano gruppi di cose dello stesso genere (*sepolcreto*).

e|to|lo|gì|a *s.f.* scienza che studia il comportamento degli animali all'interno dei rispettivi gruppi sociali e dei diversi ambienti naturali.

e|to|lò|gi|co *agg.* [m.pl. *-ci*] relativo all'etologia o basato su di essa: *ricerche etologiche*.

e|tò|lo|go *s.m.* [f. *-a*; m.pl. *-gi*] studioso di etologia.

e|trù|sco *agg.* [m.pl. *-schi*] dell'antica Etruria: *popolo —; arte etrusca* | *degli Etruschi* ♦ *s.m.* **1** [f. *-a*] nativo o abitante dell'Etruria **2** la lingua parlata dagli Etruschi.

e|tru|sco|lo|gì|a *s.f.* studio della storia e della civiltà etrusca.

èt|ta- → *epta-*.

et|ta|è|dro *s.m.* (*geom.*) poliedro a sette facce.

et|ta|go|nà|le *agg.* (*geom.*) si dice di poligono a sette lati o di figura che ha forma di ettagono.

et|tà|go|no *s.m.* (*geom.*) poligono con sette lati e sette angoli.

-et|tà|re *suff.* con valore attenuativo di verbi derivati da altri verbi (*picchiettare, scoppiettare*).

èt|ta|ro *s.m.* unità di misura di superficie agraria pari a 10.000 m² (*simb.* ha).

èt|to *s.m.* *abbr. di* ettogramma.

-et|to *suff.* di sostantivi o aggettivi con valore diminutivo e, spesso, vezzeggiativo (*bimbetto, furbetto*).

èt|to- primo elemento che anteposto a nome di unità di misura ne moltiplica il valore per cento (*ettogrammo, ettolitro*).

et|to|gràm|mo *s.m.* unità di misura di peso equivalente a cento grammi (*simb.* hg).

et|to|lì|tro *s.m.* unità di misura di capacità equivalente a cento litri (*simb.* hl).

et|tò|me|tro *s.m.* unità di misura di lunghezza equivalente a cento metri (*simb.* hm).

èu- primo elemento di parole composte dotte o del linguaggio scientifico che significa "buono, bene" (*eufonia, eucalipto*).

eu|ca|lìp|to *s.m.* pianta arborea originaria dell'Australia, con foglie aromatiche medicinali e frutti a capsula.

eu|ca|lip|tò|lo *s.m.* (*chim.*) liquido oleoso incolore, distillato dall'olio di eucalipto o sintetizzato artificialmente, impiegato in medicina e in profumeria.

eu|ca|re|stì|a *s.f.* → *eucaristia*.

eu|ca|riò|te *s.m.* (*biol.*) qualunque organismo le cui cellule contengono il materiale genetico all'interno di un nucleo.

eu|ca|rì|sti|a o eucarestìa *s.f.* (*relig.*) sacramento della religione cattolica che consiste nell'assunzione da parte dei fedeli del corpo e del sangue di Cristo sotto l'apparenza del pane e del vino | (*lit.*) parte della messa in cui si somministra tale sacramento.

eu|ca|rì|sti|co *agg.* [m.pl. *-ci*] relativo all'eucaristia | *sacrificio —*, la messa | *pane —*, l'ostia consacrata.

eu|cli|dè|o *agg.* del matematico greco Euclide (sec. III a.C.) | *geometria euclidea*, quella fondata sui postulati di Euclide.

eu|diò|me|tro *s.m.* (*fis.*) apparecchio utilizzato nell'analisi volumetrica dei gas.

eu|fe|mì|smo *s.m.* (*ling.*) **1** procedimento stilistico di uso comune in cui si attenua l'eccessivo realismo di un'espressione attraverso l'uso di un vocabolo o di una perifrasi alternativi e di tono più attenuato (p.e. *male incurabile* per *tumore*) **2** parola o locuzione utilizzata come eufemismo.

eu|fe|mì|sti|co *agg.* [m.pl. *-ci*] di eufemismo | utilizzato come eufemismo □ **eufemisticamente** *avv.*

eu|fo|nì|a *s.f.* (*ling.*) effetto gradevole prodotto dall'incontro di determinati suoni all'interno della stessa parola o in parole consecutive.

eu|fò|ni|co *agg.* [m.pl. *-ci*] (*ling.*) **1** proprio dell'eufonia **2** che produce eufonia | che facilita la pronuncia: *d eufonica*.

Eu|for|bia|ce|e *s.f.pl.* famiglia di piante dicotiledoni erbacee, arbustive o arboree, diffuse nelle regioni temperate e calde.

eu|fo|rì|a *s.f.* **1** sensazione di vivo benessere fisico e spirituale, dovuto a fattori fisiologici o all'assunzione di farmaci, droghe o alcolici **2** (*estens.*) felicità, entusiasmo.

eu|fò|ri|co *agg.* [m.pl. *-ci*] **1** di euforia: *carattere —* **2** detto di persona, in stato di euforia: *sentirsi —* □ **euforicamente** *avv.*

eu|fo|riz|zàn|te *agg., s.m.* (*farm.*) che provoca uno stato di euforia; eccitante: *medicinale —*.

eu|gà|ne|o *agg.* **1** appartenente all'antica popolazione degli Euganei, stanziata nel Veneto attuale **2** relativo agli Euganei ♦ *s.m.* [f. *-a*] chi faceva parte della popolazione degli Euganei.

eu|ge|nè|ti|ca *s.f.* branca della medicina che si

eugenetico

propone il miglioramento della specie umana attraverso la selezione dei caratteri genetici considerati favorevoli.

eu|ge|nè|ti|co *agg.* 1 di eugenetica 2 che ha per scopo il miglioramento genetico della specie umana: *selezione eugenetica.*

Eu|gè|nia *s.f.* genere di piante arboree o arbustacee delle regioni calde, dai cui fiori si ricavano i chiodi di garofano.

eu|gu|bì|no *agg.* della città umbra di Gubbio ♦ *s.m.* [f. *-a*] nativo o abitante di Gubbio.

eu|nù|co *s.m.* [pl. *-chi*] 1 uomo privo degli organi genitali, a causa di disfunzioni organiche o per evirazione 2 (*st.*) in alcune monarchie orientali del passato, uomo evirato preposto alla guardia degli harem 3 (*fig.*) individuo fiacco e irresoluto ♦ *agg.* evirato, castrato.

eu|pe|psì|a *s.f.* (*med.*) svolgimento ordinario della digestione.

eu|pèp|ti|co *agg.*, *s.m.* [m.pl. *-ci*] detto di medicinale che agevola la digestione.

eu|ra|sià|ti|co [m.pl. *-ci*] *agg.* relativo all'Eurasia, l'area continentale formata da Asia ed Europa.

èu|re|ka *inter.* termine che esprime soddisfazione per aver trovato la soluzione di un problema complesso.

eu|ri|sti|ca *s.f.* l'insieme dei metodi e delle attività, proprie della ricerca scientifica, che consentono di raccogliere nuovi dati e formulare nuove teorie.

eu|ri|sti|co *agg.* [m.pl. *-ci*] relativo all'euristica: *metodo —*.

eu|rit|mì|a *s.f.* 1 armoniosa disposizione delle varie parti di un'opera d'arte 2 (*med.*) regolarità del battito del polso.

eu|rìt|mi|co *agg.* [m.pl. *-ci*] caratterizzato da euritmia; armonico.

èu|ro *s.m.invar.* divisa monetaria utilizzata, in sostituzione delle vecchie monete nazionali, nella maggioranza dei paesi che costituiscono l'Unione Europea.

èu|ro- primo elemento di parole composte che significa "europeo, dell'Europa" (*eurodeputato*).

eu|ro|cent [pr. *eurosènt* o *eurocènt*] *s.m.invar.* centesimo di euro.

eu|ro|cèn|tri|co *agg.* [m.pl. *-ci*] che denota eurocentrismo: *visione eurocentrica*.

eu|ro|cen|trì|smo *s.m.* tendenza ad assegnare un ruolo dominante all'Europa in campo culturale, economico o politico.

eu|ro|chè|que [pr. *euroshèk*] *s.m.invar.* assegno a circolazione internazionale.

eu|ro|ci|ty [pr. *eurosìti*] *agg.*, *s.m.invar.* si dice di treno rapido che effettua servizio di collegamento tra due o più città europee.

eu|ro|de|pu|tà|to *s.m.* [f. *-a*] deputato del Parlamento dell'Unione Europea.

eu|ro|dòl|la|ro *s.m.* (*banc.*) dollaro statunitense depositato presso banche situate in Europa.

Eu|ro|làn|dia *s.f.* (*giorn.*) il complesso dei paesi che hanno adottato l'euro come loro moneta.

eu|ro|mìs|si|le *s.m.* (*giorn.*) missile a testata nucleare installato nei paesi europei della Nato.

eu|ro|par|la|mèn|to *s.m.* Parlamento dell'Unione Europea.

eu|ro|par|la|men|tà|re *s.m./f.* eurodeputato.

eu|ro|pe|ì|smo *s.m.* movimento di pensiero che propugna l'integrazione politica, economica e culturale degli stati europei.

eu|ro|pe|ì|sta *s.m./f.* [m.pl. *-i*] sostenitore dell'europeismo.

eu|ro|pe|ì|sti|co *agg.* [m.pl. *-ci*] dell'europeismo, degli europeisti: *orientamento —*.

eu|ro|peiz|zà|re *v.tr.* assimilare agli usi europei ♦ **-rsi** *rifl.* assumere usi e tratti culturali tipici degli europei.

eu|ro|peiz|za|zió|ne *s.f.* processo di assimilazione agli usi e alla cultura europea.

eu|ro|pè|o *agg.* dell'Europa: *cultura europea* ♦ *s.m.* [f. *-a*] nativo, abitante dell'Europa.

eu|ro|pio *s.m.* elemento chimico, metallo del gruppo delle terre rare (*simb.* Eu); viene utilizzato nell'industria nucleare.

eu|ro|pòi|de *agg.*, *s.m./f.* (*antrop.*) che, chi fa parte di uno dei due rami delle razze boreali.

eu|ro|scèt|ti|co *agg.*, *s.m.* [f. *-a*; m.pl. *-ci*] che, chi guarda con poco favore al processo di unificazione europea.

Eu|ro|stàr *s.m.invar.* treno ad alta velocità utilizzato nei collegamenti tra grandi città.

eu|ta|na|sì|a *s.f.* morte indolore provocata per porre fine alle sofferenze di un malato inguaribile.

Eu|tè|ri *s.m.pl.* nome alternativo dei Mammiferi placentati.

eu|tro|fì|a *s.f.* (*med.*) buono stato di nutrizione e sviluppo dell'organismo o di suoi tessuti.

eu|trò|fi|co *agg.* [m.pl. *-ci*] 1 (*biol.*) che presenta eutrofia 2 (*med.*) detto di farmaco che favorisce la nutrizione dei tessuti dell'organismo | (*biol.*) detto di ambiente acquatico ricco di sostanze nutritive.

eu|tro|fiz|za|zió|ne *s.f.* (*biol.*) abnorme accrescimento della presenza di fitoplancton in un'area acquatica, con conseguente diminuzione del tasso di ossigeno, dovuto alla presenza nelle acque di un eccesso di sostanze nutritive.

e|va|cua|mén|to *s.m.* evacuazione.

e|va|cuà|re *v.tr.* [indic.pres. *io evàcuo...*] 1 abbandonare in massa un luogo, solitamente per ragioni di emergenza: *— un'area terremotata* 2 (*assol.*) defecare.

e|va|cua|zió|ne *s.f.* 1 abbandono di un luogo per ragioni di emergenza 2 eliminazione delle feci dall'intestino.

e|và|de|re *v.intr.* [pass.rem. *io evasi, tu evadésti...*; part.pass. *evaso*; aus. *E*] 1 fuggire da un luogo di detenzione: *— dalla prigione* 2 (*estens.*) cercare di sottrarsi ad ambienti e situazioni sgradevoli: *— dallo stress del lavoro* 3 sottrarsi agli obblighi fiscali *v.tr.* (*bur.*) 1 sbrigare, portare a termine: *— una pratica* 2 sottrarsi a un obbligo, spec. di natura fiscale: *— le tasse*.

e|va|ne|scèn|te *agg.* 1 che tende a svanire |

sbiadito, dai contorni poco definiti: *figura* — 2 (*fig.*) inconsistente, privo di forza: *discorso* — 3 (*ling.*) si dice di vocale o consonante che ha suono indistinto.
e|va|ne|scèn|za *s.f.* caratteristica di ciò che è evanescente; inconsistenza.
e|van|gè|li|co *agg.* [m.pl. *-ci*] 1 del Vangelo: *insegnamento* — 2 conforme all'annuncio e allo spirito del Vangelo: *spirito* — 3 relativo ad alcune confessioni cristiane protestanti | *Chiesa evangelica*, denominazione generica di alcune confessioni riformate | che è membro di una Chiesa evangelica ♦ *s.m.* [f. *-a*] chi è membro di una Chiesa evangelica □ **evangelicamente** *avv.* secondo gli insegnamenti e lo spirito del Vangelo.
e|van|ge|li|smo *s.m.* (*relig.*) tendenza a ritornare a una pratica del cristianesimo più vicina agli insegnamenti del Vangelo e alla Chiesa delle origini.
e|van|ge|li|sta *s.m.* [pl. *-i*] ciascuno degli autori dei quattro Vangeli (Matteo, Marco, Luca, Giovanni).
e|van|ge|liz|zà|re *v.tr.* 1 predicare l'annuncio evangelico per convertire alla fede cristiana 2 (*estens.*) cercare di convincere qlcu. delle proprie opinioni.
e|van|ge|liz|za|tó|re *s.m.* [f. *-trice*] chi evangelizza.
e|van|ge|liz|za|zió|ne *s.f.* l'opera di annuncio del Vangelo e di diffusione del cristianesimo.
e|va|po|rà|bi|le *agg.* che tende a evaporare facilmente.
e|va|po|ra|mén|to *s.m.* evaporazione.
e|va|po|rà|re *v.intr.* [indic.pres. io *evapóro*...; aus. *È* nei sign. 1 e 2, *A* nel sign. 3] 1 trasformarsi in vapore: *l'alcol evapora facilmente* 2 (*estens.*) svanire 3 diminuire in seguito a evaporazione: *con il caldo il lago evapora notevolmente* ♦ *tr.* trasformare in vapore.
e|va|po|ra|tó|re *s.m.* 1 ogni apparecchio in cui un liquido viene fatto evaporare utilizzando una fonte di calore 2 recipiente pieno d'acqua che viene appoggiato ai termosifoni, al fine di conservare nell'ambiente un'adeguata umidità.
e|va|po|ra|zió|ne *s.f.* passaggio di una sostanza dallo stato liquido allo stato aeriforme.
e|va|sió|ne *s.f.* 1 fuga da un luogo di reclusione: *l'* — *dei galeotti dalla galera* 2 comportamento con il quale ci si sottrae in maniera illecita a un obbligo di legge | — *fiscale*, mancato pagamento parziale o totale delle tasse 3 (*fig.*) allontanamento da situazioni o ambienti sgradevoli; svago: — *dagli impegni, dalla vita di tutti i giorni* | *romanzo, film d'* —, finalizzato unicamente a divertire; disimpegnato 4 (*bur.*) completamente, disbrigo: *l'* — *di una pratica*.
e|va|si|vi|tà *s.f.* la tendenza a essere evasivo.
e|va|sì|vo *agg.* che tende a non chiarire esplicitamente il proprio pensiero; vago; sfuggente: *una risposta evasiva* □ **evasivamente** *avv.*
e|và|so *part.pass.* di evadere ♦ *agg., s.m.* [f. *-a*] che, chi è fuggito dal carcere.

e|va|só|re *s.m.* [f. *evaditrice*] chi si sottrae a un obbligo, spec. di natura fiscale.
e|ve|nièn|za *s.f.* situazione che può verificarsi; caso, occorrenza.
e|vèn|to *s.m.* 1 fatto che è già accaduto o che potrà accadere: *attendere nuovi eventi* | *lieto* —, la nascita di un bambino 2 fatto di una certa importanza; avvenimento: *è un vero* —.
e|ven|tuà|le *agg.* che può accadere; possibile: *eventuali novità* □ **eventualmente** *avv.* 1 se sarà opportuno o necessario: — *mi farò sentire* 2 nel caso che, qualora: — *ci fossero problemi, avvertimi.*
e|ven|tua|li|tà *s.f.* 1 possibilità che avvenga ql.co.: *l'* — *di un ritardo* 2 fatto che può verificarsi; evenienza | *nell'* — *che...*, nel caso che...
evergreen (*ingl.*) [pr. *evergrìn*] *agg., s.m./f. invar.* che, chi continua a essere di moda nonostante il passare degli anni; intramontabile.
e|ver|sió|ne *s.f.* complesso di azioni, spec. criminose, volte a sovvertire l'ordine costituito | terrorismo: — *di destra, di sinistra.*
e|ver|sì|vo *agg.* che punta a sovvertire l'ordine costituito: *movimenti eversivi; trame eversive.*
e|ver|só|re *s.m.* [f. *-a*] chi punta a rovesciare l'ordine costituito e le istituzioni pubbliche, spec. con azioni criminose.
e|ve|zió|ne *s.f.* (*astr.*) perturbazione esercitata dal Sole sul moto della Luna intorno alla Terra.
e|vi|dèn|te *agg.* 1 che si vede facilmente; chiaro, manifesto: *una delusione* — 2 che risulta vero in maniera indiscutibile, senza bisogno di dimostrazione: *una verità* — □ **evidentemente** *avv.*
e|vi|dèn|za *s.f.* 1 carattere di ciò che è evidente; inoppugnabilità: *l'* — *del risultato* | *arrendersi all'* —, cedere di fronte a ciò che non si può negare | *negare l'* —, rifiutarsi di ammettere ciò che è evidente | *mettere in* —, far notare, evidenziare | *mettersi in* —, farsi notare, distinguersi 2 chiarezza ed efficacia comunicativa: *l'* — *delle immagini.*
e|vi|den|zià|re *v.tr.* [indic.pres. io *evidènzio*...] sottolineare, far notare: — *i punti chiave di un testo.*
e|vi|den|zia|tó|re *s.m.* pennarello non coprente a tratto largo, di colore fluorescente, utilizzato per sottolineare le parti di uno scritto che si intende mettere in risalto.
e|vìn|ce|re *v.tr.* [con. come *vincere*] dedurre, desumere: *dai dati raccolti si evince il seguente fatto.*
e|vi|rà|re *v.tr.* 1 privare dei testicoli; castrare 2 (*fig.*), indebolire, rendere fiacco.
e|vi|rà|to *part.pass.* di evirare ♦ *agg., s.m.* che, chi è stato privato dei testicoli; castrato.
e|vi|ra|zió|ne *s.f.* privazione dei testicoli.
e|vi|sce|rà|re *v.tr.* [indic.pres. io *evìscero*...] (*med.*) sottoporre a eviscerazione.
e|vi|sce|ra|zió|ne *s.f.* (*med.*) intervento chirurgico nel quale vengono asportati degli organi dalla loro sede naturale.
e|vi|tà|bi|le *agg.* che può essere evitato: *errori evitabili.*

e|vi|tà|re *v.tr.* [indic.pres. *io èvito...*] 1 tenersi lontano da qlcu. o ql.co. che si considera fastidioso o dannoso; scansare, sfuggire: — *certe amicizie*; — *di prendere freddo* 2 astenersi da ql.co.: — *i cibi grassi* 3 risparmiare ad altri ql.co.: *gli ha evitato un lavoro sgradevole* 4 fare in modo che non si verifichi una determinata cosa: — *un brutto incidente* ♦ **-rsi** *rifl.rec.* cercare di non incontrarsi: *è da tempo che ci evitiamo.*
è|vo *s.m.* ciascuno dei grandi periodi in cui si usa dividere la storia: *Medio Evo.*
e|vo|cà|re *v.tr.* [indic.pres. *io èvoco, tu èvochi...*] 1 richiamare qlcu. dall'aldilà utilizzando poteri medianici o magici: — *lo spirito di un defunto* 2 (*estens.*) richiamare alla memoria; rievocare: — *le cose di un tempo* | ricreare attraverso la suggestione artistica: — *un panorama paradisiaco.*
e|vo|ca|ti|va *agg.* che evoca; che crea suggestioni o intende crearle: *un dipinto —.*
e|vo|ca|zió|ne *s.f.* antico rito utilizzato per richiamare dall'aldilà lo spirito dei morti.
e|vo|lu|ti|vo *agg.* relativo all'evoluzione o alla sviluppo psico-fisico.
e|vo|lù|to *part.pass.* di evolvere ♦ *agg.* 1 (*biol.*) si dice di organismo che ha raggiunto la piena maturità 2 che ha raggiunto un avanzato livello culturale e tecnologico: *un paese* — | (*estens.*) libero da pregiudizi.
e|vo|lu|zió|ne *s.f.* 1 trasformazione lenta e progressiva verso forme più complesse e avanzate: — *della società umana, della conoscenza scientifica* 2 (*biol.*) sviluppo e perfezionamento delle specie animali dalle forme più semplici a quelle più complesse e differenziate | ***teoria del*** —, evoluzionismo 3 sequenza di movimenti eseguiti secondo un ordine prefissato: *le evoluzioni di un ginnasta.*
e|vo|lu|zio|ni|smo *s.m.* (*biol.*) teoria secondo cui le diverse specie vegetali e animali sono il risultato di un lento sviluppo a partire da antenati più semplici e per effetto della selezione naturale.
e|vo|lu|zio|ni|sta *s.m./f.* [m.pl. *-i*] chi sostiene la teoria dell'evoluzionismo.
e|vo|lu|zio|ni|sti|co *agg.* [m.pl. *-ci*] dell'evoluzionismo | fondato sull'evoluzionismo.
e|vòl|ve|re *v.intr.* [indic.pres. *io evòlvo...*; part.pass. *evoluto*; aus. *E o A*] (*raro*) svilupparsi ♦ **-rsi** *intr.pron.* svilupparsi, trasformarsi in maniera progressiva: *gli organismi si evolvono.*
E|vò|ni|mo *s.m.* genere di piante arboree o arbustive a foglie seghettate caduche o persistenti; ne fa parte la fusaggine.
ev|vi|va *inter.* espressione di esultanza e di sostegno (è simboleggiata dal segno W): — *il re!* ♦ *s.m.invar.* grido di esultanza: *gli — dei tifosi.*
ex (*lat.*) *prep.* unita a sostantivi indica una condizione in cui non si è più: — *presidente*; — *moglie* ♦ *s.m./f.invar.* (*fam.*) persona con la quale si aveva un rapporto amoroso ora concluso: *l'— di qlcu.*
ex a|brùp|to (*lat.*) *loc.avv.* all'improvviso, di punto in bianco.

ex ae|quo (*lat.*) [pr. *exèkuo*] *loc.avv.* alla pari, a pari merito: *primi classificati —.*
ex cà|the|dra (*lat.*) *loc.avv.* 1 si dice dell'insegnamento del sommo pontefice in materia di fede e morale, che la Chiesa cattolica considera infallibile 2 (*estens.*) in modo perentorio, dall'alto: *parlare —.*
ex cùr|sus (*lat.*) *s.m.invar.* divagazione dall'argomento principale di un discorso.
executive (*ingl.*) [pr. *egsèkutiv*] *s.m./f.invar.* dirigente d'azienda ♦ *agg.invar.* proprio di o adatto a un dirigente aziendale, per uomo d'affari: *valigetta* — | ***aereo*** —, aereo privato utilizzato da uomini d'affari.
e|xé|re|si *s.f.invar.*(*med.*) asportazione totale o parziale di un organo per via chirurgica.
exit poll (*ingl.*) [pr. *ègsit pol*] *loc.s.m.invar.* sondaggio che mira a fornire tempestivamente i risultati di una consultazione elettorale per mezzo di interviste effettuate all'uscita dai seggi.
ex lè|ge (*lat.*) *loc.avv.* (*dir.*) secondo quanto prevede la legge.
ex li|bris (*lat.*) *loc.sost.m.invar.* nota scritta a mano, stampigliata o incollata su un libro, spesso con fregi o motti, per indicarne la proprietà.
ex nò|vo (*lat.*) *loc.avv.* da capo, dall'inizio: *fare, rifare —.*
expertise (*fr.*) [pr. *ekspertìz*] *s.f.* dichiarazione di autenticità di un'opera d'arte o di altro oggetto di pregio fatta da un esperto; perizia.
exploit (*fr.*) [pr. *espluà*] *s.m.invar.* impresa straordinaria, spec. in ambito sportivo: *fare un —.*
expo (*fr.*) [pr. *ekspò*] *s.f.invar.* esposizione universale.
export (*ingl.*) [pr. *èksport*] *s.m.invar.* (*comm.*) esportazione: *il settore dell'—.*
èx|tra *prep.* fuori di: *spese — preventivo* ♦ *agg.invar.* 1 in eccesso rispetto a quanto previsto: *costi* — | in aggiunta rispetto all'ordinario: *vantaggi* — 2 della migliore qualità: *latte* — ♦ *s.m.invar.* tutto ciò che costituisce un sovrappiù rispetto a quanto stabilito preventivamente: *gli — si pagano a parte.*
èx|tra- primo elemento di parole composte che significa "fuori" (*extraterritoriale*) o "esterno" (*extracomunitario*) | conferisce valore di superlativo ad alcuni aggettivi (*extralarge*).
ex|tra|at|mo|sfè|ri|co *agg.* [m.pl. *-ci*] che è situato o si verifica all'esterno dell'atmosfera terrestre.
ex|tra|co|mu|ni|tà|rio *agg., s.m.* [f. *-a*] 1 che, chi non appartiene all'Unione Europea 2 (*estens.*) si dice di immigrato originario dei Paesi del terzo mondo.
ex|tra|co|niu|gà|le *agg.* che avviene al di fuori del matrimonio | ***relazione*** —, adulterio. ·
ex|tra|con|trat|tu|à|le *agg.* che non rientra in quanto previsto dal contratto: *prestazione lavorativa —.*
ex|tra|cor|pò|re|o *agg.* che avviene al di fuori del corpo umano | (*med.*) ***circolazione*** —, derivazione del sangue all'esterno dell'organismo at-

tivata da opportune apparecchiature durante un intervento chirurgico al cuore.
ex|tra|eu|ro|pè|o *agg.* che non fa parte dell'Europa: *cittadino —*.
ex|tra|ga|làt|ti|co *agg.* [m.pl. *-ci*] (*astr.*) che si trova o ha origine al di fuori della Via Lattea.
ex|tra|giu|di|zià|le *agg.* (*dir.*) che non fa parte degli atti del processo: *confessione —*.
extra-large (*ingl.*) [pr. *ekstralàrğ*] *loc.agg.invar.* si dice di capo d'abbigliamento di taglia molto grande.
ex|tra|par|la|men|tà|re *agg.* (*polit.*) **1** che ha origine o che si verifica al di fuori del parlamento: *crisi —* **2** che utilizza forme di lotta politica diverse da quelle della rappresentanza istituzionale: *sinistra —* ♦ *s.m./f.* chi aderisce a formazioni politiche extraparlamentari.
ex|tra|sco|là|sti|co *agg.* che si svolge al di fuori dell'orario scolastico: *attività extrascolastica.*
ex|tra|sen|so|rià|le *agg.* che non avviene attraverso i sensi: *percezione —*.
ex|tra|si|sto|le *s.f.* (*med.*) contrazione cardiaca anomala che altera il ritmo ordinario del cuore.
ex|tra|si|stò|li|co *agg.* [m.pl. *-ci*] (*med.*) causato o caratterizzato da extrasistole: *aritmia extrasistolica.*
extrastrong (*ingl.*) *agg.invar.* detto di carta per stampante molto resistente.
ex|tra|tem|po|rà|le *agg.* che è fuori del tempo.
ex|tra|ter|rè|stre *agg.* che si trova o avviene al di fuori della Terra: *vita —* ♦ *s.m./f.* ipotetico abitatore di altri pianeti.
ex|tra|ter|ri|to|rià|le *agg.* **1** che si trova al di fuori dei confini di uno Stato: *enclave —* **2** (*dir.*) che non è sottoposto alla giurisdizione dello Stato in cui si trova.
ex|tra|ter|ri|to|ria|li|tà *s.f.* (*dir.*) la condizione di determinati beni o luoghi che non sono sottoposti alla giurisdizione dello Stato in cui si trovano.
ex|tra|ur|bà|no *agg.* che si trova o si sviluppa al di fuori del territorio urbano | *linea extraurbana*, linea di trasporto pubblico che collega la città con le località circostanti.
ex|tra|u|te|rì|no *agg.* (*med.*) che si trova al di fuori dell'utero | *gravidanza extrauterina*, quella in cui l'ovulo fecondato si sviluppa al di fuori dell'utero.
ex|tra|vér|gi|ne *agg.* (*comm.*) denominazione dell'olio d'oliva con tasso di acidità non superiore all'1%.
ex vò|to (*lat.*) *loc.sost.m.invar.* dono offerto dai fedeli a un santuario in segno di riconoscenza per una grazia concessa.
eyeliner (*ingl.*) [pr. *ailàiner*] *s.m.invar.* liquido denso utilizzato per il trucco degli occhi.
e|zio|lo|gì|a *s.f.* **1** branca della medicina che studia le cause di patologie e disfunzioni | le cause stesse: *l'— di una malattia* **2** (*estens.*) indagine sulle cause di un fenomeno.
e|zio|lò|gi|co *agg.* [m.pl. *-ci*] riferito all'eziologia: *studio —.*
-éz|za *suff.* che si utilizza nella formazione di nomi astratti derivati da aggettivi (*bellezza, scioltezza, rilassatezza*).

Ff

f *s.f./m.invar.* sesta lettera dell'alfabeto (il suo nome è *effe*); consonante fricativa labiodentale sorda | — *come* **Firenze**, nella compitazione, spec. telefonica, delle parole.
fa[1] *s.m.invar.* (*mus.*) nei paesi latini, nome delle quarta nota della scala di do.
fa[2] *avv.* [posposto a un'indicazione di tempo determinato] addietro, prima d'ora: *tre anni —.*
fab|bi|só|gno *s.m.* ciò che risulta necessario per soddisfare un bisogno: — *alimentare, finanziario.*
fàb|bri|ca *s.f.* **1** stabilimento in cui si producono manufatti industriali: *una — di elettrodomestici* **2** insieme delle operazioni finalizzate alla costruzione di ql.co.: | (*fig., scherz.*) *la* — *di San Pietro,* lavoro interminabile.
fab|bri|cà|bi|le *agg.* che può essere fabbricato | si dice di area su cui si può costruire un fabbricato; edificabile: *terreno —.*
fab|bri|càn|te *part.pres.* di fabbricare ♦ *s.m./f.* **1** chi fabbrica; costruttore **2** proprietario o gestore di una fabbrica.
fab|bri|cà|re *v.tr.* [indic.pres. *io fàbbrico, tu fàbbrichi...*] **1** erigere una costruzione muraria; edificare, costruire: — *una casa* **2** produrre manufatti industriali o artigianali: — *automobili, un tavolo* **3** (*fig.*) immaginare, inventare: — *castelli immaginari;* — *notizie false* | ideare, architettare: — *un piano alternativo.*
fab|bri|cà|to *part.pass.* di fabbricare ♦ *agg.* costruito, edificato ♦ *s.m.* costruzione in muratura, gener. di grandi dimensioni: *un — industriale* | (*estens.*) l'insieme delle persone che vi abitano.
fab|bri|ca|zió|ne *s.f.* **1** produzione industriale: *la — della carta* | il processo di lavorazione | *difetto di* —, errore verificatosi durante la lavorazione di un manufatto **2** edificazione di un'opera edilizia: *un appartamento di recente —.*
fab|bri|ce|rì|a *s.f.* ente che si occupa dell'amministrazione e della manutenzione dei beni ecclesiastici.
fab|bri|cò|ne *s.m.* palazzone popolare disadorno e squallido.
fàb|bro *s.m.* **1** artigiano che produce o ripara oggetti in metallo: *officina del —* **2** (*fig., lett.*) creatore, artefice.
fa|bia|ni|smo o **fabianésimo** *s.m.* movimento politico di ideologia socialista riformista sorto in Inghilterra verso la fine del XIX sec. e successivamente confluito nel partito laburista.
fabliau (*fr.*) [pr. *fabliò*] *s.m.* [pl. *fabliaux*] nella letteratura francese medievale, breve racconto in versi di tono scherzoso e di contenuto realistico, spec. volgare.
fac|cèn|da *s.f.* **1** cosa da sbrigare; compito da eseguire: *mi attende una — importante* **2** (*spec. pl.*) l'insieme dei lavori domestici: *devo ancora sbrigare le faccende!* **3** circostanza, questione: *è una — seccante.*
fac|cen|diè|re *s.m.* [f. *-a*] **1** chi si impegna in affari poco onesti; trafficone **2** nel linguaggio giornalistico, mediatore disonesto, procacciatore d'affari.
fac|cen|dó|ne *s.m.* [f. *-a*] chi si dà da fare senza raggiungere alcun risultato.
fac|cét|ta *s.f.* **1** viso piccolo e carino **2** superficie piana di un poliedro o di una pietra preziosa.
fac|chi|nàg|gio *s.m.* [pl. *-gi*] l'attività del facchino.
fac|chi|né|sco *agg.* [m.pl. *-schi*] di, da facchino | (*estens.*) detto di lavoro, faticoso, pesante.
fac|chi|no *s.m.* [f. *-a*] **1** chi trasporta merci o bagagli per mestiere; scaricatore, portabagagli: *chiamare un —* **2** (*estens.*) chi svolge lavori pesanti **3** (*fig.*) persona rozza e triviale.
fàc|cia *s.f.* [pl. *-ce*] **1** superficie anteriore della testa che va dalla fronte al mento; volto, viso: *una — pallida; lavarsi la —* | *in — a,* di fronte, davanti: *abito in — alla chiesa* | *— a —,* si dice di confronto diretto, spec. televisivo | *dire le cose in — a qlcu.,* parlare apertamente, senza remore **2** (*estens.*) atteggiamento, espressività del volto: — *gioviale, truce* | (*fig.*) — *da schiaffi,* detto di persona arrogante | *— tosta, di bronzo,* detto di persona sfrontata, impudente | *— pulita,* detto di persona onesta | *voltare —,* cambiare radicalmente opinioni o atteggiamenti | *non avere la — di fare, dire ql.co.,* non osare | *salvare la —,* salvare la propria reputazione | *perdere la —,* fare una brutta figura **3** (*fig.*) modo di apparire, ciascun aspetto possibile di una situazione: *le varie facce di un problema* **4** ciascuna superficie piana di un corpo: *le facce di un cubo* | ognuna delle due parti di un corpo celeste rispetto a chi guarda: *la — nascosta della luna* | *la — della Terra,* l'intera superficie terrestre.
fac|cià|le *agg.* (*anat.*) della faccia: *nervo —.*
fac|cià|ta *s.f.* **1** superficie anteriore esterna di un edificio, dove si trova l'ingresso principale: *la — del teatro* **2** ciascuna delle due superfici di un foglio scritto a mano o stampato: *un compito di due facciate* **3** (*fig.*) aspetto esteriore, apparenza: *si nasconde dietro una finta — di onestà.*
fa|cèn|te *part.pres.* di fare ♦ *agg., s.m./f.* nella

fagotto

loc. (*bur.*) — *funzioni*, detto di chi sostituisce qlcu. nell'espletamento delle sue mansioni.
fa|cè|to *agg.* divertente, spiritoso, arguto ♦ *s.m.* ciò che appare divertente: *parlare tra il serio e il —*.
fa|cè|zia *s.f.* frase divertente; spiritosaggine.
fa|chi|ro *s.m.* **1** santone indiano appartenente a sette islamiche o induiste, dedito a esercizi ascetici che consentono il dominio del dolore e delle funzioni vegetative **2** (*estens.*) chi fa esibizione in pubblico della propria capacità di sopportare il dolore.
fà|ci|le *agg.* **1** che può essere eseguito senza difficoltà; semplice, agevole: *un esercizio —* **2** che si può ottenere o realizzare senza fatica: *un — risultato* **3** che si comprende con poco impegno; chiaro: *un testo —* **4** che ha un carattere docile; buono: *una persona di — carattere* **5** predisposto, incline per natura: *è — al riso* **6** spec. detto di donna, frivolo, poco serio: *ragazza —* **7** probabile, verosimile: *è — che possa tardare* □ **facilmente** *avv.* in modo facile, senza complicazioni: *un test che si fa —* | probabilmente: *— lo incontrerò stasera.*
fa|ci|li|tà *s.f.* **1** caratteristica di ciò che è agevole, semplice: *la — di un lavoro*; *la — di una domanda* **2** capacità naturale di fare ql.co. senza fatica; inclinazione: *— di assimilazione, di apprendimento.*
fa|ci|li|tà|re *v.tr.* [indic.pres. *io facilito...*] rendere più facile; favorire, semplificare: *— un compito.*
fa|ci|li|ta|zió|ne *s.f.* agevolazione, appoggio.
fa|ci|ló|ne *s.m.* [f. *-a*] chi pensa o si comporta in modo superficiale, irresponsabile ♦ *agg.* fatto in modo approssimativo, poco meditato: *una teoria facilona.*
fa|ci|lo|ne|rì|a *s.f.* superficialità, leggerezza.
fa|ci|no|ró|so *agg., s.m.* [f. *-a*] che, chi ha l'attitudine a comportarsi in modo violento e rissoso □ **facinorosamente** *avv.*
fa|co|cè|ro *s.m.* mammifero diffuso nelle savane africane, simile al cinghiale, dotato di grossa testa con criniera che si prolunga sul dorso, di muso schiacciato con verruche e di lunghi canini inferiori ricurvi verso l'alto.
fa|col|tà *s.f.* **1** ogni capacità naturale o acquisita che consente all'uomo di agire o sentire: *— creativa* | (*spec.pl.*) la capacità intellettiva | *essere nel pieno possesso delle proprie —*, essere pienamente cosciente delle proprie azioni **2** potere, diritto: *— di autorizzare ql.co.* **3** detto di cosa, proprietà di provocare un effetto: *la musica ha la — di calmarlo* **4** ciascuna unità didattica in cui è suddiviso l'insegnamento universitario, relativa a un determinato settore disciplinare: *— di lettere, di matematica* | (*estens.*) l'edificio in cui ciascuna di tali unità ha sede | (*estens.*) il corpo docente.
fa|col|ta|ti|vo *agg.* che implica una scelta; opzionale: *corso —* □ **facoltativamente** *avv.*
fa|col|tó|so *agg.* che dispone di molti beni; ricco, agiato.
fa|cón|dia *s.f.* sciolezza ed eleganza di parola; eloquenza.

fa|cón|do *agg.* che ha facondia; eloquente: *parlatore —.*
fac|sì|mi|le o **fac-simile** *s.m.* **1** riproduzione esatta di un originale; copia: *il — di un documento* **2** (*fig.*) persona o cosa che somiglia incredibilmente a un'altra **3** (*telecom.*) fax.
fac|tò|tum *s.m./f.invar.* chi svolge mansioni di diverso tipo in un ufficio o in un'azienda, a seconda della necessità.
fado (*port.*) [pr. *fàdu*] *s.m.invar.* [pl. *-os*] canzone popolare portoghese dal tono nostalgico e malinconico.
fag|gé|ta o **faggéto** *s.f.* bosco di faggi.
fag|gi|na *s.f.* faggiola.
fàg|gio *s.m.* albero montano dal fusto alto e diritto con corteccia liscia e chiara, dotato di foglie caduche ovali e di frutti a capsula; il suo legno è largamente usato nei lavori di falegnameria.
fag|giò|la *s.f.* frutto del faggio, simile a una castagna ma più piccolo, contenente semi che vengono utilizzati nell'alimentazione dei suini; faggina.
-fa|gìa secondo elemento di parole composte che significa "mangiare", "tendenza a mangiare" (*antropofagia*).
fa|già|no *s.m.* [f. *-a*] grosso uccello con piumaggio variamente colorato e coda lunga, le cui carni sono molto apprezzate.
fa|gio|là|ta *s.f.* **1** abbuffata di fagioli **2** minestra di fagioli.
fa|gio|lì|no *s.m.* tenero baccello verde e lungo appartenente a una varietà di fagiolo commestibile.
fa|giò|lo *s.m.* **1** pianta erbacea dal fusto eretto o rampicante, con foglie tripartite, fiori bianchi, gialli o rossi riuniti in grappoli e frutti oblunghi contenenti più semi **2** il seme commestibile di tale pianta | *capitare*, *venire a —*, arrivare a proposito, al tempo opportuno | *andare a —*, andare a genio **3** (*gerg.*) studente che frequenta il secondo anno di corso universitario.
fà|glia *s.f.* (*geol.*) frattura di una massa rocciosa con spostamento delle due parti contrapposte.
fà|go-, -fà|go primo e secondo elemento di parole composte che significa "che mangia" (*fagocita, antropofago*).
fa|go|ci|ta o **fagocito** *s.m.* [pl. *-i*] (*biol.*) cellula del sangue capace di inglobare e distruggere microrganismi, cellule e altri corpi estranei.
fa|go|ci|tà|re *v.tr.* [indic.pres. *io fagòcito* o *fagocìto...*] **1** (*biol.*) inglobare, assimilare tramite fagocitosi **2** (*fig.*) incorporare, assorbire ql.co. nel proprio ambito: *le piccole aziende sono state fagocitate dalle maggiori.*
fa|go|ci|to *s.m.* → **fagocita**.
fa|go|ci|tò|si *s.f.* (*biol.*) processo consistente nell'inglobazione e nel successivo assorbimento da parte di una cellula di particelle estranee o batteri.
fa|got|tì|sta *s.m./f.* [m.pl. *-i*] suonatore di fagotto.
fa|gòt|to¹ *s.m.* **1** involto ingombrante fatto in modo sbrigativo | *far —*, andarsene velocemen-

fagotto

te; sloggiare 2 (*estens.*) persona infagottata, impacciata.
fa|gòt|to² *s.m.* 1 (*mus.*) strumento a fiato in legno ad ancia doppia, dotato di canna lunga piegata a U 2 (*estens.*) in un'orchestra, chi suona tale strumento.
Fahrenheit (*ted.*) [pr. fàrenait] *agg.invar.* (*fis.*) si dice di scala termometrica che fissa valore 32 alla temperatura di fusione del ghiaccio e valore 212 alla temperatura di ebollizione dell'acqua (*simb.* °F).
fài|da *s.f.* 1 nell'antico diritto germanico, il compimento della vendetta da parte della vittima di un'offesa o dei suoi familiari 2 (*estens.*) lotta tra gruppi privati o famiglie, per motivi di ritorsione o vendetta: *faide mafiose*.
fài da té *loc.sost.m.invar.* realizzazione di lavori artigianali nell'ambito domestico spec. a fini hobbistici; bricolage.
fa|i|na *s.f.* 1 piccolo mammifero carnivoro dal corpo agile, dotato di coda lunga e pelliccia pregiata grigio-bruna, macchiata di bianco sul petto 2 (*fig.*) persona brutta e furba.
fai|né|sco *agg.* [m.pl. -*schi*] relativo alla faina | (*fig.*) da faina; furbo, maligno.
fair play (*ingl.*) [pr. fèr plèi] *loc.sost.m.invar.* comportamento gentile e corretto assunto spec. in circostanze imbarazzanti o difficili.
fa|làn|ge *s.f.* 1 nell'antica Grecia, schieramento militare serrato, in cui i soldati provvisti di lance combattevano disposti su più file | (*estens.*) compatto schieramento di soldati; esercito 2 (*fig.*) gran numero di cose o persone 3 (*polit.*) l'insieme dei membri di un falansterio 4 movimento politico e militare spagnolo di ideologia fascista, fondato nel 1933 5 (*anat.*) ognuna delle piccole ossa che formano le dita delle mani e dei piedi | (*estens.*) l'osso alla base del dito.
fa|lan|gét|ta *s.f.* (*anat.*) falange più esterna del dito che porta all'unghia.
fa|lan|gi|na *s.f.* (*anat.*) falange mediana del dito, compresa tra falange e falangetta.
fa|lan|stè|rio *s.m.* 1 secondo il socialismo utopistico di Charles Fourier (1772-1837), grande edificio nel quale avrebbe dovuto risiedere una comunità di circa 1600 lavoratori 2 (*estens.*) edificio popolare.
fa|là|sco *s.m.* [pl. -*schi*] erba palustre con lunghe foglie, utilizzata per impagliare sedie e fiaschi.
fal|cà|ta *s.f.* 1 nell'ippica, salto del cavallo che slancia in avanti le zampe anteriori piegando quelle posteriori 2 nella corsa e nel podismo, l'apertura di gambe dell'atleta | (*estens.*) andatura: *quella ragazza ha una bella —*.
fal|cà|to *agg.* che ha la forma di una falce: *luna falcata* | *carro —*, nell'antichità, carro da guerra dotato di falci.
fal|ca|tù|ra *s.f.* curvatura simile a quella di una falce.
fàl|ce *s.f.* 1 attrezzo a lama ricurva dotato di manico, usato in agricoltura per tagliare erbe e cereali 2 qualsiasi oggetto a forma di falce | — *di luna*, l'aspetto della luna in fase crescente o calante.
fal|cét|to *s.m.* attrezzo a lama incurvata e robusta, usato in agricoltura per lavori di potatura.
fal|chét|to *s.m.* 1 uccello simile al falco ma più piccolo 2 (*fig.*) ragazzo vivace e astuto.
fal|cià|re *v.tr.* [indic.pres. *io falcio...*] 1 mietere, tagliare con la falce: *— il grano* 2 (*fig.*) provocare la morte; abbattere, sterminare: *l'epidemia ha falciato milioni di persone* 3 (*sport*) nel calcio, atterrare con uno sgambetto l'avversario in corsa.
fal|cià|ta *s.f.* 1 colpo di falce 2 la quantità di grano o di erba che viene tagliata con un solo colpo di falce.
fal|cia|trì|ce *s.f.* macchina agricola usata per tagliare erba e fieno.
fal|cia|tù|ra *s.f.* 1 taglio compiuto con la falce di erba e fieno 2 periodo dell'anno in cui si effettua tale lavoro; mietitura.
fal|cì|dia *s.f.* 1 nel diritto romano, quarta parte dell'eredità che spettava all'erede legittimo 2 (*estens.*) drastica detrazione, massiccia riduzione | (*anche fig.*) sterminio, strage: *una — di soldati*; *la selezione ha comportato una — di candidati*.
fal|ci|dià|re *v.tr.* [indic.pres. *io falcidio...*] sottoporre a falcidia; ridurre in modo drastico: *— gli stipendi*.
fàl|co *s.m.* [pl. -*chi*] 1 grande uccello predatore diurno dalle ali lunghe e a punta, provvisto di grossi artigli e piccolo becco ricurvo | *vista da —*, vista acutissima 2 (*fig.*) persona dotata di intelligenza penetrante e carattere ardito | persona rapace e avida 3 nel linguaggio giornalistico, chi nelle controversie sostiene una politica intransigente che può ammettere l'uso della forza.
fal|có|ne *s.m.* falco più grosso del normale, un tempo addestrato per la caccia.
fal|co|ne|rì|a *s.m.* 1 nel Medioevo, l'arte di allevare e addestrare i falconi alla caccia 2 (*estens.*) caccia con il falcone.
fal|co|niè|re *s.m.* 1 chi praticava la falconeria 2 titolo dell'ufficiale di corte addetto all'addestramento dei falconi e alla guida delle battute di caccia.
Fal|co|ni|fór|mi *s.m.pl.* ordine di uccelli predatori diurni dotati di un grosso becco a uncino, di cui fanno parte il falco e il falcone.
fàl|da *s.f.* 1 strato largo e sottile di una materia o di un materiale: *— di un tessuto*, *di un metallo* 2 lembo inferiore di un abito 3 tesa del cappello 4 (*spec.pl.*) pendice di una montagna 5 (*geol.*) strato di terreno che possiede caratteristiche omogenee | *— acquifera*, terreno impermeabile che trattiene acque sotterranee | *— freatica*, terreno che non è rivestito da uno strato impermeabile 6 (*edil.*) piano inclinato di un tetto su cui scorre l'acqua piovana 7 in macelleria, taglio della carne vicino alla lombata.
fal|dó|ne *s.m.* cartella usata per raccogliere ordinatamente documenti | (*estens.*) l'insieme dei documenti in essa contenuti.

fal|lè|cio *agg.*, *s.m.* nella metrica greca e latina, detto di verso costituito da undici sillabe.

fa|le|gnà|me *s.m.* artigiano che lavora il legno per fabbricazioni o riparazioni.

fa|le|gna|me|rì|a *s.f.* **1** il mestiere, la tecnica del falegname | la lavorazione del legno **2** laboratorio, bottega del falegname.

fa|lè|na *s.f.* **1** nome comune di varie specie di farfalle notturne o crepuscolari che vengono attratte dalla luce **2** (*fig.*) individuo molto vivace e dal carattere incostante **3** (*fig.*) prostituta.

fà|le|ra *s.f.* nell'antica Roma, piastra metallica cesellata che ornava la bardatura dei cavalli | decorazione concessa ai cavalieri per atti di valore.

fa|lèr|no *s.m.* pregiato vino rosso o bianco, prodotto in Campania sin dall'antichità.

fa|lè|sia o **falèsa** *s.f.* (*geol.*) alta costa rocciosa con pareti a picco sul mare.

fa|li|sco *agg.* [pl. -*sci*] **1** relativo a un'antica popolazione italica stanziata nell'Etruria meridionale **2** di Montefiascone, paese del Lazio in provincia di Viterbo ♦ *s.m.* [f. -*a*] **1** appartenente all'antica popolazione dei Falisci **2** nativo o abitante di Montefiascone.

fàl|la *s.f.* **1** rottura nella parte immersa di una nave di cui penetra o fuoriesce l'acqua | rottura della superficie esterna di un contenitore da cui fuoriesce un liquido: *la — della cisterna* **2** (*estens.*) crepa, difetto di fabbricazione **3** (*fig.*) via attraverso cui le risorse economiche si disperdono; punto debole: *tamponare le falle del patrimonio* **4** (*mil.*) varco che si crea in un punto dello schieramento.

fal|là|ce *agg.* che inganna o può trarre in inganno: *discorso —* | che nega le aspettative; illusorio, falso.

fal|là|cia *s.f.* [pl. -*cie*] (*lett.*) caratteristica di ciò che è ingannevole, errato | illusorietà, falsità.

fal|li|bi|le *agg.* che è soggetto allo sbaglio.

fal|li|bi|li|tà *s.f.* caratteristica di cosa o persona che è fallibile.

fal|li|men|tà|re *agg.* **1** relativo al fallimento; che è sull'orlo di un tracollo economico: *impresa —* | derivante dal fallimento: *liquidazione —* **2** (*fig.*) negativo, rovinoso: *una scelta —*.

fal|li|men|ta|rì|sta *s.m./f.* [m.pl. -*i*] (*dir.*) legale specializzato in materia fallimentare.

fal|li|mén|to *s.m.* **1** risultato negativo, insuccesso | ciò che è motivo di delusione **2** (*dir.*) procedura giudiziaria mediante la quale il patrimonio di un imprenditore insolvente viene sottratto alla sua disponibilità e usato per soddisfare i creditori.

fal|lì|re *v.tr.* [indic.pres. *io fallisco, tu fallisci...*] sbagliare, mancare: *— il tiro* ♦ *intr.* [aus. A, E] **1** non raggiungere i propri obiettivi; avere un risultato negativo: *ho fallito nella prova d'esame* **2** (*dir.*) fare fallimento: *l'azienda è fallita*.

fal|lì|to *part.pass.* di *fallire* ♦ *agg.* **1** mancato: *un esperimento —* **2** (*dir.*) che è sottoposto a procedura di fallimento: *un'impresa fallita* ♦ *s.m.* [f. -*a*] **1** imprenditore di cui è stato dichiarato il falli-

mento **2** persona che non è riuscita a realizzare i propri obiettivi: *essere un —*.

fàl|lo[1] *s.m.* **1** sbaglio, errore | **mettere un piede in —**, scivolare | peccato, colpa: *essere in —* **2** difetto di fabbricazione: *un — nel tessuto* **3** (*sport*) infrazione delle regole del gioco che comporta una punizione.

fàl|lo[2] *s.m.* (*lett.*) organo genitale maschile; pene.

fal|lo|cen|trì|smo *s.m.* tendenza ad attribuire all'uomo un'importanza sociale maggiore rispetto a quella della donna.

fal|lo|si|tà *s.f.* (*sport*) caratteristica di cosa o persona che è fallosa.

fal|ló|so *agg.* (*sport*) **1** che compie molti falli: *calciatore —* **2** che costituisce fallo; che presenta molti falli: *intervento —*.

fall out (*ingl.*) [pr. *follàut*] *loc.sost.m.invar.* ricaduta di polvere radioattiva sulla superficie terrestre a causa di un'esplosione nucleare.

fa|lò *s.m.* fuoco acceso all'aperto per bruciare ql.co., per fare segnalazioni o in segno di festa.

fa|lòp|pa *s.f.* bozzolo difettato del baco da seta, da cui si ricava una seta scadente.

fal|sà|re *v.tr.* descrivere ql.co. in modo contrario rispetto a come è realmente; alterare, distorcere: *un giornalista che falsa volutamente i fatti*.

fal|sa|rì|ga *s.f.* [pl. *falsarighe*] **1** foglio rigato nero, inserito sotto un foglio bianco, consente di scrivere ordinatamente sopra le righe che si intravedono **2** (*fig.*) modello, esempio da seguire fedelmente: *seguire la — di qlcu.*

fal|sà|rio *s.m.* [f. -*a*] chi produce denaro, opere d'arte o documenti falsi traendone guadagni illeciti.

fal|sét|to *s.m.* **1** tono di voce reso innaturalmente stridulo **2** (*mus.*) tecnica di canto basata su una maggiore estensione della voce verso i suoni acuti.

fal|si|fi|cà|bi|le *agg.* che può essere falsificato, imitato: *una scrittura — da chiunque*.

fal|si|fi|ca|bi|li|tà *s.f.* proprietà di ciò che è falsificabile.

fal|si|fi|cà|re *v.tr.* [indic.pres. *io falsifico, tu falsifichi...*] contraffare o imitare ql.co. con intenzioni illegali: *— un dipinto* | inventare, travisare volutamente ql.co.: *— i dati*.

fal|si|fi|ca|tó|re *s.m.* [f. -*trice*] chi falsifica; falsario.

fal|si|fi|ca|zió|ne *s.f.* insieme degli atti compiuti per falsificare ql.co.; contraffazione: *la — di una firma* | il prodotto di un'imitazione; falso: *quest'opera è una — dell'originale*.

fal|si|tà *s.f.* **1** proprietà di ciò che è falso: *— di un testamento* **2** detto di persona, mancanza di sincerità; doppiezza: *la sua — è nota a tutti* **3** affermazione o azione falsa: *ti ha riferito solo —*.

fàl|so *agg.* **1** che non corrisponde alla verità, sbagliato: *informazione falsa* | **— allarme**, errore nella segnalazione di un pericolo; (*fig.*) notizia senza alcun fondamento **2** che è stato volutamente falsificato; adulterato, contraffatto: *certificato —* **3** che non è autentico pur avendone l'apparenza; finto: *un anello —; un — intendito-*

falsopiano

re | — **magro**, si dice di chi sembra più magro di quanto non sia realmente | **piangere false lacrime**, simulare un pianto **4** detto di chi non si comporta in modo schietto, sincero: *persona falsa*; *sorriso —* **5** (*anat., bot.*) detto di organo somigliante con un altro, ma dalla diversa funzione: *— germoglio* ♦ *s.m.* **1** cosa non vera, menzogna: *dichiarare il —* **2** opera d'arte o documento falsificati: *quel dipinto è un —* **3** subdolo, ipocrita: *il tuo amico è un —* **4** (*dir.*) reato di falsificazione: *registrare un — nel bilancio* □ **falsamente** *avv.*

fal|so|pià|no *s.m.* [pl. *falsipiani*] terreno all'apparenza pianeggiante, in realtà caratterizzato da una lieve pendenza.

fà|ma *s.f.* **1** stima, reputazione: *ottima, pessima —* **2** celebrità, prestigio: *— mondiale* | *di chiara —*, si dice di persona molto celebre.

fà|me *s.f.* **1** bisogno urgente di mangiare causato da una carenza fisiologica di sostanze nutritive: *patire la —* | *morire di —*, avere tanta fame da non resistere più; (*fig.*) vivere in condizioni di miseria | (*fig.*) *morto di —*, persona miserevole, meschina **2** condizione di penuria alimentare; carestia, miseria | *prendere qlcu. per —*, costringerlo ad arrendersi privandolo dei viveri; (*fig.*) sfruttare la sua condizione di povertà per ottenere ql.co. **3** (*fig.*) grande avidità, desiderio profondo: *— di sapere, di notorietà*.

fa|mè|li|co *agg.* [m.pl. *-ci*] **1** (*lett.*) detto di animale, che è molto affamato; vorace **2** (*fig.*) detto di persona, che è particolarmente avido, ingordo di ql.co.: *un uomo —*.

fa|mi|ge|rà|to *agg.* che ha una pessima fama.

fa|mì|glia *s.f.* **1** nucleo costituito da padre, madre, figli, parenti o affini che vivono nella stessa casa: *una — ricca, povera* | *stato di —*, certificato in cui è riportata la composizione di una famiglia | *metter su —*, sposarsi | *essere di —*, essere di casa | *aria di —*, somiglianza fisica e caratteriale tra parenti | *di buona —*, si dice di persona molto educata | *la Sacra Famiglia*, Gesù, la Madonna e san Giuseppe **2** insieme di persone della stessa stirpe; casato **3** (*fig.*) insieme di persone unite da un vincolo o da un ideale comune: *— dei popoli latini* **4** gruppo di cose che presentano caratteristiche affini | (*ling.*) *— di parole*, insieme di parole derivate da una stessa radice **5** (*bot., zool.*) ciascuna divisione sistematica di un ordine: *la — delle Cactacee, dei Cervidi*.

fa|mi|glià|re *agg. e deriv.* → **familiare** *e deriv.*

fa|mi|gliò|la *s.f.* (*vezz.*) piccolo nucleo familiare i cui componenti sono affettivamente molto legati fra loro **2** nome comune dei funghi chiodini.

fa|mi|lià|re o **famigliàre** *agg.* **1** relativo alla famiglia: *problemi familiari* **2** noto, abituale: *posto —* **3** naturale, semplice: *stile —* ♦ *s.m./f.* (*spec.pl.*) componente della famiglia: *andrò in vacanza con i miei familiari* ♦ *s.f.* automobile in versione familiare; station wagon □ **familiarmente** *avv.* con familiarità; confidenzialmente.

fa|mi|lia|ri|tà o **famigliarità** *s.f.* **1** confidenza,

intimità **2** (*estens.*) dimestichezza, pratica: *avere — con l'inglese*.

fa|mi|lia|riz|zà|re o **famigliarizzàre** *v.tr.* rendere familiare; abituare: *— qlcu. a un ambiente nuovo* ♦ *intr.* [aus. *A*], **-rsi** *intr.pron.* prendere familiarità; abituarsi, impratichirsi: *— con l'uso del telefono cellulare*.

fa|mó|so *agg.* che ha molta fama; celebre, rinomato: *scienziato —*.

fan (*ingl.*) *s.m./f.invar.* [pl. *fans*] ammiratore accanito di ql.co. o qlcu.; tifoso: *i fans di un attore, di una squadra sportiva*.

fa|nà|le *s.m.* dispositivo costituito da una sorgente luminosa racchiusa in un involucro trasparente, usato a scopo di illuminazione o segnalazione: *i fanali dell'automobile*.

fa|na|le|rì|a *s.f.* il complesso delle luci esterne dei veicoli.

fa|na|lì|no *s.m.* piccolo faro usato come luce di segnalazione | *— di coda*, fanale rosso o bianco, situato nella parte posteriore di un veicolo; (*fig.*) in una graduatoria, persona o cosa classificata all'ultimo posto.

fa|nà|ti|co *agg., s.m.* [f. *-a*; m.pl. *-ci*] **1** che, chi è indotto da fanatismo **2** (*estens.*) detto di chi si appassiona in modo eccessivo; esaltato: *un sostenitore —*; *un — del calcio* □ **fanaticamente** *avv.*

fa|na|tì|smo *s.m.* esasperazione di un sentimento religioso, di una fede politica o ideologica che conduce all'intolleranza | cieca ammirazione per ql.co. o qlcu.

fa|na|tiz|zà|re *v.tr.* rendere fanatico; esaltare.

fan|ciùl|la *s.f.* (*lett.*) bambina di età compresa fra i sei e i dodici anni circa | giovane donna | (*scherz.*) compagna, fidanzata.

fan|ciul|làg|gi|ne *s.f.* mentalità o atteggiamento infantile.

fan|ciul|lé|sco *agg.* [m.pl. *-schi*] **1** di fanciullo: *l'età fanciullesca* **2** tipico del fanciullo | (*estens.*) infantile, sciocco: *comportamento —*.

fan|ciul|léz|za *s.f.* età di chi è fanciullo, compresa fra i sei e i dodici anni circa: *le gioie della —*.

fan|ciùl|lo *s.m.* (*lett.*) **1** bambino di età compresa fra i sei e i dodici anni circa **2** (*fig.*) persona che ancora conserva l'innocenza propria della fanciullezza; ingenuo ♦ *agg.* **1** da fanciullo; spensierato: *cuore —* **2** (*fig.*) detto di ciò che è agli albori: *scienza fanciulla*.

fan|dàn|go *s.m.* [pl. *-ghi*] vivace ballo spagnolo accompagnato da chitarre e nacchere | la musica di accompagnamento a tale ballo.

fan|dò|nia *s.f.* frottola, bugia raccontata spec. per vanteria.

fa|nèl|lo *s.m.* piccolo uccello canoro, comune nei boschi e nelle regioni montuose d'Italia, dotato di piumaggio rosso sulla fronte e sul petto, marrone-grigio sul dorso.

Fa|ne|rò|ga|me *s.f.pl.* raggruppamento di piante i cui organi riproduttivi sono visibili, raccolti all'interno del fiore.

fan|fa|lù|ca *s.f.* stupidaggine, sciocchezza | (*estens.*) bugia, frottola.

fan|fà|ra *s.f.* **1** banda musicale di un corpo militare, composta da ottoni e strumenti a percussione 2 (*estens.*) composizione musicale per tale banda.

fan|fa|ro|nà|ta *s.f.* discorso o azione da fanfarone | spacconata, vanteria.

fan|fa|ró|ne *s.m.* [f. *-a*] chi si vanta di avere qualità e poteri che in realtà non possiede; gradasso.

fan|ga|tù|ra *s.f.* (*med.*) applicazione di fanghi termali su tutto il corpo o limitatamente ad alcune parti per fini terapeutici.

fan|ghi|glia *s.f.* 1 strato di terra fangosa; melma 2 (*geol.*) deposito argilloso di materiali vari.

fàn|go *s.m.* [pl. *-ghi*] 1 terra o polvere impastata con acqua e ridotta a poltiglia: *schizzarsi di* — 2 (*fig.*) disonore, infamia: *cadere nel* — | *gettare qlcu. nel* —, *coprire qlcu. di* —, diffamarlo 3 (*geol., pl.*) miscuglio di acqua e detriti finissimi di origine organica o inorganica che, in stato di quiete, tendono a sedimentare: *fanghi vulcanici* | *fanghi termali*, quelli di origine vulcanica, impiegati a scopo terapeutico: *fare i fanghi*.

fan|go|si|tà *s.f.* caratteristica di ciò che è fangoso; melmosità.

fan|gó|so *agg.* che è coperto di fango; melmoso: *marciapiede* — | sporcato di fango: *scarpe fangose*.

fan|go|te|ra|pì|a *s.f.* terapia basata sull'applicazione di fanghi termali.

fan|nul|ló|ne *s.m.* [f. *-a*] persona che non si impegna mai in ql.co.; sfaticato.

fa|nó|ne *s.m.* 1 (*zool.*) ognuna delle numerose lamine cornee flessibili e frangiate, inserite nella mascella superiore di balene e altri Cetacei, che hanno la funzione di trattenere il plancton 2 (*eccl.*) indumento che il Papa indossa sulle spalle durante le cerimonie solenni, costituito da una doppia mozzetta in seta ricamata di cui una è bianca e l'altra dorata | ognuna delle due mozzette pendenti dall'abito vescovile.

fàn|ta- primo elemento di parole composte che significa "fantastico" o "che è frutto della fantasia" (*fantascienza*).

fan|ta|po|li|ti|ca *s.f.* 1 genere letterario o cinematografico basato su eventi politici fantastici, gener. con fini di denuncia rispetto a una situazione reale 2 (*estens.*) previsione di immaginari avvenimenti politici o interpretazione fantasiosa di vicende politiche attuali: *fare della* —.

fan|ta|po|li|ti|co *agg.* [m.pl. *-ci*] di fantapolitica; basato sulla fantapolitica.

fan|ta|scien|ti|fi|co *agg.* [m.pl. *-ci*] 1 che riguarda la fantascienza 2 (*estens.*) tecnologicamente molto avanzato 3 (*estens.*) assurdo, inverosimile perché troppo innovativo per il presente: *progettazione fantascientifica*.

fan|ta|scièn|za *s.f.* genere narrativo o cinematografico che, basandosi su scoperte scientifiche fantastiche, racconta di vicende terrestri o extraterrestri ambientate nel futuro.

fan|ta|si|a *s.f.* 1 facoltà della mente di rappresentarsi immagini irreali o di rielaborare quelle fornite dalla realtà: *una* — *fertile, povera; lavorare di* — 2 (*spec.pl.*) creazione della mente che non ha riscontro pratico; fantasticheria, congettura: *impossibile, è solo una* —; *creare delle fantasie attorno a ql.co.* 3 accostamento, creazione stravagante: *una* — *di colori; le fantasie degli artisti* 4 tessuto o capo d'abbigliamento partic. vistoso 5 desiderio momentaneo e improvviso, capriccio: *togliersi la* — 6 (*mus.*) pezzo strumentale di libera creazione dell'artista | brano nato dalla rielaborazione di più brani famosi ♦ *agg. invar.* con disegni e colori fantasiosi, vistosi: *vestito* —.

fan|ta|sió|so *agg.* 1 ricco di fantasia; stravagante, bizzarro: *una ragazza fantasiosa* 2 che non corrisponde alla realtà; inventato: *un racconto* —.

fan|ta|sì|sta *s.m./f.* [m.pl. *-i*] 1 artista di varietà molto versatile che alterna brevi numeri a pezzi improvvisati 2 (*sport, giorn.*) calciatore molto abile a inventare giocate inaspettate.

fan|tà|sma *s.m.* [pl. *-i*] 1 spirito di defunto che l'allucinazione rende visibile, reale; spettro: *vedere un* — 2 (*estens.*) creazione irreale della mente, dell'immaginazione; illusione: *si è creato dei fantasmi;* — *poetico* 3 (*psicoan.*) fantasia con cui il soggetto appaga desideri inconsci ♦ *agg. invar.* inesistente: *finanziamento* — | *governo* —, quello che nei fatti non ha alcuna autorità.

fan|ta|sma|go|rì|a *s.f.* 1 successione rapida di immagini e suoni che eccitano la fantasia 2 (*fig.*) insieme caotico di idee, sentimenti, oggetti che creano confusione in chi osserva o ascolta.

fan|ta|sma|gò|ri|co *agg.* [m.pl. *-ci*] che ha l'aspetto di una fantasmagoria: *una rappresentazione fantasmagorica*.

fan|ta|smà|ti|co *agg.* [m.pl. *-ci*] 1 (*lett.*) di fantasma; irreale, immaginario 2 (*psicoan.*) relativo ai fantasmi della psiche.

fan|ta|sti|cà|re *v.tr.* [indic.pres. *io fantàstico, tu fantàstichi...*] creare con la fantasia cose irrealizzabili ♦ *intr.* [aus. *A*] perdersi nella fantasia inseguendo idee o progetti; sognare: — *sul suo avvenire*.

fan|ta|sti|che|rì|a *s.f.* tendenza a fantasticare; fantasia, immaginazione | proposito irrealizzabile; sogno.

fan|tà|sti|co *agg.* [m.pl. *-ci*] 1 che riguarda la fantasia; creato dalla fantasia: *un'idea fantastica* | (*estens.*) strano, inverosimile: *un racconto* — 2 che provoca stupore; eccezionale, meraviglioso: *un concerto* — ♦ *inter.* magnifico: —, *abbiamo superato tutti!* ♦ *s.m.* 1 ciò che è creato dalla fantasia: *il* — *nella letteratura rinascimentale* 2 ciò che è eccezionale, meraviglioso: *una precisione che ha del* — □ **fantasticamente** *avv.*

fàn|te *s.m.* 1 soldato di fanteria 2 nelle carte da gioco italiane e francesi, figura rappresentante un soldato di fanteria.

fan|te|rì|a *s.f.* (*mil.*) insieme delle truppe che un tempo combattevano a piedi e attuale arma dell'esercito costituita dalle truppe cui è affidato lo scontro diretto con il nemico e la conquista del territorio.

fantino

fan|ti|no *s.m.* nelle corse, chi monta i cavalli per professione.
fan|tòc|cio *s.m.* **1** manichino dall'aspetto umano, realizzato in legno o altro materiale **2** (*fig.*) persona incapace di agire autonomamente; bamboccio ♦ *agg.invar.* che si lascia manovrare dagli altri | *governo* —, quello che non ha un potere reale.
fan|to|mà|ti|co *agg.* [m.pl. -*ci*] **1** simile a un fantasma; irreale, immaginario **2** (*estens.*) che non si riesce a localizzare; inafferrabile: *un bandito* — | che non si è mai visto; misterioso: *un amante* —.
fan|toz|zià|no *agg.* **1** che somiglia al personaggio comico del ragionier Fantozzi, ossequioso e servile **2** grottesco, ridicolo **3** impacciato, goffo.
fa|ra|bùt|to *s.m.* [f. -*a*] persona senza scrupoli; canaglia, delinquente.
fà|rad *s.m.invar.* (*fis.*) unità di misura della capacità elettrica corrispondente a 1 coulomb/volt (*simb.* F).
fa|ra|glió|ne *s.m.* grande scoglio a punta che si è staccato dalla costa.
fa|ra|ó|na *s.f.* uccello con piumaggio grigio picchiettato di bianco, apprezzato per le sue carni.
fa|ra|ó|ne *s.m.* titolo degli antichi re d'Egitto.
fa|ra|ò|ni|co *agg.* [m.pl. -*ci*] **1** dei faraoni **2** (*fig.*) sfarzoso, monumentale: *una residenza faraonica.*
fàr|cia *s.f.* [pl. -*ce*] (*gastr.*) ripieno per farciture preparato con ingredienti vari.
far|ci|re *v.tr.* [indic.pres. *io farcisco, tu farcisci...*] **1** (*gastr.*) imbottire vivande o carni con un ripieno **2** (*fig.*) riempire, inzeppare: — *un discorso di assurdità.*
fard (*fr.*) *s.m.invar.* cosmetico cremoso o in polvere, usato per dare colorito alle guance.
far|dèl|lo *s.m.* **1** involto pesante da trasportare **2** (*fig.*) carico morale: *un* — *di scrupoli.*
fà|re¹ *v.tr.* [indic.pres. *io fàccio, tu fai, egli fa, noi facciamo, voi fate, essi fanno*; imperf. *io facévo...*; pass.rem. *io féci, tu facésti, egli féce, noi facémmo, voi facéste, essi fécero*; fut. *io farò...*; pres.congiunt. *io fàccia...*; imperf.congiunt. *io facéssi...*; condiz. *io faréi, tu farésti...*; imp. *fa o fa'* o *fai, fate*; ger. *facèndo*; part.pres. *facènte*; part.pass. *fatto*] **1** eseguire un'azione; compiere: — *una corsa, un sogno, una domanda* | *darsi da* —, impegnarsi per ottenere ql.co. | *avere da* —, essere occupato | *saperci* —, essere in gamba | — *fronte a ql.co.*, provvedere a ql.co. | — *la bocca a ql.co.*, abituarvisi | — *tesoro di ql.co.*, tenerla in considerazione come insegnamento | — *di testa propria*, agire senza dare ascolto agli altri | — *una malattia per ql.co.*, appassionarsi in modo eccessivo | — *la bella vita*, spassarsela | — *festa*, celebrarla | — *una partita*, giocarla | — *rotta*, dirigersi | — *scalo*, sostare | — *strada*, precedere qlcu. indicandogli la direzione | *farsi strada*, aprirsi un varco; (*fig.*) raggiungere una buona posizione | *farla franca*, scamparla | *farla a qlcu.*, prenderlo in giro; sorprenderlo | (*fig.*) — *ombra a qlcu.*, destare dei sospetti su di lui | — *silenzio*, tacere | *farla finita*, tagliar corto; uccidersi | — *giustizia*, rivendicare i diritti soppressi | — *la fame*, essere molto povero | —

gola, si dice di ciò che suscita un forte desiderio | — *furore*, piacere moltissimo | (*fig.*) *non mi fa né caldo né freddo*, mi lascia indifferente | *fa niente*, non c'è problema | *fa lo stesso*, è uguale | *farcela*, riuscire in un'impresa | (*prov.*) *quel che è fatto è reso*, chi tratta male gli altri un giorno sarà trattato allo stesso modo **2** creare, generare; produrre materialmente: *Dio ha fatto l'uomo* | — *figli*, farli nascere | — *un danno*, arrecarlo | — *un debito*, contrarlo | (*fig.*) — *un buco nell'acqua*, non concludere nulla | — *un arrosto*, cucinarlo **3** indurre: — *ridere un amico* | permettere: *lasciar* — **4** (*fam.*) dire, pronunciare: *preferisco non* — *nomi* | — *un discorso*, declamarlo **5** credere, immaginare: *ti facevo a casa e invece sei uscita* **6** emettere, spec. dal corpo: — *un rutto; la ferita fa pus* | — *acqua*, detto di un'imbarcazione, avere una falla; (*fig.*) essere in crisi **7** mettere assieme, radunare: — *soldi* **8** (*fam.*) comprare, dare in regalo: *il fidanzato le ha fatto un anello* | con particella pron., comprare per sé, dotarsi: *farsi una casa* **9** agire in un certo modo: — *il furbo* | — *il bravo*, comportarsi bene | agire come, fungere da: — *da confidente*; *un perno che fa da sostegno* | — *da spalla a qlcu.*, aiutarlo **10** svolgere un mestiere, esercitare un'arte: — *lo scrittore* | praticare: — *politica* **11** rendere, porre in una certa condizione: — *bello il proprio giardino* **12** designare ql.cu a una carica; eleggere: *lo fecero presidente* **13** nelle operazioni aritmetiche, dare come risultato: *due più due fa quattro* ♦ *intr.* [aus. *A*] **1** essere utile, adattarsi: *quel ragazzo non fa per te* **2** essere, diventare: *fa freddo; fa bel tempo; fa giorno* **3** detto del tempo, compiersi: *fa un mese da che sono qui* | — *a, in tempo*, riuscire a compiere ql.co. entro il tempo stabilito ♦ **-rsi** *rifl., intr. pron.* **1** divenire, trasformarsi: — *pallido* | (*fig.*) — *in quattro*, moltiplicare i propri sforzi per realizzare ql.co. o aiutare qlcu. | in costrutti impersonali, diventare: *si è fatta bella; si sta facendo sera* **2** (*assol., gerg.*) drogarsi.
fà|re² *s.m.* **1** azione, compimento: *avere un bel da* — **2** principio, inizio: *sul* — *del giorno* **3** comportamento, atteggiamento: *avere un* — *troppo sospettoso.*
fa|ré|tra *s.f.* astuccio con tracolla per frecce.
fa|rét|to *s.m.* piccola lampada orientabile, usata per conferire particolare luce ad ambienti e oggetti.
far|fàl|la *s.f.* **1** insetto lepidottero dotato di quattro grandi ali vivacemente colorate e di un corpo distinto in capo, addome, torace | — *diurna, notturna*, quella attiva durante il giorno o la notte **2** (*sport*) stile di nuoto in cui si muovono contemporaneamente le braccia fuori dall'acqua e le gambe a rana **3** (*estens.*) persona superficiale, incostante e volubile **4** cravatta da uomo che si annoda a fiocco **5** (*spec.pl.*) tipo di pasta alimentare a forma di piccoli fiocchi.
far|fal|la|mén|to *s.m.* oscillazione violenta delle ruote anteriori di un autoveicolo in caso di forte velocità.
far|fal|lì|no *s.m.* cravatta a farfalla; papillon.

far|fal|ló|ne *s.m.* **1** [f. *-a*] persona incostante in amore **2** (*fig.*) strafalcione, sproposito.
far|fu|glià|re *v.intr.* [indic.pres. *io farfuglio*...; aus. *A*] parlare in modo poco comprensibile, senza scandire bene le parole.
fa|ri|na *s.f.* **1** prodotto ricavato dalla macinazione del grano o di altri cereali | — *bianca*, quella di grano | — *gialla*, quella di granturco | (*fig.*) *non è — del tuo sacco*, non è idea o opera tua **2** (*estens.*) prodotto ricavato dalla macinazione di frutti secchi, legumi e altre sostanze: — *di castagne, di ceci* **3** (*min.*) — *fossile*, roccia sedimentaria silicea, formata dall'accumulo sul fondale marino dei gusci di Diatomee; è usata come assorbente inerte e abrasivo oppure nella produzione di mattoni refrattari.
fa|ri|nà|ce|o *agg.* che somiglia alla farina ♦ *s.m. spec.pl.* alimento che è ricco di amido.
fa|ri|nà|ta *s.f.* (*gastr.*) minestra a base di farina di grano o granturco cotta nell'acqua o nel latte, tipica di alcune regioni italiane | focaccia preparata con farina di ceci, tipica della Liguria.
fa|rin|ge *s.f.* (*anat.*) condotto muscolo-membranoso situato dietro le fosse nasali e la bocca, attraverso cui passa il cibo diretto all'esofago e l'aria diretta o proveniente dalla laringe.
fa|rin|gè|o o **faringeo** *agg.* (*med.*) che riguarda la faringe.
fa|rin|gi|te *s.f.* (*med.*) infiammazione della faringe.
fa|rin|go- (*med.*) primo elemento di parole composte che significa "faringe" (*faringoscopia*).
fa|rin|go|sco|pì|a *s.f.* (*med.*) ispezione della faringe.
fa|ri|nó|so *agg.* **1** contenente farina **2** (*estens.*) che somiglia alla farina; che si sfarina: *legno —*.
fa|ri|sài|co *agg.* [m.pl. *-ci*] **1** dei farisei **2** (*fig.*) che si preoccupa solo delle apparenze; ipocrita, falso.
fa|ri|se|i|smo *s.m.* **1** dottrina religiosa e morale dei farisei **2** (*fig.*) comportamento da fariseo; ipocrisia, falsità.
fa|ri|sè|o *s.m.* **1** membro di un'antica corrente religiosa ebraica che professava la rigida osservanza della legge divina e delle pratiche religiose **2** (*fig.*) chi ostenta un'eccessiva cura morale preoccupandosi solo delle apparenze; ipocrita, falso.
far|ma|cèu|ti|ca *s.f.* **1** farmacologia **2** industria della preparazione dei farmaci.
far|ma|cèu|ti|co *agg.* [m.pl. *-ci*] **1** relativo alla preparazione e alla somministrazione dei farmaci: *settore —* **2** contenente farmaci: *sostanza farmaceutica*.
far|ma|cì|a *s.f.* **1** disciplina che ha come oggetto di studio la preparazione dei medicinali: *corso di laurea in —* **2** negozio destinato alla vendita dei medicinali.
far|ma|ci|sta *s.m./f.* [m.pl. *-i*] laureato in farmacia che prepara o vende medicinali.
fàr|ma|co *s.m.* [pl. *-ci*] sostanza sintetica o naturale con proprietà terapeutiche; medicinale: *un — antinfluenzale*.
far|ma|co|lo|gì|a *s.f.* scienza che studia la natura e la composizione dei medicinali e il loro effetto sull'organismo.
far|ma|co|lò|gi|co *agg.* [m.pl. *-ci*] relativo alla farmacologia, della farmacologia: *ricerca farmacologica*.
far|ma|co|pè|a *s.f.* elenco ufficiale dei medicinali in commercio, con l'indicazione della loro composizione.
far|ne|ti|ca|mén|to *s.m.* **1** delirio **2** (*estens.*) ragionamento o discorso privo di coerenza logica.
far|ne|ti|cà|re *v.intr.* [indic.pres. *io farnètico, tu farnètichi*...; aus. *A*] **1** delirare **2** (*estens.*, *anche iperb.*) sragionare, fare discorsi privi di senso.
far|ne|ti|ca|zió|ne *s.f.* farneticamento.
fàr|nia *s.f.* quercia dal grosso tronco con corteccia color argento, dotata di foglie lobate e di ghiande peduncolate, da cui si ricava un legname impiegato spec. nella fabbricazione di navi o pavimenti.
fà|ro *s.m.* **1** grande sorgente luminosa installata su una costruzione a forma di torre, gener. situata lungo le coste, che funge da punto di riferimento per navi e aerei | la costruzione su cui è montata tale luce **2** proiettore di cui sono dotati i treni, gli autoveicoli e i motoveicoli per illuminare le strade **3** (*fig., lett.*) punto di riferimento, cardine spirituale: *la Grecia fu — di civiltà*.
far|rà|gi|ne *s.f.* (*anche fig.*) gran confusione di cose diverse riunite a casaccio; guazzabuglio: *una — di fogli, di idee*.
far|ra|gi|nó|so *agg.* contorto, macchinoso: *ente —* | confuso, disordinato: *ragionamento —*.
fàr|ro *s.m.* pianta erbacea annuale simile al frumento, molto resistente al freddo, da cui si ottiene una farina che un tempo veniva usata in cucina.
fàr|sa *s.f.* **1** breve componimento teatrale di contenuto popolare, caratterizzato da una comicità grossolana **2** (*fig.*) fatto insensato o situazione ridicola; pagliacciata: *la manifestazione si rivelò una —* ♦ *agg.invar.* che non è reale; apparente, fittizio: *votazioni, udienza —*.
far|sé|sco *agg.* [m.pl. *-schi*] **1** da farsa **2** (*fig.*) comico, grottesco: *esito —*.
far|sét|to *s.m.* **1** nel Medioevo, giubbotto maschile imbottito, con o senza maniche, portato sopra la camicia **2** maglia di lana indossata dai militari sotto la giubba.
fa|scét|ta *s.f.* **1** piccola fascia di vario materiale, gener. chiusa ad anello, usata per stringere o tenere assieme più oggetti **2** striscia di carta usata per tenere insieme fascicoli o giornali da spedire **3** specie di bustino femminile usato per modellare vita e fianchi **4** (*mil.*) anello di tessuto inserito sulla spallina della divisa, su cui è riportato il grado.
fà|scia *s.f.* [pl. *-sce*] **1** striscia di materiale vario che si avvolge intorno a un oggetto per legarlo, sorreggerlo o preservarlo da eventuali danni; è usata anche come decorazione **2** striscia di tessuto che copre ferite o parti del corpo malate; benda: *— elastica* **3** (*spec.pl.*) resistente striscia

fasciame

di tessuto usata un tempo per avvolgere i neonati | (*fig.*) **essere in fasce**, essere immaturo; essere all'inizio: *un lavoro ancora in fasce* **4** parte di territorio lunga e stretta; zona: — *costiera, tropicale*; — *smilitarizzata* **5** (*fig.*) complesso omogeneo di cose o persone, valutato in base a una particolare caratteristica: — *di utenti, oraria.*

fa|scià|me *s.m.* (*mar.*) il complesso delle tavole di legno o delle lamiere di metallo che rivestono lo scafo di una nave.

fa|scià|re *v.tr.* [indic.pres. *io fascio...*] **1** avvolgere con una o più fasce; bendare **2** (*estens.*) cingere strettamente: *gonna che fascia i fianchi* ♦ **-rsi** *rifl.* avvilupparsi con ql.co.: — *con uno scialle, in un abito di seta.*

fa|scia|tó|io *s.m.* piano d'appoggio usato per spogliare, pulire, fasciare un neonato.

fa|scia|tu|ra *s.f.* **1** applicazione di una o più fasce, spec. a protezione di ferite o articolazioni; bendaggio: — *lenta, stretta* **2** insieme delle fasce applicate su una parte del corpo: — *di un polso.*

fa|sci|co|là|re *v.tr.* [indic.pres. *io fascicolo...*] riunire fogli in un fascicolo.

fa|sci|co|là|to *part.pass.* di fascicolare ♦ *agg.* **1** raccolto in uno o più fascicoli **2** (*bot.*) riunito, disposto a fascio: *fiore* —.

fa|sci|co|lo *s.m.* **1** opuscolo o libro di poche pagine | numero di una pubblicazione periodica o dispensa di un'opera **2** gruppo di documenti o carte riguardanti una determinata pratica: — *archiviato* **3** (*anat.*) fascio di fibre muscolari o nervose di piccole dimensioni.

fa|sci|na *s.f.* fascio di ramoscelli e sterpi da ardere.

fa|sci|na|zió|ne *s.f.* (*lett.*) l'atto della seduzione; fascino, malia.

fà|sci|no *s.m.* capacità di seduzione propria di qlcu. o ql.co.; attrattiva: *avere un grande* —; *il* — *dei luoghi esotici.*

fa|sci|nó|so *agg.* che attrae moltissimo; ammaliante: *un uomo* — □ **fascinosamente** *avv.*

fà|scio *s.m.* **1** quantità di cose lunghe e sottili, riunite e legate insieme: *un* — *di spighe, di rami* | (*fig.*) *fare di ogni erba un* —, associare in una stessa valutazione persone, cose o circostanze differenti **2** (*estens.*) mucchio di cose legate insieme in modo disordinato: *un* — *di carte* **3** (*fig.*) ridda di parole, impulsi, sentimenti **4** (*scient., tecn.*) gruppo coordinato di strutture o elementi | — *luminoso*, insieme dei raggi di luce proiettati da un faro **5** (*anat.*) gruppo di fibre muscolari o nervose unite nel senso della lunghezza **6** (*bot.*) — *vascolare*, insieme di vasi e fibre che sostengono o alimentano una pianta **7** nell'antica Roma, mazzo di verghe legate insieme a una scure, simbolo del potere dello Stato: — *littorio* | simbolo del fascismo **8** alla fine del XIX sec., associazione proletaria di tipo sindacale, spec. di lavoratori agrari: — *siciliano.*

fa|sci|smo *s.m.* movimento politico, fondato in Italia nel 1919 da B. Mussolini, che restò al potere dal 1922 al 1943, instaurando un regime dittatoriale di tipo totalitario **2** la dottrina nazionalista, antidemocratica e corporativista di tale movimento **3** (*estens.*) ciascun regime o movimento politico totalitario di destra.

fa|sci|sta *agg.* [m.pl. *-i*] del fascismo, dei fascisti: *governo* — | (*estens.*) intollerante, reazionario: *comportamento* — ♦ *s.m./f.* seguace del fascismo.

fà|se *s.f.* **1** (*astr.*) ogni particolare aspetto assunto da un astro, a causa del suo moto, rispetto a chi lo osserva dalla Terra: *le fasi di Venere* | *le fasi lunari*, novilunio, primo quarto, plenilunio e ultimo quarto **2** (*estens.*) ciascuno dei momenti di un fenomeno o di un processo evolutivo: — *iniziale, intermedia*; — *negativa, feconda* | *in* — *di*, in corso di | (*fig.*) *essere fuori* —, essere fisicamente e mentalmente stanchi **3** (*scient., tecn.*) ciascun intervallo di tempo con caratteristiche proprie: *motore a due fasi* | *mettere in* —, regolare, mettere a punto **4** (*elettr.*) ciascuna delle variazioni cicliche d'intensità di una corrente.

fashion (*ingl.*) [pr. *fèscion*] *s.f.invar.* eleganza, moda.

Fa|sià|ni|di *s.m.pl.* famiglia di uccelli diffusi nelle regioni calde e temperate, caratterizzati da un piumaggio vivacemente colorato; ne fanno parte il pavone, il fagiano, il gallo.

fa|sò|me|tro *s.m.* (*elettr.*) strumento usato per misurare la differenza di fase tra due grandezze periodiche che hanno la stessa frequenza.

fa|stèl|lo *s.m.* piccolo fascio di erba, paglia o rami, riuniti nel senso della lunghezza e legati insieme; fascina.

fast food (*ingl.*) [pr. *fast fud*] *loc.sost.m.invar.* **1** locale dove si consumano pasti rapidi, gener. a base di hamburger e patatine fritte **2** il pasto servito in tale locale.

fà|sti *s.m.pl.* **1** (*st.*) nell'antica Roma, giorni in cui era permesso discutere cause, trattare affari pubblici o privati | (*estens.*) il calendario ufficiale in cui erano riportati tali giorni **2** (*fig.*) ricordi di imprese illustri: *i* — *della corte.*

fa|stì|dio *s.m.* **1** sensazione di disturbo, molestia **2** (*estens.*) seccatura, noia: *avere dei fastidi* **3** preoccupazione, cruccio: *quel ragazzo mi ha sempre procurato molti fastidi.*

fa|sti|diò|so *agg.* che provoca o dà fastidio; seccante, molesto: *un chiasso* — □ **fastidiosamente** *avv.*

fa|stì|gio *s.m.* **1** (*arch.*) sommità di una struttura **2** (*fig., lett.*) grado più alto, apice: *i fastigi della notorietà.*

fà|sto[1] *agg.* (*st.*) nell'antica Roma, relativo a ciascuno dei giorni in cui era permesso trattare affari pubblici o privati.

fà|sto[2] *s.m.* magnificenza, sfarzo.

fa|stó|si|tà *s.f.* pomposità, sfarzosità.

fa|stó|so *agg.* ricco di fasto; lussuoso, sfarzoso: *un arredamento* — □ **fastosamente** *avv.*

fa|sùl|lo *agg.* **1** contraffatto, falso: *certificato* — | (*estens.*) scadente; che non possiede le caratteristiche vantate: *seta fasulla* **2** (*fig.*) incompetente, incapace: *un dentista* —.

fà|ta *s.f.* **1** personaggio favoloso femminile, dotato di poteri magici, usati gener. a favore degli altri **2** (*fig.*) donna molto bella o buona **3** (*fis.*) — *morgana*, forma di miraggio per cui un oggetto compare sospeso nell'aria, prodotta dalle rifrazioni della luce proveniente dall'oggetto reale nell'atmosfera.

fa|tà|le *agg.* **1** deciso dal fato; ineluttabile, inevitabile: *era — che dovessimo incontrarci* **2** che causa la morte; mortale: *incidente —* | (*estens.*) che ha conseguenze negative; nefasto: *attimo —* **3** (*anche scherz.*) che è dotato di un fascino irresistibile: *donna —* □ **fatalmente** *avv.* **1** inevitabilmente **2** sfortunatamente.

fa|ta|lì|smo *s.m.* **1** (*filos.*) dottrina in base alla quale gli eventi umani sono stabiliti da una forza soprannaturale incontrastabile **2** atteggiamento di chi accetta con rassegnazione il corso degli eventi.

fa|ta|lì|sta *agg.*, *s.m./f.* [m.pl. *-i*] che, chi accetta con rassegnazione il corso degli eventi.

fa|ta|lì|sti|co *agg.* [m.pl. *-ci*] da fatalista: *atteggiamento —* □ **fatalisticamente** *avv.*

fa|ta|li|tà *s.f.* **1** evento che sembra dovuto al caso e quindi inevitabile **2** (*estens.*) destino contrario, sfortunato: *una drammatica —*.

fa|ta|ló|ne *s.m.* [f. *-a*] individuo fascinoso, dal potere ammaliante | (*scherz.*) chi si atteggia a seduttore credendo di possedere un forte carisma.

fa|tà|to *agg.* che possiede poteri magici grazie a un incantesimo: *anello —*.

fa|tì|ca *s.f.* **1** sforzo fisico o intellettuale prolungato che provoca stanchezza | l'affaticamento che ne deriva; spossatezza: *— intellettuale, muscolare* **2** (*estens.*) lavoro che implica uno sforzo fisico o mentale: *le fatiche di ogni giorno* **3** (*fig.*) difficoltà, pena: *fare —* | *a —*, a stento | *con —*, con difficoltà | *senza —*, facilmente **4** (*tecn.*) alterazione di un metallo o di un altro materiale sottoposto a sollecitazioni cicliche.

fa|ti|cà|re *v.intr.* [*io fatico, tu fatichi...*; aus. *A*] svolgere un lavoro molto impegnativi: *— a lungo* | avere difficoltà a fare ql.co.: *— a comprendere.*

fa|ti|cà|ta *s.f.* lunga fatica, grosso sforzo: *è una grossa —.*

fa|ti|co|si|tà *s.f.* gravosità, scomodità.

fa|ti|có|so *agg.* che richiede molto impegno; gravoso, duro: *un esercizio —* | *che si tollera, si segue con difficoltà: l'inizio del romanzo è troppo —* □ **faticosamente** *avv.*

fa|tì|di|co *agg.* [m.pl. *-ci*] che predice il fato o preannuncia il futuro; profetico: *un avvertimento —* | (*estens.*) fatale, decisivo: *ora fatidica.*

fa|ti|scèn|te *agg.* (*lett.*) che sta andando in rovina, decadente: *palazzo —* | (*fig.*) in condizioni di decadenza; vacillante: *governo —.*

fa|ti|scèn|za *s.f.* caratteristica di ciò che è fatiscente.

fà|to *s.m.* **1** (*ant.*) potenza misteriosa ineluttabile che presiede alla vita dell'Universo **2** (*lett.*) inevitabile necessità che determina il corso degli eventi; destino, sorte.

fàt|ta *s.f.* genere, qualità: *persona di tal —.*

fat|tàc|cio *s.m.* **1** (*spreg.*) crimine, misfatto: *il colpevole di un —* **2** (*pl.*, *coll.*) affari, problemi personali: *sono solo fattacci miei dove vado stasera.*

fat|te|rèl|lo *s.m.* **1** avvenimento senza alcuna importanza **2** storiella, aneddoto.

fat|téz|za *s.f. spec.pl.* l'insieme dei lineamenti di un volto; fisionomia: *ha fattezze fini.*

fat|tì|bi|le *agg.* che si può fare; attuabile, realizzabile ♦ *s.m.* ciò che si può fare: *fare tutto il —.*

fat|ti|bi|li|tà *s.f.* qualità di ciò che è fattibile; realizzabilità: *la — di un'idea* | *studio di —*, esame preliminare relativo alla realizzabilità di un progetto.

fat|ti|ci|tà *s.f.* (*filos.*) condizione di ciò che esiste di fatto.

fat|ti|spè|cie *s.f.* (*dir.*) circostanza dalla quale scaturiscono fatti concreti specifici: *— penale* | *nella —*, nel caso concreto o particolare cui si fa riferimento: *nella —, le norme non furono rispettate.*

fat|tì|vo *agg.* che è in grado di realizzare ql.co.; attivo, efficiente: *un aiuto —* □ **fattivamente** *avv.*

fàt|to¹ *part.pass.* di *fare* ♦ *agg.* **1** eseguito, composto: *— a mano*; *— di plastica* | realizzato secondo una certa forma; configurato: *— a cilindro* **2** compiuto, ultimato: *un lavoro in parte già —* | *è presto —*, immediatamente | *detto —*, subito | (*fig.*) *a conti fatti*, dopo aver valutato tutto **3** completo, maturo: *frutta fatta* | *giorno —*, giorno inoltrato | *donna fatta*, *uomo —*, donna, uomo adulti **4** (*gerg.*) drogato.

fàt|to² *s.m.* **1** ciò che accade realmente; avvenimento, vicenda: *ricordare un —*; *un — strano* | *d'armi*, combattimento, scontro | *— di sangue*, ferimento, uccisione | *mettere qlcu. dinanzi al — compiuto*, metterlo in una situazione che non si può più cambiare | *cogliere qlcu. sul —*, sorprenderlo mentre commette un'azione illecita **2** (*spec.pl.*) il complesso degli affari privati, delle questioni personali: *ma perché non ti fai i fatti tuoi?* **3** (*spec.pl.*) impresa gloriosa: *i fatti dell'eroe* **4** trama di un film, di un romanzo e sim.: *il — si svolge nella capitale* **5** (*dir.*) circostanza che determina, modifica o estingue un rapporto giuridico: *reo di aver commesso il —* **6** ciò che è concreto | *sta di — che*, in sostanza | *è —*, è che, la verità è che | *in realtà* | (*fam.*) *venire al —*, giungere alla questione | *stare ai fatti*, limitarsi all'argomento preciso **7** concorre alla formazione di alcune loc. particolari | *sapere il — proprio*, essere molto competente, conoscere le proprie possibilità.

fat|tó|re *s.m.* **1** chi conduce un'azienda agricola per conto del proprietario **2** ciò che determina o concorre a produrre un effetto: *i fattori della civilizzazione*; *i fattori psicologici* | (*biol.*) *— ereditario*, elemento che si trasmette geneticamente **3** (*mat.*) ciascun termine di una moltiplicazione.

fat|to|rì|a *s.f.* azienda agricola costituita dai ter-

fattoriale 448

reni e dalle strutture edificate | la casa del fattore e i fabbricati annessi.

fat|to|rià|le *agg.* relativo ai fattori che determinano o concorrono a produrre un effetto ♦ *s.m.* (*mat.*) prodotto dei numeri interi.

fat|to|rì|no *s.m.* in un ufficio o in un'azienda, chi svolge servizi esterni, p.e. di consegna o ritiro della corrispondenza.

fat|trì|ce *s.f.* (*zootec.*) femmina da riproduzione di un animale di razza.

fat|tuc|chiè|re *s.m.* [f. *-a*] chi pratica arti magiche.

fat|tù|ra *s.f.* **1** lavorazione di un oggetto, il modo in cui è eseguito: *una cornice di ottima —* **2** (*comm.*) documento rilasciato dal venditore al compratore che contiene i dati necessari a identificare un'operazione commerciale: *pagare una —* **3** (*pop.*) stregoneria, incantesimo.

fat|tu|rà|re *v.tr.* emettere fattura in relazione alle vendite o ai servizi effettuati | mettere in conto: *— la merce* | vendere e includere nella contabilità: *l'azienda ha fatturato un milione di euro.*

fat|tu|rà|to *part.pass.* di fatturare ♦ *agg.* documentato in fattura ♦ *s.m.* (*comm.*) volume delle vendite di un'impresa in un determinato periodo: *— annuo*; *aumento, riduzione del —.*

fat|tu|ra|zió|ne *s.f.* (*comm.*) compilazione ed emissione di una o più fatture.

fa|tuì|tà *s.f.* proprietà di ciò che è fatuo; leggerezza, frivolezza.

fà|tuo *agg.* che è o si rivela superficiale, inconsistente, vano: *uomo, discorso —* | *fuoco —*, fiammella che appare nei cimiteri vicino alle tombe o nelle zone paludose, causata dall'accensione spontanea di gas emanati dalle sostanze in decomposizione; (*fig.*) cosa momentanea; apparenza effimera.

fàu|ci *s.f.pl.* **1** negli animali feroci, zona che si trova tra la bocca e la faringe: *le — della tigre* **2** (*scherz.*) gola, bocca: *quando sbadiglia, spalanca le —.*

fàu|na *s.f.* **1** insieme degli animali che vivono in una regione o in un ambiente precisi: *— europea, marina* **2** (*fig., scherz.*) gruppo di persone che frequentano un determinato ambiente.

fau|né|sco *agg.* [m.pl. *-schi*] di, da fauno.

fau|nì|sti|co *agg.* [m.pl. *-ci*] relativo alla fauna: *patrimonio —.*

fàu|no *s.m.* (*mit.*) antica divinità italica, protettrice delle greggi e dei pastori, rappresentata con orecchi appuntite, corna e piedi caprini; gli venivano attribuite doti di furbizia e sensualità | (*fig., lett.*) persona astuta e particolarmente sensuale, maliziosa.

fàu|sto *agg.* che ha o preannuncia un esito fortunato; lieto, favorevole: *evento, segno —.*

fau|tó|re *agg., s.m.* [f. *-trice*] che, chi sostiene una persona o un ideale, un'iniziativa; sostenitore, promotore: *— del progresso tecnologico.*

fau|vì|smo *s.m.* movimento pittorico francese del primo Novecento, che, nell'ambito della creatività espressionistica, si propose di comunicare un'arte primitiva e istintiva attraverso l'uso di colori puri violentemente discordanti.

fà|va *s.f.* pianta erbacea con fiori bianchi o violetti macchiati di nero e baccelli contenenti semi verdi commestibili | (*estens.*) il seme stesso.

favela (*port.*) *s.f.* [pl. *favelas*] quartiere di baracche, tipico delle metropoli brasiliane.

fa|vèl|la *s.f.* (*lett.*) facoltà di parlare: *riacquistare la —* | linguaggio, idioma: *la — toscana.*

fa|vel|là|re *v.intr.* [indic.pres. *io favello...*; aus. *A*] (*lett.*) discorrere, parlare.

fa|vìl|la *s.f.* **1** piccolo frammento di materia incandescente; scintilla: *le faville del falò* | (*fig.*) *fare faville*, eccellere in ql.co. per qualità personali **2** (*fig.*) causa di poco conto che scatena grandi reazioni, fenomeni: *la — dell'ira.*

fa|vì|smo *s.m.* (*med.*) forma di anemia dovuta a un'intolleranza ereditaria alle fave.

fà|vo *s.m.* il complesso delle celle di cera in forma esagonale, costruite dalle vespe o dalle api per deporre polline, miele e uova.

fà|vo|la *s.f.* **1** racconto breve, di chiaro intento morale, i cui personaggi immaginari, gener. animali, simboleggiano i vizi e le virtù dell'uomo: *le favole di Fedro, di Esopo* **2** (*estens.*) qualsiasi racconto fantastico; fiaba, leggenda: *la — di Cenerentola* **3** bugia, menzogna; chiacchiera: *racconta un mucchio di favole*; *è la — del quartiere.*

fa|vo|leg|già|re *v.intr.* [*io favoléggio...*; aus. *A*] **1** narrare favole **2** (*estens.*) raccontare o inventare cose assurde e favolose: *si favoleggia di una nave fantasma.*

fa|vo|leg|gia|tó|re *agg., s.m.* [f. *-trice*] (*lett.*) che, chi favoleggia.

fa|vo|lèl|lo *s.m.* nella letteratura medievale francese, poemetto narrativo in versi; fabliau.

fa|vo|lì|sta *s.m./f.* [m.pl. *-i*] scrittore di favole.

fa|vo|lì|sti|ca *s.f.* **1** insieme delle favole di un popolo o di un periodo storico: *la — rinascimentale* **2** genere letterario delle favole | studio delle favole.

fa|vo|lì|sti|co *agg.* [m.pl. *-ci*] che si riferisce alle favole: *la produzione favolistica medievale.*

fa|vo|ló|so *agg.* **1** caratteristico della favola: *elemento —* **2** (*fig.*) straordinario, bellissimo, fenomenale: *un film —* □ **favolosamente** *avv.*

fa|vò|nio *s.m.* (*lett.*) vento caldo di ponente; föhn.

fa|vó|re *s.m.* **1** benevolenza nei confronti di ql.co. o qlcu.; consenso, protezione: *conquistarsi il — della stampa* | *incontrare, trovare il — di qlcu.*, riuscirgli gradito, simpatico **2** gesto compiuto senza secondi fini per compiacere qlcu.; piacere, cortesia: *fare, ricevere un —* | *per —*, formula con cui si chiede gentilmente ql.co. | *di —*, detto di ciò che viene concesso come agevolazione: *prezzo di —* | *a, in — di*, a, in vantaggio, soccorso di: *parlare a — di qlcu.*; *venire in — di qlcu.* **3** aiuto, sostegno, complicità: *vincere con il — della fortuna.*

fa|vo|reg|gia|mén|to *s.m.* (*dir.*) reato consistente nell'agevolare qlcu. a compiere un'azio-

ne illecita o a sfuggire alle sue responsabilità di fronte alla legge: — *personale*.
fa|vo|reg|gia|tó|re *s.m.* [f. *-trice*] (*dir*.) chi commette il reato di favoreggiamento.
fa|vo|ré|vo|le *agg*. 1 che favorisce, che sostiene; che è a favore: *voto*, *opinione* — 2 promettente, vantaggioso: *circostanza favorevole* ◻ **favorevolmente** *avv*.
fa|vo|rì|re *v.tr*. [indic.pres. *io favorisco*, *tu favorisci*...] 1 promuovere, incoraggiare: — *il commercio* | facilitare qlcu. con parzialità; assecondare, privilegiare: — *un conoscente* 2 (*fig*.) conciliare, propiziare: *una musica dolce favorisce il sonno* | detto di previsioni, essere positivo: *il destino mi favorisce* 3 in espressioni di cortesia, porgere, dare: *puoi favorirmi il pane?*; *mi favorisca i documenti* ♦ *intr*. [aus. *A*; sottintendendo un v. all'inf.] in espressioni di cortesia, acconsentire, accettare un invito: *vuol favorire in sala da pranzo?*
fa|vo|rì|ta *s.f*. 1 amante di un uomo influente, potente: *la — del sovrano* 2 nelle società poligamiche, moglie o concubina preferita.
fa|vo|ri|tì|smo *s.m.* sostegno dato a una persona a scapito degli altri: *creare dei favoritismi*.
fa|vo|rì|to *part.pass*. di favorire ♦ *agg., s.m.* [f. *-a*] 1 preferito, prediletto: *l'attore* — 2 (*sport*) detto di chi ha molte probabilità di vincere una competizione: *l'atleta* —.
fax *s.m.invar*. (*telecom*.) apparecchio con cui si inviano e si ricevono in tempo reale, tramite linea telefonica, documenti o altri testi | il documento così inviato o ricevuto.
fa|xà|re *v.tr*. (*fam*.) inviare con il fax documenti o testi.
fazenda (*port*.) *s.f.invar*. grande tenuta agricola brasiliana.
fa|zió|ne *s.f*. gruppo di persone intolleranti e settarie, spec. in politica o nello sport: *scontri tra fazioni*.
fa|zio|si|tà *s.f*. caratteristica di ciò che è fazioso; settarismo: *la — di una dichiarazione* | atteggiamento parziale di chi difende con intransigenza le proprie idee.
fa|zió|so *agg*. 1 che sostiene in modo intransigente idee di parte; settario: *politico* — 2 (*estens*.) estremista, sovversivo: *gruppo* — ♦ *s.m.* [f. *-a*] persona intransigente, settaria ◻ **faziosamente** *avv*.
faz|zo|lét|to *s.m.* 1 quadrato di cotone o di altro tessuto usato per soffiare il naso, asciugare il sudore e sim. | (*fig*.) *un* — *di terra*, un piccolo terreno 2 quadrato di stoffa, spec. di seta, che si porta come ornamento nel taschino o intorno al collo | ampio indumento femminile che si lega intorno alla testa; foulard.
feb|brà|io *s.m.* secondo mese dell'anno nel calendario gregoriano, di 28 giorni, 29 negli anni bisestili.
fèb|bre *s.f*. 1 innalzamento della temperatura corporea dovuto a una reazione di difesa dell'organismo nel corso di una malattia: *misurare la —* | (*fam*.) — *da cavallo*, febbre molto alta 2 (*pop*.) herpes simplex che compare sulle labbra 3 (*fig*.) desiderio profondo e assillante; brama: *la — del denaro*.
feb|bri|ci|tàn|te *agg*. che ha la febbre.
feb|bri|co|la *s.f*. (*med*.) febbre leggera ma persistente.
feb|bri|fu|go *agg., s.m.* [m.pl. *-ghi*] (*med*.) si dice di medicinale che fa calare la febbre.
feb|bri|le *agg*. 1 (*med*.) di febbre, dovuto a febbre: *attacco* — 2 (*fig*.) frenetico, convulso: *ritmo* — | intenso: *lavoro* — ◻ **febbrilmente** *avv*. intensamente.
feb|bró|ne *s.m.* febbre molto elevata.
fe|cà|le *agg*. delle feci; composto da feci: *materiale* —.
fèc|cia *s.f*. [pl. *-ce*] 1 residuo melmoso depositato dal vino sul fondo della botte | (*estens*.) ogni residuo depositato da un liquido sul fondo di un recipiente 2 (*fig*.) parte peggiore di una collettività; marmaglia: *la — della classe*.
fec|ció|so *agg*. pieno di feccia; torbido: *vino* —.
fè|ci *s.f.pl*. il prodotto dell'attività digestiva espulso dall'intestino, costituito spec. da residui alimentari; escrementi.
fé|co|la *s.f*. sostanza farinosa contenente amido, estratta dalle patate o da altri vegetali, usata spec. in pasticceria.
fe|con|dà|bi|le *agg*. che può essere fecondato.
fe|con|da|bi|li|tà *s.f*. detto di una donna o della femmina di un animale, possibilità di essere fecondata.
fe|con|dà|re *v.tr*. [indic.pres. *io fecóndo*...] 1 (*biol*.) determinare la fecondazione di una donna, della femmina di un animale o di un fiore, avviando il processo di generazione 2 (*estens., anche fig*.) rendere produttivo, fertilizzare; arricchire: *la pioggia feconda la terra*; *un amore che feconda lo spirito*.
fe|con|da|tì|vo *agg*. (*biol*.) relativo a fecondazione | atto a fecondare.
fe|con|da|tó|re *agg*. [f. *-trice*] che è capace di fecondare.
fe|con|da|zió|ne *s.f*. (*biol*.) processo in cui la cellula sessuale maschile e quella femminile (gameti) si fondono formando la prima cellula di un nuovo organismo detta zigote | — **artificiale**, quella che consiste nell'introdurre artificialmente il seme maschile nell'apparato genitale femminile | — **in vitro**, quella che si effettua in provetta, con successivo impianto dell'ovulo femminile nell'utero.
fe|con|di|tà *s.f*. 1 attitudine a procreare 2 (*anche fig*.) fertilità, ricchezza: *la — di un campo*; — *della mente*.
fe|cón|do *agg*. 1 atto a procreare: *donna feconda* 2 (*anche fig*.) fertile, ricco; produttivo: *intelligenza feconda*.
fe|da|ìn o **fedaỳn** o **feddain** *s.m.invar*. guerriero palestinese appartenente all'Organizzazione per la liberazione della Palestina (OLP).
fé|de *s.f*. 1 il complesso dei principi religiosi, ideologici, culturali in cui si crede: *la — ebraica*; *la — democratica*; *la — nella pace* | fiducia in una

fedele 450

cosa assunta come fondamento di verità: *prestare — a una notizia* | *agire in buona fede*, agire con la consapevolezza di far bene | *agire in mala fede*, agire con la coscienza di provocare un danno 2 (*teol.*) una delle tre virtù teologali, per la quale si crede in Dio e alla sua parola con l'intelletto ispirato dalla grazia: *perdere, avere la* — | la religione cristiana 3 fedeltà, lealtà: *mantenere — alla promessa* 4 anello nuziale 5 certificato, attestato: — *di stato civile* | (*bur.*) *in* —, formula usata per confermare e concludere una dichiarazione scritta.

fe|dé|le *agg.* 1 che è costante nel credere in un ideale o nel mantenere un impegno; leale: — *alla parola data* | che è costante negli affetti, nei sentimenti: *moglie* — | (*estens.*) abituale, affezionato: *un ammiratore* — 2 che corrisponde all'originale, che rispetta con esattezza la realtà dei fatti: *dipinto, descrizione* — ♦ *s.m./f.* seguace di una religione o sostenitore di un'ideologia; credente: *i fedeli di un santo* □ **fedelmente** *avv.*

fe|de|li|ni *s.m.pl.* tipo di pasta alimentare molto sottile e lunga; capellini.

fe|del|tà *s.f.* 1 devozione, lealtà: — *a un impegno* 2 conformità all'originale o alla realtà: *la — di un ritratto.*

fè|de|ra *s.f.* sacchetto di tessuto che riveste i cuscini.

fe|de|rà|le *agg.* 1 costituito da una federazione di più Stati: *Stato* — | proprio di una federazione di Stati: *costituzione* — 2 di una federazione politica, sportiva e sim.: *assemblea* —.

fe|de|ra|li|smo *s.m.* 1 movimento politico che sostiene la federazione di più Stati o regioni 2 sistema politico in base al quale più Stati si riuniscono in un organismo sovranazionale o uno Stato si costituisce in Stato federale | tendenza favorevole a tale sistema.

fe|de|ra|li|sta *s.m./f.* [m.pl. -*i*] sostenitore del federalismo ♦ *agg.* che riguarda, che appoggia il federalismo.

fe|de|ra|ti|vo *agg.* proprio del federalismo; federale: *stringere un patto* —.

fe|de|rà|to *agg.* che fa parte di una federazione; confederato.

fe|de|ra|zió|ne *s.f.* 1 unione politica di più Stati, dotati ognuno di ampia autonomia, sotto un'unica costituzione e un solo governo | (*dir.*) confederazione 2 associazione di enti: — *sportiva* | l'organismo che ne coordina le attività 3 il luogo in cui risiede l'organismo cui fa capo un'associazione | l'ambito territoriale in cui tale associazione opera.

fe|de|ri|cià|no *agg.* relativo a personaggi storici di nome Federico e spec. all'imperatore Federico II di Svevia (1194-1250).

fe|di|fra|go *agg.* [m.pl. -*ghi*] (*lett.*) che non mantiene un giuramento fatto a qlcu.; traditore.

fe|di|na *s.f.* certificato in cui vengono registrate le eventuali condanne penali di una persona: *avere la* — *pulita, sporca.*

feedback (*ingl.*) [pr. *fidbek*] *s.m.invar.* 1 (*tecn., scient.*) meccanismo di retroazione che consente di controllare ed eventualmente correggere l'andamento di un fenomeno 2 (*estens.*) effetto retroattivo di un fenomeno: *il* — *della pubblicità.*

feeling (*ingl.*) [pr. *filin*] *s.m.invar.* simpatia, intesa, immediata complicità che si instaura tra due o più persone.

fe|ga|tèl|lo *s.m.* (*gastr.*) piccolo pezzo di fegato di maiale racchiuso nella sua stessa rete, cucinato allo spiedo o in padella con aggiunta di erbe aromatiche.

fe|ga|ti|no *s.m.* (*gastr.*) fegato di pollo o di piccione.

fé|ga|to *s.m.* 1 (*anat.*) nei Vertebrati, grossa ghiandola dell'apparato digerente, di colore rosso scuro, che secerne la bile e svolge importanti funzioni metaboliche | (*fig.*) *mangiarsi, rodersi il* —, lasciarsi divorare dalla rabbia 2 il fegato degli animali preparato come vivanda: — *di vitello* 3 (*fig.*) coraggio, temerarietà; sfacciataggine: *ha il* — *di chiedermi scusa.*

fe|ga|tó|so *agg.* [f. -*a*] 1 che, chi soffre di mal di fegato 2 (*fig.*) che, chi si arrabbia spesso; bilioso, irascibile.

Fél|ci *s.f.pl.* classe di piante erbacee o arboree, con fusto gener. rizomatoso e grandi foglie verdi frastagliate.

feld|ma|re|sciàl|lo *s.m.* (*mil., st.*) supremo grado nella gerarchia dei generali austro-ungarici e tedeschi.

feld|spà|to *s.m.* (*min.*) minerale componente delle rocce eruttive e di numerose rocce metamorfiche, composto da silicati di alluminio e potassio, calcio o sodio.

fe|li|ce *agg.* 1 che è lieto, soddisfatto, completamente appagato; beato, contento: *essere, sentirsi* — 2 si dice di ciò che procura felicità oppure di periodo o circostanza ricchi di gioia: *una* — *occasione* 3 (*estens.*) si dice di chi riesce bene: *risultato* — | *avere la mano* —, avere molto talento □ **felicemente** *avv.* 1 in modo felice, serenamente: *esprimersi* —; *sorridere* — 2 con esito positivo, favorevolmente; efficacemente: *un esame* — *superato.*

fe|li|ci|tà *s.f.* 1 stato di chi è felice, di chi si considera pienamente soddisfatto; beatitudine, contentezza: *trovare la* — | *l'eterna* —, il paradiso 2 cosa, evento che procura gioia: *ti auguro ogni* — 3 talento, bravura: *dipingere con* —.

fe|li|ci|tàr|si *v.intr.pron.* [indic.pres. *io mi felicito...*] 1 essere contento, rallegrarsi: — *del proprio successo* 2 partecipare alla gioia degli altri; congratularsi: *mi felicito con te per la promozione.*

fe|li|ci|ta|zió|ne *s.f. spec.pl.* l'atto del congratularsi con qlcu. | il gesto o le parole con cui ci si congratula.

Fè|li|di *s.m.pl.* famiglia di mammiferi carnivori dal corpo agile, provvisti di artigli retrattili, pupilla dilatabile e denti canini molto sviluppati; ne fanno parte il gatto e il leone.

fe|li|no *agg.* proprio del felide: *salto* — ♦ *s.m.* nome comune di animale appartenente alla famiglia dei Felidi.

fel|li|nià|no *agg.* relativo al regista cinematografico F. Fellini (1920-1993) | (*estens.*) che rievoca l'atmosfera onirica e grottesca dei film di Fellini.
fel|ló|ne *agg., s.m.* [f. *-a*] (*lett.*) che, chi non mantiene la parola data | (*estens.*) che, chi agisce in modo malvagio.
fel|lo|ni|a *s.f.* (*st.*) nel diritto feudale, tradimento del giuramento di fedeltà compiuto dal vassallo nei confronti del signore.
fél|pa *s.f.* tessuto provvisto di peluria morbida su un lato, simile al velluto | (*estens.*) indumento di tipo sportivo confezionato con tale tessuto.
fel|pà|to *agg.* foderato, ricoperto di felpa: *un cuscino —* | (*fig.*) che non fa rumore, silenzioso: *passo —* ♦ *s.m.* tessuto morbido provvisto di peluria come una felpa: *gonna di —* | indumento confezionato con tale tessuto.
fel|trà|re *v.tr.* [indic.pres.*io féltro...*] **1** trasformare lana o altro pelo animale in feltro **2** ricoprire di feltro ♦ **-rsi** *intr.pron.* **1** diventare feltro o compatto come il feltro **2** detto di erbe e radici, intrecciarsi costituendo una massa compatta.
fel|tra|tù|ra *s.f.* **1** lavorazione della lana o di altro pelo animale per ricavare il feltro **2** operazione consistente nel ricoprire ql.co. con il feltro.
fél|tro *s.m.* **1** tessuto morbido e compatto, ricavato da fibre di lana, provviste o meno di peli animali, attraverso un processo di strofinamento e pressatura; è usato in sartoria e cappelleria **2** cappello fabbricato con tale tessuto **3** oggetto di tale tessuto adibito a vari usi: *il — dei tacchi*.
fe|lù|ca *s.f.* **1** antico veliero con scafo allungato, piuttosto veloce **2** cappello a due punte dell'alta uniforme degli ufficiali di marina, dei diplomatici e sim.
fém|mi|na *s.f.* **1** denominazione generica di essere vivente che produce gameti femminili e che quindi può partorire figli o deporre uova: *la — della lince* **2** persona di sesso femminile: *dopo il primo figlio, ha avuto una —* **3** in un meccanismo, parte destinata a ricevere un'altra complementare nel suo interno: *la — del bottone automatico* ♦ *agg.invar.* **1** detto di animale, che è di sesso femminile: *una tigre —* **2** in un meccanismo a incastro, detto della parte ricevente: *presa —*.
fem|mì|ne|o *agg.* **1** (*lett.*) proprio di una donna; femminile **2** effeminato: *portamento —*.
fem|mi|nì|le *agg.* **1** di, da femmina: *sesso —* | *genere —*, uno dei generi grammaticali, opposto al maschile e al neutro **2** di donne: *scuola —* | *per donne: rivista —* | che è tipico delle donne: *gesto —* | riservato alle donne: *impieghi femminili* ♦ *s.m.* (*gramm.*) genere femminile.
fem|mi|ni|li|tà *s.f.* il complesso delle caratteristiche psichiche e fisiche proprie di una donna.
fem|mi|nì|smo *s.m.* **1** (*st.*) movimento sorto nell'Ottocento allo scopo di rivendicare la parità giuridica, sociale e politica delle donne rispetto agli uomini **2** movimento femminile sorto negli anni Sessanta che aveva lo scopo di promuovere valori culturali alternativi a quelli maschili, contestando i ruoli tradizionalmente affidati alla donna all'interno della società.
fem|mi|nì|sta *s.m./f.* [m.pl. *-i*] chi è seguace o sostenitore del femminismo ♦ *agg.* proprio del femminismo: *contestazione —*.
fem|mi|nùc|cia *s.f.* [pl. *-ce*] bambina piccola | (*spreg.*) bambino o uomo debole e pauroso.
fe|mo|rà|le *agg.* (*anat.*) del femore: *vena —*.
fè|mo|re *s.m.* (*anat.*) osso lungo costituente lo scheletro della coscia, che si articola con l'anca e la tibia.
fe|nan|trè|ne *s.m.* (*chim.*) idrocarburo presente nel catrame di carbon fossile, usato nella preparazione di esplosivi, coloranti e prodotti farmaceutici.
fe|nà|to *s.m.* (*chim.*) sale dell'acido fenico, derivato dall'unione di un fenolo con un metallo.
fen|dèn|te *part.pres. di* fendere ♦ *s.m.* **1** colpo di sciabola o di spada vibrato dall'alto verso il basso | (*estens.*) colpo analogo dato con un'arma di altro tipo **2** (*sport*) nel calcio, tiro in porta potente e molto veloce.
fèn|de|re *v.tr.* [indic.pres. *io fendo...*; pass.rem. *io fendéi* o *fendèi, tu fendésti...*; part.pass. *fenduto*] (*lett.*) **1** tagliare per lungo, spaccare: *— la terra con l'aratro* **2** attraversare, solcare: *— le acque, le nubi* ♦ **-rsi** *intr.pron.* creparsi, fessurarsi; spaccarsi: *il muro si fende*.
fen|di|néb|bia *agg., s.m.invar.* detto di fari per autoveicoli gener. a luce gialla, usati allo scopo di dare una maggiore visibilità in caso di nebbia.
fen|di|tó|io *s.m.* tipo di coltello usato per praticare le spaccature nei tronchi delle piante da sottoporre a innesto.
fen|di|tù|ra *s.f.* spaccatura, fessura.
fe|ni|cà|to *agg.* (*chim.*) detto di sostanza trattata con acido fenico.
fe|ni|ce *s.f.* uccello sacro dell'Arabia, simile a un'aquila che, secondo il mito, moriva ogni cinquecento anni lasciandosi bruciare su un rogo di piante aromatiche, per rinascere successivamente dalle sue stesse ceneri | (*fig., lett.*) persona o cosa mitica, introvabile.
fe|nì|cio *agg.* [f.pl. *-cie*] della Fenicia, antica regione dell'Asia Minore corrispondente all'attuale Siria ♦ *s.m.* **1** [f. *-a*] nativo o abitante dell'antica Fenicia **2** lingua fenicia.
fè|ni|co *agg.* [m.pl. *-ci*] (*chim.*) *solo nella loc. acido —*, fenolo.
fe|ni|còt|te|ro *s.m.* uccello migratore dal corpo snello con piumaggio bianco colorato di rosa e rosso, dotato di collo e zampe molto lunghi, di piedi palmati e di becco incurvato; vive nelle acque basse delle regioni temperate e tropicali.
fe|nì|le *s.m.* (*chim.*) radicale derivato dal benzene per perdita di un atomo di idrogeno.
fen|nèc *s.m.invar.* mammifero carnivoro dei deserti africani, simile a una piccola volpe con enormi orecchie triangolari; volpe del deserto.
fe|nò|li|co *agg.* [m.pl. *-ci*] (*chim.*) relativo al fenolo | detto di sostanza o composto che deriva dal fenolo.

fe|nò|lo *s.m.* (*chim.*) composto tossico derivato dal benzene, estratto dal catrame di carbon fossile; è usato in medicina come antisettico, oppure è impiegato nella preparazione di solventi e resine fenoliche; acido fenico.

fe|no|lo|gì|a *s.f.* scienza che studia i rapporti intercorrenti tra il clima e le manifestazioni stagionali della vita animale e vegetale.

fe|no|me|nà|le *agg.* detto di ql.co. o qlcu. che suscita ammirazione, stupore; eccezionale, straordinario.

fe|no|mè|ni|co *agg.* [m.pl. *-ci*] **1** (*scient.*) di fenomeno, relativo a un fenomeno: *dato —* **2** (*filos.*) detto di ql.co. che è conoscibile tramite l'esperienza: *realtà fenomenica* ☐ **fenomenicamente** *avv.*

fe|no|me|nì|smo *s.m.* (*filos.*) dottrina in base alla quale la realtà conoscibile è costituita da un insieme di fenomeni percepibili dall'individuo.

fe|nò|me|no *s.m.* **1** (*filos.*) tutto ciò che possiede caratteri specifici direttamente percepibili dall'uomo **2** (*scient.*) ciò che è oggetto di osservazione, di analisi e di verifica sperimentale: *— fisico, chimico* **3** evento, fatto, caso che suscita una particolare attenzione: *— dell'emigrazione* **4** (*fig., coll.*) persona, cosa o animale con caratteristiche o qualità rare: *quell'artista è un —!*

fe|no|me|no|lo|gì|a *s.f.* il complesso dei fenomeni che contraddistinguono un processo psichico, fisico, scientifico, storico e sim. | (*estens.*) l'osservazione e la descrizione di tali fenomeni: *la — dei sintomi.*

fe|no|tì|po o **fenòtipo** *s.m.* (*biol.*) complesso delle caratteristiche fisiche di un individuo, determinate dal patrimonio genetico e dall'azione dell'ambiente.

fe|rà|ce *agg.* (*lett., anche fig.*) fecondo, ricco: *mente —.*

fe|rà|le *agg.* (*lett.*) che arreca o presagisce morte; funesto, triste: *messaggio —.*

fè|re|tro *s.m.* bara ricoperta dal drappo funebre | (*estens.*) bara in genere.

fè|ria *s.f.* **1** (*pl.*) giorni di riposo retribuiti che spettano ogni anno al lavoratore dipendente; vacanze: *ferie estive; chiedere le ferie* **2** nell'antica Roma, giorno dedicato al culto di una divinità durante il quale si sospendeva ogni attività pubblica **3** nel calendario liturgico, giorno della settimana non festivo.

fe|rià|le *agg.* **1** lavorativo: *giorno, orario —* **2** di ferie, relativo alle ferie: *periodo —.*

fe|ri|mén|to *s.m.* azione che provoca una ferita | stato di chi è ferito.

fe|ri|ni|tà *s.f.* (*lett.*) carattere ferino; crudeltà.

fe|rì|no *agg.* **1** di belva **2** (*estens.*) brutale, crudele.

fe|rì|re *v.tr.* [indic.pres. *io ferisco, tu ferisci...*] **1** colpire causando una ferita: *— con una pistola; — al braccio* | *— a morte*, colpire gravemente provocando la morte | *senza capo —*, senza necessità di combattere, senza incontrare resistenza **2** (*fig.*) offendere profondamente nell'animo: *— qlcu. nell'orgoglio* **3** (*lett.*) causare una sensazione fastidiosa: *la luce del sole gli ferì gli occhi* ♦ **-rsi** *intr.pron.* procurarsi una ferita: *— involontariamente.*

fe|rì|ta *s.f.* **1** lesione della pelle o dei tessuti causata da un'arma, da un corpo contundente e sim.: *riportare una —* **2** (*fig.*) offesa profonda | sofferenza morale: *— d'amore.*

fe|rì|to *part.pass. di* ferire ♦ *agg.*, *s.m.* [f. -*a*] che, chi ha riportato una o varie ferite: *ricoverare un —.*

fe|ri|tó|ia *s.f.* **1** apertura stretta e lunga ricavata nel muro di una fortezza, di una torre, di una nave e sim., allo scopo di scagliare frecce o sparare sul nemico senza essere visti **2** (*estens.*) ciascuna apertura stretta e lunga; fessura.

fe|ri|tó|re *s.m.* [f. -*trice*] **1** chi causa una ferita **2** (*mil.*) negli antichi eserciti, soldato a cavallo dotato di lancia.

fér|ma *s.f.* **1** periodo di tempo trascorso durante il servizio di leva **2** nella caccia, tipica posizione immobile assunta dal cane quando giunge vicino alla preda.

fer|ma|ca|pél|li *s.m.invar.* fermaglio usato per raccogliere o fissare ciocche di capelli.

fer|ma|càr|ro *s.m.* [pl.invar. o -*ri*] dispositivo di blocco munito di respingenti, collocato al termine di un binario ferroviario tronco.

fer|ma|càr|te *s.m.invar.* oggetto pesante che si poggia sui fogli sciolti per tenerli in ordine o per evitare che vadano persi.

fer|ma|cra|vàt|ta *s.m.* [pl.invar. o -*e*] spilla o fermaglio con cui si fissa la cravatta alla camicia.

fer|mà|glio *s.m.* **1** spilla, fibbia, gancio o graffetta usati per tenere unite piccole cose o parti di uno stesso oggetto **2** gioiello che si fissa all'abito come ornamento **3** fermacapelli.

fer|ma|nèl|lo *s.m.* [pl.invar. o -*i*] anellino che si porta al dito vicino a un anello più largo e prezioso di modo che non si sfili.

fer|mà|re *v.tr.* [indic.pres. *io férmo...*] **1** arrestare, bloccare ql.co. o qlcu. in movimento: *— la macchina; — uno scippatore* | *— l'attenzione*, concentrarsi su ql.co. | sospendere, interrompere un'attività: *— i lavori* **2** (*anche fig.*) assicurare, fissare ql.co. per non farlo muovere: *— una spilla, una finestra; — un pensiero* | *— un prezzo*, bloccarlo | (*fig.*) *— ql.co. nella memoria*, imprimersela nella mente per non dimenticarlo **3** trattenere una persona in fermo di polizia: *— un individuo sospetto* ♦ *intr.* [aus. *A*] detto di mezzo di trasporto pubblico, eseguire una fermata: *l'autobus ferma vicino alla scuola* ♦ **-rsi** *rifl., intr.pron.* **1** smettere di muoversi o di camminare: *mi sono fermato perché ero stanco; — a guardare* **2** interrompersi nel fare ql.co.: *ti fermi proprio ora che hai quasi finito?* **3** (*estens.*) trattenersi, sostare: *— per molto tempo in un luogo* **4** detto di meccanismo, cessare di funzionare: *la sveglia si è fermata.*

fer|mà|ta *s.f.* **1** interruzione di un movimento; sosta, arresto: *— lunga, breve* **2** interruzione del movimento di un mezzo di trasporto pubblico per consentire ai passeggeri di salire o scende-

re: — *soppressa* | il luogo in cui il mezzo si ferma: la — *del tram è in piazza*.
fer|mà|to *part.pass. di* fermare ♦ *s.m.* [f. *-a*] chi è in stato di fermo giudiziario.
fer|men|tà|re *v.intr.* [indic.pres. *io fermènto*...; aus. A] **1** subire una fermentazione: *mettere il mosto a* — **2** lievitare: *la pasta fermenta* **3** (*fig.*) essere agitato: *gli animi fermentano*.
fer|men|ta|tì|vo *agg.* **1** relativo alla fermentazione **2** che può provocare una fermentazione: *sostanza fermentativa*.
fer|men|ta|zió|ne *s.f.* processo chimico operato da microrganismi (p.e. muffe, batteri, lieviti) ed enzimi su sostanze organiche, da cui si ricavano prodotti alimentari | — *alcolica*, trasformazione dello zucchero in alcol.
fer|mén|to *s.m.* **1** enzima capace di produrre la fermentazione di una sostanza organica **2** lievito **3** (*fig.*) esigenza latente di ordine etico e culturale che cresce gradatamente fino a provocare un cambiamento: *fermenti morali, politici* | agitazione che sobbolle, che è sul punto di rendersi manifesta: *gli operai sono in* —.
fer|méz|za *s.f.* **1** immobilità; stabilità **2** (*fig.*) saldezza, risolutezza: — *morale*.
fér|mio *s.m.* elemento chimico artificiale radioattivo (*simb.* Fm).
fér|mo *agg.* **1** che non è in movimento, immobile: *restare* — | *mano ferma*, mano che non trema; (*fig.*) mano decisa, sicura nei movimenti | (*fig.*) *mente ferma*, mente lucidamente cosciente | *salute ferma*, salute buona | *acqua ferma*, acqua stagnante | *fermi!*, — *là!*, ordine di non muoversi **2** irremovibile nei propositi; tenace, saldo: *opinione ferma | avere animo* —, essere risoluto | *essere nelle proprie idee*, non modificarle | — *restando che*, stabilito che | *per* —, per certo **3** detto di industria, chiuso: *attività ferma* | detto di attività commerciale, in calo, ristagno: *le vendite sono ferme* **4** detto di meccanismo, non funzionante: *impianto* — ♦ *s.m.* **1** dispositivo che serve per bloccare ql.co.: *mettere il* — *all'imposta* **2** (*dir.*) misura restrittiva della libertà personale da parte delle forze di polizia nei confronti di chi è fortemente sospettato di avere commesso un reato: *convalidare un* — □ **fermamente** *avv.* **1** in modo stabile; solidamente: *chiudere* — *la finestra* **2** (*fig.*) con risolutezza; tenacemente: *essere* — *convinto delle proprie azioni*.
fer|mo|pò|sta *o* **férmo pòsta** *s.m.invar.* **1** servizio che consente all'utente di fissare il proprio recapito presso un ufficio postale dove egli si può rivolgere per ritirare personalmente la corrispondenza **2** l'ufficio postale adibito a tale servizio ♦ *agg.invar.* detto di posta che si tiene a disposizione del destinatario presso l'ufficio postale ♦ *avv.* mediante tale servizio: *inviare* —.
-fe|ro secondo elemento di parole composte che significa "che produce", "che porta" (*soporifero, frigorifero*).
fe|ró|ce *agg.* **1** crudele, brutale; atroce, inesorabile: *un* — *assassino*; *odio* — | *bestie feroci*, belve **2** orribile, violento: *sofferenza* — | (*iperb.*) insop-

ferriera

portabile, micidiale: *sete, freddo* — □ **ferocemente** *avv.*
fe|rò|cia *s.f.* [pl. *-cie*] **1** atteggiamento aggressivo di persona o animale; crudeltà, brutalità: *la* — *di un dittatore, di una tigre* **2** (*spec.pl.*) azione crudele: *le ferocie dei nemici*.
fe|rò|do® *s.m.* (*tecn.*) materiale con alto coefficiente d'attrito, usato per freni a tamburo e innesti a frizione.
fe|ro|mó|ne *s.m.* (*biol.*) sostanza emessa dagli organismi animali che agisce sull'olfatto degli appartenenti alla stessa specie, causando cambiamenti fisiologici e agendo sul comportamento (p.e. sessuale).
fer|rà|glia *s.f.* mucchio di rottami di ferro.
fer|ra|go|stà|no *agg.* del ferragosto: *calura ferragostana*.
fer|ra|gó|sto *s.m.* festa dell'Assunta celebrata il 15 agosto | (*estens.*) periodo di vacanza distribuito intorno a tale data.
fer|rà|io *agg. solo nella loc.* **fabbro** —, artigiano specializzato nella lavorazione del ferro.
fer|rà|me *s.m.* mucchio di rottami o di oggetti di ferro.
fer|ra|mén|ta *s.f.pl.* complesso di oggetti o attrezzi in ferro (p.e. chiodi, pinze e sim.) ♦ *s.m./f.invar.* il negozio in cui si vendono tali oggetti e attrezzi.
fer|ra|mén|to *s.m.* elemento, oggetto o arnese di ferro usato per realizzare o completare un lavoro, spec. in falegnameria e in ambito edilizio: *i ferramenti di una porta*.
fer|rà|re *v.tr.* [indic.pres. *io ferro*...] **1** rinforzare un oggetto con ferro o ferri: *una finestra* **2** applicare i ferri agli zoccoli di cavalli, buoi, asini e sim. per proteggerne le unghie.
fer|rà|ta *s.f.* **1** (*sport*) itinerario alpinistico su roccia attrezzato con funi, chiodi e altri sostegni in metallo **2** stiratura rapida e imprecisa che lascia dal ferro da stiro sul tessuto.
fer|rà|to *part.pass. di* ferrare ♦ *agg.* **1** dotato di rinforzi in ferro: *scarpe ferrate* | *strada ferrata*, ferrovia | (*sport*) *via ferrata*, ferrata **2** (*fig.*) che è molto preparato in un determinato ambito: *è* — *in storia*.
fer|ra|tù|ra *s.f.* **1** rinforzo o rivestimento di ferro **2** applicazione dei ferri agli zoccoli degli animali | l'insieme dei ferri stessi applicati.
fèr|re|o *agg.* **1** di ferro; realizzato con il ferro **2** (*fig.*) tenace, rigoroso: *proposito* —; *regola ferrea*.
fer|ret|tiz|za|zió|ne *s.f.* (*geol.*) alterazione chimica dei terreni alluvionali causata dall'azione dell'acqua, con conseguente decalcificazione e formazione di ossidi e idrossidi insolubili di ferro.
fer|rét|to *s.m.* **1** piccolo oggetto o arnese di ferro o altro metallo **2** (*geol.*) terreno argilloso di colore rossastro ricco di ossidi e idrossidi di ferro e alluminio.
fèr|ri|co *agg.* (*chim.*) detto di composto del ferro trivalente.
fer|riè|ra *s.f.* stabilimento per la lavorazione dei minerali di ferro.

fer|rì|fe|ro *agg.* che contiene ferro: *roccia ferrifera*.

fer|rì|gno *agg.* di ferro, composto di ferro | simile al ferro: *colore, bagliore —*.

fèr|ro *s.m.* **1** elemento chimico, metallo di colore grigio-argenteo, duttile, malleabile e resistente, raro allo stato libero ma presente in quasi tutti i minerali (*simb.* Fe); viene utilizzato da solo o in lega per molti lavori di fabbricazione | (*fig.*) *stomaco di —*, stomaco efficiente a livello digestivo | *memoria di —*, facoltà mnemonica molto sviluppata | *alibi di —*, alibi inattaccabile | *usare il pugno di —*, adottare metodi energici e severi | *toccar —*, fare scongiuri | (*prov.*) *battere il — finché è caldo*, approfittare di una situazione favorevole finché dura **2** qualunque oggetto di ferro o di un altro metallo | *— da stiro*, attrezzo che serve a stirare abiti, biancheria e sim., costituito da un manico isolante e da una piastra metallica triangolare che si riscalda | *— di cavallo*, sbarretta a forma di U che si inchioda sotto agli zoccoli degli equini al fine di proteggerne le unghie | *ferri del mestiere*, strumenti utilizzati per svolgere un determinato lavoro | *— da calza*, lungo ago, di metallo, plastica o legno, usato per lavorare a maglia | *essere, andare sotto i ferri*, subire un intervento chirurgico | (*gastr.*) *ai ferri*, si dice di cibo cotto sulla graticola **3** (*lett.*) arma da punta o da taglio | (*fig.*) *mettere a — e fuoco*, saccheggiare, distruggere | *venire ai ferri corti*, arrivare a un contrasto violento e decisivo **4** (*pl.*) catene, manette per carcerati e prigionieri | *mettere ai ferri*, incatenare.

fer|ro|lé|ga *s.f.* [pl. *ferroleghe*] (*metall.*) lega di ferro e altri elementi, usata spec. nella fabbricazione di acciaio o ghisa.

fer|ró|so *agg.* **1** di ferro, contenente ferro **2** (*chim.*) si dice di composto del ferro bivalente.

fer|ro|vèc|chio *s.m.* [pl. *ferrivecchi*] **1** chi acquista e rivende rottami o vecchi oggetti di ferro **2** attrezzo, macchina in cattive condizioni o fuori uso.

fer|ro|vì|a *s.f.* **1** strada con binari su cui circolano i treni: *la — taglia in due la città* **2** (*estens.*) il sistema degli impianti e il complesso dei servizi e del personale tecnico-amministrativo che servono al funzionamento dei treni: *ferrovie dello Stato*.

fer|ro|vià|rio *agg.* relativo alle ferrovie e ai treni: *orari ferroviari*.

fer|ro|viè|re *s.m.* [f. *-a*] chi presta servizio in un'azienda ferroviaria.

fer|rù|gi|ne *s.f.* (*chim.*) prodotto costituito da solfato di ferro, usato in tintoria come mordente.

fer|ru|gi|nó|so *agg.* (*chim.*) che contiene ferro.

ferryboat (*ingl.*) [pr. *fèrribot*] *s.m.invar.* nave traghetto per convogli ferroviari e autoveicoli.

fèr|ti|le *agg.* **1** che è coltivabile; produttivo: *pianura —* | detto di donna o femmina di animale, capace di procreare, feconda **2** (*fig.*) che ha molte idee, creativo: *inventiva —*.

fer|ti|li|tà *s.f.* **1** produttività | fecondità **2** (*fig.*) creatività.

fer|ti|liz|zàn|te *part.pres.* di *fertilizzare* ♦ *agg.*, *s.m.* (*agr.*) detto di sostanza naturale o di composto chimico che si introduce nel terreno per accrescerne la fertilità.

fer|ti|liz|zà|re *v.tr.* (*agr.*) rendere fertile un terreno introducendovi concime.

fer|ti|liz|za|zió|ne *s.f.* (*agr.*) introduzione di un fertilizzante nel terreno per renderlo fertile; concimazione.

fer|vèn|te *part.pres.* di *fervere* ♦ *agg.* ardente, intenso, acceso: *una — passione*; *un — sostenitore* □ **ferventemente** *avv.*

fèr|ve|re *v.intr.* [indic.pres. *io fervo...*; pass.rem. *io fervéi* o *fervètti...*; dif.: mancano part.pass. e tempi composti] **1** (*lett.*) ardere **2** (*estens.*) detto del mare o di un fiume, infuriare, agitarsi **3** (*fig.*) detto di folla, brulicare **4** detto di attività, essere nel pieno dell'ardore, dell'intensità: *i lavori fervono*.

fèr|vi|do *agg.* **1** pieno di ardore, di profonda partecipazione: *fervidi auguri* **2** appassionato, entusiasta: *un — ammiratore* **3** creativo, vivace: *fantasia fervida* □ **fervidamente** *avv.*

fer|vó|re *s.m.* **1** ardore di sentimento, passione: *partecipare con —* | (*spec.pl.*) impeto, desiderio fremente: *i fervori giovanili* **2** momento di intensa partecipazione emotiva; concitazione, acme: *il — di una lite*.

fer|vo|ró|so *agg.* ricco di fervore □ **fervorosamente** *avv.*

fèr|zo *s.m.* (*mar.*) ciascun telo che, cucito insieme ad altri, costituisce la vela.

fé|sa *s.f.* (*region.*) taglio di carne nella coscia del bue, del vitello o del tacchino.

fe|scen|nì|no *s.m.* (*lett. lat.*) antico canto popolare agreste di contenuto licenzioso e satirico ♦ *agg.* (*estens.*) volgare; pungente.

fes|se|rì|a *s.f.* (*pop.*) **1** comportamento, frase da fesso; cretinata: *non ci credere, dice solo fesserie* **2** (*estens.*) inezia, sciocchezza.

fés|so[1] *part.pass.* di *fendere* ♦ *agg.* (*lett.*) tagliato, spaccato da una fenditura; incrinato: *unghia, brocca fessa* | *suono —*, suono poco limpido e sgradevole | *voce fessa*, voce stridula.

fés|so[2] *agg., s.m.* [f. *-a*] (*pop.*) che, chi si comporta o parla come uno stupido | *fare — qlcu.*, prenderlo in giro, imbrogliarlo.

fes|sù|ra *s.f.* spaccatura sottile e lunga; crepa: *una porta piena di fessure*; *si è originata una — nella roccia*.

fè|sta *s.f.* **1** giorno di astensione dal lavoro, dedicato a una solennità religiosa o civile che viene celebrata con cerimonie: *— del patrono*; *— nazionale* | *a —*, come nei giorni di festa: *si è vestito a —* | *— fissa, mobile*, a seconda che cada o non cada tutti gli anni alla stessa data **2** (*pl.*, *assol.*) il periodo intercorrente fra Natale e Capodanno: *trascorrere le feste dai nonni* **3** (*estens.*) giorno in cui si celebra una determinata categoria di persone o un evento in particolare: *— della donna, del tartufo* **4** (*fam.*) giorno in cui si festeggia una ricorrenza privata, spec. il compleanno o l'onomastico: *tra un mese è la tua*

—5 celebrazione di un avvenimento lieto: *— del diploma* | occasione di divertimento: *fare una —* | (*fig.*) **guastare la —**, turbare la felicità degli altri; sconvolgere un programma già stabilito **6** dimostrazione di contentezza, di gioia: *la popolazione è in —* | *far — a qlcu.*, accoglierlo con gioia | (*estens.*) motivo di felicità o di allegria: *la sua candidatura è stata una — per tutti*.

fe|sta|iò|lo *agg.* **1** amante delle feste: *è un ragazzo —* **2** caratterizzato dalla gioiosità che è propria di una festa: *qui si respira un clima —* ♦ *s.m.* [f. *-a*] chi organizza e allestisce feste.

fe|stàn|te *agg.* che è in festa; che è allegro: *paese —*.

fe|steg|gia|mén|to *s.m.* celebrazione di una festa in onore di qlcu. o per ricordare ql.co. | (*spec. pl.*) insieme di manifestazioni organizzate per festeggiare una ricorrenza o una persona.

fe|steg|già|re *v.tr.* [indic.pres. *io festéggio...*] **1** celebrare con una festa: *— un matrimonio* **2** accogliere festosamente: *— gli ospiti*.

fe|steg|già|to *part.pass.* di festeggiare ♦ *agg.*, *s.m.* [f. *-a*] che, chi è oggetto di festeggiamenti.

fe|stì|no *s.m.* **1** festa privata che gener. si svolge di notte, con balli e rinfreschi | pranzo organizzato da un gruppo di amici **2** (*estens.*) festa di tipo dissoluto, che propende alla lascivia.

fè|sti|val o **festival** *s.m.invar.* **1** manifestazione artistica e culturale, in cui sono presentati film, opere teatrali o musicali, che si tiene periodicamente in determinati luoghi: *il — del cinema* **2** festa popolare che si svolge all'aperto, con musica, balli e spettacoli pirotecnici.

fe|sti|vi|tà *s.f.* giorno di festa religiosa o civile: *— di Ognissanti*.

fe|sti|vo *agg.* di festa | proprio di una festa: *chiusura festiva*.

fe|stó|ne *s.m.* **1** ornamento formato da un intreccio di fiori o altri decori, raccolti in una lunga striscia che si appende alle estremità **2** (*arch.*) fregio decorativo dipinto o realizzato in bassorilievo, caratteristico dell'arte classica o d'ispirazione classica.

fe|sto|si|tà *s.f.* qualità di persona, cosa, circostanza festosa: *la — di un attimo* | espressione di felicità; comportamento gioioso.

fe|stó|so *agg.* che esprime gioia, allegria: *urla festose* | che accoglie con felicità: *un bambino —* □ **festosamente** *avv.*

fe|stù|ca *s.f.* **1** (*lett.*) pagliuzza, fuscello **2** pianta erbacea composta di piccole spighe verdastre, coltivata come foraggio o a scopo ornamentale.

fe|tà|le *agg.* (*biol.*, *med.*) relativo al feto | *posizione —*, quella propria del feto, rannicchiata.

fe|tèn|te *agg.* **1** che emana fetore, puzzolente **2** (*estens.*) difficoltoso: *una domanda —* **3** vile, ignobile: *azione —* ♦ *s.m./f.* (*fig.*, *spreg.*) persona ignobile, spregevole.

fe|tìc|cio *s.m.* **1** nelle religioni primitive, oggetto adorato cui si attribuiscono poteri soprannaturali; idolo **2** (*fig.*) cosa o persona che è fatta oggetto di venerazione fanatica o di stima eccessiva.

fe|ti|cì|smo *s.m.* **1** forma di religiosità primitiva basata sul culto di oggetti considerati soprannaturali **2** (*fig.*) venerazione fanatica per una cosa o una persona **3** (*psicol.*) perversione sessuale che consiste nel focalizzare l'interesse erotico su alcune parti del corpo, normalmente non ritenute attraenti, o su alcuni oggetti e indumenti.

fe|ti|cì|sta *s.m./f.* [m.pl. *-i*] **1** chi pratica l'adorazione dei feticci **2** (*fig.*) chi ammira in modo esagerato ql.co. o qlcu. **3** (*psicol.*) persona affetta da feticismo ♦ *agg.* feticistico.

fe|ti|cì|sti|co *agg.* [m.pl. *-ci*] di feticismo: *culto —* | tipico del feticista: *comportamento —*.

fè|ti|do *agg.* **1** che emana un odore cattivo, che puzza **2** (*fig.*) ignobile, vile.

fe|ti|dù|me *s.m.* **1** insieme di cose fetide **2** (*fig.*) insieme di persone ignobili | situazione indegna, ripugnante **3** (*estens.*) fetore, puzza.

fè|to *s.m.* nell'uomo e negli altri mammiferi, prodotto del concepimento da quando assume le caratteristiche della specie fino alla nascita.

fe|tó|re *s.m.* puzza intensa e nauseante.

fét|ta *s.f.* **1** pezzo di cibo tagliato in forma larga e più o meno sottile: *— di pane, di formaggio*; *dividere a fette* **2** (*fig.*) parte di ql.co., spec. stretta e lunga: *una — di terra* **3** (*estens.*) porzione, parte: *una — dell'eredità*.

fet|tì|na *s.f.* sottile fetta di carne da cuocere in vari modi: *— in padella*.

fet|tùc|cia *s.f.* [pl. *-ce*] **1** nastro di cotone usato in sartoria per finiture o rinforzi **2** strada rettilinea lunga alcuni chilometri **3** (*sport*) nell'alpinismo, resistente striscia di nylon usata per le arrampicate **4** (*agr.*) ciascuna striscia della radice di barbabietola, residuo dell'estrazione industriale dello zucchero.

fet|tuc|cì|na *s.f. spec.pl.* tipo di pasta alimentare a striscioline sottili e lunghe.

feu|dà|le *agg.* **1** relativo al feudo o al feudalesimo: *istituzione —* **2** (*fig.*) antiquato e al contempo dispotico: *mentalità —*.

feu|da|lé|si|mo *s.m.* **1** nel Medioevo, organizzazione politica, economica e sociale di origini franche, in cui il sovrano concedeva il governo di un territorio (feudo) ai dignitari o capi militari (vassalli) in cambio di una serie di obblighi **2** (*fig.*) sistema, ideale, comportamento antiquato e dispotico.

feu|da|li|tà *s.f.* **1** sistema feudale **2** classe dei feudatari.

feu|da|tà|rio *s.m.* [f. *-a*] **1** (*st.*) titolare di un feudo **2** (*estens.*) grande proprietario terriero che amministra i beni in modo autoritario.

fèu|do *s.m.* **1** (*st.*) istituto medievale con cui il sovrano concedeva un bene o un insieme di beni o diritti a un vassallo, ottenendo in cambio la sua sottomissione | (*estens.*) il territorio che veniva concesso in beneficio **2** (*estens.*) grande proprietà terriera **3** (*fig.*) ambiente in cui qlcu. esercita un predominio totale ed esclusivo: *la clinica è il suo —*.

feuilleton (*fr.*) [pr. *föietòn*] *s.m.invar.* (*lett.*) nell'Ottocento, appendice di un quotidiano in cui

si pubblicavano romanzi popolari a puntate | (*estens.*) romanzo popolare ricco di elementi patetici.
fèz *s.m.invar.* berretto rosso, gener. a tronco di cono, provvisto sulla sommità di un fiocchetto in seta nera, usato dai turchi e da alcune popolazioni arabe | copricapo rosso di forma analoga, con nappa azzurra, usato dai bersaglieri.
fi *s.m./f.invar.* nome della ventunesima lettera dell'alfabeto greco, che corrisponde al diagramma *ph* dell'alfabeto latino.
fià|ba *s.f.* **1** racconto popolare ricco di temi fantastici, i cui protagonisti sono esseri umani o creature soprannaturali dotate di poteri magici (p.e. fate, streghe, maghi, orchi): *le fiabe dei fratelli Grimm* **2** (*fig.*) invenzione, frottola.
fia|bé|sco *agg.* [m.pl. *-schi*] di fiaba, delle fiabe: *genere* — | (*estens.*) meraviglioso, fantastico: *paesaggio* — ♦ *s.m.* elemento fantastico tipico delle fiabe: *il — di un dipinto*.
fiàc|ca *s.f.* svogliatezza, stanchezza: *avere una grande* — | *battere la* —, lavorare svogliatamente, facendo solo ciò che è strettamente indispensabile.
fiac|cà|re *v.tr.* [indic.pres. *io fiacco, tu fiacchi...*] **1** privare della capacità di opporre resistenza fisica o morale; indebolire, debilitare: — *le forze, l'entusiasmo* **2** rompere una cosa sforzandola o flettendola: *il nubifragio ha fiaccato gli alberi* ♦ **-rsi** *intr.pron.* **1** perdere vigore; infiacchirsi **2** spezzarsi, rompersi.
fiac|chéz|za *s.f.* **1** assenza di forza fisica o morale: *sentirsi addosso un po' di* — **2** (*anche fig.*) caratteristica di ciò che è fiacco, senza vigore, energia: *la — di un discorso*.
fiàc|co *agg.* [m.pl. *-chi*] **1** privo di forza, debole; privo di volontà, svogliato: *reazione fiacca* **2** (*fig.*) si dice di ciò che è privo di energia, di carattere; inefficace, noioso: *non ha fatto che dire parole fiacche* □ **fiaccamente** *avv.*
fiàc|co|la *s.f.* **1** bastone resinoso o di altro materiale infiammabile che brucia lentamente resistendo al vento **2** (*fig.*) ideale che promuove, incita e appassiona: — *della speranza*.
fiac|co|là|ta *s.f.* corteo notturno con fiaccole accese, organizzato in occasione di una celebrazione, di una protesta e sim.
fià|la *s.f.* piccolo contenitore cilindrico di vetro per medicinali liquidi o profumi.
fiàm|ma *s.f.* **1** lingua incandescente e luminosa di gas in combustione, prodotta da ciò che brucia: *la — del camino* | *andare in fiamme*, prendere fuoco | *dare alle fiamme*, bruciare | *fare fuoco e fiamme*, impegnarsi freneticamente per ottenere ql.co. | *ritorno di* —, nel cilindro dei motori a benzina, combustione della miscela talmente prolungata da provocare un'accensione anticipata della nuova miscela; (*fig.*) improvviso risveglio di una passione o di un sentimento dimenticati da tempo **2** (*fig.*) fervore di una passione, di un sentimento: *la — della fede* | (*estens.*) persona amata: *un'antica* — **3** (*spec.pl.*) ciascuna mostrina a forma di lingua di fuoco presente sulla divisa di corpi o reparti militari | *Fiamme gialle*, guardie di finanza ♦ *agg.invar.* di colore rosso intenso: *una sciarpa color fiamma*.
fiam|màn|te *agg.* che splende come una fiamma; scintillante: *rosso* — | (*fig.*) *nuovo* —, nuovissimo.
fiam|mà|ta *s.f.* fiammata alta, intensa, ma che dura poco: *la benzina ha prodotto una* — | (*fig.*) manifestazione intensa e breve: *una — di vitalità*.
fiam|meg|giàn|te *part.pres.* di fiammeggiare ♦ *agg.* che sprigiona fiamme | (*fig.*) che risplende come una fiamma: *viso* —.
fiam|meg|già|re *v.intr.* [indic.pres. *io fiamméggio...*; aus. *A*] **1** (*anche fig.*) sprigionare fiamme: *uno sguardo che fiammeggia* **2** (*estens.*) risplendere, brillare: *il sole fiammeggia* ♦ *tr.* (*gastr.*) passare sulla fiamma pollame o cacciagione già spennati per bruciarne la peluria residua.
fiam|mi|fe|ro *s.m.* bastoncino di legno o di altro materiale infiammabile, la cui estremità è rivestita di una sostanza che prende fuoco per sfregamento | (*fig.*) *accendersi, essere come un* —, irritarsi troppo facilmente.
fiam|min|go *agg.* [m.pl. *-ghi*] **1** delle Fiandre; del nord del Belgio **2** (*estens.*) dei Paesi Bassi; relativo alla civiltà artistica sorta nei Paesi Bassi nei secc. XVI-XVII: *arte fiamminga* ♦ *s.m.* **1** [f. *-a*] nativo o abitante delle Fiandre **2** lingua fiamminga **3** pittore dell'arte fiamminga.
fian|cà|le *s.m.* ognuna delle due parti di un'armatura corrispondenti al fianco.
fian|cà|re *v.tr.* [indic.pres. *io fianco, tu fianchi...*] (*arch.*) dotare di rinforzi una struttura a volta.
fian|cà|ta *s.f.* superficie laterale: *le fiancate della macchina*.
fian|cheg|gia|mén|to *s.m.* **1** (*mil.*) protezione laterale fornita a una truppa in marcia o a uno schieramento in combattimento **2** (*estens., fig.*) sostegno; favoreggiamento.
fian|cheg|già|re *v.tr.* [indic.pres. *io fianchéggio...*] **1** stare a lato di ql.co. o ql.cu.: *il canale fiancheggia il percorso* **2** (*fig.*) aiutare, sostenere, favorire: — *qlcu. in un'indagine* **3** (*mil.*) proteggere i fianchi di una truppa in marcia o di uno schieramento.
fian|cheg|gia|tó|re *agg., s.m.* [f. *-trice*] che, chi fiancheggia, sostiene, favorisce.
fiàn|co *s.m.* [pl. *-chi*] **1** parte laterale del corpo, situata tra le costole e l'anca | (*fig.*) — *a* —, molto uniti, a contatto | *stare al — di qlcu.*, offrirgli assistenza, aiuto | *prestare, offrire il* —, esporsi alle critiche **2** (*estens.*) superficie laterale di ql.co.: lato: *il — destro dell'edificio* | *a, di* —, lateralmente, accanto.
fiàn|dra *s.f.* tela di lino di qualità pregiata, usata spec. per confezionare tovaglie.
fià|sca *s.f.* **1** recipiente a forma di fiasco schiacciato, usato come borraccia **2** recipiente di cuoio, corno o metallo usato un tempo come contenitore della polvere da sparo.
fia|schét|ta *s.f.* **1** piccola fiasca usata come borraccia da escursionisti e soldati **2** sacchetta di

cuoio usata un tempo per contenere le cartucce delle armi.
fia|schet|te|ri|a *s.f.* rivendita di vino al dettaglio con servizio di mescita.
fià|sco *s.m.* [pl. *-schi*] **1** recipiente di vetro simile a una bottiglia grossa e panciuta, rivestito di paglia o plastica, usato gener. per contenere il vino | (*estens.*) liquido in esso contenuto **2** (*fig.*) risultato negativo, fallimento: *la festa è stata un* — | *fare* —, fallire miseramente.
fia|tà|re *v.intr.* [aus. *A*] aprire bocca per dire ql.co.; parlare: *guardò senza* —.
fia|tà|ta *s.f.* **1** emissione di fiato, gener. di alito cattivo **2** (*gerg.*) spiata, soffiata.
fià|ti *s.m.pl.* (*mus.*) insieme degli strumenti a fiato di un'orchestra.
fià|to *s.m.* **1** aria emessa dai polmoni attraverso bocca e naso; alito, respiro: *trattenere il* — | **avere** *il* — **grosso**, **corto**, respirare affannosamente | *avere il* — *cattivo*, avere l'alito maleodorante | *sentirsi mancare il* —, respirare a fatica | (*fig.*) **prendere** —, riposarsi un poco | *tutto d'un* —, *in un* —, rapidamente: *bere ql.co. tutto d'un* — **2** (*coll.*) capacità di resistere a uno sforzo prolungato: *non avere* — **3** (*lett.*, *estens.*, *fig.*) voce | *sprecare*, *buttare via il* —, parlare inutilmente, senza riscontro **4** (*lett.*) soffio di vento **5** (*mus.*) strumenti a —, quelli il cui suono è prodotto dall'aria espirata dal suonatore | *dare* — *alle trombe*, suonarle; (*fig.*) diffondere una notizia con molto clamore.
fia|tó|ne *s.m.* respiro affannoso: *si è fatto venire il* —.
fib|bia *s.f.* fermaglio di metallo o altro materiale, usato per chiudere scarpe, cinture ecc.
fiberglass® (*ingl.*) [pr. *fàiberglas*] *s.m.invar.* materiale resistente ed elastico, contenente fibre di vetro, usato per fabbricare carrozzerie di automobili, scafi, caschi ecc.
fi|bra *s.f.* **1** (*biol.*, *bot.*) elemento allungato e filamentoso costitutivo di tessuti animali e vegetali: — *muscolare;* — *del legno* **2** (*estens.*) sostanza filamentosa capace di formare fili lunghi e continui: *fibre tessili* | *fibre sintetiche*, quelle ottenute dai derivati del carbonio mediante processo di polimerizzazione **3** (*fig.*) costituzione fisica: *una* — *fragile*.
fi|bril|la|zió|ne *s.f.* **1** (*med.*) anomalia del ritmo cardiaco che si manifesta con rapide e irregolari contrazioni della muscolatura atriale o ventricolare **2** (*fig.*) stato di profonda agitazione.
fi|bri|na *s.f.* (*biol.*) proteina insolubile, filamentosa, fondamentale per la coagulazione del sangue.
fi|bri|nò|ge|no *s.m.* (*biol.*) proteina solubile contenuta nel sangue, che, mediante reazioni enzimatiche, si trasforma in fibrina al momento della coagulazione.
fi|bro|a|de|nò|ma *s.m.* (*med.*) tumore benigno delle ghiandole, spec. della mammella, caratterizzato da proliferazione di tessuto fibroso.
fi|bro|bla|sto *s.m.* (*biol.*) fibrocita.
fi|bro|ce|mén|to *s.m.* [pl. *-i*] materiale da costruzione costituito da cemento impastato con fibre di amianto, usato un tempo per la fabbricazione di coperture e come isolante termico; eternit.
fi|bro|cì|ta o **fibrocito** *s.m.* [pl. *-ci*] (*biol.*) cellula che costituisce il tessuto connettivo; rappresenta la forma invecchiata del fibroblasto.
fi|brò|ma *s.m.* [pl. *-i*] (*med.*) tumore benigno del tessuto connettivo fibroso.
fi|bro|ma|tò|si *s.f.* (*med.*) condizione morbosa caratterizzata dalla presenza di numerosi fibromi in varie parti del corpo.
fi|brò|si *s.f.* (*med.*) aumento patologico del tessuto fibroso di un organo, spec. in seguito a processi infiammatori o di cicatrizzazione.
fi|bro|si|tà *s.f.* qualità di ciò che è fibroso.
fi|bró|so *agg.* **1** che contiene fibre; che è costituito da fibre **2** (*estens.*) filamentoso: *carne fibrosa*.
fi|bu|la *s.f.* **1** (*lett.*) fibbia; fermaglio **2** (*archeol.*) spilla in bronzo, oro o argento, usata dalle popolazioni antiche per fermare la stoffa dei vestiti: — *a disco, smaltata* **3** (*anat.*) osso lungo dello scheletro della gamba; perone.
fi|ca o (*region.*) **figa** *s.f.* (*volg.*) **1** vulva **2** donna molto attraente: *che* —!
-fi|cà|re secondo elemento di verbi composti che significa "fare", "rendere" e sim. (*amplificare, solidificare*).
fi|cà|ta o (*region.*) **figàta** *s.f.* (*gerg.*) cosa entusiasmante, molto attraente o ben riuscita.
fic|ca|nà|so *s.m./f.* [pl.m. *ficcanasi;* pl.f. *ficcanaso*] (*fig.*, *fam.*) chi per abitudine si impiccia degli affari altrui; impiccione.
fic|cà|re *v.tr.* [indic.pres. *io ficco, tu ficchi...*] spingere ql.co. all'interno di un'altra: — *un chiodo nel muro* | (*fig.*) — *il naso*, immischiarsi nelle faccende altrui | *ficcarsi ql.co. in testa*, intestardirsi su un'idea fissa, ostinarsi ♦ **-rsi** *rifl.* (*anche fig.*) mettersi dentro a ql.co.: — *sotto le coperte*, *in un pasticcio*.
fiche (*fr.*) [pr. *fish*] *s.f.* **1** gettone dei giochi d'azzardo **2** (*banc.*) tagliando su cui vengono registrate le varie operazioni.
fi|chét|to o **fighétto** *s.m.* ragazzo molto curato nell'aspetto e nell'abbigliamento.
-fi|cio secondo elemento di parole composte che significa "fabbricazione", "compimento" (*artificio*) o "luogo in cui si fabbrica ql.co." (*mobilificio*).
fì|co¹ *s.m.* [pl. *-chi*] **1** albero diffuso in area mediterranea, con fusto breve rivestito da una corteccia grigia e liscia e grandi foglie ruvide; viene coltivato per i suoi frutti dolci e polposi **2** il frutto di tale pianta | (*fig.*, *fam.*) *non me ne importa, non vale un* — (*secco*), non mi interessa assolutamente, non ha valore per nulla **3** — *d'India*, ficodindia.
fì|co² o (*region.*) **figo** *agg.*, *s.m.* [pl. *-chi*] (*gerg.*) che, chi piace molto perché è bravo, bello o si veste alla moda: *è (un ragazzo) proprio* —; *è troppo fica questa maglia!*
-fi|co secondo elemento di aggettivi composti

ficodindia 458

che significa "che fa", "che rende" (*onorifico, salvifico*).

fi|co|din|dia o **fico d'India** *s.m.* [pl. *fichidindia* o *fichi d'India*] **1** pianta grassa con rami trasformati in foglie schiacciate e spinose; produce un frutto ovale con buccia verde-gialla ricoperta di setole pungenti e polpa carnosa ricca di semi **2** il frutto commestibile di tale pianta.

Fi|co|mi|cè|ti *s.m.pl.* classe di funghi microscopici parassiti di piante e animali.

fi|co|séc|co o **fico sécco** *s.m.* [pl. *fichisecchi*] **1** fico seccato nel forno o al sole **2** (*fig., fam.*) nulla: *non capisco un —; non vale un —*.

fiction (*ingl.*) [pr. *fikscion*] *s.f.invar.* genere letterario, cinematografico e televisivo di tipo romanzesco, basato sull'invenzione di trame perlopiù avventurose, contrapposto ai generi basati sulla pura descrizione della realtà | opera, gener. a puntate, che appartiene a tale genere.

ficus *s.m.invar.* pianta ornamentale con larghe foglie di colore verde scuro, ovali e lucide.

fi|dan|za|mén|to *s.m.* promessa vicendevole di matrimonio | (*estens.*) periodo in cui si è fidanzati, intercorrente fra la promessa di matrimonio e il matrimonio.

fi|dan|zà|re *v.tr.* promettere qlcu. in matrimonio: *— la figlia a qlcu.* ♦ **-rsi** *rifl.* scambiarsi la promessa di matrimonio.

fi|dan|zà|to *part.pass.* di fidanzare ♦ *s.m.* [f. *-a*] **1** chi ha scambiato una promessa di matrimonio con qlcu. **2** (*estens.*) persona con cui si ha uno stabile rapporto amoroso.

fi|dà|re *v.intr.* [aus. *A*] avere fede in qlcu. o ql.co.; confidare: *— nella sua intraprendenza* ♦ **-rsi** *intr.pron.* **1** avere fiducia: *— solo dei propri familiari* **2** (*fam.*) osarsi a fare ql.co.; sentirsi in grado: *non mi fido ancora a uscire dopo l'influenza*.

fi|dà|to *agg.* di persona che merita fiducia.

fi|de|i|smo *s.m.* **1** (*filos., teol.*) dottrina secondo cui la ragione è incapace di pervenire alla verità assoluta senza lo strumento di conoscenza della fede **2** (*estens.*) atteggiamento di adesione acritica a un movimento politico, a una dottrina e sim.

fi|de|i|sta *s.m./f.* [m.pl. *-i*] (*filos., teol.*) chi segue o sostiene il fideismo | (*estens.*) chi aderisce in modo acritico a una dottrina.

fi|de|i|sti|co *agg.* [m.pl. *-ci*] **1** (*filos., teol.*) che si riferisce al fideismo | tipico del fideista **2** (*estens.*) che mostra dogmatismo, intolleranza □ **fideisticamente** *avv.* **1** in modo fideistico **2** (*estens.*) con fiducia totale, incondizionata.

fi|de|ius|sió|ne *s.f.* (*dir.*) contratto in base al quale una parte assicura a un'altra parte creditrice la soddisfazione di un'obbligazione in caso di inadempienza del debitore.

fi|de|ius|só|re *s.m.* (*dir.*) in un contratto di fideiussione, la parte che si fa garante dell'eventuale insolvenza del debitore.

fi|do[1] *agg.* (*lett.*) **1** detto di qlcu., fedele, fidato: *un — sostenitore* **2** (*estens.*) detto di ql.co., abituale, consueto, affidabile ♦ *s.m.* persona fedele, fidata.

fi|do[2] *s.m.* (*banc.*) apertura di credito che una banca concede a un cliente: *chiedere un —*.

fi|dù|cia *s.f.* sentimento di protezione e sicurezza derivante dalla stima o dalla speranza riposta in qlcu. o ql.co.: *— cieca* | *di —*, di cui ci si fida totalmente: *negozio di —* | *incarico di —*, mansione con responsabilità rilevanti.

fi|du|cià|rio *agg.* **1** basato sulla fiducia **2** (*banc.*) relativo a un rapporto di fido ♦ *s.m.* [f. *-a*] chi svolge un incarico di fiducia per conto di un ente o di una persona.

fi|du|ció|so *agg.* che ha fiducia, speranzoso: *— di riuscire in ql.co.* □ **fiduciosamente** *avv.*

fiè|le *s.m.* solo sing. **1** (*anat.*) bile **2** (*fig.*) odio, rancore; amarezza: *è pieno di — verso tutti*.

fie|na|gió|ne *s.f.* insieme delle operazioni di taglio, raccolta ed essiccazione dell'erba da fieno | periodo in cui si effettuano tali operazioni.

fie|na|ròl|la *s.f.* pianta erbacea graminacea, molto diffusa nei prati e nei pascoli.

fie|ni|le *s.m.* luogo in cui si conserva il fieno.

fiè|no *s.m.* erba tagliata, fatta essiccare all'aria e conservata come foraggio | *raffreddore da —*, malattia delle vie respiratorie di natura allergica, dovuta al polline di varie piante, tra cui le Graminacee.

fiè|ra[1] *s.f.* **1** mercato in cui si vendono diversi prodotti, organizzato periodicamente in una località spec. in occasione di festività religiose: *la — del paese* **2** grande mostra-mercato, nazionale o internazionale, che si tiene periodicamente sempre nello stesso luogo e che concerne uno o più settori produttivi: *— del Levante*.

fiè|ra[2] *s.f.* (*lett.*) animale feroce, belva.

fie|réz|za *s.f.* caratteristica di chi è fiero; orgoglio: *comportarsi con —*.

fie|ri|sti|co *agg.* [m.pl. *-ci*] di, della fiera: *campionario —*.

fiè|ro *agg.* **1** severo, altero, audace: *atteggiamento —; sguardo —* **2** orgoglioso: *è sempre — di te; un uomo — delle proprie origini* **3** (*fig.*) crudele, terribile: *una fiera esecuzione* □ **fieramente** *avv.*

fiè|vo|le *agg.* appena percepibile; debole, lieve: *suono, voce —* □ **fievolmente** *avv.*

fi|fa *s.f.* (*coll.*) spavento, paura.

fi|fó|ne *agg., s.m.* [f. *-a*] (*coll., scherz.*) che, chi è pauroso.

fifty-fifty (*ingl.*) *loc.agg.invar.* (*econ.*) si dice dell'uguale partecipazione di due soci al capitale o agli utili di un'impresa ♦ *avv.* a metà: *paghiamo il conto —*.

fi|ga *s.f.* → **fica**.

fi|gà|ta *s.f.* → **ficata**.

fi|ga|ro *s.m.* **1** (*scherz.*) parrucchiere, barbiere **2** giacca da uomo corta e attillata, simile al bolero.

fig|ge|re *v.tr.* [indic.pres. *io figgo, tu figgi...*; pass.rem. *io fissi, tu figgésti...*; part.pass. *fitto*] **1** (*lett.*) conficcare: *— un palo* **2** (*fig.*) fissare: *— gli occhi su ql.co.*

fi|ghét|to *s.m.* → **fichetto**.

fi|glia *s.f.* **1** ciascun individuo di sesso femminile rispetto a chi l'ha procreato: *ha una —* | (*estens.*) giovane, ragazza: *non scoraggiarti in questo modo, — mia!* 2 (*fig.*) risultato diretto di ql.co.; prodotto: *la fame è — della povertà* 3 cedola staccata dalla matrice di un bollettario che si consegna come ricevuta.

fi|glià|re *v.tr.* [indic.pres. *io figlio...*] detto di animali, procreare, generare | (*estens.*) detto di terreno o pianta, produrre frutti.

fi|glià|stro *s.m.* [f. *-a*] figlio che uno dei due coniugi ha avuto da un matrimonio precedente.

fi|glià|ta *s.f.* l'insieme degli animali nati da uno stesso parto; cucciolata: *una — di cagnolini.*

fi|glio *s.m.* 1 ciascun individuo di sesso maschile rispetto a chi l'ha procreato: *— unico*; *educare i figli* | *— di papà*, chi sfrutta la posizione sociale del padre per fare carriera e non impegnarsi nella vita | *— di mamma*, persona timida e indecisa, spec. legata alla madre da un rapporto di dipendenza | (*teol.*) *il Figlio, Figlio di Dio*, Cristo, seconda persona della Trinità | *— d'arte*, artista nato in una famiglia di artisti | *— di buona donna, di puttana, di un cane*, espressione offensiva, talvolta scherzosa, rivolta a chi si comporta male o in modo esageratamente sfrontato 2 (*estens.*) giovane, ragazzo: *è un ottimo —* 3 (*pl.*) prole: *hanno due figli, una femmina e un maschio* | discendenti, posteri 4 individuo considerato rispetto alle sue origini native o alla sua estrazione sociale | *— del popolo*, persona di ceto umile 5 (*fig.*) chi, avendo vissuto in una determinata epoca, ne rispecchia le caratteristiche | conseguenza, prodotto: *essere — del proprio tempo, secolo.*

fi|glióc|cio *s.m.* [f. *-a*; f.pl. *-ce*] rispetto al padrino o alla madrina, chi è stato tenuto a Battesimo o a Cresima.

fi|glio|làn|za *s.f.* insieme dei figli.

fi|gliò|lo *s.m.* [f. *-a*] 1 (*fam.*) figlio, spec. con valore affettuoso 2 (*estens.*) giovane, ragazzo, spec. in frasi affettuose o che esprimono ammirazione e stima: *che bravo —!*

fi|go *s.m.* → **fico**[2].

fi|gù|ra *s.f.* 1 forma esteriore di una cosa; aspetto, sagoma: *— quadrata* 2 aspetto del corpo umano; corporatura: *una — robusta* | (*estens.*) persona come espressione di un complesso di caratteristiche: *una — prestigiosa* 3 modo di apparire; impressione | *far bella, brutta —*, fornire un'immagine positiva, negativa della propria persona | (*iron.*) *che —!*, si dice a commento di un errore o di una gaffe 4 immagine disegnata, dipinta o scolpita; illustrazione, disegno: *una — a grandezza naturale*; *un libro con figure* 5 emblema, simbolo 6 (*geom.*) ente geometrico costituito da un insieme di punti, linee o superfici: *— piana, solida* 7 (*ling.*) *— retorica*, parola o costrutto che si allontana dall'uso normale della lingua con la funzione di rendere più espressivo, efficace il discorso: *la similitudine è una — retorica* 8 (*mus.*) segno che indica la durata e l'altezza delle note 9 nelle carte da gioco, ciascuna carta recante un'illustrazione | negli scacchi, qualunque pezzo eccetto il pedone 10 (*sport*) nel pattinaggio, nella scherma e sim., esercizio consistente in una determinata successione di movimenti o liberamente interpretato | nella danza, particolare combinazione di passi e movimenti del corpo.

fi|gu|ràc|cia *s.f.* [pl. *-ce*] impressione negativa suscitata negli altri da chi si comporta in modo sbagliato: *ha fatto una serie di figuracce.*

fi|gu|ràn|te *s.m./f.* comparsa teatrale o televisiva che interpreta parti poco rilevanti o senza dialogo.

fi|gu|rà|re *v.tr.* 1 simboleggiare, rappresentare: *l'aquila figura la giustizia* 2 raffigurare: *— un santo con l'aureola* 3 (*fig.*) immaginare ql.co. facendosene una rappresentazione mentale: *se lo figurava più affascinante* | *figurati!, si figuri!*, ovviamente sì, certo che no, a seconda della situazione ♦ *intr.* [aus. *A*] 1 trovarsi, risultare: *il titolo non figura in catalogo* 2 apparire, emergere: *non vuole — come il suo benefattore* 3 fare bella figura in società: *vuole — a tutti i costi.*

fi|gu|ra|ti|vì|smo *s.m.* (*pitt., scult.*) rappresentazione mediante figure realistiche.

fi|gu|ra|tì|vo *agg.* che rappresenta mediante figure | *arti figurative*, pittura e scultura □ **figurativamente** *avv.*

fi|gu|rà|to *part.pass.* di **figurare** ♦ *agg.* 1 rappresentato mediante figure: *stile —* 2 corredato di figure: *libro —* 3 metaforico: *significato —* □ **figuratamente** *avv.*

fi|gu|ra|zió|ne *s.f.* 1 rappresentazione tramite figure | ciò che viene rappresentato: *stampa con figurazioni di fiori* 2 nella danza o nello sport, insieme di figure | nella ginnastica, uno o più esercizi eseguiti da più atleti contemporaneamente.

fi|gu|rì|na *s.f.* 1 statuetta di gesso o di altro materiale | piccola immagine dipinta, stampata o incisa 2 cartoncino gener. adesivo, su cui è stampata una figura: *album di figurine.*

fi|gu|ri|nì|sta *s.m./f.* [m.pl. *-i*] chi disegna figurini di moda o costumi per spettacoli teatrali o cinematografici.

fi|gu|rì|no *s.m.* 1 disegno rappresentante un'immagine di donna o di uomo che veste un modello d'abito 2 (*estens.*) persona che veste alla moda, con eleganza ricercata: *è un bel —.*

fi|gù|ro *s.m.* uomo losco e dall'aspetto poco raccomandabile.

fi|gu|ró|na *s.f.* o **figuróne** *s.m.* bella impressione suscitata negli altri da qlcu. che ha successo: *hai fatto un —!*

fi|la *s.f.* 1 serie di oggetti o di individui allineati uno dopo l'altro o uno accanto all'altro: *una — di sedie*; *una — di clienti*; *mettersi in —* | *fare la —*, aspettare il proprio turno dietro un'altra persona | *essere in prima —*, trovarsi in quella davanti a tutte le altre; (*fig.*) essere più esposto di altri | *stringere, serrare le file*, avvicinarsi vicendevolmente; (*fig.*) unirsi nello sforzo di un obiettivo comune 2 (*pl.*) insieme di persone con caratteristiche identiche: *entrare nelle file di un partito*

filaccia 460

3 (*fig.*) serie, successione continua: *una — di menzogne | di —*, di seguito, senza pause: *parlare un'ora di —* | *fuoco di —*, successione ininterrotta di colpi d'arma da fuoco; (*fig.*) serie incalzante: *un fuoco di — di domande.*

fi|làc|cia *s.f.* [pl. *-ce*] filo ottenuto dalla sfilatura di un tessuto vecchio e consumato.

fi|làc|cio *s.m.* (*mar.*) filo derivante da un vecchio cavo disfatto.

fi|lac|ciò|lo *s.m.* (*mar.*) lenza di canapa con un grosso amo, usata per la pesca di pesci grandi.

fi|lac|ció|so *s.m.* che si sfilaccia | fibroso, filamentoso.

fi|la|mén|to *s.m.* 1 fibra di vari materiali molto lunga e di spessore sottile, simile a quello di un filo: *— legnoso* | (*estens.*) filo di una sostanza viscosa: *— di muco* 2 (*anat.*) fibra allungata e sottile: *filamenti nervosi* 3 (*biol.*) elemento, corpo di una struttura allungata e sottile: *filamenti cellulari* 4 (*bot.*) parte inferiore dello stame dei fiori che porta l'antera 5 (*elettr.*) nella lampadina, filo conduttore molto sottile che diventa incandescente quando è attraversato dalla corrente.

fi|la|men|tó|so *agg.* 1 (*biol.*) che è formato da filamenti; fibroso 2 che ha l'apparenza di filamento: *carne filamentosa.*

fi|làn|ca® *s.f.* fibra sintetica elastica, usata per confezionare capi di abbigliamento e collant.

fi|làn|da *s.f.* fabbrica in cui si filano le fibre tessili.

fi|làn|te *part.pres.* di filare ♦ *agg.* 1 che produce filamenti viscosi 2 che si allunga formando fili | *stella —*, stella cadente che al suo passaggio lascia una striscia; (*estens.*) striscia di carta colorata avvolta su se stessa che si svolge quando si lancia.

fi|lan|tro|pìa *s.f.* amore per il prossimo che si manifesta in concrete azioni di solidarietà.

fi|lan|trò|pi|co *agg.* [m.pl. *-ci*] di filantropia, da filantropo □ **filantropicamente** *avv.*

fi|lan|tro|pì|smo *s.m.* comportamento che si basa sui principi della filantropia.

fi|làn|tro|po *s.m.* sostenitore della filantropia che aiuta il prossimo con opere di bene e di solidarietà.

fi|là|re¹ *v.tr.* 1 ridurre le fibre tessili in un lungo filo regolare: *— la lana, il cotone* | *al tempo che Berta filava*, in un'epoca lontana e superata 2 ridurre un materiale solido in filo dopo averlo sottoposto all'azione del calore: *— lo zucchero, il vetro* ♦ *intr.* [aus. *A*; nel sign. 2 anche *E*] 1 formare uno o più fili: *il ragno fila; il formaggio fila con il calore* 2 procedere con velocità: *l'auto filava almeno a duecento all'ora* | (*fam.*) *— via, filarsela*, andar via in gran fretta | (*estens., fig.*) detto di ragionamento, discorso e sim., procedere secondo un ordine logico 3 (*fam., fig.*) comportarsi bene: *ha fatto sempre — i suoi figli* | *fila diritto!*, riga dritto! 4 (*fam.*) amoreggiare.

fi|là|re² *s.m.* fila di piante o di alberi: *i filari delle vigne.*

fi|là|ria *s.f.* verme dei Nematodi con corpo filiforme, parassita degli animali e dell'uomo.

fi|la|rì|a|si o **filariòsi** *s.f.* (*med., vet.*) malattia causata dalle filarie.

fi|lar|mò|ni|ca *s.f.* 1 associazione di amanti della musica classica | sede di tale società 2 orchestra filarmonica.

fi|lar|mò|ni|co *agg.* [m.pl. *-ci*] che ama e studia musica classica | *società filarmonica*, quella che promuove manifestazioni di musica classica ♦ *s.m.* [f. *-a*] dilettante di musica | chi fa parte di un'orchestra o di una società filarmonica.

fi|làs|si *s.f.* (*biol., med.*) capacità naturale degli organismi di difendersi dagli agenti patogeni.

fi|la|stròc|ca *s.f.* 1 poesia in rima per bambini; cantilena 2 (*estens.*) discorso lungo, noioso e ripetitivo: *recita sempre la stessa —.*

fi|la|te|lì|a *s.f.* studio e collezionismo dei francobolli.

fi|la|tè|li|ca *s.f.* filatelia.

fi|la|tè|li|co *agg.* [m.pl. *-ci*] di filatelia, relativo alla filatelia: *mercato —* ♦ *s.m.* [f. *-a*] chi colleziona o commercia francobolli.

fi|la|tìc|cio *s.m.* seta scadente ottenuta da bozzoli rovinati.

fi|là|to *part.pass.* di filare ♦ *agg.* 1 ridotto in fili: *seta filata* 2 (*fig.*) ininterrotto, continuo: *lavorare per un giorno —* | *coerente, logico: ragionamento —* | *dritto —*, rapidamente: *vai dritto — a casa* ♦ *s.m.* prodotto della filatura: *— di cotone.*

fi|la|tó|io *s.m.* 1 macchina che riduce fibre tessili in fili; filatrice 2 reparto della filanda in cui si effettuano operazioni di filatura.

fi|la|tó|re *s.m.* [f. *-trice*] operaio addetto alla filatura ♦ *agg.* che serve a filare: *macchina filatrice.*

fi|la|trì|ce *s.f.* filatoio.

fi|lat|tè|rio *s.m.* 1 (*relig.*) ciascuna delle due piccole pergamene, recanti versetti biblici e riposte in custodie di cuoio, che gli ebrei, durante le preghiere, portano legate al braccio sinistro e alla testa 2 (*pitt.*) nelle raffigurazioni di santi o di angeli, nastro riportante il nome del santo o brevi allegorie.

fi|làt|ti|co *agg.* (*med.*) che difende, che previene.

fi|la|tù|ra *s.f.* insieme delle operazioni attraverso le quali una fibra tessile viene ridotta in filato | fabbrica in cui si lavorano le fibre tessili.

fil|di|fèr|ro o **fil di fèrro** *s.m.* [pl. *fildiferro* o *fili di ferro*]; pop. *fildiferri*] sottile filo flessibile di acciaio, anche rivestito di plastica, usato in varie applicazioni.

file (*ingl.*) [pr. *fàil*] *s.m.invar.* (*inform.*) insieme omogeneo di dati o documenti memorizzati sotto uno stesso nome; archivio.

fi|lel|lè|ni|co *agg.* [m.pl. *-ci*] 1 che nutre interesse per il mondo greco 2 che sostiene il fillellenismo.

fi|lel|le|nì|smo *s.m.* 1 interesse e passione per la cultura e la civiltà greca 2 (*st.*) movimento di solidarietà, nato in Europa nel sec. XIX, che sosteneva la lotta dei greci per l'indipendenza dal dominio ottomano.

fi|lel|lè|no *agg., s.m.* **1** che, chi si interessa con passione al mondo greco **2** (*st.*) che, chi era seguace o promotore del filellenismo.
filet (*fr.*) [pr. *filè*] *s.m.invar.* tipo di ricamo realizzato con l'ago su una rete a maglie larghe | (*estens.*) il tessuto così ricamato.
fi|let|tà|re *v.tr.* [indic.pres. *io filétto...*] **1** decorare ql.co. con filetti **2** (*tecn.*) munire di filettatura: *— una vite.*
fi|let|ta|trì|ce *s.f.* (*tecn.*) macchina usata per filettare viti o madreviti.
fi|let|ta|tù|ra *s.f.* **1** decorazione con filetti **2** (*tecn.*) operazione del filettare | parte filettata di viti e madreviti; filetto.
fi|lét|to *s.m.* **1** nastro sottile o cordoncino usato per decorare vestiti, stoffe ecc. **2** (*tecn.*) parte sporgente elicoidale della superficie esterna della vite o di quella interna della madrevite; pane **3** in macelleria, taglio di carne bovina molto tenera, ricavata al di sotto dei lombi | (*spec.pl.*) carne disossata del petto di polli e tacchini | ciascuna delle due metà senza lisca in cui un pesce viene diviso: *filetti di orata* **4** (*anat.*) frenulo della lingua del prepuzio **5** in un testo stampato, sottile riga che ha la funzione di separare più parti | in un testo scritto a mano, tratto di penna che unisce le lettere fra loro **6** gioco da tavolo in cui vengono allineate di seguito tre pedine sopra un tavoliere su cui sono disegnati tre quadrati concentrici; tria.
-fi|li|a secondo elemento di parole composte che significa "tendenza", "amicizia" (*zoofilia*).
fi|lià|le[1] *agg.* di, da figlio: *amore —.*
fi|lià|le[2] *s.f.* sezione staccata di un'azienda che lavora alle dipendenze di una sede principale.
fi|lia|zió|ne *s.f.* **1** (*dir.*) relazione che intercorre tra figli e genitori: *— naturale, legittima* **2** (*fig.*) provenienza, derivazione: *verbo di — latina.*
fi|li|bu|stiè|re *s.m.* **1** (*st.*) pirata del XVII sec.; bucaniere **2** [f. -a] (*fig.*) persona disonesta, che non ha scrupoli nel realizzare i propri scopi | (*scherz.*) persona simpaticamente astuta che riesce a ottenere ciò che desidera; furbacchione.
fi|liè|ra *s.f.* **1** (*tecn.*) piastra munita di fori, principale costituente della macchina che produce filati sintetici | la macchina stessa **2** piastra con fori usata per trafilare materiali metallici o plastici **3** macchina utensile per filettare le viti **4** (*zool.*) organo che in alcuni Invertebrati, come il ragno e il baco da seta, serve a secernere i tipici fili **5** *— agroalimentare*, nell'agroindustria, catena produttiva e distributiva composta da varie fasi di lavorazione: *tracciabilità della —.*
fi|li|fór|me *agg.* che è sottile come un filo.
fi|li|grà|na *s.f.* **1** lavoro di oreficeria ottenuto intrecciando e unendo fra loro sottilissimi fili d'oro e d'argento in modo da non rendere visibili le saldature | il lavoro così realizzato **2** (*fig.*) lavoro molto preciso e di pregio **3** in alcuni tipi di carte, disegno o scritto visibile in trasparenza necessario per l'accertamento dell'autenticità: *la — delle banconote.*
fi|li|gra|nà|to *agg.* **1** lavorato a filigrana: *argento — * **2** si dice di carta su cui è impressa la filigrana: *francobollo —.*
fi|lip|pi|ca *s.f.* discorso ostile e polemico; invettiva: *fu oggetto di una lunga —.*
fi|lip|pi|no *agg.* delle isole Filippine ♦ *s.m.* nativo o abitante delle Filippine.
fi|li|stè|o *agg., s.m.* [f. -a] **1** che, chi apparteneva a un antico popolo abitante sulle coste della Palestina **2** (*fig.*) gretto, retrivo, conformista.
fil|la|de *s.f.* (*geol.*) roccia metamorfica scistosa composta spec. da quarzo e mica.
fil|lio *s.m.* insetto dal corpo piatto, simile a una foglia secca, con cui si mimetizza molto bene.
fil|lo-, -fil|lo (*scient.*) primo e secondo elemento di parole composte che significa "foglia" (*fillossera, antofillo*).
fil|lò|dio *s.m.* (*bot.*) picciolo appiattito che somiglia a una foglia, nell'aspetto e nelle funzioni.
fil|lòs|se|ra o **filòssera** *s.f.* insetto parassita della vite di cui distrugge foglie e radici.
fil|lo|tàs|si *s.f.* (*bot.*) disposizione delle foglie sui rami: *— alterna.*
film *s.m.invar.* **1** pellicola fotografica o cinematografica **2** opera cinematografica di un determinato genere narrativo: *vedere un —; un — giallo* | (*estens.*) arte cinematografica **3** strato sottile, patina | pellicola sottilissima usata per l'imballaggio di oggetti delicati.
fil|mà|re *v.tr.* riprendere con la macchina da presa o con la telecamera: *— una partita di pallone.*
fil|mà|to *part.pass. di* filmare ♦ *agg.* ripreso con la macchina da presa o con la telecamera ♦ *s.m.* brano cinematografico proiettato in trasmissioni televisive.
fil|mi|co *agg.* [m.pl. -ci] proprio del film | proprio del cinema come mezzo d'espressione artistica.
fil|mi|na *s.f.* serie di diapositive riprodotte su pellicola, spec. a scopo didattico; filmino.
fil|mì|no *s.m.* **1** film breve di tipo amatoriale: *il — del matrimonio* **2** filmina.
fil|mo|grafi|a *s.f.* elenco sistematico di film, classificabili in base al periodo, al paese di produzione, al regista, all'attore protagonista o al genere di appartenenza.
fil|mo|lo|gì|a *s.f.* studio della cinematografia nei suoi diversi aspetti tecnici, artistici e sociologici.
fì|lo *s.m.* [pl.m. *i fili*; pl.f. *le fila* solo in alcune loc. con valore collettivo] **1** prodotto della filatura di una fibra tessile, di forma sottile e allungata, che viene usato per cucire, tessere, ricamare: *— di cotone, di lana* | (*sport*) *— del traguardo*, filo collocato sulla linea di arrivo che viene spezzato dal vincitore | (*fig.*) *essere attaccato a un —*, trovarsi in una situazione estremamente precaria | *dare del — da torcere a qlcu.*, creargli molti problemi | *essere legati a — doppio con qlcu.*, essere inseparabili in virtù di comuni interessi | *fare il — a qlcu.*, corteggiarlo **2** (*estens.*) qualsiasi elemento lungo, sottile, omogeneo e con sezione circolare ricavato da materie plastiche, metalliche e sim.;

filo-

cavo: *— di ottone; — del telefono, della luce* | **spinato**, filo di ferro con aculei utilizzato nelle recinzioni **3** (*estens.*) corpo filiforme; filamento: *— d'erba, di ragnatela* | di liquido, zampillo, rivoletto: *ti scende un — di sangue dalla bocca* | l'insieme delle perle, delle pietre, dei coralli e sim. che si infilano in una collana: *indossare un — di perle* **4** ciascuno dei tiranti che servono ad azionare i burattini dall'alto | (*fig.*) *tirare le fila di ql.co.*, cercare di concludere una situazione ancora in atto | *tenere, reggere le fila di ql.co.*, gestire ql.co. di sotterfugio **5** (*fig.*) quantità minima: *un — di gratitudine; un — d'olio; un — di voce* **6** (*fig.*) andamento, direzione; svolgimento, sequenza: *il — del ragionamento; il — dei ricordi* | *per — e per segno*, nei dettagli **7** parte tagliente della lama: *il — del coltello* | (*fig.*) *essere sul — del rasoio*, trovarsi in una situazione rischiosa, che bisogna affrontare con cautela **8** spigolo: *il — del tavolo*.

fi|lo-[1], **-fi|lo** primo e secondo elemento di parole composte che significa "simpatia", "amore", "tendenza" (*filoamericanismo, filosofia, bibliofilo*).

fi|lo-[2] (*scient.*) primo elemento di parole composte che significa "discendenza" (*filogenesi*).

fi|lo-[3] (*tecn.*) primo elemento di parole composte che significa "tramite filo" (*filodiffusore*).

fi|lo|a|me|ri|ca|nismo *s.m.* posizione favorevole alla politica e alla cultura degli Stati Uniti d'America.

fi|lo|bus *s.m.invar.* autobus a trazione elettrica alimentato da una linea aerea costituita di due fili.

fi|lo|dèn|dro *s.m.* pianta rampicante con radici aeree e foglie grandi, coltivata a scopo ornamentale.

fi|lo|dif|fu|sió|ne *s.f.* sistema di trasmissione dei programmi radiofonici mediante rete telefonica.

fi|lo|dif|fu|só|re *s.m.* dispositivo per la ricezione dei programmi radiofonici trasmessi con la filodiffusione.

fi|lo|dram|mà|ti|ca *s.f.* compagnia di attori filodrammatici.

fi|lo|dram|mà|ti|co *agg.* [m.pl. *-ci*] **1** detto di attore che si dedica alla recitazione e alle attività teatrali non per professione, ma per passione **2** che è formato da attori dilettanti: *compagnia filodrammatica* | che mette in scena opere recitate da dilettanti: *teatro —* ♦ *s.m.* attore non professionista.

fi|lo|gè|ne|si *s.f.* (*biol.*) evoluzione degli organismi vegetali e animali considerata a partire dalle prime comparse sulla Terra | scienza che studia tale evoluzione.

fi|lo|lo|gì|a *s.f.* **1** disciplina che studia e interpreta le testimonianze linguistiche e letterarie di una determinata cultura o civiltà: *— classica, romanza* **2** metodo di ricerca volto a ricostruire un testo nella sua forma originaria con l'ausilio di varie discipline.

fi|lo|lò|gi|co *agg.* [m.pl. *-ci*] di filologia | che si basa sul metodo della filologia: *commento —* □ **filologicamente** *avv.*

fi|lo|lo|gì|smo *s.m.* uso eccessivo di annotazioni filologiche nell'interpretazione di un documento letterario o di un'epoca storica.

fi|lò|lo|go *s.m.* [f. *-a*; m.pl. *-gi*] studioso di filologia.

fi|lon|ci|no *s.m.* forma di pane allungata.

fi|ló|ne[1] *s.m.* **1** (*geol.*) strato metallifero o di materiale eruttivo situato entro la spaccatura di una roccia; giacimento minerale: *— d'oro* **2** (*fig.*) sviluppo di una tradizione artistico-letteraria, di una corrente culturale o di un'attività in genere: *l'opera appartiene al — neoplatonico; seguire il — delle indagini* **3** forma di pane lunga e affusolata, di peso medio.

fi|ló|ne[2] *s.m.* persona astuta che agisce senza farsi notare, pilotando le situazioni a proprio vantaggio.

fi|ló|so *agg.* **1** simile a un filo | composto da fili **2** fibroso, stopposo: *carne filosa.*

fi|lo|so|fà|le *agg.* (*raro*) filosofico | *pietra —*, quella che si pensava potesse trasformare un qualsiasi metallo in oro.

fi|lo|so|fà|re *v.intr.* [indic.pres. *io filòsofo...*; aus. A] **1** studiare temi filosofici **2** (*iron.*) ragionare o atteggiarsi a filosofo: *— sul quando e sul come.*

fi|lo|so|fà|stro *s.m.* [f. *-a*] (*spreg.*) persona che si atteggia a filosofo | filosofo senza valore.

fi|lo|so|feg|già|re *v.intr.* [indic.pres. *io filoséggio...*; aus. A] (*iron.*) atteggiarsi a filosofo | fare filosofia in momenti inopportuni.

fi|lo|so|fì|a *s.f.* **1** disciplina che con metodo razionale studia i problemi fondamentali della realtà e dell'uomo: *— metafisica, logica* | *— dell'arte, estetica* | *— della scienza*, epistemologia **2** indirizzo di pensiero proprio di un autore o di un'epoca: *la — di Kant; la — medievale* **3** (*estens.*) insieme di idee e principi su cui si fondano le scelte di un'attività: *la — economica del Governo* **4** (*fig.*) atteggiamento di saggio distacco, serenità, imperturbabilità: *affrontare una sconfitta con —* **5** materia di insegnamento scolastico | disciplina universitaria.

fi|lo|sò|fi|co *agg.* [m.pl. *-ci*] della filosofia; che riguarda la filosofia: *dottrina filosofica* □ **filosoficamente** *avv.* **1** in modo filosofico; secondo il metodo filosofico **2** (*fig.*) con filosofia, con tranquillità d'animo.

fi|lò|so|fo *s.m.* [f. *-a*] **1** chi si occupa dei problemi della ricerca filosofica; studioso di filosofia **2** (*fig.*) chi affronta con tranquillità e razionalità le difficoltà della vita.

fi|lòs|se|ra *s.f.* → **fillossera**.

fi|lòt|to *s.m.* nel biliardo, colpo che abbatte una fila intera di birilli.

fi|lo|vì|a *s.f.* servizio di trasporto a trazione elettrica mediante filobus.

fil|trà|bi|le *agg.* che può essere filtrato | che passa attraverso un filtro: *virus —*.

fil|trà|n|te *part.pres. di* filtrare ♦ *agg.* che filtra, che funge da filtro: *panno —*.

fil|trà|re *v.tr.* **1** far passare gas o liquidi attra-

verso un filtro per depurarli delle parti solide: — *il vino* **2** (*fig.*) selezionare, scegliere: — *i dati* | far proprio, rielaborare: — *un concetto, un testo* ♦ *intr.* [aus. *E*] penetrare lentamente: *il sole filtra dalle imposte* | (*fig.*) divulgarsi, trapelare: *l'informazione filtrò tramite un'intercettazione*.
fil|tra|zió|ne *s.f.* depurazione di gas o liquidi dalle parti solide | sostanza filtrata.
fil|tro[1] *s.m.* **1** dispositivo costituito da materiali che consentono di trattenere le parti solide presenti nei gas o nei liquidi: — *dell'acqua* | — *della sigaretta*, quello applicato all'estremità della sigaretta per trattenere parte della nicotina **2** (*fis.*) dispositivo usato per selezionare un fascio complesso di onde | — *acustico*, quello che seleziona i suoni compresi in una data frequenza | — *ottico*, quello che trattiene le radiazioni di una determinata banda dello spettro **3** (*fig.*) distinzione, selezione: *il* — *della memoria*.
fil|tro[2] *s.m.* bevanda a cui si attribuiscono poteri magici, spec. in campo sentimentale.
fil|tro|près|sa *s.f.* [pl. *filtropresse*] (*tecn.*) apparecchio in cui un liquido viene depurato passando attraverso una serie di pannelli filtranti.
fil|za *s.f.* **1** serie di cose simili tra loro, infilate o infilzate una dietro l'altra: *una* — *di perle* **2** (*fig.*) serie successiva di cose; sfilza: *una* — *di sciocchezze* **3** fascio di fogli o documenti riuniti in archivi o biblioteche **4** cucitura fatta velocemente con punti lunghi; imbastitura.
fi|nà|le *agg.* **1** che è posto alla fine; conclusivo: *lettera* — *di una parola*; *decisione* — | *esame* —, quello di fine corso **2** (*gramm.*) relativo al fine, allo scopo | *proposizione* —, quella indicante il fine dell'azione che viene espressa dalla reggente (p.e. *disse ciò affinché/perché egli lo sapesse*) | *congiunzione* —, quella che introduce una proposizione finale (p.e. *affinché, perché*) ♦ *s.m.* **1** parte conclusiva di un'opera letteraria, cinematografica, teatrale o musicale: *il* — *del romanzo* **2** fase conclusiva di una competizione sportiva, di un gioco: *il* — *della partita* ♦ *s.f.* **1** (*ling.*) sillaba o suono al termine di una parola **2** (*gramm.*) proposizione finale **3** (*sport*) gara disputata per l'assegnazione del titolo a cui sono ammessi solo i vincitori delle semifinali: *giungere in* — □ **finalmente** *avv.* **1** alla fine, da ultimo **2** (*escl., iron.*) in fine, alla buonora: — *lo hanno trovato!*
fi|na|li|smo *s.m.* (*filos.*) teoria in base alla quale la realtà nel suo insieme e in ogni sua parte tende a un fine da realizzare.
fi|na|lìs|si|ma *s.f.* (*sport*) finale di eccezionale importanza.
fi|na|lì|sta *s.m./f.* [m.pl. *-i*] **1** concorrente ammesso alla finale di una gara che si svolge a eliminazioni **2** (*filos.*) seguace del finalismo ♦ *agg.* **1** giunto in finale: *la squadra* — **2** (*filos.*) che segue il finalismo.
fi|na|li|tà *s.f.* **1** (*filos.*) l'orientamento di ql.co. a un fine: *la* — *del proprio comportamento* **2** (*spec.pl.*) fine, obiettivo, intenzione: *le* — *di un comitato*.

fi|na|liz|zà|re *v.tr.* volgere a un dato fine; indirizzare: — *l'impegno al successo*.
fi|nàn|che *avv.* perfino, anche.
fi|nàn|za *s.f.* **1** (*econ.*) l'insieme delle attività che concernono gli investimenti di capitale | l'insieme degli imprenditori che lavorano in tale settore: *la* — *italiana* | — *pubblica*, l'insieme delle entrate e delle uscite dello Stato | *Ministero delle Finanze*, ramo della pubblica amministrazione che si occupa dell'imposizione e della riscossione dei tributi | *Guardia di* —, corpo militare dello Stato che ha compiti di polizia tributaria; agente che fa parte di tale corpo **2** (*pl., scherz.*) risorse, denaro: *le finanze oggi scarseggiano*.
fi|nan|zia|mén|to *s.m.* **1** sussidio in denaro necessario per un'impresa: *ottenere un* — **2** la somma di denaro ottenuta.
fi|nan|zià|re *v.tr.* [indic.pres. *io finànzio...*] fornire a un'impresa o a un ente scientifico, culturale e sim. i capitali necessari allo svolgimento di un'attività: — *una ricerca*.
fi|nan|zià|ria *s.f.* **1** società che si occupa della compravendita di titoli pubblici e privati e che sostiene lo sviluppo di attività produttive **2** legge finanziaria.
fi|nan|zià|rio *agg.* **1** relativo all'amministrazione delle finanze: *esercizio* — | *legge finanziaria*, insieme delle disposizioni di legge adottate ogni anno da un governo per eseguire il bilancio dello Stato **2** relativo alle contrattazioni di titoli, azioni o capitali: *società finanziaria* **3** relativo alla disponibilità monetaria: *situazione finanziaria* □ **finanziariamente** *avv.*
fi|nan|zia|tó|re *agg., s.m.* [f. *-trice*] che, chi finanzia.
fi|nan|ziè|ra *s.f.* **1** lungo abito maschile nero a doppio petto, usato per cerimonie eleganti; redingote **2** (*gastr.*) guarnizione o farcitura preparata con interiora di pollo e funghi.
fi|nan|ziè|re *s.m.* **1** esperto di problemi finanziari o persona che si occupa di finanza | banchiere, capitalista **2** agente della Guardia di finanza.
fìn|ca *s.f.* (*bur.*) colonna di registro o tabella.
fin|ché *cong.* [introduce una prop. temporale con v. al congiunt. o all'ind.; seguita da *non*, il significato è lo stesso] fino a quando: *ti aiuterò* — *sarò in grado di farlo*; *aspettala* — *non sia uscita da quella stanza*.
fin de siècle (*fr.*) [pr. *fen de sièkl*] *loc.agg.invar.* detto di cosa o persona che appartiene alla fine del XIX sec. o che ricorda la cultura e la moda di quel periodo.
fì|ne[1] *s.f.* punto nel momento in cui una cosa cessa di essere; la parte terminale: *la* — *del percorso, della stagione* | *fare una bella* —, morire con serenità | *fare una brutta* —, morire in modo brutale; (*fig.*) trovarsi in condizioni tragiche | *essere al principio della* —, essere all'inizio della rovina | *porre* — *a ql.co.*, farlo cessare | *essere la* — *del mondo*, essere meraviglioso | *che* — *ha fatto?*, detto per chiedere di persone o cose di cui non si è saputo più nulla | *in fin di vita*, in punto di morte | *al-*

fine

la —, finalmente | *senza* —, continuamente; all'infinito | *in fin dei conti, alla fin* —, tutto sommato, in definitiva ♦ *s.m.* **1** esito, effetto; risultato conclusivo: *un'avventura a lieto* — **2** scopo, obiettivo, aspirazione: *un nobile* — | *secondo* —, obiettivo primario nascosto dietro uno apparente | *fare ql.co. a fin di bene*, agire con l'intento di fare del bene.

fi|ne² *agg.* **1** che ha un diametro o uno spessore molto piccolo; sottile: *una fibra* — | di grana sottile: *zucchero* — **2** (*fig.*) acuto, penetrante: *una battuta* —; *una vista* — **3** distinto, signorile: *una persona* — □ **finemente** *avv.* **1** in modo fine, minuto: *mandorle* — *triturate* **2** con acutezza e abilità: *intuisce* — *ogni questione* **3** in modo raffinato, signorile: *incisione* — *eseguita*; *quell'uomo veste* —.

fi|ne set|ti|mà|na *loc.sost.m./f.invar.* pausa settimanale comprendente il sabato e la domenica, in cui gener. non si lavora.

fi|nè|stra *s.f.* **1** apertura nel muro esterno di un edificio che consente di illuminare e arieggiare l'interno | intelaiatura costituita da battenti che servono a chiuderla | (*fig.*) *uscire dalla porta e rientrare dalla* —, rientrare improvvisamente e riacquisire per vie traverse un ruolo abbandonato volontariamente o perché costretti | *mettere ql.co. alla* —, divulgare faccende personali | *mettersi alla* —, mettersi in mostra | *buttare i soldi dalla* —, spenderli in modo insensato **2** in una composizione tipografica, spazio usato per inserire una figura, uno schema o altro **3** (*inform.*) riquadro dello schermo di un computer in cui è possibile svolgere operazioni indipendenti dai file o dai programmi già visualizzati **4** (*anat.*) foro o apertura in una struttura anatomica **5** (*geol.*) — *tettonica*, grande apertura prodotta dall'erosione in una falda di ricoprimento.

fi|ne|stri|no *s.m.* ciascuna piccola finestra posta sulle fiancate di un mezzo di trasporto.

fi|néz|za *s.f.* **1** sottigliezza, esilità: *capelli della* — *di un filo di seta* (*fig.*) **2** acutezza, intuito: — *di una osservazione* **3** (*fig.*) raffinatezza, eleganza: — *di maniere* **4** (*fig.*) gesto o pensiero cortese; premura: *ti ha colmato di finezze* **5** accuratezza e abilità d'esecuzione, spec. di lavori artigianali; pregio: *la* — *di un cammeo cesellato* | (*pl.*) minuzie del mestiere, sapientemente fruite dalla persona competente: *conoscere le finezze del proprio lavoro*.

fìn|ge|re *v.tr.* [indic.pres. *io fingo, tu fingi*...; pass.rem. *io finsi, tu fingésti*...; part.pass. *finto*] **1** simulare ql.co.; fare finta: — *stupore*; — *di ascoltare* | (*assol.*) fare credere il contrario di ciò che si pensa: *finge bene quel tuo amico!* **2** immaginare, supporre; ipotizzare: — *di avere molti soldi*; *fingiamo di poter partire: dove andresti?* ♦ **-rsi** *rifl.* farsi credere diversi da come si è: — *malato, felice*.

fi|ni|mén|to *s.m.* elemento della bardatura del cavallo e di altri animali da tiro.

fi|ni|món|do *s.m.* grande confusione.

fi|ni|re¹ *v.tr.* [indic.pres. *io finisco, tu finisci*...] **1** (*anche assol.*) concludere, terminare: — *un compito*; *quando avrò finito te lo dirò* | (*fig.*) uccidere qlcu. quando è ancora in fin di vita: *lo ha finito con un colpo di pistola* **2** consumare completamente, esaurire: — *lo stipendio* **3** cessare di fare ql.co.; interrompere: *non la finivano mai di litigare* | *finiscila!, finitela!, è ora di finirla!* inviti categorici a interrompere ql.co. ♦ *intr.* [aus. *E*] **1** terminare, concludersi: *la scuola finisce a giugno*; *è finito di nevicare*; *tra di noi tutto è finito!* | *non finisce qui!*, espressione minacciosa per indicare che ci saranno conseguenze **2** sfociare, avere sbocco: *il percorso finisce nel bosco* **3** terminare in un determinato modo; avere un certo risultato: *la lite finì in una rissa* **4** di persona, andare a capitare; essere chiuso in un determinato posto: *è finito in periferia*; — *in prigione* | di cosa, ficcarsi: *dove è finita la gomma?* **5** (*fig.*) mirare a un fine, tendere: *dove va a* — *il tuo discorso?* | ottenere come diretta conseguenza di un'azione: *se mangi troppo, finirai con l'ingrassare*.

fi|ni|re² *s.m. solo sing.* termine, fine: *sul* — *della serata*.

fi|nis|sàg|gio *s.m.* complesso delle operazioni di rifinitura dei prodotti industriali.

fi|ni|téz|za *s.f.* **1** compiutezza, perfezione: — *artistica* (*filos.*) **2** imperfezione, limitatezza: *la* — *della natura umana*.

fi|ni|to *part.pass.* di finire ♦ *agg.* **1** concluso, terminato: *spettacolo* — | *farla finita*, smetterla, porre fine a ql.co. **2** ultimato in ogni dettaglio; compiuto: *frase priva di un significato* — | eseguito con cura; rifinito: *opera finita* **3** distrutto, rovinato: *un cantante* — | *è finita*, non c'è più niente da fare **4** (*filos.*) che non è infinito; limitato: *l'essenza finita della ragione* **5** (*mat.*) limitato, non infinitesimo: *grandezza finita* **6** (*gramm.*) *modo* —, quello del verbo le cui forme indicano tempo, persona e numero.

fi|ni|tù|ra *s.f.* insieme delle operazioni per rifinire un lavoro; rifinitura.

fin|lan|dé|se *agg.* della Finlandia ♦ *s.m* **1** [anche f.] nativo o abitante della Finlandia **2** lingua parlata dai finlandesi, facente parte del gruppo ugro-finnico.

fìn|ni|co *agg.* [m.pl. *-ci*] **1** relativo a una popolazione di razza mongolica che anticamente si stanziò nell'Europa settentrionale e orientale **2** finlandese ♦ *s.m.* [f. *-a*] **1** chi apparteneva alla popolazione dei Finni **2** nativo o abitante della Finlandia.

fi|no¹ (*raro sino*) *prep.* introduce il limite estremo di una distanza spaziale o temporale: — *a quando?*; — *a questo punto*; — *a oggi*; *fin dall'anno scorso* | — *a che*, finché ♦ *avv.* [spesso in unione con *troppo*] perfino, anche: *hai dormito fin troppo*.

fi|no² *agg.* **1** minuto, sottile: *sale* — **2** puro: *oro* — **3** (*fig.*) accorto, perspicace: *cervello* — | (*fam.*) *far* —, essere emblema di eleganza, raffinatezza.

fi|nòc|chio¹ *s.m.* pianta erbacea diffusa in area

mediterranea, con foglie carnose commestibili e semi aromatici usati per preparare liquori e tisane.
fi|nòc|chio² *s.m.* (*volg.*) omosessuale maschio.
fi|noc|chió|na *s.f.* salume toscano aromatizzato con semi di finocchio.
fi|nó|ra (*raro* fin ora, sinora) *avv.* fino adesso: — *non ha telefonato.*
fin|ta *s.f.* **1** finzione; simulazione: *il suo dispiacere è una* —|*far* —, fingere **2** (*sport*) azione solo accennata che inganna l'avversario.
fin|tan|to|ché *cong.* finché: *non starò zitta — non mi risponderai.*
fin|to *part.pass. di* fingere ♦ *agg.* **1** falso, simulato: *barba finta*; *una finta promessa* | fatto a imitazione; artificiale: — *camoscio* **2** che finge, che inganna; ipocrita | *fare il* — *tonto*, far finta di non capire o fingersi ingenuo allo scopo di raggiungere un obiettivo ♦ *s.m.* **1** [f. -a] individuo doppio, ipocrita **2** ciò che è falso; finzione, dissimulazione.
fin|zió|ne *s.f.* **1** simulazione, apparenza: *non dargli retta, è solo una* — **2** fantasia: — *teatrale.*
fioc|cà|re *v.intr.* [indic.pres. *io fiocco, tu fiocchi...*; aus. *E*] **1** cadere a fiocchi: *la neve fiocca da ieri* **2** (*fig.*) riversarsi in gran quantità: *fioccano gli insulti.*
fiòc|co¹ *s.m.* [pl. *-chi*] **1** legatura di un nastro o di una striscia di tessuto eseguita in modo tale da formare due volute e lasciare liberi i due estremi: *sciogliere un* —; *un pacco con un* — | (*fig.*) *con i fiocchi*, magnifico **2** (*spec.pl.*) tipo di pasta alimentare che ha tale forma **3** (*pl.*) chicchi soffiati di alcuni cereali: *fiocchi di mais* **4** batuffolo di cotone, di lana e sim. **5** falda di neve.
fiòc|co² (*mar.*) vela triangolare situata tra l'albero verticale di prua e il bompresso.
fio|chéz|za *s.f.* fiocaggine.
fiò|ci|na *s.f.* attrezzo da pesca, costituito da un'asta terminante con uno o più uncini.
fio|ci|nà|re *v.tr.* [indic.pres. *io fiòcino...*] colpire un pesce con la fiocina ♦ *intr.* [aus. *A*] lanciare la fiocina.
fio|ci|na|tó|re *s.m.* pescatore particolarmente abile nel lanciare la fiocina.
fiò|co *agg.* [m.pl. *-chi*] debole, flebile: *suono, bagliore* — □ **fiocamente** *avv.*
fión|da *s.f.* **1** antica arma da getto costituita da due strisce di cuoio o di corda e da un supporto centrale in rete o cuoio su cui venivano collocati i proiettili **2** arnese usato come giocattolo per il lancio dei sassi, composto da una forcella con un elastico legato ai due estremi.
fion|dàr|si *v.rifl.* [indic.pres. *io mi fióndo...*; aus. *E*] (*coll.*) precipitarsi; gettarsi a capofitto in ql.co.: — *in strada*; — *nello studio.*
fio|ra|io *s.m.* [f. -*a*] venditore di fiori.
fio|rà|me *s.m. spec.pl.* disegno a fiori eseguito su carta, tessuti ecc.
fio|ra|to *agg.* disegnato o stampato a fiori.
fior|da|li|so *s.m.* **1** pianta erbacea dal lungo stelo, con foglie lineari e fiori azzurri, coltivata a scopo ornamentale | il fiore di tale pianta **2** (*lett.*) giglio | (*arald.*) giglio d'oro, emblema dei re di Francia.
fior|di|làt|te o **fiór di làtte** *s.m.invar.* **1** formaggio fresco, ottenuto dal latte di vacca; mozzarella **2** tipo di gelato a base di panna.
fiór|do *s.m.* (*geog.*) insenatura marina lunga e stretta delle coste rocciose.
fió|re *s.m.* **1** organo di riproduzione di una pianta fanerogama, contenente stami e pistilli, costituito da un ricettacolo con foglie trasformate in sepali e petali; è profumato e può avere vari colori: — *selvatico*; *un mazzo di fiori* | *a fiori*, decorato con disegni floreali | *fiori d'arancio*, simbolo del matrimonio | (*fig.*) *essere un* — *all'occhiello*, essere motivo di grande orgoglio | *essere in* —, di pianta, trovarsi in piena fioritura | (*fig.*) essere prosperoso, fiorente | *vedere, credere tutto rose e fiori*, abbandonarsi all'idea che sia tutto facile e gradevole **2** (*estens.*) pianta coltivata per i suoi fiori: *recidere i fiori* **3** (*fig.*) la parte selezionata, migliore di ql.co. | *il fior* —, il meglio: *il fior* — *degli studenti* | *fior di farina*, farina bianca finissima **4** (*anche iron.*) persona particolarmente bella e virtuosa: *quella ragazza è un* —; *che fior di furfante!* **5** grande quantità: *ho speso fior di quattrini* **6** la superficie di ql.co.: *il fiore del latte* | *a fior di*, in superficie di: *a fior di pelle* | *dire ql.co. a fior di labbra*, accennare appena qualche parola | *sorridere a fior di labbra*, abbozzare un sorriso **7** (*chim.*) polvere molto sottile ricavata dalla sublimazione di alcune sostanze: — *di zolfo* **8** (*pl.*) seme delle carte da gioco francesi.
fio|rèn|te *part.pres.* di fiorire ♦ *agg.* che è in pieno rigoglio; prospero: *civiltà* —.
fio|ren|ti|na *s.f.* bistecca alla fiorentina.
fio|ren|tì|no *agg.* di Firenze | *bistecca alla fiorentina*, grossa e spessa costata di manzo, cucinata ai ferri ♦ *s.m.* **1** [f. -*a*] nativo o abitante di Firenze **2** dialetto parlato a Firenze.
fio|rèn|za *s.f.* seta leggera, usata spec. per confezionare biancheria.
fio|ret|tì|sta *s.m./f.* [m.pl. -*i*] tiratore di scherma col fioretto.
fio|rét|to¹ *s.m.* piccolo sacrificio o atto generoso compiuto per devozione.
fio|rét|to² *s.m.* **1** (*sport*) nella scherma, spada sottile e flessibile a lama quadrangolare | bottone protettivo di cui è dotata la punta della lama da scherma **2** (*tecn.*) arnese usato per praticare fori, spec. de mina, nella roccia.
fio|rie|ra *s.f.* cassetta per vasi di piante ornamentali.
fio|rì|le *s.m.* nel calendario della rivoluzione francese, ottavo mese che andava dal 20 aprile al 19 maggio.
fio|rì|no *s.m.* antica moneta d'oro fiorentina | denominazione di alcune monete antiche e moderne.
fio|rì|re *v.intr.* [indic.pres. *io fiorisco, tu fiorisci...*; aus. *E*] **1** produrre fiori: *il mandorlo sta fiorendo* **2** (*fig.*) essere fiorente, rigoglioso; prosperare: *il barocco fiorì nel XVII secolo* **3** (*fig.*) spuntare, nascere: *la fiducia fiorì nel suo cuore* **4** co-

fiorista

prirsi di macchie di muffa, di ossido o di sali in efflorescenza: *il vino leggero fiorisce con facilità*; *il ferro*, *il marmo fiorisce* **5** riempirsi di eruzioni cutanee.
fio|ri|sta *s.m./f.* [m.pl. -*i*] **1** chi vende o coltiva fiori; fioraio **2** chi crea composizioni di fiori artificiali.
fio|ri|to *part.pass. di* fiorire ♦ *agg.* **1** in fiore; ricco di fiori: *balcone* — **2** disegnato a fiori **3** (*fig.*) adorno, elegante: *stile* — **4** coperto di macchie di muffa e sim. **5** pieno di eruzioni cutanee □ **fioritamente** *avv.* in modo fiorito; con eleganza.
fio|ri|tù|ra *s.f.* **1** comparsa dei fiori; rigoglio | tempo in cui le piante fioriscono | insieme dei fiori di una o di varie piante **2** (*fig.*) grande sviluppo, espansione: *la — dei commerci* **3** formazione di macchie di muffa, di umidità e sim.: *una — di chiazze di umidità sul soffitto* **4** comparsa di eruzioni cutanee **5** eleganza, ornamento stilistico: *un linguaggio ricco di fioriture* **6** (*mus.*) serie di note aggiunte come abbellimento a un brano.
fio|ró|ne *s.m.* frutto del fico che matura tra la fine della primavera e l'inizio dell'estate.
fiòs|so *s.m.* **1** l'arco del piede **2** la parte più stretta della scarpa, situata tra tacco e pianta.
fiòt|to *s.m.* **1** (*lett.*) onda del mare | rumore delle onde che si infrangono contro gli scogli | *a fiotti*, a ondate **2** (*estens.*) rumore di un liquido che, agitandosi, sbatte contro una superficie **3** getto violento e improvviso di un liquido: *il sangue sgorgava a fiotti*.
fir|ma *s.f.* **1** sottoscrizione del nome e del cognome fatta di propria mano: *mettere la —* | *raccogliere firme*, raccogliere adesioni per una petizione, un progetto e sim. tramite firme | (*fig.*, *fam.*) *metterci la —*, detto di condizioni che si accetterebbero molto volentieri **2** l'atto del firmare: *la — di un compromesso* **3** in ambito commerciale e artistico, nome di una persona che riscuote grande successo: *una — nota della moda italiana*.
fir|ma|iò|lo *s.m.* (*spec.spreg.*) nel gergo militare, chi si è arruolato volontariamente o ha deciso di prolungare il periodo di ferma, apponendo una firma su un documento apposito | (*estens.*) chi firma con troppa facilità manifesti o documenti di protesta.
fir|ma|mén|to *s.m.* **1** cielo: *le stelle del —* **2** (*fig.*) insieme delle persone che hanno raggiunto il massimo della notorietà in un determinato settore: *entrare nel — della letteratura*.
fir|mà|re *v.tr.* mettere la propria firma su un documento, una lettera e sim. | legittimare apponendo la firma: *— un contratto*.
fir|ma|tà|rio *agg.*, *s.m.* [f. -*a*] che, chi firma un documento, una petizione e sim.
fir|mà|to *part.pass. di* firmare ♦ *agg.* autenticato con la firma, detto spec. di opera d'arte o di capo di abbigliamento creato da un noto stilista: *abito —*.
first lady (*ingl.*) [pr. *fërst lèdi*] *s.f.invar.* **1** moglie del Presidente degli Stati Uniti | (*estens.*) moglie del Presidente di un altro Stato **2** (*scherz.*) donna che primeggia in un determinato ambiente o settore.
fi|sar|mò|ni|ca *s.f.* (*mus.*) strumento aerofono costituito da un mantice a soffietto, dotato di una tastiera per la melodia e di una serie di bottoni per l'accompagnamento.
fi|sar|mo|ni|ci|sta *s.m./f.* [m.pl. -*i*] **1** chi suona la fisarmonica **2** chi fabbrica fisarmoniche.
fiscal drag (*ingl.*) [pr. *fìskal dreg*] *loc.sost.m. invar.* incremento del prelievo fiscale; drenaggio fiscale.
fi|scà|le *agg.* **1** relativo al fisco; tributario: *sanzione —* | *ricevuta —*, quella rilasciata al cliente nel momento del pagamento | *visita —*, accertamento effettuato dal medico sulle condizioni di salute di un lavoratore assente per malattia **2** (*fig.*) duro, intransigente, pignolo, spec. nel rispetto di norme o regolamenti: *essere — nel lavoro* □ **fiscalmente** *avv.* dal punto di vista fiscale.
fi|sca|li|smo *s.m.* **1** sistema fiscale esageratamente oneroso per i cittadini | metodo eccessivamente rigoroso nell'applicazione di leggi e norme adottato da un'autorità, un ente e sim. **2** (*fig.*) atteggiamento, comportamento rigido, intransigente, pignolo.
fi|sca|li|sta *s.m./f.* [m.pl. -*i*] persona esperta di questioni fiscali; tributarista.
fi|sca|li|tà *s.f.* **1** complesso delle leggi fiscali e della loro applicazione **2** rigidezza, intransigenza, pignoleria.
fi|sca|liz|zà|re *v.tr.* **1** attribuire al fisco oneri che altrimenti graverebbero sui privati | incamerare da parte del fisco benefici finanziari piuttosto che riversarli sui privati: *— la riduzione del costo della benzina* **2** formalizzare ql.co., renderlo fiscale: *gli studenti possono — l'esame*.
fi|sca|liz|za|zió|ne *s.f.* trasferimento a carico del bilancio dello Stato di particolari oneri | *— degli oneri sociali*, trasferimento a carico dello Stato di una parte dei contributi previdenziali dovuti dalle imprese, al fine di ridurre il costo del lavoro.
fi|scèl|la *s.f.* piccolo cestino di vimini usato per preparare la ricotta.
fi|schià|re *v.tr.* [indic.pres. *io fischio...*] **1** produrre una melodia emettendo dalla bocca un fischio: *— una canzone* **2** disapprovare con fischi: *la troupe fu fischiata* **3** (*sport*) detto dell'arbitro di una partita di calcio o di altro sport, ordinare un'azione con un fischio: *— un fallo* ♦ *intr.* [aus. A] emettere un fischio con la bocca o un suono sibilante tramite strumento apposito: *il pubblico sta fischiando*; *la pentola a pressione fischia*.
fi|schià|ta *s.f.* fischio prolungato gener. fatto per chiamare o per farsi riconoscere | (*spec.pl.*) serie di forti fischi, fatti come forma di disapprovazione o protesta.
fi|schiet|tà|re *v.tr.*, *intr.* [indic.pres. *io fischiétto...*; aus. dell'intr. A] fischiare allegramente ma in sordina.
fi|schiet|tì|o *s.m.* fischio lungo e ripetuto più volte.

fi|schiét|to *s.m.* 1 piccolo strumento a fiato usato per fischiare: *il — del vigile* 2 (*estens.*) nel linguaggio giornalistico sportivo, arbitro di calcio.
fi|schio *s.m.* 1 suono acuto prodotto facendo passare aria tra denti e labbra: *chiamare con un — | suono sibilante emesso da animali o cose: il — del serpente, del vento* 2 fischietto | (*fig.*) *col —!*, assolutamente no! | *prendere fischi per fiaschi*, capire una cosa per un'altra.
fi|schió|ne *s.m.* 1 uccello dalle carni commestibili, simile all'anatra selvatica, che emette un caratteristico fischio 2 chiurlo.
fi|sco *s.m.* sistema tributario dello Stato | amministrazione finanziaria dello Stato.
fi|sià|tra *s.m./f.* [m.pl. *-i*] (*med.*) specialista in fisiatria.
fi|sia|trì|a *s.f.* (*med.*) branca della medicina che ha per oggetto la riabilitazione motoria del corpo umano.
fi|si|ca *s.f.* 1 scienza che studia i fenomeni naturali su basi sperimentali tentando di individuarne le proprietà e di definire le leggi che le li governano 2 materia di insegnamento scolastico | disciplina universitaria.
fi|si|ca|li|smo *s.m.* (*filos.*) dottrina che sostiene la superiorità della fisica rispetto alle altre scienze e in base alla quale tutte le proposizioni scientifiche possono essere riformulate nel linguaggio della fisica.
fi|si|ci|smo *s.m.* (*filos.*) concezione secondo cui tutti i fenomeni della realtà devono essere valutati come fenomeni fisici.
fi|si|ci|tà *s.f.* proprietà di ciò che è materiale; natura corporea.
fi|si|co *agg.* [m.pl. *-ci*] 1 relativo alla natura e ai suoi fenomeni | relativo alla fisica: *leggi fisiche* 2 che riguarda il corpo umano: *aspetto —* ♦ *s.m.* 1 [f. *-a*] studioso di fisica 2 corpo umano dal punto di vista della sua conformazione: *un — snello* □ **fisicamente** *avv.* 1 dal punto di vista della fisica: *un processo — interpretabile* 2 per quanto riguarda il corpo: *un bambino — gracile*.
fi|si|ma *s.f.* fissazione priva di senso; capriccio inspiegabile | idea bizzarra: *ha la — di fare l'artista.*
fi|sio- (*scient.*) primo elemento di parole composte che significa "natura", "fisico" (*fisiologia, fisionomia*).
fi|sio|cra|te *s.m.* (*econ.*) seguace della fisiocrazia.
fi|sio|cra|zì|a *s.f.* (*econ.*) dottrina economica e politica diffusasi in Francia nella seconda metà del XVIII sec. in opposizione al mercantilismo, secondo la quale la terra è la principale ricchezza di una popolazione e l'agricoltura la più importante fonte di produzione.
fi|sio|gnò|mi|ca *s.f.* (*filos.*) dottrina che tenta di decifrare i caratteri psicologici e morali di un individuo analizzando il suo aspetto fisico.
fi|sio|lo|gì|a *s.f.* scienza che studia le funzioni degli organismi animali e vegetali e cerca di individuarne le cause.
fi|sio|lò|gi|co *agg.* [m.pl. *-ci*] 1 relativo alla fisiologia: *dato — | soluzione fisiologica*, soluzione di cloruro di sodio in acqua che viene iniettata in caso di emorragie o disidratazione e, con aggiunta di glucosio, somministrata ai pazienti che non possono alimentarsi 2 (*estens.*, *anche fig.*) naturale, entro i limiti della norma: *la digestione è un processo —; le bugie sono fisiologiche in lui* □ **fisiologicamente** *avv.* dal punto di vista fisiologico.
fi|siò|lo|go *s.m.* [f. *-a*; m.pl. *-gi*] studioso di fisiologia.
fi|sio|no|mì|a *s.f.* 1 complesso dei caratteri somatici del volto di una persona | atteggiamento, espressione tipici di una persona.: *riconoscere la — di qlcu.* 2 (*estens.*) insieme delle caratteristiche proprie di ql.co.: *la — del paesaggio autunnale.*
fi|sio|nò|mi|co *agg.* [m.pl. *-ci*] della fisionomia: *tratto —* □ **fisionomicamente** *avv.*
fi|sio|no|mì|sta *agg., s.m./f.* [m.pl. *-i*] che, chi riconosce facilmente le fisionomie delle persone.
fi|sio|pa|to|lo|gì|a *s.f.* (*med.*) disciplina che studia le alterazioni delle funzioni organiche durante una malattia.
fi|sio|te|ra|pì|a *s.f.* (*med.*) terapia riabilitativa che utilizza le attività del massaggio e della ginnastica e ricorre a mezzi fisici come il freddo e le radiazioni termiche.
fi|sio|te|ra|pì|sta *s.m./f.* [m.pl. *-i*] chi esegue trattamenti di fisioterapia per professione.
fis|sa *s.f.* (*fam.*) fissazione, idea fissa.
fis|sà|bi|le *agg.* che può essere fissato.
fis|sàg|gio *s.m.* 1 operazione con cui si fissa ql.co. per renderlo stabile 2 (*chim.*) operazione con cui si rendono stabili i colori delle stoffe 3 (*foto.*) processo chimico che consente di fissare un'immagine fotografica.
fis|sa|mén|te *avv.* in modo fisso, con insistenza.
fis|sà|re *v.tr.* 1 rendere fisso ql.co. per evitare che si muova; bloccare: — *l'imposta per non farla sbattere* | (*tecn.*) — *un colore*, renderlo inalterabile tramite processo chimico 2 (*estens.*) fermare lo sguardo o l'attenzione su ql.co. o qlcu.; concentrare: — *gli occhi sul panorama*; — *il pensiero su un ricordo* | guardare con insistenza: — *una ragazza* 3 determinare, stabilire: — *il giorno della partenza*; — *una serie di norme* 4 riservare, prenotare: — *una poltrona in prima fila* ♦ **-rsi** *intr.pron.* 1 stabilirsi in un posto 2 stare con lo sguardo fisso verso ql.co. 3 (*fig.*) ostinarsi in un'idea: — *di avere dei nemici*.
fis|sa|tì|vo *agg., s.m.* (*tecn.*) detto di sostanza che si applica a scopo protettivo o come stabilizzante.
fis|sà|to *part.pass. di* fissare ♦ *agg., s.m.* [f. *-a*] si dice di persona con un'idea fissa; patito: *è un — della boxe.*
fis|sa|tó|re *agg.* [f. *-trice*] detto di ciò che serve a fissare; fissativo | detto di cosmetico per capelli che serve a mantenere la piega | detto di sostanza liquida usata dai parrucchieri per fissare la permanente.
fis|sa|zió|ne *s.f.* 1 l'operazione del fissare 2

fissile

(*fig.*) idea fissa; ossessione, mania: *avere la — dell'ordine* **3** (*psicoan*.) attaccamento a una determinata fase dello sviluppo psichico, o a qualche oggetto ed esperienza vissuta, che blocca il normale sviluppo della sessualità **4** (*chim*.) trasformazione di un gas o di una sostanza volatile in solido o in sostanza non volatile: *la — dell'azoto* **5** (*tecn*.) fissaggio.
fis|si|le *agg.* **1** che si fende in lamine o scaglie: *roccia —* **2** (*fis*.) si dice di nucleo atomico in grado di provocare una fissione.
fis|sió|ne *s.f.* (*fis*.) scissione di un nucleo atomico in due parti o, raramente, in più parti, con successiva liberazione di una notevole quantità di energia.
fis|si|tà *s.f.* immobilità: *la — degli occhi.*
fis|so *agg.* **1** che non può essere spostato: *un perno — nel muro* | (*fig.*) *idea fissa*, *chiodo —*, pensiero ossessivo **2** immobile, fermo: *è rimasto — ad aspettare* | *stelle fisse*, quelle che sembrano avere sempre la stessa posizione sulla sfera celeste **3** assorto, concentrato | irremovibile: *essere — in una decisione* **4** che non è soggetto a variazioni; stabile: *menu —* | abituale; costante: *spettatore —* ♦ *avv.* fissamente: *guardare —*.
fi|sto|la *s.f.* **1** (*med*.) condotto di tipo patologico che si apre in un organo cavo attraverso cui scorrono all'esterno o in un altro organo secrezioni come il siero o il pus **2** (*mus*.) nell'antichità classica, strumento a fiato dei pastori; siringa, zampogna.
fi|sto|ló|so *agg.* **1** (*med*.) relativo alla fistola | affetto da una o più fistole **2** (*bot*.) detto di organo vegetale con interno cavo.
fi|ti|na *s.f.* (*chim*.) sostanza a base di calcio, fosforo e magnesio, presente nei semi di numerose piante, usata in medicina come ricostituente fisico e stimolante nervoso.
fitness (*ingl.*) *s.f.invar.* perfetta forma fisica che si raggiunge seguendo programmi di dietetica, ginnastica e cosmesi.
fi|to-, -fi|to primo e secondo elemento di parole composte che significa "pianta" (*fitobiologia, saprofito*).
fi|to|bio|lo|gia *s.f.* biologia vegetale.
fi|to|chi|mi|ca *s.f.* branca della chimica biologica che studia la composizione degli organismi vegetali e i processi chimici che si verificano in essi.
fi|tò|fa|go *agg.* [m.pl. *-gi*] (*zool.*) si dice di animale, spec. di insetto, che si nutre di vegetali.
fi|to|fàr|ma|co *s.m.* [m.pl. *-ci*] (*bot*.) sostanza che favorisce lo sviluppo delle piante e ne cura le malattie.
fi|to|ge|o|gra|fi|a *s.f.* scienza che studia la distribuzione delle piante sulla superficie terrestre.
fi|to|ge|o|lo|gì|a *s.f.* scienza che studia la distribuzione delle specie vegetali nelle varie ere geologiche.
fi|to|làc|ca *s.f.* albero con piccoli fiori rossi riuniti in grappoli e radici ricche di glucoside.
fi|to|lo|gì|a *s.f.* botanica.

fi|to|pa|ti|a *s.f.* (*bot*.) qualsiasi malattia delle piante.
fi|to|pa|to|lo|gì|a *s.f.* (*bot*.) scienza che studia le malattie delle piante.
fi|to|plànc|ton *s.m.invar.* (*biol*.) complesso degli organismi vegetali del plancton.
fi|to|te|ra|pì|a *s.f.* **1** (*med*.) terapia a base di piante medicinali **2** (*agr*.) studio e applicazione delle cure contro le malattie delle piante.
fìt|ta *s.f.* dolore di breve durata, acuto e improvviso: *ho sentito una — al braccio.*
fìt|ta|mén|te *avv.* intensamente; ininterrottamente.
fìt|tà|re *v.tr.* (*coll*.) affittare.
fìt|tà|vo|lo *s.m.* affittuario di un terreno da coltivare.
fìt|ti|le *agg.* fatto di argilla: *ceramica —*.
fìt|tì|zio *agg.* artificioso; falso: *partecipazione fittizia* □ **fittiziamente** *avv.*
fìt|to¹ *part.pass.* di figgere ♦ *agg.* **1** (*anche fig.*) conficcato saldamente: *un chiodo — nella parete; un'idea fitta nel cervello* | *a capo —*, a testa in giù; (*fig.*) con grande foga: *buttarsi a capo — in una discussione* **2** (*anche fig.*) folto, compatto, denso: *nebbia fitta; un — intrigo* | *rete fitta*, rete a maglie piccole | *buio —*, buio profondo **3** intenso, frequente: *una fitta serie di impegni* ♦ *avv.* fittamente: *piove — | parlare — —*, parlare senza fermarsi mai ♦ *s.m.* la parte più folta e più densa di ql.co.: *nel — del bosco.*
fìt|to² *s.m.* affitto, canone.
fìt|tó|ne *s.m.* (*bot*.) radice principale di una pianta, ricca di sostanze nutritive, notevolmente più lunga delle sue ramificazioni: *il — della carota.*
fiu|mà|na *s.f.* **1** corrente grossa e impetuosa di un fiume in piena **2** (*fig.*) moltitudine di cose o persone che si susseguono ininterrottamente verso la stessa direzione: *una — di offese.*
fiu|mà|ra *s.f.* (*region*.) corso d'acqua tipico del sud Italia, con grande letto ciottoloso gener. asciutto, ma soggetto a impetuose piene primaverili.
fiù|me *s.m.* **1** corso d'acqua a regime gener. costante alimentato da sorgenti, piogge, nevi e ghiacciai, che sfocia in un altro corso, in un lago o nel mare **2** (*estens., iperb.*) abbondante quantità di liquido che scorre: *un — di lacrime* | (*fig.*) moltitudine; fiumana: *un — di visitatori, di parole* ♦ *agg.invar.* lunghissimo: *romanzo, riunione —*.
fiu|tà|re *v.tr.* **1** aspirare con il naso per sentire gli odori presenti nell'aria o in una sostanza **2** (*estens*.) detto spec. di animali, individuare alcuni odori, annusare: *i cani fiutano la preda* **3** (*fig.*) intuire, presagire: *— un pericolo.*
fiu|tà|ta *s.f.* **1** di animali, l'atto del fiutare **2** l'atto di aspirare con forza dal naso; sniffata | la dose di sostanza aspirata: *una — di tabacco, di cocaina.*
fiù|to *s.m.* **1** senso dell'odorato, spec. degli animali **2** (*fig.*) intuito, istinto: *ha un — eccezionale.*
fixing (*ingl.*) *s.m.invar.* (*econ*.) quotazione ufficiale quotidiana dell'oro o delle valute.

fla|bèl|lo *s.m.* (*st.*) grande ventaglio con lunghe piume a raggiera collocate sulla cima di una lunga asta con cui si accompagnavano anticamente i sovrani orientali | (*lit.*) ognuno dei due grandi ventagli di piume che un tempo venivano innalzati ai lati del Pontefice nelle cerimonie solenni.
flac|ci|déz|za *s.f.* mancanza di tono dei tessuti organici.
flàc|ci|do *agg.* floscio, cascante: *muscoli flaccidi* □ **flaccidamente** *avv.*
fla|có|ne *s.m.* bottiglietta in vetro per contenere medicinali o profumi.
fla|gel|làn|te *part.pres.* di flagellare ♦ *s.m.* (*relig.*) membro di una confraternita medievale che praticava la pubblica flagellazione come mezzo di penitenza.
fla|gel|là|re *v.tr.* [indic.pres. *io flagello...*] **1** percuotere ripetutamente con un flagello; frustare: — *un condannato* **2** (*estens.*) colpire più volte con violenza: *le onde flagellano le coste* **3** (*fig., estens.*) criticare duramente, condannare: *—i vizi* **4** (*lett., fig.*) tormentare: *i rimorsi lo flagellavano* ♦ **-rsi** *rifl.* percuotersi con un flagello per penitenza.
Fla|gel|là|ti *s.m.pl.* classe di organismi unicellulari microscopici con corpo dotato di uno o più filamenti (flagelli) che fungono da organi locomotori.
fla|gel|la|zió|ne *s.f.* fustigazione eseguita con un flagello.
fla|gèl|lo *s.m.* **1** frusta fatta da funicelle annodate o da strisce di cuoio, un tempo usata come strumento di supplizio o di penitenza **2** (*estens.*) disastro violento causato spec. da eventi atmosferici: *il — di un'inondazione ha colpito le campagne* | — *di Dio*, calamità considerata come una punizione inflitta da Dio **3** (*fig.*) qualsiasi evento rovinoso che colpisce una collettività: *il — di un'epidemia* **4** (*zool., bot.*) ciascun filamento dei Flagellati, presente anche in altri organismi unicellulari, che funge da organo di locomozione.
fla|gràn|te *agg.* **1** (*dir.*) che presenta le caratteristiche della flagranza: *reato* — **2** (*estens.*) evidente, lampante: *contraddizione —* ♦ *s.m.* (*dir.*) condizione di flagranza: *cogliere in* — □ **flagrantemente** *avv.*
fla|gràn|za *s.f.* (*dir.*) condizione di chi è sorpreso mentre commette un reato: *arrestare in —.*
flambé (*fr.*) *agg.* (*gastr.*) si dice di vivanda che prima di essere servita viene cosparsa di un liquore a cui si dà fuoco.
fla|mén|co *s.m.* genere di canto e di ballo tipico dell'Andalusia, accompagnato da chitarra.
flà|mi|ne *s.m.* nell'antica Roma, ciascuno dei quindici sacerdoti addetto al culto delle singole divinità.
flan (*fr.*) *s.m.invar.* sformato dolce o salato, cotto in apposito stampo.
fla|nèl|la *s.f.* morbido tessuto di lana cardata o cotone, usato spec. per confezionare camicie e pigiami.
flàn|gia *s.f.* [pl. *-ge*] (*mecc.*) piastra ad anello provvista di fori per bulloni, collocata alle estremità dei tubi di metallo per congiungerli fra loro; giunzione.
flash (*ingl.*) [pr. *flesh*] *s.m.invar.* **1** (*foto.*) lampo di luce intensa, un tempo ottenuto con lampade al magnesio, oggi con dispositivi elettronici, usato per fotografare al buio o in condizioni precarie di luce | dispositivo che lo produce **2** (*giorn., fig., anche agg.invar.*) breve notizia urgente o importante su un fatto recente divulgata da un'agenzia di stampa: *notiziario —.*
flashback (*ingl.*) [pr. *fleshbèk*] *s.m.invar.* **1** (*cine.*) interruzione dell'ordine cronologico del racconto per rievocare un episodio passato | l'episodio così rievocato | (*lett.*) procedimento analogo in testi narrativi **2** (*estens.*) avvenimento significativo del passato che torna vividamente nella memoria.
flà|to *s.m.* (*med.*) gas espulso senza rumore dalla bocca o dal retto.
flatting (*ingl.*) [pr. *flèttin*] *s.m.invar.* vernice traslucida che rende brillante e impermeabile il legno.
fla|tu|lèn|za *s.f.* (*med.*) formazione eccessiva di gas nello stomaco o nell'intestino | l'emissione di tale gas.
flau|tà|to *agg.* detto di suono o voce, melodioso, dolce.
flau|ti|sta *s.m./f.* [m.pl. *-i*] suonatore di flauto.
flàu|to *s.m.* (*mus.*) strumento a fiato composto di una canna cilindrica, in legno o metallo, che si suona soffiando nell'imboccatura e tappando e schiudendo con le dita i fori di cui è munito **2** (*estens.*) flautista.
fla|vé|do *s.m.* parte esterna e gialla della buccia degli agrumi.
flè|bi|le *agg.* detto di suono o voce, sommesso, fievole: *tono —* □ **flebilmente** *avv.*
fle|bì|te *s.f.* (*med.*) infiammazione di una o più vene.
flè|bo *s.f.invar. abbr. di* fleboclisi.
flèbo- (*med.*) primo elemento di parole composte che significa "vena" (*flebotomia*).
fle|bo|clì|si *s.f.* (*med.*) introduzione continuata per via venosa di soluzioni fisiologiche o di medicamenti.
fle|bo|to|mì|a *s.f.* (*med.*) incisione di una vena per asportare coaguli di sangue.
fle|bò|to|mo[1] *s.m.* **1** (*med.*) strumento usato per eseguire l'incisione di una vena **2** chi, un tempo, praticava le flebotomie per i salassi.
fle|bò|to|mo[2] *s.m.* insetto che somiglia a una piccola zanzara, la cui puntura, molto dolorosa, può trasmettere virus e protozoi all'uomo; pappataci.
flèm|ma *s.f.* **1** uno dei quattro umori del corpo considerato dalla medicina antica causa di debolezza e pigrizia **2** (*fig.*) calma, lentezza; imperturbabilità: *lavorare con troppa —.*
flem|mà|ti|co *agg.* [m.pl. *-ci*] che denota lentezza, calma; imperturbabile: *carattere —* □ **flemmaticamente** *avv.*
flèm|mo|ne *s.m.* (*med.*) infiammazione del tes-

flessibile

suto cellulare sottocutaneo e del tessuto interstiziale di vari organi, tendente a estendersi progressivamente.

fles|si|bi|le *agg.* 1 che può essere piegato senza spezzarsi; pieghevole, elastico: *trave* — 2 (*fig.*) che non è rigido o fisso; duttile, adattabile: *mentalità* — ♦ *s.m.* tubo o cavo in grado di piegarsi □ **flessibilmente** *avv.*

fles|si|bi|li|tà *s.f.* (*anche fig.*) pieghevolezza, adattamento: — *di carattere*.

fles|si|me|tro *s.m.* strumento che misura le deformazioni di una struttura sottoposta a un carico.

fles|sió|ne *s.f.* 1 inarcamento: *la* — *di un ramo* | in ginnastica, esercizio di piegamento degli arti: — *delle braccia* 2 (*fig.*) diminuzione, ribasso: — *dei prezzi* 3 (*ling.*) complesso delle variazioni morfologiche con cui una parola assume diverse funzioni grammaticali e sintattiche: — *di un pronome, di un verbo*.

fles|si|vo *agg.* (*ling.*) si dice di una lingua le cui funzioni grammaticali e sintattiche si esprimono attraverso flessione (p.e. il latino).

fles|sò|me|tro *s.m.* metro flessibile d'acciaio che rientra in una piccola custodia.

fles|só|re *agg., s.m.* (*anat.*) detto di muscolo che provoca la flessione di un'articolazione.

fles|su|o|si|tà *s.f.* pieghevolezza, elasticità.

fles|su|ó|so *agg.* che si piega facilmente; flessibile, elastico | curvato nella forma o nei movimenti; sinuoso: *fiume* — □ **flessuosamente** *avv.*

flèt|te|re *v.tr.* [indic.pres. *io fletto*...; pass.rem. *io flettéi o flèssi, tu flettésti*...; part.pass. *flesso*] 1 piegare, curvare: — *le ginocchia, un cavo* 2 (*ling.*) variare la desinenza di una parola per esprimere la sua funzione grammaticale ♦ **-rsi** *rifl.* effettuare una flessione; piegarsi ♦ *intr.pron.* incurvarsi: *il ramo si flette fino a spezzarsi*.

fli|còr|no *s.m.* strumento musicale a fiato simile a una grossa tromba, con timbro più profondo.

flint (*ingl.*) *s.m.invar.* (*tecn.*) tipo di vetro ad alto contenuto di piombo, caratterizzato da elevato indice di rifrazione e dispersione, usato per fabbricare lenti speciali.

flipper (*ingl.*) *s.m.invar.* biliardino elettrico.

flirt (*ingl.*) [pr. *flert*] *s.m.invar.* 1 relazione sentimentale superficiale e di breve durata 2 (*estens.*) la persona con cui si ha tale relazione: *è uscita con il suo ultimo* —.

flir|ta|re *v.intr.* [aus. *A*] amoreggiare con qlcu. in modo superficiale.

floc|càg|gio *s.m.* (*tecn.*) operazione mediante la quale si fa aderire il flock a una superficie adesiva per renderla vellutata.

floc|cu|la|zió|ne *s.f.* (*chim.*) processo durante il quale le particelle di una soluzione colloidale si riuniscono in agglomerati simili a fiocchi.

flock (*ingl.*) *s.m.invar.* materiale di fibre molto corte, sintetiche o di cotone, usato per il floccaggio.

flo|gi|sti|co *agg.* [m.pl. *-ci*] (*med.*) relativo a infiammazione: *processo* —.

flo|gi|sto *s.m.* nei secc. XVII e XVIII, elemento che si credeva facesse parte dei metalli e dei combustibili.

flo|gò|si o **flògosi** *s.f.* (*med.*) infiammazione.

flop (*ingl.*) *s.m.invar.* insuccesso; fiasco: *la trasmissione è stata un* —.

floppy disk (*ingl.*) *loc.sost.m.invar.* (*inform.*) dischetto magnetico flessibile usato per registrare dati.

flò|ra *s.f.* 1 complesso delle specie vegetali che vivono in un determinato ambiente biologico o in una regione: — *mediterranea* 2 (*biol.*) complesso dei microrganismi che vivono nei tessuti o in una cavità organica: — *batterica*.

flo|re|à|le *agg.* di fiori; composto da fiori: *decorazione* —.

flò|ri- o **flòro-** primo elemento di parole composte che significa "fiore" (*floricoltore, florovivaismo*).

flo|ri|co|lo *agg.* 1 si dice di insetto o di altro animale che vive sui fiori o si nutre di fiori 2 relativo alla floricoltura.

flo|ri|col|tó|re o **floricultóre** *s.m.* [f. *-trice*] chi, per professione, pratica la floricoltura.

flo|ri|col|tù|ra o **floricultùra** *s.f.* coltivazione di fiori e piante, spec. di tipo ornamentale.

flo|ri|déz|za *s.f.* prosperità, rigogliosità: — *del commercio*.

flò|ri|do *agg.* prospero, rigoglioso: *salute florida*; *industria florida* □ **floridamente** *avv.*

flo|ri|lè|gio *s.m.* 1 (*lett.*) raccolta di brani scelti di uno o vari autori; antologia 2 (*relig.*) raccolta di vite dei santi o di preghiere 3 (*scherz.*) serie lunga e ininterrotta: *una* — *di ingiurie*.

flo|ro|vi|va|ì|smo *s.m.* coltivazione in vivaio di fiori e piante.

flò|scio *agg.* [f.pl. *-sce*] privo di consistenza; flaccido, moscio: *pelle floscia* | (*fig.*) privo di vigore; debole, fiacco: *è un tipo* — □ **flosciamente** *avv.*

flòt|ta *s.f.* 1 (*mar.*) complesso delle navi mercantili o militari di uno Stato o di una compagnia di navigazione 2 (*estens.*) complesso degli aerei militari o civili di uno Stato o di una compagnia aerea.

flot|tàg|gio *s.m.* 1 (*mar.*) ondeggiamento di un natante sull'acqua 2 (*aer.*) corsa sull'acqua di un idrovolante in fase di decollo o di ammaraggio 3 (*chim.*) flottazione.

flot|tàn|te *part.pres. di* flottare ♦ *agg.* (*mar.*) si dice di nave che non ha ancora raggiunto la sua meta ♦ *s.m.* (*fin.*) complesso delle azioni, escluse dal controllo dei principali azionisti, che costituiscono oggetto di scambio nelle negoziazioni di borsa.

flot|tà|re *v.intr.* [indic.pres. *io flotto*...; aus. *A*] detto di galleggiante o idrovolante, ondeggiare sull'acqua.

flot|ta|zió|ne *s.f.* (*chim., min.*) tecnica che permette di separare i minerali utili dalla ganga, mediante immersione in acqua addizionata con agenti schiumogeni e agitata da correnti d'aria, in modo che il minerale venga trascinato in alto

fluttuazione

dalle bollicine d'aria che vi si formano e la ganga bagnata precipiti.
flot|ti|glia *s.f.* (*mar.*) complesso di due o più squadriglie di navi militari raggruppate sotto lo stesso comando | piccola flotta di imbarcazioni da diporto o da pesca.
flou (*fr.*) [pr. *flu*] *agg.* **1** (*foto.*) si dice di effetto, ottenuto mediante sfocatura, che rende evanescenti i contorni di un'immagine **2** si dice di abito dalla linea morbida e dai colori tenui ♦ *s.m.* effetto di sfocatura.
flow chart (*ingl.*) [pr. *floù ciàrt*] *loc.sost.m.invar.* diagramma di flusso.
flu|èn|te *part.pres. di* fluire ♦ *agg.* (*anche fig.*) che fluisce, che scorre facilmente: *discorso* — | *chioma* —, lunga, abbondante e ondulata.
fluff (*ingl.*) *s.m.invar.* materiale morbido usato per l'imbottitura di pannolini e assorbenti.
flu|i|di|ca *s.f.* (*tecn.*) studio e applicazione del controllo automatico, ottenuto con correnti fluide entro condotti appositamente sagomati.
flui|di|fi|cà|re *v.tr.* [indic.pres. *io fluidìfico, tu fluidìfichi...*] **1** far passare allo stato fluido o rendere più fluido **2** (*fig.*) rendere più facile un rapporto o un accordo **3** (*sport*) nel calcio, consentire alla difesa una manovra di attacco ♦ *intr.* [aus. *A*] diventare fluido.
flui|di|fi|ca|zió|ne *s.f.* procedimento con il quale una sostanza passa allo stato fluido o più fluido.
flui|di|tà *s.f.* **1** caratteristica o condizione di ciò che è fluido: — *di un liquido* **2** (*fig.*) scorrevolezza: — *di un ragionamento* **3** (*fig.*) variabilità, incertezza: — *di una situazione*.
flùi|do *agg.* **1** (*fis.*) si dice di sostanza che è allo stato liquido o aeriforme **2** (*estens.*) si dice di liquido che scorre, che non è denso: *olio* — **3** (*fig.*) scorrevole, sciolto: *stile* — **4** (*fig.*) soggetto a cambiamenti; instabile: *l'assetto politico è ancora* — ♦ *s.m.* **1** (*fis.*) sostanza allo stato liquido o aeriforme che assume la forma del recipiente che la contiene **2** (*estens.*) flusso di energia di tipo paranormale che consente di trasmettere agli altri la propria volontà, il proprio pensiero: *il* — *dei medium* □ **fluidamente** *avv.* scorrevolmente.
flui|do|di|nà|mi|ca *s.f.* settore della fisica che studia il movimento dei fluidi.
flui|do|stà|ti|ca *s.f.* settore della fisica che studia lo stato di quiete dei fluidi.
flu|i|re *v.intr.* [indic.pres. *io fluisco, tu fluisci...*; aus. *E*] (*anche fig.*) scorrere con moto uniforme e costante: *le acque fluiscono abbondanti*; *le parole fluivano dalla sua bocca*.
flui|ta|zió|ne *s.f.* sistema di trasporto del legname effettuato affidando i tronchi alla corrente di un fiume, di modo che vengano condotti a valle, fino ai centri di raccolta.
fluo|gra|fì|a *s.f.* tecnica consistente nel fotografare oggetti cosparsi di sostanze fluorescenti esponendoli ai raggi ultravioletti.
fluo|re|scèn|te *agg.* (*fis.*) che è dotato di fluorescenza: *luce* —.

fluo|re|scèn|za *s.f.* (*fis.*) proprietà di alcuni corpi di emettere radiazioni luminose a frequenza diversa da quella della radiazione eccitatrice; dura fino a quando non cessa la causa di eccitazione.
fluo|ri|drà|to *s.m.* (*chim.*) composto derivato dall'unione di una molecola di fluoruro alcalino con una di acido fluoridrico; viene usato per la protezione del legno o come insetticida e mordente.
fluo|ri|dri|co *agg.* (*chim.*) si dice di acido gassoso tossico e corrosivo, composto da un atomo di idrogeno e uno di fluoro, usato per l'incisione del vetro o nella preparazione dei fluoruri.
fluo|rì|te *s.f.* (*min.*) fluoruro di calcio in masse compatte o in cristalli cubici, incolore o con tonalità variabili dal giallo al violetto; è usato in metallurgia o nell'industria della ceramica e del vetro, per la fabbricazione di smalti e obiettivi ottici o per la preparazione di acido fluoridrico.
flu|ò|ro *s.m.* elemento chimico, metalloide, gas giallo-verde chiaro, tossico, irritante e molto reattivo (*simb.* F); è usato nella fabbricazione dei coloranti o in medicina.
fluo|rù|ro *s.m.* (*chim.*) sale dell'acido fluoridrico.
flùs|so *s.m.* **1** movimento scorrevole e costante di un fluido: — *dell'acqua*; — *del gas*; — *elettrico* **2** (*estens.*) movimento uniforme e continuo di persone o cose in una stessa direzione: — *dei visitatori* **3** (*fig.*) scorrimento del tempo; divenire, decorso: — *degli anni* **4** (*geog.*) movimento della marea verso l'alto | **flusso e riflusso**, alta e bassa marea; (*fig.*) l'alterno susseguirsi delle vicende **5** (*med.*) fuoriuscita abbondante di un liquido del corpo: — *mestruale* **6** (*econ.*) variazione della consistenza patrimoniale in un determinato periodo di tempo **7** quantità di una grandezza fisica che attraversa nell'unità di tempo una data superficie: — *energetico*.
flus|sò|me|tro *s.m.* **1** apparecchio che misura la portata di un fluido in un condotto **2** apparecchio che eroga una determinata quantità d'acqua per lo scarico dei gabinetti.
flûte (*fr.*) [pr. *flut*] *s.m.invar.* calice stretto e alto per champagne e spumanti.
flùt|to *s.m.* (*lett.*) onda del mare; cavallone.
flut|tu|àn|te *part.pres. di* fluttuare ♦ *agg.* **1** che è mosso dai flutti o dal vento **2** (*fig.*) instabile; oscillante: *popolazione fluttuante*; *stato d'animo* — **3** (*econ.*) che è soggetto a variazioni | *debito* —, debito pubblico a breve scadenza che varia in base alle necessità finanziarie dello Stato.
flut|tu|à|re *v.intr.* [indic.pres. *io flùttuo...*; aus. *A*] **1** essere agitato o trasportato dai flutti; ondeggiare, galleggiare | (*estens.*) essere mosso dal vento **2** (*fig.*) essere variabile, oscillare: *il suo parere fluttua a seconda delle circostanze* **3** (*econ., fin.*) detto di titoli, valute e sim., variare la propria quotazione in modo irregolare: *i valori della borsa fluttuano*.
flut|tua|zió|ne *s.f.* **1** ondeggiamento **2** (*fig.*) oscillazione, instabilità: *la* — *delle opinioni* **3** (*fis.*) variazione casuale di una grandezza ri-

fluviale

spetto al suo valore medio **4** (*econ.*) il complesso delle oscillazioni periodiche, cicliche o irregolari che si verificano in una attività economica: — *stagionale* **5** (*med.*) movimento oscillatorio simile a quello ondoso che si avverte palpando le pareti di una cavità contenente un liquido.
flu|vià|le *agg.* di fiume; relativo ai fiumi.
FM *s.f.invar.* (*telecom.*) modulazione di frequenza delle onde radio.
fo|bì|a *s.f.* **1** (*psicol.*) paura o repulsione di tipo patologico per determinati oggetti, persone, situazioni **2** (*estens., fam.*) avversione, intolleranza o antipatia.
-fo|bi|a secondo elemento di parole composte che significa "paura", "avversione" (*acrofobia*).
fò|bi|co *agg.* [m.pl. *-ci*] **1** di fobia; causato da fobia: *disturbo* — **2** di persona che soffre di fobie ♦ *s.m.* [f. *-a*] (*psicol.*) chi soffre di fobie.
-fò|bo secondo elemento di parole composte che significa "che ha paura" o "che prova avversione" (*xenofobo*).
fò|ca *s.f.* lungo e tozzo mammifero acquatico dei mari freddi e temperati, dotato di testa piccola e rotonda, di un muso con lunghi baffi setolosi e di arti anteriori a forma di pinne.
fo|càc|cia *s.f.* [pl. *-ce*] **1** pasta di pane di forma bassa e schiacciata, condita con olio e fatta cuocere in forno o sotto la brace **2** dolce di forma tonda e schiacciata a base di farina, zucchero e uova | (*fig.*) *rendere pan per* —, ricambiare un'offesa subita con un comportamento analogo.
fo|cà|ia *agg.f. solo nella loc. pietra* —, pietra silicea compatta e opaca che, sfregata o percossa con un'altra pietra o con un oggetto di metallo, produce scintille.
fo|cà|le *agg.* **1** (*geom.*) relativo al fuoco o ai fuochi di una conica: *asse* — **2** (*fis.*) relativo al fuoco di un sistema ottico | *distanza* —, quella intercorrente fra il fuoco e il centro ottico di uno specchio o di una lente | (*fig.*) *punto* —, l'aspetto più importante di una questione.
fo|ca|liz|zà|re *v.tr.* **1** (*fis.*) far convergere in un punto un fascio di luce o di elettroni **2** (*foto.*) mettere a fuoco **3** (*fig.*) definire i diversi aspetti di una questione: — *bene un problema*.
fo|ca|liz|za|zió|ne *s.f.* **1** (*ott.*) messa a fuoco di uno strumento ottico, di un obiettivo **2** (*fig.*) individuazione di un problema, chiara definizione dei suoi aspetti.
fo|cà|ti|co *s.m.* [pl. *-ci*] nel Medioevo, tassa gravante su ogni focolare o famiglia, indipendente dal numero dei componenti e dal reddito.
fo|ca|tù|ra *s.f.* (*zool.*) serie di macchie fulve presenti sul pelo scuro di alcuni animali.
fó|ce *s.f.* il punto in cui un fiume sbocca nel mare, in un lago o in un altro fiume.
fo|cè|na *s.f.* mammifero marino simile al delfino, ma dal corpo più piccolo, con il muso corto e arrotondato.
fo|chì|sta *s.m.* → **fuochista**.
fo|co|là|io *s.m.* **1** (*med.*) punto da cui si diffonde un processo morboso: *un — di infezione tubercolare* **2** (*fig.*) centro di irradiazione, di diffusione: *un — di ribellione*.
fo|co|là|re *s.m.* **1** parte inferiore del camino composta da un piano di mattoni o di pietre sul quale viene acceso il fuoco **2** (*estens., fig.*) casa, famiglia; nucleo affettivo: *tornare al proprio* — **3** (*tecn.*) in un impianto a combustione, parte in cui brucia il combustibile **4** (*geofisica*) — *vulcanico*, deposito di magma interno alla crosta terrestre che alimenta uno o più vulcani.
fo|co|mè|li|a *s.f.* (*med.*) malformazione congenita, causata perlopiù da farmaci, che consiste in un mancato sviluppo degli arti.
fo|co|mè|li|co *agg., s.m.* [f. *-a*; m.pl. *-ci*] (*med.*) detto di chi è affetto da focomelia.
fo|co|me|trì|a *s.f.* misurazione della distanza focale di lenti o di sistemi ottici.
fo|có|ne *s.m.* foro nella culatta delle antiche armi da fuoco, attraverso cui si accendeva la carica di lancio.
fo|co|si|tà *s.f.* tendenza a un comportamento impulsivo; impetuosità, irruenza.
fo|có|so *agg.* ardente, impulsivo: *carattere* — □ **focosamente** *avv.*
fò|cus (*lat.*) *s.m.* (*med.*) focolaio latente di un'infezione da cui possono scaturire gravi processi morbosi.
fò|de|ra *s.f.* tessuto o altro materiale che riveste internamente o esternamente ql.co.: *la* — *di un cofanetto, di un divano*.
fo|de|rà|me *s.m.spec.pl.* complesso di tessuti di vario tipo usati per foderare capi d'abbigliamento.
fo|de|rà|re *v.tr.* [indic.pres. *io fòdero*...] ricoprire un abito o un oggetto con una fodera: — *una gonna, un quaderno*.
fò|de|ro[1] *s.m.* guaina di cuoio o metallo per armi da taglio.
fò|de|ro[2] *s.m.* zattera formata da più travi legate fra loro, usata per il trasporto del legname.
fó|ga *s.f.* ardore, impeto; slancio nel dire o fare ql.co.: — *del discorso; lottare con* —.
fòg|gia *s.f.* [pl. *-ge*] aspetto esteriore di ql.co.; forma: *un modello di* — *superata*.
fog|già|re *v.tr.* [indic.pres. *io foggio*...] (*anche fig.*) dare una forma a ql.co.; plasmare, modellare: — *una coppa;* — *il proprio carattere*.
fò|glia *s.f.* **1** organo delle piante costituito da una lamina appiattita, gener. verde, di forma varia, che si unisce al fusto o ai rami attraverso un picciolo; ha la funzione di regolare la traspirazione e di assimilare il carbonio durante il processo di fotosintesi clorofilliana | (*fig.*) *mangiare la* —, captare un inganno | *non muovere una* —, restare passivo | *tremare come una* —, tremare tantissimo per la paura o per il freddo **2** (*spec.pl.*) motivo ornamentale che riproduce foglie **3** lamina metallica molto sottile: — *in oro*.
fo|glià|ce|o *agg.* (*bot.*) che ha l'aspetto di una foglia.
fo|glià|me *s.m.* **1** complesso delle foglie di una o più piante **2** ammasso di foglie, anche secche.

fo|glià|re *agg.* (*bot.*) relativo alla foglia | simile a una foglia: *aspetto —.*

fo|glia|zió|ne *s.f.* (*bot.*) sviluppo delle foglioline da una gemma | il periodo in cui tale fenomeno avviene.

fo|gliét|to *s.m.* **1** foglio stampato; dépliant: — *illustrativo* **2** in tipografia, unità di base della composizione di un libro, costituita da due pagine: — *bianco di apertura, di chiusura* **3** in filatelia, foglio contenente una o più serie di francobolli **4** (*anat.*) membrana sierosa: — *pleurico*.

fò|glio *s.m.* **1** pezzo di carta gener. rettangolare, di dimensione e peso variabili, con funzionalità diverse: — *a righe, di carta da regalo* | — *volante*, foglio stampato che non fa parte di una pubblicazione, sciolto; volantino **2** modulo, documento: *compilare il — di domanda* | — *complementare*, documento che attesta la proprietà di un autoveicolo | (*dir.*) — *di via obbligatorio*, documento con cui il questore stabilisce il rimpatrio nel comune di provenienza di persone ritenute pericolose per la sicurezza o la moralità pubblica **3** (*inform.*) — *elettronico*, programma che gestisce dati organizzati in tabelle **4** (*coll.*) banconota: *un — da venti euro* **5** lamina di materiale vario: — *di plastica*.

fó|gna *s.f.* **1** condotto di una fognatura che raccoglie e convoglia le acque di scarico **2** (*fig.*) luogo sporco | luogo corrotto e malfamato **3** (*coll.*) persona spregevole, corrotta | persona che usa un linguaggio volgare, scurrile | (*scherz.*) persona che mangia molto, vorace.

fo|gna|rio *agg.* delle fogne; relativo alle fogne: *rete fognaria*.

fo|gna|tù|ra *s.f.* **1** l'insieme delle opere di canalizzazione adibite allo scarico delle acque piovane e di rifiuto **2** (*agr.*) l'insieme dei canali destinati al drenaggio dei campi.

föhn (*ted.*) *s.m.invar.* **1** vento secco e caldo caratteristico di alcune vallate alpine **2** asciugacapelli elettrico.

fòia *s.f.* eccitazione sessuale spec. degli animali; calore | (*estens.*) desiderio insanabile.

fói|ba *s.f.* **1** (*geog.*) nei terreni carsici, avvallamento a forma di imbuto in fondo al quale una profonda spaccatura fa scorrere le acque; abisso **2** (*st.*) fossa comune delle vittime di massacri bellici.

foie gras (*fr.*) [pr. *fuà grà*] *s.m.invar.* fegato d'oca ingrassata, usato in speciali preparazioni gastronomiche.

fò|la *s.f.* **1** (*lett.*) favola, fiaba **2** frottola, menzogna.

fò|la|de *s.f.* mollusco marino fosforescente, provvisto di conchiglia oblunga biancastra e rugosa, che perfora gli scogli con il movimento elicoidale delle valve.

fò|la|ga *s.f.* uccello palustre dal piumaggio grigio scuro, dotato di un becco bianco che talvolta si prolunga sulla fronte non una placca cornea.

fo|là|ta *s.f.* soffio di vento violento e improvviso; raffica.

fol|cló|re o **folcióre** o **folklóre** *s.m.* **1** disciplina che ha per oggetto di studio le tradizioni e i costumi di un popolo, di una regione o di una nazione | il complesso delle tradizioni e dei costumi di un popolo **2** (*estens., anche spreg.*) aspetto pittoresco di un ambiente o di una situazione.

fol|clo|rì|sta o **folklorìsta** *s.m./f.* [m.pl. -*i*] studioso di tradizioni popolari.

fol|clo|rì|sti|co o **folklorìstico** *agg.* [m.pl. -*ci*] **1** relativo al folclore | che appartiene al folclore di un popolo: *spettacolo —* **2** (*fam.*) vivace, bizzarro: *comportamento —*.

fol|go|rän|te *part.pres. di* folgorare ♦ *agg.* **1** che brilla; luminoso, splendente: *la lama — della sciabola* **2** (*fig.*) che colpisce ql.co. o qlcu. all'improvviso e violentemente; intenso: *un'intuizione —; un'occhiata —.*

fol|go|rà|re *v.tr.* [indic.pres. *io fólgoro...*] **1** detto spec. di divinità, colpire con un fulmine | (*fig.*) incenerire con lo sguardo: *dissi che aveva torto e mi folgorò* **2** (*estens.*) colpire ql.co. o qlcu. con una scarica elettrica: *fu folgorato da un fulmine* **3** (*fig.*) impressionare profondamente; illuminare la mente all'improvviso: *fui folgorato da una splendida idea* ♦ *intr.* [aus. A] **1** (*lett.*) mandare lampi; lampeggiare **2** (*fig.*) risplendere di luce vivida, brillare: *le luci folgoravano nel buio* **3** (*fig.*) muoversi rapidamente.

fol|go|ra|zió|ne *s.f.* **1** (*med.*) complesso delle lesioni, anche mortali, che si riscontrano sul corpo di chi è stato colpito da scariche elettriche **2** (*fig.*) illuminazione improvvisa, intuizione: *la tua trovata è una —!*

fól|go|re *s.f.* (*lett.*) lampo, fulmine.

folk (*ingl.*) *agg.invar.* popolare, detto spec. di fenomeni culturali: *canzone —* ♦ *s.m.invar.* musica popolare.

fol|kló|re *s.m. e deriv.* → **folclore** *e deriv.*

fól|la o **fòlla** *s.f.* **1** gran numero di persone riunite in un luogo: *una chiesa piena di —* **2** (*estens.*) gruppo numeroso; stuolo: *avere una — di sostenitori* **3** (*fig.*) moltitudine confusa di sentimenti, di pensieri: *una — di dubbi*.

fol|là|re *v.tr.* [indic.pres. *io fóllo...*] sottoporre alla follatura i tessuti di lana.

fol|la|trì|ce *s.f.* (*ind.*) macchina usata per follare.

fol|la|tù|ra *s.f.* **1** operazione mediante la quale si rende più resistente e morbido un tessuto di lana feltrandone la superficie e sottoponendolo a garzatura **2** in enologia, operazione di rimescolamento del mosto in fermentazione per risospingere il fondo delle vinacce salite in superficie.

fòl|le *agg.* **1** che è privo di senno; matto, pazzo: *un ragazzo —* **2** (*estens.*) di cosa ideata o compiuta con sconsideratezza; assurdo, temerario: *gesto, pensiero —* | *senza misura*; molto intenso, profondo: *una — gelosia* **3** (*mecc.*) si dice di un meccanismo che gira a vuoto | *in —*, si dice del motore di un autoveicolo in cui non è inserita alcuna marcia: *mettere in —* ♦ *s.m./f.* squilibrato, pazzo: *le urla di un —* □ **follemènte** *avv.* **1** pazzamente **2** intensamente, con passione.

fol|leg|già|re *v.intr.* [indic.pres. *io folléggio...*; aus. A] divertirsi senza limiti, spassarsela.

fol|lét|to *s.m.* 1 essere favoloso della tradizione popolare, piccolo, dispettoso ma non cattivo 2 (*estens.*) ragazzo irrequieto, vivace e molto esuberante.

fol|li|a *s.f.* 1 infermità mentale grave; demenza, pazzia: *attacco di —* | (*estens.*) mancanza di senno | *amare qlcu. alla —, fino alla —*, amarlo moltissimo, perdutamente 2 (*fig.*) azione insensata, avventata: *è una — avventurarsi con questa pioggia* | *fare follie*, agire in modo sconsiderato; (*fig.*) divertirsi follemente | *fare follie per ql.co., per qlcu.*, bramarlo ardentemente, fuori da ogni misura.

fol|li|co|là|re *agg.* (*anat., med.*) relativo ai follicoli.

fol|li|co|li|na *s.f.* (*fisiol.*) ormone prodotto dall'ovaio; estrone.

fol|li|co|li|te *s.f.* (*med.*) infiammazione di un follicolo pilifero o ghiandolare.

fol|li|co|lo *s.m.* 1 (*anat.*) piccola cavità presente in gran numero in alcuni organi del corpo umano: *follicoli sebacei* 2 (*bot.*) frutto secco deiscente contenente più semi che, una volta giunto a maturazione, si apre lungo la linea di sutura.

fol|ló|ne *s.m.* macchina a cilindri usata per la follatura dei tessuti di lana.

fól|to *agg.* 1 costituito da elementi molto vicini tra loro; fitto: *chioma folta* | riferito agli elementi che compongono l'insieme: *capelli folti* 2 (*estens.*) abbondante, numeroso: *un — gruppo di ammiratori* 3 denso, spesso, fitto: *una folta nebbia* ♦ *s.m.* la parte più fitta di ql.co.: *il — della foresta.*

fo|men|tà|re *v.tr.* [indic.pres. *io foménto...*] istigare, alimentare, eccitare: *— l'odio.*

fo|men|ta|tó|re *s.m.* [f. *-trice*] chi fomenta, istiga, alimenta: *— di litigi.*

fo|men|ta|zió|ne *s.f.* 1 (*med.*) terapia basata sull'applicazione di impacchi caldi 2 (*fig.*) incitamento, istigazione.

fo|mén|to o **fuménto** *s.m.* 1 (*med.*) impacco caldo imbevuto di liquido medicamentoso 2 (*fig.*) incitamento, stimolo.

fòn[1] *s.m.invar.* apparecchio elettrico, usato per asciugare i capelli, che produce una corrente di aria calda; föhn.

fòn[2] *s.m.invar.* → **phon**.

fo|na|tó|rio *agg.* che serve alla fonazione: *organo —* | della fonazione: *processo —.*

fo|na|zió|ne *s.f.* 1 (*fisiol.*) processo di produzione dei suoni della voce mediante gli organi dell'apparato fonatorio 2 (*ling.*) tale processo, in quanto diretto alla formazione del linguaggio articolato.

fón|da *s.f.* tratto di mare vicino alla costa, adatto all'ancoraggio delle navi.

fón|da|co *s.m.* [pl. *-chi*] 1 nel Medioevo, edificio usato come magazzino o come alloggio dai mercanti stranieri che approdavano alle città costiere 2 (*region.*) locale al pianterreno o seminterrato, adibito a magazzino o a modesta abitazione; basso.

fon|dà|le *s.m.* 1 profondità delle acque del mare, di un lago o di un fiume in un determinato punto 2 (*teat.*) grande tela dipinta che fa da sfondo alla scena.

fon|da|men|tà|le *agg.* che serve da fondamento; principale, essenziale: *nozioni fondamentali* | (*estens.*) di capitale importanza: *problema —* | (*mus.*) *nota —*, nota base di un accordo o di una scala ♦ *s.m.* ciò che costituisce il fondamento | (*spec.pl., sport*) tecnica di base: *i fondamentali della pallavolo* □ **fondamentalmente** *avv.* 1 alla base, nella sostanza: *una notizia — falsa* 2 principalmente: *una questione — teorica.*

fon|da|men|ta|li|smo *s.m.* 1 movimento religioso protestante, spec. statunitense, la cui dottrina si basa sull'infallibilità della Bibbia di cui viene ammessa la sola interpretazione letterale 2 (*estens.*) tendenza a considerare la propria religione superiore alle altre e ad applicarne rigidamente i dogmi; integralismo | — *islamico*, movimento integralista islamico che sostiene l'applicazione delle leggi coraniche sul piano religioso e politico.

fon|da|men|ta|li|sta *s.m./f.* [m.pl. *-i*] sostenitore del fondamentalismo religioso ♦ *agg.* che riguarda il fondamentalismo.

fon|da|mén|to *s.m.* [pl.m. *fondamenti* nel sign. fig.; pl.f. *fondamenta* nel sign. proprio] 1 (*spec.pl.*) ciascuna delle strutture sotterranee che costituisce la base di un edificio: *gettare le fondamenta* 2 (*fig.*) ciò su cui si fonda ql.co.; base, caposaldo: *i fondamenti della società civile* 3 (*fig.*) insieme delle nozioni che costituiscono la base di una disciplina, una dottrina e sim.: *i fondamenti della matematica* 4 ciò che costituisce una ragione valida, sicura | *privo di —, senza —*, senza sostanza: *timori privi di —* | *con —*, sulla base di informazioni precise: *parlare con —* | *fare — su ql.co. o qlcu.*, contarci.

fondant (*fr.*) [pr. *fondàn*] *s.m.invar.* dolcetto morbido a base di zucchero e aromi che si sciogle in bocca; fondente.

fon|dà|re *v.tr.* [indic.pres. *io fóndo...*] 1 gettare le fondamenta di una costruzione muraria, di un palazzo ecc. 2 (*estens.*) costruire un nuovo centro abitato | (*fig.*) dare vita, costituire: *— un comitato* 3 (*fig.*) basare, incentrare: *— un'ipotesi su dati certi* ♦ **-rsi** *rifl.* fare affidamento: *non bisogna — su fonti lacunose* ♦ *intr.pron.* basarsi: *l'accusa si fonda su notizie false.*

fon|da|téz|za *s.f.* consistenza, validità: *la — di una teoria.*

fon|dà|to *part.pass.* di *fondare* ♦ *agg.* che si basa su argomenti validi, su prove attendibili: *paura fondata* □ **fondatamente** *avv.*

fon|da|tó|re *s.m., agg.* [f. *-trice*] che, chi fonda; creatore: *il — di un'associazione.*

fon|da|zió|ne *s.f.* 1 costruzione: *la — di Roma* | (*fig.*) costituzione, istituzione: *la — di un partito* 2 (*pl.*) fondamento: *le fondazioni di un edificio* 3 (*dir.*) ente creato con una donazione o un lascito di qlcu., che promuove iniziative culturali o di ricerca nell'interesse collettivo: *— di beneficenza.*

fon|dèl|lo *s.m.* pezzo che costituisce il fondo di ql.co.: — *dei pantaloni* | *(fig., coll.)* **prendere qlcu. per i fondelli**, prenderlo in giro.
fon|dèn|te *part.pres. di* fondere ♦ *agg.* che fonde facilmente | *cioccolato* —, cioccolato amaro ♦ *s.m.* 1 *(gastr.)* fondant 2 *(metall.)* sostanza che durante la fusione si unisce ai metalli per trasformarne le impurità in scoria fluida.
fón|de|re *v.tr.* [indic.pres. *io fondo...*; pass.rem. *io fusi, tu fondesti...*; part.pass. *fuso*] **1** far passare una sostanza solida allo stato liquido mediante calore: — *l'argento* **2** colare metallo fuso in uno stampo per ricavare un oggetto: — *una statua* **3** provocare la fusione di un pezzo del motore per eccesso di attrito o surriscaldamento; grippare **4** *(fig.)* mettere insieme più elementi in un tutto organico; unificare, amalgamare: — *due partiti; i colori* ♦ *intr.* [aus. *A*] liquefarsi: *la neve fonde al sole* ♦ **-rsi** *intr.pron.* sciogliersi: *la cera si fonde con il calore* ♦ *rifl.rec.* unirsi formando un tutto organico: *le due società si sono fuse.*
fon|de|ri|a *s.f.* stabilimento in cui si producono oggetti mediante fusione o colata dei metalli in apposite forme.
fon|dià|rio *agg.* relativo ai terreni e ai beni immobili: *proprietà fondiaria.*
fon|di|bi|le *agg.* che si può fondere; fusibile.
fon|di|na *s.f.* **1** custodia in tessuto o pelle per pistole **2** *(region.)* piatto fondo, usato spec. per zuppe e minestre.
fon|di|sta *s.m./f.* [m.pl. *-i*] **1** *(sport)* atleta specializzato in gare di fondo giornalista che scrive articoli di fondo.
fon|di|tó|re *s.m.* [f. *-trice*] chi è addetto alla fusione dei metalli.
fon|di|tri|ce *s.f.* macchina usata per fondere i caratteri tipografici.
fón|do *s.m.* **1** parte inferiore di ql.co., spec. di una cavità, di un contenitore: *il — di un pozzo, di una valle* | parte posteriore: — *dei calzoni* | *(fig.) essere senza* —, essere insaziabile, vorace | *dar — a ql.co.*, esaurirlo, sperperarlo **2** *(estens.)* liquido che resta alla base di un recipiente: *il — della bottiglia* | residuo solido; posatura: *fondi del caffè* | *(fig.)* barlume, minima traccia: *c'è un — di gratitudine in te?* **3** *(spec.pl.)* insieme di cose avanzate | *fondi di magazzino*, merce in rimanenza spec. scadente **4** superficie solida su cui poggia la massa liquida del mare, di un lago o di un fiume; fondale | *andare a —*, naufragare; *(fig.)* rovinarsi | *(fig.) toccare il —*, raggiungere la condizione estrema, peggiore **5** *(anche fig.)* parte più interna, intima di un luogo: *in — al deposito; in — al cuore* | *(fig.)* parte essenziale di ql.co.; sostanza | *a —*, profondamente: *conoscere a — ql.co.* | *problema di —*, questione fondamentale **6** parte più lontana rispetto a chi guarda: *in — al corridoio* | *(fig.) andare fino in —*, portare a termine un'impresa | parte finale, termine di ql.co.: *giungere al — di un libro; il — di una pagina* | *da cima a —*, dall'inizio alla fine | *in —*, in conclusione, tutto sommato: *in — non è sbagliato* **7** strato superficiale | — *stradale*, manto stradale **8** terreno, podere; bene immobile **9** *(econ.)* riserva di denaro destinata a uno scopo particolare | — *perduto*, somma di cui non è prevista la restituzione | *(estens., pl.)* soldi: *esaurire i fondi* **10** colore di base su cui sono disegnati motivi ornamentali o figure; sfondo: *pois bianchi su — blu* **11** complesso di suoni che fanno da sottofondo: *c'è un rumore di —* **12** articolo di giornale pubblicato in prima pagina; editoriale **13** *(sport)* prova eseguita su lunga distanza: *gara di —* ♦ *agg.* **1** profondo: *una fonda vallata; cassa molto fonda* **2** *(estens.)* denso, fitto, folto | *a notte fonda*, a notte piena.
fon|do|schiè|na *s.m.invar. (coll., scherz.)* sedere, deretano.
fon|do|tìn|ta *s.m.invar.* crema cosmetica colorata che si stende sul viso come base per il trucco.
fon|do|vàl|le *s.m.* [pl. *fondivalle*] parte più bassa di una valle.
fondue *(fr.)* [pr. *fondù*] *s.f.invar.* piatto tipico della Svizzera, simile alla fonduta, a base di formaggio fuso e vino bianco.
fon|dù|ta *s.f.* piatto tipico del Piemonte e della Valle d'Aosta a base di fontina fusa, latte, tuorlo d'uovo e talvolta tartufi.
fo|nè|ma *s.m.* [pl. *-i*] *(ling.)* la più piccola unità di suono dotata di carattere distintivo che, da sola o insieme ad altre, è in grado di formare le parole di una lingua determinandone i diversi significanti (p.e. *p* e *t* sono due fonemi italiani che consentono di distinguere due parole come *pino* e *tino*).
fo|ne|mà|ti|ca *s.f. (ling.)* studio dei fonemi di una lingua.
fo|nen|do|scò|pio *s.m. (med.)* strumento usato per auscultare il cuore o altri organi interni, costituito da una piccola cassa di risonanza e da due tubi flessibili attraverso cui si propagano alle orecchie le vibrazioni sonore.
fo|nè|ti|ca *s.f. (ling.)* **1** studio dei suoni dal punto di vista fisico e fisiologico **2** l'insieme dei suoni articolati di una lingua.
fo|nè|ti|co *agg.* [m.pl. *-ci*] *(ling.)* **1** relativo alla fonetica: *studi fonetici* **2** relativo ai suoni articolati di una lingua | *alfabeto —*, quello in cui ogni segno grafico corrisponde a un suono □ **foneticamente** *avv.*
fo|ne|tì|sta *s.m./f.* [m.pl. *-i*] *(ling.)* studioso, esperto di fonetica.
-fo|ni|a secondo elemento di parole composte che significa "suono", "voce" *(radiofonia).*
fo|nià|tra *s.m./f.* [m.pl. *-i*] medico specializzato in foniatria.
fo|nia|trì|a *s.f. (med.)* studio della voce umana e delle sue alterazioni.
fò|ni|co *agg.* [m.pl. *-ci*] che riguarda il suono, la voce | *accento —*, accento acuto o grave che distingue il timbro chiuso o aperto delle vocali *e* e *o* ♦ *s.m.* tecnico del suono, spec. addetto alla registrazione della colonna sonora di un film □ **fonicamente** *avv.*
-fò|ni|co secondo elemento di aggettivi com-

fono-

posti derivati da sostantivi in *-fono* o in *-fonia* (*radiofonico, cacofonico*).

fo|no-, -fò|no primo e secondo elemento di parole composte che significa "suono", "voce" (*fonologia, megafono*) | in alcuni aggettivi, soltanto come secondo elemento, significa "che parla" (*anglofono*).

fo|no|as|sor|bèn|te *agg.* detto di rivestimenti e materiali, che assorbe suoni e rumori; isolante.

fo|no|gè|ni|co *agg.* [m.pl. *-ci*] si dice di suono che è adatto alla registrazione fonografica.

fo|no|grà|fi|co *agg.* [m.pl. *-ci*] 1 relativo al fonografo | effettuato per mezzo del fonografo 2 relativo alla riproduzione del suono.

fo|no|gra|fo *s.m.* apparecchio usato per la riproduzione dei suoni incisi su dischi.

fo|no|gràm|ma *s.m.* [m.pl. *-i*] testo scritto trasmesso per telefono.

fo|no|i|so|làn|te *agg., s.m.* detto di materiale che ha la capacità di isolare acusticamente.

fo|no|lo|gì|a *s.f.* 1 studio dei fonemi del linguaggio dal punto di vista della loro funzione 2 la scienza dei suoni, comprendente la fonetica e la fonematica.

fo|no|lò|gi|co *agg.* [m.pl. *-ci*] (*ling.*) della fonologia; relativo alla fonologia □ **fonologicamente** *avv.*

fo|no|me|trì|a *s.f.* (*fis.*) tecnica di misurazione dell'intensità dei fenomeni sonori.

fo|nò|me|tro *s.m.* strumento che misura l'intensità dei suoni.

fo|no|ni|mì|a *s.f.* (*ling.*) nella comunicazione tra sordomuti, rappresentazione dei suoni della voce mediante gesti.

fo|no|ri|ve|la|tó|re *s.m.* (*elettron.*) dispositivo che serve a trasformare in suoni i segnali incisi su dischi, nastri magnetici e sim.; pick-up.

fo|no|sim|bo|li|smo *s.m.* (*ling.*) particolare valore semantico per cui gli elementi fonici di una parola, una frase, un testo suggeriscono di per se stessi il significato o l'immagine che l'enunciato intende esprimere; onomatopea.

fo|no|sin|tàs|si *s.f.* (*ling.*) il complesso dei fenomeni fonetici che sono in rapporto con la posizione dei fonemi nella frase parlata.

fo|no|sti|li|sti|ca *s.f.* (*ling.*) settore della fonologia che studia gli elementi fonici aventi una funzione espressiva ed emotiva, non rappresentativa.

fo|no|te|le|me|trì|a *s.f.* (*fis.*) sistema di misurazione delle distanze che si basa sulla velocità o su altre caratteristiche del suono.

fo|no|va|lì|gia *s.f.* [pl. *-gie* o *-ge*] giradischi portatile contenuto in una piccola valigia.

font (*ingl.*) *s.m.invar.* in informatica e in tipografia, serie completa dei caratteri di stampa dello stesso tipo.

fon|tà|na *s.f.* 1 impianto per la distribuzione dell'acqua proveniente da una sorgente o da un acquedotto, spesso artisticamente decorato e provvisto di uno o più getti 2 (*fig.*) flusso copioso e continuo: — *di sudore* 3 (*geol.*) — *ardente*,

emissione dal terreno di idrocarburi gassosi che si infiammano spontaneamente.

fon|ta|nàz|zo *s.m.* (*region.*) durante la piena di un fiume, fuoriuscita di acqua dalla parte inferiore esterna dell'argine.

fon|ta|nèl|la *s.f.* 1 piccola fontana a forma di colonnina, collocata in piazze e strade 2 (*estens.*) piccola sorgente d'acqua; zampillo 3 (*anat.*) nel neonato, zona membranosa del cranio che non è ancora ossificata.

fon|ta|niè|re *s.m.* [f. *-a*] 1 operaio addetto alla manutenzione e al funzionamento degli impianti per l'erogazione dell'acqua potabile 2 (*region.*) idraulico.

fon|ta|ni|le *s.m.* 1 (*geol.*) sorgente naturale o artificiale che affiora da una falda freatica 2 (*agr.*) vasca in muratura usata come abbeveratoio o lavatoio per il bestiame.

fón|te *s.f.* 1 sorgente 2 (*fig.*) ciò da cui proviene ql.co.; causa, origine: — *di guadagno*; — *di preoccupazioni* | — *d'informazione*, persona, istituzione da cui si ottengono notizie certe 3 (*spec.pl.*) documento originale da cui si traggono testimonianze e dati storici: *esame delle fonti* 4 testo da cui un autore trae ispirazione per la propria opera ♦ *s.m.* vasca | — *battesimale*, quello che contiene l'acqua lustrale per il battesimo.

fon|ti|na *s.f.* formaggio dolce, grasso, prodotto in Piemonte e Valle d'Aosta.

football (*ingl.*) [pr. *fùtbol*] *s.m.invar.* gioco del calcio.

footing (*ingl.*) [pr. *fùtin*] *s.m.invar.* esercizio di allenamento in cui si alternano corsa e marcia, eseguito per potenziare la resistenza fisica e respiratoria.

fo|rac|chià|re *v.tr.* [indic.pres. *io foracchio...*] fare tanti piccoli fori; crivellare.

fo|rag|gè|ro o **foraggièro** *agg.* relativo al foraggio | che fornisce foraggio: *pianta foraggera*.

fo|rag|gia|mén|to *s.m.* 1 rifornimento di foraggio 2 (*fig., scherz., spreg.*) finanziamento, sovvenzione.

fo|rag|già|re *v.tr.* [indic.pres. *io foraggio...*] 1 rifornire di foraggio: — *gli animali* 2 (*fig., scherz.*) finanziare, sovvenzionare spec. per scopi illeciti.

fo|rag|giè|ro *agg.* → **foraggero**.

fo|rag|gio *s.m.* prodotto di origine vegetale usato per l'alimentazione animale.

fo|ra|mi|ni|fe|ro *s.m.* protozoo marino munito di un guscio calcareo con numerosi fori da cui escono gli pseudopodi; tale guscio depositandosi sul fondale marino contribuisce alla formazione dei fanghi abissali.

fo|rà|ne|o *agg.* 1 si dice di costruzione, strada e sim., situata fuori della città 2 si dice di opera edificata all'esterno di un porto: *banchina foranea*.

fo|ra|pà|glia *s.m.invar.* piccolo uccello con piumaggio scuro sul dorso e giallo sul ventre, provvisto di lunga coda, di becco piccolo e di zampe sottili; nidifica presso cespugli e canneti o nei campi umidi.

fo|rà|re *v.tr.* [indic.pres. *io fóro...*] **1** bucare, perforare: — *una trave, una parete* | — *i biglietti*, effettuare un foro di controllo sui biglietti di viaggio o di ingresso **2** (*assol.*) subire una foratura nei pneumatici di un autoveicolo, nelle ruote di una bicicletta e sim.: *ieri ho forato* ♦ **-rsi** *intr.pron.* bucarsi: *si è forato il pallone*.

fo|ra|sàc|co *s.m.* [pl. *-chi*] graminacea le cui spighette sono provviste di peli rigidi e pungenti.

fo|ra|tèr|ra *s.m.invar.* (*agr.*) paletto a punta usato per fare buchi nel terreno allo scopo di seminare o piantare alberi.

fo|ra|ti|no *s.m.* **1** mattone forato con una sola serie di fori, usato per costruire sottili muri divisori **2** (*spec.pl.*) tipo di pasta alimentare che somiglia ai bucatini.

fo|ra|to *part.pass. di* forare ♦ *agg.*, *s.m.* detto di un tipo di mattone forato nel senso della lunghezza, usato per costruire muri non portanti.

fo|ra|tó|io *s.m.* arnese che serve a fare buchi.

fo|ra|tù|ra *s.f.* **1** l'azione del forare ql.co.; perforazione: *la — di una lamiera* | insieme di buchi **2** bucatura di un pneumatico.

fòr|bi|ce *s.f.* **1** (*spec.pl.*) strumento da taglio costituito da due lame incrociate e fissate nel mezzo, dotate all'estremità di due anelli in cui si infilano indice e pollice | (*fig.*) *dare un colpo di forbici*, fare dei tagli in un testo | *avere una lingua tagliente come le forbici*, essere abituato a sparlare degli altri **2** divaricazione progressiva di fenomeni, spec. economici | *la — dei prezzi*, differenza tra i prezzi all'ingrosso e quelli al minuto **3** (*pl.*) chele di granchi o scorpioni.

for|bi|cià|ta *s.f.* **1** colpo di forbici | taglio netto e approssimativo **2** (*sport*) sforbiciata.

for|bi|ci|na *s.f.* **1** piccola forbice da unghie o da ricamo **2** insetto di colore scuro dal corpo allungato con addome provvisto di pinza; vive nei luoghi umidi, sotto i sassi, sugli alberi o sui fiori; forficola.

for|bi|re *v.tr.* [indic.pres. *io forbisco, tu forbisci...*] **1** pulire in modo accurato **2** (*fig.*) perfezionare, raffinare: — *lo stile*.

for|bi|téz|za *s.f.* cura, eleganza.

for|bi|to *part.pass. di* forbire ♦ *agg.* accurato, elegante: *linguaggio* — □ **forbitamente** *avv.*

fór|ca *s.f.* **1** attrezzo agricolo costituito da un manico di legno terminante con due o più denti appuntiti, usato per rimuovere fieno, paglia e sim. **2** (*estens.*) qualsiasi oggetto a forma di forca **3** patibolo per impiccagioni, costituito da due pali infissi nel terreno e uniti alla sommità da un'asta trasversale cui viene appesa la corda con il cappio: *condannare alla —*.

for|cà|ta *s.f.* **1** colpo dato con la forca **2** quantità di fieno, paglia e sim. che si può sollevare in una volta con la forca.

for|cèl|la *s.f.* **1** (*mecc.*) dispositivo di forma biforcuta che può avere diverse funzioni; viene usato spec. come elemento di sostegno o di raccordo | *la — della bicicletta, della motocicletta*, parte del telaio in cui è inserito il mozzo della ruota anteriore **2** biforcazione di un ramo o del tronco di un albero **3** forcina per capelli **4** stretto e ripido valico montano.

for|chét|ta *s.f.* posata formata da un manico e da più denti (rebbi) con cui si infilzano i cibi | (*fig.*) *una buona —*, un buon mangiatore.

for|chet|tà|ta *s.f.* **1** quantità di cibo che si può prendere con la forchetta in una volta **2** colpo dato con la forchetta.

for|chét|to *s.m.* asta terminante con due denti, usata dai negozianti per appendere in alto degli oggetti o per prelevarli.

for|chet|tó|ne *s.m.* grossa forchetta gener. a due rebbi, usata per varie operazioni di cucina.

for|ci|na *s.f.* oggetto di metallo o altro materiale, ripiegato in due, usato per appuntare i capelli.

forcing (*ingl.*) [pr. *fòrsin*] *s.m.invar.* (*sport*) pressante azione d'attacco.

fòr|ci|pe *s.m.* (*med.*) strumento ostetrico a forma di pinza, usato nei parti difficili per estrarre il feto.

fór|co|la *s.f.* **1** (*agr.*) piccola forca **2** (*mar.*) scalmo in legno o ferro, a forma di forca, su cui si poggia il remo.

for|co|nà|ta *s.f.* **1** colpo dato con il forcone **2** quantità di materiale che può essere sollevata con un forcone in una volta **3** (*sport*) nella scherma, colpo irregolare che si vibra tirando all'indietro il braccio armato.

for|có|ne *s.m.* **1** attrezzo agricolo costituito da un'asta di legno terminante con tre rebbi **2** (*st.*) antica arma formata da un'asta munita di due o più rebbi.

for|cù|to *agg.* che ha forma di forca; biforcuto: *bastone* —.

for|di|smo *s.m.* metodo di organizzazione del lavoro basato sulla produzione in serie.

fo|rèn|se *agg.* relativo all'attività giudiziaria: *pratica* —.

fo|ré|sta *s.f.* grande estensione di terreno ricoperta di alberi: — *tropicale*.

fo|re|stà|le *agg.* **1** della foresta, delle foreste: *disboscamento —* **2** che si occupa della tutela delle foreste: *Corpo —* ♦ *s.f.* corpo delle guardie addette alla cura del patrimonio boschivo: *la Forestale* ♦ *s.m./f.* guardia forestale.

fo|re|ste|rì|a *s.f.* **1** complesso di camere o appartamento destinato all'alloggio di ospiti provvisori: *la — di un collegio* **2** appartamento affittato da un'azienda per dare ospitalità ai lavoratori in trasferta.

fo|re|stie|rì|smo *s.m.* (*ling.*) parola o locuzione importata da una lingua straniera in forma originale (p.e. *lifting*) o adattata alla lingua italiana (p.e. *blusa* dal fr. *blouse*).

fo|re|stiè|ro *agg.*, *s.m.* [f. *-a*] che, chi proviene da un altro paese, città o nazione: *usanze forestiere*; *una folla di forestieri*.

forfait[1] (*fr.*) [pr. *forfé*] *s.m.invar.* compenso o prezzo unico, stabilito per una prestazione o per un dato bene.

forfait[2] (*fr.*) [pr. *forfé*] *s.m.invar.* (*sport*) ritiro di una squadra o di un atleta prima che la gara

forfettario

abbia inizio | *dichiarare* —, abbandonare la gara iniziata; (*fig.*) dichiararsi vinto, rinunciare.
for|fet|tà|rio o **forfetàrio** *agg.* che è stato stabilito a forfait: *pagamento* —.
for|fi|col|la o **forfìcula** *s.f.* forbicina.
fór|fo|ra *s.f.* insieme di piccole squame chiare che si staccano dal cuoio capelluto.
for|fo|ró|so *agg.* pieno di forfora.
fòr|gia *s.f.* [pl. *-ge*] fornello usato dal fabbro per riscaldare i metalli da lavorare a mano; fucina.
for|già|bi|le *agg.* detto di metallo che può essere forgiato.
for|già|re *v.tr.* [indic.pres. *io forgio*...] **1** lavorare alla forgia; fucinare: — *un oggetto metallico* **2** (*fig.*) foggiare, plasmare: — *l'animo*.
for|gia|tó|re *s.m.* [f. *-trice*] **1** chi forgia i metalli **2** (*fig., lett.*) chi educa, plasma; educatore.
for|gia|tù|ra *s.f.* operazione del forgiare; fucinatura.
fo|riè|ro *agg.* (*lett.*) che anticipa e preannuncia ql.co.: *notizia foriera di sventure*.
fór|ma *s.f.* **1** aspetto esteriore di ql.co., determinato spec. dal contorno: — *tonda*; *dare, assumere, modificare la* — | (*fig.*) **prendere** —, diventare concreto **2** (*spec.pl.*) aspetto fisico di una persona | l'insieme delle rotondità femminili: *quella ragazza ha delle splendide forme* **3** aspetto assunto da più cose messe insieme in un certo modo; configurazione, figura: *composizione floreale a* — *di piramide* **4** modo di essere di ql.co.; tipo di struttura o di espressione: *varie forme di pagamento*; — *autoritaria di governo* | (*gramm.*) aspetto morfologico della parola: — *del verbo* **5** modo di scrivere o di esprimersi; stile: *ho apprezzato la* —, *non il contenuto* **6** apparenza, esteriorità: *badare solo alla* — **7** modalità con cui un'azione deve essere svolta: *in* — *solenne* | (*dir.*) **vizio di** —, errore di procedura **8** norma di buona educazione | (*pl.*) convenienze sociali: *rispettare le forme* **9** attrezzo o stampo usato per modellare gli oggetti o per conservarne la forma: — *per torte* | — **di formaggio**, massa di formaggio modellata in apposito stampo **10** condizione fisica di un atleta | (*estens.*) stato fisico o psichico di una persona: *essere in perfetta* — **11** (*filos.*) principio astratto contrapposto alla realtà sensibile ♦ *agg.* *solo nella loc.* **peso** —, quello dell'atleta nella sua migliore condizione fisica; (*estens.*) quello ideale di una persona.
for|mà|bi|le *agg.* che si può formare.
for|mag|giè|ra o **formaggèra** *s.f.* recipiente che contiene il formaggio grattugiato da portare in tavola.
for|mag|gì|no *s.m.* formaggio fuso confezionato in piccoli pezzi triangolari, rotondi o quadrati.
for|màg|gio *s.m.* alimento ottenuto dalla coagulazione del latte con il caglio: — *di pecora, di capra*; — *a pasta molle, dura*.
for|mal|dèi|de *s.f.* (*chim.*) aldeide formica, gas solubile in acqua, irritante e dall'odore pungente; si usa nella sintesi delle materie plastiche e nella disinfezione degli ambienti.
for|màl|le *agg.* **1** che bada soltanto alla forma;

che riguarda l'aspetto esteriore di ql.co.: *è un tipo molto* —; *gesto* — **2** che è formulato in modo ufficiale; convenzionale, solenne: *saluto* — **3** che riguarda le tecniche stilistiche e compositive di un'opera artistica: *analisi* — □ **formalmente** *avv.* in modo formale | dal punto di vista formale.
for|ma|lì|na *s.f.* (*chim.*) soluzione acquosa di formaldeide, usata come disinfettante.
for|ma|lì|smo *s.m.* **1** rigoroso rispetto delle formalità **2** tendenza ad attribuire estrema importanza agli aspetti formali **3** qualunque corrente di pensiero che faccia della forma il centro dell'indagine | dottrina estetica in base alla quale l'essenza di un'opera d'arte è esclusivamente costituita da valori formali.
for|ma|lì|sta *s.m./f.* [m.pl. *-i*] **1** chi è rigoroso nel rispetto delle formalità **2** chi attribuisce estrema importanza agli aspetti formali **3** seguace del formalismo.
for|ma|lì|sti|co *agg.* [m.pl. *-ci*] relativo al formalismo: *linguaggio* — | tipico dei formalisti: *comportamento* —.
for|ma|li|tà *s.f.* **1** corretta procedura prescritta da una norma per l'adempimento di determinati atti: *le* — *per richiedere il permesso di soggiorno* **2** (*estens.*) esteriorità, convenzione sociale: *salvare le* —.
for|ma|liz|zà|re *v.tr.* rendere formale: — *una nomina* ♦ **-rsi** *intr.pron.* mostrarsi rigoroso nel rispetto delle formalità | risentirsi o stupirsi per l'inosservanza di tali formalità: *non devi formalizzarti con me*.
for|ma|liz|za|zió|ne *s.f.* acquisizione o attribuzione di qualità formali; ufficializzazione.
fòr|ma mèn|tis (*lat.*) *loc.sost.f.invar.* struttura mentale caratteristica di un individuo, in quanto risultato delle sue esperienze e della sua formazione culturale.
for|mà|re *v.tr.* [indic.pres. *io fórmo*...] **1** dare forma a ql.co.; modellare, produrre: *l'acquazzone forma le pozzanghere*; — *una figurina di terracotta* **2** comporre mettendo insieme più elementi singoli: — *una frase*; — *un cerchio* **3** (*fig.*) plasmare, educare: — *un carattere* **4** creare ql.co.; dare origine: — *parole nuove* | istituire, costituire: — *una famiglia* ♦ **-rsi** *intr.pron.* **1** originarsi, svilupparsi: *sulla giacca si è formata una macchia* **2** raggiungere la maturità intellettuale o fisica: *si sta formando presso un noto allenatore*.
format (*ingl.*) *s.m.invar.* programma televisivo a puntate che una rete può acquistare da una televisione straniera e adattare ai gusti del proprio pubblico.
for|ma|tì|vo *agg.* educativo, istruttivo: *corso* —.
for|mà|to *part.pass. di* formare ♦ *agg.* **1** che ha una determinata forma **2** che ha raggiunto il pieno sviluppo intellettuale e fisico; maturo ♦ *s.m.* dimensione di un foglio, di un libro, di un giornale e sim.: — *medio* — **tessera**, si dice di fotografia di dimensioni ridotte da allegare ai documenti di riconoscimento.
for|ma|tó|re *agg.* [f. *-trice*] che forma: *cultura formatrice* ♦ *s.m.* **1** chi si occupa di formazione

professionale; educatore 2 nell'industria ceramica o meccanica, operaio addetto alla formatura | operaio che conferisce agli oggetti in lavorazione la forma desiderata.
for|ma|tri|ce *s.f.* **1** (*metall.*) macchina usata in fonderia per preparare le forme | (*mecc.*) macchina usata per sagomare la corona di una ruota dentata **2** (*ind.*) macchina che conferisce una determinata forma a un prodotto alimentare compatto.
for|mat|tà|re *v.tr.* (*inform.*) effettuare la formattazione.
for|mat|ta|zió|ne *s.f.* (*inform.*) operazione con cui si organizzano i dati per consentirne il trattamento | operazione con cui un software rende idoneo alla registrazione dei dati un supporto di memoria, p.e. un dischetto.
for|ma|tu|ra *s.f.* **1** nell'industria della ceramica, operazione che consiste nel modellare la pasta argillosa fino a darle la forma dell'oggetto da fabbricare **2** in fonderia, preparazione delle forme di colata del metallo fuso.
for|ma|zió|ne *s.f.* **1** nascita, costituzione; modo in cui una cosa si forma o si è formata: *la — dell'umidità*; *la — spontanea di un corteo* **2** processo di sviluppo fisico, morale, culturale | competenza acquisita: *— specialistica* **3** disposizione assunta da persone o cose, spec. da militari e mezzi; schieramento: *una — aerea* **4** (*sport*) schieramento assunto dai componenti di una squadra **5** (*geol.*) insieme di rocce dotate di caratteristiche identiche, appartenenti a un determinato periodo o formatesi in seguito a determinati processi.
-fór|me secondo elemento di aggettivi composti che significa "forma", "a forma di" (*deforme*, *stratiforme*).
for|mèl|la *s.f.* **1** mattonella di forma geometrica, in ceramica, marmo o altro materiale, usata per pavimentazioni, rivestimenti a scopo ornamentale **2** (*zootec.*) mattonella di foraggio essiccato e compresso.
for|mì|ca *s.f.* piccolo insetto imenottero dal corpo snello e allungato, provvisto di addome segmentato e di capo grosso con antenne; vive in comunità organizzate e specializzate | *a passo di —*, molto lentamente | *fare come la —*, essere parsimonioso | *avere un cervello di —*, essere poco intelligente.
fòr|mi|ca® *s.f.* laminato plastico costituito da strati di carta speciale impregnata di resine sintetiche; viene usato in edilizia e nell'industria dell'arredamento spec. come rivestimento.
for|mi|cà|io *s.m.* **1** nido di formiche **2** (*fig.*) folla di persone in continuo movimento | luogo con molta gente.
for|mi|ca|le|ó|ne *s.m.* [pl. *-i*] insetto simile alla libellula, diffuso nelle aree tropicali asciutte, la cui grossa larva scava nella sabbia delle gallerie a imbuto per catturare le formiche.
for|mi|chiè|re *s.m.* mammifero dell'America meridionale dal corpo robusto e peloso, provvisto di muso allungato e di una lingua vischiosa che introduce nei formicai per catturare le formiche.
fòr|mi|co *agg.* [m.pl. *-ci*] (*chim.*) si dice di acido estratto in natura dalle formiche rosse e ottenuto dall'ossidazione della formaldeide; è un liquido caustico, incolore e dall'odore pungente, usato come disinfettante o in conceria e tintoria.
for|mi|co|là|re *v.intr.* [indic.pres. *io formìcolo...*; aus. *A, E*] **1** detto di un luogo, essere pieno di persone o animali in movimento: *la galleria formicolava di visitatori* **2** detto di una parte del corpo, spec. di un arto, far provare una sensazione di intorpidimento: *mi formicola un piede*.
for|mi|co|lì|o *s.m.* **1** brulichio: *un — di passanti* **2** sensazione di intorpidimento delle membra, dovuta a un disturbo circolatorio.
for|mi|dà|bi|le *agg.* **1** imponente, potente: *uno schieramento —* | (*estens.*) fortissimo: *una presa —* **2** eccezionale, straordinario: *una memoria —*
□ **formidabilmente** *avv.*
for|mì|na *s.f.* piccolo stampo di plastica che i bambini per gioco riempiono di sabbia o di una sostanza modellabile.
for|mo|si|tà *s.f.* **1** prosperosità, pienezza delle forme **2** (*spec.pl.*, *scherz.*) la fisionomia curvilinea del corpo femminile; rotondità.
for|mó|so *agg.* prosperoso, appariscente nelle forme del corpo: *un fisico —*.
fòr|mu|la *s.f.* **1** frase consacrata dalla legge o dal rito che si deve pronunciare in determinate circostanze: *— di giuramento* | (*estens.*) espressione convenzionale usata per salutare, ringraziare e sim.: *— di commiato* **2** frase che esprime sinteticamente una corrente culturale, una dottrina e sim.: *la — della letteratura futurista è*: "*liberare le parole*" **3** programma adottato per organizzare un lavoro, un'attività e sim.: *una innovativa — imprenditoriale* **4** (*mat.*) insieme di simboli che rappresentano le relazioni esistenti fra determinati enti matematici: *— algebrica* **5** (*chim.*) rappresentazione sotto forma di simboli degli elementi che formano un composto chimico e dei legami che li collegano: CH_4 *è la — del metano* | (*estens.*) insieme degli ingredienti di una sostanza: *la — di uno shampoo* **6** (*sport*) categoria in cui si suddividono le autovetture da corsa a seconda della cilindrata e del peso: *macchina di — Uno*.
for|mu|là|re *v.tr.* [indic.pres. *io fòrmulo...*] esprimere ql.co. secondo i termini di una formula: *— una promessa di matrimonio* | (*estens.*) enunciare, esprimere: *— un giudizio*.
for|mu|là|rio *s.m.* **1** raccolta di formule relative a una determinata disciplina | testo in cui sono riportate tali formule **2** questionario da compilare.
for|mu|la|zió|ne *s.f.* **1** enunciazione di frasi secondo i termini della formula; modo in cui si formula ql.co.: *l'esatta — di un problema* | il testo così formulato **2** espressione, manifestazione: *— di un bisogno*.
for|nà|ce *s.f.* **1** struttura in muratura usata per

fornaciaio

la cottura del gesso e dei materiali da costruzione | edificio in cui si trova tale struttura **2** (*fig.*) luogo caldissimo: *la cucina è diventata una —*.
for|na|cià|io *s.m.* [f. *-a*] **1** proprietario di una fornace **2** chi lavora in una fornace o è addetto a una fornace.
for|nà|io *s.m.* [f. *-a*] chi produce o vende il pane | proprietario di un forno.
for|nèl|lo *s.m.* **1** piccolo apparecchio domestico alimentato in vario modo, usato spec. per cuocere vivande: *— elettrico, a gas* **2** vano della caldaia in cui avviene la combustione | (*estens.*) cavità della pipa in cui brucia il tabacco **3** in una miniera, pozzo di comunicazione, di ventilazione o di accesso.
for|nét|to *s.m.* **1** piccolo forno a microonde o portatile **2** (*pop.*) loculo di cimitero.
for|ni|bi|le *agg.* che può essere fornito: *prodotto — a richiesta*.
for|ni|cà|re *v.intr.* [indic.pres. *io fòrnico, tu fòrnichi...*; aus. *A*] avere rapporti sessuali con una persona diversa dal proprio coniuge.
for|ni|ca|zió|ne *s.f.* tradimento coniugale; adulterio.
fòr|ni|ce *s.m.* (*arch.*) grande apertura ad arco in edifici a carattere monumentale.
for|nì|re *v.tr.* [indic.pres. *io fornisco, tu fornisci...*] **1** dare a qlcu. ciò di cui ha bisogno: *— i bisognosi dei beni di prima necessità* | dotare, equipaggiare: *— l'officina di nuovi impianti* **2** mostrare, presentare: *— il documento di riconoscimento* ♦ **-rsi** *rifl.* provvedersi; rifornirsi.
for|ni|to *part.pass.* di fornire ♦ *agg.* provvisto di quanto è necessario: *supermercato ben —*.
for|ni|tó|re *agg., s.m.* [f. *-trice*] che, chi fornisce negozi, aziende o privati di merce.
for|ni|tù|ra *s.f.* **1** rifornimento: *— di munizioni* **2** merce fornita: *— di energia elettrica*.
fór|no *s.m.* **1** costruzione a volta in muratura o cavità che viene scaldata internamente per poter cuocere il pane o altri cibi | (*estens.*) parte di una cucina domestica nella quale si mettono a cuocere i cibi: *vitello cotto al —* **2** locale in cui si cuoce e si vende il pane; panetteria **3** (*tecn.*) apparecchio in cui viene prodotto calore a temperatura elevata per sottoporre materiali a trasformazioni fisiche o chimiche o per scopi industriali: *— a combustione, elettrico* | *— a fiamma libera*, quello in cui il materiale è a diretto contatto con i gas di combustione | *— a plasma*, quello che sfrutta l'energia termica prodotta dal getto di plasma con cui viene rivestito il metallo da riscaldare o da fondere | *— a energia solare*, quello costituito da un insieme di specchi mobili attraverso i quali i raggi solari si riflettono su un grande specchio parabolico che concentra l'energia all'interno del forno **4** (*med.*) apparecchio usato nella cura dell'artrite o dei reumatismi, costituito da una piccola cassa riscaldata elettricamente in cui viene introdotto l'arto da sottoporre al trattamento: *fare i forni* **5** (*fig.*) luogo molto caldo: *al sole l'auto diventa un —* **6**

(*scherz.*) bocca molto larga o aperta: *basta, chiudi questo —!* **7** (*teat.*) sala vuota.
fó|ro¹ *s.m.* **1** piccola apertura gener. circolare; buco: *fare un — nel muro* **2** (*tecn.*) cavità praticata in una costruzione meccanica che mette in collegamento due parti o elementi della macchina **3** (*anat.*) orifizio: *— acustico*.
fò|ro² *s.m.* **1** (*st.*) piazza principale dell'antica Roma che in origine era luogo di mercato e progressivamente divenne centro della vita civile, politica e religiosa della città **2** (*dir.*) luogo dove l'autorità giudiziaria ha sede e in cui esercita la propria attività | (*estens.*) l'autorità giudiziaria competente per territorio.
-fò|ro secondo elemento di parole composte che significa "che porta", "che sorregge", "che genera" (*aeroforo, stiloforo, termoforo*).
fór|ra *s.f.* (*geog.*) stretta gola con pareti molto ripide, prodotta dall'erosione delle acque.
fór|se *avv.* **1** [indica dubbio, esitazione, eventualità] probabilmente: *— verrò domani* | si usa per attenuare un'affermazione: *— è il più noto scrittore italiano* **2** [seguito da numerale] pressapoco, circa: *saranno state — trenta persone* **3** [nelle interrogative retoriche ha valore enfatico; può essere seguito da *che*] per caso: *non siamo — soli?*; *— che non ci ho provato?* ♦ *s.m.invar.* dubbio, incertezza: *essere, restare, mettere in —*.
for|sen|nà|to *agg., s.m.* [f. *-a*] detto di persona che si comporta in modo violento al punto da sembrare fuori di senno: *urlare come un —* □ **forsennatamente** *avv.*
fòr|te *agg.* **1** che riesce a sostenere un intenso sforzo fisico e resistere alla fatica: *un giovane sano e —* | (*fig.*), in modo deciso | *governo —*, governo autoritario | *a più — ragione*, a maggior ragione | *sesso —*, sesso estremo | *taglia —*, taglia adatta per una persona robusta | *essere — come un bue, un cavallo, un toro*, avere molta forza fisica | *essere un — bevitore, camminatore, mangiatore*, bere, camminare, mangiare molto **2** in grado di sopportare le avversità: *temperamento —* | *farsi —*, farsi coraggio | *farsi — di un argomento, di una prova*, avvalersene a vantaggio personale **3** resistente, solido: *stoffa —* | *colore —*, colore marcato | *colla —*, quella che attacca bene e a lungo | (*econ.*) *moneta —*, quella che tende ad aumentare di valore rispetto alle altre monete **4** (*fig.*) tenace, saldo: *un rapporto —* **5** che colpisce con forza: *un — calcio* **6** (*anche fig.*) che è molto intenso, potente: *una — nevicata*; *una — rabbia* | *vino —*, quello con un'alta gradazione alcolica | *caffè —*, caffè ristretto **7** che si sopporta a fatica: *un — dolore di denti* | *parole forti*, parole offensive | *punizione —*, punizione pesante **8** grande, considerevole: *una — cifra* **9** bravo, esperto: *è l'atleta più — che abbia mai visto* | (*coll.*) *—!*, eccezionale! | (*fam.*) simpatico, spiritoso: *che — tuo fratello!* **10** (*ling.*) si dice dei verbi o sostantivi che si modificano la loro radice nella flessione di alcune forme | *vocali, sillabe forti*, quelle toniche ♦ *avv.* **1** con forza; con violenza: *battere —*;

forzare

grandina — | *giocare —,* puntare grosse cifre **2** velocemente: *camminare —* **3** con voce alta; a volume alto: *parlare —; ascoltare la musica molto —* **4** molto, assai: *è brutta —!* ♦ *s.m.* **1** persona dotata di grande energia fisica e morale **2** ciò che rappresenta la parte più resistente, consistente di ql.co.: *il — dello spettacolo arriva ora* **3** disciplina, attività, argomento in cui una persona rivela la sua competenza o è particolarmente abile: *la fisica non è il suo —* **4** luogo fortificato, fortezza: *difendere il —* **5** (*solo sing., region.*) sapore piccante **6** (*solo sing.*) sapore rancido, aspro **7** (*mus.*) didascalia con indicazione dinamica che richiede una grande intensità di esecuzione.

for|te|mén|te *avv.* **1** con forza, energicamente: *colpire —* **2** con intensità; assai: *essere — affezionato a qlcu.*

for|te|pià|no o **fòrte-piàno** *s.m.* strumento a tastiera del XVIII sec. da cui è derivato il pianoforte.

for|téz|za *s.f.* **1** forza morale | secondo la teologia cattolica, una delle quattro virtù cardinali e uno dei sette doni dello Spirito Santo **2** edificio o luogo fortificato: *attaccare una —.*

for|ti|fi|cà|re *v.tr.* [indic.pres. *io fortifico, tu fortifichi...*] **1** rendere fisicamente o moralmente forte: *il nuoto fortifica l'organismo; devi — la tua fede* **2** (*mil.*) rendere sicuro un territorio o una città erigendo opere difensive ♦ **-rsi** *rifl., intr.pron.* **1** diventare più forte fisicamente e moralmente; irrobustirsi, temprarsi: *nella corsa le gambe si fortificano; il suo carattere si è fortificato* **2** (*mil.*) proteggersi con fortificazioni: *il reparto si fortificò nel bosco.*

for|ti|fi|ca|zió|ne *s.f.* **1** (*mil.*) insieme delle opere volte a difendere un territorio o una città **2** rafforzamento interiore e del corpo.

for|ti|lì|zio *s.m.* fortezza di modeste dimensioni.

for|ti|no *s.m.* piccolo forte.

for|tùi|to *agg.* che accade per caso, casuale; accidentale: *occasione fortuita* □ **fortuitamente** *avv.*

for|tù|na *s.f.* **1** sorte, destino: *buona, cattiva —* | *a —,* a caso | *di —,* di emergenza: *mezzi di —* | *leggere la —,* prevedere il futuro **2** sorte favorevole; occasione propizia: *affidarsi alla —* | *per —, — che,* per buona sorte, meno male | *la — vien dormendo,* la fortuna arriva all'improvviso, quando meno te l'aspetti | *avere tutte le fortune,* essere sempre fortunato | *avere una — sfacciata,* essere fortunatissimo | *essere baciato dalla —,* essere inaspettatamente fortunato | *portare —,* si dice di persona o di cosa a cui si attribuisce il potere di influenzare positivamente il corso delle cose **3** patrimonio, ricchezza: *guadagnare una —* | *fare —,* avere successo, diventare ricco.

for|tu|nà|le *s.m.* tempesta violenta con venti impetuosi; burrasca di mare.

for|tu|nà|to *agg.* **1** favorito dalla fortuna: *una persona fortunata* | nelle formule di cortesia, felice: *— di averla conosciuta* **2** che ha esito favorevole o che ha buone conseguenze: *scelta fortunata* □ **fortunatamente** *avv.*

for|tu|nó|so *agg.* soggetto alle alternanze della fortuna, spec. spiacevoli; pieno di imprevisti: *un viaggio —* □ **fortunosamente** *avv.*

forum (*ingl.*) *s.m.invar.* convegno, dibattito; assemblea, riunione.

fo|rùn|co|lo *s.m.* (*med.*) infiammazione di un follicolo pilifero o sebaceo della pelle del viso o di altre parti del corpo, caratterizzata da arrossamento, pus e necrosi.

fo|run|co|lò|si *s.f.* (*med.*) affezione della pelle caratterizzata dalla comparsa di numerosi foruncoli.

fòr|za *s.f.* **1** energia, vigore fisico e intellettuale: *avere molta —* | *nelle braccia; riacquistare le forze; la — della fantasia* | *—!,* coraggio! | *a — di,* continuando, perseverando: *a — di insistere, ci è riuscito* | *— bruta,* quella non guidata dall'intelligenza | (*iron.*) **bella** *—!,* si dice in riferimento a un risultato raggiungibile senza sforzi | *essere allo stremo delle forze,* sentirsi sfinito fisicamente e moralmente **2** capacità di fronteggiare le avversità; fermezza morale: *— di volontà; difendere con — i propri ideali* | animo, coraggio: *non avere la — di reagire a un sopruso* | (*pl.*) mezzi, possibilità: *costruirsi una carriera con le proprie forze* **3** intensità, potenza di un fenomeno o di un elemento naturale: *la — del vento, del mare* | *le forze della natura,* gli agenti fisici, spec. quelli che si scatenano violentemente, come i temporali e i terremoti **4** (*fis.*) causa che tende a modificare lo stato di quiete o di moto dei corpi, rappresentata da una grandezza vettoriale | *— centrifuga,* forza apparente che in un sistema meccanico rotante allontana radialmente gli oggetti dall'asse di rotazione | *— di gravità,* quella che attira i corpi verso il centro della Terra **5** ciò che vincola o impone: *la — delle leggi* | *in — di,* a norma, in virtù di: *chiedere un risarcimento in — dei propri diritti* | costrizione o influenza imposta da determinati eventi o situazioni: *la — delle abitudini, del destino* | *per —,* necessariamente; obbligatoriamente: *per — di cose* | *o per amore o per —,* o con le buone o con le cattive **6** (*dir.*) *— maggiore,* evento naturale o causato dall'uomo che non si può evitare **7** violenza fisica o morale: *usare la —* | *a —, a viva —, di —, — ,* con violenza | *far — a qlcu.,* imporgli ql.co. | *far — a se stesso,* trattenere un impulso **8** efficacia; validità: *la — di una decisione* **9** (*spec.pl.*) contingente di uomini e mezzi militari: *le forze degli alleati* | *forze armate,* insieme di uomini e mezzi destinati alla difesa dello Stato | *bassa —,* il gruppo dei soldati semplici, in contrapposizione a ufficiali e sottufficiali **10** (*estens.*) gruppo di persone che svolgono un'attività comune, che esercitano un potere: *forze politiche, sindacali* | **Forza Italia,** movimento politico nato negli anni Novanta | *forze di lavoro,* la popolazione occupata e quella in cerca di occupazione | *— lavoro,* capacità fisica e intellettuale impiegata dai lavoratori nel processo produttivo, distinta dal lavoro realmente fornito.

for|zà|re *v.tr.* [indic.pres. *io forzo...*] **1** obbligare

forzato

qlcu. con insistenza e con forti pressioni; costringere: *lo forzarono a dimettersi* **2** premere con forza ql.co. che fa resistenza: — *un perno per farlo entrare nella parete* | aprire con forza; manomettere, scassinare: — *la maniglia, la serratura* | — *il senso di una parola, di un discorso*, interpretarli in modo arbitrario | — *la mano*, superare il limite, esagerare **4** sottoporre ql.co. a uno sforzo | — *un motore*, raggiungere il massimo delle sue prestazioni | — *il passo*, accelerare | *i tempi*, affrettarsi a concludere ql.co. ♦ *intr.* [aus. *A*] scorrere con difficoltà, fare attrito: *il braccialetto forza sul polso* ♦ **-rsi** *rifl.* costringersi con la forza; sforzarsi: — *a seguire una terapia*.
for|zà|to *part.pass. di* forzare ♦ *agg.* **1** fatto con sforzo, senza spontaneità, naturalezza: *un pianto* — | (*mil.*) *marcia forzata*, marcia più veloce e lunga di quella ordinaria | *condotta forzata*, in una costruzione idraulica, quella attraversata da un liquido in pressione **2** involontario, dovuto a cause di forza maggiore: *assenza forzata* **3** imposto per obbligo della legge: *rimozione forzata della macchina* | *lavori forzati*, tipo di pena che il condannato scontava con lavori di fatica ♦ *s.m.* **1** condannato ai lavori forzati **2** (*fig., scherz.*) persona costretta a comportarsi in un certo modo, anche per scelta: *i forzati del calcio* ☐ **forzatamente** *avv.* **1** con sforzo, in modo innaturale: *sorrideva* — **2** per forza: *ubbidì* —.
for|za|tù|ra *s.f.* **1** sottomissione a uno sforzo | manomissione **2** (*fig.*) interpretazione arbitraria di una parola, un discorso, un testo.
for|zie|re *s.m.* robusta cassa dotata di rinforzi metallici, usata per la custodia di oggetti preziosi e denaro; cassaforte.
for|zó|so *agg.* di provvedimento indirettamente imposto o stabilito dalla legge: *risparmio* — ☐ **forzosamente** *avv.*
for|zù|to *agg.* (*scherz.*) dotato di grande forza fisica; muscoloso.
fo|schi|a *s.f.* offuscamento dell'aria, lieve e di breve durata, causato da umidità, pulviscolo o fumo.
fó|sco o **fòsco** *agg.* [m.pl. -*schi*] **1** di colore scuro tendente al nero | (*estens.*) oscuro, buio | offuscato da nebbia: *cielo* — **2** (*fig.*) cupo, minaccioso: *aspetto* — **3** (*fig.*) lugubre, inquietante: *fosche profezie* **4** negativo, triste: *un* — *pensiero* | *dipingere, descrivere ql.co. a tinte fosche*, esagerarne gli aspetti negativi ☐ **foscamente** *avv.*
fo|sfa|ta|zió|ne o **fosfatizzazione** *s.f.* (*metall.*) trattamento della superficie dei metalli, effettuato a scopo protettivo, mediante immersione in fosfato di zinco o manganese.
fo|sfà|ti|co *agg.* [m.pl. -*ci*] (*chim.*) relativo ai fosfati | contenente fosfati.
fo|sfa|tiz|za|zió|ne *s.f.* → fosfatazione.
fo|sfà|to *s.m.* (*chim.*) sale o estere dell'acido fosforico, usato in metallurgia, agricoltura e medicina | — *di calcio*, fosfato utilizzato come fertilizzante.
fo|sfi|na *s.f.* (*chim.*) gas contenente fosforo e idrogeno, assai velenoso e dall'odore penetrante, usato come riducente.
fo|sfi|to *s.m.* (*chim.*) sale dell'acido fosforoso.
fo|sfo|li|pi|de *s.m.* (*chim.*) composto lipidico contenente fosforo e azoto, fondamentale nella costituzione delle membrane cellulari.
fo|sfo|re|o *agg.* di fosforo | fosforescente.
fo|sfo|re|scèn|te *agg.* **1** che è dotato di fosforescenza: *materiale* — **2** (*estens.*) che emana una luce simile a quella di una sostanza fosforescente: *segnaletica* —.
fo|sfo|re|scèn|za *s.f.* **1** (*fis.*) proprietà di alcune sostanze di emettere luce per un certo tempo dopo essere state illuminate da una sorgente eccitatrice **2** (*estens.*) scintillio.
fo|sfò|ri|co *agg.* [m.pl. -*ci*] (*chim.*) di fosforo contenente fosforo pentavalente | *acido* —, acido del fosforo pentavalente, usato nella preparazione di fertilizzanti e in farmacia.
fo|sfo|ri|te *s.f.* (*min.*) roccia fosfatica sedimentaria, usata come concime.
fò|sfo|ro[1] *s.m.* (*chim.*) **1** elemento chimico, non metallo, infiammabile, presente negli organismi vegetali e animali (*simb.* P); si usa in medicina come tonico, nella fabbricazione di esplosivi o come fertilizzante **2** (*fig., fam.*) intelligenza, prontezza mentale.
fò|sfo|ro[2] *s.m.* (*chim.*) sostanza luminescente che emette luce in seguito all'azione di una scarica elettrica, usata spec. per fabbricare lampade fluorescenti e tubi a raggi catodici.
fo|sfo|ró|so *agg.* (*chim.*) detto di composto contenente fosforo trivalente.
fo|sfù|ro *s.m.* (*chim.*) composto derivato dalla combinazione del fosforo con un metallo.
fo|sgè|ne *s.m.* (*chim.*) gas incolore, tossico, derivato dalla combinazione del cloro con ossido di carbonio, usato nella fabbricazione di coloranti e materie plastiche.
fòs|sa *s.f.* **1** cavità naturale o artificiale del terreno; buca | — *biologica*, impianto di raccolta e scarico delle acque di rifiuto per centri abitati sprovvisti di fognatura | (*fig.*) — *dei serpenti*, situazione rischiosa da cui è difficile sottrarsi **2** buca in cui si cala la bara; tomba, sepoltura | (*fig.*) *avere un piede nella* —, essere in punto di morte | *scavarsi la* —, essere l'artefice della propria rovina **3** (*geog.*) sprofondamento della superficie terrestre | — *oceanica*, zona di massima profondità di un oceano **4** (*anat.*) depressione o cavità in una struttura anatomica: *fosse temporali, nasali*.
fos|sà|to *s.m.* **1** fosso naturale o artificiale scavato lungo le strade o i campi per raccogliere le acque di scorrimento **2** grande fossa, con o senza acqua, scavata intorno al perimetro di una fortificazione: *il* — *del castello*.
fos|sét|ta *s.f.* lieve infossatura del mento o delle guance presente in alcune persone spec. quando sorridono.
fòs|si|le *agg., s.m.* **1** detto dei resti o delle impronte di un organismo vegetale o animale vissuto in epoche remote, conservati negli strati

della crosta terrestre 2 (*fig.*) detto di cosa o persona non più attuale, superata.
fos|si|liz|zà|re *v.tr.* (*anche fig.*) ridurre allo stato fossile: — *le proprie idee* ♦ **-rsi** *intr.pron.* 1 divenire fossile 2 (*fig.*) chiudersi in posizioni o idee superate; cristallizzarsi.
fos|si|liz|za|zió|ne *s.f.* 1 fenomeno di formazione di un fossile 2 (*fig.*) incapacità di evolversi, di cambiare opinioni e mentalità.
fòs|so *s.m.* 1 fossa naturale o artificiale usata per la distribuzione o lo scolo delle acque 2 scavo praticato intorno al perimetro di una fortificazione.
fò|to *s.f.invar. abbr.* di fotografia.
fò|to-[1] primo elemento di parole composte che significa "luce" (*fotografia, fotosintesi*).
fò|to-[2] primo elemento di parole composte che significa "fotografia" (*fotomodello*).
fo|to|cal|co|gra|fì|a *s.f.* incisione di una fotografia su matrici cave di rame, usata per stampe calcografiche e rotocalcografiche.
fo|to|cà|me|ra *s.f.* macchina fotografica.
fo|to|cèl|lu|la *s.f.* dispositivo capace di trasformare le variazioni di intensità luminosa in variazioni di intensità di corrente elettrica, usato spec. nelle aperture automatiche, negli impianti di allarme e sim.; cellula fotoelettrica.
fo|to|chi|mi|ca *s.f.* settore della chimica fisica che studia le reazioni con assorbimento o emissione di radiazioni luminose.
fo|to|cò|lor *s.m.invar.* procedimento per ottenere fotografie o diapositive a colori | (*estens.*) la fotografia o diapositiva stessa.
fo|to|com|po|si|trì|ce *s.f.* macchina per fotocomposizione.
fo|to|com|po|si|zió|ne *s.f.* processo di composizione per la stampa di testi direttamente su supporto fotosensibile.
fo|to|con|du|zió|ne *s.f.* (*fis.*) fenomeno per cui alcune sostanze hanno la proprietà di variare la loro conduttività elettrica quando sono colpite da radiazioni elettromagnetiche.
fo|to|cò|pia *s.f.* copia di testo o disegno ottenuta con una fotocopiatrice 2 (*fig.*) cosa o persona simile o identica a un'altra: *è la — di sua madre*.
fo|to|co|pià|re *v.tr.* [indic.pres. *io fotocopio...*] riprodurre in fotocopia.
fo|to|co|pia|trì|ce *s.f.* macchina per realizzare fotocopie.
fo|to|cro|mà|ti|co *agg.* [m.pl. *-ci*] si dice di lente che cambia colorazione al variare dell'intensità della luce.
fo|to|cro|mì|a *s.f.* (*chim., fis.*) proprietà di alcune sostanze di cambiare colorazione in base all'illuminazione a cui sono sottoposte.
fo|to|crò|na|ca *s.f.* (*giorn.*) cronaca basata spec. su documenti fotografici; fotoreportage.
fo|to|cro|ni|sta *s.m./f.* [m.pl. *-i*] realizzatore di fotocronache; fotoreporter.
fo|to|der|ma|tò|si *s.f.* (*med.*) dermatosi provocata dall'esposizione alla luce solare, che si manifesta con eritemi e reazioni allergiche.

fo|to|e|lèt|tri|ca *s.f.* grosso faro alimentato da gruppi elettrogeni, usato spec. per illuminare le piste degli aeroporti.
fo|to|e|let|tri|ci|tà *s.f.* (*fis.*) fenomeno di liberazione di elettroni prodotto dalla luce in determinate sostanze.
fo|to|e|lèt|tri|co *agg.* [m.pl. *-ci*] (*fis.*) che riguarda la fotoelettricità: *cellula fotoelettrica*.
fo|to|e|mis|sió|ne *s.f.* (*fis.*) emissione di elettroni da parte di un corpo colpito da radiazioni luminose.
fo|to|fi|nish *s.m.invar.* → **photo finish**.
fo|to|fit *s.m.invar.* identikit realizzato combinando immagini fotografiche; fotokit, photofit.
fo|to|fo|bì|a *s.f.* (*med.*) intolleranza degli occhi alla luce che può essere provocata da una febbre molto alta, da un'emicrania o da una congiuntivite.
fo|to|gè|ne|si *s.f.* processo per cui piante e animali generano fenomeni luminosi.
fo|to|ge|nì|a *s.f.* fotogenicità.
fo|to|ge|ni|ci|tà *s.f.* caratteristica di chi è fotogenico.
fo|to|gè|ni|co *agg.* [m.pl. *-ci*] detto di persona che viene bene in fotografia, adatta a essere fotografata: *un tipo molto —*.
fo|to|gra|fà|re *v.tr.* [indic.pres. *io fotògrafo...*] 1 riprodurre un'immagine con un apparecchio fotografico 2 (*estens.*) descrivere, rappresentare ql.co. o qlcu. con realismo e precisione: — *la condizione sociale* 3 (*fig.*) fissare vividamente nella memoria i dettagli di ql.co.: — *la scena di un incidente*.
fo|to|gra|fì|a *s.f.* 1 la tecnica e l'arte di riprodurre, con apposito apparecchio, le immagini degli oggetti su materiale fotosensibile 2 l'immagine così ottenuta: — *a colori, in bianco e nero* 3 (*fig.*) descrizione, rappresentazione realistica e minuziosa 4 (*fig.*) persona che somiglia molto a un'altra: *è la — di suo padre* 5 (*cine., tv*) in una ripresa, complesso degli aspetti relativi agli effetti della luce.
fo|to|grà|fi|co *agg.* [m.pl. *-ci*] 1 che riguarda la fotografia: *contrasto —* | costituito da fotografie: *album —* | **macchina fotografica**, apparecchio dotato di camera oscura, obiettivo, otturatore per la ripresa di fotografie 2 (*fig.*) fedele al modello: *rappresentazione fotografica* | **memoria fotografica**, quella che ricorda tutti i dettagli di un fatto o di una situazione □ **fotograficamente** *avv.* 1 per mezzo della fotografia 2 (*fig.*) in modo fedele al modello.
fo|tò|gra|fo *s.m.* [f. *-a*] chi fa fotografie per professione o per passione.
fo|to|gràm|ma *s.m.* [m.pl. *-i*] ciascuna immagine di una pellicola fotografica o cinematografica.
fo|to|gram|me|trì|a *s.f.* rilevamento planimetrico e altimetrico di una zona per mezzo di fotografie da terra o aeree, usato spec. per produrre carte geografiche.
fo|to|in|ci|sió|ne *s.f.* procedimento di incisione che consente di preparare, mediante la fotogra-

fotokit

fia, le matrici per la stampa tipografica | (*estens.*) l'immagine così ottenuta.
fo|to|kit o **fotokit** *s.m.invar.* photofit.
fo|to|li|si *s.f.* decomposizione di un composto o di una sostanza a causa dell'azione della luce.
fo|to|li|to|gra|fi|a *s.f.* tecnica di stampa basata sul trasferimento di immagini fotografiche su matrici di pietra o zinco.
fo|to|lu|mi|ne|scèn|za *s.f.* (*fis.*) emissione di luce propria da parte di un corpo colpito da radiazioni luminose ultraviolette e infrarosse.
fo|to|mec|cà|ni|ca *s.f.* tecnica che, per mezzo di procedimenti fotografici, riporta su matrici metalliche illustrazioni e disegni per poterne ottenere copie a stampa.
fo|to|me|trì|a *s.f.* (*fis.*) branca dell'ottica che si occupa dei problemi relativi alla definizione e alla misurazione delle grandezze riguardanti i fenomeni luminosi.
fo|tò|me|tro *s.m.* (*fis.*) strumento dotato di cellula fotoelettrica che misura l'intensità della luce.
fo|to|mo|dèl|lo *s.m.* [f. -*a*] chi posa per fotografie artistiche o pubblicitarie.
fo|to|mon|tàg|gio *s.m.* immagine fotografica ricavata dall'accostamento di diverse fotografie, in modo da dare l'illusione di un'unica fotografia.
fo|tò|ne *s.m.* (*fis.*) particella elementare di energia luminosa e raggiante.
fo|to|re|a|zió|ne *s.f.* (*chim.*) reazione causata o facilitata dall'azione della luce.
fo|to|re|cet|tó|re *agg., s.m.* (*anat.*) detto degli elementi sensoriali della retina che ricevono gli stimoli luminosi per trasmetterli al sistema nervoso centrale.
fo|to|re|por|tà|ge *s.m.invar.* cronaca di un avvenimento realizzata con fotografie; fotocronaca.
fo|to|re|pòr|ter *s.m./f.invar.* chi realizza fotoreportage per agenzie o giornali; fotocronista.
fo|to|ri|pro|du|zió|ne *s.f.* riproduzione fotografica.
fo|to|ro|màn|zo *s.m.* romanzo gener. di argomento sentimentale, raccontato attraverso una serie di fotografie accompagnate da brevi didascalie e fumetti.
fo|to|sen|si|bi|le *agg.* sensibile alla luce; che si modifica sotto l'azione delle radiazioni luminose: *sostanza —*.
fo|to|sfè|ra *s.f.* (*astr.*) superficie del Sole e delle stelle da cui proviene la maggior parte della luce.
fo|to|sìn|te|si *s.f.* reazione chimica che si compie sotto l'azione della luce | (*bot.*) — **clorofilliana**, processo biochimico per cui le piante fornite di clorofilla trasformano l'anidride carbonica e l'acqua in composti organici, spec. carboidrati, convertendo l'energia luminosa in energia chimica.
fo|to|stà|ti|co *agg.* [m.pl. -*ci*] detto di un sistema di riproduzione diretta di documenti su carta sensibile alla luce: *copia fotostatica.*
fo|to|tè|ca *s.f.* archivio in cui sono conservate fotografie, catalogate sistematicamente.

fo|to|te|ra|pì|a *s.f.* (*med.*) terapia che consiste nell'esporre il corpo o una sua parte alle radiazioni luminose di speciali lampade.
fo|to|tès|se|ra *s.f.* fotografia formato tessera, richiesta spec. per documenti di riconoscimento.
fo|to|ti|pì|a *s.f.* procedimento di fotoincisione e stampa su lastre di vetro smerigliato, usato per riprodurre stampe d'arte.
fo|to|ti|pì|sta *s.m./f.* [m.pl. -*i*] chi esegue riproduzioni con il procedimento della fototipia.
fo|to|tro|pì|smo *s.m.* (*bot.*) proprietà per cui le piante si orientano verso la fonte da cui provengono gli stimoli luminosi.
fót|te|re *v.tr.* [indic.pres. *io fotto...*] (*volg.*) **1** possedere sessualmente qlcu. **2** (*fig., pop.*) imbrogliare, prendere in giro ♦ **-rsi** *intr.pron.* [accompagnato da *ne*] (*volg.*) non curarsi di qlcu. o ql.co.; infischiarsene: *me ne fotto di te!*
fot|ti|o *s.m.* (*volg.*) grande quantità, gran numero; casino: *un — di persone.*
fot|tù|to *part.pass* di fottere ♦ *agg.* (*volg.*) **1** finito, perduto: *stavolta sono —!* **2** maledetto, dannato: *ho una fretta fottuta.*
foulard (*fr.*) [pr. *fulàr*] *s.m.* **1** leggero tessuto di seta dai colori e dai disegni vivaci, usato spec. per confezionare cravatte o fazzoletti **2** fazzoletto da portare al collo o sulla testa, di seta o altro tessuto leggero.
fourreau (*fr.*) [pr. *furò*] *s.m.* abito femminile attillato e diritto.
fox-terrier (*ingl.*) *s.m.invar.* cane di taglia piccola, dal pelo liscio o ruvido, assai vivace e agile, con muso rettangolare e allungato, orecchie corte spioventi; è usato nella caccia della volpe.
fox-trot (*ingl.*) *s.m.invar.* ballo statunitense diffusosi dopo la prima guerra mondiale anche in Europa, dal ritmo sincopato.
foyer (*fr.*) [pr. *fuaié*] *s.m.invar.* sala di attesa di teatri e cinema in cui il pubblico si intrattiene a chiacchierare.
fra[1] o **tra** *prep.* [si sceglie l'una o l'altra forma per ragioni di eufonia, p.e. *fra tre ore*, *tra fratelli*] **1** indica una posizione intermedia: *— Treviso e Venezia*; *— la speranza e il timore* | indica una posizione all'interno di un insieme: *l'ho trovato — gli arbusti* | **(di)** *noi*, rispettivamente: *resti — noi* **2** [in dipendenza da v. di movimento] introduce il compl. di moto per luogo: *il sole filtra — i rami* **3** indica il tempo che deve trascorrere prima che un evento si possa verificare: *tornerò — un mese* | indica l'intervallo di tempo entro cui si è verificato o dovrà verificarsi un evento: *partirò — le cinque e le sei* **4** introduce una lunghezza, una distanza: *saremo a casa fra 10 km* | ha valore spazio-temporale: *il camping è fra un'ora di auto* **5** introduce una quantità espressa entro un parametro massimo e uno minimo: *pesa — i dieci e i venti kg* **6** ha valore distributivo: *il patrimonio sarà suddiviso — i creditori* **7** ha funzione partitiva: *alcuni — noi* **8** definisce una relazione di compagnia: *sta sempre — i suoi amici.*
fra[2] o **fra'** o **frà** *s.m.* → **frate**.

frac *s.m.invar.* abito maschile da cerimonia, nero con falde strette e lunghe; marsina.
fra|cas|sà|re *v.tr.* fare a pezzi ql.co. con violenza e rumore: — *una porta* ♦ **-rsi** *intr.pron.* ridursi in pezzi, rompersi: *l'auto si fracassò contro il cancello*.
fra|càs|so *s.m.* rumore violento, spec. di cose che si riducono in pezzi: *stanno facendo un* — *insopportabile*.
frà|di|cio *agg.* [f.pl. -*ce* o -*cie*] **1** di alimenti, marcio, putrefatto: *pesce* — **2** (*fig.*) depravato, corrotto: *società fradicia* **3** inzuppato d'acqua: *cappotto* — **4** (*raff.*) molto: *sudato* — | **ubriaco** —, completamente sbronzo ♦ *s.m.* **1** parte marcia, andata a male di un alimento **2** (*fig.*) corruzione: *c'è del* — *in quell'individuo*.
fra|di|ciù|me *s.m.* **1** insieme di cose fradice; marciume **2** (*fig.*) corruzione **3** ambiente molto umido.
frà|gi|le *agg.* **1** che si rompe con facilità: *vaso* — **2** (*fig.*) debole, delicato, cagionevole: *quel ragazzo è di costituzione* — **3** (*fig.*) che sbaglia facilmente, incline a cedere alle tentazioni: *indole* — **4** (*fig.*) labile, inconsistente: *tesi* — □ **fragilmente** *avv.*
fra|gi|li|tà *s.f.* **1** predisposizione a rompersi facilmente: *la* — *di un bicchiere* **2** (*tecn.*) caratteristica di alcuni materiali in cui la rottura si verifica bruscamente, senza precedenti segni di snervamento **3** (*fig.*) cagionevolezza fisica **4** (*fig.*) debolezza morale **5** (*fig.*) inconsistenza: *la* — *di un argomento*.
frà|go|la *s.f.* pianta erbacea con fiori bianchi e foglie trifogliate, che dà frutti rossi, dolci, profumati e carnosi | il frutto di tale pianta ♦ *agg.invar.* di colore rosso, simile a quello della fragola | **uva** —, uva rossa da tavola, il cui sapore ricorda quello delle fragole.
fra|go|li|no *s.m.* **1** pesce con dorso di colore rosso vivo, simile al pagello **2** vino rosso da dessert, ricavato dall'uva fragola.
fra|gó|re *s.m.* **1** frastuono assordante: *il* — *di un boato* **2** (*fig.*) clamore, risonanza: *il* — *di una notizia*.
fra|go|ró|so *agg.* che produce un gran rumore: *risate fragorose* □ **fragorosamente** *avv.*
fra|gràn|te *agg.* molto profumato: *pane fresco e* —.
fra|gràn|za *s.f.* profumo intenso, piacevole: *la* — *delle lenzuola pulite*.
fra|in|tèn|de|re *v.tr.* [con. come *tendere*] capire una cosa per un'altra o il contrario di quanto è stato scritto o detto; travisare: — *un discorso* ♦ **-rsi** *intr.pron.* non intendersi, capirsi male: *si sono fraintesi spesso*.
fra|in|ten|di|mén|to *s.m.* equivoco, malinteso.
fràl|le *agg.* (*lett.*) debole, fragile.
frame (*ingl.*) [pr. fréim] *s.m.invar.* **1** (*inform.*) sequenza di bit che costituisce un'unità di informazioni **2** (*cine.*) ciascuna immagine di una pellicola cinematografica; fotogramma.
fram|men|tà|re *v.tr.* [indic.pres. io *frammén-*

to...] dividere ql.co. in piccoli pezzi; frantumare ♦ **-rsi** *intr.pron.* dividersi in frammenti.
fram|men|ta|rie|tà *s.f.* (*anche fig.*) mancanza di unità: *la* — *di un discorso*.
fram|men|tà|rio *agg.* **1** costituito da frammenti; incompleto | **opera frammentaria**, quella di cui si hanno solo alcune parti **2** (*fig.*) privo di unità; scoordinato: *racconto* — □ **frammentariamente** *avv.*
fram|men|ta|zió|ne *s.f.* **1** divisione in piccole parti, in frammenti **2** (*bot.*) riproduzione asessuata, naturale o indotta, per cui un nuovo individuo si sviluppa da una parte del corpo della pianta **3** (*biol.*) riproduzione asessuata per scissione, propria di alcune spugne.
fram|men|ti|smo *s.m.* (*lett.*) indirizzo italiano del primo Novecento che esaltava l'espressione breve e immediata e prediligeva il frammento come forma letteraria, cioè un testo di prosa o poesia breve liricamente intenso.
fram|mén|to *s.m.* **1** ciascun pezzo di un oggetto rotto: *il* — *di un vetro* | (*estens.*) pezzo staccato da un tutto **2** brano di opera letteraria perduta o incompiuta: *i frammenti della lirica greca* **3** breve componimento in prosa o versi.
fram|mez|zà|re *v.tr.* [indic.pres. io *frammezzo*...] mettere una cosa in mezzo ad altre; frapporre.
fram|mì|sto *agg.* mescolato: *pioggia frammista a grandine*.
frà|na *s.f.* **1** discesa lungo un pendio di masse di materiali rocciosi o terrosi che si distaccano da un versante montuoso | (*estens.*) il complesso del materiale franato **2** (*fig.*) crollo, rovina | (*scherz.*) **essere una** —, essere un incapace, bravo solo a combinare guai.
fra|nà|bi|le *agg.* che può franare: *roccia* —.
fra|nà|re *v.intr.* [aus. *E*] **1** staccarsi e precipitare a valle: *la montagna frana* **2** (*estens.*) crollare: *la casa è franata* **3** (*fig.*) venir meno, sfumare rovinosamente: *le sue aspettative sono franate*.
fran|ce|sca|né|si|mo *s.m.* **1** movimento religioso fondato da san Francesco d'Assisi (1181ca-1226), ispirato agli ideali di umiltà, povertà e amore verso tutte le creature **2** (*estens.*) spiritualità francescana.
fran|ce|scà|no *agg.* **1** relativo a san Francesco d'Assisi o ai suoi seguaci **2** (*estens.*) che si ispira agli ideali di san Francesco: *fraternità francescana* **3** appartenente a un ordine religioso fondato da san Francesco ♦ *s.m.* [f. -*a*] chi appartiene a un ordine religioso fondato da san Francesco.
fran|cé|se *agg.* della Francia | **nasino alla** —, quello un po' all'insù | **mal** —, sifilide ♦ *s.m.* **1** (*anche f.*) chi abita o è nato in Francia **2** lingua parlata in Francia.
fran|ce|sì|smo *s.m.* (*ling.*) parola o locuzione francese introdotti in un'altra lingua.
fran|ce|sì|sta *s.m./f.* [m.pl. -*i*] studioso della lingua, della letteratura e della cultura francese.
fran|chéz|za *s.f.* sincerità nell'agire e nel parlare; schiettezza: — *dei sentimenti*.
fran|chì|gia *s.f.* [pl. -*ge* o -*gie*] **1** esenzione da un

pagamento che la legge concede in alcuni casi: — *fiscale* 2 (*dir.*) in un contratto di assicurazione, attribuzione di una percentuale dei danni a carico all'assicurato 3 (*telecom.*) totale degli scatti di un contatore telefonico esenti da tassazione in quanto inclusi nel canone di abbonamento 4 (*mar.*) libertà concessa ai marinai di scendere a terra quando la nave è ferma in un porto | periodo di tempo in cui è concessa tale libertà.

fran|chi|smo *s.m.* regime politico fascista instaurato in Spagna dal generale Francisco Franco, che durò dal 1939 al 1975.

fràn|cio *s.m.* elemento chimico, metallo radioattivo del gruppo degli alcalini (*simb.* Fr).

fràn|co¹ *s.m.* [pl. *-chi*] individuo appartenente all'antico popolo germanico stanziatosi nell'attuale Francia | (*lett.*) francese ♦ *agg.* degli antichi Franchi: *civiltà franca* | *lingua franca*, lingua mista composta di elementi italiani, spagnoli, francesi, greci e arabi, usata nel Medioevo per gli scambi commerciali del Mediterraneo; (*estens.*) lingua semplificata e composita che consente la comunicazione tra persone di lingue diverse.

fràn|co² *agg.* 1 leale, sincero: *un parere* — 2 deciso, disinvolto: *passo* — 3 libero da vincoli e imposizioni | (*mil.*) — *tiratore*, combattente che sta appartato nelle retrovie di un esercito invasore per compiere azioni di guerriglia; (*fig.*) parlamentare che, in segreto, vota in maniera diversa dalle indicazioni del partito di cui fa parte 4 libero da dazi, spese di trasporto ecc. | *porto* —, quello in cui le merci transitano senza pagare dazi doganali | *merce franca di porto*, merce spedita a spese del mittente | (*fig.*) *farla franca*, compiere un atto illecito senza essere scoperti ♦ *avv.* con sincerità: *parlare* — □ **francamente** *avv.* 1 lealmente, con franchezza: *si comporta molto* — 2 in verità: —, *a me non piace*.

fràn|co³ *s.m.* [pl. *-chi*] 1 antica moneta francese 2 unità monetarie di vari Stati europei e di alcuni paesi extraeuropei; in Francia, Lussemburgo, Belgio dal 1° gennaio 2002 è stata sostituita dall'euro.

fran|co|bòl|lo *s.m.* quadrato o rettangolo di carta usato per affrancare la corrispondenza postale; sul lato davanti reca un disegno o un'effigie con l'indicazione del valore, sul retro un sottile strato di adesivo ne consente l'applicazione ♦ *agg.invar.* che è di dimensioni molto ridotte: *formato* —.

fran|cò|fi|lo *agg., s.m.* [f. *-a*] detto di chi prova simpatia per la Francia e i francesi.

fran|cò|fo|no *agg.* detto di persona che parla francese o di territorio in cui si parla francese: *paesi francofoni* ♦ *s.m.* [f. *-a*] chi parla francese.

fran|co|li|no *s.m.* uccello simile alla pernice con piumaggio variopinto di nero, grigio, bianco e rosso.

fràn|co|ne o **francóne** *agg.* 1 dei Franchi | della Franconia, regione della Germania 2 (*ling.*) dei dialetti germanici parlati in Franconia ♦ *s.m.* gruppo dei dialetti franconi.

fran|gèn|te *part.pres. di* frangere ♦ *s.m.* 1 onda spumeggiante che si infrange su uno scoglio o su un'imbarcazione con violenza | ostacolo su cui l'onda si frange 2 (*fig.*) circostanza, situazione difficile o grave: *trovarsi in un brutto* — | fase, momento particolare: *in simili frangenti*.

fràn|ge|re *v.tr.* [indic.pres. *io frango, tu frangi...; pass.rem. io fransi, tu frangésti...; part.pass. franto*] (*lett.*) spezzare, rompere ♦ **-rsi** *intr.pron.* detto spec. delle onde, spezzarsi, rompersi.

fran|gét|ta *s.f.* parte dei capelli con taglio corto e dritto che ricade sulla fronte, spec. nelle acconciature da donna o da bambino.

fràn|gia *s.f.* [pl. *-ge*] 1 guarnizione costituita da fili, nappe pendenti o cordoncini, che si applica ai bordi di sciarpe, tende, coperte e sim. 2 frangetta 3 (*fig.*) aggiunta per abbellire un discorso o per falsarne il significato 4 (*giorn., polit.*) gruppo minoritario all'interno di un'associazione, di un partito, gener. estremista: *frange oltranzistiche* 5 (*fis.*) fascia alternativamente luminosa e oscura, originata da fenomeni di interferenza e diffrazione 6 fascia costiera.

fran|gia|tù|ra *s.f.* insieme delle frange che ornano ql.co.

fran|gì|bi|le *agg.* che si può frangere, rompere.

fran|gi|flùt|ti *agg., s.m.invar.* detto di scogliere, muraglioni e altri ostacoli naturali o artificiali che proteggono coste e porti dalla violenza delle onde.

fran|gi|pà|ne o **frangipàni** *s.m.invar.* albero tropicale con fiori rosa o bianchi riuniti in grappoli, molto profumati, coltivato a scopo ornamentale.

fran|gi|tó|re *s.m.* tipo di frantoio usato per sottoporre le olive a una prima frantumazione.

fran|gi|tù|ra *s.f.* (*agr.*) operazione con cui dalle olive si ottiene l'olio | periodo in cui si procede a tale operazione.

fran|gi|vèn|to *agg., s.m.invar.* detto di riparo naturale o artificiale che serve a proteggere le coltivazioni dal vento.

fran|gi|zòl|le *s.m.invar.* macchina agricola dotata di dischi o rulli dentati per sminuzzare le zolle.

fràn|go|la *s.f.* arbusto con piccoli fiori giallo-verdastri, foglie ovali e frutti a drupa neri, dalla cui corteccia si ricava una sostanza amara usata per preparare lassativi.

fra|nó|so *agg.* che frana con facilità: *roccia franosa*.

fran|tó|io *s.m.* 1 macchina per frangere le olive e spremerne l'olio | locale, edificio in cui essa è alloggiata 2 macina per frantumare rocce o minerali e ricavarne pietrisco.

fran|tu|mà|re *v.tr.* (*anche fig.*) ridurre in frantumi; fracassare, infrangere: — *una vetrina*; — *le forze* ♦ **-rsi** *intr.pron.* andare in frantumi: *lo specchio si è frantumato*.

fran|tu|ma|zió|ne *s.f.* operazione mediante la quale un materiale solido, p.e. una roccia o un minerale, viene ridotto in frantumi.

fran|tù|me *s.m. spec.pl.* pezzetto, frammento di un oggetto frantumato: *ridurre in frantumi*.

fràp|pa *s.f.* **1** (*region.*) smerlatura increspata di stoffa, usata come guarnizione: *la — di una gonna* **2** (*spec.pl.*) nell'Italia centrale, nastro di pasta fritta cosparso di zucchero, dolce tipico del carnevale.

frap|pè *s.m.* bevanda frullata a base di latte e ghiaccio tritato con aggiunta di frutta, cioccolato, menta ecc.: — *al caffè, alla fragola*.

frap|pór|re *v.tr.* [con. come *porre*] (*spec.fig.*) porre in mezzo; interporre: — *indugi* ♦ **-rsi** *rifl.* intromettersi, intervenire: — *tra due contendenti* ♦ *intr.pron.* mettersi in mezzo; interporsi: *si sono frapposti troppi problemi*.

frap|po|si|zió|ne *s.f.* **1** (*spec.fig.*) interposizione **2** intrusione.

fra|sà|le *agg.* che riguarda la frase.

fra|sà|rio *s.m.* insieme di espressioni e modi di dire propri di un gruppo, di una persona o di un ambiente: *il — dei politici;— burocratico*.

frà|sca *s.f.* **1** piccolo ramo con foglie; fronda: *all'ombra delle frasche* | (*fig.*) *saltare di palo in —*, passare da un argomento all'altro senza un criterio logico **2** persona superficiale e instabile **3** (*spec.pl., fig.*) capriccio, sciocchezza: *ha la testa piena di frasche*.

fra|scà|me *s.m.* insieme di frasche; frasche di piante diverse.

fra|scà|ti *s.m.* vino bianco secco prodotto nella zona di Frascati, nel Lazio.

fra|scà|to *s.m.* riparo costruito con frasche.

fra|schét|ta *s.f.* (*fam.*) donna leggera, frivola e capricciosa.

fra|scó|ne *s.m.* **1** (*spec.pl.*) fascio di frasche da ardere **2** (*mar.*) grosso paranco per sollevare carichi pesanti.

fra|scù|me *s.m.* grande quantità di frasche.

frà|se *s.f.* **1** unità linguistica dotata di senso compiuto e indipendente da un qualsiasi contesto: *analisi della* — **2** espressione, locuzione linguistica: *una — offensiva; trovare le frasi adatte* | — *fatta*, frase convenzionale, stereotipata; luogo comune **3** (*mus.*) successione di note che costituiscono un'unità espressiva.

fra|seg|già|re *v.intr.* [indic.pres. *io fraséggio...*; aus. *A*] **1** costruire frasi; parlare, scrivere: — *con disinvoltura* **2** (*mus.*) durante l'esecuzione di un brano, dare rilievo espressivo alle frasi musicali.

fra|ség|gio *s.m.* **1** costruzione e distribuzione delle frasi in un discorso **2** (*mus.*) in un brano, modo di articolare l'esecuzione dandole rilievo espressivo.

fra|se|o|lo|gì|a *s.f.* **1** frasario di una lingua o di un suo settore: — *italiana;— tecnica* **2** modo di comporre una frase proprio di una lingua o di uno scrittore.

fra|se|o|lò|gi|co *agg.* [m.pl. *-ci*] che riguarda la fraseologia | (*gramm.*) **verbo** —, quello che non ha significato proprio, ma conferisce un particolare valore espressivo al verbo da cui è seguito (p.e. *venire* nella frase *viene portando*).

fràs|si|no *s.m.* **1** albero dal fusto alto, con foglie imparipennate, fiori a pannocchia e frutti a samara **2** il legno di tale albero, chiaro, solido ed elastico, usato in falegnameria.

fra|sta|glia|mén|to *s.m.* frastagliatura.

fra|sta|glià|re *v.tr.* [indic.pres. *io frastaglio...*] tagliare in modo irregolare ql.co. lungo i margini ♦ **-rsi** *intr.pron.* assumere un aspetto irregolare: *qui la costa si frastaglia*.

fra|sta|glià|to *part.pass.* di frastagliare ♦ *agg.* **1** che presenta una serie di sporgenze e rientranze irregolari: *costiera frastagliata; bordo* — **2** ornato di frastagli: *merletto* —.

fra|sta|glia|tù|ra *s.f.* **1** l'atto del frastagliare | aspetto frastagliato di una cosa **2** successione di piccoli tagli praticati sul bordo di un abito per renderlo più resistente l'orlo.

fra|stà|glio *s.m.* decoro a intaglio caratterizzato da più linee sporgenti e rientranti.

fra|stor|na|mén|to *s.m.* confusione, stordimento mentale | la cosa che frastorna.

fra|stor|nàn|te *part.pres.* di frastornare ♦ *agg.* che crea confusione, disturbo: *il suono della sirena è* —.

fra|stor|nà|re *v.tr.* [indic.pres. *io frastórno...*] provocare uno stato di disordine mentale; stordire: *sto frastornando con la musica*.

fra|stor|nà|to *part.pass.* di frastornare ♦ *agg.* confuso, stordito: *sono — per le tue chiacchiere*.

fra|stuò|no *s.m.* rumore intenso e confuso; chiasso: *il — dei bambini nel cortile*.

fràte *s.m.* **1** [gener. si tronca in *fra* davanti a nome proprio che comincia per consonante] religioso di un ordine mendicante: — *cappuccino; fra Galdino* **2** baco da seta che produce un bozzolo imperfetto sulla stuoia perché non è stato trasferito per tempo nel bosco **3** (*edil.*) embrice a forma di cappuccio per arieggiare o illuminare i sottotetti.

fra|tel|làn|za *s.f.* **1** rapporto naturale intercorrente tra fratelli **2** (*estens.*) reciproco sentimento di affetto, amicizia e benevolenza come quello condiviso tra fratelli | comunanza di ideali e intenti; solidarietà: *la — tra popoli*.

fra|tel|là|stro *s.m.* fratello da parte del solo padre o della sola madre.

fra|tèl|lo *s.m.* **1** persona di sesso maschile che, rispetto a un'altra, è nata dagli stessi genitori: — *maggiore, minore* **2** (*pl.*) insieme di figli, maschi e femmine, di una stessa famiglia: *sono tre fratelli, due femmine e un maschio* | *amarsi come — e sorella*, amarsi in modo casto e profondo | *somigliarsi come fratelli*, somigliarsi moltissimo **3** (*relig.*) per la Chiesa cattolica, ogni uomo in quanto figlio dello stesso Dio Padre: *aiutare i propri fratelli* | (*pl.*) la collettività cristiana, composta da persone di sesso maschile e femminile **4** chi fa parte della stessa congregazione religiosa; confratello **5** chi condivide con altri gli stessi ideali e obiettivi; compagno: — *di sventura* | — *d'armi*, commilitone **6** membro di un'associazione laica ♦ *agg.* che ha stesse origini o stessi ideali politici, morali, sociali: *un paese* —.

fra|ter|ni|tà *s.f.* **1** affetto fraterno **2** amicizia | solidarietà.
fra|ter|niz|zà|re *v.intr.* [aus. *A*] fare amicizia; simpatizzare: — *con tutti* | fare causa comune con qlcu.: *i celerini fraternizzarono con i manifestanti.*
fra|tèr|no *agg.* **1** da fratello, che intercorre tra fratelli: *legame* — **2** (*estens.*) che dimostra affetto, amicizia: *solidarietà fraterna; consiglio* — □ **fraternamente** *avv.*
fra|té|sco *agg.* [m.pl. *-schi*] (*anche spreg.*) da frate.
fra|ti|cèl|lo *s.m.* **1** (*spec.pl.*) frate francescano appartenente a una setta eretica dei secc. XIII-XIV, improntata a un rigido rispetto della regola della povertà **2** piccolo uccello marino, buon nuotatore, con un caratteristico cappuccio di piume nere sulla testa bianca e piedi palmati.
fra|ti|na *s.f.* **1** tavolo rettangolare allungato e massiccio, usato spec. nei conventi | (*estens.*) qualsiasi tavolo rustico di forma rettangolare stretta **2** acconciatura con frangetta molto corta, tipica dei frati.
fra|ti|no[1] *agg.* (*lett.*) di, da frate; fratesco.
fra|ti|no[2] *s.m.* **1** ragazzo che studia per diventare frate **2** uccello dal piumaggio grigio, con il petto bianco e il collo contornato da un anello nero, simile ai corrieri e ai pivieri ma più piccolo; vive spec. sulle coste sabbiose, vicino a laghi e fiumi.
fra|tri|ci|da *s.m./f.* [m.pl. *-i*] chi uccide il proprio fratello o la propria sorella | (*estens.*) chi uccide un amico o lo colpisce gravemente | chi combatte contro i propri concittadini ♦ *agg.* di, da fratricida: *gesto* — | (*estens.*) relativo a chi ha ucciso o colpito in modo grave un amico | *guerra* —, guerra civile.
fra|tri|ci|dio *s.m.* uccisione del proprio fratello o della propria sorella.
fràt|ta *s.f.* *spec.pl.* dirupo coperto di pruni e sterpi.
frat|tà|glia *s.f.* *spec.pl.* (*gastr.*) ciascuna parte commestibile delle interiora degli animali macellati: — *di pollo.*
frat|tà|le *s.m.* (*mat.*) elemento geometrico che per mezzo di linee frazionate rappresenta forme irregolari e che, riprodotto in scala infinitesima, delinea gradualmente l'oggetto rappresentato; serve per disegnare figure complesse della realtà come le coste frastagliate di un'isola o il profilo irregolare di una catena montuosa.
frat|tàn|to *avv.* nel mentre, nel frattempo: — *arrivarono i soccorsi.*
frat|tàz|zo *s.m.* tavoletta rettangolare di legno provvista di impugnatura, usata dai muratori per stendere uniformemente l'intonaco.
frat|tèm|po *s.m.* *solo nelle loc.* **nel** —, **in quel** —, **in questo** —, frattanto, intanto: *nel* — *la situazione cambiò.*
fràt|to *agg.* (*mat.*) frazionario: *numero* — | *diviso: dodici* — *tre uguale quattro.*
frat|tù|ra *s.f.* **1** (*med.*) rottura, spaccatura di un osso in seguito a un trauma violento: — *di una* *costola* **2** (*fig.*) interruzione della continuità di ql.co., spec. di un'opera letteraria; discontinuità | netta interruzione delle buone relazioni tra persone; rottura: *una* — *nel rapporto* **3** (*geol.*) spaccatura della crosta terrestre senza scorrimento fra le parti.
frat|tu|rà|re *v.tr.* provocare una frattura; spezzare o rompere ql.co.: *la caduta gli ha fratturato il femore* ♦ **-rsi** *intr.pron.* subire una frattura; spezzarsi, rompersi: — *il bacino.*
frau|do|lèn|to *agg.* **1** che è ottenuto con la frode, che costituisce frode: *bancarotta fraudolenta* **2** di persona, che agisce con la frode: *venditore* — ♦ *s.m.* [f. *-a*] chi ha commesso una frode.
frau|do|lèn|za *s.f.* caratteristica di ciò che è fraudolento; truffa, inganno.
fra|zio|nà|bi|le *agg.* che si può frazionare: *proprietà* —.
fra|zio|na|mén|to *s.m.* **1** ripartizione, suddivisione: *il* — *dei beni* **2** (*dir.*) suddivisione di una particella catastale in più aree **3** (*chim.*) separazione dei componenti di una miscela.
fra|zio|nà|re *v.tr.* [indic.pres. *io frazióno...*] **1** dividere in più parti; suddividere **2** (*chim.*) effettuare un frazionamento ♦ **-rsi** *rifl.*, *intr.pron.* scindersi, dividersi: *la squadra si è frazionata in due parti.*
fra|zio|nà|to *part.pass.* di *frazionare* ♦ *agg.* **1** diviso in più frazioni o parti: *eredità frazionata* **2** in filatelia, detto di francobollo ricavato da un esemplare intero suddiviso in più parti.
fra|zió|ne *s.f.* **1** ognuna delle porzioni in cui si suddivide un tutto; parte, pezzo: *le frazioni di una proprietà* **2** (*estens.*) corrente autonoma costituitasi all'interno di un'associazione politica o di altro tipo **3** (*mat.*) espressione numerica che definisce il rapporto tra due grandezze, il numeratore e il denominatore; la prima indica quante parti si considerano della seconda che costituisce l'intero **4** centro abitato che dipende amministrativamente da un comune **5** (*sport*) in una gara di staffetta, il percorso compiuto da un componente della squadra | nel ciclismo, semitappa.
fra|zio|ni|smo *s.m.* tendenza di un un partito politico a suddividersi in frazioni.
fra|zio|ni|sta *s.m./f.* [m.pl. *-i*] **1** (*sport*) nella staffetta, atleta che disputa una frazione **2** chi, all'interno di un partito, tende al frazionismo; scissionista ♦ *agg.* frazionistico.
fre|à|ti|co *agg.* [m.pl. *-ci*] (*geol.*) detto di falda acquifera che non è rivestita da uno strato impermeabile.
frec|cét|ta *s.f.* piccolo proiettile a punta che si scaglia a mano contro il bersaglio.
fréc|cia *s.f.* [pl. *-ce*] **1** asta appuntita per arco o balestra, dotata di cocca all'estremità opposta: *tirare una* — | *Frecce tricolori*, la pattuglia aerea acrobatica dell'Italia | (*fig.*) *avere molte frecce al proprio arco*, disporre di molte possibilità | *avere una* — *nel fianco*, avere ql.co. che disturba continuamente **2** (*estens.*) oggetto di forma allungata e appuntita, simile a una freccia | in un veico-

lo, asticciola appuntita usata come indicatore di direzione, oggi sostituita dal lampeggiatore **3** segnale stradale a forma di freccia che serve a indicare la direzione: *seguire la —* **4** segno grafico a forma di freccia.

frec|cià|ta *s.f.* **1** colpo di freccia **2** (*fig.*) espressione sarcastica, battuta pungente o maligna: *lanciare frecciate contro qlcu.* **3** nella scherma, stoccata vibrata proiettando in avanti il corpo.

fred|dà|re *v.tr.* [indic.pres. *io fréddo...*] **1** far diventare freddo, spec. cibo o bevanda; raffreddare: *— la minestra* **2** (*estens.*) uccidere, spec. con arma da fuoco: *lo freddò con un colpo di fucile* **3** (*fig.*) intimidire, spegnere: *— qlcu. con una battuta* ♦ **-rsi** *intr.pron.* (*anche fig.*) diventare freddo; raffreddarsi: *il latte si fredda; la sua passione si è freddata.*

fred|déz|za *s.f.* **1** condizione di ciò che è freddo **2** (*fig.*) indifferenza, distacco: *salutare con —* **3** (*fig.*) autocontrollo, sangue freddo: *l'impatto è stato evitato dalla — del comandante.*

fréd|do *agg.* **1** che è a temperatura molto bassa o inferiore a quella normale: *vento —; avere i piedi freddi* | *animali a sangue —*, quelli la cui temperatura corporea dipende da quella ambientale | *cena fredda,* cena a base di cibi crudi o cotti e lasciati raffreddare | *avere il sudore —*, sentirsi male; (*fig.*) avere paura **2** (*fig.*) privo di passione, di slancio; indifferente, distaccato: *un'accoglienza fredda* **3** (*fig.*) che non si lascia vincere dalle emozioni: *una persona fredda* | *sangue —*, autocontrollo, padronanza di sé | *a sangue —*, in modo calcolato | *a mente fredda,* in modo razionale, una volta sbollita l'emozione | *colori freddi,* quelli tendenti al grigio, verde e azzurro ♦ *s.m.* **1** temperatura bassa: *— intenso* | *fa un — boia, cane,* fa un freddo tremendo **2** sensazione che si avverte in assenza di calore: *avere —* | *a —*, senza utilizzare il calore; (*fig.*) con freddezza: *metallo lavorato a —; ammazzare qlcu. a —* **3** clima gelido | *i primi freddi,* l'inizio dell'inverno □ **freddamente** *avv.* con freddezza, con distacco emotivo.

fred|do|ló|so *agg.* che soffre molto il freddo: *un tipo —* □ **freddolosamente** *avv.*

fred|dù|ra *s.f.* battuta spiritosa, consistente in giochi di parole o doppi sensi; spiritosaggine.

fred|du|ri|sta *s.m./f.* [m.pl. *-i*] persona a cui piace dire freddure.

free-climbing (*ingl.*) [pr. *fri klàimbin*] *loc.sost. m.invar.* (*sport*) arrampicata libera senza chiodi, picozze e ramponi, in cui lo scalatore sfrutta gli appigli naturali della parete rocciosa aggrappandosi con le mani.

freelance (*ingl.*) [pr. *frilèns*] *agg., s.m./f.invar.* detto di professionista pagato a prestazione che lavora spec. nel campo editoriale o della moda.

freeware (*ingl.*) [pr. *friuer*] *s.m.invar.* (*inform.*) software gratuito disponibile su Internet.

freezer (*ingl.*) [pr. *frizer*] *s.m.invar.* vano del frigorifero in cui la temperatura è inferiore allo zero; congelatore.

fre|gà|re *v.tr.* [indic.pres. *io frégo, tu frèghi...*] **1** strofinare ql.co. ripetutamente e in modo energico: *— un tegame* **2** strusciare, premendo lievemente: *— la manica contro il muro* **3** frizionare, massaggiare una parte del corpo | *fregarsi le mani,* strofinarsele per il freddo o in segno di soddisfazione **4** (*fam.*) imbrogliare, ingannare: *si è fatto — dal socio* | rubare: *mi hanno fregato la macchina* ♦ **-rsi** *intr.pron.* (*volg.*) [accompagnato dalla particella *ne*] non preoccuparsi, disinteressarsi; infischiarsene: *chi se ne frega!; frégatene!*

fre|gà|ta¹ *s.f.* strofinata rapida fatta per pulire ql.co.

fre|gà|ta² *s.f.* un tempo, veloce veliero da guerra a tre alberi, con vele quadre e uno o due ponti | oggi, piccola nave da guerra usata nella scorta ai convogli e nella caccia ai sommergibili.

fre|gà|ta³ *s.f.* veloce uccello dei mari tropicali, dal piumaggio nero-bianco, con ali lunghe e strette, coda biforcuta e zampe corte palmate.

fre|ga|tù|ra *s.f.* (*fam.*) imbroglio, inganno | *dare, prendere una —*, imbrogliare, essere imbrogliato.

fre|già|re *v.tr.* [indic.pres. *io frégio...*] **1** decorare con fregi: *— un palazzo* **2** (*fig.*) abbellire, ornare **3** (*fig.*) insignire: *— qlcu. di una medaglia* ♦ **-rsi** *rifl.* (*anche fig.*) ornarsi di ql.co.; gloriarsi: *— dei propri titoli, della propria fama.*

fré|gio *s.m.* **1** (*arch.*) nei templi dell'antichità, elemento della trabeazione posto tra l'architrave e la cornice, decorato a rilievi **2** (*estens.*) qualsiasi decorazione con andamento più o meno lineare: *copertina con fregi dorati.*

fre|gnàc|cia *s.f.* **1** (*region.*) sciocchezza **2** (*estens.*) seccatura.

fre|gnó|ne *s.m.* [f. *-a*] (*region.*) sciocco, stupido; babbeo.

fré|go *s.m.* [pl. *-ghi*] linea tracciata frettolosamente, spec. per cancellare o per scarabocchiare; sgorbio: *fare un — sulla parete.*

fré|go|la *s.f.* **1** stato di eccitazione sessuale degli animali durante il periodo della riproduzione **2** (*estens., fig.*) frenesia, smania, voglia: *ha la — di scrivere.*

frèi|sa *s.m./f.invar.* vitigno piemontese | il vino rosso amabile che si ottiene dall'uva di tale vitigno.

fre|me|bón|do *agg.* (*lett.*) che freme per sdegno, rabbia e sim.

fre|mèn|te *part.pres.* di fremere ♦ *agg.* che freme; ardente, palpitante: *— di collera.*

frè|me|re *v.intr.* [indic.pres. *io fremo...;* aus. *A*] essere fortemente scosso, turbato emotivamente: *— di sdegno, per l'attesa.*

frè|mi|to *s.m.* agitazione improvvisa e violenta causata da un sentimento intenso: *un — d'ira.*

fre|nà|bi|le *agg.* che si può frenare.

fre|nàg|gio *s.m.* **1** insieme dei meccanismi che hanno la funzione di frenare una macchina **2** (*sport*) manovra fatta per arrestare o rallentare il moto, spec. nello sci.

fre|nà|re *v.tr.* [indic.pres. *io fréno...*] **1** arrestare o rallentare il movimento di una macchina mediante il freno **2** (*fig.*) moderare, trattenere: *— la curiosità* ♦ *intr.* [aus. *A*] azionare i freni di un veicolo: *— di colpo* | rispondere ai freni: *l'auto frena male* ♦ **-rsi** *rifl.* **1** fermare il proprio movi-

frenastenia

mento: *preso dalla corsa, non riuscivo più a frenarmi* **2** dominarsi, trattenersi: *devo riuscire a frenarmi.*

fre|na|ste|ni|a *s.f.* (*psich.*) deficienza mentale; oligofrenia.

fre|nà|ta *s.f.* **1** azionamento del freno, spec. in un veicolo | l'arresto del veicolo **2** (*anche fig.*) rallentamento: *il suo progetto ha subito una* —.

fre|nà|to *part.pass. di* frenare ♦ *agg.* (*mecc.*) tenuto fermo mediante un freno.

fre|na|tó|re *s.m.* [f. *-trice*] chi frena | addetto all'azionamento del freno a mano o automatico su vagoni ferroviari in manovra.

fre|na|tù|ra *s.f.* insieme dei congegni atti a frenare un veicolo | la loro disposizione e il loro funzionamento.

fre|ne|sì|a *s.f.* **1** stato di delirio furioso; pazzia **2** (*estens.*) agitazione, entusiasmo **3** desiderio impaziente e irrefrenabile: *la — del successo.*

fre|nè|ti|co *agg.* [m.pl. *-ci*] **1** che è in preda alla frenesia; che è provocato dalla frenesia: *pazzo* —; *urla frenetiche* **2** (*fig.*) che mostra grande entusiasmo: *applausi frenetici* **3** (*fig.*) convulso, sfrenato: *lavoro* — □ **freneticamente** *avv.*

-fre|nì|a (*psich.*) secondo elemento di parole composte che significa "mente", "animo" (*oligofrenia*).

frè|ni|co *agg.* [m.pl. *-ci*] (*anat.*) del diaframma, relativo al diaframma: *nervo* —.

fré|no o **frèno** *s.m.* **1** asticella metallica che si mette in bocca agli animali per reggerli e guidarli; morso | (*fig.*), *allentare i freni*, essere più tollerante | *stringere i freni*, limitare la libertà | *mordere il —*, mostrare insofferenza | *tenere a —*, contenere, controllare | *senza freni*, senza limiti, sfrenatamente **2** dispositivo che serve a rallentare o arrestare il moto di un veicolo, di una macchina ecc. | *— a mano, di stazionamento*, meccanismo comandato da una leva che blocca le ruote di un'automobile in sosta | *— a ceppo, a tamburo*, quello costituito da una coppia di ceppi (o ganasce) che premono con attrito sulla superficie interna o esterna di un tamburo rotante | *— a disco*, quello costituito da un disco rotante stretto fra due ganasce dotate di blocchetti di attrito | *— aerodinamico*, negli aeroplani, quello costituito da parti mobili poste sulle ali che, opportunamente comandate, si dispongono in modo tale da aumentare la resistenza al moto **3** (*fig.*) forza, mezzo che serve a reprimere, moderare, limitare: *il — della morale; porre un — ai soprusi* | (*psicol.*) *freni inibitori*, il complesso dei meccanismi interiori che portano un individuo a controllare e reprimere le proprie pulsioni, per motivi di convivenza sociale o per particolari inibizioni.

fre|no|lo|gì|a *s.f.* dottrina del XIX sec., oggi abbandonata, secondo la quale le diverse facoltà psichiche sono localizzate in precise zone dell'encefalo, il cui sviluppo, proporzionale a quello di ciascuna facoltà, può essere valutato esaminando la configurazione esterna del cranio.

fre|nò|lo|go *s.m.* [f. *-a*; m.pl. *-gi*] (*psich.*) studioso di frenologia.

fre|no|pa|tì|a *s.f.* malattia mentale; psicopatia.

fre|no|to|mì|a *s.f.* (*med.*) taglio chirurgico del frenulo della lingua o del prepuzio.

frè|nu|lo *s.m.* (*anat.*) piega mucosa o cutanea che unisce due organi o due parti dello stesso organo: *— della lingua, del prepuzio.*

frè|on® *s.m.invar.* nome di un gruppo di idrocarburi clorurati contenenti fluoro, usati come propellenti per le bombolette o come fluidi frigoriferi; tali composti, indicati come responsabili della distruzione dell'ozono, sono in fase di eliminazione.

fre|quen|tà|bi|le *agg.* che si può frequentare.

fre|quen|tà|re *v.tr.* [indic.pres. *io frequento...*] **1** recarsi spesso in un determinato luogo: *— sempre lo stesso ristorante* **2** essere iscritto e partecipare a un'attività che si svolge regolarmente: *— un corso* **3** incontrare spesso qlcu.: *— una famiglia* | (*fig.*) leggere assiduamente: *— i classici* ♦ **-rsi** *rifl.rec.* incontrarsi spesso, con assiduità.

fre|quen|ta|tì|vo *agg., s.m.* (*gramm.*) detto di verbo che esprime un'azione ripetuta; iterativo: *"cantercellare" è il — di "cantare".*

fre|quen|tà|to *part.pass. di* frequentare ♦ *agg.* si dice di luogo in cui spesso si recano molte persone; affollato: *un bar —.*

fre|quen|ta|tó|re *s.m.* [f. *-trice*] chi frequenta abitualmente un certo luogo: *un assiduo — della parrocchia.*

fre|quen|ta|zió|ne *s.f.* abitudine a frequentare un certo luogo | familiarità con qlcu. o ql.co.

fre|quèn|te *agg.* che si fa, che ricorre spesso: *incontri frequenti* | *di —*, ripetutamente, spesso □ **frequentemente** *avv.*

fre|quèn|za *s.f.* **1** qualità, carattere di ciò che accade spesso | il numero di volte in cui l'evento si ripete: *la — delle piogge* **2** assiduità di qlcu. nel partecipare a un'attività: *la — del corso è obbligatoria* | assiduità di qlcu. nel recarsi in un dato luogo **3** (*fis.*) il numero delle volte in cui un fenomeno periodico si ripete nell'unità di tempo; si misura in hertz (*simb.* Hz) **4** (*stat.*) *— assoluta*, in un dato insieme di rilevamenti, numero di volte in cui un determinato fenomeno si presenta | *— relativa*, rapporto tra la frequenza assoluta e il numero totale dei rilevamenti effettuati.

fre|quen|zì|me|tro o **frequenzìmetro** *s.m.* (*fis.*) strumento usato per misurare la frequenza di una corrente elettrica alternata.

frè|sa *s.f.* (*mecc.*) utensile rotante munito di lame taglienti che, applicato spec. sulle fresatrici, crea profili sagomati, scanalature ecc.

fre|sà|re *v.tr.* [indic.pres. *io freso...*] (*mecc.*) sagomare, lavorare con la fresa.

fre|sa|tó|re *s.m.* operaio addetto alla fresatrice.

fre|sa|trì|ce *s.f.* (*mecc.*) macchina utensile impiegata nella lavorazione dei metalli, costituita di un motore che imprime moto rotatorio a una fresa e moto di avanzamento al pezzo da lavorare.

fre|sa|tù|ra *s.f.* operazione del fresare | lavorazione effettuata con la fresa.

fre|schéz|za *s.f.* 1 qualità di ciò che è fresco: *la — della carne* 2 (*fig.*) naturalezza, vivacità: *— di idee.*

fré|sco *agg.* [m.pl. *-schi*] 1 si dice di ql.co. che è lievemente e piacevolmente freddo: *vento —* | (*fig.*) *star —*, non avere scampo 2 di cibo o altro prodotto deperibile, preparato da poco; che è senza conservanti: *latte, pane —; fiori freschi* 3 (*estens.*) nuovo, recente: *una notizia fresca* | *pittura fresca*, pittura ancora bagnata | *sposi freschi*, quelli sposati da poco | *di —*, di recente | *— di*, indica una condizione da poco abbandonata: *— di stampa; — di studi* 4 (*fig.*) florido, sano; riposato, in forma: *pelle fresca; mente fresca* | *essere — come una rosa*, essere in piena forma 5 (*fig.*) naturale, spontaneo, vivace: *riso —* ♦ *s.m.* 1 temperatura tra caldo e freddo: *fa —; godere il —* | *col —*, al mattino o alla sera 2 ambiente, luogo con una temperatura inferiore rispetto a quella circostante: *dormire al —; mettere la birra in —* | (*fig.*, *scherz.*) *andare, mettere al —*, andare, mandare in prigione 3 tessuto leggero di lana usato per confezionare abiti estivi.

fre|scù|ra *s.f.* aria piacevolmente fresca: *la — della notte.*

fré|sia *s.f.* pianta erbacea bulbosa, con fiori variamente colorati e molto profumati, coltivata a scopo ornamentale.

frét|ta *s.f.* 1 desiderio o bisogno di fare presto; premura: *ho — di andarmene* | *far, mettere — a qlcu.*, incitarlo a sbrigarsi 2 rapidità eccessiva di movimenti o azioni; foga: *mangiare in —* | *in — e furia*, affannosamente.

fret|tàz|zo *s.m.* (*mar.*) spazzola dotata di manico con setole vegetali molto rigide o fili d'acciaio, usata per pulire i ponti o il fasciame esterno delle navi.

fret|to|ló|so *agg.* 1 che pensa, agisce o si muove con troppa fretta; precipitoso: *sei stato — nel giudicarlo* 2 che è fatto in fretta, affrettato; approssimativo, sommario: *una risposta frettolosa; una decorazione frettolosa* □ **frettolosamente** *avv.*

freu|dià|no [pr. *froidiàno*] *agg.* di Sigmund Freud (1856-1939), fondatore della psicoanalisi | che concerne le teorie di Freud ♦ *s.m.* [f. *-a*] seguace, sostenitore di Sigmund Freud.

fria|bi|le *agg.* che si riduce facilmente in minuti frammenti: *crackers friabili.*

fria|bi|li|tà *s.f.* caratteristica, qualità di ciò che è friabile.

fri|can|dò *s.m.* (*gastr.*) carne di vitello lardellata, cotta in casseruola con aromi e verdure.

fri|cas|sè|a *s.f.* (*gastr.*) spezzatino di carne di agnello, pollo o vitello, cotto in tegame e condito con una salsa a base di uova e succo di limone.

fri|ca|ti|va *s.f.* (*ling.*) consonante fricativa.

fri|ca|ti|vo *agg.* 1 che produce attrito, frizione 2 (*ling.*) *consonanti fricative*, quelle il cui suono, simile a un fruscio, è prodotto dal passaggio dell'aria attraverso un forte restringimento del canale fonatorio (p.e. *f* e *v*).

fric|chet|tó|ne *s.m.* [f. *-a*] (*gerg.*) giovane anticonformista che si atteggia in modo strano, bislacco: *vestirsi come un —* ♦ *agg.* alternativo, stravagante: *abito —.*

fri|gà|ne|a *s.f.* insetto simile a una piccola farfalla, con quattro ali pelose e lunghe antenne setolose, la cui larva acquatica si costruisce un fodero cilindrico; si usa come esca per i pesci.

frìg|ge|re *v.tr.* [indic.pres. *io friggo, tu friggi...*; pass.rem. *io frissi, tu friggésti...*; part.pass. *fritto*] detto di alimenti, cuocere in olio o in un altro grasso bollente: *— le patatine* | (*fig.*) *mandare a farsi —*, andare in malora | *mandare qlcu. a farsi —*, mandarlo a quel paese, al diavolo ♦ *intr.* [aus. *A*] 1 scoppiettare bollendo: *l'olio frigge nella padella* | (*estens.*) detto spec. di metalli roventi immersi in acqua, sfrigolare, crepitare 2 (*fig.*) detto di persona, fremere, rodersi: *— per l'invidia.*

frig|gi|to|ri|a *s.f.* negozio dove si preparano e si vendono cibi fritti.

frig|gi|tri|ce *s.f.* elettrodomestico usato per friggere, dotato di cestello metallico bucherellato che si può estrarre per scolare l'olio dai cibi.

frigidaire (*fr.*) [pr. *frijidèr*] *s.m.* frigorifero.

fri|gi|dà|rio *s.m.* (*archeol.*) nelle terme romane, sala gener. rettangolare con una grande vasca per fare bagni freddi.

fri|gi|di|tà *s.f.* 1 (*lett.*) freddezza; apatia 2 (*med.*) in una donna, assenza di desiderio o di orgasmo sessuale, dovuta a cause fisiche o psichiche.

fri|gi|do *agg.* 1 (*lett.*) freddo; senza entusiasmo, apatico 2 (*med.*) detto spec. di una donna, insensibile all'eccitazione sessuale ♦ *s.m.* [f. *-a*] persona frigida.

fri|gio *agg.* [f.pl. *-gie*] della Frigia, regione storica dell'Asia Minore che ora fa parte della Turchia | *berretto —*, berretto rosso con la punta ripiegata sul davanti, anticamente usato dai Frigi e adottato come simbolo di libertà durante la rivoluzione francese ♦ *s.m.* 1 [f. *-a*] abitante o nativo della Frigia 2 la lingua parlata nella Frigia.

fri|gnà|re *v.intr.* [indic. pres. *io frigno..., noi frigniamo, voi frignate...*, aus. *A*] detto spec. dei bambini, piagnucolare in modo lamentoso e insistente.

fri|gnó|ne *s.m.* [f. *-a*] (*fam.*) persona che frigna continuamente; piagnucolone.

frì|go *s.m.invar. abbr.* di frigorifero.

fri|go|bàr *s.m.invar.* mobile bar frigorifero. Usato spec. nelle camere degli alberghi.

fri|go|rì|a *s.f.* (*tecn.*) nell'industria del freddo, unità di misura corrispondente alla quantità di calore che si deve sottrarre a un grammo di acqua distillata per abbassare la temperatura di 1 °C, da 15,5 a 14,5 °C (*simb.* Fr).

fri|go|ri|fe|ro *agg.* 1 che abbassa o mantiene bassa la temperatura: *impianto —; cella frigorifera* 2 che è dotato di impianto refrigerante: *furgone —* ♦ *s.m.* apparecchio elettrodomestico o impianto industriale capace di produrre freddo, al cui interno si conservano alimenti e altri pro-

frigorista

dotti deperibili a una temperatura più bassa di quella ambiente.
fri|go|ri|sta *s.m.* [pl. *-i*] operaio addetto al funzionamento e alla manutenzione dei frigoriferi.
fri|mà|io *s.m.* terzo mese del calendario rivoluzionario francese, che andava dal 20 novembre al 20 dicembre.
frin|guèl|lo *s.m.* piccolo uccello dal canto melodioso, con petto e gola rossicci e coda nera striata di bianco.
fri|nì|re *v.intr.* [indic.pres. *io frinisco, tu frinisci...*; aus. *A*] detto dei grilli e delle cicale, emettere il caratteristico verso stridente.
fri|sà|re *v.tr.* **1** sfiorare **2** (*sport*) nel biliardo e nel gioco delle bocce, colpire la palla dell'avversario sfiorandola di lato con la propria.
frisbee® (*ingl.*) [pr. *frisbi*] *s.m.invar.* disco di plastica con cui si gioca che viene lanciato in aria e afferrato al volo con le mani | (*estens.*) il gioco che si fa con questo disco.
fri|só|ne *agg.* della Frisia, regione dell'Europa nord-occidentale ♦ *s.m.* **1** [f. *-a*] chi è nato o abita in Frisia **2** lingua appartenente al gruppo germanico che si parla in Frisia.
fri|til|là|ria *s.f.* pianta erbacea bulbosa, con fiori penduli a forma di campana, gener. arancioni, coltivata a scopo ornamentale.
frit|tà|ta *s.f.* vivanda preparata con uova sbattute e poi fritte in padella con olio o burro, talvolta arricchita di verdure | (*fig.*) *fare una* —, combinare un pasticcio | *rivoltare la* —, far apparire una cosa diversa da come è realmente per trarne un vantaggio personale.
frit|tèl|la *s.f.* **1** dolce preparato con una pasta quasi liquida che si frigge in olio insieme ad altri ingredienti **2** (*fig.*) macchia su un abito.
frit|to *part.pass.* di friggere ♦ *agg.* **1** cotto in olio, burro o grasso bollente: *pesce* — | (*fig.*) — *e rifritto*, ripetuto più volte e quindi banale, noioso **2** (*fig.*) rovinato, spacciato: *se scoprono quello che stiamo facendo siamo fritti!* ♦ *s.m.* piatto a base di cibi fritti: *un* — *di verdura.*
frit|tù|ra *s.f.* **1** cottura in olio, burro o grasso bollente **2** vivanda fritta.
fri|u|là|no *agg.* del Friuli ♦ *s.m.* **1** [f. *-a*] chi abita o è nato in Friuli **2** dialetto ladino che si parla in Friuli.
fri|vo|léz|za *s.f.* **1** superficialità, futilità: *la sua* — *si nota subito* **2** parola o comportamento frivolo: *è da stamattina che dici solo frivolezze!*
fri|vo|lo *agg.* che dimostra poca serietà; superficiale, vuoto: *una donna frivola; una conversazione frivola.*
fri|zio|nà|re *v.tr.* [indic.pres. *io friziónо...*] sottoporre a frizione una parte del corpo; massaggiare: — *le gambe.*
fri|zió|ne *s.f.* **1** massaggio che consiste nello strofinare in modo rapido ed energico una parte del corpo con una sostanza medicamentosa | la sostanza stessa usata per fare tale massaggio **2** (*fis.*) attrito fra due corpi, dei quali almeno uno è in movimento **3** (*mecc.*) negli autoveicoli, dispositivo che consente il distacco del motore dalla trasmissione quando si eseguono i cambi di marcia | *pedale con cui viene manovrato tale dispositivo* **4** (*fig.*) contrasto, dissidio fra persone per divergenza di opinioni.
friz|zàn|te *part.pres.* di frizzare ♦ *agg.* **1** di bevanda, che provoca al palato una gradevole sensazione di solletico, dovuto ai gas delle bollicine; effervescente: *spumante* — | *aria* —, aria pungente **2** (*fig.*) brillante, intelligente, vivace: *una mente* —.
friz|zà|re *v.intr.* [aus. *A*] **1** detto di bevande, provocare una sensazione di solletico al palato: *il vino frizza* **2** (*estens.*) detto di sostanza applicata sulla pelle, dare una sensazione di prurito, di bruciore: *il disinfettante frizza sull'escoriazione.*
friz|zo *s.m.* battuta arguta e mordace.
frò|cio *s.m.* (*volg.*) omosessuale maschio.
fro|dà|re *v.tr.* [indic.pres. *io frodo...*] **1** privare qlcu. con l'inganno di ciò che gli spetta per diritto: — *lo Stato* **2** sottrarre ql.co. a qlcu. con l'inganno: — *una somma di denaro a qlcu.*
fro|da|tó|re *s.m.* [f. *-trice*] chi froda; truffatore, imbroglione.
frò|de *s.f.* **1** (*dir.*) inganno per cui si eludono determinate disposizioni di legge a danno degli altri: — *commerciale, fiscale* **2** (*estens.*) imbroglio, raggiro.
frò|do *s.m. solo sing.* (*dir.*) atto illecito che consiste nel sottrarsi al pagamento di tasse, imposte ecc. | *merce di* —, merce di contrabbando | *cacciatore, pescatore di* —, chi caccia, pesca senza licenza o in presenza di un divieto.
frò|gia *s.f.* [pl. *-gie* o *-ge*] *spec.pl.* **1** ciascuna delle estremità carnose presenti nelle narici dei cavalli **2** (*scherz.*) narice umana, spec. quando è dilatata.
frol|là|re *v.tr.* [indic.pres. *io frollo...*] detto della carne macellata, rendere tenero mediante frollatura: — *l'agnello* ♦ *intr.* [aus. *E*], **-rsi** *intr.pron.* diventare tenero.
frol|la|tù|ra *s.f.* operazione di stagionatura della carne macellata effettuata per renderla tenera, adatta alla cottura e più saporita | il tempo che occorre per eseguire tale operazione.
frol|lì|no *s.m.* biscotto o pasticcino di pasta frolla, talvolta guarnito con creme o canditi.
fròl|lo *agg.* detto della carne macellata, sottoposto a frollatura; tenero, morbido | *pasta frolla*, pasta friabile per dolci a base di farina, burro, uova e zucchero | (*fig.*) *avere le mani di pasta frolla*, farsi cadere tutto dalle mani.
fróm|bo|la *s.f.* (*lett.*) fionda.
from|bo|liè|re *s.m.* **1** (*ant.*) anticamente, soldato munito di fionda **2** [f. *-a*] (*sport*) calciatore con potenza di tiro; cannoniere.
fròn|da[1] *s.f.* **1** ramo con foglie; frasca **2** (*pl.*) l'insieme dei rami e delle foglie di un albero; chioma **3** (*spec.pl., fig.*) qualsiasi ornamento superfluo, spec. di un testo scritto o di un discorso; fronzolo.
fròn|da[2] *s.f.* **1** (*st.*) nella Francia del XVII sec., movimento insurrezionale antiassolutistico insorto contro la reggente Anna d'Austria e il

primo ministro Mazzarino 2 (*estens.*) corrente di opposizione interna a un gruppo politico.
fron|di|sta *s.m./f.* [m.pl. *-i*] oppositore, ribelle.
fron|do|si|tà *s.f.* 1 (*lett.*) ricchezza di foglie 2 (*fig.*) abbondanza eccessiva di ornamenti superflui, spec. in un testo scritto o in un discorso; ridondanza, ampollosità.
fron|dó|so *agg.* 1 ricco di fronde 2 (*fig.*) di testo scritto o discorso, sovraccarico di ornamenti superflui.
fron|tà|le *agg.* 1 (*anat.*) che concerne la fronte: *regione* — 2 che è, che accade di fronte a chi osserva: *immagine*, *scontro* — ♦ *s.m.* 1 parte anteriore o parte rivolta verso l'osservatore; facciata: *il* — *di un palazzo* 2 antico ornamento femminile che cingeva la fronte, costituito da un cerchietto di metallo prezioso o da un filo di perle 3 parte dell'elmo che proteggeva la fronte 4 parte della briglia del cavallo che passa sulla fronte 5 mensola del camino □ **frontalmente** *avv.* 1 di fronte 2 (*fig.*) in modo deciso, diretto: *lo ha attaccato* —.
fron|ta|liè|re o **frontalièro** *agg.*, *s.m.* [f. *-a*] detto di chi abita in una zona di frontiera o lavora oltre il confine.
fron|ta|li|no *s.m.* parte anteriore estraibile di un autoradio.
frón|te *s.f.* [anche s.m. nel sign. 5] 1 parte della testa situata tra le sopracciglia e i capelli: — *ampia* | *a* — *alta*, non avendo niente di cui vergognarsi | *a* — *bassa*, con vergogna 2 il viso in quanto espressione della coscienza o di un sentimento; aspetto | (*fig.*) *avere ql.co. scolpito in* —, rivelare attraverso il viso sentimenti o pensieri non apertamente dichiarati 3 parte anteriore o parte rivolta verso l'osservatore; facciata: *la* — *di una chiesa* | *a* —, a confronto | *a* —, faccia a faccia | *a* — *di*, a confronto di, in presenza di | *di* —, davanti, dirimpetto | *testo con traduzione a* —, opera corredata di traduzione a lato del testo originale 4 (*metr.*) nella canzone lirica antica, la prima parte della stanza, a sua volta divisibile in due piedi 5 linea raggiunta a valle da un ghiacciaio ♦ *s.m.* 1 in guerra, linea lungo la quale si schierano due eserciti | (*anche fig.*) **combattere su due fronti**, lottare contro due nemici che attaccano contemporaneamente | *far* —, fronteggiare, affrontare: *far* — *alle richieste* 2 (*estens.*, *sport*) *d'attacco*, in un gioco di squadra, azione di attacco condotta da un gruppo di giocatori in possesso della palla 3 alleanza di più partiti o movimenti d'opinione sorta in vista di un obiettivo comune | **Fronte popolare**, quello antifascista, costituito dai partiti di sinistra, sorto nella prima metà del XX sec. in Francia, Spagna e Italia | *far* — *comune*, affrontare insieme difficoltà e imprevisti 4 (*meteor.*) zona perturbata che ha origine dall'incontro di masse d'aria con temperatura diversa: — *caldo*, *freddo*.
fron|teg|già|re *v.tr.* [indic.pres. *io frontéggio...*] 1 contrastare qlcu. o ql.co. con forza; tenere testa: — *il nemico*; — *la crisi* 2 trovarsi di fronte a ql.co., qlcu.: *la chiesa fronteggia il piazzale* ♦ **-rsi** *rifl.rec.* contrastarsi, affrontarsi.
fron|te|spi|zio *s.m.* 1 pagina situata all'inizio di un libro in cui sono riportati il titolo, il nome dell'autore e dell'editore, talvolta anche il luogo e la data di stampa 2 (*arch.*) struttura ornamentale della parte più alta di un edificio; frontone.
fron|tiè|ra *s.f.* 1 linea di confine di uno Stato dove ha termine la sua sovranità territoriale: *sono stato fermato alla* — 2 (*fig.*) linea di divisione, di distinzione netta: *la* — *tra fantasia e realtà* 3 (*spec.pl.*, *fig.*) limite estremo raggiungibile: *le frontiere della medicina*.
fron|ti|no *s.m.* piccola parrucca che si porta sulla fronte per modificare l'attaccatura dei capelli.
fron|ti|smo *s.m.* tendenza dei partiti di sinistra ad allearsi in un fronte unico.
fron|ti|sta *s.m./f.* [m.pl. *-i*] 1 chi fa parte di un fronte politico 2 (*dir.*) proprietario di un edificio o di un terreno posto lungo una strada o un fiume ♦ *agg.* relativo al frontismo politico o ai suoi sostenitori: *coalizione* —.
fron|tó|ne *s.m.* 1 (*arch.*) struttura decorativa, gener. di forma triangolare, posta a coronamento delle facciate di templi o edifici oppure sulla sommità di porte e finestre 2 in un caminetto, lastra in materiale refrattario collocata contro il muro di fondo.
frón|zo|lo *s.m.* (*spec.pl.*, *anche fig.*) qualsiasi ornamento inutile e pacchiano: *un festone con troppi fronzoli*; *scrivere con molti fronzoli*.
fro|só|ne *s.m.* piccolo e tozzo uccello dal piumaggio bruno striato di rosso, provvisto di grosso becco appuntito e di coda corta.
fròt|ta *s.f.* gruppo di persone che procede in modo disordinato | (*fig.*) *a frotte*, in gran numero: *i visitatori giunsero a frotte*.
fròt|to|la *s.f.* 1 (*lett.*) componimento poetico popolare, diffusosi in Italia nel XIV e XV sec., che si distinse per la varietà del metro adottato, per l'accostamento estroso degli argomenti e per la presenza di motti e proverbi arguti 2 (*mus.*) composizione polifonica profana di origine popolare, spec. a quattro voci, diffusasi in Italia nel XV sec. 3 (*fig.*) bugia, fandonia.
fru-fru o **frufrù** *inter.* (*onom.*) imita il fruscio di stoffe, foglie o lo scalpiccio dei piedi e sim. ♦ *agg.invar.* detto di abito femminile, eccessivamente ricco di fronzoli e pizzi | detto di donna, che si comporta in modo frivolo.
fru|gà|le *agg.* di persona, sobrio, misurato nel mangiare e nel bere: *abitudini frugali* | di cibo, modesto, semplice: *una cena* —.
fru|ga|li|tà *s.f.* sobrietà; semplicità.
fru|gà|re *v.intr.* [indic.pres. *io frugo*, *tu frughi...*; aus. *A*] cercare tra ciò che con insistenza: — *nel cestino*, *nel baule* ♦ *tr.* 1 rovistare accuratamente: — *la borsa* 2 perquisire attentamente: — *i dimostranti*.
fru|gì|vo|ro *agg.* si dice di animale che si ciba di frutti.
frù|go|lo *s.m.* [f. *-a*] bambino molto vivace.

fru|i|bi|le *agg.* detto di ciò di cui si può fruire; utilizzabile, godibile.

frui|bi|li|tà *s.f.* disponibilità di un bene a essere fruito; utilizzabilità.

fru|i|re *v.intr.* [indic.pres. *io fruisco, tu fruisci...*; aus. *A*] avvalersi, giovarsi di ql.co.: — *di un trattamento di favore* | beneficiare di un'opera artistica o, più in generale, dei beni culturali: — *della biblioteca* ♦ *tr.* (*raro*) gustare, godere: — *i soldi guadagnati, un testo letterario*.

frui|tó|re *s.m.* [f. -*trice*] **1** chi fruisce di ql.co.; consumatore, utente: — *di una rendita, di un museo* **2** destinatario, accorto consumatore di un'opera letteraria o artistica.

frui|zió|ne *s.f.* godimento, uso.

frul|là|re *v.intr.* [aus. *A*] **1** detto di uccelli, alzarsi in volo sbattendo le ali **2** (*estens.*) roteare velocemente, vorticosamente: *far — una trottola* **3** detto di pensieri, agitarsi in mente; dibattersi: *sai cosa mi frulla per la testa?* ♦ *tr.* agitare con un frullino o con il frullatore: — *il latte con una banana*.

frul|là|to *part.pass.* di frullare ♦ *agg.* sbattuto con il frullino o con il frullatore: *uova frullate* ♦ *s.m.* bevanda preparata frullando il latte con la frutta o altri ingredienti: — *di fragole*.

frul|la|tó|re *s.m.* elettrodomestico usato per preparare cibi e bevande frullati, costituito da un motore elettrico che aziona un dispositivo rotante provvisto di lame.

frul|lì|no *s.m.* utensile da cucina usato per frullare, composto di una manovella che, azionata a mano, fa ruotare vorticosamente due fruste.

frul|lì|o *s.m.* un frullare continuo, prolungato.

frùl|lo *s.m.* rumore prodotto dagli uccelli quando si levano in volo.

fru|men|tà|rio *agg.* di frumento; che riguarda il frumento: *il commercio —* ♦ *s.m.* nell'esercito romano, addetto al vettovagliamento.

fru|mén|to *s.m.* **1** pianta erbacea con infiorescenza a spiga; grano | il frutto di tale pianta che, macinato, produce la farina; cariosside **2** l'insieme dei chicchi raccolti dalle spighe di tale pianta: *un sacco di —*.

fru|scià|re *v.intr.* [indic.pres. *io fruscio....*; aus. *A*] produrre un fruscio: *il vento fa — le fronde degli alberi*.

fru|scì|o *s.m.* rumore prolungato sottilmente percepibile, prodotto da ql.co. che striscia, sfrega o scorre: *il — della seta, dell'onda* | — *di fondo*, rumore di sottofondo, tipico delle registrazioni sonore.

frù|sta *s.f.* attrezzo usato per incitare gli animali, costituito da un manico a cui è fissata una corda o una striscia di cuoio; veniva usato un tempo anche come strumento di punizione per gli uomini | *colpo di —*, frustata; (*med.*) trauma distorsivo da contraccolpo, tipico del tamponamento automobilistico; (*fig.*) stimolo energico, sferzata | (*fig.*) *mettere qlcu. alla —*, costringerlo a impegnarsi al massimo **2** utensile da cucina usato per sbattere o frullare, costituito da più fili metallici ricurvi collegati a un'impugnatura **3** (*region.*) sottile forma allungata di pane **4** (*mus.*) strumento a percussione, costituito da due tavolette di legno unite fra loro da una cerniera.

fru|stà|re *v.tr.* **1** colpire qlcu. con la frusta; sferzare: — *gli animali* **2** (*fig.*) censurare con severità.

fru|stà|ta *s.f.* **1** colpo dato con la frusta **2** (*fig.*) censura, critica severa **3** (*fig.*) incitamento, stimolo energico: *una — di vitalità*.

fru|stì|no *s.m.* piccola frusta, sottile, flessibile e rivestita di pelle, usata per incitare il cavallo | (*estens.*) fantino.

frù|sto *agg.* **1** di abito, consumato, logoro **2** (*fig.*) non originale, risaputo, trito: *tema —*.

fru|stràn|te *part.pres.* di frustrare ♦ *agg.* deludente, sconfortante: *un lavoro —*.

fru|strà|re *v.tr.* **1** deludere, vanificare: — *le aspettative di qlcu.* **2** (*psicol.*) provocare in una persona uno stato di frustrazione.

fru|strà|to *part.pass.* di frustrare ♦ *agg., s.m.* [f. -*a*] detto di chi si trova in stato di frustrazione.

fru|stra|zió|ne *s.f.* **1** delusione che nasce dall'impossibilità di realizzare desideri e speranze **2** stato psicologico che deriva dal mancato soddisfacimento di un bisogno.

frù|ti|ce *s.m.* (*bot.*) arbusto.

fru|ti|có|so *agg.* (*bot.*) di pianta dal fusto piccolo con ramificazioni che partono dalla base.

frùt|ta *s.f.invar.* **1** insieme dei frutti commestibili: *la — è ricca di zuccheri e vitamine* **2** portata gener. di fine pranzo | (*fig.*) *essere alla —*, essere al termine delle proprie risorse, senza altre possibilità.

frut|tà|re *v.intr.* [aus. *A*] **1** detto di piante, dare frutti; fruttificare **2** (*estens.*) dare un reddito, un guadagno: *un settore che frutta molto* ♦ *tr.* **1** (*anche fig.*) dare come frutto; produrre, procurare: *una terra che frutta molte patate*; *la sua cattiveria gli frutterà un castigo* **2** (*estens.*) produrre ricchezza: *l'investimento mi ha fruttato una cifra elevata*.

frut|tà|to¹ *part.pass.* di fruttare ♦ *agg.* **1** di vino, che ha il sapore della frutta matura **2** di aroma, che ricorda il profumo della frutta matura o di un frutto in particolare.

frut|tà|to² *s.m.* **1** (*agr.*) l'insieme dei frutti prodotti da un albero, un campo e sim. **2** (*econ.*) rendita prodotta da un investimento, un capitale e sim.

frut|té|to *s.m.* terreno coltivato ad alberi da frutto.

frut|tì|co|lo *agg.* che concerne la coltivazione di piante di frutto e il commercio della frutta: *mercato —*.

frut|ti|col|tó|re o **frutticultóre** *s.m.* [f. -*trice*] chi coltiva alberi da frutto.

frut|ti|col|tù|ra o **frutticultùra** *s.f.* **1** coltivazione di alberi da frutto **2** settore della scienza agraria che si occupa di tale coltivazione.

frut|ti|dò|ro *s.m.* dodicesimo mese del calendario rivoluzionario francese, che andava dal 18 agosto al 16 settembre.

frut|tiè|ra *s.f.* recipiente o vassoio per servire la frutta in tavola.
frut|ti|fe|ro *agg.* 1 che produce frutti: *albero —* 2 (*estens.*) fertile, fecondo: *campo —* 3 (*fig.*) che rende ricchezza: *commercio —*.
frut|ti|fi|cà|re *v.intr.* [indic.pres. *io fruttifico, tu fruttifichi...*; aus. *A*] (*anche fig.*) produrre frutti.
frut|ti|no *s.m.* 1 caramella alla frutta, gener. gommosa 2 porzione di marmellata venduta a cubetti.
frut|ti|vén|do|lo *s.m.* [f. *-a*] chi vende al minuto frutta e verdura | negozio in cui si vende frutta e verdura.
frùt|to *s.m.* 1 (*bot.*) prodotto della trasformazione dell'ovario, in seguito alla fecondazione, contenente semi | prodotto commestibile spec. polposo di alcuni alberi: *albero da —; — ancora acerbo | — secco, carnoso*, frutto il cui pericarpo è di consistenza membranosa, secca o carnosa | *— multiplo*, quello costituito da un aggregato di frutti derivanti da più pistilli di uno stesso fiore | *falso —*, quello alla cui formazione concorrono anche altre parti del fiore 2 (*spec.pl.*) prodotto commestibile della terra: *i frutti dei campi* | (*fig.*) *frutti di mare*, i molluschi commestibili 3 (*fig.*) prodotto, risultato di un'attività: *la mia vita è tutta il — della fatica* 4 (*fig.*) conseguenza, effetto: *questa situazione è — di un compromesso; i frutti di un cattivo insegnamento | senza —*, inutilmente, invano 5 profitto, vantaggio: *raccogliere i frutti del proprio impegno* | interesse, utile economico: *una rendita che dà buon — | mettere a — ql.co.*, far fruttare, impiegare in modo proficuo.
frut|tò|sio *s.m.* (*chim.*) zucchero contenuto in molti frutti e nel miele; si usa come conservante alimentare e come sostitutivo dello zucchero per i diabetici.
frut|tuó|so *agg.* che produce, che rende molto: *un capitale —* | (*fig.*) che dà risultati positivi; vantaggioso: *indagini fruttuose*.
fu 3ª pers.sing. del pass.rem. di essere ♦ *agg.* [davanti ai nomi propri di persona] (*bur.*) defunto, morto: *il — Giuseppe R.*
fuch|si|te *s.f.* (*min.*) varietà di muscovite di colore verde smeraldo, contenente cromo, presente negli scisti cristallini.
fu|ci|là|re *v.tr.* [indic.pres. *io fucilo...*] eseguire una condanna a morte mediante fucilazione.
fu|ci|là|ta *s.f.* colpo sparato con il fucile: *tirare una —* | il rumore prodotto da tale sparo: *sentire una —*.
fu|ci|la|zió|ne *s.f.* esecuzione di una condanna a morte mediante una raffica di colpi di fucile, pena prevista dal codice militare per reati molto gravi | la condanna stessa: *mandare alla —*.
fu|ci|le *s.m.* 1 arma da fuoco portatile, individuale, composta di lunga canna in acciaio e di calcio, gener. in legno, da appoggiare alla spalla: *— da caccia, automatico* 2 (*fig.*) soldato munito di tale arma | tiratore con tale arma 3 (*estens.*) arma non da fuoco che somiglia a un fucile: *— subacqueo*.
fu|ci|le|rì|a *s.f.* 1 complesso di più fucili o di più persone armate di fucile 2 scarica di molti fucili, prolungata e simultanea.
fu|ci|liè|ra *s.f.* 1 rastrelliera per i fucili 2 anticamente, feritoia da cui sparare colpi di fucile o di un'altra arma da fuoco.
fu|ci|liè|re *s.m.* soldato della fanteria dotato di fucile.
fu|ci|na *s.f.* 1 fornello su cui i fabbri riscaldano i metalli da lavorare a mano; forgia 2 locale in cui si effettuano lavori di fucinatura 3 (*fig.*) ambiente, luogo in cui si organizza, si trama ql.co.: *una — di bugie* 4 (*fig.*) ambiente, luogo in cui si formano grandi ingegni e personalità di prestigio: *una — di giovani scienziati*.
fu|ci|nà|re *v.tr.* [indic.pres. *io fucino...*] lavorare a caldo il ferro o un altro metallo; forgiare.
fu|ci|na|tó|re *s.m.* operaio che esegue lavori di fucinatura.
fu|ci|na|trì|ce *s.f.* pressa usata per la fucinatura dei metalli.
fu|ci|na|tù|ra *s.f.* lavorazione per deformazione a caldo del ferro o di un altro metallo, che reso malleabile dal calore della forgia, viene sagomato a mano con colpi di martello o sottoposto alla pressione della fucinatrice.
fù|co^1 *s.m.* [pl. *-chi*] maschio dell'ape, tozzo e senza pungiglione; pecchione.
fù|co^2 *s.m.* [pl. *-chi*] alga pluricellulare arancione nei maschi, verde nelle femmine, con tallo laminare appiattito munito di rami fertili, da cui si ricavano bromo, iodio e soda; si usa come concime o mangime.
fùc|sia *s.f.* pianta ornamentale provvista di fiori penduli con calice e corolla rosso-violacei ♦ *agg.*, *s.m.invar.* detto di una tonalità di rosso-viola simile a quella dei fiori di tale pianta: *un tessuto —*.
fuc|sì|na *s.f.* (*chim.*) colorante organico o sintetico ottenuto dall'anilina, di colore rosso violetto.
fù|ga *s.f.* 1 allontanamento rapido da un luogo: *una — improvvisa* | *mettere in —*, far fuggire | *darsi alla —*, *prendere la —*, fuggire | evasione: *— dal carcere* 2 (*fig.*) distacco da una situazione che si considera opprimente: *— dalla realtà, dai propri doveri* 3 (*arch.*) serie prospettica di elementi o ambienti uguali, disposti l'uno dopo l'altro a distanza regolare: *una — di colonne, archi, stanze* | (*geom.*) *punto di —*, nel disegno prospettico, punto ideale in cui convergono tutte le linee rette che nella realtà sono parallele 4 (*mus.*) composizione contrappuntistica basata sull'imitazione, in cui due o più voci ripetono una dopo l'altra lo stesso tema melodico a distanza gradatamente ravvicinata 5 (*sport*) nel ciclismo o in altre gare di corsa, azione di uno o più concorrenti che si staccano dagli altri 6 fuoruscita rapida e abbondante di un gas o di un liquido da una conduttura: *— di gas* 7 (*fig.*) grossa perdita; emorragia | *— di capitali*, trasferimento di capitali all'estero allo scopo di investirli in attività più redditizie o sicure | *— dei cervelli*, emigrazione di scienziati all'estero in vista di migliori possibi-

lità lavorative e di ricerca | — *di notizie*, divulgazione di notizie riservate o segrete.

fu|gà|ce *agg.* che è di breve durata; effimero, passeggero: *felicità —* | rapido, sommario: *gli ho dato uno sguardo —* ◻ **fugacemente** *avv.* di sfuggita.

fu|ga|ci|tà *s.f.* labilità, caducità: *la — di un sogno*.

fu|gà|re *v.tr.* [indic.pres. *io fugo, tu fughi...*] **1** mandare via, disperdere **2** (*fig.*) dissipare, eliminare: *— la paura*.

fu|gà|to *part.pass. di* fugare ♦ *agg.* (*mus.*) ispirato ai caratteri della fuga, simile alla fuga ♦ *s.m.* (*mus.*) composizione in forma di fuga.

fug|gèn|te *part.pres. di* fuggire ♦ *agg.* (*lett.*) che fugge; che trascorre rapidamente: *attimo —*.

fug|gé|vo|le *agg.* di breve durata, rapido: *tempo —*.

fug|già|sco *agg., s.m.* [f. *-a*; m.pl. *-schi*] detto di chi fugge per sottrarsi a un pericolo: *popolo —*; *i fuggiaschi sbarcarono di notte*.

fug|gi|fug|gi o **fùggi fùggi** *s.m.invar.* fuga scomposta e precipitosa di più persone; scompiglio: *dopo la sparatoria ci fu un — generale*.

fug|gì|re *v.intr.* [indic.pres. *io fuggo, tu fuggi...*; aus. *E*] **1** allontanarsi rapidamente da un luogo per mettersi in salvo: *— di corsa, in macchina*; *— da un incendio*; *— dinanzi al nubifragio* **2** nascondersi, rifugiarsi: *— nella foresta* **3** (*estens.*) rifuggire, tenersi lontano: *— dalle cattive amicizie, da un pericolo* **4** uscire dal luogo di reclusione; evadere: *— dalla prigione* | (*estens.*) allontanarsi da un luogo per evitare una situazione opprimente: *— di casa* **5** andar via in tutta fretta: *si è fatto tardi, devo —!* | (*estens.*) correre rapidamente: *l'auto fuggiva verso la costa* | (*fig., lett.*) passare, trascorrere velocemente: *il tempo fugge inesorabile* **6** (*sport*) nel ciclismo e in altre gare di corsa, eseguire una fuga ♦ *tr.* (*anche fig.*) evitare, eludere; scansare: *— la ressa*; *— le tentazioni*.

fug|gi|tì|vo *agg., s.m.* [f. *-a*] che, chi è in fuga o è fuggito; fuggiasco: *un soldato —*; *inseguire i fuggitivi*.

-fù|go secondo elemento di parole composte che significa "che mette in fuga" (*callifugo*) o "che fugge da" (*centrifugo*).

führer (*ted.*) *s.m.invar.* titolo conferito al dittatore tedesco Adolf Hitler (1889-1945) | (*estens.*) dittatore.

fùl|cro *s.m.* **1** (*mecc.*) punto di appoggio di una leva; perno **2** (*fig.*) punto fondamentale, essenziale: *il — del problema*.

fùl|ge|re *v.intr.* [indic.pres. *io fulgo, tu fulgi...*; pass.rem. *io fulsi, tu fulgésti...*; dif.: mancano part.pass. e tempi composti] (*lett.*) risplendere, rifulgere; brillare.

fùl|gi|do *agg.* (*anche fig.*) splendente; brillante: *un diamante —; un — ingegno*.

ful|gó|re *s.m.* (*anche fig.*) vivo splendore, intenso bagliore: *il — della vittoria*.

fu|lig|gi|ne *s.f.* deposito polveroso e nero di particelle di carbone, prodotto dalla combustione incompleta delle sostanze bruciate nelle stufe, nei camini e nelle caldaie.

fu|lig|gi|nó|so *agg.* coperto di fuliggine.

full (*ingl.*) *s.m.invar.* nel poker, combinazione composta da un tris più una coppia.

full immersion (*ingl.*) [pr. *ful immèrscion*] *loc. sost.f.invar.* metodo intensivo di studio, usato spec. per l'apprendimento delle lingue.

full time (*ingl.*) [pr. *ful tàim*] *loc.sost.m.invar.* lavoro a tempo pieno ♦ *loc.agg.invar.* che occupa a tempo pieno: *impiego —* | che lavora a tempo pieno: *collaboratore —* ♦ *avv.* a tempo pieno: *lavorare —*.

ful|mi|co|tó|ne *s.m.* esplosivo detonante a base di nitrocellulosa; cotone fulminante.

ful|mi|nàn|te *part.pres. di* fulminare ♦ *agg.* **1** (*anche fig.*) che fulmina: *occhiata —* **2** di malattia, che arriva improvvisamente e porta velocemente alla morte: *epatite —* **3** che scoppia con una detonazione: *polvere —*.

ful|mi|nà|re *v.tr.* [indic.pres. *io fùlmino...*] **1** colpire con un fulmine: *— un albero* | (*fig.*) *— qlcu. con lo sguardo*, farlo tacere, intimidirlo con un'occhiata folgorante **2** (*estens.*) colpire con molta violenza; uccidere sul colpo: *è stato fulminato da un infarto* | abbattere con una scarica elettrica ♦ *intr.impers.* [aus. *E, A*] lampeggiare: *oggi tuona e fulmina* ♦ **-rsi** *intr.pron.* (*elettr.*) cessare di funzionare, bruciarsi per la rottura del filamento o della resistenza: *la lampadina si è fulminata*.

ful|mi|nà|to *part.pass. di* fulminare ♦ *agg.* che non è in grado di reagire per lo stupore; costernato, allibito: *quando lo seppe, restò —* ♦ *s.m.* (*chim.*) sale dell'acido fulminico | *— di argento, di mercurio*, sostanze esplosive utilizzate per inneschi.

ful|mi|na|zió|ne *s.f.* **1** (*meteor.*) caduta di un fulmine **2** (*med.*) folgorazione.

fùl|mi|ne *s.m.* **1** violenta scarica elettrica, accompagnata da lampo e tuono, che si produce nell'atmosfera tra nube e terra, tra nube e nube o tra due punti di una stessa nube | (*fig.*) *colpo di —*, innamoramento improvviso | *— a ciel sereno*, notizia o evento improvviso, spec. spiacevole **2** (*fig.*) cosa o persona che si muove molto rapidamente: *sei un —!* **3** (*fig., spec.pl.*) espressione di collera, furore: *i fulmini della rabbia* | critica negativa **4** (*fig.*) disgrazia, sventura.

ful|mi|nei|tà *s.f.* rapidità.

fùl|mi|ne|o *agg.* **1** improvviso e rapido come un fulmine: *gesto —* **2** (*fig.*) minaccioso, raggelante: *uno sguardo —* ◻ **fulmineamente** *avv.*

fùl|vo *agg.* biondo rossiccio.

fu|ma|iò|lo *s.m.* **1** parte terminale della canna fumaria che fuoriesce dai tetti; comignolo **2** nelle navi o nelle locomotive a vapore, grosso tubo verticale attraverso il quale vengono espulsi i gas di combustione **3** (*geol.*) spaccatura del terreno da cui fuoriesce una fumarola.

fu|màn|te *part.pres. di* fumare ♦ *agg.* che emette fumi o vapori: *brodo —*.

fu|mà|re *v.intr.* [aus. *A*] **1** emettere, esalare fu-

mo o vapore: *il camino fuma; il tè fuma* | (*fig.*) *la testa fuma*, si dice quando non si riesce più a connettere per la stanchezza 2 (*fig.*) essere in uno stato di estrema tensione nervosa: — *di gelosia* ♦ *tr.* (*anche assol.*) aspirare ed espirare da naso e bocca il fumo del tabacco o di altre sostanze: — *una sigaretta, l'hashish; tu fumi?* | (*fig.*) — *come una ciminiera, come un turco*, fumare moltissimo.
fu|mà|ria *s.f.* pianta erbacea diffusa nei campi e nelle siepi, con fiori rossicci riuniti in grappoli e foglie frastagliate; si usa in medicina per le sue proprietà depurative e nella cura della pelle.
fu|mà|rio *agg.* che ha la funzione di convogliare il fumo: *canna fumaria.*
fu|ma|rò|la *s.f.* (*geol.*) emissione di gas e vapori acquei dal cratere di un vulcano, da una colata di lava o da spaccature del terreno circostante.
fu|mà|ta *s.f.* **1** colonna di fumo, naturale o artificiale | — *bianca, nera*, durante il conclave, quella che segnala l'avvenuta o non avvenuta elezione del Papa **2** azione del fumare tabacco: *farsi una —.*
fu|mà|to *part.pass.* di fumare ♦ *agg.* (*gerg.*) che è sotto l'effetto di droghe, p.e. hashish o marijuana.
fu|ma|tó|re *s.m.* [f. *-trice*] chi fuma tabacco per abitudine: *un forte —.*
fumé (*fr.*) *agg.invar.* di colore grigio scuro.
fu|mèn|to *s.m.* → **fomento.**
fu|me|rì|a *s.f.* **1** locale per fumatori di sostanze stupefacenti, spec. di oppio **2** (*estens., scherz.*) locale colmo di fumo di tabacco.
fu|met|tì|sta *s.m./f.* [m.pl. *-i*] **1** chi disegna o crea fumetti **2** (*spreg.*) scrittore di scarso valore.
fu|met|tì|sti|co *agg.* [m.pl. *-ci*] **1** di, da fumetto **2** (*spreg.*) banale, convenzionale.
fu|mét|to *s.m.* **1** (*spec.pl.*) racconto formato da una serie di disegni con brevi testi inscritti in nuvolette che escono dalla bocca dei personaggi: — *satirico* **2** la nuvoletta stessa che contiene battute o frasi di dialogo **3** (*spreg.*) opera letteraria o cinematografica di argomento banale.
fu|mi|gà|re *v.intr.* [indic.pres. *io fùmigo, tu fùmighi*...; aus. A] (*raro*) emettere, esalare fumo o vapore.
fu|mi|ga|tó|re *s.m.* **1** (*agr.*) apparecchio usato per diffondere fumi o gas disinfestanti **2** (*med.*) apparecchio per fumigazioni.
fu|mi|ga|zió|ne *s.f.* **1** (*agr.*) trattamento disinfestante di terreni o piante eseguito diffondendo fumi o gas con un fumigatore **2** disinfestazione o purificazione di un ambiente, impregnato di germi o di cattivi odori, mediante particolari gas o vapori **3** (*med.*) esposizione del corpo all'azione di fumi o vapori medicamentosi | inalazione; suffumigio **4** (*ind.*) nella conservazione alimentare, affumicatura.
fu|mì|sta *s.m./f.* [m.pl. *-i*] **1** operaio che ripara camini, stufe, termosifoni e sim. **2** (*estens.*) fabbricante di camini, stufe, termosifoni e sim. **3** (*iron.*) scrittore o artista che mira a stupire il pubblico | (*estens.*) persona a cui piace fare scherzi | (*spreg.*) individuo poco serio; venditore di fumo.
fu|mi|ste|rì|a *s.f.* **1** gusto di stupire, di fare scherzi **2** comportamento poco serio **3** discorso pretenzioso ma vuoto.
fù|mo *s.m.* **1** residuo gassoso della combustione, in forma di nuvola grigiastra, che trascina con sé ceneri e fuliggine: *il — di un camino* | *far —*, emanarlo, esalarlo | *sapere di —*, si dice di cibo che assume uno sgradevole sapore dopo la cottura | (*fig.*) *molto — e poco arrosto*, si dice di ql.co. o qlcu. che, malgrado le apparenze, non vale nulla | *andare, andarsene in —*, fallire, svanire | *mandare in — ql.co.*, mandare a vuoto | *vedere qlcu. come il — negli occhi*, non sopportarlo | *vendere —*, fare promesse senza poterle mantenere **2** il fumo del tabacco: *il — mi dà fastidio* | atto, abitudine di fumare tabacco: *il — nuoce alla salute* **3** (*gerg.*) droga da fumare **4** (*estens.*) esalazione che somiglia a fumo: *il — di un palazzo crollato* **5** (*spec.pl.*) annebbiamento della mente: *i fumi della rabbia, dell'alcol* ♦ *agg.invar.* di colore scuro, simile a quello del fumo: *grigio —.*
fu|mò|ge|no *agg.* (*chim.*) **1** si dice di composto o sostanza in grado di produrre fumo, usata spec. per operazioni militari o di polizia: *candelotto —*, formato da fumo: *cortina fumogena* ♦ *s.m.* oggetto o sostanza che produce fumo.
fu|mo|si|tà *s.f.* (*spec.fig.*) qualità di ciò che è fumoso; mancanza di chiarezza, vaghezza.
fu|mó|so *agg.* **1** che produce molto fumo: *incendio —* | pieno di fumo: *stanza fumosa* **2** (*fig.*) confuso, oscuro: *ragionamento —* | vago, inconsistente: *promessa fumosa* □ **fumosamente** *avv.* in modo confuso.
fu|nà|io *s.m.* venditore o fabbricante di funi.
fu|nam|bo|lé|sco *agg.* [m.pl. *-schi*] (*anche fig.*) di, da funambolo: *stile —.*
fu|nam|bo|lì|smo *s.m.* **1** arte dei funamboli | abilità, virtuosismo di un artista **2** (*fig.*) capacità di destreggiarsi con scaltrezza in situazioni difficili, spec. nella vita politica o sociale.
fu|nàm|bo|lo *s.m.* [f. *-a*] **1** artista che esegue esercizi di equilibrismo su una fune tesa nel vuoto **2** (*fig.*) chi sa destreggiarsi con scaltrezza nella vita politica o sociale.
fù|ne *s.f.* **1** insieme di più fili di canapa, d'acciaio o di altro materiale, ritorti e intrecciati tra loro; cavo, corda **2** (*sport*) attrezzo ginnico costituito da una fune sospesa, usato per compiere arrampicate sfruttando la sola forza delle braccia.
fù|ne|bre *agg.* **1** relativo a un defunto o a un funerale: *messa, elogio —* **2** (*fig.*) si dice di cosa che suggerisce l'immagine della morte; lugubre.
fu|ne|rà|le *s.m.* l'insieme delle cerimonie, civili o religiose, con cui si accompagna un defunto al cimitero: *andare a un —* | *funerali di Stato*, quelli fatti in forma solenne, a spese dello Stato, per qlcu. degno di onorificenze o morto in situazioni particolari | (*fig.*) *avere una faccia da —*, assumere in volto un'espressione cupa, triste.

funerario

fu|ne|rà|rio *agg.* che concerne la morte, le esequie: *urna funeraria.*
fu|nè|re|o *agg.* 1 relativo alla morte, al funerale: *drappo —* 2 *(fig.)* tetro, lugubre: *sguardo —.*
fu|ne|stà|re *v.tr.* [indic.pres. *io funesto...*] colpire causando lutti e sciagure.
fu|nè|sto *agg. (lett.)* 1 che è pieno di lutti, sciagure; disastroso: *tempi funesti* | *(estens.)* che produce un grave dolore; dannoso: *uno sbaglio —* 2 relativo a sciagure; fatale: *una previsione funesta* | amaro, triste: *sta attraversando un periodo —.*
fun|gà|ia *s.f.* luogo in cui vengono coltivati o crescono spontaneamente i funghi.
fùn|ge|re *v.intr.* [indic.pres. *io fungo, tu fungi...*; pass.rem. *io funsi, tu fungésti...*; raro il part.pass. *funto*; aus. A] 1 svolgere una mansione facendo le veci di un'altra persona: *— da capoufficio* 2 svolgere la funzione di un'altra cosa: *questa camera funge da studio.*
fun|ghét|to *s.m. nella loc. al —*, detto di pietanza a base di verdura tagliata in pezzetti e cotta con aglio, olio, prezzemolo: *melanzane al —.*
fun|gì|bi|le *agg. (dir.)* si dice di bene che, essendo privo di caratteristiche specifiche, come il denaro, può essere facilmente sostituito con altri di pari genere e valore.
fun|gi|cì|da *agg., s.m.* 1 *(chim.)* detto di sostanza che ha la capacità di distruggere funghi e muffe o di impedirne la formazione 2 *(med.)* antimicotico.
fun|gi|no *agg.* 1 di fungo 2 *(med.)* da funghi; che ha natura di funghi: *infezione fungina.*
fùn|go *s.m.* [pl. *-ghi*] 1 vegetale privo di clorofilla che vive come parassita o saprofita, dalle dimensioni macroscopiche o microscopiche (lieviti, muffe) | *(estens.)* il corpo fruttifero, talvolta commestibile, dei funghi più voluminosi, costituito da un gambo sormontato da un cappello: *funghi mangerecci, velenosi* 2 *(estens.)* qualunque oggetto a forma di fungo | — *atomico*, nube a forma di fungo prodotta dall'esplosione di una bomba atomica 3 *(med.)* infezione micotica.
fu|ni|co|là|re¹ *agg.* 1 che ha la forma di una fune 2 *(mecc.)* che avviene mediante funi: *trasmissione —* 3 *(anat., bot.)* del funicolo.
fu|ni|co|là|re² *s.f.* impianto per il trasporto destinato a superare forti pendenze, costituito da veicoli la cui trazione è effettuata mediante funi metalliche, scorrevoli su binari fissi al suolo o sospesi nel vuoto | *— aerea*, teleferica, funivia.
fu|ni|co|lo *s.m.* 1 *(anat.)* struttura allungata a forma di cordone | *— ombelicale*, cordone ombelicale 2 *(bot.)* peduncolo o cordoncino che, nell'ovario del fiore, collega l'ovulo alla placenta.
fu|ni|vì|a *s.f.* tipo di funicolare aerea destinata esclusivamente al trasporto di persone, costituita da una o più cabine sospese a una fune metallica portante e trainate da un'altra fune collegata al motore.
funk *(ingl.)* [pr. *fànk*] *s.m.invar. (mus.)* stile di jazz diffuso negli anni Cinquanta, con forti caratteristiche blues e soul.
funky *(ingl.)* [pr. *fànki*] *agg./s.m.invar. (mus.)*

detto di stile musicale basato su un funk molto ritmato che sfrutta anche i mezzi elettronici e si balla spec. in discoteca.
fun|zio|nà|le *agg.* 1 che riguarda la funzione svolta da un oggetto, una persona, un'istituzione: *caratteristiche funzionali* 2 che assolve alle funzioni per cui è stato costruito: *mobile molto — 3 (med.)* relativo alle funzioni di un organo: *alterazione — 4 (mat.)* relativo alla funzione; composto da funzioni | *equazione —*, quella in cui le incognite sono funzioni □ **funzionalmente** *avv.* dal punto di vista funzionale.
fun|zio|na|lì|smo *s.m.* 1 tendenza a considerare ogni cosa in base alla sua funzionalità 2 *(antrop., sociol.)* teoria che studia le strutture sociali in rapporto alle funzioni che assumono 3 *(arch.)* tendenza a dedurre i valori formali di un edificio dalla pura risoluzione degli aspetti tecnici relativi alla sua funzione 4 *(psicol.)* corrente che interpreta i fenomeni mentali, non come processi psichici autonomi, ma come funzioni biologiche che mediano tra l'ambiente e i bisogni dell'individuo 5 *(ling.)* studio delle unità linguistiche del discorso in base alla loro funzione.
fun|zio|na|li|tà *s.f.* 1 rispondenza alle funzioni da assolvere; efficienza 2 *(med.)* capacità di un organo di funzionare.
fun|zio|na|mén|to *s.m.* modo in cui una cosa funziona: *il — di un meccanismo.*
fun|zio|nàn|te *part.pres. di* funzionare ♦ *agg.* che funziona con regolarità.
fun|zio|nà|re *v.intr.* [indic.pres. *io funzióno...*; aus. A] 1 adempiere la propria funzione: *questo servizio non funziona* 2 dare risultati positivi, essere fruttuoso: *la tua idea funziona.*
fun|zio|nà|rio *s.m.* [f. *-a*] impiegato di un ente pubblico o di un'azienda privata con incarichi direttivi o di rappresentanza.
fun|zió|ne *s.f.* 1 attività svolta da una persona in relazione alla carica che ricopre: *assumere la — di procuratore* | *(bur.) il facente —*, chi fa le veci di un'altra persona 2 insieme delle attività svolte da specifiche istituzioni nell'interesse collettivo: *— pubblica* 3 compito, ruolo specifico svolto da un individuo, da un congegno, da un organismo: *il più anziano svolge — direttiva*; *i fregi hanno — ornamentale*; *la scuola ha una — sociale* | *essere in — di ql.co.*, dipendere da ql.co. 4 *(biol.)* attività di un organo o di una struttura: *— respiratoria* 5 *(lit.)* cerimonia sacra 6 *(ling.)* ruolo assunto da una parola all'interno della frase 7 *(mat.)* rapporto che lega due grandezze variabili quando l'una varia in seguito alla variazione dell'altra.
fuo|chì|sta o **fochìsta** *s.m.* [pl. *-i*] chi alimenta la caldaia di una macchina a vapore.
fuò|co *s.m.* [pl. *-chi*] 1 l'insieme degli effetti di calore e di luce che, nella combustione, si manifestano con la fiamma: *appiccare, spegnere il —* | *prendere —*, incendiarsi | *andare a —*, bruciare | *dar — a ql.co.*, incendiarlo | *a —*, per mezzo del fuoco o del calore: *lavorare a — il ferro* | *al —!*, grido d'allarme che segnala un incendio | *(fig.)* **prova**

fuoristrada

del —, quella decisiva | — *di paglia*, quello di breve durata; (*fig.*) passione intensa ma che dura poco | — *di sant'Elmo*, luce simile a una fiammella, a un pennacchio o a un velo che appare sugli alberi delle navi o sui pali interessati da forti campi elettrici | *bollare, marchiare a* — *ql.co.*, bollarlo, marchiarlo con uno stampo rovente; (*fig.*) coprirlo d'infamia | (*fig.*) *mettere la mano sul* —, essere sicuro di ql.co. | *giocare, scherzare col* —, affrontare un pericolo sottovalutandolo | *buttare acqua sul* —, calmare le polemiche **2** impianto domestico usato per cucinare o scaldare | la fiamma che esso produce: *cuocere a* — *basso* **3** (*fig.*) ardore, sentimento intenso; passione: *il* — *della vendetta* | *avere il* — *addosso, nelle vene,* essere molto passionale | *soffiare, versare olio sul* —, fomentare liti o passioni | *diventare di* —, arrossire visibilmente | *fare* — *e fiamme*, adirarsi moltissimo **4** sparo: *aprite, cessate il* —! | *arma da* —, quella che utilizza un esplosivo come propellente per il lancio dei proiettili | *bocca da* —, pezzo d'artiglieria | — *greco*, miscela a base di pece e zolfo, facilmente infiammabile, usata anticamente nelle battaglie navali | — *d'artificio, pirotecnico*, miscela a base di polvere da sparo compressa in un contenitore, che bruciando produce botti ed effetti spettacolari | *far* —, sparare | (*fig.*) *trovarsi tra due fuochi*, affrontare contemporaneamente due nemici o due situazioni difficili **5** (*fis.*) il punto di convergenza di tutti i raggi in origine paralleli di un fascio luminoso che passa attraverso una lente o altro sistema ottico | *mettere a* —, regolare un sistema ottico, p.e. l'obiettivo della macchina fotografica, per ottenere un'immagine nitida; (*fig.*) precisare, centrare: *mettere bene a* — *la questione* **6** (*med.*) — *di sant'Antonio*, nome popolare dell'*herpes zoster* ♦ *inter.* ordine di sparare: —!

fuor|ché *cong.* tranne che, salvo che: *chiedimi tutto,* — *di prestarti la macchina* ♦ *prep.* eccetto, tranne: *c'erano tutti* — *suo padre.*

fuò|ri *avv.* **1** [può essere preceduta dalla prep. *di*] all'esterno di ql.co.: *(di)* — *è di plastica;* — *piove* **2** (*fam.*) sottintende espressioni come "di casa", "di città": *oggi pranzo* —; *starò* — *per qualche giorno* **3** [preceduto dalla prep. *in*] verso l'esterno: *sporgere in* — **4** (*anche assol.*) nelle prop. imperative, esprime l'ordine di uscire o di estrarre ql.co.: *vai* —!; — *il portafoglio!* **5** concorre alla formazione di numerose locuzioni | *essere* —, non fare più parte di ql.co. | *buttare* —, espellere | *lasciar* — *ql.co., qlcu.*, escluderlo | *saltar* —, venire improvvisamente allo scoperto | *far* — *ql.co.*, sciuparlo, sperperarlo | *far* — *qlcu.*, eliminarlo, ucciderlo | *tagliare* — *qlcu.*, isolarlo da un progetto, un'iniziativa e sim. | *chiamarsi* —, dichiararsi libero da un impegno | *restar* —, restare escluso | *avere gli occhi di* —, guardare con grande meraviglia ♦ *prep.* lontano nello spazio e nel tempo rispetto a un dato punto: — *di casa* | — *del comune*, superiore, eccezionale | — *luogo*, inopportuno | — *stagione*, non di stagione | — *di dubbio*, certamente | — *commercio*, non più in vendita | — *uso*, guasto | *essere* — *strada*, essere sulla strada sbagliata; (*fig.*) ragionare in modo completamente errato | *essere, andare* — *tempo*, nella musica o nel ballo, non seguire il tempo | *essere* — *di sé*, perdere il controllo, sragionare | *essere* — *pericolo*, non essere più in una situazione pericolosa ♦ *s.m.* [anche preceduto dalla prep. *di*] parte esterna: *il* — *di un edificio*; *osservare dal di* —.

fuo|ri|bór|do *agg., s.m.invar.* detto di imbarcazione con motore collocato all'esterno dello scafo | detto del motore di tale imbarcazione: *motore* —.

fuo|ri|càm|po *agg., s.m.invar.* **1** (*cine., tv*) detto di ciò che è collocato all'esterno dell'inquadratura **2** (*sport*) nel baseball, detto del rinvio del battitore oltre i regolamentari limiti del campo di gioco.

fuo|ri|clàs|se *agg., s.m., s.m./f.invar.* (*spec. nello sport*) che, chi ha delle qualità eccezionali rispetto agli altri esponenti del suo campo.

fuo|ri|com|bat|ti|mén|to o **fuòri combattiménto** *s.m.invar.* (*sport*) condizione del pugile che, una volta colpito, resta a terra per più di dieci secondi; knock-out ♦ *avv.* a terra per più di dieci secondi | *essere, mettere* —, in questo stato; (*fig.*) nell'impossibilità di reagire o di nuocere.

fuo|ri|cór|so o **fuòri córso** *agg.* **1** si dice di studente universitario che non ha sostenuto gli esami entro gli anni previsti dal regolare corso di laurea **2** si dice di anno di iscrizione oltre quelli regolamentari **3** non più in corso legale, non più valido: *moneta* — ♦ *s.m./f.invar.* studente universitario iscritto oltre gli anni previsti dal regolare corso di laurea.

fuo|ri|giò|co o **fuòri giòco** *s.m.invar.* (*sport*) nel calcio e in altri giochi di squadra, posizione irregolare di un attaccante che avvia un'azione offensiva alle spalle dello schieramento difensivo avversario; offside ♦ *avv.* alle spalle dello schieramento difensivo avversario: *andare* —.

fuo|ri|lég|ge *s.m./f.invar.* chi agisce contro la legge; brigante, bandito ♦ *agg.invar.* che è contro la legge: *un commercio* —.

fuo|ri|mà|no o **fuòri màno** *avv.* in una sede lontana o difficilmente raggiungibile: *lavorare* —.

fuo|ri|pro|gràm|ma o **fuòri programma** *agg., s.m.invar.* detto di ql.co., spec. di spettacolo, non previsto dal programma: *un documentario, una vacanza* — ♦ *avv.* non previsto dal programma: *trasmettiamo* — *un film*.

fuo|ri|sàc|co o **fuòri sàcco** *agg., s.m.invar.* detto di corrispondenza che non viene messa nel normale sacco postale per essere ritirata al più presto dal destinatario.

fuo|ri|sè|rie o **fuòri sèrie** *agg.invar.* si dice di prodotto industriale non fabbricato in serie e quindi meglio rifinito (*estens., coll.*) che suscita ammirazione per le qualità eccezionali: *un musicista* — ♦ *s.f.invar.* modello di automobile più rifinita rispetto alle altre della stessa serie.

fuo|ri|strà|da o **fuòri stràda** *s.m.invar.* auto o motoveicolo con particolari accorgimenti tecnici e accessori, in grado di percorrere percorsi

fuoriuscire

impervi ♦ *agg.invar.* che è in grado di percorrere percorsi impervi: *pneumatici* —.

fuo|ri|u|sci|re o **fuoruscire** *v.intr.* [con. come *uscire*; aus. *E*] detto spec. di liquidi o gas, uscire fuori da ql.co.

fuo|ri|u|sci|ta o **fuoruscita** *s.f.* **1** perdita, fuga: *la — del gas* **2** (*fig.*) abbandono di un paese, spec. per motivi politici.

fuo|ri|u|sci|to o **fuoruscito** *part.pass.* di *fuoriuscire* ♦ *agg., s.m.* [f. -a] detto di chi, per motivi politici, è costretto a vivere all'estero; esule volontario.

fuo|ru|sci|re *v.intr. e deriv.* → **fuoriuscire** *e deriv.*

fuor|vi|àn|te *part.pres.* di *fuorviare* ♦ *agg.* (*spec. fig.*) che conduce in errore, che mette fuori strada: *un concetto —*.

fuor|vi|à|re *v.intr.* [indic.pres. *io fuorvio...*; aus. *A*] (*raro, spec.fig.*) uscire dalla retta via; deviare ♦ *tr.* mettere fuori strada; sviare, traviare.

fur|bac|chió|ne *agg., s.m.* [f. -a] che, chi è molto furbo, scaltro.

fur|bà|stro *agg., s.m.* [f. -a] che, chi vuole fare il furbo ma si rivela piuttosto maldestro.

fur|bà|ta *s.f.* atteggiamento che rivela furberia.

fur|be|rì|a *s.f.* **1** furbizia, astuzia **2** atteggiamento o azione da furbo.

fur|bé|sco *agg.* [m.pl. -*schi*] di, da furbo | *lingua furbesca*, linguaggio convenzionale adottato dalla malavita ♦ *s.m.* lingua furbesca □ **furbescamente** *avv.*

fur|bì|zia *s.f.* **1** caratteristica di chi è furbo, scaltro **2** azione da furbo.

fùr|bo *agg.* che sa trarre vantaggi dalle situazioni comportandosi con accortezza, presenza di spirito e tempestività; astuto, scaltro: *un uomo —* | fatto con furbizia: *una decisione furba* | che rivela furbizia: *un'occhiata furba* ♦ *s.m.* [f. -a] persona furba □ **furbamente** *avv.*

fu|rèn|te *agg.* furibondo; furioso: *sguardo —* □ **furentemente** *avv.*

fu|re|rì|a *s.f.* (*mil.*) ufficio amministrativo e contabile di una compagnia.

fu|rét|to *s.m.* **1** piccolo mammifero carnivoro, varietà albina della puzzola, con pelo bianco o giallo e occhi rossi, addomesticato per la caccia ai conigli selvatici **2** (*fig.*) persona abile e rapida, sempre attiva.

fur|fàn|te *s.m./f.* persona che agisce in modo malvagio e disonesto; canaglia | (*scherz.*) persona di cui non ci si può fidare; birbante: *sei un bel —!*

fur|fan|te|rì|a *s.f.* **1** malvagità, disonestà **2** azione malvagia, disonesta.

fur|fan|té|sco *agg.* [m.pl. -*schi*] di, da furfante.

fur|go|nà|to *agg., s.m.* detto di veicolo da trasporto dotato di carrozzeria a furgone.

fur|gó|ne *s.m.* autoveicolo coperto per il trasporto di merci varie.

fur|go|nì|sta *s.m./f.* [m.pl. -*i*] conducente di furgone.

fù|ria *s.f.* **1** impeto d'ira che va sfogato con frasi o gesti eccessivi e rabbiosi: *andare su tutte le furie* **2** (*anche fig.*) forza intensa e violenta: *la — della tempesta, della passione* | *a — di*, a forza di: *a — di gridare, si fece notare* **3** grande fretta, premura: *ha — di partire* | *di —*, con molta fretta: *mangiare di —* **4** persona fuori di sé per l'ira, in riferimento alle antiche divinità romane corrispondenti alle Erinni della mitologia greca: *mi venne addosso come una —*.

fu|ri|bón|do *agg.* **1** che è in preda a furia: *sono — per l'accaduto* **2** violento, impetuoso: *una battaglia furibonda.*

fu|riè|re *s.m.* (*mil.*) sottufficiale addetto alla fureria.

fu|rió|so *agg.* **1** che è fuori di sé per la collera, l'ira; furibondo, furente: *è — con voi* | che si manifesta con furia, impeto: *un temporale —* **2** che ha impeti di furore perché mentalmente instabile: *un pazzo —* ♦ *s.m.* [f. -a] pazzo furioso □ **furiosamente** *avv.*

fu|ró|re *s.m.* **1** agitazione interiore violenta, provocata da una forte passione o dall'ira: *è in preda al —* | *a furor di popolo*, per unanime volontà del popolo **2** impeto, violenza: *il — della folla inferocita* **3** stato d'animo fortemente ispirato, eccitato | *estro poetico* **4** ammirazione entusiastica | *far —*, riscuotere grande successo.

fu|ro|reg|già|re *v.intr.* [indic.pres. *io furoréggio...*; aus. *A*] far furore, riscuotere enorme successo.

fur|tì|vo *agg.* che si fa di nascosto o avviene a insaputa degli altri: *gesto —*; *emozione furtiva* □ **furtivamente** *avv.*

fùr|to *s.m.* **1** (*dir.*) appropriazione di cosa mobile altrui: *condannato per —* **2** la cosa che è stata rubata **3** prezzo elevato richiesto per un prodotto o servizio di poco valore: *è un —!*

fù|sa *s.f.pl.* solo nella loc. *fare le —*, si dice del gatto che spec. quando è accarezzato manifesta soddisfazione emettendo un rumore prolungato, profondo e sommesso; (*fig.*) si dice di persona che si comporta in modo sdolcinato.

fu|sàg|gi|ne *s.f.* arbusto con fiori verdastri raccolti in grappoli, foglie lanceolate e frutti rossi a forma di berretta da prete.

fu|sa|iò|la o **fusaròla** *s.f.* (*arch.*) ornato architettonico composto da una serie di elementi fusiformi alternati a elementi sferici.

fu|scèl|lo *s.m.* **1** corto e sottile rametto di legna secca | (*estens.*) cosa da niente **2** (*fig.*) persona esile, minuta: *essere un —*.

fu|sciàc|ca *s.f.* spec. in abiti maschili ufficiali o da cerimonia, larga fascia gener. in seta che si porta annodata in vita come cintura.

fu|sciàc|co *s.m.* [pl. -*chi*] drappo con ricami in oro o argento, usato come ornamento dei crocefissi portati in processione.

fuseau (*fr.*) [pr. *fusò*] *s.m.* [pl. *fuseaux*] pantaloni da donna molto attillati, gener. in tessuto elasticizzato e talvolta provvisti di staffa che gira sotto il piede.

fu|sel|là|to *agg.* (*arch.*) si dice di elemento a forma di fuso.

fu|sèl|lo *s.m.* **1** nel ricamo a tombolo, piccolo fuso usato per avvolgere il filo **2** elemento della navetta su cui si infila la spola **3** in una pagina stampata, filetto con fregio che serve a separare un testo dall'altro **4** parte terminale della carrozza ferroviaria che si incastra nella ruota.

fu|se|lòl *s.m.invar.* (*chim.*) sottoprodotto dell'alcol etilico ottenuto mediante fermentazione alcolica degli zuccheri e dell'amido; olio di flemma.

fu|si|bi|le *agg.* che si può fondere; che si fonde facilmente: *lega —* ♦ *s.m.* (*elettr.*) valvola di un circuito elettrico che fonde quando l'intensità di corrente supera un certo valore, provocando l'interruzione del circuito stesso.

fu|si|bi|li|tà *s.f.* proprietà che hanno alcune sostanze di fondersi a una certa temperatura.

fu|sié|ra *s.f.* parte del telaio da tessitura che contiene i fusi.

fu|si|fór|me *agg.* che ha forma di fuso; affusolato.

fu|sìl|lo *s.m. spec.pl.* pasta alimentare a forma di elica.

fusion (*ingl.*) [pr. *fiùjon*] *s.m.invar.* (*mus.*) genere musicale derivato dalla contaminazione di più stili, spec. di elementi del jazz e del rock.

fu|sió|ne *s.f.* **1** (*fis.*) passaggio dallo stato solido a quello liquido di una sostanza a una determinata temperatura | *— nucleare*, reazione per cui due nuclei leggeri entrano in collisione e danno luogo a un nucleo maggiore di massa liberando energia; usata per fabbricare bombe termonucleari e all'idrogeno, il suo uso controllato, obiettivo delle attuali ricerche, consentirebbe di produrre energia illimitata **2** l'operazione di fondere i metalli e la conseguente colata del metallo nella forma: *— di una statua in bronzo* **3** (*dir.*) atto con cui due o più società, ciascuna rinunciando alla propria autonomia, si uniscono dando origine a un unico organismo **4** (*anche fig.*) unione di più elementi in un tutto unico; accordo, coesione: *— di più Stati, di colori*.

fù|so[1] *part.pass. di* fondere ♦ *agg.* (*gerg.*) **1** stanco, spossato **2** che è sotto l'effetto di droghe o alcol ♦ *s.m.* prodotto ricavato per fusione.

fù|so[2] *s.m.* **1** arnese di legno rigonfio al centro e sottile alle punte, usato nella filatura a mano per torcere il filo e avvolgerlo intorno alla spola | organo del filatoio meccanico con funzioni analoghe | (*fig.*) *dritto come un —*, si dice di chi ha un portamento eretto **2** (*estens.*) oggetto a forma di fuso | *il — dell'ancora*, asta verticale dell'ancora **3** (*geom.*) *— sferico*, parte della superficie di una sfera compresa fra due semicircoli massimi **4** (*geog.*) *— orario*, ognuna delle 24 parti in cui risulta suddivisa dai meridiani la superficie terrestre e in cui si adotta la stessa ora convenzionale **5** (*biol.*) *— mitotico*, figura affusolata che appare durante la moltiplicazione cellulare.

fu|so|liè|ra *s.f.* (*aer.*) corpo centrale affusolato di un velivolo contenente l'alloggiamento per equipaggio e passeggeri.

fu|sò|rio *agg.* relativo alla fusione dei metalli: *arte fusoria*.

fù|sta *s.f.* veloce e piccola galea a remi, a un solo albero con vela latina, usata nel Mediterraneo tra XIV e XVII sec.

fu|stà|gno *s.m.* robusto tessuto morbido e compatto, vellutato sul lato esterno.

fu|stà|ia *s.f.* bosco di alberi d'alto fusto.

fu|sta|nèl|la *s.f.* (*st.*) nella fanteria greca, gonnellino a pieghe dell'uniforme.

fu|stèl|la *s.f.* **1** utensile in acciaio che serve a tagliare profili sagomati su cartone o altri materiali **2** nelle scatole dei medicinali, talloncino rimovibile su cui è riportato il prezzo, usato dal farmacista per ottenere il rimborso dal servizio mutualistico.

fu|stel|là|re *v.tr.* [indic.pres. *io fustello...*] **1** tagliare per mezzo della fustella **2** munire di fustella.

fu|stel|la|trì|ce *s.f.* macchina per tagliare o incidere materiale cartaceo.

fu|sti|gà|re *v.tr.* [indic.pres. *io fùstigo, tu fùstighi...*] **1** battere con la verga o con la frusta qlcu. per punirlo: *— a sangue* **2** (*fig.*) censurare aspramente, criticare con severità: *— l'immoralità*.

fu|sti|ga|tó|re *s.m.* [f. -*trice*] (*anche fig.*) chi fustiga: *un accanito — del malcostume sociale*.

fu|sti|ga|zió|ne *s.f.* **1** flagellazione **2** nel diritto romano e medievale, pena consistente nel battere il condannato con la verga o la frusta, spec. prima di un'esecuzione capitale.

fu|stì|no *s.m.* recipiente a forma cilindrica o di parallelepipedo contenente detersivo in polvere per uso domestico.

fù|sto *s.m.* **1** (*bot.*) parte del corpo delle piante cormofite che porta le foglie e consente la distribuzione della linfa nutritiva **2** (*estens.*) parte allungata di un oggetto che funge da sostegno: *il — del candeliere* (*arch.*) parte centrale della colonna, situata tra la base e il capitello **4** parte centrale della cassa del fucile, corrispondente alla canna **5** grosso recipiente cilindrico contenente liquidi; tanica: *un — di olio* **6** (*fig.*) tronco del corpo umano | (*estens.*) giovane con corporatura atletica.

fù|ta *s.f.* largo abito colorato o bianco, simile a una toga, tipico di alcune popolazioni africane.

fù|ti|le *agg.* che ha scarsa importanza; banale, inutile: *un motivo —* ☐ **futilmente** *avv.*

fu|ti|li|tà *s.f.* banalità, inutilità | discorso, cosa futile: *si perde in —*.

futon (*giapp.*) *s.m.invar.* in Giappone, trapunta usata come materasso che si stende sul pavimento o su un supporto rigido e basso.

fu|tu|rì|bi|le *agg.,s.m.* detto di ciò che potrà avvenire, realizzarsi solo in futuro: *un'idea —*.

fu|tu|rì|smo *s.m.* movimento letterario e artistico italiano del primo Novecento che propugnava la rottura con il passato e l'adesione al dinamismo della moderna civiltà delle macchine.

fu|tu|rì|sta *s.m./f.* [m.pl. -*i*] seguace del futurismo ♦ *agg.* del futurismo: *architettura —*.

fu|tù|ro *agg.* **1** che verrà, che seguirà: *giorni futuri; vittorie future* **2** che è destinato a essere: *il — presidente* ♦ *s.m.* **1** l'avvenire: *sperare nel —* **2** (*gramm.*) tempo verbale del modo indicativo usato per indicare un'azione che avverrà in un tempo successivo a quello presente (p.e. *domani andrò in vacanza*) o una probabilità, un'ipotesi (p.e. *sarà vero, ma io non ci credo*).

Gg

g *s.f./m.* settima lettera dell'alfabeto (il suo nome è *gi*); è consonante occlusiva velare sonora davanti ad *a*, *o*, *u*, in posizione preconsonantica (non davanti a *n* o *l* seguita da *i*) o in fine di parola; è affricata palatale sonora davanti a *e*, *i*; fa parte anche dei digrammi *gn*, con suono nasale palatale, e *gl* (davanti a *i*), con suono laterale palatale | — *come Genova*, nella compitazione, spec. telefonica, delle parole.

gabardine (*fr.*) [pr. *gabardin*] *s.m./f.invar.* tessuto di lana o cotone lavorato in diagonale | (*estens.*) soprabito o impermeabile realizzato con tale tessuto.

gab|ba|món|do *s.m.invar.* imbroglione, truffatore.

gab|bà|no *s.m.* o **gabbàna** *s.f.* (*ant.*) soprabito ampio e lungo, foderato di pelliccia | (*fig.*) *voltare gabbana*, cambiare opinione con leggerezza.

gab|bà|re *v.tr.* ingannare: — *il prossimo* ♦ **-rsi** *intr.pron.* prendersi gioco: — *di qlcu.*

gàb|bia *s.f.* **1** contenitore con le pareti formate da sbarrette, usato per custodire animali, spec. uccelli | recinto con grosse sbarre, chiuso anche nella parte superiore, usato spec. negli zoo per custodire animali feroci: *la — dei leoni* | (*fig.*) — *di matti*, ambiente in cui regna una grande confusione **2** in tribunale, spazio delimitato da sbarre in cui sono rinchiusi gli imputati durante alcuni processi **3** (*fig., fam.*) prigione: *l'hanno messo in* — **4** (*estens.*) intelaiatura o involucro a forma di gabbia | *la — dell'ascensore*, il recinto in rete metallica o lo spazio delimitato da pareti in muratura entro cui scorre | (*anat.*) — *toracica*, l'insieme di ossa e cartilagini che contornano la cavità toracica **5** (*fig.*) luogo o ambiente in cui si sente costretti contro la propria volontà: *questo ufficio è una* — | — *dorata*, situazione che, pur offrendo grossi vantaggi, impone forti limitazioni alla propria libertà di scelta.

gab|bià|no *s.m.* uccello acquatico con becco ricurvo, lunghe ali bianche bordate di nero e zampe palmate.

gàb|bro *s.m.* roccia eruttiva intrusiva di colore scuro e struttura granulare, formata prevalentemente di plagioclasio calcico e pirosseno.

ga|bèl|la *s.f.* (*st.*) dazio.

ga|bel|là|re *v.tr.* [indic.pres. *io gabèllo*...] (*fig.*) far credere ciò che non è: — *notizie false per vere*.

ga|bel|liè|re *s.m.* (*st.*) chi aveva il compito di riscuotere le gabelle.

ga|bi|nét|to *s.m.* **1** stanza adibita a studio o riservata a colloqui privati **2** locale in cui un professionista svolge la sua attività: — *dentistico* **3** nelle scuole e nelle università, sala adibita a esercitazioni scientifiche: — *di chimica* | in un museo, sala riservata a collezioni particolari: *il — degli arazzi* **4** stanza in cui si trovano i servizi igienici | apparecchio sanitario destinato all'eliminazione dei rifiuti organici umani; water closet **5** ufficio composto dagli stretti collaboratori di un ministro o di un alto funzionario: *il — del guardasigilli* **6** Ministero | l'insieme dei ministri che formano il Governo | **consiglio di** —, riunione dei vari ministri sotto la presidenza del presidente del Consiglio.

gadget (*ingl.*) [pr. *gàget*] *s.m.invar.* piccolo oggetto attraente e originale, gener. di scarsa utilità | oggetto offerto a fini promozionali.

Ga|di|fór|mi *s.m.pl.* ordine di Pesci marini con corpo allungato e pinne a raggi molli, cui appartengono il merluzzo e il nasello.

ga|di|tà|no *agg., s.m.* che, chi è nato o abita a Cadice.

ga|do|lì|nio *s.m.* elemento chimico metallico del gruppo delle terre rare, utilizzato nell'industria nucleare (*simb.* Gd).

ga|è|li|co *agg.* [m.pl. *-ci*] che riguarda i Gaeli, popolazione celtica stanziatasi nel VI sec. in Scozia, Galles e Irlanda | (*estens.*) relativo alle popolazioni della Scozia, del Galles e dell'Irlanda ♦ *s.m.* gruppo di lingue celtiche che comprende irlandese, scozzese e gallese.

gàf|fa *s.f.* (*mar.*) asta munita di gancio usata per accostare o scostare le imbarcazioni dai moli.

gaffe (*fr.*) [pr. *gaf*] *s.f.invar.* comportamento o espressione inopportuna, imbarazzante: *fare una* —.

gag (*ingl.*) [pr. *gheg*] *s.f.invar.* (*teat., cine.*) scenetta, battuta comica.

ga|gà *s.m.* uomo affettato che ostenta eleganza; bellimbusto.

gag|gìa *s.f.* piccolo albero o arbusto sempreverde, con foglie pennate e piccoli fiori gialli molto profumati da cui si ottiene un'essenza pregiata.

ga|gliar|dét|to *s.m.* **1** piccola bandiera triangolare, usata in marina per segnalazioni **2** insegna di partiti politici, società sportive e sim.

ga|gliar|dì|a *s.f.* forza, vigoria fisica | valore, bravura.

ga|gliàr|do *agg.* **1** (*di persona*) robusto, vigoroso: *un uomo* — | (*estens.*) esuberante, vivace: *un*

galla

vecchio — 2 (*estens.*) valoroso, coraggioso: *esercito* — 3 (*di cosa*) forte, potente: *vento* —.

ga|gliof|fàg|gi|ne *s.f.* 1 caratteristica di chi è gaglioffo 2 comportamento da gaglioffo | furfanteria.

ga|gliòf|fo *agg.*, *s.m.* [f. *-a*] buono a nulla | furfante.

ga|iéz|za *s.f.* allegria, brio.

gà|io *agg.* allegro, festoso: *temperamento* —|che esprime allegria | (*di colore*) vivo, luminoso ☐ **gaiamente** *avv.*

gal *s.m.invar.* (*fis.*) unità di misura dell'accelerazione nel sistema CGS, pari a 1 cm/sec^2.

gà|la[1] *s.f.* 1 sfoggio, lusso: *pranzo di* — | *abito di* —, da cerimonia | *serata di* —, ricevimento particolarmente elegante e mondano 2 (*mar.*) festone con bandiere che viene steso come ornamento da poppa a prua.

gà|la[2] *s.f.* 1 fiocco o nastro che orna un abito femminile | (*fig.*) fronzolo 2 (*raro*) cravatta a farfalla.

ga|là *s.m.invar.* festa, ricevimento elegante, spec. di carattere ufficiale.

ga|la|gó|ne *s.m.* genere di proscimmie africane di piccole dimensioni, con pelame morbido, coda lunga, occhi e orecchie grandi.

ga|la|li|te *s.f.* materia plastica ricavata dalla caseina, usata per fabbricare interruttori elettrici, scatole, bottoni e sim.

ga|làn|te *agg.* 1 si dice di uomo dai modi molto cortesi e complimentosi nei confronti delle donne 2 amoroso, erotico: *avventura*, *affare* — ♦ *s.m.* persona cortese e complimentosa.

ga|lan|te|rì|a *s.f.* 1 atteggiamento cortese e complimentoso, spec. con le donne 2 atto, parola galante: *un uomo pieno di galanterie*.

ga|lan|ti|na *s.f.* (*gastr.*) piatto freddo a base di carne bianca farcita e ricoperta di gelatina.

ga|lan|tuò|mo *s.m.* [pl. *galantuomini*] uomo leale e onesto | *parola di* —, parola d'onore ♦ *agg.* *nelle loc. il Re* —, appellativo di Vittorio Emanuele II | *il tempo è* —, il passare del tempo fa giustizia di molte cose.

ga|làs|sia *s.f.* 1 (*astr.*) ogni agglomerato di stelle e materia cosmica, in partic. la Via Lattea 2 (*fig.*) insieme di elementi con caratteristiche simili: *la* — *delle associazioni di beneficenza*.

ga|la|tè|o *s.m.* l'insieme delle norme di buona educazione che regolano i rapporti sociali|libro che contiene tali norme.

ga|làt|ti|co *agg.* [m.pl. *-ci*] 1 (*astr.*) della galassia| *sistema* —, il complesso dei corpi celesti che formano una galassia 2 (*fig.*) immenso: *dimensione galattica*|(*coll.*) eccezionale, strepitoso: *una festa galattica*.

ga|làt|to- (*scient.*) primo elemento di parole composte che significa "latte" (*galattosio*).

ga|lat|tò|fo|ro *agg.* (*med.*) si dice di ogni canale escretore della ghiandola mammaria: *dotto* — ♦ *s.m.* strumento che aiuta la fuoriuscita del latte dalla mammella.

ga|lat|to|po|iè|si *s.f.* (*fisiol.*) processo di produzione e secrezione del latte da parte della mammella.

ga|lat|tò|sio *s.m.* (*chim.*) monosaccaride che unito al glucosio forma il lattosio o zucchero del latte.

gàl|bu|la *s.f.* genere di piccoli uccelli diffusi nelle foreste dell'America tropicale con coda lunga e piumaggio lucente.

gàl|bu|lo *s.m.* (*bot.*) falso frutto di alcune Cupressacee; può essere legnoso, come nel cipresso, o carnoso, come nel ginepro.

ga|lè|a *s.f.* (*mar.*) nave da guerra a remi e a vela, impiegata nel Mediterraneo dal Medioevo fino al sec. XVIII.

ga|lè|na *s.f.* (*min.*) solfuro di piombo; di colore grigio metallico, è il più importante dei minerali da cui si estrae il piombo.

ga|lè|ni|co *agg.* [m.pl. *-ci*] 1 relativo a Galeno, famoso medico greco del II sec. d.C. 2 si dice di farmaco a base di sostanze naturali, confezionato dal farmacista su ricetta del medico: *preparato* —.

ga|le|ó|ne *s.m.* (*mar.*) grande nave da guerra e da trasporto a due ponti e due castelli, armata con cannoni e in uso nei secc. XVI e XVII.

ga|le|o|pi|tè|co *s.m.* [pl. *-chi*] mammifero asiatico grande come un gatto, dotato di una membrana alare che unisce gli arti anteriori e posteriori alla coda e funge da paracadute, permettendogli di saltare tra gli alberi.

ga|le|òt|to[1] *s.m.* 1 (*st.*) rematore sulle galee o su altre imbarcazioni a remi | chi era condannato a remare su tali imbarcazioni 2 (*estens.*) carcerato | (*fig.*) furfante.

ga|le|òt|to[2] *agg.*, *s.m.* (*lett.*) che, chi favorisce l'amore fra due persone: *un libro* —.

ga|lè|ra *s.f.* 1 (*mar.*) galea | condanna a remare su tale imbarcazione 2 (*estens.*) la pena dei lavori forzati | prigione | *avanzo di* —, delinquente 3 (*fig.*) luogo o situazione in cui si vive male: *questa casa è diventata una* — 4 pesante spazzolone con manico snodabile per lucidare i pavimenti.

ga|lè|ro *s.m.* (*eccl.*) cappello cardinalizio di colore rosso, a bordo largo e ornato di trenta fiocchi.

ga|lè|stro *s.m.* 1 (*geol.*) roccia argillosa molto friabile, caratteristica spec. dell'Appennino tosco-emiliano 2 vino bianco secco, prodotto in Toscana.

ga|li|le|ià|no *agg.* relativo allo scienziato Galileo Galilei (1564-1642), alle sue teorie e alla sua opera: *gli scritti galileiani* ♦ *s.m.* seguace delle teorie di Galilei.

ga|li|lè|o *agg.* della Galilea, regione della Palestina ♦ *s.m.* 1 [f. *-a*] chi è nato o abita in Galilea 2 (*solo sing.*) *il Galileo*, Gesù Cristo | (*estens.*, *spec.pl.*) i cristiani.

gàl|la *s.f.* 1 (*bot.*) rigonfiamento provocato da parassiti o insetti che si forma sulle foglie, sui rami e sulle radici di alcune piante 2 (*fig.*, *raro*) persona o cosa molto leggera | (*loc.avv.*) *a* —, sul pelo dell'acqua | *stare a* —, galleggiare | *venire a* —, emergere; (*fig.*) scoprirsi, rivelarsi: *la verità è*

gallare

venuta a galla | (*fig.*) **rimanere a** —, riuscire a superare situazioni difficili.
gal|là|re *v.tr.* detto del gallo, fecondare l'uovo della gallina ♦ *intr.* [aus. *A*] detto dell'uovo, essere fecondato.
gal|leg|gia|bi|li|tà *s.f.* capacità di un corpo di galleggiare: *la — del sughero*.
gal|leg|gia|mén|to *s.m.* la proprietà di un corpo di mantenersi sulla superficie di un liquido | *linea di* —, linea tracciata dal livello dell'acqua sulla carena di un natante dividendone la parte emersa da quella immersa.
gal|leg|giàn|te *part.pres. di* galleggiare ♦ *agg.* che galleggia ♦ *s.m.* **1** natante privo di mezzi di propulsione, usato nei porti o nei canali come rimorchio o deposito **2** accessorio per la pesca, di materiale leggero, che si attacca a lenze e reti per mantenerle a profondità costante **3** (*tecn.*) oggetto di varia forma e materiale che galleggia sul liquido contenuto in un recipiente regolando, per mezzo di un dispositivo apposito, il livello di afflusso del liquido stesso.
gal|leg|gia|re *v.intr.* [indic.pres. *io galléggio...*; aus. *A*] **1** mantenersi sulla superficie dell'acqua o di altro liquido; stare a galla: *il legno galleggia* **2** (*estens.*) mantenersi sospeso in aria: *il pallone aerostatico galleggiava tra le nuvole*.
gal|le|rì|a *s.f.* **1** passaggio scavato in una montagna o in una collina per permettere il transito di automezzi e convogli ferroviari: *la — del Monte Bianco* | passaggio sotterraneo scavato in una miniera | in un centro urbano, via coperta riservata ai pedoni: *la — del Corso di Roma* **3** sequenza di saloni o ampio corridoio dove sono esposte opere d'arte: *le Gallerie vaticane* | sala di esposizione e vendita di opere d'arte **4** nelle sale teatrali e cinematografiche, ordine di posti sovrastante la platea **5** (*tecn.*) condotto | — **aerodinamica**, **del vento**, condotto dove batterie di ventilatori producono correnti regolabili di aria per testare le proprietà aerodinamiche di velivoli e veicoli.
gal|le|rì|sta *s.m./f.* [m.pl. *-i*] il gestore di una galleria d'arte.
gal|lé|se *agg.* del Galles, regione della Gran Bretagna ♦ *s.m.* [anche f.] chi è nato o abita in Galles **2** lingua del gruppo celtico parlata nel Galles.
gal|lét|ta *s.f.* pane biscottato, dalla forma schiacciata, a lunga conservazione.
gal|lét|to *s.m.* **1** gallo giovane **2** (*fig.*) chi si mostra intraprendente con le donne: *fare il* — **3** (*tecn.*) dado munito di due alette che servono per avvitarlo e stringerlo.
gal|li|ca|né|si|mo o **gallicanismo** *s.m.* dottrina e movimento politico che rivendicavano alla chiesa cattolica di Francia (chiesa gallicana) autonomia dall'autorità papale.
gal|li|cà|no *agg.* relativo alla chiesa di Francia e al gallicanesimo.
gal|li|cì|smo *s.m.* (*ling.*) espressione o struttura importata in un'altra lingua dal francese o dalle lingue medievali di area francese; francesismo.

gàl|li|co *agg.* [m.pl. *-ci*] (*st.*) della Gallia, dei Galli | *guerre galliche*, quelle condotte da Giulio Cesare contro i Galli (58-51 a.C.) ♦ *s.m.* lingua celtica parlata dagli antichi Galli.
Gal|li|fór|mi *s.m.pl.* ordine di uccelli terrestri di media grandezza con ali corte, becco robusto e incurvato, cresta e bargigli; ne fanno parte il gallo, il fagiano, il tacchino, la quaglia ecc.
gal|lì|na *s.f.* **1** femmina del gallo | (*fig.*) — *dalle uova d'oro*, fonte di guadagno abbondante e immediato | (*fig.*) *zampe di* —, rughe che compaiono nel contorno degli occhi; scrittura incomprensibile | (*fig.*) *avere un cervello di* —, si dice di persona poco intelligente | (*fig.*) *andare a letto con le galline*, coricarsi molto presto | *prov.*: *meglio un uovo oggi che una — domani*, meglio poco ma sicuro che molto ma incerto.
Gal|li|nà|cei *s.m.pl.* Galliformi.
gal|li|nèl|la *s.f.* **1** — *d'acqua*, uccello palustre di media taglia con placca cornea rossa sulla fronte e piumaggio di colore verde-bruno superiormente e bianco sui fianchi **2** pesce cappone.
gàl|lio *s.m.* elemento chimico metallico simile all'alluminio, usato in leghe in odontoiatria e come liquido in termometri per alte temperature (*simb.* Ga).
gal|li|smo *s.m.* atteggiamento maschile caratterizzato da compiaciuta esibizione di virilità e galanteria fuori misura.
gàl|lo[1] *s.m.* **1** uccello domestico commestibile, con cresta e bargigli, piumaggio colorato e zampe fornite di speroni | — *cedrone*, grosso uccello di montagna commestibile, con piumaggio nerastro e becco bianco | (*fig.*) *al canto del* —, all'alba | (*fig.*) *fare il* —, mostrarsi eccessivamente sicuro di sé e ostentare galanteria con le donne **2** (*sport*) pugile o pesista appartenente alla categoria dei pesi gallo, che sta tra i pesi mosca e i pesi supergalla ♦ *agg.* (*sport*) *peso* —, una delle categorie del pugilato e dell'atletica pesante | pugile o atleta di tale categoria.
gàl|lo[2] *agg.* (*st.*) della Gallia, la regione che nell'antichità corrispondeva all'odierna Francia ♦ *s.m.* (*st.*) nativo, abitante della Gallia.
gal|lo|fi|lì|a *s.f.* sentimento di simpatia e ammirazione per i francesi e per quanto proviene dalla Francia; francofilia.
gal|lo|fo|bì|a *s.f.* antipatia per i francesi e per quanto proviene dalla Francia.
gal|lo|nà|to *agg.* ornato di galloni: *uniforme gallonata*.
gal|ló|ne[1] *s.m.* **1** nastro, cordoncino o tessuto ricamato, usato per guarnizione **2** distintivo del grado applicato sull'uniforme o sul copricapo dei militari.
gal|ló|ne[2] *s.m.* unità di misura di capacità, usata nei paesi anglosassoni | in Gran Bretagna equivale a 4,546 litri, negli Stati Uniti a 3,785 litri.
gal|lo|ro|màn|zo *s.m.* (*ling.*) gruppo linguistico diffuso nell'antica Gallia comprendente spec. francese e provenzale ♦ *agg.* che appartiene a tale gruppo linguistico.

ga|lop|pàn|te *part.pres. di* galoppare ♦ *agg.* **1** che galoppa **2** (*fig.*) si dice di malattia che tende ad aggravarsi in maniera repentina: *polmonite* —| si dice di fenomeno negativo con andamento rapido: *inflazione* —.

ga|lop|pà|re *v.intr.* [indic.pres. *io galòppo...*; aus. *A*] **1** andare al galoppo **2** (*fig.*) darsi da fare, affannarsi: — *tutto il giorno*.

ga|lop|pà|ta *s.f.* **1** corsa di un cavallo al galoppo: *farsi una* — **2** (*estens.*) corsa veloce **3** (*fig.*) faticata.

ga|lop|pa|tó|io *s.m.* pista dove si addestrano i cavalli al galoppo.

ga|lop|pa|tó|re *s.m.* **1** cavallo da corsa specializzato nelle corse al galoppo **2** (*estens.*) cavaliere con particolare esperienza e abilità nelle corse al galoppo.

ga|lop|pi|no *s.m.* (*spreg.*) chi si presta, spec. in maniera servile, a sbrigare commissioni altrui: *è il — del professore*.

ga|lòp|po *s.m.* l'andatura più veloce del cavallo, con un tempo in cui tutti e quattro gli arti si trovano contemporaneamente sospesi da terra | *al* —, di corsa, di fretta: *sono partiti al* —.

ga|lò|scia *s.f.* → caloscia.

gal|và|ni|co *agg.* [m.pl. *-ci*] relativo al fisico L. Galvani (1737-98) e al galvanismo | *bagno* —, in cui s'immergono i metalli per sottoporli a galvanostegia o a galvanoplastica.

gal|va|ni|smo *s.m.* settore dell'elettrologia che studia l'elettricità di contatto e le pile.

gal|va|niz|zà|re *v.tr.* [indic.pres. *io galvanizzo...*] **1** ricoprire oggetti metallici con un sottile strato di zinco mediante bagno galvanico **2** (*fig.*) eccitare, esaltare: *le vittorie hanno galvanizzato la squadra* ♦ **-rsi** *intr.pron.* esaltarsi, entusiasmarsi.

gal|va|niz|za|zió|ne *s.f.* procedimento impiegato per ricoprire oggetti metallici con uno strato sottile di zinco.

gal|và|no- (*tecn.*, *scient.*) primo elemento di parole composte che indica relazione con la corrente elettrica (*galvanoscopio*).

gal|va|nò|me|tro *s.m.* strumento per rilevare e misurare correnti elettriche di piccola intensità.

gal|va|no|plà|sti|ca *s.f.* procedimento che permette di far depositare, mediante elettrolisi, uno strato di metallo su stampi di materiale plastico; è impiegato per la realizzazione di cliché, matrici e altri oggetti metallici.

gal|va|no|scò|pio *s.m.* strumento che rivela il passaggio di corrente elettrica.

gal|va|no|ste|gì|a *s.f.* procedimento con cui si ricoprono, mediante elettrolisi, oggetti metallici con strati sottili di altri metalli, per decorazione o protezione.

gal|va|no|tèc|ni|ca *s.f.* applicazione pratica di processi elettrolitici comprendente la galvanoplastica e la galvanostegia.

gal|va|no|te|ra|pì|a *s.f.* (*med.*) cura elettroterapica eseguita utilizzando corrente a bassa intensità.

gal|va|no|ti|pì|a *s.f.* in tipografia, procedimento galvanoplastico per ottenere un cliché di rame a partire da una forma tipografica | (*estens.*) il cliché così ottenuto.

gàm|ba *s.f.* **1** ognuno degli arti inferiori dell'uomo, spec. nella parte compresa tra ginocchio e piede: *gambe lunghe*, *storte*; *avere belle gambe* | *essere in* —, essere in buona salute; (*fig.*) essere una persona valida, capace | *prendere ql.co. sotto* —, alla leggera | *fare il passo più lungo della* —, impegnarsi in ql.co. che va oltre le proprie possibilità senza l'aiuto di altri | *darsela a gambe*, fuggire in gran fretta | *correre a gambe levate*, precipitosamente | *andare a gambe all'aria*, cadere; (*fig.*) fallire | *avere le gambe che tremano*, essere emozionato o impaurito **2** (*estens.*) zampa di animale | (*fig.*) *raddrizzare le gambe ai cani*, pretendere ql.co. di impossibile **3** (*estens.*) elemento di sostegno di mobili e sim.: *le gambe del tavolo* **4** (*estens.*) asta verticale di una figura o di una lettera.

gam|bà|le *s.m.* **1** parte superiore dello stivale che ricopre la gamba **2** protesi per persone a cui è stata amputata la gamba al di sotto del ginocchio **3** nelle armature antiche, protezione metallica della gamba; schiniere.

gam|ba|lét|to *s.m.* **1** parte rigida che protegge le caviglie nelle calzature a collo alto **2** (*med.*) ingessatura dal ginocchio in giù **3** (*estens.*) calza da donna che arriva al ginocchio.

gam|be|rét|to *s.m.* nome comune con cui si indicano vari piccoli crostacei commestibili.

gàm|be|ro *s.m.* crostaceo marino o fluviale commestibile, con addome allungato terminante in una pinna caudale piuttosto ampia e due chele anteriori | *rosso come un* —, si dice di chi arrossisce per l'emozione o la rabbia o di chi ha la pelle arrossata per eccessiva esposizione al sole | *camminare come un* —, all'indietro; (*fig.*) non fare progressi, regredire.

gam|biè|ra *s.f.* **1** parte dell'armatura che riparava la gamba dal ginocchio al piede; schiniere **2** (*sport*) nell'hockey su ghiaccio, protezione delle gambe indossata dal portiere.

gam|biz|zà|re *v.tr.* [indic.pres. *io gambizzo...*] ferire alle gambe con un'arma da fuoco, spec. in attentati terroristici: *i brigatisti hanno gambizzato un giornalista*.

gam|biz|za|zió|ne *s.f.* ferimento alle gambe.

gàm|bo *s.m.* **1** il fusto sottile che nelle piante erbacee sorregge fiori, foglie e frutti | *il — del fungo*, la parte di forma più o meno allungata che regge il cappello **2** (*fig.*) parte di un oggetto analoga per forma e funzione al gambo: *— del bicchiere*.

game (*ingl.*) [pr. **ghèim**] *s.m.invar.* (*sport*) nel tennis, ciascuna delle frazioni in cui si articola un set.

ga|mèl|la *s.f.* contenitore metallico in cui si consuma il rancio; gavetta **2** (*mar.*) insieme delle stoviglie della mensa di bordo nelle navi da guerra.

ga|mè|te *s.m.* (*biol.*) ciascuna delle due cellule

gametofito

sessuali che si fondono nella fecondazione, dando origine a una nuova cellula (*zigote*).
ga|me|to|fi|to *s.m.* (*bot.*) individuo vegetale le cui cellule presentano una sola serie di cromosomi e dal quale derivano i gameti.
ga|me|to|ga|mia *s.f.* (*biol.*) riproduzione per mezzo di gameti.
ga|me|to|gè|ne|si *s.f.* (*biol.*) il processo che, attraverso particolari divisioni cellulari, porta alla formazione dei gameti in piante e animali.
ga|mì|a *s.f.* (*biol.*) forma di riproduzione che si effettua attraverso l'unione di due gameti.
-ga|mì|a secondo elemento di composti che significa "matrimonio" (*endogamia*) o "riproduzione sessuale" (*gametogamia*).
gà|mi|co *agg.* [m.pl. *-ci*] (*biol.*) di gamia, che avviene per gamia: *riproduzione gamica.*
gàm|ma[1] *s.m.invar.* nome della terza lettera dell'alfabeto greco, corrispondente alla g dell'alfabeto latino ♦ *agg.* (*fis.*) **raggi** —, radiazioni elettromagnetiche ad alta frequenza emesse da elementi radioattivi.
gàm|ma[2] *s.f.* **1** (*mus.*) scala musicale | estensione tonale e timbrica di una voce o di una voce: *la — dei suoni prodotti dalla tromba* **2** (*estens.*) successione delle diverse gradazioni di un colore: *la — dei verdi* | (*fig.*) serie di cose affini: *la — di prodotti per la casa* **3** (*telecom.*) banda, campo.
gam|ma|glo|bu|li|na *s.f.* (*biol.*) proteina del sangue con funzione immunitaria.
gam|ma|te|ra|pì|a *s.f.* (*med.*) radioterapia.
gà|mo-, -gà|mo primo e secondo elemento di parole composte che significa "nozze", "riproduzione sessuale" (*monogamo*) o anche "unione" (*gamopetalo*).
ga|mo|pè|ta|lo *agg.* (*bot.*) si dice di fiore con corolla formata da petali saldati assieme per un tratto più o meno lungo (p.e. la primula).
ga|nà|scia *s.f.* [pl. *-sce*] **1** nell'uomo e negli animali, l'insieme della guancia e della mascella | (*fig.*) **mangiare a quattro ganasce**, in maniera ingorda **2** (*estens.*) ciascuna delle due parti di un dispositivo che, accostandosi, bloccano o frenano ql.co.: *le ganasce dei freni.*
gàn|cio *s.m.* **1** organo di collegamento o di sostegno a forma di uncino: *il — di un traino* **2** (*sport*) nel pugilato, colpo vibrato col gomito piegato: *un — al mento.*
gan|dhi|smo *s.m.* dottrina politica elaborata dall'indiano M.K. Gandhi (1869-1948), ispirata alla non-violenza e alla disobbedienza civile.
gang (*ingl.*) [pr. *gheng*] *s.f.invar.* **1** banda di malviventi | **baby** —, banda di ragazzi che aggrediscono, scippano ecc. **2** (*scherz.*) gruppo di amici; combriccola.
gàn|ga *s.f.* in un giacimento minerario, l'insieme dei minerali inutilizzabili associati a quelli utili.
gàn|ghe|ro *s.m.* perno metallico per porte e finestre; cardine | (*fig.*) *uscire dai gangheri, essere fuori dai gangheri,* perdere la pazienza, il controllo.
gan|glio *s.m.* **1** (*anat.*) nodo di cellule nervose o di vasi linfatici: *— linfatico* **2** (*fig.*) punto di raccordo, snodo importante di un sistema: *i gangli del sistema economico.*
gan|glio|ma *s.m.* [pl. *-mi*] (*med.*) tumore che colpisce i gangli nervosi.
gangster (*ingl.*) [pr. *ghèngster*] *s.m./f.invar.* **1** membro di una banda criminale | malvivente **2** (*estens.*) persona violenta e priva di scrupoli.
gang|ste|ri|smo *s.m.* attività della malavita organizzata | comportamento da gangster: *— politico.*
ga|ni|mè|de *s.m.* (*lett.*) giovane elegante e ricercato; bellimbusto.
gàn|zo *s.m.* **1** [f. *-a*] (*spreg.*) amante **2** (*pop.*) persona furba, scaltra ♦ *agg.* (*pop.*) bello, simpatico: *un tipo —.*
gap (*ingl.*) [pr. *ghep*] *s.m.invar.* divario, scarto: *— culturale* | *— generazionale,* differenza di mentalità tra persone di generazioni diverse.
gà|ra *s.f.* **1** competizione in cui si confrontano due o più concorrenti o squadre: *— automobilistica; iscriversi, partecipare a una* — | **fare a** —, impegnarsi per riuscire meglio degli altri | **fuori** —, si dice di chi partecipa a una gara sportiva, ma non viene inserito nell'ordine di arrivo **2** concorso con cui un ente pubblico assegna l'esecuzione di un lavoro o la fornitura di determinati materiali a chi fa l'offerta più vantaggiosa: *— d'appalto.*
garage (*fr.*) [pr. *garàj*] *s.m.invar.* rimessa per il ricovero di autoveicoli; autorimessa.
ga|ra|gi|sta *s.m./f.* [pl. *-i*] chi possiede, gestisce un'autorimessa o vi lavora.
gà|ra|mond *s.m.invar.* tipo di carattere tipografico di origine francese.
ga|ràn|te *agg., s.m./f.* **1** che, chi garantisce il mantenimento di un impegno preso da una persona; mallevadore: *farsi — per qlcu.* **2** autorità indipendente che controlla l'attuazione e il rispetto della legge in un determinato campo: *il — per le telecomunicazioni.*
ga|ran|ti|re *v.tr.* [indic.pres. *io garantisco, tu garantisci...*] **1** assicurare l'adempimento di un'obbligazione **2** nella compravendita, assicurare la perfetta efficienza dell'oggetto venduto: *— l'aspirapolvere per un anno* **3** (*estens.*) tutelare, salvaguardare: *— il rispetto delle leggi* | assicurare: *ti garantisco che verrò* ♦ **-rsi** *rifl.* tutelarsi contro un danno | (*estens.*) assicurarsi: *— una vecchiaia tranquilla.*
ga|ran|ti|smo *s.m.* concezione politica e giuridica che attribuisce rilievo primario alle garanzie dei diritti individuali per limitare possibili arbitri da parte delle autorità statali.
ga|ran|ti|sta *s.m./f.* [m.pl. *-i*] fautore del garantismo ♦ *agg.* ispirato a garantismo: *legislazione —.*
ga|ran|ti|to *part.pass.* di garantire ♦ *agg.* **1** si dice di oggetto la cui efficienza è assicurata per mezzo di una garanzia scritta al momento dell'acquisto: *una lavatrice garantita per tre anni* **2** (*estens.*) certo, sicuro: *la sua presenza è garantita* | (*estens.*) tutelato: *diritto —.*
ga|ran|zì|a *s.f.* **1** assicurazione fornita circa il rispetto di un impegno: *dare una —* | fondata cer-

tezza: *la sua presenza è — di divertimento* **2** certificato con cui un venditore s'impegna a sostituire o riparare la merce difettosa entro un dato periodo di tempo | il periodo per il quale è valido tale impegno: *una — di cinque anni* **3** (*dir.*) *informazione* o *avviso di* —, comunicazione inviata dal pubblico ministero all'indagato, con la quale lo informa dei fatti su cui verte l'indagine.
gar|bà|re *v.intr.* [aus. *E*] essere gradito; piacere: *questo gelato mi garba assai.*
gar|bà|to *part.pass. di* garbare ♦ *agg.* **1** che ha garbo, gentile: *un signore —* **2** fatto o detto con garbo: *una risposta garbata* □ **garbatamente** *avv.*
gar|bì|no *s.m.* vento di libeccio che soffia nell'Adriatico.
gàr|bo *s.m.* **1** maniera cortese e amabile di comportarsi con gli altri: *un uomo di —* **2** linea armoniosa e accuratamente rifinita: *dare il — a un abito.*
gar|bù|glio *s.m.* **1** groviglio: *un — di fili* **2** (*fig.*) confusione: *un — di idee* | disordine, confusione: *qui è tutto un gran —.*
garçonnière (*fr.*) [pr. *garsonnièr*] *s.f.* piccolo appartamento per convegni amorosi.
gar|dè|nia *s.f.* arbusto ornamentale con foglie sempreverdi e grandi fiori bianchi o gialli profumati | il fiore di tale pianta.
ga|reg|già|re *v.intr.* [indic.pres. *io garéggio...*; aus. *A*] competere con qlcu.: *gareggiava con i suoi amici in generosità* | (*assol.*) partecipare a una competizione: *oggi gareggiano i maratoneti.*
gar|ga|nèl|la *s.f. solo nella loc.avv. bere a* —, bere tutto d'un fiato, senza accostare il recipiente alle labbra e versando il liquido direttamente in bocca | (*estens.*) bere avidamente.
gar|ga|rì|smo *s.m.* **1** sciacquo in cui si fa gorgogliare in gola un liquido o una soluzione medicinale senza ingerirla **2** la soluzione medicinale così utilizzata; collutorio.
gar|ga|ròz|zo *s.m.* (*pop.*) gola.
ga|ri|bal|dì|no *agg.* **1** di G. Garibaldi (1807-82): *l'epopea garibaldina* **2** (*fig.*) audace, impetuoso | *alla garibaldina*, in modo temerario o avventato ♦ *s.m.* soldato volontario agli ordini di Garibaldi.
ga|rìt|ta *s.f.* casotto per il riparo della sentinella; guardiola.
ga|rò|fa|no *s.m.* pianta erbacea ornamentale con fiori di vario colore | il fiore di tale pianta | *chiodi di —*, boccioli essiccati di una pianta esotica delle Mirtacee, usati come spezie | *— di mare*, nome comune dell'attinia.
gar|ré|se *s.m.* parte compresa tra il collo e il dorso di bovini ed equini, usata come punto di riferimento per la misura dell'altezza.
gar|rét|to *s.m.* parte degli arti posteriori di bovini ed equini, che corrisponde all'articolazione della caviglia dell'uomo.
gar|rì|re *v.intr.* [indic.pres. *io garrisco, tu garrisci...*; aus. *A*] **1** di uccelli, emettere garriti **2** di bandiera o vela, sventolare in maniera rumorosa.
gar|rì|to *s.m.* verso acuto e non melodioso emesso da rondini e altri uccelli.

gar|ròt|ta o **garròta** *s.f.* strumento di tortura ed esecuzione capitale, non più in uso, costituito da un anello di ferro che veniva stretto al collo del condannato per provocarne l'asfissia.
gàr|ru|lo *agg.* (*lett.*) **1** che garrisce: *rondini garrule* **2** di persona, ciarliero, petulante | (*estens.*) allegro, rumoroso: *una garrula compagnia.*
gàr|za[1] *s.f.* tessuto a trama molto rada usato spec. per medicazioni: *— idrofila.*
gàr|za[2] *s.f.* airone.
gar|zà|re *v.tr.* sottoporre un tessuto a garzatura.
gar|za|trì|ce *s.f.* macchinario che esegue la garzatura.
gar|za|tù|ra *s.f.* (*ind.*) lavorazione di finitura dei tessuti di lana e cotone che ne aumenta morbidezza e resistenza.
gar|zét|ta *s.f.* piccolo airone bianco con becco e zampe neri.
gar|zó|ne *s.m.* lavoratore non qualificato cui vengono affidati i lavori più semplici: *il — del panettiere* | apprendista artigiano.
gas *s.m.* **1** qualsiasi sostanza allo stato aeriforme | *— nòbili*, elio, neon, argo, cripto, xeno, radon **2** sostanza aeriforme combustibile | *— naturali*, metano o altro idrocarburo presente nel sottosuolo e impiegato nel consumo domestico e industriale | *di città*, quello erogato da una rete cittadina per cucinare e riscaldare **3** la miscela di aria e carburante nebulizzata che alimenta i motori a scoppio | *a tutto —*, alla massima velocità.
ga|sà|re *v.tr.* [indic.pres. *io gaso...*] **1** gassare **2** (*fig. gerg.*) eccitare ♦ *-rsi intr.pron.* (*gerg.*) eccitarsi, montarsi la testa.
ga|sà|to *part.pass. di* gasare ♦ *agg.*, *s.m.* [f. *-a*] (*fig., gerg.*) detto di chi è molto eccitato o si è montato la testa.
gas|di|nà|mi|ca *s.f.* (*fis.*) settore dell'aerodinamica che studia le proprietà dei fluidi comprimibili.
gas|dót|to *s.m.* conduttura per il trasporto di gas naturali o artificiali.
ga|si|fi|cà|re *v.tr.* e *deriv.* → gassificare e *deriv.*
ga|si|sta *s.m.* → gassista.
ga|sò|lio *s.m.* miscela di idrocarburi prodotta dalla distillazione del petrolio greggio, usata per il riscaldamento e come carburante per motori diesel.
ga|sò|me|tro o **gazòmetro** *s.m.* grande serbatoio cilindrico usato per raccogliere, conservare e distribuire il gas combustibile nella rete urbana.
gàs|sa *s.f.* (*mar.*) anello, generalmente all'estremità di un cavo di canapa o acciaio, realizzato con nodi speciali.
gas|sà|re *v.tr.* [indic.pres. *io gasso...*] **1** sciogliere del gas in un liquido per renderlo effervescente: *bibita gassata* **2** uccidere qlcu. avvelenandolo con gas tossici.
gas|si|fi|cà|re o **gasificàre** *v.tr.* [indic.pres. *io gassìfico, tu gassìfichi...*] ridurre allo stato gassoso.
gas|si|fi|ca|zió|ne o **gasificazióne** *s.f.* processo di riduzione allo stato gassoso, impiegato spec. con i combustibili.

gas|sì|sta o **gasìsta** *s.m.* [pl. *-i*] operaio addetto all'installazione e alla manutenzione degli impianti di produzione e distribuzione del gas.
gas|só|sa o **gazzósa** *s.f.* bibita a base di acqua e zucchero, gassata con anidride carbonica.
gas|só|so *agg.* **1** si dice di sostanza che si trova allo stato aeriforme: *idrogeno* — **2** di gas: *esalazioni gassose*.
gà|ste|ro- → **gastro-**.
Ga|ste|rò|po|di *s.m.pl.* classe di Molluschi caratterizzati da un unico piede carnoso molto sviluppato e dalla conchiglia dorsale calcarea; ne fanno parte lumache, chiocciole ecc.
ga|stral|gì|a *s.f.* (*med.*) dolore di stomaco.
ga|strec|to|mì|a *s.f.* (*med.*) asportazione parziale dello stomaco.
gà|strì|co *agg.* [m.pl. *-ci*] dello stomaco: *mucosa gastrica* | (*med.*) *lavanda gastrica*, lavaggio dello stomaco eseguito con una sonda.
ga|strì|te *s.f.* (*med.*) infiammazione cronica o acuta della mucosa gastrica.
gà|stro- o **gàstero-** (*scient.*) primo elemento di parole composte che significa "ventre, stomaco" (*gastroscopia*).
ga|stro|duo|de|nà|le *agg.* (*med.*) relativo a stomaco e duodeno.
ga|stro|en|tè|ri|co *agg.* [m.pl. *-ci*] (*med.*) relativo a stomaco e intestino.
ga|stro|en|te|rì|te *s.f.* (*med.*) processo infiammatorio che coinvolge la mucosa di stomaco e intestino, causando nausea, vomito e diarrea.
ga|stro|en|te|ro|lo|gì|a *s.f.* settore della medicina che studia l'apparato digerente e le sue affezioni.
ga|stro|en|te|rò|lo|go *s.m.* [f. *-a*; m.pl. *-gi*] medico specializzato in gastroenterologia.
ga|stro|e|pà|ti|co *agg.* [m.pl. *-ci*] (*med.*) relativo a stomaco e fegato.
ga|stro|e|pa|tì|te *s.f.* affezione infiammatoria che coinvolge stomaco e fegato.
ga|stro|in|te|stì|nà|le *agg.* (*med.*) gastroenterico.
ga|stro|lo|gì|a *s.f.* (*med.*) parte della medicina che studia la struttura, la funzione e le patologie dello stomaco.
Ga|stro|mi|cè|ti *s.m.pl.* ordine di funghi con corpo fruttifero globoso che racchiude le spore.
ga|stro|no|mì|a *s.f.* **1** l'arte della preparazione dei cibi **2** il complesso delle tradizioni culinarie di una regione, di uno Stato: *la — piemontese* **3** negozio dove si vendono specialità culinarie.
ga|stro|nò|mi|co *agg.* [m.pl. *-ci*] relativo alla gastronomia: *preparazioni gastronomiche* □ **gastronomicamente** *avv.* secondo le regole della gastronomia.
ga|stròno|mo *s.m.* [f. *-a*] esperto di gastronomia.
ga|stro|pa|tì|a *s.f.* (*med.*) denominazione generica delle malattie dello stomaco.
ga|stro|sco|pì|a *s.f.* (*med.*) esame ottico dello stomaco effettuato mediante gastroscopio.
ga|stro|scò|pio *s.m.* (*med.*) tubo endoscopico flessibile per l'esame dello stomaco.
ga|strò|si *s.f.* (*med.*) affezione non infiammatoria dello stomaco, spec. di origine nervosa.
ga|stro|to|mì|a *s.f.* (*med.*) incisione chirurgica dello stomaco.
gà|stru|la *s.f.* (*biol.*) stadio finale nello sviluppo dell'embrione animale.
gate (*ingl.*) [pr. *ghèit*] *s.f.invar.* negli aeroporti, il passaggio attraverso cui si accede agli aerei in partenza.
gâteau (*fr.*) [pr. *gatò*] *s.m.invar.* torta salata o dolce.
gàt|ta *s.f.* femmina del gatto | (*fig.*) — *ci cova!*, c'è sotto un inganno | (*fig.*) *una brutta — da pelare*, si dice di una situazione difficile | (*prov.*) *la — frettolosa fece i gattini ciechi*, le cose fatte in fretta riescono male | (*prov.*) *tanto va la — al lardo che ci lascia lo zampino*, chi si arrischia troppo, alla fine viene colto sul fatto.
gat|ta|bù|ia *s.f.* (*pop.*, *scherz.*) prigione: *mandare in —*.
gat|ta|iò|la *s.f.* piccolo passaggio aperto nella parte bassa delle porte per permettere al gatto di entrare e uscire.
gat|ta|mòr|ta o **gàtta mòrta** *s.f.* [pl. *gattemorte*] persona che nasconde un carattere aggressivo o malevolo sotto un'apparenza ingenua e tranquilla.
gat|té|sco *agg.* [m.pl. *-schi*] di gatto; proprio dei gatti: *furbizia gattesca*.
gàt|tì|ce *s.m.* pioppo bianco.
gàt|to *s.m.* **1** felino domestico di piccole dimensioni, con corpo flessuoso, artigli retrattili e mantello di colori e fogge variabili, diffuso in tutti i continenti: — *siamese*, *soriano*, *comune* | *muoversi come un —*, in maniera elegante o circospetta | *vederci come un —*, benissimo anche con poca luce | (*fig.*) *essere come cane e —*, litigare sempre | (*fig.*) *essere in quattro gatti*, in pochi **2** — *delle nevi*, veicolo cingolato progettato per spostarsi su terreni coperti di neve ♦ *agg.invar.* *nella loc. pesce —*, pesce d'acqua dolce con capo tozzo e lunghi barbigli.
gat|to|mam|mó|ne o **gatto mammóne** *s.m.* [pl. *gattimammoni*] mostro delle fiabe, evocato per far paura ai bambini.
gat|to|nà|re *v.intr.* [indic.pres. *io gattóno...*; aus. A] **1** detto di mammiferi predatori, seguire una preda strisciando sul terreno **2** (*fam.*) detto di bambini che non sanno ancora camminare, avanzare poggiando le mani e le ginocchia sul pavimento.
gat|tó|ni *avv.* camminando con le mani e con i piedi: *andare —* | *gatton —*, quatto quatto; in maniera circospetta.
gat|to|par|dé|sco *agg.* [m.pl. *-schi*] che rivela gattopardismo, ispirato a gattopardismo: *atteggiamento —*.
gat|to|par|dì|smo *s.m.* atteggiamento politico di chi sostiene innovazioni della società del tutto apparenti, ma che non compromettano i privilegi acquisiti.
gat|to|pàr|do *s.m.* **1** grosso felino africano con

corpo snello e pelo giallastro con macchie nere 2 (*fig.*) chi ha un atteggiamento gattopardesco.
gat|tùc|cio[1] *s.m.* pesce cartilagineo che vive nei fondali sabbiosi a poca distanza dalle coste; di dimensioni medie, ha il dorso contrassegnato da piccole macchie brune.
gat|tùc|cio[2] *s.m.* (*tecn.*) sega a mano con lama sottile rastremata verso la punta, impiegata spec. per realizzare tagli rotondi.
gaucho (*sp.*) [pr. *gàucio*] *s.m.* [pl. *gauchos*] mandriano delle pampas argentine, che indossa il poncho e un cappello a grandi tese.
gau|dèn|te *agg.*, *s.m./f.* che, chi ama i piaceri della vita: *uno spirito —*.
gàu|dio *s.m.* (*lett.*) intensa gioia dell'anima; giubilo | (*prov.*) *mal comune mezzo —*, un male condiviso con altri sembra più sopportabile.
gau|diò|so *agg.* (*lett.*) pieno di gaudio.
gaul|li|smo *s.m.* → **gollismo**.
gaul|li|sta *s.m./f.* → **gollista**.
gauss (*ted.*) *s.m.invar.* (*fis.*) unità di misura dell'induzione elettromagnetica nel sistema CGS (*simb.* Gs).
ga|vét|ta *s.f.* **1** recipiente in metallo utilizzato dai soldati per consumare il rancio al campo **2** (*fig.*) periodo di duro addestramento | (*fig.*) *venire dalla —*, si dice di persona che ha raggiunto una posizione professionale o sociale di rilievo dopo una lunga trafila.
ga|vet|ti|no *s.m.* piccolo recipiente metallico usato dai soldati per bere.
ga|vet|tó|ne *s.m.* **1** recipiente di grandi dimensioni utilizzato per distribuire il vitto ai soldati **2** (*fam.*) scherzo consistente nel bagnare qlcu. scagliandogli contro palloncini o sacchetti pieni d'acqua: *fare a gavettoni*.
ga|vià|le *s.m.* rettile di grandi dimensioni simile al coccodrillo che vive nei fiumi dell'India e della Birmania.
ga|vi|na *s.f.* uccello simile a un piccolo gabbiano diffuso nelle regioni settentrionali dell'Europa e dell'Asia.
ga|vi|tèl|lo *s.m.* (*mar.*) piccolo galleggiante sferico usato per segnalazioni o per ormeggiare piccole imbarcazioni.
ga|vó|ne *s.m.* (*mar.*) spazio vuoto all'interno dello scafo, sia a poppa che a prua, utilizzato per il deposito di provviste e materiali.
ga|vòt|ta[1] *s.f.* pesce del genere triglia.
ga|vòt|ta[2] *s.f.* (*mus.*) danza francese d'andamento moderato, in due tempi, in voga nei secc. XVII e XVIII.
gay (*ingl.*) [pr. *ghèi*] *s.m./f.invar.* omosessuale spec. di sesso maschile ♦ *agg.invar.* da omosessuale; degli omosessuali: *manifestazione —*.
ga|za|tù|ra *s.f.* (*ind.*) trattamento che conferisce lucentezza ai filati passandoli su una fiamma a gas ed eliminandone così la peluria.
gazebo (*ingl.*) [pr. *gazìbo* o *gazèbo*] *s.m.invar.* chiosco da giardino, spec. rivestito di piante rampicanti.
ga|zò|me|tro *s.m.* → **gasometro**.
gàz|za *s.f.* **1** uccello dal piumaggio nero, bianco e grigio, con becco robusto e coda lunga, che ha l'abitudine di raccogliere oggetti lucenti **2** (*fig.*) persona petulante.
gaz|zàr|ra *s.f.* confusione, baldoria.
gaz|zèl|la *s.f.* **1** mammifero ruminante africano dal corpo slanciato, con testa piccola sormontata da corna a lira, occhi grandi, zampe asciutte particolarmente adatte alla corsa veloce e mantello giallo sabbia | (*fig.*) *occhi da —*, grandi ed espressivi | (*fig.*) *correre come una —*, in maniera agile ed elegante **2** automobile delle pattuglie di pronto intervento dell'Arma dei carabinieri.
gaz|zét|ta *s.f.* **1** giornale, pubblicazione periodica | **Gazzetta Ufficiale**, pubblicazione ufficiale dello Stato che riporta le nuove leggi, i decreti e gli avvisi di pubblico interesse **2** (*fig.*) persona che diffonde pettegolezzi: *sei una — ambulante*.
gaz|zet|tiè|re *s.m.* [f. *-a*] (*spreg.*) giornalista di scarso valore o serietà.
gaz|zet|ti|no *s.m.* nome di quotidiani o periodici | rubrica giornalistica dedicata a notizie particolari: *— regionale*.
gaz|zò|sa *s.f.* → **gassosa**.
gè|co *s.m.* [pl. *-chi*] piccolo rettile di forma più tozza della lucertola, con dita munite di lamelle adesive per arrampicarsi sui muri.
ge|èn|na o **gehènna** *s.f.* nel Nuovo Testamento, luogo di eterna dannazione con il fuoco.
geiger (*ted.*) [pr. *gàigher*] *s.m.invar.* strumento che rileva la presenza di particelle subatomiche.
geisha (*giapp.*) [pr. *ghèiscia*] *s.f.* **1** donna giapponese istruita nella musica, nella danza e nella cerimonia del tè, che intrattiene gli ospiti nei conviti **2** (*estens.*) donna di facili costumi.
gèl *s.m.invar.* (*chim.*) sistema colloidale usato in cosmesi e in farmacia | fissante per capelli.
ge|là|re *v.tr.* [indic.pres. *io gèlo...*] **1** far ghiacciare, far congelare **2** (*fig.*) creare sgomento, mettere a disagio | (*fig.*) *— il sangue*, spaventare: *un'atmosfera da far — il sangue* ♦ *intr.impers.* [aus. *E* o *A*] fare una gelata: *in montagna d'inverno gela* ♦ *intr.* [aus. *E*], **-rsi** *intr.pron.* **1** diventare ghiaccio: *l'acqua nei tubi è gelata* **2** (*estens.*) soffrire molto freddo: *qui si gela* | intorpidirsi per il troppo freddo: *mi si sono gelati i piedi*.
ge|là|ta *s.f.* freddo intenso che provoca la formazione di ghiaccio: *la — ha reso le strade impraticabili*.
ge|la|tà|io *s.m.* [f. *-a*] chi fa o vende gelati.
ge|la|te|rì|a *s.f.* negozio dove si vendono gelati, spec. di produzione propria.
ge|la|tiè|ra *s.f.* macchina per fare il gelato.
ge|la|tì|na *s.f.* **1** brodo ristretto e solidificato di carne o pesce | *— di frutta*, confettura preparata con succhi di frutta, zucchero e gelificanti **2** (*chim.*) miscela di proteine solubili ricavata dal collageno animale | (*chim.*) *— esplosiva*, miscela di nitrocellulosa e nitroglicerina, ad azione esplosiva.
ge|la|ti|niz|zàn|te *agg.*, *s.m.* si dice di sostanza che, miscelata a un'altra, la rende gelatinosa.

ge|la|ti|nó|so *agg.* che ha aspetto o consistenza di gelatina.
ge|là|to *agg.* **1** molto freddo: *ho il naso — 2 (fig.)* irrigidito per l'emozione, la paura, l'imbarazzo e sim.: *restai — dalla sua pronta risposta* ♦ *s.m.* dolce preparato con latte, zucchero e altri ingredienti, reso omogeneo e servito freddo.
gè|li|do *agg.* **1** freddo come il ghiaccio **2** *(fig.)* privo di cordialità: *ricevere un'accoglienza gelida* □ **gelidamente** *avv.*
ge|li|fi|càn|te *part.pres. di* gelificare ♦ *agg., s.m.* si dice di sostanza che trasforma un colloide in gel.
ge|li|fi|cà|re *v.tr.* [indic.pres. *io gelìfico, tu gelìfichi...*] trasformare un colloide in gel ♦ *intr.* [aus. *E*], **-rsi** *intr.pron.* detto di un colloide, diventare gel.
gè|lo *s.m.* **1** freddo intenso, con temperatura inferiore o pari a zero: *il — attanaglia la città* **2** strato di ghiaccio o brina: *la campagna è coperta di — 3 (fig.)* impressione di freddo provocata da paura, dolore e sim.: *sentirsi il — nelle ossa* | indifferenza, ostilità: *la sua risposta ha creato il — tra i presenti.*
ge|ló|ne *s.m.* (*med.*) infiammazione delle estremità causata dall'esposizione a freddo eccessivo; si manifesta con rossore, prurito e ulcerazioni anche molto dolorose.
ge|lo|sì|a *s.f.* **1** ansietà di chi teme che la persona amata ami altri o dubita della sua fedeltà: *una scenata di — 2* rivalità, invidia: *era consumato dalla — per i successi del fratello* **3** cura scrupolosa: *conserva i libri con —.*
ge|ló|so *agg.* **1** che prova o manifesta gelosia: *un fidanzato — |* causato da gelosia; che rivela gelosia: *uno sguardo — 2* invidioso: *essere — delle altrui fortune* **3** che ha particolare cura di ql.co. | che difende ciò a cui tiene: *è — della propria indipendenza* □ **gelosamente** *avv.* **1** con gelosia **2** con cura scrupolosa: *custodire —.*
gèl|so *s.m.* albero che produce frutti commestibili, neri o bianchi (*more*), e foglie di cui si nutrono i bachi da seta.
gel|so|mì|no *s.m.* arbusto rampicante con fiorellini bianchi o gialli molto profumati | (*estens.*) il fiore di tale arbusto e l'essenza che se ne ricava.
ge|me|bón|do *agg.* (*lett.*) che geme e si lamenta; lagnoso.
ge|mel|làg|gio *s.m.* legame istituito tra due città di nazioni diverse per favorire relazioni economiche e culturali.
ge|mel|là|re[1] *agg.* **1** si dice di gravidanza o parto di due o più figli **2** (*estens.*) detto di legame tra cose uguali o simili.
ge|mel|là|re[2] *v.tr.* [indic.pres. *io gemèllo...*] unire due città mediante gemellaggio ♦ **-rsi** *rifl.rec.* unirsi in gemellaggio.
Ge|mèl|li *s.m.pl.* (*astr.*) costellazione e terzo segno dello zodiaco, dominante il periodo tra il 21 maggio e il 21 giugno.
ge|mèl|li|pa|ra *s.f.* donna o femmina di animale che ha partorito due o più gemelli.
ge|mèl|lo *agg.* **1** nato nello stesso parto con uno o più fratelli o sorelle **2** (*estens.*) detto di cose uguali che costituiscono una coppia: *letti gemelli* | **anime gemelle**, persone accomunate da grandi affinità ♦ *s.m.* **1** [f. *-a*] fratello o sorella nato nello stesso parto: *avere due gemelli* | **gemelli omozigoti, eterozigoti**, derivati dalla fecondazione di un unico ovulo o di due ovuli distinti **2** (*spec.pl.*) ognuno dei bottoni doppi per allacciare i polsini delle camicie.
gè|me|re *v.intr.* [indic.pres. *io gemo...*; pass.rem. *io geméi* o *gemètti, tu gemésti...*; aus. *A*] **1** lamentarsi sommessamente | (*fig.*) patire: *— sotto il giogo dell'invasore* **2** cigolare: *la porta gemeva sui cardini.*
ge|mi|nà|re *v.tr.* [indic.pres. *io gèmino...*] raddoppiare ♦ **-rsi** *intr.pron.* raddoppiarsi.
ge|mi|nà|to *part.pass. di* geminare ♦ *agg.* doppio, raddoppiato | (*ling.*) **consonanti geminate**, doppie | (*bot.*) **foglie geminate**, che crescono appaiate sullo stesso sostegno.
ge|mi|na|zió|ne *s.f.* **1** raddoppiamento, duplicazione **2** (*ling.*) ripetizione di una consonante.
gè|mi|to *s.m.* (*anche fig.*) suono inarticolato o lamento flebile: *il gemito dei malati; il — del vento.*
gèm|ma *s.f.* **1** (*bot.*) estremità del fusto da cui si sviluppano rami, foglie e fiori **2** (*biol.*) nella riproduzione per gemmazione, abbozzo di un nuovo individuo **3** pietra preziosa **4** (*fig.*) cosa rara e preziosa: *una — della cinematografia* | persona di grandi pregi.
gem|mà|re *v.intr.* [indic.pres. *io gèmmo...*; aus. *A*] mettere le gemme.
gem|ma|zió|ne *s.f.* **1** (*bot.*) formazione delle gemme sulla pianta **2** (*biol.*) forma di riproduzione asessuata propria di molti organismi unicellulari, per cui in un individuo si formano delle protuberanze che poi si distaccano dando origine a nuovi individui.
gem|mì|pa|ro *agg.* (*bot.*) che si riproduce per mezzo di gemme.
gem|mo|lo|gì|a *s.f.* scienza che ha per oggetto le pietre preziose.
gen|dàr|me *s.m.* **1** (*st.*) soldato di cavalleria pesante | (*estens.*) in alcuni paesi esteri, soldato di gendarmeria che tutela l'ordine pubblico **2** (*estens., fam.*) persona autoritaria e dai modi bruschi: *mia madre è un vero —.*
gen|dar|me|rì|a *s.f.* **1** corpo dei gendarmi: *la — pontificia* **2** caserma dei gendarmi.
gè|ne *s.m.* (*biol.*) unità di base del sistema genetico, costituita da una particella di acido desossiribonucleico localizzata nei cromosomi e portatrice di un carattere ereditario.
ge|ne|a|lo|gì|a *s.f.* **1** scienza che studia i rapporti di parentela di una famiglia o di una stirpe **2** (*estens.*) la serie degli ascendenti e discendenti di una famiglia: *la — di casa Savoia.*
ge|ne|a|lò|gi|co *agg.* [m.pl. *-ci*] che riguarda la genealogia □ **genealogicamente** *avv.* dal punto di vista genealogico.
ge|ne|pì *s.m.* **1** nome comune di diverse piante erbacee di alta montagna, le cui foglie aromatiche vengono usate per produrre liquori **2** liquore ricavato dalla distillazione di tale pianta.

ge|ne|rà|le¹ *agg.* **1** che è comune a tutti, a molte persone, a un complesso di cose: *criterio —* | *indice —*, di tutti gli argomenti trattati in un libro o in un'opera di più volumi | *sciopero —*, che coinvolge tutte le categorie di lavoratori **2** che dirige e amministra l'attività di un'organizzazione | che riveste la carica più alta: *direttore, segretario —* | *Affari generali*, l'ufficio che si occupa del funzionamento di un ente, un'organizzazione **3** complessivo: *l'andamento — delle cose* | *in —*, nel complesso **4** generico, di massima: *avere una conoscenza — del problema* ♦ *s.m.* ciò che è o ha valore generale: *distinguere il — dal particolare* □ **generalmente** *avv.* **1** in modo generale **2** nella maggior parte dei casi; di solito: *— è puntuale*.

ge|ne|rà|le² *s.m.* **1** ufficiale che ricopre uno dei più alti gradi della gerarchia militare | il grado stesso **2** prelato posto a capo di un ordine religioso: *il — dei gesuiti*.

ge|ne|ra|lé|sco *agg.* [m.pl. *-schi*] (*iron.*) autoritario: *modi generaleschi*.

ge|ne|ra|lés|sa *s.f.* **1** superiora generale di un ordine religioso **2** (*scherz.*) donna di modi autoritari.

ge|ne|ra|li|tà *s.f.* **1** caratteristica di ciò che è generale; universalità: *la — di un principio* **2** la maggior parte: *la — delle persone* **3** *pl.* i dati necessari all'identificazione di una persona: *chiedere, fornire le generalità*.

ge|ne|ra|li|zio *agg.* proprio del generale militare o di un ordine religioso.

ge|ne|ra|liz|zà|re *v.tr.* [indic.pres. *io generalizzo...*] **1** rendere comune; diffondere: *— l'uso del computer* **2** estendere, attribuire un valore generale: *— un metodo* | attribuire valore generale a un caso singolo: *tu generalizzi un fenomeno limitato*.

ge|ne|ra|liz|za|zió|ne *s.f.* **1** diffusione: *la — di un'abitudine* **2** attribuzione di valore generale a un dato singolo, spec. in maniera impropria: *lasciarsi andare a facili generalizzazioni*.

general manager (ingl.) [pr. *gèneral mànager*] *s.m.invar.* funzionario che, all'interno di un'azienda o di una società, riveste un ruolo di coordinamento e responsabilità complessiva; direttore generale.

ge|ne|rà|re *v.tr.* [indic.prese. *io gènero...*] **1** dare vita; mettere al mondo: *Abramo generò Isacco* | (*estens.*) dare i natali: *l'Inghilterra ha generato il genio di Shakespeare* **2** produrre: *il vento può — energia* | (fig.) causare, provocare: *l'odio genera guerre* ♦ *-rsi intr.pron.* formarsi.

ge|ne|ra|tì|vo *agg.* che genera: *forza generativa* | che serve a produrre.

ge|ne|ra|tó|re *agg.* che genera: *principio —* ♦ *s.m.* **1** [f. *-trice*] chi genera **2** (*tecn.*) apparecchio che produce energia: *— elettrico*.

ge|ne|ra|trì|ce *s.f.* (*mat.*) retta che, nel suo movimento nello spazio, genera una superficie.

ge|ne|ra|zio|nà|le *agg.* proprio di una generazione | relativo a due o più generazioni: *conflitto —*.

ge|ne|ra|zió|ne *s.f.* **1** l'atto di generare **2** insieme di familiari che hanno lo stesso grado di discendenza: *la prima —* | *di — in —*, di padre in figlio **3** insieme di individui che sono nati nello stesso periodo e hanno più o meno la stessa età: *la — dei trentenni; la — del dopoguerra* | (*estens.*) il periodo di tempo che intercorre tra due generazioni: *dalla guerra sono passate cinque generazioni* **4** (*scient., tecn.*) produzione: *— di energia* **5** (*estens.*) ciascuna delle diverse fasi che segnalano una innovazione nella costruzione di apparecchi, macchine e sim.: *i calcolatori dell'ultima —*.

gè|ne|re *s.m.* **1** insieme teorico di cose o persone con caratteristiche comuni: *c'erano persone di ogni —* | tipo, sorta, modello: *un nuovo, diverso —* | *del —*, analogo, simile: *non ho mai sentito una cosa del —* | *in —*, per lo più, generalmente | *non è il mio, tuo, suo —*, non è di mio, tuo, suo gusto | *nel suo —*, nel suo ambito, oppure con riferimento a uno stile particolare: *un attore unico nel suo —* **2** nella classificazione sistematica delle forme di vita, raggruppamento di specie animali o vegetali con caratteristiche simili **3** ciascuna delle forme in cui si suddivide la produzione letteraria, artistica e musicale: *— lirico, strumentale* **4** (*spec.pl.*) merce: *generi di prima necessità* **5** (*gramm.*) categoria grammaticale che distingue il maschile, il femminile e, nelle lingue in cui è presente, anche il neutro: *"casa" è di — femminile*.

ge|ne|ri|ci|tà *s.f.* mancanza di determinatezza; imprecisione, vaghezza.

ge|nè|ri|co *agg.* [m.pl. *-ci*] **1** che riguarda il genere, e non la specie: *carattere —* | (*estens.*) vago, indeterminato: *affermazioni generiche* **2** detto di persona, che non è specializzato in un settore particolare: *operaio —* ♦ *s.m.* ciò che è vago, impreciso: *restare nel —* □ **genericamente** *avv.*

gè|ne|ro *s.m.* il marito della figlia.

ge|ne|ro|si|tà *s.f.* **1** caratteristica di chi è generoso; larghezza nel dare: *mi ha ricompensato con —* **2** nobiltà d'animo; disinteresse: *spendersi con grande —*.

ge|ne|ró|so *agg.* **1** largo nel dare; munifico: *un donatore —* **2** che dimostra bontà, altruismo: *un animo —* | *atleta —*, che si impegna sempre al massimo **3** (fig.) ricco, abbondante: *premio —* | *vino —*, di ottima qualità e di sapore robusto | *scollatura generosa*, ampia, profonda □ **generosamente** *avv.*

gè|ne|si *s.f.* **1** nascita; processo di formazione: *la — della Terra* **2** [anche *s.m.*] *Genesi*, il primo libro della Bibbia, in cui si narrano la creazione del mondo e le origini dell'umanità.

ge|nè|ti|ca *s.f.* branca della biologia che studia come i caratteri ereditari si trasmettono e si modificano.

ge|nè|ti|co *agg.* [m.pl. *-ci*] (*biol.*) relativo alla genetica o ai processi di trasmissione ereditari dei caratteri | *malattia genetica*, trasmessa per via ereditaria | *patrimonio —*, l'insieme dei caratteri ereditari di un organismo o di una specie | *ingegneria genetica*, il complesso di metodi che permettono di modificare il patrimonio genetico

genetista

con l'intervento diretto sui geni □ **geneticamente** *avv.* 1 per via genetica 2 dal punto di vista genetico.
ge|ne|ti|sta *s.m./f.* [m.pl. *-i*] specialista in genetica.
ge|ne|tli|a|co *s.m.* [m.pl. *-ci*] (*lett.*) compleanno ♦ *agg.* della nascita: *il giorno* —.
ge|nét|ta *s.f.* mammifero carnivoro simile al gatto, con pelo grigio macchiato, coda lunga, muso appiattito e corpo agile.
gen|gi|va *s.f.* (*anat.*) parte della mucosa boccale che ricopre le arcate dentarie.
gen|gi|và|le *agg.* (*anat.*) della gengiva.
gen|gi|vi|te *s.f.* (*med.*) infiammazione delle gengive: *una noiosa* —.
ge|ni|a *s.f.* 1 (*lett.*) razza, stirpe 2 (*spreg.*) insieme di persone poco raccomandabili: *una* — *di malviventi*.
-ge|ni|a secondo elemento di parole composte che significa "genesi".
ge|niàc|cio *s.m.* ingegno molto acuto ma stravagante | la persona dotata di tale ingegno: *è un vero* —.
ge|nià|le *agg.* che ha genio, intuito: *scienziato* — | che è frutto di genio: *una mossa* —.
ge|nia|li|tà *s.f.* caratteristica del genio o ciò che è geniale.
ge|nia|lòi|de *s.m./f.* persona dotata di ingegno vivace, ma incostante e poco produttivo.
-gè|ni|co secondo elemento di aggettivi composti, che significa "che ha origine da", oppure "che è adatto a essere riprodotto" (*fotogenico*).
ge|niè|re *s.m.* militare dell'arma del genio.
ge|niét|to *s.m.* (*anche scherz.*) piccolo genio.
gè|nio[1] *s.m.* 1 inclinazione per una data attività; attitudine: *il* — *della musica;* avere — *per il commercio* | talento fuori dal comune; genialità: *l'impronta del* —; *il* — *di Bach* | *lampo di* —, trovata geniale 2 persona dotata di ingegno superiore: *Leonardo fu un grande* — | (*iron.*) — *incompreso*, si dice di chi si considera geniale senza esserlo 3 gusto, gradimento | *andare a* —, riuscire gradito 4 carattere distintivo: *il* — *di un popolo* 5 per gli antichi, spirito tutelare 6 essere immaginario a cui si attribuiscono poteri soprannaturali: — *benefico* | spirito che presiede le arti: *il* — *della poesia*.
gè|nio[2] *s.m.* corpo militare formato da tecnici che si occupano della progettazione e dell'esecuzione di opere pubbliche o militari: — *navale*, *ferrovieri* | — *civile*, ufficio amministrativo cui spetta la supervisione delle opere pubbliche e il monitoraggio idrogeologico del territorio.
ge|ni|tà|le *agg.* riguardante la procreazione | che serve a generare: *organo* — ♦ *s.m.pl.* (*anat.*) organi della procreazione, maschili e femminili: *genitali interni, esterni*.
ge|ni|ti|vo *agg., s.m.* (*ling.*) si dice del secondo caso della declinazione latina, greca e di altre lingue indoeuropee che indica il complemento di specificazione e l'appartenenza.
ge|ni|tó|re *s.m.* [f. *-trice*] (*lett.*) chi genera o ha generato | *spec.pl.* il padre e la madre: *genitori responsabili, snaturati*.
ge|ni|to|rià|le *agg.* (*bur.*) relativo ai genitori: *responsabilità* —.
gen|nà|io *s.m.* primo mese dell'anno nel calendario gregoriano, di 31 giorni.
-gè|no secondo elemento di parole composte, che significa "nato, prodotto da" (*indigeno*) oppure "generatore di, che dà origine a" (*patogeno*).
ge|no|ci|dio *s.m.* eliminazione sistematica e totale di un gruppo etnico o religioso.
ge|nò|ma *s.m.* [pl. *-i*] (*biol.*) l'insieme del materiale genetico posseduto da un organismo.
ge|no|ti|po *s.m.* (*biol.*) il complesso dei caratteri genetici di un individuo.
ge|no|vé|se *agg.* di Genova ♦ *s.m./f.* chi è nato o abita a Genova.
gen|tà|glia *s.f.* (*spreg.*) gente poco raccomandabile.
gèn|te *s.f.* 1 insieme di persone in numero imprecisato e considerate collettivamente: *temere il giudizio della* — 2 insieme di persone distinte per categoria o sulla base di una caratteristica: — *di città, di sport* 3 presso gli antichi Greci e Romani, gruppo di famiglie appartenenti a uno stesso ceppo: *la* — *Claudia* 4 (*lett.*) nazione, popolo: *la* — *italica*.
gen|til|dòn|na *s.f.* [pl. *gentildonne*] signora di elevata condizione sociale.
gen|ti|le[1] *agg.* 1 (*lett.*) che ha sentimenti nobili, elevati: *spirito* — 2 che ha modi cortesi: *essere gentile con qlcu.* | *molto* —!, formula di ringraziamento 3 che è fatto in maniera cortese ed elegante: *risposta* — 4 aggraziato, fine: *una donna d'aspetto* — | (*scherz.*) *il gentil sesso*, le donne □ **gentilmente** *avv.* in modo cortese.
gen|ti|le[2] *s.m. spec.pl.* nella terminologia cristiana antica, chi professava una religione pagana.
gen|ti|léz|za *s.f.* 1 caratteristica di ciò che o chi è gentile: *la* — *di Paolo* 2 gesto, parola gentile: *fare una* — *a qlcu.!*
gen|ti|li|zio *agg.* relativo a una famiglia nobile: *insegna gentilizia*.
gen|ti|luò|mo *s.m.* [pl. *gentiluomini*] 1 uomo che si comporta correttamente o ha modi signorili 2 (*raro*) uomo di nobili origini.
gentleman (*ingl.*) [pr. *gèntlmen*] *s.m.invar.* gentiluomo.
ge|nu|fles|sió|ne *s.f.* l'atto di genuflettersi: *fare la* — *davanti all'altare*.
ge|nu|flèt|ter|si *v.intr.pron.* [con. come *flettere*] piegare un ginocchio o entrambe le ginocchia fino a toccare terra in segno di rispetto; inginocchiarsi.
ge|nui|ni|tà *s.f.* caratteristica di ciò che è genuino.
ge|nu|i|no *agg.* 1 che è prodotto in modo naturale; non adulterato: *prodotti genuini* 2 spontaneo, schietto: *affetto* — | vero, autentico: *un documento* —.
gen|zià|na *s.f.* genere di piante erbacee con fiori gialli o azzurri, utilizzata in farmacia e nell'industria dei liquori per le qualità toniche e digestive delle radici.

Gen|zia|nà|ce|e *s.f.pl.* famiglia di piante erbacee dicotiledoni a cui appartengono la genziana e altre piante medicinali.

gen|zia|nél|la *s.f.* pianta erbacea con fiore solitario azzurro, molto diffusa nei pascoli di montagna; è impiegata per la preparazione di liquori amari.

gèo-, -gèo primo e secondo elemento di parole composte, che significa "terra, superficie terrestre" (*geocentrico*; *ipogeo*); talora è usata come abbreviazione di *geografia* (*geolinguistica*).

ge|o|cèn|tri|co *agg.* [m.pl. *-ci*] (*astr.*) che ha la Terra come centro | **teoria geocentrica**, quella tolemaica che considera la Terra il centro dell'universo.

ge|o|cen|tri|smo *s.m.* sistema filosofico o scientifico che considera la Terra al centro dell'universo: *il — tolemaico*.

ge|o|chì|mi|ca *s.f.* branca della chimica che studia la costituzione chimica della Terra e i processi di formazione dei minerali.

ge|o|cro|no|lo|gì|a *s.f.* disciplina scientifica che si occupa di datare gli eventi verificatisi nella storia geologica.

ge|ò|de *s.m.* (*min.*) piccola cavità chiusa, all'interno delle rocce sedimentarie o vulcaniche, le cui pareti sono ricoperte di cristalli.

ge|o|de|sì|a *s.f.* scienza che studia la conformazione e le dimensioni del globo terrestre.

ge|o|dè|ti|ca *s.f.* (*geom.*) la linea più breve tra quelle che congiungono due punti di una superficie.

ge|o|di|nà|mi|ca *s.f.* scienza che studia le trasformazioni della superficie terrestre e gli agenti endogeni ed esogeni che ne sono la causa.

ge|o|fì|si|ca *s.f.* scienza che studia i fenomeni fisici che avvengono sulla Terra e nella sua atmosfera.

ge|o|fì|si|co *agg.* [m.pl. *-ci*] relativo alla geofisica ♦ *s.m.* [f. *-a*] studioso di geofisica.

ge|o|go|nì|a *s.f.* teoria relativa all'origine e alla formazione della Terra.

ge|o|gra|fì|a *s.f.* 1 scienza che ha per oggetto la descrizione e la rappresentazione della Terra: *— fisica, politica, economica, astronomica* | materia d'insegnamento scolastico: *insegnante di —* 2 descrizione della Terra nel suo complesso o di una singola regione: *studiare la — del continente americano*.

ge|o|grà|fi|co *agg.* [m.pl. *-ci*] relativo alla geografia: *carta geografica* □ **geograficamente** *avv.* dal punto di vista geografico.

ge|o|gra|fo *s.m.* [f. *-a*] studioso di geografia.

ge|òi|de *s.m.* (*geog.*) figura solida di forma simile a quella di un elissoide di rotazione, che rappresenta idealmente la Terra senza tenere conto dei rilievi e delle depressioni.

ge|o|lin|gui|sti|ca *s.f.* settore della linguistica che studia la distribuzione geografica dei fenomeni linguistici.

ge|o|lo|gì|a *s.f.* scienza che studia l'origine, la struttura morfologica della Terra e le trasformazioni in essa avvenute.

ge|o|lò|gi|co *agg.* [m.pl. *-ci*] della geologia, relativo alla geologia: *analisi geologica*.

ge|ò|lo|go *s.m.* [f. *-a*; m.pl. *-gi*] studioso di geologia.

ge|o|ma|gne|tì|smo *s.m.* magnetismo terrestre.

ge|o|man|zì|a *s.f.* antica arte divinatoria consistente nell'interpretazione di segni presenti sul terreno.

ge|ò|me|tra *s.m.* [pl. *-i*] professionista abilitato a effettuare rilevazioni topografiche e a progettare e dirigere lavori di costruzioni edilizie di modesta entità.

ge|o|me|trì|a *s.f.* 1 ramo della matematica che studia lo spazio, la forma e l'estensione dei corpi: *— piana, — solida* | **— analitica**, quella che applica l'algebra ai problemi geometrici 2 organizzazione di spazi e di corpi secondo schemi geometrici: *la — delle strade di Milano* 3 (*fig.*) struttura rigorosa: *la — della "Divina Commedia"*.

ge|o|me|tri|ci|tà *s.f.* caratteristica di ciò che è geometrico.

ge|o|mè|tri|co *agg.* [m.pl. *-ci*] 1 relativo alla geometria: *figure geometriche* 2 (*fig.*) esatto, razionale: *geometrica precisione* □ **geometricamente** *avv.* 1 secondo i principi della geometria 2 in maniera rigorosa.

ge|o|mor|fo|lo|gì|a *s.f.* scienza che studia la forma della superficie terrestre e le forze che la modificano.

ge|o|po|li|ti|ca *s.f.* scienza che studia il rapporto tra le condizioni geografiche e i problemi politici ed economici.

ge|o|po|lì|ti|co *agg.* [m.pl. *-ci*] relativo alla geopolitica: *analisi geopolitica*.

ge|or|già|no *agg.* 1 della Georgia, Stato degli USA 2 della repubblica caucasica di Georgia ♦ *s.m.* 1 [f. *-a*] chi è nato o abita nella Georgia statunitense 2 [f. *-a*] chi è nato o abita nella repubblica di Georgia 3 lingua caucasica parlata nella repubblica di Georgia.

ge|òr|gi|co *agg.* [m.pl. *-ci*] (*lett.*) relativo alla vita agreste e alla coltivazione dei campi: *componimento —*.

ge|o|sfè|ra *s.f.* il globo terrestre.

ge|o|sin|cli|nà|le *s.f.* (*geol.*) depressione instabile della crosta terrestre, caratterizzata da una intensa sedimentazione, da cui si formano per corrugamento le catene montuose.

ge|o|stà|ti|ca *s.f.* settore della fisica che ha per oggetto l'equilibrio dei solidi.

ge|o|sta|zio|nà|rio *agg.* si dice di satellite artificiale che descrive la sua orbita attorno alla Terra in 24 ore, ruotando nello stesso verso di questa e alla stessa velocità angolare, in modo da restare in posizione fissa rispetto a un determinato punto della superficie terrestre.

ge|o|tèc|ni|ca *s.f.* studio delle caratteristiche del suolo e del sottosuolo, per la realizzazione di opere edilizie.

ge|o|ter|màl|e *agg.* si dice di acqua sotterranea la cui temperatura è superiore a quella esterna per via del contatto con gli strati profondi del terreno.

ge|o|ter|mì|a *s.f.* scienza che studia le sorgenti di calore terrestre e il loro sfruttamento come fonti di energia termica.

ge|o|tèr|mi|co *agg.* [m.pl. *-ci*] **1** relativo alla temperatura del suolo e del sottosuolo | *gradiente* —, differenza media di temperatura tra due punti della crosta terrestre la cui differenza di profondità è di 100 metri **2** relativo alla geotermia | che utilizza il calore interno della Terra: *centrale geotermica*.

Ge|ra|nià|ce|e *s.f.pl.* famiglia di piante erbacee dicotiledoni con fiori dai colori vivaci coltivate a scopo ornamentale; ne fa parte il geranio.

ge|rà|nio *s.m.* pianta erbacea ornamentale, con fiori variamente colorati e foglie palmate.

ge|ràr|ca *s.m.* [pl. *-chi*] **1** chi riveste un grado elevato in una gerarchia **2** (*st.*) chi occupava le cariche più rilevanti nel Partito nazionale fascista **3** (*spreg.*) persona autoritaria e dispotica.

ge|rar|chì|a *s.f.* **1** rapporto reciproco di superiorità e subordinazione tra uffici o persone | insieme di uffici o persone ordinate sulla base di tale rapporto in organismi politici, militari o religiosi **2** (*fig.*) scala, gradazione: — *di valori*.

ge|ràr|chi|co *agg.* [m.pl. *-ci*] **1** di gerarchia: *ordine* — | *scala gerarchica*, la struttura ideale costituita dai diversi componenti di una gerarchia □ **gerarchicamente** *avv*..

ge|rar|chiz|za|zió|ne *s.f.* organizzazione secondo un ordinamento gerarchico.

ger|bè|ra *s.f.* genere di piante erbacee, con foglie dalla superficie inferiore lanosa e fiori simili a margherite dai petali sottili.

ge|re|mì|a|de *s.f.* discorso lungo e di tono lamentoso.

ge|rèn|te *s.m./f.* chi si occupa di gestire un'attività, un esercizio e sim.; gestore.

ger|gà|le *agg.* proprio di un gergo: *espressione* —.

gèr|go *s.m.* [pl. *-ghi*] **1** (*ling.*) linguaggio convenzionale usato dai membri di un gruppo per comunicare tra di loro senza farsi capire dagli estranei: *il* — *carcerario* | (*estens.*) linguaggio particolare, tipico di un gruppo: — *giovanile*, *professionale* **2** (*estens.*) modo di parlare allusivo, enigmatico: *parlare in* —.

ge|rià|tra *s.m./f.* [m.pl. *-i*] medico specialista in geriatria.

ge|ria|trì|a *s.f.* settore della medicina che studia le modalità di cura e di assistenza agli anziani.

ge|rià|tri|co *agg.* [m.pl. *-ci*] relativo alla geriatria: *reparto* —.

gèr|la *s.f.* cesta in vimini a forma di cono tronco e rovesciato, che si porta sulla schiena assicurandola con due cinghie.

ger|ma|nè|si|mo *s.m.* elemento proprio della cultura e della civiltà dei popoli germanici | imitazione di tratti caratteristici della tradizione germanica.

ger|mà|ni|co *agg.* [m.pl. *-ci*] **1** degli antichi Germani: *leggenda germanica* | *lingue germaniche*, gruppo di lingue indoeuropee di cui fanno parte l'inglese, il tedesco, l'olandese e diverse lingue scandinave **2** della Germania moderna; tedesco.

ger|mà|nio *s.m.* elemento chimico, metallo raro usato nella fabbricazione di componenti elettronici (*simb.* Ge).

ger|ma|nì|smo *s.m.* (*ling.*) parola, costrutto o locuzione che deriva da una lingua germanica.

ger|ma|nì|sta *s.m./f.* [m.pl. *-i*] studioso della lingua e della cultura germanica.

ger|ma|nì|sti|ca *s.f.* disciplina che studia la storia, l'evoluzione linguistica e la cultura dei popoli germanici.

ger|ma|niz|zà|re *v.tr.* [indic.prese. *io germanizzo*...] adattare allo spirito e al costume germanico ♦ **-rsi** *rifl.*, *intr.pron.* adottare costumi, caratteri germanici.

ger|mà|no¹ *agg.* nato dagli stessi genitori: *sorella germana* | *cugini germani*, figli di fratelli ♦ *s.m.* [f. *-a*] (*lett.*) fratello.

ger|mà|no² *agg.* (*lett.*) degli antichi Germani: *guerrieri germani* ♦ *s.m.* [f. *-a*] membro di una delle popolazioni indoeuropee stanziatesi nel nord dell'Europa a partire dal III millennio a.C.

ger|mà|no³ *s.m.* denominazione comune di diversi uccelli | — *nero*, folaga | — *reale*, anatra selvatica.

gèr|me *s.m.* **1** (*biol.*) stadio iniziale di sviluppo dell'embrione | insieme delle cellule con funzione riproduttiva | (*anche fig.*) *in* —, allo stato iniziale: *un progetto in* — **2** microbo: *disinfettare per eliminare i germi* | *patogeno*, batterio che provoca malattie infettive **3** (*fig.*) principio, causa originaria: *il* — *della corruzione*.

ger|mi|ci|da *agg.*, *s.m.* [m.pl. *-i*] detto di ciò che elimina i germi patogeni: *sapone* —.

ger|mi|nà|le¹ *agg.* (*biol.*) relativo al germe | *cellule germinali*, gameti.

ger|mi|nà|le² *s.m.* settimo mese del calendario rivoluzionario francese che iniziava il 21-22 marzo e finiva il 19-20 aprile.

ger|mi|nà|re *v.intr.* [indic.pres. *io gèrmino*...; aus. E o A] **1** detto di semi e spore, iniziare lo sviluppo | germogliare **2** (*fig.*) detto di sentimenti e stati d'animo, nascere, svilupparsi.

ger|mi|na|tì|vo *agg.* relativo alla germinazione | che è in grado di germinare o far germinare: *poro* —.

ger|mi|na|zió|ne *s.f.* fase iniziale del processo di sviluppo di un organismo.

ger|mo|glià|re *v.intr.* [indic.pres. *io germóglio*...; aus. E o A] **1** svilupparsi a partire da un seme | emettere germogli: *gli alberi stanno germogliando* **2** (*fig.*) nascere, svilupparsi: *tra noi è germogliata una bella amicizia*.

ger|mó|glio *s.m.* **1** pianta o ramo nella prima fase di sviluppo: *il pesco è pieno di germogli* **2** (*fig.*) origine, inizio: *i germogli di una nuova fase culturale*.

gé|ro- primo elemento di parole composte che significa "vecchio, vecchiaia" (*gerontocomio*).

-gè|ro secondo elemento di parole composte che significa "che porta, portatore di" (*armigero*).

ge|ro|cò|mio *s.m.* gerontocomio.
ge|ro|gli|fi|co *s.m.* [pl. *-ci*] 1 ciascuno dei caratteri in uso nella scrittura ideografica degli antichi Egizi 2 (*fig.*) scritto indecifrabile; scarabocchio ♦ *agg.* detto della scrittura con geroglifici.
ge|ròn|to- primo elemento di parole composte che significa "anziano" (*gerontocomio*).
ge|ron|to|cò|mio *s.m.* istituto in cui si ospitano e curano gli anziani.
ge|ron|tò|cra|te *s.m.* (*spec.iron.*) anziano che detiene una carica di potere.
ge|ron|to|crà|ti|co *agg.* [m.pl. *-ci*] della gerontocrazia | fondato sulla gerontocrazia: *sistema —*.
ge|ron|to|cra|zìa *s.f.* sistema politico nel quale le cariche più elevate sono riservate agli anziani.
ge|ron|to|fi|lì|a *s.f.* (*psich.*) inclinazione sessuale morbosa per le persone anziane.
ge|ron|to|ia|trì|a *s.f.* (*raro*) geriatria.
ge|ron|to|lo|gì|a *s.f.* (*med.*) parte della medicina che studia l'invecchiamento dal punto di vista biologico e psicologico.
ge|ron|to|lò|gi|co *agg.* [m.pl. *-ci*] relativo alla gerontologia: *istituto —*.
ge|ron|tò|lo|go *s.m.* [f. *-a*; m.pl. *-gi*] specialista in gerontologia.
ge|ro|so|li|mi|tà|no *agg.* 1 di Gerusalemme 2 relativo all'ordine religioso-cavalleresco dei cavalieri di Malta ♦ *s.m.* 1 [f. *-a*] chi è nato o abita a Gerusalemme 2 membro dell'ordine dei cavalieri di Malta.
ge|rùn|dio *s.m.* (*gramm.*) forma non coniugabile del verbo, che precisa le circostanze in cui si verifica l'azione espressa nella proposizione principale; ha un tempo presente (p.e. *mangiando*) e un tempo passato (p.e. *avendo mangiato*).
ge|run|dì|vo *agg.* (*gramm.*) che ha forma di gerundio | che contiene un gerundio: *costruzione gerundiva* ♦ *s.m.* (*gramm.*) forma aggettivale del verbo latino, che esprime con valore passivo l'idea di necessità.
ges|sà|re *v.tr.* [indic.pres. *io gèsso...*] 1 (*agr.*) mescolare gesso al terreno povero di calcio e fosfati per migliorarne le caratteristiche 2 (*enologia*) trattare il mosto con gesso per schiarirne il colore.
ges|sà|to *part.pass.* di gessare ♦ *agg.* 1 trattato con gesso: *terreno —* 2 impregnato di gesso: *benda gessata* 3 detto di stoffa scura a sottili righe chiare verticali ♦ *s.m.* 1 stoffa gessata 2 abito confezionato utilizzando stoffa gessata: *vestire un elegante —*.
ges|sa|tù|ra *s.f.* l'atto di gessare.
ges|sèt|to *s.m.* bastoncino di polvere di gesso compressa, bianco o colorato, usato per scrivere sulla lavagna.
ges|si|fi|ca|zió|ne *s.f.* processo che trasforma una sostanza in gesso.
gès|so *s.m.* 1 minerale costituito da solfato di calcio idrato | polvere che si ottiene macinando tale minerale 2 gessetto 3 ingessatura: *mettere il —*.
ges|só|so *agg.* 1 di gesso 2 che è ricco di gesso: *terreno —* 3 simile al gesso.

gè|sta *s.f.pl.* azioni gloriose, imprese eroiche: *le — di Ulisse* | *canzone di —*, poema epico-cavalleresco della letteratura medievale francese, che ha per oggetto le imprese dei paladini.
ge|stàn|te *s.f.* donna in gravidanza.
Ge|stà|po *s.f.* nella Germania nazista, polizia segreta di Stato.
ge|sta|tò|rio *agg.* (*ant.*) che porta | *sedia gestatoria*, quella su cui era portato a spalla il papa in cerimonie solenni.
ge|sta|zió|ne *s.f.* 1 (*biol.*) gravidanza 2 (*fig.*) fase di formazione, di preparazione: *la faticosa — di un'opera*.
ge|stì|bi|le *agg.* che può essere gestito.
ge|sti|co|la|mén|to *s.m.* gesticolazione.
ge|sti|co|là|re *v.intr.* [indic.pres. *io gestìcolo...*; aus. *A*] fare gesti con mani e braccia, spec. per sottolineare quanto si sta dicendo.
ge|sti|co|la|zió|ne *s.f.* l'atto di gesticolare | il modo in cui si gesticola.
ge|sti|cò|lì|o *s.m.* gesticolazione ripetuta.
ge|stio|nà|le *agg.* che si riferisce a una gestione: *bilancio —*.
ge|stió|ne *s.f.* 1 insieme delle attività di conduzione e di amministrazione di esercizi, aziende, enti o società: *nuova —* | il periodo di tale attività: *consuntivo di —* | (*dir.*) — *fallimentare*, conduzione di un'azienda fallita affidata dal tribunale a un curatore; (*estens.*) cattiva conduzione 2 (*estens.*) controllo, supervisione di un'iniziativa, di una situazione: *accollarsi la — della trattativa* 3 (*inform.*) controllo delle funzioni e dei contenuti fondamentali di un computer o di una rete.
ge|stì|re[1] *v.intr.* [indic.pres. *io gestìsco, tu gestìsci...*; aus. *A*] gesticolare.
ge|stì|re[2] *v.tr.* 1 amministrare esercizi, enti o imprese: *— un bar* 2 (*estens.*) condurre, portare avanti un'iniziativa, una situazione: *— un'emergenza* 3 (*fig.*) dosare: *— le proprie energie* 4 (*inform.*) controllare le funzioni e i contenuti fondamentali di un computer: *— i file*.
gè|sto *s.m.* 1 movimento di una parte del corpo, spec. della mano o del testa: *salutare con un —* 2 (*estens.*) atto | *un bel —*, un atto di coraggio, di generosità.
ge|stó|re *s.m.* [f. *-trice*] chi amministra un'azienda, un'impresa, un bene.
ge|stu|à|le *agg.* 1 relativo al gesto | basato sulla gestualità: *linguaggio —* 2 detto di arte figurativa o drammatica che sottolinea l'espressività del gesto: *teatro —*.
ge|stua|li|tà *s.f.* 1 carattere gestuale 2 l'insieme dei gesti espressivi tipici di una persona | la capacità di esprimersi attraverso i gesti.
ge|su|i|ta *s.m.* [pl. *-i*] 1 religioso membro della compagnia di Gesù, fondata da sant'Ignazio di Loyola nel 1534 2 (*spreg.*) persona ipocrita e opportunista.
ge|su|i|ti|co *agg.* [m.pl. *-ci*] 1 dei gesuiti, da gesuita 2 (*spreg.*) da ipocrita.
ge|sui|ti|smo *s.m.* 1 sistema dottrinale e meto-

gettacarte 516

do pastorale proprio dei gesuiti 2 (*spreg.*) ipocrisia, doppiezza.
get|ta|càr|te *s.m.invar.* cestino per rifiuti cartacei.
get|tà|re *v.tr.* [indic.pres. *io gètto*...] **1** lanciare lontano con energia, buttare: *vietato — oggetti dal finestrino* | — *all'aria*, mettere sottosopra | — *l'ancora*, calarla in mare per fermare l'imbarcazione | — *le reti*, calarle in acqua per iniziare la pesca | — *le braccia al collo a qlcu.*, abbracciarlo con trasporto | — *le armi*, arrendersi | (*fig.*) — *acqua sul fuoco*, calmare la situazione | — *fumo negli occhi*, illudere, confondere | — *i soldi*, spenderli male | — *la spugna*, arrendersi, rinunciare | — *un'occhiata*, *uno sguardo*, guardare in maniera rapida **2** emettere con forza: *la ferita getta molto sangue* **3** (*assol.*) germogliare: *il melo ha gettato* | emettere un liquido: *la fonte getta bene* **4** (*metall.*, *edil.*) fare una gettata: — *le fondamenta* | — *un ponte*, costruirlo ♦ **-rsi** *intr.pron.* di corsi d'acqua, sboccare, confluire: *l'Adda si getta nel Po* ♦ *rifl.* **1** lanciarsi: — *nel vuoto* | lasciarsi cadere: — *sul divano*.
get|tà|ta *s.f.* **1** l'atto di gettare **2** (*metall.*, *edil.*) colata di metallo, calcestruzzo.
gèt|ti|to *s.m.* (*fin.*) introito derivante dall'imposizione di tributi: — *fiscale*.
gèt|to *s.m.* **1** l'atto di gettare; lancio | (*sport*) — *del peso*, disciplina dell'atletica leggera nel quale l'atleta deve scagliare una sfera metallica il più lontano possibile **2** la fuoriuscita di un liquido o di un gas posto sotto pressione | (*fig.*) *a* — *continuo*, senza pause | (*fig.*) *di* —, senza preparazione o riflessione: *un tema scritto di* — **3** gemma, germoglio di una pianta **4** in edilizia, gettata **5** (*metall.*) il pezzo ottenuto da una gettata.
get|to|nà|re *v.tr.* [indic.pres. *io gettóno*...] (*fam.*) selezionare una canzone in un juke-box.
get|to|nà|to *part.pass. di* gettonare ♦ *agg.* (*fam.*) detto di canzone di grande successo | (*estens.*) detto di cosa o persona molto richiesta e di successo.
get|tó|ne *s.m.* **1** disco di metallo o di plastica corrispondente a un valore in denaro, usato per far funzionare un apparecchio: *lavatrice a gettoni* **2** disco di metallo o di plastica che in alcuni giochi sostituisce il denaro **3** disco di metallo o di altro materiale usato come contrassegno per ritirare una merce **4** — *di presenza*, indennità corrisposta a enti pubblici e privati ai membri di commissioni, consigli d'amministrazione e altri organi per la loro partecipazione a riunioni di lavoro.
get|to|niè|ra *s.f.* **1** apparecchio che distribuisce gettoni **2** parte di un apparecchio a gettoni in cui questi vengono introdotti.
get|to|pro|pul|sió|ne *s.f.* [pl. *gettopropulsioni*] propulsione a getto.
geyser (*ingl.*) [pr. *gàiser*] *s.m.invar.* (*geol.*) sorgente termale che produce emissioni intermittenti di acqua calda e vapore, dovute a fenomeni vulcanici.
ghe|pàr|do *s.m.* felino molto veloce nella corsa; è simile al leopardo, ma più snello, con mantello giallastro a macchie nere, unghie non retrattili.
ghép|pio *s.m.* uccello rapace diurno di medie dimensioni, dal piumaggio rosso mattone o cinerino.
ghe|ri|glio *s.m.* parte interna commestibile della noce.
gher|mi|nèl|la *s.f.* **1** (*ant.*) gioco che consiste nel far sparire e riapparire una cordicella da una bacchetta cava **2** (*fig.*) inganno compiuto con l'astuzia | (*scherz.*) marachella, birichinata.
gher|mì|re *v.tr.* [indic.pres. *io ghermisco, tu ghermisci*...] **1** afferrare con gli artigli: — *una preda* **2** (*estens.*) afferrare all'improvviso e con violenza.
ghe|ró|ne *s.m.* **1** (*arald.*) pezza di forma triangolare delimitata da due linee che si intersecano nel cuore dello scudo **2** spicchio di stoffa triangolare inserita in un capo di vestiario per dargli maggiore ampiezza.
ghét|ta *s.f.* gambaletto calzato sopra le scarpe, in uso nell'abbigliamento maschile fino ai primi del Novecento.
ghet|tiz|zà|re *v.tr.* [indic.pres. *io ghettizzo*...] **1** segregare in un ghetto **2** (*fig.*) isolare, emarginare: *i colleghi lo ghettizzano*.
ghet|tiz|za|zió|ne *s.f.* l'atto di ghettizzare | isolamento, emarginazione.
ghét|to *s.m.* **1** (*st.*) quartiere urbano in cui erano costretti a vivere gli ebrei **2** (*estens.*) area cittadina abitata da minoranze povere o emarginati **3** (*fig.*) condizione di isolamento.
ghiac|cià|ia *s.f.* **1** frigorifero | scomparto del frigorifero con le temperature più basse | cella frigorifera **2** (*estens.*) luogo freddissimo: *questa camera è una* —.
ghiac|cià|io *s.m.* (*geog.*) accumulo naturale di ghiaccio perenne, tipico delle zone di alta montagna e delle regioni polari | — *continentale*, le distese ghiacciate dei poli.
ghiac|cià|re *v.tr.* [indic.pres. *io ghiàccio*...] **1** far diventare ghiaccio: *il gelo ha ghiacciato il lago* | (*estens.*) rendere freddissimo: *la neve mi ha ghiacciato i piedi* **2** (*fig.*) bloccare, paralizzare: *la tua risposta ha ghiacciato tutti* ♦ *intr.impers.* [aus. *E o A*] gelare ♦ *intr.* [aus. *E*], **-rsi** *intr.pron.* congelarsi | (*estens.*) provare un freddo intenso: *qui si ghiaccia*.
ghiac|cià|ta *s.f.* granita.
ghiac|cià|to *part.pass. di* ghiacciare ♦ *agg.* **1** diventato ghiaccio: *fiume* — | coperto di ghiaccio **2** (*estens.*) gelido: *mani ghiacciate*.
ghiàc|cio *agg.* [f.pl. *-ce*] ghiacciato ♦ *s.m.* **1** acqua allo stato solido: *cubetto di* — | *essere un pezzo di* —, avere molto freddo; (*fig.*) detto di persona, essere insensibile o chiuso | (*fig.*) *rompere il* —, superare un imbarazzo iniziale **2** — *secco*, anidride carbonica solida, simile per l'aspetto al ghiaccio.
ghiac|ciò|lo *s.m.* **1** candelotto di ghiaccio che si produce negli stillicidi di fontane, grondaie ecc. **2** sorbetto da passeggio ottenuto congelando

acqua aromatizzata con sciroppi alla frutta: — *alla menta.*
ghia|ia *s.f.* **1** sedimento costituito da frammenti di roccia arrotondati dall'azione dell'acqua **2** pietrame in frammenti utilizzato per la copertura di strade, vialetti e sim.
ghia|ió|ne *s.m.* deposito di detriti rocciosi alla base di pareti rocciose e canaloni.
ghia|ió|so *agg.* ricco di ghiaia: *campo* —.
ghiàn|da *s.f.* **1** frutto secco della quercia, di forma ovoidale, protetto alla base da un involucro a forma di scodellina e contenente un solo seme **2** (*estens.*) pallina ricoperta di stoffa che viene fissata al lembo delle tende come guarnizione.
ghian|dà|ia *s.f.* uccello con un caratteristico ciuffo di piume erettili sul capo e le ali striate di bianco, nero e blu.
ghiàn|do|la *s.f.* (*anat.*) organo che elabora sostanze utili all'organismo o elimina quelle dannose | — *endocrina,* che riversa i secreti nel sangue | — *esocrina,* che riversa i secreti in cavità dell'organismo o all'esterno.
ghian|do|là|re *agg.* (*anat.*) di una ghiandola, delle ghiandole: — *ghiandolare.*
ghi|bel|li|ni|smo *s.m.* **1** (*st.*) concezione, militanza politica ghibellina **2** (*estens.*) ogni tendenza politica che difende una concezione strettamente laica dello Stato.
ghi|bel|li|no *s.m.* **1** (*st.*) nell'Italia medievale, chi sosteneva gli interessi imperiali contro il potere temporale del papato **2** (*estens.*) chi difende il carattere laico dello Stato dall'influenza della Chiesa | *anticlericale* ♦ *agg.* dei ghibellini, del ghibellinismo.
ghi|bli *s.m.* vento caldo e secco che spira con forza dal Sahara verso il Mediterraneo nei mesi autunnali e primaverili.
ghiè|ra *s.f.* **1** anello metallico applicato come rinforzo all'estremità di alcuni oggetti **2** (*mecc.*) anello metallico che collega elementi meccanici.
ghi|gliot|ti|na *s.f.* macchina per esecuzioni capitali mediante decapitazione, formata da due travi verticali parallele e scanalate lungo le quali scorre una pesante mannaia.
ghi|gliot|ti|nà|re *v.tr.* [indic.pres. *io ghigliottino...*] decapitare per mezzo della ghigliottina.
ghi|gnà|re *v.intr.* [indic.pres. *io ghigno..., noi ghigniamo, voi ghignate...*; aus. *A*] ridere con sarcasmo | assumere un'espressione beffarda.
ghi|gnà|ta *s.f.* risata beffarda.
ghi|gno *s.m.* riso beffardo o sarcastico: *rispondere con un* —.
ghin|là|re *v.tr.* [indic.pres. *io ghindo...*] (*mar.*) issare con un cavo: — *le vele.*
ghi|nè|a *s.f.* moneta d'oro inglese in uso nei secc. XVII-XIX.
ghin|ghe|ri *solo nella loc.avv. in* —, (*fam., scherz.*) con abbigliamento e acconciatura di ricercata eleganza: *mettersi in* —.
ghiót|to *agg.* **1** di persona, che ama mangiare bene e in abbondanza | (*fig.*) desideroso: — *di novità* **2** di cibo, gustoso, invitante: *un piatto* —| (*fig.*) che attira la curiosità: *una ghiotta notizia.*
ghiot|tó|ne *s.m.* [f. *-a*] persona golosa; ingordo.
ghiot|to|ne|rì|a *s.f.* **1** golosità, ingordigia **2** cibo delizioso: *una vetrina piena di ghiottonerie* **3** (*fig.*) cosa che suscita interesse fra gli appassionati: *quel romanzo è una* — *per i lettori.*
ghióz|zo *s.m.* genere di piccoli pesci commestibili di mare e di acqua dolce, con testa larga, squame grosse e due pinne dorsali.
ghi|ri|biz|zo *s.m.* idea improvvisa e bizzarra: *mi è venuto il* — *di fare un viaggio in Oriente.*
ghi|ri|gò|ro *s.m.* intreccio complicato di linee; *scarabocchio* | (*fig.*) procedere arzigogolato.
ghir|làn|da *s.f.* **1** corona ornamentale di foglie e fiori: *una* — *d'alloro* **2** (*lett.*) cerchio formato da persone o cose.
ghi|ro *s.m.* piccolo mammifero roditore, di aspetto simile allo scoiattolo ma con testa e muso più stretti; ha lunga coda e pelliccia folta di colore grigiastro argentato e cade in letargo d'inverno | *dormire come un* —, in maniera profonda e senza interruzioni.
ghì|sa *s.f.* lega metallica di ferro e carbonio, usata per le produzioni di fonderia.
gi *s.f./m.* nome della lettera *g*.
già *avv.* **1** indica un fatto, un'azione che si sta compiendo o è già compiuta nel momento al quale ci si riferisce: *il pranzo è* — *pronto; ho* — *conosciuto tuo fratello* | precedentemente: *il* — *cita-to libro* | davanti a nomi e aggettivi indica una denominazione precedente: *via Europa,* — *via Marconi* **2** fin da ora: *ti dico* — *che verremo alla festa* | fin da quel momento (passato o futuro): — *da piccolo era portato per il ballo* **3** in frasi esclamative o interrogative esprime meraviglia, gioia o rammarico: *sei* — *qui?* **4** con valore di affermazione: —, *le cose sono andate così!* | con valore dubitativo o ironico: *eh,* —, *dovevo pensarlo!* **5** con valore rafforzativo (preceduto da "non"): *lo dico* — *non come professore, ma come amico.*
giàc|ca *s.f.* indumento maschile e femminile abbottonato sul davanti e con maniche lunghe, che copre la parte superiore del corpo: *portare la* —; — *sportiva, elegante* | — *a vento,* giaccone impermeabile dotato di cappuccio e spesso imbottito.
giac|ché *cong.* poiché, dato che (introduce una prop. causale): — *siete qui, fermatevi a cena.*
giac|chét|ta *s.f.* giacca leggera e corta | — *nera,* arbitro di calcio.
giac|có|ne *s.m.* giacca invernale, lunga e pesante.
gia|cèn|te *part.pres. di* giacere ♦ *agg.* **1** coricato **2** (*fig.*) che resta inutilizzato: *capitale* — | *lettera* —.
gia|cèn|za *s.f.* **1** stato di chi o di ciò che giace **2** deposito: *beni in* — *alla dogana* | *periodo durante il quale una cosa rimane giacente: una lunga* — **3** la cosa giacente | *spec.pl.* rimanenza, cose invendute conservate in un magazzino.
gia|cé|re *v.intr.* [indic.pres. *io giàccio, tu giaci, egli giace, noi giacciamo, voi giacéte, essi giàcciono;* pass.rem. *io giacqui, tu giacésti...*; congiunt.pres. *io giàccia..., noi giacciamo, voi giacciate, essi giàcciano;* part.pass. *giaciuto;* aus. *E,*

giaciglio

raro *A*] **1** stare disteso: — *sul divano* | (*lett.*) essere sepolto **2** (*lett.*) essere posto: *il paese giace nella valle* | (*geom.*) appartenere a una superficie: *la retta giace su un piano* **3** (*fig.*) essere abbandonato: *la mia domanda di promozione giace sul tavolo del direttore*.

gia|ci|glio *s.m.* mucchio di paglia o stracci usato per dormire | letto misero.

gia|ci|mén|to *s.m.* (*geol.*) accumulo naturale di minerali o gas all'interno della crosta terrestre che possono essere estratti e sfruttati economicamente: — *di carbone*.

gia|cin|to *s.m.* pianta erbacea ornamentale con foglie lanceolate e fiori profumati a grappolo bianchi, azzurri o rosei.

gia|ci|tù|ra *s.f.* **1** modo di giacere **2** conformazione degli strati di un corpo geologico.

gia|co|bi|ni|smo *s.m.* **1** (*st.*) durante la rivoluzione francese, l'atteggiamento politico intransigente proprio dei giacobini **2** (*estens.*) atteggiamento politico caratterizzato da estremismo e intransigenza.

gia|co|bi|no *s.m.* [f. *-a*] **1** (*st.*) durante la rivoluzione francese, membro o sostenitore del giacobinismo **2** (*estens.*) chi sostiene idee politiche radicali ♦ *agg.* **1** (*st.*) dei giacobini: *partito* — **2** (*fig.*) estremista, radicale: *posizioni giacobine*.

già|co|mo solo nella loc. (*fam.*) *far* — —, detto delle gambe che tremano.

gia|cu|la|tò|ria *s.f.* **1** (*lit.*) preghiera breve che viene ripetuta più volte **2** (*scherz.*) noiosa elencazione | monotona ripetizione di parole uguali.

già|da *s.f.* **1** (*min.*) pietra dura ornamentale di colore verde o azzurro **2** (*estens.*) oggetto realizzato con tale materiale ♦ *agg.* **verde** —, tra il verde chiaro e il celeste.

giag|giò|lo *s.m.* pianta erbacea ornamentale con grandi fiori profumati di colore azzurro-violaceo o bianco.

gia|guà|ro *s.m.* felino dell'America tropicale con corpo snello e agile e mantello fulvo a macchie nere ocellate.

gia|iét|to *s.m.* **1** (*min.*) varietà di lignite di color nero pece, utilizzata per realizzare ornamenti, ricami ecc. **2** tipo di perla nera ottenuta dal giaietto.

gia|làp|pa *s.f.* **1** pianta rampicante originaria del Messico **2** polvere purgante ricavata dalle radici a tubero di tale pianta.

gial|là|stro *agg., s.m.* si dice di colore tendente sgradevolmente al giallo.

gial|lìc|cio *s.m., agg.* [f.pl. *-ce*] si dice di colore smorto tendente al giallo pallido.

gial|lì|no *agg., s.m.* di colore giallo pallido.

gial|lì|sta *s.m./f.* [m.pl. *-i*] autore di libri gialli.

gial|lì|sti|ca *s.f.* il genere letterario dei romanzi e dei racconti gialli.

giàl|lo *agg.* **1** di colore giallo: *un limone* — **2** (*estens.*) malsano, pallido: *la sua pelle aveva un colorito* — **3** *racconto, libro, film* —, poliziesco ♦ *s.m.* **1** uno dei tre colori fondamentali, che nell'iride si colloca tra l'arancione e il verde: — *oro, paglierino* | *il* — *dell'uovo*, il tuorlo **2** racconto, romanzo o film poliziesco, il cui svolgimento si basa sulle indagini che portano alla soluzione di un delitto: *un* — *di Simenon* | (*estens.*) caso giudiziario particolarmente oscuro.

giall|lò|gno|lo o **giallógnolo** *agg., s.m.* di colore giallo sbiadito.

gia|mai|cà|no *agg.* dell'isola di Giamaica: *musica giamaicana* ♦ *s.m.* [f. *-a*] chi è nato o abita in Giamaica.

giàm|bi|co *agg.* [m.pl. *-ci*] **1** (*metr.*) proprio del giambo: *andamento* — | composto di giambi: *senario* — | *strofa giambica*, nella poesia italiana, strofa formata da quattro endecasillabi sdruccioli o da endecasillabi alternati a settenari sdruccioli **2** (*estens.*) caratterizzato da un tono satirico e aggressivo.

giàm|bo *s.m.* **1** nella metrica classica, piede di tre tempi formato da una sillaba breve e da una lunga accentata | verso o componimento costituito da giambi **2** (*estens.*) componimento poetico di tono satirico e aggressivo.

giam|bur|rà|sca *s.m.invar.* bambino molto vivace; discolo, monello.

giam|mài *avv.* (*lett.*) mai.

gian|du|ia *s.m.* **1** maschera del teatro popolare piemontese dal viso rubicondo, che veste una giubba marrone e il tricorno **2** cioccolata alla nocciola di origine torinese.

gian|du|iòt|to *s.m.* cioccolatino di gianduia a forma trapezoidale.

gian|niz|ze|ro *s.m.* **1** (*st.*) membro della scorta personale dei sultani turchi **2** (*spreg.*) chi lavora, spec. come guardia del corpo, alle dipendenze di una persona importante ed esegue ogni suo comando; scagnozzo.

Già|no *s.m.* nella loc. (*fig.*) — *bifronte*, persona falsa, ipocrita.

gian|se|ni|smo *s.m.* dottrina religiosa diffusasi in Francia nel sec. XVII che negava il libero arbitrio, concepiva l'uomo come inevitabilmente indotto al male e proponeva una riforma della vita cristiana in senso ascetico e rigoroso; fu condannata come eresia nel 1653.

gian|se|ni|sta *s.m./f.* [m.pl. *-i*] seguace del giansenismo ♦ *agg.* del giansenismo: *morale* —.

giap|po|né|se *agg.* del Giappone ♦ *s.m.* **1** [anche f.] chi è nato o abita in Giappone **2** lingua parlata in Giappone.

giap|po|ne|se|rì|a *s.f. spec.pl.* oggetto, suppellettile, mobiletto giapponese o fatto a imitazione di originali giapponesi.

già|ra *s.f.* grosso recipiente di terracotta a due manici usato per conservare acqua, vino, olio o granaglie.

giar|di|nàg|gio *s.m.* tecnica della coltivazione di piante e giardini a scopi ornamentali.

giar|di|nét|ta® *s.f.* autovettura con ampio bagagliaio e sportello posteriore, simile a un furgoncino.

giar|di|niè|ra *s.f.* **1** donna addetta alla cura di un giardino **2** mobile che contiene piante ornamentali **3** misto di verdure a pezzetti conservate sotto aceto.

giar|di|niè|re *s.m.* chi coltiva giardini per mestiere.

giar|di|no *s.m.* 1 terreno in cui si coltivano fiori e piante ornamentali | — *all'italiana*, con aiuole geometriche | — *all'inglese*, con grandi prati molto curati | — *alla francese*, pianeggiante e disegnato secondo linee geometriche con fontane e aiuole | — *d'inverno*, sala con pareti a vetri arredata con mobili da giardino e piante | — *zoologico*, zoo | (*raro*) — *d'infanzia*, scuola materna 2 (*estens.*, *fig.*) regione, luogo fertile e felice: *l'Umbria è tutto un —*.

giar|ret|tiè|ra *s.f.* nastro elastico usato per reggere le calze da donna alla coscia.

gia|vel|lot|ti|sta *s.m./f.* [m.pl. *-i*] atleta che pratica il lancio del giavellotto.

gia|vel|lòt|to *s.m.* 1 asta con punta metallica, usata un tempo come arma da lancio 2 l'analogo attrezzo sportivo per gare di lancio | la relativa disciplina sportiva dell'atletica leggera.

gib|bo *s.m.* (*med.*) deformazione della colonna vertebrale con curvatura posteriore; gobba.

gib|bó|ne *s.m.* scimmia asiatica con capo piccolo, corpo snello privo di coda e arti superiori lunghissimi.

gib|bo|si|tà *s.f.* (*raro*) 1 conformazione di chi ha la gobba 2 protuberanza.

gib|bó|so *agg.* (*raro*) 1 curvo, gobbo 2 che presenta protuberanze; irregolare: *asfalto —*.

gi|bèr|na *s.f.* astuccio o tasca portacartucce che i militari fissano alla cintura.

gi|bol|là|re *v.tr.* [indic.pres. *io gibòllo...*; aus. *A*] (*region.*) ammaccare: *— la carrozzeria*.

gicleur (*fr.*) [pr. *jiclör*] *s.m.invar.* (*auto.*) spruzzatore che immette il carburante nel carburatore.

gì|ga- (*scient.*) primo elemento di parole composte che moltiplica per un miliardo il valore dell'unità di misura alla quale è anteposto (*gigawatt*).

gi|ga¹ *s.m.* (*mus.*) antica danza briosa di origine irlandese, diffusa nella musica strumentale dei secc. XVII-XVIII come brano conclusivo della suite.

gi|ga² *s.m.* (*mus.*) antico strumento a corde simile alla viola.

gi|ga|by|te [pr. *gigabàit*] *s.m.invar.* (*inform.*) unità di misura della memoria degli elaboratori, pari a 1024 megabyte.

gi|ga|e|let|tron|vòlt *s.m.invar.* (*fis.*) unità di misura di energia (*simb.* GeV) pari a un miliardo di elettronvolt.

gi|gàn|te *s.m.* 1 (*mit.*) essere di smisurata grandezza, spesso dotato di poteri sovrumani 2 [f. *-essa*] persona di statura eccezionale | (*fig.*) *fare passi da —*, progredire rapidamente 3 (*fig.*) chi eccelle per ingegno, forza, levatura morale: *nel suo campo è un —* 4 (*sport*) slalom gigante ♦ *agg.* di grandi dimensioni: *formato —*.

gi|gan|teg|già|re *v.intr.* [indic.pres. *io giganteggio...*; aus. *A*] 1 dominare qlcu. o ql.co. come un gigante | sovrastare: *la cattedrale giganteggia sulle costruzioni circostanti* 2 (*fig.*) eccellere per ingegno, capacità, qualità.

gi|gan|té|sco *agg.* [m.pl. *-schi*] di proporzioni colossali: *un edificio —* | (*fig.*) straordinario: *un potere —*.

gi|gan|ti|smo *s.m.* 1 (*med.*) anomalia dello sviluppo che provoca un eccessivo accrescimento del corpo in altezza 2 (*fig.*) tendenza a concepire progetti grandiosi.

gi|gan|ti|sta *s.m./f.* (*sport*) sciatore specializzato nello slalom gigante.

gi|gan|to|gra|fì|a *s.f.* (*foto.*) tecnica di stampa che produce foto in grandi dimensioni | fotografia ottenuta con tale tecnica.

gi|gan|to|ma|chì|a *s.f.* (*mit.*) combattimento tra i giganti e gli dèi dell'Olimpo.

gi|gio|nà|ta *s.f.* gesto, discorso da gigione.

gi|gió|ne *s.m.* 1 (*teat.*) attore che recita in modo enfatico per fare effetto sul pubblico 2 (*estens.*) persona vanitosa che si mette al centro dell'attenzione.

gi|gio|neg|già|re *v.intr.* [indic.pres. *io gigionéggio...*; aus. *A*] assumere un atteggiamento da gigione.

gi|gio|né|sco *agg.* [m.pl. *-schi*] di gigione, da gigione: *comportamento —*.

Gi|glià|ce|e *s.f.pl.* Liliacee.

gi|glià|to *agg.* 1 che porta uno o più gigli come ornamento 2 (*arald.*) che ha l'emblema del giglio | *la città gigliata*, Firenze ♦ *s.m.* nome di diverse monete con l'emblema del giglio.

gì|glio *s.m.* 1 pianta erbacea bulbosa con foglie lineari e fiori bianchi profumati | il fiore di tale pianta | (*fig.*) *bianco come un —*, si dice di persona di grande purezza e candore 2 emblema araldico che riproduce il giglio: *— di Francia*.

gigolo (*fr.*) [pr. *jigolò*] *s.m.invar.* giovane mantenuto da amanti più anziane di lui | (*spreg.*) bellimbusto.

gilet (*fr.*) [pr. *gilé*] *s.m.invar.* corpetto senza maniche che si indossa spec. sotto la giacca; panciotto.

gim|cà|na o **gimkàna** *s.f.* → gincana.

gim|no- (*bot.*, *zool.*) primo elemento di parole composte che significa "nudo", "non coperto" (*Gimnosperme*).

Gim|no|spèr|me *s.f.pl.* sottodivisione di piante caratterizzate dai semi non rinchiusi in un ovario.

gim|nò|to *s.m.* pesce d'acqua dolce, simile all'anguilla, in grado di produrre forti scariche elettriche a scopo di difesa.

gin (*ingl.*) *s.m.invar.* acquavite distillata dal grano e altri cereali e aromatizzata con bacche di ginepro.

gi|nan|dro|mor|fì|smo *s.m.* (*zool.*) anomalia per cui un individuo ha caratteri sessuali sia maschili che femminili.

gin|cà|na o **gimcàna** o **gimkàna** *s.f.* competizione podistica, automobilistica o motociclistica in cui si gareggia su un percorso a ostacoli | (*estens.*, *fig.*) *fare la —*, passare tra più ostacoli.

gi|ne|cè|o *s.m.* 1 parte interna della casa dell'antica Grecia, riservata alle donne 2 (*scherz.*)

gineco- luogo dove si trovano insieme molte donne 3 (*bot.*) insieme dei pistilli di un fiore.

gi|ne|co- primo elemento di parole composte dotte e della terminologia medica, che significa "donna", "femminile" (*ginecologia*).

gi|ne|co|lo|gì|a *s.f.* (*med.*) ramo della medicina che studia l'apparato genitale femminile e le sue patologie.

gi|ne|co|lò|gi|co *agg.* [m.pl. *-ci*] (*med.*) relativo alla ginecologia: *visita ginecologica* ◻ **ginecologicamente** *avv.* dal punto di vista ginecologico.

gi|ne|cò|lo|go *s.m.* [f. *-a*; m.pl. *-gi*] (*med.*) medico specialista in ginecologia.

gi|ne|prà|io *s.m.* 1 terreno ricco di ginepri 2 (*fig.*) situazione difficile e poco chiara; pasticcio: *ficcarsi in un —*.

gi|né|pro *s.m.* 1 arbusto sempreverde con foglie aghiformi e frutti aromatici 2 essenza ricavata dai frutti di tale arbusto che viene impiegata in farmacia, gastronomia e liquoreria.

gi|nè|stra *s.f.* 1 arbusto con lunghi e sottili rami verdi, foglie pungenti e fiori gialli a grappolo 2 fibra tessile ricavata da tale arbusto, usata nella fabbricazione di cordami e sacchi.

gi|ne|stró|ne *s.m.* arbusto con rami spinosi, foglie lineari e pungenti e fiori gialli.

gi|ne|vrì|no *agg.* della città di Ginevra, in Svizzera ♦ *s.m.* [f. *-a*] chi è nato o abita a Ginevra.

gin fizz (*ingl.*) *loc.sost.m.invar.* cocktail frizzante a base di gin, succo di limone, zucchero e acqua di seltz.

ginger (*ingl.*) [pr. *gìnger*] *s.m.invar.* bibita analcolica di sapore amarognolo e colore rosso, a base di acqua, zucchero e aromi vegetali.

gin|gìl|làr|si *v.intr.pron.* [indic.pres. *io mi gingillo...*] 1 giocherellare con ql.co. 2 (*estens.*) perdere tempo; trastullarsi: *sta a — invece di studiare.*

gin|gìl|lo *s.m.* 1 oggetto di poco valore | ninnolo, ciondolo 2 (*fig.*) occupazione inutile, oziosa.

gin|na|sià|le *agg.* del ginnasio: *studi ginnasiali* ♦ *s.m./f.* studente di ginnasio.

gin|nà|sio *s.m.* 1 nell'antica Grecia, istituzione dove i giovani venivano educati attraverso l'esercizio fisico e lo studio della musica, della filosofia e della letteratura 2 nell'ordinamento scolastico italiano, il primo biennio del liceo classico.

gin|nà|sta *s.m./f.* [m.pl. *-i*] atleta che pratica la disciplina della ginnastica.

gin|nà|sti|ca *s.f.* 1 attività fisica che tende a migliorare le condizioni generali dell'organismo utilizzando particolari esercizi fisici: *fare —* | (*scuola*) educazione fisica: *professore di —* | *— correttiva*, quella che si pratica per correggere deformazioni o far riprendere a un arto la sua normale funzione 2 nome di diverse discipline sportive agonistiche | *— artistica*, insieme di specialità ginniche praticate con grandi attrezzi o a corpo libero che costituisce disciplina olimpica | *— ritmica*, disciplina sportiva femminile nella quale si eseguono esercizi con piccoli attrezzi su accompagnamento musicale | *— a corpo libero*, senza attrezzi 3 (*fig.*) insieme di esercitazioni intellettuali: *— mentale.*

gin|nì|co *agg.* [m.pl. *-ci*] relativo alla ginnastica.

gi|no-, -gì|no primo e secondo elemento di parole composte, che significa "donna", "femminile" (*misogino*) | nella terminologia botanica indica l'ovario delle piante (*ginogenesi*).

gi|noc|chià|ta *s.f.* 1 colpo dato col ginocchio 2 botta presa sul ginocchio.

gi|noc|chiè|ra *s.f.* fascia elastica, talvolta imbottita sul davanti, che serve a proteggere il ginocchio | *— ortopedica*, apparecchio medico costituito da un'armatura metallica rivestita in cuoio o materiale plastico, che si indossa sul ginocchio per proteggere l'articolazione.

gi|nòc|chio *s.m.* [pl.m. *ginocchi* e con valore collettivo pl.f. *ginocchia*] 1 articolazione che unisce la gamba alla coscia | *in —*, poggiato sulle ginocchia | *mettersi in —*, in atteggiamento di devozione; (*fig.*) umiliarsi | (*fig.*) *mettere qlcu. in —*, ridurlo all'impotenza; umiliarlo | *far venire il latte alle ginocchia*, annoiare 2 la parte dei pantaloni che copre il ginocchio 3 (*mar.*) la sezione centrale del remo, che poggia sullo scalmo.

gi|noc|chió|ni *avv.* con le ginocchia in terra: *stare —.*

gin|sèng *s.m.invar.* 1 pianta erbacea perenne con fiori gialli profumati, le cui radici sono utilizzate in liquoreria e in erboristeria 2 l'essenza estratta dalla radice di tale pianta.

gio|cà|re *v.intr.* [coniug. *io gioco, tu giochi...*; aus. *A*] 1 dedicarsi a un'attività piacevole per divertimento, esercizio fisico o guadagno: *— a scacchi* | *praticare uno sport: — a calcio* | *— in borsa*, comprare e vendere titoli a scopo speculativo | (*fig.*) *— a carte scoperte*, dire apertamente le proprie intenzioni | *— col fuoco*, prendersi rischi inutili | *— d'astuzia*, agire con furbizia | *— sul velluto*, agire in situazione di vantaggio 2 praticare il gioco d'azzardo | (*assol.*) avere il vizio del gioco: *è uno che gioca* 3 (*fig.*) avere un ruolo decisivo; avere peso: *la sfortuna ha giocato molto* | mettere a repentaglio: *non — con la vita!* 4 detto delle parti di un meccanismo, riuscire a muoversi: *la chiave gioca troppo* ♦ *tr.* 1 (*anche fig.*) mettere in gioco | scommettere: *— tutto lo stipendio* | (*fig.*) *— la camicia*, rischiare tutto, spec. al gioco | (*fig.*) *— le proprie carte*, sfruttare le proprie risorse 2 mettere a repentaglio: *ti sei giocato la carriera* 3 ingannare, prendere in giro | *— un brutto scherzo*, comportarsi scorrettamente con qlcu. 4 disputare una gara sportiva: *gli Azzurri hanno giocato un'ottima partita.*

gio|cà|ta *s.f.* 1 l'atto di giocare | partita o singola mossa di un gioco 2 la somma di denaro o i beni messi in gioco: *una — molto alta* 3 combinazione di numeri o risultati su cui si punta una somma nei giochi a pronostico o a estrazione: *fare una — al lotto.*

gio|ca|tó|re *s.m.* [f. *-trice*] 1 chi pratica un gioco | chi pratica un gioco sportivo come professionista o dilettante: *i giocatori della Juventus* 2 chi gioca abitualmente d'azzardo: *un incallito — di poker.*

gio|cat|to|la|io *s.m.* [f. *-a*] fabbricante o venditore di giocattoli.
gio|càt|to|lo *s.m.* 1 oggetto che serve a far giocare i bambini 2 (*fig.*) persona che si lascia manovrare: *è un — nelle mani dei superiori* ♦ *agg.* finto: *pistola —.*
gio|che|rel|re *v.intr.* [indic.pres. *io giocherèllo...*; aus. A] giocare distrattamente, senza impegno.
gio|che|rel|ló|ne *s.m.* [f. *-a*] chi ama giocare e scherzare.
gio|chét|to *s.m.* 1 gioco semplice e di breve durata | (*estens.*) operazione, lavoro di facile svolgimento; bazzecola: *questo problema è un —* 2 (*fig.*) inganno: *conosco i vostri giochetti!*
gio|chic|chià|re *v.intr.* [indic.pres. *io giochìcchio...*; aus. A] giocare senza impegno; giocherellare.
giò|co *s.m.* [pl. *-chi*] 1 qualsiasi attività svolta come svago o per esercitare il corpo e la mente: *giochi di movimento, da tavolo* 2 competizione sportiva basata su regole codificate in cui si confrontano due persone o squadre: *il — del baseball* | *pl.* manifestazione sportiva che comprende più gare: *i giochi della gioventù* 3 (*assol.*) competizione in cui si puntano somme di denaro: *avere il vizio del —* | *posta in —*, somma puntata; (*fig.*) ciò che si rischia in una determinata situazione: *la posta in — è alta* | (*fig.*) *essere in —*, essere messo in palio; (*fig.*) essere a rischio: *è in — la sopravvivenza dell'azienda* 4 il regolamento e il meccanismo di un gioco: *conoscere il —* 5 il modo in cui si gioca: *praticare un — scorretto* | (*anche fig.*) *stare al —*, rispettarne le regole | (*fig.*) *fare il doppio —*, collaborare o fingere di collaborare con due parti fra loro avverse per trarne vantaggio | (*fig.*) *— al massacro*, sistematico danneggiamento della reputazione di qlcu. 6 nei giochi con le carte, le carte che un giocatore possiede e le possibili combinazioni tra queste: *ho in mano un — orribile* | (*fig.*) *fare —*, tornare utile 7 durata di un gioco; gara, partita | nel tennis, game 8 ciò che serve per un determinato gioco (carte, pedine, tabellone, attrezzi) | giocattolo: *comprare un nuovo —* 9 (*fig.*) scherzo | *farsi, prendersi — di qlcu.*, prenderlo in giro; beffarlo 10 combinazione di effetti a scopo espressivo o scenico: *— di luci, di parole* 11 (*mecc.*) piccolo spazio tra elementi meccanici accoppiati, necessario a permetterne il movimento o a evitarne il danneggiamento: *lasciare un certo — tra gli ingranaggi.*
gio|co|for|za solo nella loc. *essere —*, essere inevitabile, necessario: *è — rimandare.*
gio|co|liè|re *s.m.* 1 chi si esibisce in pubblico in giochi di destrezza fisica 2 (*estens.*) persona che svolge la propria attività con particolare destrezza e virtuosismo: *quel calciatore è un vero —.*
gio|con|di|tà *s.f.* gioia serena, spensierata.
gio|cón|do *agg.* 1 lieto, sereno: *animo —* 2 che esprime una gioia serena, spensierata 3 (*estens., fam.*) tonto, credulone.

gio|co|si|tà *s.f.* caratteristica di chi o di ciò che è giocoso.
gio|có|so *agg.* 1 che ama scherzare e divertirsi: *un carattere —* 2 detto o fatto per divertimento: *proposta giocosa* □ **giocosamente** *avv.*
gio|gà|ia *s.f.* (*geog.*) catena di gioghi montuosi | (*estens.*) passo, valico.
gió|go *s.m.* [pl. *-ghi*] 1 attrezzo sagomato di legno che si adatta al collo di una coppia di bovini per attaccarli al carro, all'aratro e sim. 2 (*fig.*) dominio, oppressione: *il — della dittatura* 3 (*tecn.*) asta cui sono fissati i piatti della bilancia 4 (*geog.*) sommità tondeggiante e allungata di un monte | valico.
giò|ia[1] *s.f.* 1 allegria, felicità | *darsi alla pazza —*, dedicarsi ai divertimenti | (*iperb.*) *essere fuori di sé dalla —*, essere contentissimo 2 persona o cosa che è causa di felicità: *i figli sono la sua —.*
giò|ia[2] *s.f.* 1 (*spec.pl.*) gioiello, pietra preziosa 2 (*fig.*) persona particolarmente amata: *è la — dei genitori* | usato come appellativo affettuoso: *—, aspettami!*
gio|iel|le|rì|a *s.f.* 1 l'arte di lavorare pietre e metalli preziosi per realizzare gioielli 2 laboratorio o negozio di gioielli 3 assortimento di gioielli.
gio|iel|liè|re *s.m.* [f. *-a*] chi lavora o vende gioielli.
gio|ièl|lo *s.m.* 1 ornamento di metallo prezioso, gener. impreziosito con gemme 2 (*fig.*) persona, cosa di gran pregio: *un — di ragazza* | macchina, meccanismo accurato e affidabile.
gio|io|si|tà *s.f.* caratteristica di chi è gioioso.
gio|ió|so *agg.* 1 che è pieno di gioia 2 che esprime, connota gioia □ **gioiosamente** *avv.*
gio|i|re *v.intr.* [indic.pres. *io gioisco, tu gioisci...*; aus. A] provare gioia: *— per la promozione.*
gior|da|no *agg.* della Giordania, Stato dell'Asia occidentale ♦ *s.m.* [f. *-a*] chi è nato o abita in Giordania.
gior|na|là|io *s.m.* [f. *-a*] chi possiede o gestisce una rivendita di giornali e riviste.
gior|nà|le *s.m.* 1 pubblicazione giornaliera che riporta notizie e approfondimenti su argomenti diversi (politica, economia, società, sport, cultura ecc.); quotidiano | (*estens.*) pubblicazione periodica non giornaliera: *— di motori* | *— radio*, notiziario trasmesso dalla radio 2 (*estens.*) la sede in cui viene redatto o stampato un giornale 3 libro in cui si annotano fatti o dati; diario, registro: *— di viaggio* □ **giornalmente** *avv.* ogni giorno.
gior|na|lét|to *s.m.* 1 (*fam.*) pubblicazione periodica a fumetti per ragazzi 2 (*spreg.*) giornale di scarso valore o attendibilità.
gior|na|liè|ro *agg.* 1 che si ripete, si effettua ogni giorno: *lavoro —* 2 che dura un giorno: *biglietto —* ♦ *s.m.* 1 [f. *-a*] contadino o operaio assunto e retribuito a giornata 2 biglietto giornaliero.
gior|na|li|no *s.m.* 1 (*fam.*) pubblicazione periodica per ragazzi; giornaletto 2 giornale di enti, comunità a diffusione interna: *il — della scuola.*
gior|na|li|smo *s.m.* 1 l'insieme delle attività

giornalista

tecniche, organizzative e di redazione relative alla realizzazione dei giornali **2** la professione del giornalista **3** l'insieme dei giornalisti e dei giornali: *il — anglosassone*.

gior|na|li|sta *s.m./f.* [m.pl. *-i*] chi per professione scrive per i giornali o per un'agenzia d'informazioni o è impiegato presso redazioni radiotelevisive: *— sportivo, economico* | *— d'assalto*, che si dedica a inchieste di particolare rilievo sociale.

gior|na|li|sti|co *agg.* [m.pl. *-ci*] che riguarda il giornalismo, i giornali | proprio dei giornalisti.

gior|na|ta *s.f.* **1** periodo compreso tra la mattina e la sera; giorno | *in*, *entro la —*, nel giorno stesso: *finire un lavoro in —* | *di —*, del giorno stesso: *pane fresco di —* | *vivere alla —*, senza preoccuparsi del futuro | (*fig.*) *— campale*, giornata piena di impegni e fatiche **2** durata quotidiana del lavoro | il compenso corrispondente: *pagare la —* **3** distanza che si percorre in un giorno: *il paese è a una — di cammino* **4** giorno in cui si celebra ql.co. o si dedica particolare attenzione a un tema di rilievo sociale: *la — dei lavoratori* **5** giorno caratterizzato da fatti, eventi: *le cinque giornate di Milano* **6** (*sport*) data stabilita per lo svolgimento di gare sportive: *la terza — di campionato*.

giór|no *s.m.* **1** (*astr.*) tempo impiegato dalla Terra a compiere una rotazione intorno al proprio asse | (*estens.*) periodo di ventiquattro ore compreso tra una mezzanotte e l'altra | *fatti del —*, avvenimenti di rilievo della giornata in corso oppure molto recenti | *di — in —*, volta per volta; progressivamente | *a giorni*, fra poco tempo | *un —*, in un momento non determinato del presente o del passato: *un — saprai la verità* | *da un — all'altro*, improvvisamente: *è cambiato da un — all'altro* | *un — o l'altro*, prima o poi | *ultimo — utile*, quello in cui cade una scadenza | *al — d'oggi*, attualmente | (*fig.*) *avere i giorni contati*, essere prossimo alla morte **2** il periodo di luce in cui il Sole è sopra l'orizzonte | *illuminato a —*, come se fosse illuminato dal Sole | (*fig.*) *alla luce del —*, allo scoperto, apertamente: *agire alla luce del —* **3** giornata | ricorrenza: *il — dei santi*.

giò|stra *s.f.* **1** (*st.*) nel Medioevo e nel Rinascimento, duello fra cavalieri, spec. a scopo di esercitazione o di spettacolo | (*estens.*) rievocazione storica di tali eventi **2** piattaforma circolare rotante attrezzata in vario modo per far divertire i bambini | *pl.* (*fam.*) i divertimenti di un parco giochi o di un luna park: *andare alle giostre* **3** (*fig.*) succedersi concitato di fatti: *una — di colpi di scena*.

gio|strá|io *s.m.* proprietario o gestore di una giostra.

gio|strá|re *v.intr.* [indic.pres. *io giòstro...*; aus. *A*] (*st.*) prendere parte a una giostra | (*estens.*) duellare ◆ *tr.* indirizzare ql.co. a proprio vantaggio ◆ **-rsi** *intr.pron.* destreggiarsi abilmente.

giot|té|sco *agg.* [m.pl. *-schi*] relativo al pittore Giotto di Bondone (1266-1337) e alla sua arte: *stile —* ◆ *s.m.* pittore allievo o seguace di Giotto.

522

gio|va|mén|to *s.m.* effetto positivo di cui si gode; beneficio, vantaggio: *ho tratto — dalle vacanze*.

gió|va|ne *agg.* **1** che è nell'età tra l'adolescenza e la maturità: *un — amico* | il più giovane tra due personaggi dello stesso nome: *Plinio il Giovane* **2** che appare giovane nell'aspetto, nel comportamento; giovanile: *ha uno spirito —* **3** privo della maturità necessaria a ql.co.; inesperto: *sei troppo — per capire* **4** detto di cosa, adatta a chi è giovane: *moda —* | che rappresenta una novità o appartiene a una nuova generazione: *il — cinema indiano* **5** detto di animale o pianta, nato da poco: *un albero —* | costituito di recente: *uno Stato —* | non invecchiato, fresco: *vino —* ◆ *s.m./f.* chi è giovane di età: *un bel — di —*, in gioventù.

gio|va|nét|to *s.m.* [f. *-a*] adolescente.

gio|va|ní|le *agg.* **1** dei giovani: *disoccupazione —* | proprio di chi è giovane: *linguaggio —* **2** che sembra giovane: *un modo di fare —* **3** riservato ai giovani: *club —* | composto da giovani: *gruppo —*.

gio|va|ni|li|smo *s.m.* atteggiamento di chi vuol sembrare giovane nonostante l'età.

gio|va|ni|lí|sti|co *agg.* [m.pl. *-ci*] caratterizzato da giovanilismo.

gio|van|né|o *agg.* **1** relativo a san Giovanni apostolo o ai suoi scritti **2** relativo a Giovanni XXIII, papa dal 1958 al 1963.

gio|va|nòt|to *s.m.* giovane uomo.

gio|và|re *v.intr.* [indic.pres. *io gióvo...*; aus. *A* o *E*] recare vantaggio: *ti giova la nuova cura?* ◆ *intr.impers.* [aus. *A* o *E*] essere vantaggioso: *giova fare attività fisica* ◆ **-rsi** *intr.pron.* servirsi di ql.co. o qlcu.: *— della collaborazione di un collega*.

Giò|ve *s.m.* **1** (*mit.*) il padre degli dei **2** (*astr.*) il pianeta più grande del sistema solare, posto tra Marte e Saturno.

gio|ve|dì *s.m.* quarto giorno della settimana | *— santo*, nella liturgia cattolica, quello precedente la Pasqua | *— grasso*, l'ultimo giovedì di carnevale.

gio|vèn|ca *s.f.* bovina giovane che non ha ancora figliato.

gio|vèn|co *s.m.* [m.pl. *-chi*] vitello.

gio|ven|tù *s.f.* **1** l'età intermedia tra l'adolescenza e la maturità; giovinezza: *ricordi di —* | *peccato di —*, errore commesso per inesperienza **2** i giovani, considerati nel loro insieme: *la — di oggi*.

gio|vé|vo|le *agg.* che assicura un beneficio; utile.

gio|via|le *agg.* di modi aperti e affabili; cordiale: *carattere —*.

gio|via|li|tà *s.f.* atteggiamento affabile e cordiale.

gio|vi|ná|stro *s.m.* [f. *-a*] giovane scapestrato; teppista.

gio|vin|cèl|lo *s.m.* [f. *-a*] **1** giovane inesperto **2** (*spreg.*) ragazzo frivolo.

gio|vi|néz|za *s.f.* **1** l'età intermedia tra l'adolescenza e maturità: *essere nel pieno della —* | *seconda —*, fase dell'età matura in cui rifioriscono energie ed entusiasmi tipici dei giovani **2** condizione di chi è giovane | (*estens.*) freschezza, vitalità: *— di spirito* **3** (*fig.*) periodo iniziale nello sviluppo di ql.co.: *la — della Repubblica*.

GIP *s.m./f.invar.* giudice per le indagini preliminari, cui spetta verificare l'operato della procura nei confronti degli indagati e decidere circa la loro imputazione.
gip|pó|ne *s.m.* jeep di grandi dimensioni.
gì|pso- primo elemento di parole composte, che significa "gesso" (*gipsoteca*).
gip|so|tè|ca *s.f.* **1** collezione di calchi in gesso di statue, bassorilievi **2** luogo in cui si conserva tale collezione.
gi|rà|bi|le *agg.* che si può girare: *cambiale* —.
gi|ra|di|schi *s.m.invar.* apparecchio che riproduce la musica registrata su dischi fonografici.
gi|ra|di|to *s.m.* [pl. *-i*] (*pop.*) patereccio.
gi|ràf|fa *s.f.* **1** mammifero ruminante africano, con collo lungo e mantello giallastro a macchie scure irregolari **2** lungo braccio snodabile, fornito di microfono, usato per riprese cinematografiche e televisive.
gi|ra|mén|to *s.m.* movimento rotatorio | — *di testa*, capogiro | (*fam.*) — *di scatole*, irritazione, fastidio.
gi|ra|món|do *s.m./f.invar.* chi ama spostarsi da un luogo all'altro senza una meta e uno scopo determinati; girovago.
gi|ràn|do|la *s.f.* **1** ruota di materiale leggero alla quale sono applicati dei fuochi d'artificio, disposti in modo da farla girare quando vengono accesi **2** giocattolo consistente in una piccola elica colorata di carta o plastica, fissata a una bacchetta in maniera da poter ruotare al vento **3** banderuola che indica la direzione del vento | (*fig.*) persona incostante, che cambia idea facilmente **4** (*fig.*) rapida successione di eventi: *una — di colpi di scena*.
gi|ran|do|là|re *v.intr.* [indic.pres. *io giràndolo*...; aus. *A*] girare di qua e di là senza una meta e uno scopo.
gi|ran|do|ló|ne *s.m.* [f. *-a*] chi ama gironzolare.
gi|ran|do|ló|ni *avv.* gironzolando qua e là: *andare qua e là* —.
gi|rà|re *v.tr.* [indic.pres. *io giro*...] **1** far ruotare ql.co.: — *il tappo* | mescolare con un movimento rotatorio: — *la pasta* **2** volgere da una parte, in una direzione: — *il capo* **3** oltrepassare un luogo cambiando direzione: *girato l'angolo c'è l'edicola* **4** percorrere in lungo e in largo: *ho girato tutta la Toscana* **5** (*fig.*) volgere in un altro senso; mutare di significato: — *il discorso a proprio favore* **6** trasferire ad altri: — *una domanda* | (*dir.*) trasferire mediante girata: — *un assegno* **7** filmare: — *uno spot pubblicitario* ♦ *intr.* [aus. *A* o *E*] **1** ruotare attorno a un asse: *la Terra gira su se stessa* | ruotare attorno a ql.co.: *la Luna gira attorno alla Terra* | *far* — *la testa*, procurare un capogiro; (*fig.*) frastornare; far innamorare | (*fig.*) — *attorno a un argomento*, non trattarlo in maniera diretta, apertamente | (*fam.*) *gira gira*, alla fine | (*pop.*) *far* — *le scatole*, far arrabbiare, irritare **2** andare in giro: — *senza meta* | (*fig.*) — *al largo*, tenersi lontano da qlcu. o da ql.co. | (*fig.*) — *a vuoto*, senza concludere nulla **3** cingere, circondare: *le mura girano attorno alla città* **4** avere circolazione: *un settore in cui gira molto denaro* | essere diffuso: *gira la notizia che stai per sposarti* | *gira voce che*, si dice, pare **5** voltare, cambiare direzione: — *a destra, a sinistra* **6** (*fam.*) venire voglia: *se mi gira lo faccio* ♦ **-rsi** *rifl.* **1** voltarsi da una parte, in una direzione: *mi sono girato verso di lui* **2** (*estens.*) cambiare posizione: — *e rigirarsi*.
gi|rar|rò|sto *s.m.* dispositivo che fa girare lo spiedo sul fuoco, per far arrostire uniformemente la carne.
gi|ra|só|le *s.m.* pianta erbacea con fusto robusto e grosse infiorescenze a disco che tendono a volgersi in direzione del sole, dai cui semi si ricava un olio commestibile.
gi|rà|ta *s.f.* **1** l'atto di girare **2** (*raro*) giro, passeggiata **3** nel calcio, deviazione del pallone verso la porta **4** (*dir., banc.*) trasferimento ad altri di un titolo di credito: *fare la* — *di un assegno* **5** nei giochi di carte, distribuzione delle carte ai giocatori **6** (*gerg.*) ramanzina: *dare una* — *a qlcu*.
gi|ra|tà|rio *s.m.* [f. *-a*] (*dir.*) persona a cui si trasferisce, mediante girata, un titolo di credito: *il — della cambiale*.
gi|ra|vòl|ta *s.f.* **1** rotazione di un corpo su se stesso o sul proprio asse | piroetta, capriola: *fare la* — **2** (*fig.*) cambiamento repentino di opinione **3** tortuosità: *una strada tutta giravolte*.
gi|rèl|la *s.f.* la ruota della carrucola.
gi|rel|là|re *v.intr.* [indic.pres. *io girèllo*...; aus. *A*] andare in giro senza una meta.
gi|rèl|lo *s.m.* **1** oggetto a forma di disco o cerchietto **2** attrezzo su rotelle che viene utilizzato per sorreggersi dal bambino che sta imparando a camminare **3** taglio di carne bovina costituito dalla parte posteriore della coscia.
gi|rel|ló|ne *s.m.* [f. *-a*] chi ama girellare.
gi|rét|to *s.m.* passeggiatina, breve viaggio: *farsi un* — *dalle parti di Roma*.
gi|ré|vo|le *agg.* che può ruotare attorno a un asse: *piattaforma* —.
gi|ri|fal|co *s.m.* [pl. *-chi*] grosso falco con piumaggio grigio-blu sul dorso, bianco a macchie scure sul ventre, diffuso in Scandinavia e Lapponia.
gi|ri|no[1] *s.m.* **1** larva acquatica degli Anfibi, dotata di branchie per la respirazione, con corpo tozzo e coda lunga **2** piccolo insetto dei Coleotteri che vive negli stagni.
gi|ri|no[2] *s.m.* (*sport*) ciclista che partecipa al Giro d'Italia.
gi|ro *s.m.* **1** linea che delimita un corpo o uno spazio; perimetro: *il — dei monti* | cerchia: *il — delle mura* | (*fig.*) gruppo di persone relativamente chiuso: *un — d'amici* **2** rotazione di un corpo sul proprio asse oppure lungo una circonferenza o un'ellissi: *il — della Terra intorno al Sole*; — *di pista* | —, intorno: *guardarsi in* — | — *d'onore*, quello che viene percorso dai vincitori di una competizione per raccogliere il saluto del pubblico | (*fig.*) — *di parole*, perifrasi | *essere su di giri*, agitato, eccitato | *prendere in* —, prendersi gioco; canzonare **3** passeggiata, camminata: *fare un* — | viaggio, gita **4** (*sport*) corsa cicli-

stica su strada: *il — delle Fiandre* **5** periodo di tempo: *nel — di tre giorni* **6** circolazione di merci: *— di droga* | *— d'affari*, volume di affari | (*fig.*) **mettere in —**, diffondere una notizia **7** nei giochi di carte, numero di partite pari a quello dei giocatori ♦ *agg*.: **angolo** —, di 360°.

gi|ro-, -gi|ro primo e secondo elemento di parole composte che significa "rotazione", "circonferenza" (*girocollo, postagiro*).

gi|ro|bùs|so|la *s.f.* bussola giroscopica.

gi|ro|còl|lo *s.m.* **1** circonferenza del collo di un indumento | *a* —, si dice di indumento senza collo e senza scollatura: *maglione a* — **2** collana che ha la circonferenza del collo ♦ *agg*. che ha la scollatura tonda.

gi|ro|cón|to *s.m.* (*banc.*) operazione con cui si trasferisce una somma, spec. per effettuare un pagamento, da un conto a un altro dello stesso istituto di credito.

gi|ro|mà|ni|ca *s.m.* [pl. *-che*] circonferenza della manica di un indumento | parte di indumento a cui si attacca la manica.

gi|ron|di|no *s.m.* [f. *-a*] chi, durante la rivoluzione francese, apparteneva al gruppo politico moderato della Gironda ♦ *agg*. relativo alla Gironda.

gi|ró|ne *s.m.* **1** nella «Commedia» dantesca, ciascuna delle tre sezioni in cui sono ripartiti il settimo cerchio dell'inferno, ciascuna delle sette cornici del purgatorio e ciascuno dei cieli del paradiso **2** (*sport*) ciascuno dei raggruppamenti in cui sono divisi i singoli o le squadre che partecipano a un torneo | — *all'italiana*, quello in cui ogni atleta o squadra incontra tutti gli altri membri del girone stesso | — *di andata*, la prima serie di partite in cui ogni squadra incontra una prima volta tutte le avversarie | — *di ritorno*, la seconda serie di partite, in cui le squadre si affrontano una seconda volta a campi invertiti | — *di qualificazione*, quello preliminare allo svolgimento della fase finale di un torneo, cui accedono gli atleti o le squadre meglio classificate.

gi|ron|zo|là|re *v.intr.* [indic.pres. *io girónzolo...*; aus. *A*] andare in giro senza una meta.

gi|ro|scò|pi|co *agg*. relativo al giroscopio | che si basa sulle proprietà del giroscopio: *bussola giroscopica*.

gi|ro|scò|pio *s.m.* dispositivo che ha la proprietà di mantenere immutata la posizione del proprio asse e viene impiegato nella stabilizzazione di aeromobili, natanti e missili.

gi|ro|tón|do *s.m.* gioco di bambini in cui ci si prende per mano formando un cerchio e girando in tondo.

gi|ro|va|gà|re *v.intr.* [indic.pres. *io giròvago, tu giròvaghi...*; aus. *A*] vagare qua e là senza meta; vagabondare.

gi|rò|va|go *agg*., *s.m.* [f. *-a*; m.pl. *-ghi*] che, chi non risiede o lavora stabilmente in uno stesso luogo e si sposta di frequente: *attori girovaghi*.

gi|ro|vi|ta *s.m.invar.* la circonferenza della vita di una persona o di un indumento | la sua misura: *prendere il —*.

gi|ta *s.f.* viaggio di breve durata a scopi ricreativi o culturali: *— a Firenze* | breve escursione: — *in montagna*.

gi|tà|no *s.m.* [f. *-a*] zingaro originario della Spagna ♦ *agg*. proprio dei gitani: *musica gitana*.

gi|tàn|te *s.m./f.* chi partecipa a una gita.

git|tà|ta *s.f.* distanza di lancio di un proiettile: *lunga, corta —*.

giù *avv*. **1** in basso, verso il basso: *guarda —* | è usato in numerose loc. con valore raff. | (*fig.*) *andare —*, deperire; (*fig.*) diminuire di valore o prezzo: *gli interessi sono andati —* | *non mi va —*, non riesco a inghiottire; (*fig.*) non riesco a tollerare | (*fig.*) *mandar —*, tollerare | *andare su e —*, salire e scendere; andare avanti e indietro | *buttar —*, demolire; (*fig.*) spossare | *buttare — due righe*, abbozzare uno scritto | (*fam.*) *buttar — la pasta*, metterla a cuocere | (*fig.*) *buttarsi —*, sminuirsi; abbattersi | (*fig.*, *fam.*) *esser —*, in cattive condizioni fisiche o morali | *venir —*, cadere; crollare **2** usato per rafforzare il compl. di luogo: *è sceso — in strada* **3** usato negli ordini, con ellissi del verbo: — *le mani!* | (*fig.*) — *la maschera!*, basta con le menzogne **4** ripetuto, indica movimento continuo verso il basso: *scendere — — negli abissi* **5** è usato in numerose loc.avv.: *in —*, (*anche fig.*) verso il basso: *guardare in —*; *dai quarant'anni in —*, al di sotto dei quarant'anni | — *di lì*, *su per —*, più o meno: *una decina o — di lì* | — *per*, lungo: — *per la discesa*.

giùb|ba *s.f.* giacca maschile | casacca, in particolare quelle dei militari.

giub|bèt|to *s.m.* **1** giacca femminile corta e attillata **2** giubbotto.

giub|bòt|to *s.m.* **1** giubba corta di taglio sportivo **2** corpetto senza maniche | *di salvataggio*, corpetto in materiale impermeabile e galleggiante da utilizzarsi in caso di naufragio | — *antiproiettile*, corpetto corazzato per proteggere il busto dai colpi d'arma da fuoco.

giu|bi|là|re¹ *v.intr.* [indic.pres. *io giùbilo...*; aus. *A*] provare, manifestare gioia; esultare ♦ *tr.* collocare a riposo | (*estens.*) esonerare da una carica.

giu|bi|là|re² *agg*. relativo al giubileo: *celebrazioni giubilari*.

giu|bi|lè|o *s.m.* **1** (*st.*) per gli antichi Ebrei, ricorrenza cinquantennale in cui venivano condonati i debiti e rimessi in libertà gli schiavi **2** per la chiesa cattolica, anno santo proclamato dal Papa ogni venticinque anni, in occasione del quale viene concessa l'indulgenza plenaria ai fedeli che si recano in pellegrinaggio a Roma e compiono determinate pratiche di culto | (*estens.*) indulgenza concessa in tale occasione **3** (*estens.*) cinquantenario.

giù|bi|lo *s.m.* grande gioia, esultanza: *scene di —*.

giù|da *s.m.invar.* traditore | *bacio di —*, manifestazione ipocrita di affetto o di amicizia da parte di chi sta tradendo o ha tradito.

giu|dài|co *agg*. [m.pl. *-ci*] dei giudei o del giudaismo: *legge giudaica*.

giu|da|i|smo *s.m.* **1** (*relig.*) l'attuale fase dell'ebraismo, iniziata dopo l'esilio babilonese e caratterizzata dalla centralità della sinagoga come luogo di culto 2 (*estens.*) l'insieme delle tradizioni religiose e culturali ebraiche.

giu|dè|o *agg.* della Giudea ♦ *s.m.* [f. *-a*] **1** chi è nato o abita in Giudea | (*estens.*) Ebreo **2** (*spreg.*) secondo un uso di impronta razzista e antisemita, persona avara, usuraio | persona infida, traditore.

giu|di|cà|bi|le *agg.* che si può giudicare | (*dir.*) che può essere sottoposto a pronuncia giurisdizionale.

giu|di|cà|re *v.tr.* [indic.pres. *io giùdico, tu giùdichi...*] **1** sottoporre a giudizio, a valutazione: — *la prestazione di un atleta* **2** (*dir.*) emettere una sentenza nei confronti di qlcu.: — *qlcu. innocente* **3** (*estens.*) ritenere, stimare: — *qlcu. disonesto* ♦ *intr.* [aus. *A*] **1** esercitare la facoltà del giudizio **2** esprimere un giudizio, una valutazione.

giu|di|cà|to *part.pass. di* giudicare ♦ *agg.* sottoposto a giudizio, a valutazione ♦ *s.m.* (*dir.*) cosa giudicata | *passare in* —, detto di sentenza definitiva che non può più essere riesaminata.

giù|di|ce *s.m./f.* **1** chi formula giudizi su persone o cose: *ergersi a* — | *il Giudice supremo*, Dio **2** (*dir.*) membro della magistratura; magistrato | chi ha il compito di esercitare la giurisdizione in un processo: *i giudici della corte* | — *per le indagini preliminari*, magistrato che verifica l'operato del pubblico ministero durante le indagini preliminari | — *popolare*, cittadino estratto a sorte che fa parte della Corte d'Assise in un processo penale **3** (*sport*) chi controlla e giudica gli atleti in una competizione: — *di linea*.

giu|di|zià|le *agg.* (*dir.*) che riguarda il giudice, il giudizio.

giu|di|zià|rio *agg.* che riguarda l'amministrazione della giustizia: *ordinamento* — | *sequestro* —, disposto dal giudice per la custodia di beni di cui è discussa la proprietà.

giu|di|zio *s.m.* **1** opinione, valutazione: *esprimere il proprio* — | *a mio* —, secondo il mio parere **2** facoltà di giudicare, valutare; senno: *una persona con* — | *metter* —, ravvedersi | *denti del* —, i molari più interni che spuntano per ultimi **3** (*dir.*) attività dell'autorità giudiziaria: *citare in* — | processo **4** (*estens.*) il verdetto finale di un giudice; sentenza: — *di assoluzione, di condanna* **5** parere espresso da una persona o da un organismo con funzione ufficiale: *il* — *della commissione* **6** (*relig.*) — *finale, universale*, quello che sarà pronunciato da Dio alla fine del mondo | *il giorno del* —, quello in cui si terrà tale giudizio.

giu|di|zió|so *agg.* che ha o dimostra equilibrio e maturità: *un ragazzo* — □ **giudiziosamente** *avv.*

giùg|gio|la *s.f.* il frutto di colore rosso del giuggiolo | (*scherz.*) *andare in brodo di giuggiole*, essere molto felice; gongolare.

giùg|gio|lo *s.m.* albero con piccoli fiori gialli, coltivato per il legno e i frutti a drupa commestibili.

giug|gio|ló|ne *s.m.* [f. *-a*] persona ingenua e bonaria | persona poco intelligente.

giù|gno *s.m.* sesto mese dell'anno nel calendario gregoriano, di 30 giorni.

giu|gu|là|re o **iugulàre** *agg.* (*anat.*) relativo al giugulo | *vena* —, ognuna delle vene del collo che raccolgono il sangue che rifluisce dalla testa ♦ *s.f.* vena giugulare.

giù|gu|lo *s.m.* (*anat.*) piccola fossa compresa tra la parte superiore dello sterno e la base del collo.

giu|lèb|be *s.m.* sciroppo ricco di zucchero insaporito con infuso di fiori o succo di frutta | (*estens.*) cibo o bevanda molto dolce.

giu|lì|vo *agg.* (*lett.*) felice, gioioso | *oca giuliva*, donna sciocca, frivola.

giul|là|re *s.m.* **1** durante il Medioevo, cantastorie o giocoliere che si esibiva nelle piazze o presso le corti nobiliari **2** (*spreg.*) persona ridicola; buffone.

giul|la|ré|sco *agg.* [m.pl. *-schi*] **1** del giullare, da giullare **2** (*estens.*) da buffone.

giu|mén|ta *s.f.* **1** femmina del cavallo | cavalla da sella **2** (*estens.*) femmina di animale da soma.

giùn|ca *s.f.* imbarcazione di origine cinese a due o più alberi, con fondo piatto e vele fatte di stuoie di canne.

Giun|cà|ce|e *s.f.pl.* famiglia di piante monocotiledoni con frutto a capsula a cui appartiene il giunco.

giun|cà|ia *s.f.* giuncheto.

giun|cà|ta *s.f.* latte rappreso non salato che si mette a scolare su stuoie di giunco o in castelli.

giun|chè|to *s.m.* terreno coperto di giunchi.

giun|chì|glia *s.f.* pianta erbacea con fiori gialli e foglie lanceolate.

giùn|co *s.m.* [m.pl. *-chi*] pianta erbacea con stelo flessibile, che cresce in terreni umidi | (*estens.*) il fusto di tale pianta, usato come materiale d'intreccio.

giùn|ge|re *v.intr.* [indic.pres. *io giungo, tu giungi...*; pass.rem. *io giunsi, tu giungésti, egli giunse...*; part.pass. *giunto*; aus. *E*] **1** arrivare; pervenire | (*fig.*) — *in porto*, detto di azione o impresa condotta felicemente a termine | (*fig.*) — *nuovo*, detto di notizia o fatto inatteso, sorprendente | (*fig.*) — *all'orecchio di qlcu.*, detto di notizie, venire a conoscenza di qlcu. **2** spingersi fino a: *sei giunto a fare questo?* ♦ *tr.* congiungere, unire: — *le mani*.

giùn|gla *s.f.* **1** (*geog.*) foresta fitta e intricata, tipica delle regioni tropicali e monsoniche | (*estens.*) luogo dove la vegetazione è incolta: *questo giardino è una* — **2** (*fig.*) ambiente o situazione privi di regole chiare e controlli | contesto in cui si lotta per sopraffare gli altri | *la legge della* —, del più forte | (*spreg.*) — *d'asfalto*, la città vista come luogo pericoloso e disumanizzato.

giu|nò|ni|co *agg.* [m.pl. *-ci*] si dice in riferimento a donne prosperose e al loro aspetto: *forme giunoniche*.

giùn|ta[1] *s.f.* **1** aggiunta | (*estens.*) punto di aggiunta: *fare una* — *a un discorso* | *per* —, inoltre, per di più **2** quantità di merce aggiunta come omaggio a quella che viene acquistata.

giùn|ta² *s.f.* organo collegiale ristretto all'interno di un organo più ampio, che può esercitare funzioni consultive, esecutive e deliberative: — *comunale, regionale.*
giun|tà|re *v.tr.* [indic.pres. *io giunto...*] unire insieme due o più cose; congiungere: — *due tubi.*
giun|ta|tù|ra *s.f.* congiungimento di due o più parti | punto in cui le parti sono unite.
giùn|to *part.pass.* di giungere ♦ *agg.* 1 arrivato 2 unito, congiunto ♦ *s.m.* (*tecn.*) organo che accoppia due elementi consentendone la continuità di funzione | — *cardanico*, organo di giunzione snodato che permette la trasmissione del movimento anche tra alberi che non sono collocati in linea retta.
giun|tù|ra *s.f.* 1 punto di congiunzione tra due parti; raccordo 2 (*anat.*) articolazione.
giun|zió|ne *s.f.* 1 (*raro*) congiunzione 2 punto di unione tra due organi anatomici 3 (*mecc.*) raccordo degli elementi di una macchina o di una struttura.
giu|ra|mén|to *s.m.* dichiarazione solenne con cui si afferma la verità o si assume un impegno: — *di fedeltà* | *prestar* —, giurare.
giu|rà|re *v.tr.* [indic.pres. *io giuro...*] 1 affermare, promettere con giuramento: — *di dire la verità* | — *il falso*, affermare cose non vere 2 (*estens.*) garantire, assicurare: *ti giuro che non lo faccio più* | *non ci giurerei*, non ne sono certo ♦ *intr.* [aus. *A*] prestare giuramento: — *sul proprio onore.*
giu|ràs|si|co *agg., s.m.* [m.pl. *-ci*] (*geol.*) si dice del secondo periodo dell'era mesozoica, fra il triassico e il cretaceo.
giu|rà|to *part.pass.* di giurare ♦ *agg.* 1 garantito da un giuramento: *testimonianza giurata* 2 che ha prestato giuramento: *guardia giurata* | (*fig.*) *nemico* —, irriducibile ♦ *s.m.* (*dir.*) membro di una giuria popolare.
giu|re|con|sùl|to *s.m.* persona esperta di diritto; giurista.
giu|rì *s.m.* giuria | — *d'onore*, organo collegiale a carattere privato chiamato a decidere su questioni di onore, correttezza di comportamento e sim.
giu|rì|a *s.f.* 1 (*dir.*) insieme dei giudici popolari e dei magistrati in un processo 2 commissione che vaglia e premia le prove dei concorrenti in concorsi, gare e sim.
giu|ri|di|ci|tà *s.f.* rispondenza alle norme giuridiche.
giu|rì|di|co *agg.* [m.pl. *-ci*] relativo al diritto: *questione giuridica* □ **giuridicamente** *avv.* dal punto di vista giuridico.
giu|ri|sdi|zio|nà|le *agg.* attinente alla giurisdizione: *competenza* — | (*dir.*) *funzione* —, il controllo della corretta applicazione delle leggi, esercitato dallo Stato attraverso i giudici.
giu|ri|sdi|zió|ne *s.f.* 1 (*dir.*) il potere di giudicare applicando la legge 2 (*estens.*) sfera di competenza e d'azione di un'autorità.
giu|ri|spe|ri|to *s.m.* esperto di diritto.
giu|ri|spru|dèn|za *s.f.* 1 scienza del diritto | facoltà universitaria in cui tale scienza viene insegnata: *frequentare* — 2 l'insieme delle norme giuridiche vigenti in un dato luogo e periodo: *la* — *romana* | complesso delle sentenze emanate dagli organi giurisdizionali.
giu|ri|spru|den|zià|le *agg.* relativo alla giurisprudenza.
giu|rì|sta *s.m./f.* [m.pl. *-i*] esperto di diritto.
giu|sla|vo|rì|sta *s.m.* [m.pl. *-i*] esperto del diritto del lavoro.
giu|sna|tu|ra|lì|smo *s.m.* dottrina filosofica e giuridica che sostiene l'esistenza di un diritto naturale sempre valido e superiore a ogni sistema di leggi.
giu|stap|pór|re *v.tr.* [con. come *porre*] (*anche fig.*) mettere accanto due o più elementi senza fonderli: — *tinte contrastanti;* — *concetti diversi.*
giu|stap|po|si|zió|ne *s.f.* l'atto di giustapporre; accostamento.
giu|stap|pùn|to *avv.* precisamente, appunto: *stavo* — *parlando di te.*
giu|stéz|za *s.f.* 1 caratteristica di ciò che è giusto | (*estens.*) proprietà, esattezza: *la* — *di un ragionamento* 2 in tipografia, lunghezza o altezza di una riga di stampa.
giu|sti|fi|cà|bi|le *agg.* che si può giustificare.
giu|sti|fi|cà|re *v.tr.* [indic.pres. *io giustifico, tu giustifichi...*] 1 rendere legittimo: *il fine giustifica i mezzi* 2 (*estens.*) dimostrare la regolarità, la correttezza di ql.co.: — *la propria condotta* | documentare: — *le spese* 3 liberare da colpe o responsabilità: *la complessità della situazione lo giustifica* 4 in tipografia, portare le righe di stampa alla giustezza voluta ♦ **-rsi** *rifl.* scusarsi.
giu|sti|fi|ca|tì|vo *agg.* che serve a giustificare ♦ *s.m.* (*bur.*) documento che attesta un pagamento; ricevuta: — *di spesa.*
giu|sti|fi|cà|to *part.pass.* di giustificare ♦ *agg.* 1 legittimato 2 documentato □ **giustificatamente** *avv.* con fondate ragioni; legittimamente.
giu|sti|fi|ca|tó|rio *agg.* che serve a fornire una giustificazione: *lettera giustificatoria.*
giu|sti|fi|ca|zió|ne *s.f.* 1 l'atto di giustificare, di giustificarsi | argomentazione addotta per giustificarsi 2 scusante: *non avere giustificazioni* 3 documento con cui si giustifica, spec. una spesa | *libretto delle giustificazioni*, blocchetto su cui si giustificano le assenze degli alunni dalla scuola 4 in tipografia, operazione del giustificare.
giu|stì|zia *s.f.* 1 principio etico-sociale in base al quale si rispettano i diritti altrui e si agisce con equità: *operare nel rispetto della* — | — *sociale*, equa distribuzione dei beni economici e dei diritti 2 potere di far applicare le leggi | potere giudiziario dello Stato | *palazzo di* —, la sede degli uffici giudiziari 3 situazione conforme al giusto: *combattere per la* — | *rendere* —, riconoscere ciò che spetta per diritto; (*estens.*) riconoscere la validità, le ragioni di un atteggiamento | *farsi* — *da sé*, vendicare autonomamente un torto subito, senza ricorrere all'autorità competente 4 (*teol.*) una delle quattro virtù cardinali | — *divina*, l'azione giudicante di Dio, alla quale è sottoposto l'uomo.

giu|sti|zia|li|smo *s.m.* tendenza a perseguire obiettivi politici per mezzo di azioni giudiziarie, spec. riducendo le libertà personali dei cittadini.

giu|sti|zia|li|sta *s.m.*, *agg.* che, chi sostiene il giustizialismo: *politica* —.

giu|sti|zià|re *v.tr.* [indic.pres. *io giustìzio*...] eseguire una condanna a morte: — *tramite impiccagione*.

giu|sti|zià|to *part.pass. di* giustiziare ♦ *agg.*, *s.m.* [f. *-a*] che, chi ha subito una condanna a morte.

giu|sti|zière *s.m.* [f. *-a*] **1** (*raro*) chi esegue le condanne a morte; boia **2** (*fig.*) chi ristabilisce la giustizia con rigore inflessibile o in maniera sommaria.

giu|sto *agg.* **1** che agisce secondo giustizia; equo, imparziale: *un processo* — | — *mezzo*, la via intermedia tra opposti estremi **2** che è conforme a giustizia; legittimo: *licenziamento senza giusta causa* **3** esatto, corretto: *quello che dici è* — | adatto, conveniente: *l'età giusta per imparare a sciare* ♦ *avv.* **1** esattamente **2** (*anche iron.*) proprio: *volevo* — *parlarti* | — *!*, per esprimere un'approvazione decisa: "*È ora di dirgli come stanno le cose*" —*!*" **3** appena, soltanto: *l'ho sentito* — *adesso* ♦ *s.m.* [f. *-a*] **1** chi uniforma il proprio comportamento alla giustizia; persona proba | (*fig.*) **dormire il sonno dei giusti**, avere la coscienza tranquilla **2** ciò che è giusto, dovuto secondo giustizia: *pagare il* — | *essere nel* —, avere ragione □ **giustamente** *avv.* **1** in modo giusto; trattare qlcu. — **2** con esattezza; correttamente: *rispondere* — **3** a buon diritto: *lo hai ferito e lui*, —, *si è offeso*.

glà|bro *agg.* **1** privo di peli, imberbe: *un giovane* — | (*bot.*) **foglia glabra**, priva di peluria **2** (*estens.*) liscio, levigato.

glacé (*fr.*) [pr. *glasé*] *agg.* [pl.invar. o *glacés*] **1** glassato, candito: *marrons glacés* **2** che ha la superficie liscia e lucida come il ghiaccio: *carta* —.

gla|cià|le *agg.* **1** ricoperto di ghiaccio: *lande glaciali* | (*geol.*) **periodo** —, periodo del quaternario caratterizzato da estese glaciazioni **2** (*estens.*) simile al ghiaccio **3** (*fig.*) insensibile: *una persona* — | distaccato, ostile: *silenzio* —.

gla|cia|li|smo *s.m.* (*geol.*) **1** l'insieme dei fenomeni che riguardano la formazione, l'estensione e la regressione dei ghiacciai **2** teoria del ciclo delle glaciazioni.

gla|cia|li|tà *s.f.* (*fig.*) estrema freddezza di carattere.

gla|cia|zió|ne *s.f.* (*geol.*) **1** diffusa espansione delle masse di ghiaccio **2** ciascuno dei periodi in cui i ghiacci ricoprivano vaste superfici della terra.

gla|dia|tó|re *s.m.* **1** nella Roma antica, schiavo, liberto o prigioniero che lottava nell'arena contro uomini o belve **2** (*fig.*) chi combatte con accanimento.

gla|dia|tó|rio *agg.* **1** di gladiatore, da gladiatore **2** (*estens.*) battagliero, bellicoso.

glà|dio *s.m.* (*st.*) spada corta a doppio taglio con lama robusta a punta.

gla|di|o|lo *s.m.* pianta erbacea bulbosa ornamentale con fiori non profumati, di vario colore e disposti a spiga.

glamour (*ingl.*) [pr. *glàmur*] *s.m.invar.* fascino irresistibile, spec. femminile: *una donna di grande* —.

glàn|de *s.m.* (*anat.*) l'estremità del pene, ricoperta dal prepuzio.

glasnost (*russo*) [pr. *glàsnost*] *s.f.invar.* politica di trasparenza e libertà nel campo dell'informazione; è uno dei punti principali della riforma avviata dallo statista sovietico Gorbaciov alla fine degli anni Ottanta del secolo scorso.

glàs|sa *s.f.* (*gastr.*) **1** strato leggero di zucchero fuso usato per ricoprire dolci **2** salsa gelatinosa a base di sugo di carne ristretto.

glas|sà|re *v.tr.* [indic.pres. *io glàsso*...] (*gastr.*) **1** decorare dolci con la glassa **2** ricoprire con salsa gelatinosa carni o piatti freddi.

glas|sa|tù|ra *s.f.* (*gastr.*) l'operazione di ricoprire con la glassa | la glassa così utilizzata.

glàu|co *agg.* [m.pl. *-chi*] (*lett.*) di colore intermedio tra celeste e verde.

glau|cò|ma *s.m.* [pl. *-i*] grave malattia dell'occhio che consiste in un'aumentata tensione del bulbo oculare e causa danni alla funzione visiva.

glè|ba *s.f.* (*lett.*) zolla di terra | (*st.*) **servitù della** —, in epoca feudale, contadino in stato di semischiavitù legato ereditariamente al fondo agricolo che lavorava, con il quale poteva essere ceduto.

gli[1] *art.det.m.pl.* [m.sing. *lo*] si premette a parole maschili plurali: che cominciano per vocale, *s* impura, *gn*, *ps*, *pn*, *x*, *z* (eccezione: *gli dei*) | unendosi alle preposizioni *a*, *con*, *da*, *di*, *in*, *su* forma le preposizioni articolate *agli*, *cogli*, *dagli*, *degli*, *negli*, *sugli*.

gli[2] *pron.pers.m. di 3^a pers.sing.* [forma atona di *egli*; con funzione di compl. di termine, in posizione proclitica ed enclitica] a lui; a esso: — *ho detto*; *vorrei parlargli* | (*coll.*) a loro, a essi, a esse | seguito dai pron. *lo*, *la*, *li*, *le* e dalla particella *ne* dà origine alle forme *glielo*, *gliela*, *glieli*, *gliele*, *gliene*.

gli|a *s.f.* (*anat.*) tessuto che costituisce lo stroma del sistema nervoso centrale; nevroglia.

gli|a|di|na *s.f.* (*chim.*) proteina gelatinosa ricavata da grano, segale e altri cereali.

gli|ce|mì|a *s.f.* (*med.*) **1** tasso di glucosio presente nel sangue **2** (*fam.*) tasso glicemico superiore alla norma.

gli|cè|mi|co *agg.* [m.pl. *-ci*] relativo alla glicemia | **tasso** —, quantità di glucosio presente nel sangue.

gli|cè|ri|co *agg.* [m.pl. *-ci*] detto di ossiacido ottenuto dalla glicerina.

gli|cè|ri|de *s.m.* (*chim.*) ciascuno dei componenti essenziali dei grassi animali e vegetali.

gli|ce|rì|na *s.f.* (*chim.*) alcol trivalente denso, trasparente e dolciastro, ottenuto dai grassi animali e vegetali; si usa nell'industria chimica e cosmetica.

gli|ci|na *s.f.* (*chim.*) amminoacido derivato dall'acido acetico costituente le proteine.

gli|ci|ne *s.m.* arbusto rampicante, con fiori violacei a grappolo, coltivato come pianta ornamentale.

gli|co- (*scient.*) primo elemento di parole composte che significa "zucchero" (*glicogeno*).

gli|cò|ge|no *s.m.* (*chim.*, *biol.*) polisaccaride formato dall'organismo a partire dal glucosio e immagazzinato nel fegato e nei muscoli come materiale energetico di riserva.

gli|col o **glìcole** *s.m.* [pl. *-i*] (*chim.*) alcol bivalente.

gli|cò|li|si *s.f.* (*chim.*, *biol.*) processo metabolico di scissione del glucosio nelle cellule, con produzione di energia e formazione di acido lattico.

gli|co|su|rìa *s.f.* (*med.*) presenza di glucosio nelle urine.

glié|la *forma pron. composta dai pron.pers.* gli e la: *vuole una tua foto, mandagliela*.

glié|le *forma pron. composta dai pron.pers.* gli e le: *restituitegliele*.

glié|li *forma pron. composta dai pron.pers.* gli e li: *daglieli*.

glié|lo *forma pron. composta dai pron.pers.* gli e lo: — *dirò*.

glié|ne *forma pron. composta dal pron.pers.* gli e dalla particella ne: — *ha dette di cotte e di crude*; — *parlerò*.

gli|fo *s.m.* **1** (*arch.*) scanalatura verticale che orna il fregio ionico **2** (*mecc.*) guida mobile, rettilinea o curvilinea, usata nei sistemi articolati come collegamento tra due organi meccanici per trasformare un moto rotatorio in rettilineo e viceversa.

gli|ò|ma *s.m.* [pl. *-i*] (*med.*) tumore del sistema nervoso.

gliòm|me|ro *s.m.* componimento poetico in forma di monologo recitativo in endecasillabi a rima interna, usato specialmente in area napoletana.

gli|pto- → **glitto-**.

gli|pto|gè|ne|si *s.f.* (*geol.*) il complesso dei fenomeni meccanici e chimici legati agli agenti atmosferici che provocano una progressiva modificazione dei rilievi della superficie terrestre.

glis|sàn|do *s.m.invar.* (*mus.*) rapido passaggio scivolato da una nota all'altra, ottenuto facendo scorrere velocemente la mano sulla tastiera o sulle corde di uno strumento.

glis|sà|re *v.intr.* [indic.pres. *io glisso...*; aus. *A*] **1** (*mus.*) produrre il glissando **2** (*fig.*) sorvolare su un argomento.

glit|ti|ca o **gliptica** *s.f.* arte e tecnica di intagliare e incidere gemme e pietre dure.

glit|ti|co o **gliptico** *agg.* [m.pl. *-ci*] proprio della glittica, che riguarda la glittica ♦ *s.m.* intagliatore di pietre dure e gemme.

glit|to- o **glipto-** (*tecn.*, *scient.*) primo elemento di parole composte che significa "intaglio, incisione" (*glittoteca*).

glit|to|tè|ca o **gliptotèca** *s.f.* collezione di pietre preziose incise | il luogo in cui tali pietre sono raccolte.

glo|bà|le *agg.* **1** considerato nel suo insieme; complessivo: *spesa —* **2** che riguarda tutta la Terra: *mercato —* | *villaggio —*, il mondo contemporaneo, unificato dai nuovi mezzi di trasporto e da quelli di comunicazione di massa □ **globalmente** *avv.* nell'insieme, complessivamente.

glo|ba|liz|za|zió|ne *s.f.* (*econ.*) tendenza dei mercati e delle imprese a superare i confini nazionali e a operare in un unico sistema mondiale.

globe-trotter (*ingl.*) [pr. *globtròtter*] *s.m./f.invar.* chi gira per il mondo con mezzi di fortuna; giramondo.

glo|bi|na *s.f.* (*biol.*) proteina che rientra fra i costituenti dell'emoglobina.

glò|bo *s.m.* **1** qualsiasi corpo di forma sferica | — *terrestre*, la Terra | (*astr.*) — *celeste*, sfera sulla cui superficie sono rappresentate le costellazioni | (*anat.*) — *oculare*, l'occhio **2** (*geog.*) geoide.

glo|bó|so *agg.* (*raro*) che ha forma di globo.

glo|bu|là|re *agg.* **1** a forma di globo | (*astr.*) *ammasso —*, ammasso di stelle a forma di globo **2** (*med.*) proprio dei globuli rossi del sangue | *valore —*, quantità di emoglobina nei globuli rossi.

glo|bu|là|ria *s.f.* pianta erbacea con fiori azzurri raccolti in infiorescenze di forma sferica.

glo|bu|li|na *s.f.* (*chim.*, *biol.*) sostanza proteica che svolge funzioni immunitarie ed è presente nel plasma sanguigno, nel latte e nell'albume dell'uovo.

glò|bu|lo *s.m.* **1** (*biol.*) ciascuno degli elementi corpuscolari del sangue | *globuli bianchi*, o *leucociti*, quelli che producono gli anticorpi e fagocitano gli elementi estranei | *globuli rossi*, o *eritrociti* o *emazie*, quelli che contengono l'emoglobina e trasportano l'ossigeno e l'anidride carbonica **2** corpo sferico di piccole dimensioni.

glo|bu|ló|so *agg.* a forma di globulo, di piccola sfera.

glo|mè|ri|di o **glómeri** *s.m.pl.* famiglia di Miriapodi dal corpo corto che vivono nei luoghi umidi e si appallotolano se vengono toccati.

glo|mè|ru|lo *s.m.* **1** (*anat.*) nei reni, gomitolo di vasi capillari che hanno la funzione di filtrare e depurare il sangue **2** (*bot.*) infiorescenza costituita da tanti fiori ravvicinati e quasi privi di peduncolo.

glò|mo *s.m.* (*anat.*) piccolo viluppo di capillari sanguigni o di fibre nervose.

glò|ria[1] *s.f.* **1** altissimo onore, fama: — *duratura* | (*scherz.*) *lavorare per la —*, senza essere retribuito **2** orgoglio, vanto | *farsi — di ql.co.*, vantarsene | (*estens.*) persona che è fonte di gloria, vanto | *vecchia —*, detto di personaggio del mondo dello spettacolo o sportivo un tempo famoso **3** (*relig.*) beatitudine celeste: *la — del paradiso*.

glò|ria[2] *s.m.invar.* (*lit.*) **1** preghiera di lode a Dio **2** inno che si canta durante la messa.

glo|rià|re *v.tr.* [indic.pres. *io glòrio...*] (*lett.*) celebrare, onorare ♦ *-rsi intr.pron.* vantarsi, essere orgoglioso: — *dei successi ottenuti*.

glo|ri|fi|cà|re *v.tr.* [indic.pres. *io glorìfico, tu*

glorìfichi...] 1 riconoscere degno di gloria; esaltare: — *l'impresa di un eroe* 2 far partecipe della beatitudine celeste ♦ **-rsi** *intr.pron.* vantarsi, gloriarsi.

glo|ri|fi|ca|zió|ne *s.f.* l'atto di glorificare e il suo effetto; esaltazione.

glo|rió|so *agg.* 1 che ha gloria; famoso per gloria: *gloriose battaglie* 2 che procura gloria: *una morte gloriosa* □ **gloriosamente** *avv.*

glòs|sa *s.f.* nota esplicativa inserita a margine di un testo.

glos|sà|re *v.tr.* [indic.pres. *io glòsso...*] annotare, chiosare: — *la Divina Commedia.*

glos|sà|rio *s.m.* raccolta di vocaboli di un argomento specifico, in ordine alfabetico e con la spiegazione.

glos|sa|tó|re *s.m.* [f. *-trice*] chi redige glosse.

glos|sì|te *s.f.* (*med.*) infiammazione acuta o cronica della lingua.

glós|so-, -glós|so (*scient.*) primo e secondo elemento di parole composte che significa "lingua" e "linguaggio" (*glossolalia*).

glos|so|fa|rin|gè|o o **glossofaringeo** *agg.* (*anat.*) relativo alla lingua e alla faringe.

glos|so|la|lì|a *s.f.* 1 gioco fonico spec. infantile che consiste nella produzione di parole e filastrocche senza senso 2 (*psich.*) alterazione del linguaggio di origine schizofrenica che consiste nell'articolare parole prive di senso.

glot|tà|le *agg.* 1 relativo alla glottide 2 (*ling.*) detto di suono consonantico articolato con la glottide.

glòt|ti|de *s.f.* (*anat.*) apertura superiore della laringe composta dalle corde vocali che consente l'articolazione fonatoria.

glót|to-, -glót|to (*scient.*) primo e secondo elemento di parole composte che significa "lingua", "linguaggio" (*glottologia*).

glot|to|lo|gì|a *s.f.* [pl. *-gie*] disciplina che studia i sistemi linguistici.

glot|to|lò|gi|co *agg.* [m.pl. *-ci*] relativo alla glottologia: *teorie glottologiche.*

glot|tò|lo|go *s.m.* [f. *-a*; m.pl. *-gi*] studioso di glottologia.

glu|ci|de *s.m.* (*chim.*) ogni composto organico costituito da carbonio, idrogeno e ossigeno.

glu|ci|di|co *agg.* [m.pl. *-ci*] (*chim.*) relativo ai glucidi.

glu|cò|me|tro *s.m.* strumento impiegato in enologia per misurare il contenuto di zucchero del vino o del mosto.

glu|co|sì|de *s.m.* (*chim. biol.*) ogni composto derivante dalla composizione di uno zucchero con un altro glucide o con un'altra sostanza organica.

glu|cò|sio *s.m.* (*chim.*) zucchero semplice presente in molti frutti, ottenuto industrialmente per idrolisi dell'amido; è impiegato nell'industria dolciaria e in farmacia.

glù|ma *s.f.* (*bot.*) ciascuna delle brattee che avvolgono le infiorescenze delle Graminacee.

glu|mét|ta *s.f.* (*bot.*) ciascuna delle due brattee interne alla gluma.

Glu|mi|flò|re *s.f.pl.* ordine di piante erbacee monocotiledoni, con fiori in spighette protette da glume, al quale appartengono le graminacee.

glu|tam|mà|to *s.m.* (*chim.*) sale dell'acido glutammico impiegato nell'industria alimentare come aromatizzante.

glu|tàm|mi|co *agg.* (*chim., biol.*) detto di composto che deriva dal glutine | *acido* —, amminoacido presente nelle proteine, usato come tonificante per il sistema nervoso.

glu|tam|mi|na *s.f.* (*chim.*) ammide dell'acido glutammico presente in molte proteine.

glù|te|o *s.m.* (*anat.*) ognuno dei tre muscoli della natica | (*estens.*) natica ♦ *agg.* del gluteo.

glu|ti|nà|re *v.tr.* [indic.pres. *io glùtino...*] arricchire di glutine.

glù|ti|ne *s.m.* (*chim.*) complesso proteico presente nelle farine di cereali; è usato per arricchire di proteine alcuni alimenti industriali e nell'industria dei collanti.

glu|ti|nó|so *agg.* 1 che contiene glutine 2 che ha l'aspetto del glutine | (*estens.*) vischioso.

gnà|to-, -gnàto (*scient.*) primo e secondo elemento di parole composte che significa "mascella, mandibola, guancia" (*gnatologia, prognato*).

gna|to|lo|gì|a *s.f.* branca della medicina che studia l'apparato masticatorio.

Gna|tò|sto|mi *s.m.* ogni vertebrato provvisto di mascelle.

gnèiss *s.m.invar.* (*geol.*) roccia metamorfica di color grigio chiaro, costituita da quarzo, feldspati, miche e altri silicati; è usata come materiale da costruzione.

gnòc|ca *s.f.* (*volg.*) 1 vulva 2 (*fig., volg.*) donna molto attraente.

gnòc|co *s.m.* [pl. *-chi*] 1 (*spec.pl.*) ciascuno dei pezzetti tondeggianti di pasta morbida, lessati e conditi con sughi di vario tipo | *gnocchi alla romana*, fatti con latte, semolino, uova e burro, si fanno gratinare in forno 2 (*fig., fam.*) uomo sempliciotto.

gnò|mi|co *agg.* [m.pl. *-ci*] moraleggiante, sentenzioso | *poesia gnomica*, poesia su temi morali, ricca di motti e sentenze ♦ *s.m.* autore di poesie gnomiche.

gnò|mo *s.m.* nelle tradizioni popolari e nella mitologia nordica, essere favoloso benevolo e saggio, dall'aspetto di vecchio nano barbuto, custode dei tesori della Terra e spesso dotato di poteri magici.

gno|mó|ne *s.m.* asta inclinata la cui ombra indica la posizione del sole e quindi l'ora del giorno nella meridiana.

gnòr|ri *s.m./f. solo nella loc. fare lo* —, fingere di non sapere.

gno|se|o|lo|gì|a *s.f.* parte della filosofia che si occupa della natura della conoscenza e del modo in cui la si acquisisce | teoria della conoscenza.

gno|se|o|lò|gi|co *agg.* [m.pl. *-ci*] che riguarda la gnoseologia: *teoria gnoseologica.*

gnò|si *s.f.* 1 perfetta conoscenza delle supreme verità filosofiche e religiose 2 gnosticismo.
gnò|sti|ca *s.f.* branca della medicina che studia la natura delle malattie.
gno|sti|ci|smo *s.m.* (*filos.*) corrente di pensiero diffusasi nel II e III sec. nel bacino orientale del Mediterraneo, caratterizzata da una concezione dualistica del mondo divino e dall'idea che la salvezza spirituale fosse limitata a pochi iniziati, destinatari del dono della gnosi.
gnò|sti|co *agg.* [m.pl. *-ci*] (*filos.*) relativo allo gnosticismo: *sistema —* ♦ *s.m.* seguace dello gnosticismo.
gnu *s.m.* grossa antilope africana con folta criniera e corna molto arcuate, grosse alla base e acuminate alle estremità.
goal o **gol** (*ingl.*) [pr. *gol*] *s.m.invar.* punto ottenuto da una squadra di calcio o di calcetto facendo entrare la palla nella porta avversaria; rete: *segnare, subire un —| — della bandiera*, l'unico segnato dalla squadra che ha perso la partita.
gòb|ba *s.f.* 1 deformazione della colonna vertebrale che produce una protuberanza 2 protuberanza sul dorso di dromedario e cammello 3 (*estens.*) rigonfiamento, protuberanza: *una strada piena di gobbe* 4 (*pop.*) la parte convessa della luna quando non è piena: *— a ponente luna crescente*.
gob|bi|sta *s.m./f.* [m.pl. *-i*] tecnico televisivo o cinematografico che ha il compito di manovrare il gobbo.
gòb|bo¹ *agg.* 1 che ha la gobba | (*estens.*) che sta con le spalle curve: *camminare tutto —* 2 curvo, convesso: *naso —* | (*fig.*), *colpo —*, mossa scaltra o sleale ♦ *s.m.* [f. *-a*] persona gobba.
gòb|bo² *s.m.* (*tv, cine.*) cartellone, rullo mobile o schermo su cui sono scritte le battute da pronunciare durante le riprese di un film o uno spettacolo televisivo.
go|bió|ne *s.m.* pesce commestibile che vive nei corsi d'acqua veloci, con corpo allungato, dorso grigio scuro e ventre argenteo.
góc|cia *s.f.* [pl. *-ce*] 1 piccola quantità di liquido di forma sferica o tondeggiante | (*fig.*) *a — a —*, lentamente | *somigliarsi come due gocce d'acqua*, essere identici | *la — che fa traboccare il vaso*, si dice di un fatto che fa precipitare una situazione | *una — nel mare*, una parte piccola e ininfluente 2 (*estens.*) piccola quantità di liquido | (*fig.*) quantità minima di ql.co. 3 (*farm.*) misura per la somministrazione di piccole dosi di medicamenti | (*estens.*) medicinale somministrato in gocce: *mettere le gocce per l'otite* 4 ornamento pendente di lampadari, orecchini e sim.
góc|cio *s.m.* piccola quantità di un liquido, una bevanda: *bere un — di vino*.
goc|cio|la|mén|to *s.m.* la caduta di un liquido goccia a goccia; stillicidio.
goc|cio|là|re *v.tr.* [indic.pres. *io góccciolo...*] far cadere a gocce ♦ *intr.* [aus. *E* nel sign. 1, *A* nei sign. 2 e 3] 1 cadere a gocce 2 lasciar uscire gocce: *il rubinetto continua a —* 3 detto del naso, emettere muco liquido a causa del raffreddore.
goc|cio|la|tó|io *s.m.* sporgenza del cornicione da cui l'acqua piovana gocciola senza bagnare i muri dell'edificio.
goc|cio|lì|o *s.m.* gocciolare continuo; stillicidio.
goc|cio|ló|ne *s.m.* grossa goccia, spec. di pioggia.
go|dé|re *v.intr.* [pres. *io gòdo...*; pass.rem. *io godéi* o *godètti, tu godésti...*; fut. *io godrò...*; condiz.pres. *io godrèi*; part.pass. *goduto*; aus. *A*] 1 provare viva contentezza | (*assol.*) fare una vita di divertimenti 2 rallegrarsi per ql.co.: *godo del tuo successo* 3 essere in una condizione favorevole: *— di ottima salute* 4 beneficiare: *— di una rendita* | (*dir.*) *— di un diritto*, avere la facoltà di esercitarlo traendone i benefici possibili 5 (*pop.*) raggiungere l'orgasmo ♦ *tr.* 1 provare soddisfazione per ql.co.: *mi godo le vacanze* | *godersela*, divertirsi.
go|de|réc|cio *agg.* [f.pl. *-ce*] 1 dedito ai piaceri materiali: *vita godereccia* 2 (*raro*) piacevole.
godet (*fr.*) [pr. *godé*] *s.m.invar.* svasatura ottenuta tagliando una stoffa in sbieco: *gonna a —*.
go|dé|zia *s.f.* pianta erbacea ornamentale con fiori rosa, rossi o bianchi raccolti in spighe.
go|di|bi|le *agg.* 1 che si può godere | piacevole: *uno spettacolo —* 2 (*dir.*) di cui si può usufruire: *proprietà —*.
go|di|mén|to *s.m.* 1 felicità profonda, intensa 2 ciò che suscita piacere: *leggere è un —* 3 (*dir.*) facoltà di fruire di un bene: *— della pensione*.
go|dù|ria *s.f.* (*scherz.*) godimento.
gof|fàg|gi|ne *s.f.* 1 condizione di chi è goffo: *la — degli adolescenti* 2 azione o parola goffa, maldestra.
gòf|fo *agg.* 1 che si comporta in modo maldestro; insicuro, impacciato: *in pubblico è un po' —* 2 privo di grazia, di eleganza: *movimenti goffi* □ **goffamente** *avv.*
gof|frà|re *v.tr.* [indic.pres. *io gòffro...*] (*tecn.*) imprimere un disegno in rilievo su tessuto, carta, plastica, cuoio o altro materiale.
gof|fra|tri|ce *s.f.* (*tecn.*) macchina per goffrare.
gof|fra|tù|ra *s.f.* (*tecn.*) la tecnica e l'operazione del goffrare | rilievo riprodotto con tale tecnica.
gó|gna *s.f.* collare di ferro che veniva serrato intorno alla gola dei condannati alla berlina | (*estens.*) la berlina stessa | (*fig.*) *mettere qlcu. alla —*, biasimarlo, schernirlo pubblicamente.
go-kart (*ingl.*) [pr. *gocàrt*] *s.m.invar.* piccolo autoveicolo da competizione, costituito da un motore a scoppio montato su un telaio privo di carrozzeria.
gol *s.m.invar.* → **goal**.
gó|la *s.f.* 1 (*anat.*) la cavità della faringe, attraverso la quale passa il cibo e dove sono situate le corde vocali | *col boccone in —*, appena finito di mangiare | (*fig.*) *avere il cuore in —*, provare una sensazione di affanno o di ansia | *avere un nodo alla —*, essere sul punto di piangere | *ricacciare le parole in —*, star zitti 2 (*estens.*) parte anteriore del collo | *avere l'acqua alla —*, essere sul punto di

affogare; (*fig.*) trovarsi in grave difficoltà **3** golosità, ingordigia: *mangio solo per —* | (*fig.*) **far —**, detto di ql.co. che suscita un forte desiderio | *prendere per la —*, allettare con cibi gustosi; (*fig.*) costringere qlcu. a fare ql.co. **controvoglia 4** (*teol.*) uno dei sette vizi capitali **5** apertura, passaggio stretto: *la — del pozzo* **6** (*geog.*) valle stretta e profonda.

goleada (*sp.*) *s.f.invar.* (*sport*) grande numero di goal messi a segno durante una partita di calcio.

goleador (*sp.*) *s.m.invar.* (*sport*) calciatore che segna molti goal; cannoniere.

go|lè|na *s.f.* (*geog.*) terreno tra l'argine e il letto di un fiume, che viene invaso dall'acqua nei periodi di piena.

go|lét|ta *s.f.* imbarcazione a vela a due alberi con bompresso e vele trapezoidali, diffusa soprattutto in Europa fino al sec. XIX.

gòlf[1] *s.m.invar.* sport che consiste nel mandare una pallina in una serie di buche col minor numero di colpi effettuati con apposite mazze.

gòlf[2] *s.m.invar.* maglia spec. di lana con maniche lunghe e chiusa sul davanti: *portare un — verde.*

gol|fi|sta *s.m./f.* [m.pl. *-i*] giocatore di golf.

gól|fo *s.m.* **1** (*geog.*) vasta insenatura della costa chiusa da promontori: *il — di Taranto* **2** *— mistico,* nei teatri lirici, lo spazio tra platea e palcoscenico dove prende posto l'orchestra.

go|liar|di|a *s.f.* l'allegria spensierata e cameratesca tipica dei goliardi.

go|liàr|di|co *agg.* [m.pl. *-ci*] tipico dei goliardi | (*estens.*) spensierato, gaudente: *comportamento —* □ **goliardicamente** *avv.*

go|liàr|do *s.m.* **1** nel Medioevo, chierico che frequentava le università cittadine conducendo una vita spensierata **2** studente universitario, con riferimento alla vita spensierata tipica di tale periodo di studi.

gol|li|smo *s.m.* movimento politico francese che si richiama alle concezioni nazionalistiche del generale Charles De Gaulle (1890-1970).

gol|li|sta *s.m./f.* [m.pl. *-i*] fautore del gollismo ♦ *agg.* proprio del gollismo, che si ispira al gollismo: *politica —.*

go|lo|si|tà *s.f.* **1** carattere di chi è goloso: *mangiare per —* **2** delizia, ghiottoneria: *questa torta è una —* **3** (*fig.*) cosa che suscita desiderio e curiosità: *questa notizia è una —.*

go|ló|so *agg.* **1** che ha il vizio della gola; ghiotto | che ama in particolare modo un determinato cibo: *è — di cannoli* **2** (*fig.*) desideroso, avido: *— di novità* ♦ *s.m.* [f. *-a*] persona golosa □ **golosamente** *avv.*

golpe (*sp.*) *s.m.invar.* colpo di Stato, spec. militare | *— bianco,* effettuato dalla maggioranza di governo senza ricorrere alla forza.

gol|pi|sta *s.m./f.* [m.pl. *-i*] chi organizza o favorisce un golpe ♦ *agg.* di golpista, da golpista: *progetto —.*

gol|pi|sti|co *agg.* [m.pl. *-ci*] relativo a un golpe.

gó|me|na o **gomèna** *s.f.* grosso cavo di canapa usato per il rimorchio e l'ormeggio delle navi.

go|mi|tà|ta *s.f.* colpo dato col gomito: *rifilare una — a qlcu.* | *avanzare a gomitate,* farsi largo tra la folla; (*fig.*) agire senza scrupoli per raggiungere un obiettivo.

gó|mi|to *s.m.* **1** (*anat.*) articolazione che unisce il braccio e l'avambraccio | (*estens.*) la parte di tale articolazione che sporge all'esterno: *sbucciarsi il —* | (*fig., scherz.*) *olio di —*, impegno profuso in lavori manuali | (*fig.*) *— a —*, fianco a fianco | (*fig.*) *alzare il —*, bere troppo **2** (*estens.*) parte della manica che copre il gomito: *il — della camicia* **3** curva brusca e stretta **4** (*tecn.*) elemento di raccordo tra due parti non allineate.

go|mi|to|lo *s.m.* **1** filo o spago avvolto su se stesso a forma di palla: *un — di cotone* **2** (*fig.*) groviglio, intreccio: *un — di stradicciole.*

góm|ma *s.f.* **1** materia elastica ottenuta in maniera naturale o industriale e impiegata in diverse lavorazioni: *stivali, guanti di —* | *— naturale,* quella che si ottiene dal latice di alcune piante tropicali | *— sintetica,* quella prodotta attraverso la polimerizzazione di monomeri **2** pezzetto di gomma che si usa per cancellare: *— per la matita, per la penna* **3** pneumatico di un veicolo: *cambiare le gomme* | *avere una — a terra,* avere un pneumatico bucato o sgonfio **4** *— da masticare,* chewing-gum.

gom|ma|gut|ta *s.f.* gommoresina ottenuta da piante tropicali, usata in medicina e come colorante.

gom|ma|làc|ca *s.f.* sostanza resinosa prodotta da alcuni insetti, usata per vernici, ceralacca o come isolante elettrico.

gom|ma|più|ma® *s.f.* materiale soffice e spugnoso ricavato dalla gomma, usato per l'imbottitura di materassi, cuscini, rivestimenti e sim.

gom|mà|re *v.tr.* [indic.pres. *io gómmo...*] stendere uno strato di gomma | trattare un materiale con gomma per renderlo impermeabile.

gom|mi|fi|cio *s.m.* stabilimento in cui viene lavorata la gomma.

gom|mi|na® *s.f.* gel fissante per capelli.

gom|mì|no *s.m.* **1** piccolo tappo, a tenuta ermetica, per bottiglie di medicinali o profumi **2** proiettile per armi giocattolo ad aria compressa.

gom|mi|sta *s.m.* [pl. *-i*] **1** chi vende, ripara o monta pneumatici **2** (*estens.*) l'officina del gommista.

gom|mó|ne *s.m.* canotto pneumatico spinto da remi o a motore fuoribordo.

gom|mo|rè|si|na o **gommorèsina** *s.f.* prodotto dell'essudazione di diverse piante costituito da una miscela di gomma e resina, spesso aromatica o medicamentosa; è usato per profumi e fumiganti.

gom|mo|si|tà *s.f.* caratteristica di ciò che è gommoso.

gom|mó|so *agg.* **1** che contiene gomma: *sostanza gommosa* **2** (*estens.*) simile alla gomma.

gò|na|de *s.f.* (*anat.*) organo ghiandolare produttore dei gameti e degli ormoni sessuali.

go|nà|di|co *agg.* [m.pl. -*ci*] relativo alle gonadi.
go|na|do|tro|pi|na *s.f.* (*chim., biol.*) ormone prodotto dall'ipofisi che stimola le gonadi.
gón|do|la *s.f.* caratteristica imbarcazione veneziana a fondo piatto, con prua e poppa incurvate e mossa da un solo remo | (*estens.*) *a* —, detto di oggetto con curvatura concava e le estremità rialzate.
gon|do|liè|re *s.m.* il rematore che conduce la gondola.
gon|fa|ló|ne *s.m.* **1** (*st.*) insegna dei comuni medievali **2** stendardo di comuni, province, regioni, associazioni ecc.
gon|fa|lo|niè|re *s.m.* **1** (*st.*) alto magistrato dei comuni medievali **2** chi porta un gonfalone.
gon|fià|bi|le *agg.* che può essere gonfiato: *cuscino* —.
gon|fiàg|gio *s.m.* **1** l'azione del gonfiare | il suo effetto **2** (*fig.*) aumento artificioso: — *dei prezzi*.
gon|fià|re *v.tr.* [indic.pres. *io gónfio...*] **1** riempire di aria o gas un corpo cavo dalle pareti elastiche: — *la gomma della bicicletta* | tendere una superficie soffiandovi contro: *il vento gonfia le vele* **2** (*estens.*) dilatare: *la birra gonfia lo stomaco* | far aumentare di volume: *le piogge gonfiano i fiumi* | — *di botte*, picchiare, malmenare **3** (*fig.*) maggiorare: — *le spese* | (*fig.*) esagerare: — *una notizia* | lodare eccessivamente qlcu. ♦ *intr.* [aus. E], **-rsi** *intr.pron.* **1** aumentare di volume, dilatarsi **2** riempirsi: *gli occhi gli si gonfiarono di lacrime* **3** (*fig.*) insuperbirsi.
gon|fia|tù|ra *s.f.* **1** l'atto di gonfiare o di gonfiarsi | il suo risultato **2** (*fig.*) montatura, esagerazione: *una* — *giornalistica*.
gon|fiéz|za *s.f.* **1** lo stato di ciò che è gonfio | (*fig.*) — *di stile*, ampollosità.
gón|fio *agg.* **1** gonfiato, dilatato per l'immissione di aria o gas: *il pallone è* — **2** ingrossato: *avere gli occhi gonfi di pianto* | aumentato di volume: *il fiume è* — *per la pioggia* | (*fig.*) *avere il cuore* —, essere molto afflitto o commosso | (*fig.*) *andare a gonfie vele*, nel migliore dei modi **3** (*fig.*) pieno di sé, borioso **4** (*fig.*) ridondante, magniloquente.
gon|fió|re *s.m.* rigonfiamento, tumefazione.
gòng *s.m.invar.* strumento a percussione di origine orientale formato da un disco metallico che, percosso da una mazza, produce un suono prolungato molto forte.
gon|go|là|re *v.intr.* [indic.pres. *io góngolo...*; aus. A] manifestare contentezza, soddisfazione: — *di gioia*.
-go|ni|a (*scient.*) secondo elemento di parole composte che significa "generazione, origine" (*cosmogonia*).
gò|nio- (*scient.*) primo elemento di parole composte che significa "angolo" (*goniometro*).
go|nio|me|trì|a *s.f.* l'insieme delle teorie e delle tecniche per la misurazione degli angoli.
go|nio|mè|tri|co *agg.* [m.pl. -*ci*] che riguarda la goniometria.
go|niò|me|tro *s.m.* strumento per misurare gli angoli.

gòn|na o **gónna** *s.f.* indumento femminile che copre il corpo dalla cintura in giù | — *pantalone*, pantaloni da donna di forma larga con un'ampia piega che copre la divisione tra le gambe.
gon|nèl|la *s.f.* **1** gonna | (*iron.*) *in* —, di sesso femminile | (*fig.*) *stare attaccato alle gonnelle di una donna*, dipendere da lei, assecondarla in tutto **2** (*estens.*) donna | (*fig.*) *correre dietro alle gonnelle*, essere un donnaiolo.
gon|nel|lì|no *s.m.* **1** gonna piccola e corta, portata spec. da tenniste, pattinatrici e sim. **2** gonna corta da uomo di alcuni costumi tradizionali: — *scozzese*.
gò|no- (*med., biol.*) primo elemento di parole composte che indica relazione con gli organi generativi (*gonocito*).
-gò|no (*geom.*) secondo elemento di parole composte che significa "angolo" (*poligono*).
go|no|ci|to *s.m.* (*biol.*) cellula germinativa maschile e femminile che dà origine ai gameti.
go|nor|rè|a *s.f.* (*med.*) malattia venerea contagiosa; blenorragia.
gón|zo *agg., s.m.* [f. *-a*] che si fa ingannare facilmente; credulone.
gó|ra *s.f.* **1** canale che serve per l'irrigazione o per portare acqua a un mulino **2** stagno, acquitrinio **3** alone che resta attorno a una macchia smacchiata male.
gor|dià|no *agg.* nella loc. *nodo* —, situazione difficile da risolvere.
gor|gheg|già|re *v.intr., tr.* [indic.pres. *io gorghéggio...*; aus. dell'intr. A] cantare con gorgheggi.
gor|ghég|gio *s.m.* **1** (*mus.*) passaggio rapido e virtuosistico di più note sulla stessa vocale **2** canto armonioso di uccello: *i gorgheggi dell'usignolo*.
gòr|gia *s.f.* [pl. -*ge*] parlata gutturale | — *toscana*, pronuncia aspirata delle consonanti occlusive sorde in posizione intervocalica, tipica della maggior parte delle parlate toscane.
gor|giè|ra *s.f.* **1** nelle antiche armature, parte che proteggeva la gola | (*sport*) protezione di tela imbottita posta sotto la maschera per difendere il collo dello schermitore **2** nell'abbigliamento femminile medievale, benda di tela che fasciava la gola | colletto di pizzo o di tela pieghettata in uso nel Seicento.
gór|go *s.m.* [pl. -*ghi*] **1** punto in cui il letto di un fiume o di un torrente si abbassa improvvisamente formando una cavità | (*estens.*) mulinello formato dall'acqua in tale punto **2** (*fig.*) vortice, abisso morale.
gor|go|glià|re *v.intr.* [indic.pres. *io gorgóglio...*; aus. A] **1** detto dell'acqua, scorrere producendo una specie di brontolio **2** detto dell'intestino, brontolare.
gor|go|glìo[1] *s.m.* **1** rumore di un liquido che gorgoglia **2** brontolio dell'intestino.
gor|go|glì|o[2] *s.m.* un gorgogliare continuato.
gòr|go|ne o **gorgóne** *s.f.* **1** (*mit.*) uno dei tre mostri alati, con volto femminile e serpenti al posto dei capelli, che pietrificavano chi li guardava | (*arch.*) motivo ornamentale rappresentante

una testa di gorgone **2** (*estens.*) donna scarmigliata, sciatta.
gor|gon|zò|la *s.m.* formaggio vaccino da tavola dal profumo intenso, con venature verdastre dovute a muffe che si sviluppano durante la stagionatura.
go|ril|la *s.m.invar.* **1** grande scimmia antropomorfa africana, con braccia lunghe, pelle nera e folto pelo scuro **2** (*fig.*) persona robusta e dai modi grossolani **3** (*fig.*) guardia del corpo.
gospel (*ingl.*) *s.m.invar.* genere musicale religioso degli afroamericani, caratterizzato dal canto a una o più voci e dallo schema a domanda e risposta.
gossip (*ingl.*) *s.m.invar.* pettegolezzo.
gò|ta *s.f.* (*lett.*) guancia.
gò|tha *s.m.invar.* **1** aristocrazia **2** (*estens.*) l'élite di un determinato settore: *il — della finanza.*
gò|ti|co *agg.* [m.pl. *-ci*] **1** dei Goti | *scrittura gotica*, scrittura con tratti spezzati e angolosi diffusasi in Europa occidentale a partire dal sec. XII e a lungo in uso nei paesi germanici **2** detto di uno stile architettonico e figurativo sviluppatosi in Europa a partire dal sec. XII | *arco —*, a sesto acuto **3** *romanzo —*, di carattere macabro e misterioso e ambientazione medievale ♦ *s.m.* **1** la lingua dei Goti | (*fig.*) linguaggio e scrittura incomprensibili **2** lo stile gotico | l'arte gotica.
gò|to *s.m.* appartenente a un'antica popolazione germanica stanziata originariamente sul Baltico, scesa in Italia nel sec. V e divisa nei due rami di Visigoti e Ostrogoti.
gót|ta *s.f.* (*med.*) artrite acuta causata da depositi di cristalli di acido urico nelle articolazioni.
gòt|to *s.m.* (*region.*) grande bicchiere di vetro con o senza manico | (*estens.*) il contenuto di tale bicchiere: *un — di vino*.
got|tó|so *agg.* (*med.*) **1** relativo alla gotta **2** malato di gotta ♦ *s.m.* [f. *-a*] chi è malato di gotta.
gourmet (*fr.*) [pr. *gurmé*] *s.m.invar.* intenditore di cibi e di vini | (*estens.*) raffinato buongustaio.
go|ver|na|bi|le *agg.* **1** che può essere governato **2** che si governa facilmente.
go|ver|na|bi|li|tà *s.f.* **1** condizione di ciò che è governabile **2** (*polit.*) possibilità di governare in modo duraturo, senza frequenti crisi politiche.
go|ver|nàn|te *part.pres. di* governare ♦ *agg.* che governa ♦ *s.m./f. spec.pl.* i politici che governano uno Stato: *governanti corrotti* ♦ *s.f.* donna stipendiata cui è affidata la gestione della casa.
go|ver|nà|re *v.tr.* [indic.pres. *io govèrno*...] **1** (anche assol.) esercitare il potere politico e amministrativo di uno Stato, di una regione o di un ente amministrativo: *— bene, male; — la Provincia di Milano* **2** guidare, dirigere: *— un'azienda* **3** dirigere un'imbarcazione o un aeromobile ♦ (*estens.*) manovrare: *— un grosso automezzo* | (*fig.*) guidare: *il caso sembra — le vicende umane* **4** accudire a persone o animali ♦ *s.m. A*] detto di natante, mantenere la rotta ♦ *-rsi rifl.* badare a sé; regolarsi.
go|ver|na|ti|vo *agg.* **1** del governo: *provvedimento —* **2** che sostiene il governo: *stampa governativa.*
go|ver|na|to|rà|to *s.m.* **1** l'ufficio e la carica di governatore **2** territorio sottoposto al potere di un governatore.
go|ver|na|tó|re *s.m.* **1** alto funzionario che governa un territorio facente parte di un'entità statale più ampia | capo dell'esecutivo di ciascuno degli Stati degli USA: *il — della California* **2** direttore di un istituto finanziario: *— della Banca d'Italia.*
go|vèr|no *s.m.* **1** l'atto di governare ql.co. o il fatto di essere governato | direzione politica e amministrativa di uno Stato o di un'entità amministrativa: *il — del paese* **2** organo costituzionale cui compete il potere esecutivo | il presidente del consiglio e i ministri: *riunione di —* **3** forma costituzionale di uno Stato: *— monarchico, repubblicano* **4** direzione della casa | cura di animali **5** guida di un mezzo di trasporto.
góz|zo¹ *s.m.* **1** (*med.*) rigonfiamento del collo dovuto all'ingrossamento della tiroide **2** (*fam.*) stomaco | *riempirsi il —*, mangiare smodatamente | (*fig.*) *stare sul — a qlcu.*, risultargli antipatico, insopportabile: *quel tuo amico mi sta sul —* **3** negli uccelli, parte dilatata dell'esofago, nella quale il cibo può essere trattenuto per poi passare lentamente nello stomaco.
góz|zo² *s.m.* piccola barca a remi, da pesca o da diporto, talvolta con vela.
goz|zo|vì|glia *s.f.* baldoria di persone che mangiano e bevono smodatamente: *fare gozzoviglie.*
goz|zo|vi|glià|re *v.intr.* [indic.pres. *io gozzoviglio*...; aus. *A*] mangiare e bere in abbondanza e in compagnia.
grac|chià|re *v.intr.* [indic.pres. *io gràcchio*...; aus. *A*] **1** detto di corvo, cornacchia e gazza, emettere il verso rauco e stridente che è loro caratteristico | detto di rane e sim., gracidare **2** (*estens.*) parlare con voce sgradevole o in modo fastidioso | emettere suoni stridenti, detto di apparecchi radiofonici o televisivi.
gràc|chio *s.m.* verso del corvo, della cornacchia e sim.
gra|ci|dà|re *v.intr.* [indic.pres. *io gràcido*...; aus. *A*] **1** detto della rana, emettere un verso rauco e intermittente **2** di persona, parlare con voce sgradevole e stridula.
gra|ci|dì|o *s.m.* il gracidare prolungato e insistente tipico di rane e sim.
grà|ci|le *agg.* **1** che ha una struttura fisica minuta, delicata | debole, fragile: *— di salute* **2** (*fig.*) privo di forza, di vigore: *un ingegno —* □ **gracilmente** *avv.*
gra|ci|li|tà *s.f.* debolezza, fragilità.
gra|das|sà|ta *s.f.* azione o discorso da gradasso.
gra|dàs|so *s.m.* chi si vanta di fare cose straordinarie, senza averne la capacità; spaccone: *fa sempre il —!*
gra|da|zió|ne *s.f.* **1** sequenza di gradi intermedi tra due estremi: *— di colori* **2** percentuale di al-

col, espressa in gradi, contenuta in una bevanda alcolica: *alta, bassa —*.
gra|dé|vo|le *agg.* che risulta gradito; piacevole: *una — compagnia* □ **gradevolmente** *avv.*
gra|de|vo|léz|za *s.f.* caratteristica di ciò che è gradevole.
gra|dièn|te *s.m.* (*fis.*) variazione di una grandezza rispetto a una direzione | *— barico*, rapporto tra la differenza di pressione atmosferica di due isobare e la loro distanza | *— termico*, rapporto tra la temperatura in due punti dell'atmosfera e la loro distanza.
gra|di|mén|to *s.m.* 1 senso di piacere provocato da cosa o persona gradita 2 (*estens.*) apprezzamento, approvazione: *la sua proposta ha incontrato il — generale* | *indice di —*, valutazione statistica dell'apprezzamento del pubblico per uno spettacolo radiofonico o televisivo.
gra|dì|na *s.f.* scalpello con tacche usato per scolpire il marmo.
gra|di|nà|ta *s.f.* 1 scalinata 2 nei teatri e negli stadi, ordine di posti in file digradanti: *sedere in —* | (*estens.*) il pubblico che siede in tali posti.
gra|dì|no *s.m.* 1 breve ripiano costruito o scavato per superare un dislivello; scalino: *salire tre gradini* | (*fig.*) ciascuno dei gradi intermedi di una scala di valori: *i gradini della scala sociale* 2 nell'alpinismo, intaccatura praticata con la piccozza nella neve o nel ghiaccio per appoggiare i piedi.
gra|di|re *v.tr.* [indic.pres. *io gradisco, tu gradisci...*] 1 accettare con piacere; apprezzare: *gradirei una birra* | *tanto per —*, per non offendere con un rifiuto 2 desiderare: *gradirei sentire il tuo parere*.
gràdo[1] *s.m.* 1 ciascuno degli stadi intermedi che conducono da un livello a un altro: *procedere — per —* | livello: *— di preparazione* 2 in una scala di valori, posto che ciascuno di essi occupa rispetto agli altri | *— di parentela*, legame più o meno stretto che unisce tra loro le persone che discendono da uno stesso capostipite | (*anche ell.*) (*interrogatorio di) terzo —*, quello condotto con metodi duri 3 (*gramm.*) *— dell'aggettivo, dell'avverbio*, ognuna delle variazioni dell'intensità della qualità o della condizione espressa da un aggettivo o un avverbio: *— comparativo, superlativo* 4 il posto occupato da una persona in una gerarchia, in un'amministrazione e sim.: *avere il — di capitano* | (*spec.pl.*) distintivo applicato sull'uniforme dei militari per indicare la posizione raggiunta in tale gerarchia 5 termine che indica varie unità di misura | unità di misura dell'intensità di un terremoto | (*anche ell.*) — (*sessagesimale*), unità di misura degli angoli (*simb.* °) | *— Celsius, Fahrenheit*, unità di misura della temperatura | *— alcolico*, unità di misura del contenuto di alcol nelle bevande alcoliche 6 condizione, capacità: *essere in — di decidere*.
gràdo[2] *s.m.* (*ant.*) gradimento | *di buon —*, volentieri.
-grà|do (*scient.*) secondo elemento di parole composte che significa "camminare" (*plantigrado*).
gra|dó|ne *s.m.* 1 superficie piana ricavata su un forte pendio; terrazzo 2 (*estens.*) largo gradino di una tribuna dove siede il pubblico.
gra|du|à|bi|le *agg.* che si può graduare.
gra|dua|bi|li|tà *s.f.* l'essere graduabile.
gra|du|à|le *agg.* che procede, si realizza per gradi: *riforma —* □ **gradualmente** *avv.* per gradi.
gra|dua|li|smo *s.m.* propensione a procedere per gradi.
gra|dua|li|tà *s.f.* condizione di ciò che è graduale: *applicare una nuova legge con —*.
gra|du|à|re *v.tr.* [indic.pres. *io gràduo...*] 1 organizzare in maniera graduale: *— il processo di apprendimento* 2 dividere in gradi la scala di uno strumento: *— un termometro* 3 conferire un grado, spec. militare 4 classificare secondo una graduatoria: *— i partecipanti a un concorso*.
gra|du|à|to *part.pass. di* graduare ♦ *agg.* 1 ordinato per gradi 2 diviso in gradi: *barometro —* ♦ *s.m.* militare di truppa con grado di caporale o caporal maggiore.
gra|dua|tò|ria *s.f.* classificazione dei partecipanti a una gara o a un concorso stilata in base a un particolare criterio: *pubblicare la —* | la successione stessa: *— dei vincitori*.
gra|dua|zió|ne *s.f.* 1 ordinamento per gradi 2 scala graduata di uno strumento di misurazione.
gra|fè|ma *s.m.* [pl. *-i*] (*ling.*) simbolo grafico che rappresenta un suono di una lingua; lettera.
gràf|fa *s.f.* 1 parentesi che unisce più righe o racchiude un'espressione matematica 2 fermaglio metallico per unire fogli 3 (*edil.*) grappa ♦ *agg.*: *parentesi —*.
graf|fa|trì|ce *s.f.* cucitrice a punti metallici.
graf|fét|ta *s.f.* fermaglio o punto metallico per unire fogli.
graf|fiàn|te *part.pass. di* graffiare ♦ *agg.* mordace, tagliente: *battuta —*.
graf|fià|re *v.tr.* [indic.pres. *io gràffio...*] 1 lacerare la pelle con le unghie o con uno strumento appuntito 2 (*estens.*) intaccare la superficie di ql.co.; scalfire: *— le pareti con un chiodo* 3 (*fig., anche assol.*) ferire con parole: *graffia con la sua ironia* ♦ *-rsi rifl.* ferirsi con graffi ♦ *intr.pron.* riportare dei graffi: *la giacca di pelle si è graffiata*.
graf|fià|ta *s.f.* l'atto di graffiare | graffio.
graf|fia|tù|ra *s.f.* 1 segno lasciato sulla pelle da un graffio | ferita superficiale 2 (*estens.*) scalfittura su una superficie.
graf|fiét|to *s.m.* 1 piccolo graffio 2 strumento con punta metallica usato per incidere legno, pietra, metallo e sim.
gràf|fio *s.m.* ferita superficiale lasciata sulla pelle o su altra superficie dalle unghie o da oggetti appuntiti o ruvidi: *l'auto è piena di graffi*.
graf|fì|re *v.tr.* [indic.pres. *io graffisco, tu graffisci...*] incidere una superficie realizzando un graffito.
graf|fì|to *s.m.* 1 tecnica di incisione su una superficie dura, che mette in evidenza uno strato sottostante di colore diverso | la figura ottenuta

con tale tecnica 2 scritte o disegni realizzati con vernici spray su muri, treni e sim. ♦ *agg.* inciso con una punta: *superficie graffita*.
gra|fì|a *s.f.* **1** il modo di scrivere una parola: *la corretta* — **2** il modo personale di tracciare i caratteri proprio di una persona; scrittura: *avere una* — *disordinata*.
-gra|fì|a secondo elemento di parole composte che significa "descrizione" (*agiografia, iconografia*).
grà|fi|ca *s.f.* **1** arte, tecnica della realizzazione e della riproduzione di disegni, stampe e sim.: — *computerizzata* **2** l'insieme delle caratteristiche esteriori di un'opera a stampa | (*inform.*) l'insieme delle caratteristiche grafiche di un sito internet o dell'interfaccia di un programma: — *accattivante* **3** l'insieme delle opere d'arte grafica di un artista o di un periodo: *la — di Matisse*.
grà|fi|co *agg.* [m.pl. -*ci*] **1** relativo alla scrittura: *segno* — | *variante grafica*, modo alternativo di scrivere una stessa parola **2** relativo alla riproduzione a stampa: *arti grafiche* **3** che si esprime attraverso un disegno: *rappresentazione grafica* **4** (*inform.*) che riguarda la produzione e la riproduzione di immagini attraverso il computer: *scheda grafica* ♦ *s.m.* **1** rappresentazione grafica di un fenomeno: *il — dell'andamento demografico* **2** lavoratore specializzato in arti grafiche | disegnatore che lavora nell'editoria e nel settore pubblicitario □ **graficamente** *avv.* **1** per quanto riguarda la grafia **2** per mezzo di un disegno, di un diagramma.
gra|fì|te *s.f.* minerale di carbonio, grigio scuro e lucente, usato per le mine delle matite e per varie produzioni industriali.
grà|fo-, -grà|fo primo e secondo elemento di parole composte che significa "scrivere" (*grafologia, autografo*).
gra|fo|lo|gì|a *s.f.* studio del carattere e della psicologia attraverso l'esame della grafia.
gra|fo|lò|gi|co *agg.* [m.pl. -*ci*] relativo alla grafologia: *esame* —.
gra|fò|lo|go *s.m.* [f. -*a*; m.pl. -*gi*] esperto di grafologia.
gra|fò|ma|ne *s.m./f.* [m.pl. -*i*] (*psic.*) chi è affetto da grafomania | (*estens., anche scherz.*) chi ha la mania di scrivere sempre.
gra|fo|ma|nì|a *s.f.* (*psic.*) tendenza a scrivere in modo ossessivo | (*estens., anche scherz.*) mania di scrivere.
gra|gnò|la o **gragnuòla** *s.f.* **1** (*region.*) grandine fitta **2** (*fig.*) serie ininterrotta; scarica: *una — di colpi*.
gra|mà|glie *s.f.pl.* indumenti scuri da lutto: *vestire in* —.
gra|mì|gna *s.f.* pianta erbacea perenne infestante, con lunghe spighe verdi e foglie lineari | *crescere come la* —, diffondersi rapidamente.
Gra|mi|nà|ce|e *s.f.pl.* famiglia di piante erbacee o arbustive monocotiledoni, con fiori raccolti in spighe e frutti a cariosside (p.e. frumento, granturco, avena, riso).
-gràm|ma secondo elemento di parole composte che significa "rappresentazione grafica" (*elettrocardiogramma*) o "dispaccio, comunicazione" (*telegramma*).
gram|mà|ti|ca *s.f.* **1** l'insieme delle strutture fonologiche, grafiche, morfologiche e sintattiche di una lingua: *la — del latino* **2** scienza che studia e spiega tali strutture | (*estens.*) l'insegnamento di tale scienza: *fare i compiti di* — **3** il libro che illustra la grammatica di una lingua: *consultare la — greca* **4** l'insieme di abilità e competenze necessarie per parlare e scrivere correttamente: *avere una buona* — **5** (*estens.*) l'insieme delle cognizioni basilari di una scienza, di un'arte e sim.: *la — della musica* **6** (*inform.*) complesso di regole che stabiliscono i modi di collegare gli elementi di un linguaggio di programmazione.
gram|ma|ti|cà|le *agg.* **1** relativo alla grammatica | *analisi* —, quella che definisce le funzioni delle parti del discorso **2** (*ling.*) che segue le regole grammaticali: *costruzione* — □ **grammaticalmente** *avv.* dal punto di vista grammaticale | secondo le regole grammaticali.
gram|ma|ti|ca|liz|zà|re *v.tr.* (*ling.*) dotare di funzione grammaticale un elemento del lessico ♦ **-rsi** *intr.pron.* (*ling.*) acquisire funzione grammaticale.
gram|mà|ti|co *s.m.* **1** [f. -*a*] studioso di grammatica **2** (*spreg.*) letterato o critico pedante, attento solo al rispetto delle regole grammaticali.
gram|ma|tù|ra *s.f.* peso in grammi di una carta, di una stoffa e sim., calcolato per un metro quadro di superficie.
grammelot (*fr.*) [pr. gramlò] *s.m.invar.* tecnica recitativa in cui l'attore pronuncia una serie di suoni che imitano le espressioni di una o più lingue o dialetti.
gràm|mo *s.m.* **1** unità di misura di peso equivalente a 1 centimetro cubo di acqua distillata alla temperatura di 4 gradi centigradi (*simb.* g) **2** unità di misura di massa equivalente alla millesima parte di un campione in platino definito chilogrammo; è detto anche *grammo-massa*.
-gràm|mo secondo elemento di parole composte che indicano multipli e sottomultipli del *grammo* (*ettogrammo*).
gram|mo|à|to|mo *s.m.* [pl. *grammoatomi*] (*chim., fis.*) quantità in grammi di una sostanza corrispondente al suo peso atomico.
gram|mò|fo|no *s.m.* (*antiq.*) apparecchio che riproduce suoni incisi su dischi; giradischi.
gram|mo|mo|lè|co|la *s.f.* [pl. *grammomolecole*] (*chim., fis.*) quantità in grammi di una sostanza corrispondente al suo peso molecolare.
grà|mo *agg.* misero, infelice: *vita grama* | inferiore alle aspettative; scarso: *raccolto* — | di qualità scadente.
gra|mo|la *s.f.* **1** macchina che separa le fibre tessili della canapa e del lino da quelle legnose **2** arnese usato dai pastai per battere la pasta e renderla soda.
gra|mo|là|re *v.tr.* [indic.pres. *io gràmolo*...] **1** lavorare il lino o la canapa con la gramola **2** battere la pasta con la gramola.

grà|na¹ *s.f.* **1** struttura granulosa della superficie o della parte interna di un corpo: — *grossa, fina* **2** (*foto.*) struttura granulare dei sali d'argento di un'emulsione fotografica **3** il corpo dissecato della cocciniglia, usato per ricavare una tintura color carminio | (*estens.*) il colore stesso ♦ *s.f.* (*fam.*) seccatura, fastidio: *non voglio grane* | *piantare una* —, creare un problema, una seccatura.

grà|na² *s.m.* formaggio semigrasso a pasta dura prodotto in Emilia-Romagna e Lombardia.

grà|na³ *s.f.* (*gerg.*) denaro, soldi: *scuci la* —.

gra|nà|glia *s.f. spec.pl.* denominazione generica di biade e grani alimentari.

gra|nà|io *s.m.* **1** locale in cui si ripongono grano e cereali **2** (*fig.*) zona che produce molto grano: *l'Africa era il* — *di Roma.*

gra|nà|rio *agg.* relativo al grano: *commercio* —.

gra|nà|ta¹ *s.f.* (*region.*) scopa di saggina.

gra|nà|ta² *s.f.* **1** frutto del melograno; melagrana **2** pietra pregiata di colore rosso scuro ♦ *s.m./f. invar.* giocatore o tifoso della squadra di calcio del Torino, la cui maglia è rosso scura: *netta vittoria dei* — ♦ *agg.invar.* **1** di colore rosso scuro **2** relativo alla squadra di calcio del Torino: *la tifoseria* —.

gra|nà|ta³ *s.f.* (*mil.*) bomba a mano | proiettile d'artiglieria.

gra|na|tiè|re *s.m.* **1** (*mil.*) soldato di un corpo scelto di fanteria, di statura superiore alla media **2** (*scherz.*) persona robusta e molto alta.

gra|na|tì|na *s.f.* **1** sciroppo ricavato dai semi della melagrana **2** bibita di sciroppo e ghiaccio tritato; granita.

gra|nà|to¹ *agg.* **1** che ha molti grani: *mela granata* **2** di colore rosso scuro ♦ *s.m.* melograno.

gra|nà|to² *s.m.* **1** pietra preziosa di colore rosso scuro; granata | (*min.*) *granati*, minerali molto duri di colore verde o rosso usati come pietre preziose se puri, come abrasivi se impuri **2** nome generico di diversi coloranti sintetici rossi.

gran|càs|sa *s.f.* tamburo di grandi dimensioni e dal timbro cupo che viene suonato per mezzo di un mazzuolo o di un pedale | (*fig.*) *battere la* —, fare una propaganda chiassosa.

gran|ché *pron.indef.* [solo in frasi negative] cosa di particolare rilievo o valore: *il film non è stato un* — ♦ *avv.* molto: *non vale* —.

gràn|chio *s.m.* **1** nome comune di diversi crostacei con corazza piatta e potenti chele, solitamente commestibili **2** (*fig.*) cantonata, abbaglio: *prendere un* —.

gran|cró|ce *s.f.* la massima onorificenza di molti ordini cavallereschi.

gran|dan|go|là|re *agg., s.m.* (*foto.*) detto di obiettivo con ampio angolo di presa, usato spec. per riprendere paesaggi.

gran|dàn|go|lo *s.m.* (*foto.*) obiettivo grandangolare.

gràn|de *agg.* [si può troncare in *gran* davanti a sostantivi che iniziano per consonante o gruppi consonantici che non siano *s* impura, *z, x, gn, ps*; compar. *più grande* o *maggiore*; superl. *grandis-* *simo* o *massimo*] **1** che supera la misura ordinaria per dimensioni, intensità, quantità, qualità, doti: *una* — *villa*; *una* — *voglia* | anteposto a un aggettivo, gli dà valore superlativo: *una gran bella ragazza* | ha funzione rafforzativa anche davanti a taluni sostantivi: *un gran parlatore* | *a gran voce*, gridando **2** che ha dimensioni maggiori rispetto a un'altra cosa della stessa specie: *la piazza* — **3** di persona che eccelle: *un* — *poeta* | segue il nome di sovrani e papi illustri: *Alessandro il Grande* | precede alcuni titoli per indicare il massimo grado: *grand'ammiraglio* **4** alto: *un ragazzo* — *e grosso* | (*fam.*) adulto: *potrai capire quando sarai* — **5** di grande rilievo, importante: *una* — *scoperta* **6** solenne: *grandi festeggiamenti* **7** in frasi comparative o interrogative, o quando è determinato da numeri, si riferisce a una misura: *un podere* — *otto ettari*; *qual è il più* — *dei due?* ♦ *s.m.* **1** persona adulta: *giochi per grandi* **2** personaggio di particolare rilievo, prestigio o potere: *i grandi del mondo* | chi si è coperto di gloria, di fama: *i grandi dell'antichità* **3** (*gerg.*) persona particolarmente abile o affascinante: *essere un* — | *in* —, a grandi dimensioni, in grande misura: *fare le cose in* — | *alla* —, magnificamente ☐ **grandemente** *avv.* molto, assai.

gran|deg|già|re *v.intr.* [indic.pres. *io grandéggio...*; aus. *A*] **1** (*lett.*) essere grande | emergere per grandezza: *grandeggia per la sua intelligenza* **2** darsi arie | vivere sfarzosamente: *gli piace* —.

gran|déz|za *s.f.* **1** caratteristica di ciò che è grande **2** misura, dimensioni: *la* — *di un mobile* | *a* — *naturale*, si dice di ogni riproduzione che abbia le stesse dimensioni dell'originale: *statua a* — *naturale* **3** (*mat., fis.*) ogni ente che può essere misurato | *grandezze omogenee*, della stessa specie **4** (*fig.*) eccellenza, genialità: *la* — *di Mozart* | potenza **5** fasto, ostentazione di ricchezza o di potere: *manie di* —.

grand-guignol (*fr.*) [pr. *gran ghignòl*] *s.m. invar.* rappresentazione teatrale in cui predominano scene drammatiche e toni macabri o raccapriccianti.

gran|di|nà|re *v.intr.impers.* [indic.pres. *gràndina...*; aus. *E* o *A*] detto della grandine, cadere: *grandina da due ore* ♦ *intr.* [aus. *E*] cadere violentemente come la grandine: *grandinavano sassi.*

gran|di|nà|ta *s.f.* **1** scroscio di grandine | (*estens.*) scarica, gragnola: *una* — *di pugni* **2** la grandine caduta.

gràn|di|ne *s.f.* **1** precipitazione di chicchi di ghiaccio | i chicchi di ghiaccio che cadono durante tale precipitazione **2** (*fig.*) scarica fitta e violenta: *una* — *di improperi.*

gran|di|nì|o *s.m.* un grandinare continuo e violento.

gran|dio|si|tà *s.f.* **1** carattere di ciò che è grandioso; imponenza: *la* — *di un monumento* **2** ostentazione di grandezza.

gran|dió|so *agg.* **1** imponente per dimensioni e stile; monumentale: *costruzioni grandiose* **2** (*estens., fam.*) eccellente, eccezionale: *uno spet-*

tacolo — | come esclamazione viene usato per esprimere soddisfazione, apprezzamento: —*! 3* che ostenta ricchezza ♦ *s.m.*: persona che ostenta ricchezza: *fare il* — □ **grandiosamente** *avv.*
gran|dù|ca *s.m.* [pl. *-chi*] **1** sovrano di un granducato: *il — di Toscana* **2** persona insignita del grado di nobiltà inferiore a quello di re e superiore a quello di duca.
gran|du|cà|le *agg.* di granduca o granducato.
gran|du|cà|to *s.m.* titolo e dignità di granduca | Stato retto da un granduca.
gran|du|chés|sa *s.f.* moglie o figlia di granduca | sovrana di un granducato.
gra|nèl|lo *s.m.* **1** chicco di grano e di altri cereali: *un — d'orzo* **2** seme di vari frutti **3** (*estens.*) cosa piccola e tondeggiante: *— di sabbia* **4** (*fig.*) quantità minima: *un — di follia*.
gra|ni|col|lo *agg.* relativo alla coltivazione e alla produzione del grano.
gra|ni|col|tù|ra *s.f.* la coltivazione del grano.
gra|ni|glia *s.f.* **1** materiale da costruzione formato da piccoli frammenti di pietra **2** impasto di cemento e frammenti di marmo, impiegato nella fabbricazione delle piastrelle.
gra|ni|ta *s.f.* ghiaccio tritato con aggiunta di succhi di vario gusto; granatina | (*estens.*) bibita a base di sciroppo e ghiaccio tritato; granatina: *una — all'arancia*.
gra|ni|ti|co *agg.* [m.pl. *-ci*] **1** che ha natura di granito: *pietra granitica* **2** (*fig.*) di grande forza e saldezza; incrollabile: *carattere —*.
gra|ni|to *s.m.* roccia cristallina, biancastra o rossastra, usata per la sua durezza come materiale da costruzione.
gra|ni|vo|ro *agg.* detto spec. di uccelli, che si nutre di grano o di cereali.
gran|ma|é|stro o **gràn maéstro** *s.m.* capo supremo di un ordine cavalleresco | massimo grado gerarchico della massoneria.
gra|no *s.m.* **1** frumento: *raccogliere il —* | *— duro*, ricco di glutine tenace, è usato spec. per le paste alimentari | *— tenero*, ricco di amido e glutine morbido, è usato spec. per la panificazione **2** seme | *i grani*, le granaglie **3** (*estens.*) granello: *un — di pepe* | (*fig.*) piccola quantità di ql.co.: *non hai un — di buon senso* **4** misura di peso usata per pietre preziose e in farmacia, equivalente a un quarto di carato **5** ogni perla della corona del rosario **6** (*pop.*) denaro | *fare il —*, guadagnare molto; diventare ricco.
gran|tùr|co *s.m.* pianta erbacea perenne che produce cariossidi gialle commestibili raccolte in pannocchie e impiegate per produrre farina, olio e alcol; mais.
gran|tu|ri|smo *s.f.* automobile sportiva a due posti ♦ *agg.invar.*: *autovettura —*.
gra|nu|là|re *agg.* formato da grani: *medicinale —* | ridotto in granuli.
gra|nu|la|zió|ne *s.f.* **1** riduzione di una sostanza in granuli **2** (*med.*) l'insieme dei granuli che si formano durante la cicatrizzazione di una ferita **3** (*astr.*) aspetto della fotosfera solare, che appare formata da minuscoli grani luminosi.

grà|nu|lo *s.m.* **1** piccolo grano, granello **2** piccola pillola di medicinale.
gra|nu|lo|cì|ta *s.m.* cellula ematica che si distingue per le caratteristiche granulazioni del citoplasma e per l'aspetto irregolare del nucleo.
gra|nu|ló|ma *s.m.* [pl. *-i*] (*med.*) neoformazione nodulare di natura infiammatoria.
gra|nu|lo|me|trì|a *s.f.* (*scient.*) misurazione delle dimensioni dei granuli di un materiale e determinazione della loro forma.
gra|nu|lo|si|tà *s.f.* caratteristica di ciò che è granuloso.
gra|nu|ló|so *agg.* che è formato da granuli o li contiene: *sostanza granulosa*.
gràp|pa[1] *s.f.* acquavite di vinacce a forte gradazione alcolica.
gràp|pa[2] *s.f.* **1** (*edil.*) elemento metallico impiegato per collegare due elementi di una costruzione in legno o altro materiale **2** fermaglio; graffa.
grap|pi|no[1] *s.m.* bicchierino di grappa: *bere un —*.
grap|pi|no[2] *s.m.* **1** ancora a quattro marre **2** amo a due o più punte.
gràp|po|lo *s.m.* **1** infiorescenza e infruttescenza formata da fiori o frutti attaccati a un asse centrale: *— d'uva* **2** (*fig.*) raggruppamento di persone, animali o cose.
gras|sàg|gio *s.m.* lubrificazione con grasso delle parti snodate di una macchina o di un meccanismo.
gras|sèl|lo *s.m.* calce spenta mista ad acqua che viene mescolata con la sabbia per preparare una malta da costruzione.
gras|sét|to *agg.*, *s.m.* carattere tipografico più spesso dell'ordinario; neretto.
gras|séz|za *s.f.* **1** condizione di chi è grasso **2** (*fig.*) abbondanza, ricchezza.
gràs|so *agg.* **1** che ha eccesso di tessuto adiposo: *un ragazzo —* | *piante grasse*, con foglie e fusto carnosi **2** detto di cibo, che contiene molti grassi **3** (*fig.*) abbondante, vantaggioso: *raccolto —* | fertile: *terreno —* | ricco: *la borghesia grassa* | *risate grasse*, smodate **4** untuoso: *capelli grassi* | (*estens.*) viscoso, denso **5** (*fig.*) volgare: *parole grasse* | come *avv.*: *parlar —*, in maniera sboccata ♦ *s.m.* **1** tessuto adiposo umano e animale **2** sostanza untuosa, lubrificante **3** (*chim.*) composto organico naturale, animale e vegetale, insolubile in acqua (detto anche *lipide*) □ **grassamente** *avv.* **1** in modo licenzioso; volgarmente **2** riccamente, abbondantemente.
gras|só|ne *s.m.* [f. *-a*] (*spreg.*) persona molto grassa.
grà|ta *s.f.* inferriata costituita da sbarre di metallo o di legno incrociate.
gra|tèl|la *s.f.* **1** piccola grata **2** graticola per cucinare.
gra|tic|cià|re *v.tr.* [indic.pres. *io graticcio...*] riparare, proteggere con graticci.
gra|tic|cià|ta *s.f.* riparo o chiusura di graticci.
gra|tic|cià|to *s.m.* ripiano di graticci sul quale si depone la frutta da far seccare.
gra|tìc|cio *s.m.* **1** stuoia di canne o di vimini

graticola

usata come sostegno, protezione o riparo 2 stuoia di canne o di vimini per far seccare la frutta o allevare i bachi da seta.
gra|ti|co|la *s.f.* 1 utensile da cucina per arrostire carni o pesci sulla fiamma viva; griglia | (*st.*) strumento di tortura formato da un telaio di ferro su cui il condannato veniva bruciato lentamente 2 inferriata, piccola grata.
gra|ti|fi|ca *s.f.* compenso straordinario aggiunto alla normale retribuzione: — *natalizia*.
gra|ti|fi|càn|te *part.pres.* di gratificare ♦ *agg.* che dà soddisfazione: *un lavoro* —.
gra|ti|fi|cà|re *v.tr.* [indic.pres. *io gratifico, tu gratifichi...*] 1 concedere una gratifica: — *un dipendente* 2 procurare soddisfazione: *questo lavoro non mi gratifica*.
gra|ti|fi|ca|zió|ne *s.f.* soddisfazione; intimo compiacimento.
gratin (*fr.*) [pr. *gratèn*] *s.m.invar.* piatto cotto al forno con besciamella, formaggio e pane grattugiato, in modo che si formi una crosta dorata e croccante | *al* —, si dice di cibo così cucinato.
gra|ti|nà|re *v.tr.* cuocere al gratin.
gràtis *avv.* in modo gratuito.
gra|ti|tù|di|ne *s.f.* riconoscenza: *mostrare* —.
grà|to *agg.* 1 riconoscente: *essere — a qlcu. per ql.co.* 2 gradito: *un — ricordo*.
grat|ta|cà|po *s.m.* noia, seccatura: *causare, procurare grattacapi*.
grat|ta|ciè|lo *s.m.* edificio con un numero di piani elevato e grande sviluppo in altezza.
grat|tà|re *v.tr.* [indic.pres. *io gratto...*] 1 strofinare la pelle per far passare il prurito | (*fig., pop.*) *grattarsi la pancia*, oziare 2 (*estens.*) graffiare, raschiare: — *via la vernice* | (*fam.*) grattugiare 3 (*fig., pop.*) rubare: *mi hanno grattato il portafogli* ♦ *intr.* [aus. *A*] stridere, fare attrito ♦ **-rsi** *rifl.* strofinarsi la pelle per far cessare il prurito.
grat|tà|ta *s.f.* 1 l'atto di grattare, di grattarsi 2 (*gerg.*) rumore stridente provocato dall'innesto difettoso della marcia dell'automobile.
grat|tà|to *part.pass.* di grattare ♦ *agg.* grattugiato: *pan* —.
grat|tù|gia *s.f.* [pl. -*gie*] utensile da cucina con sporgenze appuntite per grattugiare formaggio, pane secco o altro.
grat|tu|già|re *v.tr.* [indic.pres. *io grattùgio...*] (*gastr.*) ridurre in briciole o in scagliette con la grattugia: — *la scorza del limone*.
gra|tui|tà *s.f.* (*anche fig.*) caratteristica di ciò che è gratuito: *la — di un'affermazione*.
gra|tùi|to *agg.* 1 che non si paga: *prestazione gratuita* | **prestito** —, senza interessi 2 (*fig.*) che non ha fondamento; ingiustificato: *offese gratuite* □ **gratuitamente** *avv.*
gra|và|me *s.m.* 1 (*spec.fig.*) peso, carico: — *di impegni* 2 tassa, imposta: — *fiscale* 3 (*dir.*) impugnazione di una sentenza.
gra|và|re *v.intr.* [indic.pres. *io gravo...*; aus. *E o A*] *anche fig.*) premere col proprio peso: *essere gravato di lavoro* ♦ *tr.* caricare: — *gli alunni di compiti* ♦ **-rsi** *rifl.* (*anche fig.*) sottoporsi a un peso: — *di responsabilità*.

gra|và|to *part.pass.* di grattare ♦ *agg.* (*anche fig.*) oppresso da un peso: *gravato di debiti*.
grà|ve *agg.* 1 (*fis.*) che subisce la forza di gravità ed è quindi dotato di peso: *corpo* — 2 (*estens.*) pesante | appesantito: *sentirsi la testa* — 3 faticoso 4 (*fig.*) difficile da sopportare: *un — disagio* 5 (*fig.*) che implica responsabilità, rischio: *una — decisione* | **malato** —, che è in pericolo di vita 6 di notevole gravità: *una — colpa* 7 (*fig.*) austero, solenne: *voce* — 8 (*mus.*) detto di suono basso, contrapposto ad *acuto* ♦ *s.m.* 1 (*fis.*) corpo soggetto alla forza di gravità 2 cosa seria, pericolosa: *il — è che...* □ **gravemente** *avv.* 1 in modo grave 2 solennemente: *parlare* —.
grà|vi- (*scient.*) primo elemento di parole composte che significa "gravità, gravitazione, peso" (*gravimetria*).
gra|vi|dàn|za *s.f.* 1 periodo dal concepimento al parto; gestazione: — *difficile* 2 la condizione della donna durante tale periodo: *essere in* —.
gra|vi|di|co *agg.* [m.pl. *-ci*] (*med.*) relativo alla gravidanza.
grà|vi|do *agg.* 1 che è in stato di gravidanza: *mucca gravida* 2 (*fig.*) carico, pieno: *sguardo* —
gra|vi|me|trì|a *s.f.* 1 (*fis.*) misurazione delle variazioni del campo gravitazionale terrestre.
gra|vì|me|tro *s.m.* strumento che misura piccole variazioni dell'accelerazione di gravità.
gra|vì|na¹ *s.f.* attrezzo con manico di legno, che serve da una parte come zappa, dall'altra come piccone.
gra|vì|na² *s.f.* profondo crepaccio scavato dalle acque nella roccia, con pareti scoscese.
gra|vi|tà *s.f.* 1 caratteristica di ciò che è grave: *la — dell'accaduto* 2 aspetto severo; austerità: *esprimersi con* — 3 (*fis.*) forza con cui la Terra attrae i corpi verso il proprio centro.
gra|vi|tà|re *v.intr.* [indic.pres. *io gràvito...*; aus. *A*] 1 tendere a un punto o girare attorno a esso, per effetto della legge di gravitazione: *i satelliti gravitano attorno ai pianeti* 2 (*fig.*) subire l'influsso di altri: *le zone periferiche gravitano intorno alla città*.
gra|vi|ta|zio|nà|le *agg.* (*fis.*) proprio della gravitazione; relativo alla gravitazione: *teoria* —.
gra|vi|ta|zió|ne *s.f.* (*fis.*) proprietà dei corpi di attrarsi reciprocamente.
gra|vo|si|tà *s.f.* (*anche fig.*) caratteristica di ciò che è gravoso.
gra|vó|so *agg.* 1 che grava col proprio peso 2 (*fig.*) faticoso, duro da sopportare: *impegno* — □ **gravosamente** *avv.*
grà|zia *s.f.* 1 fascino dovuto a un'armonica fusione di eleganza e dolcezza | *pl.* bellezza fisica femminile: *affascina con le sue grazie* | **concedere le proprie grazie**, concedersi fisicamente | *le Grazie*, nella mitologia greca e romana, le tre dee che simboleggiavano la bellezza 2 eleganza di atteggiamenti; garbo: *muoversi con* — 3 benevolenza | *essere nelle grazie di qlcu.*, essere gradito, benvoluto | *essere in stato di* —, in condizioni fisiche o psichiche eccezionali 4 condono

parziale o totale di una pena: *concedere la* — 5 (*relig.*) dono soprannaturale di Dio: *ricevere una* — | (*fam.*) — *di Dio*, abbondanza, ricchezza 6 (*spec.pl.*) gratitudine; ringraziamento | *rendere grazie a qlcu.*, esprimergli la propria riconoscenza.

gra|zià|re *v.tr.* [indic.pres. *io gràzio...*] concedere la grazia a un condannato.

gra|zià|to *part.pass. di* graziare ♦ *agg.*, *s.m.* [f. *-a*] che, chi ha ottenuto la grazia.

gra|zie *inter.* esprime ringraziamento, gratitudine: — *di tutto* | *dire* —, ringraziare | (*loc.prep.*) — *a*, per merito di, con l'aiuto di: *ho risolto tutto — al vostro aiuto* ♦ *s.m.invar.* ringraziamento: *un — a tutti*.

gra|zió|so *agg.* 1 che ha grazia 2 fatto con grazia | piacevole: *un — giardinetto* 3 generoso, cortese 4 (*lett.*) accordato per grazia; gratuito: *per graziosa intercessione* □ **graziosamente** *avv.*

grè|ca *s.f.* motivo ornamentale formato da una linea che si piega ad angolo retto | (*mil.*) ricamo a forma di greca, usato come distintivo del grado di generale fino alla seconda guerra mondiale.

gre|cà|le *s.m.* vento di nord-est che spira nelle regioni mediterranee meridionali ♦ *agg.*: *vento* —.

gre|ci|smo *s.m.* (*ling.*) parola o locuzione propria del greco antico entrata in un'altra lingua.

gre|ci|sta *s.m./f.* [m.pl. *-i*] studioso della lingua e della letteratura dell'antica Grecia.

gre|ci|tà *s.f.* 1 carattere di ciò che è greco 2 la civiltà greca antica, nelle sue manifestazioni artistiche, storiche e culturali.

gre|ciz|zà|re *v.tr.* conformare alla civiltà e alla cultura greca.

grè|co¹ *agg.* [m.pl. *-ci*] della Grecia antica o moderna | *croce greca*, a bracci uguali | (*rel.*) *rito* —, quello dei cattolici greci rimasti fedeli alla chiesa di Roma dopo lo scisma d'Oriente ♦ *s.m.* 1 [f. *-a*] chi è nato o abita in Grecia 2 lingua antica o moderna della Grecia.

grè|co² *s.m.* 1 vento di nord-est; grecale 2 nome di alcuni vitigni.

grè|co-or|to|dòs|so *agg.* relativo alla chiesa cristiana di rito bizantino separatasi da quella di Roma nello scisma del 1054 ♦ *s.m.* membro di tale chiesa.

grè|co-ro|mà|no *agg.* relativo alle civiltà greca e romana antiche intese come un'unica realtà storica e culturale | (*sport*) *lotta greco-romana*, in cui sono permessi solo colpi e prese nella parte superiore del corpo.

gre|gà|rio *s.m.* [f. *-a*] 1 chi si limita ad aggregarsi ad altri senza assumere iniziative autonome 2 (*sport*) corridore di una squadra ciclistica che aiuta il capitano ♦ *agg.* 1 da gregario; privo di iniziativa: *atteggiamento* — 2 detto di animale che vive in branchi o in stormi.

gre|ga|ri|smo *s.m.* 1 tendenza ad accettare passivamente la volontà degli altri 2 tendenza di alcuni animali a vivere in gruppi.

grég|ge *s.m.* [pl. *le greggi*] 1 gruppo di pecore o di altri ovini posto sotto la cura di un pastore 2 (*estens.*) gruppo di persone | (*spreg.*) moltitudine di persone prive di autonomia | *uscire dal* —, distinguersi dalla massa.

grég|gio *agg.* [f.pl. *-ge*] detto di materia allo stato naturale: *lana greggia* ♦ *s.m.* petrolio non raffinato: *barili di* —.

gre|go|rià|no *agg.* relativo a papi di nome Gregorio | *canto* —, canto monodico della liturgia romana, il cui canone fu codificato da papa Gregorio I (sec. VI) | *calendario* —, quello attualmente in uso, stabilito da papa Gregorio XIII (sec. XVI).

grem|biù|le *s.m.* indumento indossato sopra il vestito da bambini e da alcune categorie di lavoratori.

grèm|bo *s.m.* 1 l'incavo che, in una persona seduta, si forma tra il ventre e le ginocchia 2 (*estens.*) ventre materno: *avere un figlio in* — 3 (*fig.*) la parte interna di ql.co.: *il — della terra* | *in* —, all'interno: *in — alla famiglia*.

gre|mì|re *v.tr.* [indic.pres. *io gremisco, tu gremisci...*] riempire, affollare: *i tifosi gremiscono gli spalti* ♦ **-rsi** *intr.pron.* riempirsi.

gre|mì|to *part.pass. di* gremire ♦ *agg.* pieno, affollato: *un locale* —.

grép|pia *s.f.* nelle stalle, rastrelliera posta sopra la mangiatoia in cui si mette il fieno | (*estens.*) mangiatoia.

grès *s.m.invar.* ceramica colorata ad alto grado di cottura, usata per mattonelle.

gré|to *s.m.* parte ghiaiosa e asciutta del letto di un fiume.

gret|téz|za *s.f.* carattere di chi è gretto; meschinità.

grét|to *agg.* 1 che è privo di generosità; avaro 2 (*fig.*) privo di passione; meschino: *animo* — □ **grettamente** *avv.*

grè|ve *agg.* 1 pesante, opprimente: *atmosfera* — | *linguaggio* —, volgare 2 doloroso, penoso.

gréz|zo *agg.* 1 non lavorato: *materiale* — 2 (*fig.*) non ancora formato: *mente grezza* | rozzo: *una persona grezza*.

gri|da *s.f.* legge anticamente portata a conoscenza del pubblico dal banditore; editto.

gri|dà|re *v.intr.* [indic.pres. *io grido...*; aus. *A*] 1 parlare con un tono di voce molto forte; urlare: *non — così!* 2 di animali, emettere il verso caratteristico ♦ *tr.* 1 dire ad alta voce: *— evviva* | (*fig.*) — *vendetta*, si dice di delitti e ingiustizie particolarmente gravi 2 dichiarare con forza; proclamare: *— la propria innocenza* 3 (*fam.*) rimproverare, sgridare.

gri|dà|ta *s.f.* (*fam.*) sgridata.

grì|do *s.m.* [pl.f. *le grida*, dell'uomo; pl.m. *i gridi*, degli animali o dell'uomo se isolati o considerati singolarmente] 1 voce emessa con forza; urlo 2 (*fig.*) invocazione: *un — di aiuto* 3 (*fig.*) fama, notorietà | *di* —, famoso | *l'ultimo* —, l'ultima novità | *all'ultimo* —, alla moda 4 *pl.* (*fam.*) rimproveri.

grì|fa|gno *agg.* 1 detto di uccello rapace, con artigli e becco adunco 2 (*fig.*) che incute timore; minaccioso: *aspetto* —.

grif|fa *s.f.* 1 (*mecc.*) gancio metallico usato per

griffato

unire organi flessibili 2 (*cine.*) ciascuno dei dentelli sporgenti da un rullo che, entrando nei fori della pellicola, l'agganciano permettendone l'avanzamento.
grif|fa|to *agg.* detto di capo o accessorio d'abbigliamento firmato da uno stilista di moda.
griffe (*fr.*) [pr. *grif*] *s.f.invar.* 1 marchio di uno stilista di moda 2 (*estens.*) marchio inconfondibile; stile.
gri|fó|ne *s.m.* 1 grosso uccello rapace diurno simile all'avvoltoio, con collare di lanugine alla base del collo 2 (*mit.*, *arald.*) mostro mitologico alato, con corpo di leone e testa d'aquila.
gri|gia|stro *agg.* di colore grigio spento.
gri|gio *agg.* [f.pl. *-gie*] 1 di colore intermedio tra bianco e nero | (*anat.*) ***materia grigia***, tessuto nervoso di cui è formato il cervello 2 (*fig.*) scialbo, monotono: *una vita grigia* | malinconico: *giorno —* ♦ *s.m.* il colore grigio.
gri|gió|re *s.m.* 1 caratteristica di ciò che è grigio 2 (*fig.*) monotonia | squallore, mediocrità.
gri|gio|vér|de *agg.* [pl. *grigioverdi* o *invar.*] che ha colore grigio tendente al verde: *tela —* ♦ *s.m.* il colore della divisa dell'esercito italiano fino al 1945 | la divisa stessa: *indossare il —*.
gri|glia *s.f.* 1 graticola per arrostire cibi | ***alla —***, si dice dei cibi arrostiti sulla griglia 2 grata, inferriata 3 (*mecc.*) insieme di sbarre trasversali o longitudinali 4 (*elettr.*) elettrodo collocato fra anodo e catodo di un tubo elettronico 5 (*sport*) *— di partenza*, ordine secondo cui sono schierate le vetture o le motociclette alla partenza in un gran premio.
gri|glià|re *v.tr.* [indic.pres. *io grìglio...*] cuocere sulla griglia: *— la carne*, *le verdure*.
gri|glià|ta *s.f.* 1 piatto di carne, pesce o verdure cotti alla griglia 2 pasto a base di cibi cotti alla griglia: *fare una —*.
gri|gno|li|no *s.m.* vitigno coltivato nell'Astigiano | il vino che se ne ricava.
grill (*ingl.*) *s.m.invar.* 1 griglia, graticola 2 nei forni da cucina, resistenza elettrica che spande calore dall'alto.
gril|lét|to *s.m.* nelle armi da fuoco portatili, piccola leva che, premuta col dito, innesca lo sparo.
gril|lo *s.m.* 1 insetto nero di dimensioni modeste, con antenne sottili e zampe posteriori adatte al salto; i maschi emettono il caratteristico verso | (*fig.*) *essere un —*, essere molto dinamico 2 (*fig.*) capriccio: *avere i grilli per la testa*.
gril|lo|tàl|pa *s.f./m.* [pl. *le grillotalpe*] insetto simile al grillo, con zampe anteriori larghe e forti, con le quali scava gallerie nel terreno.
gri|mal|dèl|lo *s.m.* 1 ferro ritorto che viene utilizzato per forzare serrature 2 (*fig.*) espediente utilizzato per risolvere o aggirare un problema.
grin|fia *s.f.* zampa fornita di artigli | (*fig.*) ***cadere nelle grinfie di qlcu.***, in suo potere.
gringo (*sp.*) *agg.*, *s.m.* [pl. *gringos*] in America Latina, nome spregiativo dato agli stranieri, spec. statunitensi.
grin|ta *s.f.* 1 faccia corrucciata 2 (*estens.*) aggressività, decisione: *ha molta —*.

grin|tó|so *agg.* che ha grinta; combattivo □ **grintosamente** *avv.*
grin|za *s.f.* ruga, piega della pelle | (*estens.*) piega di tessuti e sim. | ***non fa una —***, si dice di un abito che sta a pennello; (*fig.*) di ragionamento che fila liscio.
grin|zo|si|tà *s.f.* condizione di ciò che è grinzoso.
grin|zó|so *agg.* 1 pieno di grinze 2 rugoso.
grip|pàg|gio *s.m.* blocco di due organi meccanici causato da un eccesso di attrito.
grip|pà|re *v.intr.* [indic.pres. *io grippo...*; aus. *A*], **-rsi** *intr.pron.* detto di organi meccanici a contatto, bloccarsi per eccesso di attrito | ***motore grippato***, che si è fermato a causa del blocco del pistone per mancanza di lubrificazione o eccessivo riscaldamento ♦ *tr.* provocare il grippaggio.
gri|sà|glia *s.f.* 1 stoffa di tipo grisaille 2 abito confezionato con tale stoffa.
grisaille (*fr.*) [pr. *grisài*] *s.f.invar.* 1 stoffa di lana o di cotone a puntini bianchi e neri che danno l'effetto del grigio 2 pittura monocroma che usa le tonalità del grigio | soggetto eseguito con tale tecnica.
gri|sèl|la *s.f.* (*spec.pl.*) sulle navi, ciascuna delle traversine fissate alle sartie che servono per salire sugli alberi.
grisou (*fr.*) [pr. *grisù*] *s.m.invar.* miscela esplosiva di metano e aria che si forma nelle miniere.
gris|si|no *s.m.* bastoncino di pane croccante senza mollica.
grizzly (*ingl.*) [pr. *grìzli*] *s.m.invar.* grande orso americano molto feroce, con mantello grigio o bruno chiaro.
grog (*ingl.*) *s.m.invar.* bevanda a base di rum o brandy, acqua calda e zucchero.
gròl|la *s.f.* coppa di legno con coperchio, tipica della Val d'Aosta, in cui viene servita una bevanda calda a base di grappa, caffè e spezie.
gróm|ma *s.f.* 1 deposito di tartaro che il vino lascia nelle botti 2 incrostazione lasciata dall'acqua nelle tubazioni 3 incrostazione che si forma nel fornello di una pipa.
grom|mó|so *agg.* incrostato di gromma.
grón|da *s.f.* 1 parte del tetto che sporge verso l'esterno per riparare dalla pioggia il muro sottostante 2 (*estens.*) tutto ciò che ricorda per forma una gronda | ***cappello a —***, con la tesa inclinata.
gron|dà|ia *s.f.* 1 canale o condotto metallico che raccoglie l'acqua piovana dai tetti | (*estens.*) gronda 2 interstizio tra due filari di tegole in cui scorre l'acqua.
gron|dàn|te *part.pres. di* grondare ♦ *agg.* che gronda acqua o un altro liquido; gocciolante.
gron|dà|re *v.intr.* [indic.pres. *io gróndo...*; aus. *E*] detto dell'acqua, cadere dalla gronda | (*estens.*) colare abbondantemente: *il sudore mi gronda dalla fronte* 2 essere intriso di acqua o di altro liquido che cola abbondantemente ♦ *tr.* (*anche assol.*) versare, lasciar cadere un liquido: *i tetti grondano acqua*.
gron|dó|ne *s.m.* canale di lamiera o terracotta applicato alle gronde.

gróngo *s.m.* [pl. *-ghi*] pesce marino osseo simile all'anguilla.
gròppa *s.f.* **1** parte posteriore del dorso dei quadrupedi | (*estens.*) il dorso stesso: *salire in — al cavallo* **2** (*fam., scherz.*) schiena.
groppata *s.f.* **1** salto fatto dal cavallo con la groppa inarcata per disarcionare il cavaliere; sgroppata **2** figura dell'equitazione d'alta scuola in cui il cavallo spicca un salto ripiegando verso il ventre le zampe anteriori e posteriori nello stesso momento.
gróppo o **gròppo** *s.m.* viluppo, nodo intricato | (*fig.*) *avere un — alla gola*, sentire la gola chiusa, spec. per una forte emozione.
groppóne *s.m.* (*fam., scherz.*) schiena | *piegare il —*, sgobbare.
gros-grain (*fr.*) [pr. *grogrèn*] *s.m.invar.* **1** tessuto pesante, per lo più di seta, lavorato a sottili coste **2** nastro rigido usato per sostenere la cintura degli abiti femminili.
gròssa *s.f.* terza dormita dei bachi da seta | (*fig.*) *dormire della —*, profondamente.
grossézza *s.f.* **1** l'essere grosso **2** le dimensioni di ql.co. in riferimento al diametro o allo spessore **3** (*fig.*) rozzezza.
grossista *s.m. /f.* [m.pl. *-i*] chi esercita il commercio all'ingrosso: *un — di stoffe.*
gròsso *agg.* **1** di dimensioni notevoli: *un — impianto industriale* | *mare —*, con un forte moto ondoso, burrascoso | *avere il fiato —*, avere l'affanno | (*fig.*) *avere il cuore —*, essere in pena | *di —*, di molto: *hai sbagliato di —* **2** (*fam.*) importante, notevole: *una grossa soddisfazione* | *pezzo —*, persona importante **3** grave, arduo: *un — sforzo* | *farla grossa*, combinare un guaio; (*scherz.*) fare una marachella | *parole grosse*, offensive | *fare la voce grossa*, parlare con tono minaccioso **4** rozzo, grossolano ♦ *avv.* in maniera grossa ♦ *s.m.* **1** la parte maggiore o più importante: *il — di un lavoro* **2** la parte più numerosa: *il — del gruppo*.
grossolanità *s.f.* **1** carattere di chi o di ciò che è grossolano; rozzezza **2** atto, parola da persona grossolana.
grossolàno *agg.* **1** poco fine, ordinario **2** di modi rozzi; volgare | *errore —*, enorme **3** approssimativo, non preciso □ **grossolanamente** *avv.*
grossomòdo o **grosso mòdo** *avv.* pressappoco, approssimativamente.
gròtta *s.f.* cavità naturale che si sviluppa sottoterra o nel fianco di una montagna; caverna, spelonca.
grottésca *s.f.* decorazione pittorica basata su figure bizzarre e fantastiche.
grottésco *agg.* [m.pl. *-schi*] **1** bizzarro o deforme al punto da risultare ridicolo: *personaggio —* **2** paradossale, assurdo: *situazione grottesca* ♦ *s.m.* ciò che è grottesco | particolare effetto di comicità suscitato da situazioni bizzarre □ **grottescamente** *avv.*
grovièra *s.m./f.invar.* **1** termine generico con cui si indicano formaggi a pasta dura simili all'emmental, caratterizzati dalla presenza di numerosi buchi (*sport*) squadra molto debole in difesa.
groviglio *s.m.* nodo | (*fig.*) intrico: *un — di idee.*
gru *s.f.* **1** grosso uccello migratore, con zampe e collo lunghi **2** macchina con braccio girevole per sollevare carichi **3** (*cine.*) carrello dotato di braccio mobile sul quale viene collocata la telecamera.
grùccia *s.f.* [pl. *-ce*] **1** apparecchio ortopedico sul quale si poggia chi non si regge sulle gambe; stampella **2** oggetto formato da un gancio centrale e da una traversa di varia forma sulla quale si appendono gli abiti.
grufolàre *v.intr.* [indic.pres. *io grùfolo...*; aus. *A*] **1** detto del maiale e del cinghiale, raspare con il grifo grugnendo **2** (*fig. spreg.*) mangiare con ingordigia e rumorosamente ♦ *-rsi rifl.* (*anche fig.*) rotolarsi nel fango.
grugnìre *v.intr.* [indic.pres. *io grugnisco, tu grugnisci...*; aus. *A*] **1** detto del maiale e del cinghiale, emettere grugniti **2** (*fig.*) produrre suoni incomprensibili: *parla chiaro, non —!* | borbottare ♦ *tr.* dire ql.co. in modo incomprensibile: *— parole senza senso.*
grugnìto *s.m.* **1** verso del maiale e del cinghiale **2** (*fig.*) brontolio incomprensibile.
grùgno *s.m.* **1** muso del maiale e del cinghiale **2** (*spreg.*) viso di una persona | *rompere il — a ql.cu.*, picchiarlo forte.
Gruifórmi *s.m.pl.* Ralliformi.
gruìsta *s.m./f.* [m.pl. *-i*] addetto alla manovra di una gru.
grullàggine *s.f.* **1** caratteristica di chi è grullo **2** parola, azione da grullo.
grullerìa *s.f.* (*region.*) parola, azione da grullo | cosa sciocca.
grùllo *agg.* poco intelligente; sciocco ♦ *s.m.* [f. *-a*] persona semplice, sciocca.
grùmo *s.m.* **1** coagulo di liquido, spec. sangue **2** (*estens.*) piccolo ammasso di sostanze non disciolte bene: *la polenta è piena di grumi.*
grumollo *s.m.* parte più interna e tenera del cespo di una pianta (p.e. cavolo, carciofo).
grumóso *agg.* pieno di grumi: *budino —.*
grùppo *s.m.* **1** insieme di persone o cose riunite | *— montuoso*, insieme di cime vicine **2** insieme di persone legate da vincoli naturali, da interessi comuni: *— familiare;* — *musicale* **3** (*sport*) nelle gare di corsa e nel ciclismo, la maggior parte dei concorrenti quando procedono insieme: *raggiungere, staccare il —* **4** (*mil.*) insieme di reparti di varie armi, uniti sotto un unico comando: *— di pronto intervento* **5** categoria; classificazione di persone, animali o cose: *il — degli invertebrati* | (*biol.*) *— sanguigno*, ciascuna delle classi in cui si suddividono i tipi di sangue degli esseri umani | *— chimico*, insieme di elementi che hanno proprietà chimiche analoghe **6** rappresentazione artistica di un insieme di cose o persone: *— marmoreo* **7** (*econ.*) insieme di imprese facenti capo alla stessa proprietà: *— industriale* **8** (*tecn.*) insieme di elementi che servono a una stessa funzione: *— elettrogeno.*

grup|pù|sco|lo *s.m.* piccolo raggruppamento politico, spec. extraparlamentare ed estremista.

grùz|zo|lo *s.m.* somma di denaro accumulata a poco a poco: *mettere su un bel —*.

guà|co *s.m.* [pl. *-chi*] pianta erbacea medicinale di origine tropicale.

guà|da *s.f.* rete da pesca quadrata, a maglie larghe.

gua|dà|bi|le *agg.* si dice di corso d'acqua che si può guadare.

gua|da|gnà|re *v.tr.* [indic.pres. *io guadagno..., noi guadagniamo, voi guadagnate...*] **1** (*anche assol.*) ottenere da un'attività, da un lavoro un profitto, un compenso: *— grosse cifre di denaro; — bene* **2** meritare: *— la stima di qlcu.* **3** (*estens.*) trarre un beneficio; ottenere a proprio vantaggio: *c'è tutto da —* | *— terreno,* di esercito, avanzare; di corridoi, prendere vantaggio sugli inseguitori; (*fig.*) affermarsi: *la nuova teoria guadagna terreno* **4** vincere: *— una somma alle corse* **5** raggiungere con sforzo: *— la vetta* ♦ *intr.* [aus. *A*] fare migliore figura: *con questa pettinatura ci guadagni* ♦ **-rsi** *tr.pron.* ottenere, meritarsi: *mi sono guadagnato la fiducia del direttore*.

gua|dà|gno *s.m.* **1** il denaro ricavato da un'attività; profitto: *magri guadagni* **2** (*estens.*) ogni vantaggio ottenuto; beneficio: *non si ha alcun — ad aiutare gli ingrati!*

gua|dà|re *v.tr.* [indic.pres. *io guado...*] attraversare a guado un corso d'acqua.

gua|di|no *s.m.* retino conico con lungo manico fisso, usato per recuperare grossi pesci catturati con l'amo.

guà|do *s.m.* **1** l'attraversamento di un corso d'acqua procedendo a piedi o con altri mezzi sul fondale: *tentare il —* **2** in un corso d'acqua, tratto poco profondo che permette l'attraversamento a piedi: *trovare un —* | (*fig.*) *essere in mezzo al —*, nel momento più difficile di una situazione di transizione.

guài *inter.* esclamazione di minaccia: *a te!* | in forma più attenuata esprime il pericolo che deriverebbe dal compiere una determinata azione: *— a lasciarlo andare da solo!*

gua|ià|co *s.m.* [pl. *-chi*] albero sempreverde originario dell'America centrale dal cui tronco si estraggono un olio essenziale usato in profumeria e una resina usata in medicina.

gua|ia|cò|lo *s.m.* sostanza organica usata come disinfettante delle vie respiratorie.

gua|i|na o **guai|na** *s.f.* **1** custodia per armi e arnesi dotati di lama; fodero **2** (*anat.*) membrana che ricopre un organo **3** indumento intimo femminile in tessuto elastico che modella il corpo.

guà|io *s.m.* **1** disgrazia; situazione difficile: *essere nei guai* **2** inconveniente, fastidio: *che —, ho perso il treno!*

gua|ì|re *v.intr.* [indic.pres. *io guaisco, tu guaisci...*; aus. *A*] **1** detto del cane o di altri animali, emettere guaiti **2** (*fig.*, *estens.*) lamentarsi fastidiosamente | (*spreg.*) emettere suoni sgradevoli.

gua|ì|to *s.m.* **1** verso acuto, lamentoso emesso dal cane o da altri animali **2** (*fig.*, *estens.*) lamento | (*spreg.*) canto sgraziato.

gual|ci|re *v.tr.* [indic.pres. *io gualcisco, tu gualcisci...*] (*raro*) sgualcire ♦ **-rsi** *intr.pron.* (*raro*) sgualcirsi.

gual|dràp|pa *s.f.* drappo che si pone tra la sella e la groppa del cavallo, spec. come ornamento da parata.

gua|nà|co *s.m.* [pl. *-chi*] mammifero ungulato ruminante sudamericano con mantello bruno rossiccio, simile a un lama selvatico.

guàn|cia *s.f.* [pl. *-ce*] **1** parte laterale della faccia tra lo zigomo e la mandibola: *guance smunte* | (*fig.*) *porgere l'altra —*, sopportare le offese senza reagire, secondo l'insegnamento dei Vangeli **2** (*estens.*) parte carnosa della testa negli animali macellati **3** ciascuna delle parti simmetriche di alcuni oggetti: *le guance delle tenaglie*.

guan|cià|le *s.m.* **1** cuscino su cui si appoggia la testa per dormire | (*fig.*) *dormire tra due guanciali*, essere tranquillo, senza preoccupazioni **2** (*region.*) lardo che si ricava dalla guancia del maiale.

guà|no *s.m.* deposito di escrementi di uccelli ricco di fosforo e azoto usato come fertilizzante.

guan|tà|io *s.m.* [f. *-a*] fabbricante o venditore di guanti.

guàn|to *s.m.* accessorio che si indossa sulla mano per proteggerla o per ragioni estetiche: *guanti di lana; guanti da lavoro* | *calzare come un —*, aderire perfettamente; (*fig.*) adattarsi molto bene | (*fig.*) *trattare qlcu. con i guanti*, con molto riguardo | (*fig.*) *in guanti gialli*, con ostentata ricercatezza | (*fig.*) *mano di ferro in — di velluto*, si dice di modi decisi ma formalmente cortesi.

guan|tó|ne *s.m.* guanto di cuoio imbottito, usato dai pugili | (*fig.*) *appendere i guantoni al chiodo*, ritirarsi dall'attività di pugilistica.

guap|pe|rì|a *s.f.* (*region.*) azione o atteggiamento da guappo | insieme di guappi.

guàp|po *s.m.* (*region.*) teppista | (*estens.*) persona arrogante, sfrontata ♦ *agg.* arrogante, sfrontato | di eleganza volgare; pacchiano.

gua|ra|nà *s.f.invar.* bevanda ricca di caffeina che si ricava dai semi di una pianta amazzonica.

guar|da|bi|le *agg.* che si può guardare.

guar|da|bò|schi *s.m.invar.* addetto alla sorveglianza dei boschi; guardia forestale.

guar|da|càc|cia *s.m.invar.* guardia giurata incaricata di far rispettare le leggi sulla caccia.

guar|da|cò|ste *s.m.invar.* **1** nave adibita alla sorveglianza delle coste **2** corpo militare preposto alla sorveglianza delle coste | membro di tale corpo.

guar|da|lì|ne *s.m.invar.* (*sport*) nel calcio, ciascuno dei due giudici che coadiuvano l'arbitro, controllando il gioco dalle linee laterali.

guar|da|màc|chi|ne *s.m.invar.* addetto alla sorveglianza di un parcheggio | (*estens.*) posteggiatore.

guar|da|pàr|co *s.m.invar.* guardia addetta alla sorveglianza di un parco nazionale.

guar|da|pé|sca *s.m.invar.* guardia incaricata di far rispettare le norme sulla pesca.
guar|da|por|tó|ne *s.m.* portiere in divisa di edifici pubblici o palazzi signorili.
guar|dà|re *v.tr.* [indic.pres. *io guardo...*] **1** rivolgere lo sguardo su qlcu. o ql.co.; osservare: — *il panorama* | assistere a ql.co.: — *un film* | — **con la coda dell'occhio**, di sfuggita | (*fig.*) — **dall'alto in basso**, con superbia | — **di buon occhio**, con benevolenza | — **male**, **in cagnesco**, con ostilità | — **lontano**, essere previdente | — **per il sottile**, essere troppo pignolo | **non** — **in faccia a nessuno**, non farsi scrupoli; essere imparziale **2** (*fig.*) valutare bene; verificare: *guarda che forse hai torto* | dare importanza: *guarda solo al guadagno* **3** custodire, sorvegliare: *guardami il bambino, per favore* | — **le spalle a qlcu.**, proteggerlo | — **a vista**, sorvegliare strettamente **4** mostrare interessamento: *nessuno mi guarda* ♦ *intr.* [aus. *A*] **1** rivolgere il pensiero a qlcu. o ql.co.: *guardo a te come a un amico* **2** badare; dare importanza: — *ai propri interessi* | **guardarsi intorno, in giro**, fare attenzione per capire ciò che succede; (*fig.*) darsi da fare stando attenti a ciò che succede, in modo da cogliere al volo qualsiasi opportunità, spec. lavorativa **3** detto di luogo o costruzione, essere orientato, esposto: *la casa guarda verso i monti* ♦ **-rsi** *rifl.* **1** osservare se stessi: — *allo specchio* **2** difendersi; diffidare: — *dagli sconosciuti* ♦ *rifl. rec.* osservarsi reciprocamente: — *negli occhi*.
guar|da|rò|ba *s.m.invar.* **1** armadio per il vestiario e la biancheria | (*estens.*) stanza con armadi per vestiti e biancheria **2** insieme degli abiti e degli accessori di una persona: *devo rinnovare il mio* — **3** nei teatri e in altri locali pubblici, spazio custodito dove si depositano cappotto, borse, ombrelli e sim.
guar|da|ro|biè|re *s.m.* [f. *-a*] **1** persona addetta al riordino del vestiario e della biancheria in alberghi e case private **2** addetto al guardaroba in un locale pubblico.
guar|da|si|gìl|li *s.m.invar.*, *agg.invar.* nell'ordinamento italiano, il ministro della Giustizia, in quanto ha il compito di apporre alle leggi il sigillo dello Stato: *ministro* —.
guar|da|spàl|le *s.m.invar.* chi è incaricato della protezione di una persona importante; guardia del corpo.
guar|dà|ta *s.f.* sguardo rapido e superficiale; occhiata: *ho dato una* — *al libro di testo*.
guàr|dia *s.f.* **1** l'atto di custodire; vigilanza: *fare buona* — **2** turno obbligatorio di servizio per militari, medici, pompieri e sim.: *essere di* — | — **medica**, servizio di pronto soccorso medico attivo ventiquattrore su ventiquattro | **corpo di** —, insieme di soldati che effettuano un servizio di vigilanza armata **3** persona o gruppo di persone, spec. militari, a cui sono affidati compiti di sorveglianza e controllo | — **del corpo**, chi è preposto ad assicurare l'incolumità fisica di qlcu. | — **d'onore**, gruppo di militari che scorta un personaggio d'alto grado nel corso di cerimonie ufficiali **4** corpo militare o civile che svolge servizio di vigilanza e controllo in particolari ambiti | — **di finanza**, corpo militare dello Stato addetto a prevenire e reprimere i reati finanziari e tributari | — **forestale**, corpo di guardie addetto al controllo del patrimonio boschivo; agente di tale corpo | — **carceraria**, corpo di polizia addetto al controllo dei detenuti nelle carceri; singolo agente di custodia | — **costiera**, corpo della marina militare addetto al controllo delle coste e delle acque territoriali; militare di tale corpo | — **svizzera**, corpo militare addetto alla protezione del papa; membro di tale corpo **5** (*fam.*) poliziotto, vigile urbano **6** (*sport*) nella scherma e nel pugilato, posizione di difesa | (*fig.*) **mettere in** — *qlcu.*, avvertirlo di un pericolo | (*fig.*) **stare in** —, fare particolare attenzione di fronte a un rischio | **abbassare la** —, allentare la vigilanza **7** (*sport*) nella pallacanestro, il giocatore che porta in avanti il pallone **8** parte dell'elsa della spada in cui si mette la mano **9** limite di sicurezza entro cui deve mantenersi l'acqua di un fiume: *livello di* —.
guar|dia|ma|rì|na *s.m.invar.* ufficiale di vascello della marina militare il cui grado corrisponde a quello di sottotenente nell'esercito.
guar|dià|no *s.m.* [f. *-a*] **1** persona addetta alla custodia: *il* — *del cimitero* **2** (*anche agg.*) priore o padre superiore di un convento di monaci: *padre* —.
guar|di|na *s.f.* camera di sicurezza dove vengono rinchiuse le persone fermate dalla polizia: *sbattere qlcu. in* — | (*fam.*) prigione.
guar|din|fàn|te *s.m.* intelaiatura circolare portata un tempo sotto la gonna per tenerla gonfia.
guar|din|go *agg.* [m.pl. *-ghi*] che agisce con prudenza | cauto, circospetto: *comportarsi in modo* —.
guar|diò|la *s.f.* **1** piccolo locale all'ingresso di un edificio nel quale siede il portiere **2** struttura di piccole dimensioni nella quale si riparano le sentinelle durante il loro turno di guardia; garitta **3** nelle antiche fortificazioni, piccola torre di vedetta dotata di feritoie.
guar|dó|ne *s.m.* [f. *-a*] (*pop.*) persona che ama spiare le nudità e gli atti erotici altrui.
guardrail (*ingl.*) [pr. *gardrèil*] *s.m.invar.* barriera ai lati della strada, spec. in metallo, che impedisce alle auto che sbandano di uscire dalla carreggiata.
gua|ren|tì|gia *s.f.* [pl. *-gie*] (*dir.*) garanzia | **guarentigie costituzionali**, le garanzie fondamentali stabilite dalla Costituzione di uno Stato a difesa della libertà dei cittadini.
gua|rì|bi|le *agg.* che può guarire o essere curato: *ferite guaribili in quindici giorni*.
gua|ri|gió|ne *s.f.* **1** il processo attraverso cui si guarisce: *in via di* — | il risultato di tale processo **2** l'atto di far guarire qlcu.: *operare miracolose guarigioni*.
gua|rì|re *v.tr.* [indic.pres. *io guarisco, tu guarisci...*] **1** rimettere qlcu. in salute; risanare: *l'aspirina mi ha guarito in due giorni* | liberare da una malattia: — *qlcu. da un brutto male* | eliminare una malattia: *le cure hanno guarito l'infezione* **2** (*fig.*) liberare

guaritore

da un vizio e sim. ♦ *intr.* [aus. *E*] **1** (*di persona*) recuperare la salute: *sono guarito rapidamente* | (*di malattia*) scomparire, aver fine: *l'influenza guarisce in qualche giorno* **2** (*fig.*) liberarsi da un vizio e sim.: *è guarito dal vizio del gioco*.

gua|ri|tó|re *s.m.* [f. *-trice*] **1** (*raro*) chi guarisce **2** chi sostiene di guarire con mezzi empirici o non riconosciuti dalla scienza.

guar|ni|gió|ne *s.f.* **1** l'insieme delle truppe dislocate in una certa località **2** la sede della guarnigione.

guar|ni|re *v.tr.* [indic.pres. *io guarnisco, tu guarnisci...*] **1** (*mil.*) fornire un luogo di armi e provviste: — *una roccaforte* **2** dotare di quanto è necessario | — *una nave*, dotarla di attrezzature per la navigazione **3** ornare: — *una tovaglia di pizzi* **4** (*gastr.*) accompagnare con contorni: — *il pollo con le patate*.

guar|ni|tù|ra *s.f.* **1** l'atto di guarnire **2** guarnizione, ornamento.

guar|ni|zió|ne *s.f.* **1** ciò che serve a guarnire; ornamento **2** (*gastr.*) il contorno di una pietanza **3** (*tecn.*) elemento di gomma, plastica o altro materiale che garantisce una chiusura a tenuta stagna: *l'idraulico ha cambiato la —*.

gua|sco|nà|ta *s.f.* atto da guascone; spacconata.

gua|scó|ne *agg.* della Guascogna, regione della Francia ♦ *s.m.* [f. *-a*] **1** chi è nato o abita in Guascogna **2** (*fig.*) sbruffone, gradasso.

gua|sta|fè|ste *s.m./f.invar.* **1** chi rovina un'atmosfera allegra con un comportamento inopportuno | (*estens.*) persona scontrosa, indisponente **2** (*fig.*) persona che, sopraggiungendo all'improvviso, manda all'aria piani prestabiliti.

gua|stà|re *v.tr.* [indic.pres. *io guasto...*] **1** ridurre in cattivo stato; danneggiare, rovinare: *la pioggia ha guastato il terreno* **2** far andare a male; deteriorare: *la muffa ha guastato i limoni* | rendere inservibile: — *la macchina* | (*fig.*) turbare: *il brutto tempo ha guastato la festa* | — *un'amicizia*, romperla **4** corrompere, causare un danno morale: *quegli amici guasteranno tuo fratello* **5** (*assol.*) nuocere: *un po' di prudenza non guasta mai* ♦ *-rsi intr.pron.* **1** rovinarsi, non funzionare più: *il computer si è guastato* | andare a male; deteriorarsi: *col caldo la frutta si guasta* | (*fig.*) — *il fegato*, preoccuparsi eccessivamente **2** (*fig.*) peggiorare: *il tempo si è guastato* **3** rovinare un rapporto.

gua|sta|tó|re *s.m.* **1** (*raro*) chi guasta **2** (*mil.*) soldato del genio specializzato nell'assaltare o distruggere opere fortificate e mezzi corazzati.

guà|sto[1] *agg.* **1** che non funziona più; rotto: *il televisore è —* | *denti guasti*, cariati **2** detto di cibo, andato a male: *frutta guasta* **3** (*fig.*) corrotto.

guà|sto[2] *s.m.* **1** danno, rottura: — *all'impianto elettrico* **2** (*fig.*) corruzione: *nella società c'è molto —*.

gua|te|mal|tè|co *agg.* [m.pl. *-chi*] del Guatemala, stato dell'America Centrale ♦ *s.m.* [f. *-a*] chi è nato o abita in Guatemala.

guàz|za *s.f.* rugiada abbondante.

guaz|za|bù|glio *s.m.* (*anche fig.*) mescolanza confusa di cose eterogenee: *un — di idee*.

guaz|zét|to *s.m.* (*gastr.*) sugo brodoso che accompagna la carne o il pesce cotti in umido.

guàz|zo *s.m.* **1** acqua o altro liquido sparsi per terra in grande quantità **2** tecnica di pittura affine all'acquerello in cui i colori vengono stemperati in gomma arabica e acqua | opera dipinta con tale tecnica.

guel|fi|smo *s.m.* **1** tendenza, ideologia dei guelfi **2** (*estens.*) clericalismo.

guèl|fo *s.m.* **1** nell'Italia dei secc. XIII e XIV, chi sosteneva il potere temporale del papa e le autonomie comunali, contro gli interessi dell'imperatore e i loro fautori (ghibellini) **2** (*estens.*) chi sostiene la politica temporale del papa o delle gerarchie ecclesiastiche ♦ *agg.* **1** dei guelfi: *partito —* **2** (*estens.*) clericale.

guêpière (*fr.*) [pr. *ghepièr*] *s.f.* bustino femminile con stecche usato un tempo per assottigliare la vita, oggi come indumento intimo particolarmente sofisticato.

guèr|cio *agg.* [f.pl. *-ce*] strabico | (*estens.*) che è privo di un occhio o ha la vista molto difettosa ♦ *s.m.* [f. *-a*] chi è affetto da strabismo.

guèr|ra *s.f.* **1** lotta armata tra due o più Stati o fazioni: — *navale, terrestre, aerea; dichiarare —* | — *civile*, che si combatte tra cittadini di uno stesso Stato | — *batteriologica*, quella in cui vengono utilizzati come armi agenti patogeni | — *lampo*, che mira a una conclusione rapida | (*anche fig.*) *essere sul piede di —*, pronto a intraprenderla **2** (*estens.*) ostilità, contesa: — *di mafia* | — *fredda*, tensione politica fra Stati senza ricorso alle armi | — *psicologica*, comportamento che mira a deprimere il morale dell'avversario **3** (*fig.*) lotta accanita: — *contro la droga*.

guer|ra|fon|dà|io *agg., s.m.* [f. *-a*] (*spreg.*) che, chi è sostenitore della guerra a ogni costo.

guer|reg|già|re *v.intr.* [indic.pres. *io guerréggio...*; aus. *A*] fare la guerra | (*estens.*) rivaleggiare con qlcu.

guer|ré|sco *agg.* [m.pl. *-schi*] relativo alla guerra; azione guerresca | incline alla guerra: *spirito —*.

guer|riè|ro *s.m.* [f. *-a*] soldato, combattente: *i guerrieri dell'antica Grecia* **2** (*fig.*) persona dal carattere aggressivo e battagliero ♦ *agg.* **1** dedito alla guerra **2** (*estens.*) bellicoso, battagliero.

guer|rì|glia *s.f.* forma di guerra attuata da piccole formazioni attraverso attacchi a sorpresa e imboscate: *azioni di —* | — *urbana*, azioni violente condotte nelle città da gruppi di estremisti, spec. contro obiettivi istituzionali.

guer|ri|glie|ro *s.m.* [f. *-a*] chi pratica la guerriglia.

gu|fà|re *v.intr.* [aus. *A*] **1** emettere il verso del gufo **2** (*gerg.*) portare sfortuna: *smettila di —!*

gu|fà|ta *s.f.* (*gerg.*) azione che mira a portare sfortuna; iettatura.

gù|fo *s.m.* **1** uccello rapace notturno con robusto becco ricurvo e occhi frontali **2** (*fig.*) persona poco socievole | (*gerg.*) *fare il —*, portare sfortuna.

gù|glia *s.f.* **1** elemento architettonico a forma di

cono o di piramide che viene utilizzato come ornamento di chiese, campanili, torri 2 formazione rocciosa isolata e molto appuntita.
gu|glià|ta *s.f.* quantità di filo che si infila nell'ago per cucire.
gui|da *s.f.* 1 l'azione del guidare 2 (*anche fig.*) punto di riferimento che permette di orientarsi: *il sole è la mia —* | direzione, dirigenza: *la — dell'azienda* | chi mostra la via da seguire con il proprio esempio: *— del popolo* 3 conduzione di un veicolo: *avere una — spericolata* | l'insieme degli strumenti che servono per guidare un veicolo: *— a destra* 4 chi accompagna i turisti nella visita di un museo, di una città; cicerone 5 libro che illustra al turista gli aspetti di una località, di un museo e sim.: *la — di Firenze* | manuale che insegna i primi rudimenti di una disciplina, di una tecnica e sim.: *— all'uso del computer* | — **del telefono**, elenco degli abbonati di una provincia con i relativi numeri di telefono e indirizzi 6 tappeto steso su scale, corridoi ♦ *agg.invar.* che ispira o impone norme di comportamento: *uomo —*.
gui|dà|re *v.tr.* [indic.pres. *io guido...*] 1 accompagnare facendo da guida: *— i visitatori nel museo* 2 (*fig.*) indicare la via da seguire | (*fig.*) educare con l'esempio: *— alla solidarietà* 3 gestire, dirigere: *— una società* 4 (*sport*) essere al primo posto: *— la classifica* 5 condurre animali | (*anche assol.*) condurre veicoli: *— il tram* ♦ **-rsi** *rifl.* (*raro*) regolarsi, condursi.
gui|dà|to *part.pass. di* guidare ♦ *agg.* 1 condotto da una guida turistica: *visita guidata al museo* 2 illustrato da istruzioni dettagliate: *esercizi guidati*.
gui|da|tó|re *s.m.* [f. *-trice*] chi conduce un veicolo: *il — dell'autobus*.
gui|dó|ne *s.m.* (*mar.*) piccola bandiera triangolare usata su navi e imbarcazioni a vela come distintivo o per segnalazioni.
gui|ne|à|no *agg.* della Guinea, stato dell'Africa occidentale ♦ *s.m.* [f. *-a*] chi è nato o abita in Guinea.
guin|zà|glio *s.m.* striscia di cuoio o catena di metallo che si aggancia al collare per trattenere il cane | (*fig.*) *tenere qlcu. al —*, sotto controllo.
gui|sa *s.f.* (*lett.*) forma, modo, maniera: *in questa — | in tal —*, in tal modo | *a — di*, alla maniera di; come.
guit|to *s.m.* [f. *-a*] 1 persona che vive in modo misero 2 attore che recita in piccole compagnie | (*spreg.*) attore da strapazzo.
guiz|zàn|te *part.pres. di* guizzare ♦ *agg.* scattante, vivace: *pesci guizzanti*.
guiz|zà|re *v.intr.* [indic.pres. *io guizzo...*; aus. *E*] 1 muoversi con movimenti rapidi e frequenti cambi di direzione 2 (*fig.*) liberarsi con rapidità: *è guizzato via dalle mani dei rapitori* | balzare di scatto 3 (*mar.*) della prua di una nave, oscillare violentemente.
guiz|zo *s.m.* 1 l'atto di guizzare | scatto 2 (*estens.*) baglióre.

gulag (*russo*) [pr. *gùlag*] *s.m.invar.* campo di lavoro forzato in Unione Sovietica | (*estens.*) sistema politico repressivo.
gulasch (*ted.*) [pr. *gùlash*] *s.m.* (*gastr.*) spezzatino di carne in salsa piccante, tipico della cucina ungherese.
gulp *inter.* voce onom. che imita il rumore che si fa deglutendo a vuoto per spavento, sorpresa.
GUP *s.m./f.invar.* giudice per l'udienza preliminare, cui spetta la decisione circa le richieste di rinvio a giudizio e di archiviazione avanzate dal pubblico ministero.
gù|ru *s.m.invar.* in India, guida spirituale | (*anche scherz.*) personaggio carismatico, influente: *un — dell'economia*.
gù|scio *s.m.* involucro duro di alcuni frutti e dell'uovo di alcuni animali | conchiglia o corazza di molluschi e altri animali | (*fig.*) *chiudersi nel proprio —*, chiudersi in se stessi o nel proprio ambiente | *uscire dal —*, uscire dal proprio ambiente; aprirsi.
gu|stà|re *v.tr.* [indic.pres. *io gusto...*] 1 avvertire il sapore per mezzo del gusto | assaggiare una piccola quantità di cibo o bevanda per sperimentarne il sapore 2 mangiare o bere con piacere 3 (*fig.*) apprezzare, godersi: *— un buon libro; mi sono gustato lo spettacolo* ♦ *intr.* [aus. *E*] piacere, riuscire gradito: *il tuo modo di fare non mi gusta*.
gu|sta|ti|vo *agg.* relativo al senso del gusto: *pori gustativi* | (*anat.*) **papille gustative**, formazioni situate sulla lingua, che consentono di percepire i sapori.
gù|sto *s.m.* 1 senso che permette di percepire i sapori 2 sapore: *— dolce, salato* | (*estens.*) piacere procurato da cibi e bevande: *mangiare con — 3* (*fig.*) piacere, soddisfazione: *abbiamo riso di — | prenderci —*, iniziare ad apprezzare quanto si sta facendo 4 (*fig.*) voglia, inclinazione: *a mio —* 5 (*fig.*) eleganza, classe: *una persona de — | (fig.) cattivo —*, mancanza di senso di opportunità: *uno scherzo di cattivo —* 6 capacità di apprezzare i valori estetici nell'arte, nella moda e sim. | sensibilità al bello: *educare il —* 7 complesso delle tendenze estetiche che caratterizzano un'epoca, una scuola: *il — barocco*.
gu|sto|si|tà *s.f.* caratteristica di ciò che è gustoso.
gu|stó|so *agg.* 1 gradevole al gusto: *un piatto —* 2 (*fig.*) che dà piacere, divertente: *un film —* □ **gustosamente** *avv.*
gut|ta|pèr|ca *s.f.* sostanza gommosa usata come isolante elettrico, in chirurgia e in odontotecnica.
gut|ta|zió|ne *s.f.* nelle piante, emissione di goccioline d'acqua attraverso gli stomi.
Gut|ti|fe|re *s.f.pl.* famiglia di piante tropicali dicotiledoni da cui si ricavano gommoresine.
gut|tu|rà|le *agg.* 1 della gola 2 detto di suono che viene articolato in gola: *risata — 3* (*ling.*) si dice di suono consonantico articolato all'altezza del velo palatino (p.e. *c* in *cane*; *g* in *gatto*); velare ♦ *s.f.* (*ling.*) consonante velare.

Hh

h *s.f./m.invar.* ottava lettera dell'alfabeto (il suo nome è *acca*); non ha alcun valore fonetico, ma puramente ortografico, salvo nei digrammi *ch* e *gh* dove segnala la pronuncia gutturale di *c* e *g* davanti alle vocali *e* e *i* | — *come hotel*, nella compitazione, spec. telefonica, delle parole.

hà|bi|tat (*lat.*) *s.m.invar.* **1** (*biol.*) l'ambiente naturale in cui vive una determinata specie animale o vegetale **2** (*fig.*) ambiente sociale o naturale congeniale al carattere e alle abitudini di qlcu.

habitué (*fr.*) *s.m.invar.* cliente o frequentatore abituale: *è un — di quel ristorante.*

hà|bi|tus (*lat.*) *s.m.invar.* **1** (*biol.*) complesso di caratteri tipici di una specie animale o vegetale **2** (*estens.*) comportamento abituale.

hacker (*ingl.*) [pr. *àker*] *s.m.invar.* (*inform.*) esperto di programmazione e reti informatiche che si inserisce in un sistema di elaborazione altrui per sabotarlo o sottrarre informazioni; pirata informatico.

hàh|nio *s.m.* elemento chimico artificiale transuranico, derivato da un isotopo del californio (*simb.* Ha).

hair stylist (*ingl.*) [pr. *èr stàilist*] *s.f.invar.* parrucchiere che acconcia i capelli seguendo l'ultima moda.

hai|tià|no *agg.* di Haiti ♦ *s.m.* [f. -*a*] chi è nato o abita ad Haiti.

hà|li|but *s.m.invar.* (*zool.*) ippoglosso.

hall (*ingl.*) [pr. *ol*] *s.f.invar.* in alberghi e case signorili, grande salone d'ingresso con spazio soggiorno.

Halloween (*ingl.*) [pr. *àllouin*] *s.m.invar.* la nottata tra il 31 ottobre e il 1° novembre, dedicata, spec. negli Stati Uniti, a scherzi e mascheramenti di carattere macabro.

hamburger (*ingl.*) [pr. *ambùrgher*] *s.m.invar.* polpetta di carne bovina a forma di medaglione, cotta alla piastra o in padella e servita spec. in un panino tondo soffice variamente farcito.

ha|mà|da o **hammàda** *s.m.invar.* (*geog.*) deserto roccioso.

hamster (*ingl.*) *s.m.invar.* **1** criceto **2** la pelliccia di tale animale.

handicap (*ingl.*) [pr. *èndikap*] *s.m.invar.* **1** menomazione fisica o psichica; minorazione: *avere un — 2* (*fig.*) condizione di svantaggio rispetto ad altri: *non conoscere l'inglese è un grave —* **3** (*sport*) genere di competizione in cui, per favorire l'equilibrio tra i concorrenti, viene assegnato uno svantaggio ai competitori ritenuti più forti: *gara ad —* | lo svantaggio assegnato.

han|di|cap|pà|to *s.m.* [f. -*a*] persona affetta da una menomazione fisica o psichica; disabile.

hangar (*fr.*) *s.m.invar.* aviorimessa.

happening (*ingl.*) [pr. *èppenin*] *s.m.invar.* forma di spettacolo basata sul coinvolgimento diretto del pubblico e caratterizzata da un ampio utilizzo dell'improvvisazione.

happy end (*ingl.*) [pr. *èppi ènd*] *loc.sost.f.invar.* finale felice.

happy hour (*ingl.*) [pr. *èppi àuar*] *loc.sost.f.invar.* fascia oraria in cui certi locali, spec. bar, servono ricchi aperitivi a prezzo ribassato | l'aperitivo stesso: *fare l'—*.

harakiri o **karakiri** (*giapp.*) *s.m.invar.* **1** suicidio rituale, tipico dei samurai giapponesi, compiuto squarciandosi il ventre con una spada **2** (*fig.*) atteggiamento o azione autolesionistici.

hard (*ingl.*) *agg.invar.* duro, forte: *— rock* | *cinema*, *film —*, caratterizzato da erotismo esplicito.

hard core (*ingl.*) [pr. *ard kor*] *loc.agg.invar.*, *loc.sost.m.invar.* detto di genere cinematografico caratterizzato da erotismo esplicito.

hard discount (*ingl.*) [pr. *ard discàunt*] *loc.sost.m.invar.* supermercato che vende prodotti di marche poco note a prezzi molto bassi.

hard disk (*ingl.*) *loc.sost.m.invar.* (*inform.*) disco magnetico utilizzato come unità di memoria fissa all'interno dei computer; disco rigido.

hard rock (*ingl.*) *loc.sost.m.invar.* genere di musica rock caratterizzato dall'uso marcato degli effetti di amplificazione e distorsione del suono e dal ruolo dominante della chitarra elettrica.

hard top (*ingl.*) *loc.sost.m.invar.* tettuccio rigido utilizzato in sostituzione della capote in tela sulle automobili decappottabili.

hardware (*ingl.*) [pr. *àrduer*] *s.m.invar.* (*inform.*) il complesso delle parti meccaniche, elettriche ed elettroniche di un computer.

hà|rem o **àrem** *s.m.invar.* nei paesi musulmani, sezione della casa destinata a donne e bambini | le donne che vi abitano.

hà|shish o **hashìsh** o **haschìsh** *s.m.invar.* sostanza stupefacente ricavata dai fiori e dalle foglie della canapa indiana.

haute couture (*fr.*) [pr. *ot cutùr*] *loc.sost.f.invar.* alta moda.

ha|wa|ià|no [pr. *auaiàno* o *avaiàno*] *agg.* delle isole Hawaii, nel Pacifico ♦ *s.m.* [f. -*a*] che è nato o abita nelle isole Hawaii.

heavy metal (*ingl.*) [pr. *èvvi mètal*] *loc.sost. m.invar.* genere di musica rock derivato principalmente dall'hard rock, caratterizzato da suoni metallici e da una ritmica accelerata e ossessiva.
he|ge|lia|no *agg.* del filosofo tedesco G.W.F. Hegel (1770-1831) | relativo all'opera e al pensiero di tale filosofo ♦ *s.m.* seguace della filosofia hegeliana.
he|ge|li|smo *s.m.* sistema di pensiero filosofico che si riferisce alle dottrine idealistiche di Hegel.
help (*ingl.*) *s.m.invar.* (*inform.*) funzione inserita in molti pacchetti software che permette di accedere a una guida operativa del programma senza sospenderne l'esecuzione.
hèn|na o **henné** *s.f.* **1** (*bot.*) arbusto caratteristico dell'Arabia **2** la sostanza colorante che si ricava dalle foglie di tale pianta, utilizzata in particolare per tingere i capelli di rosso.
hèr|pes *s.m.invar.* (*med.*) affezione cutanea di origine virale caratterizzata dalla formazione di vescicole acquose | — *zoster*, tipo di herpes che provoca dolori nevritici; fuoco di sant'Antonio.
herts (*ted.*) [pr. *erz*] *s.m.invar.* (*fis.*) unità di misura della frequenza di un fenomeno periodico, pari a un ciclo al secondo (*simb.* Hz).
hert|zia|no o **erziano** *agg.* relativo al fisico tedesco H.R. Hertz (1857-1894) | (*fis.*) **onde hertziane**, onde elettromagnetiche la cui lunghezza supera i 300 micron.
he|vè|a *s.f.* pianta arborea tropicale da cui si ricava il caucciù.
hidalgo (*sp.*) *s.m.* [pl. *hidalgos*] membro della piccola nobiltà spagnola | (*estens.*) gentiluomo.
hi-fi (*ingl.*) [pr. *ài fài*] *abbr. di* high-fidelity ♦ *s.m.invar.* impianto stereo: *ascoltare un cd con l'*—.
high-fidelity (*ingl.*) [pr. *ài fidèliti*] *loc.sost.f. invar.* alta fedeltà.
high-tech (*ingl.*) [pr. *ài tèk*] *agg.invar.* realizzato con tecnologia d'avanguardia: *apparecchiature —.*
hi|ma|la|ià|no o **himalayàno** *agg.* relativo all'Himalaya: *regione himalayana.*
hìn|di *s.m.invar.* lingua del gruppo indoario adottata come lingua ufficiale dell'Unione Indiana.
hinterland (*ted.*) [pr. *ìnterland*] *s.m.invar.* territorio circostante un grande centro urbano e a esso strettamente legato dal punto di vista economico e sociale: *i centri dell'* — *torinese.*
hip *solo nella loc.inter.* —, —, *urrà!*, espressione di sostegno e rallegramento.
hip-hop (*ingl.*) [pr. *ipòp*] *loc.sost.m.invar.* movimento culturale nato tra i giovani afroamericani e legato a forme artistiche peculiari quali la break-dance, la musica rap e il graffitismo.
hippy (*ingl.*) *agg.invar.* del movimento giovanile sorto in California alla fine degli anni Sessanta e caratterizzato dalla contestazione non violenta della società: *cultura* — ♦ *s.m./f. invar.* chi appartiene al movimento hippy o ne recupera l'ispirazione e i modelli.
hit (*ingl.*) *s.m.invar.* canzone di successo.

hi|tle|ria|no *agg.* relativo al dittatore tedesco Adolf Hitler (1889-1945) ♦ *s.m.* [f. -*a*] seguace di Hitler o dell'ideologia hitleriana; nazista.
hit-parade (*ingl.*) [pr. *it parèid*] *loc.sost.f.invar.* classifica delle canzoni e delle raccolte musicali di maggior successo, compilata in base ai dischi venduti in un determinato periodo di tempo.
hit|tì|ta *agg.*, *s.m./f.→* **ittita.**
HIV *s.m.invar.* (*biol.*) virus dell'AIDS.
hob|bì|sta *s.m./f.* [m.pl. -*i*] chi si dedica con continuità a un hobby.
hob|bi|sti|ca *s.f.* l'insieme delle attività svolte per hobby | il settore produttivo e commerciale connesso a tali attività.
hob|bi|sti|co *agg.* [m.pl. -*ci*] relativo agli hobby | *fare ql.co. a livello —,* non professionalmente, per passione.
hobby (*ingl.*) *s.m.invar.* attività svolta al di fuori dell'ambito professionale, per passione o svago: *avere l'— del modellismo.*
ho|cke|ì|sta *s.m.* giocatore di hockey.
hockey (*ingl.*) [pr. *òkei*] *s.m.invar.* sport a squadre in cui i giocatori, servendosi di apposite mazze, devono inviare una palla o un disco nella porta avversaria | — *su prato,* praticato su un terreno erboso | — *su ghiaccio, su pista,* praticato con i pattini su una superficie ghiacciata in materiale liscio.
holding (*ingl.*) [pr. *òldin*] *s.f.invar.* società finanziaria che controlla altre società per mezzo di partecipazioni azionarie.
hol|ly|woo|dia|no (*ingl.*) [pr. *ollivudiàno*] *agg.* **1** di Hollywood | dell'industria e della tradizione cinematografica statunitense **2** (*estens.*) grandioso, sfarzoso: *festa hollywoodiana.*
home banking (*ingl.*) [pr. *òm bànkin*] *loc.sost. m.invar.* servizio bancario che consente al cliente di gestire il proprio conto anche da casa attraverso Internet.
home computer (*ingl.*) [pr. *òm kompiùter*] *loc. sost.m.invar.* (*inform.*) personal computer per uso domestico.
home page (*ingl.*) [pr. *òm pèiǧ*] *loc.sost.m. invar.* (*inform.*) la pagina principale di un sito Internet.
home video (*ingl.*) [pr. *òm vìdeo*] *loc.sost.m. invar.* programma registrato su videocassette o DVD destinati a uso domestico | settore industriale che si occupa della produzione e della commercializzazione di videocassette e DVD.
hò|mo nò|vus (*lat.*) *loc.sost.m.* **1** nell'antica Roma, colui che per primo all'interno di una famiglia accedeva alle cariche pubbliche maggiori **2** (*estens.*) chi raggiunge posizioni di prestigio pur avendo modeste origini familiari.
hò|mo sà|piens (*lat.*) *loc.sost.m.invar.* specie dei Primati cui appartengono tutte le razze umane.
ho|nò|ris càu|sa (*lat.*) *loc.agg.invar.* detto di laurea conferita come riconoscimento per meriti eccezionali.
hooligan (*ingl.*) [pr. *ùligan*] *s.m.invar.* chi fa parte di alcuni gruppi violenti della tifoseria

calcistica, spesso protagonisti di disordini e atti vandalici.

horror (*ingl.*) [pr. *òrror*] *s.m.invar.* genere letterario o cinematografico caratterizzato dall'impiego sistematico di tematiche e scene macabre, raccapriccianti o che provocano paura.

hors-d'oeuvre (*fr.*) [pr. *ordèvr*] *loc.sost.m.invar.* antipasto.

hostess (*ingl.*) *s.f.invar.* **1** assistente di volo a bordo degli aerei passeggeri **2** (*estens.*) accompagnatrice, guida | addetta al ricevimento e all'assistenza in congressi, fiere e sim.

hot dog (*ingl.*) *loc.sost.m.invar.* panino allungato imbottito con un würstel e senape.

hotel (*fr.*) *s.m.invar.* albergo.

hot line (*ingl.*) [pr. *òt làin*] *loc.sost.f.invar.* **1** linea telefonica riservata per comunicazioni urgenti o di particolare gravità **2** linea telefonica a pagamento per conversazioni a sfondo erotico.

hot pants (*ingl.*) [pr. *ot pènts*] *loc.sost.m.pl.* calzoncini da donna molto corti e aderenti.

house music (*ingl.*) [pr. *àus miùsik*] *loc.sost.f.invar.* musica da discoteca caratterizzata da una ritmica marcata e dalla ripetizione ossessiva del tema musicale.

hovercraft (*ingl.*) [pr. *òverkraft*] *s.m.invar.* veicolo che viaggia su un cuscino d'aria, rimanendo leggermente sollevato dalla superficie del terreno o dell'acqua.

hub (*ingl.*) [pr. *àb*] *s.m.invar.* **1** (*aer.*) scalo aeroportuale di interscambio tra rotte diverse **2** dispositivo per la connessione di più linee telefoniche o informatiche.

hula-hoop®(*ingl.*) [pr. *ùla òp*] *loc.sost.m.invar.* **1** gioco che consiste nel far ruotare attorno alla vita un cerchio rigido, imprimendogli un moto circolare col movimento ritmico delle anche **2** il cerchio utilizzato in tale gioco.

hulli-gully (*ingl.*) [pr. *àlli gàlli*] *s.m.invar.* ballo collettivo nato nel sud degli Stati Uniti d'America.

humour (*ingl.*) [pr. *iùmor*] *s.m.invar.* senso dell'umorismo.

hù|mus (*lat.*) *s.m.invar.* **1** (*fig.*) terreno reso particolarmente fertile dalla presenza di sostanze organiche in decomposizione **2** (*fig.*) sostrato culturale, sociale ecc. che permette la nascita di un'idea, di una corrente di pensiero o di un movimento.

hur|rà *inter.* → **urrà**.

husky (*ingl.*) [pr. *àski*] *s.m.invar.* **1** razza di cane tipica delle regioni nordiche e utilizzata nel traino delle slitte **2** nome commerciale di un giaccone in tessuto trapuntato con colletto di velluto.

Ii

i¹ *s.f./m.* nona lettera dell'alfabeto; rappresenta la vocale palatale di massima chiusura (*ira, spiare*) o la semiconsonante palatale (*ieri, faida, lui*) | — **lunga**, lettera j | — **greca**, lettera y | (*fig.*) **mettere i puntini sulle** —, precisare, puntualizzare, spec. in maniera pedante | — **come Imola**, nella compitazione, spec. telefonica, delle parole | *I*, nella numerazione romana, il numero uno.

i² *art.det.m.pl.* [m.sing. *il*] si premette ai sostantivi maschili plurali che cominciano per consonante diversa da *s* impura, *gn, ps, x, z:* — *gatti;* — *soldi* | unendosi alle preposizioni *a, con, da, di, in, su* forma le prep. articolate *ai, coi, dai, dei, nei, sui*.

-i|a *suff.* di sostantivi femminili astratti, gener. derivati da aggettivi indicanti qualità (*pigrizia, superbia, filosofia*).

ia|li|te *s.f.* **1** (*min.*) varietà di opale incolore e trasparente **2** tipo di vetro duro simile al marmo.

ia|ma|to|lo|gi|a *s.f.* disciplina che studia la lingua e la civiltà del Giappone.

ia|ma|tò|lo|go *s.m.* [f. *-a*; m.pl. *-gi*] esperto di iamatologia.

-ià|no *suff.* di aggettivi e sostantivi derivati spec. da nomi propri (*cristiano, marxiano*).

-ia|si *suff.* (*med.*) usato per indicare malattie parassitarie (*amebiasi*).

ia|tà|le *agg.* (*anat.*) dello iato, che riguarda lo iato | **ernia** —, protrusione di una parte dello stomaco nel torace, attraverso lo iato esofageo.

ià|to *s.m.* **1** (*ling.*) incontro di due vocali che non formano dittongo e appartengono a due diverse sillabe (p.e. *po-eta, pa-u-ra*) **2** (*fig.*) frattura, soluzione di continuità, interruzione nello svolgimento di un'azione o nell'ambito di un processo storico **3** (*anat.*) apertura, orifizio | *esofageo*, orifizio del diaframma che consente il passaggio dell'esofago dalla cavità toracica a quella addominale.

-ià|tra (*med.*) secondo elemento di parole composte che significa "medico" (*odontoiatra, psichiatra*).

-ia|tri|a (*med.*) secondo elemento di parole composte che significa "cura" (*odontoiatria, psichiatria*).

-ià|tri|co secondo elemento di aggettivi derivati dai sostantivi in *-iatra* e *-iatria* (*odontoiatrico, psichiatrico*).

iat|tàn|za *s.f.* ostentazione dei propri meriti; arroganza, tracotanza.

iat|tù|ra *s.f.* disgrazia, sciagura, danno.

i|bè|ri|co *agg.* [m.pl. *-ci*] **1** relativo alla popolazione degli Iberi, che nell'antichità occupavano parte dei territori della Spagna e del Portogallo attuali **2** (*estens.*) spagnolo o portoghese | **penisola iberica**, l'area geografica compresa tra i Pirenei e lo stretto di Gibilterra, suddivisa tra Spagna e Portogallo ♦ *s.m.* [f. *-a*] chi apparteneva alla popolazione degli Iberi.

i|ber|na|mén|to *s.m.* (*raro*) ibernazione.

i|ber|nàn|te *part.pres.di* ibernare ♦ *agg.* **1** (*zool.*) detto di animale che trascorre l'inverno in letargo **2** (*bot.*) detto di gemma che spunta in primavera, trascorre l'inverno sulla pianta e sboccia solo nella primavera successiva.

i|ber|nà|re *v.intr.* [indic.pres. *io ibèrno*...; aus. *A*] trascorrere l'inverno in letargo ♦ *tr.* (*med.*) sottoporre a ibernazione.

i|ber|na|zió|ne *s.f.* **1** (*biol.*) stato di letargo in cui cadono alcuni animali durante il periodo invernale **2** (*med.*) abbassamento artificiale della temperatura corporea allo scopo di rallentare le funzioni dell'organismo e consentire interventi chirurgici delicati e di notevole durata.

i|bì|dem *avv.* nella stessa opera (utilizzato nelle indicazioni bibliografiche per non ripetere titoli e indicazioni già menzionate).

ì|bis *s.m.invar.* uccello di palude di grandi dimensioni, con collo e zampe lunghi, becco a falce | — *sacro*, uccello dal piumaggio bianco, con testa e collo nudi e neri, adorato dagli antichi egizi.

i|bì|sco *s.m.* [pl. *-schi*] pianta arbustiva o arborea diffusa nelle regioni temperate e tropicali, con foglie verde scuro e fiori a campanula rosei o bianchi.

i|brì|da|re *v.tr.* [indic.pres. *io ibrido*...] incrociare animali o vegetali di specie o razze diverse, per ottenerne nuove varietà.

i|bri|da|zió|ne *s.f.* (*biol.*) incrocio fra animali o vegetali di specie o razze diverse.

i|bri|dì|smo *s.m.* **1** (*biol.*) caratteristica di ciò che è ibrido **2** (*fig.*) mescolanza disarmonica di elementi eterogenei: — *linguistico, di stile.*

ì|bri|do *agg., s.m.* **1** detto di vegetale o animale prodotto dall'incrocio tra specie o razze diverse: *il mandarancio è un — del mandarino e dell'arancio* **2** (*fig.*) detto di cosa costituita da una mescolanza di elementi eterogenei: *stile* —.

-i|cà|re *suff.* di verbi ricavati da sostantivi o aggettivi, spec. con valore frequentativo, diminutivo o che indicano azione (*biascicare, nevicare, morsicare*).

i|cà|sti|co *agg.* [m.pl. *-ci*] che descrive la realtà

-icchiare

in maniera efficace ed espressiva: *rappresentazione icastica* | (*estens.*) incisivo, efficace: *discorso* — □ **icasticamente** *avv.*
-ic|chià|re *suff.* di verbi ricavati da altri verbi, con valore attenuativo (*canticchiare, rosicchiare*).
-ic|cio *suff.* di aggettivi ricavati da altri aggettivi usato per esprimere imperfezione, approssimazione (*bianchiccio, alticcio*) o con valore peggiorativo e spregiativo (*molliccio, imparaticcio*).
-ic|ciò|lo *suff.* alterativo di sostantivi con valore diminutivo, vezzeggiativo o spregiativo (*donnicciola, muricciolo*).
iceberg (*ingl.*) [pr. *àisberg*] *s.m.invar.* grande blocco di ghiaccio galleggiante staccatosi dalla calotta polare | *la punta dell'*—, la parte di ghiaccio che emerge dall'acqua; (*fig.*) la parte conosciuta di un fenomeno o di un avvenimento, le cui caratteristiche lasciano presagire una più ampia estensione del fatto.
-i|cèl|lo *suff.* alterativo che conferisce valore diminutivo ad aggettivi e sostantivi (*bricconcello, ponticello*).
-i|ciàt|to|lo *suff.* alterativo che conferisce valore diminutivo e peggiorativo ad alcuni sostantivi (*fiumiciattolo, vermiciattolo*).
-i|ci|no *suff.* alterativo che conferisce valore diminutivo o vezzeggiativo a sostantivi (*micino, cuoricino*).
ic|no|gra|fì|a *s.f.* rappresentazione grafica in proiezione ortogonale della pianta di un edificio.
ic|no|grà|fi|co *agg.* [m.pl. -ci] dell'icnografia, relativo all'icnografia.
-i|co *suff.* 1 forma aggettivi derivati spec. da sostantivi, indicanti un generico rapporto di appartenenza (*storico, filmico, olimpico*) 2 in chimica organica, indica gli acidi organici (*benzoico*); in chimica inorganica, tra i composti di un elemento con diversi gradi di valenza, indica quello con valenza superiore (*solforico*).
i|có|na *s.f.* 1 nell'arte religiosa bizantina e russa, immagine sacra dipinta su tavola e decorata in oro o altri materiali preziosi 2 (*estens.*) immagine o personaggio emblematico, rappresentativo di una certa realtà o periodo: *è un'*— *del nostro tempo* 3 (*inform.*) piccola immagine che visualizza sullo schermo del computer un programma o un file e permette di accedervi direttamente cliccando su di essa.
i|co|ni|ci|tà *s.f.* caratteristica di ciò che è iconico.
i|cò|ni|co *agg.* [m.pl. -ci] che riguarda l'immagine | che rappresenta per mezzo di immagini □ **iconicamente** *avv.*
i|còno- primo elemento di parole composte che significa "immagine" (*iconologia*) o "immagine sacra" (*iconoclastia*).
i|co|no|clà|sta *s.m./f.* [m.pl. -i] 1 (*st.*) fautore, seguace dell'iconoclastia 2 (*fig.*) chi manifesta posizioni aspramente critiche nei confronti delle convenzioni e delle opinioni comunemente condivise.
i|co|no|cla|stì|a *s.f.* 1 (*st.*) movimento religioso sviluppatosi nel mondo bizantino nel sec. VIII, che condannava il culto delle immagini sacre e ne propugnava la distruzione 2 (*fig.*) critica e opposizione intransigente alle convenzioni e alle opinioni comunemente condivise.
i|co|no|clà|sti|co *agg.* [m.pl. -ci] dell'iconoclastia, degli iconoclasti: *eresia iconoclastica* | (*fig.*) da iconoclasta: *atteggiamento* — □ **iconoclasticamente** *avv.*
i|co|no|gra|fì|a *s.f.* 1 branca della storia dell'arte che descrive e interpreta i temi raffigurati nelle opere d'arte 2 l'insieme delle rappresentazioni figurative relative a un determinato argomento o personaggio o tipiche di un periodo storico: — *dantesca*; — *risorgimentale* 3 l'insieme delle illustrazioni di un testo.
i|co|no|grà|fi|co *agg.* [m.pl. -ci] dell'iconografia, relativo all'iconografia: *ricerca iconografica* □ **iconograficamente** *avv.* dal punto di vista dell'iconografia.
i|co|nò|gra|fo *s.m.* [f. -a] 1 studioso di iconografia 2 nell'editoria, chi ricerca e seleziona le illustrazioni per corredare un libro o una pubblicazione.
i|co|no|la|trì|a *s.f.* adorazione delle immagini sacre.
i|co|no|lo|gì|a *s.f.* analisi e interpretazione delle immagini simboliche e allegoriche presenti nelle opere d'arte.
i|co|no|lò|gi|co *agg.* [m.pl. -ci] proprio dell'iconologia, relativo all'iconologia □ **iconologicamente** *avv.*
i|co|no|scò|pio *s.m.* (*telecom.*) tubo elettronico che, all'interno della telecamera, trasforma l'immagine catturata dall'obiettivo in impulsi elettrici.
i|co|no|stà|si *s.f.* (*arch.*) nelle chiese ortodosse e cattoliche di rito greco, il tramezzo ornato di immagini sacre che separa il presbiterio dallo spazio riservato ai fedeli.
i|co|no|tè|ca *s.f.* 1 collezione di icone 2 luogo in cui tale collezione è conservata ed esposta.
i|co|sa|è|dro *s.m.* (*geom.*) poliedro con venti facce | — **regolare**, quello le cui facce sono costituite da triangoli equilateri uguali.
ics *s.f./m.invar.* nome della lettera *x*.
ic|tio|sàu|ro *s.m.* → **ittiosauro**.
ic|tus *s.m.invar.* 1 nella metrica classica, l'accento che indica le sillabe da pronunciare con maggior intensità e che dà ritmo al verso 2 (*med.*) nome generico di alcune patologie acute che si manifestano in modo improvviso | — *cerebrale*, apoplessia.
-i|de *suff.* (*chim.*) si usa per indicare vari composti organici e inorganici (*anidride*).
i|dè|a *s.f.* 1 qualunque prodotto del pensiero o dell'immaginazione, che abbia per oggetto realtà concrete o astratte: — *chiara; buona; pessima* — | — **fissa**, pensiero ricorrente e ossessivo | *neanche per* —, assolutamente no; in nessun modo 2 (*filos.*) rappresentazione mentale di ciò che è oggetto di conoscenza: *l'* — *del cavallo; l'* — *del bello* 3 nozione approssimativa e provviso-

ria: *farsi un'— di ql.co.* | impressione generale, sensazione | *non avere — di ql.co.*, non saperne nulla 4 opinione, convinzione personale: *avere determinate idee in fatto di politica* 5 progetto, proposito: *avere l'— di comporre una canzone* 6 trovata: *ha avuto un'— geniale* 7 tema di base di un'opera artistica o letteraria: *l'— del film è tratta da un fatto realmente accaduto* | contenuto: *un tema povero di idee* | parte fondamentale di un sistema di pensiero: *l'— marxista*.
i|de|à|le *agg.* 1 che riguarda l'idea | (*estens.*) che esiste solo nell'immaginazione: *una realtà —* 2 che corrisponde a un modello di perfezione: *l'uomo —; il governo —* | che risponde pienamente ai desideri, alle aspirazioni o alle esigenze di qlcu.: *il lavoro —* ♦ *s.m.* 1 (*filos.*) ciò che esiste solo nel mondo delle idee 2 modello di perfezione assoluta: *il mio — di donna* 3 la cosa, la soluzione migliore: *l'— sarebbe un lungo periodo di riposo* 4 insieme dei valori che animano una persona o un movimento politico, sociale: *lottare, morire per un —; gli ideali della democrazia* 5 sogno, desiderio: *il mio — è la vita all'aria aperta* □ **idealmente** *avv.*
i|de|a|li|smo *s.m.* 1 (*filos.*) ogni sistema filosofico che pone a fondamento della realtà e della conoscenza le idee: *— platonico* | (*per anton.*) corrente filosofica sviluppatasi in Europa, spec. in Germania, tra il XVIII e il XIX sec. 2 atteggiamento di chi tende a perseguire un ideale: *un uomo mosso dall'—* 3 tendenza a pensare, ad agire seguendo schemi astratti, ignorando la realtà; mancanza di concretezza.
i|de|a|li|sta *s.m./f.* [m.pl. *-i*] 1 (*filos.*) seguace, sostenitore dell'idealismo 2 chi tende a perseguire un ideale 3 chi pensa, agisce seguendo schemi astratti, ignorando la realtà; sognatore.
i|de|a|li|sti|co *agg.* [m.pl. *-ci*] 1 (*filos.*) proprio dell'idealismo 2 da idealista: *visione idealistica della realtà* □ **idealisticamente** *avv.*
i|de|a|li|tà *s.f.* 1 proprietà di ciò che è ideale 2 sentimento o aspirazione nobile: *una persona senza —*.
i|de|a|liz|zà|bi|le *agg.* che può essere idealizzato.
i|de|a|liz|zà|re *v.tr.* concepire cose o persone come modelli di ideale perfezione; mitizzare: *— la bellezza della persona amata*.
i|de|a|liz|za|zió|ne *s.f.* rappresentazione di cose o persone non come sono nella realtà, ma come modelli di una perfezione ideale.
i|de|à|re *v.tr.* [indic.pres. *io idèo...*] 1 concepire con la mente: *— un'opera d'arte; — uno stratagemma* | inventare: *ha ideato un particolare sistema d'allarme* 2 proporsi di fare ql.co.; progettare: *ho ideato un nuovo itinerario*.
i|de|a|ti|vo *agg.* che riguarda l'ideazione: *fase ideativa*.
i|de|a|tó|re *s.m.* [f. *-trice*] chi ha avuto l'idea di ql.co.; chi ha inventato, progettato ql.co.
i|de|a|zió|ne *s.f.* processo di invenzione e progettazione: *l'— di un piano operativo*.
ìdem *pron.dimostr.invar.* [si usa in enumerazioni, citazioni e sim. per evitare ripetizioni] lo stesso, il medesimo ♦ *avv.* (*fam.*) ugualmente, allo stesso modo: *io la penso così, e lui —*.
i|den|ti|ci|tà *s.f.* (*raro*) perfetta somiglianza.
i|dèn|ti|co *agg.* [m.pl. *-ci*] perfettamente uguale: *è — a suo fratello* | usato anche come raff.: *è la stessa identica situazione* □ **identicamente** *avv.*
i|den|ti|fi|cà|bi|le *agg.* che si può identificare.
i|den|ti|fi|cà|re *v.tr.* [indic.pres. *io identìfico, tu identìfichi...*] 1 riconoscere come identico: *— il male con la corruzione* 2 accertare l'identità di una persona: *— qlcu. per mezzo di documenti* 3 determinare, individuare in maniera precisa: *le ragioni di un comportamento* ♦ **-rsi** *rifl.* riconoscersi pienamente in un'altra persona: *si identifica col suo migliore amico* | immedesimarsi: *— nell'immagine di un leader* ♦ *intr.pron.* essere identico.
i|den|ti|fi|ca|zió|ne *s.f.* 1 atto dell'identificare, dell'identificarsi: *— di due teorie* 2 accertamento dell'identità di una persona: *— di un cadavere* 3 (*psicol.*) processo attraverso cui un soggetto si assimila tratti di un altro individuo o si modella su di essi.
identikit (*ingl.*) [pr. *identikìt*] *s.m.invar.* 1 procedimento utilizzato dalla polizia per ricostruire il volto di una persona sulla base della descrizione dei suoi tratti somatici fornita dai testimoni | l'immagine ricostruita in questo modo 2 (*fig.*) insieme delle caratteristiche dell'esponente tipico di una data categoria di persone: *l'— dello studente universitario medio*.
i|den|ti|tà *s.f.* 1 coincidenza, uguaglianza assoluta: *— di vedute, di opinioni* | (*filos.*) *principio d'—*, principio logico secondo il quale ogni concetto è identico a se stesso 2 l'insieme delle caratteristiche che distinguono una persona da tutte le altre: *sviluppare la propria —* 3 l'insieme dei dati fisici e anagrafici che consentono di riconoscere una persona: *accertare l'— di qlcu.* | *carta di —*, documento di riconoscimento rilasciato dalle autorità municipali 4 (*psicol.*) consapevolezza di sé in quanto individuo diverso dagli altri | *crisi di —*, conflitto interiore che rende del soggetto incerto rispetto ai dati fondamentali della propria personalità 5 carattere distintivo di ql.co.: *l'— di un fenomeno* 6 (*mat.*) uguaglianza tra due espressioni che è vera per qualsiasi valore delle variabili in esse contenute.
i|de|o- primo elemento di parole composte che significa "idea" (*ideologia*).
i|de|o|gra|fì|a *s.f.* sistema di scrittura in cui le idee sono rappresentate per mezzo di simboli (ideogrammi) e non di segni alfabetici corrispondenti ai diversi suoni della lingua.
i|de|o|grà|fi|co *agg.* [m.pl. *-ci*] si dice di scrittura basata sugli ideogrammi: *i geroglifici egizi sono segni ideografici*.
i|de|o|gràm|ma *s.m.* [pl. *-i*] 1 simbolo grafico che rappresenta una certa idea: *gli ideogrammi della scrittura cinese* 2 (*stat.*) rappresentazione di dati attraverso figure di diversa dimensione.
i|de|o|lo|gì|a *s.f.* 1 il complesso di principi e di idee che è alla base di un movimento culturale,

ideologico

di un partito politico, di un gruppo sociale e sim.: *l'— fascista*; *l'— borghese* **2** nella terminologia marxista, l'insieme delle idee e dei valori attraverso i quali le classi dominanti tentano di legittimare il loro potere.

i|de|o|lò|gi|co *agg.* [m.pl. *-ci*] **1** relativo all'ideologia o determinato da essa: *contrasti ideologici* **2** fondato su un'ideologia: *una presa di posizione ideologica* □ **ideologicamente** *avv.*

i|de|o|lo|gi|smo *s.m.* tendenza a risolvere i problemi, spec. politici, esclusivamente in modo ideologico.

i|de|o|lo|giz|zà|re *v.tr.* interpretare e risolvere determinati problemi, spec. politici e sociali, esclusivamente in chiave ideologica: *— lo scontro tra classi sociali.*

i|de|o|lo|giz|zà|to *part.pass.* di ideologizzare ♦ *agg.* che è permeato da un'ideologia: *un partito fortemente —.*

i|de|o|lo|giz|za|zió|ne *s.f.* l'atto o il processo di ideologizzare.

i|de|ò|lo|go *s.m.* [f. *-a*; m.pl. *-gi*] chi elabora o teorizza una certa ideologia, spec. in campo politico: *l'— di un partito.*

i|di *s.f./m.pl.* nel calendario romano, il quindicesimo giorno dei mesi di marzo, maggio, luglio, ottobre e il tredicesimo degli altri mesi.

i|dil|li|a|co *agg.* [m.pl. *-ci*] **1** (*lett.*) relativo alla forma poetica dell'idillio: *componimento —* **2** (*fig.*) armonioso, sereno: *clima —* **3** che è frutto di un atteggiamento di ingenuo ottimismo nei confronti della realtà: *una visione idilliaca dell'amore* □ **idilliacamente** *avv.*

i|dil|li|co *agg.* [m.pl. *-ci*] idilliaco □ **idillicamente** *avv.*

i|dil|lio *s.m.* **1** (*lett.*) componimento poetico di tema agreste e pastorale **2** (*estens., fig.*) condizione di vita armoniosa e serena: *vivere in un —* | (*fig.*) amore romantico, pieno di dolcezza: *il loro — resiste al tempo* | (*estens.*) intesa, accordo: *è finito l'— tra i partiti di governo.*

i|diò|fo|no *s.m.* (*mus.*) ogni strumento musicale in cui la vibrazione sonora è prodotta dal corpo stesso dello strumento (p.e. la campana, il triangolo).

i|dio|lèt|to *s.m.* (*ling.*) il complesso degli usi linguistici propri di un singolo individuo.

i|diò|ma *s.m.* [pl. *-i*] (*lett.*) linguaggio proprio di una nazione, di una comunità: *l'— italiano* | *dialetto*; *parlata*: *l'— toscano.*

i|dio|mà|ti|co *agg.* [m.pl. *-ci*] proprio di un dato linguaggio | *frasi*, **espressioni idiomatiche**, modi di dire caratteristici di una certa lingua □ **idiomaticamente** *avv.*

i|dio|mor|fi|smo *s.m.* caratteristica dei minerali idiomorfi.

i|dio|mòr|fo *agg.*, *s.m.* detto di minerale di roccia eruttiva che ha forma propria.

i|dio|sin|cra|sì|a *s.f.* **1** (*med.*) intolleranza patologica verso particolari sostanze, spec. medicinali o alimentari, che dà luogo a gravi reazioni già al primo contatto con esse **2** (*estens., fig.*) forte avversione, repulsione per qlcu. o ql.co.: *ho un'— per le persone maleducate*; *ha una vera — per il latino.*

i|diò|ta *s.m./f.* [m.pl. *-i*] **1** deficiente, stupido: *atteggiamento da —* **2** (*med.*) chi è affetto da idiozia ♦ *agg.* detto di persona o cosa che rivela stupidità: *una domanda —.*

i|dio|tì|smo *s.m.* (*ling.*) forma lessicale, locuzione o costruzione particolare di una certa lingua o dialetto: *un — campano.*

i|dio|zì|a *s.f.* **1** stupidità | azione o discorso che rivela scarsa intelligenza: *fare, dire un'—* **2** (*med.*) stato di grave deficienza mentale.

i|do|là|tra *s.m./f.* [m.pl. *-i*] **1** chi pratica l'adorazione degli idoli **2** (*fig.*) chi manifesta un'ammirazione esagerata nei confronti di qlcu. o ql.co.: *è un — delle ricchezze* ♦ *agg.* **1** che adora gli idoli: *popolo —* **2** proprio dell'idolatria: *culto —* **3** (*fig.*) che mostra un interesse eccessivo, fanatico: *un giovane — dello sport.*

i|do|la|trà|re *v.tr.* **1** adorare con culto idolatrico: *certe religioni idolatrano le forze della natura* **2** (*fig.*) manifestare un'ammirazione fanatica nei confronti di qlcu.: *— un divo del cinema* | amare smisuratamente: *— i propri genitori.*

i|do|la|trì|a *s.f.* **1** adorazione degli idoli | (*estens.*) paganesimo **2** (*fig.*) fanatica ammirazione nei confronti di qlcu. o ql.co.: *ha un'— per l'opera di Picasso* | amore smisurato per qlcu. o ql.co.: *ha una vera — per sua madre; — per i soldi.*

i|do|là|tri|co *agg.* [m.pl. *-ci*] che riguarda l'idolatria | (*fig.*) da idolatra: *amore —.*

i|do|leg|già|re *v.tr.* [indic.pres. *io idoléggio...*] **1** esaltare nella fantasia qlcu. o ql.co. come se fosse un idolo: *— una donna; — la patria* **2** (*lett.*) rappresentare un concetto astratto con immagini o simboli: *— la bellezza.*

i|dò|lo *s.m.* **1** immagine di una divinità, o altro oggetto che la rappresenti, adorati come se fossero divini essi stessi: *fare offerte a un —* **2** (*fig.*) persona o cosa fatta oggetto di grande ammirazione e amore smodato: *quel cantante è il mio —; il denaro è l'— di troppa gente.*

i|do|nei|tà *s.f.* possesso dei requisiti necessari per svolgere una determinata attività o ricoprire un certo ruolo: *ottenere l'— all'insegnamento.*

i|dò|ne|o *agg.* **1** (*di persona*) che ha i requisiti necessari per svolgere una determinata attività o ricoprire un certo ruolo: *— alla professione medica* **2** (*di cosa*) adeguato, adatto: *è un luogo — per riposare; cercare le parole più idonee* □ **idoneamente** *avv.*

i|dra *s.f.* **1** nella mitologia greca, serpente con più teste che ricrescevano quando venivano tagliate **2** (*lett., fig.*) male che si moltiplica: *l'— della violenza* **3** piccolissimo celenterato d'acqua dolce, a forma di polipo, dotato di lunghi tentacoli prensili e caratterizzato da una grande capacità di rigenerarsi.

i|drà|ci|do *s.m.* (*chim.*) acido inorganico che non contiene atomi di ossigeno.

i|dràn|te *s.m.* apparecchio per la presa d'acqua connesso a una rete idrica, utilizzato spec. per innaffiare e spegnere incendi | tubo utilizzato per lanciare getti d'acqua in una certa direzione.

i|drar|gi|rì|smo *s.m.* (*med.*) intossicazione cronica da mercurio che causa lesioni renali e problemi psichici.

i|dra|tàn|te *part.pres. di idratare* ♦ *agg., s.m.* si dice di prodotto cosmetico che reintegra il giusto grado di umidità della pelle: *crema —*.

i|dra|tà|re *v.tr.* **1** somministrare liquidi a un organismo che ne è carente **2** (*chim.*) combinare una sostanza con acqua per formare un idrato **3** in cosmesi, reintegrare il giusto grado di umidità della pelle ♦ **-rsi** *intr.pron.* **1** arricchirsi di liquidi **2** detto spec. di pelle, riacquistare il giusto grado di umidità.

i|dra|ta|zió|ne *s.f.* **1** assunzione di liquidi da parte di un organismo **2** (*chim.*) processo di formazione degli idrati.

i|drà|to *agg.* (*chim.*) detto di composto che contiene una o più molecole d'acqua ♦ *s.m.* (*chim.*) idrossido | *idrati di carbonio*, carboidrati, glucidi.

i|dràu|li|ca *s.f.* scienza applicata che studia l'equilibrio dei liquidi in quiete e in moto, e in particolare il moto delle acque e i sistemi per controllarlo.

i|dràu|li|co *agg.* [m.pl. *-ci*] **1** relativo all'idraulica | che si occupa di idraulica: *ingegneria idraulica* **2** che riguarda la distribuzione e l'utilizzazione dell'acqua: *impianto —* **3** che funziona per mezzo dell'acqua o di altro liquido: *turbina idraulica* | *energia idraulica*, quella prodotta sfruttando la pressione esercitata da una massa d'acqua che cade su una turbina ♦ *s.m.* tecnico specializzato nell'installazione e nella manutenzione degli impianti idraulici.

i|dria *s.f.* (*archeol.*) vaso greco a tre manici per la conservazione dell'acqua.

i|dri|co *agg.* [m.pl. *-ci*] dell'acqua: *bacino —* | *forza idrica*, quella prodotta dal movimento dell'acqua.

i|dro-, -i|dro primo e secondo elemento di parole composte della terminologia scientifica che significa "acqua" (*idrografia, anidro*), "che si sposta sull'acqua" (*idrovolante*) | (*chim.*) primo elemento di parole composte che indica presenza di idrogeno (*idrocarburo*).

i|dro|al|còo|li|co *agg.* [m.pl. *-ci*] (*chim., farm.*) si dice di soluzione contenente acqua e alcol.

i|dro|bio *s.m.* (*biol.*) il complesso degli organismi animali e vegetali che vivono nelle acque.

i|dro|bio|lo|gì|a *s.f.* branca della biologia che si occupa degli organismi animali e vegetali che vivono nelle acque.

i|dro|bio|lò|gi|co *agg.* [m.pl. *-ci*] relativo all'idrobiologia.

i|dro|car|bù|ro *s.m.* (*chim.*) composto organico costituito solo da carbonio e idrogeno; costituente fondamentale del petrolio e dei gas naturali, è presente in natura allo stato solido, liquido e gassoso.

i|dro|ce|fa|lì|a *s.f.* (*med.*) patologia caratterizzata da idrocefalo.

i|dro|cè|fa|lo *s.m.* (*med.*) abnorme accumulo di liquido cerebrospinale nella cavità cranica o nei ventricoli cerebrali.

i|dro|chi|nò|ne *s.m.* (*chim.*) fenolo utilizzato spec. nei processi di sviluppo fotografico.

i|dro|col|tù|ra *s.f.* (*bot.*) coltivazione delle piante in acqua arricchita di sostanze nutritive.

i|dro|co|rì|a *s.f.* (*bot.*) diffusione dei semi per mezzo dell'acqua.

i|drò|co|ro *agg.* (*bot.*) si dice di pianta che affida all'acqua la diffusione dei semi.

i|drò|di|na|mi|ca *s.f.* (*fis.*) branca dell'idraulica e della meccanica che studia il moto dei liquidi.

i|dro|di|nà|mi|co *agg.* [m.pl. *-ci*] **1** (*fis.*) relativo all'idrodinamica **2** si dice di oggetto che, per la forma o il materiale con cui è stato fabbricato, oppone la minima resistenza all'acqua: *scafo —; costume —*.

i|dro|e|lèt|tri|co *agg.* [m.pl. *-ci*] relativo al processo di trasformazione dell'energia cinetica dell'acqua in energia elettrica: *centrale idroelettrica*.

i|drò|fi|di *s.m.pl.* famiglia di rettili acquatici marini lunghi fino a due metri, molto velenosi e diffusi negli oceani Pacifico e Indiano.

i|dro|fi|lì|a *s.f.* **1** capacità di una sostanza o di un materiale di assorbire e trattenere l'acqua **2** (*bot.*) idrogamia.

i|drò|fi|lo *agg.* **1** detto di sostanza o materiale che assorbe e trattiene l'acqua: *cotone —* **2** (*bot.*) detto di pianta che predilige gli ambienti umidi in cui l'impollinazione avviene grazie alla diffusione dei semi per mezzo dell'acqua **3** coleottero acquatico di grandi dimensioni molto diffuso in Italia.

i|drò|fi|ta *s.f.* pianta perenne che vive parzialmente o completamente immersa nell'acqua.

i|dro|fo|bì|a *s.f.* (*med.*) avversione patologica per l'acqua, sintomo della rabbia | (*estens.*) rabbia.

i|dro|fò|bi|co *agg.* [m.pl. *-ci*] (*med.*) dell'idrofobia, relativo all'idrofobia.

i|drò|fo|bo *agg.* **1** (*med.*) affetto da idrofobia **2** (*fig., fam.*) rabbioso, furioso: *oggi sono —* **3** (*chim.*) detto di sostanza o materiale idrorepellente.

i|drò|fo|no *s.m.* (*mar.*) apparecchio che rileva suoni e segnali acustici subacquei, utilizzato per individuare a distanza navi e sommergibili.

i|drò|fu|go *agg., s.m.* [m.pl. *-ghi*] impermeabile, idrorepellente: *tessuto —*.

i|dro|ga|mì|a *s.f.* (*bot.*) sistema di impollinazione delle piante acquatiche, in cui i semi vengono diffusi attraverso l'acqua; idrofilia.

i|drò|ga|mo *agg.* (*bot.*) relativo all'idrogamia: *pianta idrogama*.

i|dro|ge|nà|re *v.tr.* [indic.pres. *io idrògeno...*] (*chim.*) sottoporre a idrogenazione.

i|dro|ge|na|zió|ne *s.f.* (*chim.*) introduzione di atomi di idrogeno in una molecola, spec. organica; è una reazione impiegata in numerose lavorazioni industriali.

i|drò|ge|no *s.m.* elemento chimico, gas leggerissimo, incolore, inodore, insapore e infiamma-

idrogeologia 554

bile (*simb.* H); è l'elemento più diffuso nell'universo e il costituente essenziale dell'acqua e dei composti organici | — *pesante*, deuterio.

i|dro|ge|o|lo|gi|a *s.f.* branca dell'idrologia che studia le caratteristiche fisiche, chimiche e biochimiche delle acque superficiali e sotterranee in relazione alla natura geologica del suolo, al fine di regolarle e utilizzarle per scopi pratici.

i|dro|ge|o|lò|gi|co *agg.* [m.pl. *-ci*] relativo all'idrogeologia | che riguarda il rapporto tra le acque e le condizioni del suolo: *dissesto* —; *equilibrio* —.

i|dro|gèt|to *s.m.* (*mar.*) propulsore per imbarcazioni che permette di raggiungere alte velocità utilizzando la spinta di un getto d'acqua espulso a poppa da un reattore.

i|dro|gra|fì|a *s.f.* **1** scienza che studia le acque marine e terrestri **2** distribuzione delle acque di un territorio: *l'— lombarda* | branca della geografia che si occupa della descrizione e della rappresentazione cartografica di tali acque.

i|dro|grà|fi|co *agg.* [m.pl. *-ci*] relativo all'idrografia: *rilievi idrografici*.

i|dró|gra|fo *s.m.* [f. *-a*] specialista in idrografia.

i|dro|li|si *s.f.* (*chim.*) reazione per cui un composto chimico viene scisso per azione dell'acqua.

i|dro|lì|ti|co *agg.* [m.pl. *-ci*] (*chim.*) relativo all'idrolisi; dovuto a idrolisi: *scissione idrolitica*.

i|drò|li|to *s.m.* (*farm.*) soluzione medicamentosa ottenuta sciogliendo un farmaco in acqua.

i|dro|lo|gi|a *s.f.* **1** scienza che studia le proprietà fisiche e chimiche delle acque superficiali e sotterranee e la loro distribuzione sulle terre emerse **2** (*med.*) scienza che studia gli effetti terapeutici delle acque termali.

i|dro|lò|gi|co *agg.* [m.pl. *-ci*] relativo all'idrologia.

i|drò|lo|go *s.m.* [f. *-a*; m.pl. *-gi*] specialista in idrologia.

i|dro|man|zì|a *s.f.* antica tecnica di divinazione che si basava sull'interpretazione dei movimenti prodotti da un oggetto sulla superficie dell'acqua.

i|dro|mas|sàg|gio *s.m.* **1** massaggio eseguito con appositi getti d'acqua calda per stimolare la circolazione, rilassare e tonificare i muscoli **2** l'apparecchiatura con cui si effettua tale massaggio: *vasca con —*.

i|dro|mec|cà|ni|ca *s.f.* (*fis.*) meccanica dei liquidi.

i|dro|mè|le *s.m.* antica bevanda alcolica ottenuta facendo fermentare il miele diluito in acqua.

i|dro|me|tè|o|ra *s.f.* (*meteor.*) ogni fenomeno derivante dalla condensazione o dal congelamento del vapore acqueo nell'atmosfera, come nebbia, nuvole, pioggia, grandine.

i|drò|me|tra *s.f.* insetto dal corpo sottile e dotato di zampe lunghissime provviste di peli, che gli permettono di mantenersi a galla e di muoversi sulla superficie delle acque stagnanti.

i|dro|me|trì|a *s.f.* branca dell'idraulica che si occupa della misurazione della portata e della velocità dei corsi d'acqua.

i|dro|mè|tri|co *agg.* [m.pl. *-ci*] relativo all'idrometria: *livello* —.

i|drò|me|tro *s.m.* strumento graduato usato per misurare il livello dell'acqua di un fiume, di un bacino o di un serbatoio.

i|drò|ni|mo *s.m.* nome di corsi d'acqua o di laghi.

i|drò|pi|co *agg.* [m.pl. *-ci*] **1** (*med.*) relativo a idropisia: *stato* — **2** che è affetto da idropisia ♦ *s.m.* [f. *-a*] chi è affetto da idropisia.

i|dro|pi|no|te|ra|pì|a *s.f.* (*med.*) terapia a base di acque minerali assunte per via orale.

i|dro|pi|sì|a *s.f.* (*med.*) raccolta patologica di liquido nelle cavità sierose del corpo (pleura, colecisti ecc.) o nel tessuto sottocutaneo.

i|dro|pit|tù|ra *s.f.* pittura per intonaci, mobili e sim., che si diluisce in acqua.

i|dro|plà|no *s.m.* (*mar.*) imbarcazione a motore dotata di uno scafo sagomato che, durante il moto, le consente di sollevarsi sulla superficie dell'acqua, in modo da ridurre l'attrito e raggiungere così elevate velocità.

i|dro|pò|ni|ca *s.f.* idrocoltura.

i|dro|re|pel|lèn|te *agg.* si dice di materiale trattato in modo da renderlo impermeabile all'acqua: *vernice* — ♦ *s.m.* sostanza usata per impermeabilizzare una superficie, un materiale.

i|dro|re|pel|lèn|za *s.f.* proprietà di corpi e sostanze di essere impermeabili all'acqua.

i|dro|sa|ni|tà|rio *agg.*, *s.m.* (*edil.*) si dice di impianto per l'igiene personale e lo smaltimento dei rifiuti organici che utilizza l'acqua, come lavandini, wc, docce e sim.

i|dro|scà|lo *s.m.* aeroscalo per idrovolanti.

i|dro|scò|pio *s.m.* strumento formato da un tubo munito di lenti utilizzato per esplorare i fondali marini.

i|dro|sfè|ra *s.f.* (*geog.*) l'insieme delle acque, continentali, oceaniche e meteoriche, che si trovano sulla crosta terrestre.

i|dro|soc|còr|so *s.m.* soccorso prestato da idrovolanti | idrovolante attrezzato per prestare soccorso.

i|dro|sòl *s.m.invar.* (*chim.*) soluzione colloidale preparata mediante dispersione di una sostanza in acqua.

i|dro|so|lù|bi|le *agg.* (*chim.*) detto di sostanza solubile in acqua.

i|dròs|si|do *s.m.* (*chim.*) composto inorganico formato dall'unione di un metallo con uno o più ioni ossidrili | — *di potassio*, potassa caustica | — *di sodio*, soda caustica.

i|dro|stà|ti|ca *s.f.* (*fis.*) branca della meccanica che studia l'equilibrio dei liquidi in quiete.

i|dro|stà|ti|co *agg.* [m.pl. *-ci*] (*fis.*) relativo all'idrostatica: *leggi idrostatiche* | *spinta idrostatica*, la spinta dal basso verso l'alto esercitata dall'acqua sui corpi immersi.

i|dro|te|ra|pì|a *s.f.* (*med.*) terapia basata sullo sfruttamento delle proprietà fisiche dell'acqua naturale, termale o medicata, mediante bagni, docce, frizioni, impacchi e altro.

i|dro|te|rà|pi|co agg. [m.pl. -ci] relativo all'idroterapia: *cure idroterapiche.*
i|dro|ter|mà|le agg. 1 relativo alle acque termali: *sorgente —* | relativo all'azione delle acque termali 2 (*geol.*) relativo all'ultima fase del consolidamento magmatico in cui i minerali lasciati dalle acque termali cristallizzano.
i|dro|ti|me|tri|a s.f. (*chim.*) insieme delle tecniche adottate per determinare il grado di durezza delle acque.
i|dro|ti|me|tro s.m. (*chim.*) strumento utilizzato per misurare il grado di durezza delle acque.
i|dro|tro|pi|smo s.m. (*bot.*) tendenza degli organi vegetali a svilupparsi in direzione di fonti di umidità.
i|dro|vi|a s.f. via di comunicazione costituita da corsi d'acqua navigabili, naturali e artificiali, collegati tra loro.
i|dro|vo|làn|te s.m. velivolo a motore provvisto di galleggianti e di una fusoliera a scafo che gli consentono di decollare e di posarsi sull'acqua.
i|dró|vo|ra s.f. (*mecc.*) pompa per aspirare masse d'acqua, utilizzata spec. nelle opere di bonifica e di prosciugamento di terreni dopo le alluvioni.
i|drò|vo|ro agg. detto di macchina o impianto in grado di aspirare l'acqua: *pompa idrovora.*
I|dro|zòi s.m.pl. classe di Celenterati acquatici molto semplici, solitari o raggruppati in colonia, cui appartengono polipi e meduse.
i|drù|ro s.m. (*chim.*) composto inorganico dell'idrogeno con un metallo o un metalloide, usato spec. nell'industria come riducente.
ièl|la s.f. (*coll.*) sfortuna, malasorte: *portare —.*
iel|là|to agg. (*coll.*) sfortunato: *è un periodo —.*
ie|mà|le agg. 1 (*lett.*) invernale 2 (*bot.*) si dice di pianta sempreverde.
iè|na s.f. 1 mammifero carnivoro diffuso nelle steppe asiatiche e africane; di abitudini notturne, si ciba soprattutto di carogne 2 (*fig.*) persona vile e crudele: *quell'uomo è una —* | (*coll.*) persona molto arrabbiata: *è tutto il giorno che urla come una —.*
ie|ra|ti|ci|tà s.f. (*lett.*) carattere di ciò che è ieratico; sacralità, solennità: *la — di un rito.*
ie|rà|ti|co agg. [m.pl. -ci] 1 (*lett.*) sacerdotale, sacro | *scrittura ieratica*, scrittura geroglifica semplificata usata dai sacerdoti dell'antico Egitto in epoca romano-tolemaica 2 (*estens.*) solenne, austero: *gesto —* □ **ieraticamente** avv.
-iè|re suff. usato nella formazione di sostantivi indicanti mestieri, attività professionali (*barbiere, infermiere, giardiniere, pasticciere*) od oggetti (*candeliere, paniere*).
iè|ri avv. il giorno che precede immediatamente l'oggi: *l'ho visto —;* — *sera sono andato al cinema* | —, **l'altro**, **l'altro** —, il giorno immediatamente prima di ieri, due giorni fa | (*fig.*) **non essere nato** —, non essere ingenuo ♦ *s.m.invar.* **1** il giorno che precede l'oggi 2 (*estens.*) un periodo passato, più o meno vicino nel tempo: *la vita di —; i giochi di —.*

iè|ro- primo elemento di parole composte che significa "sacro, rituale" (*ierocrazia, ieromanzia*).
ie|ro|crà|ti|co agg. [m.pl. -ci] relativo a ierocrazia.
ie|ro|cra|zì|a s.f. forma di governo in cui il potere politico è esercitato dalla casta sacerdotale.
ie|ro|màn|te s.m./f. nell'antica Grecia, chi praticava la ieromanzia.
ie|ro|man|zì|a s.f. nell'antica Grecia, forma di divinazione nella quale si traevano presagi osservando le viscere degli animali sacrificati.
iet|tà|re v.tr. [indic.pres. *io ièttto...*] (*dial.*) gettare il malocchio su qlcu.
iet|tà|to *part.pass. di* iettare ♦ agg. (*fam.*) che ha subito una iettatura | (*estens.*) perseguitato dalla cattiva sorte, sfortunato.
iet|ta|tó|re s.m. [f. -trice] persona che si ritiene porti sfortuna.
iet|ta|tò|rio agg. che si ritiene porti sfortuna: *un gesto —.*
iet|ta|tù|ra s.f. 1 influsso malefico che, secondo la superstizione popolare, verrebbe esercitato da alcune persone o cose; malocchio 2 (*estens.*) sfortuna.
i|fa s.f. (*bot.*) ciascuno dei filamenti che formano il micelio dei funghi o il tallo dei licheni.
-i|fi|co suff. di aggettivi che indicano capacità di fare, di produrre o modo di essere (*antidolorifico, magnifico, salvifico*).
-i|già|no suff. di aggettivi e sostantivi che indicano appartenenza a una città, a un'area geografica (*lodigiano, marchigiano*) o a un gruppo (*cortigiano, partigiano*).
i|giè|ne s.f. spec.sing. **1** branca della medicina che studia i mezzi opportuni per conservare la salute dell'individuo e della collettività, prevenendo l'insorgere di malattie | — **mentale**, insieme delle norme volte a prevenire e curare le malattie mentali e ad attenuarne gli effetti | **ufficio d'—**, ufficio municipale che si occupa dell'igiene cittadina 2 (*estens.*) il complesso delle norme riguardanti la pulizia personale e degli ambienti in cui si vive: — *intima, dentale; prodotti per l'— della casa.*
i|giè|ni|co agg. [m.pl. -ci] **1** relativo all'igiene: *norme igieniche* 2 conforme alle regole dell'igiene | (*estens.*) salubre, sano: *clima —* 3 (*fam., scherz.*) opportuno, consigliabile: *non è — parlargli quando è arrabbiato* □ **igienicamente** avv. secondo le norme dell'igiene.
i|gie|ni|sta s.m./f. [m.pl. -i] 1 chi studia e divulga i problemi e le norme dell'igiene 2 chi osserva in modo eccessivamente scrupoloso le norme igieniche.
i|gie|niz|zà|re v.tr. adeguare alle norme igieniche; rendere igienico.
igloo (*ingl.*) [pr. *iglù*] s.m.invar. abitazione invernale tipica degli eschimesi, costruita a forma di cupola con blocchi di neve pressata.
i|glù s.m. igloo.
i|gnà|ro agg. **1** che non sa; inconsapevole: *è — di ciò che l'attende* 2 (*anche assol.*) inesperto: *è ancora — della vita; un ragazzo —.*

i|gnà|via *s.f.* (*lett.*) mancanza di volontà che genera fiacchezza nell'operare; accidia, pigrizia.

i|gnà|vo *agg., s.m.* [f. *-a*] (*lett.*) che, chi manca di volontà ed evita di impegnarsi in alcunché; indolente, accidioso.

i|gne|o *agg.* (*lett.*) di fuoco | (*geol.*) *rocce ignee*, quelle magmatiche.

i|gni|fu|ga|zió|ne *s.f.* (*tecn.*) trattamento a cui si sottopone un materiale, spec. il legno, per renderlo resistente al fuoco.

i|gni|fu|go *agg., s.m.* [m.pl. *-ghi*] **1** (*tecn.*) si dice di sostanza non infiammabile, utilizzata per impedire o ridurre la combustione di materiali infiammabili **2** (*estens.*) si dice di materiale fabbricato con sostanze resistenti al fuoco: *stoffa ignifuga*.

i|gni|zió|ne *s.f.* **1** pratica funeraria che consiste nel bruciare in modo parziale o totale una salma **2** (*chim.*) inizio di combustione con accensione di fiamma.

-i|gno *suff.* di aggettivi che esprimono relazione (*benigno, ferrigno*) o somiglianza e approssimazione (*asprigno*).

i|gnò|bi|le *agg.* privo di dignità, di nobiltà morale; spregevole: *personaggio —* □ **ignobilmente** *avv.*

i|gno|mì|nia *s.f.* **1** grave vergogna; disonore: *coprirsi d' —* **2** azione, fatto o persona che causano disonore: *ha commesso un' —; è l' — della scuola* **3** (*fig., iron.*) cosa orribile, di pessimo gusto: *il tuo tema è un' —!*

i|gno|mi|nió|so *agg.* **1** che è motivo di vergogna, di disonore: *un comportamento —* **2** che è coperto di ignominia; infame: *un essere —* □ **ignominiosamente** *avv.*

i|gno|rà|bi|le *agg.* che si può ignorare.

i|gno|ràn|te *part.pres. di* ignorare ♦ *agg.* **1** che è privo di conoscenze in un determinato campo: *essere — in storia* | che è scarsamente preparato nella propria professione; incompetente: *un ingegnere —* **2** che è privo di istruzione, di cultura: *un uomo —* **3** (*fam.*) maleducato ♦ *s.m./f.* **1** persona priva di istruzione **2** (*fam.*) persona maleducata.

i|gno|ràn|za *s.f.* **1** condizione di chi è privo di conoscenze in un determinato campo: *— delle leggi* | incompetenza nella propria professione: *l' — di certi medici fa paura* **2** mancanza di istruzione, di cultura: *un popolo che vive nell' —* **3** (*fam.*) maleducazione.

i|gno|rà|re *v.tr.* [indic.pres. *io ignòro...*] **1** non sapere, non conoscere: *— le norme più elementari; ignoravo che fosse partito* **2** fingere di non conoscere: *quando mi incontra mi ignora* **3** non prendere in considerazione; trascurare: *— le regole della buona educazione* ♦ **-rsi** *rifl.rec.* fingere di non conoscersi evitando di rivolgersi la parola: *si sono ignorati per tutta la sera*.

i|gnò|to *agg.* non conosciuto: *zona ignota; motivazioni ignote* | mai provato in precedenza: *una sensazione ignota* ♦ *s.m.* **1** (*solo sing.*) ciò che non si conosce: *paura dell' —* **2** [f. *-a*] persona non identificata: *denuncia contro ignoti*.

i|gnù|do *agg.* (*lett.*) nudo: *vestire gli ignudi*.

i|gro- (*scient.*) primo elemento di parole composte che significa "umidità" (*igrofilo, igrostato*).

i|grò|fi|lo *agg.* (*biol.*) si dice di organismo vegetale o animale che predilige gli ambienti umidi.

i|grò|fi|to *agg.* (*bot.*) si dice di organismo vegetale che vive solo in ambienti umidi.

i|grò|gra|fo *s.m.* (*meteor.*) strumento che registra l'umidità atmosferica.

i|gro|me|trì|a *s.f.* il complesso delle tecniche utilizzate in meteorologia per misurare l'umidità atmosferica.

i|gro|mè|tri|co *agg.* [m.pl. *-ci*] relativo all'igrometria.

i|grò|me|tro *s.m.* (*meteor.*) ogni apparecchio per misurare l'umidità atmosferica.

i|gro|sco|pì|a *s.f.* (*meteor.*) igrometria.

i|gro|sco|pi|ci|tà *s.f.* proprietà di alcune sostanze di assorbire l'umidità atmosferica.

i|gro|scò|pi|co *agg.* [m.pl. *-ci*] si dice di sostanza capace di assorbire l'umidità presente nell'aria.

i|gro|scò|pio *s.m.* (*meteor.*) strumento che rileva approssimativamente le variazioni di umidità atmosferica, basandosi sulla proprietà di alcune sostanze di cambiare colore per effetto dell'umidità stessa.

i|gro|stà|to *s.m.* apparecchio, presente negli impianti di condizionamento, capace di regolare automaticamente l'umidità dell'aria in un ambiente.

i|guà|na *s.f.* rettile arboricolo simile a una grossa lucertola, di colore verdastro, con lunga coda e dorso munito di cresta, che vive nell'America centrale e meridionale.

i|gua|no|dón|te *s.m.* dinosauro erbivoro del periodo cretaceo e giurassico.

ih *inter.* esprime stupore, disgusto, insofferenza: *—, che schifo!; — che barba!*

i|ke|bà|na (*giapp.*) *s.m.invar.* arte giapponese di disporre i fiori e altri elementi vegetali secondo un criterio ornamentale e simbolico | la composizione così realizzata.

il *art.det.m.sing.* [si premette ai vocaboli che cominciano per consonante diversa da *gn, ps, s* impura, *x, z* (negli altri casi la forma usata è *lo*); davanti a vocaboli che cominciano per *pn* è sempre più frequente l'uso di *il*, ma l'uso colto richiede *lo*: *lo pneumatico*] **1** indica persona o cosa già nota o identificabile, oppure che si distingue all'interno del gruppo di cui fa parte: *— mio gatto; ho preso — bus delle sette; — pane è il nostro alimento di base* | si mette davanti a nomi o cognomi preceduti da un titolo (tranne *don, mastro, san, fra*): *— conte Sforza; — professor Rossi* | si può mettere prima del cognome di personaggi illustri: *— Manzoni* **2** indica entità astratte o generiche: *occorre fare — bene; — pensiero liberale; — nuoto è uno sport sano* **3** [con valore dimostrativo] questo, quello: *Filippo — Bello; ma guardalo, — buffone!* **4** [con valore distributivo] ogni, tutti i: *l'avvocato riceve — lunedì* **5** [con valore temporale] durante, nel:

ci sono stato — martedì seguente **6** unendosi alle prep. *a*, *con*, *da*, *di*, *in*, *su* forma le prep. articolate *al*, *col*, *dal*, *del*, *nel*, *sul*.

i|la *s.f.* raganella.

i|la|re *agg.* (*lett.*) che mostra buon umore, allegria: *sorriso —*.

i|la|ri|tà *s.f.* buon umore, allegria | (*estens.*) risata, soprattutto di più persone: *provocare l'— generale*.

i|le|à|le *agg.* (*anat.*) dell'ileo intestinale: *ansa —*.

i|le|o *s.m.* **1** (*anat.*) parte terminale dell'intestino tenue compresa tra il digiuno e il cieco **2** (*anat.*) l'osso più grande del bacino, che insieme a pube e ischio forma l'osso iliaco **3** (*med.*) grave occlusione intestinale.

i|li|a|co¹ *agg.* [m.pl. *-ci*] (*lett.*) dell'antica Troia, detta anche Ilio.

i|li|a|co² *agg.* [m.pl. *-ci*] (*anat.*) dell'ileo | **arteria iliaca**, ciascuno dei due rami in cui si divide l'aorta nella zona lombare | **vena iliaca**, ciascuna delle vene che formano la vena cava inferiore.

ì|lio *s.m.* (*anat.*) ileo.

il|la|cri|mà|to *agg.* (*lett.*) privo di lacrime, di compianto: *illacrimata sepoltura*.

il|lan|gui|di|mén|to *s.m.* (*lett.*) indebolimento, affievolimento.

il|lan|gui|dì|re *v.tr.* [indic.pres. *io illanguidisco, tu illanguidisci...*] rendere languido; indebolire: *la fame illanguidisce le forze* ♦ *intr.* [aus. *E*], **-rsi** *intr.pron.* **1** diventare languido; perdere le forze: *— per la stanchezza* **2** attenuarsi: *al tramonto la luce illanguidisce*; *la speranza comincia a —*.

il|la|tì|vo *agg.* (*lett.*) che è basato su un'illazione: *ragionamento —* | (*gramm.*) **congiunzioni illative**, quelle che introducono una conseguenza o una conclusione (p.e. *dunque, pertanto, quindi*).

il|la|zió|ne *s.f.* **1** processo con cui si deduce una conseguenza logica da una o più premesse | convinzione o giudizio ricavato per deduzione **2** (*estens.*) giudizio privo di fondamento, basato su deduzioni affrettate o arbitrarie: *sono tutte illazioni*.

il|lé|ci|to *agg.* contrario a norme di legge o alla morale: *operazione illecita* ♦ *s.m.* (*dir.*) atto compiuto in violazione di una norma giuridica: *— amministrativo* □ **illecitamente** *avv.*

il|le|gà|le *agg.* contrario alla legge: *atto —* □ **illegalmente** *avv.*

il|le|ga|li|tà *s.f.* **1** caratteristica di ciò che è contrario alla legge **2** condizione illegale: *vivere nell'—* **3** azione illegale: *compiere un'—*.

il|leg|gì|bi|le *agg.* che non si riesce a leggere; indecifrabile: *scrittura —* | (*estens.*) di lettura difficoltosa o sgradevole per forma o contenuto: *un libro —*; *uno scrittore —*.

il|le|git|ti|mi|tà *s.f.* **1** mancanza di valore legale: *— di un atto* **2** infondatezza: *— di una richiesta*.

il|le|git|ti|mo *agg.* **1** contrario alla legge, privo di valore legale | **figlio —**, espressione che designava il figlio nato da genitori non coniugati; figlio naturale **2** il cui potere non è riconosciuto dalla legge: *sovrano —* **3** ingiusto: *pretese illegittime* **4** privo di fondamento; infondato: *affermazione illegittima* □ **illegittimamente** *avv.*

il|lé|so *agg.* (*di persona*) che non ha riportato danni fisici; indenne, incolume: *uscire — da una brutta caduta* | (*di cosa*) che non ha riportato lesioni: *nonostante la forte scossa di terremoto, la casa è rimasta illesa*.

il|let|te|rà|to *agg.*, *s.m.* [f. *-a*] analfabeta | (*estens.*) privo di istruzione.

il|li|ba|téz|za *s.f.* (*lett.*) **1** integrità morale **2** verginità.

il|li|bà|to *agg.* (*lett.*) **1** puro, integro: *ha una coscienza illibata* **2** vergine: *una giovane illibata*.

il|li|be|rà|le *agg.* **1** che si oppone ai diritti fondamentali del cittadino o li viola apertamente; oppressivo: *stato, partito —* **2** (*raro*) avaro, gretto.

il|li|be|ra|li|tà *s.f.* caratteristica di chi o di ciò che è illiberale.

il|li|cei|tà *s.f.* caratteristica di ciò che è illecito.

il|li|mi|tà|to *agg.* **1** senza limiti; infinito: *spazio —*; *una fantasia illimitata* | inesauribile: *le risorse idriche del nostro pianeta non sono illimitate* **2** senza riserve; totale: *potere —*; *fiducia illimitata* □ **illimitatamente** *avv.*

il|lì|ri|co *agg.* [m.pl. *-ci*] dell'Illiria, antica regione collocata sul versante adriatico dei Balcani ♦ *s.m.* lingua indoeuropea parlata dagli abitanti di tale regione.

il|li|vi|di|mén|to *s.m.* assunzione di un aspetto livido.

il|li|vi|dì|re *v.tr.* [indic. pres. *io illividisco, tu illividisci...*] **1** far diventare livido: *l'acqua gelida gli ha illividito le gambe* **2** coprire di lividi: *gli hanno illividito il viso con pugni e schiaffi* ♦ *intr.* [aus. *E*], **-rsi** *intr.pron.* diventare livido: *— per il gelo*; *mi si è illividita la mano*.

il|lo|gi|ci|tà *s.f.* mancanza di logica; insensatezza: *l'— di un ragionamento*.

il|lò|gi|co *agg.* [m.pl. *-ci*] privo di logica; insensato: *atteggiamento —* □ **illogicamente** *avv.*

il|lù|de|re *v.tr.* [pass.rem. *io illusi, tu illudésti...*]; part.pass. *illuso*] suscitare speranze prive di fondamento: *— qlcu. con bei discorsi*; *mi ha illuso a lungo promettendomi di sposarmi* ♦ **-rsi** *rifl.* abbandonarsi a speranze destinate a essere deluse: *al primo gol ci siamo illusi di vincere* | prendere un abbaglio; ingannarsi: *— sul conto di qlcu*.

il|lu|mi|na|mén|to *s.m.* **1** illuminazione **2** (*fis.*) rapporto, espresso in lux, fra il flusso luminoso incidente sul una superficie e l'area di tale superficie.

il|lu|mi|nàn|te *part.pres.* di illuminare ♦ *agg.* **1** che illumina **2** (*fig.*) che permette di capire: *una spiegazione —*.

il|lu|mi|nà|re *v.tr.* [indic. pres. *io illùmino...*] **1** riempire di luce, rendere luminoso: *le stelle illuminano il cielo*; *una grossa lampada illumina il soggiorno* | *— a giorno*, con una luce intensa come quella del sole **2** rendere visibile: *i fari illuminano la strada* **3** (*fig.*) riempire di gioia, rendere radioso: *la felicità le illumina il viso* **4** (*fig.*) liberare dall'ignoranza: *— le menti* | far capire in maniera chiara: *la sua spiegazione mi ha illumi-*

nato | (*estens.*) informare: *mi ha illuminato sulla situazione attuale* ♦ **-rsi** *intr.pron.* **1** riempirsi di luce, diventare luminoso: *la stanza si illuminò al chiarore dell'alba* **2** (*fig.*) riempirsi di gioia, diventare radioso: *il volto le si illuminò*.

il|lu|mi|na|to *part.pass. di* illuminare ♦ *agg.* **1** rischiarato dalla luce: *ambiente* — **2** (*fig.*) saggio, equilibrato: *un parere* —; *un politico* — | **sovrani illuminati**, i sovrani del sec. XVIII che, ispirandosi all'illuminismo, si proponevano di attuare riforme politiche e sociali □ **illuminatamente** *avv.* in modo illuminato.

il|lu|mi|na|zió|ne *s.f.* **1** diffusione di luce | luce che rischiara un luogo o un oggetto: — *di una via* **2** il complesso degli apparecchi e dei mezzi che permettono di illuminare artificialmente un ambiente interno o esterno: — *elettrica, a gas* | insieme delle decorazioni luminose allestite per una festa pubblica; luminaria: *stanno preparando l'* — *per la festa del quartiere* **3** (*fig.*) comprensione, intuizione improvvisa: *avere un'* —.

il|lu|mi|ni|smo *s.m.* **1** movimento filosofico e culturale europeo del sec. XVIII, che si proponeva di combattere l'ignoranza e la superstizione ponendo l'analisi razionale al centro di ogni conoscenza ed esperienza umana | (*estens.*) il periodo storico in cui si sviluppò tale movimento **2** (*estens.*) ogni tendenza culturale che ponga a suo fondamento principi di tipo razionalistico.

il|lu|mi|ni|sta *agg.* dell'illuminismo: *filosofo* — ♦ *s.m./f.* [m.pl. *-i*] esponente o seguace dell'illuminismo.

il|lu|mi|ni|sti|co *agg.* [m.pl. *-ci*] relativo all'illuminismo: *pensiero* —.

il|lu|mi|nò|me|tro *s.m.* strumento usato per misurare la quantità di luce che investe una data superficie.

il|lu|mi|no|tèc|ni|ca *s.f.* tecnica dell'illuminazione e degli impianti di illuminazione.

il|lu|sió|ne *s.f.* **1** inganno dei sensi che porta a considerare reale una falsa impressione: — *ottica, uditiva* **2** falsa rappresentazione della realtà determinata dai propri desideri e dalle proprie speranze: *farsi illusioni*.

il|lu|sio|ni|smo *s.m.* arte dello spettacolo fondata su trucchi ed esercizi di abilità che fanno apparire come reali fenomeni irreali.

il|lu|sio|ni|sta *s.m./f.* [m.pl. *-i*] chi pratica l'arte dell'illusionismo; prestigiatore.

il|lu|sio|ni|sti|co *agg.* [m.pl. *-ci*] dell'illusionismo: *gioco* — □ **illusionisticamente** *avv.*

il|lù|so *part.pass. di* illudere ♦ *agg., s.m.* [f. *-a*] che, chi si illude o si affida a false speranze: *è un* —.

il|lu|so|rie|tà *s.f.* caratteristica di ciò che è illusorio; inconsistenza, vanità.

il|lu|sò|rio *agg.* **1** che illude: *promessa illusoria* **2** che è effetto di un'illusione: *miglioramento* — □ **illusoriamente** *avv.*

il|lu|strà|re *v.tr.* **1** corredare un testo di illustrazioni **2** (*estens.*) chiarire con spiegazioni e commenti: — *le caratteristiche di un prodotto*.

il|lu|stra|ti|vo *agg.* che serve a illustrare, a spiegare: *schema* —; *note illustrative*.

il|lu|stra|tó|re *s.m.* [f. *-trice*] chi esegue le illustrazioni che corredano un testo | (*estens.*) chi ha il compito di raccogliere le illustrazioni più adatte a corredare un testo.

il|lu|stra|zió|ne *s.f.* **1** inserimento in un testo di figure esplicative | figura che correda un testo: *un libro corredato di splendide illustrazioni* **2** (*estens.*) spiegazione, commento: *una dotta* — *filologica* | esposizione: — *del programma*.

il|lù|stre *agg.* noto e apprezzato per i suoi pregi o per le sue opere; celebre: *un* — *scienziato* | (*iron.*) — **sconosciuto**, persona di cui non si è mai sentito parlare.

i|lo *s.m.* **1** (*bot.*) punto di attacco del seme al funicolo **2** (*anat.*) punto di un organo dal quale entrano o escono i principali vasi sanguigni e linfatici, i nervi e i dotti escretori: — *epatico*.

I|lo|bà|ti|di *s.m.* famiglia di scimmie antropomorfe con testa piccola, arti anteriori lunghissimi e prive di coda, cui appartiene il gibbone.

i|lò|ta *s.m./f.* [m.pl. *-i*] (*st.*) nell'antica Sparta, servo della gleba appartenente allo Stato.

i|màm *o* **imàn** *s.m.invar.* **1** presso i musulmani sunniti, califfo **2** presso i musulmani sciiti, termine che designa i sovrani per diretta discendenza da Alì, genero di Maometto **3** nel mondo musulmano in genere, autorità religiosa e culturale | fedele che dirige la preghiera comunitaria nella moschea.

im|ba|cuc|cà|re *v.tr.* [indic.pres. *io imbacucco, tu imbacucchi...*] coprire con indumenti caldi e pesanti; infagottare ♦ **-rsi** *rifl.* coprirsi con indumenti pesanti; infagottarsi: *mi sono imbacuccato per il freddo*.

im|bal|dan|zì|re *v.tr.* [indic.pres. *io imbaldanzisco, tu imbaldanzisci...*] rendere baldanzoso; far inorgoglire: *l'ultima conquista lo ha imbaldanzito* ♦ **-rsi** *intr.pron.* diventare baldanzoso.

im|bal|làg|gio *s.m.* **1** operazione con cui si sistema la merce in contenitori idonei al trasporto e al magazzinaggio **2** contenitore o altro materiale utilizzato per imballare le merci: — *a perdere*.

im|bal|là|re¹ *v.tr.* **1** ridurre ql.co. in balle: *il fieno* **2** sistemare ql.co. in contenitori o avvolgerla con altro materiale in modo che possa essere trasportata o immagazzinata più agevolmente e senza subire danni: *i mobili per il trasloco*.

im|bal|là|re² *v.tr.* portare un motore a scoppio oltre il numero massimo di giri consentiti, provocando una perdita di potenza ♦ **-rsi** *intr.pron.* **1** di motore a scoppio, perdere potenza per aver superato il numero massimo di giri **2** (*sport, gerg.*) detto di un atleta, perdere agilità e forza in conseguenza di uno sforzo eccessivo.

im|bal|la|tó|re *s.m.* [f. *-trice*] addetto all'imballaggio di merci.

im|bal|la|trì|ce *s.f.* **1** macchina utilizzata per ridurre in balle fieno, cotone e sim. **2** macchina utilizzata per l'imballaggio di merci.

im|bàl|lo *s.m.* **1** imballaggio **2** tessuto per imballaggi.

im|bal|sa|mà|re *v.tr.* [indic.pres. *io imbàlsamo...*] sottoporre i cadaveri umani o di animali a trattamenti speciali per impedirne la decomposizione | (*estens.*) impagliare un animale morto per conservarlo nell'aspetto che aveva da vivo.

im|bal|sa|ma|tó|re *s.m.* [f. *-trice*] chi per professione imbalsama cadaveri.

im|bal|sa|ma|zió|ne *s.f.* operazione con cui, spec. mediante sostanze chimiche, si preparano i cadaveri umani o di animali per preservarli dalla decomposizione | (*estens.*) impagliatura.

im|bam|bo|làr|si *v.intr.pron.* [indic.pres. *io mi imbàmbolo...*; aus. *E*] rimanere assorto, incantato: *si è imbambolato davanti alla* TV.

im|bam|bo|là|to *part.pass. di* imbambolare ♦ *agg.* che ha un'aria assorta, incantata: *guardava — i fuochi d'artificio* | che ha un'aria attonita e poco vigile: *restare —*.

im|ban|die|ra|mén|to *s.m.* esposizione ornamentale di bandiere.

im|ban|die|rà|re *v.tr.* [indic.pres. *io imbandièro...*] esporre bandiere in segno di festa o come ornamento.

im|ban|di|gió|ne *s.f.* (*lett.*, *raro*) disposizione di vivande sulla tavola | l'insieme delle vivande imbandite.

im|ban|di|re *v.tr.* [indic.pres. *io imbandisco, tu imbandisci...*] 1 preparare e disporre cibarie e bevande sulla tavola in maniera abbondante o sfarzosa: *— una cena regale* 2 (*fig., scherz.*) propinare ql.co. di sgradito: *— un discorso interminabile*.

im|ba|raz|zàn|te *part.pres. di* imbarazzare ♦ *agg.* che provoca imbarazzo: *malinteso —*.

im|ba|raz|zà|re *v.tr.* 1 ingombrare; intralciare | *— lo stomaco*, appesantirlo con cibo abbondante o indigesto 2 (*fig.*) mettere a disagio, in difficoltà: *una presenza che imbarazza* ♦ **-rsi** *intr. pron.* sentirsi a disagio: *le tue domande mi imbarazzano.*

im|ba|raz|zà|to *part.pass. di* imbarazzare ♦ *agg.* 1 impacciato, intralciato | *stomaco —*, appesantito, che non ha digerito 2 (*fig.*) che è in difficoltà, a disagio: *restare, sentirsi —* | che mostra imbarazzo: *un saluto —* □ **imbarazzatamente** *avv.*

im|ba|ràz|zo *s.m.* 1 impaccio, impedimento: *l'— di una valigia pesante* | *— di stomaco*, difficoltà di digestione 2 (*fig.*) sensazione di disagio, di turbamento e sim.: *trovarsi in —* | *avere solo l'— della scelta*, avere come unico problema quello di dover scegliere tra più cose tutte desiderabili.

im|bar|ba|ri|mén|to *s.m.* progressivo regresso verso uno stato di rozzezza, di ignoranza: *— di un popolo* | *— di una lingua*, il suo impoverimento a causa spec. all'introduzione di barbarismi.

im|bar|ba|ri|re *v.tr.* [indic.pres. *io imbarbarisco, tu imbarbarisci...*] rendere rozzo, ignorante: *— i costumi di una nazione* ♦ *intr.* [aus. *E*], **-rsi** *intr.pron.* diventare barbaro | (*fig.*) diventare rozzo.

im|bar|ca|dè|ro *s.m.* (*mar.*) molo, banchina per caricare e scaricare merci e passeggeri.

im|bar|cà|re *v.tr.* [indic.pres. *io imbarco, tu imbarchi...*] far salire passeggeri o caricare merci su un natante o su un aereo | (*mar.*) *— acqua*, detto di di natante, riempirsi d'acqua a causa di una falla o di una tempesta ♦ **-rsi** *rifl.* 1 salire a bordo di un natante o di un aereo: *— per un breve viaggio*; *— per Londra* 2 (*fig.*) intraprendere ql.co. di impegnativo o rischioso: *— in un'impresa disperata* 3 (*gerg.*) innamorarsi ♦ *intr. pron.* detto di assi di legno, arcuarsi, incurvarsi.

im|bar|cà|ta¹ *s.f.* 1 (*coll.*) gruppo numeroso di persone che salgono su un mezzo di trasporto: *un' — di turisti* 2 (*gerg.*) innamoramento, cotta: *ha preso un'— per una biondina*.

im|bar|cà|ta² *s.f.* (*aer.*) evoluzione acrobatica compiuta da un aereo che passa dalla posizione di picchiata al volo rovescio.

im|bar|ca|zió|ne *s.f.* termine generico usato per indicare i natanti di piccole o medie dimensioni: *— da diporto*.

im|bàr|co *s.m.* [pl. *-chi*] 1 salita a bordo di natanti o aerei: *l'— è alle nove* | operazioni di carico delle merci a bordo di natanti o velivoli 2 destinazione a bordo come membro dell'equipaggio: *ha preso — su una nave passeggeri* | durata della permanenza a bordo | il contratto di assunzione nell'equipaggio 3 luogo in cui ci si imbarca: *l'— a Livorno*.

im|ba|star|di|mén|to *s.m.* l'atto dell'imbastardire, dell'imbastardirsi | il suo effetto.

im|ba|star|di|re *v.tr.* [indic.pres. *io imbastardisco, tu imbastardisci...*] 1 far diventare bastardo: *— una razza felina* 2 (*fig.*) perdere le caratteristiche originarie; alterare, corrompere: *— una lingua* ♦ *intr.* [aus. *E*], **-rsi** *intr.pron.* 1 perdere le caratteristiche originarie della propria razza o stirpe 2 (*fig.*) alterarsi, corrompersi: *molte tradizioni si sono imbastardite col tempo*.

im|ba|stì|re *v.tr.* [indic.pres. *io imbastisco, tu imbastisci...*] 1 unire due lembi di tessuto con una cucitura provvisoria, sulla cui base verrà eseguita quella definitiva 2 (*fig.*) stabilire le linee fondamentali di ql.co.; abbozzare: *— un piano di lavoro*.

im|ba|sti|tù|ra *s.f.* 1 cucitura provvisoria: *l'— di una camicia* 2 (*fig.*) abbozzo: *l'— di un'opera* 3 (*mecc.*) montaggio provvisorio delle parti metalliche di una struttura per definirne l'esatta collocazione prima del collegamento definitivo.

im|bàt|ter|si *v.intr.pron.* 1 incontrare ql.cu. per caso: *— in un amico* | (*fig.*) trovare ql.co. che non ci si aspettava: *— in un imprevisto* 2 (*estens.*) trovarsi ad avere a che fare con una persona, spec. sgradevole: *mi sono imbattuto in un direttore nevrotico*.

im|bat|tì|bi|le *agg.* che non può essere sconfitto; invincibile: *un generale —*.

im|bat|ti|bi|li|tà *s.f.* 1 caratteristica di chi è imbattibile 2 (*sport*) condizione di chi per un certo periodo di tempo non è stato battuto: *l'— di un portiere*.

im|bat|tù|to *agg.* che non è mai subito sconfitte: *un lottatore —*.

im|ba|va|glia|mén|to *s.m.* (*spec.fig.*) l'atto dell'imbavagliare o il suo effetto: *l'— dei mezzi di comunicazione*.

im|ba|va|glià|re *v.tr.* [indic.pres. *io imbavàglio*...] **1** mettere un bavaglio sulla bocca di qlcu., spec. per impedirgli di parlare: *— il rapito* **2** (*fig.*) impedire di parlare, scrivere e comunicare liberamente: *— l'informazione*.

im|bec|cà|re *v.tr.* [indic.pres. *io imbécco, tu imbécchi*...] **1** nutrire un uccellino che non è ancora in grado di farlo da solo mettendogli il cibo nel becco **2** (*fig.*) suggerire a qlcu. ciò che deve dire: *— i testimoni di un processo*.

im|bec|cà|ta *s.f.* **1** quantità di cibo messa in una volta nel becco di un uccello **2** (*fig.*) istruzioni date a qlcu. perché dica determinate cose: *aspettava l'— | (teat.*) suggerimento di una battuta: *dare l'— a un attore*.

im|bec|ca|tó|io *s.m.* recipiente che contiene il becchime nei pollai e nelle gabbie.

im|be|cil|làg|gi|ne *s.f.* imbecillità.

im|be|cil|le *agg., s.m./f.* **1** (*psich.*) che, chi è affetto da ritardo mentale **2** (*fam., spreg.*) che, chi si comporta da stupido: *sei un —!*

im|be|cil|li|tà *s.f.* **1** (*psich.*) condizione di chi è affetto da ritardo mentale **2** (*fam., spreg.*) stupidità | comportamento, atto o discorso da stupido: *hai detto una grossa —*.

im|bèl|le *agg.* che non è incline alla guerra | (*estens.*) debole, vile: *spirito —*.

im|bel|let|tà|re *v.tr.* [indic.pres. *io imbellétto*...] **1** cospargere di creme cosmetiche; truccare: *— il viso* **2** (*fig.*) arricchire con artifici: *— un discorso* ♦ **-rsi** *rifl.* darsi il belletto; truccarsi.

im|bel|let|ta|tù|ra *s.f.* (*fig.*) abbellimento artificioso.

im|bel|li|re *v.tr.* [indic.pres. *io imbellisco, tu imbellisci*...] far diventare più bello: *un abito che imbellisce* ♦ *intr.* [aus. *E*], **-rsi** *intr.pron.* diventare più bello: *— con gli anni*.

im|bèr|be *agg.* **1** che non ha ancora la barba: *giovane —* **2** (*fig.*) ingenuo, inesperto.

im|be|stia|li|re *v.intr.* [aus. *E*], **im|be|stia|lir|si** *intr.pron.* perdere il controllo per la rabbia; adirarsi furiosamente.

im|bé|ve|re *v.tr.* [con. come *bere*] inzuppare, impregnare: *— il pane nel vino* ♦ **-rsi** *intr.pron.* **1** inzupparsi **2** (*fig.*) lasciarsi permeare in profondità da sentimenti, idee e sim.: *imbevuto di teorie*.

im|be|vì|bi|le *agg.* che non si può bere per il sapore sgradevole o troppo forte: *un liquore —*.

im|bian|ca|mén|to *s.m.* l'atto di imbiancare e il suo risultato.

im|bian|cà|re *v.tr.* [indic.pres. *io imbianco, tu imbianchi*...] far diventare bianco: *la neve imbianca i campi* | tinteggiare di bianco: *— le pareti* ♦ *intr.* [aus. *E*], **-rsi** *intr.pron.* **1** diventare bianco: *le cime dei monti si sono imbiancate* | detto di barba e capelli, incanutire **2** (*fig.*) impallidire: *è imbiancato dallo spavento*.

im|bian|ca|tù|ra *s.f.* **1** tinteggiatura bianca o chiara che si dà alle pareti **2** imbianchimento, candeggio dei tessuti.

im|bian|chi|mén|to *s.m.* **1** l'atto di imbianchire **2** (*tecn.*) trattamento di decolorazione di determinate sostanze eseguito industrialmente: *— dello zucchero, della carta*.

im|bian|chi|no *s.m.* [f. *-a*] operaio che esegue lavori di imbiancatura e tinteggiatura.

im|bi|bèn|te *part.pres.* di imbibire ♦ *agg., s.m.* si dice di sostanza in grado di favorire l'imbibizione, usata in fotografia e in tintoria.

im|bi|bì|re *v.tr.* [indic.pres. *io imbibisco, tu imbibisci*...] determinare l'assorbimento di un liquido da parte di un corpo solido poroso; impregnare.

im|bi|bi|zió|ne *s.f.* assorbimento di un liquido da parte di un solido poroso.

im|bion|dì|re *v.tr.* [indic.pres. *io imbiondisco, tu imbiondisci*...] far diventare biondo: *il sole imbiondisce i capelli* ♦ *intr.* [aus. *E*], **-rsi** *intr.pron.* diventare biondo: *le messi imbiondiscono al sole*.

im|biz|zar|rì|re *v.tr.* [indic.pres. *io imbizzarrisco, tu imbizzarrisci*...] rendere irrequieto, nervoso: *gli spari hanno imbizzarrito i cavalli* ♦ *intr.* [aus. *E*], **-rsi** *intr.pron.* **1** detto di cavalli, diventare irrequieto, nervoso **2** di persona, manifestare irrequietezza o rabbia.

im|boc|cà|re *v.tr.* [indic.pres. *io imbócco, tu imbócchi*...] **1** mettere il cibo in bocca a qlcu. che non è in grado di alimentarsi da solo: *— un bambino* **2** (*fig.*) dire a una persona come deve parlare o agire: *— il testimone* **3** (*mus.*) portare alla bocca uno strumento a fiato per suonarlo: *— il fagotto* **4** immettersi in una strada, entrare in un'apertura e sim.: *la via per Padova*; *— l'uscita*.

im|boc|ca|tù|ra *s.f.* **1** apertura o passaggio attraverso cui si entra in un luogo: *l'— della galleria, di un canale* **2** parte di un oggetto in cui s'inserisce ql.co.: *l'— della borraccia*; *— di un tubo* **3** (*mus.*) negli strumenti a fiato, l'estremità forata a cui il suonatore applica la bocca per suonare: *l'— del flauto* **4** parte del morso che si mette nella bocca del cavallo.

im|bóc|co *s.m.* [pl. *-chi*] apertura, via d'accesso: *— del tunnel, dell'autostrada*.

im|bol|sì|re *v.intr.* [indic.pres. *io imbolsisco, tu imbolsisci*...; aus. *E*], **-rsi** *intr.pron.* **1** detto di cavallo, diventare bolso **2** ingrassare | (*fig.*) diventare fiacco.

im|bo|ni|mén|to *s.m.* **1** discorso fatto da un imbonitore **2** (*estens.*) ogni elogio eccessivo di cose o persone che non hanno alcun pregio, spec. se fatto per interesse.

im|bo|nì|re *v.tr.* [indic.pres. *io imbonisco, tu imbonisci*...] **1** convincere con l'eloquenza i potenziali clienti dell'ottima qualità di quanto si vende, per indurli all'acquisto **2** (*estens.*) tentare di dimostrare il valore di ql.co. esagerandone i pregi.

im|bo|ni|tó|re *s.m.* [f. *-trice*] **1** venditore che tenta di indurre all'acquisto con discorsi e dimostrazioni che esaltino le qualità della sua

merce 2 (*fig.*) chi tenta di convincere del valore di qlco. esagerandone i pregi.
im|bor|ghe|si|mén|to *s.m.* acquisizione di valori e stili di vita borghesi.
im|bor|ghe|sì|re *v.tr.* [indic.pres. *io imborghesisco, tu imborghesisci*...] far acquisire modi e abitudini borghesi: *i soldi lo hanno imborghesito* ♦ *intr.* [aus. *E*], **-rsi** *intr.pron.* acquisire modi e abitudini borghesi.
im|bor|ghe|sì|to *part.pass. di* imborghesire ♦ *agg.* **1** (*spreg.*) che ha acquisito uno stile di vita borghese **2** (*estens.*) che ha perso lo slancio, gli ideali e le motivazioni di un tempo.
im|bo|sca|mén|to *s.m.* l'atto di imboscare, di imboscarsi.
im|bo|scà|re *v.tr.* [indic.pres. *io imbòsco, tu imbòschi*...] **1** nascondere animali o persone in un bosco **2** (*fig.*) tenere qlcu. lontano dal fronte o sottrarlo al servizio militare in modo illecito | (*estens.*) evitare a qlcu. incarichi troppo gravosi **3** (*estens.*) nascondere, mettere al sicuro una cosa, spec. per conservarla o per evitare che qlcu. la prenda: *— i biscotti nella credenza* ♦ **-rsi** *rifl.* **1** nascondersi in un bosco **2** (*fig.*) stare lontano dal fronte o sottrarsi al servizio militare in modo illecito | (*estens.*) sottrarsi a compiti gravosi o pericolosi: *si è imboscato in un ufficio del seminterrato* **3** (*scherz.*) ficcarsi: *dove ti sei imboscato tutto il giorno?*
im|bo|scà|ta *s.f.* agguato teso al nemico di sorpresa: *tendere un'—* | (*fig.*) tranello, trappola.
im|bo|scà|to *part.pass. di* imboscare ♦ *s.m.* **1** chi si tiene lontano dal fronte o si sottrae al servizio militare in modo illecito **2** chi si sottrae ai compiti più gravosi o pericolosi.
im|bo|schi|mén|to *s.m.* operazione dell'imboschire.
im|bo|schì|re *v.tr.* [indic.pres. *io imboschisco, tu imboschisci*...] piantare un terreno a bosco ♦ **-rsi** *intr.pron.* coprirsi di bosco.
im|bot|tà|re *v.tr.* [indic.pres. *io imbòtto*...] mettere in botte: *— il mosto*.
im|bot|ta|vì|no *s.m.* [pl.invar. o *-i*] grosso imbuto per versare il vino nelle botti.
im|bót|te *s.f.* (*arch.*) superficie concava di un arco, di una volta o di una cupola.
im|bot|ti|glia|mén|to *s.m.* **1** operazione con cui si mette un liquido nelle bottiglie: *l'— dell'olio* **2** (*fig.*) ingorgo stradale.
im|bot|ti|glià|re *v.tr.* [indic.pres. *io imbottìglio*...] **1** mettere in bottiglia: *— la birra* **2** (*fig.*) bloccare qlcu. chiudendogli ogni via d'uscita | (*estens.*) privare qlcu. o ql.co. di ogni possibilità di movimento ♦ **-rsi** *intr.pron.* detto spec. di veicoli, rimanere bloccati in un ingorgo stradale.
im|bot|ti|glià|to *part.pass. di* imbottigliare ♦ *agg.* **1** messo in bottiglia: *vino —* **2** (*fig.*) bloccato, spec. da un ingorgo stradale: *trovarsi — nel traffico*.
im|bot|ti|glia|trì|ce *s.f.* macchina per imbottigliare.
im|bot|tì|re *v.tr.* [indic.pres. *io imbottisco, tu imbottisci*...] **1** riempire materassi, divani, cuscini, indumenti e sim con materiali adatti ad aumentarne il volume per renderli più soffici o più caldi: *— una poltrona*; *— un piumino* **2** farcire panini o altre vivande: *— il pane con del prosciutto* **3** (*fig., scherz.*) rimpinzare: *alla festa mi hanno imbottito di dolci* | (*estens.*) far assumere quantità eccessive di medicinali: *l'hanno imbottito di sedativi* **4** (*fig.*) inculcare, spec. nozioni inutili o dannose: *— la testa di qlcu. di idee pericolose* ♦ **-rsi** *rifl.* **1** vestirsi con molti indumenti caldi e pesanti **2** (*fig.*) rimpinzarsi: *— di pasticcini* | (*estens.*) assumere in quantità eccessive: *per combattere l'influenza mi sono imbottito di medicinali*.
im|bot|tì|ta *s.f.* coperta riempita di piume o lana; trapunta.
im|bot|tì|to *part.pass. di* imbottire ♦ *agg.* **1** provvisto di imbottitura: *giaccone —* **2** farcito: *panino —*.
im|bot|ti|tù|ra *s.f.* **1** azione dell'imbottire | la parte imbottita: *l'— della manica* **2** materiale utilizzato per imbottire.
im|boz|zo|làr|si *v.rifl.* [indic.pres. *io mi imbòzzolo*...] detto di bachi da seta, chiudersi nel bozzolo.
im|bra|cà|re o **imbragàre** *v.tr.* [indic.pres. *io imbràco* o *imbràgo, tu imbràchi* o *imbràghi*...] assicurare con funi, cinghie o cavi un carico o una persona, per permetterne il sollevamento e il trasporto o evitarne la caduta ♦ **-rsi** *rifl.* (*sport*) infilare l'imbracatura da alpinismo.
im|bra|ca|tù|ra o **imbragatùra** *s.f.* **1** operazione dell'imbracare **2** il complesso di funi, cinghie o cavi utilizzati per imbracare **3** (*sport*) cintura munita di cosciali e a volte di bretelle, usata dagli alpinisti per assicurarsi in cordata.
im|brac|cià|re *v.tr.* [indic.pres. *io imbràccio*...] **1** infilare ql.co. al braccio: *— lo scudo* **2** appoggiare un'arma da fuoco alla spalla e sistemarla per prendere la mira e sparare: *— il mitra, il fucile*.
im|brac|cia|tù|ra *s.f.* **1** l'atto di imbracciare | il modo in cui si imbraccia ql.co.: *la corretta — di un'arma* **2** la parte o il congegno che permette di imbracciare ql.co.
im|bra|gà|re *v.tr. e deriv.* → **imbracare** *e deriv.*
im|bra|na|tàg|gi|ne *s.f.* (*fam.*) goffaggine.
im|bra|nà|to *agg., s.m.* [f. *-a*] (*fam.*) che, chi è lento, goffo nel muoversi, nel comprendere o nell'esprimersi.
im|bran|cà|re *v.tr.* [indic.pres. *io imbrànco, tu imbrànchi*...] **1** riunire in branco **2** (*estens.*) riunire in gruppo persone o cose ♦ **-rsi** *rifl.* **1** riunirsi in branco **2** (*estens.*) unirsi a un gruppo: *si è imbrancato con dei teppisti*.
im|brat|ta|càr|te *s.m./f.invar.* (*spreg.*) scrittore di scarso valore.
im|brat|ta|mù|ri *s.m./f.invar.* (*spreg.*) decoratore o pittore di scarso valore.
im|brat|tà|re *v.tr.* **1** sporcare, insudiciare, spec. con liquidi e sostanze appiccicose: *— una camicia di sugo* | (*fig., spreg.*) — **muri, tele, carte**, essere un pessimo decoratore, pittore, scrittore **2**

imbrattatele 562

(*fig.*) macchiare l'onore di qlcu., disonorare ♦ **-rsi** *rifl.* sporcarsi, insudiciarsi.
im|brat|ta|té|le *s.m./f.invar.* pittore di scarso valore.
im|brec|cià|re *v.tr.* [indic.pres. *io imbréccio*...] ricoprire una strada sterrata con uno strato di breccia o ghiaia.
im|brec|cià|ta *s.f.* strato di breccia o ghiaia con cui si ricopre la superficie di una strada sterrata.
im|brec|cia|tù|ra *s.f.* preparazione del fondo di una strada con uno strato di breccia o ghiaia prima di stendere l'asfalto.
im|brì|fe|ro *agg.* (*geog.*) ricco di pioggia: *una regione imbrifera* | si dice di bacino che raccoglie le acque piovane.
im|bri|glia|mén|to *s.m.* (*anche fig.*) l'atto di imbrigliare.
im|bri|glià|re *v.tr.* [indic.pres. *io imbrìglio*...] **1** mettere le briglie a un animale: — *un puledro* **2** (*fig.*) tenere a freno: — *i nemici;* — *la fantasia* **3** costruire opere murarie per regolare e tenere sotto controllo il flusso delle acque **4** consolidare un terreno per impedirne l'erosione da parte delle acque e del vento ♦ **-rsi** *intr.pron.* detto del cavallo, impigliarsi con le zampe nelle redini.
im|bri|glia|tù|ra *s.f.* **1** l'atto di imbrigliare o essere imbrigliato **2** l'insieme delle briglie e dei finimenti utilizzati per imbrigliare un animale **3** il complesso di opere realizzate per arginare un corso d'acqua o consolidare un terreno.
im|bril|lan|ti|nà|re *v.tr.* ungere i capelli di brillantina ♦ **-rsi** *rifl.* ungersi i capelli di brillantina.
im|broc|cà|re *v.tr.* [indic.pres. *io imbròcco, tu imbròcchi*...] **1** centrare un bersaglio **2** (*estens.*) indovinare, azzeccare: — *una previsione.*
im|bro|glià|re *v.tr.* [indic.pres. *io imbròglio*...] **1** mettere in disordine un insieme di cose cambiandone la disposizione originale; ingarbugliare: — *un gomitolo di lana* | (*fig.*) — **le carte**, creare confusione, spec. per raggirare qlcu. | (*fig.*) — **la matassa**, complicare volutamente una situazione: *con le sue dichiarazioni ha imbrogliato la matassa* **2** (*fig.*) creare difficoltà, intoppi: — *una trattativa* **3** (*fig.*) ingannare qlcu. facendogli credere ciò che non è | truffare, raggirare: — *un cliente* (*mar.*) chiudere rapidamente le vele con gli imbrogli per sottrarle all'azione del vento ♦ **-rsi** *intr.pron.* **1** ingarbugliarsi: *le funi si sono imbrogliate* **2** (*fig.*) diventare più complicato: *le cose si sono ulteriormente imbrogliate* **3** (*fig.*) confondersi, perdere il filo del discorso; impappinarsi: *quando parlo in pubblico mi imbroglio*.
im|brò|glio *s.m.* **1** groviglio, viluppo: *un — di cavi* **2** (*fig.*) situazione complicata e confusa: *cacciarsi in un* — **3** (*fig.*) truffa, raggiro: *quest'offerta nasconde un* — (*mar.*) ciascuno dei cavi che servono a chiudere rapidamente le vele per sottrarle all'azione del vento.
im|bro|glió|ne *agg., s.m.* [f. *-a*] che, chi imbroglia il prossimo.
im|bron|ciàr|si *v.intr.pron.* [indic.pres. *io mi imbróncio*...] **1** assumere un'espressione seccata, contrariata, mettendo il broncio: *quando gli faccio un'osservazione s'imbroncia* **2** (*fig.*) detto del cielo, rannuvolarsi.
im|bron|cià|to *part.pass. di* imbronciarsi ♦ *agg.* **1** che ha un'espressione seccata, contrariata **2** (*fig.*) detto del cielo, scuro e nuvoloso.
im|bru|ni|re[1] *v.intr.* [indic.pres. *io imbrunisco, tu imbrunisci*...; aus. *È*] **1** diventare scuro, cupo: *l'orizzonte già imbrunisce* **2** (*impers.*) farsi sera: *sta per* —.
im|bru|ni|re[2] *s.m.* l'ora immediatamente successiva al tramonto | *all'*—, verso sera.
im|brut|ti|mén|to *s.m.* perdita della bellezza.
im|brut|ti|re *v.tr.* [indic.pres. *io imbruttisco, tu imbruttisci*...] far diventare brutto o meno bello: *questi occhiali ti imbruttiscono* | deturpare: *quei capannoni imbruttiscono il quartiere* ♦ *intr.* [aus. *E*], **-rsi** *intr.pron.* diventare brutto o meno bello: *con la cura dimagrante è imbruttita; con quell'abito ti imbruttisci.*
im|bu|cà|re *v.tr.* [indic.pres. *io imbuco, tu imbuchi*...] **1** mettere, nascondere ql.co. in un buco | (*fam.*) mettere ql.co. in un posto difficile da trovare: *dove hai imbucato il mio portafoglio?* **2** (*anche assol.*) introdurre nella cassetta della posta: — *una lettera; vai a* — ♦ **-rsi** *rifl.* **1** infilarsi in una buca, detto spec. di animali **2** (*fig.*) nascondersi, appartarsi: *dove si è imbucato tuo fratello?* **3** (*gerg.*) introdursi in un locale, una festa e sim. senza invito.
im|bu|cà|to *part.pass. di* imbucare ♦ *agg., s.m.* (*gerg.*) si dice di chi si introduce in un locale, in una festa e sim. senza essere stato invitato: *il ricevimento era pieno di imbucati.*
im|bu|fa|lir|si *v.intr.pron.* [indic.pres. *io mi imbufalisco, tu ti imbufalisci*...] (*fam.*) arrabbiarsi in maniera violenta e incontrollata; imbestialirsi.
im|bul|lo|nà|re *v.tr.* [indic.pres. *io imbullóno*...] fissare per mezzo di bulloni.
im|bur|rà|re *v.tr.* spalmare di burro: — *una fetta di pane.*
im|bu|stà|re *v.tr.* chiudere in una busta: — *una lettera.*
im|bu|sta|trì|ce *s.f.* macchina automatica per imbustare la corrispondenza o per confezionare piccoli oggetti in buste.
im|bu|ti|fór|me *agg.* (*scient.*) a forma di imbuto; conico.
im|bù|to *s.m.* attrezzo cavo a forma di cono rovesciato, terminante in un cannello, che serve per travasare liquidi in recipienti con l'imboccatura stretta | *a* —, a forma di imbuto: *strada a* —.
i|mè|ne *s.m.* (*anat.*) sottile membrana che nella donna vergine chiude parzialmente l'orifizio della vagina.
i|me|nè|o *s.m.* **1** nell'antichità classica, canto nuziale col quale si accompagnava la sposa verso la casa del marito **2** (*lett., spec.pl.*) nozze, matrimonio.
i|mè|nio *s.m.* (*bot.*) nei funghi, l'insieme delle spore e delle ife sporifere.
I|me|nòt|te|ri *s.m.pl.* ordine di Insetti con quattro ali membranose trasparenti, di cui le ante-

riori più grandi, addome mobile e, nelle femmine, la presenza talvolta di pungiglione; ne fanno parte ape, vespa, formica e sim.
i|mi|tà|bi|le *agg.* che si può imitare.
i|mi|tà|re *v.tr.* [indic.pres. *io imito*...] **1** adeguare il proprio comportamento a quello di una persona scelta come modello: — *la camminata di qlcu.*; *imita in tutto la sua amica* **2** riprodurre nel modo più simile possibile all'originale: — *un'opera d'arte* | contraffare: — *la firma dei genitori* **3** rifare caricaturalmente i gesti, la voce di qlcu.: — *un personaggio famoso* **4** avere caratteristiche simili a quelle di ql.co., spec. di oggetti pregiati: *materiali sintetici che imitano il cristallo*.
i|mi|ta|ti|vo *agg.* che imita o ha la tendenza a imitare: *istinto* —.
i|mi|ta|tó|re *s.m.* [f. -trice] **1** chi cerca di adeguarsi a un modello; epigono: *è un* — *di Picasso* **2** chi si esibisce imitando caricaturalmente i gesti e la voce di personaggi noti.
i|mi|ta|zió|ne *s.f.* **1** adeguamento a un modello: *l'* — *dello stile dantesco* **2** riproduzione caricaturale dei gesti e della voce di qlcu.: *fare l'* — *di un noto cantante* **3** ciò che si produce imitando: *è un'* — *della ceramica antica* | contraffazione: *questa è l'* — *di un quadro famoso* **4** (*mus.*) nella musica polifonica, ripetizione di una frase musicale intonata prima da un'altra voce.
im|ma|co|là|to *agg.* **1** del tutto esente da colpa; puro: *spirito* — | (*relig.*) **l'Immacolata Concezione**, dogma della Chiesa cattolica secondo cui la Madonna fu concepita senza peccato originale; giorno festivo in cui la Chiesa celebra questo mistero (8 dicembre) | (*per anton.*) **l'Immacolata**, titolo attribuito alla Madonna in quanto concepita senza peccato originale **2** di colore bianco candido: *una veste immacolata*.
im|ma|gaz|zi|na|mén|to *s.m.* l'atto di immagazzinare.
im|ma|gaz|zi|nà|re *v.tr.* **1** sistemare in un magazzino: — *i prodotti* | (*inform.*) archiviare, conservare dati in un computer (*fig.*) accumulare senza ordine, in maniera confusa: — *informazioni*.
im|ma|gi|nà|bi|le *agg.* **1** che può essere immaginato; pensabile: *fare tutto ciò che è* — **2** prevedibile: *era* —.
im|ma|gi|nà|re *v.tr.* [indic.pres. *io immàgino*...] **1** raffigurarsi nella mente o con la fantasia: — *un mondo diverso* **2** ideare; creare con la fantasia: — *lo schema di un romanzo* **3** intuire: *immagino che cosa dirà vedendoti*; *non potevo immaginarmelo* | (*coll.*) con funzione enfatica: *immaginatevi se potevo rifiutare una simile proposta!* **4** credere, ritenere: (*m'*)*immagino che tu ne sappia qualcosa* **5** illudersi: *non* — *che sia facile!* **6** (*assol.*) in formule di cortesia usate per contraddire o affermare: *"Disturbo?" "S'immagini!"*.
im|ma|gi|nà|rio *agg.* **1** che è stato prodotto dall'immaginazione; irreale: *amore* — | **malato** —, chi è convinto di avere una malattia che non ha; ipocondriaco **2** (*mat.*) *unità immaginaria*, la radice quadrata di -1 | ***numero*** —, ogni numero che è il prodotto di un numero reale per l'unità immaginaria ♦ *s.m.* (*sociol.*; *solo sing.*) l'insieme delle credenze e delle rappresentazioni simboliche che appartengono alla coscienza di un individuo o di una collettività e che ne condizionano il rapporto con la realtà: *l'* — *collettivo* □ **immaginariamente** *avv.*
im|ma|gi|na|ti|va *s.f.* capacità di immaginare; inventiva.
im|ma|gi|na|ti|vo *agg.* **1** relativo all'immaginazione: *capacità immaginativa* **2** dotato di immaginazione: *un autore* —.
im|ma|gi|na|zió|ne *s.f.* **1** capacità di creare con la fantasia immagini e concetti; fantasia, inventiva: *avere molta* — **2** l'atto dell'immaginare: *lasciarsi trasportare dall'* — | ciò che si immagina: *è solo una tua* —.
im|mà|gi|ne *s.f.* **1** la forma esteriore di una cosa o una persona percepiti attraverso la vista: *guardare la propria* — *allo specchio* **2** rappresentazione mentale generata dalla memoria o dalla fantasia: *l'* — *di un passato felice* **3** rappresentazione grafica, plastica o fotografica di ql.co.: *un'* — *della Madonna*; *le immagini della partita* **4** (*estens.*) si dice di chi è molto somigliante a un'altra persona: *è l'* — *del padre* **5** aspetto esteriore: *curare la propria* — | idea che una persona, un'azienda e sim. danno di sé attraverso il modo in cui si presentano al pubblico: *i personaggi famosi curano la propria* —; *l'* — *della ditta* **6** rappresentazione che evoca una determinata realtà: *è l'* — *della salute* | simbolo: *lo scheletro come* — *della morte* **7** (*zool.*) lo stadio finale della metamorfosi di alcuni insetti.
im|ma|gi|nét|ta *s.f.* piccola figura a tema religioso: *un'* — *di san Francesco*.
im|ma|gi|ni|fi|co *agg.* [m.pl. -ci] di scrittore, poeta, dotato di fervida immaginazione.
im|ma|gi|nó|so *agg.* **1** dotato di molta immaginazione **2** che fa largo uso di immagini: *stile* —.
im|ma|lin|co|ni|re *v.tr.* [indic.pres. *io immalinconisco*, *tu immalinconisci*...] rendere malinconico, intristire: *questo spettacolo m'immalinconisce* ♦ **-rsi** *intr.pron.* diventare malinconico, rattristarsi: — *a causa di un brutto ricordo*.
im|man|cà|bi|le *agg.* **1** che non può mancare: *l'* — *festa di fine anno* **2** che avverrà di certo: *le immancabili polemiche* □ **immancabilmente** *avv.*
im|mà|ne *agg.* **1** (*lett.*) grandissimo, fuori misura **2** (*estens.*) gravissimo, spaventoso: *un'* — *tragedia* **3** (*fig.*) molto pesante, faticoso: *uno sforzo* —.
im|ma|nèn|te *agg.* (*filos.*) **1** che non oltrepassa i confini del mondo o della conoscenza umani: *realtà* — **2** che è insito in ql.co.; intrinseco: *causa* — □ **immanentemente** *avv.*
im|ma|nen|tì|smo *s.m.* (*filos.*) ogni concezione filosofica che non ammette l'esistenza di una realtà trascendente.
im|ma|nen|tì|sti|co *agg.* [m.pl. -ci] (*filos.*) relativo all'immanentismo: *visione immanentistica del mondo*.
im|ma|nèn|za *s.f.* (*filos.*) carattere di ciò che è immanente.

im|man|già|bi|le *agg.* che non si può mangiare, perché sgradevole al gusto o non commestibile.
im|man|ti|nèn|te *avv.* (*lett.*) subito, immediatamente: *agire —*.
im|mar|ce|sci|bi|le *agg.* (*lett.*) **1** che non può marcire **2** (*estens.*) incorruttibile, imperituro.
im|ma|te|ria|le *agg.* **1** che non è fatto di materia **2** (*estens.*) spirituale, ideale: *una bellezza —*.
im|ma|te|ria|li|tà *s.f.* caratteristica di ciò che è immateriale: *l'— dello spirito*.
im|ma|tri|co|la|re *v.tr.* [indic.pres. *io immatrìcolo*...] iscrivere per la prima volta in un registro pubblico, assegnando un numero di matricola: *— uno studente all'università*; *una vettura* ♦ **-rsi** *rifl.* iscriversi in un registro pubblico, detto spec. di studenti che si iscrivono al primo anno di università.
im|ma|tri|co|la|zió|ne *s.f.* iscrizione in un registro pubblico: *procedura d'—* | iscrizione al primo anno di università.
im|ma|tu|ri|tà *s.f.* **1** condizione di un frutto ancora acerbo **2** (*fig.*) mancato o incompleto sviluppo intellettuale o culturale: *un atteggiamento che dimostra la sua —* **3** (*med.*) condizione di debolezza di un neonato che alla nascita ha peso inferiore ai 2500 g.
im|ma|tù|ro *agg.* **1** non maturo; acerbo: *frutto —* **2** (*fig.*) che non ha raggiunto un pieno sviluppo fisico, intellettuale o culturale: *essere —*; *comportamento —* | (*fig.*) non ancora opportuno: *è — discuterne adesso* **3** (*med.*) detto di neonato che presenta immaturità □ **immaturamente** *avv.*
im|me|de|si|màr|si *v.rifl.* [indic.pres. *io mi immedésimo*...] identificarsi emotivamente con qlcu.: *— nel protagonista di un film* | partecipare allo stato d'animo altrui con grande trasporto: *— nella sofferenza altrui*.
im|me|de|si|ma|zió|ne *s.f.* identificazione; coinvolgimento emotivo.
im|me|dia|téz|za *s.f.* **1** caratteristica di ciò che è immediato: *mi ha colpito l'— della risposta* **2** (*fig.*) spontaneità: *si comporta con —*.
im|me|dià|to *agg.* **1** che è in rapporto diretto, senza interruzioni o interposizioni: *conseguenza immediata* **2** che avviene subito dopo, senza intervallo di tempo: *effetto —* **3** (*fig.*) non meditato; spontaneo, impulsivo: *reazione immediata* ♦ *s.m.* il presente, il momento più prossimo | *nell'—*, per ora, nel più prossimo futuro: *non ho intenzione di cambiare lavoro nell'—* □ **immediatamente** *avv.* **1** senza interruzione o interposizione: *la strada — precedente* **2** subito: *l'ho capito —*.
im|me|mo|rà|bi|le *agg.* che non si ricorda, perché troppo lontano nel tempo: *una storia —* | **da tempo**, da tantissimo tempo.
im|mè|mo|re *agg.* (*lett.*) che non ricorda o mostra di non ricordare: *— del suo passato*.
im|men|si|tà *s.f.* **1** proprietà di ciò che è immenso: *l'— degli oceani* | spazio immenso, illimitato **2** (*iperb.*) enorme quantità: *ha un'— di interessi*.

im|mèn|so *agg.* **1** che è privo di limiti; smisurato: *spazi immensi* **2** (*iperb.*) enorme, grandissimo: *una villa immensa* **3** (*fig.*) molto intenso: *un dolore —* ♦ *s.m. solo sing.* (*lett.*) lo spazio infinito □ **immensamente** *avv.* **1** smisuratamente: *è — esteso* **2** (*iperb.*) moltissimo, assai: *sono — ricchi*.
im|mèr|ge|re *v.tr.* [indic. pres. *io immergo, tu immergi*...; pass.rem. *io immèrsi, tu immergésti*...; part.pass. *immerso*] **1** mettere ql.co. in un liquido: *— il cucchiaio nella minestra* **2** (*fig.*) far penetrare, affondare: *— la spada nell'addome* **3** (*fig.*) far sprofondare in una situazione negativa: *il blackout immerse la metropoli nel buio*; *la notizia lo ha immerso nella disperazione* ♦ **-rsi** *rifl.* **1** entrare in un liquido: *per guadare il fiume fu necessario — nell'acqua fino alla vita* | (*anche assol.*) scendere sotto la superficie dell'acqua: *il sottomarino si immerge —* **2** (*estens.*) addentrarsi in un luogo, in un ambiente: *— nella boscaglia*; *— nella vita cittadina* | *nelle tenebre*, sparire alla vista allontanandosi nel buio **3** (*fig.*) dedicarsi completamente a ql.co.: *— nel lavoro*.
im|me|ri|tà|to *agg.* **1** non meritato: *vittoria immeritata* **2** ingiusto: *richiamo —* □ **immeritatamente** *avv.* **1** senza merito: *è stato promosso —* **2** ingiustamente: *lo hanno punito —*.
im|me|ri|té|vo|le *agg.* che non merita ql.co. o non è degno □ **immeritevolmente** *avv.*
im|mer|sió|ne *s.f.* **1** l'atto di immergere o di immergersi sotto la superficie dell'acqua: *l'— di un sub* | *navigare in —*, navigare sotto la superficie dell'acqua, detto spec. dei sommergibili **2** (*mar.*) la misura verticale della parte di scafo immersa nell'acqua | *linea di —*, linea segnata sulla carena di un natante dal livello dell'acqua.
im|mèr|so *part.pass.* di *immergere* ♦ *agg.* **1** completamente ricoperto dall'acqua o da un altro fluido: *— nel fango* **2** (*fig.*) avvolto: *la vallata è immersa nella nebbia* **3** (*fig.*) assorto, intento: *— nella lettura* | *nel sonno*, profondamente addormentato.
im|mét|te|re *v.tr.* [con. come *mettere*] **1** far entrare, mettere dentro: *— carburante in una tanica*; *— dati nel computer* **2** fare entrare in circolazione: *— nuova moneta sul mercato* ♦ *intr.* [aus. *A*] portare a, condurre: *il corridoio immette nel soggiorno* ♦ **-rsi** *rifl.* entrare: *— nella strada statale*.
im|mi|grànte *part.pres.* di *immigrare* ♦ *agg.*, *s.m./f.* che, chi si trasferisce in una regione diversa da quella di origine, o in un paese straniero, spec. per cercare lavoro.
im|mi|grà|re *v.intr.* [aus. *E*] trasferirsi in una regione diversa da quella in cui si è nati, o in un paese straniero, per cercare lavoro.
im|mi|grà|to *part.pass.* di *immigrare* ♦ *agg.*, *s.m.* [f. *-a*] che, chi si è stabilito in una regione diversa da quella d'origine o in un paese straniero, spec. per cercare lavoro | *— clandestino*, privo di regolare permesso di soggiorno.
im|mi|gra|tò|rio *agg.* relativo all'immigrazione o agli immigrati: *movimenti immigratori*.
im|mi|gra|zió|ne *s.f.* **1** trasferimento dal pro-

prio luogo d'origine ad altro stato o regione, spec. per cercare lavoro | l'insieme degli immigrati e delle problematiche a essi legate: *occorono strutture adeguate per affrontare il problema dell'* — 2 (*biol.*) insediamento di vegetali o animali in una zona dove prima non erano presenti.
im|mi|nèn|te *agg.* che sta per accadere: *l'uscita del nuovo film è* — | (*estens.*) incombente: *rischio* —.
im|mi|nèn|za *s.f.* vicinanza nel futuro di un fatto, di un avvenimento: *nell'* — *degli esami*.
im|mi|schià|re *v.tr.* [indic.pres. *io immìschio...*] coinvolgere indebitamente qlcu. in un'attività, in una situazione e sim.: *mi hanno immischiato in una brutta faccenda* ♦ **-rsi** *intr.pron.* intromettersi inopportunamente nei fatti altrui: — *in un litigio tra due persone*.
im|mi|se|ri|mén|to *s.m.* impoverimento.
im|mi|se|ri|re *v.tr.* [indic.pres. *io immiserisco, tu immiserisci...*] 1 far diventare misero, ridurre in uno stato di povertà: *la difficile situazione economica immiserisce le classi più povere* 2 (*fig.*) svilire: *immiserisce i suoi racconti con frasi ovvie e banali* ♦ **-rsi** *intr.pron.* 1 diventare misero, ridursi in uno stato di povertà: *a causa di quell'affare andato male si è immiserito* 2 (*fig.*) impoverirsi spiritualmente; diventare gretto.
im|mis|sà|rio *s.m.* (*geog.*) corso d'acqua che sfocia in un lago o in un bacino artificiale.
im|mis|sió|ne *s.f.* l'atto con cui si introduce una cosa dentro un'altra; introduzione: — *di ossigeno nei polmoni*; — *di dati nel computer* | (*bur.*) — *in ruolo*, assunzione a tempo indeterminato in un'amministrazione pubblica.
im|mo|bi|le *agg.* che non cambia posizione; fermo: *restare* — ♦ *s.m.* ogni bene non trasportabile, come i terreni e gli edifici: *il valore di un* —.
im|mo|bi|lià|re *agg.* relativo ai beni immobili: *patrimonio* — | **società, agenzia** —, che opera nel settore della compravendita di immobili | **credito** —, garantito con ipoteche sugli immobili ♦ *s.f.* società o agenzia immobiliare.
im|mo|bi|li|smo *s.m.* linea politica che tende a evitare ogni cambiamento | (*estens.*) tendenza a mantenere invariato lo stato delle cose: — *culturale*.
im|mo|bi|lì|sti|co *agg.* [m.pl. *-ci*] contraddistinto da immobilismo: *politica economica immobilistica*.
im|mo|bi|li|tà *s.f.* 1 condizione di cose o persone immobili o immobilizzate; assenza di movimento: *essere costretto all'* — 2 (*fig.*) assenza di sviluppo, di mutamenti: *l'* — *del mercato finanziario*.
im|mo|bi|liz|zà|re *v.tr.* 1 rendere immobile; impedire gli spostamenti: — *una gamba col gesso*; *lo sciopero ha immobilizzato la città* | trattenere con la forza: — *l'avversario* 2 (*fig.*) bloccare ogni possibilità di sviluppo o mutamento: *la speculazione immobilizza il mercato* 3 (*econ.*) investire in beni immobili ♦ **-rsi** *intr.pron.* fermarsi improvvisamente: *si immobilizzò per il terrore*.
im|mo|bi|liz|za|zió|ne *s.f.* 1 riduzione all'immobilità: *l'* — *del braccio fratturato* 2 (*econ.*) parte di capitale investito durevolmente in beni di produzione.
im|mo|de|ra|téz|za *s.f.* mancanza di misura; eccesso.
im|mo|de|rà|to *agg.* privo della giusta misura; smodato: *essere* — *nel fumare* □ **immoderatamente** *avv.*
im|mo|dè|stia *s.f.* mancanza di modestia; presunzione: *la sua* — *è nota a tutti*.
im|mo|dè|sto *agg.* privo di modestia; presuntuoso: *un atteggiamento* —.
im|mo|di|fi|cà|bi|le *agg.* che non può essere modificato: *accordo* —.
im|mo|là|re *v.tr.* [indic.pres. *io immòlo...*] 1 presso gli antichi Greci e Romani, cospargere la vittima sacrificale con farro macinato e sale 2 (*estens.*) sacrificare un animale alla divinità: — *una capra agli dei* | (*fig.*) sacrificare ql.co. come segno di dedizione totale: — *la propria vita per la libertà* ♦ **-rsi** *rifl.* offrirsi come vittima; sacrificarsi.
im|mo|la|zió|ne *s.f.* 1 sacrificio di un animale alla divinità: *l'* — *di un toro* 2 (*fig.*) sacrificio, rinuncia 3 (*lit.*) l'offerta dell'ostia durante la messa.
im|mon|déz|za *s.f.* caratteristica di ciò che è sporco o impuro.
im|mon|dez|zà|io *s.m.* 1 spazio destinato alla raccolta delle immondizie 2 (*estens.*) luogo disordinato e sporco: *questa casa è un* —!
im|mon|di|zia *s.f.* rifiuti, spazzatura: *il sacco dell'* —.
im|món|do *agg.* 1 (*lett.*) sporco, repellente: *luogo* — 2 (*fig.*) moralmente impuro: *peccatori immondi* | (*estens.*) turpe, depravato: *è una persona immonda*.
im|mo|rà|le *agg.* che offende la morale: *uno spettacolo* — ♦ *s.m./f.* chi agisce in modo contrario alla morale □ **immoralmente** *avv.*
im|mo|ra|lì|smo *s.m.* (*filos.*) concezione che rifiuta i principi della morale tradizionale, esaltando l'espansione incontrollata delle energie individuali; si dice spec. della teoria etica di Nietzsche.
im|mo|ra|lì|sta *s.m./f.* [m.pl. *-i*] (*filos.*) seguace, sostenitore dell'immoralismo.
im|mo|ra|li|tà *s.f.* mancanza di principi morali: *l'* — *di un comportamento* | atto immorale.
im|mor|ta|là|re *v.tr.* 1 rendere eterno il ricordo di qlcu. o di ql.co.: — *un evento storico* 2 (*scherz.*) ritrarre, rappresentare in immagine: *mi hanno immortalato in una fotografia*.
im|mor|tà|le *agg.* 1 che non morirà mai: *anima* — 2 (*estens.*) che non avrà mai fine: *gratitudine* — | che avrà fama eterna: *poeta, sinfonia* —.
im|mor|ta|li|tà *s.f.* 1 carattere di chi o di ciò che è immortale: *l'* — *degli dei* 2 (*estens.*) fama eterna: *la sua opera lo ha consegnato all'* —.
im|mo|ti|và|to *agg.* senza motivazione; irragionevole: *una reazione immotivata* □ **immotivatamente** *avv.*
im|mò|to *agg.* (*lett.*) privo di movimento; immobile.

im|mù|ne *agg.* **1** non soggetto a obblighi: — *da imposte* **2** (*estens.*) libero, esente: — *da colpe* **3** (*med.*) che non può essere contagiato da malattie, spec. infettive, o sostanze tossiche: — *dall'influenza*; — *al veleno*.

im|mu|ni|tà *s.f.* **1** esenzione da obblighi legali o fiscali **2** (*dir.*) particolare trattamento rispetto a eventuali procedimenti penali assicurato a persone che svolgono determinate funzioni o ricoprono cariche importanti | — **parlamentare**, privilegio di cui godono i parlamentari rispetto a eventuali procedimenti penali | — **diplomatica**, insieme di privilegi concessi ai rappresentanti diplomatici nel paese straniero presso cui sono accreditati **3** (*med.*) sistema di difesa dell'organismo dall'aggressione di malattie, spec. infettive, o sostanze tossiche, grazie alla produzione di anticorpi specifici.

im|mu|ni|tà|rio *agg.* (*med.*) relativo all'immunità: *reazione immunitaria* | *sistema* —, insieme dei meccanismi di difesa dell'organismo da malattie, spec. infettive, o sostanze tossiche.

im|mu|niz|zà|re *v.tr.* **1** (*med.*) rendere immune un organismo **2** (*fig.*) proteggere da influenze o eventi negativi ♦ **-rsi** *rifl.* **1** (*med.*) rendersi immune rispetto a una data malattia **2** (*fig.*) proteggersi da influenze o eventi negativi.

im|mu|niz|za|zió|ne *s.f.* (*med.*) insieme dei meccanismi che rendono l'organismo immune da una certa malattia.

im|mù|no- (*med., biol.*) primo elemento di parole composte che si riferisce allo stato di immunità dell'organismo (*immunodeficienza*).

im|mu|no|de|fi|cièn|za *s.f.* (*med.*) ridotta efficienza delle difese immunitarie che predispone l'organismo a contrarre più facilmente malattie.

im|mu|no|de|près|so *agg., s.m.* [f. *-a*] (*med.*) si dice di organismo con ridotta difesa immunitaria.

im|mu|no|fluo|re|scèn|za *s.f.* (*med.*) tecnica diagnostica che, mediante l'impiego di sostanze fluorescenti, evidenzia la presenza di alcune malattie infettive.

im|mu|no|nò|ge|no *agg., s.m.* (*med.*) si dice di sostanza in grado di stimolare le risposte immunitarie.

im|mu|no|glo|bu|lì|na *s.f.* (*biol.*) proteina del sangue dotata di proprietà immunizzanti (*simb.* Ig); gammaglobulina.

im|mu|no|lo|gì|a *s.f.* settore della medicina che studia i fenomeni immunitari.

im|mu|no|lò|gi|co *agg.* [m.pl. *-ci*] (*med.*) relativo all'immunologia □ **immunologicamente** *avv.*

im|mu|no|lò|go *s.m.* [f. *-a*; m.pl. *-gi*] (*med.*) specialista in immunologia.

im|mu|no|pro|fi|làs|si *s.f.* (*med.*) procedura di prevenzione delle malattie infettive che si basa sulla somministrazione di sostanze immunizzanti.

im|mu|no|sop|pres|só|re *agg., s.m.* (*med.*) si dice di agente chimico o fisico in grado di ridurre o abolire le risposte immunitarie dell'organismo | *farmaci immunosoppressori*, quelli utilizzati per impedire il rigetto dopo un trapianto d'organo o per curare malattie autoimmuni.

im|mu|no|te|ra|pì|a *s.f.* (*med.*) terapia delle malattie infettive basata su procedimenti immunizzanti.

im|mu|so|nir|si *v.intr.pron.* [indic.pres. *io mi immusonisco, tu ti immusonisci...*] (*fam.*) mettere il muso per esprimere risentimento o tristezza; imbronciarsi.

im|mu|so|nì|to *part.pass. di immusonirsi* ♦ *agg.* imbronciato, corrucciato: *espressione immusonita*.

im|mu|tà|bi|le *agg.* che non muta | che non si può mutare: *la legge — della natura* □ **immutabilmente** *avv.*

im|mu|ta|bi|li|tà *s.f.* caratteristica di ciò che non conosce cambiamento.

im|mu|tà|to *agg.* che è rimasto uguale, non è cambiato: *panorama* —.

ì|mo *agg.* (*lett.*) che si trova nel punto più basso o più profondo ♦ *s.m.* il punto più basso o profondo di ql.co.

im|pac|cà|re *v.tr.* [indic.pres. *io impacco, tu impacchi...*] mettere in un pacco; imballare: — *le merci*.

im|pac|chet|tà|re *v.tr.* [indic.pres. *io impacchétto...*] **1** avvolgere nella carta per fare un pacchetto: — *i regali* **2** (*estens., gerg.*) ammanettare, arrestare.

im|pac|chet|ta|trì|ce *s.f.* macchina utilizzata per impacchettare automaticamente determinati prodotti.

im|pac|chet|ta|tù|ra *s.f.* l'operazione con cui si impacchetta ql.co.

im|pac|cià|re *v.tr.* [indic.pres. *io impàccio...*] **1** ostacolare movimenti o azioni; intralciare: *lo zaino mi impaccia nella salita* **2** (*fig.*) mettere a disagio: *la presenza di estranei lo impaccia* ♦ **-rsi** *intr.pron.* diventare, sentirsi impacciato: *molti si impacciano a parlare in pubblico*.

im|pac|cià|to *part.pass. di impacciare* ♦ *agg.* **1** impedito nei movimenti: *avere le mani impacciate da uno scatolone* **2** (*fig.*) imbarazzato, confuso: *con i tuoi amici mi sento* — | goffo: *muoversi con fare* —.

im|pàc|cio *s.m.* **1** ciò che impaccia o crea intralcio: *essere d'—* **2** (*estens.*) situazione imbarazzante: *trarsi d'—* **3** imbarazzo: *non riuscire a nascondere il proprio* —.

im|pàc|co *s.m.* [pl. *-chi*] (*med.*) applicazione, su una parte del corpo malata o traumatizzata, di panni o garze imbevuti d'acqua o di sostanze medicamentose.

im|pa|dro|nir|si *v.intr.pron.* [indic.pres. *io mi impadronisco, tu ti impadronisci...*] **1** impossessarsi di ql.co., spec. in modo illecito o violento: — *delle ricchezze di qlcu.* | (*fig.*) prendere possesso di qlcu.: *la furia si era impadronita di lui* **2** (*estens.*) acquisire conoscenze approfondite di una disciplina, un mestiere e sim.: *in poco tempo mi sono impadronito della lingua spagnola*.

im|pa|gà|bi|le *agg.* di grande valore, che vale

più di ogni possibile pagamento: *un aiuto —* | (*estens.*) impareggiabile, straordinario: *una ragazza —*.
im|pa|gi|nà|re *v.tr.* [indic.pres. *io impàgino...*] organizzare in pagine un testo secondo criteri grafici stabiliti, corredandolo di illustrazioni, didascalie e sim.
im|pa|gi|nà|to *part.pass. di* impaginare ♦ *s.m.* bozza tipografica organizzata in pagine.
im|pa|gi|na|tó|re *s.m.* [f. *-trice*] tecnico addetto all'impaginazione.
im|pa|gi|na|zió|ne *s.f.* l'organizzazione di un testo in pagine.
im|pa|glià|re *v.tr.* [indic.pres. *io impàglio...*] 1 rivestire o imbottire di paglia: *— una sedia* 2 imbottire di paglia la pelle di animali morti per conservarne la forma originaria.
im|pa|glia|tó|re *s.m.* [f. *-trice*] 1 artigiano che riveste oggetti con paglia 2 chi imbottisce di paglia il corpo di animali morti.
im|pa|glia|tù|ra *s.f.* imbottitura o rivestimento di paglia.
im|pà|la *s.m.invar.* antilope dell'Africa sudorientale, con corpo agile, muso lungo e sottile; i maschi hanno grandi corna a forma di lira.
im|pa|là|re *v.tr.* 1 giustiziare qlcu. infilzandolo su un palo aguzzo 2 (*agr.*) sostenere alcuni tipi di piante con pali e fili: *— le viti*.
im|pa|là|to *part.pass. di* impalare ♦ *agg.* detto di persona che resta diritta e immobile come un palo: *non restare lì —!*
im|pa|la|tù|ra *s.f.* sistemazione di pali di sostegno ad alcuni tipi di piante.
im|pal|ca|tù|ra *s.f.* 1 (*edil.*) struttura provvisoria realizzata con tubi d'acciaio e passerelle di legno o metallo, utilizzata nei cantieri edilizi per consentire agli operai di muoversi e lavorare attorno a un'opera in costruzione 2 (*fig.*) la struttura portante di una teoria, un'istituzione e sim.: *l' — di un sistema filosofico*; *l' — di uno Stato* 3 (*bot.*) il punto in cui i rami si diramano dal tronco.
im|pal|là|re *v.tr.* (*tv, teat.*) coprire per errore ql.co. o qlcu. alla vista degli spettatori o della telecamera.
im|pal|li|di|re *v.intr.* [indic.pres. *io impallidisco, tu impallidisci...*; aus. *E*] 1 diventare pallido: *— per la tensione* 2 (*fig.*) turbarsi, restare sbigottito: *— di fronte a una notizia inaspettata* 3 (*lett.*) perdere luminosità: *all'alba le stelle cominciano a —* 4 (*fig.*) essere messo in ombra; perdere d'importanza: *al suo confronto, tutti gli altri impallidiscono; il suo prestigio è impallidito*.
im|pal|li|na|mén|to *s.m.* l'atto di impallinare.
im|pal|li|nà|re *v.tr.* 1 colpire con una scarica di pallini sparati con un fucile da caccia: *— la selvaggina* 2 (*fig.*) colpire a tradimento qlcu. causandone la sconfitta: *lo hanno impallinato i suoi colleghi di partito*.
im|pal|mà|re *v.tr.* (*lett.*) prendere in moglie.
im|pal|pà|bi|le *agg.* 1 che non si sente al tatto, finissimo: *polvere —* 2 (*fig.*) indefinibile: *una sensazione —* □ **impalpabilmente** *avv.*

im|pal|pa|bi|li|tà *s.f.* carattere di ciò che è impalpabile.
im|pa|nà|re¹ *v.tr.* (*gastr.*) passare i cibi nel pangrattato prima di friggerli: *— una cotoletta*.
im|pa|nà|re² *v.tr.* (*tecn.*) filettare una vite e sim. ♦ *intr.* [aus. *A*] detto di viti e sim., far presa.
im|pa|nà|to (*gastr.*) *part.pass. di* impanare ♦ *agg.* detto di cibo, passato nel pangrattato prima di essere fritto.
im|pa|na|tù|ra¹ *s.f.* (*gastr.*) modalità di preparazione dei cibi, che vengono passati nel pangrattato prima di essere fritti | la copertura di pangrattato così ottenuta.
im|pa|na|tù|ra² *s.f.* (*tecn.*) filettatura: *l' — di una vite*.
im|pan|nà|ta *s.f.* 1 tela o carta tesa sul telaio della finestra, usata un tempo per oscurare o difenderla dal freddo 2 (*estens.*) infisso di una finestra con vetri.
im|pan|ta|nà|re *v.tr.* ridurre in un pantano: *la pioggia ha impantanato le strade* ♦ **-rsi** *intr.pron.* 1 restare bloccato in un pantano: *— con l'auto* 2 (*fig.*) cacciarsi in una situazione da cui è difficile uscire: *— in un mare di debiti* | arenarsi: *il mio contratto si è impantanato*.
im|pa|pe|ràr|si *v.intr.pron.* [indic.pres. *io mi impàpero...*] (*fam.*) prendere delle papere; confondersi, imbrogliarsi nel parlare: *— all'esame*; *la presentatrice si è impaperata più volte*.
im|pa|poc|chià|re *v.tr.* [indic.pres. *io impapòcchio...*] (*region.*) 1 imbrogliare, abbindolare 2 eseguire in maniera poco accurata.
im|pap|pi|nàr|si *v.intr.pron.* (*fam.*) confondersi mentre si sta parlando: *— nel bel mezzo di un discorso*.
im|pa|rà|bi|le *agg.* (*sport*) che non si può parare: *rigore —*.
im|pa|rà|re *v.tr.* 1 acquisire conoscenze o abilità tramite lo studio, l'esercizio: *— un'arte*; *— a suonare la chitarra* | *— a memoria*, memorizzare un testo in modo da saperlo ripetere parola per parola 2 acquisire attraverso l'esperienza: *— a vivere; imparerai che non si può fare tutto quello che si vuole!*
im|pa|ràt|ic|cio *s.m.* 1 apprendimento frettoloso e superficiale 2 (*estens.*) lavoro svolto da un principiante.
im|pa|reg|già|bi|le *agg.* che non ha pari; unico, straordinario: *una regione d'— bellezza* □ **impareggiabilmente** *avv.*
im|pa|ren|tàr|si *v.rifl.* [indic.pres. *io mi imparènto...*] 1 diventare parente di qlcu., spec. tramite il matrimonio.
im|pà|ri *agg.invar.* 1 non pari: *forze —* | non equilibrato: *scontro —* 2 (*anat.*) detto di organo non bilaterale, presente in una sola metà del corpo (p.e. il fegato, il cuore).
im|pa|ri|di|gi|tà|to *agg.* detto di animale che ha le dita in numero dispari.
im|pa|ri|pen|nà|to *agg.* (*bot.*) detto di foglia composta da un numero dispari di fogliolino.
im|pa|ri|sil|la|bo *agg.* (*metr.*) che è composto

imparruccare 568

da un numero dispari di sillabe: *l'endecasillabo è un verso —*.
im|par|ruc|cà|re *v.tr.* [indic.pres. *io imparrucco, tu imparrucchi...*] **1** (*raro*) coprire con la parrucca **2** (*fig.*) ricoprire di bianco: *la neve ha imparruccato le cime dei monti* ♦ **-rsi** *rifl.* (*scherz.*) mettersi la parrucca.
im|par|ruc|cà|to *part.pass. di* imparruccare ♦ *agg.* **1** che porta la parrucca **2** (*fig.*) detto di stile antiquato e pomposo: *uno scrittore —*.
im|par|tì|re *v.tr.* [indic.pres. *io impartisco, tu impartisci...*] assegnare: *— un comando*; *— una lezione* | concedere: *— favori*.
im|par|zià|le *agg.* privo di parzialità; equo, obiettivo: *giudice —*; *assumere un punto di vista* — □ **imparzialmente** *avv.*
im|par|zia|li|tà *s.f.* obiettività, equità: *giudicare con —*.
impasse (*fr.*) [pr. *empàs*] *s.f.invar.* situazione da cui non si riesce a uscire; stallo: *trovarsi in un' —*.
im|pas|sì|bi|le *agg.* che non lascia trapelare emozioni; imperturbabile, freddo: *atteggiamento —*.
im|pas|si|bi|li|tà *s.f.* carattere di chi è impassibile; imperturbabilità.
im|pa|stà|re *v.tr.* mescolare una o più sostanze per ricavarne una massa omogenea: *— acqua e farina*; *— il cemento* | *— i colori*, diluirli e mescolarli sulla tavolozza per ottenere varie sfumature.
im|pa|stà|to *part.pass. di* impastare ♦ *agg.* **1** mescolato in modo da formare una massa omogenea **2** (*estens.*) ricoperto da sostanza pastosa: *sono — di fango* | **avere la lingua impastata**, sentirla patinosa; (*fig.*) faticare ad articolare i suoni **3** (*fig.*) pervaso: *una persona impastata di egoismo*.
im|pa|sta|trì|ce *s.f.* macchina per impastare.
im|pa|sta|tù|ra *s.f.* l'atto dell'impastare.
im|pa|stic|càr|si *v.intr.pron.* [indic.pres. *io m'impasticco, tu t'impasticchi...*] (*gerg.*) assumere sostanze stupefacenti in pasticche; drogarsi | (*estens.*) fare largo uso di farmaci in pastiglie.
im|pa|stic|cà|to *part.pass. di* impasticcarsi ♦ *agg.*, *s.m.* [f. *-a*] (*gerg.*) chi fa uso di sostanze stupefacenti; drogato.
im|pà|sto *s.m.* **1** impastatura **2** la massa genera che si ottiene impastando: *l' — del pane* **3** (*pitt.*) lo strato di colore di un dipinto **4** (*fig.*) commistione di elementi eterogenei: *un — di stili architettonici*.
im|pa|stoc|chià|re *v.tr.* [indic.pres. *io impastòcchio...*] (*raro*) inventare scuse o bugie per togliersi da una situazione scomoda o ingannare qlcu.
im|pa|sto|ià|re *v.tr.* [indic.pres. *io impastóio...*] **1** legare un animale con le pastoie: *— un cavallo* **2** (*fig.*) intralciare, ostacolare: *— l'attività di qlcu.*
im|pa|tac|cà|re *v.tr.* [indic.pres. *io impatacco, tu impatacchi...*] (*fam.*) sporcare con macchie: *—*

la giacca ♦ **-rsi** *rifl.* sporcarsi con macchie; insudiciarsi: *— di olio*.
im|pat|tà|re *v.tr.*, *intr.* [aus. *A*] chiudere un confronto o una partita in pareggio: *— una partita a scacchi*.
im|pàt|to *s.m.* **1** urto di un corpo in movimento contro una superficie | **punto d'—**, quello in cui avviene l'urto **2** (*estens.*) urto, collisione: *l'— tra due automezzi* | (*fig.*) primo contatto: *l'— con un nuovo ambiente di lavoro è spesso difficile* **3** (*fig.*) effetto, influenza: *l'— emotivo di un grave evento sulla popolazione* | (*ecol.*) *— ambientale*, insieme degli effetti dell'attività umana sull'ambiente.
im|pau|rì|re *v.tr.* [indic.pres. *io impaurisco, tu impaurisci...*] suscitare paura; spaventare: *il suo racconto mi ha impaurito* ♦ **-rsi** *intr.pron.* prendere paura; spaventarsi.
im|pa|ve|sà|re *v.tr.* [indic.pres. *io impavéso...*] (*mar.*) **1** collocare le impavesate su una nave **2** innalzare il pavese su una nave.
im|pa|ve|sà|ta *s.f.* (*mar.*) parapetto difensivo collocato sul ponte di coperta delle navi.
im|pà|vi|do *agg.* che non mostra paura; coraggioso, intrepido: *un atteggiamento*, *un cavaliere —* — □ **impavidamente** *avv.*
im|pa|zièn|te *agg.* **1** che si irrita o si spazientisce facilmente: *un carattere —* | che rivela impazienza: *atteggiamento —* **2** che non sa aspettare; ansioso: *essere — di tornare a casa* □ **impazientemente** *avv.*
im|pa|zièn|za *s.f.* scarsa capacità di sopportare o di aspettare; irritazione, insofferenza: *dare segni di —*.
im|paz|zà|re *v.intr.* [aus. *E*, *A*] manifestarsi in maniera chiassosa e tumultuosa: *la festa impazza* | (*di persone*) manifestare chiassosa allegria: *la gente impazza per le vie della città* | furoreggiare: *impazza la musica latino-americana*.
im|paz|zà|ta *s.f.* solo nella loc. **all'—**, con furia, senza pensare: *correre*, *sparare all'—*.
im|paz|zi|mén|to *s.m.* perdita della ragione | (*estens.*) ciò che provoca affanno, tormento.
im|paz|zì|re *v.intr.* [indic.pres. *io impazzisco, tu impazzisci...*; aus. *E*] **1** diventare pazzo; perdere l'uso della ragione: *— per il dolore* | soffrire molto: *il mal di testa mi fa* **— 2** (*fig.*, *iperb.*) lasciarsi dominare da una passione o da un'emozione: *— d'amore* | essere appassionato di ql.co.: *— per il calcio* **3** (*fig.*) affaticarsi oltre misura in attività difficili o pesanti: *— sul compito di matematica*; *— per il lavoro* **4** detto di dispositivi e apparecchiature, funzionare male, fornire dati errati: *la bussola è impazzita* | (*estens.*) detto di fenomeno, diventare caotico, imprevedibile: *quando non funzionano i semafori il traffico impazzisce*; *le tempo è impazzito* **5** (*gastr.*) detto di salse o creme d'uovo, non amalgamarsi; raggrumarsi.
impeachment (*ingl.*) [pr. *impìčment*] *s.m.invar.* procedimento di accusa previsto dal diritto anglosassone nei confronti di politici e alti funzionari che si siano resi colpevoli di reati nell'esercizio delle loro funzioni | (*estens.*) spec. negli

USA, messa in stato di accusa del capo dello Stato o di un esponente del Governo.

im|pec|cà|bi|le *agg.* privo di difetti; perfetto: *stile —* | irreprensibile: *ha un comportamento —* □ **impeccabilmente** *avv.*

im|pec|ca|bi|li|tà *s.f.* perfezione di stile o di comportamento.

im|pe|cià|re *v.tr.* [indic.pres. *io impécio...*] spalmare di pece o di altra sostanza appiccicosa.

im|pe|cia|tù|ra *s.f.* l'operazione con cui si spalma della pece su una superficie | lo strato di pece spalmato.

im|pe|dèn|za *s.f.* (*elettr.*) grandezza fisica che misura la resistenza opposta da un conduttore al passaggio di una corrente elettrica alternata (*simb. Z*).

im|pe|di|mén|to *s.m.* **1** ciò che impedisce; ostacolo: *trovare un —; essere d'— al passaggio* **2** (*med.*) alterazione della funzione di un organo **3** nel diritto canonico, circostanza che rende irregolare o nullo un atto, in partic. il matrimonio e l'ordinazione sacerdotale.

im|pe|dì|re *v.tr.* [indic.pres. *io impedisco, tu impedisci...*] **1** rendere impossibile; vietare: *— il regolare svolgimento di un'attività* **2** evitare: *l'intervento dei vigili del fuoco ha impedito che le fiamme dilagassero* **3** ostacolare: *la caduta di massi impedisce il transito* **4** impacciare: *le scarpe troppo strette gli impediscono di correre.*

im|pe|dì|to *part.pass. di* impedire ♦ *agg.* **1** inaccessibile: *accesso —* **2** detto di un arto, privo della consueta libertà di movimento: *ha un braccio — 3* (*coll.*) maldestro, incapace: *nel tennis sono — ♦ s.m.* (*coll.*) chi è maldestro, incapace: *essere un —.*

im|pe|gnà|re *v.tr.* [indic.pres. *io impégno..., noi impegniamo, voi impegniate*] **1** dare ql.co. in pegno, come garanzia per un prestito: *— i gioielli* **2** investire: *ho impegnato i soldi nell'acquisto della casa* **3** obbligare, vincolare: *il contratto ci impegna a terminare il lavoro* **4** richiedere impegno; occupare: *lo studio impegna molto i ragazzi* **5** riservare, prenotare: *— una camera in albergo* ♦ **-rsi** *rifl.* **1** assumersi un impegno; vincolarsi: *— a rispettare i patti* **2** (*anche assol.*) applicarsi con impegno: *— nel proprio lavoro*; *è stato promosso perché si è impegnato* **3** partecipare attivamente: *— in una lunga discussione.*

im|pe|gna|tì|va *s.f.* (*bur.*) documento con cui un ente mutualistico richiede per un proprio assistito una prestazione sanitaria presso strutture convenzionate.

im|pe|gna|tì|vo *agg.* **1** che impegna: *una promessa impegnativa* **2** che richiede impegno: *un esame —* | (*estens.*) difficile, faticoso: *un percorso —* □ **impegnativamente** *avv.*

im|pe|gnà|to *part.pass. di* impegnare ♦ *agg.* **1** dato in pegno come garanzia per un prestito **2** detto di persona, che è vincolato da uno o più impegni; occupato: *non posso uscire, sono —* | vincolato sentimentalmente: *Laura è già impegnata* **3** detto di persona, movimento o opera dell'intelletto, che prende posizione riguardo ai problemi sociali e politici del suo tempo: *un intellettuale —; un film —.*

im|pé|gno *s.m.* **1** obbligo che si promette di rispettare: *assumere un —; mantenere un —* | *senza —*, senza essere vincolati **2** attività che si deve svolgere; incombenza: *domani sono pieno di impegni* **3** impiego delle proprie forze e capacità nello svolgimento di un compito; zelo: *lavorare con —* **4** dedizione ad attività di carattere politico e sociale.

im|pe|go|làr|si *v.rifl.* [indic.pres. *io mi impégolo...*] mettersi in una situazione difficile; inguaiarsi: *si è impegolato in una brutta storia.*

im|pe|la|gàr|si *v.rifl.* [indic.pres. *io mi impèlago, tu ti impèlaghi...*] impegolarsi.

im|pel|lèn|te *agg.* che spinge ad agire rapidamente | (*estens.*) urgente: *un bisogno —* □ **impellentemente** *avv.*

im|pel|lèn|za *s.f.* bisogno, necessità impellente.

im|pel|lic|cià|re *v.tr.* coprire con pelliccia ♦ **-rsi** *rifl.* (*spec.scherz.*) indossare la pelliccia: *si impelliccia per uscire con le amiche.*

im|pel|lic|cià|to *part.pass. di* impellicciare ♦ *agg.* che indossa la pelliccia: *signore impellicciate.*

im|pe|ne|trà|bi|le *agg.* **1** (*fis.*) che non può essere penetrato, dotato di impenetrabilità: *materia — all'acqua* **2** detto di luogo attraverso cui non si può passare: *un bosco —*; *un servizio di sicurezza —* **3** (*fig.*) che non lascia intuire sentimenti o pensieri; misterioso: *un personaggio, un viso —* **4** (*fig.*) incomprensibile, inaccessibile: *i voleri divini sono impenetrabili.*

im|pe|ne|tra|bi|li|tà *s.f.* **1** (*fis.*) proprietà per cui un corpo solido non può occupare lo spazio occupato da un altro corpo solido **2** proprietà di ciò o di chi è impenetrabile.

im|pe|ni|tèn|te *agg.* **1** che non si pente o non ha intenzione di pentirsi: *peccatore —* **2** (*estens.*) che persevera in un vizio, in un comportamento; incallito: *fumatore —; scapolo —.*

im|pen|nàg|gio *s.m.* (*aer.*) il complesso delle superfici fisse e mobili disposte nella parte posteriore dei velivoli per assicurarne la stabilità e il controllo durante il volo.

im|pen|nà|re *v.tr.* [indic.pres. *io impénno...*] (*aer.*) nel volo, passare dall'assetto orizzontale a quello verticale; cabrare **2** (*estens.*) far procedere veicoli a due ruote sulla ruota posteriore, tenendo l'altra staccata da terra: *— la bicicletta* ♦ **-rsi** *intr.pron.* **1** detto di animali, spec. di cavalli, alzarsi sulle zampe posteriori **2** di velivolo o imbarcazione, alzare la prua verso l'alto | (*estens.*) di veicolo a due ruote, alzarsi sulla ruota posteriore **3** (*fig.*) di persona, inalberarsi, stizzirsi: *impenni per la minima sciocchezza* **4** (*fig.*) salire bruscamente: *i prezzi s'impennano.*

im|pen|nà|ta *s.f.* **1** l'atto di impennare o impennarsi: *ha fatto un'— con la moto; l'improvvisa — del cavallo l'ha fatto cadere* **2** (*fig.*) brusca reazione, spec. di risentimento: *è facile alle impennate; ha avuto un'— di orgoglio* **3** (*fig.*) brusco rialzo: *i tassi d'interesse hanno avuto un'—.*

im|pen|na|tù|ra *s.f.* gruppo di penne inserite

nell'estremità posteriore della freccia per stabilizzarla.

im|pèn|ni *s.m.pl.* (*zool.*) ordine di Uccelli marini dotati di zampe palmate e ali rudimentali non adatte al volo, cui appartengono solo i pinguini.

im|pen|sà|bi|le *agg.* **1** che non può essere pensato **2** assurdo, imprevedibile: *un esito —*.

im|pen|sà|to *agg.* imprevisto, inaspettato: *il romanzo ha avuto un successo —* □ **impensatamente** *avv.*

im|pen|sie|rì|re *v.tr.* [indic.pres. *io impensierisco, tu impensierisci...*] far preoccupare; inquietare: *la novità non mi impensierisce* ♦ **-rsi** *intr.pron.* preoccuparsi, inquietarsi.

im|pe|pà|re *v.tr.* [indic.pres. *io impépo...*] **1** condire con il pepe **2** (*fig.*) rendere mordace.

im|pe|ràn|te *part.pres. di* imperare ♦ *agg.* che impera: *dinastia —* | (*fig.*) che è molto diffuso; dilagante: *il gusto —*.

im|pe|rà|re *v.intr.* [indic.pres. *io impèro...*; aus. *A*] **1** esercitare l'autorità imperiale | (*estens.*) esercitare la supremazia: *l'antica Roma imperò su tutto il Mediterraneo* **2** (*fig.*) essere molto diffuso; predominare: *il malcostume impera nel mondo politico*.

im|pe|ra|ti|vi|tà *s.f.* obbligatorietà: *l'— delle norme di legge*.

im|pe|ra|tì|vo *agg.* che esprime un comando | (*estens.*) autoritario: *tono —* | (*gramm.*) **modo —**, modo finito del verbo che esprime comando, invito, esortazione, divieto ♦ *s.m.* **1** (*gramm.*) modo imperativo del verbo **2** (*filos.*) norma obbligatoria che l'uomo si impone per raggiungere un fine □ **imperativamente** *avv.*

im|pe|ra|tó|re *s.m.* [f. *-trice*] **1** nell'antica Roma, titolo che i soldati davano al generale vittorioso | dal I sec. d.C., titolo attribuito alla suprema autorità politica e militare: *l'— Augusto* **2** sovrano di un impero: *Napoleone fu — di Francia*.

im|pe|ra|trì|ce *s.f.* **1** sovrana di un impero **2** moglie di un imperatore.

im|per|cet|tì|bi|le *agg.* **1** che non si riesce a percepire o si percepisce a stento: *un movimento —* **2** (*estens.*) minimo, insignificante: *un aumento —* □ **impercettibilmente** *avv.*

im|per|cet|ti|bi|li|tà *s.f.* proprietà di ciò che è impercettibile.

im|per|còr|ri|bi|le *agg.* non transitabile; impraticabile: *strada —*.

im|per|do|nà|bi|le *agg.* che non si può perdonare: *un errore —*.

im|per|fet|tì|vo *agg.* (*ling.*) detto di forma verbale che esprime un'azione nel suo svolgimento (p.e. *stava terminando*).

im|per|fèt|to *agg.* **1** non finito; incompiuto: *un'opera imperfetta* **2** che presenta difetti: *un lavoro —* **3** (*gramm.*) **tempo —**, tempo verbale che, nel modo indicativo, indica un'azione che continua o si ripete nel passato (p.e. *lavoravo a Milano*); nel modo congiuntivo è utilizzato per indicare contemporaneità rispetto a un tempo passato (p.e. *credevo che tu arrivassi prima*) o correlazione con il condizionale presente (p.e. *partirei se potessi*), oppure, in frasi indipendenti, per esprimere speranza, desiderio e sim. (p.e. *magari vincessi la partita!*) ♦ *s.m.* (*gramm.*) tempo imperfetto □ **imperfettamente** *avv.*

im|per|fe|zió|ne *s.f.* **1** carattere di ciò che è imperfetto **2** (*estens.*) pecca, difetto: *un'— congenita*.

im|per|fo|rà|bi|le *agg.* che non può essere perforato.

im|pe|rià|le *agg.* relativo all'impero o all'imperatore: *territorio, potere —*.

im|pe|ria|li|smo *s.m.* tendenza di uno Stato a espandersi e a esercitare un'egemonia politica ed economica su altre nazioni, attuata spec. nei secc. XIX e XX | (*fig.*) tendenza di uno Stato a imporre i propri modelli politici, economici, culturali e sim.: *l'— americano*.

im|pe|ria|lì|sta *s.m./f.* [m.pl. *-i*] fautore dell'imperialismo ♦ *agg.* **1** che attua una politica imperialistica: *paese —* **2** proprio dell'imperialismo: *tendenza —*.

im|pe|ria|lì|sti|co *agg.* [m.pl. *-ci*] proprio dell'imperialismo: *politica —*.

im|pe|rio|si|tà *s.f.* carattere di ciò o di chi è imperioso: *l'— di un comando*.

im|pe|rió|so *agg.* **1** che comanda con determinazione e alterigia: *un comandante —* | che si impone; che si fa obbedire: *cenno —* **2** (*fig.*) che costringe a fare ql.co.; impellente: *un'imperiosa necessità* □ **imperiosamente** *avv.*

im|pe|rì|to *agg., s.m.* [f. *-a*] (*lett.*) incompetente; privo di esperienza e abilità.

im|pe|ri|tù|ro *agg.* (*lett.*) che è destinato a non finire, eterno: *memoria imperitura*.

im|pe|rì|zia *s.f.* **1** mancanza di pratica, esperienza e capacità in ciò che si dovrebbe saper fare bene; incompetenza: *l'— di certi dottori* **2** (*dir.*) incompetenza o incapacità che può generare responsabilità a titolo di colpa.

im|per|là|re *v.tr.* [indic.pres. *io impèrlo...*] **1** (*raro*) ornare di perle **2** (*fig.*) cospargere di gocce: *il sudore gli imperlava la fronte* ♦ **-rsi** *intr.pron.* coprirsi di gocce.

im|per|ma|lì|re *v.tr.* [indic.pres. *io impermalisco, tu impermalisci...*] (*raro*) offendere, indispettire ♦ **-rsi** *intr.pron.* risentirsi, offendersi: *— per una sciocchezza*.

im|per|me|à|bi|le *agg.* **1** che non lascia passare l'acqua o altri liquidi: *tessuti impermeabili* **2** (*fig.*) insensibile, refrattario: *— alle critiche* ♦ *s.m.* indumento in tessuto impermeabile, utilizzato per ripararsi dalla pioggia □ **impermeabilmente** *avv.*

im|per|me|a|bi|li|tà *s.f.* proprietà di ciò che è impermeabile.

im|per|me|a|bi|liz|zàn|te *part.pres. di* impermeabilizzare ♦ *agg., s.m.* detto di sostanza che impermeabilizza.

im|per|me|a|bi|liz|zà|re *v.tr.* rendere impermeabile: *— una tenda*.

im|per|me|a|bi|liz|za|zió|ne *s.f.* procedimento con cui si rende ql.co. impermeabile.

im|per|nià|re *v.tr.* [indic.pres. *io impèrnio*...] **1** fissare, collegare con perni **2** (*fig.*) fondare, basare: — *la riflessione su una certa idea* ♦ **-rsi** *intr. pron.* (*fig.*) fondarsi, basarsi: *la discussione si impernia su concetti chiari*.

im|pè|ro *s.m.* **1** potere, autorità di imperatore **2** forma di governo monarchico il cui sovrano è un imperatore | l'insieme dei territori sottoposti a un'unica autorità, gener. un imperatore o uno Stato: *l'— austro-ungarico | — coloniale*, l'insieme delle colonie sottoposte all'egemonia di uno Stato **3** (*estens.*) ampia sfera d'influenza, spec. economica: *l'— Microsoft* ♦ *agg.invar.* detto dello stile neoclassico fiorito durante l'impero napoleonico che caratterizzò l'abbigliamento, i mobili e le suppelletili: *poltrona stile —*.

im|per|scru|tà|bi|le *agg.* che non può essere indagato; misterioso, impenetrabile: *l'— volontà degli dei* □ **imperscrutabilmente** *avv.*

im|per|scru|ta|bi|li|tà *s.f.* caratteristica di ciò che è impossibile comprendere o indagare a fondo.

im|per|so|nà|le *agg.* **1** che non riguarda una determinata persona; generico: *critica —* **2** privo di originalità; comune: *discorso*, *stile —* | freddo, distaccato: *tono —* **3** (*gramm.*) si dice di verbi che non hanno un soggetto determinato e sono usati solo alla 3ª persona singolare (p.e. *piove*, *grandina*) □ **impersonalmente** *avv.* **1** senza riferimento a una determinata persona: *parlare —* **2** in modo poco originale: *scrivere —* **3** (*gramm.*) in forma impersonale: *alcuni verbi possono essere usati —*.

im|per|so|na|li|tà *s.f.* **1** mancanza di riferimenti a una determinata persona: *l'— di una critica* **2** mancanza di originalità: *l'— di certi discorsi* | freddezza.

im|per|so|nà|re *v.tr.* [indic.pres. *io impersóno*...] **1** rappresentare un concetto astratto assegnandogli una concreta personalità; personificare: *la Lucia manzoniana impersona la fede* **2** interpretare una parte: *— Giulio Cesare* ♦ **-rsi** *rifl.* detto di un attore, calarsi perfettamente nella propria parte.

im|per|tèr|ri|to *agg.* che non si lascia turbare; impassibile: *mentre tutti fischiavano, proseguiva — nel suo discorso*.

im|per|ti|nèn|te *agg.* poco educato e rispettoso; insolente, sfacciato: *un ragazzo —* | che denota impertinenza: *un modo di fare —* ♦ *s.m./f.* persona poco rispettosa e insolente: *comportarsi da —* □ **impertinentemente** *avv.*

im|per|ti|nèn|za *s.f.* **1** caratteristica di chi o di ciò che è impertinente: *l'— di una domanda* **2** comportamento o discorso impertinente.

im|per|tur|bà|bi|le *agg.* **1** che non si turba; freddo, impassibile: *sguardo —* **2** che non può essere alterato da nulla: *un silenzio —* □ **imperturbabilmente** *avv.*

im|per|tur|ba|bi|li|tà *s.f.* caratteristica di ciò che è imperturbabile; impassibilità.

im|per|ver|sà|re *v.intr.* [indic.pres. *io impervèrso*...; aus. *A*] **1** detto spec. di fenomeni naturali, calamità e sim., infuriare, scatenarsi: *imperversava una grave epidemia* **2** (*scherz.*) diffondersi oltre misura: *la mania del cellulare imperversa dappertutto*.

im|pèr|vio *agg.* detto di luogo o di strada, difficile da raggiungere o da percorrere: *un sentiero —*.

im|pe|stà|re *v.tr.* [indic.pres. *io impèsto*...] (*pop.*) appestare.

im|pe|ti|gi|ne *s.f.* (*med.*) infezione contagiosa della pelle caratterizzata dalla formazione di piccole pustole che si trasformano in croste giallastre e poi cadono senza lasciare segni.

im|pe|to *s.m.* **1** moto improvviso e violento: *l'— dell'assalto* **2** (*fig.*) impulso, moto improvviso dell'animo: *un — di rabbia* **3** foga, trasporto: *mi ha abbracciato con —* | concitazione: *nell'— del discorso*.

im|pe|trà|re *v.tr.* [indic.pres. *io impètro*...] (*lett.*) **1** ottenere ql.co. supplicando: *— una grazia* **2** (*estens.*) domandare supplicando; implorare: *— il perdono, la misericordia divina*.

im|pet|ti|to *agg.* detto di persona che tiene il petto in fuori e la testa alta, spec. in segno di presunzione o di superbia.

im|pe|tuo|si|tà *s.f.* irruenza, impulsività: *l'— delle sue parole*.

im|pe|tu|ó|so *agg.* **1** detto di cosa che si muove con impeto; travolgente: *corrente impetuosa* **2** (*fig.*) detto di persona che si lascia trasportare dalle emozioni e dalla foga; irruento, impulsivo: *uno spirito —* **3** (*fig.*) detto di comportamento, azione e sim., pieno di foga: *un discorso —* □ **impetuosamente** *avv.*

im|pial|lac|cià|re *v.tr.* [indic. pres. *io impiallàccio*...] **1** rivestire una superficie di legno con fogli sottili di un legno più pregiato **2** (*estens.*) rivestire una superficie muraria con marmo in lastre o altro materiale.

im|pial|lac|cià|to *part.pass.* di impiallacciare ♦ *agg.* si dice di legno o di mobile rivestito con una lamina di altro legno più pregiato: *uno scaffale in legno —*.

im|pial|lac|cia|tó|re *s.m.* operaio addetto a lavori di impiallacciatura.

im|pial|lac|cia|tù|ra *s.f.* **1** tecnica di rivestimento del legno con fogli sottili di legno più pregiato **2** lamina di legno utilizzata per impiallacciare.

im|pian|tà|re *v.tr.* **1** collocare gli elementi di base di una struttura o di un'apparecchiatura per iniziare la costruzione: *— una caldaia* | installare: *— una rete informatica* **2** (*estens.*) fondare, avviare: *— un'impresa commerciale* **3** (*med.*) effettuare l'impianto di una struttura artificiale nell'organismo per ripristinare le funzionalità di un organo danneggiato.

im|pian|ti|sta *s.m./f.* [m.pl. *-i*] tecnico specializzato in lavori di impiantistica.

im|pian|ti|sti|ca *s.f.* branca dell'ingegneria che si occupa della progettazione, della realizzazione e dell'installazione di impianti industriali.

im|pian|ti|to *s.m.* pavimento realizzato fissando materiali di copertura su un fondo di malta: — *di mattonelle*.

im|piàn|to *s.m.* **1** l'atto di impiantare | fase iniziale dell'organizzazione di un'attività **2** l'insieme dei macchinari e delle attrezzature necessari per un dato scopo: — *di aerazione*, *di riscaldamento* | complesso di attrezzature di una fabbrica e sim.: *rinnovare gli impianti* **3** (*fig.*) assetto, stile: *edificio di — ottocentesco* **4** (*med.*) inserimento di una struttura artificiale nell'organismo per sostituire un organo o facilitarne il funzionamento | trapianto **5** (*biol.*) di uovo fecondato, annidamento nella mucosa dell'utero.

im|pia|strà|re *v.tr.* spalmare con una sostanza appiccicosa o untuosa **2** (*estens.*) sporcare: — *il grembiule di colla* | imbrattare, dipingere male: — *una tela* ♦ **-rsi** *intr.pron.* imbrattarsi, sporcarsi: — *d'inchiostro*.

im|pia|stric|cià|re *v.tr.* [indic. pres. *io impiastriccio...*] impiastrare, sporcare ♦ **-rsi** *rifl.* imbrattarsi.

im|pià|stro *s.m.* **1** medicamento emolliente per uso esterno formato da un miscuglio di sostanze che si applica sulla parte malata: — *di erbe mediche* **2** (*fig.*, *fam.*) persona maldestra o noiosa: *quell'— mi ha rovinato le vacanze*.

im|pic|ca|gió|ne *s.f.* pena capitale che consiste nell'appendere il condannato con un laccio intorno al collo: *giustiziare tramite —*.

im|pic|cà|re *v.tr.* [indic. pres. *io impicco, tu impicchi...*] uccidere, giustiziare qlcu. tramite impiccagione: — *al ramo più alto* | (*iperb.*, *fam.*) *neanche se mi impiccano*, per nessuna ragione, mai ♦ **-rsi** *rifl.* uccidersi impiccandosi.

im|pic|cà|to *part.pass.* di impiccare ♦ *agg.* (*fig.*) che sta in posizione scomoda, disagiata: *sono qui —* | assillato: *sono — dalle scadenze* ♦ *s.m.* [f. *-a*] persona uccisa per impiccagione.

im|pic|cià|re *v.tr.* [indic. pres. *io impìccio...*] (*anche assol.*) ostacolare; intralciare: *la gonna stretta impiccia i movimenti*; *quel vaso impiccia* ♦ **-rsi** *intr.pron.* interessarsi indebitamente; intromettersi: *si impiccia sempre di questioni che non lo riguardano*.

im|pic|cià|to *agg.* (*fam.*) **1** oberato da impegni, spec. fastidiosi: *oggi sono molto —* **2** complicato, intricato: *una vicenda alquanto impicciata*.

im|pìc|cio *s.m.* ostacolo, intralcio: *essere d'—* | (*estens.*) noia, guaio: *siamo in un bell'—* | *cavarsi d'—*, uscire da una situazione difficile.

im|pic|ció|ne *s.m.* [f. *-a*] (*fam.*) chi si intromette in faccende che non lo riguardano; ficcanaso.

im|pie|gà|bi|le *agg.* che si può impiegare: *un capitale — in diversi modi*.

im|pie|gà|re *v.tr.* [indic. pres. *io impiègo, tu impièghi...*] **1** usare, utilizzare le risorse disponibili | **— una certa quantità di tempo**, metterci un certo tempo: *il treno ha impiegato un'ora per uscire dalla città* **2** investire: *impiega bene il tuo denaro* **3** assumere un lavoratore alle proprie dipendenze: *la fabbrica impiega tremila operai* ♦ **-rsi** *intr.pron.* ottenere un impiego: — *alle poste*.

im|pie|ga|tì|zio *agg.* da impiegato, degli impiegati: *lavoro —*.

im|pie|gà|to *part.pass.* di impiegare ♦ *s.m.* [f. *-a*] chi esercita un lavoro dipendente non manuale, spec. presso un ufficio: — *pubblico*.

im|piè|go *s.m.* [pl. *-ghi*] **1** uso, utilizzo: *un notevole — di mezzi* **2** attività di lavoro dipendente non manuale, spec. presso un ufficio: *cercare un —* | *pubblico —*, il complesso dei dipendenti pubblici.

im|pie|to|sì|re *v.tr.* [indic. pres. *io impietosisco, tu impietosisci...*] muovere a pietà: *non lasciarti —* ♦ **-rsi** *intr.pron.* commuoversi.

im|pie|tó|so *agg.* privo di pietà, spietato: *sguardo —* | ingeneroso: *giudizio —* □ **impietosamente** *avv.*

im|pie|trì|re *v.tr.* [indic. pres. *io impietrisco, tu impietrisci...*] **1** far diventare pietra **2** (*fig.*) rendere duro, insensibile: *la disgrazia gli ha impietrito il cuore* | (*fig.*, *iperb.*) immobilizzare: *mi ha impietrito con uno sguardo* ♦ **-rsi** *intr.pron.* **1** trasformarsi in pietra **2** (*fig.*) diventare duro, insensibile | restare immobile: *si è impietrito per la paura*.

im|pi|glià|re *v.tr.* [indic. pres. *io impìglio...*] trattenere impedendo i movimenti: *le spine le hanno impigliato il vestito* ♦ **-rsi** *intr.pron.* restare agganciato, preso in ql.co.: *mi sono impigliato tra i rovi*.

im|pi|gno|rà|bi|le *agg.* (*dir.*) che non si può pignorare: *proprietà —*.

im|pi|grì|re *v.tr.* [indic. pres. *io impigrisco, tu impigrisci...*] far diventare pigro: *il troppo dormire lo ha impigrito* ♦ **-rsi** *intr.pron.* diventare pigro.

im|pi|là|re *v.tr.* collocare oggetti uno sull'altro formando una pila: — *le scatole*.

im|pin|guà|re *v.tr.* [indic. pres. *io impìnguo...*] **1** (*raro*) far ingrassare **2** (*fig.*) arricchire: — *le casse dell'azienda*.

im|piom|bà|re *v.tr.* [indic. pres. *io impiómbo...*] fissare, saldare con piombo: — *una cassa*.

im|piom|ba|tù|ra *s.f.* **1** l'operazione di impiombare e il suo risultato **2** il piombo utilizzato per impiombare.

im|pio|ta|mén|to *s.m.* (*agr.*) rivestimento di un terreno con zolle d'erba.

im|pio|tà|re *v.tr.* [indic. pres. *io impiòto...*] (*agr.*) rivestire un terreno di zolle d'erba a scopo ornamentale o di consolidamento.

im|pi|pàr|si *v.intr.pron.* (*fam.*) infischiarsi di qlcu. o di ql.co.: *di quello lì io me ne impipo!*

im|piu|mà|re *v.tr.* riempire di piume: — *un guanciale* | decorare con piume ♦ **-rsi** *intr.pron.* detto di uccelli, mettere le piume.

im|pla|cà|bi|le *agg.* **1** che non si placa: *odio —* | che non dà tregua: *un avversario —* **2** (*estens.*) severo, duro: *giudizio —* □ **implacabilmente** *avv.*

im|pla|ca|bi|li|tà *s.f.* caratteristica di ciò che è implacabile.

im|plan|to|lo|gì|a *s.f.* **1** tecnica odontoiatrica che consente di sostituire denti mancanti con protesi fisse inserite mediante supporti metalli-

ci nelle ossa della mascella **2** tecnica che prevede l'impianto di ciocche di capelli nella cute per rinfoltire il cuoio capelluto.
im|ple|men|tà|re *v.tr.* [indic. pres. *io implemênto...*] **1** rendere operante un progetto **2** (*inform.*) allestire e mettere in funzione un sistema informatico o una singola applicazione.
im|ple|men|ta|zió|ne *s.f.* l'operazione di implementare.
im|pli|cà|re *v.tr.* [indic. pres. *io ìmplico, tu ìmplichi...*] **1** comportare come conseguenza logica, presupporre: *questo accordo implica fiducia* **2** coinvolgere in situazioni sgradevoli o in imprese illecite: *— qlcu. nella truffa* ♦ **-rsi** *intr.pron.* coinvolgersi | mettersi in situazioni complicate o sgradevoli.
im|pli|cà|to *part.pass. di* implicare ♦ *agg.* coinvolto: *risultare — in un reato.*
im|pli|ca|zió|ne *s.f.* **1** coinvolgimento **2** conseguenza: *il fatto avrà gravi implicazioni* | (*estens.*) connessione: *valutare tutte le implicazioni di una scelta.*
im|pli|ci|to *agg.* non dichiarato apertamente, ma deducibile; sottinteso: *conseguenze implicite di una scelta* | (*gramm.*) **proposizione implicita,** ogni proposizione che ha come predicato una forma indefinita del verbo (infinito, gerundio, participio) □ **implicitamente** *avv.*
im|plò|de|re *v.intr.* [con. come *esplodere*; aus. *E*] collassare per implosione.
im|plo|rà|re *v.tr.* [indic. pres. *io implòro...*] supplicare, chiedere con preghiere: *— giustizia* | (*estens.*) pregare: *— Dio per ottenere una grazia.*
im|plo|ra|zió|ne *s.f.* preghiera; supplica.
im|plo|sió|ne *s.f.* **1** (*fis.*) collassamento di una struttura dovuto a eccessiva pressione sulla superficie esterna, con propagazione dei frammenti dall'esterno verso l'interno **2** (*ling.*) suono prodotto nell'articolazione di consonanti occlusive attraverso l'ingresso di aria nella cavità orale.
im|plo|si|vo *agg.* (*ling.*) detto di suono articolato con implosione: *consonanti implosive.*
im|plù|me *agg.* **1** che non ha piume e penne: *uccellino* — **2** (*fig.*) ancora privo di barba.
im|plù|vio *s.m.* **1** (*archeol.*) nelle case dell'antica Roma, vasca situata nel cortile interno in cui veniva raccolta l'acqua piovana **2** (*geol.*) *linea di* —, solco lungo il quale scendono le acque di una valle.
im|po|è|ti|co *agg.* [m.pl. *-ci*] **1** privo di qualità poetica: *parole impoetiche* | che non segue i canoni della versificazione **2** (*estens., raro*) banale, rozzo.
im|po|li|ti|co *agg.* [m.pl. *-ci*] contrario all'opportunità politica | (*estens.*) imprudente, inopportuno: *provvedimento* —.
im|pol|li|nà|re *v.tr.* [indic. pres. *io impòllino...*] (*bot.*) fecondare il fiore con il polline.
im|pol|li|na|tó|re *agg., s.m.* [f. *-trice*] (*bot.*) che provoca l'impollinazione o ne è il tramite: *insetto* —.
im|pol|li|na|zió|ne *s.f.* (*bot.*) trasporto e deposito del polline sullo stigma o sull'ovulo di un fiore, che viene così fecondato | — **anemofila,** quando il polline è trasportato dal vento | — **entomofila,** quando il polline è trasportato da insetti | — **ornitofila,** quando il polline è trasportato da uccelli.
im|pol|tro|nì|re *v.tr.* [indic. pres. *io impoltronisco, tu impoltronisci...*] rendere pigro ♦ **-rsi** *intr. pron.* impigrirsi: *con l'età si è impoltronito.*
im|pol|ve|rà|re *v.tr.* [indic. pres. *io impólvero...*] ricoprire di polvere: *— la macchina* ♦ **-rsi** *intr. pron.* ricoprirsi di polvere.
im|po|ma|tà|re *v.tr.* ungere con pomata | ungere con brillantina i capelli ♦ **-rsi** *rifl.* ungersi con pomata o brillantina.
im|po|ma|tà|to *part.pass. di* impomatare ♦ *agg.* **1** unto con pomata o brillantina **2** (*iron.*) detto di chi cura eccessivamente il proprio aspetto: *un uomo tutto* —.
im|pon|de|rà|bi|le *agg.* **1** che non può essere pesato **2** (*fig.*) che non può essere valutato o previsto: *eventi imponderabili* ♦ *s.m.* ciò che non può essere previsto o controllato: *contro l'— nulla vale* □ **imponderabilmente** *avv.*
im|pon|de|ra|bi|li|tà *s.f.* **1** carattere di ciò che è imponderabile **2** (*fis.*) assenza di forza di gravità all'interno di navicelle spaziali e satelliti artificiali.
im|po|nèn|te *part.pres. di* imporre ♦ *agg.* che risalta perché di grandi dimensioni o particolarmente maestoso: *una moltitudine* —; *una cattedrale* — | che incute rispetto: *una persona* —.
im|po|nèn|za *s.f.* carattere di ciò che è imponente; maestosità: *l'— degli anfiteatri romani* | atteggiamento austero che incute rispetto.
im|po|nì|bi|le *agg.* **1** che si può imporre (*fin.*) che è oggetto d'imposizione fiscale: *reddito* — ♦ *s.m.* (*fin.*) valore sulla cui base viene calcolata l'entità delle imposte.
im|po|ni|bi|li|tà *s.f.* (*fin.*) **1** carattere di ciò che è imponibile **2** condizione di redditi e patrimoni assoggettati a imposizione fiscale | misura in cui l'onere fiscale pesa sul contribuente: *alta* —.
im|po|po|là|re *agg.* **1** non gradito all'opinione pubblica: *misure legislative impopolari* **2** (*estens.*) non gradito in un determinato ambiente: *è piuttosto — tra i compagni di classe* | non molto diffuso: *un'opera* — □ **impopolarmente** *avv.*
im|po|po|la|ri|tà *s.f.* condizione di ciò che è impopolare: *l'— del Governo.*
im|por|po|rà|re *v.tr.* [indic. pres. *io impórporo...*] tingere di color porpora: *il sole del tramonto imporporava i tetti* | (*estens.*) far arrossire: *l'emozione le imporporava il viso* ♦ **-rsi** *intr. pron.* arrossire.
im|pór|re *v.tr.* [con. come *porre*] **1** (*lett.*) porre sopra: *— un diadema sul capo* | **un nome,** darlo | (*relig.*) — **le mani,** porle sul capo di qlcu. in segno di benedizione o consacrazione **2** far rispettare: *— una legge* | costringere ad accettare: *— il proprio dominio* **3** ordinare: *mi hanno imposto di seguirli* **4** esigere: *il problema impone la*

import

massima attenzione ♦ **-rsi** *rifl.* **1** farsi valere: — *per la propria saggezza* **2** *(estens.)* avere successo: *la qualità del prodotto si è imposta sul mercato* ♦ **-rsi** *intr.pron.* rendersi necessario: *s'impone una rivalutazione del caso.*
import *(ingl.)* [pr. *ìmport*] *s.m.invar. (econ.)* importazione: *una società di import-export.*
im|por|tà|bi|le¹ *agg.* che può essere importato: *prodotti importabili.*
im|por|tà|bi|le² *agg.* che non si può indossare: *questo cappotto è —.*
im|por|tàn|te *part.pres. di* importare ♦ *agg.* **1** di grande interesse o rilievo: *un cambiamento* — **2** particolarmente formale o elegante: *un vestito* — **3** di grande notorietà, potere o autorevolezza: *un — esponente politico* ♦ *s.m.* ciò che è di maggior rilievo o interesse: *l'— è non perdere tempo.*
im|por|tàn|za *s.f.* **1** carattere di ciò che è importante; interesse, rilievo: *l'— di un scelta*; *scoperte di notevole —* | *dare — a ql.co.*, considerarla importante **2** autorità, prestigio: *persone di grande —* | *darsi —*, darsi arie; vantarsi.
im|por|tà|re *v.tr.* [indic. pres. *io impòrto*...] **1** *(econ.)* far entrare beni di provenienza estera nei confini del proprio Stato: *gli Stati europei importano materie prime dall'Africa* **2** *(estens.)* introdurre nel proprio paese usi, abitudini e mode estere: *— un nuovo ballo* ♦ *intr.* [aus. *E*] avere importanza: *quel che importa è la serenità* ♦ *intr.impers.* [aus. *E*] **1** occorrere, essere necessario: *non importa che ti preoccupi* **2** interessare: *non mi importa guadagnare tanto* | *non importa*, non fa niente.
im|por|ta|tó|re *agg.*,*s.m.* [f. *-trice*] che, chi effettua importazioni: *una ditta importatrice di pellame.*
im|por|ta|zió|ne *s.f.* **1** il trasporto entro i confini del proprio Stato di merci provenienti da paesi esteri: *l' — di materie prime e prodotti finiti* | *(spec.pl.)* l'insieme dei prodotti importati: *le importazioni sono in calo* **2** *(estens.)* introduzione nel proprio paese di usi, abitudini e mode estere: *l'— di un nuovo orientamento politico.*
import-export *(ingl.)* [pr. *ìmport èksport*] *s.m.invar. (econ.)* l'insieme delle attività commerciali riguardanti l'importazione e l'esportazione di merci ♦ *agg.invar.* che si occupa di importazioni ed esportazioni: *una ditta —.*
im|pòr|to *s.m.* **1** ammontare complessivo di una spesa: *calcolare l'— degli acquisti* | *(estens.)* somma di denaro.
im|por|tu|nà|re *v.tr.* dare fastidio, disturbare, spec. con richieste insistenti e inopportune: *— le ragazze* | in formule di cortesia: *mi perdoni se la importuno.*
im|por|tù|no *agg.* **1** che reca noia, fastidio: *un corteggiatore —* | *(estens.)* fastidioso: *domanda importuna* **2** intempestivo, impertinente: *visita importuna* ♦ *s.m.* [f. *-a*] persona importuna □ **importunamente** *avv.*
im|po|si|tì|vo *agg.* **1** che costituisce un'imposizione: *legislazione impositiva* **2** *(estens.)* che ordina: *un tono —.*

im|po|si|zió|ne *s.f.* **1** l'atto di imporre: *l'— di un regime dittatoriale* | *(relig.)* **— delle mani**, gesto rituale nel quale vengono poste le mani aperte sul capo di una persona in segno di benedizione o consacrazione **2** ciò che viene imposto | ordine perentorio: *non accettare imposizioni* **3** *(fin.)* il sottoporre qlcu. o ql.co. a imposta | l'insieme delle imposte.
im|pos|ses|sa|mén|to *s.m.* la presa di possesso di ql.co.
im|pos|ses|sàr|si *v.intr.pron.* [indic. pres. *io mi impossèsso*...] **1** *(anche fig.)* prendere possesso, impadronirsi di ql.co.: *— di un territorio*; *la gelosia si è impossessata del suo animo* | rubare: *i ladri si sono impossessati di diverse opere d'arte* **2** *(fig.)* acquisire piena padronanza: *— di una tecnica artistica.*
im|pos|sì|bi|le *agg.* **1** non possibile, irrealizzabile: *farcela è —*; *un compito* — **2** *(estens.)* insopportabile: *un carattere —* | intollerabile: *condizione* — ♦ *s.m.* ciò che non è possibile: *mi chiedi l'—* | *fare*, *tentare l'—*, fare ogni tentativo per riuscire in ql.co.
im|pos|si|bi|li|tà *s.f.* **1** carattere di ciò che è impossibile: *l'— di un'impresa* **2** condizione di chi non può fare ql.co.: *mi trovo nell'— di giustificarmi.*
im|pos|si|bi|li|tà|re *v.tr.* [indic. pres. *io impossibilito*...] **1** rendere impossibile **2** impedire a qlcu. di fare ql.co.
im|pos|si|bi|li|tà|to *part.pass. di* impossibilitare ♦ *agg.* che è nell'impossibilità di fare ql.co.: *sono — a essere presente.*
im|pò|sta¹ *s.f.* ciascuna delle due parti dei serramenti che girano sui cardini e servono per chiudere e aprire le finestre e per regolare l'ingresso della luce: *aprire, chiudere le imposte.*
im|pò|sta² o **impòsta** *s.f. (fin.)* tributo dovuto allo Stato o ad altri enti pubblici, la cui entità è commisurata alla capacità contributiva del cittadino: *pagare, riscuotere le imposte* | **— diretta**, quella che grava su reddito e patrimonio | **— indiretta**, quella che grava su acquisto e trasferimento di beni | **— progressiva**, quella in cui l'aliquota cresce al crescere del reddito | **— proporzionale**, quella in cui l'aliquota si mantiene invariata al variare del reddito | **— di successione**, quella che grava su beni e diritti ereditari.
im|po|stà|re¹ *v.tr.* [indic. pres. *io impòsto*...] **1** *(arch.)* avviare la costruzione di un'opera muraria a partire dalle fondamenta: *— le mura* | realizzare la struttura portante di un edificio: *— lo scheletro del palazzo* **2** *(fig.)* fissare i punti generali di un discorso, di un'attività: *— il dibattito*; *— il lavoro comune* | **— la voce**, educare l'emissione della voce secondo le necessità della recitazione teatrale o del canto lirico | *(mat.)* **— un problema**, definire i passaggi necessari per giungere alla soluzione ♦ **-rsi** *rifl.* disporre il corpo nella posizione adatta per svolgere un'attività, spec. un esercizio ginnico o atletico: *— per il lancio del martello.*
im|po|stà|re² *v.tr.* [indic. pres. *io impòsto*...]

mettere nella buca postale; imbucare: — *una cartolina.*
im|po|sta|zió|ne¹ *s.f.* **1** l'atto di impostare una struttura e il suo risultato: *l'— di un muro portante* **2** (*fig.*) determinazione dei punti generali di un discorso, di un'attività **3** (*fig.*) educazione all'emissione della voce **4** (*mat.*) definizione dei passaggi necessari alla soluzione di un problema.
im|po|sta|zió|ne² *s.f.* l'atto di porre nella buca postale lettere, cartoline e sim.
im|po|stó|re *s.m.* [f. **-a**] chi fa credere di essere quello che non è per avvantaggiarsi a danno di altri | imbroglione.
im|po|stù|ra *s.f.* **1** abitudine alla menzogna **2** raggiro, inganno.
im|po|tèn|te *agg.* **1** che non ha la forza o la possibilità di agire: *sentirsi —* **2** (*med.*) che è affetto da impotenza ♦ *s.m./f.* (*med.*) chi è affetto da impotenza.
im|po|tèn|za *s.f.* **1** condizione di chi non è in grado di agire o di reagire: *essere ridotto all'—* **2** (*med.*) incapacità di un organo a compiere la propria funzione | *— sessuale,* impossibilità di compiere l'atto sessuale o di procreare.
im|po|ve|ri|mén|to *s.m.* caduta in uno stato di povertà: *l'— della classe media* | (*fig.*) indebolimento, perdita di vigore: *l'— della cultura.*
im|po|ve|ri|re *v.tr.* [indic. pres. *io impoverisco, tu impoverisci...*] rendere povero: *la guerra ha impoverito la nazione* | (*fig.*) indebolire: *— la mente* | *— il terreno,* sfruttarlo in modo irrazionale ♦ *intr.* [aus. *E*], **-rsi** *intr.pron.* diventare povero | (*fig.*) indebolirsi.
im|pra|ti|cà|bi|le *agg.* **1** si dice di luogo o di strada che non è possibile praticare o percorrere: *zona, sentiero —* | (*sport*) *campo —,* su cui non si può giocare **2** si dice di cosa a cui non si può dare attuazione: *progetto —.*
im|pra|ti|ca|bi|li|tà *s.f.* condizione di ciò che è impraticabile.
im|pra|ti|chi|re *v.tr.* [indic. pres. *io impratichisco, tu impratichisci...*] far diventare esperto in un certo campo; allenare: *— l'apprendista nel mestiere* ♦ **-rsi** *intr.pron.* applicarsi a una certa attività per diventare più esperto: *— nel golf* | *— di un luogo,* imparare a conoscerlo e a muoversi al suo interno.
im|pre|cà|re *v.intr.* [indic. pres. *io imprèco, tu imprèchi...*; aus. *A*] inveire; insultare: *— contro qlcu.*
im|pre|ca|ti|vo *agg.* di imprecazione | che rappresenta un'imprecazione: *espressione imprecativa.*
im|pre|ca|zió|ne *s.f.* **1** l'atto di imprecare **2** parola usata per imprecare: *lanciare imprecazioni.*
im|pre|ci|sà|bi|le *agg.* che non può essere definito con precisione; approssimativo: *orario —* □ **imprecisabilmente** *avv.*
im|pre|ci|sà|to *agg.* **1** poco definito; vago **2** non conosciuto in maniera precisa.
im|pre|ci|sió|ne *s.f.* **1** mancanza di precisione: *— nel proprio lavoro* **2** errore marginale; imperfezione: *un resoconto con molte imprecisioni.*

im|pre|cì|so *agg.* **1** che manca di precisione; vago: *un racconto —* **2** non del tutto corretto: *un compito —* | non appropriato: *definizioni imprecise* □ **imprecisamente** *avv.*
im|pre|giu|di|cà|to *agg.* **1** (*dir.*) detto di controversia o questione sulla quale il giudice non ha ancora emesso alcuna sentenza **2** (*estens.*) ancora aperto a molteplici soluzioni; non deciso.
im|pre|gnà|re *v.tr.* [indic. pres. *io imprégno..., noi impregniamo, voi impregnate...*] **1** far penetrare un liquido in un corpo in grado di assorbirlo; imbevere: *— la spugna d'acqua* **2** (*estens.*) riempire: *un salone impregnato di odori* **3** (*di animali*) ingravidare ♦ **-rsi** *intr.pron.* **1** imbeversi: *il legname si è impregnato di pioggia* **2** (*di animali*) restare gravido.
im|prèn|de|re *v.tr.* [con. come *prendere*] (*lett.*) intraprendere, iniziare.
im|pren|di|bi|le *agg.* che non si può prendere | *un castello —,* inespugnabile.
im|pren|di|tó|re *s.m.* [f. -*trice*] chi avvia ed esercita personalmente un'attività economica investendovi il proprio denaro: *piccolo —.*
im|pren|di|to|rì|a *s.f.* **1** categoria degli imprenditori **2** complesso delle diverse attività esercitate dagli imprenditori: *i rischi dell'—.*
im|pren|di|to|rià|le *agg.* relativo all'imprenditore, da imprenditore: *responsabilità, mentalità —* □ **imprenditorialmente** *avv.* dal punto di vista imprenditoriale.
im|pren|di|to|ria|li|tà *s.f.* **1** l'insieme delle capacità proprie degli imprenditori **2** complesso degli imprenditori: *l'— nazionale.*
im|pre|pa|rà|to *agg.* **1** che non è preparato a ql.co.: *la novità mi trovò —* **2** privo di competenza o preparazione adeguate: *uno studente —.*
im|pre|pa|ra|zió|ne *s.f.* mancanza di preparazione: *— mentale.*
im|pré|sa¹ *s.f.* **1** azione che richiede particolare impegno: *— difficile* | (*coll., estens.*) cosa difficile: *è stata un'— convincerlo!* **2** attività economica organizzata e finalizzata alla produzione di profitto; azienda: *— edile, di pulizie* **3** azione straordinaria ed eroica: *compiere un'— storica.*
im|pré|sa² *s.f.* (*arald.*) negli stemmi nobiliari, disegno simbolico accompagnato da un motto.
im|pre|sà|rio *s.m.* **1** chi gestisce un'impresa: *— di pompe funebri* **2** (*estens.*) imprenditore che si occupa dell'organizzazione di eventi e manifestazioni nel mondo dello spettacolo: *— teatrale.*
im|pre|scin|dì|bi|le *agg.* **1** che non si può tralasciare: *compito —* **2** di cui occorre tener conto: *dati imprescindibili* □ **imprescindibilmente** *avv.*
im|pre|scin|di|bi|li|tà *s.f.* carattere di ciò che è imprescindibile.
im|pre|scrit|tì|bi|le *agg.* (*dir.*) che non può andare in prescrizione: *delitto —* □ **imprescrittibilmente** *avv.*
im|pre|scrit|ti|bi|li|tà *s.f.* (*dir.*) condizione di ciò che è imprescrittibile: *— di un reato.*
im|pre|sen|tà|bi|le *agg.* che non si può presentare: *una domanda —* | (*estens.*) tale da non potersi mostrare in pubblico: *essere in uno stato —.*

im|pres|sio|nà|bi|le *agg.* 1 facile a impressionarsi; emotivo: *un carattere* — 2 *(foto.)* di pellicola, che può essere impressionata per esposizione alla luce.
im|pres|sio|na|bi|li|tà *s.f.* condizione di chi è impressionabile; emotività.
im|pres|sio|nàn|te *part.pass. di* impressionare ♦ *agg.* che turba; che fa paura: *una figura —* | *(estens.)* eccessivo, fuori misura: *una magrezza —* □ **impressionantemente** *avv.*
im|pres|sio|nà|re *v.tr.* [indic. pres. *io impressióno...*] 1 provocare una forte emozione: *la scena mi impressionò moltissimo* 2 dare di sé un'immagine positiva o negativa: *impressionava tutti con la sua bravura*; *il candidato impressionò favorevolmente la commissione* 3 *(foto.)* esporre alla luce una pellicola o altre superfici fotosensibili in modo che vi restino impresse delle immagini ♦ **-rsi** *intr.pron.* 1 turbarsi o spaventarsi: — *per un rumore improvviso* 2 di pellicola fotografica, subire l'azione fotochimica della luce.
im|pres|sió|ne *s.f.* 1 segno in rilievo; impronta: *il timbro lascia l'— sulla carta* 2 *(raro)* stampa: *avviare la terza — di un manuale* 3 *(fig.)* effetto prodotto sui sensi; sensazione: *una gradevole —* 4 *(fig.)* effetto prodotto sull'animo dalla realtà esterna: — *di paura* | *fare buona, cattiva —*, dare di sé un'immagine positiva o negativa 5 *(fig.)* opinione soggettiva istintiva: *ho — che tu abbia ragione* 6 *(fig.)* turbamento; ribrezzo: *la vista del sangue fa —*.
im|pres|sio|nì|smo *s.m.* movimento pittorico sorto in Francia nel secondo Ottocento che, reagendo all'arte accademica, mirò a un uso degli effetti di luce e colore in grado di rendere l'impressione individuale della realtà | *(estens.)* in musica e letteratura, ogni tecnica che punti a ottenere particolari effetti di suggestione.
im|pres|sio|nì|sta *agg.* dell'impressionismo: *tecnica —* ♦ *s.m./f.* [m.pl. *-i*] esponente dell'impressionismo: *le opere degli impressionisti*.
im|pres|sio|nì|sti|co *agg.* [m.pl. *-ci*] proprio dell'impressionismo o degli impressionisti: *effetti impressionistici*.
im|près|so *part.pass. di* imprimere ♦ *agg.* 1 si dice di immagine o scritta realizzati modellando un materiale in modo da lasciarvi un'impronta: *nomi impressi in una stele* 2 *(fig.)* impossibile da cancellare; ben presente: *ricordi impressi nella memoria*.
im|pre|stà|re *v.tr.* [indic. pres. *io imprèsto...*] *(fam.)* dare in prestito.
im|pre|ve|dì|bi|le *agg.* impossibile da prevedere: *avvenimento —* | caratterizzato da comportamenti che sorprendono: *persona, carattere —* □ **imprevedibilmente** *avv.*
im|pre|ve|di|bi|li|tà *s.f.* caratteristica di ciò che è imprevedibile.
im|pre|vi|dèn|te *agg.* che manca di previdenza: *comportamento —* □ **imprevidentemente** *avv.*
im|pre|vi|dèn|za *s.f.* mancanza di previdenza.
im|pre|vì|sto *agg.* non previsto; inaspettato, sorprendente: *fatto —* | non preventivato: *spesa imprevista* ♦ *s.m.* avvenimento, situazione imprevedibile | *salvo imprevisti*, a meno che si verifichi qualcosa di inaspettato: *sarò presente, salvo imprevisti*.
im|pre|zio|sì|re *v.tr.* [indic. pres. *io impreziosisco, tu impreziosisci...*] rendere più prezioso: *un diamante impreziosisce il diadema* | *(fig.)* ornare: — *un abito di ricami*.
im|pri|gio|na|mén|to *s.m.* l'atto di imprigionare.
im|pri|gio|nà|re *v.tr.* [indic. pres. *io imprigióno...*] 1 mettere in carcere; incarcerare: *i condannati vengono imprigionati* | far prigioniero: *tutto il battaglione fu imprigionato* 2 *(estens.)* costringere in un luogo: *il lavoro mi imprigiona in ufficio* | impedire il movimento; bloccare: *il masso mi imprigionava la gamba*.
im|pri|mà|tur *(lat.) s.m.invar.* 1 *(dir.)* autorizzazione ufficiale alla stampa di un'opera su tematiche religiose concessa dall'autorità ecclesiastica 2 *(fig.)* approvazione, assenso: *la tua relazione ha ottenuto l'— del capo reparto*.
im|prì|me|re *v.tr.* [pass.rem. *io imprèssi, tu imprimésti...*; part.pass. *imprèsso*] 1 premere in modo da lasciare l'impronta di ql.co. su una superficie: — *il sigillo sulla cera* 2 *(fig.)* lasciare un segno riconoscibile: — *in un romanzo il marchio della propria personalità* 3 *(fig.)* fissare in modo indelebile; memorizzare: *mi impressi le sue parole nella memoria* 4 *(anche fig.)* trasmettere movimento: — *velocità alla palla*; — *slancio all'economia* ♦ **-rsi** *intr.pron.* 1 fissarsi lasciando un'impronta: *il timbro si è impresso sulla carta* 2 *(fig.)* fissarsi in modo indelebile: *la sua immagine si è impressa nei nostri cuori*.
imprinting *(ingl.)* [pr. *imprìntin*] *s.m.invar.* 1 *(biol.)* meccanismo per il quale i piccoli di alcune specie animali apprendono, nei primi giorni di vita, modelli comportamentali attraverso l'individuazione e l'imitazione dei genitori 2 *(estens., fig.)* formazione originaria: *le buone maniere fanno parte del suo —*.
im|pro|bà|bi|le *agg.* che non ha molte possibilità di verificarsi: *avvenimento —* | poco credibile: *è un'ipotesi del tutto —* □ **improbabilmente** *avv.*
im|pro|ba|bi|li|tà *s.f.* carattere di ciò che è improbabile.
im|pro|bo *agg.* che richiede un impegno non commisurato ai vantaggi: *fatica improba*.
im|pro|cra|sti|nà|bi|le *agg.* che non può essere rimandato: *riunioni improcrastinabili*.
im|pro|cra|sti|na|bi|li|tà *s.f.* condizione di ciò che è improcrastinabile.
im|pro|du|cì|bi|le *agg.* che non si può produrre.
im|pro|dut|ti|vi|tà *s.f.* caratteristica di ciò che non è produttivo: — *di un investimento*.
im|pro|dut|tì|vo *agg.* che non è produttivo: *terreno —* | che non procura un utile: *fatica improduttiva* □ **improduttivamente** *avv.*
im|prón|ta¹ *s.f.* 1 segno lasciato premendo su ql.co.: *l'— del sigillo sulla ceralacca* | *impronte digitali*, quelle lasciate dai polpastrelli delle dita,

usate per l'identificazione personale **2** orma: *le impronte dei cavalli* **3** *(fig.)* segno riconoscibile: *questa composizione porta evidente la sua* — **4** modello per riprodurre forme in incavo o in rilievo; calco: — *delle arcate dentarie*.
im|prón|ta[2] *s.f.* solo nella loc.avv. *all'* —, improvvisando, sul momento: *recitare all'* —.
im|pron|tà|re *v.tr.* [indic. pres. *io imprónto*...] caratterizzare con un'espressione o un tono particolare: — *il viso a severità* ♦ **-rsi** *intr.pron.* assumere un'espressione o un tono particolare: *la sua voce s'improntava a solennità.*
im|pron|ti|tù|di|ne *s.f.* impertinenza, sfacciataggine.
im|pro|nun|cià|bi|le o **impronunziàbile** *agg.* **1** che non si può pronunciare: *verità impronunciabili* **2** di difficile pronuncia: *una lingua* —.
im|pro|pè|rio *s.m.* grave insulto: *coprire qlcu. d'improperi.*
im|pro|po|ni|bi|le *agg.* che non è da proporre; inammissibile: *discorsi improponibili.*
im|pro|po|ni|bi|li|tà *s.f.* caratteristica di ciò che è improponibile.
im|pro|prie|tà *s.f.* **1** incapacità di esprimersi in modo corretto e adeguato **2** imprecisione nel parlare o nello scrivere.
im|prò|prio *agg.* **1** non preciso; inesatto: *termine* — | *(gramm.)* **preposizioni improprie**, parole che vengono utilizzate con funzione di preposizione pur appartenendo ad altre categorie grammaticali (p.e. *durante, eccetto*) | *(mat.)* **frazione impropria**, quella con numeratore maggiore del denominatore | **arma impropria**, ogni oggetto che pur non essendo un'arma venga utilizzato come tale **2** inadatto; sconveniente: *linguaggio* — | □ **impropriamente** *avv.*
im|pro|ro|gà|bi|le *agg.* che non si può rimandare: *pagamento* — | □ **improrogabilmente** *avv.*
im|pro|ro|ga|bi|li|tà *s.f.* condizione di ciò che è improrogabile: *l'* — *delle rate del mutuo.*
im|pròv|vi|do *agg.* *(lett.)* che manca di previdenza: *un uomo* — | avventato, sconsiderato: *un* — *suggerimento* □ **improvvidamente** *avv.*
im|prov|vi|sà|re *v.tr.* **1** *(anche assol.)* parlare, esibirsi davanti a un pubblico senza essersi preparati: — *un discorso*; *un attore che ama* — **2** fare ql.co. senza essersi preparati, spec. per far fronte a un imprevisto: — *una cena con quattro uova* ♦ **-rsi** *intr.pron.* dedicarsi a un'attività o assumere un ruolo senza averne la preparazione: — *cantante.*
im|prov|vi|sà|ta *s.f.* sorpresa piacevole | visita a sorpresa: *fare un'* — *ai parenti.*
im|prov|vi|sà|to *part.pass.* di improvvisare ♦ *agg.* **1** non preparato **2** *(spreg.)* fatto con scarsa cura; raffazzonato: *un resoconto* —.
im|prov|vi|sa|tó|re *s.m.* [f. **-trice**] **1** chi rivela particolare abilità nell'improvvisazione **2** *(spreg.)* chi svolge un'attività o ricopre un ruolo senza la necessaria preparazione.
im|prov|vi|sa|zió|ne *s.f.* **1** l'atto di improvvisare | ciò che viene improvvisato **2** *(mus.)* esecuzione di un brano musicale inventato sul momento o esecuzione con variazioni di un brano scritto: *le improvvisazioni di un grande jazzista.*
im|prov|vi|so *agg.* **1** che si verifica d'un tratto; inaspettato: *un* — *acquazzone* **2** *(estens.)* repentino, brusco: *è soggetto a improvvisi cambiamenti d'umore* | *d'* —, *all'* —, tutto a un tratto, inaspettatamente ♦ *s.m.* *(mus.)* brano creato sul momento, durante l'esecuzione □ **improvvisamente** *avv.*
im|pru|dèn|te *agg.* che manca di prudenza; avventato, incauto: *atteggiamento, automobilista* — | che rivela imprudenza: *consiglio* — ♦ *s.m./f.* chi è privo di prudenza □ **imprudentemente** *avv.*
im|pru|dèn|za *s.f.* **1** mancanza di prudenza; avventatezza, sconsideratezza: *l'* — *è stata la causa dell'incidente* **2** azione imprudente: *ha commesso una grave* —.
im|pub|bli|cà|bi|le *agg.* che non può o non merita di essere pubblicato: *un romanzo* —.
im|pu|dèn|te *agg.* che manca di pudore, di ritegno; sfrontato, spudorato: *atto* — ♦ *s.m./f.* chi manca di pudore: *atteggiamenti da* — □ **impudentemente** *avv.*
im|pu|dèn|za *s.f.* mancanza di pudore e ritegno; sfrontatezza, spudoratezza: *ha avuto l'* — *di presentarsi qui.*
im|pu|di|cì|zia *s.f.* **1** mancanza di pudore **2** gesto, parola impudichi.
im|pu|dì|co *agg.* [m.pl. **-chi**] che manca di pudore: *una persona impudica* | che offende il pudore; licenzioso: *atto* — □ **impudicamente** *avv.*
im|pu|gnà|bi|le *agg.* *(dir.)* che può essere impugnato, contestato: *provvedimento* —.
im|pu|gna|bi|li|tà *s.f.* condizione di ciò che può essere impugnato, contestato: *l'* — *di una sentenza.*
im|pu|gnà|re[1] *v.tr.* [indic. pres. *io impugno*..., *noi impugniamo, voi impugnate*...] stringere nel pugno: — *la mazza da golf* | **le armi**, prepararsi al combattimento.
im|pu|gnà|re[2] *v.tr.* [indic. pres. *io impugno*..., *noi impugniamo, voi impugnate*...] **1** opporsi a ql.co.; contestare: — *una tesi* **2** *(dir.)* domandare al giudice incaricato il riesame della decisione di un'autorità giudiziaria: — *una sentenza* | *(estens.)* chiedere l'invalidamento di un atto: — *un atto testamentario.*
im|pu|gnà|ti|va *s.f.* *(dir.)* atto con cui si propone un'impugnazione.
im|pu|gna|ti|vo *agg.* *(dir.)* che serve a impugnare: *atto* —.
im|pu|gna|tù|ra *s.f.* **1** l'atto di impugnare | il modo in cui si impugna: *la corretta* — *della racchetta* **2** parte di un oggetto che deve essere stretta in pugno: *l'* — *del pugnale.*
im|pu|gna|zió|ne *s.f.* *(dir.)* domanda di riesame opposta a un provvedimento giudiziario, a un atto amministrativo e sim.
im|pul|sió|ne *s.f.* *(mecc.)* spinta esercitata su un corpo da una forza per provocarne il moto | *(raro, fig.)* impulso.
im|pul|si|vi|tà *s.f.* caratteristica di ciò che è im-

impulsivo

pulsivo: — *di una risposta* | tendenza ad agire istintivamente, senza riflettere: *la naturale — dei ragazzi*.

im|pul|si|vo *agg.* **1** che agisce in maniera istintiva, senza riflettere: *un tipo —* | tipico di una persona impulsiva: *ha un carattere —* **2** che rivela l'impulsività: *una reazione impulsiva* ♦ *s.m.* [f. *-a*] chi agisce senza riflettere □ **impulsivamente** *avv.*

im|pùl|so *s.m.* **1** spinta esercitata per comunicare il moto da un corpo a un altro | — *elettrico*, tensione o corrente elettrica di brevissima durata **2** (*fig.*) sollecitazione, stimolo: *dare — all'economia* **3** (*fig.*) spinta istintiva a comportarsi in un determinato modo: *lasciarsi dominare dagli impulsi; — a fare del bene*.

im|pu|ne|mén|te *avv.* **1** senza venire punito: *ruba —* **2** senza subire danni: *ha superato — le difficoltà*.

im|pu|ni|bi|le *agg.* (*dir.*) si dice di persona che, pur avendo commesso un reato, è immune da condanna penale.

im|pu|ni|bi|li|tà *s.f.* (*dir.*) condizione di chi o di ciò che non è punibile: *l'— di un reato*.

im|pu|ni|tà *s.f.* condizione di chi non può essere o non viene punito: *ottenere l'— per un reato*.

im|pu|ni|to *agg.* che non è stato punito: *un delitto rimasto —* ♦ *s.m.* [f. *-a*] (*region.*) sfrontato, sfacciato.

im|pun|tàr|si *v.intr.pron.* **1** rifiutarsi di procedere puntando i piedi o le zampe per terra: *il mulo si è impuntato* **2** (*fig.*) ostinarsi, rifiutandosi di cambiare idea: *non è il caso di — così* **3** (*fig.*) bloccarsi nel parlare; balbettare.

im|pun|ta|tù|ra *s.f.* caparbia ostinazione: *un'— senza ragione*.

im|pun|tù|ra *s.f.* cucitura con punti a vista utilizzata per rifinire o guarnire gli abiti.

im|pun|tu|ràr|e *v.tr.* cucire o rifinire utilizzando impunture.

im|pu|pàr|si *v.intr.pron.* detto di insetti, diventare pupa.

im|pu|ri|tà *s.f.* **1** caratteristica di ciò che è impuro: *l'— dell'aria* **2** ciò che altera la purezza di ql.co.: *liquido ricco di —* **3** (*fig.*) mancanza di purezza spirituale o morale.

im|pù|ro *agg.* **1** che non è puro, perché alterato dalla mescolanza con elementi o sostanze diverse: *diamante, liquido —* **2** (*gramm.*) detto della lettera *s* quando è seguita da un'altra consonante **3** (*fig.*) che offende la purezza spirituale, la castità: *anima impura; comportamento —* □ **impuramente** *avv.*

im|pu|tà|bi|le *agg.* **1** detto di cosa o azione di cui si può attribuire la responsabilità a qlcuno. o ql.co.: *crollo — alla mancata manutenzione* **2** detto di persona, che può essere ritenuta responsabile di ql.co.: *tu solo sei — di questo errore* **3** (*dir.*) che può essere imputato in un processo ♦ *s.m./f.* (*dir.*) chi è capace di intendere e volere e, come tale, può essere imputato in un processo e punito per un reato.

im|pu|ta|bi|li|tà *s.f.* (*dir.*) condizione di chi è imputabile.

im|pu|tà|re *v.tr.* [indic.pres. *io ìmputo...*] **1** considerare qlcuno. o ql.co. responsabile di un fatto, solitamente negativo: — *la sconfitta alla malasorte;* — *uno dei conducenti dell'incidente* **2** (*dir.*) promuovere un'azione penale contro qlcuno. *muovendogli un'accusa:* — *qlcu. di truffa* **3** nella contabilità, attribuire un'uscita o un'entrata a un certo capitolo del bilancio | (*econ.*) assegnare, attribuire.

im|pu|tà|to *s.m.* [f. *-a*] (*dir.*) chi è accusato di reato in un processo penale: *assolvere, condannare l'—*.

im|pu|ta|zió|ne *s.f.* **1** attribuzione di una responsabilità o di una colpa a qlcuno. **2** (*dir.*) attribuzione di un reato a una persona concreta | *capo d'—*, il singolo reato per cui un imputato viene accusato **3** (*econ.*) nella contabilità, assegnazione di costi o ricavi ai diversi capitoli di bilancio.

im|pu|tri|di|mén|to *s.m.* **1** (*chim., biol.*) decomposizione delle materie organiche, con sviluppo di gas nauseabondi e di sostanze tossiche; putrefazione **2** (*fig.*) corruzione.

im|pu|trì|di|re *v.intr.* [indic.pres. *io imputridisco, tu imputridisci...*; aus. *E*] diventare putrido; marcire: *la carne imputridisce facilmente* ♦ *tr.* rendere putrido; far marcire.

im|puz|zo|len|tì|re *v.tr.* [indic.pres. *io impuzzolentisco, tu impuzzolentisci...*] far divenire puzzolente.

im|puz|zo|lì|re *v.intr.* [indic.pres. *io impuzzolisco, tu impuzzolisci...*; aus. *E*] prendere un odore sgradevole ♦ *tr.* far diventare puzzolente.

in[1] *prep.* [fondendosi agli art.det. forma le prep.art. *nel, nello, nella, nei, negli, nelle*] **1** introduce un complemento di stato in luogo (*anche fig.*): *restare — casa; essere — dubbio* | dentro, all'interno: — *cuor mio, non lo so* **2** in relazione con verbi di movimento, introduce un compl. di moto a luogo (*anche fig.*): *andare — città; lasciarsi trascinare — un'avventura* | verso: *andare nella direzione opposta; pregare — direzione della Mecca* | contro: *andare a sbattere — un'auto parcheggiata* | moto per luogo circoscritto (*anche fig.*): *correre — un parco* **3** introduce il punto di arrivo o la condizione terminale di un mutamento: *cambiare i dollari — euro* | in correlazione con la preposizione *di*, esprime passaggi successivi: *di male — peggio* **4** introduce una specificazione di tempo determinato: — *gennaio* | esprime durata: *ci siamo rivisti tre volte — mezza giornata* **5** esprime il modo in cui si compie un'azione: *rispondere — malo modo; sbrigarsela — fretta; muoversi — anticipo* | indica lo stato, la forma, l'aspetto di cose o persone: *una serata trascorsa — allegria; — bella copia* | indica il modo di vestire: *era tutta — nero* | anteposto al cognome del marito, indica lo stato coniugale di una donna: *Rosa Longhi — Bianchi* **6** esprime una quantità o una misura: *hanno organizzato la gita — quattro* **7** introduce un compl. di mez-

zo: *muoversi — tram; pagare — contanti* | con valore strumentale: *spiegarsi — inglese* **8** esprime il fine o lo scopo: *mandare — omaggio; festa — onore del patrono* **9** indica la causa di qlco.: *si tormenta nel rimorso* **10** indica la materia di cui una cosa è costituita: *portafogli — vera pelle*; armadio — mogano **11** con valore limitativo: *essere bravo — certi sport* **12** in combinazione con parole come verità, fede, realtà e sim. forma espressioni asseverative: — *realtà, a ben pensarci, hai ragione* **13** seguita da un infinito, forma locuzioni con valore temporale simile a quello del gerundio: *nel tornare a casa, si ricordò di quel che l'aspettava* **14** entra nella formazione di varie locuzioni preposizionali e avverbiali: — *quanto a; — virtù di; — compagnia di; — su; — giù; — alto; — fretta e furia*.
in² (*ingl.*) *avv., agg.* alla moda: *essere —; una persona —*.
in-¹ *pref.* [si ha assimilazione davanti a parole che iniziano per *l, m, r*; davanti a *b, p* la *n* diventa *m*] si usa per formare verbi da aggettivi, sostantivi e altri verbi; significa per lo più "dentro", "sopra" (*incarcerare, inguaiare*) oppure indica un mutamento (*invecchiare*) o conferisce valore intensivo (*incominciare*).
in-² *pref.* [si ha assimilazione come in *in-¹*] si mette davanti ad aggettivi o sostantivi e ha valore negativo (*illegale; infedeltà*).
-i|na *suff.* (*chim.*) si usa per indicare alcaloidi o ammine (*albumina, chinina*).
i|nab|bor|dà|bi|le *agg.* **1** detto di persona difficilmente avvicinabile perché scontrosa o riservata **2** detto di prodotto che ha un prezzo troppo alto.
i|nà|bi|le *agg.* non idoneo allo svolgimento di un compito; inadatto | — *al servizio militare*, riformato.
i|na|bi|li|tà *s.f.* **1** condizione di chi è inabile a svolgere un dato compito **2** (*estens.*) invalidità: — *parziale*.
i|na|bi|li|tà|re *v.tr.* [indic.pres. *io inabilito...*] **1** rendere inabile: *un brutto infortunio lo inabilita al lavoro* **2** (*dir.*) limitare la capacità di agire di qlcu. con un atto dell'autorità giudiziaria.
i|na|bis|sa|mén|to *s.m.* l'atto di inabissare o di inabissarsi | affondamento.
i|na|bis|sà|re *v.tr.* far sprofondare in un abisso; affondare: *il forte vento ha inabissato la barca* ♦ **-rsi** *intr.pron.* (*anche fig.*) sprofondare in un abisso; affondare: *il transatlantico si è inabissato*; — *nei debiti*.
i|na|bi|tà|bi|le *agg.* **1** non adatto alla vita dell'uomo: *una landa —* **2** (*estens.*) che non è idoneo a essere abitato per motivi di sicurezza, di igiene e sim.: *appartamento —*.
i|na|bi|ta|bi|li|tà *s.f.* mancanza dei requisiti necessari per l'abitabilità di un ambiente: *sancire l' — di un palazzo*.
i|na|bi|tà|to *agg.* (*lett.*) non abitato: *zona inabitata*.
i|na|bro|gà|bi|le *agg.* che non può essere abrogato: *norma —*.

inafferrabile

i|nac|ces|sì|bi|le *agg.* **1** detto di luogo in cui non si può entrare o che è difficile da raggiungere: *vetta —* **2** (*fig.*) detto di persona difficile da avvicinare **3** (*fig.*) detto di cosa difficile o impossibile da capire: *la filosofia per me è —* | difficile da ottenere: *un lusso — | prezzi inaccessibili*, superiori alle possibilità comuni.
i|nac|ces|si|bi|li|tà *s.f.* caratteristica di ciò che è inaccessibile.
i|nac|cet|tà|bi|le *agg.* che non può essere accettato: *una proposta —* | che non può essere tollerato: *un atteggiamento —* □ **inaccettabilmente** *avv.*
i|nac|cet|ta|bi|li|tà *s.f.* caratteristica di ciò che è inaccettabile.
i|nac|cor|dà|bi|le *agg.* **1** che non può essere concesso: *un privilegio —* **2** di strumento, che non può essere accordato.
i|nac|co|stà|bi|le *agg.* che non è facile avvicinare: *un personaggio —*.
i|na|cer|bì|re *v.tr.* [indic.pres. *io inacerbisco, tu inacerbisci...*] (*lett.*) rendere più aspro, più doloroso: *la consapevolezza inacerbiva il rimorso* | (*estens.*) esasperare ♦ **-rsi** *intr.pron.* (*lett.*) diventare più aspro; esasperarsi.
i|na|ce|tì|re *v.intr.* [indic.pres. *io inacetisco, tu inacetisci...*; aus. *E*] diventare aceto ♦ *tr.* far diventare aceto: — *il vino*.
i|na|ci|di|mén|to *s.m.* trasformazione in acido; inasprimento.
i|na|ci|dì|re *v.tr.* [indic.pres. *io inacidisco, tu inacidisci...*] **1** far diventare acido: *l'aria inacidisce il vino* **2** (*fig.*) inasprire di carattere; rendere più scostante: *l'età lo ha inacidito* ♦ *intr.* [aus. *E*], **-rsi** *intr.pron.* (*anche fig.*) diventare acido.
i|na|dat|tà|bi|le *agg.* non adattabile: *la stanza è — a studio* | detto di persona che non riesce ad adattarsi: *è — al nuovo ambiente di lavoro*.
i|na|dat|ta|bi|li|tà *s.f.* caratteristica di chi o di ciò che è inadattabile.
i|na|dàt|to *agg.* **1** non adatto: *un comportamento — alla situazione* | (*estens.*) inopportuno: *hai usato parole inadatte* **2** non idoneo: *è — a quell'incarico*.
i|na|de|gua|téz|za *s.f.* mancanza dei requisiti appropriati a una data situazione.
i|na|de|guà|to *agg.* **1** non adeguato, non sufficiente: *mezzi inadeguati allo scopo* | inferiore a quanto giusto o dovuto: *offerta inadeguata al valore dell'oggetto* **2** detto di persona, privo degli opportuni requisiti; non all'altezza: *un uomo — alla carica che ricopre* □ **inadeguatamente** *avv.*
i|na|dem|pièn|te *agg., s.m./f.* che, chi non adempie in un dovere o a un impegno assunto: — *al contratto stipulato —*.
i|na|dem|pièn|za *s.f.* mancato adempimento di un dovere o di un impegno assunto: *grave —; annullamento del contratto per —*.
i|na|dem|pi|mén|to *s.m.* inadempienza.
i|na|dem|più|to *agg.* che non è stato mantenuto o soddisfatto: *accordo —*.
i|naf|fer|rà|bi|le *agg.* **1** che non si riesce a cat-

inafferrabilità

turare: *un latitante* — **2** (*fig.*) di difficile comprensione: *significati inafferrabili*.
i|naf|fer|ra|bi|li|tà *s.f.* caratteristica di chi o di ciò che è inafferrabile.
i|naf|fi|da|bi|le *agg.* **1** detto di persona di cui non ci si può fidare: *personaggio* — **2** detto di cosa che non dà garanzie di buon funzionamento: *impianto* —.
i|naf|fi|da|bi|li|tà *s.f.* caratteristica di chi o di ciò che è inaffidabile.
i|naf|fon|da|bi|le *agg.* **1** che non può essere affondato: *nave* — **2** (*fig.*, *scherz.*) detto di personaggio spec. politico che, nonostante le avverse vicende, riesce a mantenere il proprio incarico o i propri privilegi.
i|na|gi|bi|le *agg.* detto di edificio o luogo pubblico privo dei requisiti necessari per il suo utilizzo: *gli uffici sono attualmente inagibili* | (*estens.*) impraticabile: *la strada è* — *a causa di una frana*.
i|na|gi|bi|li|tà *s.f.* condizione di ciò che è inagibile: *l'* — *di una scuola*.
i|na|làn|te *part.pres. di* inalare ♦ *agg.* (*med.*) **1** di farmaco, da assumere per inalazione **2** di terapia, che prevede inalazioni ♦ *s.m.* (*med.*) prodotto farmaceutico da assumere per inalazione.
i|na|là|re *v.tr.* **1** inspirare: — *vapore tossico* **2** (*med.*) assumere sostanze medicamentose nebulizzate o polverizzate mediante inalazione.
i|na|la|tó|re *s.m.* (*med.*) apparecchio utilizzato per l'inalazione di sostanze medicamentose.
i|na|la|tò|rio *agg.* relativo all'inalazione: *terapia inalatoria*.
i|na|la|zió|ne *s.f.* **1** inspirazione: *l'* — *di vapori sulfurei* **2** (*med.*) metodo terapeutico in cui le sostanze medicamentose nebulizzate o polverizzate vengono somministrate mediante inspirazione.
i|nal|be|ra|mén|to *s.m.* l'atto di inalberare o di inalberarsi.
i|nal|be|rà|re *v.tr.* [indic.pres. *io inàlbero*...] (*mar.*) alzare una bandiera o altra insegna sull'albero di una nave ♦ **-rsi** *rifl.* **1** detto di cavallo, impennarsi **2** (*fig.*) detto di persona, arrabbiarsi: *s'inalbera quando viene contraddetto*.
i|na|lie|nà|bi|le *agg.* (*dir.*) **1** che non può essere ceduto ad altri: *bene* — **2** che non può essere revocato: *i diritti inalienabili dell'uomo*.
i|na|lie|na|bi|li|tà *s.f.* (*dir.*) caratteristica di ciò che è inalienabile.
i|nal|te|rà|bi|le *agg.* che non è soggetto ad alterazione: *materiale* — | *che non cambia*; immutabile: *gli è vicino con* — *affetto* □ **inalterabilmente** *avv.*
i|nal|te|ra|bi|li|tà *s.f.* condizione di ciò che non è soggetto ad alterazione | immutabilità.
i|nal|te|rà|to *agg.* che non ha subito alterazioni: *condizioni inalterate* | costante, invariato: *interesse* —.
i|nal|ve|à|re *v.tr.* [indic.pres. *io inàlveo*...] incanalare le acque di un fiume, di un lago e sim. in un alveo artificiale.

i|nal|ve|a|zió|ne *s.f.* operazione con cui si inalveano le acque di un fiume, di un lago e sim.
i|na|mi|dà|re *v.tr.* [indic.pres. *io inàmido*...] bagnare tessuti in una soluzione di acqua e amido perché acquistino rigidezza con la stiratura.
i|na|mi|dà|to *part.pass. di* inamidare ♦ *agg.* **1** detto di capo reso rigido con l'amido: *colletto* — **2** (*fig.*, *scherz.*) rigido, impettito: *cammina tutto* —.
i|na|mi|da|tù|ra *s.f.* l'operazione dell'inamidare e il suo effetto.
i|nam|mis|si|bi|le *agg.* **1** che non può essere accolto, accettato: *una scusa* — | (*dir.*) **prova** —, che non si può utilizzare in un processo perché priva dei requisiti necessari **2** che non può essere tollerato o permesso perché inopportuno: *un comportamento* —.
i|nam|mis|si|bi|li|tà *s.f.* caratteristica di ciò che è inammissibile: *l'* — *di un reclamo*.
i|na|mo|vi|bi|le *agg.* **1** che non può essere spostato **2** (*bur.*) che non si può rimuovere dal suo ufficio o trasferire in altra sede: *magistrato* — □ **inamovibilmente** *avv.*
i|na|mo|vi|bi|li|tà *s.f.* (*bur.*) condizione di chi non può essere rimosso dal proprio ufficio o trasferito in altra sede: *l'* — *di un funzionario*.
i|nà|ne *agg.* (*lett.*) inutile, vano.
i|na|nel|la|mén|to *s.m.* l'azione di inanellare.
i|na|nel|là|re *v.tr.* [indic.pres. *io inanèllo*...] **1** dare forma di anello: — *i capelli* **2** ornare con anelli **3** mettere un anello alle zampe di uccelli migratori per studiarne gli spostamenti **4** (*fig.*) collezionare in rapida sequenza: — *vittorie*.
i|na|ni|mà|to *agg.* **1** che non è dotato di vita: *esseri inanimati* **2** privo di sensi; esanime: *corpo* —.
i|na|ni|tà *s.f.* (*lett.*) inutilità, inconsistenza.
i|na|ni|zió|ne *s.f.* (*med.*) progressivo esaurimento fisico dovuto a mancanza o carenza di alimentazione.
i|nap|pa|gà|bi|le *agg.* difficile o impossibile da soddisfare: *sogno* —.
i|nap|pa|ga|mén|to *s.m.* (*raro*) insoddisfazione, scontentezza.
i|nap|pa|gà|to *agg.* non esaudito: *desiderio* — | insoddisfatto: *essere* —.
i|nap|pan|nà|bi|le *agg.* **1** che non si appanna: *lenti inappannabili* **2** (*fig.*) che non può essere offuscato: *virtù* —.
i|nap|pel|là|bi|le *agg.* **1** (*dir.*) si dice di sentenza che non può essere impugnata in appello **2** (*estens.*) definitivo, che non può essere rimesso in discussione o modificato: *scelta* —.
i|nap|pel|la|bi|li|tà *s.f.* caratteristica di ciò che è inappellabile.
i|nap|pe|tèn|te *agg.* che soffre di inappetenza.
i|nap|pe|tèn|za *s.f.* mancanza o diminuzione dell'appetito.
i|nap|pli|cà|bi|le *agg.* che non può essere applicato: *sentenza* — | *che non può essere messo in pratica*: *metodo* —.
i|nap|pli|ca|bi|li|tà *s.f.* caratteristica di ciò che è inapplicabile.
i|nap|prez|zà|bi|le *agg.* **1** tanto grande o importante da non poter essere valutato degnamente;

inestimabile: *valore* — **2** troppo esiguo per poter essere valutato; ininfluente: *un danno* —.
i|nap|prez|zà|to *agg.* che non viene apprezzato come meriterebbe: *impegno* —.
i|nap|pro|prià|to *agg.* che non è appropriato: *comportamento* — | si dice di parola o discorso che non esprime chiaramente ciò che si vuol dire; improprio: *usare termini inappropriati*.
i|nap|pun|tà|bi|le *agg.* **1** (*di persona*) estremamente corretto e coscienzioso; irreprensibile: *un impiegato* — **2** (*di cosa*) privo di difetti che potrebbero dare adito a critiche: *un servizio* — | (*estens.*) adatto alla circostanza: *abbigliamento* —.
i|nap|pun|ta|bi|li|tà *s.f.* caratteristica di chi o di ciò che è inappuntabile.
i|nar|ca|mén|to *s.m.* piegamento o curva ad arco.
i|nar|cà|re *v.tr.* [indic.pres. *io inarco, tu inarchi*...] conferire a ql.co. una forma arcuata | — *le sopracciglia*, sollevarle in segno di fastidio o stupore ♦ **-rsi** *intr.pron.* curvarsi ad arco.
i|nar|ca|tù|ra *s.f.* curvatura ad arco.
i|nar|gen|tà|re *v.tr.* [indic.pres. *io inargènto*...] **1** argentare **2** (*fig., lett.*) conferire un colore argenteo a ql.co.: *la luce lunare inargenta l'acqua* ♦ **-rsi** *intr.pron.* (*lett.*) assumere un colore o un riflesso argenteo: *invecchiando i capelli si inargentano*.
i|na|ri|di|mén|to *s.m.* **1** perdita progressiva di umidità che rende il terreno sterile **2** (*fig.*) impoverimento spirituale, sentimentale o intellettuale.
i|na|ri|dì|re *v.tr.* [indic.pres. *io inaridisco, tu inaridisci*...] **1** rendere arido e sterile: *la mancanza di pioggia ha inaridito la valle* **2** (*fig.*) impoverire spiritualmente; privare di vitalità interiore: *la lunga prigionia lo ha inaridito* ♦ *intr.* [aus. *E*], **-rsi** *intr.pron.* **1** diventare arido: *la campagna si è inaridita a causa della siccità* **2** (*fig.*) impoverirsi nello spirito o nell'intelletto: *la sua vena creativa si è inaridita*.
i|nar|nia|mén|to *s.m.* (*zootec.*) introduzione naturale o artificiale di uno sciame d'api in un'arnia per popolarla.
i|nar|re|stà|bi|le *agg.* che non si può fermare: *un pianto* — □ **inarrestabilmente** *avv.*
i|nar|ri|và|bi|le *agg.* **1** (*lett.*) difficile o impossibile da raggiungere: *vette inarrivabili* **2** (*fig.*) impareggiabile: *nella sua arte è* —.
i|nar|ti|co|là|to *agg.* privo di articolazioni; indistinto: *emettere suoni inarticolati*.
i|na|scol|tà|bi|le *agg.* che non si può ascoltare; sgradevole: *un'esecuzione* —; *linguaggio* —.
i|na|scol|tà|to *agg.* a cui non è stato dato ascolto: *un suggerimento* — | (*estens.*) non esaudito: *preghiere inascoltate*.
i|na|spet|tà|to *agg.* che non è atteso; imprevisto: *un arrivo* — □ **inaspettatamente** *avv.*
i|na|spri|mén|to *s.m.* intensificazione di ql.co. di spiacevole o di negativo: *l'* — *degli scontri* | (*fig.*) incremento: *l'* — *dei prezzi*.
i|na|sprì|re *v.tr.* [indic.pres. *io inasprisco, tu inasprisci*...] rendere più aspro, più doloroso o duro: — *le punizioni*; — *un dolore* | irritare: *non inasprirlo!* ♦ *intr.* [aus. *E*], **-rsi** *intr.pron.* (*anche fig.*) diventare più aspro, più duro: *il suo animo si sta inasprendo* | peggiorare, diventare più freddo: *il clima si sta inasprendo*.
i|na|stà|re *v.tr.* collocare sulla sommità di un'asta: — *la bandiera tricolore*.
i|nat|tac|cà|bi|le *agg.* **1** che non si può attaccare: *una fortezza* — | che non si lascia corrodere: *un metallo* — *dalla ruggine* **2** (*fig.*) che non si può mettere in dubbio o contrastare: *una verità* —.
i|nat|tac|ca|bi|li|tà *s.f.* condizione di ciò che è inattaccabile.
i|nat|ten|dì|bi|le *agg.* che non è credibile; che non va preso seriamente in considerazione: *testimonianza* —; *informazione* —.
i|nat|ten|di|bi|li|tà *s.f.* caratteristica di chi o di ciò che è inattendibile.
i|nat|té|so *agg.* che non è atteso; inaspettato: *notizia inattesa*.
i|nat|ti|tù|di|ne *s.f.* mancanza di attitudine, di inclinazione a fare ql.co.: — *alla musica*.
i|nat|ti|và|re *v.tr.* rendere inattivo; disattivare: — *un esplosivo*.
i|nat|ti|va|zió|ne *s.f.* disattivazione.
i|nat|ti|vi|tà *s.f.* mancanza di attività: *l'infortunio lo costrinse a un lungo periodo di* —.
i|nat|ti|vo *agg.* **1** che non svolge un lavoro o un'attività: *restare* — **2** che non è in attività: *il Vesuvio è un vulcano* — **3** (*chim.*) detto di sostanza che non ha più la capacità di reagire: *catalizzatore* —.
i|nat|tuà|bi|le *agg.* **1** che non può essere attuato: *un piano* — **2** che non ha alcuna possibilità di realizzarsi: *un sogno* —.
i|nat|tua|bi|li|tà *s.f.* condizione di ciò che è inattuabile.
i|nat|tuà|le *agg.* che non è adeguato alla situazione o alle esigenze del momento: *considerazioni inattuali*.
i|nat|tua|li|tà *s.f.* caratteristica di ciò che è inattuale.
i|nau|dì|to *agg.* **1** (*lett.*) che non si è mai visto o sentito **2** (*estens.*) incredibile, fuori del comune: *fatti di una gravità inaudita* | *è* —!, espressione di stupore e disappunto.
i|nau|gu|rà|le *agg.* d'inaugurazione: *cerimonia* —.
i|nau|gu|rà|re *v.tr.* [indic.pres. *io inàuguro*...] **1** celebrare in maniera solenne l'apertura di un edificio, l'avvio di un'attività, il varo di una nave e sim.: — *l'anno giudiziario, un ponte* | (*estens.*) utilizzare ql.co. di nuovo per la prima volta: — *la macchina* **2** (*fig.*) dare inizio a uno stile, a una moda e sim.: — *un nuovo genere musicale*.
i|nau|gu|ra|tó|re *agg., s.m.* [f. *-trice*] (*anche fig.*) che, chi inaugura: *l'* — *del nuovo stile*.
i|nau|gu|ra|zió|ne *s.f.* la cerimonia con cui si inaugura ql.co.: *l'* — *del nuovo tribunale*.
i|nau|ten|ti|ci|tà *s.f.* mancanza di autenticità.
i|nau|tèn|ti|co *agg.* [m.pl. *-ci*] che non è autentico; falso □ **inautenticamente** *avv.*

i|nav|ve|du|téz|za *s.f.* mancanza d'attenzione o di prontezza; sbadataggine.

i|nav|ve|dù|to *agg.* che manca d'attenzione o di prontezza; sbadato, malaccorto: *gesto* — ☐ **inavvedutamente** *avv.*

i|nav|ver|tèn|za *s.f.* mancanza di attenzione: *l'incidente è avvenuto per* — | sbadataggine: *è stata una grave* —.

i|nav|ver|ti|to *agg.* che non è o non è stato visto o percepito; inosservato: *un mutamento quasi* — ☐ **inavvertitamente** *avv.* sbadatamente, senza volere.

i|nav|vi|ci|nà|bi|le *agg.* che non si può avvicinare o contattare: *personaggio* — | *prezzo* —, troppo alto.

i|na|zió|ne *s.f.* mancanza di azione; inattività: *patire l'*—.

in|ca *agg.* che appartiene o riguarda la popolazione precolombiana degli Incas, antichi abitanti del Perù; incaico ♦ *s.m./f.* [pl. *incas*] chi faceva parte del popolo degli Incas.

in|ca|glia|mén|to *s.m.* 1 l'atto di incagliarsi: *l'— di una nave sul fondale* 2 (*fig.*) forzato arresto: *l'— di una trattativa*.

in|ca|gliàr|si *v.intr.pron.* [indic.pres. *io mi incàglio*...] 1 detto di imbarcazione, toccare il fondale con la chiglia rimanendo bloccata; arenarsi 2 (*fig.*) bloccarsi per un ostacolo: *la trattativa si è incagliata*.

in|cài|co *agg.* [m.pl. *-ci*] degli Incas, antichi abitanti del Perù: *la cultura incaica*.

in|cal|ci|nà|re *v.tr.* 1 cospargere o ricoprire di calcina: *— una parete* 2 (*agr.*) cospargere il tronco delle piante di calce diluita per proteggerle dai parassiti.

in|cal|ci|na|tù|ra *s.f.* l'operazione dell'incalcinare | la calcina cosparsa.

in|cal|co|là|bi|le *agg.* 1 che non può essere calcolato 2 (*estens.*) inestimabile, enorme: *un risarcimento* — ☐ **incalcolabilmente** *avv.*

in|cal|li|mén|to *s.m.* 1 atto di incallire 2 (*fig.*) ostinazione in un vizio.

in|cal|lì|re *v.tr.* [indic.pres. *io incallisco, tu incallisci*...] 1 rendere calloso: *lavorare con la zappa incallisce le mani* 2 (*fig.*) far indurire, rendere insensibile: *i dolori gli hanno incallito il cuore* ♦ **-rsi** *intr.pron.* 1 diventare calloso; formare il callo 2 (*fig.*) assuefarsi a un'abitudine negativa, dannosa: *— nel vizio*.

in|cal|lì|to *part.pass. di incallire* ♦ *agg.* 1 reso calloso 2 (*fig.*) indurito, reso insensibile: *animo —* 3 (*fig.*) accanito, incorreggibile: *giocatore* —.

in|cal|zàn|te *part.pres. di incalzare* ♦ *agg.* 1 che incalza | che urge, che preme: *pericolo* — 2 insistente: *mi assilla con richieste incalzanti*.

in|cal|zà|re *v.tr.* 1 inseguire da vicino, senza dare tregua: *— il corridore in testa* | (*fig.*) sollecitare in maniera insistente: *— qlcu. con domande* 2 (*fig.*) incombere, minacciare da vicino: *il bisogno ci incalza* | (*assol.*) susseguirsi in rapida successione: *le notizie incalzano*.

in|ca|me|rà|bi|le *agg.* che si può incamerare: *bene* —.

in|ca|me|ra|mén|to *s.m.* appropriazione, assunzione di beni, spec. da parte dello Stato.

in|ca|me|rà|re *v.tr.* [indic.pres. *io incàmero*...] 1 detto dello Stato, appropriarsi con atto d'autorità di beni appartenenti a un privato 2 (*estens.*) appropriarsi di ql.co. in maniera arbitraria.

in|ca|mi|cià|re *v.tr.* [indic.pres. *io incamìcio*...] 1 (*tecn.*) rivestire ql.co. con un involucro o con uno strato di altro materiale: *— la caldaia* 2 (*edil.*) ricoprire con calce, intonaco o sim.: *— una parete*.

in|cam|mi|nà|re *v.tr.* 1 mettere in moto: *— gli affari* 2 (*fig.*) indirizzare, avviare: *— qlcu. in una professione* ♦ **-rsi** *intr.pron.* 1 mettersi in cammino: *— verso la vetta* 2 (*fig.*) avviarsi: *— verso il successo*.

in|ca|na|glìr|si *v.intr.pron.* [indic.pres. *io incanaglisco, tu incanaglisci*...; aus. *E*] diventare una canaglia; incattivirsi.

in|ca|na|la|mén|to *s.m.* l'operazione con cui si incanala ql.co.: *— del torrente, del traffico automobilistico*.

in|ca|na|là|re *v.tr.* 1 convogliare l'acqua in un canale: *— le acque del ghiacciaio* | (*estens.*) obbligare a seguire una data direzione: *— il traffico* 2 (*fig.*) indirizzare: *— gli sforzi di tutti verso un fine comune* ♦ **-rsi** *intr.pron.* 1 di acque, raccogliersi in un canale (*fig.*) muoversi in una certa direzione: *il pubblico s'incanalò verso le uscite*.

in|ca|na|la|tù|ra *s.f.* 1 incanalamento 2 il canale in cui scorre l'acqua.

in|can|cel|là|bi|le *agg.* (*spec.fig.*) che non può essere cancellato: *tracce incancellabili* | (*fig.*) che non si può dimenticare: *un ricordo* — ☐ **incancellabilmente** *avv.*

in|can|cre|nì|re *v.intr.* [indic.pres. *io incancrenisco, tu incancrenisci*...; aus. *E*], **-rsi** *intr.pron.* 1 andare in cancrena 2 (*fig.*) inasprirsi: *il suo rancore si è incancrenito*.

in|can|de|scèn|te *agg.* 1 (*fis.*) detto di corpo o di sostanza, in stato di incandescenza: *acciaio* — 2 (*fig.*) molto animato, acceso: *dibattito* —.

in|can|de|scèn|za *s.f.* (*fis.*) emissione di luce da un corpo o da una sostanza a causa della temperatura elevata | *lampada a* —, in cui la luce viene prodotta da un filamento metallico reso incandescente dalla corrente elettrica.

in|can|nà|re *v.tr.* nell'industria tessile, avvolgere il filo di una matassa su bobine e rocchetti.

in|can|na|tó|io *s.m.* il macchinario utilizzato per eseguire l'incannatura.

in|can|na|tù|ra *s.f.* nell'industria tessile, l'operazione dell'incannare.

in|can|nel|là|re *v.tr.* [indic.pres. *io incannèllo*...] introdurre in un cannello.

in|can|nic|cià|tu|ra *s.f.* stuoia di canne intonacata utilizzata per nascondere le travi del soffitto.

in|can|nuc|cià|re *v.tr.* [indic.pres. *io incannùccio*...] 1 coprire o chiudere con una struttura di canne: *— un'aiuola* 2 sostenere una pianta per mezzo di canne: *— i piselli*.

in|can|nuc|cià|ta *s.f.* riparo o sostegno di canne.

in|can|ta|mén|to *s.m.* **1** l'atto di chi incanta **2** la condizione di chi resta incantato.

in|can|tà|re *v.tr.* **1** sottoporre qlcu. a incantesimo; stregare **2** (*fig.*) sedurre, affascinare: *una bellezza che incanta* | avvincere con particolari doti o con lusinghe: *non lasciarti — dalle sue parole!* ♦ **-rsi** *intr.pron.* **1** restare immobile; imbambolarsi: *si è incantato a guardarmi* | restare estasiato: *— davanti a un'opera d'arte* **2** detto di meccanismo, bloccarsi, smettere di funzionare: *il registratore s'è incantato*.

in|can|tà|to *part.pass.* di incantare ♦ *agg.* **1** sottoposto a incantesimo: *bosco —* | dotato di virtù magiche: *gioiello —* **2** di incantevole bellezza; suggestivo: *una natura incantata* **3** assorto, imbambolato: *restarsene — all'ascolto*.

in|can|ta|tó|re *agg.* [f. *-trice*] che incanta; affascinante: *sguardo —* ♦ *s.m.* [f. *-trice*] **1** chi opera incantesimi **2** (*fig.*) chi emana un forte fascino.

in|can|té|si|mo *s.m.* **1** rito magico; sortilegio: *fare un —* **2** (*fig.*) stato, spec. illusorio, di incantamento e di beatitudine: *vivere in un —* | *rompere l'—*, riportare qlcu. alla realtà distogliendolo da uno stato di beatitudine **3** (*fig., spec.pl.*) artifici di seduzione: *gli incantesimi delle belle donne*.

in|can|té|vo|le *agg.* che incanta; affascinante, delizioso: *un sorriso —*.

in|càn|to[1] *s.m.* **1** magia; incantesimo | *come per —*, in maniera improvvisa e quasi magica | *stare d'—*, stare molto bene: *quell'abito ti sta d'—* **2** (*fig.*) forza di seduzione esercitata da cose o persone: *l'— di una musica* **3** (*fig.*) cosa o persona che affascina: *una fanciulla che è un —*.

in|càn|to[2] *s.m.* gara pubblica in cui si vende un bene al migliore offerente; asta: *vendere, mettere, comprare all'—*.

in|ca|nu|ti|mén|to *s.m.* processo in cui i capelli dell'uomo diventano gradualmente bianchi.

in|ca|nu|tì|re *v.intr.* [indic.pres. *io incanutisco, tu incanutisci...*; aus. *E*] diventare canuto: *— per l'età avanzata*.

in|ca|pà|ce *agg.* **1** privo delle capacità necessarie per fare ql.co.: *— di fingere* | che non è in grado di ricoprire un dato incarico: *un ministro —* **2** (*dir.*) privo di capacità giuridica | che non sa curare i propri interessi ♦ *s.m./f.* **1** persona inetta, priva di ogni abilità: *sei un vero —* **2** (*dir.*) chi è privo di capacità giuridica | chi non sa curare i propri interessi.

in|ca|pa|ci|tà *s.f.* condizione di chi è privo di capacità: *— di esprimersi con chiarezza*.

in|ca|par|bir|si *v.intr.pron.* [indic.pres. *io mi incaparbisco, tu ti incaparbisci...*; aus. *E*] ostinarsi; intestardirsi.

in|ca|po|ni|mén|to *s.m.* ostinazione, caparbietà.

in|ca|po|nìr|si *v.intr.pron.* [indic.pres. *io mi incaponisco, tu ti incaponisci...*] intestardirsi, ostinarsi, spec. in maniera poco ragionevole: *— nel voler fare ql.co.*

in|cap|pà|re *v.intr.* [aus. *E*] imbattersi in persona o cosa indesiderata o sgradevole: *— in un contrattempo, in una banda di giovinastri*.

in|cap|pot|tà|re *v.tr.* [indic.pres. *io incappòtto...*] avvolgere in un cappotto pesante ♦ **-rsi** *rifl.* avvolgersi in un cappotto pesante; intabarrarsi.

in|cap|puc|cià|re *v.tr.* [indic.pres. *io incappùccio...*] coprire con un cappuccio | (*fig.*) ammantare: *la neve incappucciava la vetta* ♦ **-rsi** *rifl.* coprirsi, ripararsi con un cappuccio | (*fig.*) ammantarsi.

in|ca|pric|ciàr|si *v.intr.pron.* [indic.pres. *io mi incaprìccio...*] **1** farsi prendere da un capriccio **2** invaghirsi: *— di una giovane*.

in|ca|psu|la|mén|to *s.m.* l'atto di incapsulare.

in|ca|psu|là|re *v.tr.* [indic.pres. *io incàpsulo...*] **1** rivestire ql.co. con una capsula: *— un dente* **2** chiudere con una capsula: *— un recipiente*.

in|car|ce|ra|mén|to *s.m.* (*raro*) carcerazione.

in|car|ce|rà|re *v.tr.* [indic.pres. *io incàrcero...*] chiudere in carcere; imprigionare.

in|car|di|nà|re *v.tr.* [indic.pres. *io incàrdino...*] **1** fissare ql.co. sui cardini: *— il cancello* **2** (*fig.*) basare ql.co. su un dato o un principio che faccia da cardine: *— una teoria sui pochi elementi a disposizione* ♦ **-rsi** *intr.pron.* basarsi su particolari principi teorici.

in|ca|ri|cà|re *v.tr.* [indic.pres. *io incàrico, tu incàrichi...*] assegnare a qlcu. un incarico: *ho incaricato un altro di svolgere questo compito* ♦ **-rsi** *rifl.* prendersi un incarico: *me ne incarico io*.

in|ca|ri|cà|to *part.pass.* di incaricare ♦ *agg., s.m.* [f. *-a*] che, chi ha avuto un incarico: *un — dell'assicurazione* | *— d'affari*, agente diplomatico a cui è affidata la direzione di una rappresentanza diplomatica qualora l'ambasciatore manchi o sia momentaneamente assente.

in|cà|ri|co *s.m.* [pl. *-chi*] **1** incombenza che si affida a qlcu.; compito, commissione: *dare, accettare un —* **2** affidamento temporaneo di cattedra nella scuola: *ricevere l'— annuale in un liceo*.

in|car|nà|re *v.tr.* rappresentare concretamente ql.co. di astratto: *— il sogno di molti* | personificare: *— un ideale* ♦ **-rsi** *intr.pron.* **1** assumere la natura e la corporeità umana: *Dio si è incarnato nella persona di Gesù* **2** concretizzarsi: *nel romanzo si incarna l'ideale della libertà*.

in|car|nà|to *agg.* del colore rosato della pelle umana ♦ *s.m.* il colore roseo della pelle umana.

in|car|na|zió|ne *s.f.* **1** in alcune religioni, assunzione della natura umana da parte delle divinità | nel cristianesimo, assunzione della natura umana da parte di Dio nella persona di Cristo **2** (*fig.*) rappresentazione concreta di concetti, idee, qualità astratti: *è l'— stessa della lussuria*.

in|car|nìr|si *v.intr.pron.* [indic.pres. *io mi incarnisco, tu ti incarnisci...*; aus. *E*] detto delle unghie, svilupparsi in maniera anomala crescendo all'interno della carne.

in|ca|ro|gnì|re *v.intr.* [indic.pres. *io incarognisco, tu incarognisci...*; aus. *E*], **-rsi** *intr.pron.* **1** diventare abietto; incattivirsi: *quell'uomo si incarognisce anno dopo anno* **2** (*fig.*) detto di cattiva abitudine, incancrenirsi, incallirsi: *il suo vizio si sta ormai incarognendo*.

in|car|ta|mén|to *s.m.* (*bur.*) l'insieme dei documenti relativi a una pratica.

in|car|ta|pe|co|ri|re *v.intr.* [indic.pres. *io incartapecorisco, tu incartapecorisci...*; aus. *E*], **-rsi** *intr.pron.* **1** prendere l'aspetto raggrinzito della cartapecora | (*estens.*) invecchiare **2** (*fig.*) inaridirsi.

in|car|tà|re *v.tr.* avvolgere nella carta: — *il prosciutto* ♦ **-rsi** *intr.pron.* in alcuni giochi di carte, trovarsi in una situazione sfavorevole per non aver calcolato bene le combinazioni e gli scarti.

in|car|tà|ta *s.f.* l'operazione di incartare in modo rapido e poco accurato.

in|càr|to *s.m.* **1** l'operazione di incartare | involucro di carta che avvolge un prodotto **2** (*bur.*) incartamento.

in|car|toc|cià|re *v.tr.* [indic.pres. *io incartòccio...*] mettere ql.co. in un cartoccio: — *della frutta.*

in|ca|sel|là|re *v.tr.* [indic.pres. *io incasèllo...*] **1** distribuire ql.co. nelle caselle di un casellario: — *la corrispondenza* **2** (*fig.*) dividere e ordinare in maniera sistematica: — *le diverse informazioni.*

in|ca|si|nà|re *v.tr.* [indic.pres. *io incasìno...*] (*coll.*) mettere in disordine | complicare, confondere: — *la situazione.*

in|ca|si|nà|to *part.pass.* di incasinare ♦ *agg.* (*coll.*) **1** pieno di disordine | pieno di confusione: *un locale troppo* — **2** complicato, poco chiaro: *una spiegazione incasinata* **3** di persona, che si trova in una situazione intricata.

in|cas|sa|mén|to *s.m.* sistemazione all'interno di casse.

in|cas|sà|re *v.tr.* **1** sistemare all'interno di casse; imballare: — *le stoviglie per il trasloco* | (*estens.*) sistemare o montare ql.co. in uno spazio apposito: — *un armadio nel muro* **2** riscuotere del denaro: — *un pagamento* **3** (*sport*) nel pugilato, ricevere colpi dall'avversario senza perdere la capacità di combattere | (*fig.*) non scomporsi di fronte a critiche, accuse o avversità: *nella vita occorre saper* — ♦ **-rsi** *intr.pron.* trovarsi tra due ripide alture: *una valle che si incassa tra i monti.*

in|cas|sà|to *part.pass.* di incassare ♦ *agg.* **1** sistemato in casse | (*estens.*) collocato in un'incassatura **2** chiuso tra pareti alte e ripide: *un bacino* — **3** ricevuto in pagamento.

in|cas|sa|tó|re *s.m.* [f. *-trice*] **1** addetto alla sistemazione di merci in casse **2** (*sport*) pugile o lottatore che sopporta bene i colpi dell'avversario **3** (*fig.*) persona che non si scompone di fronte a critiche, accuse o avversità.

in|cas|sa|tù|ra *s.f.* **1** sistemazione in casse | (*estens.*) inserimento in un incasso **2** cavità in cui si inserisce o si monta ql.co.: *preparare l'— per la serratura.*

in|càs|so *s.m.* **1** operazione con cui si riscuote denaro | il denaro incassato: *un buon* — | (*banc.*) riscossione di un credito: *mettere una cambiale all'* — **2** incassatura | *mobile da* —, predisposto per essere collocato in un'incassatura.

in|ca|stel|la|tù|ra *s.f.* struttura in legno o metallo che funge da sostegno a costruzioni o macchine.

in|ca|sto|nà|re *v.tr.* [indic.pres. *io incastóno...*] **1** fissare una pietra preziosa nel castone: — *uno zaffiro nel diadema* **2** (*fig.*) inserire ql.co. di prezioso, di raffinato: — *riferimenti letterari in un discorso.*

in|ca|sto|na|tù|ra *s.f.* operazione con cui si monta una pietra preziosa nel castone.

in|ca|strà|re *v.tr.* **1** collegare due o più elementi a forza in maniera che restino saldamente fissati: — *i diversi pezzi di un mobile* **2** (*fig.*, *fam.*) mettere qlcu. in una situazione difficile: *sono stato incastrato* ♦ **-rsi** *intr.pron.* **1** inserirsi saldamente in ql.co. in modo da non poterne uscire: *la ruota della bici si è incastrata nella rotaia* **2** detto di macchinario, bloccarsi: *si è incastrato il rullo.*

in|cà|stro *s.m.* **1** inserimento e fissaggio di un elemento in un altro | *a* —, tipo di collegamento tra elementi in cui il fissaggio è assicurato dalla pressione esercitata e dalla forma dei pezzi **2** la parte in cui due elementi si fissano strettamente tramite l'inserimento delle sporgenze dell'uno negli incavi dell'altro **3** gioco enigmistico in cui occorre incastrare una parola in un'altra, in modo da ottenerne una terza (p.e. "pini" e "roma", "pi-roma-ni").

in|ca|te|na|mén|to *s.m.* l'azione di incatenare.

in|ca|te|nà|re *v.tr.* [indic.pres. *io incaténo...*] **1** legare con catene: — *i cani* **2** (*fig.*) soggiogare: *un amore che mi incatena* **3** (*fig.*) frenare, impedire: — *la libertà di stampa* **4** (*edil.*) rendere più solida una costruzione con l'utilizzo di rinforzi metallici: — *un porto* ♦ **-rsi** *intr.pron.* legarsi con catene: *si sono incatenati ai cancelli per protesta.*

in|ca|te|nà|to *part.pass.* di incatenare ♦ *agg.* legato con catene | (*metr.*) **rima incatenata**, rima utilizzata nelle terzine dantesche, in cui il primo verso rima col terzo, il secondo col quarto ecc.

in|ca|te|na|tù|ra *s.f.* (*edil.*) rafforzamento di strutture murarie per mezzo di catene o altri rinforzi metallici.

in|ca|tra|mà|re *v.tr.* cospargere, ricoprire di catrame.

in|cat|ti|vi|re *v.tr.* [indic.pres. *io incattivisco, tu incattivisci...*] rendere cattivo: *le tante sofferenze lo hanno incattivito* ♦ [aus. *E*], **-rsi** *intr.pron.* diventare cattivo, inasprirsi.

in|càu|to *agg.* non cauto; poco prudente: *atteggiamento* — □ **incautamente** *avv.*

in|ca|val|la|tù|ra *s.f.* (*edil.*) capriata.

in|ca|và|re *v.tr.* incidere o scavare ql.co. dandogli una forma cava.

in|ca|và|to *part.pass.* di incavare ♦ *agg.* **1** che ha una forma cava o presenta una cavità: *tronco* — **2** (*estens.*) infossato: *occhi incavati; guance incavate.*

in|ca|va|tù|ra *s.f.* **1** l'atto e l'effetto dell'incavare **2** cavità.

in|ca|ver|nàr|si *v.intr.pron.* [indic.pres. *io mi cavèrno...*] di corsi d'acqua, scorrere sottoterra.

in|ca|vez|zà|re v.tr. [indic.pres. *io incavézzo...*] legare con la cavezza: *— un puledro*.
in|cà|vo o **incàvo** s.m. cavità, incavatura | *lavoro d'—* (o *a —*), incisione praticata nell'oro e nelle pietre dure per realizzare scritte, disegni o per incastonare gemme.
in|ca|vo|làr|si v.intr.pron. [indic.pres. *io m'incàvolo...*] (*fam.*) arrabbiarsi.
in|ca|vo|la|tù|ra s.f. (*fam.*) arrabbiatura.
in|caz|zàr|si v.intr.pron. (*volg.*) arrabbiarsi, infuriarsi.
in|caz|za|tù|ra s.f. (*volg.*) violenta arrabbiatura.
in|caz|zo|so agg. (*volg.*) che tende ad arrabbiarsi con facilità.
in|cè|de|re[1] v.intr. [indic.pres. *io incèdo...*; aus. A] (*lett.*) camminare in modo solenne e maestoso: *il generale incede tra due ali di folla*.
in|cè|de|re[2] s.m. modo di camminare solenne e maestoso: *l' — di una regina*.
in|ce|di|bi|le agg. che non può essere ceduto; inalienabile.
in|ce|di|bi|li|tà s.f. caratteristica di ciò che è incedibile.
in|cen|dià|re v.tr. [indic.pres. *io incèndio...*] 1 dare alle fiamme: *— un bosco* 2 (*fig.*) infiammare, eccitare: *il discorso ha incendiato la folla* ♦ **-rsi** intr.pron. prendere fuoco; iniziare a bruciare.
in|cen|dià|rio agg. 1 che provoca o è in grado di provocare un incendio: *spezzone —* 2 (*fig.*) che eccita gli animi: *discorsi incendiari* ♦ s.m. [f. -a] chi volontariamente appicca il fuoco a ql.co.
in|cèn|dio s.m. 1 combustione violenta e distruttiva: *l' — che ha distrutto Roma; appiccare, domare un —* 2 (*fig.*) manifestazione improvvisa e travolgente di un sentimento: *l' — della passione amorosa*.
in|ce|ne|ri|mén|to s.m. 1 riduzione in cenere 2 tecnica di smaltimento dei rifiuti solidi tramite combustione.
in|ce|ne|rì|re v.tr. [indic.pres. *io incenerisco, tu incenerisci...*] 1 ridurre in cenere: *le fiamme hanno incenerito il bosco* 2 (*fig.*) intimidire, annichilire: *lo ha incenerito con un'occhiata* ♦ **-rsi** intr.pron. ridursi in cenere.
in|ce|ne|ri|tó|re s.m. impianto per lo smaltimento dei rifiuti solidi tramite combustione.
in|cen|sa|mén|to s.m. 1 spargimento di fumi d'incenso su ql.co. o ql.co.: *l' — dell'altare* 2 (*fig.*) lode esagerata; adulazione.
in|cen|sà|re v.tr. [indic.pres. *io incènso...*] 1 spargere il fumo dell'incenso su ql.co. o qlcu.: *l'altare* 2 (*fig.*) lodare in maniera esagerata; adulare: *— il capo* ♦ **-rsi** rifl. e rifl.rec. adularsi.
in|cen|sà|ria s.f. menta selvatica.
in|cen|sa|ta s.f. 1 l'atto di incensare 2 (*fig.*) lode esagerata; adulazione.
in|cen|sa|tó|re s.m. [f. *-trice*] 1 chi sparge l'incenso 2 (*fig.*) adulatore.
in|cen|sa|zió|ne s.f. (*lit.*) atto liturgico con cui si cospargono d'incenso cose sacre e persone.
in|cen|siè|re s.m. recipiente in cui si fa bruciare l'incenso; turibolo.

in|cèn|so s.m. 1 gommoresina ottenuta incidendo diverse piante diffuse in Asia e Africa, che bruciando emana un aroma intenso; viene spec. utilizzata in alcune cerimonie religiose 2 (*estens.*) il fumo e l'aroma dell'incenso bruciato.
in|cen|su|rà|bi|le agg. che non può essere biasimato o criticato; inappuntabile: *un atteggiamento —*.
in|cen|su|ra|bi|li|tà s.f. condizione di irreprensibilità.
in|cen|su|rà|to agg., s.m. (*dir.*) che, chi non ha mai riportato condanne penali: *nella sparatoria è rimasto coinvolto un —*.
in|cen|ti|và|re v.tr. (*econ.*) stimolare, favorire un'attività per mezzo di incentivi: *— l'agricoltura con gli aiuti ai contadini* | incoraggiare, invogliare: *— i dipendenti con aumenti salariali*.
in|cen|ti|va|zió|ne s.f. agevolazione volta a favorire determinati comportamenti o attività.
in|cen|tì|vo s.m. 1 spinta, sollecitazione: *— all'azione* 2 (*econ.*) misura o concessione volta a favorire determinati comportamenti o attività: *sostenere l'acquisto di automobili con degli incentivi*.
in|cen|trà|re v.tr. [indic.pres. *io incèntro...*] fondare, imperniare: *— la discussione su temi d'attualità* ♦ **-rsi** intr.pron. fondarsi, imperniarsi: *il romanzo è incentrato sul tema della modernità*.
in|cèn|tro s.m. (*geom.*) punto d'incontro delle bisettrici di un triangolo, coincidente con il centro del cerchio inscritto al triangolo stesso.
in|cep|pa|mén|to s.m. 1 blocco nel funzionamento di un dispositivo 2 ciò che provoca un blocco | (*estens.*) ostacolo.
in|cep|pà|re v.tr. [indic.pres. *io incéppo...*] impedire il movimento o il normale funzionamento di ql.co. ♦ **-rsi** intr.pron. detto dei dispositivi, bloccarsi, non funzionare: *il fucile si è inceppato*.
in|ce|rà|re v.tr. [indic.pres. *io incéro...*] spalmare o ricoprire ql.co. di cera: *— le piastrelle* | rendere impermeabile con cera o sostanze analoghe: *— un tessuto*.
in|ce|rà|ta s.f. tessuto impermeabilizzato | indumento confezionato con tale tessuto, usato spec. dai marinai.
in|ce|ra|tù|ra s.f. trattamento dei tessuti con cera impermeabilizzante | strato di cera spalmato su una superficie.
in|cer|nie|rà|re v.tr. [indic.pres. *io incerniéro...*] (*tecn.*) dotare di cerniere | collegare utilizzando cerniere.
in|ce|rot|tà|re v.tr. [indic.pres. *io inceròtto...*] medicare con uno o più cerotti: *— un taglio* ♦ **-rsi** intr.pron. medicarsi con uno o più cerotti.
in|ce|rot|ta|tù|ra s.f. medicazione mediante cerotti.
in|cer|téz|za s.f. 1 mancanza di certezza: *l' — su quanto sta accadendo* 2 stato di dubbio; esitazione: *vivere nell'—*.
in|cèr|to agg. 1 non sicuro; dubbio: *informazioni incerte* | indeterminato: *figure di aspetto —* | *luce incerta*, debole, fioca 2 di difficile previsione: *esito —* | (*meteor.*) *tempo —*, instabile 3 dubbioso,

irresoluto: — *nel rispondere; restare* — *sulla decisione da prendere* **4** che rivela insicurezza: *cammina con passo* — ♦ *s.m.* **1** cosa dubbia, indeterminata: *non lasciare il certo per l'* — **2** (*estens.*) imprevisto: *gli incerti della vita.*

in|ce|spi|ca|re *v.intr.* [indic.pres. *io incéspico, tu incéspichi*...; aus. A] **1** urtare contro ql.co. nel camminare; inciampare: — *in un ramo* **2** (*fig.*) procedere a stento: — *nel leggere.*

in|ces|sàn|te *agg.* che non smette; continuato: *rumore* — | (*estens.*) che non concede tregua: *impegni incessanti* □ **incessantemente** *avv.*

in|cè|sto *s.m.* rapporto sessuale consumato fra consanguinei.

in|ce|stu|ó|so *agg.* **1** che costituisce incesto: *rapporto* — **2** che ha commesso incesto **3** che è nato in seguito a rapporto incestuoso: *figlio* — □ **incestuosamente** *avv.*

in|cèt|ta *s.f.* (*anche fig.*) accumulo della maggior quantità possibile di ql.co.: *fare* — *di viveri; fare* — *di premi.*

in|cet|tà|re *v.tr.* [indic.pres. *io incètto*...] accumulare la maggior quantità possibile di una merce, spec. a fini speculativi; accaparrare.

in|cet|ta|tó|re *agg., s.m.* [f. *-trice*] che, chi fa incetta.

in|chia|var|dà|re *v.tr.* collegare per mezzo di chiavarde.

in|chiè|sta *s.f.* **1** ricerca di notizie utili intorno a un fatto o a una situazione; indagine: *condurre un'* — | — *giornalistica,* servizio o serie di servizi giornalistici realizzati sulla base di un'accurata indagine **2** (*dir.*) indagine condotta dall'autorità competente allo scopo di accertare la dinamica di un fatto e individuarne i responsabili.

in|chi|nà|re *v.tr.* chinare verso il basso ♦ *-rsi rifl.* **1** chinare il capo o la persona in segno di riverenza: — *davanti al re* | (*fig.*) rendere omaggio: *mi inchino al suo coraggio* **2** adeguarsi, sottomettersi: — *al volere dell'autorità.*

in|chi|no *s.m.* atto di riverenza, di omaggio che si compie piegando il busto o il capo in avanti: *prodursi in un* —.

in|chio|da|mén|to *s.m.* l'atto di inchiodare.

in|chio|dà|re *v.tr.* [indic.pres. *io inchiòdo*...] **1** fissare con chiodi: — *una cassa* **2** (*estens.*) bloccare: *il lavoro mi inchioda a casa* | (*fig.*) — *qlcu. alle proprie responsabilità,* costringerlo a riconoscerle **3** (*fam.*) frenare bruscamente: *l'autista ha inchiodato a pochi metri dal precipizio* ♦ *-rsi intr.pron.* fermarsi di botto: *si è inchiodato sulla porta.*

in|chio|da|tri|ce *s.f.* macchina che permette di inchiodare automaticamente pezzi di legno.

in|chio|da|tù|ra *s.f.* l'operazione di fissare con chiodi | il complesso dei chiodi utilizzati per fissare ql.co.

in|chio|strà|re *v.tr.* [indic.pres. *io inchiòstro*...] spalmare d'inchiostro i rulli o le lastre tipografiche.

in|chio|stra|tó|re *s.m.* (*tipografia*) **1** [f. *-trice*] l'operaio addetto all'inchiostrazione **2** rullo utilizzato in tale operazione.

in|chio|stra|zió|ne *s.f.* l'operazione con cui si stende un velo d'inchiostro su rulli e lastre tipografiche.

in|chiò|stro *s.m.* **1** sostanza liquida, nera o di altri colori, utilizzata nella scrittura, nel disegno e nella stampa | — *simpatico,* soluzione incolore che risulta visibile soltanto con opportuni trattamenti | *nero come l'* —, molto nero | (*fig.*) *versare fiumi d'* — *su ql.co.,* dedicare molto spazio a un certo argomento sulla carta stampata **2** (*biol.*) liquido nerastro che viene emesso dalla seppia e da altri cefalopodi per difendersi.

in|ciam|pà|re *v.intr.* [aus. *E, A*] **1** urtare un ostacolo con il piede; incespicare: — *in un gradino* **2** (*fig.*) imbattersi in un ostacolo, in una difficoltà **3** (*fig.*) procedere a stento nel parlare e nel leggere.

in|ciàm|po *s.m.* **1** ostacolo su cui si inciampa o si può inciampare **2** (*fig.*) ostacolo, difficoltà: *trovare inciampi nella realizzazione di un progetto* | *essere d'* —, bloccare, ostacolare.

in|ci|den|tà|le *agg.* **1** che si verifica accidentalmente **2** di minore importanza: *aspetto* — | (*ling.*) *proposizione* —, proposizione inserita in un'altra, ma priva di legami sintattici con essa □ **incidentalmente** *avv.* **1** casualmente **2** in forma di digressione; marginalmente: *trattare un argomento solo* —.

in|ci|den|tà|to *agg.* di veicolo, che è stato danneggiato in un incidente.

in|ci|dèn|te[1] *part.pres. di* incidere ♦ *agg.* che cade sopra o nel mezzo di ql.co. | (*fis.*) *radiazione, raggio* —, quello che cade sopra una superficie | (*mat.*) *curve, rette incidenti,* che hanno almeno un punto in comune.

in|ci|dèn|te[2] *s.m.* **1** avvenimento imprevisto e negativo che impedisce il regolare svolgimento di ql.co. | infortunio, disgrazia: — *automobilistico* | (*fig.*) — *di percorso,* intoppo **2** discussione o disputa che avviene a margine del discorso più ampio: *chiudere l'* —.

in|ci|dèn|za *s.f.* **1** l'atto di cadere sopra ql.co. | (*fis.*) *angolo di* —, quello formato da un raggio luminoso con la perpendicolare alla superficie nel punto in cui esso cade **2** (*fig.*) influsso che un fenomeno esercita su una situazione: *l'* — *della crisi sulle retribuzioni* | frequenza con cui un fenomeno si manifesta: *l'* — *della dislessia sulla popolazione scolastica.*

in|ci|de|re[1] *v.tr.* [pass.rem. *io incìsi, tu incidésti*...; part.pass. *inciso*] **1** aprire un taglio netto senza recidere completamente: — *la cute* **2** intagliare ql.co. per tracciarvi figure o scritte: — *il legno* **3** (*fig.*) imprimere in maniera indelebile: — *un ricordo nella memoria* **4** registrare un suono su supporti analogici o digitali in modo da poterlo riprodurre: — *una sinfonia.*

in|ci|de|re[2] *v.intr.* [pass.rem. *io incìsi, tu incidésti*...; part.pass. *inciso;* aus. A] **1** ricadere, influire: *un fatto che incide sulla valutazione complessiva* | esercitare una profonda influenza **2** (*fis.*) pervenire: *il raggio incide sulla superficie* **3** (*mat.*) transitare per un punto.

in|ci|ne|rà|re *v.tr.* [indic.pres. *io incìnero...*] **1** (*chim.*) incenerire sostanze organiche mediante combustione **2** cremare.

in|ci|ne|ra|zió|ne *s.f.* pratica funeraria che consiste nel bruciare il corpo del defunto, conservandone le ceneri in urne cinerarie.

in|cìn|ta *agg.f.* si dice della donna in stato di gravidanza: *mettere, rimanere —*.

in|ci|pièn|te *agg.* che sta cominciando: *— vecchiaia*.

in|ci|pit (*lat.*) *s.m.invar.* **1** le parole iniziali di un testo **2** (*mus.*) le note iniziali di un brano.

in|ci|pi|tà|rio *s.m.* repertorio che raccoglie gli incipit di testi o brani musicali.

in|ci|priàre *v.tr.* [indic.pres. *io incìprio...*] cospargere di cipria ♦ **-rsi** *rifl.* darsi la cipria.

in|cir|ca o **in circa** *avv.* circa | *all'—*, più o meno, approssimativamente: *mancano all'— dieci minuti*.

in|ci|sió|ne *s.f.* **1** taglio netto praticato su una superficie: *praticare un'—* | (*med.*) **— chirurgica**, taglio dei tessuti per effettuare un intervento **2** arte di incidere una superficie dura per ottenere, dopo averla inchiostrata, una stampa su carta | (*estens.*) la riproduzione che se ne ottiene **3** decorazione di gioielli realizzata con il bulino **4** registrazione di suoni su supporti analogici o digitali: *l'— di un disco* | *sala di —*, studio attrezzato per la realizzazione di registrazioni musicali.

in|ci|si|vi|tà *s.f.* forza, efficacia: *l'— di uno stile*.

in|ci|si|vo *agg.* **1** che ha la capacità di incidere | (*anat.*) **dente —**, ciascuno dei quattro denti, posti nella parte centrale delle due arcate dentarie, che servono a tagliare i cibi **2** (*fig.*) preciso; efficace: *discorso —* ♦ *s.m.* dente incisivo □ **incisivamente** *avv.*

in|ci|so *part.pass. di* incidere ♦ *s.m.* breve frase inserita in un'altra, ma priva di legami sintattici con essa | *per —*, a margine, tra parentesi: *lo dico per —*.

in|ci|só|re *s.m.* chi pratica l'arte dell'incisione.

in|ci|sò|rio *agg.* che riguarda l'incisione | *sala incisoria*, quella in cui si pratica la dissezione dei cadaveri.

in|ci|stàr|si *v.rifl.* **1** (*biol.*) detto di Protozoi e di Metazoi, richiudersi dentro cisti quando si trovano in condizioni di vita sfavorevoli **2** (*med.*) essere avvolto da cisti.

in|ci|sù|ra *s.f.* (*anat.*) solco ben delineato che si trova lungo i margini di certi organi: *— cardiaca*.

in|ci|ta|mén|to *s.m.* sollecitazione; esortazione: *— al riscatto*.

in|ci|tà|re *v.tr.* [indic.pres. *io incito* o *incìto...*] indurre con sollecitazioni; esortare: *— qlcu. a fare ql.co.*

in|ciù|cio *s.m.* (*polit.*) nel linguaggio giornalistico, compromesso di basso livello, pasticciato: *fare un —*.

in|ci|vì|le *agg.* **1** che ha un livello di cultura e organizzazione sociale arretrato: *paese —* | che non è degno di una società civile: *norma —* **2** che manca di correttezza ed educazione; rozzo; villano: *comportamento —* ♦ *s.m./f.* persona villana, maleducata.

in|ci|vi|li|mén|to *s.m.* avanzamento progressivo verso uno stato di maggiore progresso: *— delle convenzioni sociali*.

in|ci|vi|lì|re *v.tr.* [indic.pres. *io incivilìsco, tu incivilìsci...*] rendere civile; civilizzare | (*estens.*) rendere meno rozzo: *gli studi lo hanno incivilito* ♦ **-rsi** *intr.pron.* diventare civile; civilizzarsi | (*estens.*) diventare meno rozzo.

in|ci|vil|tà *s.f.* **1** mancanza di civiltà; arretratezza **2** scarsa educazione; villania | atto offensivo o maleducato.

in|clas|si|fi|cà|bi|le *agg.* **1** che non si può inserire in una classificazione: *pianta, animale —* **2** (*estens.*) che non può essere valutato perché gravemente insufficiente: *un compito in classe — 3* (*fig.*) inqualificabile: *atteggiamento —*.

in|cle|mèn|te *agg.* **1** che manca di clemenza; inflessibile: *magistrato —* | aspro, duro: *destino —* **2** (*fig.*) detto di condizione meteorologica, sfavorevole: *tempo —* □ **inclementemente** *avv.*

in|cle|mèn|za *s.f.* **1** mancanza di clemenza; inflessibilità: *l'— di una sentenza* **2** (*fig.*) asprezza.

in|cli|nà|bi|le *agg.* che si può inclinare; reclinabile.

in|cli|na|mén|to *s.m.* l'atto di inclinare.

in|cli|nà|re *v.tr.* **1** mettere ql.co. in posizione obliqua: *— la bottiglia per versare l'acqua* **2** (*fig.*) disporre: *— l'animo alla bontà* ♦ *intr.* [aus. *A*] **1** essere piegato in posizione obliqua; pendere: *il poster inclina verso destra* **2** (*fig.*) propendere, essere disposto: *— alla violenza* ♦ **-rsi** *intr.pron.* piegarsi da una parte: *il muro si sta inclinando verso l'esterno*.

in|cli|nà|to *part.pass. di* inclinare ♦ *agg.* **1** obliquo, pendente: *un campanile —* **2** (*raro, fig.*) incline, propenso.

in|cli|na|zió|ne *s.f.* **1** pendenza: *l'— del pendio* | (*mat.*) **— di un piano, di una retta**, angolo che un piano o una retta formano con il piano orizzontale | (*astr.*) **— dell'asse di rotazione**, quello formato dall'asse di rotazione di un pianeta con il piano della sua orbita **2** (*fig.*) attitudine, talento: *avere una certa — per la recitazione* | simpatia, interesse: *manifestare un'— per qlcu.*

in|clì|ne *agg.* che ha la tendenza a fare ql.co., propenso: *— a dimenticare*.

in|cli|nò|me|tro *s.m.* strumento che serve per misurare l'inclinazione di navi e aerei.

in|clì|to *agg.* (*lett.*) illustre, glorioso: *l'— eroe*.

in|clù|de|re *v.tr.* [con. come *accludere*] **1** chiudere dentro; allegare: *— un biglietto nel pacco* **2** comprendere: *le bevande sono incluse nel prezzo* | far entrare in un gruppo: *— nell'elenco degli invitati*.

in|clu|sió|ne *s.f.* **1** inserimento di nuovi elementi in un gruppo, in una lista e sim.: *l'— di nuovi nominativi nella lista* **2** (*mat.*) relazione esistente tra due insiemi quando uno è sottoinsieme dell'altro.

in|clu|si|vo *agg.* che include; comprensivo: *il*

incluso

prezzo della vacanza è — *del volo* □ **inclusivamente** *avv.*
in|clu|so *part.pass. di* includere ♦ *agg.* **1** chiuso dentro; allegato **2** compreso: *spese incluse.*
in|co|a|gu|là|bi|le *agg.* che non è soggetto a coagulazione.
in|co|a|gu|la|bi|li|tà *s.f.* proprietà delle sostanze incoagulabili.
in|co|a|ti|vo *agg.* che esprime inizio | (*gramm.*) *verbo* —, che indica l'avvio dell'azione.
in|coc|cà|re *v.tr.* [indic.pres. *io incòcco, tu incòcchi...*] posizionare la cocca della freccia contro la corda dell'arco per scagliarla.
in|coc|cià|re *v.tr.* [indic.pres. *io incòccio...*] (*fam.*) **1** sbattere contro ql.co. incidentalmente **2** incontrare qlcu. ♦ *intr.* [aus. *A*] (*fam.*) imbattersi.
in|co|er|ci|bi|le *agg.* che non può essere controllato, trattenuto: *istinto* — □ **incoercibilmente** *avv.*
in|co|er|ci|bi|li|tà *s.f.* caratteristica di ciò che non può essere represso; irrefrenabilità.
in|co|e|rèn|te *agg.* **1** che manca di coesione, di compattezza: *materiale* — **2** (*fig.*) che manca di coerenza; incostante, contraddittorio: *atteggiamento* — □ **incoerentemente** *avv.*
in|co|e|rèn|za *s.f.* **1** mancanza di coesione, di compattezza **2** (*fig.*) mancanza di coerenza: — *tra pensiero e azione* **3** affermazione o atto contraddittorio: *incoerenze logiche.*
in|cò|glie|re *v.intr.* (con. come *cogliere;* aus. *E*] (*lett.*) capitare, accadere: *mal gliene incolse.*
in|cò|gni|ta *s.f.* **1** (*mat.*) variabile di valore non noto che compare in un'equazione: *equazione a due incognite; determinare l'* — **2** (*estens.*) fatto o situazione il cui sviluppo non è prevedibile: *i suoi comportamenti restano sempre un'* — | detto di persona, indecifrabile: *per me sei un'* —.
in|cò|gni|to *agg.* (*raro*) non conosciuto ♦ *s.m.* **1** stato di chi nasconde la propria identità: *restare in* — **2** ciò che è ignoto: *aver paura dell'* —.
in|col|làg|gio *s.m.* (*tecn.*) unione di elementi per mezzo di colla.
in|col|la|mén|to *s.m.* (*raro*) l'azione dell'incollare.
in|col|là|re *v.tr.* [indic.pres. *io incòllo...*] **1** unire, fissare con la colla: — *un ritaglio sul diario* **2** (*inform.*) nei programmi per l'elaborazione di testi o immagini, inserire nel file in lavorazione un blocco di dati precedentemente copiati in un'apposita area di memoria ♦ **-rsi** *intr.pron.* attaccarsi per mezzo della colla: *la busta non si è incollata bene* | (*fig.*) stare vicinissimo a qlcu. o a ql.co: — *al televisore.*
in|col|la|trì|ce *s.f.* (*tecn.*) macchinario usato per incollare.
in|col|la|tù|ra[1] *s.f.* fissaggio di due o più elementi per mezzo di colla | punto in cui due elementi sono incollati.
in|col|la|tù|ra[2] *s.f.* lunghezza della testa e del collo di un cavallo, presa come misura per indicare il distacco tra due cavalli in gara: *perdere per una* —.

in|col|le|rir|si *v.intr.pron.* [indic.pres. *io mi incollerisco, tu ti incollerisci...*; aus. *E*] adirarsi, arrabbiarsi.
in|col|mà|bi|le *agg.* (*spec. fig.*) che non può essere colmato: *la sua morte lascia un vuoto* —.
in|col|ma|bi|li|tà *s.f.* (*raro*) impossibilità di colmare un vuoto | distanza incolmabile.
in|col|lon|na|mén|to *s.m.* disposizione in colonna.
in|col|lon|nà|re *v.tr.* [indic.pres. *io incolónno...*] sistemare in colonna: — *i numeri da sommare* | far disporre in colonna: — *il plotone* ♦ **-rsi** *intr. pron.* mettersi in colonna, in fila: *le auto si sono incolonnate.*
in|col|ló|re (*meno com.* incolóro) *agg.* **1** che non ha colore: *un liquido* — **2** (*fig.*) privo di vivacità, monotono: *una giornata* —.
in|col|pà|re *v.tr.* [indic.pres. *io incólpo...*] dare a qlcu. la colpa di ql.co.; accusare: — *un automobilista per l'incidente* ♦ **-rsi** *rifl.* indicare se stesso come colpevole di ql.co.: *volle* — *dell'accaduto* ♦ *rifl. rec.* darsi la colpa a vicenda.
in|col|pé|vo|le *agg.* privo di colpa; innocente: *vittima* — □ **incolpevolmente** *avv.*
in|col|pe|vo|léz|za *s.f.* mancanza di colpa; innocenza.
in|cól|to *agg.* **1** non coltivato: *un terreno* — | *barba incolta* trascurata **2** (*fig.*) privo di cultura: *un giovane ancora* —.
in|cò|lu|me *agg.* che non ha subito alcun danno; illeso: *uscire* — *da un incidente* | (*anche fig.*) intatto: *il palazzo uscì* — *dalla catastrofe; ha mantenuto* — *il suo onore.*
in|co|lu|mi|tà *s.f.* condizione di chi o di ciò che è incolume: *salvaguardare l'* — *dei passeggeri.*
in|com|bèn|te *part.pres. di* incombere ♦ *agg.* detto di eventi negativi, che sta per accadere; imminente: *rischio* —.
in|com|bèn|za *s.f.* incarico, compito: *dare un'* —; *una pesante* —.
in|cóm|be|re *v.intr.* [indic.pres. *io incómbo...*; pass.rem. *io incombètti o incombéi, tu incombèsti...*; dif. del part. pass. e dei tempi composti] detto di eventi negativi, essere imminente; minacciare: *il rischio di crisi incombe sul paese.*
in|com|bu|stì|bi|le *agg.* che non è soggetto a processi di combustione: *tessuto* —.
in|com|bu|sti|bi|li|tà *s.f.* caratteristica di ciò che è incombustibile.
in|com|bù|sto *agg.* (*scient.*) che non è bruciato.
in|co|min|cià|re *v.tr.* [indic.pres. *io incomìncio...*] dare inizio a ql.co.; cominciare: — *un viaggio* ♦ *intr.* [aus. *E*] avere inizio: *incominciano le vacanze.*
in|com|men|su|rà|bi|le *agg.* **1** (*anche fig.*) che non può essere misurato, che non ha un adeguato termine di paragone: *una vastità* — | (*estens.*) immenso: *l'* — *saggezza degli anziani* **2** (*mat.*) detto di grandezze omogenee prive di un sottomultiplo comune □ **incommensurabilmente** *avv.*
in|com|men|su|ra|bi|li|tà *s.f.* carattere di ciò che è incommensurabile.

in|com|me|stì|bi|le agg. non commestibile.
in|com|mu|tà|bi|le agg. che non può essere commutato, scambiato con altro: *pena —*.
in|com|mu|ta|bi|li|tà s.f. caratteristica di ciò che è incommutabile.
in|co|mo|dà|re v.tr. [indic.pres. *io incòmodo...*] recare disturbo: *non vorrei incomodarla* ♦ **-rsi** rifl. prendersi disturbo: *non s'incomodi per me*.
in|cò|mo|do agg. che provoca fastidio, disagio | *il terzo —*, detto di chi si aggrega inopportunamente a due persone che vorrebbero rimanere sole ♦ s.m. ciò che provoca fastidio, disagio | *levare l'—*, andarsene.
in|com|pa|rà|bi|le agg. senza confronto; ineguagliabile: *un'abilità —* | (*estens.*) straordinario: *una persona —* | *dati incomparabili*, non omogenei e quindi non confrontabili □ **incomparabilmente** avv.
in|com|pa|ra|bi|li|tà s.f. caratteristica di ciò che è incomparabile; eccezionalità.
in|com|pa|tì|bi|le agg. 1 che non si può conciliare; che non può coesistere con ql.co.: *parole incompatibili con un certo ruolo istituzionale* | (*dir.*) *incarichi, cariche incompatibili*, che non possono essere assunti dalla stessa persona contemporaneamente 2 (*inform.*) detto di sistemi operativi, programmi o componenti hardware che non possono essere connessi tra loro □ **incompatibilmente** avv.
in|com|pa|ti|bi|li|tà s.f. 1 impossibilità a coesistere; inconciliabilità: *— di opinioni* | *— di carattere*, inconciliabile diversità di carattere tra due persone 2 (*med.*) inconciliabilità del sistema immunitario di due individui che rende impossibile effettuare trasfusioni o trapianti dall'uno all'altro 3 (*inform.*) impossibilità di mettere in relazione tra loro sistemi operativi, programmi o componenti hardware 4 (*dir.*) inconciliabilità tra due uffici o cariche.
in|com|pe|ne|tra|bi|li|tà s.f. (*fis.*) proprietà della materia per cui due corpi non possono compenetrarsi a vicenda.
in|com|pe|tèn|te agg. 1 privo di competenze in un certo ambito: *sono del tutto — in materia* | (*estens.*) che non ha un'adeguata conoscenza del proprio mestiere; incapace: *un critico —* 2 (*dir.*) che non ha il potere di compiere determinati atti: *giudice —* ♦ s.m./f. persona incompetente □ **incompetentemente** avv.
in|com|pe|tèn|za s.f. 1 mancanza di competenza in un certo ambito | (*estens.*) incapacità 2 (*dir.*) inidoneità di un organo giurisdizionale a compiere un determinato atto.
in|com|piu|téz|za s.f. mancanza di compiutezza.
in|com|più|to agg. che non è completato: *un'opera incompiuta* □ **incompiutamente** avv.
in|com|ple|téz|za s.f. mancanza di completezza: *— dell'informazione*.
in|com|plè|to agg. che non è completo; che manca di qualche parte: *discorso —* □ **incompletamente** avv.
in|com|pren|sì|bi|le agg. che non si può o non si riesce a capire: *un discorso —* | *persona —*, stra-

incongruente

na, introversa □ **incomprensibilmente** avv. 1 in modo incomprensibile 2 in modo strano, senza un motivo valido: *— non mi ha risposto*.
in|com|pren|si|bi|li|tà s.f. caratteristica di ciò che è incomprensibile.
in|com|pren|sió|ne s.f. mancanza di comprensione, spec. con riferimento alla sfera affettiva: *— tra coniugi*.
in|com|prè|so agg. che non è capito, valorizzato: *sentirsi —* | (*iron.*) *genio —*, si dice di chi ritiene di avere un talento non riconosciuto dagli altri.
in|com|pres|si|bi|li|tà s.f. (*fis.*) proprietà delle sostanze liquide o solide di non subire diminuzione di volume con l'aumentare della pressione esterna.
in|com|prì|mi|bi|le agg. che non si può frenare, controllare: *un'avversione —*.
in|co|mu|ni|cà|bi|le agg. che non può essere comunicato: *sentimento —* □ **incomunicabilmente** avv.
in|co|mu|ni|ca|bi|li|tà s.f. 1 carattere di ciò che è incomunicabile: *l'— di un'esperienza* 2 impossibilità di stabilire un rapporto con le altre persone.
in|con|ce|pì|bi|le agg. 1 che non si può immaginare o comprendere 2 (*estens.*) assurdo, inammissibile: *atteggiamento —*.
in|con|ce|pi|bi|li|tà s.f. carattere di ciò che è inconcepibile.
in|con|ci|lià|bi|le agg. che non si accorda, non può coesistere: *idee inconciliabili* □ **inconciliabilmente** avv.
in|con|ci|lia|bi|li|tà s.f. impossibilità di accordare e far coesistere due o più persone o cose: *— di idee*.
in|con|clu|dèn|te agg. 1 (*di cosa*) che non giunge a conclusione; che non raggiunge il suo fine: *uno sforzo —* | (*estens.*) inutile: *chiacchiere inconcludenti* 2 (*di persona*) che non termina nulla di quel che inizia; dispersivo, inefficiente ♦ s.m./f. persona inconcludente.
in|con|clu|dèn|za s.f. caratteristica di chi è inconcludente.
in|con|cùs|so agg. (*lett.*) che resiste a tutto; incrollabile: *inconcussa fiducia*.
in|con|di|zio|nà|to agg. non sottoposto ad alcuna limitazione o condizione; assoluto: *affetto —*; *resa incondizionata* □ **incondizionatamente** avv.
in|con|fes|sà|bi|le agg. che non si può ammettere senza vergognarsi; turpe, vergognoso: *un — delitto* □ **inconfessabilmente** avv.
in|con|fes|sà|to agg. che non si confessa a nessuno e si cerca di dimenticare: *un — desiderio*.
in|con|fon|dì|bi|le agg. che non si può confondere: *uno stile —*.
in|con|fu|tà|bi|le agg. che non può essere confutato; indiscutibile: *argomento —* □ **inconfutabilmente** avv.
in|con|fu|ta|bi|li|tà s.f. carattere di ciò che è inconfutabile.
in|con|gru|èn|te agg. privo di coerenza logica;

contraddittorio: *atteggiamento, ragionamento* —
☐ **incongruentemente** *avv.*
in|con|gru|èn|za *s.f.* **1** mancanza di logica; contraddittorietà: *l'— di un racconto* **2** contraddizione: *un comportamento pieno di incongruenze.*
in|con|grui|tà *s.f.* mancanza di proporzione; inadeguatezza.
in|còn|gruo *agg.* che non è proporzionato; inadeguato: *un compenso* —.
in|co|no|sci|bi|le *agg., s.m.* che non si può conoscere perché eccede le possibilità della mente umana.
in|co|no|sci|bi|li|tà *s.f.* carattere di ciò che è inconoscibile: *l'— di Dio.*
in|con|sa|pé|vo|le *agg.* che non è a conoscenza o non si rende conto di ql.co.; ignaro: *essere — di quanto sta accadendo* ☐ **inconsapevolmente** *avv.*
in|con|sa|pe|vo|léz|za *s.f.* mancanza di consapevolezza.
in|còn|scio *agg.* [f.pl. *-sce*] che non è avvertito dalla coscienza; inconsapevole, involontario: *pulsione inconscia* ♦ *s.m.* **1** il complesso dei processi psichici che hanno luogo al di fuori della sfera di coscienza **2** (*psicoan.*) parte più profonda della psiche, di cui l'individuo non ha coscienza, ma che ne condiziona condotta ed emozioni | — **collettivo**, nella psicologia di Jung, la parte dell'inconscio in cui sono contenute le immagini psichiche preesistenti all'individuo ☐ **inconsciamente** *avv.*
in|con|se|guèn|te *agg.* privo di legami logici con quanto precede: *conclusioni inconseguenti.*
in|con|si|stèn|te *agg.* **1** privo di consistenza: *una stoffa* — **2** (*fig.*) privo di forza e di valore: *un discorso* — ♦ ☐ **inconsistentemente** *avv.*
in|con|si|stèn|za *s.f.* mancanza di consistenza.
in|con|so|là|bi|le *agg.* che non si può consolare; disperato: *un pianto* — ☐ **inconsolabilmente** *avv.*
in|con|su|è|to *agg.* che non rientra nelle consuetudini comuni; insolito: *avvenimento* —.
in|con|sùl|to *agg.* non razionale; sconsiderato, avventato: *gesto* —.
in|con|sùn|to *agg.* (*lett.*) non consumato; intatto.
in|con|ta|mi|nà|to *agg.* non contaminato; intatto, puro.
in|con|te|nì|bi|le *agg.* che non si può frenare; incontrollabile: *esultanza* —.
in|con|ten|tà|bi|le *agg.* che non è mai soddisfatto; che vuole sempre di più | molto esigente, spec. con se stesso: *un artista* — ♦ *s.m./f.* persona incontentabile.
in|con|ten|ta|bi|li|tà *s.f.* caratteristica di chi è incontentabile.
in|con|te|stà|bi|le *agg.* che non si può contestare; sicuro, certo: *dati incontestabili.*
in|con|te|sta|bi|li|tà *s.f.* carattere di ciò che è incontestabile.
in|con|te|stà|to *agg.* che non viene contestato; indiscusso, sicuro: *diritto* —.
in|con|ti|nèn|te *agg.* **1** che non sa controllarsi, frenarsi, moderarsi **2** (*med.*) che soffre di incontinenza ♦ *s.m./f.* **1** persona intemperante, smodata **2** (*med.*) chi soffre di incontinenza.
in|con|ti|nèn|za *s.f.* **1** incapacità di controllare le proprie pulsioni; smodatezza **2** (*med.*) patologica incapacità di controllare l'emissione di urina o di feci.
in|con|trà|re *v.tr.* [indic.pres. *io incóntro...*] **1** trovare qlcu. casualmente o per un accordo: — *un vecchio compagno di scuola*; *ci incontreremo davanti al cinema* **2** avere davanti ql.co.: — *un problema* — **il favore di qlcu.**, ottenerne l'approvazione, l'apprezzamento **3** (*sport*) affrontare un avversario in uno scontro diretto: *domenica la Juve incontra il Milan* ♦ **-rsi** *rifl.rec.* **1** trovarsi, casualmente o per un accordo: — *a casa di amici* **2** (*sport*) affrontarsi in uno scontro diretto: *i due campioni s'incontreranno in finale* **3** (*fig.*) essere d'accordo: *si incontrano nelle idee politiche.*
in|con|trà|rio *avv.* (*fam.*) solo nella loc. **all'**—, al contrario.
in|con|tra|stà|bi|le *agg.* si dice di cosa a cui non è possibile opporsi: *una superiorità* — | indiscutibile: *giudizio* — ☐ **incontrastabilmente** *avv.*
in|con|tra|stà|to *agg.* che non incontra opposizione: *dominio* —.
in|cón|tro¹ *s.m.* **1** l'atto di incontrare o di incontrarsi: — *fortuito* **2** appuntamento, ritrovo pianificato tra due o più persone: *rimandare l'*— | — **al vertice**, incontro tra capi di Stato o di partito **3** (*sport*) competizione, gara: — *di tennis.*
in|cón|tro² *avv.* verso, in direzione di: *correre a qlcu.* | (*fig.*) *andare* — **a una brutta sorpresa**, essere destinato ad averla | (*fig.*) *andare, venire* — **a qlcu.**, prestargli aiuto; agevolarlo.
in|con|trol|là|bi|le *agg.* che non si riesce a tenere sotto controllo: *rabbia* — **2** che non può essere verificato: *notizie incontrollabili* ☐ **incontrollabilmente** *avv.*
in|con|trol|là|to *agg.* **1** che non è frenato o tenuto sotto controllo: *reazione incontrollata* **2** di cui non si può verificare l'attendibilità: *notizia incontrollata.*
in|con|tro|ver|tì|bi|le *agg.* che non si può mettere in discussione; inoppugnabile: *dato* — ☐ **incontrovertibilmente** *avv.*
in|con|tro|ver|ti|bi|li|tà *s.f.* carattere di ciò che è incontrovertibile.
in|con|ve|nièn|te *s.m.* **1** fatto spiacevole, dannoso; intoppo, complicazione: *avere un piccolo* — **2** aspetto svantaggioso di ql.co.: *il progetto presenta alcuni inconvenienti.*
in|con|ver|tì|bi|le *agg.* (*raro*) che non si può convertire | (*econ.*) **moneta** —, che non può essere cambiata in valuta straniera o in oro.
in|con|ver|ti|bi|li|tà *s.f.* carattere di ciò che è inconvertibile.
in|co|rag|gia|mén|to *s.m.* sostegno dato a chi è in difficoltà: *parole di* —.
in|co|rag|giàn|te *part.pres.* di incoraggiare ♦ *agg.* che dà coraggio: *notizia* — | *promettente*: *risultati incoraggianti.*
in|co|rag|già|re *v.tr.* [indic.pres. *io incoràggio...*]

1 dare coraggio: — *il campione in difficoltà* | incitare: — *qlcu. a fare ql.co.* **2** favorire, incentivare: — *l'economia.*

in|cor|dà|re *v.tr.* [indic.pres. *io incòrdo...*] fornire di corde uno strumento musicale o un attrezzo: — *una chitarra* ♦ **-rsi** *intr.pron.* detto spec. di muscoli, diventare rigidi e bloccarsi.

in|cor|nà|re *v.tr.* [indic.pres. *io incòrno...*] **1** colpire, infilzare con le corna **2** (*sport, fig.*) nel gergo calcistico, colpire il pallone di testa.

in|cor|na|ta *s.f.* **1** colpo di corna inferto da un animale **2** (*sport, fig.*) nel gergo calcistico, colpo di testa.

in|cor|ni|cià|re *v.tr.* [indic.pres. *io incornìcio...*] **1** mettere in cornice: — *una foto* | (*fig.*) *da* —, memorabile, da ricordare **2** (*fig.*) circondare come una cornice: *i monti incorniciano la valle.*

in|cor|ni|cia|tù|ra *s.f.* **1** sistemazione in cornice **2** cornice.

in|co|ro|nà|re *v.tr.* [indic.pres. *io incoróno...*] **1** porre una corona o una ghirlanda sulla testa di qlcu.: — *il nuovo sovrano* **2** (*fig.*) conferire un titolo: — *campione d'Italia.*

in|co|ro|na|zió|ne *s.f.* **1** cerimonia solenne con cui si pone una corona sul capo di un sovrano **2** cerimonia di conferimento di un titolo.

in|cor|po|ra|mén|to *s.m.* incorporazione.

in|cor|po|rà|re *v.tr.* [indic.pres. *io incòrporo...*] **1** mescolare più sostanze in modo da ottenere una massa omogenea: — *le uova con la farina* **2** (*estens.*) inserire in un organismo più vasto; assorbire: — *un comune in una metropoli* | annettere: — *nuove aziende in una società* **3** detto di sostanza, assorbire: *la calce incorpora l'acqua* ♦ **-rsi** *intr.pron.* mescolarsi in modo da formare una massa omogenea.

in|cor|po|rà|to *part.pass. di* incorporare ♦ *agg.* **1** amalgamato **2** (*estens.*) assorbito | annesso **3** inserito, unito strettamente a ql.co.: *tubetto con dosatore* —*.*

in|cor|po|ra|zió|ne *s.f.* assorbimento, inserimento in un organismo più vasto | annessione.

in|cor|po|rei|tà *s.f.* inconsistenza materiale: *l'* — *dello spirito.*

in|cor|pò|re|o *agg.* che è privo di consistenza materiale: *anima incorporea.*

in|cor|reg|gi|bi|le *agg.* **1** che non si può o è difficile correggere | (*estens.*) che non si riesce a migliorare: *un'abitudine* — **2** (*estens.*) incallito, impenitente: *un* — *bugiardo.*

in|cor|reg|gi|bi|li|tà *s.f.* caratteristica di chi o di ciò che è incorreggibile.

in|cór|re|re *v.intr.* [con. come *correre*; aus. *E*] incappare in ql.co. di spiacevole: — *in pesanti sanzioni.*

in|cor|ròt|to *agg.* **1** che non ha subito processi di putrefazione: *salma incorrotta* **2** (*fig.*) che non è corrotto; puro: *animo* — **3** (*fig.*) che non si è lasciato corrompere: *un funzionario* —*.*

in|cor|rut|tì|bi|le *agg.* che non si lascia corrompere: *un politico* —*.*

in|cor|rut|ti|bi|li|tà *s.f.* condizione di chi o di ciò che non può essere corrotto.

in|co|scièn|te *agg.* **1** che non ha coscienza di sé: *gli animali sono esseri incoscienti* | che ha perso i sensi: *restare* — *per un malore* **2** che agisce senza pensare; irresponsabile ♦ *s.m./f.* persona irresponsabile: *guidare come un* — □ **incoscientemente** *avv.*

in|co|scièn|za *s.f.* **1** mancanza temporanea dei sensi; svenimento | *in stato d'*—, svenuto **2** irresponsabilità: *agire con* — | azione irresponsabile, avventata: *quell'* — *gli è costata cara.*

in|co|stàn|te *agg.* privo di costanza; discontinuo, volubile: *temperamento* — | (*meteor.*) *tempo* —, variabile ♦ *s.m./f.* persona discontinua, volubile.

in|co|stàn|za *s.f.* volubilità, mutevolezza: *l'* — *del tempo.*

in|co|sti|tu|zio|nà|le *agg.* (*dir.*) che non rispetta le norme della Costituzione: *provvedimento* — □ **incostituzionalmente** *avv.*

in|co|sti|tu|zio|na|li|tà *s.f.* (*dir.*) mancato rispetto delle norme costituzionali: — *di una legge.*

in|cra|vat|tà|to *agg.* che indossa la cravatta | (*scherz.*) vestito in modo ricercato.

in|cre|à|to *agg.* (*lett.*) che non è stato creato, spec. come attributo di Dio.

in|cre|dì|bi|le *agg.* **1** che non può essere creduto; assurdo: *una vicenda* — | *è* —*!, mi sembra* —*!,* esclamazioni stupite o irritate **2** (*iperb.*) fuori dall'ordinario; eccezionale: *una pazienza* — □ **incredibilmente** *avv.* **1** in modo incredibile: — *ha superato la prova* **2** straordinariamente.

in|cre|di|bi|li|tà *s.f.* carattere di ciò che è incredibile.

in|cre|du|li|tà *s.f.* **1** tendenza a non credere in ql.co.; scetticismo: *ascoltare con* — **2** mancanza di fede religiosa.

in|crè|du|lo *agg.* **1** che non crede a ql.co.; scettico: *restare* — **2** che non ha fede religiosa.

in|cre|men|tà|le *agg.* che riguarda un incremento.

in|cre|men|tà|re *v.tr.* [indic.pres. *io increménto...*] far crescere; aumentare: — *le entrate.*

in|cre|mén|to *s.m.* **1** aumento: — *delle spese* **2** (*mat.*) differenza fra due valori di una stessa variabile.

in|cre|sció|so *agg.* spiacevole, imbarazzante: *un* — *incidente* □ **incresciosamente** *avv.*

in|cre|spa|mén|to *s.m.* (*raro*) increspatura.

in|cre|spà|re *v.tr.* [indic.pres. *io incréspo...*] rendere crespo: — *i capelli; il vento increspa la superficie marina* ♦ **-rsi** *intr.pron.* divenire crespo: *il lago si è increspato.*

in|cre|spà|to *part.pass. di* increspare ♦ *agg.* **1** che presenta piccole piegature: *tessuto* — **2** leggermente mosso: *mare* —*.*

in|cre|spa|tù|ra *s.f.* l'atto di increspare | il suo risultato.

in|cre|ti|ni|mén|to *s.m.* indebolimento delle facoltà mentali; istupidimento.

in|cre|ti|nì|re *v.tr.* [indic.pres. *io incretinisco, tu incretinisci...*] far diventare cretino: *troppa televisione incretinisce* ♦ *intr.* [aus. *E*], **-rsi** *intr.pron.* divenire cretino.

in|cri|mi|nà|bi|le agg. che si può incriminare.
in|cri|mi|nà|re v.tr. [indic.pres. *io incrìmino*...] imputare qlcu. di un reato: *incriminare qlcu. per strage*.
in|cri|mi|nà|to part.pass. di incriminare ♦ agg. 1 si dice di persona imputata di un reato 2 si dice di oggetto utilizzato per commettere un reato: *l'auto incriminata per l'investimento* | (*estens.*) che è messo sotto accusa o criticato perché inopportuno, offensivo e sim.: *parole incriminate*.
in|cri|mi|na|zió|ne s.f. atto con cui si incrimina: *l'— di un indagato*.
in|cri|nà|re v.tr. 1 lesionare aprendo una sottile fessura, una crepa: — *un calice* 2 (*fig.*) deteriorare, compromettere: — *un rapporto* ♦ -rsi intr. pron. 1 subire un'incrinatura 2 (*fig.*) deteriorarsi: *la loro amicizia si è incrinata*.
in|cri|na|tù|ra s.f. 1 sottile fessura, crepa: *l'— di un bicchiere* 2 (*fig.*) dissapore: *un legame senza incrinature* | deterioramento: *un'— nelle istituzioni* 3 leggera alterazione della voce.
in|cro|cià|re v.tr. [indic.pres. *io incrócio*...] 1 mettere ql.co. di traverso a un'altra: — *due fili* | (*fig.*) — *le braccia*, scioperare | — *le dita*, accavallare indice e medio come gesto propiziatorio | (*fig.*) — *le armi*, combattere | (*sport*) — *i guantoni*, nel pugilato, affrontarsi in un incontro 2 intersecare perpendicolarmente: *via Porpora incrocia viale Teodosio* 3 incontrare qlcu. o ql.co. che si muove in direzione opposta: — *il traffico dei pendolari* 4 (*biol.*) effettuare un incrocio tra razze animali o specie vegetali diverse: — *un lupo con un alano* ♦ intr. [aus. *A*] (*mar.*, *aer.*) navigare o volare mantenendosi all'interno dello stesso tratto: *una fregata che incrocia al largo della Sicilia* ♦ -rsi rifl.rec. 1 intersecarsi perpendicolarmente: *qui si incrociano strada e ferrovia* 2 incontrarsi movendosi in direzioni opposte: — *in mezzo alla strada* 3 (*biol.*) detto di animali o vegetali, unirsi a individui di specie diversa.
in|cro|cià|to part.pass. di incrociare ♦ agg. messo di traverso | (*mil.*) **fuoco** —, quello prodotto su uno stesso obiettivo da armi che sparano da posizioni diverse | *parole incrociate*, cruciverba.
in|cro|cia|tó|re s.m. (*mar.*) nave da guerra veloce e notevolmente armata.
in|cró|cio s.m. 1 intersezione tra due cose: *l'— di due sentieri* 2 punto in cui due cose s'incrociano: *l'— delle travi del tetto* | punto in cui si incrociano due o più strade: *un — trafficato* 3 (*biol.*) accoppiamento di razze animali o specie vegetali differenti | il prodotto di tale accoppiamento.
in|crol|là|bi|le agg. 1 che non può crollare 2 (*fig.*) che non vien meno; saldo: — *fiducia* □ **incrollabilmente** avv.
in|cro|sta|mén|to s.m. incrostazione.
in|cro|stà|re v.tr. [indic.pres. *io incròsto*...] 1 ricoprire di uno strato di sedimenti: *la ruggine incrosta la ringhiera* 2 ornare con un rivestimento di pregio: *un vaso incrostato di pietre preziose* ♦ -rsi intr.pron. rivestirsi di uno strato di sedimenti.

in|cro|sta|tù|ra s.f. incrostazione.
in|cro|sta|zió|ne s.f. 1 formazione di uno strato di sedimenti su una superficie: — *calcareo* | strato di sedimenti 2 tecnica decorativa che consiste nell'applicare su mobili, gioielli e sim. materiali di pregio | materiale usato per incrostare: — *di onice* 3 (*fig.*) elemento residuale e ormai superato: *incrostazioni ideologiche*.
in|cru|de|li|mén|to s.m. aumento di crudeltà.
in|cru|de|lì|re v.intr. [indic.pres. *io incrudelisco, tu incrudelisci*...] 1 [aus. *E*] divenire crudele o più crudele: *il dittatore incrudeliva di anno in anno* 2 [aus. *A*] compiere atti di crudeltà: — *contro i più deboli*.
in|cru|di|mén|to s.m. trattamento che permette di conferire maggiore durezza ed elasticità ai metalli.
in|cru|èn|to agg. che avviene senza spargimento di sangue: *scontro* — | (*med.*) *trattamento* —, trattamento di lesioni che non prevede l'incisione dei tessuti.
in|cu|bà|re v.tr. [indic.pres. *io incùbo* o *incubo*...] tenere in incubazione: — *le uova*.
in|cu|ba|tó|io s.m. locale nel quale vengono installate le incubatrici per le uova.
in|cu|ba|trì|ce s.f. 1 particolare culla, ricoperta di vetro o di plastica, a temperatura e umidità costanti, attrezzata per rifornire di ossigeno i neonati prematuri il calore e l'ossigeno necessari per il loro sviluppo 2 apparecchiatura utilizzata nella cova artificiale delle uova.
in|cu|ba|zió|ne s.f. 1 negli animali ovipari e ovovivipari, il processo di sviluppo degli embrioni; cova: *tempo di* — 2 (*med.*) periodo di tempo che intercorre tra l'ingresso di un germe infettivo nell'organismo e la comparsa dei primi sintomi della malattia 3 (*fig.*) periodo di preparazione di un avvenimento prima di manifestarsi: *un crollo in — da tempo*.
ìn|cu|bo s.m. 1 sogno che genera angoscia e panico: *incubi notturni* 2 (*fig.*) grave preoccupazione; angoscia: *l'— della guerra* | persona che provoca fastidio: *quell'uomo è un —!*
in|cù|di|ne s.f. 1 blocco di acciaio con due sporgenze laterali su cui il fabbro appoggia il metallo da lavorare | (*fig.*) *essere, trovarsi tra l'— e il martello*, trovarsi costretto tra due alternative ugualmente sgradevoli o dannose 2 (*anat.*) uno dei tre ossicini dell'orecchio medio.
in|cul|cà|re v.tr. [indic.pres. *io incùlco, tu incùlchi*...] imprimere nella mente o nell'animo di qlcu. in maniera persuasiva: — *nei giovani il rispetto per le regole*.
in|cul|tù|ra s.f. mancanza di cultura.
in|cu|nà|bo|lo s.m. libro stampato nel sec. XV, agli inizi dell'arte della stampa.
in|cu|ne|à|re v.tr. [indic.pres. *io incùneo*...] conficcare saldamente ql.co. come un cuneo; infilare: — *una leva sotto il mobile da spostare* ♦ -rsi intr.pron. (*anche fig.*) inserirsi in ql.co. come un cuneo; insinuarsi: *il sospetto si incuneava nei suoi pensieri*.
in|cu|pì|re v.tr. [indic.pres. *io incupisco, tu incu-*

pisci...] far diventare cupo: *i colori scuri incupiscono gli ambienti* | (*fig.*) intristire: *la malattia incupisce le persone* ♦ **-rsi** *intr.pron.* divenire cupo: *vedo il cielo* — | (*fig.*) intristirsi.

in|cu|rà|bi|le *agg.* che non può essere curato; inguaribile: *male* — ♦ *s.m./f.* persona affetta da una malattia incurabile.

in|cu|ra|bi|li|tà *s.f.* condizione di chi o di ciò che non può essere curato.

in|cu|ràn|te *agg.* che non si interessa di ciò che lo riguarda: — *dei suoi beni;* — *del pericolo.*

in|cù|ria *s.f.* mancanza di cura; trascuratezza | stato di abbandono che deriva da tale atteggiamento, sciatteria.

in|cu|rio|sì|re *v.tr.* [indic.pres. *io incuriosisco, tu incuriosisci...*] suscitare curiosità: *una vicenda che incuriosisce il pubblico* ♦ **-rsi** *intr.pron.* esser preso da curiosità: — *di un nuovo argomento.*

in|cur|sió|re *agg.* che compie un'incursione militare: *aereo* — ♦ *s.m.* (*mil.*) membro di speciali corpi delle forze armate specializzato nelle operazioni d'assalto in territorio nemico.

in|cur|va|mén|to *s.m.* piegamento a curva.

in|cur|và|re *v.tr.* piegare rendendo curvo: — *un'asta di ferro* | (*fig.*) — **la schiena**, sottomettersi in modo servile ♦ **-rsi** *intr.pron.* diventare curvo: *il ramo si incurva per il peso dei frutti.*

in|cur|va|tù|ra *s.f.* forma, andamento a curva.

in|cur|vìr|si *v.intr.pron.* [indic.pres. *io mi incurvisco, tu ti incurvisci...*] diventare curvo; ingobbirsi: — *per via dell'età.*

in|cu|sto|dì|to *agg.* privo di sorveglianza | **passaggio a livello** —, senza le sbarre.

in|cù|te|re *v.tr.* [pass.rem. *io incussi, tu incutésti...*; part.pass. *incusso*] infondere, suscitare un sentimento con forza o autorevolezza: — *rispetto, soggezione.*

in|da|co *s.m.* **1** materia colorante azzurro-violacea ottenuta da alcune piante o sinteticamente **2** il colore di tale materia, che è uno dei sette colori dell'iride ♦ *agg.invar.* che ha colore azzurro-violaceo: *un tessuto* —.

in|daf|fa|rà|to *agg.* che ha molte cose da fare; affaccendato: *un uomo sempre* —.

in|da|gà|bi|le *agg.* che può essere indagato.

in|da|gà|re *v.tr.* [indic.pres. *io indago, tu indaghi...*] compiere ricerche sistematiche in merito a ql.co.: — *le cause dell'incidente* | *sottoporre a indagine* ♦ *intr.* [aus. *A*] investigare: — *su un furto.*

in|da|gà|to *part.pass.* di indagare ♦ *s.m.* [f-a] (*dir.*) persona sottoposta a indagini preliminari nell'ambito del processo penale: *gli indagati sono stati sentiti dal procuratore.*

in|da|ga|tó|re *agg.*, *s.m.* [f. *-trice*] che, chi conduce una ricerca, un'indagine: *un grande* — *della storia contemporanea* | *sguardo* —, che scruta.

in|dà|gi|ne *s.f.* **1** ricerca sistematica volta a conoscere ql.co.: — *scientifica* | — *di mercato*, analisi volta a valutare la commercializzazione di un prodotto **2** (*spec. pl.*) investigazione condotta dall'autorità giudiziaria o dagli organi di polizia.

in|dàr|no *avv.* (*lett.*) invano, inutilmente.

in|de|bi|ta|mén|to *s.m.* l'atto di contrarre un debito | il debito stesso.

in|de|bi|tà|re *v.tr.* [indic.pres. *io indébito...*] gravare qlcu. di debiti: *il fallimento lo ha indebitato* ♦ **-rsi** *rifl.* contrarre un debito: — *pesantemente.*

in|dé|bi|to *agg.* **1** non dovuto: *risarcimento* — privo di ragione, ingiusto: *riconoscimenti indebiti* **2** illegale, abusivo: *appropriazione indebita* □ **indebitamente** *avv.* in maniera inopportuna o illecita.

in|de|bo|li|mén|to *s.m.* perdita di vigore: — *della vista, dell'organismo.*

in|de|bo|lì|re *v.tr.* [indic.pres. *io indebolisco, tu indebolisci...*] rendere debole; fiaccare: *la malattia lo ha indebolito* ♦ **-rsi** *intr.pron.* perdere forza; fiaccarsi: *il Governo si è indebolito.*

in|de|cèn|te *agg.* non decente; offensivo per la morale o il decoro: *parole indecenti* □ **indecentemente** *avv.*

in|de|cèn|za *s.f.* **1** mancanza di decenza **2** atto, comportamento privo di decenza: *che* —!

in|de|ci|frà|bi|le *agg.* (*anche fig.*) che non si riesce a decifrare; incomprensibile, misterioso: *una grafia* —; *un comportamento* —.

in|de|ci|sió|ne *s.f.* mancanza di decisione | incertezza, esitazione: *una piccola* —.

in|de|cì|so *agg.* **1** che esita a prendere una decisione; incerto, dubbioso: *è sempre* — | che rivela indecisione: *atteggiamento* — **2** (*estens.*) indefinito: *contorni indecisi.*

in|de|clì|na|bi|le *agg.* **1** (*gramm.*) che non può essere declinato; invariabile **2** (*lett.*) che non si può eludere o rifiutare: *obbligo* —.

in|de|clì|na|bi|li|tà *s.f.* carattere di ciò che è indeclinabile.

in|de|co|ró|so *agg.* che non è decoroso; sconveniente: *un comportamento* — □ **indecorosamente** *avv.*

in|de|fès|so *agg.* che non si lascia vincere dalla stanchezza; assiduo: *lavoratore* — □ **indefessamente** *avv.*

in|de|fet|tì|bi|le *agg.* (*lett.*) **1** che non può aver termine o venir meno: *solidarietà, legame* — **2** che non può avere alcun difetto: *l'* — *giustizia di Dio.*

in|de|fi|nì|bi|le *agg.* che non può essere definito con precisione; vago: *una sensazione* —.

in|de|fi|ni|bi|li|tà *s.f.* impossibilità di essere definito con precisione.

in|de|fi|ni|téz|za *s.f.* (*raro*) indeterminatezza.

in|de|fi|nì|to *agg.* **1** non definito; imprecisato:

numero — *di anni* **2** non ancora risolto in via definitiva: *un problema* — **3** (*gramm.*) aggettivo —, che aggiunge al sostantivo una notazione imprecisata di qualità o quantità (p.e. *qualche*) | **pronome** —, che indica genericamente una cosa o una persona (p.e. *qualcuno*) | **modi indefiniti del verbo**, quelli privi di desinenze personali (infinito, gerundio e participio) □ **indefinitamente** *avv.* **1** in modo indeterminato **2** senza limite di tempo: *rimandare* —.

in|de|for|mà|bi|le *agg.* che non subisce deformazioni: *tessuto* —.

in|de|for|ma|bi|li|tà *s.f.* proprietà di ciò che è indeformabile.

in|de|gni|tà *s.f.* **1** mancanza di dignità, di merito **2** atto riprovevole: *commettere un'*—.

in|dé|gno *agg.* **1** non degno, non meritevole: *essere* — *di amicizia* | (*assol.*) ignobile: *una persona indegna* **2** che non si addice a una situazione o a una persona; sconveniente: *un discorso* — *di un ministro* | (*assol.*) riprovevole, disdicevole: *azione indegna*.

in|dei|scèn|te *agg.* (*bot.*) di frutto che, una volta maturo, non si apre spontaneamente per far fuoriuscire il seme.

in|dei|scèn|za *s.f.* (*bot.*) proprietà dei frutti indeiscenti.

in|de|lè|bi|le *agg.* **1** che non può essere cancellato: *inchiostro* — **2** (*fig.*) indimenticabile: *un avvenimento* — □ **indelebilmente** *avv.*

in|de|li|ca|téz|za *s.f.* **1** mancanza di delicatezza: *l'* — *di certe ironie* **2** atto indelicato.

in|de|li|cà|to *agg.* privo di delicatezza; insensibile, indiscreto: *un discorso* — □ **indelicatamente** *avv.*

in|de|mo|nià|to *agg., s.m.* [f. -*a*] **1** che, chi è posseduto dal demonio: *esorcizzare un* — **2** (*fig.*) che, chi è esageratamente vivace: *un alunno* —.

in|dèn|ne *agg.* **1** (*anche fig.*) che non ha riportato alcun danno; illeso: *restare* — *nella caduta* **2** non contaminato da una malattia.

in|den|ni|tà *s.f.* **1** risarcimento che viene corrisposto a chi ha subito un danno **2** somma corrisposta dal datore di lavoro a un proprio dipendente come indennizzo per le spese e i rischi sostenuti nello svolgimento dell'attività lavorativa: — *di missione*.

in|den|niz|zà|bi|le *agg.* che può o deve essere indennizzato; risarcibile.

in|den|niz|zà|re *v.tr.* risarcire qlcu. di un danno subito; rifondere: — *i contadini per i danni dell'alluvione*.

in|den|niz|zo *s.m.* **1** l'atto di indennizzare **2** la somma versata o riscossa come risarcimento: *chiedere, ottenere un* —.

in|dén|tro o **in déntro** *avv.* dentro, all'interno: *andare più* — | *all'* —, verso l'interno.

in|de|ro|gà|bi|le *agg.* che non ammette deroga; che deve essere rispettato: *impegno* — □ **inderogabilmente** *avv.*

in|de|ro|ga|bi|li|tà *s.f.* carattere di ciò che è inderogabile.

in|de|scri|vì|bi|le *agg.* che non può essere descritto | (*iperb.*) grandissimo, fuori dal comune: *una sensazione* —.

in|de|si|de|rà|bi|le *agg.* **1** che non è gradito, desiderabile **2** detto di cittadino straniero la cui presenza non è gradita all'autorità del paese ospitante.

in|de|si|de|rà|to *agg.* non desiderato; sgradito: *presenza indesiderata*; *effetto* —.

in|de|ter|mi|nà|bi|le *agg.* che non può essere determinato: *quantità* —.

in|de|ter|mi|na|téz|za *s.f.* **1** mancanza di precisione nella definizione di ql.co.: *l'* — *di una teoria* **2** mancanza di decisione: *l'* — *dei tuoi propositi*.

in|de|ter|mi|na|tì|vo *agg.* che non determina | (*gramm.*) **articolo** —, quello che si premette al nome per indicare una persona o un oggetto non noto o ben definito (p.e. un cane, una palla).

in|de|ter|mi|nà|to *agg.* **1** non determinato, non precisato: *un momento* — | (*gramm.*) **articolo** —, articolo indeterminativo | *a tempo* —, senza un termine preciso: *contratto a tempo* — **2** vago, impreciso: *una sensazione indeterminata* **3** (*mat.*) detto di equazione o di sistema che ammette un numero infinito di soluzioni.

in|de|ter|mi|na|zió|ne *s.f.* indeterminatezza.

in|deu|ro|pè|o *agg. e deriv.* → **indoeuropeo** *e deriv.*

in|di *avv.* (*lett.*) **1** quindi, in seguito **2** da quel luogo.

in|dià|na *s.f.* stoffa leggera di cotone stampata a colori vivaci.

in|dia|nì|sti|ca *s.f.* disciplina che studia le lingue e la civiltà dell'India.

in|dià|no *agg.* **1** dell'India **2** delle tribù indigene americane, spec. del Nord America | (*fig.*) **in fila indiana**, uno dietro l'altro: *disporsi in fila indiana* ♦ *s.m.* [f. -*a*] **1** nativo o abitante dell'India **2** indigeno del Nord America; amerindio, pellerossa | (*fig.*) *fare l'*—, fingere di non capire.

in|dia|vo|làr|si *v.intr.pron.* arrabbiarsi, imbestialirsi.

in|dia|vo|là|to *part.pass. di* indiavolarsi ♦ *agg.* **1** infuriato | (*estens.*) molto vivace, agitato: *una classe indiavolata* **2** frenetico, scatenato: *un ritmo* —.

in|di|cà|bi|le *agg.* che può essere indicato | che si può suggerire; opportuno.

in|di|cà|re *v.tr.* [indic.pres. *io ìndico, tu ìndichi...*] **1** far vedere puntando l'indice: — *un oggetto* **2** (*fig.*) mostrare, spiegare con parole o gesti: — *la strada* | *segnalare*: *il cartello indica che il negozio è chiuso* **3** consigliare, prescrivere: — *una possibile soluzione* **4** denotare, rivelare: *il tuo comportamento indica un certo disagio* | esprimere, significare: *la parola "vocabolario" indica un repertorio di parole*.

in|di|ca|tì|vo *agg.* **1** che indica ql.co.; significativo: *un gesto* — | (*gramm.*): **modo** —, modo del verbo che esprime realtà o certezza **2** approssimativo, generico: *costo* — ♦ *s.m.* (*gramm.*) modo

indicativo □ **indicativamente** avv. in maniera approssimativa.
in|di|cà|to part.pass. di indicare ♦ agg. opportuno, adatto: *lo strumento più — per portare a terminare il lavoro*.
in|di|ca|tó|re agg. [f. *-trice*] che indica, segnala: *cartello —* ♦ s.m. strumento o dispositivo per dare indicazioni | *— di direzione*, luce intermittente dei veicoli che viene utilizzata per segnalare preventivamente un cambiamento di direzione; freccia.
in|di|ca|zió|ne s.f. 1 l'atto di indicare 2 il segno, le parole che indicano ql.co.: *chiedere, dare un'—* | prescrizione, istruzione: *le indicazioni erano chiare*.
in|di|ce s.m. 1 secondo dito della mano, tra pollice e medio | (*fig.*) **puntare l'— contro qlcu.**, muovergli un'accusa 2 ago di uno strumento di misura 3 (*fig.*) segno, indizio: *le proteste sono — di un diffuso malcontento* 4 elenco dei capitoli e delle diverse sezioni in cui è suddiviso un libro | *— analitico*, elenco alfabetico di persone, luoghi, argomenti contenuti in un libro, con l'indicazione delle pagine in cui compare ogni singola voce 5 lista, repertorio | **Indice dei libri proibiti**, elenco dei libri proibiti dalla Chiesa cattolica | (*fig.*) **mettere all'—**, vietare, mettere al bando 6 (*stat.*) coefficiente, numero che misura la variazione di un fenomeno: *l'— dei prezzi al dettaglio* | *d'ascolto*, audience 7 (*mat.*) simbolo che viene associato a una lettera per distinguere tra i diversi valori a essa assegnabili.
in|di|cì|bi|le agg. che non si può dire; che non è possibile esprimere | (*iperb.*) enorme, straordinario: *un silenzio —*.
in|di|ciz|zà|bi|le agg. che si può indicizzare.
in|di|ciz|zà|re v.tr. (*econ.*) adeguare automaticamente una grandezza economica alle variazioni di un'altra: *— le pensioni all'inflazione*.
in|di|ciz|zà|to part.pass. di indicizzare ♦ agg. che viene adeguato automaticamente al variare dell'indice di riferimento.
in|di|ciz|za|zió|ne s.f. adeguamento di una grandezza economica alle variazioni di un'altra.
in|die|treg|già|re v.intr. [indic.pres. *io indietréggio...*; aus. *E, A*] retrocedere | (*fig.*) tirarsi indietro: *— davanti a un rischio*.
in|diè|tro avv. nella direzione di ciò che si trova alle spalle: *guardare, tornare —; avanti e —* | **muoversi all'—**, procedere a ritroso | (*fig.*) *tirarsi —*, evitare di fare ciò per cui ci si era impegnati | (*fig.*) **essere — con ql.co.**, in ritardo rispetto al termine previsto | **dare, rimandare —**, restituire | **domandare, volere — ql.co.**, chiederne la restituzione | **fare un passo —**, ritirarsi, limitare le proprie pretese | **essere, restare —**, di orologio, ritardare.
in|di|fen|di|bi|le agg. (*anche fig.*) che non si può difendere, sostenere: *comportamento, opinione —*.
in|di|fé|so agg. 1 privo di difese 2 (*fig.*) di persona, che non è in grado di difendersi; fragile, inerme: *un bimbo —*.
in|dif|fe|rèn|te agg. 1 che non fa differenza;

equivalente: *che tu scelga questo o quello è —* | che non suscita interesse o simpatia: *quel tizio mi è del tutto —* 2 che non prova coinvolgimento; freddo: *le sue parole mi lasciano —* ♦ s.m./f. persona insensibile, freddo □ **indifferentemente** avv.
in|dif|fe|rèn|za s.f. mancanza di interesse; freddezza: *guardare con —*.
in|dif|fe|ren|zià|to agg. che non presenta differenze da altri.
in|dif|fe|rì|bi|le agg. che non può essere rimandato: *impegno —*.
in|dif|fe|ri|bi|li|tà s.f. condizione di ciò che è indifferibile.
in|di|ge|no agg. originario, caratteristico di un certo luogo: *cultura indigena* ♦ s.m. [f. *-a*] chi è originario del luogo in cui vive: *gli indigeni della Nuova Zelanda*.
in|di|gèn|te agg., s.m./f. che, chi vive in miseria; povero: *aiutare gli indigenti*.
in|di|gèn|za s.f. la condizione di chi è indigente; povertà.
in|di|ge|rì|bi|le agg. 1 che non si riesce o si fatica a digerire 2 (*fig.*) noioso, insopportabile: *lettura —*.
in|di|ge|stió|ne s.f. 1 disturbo acuto della digestione, dovuto spec. a un eccesso di alimentazione o alla cattiva qualità del cibo ingerito | (*estens.*) scorpacciata 2 (*fig.*) accumulo eccessivo di cose lette o viste: *fare un' — di televisione*.
in|di|gè|sto agg. 1 di difficile digestione: *cucina indigesta* 2 (*fig.*) difficile da sopportare; noioso: *un collega —*.
in|di|gnà|re v.tr. [indic. pres. *io indigno..., noi indigniamo, voi indignate...*] muovere a sdegno: *notizie che indignano la popolazione* ♦ **-rsi** intr. pron. provare sdegno; risentirsi: *— per un gesto maleducato*.
in|di|gnà|to part.pass. di indignare ♦ agg. fortemente risentito.
in|di|gna|zió|ne s.f. stato d'animo di chi è indignato; risentimento: *manifestare — per quanto accade*.
in|di|la|zio|nà|bi|le agg. che non si può rimandare; improrogabile: *termine —*.
in|di|men|ti|cà|bi|le agg. che non può essere dimenticato; destinato a rimanere nella memoria: *personaggio, romanzo —* □ **indimenticabilmente** avv.
in|di|men|ti|cà|to agg. (*lett.*) che non è stato dimenticato; che è vivo nella memoria delle persone: *l'— regista di Amarcord*.
in|di|mo|strà|bi|le agg. che non può essere oggetto di dimostrazione: *affermazione —*.
in|di|mo|stra|bi|li|tà s.f. caratteristica di ciò che è indimostrabile.
in|di|mo|strà|to agg. che non è stato dimostrato; dubbio: *accuse indimostrate*.
in|dio[1] agg. relativo alle popolazioni indigene dell'America centromeridionale ♦ s.m. [f. *-a*; m.pl. *indi* o *indios*] indigeno dell'America centromeridionale.
in|dio[2] s.m. elemento chimico, metallo tenero

indipendente

(*simb.* In); è utilizzato per rivestimenti galvanici e nella composizione di leghe facilmente fusibili.

in|di|pen|dèn|te *agg.* 1 che non dipende da altri; che non è soggetto a vincoli: *nazione* — | (*gramm.*) *proposizione* —, non subordinata | *musica*, *cinema* —, che non dipende dai grandi gruppi commerciali 2 detto di cose prive di relazione reciproca: *vicende indipendenti l'una dall'altra* ♦ *s.m./f.* esponente politico non iscritto a un partito: — *di orientamento cattolico* □ **indipendentemente** *avv.* in modo indipendente | senza relazione o legame con ql.co.

in|di|pen|den|ti|smo *s.m.* orientamento o movimento politico che punta a ottenere l'indipendenza per un paese o una regione.

in|di|pen|den|ti|sta *s.m./f.* [m.pl. -*i*] chi sostiene l'indipendentismo ♦ *agg.* indipendentistico.

in|di|pen|den|ti|sti|co *agg.* [m.pl. -*ci*] relativo all'indipendentismo o agli indipendentisti.

in|di|pen|dèn|za *s.f.* 1 libertà da vincoli e limitazioni; autonomia: — *di giudizio*; — *economica* 2 condizione politica di uno Stato che non è soggetto a poteri stranieri e si governa autonomamente: *raggiungere, conservare l'*—.

in|dì|re *v.tr.* [con. come *dire*] stabilire con un atto pubblico; bandire: — *nuove elezioni*.

in|di|rèt|to *agg.* che non avviene in modo diretto o immediato: *rimprovero* —; *conseguenza indiretta* | (*gramm.*) *complemento* —, ogni complemento che si unisce al verbo o alle altre parti del discorso tramite preposizioni | (*gramm.*) *discorso* —, quello in cui le parole pronunciate da qlcu. vengono riferite attraverso una narrazione, che fa dipendere il discorso altrui da un verbo come "dire" | (*fin.*) *imposta indiretta*, imposta che viene applicata sui consumi o sui trasferimenti di proprietà | *luce* —, che arriva per riflessione o diffusione □ **indirettamente** *avv.*

in|di|riz|zà|re *v.tr.* 1 inviare in un luogo, in una direzione | mandare da qlcu.: *lo indirizzarono da un buon dottore* 2 rivolgere: *gli indirizzò una parola di saluto* 3 (fig.) instradare: — *alla generosità* 4 spedire a un dato indirizzo: — *un pacco a qlcu.* ♦ -**rsi** *rifl.* 1 avviarsi 2 rivolgersi a qlcu.

in|di|riz|zà|rio *s.m.* 1 elenco ordinato di nomi e indirizzi | la rubrica in cui vengono raccolti 2 (*inform.*) directory.

in|di|rìz|zo *s.m.* 1 l'insieme delle indicazioni (via, numero civico, città ecc.) necessarie per individuare un luogo o recapitare la corrispondenza | — *e-mail*, quello associato a una casella di posta elettronica 2 orientamento, tendenza: *l'— politico di un partito* | *all'— di*, in direzione di; verso, contro: *scagliare invettive all'— di qlcu.* 3 discorso o messaggio ufficiale: *l'— rivolto dal capo dello Stato alle Forze armate*.

in|di|sci|pli|na *s.f.* mancanza di disciplina | mancato rispetto della disciplina; insubordinazione.

in|di|sci|pli|na|téz|za *s.f.* 1 caratteristica di chi è indisciplinato 2 atto di indisciplina.

in|di|sci|pli|nà|to *agg.* 1 che non rispetta le regole della disciplina: *una classe indisciplinata* 2 non regolato; disordinato: *traffico automobilistico* — □ **indisciplinatamente** *avv.*

in|di|scré|to *agg.* 1 di persona, che manca di tatto e discrezione; che cerca con insistenza di conoscere i fatti altrui 2 di comportamento, importuno o indelicato: *sguardi indiscreti* □ **indiscretamente** *avv.*

in|di|scre|zió|ne *s.f.* 1 mancanza di discrezione 2 azione indiscreta | (*giorn.*) rivelazione di notizie riservate per via confidenziale: *secondo indiscrezioni*.

in|di|scri|mi|nà|to *agg.* privo di discernimento; attuato senza operare alcuna distinzione: *uso — della forza* □ **indiscriminatamente** *avv.*

in|di|scùs|so *agg.* che è accettato e riconosciuto da tutti: — *primato*.

in|di|scu|tì|bi|le *agg.* che non si può discutere; incontestabile: *opera di importanza* — □ **indiscutibilmente** *avv.*

in|di|spen|sà|bi|le *agg.* essenziale, necessario: *la tua presenza è* — ♦ *s.m.* ciò di cui non si può fare a meno: *accontentarsi dell'*—.

in|di|spen|sa|bi|li|tà *s.f.* caratteristica di ciò che è indispensabile.

in|di|spet|ti|re *v.tr.* [indic.pres. *io indispettisco, tu indispettisci...*] infastidire, irritare: *le tue allusioni mi indispettiscono* ♦ -**rsi** *intr.pron.* irritarsi: *per una sciocchezza*.

in|di|spo|nèn|te *part.pres.* di indisporre ♦ *agg.* che irrita: *atteggiamento* — □ **indisponentemente** *avv.*

in|di|spo|nì|bi|le *agg.* 1 che non è disponibile: *un bene* — 2 che non è disposto a fare ql.co.

in|di|spo|ni|bi|li|tà *s.f.* mancanza di disponibilità.

in|di|spór|re *v.tr.* [con. come *porre*] indispettire, irritare: *la sua spocchia mi indispone*.

in|di|spo|si|zió|ne *s.f.* lieve malessere: *assentarsi per* —.

in|di|spó|sto *agg.* colpito da lieve malessere: *non può intervenire perché è* —.

in|dis|so|lù|bi|le *agg.* (anche fig.) che non può essere sciolto: *nodo, patto* — □ **indissolubilmente** *avv.*

in|dis|so|lu|bi|li|tà *s.f.* caratteristica di ciò che è indissolubile: *l'— del matrimonio*.

in|di|stin|guì|bi|le *agg.* che non si può percepire con chiarezza; indefinito, confuso: *un'immagine* —.

in|di|stìn|to *agg.* poco chiaro; indeterminato: *suono* — □ **indistintamente** *avv.* 1 senza operare distinzioni: *parlare a tutti* — 2 in maniera confusa; vagamente: *vedere* —.

in|di|strut|ti|bi|le *agg.* che non può essere distrutto | molto resistente: *motore* —.

in|di|strut|ti|bi|li|tà *s.f.* caratteristica di ciò che è indistruttibile.

in|di|stur|bà|to *agg.* senza venir disturbato | senza subire controlli: *entrare — senza biglietto*.

in|dì|via *s.f.* varietà di cicoria di cui si mangiano le foglie giovani, crude o cotte.

in|di|vi|du|à|le *agg.* relativo all'individuo, al

singolo: *diritti individuali* | (*sport*) **gara** —, quella in cui si affrontano singoli concorrenti □ **individualmente** *avv.*
in|di|vi|dua|li|smo *s.m.* **1** tendenza a far prevalere le esigenze e gli interessi del singolo su quelli della collettività | (*estens.*) egoismo **2** (*filos.*) corrente di pensiero che valorizza l'autonomia e la libertà dell'individuo.
in|di|vi|dua|li|sta *agg.* individualistico ♦ *s.m./f.* [m.pl. *-i*] **1** chi tende all'individualismo | (*estens.*) egoista **2** (*filos.*) chi segue l'individualismo.
in|di|vi|dua|li|sti|co *agg.* [m.pl. *-ci*] dell'individualismo | caratteristico dell'individualista: *comportamento* — □ **individualisticamente** *avv.*
in|di|vi|dua|li|tà *s.f.* **1** carattere di ciò che è unico **2** complesso dei caratteri che caratterizzano e distinguono una persona o una cosa | personalità, carattere: *avere una* — *spiccata.*
in|di|vi|dua|liz|zà|re *v.tr.* adattare alle necessità e alle caratteristiche del singolo individuo; personalizzare: — *il metodo d'insegnamento.*
in|di|vi|dua|liz|za|zió|ne *s.f.* personalizzazione: — *dei ritmi di lavoro.*
in|di|vi|du|à|re *v.tr.* [indic.pres. *io indivìduo...*] **1** riconoscere o localizzare con precisione: — *le coordinate* **2** identificare tra molti: — *un rapinatore in mezzo alla folla.*
in|di|vi|dua|zió|ne *s.f.* determinazione | localizzazione.
in|di|vi|duo *s.m.* **1** singolo organismo vivente, distinto da tutti gli altri della stessa specie **2** singola persona: *la società deve garantire autonomia all'* — | (spec. spreg.) persona di cui si ignora o non si vuole precisare l'identità: *un losco* —.
in|di|vi|si|bi|le *agg.* **1** che non si può dividere in parti: *particelle indivisibili* **2** che non si può separare da ql.co. | che non si può vendere separatamente: *due tomi indivisibili* **3** (*mat.*) si dice di un numero intero che non può essere diviso per un altro senza produrre numeri decimali: *il cinque è — per tre.*
in|di|vi|si|bi|li|tà *s.f.* caratteristica di ciò che non si può dividere: *l'* — *di un'eredità.*
in|di|vì|so *agg.* che non è diviso; intero.
in|di|zià|re *v.tr.* [indic.pres. *io indìzio...*] sospettare ql.co. di un reato sulla base di indizi.
in|di|zià|rio *agg.* fondato unicamente su indizi: *processo* —.
in|di|zià|to *part.pass.* di indiziare ♦ *agg., s.m.* [f. *-a*] detto di persona che, sulla base di indizi, viene sospettata di un reato.
in|dì|zio *s.m.* **1** indicazione, circostanza da cui si può dedurre che ql.co. è avvenuto o avverrà: *le nuvole scure sono — di pioggia* **2** (*dir.*) fatto o elemento che permette di formulare ipotesi sulla meccanica di un reato e sull'identità del reo: *raccogliere indizi.*
in|di|zió|ne *s.f.* (*bur.*) l'atto di indire: — *di nuove elezioni.*
in|do- primo elemento di parole composte che significa "indiano" o "dell'India" (*indoeuropeo, indoiranico*).
in|do|à|rio *agg.* (*ling.*) relativo alle lingue indoeuropee diffuse in India.
in|do|cì|le *agg.* non docile, indisciplinato: *spirito* —.
in|do|ci|né|se *agg.* dell'Indocina: *la regione* — ♦ *s.m.* **1** [anche f.] chi è nato o abita in Indocina **2** gruppo linguistico di cui fa parte la maggioranza delle lingue dell'Asia sudorientale.
in|do|eu|ro|pe|ì|sta o **indeuropeista** *s.m./f.* [m.pl. *-i*] studioso specializzato nella linguistica indoeuropea.
in|do|eu|ro|pe|ì|sti|ca o **indeuropeistica** *s.f.* settore della glottologia che si occupa delle lingue indoeuropee.
in|do|eu|ro|pè|o o **indeuropèo** *agg.* **1** si dice di un gruppo di lingue europee e asiatiche antiche e moderne che presentano importanti tratti comuni, tali da rendere plausibile l'ipotesi di una origine comune | relativo alle lingue indoeuropee: *glottologia indoeuropea* **2** si dice delle popolazioni e dei singoli individui che parlano una lingua indoeuropea ♦ *s.m.* la lingua che sarebbe all'origine del ceppo linguistico indoeuropeo.
in|do|i|rà|ni|co *agg.* [m.pl. *-ci*] degli antichi popoli indoeuropei stanziati nelle regioni asiatiche dell'India e dell'Iran.
in|do|le *s.f.* **1** l'insieme delle inclinazioni naturali di un individuo: *un uomo di — malvagia* **2** (*estens.*) carattere: *riflessioni d'— generale.*
in|do|lèn|te *agg.* **1** poco reattivo; apatico, pigro: *uno sguardo* — **2** (*med.*) che non provoca dolore ♦ *s.m./f.* persona apatica □ **indolentemente** *avv.*
in|do|lèn|za *s.f.* **1** svogliatezza, apatia, pigrizia: *scuotersi dall'* — **2** (*med.*) assenza di dolore.
in|do|len|zi|mén|to *s.m.* sensazione di intorpidimento o di leggero dolore diffuso: *avvertire un — al braccio.*
in|do|len|zì|re *v.tr.* [indic.pres. *io indolenzisco, tu indolenzisci...*] causare un indolenzimento: *la lunga inattività ha indolenzito le articolazioni* ♦ **-rsi** *intr.pron.* essere preso da indolenzimento: *mi si è indolenzito il braccio.*
in|do|ló|re *agg.* che non causa dolore: *intervento* —.
in|do|mà|bi|le *agg.* (*anche fig.*) che non si riesce a domare: *incendio* —.
in|do|mà|ni *s.m. solo nella loc.* **l'** —, il giorno seguente: *l'* — *il litigio era dimenticato.*
in|dò|mi|to *agg.* (*lett.*) non domato | (*fig.*) fiero, combattivo: *un guerriero* —.
in|do|ne|sià|no *agg.* dell'Indonesia ♦ *s.m.* [f. *-a*] chi è nato o abita in Indonesia.
indoor (*ingl.*) [pr. *indòr*] *agg.invar.* (*sport*) si dice di manifestazione sportiva che si svolge in strutture chiuse e coperte: *gare* — | ***pista, campo*** —, realizzata all'interno di un palazzetto dello sport.
in|do|rà|re *v.tr.* [indic.pres. *io indòro...*] **1** rivestire di uno strato dorato | (*fig.*) — ***la pillola***, rendere meno pesante ql.co. di spiacevole **2** bagna-

re nell'uovo sbattuto un alimento prima di friggerlo.
in|dos|sà|re v.tr. [indic.pres. io indòsso...] avere o mettersi indosso un indumento: — un cappotto.
in|dos|sa|tó|re s.m. [f. -trice] chi indossa e presenta in sfilate nuovi modelli di abbigliamento; modello.
in|dòs|so avv. sulla persona: avere — abiti pesanti.
in|dòt|to[1] agg. (lett.) non dotto, ignorante.
in|dót|to[2] part.pass. di indurre ♦ agg. **1** convinto, spinto: — a compiere un misfatto | si dice di azioni, comportamenti e opinioni provocati da cause esterne e non da decisioni autonome **2** (fis.) prodotto per mezzo di induzione: corrente indotta **3** (econ.) si dice di attività economiche di dimensioni mediopiccole sorte in funzione di altre di maggiore importanza ♦ s.m. il complesso delle attività economiche medio-piccole generate per soddisfare le esigenze di quelle di maggiore entità: l'— dell'industria manifatturiera.
in|dot|tri|na|mén|to s.m. ammaestramento volto a persuadere profondamente chi vi viene sottoposto.
in|dot|tri|nà|re v.tr. educare, ammaestrare qlcu. facendogli assimilare acriticamente una determinata dottrina o ideologia: — la popolazione.
in|do|vi|nà|bi|le agg. che può essere indovinato.
in|do|vi|nà|re v.tr. **1** intuire la verità su una cosa che non si conosce direttamente: — la risposta a un quiz | tirare a —, fornire una risposta casuale o basata su valutazioni approssimative **2** fare una buona scelta; azzeccare: — un regalo.
in|do|vi|nà|to part.pass. di indovinare ♦ agg. riuscito, azzeccato: un accoppiamento di colori ben —.
in|do|vi|nèl|lo s.m. gioco enigmistico in cui si descrive in maniera allusiva una cosa da indovinare: proporre un —.
in|do|vi|no s.m. [f. -a] chi pretende di poter leggere il futuro per mezzo di poteri soprannaturali: rivolgersi a un —.
in|dù s.m./f. abitante non musulmano dell'India ♦ agg. relativo alla popolazione e alla civiltà indù: arte —.
in|dùb|bio agg. sicuro, certo: un fatto — □ **indubbiamente** avv.
in|du|bi|tà|bi|le agg. che non può essere messo in dubbio: fede — □ **indubitabilmente** avv.
in|du|bi|ta|bi|li|tà s.f. (raro) caratteristica di ciò che è indubitabile.
in|du|già|re v.tr. [indic.pres. io indùgio...] (raro) differire ♦ v.intr. [aus. A] tardare, esitare: — prima di decidersi ♦ -rsi intr.pron. (raro) attardarsi.
in|dù|gio s.m. ritardo, esitazione | senza —, immediatamente, senza esitare.
in|du|ì|smo s.m. complesso di credenze religiose sviluppatesi in India sulla base del brahmanesimo.
in|du|ì|sta agg. induistico ♦ s.m./f. [m.pl. -i] seguace dell'induismo.

in|du|ì|sti|co agg. [m.pl. -ci] dell'induismo e degli induisti: tradizioni induistiche.
in|dul|gèn|te part.pres. di indulgere ♦ agg. propenso a perdonare facilmente | poco severo: insegnante — □ **indulgentemente** avv.
in|dul|gèn|za s.f. **1** propensione, disponibilità a perdonare: giudicare con — **2** (teol.) nella dottrina cattolica, remissione parziale o totale della pena temporale inflitta come espiazione di peccati.
in|dùl|ge|re v.intr. [indic.pres. io indùlgo, tu indùlgi...; pass.rem. io indùlsi, tu indulgésti...; part.pass. indùlto; aus. A] **1** essere, mostrarsi propenso a concedere ql.co.; acconsentire: — alle richieste degli amici **2** (estens.) lasciarsi andare a ql.co.; concedersi: — a un peccato di gola.
in|dùl|to s.m. **1** (dir.) provvedimento di clemenza generalizzata con cui il Parlamento o il capo dello Stato concedono il condono, totale o parziale, della pena inflitta per certi reati **2** (eccl.) esenzione temporanea da un vincolo canonico elargita dalle autorità ecclesiastiche.
in|du|mén|to s.m. qualsiasi capo di abbigliamento: indumenti estivi, invernali.
in|du|rèn|te part.pres. di indurire ♦ agg., s.m. (tecn.) detto di sostanza che causa o accelera l'indurimento di ql.co.
in|du|ri|mén|to s.m. processo attraverso cui ql.co. acquista durezza.
in|du|rì|re v.tr. [indic.pres. io indurisco, tu indurisci...] **1** far diventare duro: la cottura indurisce l'argilla **2** (fig.) far diventare insensibile; incattivire: le tante angustie sofferte gli hanno indurito il cuore ♦ intr. [aus. E], **-rsi** intr.pron. diventare duro.
in|dùr|re v.tr. [con. come addurre] **1** spingere qlcu. a fare ql.co.: — qlcu. a sbagliare, in errore **2** (raro) provocare un sentimento, una sensazione: — allegria **3** (fis.) produrre un fenomeno di induzione in un corpo ♦ **-rsi** rifl. decidersi ad agire, a fare ql.co.
in|dù|stre agg. (lett.) operoso, intraprendente.
in|dù|stria s.f. **1** complesso di attività economiche volte alla trasformazione delle materie prime e alla produzione di beni su larga scala, mediante l'impiego di macchinari e di manodopera salariata **2** il complesso delle imprese attive in uno specifico settore produttivo: — metallurgica | — **leggera**, l'insieme delle industrie che producono beni di dimensioni contenute a larga diffusione | — **pesante**, l'insieme delle industrie siderurgiche, metallurgiche e meccaniche **3** qualsiasi genere di attività produttiva organizzata: — turistica | — **culturale**, l'insieme delle imprese che gestiscono l'editoria e i mezzi di comunicazione di massa **4** (lett.) operosità: l'— delle formiche | abilità, ingegno.
industrial design (ingl.) [pr. indàstrial desàin] loc.sost.invar. progettazione di manufatti per la produzione in serie, realizzata unendo criteri estetici e di funzionalità pratica.
in|du|strià|le agg. dell'industria: sviluppo — | **area**, **zona** —, caratterizzate dalla concentrazio-

ne di strutture industriali e delle relative infrastrutture ♦ *s.m./f.* proprietario di un'industria, imprenditore industriale □ **industrialmente** *avv.* secondo i metodi o i criteri dell'industria: *produrre ql.co. —.*
in|du|stria|li|smo *s.m.* tendenza a riconoscere all'industria un ruolo predominante nell'economia di un paese.
in|du|stria|liz|zà|re *v.tr.* 1 applicare criteri e metodi dell'industria a un'attività economica: *— la produzione degli alimenti* 2 modificare l'economia di un paese attraverso l'introduzione e lo sviluppo di strutture industriali.
in|du|stria|liz|za|zió|ne *s.f.* 1 trasformazione in senso industriale di un singolo settore economico: *l'— del settore agricolo* 2 creazione e sviluppo di un'economia industriale in un'area geografica: *l'— del terzo mondo.*
in|du|striàr|si *v.intr.pron.* [indic.pres. *io mi indùstrio...*] darsi da fare: *— per ottenere un posto di lavoro* | arrangiarsi: *— per cavarsela con quel che si ha.*
in|du|strió|so *agg.* operoso e intraprendente: *un giovane —* □ **industriosamente** *avv.*
in|dut|tàn|za *s.f.* (*elettron.*) 1 coefficiente di autoinduzione 2 induttore.
in|dut|tì|vo *agg.* 1 (*filos.*) dell'induzione | basato su procedimenti logici in cui si passa dal particolare all'universale: *ragionamento —* 2 (*fis.*) che produce o sfrutta fenomeni d'induzione elettrica o magnetica: *circuito —* □ **induttivamente** *avv.*
in|dut|tó|re *s.m.* (*elettron.*) circuito di una macchina elettrica in cui circola la corrente necessaria per produrre un flusso magnetico.
in|du|zió|ne *s.f.* 1 (*filos.*) procedimento logico che procede da osservazioni e dati particolari per arrivare a principi più generali: *procedere per —* 2 (*fis.*) azione che i corpi attraversati da fenomeni elettrici o magnetici esercitano a distanza su altri corpi | *— elettrostatica*, produzione di cariche elettriche in un corpo che viene prima avvicinato a un altro corpo carico e successivamente collegato a terra | *— magnetica*, magnetizzazione prodotta attraverso l'azione di un campo magnetico | *— elettromagnetica*, produzione di fenomeni elettrici attraverso una variazione di campo magnetico.
i|ne|be|tì|re *v.tr.* [indic.pres. *io inebetisco, tu inebetisci...*] far diventare ebete: *tanto rumore mi inebetisce* ♦ **-rsi** *intr.pron.* diventare ebete.
i|ne|bria|mén|to *s.m.* stato di ebbrezza; euforia.
i|ne|bri|àn|te *part.pres.* di inebriare ♦ *agg.* (*anche fig.*) che procura ebbrezza; euforizzante: *bevanda —.*
i|ne|bri|à|re *v.tr.* [indic.pres. *io inèbrio...*] 1 (*raro*) ubriacare 2 (*fig.*) produrre uno stato di esaltazione; rendere euforico: *la musica lo inebriava* ♦ **-rsi** *intr.pron.* (*fig.*) esaltarsi | provare intenso piacere.
i|nec|ce|pì|bi|le *agg.* che non può essere sottoposto a critiche; inappuntabile: *comportamento —* □ **ineccepibilmente** *avv.*

i|nec|ce|pi|bi|li|tà *s.f.* caratteristica di ciò che è ineccepibile: *l'— di un giudizio.*
i|nè|dia *s.f.* prolungato digiuno | il deperimento che ne consegue: *morire per —.*
i|ne|di|fi|cà|bi|le *agg.* si dice di area su cui vige il divieto di edificare.
i|nè|di|to *agg.* 1 si dice di opera non ancora pubblicata: *disco, romanzo —* | *autore —*, di cui non è stata pubblicata nessuna opera 2 non ancora divulgato: *notizia inedita* 3 mai provato prima; originale: *un'inedita scelta di stoffe e colori* ♦ *s.m.* opera non ancora pubblicata: *scoprire gli inediti di uno scrittore.*
i|ne|du|cà|to *agg.* privo di educazione; rozzo: *un giovane —* □ **ineducatamente** *avv.*
i|ne|du|ca|zió|ne *s.f.* mancanza di educazione.
i|nef|fà|bi|le *agg.* 1 che non si può esprimere adeguatamente con le parole; indescrivibile: *l'— visione di Dio* 2 (*iron.*) incomparabile, straordinario: *un — personaggio* □ **ineffabilmente** *avv.*
i|nef|fa|bi|li|tà *s.f.* caratteristica di ciò che è ineffabile.
i|nef|fet|tu|à|bi|le *agg.* che non si può effettuare: *un piano —.*
i|nef|fi|cà|ce *agg.* incapace di produrre l'effetto richiesto; non efficace: *rimedio, metodo —.*
i|nef|fi|cà|cia *s.f.* mancanza d'efficacia.
i|nef|fi|cièn|te *agg.* che non è efficiente, che non funziona come dovrebbe: *lavoratore, organizzazione —.*
i|nef|fi|cièn|za *s.f.* mancanza di efficienza.
i|ne|gua|glià|bi|le o **inuguagliabile** *agg.* che non ha eguali; impareggiabile: *un artista —.*
i|ne|gua|glian|za o **inuguaglianza** *s.f.* mancanza di eguaglianza; difformità: *— di diritti* 2 elemento che rompe l'uniformità di una superficie piana; irregolarità.
i|ne|guà|le o **inuguàle** *agg.* non uguale: *schieramenti ineguali* | (*estens.*) non uniforme; discontinuo: *andamento —.*
i|ne|le|gàn|te *agg.* che manca di eleganza: *stile —.*
i|ne|le|gàn|za *s.f.* mancanza di eleganza: *l'— di certe persone.*
i|ne|leg|gì|bi|le *agg.* che manca dei requisiti di legge per essere eletto a una certa carica.
i|ne|leg|gi|bi|li|tà *s.f.* condizione di chi non può essere legittimamente eletto.
i|ne|lu|dì|bi|le *agg.* che non può essere evitato: *scadenza —.*
i|ne|lu|di|bi|li|tà *agg.* caratteristica di ciò che è ineludibile.
i|ne|lut|tà|bi|le *agg., s.m.* detto di ciò che non è possibile contrastare: *fato —*; *occorre piegarsi all'—* □ **ineluttabilmente** *avv.*
i|ne|lut|ta|bi|li|tà *s.f.* carattere di ciò che è ineluttabile: *l'— del destino.*
i|ne|nar|rà|bi|le *agg.* che non è possibile raccontare efficacemente; indescrivibile: *tristezza —* □ **inenarrabilmente** *avv.*
i|ne|qui|vo|cà|bi|le *agg.* che non si presta a equivoci; chiaro: *dichiarazione —* □ **inequivocabilmente** *avv.*

inerbire

i|ner|bì|re v.tr. [indic.pres. *io inerbisco, tu inerbisci...*] seminare a erba; rendere erboso.
i|ne|ren|te part.pres. di inerire ♦ agg. che riguarda ql.co.; che è connesso con ql.co.: *gli obblighi inerenti al ruolo.*
i|ne|ren|za s.f. attinenza, pertinenza.
i|ne|rì|re v.intr. [indic.pres. *io inerisco, tu inerisci...*; dif. del part.pass. e dei tempi composti] avere stretta connessione con ql.co.: *certi difetti ineriscono alla natura dell'uomo.*
i|nèr|me agg. (anche fig.) disarmato, indifeso: *la gente comune è — di fronte al crimine.*
i|ner|pi|càr|si v.intr.pron. [indic.pres. *io mi inérpico, tu ti inérpichi...*] arrampicarsi faticosamente su un terreno scosceso: *— per una gola* | di strada, salire con una forte pendenza.
i|ner|pi|cà|to part.pass. di inerpicarsi ♦ agg. collocato in posizione alta e difficilmente accessibile: *chiesetta inerpicata su una cima.*
i|nèr|te agg. 1 che non sta facendo nulla; inattivo, immobile: *restare —* | ozioso 2 privo di vita o di movimento: *materia —* 3 (chim.) di elemento o composto che non reagisce a contatto con un altro elemento o composto | *gas inerti*, quelli che non reagiscono se non in condizioni particolari (p.e. l'azoto).
i|nèr|zia s.f. 1 condizione di ciò che è inerte; inoperosità: *abbandonarsi all' —* 2 (fis.) tendenza dei corpi a mantenersi nello stato di quiete o di moto fino all'intervento di una forza esterna | *forza d'—*, la resistenza opposta da un corpo alle forze che tendono a variarne lo stato di quiete o di moto | (fig.) | *per forza d'—*, in maniera passiva o abitudinaria, senza alcun intervento della volontà: *lavorare per forza d'—.*
i|ner|zià|le agg. (fis.) relativo all'inerzia.
i|ne|sat|téz|za s.f. 1 mancanza di esattezza; imprecisione: *l'— di un ragionamento* 2 (estens.) sbaglio: *la ricerca contiene diverse inesattezze.*
i|ne|sàt|to[1] agg. che manca di esattezza; impreciso, errato: *dati inesatti.*
i|ne|sàt|to[2] agg. che non è stato riscosso: *imposta inesatta.*
i|ne|sau|dì|bi|le agg. che non è possibile soddisfare: *preghiera —.*
i|ne|sau|dì|to agg. che non è stato soddisfatto: *desiderio —.*
i|ne|sau|rì|bi|le agg. (anche fig.) che non ha mai termine, non viene mai meno: *un patrimonio —.*
i|ne|sau|ri|bi|li|tà s.f. caratteristica di ciò che è inesauribile.
i|ne|sàu|sto agg. (lett.) che non viene meno; inesauribile.
i|ne|se|guì|bi|le agg. che non può essere eseguito: *un compito —.*
i|ne|si|gì|bi|le agg. detto di credito di cui non si può richiedere il pagamento.
i|ne|si|gi|bi|li|tà s.f. condizione del credito che non può essere riscosso.
i|ne|si|stèn|te agg. 1 che non esiste nella realtà; immaginario: *una minaccia —* 2 (estens.) di scarsissima rilevanza; trascurabile: *danno —.*

i|ne|si|stèn|za s.f. 1 condizione di ciò che non esiste 2 (estens.) condizione di ciò che ha scarsissima rilevanza.
i|ne|so|ra|bi|le agg. 1 che non si lascia convincere dalle preghiere; implacabile: *divinità —* 2 (fig.) che non può essere evitato; ineluttabile: *morte —* □ **inesorabilmente** avv.
i|ne|so|ra|bi|li|tà s.f. caratteristica di ciò che è inesorabile: *l'— del giudizio divino.*
i|ne|spe|rièn|za s.f. mancanza di esperienza: *l'— del principiante.*
i|ne|spèr|to agg. 1 che manca di esperienza in un particolare ambito: *— del mondo del lavoro; un medico ancora —* | (estens.) poco capace 2 (assol.) che ha poca esperienza della vita: *un giovane —.*
i|ne|spià|to agg. non espiato: *reato —.*
i|ne|spli|cà|bi|le agg. che non si riesce a capire o spiegare: *avvenimenti inesplicabili.*
i|ne|spli|ca|bi|li|tà s.f. caratteristica di ciò che è inesplicabile.
i|ne|splo|rà|bi|le agg. (anche fig.) che non può essere esplorato; impenetrabile: *regione —.*
i|ne|splo|rà|to agg. non ancora esplorato: *continente —.*
i|ne|splò|so agg. si dice di bomba o altro ordigno che non è esploso al momento dovuto: *bombe inesplose.*
i|ne|spres|sì|vo agg. che è privo di espressione: *volto —* | che non comunica nulla: *interpretazione inespressiva.*
i|ne|sprès|so agg. non manifestato, non esternato; tenuto nascosto: *un sentimento —.*
i|ne|spri|mì|bi|le agg. difficile o impossibile da comunicare adeguatamente a parole: *un'allegria —.*
i|ne|spu|gnà|bi|le agg. impossibile da conquistare: *castello —.*
i|ne|spu|gna|bi|li|tà s.f. caratteristica di ciò che è inespugnabile.
i|nes|sen|zià|le agg. non essenziale; accessorio.
i|ne|ste|tì|smo s.m. piccolo difetto estetico: *gli inestetismi della cellulite.*
i|ne|sti|mà|bi|le agg. che non può essere quantificato; di grande valore: *ricchezze inestimabili.*
i|ne|stin|guì|bi|le agg. 1 che non può essere spento: *fuoco —* 2 (fig.) che non si attenua con il passare del tempo: *passione —.*
i|ne|stir|pà|bi|le agg. (spec.fig.) che non può essere estirpato: *vizio —.*
i|ne|stri|cà|bi|le agg. 1 impossibile da districare: *matassa —* 2 (fig.) tanto complicato da sembrare irrisolvibile: *quesito —.*
i|net|ti|tù|di|ne s.f. 1 mancanza di attitudine per una certa attività: *— al lavoro* 2 incapacità: *dar prova di —.*
i|nèt|to agg. 1 che non ha l'attitudine necessaria a svolgere un lavoro o coprire un ruolo: *— a ogni incombenza* 2 poco capace; incompetente: *un insegnante —* ♦ s.m. [f. -a] persona incapace □ **inettamente** avv.
i|ne|và|so agg. (bur.) che non è stato ancora

portato a termine; in sospeso: *corrispondenza inevasa.*

i|ne|vi|tà|bi|le *agg.* che non si può evitare: *avvenimento —* ♦ *s.m. solo sing.* ciò che non si può evitare: *prepararsi all'—* □ **inevitabilmente** *avv.*

i|ne|vi|ta|bi|li|tà *s.f.* carattere di ciò che è inevitabile.

in ex|tre|mis (*lat.*) *loc.avv.* 1 nei momenti finali della vita: *confessione —* 2 (*fig.*) all'ultimo momento possibile: *recupero —.*

i|nè|zia *s.f.* cosa di minima importanza; sciocchezza.

in|fa|got|tà|re *v.tr.* [indic.pres. *io infagòtto...*] 1 (*raro*) avvolgere ql.co. in un fagotto 2 (*fig.*) vestire una persona con indumenti pesanti e voluminosi ♦ **-rsi** *rifl.* vestirsi con abiti pesanti: *— in un cappotto* | vestirsi in modo goffo e inelegante.

in|fal|li|bi|le *agg.* che non commette mai errori: *un tiratore —* | *rimedio —*, che funziona sempre □ **infallibilmente** *avv.* 1 senza commettere errori 2 immancabilmente.

in|fal|li|bi|li|tà *s.f.* caratteristica di chi non commette mai errori: *l'— papale.*

in|fa|màn|te *part.pres. di* infamare ♦ *agg.* che procura disonore: *delitto —.*

in|fa|mà|re *v.tr.* coprire d'infamia; disonorare: *— qlcu.* con accuse fasulle ♦ **-rsi** *intr.pron.* coprirsi d'infamia.

in|fa|ma|tò|rio *agg.* che procura disonore a qlcu.: *accuse infamatorie.*

in|fà|me *agg.* 1 che ha pessima fama | che merita di essere disprezzato; scellerato: *un — delinquente; un gesto —* | (*gerg.*) traditore, spia 2 (*scherz.*) pessimo: *tempaccio —* ♦ *s.m./f.* persona infame, scellerata.

in|fà|mia *s.f.* 1 condizione di chi, a causa delle sue azioni, viene pubblicamente disprezzato: *vivere nell'—* | *senza — e senza lode,* senza meriti e senza demeriti 2 azione infame; scelleratezza: *commettere un'—* 3 (*scherz.*) cosa pessima; schifezza: *questo dipinto è un'—.*

in|fan|gà|re *v.tr.* [indic.pres. *io infango, tu infanghi...*] 1 sporcare di fango: *mi sono infangato i pantaloni* 2 (*fig.*) disonorare: *— il nome della famiglia* ♦ **-rsi** *rifl., intr.pron.* coprirsi di fango: *— cadendo.*

in|fàn|te¹ *s.m./f.* (*lett.*) bimbo molto piccolo.

in|fàn|te² *s.m.* [f. *-a*] titolo spettante ai figli non primogeniti dei re di Spagna e di Portogallo.

in|fan|ti|ci|da *s.m./f.* [m.pl. *-i*] chi ha commesso infanticidio.

in|fan|ti|cì|dio *s.m.* uccisione di un neonato.

in|fan|tì|le *agg.* 1 caratteristico del bambino in tenera età, dell'infanzia: *pianto —* 2 che rivela immaturità: *reazione —* □ **infantilmente** *avv.*

in|fan|ti|lì|smo *s.m.* 1 (*med., psicol.*) persistenza di caratteri somatici o psichici infantili nell'adulto 2 (*estens.*) immaturità.

in|fàn|zia *s.f.* 1 periodo della vita umana compreso tra la nascita e l'adolescenza: *i ricordi dell'—* 2 i bambini nel loro complesso: *l'educazione dell'—* 3 (*fig.*) il periodo iniziale di un'epoca storica o di un movimento culturale: *l'— del Rinascimento.*

in|far|ci|re *v.tr.* [indic.pres. *io infarcisco, tu infarcisci...*] 1 (*gastr.*) imbottire una vivanda con una farcitura: *— il tacchino* 2 (*fig.*) riempire, spec. di elementi sovrabbondanti: *— un saggio di riferimenti bibliografici.*

in|fa|ri|nà|re *v.tr.* 1 cospargere un cibo di farina prima della cottura | spolverizzare: *— una torta con lo zucchero a velo* 2 (*estens.*) rendere bianco ql.co.: *la neve ha infarinato le cime* ♦ **-rsi** *intr. pron.* sporcarsi di farina.

in|fa|ri|na|tù|ra *s.f.* 1 l'operazione di infarinare: *l'— delle frittelle* | leggero strato di farina 2 (*fig.*) conoscenza superficiale di ql.co.: *un'— di inglese.*

in|fàr|to *s.m.* (*med.*) necrosi di un tessuto non più irrorato di sangue a causa dell'occlusione di un'arteria: *— intestinale* | (*per anton.*) infarto cardiaco: *avere un —.*

in|far|tu|à|to *agg., s.m.* [f. *-a*] (*med.*) che, chi è stato colpito da infarto cardiaco.

in|fa|stì|di|re *v.tr.* [indic.pres. *io infastidisco, tu infastidisci...*] dare fastidio a qlcu.; disturbare: *— i vicini facendo troppo rumore* ♦ **-rsi** *intr.pron.* seccarsi, irritarsi: *— per una sciocchezza.*

in|fa|ti|cà|bi|le *agg.* che sembra non avvertire mai la stanchezza | instancabile, tenace: *un atleta —* □ **infaticabilmente** *avv.*

in|fa|ti|ca|bi|li|tà *s.f.* caratteristica di chi è infaticabile.

in|fàt|ti *cong.* [introduce una prop. dichiarativa, che ribadisce o chiarisce quanto detto in precedenza] in realtà, difatti, invero: *deve esserci un errore, — non era mai successo.*

in|fat|tì|bi|le *agg.* che non si può attuare; irrealizzabile.

in|fa|tu|à|re *v.tr.* [indic.pres. *io infàtuo...*] suscitare in qlcu. un esagerato entusiasmo verso cose o persone; infervorare ♦ **-rsi** *intr.pron.* 1 lasciarsi prendere da un entusiasmo esagerato per ql.co. 2 invaghirsi: *— di una ragazza.*

in|fa|tua|zió|ne *s.f.* 1 entusiasmo esagerato e superficiale per ql.co. 2 innamoramento passeggero; cotta: *avere un'— per qlcu.*

in|fàu|sto *agg.* non fausto, funesto: *tempo —* | caratterizzato da avvenimenti dolorosi: *momento storico —.*

in|fe|con|di|tà *s.f.* caratteristica di ciò che è infecondo; sterilità.

in|fe|cón|do *agg.* 1 che non è in grado di procreare; sterile: *femmina infeconda* 2 che non produce frutto; improduttivo: *terreno —* 3 (*fig.*) che non produce nulla: *ingegno —.*

in|fe|dé|le *agg.* 1 che non rispetta gli impegni presi | *marito, moglie —*, che vengono meno alla fedeltà coniugale 2 che non rispecchia la realtà o non la riporta correttamente: *ritratto —; testimonianza —* | che si discosta dall'originale: *traduttore —* ♦ *s.m./f.* nel passato, chi professava una fede religiosa diversa dalla propria, in partic. i musulmani per i cristiani e viceversa: *convertire gli infedeli* □ **infedelmente** *avv.*

in|fe|del|tà *s.f.* mancanza di fedeltà: *l'— di certi mariti*.

in|fe|li|ce *agg.* **1** che non prova felicità; triste: *un uomo —* **2** che provoca o è caratterizzato da infelicità o sofferenza: *momento —; amore —* **3** mal riuscito; sfavorevole: *decisione —* | *inopportuno: battuta —* ♦ *s.m./f.* **1** chi non è felice **2** (*estens.*) chi è afflitto da gravi problemi fisici o mentali □ **infelicemente** *avv.*

in|fe|li|ci|tà *s.f.* **1** condizione di chi è infelice **2** caratteristica di ciò che è sfavorevole, inopportuno o causa di sofferenza: *l'— di certe scelte*.

in|fel|tri|mén|to *s.m.* perdita di elasticità e morbidezza in un tessuto.

in|fel|tri|re *v.tr.* [indic.pres. *io infeltrisco, tu infeltrisci*...] far acquistare a un tessuto, volutamente o per errore, la compattezza del feltro: *il lavaggio ha infeltrito questo maglione* ♦ *intr.* [aus. *E*], **-rsi** *intr.pron.* diventare compatto come il feltro.

in|fe|rèn|za *s.f.* procedimento logico deduttivo attraverso il quale da una o più premesse si ricava una conclusione.

in|fe|ren|zià|le *agg.* di inferenza.

in|fe|rió|re *agg.* [compar. di *basso*] **1** che sta sotto, più in basso: *parte — dell'edificio*; *ufficiale di grado —* **2** minore per quantità, qualità o grandezza rispetto a ql.co.: *altezza — alla media* | di poco valore; scadente: *risultato — alla norma* **3** che occupa una posizione meno elevata in una gerarchia o in una scala di valori | **scuola media —**, i primi tre anni della scuola secondaria **4** (*geog.*) si dice del tratto di un fiume più vicino alla foce | (*raro*) che si trova più a sud; meridionale ♦ *s.m./f.* chi occupa un grado più basso in una gerarchia; sottoposto: *considerare gli inferiori con rispetto* □ **inferiormente** *avv.* nella parte di sotto.

in|fe|rio|ri|tà *s.f.* carattere, condizione di chi o di ciò che è inferiore: *manifesta —; riconoscere la propria —* | (*psicol.*) **complesso di —**, percezione di inferiorità rispetto agli altri.

in|fe|ri|re *v.tr.* [indic.pres. *io inferisco, tu inferisci*...; pass.rem. *io infèrsi, tu inferisti*... nel sign. 1, *io inferii, tu inferisti*... nel sign. 2; part.pass. *infèrto* nel sign. 1, *inferito* nel sign. 2] **1** vibrare, assestare: *gli inferse un colpo mortale* | causare, infliggere: *l'attacco ha inferto notevoli perdite* **2** dedurre una cosa da un'altra; desumere: *— una conclusione logica dai dati raccolti*.

in|fer|me|rì|a *s.f.* in caserme, scuole e sim., luogo adibito alle cure mediche e al ricovero temporaneo di ammalati: *l'— del carcere*.

in|fer|miè|re *s.m.* [*-a*] operatore sanitario che ha il compito di coadiuvare il personale medico nell'assistenza a malati e inabili: *— professionale*.

in|fer|mie|ri|sti|co *agg.* [m.pl. *-ci*] relativo agli infermieri.

in|fer|mi|tà *s.f.* condizione di chi è infermo; malattia: *— permanente* | (*dir.*) **— mentale**, alterazione delle capacità di intendere e di volere.

in|fér|mo *agg., s.m.* [f. *-a*] che, chi è affetto da gravi patologie, spec. permanenti: *assistere gli infermi*.

in|fer|nà|le *agg.* **1** dell'inferno: *mondo —* **2** (*fig.*) terribile, insopportabile: *un periodo —*.

in|fèr|no *s.m.* **1** nella tradizione cristiana, luogo di dannazione eterna in cui vengono punite le anime dei peccatori non pentiti | (*fig.*) **mandare qlcu. all'—**, maledirlo; cacciarlo in malo modo | (*fig.*) **soffrire le pene dell'—**, soffrire oltre misura | (*fig.*) **d'—**, infernale, insopportabile: *caldo d' —* **2** (*fig.*) luogo o situazione che procura sofferenza o insopportabile fastidio: *il mio lavoro è un vero —*.

in|fe|ro *agg.* (*lett.*) dell'inferno ♦ *s.m.pl.* nella mitologia greco-romana, i luoghi o le divinità dell'oltretomba.

in|fe|ro|ci|re *v.tr.* [indic.pres. *io inferocisco, tu inferocisci*...] far diventare feroce: *la paura inferocisce gli animali* ♦ **-rsi** *intr.pron.* **1** diventare feroce: *la battaglia si è inferocita* **2** (*iperb.*) irritarsi oltre misura; infuriarsi.

in|fer|rià|ta *s.f.* **1** struttura fissa posta a protezione di finestre e altre aperture, costituita da sbarre o grate metalliche **2** (*estens.*) cancellata.

in|fer|vo|ra|mén|to *s.m.* eccitazione appassionata.

in|fer|vo|rà|re *v.tr.* [indic.pres. *io infèrvoro o infervóro*...] appassionare, entusiasmare: *le parole del generale infervorarono la truppa* ♦ **-rsi** *intr.pron.* appassionarsi, entusiasmarsi: *— nel sostenere la propria opinione*.

in|fer|vo|rà|to *part.pass.* di *infervorare* ♦ *agg.* pieno di fervore, di entusiasmo.

in|fe|stà|re *v.tr.* [indic.pres. *io infèsto*...] **1** di persone, danneggiare un luogo o un ambiente con comportamenti nocivi o criminosi: *i teppisti infestano le strade* **2** di vegetali e animali, concentrarsi in maniera dannosa in un'area: *la gramigna infesta i campi* | (*med.*) di parassiti, invadere un organismo.

in|fe|sta|zió|ne *s.f.* **1** presenza dannosa in un ambiente **2** (*med.*) concentrazione di parassiti in un organismo.

in|fè|sto *agg.* (*lett.*) che arreca danno; nocivo.

in|fet|tà|re *v.tr.* [indic.pres. *io infètto*...] **1** far diventare infetto: *la sporcizia ha infettato il taglio* **2** (*estens.*) contagiare, contaminare: *la nube tossica ha infettato l'aria* **3** (*fig.*) guastare moralmente; corrompere: *il vizio ha infettato la città* ♦ **-rsi** *intr.pron.* sviluppare un'infezione: *la cicatrice si è infettata*.

in|fet|ti|vo *agg.* **1** relativo a infezione **2** che deriva da un'infezione: *malattia infettiva* | che trasmette un'infezione | **agente —**, virus o batterio che porta il contagio di una malattia.

in|fèt|to *agg.* **1** colpito da infezione: *parte infetta* **2** che porta germi infettivi: *aria infetta* **3** (*fig.*) moralmente corrotto.

in|feu|da|mén|to *s.m.* costituzione o concessione di un feudo.

in|feu|dà|re *v.tr.* [indic.pres. *io infèudo*...] **1** (*st.*) assoggettare qlcu. al vincolo feudale | concedere in feudo: *— un territorio a un vassallo* **2** (*estens.*)

sottoporre al proprio potere; sottomettere ♦ **-rsi** *rifl.* **1** (*st.*) sottomettersi a qlcu. con un vincolo feudale: — *a un potente signore* **2** (*fig.*) assoggettarsi a qlcu.

in|fe|zió|ne *s.f.* **1** (*med.*) invasione e diffusione di agenti patogeni nell'organismo: *l'— si propaga* | (*com.*) formazione di pus in una ferita **2** contagio, contaminazione: *l'— si è propagata* **3** (*fig.*) corruzione morale; pervertimento.

in|fiac|chi|mén|to *s.m.* perdita di energie; indebolimento.

in|fiac|chì|re *v.tr.* [indic.pres. *io infiacchisco, tu infiacchisci...*] far diventare debole; indebolire: *l'inattività infiacchisce* ♦ **-rsi** *intr.pron.* diventare debole: — *per il lungo digiuno.*

in|fia|là|re *v.tr.* mettere in fiale: — *una medicina.*

in|fiam|mà|bi|le *agg.* **1** che può prendere fuoco con facilità: *prodotto* — **2** (*fig.*) che si arrabbia facilmente: *carattere* —.

in|fiam|ma|bi|li|tà *s.f.* propensione a infiammarsi.

in|fiam|mà|re *v.tr.* **1** accendere producendo una fiamma; incendiare: — *il legname* **2** (*estens.*) far assumere un colorito rosso: *la passione le infiammava le guance* **3** (*fig.*) appassionare, entusiasmare: *le sue parole infiammarono la folla* **4** (*med.*) causare un'infiammazione ♦ **-rsi** *intr. pron.* **1** prendere fuoco: *il petrolio si infiamma facilmente* **2** (*estens.*) assumere un colorito rosso: *gli s'infiammò il viso* **3** (*fig.*) essere pervaso da un sentimento intenso e repentino: — *di gelosia* **4** (*med.*) venire colpito da infiammazione: *le tonsille si sono infiammate.*

in|fiam|ma|tò|rio *agg.* (*med.*) di infiammazione: *fenomeno* —.

in|fiam|ma|zió|ne *s.f.* (*med.*) reazione dei tessuti di un organismo all'aggressione di agenti patogeni, che si presenta con arrossamento, dolore, calore e tumefazione: — *cutanea.*

in|fia|scà|re *v.tr.* [indic.pres. *io infiasco, tu infiaschi...*] versare un liquido in fiaschi: — *il vino.*

in|fia|sca|trì|ce *s.f.* macchina usata per infiascare.

in|fi|bu|là|re *v.tr.* [indic.pres. *io infibulo...*] sottoporre a infibulazione.

in|fi|bu|la|zió|ne *s.f.* (*antrop.*) intervento che, presso alcune popolazioni africane, viene praticato sui genitali, spec. femminili, allo scopo di impedire il coito.

in|fi|cià|re *v.tr.* [indic.pres. *io inficio...*] **1** (*dir.*) rendere ql.co. non autentico; invalidare: *le sue affermazioni furono inficiate dalle prove* **2** (*estens.*) privare di valore, smentire: *le statistiche sono inficiate dai fatti.*

in|fì|do *agg.* **1** che non merita fiducia; non affidabile: *un uomo* — | (*fig.*) falso: *parole infide* **2** pieno di pericoli; insidioso: *la montagna è infida.*

in fièri (*lat.*) *loc.agg.invar.* ancora in via di realizzazione: *un'opera* —.

in|fie|rì|re *v.intr.* [indic.pres. *io infierisco, tu infierisci...*; aus. A] **1** agire contro qlcu. in maniera crudele; accanirsi: — *sugli sconfitti* **2** infuriare, imperversare: *l'epidemia infieriva in tutto il paese.*

in|fìg|ge|re *v.tr.* [con. come *figgere*; part.pass. *infisso*] **1** conficcare; piantare con forza: — *la lancia nel petto*; — *un chiodo nel muro* **2** (*fig.*) far entrare nella mente, nella memoria ♦ **-rsi** *intr.pron.* (*anche fig.*) penetrare in profondità; fissarsi: *un pensiero gli si era infisso nella mente.*

in|fi|là|re *v.tr.* **1** far passare un filo nella cruna di un ago | far passare un filo attraverso una serie di oggetti forati in modo da tenerli uniti: — *le perle* | introdurre una cosa in un'altra attraverso un foro, una fessura e sim.: — *la chiave nella toppa*; — *una busta sotto la porta* | (*fig.*) — *la porta*, uscire o entrare in maniera decisa **2** (*estens.*) attraversare da parte a parte con un oggetto appuntito; infilzare **3** (*estens.*) mettere indosso; indossare: — *la giacca* **4** (*fig.*) dire o fare una serie di cose analoghe: — *battute una dietro l'altra* ♦ **-rsi** *rifl.* **1** entrare nel ql.co.: — *nel sacco a pelo* **2** intrufolarsi: — *in un gruppo di persone.*

in|fi|là|ta *s.f.* **1** sequenza di cose analoghe sistemate una dopo l'altra: *un'— di porte* **2** (*fig.*) sfilza.

in|fil|tra|ménto *s.m.* infiltrazione.

in|fil|trà|re *v.tr.* (*raro*) far penetrare un liquido attraverso fessure e sim. ♦ **-rsi** *intr.pron.* **1** penetrare poco per volta attraverso fessure, crepe e sim.: *la pioggia si è infiltrata nel tetto* **2** (*fig.*) intrufolarsi, insinuarsi: — *tra i reparti nemici.*

in|fil|trà|to *s.m.* [f. *-a*] chi si introduce in un gruppo allo scopo di spiarlo o danneggiarlo: *un* — *della polizia.*

in|fil|tra|zió|ne *s.f.* **1** lenta penetrazione di un liquido attraverso fessure e sim.: — *d'acqua nel muro* **2** (*fig.*) inserimento di una spia in un gruppo o in un'organizzazione **3** (*med.*) inoculazione lenta di farmaci liquidi in un tessuto.

in|fil|za|mén|to *s.m.* l'atto di infilzare e il suo risultato.

in|fil|zà|re *v.tr.* **1** trafiggere: — *un soldato con la baionetta* | infiggere: — *il tacchino sullo spiedo* **2** infilare una dopo l'altra più cose dello stesso tipo: — *le perle, le castagne* | (*fig.*) dire o fare una sequenza di cose simili: — *una menzogna dietro l'altra* ♦ **-rsi** *rifl.* trafiggersi.

in|fil|zà|ta *s.f.* **1** serie di cose infilzate **2** (*fig.*) sequenza di cose simili dette o fatte in successione: *un'— di banalità.*

in|fì|mo *agg.* [superl. di *basso*] all'ultimo posto in una gerarchia o in una scala di valori: *cose di* — *valore.*

in|fì|ne *avv.* **1** alla fine; finalmente: *parlò per ore e* — *tacque* **2** in sostanza; insomma: —, *qual è il problema?*

in|fin|gar|dàg|gi|ne *s.f.* **1** caratteristica di chi è infingardo **2** atto da infingardo.

in|fin|gàr|do *agg.* che evita di faticare; pigro, indolente ♦ *s.m.* [f. *-a*] persona infingarda.

in|fin|gi|mén|to *s.m.* (*lett.*) finzione, menzogna | *senza infingimenti*, con schiettezza, in maniera sincera.

in|fi|ni|tà *s.f.* **1** caratteristica di ciò che non ha fine: *l'— dell'universo* **2** (*iperb.*) enorme quantità; moltitudine: *un'— di cose.*

in|fi|ni|te|si|mà|le *agg.* **1** (*mat.*) che riguarda

infinitesimo

gli infinitesimi | *calcolo* —, quello relativo a integrali e derivate 2 (*estens*.) estremamente piccolo; minimo: *variazione* —.

in|fi|ni|tè|si|mo *agg.* estremamente piccolo; ridottissimo: *parte infinitesima* ♦ *s.m.* (*mat.*) quantità variabile tendente a zero | porzione piccolissima: *vorrei un — della sua bellezza*.

in|fi|ni|téz|za *s.f.* (*raro*) caratteristica di ciò che è infinito.

in|fi|ni|ti|và|le *agg.* (*gramm.*) riguardante il modo infinito dei verbi: *costruzione —*.

in|fi|ni|ti|vo *agg.* (*gramm.*) che riguarda il modo infinito dei verbi.

in|fi|ni|to *agg.* 1 che è privo di inizio e fine nel tempo o nello spazio | senza limiti 2 (*anche fig.*) eccezionale, senza misura: *ricchezze infinite; bontà infinita* | (*estens*.) in gran numero: *ha sofferto infiniti dolori* ♦ *s.m.* 1 ciò che non ha limiti nello spazio o nel tempo | *all'—*, senza smettere mai; continuamente: *ripetere all'— gli stessi errori* 2 (*mat.*) grandezza variabile tendente a un valore maggiore di ogni numero assegnato quando un'altra tende a un dato valore 3 (*gramm.*) modo del verbo che esprime l'azione senza determinare numero e persona □ **infinitamente** *avv.* all'infinito; enormemente: *amare —; — deluso*.

in|fi|no *avv.* (*lett.*) anche, perfino.

in|fi|noc|chia|re *v.tr.* [indic.pres. *io infinòcchio...*] (*fam.*) imbrogliare, ingannare: *lasciarsi —*.

in|fioc|cà|re *v.tr.* [indic.pres. *io infiòcco, tu infiòcchi...*] infioccchettare.

in|fioc|chet|tà|re *v.tr.* [indic.pres. *io infiocchétto...*] 1 ornare con fiocchetti: — *un pacchetto regalo* 2 (*fig.*) abbellire con l'uso di figure retoriche e artifici stilistici: — *un racconto* ♦ **-rsi** *rifl.* ornarsi con fiocchi e sim.

in|fio|chì|re *v.tr.* [indic.pres. *io infiochìsco, tu infiochìsci...*] rendere fioco; attutire ♦ *intr.* [aus. *E*], **-rsi** *intr.pron.* affievolirsi, smorzarsi.

in|fio|rà|re *v.tr.* [indic.pres. *io infióro...*] 1 adornare di fiori: — *la chiesa* 2 (*fig.*) abbellire: — *un'orazione*.

in|fio|rà|ta *s.f.* decorazione di fiori con cui si ornano chiese, strade o altri luoghi in occasione di particolari solennità.

in|fio|re|scèn|za *s.f.* o **inflorescènza** *s.f.* (*bot*.) insieme di più fiori raggruppati secondo una disposizione caratteristica per ogni tipo di pianta.

in|fio|ret|tà|re *v.tr.* [indic.pres. *io infiorétto...*] ornare un testo o un discorso con eccessivi abbellimenti stilistici.

in|fio|ret|ta|tù|ra *s.f.* elemento aggiunto a un testo o a un brano musicale a puro scopo di abbellimento.

in|fir|mà|re *v.tr.* rendere nullo; invalidare: — *una sentenza*.

in|fi|schiàr|si *v.intr.pron.* [indic.pres. *io mi infìschio...*]; gener. rafforzato dalla particella *ne*] (*fam.*) non preoccuparsi in alcun modo di qlcu. o ql.co.; disinteressarsi: *me ne infischio dei problemi degli altri*.

in|fìs|so *s.m.* 1 (*edil*.) il telaio dei serramenti che viene fissato ai muri di un edificio: *gli infissi delle porte* 2 (*ling*.) elemento morfologico inserito nel corpo di una parola per effetto di vari fenomeni linguistici.

in|fit|tì|re *v.tr.* [indic.pres. *io infittisco, tu infittisci...*] 1 rendere fitto o più fitto: — *le maglie della rete* 2 (*fig.*) rendere più frequente o più stringente: — *i controlli* ♦ *intr.* [aus. *E*], **-rsi** *intr.pron.* (*anche fig.*) diventare fitto o più fitto: *il bosco si infittisce*.

in|fla|tì|vo o **inflattivo** *agg.* (*econ.*) inflazionistico.

in|fla|zio|nà|re *v.tr.* [indic.pres. *io inflazióno...*] 1 sottoporre a un processo inflazionistico: — *la valuta* 2 (*fig.*) diffondere o usare in maniera eccessiva; abusare.

in|fla|zio|nà|to *part.pass.* di **inflazionare** ♦ *agg.* 1 (*econ*.) che ha perso valore per inflazione: *moneta inflazionata* 2 (*estens*.) che ha perso significato e valore perché è troppo comune | che risulta meno interessante perché è troppo presente: *un personaggio —*.

in|fla|zió|ne *s.f.* 1 (*econ.*) diminuzione del potere d'acquisto della moneta e conseguente rialzo dei prezzi 2 (*fig.*) eccessiva presenza o diffusione di ql.co.: — *di telefoni cellulari*.

in|fla|zio|nì|smo *s.m.* (*econ.*) tendenza a provocare o favorire processi inflazionistici.

in|fla|zio|nì|sti|co *agg.* [m.pl. *-ci*] (*econ*.) di inflazione; che è causa d'inflazione: *politica inflazionistica*.

in|fles|sì|bi|le *agg.* che dimostra rigorosa fermezza; irremovibile: *temperamento —* □ **inflessibilmente** *avv.*

in|fles|si|bi|li|tà *s.f.* caratteristica di chi è inflessibile.

in|fles|sió|ne *s.f.* l'insieme delle caratteristiche di pronuncia tipiche di un singolo o di un gruppo di parlanti; cadenza: — *meridionale, lombarda*.

in|flìg|ge|re *v.tr.* [con. come *affliggere*] sottoporre a una pena o a ql.co. di sgradevole: — *una condanna; — una sconfitta impietosa*.

in|flo|re|scèn|za *s.f.* → **infiorescenza**.

in|flu|èn|te *part.pres.* di **influire** ♦ *agg.* che è in grado di influire sull'andamento di ql.co. per prestigio o autorità; autorevole: *un — personaggio politico*.

in|flu|èn|za *s.f.* 1 azione che viene esercitata su cose o persone; influsso: *l'— del clima sull'agricoltura* 2 capacità di condizionare situazioni e persone per mezzo del proprio prestigio o della propria autorità; ascendente: *l'— di un insegnante sugli allievi; avere — su qlcu.* | *area, sfera d'—*, territorio o ambito su cui una persona, un'entità politica o uno Stato esercitano la propria influenza 3 (*fis.*) facoltà che hanno alcuni corpi di agire a distanza su altri: — *magnetica* 4 (*med*.) malattia virale altamente contagiosa che colpisce spec. le vie respiratorie: *fare, prendere l'—*.

in|fluen|zà|bi|le *agg.* che può essere influenzato: *un pubblico facilmente —*.

in|fluen|zà|le *agg.* (*med*.) che è causa o conseguenza dell'influenza: *virus —*.

in|fluen|zà|re *v.tr.* [indic.pres. *io influènzo...*]

condizionare il comportamento di cose e persone: *è in grado di — importanti società|lasciarsi —*, farsi condizionare: *mi sono lasciato — dalle sue parole* ♦ **-rsi** *rifl.rec.* condizionarsi a vicenda: *si influenzano l'uno con l'altro* ♦ *intr.pron.* (*med.*) ammalarsi d'influenza.
in|fluen|zà|to *part.pass.* di influenzare ♦ *agg.* (*med.*) colpito da influenza.
in|flu|ì|re *v.intr.* [indic.pres. *io influisco, tu influisci...*; aus. *A*] esercitare un influsso su qlcu. o ql.co.; condizionare: *le stagioni influiscono sul turismo*.
in|flùs|so *s.m.* **1** in astrologia, l'azione degli astri su uomini e cose: *esercitare un — favorevole* **2** (*estens.*) influenza.
in|fo|cà|re *v.tr.* → **infuocare**.
in|fo|cà|to *agg.* → **infuocato**.
in|fo|gnàr|si *v.intr.pron.* [indic.pres. *io mi infógno..., noi ci infogniamo, voi vi infognate...*] (*fam.*) cacciarsi in situazioni spiacevoli o complicate; impegolarsi: *— in un brutto pasticcio*.
in fò|lio (*lat.*) *loc.agg.invar.* si dice di volume a stampa di grandi dimensioni, in cui i fogli sono stati piegati una sola volta.
in|fol|tì|re *v.tr.* [indic.pres. *io infoltisco, tu infoltisci...*] rendere folto o più folto: *— i capelli* ♦ **-rsi** *intr.pron.* diventare folto o più folto.
in|fon|da|téz|za *s.f.* mancanza di fondatezza; inconsistenza: *l'— di una teoria*.
in|fon|dà|to *agg.* che è privo di fondamento o di motivazioni reali; inconsistente, immotivato: *dubbio —* □ **infondatamente** *avv.*
in|fón|de|re *v.tr.* [con. come *fondere*] far nascere o suscitare un sentimento: *— fiducia*.
in|for|cà|re *v.tr.* [indic.pres. *io infórco, tu infórchi...*] **1** prendere con una forca: *— la paglia* **2** montare a cavalcioni di ql.co.: *— la motocicletta | — gli occhiali*, metterseli | (*sci*) *— un paletto*, nelle gare di slalom, transitare con uno sci all'esterno del paletto che delimita le porte.
in|for|ca|tù|ra *s.f.* **1** punto in cui una cosa si divide in due parti come una forca: *— di una forca* **2** parte del corpo umano dove termina il busto e iniziano le cosce.
in|for|mà|le *agg.* **1** non ufficiale: *visita — | amichevole: chiacchierata — | stile, tono —*, colloquiale **2** detto di corrente pittorica astratta che tende a escludere l'utilizzo di forme figurative ben definite ♦ *s.m./f.* esponente di tale corrente pittorica □ **informalmente** *avv.*
in|for|mà|re *v.tr.* [indic.pres. *io infórmo...*] **1** fornire notizie; aggiornare: *— gli amici di una novità* **2** (*lett.*) adattare, conformare | (*fig.*) indirizzare, improntare: *— la conversazione a toni di cortesia* ♦ **-rsi** *intr.pron.* **1** chiedere o procurarsi informazioni e notizie: *— sugli orari dei treni; — circa le ultime novità* **2** adattarsi, conformarsi.
in|for|mà|ti|ca *s.f.* scienza e tecnica che si occupa dell'elaborazione e del trattamento di dati attraverso l'uso di elaboratori elettronici.
in|for|mà|ti|co *agg.* [m.pl. *-ci*] riguardante o basato sull'informatica: *applicazioni informatiche* ♦ *s.m.* [f. *-a*] specialista in informatica.
in|for|ma|tì|va *s.f.* (*bur.*) circolare o nota di un ufficio che informa su un dato argomento: *emettere un'—*.
in|for|ma|tì|vo *agg.* **1** che serve a comunicare informazioni o notizie: *circolare informativa* **2** (*lett.*) che dà un'impronta, un indirizzo.
in|for|ma|tiz|zà|re *v.tr.* introdurre l'utilizzo di sistemi informatici in un certo campo o nello svolgimento di una determinata funzione: *— la gestione dei conti correnti*.
in|for|ma|tiz|za|zió|ne *s.f.* introduzione di sistemi informatici in un certo campo o settore.
in|for|mà|to *part.pass. di* informare ♦ *agg.* **1** che è a conoscenza di ql.co. | che si tiene al corrente delle notizie, in generale o rispetto a un certo ambito: *una persona molto informata* **2** (*lett.*) improntato a una determinata idea o impostazione: *valutazione informata a principi di equità*.
in|for|ma|tó|re *agg.* (*lett.*) che dà la sua impronta a ql.co. ♦ *s.m.* [f. *-trice*] chi fornisce informazioni: *un — dei servizi segreti*.
in|for|ma|zió|ne *s.f.* **1** lo scambio e la circolazione delle notizie | il sistema formato dagli organi e dalle strutture che fanno circolare le notizie: *l'— deve essere libera e indipendente* **2** la singola notizia o il singolo dato che vengono fatti circolare: *chiedere, raccogliere informazioni* | (*inform.*) ogni singolo dato che viene registrato nella memoria di un computer | (*biol.*) **genetica**, l'insieme dei messaggi ereditari contenuti nei geni.
in|fór|me *agg.* che è privo di forma definita: *una massa —* | appena abbozzato.
in|for|mi|co|lì|mén|to *s.m.* intorpidimento di una parte del corpo.
in|for|mi|tà *s.f.* mancanza di una forma definita.
in|for|nà|re *v.tr.* [indic.pres. *io infórno...*] mettere a cuocere in forno: *— il pane*.
in|for|nà|ta *s.f.* **1** l'operazione dell'infornare | quantità di pane o altro cibo che viene cotta in forno in una sola volta **2** (*fig., scherz.*) grossa quantità di ql.co.: *un'— di lavoro*.
in|for|tu|nàr|si *v.intr.pron.* subire un infortunio; farsi male: *— in una partita di calcio*.
in|for|tu|nà|to *part.pass.* di infortunarsi ♦ *agg. s.m.* [f. *-a*] che, chi ha subito un infortunio da cui non si è ancora ripreso: *giocatore —*.
in|for|tù|nio *s.m.* **1** incidente che causa un danno fisico: *— sul lavoro; subire un —* **2** (*estens.*) azione sfortunata o maldestra: *si è trattato di un —*.
in|for|tu|nì|sti|ca *s.f.* disciplina che studia gli infortuni e il modo di evitarli o ridurne le conseguenze.
in|for|tu|nì|sti|co *agg.* [m.pl. *-ci*] riguardante gli infortuni o l'infortunistica: *legislazione infortunistica*.
in|fos|sa|mén|to *s.m.* **1** creazione di una fossa **2** cavità, avvallamento del terreno.
in|fos|sà|re *v.tr.* [indic.pres. *io infòsso...*] sistemare in una fossa ♦ **-rsi** *intr.pron.* formare una fossa: *il terreno si infossa* | (*estens.*) incavarsi, smagrirsi: *per la magrezza gli si infossano le guance*.

infossatura 606

in|fos|sa|tù|ra *s.f.* infossamento.
infotainment (*ingl.*) [pr. *infotèinment*] *s.m. invar.* spettacolo televisivo che abbina informazione e intrattenimento.
in|fra- *pref.* in parole composte, spec. della terminologia scientifica, significa "sotto" (*infrastruttura*) o "in mezzo" (*inframmezzare*).
in|fra|ci|di|re *v.intr.* [indic.pres. *io infracidisco, tu infracidisci*...; aus. *E*] (*raro*) diventare marcio, putrefarsi.
in|fra|di|cia|mén|to *s.m.* l'atto di infradiciare o infradiciarsi.
in|fra|di|cià|re *v.tr.* [indic.pres. *io infràdicio*...] **1** inzuppare d'acqua: *la pioggia infradicia i vestiti* **2** far marcire ♦ **-rsi** *intr.pron.* **1** inzupparsi d'acqua **2** diventare marcio.
in|fra|di|cia|tù|ra *s.f.* infradiciamento.
in|fra|di|to *s.m./f.invar.* calzatura estiva aperta in cui il piede è trattenuto da una listarella che si infila fra l'alluce e il secondo dito.
in|fram|mét|te|re *v.tr.* [con. come *mettere*] mettere ql.co. tra due elementi, frapporre ♦ **-rsi** *intr.pron.* mettersi in mezzo, frapporsi | (*estens.*) intromettersi, impicciarsi: *si inframmette sempre negli affari degli altri*.
in|fram|mez|zà|re *v.tr.* [indic.pres. *io inframmèzzo*...] alternare, intercalare.
in|fram|mi|schià|re *v.tr.* [indic.pres. *io inframmischio*...] mescolare assieme.
in|fràn|ge|re *v.tr.* [con. come *frangere*] **1** rompere, spezzare in più parti: — *un cristallo* | (*fig.*) distruggere: — *i sogni, le aspettative di qlcu.* **2** (*fig.*) stroncare, arrestare: — *la resistenza del nemico* | violare, non rispettare: — *un patto* ♦ **-rsi** *intr.pron.* **1** frantumarsi: *l'onda s'infrange sulla spiaggia* **2** (*fig.*) arrestarsi, venir meno: *i suoi sogni si infransero contro la realtà*.
in|fran|gi|bi|le *agg.* che non si rompe o si rompe difficilmente: *occhiali infrangibili*.
in|fràn|to *part.pass. di* infrangere ♦ *agg.* **1** spezzato **2** (*fig.*) deluso: *sogno* — | *cuore* —, amareggiato per una delusione amorosa.
in|fra|rós|so *agg., s.m.* (*fis.*) si dice di radiazione elettromagnetica la cui lunghezza d'onda è compresa fra l'estremo rosso dello spettro visibile e l'inizio delle microonde; è emessa dai corpi caldi e invisibile all'uomo.
in|fra|scà|re *v.tr.* [indic.pres. *io infrasco, tu infraschi*...] **1** coprire con frasche **2** sostenere una pianta rampicante con frasche ♦ **-rsi** *rifl.* nascondersi tra le frasche; imboscarsi.
in|fra|scrit|to *agg.* (*bur.*) scritto sotto, di seguito: *nota infrascritta*.
in|fra|set|ti|ma|nà|le *agg.* che cade durante la settimana lavorativa: *riposo* —.
in|fra|strut|tù|ra *s.f.* **1** insieme di impianti che rendono possibile il funzionamento di un'attività, spec. economica: *le infrastrutture di un'azienda* **2** (*spec.pl.*) insieme dei servizi pubblici, come strade, ospedali, scuole ecc., essenziali per lo sviluppo economico e sociale di un paese.
in|fra|strut|tu|rà|le *agg.* relativo all'infrastruttura.

in|fra|suò|no *s.m.* (*fis.*) oscillazione acustica di frequenza troppo bassa per essere percepibile dall'orecchio umano.
in|frat|tà|re *v.tr.* (*fam.*) nascondere, occultare ♦ **-rsi** *rifl.* (*fam.*) nascondersi | (*estens.*) appartarsi per amoreggiare.
in|fra|zió|ne *s.f.* violazione di una norma: *commettere, rilevare un'*—.
in|fred|da|tù|ra *s.f.* raffreddore leggero: *buscarsi un'*—.
in|fred|do|lìr|si *v.intr.pron.* [indic.pres. *io mi infreddolisco, tu ti infreddolisci*...; aus. *E*] essere preso dal freddo: — *aspettando all'aperto*.
in|fre|quèn|te *agg.* che non si verifica spesso; raro: *un problema* —.
in|frol|li|mén|to *s.m.* (*anche fig.*) l'atto e l'effetto dell'infrollire.
in|frol|lì|re *v.intr.* [indic.pres. *io infrollisco, tu infrollisci*...] **1** (*raro*) far diventare frollo | detto di carne, sottoporre a frollatura **2** (*fig.*) infiacchire, indebolire ♦ *intr.* [aus. *E*], **-rsi** *intr.pron.* **1** diventare frollo: *mettere la selvaggina a* — **2** (*fig.*) perdere vigore; indebolirsi.
in|frut|te|scèn|za *s.f.* (*bot.*) l'insieme di frutti derivati da una stessa infiorescenza.
in|frut|tì|fe|ro *agg.* **1** che non dà frutto; sterile: *pianta infruttifera* **2** (*fig.*) che non produce reddito o interesse: *investimento* —.
in|frut|tuo|si|tà *s.f.* caratteristica di ciò che è infruttuoso: *l'*— *di un capitale*.
in|frut|tu|ó|so *agg.* **1** infruttifero **2** (*fig.*) che non dà risultati: *indagine infruttuosa* □ **infruttuosamente** *avv.*
in|fu|la *s.f.* **1** presso gli antichi greci e romani, fascia di tessuto che i sacerdoti si cingevano attorno al capo o che veniva posta intorno al capo delle vittime sacrificali **2** (*lit.*) ognuna delle due strisce pendenti dalla mitra dei vescovi.
in|fun|gì|bi|le *agg.* (*dir.*) detto di bene determinato che non può essere sostituito con un altro della stessa specie.
in|fun|gi|bi|li|tà *s.f.* (*dir.*) condizione di un bene infungibile.
in|fuo|cà|re o **infocàre** *v.tr.* [indic.pres. *io infuòco* o *infòco, tu infuòchi* o *infòchi*...] **1** rendere ql.co. rovente riscaldandola **2** (*estens.*) far prendere un colore rosso come il fuoco: *la furia gli infuocava il viso* **3** (*fig.*) eccitare, infiammare: *la folla* ♦ **-rsi** *intr.pron.* **1** arroventarsi **2** (*estens.*) assumere un colore rosso come il fuoco **3** (*fig.*) infiammarsi, infervorarsi: — *nel dibattito*.
in|fuo|cà|to o **infocàto** *part.pass. di* infuocare ♦ *agg.* **1** (*anche fig.*) caldissimo, rovente: *ferro* —; *discussione infuocata* | *clima* —, torrido; (*fig.*) atmosfera tesa **2** (*estens.*) di colore rosso come il fuoco.
in|fuò|ri *avv. solo nella loc.* **all'**—, in fuori; verso l'esterno: *un masso sporgente all'*— | (*loc.prep.*) **all'**— **di**, a parte; tranne: *tutti d'accordo all'*— *di due persone*.
in|fur|bìr|si *v.intr.pron.* [indic.pres. *io mi infurbisco, tu ti infurbisci*...] farsi furbo.
in|fu|rià|re *v.intr.* [indic.pres. *io infùrio*...] scate-

narsi, manifestarsi con violenza: *infuria una tormenta* ♦ **-rsi** *intr.pron.* adirarsi violentemente; diventare furioso: — *per quanto accaduto.*
in|fu|si|bi|le *agg.* che non può essere fuso; che non può fondere.
in|fu|si|bi|li|tà *s.f.* caratteristica di ciò che è infusibile.
in|fu|sió|ne *s.f.* **1** macerazione di erbe in acqua bollente o alcol per estrarne i principi attivi: *camomilla preparata per* — **2** il liquido ottenuto per infusione; infuso.
in|fú|so *part.pass.* di infondere ♦ *agg.* versato dentro o sopra ql.co. | **scienza infusa**, quella che si possiede per dono soprannaturale, non per progressiva acquisizione ♦ *s.m.* bevanda ottenuta per infusione: *un — d'erbe.*
in|gab|bià|re *v.tr.* [indic.pres. *io ingàbbio...*] **1** mettere, chiudere in gabbia: — *un pappagallo* **2** (*fig.*) rinchiudere in uno spazio da cui non si può uscire; intrappolare **3** (*edil.*) dotare di ingabbiatura una costruzione.
in|gab|bia|tù|ra *s.f.* (*edil.*) la struttura portante, in acciaio o cemento armato, di una costruzione.
in|gag|già|re *v.tr.* [indic.pres. *io ingàggio...*] **1** prendere qlcu. alle proprie dipendenze con un contratto: — *operai* | arruolare, assoldare: — *mercenari* **2** (*sport*) acquisire un atleta, un calciatore in una società sportiva **3** dare inizio a ql.co.; attaccare: — *battaglia.*
in|gàg|gio *s.m.* **1** assunzione con contratto: *l' — di un calciatore* | arruolamento **2** (*estens.*) cifra corrisposta a un atleta, a un calciatore che viene ingaggiato **3** (*sport*) nell'hockey, lancio del disco tra i bastoni di due avversari effettuato dall'arbitro a inizio di partita o dopo l'interruzione per fallo.
in|ga|gliar|dì|re *v.tr.* [indic.pres. *io ingagliardisco, tu ingagliardisci...*] rendere più forte; invigorire: *il riposo ingagliardisce* ♦ **-rsi** *intr.pron.* diventare più forte; irrobustirsi: *con l'allenamento il fisico s'ingagliardisce.*
in|gan|nà|bi|le *agg.* che può essere ingannato.
in|gan|nà|re *v.tr.* **1** indurre in errore: *l'apparenza inganna* | imbrogliare, raggirare: — *un cliente* **2** tradire: — *la moglie, il marito* **3** deludere: — *l'amicizia di qlcu.* | eludere: — *i controlli* **4** cercare di rendere sopportabile una situazione sgradevole: — *l'attesa* | *il tempo*, riempirlo con qualche attività per non annoiarsi | — *la fame*, renderla meno forte facendo uno spuntino **5** sorprendere: — *l'avversario con una finta* ♦ **-rsi** *intr.pron.* cadere in errore; sbagliarsi nel valutare.
in|gan|na|tó|re *agg., s.m.* [f. *-trice*] (*lett.*) che, chi trae in inganno: *promessa ingannatrice.*
in|gan|né|vo|le *agg.* che può indurre in errore; fallace: *prospettiva ingannevole* □ **ingannevolmente** *avv.*
in|gàn|no *s.m.* **1** insidia perpetrata per indurre in errore qlcu. traendone vantaggio; imbroglio, tranello: *ottenere ql.co. con l' —* **2** falsa percezione che induce in errore; abbaglio: *la poca luce trae in —.*
in|gar|bu|glia|mén|to *s.m.* intrico, groviglio.

in|gar|bu|glià|re *v.tr.* [indic.pres. *io ingarbùglio...*] **1** mettere insieme più cose in maniera casuale formando un intrico: — *le reti* **2** (*fig.*) rendere difficile la comprensione o la soluzione di ql.co.; complicare: — *un'indagine* ♦ **-rsi** *intr.pron.* **1** intricarsi, aggrovigliarsi: *la fune si è ingarbugliata* **2** (*fig.*) complicarsi **3** (*colloq.*) confondersi o incespicare nel parlare: — *per la tensione.*
in|ge|gnàr|si *v.intr.pron.* [indic.pres. *io mi ingégno..., noi ci ingegniamo, voi vi ingegnate...*] sforzarsi per arrivare alla soluzione di ql.co. o per superare una difficoltà: — *per riparare il danno* **2** (*anche assol.*) cavarsela in qualche modo; arrangiarsi: *s'ingegna a vivere come può.*
in|ge|gné|re *s.m.* **1** laureato in ingegneria che si occupa della progettazione e realizzazione di costruzioni edili, meccaniche, industriali, navali ecc. **2** laureato che si occupa di uno dei settori scientifici o tecnologici indicati sotto le denominazione di "ingegneria": — *chimico, gestionale.*
in|ge|gne|rì|a *s.f.* **1** scienza e tecnica della progettazione e realizzazione di costruzioni edili, di macchinari e impianti, di vie e mezzi di trasporto: — *elettronica, nucleare* | professione dell'ingegnere **2** ogni altra disciplina che applica le metodologie dell'ingegneria: — *finanziaria* | (*med.*) — **genetica**, insieme delle tecniche usate per modificare il patrimonio genetico di un individuo.
in|ge|gne|rì|sti|co *agg.* di ingegneria, riguardante l'ingegneria.
in|gé|gno *s.m.* **1** facoltà dell'intelletto di intuire, giudicare, apprendere: *un grande —*; *pronto* | *dar prova d' —*, dimostrarsi intelligente, brillante | **opere dell'** —, opere letterarie, musicali e artistiche protette dal diritto d'autore **2** persona dotata di rilevanti qualità intellettuali: *uno degli ingegni più brillanti del paese.*
in|ge|gno|si|tà *s.f.* caratteristica di chi (o di ciò che) è ingegnoso.
in|ge|gnó|so *agg.* **1** che è dotato di ingegno pronto; abile: *un artigiano* — | che denota ingegno pronto e sottile: *una trovata ingegnosa* **2** realizzato con ingegno: *un piano* — □ **ingegnosamente** *avv.*
in|ge|lo|sì|re *v.tr.* [indic.pres. *io ingelosisco, tu ingelosisci...*] far diventare geloso: — *la moglie con i propri comportamenti* ♦ **-rsi** *intr.pron.* diventare geloso: — *per le fortune altrui.*
in|gem|mà|re *v.tr.* [indic.pres. *io ingèmmo...*] ornare con gemme | (*fig.*) impreziosire, ornare: *i fiori ingemmano i giardini.*
in|ge|ne|rà|re *v.tr.* [indic.pres. *io ingènero...*] **1** (*lett.*) generare, far nascere **2** (*estens.*) produrre, causare: *la verità ingenera odio* ♦ **-rsi** *intr.pron.* avere origine; nascere: *il malinteso si è ingenerato da un mio errore.*
in|ge|ne|rà|to *part.pass.* di ingenerare ♦ *agg.* (*lett.*) congenito, innato: *un difetto* —.
in|ge|ne|ro|si|tà *s.f.* mancanza di generosità.
in|ge|ne|ró|so *agg.* privo di generosità: *rivelarsi* — | (*estens.*) che rivela mancanza di genero-

sità: *atto* — | *giudizio* —, troppo duro □ **ingenerosamente** *avv*.
in|gè|ni|to *agg*. (*lett*.) presente dall'origine; innato: *tendenze ingenite nell'uomo* | (*estens*.) congenito: *un difetto* — *in certe persone*.
in|gèn|te *agg*. molto grande; rilevante: *perdita* — □ **ingentemente** *avv*.
in|gen|ti|li|mén|to *s.m*. acquisizione di eleganza, di decoro: — *dei modi*.
in|gen|ti|li|re *v.tr*. [indic.pres. *io ingentilisco, tu ingentilisci*...] rendere gentile o più gentile; dirozzare: — *il proprio modo di parlare* | (*estens*.) rendere più decoroso, abbellire: — *la casa con decorazioni* ♦ **-rsi** *intr.pron*. diventare gentile o più gentile.
in|ge|nui|tà *s.f*. **1** caratteristica di chi è ingenuo; innocenza: *l'* — *infantile* | mancanza di accortezza; sprovvedutezza: *sfruttare l'* — *degli altri* **2** azione o discorso da persona ingenua: *commettere un'* —.
in|gè|nuo *agg*. **1** senza malizia; innocente: *bambino, gesto* — | sprovveduto **2** che è frutto di ingenuità: *comportamento* — ♦ *s.m*. [f. -a] **1** persona ingenua | *fare l'* —, fingere di non capire □ **ingenuamente** *avv*.
in|ge|rèn|za *s.f*. intromissione non richiesta nelle questioni altrui; interferenza: — *negli affari interni di uno Stato sovrano*.
in|ge|ri|mén|to *s.m*. ingestione: *l'* — *di sostanze velenose*.
in|ge|ri|re *v.tr*. [indic.pres. *io ingerisco, tu ingerisci*...] introdurre nell'apparato digerente per via orale; inghiottire: — *pastiglie medicinali* ♦ **-rsi** *intr.pron*. intromettersi arbitrariamente in questioni altrui: — *negli affari privati di qlcu*.
in|ges|sà|re *v.tr*. [indic.pres. *io ingèsso*...] (*med*.) immobilizzare con bende intrise di gesso una parte del corpo che ha subito fratture o lussazioni: — *una gamba* **2** (*fig*.) bloccare.
in|ges|sà|to *part.pass*. di ingessare ♦ *agg*. **1** (*med*.) coperto da ingessatura **2** (*fig*.) impacciato, troppo formale.
in|ges|sa|tù|ra *s.f*. (*med*.) **1** immobilizzazione di una parte del corpo fratturata o lussata per mezzo di bende intrise di gesso **2** il rivestimento rigido così realizzato: *mettere, togliere l'* —.
in|ge|stió|ne *s.f*. introduzione nell'apparato digerente per via orale: — *di cibarie*.
in|ghiot|ti|mén|to *s.m*. (*raro*) movimento con cui si fa passare ql.co. dalla bocca all'esofago; deglutizione.
in|ghiot|ti|re *v.tr*. [indic.pres. *io inghiottisco* o *inghiótto, tu inghiottisci* o *inghiótti*...] **1** far scendere nell'esofago cibi o bevande: — *un pezzo di pane* (*estens*.) far sparire sommergendo o assorbendo: *il mare inghiottì la nave* **3** (*fig*.) sopportare senza reagire: — *la rabbia* | *le lacrime*, trattenerle.
in|ghiot|ti|tó|io *s.m*. apertura naturale in cui defluiscono le acque superficiali.
in|ghìp|po *s.m*. **1** imbroglio, raggiro **2** inciampo, difficoltà.

in|ghir|làn|dà|re *v.tr*. adornare o cingere di ghirlande ♦ **-rsi** *rifl*. adornarsi di ghirlande.
in|gial|li|mén|to *s.m*. graduale assunzione di un colore giallastro.
in|gial|li|re *v.tr*. [indic.pres. *io ingiallisco, tu ingiallisci*...] far diventare giallo: *il tempo ingiallisce la carta dei libri* ♦ *intr*. [aus. *E*], **-rsi** *intr.pron*. divenire giallo: *le foglie morte ingialliscono*.
in|gi|gan|tì|re *v.tr*. [indic.pres. *io ingigantìsco, tu ingigantìsci*...] **1** ingrandire notevolmente: — *una fotografia* **2** (*fig*.) considerare più rilevante o grave di quanto non sia: — *un problema* ♦ **-rsi** *intr.pron*. (*anche fig*.) assumere proporzioni gigantesche: *la crisi si è ingigantita*.
in|gi|noc|chiàr|si *v.intr.pron*. [indic.pres. *io mi inginòcchio*...] **1** mettersi in ginocchio, spec. per devozione o sottomissione: — *davanti all'altare* **2** (*fig*.) sottomettersi, umiliarsi.
in|gi|noc|chia|tó|io *s.m*. mobiletto dotato di un gradino sul quale ci si inginocchia per pregare.
in|gio|iel|là|re *v.tr*. [indic.pres. *io ingioièllo*...] **1** ornare con gioielli **2** (*fig*.) impreziosire: — *una poesia* ♦ **-rsi** *rifl*. ornarsi di gioielli.
in|giù *avv. spec. nella loc. all'* —, verso il basso: *a capo all'* —.
in|giu|di|cà|to *agg*. (*dir*.) detto di questione su cui non sia stato ancora formulato dall'autorità competente il giudizio definitivo.
in|giùn|ge|re *v.tr*. [con. come *giungere*] intimare: — *di arrendersi*.
in|giun|tì|vo *agg*. che ha carattere di ordine o di ingiunzione: *provvedimento* —.
in|giun|zió|ne *s.f*. **1** ordine, comando autorevole **2** (*dir*.) procedura con cui un'autorità impone di adempiere a un'obbligazione: — *di pagamento*.
in|giù|ria *s.f*. **1** offesa al decoro e all'onore altrui | parola o frase ingiuriosa; insulto: *coprire di ingiurie* **2** (*fig*.) danno provocato da fenomeni naturali: *le ingiurie del tempo*.
in|giu|riàre *v.tr*. [indic.pres. *io ingiùrio*...] offendere qlcu. con ingiurie ♦ **-rsi** *rifl.rec*. insultarsi a vicenda.
in|giu|rió|so *agg*. che offende: *termini ingiuriosi* □ **ingiuriosamente** *avv*.
in|giu|sti|fi|cà|bi|le *agg*. che non si può giustificare; inaccettabile: *un comportamento* —.
in|giu|sti|fi|cà|to *agg*. privo di giustificazione: *assenza ingiustificata* | immotivato: *spesa ingiustificata*.
in|giu|stì|zia *s.f*. **1** caratteristica di ciò che è ingiusto: *l'* — *di un atto* **2** azione contraria alla giustizia; sopruso: *subire un'* —.
in|giù|sto *agg*. **1** che non rispetta i principi della giustizia; iniquo: *un sovrano* — **2** contrario alla giustizia: *quello che hai fatto è* — **3** (*estens*.) privo di fondamento; immotivato: *giudizio* — | immeritato: *castigo* — ♦ *s.m*. **1** [f. -sta] persona non giusta **2** (*solo sing*.) ciò che è ingiusto in giustizia: *distinguere il giusto e l'* — □ **ingiustamente** *avv*.
in|glé|se *agg*. **1** dell'Inghilterra | tipico del popolo e del costume inglese: *lingua, cultura* — | *giardino all'* —, che tende a conservare i caratteri

naturali del paesaggio | *prato all'* —, con erba folta e rasata 2 detto di cose cui si attribuisce origine inglese | (*mecc.*) *chiave* —, chiave per stringere viti e dadi a diametro variabile | *zuppa* —, dolce di pan di Spagna con liquore e crema o cioccolato ♦ *s.m.* 1 [anche *f.*] chi è nato o risiede in Inghilterra 2 lingua del gruppo germanico parlata in Gran Bretagna, Stati Uniti d'America, Canada, Australia e nelle ex colonie britanniche.
in|glo|ba|mén|to *s.m.* inclusione in un insieme; accorpamento.
in|glo|bà|re *v.tr.* [indic.pres. *io inglòbo*...] includere, incorporare in un insieme organico: *l'azienda ha inglobato i concorrenti*.
in|glo|rió|so *agg.* 1 privo di gloria 2 ignominioso, disonorevole: *un'azione ingloriosa* □ **ingloriosamente** *avv.*
in|glù|vie (*zool.*) in molti uccelli, dilatazione a sacca dell'esofago; gozzo.
in|gob|bì|re *v.tr.* [indic.pres. *io ingobbisco, tu ingobbisci*...] far diventare gobbo: *i pesi lo ingobbiscono* ♦ *intr.* [aus. *E*], **-rsi** *intr.pron.* diventare gobbo: *con l'età s'è ingobbito*.
in|gof|fi|re *v.tr.* [indic.pres. *io ingoffisco, tu ingoffisci*...] rendere, far apparire goffo: *un vestito che ingoffisse* ♦ *intr.* [aus. *E*], **-rsi** *intr.pron.* divenire goffo.
in|go|ià|re *v.tr.* [indic.pres. *io ingóio*...] 1 mandar giù, inghiottire 2 (*fig.*) subire senza reagire; sopportare: — *un sopruso* 3 (*fig.*) far scomparire sommergendo: *i flutti ingoiarono il battello*.
in|gol|fa|mén|to *s.m.* impossibilità di avviare un motore a scoppio per l'eccessivo afflusso di benzina nel carburatore.
in|gol|fà|re *v.tr.* [indic.pres. *io ingólfo*...] 1 causare l'ingolfamento del motore a scoppio 2 (*fig.*) coinvolgere in una situazione difficile ♦ **-rsi** *intr.pron.* 1 detto del mare, formare un golfo 2 (*fig.*) mettersi in una situazione difficile; impelagarsi: — *in un lavoro infinito* 3 (*fig.*) dedicarsi con impegno a ql.co. di difficile: — *nella politica* 4 detto di un motore a scoppio, non avviarsi per ingolfamento.
in|gol|là|re *v.tr.* [indic.pres. *io ingóllo*...] inghiottire avidamente; tranguggiare.
in|go|lo|sì|re *v.tr.* [indic.pres. *io ingolosisco, tu ingolosisci*...] 1 rendere qlcu. goloso 2 (*fig.*) allettare: *la tua proposta mi ingolosisce* ♦ **-rsi** *intr. pron.* essere presi da golosità: *ingolosirsi alla vista di una torta*.
in|gom|bràn|te *part.pres. di* ingombrare ♦ *agg.* 1 che crea ingombro, che intralcia: *uno scatolone* — 2 (*fig.*) fastidioso, invadente: *una suocera* —.
in|gom|brà|re *v.tr.* [indic.pres. *io ingómbro*...] 1 occupare spazio creando un intralcio: *le macchine in seconda fila ingombrano la carreggiata* 2 (*fig.*) occupare in modo fastidioso: *le preoccupazioni ingombrano la mente*.
in|góm|bro[1] *agg.* riempito, ingombrato: *un tavolo — di libri*.
in|góm|bro[2] *s.m.* 1 l'atto di ingombrare: *creare un* — 2 ciò che crea ingombro: *questi pacchi sono un ingombro* | lo spazio che viene occupato da ql.co.: *oggetti di poco* —.
in|gor|dì|gia *s.f.* 1 avidità di cibo; voracità 2 (*fig.*) desiderio sfrenato; cupidigia: — *di potere*.
in|gór|do *agg.* 1 che mangia e beve con voracità; ghiotto: *un giovane* — 2 (*fig.*) che desidera smodatamente ql.co.; avido: — *di ricchezze* □ **ingordamente** *avv.*
in|gor|gà|re *v.tr.* [indic.pres. *io ingórgo, tu ingórghi*...] ostruire, otturare: — *lo scarico* ♦ **-rsi** *intr.pron.* 1 detto di liquidi, creare un gorgo | (*estens.*) ammassarsi ostacolando il passaggio: *il traffico si sta ingorgando* 2 intasarsi, otturarsi: *il lavandino si è ingorgato*.
in|gór|go *s.m.* [pl. *-ghi*] ostruzione, intasamento: — *stradale*.
in|go|ver|nà|bi|le *agg.* che è difficile o impossibile da gestire; fuori controllo: *nave, situazione* —.
in|go|ver|na|bi|li|tà *s.f.* condizione di ciò che è ingovernabile.
in|goz|zà|re *v.tr.* [indic.pres. *io ingózzo*...] 1 nutrire forzatamente per fare ingrassare: — *un'oca* | (*estens.*) riferito a persona, far mangiare troppo 2 inghiottire con ingordigia; tranguggiare: — *un pasticcino* | ingoiare malvolentieri, forzatamente: — *una bevanda amara* ♦ **-rsi** *rifl.* abbuffarsi di cibo: — *di patatine*.
in|goz|zà|ta *s.f.* grande quantità di cibo mangiato; abbuffata.
in|gra|nàg|gio *s.m.* 1 meccanismo che trasmette il moto attraverso ruote dentate l'una collegata all'altra: *gli ingranaggi dell'orologio a molla* 2 (*fig., spec.pl.*) meccanismo sociale governato da regole rigide che tendono a limitare l'autonomia del singolo: *gli ingranaggi della burocrazia*.
in|gra|nà|re *v.intr.* [aus. *A*] 1 detto di due parti di un ingranaggio, essere collocati in modo da consentire l'inserimento dei denti dell'una in quelli dell'altra per trasmettere il moto 2 (*fig.*) avviare bene un'attività: *il nuovo lavoro non ingrana ancora* ♦ *tr.* avvicinare due parti di un ingranaggio in modo che i denti dell'una si inseriscano in quelli dell'altra | nei veicoli a motore, inserire una marcia: — *la prima*.
in|gran|di|mén|to *s.m.* 1 aumento di dimensioni | *lente d'*—, quella che fornisce un'immagine ingrandita 2 (*foto.*) procedimento che permette di ottenere stampe fotografiche di formato ingrandito | (*estens.*) la stampa così ottenuta.
in|gran|dì|re *v.tr.* [indic.pres. *io ingrandisco, tu ingrandisci*...] 1 rendere più grande, di dimensioni maggiori: — *un appartamento* | (*estens.*) ampliare: — *la propria attività* 2 aumentare le dimensioni di ql.co. attraverso strumenti ottici: — *una cellula con il microscopio* 3 (*fig.*) far sembrare ql.co. più grande o più rilevante di quanto non sia realmente; ingigantire: — *un'impresa* ♦ **-rsi** *intr.pron.* 1 aumentare di dimensioni: *l'azienda si ingrandisce* 2 (*fig.*) aumentare il proprio giro d'affari; svilupparsi: *ci siamo ingranditi* | aumentare il proprio spazio abitativo o lavorativo.

in|gran|di|tó|re *s.m.* (*foto.*) apparecchio per eseguire stampe fotografiche ingrandite.

in|gras|sàg|gio *s.m.* applicazione di grasso lubrificante su organi meccanici.

in|gras|sa|mén|to *s.m.* **1** aumento di peso corporeo: *dieta contro l'—* **2** nutrizione degli animali d'allevamento con il fine di aumentarne il peso: *l'— delle oche.*

in|gras|sà|re *v.tr.* **1** far diventare grasso, più grasso: *l'inattività ingrassa* **2** (*agr.*) arricchire un terreno, spec. con sostanze organiche; concimare: *— un campo* **3** cospargere di grasso lubrificante: *— la catena della bicicletta* ♦ *intr.* [aus. *E*], **-rsi** *intr.pron.* **1** diventare grasso, più grasso **2** (*fig.*) arricchirsi, spec. con attività illecite: *— con il contrabbando.*

in|gras|sa|tó|re *s.m.* **1** [f. *-trice*] operaio addetto a lubrificare le macchine **2** dispositivo per la lubrificazione di organi meccanici.

in|gràs|so *s.m.* **1** ingrassamento degli animali d'allevamento: *mettere i maiali all'—* **2** (*agr.*) concimazione di un terreno, spec. con sostanze organiche | il concime stesso.

in|gra|tic|cià|ta *s.f.* recinzione o sostegno per rampicanti fatto a graticci.

in|gra|ti|tù|di|ne *s.f.* mancanza di gratitudine.

in|grà|to *agg.* **1** che non prova o manifesta gratitudine; non riconoscente: *mostrarsi — verso un amico* **2** che dà poca soddisfazione, faticoso: *un mestiere —* | sgradevole: *un ricordo —* ♦ *s.m.* [f. *-a*] chi non prova o non manifesta gratitudine □ **ingratamente** *avv.*

in|gra|vi|da|mén|to *s.m.* l'atto con cui il maschio dei mammiferi rende gravida la femmina.

in|gra|vi|dà|re *v.tr.* [indic.pres. *io ingràvido...*] rendere gravida una femmina: *il toro ha ingravidato la mucca* ♦ *intr.* [aus. *E*], **-rsi** *intr.pron.* diventare gravida.

in|gra|zià|re *v.tr.* [indic.pres. *io ingràzio*; sempre con la particella pron.] guadagnarsi la benevolenza, il favore di qlcu.: *— il giudice.*

in|gre|dièn|te *s.m.* **1** ogni sostanza utilizzata nella preparazione di un cibo, di un medicinale e sim.: *gli ingredienti del sugo* **2** (*fig.*) ogni elemento che entra nella composizione di opere artistiche, letterarie e sim.: *il mistero è un tipico ingrediente del film giallo.*

in|gres|sió|ne *s.f.* (*geol.*) fenomeno per cui il mare sommerge tratti più o meno estesi di terraferma.

in|gres|sì|vo *agg.* (*ling.*) si dice di suono prodotto con l'inspirazione di aria verso l'interno dell'apparato fonatorio.

in|grès|so *s.m.* **1** apertura, entrata attraverso cui si accede a un luogo: *l'— del cinema; porta d'—* | (*estens.*) in una casa, l'ambiente su cui si affaccia la porta d'ingresso; vestibolo **2** l'atto di entrare | primo approccio: *— nella scuola* | entrata solenne: *l'— presidente al Parlamento* **3** permesso di accedere a uno spazio: *— vietato* | *— libero*, senza l'obbligo di pagare un biglietto o di fare acquisti **4** (*inform.*) input | connettore che permette di collegare le periferiche al corpo centrale di un computer: *l'— della tastiera.*

in|gri|gì|re *v.intr.* [indic.pres. *io ingrigisco, tu ingrigisci...*; aus. *E*] (*lett.*) **1** assumere un colore grigio: *il cielo ingrigisce* | (*anche ass.*) diventare grigio di capelli **2** (*fig.*) diventare scialbo.

in|grip|pà|re *v.tr.*, *intr.* [aus. dell'intr. *avere*], **-rsi** *intr.pron.* grippare, gripparsi: *il motore si è ingrippato.*

in|grom|mà|re *v.tr.* [indic.pres. *io ingrómmo...*] coprire di gromma ♦ **-rsi** *intr.pron.* coprirsi di gromma.

in|gros|sa|mén|to *s.m.* **1** aumento di volume: *— di un fiume* **2** parte ingrossata; gonfiore: *l'— della ghiandola.*

in|gros|sà|re *v.tr.* [indic.pres. *io ingròsso...*] **1** far crescere di volume; gonfiare: *le piogge abbondanti ingrossano i corsi d'acqua* | far sembrare più grosso del vero: *questo abito mi ingrossa* **2** aumentare: *— le file del partito* ♦ *intr.* [aus. *E*], **-rsi** *intr.pron.* diventare grosso o più grosso: *il fiume si ingrossa.*

in|gros|sa|tù|ra *s.m.* ingrossamento.

in|gròs|so *solo nella loc.* **all'—** **1** si dice della compravendita di merci in rilevanti quantità: *acquisto all'—* **2** (*estens.*) pressappoco, più o meno: *all'— saranno dieci chili.*

in|gru|gnàr|si *v.intr.pron.* [indic. pres. *io mi ingrugno...*, *noi ci ingrugniamo, voi vi ingrugnate...*] (*fam.*) mettere il broncio.

in|gua|dà|bi|le *agg.* che non si può guadare: *corso d'acqua —.*

in|gua|ià|re *v.tr.* [indic.pres. *io inguàio...*] (*fam.*) mettere qlcu. nei guai ♦ **-rsi** *rifl.* (*fam.*) cacciarsi nei guai: *ti sei inguaiato con le tue mani.*

in|gua|nà|re *v.tr.* [indic.pres. *io inguàino...*] **1** riporre in una guaina | *— la spada*, rimetterla nel fodero **2** (*fig.*) fasciare strettamente il corpo dando risalto alle forme.

in|gual|ci|bi|le *agg.* che non si sgualcisce: *camicia —.*

in|guan|tà|re *v.tr.* mettere i guanti ♦ **-rsi** *rifl.* infilarsi i guanti.

in|gua|rì|bi|le *agg.* **1** che non è possibile guarire: *un male, un malato* — **2** (*estens.*) incapace di liberarsi di una abitudine, spec. negativa: *vizio —* | (*anche scherz.*) incorreggibile: *un — idealista* □ **inguaribilmente** *avv.*

in|gui|nà|le *agg.* (*anat.*) dell'inguine: *strappo —.*

in|gui|ne *s.m.* (*anat.*) regione del corpo umano compresa tra cosce e addome.

in|gur|gi|tà|re *v.tr.* [indic.pres. *io ingùrgito...*] inghiottire in maniera avida o frettolosa; tranguagiare: *— mezzo litro di birra.*

i|ni|bì|re *v.tr.* [indic.pres. *io inibisco, tu inibisci...*] **1** proibire, vietare ql.co.: *— l'accesso a una rete di computer* **2** (*fisiol.*) arrestare o frenare il funzionamento di un organo **3** bloccare psicologicamente; intimidire: *l'eccessiva severità dei superiori lo inibisce.*

i|ni|bì|to *part.pass.* *di* inibire ♦ *agg.*, *s.m.* [f. *-a*] (*psicol.*) che, chi patisce inibizioni.

i|ni|bi|tó|re *agg.* [f. *-trice*] che frena; che impe-

disce il normale svolgimento di ql.co.: *meccanismi inibitori* ♦ *s.m.* (*chim.*) ogni sostanza che è in grado di arrestare determinate reazioni.
i|ni|bi|tò|rio *agg.* **1** (*dir.*) che ha il potere di inibire: *provvedimento —* **2** (*psicol.*) relativo a meccanismi d'inibizione: *freni inibitori*.
i|ni|bi|zió|ne *s.f.* **1** divieto, proibizione **2** (*chim.*) rallentamento o arresto di una reazione **3** (*fisiol.*) processo che arresta o frena il funzionamento di un organo **4** (*psicol.*) blocco psichico inconscio che può alterare il normale svolgimento di alcune funzioni nervose e psichiche.
i|ni|do|nei|tà *s.f.* mancanza di idoneità.
i|ni|dò|ne|o *agg.* inadatto a ql.co.: *essere — allo sport agonistico*.
i|niet|tà|bi|le *agg.* che può essere iniettato.
i|niet|tà|re *v.tr.* [indic.pres. *io iniètto...*] **1** (*med.*) introdurre una sostanza nell'organismo mediante iniezione: — *un medicinale* **2** (*tecn.*) far penetrare sostanze liquide mediante un iniettore: — *cemento sotto le fondamenta* ♦ **-rsi** *intr. pron. solo nella loc. — di sangue*, detto degli occhi, arrossarsi, irritarsi.
i|niet|tó|re *s.m.* (*tecn.*) apparecchio utilizzato per immettere in uno spazio chiuso sostanze fluide sotto pressione: — *di carburante*.
i|nie|zió|ne *s.f.* **1** (*med.*) l'operazione con cui si introduce un farmaco allo stato liquido nell'organismo per mezzo di una siringa e un ago cavo | — *endovenosa*, quando la sostanza è iniettata in vena | — *intramuscolare*, quando la sostanza è iniettata nello spessore del muscolo, gener. del gluteo o della spalla **2** (*fig.*) apporto psicologico: *ricevere un'— di allegria* **3** (*tecn.*) immissione di una sostanza liquida in uno spazio chiuso per mezzo di un getto a pressione: — *di combustibile nel motore*.
i|ni|mi|cà|re *v.tr.* [indic.pres. *io inimico, tu inimichi...*] rendere nemico: *in tre giorni si è già inimicato tutti*.
i|ni|mi|cì|zia *s.f.* sentimento di ostilità; rancore: — *tra colleghi*.
i|ni|mi|tà|bi|le *agg.* **1** che non può essere imitato **2** (*estens.*) eccezionale, incomparabile: *un musicista —*.
i|nim|ma|gi|nà|bi|le *agg.* **1** che non può essere immaginato **2** (*estens.*) fuori dal comune, straordinario: *ricchezze inimmaginabili*.
i|nin|fiam|mà|bi|le *agg.* non infiammabile: *tessuto —*.
i|nin|flu|èn|te *agg.* che non influisce su ql.co. | secondario, irrilevante: *un dato —*.
i|nin|tel|li|gì|bi|le *agg.* **1** che non è possibile comprendere pienamente | che non si riesce a decifrare: *scrittura —* **2** che è tanto flebile da essere appena percepibile: *un rumore —*.
i|nin|ter|rót|to *agg.* privo di interruzione; incessante: *un viavai —* □ **ininterrottamente** *avv.*
i|ni|qui|tà *s.f.* **1** mancanza di equità; ingiustizia: *l'— di una sentenza* **2** malvagità **3** gesto o parola inique: *commettere —*.
i|nì|quo *agg.* **1** che manca di equità; ingiusto: *un giudice iniquo* **2** (*estens.*) malvagio, sciagurato: *uomo —* □ **iniquamente** *avv.*
in i|tì|ne|re (*lat.*) *loc.avv., loc.agg.invar.* in corso d'esame: *provvedimento —*.
i|ni|zià|bi|le *agg.* che può essere iniziato, avviato.
i|ni|zià|le *agg.* che si trova all'inizio di ql.co.: *la parte — del percorso* ♦ *s.f.* la prima lettera di una parola | (*pl.*) la prima lettera di nome e cognome □ **inizialmente** *avv.* all'inizio | in un primo momento.
i|ni|zia|liz|zà|re *v.tr.* (*inform.*) **1** detto di programma, avviare e preparare all'elaborazione dei dati **2** di disco rigido o rimovibile, formattare.
i|ni|zia|liz|za|zió|ne *s.f.* (*inform.*) **1** procedimento di avvio e di preparazione di un programma **2** formattazione.
i|ni|zià|re *v.tr.* [indic.pres. *io inìzio...*] **1** dare inizio a ql.co.: — *la giornata lavorativa* | intraprendere: — *un viaggio*; — *un corso di inglese* **2** ammettere alla conoscenza, alla pratica di un culto o alla partecipazione di una setta o un'associazione segreta: — *alla mafia* | (*estens.*) avviare a una disciplina, a un percorso professionale: — *allo studio della letteratura* ♦ *intr.* [aus. *E*] cominciare: *il film inizia alle 20*.
i|ni|zià|ti|co *agg.* [m.pl. *-ci*] **1** relativo a un'iniziazione: *rito —* **2** (*estens.*) incomprensibile a chi non fa parte di un certo gruppo; oscuro: *simbolismo —*.
i|ni|zia|tì|va *s.f.* **1** decisione con cui si dà inizio a ql.co.: *prendere l'—* | (*estens.*) attività, impresa: — *economica* **2** intraprendenza, dinamismo: *essere ricco d'—*.
i|ni|zià|to *part.pass.* di iniziare ♦ *s.m.* [f. *-a*] **1** chi è ammesso a un culto o a un'associazione segreta **2** chi conosce a fondo una disciplina o un'arte.
i|ni|zia|tó|re *agg.*, *s.m.* [f. *-trice*] **1** che, chi avvia ql.co.; promotore: *l'— di una corrente di pensiero* **2** che, chi compie un'iniziazione.
i|ni|zià|zió|ne *s.f.* **1** cerimonia con cui si ammette qlcu. a un culto religioso o a un'associazione segreta **2** (*estens.*) avviamento a un'attività, una disciplina, un'arte: — *alla musica*.
i|nì|zio *s.m.* **1** parte iniziale di ql.co.: *l'— di un racconto* | atto con cui si comincia ql.co.; avvio | *dare —*, avviare **2** la fase d'avvio | il primo periodo di ql.co.: *l'— del mese*.
in lò|co (*lat.*) *loc.avv.* sul posto; nel luogo medesimo: *vendita —*.
in|naf|fià|re *v.tr. e deriv.* → **annaffiare** *e deriv.*
in|nal|za|mén|to *s.m.* **1** aumento di altezza, di livello e sim. | elevazione | (*sport*) sollevamento **2** (*fig.*) promozione.
in|nal|zà|re *v.tr.* **1** (*anche fig.*) portare o rivolgere verso l'alto; elevare: — *la bandiera*; — *un canto a Dio* **2** edificare, erigere: — *un palazzo* **3** far salire: *le piogge innalzano il livello dei fiumi* **4** (*fig.*) portare a una dignità, a una condizione superiore: — *alla carica di sottosegretario* ♦ **-rsi** *rifl.* (*anche fig.*) alzarsi, muoversi verso l'alto ♦ *intr.pron.* **1** crescere in altezza **2** spiccare, distin-

guersi: *si innalza sui suoi simili* | ergersi: *i monti s'innalzano all'orizzonte.*
in|na|mo|ra|mén|to *s.m.* processo che conduce alla nascita di un sentimento amoroso | condizione di chi è innamorato.
in|na|mo|rà|re *v.tr.* [indic.pres. *io innamóro...*] (*raro*) suscitare sentimenti amorosi: *con il suo canto lo innamorò* | *far* —, far nascere in altri sentimenti amorosi; affascinare ♦ **-rsi** *intr.pron.* 1 essere preso da amore per qlcu.: — *di uno sconosciuto* 2 (*estens.*) appassionarsi, entusiasmarsi per ql.co.: — *della musica lirica* ♦ *rifl.rec.* iniziare a provare amore l'uno per l'altro: — *in cinque minuti.*
in|na|mo|rà|to *part.pass.* di innamorare ♦ *agg.* 1 acceso d'amore: *essere* — *di qlcu.* 2 (*estens.*) che ha una spiccata passione per ql.co.: — *della campagna toscana* ♦ *s.m.* [f. *-a*] chi prova amore nei confronti di qlcu. | la persona amata; fidanzato: *baciare il proprio* —.
in|nàn|zi *avv.* (*raro*) 1 avanti | (*anche fig.*) *tirare* —, proseguire per la propria strada; cavarsela come si può | *d'ora* —, da adesso in poi 2 prima: *come è già stato detto* — ♦ *prep.* (*raro*) 1 davanti a: — *casa; avere sempre la stessa immagine* — *agli occhi* | in presenza di: *comparire* — *al tribunale* 2 prima di: — *l'alba* | — *tempo*, prima del tempo ♦ *agg.invar.* [sempre posposto al sost.] precedente nel tempo: *l'anno* —.
in|nan|zi|tùt|to *avv.* prima di tutto; in primo luogo: *pensa agli affari tuoi,* —.
in|na|tì|smo *s.m.* dottrina filosofica secondo cui nell'uomo sono presenti idee innate.
in|nà|to *agg.* 1 posseduto per natura dalla nascita; non acquisito con l'esperienza: *idea innata* 2 (*estens.*) istintivo, spontaneo: *innata eleganza.*
in|na|tu|rà|le *agg.* 1 contrario alla natura privo di naturalezza; artificioso: *un atteggiamento* — □ **innaturalmente** *avv.*
in|ne|gà|bi|le *agg.* che non può essere negato; incontrovertibile: *dato* —.
in|neg|già|re *v.intr.* [indic.pres. *io innéggio...*; aus. *A*] rivolgere espressioni di consenso entusiastico verso qlcu. o ql.co.; esaltare: — *alla vittoria.*
in|ner|và|re *v.tr.* [indic.pres. *io innèrvo...*] 1 (*anat.*) dei nervi, diramarsi in una parte del corpo 2 (*fig.*) animare, dare vigore.
in|ner|va|zió|ne *s.f.* (*anat.*) distribuzione dei nervi in un organo.
in|ner|vo|sì|re *v.tr.* [indic.pres. *io innervosisco, tu innervosisci...*] rendere nervoso: *il suo comportamento mi innervosisce* ♦ **-rsi** *intr.pron.* diventare nervoso, irritarsi.
in|ne|sca|mén|to *s.m.* atto di innescare.
in|ne|scà|re *v.tr.* [indic.pres. *io innésco, tu inneschi...*] 1 applicare l'innesco a una carica esplosiva 2 munire di esca l'amo 3 (*fig.*) dare inizio; suscitare: *le sue parole hanno innescato una polemica* ♦ **-rsi** *intr.pron.* detto di un processo, iniziarsi: *si innescò una violenta ribellione.*
in|né|sco *s.m.* [m.pl. *-schi*] 1 congegno o dispositivo che provoca lo scoppio di una carica esplosiva; detonatore 2 (*fig.*) avvenimento o circostanza che dà inizio a un processo.
in|ne|stà|re *v.tr.* [indic.pres. *io innèsto...*] 1 (*agr.*) inserire su una pianta radicata al suolo la gemma o il ramo di un'altra pianta, spec. per ottenere una migliore qualità dei frutti: — *un ulivo* 2 (*med.*) trapiantare una parte di tessuto o di organo da una parte a un'altra dell'organismo o da un organismo a un altro 3 (*mecc.*) inserire un elemento in un altro in modo da trasmettere il movimento dall'uno all'altro: — *la seconda marcia* 4 (*fig.*) introdurre ql.co. di nuovo in un contesto ♦ **-rsi** *intr.pron.* inserirsi, introdursi.
in|ne|sta|tó|io *s.m.* (*agr.*) coltello per l'innesto.
in|ne|sta|tù|ra *s.f.* (*agr.*) 1 l'operazione dell'innestare 2 punto in cui viene fatto l'innesto.
in|nè|sto *s.m.* 1 (*agr.*) l'operazione dell'innestare: *l'* — *di un ramo fruttifero* | il ramo o la gemma innestati 2 (*mecc.*) il meccanismo che permette di innestare due elementi l'uno con l'altro 3 (*med.*) trasferimento di tessuti od organi da una parte all'altra dello stesso organismo o tra organismi diversi 4 (*fig.*) introduzione, inserimento: *l'* — *di elementi culturali orientali in un contesto occidentale.*
in|ne|va|mén|to *s.m.* la quantità di neve presente in una certa zona in un dato periodo | — **artificiale**, con neve prodotta per mezzo di apparecchiature specifiche.
in|ne|và|re *v.tr.* [indic.pres. *io innévo...*] ricoprire di neve: — *le montagne* ♦ **-rsi** *intr.pron.* ricoprirsi di neve.
inning (*ingl.*) [pr. *innin*] *s.m.invar.* (*sport*) ciascuna delle nove parti in cui è divisa una partita di baseball.
in|no *s.m.* 1 in molte tradizioni letterarie e religiose, componimento poetico celebrativo di dei ed eroi 2 (*lit.*) nel culto cristiano, canto che esprime lode a Dio o ai santi 3 nella letteratura moderna, componimento poetico di stile elevato e di ispirazione civile o religiosa 4 (*fig.*) discorso o scritto elogiativo: *un* — *alla giustizia.*
in|no|cèn|te *agg.* 1 che è privo di colpa: *l'imputato si dichiara* — 2 che non ha esperienza del male; puro: *un bimbo* — 3 che è fatto senza secondi fini; che è senza malizia: *una domanda* —; *uno sguardo* — ♦ *s.m./f.* 1 chi è privo di colpa: *condannare un* — 2 (*per anton.*) bambino: *una strage di innocenti* □ **innocentemente** *avv.*
in|no|cen|tì|no *s.m.* [f. *-a*] chi si mostra innocente essendo esperto: *fare l'* —.
in|no|cen|tì|sta *s.m./f.* [m.pl. *-i*] chi, nelle discussioni che accompagnano un processo penale indiziario, sostiene l'innocenza dell'imputato.
in|no|cèn|za *s.f.* 1 condizione di chi non ha commesso il reato di cui veniva accusato: *l'imputato ha dimostrato la sua* — 2 condizione di chi è privo di colpa o di malizia; purezza | ingenuità, candore; *l'* — *dei bambini.*
in|no|cuì|tà *s.f.* incapacità di nuocere.
in|nò|cuo *agg.* 1 che non è nocivo, non fa danno: *una bugia innocua* 2 (*spreg.*) di scarso valore; incapace: *una persona del tutto innocua.*

i|no|mi|nà|bi|le agg. che non può essere nominato per superstizione o perché indecente: *un peccato —*.
in|no|mi|nà|to agg. [f. *-a*] si dice di persona di cui non viene fatto il nome.
in|no|va|mén|to s.m. innovazione.
in|no|và|re v.tr. [indic.pres. *io innòvo...*] cambiare ql.co. introducendovi delle novità; modernizzare, riformare: *— il sistema produttivo*.
in|no|va|tì|vo agg. che innova o presenta innovazioni: *posizioni innovative*.
in|no|va|tó|re agg., s.m. [f. *-trice*] che, chi punta a modernizzare: *un politico —*.
in|no|va|zió|ne s.f. modificazione che apporta elementi nuovi e più moderni a ql.co.: *una sostanziale —*.
in nù|ce (*lat.*) *loc.agg.invar.* che è ancora allo stadio embrionale: *idea —*.
in|nu|me|rà|bi|le agg. (*lett.*) innumerevole.
in|nu|me|ré|vo|le agg. in numero tanto elevato da non poter essere contato | numerosissimo: *schiera —* □ **innumerevolmente** avv.
-i|no suff. di aggettivi e di sostantivi usato con valore diminutivo e vezzeggiativo (*fiorellino, nasino*), o nella formazione di derivati (*fiorentino, marino, imbianchino*).
i|noc|cul|tà|bi|le agg. che non può essere celato.
i|no|cu|là|re v.tr. [indic.pres. *io inòculo...*] 1 (*med.*) introdurre sostanze in un organismo per mezzo di un'iniezione o di un'incisione della pelle: *— un vaccino* 2 (*fig.*) suscitare in qlcu. un sentimento negativo, spec. in maniera subdola: *— l'odio per gli stranieri*.
i|no|cu|la|zió|ne s.f. (*med.*) introduzione di sostanze in un organismo mediante iniezione o incisione della pelle.
i|no|dó|re o **inodóro** agg. privo di odore: *gas —*.
i|nof|fen|sì|vo agg. che non è in grado o non ha intenzione di fare del male: *un animale —|mite*, pacifico.
i|nol|trà|re v.tr. [indic.pres. *io inóltro...*] 1 (*bur.*) trasmettere per via gerarchica una pratica a un determinato ufficio: *— al consolato la domanda di visto* 2 (*estens.*) inviare a destinazione: *— la corrispondenza* 3 (*inform.*) inviare un messaggio di posta elettronica ricevuto a un nuovo destinatario: *ti inoltro l'e-mail che mi ha mandato il nostro amico* ♦ **-rsi** rifl. procedere all'interno; penetrare, addentrarsi: *— nella foresta*.
i|nol|trà|to part.pass. di inoltrare ♦ agg. 1 (*bur.*) trasmesso 2 già parzialmente trascorso; avanzato: *giunsi a casa a notte inoltrata*.
i|nól|tre avv. per di più, in aggiunta: *tieni presente, —, il grave danno che hai provocato*.
i|nól|tro s.m. (*bur.*) l'atto di inoltrare: *l'— di una pratica*.
i|non|dà|re v.tr. [indic.pres. *io inóndo...*] 1 detto di masse d'acqua, allagare: *la piena ha inondato le campagne* 2 (*lett.*) bagnare abbondantemente: *— il viso di lacrime* 3 (*fig.*) riempire: *la luce inondava la stanza*; *i manifesti elettorali hanno inondato le strade* | diffondersi largamente; dilagare: *un marchio che sta inondando il mercato*.

i|non|da|zió|ne s.f. 1 afflusso incontrollato di masse d'acqua; allagamento: *l'— ha devastato la pianura* 2 (*fig.*) straordinaria diffusione di ql.co.; invasione: *un'— di musica pop*.
i|no|pe|rà|bi|le agg. (*med.*) detto di malato o di malattia non curabile per via chirurgica.
i|no|pe|ràn|te agg. privo di validità; inefficace: *contratto —*.
i|no|pe|ro|si|tà s.f. assenza di attività | condizione di chi è inattivo.
i|no|pe|ró|so agg. che rimane inattivo.
i|nò|pia s.f. (*lett.*) povertà, miseria.
i|no|pi|nà|bi|le agg. (*lett.*) che non può essere immaginato o previsto.
i|no|pi|nà|to agg. (*lett.*) non previsto; inatteso: *avvenimento —* □ **inopinatamente** avv.
i|nop|por|tu|ni|tà s.f. mancanza di opportunità; sconvenienza: *l'— del tuo gesto*.
i|nop|por|tù|no agg. 1 non opportuno; sconveniente: *frase inopportuna* 2 privo del senso dell'opportunità e della convenienza: *persona inopportuna* □ **inopportunamente** avv.
i|nop|pu|gnà|bi|le agg. 1 che non si può discutere o criticare; incontestabile: *— evidenza* 2 (*dir.*) che non può essere impugnato: *deliberazione —*.
i|nop|pu|gna|bi|li|tà s.f. 1 inconfutabilità 2 (*dir.*) caratteristica di ciò che non è impugnabile.
i|nor|ga|ni|ci|tà s.f. 1 caratteristica di ciò che è inorganico 2 (*fig.*) mancanza di organicità, di coerenza.
i|nor|gà|ni|co agg. [m.pl. *-ci*] 1 appartenente o relativo al regno minerale: *composto —* 2 (*fig.*) privo di coerenza; sconnesso: *un discorso —*.
i|nor|go|glì|re v.tr. [indic.pres. *io inorgoglisco, tu inorgoglisci...*] rendere orgoglioso: *la laurea del figlio ha inorgoglivo* ♦ **-rsi** *intr.pron.* riempirsi di orgoglio: *— per il successo ottenuto*.
i|nor|ri|dì|re v.tr. [indic.pres. *io inorridisco, tu inorridisci...*] riempire di orrore; terrorizzare: *una visione che mi ha fatto —* ♦ intr. [aus. *E*] provare orrore; angosciarsi: *— alla vista del sangue*.
i|no|sà|bi|le agg. (*lett.*) che non può o non deve essere osato ♦ s.m. ciò che non si deve osare: *osare l'—*.
i|no|spi|tà|le agg. 1 non ospitale; poco accogliente: *una famiglia —* 2 inadatto a essere abitato: *una terra —*.
i|no|spi|ta|li|tà s.f. caratteristica di ciò che è inospitale.
i|nos|ser|và|bi|le agg. si dice di legge o norma cui non è possibile ottemperare.
i|nos|ser|vàn|te agg. che trasgredisce norme, leggi, prescrizioni morali: *essere — dei regolamenti*.
i|nos|ser|vàn|za s.f. mancata ottemperanza; trasgressione: *l'— degli accordi*.
i|nos|ser|và|to agg. che non viene notato; inavvertito: *una notizia che è passata inosservata* 2 non rispettato; trasgredito: *una legge inosservata*.
i|nos|si|dà|bi|le agg. 1 che non si ossida: *acciaio —* 2 (*fig.*) che mantiene inalterate le pro-

prie qualità nonostante il passare del tempo: *un personaggio —*.
i|nos|si|da|bi|li|tà *s.f.* caratteristica di ciò che è inossidabile.
i|nox *agg.invar.* **1** inossidabile: *acciaio —* **2** realizzato in acciaio inossidabile: *coltelli —*.
in pèc|to|re (*lat.*) *loc.agg.invar.* si dice di persona destinata a ricevere un certo incarico, ma non ancora designata ufficialmente: *presidente —*.
in pri|mis (*lat.*) *loc.avv.* in primo luogo, prima di tutto.
in progress (*ingl.*) [pr. *in prògres*] *loc.agg.invar.* in via di elaborazione o realizzazione: *opera —*.
input (*ingl.*) [pr. *ìmput*] *s.m.invar.* **1** (*inform.*) introduzione di dati in un elaboratore elettronico | i dati che vengono introdotti **2** (*estens.*) spunto iniziale; impulso.
in|qua|dra|mén|to *s.m.* **1** inserimento di persone in una struttura organizzata: *l' — delle reclute nei reparti dell'esercito* **2** (*fig.*) collocazione di un avvenimento, di un personaggio e sim. nel giusto contesto storico, culturale o politico.
in|qua|drà|re *v.tr.* **1** mettere in cornice: *— una stampa* | (*fig.*) inserire ql.co. o qlcu. nel suo contesto: *— i personaggi storici nella loro epoca* **2** inserire qlcu. in una struttura organizzata: *— gli impiegati nel nuovo ufficio*; *— le reclute nei loro reparti* **3** (*foto., cine.*) riprendere un soggetto tenendolo all'interno del campo visivo della macchina fotografica o della cinepresa: *— il protagonista in primo piano* ♦ **-rsi** *intr.pron.* inserirsi in un contesto più ampio: *questa normativa si inquadra nel generale rinnovamento legislativo*.
in|qua|dra|tù|ra *s.f.* immagine fotografica o cinematografica.
in|qua|li|fi|cà|bi|le *agg.* estremamente scorretto o riprovevole: *un comportamento —* □ **inqualificabilmente** *avv.*
in|quar|tà|to *agg., s.m.* (*arald.*) detto di scudo con il campo diviso in quattro sezioni uguali da due linee incrociate.
in|quie|tàn|te *part.pres. di* inquietare ♦ *agg.* che turba; preoccupante: *un avvenimento —*.
in|quie|tà|re *v.tr.* [*indic.pres.* io inquièto...] rendere inquieto; turbare: *le tue parole mi inquietano* ♦ **-rsi** *intr.pron.* **1** irritarsi, arrabbiarsi **2** preoccuparsi.
in|quiè|to *agg.* **1** sempre agitato; irrequieto: *un animo —* **2** preoccupato, angosciato: *era — per la lunga attesa* **3** irritato, arrabbiato.
in|quie|tù|di|ne *s.f.* **1** stato d'animo caratterizzato dalla mancanza di quiete; preoccupazione, ansia: *essere preso da —* **2** ciò che rende inquieto.
in|qui|li|no *s.m.* [f. -a] chi abita in una casa altrui corrispondendo un canone d'affitto al proprietario.
in|qui|na|mén|to *s.m.* **1** alterazione negativa dell'equilibrio naturale di un ambiente causata dall'uomo attraverso l'immissione di sostanze dannose nell'ambiente stesso: *— dell'aria, dell'acqua* | *— acustico*, quello causato dall'eccessivo rumore **2** (*fig.*) alterazione dannosa; contaminazione | (*dir.*) *— delle prove*, alterazione a proprio vantaggio delle prove giudiziarie.
in|qui|nàn|te *part.pres. di* inquinare ♦ *agg., s.m.* si dice di quanto produce inquinamento: *emissione —*.
in|qui|nà|re *v.tr.* **1** produrre inquinamento: *i gas di scarico inquinano l'aria* **2** (*fig.*) corrompere moralmente: *il doping ha inquinato lo sport*.
in|qui|rèn|te *agg., s.m./f.* (*dir.*) che, chi conduce un'inchiesta giudiziaria: *magistratura —*.
in|qui|si|bi|le *agg.* (*dir.*) che può essere inquisito.
in|qui|sì|re *v.tr.*, *intr.* [*indic.pres.* io inquisisco, *tu inquisisci...*; *aus. A*] (*dir.*) sottoporre qlcu. o ql.co. a un'indagine: *— un uomo politico*; *— sul passato di una persona*.
in|qui|si|tì|vo *agg.* **1** (*dir.*) che punta all'accertamento della verità per mezzo di indagini: *procedimento —* **2** (*filos.*) che cerca di stabilire la verità attraverso una sequenza di domande e risposte: *dialogo —*.
in|qui|si|tó|re *agg.* [f. -trice] che indaga: *sguardo —* ♦ *s.m.* **1** chi conduce un'indagine **2** (*st.*) ecclesiastico membro del tribunale dell'Inquisizione.
in|qui|si|tò|rio *agg.* **1** relativo all'inquisizione **2** (*estens.*) che interroga in maniera insistente e accusatoria: *modi inquisitori*.
in|qui|si|zió|ne *s.f.* **1** (*st.*) tribunale ecclesiastico istituito dalla Chiesa cattolica allo scopo di perseguire e reprimere le eresie **2** (*estens.*) interrogatorio o indagine condotti in modo autoritario ed esercitando pressioni psicologiche.
in|sab|bia|mén|to *s.m.* **1** copertura di sabbia **2** (*fig.*) occultamento o sospensione di un procedimento giudiziario o legislativo per assecondare interessi propri o altrui.
in|sab|bià|re *v.tr.* [*indic.pres.* io insàbbio...] **1** ricoprire di sabbia **2** (*fig.*) rallentare, interrompere il normale svolgimento di una pratica, un progetto e sim., spec. per trarne un vantaggio personale: *— un'inchiesta* | occultare: *— una notizia* ♦ **-rsi** *intr.pron.* **1** ricoprirsi di sabbia **2** detto di un porto, diventare inagibile in seguito all'accumulo di sabbia sul fondo **3** restare bloccato nella sabbia; arenarsi, incagliarsi: *il battello si è insabbiato* | (*fig.*) bloccarsi: *le indagini si sono insabbiate*.
in|sac|ca|mén|to *s.m.* insaccatura.
in|sac|cà|re *v.tr.* [*indic.pres.* io insacco, *tu insacchi...*] **1** mettere in un sacco: *— il frumento* | (*calcio*) *— il pallone*, mandarlo in rete **2** (*estens.*) introdurre in un budello carne suina tritata per produrre salsicce e salumi ♦ **-rsi** *intr.pron.* rattrappirsi, contrarsi a causa di una caduta.
in|sac|cà|to *s.m.spec.pl.* ogni salume o salsiccia di carne spec. suina.
in|sac|ca|trì|ce *s.f.* macchina che permette di insaccare automaticamente materiali e prodotti vari.
in|sac|ca|tù|ra *s.f.* **1** chiusura in sacchi **2** operazione con cui si mette in un budello la carne tritata e condita per fare salami e sim.

in|sac|chet|tà|re *v.tr.* [indic.pres. *io insacchétto*...] confezionare in sacchetti.
in|sac|chet|ta|trì|ce *s.f.* macchina per insacchettare.
in|sa|là|ta *s.f.* **1** nome di diverse piante erbacee, le cui foglie si mangiano spec. crude: *lavare l'— | piatto costituito dalle foglie di tali piante, condite con olio, aceto e sale* **2** (*estens.*) piatto di verdure crude condite con olio, aceto o limone, sale e pepe: *— di pomodori | in —*, detto di verdure preparate in tale maniera: *peperoni in — | — mista*, quella costituita da diverse varietà di insalata e altri ortaggi crudi **3** (*estens.*) piatto freddo costituito da vari ingredienti, crudi o cotti, tagliati a pezzetti e conditi come l'insalata o con salse particolari: *— di pasta, di mare | russa*, costituita di verdure bollite amalgamate con la maionese **4** (*fig.*) confusa mescolanza di cose eterogenee: *un'— di nozioni*.
in|sa|la|tiè|ra *s.f.* recipiente in cui viene servita l'insalata.
in|sa|li|và|re *v.tr.* inumidire con la saliva: *— un francobollo*.
in|sa|li|va|zió|ne *s.f.* azione di inumidimento e ammorbidimento dei cibi con la saliva durante la masticazione.
in|sa|lù|bre *agg.* (*lett.*) che nuoce alla salute; malsano: *ambiente —*.
in|sa|lu|bri|tà *s.f.* (*lett.*) condizione di ciò che è insalubre: *l'— dell'acqua*.
in|sa|lu|tà|to *agg.* (*lett.*) che non è stato salutato | (*scherz.*) **partire — ospite**, andarsene senza salutare, alla chetichella.
in|sa|nà|bi|le *agg.* **1** che non può essere sanato; inguaribile: *ferita —* **2** (*fig.*) che non può essere riparato, superato; irrimediabile: *odio —* ☐ **insanabilmente** *avv.*
in|sa|na|bi|li|tà *s.f.* condizione di ciò che è insanabile.
in|san|gui|nà|re *v.tr.* [indic.pres. *io insànguino*...] **1** bagnare o macchiare ql.co. di sangue: *il muro | (fig.)* **insanguinarsi le mani**, commettere un omicidio **2** (*fig.*) devastare con episodi di sangue: *la lotta tra bande insanguina la città* ♦ **-rsi** *rifl.* bagnarsi, macchiarsi di sangue.
in|sà|nia *s.f.* (*lett.*) **1** condizione di chi è malato di mente; follia **2** atto che denota follia.
in|sà|no *agg.* che manca di ragionevolezza; folle, sconsiderato: *atto —*.
in|sa|po|nà|re *v.tr.* [indic.pres. *io insapóno*...] strofinare con il sapone | cospargere ql.co. con la schiuma del sapone: *— i panni* ♦ **-rsi** *rifl.* cospargersi di schiuma di sapone.
in|sa|po|nà|ta *s.f.* insaponatura veloce: *darsi un'—*.
in|sa|po|na|tù|ra *s.f.* l'azione di cospargersi di sapone.
in|sa|pó|re o **insapóro** *agg.* che è privo di sapore: *sostanza —*.
in|sa|po|rì|re *v.tr.* [indic.pres. *io insaporisco, tu insaporisci*...] dare sapore a un cibo: *— il sugo* ♦ **-rsi** *intr.pron.* acquistare sapore.
in|sa|pó|ro *agg.* → **insapore**.

in|sa|pù|ta *s.f. solo nella loc.avv. all'—*, senza far sapere nulla; di nascosto: *agire all'— di tutti*.
in|sà|tu|ro *agg.* (*chim.*) **1** si dice di composto organico contenente almeno due atomi di carbonio uniti da un doppio o triplo legame **2** si dice di soluzione contenente una quantità di soluto inferiore a quella che il solvente sarebbe in grado di sciogliere.
in|sa|zià|bi|le *agg.* **1** che non si sazia mai: *voracità —* **2** che non si placa, non è mai soddisfatto: *— bisogno di conferme* ☐ **insaziabilmente** *avv.* senza mai saziarsi.
in|sa|zia|bi|li|tà *s.f.* **1** smodatezza nel mangiare e nel bere **2** (*fig.*) sfrenata avidità.
in|sca|to|la|mén|to *s.m.* operazione del chiudere in scatole: *— dei pomodori*.
in|sca|to|là|re *v.tr.* [indic.pres. *io inscàtolo*...] mettere in scatole: *— i libri per il trasloco | chiudere in apposite scatole adatte alla conservazione degli alimenti: — il tonno*.
in|sca|to|la|trì|ce *s.f.* macchinario per l'inscatolamento automatico.
in|sce|nà|re *v.tr.* [indic.pres. *io inscèno*...] **1** mettere in scena; allestire: *— una rappresentazione teatrale* **2** (*fig.*) simulare: *— una rapina* **3** (*estens.*) organizzare ql.co. in modo da attirare l'attenzione della gente: *— una protesta*.
in|scin|dì|bi|le *agg.* che non può essere separato o rotto: *legame —*.
in|scin|di|bi|li|tà *s.f.* caratteristica di ciò che è inscindibile.
in|scrit|tì|bi|le *agg.* (*geom.*) che può essere inscritto: *circonferenza — in un triangolo*.
in|scrì|ve|re *v.tr.* [con. come *scrivere*] (*geom.*) disegnare un poligono all'interno di una circonferenza in modo che i vertici di questo tocchino la circonferenza stessa | disegnare una circonferenza all'interno di un poligono in modo che questa sia tangente ai lati del poligono stesso ♦ **-rsi** *intr.pron.* inserirsi, collocarsi: *provvedimento che si inscrive nell'ambito di una riforma*.
in|scri|vì|bi|le *agg.* (*geom.*) inscrittibile.
in|scri|zió|ne *s.f.* (*geom.*) l'atto di inscrivere.
in|scu|rì|re *v.tr.* [indic.pres. *io inscurisco, tu inscurisci*...] far diventare più scuro: *— un vetro* ♦ *intr.* [aus. *E*], **-rsi** *intr.pron.* diventare più scuro.
in|sec|chì|re *v.tr.* [indic.pres. *io insecchisco, tu insecchisci*...] far diventare secco: *l'assenza di pioggie insecchisce le campagne* ♦ *intr.* [aus. *E*], **-rsi** *intr.pron.* diventare secco | (*fig.*) dimagrire.
in|se|dia|mén|to *s.m.* **1** conferimento o assunzione di una carica **2** stanziamento di gruppi o popolazioni in un luogo | il luogo di stanziamento: *— del neolitico* **3** l'insieme delle caratteristiche di uno stanziamento umano: *— rurale, urbano*.
in|se|dià|re *v.tr.* [indic.pres. *io insèdio*...] mettere qlcu. in possesso di una carica: *— il vescovo nella sua sede* ♦ **-rsi** *intr.pron.* **1** assumere ufficialmente una carica: *— come nuovo presidente* **2** stanziarsi in un luogo: *numerose popolazioni si insediarono in Italia*.
in|sé|gna *s.f.* **1** contrassegno distintivo di una

carica, un grado, una dignità: *insegne imperiali* **2** stemma: *l'— di Roma è la lupa* | (*fig.*) ◆ **all'— di**, orientato a, caratterizzato da: *colloquio condotto all'— della più viva cordialità* **3** gonfalone, stendardo **4** cartello collocato all'esterno di negozi, alberghi, esercizi pubblici e sim., indicante l'attività che vi viene esercitata: *— luminosa*.

in|se|gna|mén|to *s.m.* **1** l'attività di chi insegna: *l'— delle scienze* **2** professione dell'insegnante **3** disciplina che viene insegnata **4** consiglio morale; precetto: *l'— di un maestro*.

in|se|gnàn|te *part.pres. di* insegnare ◆ *agg.* che insegna | *corpo —*, l'insieme degli insegnanti di una scuola ◆ *s.m./f.* chi per professione insegna una data disciplina: *— di italiano* | *— elementare*, maestro | *— medio*, *universitario*, professore.

in|se|gnà|re *v.tr.* [indic.pres. *io inségno...*, *noi insegniamo*, *voi insegnate...*] **1** spiegare e fare apprendere in maniera progressiva una disciplina, una lingua, un'abilità: *— storia;* — *l'inglese;* — *a sciare* | (*assol.*) fare l'insegnante per professione: *— all'università* **2** trasmettere ammaestramenti sul modo di vivere o di comportarsi: *— a rispettare gli altri;* — *la buona educazione* **3** indicare spiegando: *— la strada*.

in|se|gui|mén|to *s.m.* **1** corsa con cui si tenta di raggiungere e di prendere qlcu.: *la polizia si gettò all'— dei rapinatori* **2** (*sport*) disciplina del ciclismo su pista in cui i corridori partono distanziati e devono cercare di raggiungere gli avversari.

in|se|guì|re *v.tr.* [indic.pres. *io inséguo...*] **1** correre dietro a qlcu. nel tentativo di raggiungerlo: *— il fuggitivo* **2** (*fig.*) tentare di ottenere ql.co.: *— fama e ricchezza* ◆ **-rsi** *rifl.rec.* **1** rincorrersi **2** (*fig.*) succedersi a breve distanza di tempo o spazio.

in|se|gui|tó|re *agg., s.m.* [f. *-trice*] che, chi insegue: *seminare gli inseguitori*.

in|sel|va|ti|chì|re *v.intr.* [indic.pres. *io inselvatichisco, tu inselvatichisci...*; aus. *E*], **in|sel|va|ti|chìr|si** *v.intr.pron.* **1** di animali o piante, regredire allo stato selvatico **2** di persone, assumere comportamenti o abitudini poco socievoli, rozze: *vivendo da solo (si) è inselvatichito*.

in|se|mi|nà|re *v.tr.* [indic.pres. *io insémino...*] sottoporre a inseminazione.

in|se|mi|na|zió|ne *s.f.* (*biol.*) introduzione del seme maschile negli organi genitali femminili per fecondare l'ovulo | *— artificiale*, fecondazione artificiale.

in|se|na|tù|ra *s.f.* piccola rientranza nella costa del mare o di un lago, o lungo le sponde di un corso d'acqua.

in|sen|sa|téz|za *s.f.* **1** mancanza di ragionevolezza **2** azione o discorso da insensato: *commettere un'—*.

in|sen|sà|to *agg.* **1** che manca di buon senso; irragionevole, scriteriato: *la stanchezza lo rende — 2* che denota scarso buon senso: *atteggiamento — 3* privo di significato; assurdo: *discorso —* ◆ *s.m.* [f. *-a*] chi manca di buon senso: *dimostrarsi —* □ **insensatamente** *avv.*

in|sen|sì|bi|le *agg.* **1** che non è avvertito dai sensi perché troppo piccolo o irrilevante; impercettibile: *— variazione* **2** che non avverte sensazioni fisiche: *— al dolore* | (*fig.*) che non dimostra di reagire alle sollecitazioni emotive o morali: *— alle esigenze altrui* ◆ *s.m./f.* persona priva di sensibilità: *comportarsi da —* □ **insensibilmente** *avv.*

in|sen|si|bi|li|tà *s.f.* mancanza di sensibilità; freddezza: *mostrare — di fronte al dolore altrui*.

in|se|pa|rà|bi|le *agg.* che non può essere separato; inscindibile | detto di persone che stanno sempre insieme: *coppia —*.

in|se|pa|ra|bi|li|tà *s.f.* condizione di ciò che è inseparabile.

in|se|pól|to *agg.* che è rimasto senza sepoltura: *cadavere —*.

in|se|ri|mén|to *s.m.* l'atto di inserire | la cosa o la persona che vengono inserite.

in|se|rì|re *v.tr.* [indic.pres. *io inserisco, tu inserisci...*] **1** mettere una cosa dentro un'altra o dentro un gruppo di altre; introdurre: *— un foglio nel quaderno* | infilare: *— la spina nella presa* **2** introdurre qlcu. in un contesto già strutturato: *— i nuovi assunti in ufficio* ◆ **-rsi** *intr.pron.* **1** integrarsi all'interno di ql.co.; incastrarsi: *il tavolo si inserisce nella struttura del mobile* **2** integrarsi in un contesto o in un gruppo: *gli immigrati stentano a — nella società* **3** intervenire: *— nella discussione*.

in|se|rì|to *part.pass. di* inserire ◆ *agg.* **1** incluso, integrato in ql.co.: *fascicoli inseriti nello schedario* **2** di persona, integrato in un contesto: *ben — in azienda*.

in|sèr|to *s.m.* **1** fascicolo di documenti che riguardano la stessa pratica **2** foglio o fascicolo aggiunti a un giornale o ad altra pubblicazione: *— settimanale* | breve filmato di tema diverso inserito in un film o in una trasmissione televisiva: *— pubblicitario* **3** pezzo di tessuto di altro materiale inserito in luogo del tessuto di fondo: *— in pelle*.

in|ser|vì|bi|le *agg.* che non è utile; inutilizzabile: *un aggeggio —*.

in|ser|vièn|te *s.m./f.* chi è addetto a servizi e mansioni pesanti o di basso livello all'interno di comunità, alberghi, scuole.

in|ser|zió|ne *s.f.* **1** inserimento **2** annuncio pubblicitario o economico inserito a pagamento in un giornale: *pagina delle inserzioni* **3** (*anat.*) punto di attacco di tendini e muscoli su ossa e cartilagini.

in|ser|zio|nì|sta *agg., s.m./f.* [m.pl. *-i*] che, chi fa pubblicare un'inserzione sul giornale.

in|ser|zio|nì|sti|co *agg.* [m.pl. *-ci*] relativo alle inserzioni su giornali o periodici.

in|sèt|ta|rio *s.m.* spazio in cui si allevano insetti per esporli al pubblico o a scopo scientifico.

In|sèt|ti *s.m.pl.* classe di Artropodi con il corpo suddiviso in tre parti (capo, torace e addome), dotati di tre paia di zampe e uno o due paia di ali.

in|set|ti|cì|da *agg., s.m.* [m.pl. *-i*] si dice di so-

stanza tossica utilizzata per uccidere gli insetti: — *spray*.
in|set|ti|ful|go *agg.*, *s.m.* [m.pl. *-ghi*] si dice di sostanza che ha la proprietà di allontanare gli insetti.
In|set|ti|vo|ri *s.m.pl.* ordine di Mammiferi plantigradi di dimensioni ridotte, dotati di muso aguzzo e dentatura completa, che si nutrono in prevalenza di insetti; vi appartengono il riccio e la talpa.
in|set|ti|vo|ro *agg.* che si nutre di insetti: *piante insettivore*.
in|sèt|to *s.m.* **1** ogni artropode della classe degli Insetti **2** nome generico con cui si indicano diversi parassiti domestici.
in|si|cu|réz|za *s.f.* **1** condizione di precarietà; mancanza di sicurezza: *vivere in uno stato di costante* — **2** stato psicologico caratterizzato dalla mancanza di fiducia nelle proprie capacità: *provare un senso d'*—.
in|si|cù|ro *agg.* **1** che non ha fiducia in se stesso: *un giovane* — | che rivela o è frutto di insicurezza: *un modo di fare* — **2** che non dà affidamento: *un rifugio* — | pericoloso ♦ *s.m.* [f. *-a*] persona insicura.
in|sì|dia *s.f.* **1** inganno ordito di nascosto contro qlcu.: *tendere un'* — **2** (*estens.*) pericolo nascosto: *le insidie della montagna*.
in|si|dià|re *v.tr.*, *intr.* [indic.pres. *io insìdio...*; aus. *A*] tendere tranelli: — *i propri nemici* | minacciare da vicino: *due squadre insidiano la prima in classifica* | — *una ragazza*, cercare di sedurla.
in|si|dió|so *agg.* **1** che tende o nasconde un'insidia; ingannevole: *ragionamento* — **2** che può rivelarsi più pericoloso del previsto: *una malattia insidiosa* □ **insidiosamente** *avv.*
in|siè|me *avv.* **1** in unione, in compagnia reciproca: *vivere, lavorare* — | (*loc.prep.*) — **con**, — *a*, in compagnia di, unitamente a: *è stato qui* — *ai suoi amici* | **mettere** —, riunire, raccogliere: *mettere* — *i soldi per un'iniziativa*; organizzare: *mettere* — *un buon gruppo di lavoro* | (*fam.*) **mettersi**, **stare** —, indiziare o avere una relazione amorosa | **tutto**, **tutti** —, indica la totalità di un gruppo o di un complesso di cose: *li ho invitati tutti* — **2** nello stesso momento; contemporaneamente: *Marco è arrivato* — *a Luca*; *piove* — *e c'è il sole* ♦ *s.m.* **1** complesso di più elementi; totalità: *un* — *di persone*; *l'* — *dei dati in nostro possesso* | **nell'** —, complessivamente, tutto sommato: *nell'* — *è stata una buona giornata* | **d'** —, che risulta dalla fusione o dalla coesione di più elementi: *lavoro, musica d'* — **2** (*mat.*) serie di elementi accomunati da una determinata proprietà: *teoria degli insiemi*.
in|sie|mì|sti|ca *s.f.* (*mat.*) teoria e tecnica di analisi fondate sul concetto matematico di insieme.
in|sie|mì|sti|co *agg.* [m.pl. *-ci*] relativo all'insiemistica o a un singolo insieme matematico.
in|sì|gne *agg.* che si distingue per meriti o qualità; illustre: *artista, città* —.
in|si|gni|fi|càn|te *agg.* **1** di significato o valore

trascurabile: *un avvenimento* —; *una somma* — **2** che non ha una personalità in grado di spiccare o suscitare interesse; scialbo, mediocre: *una persona* —.
in|si|gni|fi|càn|za *s.f.* caratteristica di ciò che è insignificante.
in|si|gnì|re *v.tr.* [indic.pres. *io insignisco, tu insignisci...*] conferire un titolo o un'onorificenza: — *qlcu. del titolo di cavaliere*.
in|si|là|re *v.tr.* immagazzinare in un silo: — *il raccolto*.
in|sin|ce|ri|tà *s.f.* mancanza di sincerità; ipocrisia.
in|sin|cè|ro *agg.* che non dice il vero; ipocrita, falso: *una persona insincera*; *parole insincere*.
in|sin|da|cà|bi|le *agg.* che non può essere oggetto di riesame, contestazione o ricorso: *decisione* —.
in|sin|da|ca|bi|li|tà *s.f.* caratteristica di ciò che è insindacabile: *l'* — *della sentenza definitiva*.
in|si|nu|àn|te *part.pres. di* insinuare ♦ *agg.* **1** che mira ad accattivarsi qlcu. con modi suadenti **2** che mira a far nascere un dubbio; allusivo.
in|si|nu|à|re *v.tr.* [indic.pres. *io insìnuo...*] **1** far penetrare in un'apertura stretta: — *una leva sotto la porta* **2** (*fig.*) suscitare in qlcu. un dubbio per mezzo di allusioni: — *in qlcu. il sospetto di essere stato tradito* | formulare un'accusa in maniera velata e allusiva: *stai forse insinuando qualcosa?* ♦ **-rsi** *intr.pron.* **1** penetrare profondamente: *il fiume si insinua nella valle* **2** (*fig.*) entrare in maniera progressiva e subdola: *un dubbio si insinuava nel suo cuore* | introdursi in un ambiente, in un gruppo cercando di non farsi notare.
in|si|nua|zió|ne *s.f.* **1** (*raro*) penetrazione graduale **2** (*fig.*) accusa allusiva; malignità: *insinuazioni sul conto di altri*.
in|si|pi|déz|za *s.f.* **1** mancanza di sapore: *l'* — *di una pietanza* **2** mancanza di spirito e di interesse.
in|si|pì|di|tà *s.f.* insipidezza.
in|sì|pi|do *agg.* **1** che ha poco sapore, spec. per mancanza di sale: *pasta insipida* **2** (*fig.*) di scarso interesse; banale: *un discorso* —.
in|si|pièn|te *agg.* (*lett.*) ignorante, sciocco.
in|si|pièn|za *s.f.* (*lett.*) stoltezza, ignoranza.
in|si|stèn|te *part.pres. di* insistere ♦ *agg.* **1** che continua ad avanzare richieste o proposte oltre gli opportuni limiti: *un venditore* — **2** che viene ripetuto in maniera ostinata: *richieste insistenti* **3** durevole, persistente: *un freddo* — □ **insistentemente** *avv.*
in|si|stèn|za *s.f.* **1** perseveranza ostinata: *la sua* — *mi ha irritato* **2** persistenza **3** (*spec.pl.*) ostinata richiesta: *ho ceduto alle loro insistenze*.
in|sì|ste|re *v.intr.* [part.pass. *insistito*; aus. *A*] **1** perseverare con ostinazione a dire o fare ql.co. anche a rischio di risultare fastidiosi: — *nella ricerca*; — *a domandare denaro* **2** (*tecn.*) stare sopra | sorgere sopra: *la cappella insiste su una cripta* **3** (*geom.*) — *su un arco di curva*, si dice di un angolo che ha origine nel centro di una cir-

insito

conferenza quando i suoi lati passano per gli estremi dell'arco.
in|si|to *agg.* **1** presente per natura; innato, connaturato: *un desiderio — negli esseri umani* **2** logicamente contenuto; implicito.
in|sod|di|sfa|cèn|te *agg.* che non soddisfa; deludente: *risposta —.*
in|sod|di|sfàt|to *agg.* non soddisfatto; deluso, scontento: *rimanere — del risultato.*
in|sod|di|sfa|zió|ne *s.f.* mancanza di soddisfazione; delusione: *manifestare —.*
in|sof|fe|rèn|te *agg.* che non è in grado di sopportare ql.co. | intollerante, irritabile: *mostrarsi — nei confronti di qlcu.*
in|sof|fe|rèn|za *s.f.* incapacità a sopportare ql.co. o qlcu.; intolleranza.
in|so|la|zió|ne *s.f.* **1** esposizione al sole **2** (*med.*) malore provocato dall'esposizione troppo prolungata ai raggi solari: *prendere un'—.*
in|so|lèn|te *agg.* che mostra scarso rispetto e arroganza; impudente: *comportamento —* ♦ *s.m./f.* persona insolente □ **insolentemente** *avv.*
in|so|len|ti|re *v.tr.* [indic.pres. *io insolentisco, tu insolentisci...*] trattare in maniera irrispettosa e offensiva; ingiuriare.
in|so|lèn|za *s.f.* **1** mancanza di rispetto; arroganza, impudenza: *gli ha risposto con —* **2** espressione insolente; insulto.
in|sò|li|to *agg.* non solito; inconsueto: *metodo —* □ **insolitamente** *avv.*
in|so|lù|bi|le *agg.* **1** che non può essere risolto: *un problema —* **2** (*chim.*) che non si scioglie in un dato solvente: *sostanza — in acqua* □ **insolubilmente** *avv.*
in|so|lu|bi|li|tà *s.f.* caratteristica di ciò che è insolubile.
in|so|lù|to *agg.* **1** che non è stato chiarito o risolto: *un problema —* **2** (*chim.*) non disciolto **3** (*dir.*) non pagato: *obbligazione insoluta.*
in|sol|vèn|te *agg., s.m./f.* (*dir.*) che, chi non paga e non ha pagato un debito.
in|sol|vèn|za *s.f.* (*dir.*) mancato pagamento di un debito: *grave —* | *stato di —*, incapacità di adempiere al pagamento dei propri debiti.
in|sol|vì|bi|le *agg.* che non è in grado di pagare: *debitore —.*
in|sol|vi|bi|li|tà *s.f.* condizione di chi è insolvibile.
in|sóm|ma *avv.* **1** in sostanza; infine: *—, così stanno le cose* **2** così così: *"Come stai?" "—"* **3** si usa come esclamazione per esprimere impazienza e fastidio: *"—, la vuoi piantare?".*
in|son|dà|bi|le *agg.* **1** che non può essere misurato con lo scandaglio **2** (*fig.*) che non può essere esplorato, conosciuto a fondo: *la mente umana è —.*
in|sòn|ne *agg.* **1** che non riesce a prendere sonno: *rimanere —* **2** che viene trascorso senza dormire: *passare una notte —.*
in|sòn|nia *s.f.* **1** difficoltà o impossibilità a prendere sonno o a dormire: *combattere l'— con i sonniferi* **2** stato di veglia, spec. forzata.

in|son|no|li|to *agg.* pieno di sonno; assonnato: *sentirsi —.*
in|so|no|riz|zàn|te *s.m.* materiale che isola acusticamente.
in|so|no|riz|zà|re *v.tr.* isolare dal punto di vista acustico: *— una stanza.*
in|so|no|riz|zà|to *part.pass.* di insonorizzare ♦ *agg.* isolato dal punto di vista acustico: *sala prove insonorizzata.*
in|so|no|riz|za|zió|ne *s.f.* isolamento acustico di un ambiente.
in|sop|por|tà|bi|le *agg.* **1** che non si riesce a sopportare o si sopporta a fatica: *sofferenza —* **2** (*estens.*) molto fastidioso: *un comportamento —* | irritante, antipatico: *una persona —* □ **insopportabilmente** *avv.*
in|sop|por|ta|bi|li|tà *s.f.* caratteristica di chi o di ciò che è insopportabile.
in|sop|pri|mì|bi|le *agg.* che non può essere eliminato, represso o eluso: *necessità —.*
in|sop|pri|mi|bi|li|tà *s.f.* (*raro*) carattere di ciò che è insopprimibile.
in|sor|gèn|te *part.pres.* di insorgere ♦ *agg.* che comincia ad apparire: *un fenomeno —.*
in|sor|gèn|za *s.f.* la prima manifestazione di un fenomeno, spec. di una malattia.
in|sór|ge|re *v.intr.* [con. come *sorgere*; aus. *E*] **1** ribellarsi contro qlcu. o ql.co.: *— contro la dittatura* **2** manifestarsi improvvisamente, detto spec. di cose impreviste e spiacevoli: *sono insorte complicazioni.*
in|sor|mon|tà|bi|le *agg.* che non può essere superato: *un ostacolo —.*
in|sór|to *part.pass.* di insorgere ♦ *agg.* **1** che partecipa o dà vita a un'insurrezione: *la cittadinanza insorta* **2** che si è manifestato improvvisamente; sopravvenuto ♦ *s.m.* chi prende parte a un'insurrezione: *gli insorti combattevano duramente.*
in|so|spet|tà|bi|le *agg.* **1** che non desta sospetti: *un borseggiatore dall'aria —* **2** che non ci si immaginava potesse esistere; sorprendente: *ha reagito con un'— prontezza di riflessi* □ **insospettabilmente** *avv.*
in|so|spet|ta|bi|li|tà *s.f.* caratteristica di chi o di ciò che è insospettabile.
in|so|spet|tà|to *agg.* **1** che non ha suscitato alcun sospetto **2** che non era previsto; inaspettato: *un — coraggio* □ **insospettatamente** *avv.*
in|so|spet|tì|re *v.tr.* [indic.pres. *io insospettisco, tu insospettisci...*] far nascere sospetti: *le sue parole mi hanno insospettito* ♦ **-rsi** *intr.pron.* diventare sospettoso: *— per ogni cosa.*
in|so|ste|nì|bi|le *agg.* **1** che non può essere sostenuto perché palesemente falso o erroneo: *posizioni insostenibili* **2** che non è possibile affrontare: *una spesa —* **3** insopportabile: *una noia —.*
in|so|ste|ni|bi|li|tà *s.f.* caratteristica di ciò che è insostenibile.
in|so|sti|tu|ì|bi|le *agg.* che non si può sostituire; indispensabile: *una presenza —.*
in|so|sti|tui|bi|li|tà *s.f.* caratteristica di chi o di ciò che è insostituibile.

in|soz|zà|re *v.tr.* [indic.pres. *io insózzo*...] **1** macchiare, sporcare: — *la camicia di grasso* **2** *(fig.)* disonorare: — *la propria fama* ♦ **-rsi** *rifl.* (*anche fig.*) macchiarsi, sporcarsi: — *di fango*; — *di colpe orribili*.
in|spe|rà|bi|le *agg.* che è al di là di ogni ragionevole speranza; incredibile: *guarigione* —.
in|spe|rà|to *agg.* che ha superato ogni aspettativa: *un risultato* — | inaspettato □ **insperatamente** *avv.*
in|spes|sì|re *v.tr. e deriv.* → **ispessire** *e deriv.*
in|spie|gà|bi|le *agg.* che non si riesce a comprendere e spiegare: *comportamento* — □ **inspiegabilmente** *avv.*
in|spi|rà|re *v.tr.* immettere aria nei polmoni: — *ed espirare*.
in|spi|ra|tó|re *agg.* (*anat.*) che serve all'inspirazione: *muscoli inspiratori*.
in|spi|ra|tò|rio *agg.* riguardante l'inspirazione: *fase inspiratoria*.
in|spi|ra|zió|ne *s.f.* fase della respirazione in cui l'aria viene immessa nei polmoni.
in|stà|bi|le *agg.* **1** non stabile; insicuro, malfermo: *equilibrio* — **2** soggetto a variazioni: *situazione* — | (*fig.*) incostante, volubile **3** (*chim., fis.*) soggetto a mutazioni: *sistema* —.
in|sta|bi|li|tà *s.f.* **1** caratteristica di ciò che è privo di stabilità **2** (*fig.*) tendenza a mutare; variabilità: *l'— del tempo*.
in|stal|là|re o **istallàre** *v.tr.* **1** collocare e mettere in funzione un'apparecchiatura: — *un condizionatore in ufficio* **2** (*inform.*) caricare sul computer e predisporre al funzionamento un'applicazione software o un componente hardware **3** sistemare qlco. in una carica, in una funzione; insediare ♦ **-rsi** *rifl.* sistemarsi in maniera stabile: — *in un albergo*.
in|stal|la|tó|re o **istallatóre** *agg.,s.m.* [f. *-trice*] si dice di tecnico che installa impianti, macchinari o apparecchiature.
in|stal|la|zió|ne o **istallazióne** *s.f.* **1** collocazione e messa in funzione di un'apparecchiatura | l'apparecchiatura installata **2** (*inform.*) procedura di inserimento in un computer di applicazioni software o componenti hardware **3** insediamento.
in|stan|cà|bi|le *agg.* che ha grande resistenza alla stanchezza; infaticabile: *un corridore* — | (*estens.*) che non conosce soste: *un lavorio* — □ **instancabilmente** *avv.*
instant book (*ingl.*) [pr. *ìstant bùk*] *loc.sost. m.invar.* libro realizzato in tempi molto brevi dedicato a commentare una vicenda d'attualità.
instant movie (*ingl.*) [pr. *istant mùvi*] *loc.sost. m.invar.* film realizzato in un tempo molto breve su tematiche di grande attualità e interesse.
in|stau|rà|re o **istauràre** *v.tr.* [indic.pres. *io instàuro*...] dare inizio a ql.co. di nuovo rispetto al passato | istituire un nuovo sistema politico o sociale: — *un ordinamento politico democratico* ♦ **-rsi** *intr.pron.* avere inizio; affermarsi: *si instaurò una dittatura*.

in|stau|ra|tó|re o **istauratóre** *agg.,s.m.* [f. *-trice*] che, chi instaura.
in|stau|ra|zió|ne o **istaurazióne** *s.f.* istituzione di ql.co. di nuovo, spec. in ambito sociale o politico.
in|ste|ri|lì|re *v.tr.* → **isterilire**.
in|stil|là|re *v.tr.* → **istillare**.
in|stra|dà|re *v.tr. e deriv.* → **istradare** *e deriv.*
in|sù *avv.* in alto | *all'*—, verso l'alto: *guardare all'*—; rivolto verso l'alto: *naso all'*—.
in|su|bor|di|nà|to *agg.* ribelle alla disciplina o all'autorità dei superiori: *soldato* —.
in|su|bor|di|na|zió|ne *s.f.* **1** mancanza di sottomissione nei confronti dei superiori; non osservanza della disciplina o degli ordini ricevuti **2** violazione di ordini ricevuti: *atto di* —.
in|su|bre *agg.* relativo all'Insubria, regione che comprendeva approssimativamente con l'attuale Lombardia | relativo alla popolazione celtica che si stanziò in tale regione verso il 450 a.C. ♦ *s.m./f.* membro di tale popolazione.
in|suc|cès|so *s.m.* esito negativo; fallimento: *l'— un esame*.
in|su|di|cià|re *v.tr.* [indic.pres. *io insùdicio*...] **1** rendere sudicio; sporcare: — *la camicia di olio* **2** (*fig.*) disonorare: — *la propria dignità* ♦ **-rsi** *rifl.* **1** sporcarsi, insozzarsi: — *di sugo* **2** (*fig.*) macchiare il proprio onore, la propria dignità.
in|suf|fi|cièn|te *agg.* **1** che non è sufficiente, non è adeguato allo scopo: *dati insufficienti per fare una valutazione* **2** (*scuola*) al di sotto della preparazione minima richiesta e quindi non approvato: *verifica, candidato* —.
in|suf|fi|cièn|za *s.f.* **1** inadeguatezza per qualità o quantità: — *di strumenti* **2** (*scuola*) valutazione negativa: *prendere un'— in geografia* **3** (*med.*) imperfetto funzionamento di un organo: — *respiratoria*.
in|suf|flà|re *v.tr.* **1** (*raro, anche assol.*) soffiare dentro o sopra | (*med.*) far entrare aria, vapori o sostanze polverizzate in una cavità organica **2** (*fig., lett.*) di sentimenti, infondere, ispirare.
in|suf|fla|zió|ne *s.f.* (*med.*) introduzione di aria, vapori o sostanze polverizzate in una cavità organica a scopo di terapia o diagnosi.
in|su|la *s.f.* (*archeol.*) nella città romana, abitazione o caseggiato suddiviso in più abitazioni.
in|su|là|re *agg.* di isola: *clima* — | proprio o tipico delle isole: *panorama* — | *Italia* —, il complesso delle isole italiane.
in|su|la|ri|tà *s.f.* condizione di una regione che è costituita da una o più isole.
in|su|lì|na *s.f.* (*chim., biol.*) ormone prodotto dal pancreas che regola il metabolismo del glucosio e riduce la glicemia mantenendola entro i valori normali; è utilizzato nella cura del diabete.
in|su|lì|ni|co *agg.* [m.pl. *-ci*] (*biol.*) che riguarda l'insulina | che è a base di insulina: *farmaco* —.
in|su|li|no|te|ra|pì|a *s.f.* (*med.*) ogni terapia a base di insulina.
in|sul|sàg|gi|ne *s.f.* **1** caratteristica di ciò che è insulso **2** frase, azione insulsa; sciocchezza: *non dire insulsaggini!*

insulso

in|sùl|so *agg.* privo di arguzia; sciocco, banale: *romanzo —* | *(estens.)* privo di fascino, insignificante: *è proprio un individuo —* □ **insulsamente** *avv.*
in|sul|tàn|te *part.pres.* di insultare ♦ *agg.* che offende: *un atteggiamento —.*
in|sul|tà|re *v.tr.* offendere qlcu. con parole o comportamenti irrispettosi.
in|sùl|to *s.m.* grave offesa arrecata a ql.co. o a qlcu. attraverso azioni o frasi ingiuriose: *il suo rifiuto è un vero —* | parola offensiva: *lanciare insulti.*
in|su|pe|rà|bi|le *agg.* 1 che non può essere superato, oltrepassato: *valico —* 2 *(fig.)* difficile da risolvere; insormontabile: *problema —* 3 *(estens.)* fuori dal comune; straordinario: *un attore —* □ **insuperabilmente** *avv.*
in|su|pe|rà|to *agg.* che non è mai stato superato o migliorato: *un capolavoro ancora —.*
in|su|per|bì|re *v.tr.* [indic.pres. *io insuperbisco, tu insuperbisci...*] far diventare superbo: *i troppi successi l'hanno insuperbito* ♦ *intr.* [aus. *E*], **-rsi** *intr.pron.* diventare superbo: *ti sei insuperbito per le tue ricchezze.*
in|sur|re|zio|nà|le *agg.* di insurrezione: *moti insurrezionali* | formato dagli insorti: *governo —.*
in|sur|re|zio|na|lì|smo *s.m.* politica fondata sull'uso sistematico di moti insurrezionali.
in|sur|re|zió|ne *s.f.* ribellione collettiva contro l'autorità o i poteri dello Stato: *— armata.*
in|sus|si|stèn|te *agg.* che non ha fondamento reale; inconsistente: *pericolo —* | *(estens.)* infondato, falso: *sospetti insussistenti.*
in|sus|si|stèn|za *s.f.* inesistenza | *(estens.)* infondatezza: *l' — di un'accusa.*
in|ta|bar|ràr|si *v.rifl.* avvolgersi in un tabarro | *(estens.)* vestirsi in maniera pesante; imbacuccarsi.
in|tac|cà|bi|le *agg.* 1 che si può intaccare 2 *(fig.)* che si può screditare: *una vita del tutto —.*
in|tac|cà|re *v.tr.* [indic.pres. *io intacco, tu intacchi...*] 1 incidere tacche in ql.co.: *— il filo del coltello* 2 *(estens.)* corrodere, danneggiare: *l'acido ha intaccato i tubi* | di malattia, colpire, infettare: *il tumore ha intaccato l'intestino* 3 *(fig.)* iniziare a consumare: *— il proprio conto in banca* 4 *(fig.)* ledere, screditare: *— la buona fama di qlcu.*
in|tac|ca|tù|ra *s.f.* 1 *(anche fig.)* l'atto di intaccare 2 scalfittura, tacca: *una lama piena d'intaccature.*
in|tàc|co *s.m.* [pl. *-chi*] segno lasciato da un'incisione; tacca.
in|ta|glià|re *v.tr.* [indic.pres. *io intàglio...*] incidere legno, metallo e sim. in rilievo o in incavo.
in|ta|glia|tó|re *s.m.* [f. *-trice*] artigiano che realizza lavori di intaglio.
in|ta|glia|tù|ra *s.f.* la realizzazione di un intaglio | l'intaglio che se ne ricava.
in|tà|glio *s.m.* 1 tecnica di incisione dei materiali duri, che vengono scavati sulla base di un disegno prestabilito: *prodotto d' —* | *l'opera realizzata in tal modo: un bellissimo — in legno* 2 solco, incavo: *gli intagli di una chiave* 3 *(tecn.,*

620

mecc.) tacca o feritoia ricavata in un pezzo meccanico.
in|tan|gì|bi|le *agg.* *(raro)* che non può essere toccato o modificato | *(estens., fig.)* inviolabile: *prerogativa —.*
in|tan|gi|bi|li|tà *s.f.* condizione di ciò che è intangibile.
in|tàn|to *avv.* 1 nel frattempo: *io compro il giornale, — tu prendi il caffè* | *— che*, mentre: *— che mi vesto, telefonagli* 2 *(con valore avversativo)* per il momento, però: *parli, parli e — non ti muovi* 3 *(con valore conclusivo)* comunque, insomma: *— ce la siamo cavata anche oggi!*
in|tar|sià|re *v.tr.* [indic.pres. *io intàrsio...*] 1 decorare a intarsio: *— un mobile* 2 *(fig.)* impreziosire un testo con ricercatezze stilistiche.
in|tar|sia|tó|re *s.m.* [f. *-trice*] artigiano che realizza lavori d'intarsio.
in|tar|sia|tù|ra *s.f.* la realizzazione di un intarsio | l'oggetto così realizzato.
in|tàr|sio *s.m.* 1 tecnica di decorazione di superfici dure realizzata con la quale si compongono figure utilizzando elementi di legno e di altro materiale in forme e colori vari: *decorazione a —* | l'opera così realizzata: *un — d'avorio ed ebano* 2 tipo di ricamo realizzato con l'inserimento uno dentro l'altro di tessuti diversi, senza sovrapporli.
in|ta|sa|mén|to *s.m.* 1 blocco che impedisce il normale deflusso; ostruzione: *— dello scarico* 2 *(estens.)* ingorgo stradale.
in|ta|sà|re *v.tr.* 1 ostruire un condotto impedendo il normale deflusso: *— il lavandino* 2 *(estens.)* generare un blocco del traffico stradale: *i lavori hanno intasato la tangenziale* ♦ **-rsi** *intr.pron.* 1 ostruirsi 2 detto delle vie respiratorie, chiudersi a causa di infiammazioni o infreddature: *mi si è intasato il naso.*
in|ta|scà|re *v.tr.* [indic.pres. *io intasco, tu intaschi...*] *(raro)* mettersi in tasca | *(estens.)* guadagnare con mezzi più o meno leciti: *— una tangente.*
in|tàt|to *agg.* 1 che non è mai stato toccato: *neve intatta* | *(estens.)* che non è stato danneggiato, manomesso; non intaccato, integro: *serratura intatta; eredità ancora intatta* 2 *(fig.)* invariato, non compromesso: *le possibilità di vittoria restano intatte* | non corrotto: *la sua reputazione è intatta.*
in|ta|vo|là|re *v.tr.* [indic.pres. *io intàvolo...*] avviare: *— un dibattito.*
in|te|gèr|ri|mo *agg.* [superl. di *integro*] assolutamente onesto; incorruttibile: *un politico —.*
in|te|grà|bi|le *agg.* 1 che può essere integrato 2 *(mat.)* che ammette l'integrale o che ha una soluzione: *funzione, equazione —.*
in|te|gra|bi|li|tà *s.f.* condizione di ciò che è integrabile.
in|te|grà|le[1] *agg.* 1 completo, totale | *edizione, versione —*, si dice di opera letteraria o cinematografica presentata nella sua interezza, senza tagli 2 detto di prodotto alimentare non sottoposto a trattamenti che ne eliminino parte degli

elementi costitutivi: *farina, riso, zucchero* — | *pane* —, quello preparato con farina integrale □ **integralmente** *avv.* in modo completo, radicalmente.
in|te|grà|le² *agg.* (*mat.*) *calcolo* —, la parte del calcolo infinitesimale che studia l'operazione di integrazione e le sue applicazioni ♦ *s.m.* (*mat.*) ricerca delle funzioni di cui si conosce la derivata e calcolo dell'area delle porzioni di piano da esse delimitate: — *indefinito, definito* | simbolo indicante tali operazioni.
in|te|gra|lì|smo *s.m.* tendenza ad applicare in modo intransigente i principi di una religione o di un'ideologia: — *islamico*.
in|te|gra|lì|sta *agg., s.m./f.* [m.pl. *-i*] che, chi assume posizioni di assoluta intransigenza in materia religiosa, politica o etica.
in|te|gra|lì|sti|co *agg.* [m.pl. *-ci*] relativo all'integralismo o agli integralisti □ **integralisticamente** *avv.*
in|te|gra|li|tà *s.f.* completezza, totalità.
in|te|gràn|te *part.pres. di* integrare ♦ *agg.* non accessorio; fondamentale, essenziale: *il concetto di idea è parte — del pensiero platonico*.
in|te|grà|re *v.tr.* [indic.pres. *io integro*...] **1** completare aggiungendo quanto manca: — *un lavoro incompleto* **2** inserire pienamente una persona in un contesto, in un ambiente: — *gli immigrati nella società* **3** (*mat.*) eseguire il calcolo dell'integrale ♦ **-rsi** *rifl.* inserirsi pienamente in un ambiente: — *nel nuovo contesto lavorativo* ♦ *rifl.rec.* completarsi vicendevolmente: *colori che si integrano bene*.
in|te|gra|tì|vo *agg.* che viene aggiunto a ql.co. come completamento: *pensione integrativa*.
in|te|grà|to *part.pass. di* integrare ♦ *agg.* **1** che è parte armonica di un insieme unitario: *elemento ben — nella struttura dell'edificio* | che costituisce un insieme unitario e armonico: *una società ben integrata* | (*elettron.*) *circuito* —, quello i cui elementi sono realizzati con un unico procedimento su una stessa piastrina di materiale semiconduttore **2** (*inform.*) detto di software che racchiude programmi diversi, omogenei nelle regole e capaci di comunicare e scambiare dati tra loro ♦ *s.m.* [f. *-a*] persona perfettamente inserita in un ambiente | (*spreg.*) conformista.
in|te|gra|tó|re *s.m.* supporto nutrizionale costituito da vitamine, sali minerali e altre sostanze, e utilizzato come ricostituente o come sostegno per gli atleti: — *alimentare*.
in|te|gra|zió|ne *s.f.* **1** completamento, aggiunta: — *dello stipendio* **2** pieno inserimento in un contesto sociale: *l'— degli extracomunitari* | — *razziale,* fusione di gruppi etnici diversi in un'unica comunità **3** (*polit.*) forma di organica cooperazione tra Stati con interessi comuni: — *europea* **4** (*mat.*) operazione con cui viene determinato l'integrale di una data funzione o di un'equazione differenziale.
in|te|grì|tà *s.f.* **1** condizione di ciò che è integro, intatto | incolumità: — *fisica* **2** (*fig.*) onestà, rettitudine: *uomo di provata* —.

in|te|gro *agg.* [superl. *integerrimo*] **1** non privato di parti; intatto: *patrimonio* — **2** (*fig.*) onesto, retto: *persona integra* □ **integramente** *avv.*
in|te|la|ià|re *v.tr.* [indic.pres. *io intelàio*...] sistemare sul telaio; dotare di telaio | disporre in forma di telaio.
in|te|la|ia|tù|ra *s.f.* **1** sistemazione sul telaio **2** struttura essenziale che fa da sostegno a ql.co.: *l'— dell'edificio* **3** (*fig.*) l'insieme degli elementi fondamentali: — *di un'opera letteraria*.
in|tel|le|gì|bi|le *agg. e deriv.* → **intelligibile** *e deriv.*
in|tel|let|tì|vo *agg.* relativo alla capacità di intendere | proprio dell'intelletto: *facoltà intellettive* □ **intellettivamente** *avv.* per mezzo dell'intelletto.
in|tel|lèt|to *s.m.* **1** l'insieme delle facoltà umane che permettono di pensare, intendere, giudicare | capacità di ragionamento; intelligenza: *donna di grande* — **2** (*estens.*) persona che spicca per le sue qualità intellettuali: *i più noti intelletti del paese.*
in|tel|let|tu|à|le *agg.* relativo all'intelletto: *capacità* — ♦ *s.m./f.* chi ha interessi culturali ampi | chi svolge una professione in ambito culturale, spec. ad alto livello: *il ruolo degli intellettuali nella società* □ **intellettualmente** *avv.* **1** mediante l'intelletto **2** sotto il profilo intellettuale: *è un'opera* — *valida*.
in|tel|let|tua|lì|smo *s.m.* **1** (*filos.*) dottrina che attribuisce un ruolo dominante all'intelletto rispetto all'intuizione, alle emozioni, alla volontà **2** (*estens.*) abuso compiaciuto di valori intellettuali; cerebralismo: *discorsi di un fastidioso* —.
in|tel|let|tua|lì|sti|co *agg.* [m.pl. *-ci*] **1** (*filos.*) dell'intellettualismo **2** caratterizzato dal netto prevalere dei valori intellettuali; cerebrale: *una prosa intellettualistica*.
in|tel|let|tua|li|tà *s.f.* (*raro*) **1** carattere di ciò che appartiene alla sfera intellettiva **2** (*anche iron.*) la classe intellettuale: *l'— di sinistra*.
in|tel|let|tua|liz|zà|re *v.tr.* **1** trattare o analizzare da un punto di vista intellettuale **2** rendere intellettuale o intellettualistico.
in|tel|let|tua|liz|za|zió|ne *s.f.* **1** l'atto di intellettualizzare **2** (*psicoan.*) processo attraverso cui il soggetto tenta di dominare conflitti affettivi ed emozioni elaborandoli concettualmente.
in|tel|let|tua|lòi|de *agg., s.m./f.* (*spreg.*) che, chi si dà arie di intellettuale, fingendo competenze e interessi culturali che di fatto non ha.
intelligence (*ingl.*) [pr. *intèlligens*] *s.f.invar.* servizio di spionaggio.
in|tel|li|gèn|te *agg.* **1** dotato di intelligenza: *gli uomini sono esseri intelligenti* | (*estens.*) che spicca per le sue capacità intellettuali: *una persona molto* — **2** che denota intelligenza: *un discorso* — **3** (*tecn.*) detto di dispositivo governato da sistemi computerizzati: *semaforo, missile* — □ **intelligentemente** *avv.*
in|tel|li|gèn|za *s.f.* **1** facoltà umana di pensare, comprendere, ideare e sviluppare giudizi e soluzioni | *quoziente d'*—, risultato ottenuto misu-

intellighenzia 622

rando le capacità intellettive di un individuo attraverso particolari prove | (*inform.*) — *artificiale*, riproduzione per mezzo di strumenti informatici dei processi intellettivi dell'uomo **2** (*estens.*) qualità di chi spicca per capacità intellettuali; ingegno: *ha dimostrato —* | *furbizia, accortezza: ha avuto l'— di tacere* **3** persona con grandi doti intellettuali.

in|tel|li|ghèn|zia *s.f.* l'élite intellettuale: *l'— politica.*

in|tel|li|gì|bi|le o **intellegìbile** *agg.* **1** (*filos.*) che può essere afferrato soltanto dalla pura ragione **2** (*estens.*) comprensibile o percepibile senza difficoltà: *un'immagine pienamente —* □ **intelligibilmente** *avv.*

in|tel|li|gi|bi|li|tà o **intellegibilità** *s.f.* caratteristica di ciò che risulta intelligibile: *l'— del tuo ragionamento.*

in|te|me|rà|ta *s.f.* lungo rimprovero; sfuriata: *gli ha fatto un'—.*

in|te|me|rà|to *agg.* (*lett.*) moralmente puro; integro.

in|tem|pe|rà n|te *agg.* **1** che non è in grado di controllare i propri impulsi e desideri **2** che rivela mancanza di autocontrollo: *comportamento —.*

in|tem|pe|ràn|za *s.f.* **1** incapacità di controllare impulsi e desideri: *— nel mangiare* **2** parola o atto intemperante: *abbandonarsi alle intemperanze.*

in|tem|pè|rie *s.f.pl.* l'insieme delle perturbazioni atmosferiche: *esposto alle —.*

in|tem|pe|sti|vi|tà *s.f.* mancanza di tempestività: *l'— delle tue parole.*

in|tem|pe|sti|vo *agg.* che non è detto o fatto al momento opportuno: *scelta intempestiva* □ **intempestivamente** *avv.*

in|ten|dèn|te *s.m.* chi dirige un'intendenza: *— militare, di finanza.*

in|ten|dèn|za *s.f.* settore o ufficio amministrativo di un ente | *— di finanza*, organo periferico dell'amministrazione finanziaria dello Stato, il cui compito è quello di vigilare sul prelievo tributario in una provincia.

in|tèn|de|re *v.tr.* [con. come *tendere*] **1** udire, avvertire: *— un grido in lontananza* | venire a sapere: *hai inteso la novità?* **2** interpretare correttamente; intuire, capire | *fare, lasciare —,* far capire ql.co. in maniera implicita o allusiva | *dare a —,* far credere ql.co. di falso **3** voler significare, voler dire: *per amore non si intende solo passione* **4** ascoltare, accettare: *non vuole — alcun consiglio* **5** essere intenzionati a fare ql.co.: *intendo chiarire la faccenda* ♦ **-rsi** *rifl.rec.* **1** trovare un accordo: *— sulle condizioni di vendita* **2** capirsi, chiarirsi: *occorre — bene su tutti gli aspetti della questione* **3** andare d'accordo | *intendersela con qlcu.*, capirsi al volo; (*fam.*) avere un'intesa amorosa ♦ *intr.pron.* essere un conoscitore o un esperto di ql.co.: *mi intendo un po' di pittura.*

in|ten|di|mén|to *s.m.* **1** proposito, intenzione: *è nostro — discutere a fondo* **2** la facoltà di comprendere e ben giudicare: *retto —.*

in|ten|di|tó|re *s.m.* [f. -trice] chi ha un'approfondita conoscenza ed esperienza di ql.co.: *un — di musica jazz.*

in|te|ne|ri|mén|to *s.m.* manifestazione di pietà o commozione.

in|te|ne|ri|re *v.tr.* [indic.pres. *io intenerisco, tu intenerisci...*] **1** rendere tenero; ammorbidire **2** (*fig.*) muovere a pietà; far commuovere: *il suo sorriso mi intenerisce* ♦ *intr.* [aus. *E*], **-rsi** *intr. pron.* **1** ammorbidirsi **2** (*fig.*) impietosirsi; commuoversi: *come non —?*

in|ten|si|fi|cà|re *v.tr.* [indic.pres. *io intensifico, tu intensìfichi...*] **1** aumentare di forza o intensità; incrementare: *— gli allenamenti* **2** far diventare più frequente: *intensificare le verifiche in vista degli esami* ♦ **-rsi** *intr.pron.* diventare più intenso o frequente: *gli scioperi si sono intensificati.*

in|ten|si|fi|ca|zió|ne *s.f.* aumento di intensità, forza o frequenza.

in|ten|si|tà *s.f.* **1** forza, energia: *l'— del vento è aumentata* **2** misura di una grandezza fisica: *— luminosa, di corrente.*

in|ten|sì|vo *agg.* **1** che è in grado di aumentare l'intensità di ql.co. | (*ling.*) *prefissi intensivi*, quelli che conferiscono alla parola un certo grado di intensità espressiva **2** che risulta più efficace perché maggiormente concentrato nel tempo e nello spazio: *corso —* | *agricoltura intensiva*, quella volta a ottenere la massima resa attraverso l'utilizzo di tecniche produttive avanzate | (*med.*) *terapia intensiva*, quella cui vengono sottoposti i pazienti che hanno perduto parte delle funzioni vitali □ **intensivamente** *avv.*

in|tèn|so *agg.* **1** dotato di particolare forza: *calore, dolore —* | *sguardo —,* sguardo espressivo, penetrante | *colore —,* colore dalla tonalità molto marcata **2** svolto con assiduità e concentrazione: *studio —* | impegnativo e ricco di esperienze: *anno —* □ **intensamente** *avv.*

in|ten|tà|re *v.tr.* [indic.pres. *io intènto...*] (*dir.*) promuovere, avviare: *— una causa contro qlcu.*

in|ten|tà|to *agg.* non tentato | *non lasciare nulla d'—,* fare tutto il possibile.

in|tèn|to¹ *agg.* si dice di qlcu. che è molto concentrato con la mente e i sensi verso ql.co.: *essere — ad ascoltare.*

in|tèn|to² *s.m.* fine, intenzione: *avere l'— di fare ql.co.*; *lodevole —.*

in|ten|zio|nà|le *agg.* detto o fatto di proposito, volontariamente: *sgarbo —* □ **intenzionalmente** *avv.*

in|ten|zio|na|li|tà *s.f.* proprietà di ciò che è intenzionale.

in|ten|zio|nà|to *agg.* che ha un certo proposito: *sono — a dimettermi* | *bene, male —,* che ha intenzioni buone o malvagie.

in|ten|zió|ne *s.f.* volontà di realizzare un dato fine; proposito: *ho l'— di parlargli* | *con —,* volontariamente | *senza —,* involontariamente | *secondo l'— di qlcu.,* secondo la sua volontà, il suo desiderio | *fare il processo alle intenzioni,* giudicare qlcu. non sulla base di quanto ha realmente fatto, ma per quanto si ritiene volesse fare.

in|ter- *pref.* in parole composte indica posizione intermedia nel tempo o nello spazio (*intervocalico*), collegamento (*intercontinentale*), reciprocità (*interfacoltà*).
in|te|ra|gèn|te *part.pres.* di interagire ♦ *agg.* detto di fenomeno o ente che si influenza reciprocamente con un altro: *forze interagenti*.
in|te|ra|gì|re *v.intr.* [con. come *agire*; aus. *A*] esercitare un'influenza reciproca: *eventi che interagiscono*.
in|te|ral|le|à|to *agg.* relativo a due o più alleati e ai loro reciproci legami: *comando* —.
in|te|ràs|se *s.m.* (*tecn.*, *mecc.*) distanza tra due assi paralleli, spec. tra coppie di ruote.
in|te|ra|tò|mi|co *agg.* [m.pl. *-ci*] (*fis.*) che si trova o agisce nello spazio tra due o più atomi: *forze interatomiche*.
in|te|rat|ti|vi|tà *s.f.* caratteristica di ciò che è interattivo.
in|te|rat|tì|vo *agg.* **1** che interagisce con ql.co. **2** (*inform.*) di sistema o programma che permette uno scambio d'informazioni reciproco fra operatore e sistema stesso: *videogioco*, *dizionario* — □ **interattivamente** *avv.*
in|te|ra|zien|dà|le *agg.* che coinvolge due o più aziende: *rappresentanza sindacale* —.
in|te|ra|zió|ne *s.f.* influenza reciproca tra fenomeni, elementi, persone: *l'* — *tra gruppi sociali*.
in|ter|ban|cà|rio *agg.* che coinvolge due o più istituti bancari: *transazione interbancaria*.
in|ter|bèl|li|co *agg.* si dice del periodo compreso tra due guerre.
in|ter|ca|là|re¹ *agg.* (*raro*) che si inserisce in una serie ♦ *s.m.* parola o espressione che si ripete di frequente, per abitudine e anche involontariamente, all'interno di un discorso.
in|ter|ca|là|re² *v.tr.* **1** inserire seguendo una determinata organizzazione: — *didascalie e immagini* **2** utilizzare una parola come intercalare: *intercalava un "cioè" ogni tre parole*.
in|ter|cam|bià|bi|le *agg.* si dice di elemento che si può scambiare con un altro senza modificare la struttura in cui viene inserito: *obiettivi fotografici intercambiabili* | (*fig.*) che può essere sostituito: *ruoli intercambiabili*.
in|ter|cam|bia|bi|li|tà *s.f.* carattere di ciò che è intercambiabile.
in|ter|ca|pè|di|ne *s.f.* piccolo spazio che si apre tra due superfici: — *tra le rocce*.
in|ter|ca|te|go|rià|le *agg.* comune, relativo a più categorie di datori di lavoro o di lavoratori: *accordo*, *sindacato* —.
in|ter|cè|de|re *v.intr.* [coniug. come *cedere*; aus. *A*] intervenire presso qlcu. in favore di altri: — *per un condannato presso le autorità giudiziarie*.
in|ter|cel|lu|là|re *agg.* (*biol.*) che si trova tra cellule: *spazio intercellulari*.
in|ter|cer|vi|cà|le *agg.* (*anat.*, *med.*) compreso fra due vertebre cervicali.
in|ter|ces|sió|ne *s.f.* l'atto di intercedere.
in|ter|ces|só|re *s.m.* [f. *interceditrice*] chi intercede presso qlcu. in favore di altri.
in|ter|cet|ta|mén|to *s.m.* intercettazione.
in|ter|cet|tà|re *v.tr.* [indic.pres. *io intercètto*...] **1** individuare e bloccare ql.co. o qlcu. in movimento: — *un aereo in volo*, *il pallone* **2** inserirsi in una comunicazione per conoscerne il contenuto all'insaputa di mittente e destinatario: — *una telefonata*, *un messaggio*.
in|ter|cet|ta|tó|re *agg.*, *s.m.* [f. *-trice*] che, chi intercetta.
in|ter|cet|ta|zió|ne *s.f.* **1** intromissione in comunicazioni private: — *radio* **2** (*mil.*) attacco portato a un mezzo aereo mentre è in volo.
in|ter|cet|tó|re *s.m.* (*mil.*) aereo da caccia o missile progettato per raggiungere e abbattere aerei o missili in volo.
in|ter|ci|ty [pr. *intersiti*] *agg.invar.*, *s.m.invar.* detto del treno rapido che collega centri maggiori senza effettuare soste intermedie.
in|ter|clas|sì|smo *s.m.* tendenza politica che punta a intensificare la collaborazione e la solidarietà tra classi sociali diverse.
in|ter|clàs|se *s.f.* nella scuola elementare, raggruppamento di più classi che seguono una programmazione comune del lavoro scolastico: *consiglio d'* —.
in|ter|clas|sì|sta *agg.* **1** che sostiene l'interclassismo **2** interclassistico ♦ *s.m./f.* [m.pl. *-i*] sostenitore dell'interclassismo.
in|ter|clas|sì|sti|co *agg.* [m.pl. *-ci*] riguardante l'interclassismo: *posizioni interclassistiche*.
in|ter|co|lùn|nio o **intercolùmnio** *s.m.* (*arch.*) spazio compreso fra due colonne adiacenti.
in|ter|co|mu|ni|càn|te *agg.* si dice di spazio che comunica in maniera diretta e reciproca con un altro spazio: *canali intercomunicanti*.
in|ter|con|fes|sio|nà|le *agg.* che coinvolge due o più confessioni religiose: *dialogo* —.
in|ter|con|fes|sio|na|lì|smo *s.m.* la tendenza e la pratica di creare relazioni tra confessioni religiose diverse.
in|ter|con|fes|sio|na|li|tà *s.f.* caratteristica di ciò che è interconfessionale.
in|ter|con|nes|sió|ne *s.f.* **1** connessione reciproca **2** (*telecom.*) collegamento che mette in comunicazione tra loro reti telefoniche o canali radio-televisivi | (*inform.*) collegamento di più computer in rete che permette la condivisione di dati, risorse e unità periferiche.
in|ter|con|nét|te|re *v.tr.* [con. come *connettere*] realizzare e attivare un'interconnessione.
in|ter|con|so|nàn|ti|co *agg.* [m.pl. *-ci*] (*ling.*) compreso tra due consonanti: *fonema* —.
in|ter|con|ti|nen|tà|le *agg.* che coinvolge o collega continenti diversi: *commercio* —.
intercooler (*ingl.*) [pr. *interkùler*] *s.m.invar.* dispositivo di raffreddamento impiegato spec. nei motori a turbocompressore.
in|ter|cor|rèn|te *part.pres.* di intercorrere ♦ *agg.* **1** sussistente tra due realtà diverse **2** (*med.*) detto di malattia che si sviluppa durante il decorso di un'altra da cui però non dipende.
in|ter|cór|re|re *v.intr.* [con. come *correre*; aus. *E*] trovarsi o passare in mezzo; frapporsi: *tra la prima e la seconda visita intercorrono due mesi*.

in|ter|co|stà|le *agg.* (*anat.*, *med.*) localizzato, situato tra due costole: *linfonodo —*.

in|ter|cul|tu|rà|le *agg.* che coinvolge culture differenti: *scambio —*.

in|ter|den|tà|le *agg.* (*anat.*) interdentario | (*farm.*) **filo —**, filo che si fa scorrere tra gli interstizi dei denti per completare l'igiene orale.

in|ter|den|tà|rio *agg.* (*anat.*) posto tra due denti: *spazio —*.

in|ter|dét|to[1] *part.pass.* di interdire ♦ *agg.* vietato, proibito: *ingresso — al pubblico* ♦ *s.m.* [f. -*a*] **1** (*dir.*) chi è in stato di interdizione **2** (*fam.*, *scherz.*) sciocco.

in|ter|dét|to[2] *agg.* sconcertato, confuso, turbato da un fatto inaspettato: *sono rimasto — alla notizia*.

in|ter|dét|to[3] *s.m.* **1** nel diritto canonico, pena che vieta l'accesso a determinati sacramenti o che priva del godimento di certi diritti spirituali **2** (*estens.*) divieto spec. intimato da un'autorità.

in|ter|di|pen|dèn|te *agg.* che è in rapporto di reciproca dipendenza con ql.co.: *fenomeni interdipendenti*.

in|ter|di|pen|dèn|za *s.f.* rapporto di reciproca dipendenza.

in|ter|di|re *v.tr.* [con. come *dire*] **1** negare in forza di un'autorità; proibire: — *l'accesso a terzi* **2** (*dir.*) vietare a qlcu. l'esercizio di un diritto mediante interdizione | (*eccl.*) colpire qlcu. con l'interdetto.

in|ter|di|sci|pli|nà|re *agg.* che riguarda o coinvolge due o più discipline: *indagine —*.

in|ter|di|sci|pli|na|ri|tà *s.f.* caratteristica di ciò che è interdisciplinare.

in|ter|di|tò|rio *agg.* (*dir.*) relativo all'interdizione | che ha il potere di interdire.

in|ter|di|zió|ne *s.f.* **1** divieto, proibizione **2** (*dir.*) provvedimento che priva qlcu. di uno o più diritti per accertata infermità mentale o a seguito di una condanna definitiva | — **dai pubblici uffici**, pena accessoria con cui il condannato viene privato dei diritti politici e della possibilità di assumere cariche pubbliche **3** (*mil.*) azione volta a ostacolare il movimento del nemico: *fuoco di —*; *— aerea*.

in|te|res|sa|mén|to *s.m.* **1** interesse per ql.co.: *dichiarare il proprio — per l'acquisto* **2** attenzione premurosa verso qlcu. | intervento a favore di terzi: *essere assunti grazie all' — di un conoscente*.

in|te|res|sàn|te *agg.* che stimola la curiosità o l'attenzione: *lettura —* | (*fam.*) **essere in stato —**, essere incinta.

in|te|res|sà|re *v.tr.* [indic.pres. *io interèsso*...] **1** essere d'interesse; riguardare: *questi avvenimenti ci interessano da vicino* **2** suscitare interesse per ql.co.; incuriosire, appassionare: *è un argomento che interessa gli allievi* **3** far prendere interesse a ql.co.: — *gli studenti alla lettura* | far intervenire a favore: *interesserò il capo reparto alla vostra situazione* ♦ *intr.* [dif.: tempi composti; aus. *E*] stare a cuore; importare: *la poesia interessa a pochi* ♦ **-rsi** *intr.pron.* **1** mostrare interesse, attenzione verso ql.co.: *mi interesserò al vostro caso* **2** badare a qlcu., occuparsene: — *dei gatti del vicino*.

in|te|res|sà|to *part.pass.* di interessare ♦ *agg.* **1** che dimostra interesse per ql.co.: *uno studente — alla lettura* **2** che agisce badando unicamente al proprio vantaggio, anche in maniera subdola: *un consigliere —* | che è volto a un tornaconto personale: *consigli interessati* **3** che è coinvolto in un fenomeno: *le regioni interessate dalla siccità* ♦ *s.m.* [f. -*a*] la persona cui interessa ql.co. o che è coinvolta da ql.co.: *gli interessati si rivolgano allo sportello* □ **interessatamente** *avv.* per interesse personale.

in|te|rès|se *s.m.* **1** attenzione, curiosità, attrazione per qlcu. o ql.co.: *mostrare — per lo sport* | attitudine, predisposizione verso un dato ambito: *avere interessi musicali* | attività cui ci si dedica spec. per hobby: *avere molti interessi* **2** capacità di coinvolgere: *avvenimenti di grande —* | (*estens*) rilevanza, importanza: *particolari ricchi di —* **3** (*econ.*) compenso cui ha diritto chi deposita o presta un capitale per un certo periodo | — **attivo**, quello incassato dal creditore | — **passivo**, quello corrisposto dal debitore **4** (*pl.*) complesso delle attività di gestione di beni e affari da cui derivi un vantaggio economico: *curare i propri interessi* **5** tornaconto, vantaggio: *guardare soltanto al proprio —*; *è nel mio — evitare liti*.

in|te|res|sèn|za *s.f.* (*econ.*) partecipazione agli utili di un'impresa o di una singola transazione.

in|te|rèt|ni|co *agg.* [m.pl. -*ci*] che coinvolge o riguarda più etnie: *conflitto —*.

in|te|reu|ro|pè|o *agg.* relativo alle nazioni europee e ai loro rapporti reciproci: *trattato —*.

in|te|réz|za *s.f.* totalità, completezza: *valutare una questione nella sua —*.

in|ter|fàc|cia *s.f.* [pl. -*ce*] (*inform.*) **1** elemento di collegamento tra un computer e una periferica esterna: *scheda di —* **2** strumento e modalità di comunicazione tra un computer o una periferica e l'utente: — **amichevole** | — **grafica**, quella in cui gli elementi hardware, le applicazioni e i singoli file presenti nel computer o a esso collegati vengono rappresentati in forma grafica sullo schermo.

in|ter|fac|cià|re *v.tr.* [indic.pres. *io interfàccio*...] (*inform.*) collegare un computer a una periferica per mezzo di un'interfaccia.

in|ter|fa|col|tà *agg.invar.* che riguarda o coinvolge facoltà universitarie diverse: *consiglio —*.

in|ter|fe|rèn|za *s.f.* **1** (*fis.*) fenomeno per cui due onde, sovrapponendosi, producono una nuova onda uguale alla differenza o alla somma delle due: — *luminosa*, *sonora* | (*telecom.*) rumore accidentale o altro fenomeno che disturba la comunicazione: — *radio* **2** (*fig.*) intervento indebito; intromissione: *in questo campo non voglio interferenze*.

in|ter|fe|rì|re *v.intr.* [indic.pres. *io interferisco*, *tu interferisci*...; aus. *A*] **1** (*fis.*) detto di onde sonore o luminose, generare un'interferenza **2**

(*fig.*) intervenire indebitamente; intromettersi: — *nella vita privata di qlcu*.
in|ter|fe|ró|ne *s.m.* (*biol.*) proteina antivirale generata da diversi tipi di cellule quando vengono a contatto con un virus.
in|ter|fò|ni|co *agg.* [m.pl. *-ci*] dell'interfono.
in|ter|fò|no *s.m.* (*telecom.*) apparecchio che permette di comunicare a voce tra diversi locali di un edificio, un aereo, una nave e sim.
in|ter|fòr|ze *agg.invar.* (*mil.*) che interessa o coinvolge due o più forze armate: *collaborazione* —.
in|ter|ga|làt|ti|co *agg.* [m.pl. *-ci*] situato fra le galassie: *spazio* —.
in|ter|gla|cià|le *agg.* (*geol.*) di periodo compreso fra due ere glaciali.
in|te|riet|ti|vo *agg.* (*gramm.*) che ha funzione di interiezione.
in|te|rie|zió|ne *s.f.* (*gramm.*) parte invariabile del discorso o locuzione che esprime un moto improvviso dell'animo (p.e. *accidenti!*, *uffa!*).
in|te|rim (*lat.*) *s.m.invar.* periodo compreso tra la fine del mandato di un funzionario e l'ingresso in carica del successore | (*estens.*) l'incarico provvisorio che viene conferito durante tale periodo: *assumere l'— del ministero*.
in|te|ri|nà|le *agg.* **1** relativo a un interim **2** provvisorio | *lavoro* —, lavoro temporaneo, a tempo determinato.
in|te|ri|nà|to *s.m.* periodo in cui una funzione o un ufficio sono retti ad interim | la funzione così esercitata.
in|te|rió|ra *s.f.pl.* gli organi contenuti nel petto e nell'addome degli animali: *le — del coniglio*.
in|te|rió|re *agg.* [compar. di *interno*] **1** che si trova all'interno, nella parte più interna: *parte — dell'edificio* (*fig.*) relativo alla sfera della vita spirituale e dei sentimenti: *maturazione —* ◻
interiormente *avv.* **1** dalla parte più interna, all'interno **2** (*fig.*) nel profondo della coscienza: *godere* —.
in|te|rio|ri|tà *s.f.* **1** proprietà di ciò che è interiore **2** (*fig.*) l'insieme dei pensieri, dei sentimenti, delle esperienze che costituiscono la vita spirituale di un individuo: *un'— complessa*.
in|te|rio|riz|zà|re *v.tr.* far entrare nella propria coscienza; far proprio intimamente: *— un insegnamento*.
in|te|rio|riz|za|zió|ne *s.f.* il processo dell'interiorizzare.
in|te|rì|sta *agg.* che riguarda la squadra di calcio milanese dell'Inter | che gioca in tale squadra o tifa per essa: *la tifoseria* — ◆ *s.m./f.* [m.pl. *-i*] giocatore o tifoso di tale squadra.
in|ter|lì|nea *s.f.* **1** spazio bianco che distanzia due righe scritte a mano o stampate **2** (*estens.*) scrittura aggiunta tra due righe di un testo scritto **3** in tipografia, sottile lamina metallica utilizzata per distanziare le linee di una composizione.
in|ter|li|ne|à|re *agg.* collocato nell'interlinea: *nota* —.
in|ter|lin|gui|sti|co *agg.* [m.pl. *-ci*] (*ling.*) che è comune a più lingue in contatto culturale fra loro: *fenomeno* —.
in|ter|lo|cu|tó|re *s.m.* [f. *-trice*] persona cui ci si rivolge parlando: *restare senza interlocutori* | (*estens.*) persona che partecipa a un dialogo, a una discussione: *un — schivo*.
in|ter|lo|cu|tò|rio *agg.* che tende a tenere aperto un dialogo o una trattativa: *posizione interlocutoria* | (*estens.*) che non comporta una soluzione definitiva: *proposta interlocutoria*.
in|ter|lo|qui|re *v.intr.* [indic.pres. *io interloquisco, tu interloquisci...*; aus. *A*] inserirsi in una conversazione, un dibattito.
in|ter|lù|dio *s.m.* **1** brano sinfonico che ha la funzione di collegare due momenti di un'opera musicale o teatrale **2** (*estens.*) pausa, intervallo.
in|ter|me|dià|rio *agg.* che svolge una funzione di collegamento e mediazione tra parti, spec. all'interno di una trattativa ◆ *s.m.* [f. *-a*] mediatore: *trattare senza intermediari*.
in|ter|me|dia|zió|ne *s.f.* attività di mediazione tra parti.
in|ter|mè|dio *agg.* **1** che si trova in mezzo tra due estremi spaziali o temporali oppure alla metà di una scala di valori: *periodo —; livello —* | (*fig.*) che rappresenta un punto di mediazione tra due possibilità: *soluzione intermedia al problema* **2** che costituisce uno stato di transizione tra due realtà: *colore — tra il verde e l'azzurro*.
in|ter|mèz|zo *s.m.* **1** (*teat.*, *mus.*) pausa che divide i diversi momenti di una rappresentazione teatrale o di un altro spettacolo; intervallo | breve spettacolo di tono leggero rappresentato durante tale pausa **2** (*estens.*) intervallo di riposo; pausa: *concedersi un veloce* —.
in|ter|mi|nà|bi|le *agg.* che sembra non finire mai; lunghissimo | (*estens.*) estenuante: *una cerimonia* —.
in|ter|mi|ni|ste|rià|le *agg.* che coinvolge due o più ministri o ministeri: *patto* —.
in|ter|mit|tèn|te *agg.* soggetto a interruzioni più o meno regolari; discontinuo: *segnale* —.
in|ter|mit|tèn|za *s.f.* **1** carattere di ciò che è intermittente: *l'— di un suono* **2** (*elettr.*) dispositivo che produce l'interruzione di un circuito a intervalli regolari.
in|ter|mo|le|co|là|re *agg.* che si trova o agisce fra le molecole: *forze intermolecolari*.
in|ter|na|mén|to *s.m.* segregazione in un campo di reclusione o ricovero in un ospedale psichiatrico.
in|ter|nà|re *v.tr.* [indic.pres. *io intèrno...*] **1** relegare in campi di reclusione: *i dissidenti* **2** ricoverare d'autorità in un ospedale psichiatrico.
in|ter|nà|to[1] *part.pass.* di **internare** ◆ *agg.*, *s.m.* [f. *-a*] che, che è stato recluso in un campo di prigionia o si trova ricoverato in un ospedale psichiatrico.
in|ter|nà|to[2] *s.m.* **1** condizione degli alunni che risiedono in un collegio | (*estens.*) il collegio stesso **2** periodo di tirocinio in cui laureandi e specializzandi in medicina prestano servizio presso un ospedale.

in|ter|nàu|ta *s.m./f.* (*inform.*) chi naviga in Internet.

in|ter|na|zio|nà|le *agg.* 1 che oltrepassa i confini di un singolo Stato: *diffusione — di un prodotto* 2 che coinvolge o riguarda più nazioni: *trattato —; successo —* | *diritto —*, l'insieme delle norme che regolano i rapporti tra Stati ♦ *s.f.* 1 (*st.*) nome di diverse associazioni d'ispirazione marxiana nate a partire dalla seconda metà del sec. XIX allo scopo di coordinare le organizzazioni dei lavoratori | l'inno internazionale dei lavoratori socialisti e comunisti 2 (*estens.*) nome di diverse federazioni sopranazionali tra partiti di orientamento affine □ **internazionalmente** *avv.* in ambito internazionale.

in|ter|na|zio|na|li|smo *s.m.* orientamento politico che punta a incrementare la collaborazione tra nazioni o tra organismi nazionali in vista di fini comuni.

in|ter|na|zio|na|li|sta *s.m./f.* [m.pl. -*i*] 1 fautore dell'internazionalismo 2 membro dell'Internazionale socialista 3 studioso, esperto di diritto internazionale ♦ *agg.* internazionalistico.

in|ter|na|zio|na|li|sti|co *agg.* [m.pl. -*ci*] 1 dell'internazionalismo: *pensiero —* 2 relativo all'Internazionale socialista.

in|ter|na|zio|na|li|tà *s.f.* caratteristica di ciò che è internazionale.

in|ter|na|zio|na|liz|zà|re *v.tr.* 1 rendere internazionale; far conoscere e diffondere oltre i confini nazionali: — *un prodotto* 2 (*dir.*) sottoporre un territorio a controllo internazionale: *— una regione* ♦ **-rsi** *intr.pron.* diventare internazionale.

in|ter|na|zio|na|liz|za|zió|ne *s.f.* assunzione di una dimensione internazionale: *— di uno scalo aereo.*

internet (*ingl.*) *agg.invar., s.f. invar.* (*inform.*) 1 detto di sistema di interconnessione in rete che consente di trasmettere informazioni e spedire file via computer in tutto il mondo | **connettersi a** *—*, collegare un computer alla rete 2 detto dell'insieme di informazioni, testi, immagini, filmati cui è possibile accedere attraverso la rete: *navigare in —; sito —.*

internet café (*ingl.*) [pr. *internet kafé*] *loc. sost. m.invar.* locale pubblico che fornisce un servizio bar unitamente alla possibilità di accedere a Internet tramite computer messi a disposizione della clientela.

internet point (*ingl.*) [pr. *internet pòint*] *loc. sost.m.invar.* esercizio pubblico che mette a disposizione computer a pagamento per la navigazione in Internet e la gestione della posta elettronica.

in|ter|net|tià|no *agg.* di Internet: *il popolo —.*
in|ter|ni|sta *s.m./f.* [m.pl. -*i*] medico specialista in medicina interna.

in|tèr|no *agg.* [compar. *interiore*; superl. *intimo*] 1 che si trova dentro o è rivolto verso il dentro, verso l'area meno esposta: *scala interna; stanza interna* | **numero** *—*, quello che contraddistingue le singole abitazioni di un palazzo | *medicina interna*, la branca della medicina che cura gli organi interni 2 (*geog.*) che rimane dentro un territorio, a una certa distanza dai confini o dalla costa: *pianure interne* | *acque interne*, fiumi e laghi | *regione interna*, quella che non ha accesso diretto al mare 3 che si svolge entro l'ambito di uno Stato: *affari interni; politica interna* 4 (*fig.*) che riguarda la vita interiore dell'uomo: *moto — di rabbia* ♦ *s.m.* 1 (*solo sing.*) la parte che è dentro o è rivolta verso il dentro: *l'— della casa; l'— della camicia* 2 (*solo sing., fig.*) la sfera interiore dell'uomo 3 singolo appartamento di un condominio o stanza di un ufficio | il numero che lo contraddistingue: *l'— diciotto* 4 (*spec.pl.*) il complesso degli ambienti chiusi di un edificio: *impianto per l'illuminazione degli interni* 5 (*geog.*) la parte di un territorio che non confina con altre regioni e non ha sbocco al mare: *le città dell'—* 6 (*spec.pl.*) tutto quanto riguarda la gestione interna di uno Stato: *ministro degli Interni* 7 (*sport*) in molti giochi di squadra, chi occupa la parte centrale del campo 8 [f. -*a*] alunno che alloggia nel collegio cui è iscritto | laureando o specializzando in medicina che presta servizio come tirocinante presso un ospedale □ **internamente** *avv.* 1 nell'interno: *borsa rivestita — 2* (*fig.*) nell'intimo.

in|ter nos (*lat.*) *loc.avv.* fra di noi | confidenzialmente: *parlare —.*

in|té|ro *o* (*lett.*) **intièro** *agg.* 1 inteso in tutta la sua estensione, grandezza, durata: *è trascorso un anno —* | nella sua totalità: *approvato dall'— Parlamento* 2 che dispone di tutte le sue parti: *un'enciclopedia in volumi interi* | *latte —*, latte non scremato 3 (*fig.*) totale, assoluto: *mantenere intera la propria certezza* 4 non rovinato o rotto; intatto: *nonostante la botta il bicchiere è —* 5 (*mat.*) *numero —*, ogni numero naturale non frazionario ♦ *s.m.* 1 la totalità | *per —*, interamente, del tutto 2 (*mat.*) numero intero □ **interamente** *avv.*

in|ter|par|la|men|tà|re *agg.* che riguarda o coinvolge entrambi i rami del Parlamento: *commissione —.*

in|ter|pel|làn|te *part.pres.* di interpellare ♦ *agg., s.m./f.* che, chi presenta un'interpellanza in Parlamento.

in|ter|pel|làn|za *s.f.* interrogazione posta da un parlamentare all'esecutivo intorno all'azione di governo: *rispondere a un'—.*

in|ter|pel|là|re *v.tr.* [indic.pres. *io interpèllo...*] chiedere un chiarimento o un parere su un determinato argomento: *— un esperto.*

in|ter|pel|là|to *s.m.* [f. -*a*] persona cui è stato chiesto un parere o un chiarimento.

in|ter|per|so|nà|le *agg.* che coinvolge due o più persone: *dinamiche interpersonali.*

in|ter|pla|ne|tà|rio *agg.* che si trova, si muove o avviene nello spazio tra i pianeti: *satellite —.*

in|ter|po|là|re *v.tr.* [indic.pres. *io intèrpolo...*] inserire in un testo parole, frasi o brani che ne alterino il contenuto.

in|ter|po|la|tó|re *s.m.* [f. *-trice*] chi effettua l'interpolazione di un testo.
in|ter|po|la|zió|ne *s.f.* **1** inserimento in un testo di parole, frasi o brani che ne modifichino il significato | la parola o la frase inserita **2** (*mat.*) metodo per il calcolo dei valori intermedi di una funzione sulla base di valori conosciuti.
in|ter|pór|re *v.tr.* [con. come *porre*] **1** collocare in mezzo a due cose, spec. per creare un impedimento: — *un cordone di polizia tra due tifoserie* **2** far valere: — *la propria autorità per ottenere un cambiamento* | — **ricorso**, presentarlo ♦ **-rsi** *rifl.*, *intr.pron.* **1** mettersi nel mezzo: — *tra due eserciti in guerra* **2** (*fig.*) intervenire a favore di qlcu.
in|ter|pòr|to *s.m.* grande area attrezzata per lo smistamento delle merci viaggianti su strada o rotaia, di solito collocata alle porte di una città.
in|ter|po|si|zió|ne *s.f.* **1** collocazione tra due elementi; frapposizione **2** (*fig.*), intervento, intercessione | (*dir.*) — *d'appello*, ricorso contro una sentenza | (*mil.*) **forze d'**—, truppe inviate dagli organismi internazionali al fine di impedire il proseguimento di un conflitto tra due eserciti.
in|ter|pó|sto *agg.* sistemato in mezzo | **per interposta persona**, per mezzo di un intermediario.
in|ter|pre|tà|bi|le *agg.* che può essere interpretato.
in|ter|pre|tà|re *v.tr.* [indic.pres. *io intèrpreto*...] **1** fornire la spiegazione di ciò che è considerato oscuro; decifrare: — *un sogno con la tecnica psicanalitica* **2** dare un significato particolare a ql.co.: *interpreti sempre male le mie parole!* **3** captare i sentimenti, i propositi di qlcu. e renderli evidenti mettendoli in pratica: *con questo gesto ho pensato di* — *il tuo desiderio* **4** recitare un ruolo in una rappresentazione drammatica o in un film: — *la parte di Lady Macbeth* | (*mus.*) eseguire: — *un preludio di Bach*.
in|ter|pre|ta|rià|to *s.m.* la professione del traduttore simultaneo.
in|ter|pre|ta|ti|vo *agg.* **1** relativo all'interpretazione **2** che serve o è volto a interpretare: *sforzo* —.
in|ter|pre|ta|zió|ne *s.f.* **1** comprensione e spiegazione analitica: *l'*— *del testo biblico* **2** attribuzione di un determinato significato a ql.co.: *dare un'*— *ironica del fatto* **3** messa in scena; rappresentazione drammatica: *un'ottima* — *dell'Amleto* | (*mus.*) esecuzione di un'opera, di un brano: — *fedele, toccante*.
in|tèr|pre|te *s.m./f.* **1** chi comprende e spiega ql.co. che è ritenuto oscuro: — *del volere degli dei* **2** chi traduce simultaneamente da una lingua all'altra: *lavorare come* — **3** chi si fa tramite del pensiero o dei sentimenti di altri: *mi faccio* — *dell'opinione di tutti* **4** chi recita un ruolo a teatro o in un film | (*mus.*) chi esegue un brano musicale.
in|ter|pùn|ge|re *v.tr.* [con. come *pungere*] inserire i segni di punteggiatura in un testo.
in|ter|pun|zió|ne *s.f.* (*gramm.*) inserimento dei segni di punteggiatura | la punteggiatura stessa.

in|ter|ra|mén|to *s.m.* **1** collocazione dentro il terreno; seppellimento **2** copertura con la terra.
in|ter|rà|re *v.tr.* [indic.pres. *io intèrro*...] **1** sotterrare: — *un bulbo* **2** ricoprire o colmare di terra: — *un canale* ♦ **-rsi** *intr.pron.* riempirsi di terra.
in|ter|rà|to *s.m.* appartamento, locale posto sotto il livello stradale: *abita in un* —.
in|ter|raz|zià|le *agg.* che riguarda o coinvolge più razze umane.
in|ter|re|gio|nà|le *agg.* che riguarda o coinvolge più regioni: *campionato* — | **treno** —, convoglio che collega due o più regioni.
in|ter|ré|gno *s.m.* **1** periodo che intercorre tra la fine del regno di un sovrano e l'accesso al trono del successore **2** (*estens.*) periodo di transizione.
in|ter|re|là|to *agg.* che è in rapporto di relazione reciproca con ql.co.
in|ter|re|la|zió|ne *s.f.* relazione reciproca; correlazione.
in|ter|ro|gàn|te *part.pres. di* interrogare ♦ *agg.*, *s.m./f.* che, chi presenta un'interrogazione, spec. parlamentare.
in|ter|ro|gà|re *v.tr.* [indic.pres. *io intèrrogo, tu intèrroghi*...] **1** rivolgere una o più domande a qlcu. per ottenere indicazioni, spiegazioni o chiarimenti | (*anche assol.*) verificare oralmente la preparazione di uno studente attraverso uno o più quesiti: — *in storia* **2** (*dir.*) sottoporre a interrogatorio: — *un testimone*.
in|ter|ro|ga|ti|va *s.f.* (*gramm.*) proposizione interrogativa.
in|ter|ro|ga|ti|vo *agg.* che esprime una domanda: *tono* — | (*gramm.*) **proposizione interrogativa**, quella che contiene una domanda | **aggettivi, pronomi, avverbi interrogativi**, quelli con cui si introduce una proposizione interrogativa | **punto** —, segno di interpunzione che viene collocato al termine delle proposizioni interrogative ♦ *s.m.* **1** domanda: *porre un* — **2** elemento d'incertezza; dubbio, perplessità: *troppi elementi restano un* — □ **interrogativamente** *avv.*
in|ter|ro|ga|tó|rio *agg. di* interrogare ♦ *agg.*, *s.m.* [f. *-a*] si dice di colui che è sottoposto a un'interrogazione o a un interrogatorio.
in|ter|ro|ga|tò|rio *agg.* tipico di chi interroga: *tono* — ♦ *s.m.* **1** (*dir.*) insieme di domande che la polizia o i magistrati rivolgono a testimoni e imputati per accertare l'andamento di un fatto: *verbale d'* — **2** (*estens.*) sequenza di domande incalzanti.
in|ter|ro|ga|zió|ne *s.f.* l'atto di interrogare qlcu. | domanda o sequenza di domande | nella scuola, verifica orale della preparazione di uno studente: — *di matematica* | (*polit.*) — **parlamentare**, interpellanza.
in|ter|róm|pe|re *v.tr.* [con. come *rompere*] **1** lasciare a metà; sospendere: — *la comunicazione telefonica;* — *gli studi* | — *la gravidanza*, abortire **2** ostacolare il normale funzionamento; bloccare: *un incidente ha interrotto l'autostrada* | impedire il proseguimento di un discorso: *è cattiva educazione* — *chi parla* ♦ **-rsi** *intr.pron.* **1** smettere di

interruttore

parlare: — *a metà discorso* **2** subire un blocco: *le operazioni si sono bloccate*.

in|ter|rut|tó|re *s.m.* (*elettr.*) apparecchio che serve ad aprire e chiudere un circuito elettrico: — *di corrente*.

in|ter|ru|zió|ne *s.f.* **1** sospensione, cessazione **2** arresto, blocco: *un'* — *del traffico stradale* | intromissione in un discorso: *basta con tutte queste interruzioni!* | *senza* —, in maniera continuativa; senza pause | — *di gravidanza*, aborto.

in|ter|scàm|bio *s.m.* **1** scambio vicendevole: — *culturale* | (*econ.*) commercio tra paesi **2** insieme di opere stradali su vari livelli che consente la comunicazione fra correnti di traffico diverse.

in|ter|se|cà|re *v.tr.* [indic.pres. *io intèrseco, tu intèrsechi...*] attraversare tagliando: *ferrovia che interseca la strada* ♦ **-rsi** *rifl.rec.* incrociarsi: *rette che s'intersecano*.

in|ter|se|zió|ne *s.f.* **1** incrocio, incontro | punto in cui si intersecano due o più strade o vie di traffico: *l'* — *tra strada e ferrovia* **2** (*mat.*) figura geometrica prodotta dal reciproco intersecarsi di altre due.

in|ter|si|de|rà|le *agg.* che è posto, avviene o si muove tra più corpi celesti; interstellare: *distanza* —.

in|ter|stel|là|re *agg.* intersiderale.

in|ter|sti|zià|le *agg.* relativo a un interstizio | collocato in un interstizio.

in|ter|sti|zio *s.m.* spazio di piccola entità che separa due corpi o si apre all'interno di uno stesso corpo; fessura: *interstizi tra cellule*.

in|ter|tèm|po *s.m.* (*sport*) tempo parziale impiegato da un atleta per completare una parte di percorso: — *di metà giro*.

in|ter|tè|sto *s.m.* testo che viene inserito all'interno di un testo più grande, sotto forma di citazione, parodia, riferimento implicito e sim.

in|ter|te|stu|à|le *agg.* dell'intertesto; relativo ai rapporti di citazione implicita ed esplicita esistenti tra testi: *analisi* —.

in|ter|te|stua|li|tà *s.f.invar.* insieme dei meccanismi di citazione che legano due o più testi tra loro.

in|ter|tro|pi|cà|le *agg.* collocato nello spazio tra i due tropici: *fascia* —.

in|te|rur|bà|na *s.f.* telefonata che mette in comunicazione utenti di reti telefoniche diverse: *fare, ricevere un'* —.

in|te|rur|bà|no *agg.* che unisce due o più centri urbani: *trasporti interurbani* | *telefonata interurbana*, interurbana.

in|ter|vàl|la|re *v.tr.* distanziare con intervalli di tempo o spazio: — *gli alberi*.

in|ter|vàl|lo *s.m.* **1** spazio intercorrente tra due elementi: *tra una panchina e l'altra c'è un* — *di dieci metri* **2** periodo di tempo intercorrente tra due fatti o momenti; pausa: *un breve* — *tra primo e secondo tempo* **3** (*mat.*) insieme dei numeri reali compresi tra due estremi **4** (*mus.*) la differenza di altezza tra due note: — *di un semitono, di settima*.

in|ter|ve|ni|re *v.intr.* [con. come *venire*; aus. *E*]

628

1 essere presente, partecipare: — *al matrimonio di un parente* **2** inserirsi attivamente in una situazione, un discorso: — *in un dibattito* | attivarsi per tentare di risolvere ql.co.: *la protezione civile è intervenuta nelle aree alluvionate* **3** (*med.*) effettuare un intervento chirurgico: *si dovette* — *d'urgenza*.

in|ter|ven|ti|smo *s.m.* **1** (*polit.*) posizione di chi domanda l'ingresso di un paese in una guerra | (*st.*) posizione di chi sostiene l'ingresso dell'Italia nella prima guerra mondiale **2** (*polit.*, *econ.*) tendenza favorevole all'estensione dell'intervento dello Stato nella vita economica nazionale.

in|ter|ven|ti|sta *agg.*, *s.m./f.* [m.pl. *-i*] che, chi sostiene l'interventismo.

in|ter|ven|ti|sti|co *agg.* [m.pl. *-ci*] dell'interventismo, degli interventisti.

in|ter|vèn|to *s.m.* **1** l'atto di intervenire per modificare una situazione: *l'* — *dei carabinieri* | serie di provvedimenti o azioni con cui si interviene: *l'impianto necessita di interventi di manutenzione* **2** presenza, partecipazione: *la cerimonia ha visto l'* — *delle autorità* | discorso pronunciato davanti a un'assemblea: — *molto applaudito* **3** ingerenza autoritaria di uno Stato negli affari interni o esteri di un altro: *principio del non* — **4** (*sport*) l'azione di un giocatore sulla palla o su un avversario: *un* — *acrobatico* **5** (*med.*) operazione chirurgica: — *a cuore aperto*.

in|ter|ve|nù|to *s.m.* [f. *-a*] chi prende parte a un'assemblea o a una cerimonia: *gli intervenuti erano numerosi*.

in|ter|ver|te|brà|le *agg.* (*anat.*) situato fra due vertebre: *disco* —.

in|ter|vì|sta *s.f.* **1** dialogo di un giornalista con una persona che viene pubblicato a stampa o diffuso attraverso i canali radio-televisivi: *chiedere, concedere un'* — | (*estens.*) il contenuto di tale dialogo **2** sequenza di domande rivolte a una persona per individuarne attitudini ed opinioni: — *d'assunzione* | questionario orale o scritto sottoposto a un campione di persone a fini statistici o per un'indagine di mercato.

in|ter|vi|stà|re *v.tr.* sottoporre a un'intervista: — *un attore famoso*.

in|ter|vi|stà|to *part.pass.* di *intervistare* ♦ *agg.*, *s.m.* [f. *-a*] che, chi concede un'intervista.

in|ter|vi|sta|tó|re *s.m.* [f. *-trice*] **1** giornalista che raccoglie un'intervista **2** chi somministra al campione i questionari in un'indagine statistica o di mercato.

in|ter|vo|cà|li|co *agg.* [m.pl. *-ci*] (*ling.*) compreso tra due vocali: *fonema* —.

in|ter|zà|to *s.m.* (*arald.*) scudo diviso in tre parti uguali da due linee parallele orizzontali, verticali od oblique.

in|té|sa *s.f.* **1** tacito accordo fra persone o gruppi di persone: *giungere a un'* — | *agire d'* — *con*, d'accordo, in collaborazione con **2** accordo fra Stati | insieme degli Stati aderenti a un accordo: *l'Intesa balcanica* **3** (*estens.*) collaborazione; af-

intingere

fiatamento, complicità: *l'— di gruppo*; *tra loro c'è un'ottima —*.
in|té|so *part.pass. di* intendere ♦ *agg.* 1 volto a una finalità: *azioni intese a migliorare la situazione* 2 capito, compreso: *un discorso pienamente* — 3 fissato di comune accordo; stabilito: *secondo quanto — dalle parti* | **restare intesi**, rimanere d'accordo | *si dà per* —, si considera assodato.
in|tès|se|re *v.tr.* [con. come *tessere*] 1 tessere intrecciando insieme più elementi 2 (*fig.*) costruire, comporre: — *lodi*; — *un difficile dialogo* | tramare, ordire; macchinare: — *congiure*.
in|tes|sù|to *part.pass. di* intessere ♦ *agg.* 1 intrecciato, mescolato insieme: *un mantello — di fili colorati* 2 (*fig.*) pieno, costellato; infarcito: *una critica intessuta di citazioni*.
in|te|stà|bi|le *agg.* che può essere intestato: *bene* —.
in|te|star|dir|si *v.intr.pron.* [indic.pres. *io mi intestardisco, tu ti intestardisci...*] ostinarsi, fissarsi, impuntarsi: — *nelle proprie opinioni*.
in|te|stà|re *v.tr.* [indic.pres. *io intèsto...*] 1 scrivere il titolo o l'intestazione su un foglio: — *una busta* 2 (*dir.*) assegnare a qlcu. la titolarità di un bene, un diritto o un obbligo: — *un fondo bancario a qlcu.* | — *un assegno*, scrivervi il nome del beneficiario.
in|te|stà|rio *agg.*, *s.m.* [f. *-a*] 1 (*dir.*) si dice di chi è titolare di un bene, di un diritto: *l'— di un contratto di vendita* 2 si dice della persona il cui nome è scritto in cima a un foglio, a una busta per le lettere ecc.
in|te|stà|to[1] *part.pass. di* intestare ♦ *agg.* 1 fornito di intestazione | **carta intestata**, quella su cui sono stampati nominativo e indirizzo della persona che la utilizza 2 che reca il nome del beneficiario o del titolare: *un conto — al figlio*.
in|te|stà|to[2] *agg.*, *s.m.* [f. *-a*] (*dir.*) si dice di chi muore senza lasciare un testamento scritto: *morire* —.
in|te|sta|zió|ne *s.f.* 1 (*dir.*) attribuzione di un diritto, di una proprietà e sim.: — *della casa ai nuovi acquirenti* 2 dicitura collocata in cima a un foglio che indica gli estremi di una persona, una ditta ecc.: — *di una missiva* | (*estens.*) titolo di un libro, di un articolo, di un capitolo.
in|te|sti|nà|le *agg.* relativo all'intestino o interno a esso: *dolori intestinali*.
in|te|stì|no[1] *agg.* interno | **lotta intestina**, quella che avviene tra i membri di un'organizzazione o all'interno di uno Stato, una città.
in|te|stì|no[2] *s.m.* (*anat.*) la sezione dell'apparato digerente che va dallo stomaco all'ano | — **tenue**, la prima metà dell'intestino, compresa fra il piloro e la valvola ileocecale | — **crasso**, la seconda metà dell'intestino, compresa fra la valvola ileocecale e l'ano.
in|tie|pi|dì|re *v.tr.* [indic.pres. *io intiepidisco, tu intiepidisci...*] 1 scaldare appena; rendere tiepido: *i caloriferi intiepidiscono l'ambiente* 2 (*fig.*) detto dei sentimenti, renderli meno accesi, mitigarli: *il tempo intiepidisce le passioni* ♦ *intr.* [aus. *E*], **-rsi** *intr.pron.* 1 diventare tiepido 2 (*fig.*) mitigarsi.
in|tiè|ro *agg.*, *s.m.* → **intero**.
in|ti|fà|da *s.f.* lotta condotta dagli arabi palestinesi contro lo Stato d'Israele.
in|ti|mà|re *v.tr.* [indic.pres. *io intìmo...*] ordinare d'autorità, in maniera perentoria: — *la resa*.
in|ti|ma|zió|ne *s.f.* ordine perentorio | atto, dichiarazione con cui si intima: *ricevere un* —.
in|ti|mi|da|tò|rio *agg.* che punta a intimorire per far accettare un'imposizione: *atto* —.
in|ti|mi|da|zió|ne *s.f.* parola o atto che mira a imporre un determinato comportamento a qlcu.; minaccia: *subire un'* —.
in|ti|mi|dì|re *v.tr.* [indic.pres. *io intimidisco, tu intimidisci...*] 1 mettere in soggezione: *la sua sicurezza mi intimidisce* 2 intimorire: — *qlcu. con parole minacciose* ♦ *intr.* [aus. *E*], **-rsi** *intr.pron.* diventare timido.
in|ti|mì|smo *s.m.* tendenza artistica che privilegia la descrizione dei sentimenti e dei moti più intimi.
in|ti|mì|sta *agg.*, *s.m./f.* [m.pl. *-i*] che, chi tende all'intimismo.
in|ti|mì|sti|co *agg.* [m.pl. *-ci*] 1 dell'intimismo 2 caratterizzato da intimismo: *gusto* —.
in|ti|mi|tà *s.f.* 1 carattere di ciò che è intimo: *l'— di un gesto* 2 stretta condivisione; confidenza: — *familiare*; *essere in — con qlcu.* 3 ambiente, contesto riservato, privato: *l'— della propria abitazione* | (*fig.*) luogo intimo; profondità, interiorità: *nell'— dei propri sentimenti* 4 (*estens.*) l'ambito del rapporto amoroso o sessuale: *stare — con il proprio partner*.
in|tì|mo *agg.* [superl. di *interno*] 1 (*raro*) che è il più interno 2 (*fig.*) che è il più profondo, il più nascosto; connaturato, intrinseco: *le intime ragioni di un gesto* | radicato in profondità nell'animo: *sentimento* — 3 strettamente connesso a livello strutturale: *intima coesione di particelle atomiche* 4 (*fig.*) strettamente legato dal punto di vista personale: *un amico* — | riservato alle persone affettivamente più vicine; familiare: *cerimonia intima* | **ambiente** —, luogo accogliente e riservato | **intime relazioni**, rapporti d'amore o di stretta confidenza 5 relativo alle parti del corpo che si tengono solitamente coperte: *biancheria, igiene intima* ♦ *s.m.* 1 (*solo sing.*) il luogo più privato dell'animo: *desideri coltivati nell'*— 2 [f. *-a*] amico o parente stretto: *pranzo per pochi intimi* 3 (*solo sing.*) biancheria intima: *negozio di* — □ **intimamente** *avv.* 1 in maniera confidenziale 2 nell'interiorità; profondamente: — *toccato dalla notizia* 3 in modo stretto ma non evidente: *eventi — connessi*.
in|ti|mo|ri|mén|to *s.m.* l'atto di intimorire | il timore che ne deriva.
in|ti|mo|rì|re *v.tr.* [indic.pres. *io intimorisco, tu intimorisci...*] mettere paura: *una voce intimorisce* ♦ **-rsi** *intr.pron.* provare paura: *di fronte a lui mi intimorisco*.
in|tìn|ge|re *v.tr.* [con. come *tingere*] bagnare

intingolo 630

parzialmente in un liquido: — *il pennello nel colore.*

in|tin|go|lo *s.m.* (*gastr.*) qualsiasi salsa utilizzata per cuocere e insaporire una vivanda | (*estens.*) vivanda gustosa.

in|ti|riz|zi|mén|to *s.m.* intorpidimento a causa del freddo.

in|ti|riz|zi|re *v.tr.* [indic.pres. *io intirizzisco, tu intirizzisci...*] intorpidire, agghiacciare le membra riducendone la sensibilità: *il vento gelido intirizzisce braccia e gambe* ♦ *intr.* [aus. *E*], **-rsi** *intr.pron.* perdere sensibilità e avvertire irrigidimento degli arti a causa del freddo.

in|ti|to|là|re *v.tr.* [indic.pres. *io intìtolo...*] **1** assegnare il titolo a un'opera: — *un quadro* **2** dedicare a qlcu. uno spazio pubblico o privato, un monumento, un edificio: — *una strada a Garibaldi* ♦ **-rsi** *intr.pron.* avere come titolo.

in|ti|to|la|zió|ne *s.f.* **1** assegnazione di un titolo | il titolo stesso **2** dedica: *cerimonia di — della nuova piazza.*

in|toc|cà|bi|le *agg.* **1** che non può o non deve essere toccato, spec. per ragioni morali o di opportunità **2** (*fig.*) che non può essere criticato o contestato: *un politico* — ♦ *s.m./f.* **1** in India, membro della casta impura; paria **2** (*fig.*) persona che non può essere criticata, contestata o rimossa da una carica in quanto gode di protezioni influenti.

in|tol|le|rà|bi|le *agg.* **1** che non si può o non si deve permettere; inaccettabile: — *ingiustizia* **2** difficile da sopportare; eccessivo: *fastidio* — ☐ **intollerabilmente** *avv.*

in|tol|le|ra|bi|li|tà *s.f.* carattere di ciò che è intollerabile.

in|tol|le|ràn|te *agg.* **1** che non sopporta ql.co.: — *al caldo* **2** che ha poca pazienza; insofferente: *persona* — **3** che non ammette opinioni, orientamenti culturali, stili di vita diversi dai propri | fanatico, intransigente ♦ *s.m./f.* individuo intransigente, dogmatico.

in|tol|le|ràn|za *s.f.* **1** incapacità di sopportare: — *di ogni fatica* | (*med.*) allergia: — *al polline* **2** insofferenza: *manifestare* — **3** rigido rifiuto di opinioni, orientamenti culturali e religiosi diversi dai propri.

in|to|na|cà|re *v.tr.* [indic.pres. *io intònaco, tu intònachi...*] ricoprire di intonaco: — *una parete.*

in|to|na|ca|tù|ra *s.f.* rivestimento con intonaco | l'intonacato stesso.

in|tò|na|co *s.m.* [pl. *-ci* o *-chi*] sottile strato di malta con cui si ricoprono le pareti per rifinirne la superficie.

in|to|nà|re *v.tr.* [indic.pres. *io intòno...*] **1** (*mus.*) impostare nella giusta tonalità uno strumento o la voce: — *la chitarra* | accordare più strumenti o voci su una nota fondamentale **2** cantare o suonare le prime note di un brano, spec. per indicare l'avvio ad altri: — *il Salve Regina* | (*estens.*) cantare, spec. in coro: — *una melodia di montagna* **3** (*estens.*) iniziare a pronunciare con tono solenne: — *una predica* **4** (*fig.*) mettere in accordo; combinare: — *la tappezzeria ai mobili* ♦ **-rsi**

intr.pron. armonizzarsi: *una giacca che s'intona con i pantaloni.*

in|to|nà|to *part.pass. di* intonare ♦ *agg.* **1** (*mus.*) che è impostato sul tono giusto: *un suono, un canto* — | che produce il tono giusto; accordato: *tromba ben intonata* **2** di persona, che canta senza stonare **3** (*fig.*) che si accorda bene con ql.co.: *arredamento — allo stile della casa.*

in|to|na|zió|ne *s.f.* **1** (*mus.*) modalità di emissione di un suono rispetto alla sua altezza: — *crescente, calante* **2** corrispondenza di un suono a quanto richiesto dalla partitura o dalla melodia: *cercare la corretta* — | suono al quale si accordano gli strumenti **3** attitudine al canto: *avere una buona, una cattiva* — **4** avvio di un canto corale dato da una voce solista o da uno strumento: *dare l'* — *al coro* **5** (*fig.*) accordo armonico di colori, forme, stili **6** modulazione della voce nell'articolazione delle parole; tono, inflessione: *recitare con un'* — *affettata* | (*fig.*) carattere, spirito di un discorso: *un' — risentita.*

in|tòn|so o **intónso** *agg.* **1** (*lett.*) non tosato, non tagliato: *barba intonsa* **2** (*estens.*) detto di libro con le pagine non ancora tagliate | (*fig.*) detto di libro mai letto.

in|ton|ti|mén|to *s.m.* stato di stordimento, confusione.

in|ton|tì|re *v.tr.* [indic.pres. *io intontisco, tu intontisci...*] rendere stupido: *la vecchiaia lo intontisce sempre più* | (*estens.*) mandare in confusione; stordire, frastornare: *tutto questo rumore mi intontisce* ♦ *intr.* [aus. *E*], **-rsi** *intr.pron.* divenire tonto | (*estens.*) stordirsi, frastornarsi.

in|ton|tì|to *part.pass. di* intontire ♦ *agg.* stordito, frastornato: *restare* — | che denota stordimento: *sguardo* —.

in|tòp|pa|re *v.intr.* [indic.pres. *io intòppo...*; aus. *E, A*] urtare contro ql.co.: — *in un gradino* | (*fig.*) imbattersi in ql.co. di inaspettato: — *in un grave problema* ♦ **-rsi** *intr.pron.* bloccarsi.

in|tòp|po *s.m.* difficoltà imprevista; ostacolo: *creare intoppi*, ostacolare.

in|tor|bi|da|mén|to *s.m.* perdita di limpidezza: *l' — delle acque per l'inquinamento.*

in|tor|bi|dà|re *v.tr.* [indic.pres. *io intórbido...*] privare dell'originaria limpidezza: *il fango ha intorbidato il torrente* | (*fig.*) — **le acque**, creare confusione e disordine per poter agire indisturbati **2** (*fig.*) offuscare, confondere: — *la vista, sconvolgere, turbare:* — *gli animi* ♦ **-rsi** *intr.pron.* **1** diventare torbido **2** (*fig.*) annebbiarsi, offuscarsi.

in|tor|bi|di|mén|to *s.m.* intorbidamento.

in|tor|bi|dì|re *v.tr.* [indic.pres. *io intorbidisco, tu intorbidisci...*] intorbidare ♦ **-rsi** *intr.pron.* intorbidarsi.

in|tór|no *avv.* nello spazio circostante, in giro: *qui* —; *guardare* — ♦ *intorno a loc.prep.* **1** nello spazio vicino, in prossimità: *stanno tutti — a lui* circa, verso: *ha pagato — ai mille euro*; *gli anni — al 1950* **3** riguardo a: *confrontarsi — a una questione* ♦ *agg.invar.* circostante: *l'area* —.

in|tor|pi|di|mén|to *s.m.* perdita di sensibilità e

di prontezza: *l'—dei sensi* | *(fig.)* offuscamento: *— della mente.*
in|tor|pi|di|re *v.tr.* [indic.pres. *io intorpidisco, tu intorpidisci...*] **1** privare della normale sensibilità ed efficienza: *il vento freddo mi ha intorpidito le mani* **2** *(fig.)* appesantire, privare di lucidità: *la fatica intorpidisce il ragionamento* ♦ *intr.* [aus. *È*], **-rsi** *intr.pron.* (*anche fig.*) diventare torpido.
in|tos|si|cà|re *v.tr.* [indic.pres. *io intòssico, tu intòssichi...*] **1** causare uno stato d'intossicazione; avvelenare: *lo smog intossica i polmoni* **2** *(fig., raro)* corrompere, depravare: *le cattive frequentazioni intossicano l'animo* ♦ **-rsi** *rifl., intr. pron.* essere vittima di un'intossicazione; avvelenarsi: *— con dei funghi velenosi.*
in|tos|si|cà|to *part.pass. di* intossicare ♦ *agg., s.m.* [f. *-a*] che, chi è affetto da un'intossicazione.
in|tos|si|ca|zió|ne *s.f.* (*med.*) avvelenamento causato dall'assunzione di sostanze tossiche | *— alimentare,* quella dovuta a cibi avariati o non commestibili.
in tò|to (*lat.*) *loc.avv.* totalmente, interamente.
in|tra- *pref.* in parole composte spec. del linguaggio scientifico significa "all'interno, tra" (*intrauterino, intravedere*).
in|tra|dèr|mi|co *agg.* [m.pl. *-ci*] (*anat.*) che si trova nel derma | *iniezione intradermica,* quella praticata nello spessore del derma.
in|tra|dòs|so *s.m.* **1** (*arch.*) la superficie inferiore e concava di una volta o di un arco | (*estens.*) il vano interno di porte e finestre **2** (*aer.*) la superficie inferiore di un'ala.
in|tra|du|ci|bi|le *agg.* che non può essere adeguatamente tradotto: *termine —.*
in|tra|du|ci|bi|li|tà *s.f.* caratteristica di ciò che è intraducibile.
in|tral|cià|re *v.tr.* [indic.pres. *io intràlcio...*] creare un impedimento; ostacolare: *— il passaggio* ♦ **-rsi** *rifl.rec.* ostacolarsi vicendevolmente.
in|tràl|cio *s.m.* ostacolo, impedimento: *rappresentare un —.*
in|tral|laz|zà|re *v.intr.* [aus. *A*] fare intrallazzi.
in|tral|laz|za|tó|re *s.m.* [f. *-trice*] chi fa intrallazzi.
in|tral|làz|zo *s.m.* scambio illecito di favori o beni | (*estens.*) accordo sottobanco, intrigo: *fare intrallazzi.*
in|tra|mez|zà|re *v.tr.* [indic.pres. *io intramèzzo...*] inframmezzare.
in|tra|mo|le|co|là|re *agg.* (*chim., fis.*) che è posto o avviene all'interno della molecola.
in|tra|mon|tà|bi|le *agg.* che non diminuisce, che non ha mai fine: *la gloria — di Omero* | (*estens.*) che non perde le sue abilità con il passare del tempo: *un atleta —.*
in|tra|mu|sco|là|re *agg.* (*med.*) che si trova all'interno di un muscolo | che si pratica nel tessuto muscolare: *iniezione —* ♦ *s.f.* iniezione intramuscolare.
Intranet (*ingl.*) *s.f.invar.* (*inform.*) rete informatica che collega tra loro i computer e le banche dati di un'azienda ed è accessibile solo agli utenti autorizzati.

in|tran|si|gèn|te *agg.* **1** che non è disponibile a fare concessioni o a trovare soluzioni di compromesso; rigido: *giudice —* | intollerante: *un religioso —.* **2** che rivela intransigenza: *atteggiamento —.*
in|tran|si|gèn|za *s.f.* rifiuto di fare concessioni o di accettare compromessi.
in|tran|si|tà|bi|le *agg.* si dice di strada che non può essere percorsa: *valico — per neve.*
in|tran|si|ta|bi|li|tà *s.f.* condizione di ciò che è intransitabile.
in|tran|si|tì|vo *agg., s.m.* (*gramm.*) detto di verbo che esprime un'azione compiuta in se stessa, senza la necessità di comunicarsi a un complemento oggetto | *verbo — pronominale,* verbo intransitivo che contiene la particella pronominale *si* (p.e. *invaghirsi*) □ **intransitivamente** *avv.* con valore o uso intransitivo.
in|trap|po|là|re *v.tr.* [indic.pres. *io intràppolo...*] **1** bloccare con una trappola: *— una preda* **2** (*fig.*) imbrogliare.
in|tra|pren|dèn|te *part.pres. di* intraprendere ♦ *agg.* dotato di spirito d'iniziativa; audace: *un giovane —* □ **intraprendentemente** *avv.*
in|tra|pren|dèn|za *s.f.* caratteristica di chi è intraprendente.
in|tra|prèn|de|re *v.tr.* [con. come *prendere*] avviare un'attività, un lavoro, un'impresa: *— una nuova attività commerciale; — gli studi universitari.*
in|tra|sfe|rì|bi|le *agg.* che non si può trasferire.
in|tra|sfe|rì|bi|li|tà *s.f.* condizione di ciò che non è trasferibile.
in|tra|spor|tà|bi|le *agg.* impossibile da trasportare: *ferito —.*
in|trat|tà|bi|le *agg.* **1** non trattabile: *prezzo —* **2** dotato di un pessimo carattere; scontroso: *un uomo —.*
in|trat|ta|bi|li|tà *s.f.* caratteristica di cosa o persona intrattabile.
in|trat|te|né|re *v.tr.* [con. come *tenere*] **1** far passare il tempo in maniera gradevole: *— gli amici raccontando vecchie storie* | far divertire: *un comico intratteneva il pubblico* **2** mantenere, coltivare: *— buoni rapporti con qlcu.* ♦ **-rsi** *intr. pron.* **1** trascorrere il tempo con qlcu. in maniera piacevole: *— con un caro amico* **2** fermarsi a parlare.
in|trat|te|ni|mén|to *s.m.* **1** l'atto di tenersi compagnia vicendevolmente **2** (*estens.*) divertimento, spettacolo, festa.
in|trat|te|ni|tó|re *s.m.* [f. *-trice*] chi intrattiene in maniera piacevole le persone, spec. con la conversazione o facendo spettacolo.
in|tra|u|te|rì|no *agg.* (*anat., med.*) che è situato o avviene nella cavità uterina.
in|tra|va|sco|là|re *agg.* (*anat., med.*) che si trova o avviene nei vasi sanguigni.
in|tra|ve|dé|re *v.tr.* [con. come *vedere*] **1** vedere di sfuggita, in maniera sfocata o incompleta: *— una luce in lontananza* **2** (*fig.*) comprendere in maniera ancora vaga; intuire: *— il senso di un avvenimento —.*

intrecciare

in|trec|cià|re *v.tr.* [indic.pres. *io intréccio...*] **1** unire in una treccia: — *i capelli* **2** (*fig.*) allacciare: — *legami di collaborazione* ♦ **-rsi** *rifl.rec.* aggrovigliarsi: *lo spago si è intrecciato*.

in|trec|cia|tù|ra *s.f.* atto dell'intrecciare | modalità di realizzazione dell'intreccio: — *a spirale* | l'intreccio così ottenuto.

in|tréc|cio *s.m.* **1** l'operazione di intrecciare | complesso di cose intrecciate **2** (*fig.*) insieme di eventi che costituiscono la trama di una narrazione: *un — di vicende amorose*.

in|tre|pi|déz|za *s.f.* (*lett.*) audacia, coraggio.

in|trè|pi|do *agg.* che non ha paura; audace: — *eroe* □ **intrepidamente** *avv.*

in|tri|cà|re *v.tr.* [indic.pres. *io intrico, tu intrichi...*] **1** avviluppare, mescolare in maniera disordinata formando un groviglio: — *i cavi elettrici* **2** (*fig.*) rendere complicato, confondere: — *una vicenda* ♦ **-rsi** *intr.pron.* **1** aggrovigliarsi **2** (*fig.*) complicarsi: *una storia che si va intricando*.

in|tri|cà|to *part.pass. di* intricare ♦ *agg.* avviluppato in un groviglio: *vegetazione intricata* | (*fig.*) complicato: *racconto —* □ **intricatamente** *avv.*

in|tri|co *s.m.* [pl. *-chi*] (*anche fig.*) complesso indistinto di cose intrecciate tra loro; groviglio: *questa vicenda è un — senza soluzione*.

in|tri|de|re *v.tr.* [pass.rem. *io intrisi, tu intridésti...*; part.pass. *intriso*] **1** impregnare con un liquido una sostanza solida per ottenere un impasto: — *il gesso d'acqua* **2** (*fig.*) pervadere, impregnare: *l'aria era intrisa del suo profumo*.

in|tri|gàn|te *part.pres. di* intrigare ♦ *agg.* **1** che ordisce piani complessi e imbrogli: *un affarista —* **2** che affascina; accattivante: *personaggio —* ♦ *s.m./f.* persona intrigante.

in|tri|gà|re *v.tr.* [indic.pres. *io intrigo, tu intrighi...*] incuriosire, affascinare: *un argomento che mi intriga* ♦ *intr.* [aus. *A*] (*raro*) organizzare imbrogli, complotti ♦ **-rsi** *intr.pron.* **1** cacciarsi in situazioni poco chiare; impelagarsi **2** (*fam.*) impicciarsi, immischiarsi.

in|tri|go *s.m.* [pl. *-ghi*] **1** complotto, imbroglio: *sventare l' —* **2** vicenda intricata.

in|trin|se|co *agg.* [m.pl. *-ci*] che è elemento costitutivo di ql.co.: *qualità intrinseca* □ **intrinsecamente** *avv.*

in|trip|pàr|si[1] *v.rifl.* (*pop.*) riempirsi di cibo; ingozzarsi.

in|trip|pàr|si[2] *v.rifl.* (*gerg.*) appassionarsi fortemente.

in|tri|so *part.pass. di* intridere ♦ *agg.* **1** imbevuto, inzuppato: *camicia intrisa di sudore* **2** (*fig.*) pervaso da un certo sentimento: *una lettera intrisa di nostalgia*.

in|tri|sti|re *v.tr.* [indic.pres. *io intristisco, tu intristisci...*] far diventare triste: *il suo pianto mi ha intristita* ♦ *intr.* [aus. *E*], **-rsi** *intr.pron.* diventare triste, malinconico; assumere un'espressione triste.

in|tro- *pref.* in parole composte dotte significa "dentro, verso l'interno" (*introiezione, introversione*).

in|tro|dót|to *part.pass. di* introdurre ♦ *agg.* **1** fatto entrare, portato dentro | che ha ottimi contatti in un determinato ambiente: *ben — nell'alta società* **2** esperto in un certo campo.

in|tro|du|cì|bi|le *agg.* che può essere introdotto.

in|tro|dùr|re *v.tr.* [con. come *condurre*] **1** mettere dentro, inserire: — *un cd nel lettore* | (*estens.*) importare: — *merci dall'estero* **2** far accogliere, presentare: — *qlcu. in un giro d'amicizie* **3** mettere in uso; lanciare, diffondere: — *una nuova moda*; — *un nuovo prodotto nel mercato* **4** (*fig.*) iniziare, avviare a ql.co.: — *qlcu. allo studio del pianoforte* **5** aprire un discorso, un'esposizione, un dibattito: — *il tema della serata* ♦ **-rsi** *rifl., intr.pron.* **1** entrare in maniera furtiva: — *in una proprietà privata* **2** diventare membro di un gruppo, di un ambiente: — *in alta società*.

in|tro|dut|tì|vo *agg.* che serve a presentare un tema, ad avviare un discorso: *spiegazione introduttiva*.

in|tro|dut|tó|re *s.m.* [f. *-trice*] chi introduce: *l' — della conferenza*.

in|tro|du|zió|ne *s.f.* **1** inserimento: — *di medicinali nell'organismo* **2** divulgazione, diffusione: — *di una legge* **3** presentazione di qlcu. a una persona o in un ambiente: — *negli ambienti finanziari* **4** (*fig.*) guida, avviamento: — *allo studio di Kant* **5** ciò che si scrive o si dice all'inizio di un testo scritto, un discorso, un dibattito **6** (*mus.*) preludio.

in|tro|fles|sió|ne *s.f.* (*biol.*) ripiegamento verso l'interno di un organo o di una parte.

in|tro|flèt|ter|si *v.intr.pron.* [con. come *flettere*] (*biol.*) detto di organi o tessuti, ripiegarsi verso l'interno.

in|tro|iet|tà|re *v.tr.* [indic.pres. *io introiètto...*] (*psicoan.*) assimilare per introiezione.

in|tro|ie|zió|ne *s.f.* (*psicoan.*) processo inconscio attraverso il quale un individuo assimila opinioni, modi di agire e atteggiamenti di altri.

in|troi|tà|re *v.tr.* [indic.pres. *io intròito...*] (*bur.*) riscuotere, incassare.

in|tròi|to *s.m.* **1** incasso, guadagno: *gli introiti della manifestazione* **2** (*lit.*) l'insieme dei riti d'ingresso della messa.

in|tro|mét|ter|si *v.rifl.* [con. come *mettere*] mettersi in mezzo, inserirsi: — *in un discorso* | intervenire in maniera indebita; immischiarsi: — *nella vita privata di qlcu*.

in|tro|mis|sió|ne *s.f.* intervento non richiesto; ingerenza.

in|tro|nà|re *v.tr.* [indic.pres. *io intròno...*] assordare, stordire con rumori troppo forti: *un rimbombo che introna*.

in|tro|spet|tì|vo *agg.* **1** relativo all'introspezione | fondato sull'introspezione: *analisi introspettiva* **2** che è portato all'introspezione: *carattere —*.

in|tro|spe|zió|ne *s.f.* (*psicol.*) osservazione e analisi attenta della propria vita interiore: *un continuo lavoro di —*.

in|tro|và|bi|le *agg.* **1** (*di cosa*) che non si riesce a trovare | (*estens.*) raro: *un libro —* **2** (*di persona*) irreperibile.

in|tro|ver|sió|ne *s.f.* (*psicol.*) prevalente interesse verso la propria vita interiore e tendenza a evitare il contatto con il mondo esterno.
in|tro|vèr|so *agg.*, *s.m.* che, chi tende all'introversione: *un atteggiamento —*.
in|tru|fo|là|re *v.tr.* [indic.pres. *io intrùfolo...*] (*fam.*) introdurre di nascosto ♦ **-rsi** *rifl.* introdursi di nascosto o in maniera indebita: *— in casa d'altri.*
in|tru|glià|re *v.tr.* [indic.pres. *io intrùglio...*] **1** (*fam.*) mescolare sostanze diverse ottenendo un intruglio **2** (*fig.*) ingarbugliare, imbrogliare; confondere: *— le faccende* ♦ **-rsi** *rifl.* (*fam.*) **1** sbrodolarsi, insudiciarsi **2** (*fig.*) intromettersi in faccende poco opportune, chiare.
in|trù|glio *s.m.* **1** mescolanza disgustosa di bevande o cibi: *propinare un —* **2** (*estens.*) lavoro, discorso o scritto approssimativo e confuso; pasticcio **3** (*fig.*) faccenda losca; imbroglio.
in|trup|pàr|si *v.rifl.* aggregarsi a un gruppo | (*spreg.*) accompagnarsi con un certo tipo di persone: *— con gli anarchici.*
in|tru|sió|ne *s.f.* **1** introduzione indebita in una proprietà privata o in un ambiente chiuso | intromissione in questioni che non riguardano **2** (*geol.*) insieme di fenomeni per cui, in varie zone della litosfera, una massa magmatica s'infiltra e si solidifica entro rocce preesistenti.
in|tru|sì|vo *agg.* di intrusione | (*geol.*) *rocce intrusive*, quelle formate attraverso un processo di intrusione.
in|trù|so *agg.*, *s.m.* [f. *-a*] si dice di chi si è introdotto indebitamente in una proprietà privata o in un ambiente chiuso: *trovare un —* | *sentirsi un —*, sentirsi fuori posto, a disagio.
in|tu|bà|re *v.tr.* (*med.*) sottoporre qlcu. a intubazione.
in|tu|ba|zió|ne *s.f.* (*med.*) temporanea introduzione di un tubo nella laringe o in un altro condotto anatomico per immettere o estrarre sostanze.
in|tu|i|bi|le *agg.* che si può cogliere in maniera immediata; comprensibile, immaginabile: *la ragione è facilmente —.*
in|tui|bi|li|tà *s.f.* caratteristica di ciò che è intuibile.
in|tu|i|re *v.tr.* [indic.pres. *io intuisco, tu intuisci...*] **1** cogliere in maniera immediata, senza bisogno di ragionare: *— i sentimenti di una persona* **2** (*estens.*) prevedere, immaginare | rendersi conto, comprendere: *intuiva di aver sbagliato.*
in|tui|ti|vi|tà *s.f.* carattere di ciò che è intuitivo, che risulta immediatamente chiaro: *l'— di un principio generale.*
in|tui|ti|vo *agg.* **1** relativo all'intuizione: *processo —* | ottenuto per intuizione: *conoscenza intuitiva* **2** immediatamente chiaro; evidente: *verità intuitiva* | istintivo **3** dotato d'intuito pronto: *studente —* □ **intuitivamente** *avv.*
in|tu|i|to *s.m.* facoltà di cogliere fatti e aspetti della realtà in maniera immediata, senza l'uso del ragionamento e della riflessione: *usare l' —.*
in|tui|zió|ne *s.f.* **1** percezione immediata, istintiva della realtà: *l'— di quanto sta accadendo* **2** intuito: *persona dotata d'—.*
in|tu|me|scèn|za *s.f.* **1** (*med.*) gonfiore **2** (*bot.*) escrescenza che si forma sulla superficie delle piante a causa di un eccesso di umidità.
in|tur|gi|di|mén|to *s.m.* rigonfiamento | condizione di ciò che è turgido.
in|tur|gi|dì|re *v.intr.* [indic.pres. *io mi inturgidisco, tu ti inturgidisci...*; aus. *E*], **in|tur|gi|dìr|si** *intr.pron.* acquisire un aspetto turgido; gonfiarsi.
i|nu|guà|le *e deriv.* → **ineguale** *e deriv.*
i|nùl|to *agg.* (*lett.*) invendicato, impunito.
i|nu|mà|no *agg.* **1** privo di umanità: *re —* **2** (*estens.*) crudele: *trattamento —* **3** che oltrepassa le capacità umane: *fatica inumana.*
i|nu|mà|re *v.tr.* interrare, seppellire: *— un morto.*
i|nu|ma|zió|ne *s.f.* sepoltura.
i|nu|mi|di|mén|to *s.m.* **1** l'atto di inumidire **2** acquisizione di umidità.
i|nu|mi|dì|re *v.tr.* [indic.pres. *io inumidisco, tu inumidisci...*] rendere umido, bagnare leggermente: *— le labbra* ♦ **-rsi** *intr.pron.* diventare umido.
i|nur|ba|mén|to *s.m.* spostamento di popolazione dalle campagne nei centri urbani.
i|nur|ba|ni|tà *s.f.* (*raro*) maleducazione, scortesia: *— dei modi.*
i|nur|bà|no *agg.* che manca di cortesia ed educazione; rozzo: *modo di fare —.*
i|nu|si|tà|to *agg.* (*lett.*) fuori del comune, insolito.
i|nu|su|à|le *agg.* che si verifica di rado; particolare, insolito: *un caldo — per il mese di ottobre.*
i|nù|ti|le *agg.* **1** privo di utilità: *oggetto —* **2** che non serve a realizzare un certo fine; inefficace, vano: *sforzo —* □ **inutilmente** *avv.* in maniera vana: *provare —.*
i|nu|ti|li|tà *s.f.* **1** mancanza di utilità | inefficacia: *l'— di un tentativo.*
i|nu|ti|liz|zà|bi|le *agg.* **1** che non si può utilizzare perché inefficiente; inservibile: *una vecchia auto —.*
i|nu|ti|liz|zà|to *agg.* non utilizzato | in disuso: *tratta ferroviaria inutilizzata.*
in|va|dèn|te *part.pres.* di *invadere* ♦ *agg.*, *s.m./f.* che, chi tende a occuparsi di questioni che non lo riguardano o si inserisce nelle faccende altrui; indiscreto.
in|va|dèn|za *s.f.* caratteristica di persona o comportamento invadente.
in|và|de|re *v.tr.* [pass.rem. *io invasi, tu invadésti...*; part.pass. *invaso*] **1** penetrare in un territorio o in uno spazio con la forza: *le truppe nemiche invasero la regione* | (*iperb.*) affollare: *le strade sono invase dai cortei* **2** (*fig.*) diffondersi, dilagare: *una nuova moda ha invaso l'Europa* | propagarsi per contagio: *la peste invade le città* **3** (*fig.*) dominare l'animo: *la collera lo invase* **4** (*fig.*) arrogarsi un diritto altrui; usurpare: *— la giurisdizione di un collega.*
in|va|ghi|mén|to *s.m.* (*lett.*) innamoramento.
in|va|ghìr|si *v.intr.pron.* [indic.pres. *io mi invaghisco, tu ti invaghisci...*] **1** innamorarsi di qlcu.;

invalicàbile

desiderarlo: — *di una splendida fanciulla* **2** appassionarsi per ql.co.

in|va|li|cà|bi|le *agg.* (*anche fig.*) che non può essere superato: *limite* —.

in|va|li|ca|bi|li|tà *s.f.* impossibilità di essere superato.

in|va|li|dà|bi|le *agg.* che si può annullare, dichiarare non valido.

in|va|li|da|mén|to *s.m.* (*dir.*) dichiarazione di non validità: *l'— del contratto.*

in|va|li|dàn|te *part.pres. di* invalidare ♦ *agg.* **1** (*dir.*) che priva di validità: *una clausola —* **2** che procura invalidità fisica: *malattia —.*

in|va|li|dà|re *v.tr.* [indic.pres. *io invàlido...*] **1** (*dir.*) rilevare l'invalidità di un atto: — *una legge* **2** (*estens.*) provare l'erroneità di ql.co.: — *una teoria.*

in|va|li|da|zió|ne *s.f.* invalidamento.

in|va|li|di|tà *s.f.* **1** (*dir.*) mancanza di validità: — *di un contratto* **2** inabilità al lavoro legalmente riconosciuta: — *al novanta per cento*; — *temporanea, permanente.*

in|và|li|do *agg.* **1** detto di persona che non è in grado di svolgere un lavoro o lo è soltanto in parte a causa di una menomazione fisica **2** (*dir.*) che non ha validità giuridica; nullo: *certificato —* ♦ *s.m.* [f. *-a*] persona invalida | ***grande*** —, menomato in maniera particolarmente grave.

in|vàl|so *agg.* usato comunemente; diffuso: *un sistema ormai —.*

in|và|no *avv.* senza ottenere risultati; inutilmente: *faticare —.*

in|va|rià|bi|le *agg.* **1** che non subisce mutamenti; costante: *aspetto —* **2** (*gramm.*) si dice di parte del discorso non soggetta a flessione □ **invariabilmente** *avv.*

in|va|ria|bi|li|tà *s.f.* condizione di ciò che è invariabile; immutabilità.

in|va|riàn|te *agg.*, *s.f.* (*mat., fis.*) si dice di qualsiasi ente che mantiene immutato il suo valore o la sua forma indipendentemente da altre variabili.

in|va|rian|ti|vo *agg.* che non varia e non produce variazioni: *proprietà invariantiva.*

in|va|rià|to *agg.* che non è cambiato; immutato: *posizioni invariate.*

in|va|sa|mén|to *s.m.* condizione di chi è invasato; esaltazione.

in|va|sà|re[1] *v.tr.* pervadere completamente; dominare l'animo e la mente: *era invasato dall'odio* ♦ **-rsi** *intr.pron.* appassionarsi in maniera maniacale: — *di un'ideologia.*

in|va|sà|re[2] *v.tr.* mettere in un vaso: — *una pianta.*

in|va|sà|to *part.pass. di* invasare ♦ *agg., s.m.* [f. *-a*] si dice di chi è travolto da una passione incontrollabile; ossesso: *agitarsi come un —.*

in|va|sa|tù|ra *s.f.* sistemazione di una pianta nel vaso.

in|va|sió|ne *s.f.* **1** occupazione di un territorio con la forza: *lanciare, respingere un'—* | (*estens., anche scherz.*) irruzione o afflusso di persone in un luogo **2** inondazione: *l'— delle acque* **3** (*fig.*) propagazione | di prodotto commerciale, diffusione su larga scala: *l'— dei telefonini.*

in|va|sì|vo *agg.* (*med.*) **1** di patologia che tende a propagarsi nell'organismo **2** di esami o cure che comportano la penetrazione nei tessuti.

in|và|so *s.m.* **1** invasatura di una pianta **2** capacità di un serbatoio idrico | il serbatoio stesso: *un grande —.*

in|va|só|re *agg., s.m.* che, chi invade: *esercito —.*

in|vec|chia|mén|to *s.m.* **1** processo di decadimento che colpisce gli organismi viventi col passare del tempo: — *precoce* **2** processo di maturazione dei vini e delle bevande alcoliche: — *in botte* | stagionatura: — *del formaggio.*

in|vec|chià|re *v.intr.* [indic.pres. *io invècchio...*; aus. *E*] **1** diventare vecchio | (*estens.*) perdere vigore, lucidità, prontezza: *è invecchiato molto negli ultimi anni* **2** degli alcolici, maturare: *il vino deve — a lungo* | stagionare **3** (*fig.*) perdere attualità e interesse: *musica che non invecchia* | passare di moda ♦ *tr.* **1** lasciar maturare: — *la grappa* | far stagionare **2** far sembrare più vecchio: *la barba lo invecchia.*

in|vé|ce *avv.* al contrario: *mi sembrava Giovanni e — era Michele* | (*loc.prep.*) — ***di***, al posto di: *ho scelto questo — di quello.*

in|ve|ì|re *v.intr.* [indic.pres. *io inveisco, tu inveisci...*; aus. *A*] scagliare parole violente contro qlcu. o ql.co.: — *contro la sfortuna.*

in|ve|le|nì|re *v.tr.* [indic.pres. *io invelenisco, tu invelenisci...*] riempire d'astio; incattivire: *tanti malintesi hanno invelenito l'ambiente* ♦ *intr.* [aus. *E*], **-rsi** *intr.pron.* irritarsi profondamente; risentirsi: — *per le troppe ingiustizie subite.*

in|ven|di|bi|le *agg.* che non si può o non si riesce a smerciare, spec. perché di cattiva qualità: *prodotto —.*

in|ven|di|bi|li|tà *s.f.* carattere di ciò che è invendibile.

in|ven|di|cà|to *agg.* che non è stato vendicato: *offesa invendicata.*

in|ven|dù|to *agg.* non smerciato: *frutta invenduta* ♦ *s.m.* la merce che non è stata venduta: *liquidare l'—.*

in|ven|tà|re *v.tr.* [indic.pres. *io invènto...*] **1** ideare con il proprio ingegno cose nuove e realizzarle: — *un macchinario* **2** creare con la fantasia, spec. in ambito artistico: — *nuove combinazioni musicali*; — *una fiaba* **3** pensare, dire cose non vere; mentire: — *una giustificazione per il ritardo.*

in|ven|ta|rià|re *v.tr.* [indic.pres. *io inventàrio...*] (*bur.*) registrare in un inventario: — *la merce del magazzino.*

in|ven|tà|rio *s.m.* **1** elenco particolareggiato e completo di beni o oggetti: *l'— del materiale scolastico* | registro che contiene tale elenco **2** (*fig.*) resoconto noioso: *mi ha fatto l'— dei suoi viaggi.*

in|ven|tà|to *part.pass. di* inventare ♦ *agg.* **1** prodotto dalla fantasia **2** infondato, falso **3** escogitato, accampato: *la scusa inventata per non uscire era poco credibile.*

in|ven|ti|va *s.f.* capacità d'inventare con la fantasia e con l'ingegno: *un artista di grande —*.

in|ven|ti|vo *agg.* **1** relativo all'invenzione, all'attività di creare con la fantasia e l'ingegno: *capacità, forza inventiva* | che è prodotto dell'invenzione **2** dotato di inventiva: *spirito —*.

in|ven|tó|re *agg.* che ha inventato, che inventa; che è ricco di inventiva: *genio —* ♦ *s.m.* [f. *-trice*] **1** chi inventa **2** chi per primo ha realizzato ql.co.: *l'— della macchina a vapore*.

in|ven|zió|ne *s.f.* **1** processo di ideazione e realizzazione di ql.co.: *l'— del cannocchiale* | la cosa realizzata: *commercializzare un'—* **2** prodotto dell'immaginazione, dell'estro artistico: *— musicale* | (*estens.*) bugia: *sono tutte invenzioni* **3** stratagemma, espediente: *se l'è cavata con un'estemporanea* **4** (*ret.*) scelta degli argomenti da trattare in un discorso, in un'opera.

in|ve|rà|re *v.tr.* [indic.pres. *io invéro...*] (*lett.*) far diventare vero ♦ **-rsi** *intr.pron.* (*lett.*) diventare vero; realizzarsi.

in|ver|di|re *v.intr.* [indic.pres. *io inverdisco, tu inverdisci...*] rendere verde ♦ *intr.* [aus. *E*], **-rsi** *intr.pron.* diventare verde: *i prati inverdiscono*.

in|ve|re|cón|dia *s.f.* (*lett.*) mancanza di pudore.

in|ve|re|cón|do *agg.* (*lett.*) privo di pudore; sfacciato: *atteggiamento —*.

in|ver|nà|le *agg.* **1** dell'inverno | caratteristico dell'inverno: *temperature invernali* **2** adatto all'inverno: *giacca —* | che si fa durante l'inverno: *sport invernali*.

in|ver|nà|ta *s.f.* ogni singola stagione invernale: *un'— particolarmente mite*.

in|vèr|no *s.m.* la stagione più fredda, che nell'emisfero settentrionale va dal 21 dicembre al 21 marzo.

in|vé|ro *avv.* (*lett.*) in realtà, in verità.

in|ve|ro|si|mi|glian|za *s.f.* **1** condizione di ciò che non è verosimile, credibile: *l'— delle tue affermazioni* **2** (*spec.pl.*) ciò che non è verosimile.

in|ve|ro|si|mi|le *agg.* **1** non verosimile, non credibile: *dichiarazioni inverosimili* **2** (*estens.*) fuori dal comune; straordinario: *una quantità —* ♦ *s.m.* **1** ciò che non è verosimile **2** eccesso: *strano fino all'—* □ **inverosimilmente** *avv.*

in|ver|sió|ne *s.f.* **1** cambiamento di verso, di direzione: *— di marcia* | *— di tendenza*, importante cambiamento nell'andamento di un fenomeno: *l'economia sperimenta un'— di tendenza* **2** scambio di posizione, di ordine tra due elementi: *— nelle posizioni di classifica*.

in|vèr|so *agg.* **1** contrario, opposto rispetto a un altro: *ordine —* | *in senso —*, nella direzione opposta **2** (*mat.*) detto del numero o della frazione che è moltiplicati per 1: *1/4 è — di 4* | *funzione inversa*, quella ottenuta invertendo la x e la y di una funzione ♦ *s.m.* il contrario | *all'—*, in modo o in senso opposto: *pensarla all'—* □ **inversamente** *avv.* in ordine, in senso inverso: *grandezze —* *proporzionali*.

in|ver|tà|si *s.f.* (*chim.*) enzima dei succhi intestinali che scinde il saccarosio in glucosio e fruttosio.

in|ver|te|brà|to *agg.*, *s.m.* **1** (*zool.*) si dice di ogni specie animale che non ha scheletro interno e colonna vertebrale **2** (*fig.*) si dice di persona remissiva, senza forza di carattere.

in|ver|ti|bi|le *agg.* che può essere invertito.

in|ver|ti|re *v.tr.* [indic.pres. *io invèrto...*] **1** volgere nel senso contrario, nella direzione opposta: *— la rotta, il cammino* **2** mettere in una disposizione contraria a quella precedente: *— di posto due allievi* | (*fig.*) rovesciare, capovolgere: *una critica che inverte il senso del discorso* | *— le parti*, capovolgere la situazione in modo che qlcu. si trovi a fare quello che spetterebbe a un altro | (*mat.*) *— una frazione*, scambiare il numeratore con il denominatore ♦ **-rsi** *intr.pron.* rovesciarsi, capovolgersi: *i ruoli si sono invertiti*.

in|ver|tì|to *part.pass. di* invertire ♦ *agg.* disposto in senso contrario | rovesciato: *pagine invertite* ♦ *s.m.* [f. *-a*] (*spreg.*) chi ha comportamenti sessuali opposti a quelli consueti; omosessuale.

in|ver|ti|tó|re *s.m.* **1** (*tecn.*) dispositivo che permette di invertire la direzione di un movimento **2** (*elettr.*) apparecchio in grado di trasformare la corrente continua in corrente alternata.

in|ve|stì|bi|le *agg.* che è possibile investire: *denaro —*.

in|ve|sti|gà|re *v.tr.* [indic.pres. *io invèstigo, tu invèstighi...*] analizzare ql.co. con cura per procurarsene una migliore conoscenza: *— i misteri della scienza* ♦ *intr.* [aus. *A*] condurre indagini su ql.co. per essere chiarito: *la magistratura ha investigato a lungo*.

in|ve|sti|ga|tì|vo *agg.* relativo o finalizzato all'investigazione: *sopralluogo —* | *che si occupa di condurre indagini: reparto —*.

in|ve|sti|ga|tó|re *agg.*, *s.m.* [f. *-trice*] che, chi investiga | *— privato*, chi svolge investigazioni a pagamento su incarico di privati.

in|ve|sti|ga|zió|ne *s.f.* ricerca della verità intorno a un dato fatto o argomento; indagine: *— scientifica* | *— giudiziaria*, quella condotta dall'autorità giudiziaria per chiarire dinamica e responsabilità di un reato.

in|ve|sti|mén|to *s.m.* **1** (*econ.*) impiego di denaro in attività produttive e finanziarie spec. allo scopo di ottenere un aumento del capitale di partenza: *un cospicuo —* | (*fig.*) impiego di risorse fisiche o psichiche **2** urto di un veicolo contro pedoni o animali: *restare feriti in un —*.

in|ve|stì|re *v.tr.* [indic.pres. *io invèsto...*] **1** assegnare un titolo, un incarico, un privilegio: *— un magistrato di ampi poteri* (*econ.*, *anche assol.*) realizzare un investimento: *— in Borsa* | (*fig.*) impiegare risorse fisiche o psichiche: *ho investito tutto me stesso in questo progetto* **3** battere con forza: *il vento investe le case* | urtare contro pedoni o animali mentre si è alla guida di un automezzo: *ha investito un passante* | (*fig.*) assalire: *— qlcu. di ingiurie* ♦ **-rsi** *rifl.* appropriarsi di un titolo, di un ruolo.

in|ve|stì|to *part.pass. di* investire ♦ *agg.*, *s.m.*

investitore

[f. *-a*] che, chi ha subito un investimento da parte di un automezzo.

in|ve|sti|tó|re *agg.*, *s.m.* [f. *-trice*] **1** che, chi investe un uomo o un animale con un automezzo **2** (*econ.*) che, chi compie un investimento.

in|ve|sti|tù|ra *s.f.* **1** (*st.*) nel Medioevo, conferimento di un feudo, di un beneficio, di una carica da parte di un sovrano o di un signore | la cerimonia in cui avveniva tale conferimento **2** (*estens.*) conferimento di una carica: *ricevere l'— a premier.*

in|ve|te|rà|to *agg.* radicato da lungo tempo | (*estens.*) difficile da rimuovere o modificare: *vizio —.*

in|ve|tri|à|re *v.tr.* [indic.pres. *io invétrio*...] **1** munire di vetri, di vetrate: *— una finestra* **2** ricoprire con uno smalto vitreo: *— le terrecotte.*

in|ve|tri|à|ta *s.f.* superficie a vetri; vetrata.

in|ve|tria|tù|ra *s.f.* **1** procedimento con cui si ricoprono terrecotte e maioliche di smalto vitreo | lo smalto utilizzato **2** l'operazione di invetriare porte, finestre e sim.

in|vet|ti|va *s.f.* discorso irruente di accusa: *lanciarsi in un'—.*

in|vi|à|re *v.tr.* [indic.pres. *io invìo*...] **1** mandare, spedire: *— una cartolina* **2** (*fig.*) rivolgere: *— un saluto.*

in|vi|à|to *s.m.* [f. *-a*] **1** chi viene mandato a svolgere un determinato incarico; rappresentante: *l'— delle Nazioni Unite* **2** giornalista mandato a seguire avvenimenti di particolare rilevanza: *— speciale.*

in|vi|dia *s.f.* **1** sentimento di rancore suscitato dalla felicità, dai successi o dalla fortuna altrui: *portare — a qlcu.* **2** (*teol.*) uno dei sette vizi capitali, consistente nel dolore per il bene altrui **3** desiderio di ottenere quanto posseduto da altri unito a un senso di ammirazione: *è bello da fare —.*

in|vi|dià|bi|le *agg.* degno di invidia, di ammirazione: *una fortuna —.*

in|vi|dià|re *v.tr.* [indic.pres. *io invìdio*...] **1** provare astio nei confronti di qlcu. per un bene o una qualità che possiede: *— qlcu. per la sua ricchezza* **2** desiderare ql.co. che altri hanno: *— la fortuna di qlcu.* | **non avere niente da — a qlcu.**, *a ql.co.*, non essere inferiore.

in|vi|dió|so *agg.* **1** che prova invidia: *sono invidiosa della sua bellezza* **2** che manifesta invidia o ne è frutto: *sguardi invidiosi* ♦ *s.m.* [f. *-a*] persona dominata dall'invidia: *non badare agli invidiosi* □ **invidiosamente** *avv.*

in|vi|go|ri|mén|to *s.m.* rafforzamento; irrobustimento.

in|vi|go|rì|re *v.tr.* [indic.pres. *io invigorisco, tu invigorisci*...] rendere forte o più forte: *il riposo invigorisce il fisico* ♦ **-rsi** *intr.pron.* acquistare forza.

in|vi|lìr|si *v.intr.pron.* [indic.pres. *io mi invilisco, tu ti invilisci*...] **1** perdersi d'animo; deprimersi **2** perdere valore o considerazione.

in|vi|lup|pà|re *v.tr.* avvolgere strettamente; fasciare: *— in una coperta* ♦ **-rsi** *rifl.* **1** avvolgersi:

— in una mantella **2** (*fig.*) invischiarsi, compromettersi.

in|vi|lùp|po *s.m.* **1** ciò che avvolge | involucro **2** (*anche fig.*) intrico, groviglio.

in|vin|ci|bi|le *agg.* **1** che non si può sconfiggere; imbattibile: *un'armata* — **2** (*fig.*) che non si può dominare, controllare, superare: *desiderio —*; *ostacolo —* □ **invincibilmente** *avv.*

in|vin|ci|bi|li|tà *s.f.* condizione, carattere di cosa o persona invincibile.

in|vì|o *s.m.* **1** spedizione: *l'— di un vaglia*; *l'— di un contingente militare* | quanto viene inviato in una sola volta **2** (*inform.*) nella tastiera dei computer, il tasto che serve a confermare un'istruzione, a lanciare un programma e ad andare a capo negli applicativi di videoscrittura | l'azione che si realizza con tale tasto: *dare l'—.*

in|vio|là|bi|le *agg.* **1** che non può o non deve essere violato: *alleanza —* | che non si può superare; invalicabile: *limite —* **2** a cui non si deve recare danno: *la dignità — dell'uomo.*

in|vio|la|bi|li|tà *s.f.* condizione di persona o cosa inviolabile.

in|vio|là|to *agg.* **1** che non è stato violato | integro, intatto: *patto —* **2** (*estens.*) inesplorato: *regione inviolata.*

in|vi|pe|rìr|si *v.intr.pron.* [indic.pres. *io mi inviperisco, tu ti inviperisci*...] arrabbiarsi in maniera stizzita e astiosa: *quando l'ha saputo si è inviperito.*

in|vi|schià|re *v.tr.* [indic.pres. *io invischio*...] **1** ricoprire di vischio | catturare con il vischio: *— uccelli* **2** (*fig.*) attirare e coinvolgere in situazioni rischiose o spiacevoli; irretire: *si è lasciato — in amicizie poco raccomandabili* ♦ **-rsi** *intr.pron.* rimanere coinvolto; impegolarsi.

in|vi|sì|bi|le *agg.* **1** che non si vede: *gas —* **2** (*iperb.*) estremamente piccolo, minimo: *ha una scrittura —* | irrilevante: *un cambiamento quasi —* □ **invisibilmente** *avv.*

in|vi|si|bi|li|tà *s.f.* condizione di quanto è invisibile.

in|vì|so *agg.* che non è amato, che è oggetto di avversione: *un governo — ai cittadini.*

in|vi|tàn|te *part.pres. di* invitare ♦ *agg.* che invoglia; allettante: *cenetta —.*

in|vi|tà|re *v.tr.* **1** proporre a qlcu. di venire da qualche parte o di prendere parte a ql.co.: *— a casa propria, a un matrimonio* | (*fig.*) *— qlcu. a nozze*, proporgli di fare una cosa per lui molto piacevole **2** chiedere di fare o dire ql.co.; esortare, indurre: *— a prendere posto* | ordinare in maniera formalmente cortese: *la invito a lasciare il locale* **3** far venire voglia; indurre, allettare: *tutto questo sole invita a fare una gita.*

in|vi|tà|to *part.pass. di* invitare ♦ *agg.*, *s.m.* [f. *-a*] che, chi prende parte a ql.co. su invito: *gli invitati alla cerimonia.*

in|vì|to *s.m.* **1** richiesta di recarsi in un luogo, di prendere parte a ql.co.: *— a pranzo, a una festa*; *formulare, accettare un —* | breve scritto con cui si invita: *spedire gli inviti* **2** esortazione: *pressante — a porre fine alle violenze* | ordine formulato

in maniera cortese: — *a restare reperibile* **3** richiamo, tentazione: *l' — della buona tavola*.
in|vì|tro (*lat.*) *loc.agg.invar., loc.avv.* si dice con riferimento a processi biologici che si svolgono in maniera artificiale all'interno di un laboratorio: *fecondare —*.
in|vìt|to *agg.* (*lett.*) che non è mai stato sconfitto o sottomesso: *popolo —*.
in|vì|vì|bi|le *agg.* **1** si dice di ambiente in cui non si può vivere o in cui si vive male: *la città è ormai —* **2** (*estens.*) estremamente sgradevole; insopportabile: *un'atmosfera —*.
in|vì|vi|bi|li|tà *s.f.* condizione di ciò che è invivibile, intollerabile: *situazione di —*.
in|vo|cà|re *v.tr.* [indic.pres. *io invòco, tu invòchi...*] **1** chiamare in aiuto, spec. con preghiere: *— i santi* **2** chiedere supplicando: *— aiuto, pietà* | (*estens.*) bramare vivamente: *— vendetta* **3** citare a proprio vantaggio, a sostegno delle proprie idee: *— una norma, un'autorevole opinione*.
in|vo|ca|zió|ne *s.f.* **1** l'atto di invocare **2** l'insieme delle parole usate per invocare: *un' — disperata* **3** (*lett.*) sequenza iniziale di un poema epico in cui il poeta si rivolge alla musa o a una divinità affinché lo assista nel canto.
in|vo|glià|re *v.tr.* [indic.pres. *io invòglio...*] stimolare qlcu. a fare ql.co.; spingere, indurre: *— gli alunni allo studio*.
in|vo|là|re *v.tr.* [indic.pres. *io invólo...*] (*lett.*) rubare | *— alla vista di qlcu.*, nascondere ♦ **-rsi** *intr.pron.* scomparire, dileguarsi: *il ladro si è involato*.
in|vol|ga|rì|re *v.tr.* [indic.pres. *io involgarisco, tu involgarisci...*] rendere volgare, grossolano: *un modo di vestirsi che la involgarisce* ♦ *intr.* [aus. *E*], **-rsi** *intr.pron.* diventare volgare.
in|vó|lo *s.m.* (*aer.*) decollo.
in|vo|lon|tà|rio *agg.* non volontario; accidentale: *gesto —* | (*anat.*) *muscoli involontari*, quelli il cui movimento non dipende dalla volontà della persona □ **involontariamente** *avv.*
in|vol|tà|re *v.tr.* [indic.pres. *io invòlto...*] (*fam.*) avvolgere, impachettare: *— l'arrosto nella carta stagnola*.
in|vol|tì|no *s.m.* (*gastr.*) fettina di carne, di verdura o pasta arrotolata, variamente farcita e cotta spec. in umido: *— di pollo* | *— primavera*, piatto della cucina cinese preparato con una sfoglia di pasta farcita di verdure e fritta nell'olio.
in|vòl|to *s.m.* **1** fagotto di cose avvolte assieme: *un — di vecchi stracci* **2** involucro.
in|vò|lu|cro *s.m.* **1** rivestimento avvolto attorno a ql.co. per tenerlo assieme o proteggerlo: *un — di carta da pacco* **2** rivestimento esterno: *— fiorale; — encefalico; — della camera gas*.
in|vo|lu|tì|vo *agg.* che riguarda l'involuzione: *tendenza involutiva* | che tende a regredire: *processo —*.
in|vo|lù|to *agg.* non pienamente sviluppato sotto il profilo espressivo o stilistico; poco chiaro, contorto: *modo di scrivere —*.
in|vo|lu|zió|ne *s.f.* decadenza verso forme meno sviluppate, meno progredite; regressione: *— dei costumi; — di un pensiero filosofico*.
in|vul|ne|rà|bi|le *agg.* **1** che non può essere ferito | (*estens.*) inespugnabile: *una fortezza —* **2** moralmente inattaccabile: *una posizione —*.
in|vul|ne|ra|bi|li|tà *s.f.* caratteristica di ciò che è invulnerabile.
in|zac|che|rà|re *v.tr.* [indic.pres. *io inzàcchero...*] imbrattare di fango: *— i pantaloni* ♦ **-rsi** *rifl., intr.pron.* sporcarsi di fango: *ti sei tutto inzaccherato*.
in|za|vor|rà|re *v.tr.* [indic.pres. *io inzavòrro...*] appesantire con la zavorra: *— il pallone aerostatico*.
in|zep|pà|re[1] *v.tr.* [indic.pres. *io inzéppo...*] **1** (*anche fig.*) riempire all'inverosimile: *— la borsa di libri; — un testo di errori* **2** rimpinzare di cibo.
in|zep|pà|re[2] *v.tr.* [indic.pres. *io inzéppo...*] assestare, fermare con delle zeppe: *— il tavolo*.
in|zol|fà|re *v.tr.* [indic.pres. *io inzólfo...*] **1** (*agr.*) cospargere le viti di zolfo per difenderle da malattie e parassiti **2** cospargere l'interno delle botti di zolfo per evitare che si formino muffe.
in|zol|fa|tó|io *s.m.* sorta di mantice con cui si spruzza lo zolfo sulle viti.
in|zol|fa|tù|ra *s.f.* l'operazione di inzolfare.
in|zo|ti|chì|re *v.tr.* [indic.pres. *io inzotichisco, tu inzotichisci...*] far diventare rozzo ♦ *intr.* [aus. *E*], **-rsi** *intr.pron.* diventare rozzo.
in|zuc|che|rà|re *v.tr.* [indic.pres. *io inzùcchero...*] **1** dolcificare cospargendo di zucchero: *— il pandoro* **2** (*fig.*) rendere meno duro; mitigare, raddolcire: *— una sconfitta, le parole*.
in|zuc|che|ra|tù|ra *s.f.* aggiunta o copertura di zucchero.
in|zup|pa|mén|to *s.m.* l'atto di inzuppare.
in|zup|pà|re *v.tr.* **1** bagnare ql.co. fino al punto in cui si sia completamente impregnato: *— i biscotti nel latte* **2** infradiciare: *l'acquazzone mi ha inzuppato da capo a piedi* ♦ **-rsi** *intr.pron.* infradiciarsi.
ì|o *pron.pers.m./f.* *di 1ª pers.sing.* si usa solo in funzione di soggetto, anche sottinteso, quando chi parla fa riferimento a se stesso: *— non so quale strada prendere* | deve essere espresso quando il verbo è al congiuntivo, nei casi di ambiguità, oppure quando è coordinato o contrapposto ad altri soggetti: *è meglio che — resti qui; i miei fratelli ed —; vai avanti tu, — preferisco restare fuori* | si rafforza quando è unito a *stesso, medesimo, anche, neanche, solo* e sim. | posposto ha valore enfatico: *provvedo a tutto —* ♦ *s.m.invar.* **1** la propria persona, il proprio essere: *dedicarsi unicamente al proprio —; un — estremamente complesso* | *nel proprio —*, nell'intimo **2** (*filos.*) il soggetto pensante in quanto dotato di autocoscienza, contrapposto al mondo esterno (*psicoan.*) l'entità psichica che è sede dei processi coscienti; ego.
io|dà|to *agg.* (*chim.*) contenente iodio: *sali iodati* ♦ *s.m.* (*chim.*) nome generico dei sali dell'acido iodico.

iò|di|co *agg.* [m.pl. *-ci*] di iodio | a base di iodio: *terapia iodica*.

io|di|dri|co *agg.* [m..pl. *-ci*] si dice di acido composto da un atomo di iodio e uno di idrogeno.

iò|dio *s.m.* elemento chimico, non-metallo del gruppo degli alogeni, di aspetto cristallino e colore grigiastro (*simb*. I); è utilizzato in medicina, nell'industria fotografica e nella produzione di coloranti sintetici.

io|di|smo *s.m.* (*med.*) intossicazione cronica dovuta all'abuso di preparati a base di iodio.

io|do|fòr|mio *s.m.* (*chim.*) sostanza organica di colore giallo e dall'odore penetrante, utilizzata come antisettico.

io|du|rà|re *v.tr.* (*chim.*) trattare con iodio.

io|dù|ro *s.m.* (*chim.*) sale dell'acido iodidrico: — *di sodio*.

iò|ga *s.m.invar.* → **yoga**.

iò|gurt *s.m.invar.* → **yogurt**.

iòi|de *agg.*, *s.m.* (*anat.*) detto di un osso a forma di forcella che si trova tra la laringe e la base della lingua.

iò-iò *s.m.invar.* → **yo-yo**.

ió|ne *s.m.* (*chim.*, *fis.*) atomo o gruppo atomico dotato di carica elettrica positiva o negativa, per acquisto o perdita di elettroni.

Iò|ni *s.m.pl.* (*st.*) popolazione di stirpe greca anticamente stanziata sulla costa occidentale dell'Asia Minore e in altri territori (Attica, Eubea, varie isole dell'Egeo).

iò|ni|co[1] *agg.* [m.pl. *-ci*] della Ionia, l'antica regione abitata dagli Ioni | degli Ioni: *dialetto* — | (*arch.*) *ordine* —, uno dei tre stili architettonici della Grecia classica, noto per i caratteristici capitelli a volute laterali ♦ *s.m.* uno dei dialetti del greco antico.

iò|ni|co[2] *agg.* [m.pl. *-ci*] 1 del Mare Ionio, compreso tra la Grecia e la costa meridionale dell'Italia 2 delle isole Ionie.

iò|ni|co[3] *agg.* [m.pl. *-ci*] (*chim.*, *fis.*) degli ioni: *legame* —.

io|niz|zà|re *v.tr.* (*chim.*, *fis.*) sottoporre a ionizzazione.

io|niz|za|zió|ne *s.f.* (*chim.*, *fis.*) acquisizione o perdita di elettroni da parte di un atomo che si trasforma pertanto in uno ione.

io|no|fo|rè|si *s.f.* (*med.*) metodo di elettroterapia nella quale le sostanze curative vengono fatte penetrare attraverso la pelle sotto forma di ioni.

io|no|sfè|ra *s.f.* la zona dell'atmosfera fortemente rarefatta e ionizzata compresa tra i 60 e i 500 chilometri di quota.

io|no|sfè|ri|co *agg.* [m.pl. *-ci*] della ionosfera | che si verifica nella ionosfera.

io|no|te|ra|pì|a *s.f.* (*med.*) ionoforesi.

iò|sa *solo nella loc.* **a** —, in notevole quantità; abbondantemente: *ne ho a* —.

iò|ta *s.m.invar.* nome della nona lettera dell'alfabeto greco, che corrisponde alla *i* dell'alfabeto latino.

i|pàl|la|ge *s.f.* figura retorica che si ottiene riferendo grammaticalmente a una parola quello che, dal punto di vista semantico, andrebbe invece collegato a un'altra (p.e. *il gelido colore del ghiaccio* anziché *il colore del ghiaccio gelido*).

i|per- *pref.* in parole composte spec. del linguaggio scientifico significa "sopra, oltre" o indica livello, quantità superiore alla norma (*iperbarismo*, *iperaffaticamento*).

i|pe|ra|ci|di|tà *s.f.* (*med.*) eccessiva presenza di acido cloridrico nei succhi gastrici.

i|pe|ra|cu|si|a *s.f.* (*med.*) aumento anomalo della sensibilità uditiva.

i|pe|raf|fa|ti|ca|mén|to *s.m.* (*med.*) eccessivo affaticamento: — *da lavoro*.

i|pe|ral|ge|sì|a *s.f.* (*med.*) anomala accentuazione della sensibilità al dolore.

i|pe|ra|li|men|ta|zió|ne *s.f.* (*med.*) alimentazione abbondante e nutriente; superalimentazione.

i|pe|rat|ti|vi|tà *s.f.* condizione, caratteristica di chi è iperattivo.

i|pe|rat|ti|vo *agg.*, *s.m.* [f. *-a*] 1 si dice di chi è attivo in misura eccessiva 2 (*psicol.*) si dice di chi è eccessivamente vivace, irrequieto: *un bambino* —.

i|per|bà|ri|co *agg.* [m.pl. *-ci*] 1 relativo all'alta pressione atmosferica | *camera iperbarica*, ambiente in cui la pressione dei gas può essere elevata al di sopra della norma a fini terapeutici.

i|per|ba|ri|smo *s.m.* situazione di un ambiente in cui la pressione è superiore a quella atmosferica.

i|pèr|ba|to *s.m.* figura retorica consistente nell'invertire la consueta successione delle parole nella frase (p.e. *il di lei padre* anziché *il padre di lei*).

i|pèr|bo|le *s.f.* 1 figura retorica che consiste nell'esagerare per eccesso o per difetto un concetto (p.e. *saranno mille anni che non ci vediamo!*) 2 (*mat.*) curva costituita dai punti del piano le cui distanze da due punti fissi, detti fuochi, hanno differenza costante.

i|per|bo|li|ci|tà *s.f.* 1 (*ret.*) caratteristica di ciò che risulta iperbolico 2 (*estens.*) carattere di ciò che è eccessivo, esagerato: *l'— di una cifra*.

i|per|bò|li|co *agg.* [m.pl. *-ci*] 1 (*ret.*) che costituisce un'iperbole: *frase iperbolica* | che è ricco di iperboli: *stile* — 2 (*estens.*) fuori misura; esagerato: *dati iperbolici* 3 (*mat.*) relativo all'iperbole o proprio di un'iperbole | a forma di iperbole: *curva iperbolica*.

i|per|bo|lòi|de *s.m.* (*mat.*) la superficie che si ottiene ruotando un'iperbole attorno a un suo asse.

i|per|bò|re|o *agg.* (*lett.*) situato nell'estremo nord; settentrionale.

i|per|ca|lò|ri|co *agg.* [m.pl. *-ci*] che contiene o fornisce un numero di calorie molto elevato: *cibo* —.

i|per|co|le|ste|ro|le|mì|a *s.f.* (*med.*) aumento del tasso di colesterolo nel sangue.

i|per|cor|ret|ti|smo *s.m.* (*ling.*) 1 forma scritta o pronuncia derivante da ipercorrezione 2 tendenza a usare forme ipercorrette.

i|per|cor|rèt|to *agg.* (*ling.*) detto di forma ortografica, grammaticale o di pronuncia caratterizzata da ipercorrezione.
i|per|cor|re|zió|ne *s.f.* (*ling.*) correzione erronea di forme, strutture grammaticali o pronunce corrette per apparente analogia con altre forme o pronunce realmente scorrette.
i|per|cri|ti|ca *s.f.* critica caratterizzata da eccessiva severità.
i|per|cri|ti|ci|smo *s.m.* tendenza all'ipercritica.
i|per|cri|ti|co *agg.* [m.pl. -*ci*] che critica con eccessiva severità: *commento —*.
i|per|cro|mì|a *s.f.* (*med.*) **1** intensificazione del colore della pelle dovuta a un aumento della pigmentazione **2** eccessivo contenuto di emoglobina nei globuli rossi.
i|per|dat|ti|lì|a *s.f.* (*med.*) presenza, nelle mani o nei piedi, di un numero di dita superiore alla norma.
i|pe|rec|ci|tà|bi|le *agg.* **1** (*med.*) che manifesta ipereccitabilità **2** (*estens.*) particolarmente nervoso, ansioso.
i|pe|rec|ci|ta|bi|li|tà *s.f.* (*med.*) eccessiva sensibilità agli stimoli fisici o psichici.
i|pe|re|mè|si *s.f.* (*med.*) tendenza a vomitare di frequente.
i|pe|re|mì|a *s.f.* (*med.*) eccessivo afflusso di sangue a un tessuto o a un organo.
i|pe|re|mo|ti|vi|tà *s.f.* (*psicol.*) sensibilità eccessiva agli stimoli emotivi.
i|pe|re|ste|sì|a *s.f.* (*med.*) aumentata sensibilità agli stimoli sensoriali: — *visiva*.
i|per|fo|cà|le *agg.* (*foto.*) si dice della distanza minima a partire dalla quale sono a fuoco tutti gli oggetti fino all'infinito.
i|per|fun|zió|ne *s.f.* (*med.*) attività funzionale di un organo in misura superiore al necessario: — *tiroidea*.
i|per|gli|ce|mì|a *s.f.* (*med.*) anomalo aumento del glucosio presente nel sangue.
i|per|glo|bu|lì|a *s.f.* (*med.*) anomalo aumento della quantità di globuli rossi contenuti nel sangue.
i|pe|ri|drò|si *s.f.* (*med.*) aumentata secrezione di sudore.
i|per|li|pe|mì|a *s.f.* (*med.*) anomalo aumento della quantità di lipidi presenti nel sangue.
i|per|màr|ket *s.m.invar.* ipermercato.
i|per|mer|cà|to *s.m.* supermercato di grandi dimensioni, collocato gener. ai margini o al di fuori dei centri abitati e in prossimità delle grandi vie di comunicazione.
i|pèr|me|tro *agg.* (*metr.*) si dice di verso che contiene una o più sillabe in eccedenza rispetto a quanto richiesto dallo schema metrico: *settenario —*.
i|per|mè|tro|pe *agg., s.m./f.* (*med.*) che, chi soffre di ipermetropia.
i|per|me|tro|pì|a *s.f.* (*med.*) anomalia della vista che rende sfocata la visione di oggetti ravvicinati.
i|per|nu|tri|zió|ne *s.f.* (*med.*) iperalimentazione.
i|pe|ró|ne *s.m.* (*fis.*) particella elementare instabile di massa superiore a quella del protone e inferiore a quella del deutone.
i|pe|rò|ni|mo *agg., s.m.* (*ling.*) si dice di un vocabolo che designa in maniera generale un gruppo di oggetti, rispetto ad altri che indicano invece i singoli elementi di tale gruppo: *"animale"* è — *di "cane"*.
i|per|pi|res|sì|a *s.f.* (*med.*) manifestazione febbrile con temperature corporee superiori ai 40 °C.
i|per|pla|sì|a *s.f.* (*biol.*) aumento del volume di un tessuto o di un organo dovuto all'aumento del numero di cellule che li costituiscono.
i|per|pro|tèi|co *agg.* [m.pl. -*ci*] che contiene un'elevata quantità di proteine: *alimenti iperproteici*.
i|per|re|a|lì|smo *s.m.* movimento artistico nato negli Stati Uniti all'inizio degli anni Settanta, che propone una riproduzione meccanica della realtà facendo uso di fotografie, calchi, persone vive ecc. | (*estens.*) realismo accentuato.
i|per|re|a|lì|sta *s.m./f.* [m.pl. -*i*] artista che s'ispira ai principi dell'iperrealismo.
i|per|re|a|lì|sti|co *agg.* [m.pl. -*ci*] che riguarda l'iperrealismo o gli iperrealisti | (*estens.*) caratterizzato da un realismo eccessivo.
i|per|se|cre|zió|ne *s.f.* (*med.*) eccesso di secrezione in una struttura ghiandolare.
i|per|sen|sì|bi|le *agg.* **1** di apparecchio, dispositivo e sim., molto sensibile: *sensori ipersensibili* **2** che manifesta elevata o eccessiva sensibilità emotiva | (*estens.*) che è estremamente suscettibile **3** (*med.*) che è affetto da iperestesia ♦ *s.m./f.* **1** persona eccessivamente sensibile o molto suscettibile **2** persona affetta da iperestesia.
i|per|sen|si|bi|li|tà *s.f.* **1** condizione, qualità di cosa o persona ipersensibile **2** (*med.*) iperestesia.
i|per|so|sten|ta|tó|re *s.m.* (*aer.*) superficie mobile che viene installata sul bordo di un'ala per incrementarne la portanza.
i|per|so|sten|ta|zió|ne *s.f.* (*aer.*) aumento della capacità di sostentazione aerodinamica di un aeromobile per mezzo di ipersostentatori.
i|per|spà|zio *s.m.* **1** (*mat.*) spazio astratto a più di tre dimensioni **2** nella fantascienza, spazio nel quale entrerebbero le navi spaziali che viaggiano a velocità prossime a quelle della luce.
i|per|ten|sió|ne *s.f.* (*med.*) anomalo aumento della pressione sanguigna: *soffrire di —*.
i|per|ten|sì|vo *agg.* (*med.*) **1** che riguarda l'ipertensione; provocato o caratterizzato da ipertensione: *crisi ipertensiva* **2** detto di farmaco che fa aumentare la pressione arteriosa ♦ *s.m.* farmaco ipertensivo.
i|per|ter|mì|a *s.f.* (*med.*) aumento della temperatura corporea oltre i valori consueti.
i|per|té|so *agg., s.m.* [f. -*a*] (*med.*) si dice di persona che soffre di ipertensione.
i|per|tè|sto *s.m.* **1** (*ling.*) insieme di più testi riuniti a formare un unico testo **2** (*inform.*) insieme di materiali testuali e audio-visivi organizzati secondo una struttura non sequenziale e colle-

gati tra loro da rimandi logici (link), che possono essere percorsi liberamente dall'utente.
i|per|te|stu|à|le *agg.* (*inform.*) relativo a un ipertesto | proprio di un ipertesto: *struttura —*.
i|per|ti|roi|dè|o *agg.* (*med.*) **1** caratterizzato da ipertiroidismo **2** che è affetto da ipertiroidismo ♦ *s.m.* [f. *-a*] chi è affetto da ipertiroidismo.
i|per|ti|roi|dì|smo *s.m.* (*med.*) eccesso di attività della tiroide.
i|per|tri|cò|si *s.f.* (*med.*) sviluppo eccessivo di peli sul corpo.
i|per|tro|fì|a *s.f.* (*biol.*) crescita del volume di un tessuto o di un organo, per aumento di volume degli elementi che lo costituiscono: *— muscolare, prostatica; — delle radici*.
i|per|trò|fi|co *agg.* [m.pl. *-ci*] **1** che presenta ipertrofia: *muscoli ipertrofici* **2** (*fig.*) che si è sviluppato in maniera eccessiva e non funzionale: *apparato amministrativo —*.
i|pe|ru|rà|nio *agg.* (*lett.*) situato al di là del cielo ♦ *s.m.* solo sing. (*filos.*) luogo ideale in cui Platone situa il mondo delle Idee, concepite come realtà invisibili, immutabili, eterne.
i|per|ven|ti|la|zió|ne *s.f.* (*med.*) aumento della ventilazione polmonare legato a un'incrementata profondità e frequenza dei movimenti respiratori.
i|per|vi|ta|mì|ni|co *agg.* [m.pl. *-ci*] che contiene o fornisce un'elevata quantità di vitamine: *dieta ipervitaminica*.
i|per|vi|ta|mi|nò|si *s.f.* (*med.*) patologia indotta da un'eccessiva assunzione di vitamine.
ip|na|gò|gi|co *agg.* [m.pl. *-ci*] (*med., psicol.*) che precede il sonno o lo induce: *fase ipnagogica; allucinazioni ipnagogiche*.
ip|no- (*scient.*) primo elemento di parole composte che indica legame con il sonno (*ipnologia*).
ip|no|lo|gì|a *s.f.* analisi dei fenomeni connessi al sonno.
ip|no|pa|tì|a *s.f.* (*med.*) anomala tendenza al sonno.
ip|no|pe|dì|a *s.f.* tecnica di apprendimento in cui le nozioni sono acquisite tramite l'ascolto di registrazioni durante il sonno.
ip|nò|si *s.f.* stato psicofisico simile al sonno, artificialmente provocato e caratterizzato da un aumento della suggestionabilità.
ip|no|te|ra|pì|a *s.f.* (*med.*) metodo all'interno della terapia psicoanalitica che si basa sull'ipnosi.
ip|no|te|ra|pi|sta *s.m./f.* [m.pl. *-i*] chi pratica l'ipnoterapia.
ip|nò|ti|co *agg.* [m.pl. *-ci*] **1** dell'ipnosi o dell'ipnotismo; caratterizzato da ipnosi: *potere —; sonno —; stato —* **2** che induce il sonno: *sostanze ipnotiche* **3** (*estens.*) che esercita un potere di fascinazione simile a quello dell'ipnosi: *musica ipnotica* ♦ *s.m.* farmaco che induce il sonno.
ip|no|tì|smo *s.m.* tecnica e pratica dell'ipnosi | insieme dei fenomeni connessi con l'ipnosi.
ip|no|tiz|zà|re *v.tr.* [indic.pres. *io ipnotizzo...*] **1** indurre in stato d'ipnosi: *— un paziente* **2** (*fig.*)

affascinare, incantare: *ha due occhi che ipnotizzano*.
ip|no|tiz|za|tó|re *s.m.* [f. *-trice*] chi è in grado di indurre l'ipnosi.
i|po- (*scient.*) primo elemento di parole composte che significa "sotto" (*ipocentro*) o indica grado, quantità inferiore alla norma (*ipoalimentazione*) | (*chim.*) indica un composto ossigenato di un elemento a valenza inferiore (*ipocloroso*).
i|po|a|ci|di|tà *s.f.* (*med.*) diminuzione di acido cloridrico nei succhi gastrici.
i|po|a|cu|sì|a *s.f.* (*med.*) riduzione della capacità uditiva.
i|po|al|ge|sì|a *s.f.* (*med.*) riduzione della sensibilità al dolore legata soprattutto a lesioni del sistema nervoso.
i|po|a|li|men|ta|zió|ne *s.f.* (*med.*) alimentazione insufficiente dal punto di vista quantitativo o per carenza di singole sostanze.
i|po|ca|lò|ri|co *agg.* [m.pl. *-ci*] che contiene o fornisce uno scarso numero di calorie: *cibo —*.
i|po|caù|sto *s.m.* (*archeol.*) sistema di riscaldamento consistente nel far transitare dell'aria calda attraverso condotti ricavati sotto il pavimento e nei muri; era adottato dagli antichi Romani.
i|po|cèn|tro *s.m.* (*geol.*) punto all'interno della crosta terrestre in cui si genera un terremoto.
i|po|clo|rì|to *s.m.* (*chim.*) sale dell'acido ipocloroso, impiegato come decolorante o antisettico.
i|po|clo|ró|so *agg.* (*chim.*) si dice di composto ossigenato che contiene uno o più atomi di cloro monovalente.
i|po|co|le|ste|ro|le|mì|a *s.f.* (*med.*) riduzione della presenza di colesterolo nel sangue.
i|po|con|drì|a *s.f.* **1** (*psicol.*) disturbo nervoso caratterizzato da eccessiva e morbosa preoccupazione per il proprio stato di salute **2** (*lett.*) malinconia profonda.
i|po|con|drì|a|co *agg.* [m.pl. *-ci*] **1** (*psicol.*) dell'ipocondria; caratterizzato da ipocondria **2** che è affetto da ipocondria | (*estens.*) profondamente malinconico: *carattere —* **3** (*anat.*) dell'ipocondrio ♦ *s.m.* [f. *-a*] persona affetta da ipocondria.
i|po|còn|drio *s.m.* (*anat.*) regione superiore e laterale dell'addome, compresa tra diaframma e ombelico: *— destro, sinistro*.
i|po|cri|sì|a *s.f.* **1** simulazione di sentimenti, qualità o intenzioni lodevoli; doppiezza **2** (*estens.*) comportamento o discorso da ipocrita: *le sue sono solo ipocrisie*.
i|pò|cri|ta *agg.* [m.pl. *-i*] **1** che agisce con doppiezza, manifestando sentimenti non veri **2** che è fatto con ipocrisia: *generosità —* ♦ *s.m./f.* persona ipocrita □ **ipocritamente** *avv.*
i|po|cro|mì|a *s.f.* (*med.*) **1** riduzione della pigmentazione della cute **2** riduzione della quantità di emoglobina presente nei globuli rossi.
i|po|crò|mi|co *agg.* [m.pl. *-ci*] (*med.*) relativo all'ipocromia | caratterizzato da ipocromia: *anemia ipocromica*.

iPod (*ingl.*) [pr. *aipòd*] *s.m.* lettore musicale portatile di file audio in formato Mp3, prodotto dalla americana Apple Computer, utilizzabile anche per memorizzare immagini, filmati, programmi e alcuni documenti digitali.
i|po|dèr|ma *s.m.* [pl. *-i*] **1** (*anat.*) lo strato di tessuto cutaneo immediatamente sottostante al derma **2** (*bot.*) il tessuto che si trova sotto l'epidermide della pianta.
i|po|dèr|mi|co *agg.* [m.pl. *-ci*] (*anat., bot.*) dell'ipoderma.
i|po|der|mo|cli|si *s.f.* (*med.*) iniezione di sostanze medicamentose nell'ipoderma.
i|po|ec|ci|ta|bi|li|tà *s.f.* (*med.*) riduzione della capacità di reazione agli stimoli fisici e psichici.
i|po|e|ste|si|a *s.f.* (*med.*) riduzione della sensibilità sensoriale.
i|po|e|vo|lu|ti|smo *s.m.* (*med.*) insufficiente sviluppo somatico e psichico in relazione all'età dell'individuo.
i|po|fi|sà|rio *agg.* (*anat.*) dell'ipofisi.
i|pò|fi|si *s.f.* (*anat.*) ghiandola endocrina situata alla base dell'encefalo che produce vari ormoni e presiede all'attività delle altre ghiandole endocrine.
i|po|fo|ni|a *s.f.* (*med.*) indebolimento patologico della voce.
i|po|fo|sfa|to *s.m.* (*chim.*) sale dell'acido ipofosforico.
i|po|fo|sfi|to *s.m.* (*chim.*) sale dell'acido ipofosforoso.
i|po|fo|sfò|ri|co *agg.* [m.pl. *-ci*] **1** (*med.*) che è povero di fosforo **2** (*chim.*) si dice di composto ossigenato del fosforo tetravalente.
i|po|fo|sfo|ró|so *agg.* si dice di composto ossigenato del fosforo pentavalente.
i|po|fun|zió|ne *s.f.* (*med.*) ridotto funzionamento di un organo, spec. di ghiandole.
i|po|gà|stri|co *agg.* [m.pl. *-ci*] (*anat.*) dell'ipogastrio.
i|po|gà|strio *s.m.* (*anat.*) regione inferiore mediana dell'addome.
i|po|gè|o *agg.* **1** (*archeol.*) si dice di costruzione realizzata sottoterra: *sepolcro —* **2** (*bot., zool.*) che vive in caverne o in ambienti sotterranei ♦ *s.m.* (*archeol.*) costruzione sotterranea.
i|po|gli|ce|mi|a *s.f.* (*med.*) carenza della quantità di glucosio nel sangue.
i|po|gli|cè|mi|co *agg.* [m.pl. *-ci*] (*med.*) relativo a ipoglicemia | causato da ipoglicemia: *crisi ipoglicemica*.
i|po|gli|ci|di|co *agg.* [m.pl. *-ci*] (*med.*) che contiene o fornisce pochi zuccheri carboidrati.
i|po|glo|bu|li|a *s.f.* (*med.*) riduzione della quantità di globuli rossi presenti nel sangue.
i|po|glòs|so *s.m.* (*anat.*) il dodicesimo paio di nervi cranici, responsabile del movimento dei muscoli della lingua.
i|po|li|pi|di|co *agg.* [m.pl. *-ci*] (*med.*) che contiene o fornisce pochi grassi: *dieta ipolipidica*.
i|pò|me|tro *agg.* (*metr.*) si dice di verso che contiene una o più sillabe in meno rispetto a quanto richiesto dallo schema metrico: *endecasillabo —*.
i|pò|ni|mo *agg., s.m.* (*ling.*) si dice di un vocabolo che designa il singolo elemento di un gruppo, rispetto al termine che designa il gruppo in maniera generale (p.e. *chitarra* rispetto a *strumento*).
i|po|nu|tri|zió|ne *s.f.* insufficiente alimentazione; ipoalimentazione.
i|po|pla|si|a *s.f.* (*biol.*) insufficiente sviluppo o riduzione di volume di un organo.
i|po|pro|tèi|co *agg.* [m.pl. *-ci*] che contiene o fornisce quantità ridotte di proteine.
i|po|scè|nio *s.m.* (*archeol.*) nel teatro greco, lo spazio sottostante il proscenio.
i|po|se|cre|zió|ne *s.f.* (*med.*) insufficiente attività secretoria delle ghiandole.
i|po|sen|si|bi|li|tà *s.f.* (*med.*) ipoestesia.
i|po|sò|di|co *agg.* [m.pl. *-ci*] che contiene o fornisce poco sale: *prodotto —*.
i|po|sol|fi|to *s.m.* (*chim.*) sale dell'acido iposolforoso, che viene impiegato come conservante per alimenti.
i|po|sol|fo|ró|so *agg.* (*chim.*) si dice di ossiacido dello zolfo conosciuto sotto forma di sale.
i|po|so|mi|a *s.f.* (*med.*) statura inferiore alla norma dovuta a un'anomalia nell'accrescimento corporeo.
i|pò|sta|si *s.f.* **1** (*filos.*) entità assoluta; essenza | (*teol.*) ognuna delle tre persone della Trinità, come sostanza assoluta e per sé sussistente **2** (*fig., lett.*) concretizzazione di un concetto astratto; personificazione: *Ercole è l'— della forza* **3** (*med*) ristagno di sangue nelle parti declivi o basse dell'organismo.
i|po|sta|tiz|zà|re *v.tr.* **1** (*filos.*) trasformare ciò che è concreto e relativo in un'entità assoluta, metafisica | (*estens.*) assolutizzare **2** (*fig., lett.*) personificare un concetto astratto.
i|pò|sti|lo *agg.* (*arch.*) si dice di edificio o di ambiente la cui copertura piana è sorretta da colonne.
i|po|tà|la|mo *s.m.* (*anat.*) formazione nervosa impari localizzata nell'encefalo al di sotto dei talami ottici; è sede del sistema nervoso vegetativo.
i|po|tàs|si *s.f.* (*ling.*) procedimento sintattico in cui si collegano due proposizioni subordinandone una all'altra | costruzione del periodo fondata su tale procedimento.
i|po|tàt|ti|co *agg.* [m.pl. *-ci*] (*ling.*) costruito mediante ipotassi: *struttura ipotattica*.
i|po|tè|ca *s.f.* (*dir.*) diritto reale di garanzia che conferisce a un creditore il potere di espropriare determinati beni del debitore in caso di mancato adempimento di un'obbligazione | *accendere, spegnere un'—,* crearla od eliminarla | (*fig.*) *porre l'— su ql.co.,* assicurarselo per il futuro: *con il secondo anno hanno posto l'— sulla vittoria*.
i|po|te|cà|bi|le *agg.* (*anche fig.*) che può essere oggetto di ipoteca: *bene —*.
i|po|te|cà|re *v.tr.* [indic.pres. *io ipotèco, tu ipotèchi...*] **1** (*dir.*) utilizzare un dato bene immobile come garanzia di un debito: *— un terre-*

ipotecario

no 2 (*fig.*) assicurarsi ql.co. per il futuro: *con questi risultati hai ipotecato la promozione* | *il futuro*, dare per sicuro ql.co. che deve ancora avvenire.

i|po|te|cà|rio *agg.* (*dir.*) 1 relativo a un'ipoteca: *iscrizione, cancellazione ipotecaria* 2 garantito da ipoteca: *cambiale ipotecaria*.

i|po|ten|sió|ne *s.f* (*med.*) abbassamento della pressione sanguigna: — *arteriosa*.

i|po|ten|sì|vo *agg.* (*med.*) 1 dell'ipotensione 2 che causa l'abbassamento della pressione sanguigna: *medicinale* — ◆ *s.m.* (*med.*) medicinale ipotensivo.

i|po|te|nù|sa *s.f.* (*geom.*) il lato maggiore di un triangolo rettangolo, opposto all'angolo retto.

i|po|ter|mì|a *s.f.* (*med.*) significativa riduzione della temperatura corporea.

i|po|tè|si *s.f.* 1 dato o concetto non dimostrato che viene adottato come punto di partenza di un ragionamento o di un'analisi: — *di lavoro* | (*estens.*) affermazione o spiegazione non pienamente verificata; supposizione, congettura: *sul caso ci sono diverse —* 2 (*mat.*) in un teorema, premessa considerata probabile e da cui si ricava la tesi 3 eventualità: *nell' — che io debba assentarmi* | *nella migliore, nella peggiore delle* —, al la meglio, alla peggio: *nella peggiore delle — abbiamo fatto una buona esperienza*.

i|po|tè|so *agg., s.m.* [f. -a] (*med.*) che, chi è affetto da ipotensione.

i|po|tè|ti|co *agg.* [m.pl. -*ci*] 1 relativo all'ipotesi | che deve ancora essere dimostrato; dubbio: *ragionamento —* | (*gramm.*) **periodo** —, quello formato da due frasi di cui una, detta protasi, esprime la condizione necessaria affinché si verifichi l'altra, detta apodosi 2 che si deve ancora realizzare, verificare; eventuale: *guadagni ancora ipotetici* □ **ipoteticamente** *avv.*

i|po|ti|pò|si *s.f.* figura retorica consistente nel descrivere cose o persone con particolare evidenza rappresentativa.

i|po|ti|roi|dè|o *agg.* (*med.*) 1 relativo all'ipotiroidismo: *stato —* 2 affetto da ipotiroidismo ◆ *s.m.* [f. -a] chi soffre di ipotiroidismo.

i|po|ti|roi|dì|smo *s.m.* (*med.*) ridotta efficienza della tiroide.

i|po|tiz|zà|bi|le *agg.* che può essere ipotizzato; presumibile.

i|po|tiz|zà|re *v.tr.* considerare ql.co. come ipotesi; supporre: *si può — che tu abbia ragione*.

i|po|to|nì|a *s.f.* (*med.*) riduzione dell'eccitabilità nervosa o del tono muscolare.

i|po|tri|cò|si *s.f.* (*med.*) insufficiente crescita dei peli.

i|po|tro|fì|a *s.f.* (*biol.*) riduzione del volume di tessuti od organi per diminuzione del volume degli elementi che li costituiscono.

i|po|trò|fi|co *agg.* [m.pl. -*ci*] di ipotrofia | caratterizzato da ipotrofia: *organo —*.

i|po|vi|ta|mi|nò|si *s.f.* (*med.*) carenza di vitamine all'interno dell'organismo.

ip|pi|ca *s.f.* lo sport dell'equitazione | l'insieme delle gare dei cavalli, spec. quelle di trotto e di galoppo che si svolgono negli ippodromi | (*fig., scherz.*) **datti all'***—!*, cambia mestiere.

ip|pi|co *agg.* [m.pl. -*ci*] relativo all'ippica o ai cavalli da corsa: *gare ippiche*.

ip|po- (*scient.*) primo elemento di parole composte che significa "cavallo" (*ippocampo, ippologia*).

ip|po|càm|po *s.m.* pesce marino teleosteo di piccole dimensioni, noto per il suo caratteristico profilo cavallino; cavalluccio marino.

Ip|po|ca|sta|nà|ce|e *s.f.pl.* famiglia di piante arboree dicotiledoni di cui fa parte l'ippocastano.

ip|po|ca|stà|no *s.m.* grande albero dalla chioma ampia e folta, con foglie caduche, fiori bianchi riuniti in pannocchie e frutti non commestibili simili a castagne.

ip|po|cra|ti|co *agg.* [m.pl. -*ci*] relativo a Ippocrate di Cos, medico greco del sec. V a.C., fondatore della medicina classica.

ip|pò|dro|mo *s.m.* spazio destinato allo svolgimento delle gare ippiche.

ip|po|glòs|so *s.m.* grosso pesce che vive sul fondale dei mari freddi; ha corpo piatto di forma ovale ed è commestibile.

ip|po|grì|fo *s.m.* (*mit.*) mitico animale alato con testa di grifone e corpo di cavallo.

ip|po|lo|gì|a *s.f.* scienza che studia il cavallo sotto il profilo biologico e dello sviluppo delle tecniche d'allevamento.

ip|po|lo|go *s.m.* [f. -*a*; m.pl. -*gi*] specialista in ippologia.

ip|po|man|zì|a *s.f.* (*st.*) arte di trarre predizioni dall'osservazione dei nitriti e dei movimenti dei cavalli, praticata presso diverse popolazioni indoeuropee.

ip|po|pò|ta|mo *s.m.* mammifero africano erbivoro di grandi dimensioni, dotato di zampe corte, pelle molto spessa e bocca enorme.

ip|po|tra|go *s.m.* [pl. -*ghi*] antilope africana di grande statura, con corna molto sviluppate spec. nel maschio e rivolte all'indietro.

i|prì|te o **yprìte** *s.f.* (*chim.*) solfuro di etile, composto organico a base di cloro e zolfo; per le sue proprietà tossiche e vescicatorie viene utilizzato come arma chimica.

i|pse dì|xit (*lat.*) *loc.sost.m.invar.* espressione che significa "egli lo ha detto" e che viene utilizzata ironicamente per contestare chi presenta come indiscutibili le proprie opinioni o le giustifica unicamente riferendosi alle parole di un altro.

i|psi|lon *s.f./m.invar.* 1 nome della lettera *y*, detta anche *i greca* 2 nome della ventesima lettera dell'alfabeto greco.

i|pso- (*scient.*) primo elemento di parole composte che significa "altezza, sommità" (*ipsofilo*).

i|pso|dòn|te *agg.* 1 detto di dentatura ad accrescimento continuo, come nel caso degli incisivi dei roditori o delle zanne degli elefanti 2 detto dell'animale caratterizzato da tale genere di dentatura.

ipso fàcto (*lat.*) *loc.avv.* sul momento, immediatamente: *— diede le dimissioni*.
ipsòfilo *agg.* (*biol.*) si dice di organismo vegetale o animale che vive in aree di alta montagna.
ipsometrìa *s.f.* calcolo dell'altitudine di un luogo attraverso la misurazione della pressione atmosferica.
ipsomètrico *agg.* [m.pl. *-ci*] relativo all'ipsometria: *calcolo —*.
ipsòmetro *s.m.* strumento che permette di determinare l'altitudine attraverso la misurazione della pressione atmosferica.
ira *s.f.* **1** stato emotivo caratterizzato da irritazione intensa e scatti di collera: *cedere all'—*; *scoppio d'—* **2** (*teol.*) uno dei sette vizi capitali, consistente in un violento desiderio di vendetta **3** risentimento, odio: *si è attirato addosso le ire di tutti* **4** (*estens.*) violenza degli elementi naturali: *l'— del mare* | (*fig.*) *essere un'— di Dio*, di cosa o persona, essere una furia.
iracheno o **irakèno** *agg.* dell'Iraq: *il popolo —* ♦ *s.m.* [f. *-a*] chi è nato o abita in Iraq.
iracóndia *s.f.* propensione all'ira; irascibilità.
iracóndo *agg.* **1** che tende ad adirarsi facilmente; collerico: *persona iraconda* **2** che esprime ira: *espressioni iraconde*.
irakèno *agg.* → **iracheno**.
iraniàno *agg.* dell'Iran moderno ♦ *s.m.* [f. *-a*] chi è nato o abita in Iran.
irànico *agg.* [m.pl. *-ci*] dell'Iran antico, corrispondente al territorio compreso tra i fiumi Tigri ed Eufrate: *cultura iranica* | *lingue iraniche*, famiglia di idiomi indoeuropei localizzati nell'altopiano iranico ♦ *s.m.* [f. *-a*] abitante dell'antico Iran.
iranista *s.m./f.* [m.pl. *-i*] esperto o studioso di iranistica.
iranistica *s.f.* lo studio della cultura, delle lingue e della storia dell'Iran antico.
irascìbile *agg.* che si arrabbia facilmente; irritabile, suscettibile: *un temperamento —*.
irascibilità *s.f.* tendenza ad arrabbiarsi facilmente.
iràto *agg.* **1** che è in preda all'ira; infuriato: *essere — con qlcu.* **2** che rivela ira: *sguardo —* □ *iratamente avv.*
ircocèrvo *s.m.* (*lett.*) **1** animale mitico per metà caprone e per metà cervo **2** (*fig.*) cosa inesistente o incredibile.
irènico *agg.* [m.pl. *-ci*] **1** che riguarda l'irenismo **2** (*lett.*) di pace | *che vuole ispirare la pace: un gesto —*.
irenismo *s.m.* (*relig.*) orientamento teologico che punta alla riconciliazione delle chiese cristiane.
Iridàcee *s.f.pl.* famiglia di piante erbacee monocotiledoni, con foglie lunghe e piatte, fiori a tre stami e frutti a capsula; vi appartengono il gladiolo e l'iris.
iridàto *agg.* che ha i colori dell'iride | (*estens.*) variopinto | (*sport*) *maglia iridata*, maglia bianca attraversata orizzontalmente da una fascia con i colori dell'iride, che contraddistingue per un anno il vincitore del titolo mondiale di ciclismo.
iride *s.f.* **1** (*lett.*) arcobaleno | *i colori dell'—*, i sette colori che compongono l'arcobaleno, ovvero rosso, arancio, giallo, verde, blu, indaco, violetto **2** (*anat.*) membrana variamente colorata, a forma di disco, posta davanti al cristallino dell'occhio.
iridèo *agg.* (*anat.*) dell'iride.
iridescènte *agg.* che presenta i colori dell'iride, spec. in relazione al fenomeno dell'iridescenza; cangiante: *un cristallo —*.
iridescènza *s.f.* fenomeno ottico per cui un corpo investito da un fascio di luce rifrange i raggi luminosi assumendo riflessi cangianti simili ai colori dell'iride.
irìdico *agg.* [m.pl. *-ci*] (*chim.*) detto di composto dell'iridio.
irìdio *s.m.* elemento chimico, metallo bianco molto duro e lucente, utilizzato in lega con il platino per aumentarne la resistenza (*simb.* Ir).
iris *s.f.invar.* genere di piante erbacee delle Iridacee di cui fanno parte diverse specie ornamentali (p.e. il giaggiolo).
irish coffee (*ingl.*) [pr. *àirish kòfi*] *loc.sost.m. invar.* bevanda irlandese a base di caffè caldo e whisky, con zucchero e copertura di panna.
irlandése *agg.* dell'Irlanda ♦ *s.m.* **1** [anche f.] chi è nato o abita in Irlanda **2** la lingua celtica parlata in Irlanda.
ironìa *s.f.* **1** modo di esprimersi che, conferendo alle parole un significato opposto a quello letterale, vuol denotare superiorità e intento critico: *un'— pungente* | *— gratuita*, ironia fuori luogo, inopportuna **2** atteggiamento che permette di vedere la vita e la realtà con sereno distacco: *prendi le cose con —!* **3** umorismo sarcastico: *fare dell'— su un evento* | (*estens.*) scherno, derisione: *sguardo pieno di —* | (*fig.*) *— della sorte*, si dice in riferimento a eventi inaspettati che sembrano prendersi gioco delle persone.
irònico *agg.* [m.pl. *-ci*] **1** pieno di ironia: *battuta ironica* **2** che fa uso di ironia: *giornalista ironica* □ **ironicamente** *avv.*
ironizzàre *v.intr.* [aus. *A*] fare dell'ironia: *— sulle altrui sfortune* ♦ *tr.* trattare, interpretare con ironia: *ironizza sempre i propri difetti*.
iróso *agg.* **1** pieno d'ira: *parole irose* **2** che si arrabbia facilmente; irascibile: *un carattere —* □ **irosamente** *avv.*
irpìno *agg.* dell'Irpinia, regione che corrisponde alla provincia di Avellino ♦ *s.m.* [f. *-a*] **1** chi è nato o abita nell'Irpinia **2** membro dell'antica popolazione sannitica stanziata nell'Irpinia.
irraccontàbile *agg.* che non è possibile od opportuno raccontare: *una vicenda —*.
irradiaménto *s.m.* **1** emanazione di luce | illuminazione **2** (*fis.*) irraggiamento | *— integrale*, quantità di energia raggiante ricevuta o emessa dall'unità di superficie di un corpo nell'unità di tempo **3** (*anche fig.*) propagazione in direzioni diverse da uno stesso punto: *— delle due una piazza*; *veloce — di notizie*.

ir|ra|dià|re v.tr. [indic.pres. io irràdio...] 1 (anche fig.) illuminare, pervadere con i propri raggi: la luna irradia il cielo notturno; il sogno irradia i tuoi occhi 2 (estens.) diffondere, emanare: — calore 3 (med.) sottoporre a radiazioni a fini di cura: — le cellule tumorali ♦ intr. [aus. E] (anche fig.) sprigionarsi sotto forma di raggi: il chiarore che irradia dalle stelle ♦ **-rsi** intr.pron. diffondersi in direzioni diverse da uno stesso punto.
ir|ra|dia|zió|ne s.f 1 (fis.) emissione di luce e di calore 2 (estens.) diffusione in varie direzioni da un unico punto: — di un fenomeno 3 esposizione a radiazioni.
ir|rag|gia|mén|to s.m. 1 l'atto di irradiare 2 (fis.) emissione e propagazione di raggi luminosi o radiazioni da parte di una sorgente; irradiazione.
ir|rag|già|re v.tr., intr. [indic.pres. io irràggio...; aus. dell'intr. E] (anche fig.) irradiare ♦ **-rsi** intr. pron. irradiarsi.
ir|rag|giun|gi|bi|le agg. 1 che non si può raggiungere: cima — 2 (fig.) irrealizzabile: sogno —.
ir|rag|giun|gi|bi|li|tà s.f. caratteristica di ciò che è irraggiungibile.
ir|ra|gio|né|vo|le agg. 1 che non è dotato della ragione; irrazionale: il cane è un essere — | (estens.) che non si lascia guidare dalla ragione; sconsiderato, ostinato: un adolescente — 2 che non ha una motivazione razionale; ingiustificato: fretta — | privo di misura; esagerato: prezzi irragionevoli □ **irragionevolmente** avv.
ir|ra|gio|ne|vo|léz|za s.f. mancanza di ragionevolezza; insensatezza: l'— delle tue richieste.
ir|ran|ci|di|mén|to s.m. trasformazione che porta a uno stato rancido: — dell'olio.
ir|ran|ci|di|re v.intr. [indic.pres. io irrancidisco, tu irrancidisci...; aus. E] 1 diventare rancido, inacidire: il lardo irrancidisce 2 (fig.) perdere validità o forza; guastarsi: istituzioni, teorie che sono irrancidite.
ir|rap|pre|sen|tà|bi|le agg. che non è possibile od opportuno esporre, rappresentare, mettere in scena: un'opera teatrale —.
ir|ra|zio|nà|le agg. 1 privo di razionalità, di ragione: esseri irrazionali | che pensa e si comporta in modo non conforme alla ragione: agisce da persona — 2 non basato su valide ragioni; insensato, illogico: atteggiamento — | (estens.) poco funzionale: disposizione — dei mobili 3 (filos.) che non si può ricondurre a schemi logico-razionali: discorso — 4 (mat.) si dice di numero reale non rappresentabile in forma di frazione □ **irrazionalmente** avv. 1 in maniera non conforme alla ragione: comportarsi — 2 in maniera poco funzionale: gestire il proprio tempo —.
ir|ra|zio|na|li|smo s.m. (filos.) ogni orientamento di pensiero che consideri l'uso della sola ragione insufficiente per la comprensione piena della realtà | atteggiamento di pensiero secondo cui la realtà è manifestazione di un principio irrazionale.
ir|ra|zio|na|li|sta agg., s.m./f. [m.pl. -i] (filos.) che, chi sostiene le teorie dell'irrazionalismo.
ir|ra|zio|na|li|sti|co agg. [m.pl. -ci] 1 relativo all'irrazionalismo 2 caratterizzato da irrazionalismo: pensiero —.
ir|ra|zio|na|li|tà s.f. mancanza di razionalità.
ir|re|à|le agg. 1 che non è reale; fantastico 2 (estens.) tanto particolare e inconsueto da non sembrare reale: panorama —.
ir|re|a|liz|zà|bi|le agg. che non si può realizzare: sogno —.
ir|re|a|liz|za|bi|li|tà s.f. condizione di ciò che non può essere realizzato.
ir|re|al|tà s.f. condizione, carattere di ciò che è irreale, al di fuori o al di sopra della realtà | (estens.) inconsistenza, impalpabilità; infondatezza: l'— dei sogni.
ir|re|cu|pe|rà|bi|le agg. che non si può recuperare, riportare alla condizione originale o più opportuna: soggetto, situazione —.
ir|re|cu|pe|ra|bi|li|tà s.f. condizione di ciò che è irrecuperabile.
ir|re|cu|sà|bi|le agg. 1 che non può essere rifiutato o respinto: proposta — 2 evidentemente vero; innegabile, incontrovertibile: verità —.
ir|re|cu|sa|bi|li|tà s.f. condizione di ciò che è irrecusabile.
ir|re|den|ti|smo s.m. movimento politico che si prefigge di riunire alla madrepatria gruppi etnici o regioni sottoposti a dominazione straniera.
ir|re|den|ti|sta s.m./f. [m.pl. -i] sostenitore dell'irredentismo ♦ agg. irredentistico.
ir|re|den|ti|sti|co agg. [m.pl. -ci] che riguarda l'irredentismo o gli irredentisti; che si ispira ai principi dell'irredentismo: sollevazione irredentistica.
ir|re|dèn|to agg. non liberato dalla dominazione straniera: terre irredente.
ir|re|di|mi|bi|le agg. (lett.) che non può riscattare.
ir|re|di|mi|bi|li|tà s.f. (lett.) condizione di ciò che non si può riscattare: — di un debito.
ir|re|fre|nà|bi|le agg. che non si può non riesce a controllare, a trattenere: spinta — □ **irrefrenabilmente** avv.
ir|re|fre|na|bi|li|tà s.f. condizione di ciò che è irrefrenabile.
ir|re|fu|tà|bi|le agg. che non può essere confutato, contraddetto: affermazione —.
ir|re|fu|ta|bi|li|tà s.f. caratteristica di ciò che è irrefutabile.
ir|reg|gi|men|tà|re v.tr. [indic.pres. io irreggiménto...] 1 (mil.) inserire in un reggimento; inquadrare: — i nuovi soldati 2 (fig.) disciplinare in maniera rigida, spec. limitando la libertà individuale.
ir|re|go|là|re agg. 1 che non segue le regole stabilite: procedura — | (estens.) privo di validità: nomina — | **milizie irregolari**, quelle non inquadrate in un esercito nazionale 2 che si allontana dalla tipologia, dalla forma più comune: lineamenti del volto irregolari | (gramm.) **nomi, verbi irregolari**, quelli che non seguono i consueti

meccanismi di flessione 3 non uniforme; composito, frastagliato: *panorama —* | *polso —*, polso alterato, aritmico □ **irregolarmente** *avv*.

ir|re|go|la|ri|tà *s.f.* 1 condizione, carattere di ciò che è irregolare: — *di un documento*; — *di un profilo* 2 atto non conforme alle regole: *commettere un'— amministrativa* | (*sport*) azione fallosa.

ir|re|là|to *agg.* privo di legame, di collegamento con altri elementi: *fatto —*.

ir|re|li|gio|si|tà *s.f.* miscredenza, ateismo: — *di una teoria* | atto contrario alla religione.

ir|re|li|gió|so *agg.* 1 privo di sentimento religioso: *spirito —* 2 irrispettoso, offensivo nei confronti della religione: *atto —*.

ir|re|mis|si|bi|le *agg.* 1 (*lett.*) che non si può perdonare: *peccati irremissibili* 2 (*estens.*) implacabile: *avversione —*.

ir|re|mo|vi|bi|le *agg.* 1 che non è disposto a cedere o a fare concessioni; tenace, inflessibile: *essere — su una decisione presa* 2 che non può essere mutato: *opinione —* □ **irremovibilmente** *avv*.

ir|re|mo|vi|bi|li|tà *s.f.* caratteristica di ciò che è irremovibile.

ir|re|pa|rà|bi|le *agg.* a cui non si può porre rimedio: *danno —* ♦ *s.m. solo sing.* ciò per cui non vi è rimedio: *accadde l' —* □ **irreparabilmente** *avv*.

ir|re|pa|ra|bi|li|tà *s.f.* condizione di ciò che è irreparabile; irrimediabilità.

ir|re|pe|rì|bi|le *agg.* 1 introvabile sul mercato: *merce —* 2 impossibile da rintracciare o da contattare: *il ricercato risulta —*.

ir|re|pe|ri|bi|li|tà *s.f.* condizione di cosa o persona irreperibile.

ir|re|pren|sì|bi|le *agg.* impossibile da criticare in quanto assolutamente corretto; impeccabile: *persona, comportamento —* □ **irreprensibilmente** *avv*.

ir|re|pren|si|bi|li|tà *s.f.* caratteristica di ciò che è irreprensibile; ineccepibilità.

ir|re|prì|mi|bi|le *agg.* che non può essere represso, dominato: *uno scatto d'ira —*.

ir|re|quie|téz|za *s.f.* stato di agitazione.

ir|re|quiè|to *agg.* 1 pieno d'ansia; agitato 2 incapace di stare fermo; esuberante, vivace: *un bambino, un carattere —*.

ir|re|quie|tù|di|ne *s.f.* stato di chi è irrequieto.

ir|re|si|stì|bi|le *agg.* a cui non si riesce a resistere: *fascino —* □ **irresistibilmente** *avv*.

ir|re|so|lù|bi|le *agg.* (*lett.*) impossibile da sciogliere: *un affetto —* | (*fig.*) che non si riesce a risolvere: *indovinello —*.

ir|re|so|lu|téz|za o **irrisolutézza** *s.f.* mancanza di risolutezza.

ir|re|so|lù|to o **irrisolùto** *agg.* che manca di risolutezza, di capacità decisionale: *atteggiamento —* □ **irresolutamente** *avv*.

ir|re|spi|rà|bi|le *agg.* che non si può respirare | (*fig.*) *clima, aria —*, detto di ambiente sgradevole, in cui ci si sente a disagio.

ir|re|spi|ra|bi|li|tà *s.f.* caratteristica di ciò che è irrespirabile.

ir|re|spon|sà|bi|le *agg., s.m./f.* 1 detto di chi non valuta il senso e le conseguenze di ciò che fa; incosciente, sconsiderato: *un giovane —* 2 (*dir.*) detto di chi non viene considerato responsabile delle azioni compiute, in quanto incapace di comprenderne il senso o le conseguenze □ **irresponsabilmente** *avv*.

ir|re|spon|sa|bi|li|tà *s.f.* mancanza di responsabilità.

ir|re|strin|gi|bi|le *agg.* si dice di tessuti o indumenti che quando vengono sottoposti a lavaggio non si restringono.

ir|re|ti|mén|to *s.m.* (*raro*) seduzione ingannevole.

ir|re|tì|re *v.tr.* [indic.pres. *io irretisco, tu irretisci...*] attirare con l'inganno; raggirare: *farsi — da false speranze* | sedurre.

ir|re|trat|tà|bi|le *agg. e deriv.* → **irritrattabile** *e deriv*.

ir|re|ver|sì|bi|le *agg.* 1 che non si può invertire rispetto al suo svolgimento: *fenomeno —* 2 che non si può annullare ritornando allo stato originario: *reazione chimica —* | *pensione —*, quella che non può essere trasferita ad altri dopo la morte dell'intestatario □ **irreversibilmente** *avv*.

ir|re|ver|si|bi|li|tà *s.f.* carattere di ciò che è irreversibile.

ir|re|vo|cà|bi|le *agg.* che non può essere revocato, annullato: *provvedimento, risoluzione —* □ **irrevocabilmente** *avv*.

ir|re|vo|ca|bi|li|tà *s.f.* carattere di ciò che è irrevocabile, definitivo: *l' — di una sentenza —*.

ir|ri|co|no|scèn|te *agg.* che manca di riconoscenza; ingrato.

ir|ri|co|no|scì|bi|le *agg.* impossibile o difficile da riconoscere in quanto profondamente trasformato: *dopo la malattia era —*.

ir|rì|de|re *v.tr.* [pass.rem. *io irrisi, tu irridésti...*; part.pass. *irriso*] (*lett.*) deridere, schernire.

ir|ri|du|cì|bi|le *agg.* 1 che non si può ridurre: *costi irriducibili* | (*mat.*) **frazione —**, quella in cui numeratore e denominatore sono ridotti ai minimi termini e non hanno divisore comune 2 (*fig.*) che non si riesce a sconfiggere | che non si rassegna ad abbandonare la lotta o le proprie opinioni: *nemico —* 3 (*med.*) che non si può rimettere nella sua sede naturale: *ernia —* | che è di difficile ricomposizione: *frattura —* ♦ *s.m./f.* persona irriducibile □ **irriducibilmente** *avv*.

ir|ri|du|ci|bi|li|tà *s.f.* carattere, proprietà di ciò che è irriducibile.

ir|ri|fe|rì|bi|le *agg.* che non si può comunicare per questioni di opportunità: *frasi irriferibili*.

ir|ri|fles|si|vi|tà *s.f.* mancanza di riflessione; avventatezza.

ir|ri|fles|sì|vo *agg.* 1 che agisce senza valutare le conseguenze dei suoi atti; sventato: *persona irriflessiva* 2 compiuto senza riflettere; avventato: *scelta irriflessiva*.

ir|ri|gà|bi|le *agg.* che può essere irrigato: *campo —*.

ir|ri|gà|re *v.tr.* [indic.pres. *io irrigo, tu irrighi...*] **1** far scorrere attraverso un terreno l'acqua necessaria per la coltivazione: — *i campi* | (*estens.*) di corso d'acqua, attraversare un territorio **2** (*med.*) introdurre in una cavità dell'organismo una sostanza liquida a fini terapeutici.

ir|ri|ga|tó|re *agg.* [f. *-trice*] che serve per irrigare: *canali irrigatori* ♦ *s.m.* **1** (*agr.*) sistema o impianto utilizzato nell'irrigazione **2** (*med.*) attrezzo utilizzato per fare irrigazioni.

ir|ri|ga|tò|rio *agg.* relativo all'irrigazione.

ir|ri|ga|zió|ne *s.f.* **1** (*agr.*) distribuzione nei campi dell'acqua necessaria alle coltivazioni: *sistema d'* — **2** (*med.*) introduzione di liquidi medicamentosi nelle cavità dell'organismo.

ir|ri|gi|di|mén|to *s.m.* **1** perdita di elasticità; rattrappimento: — *degli arti* **2** (*fig.*) indurimento, inasprimento: *l'* — *delle pene* **3** (*fig.*) irremovibilità, ostinazione.

ir|ri|gi|di|re *v.tr.* [indic.pres. *io irrigidisco, tu irrigidisci...*] **1** rendere rigido o più rigido | intorpidire: *il gelo fa* — *mani e piedi* **2** (*fig.*) indurire, inasprire: — *il proprio atteggiamento* ♦ *-rsi intr. pron.* **1** diventare rigido **2** (*fig.*) inasprirsi: — *su un principio*.

ir|ri|guar|dó|so *agg.* che non è rispettoso come dovrebbe; insolente: *mostrarsi* — *verso le persone più anziane* □ **irriguardosamente** *avv.*

ir|ri|guo *agg.* **1** che viene irrigato: *terreno* — **2** che serve per irrigare: *canale* —.

ir|ri|le|vàn|te *agg.* poco importante; insignificante: *dato* —.

ir|ri|le|vàn|za *s.f.* caratteristica di ciò che è irrilevante; marginalità.

ir|ri|man|dà|bi|le *agg.* che non si può rimandare: *consegna* —.

ir|ri|me|dià|bi|le *agg.* che non ha rimedio; irreparabile: *mancanza* — □ **irrimediabilmente** *avv.*

ir|ri|me|dia|bi|li|tà *s.f.* carattere di ciò che è irrimediabile: *l'* — *di tale perdita.*

ir|rin|trac|cià|bi|le *agg.* che non si può o non si riesce a rintracciare: *un documento* —.

ir|ri|nun|cià|bi|le o **irrinunziabile** *agg.* a cui non si può o non si deve rinunciare: *prerogativa* —.

ir|ri|nun|cia|bi|li|tà o **irrinunziabilità** *s.f.* carattere di ciò cui non si può o non si deve rinunciare.

ir|ri|pe|tì|bi|le *agg.* **1** che non si ripeterà; unico, straordinario: *un'emozione* — **2** che è meglio non riferire: *parole irripetibili.*

ir|ri|pe|ti|bi|li|tà *s.f.* condizione di ciò che è irripetibile.

ir|ri|pro|du|cì|bi|le *agg.* che non è possibile riprodurre: *dipinto* —.

ir|ri|pro|du|ci|bi|li|tà *s.f.* carattere di ciò che non può essere riprodotto.

ir|ri|sió|ne *s.f.* presa in giro; derisione.

ir|ri|sòl|to *agg.* che non è stato risolto: *mistero* —.

ir|ri|so|lù|to *agg.* e *deriv.* → **irresoluto** *e deriv.*

ir|ri|sol|vì|bi|le *agg.* di risoluzione molto difficile o del tutto impossibile: *enigma* —.

ir|ri|sò|rio *agg.* **1** che è fatto o detto per irridere: *gesto* — **2** tanto inadeguato da sembrare una presa in giro; ridicolo: *compenso* — □ **irrisoriamente** *avv.*

ir|ri|spet|tó|so *agg.* che denota una mancanza di rispetto: *atteggiamento* — □ **irrispettosamente** *avv.*

ir|ri|tà|bi|le *agg.* **1** che si infastidisce e perde la calma con facilità; suscettibile: *temperamento* — **2** (*med.*) che tende a infiammarsi: *cute* —.

ir|ri|ta|bi|li|tà *s.f.* tendenza a irritarsi facilmente.

ir|ri|tàn|te *part.pres. di* irritare ♦ *agg.* che innervosisce, che suscita irritazione: *tono* — | che produce infiammazione: *sostanze irritanti.*

ir|ri|tà|re *v.tr.* [indic.pres. *io ìrrito...*] **1** infastidire e far perdere la calma: *un comportamento che mi irrita* **2** (*med.*) produrre infiammazione di un tessuto o di un organo ♦ *-rsi intr.pron.* **1** infastidirsi; perdere la calma **2** (*med.*) infiammarsi.

ir|ri|tà|to *part.pass. di* irritare ♦ *agg.* **1** incollerito, arrabbiato **2** (*med.*) infiammato: *gola irritata.*

ir|ri|ta|zió|ne *s.f.* **1** condizione di chi prova fastidio a causa di ql.co.: *manifestare la propria* — **2** (*med.*) infiammazione: — *degli occhi.*

ir|rì|to *agg.* **1** (*dir.*) privo di valore legale **2** (*estens., raro*) inutile.

ir|ri|trat|tà|bi|le o **irrattrattàbile** *agg.* che non si può ritrattare: *un'affermazione* —.

ir|ri|trat|ta|bi|li|tà o **irrattrattabilità** *s.f.* carattere di ciò che è irritrattabile.

ir|ri|tuà|le *agg.* **1** (*dir.*) si dice di atto giuridico o processuale compiuto senza seguire le corrette procedure prescritte dalla legge **2** (*estens.*) inconsueto: *gesto* —.

ir|ri|ve|là|bi|le *agg.* che non si può o non si deve rivelare.

ir|ri|ve|rèn|te *agg.* che non mostra il dovuto rispetto | (*estens.*) beffardo: *satira* —.

ir|ri|ve|rèn|za *s.f.* mancanza di rispetto; insolenza | frase o azione irriverente: *tutte queste irriverenze da parte sua mi stanno irritando!*

ir|ro|bu|stì|re *v.tr.* [indic.pres. *io irrobustisco, tu irrobustisci...*] rendere robusto o più robusto; rinvigorire: *la corsa irrobustisce le gambe* ♦ *-rsi intr.pron.* diventare robusto: *crescendo si è irrobustito.*

ir|ro|gà|re *v.tr.* [indic.pres. *io irrògo, tu irròghi...*] (*dir.*) infliggere: — *una pena.*

ir|ro|ga|zió|ne *s.f.* (*dir.*) l'atto con cui si infligge una pena.

ir|róm|pe|re *v.intr.* [con. come *rompere*, dif.: del part. pass. e dei tempi composti] (*anche fig.*) entrare in un luogo con la forza, impetuosamente; fare irruzione: *i reparti speciali irruppero nel covo.*

ir|ro|rà|re *v.tr.* [indic.pres. *io irròro...*] **1** bagnare di gocce; inumidire: *le lacrime le irroravano il viso* **2** (*agr.*) spruzzare antiparassitari sulle piante **3** (*biol.*) detto di sangue e altri liquidi organici, rifornire organi e tessuti.

ir|ro|ra|trì|ce *s.f.* macchina utilizzata per irrorare le piante con sostanze antiparassitarie.

ir|ro|ra|zió|ne *s.f.* **1** l'atto di irrorare **2** diffusio-

isocrono

ne di liquidi organici in un organismo: — *sanguigna*.
ir|ru|èn|te o **irruènto** *agg.* **1** (*lett.*) che irrompe travolgendo quanto si trova davanti: *acque irruenti* **2** (*fig.*) impulsivo, impetuoso: *carattere* — □ **irruentemente** *avv*.
ir|ru|èn|za *s.f.* **1** forza travolgente: *l'— del fiume in piena* **2** (*fig.*) impulsività, impetuosità.
ir|ru|vi|di|mén|to *s.m.* processo che porta a uno stato di ruvidezza: *l'— dei piedi*.
ir|ru|vi|di|re *v.tr.* [indic.pres. *io irruvidisco, tu irruvidisci...*] **1** far diventare ruvido **2** (*fig.*) indurire il carattere; inasprire: *le brutte esperienze lo hanno irruvidito* ♦ **-rsi** *intr.pron.* **1** diventare ruvido **2** (*fig.*) insaprirsi.
ir|ru|zió|ne *s.f.* ingresso in un luogo con la forza: *l'— improvvisa dei rapinatori nella banca | fare —*, irrompere.
ir|su|ti|smo *s.m.* (*med.*) eccessivo sviluppo di peli nella donna, spec. in zone che ne sono normalmente prive.
ir|sù|to *agg.* **1** che ha peli lunghi, folti o ispidi: *barba irsuta* **2** (*estens.*) ricco di peli; villoso: *uomo —*.
ir|to *agg.* **1** ispido, pungente: *baffi irti* **2** (*estens.*) che presenta sporgenze aguzze: *rami irti di spine*; *foresta irta di pini* **3** (*fig.*) ricco di impedimenti: *un percorso — di ostacoli*.
i|sba o **izba** *s.f.* tipica casa rurale russa costruita con tronchi d'albero e costituita da un solo grande locale riscaldato da una stufa.
i|sche|le|tri|re *v.tr.* [indic.pres. *io ischeletrisco, tu ischeletrisci...*] far dimagrire fino a ridurre come uno scheletro ♦ **-rsi** *intr.pron.* ridursi come uno scheletro per magrezza eccessiva: *con la malattia si è ischeletrito*.
i|sche|mì|a *s.f.* (*med.*) riduzione o sospensione dell'apporto di sangue a un organo o a un tessuto.
i|schè|mi|co *agg.* [m.pl. *-ci*] (*med.*) **1** di ischemia; provocato da ischemia **2** colpito da ischemia ♦ *s.m.* [f. *-a*] chi è stato colpito da un'ischemia.
i|schial|gì|a *s.f.* (*med.*) sciatica.
i|schià|ti|co *agg.* [m.pl. *-ci*] (*anat.*) relativo all'ischio | *nervo* —, nervo sciatico.
i|schio *s.m.* (*anat.*) osso del bacino che assieme a pube e ilio costituisce l'osso iliaco.
i|schi|tà|no *agg.* di Ischia ♦ *s.m.* [f. *-a*] chi è nato o abita a Ischia.
i|scrìt|to *part.pass.* di iscrivere ♦ *agg.*, *s.m.* [f. *-a*] che, chi ha aderito a un'organizzazione, a un corso di studi, a una competizione: *gli iscritti alla gara | per —*, in forma scritta.
i|scrì|ve|re *v.tr.* [con. come *scrivere*] **1** annotare in un elenco scritto **2** far includere qlcu. in un'organizzazione, un'istituzione, una competizione e sim.: *— il figlio al corso d'inglese* ♦ **-rsi** *rifl.* espletare gli atti formali necessari per entrare in un'organizzazione o per essere incluso tra i partecipanti di un corso o di una competizione: *— alla corsa campestre*.
i|scri|zió|ne *s.f.* **1** atto con cui si iscrive o ci si iscrive: *l'— dei partecipanti al concorso*; *l'— al partito | registrazione: l'— all'ordine dei giornalisti* **2** scritto inciso su pietra o altri materiali: *un'antica —*.
i|slàm o **islam** *s.m.* **1** Islam, religione monoteistica fondata da Maometto nel sec. VII d.C., i cui principi sono contenuti nel Corano **2** (*estens.*) il mondo e la civiltà musulmani.
i|slà|mi|co *agg.* [m.pl. *-ci*] relativo alla religione e al mondo dell'Islam: *legge islamica* ♦ *s.m.* [f. *-a*] fedele dell'islamismo.
i|sla|mì|smo *s.m.* la religione predicata da Maometto | (*estens.*) il sistema socio-culturale legato alla religione islamica.
i|sla|mì|sta *s.m./f.* [m.pl. *-i*] studioso, esperto d'islamistica.
i|sla|mì|sti|ca *s.f.* studio dell'islamismo.
i|sla|miz|zà|re *v.tr.* convertire qlcu. all'Islam | far diventare islamico ♦ **-rsi** *rifl.*, *intr.pron.* convertirsi, aderire all'islamismo.
i|sla|miz|za|zió|ne *s.f.* conversione alla religione islamica | modificazione di una società secondo la cultura islamica.
i|slan|dé|se *agg.* dell'Islanda ♦ *s.m.* **1** [anche f.] chi è nato o abita in Islanda **2** lingua germanica che si parla in Islanda.
i|sma|e|lì|ta *agg.*, *s.m./f.* [m.pl. *-i*] arabo o musulmano, in quanto discendente da Ismaele, patriarca biblico.
i|smai|lì|ta *agg.* [m.pl. *-i*] relativo alla setta musulmana sciita che considera Ismail come suo imam occulto ♦ *s.m./f.* seguace di tale setta.
-i|smo *suff.* si usa per la formazione di parole astratte che indicano dottrine e movimenti culturali (*islamismo*, *naturalismo*, *futurismo*), atteggiamenti e qualità (*eroismo*, *egoismo*, *pietismo*, *pessimismo*), abitudini e attività (*etilismo*, *alpinismo*), condizioni o sistemi (*strabismo*, *meccanismo*).
i|so- (*scient.*) primo elemento di parole composte che significano "uguale, simile, costante" (*isobara*, *isoglossa*, *isotermico*).
i|sò|ba|ra *s.f.* (*meteor.*) sulle carte geografiche, linea che unisce tutti i punti che hanno uguale pressione atmosferica.
i|so|bà|ri|co *agg.* [m.pl. *-ci*] (*meteor.*) relativo alle isobare.
i|sò|ba|ro *agg.* **1** (*meteor.*) che ha pressione costante **2** (*fis.*) detto di nuclei con numero di massa atomica uguale.
i|sò|ba|ta *s.f.* in cartografia, linea che unisce tutti i punti che si trovano alla stessa profondità sotto il livello del mare.
i|sò|cli|na o **isoclìna** *s.f.* in cartografia, linea che unisce tutti i punti con uguale inclinazione magnetica terrestre.
i|so|cli|nà|le *s.f.* (*geol.*) struttura tettonica in cui le pieghe hanno la stessa inclinazione.
i|so|cro|nì|smo *s.m.* (*fis.*) proprietà dei fenomeni periodici di avere uguale durata: *— del pendolo*.
i|sò|cro|no *agg.* **1** che ha la stessa durata **2** (*fis.*)

si dice di fenomeni periodici che hanno periodo uguale.

i|so|dat|ti|li|a *s.f.* **1** (*zool.*) uguale lunghezza delle dita **2** (*anat.*, *med.*) malformazione congenita per cui le dita della mano sono tutte della stessa lunghezza.

i|so|dat|ti|lo *agg.* di animale, che ha tutte le dita della stessa lunghezza.

i|so|fre|quèn|za *s.f.* (*telecom.*) sistema di trasmissione radio che permette di ascoltare una determinata stazione sulla stessa frequenza in tutto il territorio nazionale.

i|so|ga|mè|te *s.m.* (*biol.*) ciascuno dei gameti maschili e femminili identici appartenenti a una stessa specie.

i|so|ga|mi|a *s.f.* (*biol.*) riproduzione sessuale tra due isogameti, propria di alcuni organismi inferiori (p.e. alghe e funghi).

i|so|glòs|sa *s.f.* (*ling.*) linea tracciata su una carta geografica per segnare tutti i punti in cui si rileva un dato fenomeno linguistico.

i|so|iè|ta *s.f.* (*meteor.*) linea tracciata su una carta geografica che unisce tutti i punti con uguale piovosità.

i|sò|go|no *agg.*, *s.m.* detto di figura geometrica con gli angoli uguali a quelli di un'altra.

i|so|i|psa *s.f.* in cartografia, linea che unisce tutti i punti aventi pari altitudine.

i|so|la *s.f.* **1** porzione di terra emersa circondata dalle acque lungo tutto il suo perimetro | — **vulcanica**, quella formata dall'emersione di un vulcano | — **corallina**, quella formata da banchi di coralli **2** (*estens.*) l'insieme degli abitanti di un'isola: *l'intera — manifestò la sua protesta* **3** (*fig.*) territorio che si distingue da quelli circostanti per una o più caratteristiche | — **linguistica**, area dove si parla una lingua differente da quella delle regioni circostanti | — **pedonale**, area urbana chiusa al traffico degli automezzi **4** spazio o struttura rialzati nel mezzo di una strada: *— spartitraffico*, *rotazionale* **5** (*anat.*) agglomerato di cellule omogenee inserito in un tessuto di tipo diverso.

i|so|là|bi|le *agg.* che può essere separato da quanto lo circonda: *elementi non isolabili dal complesso*.

i|so|la|mén|to *s.m.* **1** condizione di chi vive separato dagli altri, per scelta o perché vittima di emarginazione; solitudine | **reparto di** —, in ospedale, quello destinato ai malati contagiosi **2** provvedimento repressivo per cui un detenuto viene segregato lontano dagli altri: *mettere in —* **3** condizione di una nazione che non intrattiene rapporti con altri paesi **4** il complesso delle operazioni o delle strutture che impediscono il passaggio di calore, corrente elettrica, suoni e sim.: *— acustico*, *termico*.

i|so|là|no *agg.* relativo a un'isola, alla sua cultura, ai suoi abitanti e sim. ♦ *s.m.* [f. *-a*] chi è nato o abita in un'isola.

i|so|làn|te *part.pres. di* isolare ♦ *agg.*, *s.m.* detto di materiale in grado di limitare o impedire il passaggio di calore, corrente elettrica o suoni: *pannello —*; *— acustico*, *elettrico*.

i|so|là|re *v.tr.* [indic.pres. *io isolo*...] **1** separare ql.co. o qlcu. da quanto lo circonda: *— un detenuto pericoloso* | estrapolare, enucleare: *— poche battute da un discorso* **2** (*chim.*) separare una sostanza dalle altre con cui è in soluzione | (*biol.*) individuare germi, bacilli e sim. **3** impedire il transito di energia elettrica, calore o suoni tra due corpi o due ambienti ♦ **-rsi** *rifl.* **1** tenersi lontano dagli altri; appartarsi: *— dalla vita mondana* **2** detto di uno Stato, condurre una politica di isolazionismo.

i|so|là|to[1] *part.pass. di* isolare ♦ *agg.* **1** separato, appartato: *abitazione*, *vita isolata* **2** che non rientra in un gruppo, in una tipologia: *caso — ***3** che è in condizione di isolamento acustico, elettrico o termico: *cavo —* ♦ *s.m.* [f. *-a*] persona che ha contatti ridotti o del tutto nulli con gli altri □ **isolatamente** *avv.*

i|so|là|to[2] *s.m.* nelle città, edificio o gruppo di edifici circondato lungo tutto il suo perimetro da strade: *percorrere tutto l'—*.

i|so|la|tó|re *s.m.* (*tecn.*) elemento o strumento che permette di isolare elettricamente un corpo.

i|so|la|zio|ni|smo *s.m.* condotta politica di una nazione che tende a ridurre al minimo o eliminare del tutto i contatti diplomatici, commerciali e culturali con gli altri Stati.

i|so|la|zio|ni|sta *agg.*, *s.m./f.* [m.pl. *-i*] che, chi persegue una politica di isolazionismo.

i|so|la|zio|ni|sti|co *agg.* [m.pl. *-ci*] relativo all'isolazionismo o agli isolazionisti.

i|so|me|rì|a *s.f.* (*chim.*) fenomeno per cui due o più sostanze di uguale composizione hanno struttura molecolare diversa e, quindi, presentano proprietà chimiche e fisiche differenti.

i|so|me|riz|za|zió|ne *s.f.* (*chim.*) trasformazione di un composto in un suo isomero.

i|sò|me|ro *agg.*, *s.m.* (*chim.*) si dice di composto caratterizzato da isomeria.

i|so|me|trì|a *s.f.* **1** carta geografica realizzata sulla base di curve isometriche **2** (*geom.*) trasformazione nella quale tutte le distanze tra punti restano invariate.

i|so|mè|tri|ca *s.f.* in cartografia, linea che unisce i punti in cui un dato fenomeno presenta lo stesso valore.

i|so|mè|tri|co *agg.* [m.pl. *-ci*] **1** in cartografia, si dice di linea che unisce tutti i punti in cui un dato fenomeno (p.e. piovosità, altitudine) ha lo stesso valore **2** (*geom.*) si dice di trasformazione caratterizzata da isometria **3** (*min.*) si dice di cristalli che hanno sviluppo simile lungo i tre assi.

i|so|mor|fi|smo *s.m.* (*chim.*, *min.*) fenomeno per cui sostanze diverse per composizione chimica cristallizzando producono strutture simili.

i|so|mòr|fo *agg.* caratterizzato da isomorfismo.

i|so|scè|le *agg.* (*geom.*) detto di triangolo o trapezio avente due lati uguali.

i|so|sil|là|bi|co *agg.* [m.pl. *-ci*] che ha il medesimo numero di sillabe: *versi isosillabici*.

i|so|sil|la|bi|smo *s.m.* caratteristica di parole, versi isosillabici.

i|so|sta|si|a *s.f.* (*geol.*) stato di equilibrio tra gli strati superficiali e quelli profondi, più viscosi, della crosta terrestre.

i|so|tèr|ma *s.f.* sulle carte geografiche, linea che unisce i punti caratterizzati dalla stessa temperatura media.

i|so|ter|mì|a *s.f.* proprietà di un corpo o di un sistema di mantenere costante la propria temperatura.

i|so|tèr|mi|co *agg.* [m.pl. -*ci*] **1** (*fis.*, *chim.*) si dice di fenomeno che avviene senza variazione di temperatura **2** (*estens.*) che presenta o riesce a mantenere una temperatura costante: *contenitore —*.

i|so|to|pì|a *s.f.* (*chim.*) proprietà degli elementi che sono isotopi.

i|sò|to|po *agg.*, *s.m.* (*chim.*) si dice di elementi che hanno uguale numero atomico e uguali proprietà chimiche, ma differente numero di massa atomica.

I|sòt|te|ri *s.m.pl.* ordine di Insetti in cui rientra la famiglia delle termiti.

i|spa|ni|co *agg.* [m.pl. -*ci*] **1** della Spagna, spec. antica **2** dei paesi di lingua spagnola: *le culture ispaniche dell'America Latina*.

i|spa|ni|smo *s.m.* (*ling.*) parola, espressione dello spagnolo adottate in un'altra lingua.

i|spa|ni|sta *s.m./f.* [m.pl. -*i*] studioso della lingua e della cultura spagnola.

i|spa|niz|zà|re *v.tr.* abituare alla cultura e ai costumi spagnoli ♦ -**rsi** *intr.pron.* adottare cultura e costumi spagnoli.

i|spa|niz|za|zió|ne *s.f.* processo di adattamento alla cultura spagnola: *l'— delle popolazioni dell'America meridionale*.

i|spà|no *agg.* della Spagna antica ♦ *s.m.* [f. -*a*] membro di popolazioni stanziatesi nella Spagna antica.

i|spà|no-a|me|ri|cà|no *agg.* **1** relativo alla Spagna e agli Stati Uniti: *guerre ispano-americane* **2** relativo agli Stati di lingua spagnola dell'America Latina: *popolazioni ispano-americane*.

i|spa|nò|fo|no *agg.*, *s.m.* [f. -*a*] detto di chi parla lo spagnolo come prima lingua.

i|spes|si|mén|to o **inspessiménto** *s.m.* aumento di spessore, di consistenza.

i|spes|si|re o **inspessire** *v.tr.* [indic.pres. *io ispessisco*, *tu ispessisci*...] aumentare lo spessore di ql.co.: *— la trama di un tessuto* | rendere più consistente, più intenso ♦ -**rsi** *intr.pron.* acquisire maggiore spessore o densità.

i|spet|tì|vo *agg.* **1** relativo all'ispezione **2** volto a ispezionare: *visita ispettiva*.

i|spet|to|rà|to *s.m.* **1** carica di ispettore | durata di tale carica **2** organo pubblico che ha il compito di vigilare su certi servizi e determinate attività: *— centrale*, *territoriale* | la sede di tale organo.

i|spet|tó|re *s.m.* [f. -*trice*] funzionario statale, di ente pubblico o privato, che ricopre funzioni di controllo in merito a un determinato oggetto: *—*

ministeriale; *mandare gli ispettori* | *— di polizia*, l'ufficiale di grado superiore al sovrintendente.

i|spe|zio|nà|re *v.tr.* [indic.pres. *io ispezióno*...] **1** sottoporre a ispezione **2** (*estens.*) esaminare per controllo: *— i servizi igienici*.

i|spe|zió|ne *s.f.* **1** esame accurato finalizzato a verificare lo stato di ql.co.: *— dei registri contabili* **2** accertamento condotto da un ispettore: *ordinare un'—*.

i|spi|déz|za *s.f.* scabrosità, ruvidezza.

i|spi|do *agg.* **1** che è fatto o ricoperto di peli irti e pungenti: *una barba ispida*; *guance ispide* | (*estens.*) ricoperto di aculei, di spine e sim. **2** (*fig.*, *raro*) di carattere aspro; scontroso: *un personaggio* — | (*lett.*) scabroso, difficile da capire o trattare: *sono temi ispidi*.

i|spi|rà|re *v.tr.* **1** far nascere nell'animo; infondere: *— antipatia*; *— un desiderio di rivalsa* **2** (*estens.*) consigliare, suggerire: *l'urgenza gli ispirò una nuova soluzione* **3** fornire lo spunto per realizzare un'opera d'arte: *quella visione gli ispirò un dipinto* | rivelare, trasmettere per potere soprannaturale: *Dio gli ispirava le sue opere* ♦ -**rsi** *intr.pron.* **1** trarre lo spunto creativo: *si ispirava ai colori della natura* **2** rifarsi a un modello, a un esempio: *— alle opere dei grandi artisti* | prendere fondamento, conformarsi: *una legislazione che si ispira al pensiero illuministico*.

i|spi|rà|to *part.pass.* *di* ispirare ♦ *agg.* **1** che parla per ispirazione divina: *profeta* — | mosso da ispirazione artistica: *artista* — **2** ricco di ispirazione e originalità: *discorso* — **3** scritto, dettato per ispirazione divina | *libri ispirati*, le Sacre Scritture **4** (*coll.*) invogliato a fare ql.co.: *oggi non mi sento proprio* —.

i|spi|ra|tó|re *agg.*, *s.m.* [f. -*trice*] che, chi fornisce l'ispirazione, lo spunto iniziale per ql.co.: *il motivo — di una scelta*; *l'ispiratrice di una poesia*.

i|spi|ra|zió|ne *s.f.* **1** momento di intensa creatività artistica: *essere nel pieno dell'—* **2** suggerimento, spunto: *fornire l'—* | (*estens.*) orientamento: *norme d'— liberale* **3** impulso estemporaneo, intuizione: *mi è venuta l'— di venirti a trovare*.

i|sra|e|lià|no *agg.* del moderno Stato d'Israele: *il governo —* ♦ *s.m.* [f. -*a*] chi è nato o abita nello Stato d'Israele.

i|sra|e|li|ta *agg.*, *s.m./f.* [m.pl. -*i*] che, chi fa parte del popolo ebraico o professa l'ebraismo.

i|sra|e|li|ti|co *agg.* [m.pl. -*ci*] relativo agli israeliti, al popolo ebraico; ebraico: *religione israelitica*.

is|sà|re *v.tr.* **1** sollevare ql.co. per mezzo di cavi, carrucole e sim.: *— la bandiera* **2** (*estens.*) trasferire ql.co. di pesante in un luogo più alto: *— il bagaglio a bordo*.

-is|si|mo *suff.* si usa normalmente per formare il superlativo assoluto degli aggettivi (*bravissimo*, *giovanissimo*).

is|sò|po *s.m.* pianta cespugliosa spontanea i cui fiori sono utilizzati a scopo medicinale.

-i|sta *suff.* si usa nella formazione di sostantivi e aggettivi connessi con i termini in *-ismo* (*futu-*

istal|là|re *v.tr. e deriv.* → **installare** *e deriv.*
i|sta|mì|na *s.f. (chim., biol.)* amminoacido vasodilatatore che è il fattore principale in molte manifestazioni allergiche.
i|stan|tà|ne|a *s.f.* **1** fotografia realizzata con un tempo di posa molto breve **2** (*estens.*) fotografia scattata a soggetti in attività, non in posa.
i|stan|ta|nei|tà *s.f.* carattere di ciò che è istantaneo; immediatezza.
i|stan|tà|ne|o *agg.* **1** che si realizza in un istante; immediato: — *cambiamento* **2** (*estens.*) rapidissimo; repentino □ **istantaneamente** *avv.*
i|stàn|te *s.m.* **1** momento la cui durata è tanto minima da non essere rilevabile; attimo | *all'—*, subito | *nell'— che*, nel momento in cui **2** (*estens.*) rapido lasso di tempo: *ci metto un —*.
i|stàn|za *s.f.* **1** domanda scritta presentata a un'autorità giudiziaria o amministrativa: *respingere un' —* | (*dir.*) *giudizio di prima*, *seconda —*, giudizio di primo, secondo grado | *in ultima —*, infine **2** (*estens.*) richiesta, domanda rivolta da un privato alla pubblica autorità per ottenere una concessione: *inoltrare un' —* **3** insistenza: *sono costretto a cedere alle tue istanze* **4** bisogno, esigenza: *istanze democratiche*.
i|stau|rà|re *v.tr. e deriv.* → **instaurare** *e deriv.*
i|ste|rec|to|mì|a *s.f.* (*med.*) rimozione chirurgica dell'utero.
i|ste|rì|a *s.f.* (*med.*) isterismo.
i|stè|ri|co *agg.* [m.pl. *-ci*] (*med., psicoan.*) **1** proprio dell'isterismo; caratterizzato o causato da isterismo: *reazione isterica* **2** che soffre di isterismo o è spesso iroso ♦ *s.m.* [f. *-a*] **1** (*med., psicoan.*) chi soffre di isterismo **2** (*estens.*) chi è soggetto a frequenti scatti d'ira □ **istericamente** *avv.*
i|ste|ri|li|mén|to *s.m.* (*anche fig.*) processo che rende sterile | condizione di ciò che è diventato sterile, improduttivo: *l'— dei campi, della fantasia*.
i|ste|ri|lì|re o **insterilire** *v.tr.* [indic.pres. *io isterilisco, tu isterilisci...*] (*anche fig.*) rendere improduttivo: *la siccità isterilisce i campi* ♦ *-rsi intr. pron.* diventare improduttivo.
i|ste|rì|smo *s.m.* **1** (*med., psicoan.*) forma grave di nevrosi caratterizzata da disturbi somatici e conflitti psichici **2** (*estens.*) crisi di nervi; scatto rabbioso | reazione emotiva incontrollata: — *di massa*.
i|ste|ro|sco|pì|a *s.f.* (*med.*) esame endoscopico della cavità uterina.
i|ste|ro|to|mì|a *s.f.* (*med.*) incisione della parete uterina, praticata p.e. nel parto cesareo.
-ì|sti|co *suff.* si usa nella formazione di aggettivi connessi con i sostantivi in *-ismo* e in *-ista* (*egoistico, altruistico*).
i|sti|ga|mén|to *s.m.* (*raro*) istigazione.
i|sti|gà|re *v.tr.* [indic.pres. *io istigo, tu istighi...*] incitare, indurre a compiere azioni malvagie: — *alla violenza*; — *a commettere una rapina*.
i|sti|ga|tó|re *s.m.* [f. *-trice*] chi istiga, fomenta: *l'— di un delitto*.
i|sti|ga|zió|ne *s.f.* incitamento a compiere cattive azioni: — *a delinquere*.
i|stil|là|re o **instillàre** *v.tr.* **1** versare, introdurre a gocce **2** (*fig.*) infondere progressivamente nell'animo: — *il senso dell'onestà*.
i|stin|ti|vi|tà *s.f.* carattere di cosa o persona istintiva.
i|stin|tì|vo *agg.* **1** che è frutto dell'istinto: *simpatia istintiva* | fatto senza ragionare, in maniera impulsiva: *reazione istintiva* **2** detto di persona che agisce basandosi più sull'istinto che sulla riflessione ♦ *s.m.* [f. *-a*] persona istintiva □ **istintivamente** *avv.*
i|stìn|to *s.m.* **1** tendenza innata ed ereditaria che porta gli esseri viventi ad assumere comportamenti finalizzati alla conservazione della specie: — *riproduttivo* **2** predisposizione naturale; indole: *ha l'— poetico* **3** (*estens.*) impulso immediato ad agire in un determinato modo | *d'—*, senza riflettere, automaticamente: *reagire d'—*.
i|sti|tu|ì|re *v.tr.* [indic.pres. *io istituisco, tu istituisci...*] **1** dar vita a ql.co. di pubblico: — *un nuovo corso di studi*; — *una commissione d'inchiesta* **2** stabilire, spec. creando una relazione tra due o più elementi: — *un paragone* **3** (*dir.*) nominare, designare in maniera ufficiale: — *i propri nipoti eredi*.
i|sti|tu|tì|vo *agg.* che istituisce: *atto —*.
i|sti|tù|to *s.m.* **1** ogni ente pubblico o privato creato per raggiungere determinati fini: — *scolastico, ospedaliero* | — *di bellezza*, centro per la cura estetica della persona | — *di credito*, banca **2** edificio o complesso di edifici che ospitano la sede di un ente **3** il complesso delle norme morali, giuridiche, politiche che regolano la vita sociale e i comportamenti: *l'— del matrimonio*.
i|sti|tu|tó|re *s.m.* [f. *-trice*] **1** chi fonda ql.co.: *l'— di una congregazione religiosa* **2** precettore.
i|sti|tu|zio|nà|le *agg.* **1** che è proprio di un'istituzione o di una carica pubblica: *doveri istituzionali* **2** relativo ai fondamenti di una disciplina: *corso —* □ **istituzionalmente** *avv.* in un'ottica istituzionale.
i|sti|tu|zio|na|liz|zà|re *v.tr.* **1** dare forma giuridica, carattere di istituzione: — *una consuetudine* **2** (*estens.*) rendere stabile, permanente: — *un legame* ♦ *-rsi intr.pron.* assumere carattere di istituzione, stabilità.
i|sti|tu|zio|na|liz|za|zió|ne *s.f.* acquisizione di un carattere di stabilità, spec. dal punto di vista giuridico.
i|sti|tu|zió|ne *s.f.* **1** atto con cui si istituisce, si crea ql.co.: *l'— di una nuova cattedra universitaria* **2** organo, ente istituito con un determinato fine: — *scolastica*; —, *pubblica, privata* **3** complesso di norme che regolano un determinato aspetto del vivere comune; istituto: — *del matrimonio* | (*pl.*) il complesso degli organismi di uno Stato e i principi cui si ispirano: *le istituzioni civili* **4** (*fig.*) persona dotata di grande autorevolezza: *nel suo campo di studi è una vera —* **5**

(*spec.pl.*) l'insieme delle conoscenze fondamentali di una disciplina: *istituzioni di latino*.

ist|mi|co *agg.* [m.pl. *-ci*] di un istmo.

ist|mo *s.m.* **1** striscia di terra bagnata dal mare su entrambi i lati che congiunge due continenti o una penisola e un continente **2** (*anat.*) porzione ristretta di un organo.

i|sto- (*scient.*) primo elemento di parole composte che indica relazione con i tessuti organici (*istologia*).

i|sto|gè|ne|si *s.f.* (*biol.*) processo di formazione e differenziazione dei tessuti nell'embrione.

i|sto|gràm|ma *s.m.* [pl. *-i*] (*stat.*) rappresentazione grafica di grandezze per mezzo di figure geometriche le cui dimensioni sono proporzionali alle grandezze stesse.

i|sto|lo|gì|a *s.f.* settore della biologia che analizza la struttura microscopica dei tessuti animali o vegetali dal punto di vista del loro aspetto e delle loro funzioni.

i|sto|lò|gi|co *agg.* [m.pl. *-ci*] relativo all'istologia o ai tessuti organici: *analisi istologica*.

i|sto|lo|go *s.m.* [f. *-a*; m.pl. *-gi*] specialista in istologia.

i|sto|rià|re *v.tr.* [indic.pres. *io istòrio...*] ornare con immagini collegate tra loro da una logica narrativa: — *uno scudo*, *un portale* | (*estens.*) decorare.

i|stra|da|mén|to o **instradaménto** *s.m.* l'atto di avviare o di avviarsi per una strada.

i|stra|dà|re o **instradàre** *v.tr.* **1** spingere in una certa direzione: — *il corteo verso la piazza* **2** (*fig.*) indirizzare a un certo percorso di studio, professionale, artistico e sim.: — (*spreg.*) *alcu. verso la carriera artistica* ♦ **-rsi** *intr.pron.* intraprendere un percorso di studi, una carriera.

i|stri|à|no *agg.* dell'Istria ♦ *s.m.* **1** [f. *-a*] chi è nato o abita in Istria **2** il dialetto italiano parlato in Istria.

i|stri|ce *s.m.* **1** piccolo mammifero roditore rivestito di lunghi aculei erettili; porcospino **2** (*fig.*) persona scontrosa, di carattere scostante.

i|stri|ó|ne *s.m.* [f. *-a*] **1** nella Roma antica, attore di teatro **2** attore che recita in maniera volutamente enfatica e caricaturale | (*spreg.*) attore di scarso valore **3** (*estens.*, *fig.*) chi è portato ad assumere atteggiamenti plateali o a mettersi al centro dell'attenzione.

i|strio|né|sco *agg.* [m.pl. *-schi*] (*spreg.*) da istrione: *pose istrionesche*.

i|strio|ò|ni|co *agg.* [m.pl. *-ci*] proprio degli istrioni, degli attori teatrali.

i|strio|ni|smo *s.m.* tendenza ad assumere atteggiamenti plateali.

i|stru|i|re *v.tr.* [indic.pres. *io istruisco, tu istruisci...*; part.pass. *istruito*] **1** fornire e fare apprendere nozioni o competenze pratiche: — *in un mestiere*; — *al rispetto per l'ambiente* | addestrare: — *le reclute* **2** dare istruzioni: — *qlcu. sull'atteggiamento da tenere* **3** (*bur.*) avviare, istituire: — *un processo*, *una pratica* ♦ **-rsi** *rifl.* **1** acquisire informazioni o competenze su ql.co. **2** ragguagliarsi: *mi sono istruito sulle modalità del concorso*.

i|stru|ì|to *part.pass. di* istruire ♦ *agg.* che ha ricevuto un'istruzione di buon livello: *un giovane —*.

i|strut|ti|vo *agg.* che aiuta a imparare ql.co.; che insegna: *un documentario molto —*; *un'esperienza istruttiva*.

i|strut|tó|re *s.m.* [f. *-trice*] chi fa acquisire le nozioni e le competenze necessarie per fare ql.co.: — *di scuola guida*.

i|strut|tò|ria *s.f.* (*dir.*) fase in cui vengono espletati gli atti necessari ad avviare un processo.

i|strut|tò|rio *agg.* (*dir.*) dell'istruttoria | *segreto —*, il vincolo alla segretezza relativo agli atti di un processo penale.

i|stru|zió|ne *s.f.* **1** l'opera di istruire, formare: *l'— scolastica, universitaria* | addestramento: *l'— delle reclute* **2** il bagaglio delle conoscenze e delle competenze acquisite: *dimostrare una buona —* **3** (*spec.pl.*) l'insieme delle indicazioni necessarie allo svolgimento di un compito o alla realizzazione di ql.co.: *domandare istruzioni* | (*estens.*) testo scritto su prodotti e oggetti in vendita che ne spiega l'uso: *istruzioni per l'uso* **4** (*dir.*) l'avvio del processo.

i|stu|pi|di|mén|to *s.m.* perdita di intelligenza, di lucidità mentale | frastornamento.

i|stu|pi|dì|re *v.tr.* [indic.pres. *io istupidisco, tu istupidisci...*] rendere stupido | intontire: *la musica alta mi istupidisce* ♦ *intr.* [aus. *E*], **-rsi** *intr.pron.* diventare stupido | restare intontito, frastornato.

i|ta|lia|nì|smo *s.m.* (*ling.*) vocabolo o costrutto italiano che viene assunto in un'altra lingua.

i|ta|lia|nì|sta *s.m./f.* [m.pl. *-i*] studioso di italianistica.

i|ta|lia|nì|sti|ca *s.f.* studio della lingua e della cultura, spec. letteraria, italiana.

i|ta|lia|ni|tà *s.f.* **1** l'insieme dei caratteri propri dei costumi e della psicologia italiana: *l'— di certi gesti* **2** sentimento di appartenenza all'Italia.

i|ta|lia|niz|zà|re *v.tr.* **1** far assumere a qlcu. o a ql.co. caratteri e peculiarità tipicamente italiani | conferire la cittadinanza italiana **2** assumere un'espressione o un costrutto da una lingua straniera modificandone le caratteristiche secondo le abitudini grammaticali e di pronuncia dell'italiano: — *un termine francese* ♦ **-rsi** *intr.pron.* acquisire caratteristiche tipicamente italiane.

i|ta|lia|niz|za|zió|ne *s.f.* **1** adattamento alle caratteristiche culturali italiane: *l'— degli immigrati* **2** adattamento di un'espressione o di un costrutto stranieri al sistema linguistico italiano.

i|ta|lià|no *agg.* dell'Italia: *territorio —* ♦ *s.m.* **1** [f. *-a*] chi è nato o abita in Italia **2** la lingua neolatina parlata in Italia **3** la lingua e la letteratura italiana come materia d'insegnamento nelle scuole: *compito d'—*.

i|tà|li|co *agg.* [m.pl. *-ci*] dell'Italia antica: *civiltà italiche* ♦ *s.m.* [f. *-a*] membro delle popolazioni indoeuropee anticamente stanziate nell'Italia centro-meridionale.

italiòta agg. (st.) della Magna Grecia ♦ s.m./f. [m.pl. -i] (st.) abitante della Magna Grecia.

italoamericàno o **italo-americàno** agg. relativo all'Italia e agli Stati Uniti assieme: *scambi culturali italoamericani* ♦ s.m. [f. -a] cittadino statunitense di famiglia italiana.

italòfono agg., s.m. [f. -a] che, chi parla l'italiano.

-ite[1] suff. si usa in parole composte del linguaggio medico che indicano infiammazione (*appendicite*, *tonsillite*).

-ite[2] suff. si usa in parole composte del linguaggio scientifico e tecnico che designano minerali, leghe o esplosivi (*dolomite*, *dinamite*).

iter (lat.) s.m.invar. (bur.) procedura da seguire nell'espletamento di una pratica: — *legislativo* | — *parlamentare*, il percorso seguito da un disegno di legge prima di giungere all'emanazione.

iteràbile agg. (lett.) che può essere ripetuto, rinnovato.

iteràre v.tr. [indic.pres. *io itero*...] (lett.) ripetere, rinnovare: — *una domanda*.

iteratìvo agg. che esprime una ripetizione | (*ling.*) *verbo* —, quello che esprime il ripetersi di un'azione e il suo protrarsi nel tempo (p.e. fischiettare) | *suffisso*, *prefisso* —, quello che conferisce a un verbo l'aspetto iterativo (p.e. -*ri* in *riprovare*, -*ettare* in *fischiettare*).

iterazióne s.f. (lett.) ripetizione, rinnovo | (*ret.*) ripetizione di parole, frasi o concetti a fini stilistici.

itineraànte agg. che si trasferisce da un luogo all'altro; viaggiante: *spettacolo* —.

itineràrio s.m. 1 strada che si segue durante un viaggio; percorso gener. articolato in più tappe: *stabilire un* — 2 descrizione scritta o rappresentazione grafica di un viaggio, un percorso, spec. a fini turistici.

ittèrbio o **yttèrbio** s.m. elemento chimico, metallo delle terre rare (*simb.* Yb).

ittèrico agg. [m.pl. -*ci*] (*med.*) 1 di ittero; causato da ittero: *aspetto* — 2 che soffre di ittero ♦ s.m. [f. -a] (*med.*) chi soffre di ittero.

itterìzia s.f. (*med.*) ittero.

ittero s.m. (*med.*) accumulo di pigmenti biliari nel sangue che conferisce alla pelle una colorazione giallastra.

ittico agg. [m.pl. -*ci*] relativo ai pesci: *mercato* —.

ittio- primo elemento di parole composte che significa "pesce" o denota relazione con i pesci (*ittiofago*).

ittiocoltùra s.f. coltivazione di pesci, mitili e sim. in acque dolci o marine.

ittiofàgo agg., s.m. [f. -a; m.pl. -*gi*] detto di essere vivente che si nutre in maniera esclusiva o prevalente di pesci.

ittiofàuna s.f. il complesso delle diverse specie di pesci presenti in una data regione.

ittìolo s.m. (*farm.*) pomata scura ricavata da scisti bituminosi contenenti pesci fossili, impiegata come antisettico nelle affezioni della pelle.

ittiologìa s.f. branca della zoologia che si occupa dello studio dei pesci.

ittiològico agg. [m.pl. -*ci*] relativo all'ittiologia.

ittiòlogo s.m. [f. -a; m.pl. -*gi*] specialista in ittiologia.

ittiosàuro o **ictiosàuro** s.m. rettile fossile marino di grandi dimensioni con capo sottile allungato e arti trasformati in pinne, vissuto tra il periodo triassico e quello cretaceo.

ittita o **hittìta** agg. [m.pl. -*i*] di una popolazione indoeuropea stanziatasi in Asia Minore nel secondo millennio a.C. ♦ s.m. 1 [anche f.] membro di tale popolazione 2 lingua indoeuropea parlata dagli Ittiti.

ittrio o **yttrio** s.m. elemento chimico, metallo delle terre rare (*simb.* Y).

-itùdine suff. si usa nella formazione di sostantivi astratti che indicano qualità o stato (*attitudine*, *beatitudine*).

lùcca s.f. genere di piante con tronco alto anche diversi metri, foglie lineari fibrose e fiori bianchi riuniti a pannocchia.

iùgero s.m. misura di superficie in uso nell'antica Roma equivalente a circa 2500 m².

luglandàcee s.f.pl. famiglia di piante arboree dicotiledoni, diffuse nelle zone temperate dell'emisfero boreale, con frutti a drupa che contengono semi ricchi di olio; ne fa parte il noce.

iugoslàvo o **jugoslàvo** agg. dell'ex Iugoslavia ♦ s.m. [f. -a] (st.) nativo o abitante dell'ex Iugoslavia.

iugulàre agg., s.f. → **giugulare**.

iùnior agg., s.m./f. → **junior**.

iussìvo agg., s.m. (*ling.*) detto di forma o costruzione verbale che comunica un ordine (p.e. l'imperativo).

iùta s.f. fibra tessile ricavata dalla corteccia di alcune piante, utilizzata per fare stuoie, corde e tele da imballaggio.

iutière agg. della iuta: *industria iutiera*.

iutifìcio s.m. stabilimento per la lavorazione della iuta.

ivi avv. (lett.) lì, in quel luogo; si usa nelle citazioni di opere per rimandare a un passo già citato.

-ìvo suff. si usa nella formazione di aggettivi che indicano capacità, disposizione, qualità e sim. (*offensivo*, *soggettivo*).

ivoriàno agg. della Costa d'Avorio ♦ s.m. [f. -a] chi è nato o abita nella Costa d'Avorio.

izba s.f. → **isba**.

-ìzia suff. si usa nella formazione di sostantivi astratti derivati da aggettivi (*mestizia*, *furbizia*).

-ìzio suff. presente in sostantivi di origine latina (*sodalizio*) o utilizzato nella formazione di aggettivi derivati da sostantivi (*impiegatizio*).

-izzàre suff. si usa nei verbi che indicano attuazione, trasformazione (*nazionalizzare*, *socializzare*, *rivitalizzare*).

Jj

j *s.f./m.invar.* decima lettera dell'alfabeto (il suo nome è *i lunga*); sopravvive in alcuni toponimi e cognomi italiani con la medesima pronuncia della *i*, mentre è presente in numerose parole straniere non adattate, dove assume valori fonetici diversi | — *come jolly*, nella compitazione, spec. telefonica, delle parole.
jab (*ingl.*) [pr. *giàb*] *s.m.invar.* nel pugilato, colpo leggero usato per disturbare l'avversario.
j'accuse (*fr.*) [pr. jakküs] *loc.sost.m.invar.* denuncia esplicita e perentoria di un'ingiustizia, di un sopruso: *un durissimo* —.
jack (*ingl.*) [pr. *gek*] *s.m.invar.* **1** (*elettr.*) spinotto coassiale utilizzato come spina per la cuffia degli apparecchi stereo o per la connessione degli strumenti elettrici ai sistemi di amplificazione **2** il fante delle carte da gioco francesi.
jackpot (*ingl.*) [pr. *gèkpot*] *s.m.invar.* nei giochi d'azzardo, posta che è formata dall'accumulo delle quote del montepremi non assegnate nelle precedenti giocate.
jacquard (*fr.*) [pr. jakàr] *agg.*, *s.m.invar.* si dice di un punto a maglia con cui, alternando fili di colore diverso, si ottengono dei disegni, spec. geometrici | detto di capo realizzato con questo punto: *maglione* —.
Ja|cùz|zi® vasca con idromassaggio.
jam-session (*ingl.*) [pr. *gèm sèshon*] *s.f.invar.* (*mus.*) incontro informale tra musicisti che suonano improvvisando su un tema stabilito.
jazz (*ingl.*) [pr. *gès*, com. *gèz*] *s.m.invar., agg.invar.* genere musicale sviluppatosi originariamente nelle comunità nere degli Stati Uniti verso la fine dell'Ottocento, miscelando tradizioni musicali africane ed europee e privilegiando gli aspetti del ritmo e dell'improvvisazione: *musica* —.
jaz|zà|to [pr. *gèzzato*] *agg.* (*mus.*) suonato, arrangiato in stile jazz: *brano musicale* —.
jazz-band (*ingl.*) [pr. *gezbènd*] *s.f.invar.* gruppo, orchestra che suona musica jazz.
jaz|zì|sta [pr. *gezzìsta*] *s.m./f.* [pl. *-i*] musicista di jazz.
jaz|zì|sti|co [pr. *gezzìstico*] *agg.* [m.pl. *-ci*] relativo al jazz: *tradizione jazzistica*.
jeans (*ingl.*) [pr. *gìns*] *s.m.invar.* **1** tipo di tela resistente in cotone gener. blu, utilizzata spec. per confezionare indumenti informali: *camicia di* — **2** (*spec.pl.*) pantaloni di taglio informale realizzati con la tela di jeans; blue-jeans: *mettere i* — | pantaloni della stessa foggia dei jeans, anche se di altro tessuto.

jean|se|rì|a [pr. *ginserìa*] *s.f.* negozio che vende jeans e capi d'abbigliamento informale.
jeep® (*ingl.*) [pr. *gìp*] *s.f.invar.* **1** autovettura scoperta a trazione integrale, progettata per la marcia su terreni difficili **2** (*estens.*) qualsiasi automobile fuoristrada.
jersey (*ingl.*) [pr. *gèrsi*] *s.m.invar.* tessuto a maglia rasata.
jet (*ingl.*) [pr. *gèt*] *s.m.invar.* aeroplano a reazione; aviogetto.
jetlag (*ingl.*) [pr. *getlèg*] *s.m.invar.* complesso di disturbi che insorgono all'arrivo da un viaggio aereo che comporti il superamento di numerosi fusi orari.
jet-set (*ingl.*) [pr. *getsèt*] *loc.sost.m.invar.* l'alta società internazionale.
jet-society (*ingl.*) [pr. *gèt sosàieti*] *loc.sost.f. invar.* jet-set.
jihad (*ar.*) [pr. *giàd*] *s.f.invar.* nella tradizione islamica, guerra santa combattuta contro i nemici dell'Islam.
jingle (*ingl.*) [pr. *gìngl*] *s.m.invar.* breve motivo musicale usato come intermezzo durante le trasmissioni radio-televisive o come colonna sonora di uno spot pubblicitario.
jockey (*ingl.*) [pr. *giòkei*] *s.m.invar.* il fantino delle corse al galoppo.
jodel o **jodler** (*ted.*) [pr. *iòdel*] *s.m.invar.* canto per voci maschili, caratteristico delle zone alpine tirolesi e svizzere.
jogging (*ingl.*) [pr. *giògghin*] *s.m.invar.* corsa blanda praticata come esercizio fisico: *dedicarsi al* —.
joint venture (*ingl.*) [pr. *giòint vèncur*] *loc.sost. f.invar.* (*econ.*) contratto con cui due o più imprese si associano per la realizzazione di un progetto, mettendo in comune le rispettive competenze e ripartendo i rischi.
jolly (*ingl.*) [pr. *giòlli*] *s.m.invar.* **1** in vari giochi di carte, la carta cui si può assegnare qualsiasi valore **2** (*estens.*) cosa o persona in grado di ricoprire funzioni diverse: *è il — dell'azienda*.
joule (*ingl.*) [pr. *giùl, giàul*] *s.m.invar.* (*fis.*) unità di misura dell'energia e del lavoro nel Sistema Internazionale (*simb.* J); è pari al lavoro realizzato dalla forza di 1 newton quando il suo punto di applicazione si sposta di 1 m.
joystick (*ingl.*) [pr. *giòistik*] *s.m.invar.* unità periferica per computer dotata di una leva o di una cloche e di uno o più tasti, utilizzata per controllare il movimento delle immagini sullo schermo, spec. nella gestione dei videogiochi.

judo (*giapp.*) [pr. *giùdo*] *s.m.invar.* tecnica di lotta sportiva giapponese derivata dallo jujitsu e utilizzata come metodo di difesa personale.
ju|do|i|sta [pr. *giudoìsta*] *s.m./f.* [m.pl. *-i*] judoka.
judoka (*giapp.*) [pr. *giudòka*] *s.m./f.invar.* chi pratica il judo.
ju|go|slà|vo *agg., s.m.* → **iugoslavo**.
jujitsu (*giapp.*) [pr. *giugìtsu*] *s.m.invar.* arte marziale giapponese basata su prese e colpi offensivi diretti ai centri nervosi.
jukebox (*ingl.*) [pr. *giubòx*] *s.m.invar.* apparecchio automatico, gener. installato nei locali pubblici, contenente dischi che possono essere ascoltati dopo aver inserito una moneta o un gettone.
jumbo (*ingl.*) [pr. *giùmbo, giàmbo*] *s.m.invar.* **1** jumbo-jet **2** jumbo-tram.
jumbo-jet (*ingl.*) [pr. *giùmbogèt, giàmbogèt*] *s.m.invar.* aereo a reazione di grandi dimensioni, in grado di trasportare carichi molto elevati e un alto numero di passeggeri.

jum|bo-tràm [pr. *giùmbotràm, giàmbotràm*] *s.m.invar.* vettura tranviaria di grandi dimensioni articolata in più sezioni.
jun|ghià|no *agg.* relativo allo psicoanalista svizzero C.G. Jung (1875-1961) e alle sue teorie.
jù|nior o **iùnior** (*lat.*) *agg.invar.* **1** collocato dopo un nome proprio di persona indica il più giovane tra due membri omonimi della stessa famiglia (*abbr.* in jun. o jr.): *Marco Rossi jr.* **2** (*sport*) si dice di atleta appartenente a una categoria giovanile | (*estens.*) si dice di ql.co. creato espressamente per i bambini e i ragazzi.
ju|nió|res o **iunióres** (*lat.*) *agg.invar., s.m./f.invar.* (*sport*) si dice di categoria cui appartengono giovani di età compresa tra i 16 e i 21 anni | che, chi appartiene a tale categoria | *campionato* —, riservato alle categorie giovanili.
Junker (*ted.*) [pr. *iùnker*] *s.m.invar.* (*st.*) membro dell'aristocrazia terriera prussiana.
ju|ven|ti|no *agg.* relativo alla squadra di calcio torinese della Juventus: *la tifoseria juventina* ♦ *s.m./f.* giocatore, dirigente o tifoso di tale squadra.

Kk

k *s.f./m.invar.* undicesima lettera dell'alfabeto (il suo nome è *cappa*); viene impiegata in parole dotte di origine greca (*koinè*) e in altri forestierismi di varia provenienza (*kamikaze*, *kibbutz*) in cui è pronunciata come occlusiva velare sorda | — **come kilo** o **Kursaal**, nella compitazione, spec. telefonica, delle parole.
kabuki (*giapp.*) [pr. *kabùki*] *s.m.invar.* genere teatrale giapponese caratterizzato dall'alternanza di scene recitate, danzate e cantate.
kaf|kià|no *agg.* 1 relativo allo scrittore F. Kafka (1883-1924) o alle sue opere 2 (*estens.*) si dice di situazioni paradossali e angoscianti.
kaiser (*ted.*) *s.m.invar.* (*st.*) il titolo di imperatore nei paesi tedeschi.
kajal (*hindi*) [pr. *kajàl*] *s.m.invar.* cosmetico di colore nero o blu da applicare sul bordo interno della palpebra inferiore.
kalashnikov (*russo*) [pr. *kalàshnikof*] *s.m. invar.* fucile mitragliatore a caricatore curvo di produzione sovietica.
kamasutra (*sanscrito*) *s.m.invar.* 1 insieme di tecniche e posizioni erotiche descritte in un antico manuale indiano 2 (*estens.*) erotismo sfrenato: *cose degne del —*.
kamikaze (*giapp.*) [pr. *s.m./f.invar.* 1 (*st.*) durante la seconda guerra mondiale, aviatore giapponese disposto a morire lanciandosi con il proprio aereo carico di esplosivo contro un obiettivo nemico | (*estens.*) combattente o terrorista che compie un'azione suicida: *un — si è fatto saltare in aria in mezzo alla folla* 2 (*fig.*) chi si rende protagonista di azioni estremamente rischiose o insensate.
kan|tià|no *agg.* relativo al filosofo tedesco I. Kant (1724-1804) o al suo pensiero: *la critica kantiana* ♦ *s.m.* chi segue la filosofia di Kant.
kan|ti|smo *s.m.* l'insieme delle idee filosofiche di Kant.
ka|o|ne *s.m.* (*fis.*) mesone di massa circa mille volte superiore a quella dell'elettrone.
kapò (*ted.*) *s.m./f.* nei lager nazisti, prigioniero cui venivano affidati incarichi di sorveglianza e mantenimento dell'ordine.
ka|pòk *s.m.invar.* materiale da imbottitura ricavato dai peli lanuginosi che avvolgono i frutti di diverse piante tropicali.
kap|pa|ò *avv.* (*fam.*) fuori combattimento; knock-out: *finire —*.
kaputt o **kaput** (*ted.*) [pr. *kapùt*] *agg.invar.* (*fam.*) 1 finito, distrutto | morto 2 fuori uso, guasto: *l'auto è —*.
karakiri *s.m.invar.* → **harakiri**.

karaoke (*giapp.*) *s.m.invar.* gioco che consiste nel cantare su una base musicale preregistrata seguendo la visualizzazione del testo della canzone su uno schermo.
karate (*giapp.*) [pr. *karàte*] o **karatè** *s.m.* arte marziale giapponese in cui i colpi sono inferti sia con i piedi che con le mani.
ka|ra|te|ka *s.m./f.invar.* chi pratica il karate.
kar|ka|dè *s.m.* → **carcadè**.
karma o **karman** (*sanscrito*) *s.m.invar.* 1 nella tradizione religiosa indiana, le azioni compiute da un individuo nelle sue vite precedenti che determinano le caratteristiche della sua successiva reincarnazione 2 (*estens.*) destino, sorte.
kart (*ingl.*) *s.m.invar. abbr. di* go-kart.
karting (*ingl.*) [pr. *kàrtin*] *s.m.invar.* sport motoristico praticato con i go-kart.
kar|ti|smo *s.m.* karting.
kar|ti|sta *s.m./f.* [pl.m. *-sti*] chi pratica il karting.
kar|tò|dro|mo *s.m.* circuito sul quale si disputano gare di go-kart.
kasher o **kosher** (*ebr.*) [pr. *kashèr*] *agg.invar.* nella tradizione religiosa ebraica si dice di ogni cibo considerato ritualmente puro.
kashmir (*ingl.*) [pr. *kàshmir*] *s.m.invar.* cachemire.
kayak (*ingl.*) [pr. *kaiàk*] *s.m.invar.* 1 canoa eschimese da pesca a un solo posto, governata e sospinta a pagaia 2 la canoa da competizione da essa derivata | la disciplina sportiva nella quale si utilizzano tali canoe: *praticare il —*.
ka|ya|ki|sta *s.m./f.* chi pratica lo sport del kayak.
kay-way (*ingl.*) [pr. *kèiuèi* o *kiuèi*] *s.m.invar.* → **k-way**®.
ka|zà|co *agg.* relativo allo stato asiatico del Kazakistan ♦ *s.m.* 1 [f. *-a*] chi appartiene alla popolazione turco-mongola stanziata in Kazakistan 2 idioma del ceppo turco parlato in Kazakistan.
Kbyte *s.m.invar. abbr. di* kilobyte.
kebab (*turco*) [pr. *kebàb*] *s.m.invar.* (*gastr.*) pietanza a base di carne arrostita di agnello o montone, tipica della cucina mediorientale | (*estens.*) il panino caldo imbottito con tale carne e altra farcitura.
kefiah (*ar.*) [pr. *kèfia* o *kefiia*] *s.f.invar.* riquadro di tela a disegni geometrici e piegato a triangolo, utilizzato come copricapo maschile nel mondo arabo e diffuso nel mondo occidentale soprattutto come sciarpa.
kèl|vin *s.m.invar.* (*fis.*) unità di misura della tem-

peratura nel Sistema Internazionale (*simb.* K); è pari a 1 grado centigrado, ma in una scala in cui lo zero è fissato a –273,14 gradi centigradi.
ke|nià|no *agg.*, *s.m./f.* keniota.
ke|niò|ta *agg.* del Kenia ♦ *s.m./f.* [pl.m. -*i*] chi è nato o abita in Kenia.
ken|ne|dià|no *agg.* relativo al presidente degli Stati Uniti d'America John F. Kennedy (1917-1963): *politica kennediana.*
kermesse (*fr.*) [pr. *kermès*] *s.f.* **1** festa popolare | (*estens.*) vivace e rumoroso festeggiamento **2** (*sport*) gara ciclistica.
ke|ro|sè|ne *s.m.* → **cherosene**.
ketchup (*ingl.*) [pr. *kèciap*] *s.m.invar.* salsa agrodolce a base di pomodoro, aceto e spezie.
key|ne|sià|no (*econ.*) *agg.* **1** relativo all'economista inglese J.M. Keynes (1883-1946) o alla sua opera **2** ispirato alle teorie di Keynes: *politica keynesiana* ♦ *s.m.* chi sostiene politiche di intervento dello stato a sostegno della domanda, secondo le teorie di Keynes.
keyword (*ingl.*) [pr. *kìuord*] *s.f.invar.* (*inform.*) parola chiave.
khmer (*cambogiano*) *agg.invar.* cambogiano ♦ *s.m.invar.* **1** [anche f.] chi è nato o abita in Cambogia | — *rossi*, rivoluzionari comunisti cambogiani al potere in Cambogia dal 1975 al 1979 **2** lingua del gruppo indocinese parlata in Cambogia.
kibbutz (*ebr.*) [pr. *kibbùz*] *s.m.invar.* in Israele, fattoria a gestione collettivistica.
kick boxing (*ingl.*) [pr. *kikbòksin*] *loc.sost. m.invar.* (*sport*) lotta sportiva derivata dalla boxe nella quale si può colpire sia con i pugni protetti da guantoni sia con i piedi nudi.
kidnapping (*ingl.*) [pr. *kidnàppin*] *s.m.invar.* sequestro di bambini a fini di estorsione.
killer (*ingl.*) *s.m./f.invar.* **1** chi commette omicidi su commissione; sicario | *serial* —, chi commette più omicidi in sequenza **2** (*estens.*) chi, per raggiungere i propri scopi, cerca di avere la meglio sugli avversari calunniandoli allo scopo di screditarli ♦ *agg.invar.* che uccide: *zanzara* —.
kil|le|ràg|gio *s.m.* (*fig.*) aggressione, linciaggio morale.
ki|lo- → **chilo-**.
kilobyte (*ingl.*) [pr. *kilobàit*] *s.m.invar.*(*inform.*) unità di misura della memoria pari a 1024 byte (*abbr.* Kbyte).
kilt (*ingl.*) *s.m.invar.* il gonnellino pieghettato a riquadri di vari colori, che fa parte del costume maschile tradizionale scozzese.
kim|ber|li|te *s.f.* (*min.*) roccia eruttiva da cui viene estratto il diamante.
kimono *s.m.* → **chimono**.
kindergarten (*ted.*) [pr. *kindergàrten*] *s.m. invar.* giardino d'infanzia, asilo infantile.
kinderheim (*ted.*) [pr. *kìnderaim*] *s.m.invar.* colonia per bambini, spec. nei luoghi di villeggiatura.
ki|ne|sio|lo|gì|a *s.f.* → **cinesiologia**.
ki|ne|si|te|ra|pì|a *s.f.* → **cinesiterapia**.

king (*ingl.*) *s.m.invar.* la figura del re nelle carte da gioco francesi.
king-size (*ingl.*) [pr. *kingsàiz*] *loc.agg.invar.* di formato gigante.
kippah (*ebr.*) [pr. *kipà*] *s.f.invar.* copricapo a forma di piccola calotta indossato dagli ebrei durante i riti religiosi.
kippur o **kipur** (*ebr.*) [pr. *kipùr*] *s.m.invar.* nella religione ebraica, il giorno dell'espiazione e del digiuno.
kirsch (*ted.*) [pr. *kirsh*] *s.m.invar.* acquavite di ciliegie tipica dell'Europa centrale.
kit (*ingl.*) *s.m.invar.* **1** nel fai da te e nel modellismo, l'insieme di pezzi necessari alla realizzazione di un oggetto: — *di montaggio* **2** confezione che raccoglie un assortimento di strumenti per un dato scopo: — *per campeggio.*
kitsch (*ted.*) [pr. *kič*] *agg.invar.* di cattivo gusto, pacchiano: *una lampada molto* — ♦ *s.m.* gusto dozzinale o eccessivamente stravagante.
ki|wi o **kivi** *s.m.* **1** (*bot.*) frutto carnoso a polpa verde e buccia marrone, ricco di vitamina C **2** (*zool.*) grosso uccello della Nuova Zelanda, con corpo tozzo e ali inadatte al volo.
kleenex® (*ingl.*) [pr. *klìneks*] *s.m.invar.* denominazione commerciale di fazzoletti usa e getta | (*estens.*) fazzoletto di carta: *passami un* —.
knock-down (*ingl.*) [pr. *nokdàun*] *s.m.invar.* (*sport*) nel pugilato, atterramento momentaneo.
knock-out (*ingl.*) [pr. *nokkàut*] *s.m.invar.* **1** (*sport*) nel pugilato, atterramento definitivo (*abbr.* k.o.); sconfitta prima del termine dell'incontro: *un colpo da* — **2** (*fig.*) bruciante sconfitta.
know-how (*ingl.*) [pr. *noàu*] *s.m.invar.* patrimonio di conoscenze teoriche e operative relative a un dato settore: *metterci il* —.
k.o. *s.m.invar. abbr. di* knock-out.
ko|à|la *s.m.invar.* mammifero australiano dei Marsupiali di aspetto simile a quello di un piccolo orso, con soffice pelliccia grigiastra e piedi prensili.
kò|diak *s.m.invar.* orso bruno di eccezionali dimensioni diffuso unicamente in Alaska.
koi|nè o **coinè** *s.f.invar.* **1** la lingua greca comune, di base attica, utilizzata nel Mediterraneo centroorientale a partire dalla fine del sec. IV a.C. | (*estens.*) lingua comune di una data area geografica **2** (*fig.*) affinità culturale.
kolchoz (*russo*) [pr. *kôlkoz*] *s.m.invar.* (*st.*) azienda agricola cooperativa tipica dell'Unione Sovietica.
kolossal (*ted.*) [pr. *kolòssal* o *kòlossal*] *s.m. invar.* film o altro spettacolo realizzato con grande impiego di mezzi produttivi: — *cinematografico.*
kò|re *s.f.* [pl. *korai*] statua votiva tipica della scultura greca arcaica, raffigurante una giovane ammantata in piedi.
kosher (*ebr.*) [pr. *koshèr*] *agg.invar.* → **kasher**.
ko|so|và|ro *agg.* del Kosovo, regione autonoma della Serbia a maggioranza albanese ♦

s.m. [f. *-a*] abitante del Kosovo di etnia albanese.
krapfen (*ted.*) [pr. *kràpfen*] o **cràfen** *s.m.invar.* frittella di pasta lievitata, eventualmente ripiena di marmellata o crema.
kümmel (*ted.*) *s.m.invar.* liquore dolce e forte aromatizzato al cumino.
kung fu (*giapp.*) [pr. *kunfù*] *loc.sost.m.invar.* arte marziale giapponese derivata dal karatè.
kù|ros *s.m.* [pl. *kuroi*] statua votiva tipica della scultura greca arcaica raffigurante un giovane nudo e in piedi.

ku|wai|tià|no *agg.* 1 del Kuwait, stato arabo del golfo Persico 2 che abita o è originario del Kuwait ♦ *s.m.* [f. *-a*] chi è nato o abita nel Kuwait.
k-way® o **kay-way** (*ingl.*) [pr. *kèiuèi* o *kiuèi*] *s.m.invar.* giacca impermeabile leggerissima che può essere ripiegata su se stessa a formare un piccolo marsupio.
ky|rie (*lat.*) [pr. *kìrie*] *s.m.invar.* (*lit.*) kyrie eleison.
ky|rie e|lèi|son (*lat.*) [pr. *kìrie elèison*] *loc.sost. m.invar.* (*lit.*) invocazione della Messa oggi sostituita prevalentemente con l'espressione italiana "Signore, pietà".

LI

l *s.f./m.invar.* dodicesima lettera dell'alfabeto italiano (il suo nome è *elle*); consonante laterale alveolare | — *come Livorno*, si usa nella compitazione, spec. telefonica, delle parole | *L*, nella numerazione romana, il numero cinquanta.

la¹ *art.det.f.sing.* [si elide davanti a vocale; pl. *le*] **1** si premette ai sostantivi femminili singolari per indicare che la persona o la cosa in questione è già nota o nominata, oppure si distingue all'interno del gruppo di cui fa parte: *l'isola dista pochi chilometri*; — *casa di fronte* | precede un cognome di donna, spec. celebre, non accompagnato dal nome: — *Kuliscioff* | (*region.*) precede un nome di battesimo femminile: — *Luisa* **2** [con valore dimostr.] questa; quella: *ti telefonerò entro — settimana; tra le auto scegli — più spaziosa* **3** [con valore temporale] durante la, nella: *sono stato in Africa — scorsa estate* **4** [con valore distributivo] ogni: *due volte — settimana* **5** unendosi alle preposizioni *a*, *con*, *da*, *di*, *in*, *su* forma le prep. articolate *alla*, *colla*, *dalla*, *della*, *nella*, *sulla*.

la² *pron.pers.f. di 3ª pers.sing.* [si può elidere davanti a vocale, spec. davanti ad *a*] **1** [come compl. ogg. può precedere o seguire il v.] lei; essa: *se l'avessero portata*, *potremmo usarla* | in espressioni di cortesia si usa per rivolgersi a persone di ambo i sessi; eventualmente maiuscolo: *La ringrazio molto, dottore* **2** con valore neutro e indeterminato: *non puoi farcela*; *non me — sento*.

la³ *s.m.invar.* (*mus.*) nei paesi latini, nome della sesta nota della scala di do | *dare il —*, dare la nota di riferimento per l'accordatura; (*fig.*) dare il via.

là *avv.* **1** (*nel senso indeterminato di lontano da chi parla*) in quel posto: *recatevi —* | in correlazione con *qua*: *andarsene di qua e di —* | (**per**) *di —*, da quella parte | *al di —*, dall'altra parte: *al di — della strada* | *in —*, più lontano da chi parla: *fatevi in —* | *in — con gli anni*, d'età ormai avanzata | (*fam.*) *più di — che di qua*, mezzo morto | *di — da venire*, lontano dalla realizzazione | (*fig.*) *andare troppo in —*, esagerare **2** (*fig.*) a quel punto: *fin — andava tutto bene* **3** (*raff.*) posposto a *quello*, determina meglio la posizione di qlcu. o ql.co.; proprio: *vuoi quello —?* | con indicazioni di luogo: — *sotto*; — *dentro* | in un'azione che si vuole enfatizzare: *guarda un po'* | *chi va —?*, formula con cui una guardia chiede a qlcu. di identificarsi | (*region.*) *va' —*, non ci credo, non mi inganni.

là|ba|ro *s.m.* **1** (*st.*) vessillo formato da un drappo che pende da una barra orizzontale in cima a un'asta **2** insegna di associazioni religiose, politiche e sim.

làb|bo *s.m.* robusto uccello marino, simile al gabbiano, dal piumaggio nero, grigio e bianco.

làb|bro *s.m.* [pl.f. *le labbra* nei sign. 1, 2 e 3; pl.m. *i labbri* nei sign. 4 e 5] **1** ognuna delle due pieghe muscolo-membranose che costituiscono la parte anteriore della bocca circoscrivendone l'apertura: *un taglio sul —* **2** (*pl.*) bocca, organo della parola: *dalle sue labbra non uscì nulla* | (*fig.*) *pendere dalle labbra di qlcu.*, dedicare completa attenzione alle sue parole **3** (*pl.*, *anat.*) pieghe cutanee intorno all'orifizio vaginale: *grandi labbra*; *piccole labbra* **4** orlo rilevato; ciglio: *il — del bricco* **5** margine di ferita.

la|bel|là|to *agg.* (*bot.*) detto di fiore che presenta un labello.

la|bèl|lo *s.m.* (*bot.*) grande petalo sporgente, ricurvo e lobato, tipico dell'orchidea.

la|bià|le *agg.* **1** che concerne le labbra **2** (*ling.*) si dice di suono che viene articolato stringendo le labbra ♦ *s.f.* (*ling.*) consonante articolata stringendo le labbra.

la|bia|liz|zà|re *v.tr.* (*ling.*) rendere labiale ♦ -**rsi** *intr.pron.* subire una labializzazione.

la|bia|liz|za|zió|ne *s.f.* (*ling.*) trasformazione di un suono in labiale.

La|bià|te *s.f.pl.* famiglia di piante erbacee, con fiori a forma di labbra, che comprende varietà aromatiche come il basilico e la salvia.

la|bià|to *agg.* (*scient.*) a forma di labbra: *fiore —*.

là|bi|le *agg.* **1** non persistente; fugace, passeggero: *ricordo —* | (*estens.*) inconsistente, debole: — *speranza*; — *memoria* | (*psicol.*) fragile sul piano emotivo **2** (*chim.*, *fis.*) detto di sistema o composto instabile □ **labilmente** *avv.*

la|bi|li|tà *s.f.* mancanza di persistenza; fugacità | (*estens.*) poca consistenza: *la — di un discorso* | (*psicol.*) instabilità: — *emotiva*.

la|bio- (*scient.*) primo elemento di parole composte che indica relazione con le labbra (*labiovelare*).

la|bio|den|tà|le *agg.*, *s.f.* (*ling.*) si dice di consonante che viene articolata con gli incisivi superiori e il labbro inferiore (p.e. *f*, *v*).

la|bio|ve|là|re *agg.*, *s.f.* (*ling.*) si dice di consonante che viene articolata arrotondando le labbra e accostando la lingua al velo del palato (p.e. *c*, *q* in parole come *cuore*, *quando*).

la|bi|rìn|ti|co *agg.* [m.pl. *-ci*] **1** del labirinto |

analogo a un labirinto 2 (*fig.*) tortuoso; intricato: *hai una mente labirintica* 3 (*anat.*) relativo al labirinto dell'orecchio.
la|bi|rin|ti|te *s.f.* (*med.*) infiammazione al labirinto dell'orecchio.
la|bi|rin|to *s.m.* 1 (*mit.*) edificio leggendario in cui passaggi e ambienti erano disposti in modo talmente intricato da impedire il ritrovamento dell'uscita: *il — del Minotauro* 2 (*estens.*) edificio dalla pianta complessa in cui sia difficile orientarsi | dedalo di strade e costruzioni; intrico di vegetazione 3 (*fig.*) situazione molto complicata, piena di intrighi 4 (*anat.*) nell'orecchio interno, sistema dell'equilibrio formato da piccoli canali ossei e membranosi.
la|bo|ra|tò|rio *s.m.* 1 edificio, locale attrezzato per ricerche scientifiche: *— chimico* | *— linguistico*, aula dotata di impianti per l'insegnamento delle lingue straniere 2 bottega artigianale: *— di oreficeria* | locale annesso a un negozio, in cui si effettuano interventi tecnici sulla merce trattata: *— fotografico* 3 (*fig.*, *estens.*) ambito, situazione, luogo in cui si sviluppano esperienze innovative: *il quartiere è un — artistico;— teatrale.*
la|bo|rio|si|tà *s.f.* 1 caratteristica di ciò che è impegnativo; difficoltà: *la — della realizzazione* 2 operosità, solerzia.
la|bo|rió|so *agg.* 1 impegnativo da realizzare, che richiede sforzo; faticoso: *opera laboriosa* 2 che lavora di lena; solerte: *impiegato — 3* (*estens.*) pieno di lavoro, operoso; produttivo, fruttuoso: *collaborazione laboriosa* □ **laboriosamente** *avv.*
la|brà|ce *s.m.* (*zool.*) nome scientifico del branzino o spigola.
la|bra|dòr o **làbrador** *s.m.invar.* 1 robusto cane da caccia col pelo fitto gener. nero 2 nome commerciale di una varietà canadese di merluzzo.
la|bu|rì|smo *s.m.* (*polit.*) movimento socialista inglese di orientamento riformista, sorto agli inizi del XIX sec.
la|bu|rì|sta *agg.* [m.pl. *-i*] relativo al laburismo; ispirato al laburismo: *partito —* ♦ *s.m./f.* simpatizzante del laburismo; attivista del partito laburista.
la|bu|rì|sti|co *agg.* [m.pl. *-ci*] relativo al laburismo, ai laburisti.
làc|ca *s.f.* 1 sostanza resinosa colorata di natura vegetale, animale o artificiale, usata come rivestimento protettivo o per decorare oggetti 2 fissatore per capelli 3 smalto per unghie.
lac|cà|re *v.tr.* [indic.pres. *io lacco, tu lacchi*...] rivestire, verniciare con la lacca: *— un mobile.*
lac|cà|to *part.pass.* di laccare ♦ *agg.* verniciato con la lacca | *unghie laccate*, coperte di smalto.
lac|ca|tù|ra *s.f.* verniciatura di superfici con lacca | strato di lacca applicato.
lac|chè *s.m.* 1 servo in livrea che accompagnava a piedi la carrozza del padrone 2 (*estens.*) persona servile; leccapiedi.
làc|cio *s.m.* 1 spec. nella caccia, fune con cappio a nodo scorsoio | (*fig.*) tranello, trappola: *tendere un —* 2 capestro | (*fig.*) costrizione assoluta:

avere il — al collo 3 nastro sottile, legaccio, stringa: *— di scarpe* | (*med.*) **— emostatico**, tubicino elastico da stringere intorno a un arto allo scopo di rallentare il flusso sanguigno 4 (*fig.*) vincolo, legame: *— d'amore* | *lacci e laccioli*, intralci spec. di ordine burocratico.
la|ce|dé|mo|ne *agg.*, *s.m./f.* (*lett.*) spartano.
la|ce|de|mò|nio *agg.*, *s.m.* [f. *-a*] lacedemone.
la|ce|ràn|te *part.pres.* di lacerare ♦ *agg.* 1 che è in grado di lacerare: *oggetto —* 2 (*fig.*) che colpisce per la sua potenza, intensità: *boato —* | che tormenta; strazianti: *tragedia —* | che suscita indecisioni drammatiche, violenti contrasti: *scelta —*.
la|ce|rà|re *v.tr.* [indic.pres. *io làcero*...] 1 strappare violentemente, fare a brandelli; squarciare: *— la pagina* 2 (*fig.*) sconvolgere fortemente con un rumore; straziare: *lo scoppio mi lacerò i timpani* | tormentare, torturare interiormente: *sofferenza che lacera* ♦ **-rsi** *intr.pron.* strapparsi, squarciarsi.
la|ce|ra|zió|ne *s.f.* 1 azione, evento che lacera | lo strappo prodotto 2 (*med.*) rottura di tessuto od organo dovuta a un trauma (*fig.*) afflizione, strazio.
là|ce|ro *agg.* 1 stracciato; a brandelli; logoro: *carne lacera* 2 (*estens.*) vestito di stracci; cencioso: *mendicante —*.
la|ce|ro|con|tù|so *agg.* (*med.*) di ferita prodotta da un trauma che ha schiacciato e strappato i tessuti, lasciando labbri discontinui.
La|cèr|ti|di *s.m.pl.* famiglia di Rettili di cui fa parte la lucertola.
la|cèr|to *s.m.* 1 (*lett.*) muscolo spec. del braccio | (*estens.*) brandello di carne | (*anat.*) *— fibroso*, fascia fibrosa che corrisponde alla piega del gomito 2 (*fig.*, *lett.*, *raro*) frammento di testo antico.
la|cì|nia *s.f.* 1 (*anat.*, *zool.*, *bot.*) frastagliatura, frangia 2 (*fig.*) in filologia, frammento di un papiro, di un codice, di un testo letterario.
la|ci|nià|to *agg.* (*anat.*, *zool.*, *bot.*) detto di struttura anatomica o vegetale, che presenta sfrangiature.
la|co|ni|ci|tà *s.f.* essenzialità, stringatezza verbale; concisione: *la — del messaggio.*
la|cò|ni|co *agg.* [m.pl. *-ci*] 1 (*st.*) della Laconia, antica regione greca | di Sparta 2 detto di persona, di poche parole: *un tipo —* | (*estens.*) breve, conciso, stringato: *giudizio —* □ **laconicamente** *avv.* con poche parole, in sintesi.
là|cri|ma *s.f.* 1 liquido secreto dalle ghiandole lacrimali dell'occhio | (*fig.*) *lacrime amare*, grande rimorso | *lacrime e sangue*, sacrifici terribili | *valle di lacrime*, la miseria terrena contrapposta alla beatitudine celeste | *scoppiare in lacrime*, prorompere inaspettatamente in un pianto | *strappare le lacrime*, far piangere 2 (*estens.*, *fig.*) goccia, stilla spec. di materia resinosa, grassa: *la — del fico*; *il gorgonzola con la —* | minima quantità di liquido: *una —*, *di aceto*, *di rugiada* 3 (*estens.*) ciascun oggetto con forma simile a quella di una goccia: *un collier de lacrime di cristallo.*

la|cri|mà|le agg. relativo alle lacrime: *ghiandola —*.

la|cri|mà|re v.intr. [indic.pres. *io làcrimo...*; aus.A] versare lacrime; piangere: *— per un'irritazione*.

la|cri|mà|to part.pass. di lacrimare ♦ agg. (*lett.*) agognato; implorato | compianto; rimpianto.

la|cri|ma|tò|rio agg. (*anat.*) relativo alle lacrime; lacrimale.

la|cri|ma|zió|ne s.f. 1 secrezione lacrimale 2 (*estens.*) gocciolamento; stillicidio.

la|cri|mé|vo|le agg. che suscita il pianto, la pietà: *vicenda —*.

la|cri|mò|ge|no agg. che fa lacrimare | *gas —*, gas chimico capace di far piangere provocando infiammazione alle ghiandole lacrimali ♦ s.m. candelotto che sprigiona gas lacrimogeno: *la polizia lanciò i lacrimogeni*.

la|cri|mó|so agg. 1 colmo di lacrime: *viso —* | rotto dal pianto; franto: *voce lacrimosa* 2 (*fig.*) commovente: *film —* □ **lacrimosamente** avv.

la|cuà|le agg. di lago; lacustre: *località —*.

la|cù|na s.f. 1 mancanza, vuoto: *una — nel ragionamento* 2 in filologia, mancanza di parole in un testo 3 (*biol.*) spazio vuoto; cavità.

la|cu|nà|re s.m. (*arch.*) riquadro decorato per rivestire il soffitto; cassettone: *soffitto a lacunari*.

la|cu|no|si|tà s.f. caratteristica di ciò che presenta lacune; incompletezza.

la|cu|nó|so agg. che manca di alcuni elementi, che ha delle lacune; incompleto: *ricostruzione lacunosa* □ **lacunosamente** avv.

la|cù|stre agg. di lago, relativo ai laghi: *clima —* | che vive nei laghi o sulle loro rive: *fauna, popolo —*.

là|da|no s.m. grosso storione da cui si ricava un caviale pregiato.

lad|dó|ve avv. (*lett.*) nel luogo in cui, dove ♦ cong. (*lett.*) 1 [con valore avversativo] invece, mentre: *sei troppo controllato — potresti lasciarti andare* 2 [con valore condiz.] qualora, se: *— servisse, lo faremmo*.

la|dì|no s.m. 1 ciascuno dei dialetti neolatini parlati nell'area che include Grigioni, Friuli e alcune vallate dolomitiche 2 [f. -a] chi è nato o abita in tali zone; chi parla tali dialetti ♦ agg. relativo all'area alpina in cui si parlano i dialetti ladini: *vallate ladine*.

la|dre|rì|a s.f. atto da ladro; furto, ruberia.

la|dré|sco agg. [m.pl. -schi] di, da ladro; furfantesco.

là|dro s.m. [f. -a] 1 chi ruba, autore di furti: *— di professione* | *— in guanti gialli*, quello che ha l'aspetto di una persona perbene | (*spreg.*) *— di polli*, ladro di strapazzo | *al —!*, esclamazione con cui si chiede aiuto nell'inseguimento di un ladro 2 (*estens.*) chi pratica tariffe eccessive: *quel negoziante è un —* ♦ agg. che ruba: *azienda ladra*.

la|dro|ci|nio s.m. → latrocinio.

la|dró|ne s.m. [f. -a] ladro di strada; brigante | (*per anton.*) *i due ladroni*, i due criminali che, secondo il Vangelo, furono crocifissi accanto a Gesù Cristo.

la|dro|ne|rì|a s.f. 1 comportamento, modo di essere di chi è ladro 2 furto clamoroso; grande ruberia.

la|drùn|co|lo s.m. chi compie piccoli furti | ladro di giovane età.

lady (*ingl.*) [pr. *lédi*] s.f.invar. in Gran Bretagna, moglie o figlia di un lord | (*estens.*) donna molto signorile.

lager (*ted.*) [pr. *làgher*] s.m.invar. 1 (*st.*) campo nazista di prigionia e lavoro coatto; campo di sterminio 2 (*iperb.*) luogo in cui si praticano gravi maltrattamenti e forme disumane di segregazione: *questa fabbrica è un —*.

lag|giù avv. 1 là in basso: *— ai piedi delle scale* 2 in quel paese a sud | in quel posto lontano: *gente di —*.

la|ghi|sta agg., s.m./f. [m.pl. -i] (*lett.*) si dice di ognuno dei poeti romantici inglesi, spec. W. Wordsworth e S.T. Coleridge, che scelsero di vivere nella regione ricca di laghi del Cumberland, ispirando a quel particolare paesaggio i loro versi.

là|gna s.f. 1 lamento, protesta insistente | piagnisteo 2 (*estens.*) testo prolisso e ripetitivo | musica monotona | (*fig.*) persona noiosa, fastidiosa: *sei la solita —*.

la|gnàn|za s.f. spec.pl. espressione di malcontento; lamentela, reclamo: *le lagnanze degli utenti*.

la|gnàr|si v.intr.pron. [indic.pres. *io mi lagno..., noi ci lagniamo, voi vi lagnate...*] 1 emettere gemiti; piagnucolare: *— per il mal di denti* 2 manifestare risentimento, insoddisfazione; reclamare: *— del trattamento* | dispiacersi; dolersi: *— dell'occasione mancata*.

la|gnó|ne s.m. [f. -a] (*fam.*) chi si lagna di continuo.

la|gnó|so agg. 1 di persona, che si lamenta continuamente 2 lamentoso: *tono —* 3 (*estens., fam.*) prolisso, noioso: *oratore —* □ **lagnosamente** avv.

là|go s.m. [pl. -ghi] 1 (*geog.*) depressione del suolo ricolma d'acqua, che non ha comunicazione diretta con il mare | *— artificiale*, quello creato con opere di sbarramento | *— glaciale*, quello che riempie una cavità scavata dai ghiacciai | *— tettonico*, quello che riempie uno sprofondamento della superficie terrestre | *— vulcanico*, quello che riempie il cratere di un vulcano inattivo 2 (*estens., fig.*) abbondante versamento di liquido: *un — di lacrime*.

la|gù|na s.f. (*geog.*) tratto di mare basso, vicino alla costa, parzialmente chiuso da una striscia di terra | (*per anton.*) laguna veneta situata tra la foce del Piave e quella del Po.

la|gu|nà|re agg. 1 di laguna: *ambiente —* 2 (*mil.*) relativo alle truppe da sbarco dell'esercito italiano: *truppe lagunari* 3 che è nato, che abita in laguna | (*per anton.*) veneziano ♦ s.m. 1 (*mil.*) soldato dell'esercito italiano, appartenente a un reparto di fanteria specializzato nella guerra anfibia 2 [anche f.] chi è nato o abita in una laguna | (*per anton.*) cittadino di Venezia.

lài *s.m.invar.* **1** (*lett.*) componimento medievale lirico o narrativo, di soggetto amoroso, scritto in francese o in provenzale **2** (*pl.*) lamenti.

lai|cà|le *agg.* di, da laico: *stato —*.

lai|cà|to *s.m.* **1** condizione di chi è laico **2** insieme dei laici, in quanto distinti dal clero.

lai|ci|smo *s.m.* **1** (*polit.*) concezione secondo cui lo Stato e la società civile devono essere pienamente autonomi dall'autorità ecclesiastica **2** (*estens.*) laicità | rifiuto di ogni condizionamento da dogmi religiosi.

lai|ci|sta *agg.*, *s.m./f.* [m.pl. *-i*] si dice di chi sostiene il laicismo politico.

lai|ci|sti|co *agg.* [m.pl. *-ci*] del laicismo, dei laicisti; ispirato al laicismo: *atteggiamento —*.

lai|ci|tà *s.f.* condizione, caratteristica di quel che è laico: *— delle istituzioni*.

lai|ciz|zà|re *v.tr.* rendere laico; sottrarre al controllo ecclesiastico ♦ **-rsi** *intr.pron.* diventare laico; assumere carattere profano: *i costumi si stanno laicizzando*.

lai|ciz|za|zió|ne *s.f.* assunzione di un carattere laico: *la — dell'insegnamento*.

lài|co *agg.* [m.pl. *-ci*] **1** non appartenente al clero | (*eccl.*) che non è stato ordinato sacerdote: *fratello —* **2** di persona, che sostiene l'autonomia della sfera civile dall'autorità ecclesiastica; laicistico: *pensatore —* | di istituzione, cultura e sim., che si basa sull'indipendenza dai dogmi religiosi: *scuola laica; partito —* ♦ *s.m.* [f. *-a*] **1** chi non appartiene al clero | (*eccl.*) religioso che non ha ricevuto il sacramento dell'ordine **2** sostenitore del laicismo □ **laicamente** *avv.* **1** secondo una prospettiva indipendente dall'autorità ecclesiastica **2** (*estens.*) senza pregiudizi; lontano da rigide ideologie.

lai|déz|za *s.f.* (*lett.*) **1** qualità di cosa o persona laida, sporca; lerciume, sudiciume | ripugnanza, bruttezza **2** (*fig.*) frase o azione laida; oscenità **3** (*estens., fig.*) squallore morale; abiezione.

lài|do *agg.* (*lett.*) **1** disgustosamente sporco; lurido: *abito —* **2** (*fig.*) osceno, turpe: *un — comportamento* □ **laidamente** *avv.*

lai|dù|me *s.m.* (*lett.*) **1** sporcizia disgustosa **2** complesso di oggetti laidi.

laissez faire (*fr.*) [pr. *lessé fèr*] *loc.sost.m.invar.* **1** politica di non ingerenza dello Stato nell'attività economica **2** stile educativo molto permissivo.

-la|li|a (*med.*) secondo elemento di parole composte che si riferisce al modo di parlare (*bradilalia*).

lal|la|zió|ne *s.f.* (*med.*) balbettio tipico dell'infante, durante il periodo precedente l'articolazione del linguaggio.

la|lo|pa|tì|a *s.f.* (*psicol.*) difficoltà patologica ad articolare le parole.

là|ma[1] *s.f.* **1** parte tagliente di un coltello, di un utensile, di un'arma: *le lame delle forbici* **2** (*tecn.*) organo tagliente di una macchina: *— della sega circolare* | massiccia lama metallica a cuneo montata davanti ai bulldozer **3** (*sport*) nell'hockey su ghiaccio, parte inferiore piatta del bastone | nei pattini da ghiaccio, lamina a doppia affilatura **4** (*estens.*) strato sottile e continuo: *— di luce*.

là|ma[2] *s.m.invar.* mammifero ruminante delle Ande dal pelame soffice, simile a un cammello senza gobbe; è allevato come animale da soma, da macello e da lana.

là|ma[3] *s.m.invar.* monaco buddista della Mongolia o del Tibet.

là|ma[4] *s.f.* acquitrino formato da acque di piena.

la|ma|i|smo *s.m.* versione tibetana del buddismo.

la|man|tì|no *s.m.* mammifero marino dalla grande coda arrotondata.

la|mar|cki|smo *s.m.* (*biol.*) teoria evoluzionistica secondo cui i genitori trasmetterebbero alla prole caratteri che hanno acquisito nel corso dell'esistenza.

la|mà|re *v.tr.* lisciare con lame e sim.; smerigliare, levigare: *— il parquet*.

lam|bà|da *s.f.invar.* ballo di origine brasiliana, caratterizzato da movimenti sensuali | musica di accompagnamento a tale ballo.

làmb|da *s.m./f.invar.* nome dell'undicesima lettera dell'alfabeto greco, corrispondente a *l* dell'alfabeto latino.

lamb|da|ci|smo *s.m.* (*med.*) difetto nella pronuncia della *l*.

lam|bic|ca|mén|to *s.m.* riflessione meticolosa; ricerca fin troppo complessa e faticosa: *non perderti in lambiccamenti inutili*.

lam|bic|cà|re *v.tr.* [indic.pres. *io lambicco, tu lambicchi...*] nella loc. *lambiccarsi il cervello*, sforzarsi mentalmente per risolvere un problema, un enigma ♦ **-rsi** *rifl.* scervellarsi.

lam|bic|cà|to *part.pass. di lambiccare* ♦ *agg.* **1** troppo complicato: *spiegazione lambiccata* **2** (*estens.*) non spontaneo; artificioso: *stile —*.

lam|bic|ca|tù|ra *s.f.* **1** rifinitura eccessiva **2** (*estens.*) sottigliezza argomentativa.

lam|bì|re *v.tr.* [indic.pres. *io lambisco, tu lambisci...*] **1** leccare lievemente: *il cucciolo mi lambisce la mano* **2** (*estens.*) toccare appena; sfiorare: *l'acqua lambisce la strada*.

lam|brét|ta® *s.f.* scooter diffuso nell'Italia del secondo dopoguerra.

lambris (*fr.*) [pr. *lambrì*] *s.m.invar.* (*edil.*) rivestimento per pareti in materiale vario, che arriva fino a una certa altezza dal pavimento.

lam|brù|sco *s.m.* vino rosso frizzante dell'Emilia, ricavato dall'uva omonima.

lambswool (*ingl.*) [pr. *lèmsvul*] *s.m.invar.* lana pregiata di agnellino, morbida e leggermente pelosa, originaria dell'Inghilterra.

lamé (*fr.*) *agg.invar.*, *s.m.invar.* si dice di tessuto laminato, in cui s'intrecciano fili di lucentezza metallica: *corpetto in —*.

la|mèl|la *s.f.* **1** lamina sottile di vario materiale **2** (*biol.*) sottile tessuto vegetale o animale | ciascuna piega presente sotto il cappello di alcuni funghi.

la|mel|là|re *agg.* **1** formato da lamelle **2** a forma di lamella **3** detto di minerale, che si sfalda in lamine sottili.

lamellato

la|mel|là|to *agg.* (*bot.*) dotato di lamelle.
La|mel|li|bràn|chi *s.m.pl.* classe di Molluschi dotati di branchie a lamelle e di conchiglia a due valve; Bivalvi.
la|mel|li|fór|me *agg.* 1 a forma di lamella 2 (*min.*) lamellare.
la|men|tà|re *v.tr.* [indic.pres. *io laménto*...] 1 sottolineare con dolore o rincrescimento: — *la perdita* 2 (*estens.*) constatare con risentimento; protestare contro: — *un disservizio* 3 [spec. nella forma impers.] (*bur.*, *giorn.*) in riferimento a fatti negativi, essere rilevato, constatarsi: *si lamentano danni ingenti* ♦ **-rsi** *intr.pron.* 1 emettere lamenti: — *per il dolore* 2 (*estens.*) esprimere risentimento, insoddisfazione: — *del pessimo trattamento* | (*euf.*) *non* —, essere moderatamente soddisfatto.
la|men|ta|zió|ne *s.f.* 1 (*raro*) serie continua di lamenti 2 (*lett.*) genere o componimento a carattere popolare; lamento.
la|men|tè|la *s.f.* 1 lamento continuo, ripetuto 2 lagnanza: *le lamentele dei clienti*.
la|men|té|vo|le *agg.* 1 che esprime lamento; piagnucoloso: *voce* — 2 degno di commiserazione; miserevole: *esperienza* —.
la|men|tì|o *s.m.* 1 lamento insistente 2 lamento di più persone.
la|mén|to *s.m.* 1 espressione di sofferenza, dolore | verso di dolore di un animale; guaito | — *funebre*, espressione rituale di cordoglio davanti alla salma 2 (*estens.*) suono simile a un gemito: *il* — *del vento* 3 manifestazione di risentimento, lagnanza: *è un* — *inutile* 4 (*lett.*) componimento poetico medievale, spec. a carattere popolare, che esprime dolore in occasione di lutti, sconfitte e sim.
la|men|tó|so *agg.* 1 che esprime sofferenza; dolente: *canto* — | piagnucoloso: *tono* — 2 che si lamenta in continuazione: *amico* — □ **lamentosamente** *avv.*
la|mét|ta *s.f.* lama sottile e affilatissima del rasoio di sicurezza.
là|mia *s.f.* (*region.*) copertura a volta ribassata, tipica dei rustici pugliesi.
la|miè|ra *s.f.* lastra metallica ricavata per laminazione, usata per la fabbricazione di diversi manufatti: — *ondulata*.
la|mie|ri|sta *s.m./f.* [m.pl. -i] chi lavora oggetti di lamiera.
là|mi|na *s.f.* 1 lastra metallica molto sottile: — *d'argento* | (*estens.*) scaglia di materiale non metallico: — *di ghiaccio* 2 (*anat.*) sottile strato osseo o cartilagineo; membrana 3 (*bot.*) parte espansa e piatta della foglia; lembo 4 (*geol.*) in uno strato sedimentario, suddivisione interna 5 (*sport*) striscia di metallo applicata sotto gli sci per ottenere una maggiore aderenza.
la|mi|nà|re¹ *v.tr.* [indic.pres. *io làmino*...] 1 rivestire con una lamina 2 ridurre in lamine.
la|mi|nà|re² *agg.* 1 a forma di lamina 2 (*estens.*) molto sottile.
La|mi|nà|ria *s.f.* genere di alghe scure diffuse spec. nei mari freddi.

la|mi|nà|to *part.pass. di* laminare ♦ *agg.* 1 sottoposto a laminazione o a laminatura 2 si dice di tessuto o filato in cui vengono intrecciati fili di lucentezza metallica 3 (*geol.*) si dice di roccia scistosa che presenta una struttura a foglietti ♦ *s.m.* 1 semilavorato siderurgico prodotto tramite laminazione | — *plastico*, lastra ottenuta pressando materiali fibrosi impregnati di resina termoindurente 2 lamé.
la|mi|na|tó|io *s.m.* macchina a rulli che riduce un materiale malleabile in lamine, barre o profilati.
la|mi|na|tó|re *s.m.* [f. *-trice*] (*tecn.*) operaio siderurgico addetto alla laminazione.
la|mi|na|tù|ra *s.f.* 1 rivestimento con lamine, spec. in materiale pregiato, effettuato su un supporto in altro materiale 2 (*tecn.*, *ind. tessile*) laminazione 3 (*sport*) applicazione delle lamine agli sci.
la|mi|na|zió|ne *s.f.* 1 (*metall.*) produzione di lamiere e profilati per mezzo del laminatoio | (*chim.*) produzione di lastre e profilati plastici tramite procedimenti di estrusione, calandratura ecc. 2 (*tecn.*) rivestimento con uno o più strati di plastica 3 (*ind. tessile*) processo di produzione di fili metallizzati | operazione di rivestimento dei tessuti con uno strato di plastica impermeabilizzante.
Lam|ni|fór|mi *s.m.pl.* ordine di Pesci di cui fan parte gli squali.
làm|pa|da *s.f.* 1 sorgente artificiale di luce: — *da miniera* | — *a luminescenza*, quella che fa luce al passaggio della corrente elettrica in un tubo pieno di gas | — *al quarzo*, — *a raggi* UVA, quella che abbronza tramite radiazioni ultraviolette 2 lume per altari, tombe e sim. 3 apparecchio usato per scaldare, saldare e sim.: — *a spirito*.
lam|pa|dà|rio *s.m.* struttura rigida che pende dal soffitto o fa da supporto alle lampadine.
lam|pa|dì|na *s.f.* bulbo di vetro con filamento metallico interno, percorso da corrente elettrica, emette luce: *si è bruciata una* —.
lam|pàn|te *agg.* 1 immediatamente evidente: *la spiegazione* — 2 *olio* —, estratto non commestibile delle olive che viene bruciato nelle lampade.
lam|pà|ra *s.f.* 1 grossa lampada utilizzata nella pesca notturna 2 (*estens.*) barca su cui è montata tale lampada | speciale rete a sacco usata per tale metodo di pesca.
lam|peg|gia|mén|to *s.m.* 1 scarica di lampi nel cielo 2 emissione a intermittenza di segnali luminosi: *il* — *del faro*, *dell'auto* 3 (*fig.*) balenio, bagliore: *il* — *dello sguardo*.
lam|peg|giàn|te *part.pres. di* lampeggiare ♦ *agg.* che lampeggia ♦ *s.m.* dispositivo che emette una luce intermittente, spec. per segnalare ql.co.
lam|peg|già|re *v.intr.* [indic.pres. *io lampéggio*...; aus. A] 1 (*anche fig.*) mandare lampi: *ql.co. gli lampeggiava nello sguardo* | (*estens.*) sfolgorare: *l'oro lampeggiava al sole* 2 emettere una luce intermittente: — *agli incroci stradali*

lanciasiluri

♦ *intr.impers.* [aus. *E*, *A*] comparire di lampi nel cielo: *cominciava a —*.
lam|peg|gia|tó|re *s.m.* **1** (*auto.*) fanalino a luce intermittente usato per segnalare cambiamenti di direzione | fanale a luce intermittente applicato sul tetto dei veicoli che prestano servizio di soccorso o di pubblica utilità: *l'ambulanza azionò il —* **2** (*foto.*) flash.
lam|pég|gio[1] *s.m.* **1** di lampi atmosferici o di altri bagliori, singola emissione di luce **2** emissione di luce a lampi, spec. di proiettori | bagliore a intermittenza dei segnalatori di direzione; quattro frecce.
lam|peg|gìo[2] *s.m.* emissione ripetuta di bagliori; sfolgorio.
lam|pio|nà|io *s.m.* al tempo dei lampioni a gas o a olio, chi era incaricato di accenderli e spegnerli per le strade.
lam|pió|ne *s.m.* lampada sospesa, oppure posta in cima a una colonna, utilizzata per l'illuminazione di strade, cortili e sim.
Lam|pi|ri|di *s.m.pl.* famiglia di Coleotteri alla quale appartiene la lucciola.
làm|po *s.m.* **1** luce improvvisa e abbagliante prodotta da un fulmine | *veloce come un —*, velocissimo **2** (*estens.*) rapido e intenso bagliore | (*foto.*) — *fotografico*, flash **3** (*fig.*) cosa di brevissima durata: *la vita è tutta un —* | intuizione improvvisa; emozione istantanea: *— di genio; — di desiderio* | *in un —*, in un attimo **4** (*fig.*) cosa di persona molto veloce: *quel treno è un —*; *quel ragazzo è un — con le rime* ♦ *s.f.invar.* (*ell.*) cerniera lampo: *chiudere la —* ♦ *agg.invar.* che si svolge molto rapidamente: *incursione —* | (*giorn.*) *notizia —*, quella che informa in modo conciso su eventi recentissimi | *cerniera —*, sistema per chiudere rapidamente vestiti, borse e sim., costituito da due file di dentini che si incastrano grazie a un cursore.
lam|pó|ne *s.m.* arbusto perenne che produce omonime drupe, rosse e profumate | il frutto commestibile di tale pianta: *sciroppo di lamponi* ♦ *agg.invar.* che ha una tonalità intensa di rosso: *maglietta —*.
lam|prè|da *s.f.* nome di varie specie di Pesci commestibili, con corpo simile all'anguilla e bocca a ventosa provvista di escrescenze cornee.
Lam|pri|di|fór|mi *s.m.pl.* ordine di Pesci delle profondità marine, privi di denti e dotati di grandi occhi.
là|na *s.f.* **1** pelo della pecora e di altri animali | *questione di — caprina*, problema inconsistente **2** fibra tessile ottenuta dal pelo tosato di tali animali: *gomitolo di —* | (*estens.*) tessuto e filato ricavato da tale fibra: *maglia di —* **3** (*bot.*) peluria, lanugine che riveste vari organi vegetali **4** (*tecn.*) sostanza o prodotto artificiale che ricorda per qualche aspetto la lana | *— di vetro*, isolante ricavato dalla trafilatura del vetro | *d'acciaio*, sorta di spugnetta formata da fili metallici | *— di legno*, materiale da imballaggio costituito da trucioli **5** (*scherz.*) indole, inclinazione natu-
rale: *quei tre sono della stessa —* | (*spreg.*) tipo poco raccomandabile.
la|nàg|gio *s.m.* assortimento di lane diverse, gregge o lavorate.
làn|ca *s.f.* (*region.*) ansa di fiume divenuta stagnante.
lan|ce|o|là|to *agg.* si dice di foglia che ha forma simile a una punta di lancia.
lan|cè|re *s.m.* → **lanciere**.
lan|cét|ta *s.f.* **1** in uno strumento di misura, indice girevole: *— dei minuti* **2** strumento che, in passato, veniva usato dai chirurghi per effettuare incisioni **3** (*spec.pl.*) pastina da brodo di forma appuntita.
làn|cia[1] *s.f.* [pl. *-ce*] **1** arma di offesa costituita da un'asta con un'estremità appuntita | (*fig.*) *spezzare una — in favore di qlcu.*, esprimere un parere a suo sostegno | *— in resta*, si dice in riferimento a una situazione che si affronta con determinazione battagliera: *è partito subito — in resta* **2** ciascuna delle sbarre appuntite che formano un cancello **3** asta munita di arpione per la pesca di tonni, delfini e sim. **4** (*tecn.*) attrezzo costituito da un cilindro di metallo, ristretto nella parte finale, attraverso cui un liquido viene spinto all'esterno con forte pressione: *— di un idrante* | *— termica*, attrezzo in grado di produrre una fiamma ad altissima temperatura, utilizzato per fondere spec. metalli.
làn|cia[2] *s.f.* [pl. *-ce*] (*mar.*) imbarcazione a poppa quadra, leggera e veloce | *— di salvataggio*, quella usata per evacuare la nave in caso di naufragio.
lan|cia|fiàm|me *s.m.invar.* arma che lancia sostanze incendiarie.
lan|cia|gra|nà|te *agg.*, *s.m.invar.* si dice di arma che spara granate.
lan|cia|mis|si|li *s.m.invar.* impianto o dispositivo utilizzato per lanciare missili ♦ *agg.invar.* (*mil.*) attrezzato per il lancio di missili: *nave —*.
lan|cia|ràz|zi *s.m.invar.* **1** struttura rigida che impartisce la direzione ai proiettili-razzo | tubo portatile usato per lanciare proiettili ad autopropulsione; bazooka **2** congegno per lanciare razzi, fumogeni o luminosi, di segnalazione o soccorso ♦ *agg.invar.* che è fatto per lanciare razzi: *pistola —*.
lan|cià|re *v.tr.* [indic.pres. *io làncio...*] **1** (*anche fig.*) scagliare, gettare: *— un coltello; — un urlo* | lasciar cadere; buttare giù: *— bombe* **2** (*estens.*) far scattare a grande velocità: *— l'auto all'inseguimento* | *— la volata*, nel ciclismo, scattare per primo verso il traguardo **3** (*fig.*) far conoscere; proporre: *— un'idea* | promuovere con campagne pubblicitarie: *— un prodotto* **4** (*inform.*) mandare in esecuzione: *— un'applicazione* ♦ *-rsi rifl.* **1** (*anche fig.*) buttarsi impetuosamente: *— contro di lui; — nell'impresa* **2** lasciarsi cadere; saltare giù: *— dal trampolino*.
lan|cia|si|lù|ri *agg.*, *s.m.invar.* si dice di congegno usato per lanciare siluri, che viene installato spec. a bordo di navi da guerra o di sommergibili.

lanciato

lan|cià|to *part.pass. di* lanciare ♦ *agg.* **1** detto di veicolo, che sfreccia ad alta velocità dopo una fase di accelerazione: — *a 200 km l'ora* | *(sport)* detto di prova di velocità in cui il tempo viene calcolato dal momento in cui l'atleta passa in movimento da un punto prestabilito del percorso: *gara ciclistica di chilometro* — **2** *(fig.)* infervorato in un'attività: *questa sera è — nelle danze* **3** *(fig.)* noto al grande pubblico; affermato: *un attore —* | instradato verso una carriera luminosa.

lan|cia|tó|re *s.m.* [f. -trice] **1** chi lancia **2** *(sport)* atleta specializzato nelle gare di lancio: — *del giavellotto* | nel baseball, chi deve lanciare la palla al battitore avversario.

lan|ciè|re o **lancère** *s.m.* **1** *(st.)* soldato a cavallo munito di lancia **2** *(mil.)* soldato di un reparto che impiega mezzi corazzati leggeri.

lan|ci|nàn|te *agg.* si dice di dolore fisico acuto; straziante: *spasmo —*.

làn|cio *s.m.* **1** getto energico di ql.co.; tiro: — *di un sasso* | atto con cui ci si lancia, si salta giù: — *col paracadute* **2** operazione con cui si lancia un veicolo imprimendogli un'elevata accelerazione iniziale: *il — del satellite* **3** *(sport)* prova di atletica in cui bisogna scagliare un attrezzo il più lontano possibile: — *del peso* | nel calcio, passaggio in profondità **4** *(fig.)* campagna pubblicitaria per promuovere un prodotto, un evento, un personaggio ecc.: — *del film.*

làn|da *s.f.* territorio pianeggiante arido e sabbioso | *(estens.)* terreno incolto.

land art *(ingl.)* [pr. *lend art*] *loc.sost.f.invar.* corrente artistica contemporanea che interviene a modellare paesaggi naturali e urbani; arte ambientale.

-làn|dia secondo elemento di parole composte che significa "terra, paese" in denominazioni geografiche (*Groenlandia*) e in neologismi giornalistici o pubblicitari (*Eurolandia*).

lan|dò *s.m.* carrozza ottocentesca a quattro ruote e due mantici, tirata da almeno due cavalli.

Land Rover® *(ingl.)* [pr. *lénd ròver*] *loc.sost.f.invar.* automobile fuoristrada a trazione integrale, adatta a percorsi accidentati.

la|ne|rì|a *s.f.* assortimento di tessuti e filati in lana.

la|nét|ta *s.f.* **1** lana leggera **2** *(region.)* tessuto misto di cotone e lana.

làn|ga *s.f.* *(region.)* zona collinosa con dorsali sottili e allungate, tipica del Piemonte.

lan|ga|ròl|lo *agg.* relativo alle Langhe piemontesi ♦ *s.m.* [f. -a] chi è nato o abita nelle Langhe.

lan|gui|déz|za *s.f.* *(anche fig.)* qualità di ciò che è languido; languore.

làn|gui|do *agg.* **1** privo di energia; debole **2** *(fig.)* dolcemente seduttivo; svenevole: *sguardo* —
— ☐ **languidamente** *avv.*

lan|gui|re *v.intr.* [indic.pres. *io languisco* o *languo, tu languisci* o *langui...*; aus. *A*] **1** essere privo di forze; attraversare una fase di prostrazione morale e fisica: — *per la malattia* **2** *(fig.)* consumarsi, struggersi: — *di desiderio* **3** *(anche fig.)* scemare d'intensità, svanire: *il bagliore col tramonto languiva*; *gli affari languono.*

lan|guó|re *s.m.* **1** stato di prostrazione; sfinimento **2** sensazione di vuoto allo stomaco dovuta all'appetito **3** *(estens.)* sensuale abbandono | struggimento sentimentale: — *romantico* **4** *(pl.)* smancerie, svenevolezze: *languori esagerati.*

lan|guo|ró|so *agg.* *(lett.)* languido.

la|nic|cio *s.m.* **1** lanugine che si accumula in angoli polverosi o tra i tessuti di lana **2** secrezione del baco da seta quando comincia a tessere il bozzolo.

la|niè|re *s.m.* [f. -a] chi fabbrica o vende lana.

la|niè|ro *agg.* relativo alla produzione e al commercio della lana: *mercato* — ♦ *s.m.* [f. -a] chi lavora nell'industria della lana.

la|ni|fi|cio *s.m.* stabilimento per la filatura e tessitura della lana.

la|ni|na *s.f.* **1** lana di qualità inferiore **2** lana mista a cotone.

la|no|li|na *s.f.* sostanza cerosa estratta dalla lana di pecora, usata per unguenti e pomate.

la|no|si|tà *s.f.* caratteristica di ciò che è lanoso | aspetto, consistenza simile alla lana: *la* — *dei suoi capelli.*

la|nó|so *agg.* **1** coperto di lana | *(estens.)* coperto di pelo, di peluria: *buccia lanosa* **2** simile alla lana: *chioma lanosa.*

lan|tà|na *s.f.* pianta di montagna dalle foglie lanose, con fiori bianchi a ombrella e frutti commestibili amarognoli.

lan|tà|ni|de *agg., s.m.* *(chim.)* si dice di ciascun elemento del gruppo delle terre rare, di cui fa parte anche il lantanio.

lan|tà|nio *s.m.* elemento chimico metallico, il primo delle terre rare, usato per fabbricare leghe speciali *(simb.* La).

lan|tèr|na *s.f.* **1** lume portatile o fisso, racchiuso in un telaio rigido con pareti di vetro **2** *(mar.)* parte del faro che contiene il fanale | *(estens.)* il faro stesso | *(per anton.)* **la città della** —, Genova **3** *(arch.)* edicola circolare o poligonale, con finestre, che sovrasta una cupola | lucernario **4** *(cine.)* parte del proiettore che contiene la lampada di proiezione | — **magica**, apparecchio con lampada interna che proietta ingrandimenti di immagini colorate su lastra di vetro.

la|nù|gi|ne *s.f.* peluria corta e morbida che nell'adolescente anticipa la comparsa della barba **2** peluria corta di lana o simile alla lana **3** *(bot.)* peluria che può ricoprire vari organi vegetali.

la|nu|gi|nó|so *agg.* ricoperto di peluria, di lanugine: *petalo* —.

la|nù|to *agg.* ricoperto di lana: *capro* —.

lan|zi|che|néc|co *s.m.* [pl. -chi] **1** *(st.)* soldato mercenario tedesco d'epoca rinascimentale | *(estens.)* persona dai modi violenti e rozzi; scagnozzo **2** il gioco d'azzardo della zecchinetta.

là|o *s.m.inv.* **1** [anche f.] chi appartiene a un ceppo etnico della penisola indocinese, stanziato spec. nel Laos **2** lingua ufficiale parlata nel

Laos ♦ *agg.invar.* relativo ai lao e alla loro lingua: *tradizioni* —.
la|o|tià|no (raro *laoziàno*) *agg.* dello Stato asiatico del Laos ♦ *s.m.* [f. *-a*] chi è nato o abita nel Laos.
la|pa|lis|sià|no *agg.* così evidente da essere ovvio: *è — che se non partecipi non puoi vincere!*
la|pa|ra|to|mì|a *s.f.* → **laparotomia**.
là|pa|ro- (*med.*) primo elemento di parole composte che significa "addome, ventre" (*laparoscopio*).
la|pa|ro|sco|pì|a *s.f.* (*med.*) esplorazione della cavità addominale con il laparoscopio.
la|pa|ro|scò|pio *s.m.* (*med.*) sonda che viene inserita nella cavità addominale, tramite un'incisione, allo scopo di effettuare un'esplorazione diretta.
la|pa|ro|to|mì|a o **laparatomia** *s.f.* (*med.*) incisione chirurgica della cavità addominale.
la|pa|ro|tò|mi|co *agg.* [m.pl. *-ci*] (*med.*) che concerne la laparotomia.
lap dance (*ingl.*) [pr. *lép déns*] *loc.sost.f.invar.* danza erotica in cui una ballerina seminuda si muove intorno a un palo o a contatto con il pubblico.
la|pi|dà|re *v.tr.* [indic.pres. *io làpido...*] **1** colpire con sassate per uccidere **2** (*fig.*) bersagliare con critiche feroci: *la stampa lapidò il sospettato* **3** (*mecc.*) eseguire una lapidatura.
la|pi|dà|ria *s.f.* arte di lavorare il marmo e di incidervi sopra iscrizioni | (*raro*) epigrafia.
la|pi|dà|rio *agg.* **1** che concerne le iscrizioni scolpite su lapide | *carattere* —, carattere grande e marcato, simile a quello delle antiche iscrizioni romane **2** (*fig.*) conciso e solenne: *stile* — ♦ *s.m.* **1** [f. *-a*] artigiano che incide lapidi; scalpellino **2** museo di lapidi antiche **3** manuale medievale riguardante le virtù delle pietre preziose □ **lapidariamente** *avv.* concisamente.
la|pi|da|tù|ra *s.f.* (*mecc.*) finitura di precisione effettuata su superfici metalliche attraverso abrasivi finissimi; lappatura.
la|pi|da|zió|ne *s.f.* supplizio tramite sassate: — *di un'adultera*.
là|pi|de *s.f.* **1** lastra di pietra o altro materiale, posta a chiusura dei sepolcri, che può riportare incisa un'iscrizione funebre **2** lastra collocata su monumenti, facciate di palazzi e sim., recante un'iscrizione commemorativa.
la|pìl|lo *s.m.* frammento di lava eruttato da un vulcano.
lapin (*fr.*) [pr. *lapèn*] *s.m.invar.* pelliccia di coniglio.
là|pis *s.m.invar.* matita.
la|pi|slàz|zu|li *s.m.* (*min.*) minerale di colore turchino violaceo, composto spec. da un silicato ricco di sodio e alluminio, usato come pietra ornamentale.
lap|pà|re *v.tr.* **1** bere come i cani succhiando con la lingua **2** (*mecc.*) eseguire una lapidatura.
lap|pa|tù|ra *s.f.* (*mecc.*) lapidatura.
lap|pó|ne o **làppone** *agg.* della Lapponia ♦ *s.m.* **1** [anche f.] chi è nato o abita in Lapponia **2** lingua del gruppo ugro-finnico parlata in Lapponia.
làp|sus (*lat.*) *s.m.invar.* **1** errore involontario nell'espressione; distrazione | — *calami*, errore nello scrivere | — *linguae*, errore nel parlare **2** (*psicoan.*) — *freudiano*, errore dovuto alla pressione di tendenze inconsce che sono contrarie a quanto si sta dicendo o scrivendo.
lap-top (*ingl.*) [pr. *làptop* o *lèptop*] *s.m.invar.* (*inform.*) personal computer portatile.
lar|del|là|re *v.tr.* [indic.pres. *io lardèllo...*] **1** (*gastr.*) insaporire un pezzo di carne da cucinare, inserendovi all'interno dei blocchetti di lardo **2** (*fig.*) infarcire di parole inutili, assurde: — *una relazione di citazioni fuori luogo*.
lar|del|la|tù|ra *s.f.* (*gastr.*) inserimento di lardo in un pezzo di carne | l'insieme dei pezzetti di lardo con cui la carne viene lardellata.
lar|dèl|lo *s.m.* cubetto di lardo.
làr|do *s.m.* **1** strato di grasso sottocutaneo del maiale, che viene salato o affumicato per usi gastronomici | (*scherz.*) *palla di* —, persona molto grassa **2** (*region.*) strutto.
lar|dó|so *agg.* di cibo, ricco di lardo | (*scherz.*) di persona, troppo grasso.
là|re *s.m. spec.pl.* anima di antenato, che gli antichi Romani consideravano protettrice della casa.
large (*ingl.*) [pr. *larj*] *agg.invar., s.f.invar.* si dice di capo d'abbigliamento di taglia grande: *questa maglia è una* —.
lar|gheg|già|re *v.intr.* [indic.pres. *io larghéggio...*; aus. *A*] essere generoso, mostrarsi prodigo: — *in gentilezze*.
lar|ghéz|za *s.f.* **1** (*geom.*) dimensione delle figure piane accanto alla lunghezza; dimensione dei solidi accanto a lunghezza e altezza **2** (*estens.*) ampiezza: *la — di una strada* | in tipografia, spessore del carattere **3** (*fig.*) generosità, prodigalità: *concedere con* — **4** grande quantità, abbondanza: *ci narrò la vicenda con — di dettagli* **5** (*fig.*) apertura intellettuale: — *di vedute*.
lar|gì|re *v.tr.* [indic.pres. *io largisco, tu largisci...*] (*lett.*) concedere generosamente, con liberalità; elargire.
lar|gi|zió|ne *s.f.* (*lett.*) atto di liberalità; elargizione | ciò che viene largito.
làr|go *agg.* [m.pl. *-ghi*] **1** esteso secondo una determinata larghezza: *corridoio — tre passi* | (*anche fig.*) ampio, vasto: *un — mantello; un — margine di miglioramento* | *in larga parte, in larga misura*, per la maggior parte | *stare larghi*, essere comodi, avere spazio a disposizione | (*fig.*) *stare alla larga*, tenersi lontano | (*coll.*) *prenderla (alla) larga*, aggirare un ostacolo; (*fig.*) non entrare subito nel vivo di un discorso | *su larga scala*, di vaste proporzioni: *danni su larga scala*, in rapporto a un'elevata percentuale di persone: *distribuzione su larga scala* **2** (*fig.*) generoso; prodigo: *essere — di consigli* | *di manica*, spendaccione; di insegnante che dà voti più alti del dovuto ♦ *s.m.* **1** larghezza | *in lungo e in* —, in ogni direzione | *farsi* —, aprirsi un varco; (*fig.*) avviarsi verso

il successo 2 mare aperto, distante dalla costa: *andare al —* | *prendere il —,* andare verso il mare aperto; *(fig.)* rendersi irreperibile 3 *(mus.)* movimento più lento dell'adagio 4 slargo a un incrocio stradale: *Largo Mazzini* ♦ *avv.* stando alla larga: *girare —.*

lar|ga|mén|te *avv.* 1 diffusamente; con ricchezza di particolari: *se ne discute —* 2 generosamente: *— ricompensato* 3 nettamente: *opinione — sconfessata.*

la|rià|no *agg.* relativo al lago di Como e zone limitrofe.

là|ri|ce *s.m.* conifera con foglie aghiformi caduche; il legno è usato per le costruzioni navali e in falegnameria pesante.

La|ri|fór|mi *s.m.pl.* ordine di Uccelli acquatici a cui appartiene il gabbiano.

la|rin|gà|le *agg.* 1 *(anat.)* della laringe 2 *(ling.)* di suono generato all'interno della laringe ♦ *s.f.* *(ling.)* consonante generata all'interno della laringe.

la|rin|ge *s.f.* [raro m.] *(anat.)* tratto dell'apparato respiratorio, essenziale per la fonazione, che si trova sopra la trachea.

la|rin|gec|to|mia *s.f. (med.)* asportazione chirurgica di tutta la laringe o di una sua parte.

la|rin|ge|o o **laringèo** *agg.* della laringe, relativo alla laringe.

la|rin|gi|te *s.f. (med.)* infiammazione della laringe.

la|rin|go- *(med.)* primo elemento di parole composte che significa "laringe" *(laringoiatria).*

la|rin|go|ià|tra *s.m./f.* [m.pl. *-i*] medico specializzato nella cura della laringe.

la|rin|go|ia|trìa *s.f.* branca della medicina che studia e cura la laringe.

la|rin|go|ià|tri|co *agg.* [m.pl. *-ci*] che riguarda la laringoiatria.

la|rin|go|sco|pìa *s.f. (med.)* esplorazione della laringe per mezzo del laringoscopio.

la|rin|go|scò|pio *s.f. (med.)* strumento ottico a tubo usato per esplorare la laringe.

la|rin|go|to|mia *s.f. (med.)* incisione chirurgica della laringe.

la|rin|go|tra|che|i|te *s.f. (med.)* infiammazione di laringe e trachea.

làr|va *s.f.* 1 *(zool.)* prima forma, transitoria, degli animali soggetti a metamorfosi 2 *(st.)* presso gli antichi Romani, il fantasma senza pace dei defunti malvagi | *(estens.)* spettro, fantasma | *(fig.)* — *umana,* persona ridotta allo stremo, magrissima.

lar|và|le *agg.* della larva; che ha aspetto di larva: *lo stato — di una farfalla* | *(anche fig.)* *allo stadio —,* ancora all'inizio: *il progetto è allo stadio —.*

lar|và|to *agg.* non del tutto manifesto; velato, indistinto: *una larvata minaccia* □ **larvatamente** *avv.*

la|sà|gna *s.f. spec.pl. (gastr.)* sfoglia all'uovo tagliata a strisce larghe | *lasagne al forno,* quelle sovrapposte in più strati, condite spec. con ragù e besciamella, che vengono cotte nel forno.

là|sca *s.f.* pesce grigio-azzurro dei fiumi italiani dal muso prominente.

la|scà|re *v.tr.* [indic.pres. *io lasco, tu laschi...*] *(mar.)* allentare, detto di una cima o della vela che le è collegata: *lasca la randa!*

la|scia|pas|sà|re *s.m.invar.* permesso scritto che autorizza a transitare in un luogo normalmente inaccessibile.

la|scià|re *v.tr.* [indic.pres. *io làscio...*] 1 smettere di tenere, di reggere; mollare: *— la presa* 2 non prendere con sé, per scelta o per distrazione: *— tutto dov'era;* — *il cappello a casa* | *(coll.) lasciarci le penne,* morire | *prendere o —,* si dice in riferimento a un'offerta che dev'essere accettata o respinta subito 3 allontanarsi, andarsene da: — *il paese natale* | separarsi da qlcu.; abbandonare: *la vittima lascia due figli; la moglie lo ha lasciato* 4 far rimanere un segno, una traccia: *— un alone* | *— detto,* dare istruzioni a voce | *— scritto,* dare istruzioni per iscritto 5 non togliere: *gli lasciò il feudo nonostante il tradimento* | dare, affidare: *ti lascio un nuovo incarico* | trasmettere, assegnare per testamento: *mi ha lasciato solo debiti* 6 far restare in una certa condizione: *— tranquillo;* — *spenta la tv* 7 [seguito da v. all'inf. o da *che* con congiunt.] consentire, permettere: *lasciami fare; lasciate che si spieghi* | *— a desiderare,* non essere soddisfacente | *lasciarsi andare,* abbandonarsi: *lasciarsi andare a gesti inconsulti;* trascurarsi; rilassarsi; *(gerg.)* disinibirsi | *(fig.) — andare, correre, perdere, stare,* non badare a ql.co., sorvolare ♦ **-rsi** *rifl.rec.* porre fine a una relazione sentimentale; separarsi: *— prima del matrimonio.*

la|scià|ta *s.f. solo nella loc.* **ogni** *— è persa,* le occasioni non sfruttate sono sprecate per sempre.

là|sci|to *s.m. (dir.)* attribuzione testamentaria di un bene a qlcu. diverso dagli eredi; legato: *un — di beneficenza.*

la|sci|via *s.f.* 1 sensualità licenziosa; lussuria 2 atto dissoluto.

la|sci|vo *agg.* licenzioso; lussurioso: *pensiero —; posa lasciva* □ **lascivamente** *avv.*

là|sco *agg.* [m.pl. *-schi*] 1 *(mar.)* si dice di cavo, sartia ecc., non stretto, non tesato 2 *(mecc.)* si dice di un congegno i cui elementi non collimano alla perfezione ♦ *s.m. (mar.)* andatura a vela con il vento che forma un angolo compreso tra i 90° e i 135° rispetto alla prua.

là|ser *s.m.invar. (fis., tecn.)* dispositivo che emette fasci estremamente concentrati di radiazioni elettromagnetiche e che ha numerosi utilizzi scientifici e tecnologici ♦ *s.f.invar.* 1 *(ell., inform.)* stampante i cui processi sono regolati dalla modulazione di raggi laser: *stampare con la —* 2 *(mar.)* tipo di imbarcazione attrezzata per una persona, dotata soltanto di una randa ♦ *agg.invar. (fis., tecn.)* 1 relativo al laser; che funziona con laser: *lettore —* 2 di radiazione emessa con laser: *raggio —.*

là|ser- *(scient.)* primo elemento di parole composte che significa "laser", "tramite laser" *(laserterapia).*

la|se|ri|sta *s.m./f.* [m.pl. *-i*] operatore specializzato nell'installare, impiegare, riparare apparecchiature laser.

la|ser|te|ra|pi|a *s.f.* (*med.*) trattamento curativo tramite laser.

las|sa|ti|vo *agg.*, *s.m.* si dice di purgante blando: *effetto* —.

las|si|smo *s.m.* **1** (*teol.*) dottrina cattolica sorta nel XVII sec. che, respingendo l'obbligatorietà di una legge morale a favore della libertà di coscienza, tendeva ad attenuare il rigore dei precetti cristiani **2** (*estens.*) eccessiva indulgenza nei costumi, nella condotta.

las|si|sta *s.m./f.* [m.pl. *-i*] **1** (*teol.*) seguace, sostenitore del lassismo **2** (*estens.*) chi è incline al lassismo ♦ *agg.* che è incline al lassismo.

las|si|sti|co *agg.* [m.pl. *-ci*] relativo al lassismo | che è tipico dei lassisti.

làs|so[1] *s.m.* solo nella loc. — *di tempo*, arco temporale, periodo.

làs|so[2] *agg.* **1** (*raro*) allentato, largo **2** (*scient.*) privo di compattezza; rilassato, molle: *tessuto* —.

làs|so[3] *agg.* (*lett.*) **1** stanco **2** misero, infelice.

las|sù *avv.* **1** là in alto: *sono arrivati fin* — **2** in quel paese a nord: — *fa molto più freddo* **3** (*fam.*) in paradiso: *Dio ci attende* —.

last but not least (*ingl.*) [pr. *last bat not list*] *loc.avv.* ultimo ma non meno importante: *simpatico, intelligente e,* —, *disponibile*.

last minute (*ingl.*) [pr. *last mìnut*] *loc.sost.m. invar.*, *loc.agg.invar.* si dice di biglietto rimasto invenduto poco prima dell'inizio di un evento, di un viaggio e sim., che viene offerto a tariffa molto ridotta: *volo* —; *trovare un* — *al botteghino*.

là|stra *s.f.* **1** pezzo di materiale solido che presenta uno spessore ridotto: — *di vetro* | (*estens.*) lapide **2** pellicola radiografica impressionata | (*fam.*) **farsi le lastre**, sottoporsi a esame radiologico **3** (*foto.*) emulsione in vetro, coperta da un'emulsione fotosensibile, che un tempo veniva usata come negativo **4** in tipografia, lamina in materiale vario, da cui si ricava la matrice di stampa | (*estens.*) la matrice stessa.

la|stri|cà|re *v.tr.* [indic.pres. *io làstrico, tu làstrichi*...] pavimentare con lastre di pietra: — *il vialetto*.

la|stri|cà|to *part.pass.* di lastricare ♦ *agg.* rivestito con lastre di pietra ♦ *s.m.* pavimentazione composta da lastre di pietra.

la|stri|ca|tù|ra *s.f.* operazione con cui si lastrica | lastricato.

là|stri|co *s.m.* [pl. *-chi*; raro *-ci*] **1** complesso di lastre che rivestono una strada | (*estens.*) rivestimento stradale **2** (*estens.*) strada | (*fig.*) **sul** —, in miseria.

la|stró|ne *s.m.* nel gergo alpinistico, parete di roccia inclinata e con pochi appigli.

la|tèn|te *agg.* che è presente ma non si manifesta; nascosto: *minaccia* — □ **latentemente** *avv.*

la|tèn|za *s.f.* condizione di ciò che è latente | (*psicoan.*) **periodo** *di* —, fase dell'infanzia in cui l'interesse sessuale viene sublimato.

la|te|rà|le *agg.* **1** che si trova a lato, ai lati, sul fianco: *via* — | (*sport*) **fallo** —, nel calcio, quello che consiste nell'uscita della palla dalla linea laterale del campo | (*fig.*) **pensiero** —, quello che affronta i problemi con un approccio creativo, secondo una razionalità non rigida, con il contributo della fantasia **2** (*fig.*) secondario; collaterale: *filone* — *della trama* **3** (*ling.*) di suono che viene articolato applicando la lingua alla parte anteriore del palato (p.e. *l* in *lena*, *gl* in *figlio*) ♦ *s.m.* (*sport*) nel calcio, mediano ♦ *s.f.* (*ling.*) consonante laterale □ **lateralmente** *avv.* a lato, di fianco.

la|te|ra|li|tà *s.f.* **1** (*raro*) la condizione di essere collocato lateralmente **2** (*fisiol.*) tendenza a usare maggiormente un lato del corpo rispetto all'altro per compiere determinate azioni: — *dei mancini* **3** (*psicol., fisiol.*) distinzione di competenze fra i due emisferi del cervello.

la|te|ra|nèn|se *agg.* relativo alla basilica romana di San Giovanni in Laterano e ai palazzi annessi | che si è tenuto, che è stato fatto in tale sede: *patti lateranensi*.

la|te|ri|te *s.f.* (*min.*) roccia sedimentaria argillosa dal colore rossastro, prodotta dall'alterazione chimica di silicati.

la|te|ri|zio *agg.* costruito con terracotta o mattoni: *muro* — ♦ *s.m.pl.* materiali da costruzione, come mattoni e tegole, fatti di argilla impastata con acqua.

là|te|ro- (*med.*) primo elemento di parole composte che significa "laterale", "relativo al fianco" (*lateroflessione*).

la|te|ro|fles|sió|ne *s.f.* (*med.*) inclinazione anomala di un organo, piegato di lato rispetto alla posizione normale.

la|te|ro|ver|sió|ne *s.f.* (*med.*) inclinazione di un organo in posizione perpendicolare rispetto a quella che normalmente dovrebbe assumere: — *dell'utero*.

là|ti|ce *s.m.* → **lattice**.

la|ti|clà|vio *s.m.* **1** (*st.*) veste bianca, solcata da una banda color porpora, che era tipica degli antichi senatori romani **2** (*estens., lett.*) carica di senatore.

la|ti|fò|glio *agg.* (*bot.*) si dice di pianta che ha foglie larghe.

la|ti|fon|dià|rio *agg.* che riguarda il latifondo.

la|ti|fon|dì|sta *s.m./f.* [m.pl. *-i*] persona che possiede un latifondo | (*estens.*) ricco proprietario terriero.

la|ti|fón|do *s.m.* ampia proprietà terriera, destinata al pascolo o alla coltivazione estensiva.

la|ti|neg|giàn|te *agg.* che riecheggia il latino: *prosa* —.

la|ti|neg|già|re *v.intr.* [indic.pres. *io latinéggio...*; aus. *A*] usare latinismi nella propria lingua.

la|ti|ni|smo *s.m.* parola, costrutto proprio del latino e adottato in un'altra lingua.

la|ti|ni|sta *s.m./f.* [m.pl. *-i*] chi studia la lingua e la letteratura latina.

la|ti|ni|tà *s.f.* **1** la condizione di essere latino: — *di origini* | (*ling.*) conformità alla lingua latina:

latinizzare

— *di una perifrasi* **2** (*st.*) cultura, civiltà latina: *la diffusione della —* | l'epoca storica in cui si parlava e si scriveva in lingua latina: *tarda —*.

la|ti|niz|za|re *v.tr.* **1** influenzare un popolo con la cultura latina **2** tradurre in latino | modificare in analogia con il latino: *— un nome* ♦ **-rsi** *intr. pron.* assumere lingua e consuetudini latine.

la|ti|niz|za|zió|ne *s.f.* **1** diffusione dei costumi latini: *la — dei Germani* **2** (*ling.*) forma latinizzata di un nome, di un termine.

latin lover (*ingl.*) *loc.sost.m.invar.* amante romantico e focoso, tipico dei paesi latini, così come viene considerato spec. dalle donne dei paesi nordeuropei.

la|ti|no *agg.* **1** dell'antico Lazio o degli antichi Romani: *cultura latina* | relativo alla lingua degli antichi Romani: *costrutto —* | (*mar.*) *vela latina*, quella triangolare con un'antenna che regge il lato maggiore | *croce latina*, quella che presenta un braccio più lungo **2** relativo a popoli e civiltà neolatini: *nazioni latine* | (*geog.*) *America latina*, America centro-meridionale **3** (*eccl.*) cattolico romano: *Chiesa latina* ♦ *s.m.* **1** [f. *-a*] abitante dell'antico Lazio o dell'antica Roma **2** lingua indoeuropea di antiche popolazioni italiche stanziatesi nel Lazio, diffusa in Europa dalle truppe romane e poi adottata sia dalla Chiesa, spec. cattolica, che dall'alta cultura: *— ecclesiastico* **3** lingua e letteratura latina, come disciplina di studio: *versione di —* ◻ **latinamente** *avv.* **1** secondo i costumi dei Latini **2** secondo i criteri della lingua latina.

la|ti|no|a|me|ri|cà|no *agg.* relativo all'America latina ♦ *s.m.* [f. *-a*] chi è nato o abita nell'America latina.

la|ti|nò|rum (*lat.*) *s.m.invar.* (*scherz.*) il latino quando è usato in modo pedantesco.

la|ti|tàn|te *part.pres.* di latitare ♦ *agg.* **1** (*dir.*) che sfugge all'esecuzione di un mandato di cattura: *essere —* **2** (*fig.*) che si sottrae alle proprie responsabilità, ai propri compiti: *un dirigente —* ♦ *s.m./f.* (*dir.*) chi sfugge all'arresto.

la|ti|tàn|za *s.f.* (*dir.*) condizione di chi è latitante | (*estens.*) clandestinità: *darsi alla —* **2** (*fig.*) inazione: *la — dei responsabili*.

la|ti|tà|re *v.intr.* [indic.pres. *io làtito...*; aus. *A*] **1** stare nascosto **2** (*fig.*) mancare di iniziativa | venir meno alle proprie responsabilità.

la|ti|tu|di|nà|le *agg.* relativo alla latitudine ◻ **latitudinalmente** *avv.*

la|ti|tù|di|ne *s.f.* **1** (*geog.*) distanza angolare di un luogo dall'equatore, misurata in gradi sull'arco del meridiano passante per il luogo stesso | (*astr.*) *— celeste*, distanza angolare di un astro dall'eclittica **2** regione, zona, considerata in relazione alle condizioni ambientali: *è difficile vivere a quelle latitudini*.

là|to¹ *s.m.* **1** parte destra o sinistra di qlcu. o ql.co.: *sdraiarsi su un —; il — del palazzo* | *da un — all'altro*, da una parte all'altra | *a — di*, di fianco a **2** (*fig.*) profilo, aspetto, punto di vista: *cercare sempre il — buono* | *d'altro —*, d'altronde | *dal — di madre*, per parte materna | *dal — di padre*,

per parte paterna **3** (*geom.*) ciascuno dei segmenti che formano il perimetro di un poligono | ciascuna delle due semirette che limitano un angolo.

là|to² *agg.* **1** (*lett.*) largo, ampio **2** (*fig.*) esteso | *in senso —*, in senso estensivo, non letterale ◻ **latamente** *avv.* ampiamente: *lo ha fatto — intendere*.

la|to|mìa *s.f. spec.pl.* (*archeol.*) antica cava di pietra, destinata ai lavori forzati, in cui venivano costretti prigionieri di guerra, avversari politici o delinquenti.

la|tó|re *s.m.* [f. *-trice*] chi recapita ql.co. a qlcu.: *— di cattive nuove*.

-làtra secondo elemento di parole composte che significa "adoratore" (*idolatra*).

la|trà|re *v.intr.* [aus. *A*] **1** abbaiare rabbiosamente **2** (*estens.*) sbraitare.

la|trà|to *s.m.* verso del cane che latra.

la|trì|a *s.f.* (*teol.*) culto di adorazione riservato solo a Dio.

-latrìa secondo elemento di parole composte che significa "adorazione, culto" (*idolatria*).

la|trì|na *s.f.* **1** locale con servizi igienici; gabinetto **2** (*estens.*) luogo lercio.

la|tro|cì|nio o **ladrocìnio** *s.m.* furto, ruberia, spec. realizzati con l'inganno.

làt|ta *s.f.* **1** lamiera sottile in acciaio o ferro ricoperta da uno strato protettivo di stagno **2** recipiente in latta o in materiale simile | il contenuto di tale recipiente: *una — di petrolio*.

lat|tà|io *s.m.* [f. *-a*] venditore di latte.

lat|tàn|te *agg., s.m./f.* si dice del bambino e di ogni cucciolo di mammifero nelle prime fasi di vita, quando si nutre solo di latte.

lat|tà|si *s.f.* (*chim.*) enzima intestinale che scinde il lattosio in glucosio e galattosio.

lat|ta|zió|ne *s.f.* **1** (*fisiol.*) secrezione di latte dalla mammella | periodo in cui avviene tale secrezione **2** (*zootec.*) produzione lattea di una mucca in un anno.

làt|te *s.m.* **1** liquido bianco e dolce, secreto dalle ghiandole mammarie della donna o delle femmine dei Mammiferi: *mungere il —* | *dare il —*, allattare | *denti da —*, quelli della prima dentizione | *fratelli di —*, bambini che hanno avuto una balia in comune | *vitello* (o *maialino*) *di —*, lattonzolo | (*scherz.*) *— alle ginocchia*, noia tremenda **2** latte animale per uso alimentare | (*per anton.*) latte di mucca | *fior di —*, panna di latte; mozzarella tenerissima | *— a lunga conservazione*, quello sterilizzato e conservabile a temperatura ambiente | *— pastorizzato*, quello riscaldato allo scopo di eliminare i germi | *— scremato*, quello privato della panna **3** liquido simile al latte | *— detergente*, cosmetico liquido per la pulizia del viso | *— di mandorle*, bevanda lattiginosa estratta dalle mandorle dolci ♦ *agg.invar.* del colore del latte: *bianco —*.

làt|te|o *agg.* **1** di latte; relativo al latte | a base di latte: *dieta lattea* | *farina lattea*®, miscela di latte in polvere, farina e zucchero **2** che ha l'aspetto del latte: *pelle lattea* | (*astr.*) *Via Lattea*, nome della nostra galassia; fascia del cielo notturno par-

ticolarmente ricca di stelle visibili somigliante a una striscia luminosa.
lat|te|ri|a *s.f.* **1** rivendita di latte e derivati **2** stabilimento in cui si lavora il latte **3** deposito del latte destinato a lavorazioni industriali **4** (*gastr.*) formaggio a pasta morbida, prodotto in Veneto e in Lombardia.
lat|te|ri|no *s.m.* piccolo pesce commestibile diffuso nel Mediterraneo.
lat|te|scèn|te *agg.* di liquido, che ha un aspetto simile al latte.
làt|ti|ce o **làtice** *s.m.* liquido viscoso e biancastro, ricco spec. di gomma, cera e resina, che si raccoglie incidendo la corteccia di alcune piante | — *artificiale*, quello ricavato da materie plastiche.
lat|ti|cèl|lo *s.m.* siero che si separa durante la fabbricazione del burro.
lat|ti|ci|nio (*diffuso ma errato* latticìno) *s.m. spec.pl.* prodotto alimentare ricavato dal latte (formaggio, burro, yogurt ecc.).
làt|ti|co *agg.* [m.pl. *-ci*] relativo al latte: *fermenti lattici* | (*chim.*) *acido —*, acido che si forma nel latte per scissione degli zuccheri; acido prodotto nei muscoli per effetto della loro contrazione.
lat|tie|ra *s.f.* recipiente per il latte.
lat|tie|ro *agg.* relativo all'industria e alla commercializzazione del latte: *produzione lattiera*.
lat|ti|fe|ro *agg.* **1** che produce latte: *ovino* — **2** (*anat.*) relativo alla secrezione del latte: *canale* — **3** (*bot.*) che secerne lattice.
lat|ti|gi|nó|so *agg.* **1** simile a latte annacquato: *miscela lattiginosa* | biancastro **2** (*bot.*) che secerne lattice.
lat|ti|na *s.f.* piccolo recipiente in latta usato per contenere spec. liquidi | quantità in esso contenuta: *una — di aranciata.*
lat|to|al|bu|mi|na *s.f.* (*med.*) albumina del latte, proteina organica contenente gli amminoacidi necessari alla crescita.
Lat|to|ba|cìl|lo *s.m.* (*biol.*) genere di batteri che fanno fermentare gli zuccheri producendo acido lattico.
lat|to|fla|vi|na *s.f.* (*chim.*) nome della vitamina B₂; riboflavina.
lat|tó|ne *s.m.* lattonzolo.
lat|to|niè|re *s.m.* **1** artigiano che lavora la latta; stagnaio **2** operaio che modella la lamiera grezza o danneggiata; battilastra.
lat|tón|zo|lo o **lattónzo** *s.m.* vitello o maialino ancora lattante.
lat|to|scò|pio *s.m.* apparecchio usato per determinare la concentrazione di grassi nel latte e stabilirne la purezza.
lat|tò|sio *s.m.* (*chim.*) zucchero naturale del latte.
lat|tù|ga *s.f.* pianta erbacea le cui foglie larghe e dentellate si mangiano in insalata | — *di mare*, alga con tallo increspato verde chiaro.
làu|da *s.f.* (*lett.*) componimento poetico medievale in volgare, di tono popolare e tema religioso | — *drammatica*, quella a più voci.
làu|da|no *s.m.* preparato a base di oppio, zaffe-

rano e alcol, usato un tempo come calmante dei dolori addominali.
lau|da|ti|vo *agg.* (*lett.*) che intende lodare; encomiastico.
Lau|rà|ce|e *s.f.pl.* famiglia di piante sempreverdi con foglie coriacee ricche di sostanze oleose, piccoli fiori e frutti a bacca o a drupa; vi appartengono canfora, cannella, avocado e alloro.
làu|re|a *s.f.* titolo di dottore conferito da un'università a chi ha compiuto un corso completo di studi: *esame di* — | — *breve*, diploma universitario al termine di un corso di studi più breve di quello ordinario, orientato a una specifica professionalità.
lau|re|àn|do *agg., s.m.* [f. *-a*] si dice di studente universitario che sta per sostenere l'esame di laurea.
lau|re|à|re *v.tr.* [indic.pres. *io làureo...*] **1** addottorare, conferire la laurea: — *a pieni voti* **2** (*estens.*) riconoscere una qualifica; assegnare un titolo sportivo **3** (*st.*) onorare con una corona d'alloro ♦ *-rsi intr.pron.* **1** conseguire la laurea: — *in corso* **2** (*estens.*) ottenere un riconoscimento, spec. un titolo sportivo: — *campione*.
lau|re|à|to *part.pass.* di laureare ♦ *agg.* **1** (*st.*) coronato con l'alloro: *poeta* — **2** che ha ottenuto la laurea; addottorato ♦ *s.m.* [f. *-a*] chi ha conseguito il titolo di dottore: — *in cerca d'impiego*.
lau|ren|zià|no *agg.* **1** di san Lorenzo, spec. riferito alla basilica di Firenze e alla sua biblioteca: *codice* — **2** (*lett.*) di Lorenzo de' Medici: *stile* — **3** (*geol.*) *periodo* —, fase più antica dell'era arcaica ♦ *s.m.* (*geol.*) periodo laurenziano.
lau|rèn|zio *s.m.* elemento chimico metallico, artificiale e radioattivo (*simb.* Lw).
làu|ro *s.m.* (*lett.*) alloro.
làu|ro *agg.* abbondante; sontuoso: *un* — *pasto* ☐
lautamente *avv.*
là|va *s.f.* massa fluida e incandescente di minerali fusi che cola dai vulcani in eruzione.
la|va|bian|che|ri|a *s.f.invar.* lavatrice da casa.
la|va|bic|chiè|ri *s.m.invar.* spazzola rotonda a manico lungo che serve per lavare i bicchieri nei bar.
la|và|bi|le *agg.* che si può lavare senza danno: *capo — in lavatrice*.
la|va|bi|li|tà *s.f.* condizione di ciò che non si danneggia con il lavaggio: — *dei parati*.
la|và|bo *s.m.* [pl.invar. o *-i*] **1** vaschetta infissa alla parete, gener. della stanza da bagno, dotata di impianto di carico e scarico, che viene usata per la pulizia personale | (*estens.*) lavandino **2** (*lit.*) momento della messa in cui il sacerdote si lava simbolicamente le mani | (*estens.*) ampolla contenente l'acqua che il celebrante usa per lavarsi le mani.
la|va|bot|ti|glie *s.m.invar.* macchina con spazzole rotanti per il lavaggio e la sterilizzazione di bottiglie.
la|va|cas|so|nét|ti *agg.invar., s.m.invar.* si dice di automezzo attrezzato per lavaggi disinfettanti dei cassonetti per l'immondizia.
la|va|cri|stàl|lo *s.m.invar.* (*auto.*) strumento

lavacro

che permette di spruzzare liquido detergente sul parabrezza.
la|và|cro *s.m.* (*lett.*) **1** recipiente, bacino per lavarsi **2** atto del lavare; lavaggio, bagno **3** (*estens.*, *fig.*) purificazione.
la|va|di|ta *s.m.invar.* ciotola d'acqua che si tiene in tavola per sciacquarsi le mani.
la|va|frùt|ta *s.m.invar.* ciotola d'acqua che si tiene in tavola per sciacquare piccoli frutti prima di mangiarli.
la|va|g|gio *s.m.* **1** azione di chi lava: — *in acqua tiepida* | (*fig.*) — *del cervello*, intensa pressione psicologica con cui si cerca di cancellare il patrimonio ideologico di qlcu. allo scopo di sostituirlo con nuove idee e convinzioni **2** (*tecn.*) asportazione, mediante solventi, di impurità, residui, agenti nocivi contenuti in corpi solidi o in sostanze liquide e gassose: — *del minerale* **3** (*foto.*) eliminazione, mediante bagno d'acqua, dei residui di sostanze acide presenti sul negativo.
la|va|gna *s.f.* **1** (*geol.*) ardesia: *tetto di* — **2** lastra nera quadrangolare, gener. incorniciata da un telaio di legno, su cui si scrive con il gesso, che viene adoperata spec. nelle scuole: *copiare dalla* — | — *luminosa*, apparecchio usato per proiettare su uno schermo quanto tracciato su fogli traslucidi | — *magnetica*, lastra di metallo rivestito con plastica, sulla quale si attaccano simboli calamitati.
la|va|màc|chi|ne *s.m./f.invar.* in un autolavaggio e sim., chi è addetto al lavaggio delle vetture.
la|va|mà|no *s.m.* [pl.invar. o -*i*] catinella, sorretta da un treppiede, che si usava un tempo per l'igiene personale.
la|vàn|da¹ *s.f.* **1** (*med.*) lavaggio di cavità interne del corpo, effettuato a scopo terapeutico: — *gastrica* **2** (*lit.*) abluzione delle mani da parte del sacerdote durante la messa | rituale del lavaggio dei piedi durante la settimana santa.
la|vàn|da² *s.f.* **1** arbusto con fiori violacei odorosi riuniti in spighe **2** profumo ricavato dai fiori della pianta omonima.
la|van|dà|ia *s.f.* **1** donna che, per mestiere, lava indumenti e biancheria **2** (*spreg.*) donna villana e volgare.
la|van|de|rì|a *s.f.* locale o esercizio pubblico attrezzato per lavare biancheria e indumenti: *lavanderia a secco* | — *a gettone*, quella in cui i clienti fanno funzionare le lavatrici inserendovi un gettone.
la|van|dì|no *s.m.* vaschetta fissa, con carico e scarico dell'acqua, montato spec. in cucina per lavare le stoviglie; lavello, acquaio | (*estens.*) lavabo.
la|va|pa|vi|mén|ti *s.f.invar.* elettrodomestico usato per il lavaggio del pavimento.
la|va|piàt|ti *s.f.invar.* lavastoviglie *s.m./f.invar.* chi lava le stoviglie in locali pubblici e sim. | (*estens.*) sguattero.
la|va|re *v.tr.* **1** rendere pulito con acqua o con altra sostanza detergente o solvente: — *a secco*; *lavarsi i piedi* | (*assol.*) fare il bucato: — *in lavatrice* | (*fig.*) *lavarsene le mani*, declinare ogni re-

sponsabilità **2** (*fig.*) riferito spec. a colpe, macchie morali e sim., cancellare, emendare | — *nel sangue*, vendicare con l'omicidio **3** (*tecn.*) effettuare un'operazione di lavaggio: — *il negativo della foto* ♦ **-rsi** *rifl.* pulire il proprio corpo facendovi scorrere sopra dei liquidi detergenti: — *con acqua e sapone*.
la|va|scà|le *s.m./f.invar.* chi in un palazzo si occupa di lavare le scale ed effettuare servizi collegati.
la|va|sciù|ga *s.f.invar.* lavatrice dotata di sistema per l'asciugatura del bucato.
la|va|séc|co *s.m./f.invar.* **1** lavanderia a secco **2** macchina che lava a secco.
la|va|sto|vi|glie *s.f.invar.* macchina usata per lavare le stoviglie.
la|và|ta *s.f.* lavaggio veloce: *darsi una* — *alle mani* | (*fig.*) — *di capo*, rimprovero severo.
la|va|tè|sta *s.m.invar.* recipiente sagomato che il parrucchiere pone sotto il capo riverso del cliente per effettuare il lavaggio dei capelli con lo shampoo.
la|va|ti|vo *s.m.* **1** [f. *-a*] chi non ha voglia di lavorare; fannullone **2** (*coll.*, *pop.*) clistere.
la|và|to *part.pass. di lavare* ♦ *agg.* ben pulito; fresco di lavaggio: *riporre nell'armadio la biancheria lavata*.
la|va|tó|io *s.m.* **1** locale della casa o spazio pubblico in cui si lavano a mano i panni **2** vaschetta dentro cui si fa il bucato **3** durante il lavaggio, tavola rigida su cui si insaponano, fregano e sciacquano i panni.
la|va|trì|ce *s.f.* **1** elettrodomestico che serve a lavare in modo automatico i panni: *mettere in* — **2** (*fam.*) quantità di bucato lavato con un carico: *abbiamo fatto già tre lavatrici* **3** (*tecn.*) qualsiasi macchina che effettua lavaggi: — *da tessitura*.
la|va|tù|ra *s.f.* **1** azione con cui si lava; lavaggio **2** acqua in cui si è effettuato un lavaggio | (*fig.*) — *di piatti*, detto di bevanda o brodo troppo acquosi e insipidi.
la|va|vé|tri *s.m.invar.* **1** [anche f.] addetto alla pulizia delle vetrine e delle finestre, in negozi, palazzi e sim. | chi pulisce sommariamente i parabrezza delle vetture ferme ai semafori, allo scopo di ottenere un compenso in denaro **2** spatola in gomma rigida usata per pulire cristalli di autoveicoli, vetrate ecc. ♦ *s.f.invar.* elettrodomestico usato per lavare i vetri.
la|vèl|lo *s.m.* lavandino, acquaio.
là|vi|co *agg.* [m.pl. -*ci*] di lava: *colata lavica*.
la|vo|rà|bi|le *agg.* che può essere lavorato | (*metall.*) malleabile | (*agr.*) coltivabile.
la|vo|ràn|te *part.pres. di lavorare* ♦ *agg.* che lavora ♦ *s.m./f.* dipendente che svolge lavori manuali di carattere artigianale: *prendere un* — *a bottega*.
la|vo|rà|re *v.intr.* [indic.pres. *io lavóro*...; aus. *A*] **1** dedicare le energie del corpo e della mente a un'attività: — *a un'impresa* | — *di fantasia*, elaborare ipotesi improbabili | (*scherz.*) — *per la gloria*, impegnarsi in ql.co. senza guadagnarci nulla **2** svolgere una professione, un'attività remune-

rativa: — *alle dipendenze*; *smettere di* — | — *in proprio*, lavorare senza dipendere da alcun datore di lavoro **3** di animale, compiere fatiche utili all'uomo: *il bue lavora all'aratro* **4** (*mecc.*, *ind.*, *fisiol.*) funzionare: *il motore lavora a pieno regime*; *in agosto la fabbrica non ha lavorato*; *il tuo cuore lavora regolarmente* **5** avere una vasta clientela; fare affari: *a Natale i commercianti lavorano molto* **6** (*fig.*) agire di nascosto; tramare **7** produrre un effetto; agire: *l'ignoranza lavora contro la libertà* ♦ *tr.* operare su una materia per ridurla alla forma voluta: — *l'oro* | (*agr.*) — *la terra*, coltivarla | (*fig.*) *lavorarsi qlcu.*, cercare pazientemente di influenzarlo allo scopo di ottenere vantaggi personali.
la|vo|ra|ti|vo *agg.* **1** di lavoro | che riguarda il lavoro o una lavorazione: *attività lavorativa* **2** si dice del tempo normalmente dedicato al lavoro: *orario* —.
la|vo|rà|to *part.pass. di* lavorare ♦ *agg.* **1** detto di materiale, sottoposto a una lavorazione: *olio* — | impreziosito da una lavorazione: *gioiello* — **2** decorato con disegni, rilievi e sim.: *una credenza lavorata in stile liberty* | detto di indumenti e tessuti, ornato con ricami e applicazioni: *colletto* — **3** (*agr.*) coltivato.
la|vo|ra|tó|re *s.m.* [f. *-trice*] **1** chi lavora per ricavare mezzi di sostentamento o guadagno: — *dipendente* **2** chi si impegna molto nel lavoro: *ecco un gran* —! ♦ *agg.* che lavora | dei lavoratori: *classe lavoratrice*.
la|vo|ra|zió|ne *s.f.* **1** procedura operativa atta a modificare un determinato materiale: — *del vetro* | *essere in* —, non essere ancora finito **2** (*cine.*) l'insieme delle attività che concorrono alla realizzazione di un film.
la|vo|rét|to *s.m.* **1** lavoro facile, poco impegnativo | lavoro saltuario: *fare lavoretti per sopravvivere* **2** manufatto piccolo ma ben lavorato **3** (*euf.*) affare poco pulito; azione illegale: *i rapinatori progettavano un* —.
la|vo|ric|chià|re *v.intr.* [indic.pres. *io lavorìcchio*...; aus. *A*] (*fam.*) **1** lavorare poco, svogliatamente **2** arrangiarsi con lavori occasionali.
la|vo|rì|o *s.m.* **1** lavoro intenso e continuato **2** (*fig.*) attività condotta nell'ombra; intrigo.
la|vó|ro *s.m.* **1** impiego di energie volte a un determinato fine: — *muscolare*; — *di una macchina* **2** il complesso delle attività umane volte alla produzione di un bene o di un servizio: — *manuale*; — *di studio* | *lavori pubblici*, opere commissionate da un ente statale o locale a vantaggio della collettività | *lavori domestici*, le faccende di casa **3** esercizio di una professione, di un mestiere, di un'arte; occupazione retribuita o comunque remunerativa: — *in proprio*; *cambiare* — | *sede dell'attività lavorativa*: *tornare dal* — | *tavolo da* —, quello dedicato a una certa attività lavorativa | *animale da* —, bestia impiegata in attività utili all'uomo, spec. quelle agricole | *diritto del* —, disciplina che regola i rapporti tra dipendenti e datori di lavoro **4** (*spec.pl.*) serie di attività svolte da organi collegiali o gruppi di persone: *i la-*

vori della commissione | *aprire i lavori*, inaugurare un convegno e sim. **5** prodotto dell'attività lavorativa: — *di precisione*; — *di teatro* **6** ciò in cui si è impegnati: *finire il* — *per domani* **7** azione di agenti naturali: *il* — *delle intemperie* **8** (*fis.*) prodotto scalare di una forza per lo spostamento del suo punto d'applicazione (*simb.* L).
lay-out (*ingl.*) [pr. *leiàut*] *s.m.invar.* **1** disposizione definitiva degli elementi grafici e testuali in un bozzetto di pagina, fascicolo o volume: *il* — *della copertina* **2** (*tecn.*) in un impianto industriale, disposizione razionale planimetrica delle macchine e degli addetti **3** schema con le istruzioni per un lavoro.
la|zià|le *agg.* **1** del Lazio; relativo alla regione Lazio **2** (*sport*) relativo alla squadra calcistica della Lazio | che gioca o tifa per tale squadra ♦ *s.m./f.* chi è nato o abita nel Lazio ♦ *s.m.* (*sport*) **1** calciatore appartenente alla squadra della Lazio **2** [anche f.] tifoso di tale squadra.
lazo (*sp.*) [pr. *làso*] *s.m.invar.* laccio che i mandriani americani usano nelle praterie per catturare bovini e cavalli.
la|zu|rì|te *s.f.* (*min.*) costituente principale dei lapislazzuli.
laz|za|rét|to *s.m.* (*st.*) ospedale per malattie infettive, spec. epidemiche: — *per i lebbrosi*.
laz|za|ro|nà|ta *s.f.* (*fam.*) mascalzonata.
laz|za|ró|ne *s.m.* [f. *-a*] **1** mascalzone **2** (*fam.*) fannullone.
làz|zo *s.m.* **1** battuta spiritosa, eventualmente volgare: *frizzi e lazzi* **2** (*teat.*) scena mimica della commedia dell'arte.
le[1] *art.det.f.pl.* [non si elide mai davanti a vocale] **1** precede i vocaboli femminili plurali: — *mucche*; — *eliche* **2** unendosi alle preposizioni *a*, *con*, *da*, *di*, *in*, *su* forma le prep. articolate *alle*, *colle*, *dalle*, *delle*, *nelle*, *sulle*.
le[2] *pron.pers.f. di 3ª pers.sing.* [con funzione di compl. di termine; in posizione proclitica ed enclitica] a lei; a essa: — *mostrò l'appartamento*; *dille di venire* | in espressioni di cortesia si usa per rivolgersi a persone di ambo i sessi; eventualmente maiuscolo: *Le porgo i miei òmaggi*.
le[3] *pron.pers.f. di 3ª pers.pl.* [con funzione di compl.ogg.; in posizione proclitica ed enclitica] esse, loro: — *riconobbi vedendole camminare* | con valore neutro e indeterminato in espressioni ellittiche: *darsele di santa ragione*.
leader (*ingl.*) [pr. *lìder*] *s.m./f.invar.* **1** capo riconosciuto di un partito, un movimento, un gruppo: — *sindacale*; *carisma da* — **2** (*sport*) chi è il primo in una classifica o nel corso di una gara ♦ *agg.invar.* che funge da guida: *impresa* — *nel settore*.
leadership (*ingl.*) [pr. *lìderscip*] *s.f.invar.* posizione di egemonia: *la* — *statunitense della* NATO.
le|à|le *agg.* **1** che non tradisce le aspettative; onesto, sincero: *compagno* — | devoto, fedele: *servo* — **2** che non ricorre all'inganno, al sotterfugio; corretto: *antagonista* — | che viene gestito senza imbrogli, secondo norma: *confronto* — □
lealmente *avv.* **1** in modo onesto, senza tradi-

menti: *comportarsi* — **2** secondo regola, senza inganno: *battersi* —.

le|a|li|smo *s.m.* (*polit.*) fedeltà al potere costituito.

le|a|li|sta *agg.*, *s.m./f.* [m.pl. *-i*] che, chi sostiene la fedeltà verso le forze che sono al potere: *schieramento* —.

le|al|tà *s.f.* **1** sincerità | fedeltà: *le truppe diedero prova di* — **2** correttezza: *la* — *dello scontro*.

le|àr|do *agg.*, *s.m.* si dice di cavallo dal mantello grigio, in cui si mescolano peli bianchi e peli neri.

leasing (*ingl.*) [pr. *lìsing*] *s.m.invar.* (*econ.*) contratto di locazione di un bene che viene concesso da un'impresa a un utilizzatore con facoltà di riscatto del bene stesso allo scadere del contratto: — *immobiliare* | — **finanziario**, quello tra una società finanziaria e un'impresa.

léb|bra *s.f.* **1** (*med.*) malattia infettiva cronica che si manifesta con lesioni cutanee e nervose **2** (*fig.*) degenerazione morale, corruzione; piaga: *la* — *della miseria* **3** nome generico di varie malattie delle piante.

leb|bro|sà|rio *s.m.* centro di ricovero e terapia per lebbrosi.

leb|bró|so *agg.*, *s.m.* [f. *-a*] si dice di persona colpita dalla lebbra.

le|cà|nio *s.m.* varietà di coccinigla nociva alle colture.

lec|ca|cù|lo *s.m./f.* [pl.invar. o *-i*] (*volg.*) adulatore servile; leccapiedi, lecchino.

léc|ca léc|ca *loc.sost.m.invar.* caramella piatta da leccare, infilata in cima a un bastoncino.

lec|ca|mén|to *s.m.* (*anche fig.*) azione con cui si lecca.

lec|ca|piè|di *s.m./f.invar.* (*spreg.*) adulatore servile.

lec|càr|da *s.f.* vaschetta metallica che serve a raccogliere il grasso colante mentre si cuoce la carne alla griglia o allo spiedo.

lec|cà|re *v.tr.* [indic.pres. *io lécco, tu lécchi*...] **1** inumidire ql.co. passandovi sopra la lingua: — *il francobollo, l'orlo di una busta* | prelevare con la lingua piccole dosi di cibo: — *il piatto, la panna* | (*fig.*) *leccarsi i baffi*, **le labbra**, **le dita**, apprezzare moltissimo il sapore di una pietanza o bevanda | *leccarsi le ferite*, cercare di riprendersi da un trauma, da un forte dispiacere **2** (*fig.*) adulare in modo servile: — *i superiori per fare carriera* **3** (*fig.*) rifinire all'eccesso: — *un dipinto* ♦ **-rsi rifl. 1** di animali, passarsi la lingua sul corpo per pulirlo **2** (*fig.*) adornarsi in maniera leziosa; agghindarsi.

lec|cà|ta *s.f.* **1** azione con cui si lecca: passata con la lingua: *dare una* — *al gelato* **2** (*fig.*) atto di adulazione servile; lisciata, sviolinata.

lec|cà|to *part.pass.* di *leccare* ♦ *agg.* affettato, artificioso, lezioso: *discorso* —.

lec|cé|to *s.m.* o **leccéta** *s.f.* piantagione, bosco di lecci.

lec|chi|no *s.m.* [f. *-a*] (*spreg.*) adulatore, leccapiedi.

léc|cia *s.f.* **1** grosso pesce marino di colore verde-azzurro, simile all'ombrina **2** grande squalo di colore bruno.

léc|cio *s.m.* albero sempreverde simile alla quercia, il cui legno durissimo viene usato per lavori di carpenteria.

lec|có|ne *s.m.* [f. *-a*] (*fam.*) adulatore, leccapiedi.

lec|cor|ni|a *s.f.* **1** cibo squisito **2** (*fig.*) cosa desiderabile.

le|ci|ti|na *s.f.* (*chim.*) composto organico presente in ogni cellula, spec. nel tuorlo d'uovo, che si usa in medicina, cosmesi, industria alimentare | — *di soia*, quella ricavata dai semi di tale legume e usata nell'industria alimentare al posto di acidi grassi.

lé|ci|to *agg.* **1** consentito in quanto conforme alla legge, alla morale o al costume: *comportamento* — **2** in funzione predicativa, possibile: *è* — *supporre* **3** (*estens.*) sensato, fondato: *un* — *dubbio* ♦ *s.m.* ciò che è consentito: *restare nel* —.

lèc|tio brè|vis (*lat.*) [pr. *lèczio brèvis*] *loc.sost. f.invar.* giornata scolastica abbreviata, spec. alla vigilia di una vacanza.

lè|de|re *v.tr.* [indic.pres. *io lèdo*...; pass.rem. *io lési, tu ledésti*...; part.pass. *léso*] **1** provocare una lesione, danneggiare: — *i tessuti* **2** (*estens.*) offendere moralmente: — *la reputazione* | violare giuridicamente: *sopruso che lede i miei diritti*.

lé|ga[1] *s.f.* **1** associazione politica o sociale fondata su un obiettivo comune: — *contadina*; — *per la protezione degli animali* | (*st.*) forma di associazionismo operaio che anticipò i sindacati | (*polit.*) nome di formazioni federaliste emerse in Italia negli anni '90 del sec. XX: *Lega Lombarda* | (*spec.mil.*) alleanza tra Stati, città e sim.: — *anseatica* **2** (*sport*) coordinamento di società e campionati; federazione **3** (*spreg.*) combriccola: *fare* — *con brutti ceffi* **4** (*metall.*) miscela solidificata di più componenti metallici: *il bronzo è una* — | (*fig.*) *di pessima* —, di cattivo gusto, qualità.

lé|ga[2] *s.f.* unità di misura della distanza, che varia a seconda degli Stati: — *marina*.

le|gàc|cio *s.m.* **1** nastro o cordoncino in materiale vario, usato per legare, per stringere: *i legacci delle scarpe* **2** nel lavoro a maglia, punto elastico che risulta lavorando le maglie sempre a diritto.

le|gà|le *agg.* **1** di, della legge: *consulenza* — | *studio* —, quello in cui lavorano avvocati, procuratori ecc. **2** permesso dalla legge; lecito: *importazione* — | conforme alla legge; basato sulla legge: *procedura* — | *vie legali*, sistemi autorizzati per difendere i propri diritti: *adire le vie legali* ♦ *s.m./f.* denominazione generica di avvocati, procuratori, consulenti legali: *scegliersi un* — □ **legalmente** *avv.* sul piano legale: — *parlando* | nel rispetto della legge: *agire* —.

le|ga|lé|se *s.m.* (*giorn.*, *pop.*) gergo proprio dei giuristi, incomprensibile per i non addetti ai lavori.

le|ga|li|smo *s.m.* tendenza a rispettare la legge in modo esasperato.

le|ga|li|sta *s.m./f.* [m.pl. *-i*] chi rispetta la legge in modo esasperato ♦ *agg.* legalistico.
le|ga|li|sti|co *agg.* [m.pl. *-ci*] del legalismo | da legalista: *ottica legalistica.*
le|ga|li|tà *s.f.* conformità alla legge: — *di un'amministrazione* | *uscire dalla* —, delinquere.
le|ga|li|tà|rio *agg.* che non ricorre mai a mezzi illegali | che sostiene posizioni di tipo legalistico.
le|ga|liz|zà|re *v.tr.* **1** autorizzare per legge: — *le droghe leggere* **2** (*dir.*) convalidare legalmente; autenticare: — *un protocollo.*
le|ga|liz|za|zió|ne *s.f.* **1** autorizzazione legale; regolarizzazione: — *del divorzio* **2** (*dir.*) certificazione d'autenticità.
le|gà|me *s.m.* **1** ciò che lega | (*fig.*) vincolo morale, sentimentale e sim.: *intenso* — *di amicizia* | — *di sangue*, vincolo di parentela **2** (*fig.*) relazione; nesso logico: — *tra parole e azioni* **3** (*chim.*) interazione tra due o più atomi che si associano in molecole: — *covalente.*
le|ga|mén|to *s.m.* **1** azione con cui si lega | legame **2** (*anat.*) tessuto connettivo fibroso che tiene unite due strutture anatomiche: *stirare un* — **3** (*ling.*) mutamento fonetico dovuto all'influenza reciproca tra il suono finale di una parola e quello iniziale della seguente.
le|gàn|te *part.pres.* *di* legare ♦ *agg., s.m.* **1** si dice di materiale agglomerante che unisce corpi incoerenti | — *idraulico*, quello che attecchisce in presenza di acqua (p.e. cemento) **2** (*gastr.*) si dice di sostanza usata per addensare salse, sughi e sim. (p.e. maizena).
le|gà|re[1] *v.tr.* [indic.pres. *io légo, tu léghi...*] **1** avvolgere, stringere con funi e sim. per immobilizzare o per tenere assieme: *legate il prigioniero!*; — *i fogli con uno spago* | *pazzo da* —, psicopatico in crisi furiosa; (*scherz.*) persona eccessivamente eccentrica **2** attaccare, vincolare a ql.co.: — *il cavallo alla staccionata* | (*fig., fam.*) *legarsela (al dito)*, ricordare un torto nell'attesa dell'occasione propizia per vendicarsi **3** (*metall.*) unire per formare una lega **4** (*gastr.*) rendere meno liquido tramite l'aggiunta di un addensante: — *il sugo con la panna* **5** (*fig.*) congiungere, unire: — *in matrimonio* | connettere razionalmente, tramite nessi logici: — *i concetti alle immagini* **6** (*mus.*) riferito a una pluralità di note, eseguire senza interrompere il suono **7** incastonare in un gioiello: *diamante legato in platino* **8** rilegare: — *la tesi* ♦ *intr.* [aus. *A*], **-rsi** *intr.pron.* **1** fare lega; unirsi: *il ferro arrugginisce quando si lega con l'ossigeno* **2** (*fig.*) andare d'accordo: — *con un compagno* **3** (*estens.*) star bene insieme; abbinarsi, armonizzarsi: *i due colori non legano* | derivare consequenzialmente: *l'esperimento non lega con la teoria* ♦ *rifl., rifl.rec.* **1** stringere il proprio corpo entro lacci o corde, spec. a scopo protettivo: *l'alpinista si legò con la fune*; *devi legarti con la cintura di sicurezza!* **2** unirsi tramite vincolo: *mi legai col giuramento* | stabilire un legame affettivo: *ci siamo legati per la vita.*
le|gà|re[2] *v.tr.* [indic.pres. *io légo, tu léghi...*] (*dir.*) lasciare in testamento a un soggetto diverso dagli eredi: *legò tutto a un ente di ricerca.*
le|ga|tà|rio *s.m.* [f. *-a*] (*dir.*) chi beneficia di un lascito testamentario pur non avendo diritti di parentela; destinatario di un legato.
le|gà|to[1] *part.pass.* *di* legare ♦ *agg.* **1** tenuto insieme, stretto: *portare i capelli legati* **2** (*fig.*) affezionato: *due amici molto legati* **3** (*coll.*) privo di scioltezza; impacciato: *essere* — *nel ballare* **4** (*fig.*) condizionato nelle proprie scelte da fattori esterni: *un uomo* — *agli orari di lavoro* ♦ *s.m.* solo sing. (*mus.*) esecuzione di un motivo senza interruzioni tra le singole note.
le|gà|to[2] *s.m.* **1** (*st.*) nella Roma antica, ambasciatore, inviato **2** (*eccl.*) rappresentante che la Santa Sede invia presso uno Stato.
le|gà|to[3] *s.m.* (*dir.*) disposizione testamentaria che assegna beni a un soggetto diverso dagli eredi.
le|ga|tó|re *s.m.* [f. *-trice*] addetto alla rilegatura libraria.
le|ga|to|rì|a *s.f.* **1** arte, pratica del rilegare libri **2** laboratorio o reparto industriale in cui si rilegano libri.
le|ga|tù|ra *s.f.* **1** azione, attività del legare | modo e materiale con cui si lega: — *rigida*; *sciogliere la* — | punto in cui si lega: *scrivere sotto la* — **2** (*mus.*) linea curva sopra il pentagramma che indica quali note vanno eseguite senza interrompere il suono | esecuzione di note senza interruzione **3** incastonatura in gioiello: — *in argento* **4** rilegatura.
le|ga|zió|ne *s.f.* **1** rappresentanza diplomatica presso uno Stato straniero | (*estens.*) sede di tale rappresentanza **2** (*eccl.*) carica, ufficio di legato: — *pontificia* | durata di tale carica **3** (*spec. pl., st.*) nel sec. XIX, ogni circoscrizione amministrativa dello Stato Pontificio governata da un cardinale legato.
le|gèn|da (*lat.*) *s.f.invar.* spiegazione, gener. chiusa entro un riquadro, dei segni convenzionali e delle abbreviazioni che sono contenuti in un testo, in un grafico, in una mappa e sim.
lég|ge *s.f.* **1** principio normativo che regola la condotta delle persone | — *naturale*, complesso di principi che si ritengono impliciti nella natura umana e che orientano verso una convivenza giusta | *positiva*, quella che viene fissata come legittima da un potere legislativo | (*fig.*) *dettare* — le proprie decisioni senza riserve **2** (*dir.*) ogni atto statale che fissa una norma di condotta per i cittadini: *abrogare una* — | (*estens.*) ordinamento giuridico: *la* — *tedesca* | *in nome della* —, in base all'autorità conferita dalla legge **3** scienza giuridica; giurisprudenza: *facoltà di Legge* | *persona di* —, specialista di questioni giuridiche **4** regola fondamentale di una disciplina, di una tecnica ecc.: *le leggi dell'incisione* **5** (*scient.*) regola, spesso formalizzata in termini matematici, che permette di spiegare sistematicamente un dato ordine di fenomeni naturali: *leggi di Newton* | schema con cui si interpretano determinate dinamiche sociali: *la* —

leggenda

della domanda e dell'offerta | regola logico-matematica: *— geometrica.*
leg|gèn|da *s.f.* **1** narrazione di vicende immaginarie o fortemente condizionate da elementi fantastici: *— cavalleresca* **2** (*estens.*) avvenimento storico che la fantasia popolare ha trasfigurato e arricchito con dettagli inventati: *la — dei Mille* | (*gerg.*) persona famosa per le sue qualità, imprese: *una — nell'ambiente dei motociclisti* | **entrare nella —**, assumere un valore che va al di là dell'esperienza individuale e che rende indimenticabili **3** (*fig.*) fandonia; invenzione: *il suo fascino è solo —* | *— metropolitana*, notizia inquietante, di dubbia veridicità, che i mass media talvolta ingigantiscono, relativamente a vicende di vita urbana **4** legenda, didascalia | iscrizione: *la — di un sigillo.*
leg|gen|dà|rio *agg.* **1** che ha i caratteri tipici della leggenda; ricco di motivi fantastici: *racconto —* **2** ricordato con un senso di grandezza inimitabile; entrato nella leggenda: *la leggendaria Africa degli esploratori* | (*estens.*) di persona o avvenimento, mitico, indimenticabile per particolari qualità: *la leggendaria scalata dell'Everest* **3** (*iperb.*) assolutamente eccezionale; favoloso, meraviglioso: *è stato un concerto davvero —* ♦ *s.m.* (*lett.*) raccolta di leggende e narrazioni sulla vita dei santi.
lèg|ge|re *v.tr.* [indic.pres. *io leggo, tu leggi...*; pass.rem. *io lessi, tu leggésti...*; part.pass. *letto*] **1** (*assol.*) avere la facoltà di decifrare con la vista i caratteri di una scrittura comprendendo il significato del testo: *saper — e scrivere*; *— a stento* **2** (*estens.*) conoscere il contenuto di un testo tramite lettura: *— un libro* | *— un autore*, leggere la sua opera | (*assol.*) dedicarsi alla lettura: *— per passatempo* **3** pronunciare ad alta voce un testo scritto: *— il comunicato agli invitati* **4** interpretare un testo o un'opera d'arte secondo particolari significati o criteri: *— una poesia in chiave linguistica e metrica*; *— un dipinto* | (*fig.*) analizzare un fatto secondo il proprio punto di vista: *— gli eventi in un'ottica pessimistica* **5** decifrare simboli, segni, scritture particolari: *— il pentagramma*; *una mappa difficile da —*; *— l'aramaico* | *— la mano a qlcu.*, tentare di predirgli il futuro sulla base delle linee presenti nel palmo della mano **6** (*fig.*) riconoscere come se si leggesse; intuire: *— negli occhi; ti leggo nel pensiero* | *— fra le righe*, comprendere ciò che è sottinteso in una comunicazione | *— le carte*, praticare la cartomanzia **7** (*tecn.*) convertire dati di un certo tipo in una forma diversamente utilizzabile, per mezzo di una macchina: *— un floppy disk.*
leg|ge|réz|za *s.f.* **1** qualità delle cose e delle persone che sono leggere: *la — di un pacco* **2** scioltezza; agilità: *danzare con —* | delicatezza: *carezzare con —* **3** (*fig.*) mancanza di responsabilità; superficialità, volubilità: *agire con —* | azione sconsiderata: *commettere una —*.
leg|gè|ro *agg.* **1** che ha poco peso: *— come una piuma* | (*sport*) **pesi leggeri**, categoria di pugili meno pesanti dei superpiuma **2** che porta poco peso: *il carro era —* | facilmente digeribile: *pasto — * **3** agile, svelto: *andatura leggera* | (*sport*) **atletica leggera**, insieme delle discipline che comprendono corsa, lancio, salto, marcia e prove multiple **4** (*fig.*) facilmente sopportabile; poco faticoso: *disturbo —*; *— sforzo* **5** (*fig.*) intellettualmente poco impegnativo: *film —* | futile: *argomento —* **6** (*fig.*) di piccola entità; poco importante; lieve, modesto: *un — dubbio* | blando; poco concentrato: *vino —*; *medicinale —*; *droga leggera* | **sonno —**, sonno sensibile ai disturbi esterni **7** (*fig.*) che agisce senza riflettere; superficiale | di facili costumi: *ragazza leggera* | *a cuor —*, *alla leggera*, con troppa spensieratezza ♦ *avv.* in maniera leggera: *muoversi — fra gli ostacoli* | **mangiare —**, ingerire cibo senza appesantire lo stomaco | **vestire —**, indossare abiti che non scaldano troppo.
leg|ger|mén|te *avv.* **1** in modo leggero, lievemente: *schiacciò —* **2** (*fig.*) con leggerezza, in modo superficiale: *comportarsi —* **3** di poco, appena: *— più vicino*; *aprire — gli occhi.*
leg|gia|dri|a *s.f.* (*lett.*) caratteristica di quel che è leggiadro; grazia, eleganza: *la — del portamento.*
leg|già|dro *agg.* (*lett.*) grazioso, armonioso; elegante, gentile: *viso —*; *passo —* □ **leggiadramente** *avv.*
leg|gi|bi|le *agg.* che si riesce a leggere: *scrittura —* | che ha abbastanza valore da meritare una lettura: *libro —* □ **leggibilmente** *avv.*
leg|gi|bi|li|tà *s.f.* condizione di ciò che può essere letto: *— di un vecchio documento.*
leg|gic|chià|re o **leggiucchiare** *v.tr.* [indic.pres. *io leggicchio...*] leggere a stento: *— l'arabo* | leggere saltuariamente | leggere distrattamente o saltando da un brano all'altro: *— un articolo.*
leg|gi|na *s.f.* legge d'argomento circoscritto, che gener. viene approvata da una commissione parlamentare.
leg|gì|o *s.m.* supporto per libro o spartito musicale che lascia le mani libere durante la lettura.
leg|giuc|chià|re *v.tr.* → **leggicchiare.**
le|ghi|smo *s.m.* tendenza ad associarsi in leghe di rappresentanza politica di ispirazione localistica, tra le quali spec. la Lega Nord affermatasi in Italia settentrionale dagli anni '90 del sec. XX.
le|ghi|sta *s.m./f.* [m.pl. *-i*] sostenitore di una lega politica | (*per anton.*) militante, sostenitore della Lega Nord ♦ *agg.* relativo a una lega, spec. alla Lega Nord: *movimento —.*
le|gi|fe|rà|re *v.intr.* [indic.pres. *io legifero...*; aus. *A*] **1** redigere, emanare leggi: *— in materia di cittadinanza* **2** (*scherz.*) dare ordini, dettare legge.
le|gi|fe|ra|tó|re *agg., s.m.* [f. *-trice*] che, chi legifera.
le|gio|nà|rio *agg.* relativo a una legione ♦ *s.m.* **1** (*st.*) soldato di una legione romana **2** (*mil.*) soldato della Legione straniera **3** (*estens., mil.*) membro di una truppa, spec. volontaria: *— di Spagna* **4** (*med.*) **morbo del —**, infezione batterica polmonare che si diffonde attraverso l'acqua.
le|gió|ne *s.f.* **1** (*st.*) unità tattica dell'esercito ro-

mano 2 corpo militare non regolare, spec. volontario: — *garibaldina* | *Legione straniera*, corpo dell'esercito francese formato da volontari in gran parte stranieri | *Legion d'onore*, ordine cavalleresco istituito da Napoleone I cui potevano accedere coloro che si distinguevano per meriti straordinari **3** unità dei Carabinieri e della Guardia di finanza **4** (*estens.*) moltitudine, schiera: — *di turisti*.

le|gio|nèl|la *s.f.* (*med.*) denominazione comune del batterio che è responsabile del morbo del legionario.

le|gi|sla|ti|vo *agg.* della legislazione: *quadro* —; *procedimenti legislativi* | *assemblea legislativa*, quella incaricata di fare le leggi | *potere* —, quello di emanare leggi; complesso degli organi che lo esercitano ◻ **legislativamente** *avv.* in sede legislativa | tramite leggi.

le|gi|sla|tó|re *s.m.* [raro f. -*trice*] (*dir.*) persona od organo che fa le leggi.

le|gi|sla|tù|ra *s.f.* **1** durata in carica di un'assemblea elettiva, spec. di quella legislativa **2** carica e ufficio di legislatore.

le|gi|sla|zió|ne *s.f.* **1** attività tramite cui si fanno le leggi **2** ordinamento giuridico di uno Stato, di un regime, di un'epoca: — *fascista* | complesso delle leggi che regolamentano una determinata materia: — *militare*.

le|gìt|ti|ma *s.f.* (*dir.*) quota del patrimonio destinata obbligatoriamente ai legittimari.

le|gìt|ti|mà|re *v.tr.* [indic.pres. *io legìttimo*...] **1** (*dir.*) riconoscere come legittimo o rendere tale: — *il figlio naturale* **2** (*dir.*) rendere giuridicamente valido: — *un provvedimento* | riconoscere l'idoneità di qlcu. a compiere un atto giuridico **3** (*fig.*, *estens.*) giustificare: *l'urgenza non legittima l'errore*.

le|gìt|ti|mà|rio *s.m.* [f. -*a*] (*dir.*) erede cui spetta per legge una quota dell'eredità.

le|gìt|ti|ma|zió|ne *s.f.* (*anche fig.*) riconoscimento della qualità di legittimo: *trarre — dal voto*.

le|gìt|ti|mì|smo *s.m.* (*polit.*) concezione ottocentesca che sosteneva l'origine divina del potere monarchico.

le|gìt|ti|mì|sta *s.m./f.* [m.pl. -*i*] sostenitore del legittimismo ♦ *agg.* legittimistico.

le|gìt|ti|mì|sti|co *agg.* [m.pl. -*ci*] del legittimismo, dei legittimisti.

le|gìt|ti|mi|tà *s.f.* **1** (*dir.*) conformità alla legge; validità: — *della delibera* **2** (*estens.*) giustezza, ammissibilità di ql.co.: *riconosciamo tutti la — del suo gesto, data la situazione* | (*fig.*) fondatezza, veridicità: *la — delle sue pretese, di un sospetto*.

le|gìt|ti|mo *agg.* **1** conforme alla legge | autorizzato a esercitare determinati poteri, a godere di certi diritti: *governo* —; — *erede* | (*dir.*) **legittima difesa**, ricorso alla violenza per autodifesa, consentito dalla legge in alcune condizioni **2** (*dir.*) si dice di figlio nato da genitori sposati **3** (*estens.*) conforme alle consuetudini; conveniente **4** (*fig.*) giustificato, fondato: *dubbio* — ◻ **legittimamente** *avv.* **1** conformemente a leggi, consuetudini: *rappresentanti — eletti* **2** (*fig.*) per

ragioni fondate; comprensibilmente: *mi sono — spaventato*.

lé|gna *s.f. solo sing.* l'insieme dei pezzi di legno da bruciare: *fare la* —.

le|gnà|ia *s.f.* deposito della legna.

le|gna|iò|lo *s.m.* [f. -*a*] addetto al taglio degli alberi e allo sgrossamento del legname.

le|gnà|me *s.m.* legno da costruzione: *deposito di* —.

le|gnà|ta *s.f.* bastonata: *una — sulla schiena* | (*fig.*) grave insuccesso, stangata.

lé|gno *s.m.* **1** tessuto di una pianta, con funzioni di sostegno, che trasporta la linfa dalle radici alle foglie: *il* — *galleggia* **2** materiale da costruzione, da falegnameria ricavato dal tronco dell'albero: *baracca in* — | *duro come il* —, durissimo | (*fig.*) *testa di* —, persona poco intelligente **3** pezzo di legno; bastone: *spezzare un* — **4** (*pl.*, *mus.*) strumenti a fiato (originariamente costruiti in legno): *i legni dell'orchestra*.

le|gno|si|tà *s.f.* qualità di ciò che è legnoso | (*fig.*) rigidezza, consistenza legnosa.

le|gnó|so *agg.* **1** fatto di legno: *fusto* — **2** (*estens.*) duro come il legno | *carne legnosa*, carne fibrosa, dura da masticare **3** (*fig.*) poco sciolto; rigido, impacciato: *movimenti legnosi*.

le|gu|lè|io *s.m.* [f. -*a*] (*spreg.*) legale cavilloso.

le|gù|me *s.m.* **1** baccello | (*estens.*) leguminosa **2** (*pl.*) semi commestibili contenuti nel baccello (p.e. ceci, lenticchie): *zuppa di legumi freschi*.

le|gu|miè|ra *s.f.* piatto di portata usato per servire legumi e verdure.

le|gu|mì|na *s.f.* (*biol.*) proteina vegetale che si trova in alcune leguminose.

Le|gu|mi|nó|se *s.f.pl.* famiglia di piante dicotiledoni dotate di frutto a baccello contenente semi (p.e. pisello).

lèi *pron.pers.f. di 3ª pers.sing.* **1** [con funzione di compl. indiretto o di termine] colei di cui si sta parlando; quella donna: *viaggerò con* —; *vado da* —; *dovresti dirlo a* — **2** (*raff.*) in funzione di compl. oggetto quando gli si vuole dare particolare rilievo: *hanno chiamato* — | posposto ad avverbio: *anche* — *ama il cinema* **3** [con funzione di sogg.] (*coll.*) ella: — *ha preferito andarsene*; *povera* —! | con funzione predicativa: *da quando suo padre è morto non sembra più* — | nelle comparazioni, posposto a *quanto* e *come*: *ne sappiamo quanto* — **4** in espressioni di cortesia si usa per rivolgersi a persone di ambo i sessi; eventualmente maiuscolo: *vorrei parlarne con Lei, avvocato* ♦ *s.m.* terza persona di cortesia | *dare del* — *a qlcu.*, parlargli in terza persona, evitando confidenze ♦ *s.f.* (*fam.*, *coll.*) donna amata: *adora la sua* —.

leitmotiv (*ted.*) [pr. *laitmotìf*] *s.m.invar.* **1** (*mus.*) tema melodico ricorrente **2** (*estens.*) argomento ricorrente, carattere dominante, spec. in fenomeni, prodotti, creazioni culturali: *i* — *della cinematografia felliniana*.

LEM *s.m.invar.* veicolo spaziale usato per spostarsi sulla superficie lunare.

lém|bo *s.m.* **1** parte inferiore di una veste: *il* —

lemma 676

del cappotto **2** (*estens.*) orlo, bordo: *il — della pagina*; *i lembi della ferita* | propaggine: *un remoto — d'Europa* **3** (*fig.*) fascia, zona limitata: *— di cielo* **4** (*bot.*) parte piatta di foglia, di petalo; lamina.
lèm|ma *s.m.* [pl. *-i*] **1** (*filos.*) proposizione che si assume come premessa per dimostrarne un'altra **2** (*mat.*) teorema che si premette alla dimostrazione di un altro **3** (*ling.*) ogni voce di cui tratta un dizionario o un'enciclopedia.
lem|mà|rio *s.m.* complesso dei lemmi di un dizionario o di un'enciclopedia; elenco sistematico.
lem|ma|tiz|zà|re *v.tr.* registrare come lemma.
lem|ma|tiz|za|zió|ne *s.f.* registrazione come lemma.
lèm|me lèm|me *loc.avv.* (*fam.*) con estrema flemma, adagio: *camminare —.*
lemming (*ingl.*) *s.m.invar.* piccolo roditore europeo e asiatico che migra periodicamente.
lèm|na *s.f.* piccola pianta palustre che si presenta sotto forma di lamine verdi galleggianti; lenticchia d'acqua.
lè|mu|re *s.m.* **1** (*st.*) secondo gli antichi Romani, spettro di defunto tornato in terra a tormentare i vivi **2** proscimmia del Madagascar dal muso appuntito con occhi molto grandi, globosi.
Le|mù|ri|di *s.m.pl.* famiglia di Proscimmie di cui fa parte il lemure.
lé|na *s.f.* **1** energia, vigore spirituale e fisico | *di buona —,* con entusiasmo tenace **2** (*lett.*) respiro, fiato spec. affannoso.
lèn|ci[®] *s.m.* pannolenci ♦ *agg.* realizzato in pannolenci: *bambola —.*
lèn|di|ne *s.m./f.* uovo di pidocchio.
le|ni|mén|to *s.m.* azione di ciò che lenisce; mitigazione | (*fig.*) sollievo, conforto.
le|ni|nì|smo *s.m.* (*polit.*) interpretazione del marxismo inaugurata da Lenin (1870-1924).
le|ni|nì|sta *s.m./f.* [m.pl. *-i*] seguace del leninismo ♦ *agg.* del leninismo e dei suoi sostenitori.
le|nì|re *v.tr.* [indic.pres. *io lenisco, tu lenisci...*] attenuare, alleviare: *— la sofferenza.*
le|ni|tì|vo *agg., s.m.* (*med.*) si dice di ciò che allevia dolori, sintomi: *medicamento —*; *— per la tosse* | (*estens.*) si dice di ciò che mitiga sofferenze morali, spec. in modo provvisorio: *cercare un — per il malcontento diffuso.*
le|no|ci|nio *s.m.* **1** (*lett.*) opera di mediazione effettuata, a scopo di lucro, da parte di chi favorisce amori illeciti; ruffianeria **2** (*dir.*) reato consistente nell'istigazione alla prostituzione e nel suo sfruttamento **3** (*fig.*) lusinga, allettamento.
le|nó|ne *s.m.* **1** (*st.*) mercante di schiave nell'antica Roma **2** [f. *-a*] (*lett.*) mediatore di amori illeciti; sfruttatore della prostituzione; ruffiano.
lèn|te *s.f.* **1** disco solido in materiale trasparente con almeno una superficie curva, utilizzato per modificare la percezione spontanea dell'occhio: *la — del telescopio* | *— a contatto*, piccola lente in plastica da applicare alla cornea | *— graduata*, quella la cui curvatura corregge i difetti della vista | *— d'ingrandimento*, quella che permette di vedere ingranditi oggetti molto piccoli **2** (*pl.*) occhiali: *montatura delle lenti* | lenti a contatto: *portare le lenti* | (*auto.*) *obbligo di lenti*, divieto per ipovedenti di condurre veicoli senza indossare occhiali o lenti a contatto **3** (*bot.*) lenticchia **4** (*anat.*) cristallino **5** massa metallica che si trova in fondo all'asta oscillante del pendolo.
len|téz|za *s.f.* caratteristica di quel che è lento: *— burocratica.*
len|tìc|chia *s.f.* **1** pianta erbacea con baccelli contenenti semi commestibili a forma di piccola lente | *— d'acqua*, lemna **2** seme di tale pianta: *farina di lenticchie* **3** (*pop.*) lentiggine; efelide.
len|ti|cèl|la *s.f.* (*bot.*) fessura nella corteccia che permette alla pianta di scambiare gas con l'esterno.
len|ti|co|là|re *agg.* a forma di lente biconvessa | (*sport*) *ruota —,* quella per biciclette da corsa, costituita da un disco in materiale sintetico, senza raggi.
len|tìg|gi|ne *s.f. spec.pl.* macchiolina giallo-bruna della pelle, che non varia con l'esposizione al sole, tipica delle persone con capelli biondi o rossi.
len|tig|gi|nó|so *agg.* pieno di lentiggini: *bambino —.*
len|tì|sco o lentischio *s.m.* [pl. *-schi*] arbusto mediterraneo sempreverde, i cui frutti danno un olio aromatico e il cui legno è usato in ebanisteria.
lèn|to *agg.* **1** che impiega troppo tempo; non veloce: *— nel lavoro*; *— a capire* | *come una lumaca*, *una tartaruga*, lentissimo **2** che procede a bassa velocità; che avviene adagio; che dura a lungo con moderata intensità: *veicolo —*; *sviluppo*; *effetto —* | *fuoco —,* fiamma bassa **3** non teso; allentato: *nodo, bullone —* ♦ *s.m.* (*mus.*) **1** ballo dal ritmo lento: *suonare un —* **2** movimento meno sostenuto dell'adagio ♦ *avv.* con lentezza: *parlare —.*
len|ta|mén|te *avv.* **1** con lentezza **2** gradatamente: *apprendere — una nuova disciplina.*
lèn|za *s.f.* **1** filo sottile in nailon usato per la pesca, alla cui estremità si attacca l'amo **2** (*gerg.*) furbacchione.
len|zuò|lo *s.m.* [pl.m. *i lenzuòli*; anche pl.f. *le lenzuola*] ciascuno dei due teli gener. in cotone che si stendono sul letto e fra i quali si giace: *cambiare le lenzuola* | (*iperb.*) *bianco come un —,* pallidissimo.
le|o|nar|dé|sco *agg.* [m.pl. *-schi*] di Leonardo da Vinci (1452-1519) o relativo alla sua opera; vinciano: *sfumato —* ♦ *s.m.* allievo o imitatore di Leonardo da Vinci.
le|on|cì|no *s.m.* cucciolo di leone.
le|ó|ne[1] *s.m.* **1** grande felino africano, con folta criniera nel maschio, zampe robuste, dentatura potente | *— americano*, puma | *— marino*, otaria | *— di San Marco*, simbolo dell'evangelista e della Repubblica di Venezia **2** (*fig.*) uomo forte e coraggioso: *battersi come un —* | *fare la parte del —,* prendersi il meglio.
Le|ó|ne[2] (*astr.*) costellazione dell'emisfero bo-

reale e quinto segno dello zodiaco, dominante il periodo tra il 23 luglio e il 23 agosto.
le|o|nés|sa *s.f.* femmina del leone | (*per anton.*) — *d'Italia*, Brescia.
le|o|ni|no *agg.* (*anche fig.*) di, da leone: *chioma leonina; forza leonina.*
le|on|ti|a|si *s.f.* (*med.*) deformazione facciale dovuta a un'ipertrofia ossea o alle lesioni cutanee provocate dalla lebbra.
le|o|par|dà|to *agg.* giallo a macchie scure: *tessuto* —.
le|o|par|dià|no *agg.* del poeta G. Leopardi (1798-1837) o relativo alla sua opera | (*metr.*) **canzone leopardiana**, quella che divide le stanze secondo schemi non rigidi ♦ *s.m.* [f. -*a*] seguace, sostenitore di Leopardi.
le|o|pàr|do *s.m.* **1** agilissimo felino africano e asiatico, dal mantello ocra con macchie scure **2** pregiata pelliccia di tale animale | *a pelle di* —, a chiazze, maculato.
le|pi|déz|za *s.f.* **1** qualità di chi è spiritoso; arguzia **2** facezia.
lè|pi|do *agg.* (*lett.*) spiritoso, arguto: *cenno* — □ **lepidamente** *avv.*
Le|pi|dòt|te|ri *s.m.pl.* ordine di Insetti dotati di quattro ali e di una proboscide per succhiare; ne fanno parte le farfalle.
le|pì|sma *s.f.* piccolo insetto notturno, coperto da squame argentee, che si trova spesso nei libri in quanto si nutre anche di carta.
le|po|ri|no *agg.* di lepre, da lepre | (*med.*) **labbro** —, fenditura verticale congenita del labbro superiore.
lé|pre *s.f.* **1** roditore selvatico dal mantello grigio-bruno, con lunghe orecchie e zampe posteriori adatte al salto e alla corsa veloce: *correre come una* — **2** (*gastr.*) carne di tale animale: *spezzatino di* — **3** (*sport*) nell'atletica leggera, corridore di fondo che, durante la prima fase della gara, impone un'andatura molto veloce nel tentativo di favorire un buon risultato cronometrico da parte di un compagno che abbia graduato meglio le proprie energie.
le|pro|lo|gì|a *s.f.* (*med.*) studio e terapia della lebbra.
le|prò|ma *s.m.* [pl. -*i*] (*med.*) granuloma cutaneo, sottocutaneo o mucoso, di consistenza carnosa, tipico della lebbra.
le|pró|so *agg.* (*med.*) relativo alla lebbra; tipico della lebbra: *nodulo* —.
le|pròt|to *s.m.* cucciolo di lepre | giovane lepre.
lèp|to- (*scient.*) primo elemento di parole composte che significa "sottile, leggero" (*leptospirosi*).
lep|tó|ne *s.m.* (*fis.*) tipo di particella subatomica elementare non soggetta a interazione forte (p.e. elettrone).
Lep|to|spì|ra *s.f.* (*biol.*) genere di microrganismi patogeni con corpo filamentoso a spirale, diffusi nell'acqua o negli ambienti umidi.
lep|to|spi|rò|si *s.f.* (*med.*) malattia infettiva causata da microrganismi del genere Leptospira, che si manifesta con febbre, cefalea, dolori articolari e muscolari, crescita del volume di milza e fegato.
lèr|cio o **lércio** *agg.* [f.pl. -*ce*] disgustosamente lurido; sudicio: *cassetto* — | (*fig.*) turpe, immondo: — *raggiro* ♦ *s.m.* (*anche fig.*) sporcizia, lerciume: *qui c'è del* —.
ler|ciù|me *s.m.* (*anche fig.*) sudiciume, luridume.
lè|sbi|ca *s.f.* donna omosessuale.
lè|sbi|co *agg.* [m.pl. -*ci*] **1** dell'isola di Lesbo **2** relativo al lesbismo.
le|sbi|smo *s.m.* omosessualità femminile.
lè|sbo *agg.invar.* (*gerg.*) lesbico: *rapporto* —.
le|sè|na *s.f.* (*arch.*) elemento decorativo verticale che si presenta come un pilastro parzialmente incassato nel muro; parasta.
lé|si|na o **lèsina** *s.f.* ferro appuntito da calzolaio utilizzato per bucare il cuoio che deve essere cucito.
le|si|nà|re *v.tr., intr.* [indic.pres. *io lésino* o *lèsino...*; aus. *A*] risparmiare il più possibile, fino all'avarizia; centellinare: — *anche sulle spese necessarie.*
le|sio|nà|re *v.tr.* [indic.pres. *io lesióno...*] (*edil.*) danneggiare, rendere instabile provocando lesioni: *il cedimento ha lesionato il muro* ♦ -**rsi** *intr.pron.* riportare fenditure, crepe.
le|sió|ne *s.f.* **1** azione che lede; offesa, danno: — *dei diritti* | (*dir.*) — **personale**, delitto contro l'incolumità personale che provoca rilevante danno fisico o morale **2** (*med.*) alterazione anatomica o funzionale di un tessuto, di un organo: — *superficiale* **3** (*edil.*) crepa, fenditura in un'opera muraria: — *provocata dal sisma.*
le|sì|vo *agg.* che provoca danno morale o materiale: *atto* — *del mio onore.*
lé|so *part.pass.* di *ledere* ♦ *agg.* che ha subito una lesione: *organo* — | (*dir.*) **parte lesa**, chi sostiene in giudizio di aver subito danni da altri | (*st.*) **delitto di lesa maestà**, attentato alla vita del sovrano e alla sicurezza dello Stato; (*scherz.*) atteggiamento irriverente verso chi ritiene di essere superiore.
les|sà|re *v.tr.* [indic.pres. *io lésso...*] cuocere in acqua bollente: — *i fagioli.*
les|sa|tù|ra *s.f.* cottura di cibo in acqua bollente.
les|si|càl|le *agg.* relativo al lessico: *imprecisione* —.
les|si|ca|lìz|zà|re *v.tr.* (*ling.*) trasformare in unità lessicale dotata di autonomia a una successione di parole, un alterato, o una forma della flessione verbale o nominale ♦ -**rsi** *intr.pron.* trasformarsi in unità lessicale: *il diminutivo si è lessicalizzato.*
lès|si|co *s.m.* [pl. -*ci*] **1** insieme dei vocaboli e delle locuzioni di una lingua o di un suo settore: *il* — *russo*; *il* — *di navigazione* | patrimonio dei vocaboli conosciuti da un individuo o da un gruppo: *hai un* — *troppo povero* **2** dizionario, spec. relativo a un settore scientifico: — *geografico.*
les|si|co|gra|fì|a *s.f.* **1** scienza e tecnica della definizione e della registrazione dei vocaboli | arte di comporre dizionari **2** complesso delle

lessicografico

opere lessicografiche relative a una lingua, a un settore ecc.: — *cinese*; — *matematica*.

les|si|co|grà|fi|co *agg.* [m.pl. *-ci*] relativo alla lessicografia: *criterio* —.

les|si|cò|gra|fo *s.m.* [f. *-a*] studioso di lessicografia | chi compila dizionari.

les|si|co|lo|gì|a *s.f.* studio scientifico del lessico analizzato nel suo significato e nella sua forma | complesso degli studi sul lessico di un paese, di un'epoca.

les|si|co|lò|gi|co *agg.* [m.pl. *-ci*] relativo alla lessicologia: *approccio* —.

les|si|cò|lo|go *s.m.* [f. *-a*; m.pl. *-gi*] studioso di lessicologia.

lés|so *agg.* (*gastr.*) cotto nell'acqua bollente; lessato: *patate lesse* | (*coll.*) *da pesce* —, si dice di volto, sguardo inespressivo; si dice di espressione imbambolata, da sciocco ♦ *s.m.* carne lessa, spec. di manzo, arricchita con erbe aromatiche; bollito: *lesso e contorno* | taglio di carne per il bollito.

lè|sto *agg.* **1** che agisce con prontezza; svelto | — *di mano*, pronto ad approfittare dell'occasione per compiere un furto o per picchiare qlcu. | — *di lingua*, che ha sempre pronta la risposta, spec. insolente **2** che si compie rapidamente | sbrigativo.

le|sto|fàn|te *s.m./f.* [pl. *-i*] imbroglione, truffatore.

le|tà|le *agg.* che provoca la morte: *colpo* —.

le|ta|li|tà *s.f.* caratteristica di ciò che risulta letale | (*stat.*) *quoziente di* — *di una malattia*, rapporto tra il numero delle vittime e quello degli ammalati.

le|ta|mà|io *s.m.* **1** luogo in cui viene ammucchiato il letame **2** (*estens.*) luogo sudicio.

le|ta|mà|re *v.tr.* concimare con letame.

le|ta|ma|zió|ne *s.f.* concimazione con letame.

le|tà|me *s.m.* **1** l'insieme degli escrementi del bestiame che vengono usati come concime **2** (*estens.*) lerciume, luridume.

le|tàr|gi|a *s.f.* **1** (*med.*) sonno profondo e prolungato di origine patologica **2** (*fig., lett.*) condizione d'inerzia emotiva, morale.

le|tàr|gi|co *agg.* [m.pl. *-ci*] **1** di, da letargo: *sonno, stato* — **2** (*fig.*) inerte, apatico.

le|tàr|go *s.m.* [pl. *-ghi*] **1** (*zool.*) stato di vita latente, simile al sonno profondo, proprio di alcuni Mammiferi durante il periodo di ibernazione **2** (*med.*) letargia **3** (*fig.*) stato di torpore, d'inerzia | (*scherz.*) sonno molto profondo e prolungato: *tuo fratello dev'essere caduto in* — *se non sente il campanello*.

le|tì|zia *s.f.* sentimento di profonda gioia spirituale; felicità: *giorno di* —.

lèt|ta *s.f.* lettura rapida, frettolosa: *dare una* — *al sommario*.

lèt|te|ra *s.f.* **1** ognuno dei segni dell'alfabeto: *una parola di cinque lettere* | (*fig.*) *a chiare lettere*, in modo esplicito e franco **2** in tipografia, carattere di stampa | (*mat.*) simbolo di variabile, di entità non determinata **4** interpretazione restrittiva e ovvia delle parole di un testo: *interpretare la* — *della legge* | *alla* —, esattamente: *obbedire alla* —; testualmente, secondo le parole precise: *versione alla* — | (*fig.*) *restare* — *morta*, si dice di consiglio e sim. che non viene preso in considerazione, messo in pratica **5** comunicazione scritta da inviare: *spedire una* — *anonima* | (*giorn.*) — *aperta*, articolo polemico che viene rivolto a chi si vuol chiamare in causa | (*eccl.*) — *apostolica*, enciclica **6** (*pl.*) studi umanistici | facoltà universitaria in cui si studiano le materie umanistiche: *frequentare Lettere* | (*scherz.*) *repubblica delle lettere*, comunità dei letterati, degli umanisti | epistolario, carteggio: *lettere di Cicerone* **7** (*econ., dir.*) documento giuridico | (*comm.*) — *di vettura*, documento che comprova la spedizione di una merce | (*banc.*) — *contabile*, nota di addebito o accredito per il titolare del conto.

let|te|rà|le *agg.* **1** relativo al significato preciso delle parole di un testo: *interpretazione* — | *traduzione* —, quella che traduce parola per parola il testo originale **2** (*mat.*) di calcolo in cui figurino quantità variabili simboleggiate da lettere □ **letteralmente** *avv.* **1** alla lettera: *intendere* — **2** nel vero senso della parola; davvero: *è* — *irresistibile*.

let|te|ra|li|tà *s.f.* qualità di ciò che è letterale | interpretazione letterale | (*dir.*) natura di validità per quel che si porta scritto: — *delle cambiali*.

let|te|ra|rie|tà *s.f.* carattere di ciò che è letterario: — *di una locuzione*.

let|te|rà|rio *agg.* **1** della letteratura, dei letterati: *genere* —; *cenacolo* — **2** proprio della lingua colta, di un registro elevato, aulico: *stile* — □ **letterariamente** *avv.*

let|te|rà|to *agg., s.m.* [f. *-a*] che, chi coltiva lo studio delle lettere o vi si dedica per professione; erudito, umanista.

let|te|ra|tù|ra *s.f.* **1** complesso delle opere di valore, scritte con intento artistico, rappresentanti spec. un paese, un'epoca, un genere: — *norvegese*; — *risorgimentale*; — *per l'infanzia* | — *orale*, il complesso delle narrazioni mitologiche, popolari, fiabesche che sono state tramandate a voce in una civiltà | — *di consumo*, quella che si rivolge al grande pubblico privilegiando al valore artistico il fine dell'intrattenimento **2** disciplina scolastica istituita per lo studio delle opere letterarie **3** insieme dei testi di studio relativi a un tema, a una disciplina; bibliografia su un autore: — *giuridica*; — *dantesca* | (*iron.*) *fare della* —, parlare senza costrutto, senza badare alla sostanza.

let|tie|ra *s.f.* (*zootec.*) giaciglio di paglia o foglie utilizzato per gli animali in stalla; strame | (*estens.*) strato di sabbia che serve ad assorbire gli escrementi degli animali d'allevamento.

let|tì|ga *s.f.* (*st.*) portantina con baldacchino usata un tempo per il trasporto a spalle di persone, spec. di alto rango **2** lettino con ruote adibito al trasporto dei malati; barella.

let|ti|ghiè|re *s.m.* **1** [f. *-a*] infermiere addetto al trasporto di malati su lettighe, su autoambulanze **2** (*st.*) chi conduceva una lettiga.

let|ti|no *s.m.* 1 branda usata per visite mediche 2 branda da spiaggia munita di tettuccio | — *solare*, attrezzatura per l'abbronzatura artificiale composta da una branda sormontata da lampade a raggi UVA; solarium.
lèt|to *s.m.* 1 mobile su cui riposare o dormire, composto da un telaio a reti o doghe e un materasso, su cui si stendono lenzuola e coperte: — *a castello* | (*euf.*) *andare a — con qlcu.*, avere rapporti sessuali | *rivoltarsi nel* —, non riuscire ad addormentarsi | (*iperb.*) *buttare giù dal* —, svegliare bruscamente | (*scherz.*) *andare a — con le galline*, coricarsi appena fa buio | — *di morte*, quello di chi è agonizzante o defunto | (*fig.*) — *di rose*, situazione propizia e gradevole | — *di spine*, condizione dolorosa e infausta 2 (*estens.*) giaciglio: *un — d'erba* | (*med.*) tavolo: — *operatorio* 3 (*fig.*) matrimonio: *figli di secondo* — | — *coniugale*, vincolo matrimoniale 4 (*geog.*) solco in cui scorre un corso d'acqua; alveo: *il — del fiume* 5 (*geol.*) superficie inferiore di uno strato roccioso 6 (*zootec.*) lettiera 7 (*agr.*) terreno trattato per la semina ♦ *agg.invar.* che funge da letto: *divano* — | che ospita letti: *vagone* —.
lèt|to|ne *agg.* della Lettonia ♦ *s.m.* 1 [anche f.] chi è nato o vive in Lettonia 2 lingua baltica parlata dai lettoni.
let|to|rà|to *s.m.* incarico di lettore presso un'università | durata di tale incarico.
let|tó|re¹ *s.m.* [f. *-trice*] 1 chi legge: *i lettori di un giornale* | chi legge a persone che sono in vario modo impossibilitate a farlo: *fare il — per gli anziani*, *per i ciechi* 2 incaricato di una casa editrice che legge e valuta i testi 3 insegnante, gener. di madrelingua, che svolge corsi pratici di una lingua straniera in università.
let|tó|re² *s.m.* (*tecn.*) 1 dispositivo meccanico elettronico che rileva dati esterni, registrati su vari supporti, per tradurli in una forma diversamente utilizzabile | (*inform.*) — *ottico*, strumento in grado di trasformare caratteri, simboli, grafici in dati elaborabili; scanner | — *laser*, quello che permette di riprodurre il contenuto di un CD 2 apparecchio ottico per facilitare la lettura, l'osservazione | — *di microfilm*, apparecchio ottico che ingrandisce i singoli fotogrammi di microfilm.
let|tù|ra *s.f.* 1 attività del leggere | modo in cui si legge: — *stentata*, *disattenta* | *dare — di ql.co.*, leggerlo a voce alta 2 (*estens.*) scritto che si legge: *una — avvincente* 3 (*fig.*) interpretazione di un testo, di un'opera d'arte secondo certi criteri | (*estens.*) valutazione degli eventi in base a un punto di vista personale: *la — della situazione* 4 comprensione di segni particolari: — *di una piantina* | rilevazione di valori registrati da un misuratore: — *del contatore* (*tecn.*) trasformazione di dati esterni in forma diversamente utilizzabile: — *ottica* 5 conferenza in cui si spiega un testo: — *kantiana* 6 predizione del futuro in base a determinati segni: — *della mano*.
leu|ce|mì|a *s.f.* (*med.*) malattia caratterizzata da un forte aumento dei globuli bianchi.

leu|cè|mi|co *agg.* [m.pl. -*ci*] 1 relativo alla leucemia 2 affetto da leucemia ♦ *s.m.* [f. -*a*] malato di leucemia.
leu|cì|na *s.f.* (*chim.*) amminoacido a sei atomi di carbonio, presente in molte proteine.
lèu|co- (*scient.*) primo elemento di parole composte che indica "colore bianco, chiaro" (*leucodermia*) o fa riferimento ai globuli bianchi (*leucopenia*).
leu|co|ci|ta o **leucocito** *s.m.* [pl. -*i*] (*biol.*) globulo bianco.
leu|co|ci|tà|rio *agg.* che riguarda i globuli bianchi | *formula leucocitaria*, esame effettuato per conoscere la percentuale dei vari tipi di globuli bianchi presenti nel sangue.
leu|co|ci|to *s.m.* → **leucocita**.
leu|co|ci|tò|si *s.f.* (*med.*) aumento della quantità dei globuli bianchi nel sangue.
leu|co|dèr|mi|a *s.f.* (*med.*) chiazza biancastra sulla pelle dovuta a carenza di pigmento.
leu|cò|ma *s.m.* [pl. -*i*] (*med.*) macchia biancastra sulla cornea dell'occhio, causata da lesioni traumatiche o infiammatorie.
leu|co|pe|nì|a *s.f.* (*med.*) diminuzione della quantità dei globuli bianchi nel sangue.
leu|co|pla|sì|a *s.f.* (*med.*) formazione di placche chiare sulle mucose, spec. della bocca.
leu|cor|rè|a *s.f.* (*med.*) incremento di secrezioni biancastre della mucosa vaginale o uterina.
lè|va¹ *s.f.* 1 (*fis.*) macchina semplice formata da una barra libera di ruotare attorno a un fulcro, sul quale si esercita una forza per vincere una resistenza 2 (*fig.*) impulso, stimolo: *l'amore è una — irresistibile* | *fare — su ql.co.*, agire su ql.co. per raggiungere un certo fine: *fare — sull'orgoglio* 3 (*mecc.*) asta di comando per azionare un dispositivo meccanico: — *del cambio* 4 (*fig.*) strumento utilizzato per comandare, dirigere: *le leve di comando dell'organizzazione*.
lè|va² *s.f.* 1 negli Stati con servizio militare obbligatorio, chiamata alle armi dei giovani che hanno raggiunto l'età idonea: *lista di* — | (*fam.*) servizio militare: *cominciare la* — 2 gruppo dei giovani chiamati alle armi in un anno: *la — del 1899* | (*estens.*, *pop.*) condizione dei nati nello stesso anno; coetaneità: *mia moglie e io siamo della stessa* — 3 (*estens.*) l'insieme delle persone dell'ultima generazione che subentrano alla precedente in un dato settore: *le nuove leve della ricerca*.
le|va|nòc|cio|li *s.m.invar.* utensile usato in cucina per snocciolare ciliegie e olive.
le|vàn|te *part.pres.* di levare ♦ *s.m.* che sorge | (*per anton.*) *paese del Sol* —, Giappone ♦ *s.m.* 1 parte dell'orizzonte da cui si leva il Sole; est, oriente | (*estens.*) collocazione di un luogo geografico a est rispetto a un punto noto: *dirigersi a — dell'Italia* | (*per anton.*) *riviera di Levante*, costa ligure a est di Genova 2 (*estens.*) vento dell'est 3 (*solo sing.*, *per anton.*) l'insieme dei paesi del Mediterraneo orientale: *commerci tra Venezia e il Levante*.
le|van|tì|no *agg.*, *s.m.* [f. -*a*] 1 che, chi appartie-

levapunti

ne ai paesi del Mediterraneo orientale: *tabacco —* 2 *(fig.)* si dice di chi è scaltro e privo di scrupoli, spec. negli affari.
le|va|pùn|ti *agg.invar., s.m./f.invar.* si dice di una sorta di pinzetta usata per togliere punti metallici dalla carta, dal legno ecc.
le|và|re¹ *v.tr.* [indic.pres. *io lèvo...*] **1** alzare, sollevare | *— il calice*, brindare | *(mar.) — l'ancora*, salpare **2** tendere verso l'alto; volgere all'insù: *— le braccia in preghiera, gli occhi al cielo | (fig.)* innalzare: *— una preghiera, una protesta* | *— un grido*, gridare **3** togliere: *— la giacca* | rimuovere; cancellare: *— un divieto; — una traccia* | estrarre; cavare: *— un dente, un chiodo* | portare via, ritirare: *levar via le coperte dal letto* | *— ql.co. di mezzo*, cancellare un impedimento | *— qlcu. di mezzo*, liberarsene, anche con l'omicidio | *(fam.) — il campo, le tende*, andarsene | *levarsi il cappello*, toglierselo dal capo; *(fig.)* mostrare ammirazione | *levarsi la soddisfazione*, fare ql.co. di poco opportuno perché mossi da uno spirito di parziale rivincita: *mi leverò la soddisfazione di mandarlo al diavolo* | *levarsi la voglia*, soddisfarla ♦ *-rsi rifl.* **1** *(anche fig.)* sollevarsi, alzarsi: *— in piedi* | *— contro qlcu.*, ribellarsi | *— in difesa di qlcu.*, prenderne le difese **2** alzarsi dal letto: *— col piede sbagliato* **3** *(fam.)* allontanarsi | *— di mezzo, di torno, dai piedi*, andarsene; *(fig.)* smettere di interferire ♦ *intr.pron.* alzarsi; sorgere; innalzarsi: *si levò una bufera; il Sole si levò alto; si levarono in volo i gabbiani*.
le|và|re² *s.m.* **1** detto di un astro, il sorgere sull'orizzonte: *arrivare alla meta con il levar del Sole* **2** *(mus.)* tempo debole della battuta musicale che, nella direzione musicale, viene indicato con un movimento ascendente della mano o della bacchetta.
le|và|ta *s.f.* **1** atto del levare, del levarsi: *la — è fissata per le sette; la — della Luna* | *(fig.) — di scudi*, esplicita opposizione, aperta rivolta **2** *(bot.)* nei cereali, fase di accrescimento dei culmi fino alla fioritura **3** *(bur.)* ritiro della corrispondenza dalle cassette postali per la distribuzione **4** *(comm.)* rifornimento di generi di monopolio da parte dei dettaglianti presso i magazzini dello Stato: *— dei tabacchi* **5** *(fam.)* risposta inattesa; proposta improvvisa: *una — balzana*.
le|va|tàc|cia *s.f.* [pl. *-ce*] l'atto di alzarsi dal letto molto più presto del solito.
le|va|tó|io *agg.* che può essere sollevato e abbassato a volontà: *ponte —*.
le|va|trì|ce *s.f. (pop.)* assistente al parto; ostetrica.
le|va|tù|ra *s.f. (di persona)* livello intellettuale; capacità professionale; spessore morale: *intellettuale di scarsa —* | *(di cosa)* livello qualitativo; importanza: *studio di notevole —*.
leverage *(ingl.)* [pr. *lèvereiǧ*] *s.m.invar. (fin.)* nell'analisi di bilancio, grado di indebitamento di un'azienda rispetto al capitale.
le|via|tà|no *s.m.* **1** mostro biblico marino divoratore di uomini **2** *(filos.)* Stato assoluto, autoritario | *(estens.)* organizzazione, struttura che opprime l'individuo.
le|vi|gà|re *v.tr.* [indic.pres. *io lèvigo, tu lèvighi...*] **1** rendere liscia una superficie ruvida; lisciare: *— il legno* **2** *(fig.)* rifinire; limare: *— un testo*.
le|vi|ga|téz|za *s.f. (anche fig.)* qualità di ciò che è levigato: *— formale*.
le|vi|gà|to *part.pass. di* levigare ♦ *agg.* **1** di materiale, lisciato, spianato **2** *(estens.)* molto liscio, vellutato: *pelle levigata* **3** *(fig.)* estremamente rifinito: *discorso —*.
le|vi|ga|trì|ce *s.f.* macchina usata per levigare superfici.
le|vi|ga|tù|ra *s.f.* levigazione.
le|vi|ga|zió|ne *s.f.* **1** operazione con cui si leviga: *— di un mobile* **2** *(geog.)* erosione delle rocce operata da ghiaccio, vento, pioggia **3** *(chim., fis.)* metodo di separazione dei miscugli di minerali, basato sulla diversa densità dei componenti.
le|vì|ta *s.m.* [pl. *-i*] presso gli antichi Ebrei, membro della tribù di Levi cui era riservata l'amministrazione del culto.
le|vi|tà *s.f. (lett.)* leggerezza, delicatezza.
le|vi|tà|re *v.intr.* [indic.pres. *io lèvito...*; aus. *A, E*] sollevarsi in aria per levitazione.
le|vi|ta|zió|ne *s.f.* **1** fenomeno paranormale per cui un corpo si solleva e resta sospeso in aria **2** *(tecn.)* sistema di sollevamento non meccanico: *treno a — magnetica*.
le|vì|ti|co *agg.* [m.pl. *-ci*] di levita, dei leviti ♦ *s.m.* libro biblico che elenca gli uffici sacerdotali: *il Levitico è il terzo libro del Pentateuco*.
le|vo|gì|ro *agg.* **1** che gira verso sinistra, in senso antiorario; sinistrorso **2** *(chim.)* detto di composto otticamente attivo, in grado di far ruotare in senso antiorario il piano della luce polarizzata.
le|vriè|ro *o* **levrière** *s.m.* cane da caccia o da corsa con zampe lunghe e sottili e muso a punta.
le|vu|lò|sio *s.m. (chim.)* fruttosio.
le|wi|sì|te [pr. *luisite*] *s.f.* **1** *(min.)* minerale cristallino giallastro, composto di calcio, titanio, ferro e antimonio **2** *(chim.)* aggressivo chimico organico a base di arsenico e cloro.
le|zio|nà|rio *s.m. (lit.)* libro che raccoglie le letture della messa per i vari giorni dell'anno.
le|zió|ne *s.f.* **1** insegnamento impartito in un arco determinato di tempo: *fare —; — di vela* | ciò che si assegna da studiare di volta in volta di una certa materia: *ripetere la —* **2** dissertazione accademica di elevato contenuto scientifico e culturale, tenuta in pubblico **3** *(fig.)* esempio, esortazione: *— di onestà* | punizione severa: *dare una bella —* **4** in filologia, forma nella quale una parola o un passo appaiono scritti in uno specifico testo.
le|zio|sàg|gi|ne *s.f.* caratteristica di cosa o persona leziosa | comportamento, discorso lezioso; smanceria.
le|zio|si|tà *s.f.* caratteristica di cosa o persona leziosa; leziosaggine.
le|zió|so *agg.* affettato, pieno di svenevolezza: *ragazzina leziosa; discorso —* □ **leziosamente** *avv.*

lez|zo *s.m.* cattivo odore; fetore.
li[1] *art.det.m.pl.* introduce la data di lettere e documenti ufficiali: — 7 gennaio.
li[2] *pron.pers.m. di 3ª pers.pl.* [con funzione di compl. ogg. in posizione proclitica ed enclitica] loro, essi: *andremo a vederli giocare; eccoli: — ho visti!*
lì *avv.* **1** (in riferimento a luogo non troppo lontano da chi parla) in quel posto: *sedetevi —* | in correlazione con *qui, qua: da qui a —* | con preposizione: *da —* | *di —*, da quel luogo: *esci di —!*; attraverso quel luogo: *si passa di —* | *siamo —*, poco ci manca: *se non è un etto, siamo —* | *...o giù di —*, ...all'incirca (segue l'indicazione del valore di riferimento): *cento metri o giù di —* **2** [spec. con valore temporale] (*fig.*) in quell'istante; a quel punto: *arrivati —, era inutile insistere* | *— per —*, sul momento: *— per — rimasi stupito* | *di — a*, dopo: *di — a un'ora* | *— — per*, sul punto di | *finire —*, non avere seguito **3** (*raff.*) con valore enfatico: *guarda — che disastro!* | si unisce a determinazioni di luogo: *— sotto* | posposto a *quello: quello — è un genio.*
liaison (*fr.*) [pr. *liesòn*] *s.f.invar.* **1** (*ling.*) fenomeno fonetico tipico del francese, per cui una consonante in fine di parola viene pronunciata se la parola che segue inizia per vocale; legamento **2** (*fig.*) relazione sentimentale.
lià|na *s.f.* denominazione di varie piante tropicali, dal fusto sottile, che si appoggiano e intrecciano ad altre.
li|ba|gió|ne *s.f.* **1** (*st.*) nelle religioni antiche, cerimonia consistente nello spargere a terra o sull'altare vino, latte e sim. come offerta agli dei **2** (*lett., scherz.*) abbondante bevuta di alcolici.
li|ba|né|se *agg.* del Libano ♦ *s.m./f.* chi è nato o abita in Libano.
li|ba|niz|zà|re *v.tr.* (*giorn.*) ridurre un paese a terreno di scontro tra diverse fazioni politiche e militari.
li|bà|re *v.tr.* **1** (*relig.*) versare un liquido in onore della divinità **2** (*lett.*) assaporare a fior di labbra | (*estens.*) brindare.
li|ba|tò|rio *agg.* (*lett.*) relativo alle libagioni: *vaso —*.
lib|bra *s.f.* unità di peso usata nei paesi anglosassoni, corrispondente a 454 grammi (*simb.* lb).
li|béc|cio *s.m.* **1** vento umido di sud-ovest tipico del Mediterraneo, caratterizzato da forti raffiche **2** (*estens.*) direzione di sud-ovest.
li|bèl|lo *s.m.* scritto diffamatorio o satirico, per lo più anonimo.
li|bèl|lu|la *s.f.* insetto dal corpo sottile e allungato con quattro ali trasparenti, acquatico nello stato larvale, terrestre in quello adulto | (*fig.*) cosa o persona leggerissima e elegante nei movimenti: *danzare come una —*.
liberal (*ingl.*) *agg.invar., s.m./f.invar.* che, chi è politicamente democratico, progressista.
li|be|rà|le *agg.* **1** che dona volentieri; generoso | (*estens.*) che rivela magnanimità: *dono —* **2** rispettoso della libertà altrui; tollerante: *educa-*

zione *—* **3** (*polit., econ.*) ispirato al liberalismo: *modello —* **4** (*st.*) *arti liberali*, nel Medioevo, discipline fondamentali dell'educazione superiore ♦ *s.m./f.* **1** (*polit., econ.*) fautore del liberalismo **2** (*polit.*) membro del partito liberale □ **liberalmente** *avv.* **1** con generosità **2** in base a principi di libertà.
li|be|ra|leg|gián|te *agg.* vicino, incline al liberalismo: *concezione —*.
li|be|ra|lì|smo *s.m.* ideologia e movimento politico che rivendica la libertà d'azione degli individui nella società e la tutela statale dei loro diritti | (*econ.*) dottrina secondo cui la libera attuazione delle iniziative individuali migliora il sistema economico; liberismo.
li|be|ra|lì|sti|co *agg.* [m.pl. *-ci*] relativo al liberalismo, ai liberali.
li|be|ra|li|tà *s.f.* **1** generosità, larghezza nel dare **2** gesto liberale.
li|be|ra|liz|zà|re *v.tr.* **1** (*econ.*) rendere indipendente da barriere commerciali, monetarie, in conformità a principi liberisti: *— gli scambi* | privare di monopoli o calmieri per mettere sul libero mercato: *— la benzina* **2** svincolare da restrizioni; rendere più libero, autonomo: *— gli ordinamenti* **3** dichiarare legittimo; legalizzare: *— le droghe leggere.*
li|be|ra|liz|za|zió|ne *s.f.* atto con cui si liberalizza: *— dei traffici con l'estero.*
li|be|rà|re *v.tr.* [indic.pres. *io libero...*] **1** rendere libero, restituire alla libertà: *— gli schiavi* | sciogliere da un assedio, da un'oppressione: *— da un regime* | sottrarre al tormento, a minacce o fastidi: *l'ha liberato dagli incubi* **2** svincolare, sbloccare; sciogliere da impedimenti, ostacoli: *— un cavo; — i cani* | (*fig.*) dispensare, esimere: *— dal debito, da un lavoro* **3** sgombrare un ambiente o disimpegnarlo, renderlo disponibile all'uso: *— il garage dai materiali*; *— l'appartamento per gli ospiti* **4** (*fig.*) lasciar sfogare: *— la propria rabbia* | esprimere: *— la fantasia* **5** lasciar fuoriuscire: *— inquinanti* | (*chim.*) sprigionare in una reazione: *— idrogeno*; *— energia* ♦ *-rsi rifl.* **1** (*anche fig.*) rendersi libero, svincolarsi da un'oppressione: *— dall'invasore; riuscire a — dalle manette; devi liberarti della timidezza* **2** sciogliersi da un obbligo; disimpegnarsi: *— di un'incombenza; — per l'intera giornata* | *— di qlco.*, riuscire ad abbandonarlo o a evitarlo; (*euf.*) ucciderlo ♦ *intr.pron.* **1** diventare libero, disponibile: *si libererà un posto* **2** sbloccarsi: *il gancio si è liberato* | svuotarsi: *lo scarico si è liberato* **3** (*anche chim.*) sprigionarsi.
li|be|ra|tó|re *agg., s.m.* [f. *-trice*] che, chi libera: *— della città assediata.*
li|be|ra|tò|ria *s.f.* (*dir.*) dichiarazione con cui un soggetto consente ad altri determinati comportamenti, spec. per lo sfruttamento, a fini di lucro, del suo nome e della sua immagine.
li|be|ra|tò|rio *agg.* **1** che libera, spec. da inibizioni, tensioni e sim.: *esperienza liberatoria* **2** (*dir.*) che libera da un'obbligazione: *pagamento —*.

li|be|ra|zió|ne *s.f.* (*anche fig.*) atto o processo liberatore: — *dai dubbi*.

li|bèr|col|lo *s.m.* (*spreg.*) libro di scarso valore.

li|be|rià|no *agg.* dello Stato africano della Liberia: *bandiera liberiana* ♦ *s.m.* [f. -*a*] chi è nato, chi abita in Liberia.

li|be|ri|smo *s.m.* (*econ.*) dottrina che contrasta ogni limitazione al libero scambio e alla libera concorrenza.

li|be|ri|sta *agg.* [m.pl. -*i*] (*econ.*) che riguarda il liberismo | che sostiene il liberismo: *atteggiamento* — ♦ *s.m./f.* fautore del liberismo.

li|be|ri|sti|co *agg.* [m.pl. -*ci*] (*econ.*) che riguarda il liberismo, i liberisti | fondato sulla dottrina del liberismo.

li|be|ro *agg.* **1** non soggetto all'autorità altrui; privo di costrizioni: *vivere in un paese* —; — *cittadino* | che può scegliere che cosa fare: — *di rifiutare* | — *pensatore*, chi è nemico del dogmatismo | — *arbitrio*, possibilità di scelta in piena coscienza **2** esente da divieti, da limitazioni: *stampa libera* | — *scambio*, circolazione internazionale de merci senza alcun ostacolo economico | *ingresso* —, possibilità di entrare gratuitamente in un locale pubblico | — *professionista*, chi è abilitato a esercitare in proprio una professione | (*fig.*) *avere mano libera*, poter intervenire come si preferisce **3** non costretto da rigide regole, da schemi prefissati; aperto, creativo: *mentalità libera*; *libera interpretazione* | (*metr.*) *versi liberi*, quelli sciolti | *traduzione libera*, quella non letterale | *a mano libera*, si dice di disegno realizzato senza strumenti di supporto | (*fig.*) *a ruota libera*, senza freno; senza seguire schemi **4** non legato, non impedito; che può muoversi: *la carrucola è libera*; *lasciar* — *il cane* | (*dir.*) *a piede* —, si dice di imputato che non è in arresto **5** non occupato, utilizzabile: *il bagno è* —; *spazio* — | non ostruito, sgombro: *il tubo è* — | (*fig.*) *via libera*, facoltà di agire **6** senza impegni, disponibile: *sono* — *fino alle 15* | *tempo* —, quello non lavorativo **7** (*fig.*) privo di legami sentimentali: *donna libera* **8** (*chim.*) di elemento, non combinato: *radicale* — **9** (*sport*) effettuato senza ausili o supporti particolari: *corpo* —; *arrampicata libera* | indipendente da determinate regole, vincoli: *discesa libera*; *lotta libera* ♦ *s.m.* (*sport*) nel calcio, difensore che non ha una marcatura fissa; battitore libero □ **liberamente** *avv.*

li|be|ro|scam|bi|smo *s.m.* (*econ.*) dottrina del libero scambio; liberismo.

li|ber|tà *s.f.* **1** condizione di cosa o persona libera; assenza di costrizione: *animali che vivono in* — | (*dir.*) — *provvisoria*, uscita dal carcere, in attesa di giudizio, permessa all'imputato che si trovi in stato di custodia cautelare | — *vigilata*, messa in libertà ma sotto sorveglianza **2** facoltà di pensare e di agire in piena autonomia e coscienza: — *di espressione*; — *intellettuale* **3** condizione di un popolo che si governa con leggi proprie; indipendenza da oppressori: *combattere per la* — *nazionale* **4** assenza di vincoli, incombenze: *perdere la* — *col matrimonio* | condizione nella quale si hanno pochi impegni e occupazioni: *una giornata di* — | *mettersi in* —, indossare comodi abiti da casa **5** mancanza di controllo nel comportamento o nel linguaggio: *parlare con troppa* — | eccessiva confidenza: *prendersi delle* — | *prendersi la* — *di*, permettersi di.

li|ber|tà|rio *agg.*, *s.m.* [f. -*a*] **1** che, chi difende la libertà come valore: *idee libertarie* **2** che, chi propugna la superiorità della libertà individuale rispetto a ogni autorità | (*estens.*) anarchico.

li|ber|ti|ci|da *agg.*, *s.m./f.* [m.pl. -*i*] che, chi annulla la libertà: *riforma* —.

li|ber|ti|ci|dio *s.m.* violazione o annullamento di libertà civili e politiche.

li|ber|ti|nàg|gio *s.m.* **1** stile di vita licenzioso, dissoluto **2** (*estens.*) abuso delle proprie libertà a scapito degli altri.

li|ber|ti|ni|smo *s.m.* (*st.*) movimento francese del Seicento, nemico del dogmatismo religioso | (*estens.*) difesa completa della libertà di pensiero.

li|ber|ti|no *agg.*, *s.m.* [f. -*a*] **1** che, chi è licenzioso, dissoluto: *comportamento* — **2** (*st.*) che, chi segue il libertinismo seicentesco | (*estens.*) che, chi difende l'autonomia del libero pensiero.

li|bèr|to *s.m.* [f. -*a*] (*st.*) schiavo romano affrancato.

liberty (*ingl.*) *agg.invar.*, *s.m.invar.* si dice di uno stile architettonico e d'arredo, affermatosi nel primo Novecento, caratterizzato da linee curve e da motivi ornamentali composti di frutti, fiori e foglie.

li|bi|co *agg.* [m.pl. -*ci*] della Libia ♦ *s.m.* **1** [f. -*a*] chi è nato o abita in Libia **2** lingua degli antichi popoli di Libia.

li|bi|di|co *agg.* [m.pl. -*ci*] (*psicoan.*) che concerne la libido: *componente libidica*.

li|bi|di|ne *s.f.* **1** forte desiderio sessuale; lussuria **2** (*estens.*) brama insaziabile, desiderio smodato: — *di ricchezza*.

li|bi|di|nó|so *agg.* dominato da libidine; lussurioso: *uomo* — | che esprime libidine: *atto* — □ **libidinosamente** *avv.*

li|bi|do *s.f.invar.* **1** (*psicoan.*) secondo Freud, energia psichica alla base delle pulsioni di vita, spec. di quelle sessuali | secondo Jung, ogni tipo di energia psichica alla base di un qualunque desiderio **2** (*estens.*) attrazione sessuale.

li|brà|io *s.m.* [f. -*a*] venditore di libri: — *ambulante* | gestore, proprietario di libreria.

li|bràr|si *v.rifl.*, *intr.pron.* tenersi sospeso in equilibrio o in aria: *la danzatrice si librò sulle punte dei piedi*; — *in volo*.

li|brà|rio *agg.* relativo ai libri: *commercio* —.

li|brà|to *part.pass.* di *librarsi* ♦ *agg.* equilibrato, sospeso | *volo* —, volo ad ali ferme tipico degli alianti e degli uccelli.

li|bre|rì|a *s.f.* **1** negozio di libri **2** mobile a ripiani destinato a contenere libri **3** raccolta di libri; biblioteca: *una ricca* —.

li|bré|sco *agg.* [m.pl. -*schi*] (*spreg.*) derivato dalla lettura dei libri, anziché dall'esperienza o da una riflessione personale: *cultura libresca*.

li|bret|ti|sta *s.m./f.* [m.pl. *-i*] autore di un libretto d'opera musicale.

li|bret|ti|sti|ca *s.f.* genere letterario dei libretti d'opera musicale | lo studio dei libretti d'opera musicale.

li|brét|to *s.m.* **1** piccolo registro; taccuino: — *d'appunti* **2** (*bur.*) documento, rilasciato da un ente, che riporta dati ufficiali: — *di circolazione* | — *di lavoro*, quello che riporta i dati anagrafici del lavoratore e la sua carriera professionale | — *sanitario*, quello necessario per essere assistiti dalla sanità pubblica | — *universitario*, quello che riporta la carriera dello studente | — *degli assegni*, blocchetto di assegni bancari **3** (*mus.*) testo letterario di un'opera musicale, di un melodramma: *il — del "Falstaff"*.

li|bro *s.m.* **1** insieme di fogli, stampati o manoscritti, cuciti insieme; volume: — *di testo*; *scrivere un —* | — *bianco*, raccolta documentale contenente dati scottanti: *il — bianco sulla corruzione* | — *nero*, lista di persone sgradite: *ormai sei finito sul loro — nero* | *a —*, detto di ql.co. che si apre a mo' di libro: *tavolino a —* | (*fig.*) *essere un — aperto*, non riuscire a nascondere le proprie sensazioni, intenzioni | (*scherz.*) *parlare come un — stampato*, esprimersi con grande proprietà di linguaggio **2** ciascuna delle parti in cui è divisa un'opera: *il primo — del codice civile* **3** registro di uffici pubblici, aziende e sim., in cui compare l'elenco dei soci, la contabilità ecc.: — *giornale* | — *paga*, quello che registra le retribuzioni dei dipendenti **4** (*bot.*) tessuto vegetale situato sotto la corteccia che trasporta la linfa e svolge funzioni di sostegno.

li|bro-game [pr. *librogħéim*] *s.m.invar.* libro che propone al lettore di costruire l'intreccio e il finale di una storia, scegliendo tra varie possibilità di percorso.

li|bro-giò|co *s.m.* [pl. *libri-gioco*] libro per l'infanzia, ricco di giochi e illustrazioni.

li|can|tro|pì|a *s.f.* **1** nelle leggende popolari, trasformazione di un uomo in lupo mannaro **2** (*psich.*) tipo di delirio, di natura isterica, per cui il soggetto, credendosi un lupo, si sente spinto a imitarne l'ululato e il comportamento.

li|can|tro|po *s.m.* [f. *-a*] **1** creatura mostruosa della tradizione popolare, che assume fattezze ora d'uomo, ora di lupo **2** (*psich.*) persona affetta da licantropia.

li|ca|ó|ne *s.m.* snello canide africano simile al lupo, dal pelo fulvo maculato di bianco e nero, con grandi orecchie e zampe a quattro dita.

lìc|cio *s.m.* dispositivo del telaio che alza e abbassa i fili dell'ordito per permettere il passaggio della navetta.

lìc|ciò|lo *s.m.* nel telaio, ciascuna delle due stecche orizzontali che sorreggono le maglie del liccio.

li|ce|à|le *agg.* del liceo: *programma — ♦ s.m./f.* chi frequenta il liceo.

li|cei|tà *s.f.* condizione di ciò che è lecito, che non contravviene ad alcuna legge morale o civile: — *di una procedura*.

li|cèn|za *s.f.* **1** permesso, facoltà | *con vostra —*, se mi è concesso **2** (*bur.*) autorizzazione dell'organo competente | documento che attesta tale autorizzazione: — *edilizia*; *prendere la — di caccia* **3** (*mil.*) permesso di lasciare temporaneamente il servizio | periodo di assenza autorizzata: — *breve*; — *ordinaria* **4** nella scuola pubblica, esame di fine corso | diploma che comprova il superamento di tale esame: — *media* **5** (*estens.*) libertà: *prendersi la — di dire ql.co.* | — *poetica*, deviazione, compiuta ai fini espressivi, dalle normali regole di una lingua **6** abuso di libertà; sregolatezza, sfrenatezza | eccessiva confidenza: *non prenderti troppe licenze!*

li|cen|zia|mén|to *s.m.* risoluzione definitiva del rapporto di lavoro da parte del datore | — *in tronco*, quello che avviene senza preavviso.

li|cen|zià|re *v.tr.* [indic.pres. *io licenzio...*] **1** detto del datore di lavoro, porre fine a un contratto di lavoro subordinato: — *un operaio* **2** promuovere conferendo un diploma di licenza: *l'istituto ha licenziato il 95% dei ragazzi* **3** in editoria, consegnare per la stampa: — *un libro* **4** (*lett.*) congedare: — *gli intervenuti ♦ -rsi rifl.* **1** dare le dimissioni da un impiego: — *senza preavviso* **2** conseguire una licenza scolastica: — *a fatica* **3** (*lett.*) accomiatarsi.

li|cen|zià|tà|rio *s.m.* [f. *-a*] (*bur.*) chi ha ottenuto la licenza per sfruttare un brevetto.

li|cen|zià|to *part.pass.* di licenziare ♦ *agg.*, *s.m.* [f. *-a*] **1** che, chi ha ricevuto il licenziamento dal lavoro **2** che, chi ha conseguito una licenza a scuola.

li|cen|zio|si|tà *s.f.* **1** caratteristica di cosa o persona licenziosa; dissolutezza: — *dello spettacolo* **2** azione, discorso licenzioso: *compiere delle —*.

li|cen|zió|so *agg.* che non rispetta la morale, il pudore; dissoluto: *linguaggio —* □ **licenziosamente** *avv.*

li|cè|o *s.m.* **1** (*st.*) ginnasio fondato da Pericle ad Atene, destinato alle attività militari e sportive | (*filos.*) sede della scuola aristotelica **2** scuola secondaria di grado superiore, organizzata in corsi di durata pluriennale, che prepara all'università: — *scientifico* **3** edificio che ospita l'omonima scuola superiore.

li|chè|ne *s.m.* organismo vegetale, derivato dall'associazione di un'alga con un fungo, che si presenta su tronchi, rocce e terreni sotto forma di incrostazione verdognola.

lì|cio *agg.* della Licia, antica regione asiatica ♦ *s.m.* **1** [f. *-a*] abitante della Licia **2** lingua parlata anticamente dei Lici.

li|ci|tà|re *v.intr.* [indic.pres. *io lìcito...*; aus. *A*] offrire un prezzo durante un'asta | concorrere alla licitazione per un appalto.

li|ci|ta|zió|ne *s.f.* **1** (*dir.*) offerta durante un'asta | procedura per aggiudicare un appalto pubblico al minor costo e con le maggiori garanzie di qualità **2** nel bridge, dichiarazione di punteggio e di seme che viene effettuata all'apertura del gioco.

li|co|pò|dio *s.m.* felce diffusa nei luoghi umidi

delle zone temperate e tropicali, le cui spore vengono sfruttate per la preparazione di polveri assorbenti.

li|có|sa *s.f.* genere di ragni di cui fa parte la tarantola.

li|dio *agg.* della Lidia, antica regione asiatica ♦ *s.m.* **1** [f. *-a*] chi era abitante della Lidia **2** lingua parlata anticamente in Lidia.

li|do *s.m.* **1** striscia di terra pianeggiante, sabbiosa, bagnata dal mare | (*estens.*) litorale **2** lingua di terra che divide la laguna dal mare aperto: — *di Venezia* **3** spiaggia attrezzata | centro di turismo marittimo: — *di Ostia* | in funzione di toponimo: *Lido di Camaiore* **4** (*lett.*) territorio; luogo | *per altri lidi*, verso altri paesi, ambienti diversi: *partire per altri lidi*.

Lied (*ted.*) [pr. *lid*] *s.m.* [pl.invar o *Lieder*] canzone vocale tedesca di origine popolare, molto diffusa nel sec. XIX anche nella musica da camera e operistica: *eseguire un — di Schubert*.

lie|de|ri|sti|ca [pr. *lideristika*] *s.f.* (*mus.*) genere dei Lieder.

lie|de|ri|sti|co [pr. *lideristiko*] *agg.* [m.pl. *-ci*] relativo al Lied.

lie detector (*ingl.*) [pr. *lài detèktor*] *loc.sost. m.invar.* macchina della verità.

lie|to *agg.* **1** che prova contentezza: *sono — di partecipare* | *molto —*, — *di conoscerla*, saluto di cortesia in una presentazione **2** che manifesta gioia: *espressione lieta* **3** che suscita gioia; piacevole: *notizia lieta* | — *evento*, nascita di un bambino | — *fine*, conclusione positiva di una vicenda, spec. in film e romanzi □ **lietamente** *avv.* **1** con gioia, manifestando gioia **2** piacevolmente: *passare — il proprio tempo*.

lie|ve *agg.* **1** leggero; che pesa poco: *un — carico* **2** facile; poco faticoso, oneroso: *compito* — | *non preoccupante*: — *problema* **3** (*fig.*) di entità modesta; debole, tenue: *rumore —*; — *movimento* □ **lievemente** *avv.* **1** in modo leggero: *carezzalo —* **2** scarsamente, appena: *sembra — cresciuto*.

lie|vi|tà *s.f.* leggerezza | (*anche fig.*) modesta gravità, entità, intensità: — *dei danni*; — *di un suono*.

lie|vi|tà|re *v.intr.* [aus. *E, A*] **1** rigonfiarsi per effetto della fermentazione prodotta dal lievito: *la pasta sta lievitando* **2** (*fig.*) aumentare, accrescersi: *l'insoddisfazione popolare lievita*.

lie|vi|ta|zió|ne *s.f.* (*anche fig.*) il processo del lievitare: — *del pane*; — *dei prezzi*.

lie|vi|to *s.m.* **1** sostanza impiegata nella preparazione di alimenti che richiedono fermentazione: *aggiungere* — *all'impasto della torta* **2** (*bot.*) microrganismo capace di favorire processi di fermentazione **3** (*fig.*) fonte di un sentimento; fermento: *il — della rivolta*.

lift (*ingl.*) *s.m.invar.* **1** in alberghi o edifici pubblici, inserviente addetto all'ascensore **2** (*sport*) nel tennis, particolare effetto impresso alla pallina per farla rimbalzare in modo imprevedibile.

lifting (*ingl.*) *s.m.invar.* intervento di chirurgia estetica eseguito su viso e collo allo scopo di eliminare le rughe.

light (*ingl.*) [pr. *làit*] *agg.invar.* si dice di prodotto alimentare, con poche calorie; dietetico: *bibita* — | si dice di sigaretta con basso contenuto di nicotina e residui catramosi.

li|gio *agg.* [f.pl. *-gie*] scrupolosamente osservante; fedelissimo: — *al dovere*; — *al partito*.

li|gnàg|gio *s.m.* (*lett.*) stirpe: *di alto —*.

li|gne|o *agg.* **1** costruito in legno: *pilastro —* **2** simile a legno come consistenza e aspetto: *scorza lignea del frutto*.

li|gni|fi|cà|re *v.tr.* [indic.pres. *io lignifico, tu lignifichi...*] (*bot.*) indurre la lignificazione nelle cellule vegetali ♦ **-rsi** *intr.pron.* (*bot.*) subire il processo di lignificazione: *il tessuto vegetale si lignifica*.

li|gni|fi|ca|zió|ne *s.f.* (*bot.*) processo di formazione della lignina sulla membrana delle cellule vegetali, con conseguente indurimento del tessuto.

li|gni|na *s.f.* (*chim.*) importante costituente organico del legno, responsabile della lignificazione.

li|gni|te *s.f.* carbon fossile combustibile, in stadio non avanzato di carbonizzazione, con un alto contenuto di carbonio.

li|gro|i|na *s.f.* (*chim.*) miscela di derivati del petrolio che trova varie applicazioni industriali come combustibile e solvente; nafta leggera.

li|gu|re *agg.* della Liguria: *Mar Ligure* | (*st.*) dell'antica popolazione di origine non indoeuropea stanziatasi nella regione dell'attuale Liguria ♦ *s.m.* **1** [anche f.] chi è nato o abita in Liguria | (*st.*) chi apparteneva all'antica popolazione dei Liguri **2** (*ling.*) dialetto parlato in Liguria | lingua parlata in epoca preistorica dalla popolazione dei Liguri.

li|gù|stro *s.m.* arbusto sempreverde con grappoli di fiori bianchi profumati.

Li|lià|ce|e *s.f.pl.* famiglia di piante monocotiledoni di cui fanno parte il giglio, il tulipano, il mughetto.

lil|la *agg.invar.*, *s.m.invar.* detto di colore variante tra il rosa e il viola, tipico di alcuni fiori di lillà.

lil|là *s.m.invar.* arbusto ornamentale con fiori profumati, violacei o bianchi, raccolti in pannocchie.

lil|li|pu|zià|no *agg.* (*lett.*) relativo a Lilliput, paese immaginario abitato da uomini minuscoli | (*estens., scherz.*) assai piccolo di statura, di dimensioni: *una macchinina lillipuziana* ♦ *s.m.* [f. *-a*] (*scherz.*) persona di corporatura minuscola.

lì|ma *s.f.* utensile costituito da una barra di acciaio temperato, fittamente dentata, usato per sgrossare e rifinire superfici dure | (*fig.*) *lavorare di —*, perfezionare, rifinire, spec. un testo.

li|màc|cia *s.f.* [pl. *-ce*] (*zool.*) lumacone.

li|màc|cia *s.m.* muta, melma.

li|mac|ció|so *agg.* **1** torbido per la mota: *torrente —* | detto di terreno, coperto di melma **2** (*fig.*) torbido, oscuro: *stile —*.

Li|mà|ci|di *s.m.pl.* famiglia di Molluschi gasteropodi con conchiglia rudimentale, comunemente chiamati lumache.

li|mà|re *v.tr.* **1** sottoporre all'azione della lima | *limarsi le unghie*, regolarle con l'apposita limetta **2** (*estens.*) consumare appena; ridurre poco per volta: — *le riserve* **3** (*fig.*) rifinire, perfezionare, riferito a uno scritto, a un discorso | correggere, migliorare: — *un difetto caratteriale*.

li|mà|to *part.pass. di limare* ♦ *agg.* **1** di superficie, lavorato con la lima **2** (*fig.*) rifinito con cura: *prosa limata*.

li|ma|tó|re *s.m.* [f. *-trice*] operaio addetto alla limatrice.

li|ma|tri|ce *s.f.* macchina utilizzata per spianare, levigare, praticare scanalature ecc.

li|ma|tu|ra *s.f.* **1** (*anche fig.*) azione con cui si lima | il risultato ottenuto **2** (*estens.*) polvere staccatasi dal pezzo limato: — *di ferro*.

lim|bo *s.m.* **1** (*teol.*) sede delle anime di coloro che sono morti senza aver ricevuto il battesimo **2** (*fig.*) stato di incertezza; condizione non definita: *il — dei ripensamenti*.

lime (*ingl.*) [pr. *làim*] *s.m.invar.* succo estratto dal frutto della limetta | bevanda preparata con tale succo.

li|mét|ta¹ *s.f.* arbusto sempreverde con frutto simile al limone, dalla cui buccia si ricava un olio essenziale aromatico; il succo di tale frutto viene usato in gastronomia.

li|mét|ta² *s.f.* lima sottile, spec. in metallo, usata per levigare le unghie.

li|mi|col|lo *agg.* (*zool.*) che vive in fondali melmosi.

li|mi|nà|re *agg.* (*lett.*) relativo alla soglia | vicino, confinante.

li|mi|ne *s.m.* (*lett.*) soglia.

li|mi|tà|re¹ *v.tr.* [indic.pres. *io lìmito*...] **1** circoscrivere con limiti; delimitare: — *l'area con dei nastri* **2** (*fig.*) ridurre, contenere: — *i consumi* ♦ *-rsi rifl.* (*assol.*) restare entro un limite; non esagerare: *al lavoro cerca di limitarti* | — *a*, non andare oltre: — *a un parere*; non far altro che: — *a sorridere*.

li|mi|tà|re² *s.m.* (*lett.*) soglia | margine; limite: *il — del prato*.

li|mi|ta|téz|za *s.f.* qualità di ciò che è limitato | condizione di chi ha limitazioni.

li|mi|ta|tì|vo *agg.* che tende a limitare; riduttivo: *visione limitativa* | che serve a limitare; restrittivo: *provvedimento — della libertà personale* □ **limitativamente** *avv.*

li|mi|tà|to *part.pass. di limitare* ♦ *agg.* **1** contenuto entro determinati limiti: *intervallo* — **2** (*di cosa*) esiguo, scarso: *risorse limitate* | (*di persona*) d'intelligenza mediocre; di capacità scarse **3** che si contiene; controllato: *essere — nel mangiare* □ **limitatamente** *avv.* in misura limitata: *svagarsi* | — *a*, solo in relazione a, nei limiti di: — *agli iscritti*.

li|mi|ta|tó|re *agg.* [f. *-trice*] che limita, che pone limiti: *è una legge limitatrice dello spazio vitale* ♦ *s.m.* **1** chi limita **2** (*tecn.*, *mecc.*) dispositivo applicato a macchine o impianti per evitare che il valore di certe grandezze fisiche superi determinate soglie: — *di velocità* | (*elettr.*) sistema di protezione dei circuiti che impedisce sbalzi eccessivi di tensione.

li|mi|ta|zió|ne *s.f.* **1** azione che mira a limitare | contenimento; riduzione; controllo: — *delle spese*; — *di libertà*; — *delle nascite* **2** restrizione, limite: *accettabile con qualche* — **3** (*gramm.*) *complemento di —*, quello che indica entro quali limiti, in quale ambito vale un'affermazione.

lì|mi|te *s.m.* **1** linea divisoria; confine, demarcazione: *il — della proprietà* | oggetto che segnala la linea di confine: *il — è la staccionata* **2** (*scient.*) livello ideale rispetto al quale si verifica un certo fenomeno: — *di tollerabilità* | (*biol.*, *fis.*, *geog.*) linea immaginaria, formulata sulla base di criteri climatici e altimetrici, entro la quale si possono manifestare particolari fenomeni geofisici, biologici, ambientali: — *della foresta*; — *delle nevi perenni* **3** (*fig.*) il massimo grado di estensione che ql.co. può raggiungere: *i limiti delle umane possibilità* | punto debole, lacuna, imperfezione: *questa teoria presenta molti limiti*; *la gelosia eccessiva è il suo* — | *entro i limiti del possibile*, fin dove si può **4** livello che non si deve superare: — *di velocità*; *darsi dei limiti* | — *d'età*, soglia rispetto alla quale la legge permette determinati comportamenti, diritti, rapporti: *pensionamento per raggiunti limiti d'età* | *al* —, tutt'al più: *al potrei farlo io*; *al massimo*, *all'estremo*: *ormai è arrivato al* — | *al* —, *ai limiti di ql.co.*, nella misura massima: *al — degli sforzi* | *entro certi limiti*, parzialmente **5** (*mat.*) *valore* —, quello a cui una funzione tende se la variabile indipendente si avvicina a un dato valore ♦ *agg.invar.* [segue sempre il s.] estremo; eccezionale: *caso* —; *situazione* — | quasi impossibile: *ipotesi* —.

li|mì|tro|fo *agg.* confinante, adiacente: *territorio* —.

lim|no|lo|gì|a *s.f.* studio dei laghi e del loro ecosistema.

lì|mo *s.m.* **1** fanghiglia **2** (*geol.*) terriccio molto fine in sospensione nelle acque.

li|mo|nà|ia *s.f.* serra in cui si conservano, riparate dal freddo, le piante di limone.

li|mo|nà|re *v.intr.* [indic.pres. *io limóno*...; aus. A] (*region.*) abbandonarsi a baci appassionati; pomiciare.

li|mo|nà|ta *s.f.* (*gastr.*) **1** bevanda preparata con acqua e succo o sciroppo di limone: *bere una — calda* **2** bibita gassata a base di limone.

li|mon|cèl|lo *s.m.* liquore ricavato dalla macerazione delle scorze di limone in alcol.

li|mon|cì|na *s.f.* (*bot.*) cedrina.

li|mon|cì|no *s.m.* limoncello.

li|mó|ne *s.m.* **1** pianta sempreverde, con fiori bianchi e frutti gialli che contengono un succo ricco di acido citrico **2** il frutto di tale pianta: *buccia*, *spremuta di* — (*fig.*) *spremere qlcu. come un* —, sfruttarlo al massimo ♦ *agg.invar.* si dice di tonalità chiara e luminosa di giallo.

li|mó|neto *s.m.* terreno coltivato a limoni.

li|mo|nì|te *s.f.* (*min.*) minerale formato da idrossido di ferro in masse terrose o compatte, di colore variabile fra il giallastro e il bruno.

li|mó|so *agg.* che è pieno di limo; fangoso: *stagno —*.

limousine *(fr.)* [pr. *limusìn*] *s.f.invar.* grossa e lussuosa automobile a quattro porte, usata spec. come vettura di rappresentanza.

lim|pi|déz|za *s.f.* (*anche fig.*) qualità di ciò che è limpido; chiarezza, luminosità: *la — di uno specchio d'acqua*; *la — di un ragionamento*.

lim|pi|di|tà *s.f.* (*spec.fig.*) limpidezza: *— dello sguardo*.

lim|pi|do *agg.* **1** cristallino e trasparente, non torbido: *sorgente limpida*; *liquore —* | (*meteor.*) *cielo —*, cielo nitido, senza una nuvola **2** (*fig.*) lucido e sereno, senza pregiudizi: *mente limpida* | senza macchia; onesto: *carriera limpida* | sincero, privo di ambiguità: *sorriso, sguardo —* | spontaneo, diretto, schietto: *comportamento —*; *il suo è uno stile —, senza orpelli* **3** (*fig.*) chiaro, puro, senza incertezze: *dizione limpida*; *il suono — del clarinetto* □ **limpidamente** *avv.*

li|mu|lo *s.m.* artropode marino protetto da una corazza tonda terminante con una coda ad aculeo.

Li|nà|ce|e *s.f.pl.* famiglia di piante dicotiledoni, con frutti a drupa o a capsula, di cui fa parte il lino.

li|na|iò|lo *s.m.* [f. -a] (*antiq.*) persona che lavora il lino o lo commercia.

lin|ce *s.f.* grosso felino selvatico dalle orecchie alte e aguzze, ricercato per la pregiata pelliccia color grigio-bianco maculato | (*fig.*) *occhio di —*, vista acutissima, penetrante.

lin|ce|o¹ *agg.* di, da lince | (*fig.*) acuto, perspicace: *sguardo —*.

lin|cè|o² *agg.* che riguarda l'Accademia dei Lincei, fondata a Roma nel 1603 per lo studio delle scienze e delle lettere ♦ *s.m.* membro di tale Accademia.

lin|ciàg|gio *s.m.* esecuzione sommaria, da parte di un gruppo o di una folla, di persona considerata colpevole di un grave reato | *— morale*, denigrazione spietata contro chi non è in grado di difendersi.

lin|cià|re *v.tr.* [indic.pres. *io lìncio...*] (*anche fig.*) sottoporre a linciaggio.

lin|déz|za *s.f.* qualità di ciò che è lindo; pulizia impeccabile.

lin|do *agg.* **1** molto pulito, netto: *pavimento —* | ordinato: *tenere — il diario* **2** detto di chi è molto lustro, curato nell'aspetto: *— nel vestire* | (*fig.*) puro, senza colpa; integro: *coscienza linda* **3** (*fig.*) dotato di nitidezza espressiva: *una poesia linda*.

lin|dó|re *s.m.* (*lett.*) lindezza.

li|ne|a *s.f.* **1** segno sottile e continuo: *tracciare una —* | (*geom.*) insieme delle posizioni successive occupate da un punto in movimento | rappresentazione grafica di tale punto in movimento: *— sghemba, spezzata* | *linee della mano*, sottilissimi solchi cutanei, presenti in ogni palmo della mano, che in chiromanzia rappresentano i segni fondamentali per la decifrazione del futuro | *distanza in — d'aria*, tracciato immaginario che separa due luoghi, misurato in linea retta senza badare al concreto percorso stradale **2** nei termometri, ognuno dei tratti che suddividono in decimi un grado di temperatura: *due linee di febbre* **3** contorno, sagoma, profilo: *le linee morbide del pendio* | particolare foggia, stile; qualità di una moda: *auto dalla — sportiva*; *una gonna di — elegante* **4** figura umana, intesa come profilo generale, spec. come visione ideale delle proprie possibilità estetiche e di prestanza fisica: *quell'abito mi fa una bella —*; *curare la —* | (*fig.*) *a grandi linee*, per sommi capi, genericamente **5** limite, soglia: *— di partenza* | (*geog.*) *— di cambiamento di data*, quella corrispondente all'antimeridiano di Greenwich, oltre la quale si passa alla data del giorno precedente arrivando da est, alla data del giorno successivo arrivando da ovest | (*sport*) *— di fondo*, quella che marca il confine del campo di calcio alle spalle di ciascuna delle due porte | *— laterale*, delimitazione del campo di calcio lungo le fasce **6** direzione di sviluppo di un movimento: *proseguire in — retta* **7** (*fig.*) maniera: *— di comportamento* | strategia, indirizzo; pensiero: *fedele alla propria —* | *essere in — con qlcu.*, avere lo stesso orientamento | *in — di principio*, sul piano teorico | *in — di massima*, in generale **8** successione di oggetti o di persone disposti in fila | *mettersi in —*, allinearsi **9** (*mil.*) sistema difensivo costituito da una barriera di fortificazioni e truppe | *prima —*, fronte a ridosso delle truppe nemiche | (*fig.*) *essere in prima —*, schierarsi in modo attivo con l'intento di sostenere un'idea, difendere un diritto e sim. | *su tutta la —*, in misura completa: *avere ragione su tutta la —* **10** complesso omogeneo di prodotti, riuniti sulla base di caratteristiche simili: *una nuova — per il bagno* **11** successione genealogica: *siamo parenti in — diretta* | discendenza **12** complesso di persone e macchine inserite in processi sequenziali di lavorazione: *la — della lucidatura* **13** l'insieme delle apparecchiature di collegamento, delle condutture che permettono di erogare e distribuire un servizio: *— elettrica* | collegamento comunicativo, spec. basato sulla rete telefonica: *— occupata* **14** servizio di trasporto spec. pubblico: *la — del tram 19* | percorso di collegamento tra varie località: *la — Verona-Venezia* | *di —*, si dice di servizio di trasporto che garantisce sempre lo stesso servizio: *traghetto di —* **15** in tipografia, insieme delle lettere scritte o composte su un'unica riga.

li|ne|a|mén|ti *s.m.pl.* **1** fattezze del volto umano: *— delicati* **2** (*fig.*) elementi fondamentali di una dottrina: *— di diritto civile*.

li|ne|à|re *agg.* **1** che si sviluppa in linea retta, nel senso della lunghezza: *tracciato —* | *misura —*, quella relativa alla lunghezza, anziché alla superficie o al volume **2** (*mat.*) detto di equazione, espressione o funzione in cui variabili o incognite sono unicamente di primo grado **3** (*fig.*) che procede in una direzione precisa; coerente, chiaro: *esposizione —* **4** (*bot.*) di foglia, che ha forma molto stretta e diritta □ **linearmente** *avv.* **1** in linea retta **2** coerentemente.

li|ne|a|ri|tà *s.f.* 1 qualità di ciò che è lineare 2 (*fig.*) chiarezza; coerenza: — *della comunicazione*.

li|ne|ét|ta *s.f.* segno grafico che ha la funzione di introdurre frasi incidentali o discorsi diretti, di unire due parole o parti di una stessa parola e di indicare la spezzatura di parola a fine riga.

li|ne|ri|a *s.f.* vendita all'ingrosso o assortimento di tessuti in lino.

lin|fa *s.f.* 1 (*anat.*) liquido biancastro che circola nei vasi linfatici e negli spazi interstiziali dei tessuti 2 (*zool.*) liquido incolore che circola negli insetti apportando le sostanze 3 (*bot.*) liquido acquoso che circola nella pianta e la nutre 4 (*fig.*) alimento, vigore, energia: *dare nuova — allo spirito*.

lin|fa|de|ni|te *s.f.* (*med.*) infiammazione ai linfonodi.

lin|fa|de|nò|ma *s.m.* [pl. -*i*] (*med.*) tumore benigno dei linfonodi.

lin|fan|giò|ma *s.m.* [pl. -*i*] (*med.*) tumore benigno dei vasi linfatici che si presenta spec. sotto forma di cisti.

lin|fà|ti|co *agg.* [m.pl. -*ci*] 1 (*anat.*) relativo alla linfa: *ganglio* — 2 (*med.*) che riguarda il linfatismo | che è affetto da linfatismo: *soggetto* — ♦ *s.m.* [f. -*a*] (*med.*) malato di linfatismo.

lin|fa|ti|smo *s.m.* (*med.*) debolezza immunitaria dovuta all'ingrossamento costituzionale delle ghiandole linfatiche.

lìn|fo- (*med.*) primo elemento di parole composte che significa "linfa" (*linfoghiandola*).

lin|fo|ci|to o **linfocita** *s.m.* (*anat.*) tipo di globulo bianco che produce anticorpi.

lin|fo|ci|to|pe|ni|a *s.f.* (*med.*) calo del numero dei linfociti nel sangue.

lin|fo|ci|tò|si *s.f.* (*med.*) aumento del numero dei linfociti nel sangue, causato spec. da malattie infettive virali, endocrine o batteriche.

lin|fo|ghiàn|do|la *s.f.* (*med.*) linfonodo.

lin|fo|gra|nu|lò|ma *s.m.* [pl. -*i*] (*med.*) qualsiasi malattia del tessuto linfatico che provoca gonfiore ai linfonodi.

lin|fò|ma *s.m.* [pl. -*i*] (*med.*) tumore del tessuto linfatico.

lin|fo|nò|do *s.m.* (*anat.*) ogni nodulo di tessuto linfatico situato lungo il decorso dei vasi linfatici; ganglio linfatico, ghiandola linfatica.

lin|fo|sar|cò|ma *s.m.* [pl. -*i*] (*med.*) tumore maligno del sistema linfatico.

lingerie (*fr.*) [pr. *lenjerì*] *s.f.invar.* biancheria intima femminile.

lin|gòt|to *s.m.* blocco metallico ottenuto tramite colata in apposito stampo.

lìn|gua *s.f.* 1 organo mobile della bocca che interviene nella masticazione, nella deglutizione e nel processo di articolazione della voce | *mostrare la* —, tirar fuori la lingua durante una visita medica o in segno di scherno di fronte a qlcu. | (*fig.*) — *lunga*, chiacchierone; chi ha sempre la risposta pronta; impudente | *avere ql.co. sulla punta della* —, essere sul punto di dire ql.co. che sfugge momentaneamente alla memoria | *parlare senza peli sulla* —, dire la propria opinione in modo franco, senza riserve | *mordersi la* —, tacere a fatica | *tenere la* — *a freno*, imporsi di tacere 2 (*spec. gastr.*) lingua di animale: — *salmistrata* 3 (*estens.*) cosa che ricorda la forma di una lingua: — *di fuoco; passeggiare su una* — *di terra* 4 (*bot.*) nome comune di piante dotate di foglie che hanno forma simile a quella della lingua: — *di bue* 5 sistema fonematico, grammaticale e lessicale che permette agli appartenenti di una comunità di comunicare fra loro: *parlare molte lingue*; — *scritta* | (*assol.*) lingua nazionale italiana: *devi parlare in* —, *non in dialetto* 6 (*pl.*) complesso delle lingue straniere: *studiare le lingue* | facoltà universitaria che insegna le lingue straniere: *frequentare Lingue* 7 modo particolare di esprimersi caratterizzante un'epoca, un ambiente, un autore, un settore professionale, sociale, disciplinare; linguaggio: *la* — *dei poeti*.

lin|guàc|cia *s.f.* 1 sberleffo che si fa mostrando la lingua: *fare linguacce* 2 (*fig.*) persona maldicente; pettegolo.

lin|guac|ciù|to *agg.* pettegolo; maldicente.

lin|guàg|gio *s.m.* 1 facoltà umana che consiste nel poter comunicare attraverso la lingua: — *verbale* | capacità di un essere vivente di comunicare coi propri simili tramite un sistema di segnali: *il* — *delle formiche* 2 (*estens.*) particolare significato attribuito o riconosciuto dall'uomo a un determinato insieme di gesti, oggetti, fenomeni, segni: *il* — *della natura*; *il* — *gestuale* | capacità di esprimersi attraverso tali significati: *il* — *dei colori* | il complesso dei mezzi espressivi tipici di un'arte: — *pittorico* 3 modo particolare di esprimersi, gergo; stile personale, registro espressivo: — *di borgata*; — *medico*; — *della fantascienza* 4 (*mat., inform., ling.*) ciascun sistema di simboli che fa riferimento a un calcolatore e a una grammatica | (*inform.*) — *di programmazione*, insieme di simboli e regole di combinazione formulati per impartire a un elaboratore elettronico le istruzioni necessarie al compimento di date operazioni | — *macchina*, linguaggio di programmazione con sintassi non discorsiva, simile a quella dell'elaboratore.

lin|guà|le *agg.* 1 (*anat.*) relativo alla lingua: *muscolo* — 2 (*ling.*) si dice di suono che viene articolato grazie ai movimenti della lingua.

lin|guét|ta *s.f.* 1 oggetto di piccole dimensioni a forma di lingua o che termina a forma di lingua: — *della bomba a mano* 2 (*mecc.*) pezzo di collegamento che rende solidali organi rotanti coassiali.

lin|gui|fór|me *agg.* (*scient.*) a forma di lingua: *foglia* —.

lin|guì|na *s.f. spec.pl.* pasta alimentare simile a una tagliatella sottile: *linguine all'astice*.

lin|guì|sta *s.m./f.* [m.pl. -*i*] studioso di linguistica.

lin|guì|sti|ca *s.f.* scienza che ha per oggetto di studio il linguaggio e le lingue; glottologia.

lin|guì|sti|co *agg.* [m.pl. -*ci*] relativo alla lingua, al linguaggio: *scambio* — | relativo alla linguistica: *modello* — | *liceo* —, scuola superiore che pri-

vilegia l'insegnamento delle lingue straniere □
linguisticamente avv.
li|ni|co|lo agg. relativo alla coltivazione del lino.
li|ni|col|tu|ra s.f. (agr.) coltivazione del lino.
li|nie|ro agg. relativo alla produzione e al commercio del lino: mercato —.
li|ni|fi|cio s.m. stabilimento tessile in cui si lavorano fibre e filati di lino.
li|ni|men|to s.m. olio medicinale che si applica frizionando.
li|niz|za|zió|ne s.f. lavorazione di un filato o di un tessuto allo scopo di renderlo simile al lino.
link (ingl.) s.m.invar. (inform.) nel sistema ipertestuale e in Internet, collegamento logico che permette di spostarsi da un punto all'altro di un documento o di passare a un documento diverso.
lin|kà|re v.tr. (inform.) nel sistema ipertestuale e in Internet, creare un link fra due informazioni o fra un testo e i siti nominati al suo interno ♦ intr. (inform.) riferito a un link, rinviare, collegare: a che cosa linka questo pulsante?
li|no s.m. 1 pianta erbacea, con fiori celesti e frutti a capsula ricchi di semi, dal cui fusto macerato si ricava una fibra tessile | olio di —, quello estratto dai semi del lino, usato spec. per vernici 2 la pregiata fibra ottenuta da tale pianta | filato e tessuto realizzati con tale fibra: pantaloni di —.
li|nò|leum® s.m.invar. materiale di rivestimento per pavimenti, i cui fogli sono ottenuti pressando su tessuto di iuta un impasto a base di olio di lino, segatura e resine.
li|nó|sa s.f. seme di lino da cui si estrae l'olio.
li|no|ti|pi|a s.f. 1 composizione tipografica realizzata mediante linotype 2 luogo in cui si lavora con la linotype.
li|no|ti|pì|sta s.m./f. [m.pl. -i] (tipografia) compositore che usa la linotype.
linotype® (ingl.) [pr. linotàip] s.f.invar. macchina tipografica a tastiera che compone una riga di caratteri e la fonde in un unico blocco di piombo | composizione tipografica così ottenuta.
lio|còr|no s.m. mitico animale con corpo di cavallo, coda di leone, barba caprina, fornito di un lungo corno avviluppato sulla fronte; unicorno.
lio|fi|liz|zà|re v.tr. disidratare tramite liofilizzazione.
lio|fi|liz|zà|to part.pass. di liofilizzare ♦ agg., s.m. si dice di sostanza sottoposta a liofilizzazione: latte —.
lio|fi|liz|za|zió|ne s.f. essiccamento sottovuoto a bassa temperatura cui vengono sottoposte sostanze alimentari e medicinali, allo scopo di conservarne inalterate le proprietà.
li|pà|si s.f. (biol.) enzima che favorisce la scissione dei grassi neutri in glicerina e acidi grassi.
li|pec|to|mì|a s.f. (med.) asportazione chirurgica di tessuti adiposi.
li|pì|de s.m. spec.pl. (biol.) sostanza organica naturale, di origine vegetale o animale, composta da esteri di acidi grassi superiori; grasso.
li|pì|di|co agg. [m.pl. -ci] (biol.) relativo al lipide, ai lipidi: apporto —.
li|pìz|zà|no agg., s.m. si dice di particolare cavallo con il mantello grigio, appartenente a una razza da sella e da carrozza.
li|po- (scient.) primo elemento di parole composte che significa "grasso" (liposolubile) o "tessuto adiposo" (liposoma).
li|po|gràm|ma s.m. [pl. -i] (lett.) componimento in cui si sceglie di non far mai comparire una certa lettera alfabetica.
li|pòi|de s.m. (biol.) nome con cui si indicano alcune sostanze grasse, ricche di azoto e fosforo, tra cui il colesterolo e la lecitina.
li|po|lì|si s.f. (med.) processo di scissione dei lipidi nell'organismo che ne permette la mobilizzazione e il consumo.
li|pò|ma s.m. [pl. -i] (med.) tumore benigno costituito da tessuto adiposo.
li|po|sar|cò|ma s.m. [pl. -i] (med.) tumore maligno che colpisce il tessuto adiposo.
li|po|so|lù|bi|le agg. (chim.) che si sciolgie nei grassi: composto —.
li|po|sò|ma s.m. [pl. -i] in cosmesi, ciascuna delle microsfere contenenti sostanze idratanti che si trovano in alcune creme per la pelle.
li|po|su|zió|ne s.f. in chirurgia estetica, intervento che permette la rimozione di grasso sottocutaneo, aspirandolo tramite apposite cannule.
lip|pa s.f. gioco di ragazzi in cui si percuote un oggetto con un bastone per farlo saltare e poi ribatterlo al volo.
lipstick (ingl.) s.m.invar. rossetto da labbra.
li|quà|me s.m. liquido putrido originato dal disfacimento di sostanze organiche e inorganiche | liquido fetido formato dalle acque di scarico: liquami di fogna.
li|que|fà|re v.tr. [indic.pres. io liquefàccio o liquefò, tu liquefai, egli liquefà, noi liquefacciamo, voi liquefate, essi liquefanno; negli altri modi e tempi con. come fare] 1 rendere liquido tramite riscaldamento; fondere: — il ghiaccio, la margarina 2 (fig.) dissipare, scialacquare: — un patrimonio 3 (fis.) riferito ai gas, ridurre allo stato liquido; condensare ♦ -rsi intr.pron. 1 fondersi; sciogliersi: la cera si sta liquefacendo 2 (fig.) esaurirsi con facilità: l'eredità si è liquefatta 3 (fis.) passare allo stato liquido: un gas che si liquefà sotto pressione.
li|que|fa|zió|ne s.f. 1 scioglimento, fusione: — della neve 2 (fis.) passaggio di un gas allo stato liquido.
li|que|scèn|te agg. detto di una sostanza, che tende a passare allo stato liquido.
li|que|scèn|za s.f. qualità di ciò che è liquescente | stato liquido di un corpo.
li|qui|dà|re v.tr. [indic.pres. io liquido...] 1 (dir., econ.) accertare la quantità di denaro dovuta per provvedere al pagamento: — i danni; — la pensione | — una società, regolarne i conti per scioglierla | — un dipendente, pagargli l'indennità di fine rapporto 2 (estens.) saldare, pagare: — un debito 3 (comm.) vendere a prezzo ribassato: — le ultime rimanenze 4 (fig.) risolvere; concludere: — la faccenda con poche parole | stroncare:

venne liquidato dai critici | — *l'avversario*, sconfiggerlo agevolmente | — *qlcu.*, sbarazzarsi di lui; (*euf.*) ucciderlo.

li|qui|da|tó|re agg., s.m. [f. -*trice*] (*dir.*) che, chi è incaricato di curare una liquidazione.

li|qui|da|tò|rio agg. 1 che riguarda una liquidazione 2 (*fig.*) che stronca sbrigativamente: *tono* —.

li|qui|da|zió|ne s.f. 1 processo attraverso cui si giunge a liquidare; riscossione, pagamento | definizione dei valori monetari relativi a un rapporto patrimoniale 2 somma in denaro corrisposta dal datore di lavoro al lavoratore quando ha termine il rapporto di lavoro 3 (*comm.*) svendita: *prezzo di* —.

li|qui|di|tà s.f. 1 condizione di ciò che è liquido: — *di una sostanza* 2 (*spec.comm.*) disponibilità monetaria o di beni facilmente convertibili in moneta 3 (*econ.*) capacità di un'impresa di far fronte ai suoi obblighi.

li|qui|do agg. 1 (*fis.*) detto di corpo fluido che ha un proprio volume definito, ma che assume la forma di ciò che lo contiene | *stato* —, condizione di corpo liquido 2 (*estens.*) detto di sostanze solide, disciolto, fuso: *burro* — | detto di sostanze gassose, liquefatto: *ossigeno* — | poco denso: *minestra liquida* | *dieta liquida*, quella a base di latte, brodo e sim. 3 (*econ.*) detto di denaro contante | detto di credito o debito, che ha scadenza a breve termine 4 (*ling.*) detto dei suoni *l* e *r*: *consonante liquida* ♦ *s.m.* 1 sostanza allo stato liquido: *contenitore per liquidi* | (*anat.*) — *amniotico*, quello che si trova dentro l'amnio 2 (*ell.*; *spec.pl.*) denaro contante: *aver bisogno di liquidi*.

li|qui|ri|zia s.f. 1 pianta erbacea dalle cui radici si ricava un succo dolciastro 2 il succo di tale pianta, usato in farmacia come emolliente, diuretico, espettorante e nell'industria dolciaria 3 pastiglia, caramella e sim. a base di tale succo: *mi dai una* —? | bastoncino masticabile costituito dalla radice di liquirizia.

li|quó|re s.m. 1 bevanda di alta gradazione alcolica a base di zucchero ed essenze aromatiche 2 (*farm.*) soluzione medicamentosa.

li|quo|re|rì|a s.f. 1 negozio di liquori e sim. | assortimento di liquori 2 fabbrica di liquori | tecnica della loro preparazione.

li|quo|ró|so agg. di gradazione alcolica e consistenza analoghe a quelle di un liquore: *bevanda liquorosa*.

li|ra[1] s.f. 1 unità monetaria d'Italia, in circolazione fino al 1° gennaio 2002 2 unità monetaria di vari Stati: *la* — *sterlina del Regno Unito* 3 (*estens.*) minima quantità di denaro; soldo: *non avere una* — | *non valere una* —, non avere alcun valore.

li|ra[2] s.f. (*mus.*) strumento a corde simile alla cetra tipico dell'antichità classica, suonato gener. con un plettro.

li|ri|ca s.f. 1 (*st.*) nell'antica Grecia, poesia cantata con l'accompagnamento della lira 2 (*lett.*) genere di poesia che esprime l'interiorità del poeta | componimento di tale genere: *raccolta di liriche amorose* | produzione letteraria di genere lirico caratterizzante un autore, un periodo storico: *la* — *dannunziana, romantica* 3 (*mus.*) musica operistica; genere melodrammatico | *tempio della* —, importante teatro per melodrammi.

li|ri|ci|tà s.f. qualità della poesia lirica | (*estens.*) tensione lirica avvertibile in altre opere creative: *la* — *di un dipinto* | tono lirico, sentimentalmente intenso: *la* — *del discorso*.

li|ri|ciz|zà|re v.tr. dare un carattere lirico, sentimentale: — *una storia*.

li|ri|co agg. [m.pl. -*ci*] 1 si dice di componimento poetico o musicale che esprime soggettivamente emozioni e sentimenti | si dice dell'autore di tale componimento 2 (*estens.*) che ha tono, qualità di poesia lirica: *narrazione lirica*; *creatività lirica*; *furore* — | (*fig.*) sentimentale, patetico nell'espressività: *afflato* — 3 (*mus.*) che si riferisce all'opera in musica, al melodramma: *teatro* — | *ente* —, quello che allestisce rappresentazioni di opere liriche ♦ *s.m.* [f. -*a*] poeta lirico □ **liricamente** avv. 1 in poesia lirica 2 con ispirazione, intonazione lirica.

li|rio|dèn|dro s.m. albero con foglie lobate e fiori simili a tulipani gialli, che fornisce un legno leggero adatto per vari usi.

li|ri|smo s.m. 1 carattere e tono della poesia lirica, del poeta lirico 2 (*estens.*) sentimentalismo, patetismo.

li|sca s.f. 1 spina dorsale dei pesci | (*estens.*) qualunque elemento osseo o cartilagineo dello scheletro di un pesce; spina: *togliere le lische* 2 (*pop.*) difetto nella pronuncia della *s*.

li|scia s.f. [pl. -*sce*] 1 (*ind.*) macchina da cartiera usata per stirare la carta, provvista di rulli 2 arnese da calzolaio utilizzato per lisciare e lucidare il cuoio.

li|scia|mén|to s.m. 1 azione compiuta per lisciare; levigatura, lisciatura 2 (*fig.*) adulazione, piaggeria.

li|scià|re v.tr. [indic.pres. *io liscio...*] 1 rendere liscio; levigare, spianare: — *il terreno, il marmo* 2 (*fig.*) rifinire al massimo; perfezionare 2 (*estens.*) accarezzare un animale secondo il verso del pelo: — *il gatto* | (*iron.*) — *il pelo a qlcu.*, picchiarlo 3 (*fig.*) lusingare, adulare: *fa carriera lisciando i capi* 4 (*sport*) spec. nel calcio, sfiorare senza riuscire a indirizzare; mancare l'intervento: — *la palla* ♦ **-rsi** *rifl.* 1 (*di persona*) curare il proprio aspetto fino all'eccesso 2 (*di animale*) leccarsi il pelo per renderlo pulito: *i felini si lisciano in continuazione*.

li|scià|ta s.f. 1 lisciatura sbrigativa: *una* — *ai capelli* 2 (*fig.*) atto di adulazione.

li|scià|to part.pass. di lisciare ♦ agg. 1 liscio; levigato 2 (*fig.*) eccessivamente rifinito: *stile* — | troppo curato nell'aspetto; lustro: *uscì tutto* —.

li|scia|trì|ce s.f. (*mecc.*) macchina usata per la lisciatura di superfici.

li|scia|tù|ra s.f. 1 (*anche fig.*) operazione con cui si liscia 2 (*mecc.*) levigatura di metalli con rulli abrasivi.

li|scio *agg.* [f.pl. *-sce*] **1** privo di asperità o disuguaglianze in superficie: *legno* —|non ondulato; non crespo: *mare* —; *pelo* —; *capelli lisci* | **pelle liscia**, pelle vellutata, priva di rughe **2** (*fig.*) privo di complicazioni; semplice: *un affare tutt'altro che* — | **filare, andare** — **(come l'olio)**, di situazione, svilupparsi senza problemi, senza intoppi: *stranamente sta filando tutto* — | (*fam.*) **passarla liscia**, cavarsela senza guai **3** privo di decorazioni; senza orpelli: *una grafica liscia* **4** (*fig.*) di alcolico, che è servito senza aggiunta di altro: *whisky* — | (*estens.*) **acqua liscia**, acqua non gassata | **caffè** —, caffè non corretto con alcol o latte **5** (*pop.*) si dice di ballabile tradizionale non sincopato (p.e. mazurca, valzer) ♦ *s.m.* **1** ballo liscio: *eseguire un* — **2** (*sport*) intervento a vuoto sulla palla: *un* — *in difesa* | tiro sbagliato, in cui si arriva solo a sfiorare la palla senza riuscire a indirizzarla correttamente **3** nel gioco della briscola e del tressette, carta che non dà punti.

li|sci|via o (*pop.*) **lisciva** *s.f.* soluzione alcalina usata come detergente e sbiancante.

li|sci|via|re *v.tr.* [indic.pres. *io liscìvio*...] **1** (*raro*) lavare o sbiancare con la lisciva **2** (*chim.*) sottoporre a lisciviazione.

li|sci|via|tu|ra *s.f.* (*ind.*) nel processo di fabbricazione della carta, trattamento chimico degli stracci effettuato per decolorare e purificare le fibre di cellulosa.

li|sci|via|zió|ne *s.f.* **1** lavaggio con lisciva **2** (*chim.*) processo consistente nel separare alcuni componenti solubili da una sostanza solida mediante applicazione di opportuni solventi.

li|scó|so *agg.* pieno di lische: *tonno* —.

li|sèr|gi|co *agg.* [m.pl. *-ci*] (*chim.*) si dice dell'acido organico da cui si deriva l'allucinogeno LSD.

liseuse (*fr.*) [pr. *lisös*] *s.f.invar.* **1** piccola mantella o giacca femminile da letto, in lana lavorata a maglia **2** tavolino francese settecentesco per libri, gener. girevole.

li|si *s.f.* **1** (*biol.*) disgregazione enzimatica di una sostanza organica | processo di distruzione di cellule o microrganismi **2** (*med.*) disgregazione di un tessuto dovuta a necrosi e sim. **3** (*med.*) graduale calo della febbre.

-li|si (*scient.*) secondo elemento di parole composte che significa "scomposizione, soluzione" (*glicolisi*).

li|si|na *s.f.* **1** (*chim.*) amminoacido presente in ogni proteina **2** (*biol.*) componente del siero sanguigno in grado di provocare la lisi di cellule e microrganismi.

li|so *agg.* logorato dall'uso; consunto: *polsino* —.

li|so|fòr|mio *s.m.* soluzione saponosa usata per pulire e per disinfettare.

li|so|sò|ma *s.m.* [pl. *-i*] (*biol.*) organello del citoplasma che contiene enzimi capaci di digerire i materiali fagocitati dalla cellula.

li|so|zì|ma *s.m.* [pl. *-i*] (*biol.*) enzima battericida contenuto spec. nella saliva e nelle lacrime.

li|sta *s.f.* **1** striscia stretta e lunga di carta, stoffa o di materiale più rigido; fascia: *ritagliare una* —; *una* — *di rame* | banda, riga tracciata su uno sfondo cartaceo o di altro materiale: *a liste verticali* **2** foglio in cui è riportato un elenco di nomi, dati o cose; nota: — *di iscritti* | (*assol., gastr.*) elenco delle portate previste; menu | (*polit.*) — **elettorale**, elenco degli aventi diritto a votare nelle elezioni politiche e amministrative; insieme dei candidati che si presentano riuniti sotto uno stesso simbolo | — **civica**, elenco di persone candidate alle elezioni locali, indipendente rispetto ai partiti nazionali | — **di collocamento**, quella con i nomi dei disoccupati che sono rivolti agli uffici del lavoro | — **d'attesa**, elenco di persone che stanno aspettando di essere ricevute, curate, imbarcate ecc.: — *d'attesa per il trapianto* | — **nozze**, elenco in cui i promessi sposi segnalano i regali che gradirebbero ricevere | (*fig.*) — **nera**, elenco di soggetti non graditi.

li|stà|re *v.tr.* **1** rinforzare con listelli | ornare, contrassegnare con liste; fregiare: — *di blu* **2** (*inform.*) realizzare un listato.

li|stà|to *part.pass. di* listare ♦ *agg.* segnato, ornato con liste: *braccio* — *a lutto* ♦ *s.m.* (*inform.*) elenco delle istruzioni che costituiscono un programma di un elaboratore.

li|sta|tù|ra *s.f.* **1** preparazione di liste **2** inserimento di liste a scopo decorativo o di rinforzo: *la* — *di un libro*.

li|stèl|lo *s.m.* (*arch.*) piccola striscia di materiale rigido, spec. di legno, usata come rinforzo o come ornamento per vari tipi di costruzione | sottile modanatura decorativa, costituita da una superficie verticale piana, aggettante o rientrante.

li|stì|no *s.m.* **1** (*comm.*) elenco degli articoli in vendita e dei relativi prezzi: *comprare a prezzo di* — **2** (*fin.*) documento che riporta le quotazioni giornaliere dei titoli trattati in borsa.

-li|ta → **-lito**².

li|ta|nì|a *s.f.* **1** (*lit.*) serie di invocazioni rivolte a Dio, alla Madonna, ai Santi | pratica liturgica di pregare in tal modo **2** (*fig.*) sequenza lunga e noiosa di nomi, lamentele e sim.: *non ripetermi la solita* —.

li|tà|ni|co *agg.* [m.pl. *-ci*] (*lett.*) di litania; che ha il carattere di una litania.

li|tan|trà|ce *s.m.* (*min.*) carbon fossile compatto, di color nero lucente, ad alto contenuto di carbonio.

litchi [pr. *lici*] *s.m.invar.* piccolo frutto tondeggiante, dalla scorza rossiccia e dalla polpa bianca e dolce; susina cinese | pianta legnosa orientale che produce tale frutto.

li|te *s.f.* **1** controversia violenta; contesa: *scoppiò l'ennesima* — **2** (*dir.*) causa civile: *muovere* —.

-li|te → **-lito**¹.

li|tì|a|si *s.f.* (*med.*) formazione di calcoli nella vescica, nei reni o nelle vie biliari.

li|tì|co¹ *agg.* [m.pl. *-ci*] di pietra: *formazione litica* | dell'età della pietra: *manufatto* —.

li|tì|co² *agg.* [m.pl. *-ci*] (*biol.*) che riguarda la distruzione di microrganismi o di cellule: *processo* — | detto di ciò che determina tale distruzione: *enzima* —.

li|ti|gàn|te *part.pres. di* litigare ♦ *agg., s.m./f.* che, chi litiga | (*dir.*) detto della parte di una lite | (*prov.*) **tra i due litiganti il terzo gode**, un violento disaccordo avvantaggia soltanto chi non è coinvolto.

li|ti|gà|re *v.intr.* [indic.pres. *io lìtigo, tu lìtighi...*; aus. *A*] **1** venire a diverbio; avere un duro contrasto: — *con un rivale* | (*estens.*) rompere i rapporti: *abbiamo litigato, non ci rivolgiamo più la parola* **2** (*dir.*) essere in causa per una lite ♦ *tr.* [con particella pron.] contendersi, disputarsi: *litigarsi il posto* ♦ **-rsi** *rifl.rec.* (*fam.*) venire a diverbio con qlcu.; bisticciare: *non fanno che — dalla mattina alla sera*.

li|ti|gà|ta *s.f.* litigio, spec. aspro o prolungato: *fare una —*.

li|ti|gio *s.m.* vivace contesa tra persone, con attacchi verbali anche gravi: *aizzare un —*.

li|ti|gio|si|tà *s.f.* inclinazione a contrasti violenti; carattere da attaccabrighe.

li|ti|gió|so *agg.* che litiga facilmente e frequentemente; rissoso: *cliente —* □ **litigiosamente** *avv.*

li|tio *s.m.* elemento chimico metallico, tenero e bianco, usato in farmacia, in metallurgia e nell'industria ceramica (*simb.* Li).

li|to-, -li|to[1] o **-lite** primo e secondo elemento di parole composte che significa "pietra, roccia, calcare" (*litosfera, monolito*).

-li|to[2] o **-lita** (*scient.*) secondo elemento di parole composte che indica una tendenza di certi corpi a passare in soluzione o a scomporsi in componenti più semplici (*elettrolita*).

li|tò|cla|si *s.f.* (*geol.*) frattura di rocce dovuta a corrugamenti e dislocamenti tettonici.

li|to|fo|to|gra|fi|a *s.f.* fotolitografia.

li|to|gè|ne|si *s.f.* (*geol.*) complesso dei processi di formazione delle rocce.

li|to|gra|fa|re *v.tr.* [indic.pres. *io litògrafo...*] stampare con procedimento litografico.

li|to|gra|fi|a *s.f.* **1** tecnica usata per stampare disegni attraverso una matrice piana che è costituita da una pietra o da una lastra di zinco preparata chimicamente | la stampa così ottenuta **2** (*estens.*) stampa offset **3** reparto, stabilimento che esegue stampe in litografia o in offset.

li|to|grà|fi|co *agg.* [m.pl. *-ci*] della litografia; che riguarda la litografia: *procedimento —*.

li|tò|gra|fo *s.m.* [f. *-a*] **1** chi esegue litografie **2** (*estens.*) tecnico specializzato in stampa offset.

li|tòi|de *agg.* d'aspetto simile a pietra; che ha qualità analoghe alla pietra.

li|to|lo|gi|a *s.f.* branca della geologia che studia le caratteristiche delle pietre dal punto di vista fisico, chimico, strutturale; petrografia.

li|to|rà|le *agg.* relativo al lido; situato lungo la costa: *zona —* ♦ *s.m.* costa marina; fascia costiera: *— adriatico*.

li|to|rà|ne|a *s.f.* (*ell.*) strada costiera, che corre lungo il litorale.

li|to|rà|ne|o *agg.* del litorale: *fascia litoranea* | *cordone —*, banco di sabbia parallelo al litorale che chiude una laguna.

li|to|sfè|ra *s.f.* involucro roccioso della Terra, spesso mediamente 100 km, formato dalla crosta e dalla parte di mantello a contatto con essa.

li|to|stra|ti|gra|fi|a *s.f.* (*geol.*) studio della stratificazione delle rocce in rapporto ai loro caratteri fisici e chimici.

li|tò|te *s.f.* figura retorica che afferma il concetto negandone il contrario (p.e. *non è male, non nascondo che*).

li|to|tè|ca *s.f.* raccolta, collezione di minerali.

li|to|to|mi|a *s.f.* (*med.*) intervento chirurgico effettuato per asportare i calcoli dall'apparato urinario.

li|tro *s.m.* **1** unità di misura di capacità pari a un volume di un decimetro cubo (*simb.* l) **2** (*estens.*) recipiente della capacità di un litro | quantità di liquido corrispondente a tale capacità: *un — di benzina*.

-li|tro secondo elemento di parole composte che designano multipli o sottomultipli del litro (*ettolitro, millilitro*).

lit|tó|re *s.m.* (*st.*) nell'antica Roma, ufficiale che scortava un magistrato o un sacerdote recando il fascio littorio.

lit|to|ri|na *s.f.* automotrice ferroviaria con motore diesel.

lit|tò|rio *agg.* **1** relativo ai littori | **fascio —**, quello composto da alcune verghe con una scure, portato dai littori romani; simbolo scelto dal fascismo **2** (*estens.*) fascista ♦ *s.m.* (*ell.*) fascio littorio | (*estens.*) regime fascista: *gioventù del Littorio*.

li|tuà|no *agg.* della Lituania ♦ *s.m.* **1** [f. *-a*] chi è nato o abita in Lituania **2** lingua baltica parlata dai lituani.

li|tur|gi|a *s.f.* **1** (*relig.*) complesso delle cerimonie e dei riti di un culto religioso pubblico | insieme di norme relative a tale complesso rituale: — *ortodossa* **2** (*estens.*) sequenza di azioni o frasi abituali | cerimoniale, rituale: *la — dell'incoronazione*.

li|tùr|gi|co *agg.* [m.pl. *-ci*] **1** della liturgia, relativo alla liturgia | prescritto dalla liturgia: *libri liturgici* | **anno —**, quello che elenca le feste della Chiesa a partire dalla prima domenica d'Avvento **2** (*estens.*) rituale, abituale □ **liturgicamente** *avv.*

liu|tài|o *s.m.* [f. *-a*] chi fabbrica e ripara liuti e altri strumenti musicali a corde.

liu|te|ri|a *s.f.* **1** arte di costruire strumenti musicali a corde, ad arco e pizzicati | produzione, vendita di tali strumenti: *negozio di —* **2** bottega di liutaio.

liu|tì|sta *s.m./f.* [m.pl. *-i*] chi suona il liuto.

li|ù|to *s.m.* antico strumento musicale a corde pizzicate con cassa a fondo convesso, manico corto talvolta ricurvo e cavigliere svoltato ad angolo.

live (*ingl.*) [pr. *làiv*] *agg.invar., s.m.invar.* **1** si dice di registrazione discografica effettuata dal vivo, non in sala d'incisione: *versione —* **2** (*radio, tv*) si dice di programma trasmesso in diretta: *reportage —* | si dice di trasmissione che è stata registrata fuori dagli studi, con la presenza di

livella

pubblico **3** si dice di esibizione canora che non si appoggia su una base preregistrata.

li|vel|la *s.f.* strumento che verifica l'orizzontalità di un piano o di una retta | — *ad acqua*, quella in cui la posizione orizzontale è segnalata dal medesimo livello dell'acqua in due ampolle comunicanti fra loro.

li|vel|la|mén|to *s.m.* (*anche fig.*) l'azione con cui si livella, si riduce a uno stesso grado; pareggiamento, spianamento: — *della superficie*; — *culturale*.

li|vel|là|re *v.tr.* [indic.pres. *io livello...*] **1** (*anche fig.*) ridurre allo stesso livello, grado: — *i prezzi* **2** in topografia, effettuare una livellazione del terreno ♦ **-rsi** *intr.pron.* **1** diventare piano; spianarsi: *le increspature si sono livellate* **2** raggiungere lo stesso livello: *i liquidi si livellano nei vasi comunicanti* | (*fig.*) pareggiarsi: *i risultati devono* —.

li|vel|la|tó|re *agg.* [f. *-trice*] **1** che compie operazioni di livellamento, spec. di terreni **2** (*fig.*) diretto a cancellare disuguaglianze e discriminazioni: *intervento* —.

li|vel|la|tri|ce *s.f.* macchina che spiana terreni ondulati, accidentati.

li|vel|la|zió|ne *s.f.* in topografia, determinazione della differenza di livello tra punti diversi di un terreno.

li|vel|lét|ta *s.f.* tratto di strada caratterizzato da pendenza costante.

li|vèl|lo *s.m.* **1** altezza di un piano orizzontale, di un punto o di un luogo rispetto a un piano di riferimento, a una superficie: *la crepa è al — dello stipite* **2** (*estens.*) altezza raggiunta dalla superficie di una massa liquida: *il — del lago sta calando* | *sul* (o *sotto il*) — *del mare*, a una data altitudine o profondità rispetto alla superficie marina assunta come riferimento | *passaggio a* —, incrocio tra una strada e una ferrovia che si trovano sullo stesso piano | *a* —, alla stessa altezza: *i rialzi sono tutti a* —; (*fig.*) sul piano, dal punto di vista: *ragionare — strategico* | *a — di*, all'altezza di: *si entra a — della strada*; (*fig.*) nel campo di: *a — di individui*; in fatto di, a proposito di: *insufficiente a — di struttura* **3** (*fig.*) grado, qualità: — *intellettuale* | condizione; tenore: — *di vita* | *ad alto* —, alla qualifica più elevata; tra le figure più importanti: *contatti ad alto* — **4** in topografia, strumento usato per effettuare livellazioni **5** (*geol.*) strato di rocce simili.

li|vi|déz|za *s.f.* colorito, aspetto livido: — *cadaverica*.

li|vi|do *agg.* **1** detto del colore blu-verdastro che la pelle assume in seguito a una contusione: *petto — per la botta* | mortalmente pallido; inerte, cadaverico: *viso — di terrore* **2** (*estens.*) scuro; grigio, plumbeo: *occhiaie livide*; *cielo* — **3** (*fig.*) pieno di livore; astioso: — *di rabbia* ♦ *s.m.* macchia bluastra sulla pelle che è stata provocata da una contusione: *sei pieno di lividi*.

li|vi|dó|re *s.m.* livido | aspetto livido, lividezza.

li|vi|dù|me *s.m.* (*raro*) livido piuttosto esteso | insieme di lividi.

li|vi|dù|ra *s.f.* macchia livida sulla pelle; livido.

living theatre (*ingl.*) [pr. *lìvin tìater*] *loc.sost. m.invar.* (*teat.*) forma moderna di rappresentazione in cui lo spettatore partecipa direttamente allo sviluppo dello spettacolo.

li|vó|re *s.m.* invidia sorda e maligna; astio: *confrontarsi senza* —.

li|vo|ró|so *agg.* pieno di livore, di invidia.

li|vrè|a *s.f.* **1** uniforme che un tempo era indossata dai servitori delle famiglie signorili: *cameriere in* — **2** (*zool.*) complesso dei colori e dei disegni della pelle, del piumaggio o del pelo: *cambiare — in primavera*.

liz|za *s.f.* (*st.*) nel Medioevo, recinto entro cui si svolgevano giostre e tornei cavallereschi | *in* —, in combattimento; in gara, disputa: *candidati in* —.

lo[1] *art.det.m.sing.* [si elide davanti a vocale; pl. gli] **1** forma complementare di *il* che si premette a vocaboli che iniziano per vocale, *s* impura, *gn*, *pn*, *ps*, *x*, *z*: *l'asino*; — *spunto*; — *gnomo*; — *pneumatico*, — *psicotico*; — *xilofono*; — *zoppo* | davanti a consonante semplice si usa solo nelle loc.: *per — più*; *per — meno* **2** unendosi alle prep. *a*, *con*, *da*, *di*, *in*, *su* forma le prep. articolate *allo*, *collo*, *dallo*, *dello*, *nello*, *sullo*.

lo[2] *pron.pers.m.* di *3ª pers.sing.* **1** [con funzione di compl. ogg.; in posizione proclitica ed enclitica] lui, esso: *me l'ha regalato*; *bacialo tu!* **2** ciò: *verrà, — sento*; — *sapevi che era pericoloso!* **3** [con funzione predicativa, davanti al v. *essere*] tale: *voleva essere il primo e adesso — è*.

lob (*ingl.*) *s.m.invar.* (*sport*) nel gioco del tennis, pallonetto.

lo|bà|re *agg.* (*anat.*) di un lobo: *bronco* —.

lo|bà|to *agg.* che ha forma di lobo o si suddivide in lobi: *foglia lobata*.

lób|bia *s.f.* cappello maschile in morbido feltro, con infossatura longitudinale e larghe tese.

lob|bi|sta *s.m./f.* [m.pl. *-i*] (*polit.*) chi appartiene a una lobby.

lob|bi|sti|co *agg.* [m.pl. *-ci*] relativo a una lobby | proprio del lobbista: *atteggiamento* —.

lobby (*ingl.*) *s.f.invar.* **1** (*polit.*) gruppo di interesse che, con pressioni anche illecite su funzionari pubblici e uomini politici, ottiene provvedimenti amministrativi o legislativi a proprio favore **2** (*banc.*) in una banca, il salone principale in cui si svolgono le operazioni con il pubblico.

lo|bè|lia *s.f.* pianta erbacea tipica dei climi temperati, con foglie lanceolate e con fiori raccolti in grappoli colorati.

lò|bo *s.m.* **1** (*biol.*) parte tondeggiante di un organo vegetale o animale, delimitata da solchi e sim.: — *di foglia*; — *polmonare* | (*anat.*) — *dell'orecchio*, parte molle con cui termina in basso il padiglione auricolare **2** (*arch.*) elemento di forma arcuata, tondeggiante che decora molti archi moreschi e gotici.

lo|bo|to|mì|a *s.f.* (*med.*) intervento chirurgico consistente nell'interruzione delle connessioni nervose tra il lobo frontale e il resto del cervello.

lo|bo|to|miz|zà|re *v.tr.* (*med.*) sottoporre a una lobotomia.
lo|bu|là|re *agg.* di lobulo | a forma di lobulo | formato da lobuli: *organo* —.
lò|bu|lo *s.m.* (*anat.*) piccolo lobo: — *del naso* | suddivisione di un lobo.
lo|cà|le[1] *agg.* **1** proprio, caratteristico di un luogo; limitato a una determinata area: *dialetto* —; *stampa* — **2** (*med.*) limitato a una parte del corpo; topico: *trattamento* — **3** (*gramm.*) di luogo: *avverbio con valore* — ♦ *s.m.* **1** (*spec.pl.*) chi abita in un luogo; indigeno: *l'accoglienza dei locali* **2** (*desueto*) treno regionale o interregionale □ **localmente** *avv.* in un'area circoscritta; in un ambito delimitato.
lo|cà|le[2] *s.m.* **1** stanza, vano: *areare il* — *prima di soggiornarvi* **2** spazio chiuso destinato a ritrovo, svago, esercizio pubblico | — *notturno*, quello in cui si può ballare, assistere a spettacoli, consumare pasti o bevande fino a tarda ora.
lo|ca|li|smo *s.m.* (*polit., econ.*) tendenza a privilegiare gli interessi di un'area limitata rispetto a quelli nazionali o internazionali.
lo|ca|li|sta *agg.*, *s.m./f.* (*polit., econ.*) che, chi propugna politiche localistiche.
lo|ca|li|sti|co *agg.* [m.pl. *-ci*] (*polit., econ.*) che riguarda il localismo: *interesse* — | caratterizzato da localismo: *fenomeno* —.
lo|ca|li|tà *s.f.* luogo, centro urbano caratterizzato da determinate qualità o condizioni ambientali e geografiche: — *balneare*.
lo|ca|liz|zà|bi|le *agg.* che può essere localizzato: *è* — *tramite radiospia*.
lo|ca|liz|zà|re *v.tr.* **1** individuare nella collocazione precisa, nel luogo esatto di sviluppo: — *il fuggiasco*; — *il tornado* **2** non lasciar dilagare; isolare, circoscrivere: — *l'infezione* ♦ **-rsi** *intr. pron.* fissarsi in un luogo; restare circoscritto: *l'incendio si è localizzato alla collina*.
lo|ca|liz|za|tó|re *agg.* [f. *-trice*] capace di localizzare ♦ *s.m.* (*tecn.*) apparecchio rilevatore di sorgenti d'energia o dispositivo che individua la collocazione di un oggetto: — *radioelettrico*.
lo|ca|liz|za|zió|ne *s.f.* processo con cui si localizza | individuazione dell'esatta collocazione di ql.co.: — *dell'epicentro*; — *di un'infiammazione*.
lo|càn|da *s.f.* albergo economico | trattoria con alloggio.
lo|can|diè|re *s.m.* [f. *-a*] proprietario, gestore di una locanda.
lo|can|dì|na *s.f.* piccolo avviso pubblicitario di forma rettangolare, gener. dedicato alla propaganda di uno spettacolo di cui illustra il programma e la lista degli interpreti: — *del film*.
lo|cà|re *v.tr.* [indic.pres. *io lòco, tu lòchi...*] (*dir.*) cedere temporaneamente l'uso di un bene dietro pagamento di un canone; affittare: — *un immobile*.
lo|ca|tà|rio *s.m.* [f. *-a*] (*dir.*) chi riceve un bene in locazione; conduttore, inquilino: *il* — *dello studio*.
lo|ca|tì|vo[1] *agg.* (*dir.*) di locazione; locatorio |

ricavabile da locazione | *valore* —, reddito ricavabile da un affitto.
lo|ca|tì|vo[2] *agg., s.m.* (*ling.*) si dice di caso della declinazione delle lingue indoeuropee che indica tempo determinato o stato in luogo.
lo|ca|tì|zio *agg.* (*dir.*) che riguarda una locazione: *vertenza locatizia*.
lo|ca|tó|re *s.m.* [f. *-trice*] chi cede ql.co. in locazione: *il* — *dello stabile*.
lo|ca|tò|rio *agg.* **1** di locazione **2** del locatore.
lo|ca|zió|ne *s.f.* (*dir.*) contratto con cui una parte concede a un'altra il godimento temporaneo di un bene dietro un corrispettivo determinato; affitto: *garage in* —.
lo|co|mo|tì|va *s.f.* **1** veicolo ferroviario a motore usato per trainare un convoglio: — *a vapore* | (*scherz.*) **sbuffare come una** —, ansimare pesantemente **2** (*fig.*) elemento trainante di un fenomeno: *la* — *della ripresa economica*.
lo|co|mo|tó|re *agg.* [f. *-trice*] che riguarda la locomozione | (*biol.*) **apparato** —, complesso di organi corporei che permettono a un uomo o a un animale di spostarsi volontariamente ♦ *s.m.* locomotiva elettrica.
lo|co|mo|tò|rio *agg.* relativo alla locomozione; locomotore.
lo|co|mo|to|rì|sta *s.m./f.* [m.pl. *-i*] macchinista che guida locomotrici.
lo|co|mo|trì|ce *s.f.* locomotiva elettrica.
lo|co|mo|zió|ne *s.f.* **1** (*fisiol.*) attività di spostamento di un essere vivente attraverso l'azione di organi appositi | facoltà di effettuare tali spostamenti **2** spostamento da un luogo a un altro mediante veicoli | *mezzo di* —, veicolo usato per trasportare cose, persone.
lò|cu|lo *s.m.* **1** in un cimitero, nicchia murata o interrata che accoglie i resti di un morto **2** (*zool.*) ogni cavità esagonale del vespaio.
lo|cù|sta *s.f.* **1** cavalletta **2** (*fig., lett.*) individuo opportunista, sfruttatore, avido.
lo|cu|tì|vo *agg.* (*ling.*) locutorio.
lo|cu|tó|re *s.m.* [f. *-trice*] (*ling.*) chi formula un enunciato; parlante.
lo|cu|tò|rio *agg.* (*ling.*) relativo all'enunciazione.
lo|cu|zió|ne *s.f.* **1** (*ling.*) combinazione fissa di più parole che esprime un concetto unitario (p.e. *a bizzeffe*) **2** (*estens.*) modo di dire; frase idiomatica.
lo|dà|re *v.tr.* [indic.pres. *io lòdo...*] **1** esaltare con parole di lode; elogiare: — *un bravo scolaro* **2** celebrare con riverenti omaggi, con preghiere: — *gli dei* | *Dio sia lodato!*, finalmente! | *sia lodato il cielo!*, evviva! | per fortuna! ♦ **-rsi** *rifl.* esaltare la propria persona; vantarsi.
lo|dà|tì|vo *agg.* (*lett.*) che serve a lodare; elogiativo.
lo|dà|to *part.pass.* di lodare ♦ *agg.* (*anche iron.*) decantato, celebrato: *il tanto* — *scrittore* | *su* —, lodato precedentemente; (*scherz.*) suddetto.
lo|da|tó|re *s.m.* [f. *-trice*] chi loda, spec. per accattivarsi la simpatia della persona elogiata.
lò|de *s.f.* **1** approvazione piena sotto forma scritta o orale; plauso, encomio: *lettera di* — **2**

descrizione entusiastica; celebrazione, esaltazione: *una — sperticata* | *tessere le lodi di qlcu.*, *ql.co.*, decantarne i pregi **3** (*relig.*) formula, inno destinati alla glorificazione di Dio: *cantare le lodi* **4** nota di merito aggiunta ai pieni voti in un esame universitario o al termine di una discussione di laurea: *due lodi sul libretto*; *110 e —*.

loden (*ted.*) *s.m.invar.* tessuto di lana leggermente impermeabile con pelo disteso e fitto, gener. di colore verde scuro | cappotto confezionato con tale stoffa.

lo|dé|vo|le *agg.* degno di lode; encomiabile: *comportamento —* □ **lodevolmente** *avv.*

lodge (*ingl.*) [pr. *loğ*] *s.m./f.invar.* casetta turistica, tipica dei parchi naturali africani.

lò|do *s.m.* (*dir.*) decisione assunta dagli arbitri di una vertenza, resa esecutiva con decreto del pretore.

lo|do|là|io *s.m.* falco dal dorso nero e dal petto giallo, impiegato nella caccia alle allodole.

loess (*ted.*) [pr. *lös*] *s.m.invar.* (*geol.*) deposito di argille sabbiose finissime e giallastre, di origine eolica, diffuse spec. nelle steppe dell'Asia centrale.

lòf|fio *agg.* (*region.*) **1** cadente, floscio **2** insulso; fiacco, inconcludente: *persona loffia.*

loft (*ingl.*) *s.m.invar.* magazzino, solaio e sim., ristrutturato come studio o abitazione | (*estens.*) appartamento open space.

lo|ga|rìt|mi|co *agg.* [m.pl. -*ci*] (*mat.*) di logaritmo, dei logaritmi: *curva logaritmica.*

lo|ga|rìt|mo *s.m.* (*mat.*) esponente che si deve assegnare a una determinata base per avere un dato numero | *— decimale,* quello in base dieci (*simb.* log).

lòg|gia *s.f.* [pl. *-ge*] **1** (*arch.*) edificio o parte di esso, aperto su uno o più lati, caratterizzato dalla presenza di colonne o pilastri **2** (*st.*) nei palazzi rinascimentali, galleria ai piani superiori, provvista di arcate e colonnati, gener. coperta con vetrate **3** (*region.*) balcone, terrazza **4** luogo in cui si riuniscono i massoni | (*estens.*) sezione dell'organizzazione massonica **5** (*anat.*) cavità che ospita un organo.

log|già|to *s.m.* (*arch.*) successione di logge.

log|gió|ne *s.m.* parte del teatro situata in posizione sopraelevata rispetto ai palchi, dove si trovano i posti più economici; galleria | complesso degli spettatori che occupano tali posti: *entusiasmo del —.*

log|gio|nì|sta *s.m./f.* [m.pl. -*i*] chi è solito seguire gli spettacoli teatrali, spec. quelli lirici, dal loggione.

-lo|gì|a secondo elemento di parole composte che significa "trattazione, studio" (*filologia*) o "espressione, discorso" (*analogia*).

lò|gi|ca *s.f.* **1** (*filos.*) studio delle condizioni che rendono valida un'argomentazione | studio delle forme generali in base alle quali si struttura e si sviluppa il pensiero | — *formale,* quella che prende sotto esame soltanto la forma dell'argomentazione | — *matematica,* dottrina che traduce ogni operazione logica in semplici simboli collegati da regole matematiche **2** sistema di logica di un autore, di una scuola, di un'epoca: *la — antica; la — di Aristotele* | trattato che analizza gli aspetti strutturali di un dato argomento **3** (*estens.*) rigore di ragionamento; coerenza: *discorso dalla — ferrea; la — del progetto* | sviluppo sensato, consequenzialità di idee, argomenti, fatti: *la — degli eventi* | *a rigor di —,* seguendo esclusivamente l'orientamento razionale del pensiero, la coerenza **4** modo personale in cui si ragiona: *segui una — sbagliata* | comportamento che ne consegue: *hai agito secondo una diversa —* | strategia; scopo: *la — della scelta.*

lo|gi|ci|smo *s.m.* **1** (*filos.*) tesi secondo cui la logica avrebbe un primato rispetto alle altre scienze | teoria del primo Novecento secondo cui la matematica sarebbe riducibile a logica **2** eccessivo rigore razionale | tendenza a ridurre ogni manifestazione soggettiva a operazioni logiche.

lo|gi|ci|tà *s.f.* qualità di ciò che è logico; coerenza, rigore razionale: *— di un'argomentazione.*

lò|gi|co *agg.* [m.pl. -*ci*] **1** (*filos.*) relativo alla logica: *calcolo —* **2** conforme alla logica; coerente; razionale: *collegamento —; comportamento —* | (*estens.*) ovvio: *è — che se ne parli* **3** di persona, che ragiona in modo coerente; assennato | *siamo logici!,* ragioniamo! ♦ *s.m.* [f. -*a*] studioso di logica □ **logicamente** *avv.* **1** in maniera logica **2** (*estens.*) di conseguenza; ovviamente: *ho tardato — ho perso il bus.*

login (*ingl.*) [pr. *loghìn*] *s.m.invar.* (*inform.*) procedura di accesso a un sistema tramite password: *effettuare il —* ♦ *s.f.invar.* (*inform.*) password di accesso a un sistema: *inserire la —.*

lo|gì|sti|ca *s.f.* **1** parte dell'arte militare che studia e organizza i rifornimenti e i movimenti degli eserciti | (*estens.*) distribuzione di persone e cose che risulti più funzionale al raggiungimento di un certo fine **2** (*filos.*) logica matematica.

lo|gì|sti|co *agg.* [m.pl. -*ci*] che riguarda la logistica militare: *mezzi logistici* | (*estens.*) relativo alla disposizione funzionale di persone e cose: *organizzazione logistica.*

Lò|glio *s.m.* genere di Graminacee che comprende variètà da foraggio, specie tossiche ed erbe infestanti come la zizzania | (*fig.*) *separare il grano dal —,* distinguere bene e male.

lò|go *s.m.* [pl. -*ghi*] marchio, logotipo.

lò|go- primo elemento di parole composte che significa "parola, discorso, linguaggio" (*logoplegia*).

-lò|go secondo elemento di parole composte che significa "discorso" (*decalogo*) e che indica lo specialista di una data disciplina (*filologo*).

lo|go|gra|fo *s.m.* (*st.*) nella Grecia arcaica, scrittore di racconti mitico-storici | nella Grecia classica, autore a pagamento di orazioni giudiziarie.

lo|go|gràm|ma *s.m.* (*ling.*) nella scrittura ideogrammatica, segno grafico che corrisponde al suono o alla nozione di una parola.

lo|go|grì|fo *s.m.* gioco enigmistico che consiste

nel mescolare le lettere di una parola per comporne di nuove più brevi (p.e. da *logogrifo*: *orgoglio*, *folgorio*, *orologi*, *logorio*, *foglio*, *frigago*).
lo|go|pa|tì|a *s.f.* (*med.*) disturbo del linguaggio dovuto a problemi psichici, nervosi.
lo|go|pe|dì|a *s.f.* (*med.*) studio della fisiologia e delle malattie degli organi del linguaggio | tecnica usata per la correzione dei disturbi di pronuncia.
lo|go|pe|di|sta *s.m./f.* [m.pl. *-i*] chi per professione rieduca persone con disturbi del linguaggio.
lo|go|ple|gì|a *s.f.* (*med.*) paralisi degli organi della parola, causata spec. da lesioni cerebrali.
lo|go|rà|bi|le *agg.* che può logorarsi.
lo|go|ra|bi|li|tà *s.f.* qualità di ciò che può essere logorato.
lo|go|ra|mén|to *s.m.* 1 usura, consumo, deterioramento: — *di un vestito* 2 (*fig.*) affaticamento, indebolimento spirituale o fisico: — *di nervi*.
lo|go|ràn|te *part.pres. di* logorare ♦ *agg.* (*fig.*) faticoso, debilitante: *lavoro —* | stressante, snervante: *tensione —*.
lo|go|rà|re *v.tr.* [indic.pres. *io lógoro*...] consumare a poco a poco, deteriorare; rendere inservibile: *— la giacca* | (*fig.*, *anche assol.*) stancare, sfibrare; debilitare: *gli anni logorano* ♦ **-rsi** *intr. pron.* diventare logoro; consumarsi: *la corda si è logorata* | (*fig.*) deteriorarsi, rovinarsi: *il rapporto si logorò* ♦ *rifl.* (*fig.*) consumarsi in uno stato d'animo; rodersi: *— di gelosia* | sciuparsi psicologicamente o fisicamente in un'attività: *— in tentativi futili*; *— nel continuo studio*.
lo|go|rà|to *part.pass. di* logorare ♦ *agg.* 1 (*anche fig.*) consumato; logoro: *colletto —*; *un uomo — dal dolore* 2 (*fig.*) abusato, sorpassato: *uno slogan —*.
lo|go|rì|o *s.m.* (*anche fig.*) logoramento intenso e continuo.
ló|go|ro *agg.* malridotto; consumato: *abito —* | (*fig.*) abusato; sorpassato: *ideale —*.
lo|gor|rè|a *s.f.* 1 (*med.*) flusso precipitoso di parole collegato a una patologia mentale 2 (*estens.*) tendenza a parlare in continuazione; loquacità eccessiva.
lo|gor|ròi|co *agg.* [m.pl. *-ci*] 1 (*med.*) relativo alla logorrea | affetto da logorrea 2 (*estens.*) troppo loquace; che usa troppe parole, verboso □ **logorroicamente** *avv.*
lò|gos *s.m.invar.* (*filos.*) espressione del pensiero razionale nel discorso umano | il principio metafisico che costituisce l'ordine razionale del mondo 2 (*teol.*) la seconda persona della Trinità, il Verbo incarnato.
lo|go|te|ra|pì|sta *s.m./f.* [m.pl. *-i*] logopedista.
lo|go|tì|po *s.m.* 1 in tipografia, carattere tipografico che unifica più lettere 2 caratterizzazione grafica del marchio di un'azienda o di un prodotto che può anche includere elementi di testo e disegni.
lo|li|ta *s.f.* adolescente provocante che seduce uomini maturi; ninfetta.
lòl|la *s.f.* involucro dei chicchi di cereale, scartato in trebbiatura; pula.

lom|bàg|gi|ne *s.f.* (*med.*) dolore muscolare e nevralgico localizzato spec. nella regione lombare.
lom|bal|gì|a *s.f.* (*med.*) dolore localizzato nella regione lombare.
lom|bàr|do *agg.* della Lombardia: *allevamento —* ♦ *s.m.* 1 [f. *-a*] chi è nato o abita in Lombardia 2 (*ling.*) dialetto che si parla in Lombardia.
lom|bà|re *agg.* (*anat.*) dei lombi | localizzato nella zona dei lombi: *dolore —* | **puntura —**, quella praticata nella colonna vertebrale, all'altezza della regione lombare.
lom|bà|ta *s.f.* taglio di carne costituito dai lombi dell'animale macellato | (*gastr.*) fetta di tale carne variamente cucinata.
lóm|bo *s.m.* 1 (*anat.*) regione del dorso situata fra l'ultima costola e il bacino 2 (*pl.*, *estens.*) la parte bassa della schiena; fianchi 3 in macelleria, massa di muscoli che si trova nel dorso degli animali: *carne di —*.
lom|bo|sa|crà|le *agg.* (*anat.*) delle regioni sacrale e lombare: *vertebre lombosacrali*.
lom|brì|co *s.m.* [pl. *-chi*] denominazione comune di varie specie di Anellidi, tra cui quella, caratterizzata da un lungo corpo cilindrico, che contribuisce all'areazione e fertilizzazione dei terreni; verme di terra.
lom|brì|col|tù|ra *s.f.* allevamento di lombrichi.
lóm|po *s.m.* pesce dell'Atlantico le cui uova forniscono un surrogato del caviale.
lon|di|né|se *agg.* della città di Londra ♦ *s.m./f.* chi è nato o vive a Londra.
lòn|ga mà|nus (*lat.*) *loc.sost.f.invar.* individuo o organizzazione che agisce, spec. di nascosto, per conto d'altri.
lon|gà|ni|me *agg.* di persona, che ha animo generoso, paziente e tollerante.
long drink (*ingl.*) *loc.sost.m.invar.* alcolico diluito con acqua, succhi di frutta e sim., che si serve ghiacciato.
lon|ge|vi|tà *s.f.* durata lunga della vita.
lon|gè|vo *agg.* che vive a lungo, più della media: *cane —*.
lon|ghe|rì|na *s.f.* 1 (*edil.*) trave d'acciaio, con sezione a doppia T, che funge da architrave 2 trave in metallo o legno su cui poggiano le rotaie ferroviarie in assenza di traversine.
lon|ghe|ró|ne *s.m.* in ponti, veicoli e sim., trave metallica di varie dimensioni che funge da sostegno longitudinale della struttura.
lón|gi- primo elemento di parole composte che significa "lungo" (*longilineo*).
lon|gi|lì|ne|o *agg.* [f. *-a*] si dice di tipo costituzionale in cui prevale la lunghezza degli arti su quella del tronco | (*estens.*) si dice di persona alta, snella.
lon|gi|tì|po *s.m.* (*med.*) tipo costituzionale longilineo.
lon|gi|tu|di|nà|le *agg.* 1 che si sviluppa o si orienta in lunghezza: *tracciato —* 2 (*geogr.*) relativo alla longitudine □ **longitudinalmente** *avv.* nel senso della lunghezza.
lon|gi|tù|di|ne *s.f.* (*geogr.*) distanza angolare di

un luogo dal meridiano di Greenwich, misurata in gradi sull'arco del parallelo passante per quel luogo.
lon|go|bàr|di|co *agg.* [m.pl. *-ci*] dei Longobardi.
lon|go|bàr|do *agg.* relativo a un'antica popolazione barbarica che regnò su vaste zone dell'Italia settentrionale e centrale nei secc. VI-VIII: *esercito* — ♦ *s.m.* **1** [f. *-a*] chi apparteneva a tale popolazione **2** lingua parlata da tale popolazione.
long playing (*ingl.*) [pr. *lon pléin*] *loc.sost.m.invar.*, *loc.agg.invar.* detto di disco microsolco a 33 giri al minuto che permette un'audizione di lunga durata; LP.
long seller (*ingl.*) *loc.sost.m.invar.* disco o libro che continua a vendere in gran quantità per un lungo periodo di tempo.
longuette (*fr.*) [pr. *longhèt*] *agg.invar.*, *s.f.invar.* di abito o gonna femminile lungo fino al polpaccio.
lon|ta|nàn|za *s.f.* **1** condizione per la quale si è lontano da un dato luogo; lunga distanza: *non l'ho visto a causa della* — | *in* —, da lontano: *apparire in* — **2** condizione di chi è lontano dal luogo o dalla persona che ama; mancanza: *soffrire per la* — | il lasso di tempo in cui una persona rimane lontana: *durante la mia* — *ne sono successe di tutti i colori*.
lon|ta|no *agg.* **1** distante | che sta a una distanza determinata rispetto a un punto di riferimento: *è* — *due metri* | spec. di luogo o persona amati, separato da lungo spazio: *paese* —; *figlio* — | *da*, *di* —, da un posto distante: *si vede da* — | (*anche fig.*) — *da*, a distanza da: — *da tutti* **2** distante nel tempo; remoto: — *passato*; *futuro* — **3** (*fig.*) distante in senso ideale, astratto: — *dai rischi* | indeterminato, vago, indefinito: *un* — *sospetto* | *alla lontana*, con rapporti solo superficiali: *parenti alla lontana*; in termini vaghi; per via indiretta, senza andare al sodo della questione: *prendere il discorso alla lontana* **4** (*fig.*) divergente, discordante: *siete su posizioni troppo lontane* | non intenzionato; alieno: *sono* — *dal crederci* **5** (*fig.*) distaccato; assente: *quando ti parlo mi sembri spesso* — ♦ *avv.* a grande distanza: *abitare* — | (*fig.*) *andare* —, fare carriera, successo | *vedere* —, prevedere gli sviluppi futuri di ql.co.
lon|ta|na|mén|te *avv.* vagamente: *non ci penso neppure* —.
lón|tra *s.f.* **1** mammifero carnivoro dal corpo allungato e dalla pelliccia scura e folta, abile nuotatore e cacciatore di pesci **2** la pelliccia di tale animale.
lón|za *s.f.* (*region.*) in macelleria, lombata spec. di maiale | salume preparato con tale parte | denominazione di altre parti macellate che varia a seconda delle zone geografiche.
look (*ingl.*) [pr. *luk*] *s.m.invar.* immagine, aspetto esteriore di una persona, che si esprime attraverso abiti, accessori, pettinatura e trucco: *un* — *aggressivo*.
loop (*ingl.*) [pr. *lup*] *s.m.invar.* **1** (*scient.*) ognuno degli oggetti, strutture o programmi che si possono schematizzare con anelli o linee chiu-

se | (*tecn.*, *elettr.*) circuito chiuso **2** (*inform.*) sequenza di istruzioni ciclicamente ripetuta **3** (*aer.*) looping.
looping (*ingl.*) [pr. *lùpin*] *s.m.invar.* (*aer.*) manovra acrobatica che descrive un cerchio nell'aria su un piano verticale; gran volta.
lòp|pa *s.f.* **1** scarto dei cereali; lolla **2** (*metall.*) scoria della ghisa in alto forno.
lo|quà|ce *agg.* **1** che parla molto, facile alla chiacchiera: *portiere* — **2** (*fig.*, *lett.*) significativo, espressivo, eloquente: *gesto* — □ **loquacemente** *avv.*
lo|qua|ci|tà *s.f.* inclinazione a parlare troppo, diffusamente.
lo|què|la *s.f.* (*lett.*) **1** capacità di parlare **2** modo specifico di parlare; idioma.
Lo|ran|tà|ce|e *s.f.pl.* famiglia di piante dicotiledoni sempreverdi spec. legnose, di cui fa parte il vischio.
lord (*ingl.*) *s.m.invar.* **1** in Gran Bretagna, titolo dei pari del regno e di vari nobili e dignitari **2** (*pop.*) persona facoltosa che esibisce eleganza: *vivere come un* —.
lor|dà|re *v.tr.* [indic.pres. *io lórdo...*] rendere lordo, sporcare ♦ **-rsi** *rifl.* (*anche fig.*) insudiciarsi, imbrattarsi: — *con azioni immorali*.
lór|do *agg.* **1** di peso, comprensivo della tara **2** (*econ.*) comprensivo di ritenute, spese e sim.; non netto: *stipendio* — **3** (*lett.*) sudicio; imbrattato | (*fig.*) immorale, vizioso; impuro ♦ *s.m.* **1** peso lordo: *il* — *della merce* **2** importo di cui non si siano sottratte ritenute, spese e sim. | *al* —, comprese le spese, le ritenute □ **lordamente** *avv.* in modo sudicio.
lor|dò|si *s.f.* (*med.*) eccessiva curvatura della colonna vertebrale, localizzata nella zona lombosacrale.
lor|dù|me *s.m.* (*anche fig.*) quantità di roba lorda; sudiciume.
lor|dù|ra *s.f.* (*lett.*) **1** caratteristica o condizione di ciò che è lordo **2** (*anche fig.*) sporcizia, sudiceria.
lò|ri *s.m.* piccola proscimmia indiana priva di coda, con grandi occhi giallo-rossastri cerchiati di nero.
lo|rì|ca *s.f.* **1** (*st.*) corazza in cuoio indossata dagli antichi Greci e Romani **2** (*zool.*) corazza ossea che protegge il corpo di diversi animali.
Lo|ri|cà|ti *s.m.pl.* ordine di Rettili di cui fanno parte il coccodrillo, l'alligatore, il caimano.
lo|ri|cà|to *agg.* si dice di animale protetto da una lorica.
ló|ro[1] *pron.pers.m./f. di 3ª pers.pl.* **1** [con funzione di compl. indiretto] coloro di cui si parla: *andiamo da* —; *resto con* — | senza preposizione, come compl. di termine: *chiese* — *un parere* **2** con funzione di compl. oggetto quando gli si vuole dare particolare rilievo: *ho chiamato* —, *non voi* **3** [con funzione di sogg.] (*coll.*) essi, esse: — *sono stati gli ultimi* | quando segue il verbo o in contrapposizione con un altro soggetto: *questo lo propongono* —, *non tu* | posposto ad avverbio: *alla festa non c'erano neanche* — | in funzione predicativa: *dopo l'incidente non sem-

brano più — | nelle comparazioni, posposto a quanto e come: siamo felici quanto — dell'accaduto 4 [con funzione di sogg. e compl.] usato in espressioni di cortesia per rivolgersi a persone con cui non si ha familiarità: Loro si accomodino pure in salotto; come — già sapranno, la seduta è stata rinviata.

ló|ro² agg.poss.invar. di 3ª pers.pl. **1** appartenente a essi, a esse: la — casa **2** che è proprio, caratteristico delle persone o cose di cui si parla: il — funzionamento; le — maniere | in espressioni di cerimonia: le Loro Maestà **3** che è in relazione di parentela, amicizia, lavoro e sim. con le persone di cui si parla: la — famiglia; il — compagno; i — capi ♦ pron.poss.invar. di 3ª pers.pl. [sempre preceduto dall'art. det.] ciò che appartiene o fa riferimento alle persone o cose di cui si parla: gli affari nostri e i — | (coll., ell.) **stare, essere dalla** —, schierarsi dalla loro parte | **una delle** —, azione sconsiderata, spec. prevedibile in quanto abituale: ne hanno combinata una delle — | **i** —, i parenti: tornano dai — | **metterci del** —, spenderci loro soldi; dare il loro contributo, spec. negativo | **dire la** —, esprimere il loro parere.

lo|sàn|ga s.f. rombo: decorazione a losanghe.

ló|sco agg. [m.pl. -schi] **1** si dice di sguardo, bieco, torvo **2** (fig.) che sembra disonesto; sospetto: un tipo — | illecito: affare — ♦ s.m. solo sing. cosa equivoca: qui c'è del losco ♦ avv. di traverso, di sbieco: guardare —.

lo|sca|mén|te avv. in maniera disonesta: operare — nella faccenda.

los|so|dro|mì|a o **lossodromìa** s.f. (geogr.) linea che unisce due punti della Terra tagliando con lo stesso angolo i meridiani.

los|so|dró|mi|co agg. [m.pl. -ci] (geogr.) che riguarda la lossodromia | **linea lossodromica**, lossodromia.

lo|ta|rìn|gio agg. [f.pl. -ge] della Lotaringia, attuale Lorena ♦ s.m. [f. -a] chi anticamente abitava la Lotaringia.

lò|to s.m. **1** nome comune di varie piante acquatiche | — **bianco d'Egitto**, ninfea bianca, i cui fiori donavano, secondo gli antichi Greci, l'oblio **2** genere di piante dicotiledoni, arbustive o erbacee, dotate di fiori bianchi, gialli o rossicci e di frutti a legume oblunghi.

lòt|ta s.f. **1** scontro fisico tra persone o animali: — a mani nude; la — tra il leone e la gazzella | (estens.) scontro armato; battaglia **2** (sport) disciplina dell'atletica pesante basata sul combattimento corpo a corpo, in cui esce vincitore gener. chi mette l'avversario con le spalle al tappeto: — greco-romana **3** contrasto, conflitto per fini personali o sociali, politici e sim.: — politica | — **per l'esistenza, per la sopravvivenza**, quella che ogni organismo compie ricercando continuamente spazio vitale e cibo nell'ambiente; (fig.) quella condotta dagli uomini al fine di conquistare il benessere e il successo **4** complesso di iniziative volte a debellare mali sociali e sim.: la — contro la fame nel mondo **5** (fig.) discordia, dissidio: essere in — con i parenti.

lot|tà|re v.intr. [indic.pres. io lòtto...; aus. A] **1** sostenere uno scontro fisico, un conflitto sociale o politico, un contrasto psicologico o morale; combattere: — come un leone; — contro i condizionamenti **2** (sport) praticare una disciplina di lotta | partecipare a un incontro di lotta **3** impegnarsi per un fine: — per la giustizia | battersi contro un male, tentare energicamente di resistere a una minaccia | — **con la morte**, agonizzare | — **con se stesso**, cercare in ogni modo di dominare i propri sentimenti o istinti.

lot|ta|tó|re s.m. [f. -trice] **1** chi combatte, si batte per ql.co.: è un — nato **2** (sport) chi pratica la lotta ♦ agg. combattivo: spirito —.

lot|te|rì|a s.f. **1** gioco a premi, in cui questi vengono sorteggiati tra coloro che hanno acquistato dei biglietti: estrazione della — **2** (fig.) avvenimento il cui esito non si può prevedere.

lot|tiz|zà|re v.tr. **1** suddividere, spartire in lotti: — un'area edificabile **2** distribuire con lottizzazione politica.

lot|tiz|za|tó|re agg.,s.m. [f. -trice] che, chi lottizza.

lot|tiz|za|zió|ne s.f. **1** suddivisione in lotti: — di un terreno **2** (estens.) accordo stretto tra i partiti, secondo criteri politici, non professionali, per la spartizione delle cariche all'interno di enti pubblici.

lòt|to s.m. **1** gioco d'azzardo consistente nell'estrarre cinque numeri, compresi fra l'uno e il novanta, con l'attribuzione di un premio a chi ne abbia pronosticato uno o più d'uno | (fig.) **vincere un terno al** —, avere un colpo di fortuna clamoroso **2** ciascuna delle parti in cui si divide un tutto, un bene **3** ciascun appezzamento di terreno in area edificabile **4** partita di merce: — di tessuti **5** (spec.sport) gruppo di partecipanti a una competizione: il — dei qualificati.

lounge (ingl.) [pr. làunğ] s.f.invar. **1** saletta d'attesa provvista di divani: la — dell'hotel **2** (mus., anche agg.invar.) si dice di genere che combina ritmi latini e jazz con sonorità ambient ed elettroniche, al fine di creare un'atmosfera riposante: musica —.

love affair (ingl.) [pr. lov affèr] loc.sost.m.invar. love story, spec. di breve durata.

love story (ingl.) [pr. lov stòri] loc.sost.f.invar. storia d'amore, relazione sentimentale.

lo|zió|ne s.f. medicamento liquido per uso esterno, spec. per l'igiene della pelle o del cuoio capelluto.

LP s.m.invar. (mus.) long playing.

LSD s.m.invar. potente droga allucinogena derivata dall'acido lisergico.

lu|bri|ci|tà s.f. (raro) qualità di cosa o persona lubrica.

lù|bri|co o **lubrico** agg. [m.pl. -ci] (raro) che offende il pudore; osceno: comportamento — | di persona, che dice o compie cose indecenti: ragazzo —.

lu|bri|fi|càn|te part.pres. di lubrificare ♦ agg., s.m. si dice di sostanza solida, liquida o pastosa, usata per ridurre l'attrito fra le superfici a con-

tatto di due corpi in moto relativo: — *per il motore.*
lu|bri|fi|cà|re *v.tr.* [indic.pres. *io lubrifico, tu lubrifichi...*] rivestire con una sostanza lubrificante gli elementi mobili a contatto di un meccanismo per diminuire l'attrito: — *l'ingranaggio.*
lu|bri|fi|ca|zió|ne *s.f.* applicazione di lubrificante.
Lu|cà|ni|di *s.m.pl.* famiglia di grossi Coleotteri il cui maschio presenta una mandibola gigantesca.
lu|cà|no *agg.* dell'antica Lucania | dell'odierna Basilicata ♦ *s.m.* **1** [f. -*a*] chi anticamente abitava la Lucania | chi è nato o abita nell'odierna Basilicata **2** (*ling.*) dialetto della Basilicata.
luc|chét|to *s.m.* serratura metallica mobile, in cui l'elemento di chiusura è un gambo ricurvo in acciaio, articolato a un corpo che contiene il dispositivo di blocco gener. azionabile mediante apposita chiave: *il — all'entrata.*
luc|ci|càn|te *part.pres.* di luccicare ♦ *agg.* (*anche fig.*) sfavillante, scintillante: *le stelle luccicanti dell'alba; il — mondo dello spettacolo.*
luc|ci|cà|re *v.intr.* [indic.pres. *io lùccico, tu lùccichi...*; aus. *E, A*] riflettere la luce con piccoli, intermittenti bagliori; scintillare: *l'oro luccica.*
luc|ci|chì|o *s.m.* un luccicare continuato: *il — del mare all'alba.*
luc|ci|có|ne *s.m.* grossa lacrima che trema negli occhi di chi sta per piangere: *gli vennero i lucciconi alla splendida notizia.*
luc|ci|có|re *s.m.* (*raro*) luccichio.
lùc|cio *s.m.* pesce d'acqua dolce dal corpo affusolato, con muso a spatola e denti aguzzi; è molto vorace e viene cacciato per le sue carni pregiate.
lùc|cio|la *s.f.* **1** piccolo coleottero che emette dagli ultimi segmenti dell'addome una luminosità intermittente | (*fig.*) *prendere lucciole per lanterne*, scambiare una cosa con un'altra **2** (*euf.*) prostituta.
lù|ce *s.f.* **1** fascio di radiazioni elettromagnetiche che rendono percepibili all'occhio umano gli oggetti della realtà, corrispondenti a un certo insieme di lunghezze d'onda: — *del fuoco; — artificiale* | *in piena —*, sotto un'illuminazione diretta | *dare alla —*, partorire | (*anche fig.*) *venire alla, vedere la —*, nascere: *la ditta ha visto la luce stamani* | (*fig.*) *mettere in —*, evidenziare; svelare | *mettere ql.co., qlcu. in buona —*, sottolinearne i pregi | *mettere ql.co., qlcu. in cattiva —*, sottolinearne i difetti | *alla — del sole*, senza nascondersi, sotto gli occhi di tutti | *essere la — degli occhi di qlcu.*, essergli eccezionalmente caro **2** luminosità solare: *dare — ai fiori* **3** qualunque sorgente luminosa: *la — raggiante di una candela; la luna era l'unica — nell'ombra* | (*spec.cine.*) *a luci rosse,* pornografico **4** superficie riflettente, rifrangente; specchio: *carillon a una luce* | (*estens.*) riflesso che brilla da una pietra preziosa: *il diamante ha una luce distintiva* **5** (*fam.*) energia elettrica: *accendere la —; restare senza — per un black-out* **6** (*spec.auto.*) fanale, faro; lampada: *guidare a luci spente; — di cortesia* | *segnale luminoso: — lampeggiante* | *— verde,* autorizzazione a partire,

via libera **7** (*fig.*) simbolo di ciò che illumina la mente umana risanandola dalla schiavitù del pregiudizio | folgorazione sorgente dall'animo che ispira e rende feconda la ragione: *la — della sapienza; la — della fede* | *fare, gettare — su ql.co.,* chiarirlo **8** ogni apertura che dà luce; vano di porta, finestra, vetrina: *camera a due luci* **9** distanza tra i punti di appoggio di un arco o di una trave; campata.
lu|cèn|te *agg.* che emette, riflette o rifrange luce; splendente: *anello* — □ **lucentemente** *avv.*
lu|cen|téz|za *s.f.* qualità di ciò che è lucente, lucido; splendore: *la — dei suoi occhi.*
lu|cèr|na *s.f.* **1** lampada portatile a combustibile liquido: — *a olio* **2** (*pop.*) copricapo da sacerdote | cappello dei Carabinieri in alta uniforme.
lu|cer|nà|rio *s.m.* apertura nel tetto chiusa da una vetrata, ricavata allo scopo di dare luce a soffitte, scale o stanze interne.
lu|cèr|to|la *s.f.* **1** piccolo rettile terrestre dal corpo stretto, con testa piatta, zampette corte, coda sottile e lingua bifida | (*fig.*) *essere una —,* amare i bagni di sole **2** pelle d'iguana conciata: *scarpe di —.*
lu|che|rì|no *s.m.* piccolo cardellino con piumaggio giallo-verdastro a striature nere, dal canto armonioso.
lu|ci|da|làb|bra *s.m.invar.* cosmetico da spalmare sulle labbra per renderle lucide o leggermente colorate.
lu|ci|dàn|te *part.pres.* di lucidare ♦ *agg.*, *s.m.* si dice di sostanza che serve a lucidare; lucido.
lu|ci|dà|re *v.tr.* [indic.pres. *io lùcido...*] **1** rendere lucido, sfregando o applicando sostanze apposite: — *gli stivali* **2** ricalcare un disegno su carta lucida.
lu|ci|da|tó|io *s.m.* dispositivo usato per ricalcare disegni.
lu|ci|da|tó|re *agg., s.m.* [f. -*trice*] che, chi lucida: *carrozziere —.*
lu|ci|da|trì|ce *s.f.* **1** elettrodomestico, provvisto di spazzole rotanti, che serve a lucidare i pavimenti **2** (*tecn.*) macchina utilizzata per rendere lucenti superfici lavorate: — *per il marmo.*
lu|ci|da|tù|ra *s.f.* **1** operazione del lucidare una superficie: — *dei mobili* **2** operazione con cui si ricalca un disegno su carta lucida.
lu|ci|déz|za *s.f.* caratteristica di ciò che è lucido; lucentezza.
lu|ci|dì|sta *s.m./f.* [m.pl. -*i*] chi effettua la lucidatura di disegni.
lu|ci|di|tà *s.f.* chiarezza razionale | obiettività intellettuale: *valutare con —* | pieno possesso delle facoltà mentali; coscienza vigile.
lù|ci|do *agg.* **1** che riflette la luce: *superficie lucida; — come un cristallo* | *occhi lucidi*, occhi gonfi di lacrime; occhi affaticati dalla febbre | *carta lucida,* carta semitrasparente usata per disegni tecnici **2** (*fig.*) che dimostra obiettività e chiarezza: *una lucida autocritica* | lucido, arguto, perspicace: *una mente lucida* | *non essere —,* non avere il pieno possesso delle proprie facoltà, spec. difettare di obiettività ♦ *s.m.* **1** lucentezza: *il mo-*

bile ha perso il — **2** sostanza adoperata per lucidare: — *naturale* **3** disegno su carta lucida | foglio trasparente adatto per la lavagna luminosa ◻ **lucidamente** *avv.* con lucidità; in modo chiaro e razionale.
lu|ci|fe|ri|no *agg.* diabolico, demoniaco: *crudeltà luciferina*.
lu|ci|gno|lo *s.m.* nell'olio delle lucerne o nelle candele, treccia di fili che viene accesa per far luce; stoppino.
lu|cio|pèr|ca *s.m./f.* [m.pl.invar.; f.pl. *-che*] grosso pesce d'acqua dolce molto vorace, con pinna caudale striata e doppia pinna dorsale.
lu|crà|re *v.tr.* ottenere come utile; guadagnare: *ha lucrato milioni sul riciclaggio*.
lu|cra|ti|vo *agg.* che è fonte di lucro; remunerativo.
lù|cro *s.m.* utile economico; guadagno: *a scopo di* —.
lu|cró|so *agg.* che dà buoni guadagni: *affare* —.
lu|cul|lià|no *agg.* si dice di banchetto raffinato e sontuoso: *pranzo* —.
lu|cu|mó|ne *s.m.* (*st.*) supremo magistrato etrusco che riuniva nella propria persona il primato politico, militare e religioso.
lud|di|smo *s.m.* **1** (*st.*) movimento operaio inglese di inizio Ottocento che si opponeva all'introduzione delle macchine nell'industria a causa della ricaduta negativa sull'occupazione **2** (*estens.*) qualsiasi opposizione sindacale all'automazione.
lud|di|sta *agg., s.m./f.* [m.pl. *-i*] **1** (*st.*) fautore del luddismo **2** (*estens.*) che, chi critica la sostituzione del lavoro umano con quello delle macchine.
lu|di|brio *s.m.* scherno umiliante; derisione: *esporre al pubblico* — | oggetto di scherno; zimbello: *sei il* — *del paese*.
lù|di|co *agg.* [m.pl. *-ci*] **1** (*psicol.*) relativo alla sfera del gioco, spec. come espressione creativa o in riferimento all'infanzia: *momento* — **2** (*estens.*) disimpegnato; giocoso: *atteggiamento* —.
lù|do *s.m. spec.pl.* (*st.*) il complesso di giochi, spettacoli pubblici dell'antica Roma: *ludi circensi*.
lù|do- primo elemento di parole composte che significa "gioco" (*ludoteca*).
lu|do|tè|ca *s.f.* locale pubblico che mette a disposizione giochi e giocattoli.
lu|do|te|ra|pi|a *s.f.* (*med.*) cura psichica fondata sul coinvolgimento in giochi opportunamente predisposti.
lù|e *s.f.* **1** (*med.*) sifilide **2** (*fig., lett.*) corruzione, vizio.
lu|è|ti|co *agg.* [m.pl. *-ci*] (*med.*) relativo alla lue | affetto da lue ♦ *s.m.* [f. *-a*] chi è malato di lue.
lu|gà|ne|ga *s.f.* (*region.*) salsiccia lunga e sottile da consumare fresca.
lù|glio *s.m.* settimo mese dell'anno nel calendario gregoriano, di 31 giorni.
lù|gu|bre *agg.* che esprime o suscita tristezza, senso di morte, immagini di pena; tetro: *immagine* — ◻ **lugubremente** *avv.*

lùi *pron.pers.m. di 3ª pers.sing.* **1** [con funzione di compl. indiretto o di termine] colui di cui si sta parlando; quell'uomo: *parlane con* —; *va da* —; *dovresti dirlo a* — **2** (*raff.*) in funzione di compl. oggetto quando gli si vuol dare particolare rilievo: *hanno vòluto* — | posposto ad avverbio: *anche* — *ama il cinema* **3** [con funzione di sogg.] (*coll.*) egli: *il migliore è* —; — *non ce l'ha fatta* | in funzione predicativa: *da quando suo padre è morto non sembra più* — | nelle comparazioni, posposto a *quanto* e *come*: *ne sappiamo quanto* — ♦ *s.m.* (*coll.*) uomo amato: *sarà il suo* — *per sempre*.
lu|i|gi *s.m.* (*st.*) moneta d'oro francese che venne coniata per la prima volta sotto Luigi XIII.
lu|mà|ca *s.f.* **1** mollusco gasteropode terrestre dal corpo nudo e viscido, di colore grigio-rossiccio, provvisto di tentacoli retrattili sul capo **2** (*fam.*) chiocciola commestibile: *piatto di lumache* **3** (*fig.*) persona lenta | *a passo di* —, con troppa lentezza.
lu|ma|chèl|la *s.f.* (*min.*) roccia calcarea costituita prevalentemente da conchiglie.
lu|ma|có|ne *s.m.* **1** lumaca **2** [f. *-a*] (*fig.*) persona lenta | (*iron.*) persona furba che si finge goffa; finto tonto.
lù|me *s.m.* **1** apparecchio che genera luce; lampada: — *a olio* **2** (*estens.*) chiarore, luce: *a* — *di candela* | *il* — *degli occhi*, la vista **3** (*fig.*) ciò che illumina l'animo, l'intelletto: *il* — *della grazia divina* | ammaestramento; chiarimento: *chiedere lumi* | — *della ragione*, facoltà razionale | *perdere il* — *della ragione*, sragionare dalla rabbia | (*per anton.*) *il secolo dei lumi*, il Settecento illuminista **4** (*anat.*) l'interno di un organo cavo, di un canale: — *dell'intestino*.
lu|meg|gia|mén|to *s.m.* in cartografia e in pittura, operazione con cui si lumeggia.
lu|meg|già|re *v.tr.* [indic.pres. *io luméggio...*] **1** in pittura, dare rilievo alle parti più luminose di un quadro e sim. usando colori più chiari | in cartografia, evidenziare le zone corrispondenti ai rilievi ombreggiandole **2** illustrare a parole; chiarire: — *una vicenda*.
lu|meg|gia|tù|ra *s.f.* in pittura e in cartografia, operazione con cui si lumeggia.
lù|men *s.m.invar.* (*fis.*) nel Sistema Internazionale, unità di misura di flusso luminoso che corrisponde al flusso emesso da una sorgente puntiforme avente l'intensità di una candela (*simb.* lm).
lu|me|nò|me|tro *s.m.* (*fis.*) misuratore del flusso luminoso emesso da una sorgente.
lu|mì|a *s.f.* (*region.*) varietà siciliana di limetta | grosso frutto dolciastro di tale albero.
lu|mi|ci|no *s.m.* **1** piccola lanterna e sim. | (*fig.*) *ridursi al* —, di persona, essere in fin di vita; di cosa, essere sul punto di esaurirsi | *cercare ql.co. con il* —, cercare accuratamente con pazienza una cosa difficile da trovare **2** lumino funebre.
lu|mi|nà|re *s.m.* (*fig.*) professionista insigne per intelligenza e capacità: *un* — *della biologia*.
lu|mi|nà|ria *s.f.* **1** addobbo luminoso per feste o

luminescente

particolari ricorrenze: *strade piene di luminarie* **2** (*estens.*) grande quantità di lumi accesi.
lu|mi|ne|scèn|te *agg.* che manda luce fredda.
lu|mi|ne|scèn|za *s.f.* (*fis.*) emissione di luce fredda che avviene attraverso processi diversi dall'incandescenza.
lu|mi|ni|smo *s.m.* tecnica pittorica che mira a effetti di luce particolari: *il — barocco*.
lu|mi|nì|sti|co *agg.* [m.pl. *-ci*] che riguarda il luminismo, i luministi: *artificio —*.
lu|mì|no *s.m.* **1** candela bassa e larga contenuta in un bicchiere, accesa davanti a immagini sacre o sulle tombe **2** piccola lampada a olio con stoppino che galleggia.
lu|mi|no|si|tà *s.f.* **1** (*anche fig.*) qualità di ciò che è luminoso; radiosità: *la — del viso* **2** (*fis.*) brillanza **3** (*foto.*) capacità degli obiettivi di lasciar passare la maggior quantità di luce possibile per un determinato tempo di apertura.
lu|mi|nó|so *agg.* **1** che emana luce; splendente; pieno di luce: *stella luminosa*; *corridoio —* | (*fig.*) radioso; smagliante: *giorno —*; *sorriso —* **2** (*fig.*) evidente: *dimostrazione luminosa* | ingegnoso: *idea luminosa* **3** (*fig.*) eccellente, straordinario: *un — esempio di carattere* □ **luminosamente** *avv*.
lù|na *s.f.* **1** (*astr.*) Luna, unico satellite naturale della Terra, intorno alla quale compie un moto di rivoluzione in 29 giorni, 12 ore, 44 minuti: *lo sbarco sulla —* | parte visibile della faccia rivolta verso la Terra, che riflette la luce solare: *guardare la —* | *— nuova*, *novilunio* | *— piena*, *plenilunio* | (*fig.*) **avere la testa nella —**, essere troppo distratto | **vivere nel mondo della —**, essere mentalmente proiettato fuori dalla realtà, in un mondo astratto | *chiedere*, *volere la —*, pretendere l'impossibile | **far vedere la — nel pozzo**, illudere, ingannare **2** durata del ciclo delle fasi lunari, periodo di rivoluzione lunare | (*fig.*) *— di miele*, viaggio di nozze | **avere la — (storta)**, essere di pessimo umore **3** satellite naturale di altri pianeti: *le lune di Marte* **4** (*min.*) *pietra di —*, lunaria **5** *pesce —*, pesce d'alto mare dalle squame variopinte che ha forma di grande disco.
lù|na park *loc.sost.m.invar.* parco di divertimenti all'aperto.
lu|nà|re *agg.* **1** che riguarda la Luna: *cratere —*; *esplorazione —* | *mese —*, lunazione **2** dai colori pallidi, eterei, argentei: *bellezza —*; *paesaggio —*.
lu|nà|ria *s.f.* (*min.*) varietà bianca di ortoclasio dai riflessi opalescenti, usata come gemma.
lu|nà|rio *s.m.* libretto popolare che contiene un calendario riportante le fasi lunari, le previsioni meteorologiche, feste, santi, oroscopi ecc. | **sbarcare il —**, guadagnare giusto il necessario per campare.
lu|na|ti|che|rì|a *s.f.* (*raro*) **1** carattere di chi è lunatico **2** azione o espressione da lunatico.
lu|nà|ti|co *agg.*, *s.m.* [f. *-a*; m.pl. *-ci*] che, chi ha improvvisi sbalzi d'umore, repentini cambiamenti di opinione; volubile.
lu|na|zió|ne *s.f.* (*astr.*) intervallo di tempo entro cui la Luna torna alla stessa fase.
lunch (*ingl.*) [pr. lànč] *s.m.invar.* spuntino consumato a metà giornata.

lu|ne|dì *s.m.* primo giorno della settimana.
lu|nét|ta *s.f.* **1** (*arch.*) in una muratura, porzione di parete delimitata superiormente da un arco | bassorilievo o dipinto che orna tale elemento architettonico | spazio semicircolare posto sopra una finestra o una porta **2** oggetto o parte di esso che ha forma di falce lunare: *la — per l'ostia consacrata* | mezzaluna **3** (*sport*) nel basket, semicerchio da cui si battono i tiri liberi: *andare in —*.
lun|gàg|gi|ne *s.f.* eccessiva perdita di tempo; lentezza: *— burocratica*.
lun|ghéz|za *s.f.* **1** (*geom.*) estensione di un segmento o di una linea curva: *la — della circonferenza* | in una figura piana, la dimensione maggiore, contrapposta alla larghezza | dimensione di un solido che si sviluppa in senso orizzontale | misura di tale dimensione **2** (*estens.*) massima estensione di ql.co., anche in senso verticale, e relativa misura: *la — del percorso*; *— della scala*, *del vestito* | *— di un fiume*, distanza che intercorre dalla sorgente alla foce **3** persistenza nel tempo; durata: *— di un suono* | (*ling.*) caratteristica di vocale, sillaba lunga **4** (*sport*) in una corsa, distanza tra i concorrenti solitamente corrispondente alla lunghezza del mezzo impiegato (barca, cavallo, bicicletta ecc.): *è avanti per una —* **5** (*fis.*) *— d'onda*, distanza che l'onda in propagazione percorre in un dato periodo di tempo.
lun|ghì|sta *s.m./f.* [m.pl. *-i*] (*sport*) specialista del salto in lungo.
lùn|gi *avv.* (*lett.*) lontano | *— da me*, totalmente estraneo da me: *— da me tale progetto* | *essere — da*, non avere alcuna intenzione di: *è ben — dal pregarvi*.
lun|gi|mi|ràn|te *agg.* (*di persona*) che sa prevedere; avveduto | (*di cosa*) fatto in modo previdente, con accortezza: *scelta —*.
lun|gi|mi|ràn|za *s.f.* dote di chi è lungimirante | ponderatezza di un'azione.
lùn|go *agg.* [m.pl. *-ghi*] **1** che si estende spazialmente in lunghezza | che ha una lunghezza determinata: *un tavolo — due metri* | *per (il) —*, nel senso della lunghezza | *in — e in largo*, ovunque **2** di notevole lunghezza, maggiore rispetto a uno standard di riferimento: *abito —*; *capelli lunghi* | *saperla lunga*, avere notizie dettagliate; (*fig.*) essere molto scaltro | **fare il passo più — della gamba**, spingersi troppo oltre le proprie capacità **3** si dice di persona molto alta, spec. magra | (*sport*) nel basket, giocatore particolarmente alto, che cerca spesso il canestro **4** che si estende nel tempo, che dura parecchio: *un — tirocinio* | *a —*, per tanto tempo | *a — andare*, *alla lunga*, continuando per parecchio tempo: *a — andare si stancheranno* | **per le lunghe**, senza concludersi in tempi ragionevoli | *di lunga data*, che dura da tanto tempo: *rivalità di lunga data* | *a lunga scadenza*, *a — termine*, destinato a una validità prolungata: *prodotto a lunga scadenza* **5** (*fam.*) si dice di chi impiega troppo tempo in un'attività: *essere — a lavarsi* **6** si dice di pietanza o bevanda preparata con più acqua del normale; allun-

gato, diluito: *minestra lunga* **7** (*ling.*) si dice di suono la cui emissione dura più di quella di un altro, detto *breve*: *sillaba lunga* ♦ *prep*. **1** rasente, vicino a; seguendo il percorso di: *strisciare — il muro* **2** durante: — *i millenni* □ **lungamente** *avv*. per molto tempo: *attendere — una risposta*.
lun|go|de|gèn|te *s.m./f*. [pl. *-i*] chi deve restare a lungo in ospedale per patologia grave ma non acuta.
lun|go|de|gèn|za *s.f.* prolungata degenza ospedaliera.
lun|go|fiù|me *s.m.* [pl. *-i*] strada che costeggia un fiume.
lun|go|là|go *s.m.* [pl. *-ghi*] strada che costeggia un lago.
lun|go|lì|ne|a *agg.invar.*, *s.m.invar.* (*sport*) spec. nel tennis, si dice di colpo che fa muovere la palla lungo la linea laterale del campo: *dritto* —.
lun|go|mà|re *s.m.* [pl. *-i*] strada che costeggia la riva del mare.
lun|go|me|tràg|gio *s.m.* [pl. *-gi*] (*cine.*) film di lunghezza normale, comunque superiore ai sessanta minuti.
lu|ni|so|là|re *agg.* (*astr.*) relativo alla Luna e al Sole insieme, ai loro effetti combinati | *anno* —, quello in cui coincidono le date d'inizio dell'anno solare e di quello lunare.
lu|nòt|to *s.m.* vetro posteriore dell'automobile | — *termico*, quello riscaldato con resistenze elettriche che impediscono l'appannamento.
lù|nu|la *s.f.* **1** figura o oggetto che ha forma di luna falcata **2** (*anat.*) macchia biancastra di forma ovale, localizzata alla radice dell'unghia **3** (*geom.*) figura piana che è compresa fra due archi di cerchio.
luò|go *s.m.* [pl. *-ghi*] **1** porzione determinata dello spazio | *in — di*, invece di, al posto di | (*fig.*) *in primo* —, innanzitutto | *tenere il — di qlcu.*, sostituirlo, agire in sua vece | (*mat.*) — *geometrico*, insieme dei punti che godono di una medesima proprietà | (*gramm.*) *complementi di* —, quelli che indicano relazioni di luogo, determinando la collocazione spaziale dell'azione espressa dal verbo **2** zona geografica determinata; località: — *di residenza* | (*estens.*) parte di un oggetto, di un corpo, di un territorio; punto, zona: *danneggiato in diversi luoghi* | — *aperto*, area esposta alla luce e all'aria **3** costruzione destinata a determinati fini o utilizzi | — *pubblico*, quello a cui chiunque può accedere senza alcuna limitazione | — *di pena*, carcere **4** passo di uno scritto; argomento su cui si concentra la valutazione: *citare un* — *famoso* | — *comune*, argomento banale, abusato, spesso infondato **5** (*fig.*) momento opportuno, condizione di attuabile concretezza | *fuori* —, inopportuno | *avere* —, realizzarsi, accadere: *l'incontro ha già avuto* | *dare* — *a*, provocare: *dare* — *a discussioni* **6** (*dir.*) *non* — *a procedere*, dichiarazione di mancanza dei presupposti per un'azione penale.
luo|go|te|nèn|te *s.m.* **1** chi fa temporaneamente le veci di un'alta carica politico-militare o del sovrano oppure governa un territorio in loro nome **2** (*mil.*) ufficiale che fa le veci di un superiore | (*st.*) nell'esercito romano, ufficiale che sostituiva il capitano.
luo|go|te|nèn|za *s.f.* **1** incarico di luogotenente | durata di tale incarico **2** residenza di luogotenente.
lù|pa *s.f.* **1** femmina del lupo | — *capitolina*, simbolo di Roma **2** (*lett.*) donna avida sessualmente | prostituta **3** (*bot.*, *pop.*) carie del tronco e dei rami delle piante, spec. della vite e dell'olivo.
lu|pac|chiòt|to *s.m.* cucciolo di lupo | lupo giovanissimo.
lu|pa|nà|re *s.m.* (*lett.*) **1** bordello **2** (*fig.*) luogo di corruzione.
lu|pà|ra *s.f.* **1** cartuccia usata per fucili da caccia, caricata con pallettoni **2** fucile da caccia a canne mozze | (*fig.*) — *bianca*, omicidio in cui si cancella ogni traccia del cadavere.
lu|pé|sco *agg.* [m.pl. *-schi*] da lupo: *occhi lupeschi*.
lu|pét|to *s.m.* **1** cucciolo di lupo o di cane lupo **2** tra gli scout, bambino dai 7 agli 11 anni d'età **3** maglione leggero con collo alto che non si ripiega.
lu|pi|nèl|la *s.f.* erba da foraggio con fiori rossi in grappoli e foglie pennate.
lu|pì|no[1] *s.m.* pianta erbacea con foglie pelose che si usa per i semi o per foraggio | *seme* giallo commestibile di tale pianta, simile alla fava.
lu|pì|no[2] *agg.* di lupo, da lupo; lupesco: *crudeltà lupina*.
lù|po *s.m.* **1** carnivoro selvatico simile al cane, dal pelo folto, con orecchie erette e muso aguzzo, che vive in branco | (*fig.*) simbolo di aggressività e voracità | *fame da lupi*, appetito formidabile | *tempo da lupi*, tempo tempestoso | (*fig.*) — *di mare*, marinaio esperto | (*pop.*) — *mannaro*, licantropo; spauracchio | *in bocca al* —!, augurio per una prova imminente | (*prov.*) *il* — *perde il pelo ma non il vizio*, le cattive abitudini sono dure da cancellare **2** *cane* —, cane con muso aguzzo, orecchie erette e folto pelo, usato per la guardia ma anche come guida per i ciechi o come cane poliziotto; pastore tedesco.
lup|po|li|na *s.f.* o **luppolino** *s.m.* miscuglio di sostanze resinose e amare che si estraggono dal luppolo e che aromatizzano la birra.
lùp|po|lo *s.m.* erba rampicante dalle cui infiorescenze femminili si ricava una sostanza amara per aromatizzare la birra.
lù|pus (*lat.*) *s.m.invar.* (*med.*) particolare malattia della pelle, caratterizzata dalla formazione di noduli ulcerosi.
lù|pus in fà|bu|la (*lat.*) *loc.* si usa per segnalare l'inatteso arrivo della persona di cui si sta parlando.
lùr|co *agg.* [m.pl. *-chi*] (*lett.*) ghiottone | ingordo.
lù|ri|do *agg.* **1** ripugnante per la sporcizia; lercio: *vestito* — **2** (*fig.*) corrotto; ignobile: *un truffatore* □ **luridamente** *avv*.
lu|ri|dù|me *s.m.* **1** (*anche fig.*) condizione di ciò che è lurido | cosa lurida o insieme di cose luride: *togliere il* —.
lurker (*ingl.*) [pr. *lörker*] *s.m./f.invar.* (*inform.*)

chi è iscritto a un newsgroup e ne osserva le attività senza mai partecipare con interventi propri.
lù|sco *agg.* [m.pl. *-schi*] (*lett.*) losco ♦ *s.m. nella loc.* **tra il — e il brusco**, al crepuscolo; in una situazione di incertezza; con un'espressione del viso ambigua, tra il severo e l'indulgente.
lu|sin|ga *s.f.* **1** allettamento fatto di adulazioni e false promesse, messo in atto per ottenere ql.co.: *attirare con lusinghe* **2** (*lett.*) speranza illusoria | attesa della realizzazione.
lu|sin|gà|re *v.tr.* [indic.pres. *io lusingo, tu lusinghi...*] **1** illudere con lusinghe; allettare **2** essere causa di soddisfazione; compiacere: *la tua stima la lusinga*.
lu|sin|ghé|vo|le *agg.* (*lett.*) colmo di lusinghe: *frase —*.
lu|sin|ghiè|ro *agg.* **1** (*lett.*) che alletta, che lusinga: *sorriso —* **2** che dà soddisfazione, che appaga l'ambizione, la vanità: *parole lusinghiere*.
lu|si|ta|ni|sta *s.m./f.* [m.pl. *-i*] chi studia lingua e letteratura portoghese.
lu|si|tà|no *agg.* (*st.*) dell'antica Lusitania, attuale Portogallo | (*lett.*) portoghese ♦ *s.m.* **1** [f. *-a*] (*st.*) chi abitava la Lusitania | (*lett.*) cittadino portoghese **2** (*ling.*) lingua parlata dai portoghesi, inclusa la varietà brasiliana.
lus|sà|re *v.tr.* (*med.*) provocare la lussazione di un'articolazione ossea: *lussarsi l'anca*.
lus|sa|tù|ra *s.f.* (*med.*) lussazione.
lus|sa|zió|ne *s.f.* (*med.*) spostamento reciproco dei capi ossei componenti un'articolazione mobile: *— della spalla*.
lus|sem|bur|ghé|se *agg.* della città, del Granducato di Lussemburgo ♦ *s.m.* **1** [anche f.] chi è nato, chi abita nella città o nel Granducato di Lussemburgo **2** dialetto tedesco a influsso olandese e francese parlato dai lussemburghesi.
lùs|so *s.m.* **1** sfoggio di ricchezza; fasto | (*coll.*) **andare un —**, si dice di ql.co. che si svolge nel migliore dei modi **2** enorme abbondanza; ricchezza: *tassare il —* | (*fig.*) sovrabbondanza **3** cosa costosa rispetto alla possibilità economica: *per noi questo è un —* | ciò che non è indispensabile: *concedersi un —; generi di —* | comfort: *camera con tutti i lussi* | *di —*, costoso e di fattura pregiata: *vestito di —*.
lus|suó|so *agg.* costoso e appariscente; di lusso: *attico —* □ **lussuosamente** *avv.*
lus|su|reg|giàn|te *part.pres.* di lussureggiare | *agg.* **1** florido, rigoglioso: *foresta —* **2** (*fig.*) ricco: *quadro — di colori* | ampolloso: *discorso —*.
lus|su|reg|già|re *v.intr.* [indic.pres. *io lussuréggio...*; aus. *A*] essere rigoglioso.
lus|sù|ria *s.f.* desiderio sfrenato di piaceri sessuali | (*teol.*) uno dei sette vizi capitali fissati dal cattolicesimo.
lus|su|rió|so *agg., s.m.* [f. *-a*] che, chi è pieno di lussuria; lascivo: *comportamento —; girone dantesco dei lussuriosi* □ **lussuriosamente** *avv.*
lu|strà|le *agg.* (*lett.*) che riguarda la lustrazione; purificatorio | (*lit.*) **acqua —**, acqua benedetta.
lu|strà|re *v.tr.* lucidare strofinando: *— l'argenteria* | pulire a fondo: *— il locale da cima a fondo* |

(*fig.*) *— le scarpe a qlcu.*, adularlo servilmente | (*coll.*) **lustrarsi gli occhi**, godersi una vista meravigliosa ♦ *intr.* [aus. *A*; raro nei tempi composti] luccicare, risplendere: *alla notizia gli lustrarono gli occhi*.
lu|stra|scàr|pe *s.m.invar.* chi lucida scarpe dietro compenso.
lu|stra|tà *s.f.* strofinata veloce per dare lucentezza: *darsi una — agli stivali*.
lu|stra|tù|ra *s.f.* **1** l'atto del lustrare; lucidatura **2** (*ind.*) operazione di rifinitura di tessuti, spec. di seta, allo scopo di conferire lucentezza.
lu|stra|zió|ne *s.f.* (*lit.*) aspersione rituale con acqua benedetta per purificare dal peccato.
lu|strì|no *s.m.* **1** ciascuno dei dischetti lucidi che si applicano per ornamento sugli abiti da sera femminili **2** (*fig.*) ornamento privo di valore; orpello.
lù|stro[1] *s.m.* tanto pulito e liscio da riflettere la luce; lucido: *carrozzeria lustra* ♦ *s.m.* **1** lucentezza: *il — si sta consumando* **2** (*fig.*) onore, prestigio, gloria: *dai — al tuo paese natale* | persona o cosa che è motivo di vanto: *il — della scuola*.
lù|stro[2] *s.m.* (*lett.*) quinquennio.
lu|te|i|na *s.f.* **1** (*biol.*) progesterone **2** (*anat.*) pigmento giallo della retina.
lù|te|o *agg.* **1** (*lett.*) di colore giallo **2** (*biol.*) **corpo —**, corpuscolo che si forma nell'ovaio dopo l'ovulazione.
lu|te|ra|né|si|mo *s.m.* interpretazione del cristianesimo inaugurata da Martin Lutero (1483-1545) | complesso delle chiese cristiane ispiratesi al suo pensiero.
lu|te|rà|no *agg.* relativo a Lutero, al luteranesimo: *ministro —; chiesa luterana* ♦ *s.m.* [f. *-a*] chi aderisce al luteranesimo.
lu|tè|zio *s.m.* elemento chimico metallico delle terre rare (*simb.* Lu).
lu|to|te|ra|pì|a *s.f.* (*med.*) trattamento con fanghi termali.
lù|tre|o|la *s.f.* mammifero carnivoro europeo dei Mustelidi, simile al visone, con corte zampe palmate.
lùt|to *s.m.* **1** sentimento di dolore provato per la morte di qlcu., per disgrazie tremende | **— nazionale**, cordoglio pubblico proclamato ufficialmente dallo Stato | (*psicoan.*) **elaborazione del —**, lento processo interiore attraverso cui si arriva ad accettare una grave perdita **2** dimostrazione esteriore del proprio dolore, secondo usanze rituali: *portare il —* | **a —**, con paramenti funebri e abiti scuri | **— stretto**, quello in cui bisogna vestirsi sempre di nero e astenersi da ogni tipo di divertimento **3** (*estens.*) perdita, morte di un proprio caro: *ha avuto l'ennesimo —* | calamità.
lut|tuó|so *agg.* fonte di lutto | funesto: *periodo —* □ **luttuosamente** *avv.*
lu|tu|lèn|to *agg.* (*lett.*) fangoso.
lux (*lat.*) *s.m.invar.* (*fis.*) nel Sistema Internazionale, unità di misura dell'illuminazione (*simb.* lx).
lỳ|cra® *s.f.invar.* filato sintetico elastico, usato spec. per costumi da bagno e collant.

Mm

m *s.f./m.invar.* tredicesima lettera dell'alfabeto (il suo nome è *emme*); rappresenta la consonante nasale bilabiale | — *come Milano*, nella compitazione, spec. telefonica, delle parole | *M*, nella numerazione romana, il numero mille.

ma[1] *cong.* **1** [contrappone due elementi di una stessa prop. o due prop. dello stesso genere] però, tuttavia, bensì: *è brutta, — simpatica*; *sono stanco, — devo uscire*; *non antipatico, — odioso* | in espressioni familiari, ha valore rafforzativo: *splendida, — splendida sul serio* | precede come rafforzativo altre congiunzioni avversative: — *nondimeno*; — *pure*; — *tuttavia* **2** in principio di periodo indica il passaggio a un altro argomento: — *torniamo a noi* | (*fam.*) nelle proposizioni esclamative o interrogative, si usa con valore enfatico: — *che brutto tempo!*; — *che vuoi?* ♦ *s.m.invar.* ostacolo, obiezione: *non c'è — che tenga*.

ma[2] *inter.* → **mah**.

mà|ca|bro *agg.* in riferimento alla morte, orrido, lugubre | (*estens.*) spaventoso, raccapricciante ♦ *s.m.* ciò che desta orrore: *ha il gusto del —*.

ma|cà|co *s.m.* [pl. *-chi*] **1** scimmia asiatica dal corpo tarchiato e robusto, con pelliccia grigiobruna, coda non molto lunga o assente **2** (*fig.*) persona stupida o goffa.

ma|ca|dàm *s.m.* tipo di pavimentazione stradale costituito da pietrisco amalgamato con acqua e spianato per mezzo di rullo compressore.

ma|cà|o *s.m.invar.* gioco d'azzardo con carte francesi, simile al baccarà.

ma|ca|ó|ne *s.m.* farfalla diurna con ali gialle macchiate di nero e bordo azzurro sulle ali inferiori che termina con una macchia rossa a forma di occhio.

mac|ca|rèl|lo *s.m.* (*region., zool.*) scombro.

mac|car|tì|smo *s.m.* clima politico di rigido ed esasperato anticomunismo caratterizzante gli Stati Uniti nel periodo compreso fra il 1950 e il 1953, creato dal senatore J.R. McCarthy (1909-1957).

mac|ché *inter.* esprime forte negazione o opposizione: *"Ti ha restituito i soldi?" "—!"*.

mac|che|ró|ne *s.m.* **1** (*spec.pl.*) tipo di pasta alimentare a forma di tubo, di diversa grossezza e lunghezza: *maccheroni al pomodoro* | (*estens.*) bucatino, spaghetto | (*region.*) qualsiasi tipo di pasta alimentare, corta o lunga, bucata o meno | (*fig., fam.*) **essere come il cacio sui maccheroni**, giungere opportuno, a proposito **2** (*fig.*) individuo sciocco; babbeo.

mac|che|rò|ni|co *agg.* [m.pl. *-ci*] **1** (*lett.*) si dice di un linguaggio burlesco usato nel Cinquecento, composto da parole italiane o dialettali, ma con desinenze e regole sintattiche latine: *latino —* | *poesia maccheronica*, quella espressa con tale linguaggio, di ispirazione comica **2** (*estens.*) si dice di una lingua storpiata, scritta o parlata male.

màc|chia[1] *s.f.* **1** chiazza di altro colore su una superficie: *una — sul viso* | (*anat., med.*) macula | ciuffo di peli di altro colore nel pelame di un animale | (*astr.*) — *solare*, zona oscura sulla fotosfera solare che si può vedere attraverso lenti schermate **2** segno lasciato da una sostanza sulla superficie di un corpo; pattacca: — *di cioccolato* | *espandersi a — d'olio*, estendersi rapidamente e ad ampio raggio **3** (*fig.*) colpa, onta, vergogna: *un comportamento senza —* **4** (*pitt.*) tecnica impressionistica basata sulla giustapposizione di chiazze di colori.

màc|chia[2] *s.f.* fitta boscaglia composta spec. da arbusti sempreverdi, tipica dell'area mediterranea | *alla —*, clandestinamente, di nascosto: *stampare alla —* | *buttarsi, darsi alla —*, nascondersi per evitare la cattura; (*fig., scherz.*) rendersi introvabile.

mac|chia|ió|lo *s.m.* [f. *-a*] pittore appartenente al movimento affermatosi a Firenze intorno alla metà del XIX sec., che sviluppò una tecnica impressionistica basata sulla giustapposizione di macchie di colore.

mac|chià|re *v.tr.* [indic.pres. *io macchio...*] **1** (*anche assol.*) sporcare con una o più macchie: — *il tovagliolo di sugo*; *il pennarello macchia* **2** (*estens.*) aggiungere a un alimento una sostanza che ne modifichi il colore naturale ♦ *il caffè*, aggiungervi poco latte **3** (*fig.*) corrompere moralmente; disonorare: — *la propria coscienza* ♦ *-rsi intr.pron.* **1** coprirsi di una o più macchie **2** (*fig.*) rendersi responsabile di una colpa: — *di un crimine*.

mac|chià|to *part.pass.* di *macchiare* ♦ *agg.* **1** cosparso di una o più macchie; sporco **2** cosparso di macchie di altro colore | *mantello —*, si dice del pelame di un animale che presenta ciuffi di diverso colore **3** (*estens.*) si dice di alimento a cui l'aggiunta di una sostanza ha modificato il colore **4** (*fig.*) corrotto: *coscienza macchiata*.

mac|chiét|ta *s.f.* **1** (*pitt.*) bozzetto a china dal vero, preparatorio di un'opera più impegnativa | piccola figura introdotta in quadri di paesaggio | (*estens.*) schizzo, vignetta; caricatura **2** nel teatro

macchiettare

di prosa, nel varietà e nelle opere di narrativa, personaggio secondario caricaturale | (*estens.*) persona buffa, originale.
mac|chiet|tà|re *v.tr.* [indic.pres. *io macchiétto...*] cospargere di piccole macchie di diverso colore.
mac|chiet|ti|sta *s.m./f.* [m.pl. *-i*] **1** chi dipinge o disegna macchiette **2** attore che rappresenta macchiette.
màc|chi|na *s.f.* **1** congegno costituito da uno o più meccanismi in grado di trasformare una forma di energia in un'altra o di eseguire operazioni che imitano o potenziano il lavoro umano | — *motrice*, quella che trasforma in energia meccanica altre specie di energia | — *generatrice*, quella che assorbe energia meccanica per fornire energia di altra specie (p.e. la dinamo) | — *trasmettitrice*, quella che trasmette una determinata forma di energia variandone solo le caratteristiche | — *elettrica*, quella che trasforma energia meccanica in energia elettrica o viceversa | — *termica*, quella che trasforma energia termica in lavoro meccanico (p.e. la turbina a vapore) | — *idraulica*, quella che trasforma l'energia cinetica di un liquido, gener. acqua, in energia meccanica o viceversa (p.e. la ruota idraulica) | — *semplice*, ciascun dispositivo meccanico di tipo elementare (p.e. la leva, la vite) | — *utensile*, quella predisposta alla lavorazione di materiali (p.e. il trapano, il tornio) | (*anche ell.*) — (**per, da scrivere**), apparecchio, dotato di tastiera, che imprime su un foglio di carta i caratteri di stampa corrispondenti ai tasti premuti: *ho battuto a — la tesi* | (*anche ell.*) — (**per, da cucire**), apparecchio meccanico usato per cucire i tessuti, dotato di organi che formano in punto di cucitura: *giacca cucita a —* | — *da presa*, apparecchio per la ripresa di immagini cinematografiche | — *della verità*, apparecchio con cui si registrano le reazioni dell'interrogato per valutarne la sincerità | — *da guerra*, un tempo, congegno usato nelle operazioni di guerra per lanci, assedi o scontri fra eserciti **2** (*estens., fam.*) qualsiasi apparecchio che esegue meccanicamente dei lavori: — *del caffè*; — *tritaghiaccio* | *fatto a —*, eseguito non artigianalmente **3** (*per anton.*) automobile: *viaggio in —* | locomotiva | (*spec.pl.*) l'insieme dei motori di una nave **4** (*fig.*) complesso coordinato di organi o poteri che agiscono in vista dello stesso obiettivo; apparato: *la — dello Stato* | *la — umana*, il corpo dell'uomo **5** (*fig.*) persona che agisce meccanicamente; automa.
mac|chi|nà|le *agg.* meccanico, automatico.
mac|chi|nà|re *v.tr.* [indic.pres. *io màcchino...*] (*anche assol.*) preparare ql.co. di nascosto; ordire, tramare: — *contro il nemico*.
mac|chi|nà|rio *s.m.* insieme di macchine funzionali a una determinata lavorazione.
mac|chi|na|zió|ne *s.f.* trama, congiura organizzata di nascosto ai danni di qlcu.
mac|chi|nét|ta *s.f.* **1** piccola macchina | (*fig.*) *parlare come una —*, parlare velocemente e di continuo | *a —*, meccanicamente: *rispondere a —* **2** caffettiera **3** (*fam.*) apparecchio usato per cor-

reggere le malformazioni dei denti **4** attrezzo che i parrucchieri usano per tagliare i capelli.
mac|chi|ni|na *s.f.* automobile in miniatura usata come giocattolo per bambini.
mac|chi|ni|smo *s.m.* **1** insieme degli elementi che compongono una macchina **2** (*teat.*) insieme degli elementi scenografici, mobili o fissi **3** (*estens., lett.*) nella narrazione, spec. drammatica o epica, intervento risolutore di forze soprannaturali **4** (*filos.*) meccanicismo.
mac|chi|ni|sta *s.m.* [pl. *-i*] **1** chi si occupa del funzionamento di una macchina | conduttore di una locomotiva | chi cura l'apparato motore di una nave **2** (*teat., tv*) chi è addetto al montaggio delle scene | (*cine.*) chi è addetto agli spostamenti della macchina da presa.
mac|chi|no|si|tà *s.f.* caratteristica di ciò che è macchinoso; artificiosità: *la — del suo pensiero*.
mac|chi|nó|so *agg.* **1** progettato in modo esageratamente complicato | (*estens.*) si dice di ente pubblico poco flessibile e funzionale **2** si dice di prodotto dell'ingegno così elaborato da risultare involuto, artificioso: *idea macchinosa* ▫
macchinosamente *avv.*
mac|chió|ne *s.m.* zona coperta da vegetazione spontanea o molto alberata.
ma|cè|do|ne *agg.* della Macedonia, regione della penisola balcanica ♦ *s.m.* **1** [anche f.] chi è nato o abita in Macedonia **2** lingua parlata in Macedonia.
ma|ce|dò|nia *s.f.* **1** (*gastr.*) miscuglio di frutta varia tagliata a pezzetti, a cui si aggiunge zucchero, succo di limone o liquore **2** (*fig., spec. spreg.*) accozzaglia di elementi eterogenei.
ma|cel|là|bi|le *agg.* di animale, che può essere macellato.
ma|cel|là|io *s.m.* [f. *-a*] **1** chi macella le bestie | chi vende carni in macelleria **2** (*fig., spreg.*) chirurgo incapace **3** (*fig.*) comandante militare che ordina crudeli massacri o manda allo sbaraglio i soldati **4** (*fig., gerg.*) calciatore che commette volutamente molti falli.
ma|cel|là|re *v.tr.* [indic.pres. *io macèllo...*] **1** ammazzare bestie destinate all'alimentazione dell'uomo e prepararne le carni per il commercio **2** (*estens., fig.*) uccidere, far morire molte persone; massacrare.
ma|cel|la|tó|re *s.m.* [f. *-trice*] nei macelli, chi abbatte le bestie e le prepara per il consumo alimentare.
ma|cel|la|zió|ne *s.f.* l'insieme delle operazioni effettuate per macellare le bestie.
ma|cel|le|rì|a *s.f.* negozio in cui si vendono carni macellate.
ma|cèl|lo *s.m.* **1** luogo in cui si uccidono le bestie destinate all'alimentazione umana; mattatoio **2** macellazione: *bestie da —* **3** (*fig.*) strage di molti uomini; carneficina | *condurre al —*, portare a morte sicura | (*fig.*) *carne da —*, si dice di soldati mandati a compiere operazioni in cui sicuramente moriranno **4** (*fig., fam.*) disastro, sconquasso: *che —!*
ma|ce|rà|bi|le *agg.* che si deve o si può mace-

rare.

ma|ce|ràn|te *part.pres. di* macerare ♦ *agg.* di sostanza, che facilita la macerazione.

ma|ce|rà|re *v.tr.* [indic.pres. *io màcero...*] **1** tenere una sostanza a bagno in un liquido, allo scopo di estrarne uno o più componenti o di prepararla a successivi trattamenti: — *il cuoio* | detto di alimenti, marinare **2** far putrefare: *l'acqua macera le foglie* | nell'industria cartaria e tessile, sottoporre a macerazione: — *la canapa* **3** (*fig., lett.*) tormentare, affliggere ♦ **-rsi** *intr.pron.* essere sottoposto a macerazione ♦ *rifl.* tormentarsi, rodersi: — *nel rimorso.*

ma|ce|rà|to *part.pass. di* macerare ♦ *agg.* **1** che è stato sottoposto a macerazione | putrefatto **2** che sembra una cosa macerata; sofferente: *viso* — ♦ *s.m.* (*farm.*) preparato ricavato dalla macerazione di droghe.

ma|ce|ra|tó|io *s.m.* (*ind.*) vasca dentro cui si effettua la macerazione, spec. di lino e canapa; macero.

ma|ce|ra|tó|re *s.m.* **1** [f. *-trice*] operaio addetto alla macerazione **2** (*ind.*) macchina costituita essenzialmente da una caldaia, con cui si esegue la macerazione.

ma|ce|ra|zió|ne *s.f.* **1** procedimento del macerare **2** trattamento del fusto di piante tessili, spec. lino e canapa, eseguito allo scopo di separare le fibre dalla parte legnosa **3** trattamento degli stracci di cotone, della paglia di cereali o della carta da macero, effettuato per ottenere la pasta con cui si fabbrica la carta **4** (*fig.*) angustia, tormento | mortificazione, penitenza corporale.

ma|ce|ré|to *s.m.* zona ingombra di macerie | (*geol.*) ammasso di detriti prodottosi per la disgregazione delle pareti rocciose.

ma|ce|rìa *s.f.* **1** basso muro a secco costruito in pietre non squadrate, usato spec. per segnare i confini dei poderi **2** (*spec.pl.*) ammasso di materiali provenienti da costruzioni e strutture murarie crollate o demolite.

mà|ce|ro *agg.* **1** macerato, marcio: *foglia macera* **2** (*estens., fig.*) sparuto, smunto; sfinito: *volto* — ♦ *s.m.* macerazione: *carta da* —| vasca in cui si esegue la macerazione.

mach (*ted.*) [pr. *mak*] *s.m.invar.* (*fis.*) unità di misura della velocità corrispondente al rapporto fra la velocità di un corpo in un fluido e la velocità del suono nel fluido stesso | *numero di Mach*, quello che esprime tale rapporto.

machete (*sp.*) [pr. *macète*] *s.m.invar.* grosso e lungo coltello a un solo taglio, usato nell'America centro-meridionale per i lavori agricoli o come arma.

ma|chia|vel|lià|no *agg.* proprio di N. Machiavelli, scrittore e uomo politico fiorentino (1469-1527) | che riguarda le sue teorie, le sue opere.

ma|chia|vèl|li|co *agg.* [m.pl. *-ci*] **1** machiavelliano **2** (*spreg.*) astuto e privo di scrupoli □ **machiavellicamente** *avv.*

ma|chia|vel|lì|smo *s.m.* **1** dottrina che si richiama alle teorie di N. Machiavelli, secondo la quale il successo politico si raggiunge sacrificando la morale **2** (*estens.*) opportunismo, utilitarismo spec. nei rapporti politici **3** (*fig.*) gesto, comportamento astuto, subdolo.

machismo (*sp.*) [pr. *macìsmo*] *s.m.* (*gerg.*) atteggiamento di uomo che ostenta la sua virilità.

màch|me|tro [pr. *màkmetro*] *s.m.* strumento usato sugli aerei supersonici e sui missili, che misura la velocità in numeri di Mach.

macho (*sp.*) [pr. *màcio*] *s.m.invar.* uomo che ostenta la sua virilità ♦ *agg.invar.* (*gerg.*) che sottolinea una virilità spec. esteriore: *abbigliamento, atteggiamento* —.

ma|ci|gno *s.m.* **1** (*geol.*) pietra arenaria dura, di tonalità grigia, usata come materiale da costruzione **2** (*estens.*) masso, pietra molto grande | (*fig.*) *pesante come un* —, si dice di ciò che è molto noioso o di cibo poco digeribile | *duro come un* —, si dice di chi è molto testardo o di cosa estremamente dura.

ma|ci|lèn|to *agg.* emaciato, magro, smunto: — *per la malattia.*

ma|ci|lèn|za *s.f.* eccessiva magrezza; deperimento.

mà|ci|na *s.f.* ciascuna delle due grosse mole in pietra usate nei mulini per macinare il grano o nei frantoi per frantumare le olive | (*estens.*) macchina per triturare dotata di tali mole.

ma|ci|nà|bi|le *agg.* che si può macinare.

ma|ci|na|caf|fè *s.m.invar.* macinino per il caffè.

ma|ci|na|do|sa|tó|re *s.m.* [pl. *-i*] apparecchio che macina il caffè e lo suddivide in dosi adatte alle macchine espresso dei bar.

ma|ci|na|pé|pe *s.m.invar.* macinino per il pepe.

ma|ci|nà|re *v.tr.* [indic.pres. *io màcino...*] **1** ridurre in frammenti minuti o in polvere: — *il frumento, il pepe* **2** (*fig.*) fare molte cose rapidamente; divorare | — *chilometri*, percorrere lunghi percorsi in poco tempo **3** (*fig.*) spendere smodatamente; consumare **4** (*fig.*) rimuginare con ossessione e continuamente idee, pensieri, progetti: — *vecchi rancori* | (*prov.*) *acqua passata non macina più*, sempre meglio guardare avanti piuttosto che rimuginare sul passato.

ma|ci|nà|ta *s.f.* azione del macinare, spec. alla meglio, in fretta | quantità di sostanza macinata in una sola volta.

ma|ci|nà|to *s.m.* **1** prodotto della macinazione, spec. la farina **2** (*fam.*) carne tritata.

ma|ci|na|tó|re *s.m.* [f. *-trice*] operaio che si occupa della macinazione ♦ *agg.* di strumento, che macina: *macchina macinatrice.*

ma|ci|na|tù|ra *s.f.* macinazione.

ma|ci|na|zió|ne *s.f.* operazione del macinare, spec. la farina.

ma|ci|nì|no *s.m.* **1** piccola macchina, dotata di ruota dentata, con cui si aziona a mano o elettricamente, per macinare caffè, pepe ecc. **2** (*fig., scherz.*) veicolo vecchio e malandato; catorcio.

ma|cìs *s.m./f.invar.* involucro polposo della noce moscata che vi fa macerare in acqua salata ed essiccare; si usa in profumeria, in farmacia e come spezia.

ma|ci|ste *s.m.* (*scherz.*) uomo di forza eccezionale, con un fisico molto muscoloso e robusto.

ma|ciùl|la *s.f.* (*region., lett.*) macchina che separa la parte legnosa del fusto di canapa, o di altre piante tessili, da quella fibrosa; gramola.

ma|ciul|la|mén|to *s.m.* **1** nell'industria tessile, procedimento del gramolare **2** (*estens.*) stritolamento.

ma|ciul|là|re *v.tr.* **1** separare la parte legnosa del fusto di canapa, o di altre piante tessili, dalla parte fibrosa **2** (*estens.*) stritolare: *il morso gli ha maciullato un braccio*.

ma|clù|ra *s.f.* alto albero spinoso con foglie lanceolate e frutti simili alle arance; fornisce un legno duro e un colorante giallo che si usa in tintoria.

ma|cò *s.m.* → **makò**.

ma|cra|mè *s.m.* **1** trina pesante fatta di più fili o cordoncini intrecciati e annodati, usata nell'abbigliamento femminile o come guarnizione nell'arredamento della casa **2** tipo di tela usata per tessere asciugamani | (*estens.*) l'asciugamano stesso, tessuto in tal modo.

mà|cro- primo elemento di parole composte che significa "grande", "di notevole estensione" (*macrocosmo*); in medicina, indica sviluppo eccessivo di un organo o di una sua parte (*macrocefalo*).

ma|cro|biò|ti|ca *s.f.* **1** teoria alimentare ispirata alle regole dell'antica medicina cinese, che prevede una dieta quasi esclusivamente vegetariana, a base di prodotti coltivati senza pesticidi o conservanti **2** dieta macrobiotica.

ma|cro|biò|ti|co *agg.* [m.pl. -ci] detto di alimento che conserva integre le proprietà nutritive originarie | *dieta macrobiotica*, quella a base di cereali integrali, verdure e pochi alimenti di natura animale | *ristorante* —, quello in cui vengono servite vivande macrobiotiche.

ma|cro|ce|fa|lì|a *s.f.* (*med., vet.*) sviluppo eccessivo del cranio.

ma|cro|cè|fa|lo *agg., s.m.* [f. -a] (*med., vet.*) che, chi è colpito da macrocefalia.

ma|cro|ci|to o **macrocita** *s.m.* [pl. -i] (*biol., med.*) globulo rosso di dimensioni più grandi rispetto al normale.

ma|cro|ci|tó|si *s.f.* (*med.*) presenza di un gran numero di macrociti nel sangue.

ma|cro|cli|ma *s.m.* [pl. -i] (*geog.*) insieme dei fenomeni climatici relativi a una vasta regione.

ma|cro|cò|smo *s.m.* (*filos.*) l'universo considerato nella sua totalità, contrapposto all'uomo (microcosmo).

ma|cro|e|co|no|mì|a *s.f.* branca dell'economia che studia un sistema economico nel suo complesso, esaminando reddito nazionale, consumi, investimenti, spesa pubblica e occupazione.

ma|cro|me|li|a *s.f.* (*med.*) sviluppo eccessivo degli arti.

ma|cro|mo|lè|co|la *s.f.* (*chim.*) molecola di notevoli dimensioni e di elevato peso molecolare.

ma|cro|pla|si|a *s.f.* (*med.*) sviluppo eccessivo di una sola parte del corpo.

Ma|cro|pò|di|di *s.m.pl.* famiglia dei Marsupiali, comprendente numerose specie, fra cui il canguro.

ma|cro|re|gió|ne *s.f.* (*polit., giorn.*) accorpamento ideale di più regioni vicine, che presentino analoghe caratteristiche economiche e sociali.

Ma|cro|scè|li|di *s.m.pl.* famiglia di Mammiferi africani insettivori simili a topi, con corporatura piccola, coda e zampe posteriori lunghe e naso a proboscide.

ma|cro|scò|pi|co *agg.* [m.pl. -ci] **1** (*scient.*) visibile a occhio nudo **2** (*fig.*) enorme; madornale: *uno sbaglio* — □ **macroscopicamente** *avv.*

ma|cro|strut|tù|ra *s.f.* **1** (*scient.*) struttura cristallina spec. di un metallo, visibile a occhio nudo o effettuando un piccolo ingrandimento **2** (*estens., fig.*) struttura generale di un insieme, contrapposta a quella delle singole parti (microstruttura).

ma|cro|tè|sto *s.m.* in critica letteraria, complesso di più testi che, in quanto caratterizzati da analoghi elementi tematici e formali, possono essere ricondotti a un unico grande testo.

ma|cù|ba *s.m./f.invar.* tabacco da fiuto molto aromatico.

mà|cu|la *s.f.* (*anat., med.*) zona non molto estesa della pelle che presenta un colore diverso da quello circostante; macchia | — *lutea*, piccola area al centro della retina che ha potere visivo massimo.

ma|cu|là|re[1] *v.tr.* [indic.pres. *io màculo...*] **1** (*lett., anche fig.*) macchiare **2** (*region.*) ammaccare.

ma|cu|là|re[2] *agg.* **1** (*med.*) relativo a una macula **2** relativo alle macchie | (*astr.*) *zona* —, nella superficie del Sole, area che comprende le macchie solari.

ma|cu|là|to *part.pass. di* maculare ♦ *agg.* **1** (*lett.*) macchiato **2** di animale, cosparso di macchie nella pelliccia; screziato **3** di tessuto o abbigliamento, chiazzato come la pelliccia di un animale.

ma|cu|la|tù|ra *s.f.* malattia delle piante provocata da parassiti, caratterizzata dalla comparsa di macchie sulle foglie e frutti.

ma|cùm|ba *s.f.* rito propiziatorio diffuso in Brasile e nelle Antille, basato sulla reinterpretazione in chiave cristiana di miti religiosi africani | la musica e la danza, spesso frenetica, eseguite durante tale rito.

ma|dà|ma *s.f.* **1** (*oggi iron., scherz.*) titolo di riguardo rivolto un tempo alle donne di elevata condizione sociale **2** nelle fiabe, titolo che precede il nome di un animale femmina **3** nel gergo della malavita, la polizia.

ma|da|mi|gèl|la *s.f.* (*oggi iron., scherz.*) titolo di riguardo rivolto un tempo alle giovani donne.

ma|da|po|làm *s.m.invar.* stoffa di cotone fine e leggera, usata spec. per confezionare biancheria.

ma|da|rò|si *s.f.invar.* (*med.*) caduta patologica dei peli, spec. delle ciglia.

mad|da|lé|na[1] *s.f.* peccatrice pentita.
mad|da|lé|na[2] *s.f.* madeleine.
made in (*ingl.*) [pr. *mèid in*] *loc.agg.invar.* formula usata nel commercio internazionale, impressa sul prodotto per indicare il luogo in cui esso è stato fabbricato: — *in Italy.*
madeleine (*fr.*) [pr. *madlèn*] *s.f.invar.* (*gastr.*) piccolo dolce a base di farina, zucchero e latte, cotto in forno entro stampini a forma di conchiglia.
ma|dè|ra *s.m.invar.* vino bianco dolce e liquoroso, prodotto nell'isola di Madera.
mà|dia[1] *s.f.* mobile di legno, munito di coperchio sollevabile, usato un tempo per impastarvi il pane e per conservarvi farina, lievito o altri generi alimentari.
mà|dia[2] *s.f.* pianta erbacea con foglie vischiose di sgradevole odore, dai cui frutti si estrae un olio usato a fini alimentari, in profumeria o come lubrificante e combustibile.
mà|di|do *agg.* (*lett.*) umido, bagnato: *sei — di sudore!*
ma|diè|re *s.m.* (*mar.*) in una nave, ciascun pezzo della costruzione che, poggiato trasversalmente sulla chiglia, forma la prima base e il primo innesto delle coste.
ma|dì|smo *s.m.* → **mahdismo**.
madison (*ingl.*) [pr. *mèdison*] *s.m.invar.* ballo afroamericano dal ritmo lento, le cui figure si ispirano a elementi rituali africani.
ma|dì|sta *s.m./f.* → **mahdista**.
ma|dòn|na *s.f.* **1** (*ant.*) appellativo attributo a donne di elevata condizione sociale | padrona, signora **2** (*per anton.*) *la Madonna*, la Vergine Maria madre di Cristo | (*estens.*) rappresentazione artistica figurativa della Vergine Maria: *col Bambino* | (*pop.*) *della* —, molto: *ho una fretta della* — | (*pop.*) *non capire una* —, non capire nulla **3** (*estens.*) chiesa o santuario dedicati alla Vergine Maria **4** (*fig.*) donna di armoniosa bellezza | donna virtuosa e casta **5** (*pl.*) serie di bestemmie: *gli sta tirando addosso tutte le madonne* | *avere le madonne*, essere di cattivo umore ♦ *inter.* (*fam.*, *anche volg.*) esprime paura, meraviglia, gioia, irritazione: *—, che spavento!*; *— mia!*
ma|don|nà|ro *s.m.* **1** chi disegna Madonne o soggetti religiosi con i gessi colorati sui marciapiedi **2** venditore di immagini della Madonna.
ma|don|nì|na *s.f.* **1** (*pitt.*, *scult.*) piccola riproduzione della Madonna | (*per anton.*) *la Madonnina*, statua rappresentante la Madonna posta sulla guglia più alta del Duomo di Milano **2** medaglietta che riporta l'immagine della Madonna **3** (*fig.*) giovane donna casta e virtuosa o che si atteggia a tale.
ma|dó|re *s.m.* lieve umidità che precede il sudore.
ma|dor|nà|le *agg.* (*spec.fig.*) di straordinaria grossezza; spropositato: *errore —.*
ma|dor|na|li|tà *s.f.* (*spec.fig.*) caratteristica di ciò che è madornale; enormità.
ma|dràs *s.m.invar.* tessuto leggero di cotone o di seta, a righe o a quadri di colori vivaci, usato nell'arredamento o per confezionare capi d'abbigliamento.
mà|dre *s.f.* **1** donna che ha generato dei figli, considerata in relazione ai figli stessi: *diventare* — | (*fam.*) mamma: *è una buona* —; *amore di* — | *— di famiglia*, donna che cura i figli e la casa con dedizione **2** (*estens.*) donna che si prodiga per qlcu. con amore: *ha agito come una* — | *fare da* — *a qlcu.*, aiutarlo a crescere con affetto materno **3** (*fig.*) epiteto con cui si vuole richiamare una nozione generica di maternità: *la — terra* | *— natura*, la natura in quanto generatrice degli esseri viventi | *— di Dio*, la Vergine Maria | (*fig.*) *— dei santi*, la Chiesa **4** femmina di animali considerata in relazione ai figli generati **5** titolo dato alle suore che rivestono cariche particolari: *— superiora* **6** (*fig.*) causa prima; origine: *l'ozio è la — di tutti i vizi* **7** (*bur.*) matrice di un modulo bipartito, che resta all'emittente: *ricevuta a — e figlia* **8** *— dell'aceto*, massa gelatinosa, costituita da batteri e microrganismi, che si forma nell'aceto **9** (*anat.*) *dura, pia —*, la più esterna e la più interna delle tre meningi che avvolgono i centri nervosi ♦ *agg.* **1** che è madre | *ragazza —*, quella che ha avuto figli senza sposarsi | *regina —*, titolo dato alla madre di un re **2** (*fig.*) che costituisce il principio, l'origine o l'elemento fondamentale da cui dipendono gli altri | *scena —*, in un dramma, scena principale; scena di notevole effetto | *casa —*, sede principale di un ordine religioso; sede principale di un'azienda commerciale.
ma|dre|lìn|gua o **màdre lingua** *s.f.* [pl. *madrelingue*] lingua del paese d'origine, imparata nella prima infanzia ♦ *s.m./f.invar.* chi parla o insegna la propria lingua d'origine.
ma|dre|pà|tria *s.f.* [pl. *madrepatrie*] paese d'origine per chi vive in un paese straniero.
ma|dre|pèr|la *s.f.* [pl. *madreperle*] strato interno della conchiglia di alcuni molluschi, iridescente, di colore bianco, usato per fabbricare oggetti ornamentali: *astuccio di* — ♦ *agg.invar.* di colore bianco perlaceo: *un fiocco —.*
ma|dre|per|là|ce|o *agg.* **1** di madreperla **2** che è simile alla madreperla per colore o aspetto: *nuvole madreperlacee.*
ma|dre|per|là|to *agg.* **1** lavorato a madreperla: *fermaglio* — **2** spec. di rossetti, smalti e sim., che ha riflessi iridescenti, come quelli della madreperla.
Ma|dre|pò|ra *s.f.* genere di Celenterati marini, simili ai coralli, diffusi nei mari tropicali; raggruppati in colonie formano atolli, scogliere e barriere.
ma|dre|pò|ri|co *agg.* [m.pl. *-ci*] di madrepora; costituito da madrepore | *formazioni madreporiche*, quelle costituite dallo scheletro calcareo di madrepore e diffuse nei mari tropicali, in forma di atolli, scogliere e barriere.
ma|dre|vì|te *s.f.* [pl. *madreviti*] (*mecc.*) **1** elemento cavo filettato in cui si introduce la vite **2** utensile con cui si esegue la filettatura delle viti.
ma|drì|gà|le *s.m.* **1** breve componimento poe-

madrigale

tico di contenuto gener. amoroso, in uso dal XIV al XVIII sec. **2** (*mus.*) composizione polifonica a più voci, di soggetto profano, diffusasi tra il XIV e il XVII sec.

ma|dri|ga|li|sta *s.m./f.* [m.pl. *-i*] autore o esecutore di madrigali.

ma|dri|le|no *agg.* di Madrid ♦ *s.m.* [f. *-a*] chi è nato o abita a Madrid.

ma|dri|na *s.f.* **1** donna che tiene a battesimo o a cresima un bambino **2** (*estens.*) donna che presiede a una cerimonia, spec. di inaugurazione: *— al varo di una nave* | donna che patrocina iniziative di beneficenza.

ma|e|stà *s.f.* **1** nobiltà d'aspetto, imponenza degna di ammirazione: *la — di un antico palazzo* **2** titolo riservato a sovrani e imperatori: *Sua Maestà* | (*dir.*) **delitto di lesa —**, un tempo, reato contro il re o la sicurezza dello Stato **3** (*pitt.*) nell'iconografia cristiana, Cristo o la Vergine assisa in trono, rappresentati in atteggiamento solenne: *le Maestà di Cimabue.*

ma|e|sto|si|tà *s.f.* (anche *fig.*) grandiosità di proporzioni; imponenza.

ma|e|stó|so *agg.* **1** pieno di maestà; grandioso, imponente: *piramidi maestose; portamento —* **2** (*mus.*) si dice di indicazione che prevede l'esecuzione lenta e solenne di un brano □ **maestosamente** *avv.*

ma|e|stra *s.f.* **1** donna che, per professione, si dedica all'educazione e all'istruzione dei bambini nella scuola | (*per anton.*) insegnante di scuola elementare | **— di asilo**, quella che si occupa dei bambini in età prescolare **2** donna che istruisce in una certa attività: *— di musica* **3** (*estens.*) donna abile nel fare ql.co.: *è una — in cucina* **4** (*fig.*) guida, esempio: *la storia è — di vita* **5** (*mar.*) *albero di —*, in un veliero, quello principale e più alto | **vela di —**, quella dell'albero principale.

ma|e|stra|le *s.m.* **1** vento freddo e secco che spira da nord-ovest, tipico del Tirreno **2** (*estens., geog.*) la direzione di tale vento.

ma|e|stran|za *s.f. spec.pl.* il complesso degli operai che lavorano presso uno stabilimento industriale, un arsenale o un porto.

ma|e|stri|a *s.f.* **1** grande capacità, abilità nel fare ql.co.; bravura: *— di un artista* **2** accortezza, astuzia.

ma|e|stro *s.m.* **1** chi insegna una scienza, un'arte, una dottrina: *un — di teologia* | **dei filosofi**, Aristotele | (*per anton.*) *il Maestro*, Gesù Cristo **2** (*estens.*) chi eccelle nel sapere o in particolari virtù, tanto da essere preso a modello; guida: *fu un —, per i suoi dipendenti*; *è un — di sapienza, di vita* | (*iron.*) *darsi arie da —*, assumere atteggiamenti saccenti | *essere un — del raggiro*, essere molto abili nel turlupinare il prossimo **3** insegnante di scuola elementare **4** insegnante di discipline speciali o istruttore di attività pratiche: *— di arti marziali, di nuoto* **5** musicista di professione **6** artista a capo di una bottega o di una scuola **7** operaio specializzato alle cui dipendenze lavorano altre persone; capomastro: *—*

muratore **8** chi dirige un'azienda, un ufficio, un'associazione ecc.: *gran — dell'ordine di Malta* | **— di cerimonie**, cerimoniere **9** (*geog.*) maestrale | nella rosa dei venti e nella bussola, la direzione nord-ovest **10** negli scacchi, titolo che si consegue dopo aver raggiunto un determinato punteggio nei tornei ufficiali ♦ *agg.* **1** esperto, abile: *mano maestra* | **colpo —**, azione effettuata con astuzia e abilità **2** principale: *strada maestra*; *albero —* | **muro —**, quello su cui grava il carico maggiore di una costruzione.

mà|fia *s.f.* **1** organizzazione criminale originaria della Sicilia che esercita un controllo parassitario su attività economiche, produttive e su traffici illeciti; la sua attività investe anche il settore politico e amministrativo **2** (*estens.*) qualsiasi gruppo di potere che opera illecitamente.

ma|fió|so *agg.* **1** della mafia; tipico della mafia **2** che appartiene alla mafia: *cosca mafiosa* ♦ *s.m.* [f. *-a*] chi appartiene alla mafia | chi agisce con metodi tipici della mafia.

mà|ga *s.f.* **1** donna che esercita la magia **2** (*fig., raro*) donna che seduce, ammalia **3** (*estens.*) donna molto abile nel fare ql.co.: *è una — a ricamare.*

ma|gà|gna *s.f.* **1** guasto, difetto non immediatamente visibile: *un mobile con qualche —* **2** acciacco, malanno **3** (*fig.*) vizio | azione moralmente sbagliata.

ma|gà|ri *inter.* esprime desiderio: *"Sarai promosso?" —!"* ♦ *cong.* **1** volesse il cielo che: *— fosse vero!* **2** (*fam.*) anche se, anche a costo di: *verrò, dovessi — partire all'alba!* ♦ *avv.* **1** forse: *— non si farà neanche vedere* | semmai: *— telefonami prima di andarci* **2** persino: *è capace — di dirti di no* **3** (*fam.*) piuttosto: *non pranzo, ma devo finire questo lavoro.*

magazine (*ingl.*) [pr. *mègasin*] *s.m. invar.* periodico, rotocalco illustrato.

ma|gaz|zi|nàg|gio *s.m.* **1** l'atto e il risultato di depositare merci o materiali in un magazzino **2** somma che si versa per depositare merci nel magazzino di un'altra persona.

ma|gaz|zi|niè|re *s.m.* [f. *-a*] addetto alla custodia o alla gestione di un magazzino.

ma|gaz|zì|no *s.m.* **1** locale o edificio adibito al deposito o alla conservazione di merci, materiali: *il — degli attrezzi* **2** l'insieme delle merci depositate di cui sono forniti negozi, ditte e sim.: *vendere tutto lo —* **3** *grandi magazzini*, complesso di locali per la vendita al dettaglio di merci varie; supermercato.

mag|da|le|nià|no *agg.* si dice della fase più recente del Paleolitico superiore europeo, caratterizzata dall'utilizzo di lame di selce, dalle tipiche lavorazioni in osso o corno di renna e dallo sviluppo dell'arte rupestre ♦ *s.m.* periodo magdaleniano.

ma|gèn|ta *agg.invar., s.m.invar.* detto di colore rosso cremisi molto scuro.

mag|gé|se *agg.* di maggio ♦ *s.m.* antica pratica agricola consistente nel lasciare per un certo tempo un terreno a riposo, lavorandolo e concimandolo periodicamente, allo scopo di fargli riacquisire fertilità 2 (*estens.*) il terreno sottoposto a tale pratica.

màg|gio *s.m.* quinto mese dell'anno nel calendario gregoriano, di 31 giorni | *il Primo Maggio*, la festa del lavoro.

mag|gio|ción|do|lo *s.m.* piccolo albero di montagna dal legno pregiato con fiori gialli odorosi raccolti in grappoli e foglie tripartite.

mag|gio|li|no[1] *s.m.* piccolo insetto nero lucente con elitre marroni macchiate di bianco ai lati e antenne frangiate nel maschio; è causa di notevoli danni alle colture.

mag|gio|li|no[2] *s.m.* mobile neoclassico riccamente decorato con intarsi.

mag|gio|rà|na *s.f.* pianta erbacea aromatica, le cui cime fiorite sono usate in cucina e, per l'olio che se ne ricava, in farmacia e in profumeria.

mag|gio|ràn|za *s.f.* 1 la parte numericamente e quantitativamente superiore di un tutto; la maggior parte: — *della popolazione* 2 in un'elezione, il maggior numero dei votanti | in un organo collegiale, il numero di voti necessari affinché prevalga una proposta | (*estens.*) il gruppo con il maggior numero di voti in grado, quindi, di far approvare una mozione: *avere la* — | — *parlamentare*, in Parlamento, l'insieme dei partiti che sostengono il governo | — *assoluta*, quella che ottiene più della metà del totale dei voti | — *relativa*, quella che ottiene più voti di ciascuno degli schieramenti o dei concorrenti.

mag|gio|rà|re *v.tr.* [indic.pres. *io maggióro...*] aumentare: — *un prezzo*.

mag|gio|ra|scà|to *s.m.* (*dir.*) istituto del maggiorasco.

mag|gio|rà|sco *s.m.* [pl. *-schi*] (*dir. ant.*) istituto per cui il patrimonio familiare passava per testamento, come eredità indivisibile, a un solo parente maschio, gener. al più vicino di grado o, tra parenti di pari grado, al maggiore di età.

mag|gio|rà|ta *agg.*, *s.f.* detto di donna con forme prosperose.

mag|gio|rà|to *part.pass.* di *maggiorare* ♦ *agg.* spec. di prezzi, aumentato.

mag|gio|ra|zió|ne *s.f.* aumento: — *delle tariffe*.

mag|gior|dò|mo *s.m.* nei palazzi signorili, chi è capo della servitù e si occupa dell'andamento della casa.

mag|gió|re *agg.* [compar. di *grande*; gener. si tronca davanti a parole singolari che iniziano per consonante] 1 più grande per dimensione, numero, altezza, intensità e sim.: *ha subito un danno — di quel che si pensava* | preceduto dall'articolo determinativo ha valore di superlativo relativo: *il maggior fiume dell'Africa è il Nilo* | *la maggior parte*, la parte più numerosa | (*dir.*) *andare per la —*, godere di un grande successo 2 più importante: *il maggior critico d'arte* | aggiunto al nome di un artista, fa riferimento alle sue opere più importanti: *Raffaello* | *forza —*, quella che dipende da cause esterne: *si è dimesso per cause di forza —* 3 nato prima, più anziano: *è il figlio —* | aggiunto a un nome proprio, distingue un personaggio da un omonimo più giovane o vissuto in epoca successiva: *Catone —* | *la —età*, quella in cui si è maggiorenni, corrispondente oggi ai diciotto anni 4 di grado superiore per condizione sociale, economica o in una scala gerarchica 5 (*mus.*) *scala —*, serie di otto suoni costituita dalla successione di intervalli di due toni, un semitono, tre toni e un semitono ♦ *s.m.* 1 [anche f.] il più anziano di età rispetto ad altri; figlio primogenito 2 chi, in un ordine gerarchico, ha grado superiore rispetto a quello di altri | (*mil.*) ufficiale delle forze armate, eccetto la marina, di grado compreso fra quello di capitano e tenente colonnello □ **maggiormente** *avv.* di più, in misura maggiore; con più intensità.

mag|gio|rèn|ne *agg.*, *s.m./f.* che, chi ha compiuto la maggiore età e ha acquistato quindi piena capacità giuridica.

mag|gio|rèn|te *s.m. spec.pl.* persona di riguardo per posizione sociale o economica, per autorità o cultura: *i maggiorenti del borgo*.

mag|gio|ri|tà|rio *agg.* di maggioranza | *sistema —*, sistema elettorale per cui la maggioranza dei seggi viene attribuita alla lista che ha ottenuto il maggior numero di voti; si contrappone a *proporzionale*.

ma|ghre|bi|no *agg.*, *s.m.* → **magrebino**.

ma|gì|a *s.f.* 1 pratica rituale tendente a dominare con arti occulte la natura | — *bianca*, *naturale*, quella esercitata a scopi benefici | — *nera*, quella esercitata con intenzioni malefiche 2 fattura, incantesimo: *gli hanno fatto una —* | trucco illusionistico 3 (*fig.*) capacità di ammaliare; fascino: *la — della musica*, *di un sorriso*.

ma|già|ro *agg.*, *s.m.* [f. *-a*] 1 appartenente alla popolazione ugrofinnica che, nel sec. IX, si stanziò sul territorio dell'attuale Ungheria 2 ungherese.

mà|gi|co *agg.* [m.pl. *-ci*] 1 della magia, dei maghi: *filtro —* 2 (*fig.*) che incanta, ammalia: *notte magica* 3 (*fig.*) che produce effetti straordinari: *il — potere del denaro* | che è dotato di eccezionali capacità; prodigioso: *il — tocco di un artista* 4 detto di oggetti con particolari accorgimenti tecnici che producono effetti speciali: *lanterna magica* □ **magicamente** *avv.*

mà|gio *s.m.* 1 sacerdote dell'antica religione persiana, cultore di astrologia e di pratiche divinatorie 2 (*spec.pl.*) nel racconto evangelico, i tre sacerdoti che, guidati da una stella, si recarono ad adorare Gesù Bambino: *Re Magi*.

ma|gió|ne *s.f.* (*lett.*, *anche scherz.*) abitazione.

ma|gi|stè|ro *s.m.* 1 attività, incarico di maestro: *esercitare il —* | (*estens.*) insegnamento autorevole, spec. in ambito morale e di vita: *il — della Chiesa* 2 professione dell'insegnamento | *facoltà di —*, facoltà universitaria per il conseguimento della laurea in materie letterarie e pedagogiche, sostituita oggi da Scienze della formazione 3 (*fig.*) abilità, maestria.

ma|gi|strà|le *agg.* 1 di maestro o relativo ai maestri o all'insegnamento elementare 2 che denota abilità, maestria: *interpretazione —* | solenne, rigoroso: *tono —* □ **magistralmente** *avv.* con grande abilità; perfettamente: *eseguire — un'opera.*

ma|gi|stra|to *s.m.* **1** chi esercita la funzione di amministrare la giustizia; giudice: *— del tribunale* **2** carica o ufficio con funzioni di pubblica amministrazione, spec. di sovrintendenza delle acque: *il — del Po* **3** nell'età antica e comunale, chi esercitava temporaneamente un'alta carica pubblica elettiva.

ma|gi|stra|tu|ra *s.f.* **1** l'ufficio, la carica del magistrato **2** l'insieme degli organi amministrativi, civili e penali che esercitano il potere giudiziario: *l'autonomia e l'indipendenza della —* | il complesso dei magistrati **3** nell'età antica e comunale, alta carica pubblica elettiva di durata temporanea.

mà|glia *s.f.* **1** ciascuno degli intrecci di filo tessile eseguiti a mano o a macchina: *— diritta, rovescia; fare la —* | il tessuto eseguito in tal modo: *una sciarpa di —* **2** ciascuno degli elementi che formano una catena o una rete (p.e. anelli, fili): *le maglie del braccialetto* | *(fig.).* **cadere nelle maglie di qlcu., di ql.co.**, restarne soggiogato **3** indumento lavorato a maglia con cui si coprono busto e braccia: *una — a fasce* **4** *(sport)* casacca colorata indossata da sportivi e atleti come distintivo della squadra di appartenenza | *— azzurra*, quella usata dalle squadre nazionali italiane | *— rosa*, quella indossata dal primo ciclista in classifica nel Giro d'Italia **5** nel Medioevo, indumento fatto di maglie metalliche intrecciate, indossato sotto l'armatura **6** *(elettr.)* circuito inserito in una rete di conduttori elettrici **7** *(telecom.)* il complesso dei circuiti interurbani di un determinato territorio **8** in cartografia, porzione di superficie delimitata dal reticolato di paralleli e meridiani.

ma|glià|io *s.m.* [f. *-a*] **1** operaio di maglificio | chi esegue lavori a maglia per mestiere **2** chi commercia capi di maglieria.

ma|glia|ro *s.m.* [f. *-a*] *(pop.)* **1** venditore ambulante di tessuti o indumenti di bassa qualità, spacciati per capi di valore **2** *(estens.)* impostore.

ma|glie|ri|a *s.f.* **1** laboratorio per il confezionamento di tessuti e indumenti a maglia | negozio in cui si vendono indumenti realizzati a maglia **2** l'insieme dei tessuti e degli indumenti lavorati a maglia: *capo di —.*

ma|gliét|ta *s.f.* **1** leggera maglia a maniche corte, in lana o cotone **2** anello applicato sulla cornice di uno specchio o di un quadro che si vogliono appendere.

ma|gli|fi|cio *s.m.* stabilimento in cui si fabbricano tessuti e indumenti a maglia.

ma|gli|na *s.f.* tessuto a maglia leggero, usato spec. per la confezione di indumenti femminili.

mà|glio *s.m.* **1** grosso martello di legno a due teste, usato per battere cunei, scalpelli, cerchi di botti | mazza di ferro con manico lungo, usata dai fabbri nei lavori di fucinatura **2** *(mecc.)* macchina usata durante le operazioni di fucinatura e stampaggio, che deforma pezzi metallici fra una mazza e un'incudine.

ma|glió|ne *s.m.* pesante maglia di lana.

màg|ma *s.m.* [pl. *-i*] **1** *(geol.)* massa fusa e incandescente di silicati situata nelle profondità della crosta terrestre; forma rocce di diverso tipo solidificandosi all'interno o all'esterno della crosta terrestre **2** *(fig.)* insieme caotico e disordinato: *il — delle emozioni.*

mag|mà|ti|co *agg.* [m.pl. *-ci*] **1** *(geol.)* del magma; formato da magma: *deposito —* **2** *(fig.)* caotico, disordinato.

ma|gnàc|cia *s.m.invar.* *(dial., gerg.)* sfruttatore di prostitute | *(estens.)* uomo mantenuto da una donna.

ma|gna|ni|mi|tà *s.f.* generosità d'animo; liberalità.

ma|gnà|ni|mo *agg.* che ha un animo generoso e nobili sentimenti | che rivela magnanimità, generosità d'animo: *un comportamento —* □ **magnanimamente** *avv.*

ma|gnà|te *s.m.* **1** persona influente, spec. grande industriale: *un — del petrolio* **2** *(st.)* nell'età comunale, spec. nel Nord Italia, cittadino ricco e importante, spec. nobile | nei regni di Polonia, Ungheria e Boemia, grande proprietario terriero a cui venivano riconosciuti diritti politici.

ma|gna|ti|zio *agg.* di, da magnate.

ma|gnè|sia *s.f.* *(chim.)* ossido o idrossido di magnesio, in forma di polvere bianca inodore; è usata in medicina come debole lassativo o come rimedio contro l'iperacidità | *— effervescente*, miscela contenente carbonato di magnesio, con cui si prepara una bevanda leggermente purgante.

ma|gnè|sio *s.m.* elemento chimico metallico di colore bianco-argenteo, duttile e malleabile, molto leggero e facilmente ossidabile (*simb.* Mg); è usato in numerose leghe leggere e in medicina come lassativo | *solfato di —*, purgante; sale inglese.

ma|gne|si|te *s.f.* *(min.)* carbonato di magnesio sotto forma di massa compatta grigia, gialla o bianca, oppure di cristalli trasparenti; si usa per preparare materiali refrattari.

ma|gnè|te *s.m.* **1** *(fis.)* corpo che genera attorno a sé un campo magnetico; calamita | *— naturale*, minerale contenente magnetite | *— artificiale*, corpo che assume proprietà magnetiche in un campo magnetico | *— temporaneo*, dispositivo che produce un campo magnetico mediante corrente elettrica; elettromagnete **2** *(elettr.)* generatore di corrente elettrica alternata, usato per l'accensione di alcuni motori a scoppio.

ma|gnè|ti|co *agg.* [m.pl. *-ci*] **1** relativo al magnete o al magnetismo: *azione magnetica* | *campo —*, zona in cui si manifestano forze magnetiche | *ago —*, quello calamitato della bussola | *polo —*, ciascuno dei due poli, nord e sud (o positivo e negativo), chiamati così convenzionalmente, verso cui tende l'ago della bussola **2** che può essere magnetizzato per registrare e riprodurre dati, suoni, immagini: *disco —* **3** *(fig.)* che attrae,

che seduce in modo irresistibile: *sguardo —*
magneticamente *avv.* dal punto di vista magnetico | mediante forza magnetica.
ma|gne|ti|smo *s.m.* **1** (*fis.*) fenomeno che si verifica per movimento di cariche elettriche, da cui deriva la proprietà di alcuni corpi di attrarre e trattenere il ferro | *— terrestre*, campo di attrazione magnetica generato dalla Terra; geomagnetismo **2** branca della fisica che studia i fenomeni magnetici **3** (*fig.*) intensa forza di attrazione e capacità di suggestione: *il — di uno sguardo*.
ma|gne|ti|te *s.f.* minerale di ferro, nero, lucido, costituito da ossido di ferro bivalente e trivalente e da minime quantità di altri metalli; è dotato di magnetismo naturale.
ma|gne|tiz|za|re *v.tr.* **1** (*fis.*) conferire a un corpo proprietà magnetiche **2** (*fig.*) attrarre, suggestionare: *una bellezza che magnetizza* ♦ **-rsi** *intr. pron.* acquisire proprietà magnetiche.
ma|gne|tiz|za|tó|re *s.m.* **1** [f. *-trice*] chi magnetizza **2** (*elettr.*) elettromagnete usato per magnetizzare alcuni materiali ferrosi.
ma|gne|tiz|za|zió|ne *s.f.* operazione con cui si conferiscono proprietà magnetiche a un corpo.
ma|gnè|to- primo elemento di parole composte che significa "relativo al magnetismo" (*magnetofono*).
ma|gne|tó|fo|no® *s.m.* apparecchio che registra i suoni su un nastro rivestito di materiale magnetizzabile.
ma|gne|tò|me|tro *s.m.* (*fis.*) strumento che misura intensità e direzione di un campo magnetico.
ma|gne|to|sfè|ra *s.f.* spazio attorno alla Terra in cui l'azione del campo magnetico terrestre è più sensibile.
ma|gne|to|stri|zió|ne *s.f.* (*fis.*) piccola variazione delle dimensioni e della forma di un corpo quando si magnetizza.
mà|gne|tron o **magnetróne** *s.m.invar.* (*fis.*) tubo termoelettronico che serve da oscillatore o amplificatore di potenza, in cui il flusso di corrente è regolato contemporaneamente da un campo elettrico e da uno magnetico; è usato spec. nei forni a microonde e nei radar.
ma|gni|fi|cà|re *v.tr.* [indic.pres. *io magnìfico, tu magnìfichi*...] esaltare in modo entusiastico; celebrare, glorificare: *— Dio*; *un'impresa* | (*estens.*) lodare in modo esagerato: *— la bellezza di una donna* ♦ **-rsi** *rifl.* vantarsi dei propri meriti in modo esagerato.
Ma|gni|fi|cat (*lat.*) *s.m.invar.* nella liturgia cattolica, cantico della Vergine Maria.
ma|gni|fi|ca|zió|ne *s.f.* **1** esaltazione **2** (*tecn.*) ingrandimento, amplificazione.
ma|gni|fi|cèn|za *s.f.* **1** grandiosità tipica di una cosa bella o di grande valore: *la — di un antico edificio* | cosa di straordinaria bellezza: *una dimora che è una —* **2** sfarzo, sontuosità: *la — di una celebrazione* **3** (*lett.*) qualità di chi è generoso, liberale; munificenza: *la — di un principe*.
ma|gnì|fi|co *agg.* [m.pl. *-ci*; superl. *magnificentìssimo*] **1** che suscita ammirazione per lo splendore, la grandiosità o la bellezza; straordinario: *un regalo —*; *un paesaggio —* **2** (*lett.*) generoso, liberale; munifico | che denota prodigalità e disponibilità di mezzi: *un'accoglienza magnifica* **3** (*st.*) titolo che veniva attribuito a sovrani, principi o personaggi di rilievo: *Lorenzo il Magnifico* **4** titolo del rettore di un'università □ **magnificamente** *avv.*
ma|gni|lo|quèn|te *agg.* (*lett.*) che scrive o parla con stile ricercato e solenne | enfatico, pomposo.
ma|gni|lo|quèn|za *s.f.* enfasi, pomposità.
ma|gni|tù|di|ne *s.f.* (*astr.*) misura dello splendore dei corpi celesti, che quantitativamente aumenta al diminuire della luminosità.
ma|gni|tù|do (*lat.*) *s.f.invar.* in sismologia, misura dell'energia di un terremoto, espressa in base al valore massimo delle onde sismiche.
mà|gno *agg.* **1** (*lett., anche scherz.*) grande | *in pompa magna*, con gran lusso **2** (*st.*) appellativo attribuito a personaggi illustri: *Alessandro Magno*; *Carlo Magno*.
ma|gnò|lia *s.f.* pianta arborea o arbustacea dicotiledone, con grandi fiori bianchi o rosa molto profumati e foglie lucenti color verde scuro; viene coltivata a scopo ornamentale.
Ma|gno|lià|ce|e *s.f.pl.* famiglia di piante arboree o arbustacee dicotiledoni, diffuse nelle zone temperate e subtropicali, di cui fa parte la magnolia.
mà|gnum (*lat.*) *agg.invar.* detto di oggetto o formato più grande rispetto al normale ♦ *s.m.invar.* **1** bottiglia con capacità per lo più doppia rispetto al normale, usata per champagne, spumante o vino **2** cartuccia con carica potenziata per pistola | (*estens.*) la pistola che può sparare tale cartuccia.
mà|go *s.m.* [pl. *-ghi*] **1** chi esercita la magia; stregone | nelle fiabe, nelle leggende, personaggio con poteri soprannaturali: *— Merlino* **2** nel varietà, nel circo, artista che si esibisce in spettacoli di illusionismo o di prestigio **3** (*fig.*) chi è molto abile in una professione, in un'attività e sim.: *è un — del bisturi*.
ma|gó|ne *s.m.* **1** (*region.*) ventriglio del pollo **2** (*fig.*) dispiacere, nodo alla gola: *mi è venuto il —*.
mà|gra *s.f.* **1** portata minima o nulla di un fiume o di un torrente, dovuta a scarse precipitazioni **2** (*fig.*) carestia, penuria; povertà: *giorni di —* **3** (*fam.*) brutta figura.
ma|gre|bi|no o **maghrebino** *agg.* del Magreb, ovvero l'insieme dei paesi arabi dell'Africa nord-occidentale ♦ *s.m.* [f. *-a*] chi è nato o abita nel Magreb.
ma|gréz|za *s.f.* **1** gracilità: *la — paurosa delle sue mani* | (*med.*) condizione dell'organismo caratterizzata da diminuzione del tessuto adiposo e da riduzione del peso corporeo **2** (*estens.*) aridità, sterilità: *la — della terra* **3** (*fig.*) penuria, scarsità: *— delle entrate*.
mà|gro *agg.* **1** che ha poco tessuto adiposo; scarno, secco: *un ragazzo —*; *braccia magre* **2** che è privo di grassi o ne contiene pochi: *latte —* | *cibi magri*, quelli privi di grassi e con poche calo-

rie 3 (*fig.*) insufficiente, scarso: — *guadagno* 4 (*fig.*) meschino, misero: *una magra figura* ♦ *s.m.* negli animali macellati, la parte magra della carne: *il* — *del prosciutto* | *giorni di* —, quelli in cui la Chiesa prescrive di non mangiare carne ▫ **magramente** *avv.* in modo misero, povero | in modo scarso, insufficiente: *è* — *retribuito*.
mah o **ma** *inter.* 1 nelle risposte, indica incertezza, dubbio: *"Avrà capito?" "—, non lo so"* 2 esprime disapprovazione, rassegnazione: *—! Quel ragazzo non è mai contento!*
maharajah (*hindi*) [pr. *maarajà*] *s.m.invar.* (*st.*) titolo di principi e sovrani indiani.
maharani (*hindi*) [pr. *maaràni*] *s.f.invar.* (*st.*) sposa del maharajah.
mahatma (*hindi*) [pr. *maàtma*] *agg.invar.*, *s.m.invar.* in India, titolo attribuito a persone di grande valore spirituale, spec. ai santoni | (*per anton.*) *il Mahatma*, Gandhi.
mahdi (*ar.*) [pr. *màdi*] *s.m.invar.* nella religione islamica, figura profetica che alla fine del mondo farà trionfare la giustizia ed eliminerà l'infedeltà, portando a termine l'opera iniziata da Maometto.
mah|di|smo o **madismo** *s.m.* movimento politico-religioso islamico che professa la fede nell'avvento del mahdi.
mah|di|sta o **madista** *s.m./f.* [m.pl. *-i*] seguace del mahdismo.
mai *avv.* 1 [posposto al v., gener. rafforza la negazione] in nessun tempo, in nessun caso, nessuna volta: *non l'ho* — *visto*; *non risponderà* —; *qualche volta tu ti sei infuriato, io* — | si usa anche rafforzato: *non l'aiuterò* — *più*; — *e poi* — *lo farò* | (*assol.*) nelle risposte, ha valore di forte negazione: *"Ti saluta quando ti incontra?" "—"* 2 premesso al verbo, senza altre negazioni, ha valore esclamativo: — *si arrese!* | si usa in proposizioni esclamative: — *che avesse una parola gentile!* 3 [in espressioni comparative] nessun'altra volta, in nessun altro tempo: *adesso lo rispetteremo più che* — 4 [n elle prop. interr., condiz. o dubitative] qualche volta, in qualsiasi tempo: *chi l'ha* — *visto salutare?*; *chi l'avrebbe* — *immaginato?* | *caso* —, eventualmente, nel caso.
ma|ia|là|ta *s.f.* (*fam.*) azione o espressione oscena, volgare.
ma|ià|le *s.m.* 1 mammifero domestico onnivoro, dal corpo tozzo rivestito di setole, con muso a grugno, zampe robuste e coda arrotolata; viene allevato per le carni e i prodotti derivati 2 la carne macellata di tale animale: *salsiccia di* — 3 (*fig.*) persona molto sporca 4 (*fig.*) persona ingorda e molto grassa 5 (*fig.*) persona che ha un comportamento moralmente riprovevole o dissoluto 6 (*mar.*) mezzo per l'assalto subacqueo, costituito da una specie di siluro contenente la carica esplosiva.
ma|i|di|co *agg.* [m.pl. *-ci*] del mais, che riguarda il mais.
ma|ièu|ti|ca *s.f.* (*filos.*) metodo di insegnamento socratico in base al quale mediante il dialogo, la discussione e le opportune domande, lo studente riesce gradatamente a individuare in se stesso la verità.
mail (*ingl.*) [pr. *méil*] *s.f.invar. abbr. di* e-mail | (*inform.*) — *list*, conferenza telematica in cui gli utenti di una rete si scambiano messaggi mediante la posta elettronica.
mailing (*ingl.*) [pr. *mèilin*] *s.m.invar.* pubblicità o vendita per corrispondenza | (*comm.*) — *list*, indirizzario dal quale si attingono i nominativi dei clienti a cui spedire materiale pubblicitario; (*inform.*) mail list.
mail order (*ingl.*) [pr. *méil òrder*] *loc.sost.m. invar.* ordine di acquisto per corrispondenza.
ma|iò|li|ca *s.f.* 1 ceramica a pasta porosa rivestita con uno strato di vernice vetrificata o di smalto impermeabile | oggetto fatto con tale materiale: *vaso di* — 2 (*geol.*) roccia sedimentaria composta da strati di calcare bianco, compatto e finissimo.
ma|io|li|cà|re *v.tr.* 1 rivestire con lo smalto tipico della maiolica 2 rivestire una superficie con mattonelle di maiolica.
ma|io|li|cà|to *part.pass. di* maiolicare ♦ *agg.* rivestito con maiolica ♦ *s.m.* superficie rivestita da mattonelle di maiolica.
ma|io|né|se *s.f.* (*gastr.*) salsa fredda preparata con tuorli d'uovo, olio, sale, limone e aceto.
màis *s.m.invar.* granturco.
maître (*fr.*) [pr. *mètr*] *s.m.invar.* 1 nelle case signorili, maggiordomo 2 in un ristorante di lusso, direttore di sala | in un albergo, direttore dei servizi.
maître à penser (*fr.*) [pr. *mètr a pansé*] *loc. sost.m.invar.* intellettuale di rilievo, la cui opera guida e influenza la cultura e il comportamento di un gruppo sociale.
maîtresse (*fr.*) [pr. *metrès*] *s.f.invar.* tenutaria di una casa di tolleranza.
ma|iù|sco|la *s.f.* lettera dell'alfabeto o carattere tipografico realizzati in maiuscolo.
ma|iu|sco|lét|to *s.m.* carattere tipografico che ha la stessa forma del maiuscolo ma altezza uguale al minuscolo.
ma|iù|sco|lo *agg.* 1 detto di carattere o di lettera dell'alfabeto più grande e con forma diversa rispetto a quella del minuscolo; si usa spec. nelle iniziali dei nomi propri e in principio di periodo 2 (*estens.*, *fig.*, *spec. scherz.*) enorme, evidente: *uno strafalcione* — 3 (*fig.*, *raro*) eccezionale, straordinario ♦ *s.m.* carattere maiuscolo: *stampato in* —.
mai|zè|na® *s.f.invar.* (*gastr.*) finissima farina bianca di granturco, usata nella preparazione di dolci e minestre o nella produzione della birra.
majorette (*ingl.*) [pr. *meigiorèt*, com. *majorèt*] *s.f.invar.* nelle sfilate, ragazza in divisa che precede i suonatori di una banda musicale lanciando e roteando in aria un bastone.
make-up (*ingl.*) [pr. *mèikap*] *s.m.invar.* trucco del viso.
ma|kò o **macò** *s.m.invar.* cotone pregiato e resistente, usato spec. per stoffe e filati.
mà|la *s.f.* (*gerg.*) malavita.

ma|làc|ca *s.f.* varietà di canna d'India, usata per fabbricare bastoni, manici di ombrello e sim.
ma|lac|cèt|to o **mal accètto** *agg.* che non è accettato volentieri; sgradito: *un regalo —*.
ma|lac|còr|to *agg.* 1 di persona, privo di cautela, sconsiderato; imprudente 2 che denota mancanza di cautela, sconsideratezza; avventato: *scelta malaccorta* □ **malaccortamente** *avv.*
ma|la|chì|te *s.f.* (*min.*) carbonato basico di rame, di colore verde intenso, usato come pietra dura ornamentale o come pigmento per la produzione di lacche e la colorazione di tessuti.
ma|la|co|lo|gi|a *s.f.* branca della zoologia che studia i molluschi.
ma|la|cre|àn|za o **màla creànza** *s.f.* [pl. *malecreanze*] maleducazione; scortesia.
ma|la|fàt|ta *s.f.* → **malefatta**.
ma|la|fé|de o **màla féde** *s.f.* 1 stato d'animo di chi consapevolmente inganna gli altri; ipocrisia, slealtà: *parla in —* 2 (*dir.*) comportamento realizzato con la consapevolezza di pregiudicare un diritto altrui o di agire in modo illecito.
ma|laf|fà|re *s.m. solo nella loc.* **di —**, in riferimento a comportamento o a individuo disonesto o che non rispetta la morale comune | *donna di —*, prostituta.
mà|la|ga *s.m.invar.* 1 vino liquoroso, bianco o rosso 2 gelato a base di crema, aromatizzata con tale vino e arricchita con uvetta ♦ *s.f.* uva di cui si ottiene tale vino.
ma|la|gé|vo|le *agg.* che presenta difficoltà e ostacoli; disagevole: *compito, sentiero —*.
ma|la|grà|zia *s.f.* [pl. *malegrazie*] scortesia, villania: *reagire con —*.
ma|la|lìn|gua o **màla lìngua** *s.f.* [pl. *malelingue*] persona che sparla volentieri del prossimo; maldicente.
ma|lan|dà|to *agg.* malconcio, in pessimo stato: *un appartamento —*.
ma|lan|dri|nà|ta *s.f.* espressione, gesto, comportamento da malandrino.
ma|lan|dri|no *s.m.* [f. *-a*] 1 (*raro*) bandito, rapinatore 2 (*estens.*) persona disonesta e malvagia; imbroglione 3 (*fam., scherz.*) ragazzo furbo, vivace; birbone ♦ *agg.* 1 (*raro*) che compie azioni illecite 2 (*estens.*) disonesto, malvagio 3 (*fig., scherz.*) che attrae; birichino: *un'occhiata malandrina*.
ma|la|nì|mo *s.m.* sentimento di ostilità; avversione, astio: *avere — verso qlcu.*
ma|làn|no *s.m.* 1 malattia, spec. fastidiosa e lunga; acciacco: *la vecchiaia è piena di malanni* | malattia non particolarmente grave; indisposizione: *malanni di stagione* 2 danno, guaio; disgrazia 3 (*scherz.*) persona seccante; rompiscatole: *quel bambino è un —!* | ciò che crea situazioni o questioni negative: *la disoccupazione è un grave — sociale*.
ma|la|pa|rà|ta o **màla paràta** *s.f. solo sing.* (*fam.*) situazione difficile, pericolosa; insidia: *vista la —, mi allontanai*.
ma|la|pé|na *s.f. solo nella loc.* **a —**, a fatica, a stento: *si mantiene sveglio a —*.

ma|là|ria *s.f.* malattia infettiva che le zanzare del genere Anofele trasmettono all'uomo; provoca febbre intermittente, anemia, tumefazione del fegato e della milza.
ma|là|ri|co *agg.* [m.pl. *-ci*] (*med.*) 1 di malaria | causato da malaria: *infezione malarica* 2 affetto da malaria | infestato da malaria: *regione malarica* ♦ *s.m.* [f. *-a*] chi è affetto da malaria.
ma|la|sòr|te o **màla sòrte** *s.f.* [pl. *malesorti*] disgrazia, destino negativo: *ha perso per colpa della —*.
ma|la|tìc|cio *agg.* [f.pl. *-ce*] che si ammala spesso, ma non in modo grave; gracile, debole: *un ragazzo —*.
ma|là|to *agg.* 1 di persona, che è affetto da una malattia; ammalato, infermo: *un vecchio —* 2 di organo, che è stato colpito da un'alterazione patologica: *fegato —* 3 (*estens.*) di pianta, che cresce con difficoltà o è attaccata da parassiti 4 (*fig.*) che è dominato in modo morboso da un sentimento: *— di gelosia* | esaltato, sconvolto, turbato: *fantasia malata* 5 (*fig.*) di una società, che attraversa un periodo di crisi: *un'economia malata* ♦ *s.m.* [f. *-a*] chi è affetto da una malattia; infermo: *un — cronico | — di mente*, folle, psicopatico.
ma|lat|tì|a *s.f.* 1 qualsiasi alterazione della forma, della struttura e della funzione di uno o più organi o dell'organismo nel suo complesso: *una — rara; — congenita; — degli occhi* | **essere, mettersi in —**, assentarsi dal lavoro per problemi di salute | **— professionale**, quella causata da determinate attività lavorative | **— del secolo**, quella che caratterizza una data epoca e contro la quale la medicina è impotente 2 (*estens.*) qualsiasi alterazione a carico di una pianta che cresce a stento o è attaccata da parassiti 3 (*estens.*) qualsiasi alterazione strutturale di una cosa o di una sostanza: *— delle perle, del vino* 4 (*fig.*) difetto, vizio; pecca caratteriale: *la pigrizia è una brutta —* | turbamento morale o psichico; angoscia | **farsi una — di, per qlco.**, soffrirne molto, desiderarlo ardentemente 5 (*fig.*) di società, crisi, situazione negativa: *le malattie della politica italiana*.
ma|lau|gu|rà|to *agg.* 1 che è di cattivo augurio; funesto: *un — sentore* 2 che si spera non si verifichi; deprecabile: *una previsione malaugurata* 3 che provoca o ha provocato sciagura; infausto: *una decisione malaugurata* □ **malauguratamente** *avv.* sfortunatamente, disgraziatamente.
ma|lau|gù|rio *s.m.* evento che si pensa possa portare sfortuna; cattivo presagio, augurio | (*fig.*) **uccello del —**, detto di persona che fa previsioni negative; iettatore.
ma|la|vì|ta *s.f. solo sing.* 1 vita contraria alla legge e alla morale comune; delinquenza 2 l'insieme delle persone che praticano questo tipo di vita: *sconfiggere la —*.
ma|la|vi|tó|so *agg., s.m.* [f. *-a*] che, chi appartiene alla malavita.
ma|la|vò|glia o **màla vòglia** *s.f. solo sing.* mancanza di buona volontà; svogliatezza, insofferenza | **di —**, svogliatamente: *mangiare di —*.

ma|lav|ve|dù|to *agg.* malaccorto, incauto.
ma|lav|véz|zo *agg.* viziato o educato male.
ma|lay|sià|no *agg.* della Malaysia ♦ *s.m.* [f. *-a*] chi è nato o abita in Malaysia.
mal|biàn|co o **mal biànco** *s.m.* (*agr.*) malattia delle piante causata da funghi parassiti.
mal|ca|pi|tà|to *agg.*, *s.m.* [f. *-a*] che, chi si trova, non per sua responsabilità, in una condizione difficoltosa; sfortunato.
mal|ce|là|to o **mal celàto** *agg.* di sentimento, che si manifesta in modo evidente nonostante si tenti di reprimerlo: *disprezzo —*.
mal|cón|cio *agg.* [f.pl. *-ce*] ridotto in pessime condizioni; conciato male: *vestito —*.
mal|con|tèn|to *agg.* scontento, insoddisfatto ♦ *s.m.* **1** [f. *-a*] chi si mostra insoddisfatto spec. esprimendosi contro ql.co. o qlcu. **2** scontentezza, insoddisfazione generale, spec. contro le autorità; malumore: *l'aumento dei prezzi ha provocato il — collettivo.*
mal|cor|ri|spó|sto o **mal corrispósto** *agg.* non ricambiato a dovere o in modo sufficiente: *un sentimento —*.
mal|co|stù|me *s.m.* comportamento illecito o contrario alla moralità; disonestà, corruzione: — *generale.*
mal|dè|stro *agg.* **1** di persona, inesperto, incapace; goffo: *un autista —* **2** di comportamento, gesto e sim., che mostra poca accortezza, abilità: *un approccio —* □ **maldestramente** *avv.*
mal|di|cèn|te *agg.*, *s.m./f.* che, chi ama sparlare del prossimo per superficialità o cattiveria.
mal|di|cèn|za *s.f.* **1** abitudine a dire male degli altri **2** frase, discorso da calunniatore; pettegolezzo: *non credere a quelle maldicenze.*
mal|di|spó|sto *agg.* che si dispone negativamente verso gli altri; prevenuto, ostile: *è sempre —*.
mà|le¹ *avv.* [compar. *peggio*; superl. *malissimo* o *pessimamente*; gener. si tronca davanti a parole che iniziano per consonante] **1** in modo non buono, non giusto, non conforme alla morale: *risponde —*; *si comporta —* **|** *guardare —*, guardare in modo ostile **|** *parlare — di qlcu.*, dire cose negative sul suo conto **2** in modo non soddisfacente, inadeguato, svantaggioso: *un lavoro fatto —*; *la prova è andata —* **|** *finire —*, (*di cosa*) avere esito negativo, (*di persona*) mettersi su una strada sbagliata o fare una brutta fine **|** *mettersi —*, si dice di situazione che evolve in senso negativo **|** *restare, rimanere —*, restare dispiaciuto, deluso **|** *prendere — ql.co.*, affrontarlo in modo sconveniente; offendersi per ql.co. **|** *stare —*, (*di persona*) essere malato o in ansia; (*di cosa*) essere inadatto: *questo cappello ti sta —*; (*di azione*) risultare sconveniente: *sta — andare via adesso* **|** (*anche ell.*) **non** (*essere*) **—**, detto di cosa o persona abbastanza bella: *non — questa giacca!* **|** *vestirsi —*, vestirsi senza stile o eleganza **|** *stare — a quattrini*, avere pochi soldi **|** *di — in peggio*, sempre peggio **3** in modo imperfetto, non corretto: *lo stereo funziona —*; *scrivere —* **|** in modo goffo, maldestro: *ballare —* **|** in modo sgradevole: *in quell'albergo mi sono trovata —* **4** non completamente: *un mal dissimulato stupore* ♦ *inter.* esprime rammarico, disapprovazione: "*Non ci hai pensato?*" "*—!*".
mà|le² *s.m.* [gener. si tronca davanti a parole che iniziano per consonante] **1** (*solo sing.*) il contrario del bene; ciò che va contro l'onestà, la virtù: *evitare il —* **2** cosa non buona, svantaggiosa o inopportuna: *non è un — se lo avvertiamo* **|** *danno*, *sventura: i mali della società* **|** *fare ql.co. di —*, commettere un errore; sbagliare: *non ho fatto niente di —* **|** *fare del — a qlcu.*, causargli un danno **|** *volere — a qlcu.*, provare astio, risentimento nei suoi confronti **|** *aversela a —*, offendersi **|** *andare a —*, spec. di cibo, deteriorarsi, guastarsi **|** *non c'è —*, abbastanza bene: "*Come va?*" "*Non c'è —*" **|** (*prov.*) **non tutto il —** *viene per nuocere*, anche da una situazione negativa si può ricavare qualche vantaggio **3** dolore fisico o morale; malessere, malattia: *mal di testa* **|** *avere un brutto —*, avere il cancro **|** *fare —*, nuocere: *un po' di ginnastica non ti farà —*; arrecare dolore fisico o morale: *si è fatto — cadendo*; dolere: *mi fa — la schiena* **4** malattia di piante o animali.
ma|le|dét|to *part.pass.* di *maledire* ♦ *agg.* **1** segnato da maledizione **2** che porta sciagure: *tempi maledetti* **3** (*estens.*) spec. di artista, che va contro corrente; anticonformista **4** (*fam.*) che è causa di disturbo; fastidioso, noioso: *— citofono!* **|** insopportabile, terribile, tremendo: *un gelo —* **5** si usa per esprimere rabbia o imprecare: *—, te la farò pagare!* ♦ *s.m.* **1** [f. *-a*] chi è segnato da una maledizione: *— dal Signore* **2** persona noiosa **|** persona verso cui si prova rancore: *ha smesso di urlare quel —?* □ **maledettamente** *avv.* (*fam.*) terribilmente: *sono — seccato.*
ma|le|di|re *v.tr.* [indic.imperf. *io maledicévo* o (*pop.*) *maledivo...*; pass.rem. *io maledissi* o (*pop.*) *maledìi, tu maledisti...*; imp. *maledici*; per le altre forme con. come *dire*] **1** invocare la punizione divina contro qlcu. **|** detto di Dio, colpire con la propria punizione: *Dio maledisse Caino* **2** (*estens.*) imprecare contro ql.co. o qlcu.: *— la sfortuna.*
ma|le|di|zió|ne *s.f.* **1** condanna **2** imprecazione: *investire qlcu. di maledizioni* **3** (*fig.*) cosa o persona che provoca danno, fastidio: *quel ragazzo è la sua —!* ♦ *inter.* esprime disappunto o rabbia: *—! Ho perso le chiavi.*
ma|le|du|cà|to *agg.*, *s.m.* [f. *-a*] che, chi non ha ricevuto una buona educazione; scortese, villano □ **maleducatamente** *avv.*
ma|le|du|ca|zió|ne *s.f.* **1** mancanza di buona educazione **2** frase, gesto, comportamento da maleducato: *è — chiacchierare durante la lezione.*
ma|le|fàt|ta o **malafàtta** *s.f. spec.pl.* [pl. *malefatte*] **1** (*lett.*) errore, sbaglio **2** (*estens.*) cattiva azione: *compiere delle malefatte.*
ma|le|fì|cio *s.m.* stregoneria, magia che ha lo scopo di provocare danni.
ma|lè|fi|co *agg.* [m.pl. *-ci*] **1** che provoca danno; perfido: *una persona malefica* **2** che deriva da cattiveria; che denota cattiveria: *un pensiero —*; *una battuta malefica* **3** relativo a maleficio; che

deriva da maleficio: *influsso* — □ **maleficamente** *avv.*
ma|le|o|do|ràn|te *agg.* che emana cattivo odore: *ambiente —*.
ma|lèr|ba *s.f.* 1 erba inutile e dannosa; erbaccia 2 (*fig.*) cosa dannosa che si espande velocemente: *la — dell'invidia | crescere come la —*, diffondersi rapidamente | (*prov.*) *la — non muore mai*, le persone malvagie vivono a lungo.
ma|lé|se *agg.* della Malesia ♦ *s.m.* 1 [anche f.] chi è nato o abita in Malesia 2 lingua del gruppo indonesiano che si parla in Malesia.
ma|lès|se|re *s.m.* 1 leggera indisposizione fisica non ben delineata: *un — passeggero* 2 (*estens.*) stato di diffuso turbamento; inquietudine | condizione di disagio psichico, di angoscia.
ma|le|vo|lèn|za *s.f.* atteggiamento e sentimento di ostilità; malanimo: *mostrare —*.
ma|lè|vo|lo *agg.* [superl. *malevolentissimo*] che manifesta o prova malevolenza: *un parere — ♦ s.m.* [f. *-a*] persona malevola.
mal|fa|mà|to *agg.* che gode di pessima fama: *locale —*.
mal|fàt|to *agg.* 1 (*di fisico*) privo di armonia; sgraziato 2 (*di cosa*) mal riuscito, imperfetto: *un dolce —* ♦ *s.m.* 1 (*raro*) azione cattiva 2 (*pl., gastr.*) gnocchi tipici della Valtellina, preparati con farina, spinaci, prezzemolo, uova e altri ingredienti.
mal|fat|tó|re *s.m.* [f. *-trice*] chi compie azioni cattive; furfante, malvivente.
mal|fér|mo *agg.* (*anche fig.*) che non è solido; debole, instabile: *salute malferma*.
mal|fi|dà|to *agg., s.m.* [f. *-a*] che, chi è spesso diffidente.
mal|fi|do *agg.* 1 di persona, che non è affidabile; falso: *un amico —* 2 di frase, discorso, che suscita diffidenza; subdolo 3 (*lett.*) che spaventa in quanto pieno di insidie; pericoloso: *terreno —*.
mal|fon|dà|to *agg.* (*spec.fig.*) che ha un fondamento instabile: *speranza malfondata*.
mal|for|mà|to *agg.* (*biol., med.*) che presenta malformazione o anomalia: *un organismo —*.
mal|for|ma|zió|ne *s.f.* (*biol., med.*) anormale conformazione di un organo o dell'organismo nel suo complesso.
mal|fran|cé|se *s.m.* (*antiq.*) sifilide.
mal|fun|zio|na|mén|to *s.m.* funzionamento inadeguato, difettoso: *— di un servizio pubblico*.
màl|ga *s.f.* 1 pascolo alpino destinato agli animali nel periodo estivo 2 costruzione rustica usata dai pastori come abitazione durante il pascolo alpino estivo, comprendente anche la stalla.
mal|gàr|bo *s.m.* 1 modo, comportamento sgraziato: *ricevere qlcu. con —* 2 sgarbo, villania.
mal|gà|ro *s.m.* (*region.*) pastore delle malghe.
mal|gà|scio *agg.* [f.pl. *-sce*] del Madagascar ♦ *s.m.* 1 [f. *-a*] chi è nato o abita nel Madagascar 2 lingua del gruppo indonesiano che si parla nel Madagascar.
mal|giu|di|cà|re *v.tr.* [con. come *giudicare*] giudicare in modo ingiusto o troppo severamente.

mal|go|vèr|no *s.m.* 1 cattiva amministrazione dello Stato 2 mancanza di cura verso se stessi.
mal|gra|di|to *agg.* non gradito: *un regalo —*.
mal|grà|do *avv.* [segue gli agg. poss. *mio, tuo, suo, nostro, vostro, loro*; precede i pron. pers.] a dispetto di: *— te, abbiamo vinto*; *tuo —, ho comprato la macchina* ♦ *prep.* nonostante: *mi aspettò — il freddo* ♦ *cong.* [introduce prop. concessive con v. al congiunt.] benché: *— tu sia stanco, ora devi studiare*.
ma|li|a *s.f.* 1 nelle credenze popolari spec. medievali, incantesimo che aveva lo scopo di suggestionare la volontà di una persona; maleficio, sortilegio 2 (*estens., fig.*) fascino travolgente, attrazione fortissima: *la — dei suoi occhi*.
ma|liàr|do *agg.* che affascina, che attrae; ammaliatore: *sguardo —* ♦ *s.m.* [f. *-a*] 1 stregone, mago 2 (*fig.*) spec. di donna, persona affascinante, capace di sedurre in modo irresistibile.
ma|li|gnà|re *v.intr.* [indic.pres. *io maligno...*, *noi malignamo, voi malignate...*; aus. *A*] pensare o dire male di ql.co. o qlcu.: *malignava su tutte le sue amiche*.
ma|li|gni|tà *s.f.* 1 cattiveria, malizia d'animo: *c'è molta — nel suo consiglio* 2 frase, gesto che denota cattiveria: *non dire tutte quelle — su di lui!* 3 (*med.*) carattere incurabile di una malattia.
ma|li|gno *agg.* 1 di persona, che tende a parlare e a pensare male degli altri o a vedere il male ovunque: *un individuo —* 2 (*estens.*) di comportamento, che rivela uno spirito cattivo; malevolo, malvagio: *una risatina maligna* 3 (*med.*) che ha un decorso grave, che può essere causa di morte: *tumore —* ♦ *s.m.* [f. *-a*] persona malvagia: *le dicerie dei maligni* | (*per anton.*) *il Maligno*, il diavolo □ **malignamente** *avv.*
ma|lin|cò|ni|a *s.f.* 1 stato d'animo dolente mitigato da una sorta di dolcezza; mestizia, tristezza: *uno sguardo pieno di —* | qualità di ciò che suggerisce tale stato d'animo: *la — di un paesaggio* 2 (*spec.pl.*) cosa, pensiero che provoca tristezza: *mettere da parte le malinconie* 3 (*psicol.*) condizione patologica di tristezza e di generale sfiducia che può portare a forme gravi di depressione 4 (*med. ant.*) umore atrabiliare secreto dalla bile; umor nero.
ma|lin|cò|ni|co *agg.* [m.pl. *-ci*] 1 che tende naturalmente alla malinconia: *carattere —* 2 che esprime o denota malinconia: *viso —* | che invita alla malinconia: *una scena malinconica* □ **malinconicamente** *avv.*
ma|lin|cuò|re *avv.* solo nella loc. *a —*, con rincrescimento, malvolentieri: *partì a —*.
ma|lin|for|mà|to *agg.* informato in modo sbagliato o insufficiente.
ma|lin|ten|zio|nà|to *agg., s.m.* [f. *-a*] che, chi è spinto da cattive intenzioni e intende nuocere, danneggiare: *essere — contro qlcu.*
ma|lin|té|so *agg.* interpretato erroneamente o in modo arbitrario, inopportuno: *per un — senso di giustizia non accetta mai compromessi* ♦ *s.m.* interpretazione errata di frasi o gesti altrui

malinteso

che provoca screzi, incomprensioni; equivoco, fraintendimento: *creare una serie di malintesi.*
ma|li|zia *s.f.* 1 predisposizione a comportarsi in modo disonesto, ingiusto; malignità 2 conoscenza compiaciuta di ciò che è male: *una ragazza senza* — 3 furba consapevolezza di ciò che è audace, piccante: *alludere a ql.co. con* —; *interpretare con* — 4 espediente, astuzia con cui si vuole raggiungere uno scopo preciso; furberia: *le malizie di un venditore.*
ma|li|zio|si|tà *s.f.* 1 inclinazione alla cattiveria 2 comportamento, pensiero malizioso.
ma|li|zió|so *agg.* 1 che sente e agisce con malizia: *un ragazzo* — 2 che dimostra malizia; insinuante, allusivo: *una risposta maliziosa* | vivace, vispo: *il visetto* — *di un bambino* □ **maliziosamente** *avv.*
mal|le|à|bi|le *agg.* 1 detto di materiale solido, spec. di metallo, che si può ridurre in fogli sottili senza rompersi 2 (*fig.*) che si fa convincere con facilità; docile, arrendevole: *un temperamento* —.
mal|le|a|bi|li|tà *s.f.* 1 caratteristica di cosa malleabile 2 (*fig.*) docilità, arrendevolezza.
mal|le|o|là|re *agg.* (*anat.*) che riguarda il malleolo.
mal|lè|o|lo *s.m.* (*anat.*) sporgenza ossea bilaterale dell'estremità inferiore della tibia.
mal|le|va|dó|re *s.m.* [f. -drice] 1 (*dir.*) chi si fa garante per l'adempimento di un'obbligazione altrui, p.e. di un prestito 2 (*estens.*) chi si fa garante di ql.co.
mal|le|ve|rì|a *s.f.* impegno che il mallevadore assume in prima persona.
màl|lo *s.m.* (*bot.*) involucro verde e carnoso di noci e mandorle non ancora giunte a maturazione, che è destinato a staccarsi.
mal|lòp|po *s.m.* 1 involto, fagotto di dimensioni e peso notevoli 2 (*gerg.*) bottino, refurtiva: *nascondere il* —.
mal|ma|ri|tà|ta *agg., s.f.* (*antiq.*) detto di donna che ha fatto un matrimonio sfortunato.
mal|me|nà|re *v.tr.* [indic.pres. *io malméno...*] 1 picchiare in modo violento: *i celerini malmenarono i dimostranti* 2 (*estens.*) trattare male qlcu. 3 sciupare un oggetto | deturpare un luogo 4 criticare in modo eccessivamente severo | forzare l'interpretazione di ql.co., spec. di un'opera artistica 5 suonare male: — *il pianoforte.*
mal|més|so *agg.* 1 che veste in modo dimesso; sciatto, trascurato 2 che è in pessimo stato; malridotto: *motocicletta malmessa* | che rivela scarsa cura, disordine: *un appartamento* — 3 (*fig.*) che è in condizioni di miseria o sta male fisicamente: *sto decisamente* —.
mal|mi|gnàt|ta *s.f.* ragno velenoso; vedova nera.
mal|nà|to *agg.* 1 (*lett.*) nato sotto cattivo auspicio; disgraziato, sciagurato 2 (*fig.*) cattivo, malvagio per natura 3 maleducato, screanzato.
mal|nu|tri|to *agg.* nutrito non a sufficienza o in modo scorretto; denutrito.
mal|nu|tri|zió|ne *s.f.* (*med.*) nutrizione non sufficiente o scorretta | condizione patologica che ne deriva.
mà|lo *agg.* (*lett.*) brutto, cattivo, triste | *in* — *modo*, in modo sbagliato | *ridurre in* — *modo*, conciar male □ **malamente** *avv.* male, in cattivo modo: *rispondere* —.
ma|lòc|chio *s.m.* nelle credenze popolari, influsso malefico che scaturirebbe dallo sguardo di alcuni individui: *fare il* —.
ma|ló|ra *s.f.* condizione di gravissima crisi; perdizione, rovina | *mandare alla* —, mandare all'inferno | *andare in* —, rovinarsi.
ma|ló|re *s.m.* improvviso malessere fisico: *colto da* —.
mal|pen|sàn|te *agg., s.m./f.* detto di persona che tende a pensare male del prossimo o a vedere il male da ogni parte.
mal|ri|dót|to *agg.* ridotto in pessimo stato; malconcio.
mal|riu|sci|to *agg.* difettoso, sbagliato, imperfetto: *progetto* —.
mal|sà|no *agg.* 1 (*di persona*) malaticcio, cagionevole 2 (*di cosa*) nocivo per la salute; insalubre: *aria malsana* 3 (*fig.*) immorale, perverso, vizioso: *idee malsane.*
mal|si|cù|ro *agg.* 1 che è privo di stabilità; insicuro, traballante: *un ponteggio* — 2 (*fig.*) che denota insicurezza; incerto: *mostrarsi* —.
màl|ta *s.f.* (*edil.*) impasto di sabbia, acqua e calce e cemento, usato per cementare assieme gli elementi di una struttura: — *idraulica.*
mal|ta|glià|to *s.m.spec.pl.* tipo di pasta alimentare tagliata in pezzi irregolari, spec. in forma di rombi.
mal|tà|si *s.f.* (*chim.*) enzima pancreatico e intestinale che scinde il maltosio in due molecole di glucosio.
mal|tèm|po *s.m.* cattivo tempo.
mal|te|nù|to *agg.* tenuto con scarsa cura: *una macchina maltenuta.*
mal|té|se *agg.* di Malta | *cane* —, piccolo cane da compagnia con testa tondeggiante, orecchie pendenti, pelo bianco lungo e lucente ♦ *s.m.* 1 [anche f.] chi è nato o abita sull'isola di Malta 2 lingua simile all'arabo che si parla a Malta.
mal|thu|sia|né|si|mo o **maltusianésimo** *s.m.* 1 teoria formulata nel 1798 dall'economista inglese Th.R. Malthus, secondo cui la popolazione tende ad aumentare più rapidamente rispetto ai mezzi di sussistenza 2 (*estens.*) ogni teoria che individua nella società umana forme di sopravvivenza caratteristiche del mondo animale | ogni teoria, ideologia o pratica favorevole a limitare l'incremento demografico mediante il controllo artificiale delle nascite, contrariamente a quanto proposto da Malthus.
mal|ti|na *s.f.* (*chim.*) insieme di enzimi ricavati dal malto che trasformano l'amido in maltosio.
màl|to *s.m.* prodotto derivato dalla germinazione dei semi di cereali, in cui si sviluppa un enzima che trasforma l'amido in maltosio; si usa nella fabbricazione di bevande alcoliche,

spec. la birra, di surrogati del caffè o di vari alimenti dietetici.
mal|tòl|to *agg.*, *s.m.* detto di ciò che è stato preso ad altri in modo illecito: *rendere il* —.
mal|tò|sio *s.m.* (*chim.*) disaccaride presente nel malto, costituito da due molecole di glucosio, usato come dolcificante per prodotti dietetici.
mal|trat|ta|mén|to *s.m.* **1** l'atto del maltrattare: *subire maltrattamenti* | comportamento offensivo o aggressivo | (*dir.*) — **in famiglia**, reato contro una persona della famiglia, consistente in atti lesivi dell'integrità fisica o morale | — *di animali*, reato contro un animale, consistente nel sottoporlo a torture o a fatiche eccessive e inutili.
mal|trat|tà|re *v.tr.* **1** trattare qlcu. in malo modo, verbalmente con gesti di violenza, villania **2** (*estens.*) strapazzare ql.co.; sciupare: — *un libro* **3** (*fig.*) parlare malamente una lingua | interpretare o esercitare male per mancanza di competenza: — *un artista*, *un'opera*; — *un'arte*.
mal|tu|sia|né|si|mo *s.m.* → **malthusianesimo**.
ma|lu|mó|re *s.m.* **1** stato d'animo di scontentezza e irascibilità: *è di* — **2** (*estens.*) contrasto, incomprensione: *tra noi ci sono stati molti malumori* **3** insoddisfazione, malcontento; principio di ribellione: *il* — *della popolazione*.
màl|va *s.f.* pianta erbacea con foglie lobate, fiori roseo-violacei, usata per decotti e infusi come emolliente ed espettorante ♦ *agg.invar.* detto di colore variabile tra il viola e il rosa.
Mal|và|ce|e *s.f.pl.* famiglia di piante dicotiledoni erbacee, arbustive o arboree, diffuse nelle regioni temperate e calde, di cui fa parte la malva.
mal|và|gio *agg.* [f.pl. *-gie*] **1** cattivo, crudele, perfido: *intenzioni malvagie* **2** [spec. in espressioni negative] (*fam.*) molto brutto, pessimo: *tempo* —; *la cena non era poi così malvagia* |*non è un'idea malvagia*, l'idea non è niente male ♦ *s.m.* [f. *-a*] persona crudele, cattiva ☐ *malvagiamente avv.*
mal|va|gi|tà *s.f.* cattiveria, crudeltà, perfidia | azione malvagia.
mal|va|rò|sa *s.f.* (*region.*) malvone.
mal|va|sì|a *s.f.* vino bianco o rosso, prodotto in Italia, ricavato da uve del vitigno omonimo.
mal|ver|sà|re *v.tr.* [indic.pres. *io malvèrso...*] (*dir.*) usare in modo illegittimo denaro o beni di altre persone, avuti in custodia o in amministrazione.
mal|ver|sa|tó|re *s.m.* [f. *-trice*] chi è colpevole di malversazione.
mal|ver|sa|zió|ne *s.f.* (*dir.*) reato commesso dal pubblico ufficiale che si sia appropriato di denaro o di beni avuti in custodia per ragioni di ufficio | (*estens.*) qualsiasi uso illecito del proprio potere, ruolo, esercizio e sim.
mal|ve|stì|to *agg.* vestito con abiti logori, dimessi | vestito senza stile, eleganza: *non hai gusto, sei sempre* —.
mal|véz|zo *s.m.* cattiva abitudine, brutto vizio.
mal|vis|sù|to *agg.* (*lett.*) che ha trascorso male la propria vita: *un uomo* —.

mal|vì|sto *agg.* guardato con diffidenza o antipatia.
mal|vi|vèn|te *s.m./f.* chi fa parte della malavita; delinquente, malfattore: *un gruppo di malviventi*.
mal|vo|len|tiè|ri *avv.* controvoglia, di malavoglia: *accettò* —.
mal|vo|lé|re[1] *v.tr.* [usato solo all'inf., al part. pres. *malvolènte* e al part.pass. *malvoluto*] provare antipatia verso qlcu.; detestare: *quel professore è malvoluto*.
mal|vo|lé|re[2] *s.m.* **1** (*lett.*) sentimento di ostilità; volontà di nuocere: *gli ha dimostrato il suo* — **2** cattiva volontà; pigrizia.
mal|vó|ne *s.m.* pianta erbacea dal fusto alto, con fiori colorati, coltivata a scopo ornamentale; malvarosa.
màm|bo *s.m.invar.* ballo di origine cubana dal ritmo molto vivace, simile alla rumba.
ma|me|lùc|co *s.m.* [pl. *-chi*] **1** (*st.*) mammalucco **2** antico tappeto egiziano decorato a motivi geometrici.
ma|mer|tì|no *agg.* (*mit.*) del dio Marte | *carcere* —, nell'antica Roma, quello situato poco sotto il Campidoglio ♦ *s.m.* **1** (*spec.pl.*, *st.*) l'insieme dei soldati mercenari che conquistarono Messina nel 289 a.C. **2** vino bianco dolce prodotto vicino a Milazzo.
màm|ma *s.f.* **1** (*fam.*) madre | — *mia!*, esclamazione di spavento, stupore ecc. | *come* — *l'ha fatto*, completamente nudo | *essere attaccato alla gonna di* —, detto di ragazzo ingenuo, che non sa agire autonomamente avendo ancora bisogno di essere guidato **2** chi si occupa di qlcu. facendogli da madre o da guida: *la* — *dei diseredati*.
mam|mà *s.f.* **1** (*region.*) mamma.
mam|ma|lùc|co *s.m.* [pl. *-chi*] **1** (*st.*) soldato mercenario turco al servizio del sultano d'Egitto **2** [f. *-a*] (*fig.*) persona stupida, goffa: *sembri un* —!
mam|mà|na *s.f.* (*region.*) **1** levatrice **2** donna che aiuta a eseguire aborti clandestini.
mam|mà|rio *agg.* (*anat.*) che riguarda la mammella.
mam|ma|san|tìs|si|ma *s.m.invar.* **1** (*gerg.*) capo della camorra napoletana o della mafia siciliana **2** (*estens.*) personaggio di rilievo che fa parte di associazioni, partiti e sim.
mam|mèl|la *s.f.* (*anat.*) organo ghiandolare esterno, tipico dei Mammiferi, particolarmente sviluppato nelle femmine; dopo il parto secerne il latte necessario per alimentare i figli nel primo periodo di vita.
Mam|mì|fe|ri *s.m.pl.* classe di Vertebrati, cui appartiene anche l'uomo, caratterizzati da un corpo gener. provvisto di peli e dalla presenza di ghiandole mammarie (che nelle femmine servono all'allattamento); sono dotati di sistema nervoso molto sviluppato, di respirazione polmonare e di circolazione sanguigna doppia e completa.
mam|mì|fe|ro *agg.*, *s.m.* detto di animale verte-

brato dotato di ghiandole mammarie | appartenente alla classe dei Mammiferi.
mam|mil|là|re *agg.* **1** (*anat.*) della mammella | che riguarda la mammella **2** che è simile a una mammella nella forma.
mam|mi|smo *s.m.* **1** tendenza a esagerare il bisogno di protezione materna, in individui adulti **2** eccessivo attaccamento da parte della madre nei confronti del figlio adulto.
mam|mo|gra|fì|a *s.f.* (*med.*) esame radiografico della mammella femminile.
màm|mo|la *s.f.* **1** pianta erbacea con foglie a forma di cuore e fiori violetti profumati **2** (*fig.*, *scherz.*) individuo timido e modesto ♦ *agg.* *invar.* di colore violetto, simile a quello del fiore di tale pianta.
mam|mó|ne *agg.*, *s.m.* [f. -a] (*fam.*) che, chi è molto attaccato alla mamma.
mam|mùt *s.m.invar.* elefante fossile del Paleolitico, con pelliccia fitta e lunga, cranio molto grande e lunghe zanne ricurve.
management (*ingl.*) [pr. com. *manàğment*] *s.m.invar.* direzione e gestione di un'azienda | (*estens.*) il complesso dei dirigenti di un'azienda.
manager (*ingl.*) [pr. *mànager*] *s.m./f.invar.* **1** dirigente di un'azienda o di un suo settore **2** chi cura gli interessi di un atleta, di un attore, un cantante e sim.; impresario.
ma|na|ge|rià|le *agg.* di, da manager: *attività* —.
ma|nài|de *s.f.* (*region.*) rete usata per pescare sardine e acciughe.
ma|nà|le *s.m.* guanto in pelle o cuoio che copre mezza mano lasciando libere le dita, usato da calzolai, sellai e sim.
ma|nà|ta *s.f.* **1** colpo inferto con il palmo della mano aperta **2** ciò che può essere preso con una mano; manciata: *una — di terreno.*
màn|ca *s.f.* **1** mano sinistra **2** parte sinistra | *a destra* (*a dritta*) *e a* —, dappertutto.
man|ca|mén|to *s.m.* improvviso malore che fa perdere i sensi; svenimento: *ha avuto un* —.
man|càn|te *part.pres. di* mancare ♦ *agg.* **1** che non c'è, che manca: *ruolo* — | difettoso, privo di ql.co.: *un discorso — di logica* **2** di testo, lacunoso, mutilo: *brano* — ♦ *s.m./f. spec.pl.* chi è assente in riunioni, assemblee e sim.
man|càn|za *s.f.* **1** assenza: *— di spazio* | (*estens.*) scarsità: *— di cibo* **2** errore, trasgressione: *una — disciplinare* **3** difetto, imperfezione: *un lavoro con delle mancanze.*
man|cà|re *v.intr.* [indic.pres. *io manco, tu manchi*...; aus. *E*, aus. *A* nel sign. 5 e 6] **1** non bastare; non esserci: *manca il pane* | in frasi negative, essere abbondante: *la fantasia non gli manca* **2** detto di spazio o tempo, intercorrere, distare: *manca un chilometro al traguardo* | *c'è mancato poco che,* si dice di ql.co. che era sul punto di verificarsi | *ci mancava anche questa!,* si dice di ciò che giunge inaspettatamente in una situazione già di per sé complessa provocando ulteriori complicazioni | *ci mancherebbe altro!,* si dice quando si vuole scongiurare che ql.co. si verifichi **3** venir meno: *gli manca il respiro* | (*fig.*) *sen-tirsi — la terra sotto i piedi,* trovarsi improvvisamente senza guida, sostegno o difesa **4** detto di persona, essere lontano o assente: *— alla riunione* | essere desiderato o rimpianto da ql.cu.: *mi sei mancato molto* | (*euf.*) morire: *è mancato improvvisamente* **5** essere privo di ql.co.: *gli manca la volontà*; *manca un pezzo all'ingranaggio* **6** detto di persona, venir meno a ql.co.: *— a una promessa* | (*assol.*) sbagliare: *ho mancato senza rendermene conto* | in frasi negative, trascurare, tralasciare: *non mancherò di ricordarglielo* | *— di riguardo, di rispetto a qlcu.*, non tenerlo nella giusta considerazione, offenderlo | *— di parola,* non mantenerla ♦ *tr.* **1** fallire: *— l'obiettivo* **2** (*fam.*) perdere: *— una buona opportunità.*
man|cà|to *part.pass. di* mancare ♦ *agg.* **1** non riuscito, fallito: *tiro* — **2** di persona, che non ha realizzato le proprie aspirazioni o che ha ottenuto risultati modesti: *poeta* —.
manche (*fr.*) [pr. *mansh*] *s.f.invar.* **1** (*sport*) ciascuna delle prove in cui si suddivide una gara | nel ciclismo su pista, fase eliminatoria **2** nei giochi di carte, partita, mano.
manchette (*fr.*) [pr. *manscèt*] *s.f.invar.* **1** (*giorn.*) titolo, motto di rilievo, spec. inserito in un riquadro, posto a fianco della testata di un giornale **2** fascetta pubblicitaria che si avvolge attorno ai libri.
man|ché|vo|le *agg.* che presenta delle mancanze, dei difetti; carente, imperfetto: *racconto* — □ **manchevolmente** *avv.*
man|che|vo|léz|za *s.f.* **1** qualità di ciò che è manchevole **2** carenza, imperfezione: *un lavoro pieno di manchevolezze* **3** azione priva di riguardo e sconveniente: *commettere una* —.
màn|cia *s.f.* [pl. *-ce*] dono in denaro che si dà a chi presta un servizio: *dare la* — | *— competente,* quella promessa a chi restituirà un oggetto smarrito.
man|cià|ta *s.f.* quantità che può essere contenuta in una mano: *una — di caramelle.*
man|ci|na *s.f.* mano sinistra.
man|ci|ni|smo *s.m.* tendenza a usare la parte sinistra del corpo, spec. il braccio e la mano.
man|cì|no *agg.* **1** sinistro: *parte mancina* **2** (*fig.*) che colpisce gravemente e all'improvviso; scorretto, sleale: *ha giocato un tiro* — **3** che presenta mancinismo ♦ *s.m.* [f. -a] chi presenta mancinismo.
man|ciù *agg.invar.* che appartiene o è relativo al gruppo etnico di stirpe tungusa della Manciuria sudorientale ♦ *s.m.invar.* **1** [anche f.] chi fa parte della popolazione manciù **2** insieme dei dialetti altaici o tungusi; lingua letteraria della Manciuria.
màn|co *avv.* (*fam.*) neanche, nemmeno: *— lo salutò*; *— per sogno* ♦ *agg.* [m.pl. *-chi*] **1** (*raro*) mancino | che è posto nella parte sinistra **2** (*lett.*) avverso, nefasto **3** (*ant.*) imperfetto ♦ *s.m.* (*lett.*) imperfezione.
man|da|mén|tà|le *agg.* che concerne il mandamento: *carcere* —.
man|da|mén|to *s.m.* (*dir.*) circoscrizione giudi-

ziaria entro cui il pretore svolge la propria attività.

man|dàn|te *s.m./f.* chi affida ad altri l'esecuzione di ql.co., spec. di un atto illecito: *il — di un omicidio.*

man|da|ràn|cio *s.m.* frutto ottenuto dall'incrocio tra l'arancio amaro e il mandarino, simile a quest'ultimo per dimensioni, ma gener. senza semi e con buccia spessa; clementina.

man|dà|re *v.tr.* **1** (*detto di persona*) fare andare in un determinato luogo per un motivo ben preciso: *mandalo a letto!* | assegnare a una determinata sede: *lo hanno mandato a Roma* | — *all'inferno, a quel paese,* allontanare qlcu. in modo brusco; rinunciare definitivamente a ql.co. | — *all'altro mondo, al creatore, in paradiso,* uccidere **2** (*detto di cosa*) far pervenire; spedire, inviare: — *un regalo* | dirigere: — *le acque nel canale* | — *in onda,* trasmettere | — *giù,* inghiottire; (*fig.*) subire | — *a carte quarantotto,* perdere la pazienza, lasciar perdere tutto | — *ql.co. all'aria, in fumo, a monte,* farlo svanire o fallire | — *ql.co. a picco, a fondo,* affondarlo | — *avanti ql.co.,* farlo procedere | — *ql.co. a compimento,* realizzarlo | — *ql.co. per le lunghe,* farlo volutamente rallentare **3** detto di Dio, del destino e sim., elargire agli uomini: *Dio manda fortuna* | *che Dio ce la mandi buona!,* si dice gener. in una situazione precaria, come auspicio per un felice esito **4** detto di voci, emettere: — *un urlo di dolore* | detto di odori, fumi, luci e sim., emanare: *il camino manda troppo fumo*; *quel faro manda una luce intensa* **5** (*region.*) far funzionare un congegno, un meccanismo ecc.

man|da|ri|nét|to *s.m.* liquore preparato con essenza di mandarino.

man|da|rì|no¹ *s.m.* (*st.*) nella Cina imperiale, alto funzionario civile e militare a cui erano riconosciuti ampi privilegi | (*estens., spreg.*) funzionario di rilievo in aziende, enti e sim., che gode di ampi poteri e si comporta in modo eccessivamente autoritario.

man|da|rì|no² *s.m.* albero con piccole foglie lanceolate e fiori bianchi, che produce un frutto simile all'arancia, ma più piccolo e dal sapore molto dolce | il frutto di tale albero ♦ *agg.invar.* che ha colore simile alla buccia di tale frutto.

man|dà|ta *s.f.* **1** azione del mandare | quantità di cose mandate in una volta sola **2** nella serratura, scatto della stanghetta ottenuto con un giro di chiave: *dare quattro mandate.*

man|da|tà|rio *s.m.* [f. *-a*] (*dir.*) chi agisce per conto del mandante.

mandà|to *s.m.* **1** incarico di agire per conto di altri: *accettare un —* **2** (*dir.*) contratto con cui il mandatario si obbliga ad agire per conto del mandante **3** (*dir.*) secondo il codice penale in vigore fino al 1989, provvedimento con cui il giudice procedeva alla limitazione della libertà dell'imputato ai fini del successivo procedimento; ingiunzione, ordine | — *di comparizione,* quello che garantiva la presenza dell'imputato in tribunale, oggi sostituito dall'invito a presentarsi | — *di cattura,* quello con cui l'imputato veniva condotto in carcere, oggi sostituito dall'ordine che dispone la custodia cautelare.

man|di|bo|la *s.f.* (*anat.*) nei Vertebrati, osso mascellare inferiore del cranio; nell'uomo si compone di un corpo centrale, sul cui margine superiore poggiano i denti, e di due branche laterali che articolandosi con l'osso temporale del cranio consentono l'apertura della bocca.

man|di|bo|là|re *agg.* (*anat.*) della mandibola: *arcata —.*

man|dìn|go *agg.,s.m./f.invar.* che, chi appartiene a un gruppo di popoli sudanesi stanziati nell'Africa occidentale.

man|dò|la *s.f.* strumento musicale a corde pizzicate della famiglia dei liuti, simile al mandolino, ma più grande, costituito da una cassa armonica ovale e da un manico corto.

man|do|lì|no *s.m.* strumento a corde pizzicate della famiglia del liuto, costituito da una cassa armonica ovale e da un manico lungo come quello della chitarra.

màn|dor|la *s.f.* **1** frutto a drupa del mandorlo, di colore verde, ricoperto da una leggera lanugine, con nocciolo ovale contenente uno o due semi commestibili, dolci o amari | (*estens.*) seme di molti frutti carnosi: *la — del nocciolo di albicocca* | *latte di mandorle,* bevanda a base di mandorle dolci schiacciate, zucchero e acqua | *olio di mandorle,* quello estratto dalle mandorle dolci e usato come blando purgante o come emolliente | *occhi a —,* quelli di forma allungata **2** in arte, spec. gotica, motivo ornamentale che riprende la forma di una mandorla | — *mistica,* nell'iconografia cristiana, motivo ornamentale che in affreschi, miniature, mosaici e sim. circonda l'immagine di Cristo, della Vergine o dei santi.

man|dor|là|to *agg.* **1** che ha forma di mandorla **2** contenente mandorle: *torrone, cioccolato —* ♦ *s.m.* **1** (*gastr.*) dolce con mandorle: — *di Cologna Veneta* **2** (*edil.*) muro costruito in modo tale che tra i mattoni vengano lasciati spazi vuoti, allo scopo di consentire il passaggio dell'aria.

màn|dor|lo *s.m.* albero diffuso nelle regioni calde e temperate, con foglie lanceolate, fiori bianchi o rosa che sbocciano prima della comparsa delle foglie e frutti a drupa.

man|dràc|chio *s.m.* **1** (*mar.*) nei porti, area interna usata come darsena per le imbarcazioni piccole **2** nelle opere di bonifica, principale canale di raccolta che convoglia le acque alle idrovore.

man|dra|go|la o **mandràgora** *s.f.* pianta erbacea perenne con foglie lanceolate, fiori bianchi o violetti, grosse e tossiche radici dall'odore sgradevole, a cui un tempo si attribuivano proprietà magiche curative e specialmente afrodisiaci.

màn|dria *s.f.* **1** branco numeroso di grossi quadrupedi domestici, (p.e. mucche, cavalli) **2** (*spreg.*) gruppo numeroso e disordinato di persone, tendenzialmente passivo.

man|drià|no *s.m.* [f. *-a*] guardiano della mandria.

man|drìl|lo *s.m.* **1** grossa scimmia africana, dal

corpo robusto coperto di pelo bruno, con muso solcato da rilievi azzurri, naso e natiche di colore rosso, coda molto piccola 2 (*fig.*, *scherz.*) uomo con una vita sessuale molto attiva.

man|dri|no *s.m.* **1** (*tecn.*) nella macchina utensile, albero che trasmette il moto rotatorio all'utensile o al pezzo in lavorazione **2** (*tecn.*) congegno, attrezzo che ha la funzione di allargare i tubi **3** (*med.*) sottile filo di metallo, gener. flessibile, che si introduce in un catetere o in altri strumenti medici per impedirne l'otturazione **4** nel caricamento manuale delle cartucce, cilindro di legno con cui si spinge lo stoppaccio.

man|drit|to *s.m.* **1** colpo inferto con la mano aperta da destra a sinistra **2** (*sport*) nella scherma, colpo dato con la sciabola da destra a sinistra.

mà|ne *s.f. solo sing.* (*lett.*) mattina | *da — a sera*, dal mattino alla sera, tutto il giorno; continuamente, ininterrottamente.

-mà|ne secondo elemento di nomi di persona, corrispondenti ai sostantivi in -*mania* e indicanti chi ha una tendenza patologica oppure un'attrazione irresistibile per ql.co. (*cleptomane, tossicomane*).

ma|neg|gé|vo|le *agg.* **1** (*di cosa*) che si maneggia facilmente: *una macchina —* **2** (*di persona*) che si fa condizionare dagli altri o che si piega docilmente alla volontà altrui: *un carattere —*.

ma|neg|ge|vo|léz|za *s.f.* qualità di ciò che è maneggevole.

ma|neg|già|re *v.tr.* [indic.pres. *io maneggio*...] **1** lavorare con le mani; manipolare, modellare: *— la cera* **2** (*estens.*) adoperare abilmente: *— il videoregistratore* | (*fig.*) padroneggiare, conoscere: *maneggia bene gli strumenti della critica letteraria* | *— i numeri*, saper fare rapidamente i calcoli | *— la penna*, essere un bravo scrittore | *— la lingua*, scrivere in modo originale **3** (*fig.*) amministrare: *— molto denaro* | *— una persona*, manovrarla.

ma|nég|gio[1] *s.m.* **1** impiego, uso: *è bravo nel — del fucile* **2** (*estens., anche fig.*) abilità, competenza **3** (*fig.*) amministrazione, gestione: *il — degli affari* **4** (*spec.pl.*) azione segreta che mira a raggiungere scopi recer. illeciti; intrigo: *i maneggi politici* **5** addestramento del cavallo | luogo in cui si addestra tale animale.

ma|neg|gio[2] *s.m.* (*anche fig.*) atto del maneggiare in modo insistente e prolungato, spec. in affari loschi o in traffici illeciti.

ma|neg|gió|ne *s.m.* [f. *-a*] (*spreg.*) intrigante, trafficone.

ma|né|sco *agg.* [m.pl. *-schi*] che tende a usare facilmente le mani per picchiare: *un tipo —*.

ma|nét|ta *s.f.* **1** manopola o levetta usata per il comando manuale di valvole, dispositivi ecc.: *aprire la — del gas* **2** (*pl.*) strumento usato dalle forze dell'ordine per serrare i polsi dell'arrestato, costituito gener. da due braccioli di acciaio che si aprono a scatto, uniti da una catena.

man|fòr|te o **man fòrte** *s.f.invar.* aiuto, appoggio, sostegno | *dare, prestare — a qlcu.*, sostenerlo.

man|fri|na *s.f.* **1** vivace ballo piemontese **2** noiosa messinscena con cui si spera di ottenere ql.co. | discorso noto, seccante e inconcludente; tiritera: *racconta sempre la solita —* | *che —!*, che noia! | *fare la —*, tirarla per le lunghe.

man|ga|na|tù|ra *s.f.* rifinitura eseguita con il mangano di tessuti ruvidi come il lino, la canapa, la iuta, allo scopo di renderne la superfcie liscia e compatta.

man|ga|nel|là|re *v.tr.* [indic.pres. *io manganèllo*...] colpire qlcu. con il manganello; dare manganellate.

man|ga|nel|là|ta *s.f.* colpo inferto con il manganello o con un altro bastone.

man|ga|nèl|lo *s.m.* randello ricoperto di gomma usato dalle forze dell'ordine; sfollagente.

man|ga|né|se *s.m.* elemento chimico, metallo di colore grigiastro, duro e fragile (*simb.* Mn); si usa nell'industria vetraria, farmaceutica e metallurgica.

man|ga|ni|na *s.f.* (*chim.*) lega di rame con nichel e manganese, usata per fabbricare resistenze elettriche.

man|ga|ni|te *s.f.* ossido basico di manganese, minerale che si presenta in cristalli prismatici grigi di lucentezza metallica, usato per l'estrazione del manganese.

màn|ga|no *s.m.* **1** nel Medioevo, macchina bellica con cui si lanciavano grossi proiettili **2** macchina tessile costituita da cilindri di metallo che pressano i tessuti allo scopo di renderli lisci e compatti | stanza in cui si trova tale macchina **3** (*tecn.*) macchina usata spec. in ospedali, alberghi e sim., costituita da un cilindro rotante che stira biancheria e asciugamani.

man|ge|réc|cio *agg.* [f.pl. *-ce*] da mangiare; buono da mangiare; commestibile: *fungo —*.

man|ge|rì|a *s.f.* (*fam.*) profitto illecito ottenuto esercitando in modo losco il proprio potere | gestione disonesta del denaro pubblico; ruberia.

man|già|bi|le *agg.* detto di cibo appena gradevole o quasi cotto, che si può mangiare.

man|gia|di|schi® *s.m.invar.* giradischi portatile con apertura laterale per l'inserimento automatico di dischi a 45 giri.

màn|gia-e-bé|vi o **mangiaebévi** *s.m.invar.* gelato misto con liquore e frutta, gener. servito in grossi bicchieri.

man|gia|fu|mo *agg.invar.* che elimina i cattivi odori, spec. quelli derivanti dal fumo di tabacco: *candela —*.

man|gia|na|stri® *s.m.invar.* apparecchio automatico portatile per l'ascolto e la registrazione di musicassette.

man|gia|pà|ne *s.m./f.invar. spec. nelle loc. — a tradimento, a ufo*, persona inetta che vive alle spalle degli altri; parassita, scroccone.

man|gia|prè|ti *s.m./f.invar.* persona che non tollera i preti; anticlericale.

man|già|re[1] *v.tr.* [indic.pres. *io mangio*...] **1** ingerire alimenti solidi, masticandoli e deglutendoli; consumare un pasto: *— la carne*; *— con appetito* | *fare da —*, cucinare | *— in bianco*, mangiare senza salse o condimenti elaborati | — *per tre*, *quattro*, mangiare molto | — *a due*, *quattro palmenti*, mangiare con ingordigia | (*fig.*) — *la foglia*, accorgersi di un inganno | — *ql.co., qlcu.* *con gli occhi*, guardarlo avidamente, desiderandolo intensamente | *mangiarsi vivo qlcu.*, minacciarlo o rimproverarlo con asprezza; batterlo in una competizione **2** (*estens.*) consumare totalmente, spec. in modo sconsiderato; divorare: *hai mangiato tutto il dolce!* | (*fig.*) dilapidare il proprio o l'altrui patrimonio: *gli aumenti mangeranno gli stipendi* | *mangiarsi l'eredità*, sperperarla **3** (*fig.*, *fam.*) guadagnare in modo illegale: *con i suoi traffici trova sempre da* — **4** rodere, rosicchiare: *le tarme mangiano i mobili* | *mangiarsi le unghie*, rosicchiarle per abitudine | (*fig.*) *mangiarsi le mani*, rimpiangere un'opportunità ormai persa | *mangiarsi il fegato*, rodersi per la rabbia | *mangiarsi le parole*, non pronunciarle o pronunciarle in modo non chiaro **5** (*fig.*) corrodere: *la ruggine sta mangiando il cancello* **6** detto di motore e sim., consumare in modo eccessivo: *la macchina mangia troppa benzina* **7** nella dama, negli scacchi o nei giochi a carte, prendere il pezzo all'avversario.

man|già|re[2] *s.m.* **1** atto del mangiare: *misurarsi nel* — **2** ciò che si mangia: *un* — *saporito*.

man|gia|sòl|di *agg.invar.* **1** detto di ente, azienda, struttura e sim., che fa un uso malaccorto del denaro, spec. provocando grosse perdite **2** detto di macchina automatica per il gioco d'azzardo che funziona a gettoni o a monete ♦ *s.m./f.invar.* persona che spende soldi con estrema facilità | persona che lavora poco o male rispetto al compenso che riceve.

man|già|ta *s.f.* l'atto del mangiare molto in una volta; scorpacciata.

man|gia|tó|ia *s.f.* **1** nelle stalle, grossa cassa in cui si mette il foraggio per gli animali **2** (*scherz.*) la tavola sulla quale si mangia **3** (*fig.*, *spreg.*) situazione o impiego da cui si ricavano guadagni facili o illeciti.

man|gia|tó|re *s.m.* [f. *-trice*] **1** chi mangia in quantità abbondante **2** chi per abitudine mangia un determinato cibo: *un* — *di pastasciutta* **3** (*estens.*) giocoliere che durante gli spettacoli si esibisce introducendo degli oggetti in gola: — *di spade*.

man|gi|me *s.m.* insieme di prodotti di origine vegetale o animale impiegati nell'alimentazione del bestiame.

man|gió|ne *s.m.* [f. *-a*] **1** chi per abitudine mangia molto o avidamente **2** (*fig.*) chi approfitta di ogni situazione favorevole per trarne guadagni illeciti.

man|giuc|chià|re *v.tr.* [indic.pres. *io mangiucchio...*] **1** mangiare più cose in modiche quantità, spec. fuori pasto; spilluzzicare **2** (*assol.*) mangiare di frequente a intervalli brevi | mangiare lentamente o controvoglia, a piccoli bocconi.

màn|go *s.m.* [pl. *-ghi*] albero originario dell'India, con grossi frutti di forma ovale, commestibili, dalla polpa dolce e profumata | il frutto di tale pianta.

man|gó|sta *s.f.* → **mangusta**.

man|gró|via o **mangròva** *s.f.* vegetazione tropicale, tipica dei litorali lagunari o delle paludi, costituita da piante con radici che affondano nel fango per risalire verticalmente attorcigliandosi ai rami.

man|gù|sta o **mangósta** *s.f.* nome comune di varie specie di animali carnivori, dal corpo piccolo e slanciato, con coda lunga, muso appuntito e denti aguzzi; attaccano i serpenti e si nutrono di vari animaletti.

mà|ni *s.m.pl.* nell'antica Roma, anime dei defunti, divinizzate come protettrici della casa.

ma|ni|a *s.f.* **1** (*psich.*) sindrome caratterizzata da un'eccessiva eccitazione delle capacità morali e mentali, che si esprime in un'anormale esaltazione euforica associata talvolta a comportamenti violenti: — *di grandezza* **2** (*estens.*) ossessione, idea fissa: — *dell'ordine* **3** (*fig.*) passione fanatica: — *della caccia* | abitudine bizzarra e radicata: *ha la* — *di uscire sempre con l'ombrello*.

-ma|ni|a (*spec.med.*) secondo elemento di parole composte che indica una tendenza ossessiva o patologica (*cleptomania*) o un'attrazione irresistibile per ql.co. (*bibliomania*).

ma|ni|a|cà|le *agg.* **1** (*psich.*) relativo a mania **2** (*estens.*) ossessivo, smodato: *pulizia* — □ **maniacalmente** *avv.*

ma|ni|a|co *agg.* [m.pl. *-ci*] (*psich.*) che riguarda la mania; maniacale | che è affetto da mania ♦ *s.m.* [f. *-a*] **1** (*psich.*) chi è affetto da mania: *un* — *sessuale* **2** (*estens.*) fanatico, fissato; patito: *un* — *dei libri gialli*.

mà|ni|ca *s.f.* **1** parte dell'abito che copre tutto il braccio o parte di esso: *maniche lunghe, corte* | *mezze maniche*, quelle che arrivavano fino al gomito; un tempo quelle staccabili in tela nera che venivano indossate sull'avambraccio dagli impiegati; (*estens.*, *spec.spreg.*) la categoria degli impiegati | (*fig.*) *tirarsi su, rimboccarsi le maniche*, intraprendere con buona volontà un lavoro faticoso | *essere nella* — *di qlcu.*, godere del suo favore | *avere un asso* (o *l'asso*) *nella* —, possedere l'elemento decisivo per far volgere la situazione a proprio vantaggio | *è un altro paio di maniche*, è una cosa completamente diversa | *essere di* — *larga, stretta*, essere indulgente, paziente oppure molto esigente, severo **2** (*estens.*) attrezzo a forma di manica | *a vento*, negli aeroporti, tubo di tela gener. a strisce bianche e rosse, che gonfiato dal vento, ne indica la direzione; nelle navi, tubo verticale che porta aria dai ponti scoperti ai locali interni **3** (*pop.*, *spreg.*) gruppo, cricca: *siete una bella* — *di bugiardi!* | grande quantità: *s'è beccato una* — *di insulti*.

ma|ni|ca|rét|to *s.m.* pietanza gustosa, cucinata con cura.

ma|ni|che|i|smo *s.m.* **1** religione fondata nel III secolo d.C. dal persiano Mani che concepiva la realtà come una continua contrapposizione fra

manicaretto

i principi eterni del bene e del male **2** (*estens.*) atteggiamento o teoria che tende a contrapporre rigidamente il bene e il male o posizioni ritenute non accordabili.

ma|ni|chè|o *agg.* detto di teoria o atteggiamento che contrappone radicalmente il bene e il male o posizioni fra loro dissimili ♦ *s.m.* [f. -*a*] chi esaspera le differenze o accentua le diversità di idee, scelte e sim.

ma|ni|chét|ta *s.f.* **1** mezza manica **2** tubo flessibile, di tela o altro materiale, usato nelle condutture che trasportano aria o acqua.

ma|ni|chi|no *s.m.* **1** fantoccio snodabile che riproduce il tronco di una persona nuda o l'intero corpo, usato per confezionare gli abiti o esporli in vetrina **2** fantoccio snodabile usato da pittori e scultori come modello umano **3** (*fig.*) individuo senza carattere, che si piega facilmente alla volontà altrui.

mà|ni|co *s.m.* [pl. *-ci* o *-chi*] elemento di uno strumento, di un arnese e sim., impugnabile con la mano, che serve a utilizzare o a sollevare l'oggetto stesso: — *del coltello, della padella; il — di uno strumento a corda.*

ma|ni|co|mià|le *agg.* di, da manicomio.

ma|ni|cò|mio *s.m.* **1** un tempo, istituto di ricovero per malati di mente; ospedale psichiatrico **2** (*fam.*) situazione o ambiente caratterizzati da molto disordine, rumore: *quella stanza è un —.*

ma|ni|còt|to *s.m.* **1** grossa e corta manica, aperta alle estremità, gener. di pelliccia, in cui infilare le mani per ripararle dal freddo **2** (*mecc.*) giunto cavo a forma di cilindro, in metallo, gomma o plastica, che serve per collegare tubi o barre o per trasmettere il moto rotatorio fra due alberi coassiali.

manicure (*fr.*) [pr. *manikùr*] *s.m./f.invar.* chi per professione cura mani e unghie altrui ♦ *s.f.* l'insieme delle operazioni con cui si curano mani e unghie: *farsi la —.*

ma|niè|ra *s.f.* **1** modo di comportarsi, di procedere, di fare: — *di pensare, di parlare* | *che maniere!, belle maniere!, che — è questa?*, espressioni di rimprovero e biasimo rivolte a chi ha avuto un comportamento sgarbato | *persona di buone maniere*, persona educata, cortese | *ognuno è fatto alla sua —*, espressione quasi di rassegnazione, per indicare che ogni persona va accettata così com'è | *alla —*, secondo il costume: *alla — genovese* | *in ogni —*, a ogni costo: *lo devi aiutare in ogni —* | *in tutte le maniere*, in modo assoluto, su tutti i fronti: *in tutte le maniere tu hai sbagliato* | *in — che*, così che: *gli parlerò in — che sappia poi come agire* **2** stile di un artista, di una scuola o di un periodo artistico: *seguace della — di Petrarca, degli impressionisti* | pratica artistica basata sull'imitazione e sulla ripetizione di formule già sperimentate, quindi priva di naturalezza e ispirazione: *uno scrittore di — 3* (*lett.*) sorta, specie: *gente di ogni —.*

ma|nie|ra|to *agg.* **1** privo di naturalezza, di spontaneità; affettato; artificioso: *è molto — nel* parlare **2** detto di opera d'arte o di artista, che è privo di originalità: *scrittore —.*

ma|nie|rì|smo *s.m.* **1** corrente artistica sviluppatasi verso la seconda metà del XVI sec., spec. a Roma e a Firenze, che segnò il passaggio dal Rinascimento al Barocco; si caratterizzò per una rielaborazione dei canoni classicistici e per un'espressività deformante **2** (*estens.*) nelle arti figurative e nella letteratura, tendenza a ispirarsi a modelli precedenti.

ma|nie|rì|sta *s.m./f.* [m.pl. *-i*] artista, scrittore di maniera, privo di ispirazione | seguace del manierismo ♦ *agg.* proprio del manierismo; manieristico.

ma|nie|rì|sti|co *agg.* [m.pl. *-ci*] relativo ai manieristi o al manierismo □ **manieristicamente** *avv.*

ma|niè|ro *s.m.* nel Medioevo, palazzo di campagna del feudatario | (*estens.*) castello, palazzo signorile di campagna.

ma|nie|ró|so *agg.* che ha maniere gentili ma anche affettate; cerimonioso, lezioso.

ma|ni|fat|tù|ra *s.f.* **1** il complesso delle operazioni per mezzo delle quali le materie prime sono trasformate in prodotti di consumo, in manufatti: *la — della seta* **2** locale, luogo in cui avvengono queste operazioni | l'azienda che le esegue.

ma|ni|fat|tu|riè|re *s.m.* [f. -*a*] proprietario, operaio o impiegato di una manifattura.

ma|ni|fat|tu|riè|ro *agg.* di manifattura.

ma|ni|fe|stàn|te *part.pres.* di manifestare ♦ *agg., s.m./f.* che, chi partecipa a una dimostrazione pubblica, a una manifestazione: *i manifestanti furono tutti fermati.*

ma|ni|fe|stà|re *v.tr.* [indic.pres. *io manifèsto...*] **1** rendere noto apertamente; esprimere, palesare: — *il proprio risentimento* **2** (*assol.*) partecipare a una dimostrazione pubblica: — *contro la guerra* ♦ -*rsi* rifl. (*di persona*) rendersi riconoscibile o visibile, farsi conoscere: *Cristo risorto si manifestò agli apostoli* ♦ *intr.pron.* **1** (*di persona*) palesare la propria personalità: *il suo amico si manifestò molto falso* **2** (*di cosa*) rivelarsi, mostrarsi: *la malattia si manifestò in tutta la sua gravità.*

ma|ni|fe|sta|zió|ne *s.f.* **1** espressione, palesamento: — *di gioia* **2** ciò con cui una cosa si manifesta; rivelazione: *le prime manifestazioni di una malattia* **3** dimostrazione pubblica gener. fatta per protestare o per esprimere una richiesta: — *degli studenti* **4** spettacolo pubblico: — *culturale.*

ma|ni|fe|stì|no *s.m.* piccolo foglio distribuito a scopi propagandistici o pubblicitari.

ma|ni|fè|sto[1] *agg.* chiaro, evidente; noto a tutti: *sentimento —; rendere —* □ **manifestamente** *avv.*

ma|ni|fè|sto[2] *s.m.* **1** foglio di carta che si affigge in luogo pubblico per rendere noto ql.co.: — *pubblicitario* **2** scritto programmatico di movimenti culturali o politici: *il Manifesto del partito comunista.*

ma|ni|glia *s.f.* **1** elemento di legno, metallo o altro materiale, di diversa foggia e facilmente impugnabile, che si applica a porte, cassetti, valigie ecc. per poterli aprire, sollevare o trasportare | (*sport*) *cavallo con maniglie*, attrezzo ginnico per volteggio, provvisto di due grossi semianelli sul dorso che permettono la presa delle mani **2** (*fig.*, *pop.*) raccomandazione, appoggio **3** (*mar.*) maglia metallica a forma di U, dotata di un foro su ciascuna estremità attraverso cui passa un perno che collega due pezzi di catena.
ma|ni|gól|do *s.m.* [f. -*a*] (*anche scherz.*) canaglia, furfante.
ma|nì|na *s.f.* **1** (*bot.*) denominazione comune di un fungo del genere Clavaria **2** disegno di una mano con l'indice teso, usato per indicare una direzione da seguire o, in un testo, per attirare l'attenzione del lettore su un punto particolare **3** bastoncino alla cui estremità è applicata una piccola mano, gener. in avorio, usato per grattarsi la schiena **4** ciondolo riproducente una piccola mano, usato come portafortuna.
ma|niò|ca *s.f.* arbusto originario dell'America meridionale, coltivato per le radici ricche di amido da cui si estrae la tapioca.
ma|ni|po|là|re *v.tr.* [indic.pres. *io manìpolo...*] **1** lavorare ql.co. modellandolo o impastandolo con le mani: — *la pasta, la creta* | (*estens.*) preparare ql.co. mescolando assieme più ingredienti o sostanze: — *creme* | sofisticare, alterare un prodotto alimentare: — *il vino* **2** (*fig.*) adulterare, contraffare: — *un'informazione* **3** (*fig.*) condizionare il comportamento di qlcu. per trarne un vantaggio personale: — *gli elettori* **4** (*med.*) massaggiare: — *il collo* **5** (*tecn.*) azionare i comandi di un apparecchio, p.e. per il sollevamento o il trasporto di materiali **6** (*tecn.*) spostare o sottoporre a determinati trattamenti sostanze delicate o pericolose, spec. radioattive, servendosi di manipolatori comandati e controllati a distanza.
ma|ni|po|la|tó|re *s.m.* **1** [f. -*trice*] (*anche fig.*) chi manipola: *un — della situazione* **2** (*tecn.*) dispositivo usato per manipolare sostanze delicate o pericolose, spec. radioattive **3** (*telecom.*) dispositivo a comando manuale: — *telegrafico* ♦ *agg.* (*anche fig.*) che manipola.
ma|ni|po|la|zió|ne *s.f.* **1** (*anche fig.*) l'azione del manipolare: — *di fonti* | (*biol.*) — *del patrimonio genetico*, intervento effettuato con mezzi chimico-biologici finalizzati a produrre modificazioni nei caratteri ereditari **2** (*fig.*) imbroglio, intrigo.
ma|nì|po|lo *s.m.* **1** mazzo di erbe, spighe o paglia che può essere stretto in una mano **2** (*st.*) nell'antica Roma, unità della legione romana composta da un centinaio di soldati **3** (*lett.*) piccolo schieramento di soldati | (*estens.*) piccolo gruppo di uomini mossi da un ideale comune **4** (*lit.*) striscia di stoffa che veniva portata all'avambraccio dal sacerdote durante la messa.
ma|ni|scàl|co *s.m.* [pl. -*chi*] **1** chi fabbrica i ferri destinati alla ferratura di animali da tiro o da sella **2** (*st.*) nelle corti medievali, alto dignitario, gener. al comando di un esercito.
ma|nì|smo *s.m.* **1** (*relig.*) culto delle anime dei defunti **2** (*filos.*) teoria che attribuisce l'origine delle diverse religioni al culto degli antenati.
ma|nì|tù *s.m.invar.* presso le popolazioni indigene dell'America settentrionale, forza misteriosa che governa l'universo e la vita umana.
ma|nìz|za *s.f.* **1** (*mar.*) ogni impugnatura della ruota del timone **2** (*pl.*) guanti che coprono mezza mano e parte delle dita, usati spec. da ciclisti e motociclisti.
màn|na *s.f.* **1** cibo che, secondo la Bibbia, cadde miracolosamente dal cielo per gli Ebrei che si trovavano nel deserto | (*estens.*) verità rivelata da Dio; grazia celeste | (*fig.*) *aspettare che cada la — dal cielo*, in una situazione negativa, restare in attesa passiva di un miglioramento **2** (*fig.*) cibo, bevanda particolarmente gradevole; squisitezza **3** (*fig.*) cosa utile, favorevole che giunge inattesa o all'improvviso: *l'offerta è una — per noi* **5** sostanza zuccherina che si ricava dal tronco di alcuni tipi di frassino, usata in medicina come purgante.
man|nàg|gia *inter.* (*fam.*) imprecazione che esprime irritazione, contrarietà, rabbia.
man|nà|ia *s.f.* **1** grossa scure dotata di manico, un tempo usata dal boia per decapitare i condannati | (*estens.*) lama della ghigliottina | (*fig.*) *essere sotto la —*, trovarsi in una situazione estremamente pericolosa **2** scure usata per tagliare la legna **3** grande coltello a lama rettangolare usato in macelleria per tagliare a pezzi gli ossi.
man|nà|ro *agg.* solo nella loc. *lupo —*, (*pop.*) licantropo; (*fam.*) mostro delle favole che mangia i bambini.
man|nèl|lo *s.m.* piccolo fascio di fieno, spighe, erba e sim.
mannequin (*fr.*) [pr. *mankèn*] *s.f.invar.* indossatrice.
man|nì|te *s.f.* (*chim.*) alcol esavalente, principale costituente della manna, usato in medicina come leggero purgante.
mà|no *s.f.* [pl. *mani*] **1** (*anat.*) estremità dell'arto superiore del corpo umano, con funzione di organo prensile e tattile, costituita dal polso, dalla palma, dal dorso e dalle cinque dita | *a —*, cucito a —; *bagaglio a* — | *alla —*, si dice di cosa pronta a essere usata o mostrata: *tenere il passaporto alla —*; (*fig.*) si dice di persona cortese e affabile: *un tipo alla —* | *a due mani*, si dice di opera eseguita da due persone | *a quattro mani*, si dice di composizione per pianoforte scritta per essere eseguita sullo stesso strumento da due pianisti | *di seconda —*, non nuovo, usato: *auto di seconda —*; (*fig.*) indiretto: *notizia di seconda —* | *fuori —*, lontano | *a portata di —*, vicino, facilmente raggiungibile | *battere le mani*, applaudire | *dare, stringere la — a qlcu.*, porgerli la propria mano e afferrare la sua in segno di saluto o per presentarsi, congratularsi e sim. | (*fig.*) *dare una — a qlcu.*, aiutarlo | (*fig.*) *prendere qlcu. per —*, gui-

manodopera

darlo nelle scelte | *chiedere la — di una donna*, chiederla in sposa | *fregarsi, stropicciarsi le mani*, sfregarle in segno di soddisfazione | *venire alle mani*, picchiarsi | *alzare le mani su qlcu.*, picchiarlo | *mettere le mani addosso a qlcu.*, aggredirlo | *mettere le mani su qlco.*, appropriarsene | *mettere — a*, prendere: *mettere — al portafogli* | *mettere — a un lavoro*, iniziarlo | (*fig.*) *fare la — a qlco.*, farci l'abitudine | (*fig.*) *prendere la —*, si dice di cosa o di persona che sfugge al controllo di qlcu. | (*fig.*) *toccare con —*, rendersi direttamente conto | (*anche fig.*) *capitare per le mani*, si dice di ciò di cui per caso si viene in possesso | (*fig.*) *sfuggire di —*, si dice di una situazione di cui non si ha più il controllo | (*fig.*) *avere le mani legate*, non essere libero di agire | (*fig.*) *avere le mani pulite, sporche*, essere onesto, disonesto | (*giorn.*) *mani pulite*, nella prima metà degli anni '90 del Novecento, denominazione delle inchieste giudiziarie sulla corruzione politica italiana | *a — armata*, con le armi | (*fig.*) *cogliere con le mani nel sacco*, cogliere in flagrante | (*fig.*) *lavarsene le mani*, disinteressarsene, non assumersene la responsabilità | (*fig.*) *mettere le mani avanti*, cercare scuse per evitare eventuali richieste | (*fig.*) *mettersi le mani nei capelli*, disperarsi | (*fig.*) *mettersi le mani sulla coscienza*, farsi un esame interiore | (*fig.*) *mettersi nelle mani di qlcu.*, affidarsi alla sua protezione, al suo aiuto | (*fig.*) *a piene mani*, con generosità | *a mani vuote*, senza un regalo | (*fig.*) *avere la — leggera*, essere delicato nel fare ql.co. | (*fig.*) *avere la — pesante*, intervenire in modo molto severo | (*fig.*) *avere le mani bucate*, eccedere nelle spese | (*fig., anche scherz.*) *avere le mani di creta, di ricotta, di pasta frolla*, si dice di chi fa cadere spesso ciò che ha in mano **2** (*fig.*) stile, impronta, che caratterizza una persona: *in questo quadro si riconosce la — di un grande pittore* | calligrafia **3** ciascuna delle due direzioni del traffico in una strada; lato, direzione | *cedere la —*, dare la precedenza in segno di cortesia | *tenere la —*, procedere rispettando il senso stabilito dal codice stradale | *andare contro —*, procedere in senso vietato; (*fig.*) avere opinioni diverse da quelle comuni **4** nel gioco di carte, giro di una partita | *essere di —*, essere il primo giocatore | *passare la —*, in alcuni giochi, scegliere di saltare il turno; (*fig.*) cedere a qlcu. una responsabilità **5** strato di vernice o di altra sostanza passato su una superficie: *una — di smalto* **6** si usa in loc. particolari: *a — a —*, *man — di volta in volta*; progressivamente | *man — che*, introduce una frase dipendente la cui azione si svolge contemporaneamente a quella della reggente: *man — che consegnavano, firmavano*.

ma|no|dò|pe|ra o **màno d'òpera** *s.f. solo sing.* **1** complesso di lavoratori subordinati impegnati in attività produttive **2** costo del lavoro comunque occorre per produrre un determinato bene.

ma|no|més|so *part.pass.* di manomettere ♦ *agg.* che è stato forzatamente aperto, scassinato; violato, danneggiato: *un lucchetto —*.

ma|nò|me|tro *s.m.* (*fis.*) strumento usato per misurare la pressione di un fluido.

ma|no|mét|te|re *v.tr.* [con. come *mettere*] **1** (*st.*) nell'antica Roma, liberare uno schiavo per mezzo della manomissione **2** alterare, manipolare senza averne il permesso: *— una lettera* **3** danneggiare, forzare ql.co. indebitamente: *— una serratura* **4** (*fig.*) ledere, violare: *— i diritti altrui.*

ma|no|mis|sió|ne *s.f.* **1** (*st.*) nell'antica Roma, diritto del padrone di liberare uno schiavo **2** alterazione, falsificazione: *— di un documento* **3** danneggiamento, scasso: *l'armadio mostrava segni di —* **4** (*fig.*) lesione, violazione.

ma|no|mòr|ta *s.f.* [*pl. manimorte*] (*st.*) nel Medioevo e in età moderna, condizione giuridica privilegiata per cui l'insieme dei beni ecclesiastici o appartenenti a enti morali non erano soggetti a imposte di successione.

ma|nò|po|la *s.f.* **1** in un'armatura, la parte corrispondente alla mano e all'avambraccio **2** (*sport*) nella scherma, parte del guanto che protegge la mano **3** guanto con il solo dito pollice indipendente; muffola **4** in un abito, un cappotto e sim., risvolto di tessuto o pelliccia che si applica all'estremità della manica **5** in una leva o in un manubrio, la parte che serve da impugnatura, gener. rivestita di gomma o di cuoio: *le manopole della bicicletta* **6** in un apparecchio o in un dispositivo, comando girevole manuale: *la — dello stereo* **7** su autobus, tram e sim., maniglia per il sostegno dei passeggeri.

ma|no|scrìt|to *agg.* scritto a mano ♦ *s.m.* **1** testo scritto a mano; autografo, originale | (*estens.*) testo composto con la macchina da scrivere o col computer, spec. da parte di un autore che voglia pubblicarlo **2** in bibliografia, filologia, paleografia, documento scritto a mano su pergamena o carta, precedente l'invenzione della stampa; libro manoscritto, codice: *un — antico*.

ma|no|va|làn|za *s.f.* **1** il complesso dei manovali e la loro opera **2** (*estens.*) in un'organizzazione, il complesso delle persone che svolgono esclusivamente compiti esecutivi.

ma|no|và|le *s.m./f.* **1** operaio non qualificato che svolge lavori manuali e generici | aiutante del muratore che fa fatica **2** (*estens.*) in un'organizzazione, chi ha compiti esclusivamente di carattere esecutivo.

ma|no|vèl|la *s.f.* **1** leva dotata di impugnatura perpendicolare con cui si aziona a mano un meccanismo collegato all'estremità opposta: *la — del macinino* | *— di avviamento*, un tempo, quella usata per avviare a mano un motore; (*cine.*) asta con cui si azionava la cinepresa, oggi sostituita dal motore **2** (*mecc.*) nel manovellismo, elemento che compie una rotazione completa intorno a un punto fisso: *— dell'albero a gomito*.

ma|no|vel|li|smo *s.m.* (*mecc.*) sistema costituito da manovella, biella, guida e corsoio, che consente di trasformare un moto rotatorio, gener. continuo, in uno rettilineo alternativo e viceversa.

ma|nò|vra *s.f.* **1** il complesso delle operazioni necessarie per azionare un dispositivo o una macchina: *treno in —* | l'insieme delle operazioni con le quali è possibile cambiare posizione, direzione, velocità di un mezzo di trasporto: *le manovre per parcheggiare la macchina*; *le manovre a bordo di una nave* | (*fig.*) *avere libertà di —*, essere libero di agire autonomamente **2** (*mil.*) movimento delle unità militari compiuto per esercitazione o a fini strategici: *— di avvicinamento* **3** (*fig.*) il complesso delle azioni, gener. segrete e illecite; maneggio, raggiro: *è un'orribile — fatta per incolparlo* **4** (*spec.polit.*) il complesso delle misure adottate per raggiungere un determinato obiettivo: *— finanziaria* **5** (*sport*) nei giochi di squadra, spec. nel calcio, azione d'attacco organizzata e svolta da più giocatori.

ma|no|vrà|bi|le *agg.* che si può manovrare.

ma|no|vra|bi|li|tà *s.f.* caratteristica di ciò che è manovrabile | attitudine al compimento di particolari manovre: *la — di un aeromobile.*

ma|no|vrà|re *v.tr.* [indic.pres. *io manòvro...*] **1** mettere in azione per mezzo di manovre: *— l'aereo* **2** (*fig.*) far agire qlcu. o un gruppo di persone secondo i propri scopi: *è un ragazzo che si fa — da tutti* ♦ *intr.* [aus. *A*] **1** effettuare una manovra o più manovre: *— per far atterrare l'aereo* **2** (*fig.*) agire in modo tale da ottenere un vantaggio; brigare, tramare: *— per avere una promozione.*

ma|no|vra|tó|re *agg.* [f. *-trice*] che manovra ♦ *s.m.* **1** chi è addetto alla manovra di dispositivi o macchine | nelle ferrovie, chi è addetto alle manovre di composizione e scomposizione dei treni | *— del tram*, il conducente **2** (*fig.*) chi trama; manipolatore.

ma|no|vriè|ro *agg.* **1** (*anche fig.*) che manovra o si manovra facilmente **2** (*sport*) detto di squadra, che è in grado di organizzare e svolgere azioni d'attacco ♦ *s.m.* [f. *-a*] chi è molto abile nell'agire per ottenere un vantaggio personale; maneggione.

man|ro|vè|scio *s.m.* **1** ceffone dato con il dorso della mano **2** (*sport*) nella scherma, colpo di spada o di sciabola inferto da sinistra a destra.

man|sàl|va *s.f.* solo nella loc. *a —*, senza limiti, liberamente.

man|sàr|da *s.f.* (*arch.*) tipo di tetto ottenuto spezzando la falda in due parti, una con pendenza normale, l'altra quasi verticale e provvista nel tratto più inclinato di finestre che danno luce ai locali sottostanti | (*estens.*) il complesso di tali locali.

man|sió|ne *s.f.* **1** attività da svolgere; compito: *affidare una — delicata* **2** (*spec.pl.*) il complesso dei compiti che una data figura professionale deve svolgere; incombenza: *questo lavoro rientra nelle tue mansioni.*

man|sue|to *agg.* **1** si dice di animale inoffensivo e docile: *cane — 2* (*estens.*) si dice di persona paziente, umile | *di cosa*, che manifesta sottomissione e dolcezza: *tono —.*

man|sue|tù|di|ne *s.f.* dolcezza, mitezza.

màn|ta *s.f.* grosso pesce marino cartilagineo, dal corpo piatto a forma di rombo o trapezio, con pelle scura sul dorso e bianca sul ventre, dotato di coda sottilissima filiforme; vive sul fondo dei mari tropicali e si ciba di plancton.

-màn|te secondo elemento di parole composte che significa "indovino" (*chiromante*).

man|tè|ca *s.f.* (*gastr.*) **1** (*raro*) qualsiasi impasto cremoso e omogeneo **2** (*region.*) scamorza arricchita con burro all'interno.

man|te|cà|re *v.tr.* [indic.pres. *io mantèco, tu mantèchi...*] **1** (*raro*) amalgamare sostanze grasse per ottenere un impasto omogeneo **2** (*gastr.*) lavorare più ingredienti in modo da ottenere un composto cremoso e ben amalgamato | (*estens.*) spec. in un risotto, far amalgamare bene gli ingredienti aggiungendo a fine preparazione panna o burro.

man|te|cà|to *part.pass. di* mantecare ♦ *agg.* ben amalgamato ♦ *s.m.* (*gastr.*) tipo di gelato molto cremoso, a grana finissima: *— al cioccolato, di nocciola.*

man|tèl|la *s.f.* mantello indossato dalle donne o dai militari.

man|tel|li|na *s.f.* **1** mantella corta da donna che arriva fino al gomito **2** (*mil.*) mantello corto di alcune uniformi: *la — dei bersaglieri* **3** mantella in tela cerata, con cappuccio, indossata per proteggersi dalla pioggia.

man|tèl|lo *s.m.* **1** indumento lungo, ampio e senza maniche, un tempo portato sulle spalle sopra gli altri, chiuso attorno al collo | soprabito femminile; cappa: *un — di lana* **2** (*estens.*) ciò che copre uniformemente una superficie; coltre: *— di neve* **3** (*geol.*) zona della superficie terrestre sottostante la crosta che avvolge il nucleo **4** il pelame che ricopre il corpo dei Mammiferi, considerato spec. sotto l'aspetto del colore: *un cavallo dal — grigio* | nei Molluschi, grande piega cutanea che secerne la conchiglia **5** (*tecn.*) ciò che serve a coprire o a proteggere elementi sottostanti **6** (*anat.*) struttura di rivestimento o di copertura | *— cerebrale*, pallio.

man|te|né|re *v.tr.* [con. come *tenere*] **1** far durare ql.co. in modo che non venga meno; tenere: *— buoni rapporti col vicinato* | conservare: *— il posto di lavoro; — un'opinione* **2** difendere, tenere saldo: *— i privilegi conquistati* **3** non mancare a ql.co.; rispettare: *— una promessa* **4** sostenere economicamente ql.co.: *i familiari* **5** finanziare: *— un centro di ricerca* ♦ *-rsi* *rifl.* **1** procurarsi il necessario, sostentarsi: *lavora molto per — 2* conservarsi, tenersi: *— giovani* ♦ *intr.pron.* rimanere in una determinata condizione: *il cielo si mantiene bello.*

man|te|ni|mén|to *s.m.* **1** conservazione inalterata di ql.co. **2** difesa di una condizione già acquisita **3** rispetto di un patto, di una promessa e sim. **4** sostentamento economico di qlcu.; sostegno **5** manutenzione: *il — dell'auto.*

man|te|nù|to *s.m.* [f. *-a*] (*spreg.*) chi si fa mantenere economicamente dall'amante.

màn|ti|ce *s.m.* **1** dispositivo a soffietto che aspira e produce aria, usato un tempo per alimentare il fuoco nelle fucine o per far funzionare alcuni strumenti musicali come la fisarmonica e l'organo **2** nelle carrozze e nelle auto di un tempo, capote pieghevole gener. in pelle.

màn|ti|de *s.f.* insetto di colore verde dal corpo sottile e lungo, dotato di zampe anteriori seghettate molto sviluppate, che tiene sollevate e unite quando sta per catturare gli insetti di cui si ciba.

man|ti|glia *s.f.* scialle in pizzo che copre capo e spalle, indossato tradizionalmente dalle donne spagnole.

màn|to *s.m.* **1** lungo e ampio mantello di tessuto pregiato, gener. con strascico, indossato da sovrani o personaggi di rilievo durante cerimonie solenni: — *imperiale* **2** (*estens.*) ciò che riveste uniformemente una superficie; strato: *un — di ghiaccio* | — *stradale*, strato di bitume che riveste la massicciata **3** (*fig.*) apparenza, finzione: *ha celato l'egoismo sotto un — di bontà* **4** mantello che ricopre il corpo di un animale, spec. di un cavallo.

man|to|và|na *s.f.* **1** ornamento di legno o metallo a forma di frangia, posto lungo i bordi dello spiovente dei tetti **2** parte fissa del tendaggio, posta sul bordo superiore delle tende **3** (*gastr.*) torta coperta di pezzetti di mandorle tostate, tipica di Prato.

màn|tra *s.m.invar.* nella religione vedica, formula magica la cui efficacia è indipendente dalla persona che la recita; preghiera, inno.

ma|nuà|le¹ *agg.* della mano; fatto con le mani: *attività* — | di *apparecchio, comando* e sim., che si aziona a mano ♦ *s.m.* (*mus.*) tastiera dell'organo □ **manualmente** *avv.* a mano; con le mani: *premere* — *il pulsante*.

ma|nuà|le² *s.m.* libro che contiene le nozioni fondamentali di una disciplina, un'arte, una scienza: — *di fisica* | *da* —, si dice di ciò che è eseguito perfettamente.

ma|nua|li|sti|co *agg.* [m.pl. *-ci*] di, da manuale: *trattazione manualistica* | (*spec.spreg.*) nozionistico, teorico; superficiale: *ha solo una cultura manualistica.*

ma|nua|li|tà *s.f.* **1** carattere manuale: *la — di un'esecuzione* **2** abilità nel lavorare con le mani: *la — di un cesellatore.*

ma|nua|liz|zà|re *v.tr.* (*raro*) rendere manovrabile a mano ql.co: — *una fase della lavorazione.*

ma|nù|brio *s.m.* **1** (*mecc.*) leva manuale con due impugnature alle estremità e al centro un mozzo cilindrico, atta a manovrare o azionare un meccanismo | — *di guida*, quello che serve a comandare lo sterzo di cicli, motocicli, macchine semoventi **2** qualsiasi elemento la cui forma ricorda quella di un manubrio | (*anat.*) — **sternale**, parte superiore dello sterno **3** (*sport*) nel sollevamento pesi, attrezzo costituito da due dischi o sfere di peso variabile collegate da una sbarra centrale che funge da impugnatura.

ma|nu|fàt|to *agg.* si dice di oggetto che è stato fatto a mano o con attrezzi manuali ♦ *s.m.* **1** oggetto lavorato a mano | prodotto dell'industria manifatturiera: — *tessile* **2** (*edil.*) opera in muratura, secondaria rispetto a quella principale, che serve da complemento o accessorio.

ma|nu|ten|tì|vo *agg.* che riguarda la manutenzione di edifici, impianti, apparecchi e sim.: *costi manutentivi.*

ma|nu|ten|tó|re *agg., s.m.* [f. *-trice*] che, chi si occupa della manutenzione di ql.co: *impresa manutentrice*; — *di un impianto.*

ma|nu|ten|zió|ne *s.f.* il complesso delle operazioni necessarie per mantenere funzionante e in buone condizioni un edificio, un apparecchio, un impianto e sim.: — *ordinaria, straordinaria*; *spese di* —.

manzanilla (*sp.*) [pr. *mansanìglia*] *s.f.invar.* vino bianco secco, liquoroso, simile allo sherry, lievemente aromatico, prodotto in Andalusia.

-man|zì|a secondo elemento di parole composte che significa "arte del predire" (*chiromanzia*).

màn|zo *s.m.* bovino di sesso maschile, castrato, di età compresa fra uno e quattro anni, destinato alla macellazione | (*estens.*) carne macellata o cucinata di tale bovino.

man|zo|nià|no *agg.* relativo ad A. Manzoni (1785-1873) e alla sua opera ♦ *s.m.* [f. *-a*] imitatore, seguace di Manzoni.

mà|o o **màu** *inter.* voce onomatopeica che imita il verso del gatto; miao.

ma|o|ì|smo *s.m.* (*st.*) teoria e pratica politica ispirata dal rivoluzionario e statista cinese Mao Dzedong (1893-1976).

ma|o|ì|sta *agg.* [m.pl. *-i*] relativo al pensiero di Mao Dzedong ♦ *s.m./f.* sostenitore, seguace del maoismo.

ma|o|met|tà|no *agg.* relativo a Maometto (570 ca-632) ♦ *s.m.* [f. *-a*] seguace della religione di Maometto; musulmano, islamico.

ma|ò|ri *s.m.* **1** [anche f.] chi appartiene alla popolazione autoctona della Nuova Zelanda, di razza polinesiana **2** la lingua polinesiana parlata da tale popolazione ♦ *agg.* relativo a tale popolazione: *cultura* —.

mà|po *s.m.invar.* frutto ottenuto dall'incrocio del mandarino con il pompelmo.

màp|pa *s.f.* **1** rappresentazione grafica in grande scala e nei dettagli di un dato territorio | — *catastale*, quella in cui sono riportati i limiti e il valore fiscale delle proprietà fondiarie **2** (*estens.*) carta geografica **3** (*fig.*) prospetto dettagliato di una determinata realtà o di un fenomeno sociale: *la — delle cellule del terrorismo* **4** (*biol.*) — *cromosomica*, rappresentazione grafica della disposizione dei geni nei cromosomi **5** (*tecn.*) parte sagomata della chiave che si inserisce nella serratura.

map|pa|món|do *s.m.* **1** rappresentazione cartografica dell'intera superficie terrestre in due emisferi; planisfero | — **celeste**, rappresentazione piana del cielo e delle costellazioni, suddivise nei due emisferi australe e boreale **2** sfera girevole intorno a un asse, che rappresenta la superficie terrestre.

maquillage (*fr.*) [pr. *makiàj*] *s.m.invar.* trucco del viso.

maquis (*fr.*) [pr. *makì*] *s.m.invar.* (*st.*) **1** movimento francese della resistenza partigiana durante la seconda guerra mondiale **2** [anche f.] (*estens.*) appartenente a tale movimento.

ma|ra|bòt|to *s.m.* → **marabutto**.

ma|ra|bù *s.m.* grande uccello dell'Africa tropicale e dell'Asia, diffuso nelle aree ricche d'acqua, con zampe lunghe, grosso becco giallo, testa e collo nudi, morbide e leggere piume sulla coda, usate un tempo come ornamento degli abiti femminili.

ma|ra|bùt|to o **marabòtto** o **marabùto** o **marabùt** *s.m.* nell'Islam, combattente della guerra santa.

maraca (*sp.*) *s.f.* [pl. *maracas*] strumento della musica popolare sudamericana, costituito da una sfera di legno vuota, contenente grani duri, e da un'impugnatura; si suona scuotendolo ritmicamente.

ma|ra|chèl|la *s.f.* azione illecita fatta senza cattiveria e di nascosto da bambini o ragazzi; briconata, monelleria: *combinare una —*.

maracuja (*port.*) [pr. *marakujà*] *s.f.invar.* **1** pianta del genere Passiflora, diffusa nell'America tropicale **2** il frutto a forma di bacca e dal sapore intenso, prodotto da tale pianta; frutto della passione.

ma|ra|già *s.m.invar.* maharajah.

ma|ra|màl|do *s.m.* individuo vile e prepotente, che infierisce sugli indifesi.

ma|ra|mè|o o **maramào** *inter.* (*fam.*) esprime canzonatura, scherno ed è gener. accompagnata da un gesto scherzoso, fatto puntando il pollice di una mano sul naso e facendo oscillare le altre dita.

ma|ran|gó|ne *s.m.* cormorano.

ma|rà|sca o **amaràsca** *s.f.* varietà di ciliegia dalla polpa succosa, usata per preparare il maraschino.

ma|ra|schì|no *s.m.* liquore dolce ottenuto dalla distillazione delle marasche, tipico della Dalmazia.

ma|rà|sco o **amaràsco** *s.m.* [pl. *-schi*] varietà di ciliegio da cui si ottengono le marasche.

ma|ra|sma *s.m.* [pl. *-i*] **1** (*med.*) lento e grave decadimento dell'organismo, causato gener. da una lunga malattia o dalla vecchiaia: *— infantile* **2** (*fig.*) grave crisi di organizzazioni, istituzioni sociali | (*estens.*) grande disordine, caos.

ma|ràs|so *s.m.* serpente velenoso, diffuso nelle zone palustri ma anche nelle regioni alpine, il cui morso può provocare gravi disturbi.

ma|ra|tó|na *s.f.* **1** (*sport*) gara olimpica di corsa a piedi su strada che si disputa su 42,195 km, pari alla distanza intercorrente fra Maratona e Atene, che il guerriero ateniese Filippide percorse per annunciare la vittoria sui Persiani **2** (*estens.*) camminata lunga e impegnativa **3** (*fig.*) gara di resistenza: *— canora* **4** (*fig.*) qualsiasi attività in cui è necessario impegnarsi a lungo e in modo continuo: *ho fatto una — per questo esame!*

ma|ra|to|nè|ta *s.m./f.* [m.pl. *-i*] atleta che partecipa a una maratona | (*estens.*) grande camminatore.

ma|ràt|to *s.m.* **1** [f. *-a*] chi appartiene a una popolazione dell'India sud-occidentale, che occupa gran parte del territorio dell'altopiano del Deccan **2** la lingua parlata da tale popolazione ♦ *agg.* relativo ai maratti.

màr|ca[1] *s.f.* **1** segno o simbolo impresso su ql.co. per indicarne la proprietà, la qualità, il luogo di produzione o altro; marchio **2** (*estens.*) la ditta produttrice identificata da un suo segno: *le migliori marche italiane | di —*, detto del prodotto di nota qualità **3** contromarca o gettone che si rilascia per il ritiro di un oggetto lasciato in deposito **4** contrassegno simile a un francobollo che dimostra l'avvenuto pagamento di un'imposta | *— da bollo*, tagliando, emesso dallo Stato, che si applica a documenti, cambiali, ricevute per attestare il pagamento della relativa tassa **5** (*fig.*) carattere distintivo, impronta: *il suo umorismo è di — inglese*.

màr|ca[2] *s.f.* (*st.*) nell'impero carolingio, territorio di confine.

mar|ca|mén|to *s.m.* (*sport*) nel calcio e in altri giochi di squadra, azione di controllo esercitata su un avversario o su una zona del campo: *— a uomo*.

mar|can|tò|nio *s.m.* [f. *-a*] (*scherz.*) persona robusta, alta, dall'aspetto prosperoso.

mar|ca|pià|no *s.m.* [pl. *-i*] striscia colorata o sporgente sul muro esterno di un edificio che indica il limite tra un piano e l'altro.

mar|cà|re *v.tr.* [indic.pres. *io marco, tu marchi...*] **1** segnare ql.co. con un marchio; bollare: *— un fazzoletto* **2** (*fig.*) rendere ql.co. più evidente, più accentuato: *una linea* **3** (*tecn.*) segnare una misura, rilevare un dato: *— il tempo di un percorso* **4** (*sport*) controllare una zona del campo o un avversario: *lo ha marcato stretto* | segnare un punto a vantaggio della propria squadra.

mar|ca|sì|te o **marcassite** *s.f.* minerale costituito da solfuri di ferro, di colore giallo bronzeo con riflessi verdastri e lucentezza metallica; è usato in bigiotteria e in oreficeria.

mar|ca|tèm|po *s.m.invar.* **1** [anche f.] in una fabbrica, addetto alla misurazione dei tempi di lavorazione dei prodotti **2** strumento che riporta gli intervalli di tempo di un fenomeno su un apparecchio registratore ♦ *agg.invar. solo nella loc. orologio —*, quello che registra l'ora di ingresso e di uscita dei dipendenti di un'azienda, un ente o sim.

mar|cà|to *part.pass. di* marcare ♦ *agg.* **1** contrassegnato con un marchio **2** accentuato, rilevato: *contorni marcati* □ **marcatamente** *avv.* in modo accentuato, evidente.

mar|ca|tó|re *s.m.* [f. *-trice*] **1** in una fabbrica, chi è addetto all'applicazione del marchio sui prodotti **2** (*sport*) nel calcio e in altri giochi di squadra, giocatore che segna un punto | giocatore che marca l'avversario.

mar|ca|tù|ra *s.f.* **1** applicazione di un marchio **2** (*sport*) marcamento **3** (*sport*) realizzazione di un punto | punto segnato; goal.

mar|ce|scèn|te *agg.* (*lett.*) che marcisce.

mar|ce|sci|bi|le *agg.* (*lett.*) che può marcire.

march *inter.* → **marsc'**.

mar|ché|sa *s.f.* **1** signora di un marchesato **2** moglie o figlia di un marchese.

mar|che|sà|to *s.m.* **1** grado e titolo di marchese | (*anche scherz.*) l'insieme dei marchesi **2** territorio soggetto all'autorità di un marchese.

mar|ché|se *s.m.* **1** (*st.*) nell'ordinamento feudale, signore di una marca **2** [f. *-a*] nella gerarchia nobiliare, titolo che precede quello di conte e segue quello di duca.

mar|chét|ta *s.f.* **1** in passato, marca che attestava il versamento di contributi assicurativi, applicata sul libretto di lavoro **2** (*pop.*) nelle case di tolleranza, gettone dato alle prostitute per ogni prestazione | *fare marchette*, prostituirsi.

mar|chià|no *agg.* (*spec.fig.*) eccessivo, spropositato: *errore —*.

mar|chià|re *v.tr.* [*indic.pres. io màrchio...*] (*anche fig.*) segnare con un marchio; contrassegnare: — *il bestiame, di ignominia*.

mar|chi|già|no *agg.* delle Marche ♦ *s.m.* **1** [f. *-a*] chi è nato o abita nelle Marche **2** il dialetto che si parla nelle Marche.

mar|chin|gé|gno *s.m.* **1** apparecchio, strumento complesso, di cui è difficile capire il funzionamento e l'utilità **2** (*fig.*) trovata, scappatoia stravagante ma efficace.

màr|chio *s.m.* **1** segno impresso su animali o su oggetti per distinguerli dagli altri o indicarne la proprietà: — *a fuoco* **2** un tempo, segno impresso a fuoco sulle spalle o sulla fronte di chi aveva commesso gravi delitti **3** (*fig.*) segno caratteristico e indicativo di una qualità intellettuale o morale, anche negativa: *il — del traditore, del genio* **4** (*comm.*) segno o denominazione che contraddistinguono prodotti e merci | — *registrato*, quello depositato, la cui imitazione è vietata dalla legge | — *di qualità*, quello attestante la conformità di un prodotto a determinate norme.

màr|cia *s.f.* [pl. *-ce*] **1** modo di camminare, con passo costante e cadenzato **2** (*sport*) specialità dell'atletica leggera, distinta dalla corsa perché uno dei due piedi deve essere costantemente poggiato al suolo **3** (*fig.*) lunga camminata a passo sostenuto: *giunsero al fiume dopo una — di due ore* **4** (*mil.*) movimento organizzato di reparti: *le truppe si misero in —* **5** (*estens.*) corteo: — *per la pace* **6** (*mus.*) brano strumentale, di ritmo marcato e andamento regolare, in due o quattro tempi: — *trionfale dell'"Aida"* | pezzo musicale che accompagna e regola il passo di gruppi di uomini: — *militare* | — *nuziale*, quella che accompagna gli sposi | — *funebre*, quella che accompagna il corteo funebre **7** movimento di un meccanismo, di una macchina: *impianto in —* **8** in un veicolo a motore, velocità corrispondente al rapporto di trasmissione | dispositivo inserito dal cambio di velocità: *ingranare la —* | — *indietro* (o *retromarcia*), movimento per mezzo del quale si fa retrocedere un veicolo; (*fig.*) abbandono di un proposito, di un'iniziativa: *fare — indietro* | (*fig.*) *avere una — in più*, avere doti superiori a quelle degli altri.

mar|cia|lón|ga *s.f.* [pl. *marcelonghe*] (*sport*) **1** gara sciistica di fondo effettuata su lunga distanza **2** (*estens.*) gara podistica di fondo a grande partecipazione popolare.

mar|cia|piè|de o **marciapièdi** *s.m.* [pl.invar. o *-i*] **1** parte laterale della sede stradale, riservata ai pedoni, gener. sopraelevata **2** nelle stazioni, banchina laterale, rialzata rispetto ai binari, su cui i viaggiatori attendono i treni.

mar|cià|re *v.intr.* [*indic.pres. io marcio...*; aus. *A*] **1** detto di un gruppo di persone, avanzare in ordine verso la stessa direzione; camminare: — *in corteo, in fila* | detto di militari, procedere al passo regolare e cadenzato **2** (*estens.*) detto spec. di una persona, dirigersi con andatura decisa, spedita | (*fig.*) *far — qlcu.*, farlo rigare diritto | (*fam.*) *marciarci*, cercare di approfittare di una determinata situazione **3** (*sport*) in atletica leggera, partecipare a una marcia **4** detto di meccanismo, di macchina, funzionare: *l'orologio non marcia* **5** detto di veicolo, procedere, andare: *l'auto marciava a cento all'ora* **6** (*fig.*) avere un buon esito: *ora le cose marciano bene*.

mar|cia|tó|re *s.m.* [f. *-trice*] **1** chi marcia | (*estens.*) buon camminatore **2** (*sport*) atleta che pratica la marcia.

màr|cio *agg.* [f.pl. *-ce*] **1** che è in putrefazione; andato a male, avariato: *frutta marcia* **2** (*pop.*) detto di parte del corpo, suppurato a causa di un'infezione **3** fradicio, deteriorato dall'umidità: *muro —* **4** (*fig.*) corrotto moralmente: *un politico —* | *avere torto —*, avere completamente torto ♦ *s.m.* **1** la parte marcia di ql.co.: *togliere il — alla pera* **2** (*pop.*) materia organica purulenta: *il — di una ferita aperta* **3** (*fig.*) corruzione morale: *c'è del — in questa storia*.

mar|ci|re *v.intr.* [indic.pres. *io marcisco, tu marcisci...*; aus. *E*] **1** diventare marcio: *la verdura è marcita; il legno marcisce* **2** produrre pus **3** (*fig.*) degradarsi nel fisico e nell'animo; languire: — *nella miseria, in prigione*.

mar|ci|ta *s.f.* **1** (*geog.*) formazione naturale costituita da terreni umidi, ricchi di vegetazione grassa **2** (*agr.*) prato continuamente soggetto a irrigazione d'acqua, anche durante la stagione invernale, allo scopo di favorire la crescita dell'erba da foraggio; è tipico della Lombardia.

mar|ciù|me *s.m.* **1** la parte marcia di ql.co. | (*estens.*) insieme di cose marce **2** (*bot.*) alterazione di organi vegetali, causata da funghi o da batteri, che colpisce le radici, il legno e i frutti (p.e. mal bianco) **3** (*fig.*) corruzione morale: *il — della politica.*

màr|co *s.m.* [pl. *-chi*] unità monetaria della Germania, dal 1° gennaio 2002 sostituita con l'euro.

mar|co|ni|sta *s.m./f.* [m.pl. *-i*] su una nave o su un aereo, tecnico addetto alle radiocomunicazioni.

mar|co|ni|te|ra|pi|a *s.f.* (*med.*) tipo di fisioterapia basata sull'applicazione di onde corte, ultracorte e di microonde che producono calore all'interno dei tessuti.

mà|re *s.m.* **1** l'insieme delle acque salate che ricoprono gran parte della superficie terrestre | *tenere il —*, detto di natante, essere capace di navigare anche in acque agitate | *— grosso*, mare in tempesta | *— in bonaccia*, mare in stato di calma | *lupo di —*, si dice di navigatore esperto | (*mil.*) *forze di —*, la marina militare | (*fig.*) *essere in alto —*, trovarsi lontano dalla soluzione di un problema | *promettere mari e monti*, fare promesse spropositate, che gener. non possono essere mantenute | *essere una goccia nel —*, di cosa, essere trascurabile rispetto a un insieme | *gettare a — ql.co.* o *qlcu.*, abbandonarlo, sbarazzarsene | *portare acqua al —*, fare una cosa inutile, senza senso | *essere un porto di —*, si dice di luogo percorso da un continuo viavai di persone | *cercare per — e per terra*, cercare ostinatamente, dappertutto **2** (*geog.*) zona di mare circondata da terre: *Mar Mediterraneo* **3** ampia area pianeggiante della Luna: *— della Tranquillità* **4** (*estens.*) vasta distesa: *un — di foschia* **5** (*fig.*) gran quantità: *un — di gente* | (*fig.*) *essere in un — di guai*, essere in una situazione molto difficile.

ma|rè|a *s.f.* **1** (*geogr.*) oscillazione periodica e alterna del livello del mare a causa dell'attrazione gravitazionale combinata della Luna e del Sole, che si manifesta con il ripetersi dell'arco di un giorno di due innalzamenti e due abbassamenti: *alta, bassa —* **2** (*estens.*) massa liquida o molle in movimento: *l'auto è stata sommersa da una — di fango* **3** (*fig.*) gran quantità di persone o di cose, spec. se si muove quasi ondeggiando: *una — di turisti*| vortice di sensazioni, di pensieri: *ho una — di dubbi sulla questione.*

ma|reg|già|ta *s.f.* tempesta di mare e di vento che si abbatte sulle coste.

màre màgnum (*lat.*) *loc.sost.m.invar.* quantità grande e disordinata: *un — di documenti.*

ma|rém|ma *s.f.* (*geog.*) pianura costiera, lievemente ondulata, coperta da acqua o paludi | *la — toscana* (o *per anton. la Maremma*), zona costiera compresa tra la Toscana meridionale e il Lazio settentrionale, un tempo paludosa, oggi bonificata e coltivata.

ma|rem|mà|no *agg.* **1** di maremma; relativo a maremma: *pianura maremmana* **2** della maremma toscana | *cane —*, cane pastore, con pelame fulvo o bianco e lunga coda ♦ *s.m.* [f. *-a*] chi è nato o abita nella maremma toscana.

ma|re|mò|to *s.m.* (*geog.*) movimento violento del mare con forti ondate che investono anche i territori costieri; è causato da terremoti del fondo marino o dalla propagazione di onde sismiche di origine continentale.

ma|rén|go *s.m.* [pl. *-ghi*] moneta d'oro da venti franchi che Napoleone fece coniare dopo la vittoriosa battaglia di Marengo.

ma|re|ò|gra|fo *s.m.* strumento con cui si registrano le variazioni del livello marino in un certo arco di tempo.

ma|re|sciàl|lo *s.m.* **1** in Italia, il grado supremo della gerarchia dei sottufficiali **2** in alcuni eserciti, il più alto grado della gerarchia militare: *— di Francia.*

ma|rét|ta *s.f.* **1** leggera agitazione del mare caratterizzata da piccole e brevi onde **2** (*fig.*) stato di nervosismo, di tensione: *c'è — tra le forze di coalizione.*

ma|rez|zà|re *v.tr.* [indic.pres. *io marézzo...*] dare il marezzo a ql.co.: *— le stoffe.*

ma|rez|zà|to *part.pass. di* marezzare ♦ *agg.* striato, variegato.

ma|réz|zo *s.m.* **1** insieme di striature fitte e irregolari di colore diverso rispetto allo sfondo, presente su alcuni legnami pregiati o alcuni marmi **2** striatura impressa su tessuti, lastre metalliche ecc., consistente in un complesso di fitte linee sovrapposte che danno un effetto ottico di movimento **3** (*edil.*) pittura che riproduce le venature del legno o del marmo.

mar|ga|rì|na *s.f.* grasso alimentare solido, di natura vegetale o animale, usato come surrogato del burro.

mar|ghe|rì|ta *s.f.* **1** pianta erbacea con grandi infiorescenze a capolino, gialle al centro e circondate da brattee bianche | l'infiorescenza stessa **2** elemento circolare mobile delle macchine per scrivere e delle stampanti, su cui sono montati i caratteri.

mar|gi|nà|le *agg.* **1** del margine; che si trova sul margine o ai margini: *note marginali; area —* **2** (*estens.*) di minore importanza: *aspetto —* **3** (*econ.*) che riguarda la variazione infinitesimale di un fenomeno: *aliquota, costo —* □ **marginalmente** *avv.* **1** ai margini, in margine **2** in modo secondario: *toccare — un problema.*

mar|gi|na|li|tà *s.f.* carattere di ciò che è marginale, non sostanziale: *la — dell'episodio nel contesto.*

mar|gi|nà|re *v.tr.* [indic.pres. *io màrgino...*] in tipografia, dattilografia, stabilire, fissare i margini di un foglio o di una pagina.

mar|gi|na|tó|re *s.m.* **1** nelle macchine da scrivere, ognuno dei due dispositivi scorrevoli che stabiliscono i margini del foglio **2** (*foto.*) dispositivo che durante l'ingrandimento tiene distesa la carta sensibile per creare il contorno bianco sui quattro lati.

mar|gi|na|tù|ra *s.f.* l'operazione del marginare; delimitazione: *stabilire la — di un foglio.*

màr|gi|ne *s.m.* **1** la parte estrema di ql.co.; ciglio, orlo: *il — del fiume* | *il — di una ferita*, il labbro | (*fig.*) *vivere ai margini della società*, trovarsi in uno stato di emarginazione, di isolamento

margine

dalla vita sociale 2 in un foglio scritto o in una pagina stampata, spazio bianco che si lascia sui quattro lati: *un — largo* 3 *(fig.)* quantità disponibile di spazio, tempo o denaro considerata in relazione a un limite fisso: *c'è ancora un certo — di tempo* | *(econ.)* differenza tra ricavi e costi: *un — ampio di guadagno* 4 *(fig.)* ambito entro il quale ql.co. si può realizzare, manifestare: *bisogna ridurre il — di rischio*.

mar|gòt|ta *s.f.* *(agr.)* sistema di riproduzione artificiale delle piante che consiste nel curvare un ramo e ricoprirlo con terra umida per farne germogliare radici.

mar|gra|vio *s.m.* nel Medioevo, titolo del feudatario germanico corrispondente a quello di marchese dei paesi latini.

ma|rià|no *agg.* di Maria Vergine | *mese —*, il mese di maggio, dedicato alla Vergine.

ma|ri|jua|na o **marihuàna** *s.f.invar.* droga costituita dalle infiorescenze e dalle foglie della canapa indiana seccate e triturate.

ma|rim|ba *s.f.* strumento musicale a percussione di origine africana costituito da una serie di tavolette di legno sotto le quali sono collocati dei risonatori, gener. zucche vuote.

ma|ri|na *s.f.* 1 tratto di mare che bagna la costa, spec. considerato nel suo aspetto paesaggistico 2 zona di terra vicina al mare; litorale, spiaggia: *la — toscana* 3 il complesso di uomini, mezzi e risorse che consentono la navigazione marittima: *ufficiale di —* 4 *(pitt.)* quadro che raffigura un paesaggio di mare.

ma|ri|nà|io *s.m.* 1 chi lavora a bordo di una nave | esperto uomo di mare | *(fig.)* *promessa da —*, quella che non sarà mantenuta 2 militare non graduato, appartenente alla marina.

ma|ri|nà|ra *s.f.* 1 abito che per modello e colori ricorda l'uniforme dei marinai 2 cappello di paglia con tesa rialzata e nastro blu di tela.

ma|ri|nà|re *v.tr.* 1 *(gastr.)* immergere il pesce in una salsa di aceto e spezie per conservarlo o aromatizzarlo | far macerare carne cruda in aceto o vino aromatizzato per farla frollare 2 *(fig.)* evitare un impegno, un dovere per dedicarsi ad attività di svago | *— la scuola*, non andarci, fare vacanza senza permesso.

ma|ri|na|ré|sco *agg.* [m.pl. -schi] di, da marinaio | relativo alla vita di mare.

ma|ri|nà|ro *agg.* di mare; che riguarda il mare: *città marinara* | relativo ai marinai | *alla marinara*, secondo l'uso dei marinai, detto spec. di cibi a base di pesce o di modelli d'abito: *colletto alla marinara*.

ma|ri|nà|ta *s.f.* *(gastr.)* salsa di aceto e spezie con cui si fanno marinare le vivande.

ma|ri|nà|to *part.pass.* di *marinare* ♦ *agg.* che è stato fatto macerare in aceto aromatico: *pesce —*.

marine *(ingl.)* [pr. marìn] *s.m.invar.* [pl. marines] soldato americano o inglese specializzato in sbarchi e in azioni particolarmente rischiose.

ma|ri|ne|ri|a *s.f.* marina | il complesso degli uomini e dei mezzi della marina militare.

ma|ri|ni|smo *s.m.* stile letterario di G.B. Marino (1569-1625) e dei suoi imitatori, caratterizzato da ricercatezza formale e dall'uso abbondante di metafore e di immagini ardite.

ma|ri|no *agg.* 1 di, del mare: *litorale —* 2 che riguarda il mare nei suoi fenomeni; che proviene dal mare: *fondale —; brezza marina* | *flora, fauna marina*, quella che vive nel mare | *blu —*, blu scuro, come quello delle uniformi dei marinai.

ma|rio|le|ri|a *s.f.* 1 furfanteria 2 azione, comportamento da mariolo.

ma|ri|o|lo *s.m.* [f. -a] 1 furfante, ladro 2 *(scherz.)* birbante, dispettoso.

ma|rio|nét|ta *s.f.* 1 fantoccio snodato in legno o cartapesta, che si aziona dall'alto mediante fili: *il teatrino delle marionette* 2 *(fig.)* individuo rigido e impacciato nei movimenti 3 *(fig.)* persona senza carattere e opinioni personali, che si lascia manovrare dagli altri; fantoccio: *nelle sue mani diventa una —*.

ma|ri|tà|le *agg.* del marito; relativo al marito: *doveri maritali*.

ma|ri|tà|re *v.tr.* 1 far sposare una donna, darle marito 2 *(estens.)* unire in matrimonio 3 *(fig.)* unire, accoppiare: *— la vite all'olmo* ♦ **-rsi** *rifl.* prendere marito: *— da giovane* ♦ *rifl.rec.* unirsi in matrimonio: *si marieranno tra non molto*.

ma|ri|tà|to *part.pass* di *maritare* ♦ *agg.* 1 che ha marito: *figlia maritata* 2 *(gastr., region.)* si dice di cibo preparato mescolando ingredienti diversi o particolari: *frittata maritata*.

ma|ri|to *s.m.* uomo sposato, considerato in relazione alla moglie; coniuge | *prendere —*, sposarsi | *in età da —*, si dice di ragazza che ha l'età per maritarsi.

ma|ri|tòz|zo *s.m.* *(gastr.)* panino ovale, dolce, con uva passa e pinoli, cotto al forno.

ma|rit|ti|mo *agg.* 1 del mare; che riguarda il mare: *stazione marittima* | *clima —*, clima con estate piuttosto fresca e inverno mite, tipico delle regioni marine 2 che avviene sul mare: *traffico —* ♦ *s.m.* chi svolge una professione nell'ambito della marina mercantile.

marketing *(ingl.)* *s.m.invar.* in un'impresa, il complesso delle attività che consentono la migliore commercializzazione dei beni e dei servizi offerti, attraverso un'approfondita conoscenza delle esigenze e dei gusti del pubblico: *indagine di —*.

mar|mà|glia *s.f.* 1 insieme di gente disprezzabile; gentaglia 2 *(scherz.)* gruppo di bambini o ragazzi che fanno chiasso e creano confusione.

mar|mel|là|ta *s.f.* *(gastr.)* conserva di polpa di frutta cotta con lo zucchero: *— di fichi*.

mar|mi|fe|ro *agg.* 1 che contiene marmo | che ha una grande quantità di marmo 2 relativo all'estrazione e alla lavorazione del marmo: *industria marmifera*.

mar|mi|sta *s.m./f.* [m.pl. -i] 1 chi scolpisce o lavora il marmo 2 chi vende marmi.

mar|mit|ta *s.f.* 1 grosso recipiente per cucinare, usato spec. dai militari 2 *(auto.)* nei motori a combustione interna, parte terminale del tubo di scappamento, che serve a diminuirne la rumorosità | — *catalitica*, quella dotata di catalizzatore per depurare i gas di scarico.

màr|mo *s.m.* **1** roccia calcarea cristallina di colore vario, gener. venata, usata come materiale da costruzione | qualsiasi roccia che può essere lucidata, usata per decorazioni o rivestimenti | (*fig.*) *essere di* —, essere molto insensibile, duro **2** (*estens.*) oggetto artistico in marmo; scultura: *i marmi del Partenone*.

mar|mòc|chio *s.m.* [f. *-a*] (*scherz.*) bambino.

mar|mò|re|o *agg.* **1** di marmo; costruito con il marmo **2** (*fig.*) che somiglia al marmo nelle qualità: *durezza marmorea*.

mar|mo|riz|zà|re *v.tr.* lavorare, colorare una superficie o un materiale in modo da riprodurre le venature e le striature che sono tipiche del marmo.

mar|mòt|ta *s.f.* **1** mammifero roditore con testa grossa, zampe corte, unghie robuste, pelo folto di colore grigio tendente al rosso; trascorre l'inverno in letargo e vive in zone di montagna | (*fig.*) *dormire come una* —, dormire tantissimo e profondamente **2** (*estens.*) la pelliccia conciata di tale animale **3** (*fig., fam.*) persona pigra o lenta; poltrone.

màr|na *s.f.* roccia sedimentaria, di color grigiogiallastro, formata da calcare e argilla, usata nell'industria delle costruzioni.

mar|nó|so *agg.* ricco di marna: *terreno* —.

ma|rò *s.m.* (*gerg.*) marinaio semplice della marina militare.

ma|roc|chi|no¹ *agg.* del Marocco ♦ *s.m.* **1** [f. *-a*] chi è nato o abita in Marocco **2** (*gastr.*) bevanda calda preparata con caffè, latte e polvere di cacao.

ma|roc|chi|no² *s.m.* cuoio pregiato ottenuto dalla pelle di capra o di montone, opportunamente conciata con trattamenti vegetali che la rendono molto morbida, lucida e variamente colorata.

ma|ro|ni|ta *s.m./f.* [m.pl. *-i*] membro di una chiesa cattolica di rito orientale, diffusa spec. in Libano ♦ *agg.* che appartiene a tale chiesa: *cristiani maroniti*.

ma|ró|so *s.m. spec.pl.* ondata di mare in tempesta.

mar|pió|ne *s.m.* [f. *-a*] (*fam.*) persona furba, in grado di approfittare di ogni situazione.

màr|ra *s.f.* **1** grossa zappa con manico lungo, ferro piatto, leggero e corto, usata per lavorare il terreno in superficie o per mescolare la calcina **2** (*mar.*) estremità appuntita dei bracci dell'ancora.

mar|rà|no *s.m.* **1** (*st.*) appellativo ingiurioso dato dagli spagnoli ai musulmani e agli ebrei convertiti al cristianesimo **2** (*estens., fig.*) traditore **3** (*estens., anche scherz.*) persona villana, zotica.

mar|ró|ne *s.m.* **1** varietà di castagno che produce grossi e saporiti frutti | il frutto di tale albero **2** colore simile a quello del guscio della castagna **3** (*spec.pl., volg.*) testicolo **4** (*pop.*) sbaglio, errore madornale ♦ *agg.* [pl. invar. o *-i*] del colore del guscio della castagna: *una borsa* —.

marron glacé (*fr.*) [pr. *maròn glasé*] *loc.sost. m.invar.* marrone candito e coperto di glassa di zucchero.

mar|sà|la *s.m./f.invar.* vino bianco profumato ad alta gradazione alcolica, prodotto nella zona della omonima città siciliana.

marsc' o **march** o **marsch** [pr. *marsh*] *inter.* si usa per dare il comando di iniziare una marcia a militari, alunni, atleti: *avanti,* —! | (*scherz.*) si usa per sollecitare una persona a fare ql.co.: —, *a casa!*

mar|si|gliè|se *agg.* di Marsiglia ♦ *s.m./f.* chi è nato o abita a Marsiglia ♦ *s.f.* inno nazionale francese composto nel 1792.

mar|si|na *s.f.* abito maschile da cerimonia, nero e a falde strette; frac.

mar|su|pià|le *agg.* del marsupio; relativo al marsupio.

Mar|su|pià|li *s.m.pl.* ordine di Mammiferi le cui femmine portano i piccoli in una sacca ventrale (marsupio), all'interno della quale concludono il loro sviluppo; vi fanno parte il canguro e l'opossum.

mar|sù|pio *s.m.* **1** (*zool.*) nelle femmine dei Marsupiali, sacca ventrale fornita di ghiandole mammarie e aperta all'esterno, in cui i piccoli completano il loro sviluppo **2** (*estens.*) larga tasca anteriore di giacche a vento | piccola borsa a tasca con cintura che si allaccia in vita **3** sacca da appendere al collo, che si indossa sul davanti per trasportare un bambino piccolo.

màr|te *s.m.* **1** (*mit.*) Marte, il dio romano della guerra **2** (*lett.*) guerra | *campo di* —, piazza d'armi **3** (*ant.*) martedì **4** (*astr.*) *Marte*, quarto pianeta del sistema solare, in ordine di distanza dal Sole.

mar|te|dì *s.m.* secondo giorno della settimana | — *grasso*, l'ultimo giorno di carnevale.

mar|tel|la|mén|to *s.m.* serie di colpi dati con il martello | (*fig.*) sequenza incalzante, assillante; raffica: *un* — *continuo di lamentele*.

mar|tel|làn|te *part.pres.* di martellare ♦ *agg.* incalzante, insistente, ripetuto: *una campagna pubblicitaria* —.

mar|tel|là|re *v.tr.* [indic.pres. *io martèllo...*] **1** lavorare a colpi di martello: — *il ferro* **2** (*fig.*) colpire con violenza e insistenza: — *l'avversario di pugni* **3** (*fig.*) incalzare; tempestare: — *di domande* | (*estens.*) tornare alla memoria in modo ossessivo: *quel pensiero gli martellava la mente* ♦ *intr.* [aus. *A*] pulsare con forza: *sentirsi* — *nei timpani*.

mar|tel|là|ta *s.f.* colpo dato con il martello.

mar|tel|lét|to *s.m.* **1** elemento meccanico che, azionato come una leva, serve a battere su ql.co.: *i martelletti della macchina da scrivere* **2** (*med.*) piccolo martello percussore, usato per provocare i riflessi nervosi.

mar|tel|li|na *s.f.* attrezzo simile al martello, la cui forma cambia in base all'uso: — *da muratore*.

mar|tel|li|o *s.m.* un martellare frequente o continuo.

mar|tel|lo *s.m.* **1** attrezzo usato per battere colpi, costituito da un blocchetto metallico fissato

martellina

a un manico gener. di legno: — *da falegname* 2 qualsiasi oggetto a forma di martello o che abbia funzione analoga | — *pneumatico*, macchina ad aria compressa che produce una percussione continua, usata per scavi o demolizioni | — *della campana*, negli orologi delle torri, quello che batte sulla campana per suonare le ore | *suonare le campane a* —, suonarle con rintocchi ravvicinati e regolari, per avvisare di un pericolo imminente 3 (*anat.*) il più laterale e il più voluminoso dei tre ossicini dell'orecchio medio che aderisce alla membrana del timpano e si articola con l'incudine 4 (*sport*) nell'atletica leggera, attrezzo da lancio formato da una sfera di metallo a cui è fissato un filo d'acciaio con impugnatura rigida: *lancio del* — 5 (*sport, gerg.*) nella pallavolo, giocatore particolarmente bravo nel fare le schiacciate 6 (*st.*) nel Medioevo, arma simile a un martello, usata come una clava nei combattimenti corpo a corpo, composta di una testa gener. a punta e di un manico per lo più lungo 7 (*fig.*) motivo di sofferenza, di ansia: *il — della gelosia* 8 (*gerg.*) individuo seccante e insistente | uomo noioso che corteggia qualunque donna incontri 9 *pesce* —, grosso pesce cartilagineo del Mediterraneo, con testa a forma di martello.

mar|ti|nèl|la *s.f.* 1 (*st.*) nel Medioevo, campana che si suonava a Firenze quando veniva dichiarata una guerra 2 campanello con cui i presidenti del Senato o della Camera dei deputati invitano i presenti a mantenere la calma o a fare silenzio.

mar|ti|nét|to *s.m.* 1 congegno che riesce a esercitare una forza notevole con una corsa limitata, usato per sollevare grandi pesi ad altezza limitata; cricco: — *a vite* 2 (*mar.*) nel varo delle navi, macchina che ha la funzione di spingere lo scafo in mare.

mar|tin|gà|la *s.f.* 1 piccola cintura ornamentale applicata posteriormente, all'altezza della vita, su giacche, abiti o cappotti 2 (*sport*) nell'ippica, correggia attaccata alla briglia che impedisce al cavallo di alzare troppo la testa.

mar|ti|ni® *s.m.invar.* 1 denominazione commerciale di un vermut italiano 2 cocktail a base di tale vermut e gin.

mar|ti|nic|ca *s.f.* nei veicoli a trazione animale, come le carrozze, freno a ceppi che si aziona manualmente.

mar|tin pe|sca|tó|re *loc.sost.m.* [pl. *martin pescatori*] piccolo uccello dal corpo tozzo coperto di piume vivacemente colorate, dotato di becco dritto e lungo e di coda corta; si nutre di animali acquatici.

màr|ti|re *s.m./f.* 1 nella tradizione cristiana, chi testimonia la propria fede a costo della vita | (*estens.*) chi affronta qualunque prova in nome dei propri ideali o per uno scopo di alto valore: — *della libertà* 2 (*fig.*) chi supporta con pazienza e rassegnazione ingiustizie e sofferenze: *la malattia ne ha fatto un* — | (*iron.*) *fare il* —, assumere l'atteggiamento della vittima.

mar|ti|rio *s.m.* 1 persecuzione o supplizio cui viene sottoposto un martire: *affrontare, subire il* — 2 (*fig.*) tormento, dolore: *vive la sua situazione come un* — | (*scherz.*) pena, noia: *il film è stato un vero* —!

mar|ti|riz|zà|re *v.tr.* 1 sottoporre a martirio: *molti dei primi cristiani furono martirizzati* 2 (*fig.*) tormentare.

mar|ti|ro|lò|gio *s.m.* 1 libro che raccoglie le vite dei martiri cristiani 2 (*fig.*) l'insieme di coloro che si sono sacrificati per una causa: *il — del Risorgimento*.

màr|to|ra *s.f.* mammifero carnivoro di piccola taglia, dal corpo allungato e snello, con pelliccia bruno-giallognola molto pregiata.

mar|to|rià|re *v.tr.* [indic.pres. *io martòrio*...] (*anche iperb.*) affliggere qlcu.; tormentare: *il senso di colpa lo sta martoriando*; *essere martoriati dalle punture delle zanzare* ♦ **-rsi** *intr.pron.* tormentarsi, affliggersi.

mar|xià|no *agg.* relativo al filosofo ed economista tedesco K. Marx (1818-83) o al suo pensiero.

mar|xi|smo *s.m.* 1 l'insieme delle dottrine economiche e politiche elaborate da K. Marx (1818-83) e da F. Engels (1820-95) 2 il complesso dei movimenti politici e culturali che fanno riferimento a tali dottrine.

mar|xi|smo-le|ni|ni|smo *s.m.* 1 il complesso delle dottrine economiche e politiche elaborate da V.I. Lenin (1870-1924) come sviluppo del pensiero marxiano 2 (*estens.*) ogni esperienza teorica e pratica che si richiama a tali dottrine.

mar|xi|sta *agg.* marxistico ♦ *s.m./f.* [m.pl. -*i*] sostenitore del marxismo.

mar|xi|sta-le|ni|ni|sta *agg.* che riguarda il marxismo-leninismo | che si ispira al marxismo-leninismo: *partito* — ♦ *s.m./f.* [m.pl. -*i*] sostenitore del marxismo-leninismo.

mar|xi|sti|co *agg.* [m.pl. -*ci*] relativo al marxismo o ai marxisti.

màr|za *s.f.* (*agr.*) gemma o ramoscello preparati per essere innestati su un'altra pianta.

mar|za|iò|la *s.f.* varietà di anatra selvatica con piume brune sul capo e variopinte nel resto del corpo.

mar|za|pà|ne *s.m.* pasta dolce a base di mandorle, zucchero e uova, utilizzata in pasticceria.

mar|zià|le *agg.* 1 (*lett.*) relativo a Marte, dio della guerra, o alla guerra stessa | *corte* —, tribunale militare | (*dir.*) *legge* —, provvedimento straordinario che assegna ampi poteri all'esercito | *arti marziali*, l'insieme delle tecniche di combattimento tipiche dell'Asia orientale e divenute oggi discipline sportive 2 (*estens., fig.*) fiero, bellicoso: *avere un aspetto* —.

mar|zià|no *agg.* (*astr.*) del pianeta Marte: *satellite* — ♦ *s.m.* [f. -*a*] 1 in fantascienza, abitante del pianeta Marte | (*estens.*) qualsiasi creatura extraterrestre 2 (*fig.*) individuo dalle capacità straordinarie: *quel giocatore è un* — 3 (*fam.*) chi si sente o appare isolato, fuori posto: *là dentro sembro un* —.

màr|zo *s.m.* terzo mese dell'anno nel calendario gregoriano, di 31 giorni.

mar|zòc|co *s.m.* [pl. *-chi*] emblema della città di Firenze, raffigurante un leone che regge uno scudo gigliato.

mar|zo|lì|no *agg.* di marzo: *arietta marzolina*.

ma|scal|zo|nà|ta *s.f.* atto, comportamento da mascalzone.

ma|scal|zó|ne *s.m.* [f. *-a*] (*anche scherz.*) persona disonesta e scorretta: *essere un vero —*.

ma|scà|ra *s.m.invar.* prodotto cosmetico liquido e denso che si applica con uno spazzolino per intensificare il colore delle ciglia e aumentarne la consistenza; rimmel.

ma|scar|pó|ne *s.m.* formaggio cremoso e delicato preparato con panna di latte di mucca, tipico della Lombardia.

ma|scèl|la *s.f.* (*anat.*) ciascuna delle due ossa in cui sono infissi i denti | (*com.*) la mascella superiore (quella inferiore viene chiamata *mandibola*).

ma|scel|là|re *agg.* (*anat.*) della mascella: *seno —* ♦ *s.m.* (*anat.*) osso della mascella: *— superiore*, *inferiore*.

mà|sche|ra *s.f.* **1** finta testa o finto volto con sembianze umane o animali, che si indossa per nascondere o modificare il proprio aspetto, spec. a scopo scherzoso, rituale o di spettacolo **2** (*estens.*) travestimento; costume: *mettersi in —*; *festa in —* | la persona travestita in tal modo: *sfilata di maschere* **3** (*fig.*) atteggiamento ipocrita volto a ingannare; finzione: *la sua cortesia è tutta una —* | **gettare la** *—*, smettere di fingere; rivelarsi **4** aspetto assunto dal viso in determinate condizioni fisiche | **essere una — di sangue**, avere il viso ricoperto di sangue | (*med.*) *— gravidica*, nelle gestanti, si dice di volto caratterizzato dalla comparsa di chiazze brune **5** (*fig.*) volto che esprime con grande intensità un sentimento o una sensazione: *una straordinaria — comica* **6** nella commedia dell'arte, personaggio fisso caratterizzato da un costume e da una parlata regionale: *Arlecchino, Pulcinella e Pantalone sono tipiche maschere italiane* **7** nei cinema e nei teatri, l'inserviente che controlla i biglietti e indica i posti agli spettatori **8** sostanza o dispositivo che si applica sul viso per diversi scopi | **— da scherma**, quella utilizzata dagli schermitori per riparare il volto | **— subacquea**, quella in gomma e vetro impiegata nelle immersioni | **— antigas**, dispositivo impiegato per proteggere le vie respiratorie dai gas tossici | **— di bellezza**, strato di sostanze cosmetiche stese sul viso per migliorare la pulizia e il tono della pelle.

ma|sche|ra|mén|to *s.m.* **1** l'atto di mascherarsi e il suo risultato; travestimento **2** ciò che viene utilizzato per mascherarsi; costume **3** (*mil.*) complesso di mezzi e strategie per sottrarsi all'osservazione nemica; mimetizzazione: *il — delle truppe*.

ma|sche|rà|re *v.tr.* [indic.pres. *io màschero...*] **1** coprire il viso di qlcu. con una maschera | travestire con un costume: *— i propri figli per la sfilata di carnevale* **2** (*estens.*) nascondere, celare: *— una crepa del muro con un quadro* | (*fig.*) dissimulare: *— la rabbia sotto un sorriso di circostanza* ♦ **-rsi** *rifl.* **1** mettersi una maschera | travestirsi: *— da supereroe* **2** (*fig.*) dissimulare la propria reale personalità: *— dietro modi formali*.

ma|sche|rà|ta *s.f.* **1** insieme di persone mascherate **2** (*fig.*) messa in scena di dubbio gusto; buffonata.

ma|sche|rà|to *part.pass.* di *mascherare* ♦ *agg.* che ha il viso coperto da una maschera | vestito in maschera | **ballo** *—*, quello a cui partecipano persone in maschera □ **mascheratamente** *avv.* in maschera | in modo mascherato, dissimulato; nascostamente.

ma|sche|rì|na *s.f.* **1** mezza maschera con apertura per gli occhi che copre la metà superiore del volto **2** bambino o giovane donna vestiti in maschera **3** pezzatura di colore diverso sul muso di un animale: *una gatta nera con la mascherina bianca* **4** (*auto.*) nella carrozzeria delle automobili, la parte che copre il radiatore.

ma|sche|ró|ne *s.m.* (*arch.*) scultura a forma di volto deforme o grottesco, utilizzata come ornamento per fontane, finestre e altro, diffusa spec. in età rinascimentale e barocca.

ma|schiàc|cio *s.m.* (*scherz.*) ragazzo turbolento ed energico | ragazza di gusti e modi più simili a quelli dei coetanei maschi.

ma|schiét|ta *s.f.* ragazza indipendente e disinvolta | **alla** *—*, detto di acconciatura femminile con capelli corti e lisci.

ma|schiét|to *s.m.* neonato, bambino di sesso maschile.

ma|schì|le *agg.* **1** di uomo, di maschio: *sesso —* | da maschio; mascolino: *orgoglio, atteggiamento —* | che è adatto a un uomo: *abito —* | **scuola, classe** *—*, quella riservata ai soli maschi **2** (*gramm.*) **genere** *—*, una delle categorie di genere in cui vengono ripartiti i nomi ♦ *s.m.* (*gramm.*) il genere maschile: *il — dell'aggettivo*.

ma|schi|li|smo *s.m.* atteggiamento psicologico e culturale fondato sulla presunta superiorità dell'uomo rispetto alla donna | l'insieme di comportamenti determinati da tale atteggiamento.

ma|schi|li|sta *agg.* [m.pl. *-i*] che è caratteristico del maschilismo o che da esso trae motivazione: *atteggiamento —* **2** che sostiene il maschilismo ♦ *s.m./f.* chi sostiene il maschilismo.

ma|schi|lì|sti|co *agg.* [m.pl. *-ci*] maschilistico.

mà|schio[1] *s.m.* **1** (*biol.*) ogni individuo che è portatore di gameti maschili: *il — e la femmina del leone* | essere umano di sesso maschile **2** (*mecc.*) pezzo disegnato per inserirsi nell'apposita cavità di un altro pezzo | **collegamento a — e femmina**, collegamento a incastro **3** (*tecn.*) utensile in acciaio che viene impiegato per realizzare la filettatura dei fori ♦ *agg.* **1** (*solo m.*) di sesso maschile: *ha un figlio —*; *una tigre —* **2** (*estens.*) virile, risoluto: *un atteggiamento —*.

mà|schio[2] *o* **màstio** *s.m.* (*arch.*) la torre princi-

maschio

pale di una fortificazione, più alta e munita rispetto alle strutture circostanti.
ma|sco|li|ni|tà *s.f.* l'insieme dei caratteri propri del maschio.
ma|sco|li|niz|za|re *v.tr.* (*raro*) far diventare mascolino ♦ **-rsi** *intr.pron.* di donna, assumere aspetto e modi tipici del maschio.
ma|sco|li|no *agg.* 1 da maschio; maschile: *voce mascolina* 2 detto di donna, scarsamente femminile nei lineamenti e nelle maniere.
mascotte (*fr.*) [pr. *maskòt*] *s.f.invar.* oggetto, animale o persona considerati come portafortuna e simbolo: *la — di una manifestazione sportiva*.
ma|snà|da *s.f.* 1 (*spreg.*) banda di persone disoneste o poco raccomandabili: *una — di teppisti* 2 (*scherz.*) gruppo di persone rumorose 3 (*st.*) nel Medioevo, schiera di uomini armati al seguito di un signore feudale.
ma|sna|diè|re o **masnadièro** *s.m.* (*lett.*) brigante di strada | (*estens.*) persona male intenzionata, disonesta: *avere un'aria da —*.
mà|so *s.m.* nell'area alpina orientale, proprietà fondiaria costituita dalla casa colonica, dal podere e dalle attrezzature agricole.
ma|so|chi|smo *s.m.* 1 (*psich.*) tendenza a trarre piacere erotico dal subire maltrattamenti fisici e psicologici 2 (*estens., psicol.*) atteggiamento di chi, per necessità di punirsi, prova una sorta di compiacimento nel subire passivamente sofferenze e umiliazioni.
ma|so|chi|sta *s.m./f.* [m.pl. *-i*] 1 (*psich.*) chi è affetto da masochismo 2 (*estens., psicol.*) chi ha la tendenza a compiacersi delle proprie sofferenze.
ma|so|chi|sti|co *agg.* [m.pl. *-ci*] proprio, caratteristico del masochista: *tendenza masochistica*
☐ **masochisticamente** *avv.*
ma|so|ni|te® *s.f.* (*edil.*) materiale da costruzione di basso pregio, costituito da un impasto di fibre di legno compresse; si usa come isolante termico e acustico oppure in sostituzione del compensato.
màs|sa *s.f.* 1 quantità di materia che si presenta come un insieme compatto ma privo di una forma definita: *una — di fango* 2 (*estens., anche fig.*) grande quantità disordinata di cose ancora distinguibili; ammasso: *una — di stupidaggini* 3 numero di persone che presentano caratteristiche omogenee sul piano psicologico e del comportamento: *una — di codardi* | (*estens.*) moltitudine indistinta; folla: *una — di tifosi* | *di* —, si dice di fenomeno largamente diffuso all'interno della società: *un successo di —* | *in* —, in blocco; in gran numero 4 (*estens.*) maggioranza: *lasciarsi condizionare dalla — 5 (fis.)* quantità di materia che costituisce un corpo | grandezza espressa come rapporto tra la forza che sollecita il corpo e l'accelerazione con cui esso risponde (*simb.* m) 6 (*elettr.*) il telaio metallico delle apparecchiature elettriche, collegato a terra per assicurare la dispersione di eventuali scariche | ***collegamento a*** —, collegamento a terra 7 (*arch., scult.*) il volume di una struttura come entità che si può percepire: *equilibrio delle masse in un palazzo* | (*pitt.*) concentrazione di colori in un punto per conferire maggior efficacia espressiva.
mas|sa|cràn|te *part.pres.* di massacrare ♦ *agg.* estremamente faticoso, durissimo: *una gara —*.
mas|sa|crà|re *v.tr.* 1 uccidere in maniera efferata; trucidare: *la vittima è stata massacrata* | (*estens.*) picchiare e maltrattare in maniera estremamente violenta: *— di calci e pugni* 2 (*fig.*) affaticare fino allo sfinimento; stremare, logorare: *quell'esperienza mi ha massacrato* 3 (*fig.*) rovinare: *— le gomme dell'auto* | eseguire in maniera maldestra: *quel pianista sta massacrando Mozart*.
mas|sà|cro *s.m.* 1 uccisione violenta di persone o animali; strage, eccidio: *fare un —*; *un intero popolo andato al — 2 (fig.)* disastro: *le elezioni sono state un —* | ***gioco al —***, azione volta a screditare pubblicamente qlcu.
mas|sag|già|re *v.tr.* [indic.pres. *io massaggio*...] sottoporre a massaggio: *— gambe e piedi*.
mas|sag|gia|tó|re *s.m.* 1 [f. *-trice*] chi pratica massaggi per professione 2 apparecchio utilizzato per eseguire massaggi.
mas|sàg|gio *s.m.* trattamento fisioterapico in cui si praticano pressioni e manipolazioni allo scopo di riattivare le funzioni della circolazione sanguigna, dei tessuti, dei muscoli e sim.: *— distensivo*; *praticare un —* | (*med.*) — ***cardìaco***, pressione manuale praticata ritmicamente sul petto per riattivare il cuore in casi di blocco delle contrazioni.
mas|sà|ia *s.f.* donna che si dedica alla cura della casa; casalinga.
mas|sà|io o **massàro** *s.m.* [f. *-a*] (*region.*) il gestore di una masseria.
mas|sel|là|re *v.tr.* [indic.pres. *io massèllo*...] battere un metallo con il maglio per ridurlo in masselli: *— il rame*.
mas|sel|la|tù|ra *s.f.* procedimento di riduzione in masselli.
mas|sèl|lo *s.m.* 1 lingotto metallico semilavorato 2 (*edil.*) blocco di pietra da costruzione a forma di parallelepipedo 3 (*estens.*) legno massiccio impiegato in falegnameria: *un letto in — di acero*.
mas|se|rì|a *s.f.* azienda rurale di piccole dimensioni gestita da un massaio | la casa colonica in cui abita il massaio.
mas|se|rì|zia *s.f.* 1 (*pl.*) l'insieme dell'arredamento e delle suppellettili di una casa 2 (*ant.*) masseria.
mas|se|tè|re *s.m.* (*anat.*) muscolo preposto alla masticazione situato sulla parte esterna della mandibola.
mas|sé|to *s.m.* (*region.*) terreno non coltivato ricco di pietrame.
mas|sic|cià|ta *s.f.* strato di ghiaia o pietrisco compressi su cui viene realizzata la pavimentazione stradale o vengono posati i binari ferroviari.
mas|sìc|cio *agg.* [f.pl. *-ce*] 1 costituito da una massa compatta e particolarmente solida: *mo-*

bili in rovere —; oro — **2** di struttura architettonica, imponente e privo di eleganza: *un palazzo* — | di corporatura, grosso e tozzo; tarchiato: *un uomo dal fisico* — **3** (*fig.*) consistente, poderoso: *una cultura massiccia* **4** (*fig.*) attuato con ampio dispiegamento di forze: — *intervento di polizia e carabinieri* ♦ *s.m.* **1** (*geog.*) gruppo montagnoso isolato e di grandi dimensioni: *il — del Rosa* **2** (*anat.*) — *facciale*, il complesso delle ossa anteriori del cranio □ **massicciamente** *avv.*

mas|si|fi|cà|re *v.tr.* [indic.pres. *io massìfico, tu massìfichi...*] privare i singoli individui della loro specifica personalità uniformandone abitudini, gusti, opinioni: — *la società* | rendere uniforme adeguando a un modello comune; omologare: — *i gusti musicali dei giovani.*

mas|si|fi|ca|zió|ne *s.f.* processo di spersonalizzazione e di adeguamento a modelli uniformi; omologazione: *la — delle idee.*

màs|si|ma¹ *s.f.* **1** principio generale adottato come regola di comportamento: *seguo sempre la — del rispetto reciproco* | *di —*, **in linea di —**, approssimativamente, nell'insieme **2** breve frase che sintetizza una regola di vita; proverbio, aforisma: *le massime degli antichi.*

màs|si|ma² *s.f.* **1** il grado più elevato di temperatura, di pressione atmosferica e sim., registrato in una data situazione: *la — odierna è in aumento* **2** (*med.*) il valore più elevato della pressione arteriosa.

mas|si|mà|le *agg.* che rappresenta il limite massimo ♦ *s.m.* **1** valore massimo su cui si calcolano le imposte **2** cifra massima che l'assicuratore è tenuto a risarcire indipendentemente dall'entità del danno: *il — della sua polizza è di trecentomila euro.*

mas|si|ma|li|smo *s.m.* **1** all'interno di un partito o di un movimento d'opinione, la corrente che tende a realizzare il massimo del proprio programma **2** (*fig.*) condotta intransigente, chiusa a ogni forma di mediazione.

mas|si|ma|li|sta *s.m./f.* [m.pl. -*i*] **1** chi sostiene il massimalismo **2** (*fig.*) chi assume atteggiamenti intransigenti.

mas|si|ma|li|sti|co *agg.* [m.pl. -*ci*] del massimalismo o dei massimalisti: *tendenza massimalistica.*

mas|si|mà|rio *s.m.* raccolta di massime di uno stesso autore o su uno stesso argomento.

mas|si|miz|zà|re *v.tr.* (*econ.*) portare ql.co. al massimo livello: — *la produzione.*

màs|si|mo *agg.* [superl. di *grande*] il più grande, grandissimo; estremo: *agire con la massima rapidità*; *è il — esperto nel suo campo* | (*mat.*) — **comune divisore**, il numero più grande tra i divisori comuni di due o più numeri interi | (*sport*) **tempo** —, in molte competizioni sportive, il tempo entro il quale i concorrenti devono concludere la prova: *arrivare fuori tempo* — | (*sport*) **peso** —, nel pugilato e in altre discipline, la categoria compresa tra i medio massimi e i supermassimi; (*estens.*) persona di corporatura molto robusta ♦ *s.m.* **1** la quantità più grande possibile: *ottenere il — del risultato* | *il grado più elevato: laurearsi col — dei voti* | (*fam.*) **essere il —**, essere eccezionale, ottimo: *questo liquore è il —* | **al —**, tutt'al più: *ci saranno state al — venti persone*; nel peggiore dei casi: *costerà al — dieci euro* **2** (*sport*) peso massimo: *il campione mondiale dei massimi* □ **massimamente** *avv.* principalmente, soprattutto.

mas|sì|vo *agg.* **1** imponente, massiccio: *immigrazione massiva* **2** (*fis.*) relativo alla massa **3** (*med.*) di patologia, che colpisce un'ampia area: *asportazione massiva di un tumore maligno.*

mass media (*ingl.*) [pr. *mas mìdia*] *loc.sost. m.pl.* l'insieme dei mezzi audiovisivi e delle pubblicazioni quotidiane e periodiche che permettono di divulgare informazioni e notizie a grandi quantità di persone; mezzi di comunicazione di massa.

mass|me|dià|ti|co *agg.* [m.pl. -*ci*] relativo ai mass media; mediatico: *fenomeno —.*

mass|me|diò|lo|go *s.m.* [pl. -*gi*] studioso dei meccanismi e dei problemi relativi ai mass media.

màs|so *s.m.* **1** blocco di roccia compatta di grandi dimensioni; macigno | **caduta massi**, nella segnaletica stradale indica la possibile caduta di frane sulla carreggiata **2** (*estens., fig.*) individuo che non lascia trapelare emozioni o turbamenti.

mas|só|ne *s.m.* membro della massoneria.

mas|so|ne|rì|a *s.f.* **1** società segreta maschile ispirata ai principi del razionalismo sorta in Inghilterra nel sec. XVIII; è tuttora presente in varie parti del mondo soprattutto con finalità di reciproca assistenza tra gli affiliati **2** (*estens.*) la tendenza a sostenersi vicendevolmente fra gli appartenenti a uno stesso ambiente.

mas|só|ni|co *agg.* [m.pl. -*ci*] relativo alla massoneria: *rituale —.*

mas|so|te|ra|pì|a *s.f.* (*med.*) pratica terapeutica che utilizza il massaggio.

ma|stal|gì|a *s.f.* (*med.*) dolore della mammella sotto forma di tensione.

ma|stec|to|mì|a *s.f.* (*med.*) asportazione chirurgica della mammella.

ma|stèl|lo *s.m.* alto recipiente di legno a doghe, trasportabile con una corda o un bastone: *un — pieno d'uva* | (*estens.*) catino di grandi dimensioni per usi domestici.

master (*ingl.*) *s.m.invar.* **1** corso postuniversitario e titolo di specializzazione **2** (*tecn.*) nella registrazione magnetica audiovisiva, l'originale dal quale si realizzano delle copie **3** (*sport*) nel tennis, nel golf e in altre discipline, torneo di alto livello cui hanno accesso solo i migliori giocatori del mondo.

ma|ste|riz|zà|re *v.tr.* **1** (*tecn.*) effettuare la masterizzazione **2** (*inform.*) duplicare un cd audio, un cd-rom o un dvd: — *l'album di un famoso cantante.*

ma|ste|riz|za|tó|re *s.m.* **1** (*tecn.*) apparecchio capace di eseguire una masterizzazione **2** (*inform.*) apparecchio in grado di scrivere dati su cd e dvd.

ma|ste|riz|za|zió|ne *s.f.* **1** (*tecn.*) nella registra-

masterizzatore

zione magnetica audiovisiva, creazione di un master 2 (*inform.*) creazione o duplicazione di cd, cd-rom o dvd.
mastermind® (*ingl.*) [pr. *mastermàind*] *s.m. invar.* gioco da tavolo in cui un giocatore tenta di indovinare il colore e la disposizione di quattro pioletti che l'altro giocatore ha segretamente collocato su una tavoletta forata.
ma|sti|cà|bi|le *agg.* che può essere masticato.
ma|sti|cà|re *v.tr.* [indic.pres. *io màstico, tu màstichi...*] **1** triturare con i denti: — *la carne* | (*fig.*) — *amaro*, provare rabbia, astio **2** (*fig.*) pronunciare in maniera confusa; biascicare: — *le parole* | parlare in maniera approssimativa: — *un po' d'inglese*.
ma|sti|ca|tó|io *s.m.* nei finimenti dei cavalli da lavoro, catenella d'acciaio che sostituisce il morso.
ma|sti|ca|tò|rio *agg.* relativo alla masticazione | che serve a masticare: *apparato* —.
ma|sti|ca|zió|ne *s.f.* (*fisiol.*) il processo di triturazione e insalivazione dei cibi nella bocca: — *faticosa*.
mà|sti|ce *s.m.* **1** resina a base di acidi aromatici e di oli essenziali, impiegata come collante nella preparazione di vernici e in fotografia **2** sostanza di varia natura utilizzata come adesivo o per otturare fori e fessure.
ma|stì|no *s.m.* **1** cane da guardia di corporatura robusta, con denti molto sviluppati, testa grossa e naso schiacciato: — *inglese, napoletano* **2** (*fig.*) persona particolarmente tenace e aggressiva: *quel calciatore è un vero* —.
mà|stio *s.m.* → **maschio**².
ma|stì|te *s.f.* (*med.*) infiammazione della ghiandola mammaria.
mà|sto- (*scient.*) primo elemento di parole composte che significa "mammella" (*mastoplastica*).
ma|sto|dón|te *s.m.* **1** mammifero dell'era terziaria simile all'elefante, talora provvisto di quattro zanne **2** (*estens.*) ogni cosa di dimensioni straordinarie | (*fig.*) persona grassa e goffa.
ma|sto|dòn|ti|co *agg.* [m.pl. -*ci*] enorme, colossale: *una diga mastodontica*.
ma|stoi|de *s.f.* (*anat.*) sporgenza dell'osso temporale situata dietro il padiglione auricolare.
ma|stoi|dè|o *agg.* (*anat.*) della mastoide; relativo alla mastoide.
ma|stoi|di|te *s.f.* (*med.*) infiammazione della mastoide, derivata spesso da un'otite acuta.
ma|sto|pa|tì|a *s.f.* (*med.*) denominazione generica delle affezioni mammarie.
ma|sto|plà|sti|ca *s.f.* (*med.*) intervento chirurgico volto a ricostruire la mammella o a modificarne le caratteristiche per ragioni estetiche.
mà|stro *agg.* (*ant.*) principale | *libro* —, il registro nel quale vengono riportati i conti di un'azienda o di un'attività ♦ *s.m.* operaio o artigiano di grande esperienza: — *muratore*.
ma|stur|bà|re *v.tr.* [indic.pres. *io masturbo...*] procurare piacere sessuale a qlcu. tramite la masturbazione ♦ **-rsi** *rifl.* praticare la masturbazione su se stessi.
ma|stur|ba|tò|rio *agg.* della masturbazione; finalizzato alla masturbazione.
ma|stur|ba|zió|ne *s.f.* **1** pratica erotica in cui si procura piacere sessuale attraverso la manipolazione degli organi genitali; onanismo **2** (*fig.*) compiacimento morboso e fine a se stesso: — *intellettuale*.
matador (*sp.*) [pr. *matadòr*] *s.m.invar.* il torero che al termine della corrida uccide il toro.
ma|tàs|sa *s.f.* quantità di filo avvolto su se stesso in più spire ordinate: — *di cotone* | (*fig.*) *dipanare la* —, risolvere una situazione complicata | *cercare il bandolo della* —, cercare la soluzione di un problema.
match (*ingl.*) [pr. *mec̆*] *s.m.invar.* (*sport*) **1** partita, incontro: *un* — *di pugilato* **2** nell'ippica, corsa che viene disputata soltanto da due cavalli.
match ball (*ingl.*) [pr. *mec̆ bol*] *loc.sost.m. invar.* (*sport*) nel tennis e nella pallavolo, la palla che può assegnare la vittoria a uno dei due contendenti.
match point (*ingl.*) [pr. *mec̆ pòint*] *loc.sost. m.invar.* (*sport*) nel tennis e nella pallavolo, il punto che assegna la vittoria.
match winner (*ingl.*) [pr. *mec̆ uìnner*] *loc.sost. m./f.invar.* (*sport*) il giocatore che risulta decisivo per la vittoria della squadra.
mà|te o **matè** *s.m.invar.* **1** arbusto sempreverde tipico dell'America latina le cui foglie vengono utilizzate per preparare un infuso **2** (*estens.*) l'infuso ricavato dalle foglie di tale pianta.
ma|te|mà|ti|ca *s.f.* **1** l'insieme delle scienze, basate su metodi deduttivi, che studiano gli enti numerici, le figure geometriche e sim. | — *elementare*, quella incentrata sullo studio dell'aritmetica, del calcolo algebrico elementare e della geometria euclidea | — *finanziaria*, quella applicata alla scienza delle finanze **2** disciplina scolastica o universitaria che ha per oggetto d'insegnamento la matematica: *compito di* —; *essere bravo in* —.
ma|te|mà|ti|co *agg.* [m.pl. -*ci*] **1** della matematica; proprio della matematica: *metodo* — **2** (*estens.*) esatto, obiettivo: *dato* —; *avere la matematica certezza di ql.co.* ♦ *s.m.* [f. -*a*] studioso di matematica: *un* — *geniale* ☐ **matematicamente** *avv.* **1** attraverso calcoli matematici **2** (*estens.*) assolutamente: *dato* —, *certo*.
ma|te|ras|sà|io *s.m.* [f. -*a*] chi per professione confeziona o rinnova materassi, cuscini, trapunte e sim.
ma|te|ras|sì|no *s.m.* **1** (*sport*) tappeto in gommapiuma utilizzato come base per gli incontri di lotta o per esercizi atletici **2** piccolo materasso pneumatico o in gommapiuma su cui ci si stende, usato in spiaggia, in acqua o in tenda.
ma|te|ràs|so *s.m.* involucro in tessuto ripieno di materiali soffici e trapuntato che viene collocato sul piano del letto: — *ortopedico, a molle, ad acqua*.
ma|tè|ria *s.f.* **1** ogni sostanza di cui sono fatti i

matricola

corpi: — *solida, organica, inorganica* | *materie plastiche*, materiali di largo impiego prodotti industrialmente utilizzando polimeri sintetici o naturali trattati | — *prima*, ogni sostanza grezza fatta oggetto di lavorazione spec. industriale **2** (*anat.*) sostanza organica, costituita da cellule | — *grigia*, nel cervello, l'insieme delle parti che sono costituite da cellule nervose; (*fig.*) l'intelligenza | — *purulenta*, pus **3** (*filos.*) la dimensione fisica e tangibile della realtà, contrapposta alla dimensione spirituale o ideale **4** l'oggetto di un discorso, di una discussione, di uno scritto e sim.; tematica, argomento: *la — trattata nel saggio* | occasione, pretesto: *offrire — per i pettegolezzi* | *in* —, a proposito dell'argomento trattato: *sono un vero esperto in —* | *in — di*, per quanto riguarda **5** ogni disciplina oggetto di insegnamento e ricerca: *materie umanistiche, scientifiche* | *catalogo per —*, in una biblioteca, quello che organizza l'ordine dei libri secondo l'argomento trattato.
ma|te|ria|le agg. **1** fatto di materia; proprio della materia: *realtà — degli oggetti* **2** relativo all'aspetto concreto della realtà | *autore —*, chi ha effettivamente realizzato ql.co., in contrapposizione a colui che l'ha ideato | *benessere, necessità, sostegno —*, solidità, bisogno, aiuto di tipo economico | *errore —*, quello dovuto a una distrazione o a una svista, che non incide sull'efficacia di un procedimento **3** rozzo, volgare: *una persona —* ♦ *s.m.* ciò che serve a un determinato uso | l'insieme degli strumenti necessari per realizzare ql.co., svolgere un'attività: *— sportivo* | *— umano*, un insieme di persone intese come forza lavoro: *il — umano dell'azienda* ▫ **materialmente** avv. **1** dal punto di vista materiale **2** realmente, assolutamente: *è — impossibile*.
ma|te|ria|li|smo *s.m.* **1** (*filos.*) ogni dottrina che considera la materia quale unico principio della realtà **2** (*spreg.*) tendenza a fondare la propria esistenza e i propri comportamenti unicamente sulla ricerca di beni e piaceri materiali.
ma|te|ria|li|sta agg. materialistico ♦ *s.m./f.* [m.pl. *-i*] **1** (*filos.*) seguace del materialismo **2** (*estens.*) chi fonda la propria esistenza sulla ricerca di beni e piaceri materiali.
ma|te|ria|li|sti|co agg. [m.pl. *-ci*] **1** (*filos.*) che si riferisce al materialismo, ai materialisti: *concezione materialistica* **2** (*estens.*) improntato sul materialismo: *società materialistica* ▫ **materialisticamente** avv.
ma|te|ria|li|tà *s.f.* **1** condizione, carattere di ciò che è materiale; concretezza **2** (*fig.*) banalità, grossolanità.
ma|te|ria|liz|za|re *v.tr.* dare consistenza materiale a ql.co.; realizzare, concretizzare: *— i propri sogni* ♦ **-rsi** *intr.pron.* **1** detto di entità spirituale, assumere forma corporea | (*scherz.*) apparire improvvisamente e come dal nulla: *si è materializzato nel bel mezzo della festa* **2** acquistare concretezza; realizzarsi: *il nostro progetto si sta materializzando*.
ma|te|ria|liz|za|zió|ne *s.f.* **1** concretizzazione **2** apparizione.
ma|te|ria|ló|ne *s.m.* [f. *-a*] (*fam.*) persona volgare, rozza, spec. molto legata al denaro.
ma|tè|ri|co agg. [m.pl. *-ci*] relativo alla materia; proprio della materia | *arte materica*, spec. in pittura e in scultura, quella che ha il fine di valorizzare la materia con cui le opere sono realizzate.
ma|ter|ni|tà *s.f.* **1** condizione di essere madre | (*estens.*) il complesso dei vincoli affettivi che costituiscono l'unione tra madre e figlio: *nutrire un forte desiderio di —* **2** parto, gravidanza | (*dir.*) periodo di congedo dal lavoro garantito, per legge, in occasione di gravidanza e parto: *entrare in —* **3** reparto ospedaliero in cui vengono ricoverate partorienti e puerpere **4** opera d'arte che rappresenta la Madonna con Gesù bambino: *una — del Botticelli*.
ma|tèr|no agg. **1** di madre; proprio della madre: *latte —; affetto, istinto —* **2** (*fig.*) degno di una madre; affettuoso, premuroso: *provare un sentimento — verso qlcu.* | *scuola materna*, quella destinata ai bambini di età compresa fra i tre e i cinque anni | *nonni materni*, i genitori della madre | *lingua materna*, quella del proprio paese d'origine ▫ **maternamente** avv.
matinée (*fr.*) [pr. *matiné*] *s.f.invar.* spettacolo tenuto di mattina o comunque in anticipo rispetto all'orario consueto.
ma|ti|ta *s.f.* strumento per scrivere, disegnare o colorare, costituito da una mina gener. in grafite, contenuta in un supporto di legno, di plastica o di metallo: *fare un disegno a —* **2** strumento cosmetico usato per truccare occhi e labbra.
ma|tri|àr|ca *s.f.* **1** la figura del capo famiglia femminile nelle società in cui vige il matriarcato **2** (*estens., scherz.*) donna dai modi spicci e autoritari che comanda su una famiglia di grandi dimensioni.
ma|triar|cà|le agg. si dice di società o ambito più ristretto in cui vige il matriarcato: *famiglia —*.
ma|triar|cà|to *s.m.* **1** sistema sociale, gruppo nel quale la donna esercita la sua autorità, in qualità di madre e di capofamiglia **2** (*estens., scherz.*) condizione di predominio femminile in ambito famigliare: *in casa mia vige il —*.
ma|tri|ce *s.f.* **1** oggetto sulla cui forma viene riprodotto un altro oggetto | stampo, modello: *fare da —* **2** (*fig.*) ciò che ha determinato le caratteristiche di base di un fenomeno: *attentati di — terroristica* **3** in un modulo costituito da due parti separabili, la metà che resta all'emittente: *la — del biglietto*.
ma|tri|ci|da *s.m./f.* [m.pl. *-i*] chi ha ucciso la propria madre.
ma|tri|ci|dio *s.m.* uccisione della propria madre.
ma|tri|co|la *s.f.* **1** (*bur.*) libro in cui sono registrate persone o cose appartenenti a una determinata categoria: *— degli studenti, degli automezzi* | *numero —*, quello assegnato a ogni persona o cosa registrata in tale libro **2** (*ell.*) il nu-

matricolare

mero di matricola: *la — di un'arma da fuoco* **3** studente universitario del primo anno di corso | (*estens.*) chi intraprende una nuova attività: *sono una — nel mondo del commercio*.

ma|tri|co|là|re *agg.* relativo alla matricola: *numero —*.

ma|tri|co|là|to *agg.* (*fig.*, *anche scherz.*) ben noto in merito a certe caratteristiche; incallito, famigerato: *un furfante —*.

ma|tri|gna *s.f.* **1** la nuova moglie del padre considerata nel rapporto con i figli da questo avuti in un precedente matrimonio **2** (*fig.*) figura materna malvagia o poco amorevole: *la natura mi è stata —*.

ma|tri|li|ne|à|re *agg.* fondato sulla linea materna di ascendenza e discendenza: *società —*.

ma|tri|li|ne|a|ri|tà *s.f.* sistema di parentela tipico di alcune popolazioni, in cui ascendenza e discendenza vengono valutate in base alla linea materna.

ma|tri|mo|nià|le *agg.* del matrimonio: *anello, promessa —* | relativo al matrimonio | *letto —*, letto a due piazze | *camera —*, negli alberghi, quella con letto a due piazze | *diritto —*, il complesso delle norme che regolano il matrimonio ♦ *s.f.* camera d'albergo matrimoniale: *prenota una —*.

ma|tri|mo|nia|lì|sta *s.m./f.* [m.pl. *-i*] studioso o avvocato specializzato in diritto matrimoniale.

ma|tri|mò|nio *s.m.* **1** unione tra un uomo e una donna che viene sancita dal reciproco impegno a una comunanza di vita di fronte a un'autorità pubblica o a un ministro di culto | *unirsi in —*, sposarsi **2** (*estens.*) il rapporto e la vita coniugale: *un — riuscito, fallito* **3** la cerimonia matrimoniale e i relativi festeggiamenti: *un — con pochi invitati*.

ma|triz|zà|re *v.intr.* [aus. *A*] assomigliare alla madre per fisionomia o carattere.

matrioska (*russo*) *s.f.* [pl. *-sche*] bambola stilizzata di legno raffigurante una contadina in abiti colorati, che contiene al suo interno una serie di altre bambole simili ma di dimensioni via via decrescenti.

ma|trò|na *s.f.* **1** nell'antica Roma, donna sposata di condizione libera e di nobile casato **2** (*fig.*, *scherz.*) donna dalla figura imponente.

ma|tro|nà|le *agg.* di matrona; da matrona: *atteggiamento —*.

ma|tro|nè|o *s.m.* (*arch.*) nelle basiliche paleocristiane e romaniche, loggiato riservato alle donne collocato al di sopra delle navate laterali.

ma|tro|ni|mi|co *agg.*, *s.m.* [m.pl. *-ci*] si dice di nome o cognome che deriva da quello materno.

màt|ta *s.f.* la carta da gioco cui si può attribuire il valore che si preferisce; jolly.

mat|tac|chió|ne *s.m.* [f. *-a*] persona scherzosa e bizzarra; buontempone.

mat|tà|na *s.f.* (*fam.*) cambiamento d'umore bizzarro e repentino che sfocia in irragionevoli manifestazioni di allegria o ira: *gli è venuta la —*.

mat|tàn|za *s.f.* **1** (*region.*) nelle tonnare, il momento finale della pesca dei tonni, in cui i pesci vengono arpionati **2** (*estens.*) massacro, strage.

mat|ta|rèl|lo o **matterèllo** *s.m.* (*region.*) cilindro di legno impiegato in cucina per spianare la sfoglia di pasta.

mat|tà|ta *s.f.* (*fam.*, *pop.*) azione o comportamento da matto.

mat|ta|tó|io *s.m.* luogo in cui si macellano gli animali; macello: *portare il bestiame al —*.

mat|ta|tó|re *s.m.* **1** addetto all'abbattimento degli animali nei macelli **2** [f. *-trice*] (*fig.*) nel mondo dello spettacolo, chi attira su di sé l'attenzione del pubblico: *quell'attore è un vero —* | (*estens.*) chi svolge un ruolo dominante e decisivo in un determinato contesto: *con le sue giocate è stato il — della partita*.

mat|te|rèl|lo *s.m.* → **mattarello**.

mat|tì|na *s.f.* la parte del giorno compresa tra l'alba e il mezzogiorno: *ieri —; una — piena di sole* | *di prima —*, nelle prime ore della giornata; presto | *dalla — alla sera*, per tutto il giorno; (*fig.*) senza sosta, continuamente.

mat|ti|nà|le *agg.* (*lett.*) della mattina; mattutino.

mat|ti|nà|ta *s.f.* lo spazio e il tempo della mattina, spec. in rapporto alle condizioni atmosferiche o agli avvenimenti che la caratterizzano: *una — fredda e piovosa; una — piena d'impegni* | *in —*, prima che finisca la mattina; nell'arco della mattina.

mat|ti|niè|ro *agg.*, *s.m.* [f. *-a*] che, chi d'abitudine o occasionalmente si alza al mattino presto: *oggi sei —!*

mat|tì|no *s.m.* la parte del giorno compresa tra l'alba e il mezzogiorno: *un — d'inverno* | *di buon —*, nelle prime ore della mattinata | *giornale del —*, quello che esce di prima mattina | (*prov.*) *il — ha l'oro in bocca*, nelle prime ore del giorno si lavora in maniera più proficua | (*prov.*) *il buon giorno si vede dal —*, se l'inizio di ql.co. è positivo anche il proseguo lo sarà.

màt|to[1] *agg.* **1** che ha perso l'uso della ragione: *mezzo —; è — da legare* | (*fig.*) *diventare —*, tentare inutilmente di fare o di risolvere ql.co.: *sono diventato — su quel puzzle* | *andare — per ql.co., per qlcu.*, nutrire una grande passione: *vado — per il gelato* | *fossi —!*, neanche per idea **2** (*estens.*, *scherz.*) particolarmente estroso o bizzarro; sconsiderato: *una testa matta* **3** (*fig.*) intenso, enorme, incontenibile: *ho una voglia matta* | *volere un bene —*, amare incondizionatamente | *piacere da matti*, piacere moltissimo, in modo smisurato ♦ *s.m.* [f. *-a*] **1** persona che ha perso l'uso della ragione; malato di mente **2** (*estens.*) persona dai comportamenti molto originali e imprevedibili | (*fig.*) *gabbia di matti*, luogo pieno di persone particolarmente bizzarre | *cose da matti*, cose incredibili, assurde.

màt|to[2] *agg.* solo nella loc. *scacco —*, negli scacchi, la mossa che immobilizza il re, concludendo la partita | (*fig.*) *dare scacco — a qlcu.*, sconfiggerlo.

mat|tòi|de *agg.*, *s.m./f.* che, chi assume atteggiamenti da matto o agisce in modo eccentrico, bizzarro; svitato.

mat|to|nà|re *v.tr.* [indic.pres. *io mattóno...*] (*edil.*) rivestire di mattoni; ammattonare.
mat|to|nà|ta *s.f.* **1** (*raro*) colpo inferto con un mattone **2** (*fig.*, *fam.*) cosa molto noiosa: *lo spettacolo è una —*.
mat|to|nà|to *part.pass.* di mattonare ♦ *agg.*, *s.m.* detto di pavimento lastricato con mattoni.
mat|to|na|tù|ra *s.f.* rivestimento a mattoni | mattonato.
mat|tó|ne *s.m.* **1** laterizio parallelepipedo costituito di argilla, utilizzato nelle costruzioni edilizie **2** (*fig.*) peso | (*pop.*) *avere un — sullo stomaco*, avere problemi di digestione **3** (*estens.*, *fig.*) situazione, cosa o persona noiosa: *che — di conferenza!* ♦ *agg.invar.* si dice di colore rosso scuro simile a quello della terracotta: *una giacca —*.
mat|to|nèl|la *s.f.* **1** piastrella di forma per lo più quadrata, utilizzata per pavimentazioni e rivestimenti: *— in cotto* **2** oggetto di forma simile a quella di una mattonella: *una — di carbone*.
mat|tu|tì|no *agg.* **1** proprio del primo mattino: *freddo —* **2** che si svolge nel primo mattino: *colazione mattutina* ♦ *s.m.* (*lit.*) parte dell'ufficio canonico che viene recitata di primo mattino | il suono delle campane che annuncia l'alba: *suonare il —*.
ma|tu|ràn|do *agg.*, *s.m.* [f. *-a*] si dice di studente prossimo all'esame di maturità.
ma|tu|rà|re *v.intr.* [aus. *E*] **1** di prodotto vegetale, diventare maturo: *il grano matura in estate* **2** (*estens.*) di persona, procedere verso un più completo sviluppo fisico e psicologico: *ogni ragazzo matura a suo tempo* **3** (*fig.*) di fenomeni e avvenimenti, compiersi in un determinato modo giungendo al massimo sviluppo; concretarsi: *un cambio di governo sta maturando* **4** (*econ.*, *comm.*) giungere a scadenza | costituirsi nel tempo; poter essere riscosso: *ogni anno maturano gli interessi sul conto* ♦ *tr.* **1** far giungere a maturazione **2** (*estens.*) rendere maturo: *anche le delusioni maturano* **3** (*fig.*) raggiungere progressivamente tramite la riflessione: *— un'importante decisione*.
ma|tu|ra|zió|ne *s.f.* sviluppo, progressione verso un compimento: *processo di —*.
ma|tu|ri|tà *s.f.* **1** di prodotto vegetale, condizione di pieno sviluppo **2** (*estens.*) nella vita umana, periodo intercorrente fra la giovinezza e la vecchiaia | (*estens.*) la fase in cui ha raggiunto il pieno sviluppo fisico e intellettuale: *raggiungere la piena —* | (*fig.*) equilibrio, saggezza: *dar prova di —* **3** consolidamento di una facoltà: *ha raggiunto la sua — artistica* **4** diploma statale di scuola secondaria: *— classica*, *scientifica*, *tecnica* | l'esame che permette di ottenere tale diploma: *dare la —*.
ma|tù|ro *agg.* **1** di prodotto vegetale, pienamente sviluppato e pronto a essere consumato: *le ciliegie sono mature* **2** (*estens.*) di persona, che si trova in età adulta | che ha raggiunto il pieno sviluppo fisico e intellettuale | (*fig.*) equilibrato, assennato: *un giovane molto —* **3** (*fig.*) di fenomeno o avvenimento, giunto a compimento | *i tempi sono maturi per ql.co.*, è il momento giusto **4** si dice di studente che ha superato l'esame di maturità **5** condotto con attenzione; approfondito: *un — esame della situazione* **6** (*econ.*, *comm.*) si dice di credito che può essere riscosso ♦ *s.m.* [f. *-a*] (*fam.*) studente che ha completato con successo l'esame di maturità.
ma|tù|sa *s.m./f.invar.* nel gergo giovanile, persona di mentalità conservatrice o superata.
ma|tu|sa|lèm|me *s.m.invar.* (*scherz.*) persona vecchissima.
màu *inter.* → **mao**.
mau|so|lè|o *s.m.* (*arch.*) sepolcro monumentale: *il — di Adriano* | (*estens.*) edificio di aspetto imponente e maestoso.
mauve (*fr.*) [pr. *mov*] *agg.invar.*, *s.m.invar.* detto di colore violaceo come quello dei fiori di malva.
mà|xi- primo elemento di parole composte che significa "dimensione molto grande".
ma|xi|e|men|da|mén|to *s.m.* (*giorn.*, *polit.*) insieme di emendamenti o singolo emendamento, volto a modificare profondamente un disegno di legge durante la discussione parlamentare.
ma|xìl|lo- (*med.*) primo elemento di parole composte che significa "mascella" (*maxillofacciale*).
ma|xìl|lo|fac|cià|le *agg.* (*med.*, *anat.*) che riguarda la mascella e la faccia: *intervento di plastica —*.
mà|xi|mum (*lat.*) *s.m.invar.* (*econ.*) tariffa massima, prezzo massimo: *il — del petrolio*.
ma|xi|pro|cès|so *s.m.* processo penale che coinvolge un alto numero di imputati, per reati tra loro connessi: *— di mafia*.
ma|xi|schér|mo *s.m.* schermo televisivo di grandi dimensioni, spec. collocato in locali pubblici o in luoghi dove avvengono manifestazioni di interesse collettivo: *— allo stadio*.
mà|ya *agg.invar.* (*st.*) relativo alla popolazione indigena dell'America centrale, la cui civiltà fiorì nell'area dell'attuale Yucatan: *civiltà —* ♦ *s.m.invar.* **1** [anche f.] chi appartiene a tale popolazione **2** lingua parlata da tale popolazione.
mayday (*ingl.*) [pr. *meidèi*] *s.m.invar.* nelle comunicazioni radiotelefoniche, segnale internazionale di richiesta di soccorso.
ma|zùr|ca o **mazùrka** *s.f.* **1** danza popolare di origine polacca, in tre tempi ad andamento moderato **2** composizione musicale a tempo di tale danza.
màz|za *s.f.* **1** robusto bastone, utilizzato spec. per assestare colpi; randello | **— ferrata**, arma antica costituita da un manico provvisto di una grossa testa con punte metalliche **2** bastone in materiale pregiato, un tempo insegna di comando: *— da maresciallo* | lungo bastone decorato, tenuto dai guardaporoni spec. in occasioni di gala **3** martello molto grosso a manico lungo, utilizzato per spaccare pietre o battere ferri nelle operazioni di fucinatura **4** (*sport*) nel baseball, il bastone del battitore | nel golf, l'attrezzo con cui si colpisce la pallina **5** (*gerg.*) nulla: *non vale una —*; *non capire una —*.

maz|za|frù|sto *s.m.* [pl. *mazzafrusti*] arma antica composta da un manico corto e da una o più catenelle metalliche terminanti con sfere di metallo pesante.

maz|za|pic|chio *s.m.* [pl. *mazzapicchi*] **1** grosso martello in legno utilizzato per cerchiare le botti **2** (*agr.*) mazzeranga.

maz|za|ta *s.f.* **1** colpo inferto con la mazza **2** (*fig., fam.*) dolore intenso e improvviso; danno grave: *la bocciatura per lui è stata una vera —*.

maz|ze|ràn|ga *s.f.* **1** (*agr.*) attrezzo a manico lungo terminante con una piastra in legno o in metallo, con cui si batte il terreno appena seminato in modo che i semi vi si inseriscano bene **2** (*edil.*) attrezzo in metallo o in legno massiccio, munito di impugnatura e terminante con una lastra di acciaio; è usato nell'assodamento di massicciate nuove.

maz|zét|ta[1] *s.f.* **1** mazzo di banconote **2** (*fam.*) somma di denaro data a una persona per corromperla.

maz|zét|ta[2] *s.f.* nome di vari attrezzi simili al martello: — *da spaccapietre*.

maz|ziè|re[1] *s.m.* [f. *-a*] chi ha il compito di mischiare e distribuire le carte da gioco.

maz|ziè|re[2] *s.m.* chi apre la sfilata di una banda musicale dando il tempo con una mazza.

maz|zi|nià|no *agg.* **1** relativo a Giuseppe Mazzini (1805-1872): *il pensiero —* **2** che si fa sostenitore delle teorie di Mazzini ♦ *s.m.* [f. *-a*] sostenitore delle teorie di Mazzini.

màz|zo *s.m.* **1** insieme di più cose dello stesso tipo tenute unite: *un — di fogli, di rose* | (*fig.*) **mettere tutto nello stesso —**, non fare distinzioni **2** serie completa di carte da gioco: *fare, mischiare il —*.

maz|zo|là|re *v.tr.* [indic.pres. *io mazzòlo...*] colpire con una mazza, un bastone.

maz|zo|là|ta *s.f.* (*raro*) **1** colpo inferto con la mazza, con il bastone **2** (*fig., fam.*) duro colpo; batosta: *la mia squadra ha preso una —*.

maz|zuò|lo *s.m.* **1** nei lavori di falegnameria o di scultura, piccola mazza di vario materiale con testa a forma di barilotto, utilizzata per colpire superfici relativamente delicate **2** (*mus.*) bastone a testa imbottita di forma sferica, utilizzato per suonare la grancassa.

me *pron.pers.m./f. di 1ª pers.sing.* [forma tonica del pron. pers. *io*] **1** si usa come complemento oggetto, al posto del pronome atono *mi*, quando gli si vuole dare particolare rilievo: *è — che vogliono; inutile che guardi proprio —* **2** introdotto da preposizione, si usa come complemento indiretto: *cosa pensi di —?; a — non interessa* | *da —*, per conto mio, senza essere aiutato: *lo faccio da —; a casa mia: venite da —* | *secondo —*, secondo la mia opinione | *tra — e —*, dentro di me **3** si usa come complemento di termine davanti alla particella *ne* e alle forme pronominali atone *lo, la, li, le*, in posizione proclitica ed enclitica: *— ne resi conto subito; — li feci dare; raccontamelo* **4** si usa come soggetto nelle esclamazioni e nelle comparazioni: *— misero!; loro sono come —*.

mè|a cùl|pa (*lat.*) *loc.sost.m.invar.* espressione con cui si ammette una colpa e si esprime il proprio pentimento.

me|àn|dro *s.m.* **1** (*geol.*) doppia ansa di un fiume che scorre in pianure caratterizzate da lieve pendenza; serpentina **2** (*estens., spec.pl.*) andamento, tracciato tortuoso di strade e sim. | (*fig.*) la parte più oscura e impenetrabile dell'animo umano: *i meandri della psiche* | realtà di difficile comprensione o risoluzione: *i meandri della storia, della burocrazia* **3** motivo ornamentale costituito da figure stilizzate che si ripetono in sequenza secondo uno schema geometrico.

me|àto *s.m.* (*anat.*) apertura di un condotto organico; orifizio: — *auditivo*.

mèc|ca *s.f.* luogo in cui ci si reca sperando di realizzare sogni e aspirazioni.

mec|cà|ni|ca *s.f.* **1** parte della fisica che studia il moto e l'equilibrio dei corpi **2** il complesso delle attività tecnologiche volte alla costruzione e alla gestione di macchinari e meccanismi: *occuparsi di —* **3** l'insieme degli elementi che costituiscono un meccanismo | il funzionamento di tale meccanismo: *la — del motore a scoppio* **4** (*fig.*) dinamica con cui si compiono alcuni processi naturali: *la — della respirazione* | (*estens.*) il modo in cui si determinano particolari avvenimenti: *la — dell'omicidio*.

mec|ca|ni|ci|smo *s.m.* dottrina filosofica che interpreta il mondo naturale unicamente attraverso le leggi della materia e del movimento.

mec|ca|ni|ci|sta *s.m./f.* [m.pl. *-i*] chi aderisce al meccanicismo.

mec|ca|ni|ci|sti|co *agg.* [m.pl. *-ci*] relativo al meccanicismo, ai meccanicisti: *visione meccanicistica della realtà* □ **meccanicisticamente** *avv.*

mec|ca|ni|ci|tà *s.f.* caratteristica di ciò che è meccanico | (*fig.*) automatismo: *la — di un movimento*.

mec|cà|ni|co *agg.* [m.pl. *-ci*] **1** (*fis.*) della meccanica: *leggi meccaniche* **2** relativo alle macchine o ai meccanismi: *problema —* **3** che si fa utilizzando una macchina: *lavoro —* **4** (*fig.*) fatto in modo automatico, involontario o istintivo: *norme applicate in maniera meccanica; gesto —* ♦ *s.m.* **1** tecnico specializzato nella manutenzione e riparazione di macchine: *affidare la revisione dell'automobile al — di fiducia* **2** chi realizza elementi meccanici su commissione: — *dentista* □ **meccanicamente** *avv.* **1** attraverso l'utilizzo di macchine **2** (*fig.*) automaticamente.

mec|ca|ni|smo *s.m.* **1** insieme di elementi meccanici collegati tra loro per trasmettere un movimento: *il — di una sveglia* | il modo in cui tale insieme di elementi funziona **2** (*fig.*) il modo in cui è organizzato un sistema complesso: *il — della pubblica amministrazione* | il modo in cui si svolge un processo sociale, fisico o psichico: *i meccanismi della psiche umana*.

mec|ca|niz|zà|re *v.tr.* **1** introdurre l'uso delle macchine in attività che prima si svolgevano manualmente: — *la produzione* **2** (*fig.*) rendere meccanico o automatico ♦ *-rsi* *intr.pron.* **1** rin-

novarsi tramite l'introduzione di macchine: *il settore agricolo si è ormai meccanizzato* **2** (*fam.*) dotarsi di un mezzo di trasporto motorizzato.
mec|ca|niz|zà|to *part.pass. di meccanizzare* ♦ *agg.* **1** che è effettuato con l'impiego di mezzi meccanici | che è dotato di macchine: *un settore produttivo pienamente —* | (*mil.*) *reparto —*, reparto dotato di autoveicoli **2** che risente della diffusione delle macchine, spec. in modo negativo: *vita, società meccanizzata*.
mec|ca|niz|za|zió|ne *s.f.* introduzione, adozione di macchine in un determinato contesto: *— dell'allevamento*.
mec|cà|no® *s.m.invar.* gioco composto di elementi metallici modulari che possono essere combinati tra loro, con l'uso di viti e bulloni, per realizzare congegni, macchine e costruzioni in scala ridotta.
mec|ca|no- primo elemento di parole composte che significa "macchina" o indica l'utilizzo di mezzi meccanici (*meccanografico*).
mec|ca|no|gra|fì|a *s.f.* procedimento meccanico o elettromeccanico di registrazione, calcolo e classificazione di dati.
mec|ca|no|grà|fi|co *agg.* [m.pl. *-ci*] relativo alla meccanografia: *macchine meccanografiche*.
me|ce|nà|te *s.m./f.* persona che favorisce e protegge gli artisti finanziandone e pubblicizzandone il lavoro: *un generoso —*.
me|ce|na|ti|smo *s.m.* la pratica di sostenere gli artisti e il loro lavoro, spec. dal punto di vista economico: *il — del Rinascimento*.
mèche (*fr.*) [pr. *mesh*] *s.f.invar.* ciocca di capelli con colore diverso rispetto al resto della capigliatura.
me|dà|glia *s.f.* **1** dischetto di metallo riportante figure e iscrizioni, realizzato per commemorare persone o avvenimenti | (*fig.*) *il rovescio della —*, l'aspetto meno positivo o piacevole di una situazione **2** distintivo in metallo conferito come premio o come riconoscimento di valore: *— d'argento per meriti di guerra* | (*estens.*) la persona premiata con tale distintivo: *è stato — d'oro alle Olimpiadi*.
me|da|glià|to *agg., s.m.* [f. *-a*] si dice di chi è stato premiato con una medaglia: *i medagliati dei campionati del mondo*.
me|da|gliè|re *s.m.* **1** in numismatica, collezione di medaglie o di monete | mobile predisposto per conservare tale raccolta **2** l'insieme delle medaglie ricevute da un singolo, un ente, una squadra o una nazione: *la squadra nazionale italiana vanta un — di tutto rispetto*.
me|da|gliét|ta *s.f.* **1** piccola medaglia recante un'immagine sacra che si porta appesa al collo con una catenina: *una — di santa Rita* **2** distintivo in oro, a forma di dischetto, dato ai membri del Parlamento, recante impresso il nome del deputato e la data della legislatura.
me|da|glió|ne *s.m.* **1** ciondolo prezioso da portare al collo che contiene l'immagine di una persona cara **2** (*arch.*) motivo ornamentale, dipinto o realizzato in bassorilievo, costituito da una cornice rotonda od ovale al cui interno è collocata una figura **3** breve profilo biografico e critico di un personaggio noto, spec. uno scrittore **4** (*gastr.*) pietanza a forma di medaglia.
me|dé|si|mo *agg.dimostr.* **1** identico rispetto ad altra cosa o persona; stesso: *avere la medesima impressione* **2** posposto a un pronome personale o a un sostantivo, ha valore rafforzativo: *io — ne ero completamente all'oscuro* **3** identico per quantità, qualità, grandezza: *tessuti del — pregio* ♦ *pron.dimostr.* [f. *-a*] la stessa persona: *ho domandato al diretto interessato e il — ha chiarito tutto*.
mè|dia[1] *s.f.* **1** il valore intermedio tra un minimo e un massimo di una serie di grandezze: *avere guadagni superiori alla —* | *— aritmetica*, quella che si ottiene dividendo la somma di due o più valori per il numero dei valori stessi | *in —*, mediamente, più o meno: *i promessi sono in — tre su quattro* | *fare la —*, calcolarla **2** in ambito scolastico, la media aritmetica dei voti ottenuti in ciascuna materia: *avere la — del sei* **3** scuola media inferiore o secondaria di primo grado: *iscriversi alla prima —*.
media[2] (*ingl.*) [pr. *midia*] *s.m.pl.* mass media; mezzi di comunicazione di massa: *i — hanno un grande potere*.
me|dià|le *agg.* che si riferisce ai mezzi di comunicazione di massa.
me|dià|na *s.f.* **1** (*geom.*) ogni linea che in un triangolo congiunge un vertice con il punto medio del lato opposto **2** (*sport*) in diversi giochi di squadra, schieramento dei giocatori di seconda linea, posizionati tra attaccanti e difensori.
me|dia|ni|cì|tà *s.f.* carattere dei fenomeni medianici.
me|dià|ni|co *agg.* [m.pl. *-ci*] proprio di un medium: *sensibilità medianiche* | realizzato per mezzo di un medium: *fenomeno —*.
me|dia|nì|smo *s.m.* il complesso dei fenomeni medianici | l'attività propria di un medium.
me|dia|ni|tà *s.f.* il complesso dei poteri propri del medium.
me|dià|no *agg.* che si trova in mezzo ♦ *s.m.* (*sport*) in diversi giochi di squadra, il giocatore che si muove nella zona centrale del campo.
me|dià|n|te *prep.* per mezzo di; tramite: *pagamento — carta di credito*.
me|dià|re *v.tr.* [indic.pres. *io mèdio...*] tentare di risolvere una mediazione; trattare: *— un conflitto, un accordo* ♦ *intr.* [aus. *A*] fare da mediatore o da intermediario tra due parti: *l'agente immobiliare ha mediato tra venditore e acquirente*.
me|dia|stì|no *s.m.* (*anat.*) nella cavità toracica, lo spazio compreso fra colonna vertebrale, sterno e polmoni, in cui si trova il cuore.
me|dia|tè|ca *s.f.* [pl. *-che*] centro di raccolta, conservazione e consultazione di documenti audiovisivi.
me|dià|ti|co *agg.* [m.pl. *-ci*] relativo ai mass

mediatico

media | prodotto dai mass media: *è un fenomeno* —.

me|dià|to *part.pass. di* mediare ♦ *agg.* realizzato mediante l'intervento di altri elementi; non immediato, indiretto: *conoscenza mediata*.

me|dia|tó|re *agg.* [f. *-trice*] che fa opera di mediazione: *intervento* — ♦ *s.m.* **1** chi si adopera affinché due parti in causa raggiungano un accordo: *operare come* — **2** agente intermediario in compravendite e altre operazioni d'affari: — *immobiliare*.

me|dia|zió|ne *s.f.* **1** azione svolta dal mediatore: *la* — *del governo tra le parti sociali* **2** la provvigione che viene corrisposta al mediatore di una compravendita o di altro affare.

me|di|cà|bi|le *agg. (anche fig.)* che può essere medicato, curato.

me|di|ca|mén|to *s.m.* ogni sostanza utilizzata per curare una lesione o una malattia; medicina, farmaco.

me|di|ca|men|tó|so *agg.* che ha proprietà curative: *sostanza medicamentosa*.

me|di|cà|re *v.tr.* [indic.pres. *io mèdico, tu mèdichi...*] applicare sostanze medicamentose e bendaggi su una lesione esterna: — *un taglio* | *curare per una lesione esterna:* — *un ferito* ♦ **-rsi** *rifl.* farsi una medicazione.

me|di|cà|to *part.pass. di* medicare ♦ *agg.* si dice di prodotto cui sono state aggiunte sostanze medicinali: *cerotto* —.

me|di|ca|zió|ne *s.f.* **1** applicazione di sostanze medicamentose e bende su una lesione esterna **2** l'insieme delle sostanze e dei bendaggi applicati.

me|di|ci|na *s.f.* **1** disciplina che studia le malattie per poter riconoscerle, prevenirle e curarle | la facoltà universitaria in cui si insegna tale disciplina: *fare Medicina* | — *dello sport*, quella specializzata nelle malattie e nei problemi fisici legati alla pratica sportiva | — *legale*, quella che applica le competenze mediche all'indagine giudiziaria **2** ogni preparato che serve alla cura di lesioni, malattie e sim.: *prescrivere una* — **3** *(fig.)* rimedio a mali fisici, sociali, morali: *la migliore* — *contro il crimine è l'istruzione*.

me|di|ci|nà|le *agg.* che ha proprietà curative; che si usa come farmaco: *sostanza, preparato* — ♦ *s.m.* prodotto farmaceutico; medicina: *somministrare un* —.

mè|di|co *agg.* [m.pl. *-ci*] **1** relativo alla medicina: *letteratura medica* **2** relativo ai medici e alla loro professione: *certificato* —; *studio* — ♦ *s.m.* **1** chi esercita la professione medica: *andare dal* — | — *chirurgo*, titolo che spetta a chi si è laureato in medicina e chirurgia e ha ottenuto l'abilitazione alla professione | — *di base, di famiglia*, medico non specialista convenzionato con il servizio sanitario nazionale | — *fiscale*, quello che verifica lo stato di malattia dei lavoratori assenti dal lavoro | — *legale*, specialista in medicina legale **2** *(fig.)* persona o cosa che porta sollievo a danni fisici o morali.

me|die|tà *s.f. (lett.)* caratteristica di ciò che resta intermedio fra due estremi.

me|die|và|le o **medioevale** *agg.* **1** del Medioevo: *arte* — **2** *(fig., spreg.)* retrogrado, oscurantista: *legge* —.

me|die|va|li|sta o **medioevalista** *s.m./f.* [m.pl. *-i*] studioso della storia e della civiltà medievale.

me|die|va|li|sti|ca o **medioevalistica** *s.f.* il complesso delle discipline storiche e filologiche dedicate allo studio della civiltà medievale.

me|die|vi|sta *s.m./f.* [m.pl. *-i*] medievalista.

mè|dio *agg.* **1** che si trova nel mezzo fra due estremi: *valore* —; *misura media*; *intelligenza media* | *ceto* —, la piccola borghesia | *dito* —, il terzo dito della mano, in posizione centrale | *(sport) pesi medi*, nel pugilato, nella lotta e sim., categoria compresa fra i medioleggeri e i mediomassimi; *(estens.)* ciascun atleta che appartiene a tale categoria | *scuola media*, scuola secondaria spec. di primo grado, per gli alunni di età compresa fra gli undici e i quattordici anni | *(ling.) verbo* —, in alcune lingue, coniugazione verbale intermedia tra attivo e passivo, con cui vengono espresse azioni che si compiono nella sfera di interesse del soggetto **2** ottenuto facendo la media tra diverse grandezze: *velocità media* ♦ *s.m.* **1** il terzo dito della mano **2** *(sport)* pugile, lottatore o sollevatore di pesi che gareggia nella categoria dei pesi medi □ **mediamente** *avv.* in media.

me|diò|cre *agg.* **1** inferiore alla norma, alla media; ridotto: *risultato* — **2** di qualità o grado medi; non eccelso: *rendimento* — | *(estens.)* di scarso valore: *un quadro* — ♦ *s.m./f.* persona di attitudini e qualità limitate: *resterà sempre un* — □ **mediocremente** *avv.*

me|dio|cri|tà *s.f.* **1** condizione di cosa o persona mediocre: *vivere nella* — **2** persona di scarso valore: *rivelarsi una* —.

me|dio|e|và|le *agg. e deriv.* → **medievale** *e deriv.*

me|dio|è|vo o **mèdio èvo** *s.m.* epoca storica compresa tra l'età antica e l'età moderna, il cui inizio è fissato convenzionalmente al 476 (crollo dell'Impero Romano d'Occidente) e la cui fine si colloca al 1492 (scoperta dell'America) | *alto, basso Medioevo*, prima o dopo l'anno 1000.

me|dio|màs|si|mo *s.m. (sport)* nel pugilato, nella lotta e sim., categoria di peso intermedia tra i medi e i massimi | atleta appartenente a tale categoria ♦ *agg.* che rientra nei limiti di tale categoria: *peso* —.

me|dio|rien|tà|le *agg.* che si riferisce al Medio Oriente: *conflitto* —.

me|di|ta|bón|do *agg.* **1** che è assorto in meditazione **2** che ha l'atteggiamento, l'aspetto di chi medita.

me|di|tà|re *v.tr.* [indic.pres. *io mèdito...*] **1** esaminare con attenzione e a lungo un problema, un'idea: — *i propri errori* **2** progettare nella mente ql.co. da realizzare; concepire: — *una rapina* ♦ *intr.* [aus. *A*] **1** riflettere a lungo su un argomento, una dottrina, un testo; concentrarsi interiormente: — *sul senso dell'esistenza* **2** (*assol.*) pensare: *sono episodi che fanno* —.

me|di|ta|ti|vo *agg.* incline alla meditazione.

me|di|tà|to *part.pass. di* meditare ♦ *agg.* **1** che è stato ben ponderato: *una decisione meditata* **2** (*estens.*) tramato, premeditato: *un piano* — *nei dettagli* □ **meditatamente** *avv.*

me|di|ta|zió|ne *s.f.* **1** attento e lungo esame di un problema, di un'idea: *stare in* — | il pensiero che scaturisce dalla riflessione: *la questione merita un'accurata* — **2** (*relig.*) raccoglimento interiore sulle verità della fede **3** (*pl.*) scritto, spec. religioso o filosofico, che ha lo scopo di invitare alla riflessione su un determinato argomento.

me|di|ter|rà|ne|o *agg.* **1** si dice di mare quasi del tutto circondato da terre | (*per anton.*) *Mar Mediterraneo*, il mare situato tra Europa, Asia e Africa **2** che riguarda il Mar Mediterraneo e le terre che esso bagna: *clima* — | (*med.*) *anemia mediterranea*, talassemia.

mè|dium[1] (*lat.*) *s.m./f.invar.* persona con poteri paranormali, che sarebbe capace di comunicare con gli spiriti dei defunti.

medium[2] (*ingl.*) [pr. *mìdium*] *agg.invar.* (*comm.*) si dice di capo d'abbigliamento di taglia media.

me|dù|sa *s.f.* **1** animale marino dei Celenterati, dal corpo gelatinoso a forma di ombrello provvisto di una frangia di filamenti, gener. urticanti **2** nella mitologia greca, una delle Gorgoni.

meeting (*ingl.*) [pr. *mìting*] *s.m.invar.* **1** riunione su temi culturali, politici o mondani; convegno, congresso **2** manifestazione sportiva.

me|fi|sto|fè|li|co *agg.* [m.pl. *-ci*] **1** di Mefistofele, il diavolo delle leggende popolari tedesche **2** (*estens.*) sarcastico, maligno: *sguardo* —.

me|fì|ti|co *agg.* [m.pl. *-ci*] **1** irrespirabile, fetido, malsano: *odore* — **2** (*fig.*) corrotto moralmente: *un ambiente* —.

mè|ga- **1** primo elemento di parole composte che significa "grande", "grosso" (*megalite*) o indica sviluppo eccessivo (*megacolon*) **2** anteposto a un'unità di misura ne moltiplica il valore per un milione (*megahertz*) **3** (*inform.*) anteposto a un'unità di misura della quantità di informazioni, ne moltiplica il valore per 2^{20} (*megabyte*) **4** (*giorn., anche scherz.*) molto importante, molto grande, straordinario (*megaconcerto*).

me|ga|by|te [pr. *megabàit*] *s.m.invar.* (*inform.*) unità di misura della quantità di informazioni pari a 1.048.576 byte, utilizzata spec. per indicare la capacità di memoria di un calcolatore (*simb.* Mbyte).

me|ga|ci|clo *s.m.* in radiofonia, unità di misura della frequenza, pari a 1 milione di cicli o periodi al secondo (*simb.* Mc).

me|ga|cò|lon *s.m.invar.* (*med.*) aumento patologico del volume del colon.

me|ga|con|cèr|to *s.m.* (*giorn.*) spettacolare concerto di musica leggera, caratterizzato da una grande affluenza di pubblico.

me|ga|fo|no *s.m.* apparecchio acustico elementare, costituito da un tubo troncoconico in lamiera che concentra e amplifica il suono o la voce | — *elettrico*, quello composto da un alimentatore elettrico, un microfono, un amplificatore e un altoparlante.

me|ga|e|let|tron|vòlt *s.m.invar.* (*fis. nucleare*) unità di misura di energia, pari a 1 milione di elettronvolt (*simb.* MeV).

me|ga|ga|làt|ti|co *agg.* [m.pl. *-ci*] **1** in fantascienza, si dice di ciò che ha una grandezza rapportabile a quella delle galassie maggiori **2** (*estens., scherz.*) in una gerarchia o in una scala di valori, eccelso, straordinario: *un dirigente* —; *una festa megagalattica*.

me|ga|hèrtz [pr. *megaèrts*] *s.m.invar.* (*fis.*) unità di misura di frequenza, pari a 1 milione di hertz (*simb.* MHz).

me|ga|li|te o **megalito** *s.m.* (*archeol.*) monumento preistorico formato da grossi blocchi di pietra, tipico dell'età del rame e del bronzo.

me|ga|lì|ti|co *agg.* [m.pl. *-ci*] relativo ai megaliti | che forma un megalite.

me|ga|li|to *s.m.* → **megalite**.

me|ga|lo- primo elemento di parole composte che significa "grande", "grandezza" (*megalomania*).

me|ga|lò|ma|ne *agg., s.m./f.* **1** (*psich.*) che, chi è affetto da megalomania **2** (*estens.*) si dice di chi ha manie di grandezza; spaccone.

me|ga|lo|ma|nì|a *s.f.* (*psich.*) esagerata presunzione delle proprie capacità che si esprime in atteggiamenti di grandiosità; delirio di grandezza.

me|ga|lò|po|li *s.f.* vasta area molto urbanizzata; grande metropoli.

me|ga|ohm *s.m.invar.* (*elettr.*) unità di misura della resistenza elettrica, pari a 1 milione di ohm.

me|ga|tèr|mo *agg.* (*bot.*) si dice di pianta che per crescere ha bisogno di temperature elevate.

mè|ga|ton o **megatóne** *s.m.* (*fis.*) unità di misura della potenza delle esplosioni nucleari, pari a 1 milione di tonnellate di tritolo (*simb.* mt, Mton).

me|gàt|te|ra *s.f.* lungo cetaceo marino con corpo tozzo e grandi pinne pettorali; è diffuso in tutti gli oceani e compie grandi migrazioni.

me|ga|vòlt *s.m.invar.* (*fis.*) unità di misura della tensione elettrica pari a 1 milione di volt (*simb.* MV).

me|ga|watt [pr. *megavàt*] *s.m.invar.* unità di misura della potenza elettrica pari a 1 milione di watt (*simb.* MW).

me|gè|ra *s.f.* **1** donna molto brutta, perfida, litigiosa e violenta: *è una vecchia* — **2** (*zool.*) farfalla diurna con ali giallo-rossastre a macchie nere.

mè|glio *avv.* [compar. di *bene*] **1** in modo migliore: *vederci* — | *stare* —, (*di persona*) essere in condizioni migliori; (*di cosa*) essere più adatto: *questo cappotto ti sta* — | *andare di bene in* —, migliorare continuamente | *cambiare in* —, migliorare | *o* —, espressione usata per fare una precisazione o correggere quanto detto in preceden-

meiosi 744

za **2** [seguito da part. pass. forma un compar. di maggioranza] più: *è — allenato di te* **3** preceduto dall'articolo determinativo forma un superlativo relativo di maggioranza: *i — allenati sono loro* ♦ *agg.invar.* **1** [spec. come predicato di *essere, sembrare, parere*] migliore, preferibile: *questa soluzione ci pare — della precedente; mi sembrava — fare così* | con valore neutro: *è — tacere; — per te!* | in espressioni partitive: *non hai nulla di — da fare?* | (*ell.*) *alla —, alla bell'e —*, in qualche modo; nel miglior modo possibile limitatamente alla situazione: *il lavoro fu eseguito alla —* **2** (*fam., pop.*) preceduto dall'articolo determinativo, forma il superlativo relativo: *è la — studentessa della scuola* | con ellissi del nome: *è il — dei tre* ♦ *s.m./f.invar.* la parte o la cosa migliore: *prendere il —* | *fare del proprio —*, adoperarsi in tutti i modi, fare il possibile | *per il —*, nel miglior modo: *le cose si mettono per il —* | (*fam.*) *nel —*, nel momento migliore | *al —*, al massimo | (*fig.*) *avere la —*, riuscire a prevalere.

me|iò|si *s.f.* (*biol.*) processo di divisione del nucleo che determina nelle cellule germinali la riduzione a metà del numero dei cromosomi rispetto alla cellula madre.

mé|la *s.f.* **1** il frutto del melo, di forma tondeggiante, con polpa biancastra e buccia sottile, di colore diverso a seconda delle varietà | *— cotogna*, il frutto del cotogno | (*fam.*) *bianco e rosso come una —*, si dice di viso florido, con un colorito sano **2** ogni oggetto a forma di mela: *la — dell'annaffiatoio* **3** (*pl., fig.*) guance rosse e carnose ♦ *agg.invar.* si dice di una tonalità di verde chiaro.

me|la|grà|na *s.f.* [pl. *melagrane*] frutto del melograno, costituito da numerosi grani di colore rosso rubino dal sapore agrodolce, contenuti in un involucro sferico duro.

mélange (*fr.*) [pr. *melànj*] *s.m.invar.* **1** miscela di colori **2** filato costituito da fibre di diversi colori **3** (*gastr.*) caffè o cioccolata con panna.

me|làn|go|la *s.f.* il frutto amarognolo non commestibile del melangolo.

me|làn|go|lo *s.m.* albero tropicale, simile all'arancio.

me|la|ni|co *agg.* [m.pl. *-ci*] di colore scuro o nero | (*biol.*) *cellule melaniche*, quelle che contengono la melanina.

me|la|ni|na *s.f.* (*chim., biol.*) pigmento brunonerastro che si trova nella pelle, nei capelli, nei peli e nell'iride.

me|la|ni|smo *s.m.* (*biol.*) eccesso di pigmentazione che rende scuro il mantello dei mammiferi e il piumaggio degli uccelli.

me|la|ni|te *s.f.* (*min.*) varietà scura di granato, contenente titanio.

me|là|no- (*scient.*) primo elemento di parole composte che significa "nero", "colorazione scura" (*melanismo*).

me|la|no|der|mì|a *s.f.* (*med.*) aumento della pigmentazione cutanea, indotta da un eccesso di melanina.

me|la|nò|ma *s.m.* [pl. *-i*] (*med.*) tumore della pelle causato da cellule ricche di melanina.

me|la|nò|si *s.f.* (*med.*) aumento patologico della melanina nella pelle, nelle mucose o in altri tessuti.

me|lan|zà|na *s.f.* **1** pianta erbacea, originaria dell'Asia tropicale, coltivata per i suoi frutti commestibili **2** il frutto di tale pianta, di forma ovale od oblunga, con buccia violacea lucente e polpa dal sapore amarognolo; si consuma cotto.

me|la|ràn|cia *s.f.* [pl. *melarance*] il frutto dal sapore agrodolce del melarancio.

me|la|ràn|cio *s.m.* varietà di arancio.

me|là|rio *s.m.* negli alveari, parte dell'arnia dove le api depositano il miele.

me|làs|sa *s.f.* liquido bruno e denso che si ricava dalla lavorazione delle barbabietole e delle canne da zucchero, in seguito al procedimento di estrazione dello zucchero; si usa per preparare l'alcol etilico.

me|là|to *agg.* → **mielato**.

Me|le|à|gri|di *s.m.pl.* famiglia di Uccelli galliformi, di cui fa parte il tacchino.

me|le|à|gri|na *s.f.* mollusco diffuso nei mari caldi, con conchiglia bivalve spessa e di colore verdastro, che produce perle e madreperla.

me|len|sàg|gi|ne *s.f.* goffaggine, ottusità | comportamento, discorso di persona melensa.

me|lèn|so *agg.* **1** che è tardo nel comprendere e nell'agire; goffo, inetto: *un individuo —* **2** privo di originalità, insulso: *discorso —* □ **melensamente** *avv.*

me|lé|to *s.m.* terreno coltivato a meli.

-me|lì|a (*med.*) secondo elemento di parole composte che indica un'anomalia congenita degli arti (*macromelia*).

Me|lià|ce|e *s.f.pl.* famiglia di piante dicotiledoni, arboree o arbustacee, originarie delle regioni tropicali, con foglie gener. pennate e fiori raccolti in infiorescenze; comprende specie produttrici di legnami pregiati come il mogano.

mè|li|ca[1] *s.f.* poesia lirica composta per il canto, spec. presso gli antichi Greci.

mè|li|ca[2] o **mèliga** *s.f.* **1** saggina **2** (*region*) granturco.

mè|li|co *agg.* [m.pl. *-ci*] detto di poesia destinata al canto | detto di autore di tale poesia: *poeta —* ♦ *s.m.* poeta melico: *i melici greci.*

mè|li|ga *s.f.* → **melica**.

me|li|lò|to *s.m.* pianta erbacea leguminosa, con fiori gialli riuniti in grappoli e foglie trifogliate; è usata in farmacia e nella preparazione del foraggio.

me|lì|na *s.f.* (*gerg.*) nel calcio e nella pallacanestro, azione strategica volta a conservare il risultato raggiunto, consistente nel trattenere a lungo la palla mediante vari passaggi, per impedire agli avversari di giocarla: *far —*.

me|lìs|sa *s.f.* pianta erbacea con grandi foglie ovali e fiori bianchi dal profumo di limone, da cui si ricava un olio usato in farmacia come stimolante e antispasmodico; limoncina, cedronella.

mel|lì|fe|ro *agg.* (*lett.*) portatore o produttore di miele: *api mellifere.*

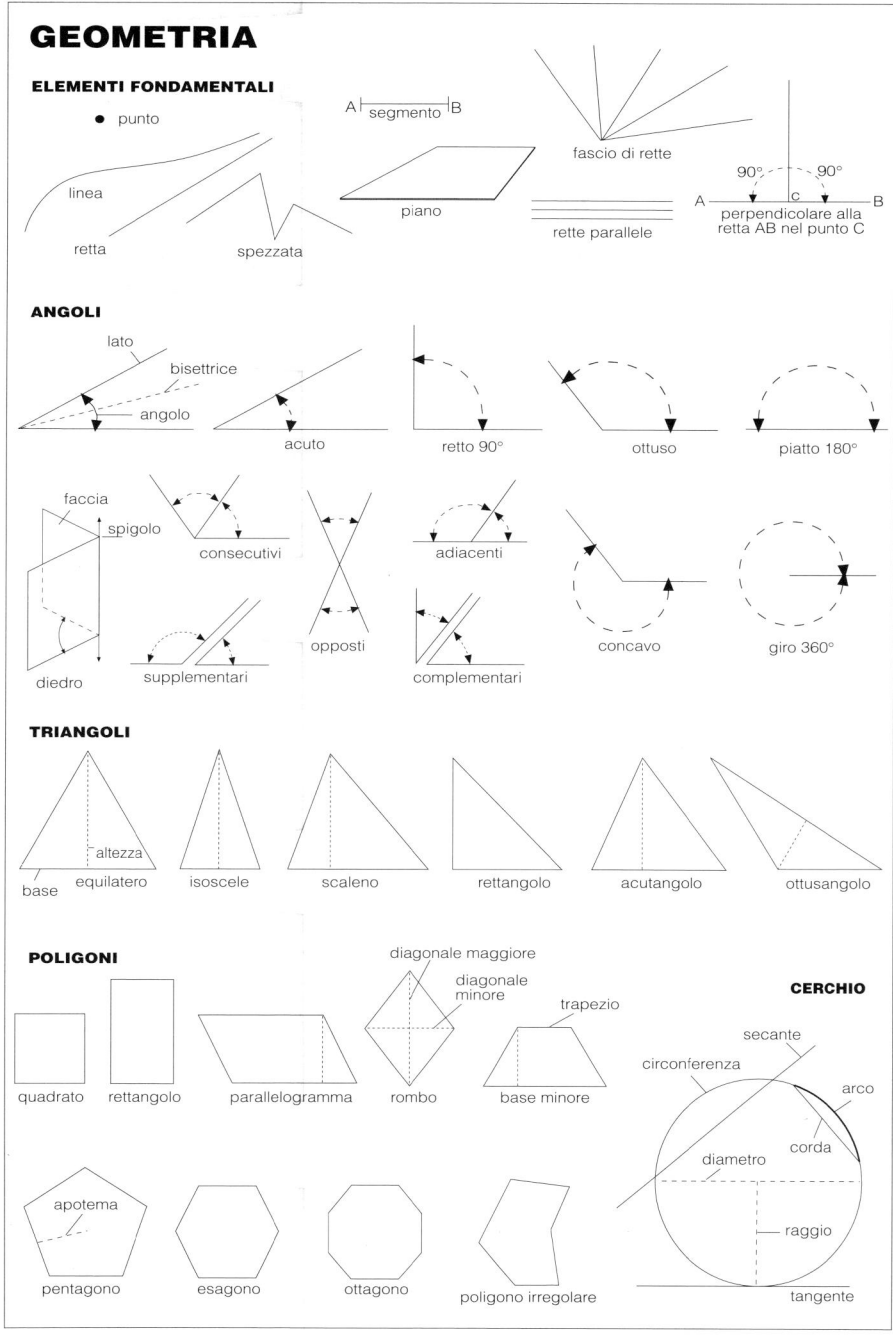

GEOMETRIA / MATEMATICA

SOLIDI

cubo (faccia, spigolo) — parallelepipedo rettangolo — prisma (altezza) — cilindro (altezza, raggio) — cono (apotema, raggio) — sfera (raggio)

parallelepipedo obliquo (altezza) — prisma obliquo — piramide (apotema) — piramide tronca — tronco di cono (raggio, apotema, altezza, raggio di base maggiore)

tetraedro — ottaedro — romboedro — dodecaedro — icosaedro

CURVE

parabola (y, asse delle ordinate, fuoco, direttrice, origine, asse delle ascisse x) — iperbole (fuoco, fuoco, origine, y, x) — ellisse (fuoco, fuoco, origine)

MATEMATICA

numeri romani — I II III IV V VI VII VIII IX X
numeri arabi — 1 2 3 4 5 6 7 8 9 10

numeri romani — XX XL L LX XC C CC CD D CM M
numeri arabi — 20 40 50 60 90 100 200 400 500 900 1000

numero naturale — 5734 numero relativo — $+6$ numeri pari — $2, 4, 6, 8, 10$ numeri dispari — $1, 3, 5, 7, 9$

frazione $\frac{4}{5}$ — numeratore / linea di frazione / denominatore

numero decimale $24{,}56$

addizione $4 + 3 = 7$ — addendi, segno uguale, somma, segno di addizione ("più")

sottrazione $9 - 4 = 5$ — minuendo, sottraendo, differenza, segno di sottrazione ("meno")

moltiplicazione $3 \times 5 = 15$ — moltiplicando, moltiplicatore, prodotto, segno di moltiplicazione ("per")

divisione $8 : 4 = 2$ — dividendo, divisore, quoziente, segno di divisione ("diviso")

numero periodico $0{,}\overline{3}$

elevazione a potenza $3^2 = 9$ — esponente, base, valore

estrazione di radice $\sqrt{16} = 4$ — radicando, radice quadrata, valore

proporzione $25 : 80 = x : 400$ — incognita

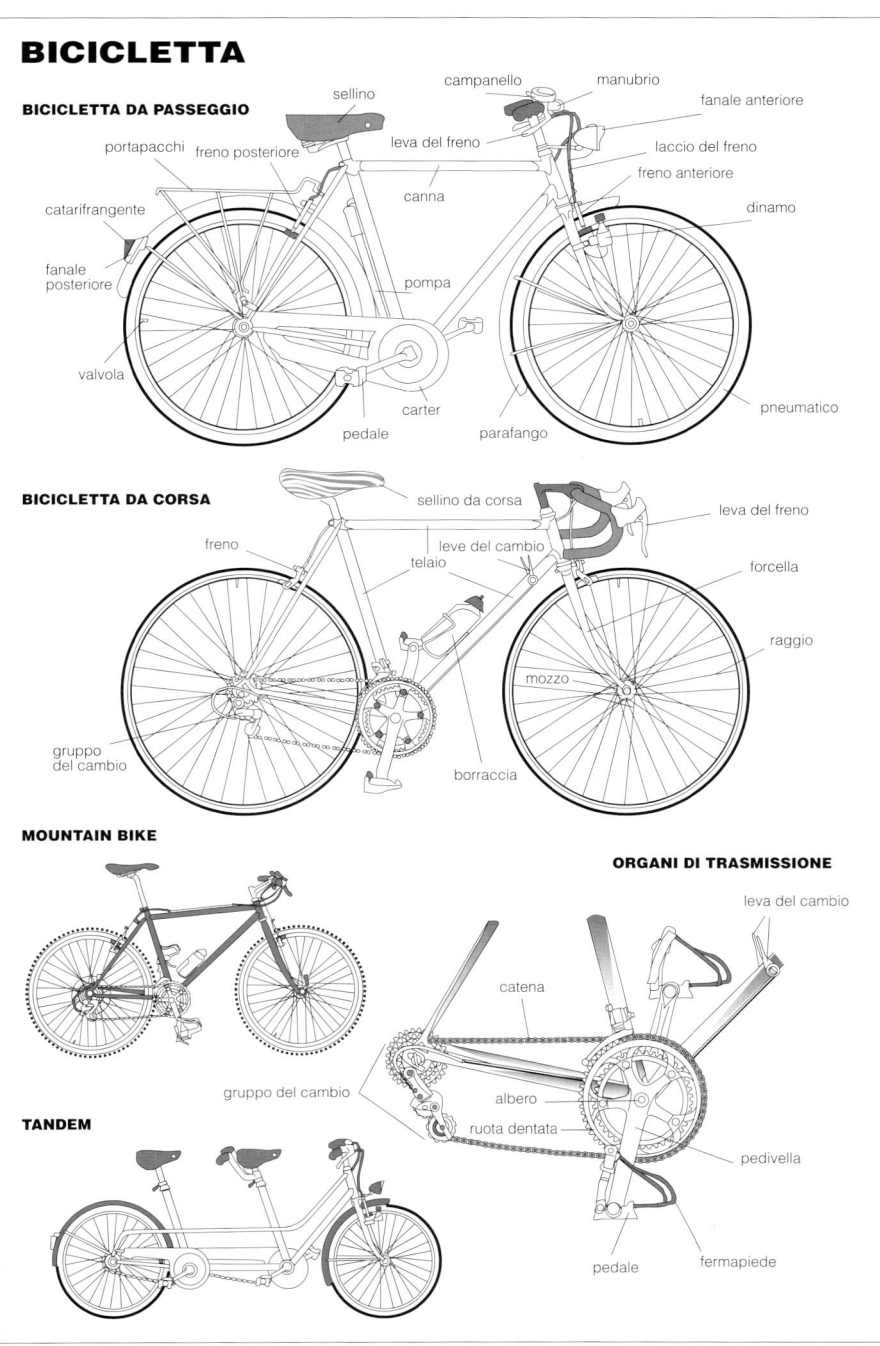

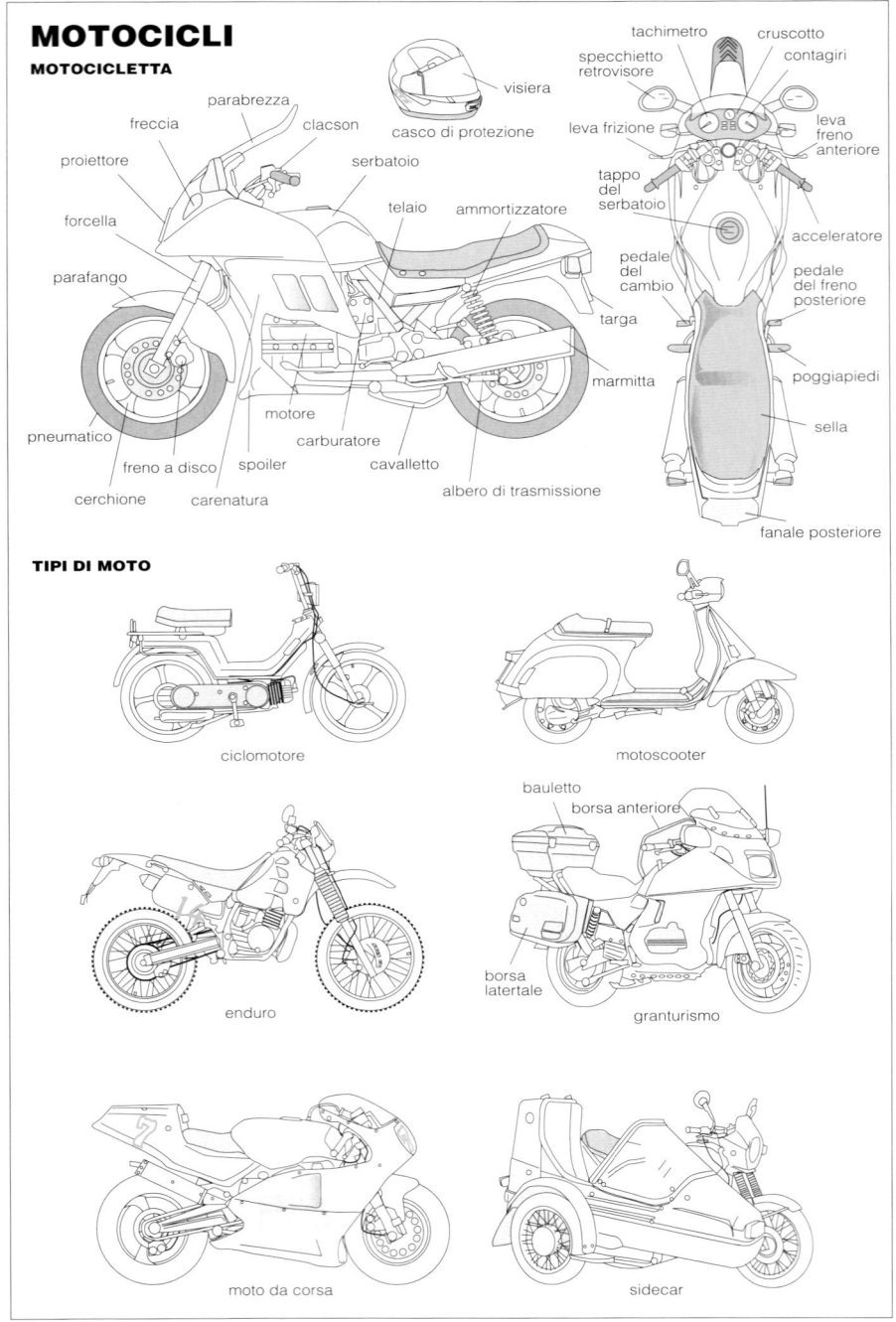

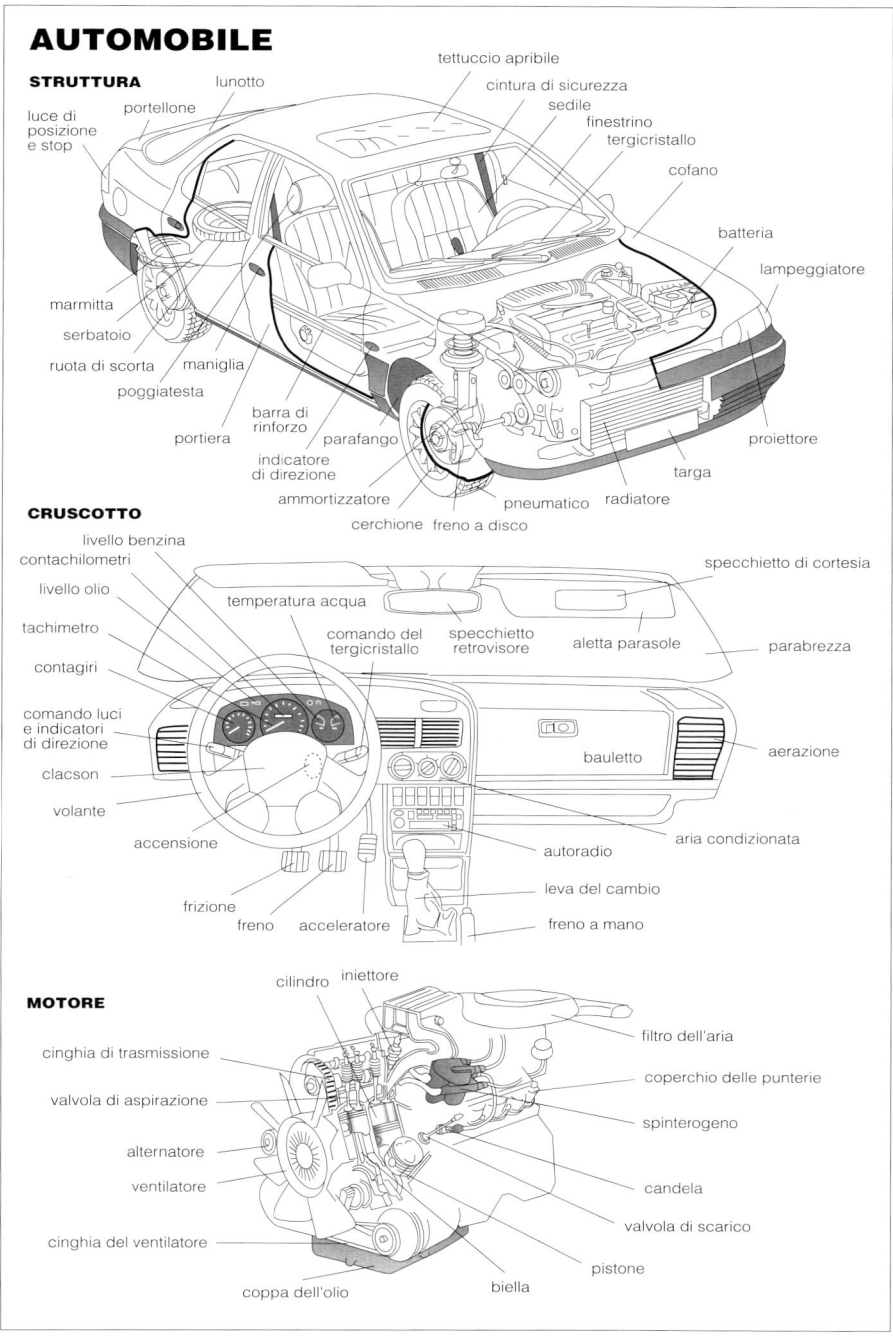

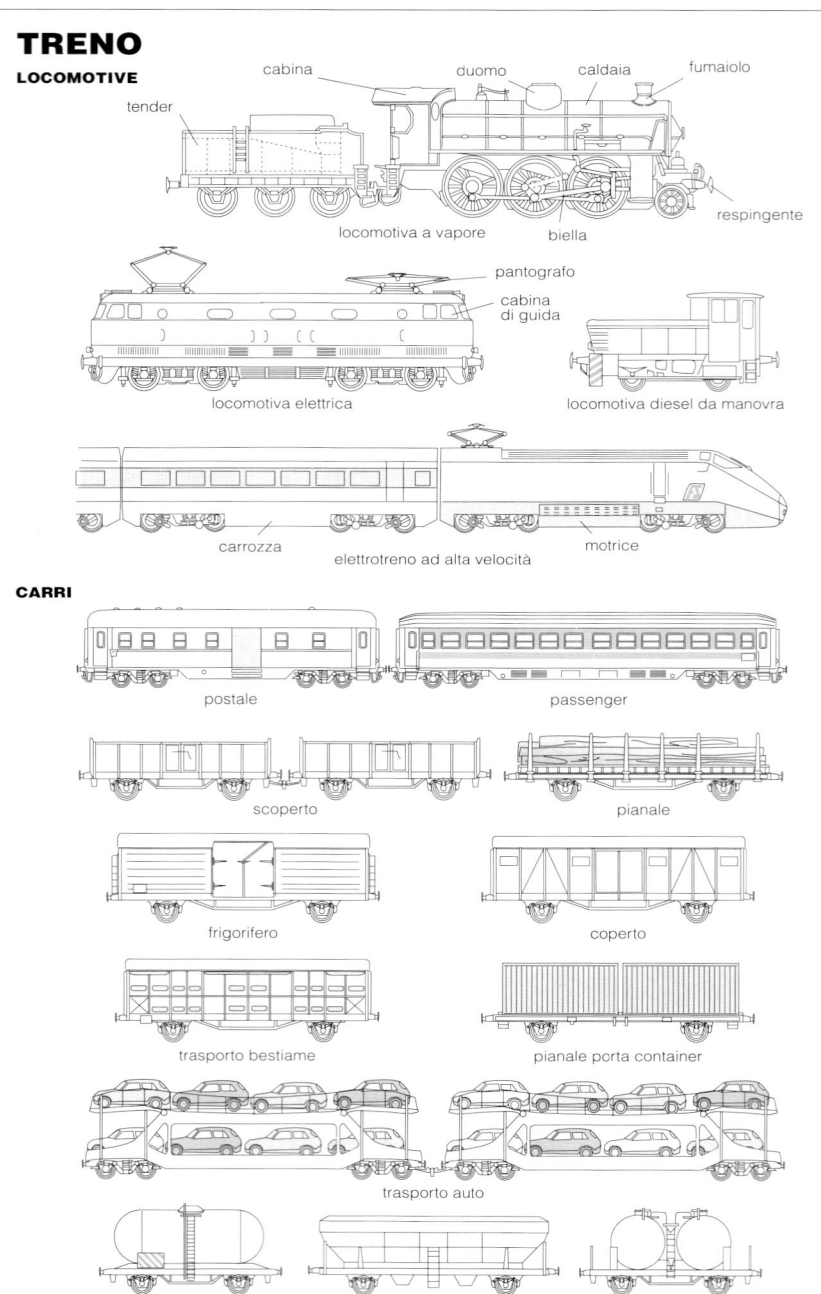

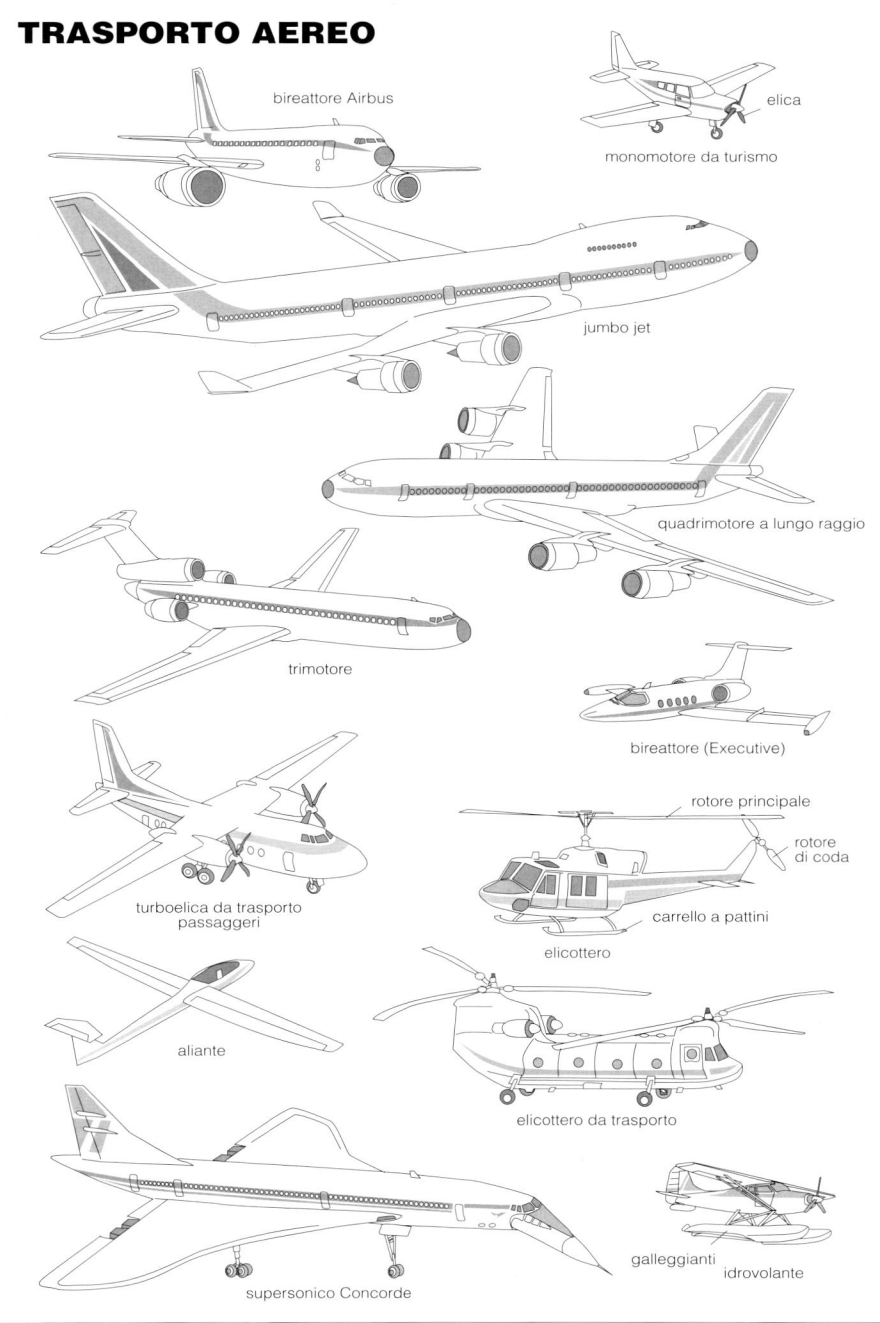

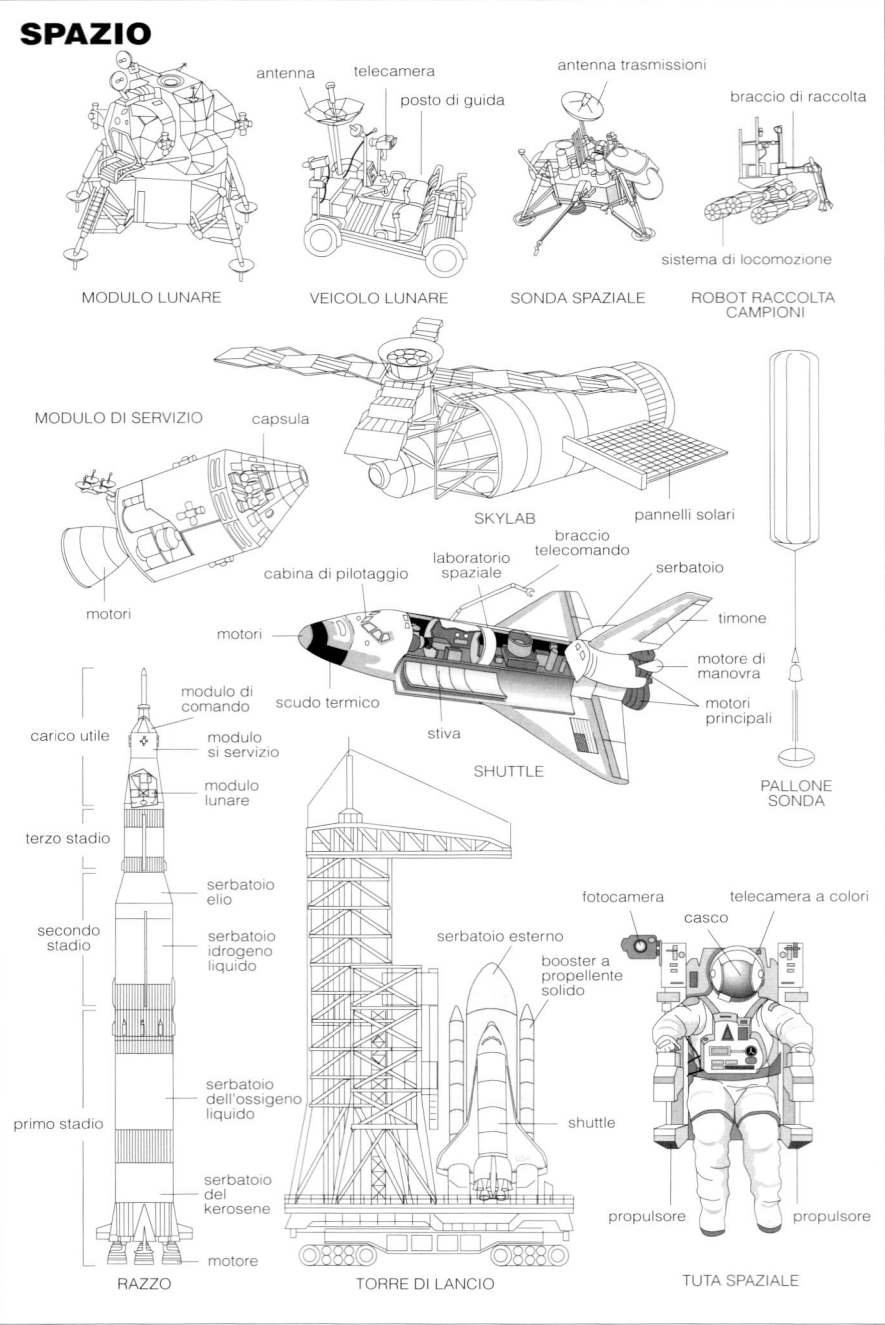

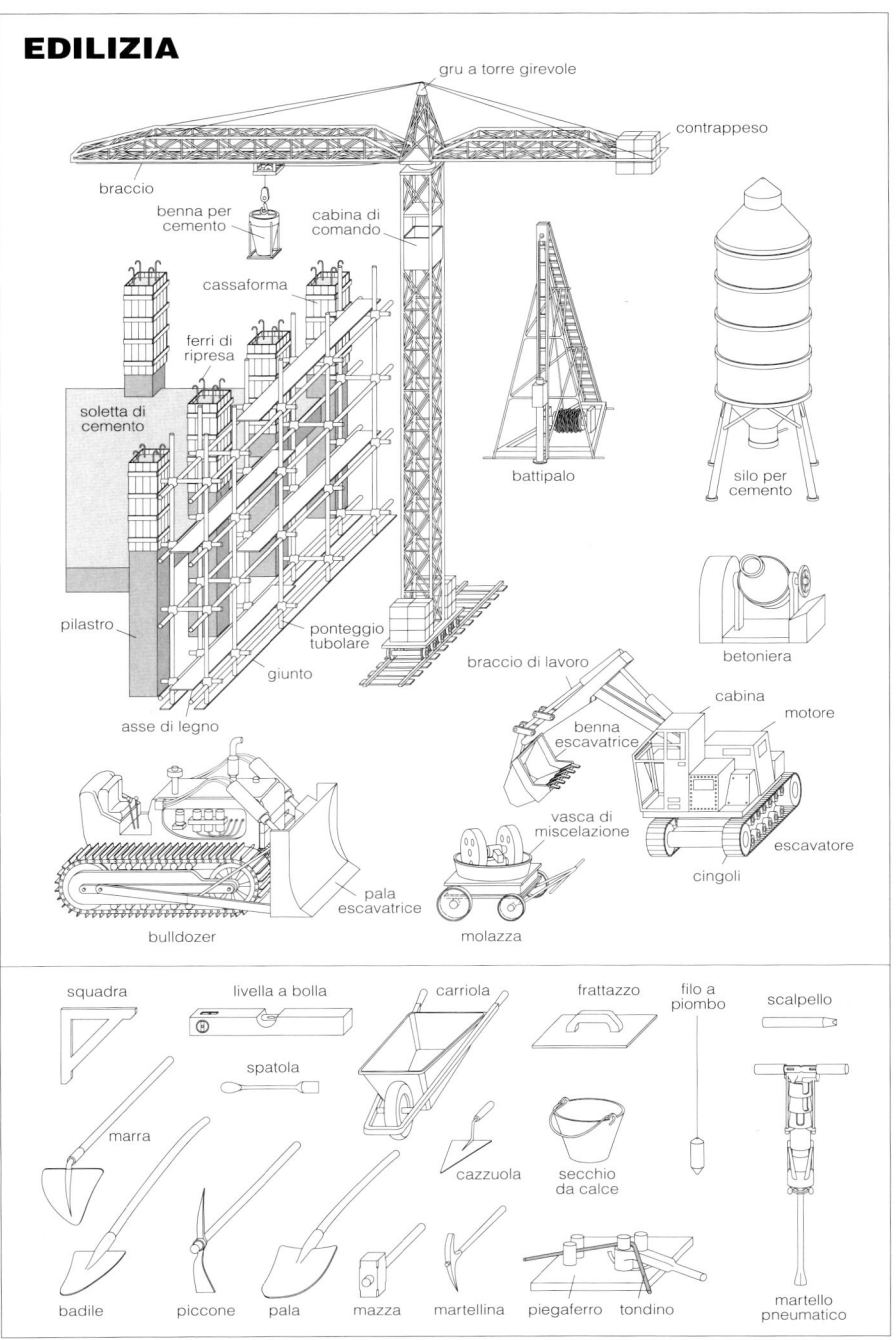

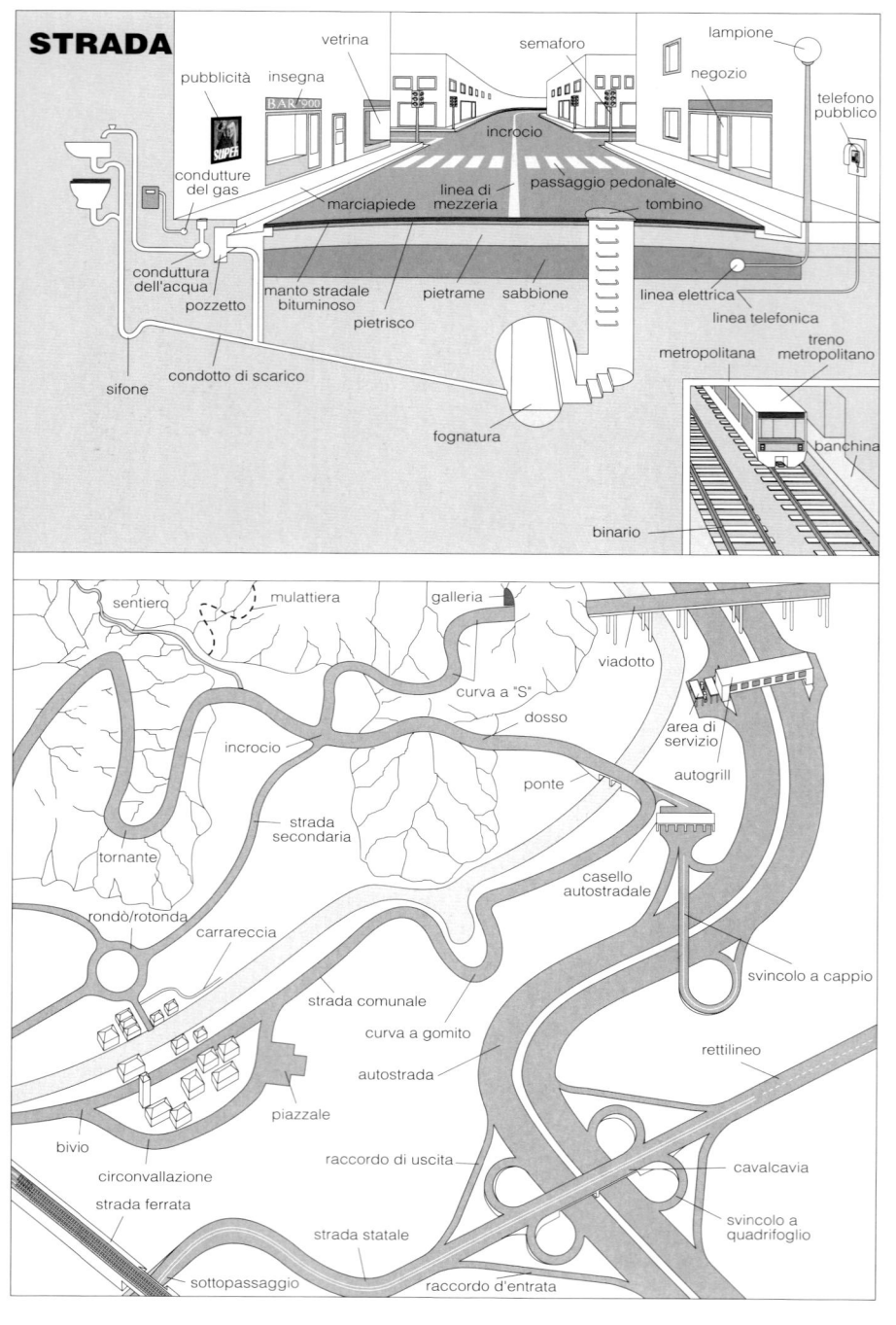

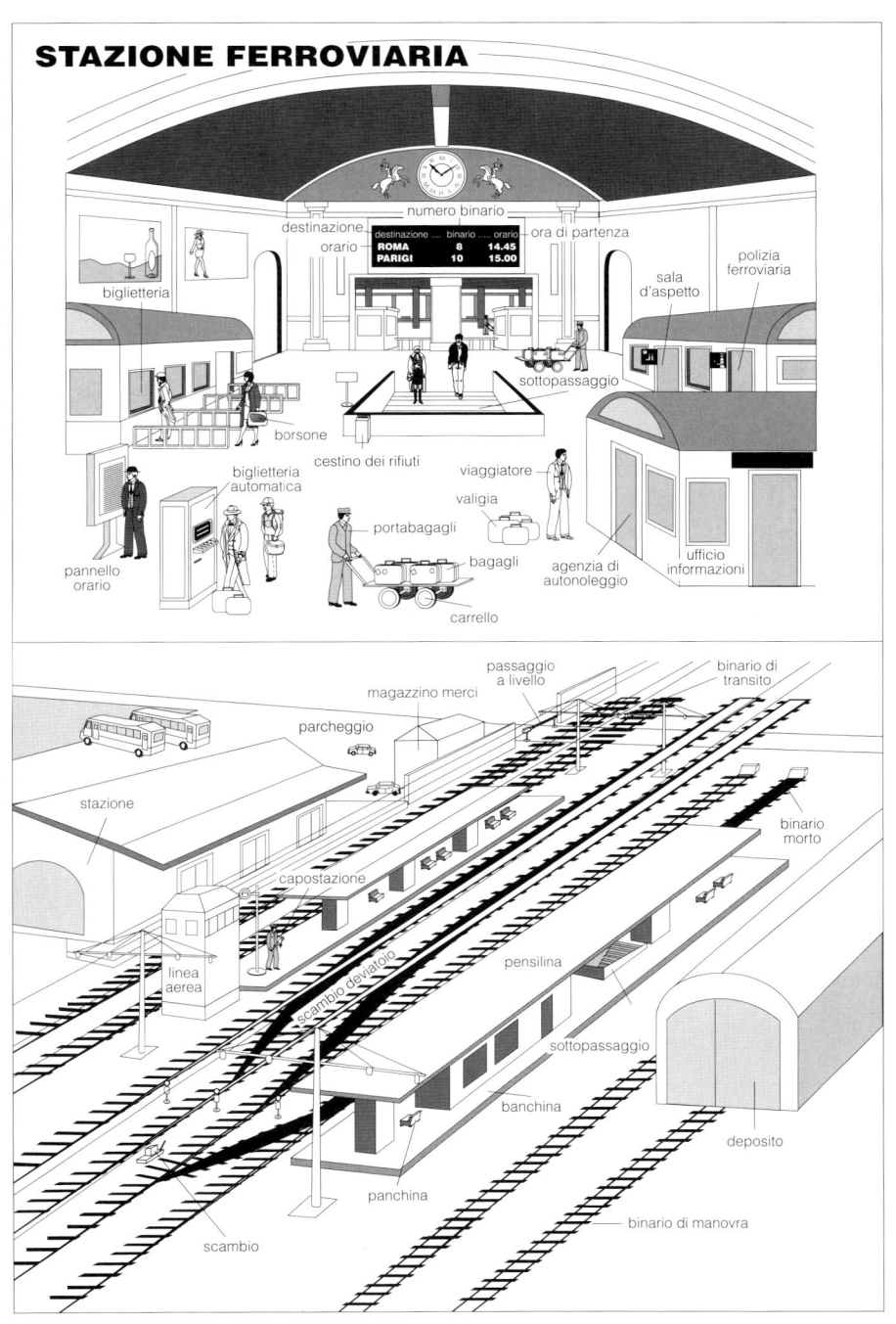

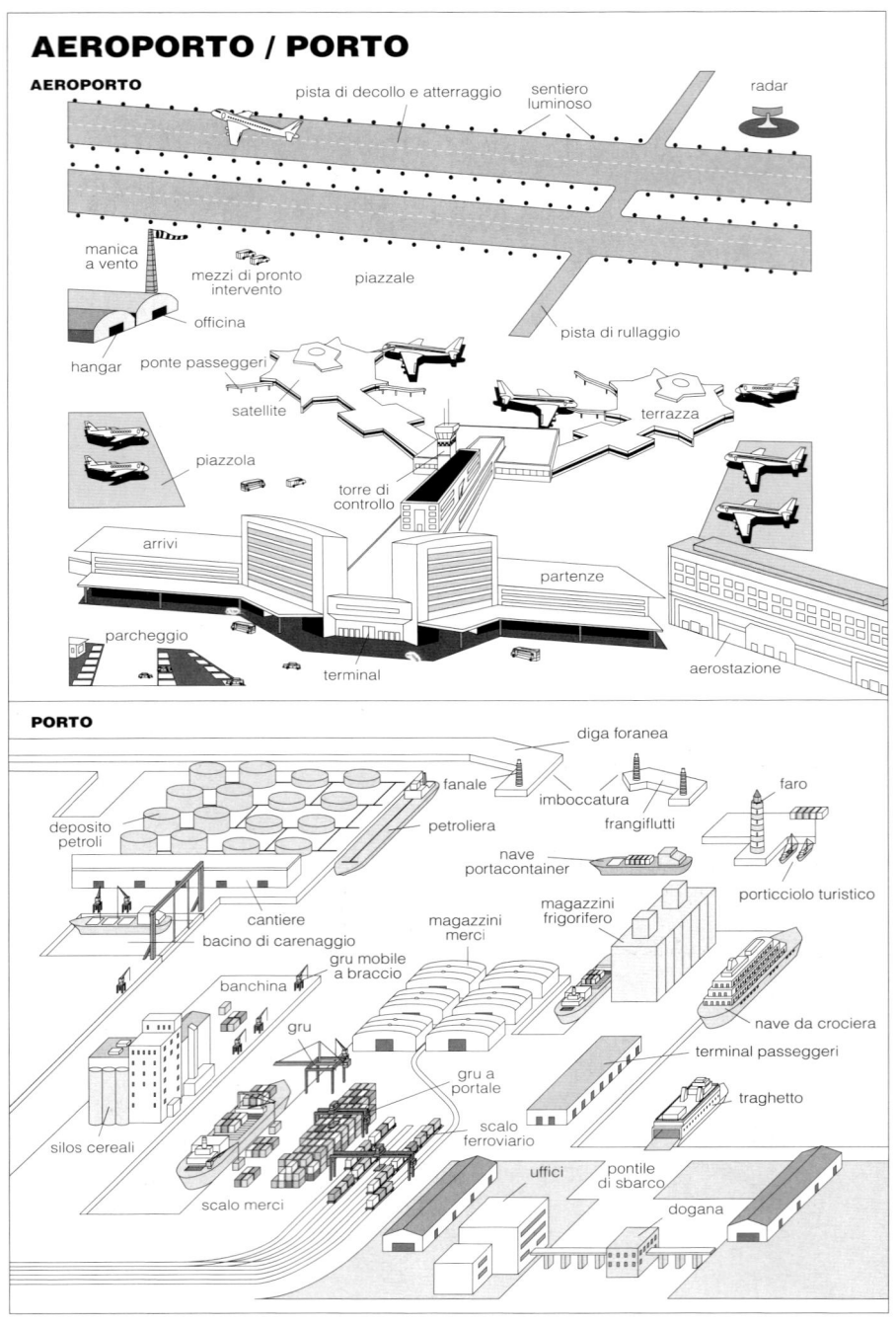

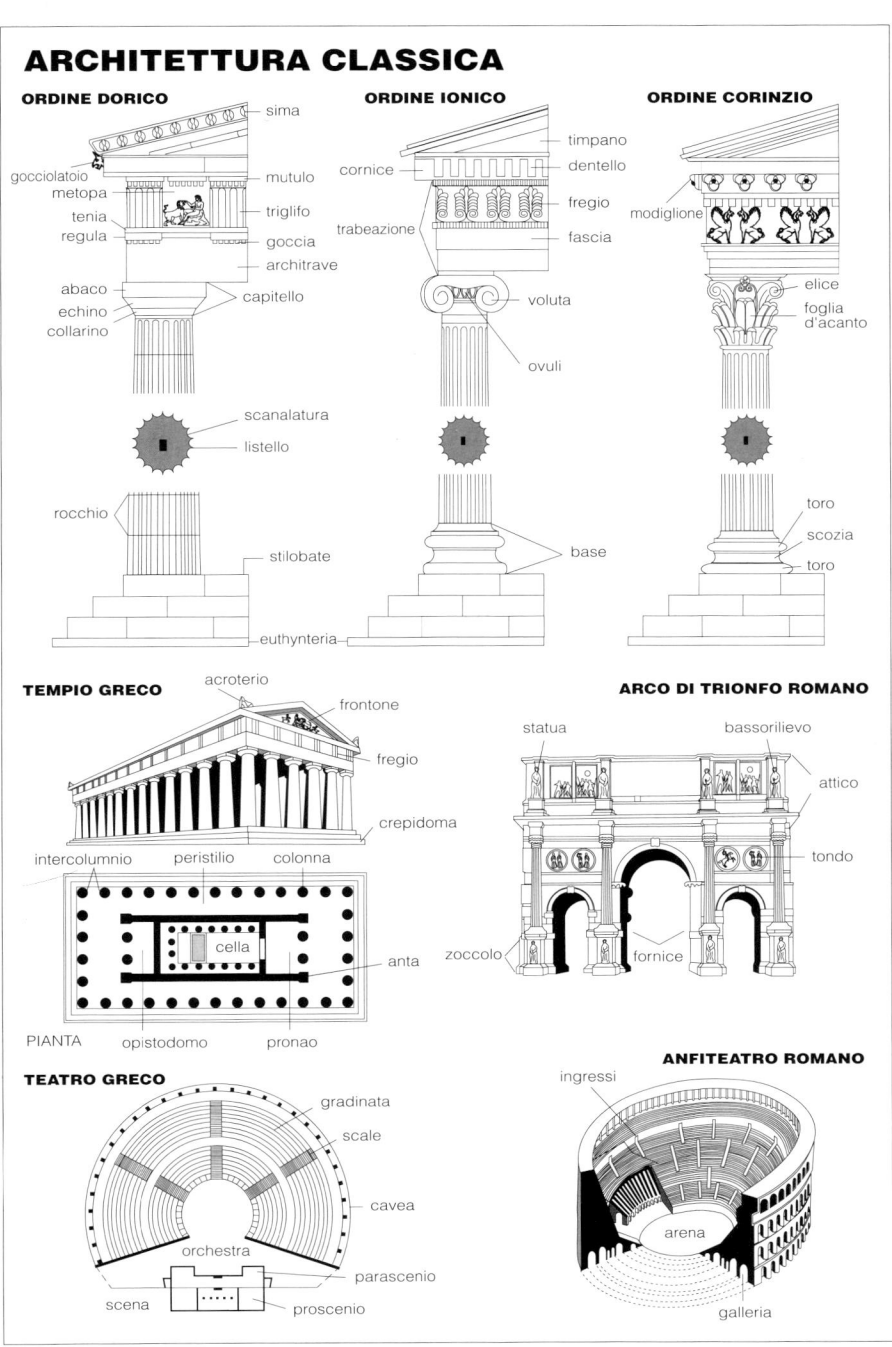

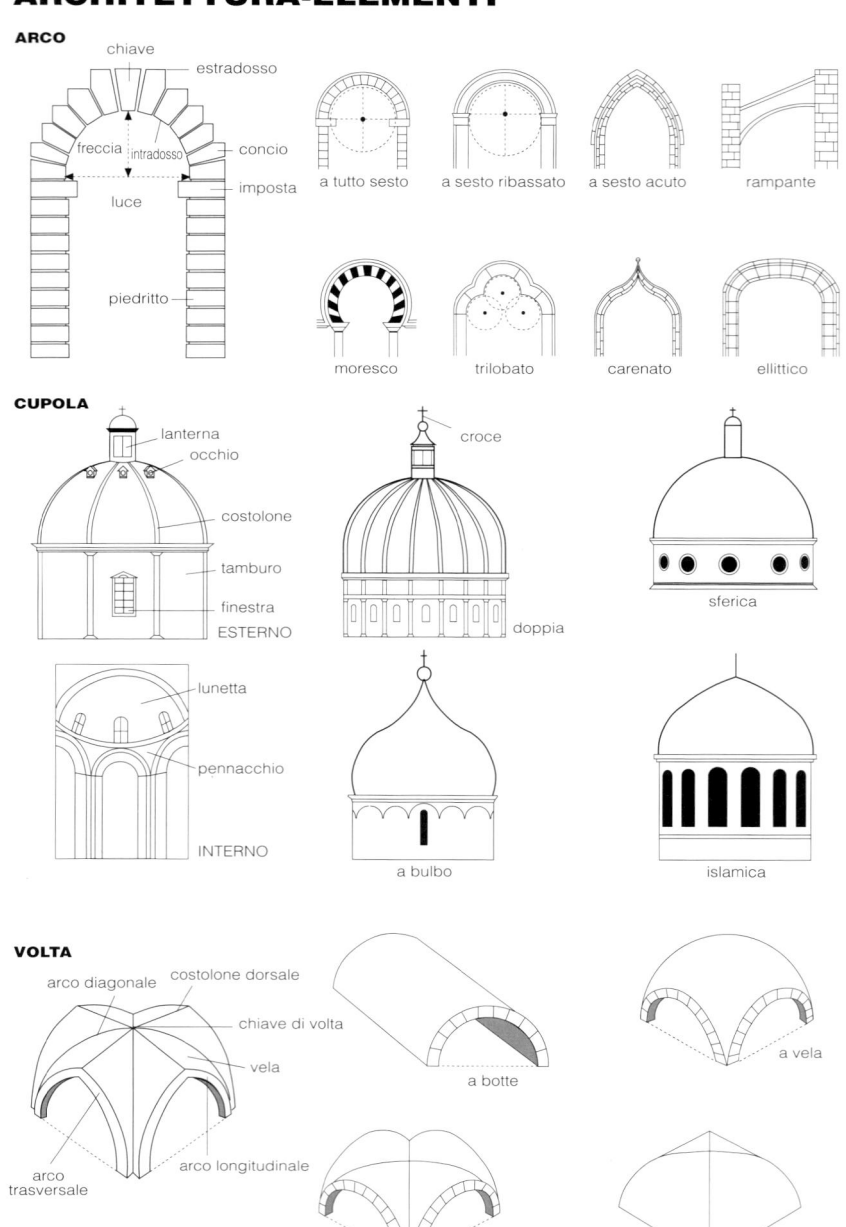

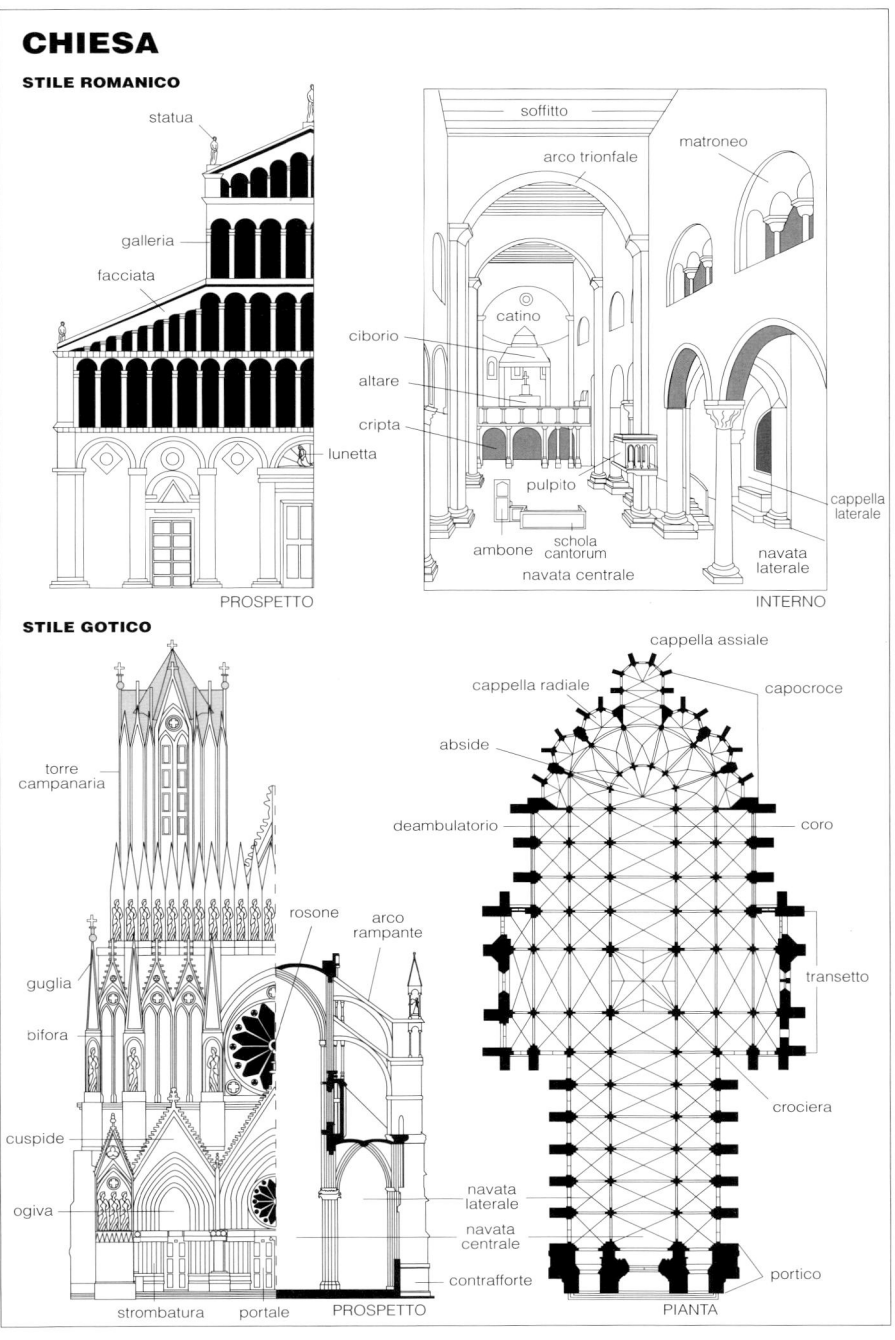

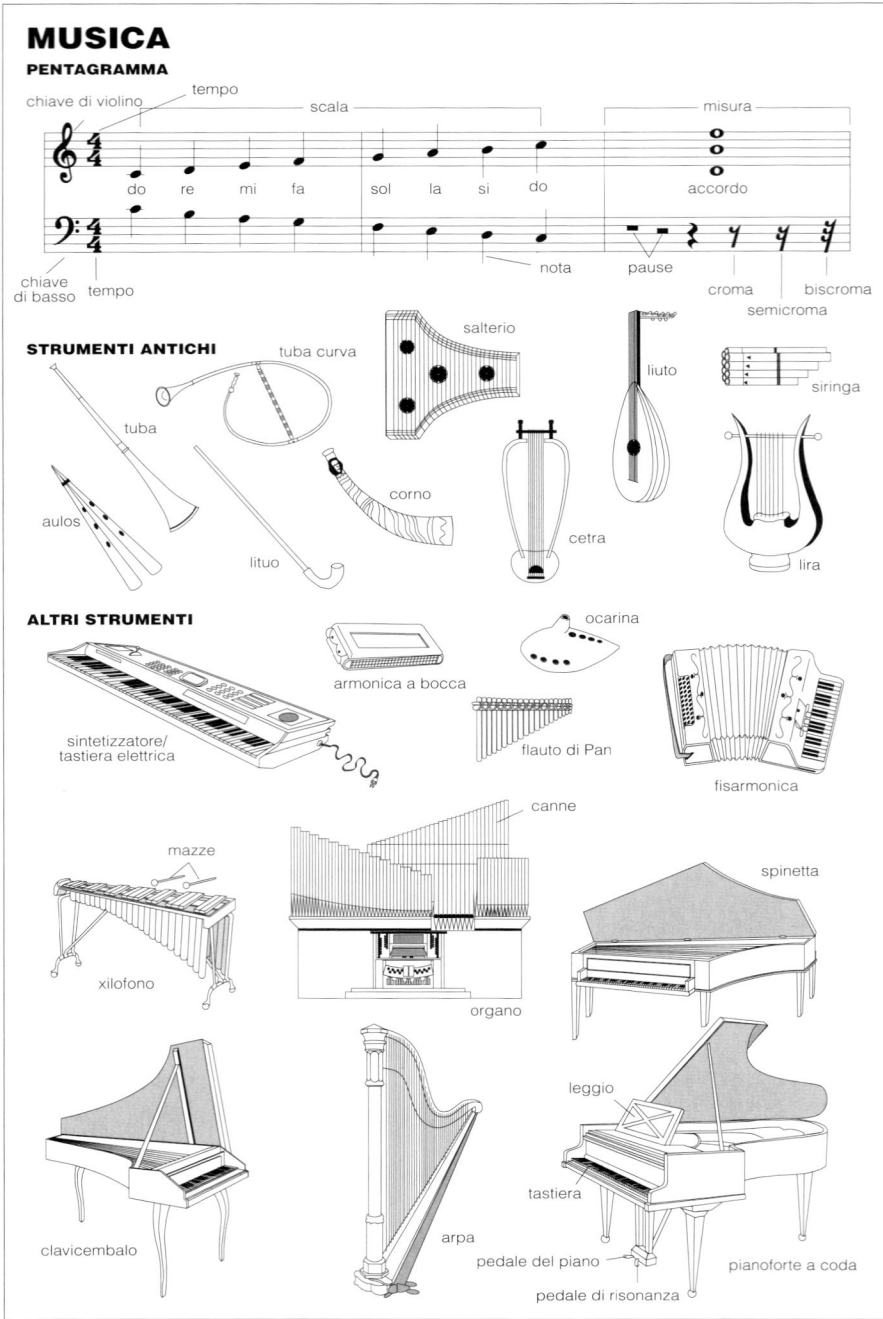

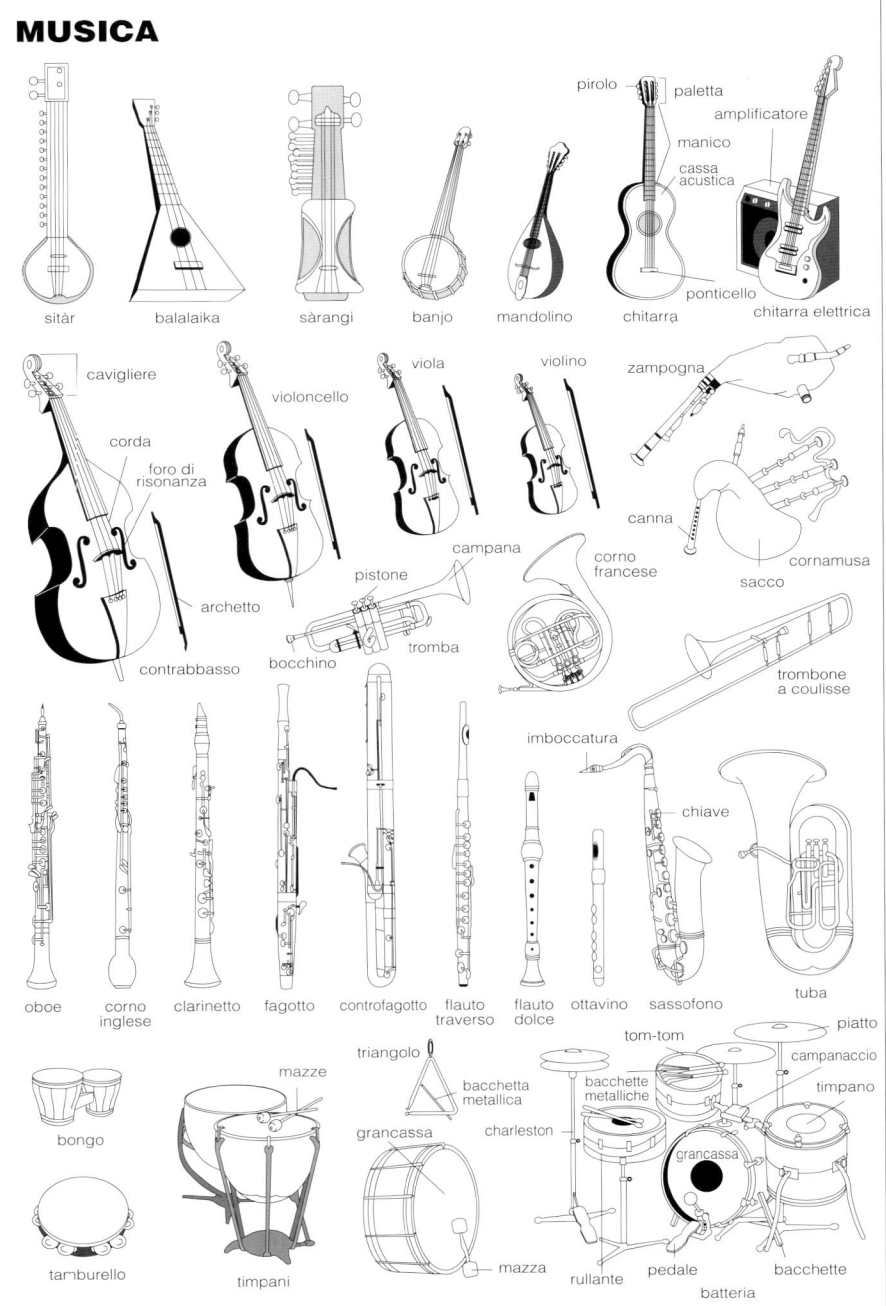

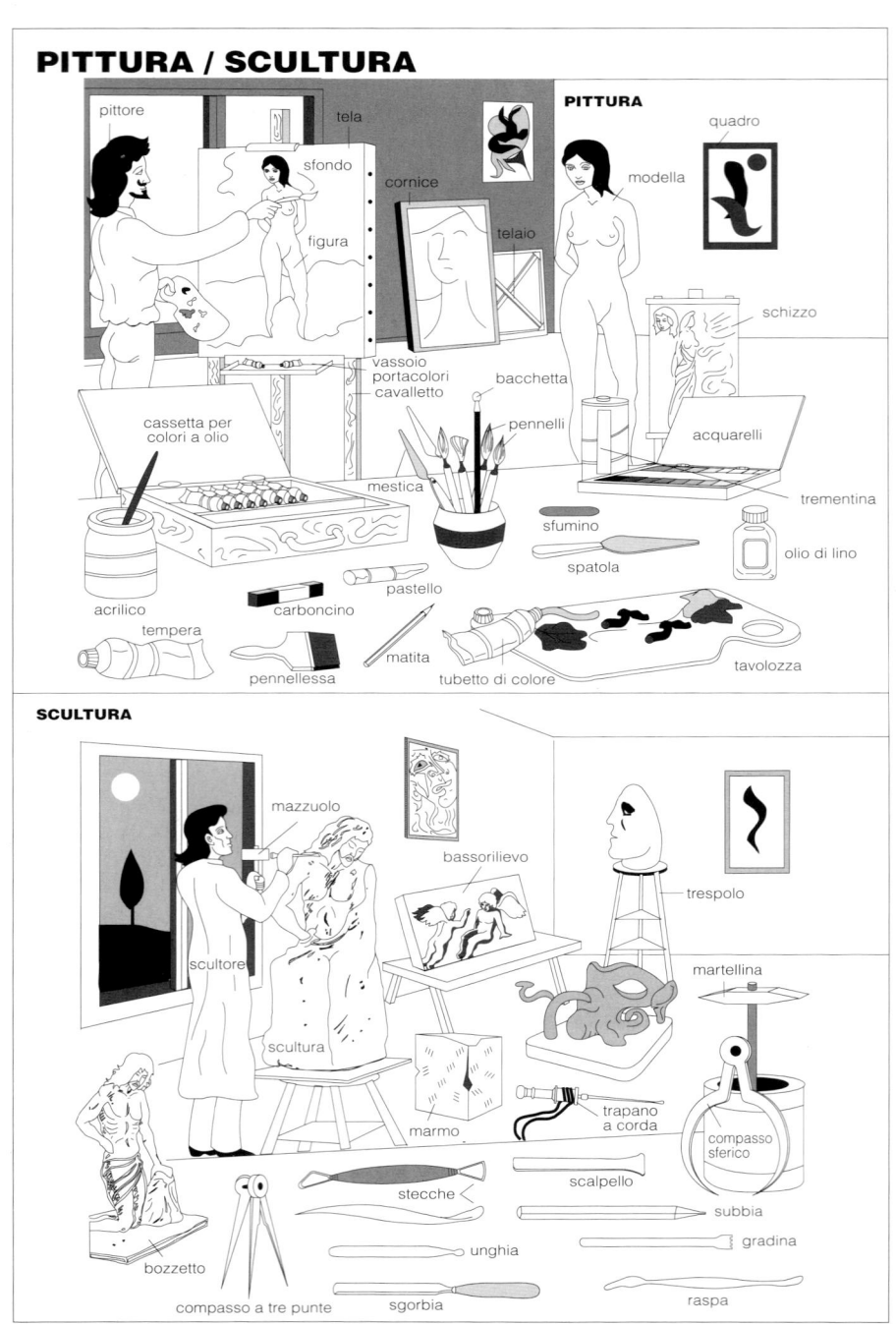

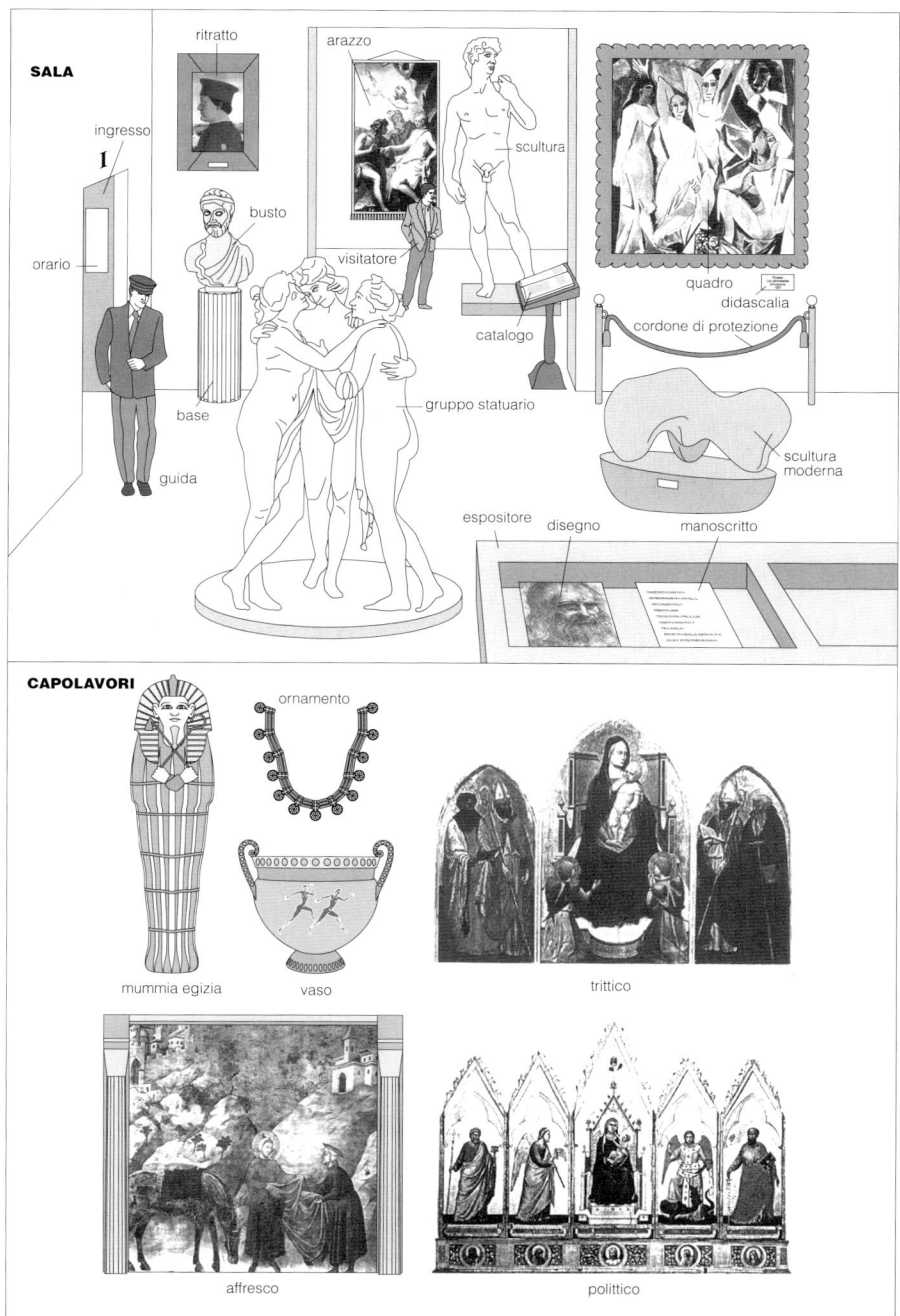

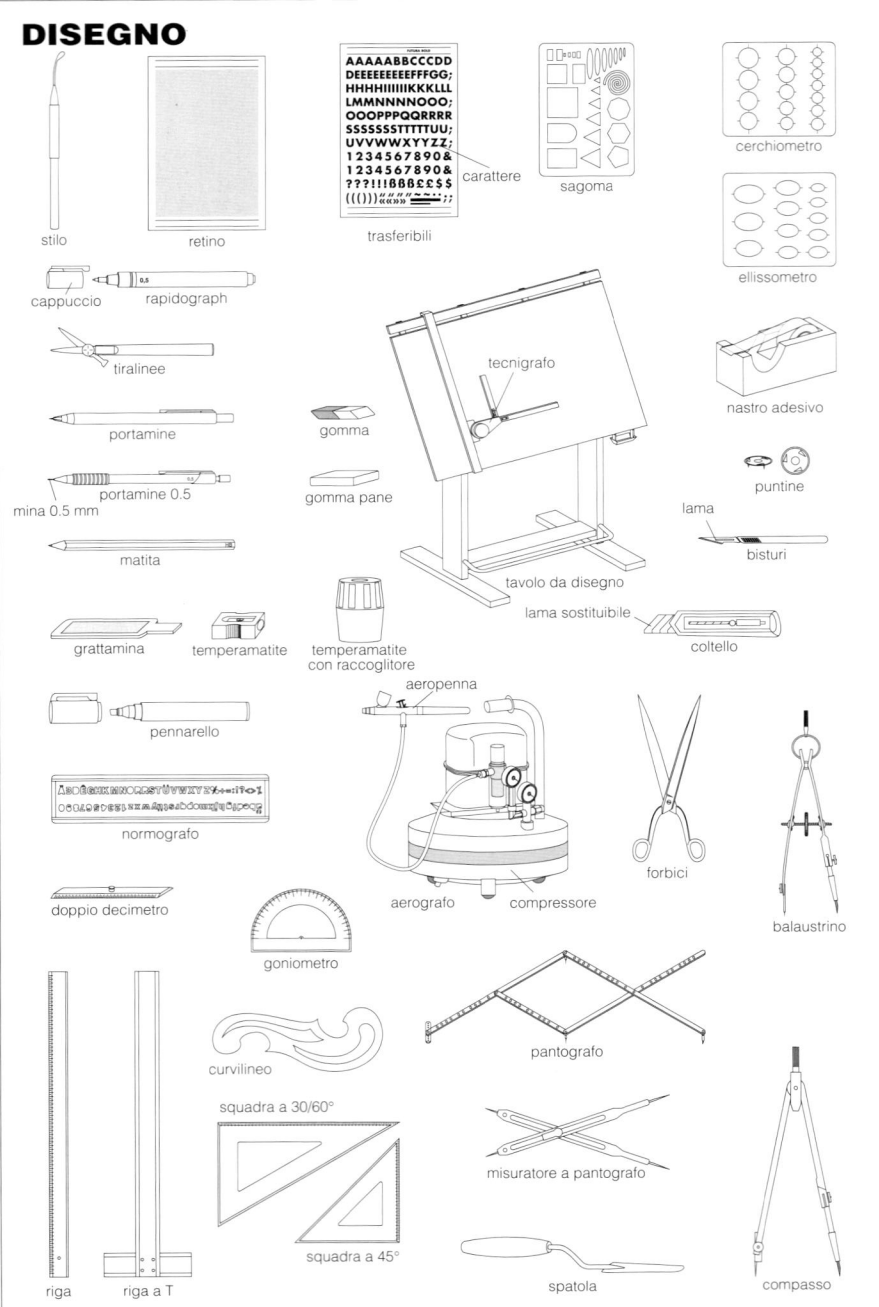

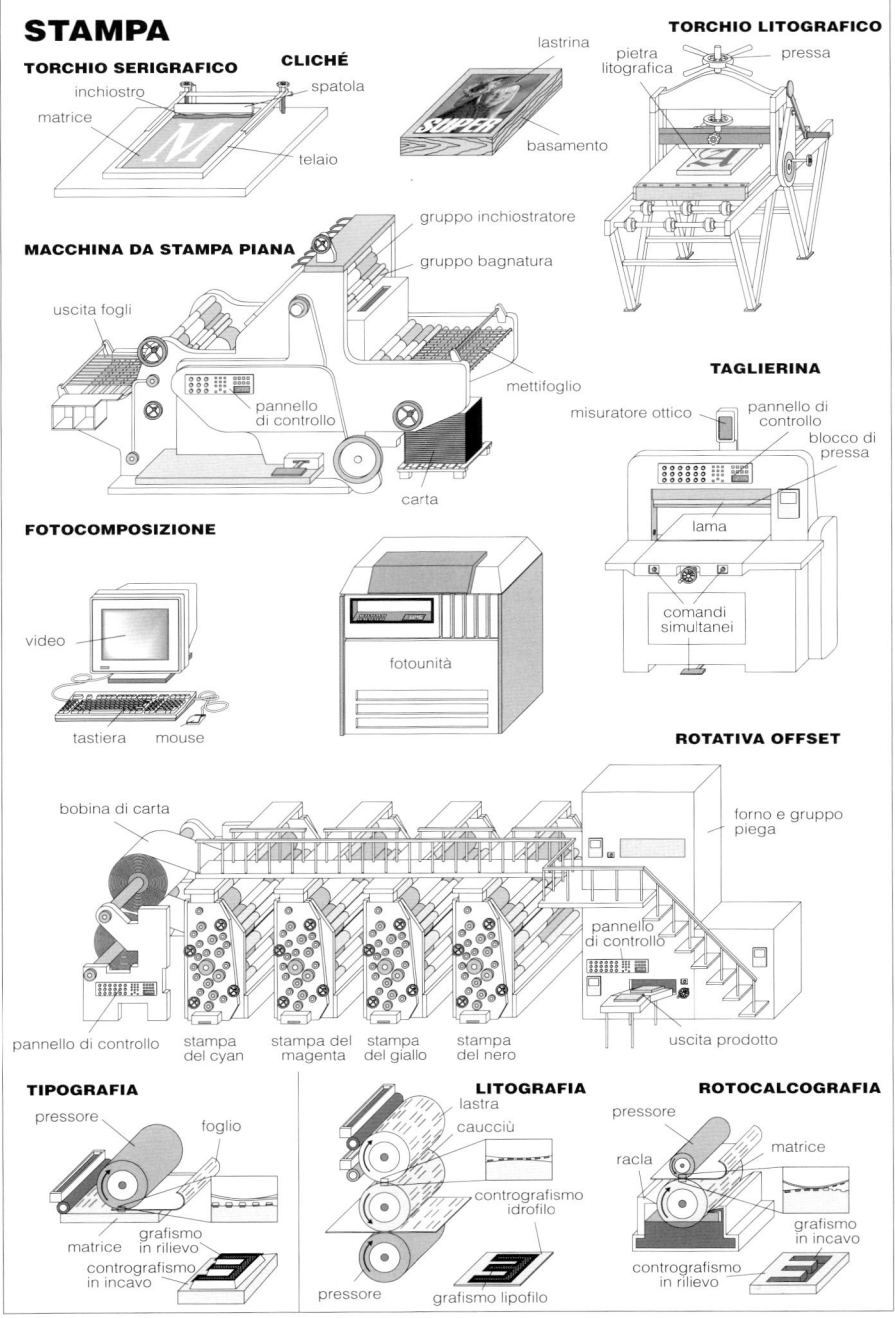

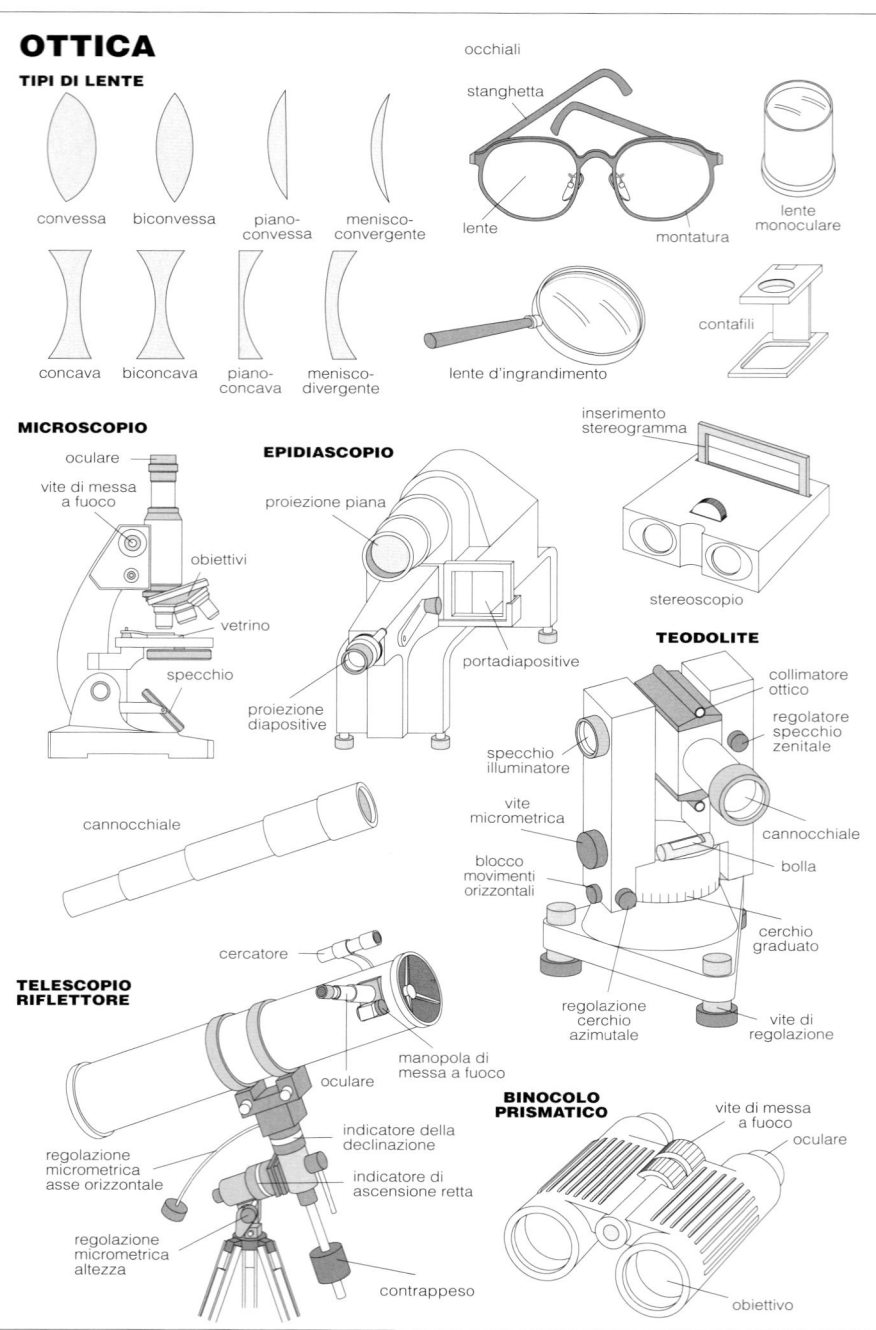

ABITAZIONE

- presa d'aria e di luce
- tetto in paglia
- ingresso
- capanna
- palafitta
- igloo
- tenda
- fienile
- stalla
- casa colonica
- comignolo
- baita
- tetto in pietra
- finestra
- abbaino
- scalone d'accesso
- finestra con sbarre
- villa
- palazzo storico
- balcone
- terrazzino
- garage/rimessa
- villetta unifamiliare
- villette a schiera
- antenne per telecomunicazioni
- terrazza
- attico
- condominio
- grattacielo

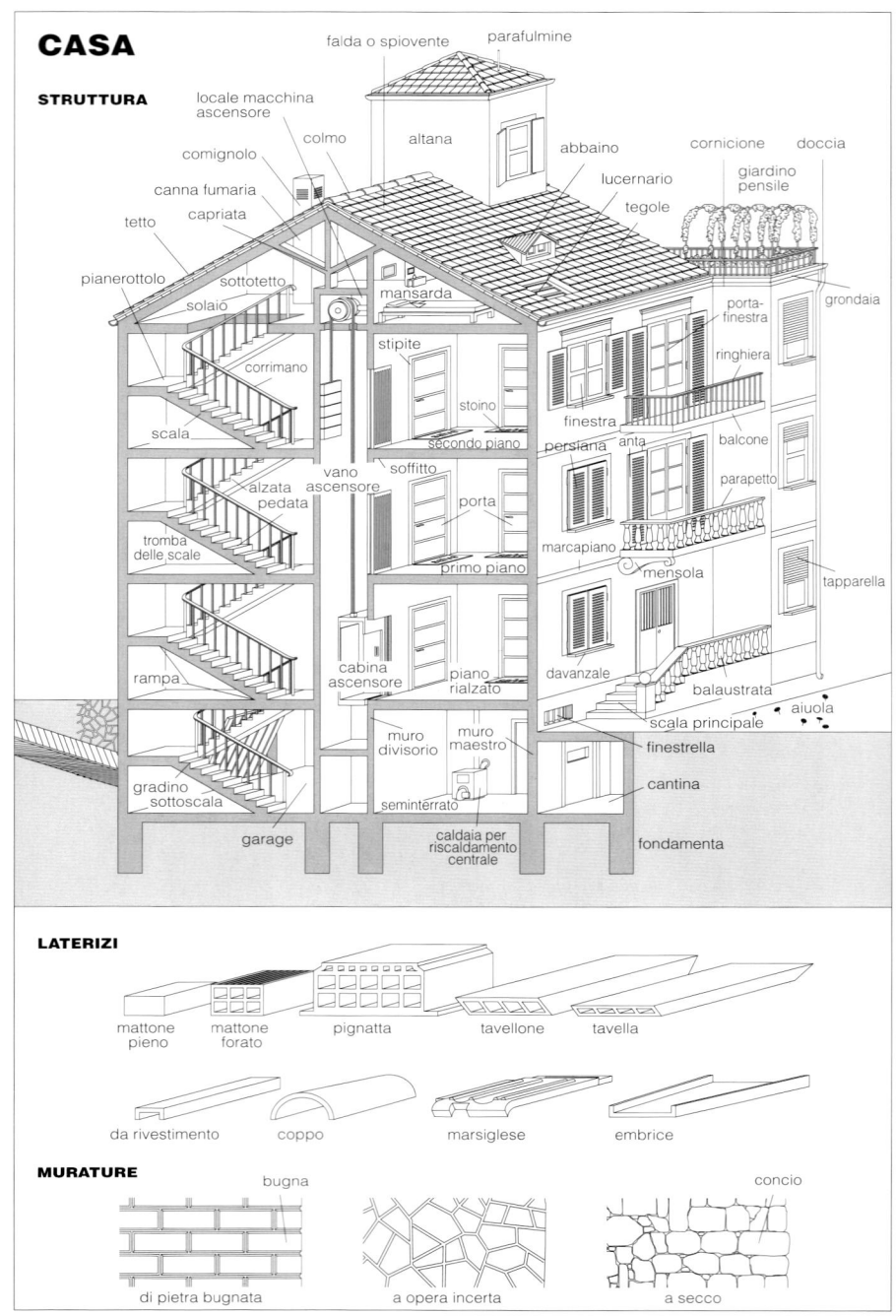

CASA - INGRESSO/SOGGIORNO

INGRESSO

- plafoniera
- quadro
- attaccapanni
- mensola
- vano contatori
- citofono
- porta d'ingresso
- spioncino
- specchio
- campanello
- bastone
- termosifone
- vaso per fiori
- cassettiera
- ombrello
- maniglia
- portavaso
- cassapanca
- portaombrelli
- pianerottolo
- stoino
- parquet
- fioriera

SOGGIORNO

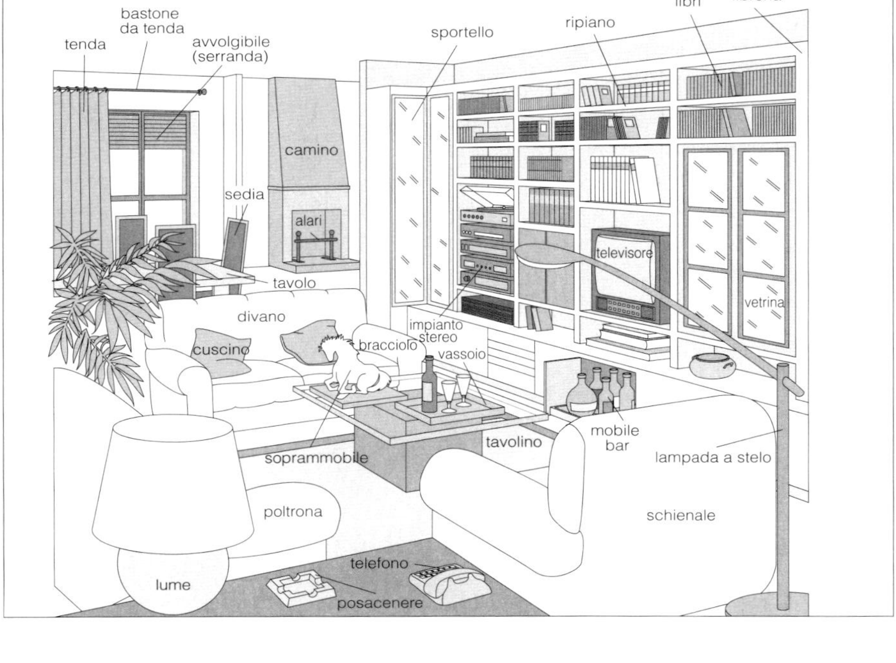

- tenda
- bastone da tenda
- avvolgibile (serranda)
- sportello
- ripiano
- libri
- libreria
- camino
- sedia
- alari
- televisore
- tavolo
- vetrina
- divano
- cuscino
- bracciolo
- impianto stereo
- vassoio
- soprammobile
- tavolino
- mobile bar
- lampada a stelo
- poltrona
- schienale
- lume
- telefono
- posacenere

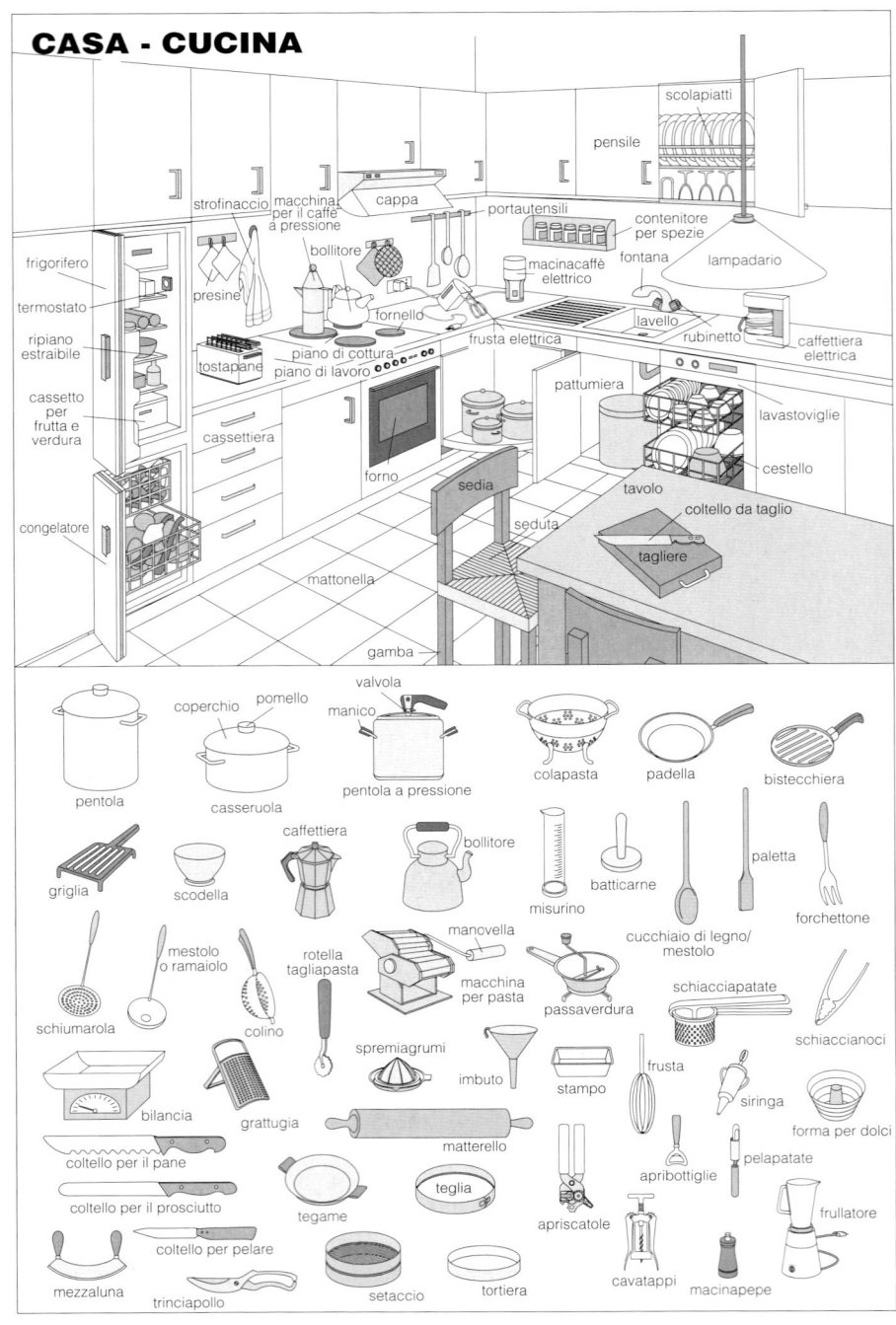

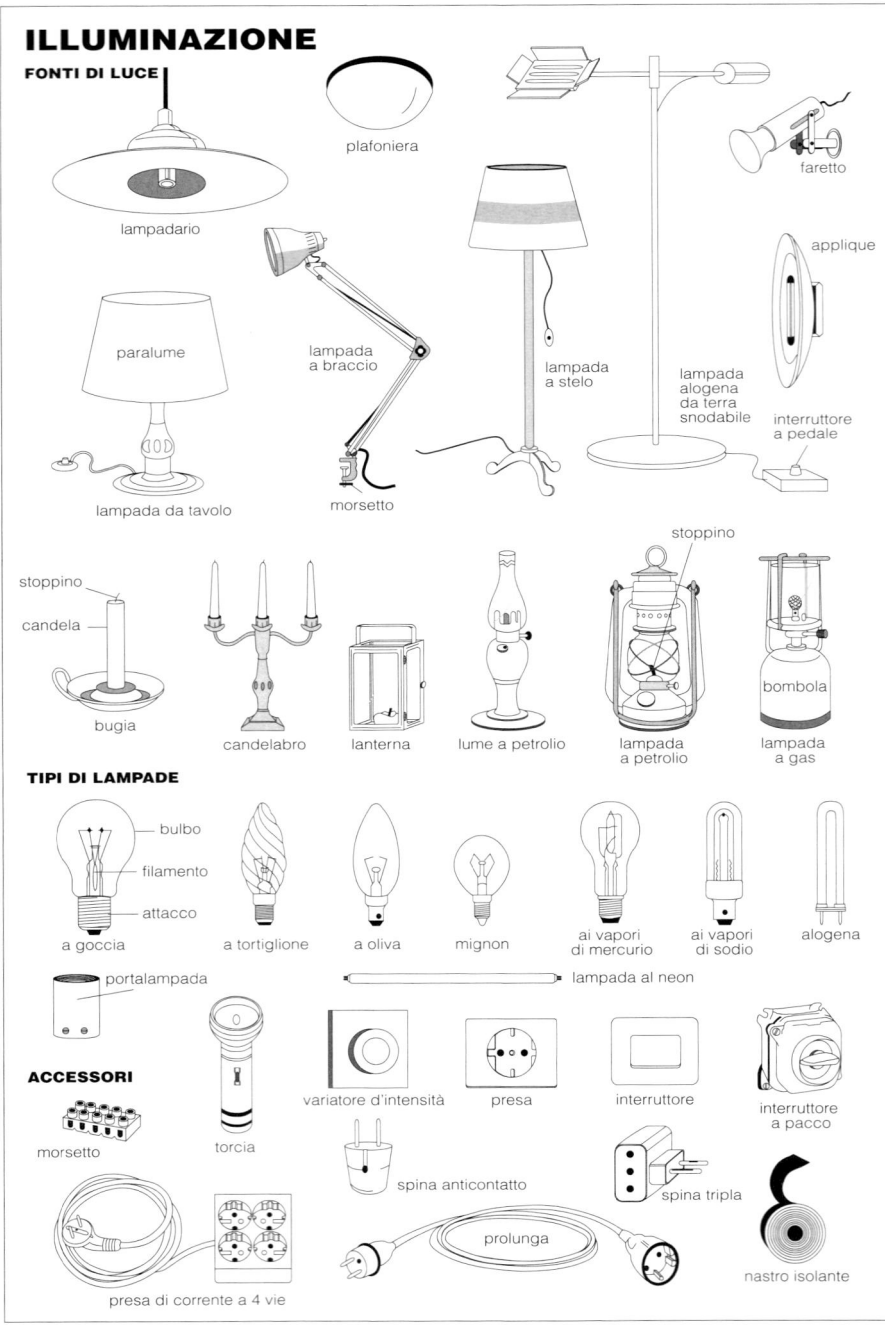

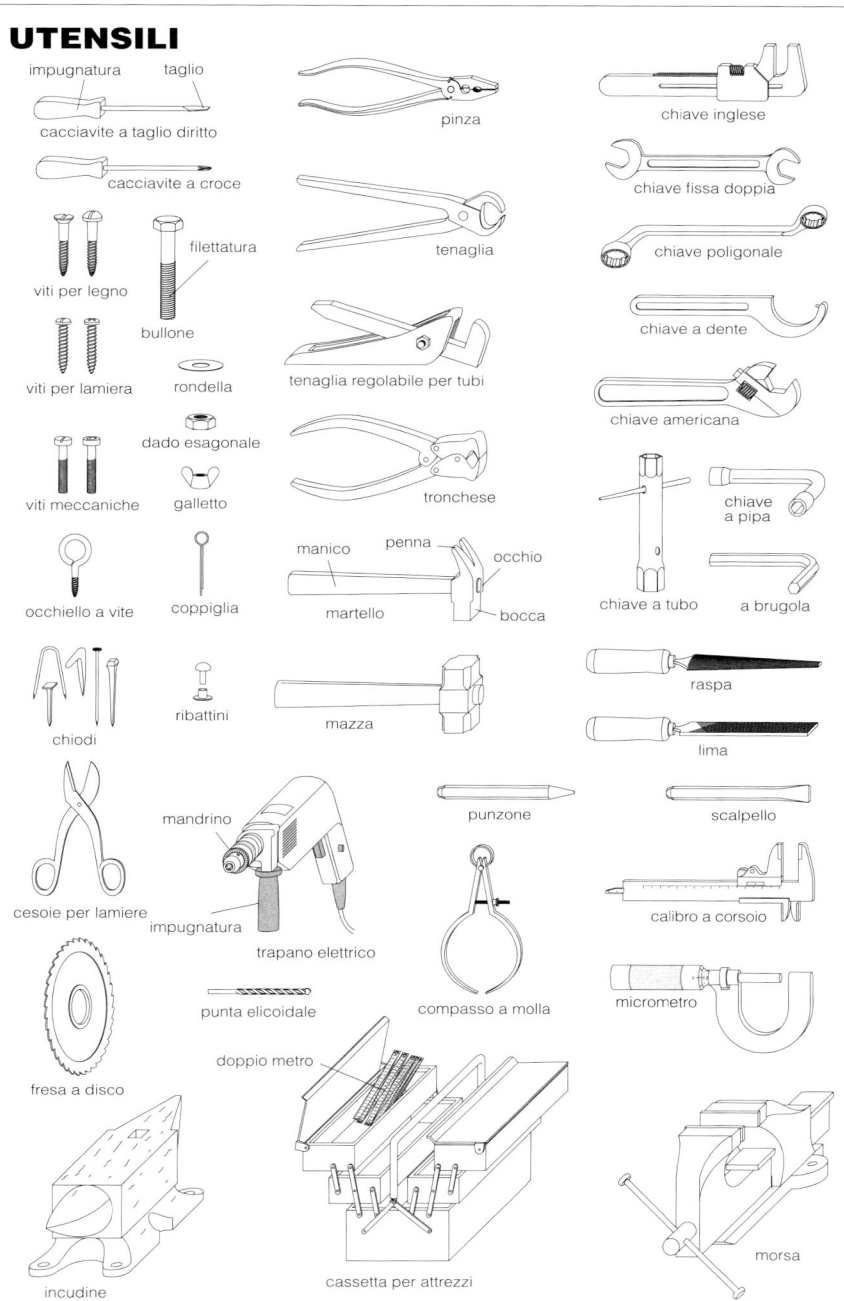

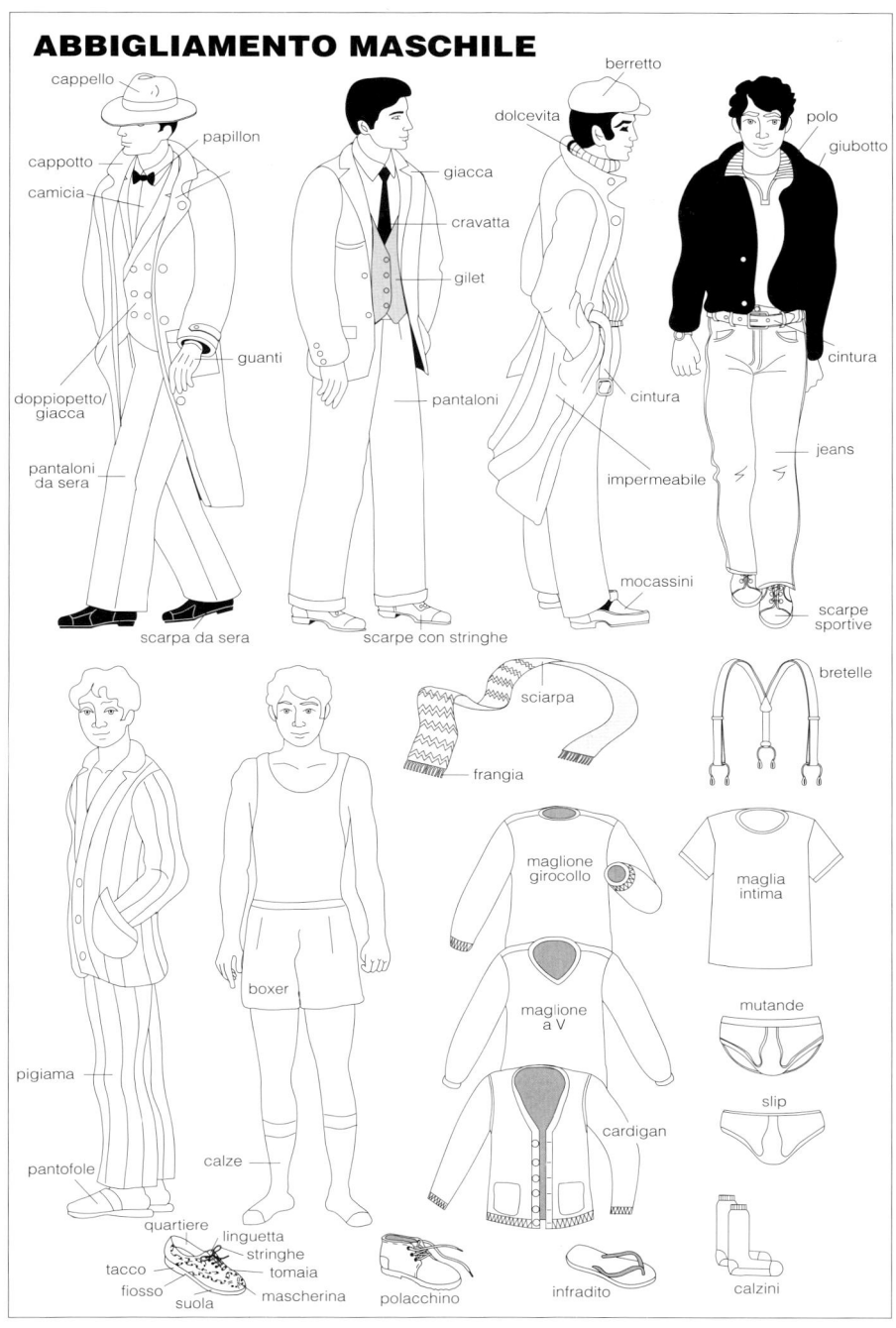

UCCELLI

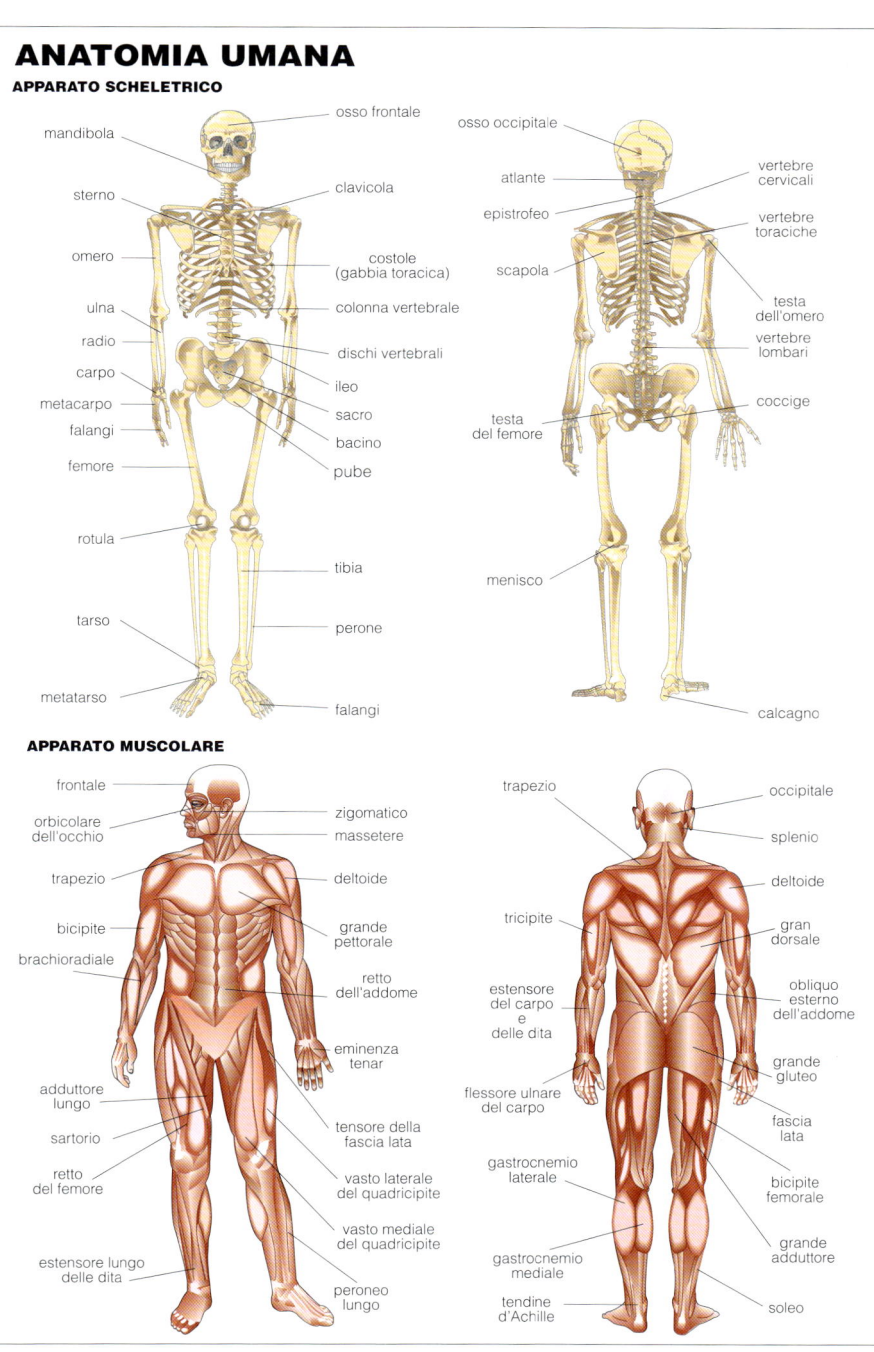

ANATOMIA UMANA
APPARATO CARDIOCIRCOLATORIO

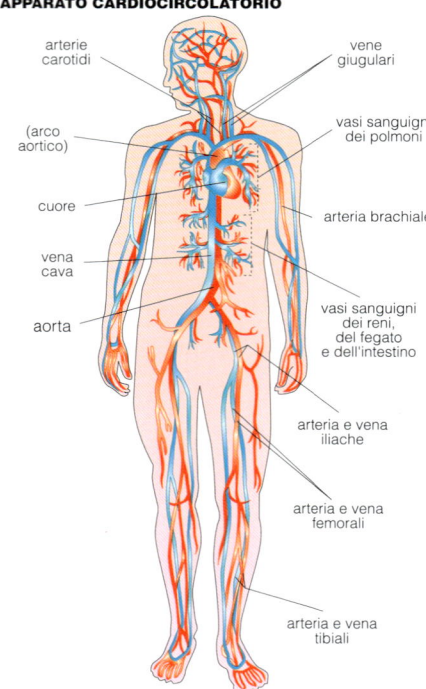

CUORE

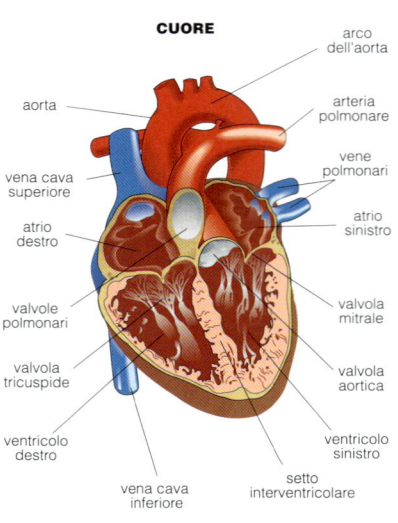

APPARATO RESPIRATORIO

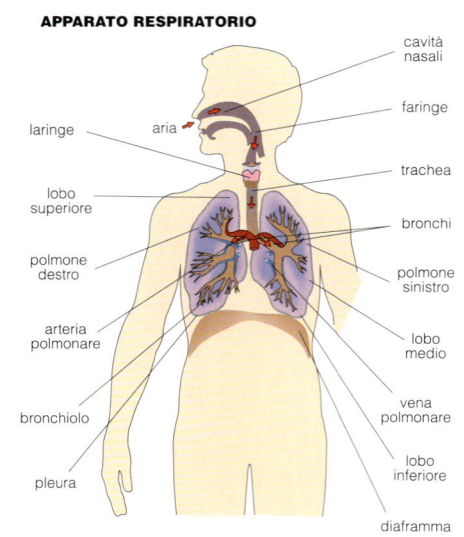

CIRCOLAZIONE POLMONARE E SISTEMICA

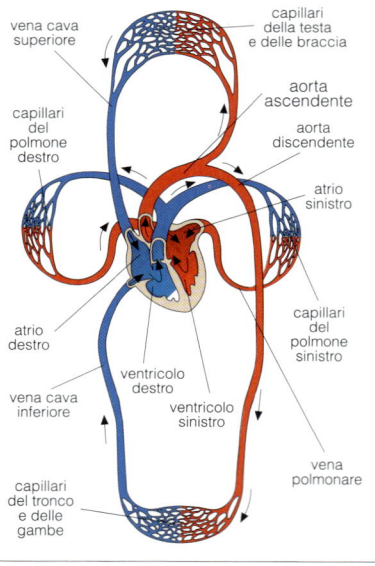

ANATOMIA UMANA

APPARATO DIGERENTE

1 colon 2 intestino tenue

APPARATO URINARIO

APPARATO GENITALE FEMMINILE

APPARATO GENITALE MASCHILE

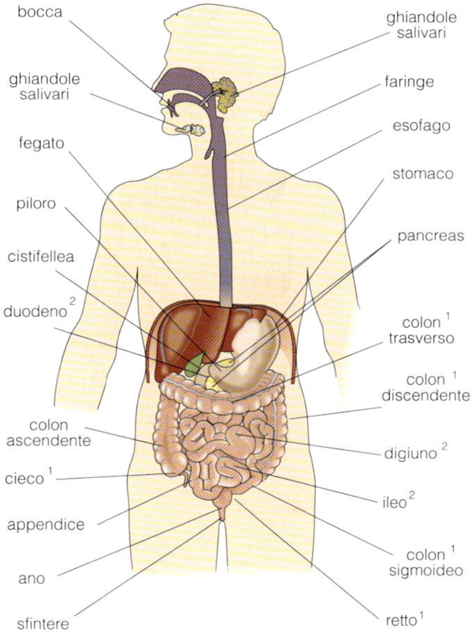

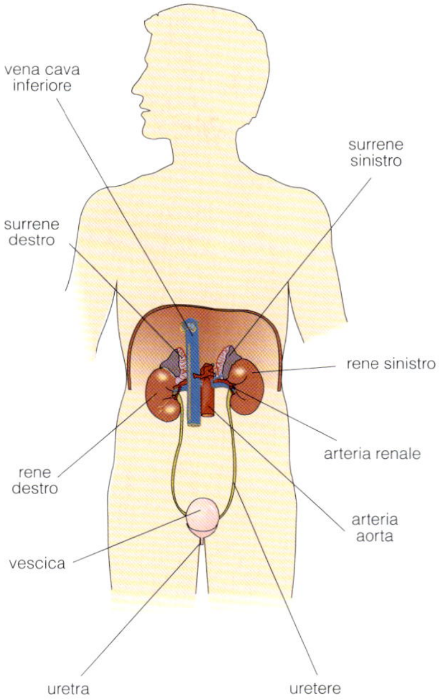

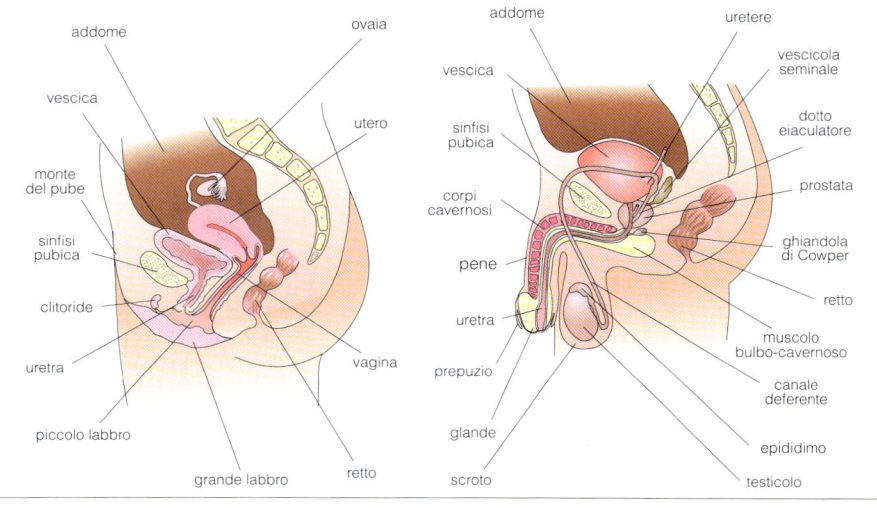

ANATOMIA UMANA

SISTEMA NERVOSO

- encefalo
- nervi cranici
- plesso brachiale
- nervo radiale
- nervo mediano
- nervo ascellare
- nervo ulnare
- nervo intercostale
- midollo spinale
- plesso lombare
- nervo femorale
- plesso sacrale
- nervo ischiatico
- nervo digitale
- nervo safeno
- nervo gluteo
- nervo peroneo superficiale
- nervo surale
- nervo tibiale
- nervo peroneo profondo

CERVELLO

- emisfero cerebrale
- cranio
- corpo calloso
- talamo
- lobo occipitale
- lobo frontale
- nervo ottico
- lobo temporale
- ipofisi
- cervelletto
- peduncolo cerebrale
- quarto ventricolo
- ponte di Varolio
- midollo allungato

SISTEMA ENDOCRINO

- ipotalamo
- epifisi
- ipofisi
- paratiroidi
- tiroide
- ghiandole surrenali
- timo
- pancreas
- gonadi

SISTEMA LINFATICO

- tonsille
- dotto linfatico destro
- timo
- dotto toracico
- milza
- vasi linfatici
- linfonodi
- midollo osseo

mel|li|fi|cà|re *v.intr.* [indic.pres. *io mellìfico, tu mellifichi*...; aus. *A*] detto delle api, produrre il miele.
mel|li|flui|tà *s.f.* sdolcinatezza, falsa cortesia.
mel|li|fluo *agg.* **1** (*lett.*) da cui fluisce miele; che stilla miele **2** (*fig.*) di una dolcezza manierata, falsa: *frasi melliflue* □ **mellifluamente** *avv.*
mel|li|to *agg.* (*med.*) si dice del diabete causato da insufficienza insulinica ♦ *s.m.* (*farm.*) sciroppo dolcificato con il miele.
mél|ma *s.f.* **1** terra molle e appiccicosa impregnata d'acqua, presente sul fondo di paludi o fiumi o lasciata dalle piene; fanghiglia, limo **2** (*fig.*) abiezione, sozzura morale; depravazione: *vivere nella* —.
mel|mó|so *agg.* pieno o coperto di melma: *marciapiede* —.
mé|lo *s.m.* albero da frutta, con foglie ovali seghettate e fiori rosei internamente bianchi.
mé|lo- primo elemento di parole composte che significa "canto", "musica", "melodia" (*melodramma*).
me|lo|di|a *s.f.* **1** (*mus.*) successione di suoni di varia durata e altezza aventi senso musicale compiuto **2** brano musicale basato su una frase semplice e orecchiabile: — *d'amore* **3** (*estens.*) armonia di voci, di suoni: *la — del canto degli uccelli*.
me|lò|di|co *agg.* [m.pl. *-ci*] **1** di melodia; proprio della melodia | che aderisce alle regole della melodia: *canto* — **2** (*estens.*) soave, melodioso □ **melodicamente** *avv.*
me|lo|diò|so *agg.* che ha carattere di melodia | (*estens.*) che ha suono dolce, gradevole: *voce melodiosa* □ **melodiosamente** *avv.*
me|lo|dì|sta *s.m./f.* [m.pl. *-i*] autore di composizioni musicali in cui predomina la melodia.
me|lo|dràm|ma *s.m.* [pl. *-i*] composizione teatrale in versi, cantata e accompagnata da musica strumentale; opera lirica: *i melodrammi di Metastasio* | *da* —, che presenta aspetti, sentimenti esageratamente drammatici.
me|lo|dram|mà|ti|co *agg.* [m.pl. *-ci*] **1** del melodramma **2** (*estens.*) esagerato, enfatico: *gesto* — □ **melodrammaticamente** *avv.*
mè|lo|e *s.m.* insetto grosso e tozzo, con piccole elitre, grosse zampe, livrea blu o nera che emana uno sgradevole odore; le sue larve divorano polline e miele.
me|lò|fa|go *s.m.* parassita degli ovini, dal corpo piatto e piccolo con livrea giallo-rossastra, provvisto di zampe robuste ricoperte da una sottile peluria; vive sulla lana delle pecore di cui succhia il sangue.
me|lo|grà|no *s.m.* [pl. *melograni*] arbusto con foglie ovali, fiori gialli, rossi o bianchi a seconda delle varietà, coltivato per i frutti commestibili.
me|lò|ma|ne *s.m./f.* persona appassionata di musica.
me|lo|ma|nì|a *s.f.* grande passione per la musica.
me|ló|ne *s.m.* pianta erbacea con fusto strisciante e foglie lobate, coltivata nelle regioni calde e temperate per i frutti commestibili | il frutto di tale pianta contenente numerosi semi, di forma sferica o ovale, con polpa dolce molto profumata.
melt-down (*ingl.*) [pr. *meltdàun*] *s.m.invar.* **1** (*fis.*) fusione del nocciolo di un reattore nucleare, causata da un guasto, che provoca un'infiltrazione di materiale radioattivo nel terreno sottostante **2** (*fig.*) grave crollo, spec. economico.
melting pot (*ingl.*) [pr. *mèltin pot*] *loc.sost. m.invar.* crogiolo, mescolanza di persone di razze o religioni diverse.
mem|brà|na *s.f.* **1** (*anat.*) sottile strato di tessuto che ricopre un organo o delimita una cavità: — *del timpano* **2** (*biol.*) strato di molecole posto intorno alla cellula o al suo nucleo: — *nucleare, cellulare* **3** (*raro*) cartapecora, pergamena | sottile pelle di animale tesa su tamburi e altri strumenti a percussione **4** fine lamina in metallo per apparecchi elettroacustici **5** (*tecn.*) sottilissimo elemento elastico di materiale filtrante, inserito in strumenti, apparecchi e sim.
mem|bra|nà|ce|o *agg.* costituito di una membrana | simile a una membrana | *codice* —, volume composto da fogli di pergamena.
mem|bra|nó|so *agg.* costituito da una o più membrane | simile a membrana.
mem|bra|tù|ra *s.f.* **1** disposizione e forma delle membra umane o animali, considerate nel loro complesso: — *longilinea* **2** (*arch.*) elemento o complesso degli elementi costituenti un'unità ornamentale o strutturale.
mèm|bro *s.m.* [pl.m. *i membri*; pl.f. *le membra*] **1** ciascuna delle parti esterne del corpo umano e animale | organo genitale maschile; pene | (*pl.*) il corpo considerato nel suo complesso; corporatura: *membra muscolose* **2** (*fig.*) ciascuno degli individui che formano una collettività, un gruppo, un'associazione: *i membri del consiglio* **3** (*mat.*) in un'uguaglianza o in un'equazione, ciascuna espressione che compare a destra e a sinistra del simbolo uguale **4** (*arch.*) ciascun elemento di un edificio; membratura **5** (*gramm.*) parte compiuta di un periodo o di una frase **6** ciascuna delle componenti di una struttura meccanica.
me|mèn|to (*lat.*) *s.m.invar.* nella messa, parte in cui il celebrante ricorda i vivi e i morti.
mé|mo *s.m.invar.* promemoria.
me|mo|rà|bi|le *agg.* degno di essere ricordato: *una data* — □ **memorabilmente** *avv.*
me|mo|ràn|do *agg.* (*lett.*) che deve essere ricordato.
me|mo|ràn|dum (*lat.*) *s.m.invar.* **1** in politica internazionale, documento che riporta per sommi capi i termini di una questione, di un'intesa **2** taccuino su cui si annotano cose da ricordare.
mè|mo|re *agg.* (*lett.*) che conserva bene il ricordo di ql.co.: — *dell'esperienza fatta*.
me|mò|ria *s.f.* **1** facoltà della mente di conservare e richiamare alla coscienza cose accadute o apprese in passato: *avere una buona* — | ***impa-***

memorial

rare, *sapere a* —, apprendere un testo in modo da ripeterlo esattamente | *rinfrescare la* — *a qlcu.*, ricordargli ciò che si è dimenticato | *cancellare dalla* —, rimuovere un ricordo dalla propria coscienza | — *visiva*, quella che fissa l'immagine di ql.co. così come si è presentato alla vista | *a* — *d'uomo*, per quanto si riesca a ricordare, dai tempi più remoti di cui si abbia ricordo **2** rappresentazione che si conserva nella mente di eventi, persone o cose; ricordo: *la* — *di un incidente*; *dolcezze di cui si è persa la* — | *in* — *di*, in ricordo di un evento o di una persona **3** ricordo ideale di qlcu., spec. di un defunto | (*estens.*) fama: — *imperitura* **4** (*pl.*) tradizione: *un paese ricco di memorie* **5** oggetto che richiama alla mente il passato; testimonianza: *le memorie del secolo scorso* | evento che rivive nella mente attraverso il ricordo: *le memorie dell'infanzia* **6** (*pl.*) scritto autobiografico in cui si raccontano vicende realmente accadute: *ha pubblicato le sue memorie* **7** annotazione, appunto: *prendere* — *di quanto deciso* **8** breve saggio su un argomento preciso: *una* — *letteraria* | testo in cui si riassume una questione e si spiega il proprio punto di vista: *inviare una* — *al pretore* **9** (*inform.*) in un elaboratore elettronico, ciascun dispositivo che serve per immagazzinare dati.
memorial (*ingl.*) [pr. *memòriel*] *s.m.invar.* **1** manifestazione sportiva o artistica in memoria di un personaggio famoso **2** monumento commemorativo di un personaggio scomparso o di un evento importante.
me|mo|rià|le *s.m.* **1** narrazione in cui l'autore riporta fatti che ha vissuto direttamente **2** raccolta di memorie sulla vita di un personaggio illustre: *il* — *di Napoleone* **3** relazione scritta, spec. per giustificare il proprio comportamento o per inoltrare richieste accompagnate da un'esposizione dettagliata su fatti e circostanze.
me|mo|ria|li|sta *s.m./f.* [m.pl. -*i*] scrittore di memoriali o di memorie: *un* — *del Novecento*.
me|mo|riz|zà|re *v.tr.* **1** fissare, imprimere nella memoria **2** (*inform.*) in un elaboratore elettronico, registrare, immagazzinare nella memoria informazioni e dati.
me|mo|riz|za|zió|ne *s.f.* **1** capacità della mente di fissare, riprodurre idee, immagini del passato **2** (*inform.*) registrazione, immagazzinamento di informazioni e dati nella memoria di un elaboratore elettronico.
me|na|bò *s.m.* in tipografia, schema di un progetto grafico destinato alla stampa, dove si indicano gli spazi per testi e figure.
mè|na|de *s.f.* (*lett.*) baccante.
me|na|di|to *solo nella loc. a* —, benissimo, esattamente: *conoscere a* —.
ménage (*fr.*) [pr. *menàj*] *s.m.invar.* andamento della vita domestica o coniugale: *un* — *felice* | amministrazione della vita familiare.
me|na|grà|mo *s.m./f.invar.* (*region.*) iettatore.
me|nàr|ca *s.m.* [pl. -*chi*] (*med.*) nella donna, inizio del funzionamento dell'ovario, che si manifesta con la prima mestruazione.

me|nà|re *v.tr.* [indic.pres. *io méno...*] **1** (*raro*) guidare, condurre, portare: — *le pecore al pascolo* | (*fig.*) — *il can per l'aia*, tergiversare con lunghi e inutili discorsi per evitare un argomento | — *ql.co. per le lunghe*, rinviarlo eccessivamente | — *qlcu. per il naso*, prenderlo in giro, ingannarlo **2** (*lett.*) trascorrere, vivere: — *un'esistenza tranquilla* **3** agitare, muovere rapidamente | — *la coda*, scodinzolare | — *le mani*, picchiare **4** dare con forza, assestare: — *uno schiaffo* **5** (*fam.*) picchiare: *quei delinquenti lo hanno menato* ♦ **-rsi** *rifl.rec.* (*fam.*) picchiarsi: — *di santa ragione*.
me|nà|ta *s.f.* **1** (*fam.*) bastonatura, percossa **2** (*pop.*) lagnanza, lamentela, spec. ripetuta: *le solite menate* | discorso, evento lungo e noioso: *quello show è una vera* —*!*
men|dà|ce *agg.* (*lett.*) che dice menzogne | che è degno di menzogne; bugiardo, falso: *notizia* —.
men|de|lè|vio *s.m.* (*chim.*) elemento transuranico radioattivo artificiale (*simb.* Md).
men|de|li|smo *s.m.* l'insieme delle leggi formulate da G. Mendel (1822-1884), che costituiscono la base della genetica.
men|di|cànte *part.pres. di* mendicare ♦ *agg.*, *s.m./f.* che, chi chiede l'elemosina; che, chi vive di elemosina | *ordini mendicanti*, ordini religiosi la cui regola monastica vieta il possedimento di beni collettivi o individuali.
men|di|cà|re *v.tr.* [indic.pres. *io méndico*, *tu méndichi...*] **1** chiedere ql.co. per elemosina: — *il cibo* | (*assol.*) chiedere l'elemosina **2** (*fig.*) procurarsi con difficoltà, chiedere umilmente: — *un prestito* **3** (*estens.*) cercare faticosamente, usare in modo forzato: — *una scusa qualsiasi*.
men|di|ci|tà *s.f.* condizione di chi per vivere va mendicando.
men|di|co *agg.*, *s.m.* [f. -*a*; m.pl. -*chi*] (*lett.*) si dice di persona costretta a mendicare per vivere.
me|ne|fre|ghi|smo *s.m.* noncuranza, trascuratezza ostentata nei confronti degli altri o dei propri doveri.
me|ne|fre|ghi|sta *agg.*, *s.m./f.* [m.pl. -*i*] che, chi dimostra menefreghismo.
me|ne|ghi|no *agg.* (*fam.*) milanese, con riferimento alle tradizioni della città ♦ *s.m.* (*fam.*) **1** [f. -*a*] chi è nato o abita a Milano **2** il dialetto parlato a Milano.
me|ne|strèl|lo *s.m.* **1** nelle corti medievali, giullare che recitava versi propri o dei trovatori con l'accompagnamento di uno strumento musicale **2** (*estens.*, *scherz.*) chi canta canzoni e serenate accompagnandosi con uno strumento musicale, spec. in un luogo pubblico.
mèn|hir o **menhir** *s.m.invar.* (*archeol.*) monumento megalitico preistorico, costituito da una grande e lunga pietra infissa verticalmente nel terreno, diffuso nell'Europa occidentale e in Africa settentrionale.
me|nìn|ge *s.f.* **1** (*anat.*) ciascuna delle tre membrane che avvolgono l'encefalo e il midollo spinale **2** (*spec.pl.*, *estens.*, *pop.*) cervello | (*fig.*) **spremersi le meningi**, concentrarsi per capire ql.co.

me|nin|gì|te *s.f.* (*med.*) infiammazione delle meningi.
me|nì|sco *s.m.* [pl. *-schi*] **1** (*anat.*) struttura fibrocartilaginea di forma semilunare disposta tra due superfici contigue di alcune articolazioni, mediante la quale l'una si adatta all'altra: *i menischi del ginocchio* **2** lente convessa da un lato e concava dall'altro **3** (*fis.*) in un tubo di piccola sezione, forma convessa o concava che assume la superficie di un liquido.
mé|no *avv.* [compar. di *poco*; gener. si tronca in posizione proclitica] **1** [si prepone ad agg. e avv., si pospone ai v.; seguito da agg. o avv., forma il comparativo di minoranza] in minor quantità, grado o misura: *oggi è stato — gentile; l'argento è — prezioso dell'oro; tu segui — attentamente di lui; mangerò — svogliatamente; stancarsi —* | preceduto dall'articolo determinativo e seguito da aggettivo, forma il superlativo relativo di minoranza: *il — esperto* | **più o —**, **poco più poco —**, all'incirca, pressapoco | **— che mai**, **men che —**, ancor meno | **né più né —**, per l'appunto, proprio: *le cose stanno né più né — così* | **quanto —**, almeno | **— male**, per fortuna | **fare a — di qlcu.**, **di ql.co.** privarsene | **venir —**, (*di cosa*) venire a cessare; (*di persona*) svenire **2** [nelle prop. disgiuntive] *non: vollero sapere se saresti venuto o —* **3** nell'operazione matematica indica sottrazione: *sei — due è uguale a quattro* (*estens.*) indica quanto manca rispetto a un valore assunto come riferimento: *arriverò alle otto — dieci* | nelle misurazioni di temperatura, indica i gradi sotto lo zero: *la minima stanotte è stata — dieci* | **in —**, **di —**, detto di quantità, minore rispetto all'aspettativa: *mi ha messo un voto in —* **4** si usa in alcune loc. cong.: *a — che*, *a — di*, sempre che, eccetto che, salvo che: *partirò, a — che non subentri un ulteriore ostacolo* ♦ *agg.invar.* minore; in quantità minore, in minor numero: *oggi ho — tempo a disposizione; oggi c'è — folla* | In espressioni ellittiche, ha valore neutro: *— di così non si poteva fare* | **in men che non si dica**, in un attimo, molto rapidamente ♦ *prep.* tranne, eccetto: *erano tutti presenti, — il direttore* ♦ *s.m.invar.* **1** la minor cosa: *è il — che si possa chiedere* | **parlare del più e del —**, discorrere di cose poco importanti **2** (*mat.*) la linea che rappresenta l'operazione della sottrazione o un numero negativo: *il segno del —* **3** [preceduto dall'art. det. pl.] riferito a persone, la minoranza: *coloro che non accettarono furono i —*.
me|no|mà|re *v.tr.* [indic.pres. *io mènomo...*] ledere, danneggiare qlcu. fisicamente o moralmente: *la vicenda ha menomato il suo prestigio*.
me|no|mà|to *part.pass.* di *menomare* ♦ *agg., s.m.* [f. *-a*] che, chi ha subito una menomazione fisica.
me|no|ma|zió|ne *s.f.* danno fisico o morale; lesione.
me|no|pàu|sa *s.f.* nella donna, definitiva cessazione delle mestruazioni con conseguente perdita della capacità di procreare.

menorah (*ebr.*) [pr. *menorà*] *s.f.invar.* tradizionale candelabro ebraico con sette bracci.
me|nor|ra|gì|a *s.f.* (*med.*) aumento patologico della durata e dell'intensità del flusso mestruale.
mèn|sa *s.f.* **1** tavola preparata per mangiare **2** il complesso delle vivande che si consumano a tavola; pasto: *— parca* **3** organizzazione che prepara i pasti per una comunità | il locale in cui si consumano tali pasti: *— universitaria* **4** (*lit.*) altare, piano dell'altare.
men|sì|le *agg.* **1** di ciascun mese: *paga —* | che accade o si rinnova ogni mese: *controllo, pubblicazione —* **2** che dura un mese: *abbonamento —* ♦ *s.m.* **1** stipendio che si riscuote ogni mese **2** periodico che si pubblica ogni mese □ **mensilmente** *avv.* al mese; ogni mese.
men|si|li|tà *s.f.* **1** periodicità mensile **2** somma pagata o riscossa ogni mese; stipendio mensile.
mèn|so|la *s.f.* **1** (*arch.*) elemento aggettante di muri o pilastri che sostiene una struttura sovrastante o una parte di edificio: *la — di un terrazzo* **2** asse di legno, o di altro materiale resistente, fissata a una parete e usata come piano d'appoggio per oggetti vari **3** sostegno di metallo per linee telefoniche o elettriche, fissato sul muro di un edificio **4** (*mus.*) parte superiore dell'arpa, a cui si attaccano le corde per mezzo di cavicchi.
mén|ta *s.f.* **1** pianta erbacea aromatica con foglie ovali seghettate e piccoli fiori profumati riuniti in spighe, bianchi o violacei; è diffusa spec. nelle regioni temperate | **piperita**, quella dalle cui foglie e dai cui fiori si ricava un olio essenziale contenente mentolo **2** (*estens., gastr.*) caramella, bibita, liquore a base di menta.
men|tà|le *agg.* **1** della mente: *facoltà —* **2** fatto con la mente, senza scrivere o parlare: *analisi, calcolo —* □ **mentalmente** *avv.* sotto il profilo mentale: *essere — distrutto* | con la mente: *leggere —*.
men|ta|li|tà *s.f.* struttura mentale di una persona; modo particolare di vedere le cose, di concepire la vita: *— aperta* | (*estens.*) il complesso delle idee, degli atteggiamenti, delle convinzioni di un gruppo etnico o sociale: *la — dei giovani*.
mén|te *s.f.* **1** l'insieme delle facoltà psichiche e intellettive che permettono all'uomo di pensare, di conoscere la realtà: *decidere con la — e non con il cuore* | **a — fresca**, **riposata**, in piena efficienza | **a — lucida**, razionalmente, senza preoccupazioni | **malato di —**, chi è affetto da una malattia mentale **2** capacità intellettiva; intelligenza, senno: *— acuta, brillante* | **uscire di —**, perdere la ragione, impazzire **3** sede in cui si svolge l'attività intellettiva; testa: *venire in —* **4** attitudine, disposizione mentale; ingegno: *avere una — analitica, riflessiva* | **avere una — contorta**, ragionare in modo ambiguo e contraddittorio **5** attenzione, pensiero: *dove sei con la —?* | **fare — locale**, concentrare il proprio pensiero su una determinata cosa **6** intenzione, proposito, volontà | **avere in — di**, avere l'intenzione di | **levarsi ql.co. dalla —**, convincersi di non farlo | **mettersi in — ql.co.**, pensare con determinazione di attuare un

proposito, un progetto: *si è messo in — di comprare il motorino*; avere una fissazione **7** memoria | *tenere a* —, ricordare | *uscire di* —, di cosa che viene dimenticata | *tornare in* —, di cosa che si ricorda improvvisamente | *scolpito nella* —, ben impresso nella memoria come immagine **8** l'insieme delle conoscenze, delle idee di una persona: *ammaestrare la* — | persona dotata di particolari qualità: *le più grandi menti del secolo*.

-mén|te *suff.* si usa per formare gli avverbi di modo derivati da aggettivi qualificativi (*felicemente, giustamente*).

men|te|càt|to *agg., s.m.* [f. -*a*] detto di chi è infermo di mente, spec. con volontà ingiuriosa: *è un povero —!*

men|ti|na *s.f.* pasticca di zucchero, aromatizzata alla menta.

men|tì|re *v.intr.* [*indic.pres.* io mènto o ménto o mentisco, tu mènti o ménti o mentìsci...; aus. *A*] affermare il falso con consapevolezza: *— continuamente* | (*estens.*) detto di cosa, essere falso, ingannevole: *le sue parole non mentono*.

men|tì|to *part.pass. di* mentire ♦ *agg.* finto, falso | *sotto mentite spoglie*, in modo camuffato.

mén|to *s.m.* parte del volto situata sotto il labbro inferiore | *doppio* —, pappagorgia | (*scherz.*) *onor del* —, la barba.

-ménto *suff.* si usa per formare sostantivi indicanti azione, effetto, risultato (*combattimento, decadimento, nutrimento*).

men|tò|lo *s.m.* (*chim.*) alcol terpenico secondario, componente dell'olio essenziale di menta; si usa in profumeria, medicina, liquoreria e pasticceria.

men|to|niè|ra *s.f.* (*mus.*) piccola mensola concava, di legno o di altro materiale, applicata alla base del violino e della viola perché il suonatore vi appoggi il mento.

mèn|to|re *s.m.* (*lett.*) amico, consigliere fidato; guida, precettore.

mén|tre *cong.* **1** nel tempo, nel momento in cui; intanto che: *il fatto avvenne — ero in vacanza* **2** [con valore avversativo] e invece: *io non volevo incontrarlo — lui mi cercava* **3** finché: *divertiti sei ancora giovane* ♦ *s.m.invar.* nelle loc. *in questo*, *in quel* —, in questo, in quel momento: *uscii e in quel — lui rientrò*.

men|tùc|cia *s.f.* [pl. *-ce*] nome di alcune piante erbacee con foglie piccole, dal profumo simile a quello della menta, usate in cucina per aromatizzare i cibi.

menu (*fr.*) [pr. menù] *s.m.invar.* **1** nei ristoranti, lista dei cibi disponibili che si presenta alla clientela: *ci può portare il —?* | (*estens.*) l'insieme delle vivande **2** (*inform.*) lista delle opzioni di un programma che si visualizza sullo schermo del computer.

men|zio|nà|re *v.tr.* [*indic.pres.* io menzióno...] nominare, far menzione di qlcu. o ql.co.; citare, ricordare: *— un'opera*.

men|zió|ne *s.f.* in uno scritto o in un discorso, segnalazione di persona, cosa, evento; citazione, cenno.

men|zó|gna *s.f.* **1** affermazione, dichiarazione falsa, pronunciata con fini malvagi o per ottenere vantaggi personali: *dice delle menzogne* | consapevole alterazione del vero: *una — sfacciata* **2** (*solo sing.*) abitudine radicata a dire il falso: *vive nella —*.

men|zo|gnè|ro *agg.* che dice menzogne: *un uomo —* | che è pieno di menzogne; fallace, ingannevole: *parole menzognere*.

mè|ra|klon® *s.m.invar.* fibra tessile artificiale a base di polipropilene.

me|ra|vì|glia *s.f.* **1** sentimento di viva sorpresa, suscitato da ql.co. di straordinario, inatteso o nuovo: *la notizia destò —* | *far* —, sorprendere, stupire | *a —*, in ottimo modo; perfettamente: *le cose procedono a —* **2** cosa o persona che suscita ammirazione per la sua bellezza o straordinarietà; incanto, portento: *suo figlio è una —*.

me|ra|vi|glià|re *v.tr.* [*indic.pres. io meraviglio...*] destare meraviglia; sorprendere, stupire: *la sua scelta meravigliò tutti* ♦ *-rsi intr.pron.* provare meraviglia; sorprendersi, stupirsi: *mi meraviglio di vederti oggi*.

me|ra|vi|glió|so *agg.* che desta meraviglia, ammirazione; splendido, stupendo: *un panorama —* ♦ *s.m.* ciò che desta meraviglia | il complesso degli avvenimenti straordinari che caratterizzano un'opera di fantasia, spec. letteraria □ **meravigliosamente** *avv.*

mer|càn|te *s.m.* chi esercita il commercio; commerciante, negoziante | *— d'arte*, chi si dedica al commercio di opere d'arte | *— in fiera*, gioco d'azzardo a carte | (*fig.*) *fare orecchi da —*, far finta di non sentire o di non capire.

mer|can|teg|già|re *v.intr.* [*indic.pres. io mercantéggio...*; aus. *A*] **1** fare il commerciante: *— in pietre preziose* | (*anche assol.*) contrattare tirando sul prezzo di ql.co.: *sta mercanteggiando con i venditori*; *non è bravo nel —* **2** (*fig., spreg.*) speculare sulle disgrazie o sulle difficoltà altrui per ricavarne un profitto personale ♦ *tr.* (*fig., spreg.*) far mercato di cose non venali, come se fossero mercanzia: *— l'onore*.

mer|can|té|sco *agg.* [m.pl. *-schi*] (*spreg.*) da mercante: *avidità mercantesca*.

mer|can|tì|le *agg.* **1** che riguarda il commercio: *attività —* | *marina, nave —*, imbarcazione o flotta allestita per il trasporto di merci e passeggeri **2** di, da mercante: *spirito —* ♦ *s.m.* nave attrezzata per trasportare merci.

mer|can|ti|lì|smo *s.m.* dottrina e politica economica dei secc. XVII e XVIII, favorevole all'incremento dell'esportazione e degli scambi commerciali con l'estero e a una politica protezionistica in difesa della produzione nazionale.

mer|can|ti|lì|sta *s.m./f.* [m.pl. *-i*] seguace, fautore del mercantilismo ♦ *agg.* relativo al mercantilismo.

mer|can|zì|a *s.f.* **1** merce: *un deposito pieno di —* | (*fig.*) *saper vendere la propria —*, saper far valere le proprie capacità, i propri meriti **2** (*fam., spreg.*) ammasso di oggetti in genere, spec. di scarso valore.

mer|ca|ti|no *s.m.* **1** piccolo mercato rionale, spec. all'aperto **2** (*econ.*) mercato dei titoli ufficialmente non quotati in Borsa.

mer|ca|to *s.m.* **1** luogo all'aperto o al chiuso, in cui si riuniscono venditori e compratori di merce, per contrattare e negoziare: *il — della frutta* | riunione periodica di compratori e venditori che si svolge in luoghi e giorni fissi per la contrattazione di merci: *il lunedì è giorno di* — **2** il complesso delle contrattazioni relative a un determinato bene: *il — delle case* | *prezzo di —*, quello che viene praticato | *a buon —*, a basso prezzo; (*fig.*) con poco danno: *cavarsela a buon —* | *— nero*, quello illegale, in cui i prezzi sono differenti da quelli ufficiali **3** (*fig.*, *spreg.*) traffico illecito; mercimonio: *far — del proprio onore* **4** (*fig.*) luogo caratterizzato da caos e baccano.

mèr|ce *s.f.* **1** qualsiasi bene economico mobile destinato alla vendita: *caricare*, *spedire la —* | *treno merci*, quello adibito unicamente al trasporto di merci | *borsa merci*, mercato in cui si contrattano determinate merci **2** (*estens.*) valore, bene spirituale: *l'onestà è una — rara*.

mer|cé *s.f.* (*lett.*) aiuto, pietà, grazia: *implorare —* | *essere alla — di qlcu.*, essere in suo potere ♦ *prep.* (*lett.*, *anche iron.*) per merito di, grazie a: *riuscì — il suo aiuto*.

mer|cé|de 1 *s.f.* (*lett.*) compenso, paga **2** (*estens.*) ricompensa, premio.

mer|ce|nà|rio *agg.* **1** che presta la propria opera dietro pagamento: *soldati mercenari* **2** (*raro*) che è fatto a pagamento: *amore —* **3** (*spreg.*) che si preoccupa solo dell'interesse economico; venale: *artista —* ♦ *s.m.* soldato mercenario.

mer|ce|na|ri|smo *s.m.* (*mil.*) istituto delle truppe mercenarie.

mer|ce|o|lo|gì|a *s.f.* disciplina che studia le caratteristiche chimiche e fisiche, l'origine e l'impiego delle merci.

mer|ce|o|lò|gi|co *agg.* [m.pl. -*ci*] relativo alla merceologia.

mer|ce|ò|lo|go *s.m.* [f. -*a*; m.pl. -*gi*] studioso, esperto di merceologia.

mer|ce|rì|a *s.f.* **1** (*spec.pl.*) l'insieme degli articoli minuti che occorrono per il cucito **2** negozio in cui si vendono tali articoli.

mer|ce|riz|zà|re *v.tr.* sottoporre un filato o un tessuto a mercerizzazione.

mer|ce|riz|za|zió|ne *s.f.* operazione mediante la quale si rende più resistente e lucido un filato o un tessuto, immergendolo in una soluzione di soda caustica.

merchandising (*ingl.*) [pr. *merciandàisin*] *s.m.invar.* (*comm.*) nei punti vendita, tecnica per promuovere ed esporre al pubblico i prodotti, nel modo più efficace e persuasivo.

mer|cià|io *s.m.* [f. -*a*] chi vende articoli di merceria.

mer|ci|fi|cà|re *v.tr.* [indic.pres. *io mercìfico*, *tu mercìfichi...*] ridurre a merce ciò che per sua natura non dovrebbe essere oggetto di commercio: *— la cultura*.

mer|ci|fi|ca|zió|ne *s.f.* riduzione a merce di valori, forme culturali, artistiche e sim. che per loro natura non dovrebbero essere oggetto di commercio.

mer|ci|mò|nio *s.m.* commercio illecito.

mer|co|le|dì *s.m.* terzo giorno della settimana.

mer|co|rèl|la *s.f.* pianta erbacea di piccole dimensioni, con foglie ovali, fiori verdognoli, il cui succo è usato per vari scopi in erboristeria; mercuriale.

mer|cu|rià|le¹ *agg.* (*chim.*) si dice di preparato farmaceutico contenente mercurio.

mer|cu|rià|le² *s.f.* listino ufficiale dei prezzi medi delle merci, redatto dalle camere di commercio.

mer|cu|rià|le³ *s.f.* mercorella.

mer|cù|rio *s.m.* **1** elemento chimico, metallo liquido a temperatura ordinaria, pesante, mobilissimo, tossico, di colore grigio-argenteo (*simb.* Hg); scioglie l'oro, l'argento e altri metalli formando amalgami; è usato nella preparazione di detonanti, antisettici e prodotti farmaceutici, o nella fabbricazione di barometri, termometri e lampade a vapori di mercurio **2** *Mercurio*, nella mitologia romana, il dio dei commerci **3** (*astr.*) *Mercurio*, il primo pianeta del sistema solare, in ordine di distanza dal Sole.

mèr|da *s.f.* (*volg.*) **1** escremento, sterco **2** (*fig.*) persona o cosa disgustosa, spregevole o di nessun valore: *sei una — d'uomo* **3** situazione ripugnante o disagevole, critica: *sono nella — fino al collo* ♦ *inter.* esprime disappunto, rabbia: *—! ho perso il portafoglio!*

me|rèn|da *s.f.* spuntino pomeridiano, spec. dei bambini | ciò che si mangia in tale occasione.

me|ren|dì|na *s.f.* spuntino dolce preconfezionato.

me|re|trì|ce *s.f.* (*lett.*) prostituta.

me|re|trì|cio *s.m.* (*lett.*) prostituzione.

me|ri|dià|na *s.f.* **1** (*geog.*) linea retta d'intersezione tra il piano del meridiano di un luogo e il piano dell'orizzonte, che individua la direzione nord-sud **2** orologio solare costituito da un'asta fissa (gnomone) che, colpita dalla luce del sole, proietta la sua ombra sulla parete o sul pavimento, opportunamente graduati, segnando così le varie ore del giorno.

me|ri|dià|no *agg.* di mezzogiorno: *ora*, *luce meridiana* ♦ *s.m.* (*geog.*) ciascuno dei circoli massimi passante per i due poli terrestri: *— terrestre* | (*astr.*) *— celeste*, circolo massimo passante per i poli della sfera celeste e per lo zenit del luogo di osservazione | *— zero* (o *fondamentale*), quello passante per l'osservatorio astronomico di Greenwich, nei pressi di Londra, da cui convenzionalmente si parte per la misura della longitudine.

me|ri|dio|nà|le *agg.* **1** del meridione: *regione —* | che è nato o abita nella parte a sud di un paese **2** che è tipico delle popolazioni, dei paesi del meridione: *dialetto —* | *questione —*, il complesso dei problemi storici, sociali e politici del meridione d'Italia dopo l'unificazione ♦ *s.m./f.* chi è nato nel meridione di un paese.

me|ri|dio|na|li|smo *s.m.* **1** (*st.*, *econ.*) studio dei problemi riguardanti l'arretratezza materiale e morale del Mezzogiorno d'Italia, dopo l'unificazione | dibattito sulla questione meridionale, in termini di integrazione economica e civile **2** l'insieme delle caratteristiche proprie delle popolazioni dell'Italia meridionale **3** (*ling.*) locuzione, parola, costrutto tipici delle parlate meridionali d'Italia.

me|ri|dio|na|li|sta *s.m./f.* [m.pl. *-i*] esperto, studioso dei problemi dell'Italia meridionale | sostenitore del meridionalismo.

me|ri|dio|na|li|sti|co *agg.* [m.pl. *-ci*] **1** tipico del meridione **2** relativo al meridionalismo, alla questione meridionale.

me|ri|dió|ne *s.m.* **1** punto cardinale corrispondente al sud; mezzogiorno **2** insieme delle regioni situate a sud di un paese | (*per anton.*) l'Italia meridionale.

me|rig|gio *s.m.* (*lett.*) mezzogiorno | (*estens.*) nel giorno, l'insieme delle ore più calde, intorno al mezzogiorno.

me|rin|ga *s.f.* (*gastr.*) **1** chiara d'uovo montata a neve ferma con zucchero a velo, usata in pasticceria **2** dolce preparato con tale composto, cotto al forno, anche farcito con panna montata.

me|rin|gà|ta *s.f.* (*gastr.*) torta preparata con meringhe e panna montata.

me|ri|no *s.m.* **1** razza di pecore originaria dell'Africa, dalla lana fine e morbida **2** tale lana e il tessuto che se ne ricava ♦ *agg.invar.* **1** che appartiene a tale razza: *pecora —* **2** che è fatto con tale lana o tessuto: *sciarpa —*.

me|ri|stè|ma *s.m.* [pl. *-i*] (*bot.*) tessuto vegetale composto da cellule in grado di dividersi e produrre nuove cellule.

me|ri|tà|re *v.tr.* [indic.pres. *io mèrito*...] **1** essere degno di avere, ricevere ql.co.: *un premio* | *se lo merital, se l'è meritato!*, ben gli sta **2** valere: *tutto ciò che non merita il mio sacrificio; quell'appartamento non merita il prezzo richiesto* | (*anche impers.*) valere la pena: *non merita prendersela per queste cose* **3** procurare: *i suoi sforzi gli meritarono il successo*.

me|ri|tà|to *part.pass.* di meritare ♦ *agg.* ricevuto secondo il merito; giusto: *punizione meritata* □ **meritatamente** *avv.*

me|ri|té|vo|le *agg.* che merita: *— di attenzione* | (*assol.*) che merita stima, ricompensa □ **meritevolmente** *avv.*

me|ri|to *s.m.* **1** quanto rende degno di riconoscimento, di premio: *premiare secondo il —* | diritto alla stima, alla ricompensa, che si acquisisce per il proprio comportamento, impegno o valore: *un uomo di —; acquisire —* | *andare*, *tornare al — di qlco.*, si dice di ciò che costituisce onore a chi l'ha detto o fatto | *rendere —*, premiare | *a pari —*, in gare, concorsi ecc., si dice di due o più concorrenti giudicati di uguale valore | *per — di*, grazie a **2** qualità o azione che costituisce un motivo di lode; pregio, virtù: *ha tanti meriti; ha il — di saperti ascoltare* **3** la sostanza, in opposizione alla forma | *in — a*, riguardo a | *entrare nel — di una questione*, esaminarla nei suoi aspetti reali ed essenziali.

me|ri|to|crà|ti|co *agg.* [m.pl. *-ci*] fondato sulla meritocrazia: *criterio —*.

me|ri|to|cra|zì|a *s.f.* sistema di conferimento di compensi e riconoscimenti basato esclusivamente sui meriti individuali.

me|ri|tò|rio *agg.* che conferisce merito; degno di riconoscimento: *azione meritoria* □ **meritoriamente** *avv.*

mer|là|to *agg.* (*arch.*) coronato da merli: *torri merlate*.

mer|la|tù|ra *s.f.* (*arch.*) ordine di merli in muratura.

mer|let|tà|ia *s.f.* donna che fa o vende merletti.

mer|let|tà|re *v.tr.* [indic.pres. *io merlétto*...] ornare ql.co. con merletti: *— un lenzuolo*.

mer|lét|to *s.m.* **1** filato a disegni traforati, gener. terminante con piccole punte, usato come guarnizione per indumenti femminili; pizzo **2** tessuto trasparente e sottile, costituito da una trama di fili intrecciati che formano disegni decorativi.

mèr|lo[1] *s.m.* **1** uccello addomesticabile dal canto melodioso, che nel maschio presenta piumaggio nero e becco giallo, nella femmina piumaggio bruno e becco scuro **2** (*fig.*) persona ingenua, sciocca.

mèr|lo[2] *s.m.* (*arch.*) rialzo in muratura costruito a intervalli regolari sui muri perimetrali di palazzi, castelli e torri, a scopo difensivo o come ornamento.

merlot (*fr.*) [pr. *merlò*] *s.m.invar.* vitigno di origine francese coltivato anche in Italia | il vino rosso che se ne ricava, fortemente aromatico.

mer|lùz|zo *s.m.* **1** pesce marino dal corpo massiccio e allungato di colore grigio verdastro con macchie gialle, provvisto di barbiglio e di tre pinne dorsali; è diffuso nell'Atlantico settentrionale e viene consumato fresco, congelato, essiccato (*stoccafisso*) o essiccato e salato (*baccalà*) **2** (*pop.*) nasello.

mè|ro *agg.* **1** (*lett.*) puro, pulito **2** (*fig.*) vero e proprio; puro e semplice: *per — caso* □ **meramente** *avv.* semplicemente; solo, soltanto.

me|ro|vìn|gi|co *agg.* [m.pl. *-ci*] dei Merovingi, dinastia che regnò sui Franchi (secc. V-VIII).

me|sà|ta *s.f.* **1** periodo di tempo della durata di un mese **2** (*fam.*, *coll.*) salario di un mese di lavoro | canone, rata mensile.

mé|sce|re *v.tr.* [indic.pres. *io mesco*, *tu mesci*...; part.pass. *mesciuto*] (*anche assol.*) versare da bere, spec. vino: *— ai commensali*.

me|schi|ni|tà *s.f.* **1** caratteristica di ciò che è meschino **2** grettezza, mediocrità morale: *— di sentimenti* **3** parola, azione meschina: *fare delle meschinità*.

me|schì|no *agg.* **1** che si trova in uno stato di infelicità; sventurato, misero **2** che è troppo scarso; inadeguato, insufficiente: *un regalo, un guadagno —* **3** che si comporta in modo gretto, limitato: *gente meschina* | (*estens.*) che dimostra ristrettezza mentale, povertà di spirito: *ambizione meschina* ♦ *s.m.* [f. *-a*] **1** persona disgrazia-

ta e infelice **2** persona gretta □ **meschinamente** *avv.*
me|sci|ta *s.f.* **1** l'atto del mescere | quantità di bevanda versata: — *scarsa* **2** (*estens.*) locale in cui si servono al banco vini e liquori.
me|sci|tó|re *s.m.* [f. *-trice*] chi mesce | chi è addetto a un banco di mescita.
me|sco|la|mén|to *s.m.* l'atto del mescolare | miscuglio di tante cose; mescolanza.
me|sco|làn|za *s.f.* **1** (*chim.*) ciò che risulta dall'unione di due o più sostanze senza formazione di nuovi composti chimici; miscela **2** (*anche fig.*) qualsiasi insieme composto da due o più elementi eterogenei: — *di colori e suoni* | (*spec. spreg.*) promiscuità di persone: — *di popoli.*
me|sco|là|re *v.tr.* [indic.pres. io *méscolo...*] **1** unire due o più sostanze diverse in modo da formare un insieme: — *farina e zucchero* **2** rimestare, agitare ql.co.: — *la polenta* **3** disporre a casaccio, mettere in disordine: — *i documenti* **4** (*fig.*) accostare in modo arbitrario; confondere: — *le idee* ♦ **-rsi** *intr.pron.*, *rifl.*, *rifl.rec.* **1** unirsi in un unico insieme omogeneo; fondersi: *l'aceto non si mescola con l'olio* | (*fig.*) essere presente nella stessa misura: *un articolo in cui la critica si mescola all'ammirazione* **2** (*di cose*) finire in disordine; confondersi: *le carte si sono mescolate* **3** (*di persone*) confondersi con, tra altri: — *alla folla* **4** (*anche spreg.*) avere rapporti con persone di altra origine o di diversa estrazione sociale: — *con gente disonesta.*
me|sco|là|ta *s.f.* l'atto del mescolare con rapidità o una sola volta.
me|sco|lì|o *s.m.* **1** un mescolare continuato **2** (*fig.*) confusione.
mé|se *s.m.* **1** ciascuno dei dodici periodi di tempo in cui si suddivide l'anno civile; ha una durata variabile da 28 a 31 giorni: *alla fine del —; il — scorso* periodo di circa trenta giorni, che può anche non coincidere con un mese del calendario: *sta al sesto — di gravidanza* | (*fig.*), **da mesi**, da molto tempo, da parecchio: *non ci vediamo da mesi* **3** stipendio, paga mensile | quota da pagare ogni mese | canone mensile dell'affitto.
me|sen|cè|fa|lo *s.m.* (*anat.*) parte centrale dell'encefalo che collega il cervello al midollo spinale, comprendente i peduncoli cerebrali e i tubercoli quadrigemini.
me|sèn|chi|ma *s.m.* [pl. *-i*] (*anat.*) tessuto connettivo embrionale indifferenziato, sviluppatosi dal mesoderma, da cui derivano spec. i tessuti di sostegno.
me|sen|tè|re o **mesentèrio** *s.m.* (*anat.*) piega membranosa del peritoneo che riveste e tiene sospeso l'intestino tenue, comprendente i vasi e i nervi.
me|sét|to *s.m.* (*coll.*) un mese circa.
me|so- (*scient.*) primo elemento di parole composte che significa "medio", "intermedio" (*mesencefalo*, *mesolitico*).
me|so|càr|po o **mesocàrpio** *s.m.* (*bot.*) strato intermedio del frutto compreso fra epicarpo ed endocarpo.

me|so|ce|fa|lì|a *s.f.* (*anat.*) conformazione del cranio, intermedia tra dolicocefalia e brachicefalia.
me|so|dèr|ma *s.m.* (*anat.*) foglietto embrionale che si trova tra ectoderma ed endoderma; dà origine al tessuto connettivo, alle ossa, al cuore, al sangue, ai vasi sanguigni e linfatici, ai muscoli, all'apparato escretore e sessuale.
me|sò|fi|ta *s.f.* pianta che cresce in ambienti di umidità media.
me|so|lì|ti|co *agg.*, *s.m.* [m.pl. *-ci*] detto del periodo preistorico intermedio tra l'età paleolitica e quella neolitica, caratterizzato dall'uso di utensili litici e di ciottoli decorati con motivi geometrici: *civiltà mesolitica.*
me|so|me|rì|a *s.f.* (*chim.*) forma particolare di isomeria riguardante gli elettroni; risonanza.
me|sò|me|ro *agg.*, *s.m.* (*chim.*) detto di composto che presenta mesomeria.
me|só|ne *s.m.* (*fis.*) particella elementare di massa intermedia tra quella dell'elettrone e quella del protone.
me|so|pàu|sa *s.f.* strato dell'atmosfera terrestre che si trova tra mesosfera e termosfera.
me|so|sfè|ra *s.f.* strato dell'atmosfera terrestre che si trova tra i 45 e i 95 km di altitudine.
me|so|tè|lio *s.m.* (*anat.*) tessuto epiteliale che ricopre le membrane sierose dell'organismo.
me|so|te|ra|pì|a *s.f.* (*med.*) procedimento terapeutico consistente in una serie di microiniezioni simultanee di piccole quantità di farmaci; è utile spec. nel trattamento di artrosi, nevriti e sim.
me|so|to|rà|ce *s.m.* (*zool.*) secondo segmento del torace degli insetti.
Me|so|zòi *s.m.pl.* gruppo di organismi animali, endoparassiti, costituiti da cellule non differenziate.
me|so|zòi|co *agg.* [m.pl. *-ci*] detto della terza era geologica, caratterizzata da un grande sviluppo dei Rettili, degli Uccelli e dei Mammiferi | che appartiene a tale era *roccia mesozoica* ♦ *s.m.* era mesozoica.
més|sa[1] *s.f.* **1** nella religione cattolica, il sacrificio del corpo e del sangue di Gesù Cristo sotto le specie del pane e del vino, celebrato sull'altare dal sacerdote | *servire* (*la*) —, assistere il celebrante all'altare | — *letta*, *piana* (o *bassa*), quella senza parti cantate, caratterizzata da rituale semplice | — *solenne*, quella cantata, caratterizzata da rituale complesso | — *da requiem* o (*pop.*) *da morto*, quella celebrata in suffragio di un defunto **2** composizione musicale che comprende parti cantate della messa: *la — in si minore di Bach.*
més|sa[2] *s.f.* [usato solo in alcune loc., seguito da *in* o a] atto del mettere: *la — in pratica di un progetto* | (*foto.*) — *a fuoco*, regolazione di un obiettivo per poter avere immagini nitide; (*fig.*) precisazione dei termini di un problema | (*elettr.*) — *a terra*, collegamento al terreno degli apparecchi elettrici o elettromeccanici | — *a punto*, l'insieme delle operazioni che si eseguono per avere le migliori prestazioni da una macchina o da un

messaggeria

impianto | — **in opera**, l'insieme delle operazioni che si eseguono per installare ql.co. | — **in piega**, l'insieme delle operazioni volte a dare una piega ai capelli.

mes|sag|ge|rì|a s.f.spec.pl. nel settore editoriale, servizio di trasporto e distribuzione dei prodotti | l'impresa che si occupa di tale servizio.

mes|sag|gè|ro s.m. [f. -a] **1** (anche fig.) chi porta un messaggio **2** nell'azienda delle poste, dipendente che ha il compito di trasportare la corrispondenza su treni o navi.

mes|sàg|gio s.m. **1** notizia trasmessa ad altri mediante un qualsiasi mezzo: *mandare, ricevere un* — **2** discorso indirizzato al popolo da un'autorità, spec. in occasioni solenni: *il — del Presidente della Repubblica* **3** (*fig.*) annuncio di una concezione innovatrice, suscettibile di sviluppi futuri: *il — evangelico, illuminista* **4** (*fig.*) significato etico o ideologico, esplicito o implicito, di un film, di un'opera artistica o letteraria | — **pubblicitario**, ciascuna forma di comunicazione usata per pubblicizzare un prodotto **5** (*ling.*) l'insieme delle comunicazioni scambiate tra emittente e destinatario **6** (*inform.*) unità di informazione mandata da un elaboratore a un altro mediante una rete.

mes|sà|le s.m. **1** libro liturgico che contiene i testi di tutte le messe dell'anno **2** (*scherz.*) libro grosso e pesante.

mès|se s.f. **1** (*lett.*) mietitura | il complesso dei cereali da mietere o già mietuti: *una — copiosa* | il periodo in cui si svolge la mietitura **2** (*spec. pl.*) insieme delle piante del grano o di altri cereali **3** (*fig.*) grande quantità; abbondanza | risultato ottenuto da un'attività svolta: *raccogliere una — di successi*.

mes|sè|re s.m. (*oggi scherz.*) titolo d'onore che in passato spettava a giudici e giureconsulti | (*estens.*) appellativo che veniva usato come forma di rispetto verso persone autorevoli.

mes|sì|a s.m. **1** (*relig.*) *il Messia*, il salvatore che Dio ha promesso agli Ebrei e che i cristiani riconoscono in Gesù Cristo **2** (*fig.*) liberatore, salvatore.

mes|sià|ni|co agg. [m.pl. -ci] relativo al Messia | relativo al messianismo: *speranza messianica*.

mes|sia|nì|smo s.m. **1** (*relig.*) fede nella venuta del Messia **2** (*fig.*) intensa attesa di un grande rinnovamento sociale o politico.

mes|si|cà|no agg. del Messico ◆ s.m. [f. -a] chi è nato o abita in Messico.

mes|si|dò|ro s.m. decimo mese del calendario rivoluzionario francese (20 giugno-19 luglio).

mes|sin|scè|na o **mèssa in scèna** s.f. [pl. *messinscene* o *messe in scena*] **1** l'insieme delle attività necessarie per allestire uno spettacolo, spec. teatrale | l'insieme degli elementi che appaiono sulla scena durante uno spettacolo **2** (*fig.*) l'insieme degli espedienti usati per simulare ql.co.; finzione, sceneggiata: *le sue lacrime sono una —*.

mès|so s.m. **1** (*lett.*) messaggero **2** in un ente pubblico o privato, dipendente che ha il compito di portare lettere, avvisi; fattorino, usciere: *— del tribunale*.

me|stà|re v.tr. [indic.pres. *io mésto...*] **1** agitare ql.co. mescolandolo **2** (*assol., fig., fam.*) darsi da fare tramando.

me|sta|tó|re s.m. [f. *-trice*] spec. in politica, persona intrigante, maneggiona; intrallazzatore | persona che fomenta rivolte, disordini sociali; agitatore.

me|stie|rànte s.m./f. (*spreg.*) chi svolge un'attività, spec. artistica, in modo mediocre, senza impegno e partecipazione emotiva, badando soltanto al guadagno.

me|stiè|re s.m. **1** attività, spec. manuale, che una persona esercita abitualmente a scopo di guadagno: *il — di muratore*; *svolgere un —* | **essere del —**, **conoscere i trucchi del —**, essere competente in un determinato campo | **non essere del —**, non avere pratica | **gli incerti del —**, gli inconvenienti relativi a una data attività **2** (*estens., fig.*) esperienza, abilità che si possiede rispetto a un dato lavoro: *è intelligente ma povero di —* **3** (*spreg.*) attività che si esercita esclusivamente per il guadagno: *ridurre l'arte a —*.

me|stì|zia s.f. malinconia, tristezza.

mè|sto agg. che prova mestizia; triste | che dimostra o suscita mestizia □ **mestamente** avv.

mé|sto|la s.f. **1** grosso cucchiaio spianato, gener. in metallo, talvolta bucherellato, usato in cucina per mescolare pietanze; schiumarola **2** cazzuola del muratore.

me|sto|là|ta s.f. **1** colpo dato con la mestola o con il mestolo **2** quantità di cibo contenuto in una mestola o in un mestolo **3** quantità di malta contenuta in una mestola da muratore.

mé|sto|lo s.m. piccola mestola senza buchi di forma incavata, gener. in metallo, con manico perlopiù lungo, usata per travasare i cibi liquidi o mescolarli durante la cottura.

me|sto|ló|ne s.m. uccello migratore, con becco scuro allargato che somiglia a una spatola.

me|struà|le agg. che riguarda la mestruazione: *flusso —*.

me|strua|zió|ne s.f. fenomeno fisiologico della donna in età feconda, che consiste in un flusso di sangue dall'utero, di norma ogni 28 giorni.

mè|struo s.m. mestruazione.

mè|ta s.m. **1** punto verso il quale si è diretti, a cui si deve arrivare: *camminare senza una — precisa* **2** (*fig.*) fine, scopo, obiettivo da raggiungere **3** (*archeol.*) nei circhi antichi, ciascuno dei due elementi di pietra posti alle estremità della pista, intorno a cui dovevano girare i carri in gara **4** (*sport*) nel rugby, marcatura ottenuta mettendo il pallone oltre la linea di meta che delimita sul fondo la metà campo degli avversari.

me|tà s.f. **1** una delle due parti uguali che insieme costituiscono un intero: *due è la — di quattro* | **per —**, **a —**, in due parti uguali | **fare**, **lasciare a —**, non portare a termine **2** (*scherz.*) uno dei coniugi rispetto all'altro: *la mia dolce —* **3** punto che divide realmente o idealmente ql.co.: *la — della pagina* ◆ agg.invar. mezzo: *essere a — strada*.

mè|ta- *pref.* si usa per indicare 'mutamento' (*metamorfosi*), 'trasferimento' (*metempsicosi*), 'trasposizione' (*metatesi*), 'posteriorità' (*metacarpo*), 'successione' (*metameria*), 'superamento dei limiti' (*metalinguaggio*).

me|ta|bò|li|co *agg.* [m.pl. *-ci*] (*biol.*) del metabolismo.

me|ta|bo|li|smo *s.m.* (*biol.*) l'insieme delle trasformazioni chimiche ed energetiche che si verificano nelle cellule degli organismi viventi e che consentono loro di crescere e mantenersi in vita; ricambio | — *basale*, consumo energetico minimo di un organismo in condizioni di assoluto riposo e di benessere termico, a digiuno da almeno 12 ore; costituisce il fabbisogno calorico necessario al mantenimento delle funzioni vitali.

me|ta|bo|liz|za|re *v.tr.* 1 (*biol.*) trasformare per metabolismo 2 (*fig.*) assimilare, digerire un concetto, un'idea, un cambiamento.

me|ta|càr|po *s.m.* (*anat.*) l'insieme delle cinque ossa costituenti la parte centrale dello scheletro della mano, tra il carpo e le prime falangi delle dita.

me|ta|cri|là|to *s.m.* (*chim.*) composto organico acrilico da cui si ricavano polimeri sintetici, tra cui le resine termoplastiche e trasparenti usate in sostituzione del vetro.

me|ta|dó|ne *s.m.* (*chim.*) composto sintetico usato in medicina al posto della morfina e per il trattamento dei soggetti tossicodipendenti.

me|ta|fi|si|ca *s.f.* 1 parte della filosofia che si occupa dei principi primi della realtà, posti al di là della conoscenza sensibile e dell'esperienza diretta: *la — di Aristotele* 2 (*estens.*) teoria posta a fondamento di una disciplina, di una scienza 3 (*fig., spreg.*) argomentazione, concezione senza alcun legame con la realtà, astratta e astrusa.

me|ta|fi|si|co *agg.* [m.pl. *-ci*] 1 (*filos.*) della metafisica, che concerne la metafisica 2 (*fig., spreg.*) astruso; astratto: *ragionamenti metafisici* ♦ *s.m.* [f. *-a*] 1 filosofo che si occupa di metafisica 2 (*spreg.*) persona senza senso pratico o che ama ragionare in modo astruso □ **metafisicamente** *avv.* 1 dal punto di vista della metafisica 2 (*spreg.*) senza realismo, in modo astratto.

me|ta|fo|ra *s.f.* figura retorica che consiste nel sostituire un vocabolo con un altro che indica una realtà simile a quella da designare (p.e. *una volpe*, invece di *è furbo come una volpe*).

me|ta|fò|ri|co *agg.* [m.pl. *-ci*] di metafora | che contiene o denota a metafore; figurato.

me|tal|dèi|de *s.f.* (*chim.*) polimero dell'acetaldeide, usato in tavolette come combustibile dei fornelli portatili.

metal detector (*ingl.*) [pr. *mètal ditèktor*] *loc.sost. m.invar.* dispositivo elettromagnetico a raggi infrarossi, installato in alcuni luoghi pubblici per individuare oggetti metallici, spec. armi.

me|ta|lin|guàg|gio *s.m.* (*ling.*) ogni linguaggio inteso come sistema linguistico creato per analizzare un altro linguaggio.

me|tàl|li|co *agg.* [m.pl. *-ci*] 1 di metallo: *lega metallica* 2 caratteristico dei metalli: *lucentezza metallica* | *suono —*, freddo, secco | *voce metallica*, squillante ma senza alcuna inflessione.

me|tal|lì|fe|ro *agg.* che contiene metalli.

me|tal|liz|zà|re *v.tr.* 1 ricoprire con uno strato di metallo a scopo protettivo 2 conferire lucentezza metallica, spec. usando determinate vernici: *— la carrozzeria dell'auto*.

me|tal|liz|zà|to *part.pass. di* metallizzare ♦ *agg.* 1 ricoperto con uno strato di metallo 2 che contiene metalli | che ha riflessi metallici.

me|tàl|lo *s.m.* 1 ogni elemento chimico, gener. solido, compatto, lucente, duro, capace di trasmettere bene calore ed elettricità, che, combinato con l'ossigeno, forma ossidi basici 2 (*estens.*) lega costituita da metalli diversi 3 oggetto in metallo.

me|tal|lo|grà|fi|a *s.f.* 1 scienza che studia struttura e proprietà chimiche e fisiche di metalli e leghe metalliche 2 riproduzione a stampa per mezzo di lastre metalliche.

me|tal|lòi|de *s.m.* termine con cui, spec. in passato, si designava ogni elemento chimico con caratteristiche opposte a quelle dei metalli; non metallo.

me|tal|lur|gì|a *s.f.* il complesso delle operazioni industriali usate per l'estrazione dei metalli, per la loro lavorazione e per produrre leghe metalliche.

me|tal|lùr|gi|co *agg.* [m.pl. *-ci*] 1 relativo alla metallurgia: *attività metallurgica* 2 detto di operaio che lavora nelle industrie metallurgiche ♦ *s.m.* [f. *-a*] operaio metallurgico.

me|tal|mec|cà|ni|co *agg.* [m.pl. *-ci*] 1 che riguarda la metallurgia e la meccanica insieme 2 detto di operaio che lavora nelle industrie metalmeccaniche ♦ *s.m.* [f. *-a*] operaio metalmeccanico.

me|ta|me|rì|a *s.f.* 1 (*biol.*) struttura particolare del corpo di alcuni animali, p.e. degli Anellidi, in cui uno o più organi si ripetono in segmenti disposti in successione 2 (*chim.*) tipo di isomeria che presentano i metameri.

me|ta|mè|ri|co *agg.* [m.pl. *-ci*] (*biol., chim.*) che presenta metameria.

me|tà|me|ro *s.m.* 1 (*biol.*) ciascuno dei segmenti disposti in serie che costituiscono il corpo di vari animali 2 (*chim.*) ciascuno dei composti chimici che, pur avendo identica composizione e uguale peso molecolare, hanno un legame molecolare diverso e, quindi, con diverse proprietà chimiche.

me|ta|mòr|fi|co *agg.* [m.pl. *-ci*] 1 di metamorfosi, che riguarda la metamorfosi 2 (*geol.*) modificato da metamorfismo: *roccia metamorfica*.

me|ta|mor|fi|smo *s.m.* (*geol.*) l'insieme delle trasformazioni subite da minerali e rocce in seguito a pressioni, aumento di temperatura o azioni chimiche.

me|ta|mòr|fo|si *s.f.* 1 (*mit., lett. popolare*) trasformazione di un essere in un altro di natura diversa per effetto di forze magiche o soprannaturali: *la — di un albero in ninfa* 2 (*fig.*) cambia-

mento, mutamento radicale: *il bambino ha subito una* — **3** (*biol.*) trasformazione della forma e della struttura di molti animali, p.e. gli insetti, prima di raggiungere lo sviluppo definitivo.
me|ta|nie|ro *agg.* relativo all'estrazione e all'utilizzo industriale del metano.
me|ta|ni|fe|ro *agg.* che produce metano.
me|tà|no *s.m.* (*chim.*) idrocarburo costituito da un atomo di carbonio e quattro di ossigeno; è un gas incolore, inodore, infiammabile, che si trova in molte miscele di gas naturali ed è utilizzato come combustibile, per produrre vari composti chimici, spec. sostanze plastiche, gomme sintetiche e fertilizzanti.
me|ta|no|dót|to *s.m.* conduttura che trasporta e distribuisce il metano.
me|ta|nò|lo *s.m.* (*chim.*) alcol metilico.
me|ta|plà|sma *s.m.* [pl. -*i*] (*biol.*) sostanza elaborata dalle cellule che va a riempire gli interstizi fra le cellule stesse.
me|ta|psi|chi|ca *s.f.* parapsicologia.
me|ta|psi|chi|co *agg.* [m.pl. -*ci*] detto di fenomeno paranormale, psichico o fisico, come la levitazione, la telepatia.
me|ta|sta|si *s.f.* (*med.*) riproduzione di processi tumorali, in un punto distante da quello in cui hanno avuto origine | la nuova formazione tumorale che si è creata.
me|ta|stò|ria *s.f.* ciò che permane costante nel divenire della storia.
me|ta|stò|ri|co *agg.* [pl.m. -*ci*] che permane oltre la storia | relativo a più periodi o contesti storici: *piano* —.
me|ta|tàr|so *s.m.* (*anat.*) il complesso delle cinque ossa lunghe del piede, comprese tra il tarso e le prime falangi.
me|tà|te|si *s.f.* (*ling.*) trasposizione di suoni all'interno di una stessa parola (p.e. *metereologia* per *meteorologia*, *vegno* per *vengo*).
me|ta|to|rà|ce *s.m.* (*zool.*) terzo segmento del torace degli insetti.
Me|ta|zòi *s.m.pl.* sottoregno che comprende animali formati da più cellule dotate di specifiche funzioni.
me|tè|co *s.m.* (*st.*) nell'antica Grecia, straniero residente in una città che, pur essendo in possesso della cittadinanza, doveva pagare particolari tasse e non poteva partecipare alla vita politica.
me|tem|psi|cò|si *s.f.* in alcune religioni o filosofie, la trasmigrazione dell'anima dopo la morte in altri corpi umani, animali, vegetali o minerali; reincarnazione.
mè|te|o *agg.invar.* abbr. di meteorologico ♦ *s.m.invar.* bollettino meteorologico.
me|te|o|ra *s.f.* **1** (*geog.*) qualsiasi fenomeno naturale che si verifica nell'atmosfera **2** (*astr.*) piccolo meteorite che, entrando nell'atmosfera, lascia una scia luminosa; stella cadente.
me|te|o|rì|co *agg.* [m.pl. -*ci*] **1** (*geog.*) che riguarda i fenomeni che si verificano nell'atmosfera **2** (*astr.*) di meteora.
me|te|o|ri|smo *s.m.* (*med.*) accumulo nello stomaco o nell'intestino di gas ingeriti o prodotti dalla digestione.
me|te|o|ri|te *s.m./f.* (*astr.*) frammento di corpo celeste vagante nello spazio che può precipitare sulla Terra, gener. disintegrandosi prima di raggiungere la superficie.
me|te|o|rì|ti|co *agg.* [m.pl. -*ci*] relativo a meteorite.
me|te|o|ro|lo|gì|a *s.f.* scienza che studia l'atmosfera terrestre e i fenomeni che avvengono in essa | — **sinottica**, quella che, sulla base dei dati forniti dalle stazioni meteorologiche e dai satelliti artificiali, studia l'evoluzione dei fenomeni atmosferici per la previsione del tempo.
me|te|o|ro|lò|gi|co *agg.* [m.pl. -*ci*] che riguarda i fenomeni atmosferici o la meteorologia: *bollettino* —.
me|te|o|rò|lo|go *s.m.* [f. -*a*; pl. -*gi*] chi studia meteorologia | esperto nelle previsioni del tempo.
me|te|o|ro|pa|tì|a *s.f.* (*med.*) l'insieme dei malesseri psichici e neurovegetativi connessi alle condizioni e variazioni meteorologiche.
me|te|o|ro|pà|ti|co *agg.* [m.pl. -*ci*] (*med.*) **1** di meteoropatia **2** che è affetto da meteoropatia: *disturbo* — ♦ *s.m.* [f. -*a*] chi è affetto da meteoropatia.
me|tìc|cio *agg.*, *s.m.* [f. -*a*; f.pl. -*ce*] **1** che, chi è nato da genitori di razza diversa, spec. con pelle di colore diverso **2** (*zootec.*) detto di animale fecondo, nato dall'incrocio di due individui di diversa razza ma della stessa specie.
me|ti|co|lo|si|tà *s.f.* scrupolosità.
me|ti|co|ló|so *agg.* **1** che svolge la sua attività con scrupolo e cura, a volte anche con pedanteria: *impiegato* — **2** svolto con precisione e minuziosità: *pulizia meticolosa* | caratterizzato da scrupolosità: *ricerca meticolosa* □ **meticolosamente** *avv*.
me|tì|le *s.m.* (*chim.*) radicale monovalente che si ricava dal metano sottraendo un atomo di idrogeno.
me|tì|lè|ne *s.m.* (*chim.*) radicale bivalente che si ricava dal metano sottraendo due atomi di idrogeno.
me|tì|li|co *agg.* [m.pl. -*ci*] (*chim.*) si dice del gruppo costituito dal radicale metile o di composto la cui molecola contiene il radicale metile | *alcol* —, liquido incolore, molto tossico e dal caratteristico odore pungente, ricavato dalla distillazione secca del legno o per sintesi; si usa per preparare molti composti e come solvente; metanolo.
me|tò|di|ca *s.f.* metodologia.
me|to|di|ci|tà *s.f.* **1** sistematicità: — *nello studio* **2** precisione.
me|tò|di|co *agg.* [m.pl. -*ci*] **1** (*di cosa*) che viene svolta con metodo; sistematico: *lavoro* — | *vita metodica*, abitudinaria **2** (*di persona*) che agisce con metodo; preciso: *è un tipo* — □ **metodicamente** *avv*.
me|to|dì|smo *s.m.* movimento evangelico di rinnovamento religioso avviato nel XVIII sec. da J. e Ch. Wesley nell'ambito della Chiesa angli-

cana e oggi diffuso spec. negli USA; è caratterizzato da una religiosità basata su un metodo di vita devota e su un forte spirito etico e caritativo.

me|to|dì|sta¹ *s.m./f.* [m.pl. *-i*] seguace del metodismo ♦ *agg.* metodistico.

me|to|dì|sta² *s.m./f.* [m.pl. *-i*] **1** (*ind.*) tecnico addetto al controllo dei metodi e dei tempi di lavorazione **2** nei giochi d'azzardo, nel lotto e sim., chi si basa sul metodo del calcolo delle probabilità.

me|to|di|sti|co *agg.* [m.pl. *-ci*] (*relig.*) che riguarda il metodismo o i metodisti.

mè|to|do *s.m.* **1** il complesso di regole e principi che si seguono nello svolgimento di un'attività per poter raggiungere determinati obiettivi: — *di studio* | sistematicità: *procedere con* — **2** (*spec.pl.*) modo di comportarsi, di agire: *adottare metodi brutali* **3** (*estens.*) espediente, mezzo: *sta cercando un* — *per risparmiare tempo* **4** manuale tecnico con esercizi pratici per l'insegnamento di una materia: — *di solfeggio*.

me|to|do|lo|gì|a *s.f.* **1** (*filos., scient.*) dottrina che studia le regole e i principi che consentono lo sviluppo delle conoscenze nell'ambito di una materia o di un settore disciplinare **2** metodo: *una* — *moderna*.

me|to|do|lò|gi|co *agg.* [m.pl. *-ci*] che riguarda il metodo, la metodologia □ **metodologicamente** *avv.* dal punto di vista metodologico: *è* — *sbagliato*.

me|to|nì|mia o **metonimìa** *s.f.* figura retorica che consiste nel sostituire una parola con un'altra, con cui ha rapporti di tipo logico; p.e. la causa per l'effetto (*avere la lingua sciolta*), il contenente per il contenuto (*bevo una bottiglia d'acqua*), l'autore per l'opera (*ascolto Chopin*), lo strumento per chi l'adopera (*l'articolo è di buona penna*) ecc.

me|to|nì|mi|co *agg.* [m.pl. *-ci*] della metonimia | che costituisce o contiene una metonimia.

mè|to|pa o **mètope** *s.f.* (*archeol.*) nel fregio dorico, spazio rettangolare inserito fra due triglifi, gener. con motivi ornamentali in bassorilievo.

me|tràg|gio *s.m.* **1** misurazione in metri: *la stoffa è venduta a* — **2** quantità espressa in metri **3** (*cine.*) lunghezza della pellicola | *film a lungo, a corto* —, lungometraggio, cortometraggio.

me|tra|tù|ra *s.f.* **1** misurazione in metri della lunghezza o della superficie di ql.co.: *eseguire la corretta* — *di una superficie* **2** ampiezza, lunghezza, espressa in metri: *appartamenti di tutte le metrature*.

-me|trì|a (*scient.*) secondo elemento di parole composte che significa "misura" (*isometria*) o "misurazione" (*planimetria*).

mè|tri|ca *s.f.* **1** l'insieme delle leggi che regolano la composizione di versi e strofe: *studiare* —**2** il complesso dei metri usati in un ambiente letterario, in un'epoca, da un poeta: *la* — *antica, di Petrarca*.

mè|tri|co *agg.* [m.pl. *-ci*] **1** che riguarda le misure o la misurazione | *sistema* — *decimale*, quello in cui le unità di misura sono multipli e sottomultipli decimali delle unità fondamentali **2** relativo al metro poetico, alla metrica: *schema* — |*prosa* —, nell'oratoria greca e latina, prosa regolata da schemi di sillabe lunghe e brevi che, spec. alla fine di un periodo, determina una certa cadenza.

mè|tro¹ *s.m.* **1** nel Sistema Internazionale, unità di misura della lunghezza, definita in relazione alla velocità della luce (*simb.* m) | — *quadrato*, unità di misura di superficie che equivale a quella di un quadrato di 1 m di lato | — *cubo*, unità di misura di volume che equivale a quello di un cubo di 1 m di lato **2** (*estens.*) strumento di misurazione, costituito da un nastro o da un regolo, della lunghezza di 1 m, su cui sono riportate le divisioni in decimetri e centimetri: — *da muratore* **3** (*fig.*) criterio valutativo, parametro di giudizio: *usare metri diversi secondo le persone*.

mè|tro² *s.m.* **1** nella poesia greco-latina, unità di misura dei versi | verso o strofa costituiti da tali unità: — *giambico* **2** nella poesia moderna, struttura particolare di un verso o di una strofa | schema metrico di un componimento poetico: *il* — *della sestina*.

mè|tro³ *s.f.invar.* abbr. di metropolitana.

métro (*fr.*) [pr. *metrò*] *s.m.invar.* metropolitana.

mè|tro-, -me|tro primo e secondo elemento di parole composte che significa "misura" (*perimetro*), "misuratore" (*barometro*), "metro poetico", "piede" (*pentametro*).

me|tro|lo|gì|a *s.f.* **1** scienza che studia i problemi riguardanti la misurazione e la scelta delle unità di misura e dei sistemi di misurazione **2** studio dei sistemi di misura e monetari antichi **3** (*raro*) studio dei sistemi metrici usati in poesia.

me|trò|no|mo *s.m.* apparecchio a orologeria con cui si scandisce il tempo in musica, costituito da un'asta graduata azionata da un meccanismo a molla.

me|tro|nòt|te *s.m.invar.* guardia notturna.

me|trò|po|li *s.f.* **1** città più importante di uno Stato, di una regione | (*estens.*) città molto estesa, densamente popolata, caratterizzata da un notevole sviluppo economico: *abitare in una* — **2** (*st.*) nell'antica Grecia, città madre rispetto alle colonie fondate da essa **3** (*dir. canonico*) città, chiesa o diocesi di una provincia ecclesiastica.

me|tro|po|lì|ta *s.m.* [pl. *-i*] nella Chiesa cattolica e anglicana, vescovo del capoluogo di una provincia ecclesiastica, cui spetta il titolo di arcivescovo | nella Chiesa ortodossa, dignitario di grado intermedio tra il patriarca e l'arcivescovo.

me|tro|po|lì|ta|na *s.f.* nelle grandi città, sistema ferroviario gener. sotterraneo, ma anche di superficie, per il trasporto rapido dei passeggeri | *convoglio di tale ferrovia: andare in* —.

me|tro|po|lì|ta|no *agg.* che riguarda una metropoli: *traffico* —.

mét|te|re *v.tr.* [indic.pres. *io metto*...; pass.rem. *io misi, tu mettésti*...; part.pass. *messo*] **1** (*anche fig.*) collocare, porre ql.co. o qlcu. in un dato luogo: — *i libri sulla scrivania*; — *al posto d'onore*; — *un'idea in testa a qlcu.* | disporre | — *via*, riporre | — *insieme*, radunare, riunire **2** indossare: — *un vestito nuovo* **3** aggiungere una sostanza: — *le uova nell'impasto* **4** aggiungere, inserire: *lo metta sul mio conto*; *qui devi* — *un punto* **5** applicare: — *un'etichetta sul barattolo* **6** versare: *il caffè nella tazzina* **7** conficcare: — *un chiodo nel muro* | introdurre, infilare: — *il dito in bocca* **8** attaccare, appendere: — *una targa sulla porta* **9** (*fam.*) impiantare, installare: — *il condizionatore* **10** posare: *ti rendi conto di dove metti i piedi?* | — *gli occhi addosso a ql.co.*, *a qlcu.*, guardare con un certo interesse; (*fig.*) desiderare **11** ipotizzare, supporre: *mettiamo che sia andata così* **12** provocare: *questo chiasso mi mette mal di testa* | — *su qlcu.*, aizzare, istigare: *lo ha messo su contro di noi* **13** produrre: — *i primi germogli* **14** infondere una sensazione, un sentimento in qlcu.: — *tristezza* **15** azionare un apparecchio, un congegno e sim.: — *la radio a tutto volume* **16** versare una quota in denaro: *ci siamo autotassati mettendo trenta euro a testa* | far pagare un determinato prezzo: *a quanto mette le patate?* **17** [con la particella pron. *ci*] dare, dedicare: *metterci tutto l'impegno* | impiegare un dato tempo: *ci metterò più di un'ora* | *mettercela tutta*, impegnarsi molto **18** forma molte locuzioni unendosi a un sostantivo o a un v. all'infinito mediante la preposizione *a*: — *a nudo*, *allo scoperto*, svelare | — *a posto ql.co.*, sistemarlo | — *a posto qlcu.*, dargli una lezione | — *a punto*, sistemare un congegno, una macchina per farlo funzionare nel migliore dei modi; (*fig.*) precisare i termini di un problema | — *a segno*, colpire con precisione un bersaglio | — *a soqquadro*, creare confusione | — *al mondo*, generare, partorire | (*fig.*) — *al muro*, fucilare | — *alla porta*, scacciare bruscamente | — *alle strette*, costringere | — *la testa a partito*, diventare giudizioso | — *mano a ql.co.*, iniziarlo **19** forma molte loc. unendosi a sostantivi mediante la prep. *in*: — *in chiaro*, chiarire | (*fig.*) — *in croce*, tormentare | — *in imbarazzo*, a disagio | — *in piazza*, divulgare | — *in pratica*, attuare | — *in ridicolo*, ridicolizzare ♦ *intr.* [aus. *A*] immettere: *il sottopassaggio mette nella stazione* | fare capo ♦ **-rsi** *rifl.* **1** collocarsi, porsi: — *a letto* | — *in cammino*, incamminarsi **2** vestirsi in un certo modo: — *in ghingheri* ♦ *intr.pron.* **1** profilarsi, procedere in un dato modo | — *male*, *bene*, si dice di situazione che evolve negativamente, positivamente | *il tempo si mette al bello*, *al brutto*, si rasserena, peggiora **2** [seguito da *a* + v. all'inf.] iniziare: — *a piangere*; *si è messo a piovere*.

meublé (*fr.*) [pr. *möblé*] *agg.invar.*, *s.m.invar.* detto di albergo con solo alloggio, senza ristorante.

mèz|za *s.f.invar.* **1** la mezz'ora: *sono le tre e* — **2** mezzogiorno e mezzo: *si pranza alla —.*

mez|za|cal|zét|ta o **mèzza calzétta** *s.f.* [pl. *mezzecalzette o mezze calzette*] persona di scarse capacità.

mez|za|car|tùc|cia o **mèzza cartùccia** *s.f.* [pl. *mezzecartucce o mezze cartucce*] persona di poco valore, che non dimostra particolari doti intellettuali o fisiche.

mez|za|drì|a *s.f.* contratto agrario, ora abrogato in Italia, in base al quale il colono coltivava un fondo altrui dividendo prodotti e utili a metà con il proprietario.

mez|zà|dro *s.m.* [f. *-a*] contadino che coltiva un podere con contratto di mezzadria.

mez|zà|la o **mezz'ala** *s.f.* [pl. *mezzali o mezze ali*] (*sport*) nel calcio, ognuno dei due giocatori di prima linea situati fra centrattacco e ala: — *sinistra*.

mez|za|lù|na o **mèzza lùna** *s.f.* [pl. *mezzelune o mezze lune*] **1** parte di Luna visibile quando è illuminata a metà **2** emblema dell'islamismo | (*estens.*) l'islamismo stesso **3** coltello a lama ricurva, con due impugnature alle estremità, usato per tritare spec. verdure.

mez|zà|na *s.f.* **1** (*mar.*) in un veliero a tre alberi, albero di poppa | vela quadra inferiore dell'albero di mezzana **2** donna che fa da intermediaria nelle relazioni amorose, spec. illecite; ruffiana.

mez|za|nì|no *s.m.* in un edificio, piano situato tra piano terreno e primo piano; ammezzato.

mez|zà|no *agg.* **1** che è in mezzo | che occupa una posizione intermedia | *fratello* —, di età intermedia fra il maggiore e il minore **2** mediocre: *merce di qualità mezzana* ♦ *s.m.* [f. *-a*] intermediario di amori illeciti; ruffiano.

mez|za|nòt|te *s.f.* [pl. *mezzenotti*] ventiquattresima ora del giorno, che segna la fine di una giornata e l'inizio della successiva.

mez|z'à|ria *solo nella loc. a —*, a media altezza: *volare a —*; (*fig.*) reticente, evasivo: *discorsi a —.*

mez|z'à|sta *solo nella loc. a —*, si dice di bandiera innalzata fino a metà dell'asta, come segno di lutto.

mez|za|tìn|ta *s.f.* [pl. *mezzetinte*] **1** tonalità di colore intermedio tra il chiaro e lo scuro **2** (*pitt.*) tonalità tenue, usata per passare da una tinta in luce a una in ombra **3** (*tipografia*) incisione fotomeccanica in cui i chiaroscuri si ottengono per mezzo del retino.

mez|ze|rì|a *s.f.* **1** punto di mezzo | *linea di —*, linea bianca che divide longitudinalmente in due parti una strada, per separare i due sensi di marcia **2** (*mar.*) in un'imbarcazione, sezione centrale in senso longitudinale.

mèz|zo *agg.* **1** che corrisponde alla metà dell'intero: — *litro*, *chilo* **2** intermedio, medio | *di mezza età*, si dice di qlcu. non più giovane ma non ancora vecchio | *mezza stagione*, primavera e autunno **3** (*fam.*) che è quasi, pressappoco: *la finestra è mezza chiusa* | *mezza idea*, un'idea piuttosto vaga | — *morto*, decisamente mal ridotto ♦ *s.m.* **1** metà di un tutto: *un* — *del raccolto* | si usa spec. dopo un numerale, sottintendendo il sostantivo precedente: *un chilo e* — **2** il punto che idealmente divide a metà uno spazio | parte centrale: *in* — *alla piazza* | (*fig.*) momento centrale o culminante di ql.co.: *nel* — *della cerimo-*

nia | *età di* —, il Medioevo | (*fig.*) *via di* —, scelta di compromesso | *andare di* —, restare coinvolto | *levare di* — *ql.co.*, liberarsene | *levarsi*, *togliersi di* —, andarsene | *mettere in* — *qlcu.*, coinvolgerlo, gener. in una situazione negativa 3 strumento per raggiungere un determinato scopo: *ricorrere a tutti i mezzi possibili* | *mezzi di comunicazione di massa*, i mass media, ossia cinema, televisione, radio, giornali | *mezzi di trasporto*, i veicoli che consentono lo spostamento di persone o cose da un luogo a un altro | *per* — *di*, tramite, mediante | (*gramm.*) *complemento di* —, quello che indica lo strumento con. cui si compie l'azione verbale (p.e. *scrivo con la penna*) 4 veicolo per il trasporto di cose o di persone: — *pubblico*; *prendere un* — | veicolo da combattimento: *mezzi da sbarco* 5 (*chim.*, *fis.*) sostanza o ambiente in cui si verifica un fenomeno: — *fluido* 6 (*pl.*) capacità, dote, qualità: *un artista di grandi mezzi* 7 (*pl.*) denaro, possibilità finanziarie: *dispone di molti mezzi* ♦ *avv.* per metà: *la bottiglia è* — *vuota* | quasi, pressappoco: *sono* — *addormentata*.
mez|zo|bu|sto o **mèzzo busto** *s.m.* [pl. *mezzibusti* o *mezzi busti*] 1 rappresentazione del corpo umano che comprende solo la parte superiore del busto con il collo e la testa 2 (*scherz.*) giornalista o annunciatore televisivo che viene inquadrato solo nella parte superiore del corpo.
mez|zo|con|tràl|to o **mèzzo contràlto** *s.m.* [pl. *mezzicontralti* o *mezzi contralti*] 1 voce femminile dei contralti, fra cui ha il timbro più acuto 2 [anche f.] la cantante con tale voce.
mez|zo|dì *s.m.invar.* mezzogiorno.
mez|zo|fon|di|sta *s.m./f.* [m.pl. *-i*] (*sport*) atleta specializzato in gare di mezzofondo.
mez|zo|fón|do *s.m.* [pl. *mezzofondi*] (*sport*) nell'atletica leggera e nel nuoto, gara che si effettua su media distanza | nel ciclismo, gara su pista dietro motori, effettuata su una distanza fino a 100 km.
mez|zo|giór|no *s.m.* [pl. *mezzogiorni*] 1 la dodicesima ora del giorno 2 (*estens.*) il sud 3 parte meridionale di una regione, di un paese | *il Mezzogiorno*, l'Italia meridionale.
mez|zo|pùn|to o **mèzzo pùnto** *s.m.* [pl. *mezzipunti* o *mezzi punti*] punto a croce usato per lavori di ricamo | piccolo punto usato in tappezzeria.
mez|zó|ra o **mèzz'óra** *s.f.* [pl. *mezzore* o *mezze ore*] metà di un'ora.
mez|zo|sàn|gue o **mèzzo sàngue** *s.m./f.invar.* 1 cavallo purosangue solo da parte di uno dei genitori 2 (*estens.*) animale con genitori di razza diversa 3 (*estens.*) persona di razza mista; meticcio.
mez|zo|ser|vi|zio o **mèzzo servìzio** *s.m.* solo sing. prestazione di lavoro domestico limitata ad alcune ore del giorno.
mez|zo|so|prà|no o **mèzzo sopràno** *s.m.* [pl. *mezzisoprani* o *mezzi soprani*] 1 registro di voce femminile con estensione intermedia tra il contralto e il soprano 2 [anche f.] la cantante con tale voce.
mez|zùc|cio *s.m.* espediente misero, meschino.
mez|zù|le *s.m.* parte centrale del fondo di una botte in cui si inserisce la cannella per spillare il vino e gener. dotata di sportello per poter effettuare la pulizia dell'interno.
mi[1] *pron.pers. di 1ª pers.sing.* [atono; con le particelle pron. atone *lo, la, li, le* e la particella *ne* è sostituito da *me*; con altri pron.pers. precede *ci, si, ti*] 1 [con funzione di compl.ogg., in posizione proclitica ed enclitica; è usato nella con. dei v.pron.] me: — *aveva chiamato*; *portami a casa*; — *pento di ciò che ho fatto* 2 [con funzione di compl. di termine, in posizione proclitica ed enclitica] a me: — *sembra che sia arrivato*; *spiegami come funziona* 3 esprime la partecipazione affettiva di chi parla o scrive (dativo etico): *ma che cosa* — *stai raccontando?*
mi[2] *s.m.* (*mus.*) nei paesi latini, nome della terza nota della scala di do.
mi[3] *s.m./f.* nome della dodicesima lettera dell'alfabeto greco, che corrisponde alla *m* dell'alfabeto latino.
mia|go|là|re *v.intr.* [indic.pres. *io miàgolo...*; aus. A] 1 detto del gatto, emettere il proprio verso; fare miao 2 (*fig.*) detto di persona, parlare o cantare lentamente e con voce sdolcinata | lamentarsi, piangere.
mia|go|là|ta *s.f.* miagolio prolungato e continuo.
mia|go|lì|o *s.m.* un miagolare ripetuto.
mial|gì|a *s.f.* (*med.*) dolore muscolare.
mià|sma *s.m.* [pl. *-i*] esalazione malsana e nociva che proviene da sostanze in putrefazione o da acqua stagnante | (*estens.*) forte odore fetido.
mia|ste|nì|a *s.f.* (*med.*) condizione di facile affaticabilità dei muscoli | — *gravis*, malattia caratterizzata da progressivo e generalizzato indebolimento dei muscoli, fino alla paralisi flaccida.
mì|ca[1] *avv.* (*fam.*) 1 [posposto al v. come raff. di una negazione] affatto, per nulla: *non è* — *costoso* 2 [in frasi dubitative o interr.] per caso: *non ti sarai* — *arrabbiato?* 3 [usato senza negazione] non: — *l'ho visto oggi* | — *male*, esprime condizione o giudizio favorevole | — *tanto*, poco: *"Ti è piaciuto il film?" "*— *tanto"*.
mì|ca[2] *s.f.* minerale flessibile e facilmente sfaldabile in lamine sottili, presente in molte rocce; si usa nell'industria come isolante elettrico e termico.
mi|ca|sci|sto *s.m.* (*min.*) roccia metamorfica con struttura scistosa, costituita spec. da quarzo e mica.
mìc|cia *s.f.* [pl. *-ce*] filo combustibile usato per trasmettere a distanza l'accensione a ordigni esplosivi.
mi|cè|lio *s.m.* (*bot.*) corpo vegetativo dei funghi, costituito dalle ife.
mi|ce|nè|o *agg.* dell'antica città greca di Micene | relativo alla civiltà fiorita a Micene nel II millennio a.C. ♦ *s.m.* [f. *-a*] nativo o abitante dell'antica Micene.

mi|cè|te[1] *s.m.* (*bot.*) fungo.
mi|cè|te[2] *s.m.* scimmia urlatrice americana con barba nera e coda prensile.
mi|ce|to|lo|gì|a *s.f.* micologia.
mi|che|làc|cio *s.m.* (*fam.*) fannullone, vagabondo.
mi|che|lan|gio|lé|sco *agg.* [m.pl. *-schi*] **1** di Michelangelo Buonarroti (1475-1564) **2** (*estens.*) che richiama la solennità dell'arte di Michelangelo.
mi|chét|ta *s.f.* (*region.*) panino di forma rotonda; rosetta.
mi|ci|dià|le *agg.* **1** che provoca la morte: *una ferita* — **2** (*iperb.*) che provoca grave danno; nocivo | insopportabile: *vento* —.
mi|cio *s.m.* [f. *-a*; f.pl. *-cie* o *-ce*] (*fam.*) gatto domestico.
mi|co|lo|gì|a *s.f.* branca della botanica che studia i funghi.
mi|cò|si *s.f.* malattia causata da funghi parassiti microscopici.
mì|cro- (*scient.*) primo elemento di parole composte che significa "piccolo", "di sviluppo limitato" (*microcosmo, microscopio, microcefalia*) o "visibile solo al microscopio" (*microrganismo*) | anteposto a un'unità di misura la divide per 1 milione (*microampere*).
mi|cro|am|pe|re [pr. *mikroampèr*] *s.m.invar.* (*fis.*) unità di misura di intensità di corrente pari a 1 milionesimo di ampere.
mi|crò|bi|co *agg.* [m.pl. *-ci*] di, da microbo.
mi|crò|bio *s.m.* (*biol.*) microrganismo animale o vegetale, gener. patogeno.
mi|cro|bio|lo|gì|a *s.f.* settore della biologia che studia i microrganismi.
mi|cro|biò|lo|go *s.m.* [f. *-a*; m.pl. *-gi*] studioso di microbiologia.
mì|cro|bo *s.m.* **1** (*biol.*) microbio **2** (*fig.*) individuo meschino e insignificante.
mi|cro|cà|me|ra *s.f.* apparecchio fotografico di piccolissime dimensioni, per pellicole di formato inferiore a 24x36 mm.
mi|cro|ce|fa|lì|a *s.f.* **1** (*med.*) ridotto sviluppo del cranio **2** (*estens., scherz.*) cretineria, stupidità.
mi|cro|cè|fa|lo *agg.,s.m.* (*med.*) che, chi è affetto da microcefalia.
mi|cro|chip [pr. *microcìp*] *s.m.invar.* (*elettron.*) chip.
mi|cro|chi|rur|gì|a *s.f.* tecnica chirurgica in cui l'operatore interviene su strutture molto piccole avvalendosi del microscopio.
mi|cro|cì|to *s.m.* (*med.*) globulo rosso di diametro inferiore alla norma e povero di emoglobina.
mi|cro|clì|ma *s.m.* [pl. *-i*] il complesso delle condizioni climatiche dello strato di atmosfera immediatamente vicino al suolo | il clima di una zona limitata della superficie terrestre.
mi|cro|cò|smo *s.m.* **1** (*filos.*) nel pensiero antico e rinascimentale, l'uomo concepito come entità completa che riassume in sé tutto l'universo **2** (*scient.*) il mondo delle particelle atomiche e subatomiche che costituiscono la materia **3** (*fig., lett.*) l'insieme delle idee, dei sentimenti e degli ideali che riflettono il mondo esistenziale di un singolo o di un gruppo di persone **4** (*spreg.*) ambiente gretto, limitato.
mi|cro|cri|mi|na|li|tà *s.f.* attività delinquenziale relativa a reati di lieve entità.
mi|cro|cri|stal|lì|no *agg.* (*min.*) detto di roccia i cui cristalli sono molto piccoli e invisibili a occhio nudo.
mi|cro|de|lin|quèn|za *s.f.* microcriminalità.
mi|cro|e|co|no|mì|a *s.f.* settore dell'economia che studia i problemi dei singoli soggetti produttivi (p.e. famiglie, aziende e sim.).
mi|cro|e|let|trò|ni|ca *s.f.* settore dell'elettronica che si occupa della progettazione, della realizzazione e delle applicazioni industriali dei circuiti miniaturizzati.
mi|cro|fi|bra *s.f.* fibra sintetica costituita da fili molto sottili, utilizzata per tessuti leggeri e traspiranti.
mi|cro|film *s.m.invar.* pellicola di piccolo formato per riprodurre scritti, disegni e documenti.
mi|cro|fil|mà|re *v.tr.* riprodurre in microfilm: *— un manoscritto*.
mi|crò|fo|no *s.m.* apparecchio che converte l'energia acustica in energia elettrica consentendo in tal modo la trasmissione e l'amplificazione del suono.
mi|cro|fo|to|gra|fì|a *s.f.* **1** fotografia di un oggetto di piccole dimensioni ingrandito mediante microscopio **2** la tecnica usata per realizzare tale fotografia.
mi|cro|gràm|mo *s.m.* milionesimo di grammo.
mi|cro|let|tó|re *s.m.* apparecchio ottico per la lettura di microfilm.
mi|cro|me|lì|a *s.f.* (*med.*) limitato sviluppo di uno o più arti.
mi|cro|mè|tro[1] *s.m.* strumento per misurazioni lineari di precisione, nell'ordine dei millesimi di millimetro.
mi|cro|mè|tro[2] *s.m.* unità di misura della lunghezza pari a un milionesimo di metro; micron (*simb.* μ *o* μm).
mi|cròn *s.m.invar.* micrometro.
mi|cro|niz|zà|re *v.tr.* ridurre un materiale in particelle minutissime.
mi|cro|ón|da *s.f.* (*fis.*) emissione elettromagnetica la cui lunghezza d'onda è compresa fra 25 mm e 60 cm | **forno a microonde**, apparecchio domestico che utilizza il calore delle microonde per la cottura rapida delle vivande.
mi|cro|pro|ces|só|re *s.m.* (*inform.*) unità centrale di elaborazione costruita gener. in un singolo circuito integrato.
mi|cro|pro|gràm|ma *s.m.* [pl. *-i*] (*inform.*) programma contenente microistruzioni che consentono lo svolgimento di operazioni non previste dal repertorio di base di un elaboratore.
mi|cror|ga|nì|smo *s.m.* organismo animale o vegetale non visibile a occhio nudo, ma solo al microscopio.
mi|cro|scò|pi|co *agg.* [m.pl. *-ci*] **1** che riguarda

il microscopio | che è eseguito con il microscopio: *esame* — **2** che è talmente piccolo da essere visibile solo al microscopio: *organismo* — | (*iperb.*) molto piccolo, minuscolo: *quantità microscopica*.

mi|cro|scò|pio *s.m.* strumento ottico che consente di osservare a forte ingrandimento oggetti piccolissimi, rendendo visibili particolari non percepibili a occhio nudo | — *elettronico*, quello che utilizza fasci di elettroni anziché radiazioni elettromagnetiche e campi elettromagnetici al posto di lenti ottiche.

mi|cro|se|còn|do *s.m.* unità di misura del tempo pari a un milionesimo di secondo.

mi|cro|sì|sma o **microsismo** *s.m.* [pl. -*i*] sisma di intensità minima.

mi|cro|sì|smi|co *agg.* [m.pl. -*ci*] relativo a microsisma.

mi|cro|si|smò|gra|fo *s.m.* strumento per registrare e misurare microsismi.

mi|cro|sól|co *s.m.* [pl. -*chi*] **1** solco per l'incisione fonografica di spessore molto sottile **2** (*anche agg.invar.*) il disco fonografico inciso in tal modo: *un (disco) — a 45 giri*.

mi|cro|so|mì|a *s.f.* (*med.*) anomalia dell'accrescimento corporeo per cui la statura risulta molto inferiore alla norma; nanismo.

mi|cro|spì|a *s.f.* microfono miniaturizzato per l'intercettazione di telefonate o conversazioni.

mi|cro|spò|ra *s.f.* (*bot.*) spora da cui ha origine il gametofito maschile.

mi|cro|stò|ria *s.f.* indirizzo storiografico che studia realtà circoscritte, con particolare attenzione alla vita quotidiana e alla mentalità collettiva.

mi|cro|te|lè|fo|no *s.m.* parte dell'apparecchio telefonico contenente i dispositivi per trasmettere e ricevere la voce.

mi|crò|to|mo *s.m.* (*biol.*) strumento che consente di preparare sottili sezioni di tessuti organici da osservare al microscopio.

mi|dì *agg.invar.* detto di capo d'abbigliamento femminile che arriva a metà polpaccio: *cappotto* — ♦ *s.f.invar.* gonna midi.

mi|dól|la *s.f.* **1** la parte interna e soffice del pane; mollica **2** (*lett.*, *raro*) midollo osseo **3** (*lett.*, *fig.*) essenza, nucleo.

mi|dol|là|re *agg.* (*anat.*, *biol.*) **1** del midollo **2** parte interna di un organo solido.

mi|dól|lo *s.m.* [pl.f. *midolla* nel sign. 3] **1** (*anat.*) la parte interna di un organo solido | (*anche ell.*) — (*osseo*), il tessuto spugnoso che si trova nelle cavità del tessuto osseo | — *allungato*, parte del sistema nervoso centrale che collega il midollo spinale al mesencefalo | — *spinale*, parte del sistema nervoso centrale che occupa il canale vertebrale **2** (*bot.*) tessuto parenchimatico contenuto nella parte centrale dei fusti e delle radici delle piante **3** (*fig.*) la parte più intima di qlcu. o ql.co. | *bagnarsi fino alle midolla*, completamente.

mi|dri|a|si *s.f.* (*med.*) dilatazione della pupilla dovuta a scarsità o totale assenza di luce, a una malattia o all'azione di un medicinale.

mie|là|to o **melàto** *agg.* **1** addolcito con il miele **2** (*fig.*) dolce come il miele | mellifluo.

miè|le *s.m.* **1** sostanza dolce molto viscosa, di colore biondo, che le api elaborano dal nettare dei fiori, diversamente profumata a seconda delle specie vegetali che hanno fornito il nettare: — *di acacia, di castagno* | *dolce come il* —, dolcissimo **2** (*estens.*) sostanza molto dolce **3** (*fig.*) dolcezza, talvolta anche falsa | *parole di* —, molto dolci, affettuose, gener. affettate ♦ *agg.invar.* di colore biondo ambrato: *giallo* —.

mie|lì|na *s.f.* (*anat.*) sostanza contenente proteine e grassi che forma le guaine con funzione protettiva e isolante che avvolgono le fibre nervose.

mie|lì|te *s.f.* (*med.*) infiammazione del midollo spinale.

mie|lo|cì|to o **mielocita** *s.m.* (*biol.*) cellula che si forma nel midollo osseo e da cui hanno origine i granulociti.

mie|lo|gra|fì|a *s.f.* (*med.*) esame radiologico del midollo spinale.

mie|lò|ma *s.m.* [pl. -*i*] (*med.*) tumore maligno del midollo osseo.

mie|ló|so *agg.* **1** che ha un sapore dolciastro **2** (*fig.*) mellifluo, sdolcinato: *frasi mielose*.

miè|te|re *v.tr.* [indic.pres. *io mièto*...] **1** tagliare i cereali maturi a mano o a macchina | (*assol.*) eseguire la mietitura, spec. quella del grano **2** (*fig.*) uccidere: *le guerre mietono sempre vittime innocenti* **3** (*fig.*) raccogliere in gran numero: — *trionfi*.

mie|ti|tó|re *s.m.* [f. -*trice*] chi miete o lavora alla mietitura.

mie|ti|treb|bia|trì|ce *s.f.* (*agr.*) macchina per mietere e trebbiare grano e altri cereali.

mie|ti|trì|ce *s.f.* **1** donna che lavora alla mietitura **2** macchina che effettua la mietitura.

mie|ti|tù|ra *s.f.* **1** l'operazione del mietere **2** la stagione, il periodo in cui si miete **3** (*raro*) la quantità di cereali mietuti; messe.

mi|gliàc|cio *s.m.* (*region.*) frittella larga e sottile arrotolata e cosparsa di zucchero | — *toscano*, con farina di castagne; castagnaccio | — *di maiale*, sanguinaccio.

mi|glià|io *s.m.* [pl.f. *migliaia*] **1** insieme di mille o circa mille unità **2** (*estens.*, *iperb.*) gran numero: *avere migliaia di impegni* | *a migliaia*, in gran quantità.

mi|glia|rì|no *s.m.* piccolo uccello che vive vicino alle paludi e agli stagni, molto diffuso in Europa.

mì|glio[1] *s.m.* [pl.f. *miglia*] unità di misura delle distanze, il cui valore varia a seconda dei tempi e dei luoghi | — *inglese*, pari a 1609,34 m | — *marino*, pari a 1853,18 m | (*anche fig.*) *lontano un* —, a grande distanza | (*anche fig.*) *essere lontano mille miglia dal fare o dal pensare ql.co.*, fare o pensare cose molto diverse.

mì|glio[2] pianta erbacea con larghe foglie e infiorescenze raccolte a pannocchia | il frutto a cariosside di tale pianta, usato come becchime per uccelli o per l'alimentazione umana.

miglioramento

mi|glio|ra|mén|to *s.m.* 1 cambiamento in meglio; quanto viene fatto per rendere migliore ql.co.: *ha apportato molti miglioramenti all'appartamento* 2 il diventare migliore: *il — della condizione economica* 3 lo stare meglio, spec. nel corso di una malattia.

mi|glio|rà|re *v.tr.* [indic.pres. *io miglióro...*] rendere migliore; perfezionare: *— la propria prestazione* ♦ *intr.* [aus. *E*; anche *A* nel sign. 2] 1 diventare migliore: *il tempo sta per —* 2 ristabilirsi in salute: *il paziente va migliorando* 3 progredire: *suo figlio ha migliorato parecchio*.

mi|glio|ra|ti|vo *agg.* che ha lo scopo di rendere migliore; che introduce miglioramenti: *procedimento —*.

mi|glió|re *agg.* [compar. di *buono*; gener. si tronca in *miglior* davanti a sost.sing.] 1 più buono, riferito spec. a qualità, valore ecc.: *è uno dei miei migliori amici* | preceduto dall'articolo determinativo ha valore di superlativo relativo: *è la — gelateria della città* | (*eufem.*) **passare a miglior vita**, morire 2 più capace, più abile: *è il miglior autore dell'ultimo decennio* 3 più vantaggioso: *in quell'albergo le tariffe sono migliori* 4 più soddisfacente: *ha ottenuto un risultato — del tuo* 5 più adatto: *è la decisione — che potessi prendere* 6 più sano: *ieri le sue condizioni erano migliori* | più felice: *lavorare per un futuro —* ♦ *s.m./f.* la persona o la cosa migliore: *è stato scelto il —*.

mi|glio|rì|a *s.f.* miglioramento apportato a fondi, strade, edifici e sim.

mi|gnàt|ta *s.f.* 1 sanguisuga 2 (*fig.*) persona che specula sugli altri; strozzino 3 (*fig.*) persona molto indiscreta e noiosa.

mì|gno|lo *s.m.*, *agg.* detto del quinto e più piccolo dito della mano o del piede.

mignon (*fr.*) [pr. *mignòn*] *agg.invar.* di ridotte dimensioni, di piccolo formato: *confezione —*.

mi|gnòt|ta *s.f.* (*region.*, *volg.*) prostituta.

mi|grà|re *v.intr.* [aus. *E*] (*spec. di uccelli*) lasciare il luogo di origine per stabilirsi altrove.

mi|gra|tó|re *agg.*, *s.m.* [f. -*trice*] che, chi migra: *uccelli migratori*.

mi|gra|tò|rio *agg.* di migrazione, relativo alle migrazioni: *movimento —*.

mi|gra|zió|ne *s.f.* 1 spostamento definitivo o temporaneo di una popolazione da un luogo a un altro: *le migrazioni interne* 2 (*zool.*) spostamento periodico di alcune specie animali: *le migrazioni dei salmoni* 3 (*chim.*, *fis.*) nella elettrolisi, movimento degli ioni verso gli elettrodi 4 (*biol.*, *med.*) spostamento di una cellula o di un organo dalla sede primitiva a un'altra.

mì|la *agg.num.card.invar.* 1 posposto ai numeri interi cardinali moltiplica per mille il loro valore e forma le migliaia: *seimila* 2 (*fam.*) indica un numero elevato; migliaia: *te l'ho ripetuto non so quante — volte*.

mi|la|né|se *agg.* di Milano | *alla —*, alla maniera dei milanesi: *cotoletta alla —* ♦ *s.m.* 1 *bacchi* [f.] chi abita o è nato a Milano 2 dialetto di Milano.

mi|la|ni|sta *agg.*, *s.m./f.* [m.pl. -*i*] che, chi gioca o fa il tifo per la squadra di calcio del Milan.

mi|liar|dà|rio *agg.*, *s.m.* [f. -*a*] si dice di chi possiede ricchezze nell'ordine di più miliardi | (*estens.*) molto ricco.

mi|liàr|do *s.m.* 1 quantità pari a mille milioni di unità | il segno che rappresenta tale quantità 2 (*iperb.*) numero o quantità enorme: *gliel'ho ripetuto un — di volte!*

mi|lià|re *agg.* si dice di indicazione, gener. costituita da una colonna o una pietra, che segna il numero progressivo delle miglia di una strada | (*fig.*) **pietra —**, evento di fondamentale importanza.

milieu (*fr.*) [pr. *miliö*] *s.m.invar.* (*lett.*) ambiente, contesto, spec. culturale o sociale.

mi|lio|nà|rio *agg.*, *s.m.* [f. -*a*] si dice di chi possiede ricchezze nell'ordine di più milioni | un tempo, detto di chi possedeva più milioni di lire | (*estens.*) molto ricco.

mi|lió|ne *s.m.* 1 quantità pari a mille migliaia di unità | il segno che rappresenta tale quantità 2 (*per anton.*) somma di denaro che corrisponde a un milione di unità monetarie 3 (*estens.*, *iperb.*) numero o quantità enorme: *l'avrò incontrato un — di volte*.

mi|li|tàn|te *part.pres.* di *militare* ♦ *agg.* che milita | (*teol.*) **Chiesa —**, l'insieme dei fedeli che ci sono nel mondo ♦ *s.m./f.* attivista di un movimento culturale, di un partito politico e sim.

mi|li|tàn|za *s.f.* 1 attività a favore di idee, movimenti, partiti e sim.; attivismo: *— politica* 2 l'insieme dei militanti.

mi|li|tà|re[1] *agg.* che riguarda i soldati o le forze armate: *disciplina —* | **tribunale —**, quello che giudica reati compiuti da militari ♦ *s.m.* chi appartiene alle forze armate di uno Stato □ **militarmente** *avv.* 1 secondo i regolamenti militari: *salutare —* 2 (*fig.*) con una disciplina molto rigida: *un ragazzo educato —* 3 dal punto di vista militare: *un paese ben munito —* | con le forze armate: *occupare — un territorio*.

mi|li|tà|re[2] *v.intr.* [indic.pres. *io mìlito...*; aus. *A*] 1 prestare servizio nelle forze militari: *— in marina* 2 (*estens.*) partecipare attivamente alla vita di un movimento culturale, di un partito politico e sim. 3 (*fig.*) essere di appoggio: *il tuo discorso milita a favore della mia teoria*.

mi|li|ta|ré|sco *agg.* [m.pl. -*schi*] (*spec.spreg.*) di, da militare: *modi militareschi*.

mi|li|ta|rì|smo *s.m.* 1 l'insieme dei principi, dei comportamenti tipici dei militari 2 tendenza a sostenere lo sviluppo delle forze armate e degli armamenti.

mi|li|ta|rì|sta *s.m./f.* [m.pl. -*i*] sostenitore del militarismo ♦ *agg.* militaristico.

mi|li|ta|rì|sti|co *agg.* [m.pl. -*ci*] da militarista; del militarismo.

mi|li|ta|riz|zà|re *v.tr.* 1 assoggettare alla disciplina militare, in caso di guerra o di emergenza nazionale: *— i ferrovieri* 2 fortificare a scopi difensivi: *— una città*.

mi|li|ta|riz|za|zió|ne *s.f.* 1 sottomissione alla disciplina militare 2 fortificazione di un luogo a scopi difensivi.

mi|li|te *s.m.* **1** (*lett.*) soldato | — ***ignoto***, salma di un soldato non identificato morto durante la prima guerra mondiale, onorata come simbolo dei caduti in guerra **2** chi appartiene a particolari corpi militari **3** chi appartiene a organizzazioni assistenziali.

mi|li|te|sèn|te *agg., s.m.* (*bur.*) che, chi è esente dal servizio militare.

mi|li|zia *s.f.* **1** mestiere del soldato | vita militare **2** (*fig.*) attività svolta con impegno per un ideale: — *sindacale* **3** (*st., spec.pl.*) corpo di soldati.

mi|li|zià|no *s.m.* **1** chi appartiene a milizie speciali o volontarie **2** (*st.*) chi, durante la guerra civile spagnola, combatteva nelle file repubblicane.

mil|lan|tà|re *v.tr.* **1** vantare in modo esagerato, spec. ciò che non si possiede: — *grandi ricchezze* **2** esagerare nell'attribuire valore a ql.co.

mil|lan|tà|to *part.pass.* di millantare ♦ *agg.* **1** vantato **2** infondato | (*dir.*) — ***credito***, reato commesso da chi, facendo credere di avere una grande influenza presso un pubblico ufficiale o un pubblico impiegato, riceve o chiede denaro in cambio della propria mediazione nei conforti di tale autorità.

mil|lan|ta|tó|re *agg., s.m.* [f. *-trice*] che, chi millanta; spaccone, fanfarone.

mil|lan|te|rì|a *s.f.* vanto esagerato o infondato | (*estens.*) ciò di cui ci si vanta; spacconata, fanfaronata.

mil|le *agg.num.card.invar.* **1** che equivale a dieci centinaia: — *chilometri* **2** (*estens., iperb.*) numero indeterminato molto elevato; moltissimo: *ripeterlo* — *volte* ♦ *s.m.invar.* il numero naturale che equivale a dieci centinaia | il segno che rappresenta tale numero.

mil|le|fiò|ri *s.m.invar.* **1** (*anche agg.invar.*) miele prodotto con il polline di fiori diversi: *miele* — **2** liquore a base di essenze di vari fiori.

mil|le|fò|glie *s.m./f.invar.* dolce costituito da vari strati di pasta sfoglia farciti con crema.

mil|le|fò|glio *s.m.* pianta erbacea con foglie laciniate e fiori riuniti in capolini che formano corimbi, rosa o bianchi; è usata in liquoreria e come astringente.

mil|le|nà|rio *agg.* **1** che ha mille anni | che dura o è durato uno o più millenni: *tradizioni millenarie* **2** che ricorre ogni mille anni: *celebrazioni millenarie* ♦ *s.m.* millesimo anniversario di un evento memorabile | la cerimonia celebrata in tale occasione.

mil|le|na|rì|smo *s.m.* **1** nel cristianesimo primitivo, credenza secondo la quale Cristo, insieme ai santi, regnerà sulla terra mille anni prima del giudizio universale **2** (*estens.*) credenza in un futuro sovvertitore dell'ordine sociale grazie all'opera salvifica di un profeta.

mil|lèn|nio *s.m.* periodo di mille anni.

mil|le|piè|di *s.m.* animale vermiforme dei Miriapodi, con corpo allungato suddiviso in segmenti, ciascuno dotato di due zampe.

mil|le|ri|ghe *agg.invar.* detto di stoffa in cui colori contrastanti in ordito e trama vengono disposti longitudinalmente, in modo da ottenere un effetto cangiante | si dice di velluto a coste molto sottili ♦ *s.m.invar.* stoffa millerighe | velluto millerighe.

mil|lè|si|mo *agg.num.ord.* che in una serie corrisponde al posto numero mille ♦ *s.m.* **1** la millesima parte di un intero **2** nelle date, la cifra delle migliaia.

mil|li- primo elemento di parole composte che, anteposto a un'unità di misura, ne divide il valore per mille (*millimetro*).

mil|li|bàr o **millibar** *s.m.* (*fis.*) unità di misura della pressione atmosferica, corrispondente a un millesimo di bar.

mil|li|gràm|mo *s.m.* [pl. *-i*] millesimo di grammo (*simb.* mg).

mil|li|li|tro *s.m.* millesimo di litro (*simb.* ml, mL).

mil|li|me|trà|re *v.tr.* [*indic.pres.* io *millìmetro*...] dividere in millimetri.

mil|li|me|trà|to *part.pass.* di millimetrare ♦ *agg.* diviso in millimetri | ***carta millimetrata***, quella su cui è stampato un reticolo di quadratini di un millimetro di lato, usata per disegni di precisione.

mil|li|mè|tri|co *agg.* [m.pl. *-ci*] **1** di millimetro | diviso in millimetri **2** misurabile in millimetri; piccolissimo: *percorso* — **3** (*fig.*) estremamente preciso, minuzioso: *verifica millimetrica*.

mil|lì|me|tro *s.m.* millesimo di metro (*simb.* mm).

milord (*ingl.*) [*pr. milòrd*] *s.m.invar.* **1** gentiluomo inglese (*scherz.*) persona raffinata ed elegante.

mil|za *s.f.* (*anat.*) organo situato nella parte superiore sinistra dell'addome, sotto l'arcata costale, che svolge un ruolo fondamentale nella produzione dei globuli bianchi e nella distruzione dei globuli rossi invecchiati; non essendo un organo vitale, può essere asportata in caso di malattia.

mi|mà|re *v.tr.* rappresentare ql.co. solo mediante la gestualità e le espressioni del viso, senza usare le parole, come i mimi | imitare: — *un personaggio*.

mi|me|ò|gra|fo *s.m.* apparecchio per riprodurre scritti o disegni incisi su carta paraffinata.

mi|mè|si o **mimesi** *s.f.* **1** (*raro*) imitazione **2** (*filos.*) nella filosofia platonica, il rapporto di imitazione che si stabilisce fra le cose sensibili e le idee **3** (*filos.*) nell'estetica aristotelica, l'imitazione della realtà e della natura come fondamento della creazione artistica **4** (*lett.*) nella critica letteraria, rappresentazione realistica di un contesto culturale, sociale e sim.

mi|mè|ti|ca *s.f.* (*mil.*) divisa da caserma e da campo di colore e disegni imitanti la mimetizzazione.

mi|mè|ti|co *agg.* [m.pl. *-ci*] **1** relativo all'imitazione: *arte mimetica* **2** che si mimetizza o serve a mimetizzare: *tuta mimetica* **3** (*zool., bot.*) di animale o pianta, che presenta mimetismo.

mi|me|tì|smo *s.m.* **1** (*zool., bot.*) fenomeno per il quale alcune specie animali e vegetali assumono forme e colori tali da farli confondere

mimetizzare

con quelli dell'ambiente in cui vivono, a scopo spec. difensivo **2** (*fig.*, *spreg.*) capacità di cambiare opinioni e comportamenti col mutare della situazione, per opportunismo o per mancanza di carattere: — *politico*.

mi|me|tiz|zà|re *v.tr.* mascherare ql.co. in modo da farlo confondere con l'ambiente circostante: — *i carri armati* ♦ **-rsi** *rifl.* **1** di soldati, mascherarsi per confondersi con l'ambiente circostante, spec. a scopo difensivo **2** (*zool.*, *bot.*) di animali e piante, presentare il fenomeno del mimetismo **3** (*fig.*) mutare opinioni e comportamento a seconda della situazione.

mi|me|tiz|za|zió|ne *s.f.* **1** mascheramento con cui si camuffa ql.co. per farlo confondere con l'ambiente circostante **2** (*zool.*, *bot.*) manifestazione del fenomeno del mimetismo **3** (*fig.*) adattamento a una situazione.

mì|mi|ca *s.f.* **1** (*teat.*) arte di esprimersi mediante la gestualità e le espressioni del viso **2** (*estens.*) gestualità che accompagna o sostituisce la parola: — *facciale*.

mì|mi|co *agg.* [m.pl. -*ci*] **1** relativo al mimo, alla mimica **2** che si esprime con la gestualità: *linguaggio* —.

mì|mo *s.m.* **1**. [f. -*a*] attore che interpreta un'azione scenica con la mimica, senza usare le parole **2** (*teat.*) azione scenica basata unicamente sulla mimica; arte mimica **3** (*lett.*) componimento letterario di ambientazione popolare, perlopiù di carattere buffonesco, diffuso nell'antica Grecia e nel mondo latino.

mi|mó|sa *s.f.* **1** arbusto spinoso con foglie composte pennate, gener. sensibili agli stimoli tattili, e fiori a capolino gialli, rossi o violetti **2** nome comune di alcune varietà di acacia, con fiori in capolini, sferici, di colore giallo | i rami fioriti di tali piante.

Mi|mo|sà|ce|e *s.f.pl.* famiglia di piante dicotiledoni, con rami spinosi, foglie composte e fiori in capolini, di cui fa parte la mimosa.

mì|na *s.f.* **1** cavità artificiale in cui si inserisce l'esplosivo per abbattere murature o rocce | l'esplosivo stesso **2** (*mil.*) ordigno esplosivo, gener. costituito da un contenitore con la carica esplosiva e un congegno di accensione che può essere comandato a contatto o a distanza: *mine antiuomo*, *a pressione*, *a strappo* **3** bastoncino molto sottile di grafite impastata con argilla che, inserito nella matita, serve per scrivere.

mi|nàc|cia *s.f.* [pl. -*ce*] **1** atto o frase con cui si preannuncia a qlcu. un danno fisico o materiale per incutergli timore o costringerlo a fare o non fare ql.co.: *ha ricevuto minacce di morte* **2** (*dir.*) reato commesso da chi incute in qlcu. il timore di subire in futuro un ingiusto danno **3** (*fig.*, *spec.pl.*) indizio che fa temere l'avvicinarsi di eventi negativi; pericolo incombente: — *di inondazione*.

mi|nac|cià|re *v.tr.* [indic.pres. *io minàccio...*] **1** far temere a qlcu. di poter essere in futuro vittima di danni, per costringerlo a fare o non fare ql.co.: — *qlcu. con una lettera anonima* **2** (*fig.*) mettere in pericolo: *la tensione politica minaccia i negoziati* **3** (*fig.*) preannunciare danni, rischi o il peggioramento di una condizione: *il cielo minaccia pioggia*.

mi|nac|ció|so *agg.* **1** che contiene o rivela minaccia: *occhiata minacciosa* **2** (*fig.*) che costituisce un pericolo; che preannuncia danni o mali: *mare* — **3** (*fig.*) si dice di cosa che ispira timore per la sua grandiosità: *vette minacciose* □ **minacciosamente** *avv.*

mi|nà|re *v.tr.* **1** inserire mine in una roccia o in una costruzione allo scopo di demolirle: — *un edificio* | (*mil.*) sistemare mine in un determinato luogo, a scopo bellico o difensivo: — *un territorio* **2** (*fig.*) compromettere, indebolire: *una grave malattia mina la sua salute*.

mi|na|ré|to *s.m.* torre annessa alla moschea, da cui il muezzin chiama i fedeli alla preghiera.

mi|nà|to *part.pass.* di minare ♦ *agg.* **1** cosparso di mine | (*fig.*) **terreno** —, situazione insidiosa e difficile, da affrontare con grande cautela **2** indebolito.

mi|na|tó|re *s.m.* chi lavora nelle miniere.

mi|na|tò|rio *agg.* che minaccia, che contiene una minaccia: *lettera minatoria*.

min|chìa *s.f.* (*region.*, *volg.*) **1** pene **2** (*coll.*) [in frasi negative] nulla, niente: *non capire una* — ♦ *inter.* espressione usata spec. per esprimere stupore, rabbia o apprezzamento.

min|chió|ne *s.m.* [f. -*a*] (*pop.*) persona sciocca, ingenua.

min|chio|ne|rì|a *s.f.* (*pop.*) **1** dabbenaggine **2** atto, parola o frase da minchione; sciocchezza.

mi|ne|rà|le *s.m.* composto naturale omogeneo, gener. inorganico, solido a temperatura ordinaria, presente nella litosfera terrestre o nei corpi planetari ♦ *agg.* **1** che ha natura di minerale | che contiene minerali o si estrae da essi: *sale* —; *acqua* — **2** che riguarda o comprende i minerali | *regno* —, una delle tre suddivisioni dei corpi presenti in natura ♦ *s.f.* acqua minerale | bottiglia di acqua minerale.

mi|ne|ra|liz|zà|re *v.tr.* **1** trasformare in minerale **2** aggiungere a una sostanza organica sali minerali ♦ **-rsi** *intr.pron.* trasformarsi in minerale.

mi|ne|ra|liz|za|zió|ne *s.f.* **1** trasformazione in minerale **2** aggiunta di sali minerali.

mi|ne|ra|lo|gì|a *s.f.* scienza che studia le caratteristiche fisiche e chimiche dei minerali.

mi|ne|ra|lò|gi|co *agg.* [m.pl. -*ci*] relativo ai minerali o alla mineralogia.

mi|ne|ra|lo|me|trì|a *s.f.* (*med.*) misurazione della percentuale di minerali contenuta in determinati tessuti | — *ossea computerizzata*, esame diagnostico che valuta la quantità di sostanza minerale nel tessuto osseo, partic. utile per accertare la presenza di osteoporosi.

mi|ne|rà|rio *agg.* relativo alle miniere e ai minerali che vi si estraggono.

mi|ne|ro|gè|ne|si *s.f.* formazione dei minerali e dei giacimenti minerari.

mi|nèr|va® *s.m.invar.* tipo di fiammiferi la cui capocchia, priva di fosforo, si accende solo strofinandola sull'apposita striscia di cui è dotata la confezione.

mi|nè|stra *s.f.* **1** vivanda a base di pasta o riso in brodo, anche con verdura e legumi: — *di riso e patate* | (*fig.*) — *riscaldata*, si dice di cosa ormai passata che si vuol far rivivere ma che non ha più lo stesso valore **2** (*estens.*) in Italia, il primo piatto di un pasto **3** (*fig.*) circostanza, situazione, spec. noiosa e ripetitiva | *è sempre la stessa, la solita* —, è sempre la stessa, la solita faccenda | *è tutta un'altra* —, è tutta un'altra cosa.

mi|ne|stri|na *s.f.* leggera minestra in brodo, con pastina.

mi|ne|stró|ne *s.m.* **1** minestra di legumi o verdure, con o senza pasta o riso **2** (*fig., fam.*) insieme confuso di varie cose: *un* — *di notizie*.

min|gher|li|no *agg.* che ha una corporatura esile, gracile.

mi|ni *agg.invar.* corto, piccolo, minimo: *vestito* — ♦ *s.f.* minigonna.

mi|ni- primo elemento di parole composte che significa "molto piccolo", "di formato ridotto" (*miniappartamento*).

mi|ni|ap|par|ta|mén|to *s.m.* appartamento di piccole dimensioni, gener. composto da un locale più i servizi.

mi|nià|re *v.tr.* [indic.pres. *io mìnio*...] **1** dipingere usando la tecnica della miniatura | ornare di miniature **2** (*fig.*) rappresentare, dipingere, descrivere con molta precisione e raffinatezza; cesellare.

mi|nia|tó|re *s.m.* [f. *-trice*] **1** chi esegue miniature **2** (*fig.*) artista che cura la sua opera nei minimi dettagli.

mi|nia|tù|ra *s.f.* **1** arte e tecnica del dipingere in dimensioni molto ridotte con colori assai vivaci: — *su avorio*, *su pergamena* **2** il dipinto eseguito usando tale tecnica: *manoscritto illustrato con miniature* | (*fig.*) *essere*, *sembrare una* —, si dice di cosa o persona minuta e aggraziata: *un viso che sembra una* — **3** lavoro svolto con cura anche nei dettagli **4** riproduzione in scala ridotta di ql.co., usata spec. nelle riprese cinematografiche | *in* —, di proporzioni ridotte: *una stazione in* —.

mi|nia|tu|rì|sta *s.m.|f.* **1** artista che dipinge miniature **2** (*cine.*) chi progetta o realizza miniature.

mi|nia|tu|rì|sti|co *agg.* [m.pl. *-ci*] che riguarda la miniatura; che è tipico delle miniature.

mi|nia|tu|riz|zà|re *v.tr.* (*elettr.*) sottoporre a miniaturizzazione circuiti e meccanismi elettronici | (*estens.*) riprodurre ql.co. in dimensioni piccolissime.

mi|nia|tu|riz|za|zió|ne *s.f.* (*elettr.*) tecnica con cui si rendono minime le dimensioni di circuiti e meccanismi elettronici al fine di ridurre spazi e costi, senza pregiudicarne la funzionalità | (*estens.*) riproduzione di ql.co. in dimensioni piccolissime.

mi|ni|bà|sket *s.m.invar.* gioco simile alla pallacanestro ma con regole più semplici e canestro più basso, giocato su un campo di dimensioni ridotte da bambini e ragazzi.

mi|ni|bùs *s.m.invar.* piccolo autobus utilizzato spec. nelle città per il trasporto degli scolari; pulmino.

mi|niè|ra *s.f.* **1** il complesso di un giacimento di minerali e delle attrezzature utili al suo sfruttamento: — *di carbone* **2** (*fig.*) fonte abbondante: *sei una* — *di informazioni!*

mi|ni|gòlf *s.m.invar.* gioco simile al golf, praticato in uno spazio ristretto su un percorso di più piste, gener. di cemento, che presentano diversi ostacoli e difficoltà.

mi|ni|gòn|na *s.f.* gonna molto corta, che lascia scoperta parte della coscia.

mì|ni|ma *s.f.* **1** (*mus.*) valore di nota e di pausa che equivale a metà di una semibreve **2** (*meteor.*) la temperatura più bassa registrata in un luogo in un determinato intervallo di tempo **3** (*med.*) il valore minimo della pressione arteriosa di una persona.

mi|ni|mà|le *agg.* che costituisce o determina il limite minimo: *tariffa* — ♦ *s.m.* quota minima, limite minimo.

mi|ni|ma|lì|smo *s.m.* **1** (*polit.*) in un partito o in un movimento, tendenza a realizzare un programma politico minimo che possa essere attuato nell'assetto istituzionale esistente **2** corrente artistica sviluppatasi verso la metà degli anni '60 del Novecento, le cui opere sono caratterizzate da sagome rigorosamente geometriche, con grandi stesure di colori puri **3** (*lett.*) tendenza narrativa, affermatasi negli Stati Uniti negli anni '80 del Novecento, che privilegia piccole storie di vita quotidiana raccontate con stile scarno.

mi|ni|màr|ket (*ingl.*) *s.m.invar.* piccolo negozio con un assortimento di prodotti limitato rispetto a quello di un supermarket.

mi|ni|màs|si|mo *s.m.* (*mat.*) in una funzione, il minore tra i valori massimi; minimax.

mi|ni|max *s.m.invar. abbr.* di minimassimo.

mi|ni|miz|zà|re *v.tr.* ridurre l'importanza di ql.co., facendolo apparire come poco rilevante: — *un problema*.

mì|ni|mo *agg.* [superl. di *piccolo*] piccolissimo: *distanza minima* | il più piccolo: *fornire il* — *contributo* | (*mat.*) — *comune multiplo*, il più piccolo dei multipli comuni a due o più numeri | *frati minimi*, quelli dell'ordine francescano istituito nel 1435 da san Francesco da Paola | (*fig.*) *ridurre ai minimi termini*, ridurre ql.co. alle dimensioni più piccole; (*scherz.*) ridurre in pessime condizioni ♦ *s.m.* **1** la quantità più piccola possibile: *il* — *garantito* | *al* —, per lo meno: *ci vorranno al* — *due ore* **2** in un motore a combustione interna, il minor numero possibile di giri, al di sotto del quale il motore si spegne: *regolare il* — □ **minimamente** *avv.* **1** in minima quantità **2** [come raff. di negazioni] per niente; affatto: *non si preoccupa* — *di te*.

mi|ni|mó|sca *s.m.invar.* (*sport*) categoria dei pugili più leggeri, fino a 48 kg di peso | pugile che appartiene a tale categoria.

mì|ni|mum (*lat.*) *s.m.invar.* minimo.

mì|nio *s.m.* (*chim.*) ossido di piombo di colore rosso vivo splendente, usato per preparare vernici antiruggine.

mi|ni|ste|rià|le *agg.* **1** di ministro o di ministero: *circolare* — **2** (*estens.*) governativo: *crisi* —| che appartiene alla maggioranza parlamentare **3** che è dipendente di un ministero ♦ *s.m.* (*bur.*) dipendente di un ministero.

mi|ni|stè|ro *s.m.* **1** (*lett.*) compito, missione di elevato valore ideale: — *del medico* **2** (*relig.*) sacerdozio **3** il complesso dei ministri; Gabinetto, Governo: *sciogliere il* — **4** settore della pubbica amministrazione di uno Stato, costituito da un complesso di uffici con a capo un ministro; dicastero: *Ministero degli Affari Esteri* | edificio in cui hanno sede tali uffici **5** (*dir.*) *pubblico* —, in un processo penale, il magistrato che esercita la pubblica accusa.

mì|ni|stro *s.m.* **1** (*lett.*) chi esercita un alto ufficio per conto di un'autorità superiore | (*fig.*) chi si adopera per svolgere o diffondere un nobile fine: — *di pace* **2** (*relig.*) chi esercita il ministero religioso | — *di Dio*, sacerdote | — *della cresima*, vescovo **3** membro del Governo che dirige un dicastero: — *dell'Interno* | *Primo* —, capo del Governo **4** (*diplomazia*) titolo inferiore a quello di ambasciatore.

mi|nòi|co *agg.* [m.pl. *-ci*] **1** riguardante Minosse, mitico re di Creta **2** proprio della civiltà fiorita nel terzo millennio a.C. a Creta.

mi|no|ràn|za *s.f.* **1** gruppo di cose o persone che costituisce la parte minore dell'insieme di cui fa parte: *la* — *dei soci* **2** in un organo collegiale, inferiorità numerica di votanti o di voti: *essere in* —| partito o gruppo di partiti che si trova all'opposizione perché ha ottenuto un minor numero di voti alle elezioni: — *parlamentare* **3** in uno Stato, il complesso dei cittadini diversi dalla maggioranza per etnia, religione, lingua.

mi|no|rà|to *agg., s.m.* [f. *-a*] che, chi è totalmente o parzialmente privo dell'integrità fisica o psichica; handicappato.

mi|no|ra|zió|ne *s.f.* **1** condizione di chi è minorato; menomazione, handicap: — *psichica* **2** riduzione, diminuzione: — *dei prezzi*.

mi|nó|re *agg.* [*compar.* *di piccolo*; gener. si tronca in *minor* davanti a sostantivi singolari che iniziano per consonante] **1** più piccolo, meno grande per quantità, numero, dimensione, durata, intensità e sim.: *il danno fu* — *del previsto* | preceduto dall'articolo determinativo ha valore di superlativo relativo: *terminerò il lavoro nel minor tempo possibile* **2** meno importante, di valore secondario | posposto al nome di un artista, fa riferimento alle sue opere meno significative: *l'Ariosto* —| *frati minori*, i francescani | (*eccl.*) *ordini minori*, un tempo, quelli comprendenti ostiari, lettori, esorcisti e accoliti **3** nato dopo, più giovane: *figlio* —| aggiunto a un nome proprio, distingue un personaggio da un omonimo più vecchio o vissuto in epoca precedente: *Catone* — **4** (*mus.*) *scala* —, serie di otto suoni costituita dalla successione di intervalli di un tono, un semitono, quattro toni e un semitono **5** (*mat.*) detto di elemento o numero che, in una serie, ne precede un altro ♦ *s.m./f.* **1** chi è più giovane rispetto ad altri: *la* — *di due sorelle* **2** (*dir.*) minorenne: *tutela dei* — **3** persona ritenuta meno importante o valida rispetto a un'altra.

mi|no|rèn|ne *agg., s.m./f.* (*dir.*) che, chi deve ancora raggiungere la maggiore età, attualmente stabilita a diciotto anni, e non ha la piena capacità giuridica di agire.

mi|no|rì|le *agg.* dei minorenni: *carcere* —.

mi|no|rì|ta *s.m.* [pl. *-i*] (*relig.*) frate minore francescano.

mi|no|ri|tà|rio *agg.* della minoranza: *corrente minoritaria*.

mi|nu|èn|do *s.m.* (*mat.*) il primo termine di una sottrazione.

mi|nu|ét *s.m.* antica danza francese di andamento moderato e ritmo ternario, che si affermò nei secc. XVI-XVII.

mi|nù|sco|la *s.f.* lettera dell'alfabeto o carattere tipografico realizzati in minuscolo.

mi|nù|sco|lo *agg.* **1** detto di carattere o di lettera dell'alfabeto il cui corpo è contenuto entro due linee parallele mentre le aste si prolungano al di sopra e al di sotto di esse **2** (*fig.*) piccolissimo: *una casa minuscola* ♦ *s.m.* carattere minuscolo.

mi|nù|ta *s.f.* prima e provvisoria stesura di uno scritto, che successivamente sarà rivista e corretta | brutta copia: *la* — *di un contratto*.

mi|nu|tàg|gio *s.m.* durata in minuti di una registrazione audiovisiva o di una ripresa | il conteggio dei minuti.

mi|nu|tà|glia *s.f. spec.pl.* insieme di cose minute e di poco valore: *buttar via le minutaglie* | (*fig.*) minuzia: *badare alle minutaglie*.

mi|nù|to[1] *agg.* **1** molto piccolo: *pezzi minuti* **2** costituito da parti piccolissime: *pioggia minuta* **3** delicato, esile, fine: *una donna minuta* **4** di scarsa importanza, di poco valore: *osservazioni minute* **5** minuzioso, preciso, curato anche nei dettagli: *una descrizione minuta* ♦ *s.m.* parte minuta | *al* —, in piccole quantità, al dettaglio: *vendere, comprare al* — □ **minutamente** *avv.* **1** in piccoli pezzi: *tagliare* — **2** minuziosamente, in modo dettagliato: *spiegare* —.

mi|nù|to[2] *s.m.* **1** unità di misura di tempo pari a sessanta secondi e alla sessantesima parte dell'ora | — *primo*, la sessantesima parte dell'ora | — *secondo*, la sessantesima parte del minuto primo | (*fig.*) *contare i minuti*, aspettare ansiosamente ql.co. | (*fig.*) *guardare il* —, esigere la massima puntualità | (*fig.*) *spaccare il* —, (*di persona*) essere molto puntuale; (*di orologio*) essere molto preciso **2** (*fig.*) spazio di tempo brevissimo; attimo, momento | *in un* —, *tra un* —, prestissimo | *avere i minuti contati*, non poter perdere tempo | *non avere un* — *da perdere*, avere molta fretta **3** (*geom.*) unità di misura degli angoli, pari alla sessantesima parte di grado.

mi|nù|zia *s.f. spec.pl.* cosa di poca importanza; particolare minimo: *preoccuparsi delle minuzie*.

mi|nu|zio|si|tà *s.f.* cura dei dettagli; accuratezza: *esaminare con —*.
mi|nu|zió|so *agg.* **1** che cura ogni minuzia; preciso, scrupoloso: *una persona minuziosa* **2** detto o fatto con grande cura e minuziosità: *esame —* □ **minuziosamente** *avv.*
min|zió|ne *s.f.* (*fisiol.*) emissione dell'urina.
mì|o *agg.poss. di 1ª pers.sing.* [f. *mia*; m.pl. *miei*; f.pl. *mie*] **1** che appartiene a me: *il — appartamento* **2** che mi è proprio, caratteristico o abituale: *il — corpo; le mie idee; la mia tisana serale* | che è fatto o detto da me: *il — racconto è stato premiato* **3** che è in rapporti di parentela, di amicizia, di lavoro e sim. con me: *— padre; un — amico; i miei colleghi* ♦ *pron.poss. di 1ª pers.sing.* [sempre preceduto dall'art.det.] **1** quello che mi appartiene, fa parte di me o è fatto da me: *questo appartamento è grande come il —* **2** (*assol.*) in alcune espressioni ellittiche del linguaggio familiare: *vorrei dire la mia*, la mia idea, la mia opinione | *vivo del —*, di ciò che possiedo | *i miei*, i miei genitori, familiari, parenti.
mi|o- (*scient.*) primo elemento di parole composte che significa "muscolo", "relativo alla muscolatura" (*miocardio*).
mio|càr|dio *s.m.* (*anat.*) tessuto muscolare che costituisce la parte contrattile del cuore, rivestito all'interno dall'endocardio e all'esterno dall'epicardio.
mio|car|dì|te *s.f.* (*med.*) infiammazione del miocardio, gener. di origine reumatica.
mio|car|dio|pa|tì|a *s.f.* (*med.*) qualsiasi affezione del miocardio.
mio|cè|ne (*geol.*) quarto periodo dell'era cenozoica, caratterizzato da notevoli manifestazioni vulcaniche.
mio|cè|ni|co *agg.* [m.pl. *-ci*] (*geol.*) del miocene.
mio|lo|gì|a *s.f.* branca dell'anatomia che studia l'apparato muscolare.
mio|pa|tì|a *s.f.* (*med.*) qualsiasi affezione muscolare.
mì|o|pe *agg., s.m./f.* **1** (*med.*) che, chi è affetto da miopia **2** (*fig.*) che, chi è privo di perspicacia, lungimiranza: *comportamento —*.
mio|pì|a *s.f.* **1** (*med.*) difetto della vista dovuto a vizio di rifrazione dell'occhio, per cui si vedono distintamente solo gli oggetti vicini mentre quelli lontani appaiono sfocati: *una forte, una leggera —* **2** (*fig.*) mancanza di perspicacia, di lungimiranza: *agire con estrema —*.
miò|si *s.f.* (*med.*) restringimento della pupilla che si verifica come risposta di adattamento alla luce o in seguito a una malattia.
mio|sì|na *s.f.* (*biol.*) proteina del tessuto muscolare responsabile della contrattilità dei muscoli.
mio|sò|ti|de *s.f./m.* pianta erbacea, diffusa spec. nei luoghi umidi, con piccoli fiori azzurri raccolti in racemi e fogliolone pelose lanceolate; nontiscordardimé.
mì|ra *s.f.* **1** nel puntare un'arma verso un bersaglio, determinazione della direzione migliore per poter centrarlo con precisione: *avere un'ottima —* | (*fig.*) **prendere di — qlcu.**, perseguitarlo con critiche negative **2** (*estens.*) oggetto, bersaglio a cui si mira: *cogliere la —* **3** (*fig.*) fine, scopo che si vuole raggiungere: *sua — principale è il guadagno* **4** asta graduata utilizzata per individuare i punti da collimare nei rilevamenti topografici.
mi|rà|bi|le *agg.* degno di essere ammirato; meraviglioso: *una bontà —* □ **mirabilmente** *avv.*
mi|ra|bì|lia (*lat.*) *s.f.pl.* (*spec. scherz.*) cose meravigliose, straordinarie: *raccontare —*.
mi|ra|bo|làn|te *agg.* (*scherz.*) stupefacente, straordinario: *racconti mirabolanti*.
mi|ra|co|là|re *v.tr.* [indic.pres. *io miràcolo...*] guarire con un miracolo: *fu miracolato dalla Madonna*.
mi|ra|co|là|to *part.pass.* di miracolare ♦ *agg., s.m.* [f. *-a*] detto di qlcu. che è stato oggetto di un miracolo.
mi|rà|co|lo *s.m.* **1** (*teol.*) fatto sensibile, ma estraneo all'ordinario corso naturale, che Dio compie direttamente o per intercessione della Madonna o dei santi, per rivelare il suo potere e confermare la fede umana | (*fig.*) **gridare al —**, manifestare grande meraviglia per un evento che pare straordinario | **conoscere, raccontare vita, morte e miracoli di qlcu.**, ogni particolare su di lui **2** (*iperb.*) cosa o fatto incredibile, fuori dell'ordinario: *i miracoli della tecnologia* | **fare miracoli**, riuscire in ciò che si riteneva molto difficile: *un chirurgo che fa miracoli* | **per —**, a malapena; per caso: *ho preso il treno per —* | **— economico**, periodo di rapido sviluppo dell'attività economica di un paese.
mi|ra|co|ló|so *agg.* **1** che fa miracoli: *un santo —* **2** che è il risultato di un miracolo: *una guarigione miracolosa* **3** (*iperb.*) detto di persona straordinaria o di cosa che produce risultati strabilianti; prodigioso: *una terapia miracolosa* □ **miracolosamente** *avv.*
mi|ràg|gio *s.m.* **1** fenomeno ottico dovuto alla rifrazione della luce, che si verifica quando vicino al suolo si forma uno strato d'aria surriscaldata, per cui ciò che è lontano sembra capovolto, sospeso nell'aria o riflettersi in uno specchio d'acqua **2** (*fig.*) illusione, vana speranza: *il — di un facile successo*.
mi|rà|re *v.tr.* (*lett.*) **1** osservare attentamente e con interesse; contemplare **2** considerare ql.co. attentamente ♦ *intr.* [aus. *A*] **1** puntare un'arma verso un bersaglio calcolando qual è la direzione migliore per colpirlo: *— bene* **2** (*fig.*) aspirare, tendere a qlco.: *— al denaro* ♦ **-rsi** *rifl.* (*lett.*) guardarsi con attenzione.
mi|rà|to *part.pass.* di mirare ♦ *agg.* rivolto, teso a un determinato obiettivo.
mi|ria- (*scient.*) primo elemento di parole composte che anteposto a un'unità di misura ne moltiplica il valore per diecimila (*miriagrammo*).
mi|rì|a|de *s.f.* **1** nell'antico sistema numerale greco, diecimila **2** (*estens.*) numero, quantità molto grande: *una — di persone* | **a miriadi**, in numero grandissimo, enorme.

mi|ria|gràm|mo *s.m.* (*fis.*) unità di misura di peso o di massa pari a diecimila grammi (*simb.* Mg).

Mi|rià|po|di *s.m.pl.* classe di Artropodi terrestri dal corpo cilindrico allungato e diviso in segmenti, ciascuno dotato di uno o due paia di zampe.

mi|rìn|ge *s.f.* (*anat.*) membrana del timpano.

mi|rì|no *s.m.* **1** nelle armi da fuoco portatili, piastrina posta all'estremità della canna che, allineata con la tacca di mira, consente di stabilire la linea di mira per colpire il bersaglio | (*fig.*) *essere nel — di qlcu.*, essere sorvegliato o controllato, spec. in modo minaccioso **2** dispositivo ottico che si applica a macchine fotografiche, cineprese e sim. per osservare, inquadrare e mettere a fuoco un oggetto: *— del cannocchiale*.

mi|rì|sti|ca *s.f.* albero sempreverde con foglie alterne e fiorellini gialli, il cui seme è noto come noce moscata.

Mi|ri|stì|cà|ce|e *s.f.pl.* famiglia di piante legnose tropicali comprendenti molte specie con legno e foglie aromatiche, da cui si ricavano essenze.

Mir|me|co|fà|gi|di *s.m.pl.* famiglia di Mammiferi degli Xenartri, di cui fa parte il formichiere.

mir|me|cò|fa|go *s.m.* [pl. *-gi*] formichiere.

mìr|ra *s.f.* gommoresina aromatica, di colore rosso scuro, che trasuda dalla corteccia di alcuni alberi africani e arabi; si usa in farmacia e in profumeria.

Mir|tà|ce|e *s.f.pl.* famiglia di piante dicotiledoni, legnose, con foglie opposte, fiori con molti stami e frutti spesso commestibili, a cui appartiene il mirto.

mir|tìl|lo *s.m.* **1** piccolo arbusto, tipico dei boschi, che produce frutti commestibili **2** il frutto a bacca dal sapore dolce-acidulo prodotto da tale pianta, utilizzato per preparare confetture o liquori: *mirtilli blu, rossi*.

mìr|to *s.m.* arbusto sempreverde, diffuso nelle regioni mediterranee, con foglie ovali verde scuro, fiorellini bianchi e bacche blu-nere; mortella.

mis- *pref.* si usa per formare aggettivi e sostantivi e ha valore negativo o peggiorativo (*miscredente, misfatto*).

mi|san|tro|pì|a *s.f.* (*psicol.*) sentimento di avversione verso i propri simili che si esprime con il rifiuto di qualsiasi tipo di rapporto sociale e con un morboso desiderio di solitudine | (*estens.*) mancanza di socievolezza, scontrosità.

mi|san|trò|po *agg., s.m.* [f. *-a*] **1** (*psicol.*) che, chi soffre di misantropia **2** (*estens.*) che, chi è poco socievole.

mi|scè|la *s.f.* **1** (*chim., fis.*) aggregato di due o più sostanze diverse, solide, liquide o gassose, che si mescolano fra loro in un complesso omogeneo mantenendo inalterate le loro proprietà chimiche **2** mescolanza di benzina e olio lubrificante che aziona i motori a due tempi **3** mescolanza di diverse qualità di caffè **4** (*fig.*) miscuglio di elementi eterogenei: *una — di profumi*.

mi|sce|là|re *v.tr.* [indic.pres. *io miscèlo...*] unire più sostanze diverse per farne una miscela.

mi|sce|la|tó|re *s.m.* **1** apparecchio che prepara miscele **2** (f. *-trice*) nelle industrie, chi è addetto alla preparazione di miscele **3** negli impianti idrosanitari, dispositivo che consente di miscelare nella proporzione voluta acqua calda e fredda ♦ *agg.* che serve a miscelare.

mi|sce|la|tù|ra *s.f.* operazione e risultato del miscelare.

mi|sce|la|zió|ne *s.f.* miscelatura.

mi|scel|là|ne|a *s.f.* **1** (*lett.*) mescolanza di varie cose **2** raccolta di saggi, articoli e sim. di argomento vario, di uno o più autori, riuniti in un unico volume | nelle biblioteche, raccolta di opuscoli rilegati assieme per renderne più agevole la consultazione e la collocazione.

mi|scel|là|ne|o *agg.* (*lett.*) si dice di volume o di pubblicazione che raccoglie scritti di diversi autori o di vari argomenti.

mì|schia *s.f.* **1** combattimento disordinato e accanito di più persone; rissa, zuffa: *gettarsi nella — 2* (*fig.*) discussione animata tra più persone: *— politica* | *essere al di sopra della —*, tenersi al di fuori di una disputa **3** (*sport*) nel rugby, azione in cui gli avanti delle due squadre, serrati spalla a spalla, si disputano la palla con i piedi | nel calcio, azione confusa in cui i giocatori si ammassano dinanzi a una delle due porte.

mi|schià|re *v.tr.* [indic.pres. *io mìschio...*] mescolare ♦ **-rsi** *rifl.* **1** mescolarsi, confondersi ad altri: *— tra la folla* **2** (*fig.*) immischiarsi, intromettersi ♦ *rifl.rec.* mescolarsi l'uno all'altro: *odori che si mischiano*.

mi|scì|bi|le *agg.* che può essere mescolato con altre sostanze formando un composto omogeneo: *liquidi miscibili*.

mi|sco|nó|sce|re *v.tr.* [con. come *conoscere*] non riconoscere, non stimare nel giusto valore; disconoscere.

mi|scre|dèn|te *agg., s.m./f.* **1** detto di chi rifiuta completamente o accetta solo in parte una dottrina religiosa **2** (*estens.*) detto di persona irreligiosa o atea.

mi|scù|glio *s.m.* **1** (*anche fig.*) mescolanza confusa e non omogenea di cose diverse: *— di idee* **2** (*chim.*) mescolanza di due o più sostanze che non danno origine a un nuovo composto chimico.

mise (*fr.*) [pr. *mis*] *s.f.invar.* modo di vestire | abito, vestito: *una — stravagante*.

mi|se|rà|bi|le *agg.* **1** degno di commiserazione per la sua miseria o infelicità: *una vita — 2* (*estens.*) spregevole dal punto di vista morale: *un individuo — 3* meschino, di scarso valore: *uno stipendio —* ♦ *s.m./f.* persona miserabile □ **miserabilmente** *avv.*

mi|se|ràn|do *agg.* degno di compassione.

mi|se|ré|vo|le *agg.* che suscita compassione; miserando: *la sua è un'esistenza —*.

mi|sè|ria *s.f.* **1** condizione di estrema povertà: *vivere in —* | *piangere —*, fingere povertà o lamentarsi in modo esagerato delle proprie condizioni | (*fam.*) *— ladra!, per la —!, porca —!*, imprecazioni di stizza o meraviglia **2** (*estens.*) meschinità morale; degradazione: *la — umana* **3** (*fig.*) inezia, cosa insignificante: *discutere per una —* | somma esigua di denaro: *farsi pagare una —*.

mi|se|ri|còr|dia *s.f.* **1** sentimento di pietà e compassione che induce ad aiutare e a perdonare: *implorare la — divina* **2** nome di confraternite, istituite spec. nel tardo Medioevo, che si occupano dell'assistenza di malati e pellegrini e della sepoltura dei morti **3** nel Medioevo e nel Rinascimento, tipo di pugnale con lama robusta, usato per dare il colpo di grazia al nemico ferito a morte ♦ *inter.* si usa per invocare pietà o per esprimere timore, rammarico, stupore.

mi|se|ri|cor|diò|so *agg.* che manifesta o usa misericordia | che è frutto di misericordia: *gesto —* ♦ *s.m.* [f. -a] chi usa misericordia.

mi|se|ro *agg.* [superl. *miserìssimo*, (lett.) *misèrrimo*] **1** indigente, povero: *condurre un'esistenza misera* **2** disgraziato, infelice: *i miseri orfani* **3** abietto, meschino: *un trattamento —* **4** insufficiente, scarso: *un — salario* ♦ *s.m.* [f. -a] persona misera □ **miseramente** *avv.* **1** nella miseria, in modo misero **2** in modo meschino: *comportarsi —* **3** in modo miserevole, che suscita compassione: *disperarsi —*.

mi|sfàt|to *s.m.* delitto, scelleratezza: *un terribile —*.

mi|so|gi|nì|a *s.f.* (*psicol.*) repulsione nei confronti delle donne, spec. da parte dell'uomo.

mi|sò|gi|no *agg.* **1** caratterizzato da misoginia **2** che è affetto da misoginia ♦ *s.m.* [f. -a] persona misogina.

mi|so|nei|smo *s.m.* avversione nei confronti di ciò che è nuovo.

mi|so|nei|sta *s.m./f.* [m.pl. -i] chi è contrario a ogni innovazione o novità ♦ *agg.* misoneistico.

mi|so|nei|sti|co *agg. s.m.* di, da misoneista.

miss (*ingl.*) *s.f.invar.* titolo attribuito alla vincitrice di un concorso di bellezza.

mis|sàg|gio *s.m.* **1** (*cine., tv*) registrazione in un'unica colonna sonora di dialoghi, musiche, suoni e rumori vari, che prima erano stati registrati separatamente **2** (*mus.*) incisione discografica su un'unica banda sonora di musiche e voci registrate separatamente.

mis|sà|re *v.tr.* effettuare il missaggio.

mis|si|le *s.m.* apparecchio dotato di autopropulsione, autoguidato o telecomandato, che vola a grande velocità; è usato per ricerche scientifiche, per portare in orbita satelliti o capsule spaziali e per scopi bellici: *— a testata nucleare, terra-aria.*

mis|si|li|sti|ca *s.f.* scienza e tecnica che riguardano la costruzione e l'impiego dei missili.

mis|si|li|sti|co *agg.* [m.pl. -*ci*] dei missili.

mis|sì|no *agg., s.m.* [f. -a] che, chi apparteneva al Movimento sociale italiano, o ne era sostenitore.

mis|sio|nà|rio *s.m.* [f. -a] **1** religioso o laico mandato a propagandare la fede cristiana tra popolazioni di un'altra religione **2** (*fig.*) chi si impegna a diffondere un ideale: *— della pace* ♦ *agg.* relativo ai missionari o alle missioni: *sacerdote —*.

mis|sió|ne *s.f.* **1** incarico con cui si invia o si è inviati altrove, spec. da un'autorità, ad assolvere un compito partic. importante, segreto o pericoloso: *andare in —* | il compito stesso | l'insieme delle persone a cui è assegnato tale compito; delegazione: *la — italiana all'ONU* **2** (*bur.*) trasferta di un dipendente da un'azienda o di un ente, spec. pubblico: *indennità di —* **3** (*relig.*) invio di religiosi per la diffusione della fede cristiana presso popoli di un'altra religione | luogo o edificio in cui lavorano tali religiosi **4** (*estens.*) attività svolta con dedizione e impegno: *la — educatrice degli insegnanti.*

mis|si|va *s.f.* lettera.

mister (*ingl.*) *s.m.invar.* **1** vincitore di un concorso di bellezza **2** (*sport*) nel calcio, appellativo dell'allenatore o del direttore tecnico di una squadra.

mi|stè|ri|co *agg.* [m.pl. -*ci*] che riguarda i misteri delle religioni pagane.

mi|ste|riò|si|tà *s.f.* **1** caratteristica di ciò che è misterioso **2** modo misterioso di agire, di comportarsi.

mi|ste|rió|so *agg.* **1** che rappresenta un mistero; inesplicabile: *scomparsa misteriosa* **2** detto o fatto in gran segreto; che suscita sospetti, poco chiaro: *gesto —* **3** (*di persona*) che non è conosciuto: *un ammiratore —* | che agisce in modo indecifrabile: *è un tipo molto —* ♦ *s.m.* [f. -a] chi nasconde ciò che fa o pensa: *fa il —* □ **misteriosamente** *avv.*

mi|stè|ro *s.m.* **1** fenomeno, fatto inspiegabile o tenuto segreto: *c'è un — nel suo passato* | **non fare — di ql.co.**, non nascondere un fatto, un evento ecc. **2** nella teologia cristiana, verità soprannaturale che non può essere spiegata razionalmente: *il — della fede* **3** (*pl.*) nella religione antica, culti fondati su dottrine e riti conosciuti solo dagli iniziati: *misteri dionisiaci* **4** (*lett.*) nel Medioevo, dramma sacro in volgare di argomento sacro.

mi|sti|ca *s.f.* **1** esperienza spirituale in cui l'anima raggiunge la massima perfezione entrando in contatto intuitivo e immediato col divino **2** settore della teologia che si occupa della possibilità che l'uomo ha di attuare l'unione con Dio attraverso tale esperienza **3** genere letterario costituito da opere di mistica di determinate scuole o epoche.

Mi|sti|cè|ti *s.m.pl.* sottordine di Cetacei, privi di denti ma provvisti di fanoni, a cui appartengono le balene.

mi|sti|cheg|giàn|te *agg.* incline al misticismo.

mi|sti|ci|smo *s.m.* **1** (*teol.*) dottrina o atteggiamento spirituale per cui la conoscenza perfetta si ottiene dall'unione dell'uomo col divino, raggiungibile attraverso la contemplazione e la meditazione **2** (*estens.*) senso di religiosità profonda; aspirazione a una completa libertà dalle passioni e al distacco dagli interessi terreni **3**

misticità

stato d'animo di dedizione assoluta a un'idea, a un valore.

mi|sti|ci|tà *s.f.* caratteristica di ciò che è mistico.

mi|sti|co *agg.* [m.pl. *-ci*] **1** (*teol.*) che riguarda la mistica: *teologia mistica* **2** di misticismo **3** (*fig.*) puro, spirituale: *amore —* ♦ *s.m.* [f. *-a*] chi pratica il misticismo | chi scrive opere di mistica: *i mistici del Trecento*.

mi|sti|fi|cà|re *v.tr.* [indic.pres. *io mistìfico, tu mistìfichi...*] **1** ingannare; raggirare **2** alterare, falsificare, distorcere: *— i fatti*.

mi|sti|fi|ca|tó|re *s.m.* [f. *-trice*] chi mistifica.

mi|sti|fi|ca|tò|rio *agg.* che tende a mistificare.

mi|sti|fi|ca|zió|ne *s.f.* **1** inganno **2** falsificazione della realtà.

mi|sti|li|ne|o *agg.* (*geom.*) di figura costituita da linee rette e curve.

mi|sti|lin|gue *agg.* **1** si dice di popolazione formata da gruppi etnici di lingue diverse, o di regione in cui risiede tale popolazione **2** si dice di testo scritto in più lingue.

mi|sti|lin|gui|smo *s.m.* caratteristica di ciò che è mistilingue: *il — di una popolazione*.

mi|stió|ne *s.f.* (*lett.*) mescolanza.

mi|sto *agg.* **1** mescolato con uno o vari elementi: *acqua mista a fango* **2** costituito da elementi di diversa natura: *insalata mista* | *classe*, *scuola mista*, quelle frequentate da alunni maschi e femmine | (*polit.*) *gruppo —*, gruppo parlamentare formato da deputati che appartengono a partiti diversi | *percorso —*, percorso stradale in cui si alternano curve, rettilinei, salite, discese | *matrimonio —*, quello contratto da persone di razza o religione diversa ♦ *s.m.* mescolanza, miscuglio: *un — di gelosia ed esiguità*.

mi|strà *s.m.* liquore di anice.

mistral (*fr.*) [pr. *mistràl*] *s.m.invar.* vento freddo e secco di nord-ovest, che in inverno soffia impetuoso nella valle del Rodano.

mi|stù|ra *s.f.* miscuglio, mescolanza di sostanze diverse.

mi|sù|ra *s.f.* **1** rapporto tra una grandezza e un'altra a essa omogenea che si assume convenzionalmente come unità | espressione quantitativa o numerica di tale rapporto; misurazione: *calcolare la — di una superficie* **2** unità di misura | oggetto adottato come unità di misura | (*fig.*) *usare due pesi e due misure*, giudicare cose della stessa natura usando parametri diversi | (*fig.*) *colmare, aver colmato la —*, abusare della pazienza altrui | *vincere di stretta —*, con una minima differenza **3** (*estens.*) dimensione di un oggetto: *le misure di un armadio* | *vestito su —*, confezionato in base alle dimensioni di una persona | (*fig.*) *a — d'uomo*, adatto alle sue esigenze **4** (*estens.*) taglia di fabbricazione dei capi di abbigliamento: *qual è la sua —?* **5** limite esatto, giusto; moderazione | *avere il senso della —*, essere moderati | *passare la —*, superare i limiti | *senza —*, senza limite | *oltre —*, in modo eccessivo **6** (*fig.*) proporzione, quantità: *hanno lavorato in ugual —* | *nella — in cui*, nella proporzione in cui **7** (*spec. pl.*) ordine, provvedimento: *ha preso delle misure precauzionali* **8** (*sport*) nel pugilato e nella scherma, distanza di combattimento **9** (*mus.*) battuta.

mi|su|rà|bi|le *agg.* che si può misurare.

mi|su|rà|re *v.tr.* **1** calcolare la misura, le dimensioni di ql.co., facendo riferimento a una precisa unità di misura o usando appositi strumenti: *— la velocità* **2** provare un capo di abbigliamento indossandolo: *— un paio di stivali* **3** (*fig.*) considerare, stimare, valutare: *— i vantaggi e i rischi di un affare* **4** (*fig.*) contenere, limitare, moderare: *— le spese* | *— le parole*, parlare con cautela ♦ *intr.* [aus. *A*] avere una precisa misura: *la parete misura in lunghezza cinque metri* ♦ *-rsi* rifl. **1** contenersi, moderarsi, limitarsi: *— nel mangiare* **2** mettersi alla prova; cimentarsi: *— con l'avversario*.

mi|su|rà|to *part.pass.* di *misurare* ♦ *agg.* contenuto, moderato; sobrio: *— nelle spese* □ **misuratamente** *avv.* con moderazione.

mi|su|ra|tó|re *s.m.* **1** [f. *-trice*] chi misura **2** strumento per misurare grandezze fisiche.

mi|su|ra|zió|ne *s.f.* operazione del misurare: *la — della temperatura*.

mi|su|rì|no *s.m.* recipiente graduato per misurare piccole quantità di sostanze liquide, in polvere o in grani.

mi|te *agg.* **1** benevolo, paziente: *carattere —* | moderato | *venire a più miti consigli*, moderare i propri propositi **2** (*di animale*) docile, mansueto **3** (*di clima*) temperato: *un inverno —* **4** (*fig.*) contenuto, non eccessivo: *castigo —* ♦ *s.m./f.* persona mite.

mi|téz|za *s.f.* caratteristica di ciò o di chi è mite; dolcezza: *la — del clima*.

mì|ti|co *agg.* [m.pl. *-ci*] **1** che riguarda il mito: *narrazione mitica* **2** che è diventato un mito, una leggenda; favoloso: *il — Sessantotto* **3** che costituisce un'illusione, un sogno; utopistico: *un progetto —* **4** (*gerg.*) eccezionale, straordinario.

mi|ti|gà|bi|le *agg.* che può essere mitigato.

mi|ti|gà|re *v.tr.* [indic.pres. *io mìtigo, tu mìtighi...*] **1** rendere più mite; attenuare, lenire: *— il dolore* **2** ridurre: *— le richieste* | *— una pena*, ridurne la durata ♦ *-rsi* *intr.pron.* diventare più mite; moderarsi.

mi|ti|ga|zió|ne *s.f.* attenuazione, alleviamento.

mì|ti|lo *s.m.* mollusco marino bivalve, commestibile, con conchiglia oblunga a cuneo, esternamente nera e internamente madreperlacea; cozza.

mi|tiz|zà|re *v.tr.* **1** trasformare in mito: *— le proprie radici* **2** (*estens.*) celebrare, esaltare in modo eccessivo: *— un divo del cinema*.

mi|tiz|za|zió|ne *s.f.* trasformazione di qlcu. o ql.co. in mito.

mì|to *s.m.* narrazione che ha per oggetto le gesta di dei e di eroi leggendari: *il — di Orfeo* **2** rappresentazione allegorica di un concetto, di un'idea: *il — della caverna in Platone* **3** idealizzazione di un fatto o di un personaggio rappresentativo delle aspirazioni di un popolo, di un'epoca: *il — della tecnica* | nell'opera di un artista, motivo ispiratore: *il — del superuomo in*

Nietzsche **4** personaggio o fenomeno leggendario: *il — di Elvis Presley* **5** illusione, sogno **6** (*gerg.*, *anche scherz.*) persona con doti o caratteristiche particolari: *sei un —!*
mi|to|còn|drio *s.m.* (*biol.*) organulo contenuto nelle cellule, che interviene nella respirazione e nella produzione di energia.
mi|to|lo|gì|a *s.f.* **1** il complesso dei miti di una data religione o popolazione | il complesso dei miti dell'antichità greco-romana **2** studio dell'origine e del significato dei miti.
mi|to|lò|gi|co *agg.* [m.pl. *-ci*] **1** della mitologia, che riguarda la mitologia: *racconto —* **2** (*estens.*) favoloso, leggendario.
mi|to|lo|gi|sta *s.m./f.* [m.pl. *-i*] studioso di mitologia.
mi|tò|ma|ne *agg.*, *s.m./f.* (*psicol.*) **1** che, chi è affetto da mitomania **2** (*estens.*) visionario.
mi|to|ma|nì|a *s.f.* (*psicol.*) tendenza a raccontare fatti immaginari o a stravolgere la realtà in modo fantastico.
mi|tò|si *s.f.* (*biol.*) divisione del nucleo di una cellula che porta alla sua duplicazione; cariocinesi.
mì|tra[1] *s.f.* copricapo alto e rigido, aperto sulla sommità, con due nastri pendenti sulla nuca, indossato da prelati e vescovi nelle cerimonie solenni.
mì|tra[2] *s.m.invar.* pistola mitragliatrice o fucile mitragliatore.
mi|trà|glia *s.f.* **1** munizione di schegge e pallottole con cui in passato si caricavano i cannoni o altre armi da fuoco | (*estens.*) la scarica di colpi sparati in tal modo **2** (*pop.*) mitragliatrice | (*estens.*) colpi sparati con la mitragliatrice **3** (*fig.*, *raro*) sfilza di parole.
mi|tra|glia|mén|to *s.m.* **1** azione di fuoco continuato di più mitragliatrici **2** (*fig.*) sequenza continua e incalzante; raffica: *un — di richieste*.
mi|tra|glià|re *v.tr.* [*indic.pres.* io *mitràglio...*] **1** colpire con raffiche di mitragliatrice o di altra arma da fuoco **2** (*fig.*) incalzare in modo serrato; bersagliare, bombardare: *— di domande*.
mi|tra|glià|ta *s.f.* **1** raffica di mitragliatrice o di altra arma da fuoco (*fig.*) serie continua e incalzante: *una — di obiezioni*.
mi|tra|glia|tó|re *agg.* [f. *-trice*] detto di arma automatica a tiro continuo: *fucile —* ♦ *s.m.* (*mil.*) fucile automatico, più leggero della mitragliatrice ma molto simile a essa.
mi|tra|glia|trì|ce *s.f.* arma da fuoco automatica a tiro continuo, fissa o portatile, con calibro da 15 a 45 mm, capace di sparare da 800 a 1400 colpi al minuto | (*scherz.*) *sembrare una —*, si dice di chi parla molto rapidamente.
mi|tra|glié|ra *s.f.* mitragliatrice di calibro da 20 a 60 mm, usata per il tiro contraereo ravvicinato.
mi|tra|glié|re *s.m.* soldato specializzato nell'uso delle mitragliatrici.
mi|tra|gliét|ta *s.f.* pistola mitragliatrice.
mi|trà|le *agg.* simile a una mitra | (*anat.*) **valvola —**, valvola del cuore che collega l'atrio e il ventricolo sinistro.

mi|trà|li|co *agg.* (*med.*) della valvola mitrale.
mi|tri|da|ti|smo *s.m.* (*med.*) assuefazione ai veleni che si acquisisce assumendone progressivamente dosi crescenti.
mit|te|leu|ro|pè|o *agg.* dell'Europa centrale: *letteratura mitteleuropea*.
mit|tèn|te *s.m./f.* chi spedisce lettere, pacchi ecc.
mix (*ingl.*) *s.m.invar.* combinazione, mescolanza omogenea.
mixer (*ingl.*) *s.m.invar.* **1** recipiente graduato in cui si miscelano bevande **2** parte del frullatore in cui gli alimenti vengono agitati e mescolati **3** (*cine.*, *tv*) apparecchio con cui si effettua il missaggio **4** (*tv*) apparecchio per controllare contemporaneamente due o più segnali audio o video **5** tecnico del missaggio.
mne|mò|ni|ca *s.f.* arte di esercitare la memoria con espedienti appropriati.
mne|mò|ni|co *agg.* [m.pl. *-ci*] **1** della memoria, che riguarda la memoria: *capacità mnemonica* **2** basato sulla memoria: *metodo —* □ **mnemonicamente** *avv.* a memoria; solo con la memoria.
mne|mo|nì|smo *s.m.* in alcuni sistemi educativi, preminente importanza attribuita all'esercizio mnemonico.
mne|mo|tèc|ni|ca *s.f.* mnemonica.
mo' *s.m.* tronc. di modo *solo nella loc.* **a — di**, a guisa di, come: *a — di esempio*.
mò|bi|le *agg.* **1** che si può muovere, rimuovere, spostare; che non è fisso: *ripiano —* | *bene —*, bene o proprietà che si può trasportare, come denaro, titoli e sim. **2** che si muove o che si può muoversi: *scala —* | *feste mobili*, quelle che ogni anno non ricorrono nella stessa data, come la Pasqua **3** che si muove senza interruzione | *sguardo —*, irrequieto **4** (*fig.*) duttile, versatile, vivace: *ingegno —* **5** (*fig.*) incostante, mutevole: *carattere —* ♦ *s.m.* **1** (*fis.*) corpo che può essere mosso o è in grado di muoversi: *il movimento dei mobili nello spazio* **2** oggetto che si può spostare e che fa parte dell'arredamento di una casa: *un — antico*.
mo|bì|lia *s.f.invar.* l'insieme dei mobili di una casa, di un ambiente; arredamento.
mo|bi|lià|re *agg.* (*econ.*) che riguarda i beni mobili | relativo a titoli azionari e obbligazioni: *mercato —* | *credito —*, quello a medio e lungo termine relativo agli investimenti industriali.
mo|bi|liè|re *s.m.* [f. *-a*] fabbricante o venditore di mobili.
mo|bi|li|fì|cio *s.m.* fabbrica di mobili.
mo|bì|lio *s.m.invar.* mobilia.
mo|bi|li|tà *s.f.* **1** caratteristica, possibilità di ciò che può muoversi o può essere mosso | **— sociale**, passaggio da una condizione sociale a un'altra | **— del lavoro**, trasferimento di un lavoratore da una mansione a un'altra **2** (*med.*) capacità degli organi o degli arti del corpo umano di muoversi, flettersi e sim. **3** (*fig.*, *estens.*) sveltezza, vivacità: *— d'ingegno* **4** (*fig.*) incostanza, volubilità: *— dei sentimenti*.
mo|bi|li|tà|re *v.tr.* [*indic.pres.* io *mobilito...*] **1** (*mil.*) chiamare alle armi | disporre in assetto di guerra: *— le truppe* **2** (*estens.*) sollecitare qlcu. a

mobilitazione

collaborare per realizzare un determinato obiettivo: — *le coscienze* **3** (*econ*.) investire denaro in imprese produttive: — *il capitale* ♦ **-rsi** *rifl.* attivarsi, impegnarsi.

mo|bi|li|ta|zió|ne *s.f.* **1** (*mil.*) chiamata alle armi | disposizione in assetto di guerra | — *civile*, invito rivolto alla popolazione civile ad aiutare attivamente le forze militari **2** (*estens.*) invito all'azione, all'impegno: — *politica*.

mò|ca o **mòka** *s.m.invar.* **1** qualità molto pregiata di caffè proveniente da Moca, città dello Yemen **2** (*estens.*) caffè espresso ♦ *s.f.* macchinetta per caffè espresso.

mo|cas|si|no *s.m.* **1** scarpa tipica degli indiani d'America, in morbido cuoio, senza tacco **2** scarpa bassa e senza lacci, in morbida pelle gener. sfoderata.

móc|cio *s.m.* (*fam.*) muco che cola dal naso.

moc|ció|so *agg.* che è pieno o sporco di moccio ♦ *s.m.* [f. -*a*] **1** bambino piccolo, che ha ancora il moccio al naso **2** (*estens.*) ragazzino che si dà arie da adulto.

mòc|co|lo *s.m.* **1** candela | residuo di candela | (*fig., fam.*) *reggere il* —, accompagnare due innamorati, essere presente quando si scambiano effusioni **2** (*scherz.*) moccio **3** (*pop.*) bestemmia: *mandare, tirare moccoli*.

mòda *s.f.* **1** usanza che varia nel tempo e che si impone nel comportamento, negli stili di vita, nell'abbigliamento: *la* — *delle gonne lunghe* | *alla, di* —, secondo il gusto del momento | *fuori* —, che non segue più il gusto del momento | *passare, ritornare di* —, non essere, essere nuovamente conforme al gusto del momento **2** (*estens.*) industria, commercio dei capi di abbigliamento: *sfilata di* — | *alta* —, sartoria di lusso **3** usanza perlopiù passeggera: *la* — *dei balli sudamericani* **4** (*stat.*) in una distribuzione di dati statistici, valore che compare con la massima frequenza.

mo|dà|le *agg.* di modo, che indica il modo | (*gramm.*) *proposizione* —, proposizione subordinata che indica il modo in cui avviene ciò che è espresso nella reggente (p.e. *mi aspettò leggendo*).

mo|da|li|tà *s.f.* **1** maniera in cui è avvenuto un fatto o si deve svolgere un'operazione: *compilare la pratica secondo le* — *indicate* | (*estens.*) formalità **2** (*dir.*) procedura che regola un atto giuridico o burocratico.

mo|da|nà|re *v.tr.* [indic.pres. *io mòdano*...] ornare una struttura con modanature.

mo|da|na|tù|ra *s.f.* **1** (*arch.*) elemento ornamentale costituito da una fascia sagomata con elementi rettilinei o curvilinei che sporge da una superficie **2** elemento sagomato, usato come decorazione di mobili.

mò|da|no *s.m.* **1** sagoma in grandezza reale di un elemento architettonico o di una cornice, usata da muratori e falegnami per costruire modanature **2** cilindretto in legno usato per fare le reti da pesca **3** pizzo eseguito su rete a maglie quadre o romboidali.

mo|dèl|la *s.f.* **1** donna che posa per fotografi, pittori o scultori **2** donna che indossa capi di abbigliamento per servizi fotografici o per sfilate di moda; indossatrice.

mo|del|là|bi|le *agg.* che si può modellare.

mo|del|là|re *v.tr.* [indic.pres. *io modèllo*...] **1** plasmare un materiale plastico dandogli la forma desiderata: — *la cera;* — *un busto* **2** (*estens.*) conferire forma a ql.co. sagomandolo: — *un cappello* **3** far risaltare le forme del fisico: *quel vestito ti modella bene il corpo* **4** (*fig.*) formare ispirandosi a un determinato modello: *ha modellato il suo stile su quello degli inglesi* ♦ **-rsi** *rifl.* conformarsi, uniformarsi a un modello: — *sulle idee degli altri*.

mo|del|là|to *part.pass.* di modellare ♦ *agg.* plasmato, uniformato ♦ *s.m.* **1** forma conferita al materiale scultoreo **2** il complesso delle qualità plastiche che caratterizzano una scultura o una pittura: *il* — *di Leonardo*.

mo|del|la|tò|re *agg.* che modella ♦ *s.m.* **1** [f. -*trice*] chi modella materiali plastici per preparare il modello dell'opera finale | modellista **2** bustino elastico da donna usato per modellare seno, fianchi e addome.

mo|del|la|tù|ra *s.f.* operazione compiuta per modellare ql.co.: *la* — *di una brocca*.

mo|del|lì|no *s.m.* riproduzione in scala ridotta di mezzi di trasporto, di strutture architettoniche e sim.: *il* — *di una stazione*.

mo|del|lì|smo *s.m.* **1** attività e tecnica di riprodurre in scala ridotta oggetti o strutture a scopo sperimentale oppure come hobby **2** collezionismo di modellini, spec. di veicoli, aeroplani e navi.

mo|del|lì|sta *s.m./f.* [m.pl. -*i*] **1** nell'industria della moda, chi progetta e realizza i capi d'abbigliamento da produrre **2** (*ind., metall.*) operaio che realizza modelli per fonderia o costruisce prototipi **3** chi per hobby pratica il modellismo o la modellistica.

mo|del|lì|sti|ca *s.f.* tecnica finalizzata alla realizzazione di modelli di macchine o di strutture a scopo sperimentale.

mo|del|lì|sti|co *agg.* [m.pl. -*i*] relativo alla modellistica.

mo|dèl|lo *s.m.* **1** esemplare che viene scelto per essere riprodotto o copiato **2** (*fig.*) cosa o persona considerata esemplare e degna di essere imitata: *un* — *letterario; prendere a* — *ql.co.*, *qlcu*. **3** prototipo | (*estens.*) oggetto prodotto su scala industriale che riproduce tale prototipo: *ho un cellulare ultimo* — **4** in fonderia, stampo per fusione **5** in sartoria, esemplare di carta di un vestito, usato come guida per tagliare la stoffa; cartamodello **6** abito realizzato in un unico esemplare, sulla base di un disegno originale: *un* — *esclusivo* | (*estens.*) disegno di un capo d'abbigliamento: *un nuovo* — *di stivali* **7** riproduzione in scala ridotta di oggetti o strutture: *il* — *di uno stadio* **8** uomo che posa per pittori, scultori e fotografi | uomo che indossa capi di abbigliamento per servizi fotografici e sfilate di moda; indossatore **9** (*burocr.*) modulo contenente un formulario **10** schema teorico rappre-

sentativo di una classe di fenomeni: — *economico* ♦ *agg.invar.* [sempre posposto al sost.] che è degno di essere imitato: *studente —*.
mò|dem *s.m.invar.* (*telecom.*) apparecchio che converte i segnali digitali di un elaboratore elettronico in segnali che possono essere trasmessi su una linea telefonica e viceversa.
mo|de|rà|bi|le *agg.* che può essere moderato.
mo|de|rà|re *v.tr.* [indic.pres. *io mòdero...*] contenere entro i giusti limiti: — *le richieste* | — *le parole, i termini*, non usare un linguaggio sconveniente ♦ **-rsi** *rifl.* contenersi, controllarsi, frenarsi: — *nel mangiare*.
mo|de|ra|téz|za *s.f.* moderazione.
mo|de|ra|ti|smo *s.m.* atteggiamento politico dei moderati.
mo|de|rà|to *agg.* **1** (*di cosa*) che rientra nei giusti limiti; contenuto: *velocità moderata* **2** (*di persona*) che sa controllarsi; misurato: *è — nel mangiare* **3** che segue una politica estranea al radicalismo: *partito —* **4** (*mus.*) di movimento tra l'andante e l'allegro ♦ *s.m.* **1** [f. *-a*] chi segue una politica moderata, non radicale **2** (*mus.*) movimento moderato ♦ **moderatamente** *avv.* in modo moderato: *un vino — alcolico* | con moderazione: *mangiare —*.
mo|de|ra|tó|re *agg.* [f. *-trice*] che modera ♦ *s.m.* **1** [f. *-trice*] chi modera **2** [f. *-trice*] coordinatore di una tavola rotonda, un dibattito e sim. **3** (*chim.*) sostanza capace di rallentare un processo chimico | (*fis.*) nei reattori nucleari, sostanza usata per rallentare i neutroni.
mo|de|ra|zió|ne *s.f.* **1** contenimento, limitazione: — *delle richieste* **2** misura, sobrietà: *agire con —*.
mo|der|na|rià|to *s.m.* collezionismo e commercio di oggetti artistici moderni, spec. di quelli degli anni Cinquanta e Sessanta.
mo|der|ni|smo *s.m.* **1** tendenza a rinnovare ideologie e metodi per adeguarli alle esigenze moderne **2** movimento di rinnovamento diffusosi agli inizi del XX sec., condannato da Pio X perché tendeva a conciliare la tradizione cattolica con la filosofia e i tempi moderni.
mo|der|ni|sta *s.m./f.* [m.pl. *-i*] sostenitore del modernismo ♦ *agg.* modernistico.
mo|der|ni|sti|co *agg.* [m.pl. *-ci*] che riguarda il modernismo | proprio dei modernisti.
mo|der|ni|tà *s.f.* **1** qualità di chi o di ciò che è in sintonia con il gusto moderno: *— di uno stile* | caratteristica di chi o di ciò che, pur appartenendo al passato, si rivela attuale; attualità: *la — dei filosofi antichi* **2** insieme degli elementi che caratterizzano i tempi moderni.
mo|der|niz|zà|re *v.tr.* rendere moderno; adeguare alle esigenze moderne: — *le leggi* ♦ **-rsi** *rifl.* adeguarsi alle esigenze moderne.
mo|dèr|no *agg.* **1** relativo o appartenente al tempo presente: *epoca moderna* | (*st.*) **età moderna**, periodo che va dalla scoperta dell'America al primo Ottocento **2** aggiornato, attuale: *tecnologia moderna* ♦ *s.m.* **1** ciò che appartiene al tempo presente o ne esprime il gusto: *preferisco il —* **2** (*spec.pl.*) uomini dell'età contemporanea:

noi moderni siamo più evoluti □ **modernamente** *avv.* in modo moderno: *pensare —*.
mo|dè|stia *s.f.* **1** qualità di chi non mostra presunzione, né vanta la propria bravura | (*fam.*, *scherz.*) — ***a parte***, formula con cui ci si scusa del fatto che si devono menzionare le proprie qualità: — *a parte, fui il primo a capirlo* | (*iron.*) **non brillare, non peccare di —**, essere molto vanitoso | (*iron.*) **scusate la —**, si dice di chi ostenta il proprio valore **2** pudore, riservatezza: *una ragazza piena di —* **3** (*estens.*) moderazione, parsimonia: *vive con —* **4** limitatezza, scarsità: *la — dello stipendio*.
mo|dè|sto *agg.* **1** che ha modestia | *fare il —*, mostrare una falsa modestia **2** contenuto, moderato: *richieste modeste* **3** non vistoso, non lussuoso, semplice: *un appartamento —*; *un pranzo —*; *un abito —* **4** limitato, mediocre: *aspirazioni modeste*; *capacità modeste* **5** di bassa condizione sociale; umile: *un uomo di origini modeste* **6** economicamente scarso; esiguo: *una retribuzione modesta* □ **modestamente** *avv.* **1** in modo modesto: *vive — nella sua casa in campagna* **2** si usa con valore attenuativo o enfatico: *—, io ne so più di te*.
mo|di|ci|tà *s.f.* qualità di ciò che è modico.
mò|di|co *agg.* [m.pl. *-ci*] (*di costo, spesa*) contenuto, esiguo: *prezzi modici* □ **modicamente** *avv.*
mo|di|fi|ca *s.f.* modificazione.
mo|di|fi|cà|bi|le *agg.* che si può modificare.
mo|di|fi|cà|re *v.tr.* [indic.pres. *io modifico, tu modìfichi...*] cambiare parzialmente: — *il proprio parere* ♦ **-rsi** *intr.pron.* subire parziali cambiamenti: *nel tempo, la situazione si modificò*.
mo|di|fi|ca|tó|re *agg.* [f. *-trice*] **1** che modifica o tende a introdurre modifiche **2** (*chim.*) si dice di composto o elemento chimico capace di modificare le proprietà meccaniche e le caratteristiche strutturali di alcune leghe ♦ *s.m.* **1** chi apporta modifiche **2** (*ling.*) elemento che specifica il modo, le qualità degli altri elementi di un sintagma (p.e. aggettivo, complemento) **3** (*inform.*) dato con cui si modifica l'istruzione di un programma in modo che questa possa poi essere usata anche per applicazioni diverse.
mo|di|fi|ca|zió|ne *s.f.* **1** mutamento, trasformazione | miglioramento, perfezionamento: *apportare, introdurre una —* **2** (*metall.*) cambiamento della struttura e delle proprietà meccaniche che si produce in alcune leghe aggiungendo determinati modificatori mediante trattamento termico.
mo|di|glió|ne *s.m.* (*arch.*) nell'ordine corinzio, mensola decorativa o di sostegno delle cornici.
mo|dì|sta *s.f.* donna addetta al confezionamento o alla vendita di cappelli femminili.
mo|di|ste|rì|a *s.f.* **1** il laboratorio o negozio della modista **2** la professione di modista.
mò|do *s.m.* **1** maniera caratteristica in cui si svolge un'azione o si manifesta un fenomeno: — *di leggere*; *procede in —* costante; *la terra trema va in —* sconvolgente | preceduto da *in* e accompagnato da un aggettivo ha valore avverbiale:

modulabile

in —benevolo (benevolmente); *in particolar —* (particolarmente) | *— di pensare*, atteggiamento mentale | *— di vedere*, opinione | *— di fare*, comportamento | *— di dire*, parola o locuzione propria di una lingua o caratteristica di una persona | *per — di dire*, tanto per dire: *non offenderti, l'ho detto per — di dire*; (*spreg.*) che non è come dovrebbe essere: *è un invito per — di dire* | *in questo, in tal —*, così | *in un certo qual —*, in un certo senso | *in che —*, come: *so in che — sei caduto* | *di, in — che, in — da*, cosicché, sicché, così da: *dimmelo in — che io possa correggermi; gli riferì l'accaduto, in — da farlo ragionare* **2** maniera di agire, di fare; comportamento: *avere modi gentili, sgarbati* | usanza, abitudine | *a — mio*, come so, amo o voglio fare | *c'è — e —*, espressione usata per dire che ql.co. cambia a seconda della maniera in cui si fa o si dice: *c'è — e — di rispondere* **3** mezzo, procedimento per realizzare un obiettivo: *cercare il — migliore* | occasione, possibilità | *dare —*, dare la possibilità: *dagli — di rimediare* | *a, in ogni —*, in tutte le maniere possibili, con qualunque mezzo: *ho provato in ogni — a rintracciarti, ma senza successo*; comunque: *rientrerò stasera, a ogni — telefonami* | *in nessun —*, con nessun mezzo; per nessuna ragione | *in qualche —*, in una maniera o nell'altra: *in qualche — riuscirò a raggiungerti* | *non esserci —*, non essere possibile: *non c'è — di farlo riflettere* **4** modalità, procedura: *nei modi previsti dal regolamento* **5** misura, limite | *oltre —*, oltre i limiti | *a —, bene: si è sempre comportato a — | persona a —*, corretta, educata **6** (*gramm.*) categoria della coniugazione del verbo che specifica l'atteggiamento del soggetto rispetto all'azione o allo stato espressi dal verbo (p.e. certezza, possibilità, desiderio, comando ecc.) | *modi finiti*, quelli coniugati secondo la persona e il numero (indicativo, congiuntivo, condizionale, imperativo) | *modi indefiniti*, quelli che non danno indicazioni sulla persona (infinito, participio, gerundio) | *avverbio, complemento di —*, che indicano la maniera in cui si compie un'azione **7** (*mus.*) struttura organizzata di intervalli che dà origine a diverse scale di note.

mo|du|là|bi|le *agg.* che si può modulare.

mo|du|là|re¹ *v.tr.* [indic.pres. *io mòdulo...*] **1** (*mus.*) variare un canto, un suono regolandone l'intensità o il timbro **2** (*estens.*) pronunciare una frase, un discorso e sim. variando la cadenza o l'intensità della voce **3** (*fig.*) organizzare sulla base di uno schema modificabile: *— il programma* **4** (*fis.*) adattare il valore di una grandezza fisica **5** (*telecom.*) eseguire una modulazione.

mo|du|là|re² *agg.* 1 relativo a modulo: *programmazione —* **2** formato da singoli elementi variamente componibili fra loro: *cucina —*.

mo|du|là|rio *s.m.* **1** blocco di moduli uguali **2** raccolta di moduli diversi.

mo|du|la|tó|re *s.m.* **1** [f. *-trice*] chi modula **2** (*telecom.*) apparecchio per effettuare la modulazione d'onda ♦ *agg.* che modula.

mo|du|la|zió|ne *s.f.* **1** (*mus.*) variazione della tonalità della voce, di un canto, di un suono **2** (*telecom.*) operazione mediante la quale un segnale elettrico da trasmettere viene trasformato in un altro segnale con caratteristiche diverse, gener. un'onda sinusoidale ad alta frequenza | *— di ampiezza*, quella in cui l'ampiezza dell'onda varia nel tempo | *— di fase*, quella in cui la fase dell'onda varia nel tempo | *— di frequenza*, quella in cui la frequenza dell'onda varia nel tempo; (*com.*) sistema di trasmissione radiofonica.

mo|du|lì|sti|ca *s.f.* **1** tecnica che riguarda la realizzazione di moduli stampati **2** insieme di moduli utilizzati in un dato ufficio.

mò|du|lo *s.m.* **1** formula prestabilita, usata per la stesura di determinati documenti | lo stampato, contenente tale formula, da completare di volta in volta negli spazi lasciati in bianco: *il — di versamento, di iscrizione*; compilare, riempire il *—* **2** (*edilizia, arch.*) elemento assunto come unità di misura per stabilire le proporzioni fra le varie parti di una struttura, di un edificio | (*arch. greco-romana*) raggio della colonna assunto come unità di misura per definire la dimensione delle varie parti di un edificio **3** (*fig.*) canone, modello: *commedia di — classico* **4** singolo elemento di una prefabbricato o di un mobile componibile: *cucina a moduli* | *— abitativo*, prefabbricato usato in situazioni d'emergenza (terremoti, alluvioni e sim.) per ospitare chi non ha più la casa **5** (*numismatica*) diametro di una moneta **6** (*tecn.*) parte di un apparecchio dotata di funzioni specifiche e sostituibile in caso di guasto: *— di commutazione* | *— lunare*, in un'astronave, quello utilizzato per sbarcare sulla Luna **7** (*mat.*) *— di un numero reale*, il suo valore assoluto **8** unità di misura delle acque d'irrigazione; capacità e portata media annua di un corso d'acqua **9** ciascuna delle unità didattiche in cui si può suddividere un corso universitario o un programma di scuola secondaria superiore | *— didattico*, nella scuola elementare, programma didattico interdisciplinare condotto da un gruppo di insegnanti.

mò|dus vi|vèn|di (*lat.*) *loc.sost.m.invar.* **1** accordo provvisorio tra due parti in contrasto **2** (*estens.*) modo di vivere, stile di vita.

mo|fé|ta o **mofèta** *s.f.* (*geol.*) nei terreni di origine vulcanica, apertura da cui fuoriescono esalazioni di anidride carbonica e vapore acqueo.

mof|fét|ta *s.f.* **1** mammifero carnivoro americano con corpo nerastro, coda folta e pelliccia nera a strisce bianche sul dorso; è dotato di ghiandole anali da cui, per difesa, spruzza un liquido fetido **2** la pelliccia di tale animale.

mò|ga|no *s.m.* **1** legno pregiato, duro e di colore rosso bruno, ottenuto da un albero originario dell'America settentrionale e centrale, usato spec. per fabbricare mobili **2** (*anche agg.invar.*) colore bruno rossastro simile a quello di tale legno.

mòg|gio *s.m.* [pl.f. *le moggia*] **1** misura di capacità per aridi | recipiente di tale capacità, gener. di forma cilindrica | (*fig.*) *mettere la fiaccola sotto*

molleggiare

il —, nascondere una verità 2 antica unità di misura agraria, usata in alcune regioni italiane.
mò|gio *agg.* [f.pl. *-gie*] abbattuto, avvilito; moscio: *starsene — —*.
mó|glie *s.f.* la donna sposata rispetto al marito; consorte: *trovare —*.
mo|gól *s.m.* titolo attribuito all'imperatore dei mongoli.
mohair (*fr.*) [pr. *moèr*] *s.m.invar.* lana sottile, soffice e lucente, ottenuta dalle capre d'angora | il tessuto che se ne ricava.
mo|i|na *s.f.* spec.pl. 1 frase, gesto affettuoso: *una ragazza tutte moine* 2 (*estens.*) comportamento lezioso, affettato, che gener. mira a ottenere ql.co.
mò|ka *s.m.invar.* → **moca**.
mò|la[1] *s.f.* 1 macina di pietra usata un tempo nei mulini 2 disco di materiale abrasivo applicato a varie macchine utensili, impiegato per levigare e lucidare superfici, affilare lame ecc.
mò|la[2] *s.f.* (*med.*) massa tumorale che si forma nell'utero per degenerazione della cellula uovo durante una gravidanza | — **vescicolare**, trasformazione degenerativa dei villi coriali.
mò|la[3] *s.f.* pesce luna.
mo|là|re[1] *v.tr.* [indic.pres. *io mòlo...*] lavorare un oggetto con la mola per levigarlo o affilarlo: *— uno specchio*.
mo|là|re[2] *agg.* 1 di mola | *pietra —*, quella usata per fare le macine 2 (*anat.*) detto di ciascuno dei denti situati nella parte posteriore delle arcate dentarie, utilizzati per masticare il cibo ♦ *s.m.* (*anat.*) dente molare.
mo|làs|sa *s.f.* (*geol.*) arenaria quarzosa caratteristica dell'area alpina, usata come pietra da mola.
mo|la|tó|re *s.m.* [f. *-trice*] operaio che esegue lavori di molatura.
mo|la|trì|ce *s.f.* (*mecc.*) macchina utensile dotata di mola, usata per levigare, lucidare, smussare, affilare ecc.
mo|la|tù|ra *s.f.* lavorazione eseguita con la mola: *— di una lama*.
mo|làz|za *s.f.* 1 macina 2 macchina per triturare e impastare, costituita da una vasca nella quale ruotano due mole verticali; in edilizia è usata per preparare le malte.
mol|dà|vo *agg.* della Moldavia, Stato dell'Europa orientale ♦ *s.m.* [f. *-a*] che abita o è nato in Moldavia.
mò|le *s.f.* 1 massa notevolmente grossa, grande: *l'enorme — di una montagna* 2 (*estens.*) costruzione partic. grandiosa | *la Mole Antonelliana*, monumento caratteristico di Torino 3 (*fig.*) quantità, entità ingente: *oggi ho una gran — di lavoro*.
mo|lè|co|la *s.f.* 1 (*chim., fis.*) il più piccolo aggregato di atomi di una sostanza, che conserva le proprietà chimiche della sostanza stessa 2 (*estens.*) piccolissima parte di ql.co.
mo|le|co|là|re *agg.* (*chim., fis.*) di molecola | *peso —*, somma dei pesi degli atomi che costituiscono una molecola.
mo|le|stà|re *v.tr.* [indic.pres. *io molèsto...*] recare molestia a qlcu.; disturbare, importunare: *il chiasso della discoteca molesta gli abitanti del quartiere*.
mo|le|sta|tó|re *s.m.* [f. *-trice*] chi molesta.
mo|lè|stia *s.f.* 1 disagio che crea fastidio, disturbo: *la — dell'afa estiva* 2 azione che provoca fastidio, spec. riferita all'ambito sessuale.
mo|lè|sto *agg.* che provoca molestia; fastidioso, importuno, noioso: *un rumore —*.
mo|lib|dè|no *s.m.* elemento chimico, metallo bianco argenteo, molto duro, che fonde difficilmente ed è buon conduttore dell'elettricità (*simb.* Mo); si usa in elettrotecnica, elettronica e metallurgia.
mo|li|sà|no *agg.* del Molise ♦ *s.m.* 1 [f. *-a*] chi abita o è nato in Molise 2 dialetto che si parla in Molise.
mo|li|tó|re *s.m.* 1 [f. *-trice*] addetto alla molitura dei cereali o alla pilatura del riso 2 macchina per eseguire la molitura.
mo|li|tò|rio *agg.* che riguarda la molitura dei cereali.
mo|li|tù|ra *s.f.* macinazione dei cereali | (*estens.*) frantumazione mediante molazze di una sostanza spec. in granuli.
mòl|la *s.f.* 1 organo meccanico elastico di uso svariato, in grado di deformarsi sotto l'azione di una forza e di riprendere la forma originaria quando cessa tale azione: *a spirale, elicoidale*; *materasso a molle* | (*fig.*) **scattare come una —**, molto rapidamente, con prontezza 2 (*fig.*) incentivo, motivazione, stimolo: *l'ambizione è la sua —* 3 (*pl.*) pinza d'acciaio partic. lunga che serve ad afferrare legni o carboni accesi | (*fig.*) **prendere ql.co./qlcu. con le molle**, con le opportune cautele, perché difficile o pericoloso: *è un tipo da prendere con le molle*.
mol|là|re *v.tr.* [indic.pres. *io mòllo...*] 1 allentare, lasciare andare: *— una presa* | (*fig., fam.*) *tira e molla*, espressione che indica il continuo alternarsi di azioni contrastanti tra loro: *sono stanca di questo tira e molla!* 2 (*mar.*) allentare o sciogliere un cavo, una corda, una catena e sim. | *— le vele*, spiegarle per salpare | *— gli ormeggi*, togliere i cavi di ormeggio per salpare 3 (*fig. fam.*) abbandonare, lasciare: *— il fidanzato, gli studi* 4 (*fig., fam.*) appioppare, assestare: *— un pugno* ♦ *intr.* [aus. A] 1 cedere, desistere: *cerca di non —* 2 (*fig., fam.*) finirla, smettere: *se inizia a ridere, non molla più*.
mòl|le *agg.* 1 che cede alla pressione o al tatto; morbido, soffice: *un cuscino troppo —* | (*anat.*) *palato —*, parte posteriore del palato 2 intriso d'acqua o di altro liquido; zuppo: *un cappello — di pioggia* 3 (*fig.*) privo di energia o decisione; debole, fiacco: *carattere —* ♦ *s.m.* 1 ciò che è morbido, soffice: *sdraiarsi sul —* 2 terreno bagnato, umido: *camminare sul —* □ **mollemente** *avv.* con rilassatezza, indolenza: *stendersi — sul letto*.
mol|leg|gia|mén|to *s.m.* movimento elastico di un oggetto o del corpo umano.
mol|leg|già|re *v.intr.* [indic.pres. *io molléggio...*; aus. A] 1 (*di divani, materassi a molle e sim.*)

molleggio 774

possedere elasticità **2** muovere il corpo in modo elastico ♦ *tr.* dotare di molleggio: — *l'auto* ♦ **-rsi** *rifl.* muoversi con elasticità: — *sulle ginocchia*.
mol|lég|gio *s.m.* **1** sistema di molle che rende ql.co. elastico: *il — del divano* | (*estens.*) l'elasticità acquisita da un oggetto mediante tale sistema: *vettura con ottimo —* **2** (*ginnastica*) esercizio che consiste nel flettersi elasticamente sulle ginocchia per poi tornare in posizione eretta.
mol|lét|ta *s.f.* **1** dispositivo a molla per appuntare i capelli o per fermare i panni sullo stendibiancheria **2** (*pl.*) pinzette che terminano con un cucchiaio, usate per prendere cubetti di ghiaccio, zollette di zucchero e sim.
mol|let|tó|ne *s.m.* panno felpato usato come imbottitura o come sottotovaglia per proteggere il tavolo.
mol|léz|za *s.f.* **1** (*anche fig.*) caratteristica di ciò che è molle: *— di carattere* **2** (*spec.pl.*) eccessivi lussi, comodità, piaceri: *vive nelle mollezze*.
mol|li|ca (*errato* mòllica) *s.f.* **1** parte molle del pane, posta sotto la crosta **2** (*spec.pl.*) briciole.
mol|líc|cio *agg.* [f.pl. *-ce*] **1** che è piuttosto molle; floscio: *il suolo è —* **2** (*fig.*) alquanto debole, fiacco: *carattere —* ♦ *s.m.* terreno bagnato, pieno di fango.
mòl|lo *agg.* (*pop.*) molle, bagnato | *mettere a —*, mettere a bagno | (*fig.*) **essere una pappa molla**, si dice di chi è fiacco, privo di vigore.
Mol|lù|schi *s.m.pl.* tipo di Invertebrati con corpo molle, gener. dotati di conchiglia protettiva.
mol|lù|sco *s.m.* [pl. *-schi*] **1** animale appartenente ai Molluschi **2** (*fig., spreg.*) persona senza carattere, priva di energia e volontà; rammollito.
mò|lo *s.m.* opera portuale in muratura, costruita su fondamenta molto solide, che serve come protezione dal moto ondoso.
mò|loc o **mòloch** *s.m.* **1** divinità fenicio-cananea a cui si sacrificavano vittime umane **2** (*estens.*) individuo o ente animato da una potente brama distruttrice **3** piccole rettile australiano, innocuo ma dall'aspetto mostruoso, a causa delle spine a forma di cono che ne rivestono il corpo e la coda.
mol|lòs|so *s.m.* **1** razza di cane da guardia di origine antica, probabile progenitore del mastino, con corpo basso e robusto, pelame corto di colore fulvo, muso piccolo e nero, labbra pendenti | *cane appartenente a tale razza* **2** pipistrello comune nelle zone calde, il cui capo somiglia a quello del cane molosso.
mò|lo|tov *s.f.invar.* bomba da lancio preparata in modo rudimentale, costituita da una bottiglia di vetro piena di benzina a cui si applica una miccia.
mol|té|pli|ce *agg.* **1** formato da più parti o elementi: *struttura —* **2** (*spec.pl.*) numeroso, svariato: *modi molteplici*.
mol|te|pli|ci|tà *s.f.* carattere di ciò che è molteplice; pluralità, varietà: *— di scelte*.
mol|ti|pli|ca *s.f.* (*mecc.*) nella bicicletta, rapporto tra il numero dei denti della ruota centrale dentata collegata con i pedali e il numero dei denti del pignone | (*estens.*) la ruota dentata su cui scorre la catena.
mol|ti|pli|cà|bi|le *agg.* che si può moltiplicare.
mol|ti|pli|càn|do *s.m.* (*mat.*) numero da moltiplicare per un altro, il primo dei due fattori di una moltiplicazione.
mol|ti|pli|cà|re *v.tr.* [indic.pres. *io moltìplico, tu moltìplichi...*] **1** accrescere, aumentare molto nel numero: *— gli interventi, gli sforzi* | (*estens.*) incrementare: *— le entrate* **2** (*mat.*) eseguire una moltiplicazione ♦ **-rsi** *intr.pron.* **1** crescere di numero tramite la riproduzione di individui della stessa specie: *molte piante si moltiplicano spontaneamente* **2** diventare più numeroso: *i problemi si sono moltiplicati*.
mol|ti|pli|ca|ti|vo *agg.* (*mat.*) proprio della moltiplicazione.
mol|ti|pli|ca|tó|re *agg.* [f. *-trice*] che moltiplica ♦ *s.m.* **1** (*mat.*) numero che moltiplica un altro, il secondo dei due fattori di una moltiplicazione **2** (*tecn.*) meccanismo che trasmette il movimento a organi rotanti, moltiplicandone il numero di giri | dispositivo che amplifica una grandezza fisica **3** (*econ.*) coefficiente che esprime l'aumento del reddito nazionale risultante dall'aumento degli investimenti pubblici.
mol|ti|pli|ca|zió|ne *s.f.* **1** aumento numerico: *la — delle richieste* | (*bot.*) **— vegetativa**, metodo di propagazione delle piante per distacco di una parte o di un organo del vegetale, senza l'intervento del seme **2** (*mat.*) operazione aritmetica mediante la quale si ricava il prodotto di due fattori, corrispondente al primo numero (moltiplicando) sommato a se stesso tante volte quante sono le unità del secondo numero (moltiplicatore).
mol|ti|tù|di|ne *s.f.* **1** gran numero, gran quantità di cose o di animali: *una — di libri, di formiche* **2** insieme di molte persone riunite; folla, massa: *una — di manifestanti si radunò in piazza*.
mól|to *agg.indef.* che è in grande quantità, misura, numero: *c'è — pane; fa — caldo* | grande, notevole: *le fu di — conforto* | eccessivo, troppo: *chiedere quella cifra mi sembra —* ♦ *avv.* assai, grandemente: *ha sofferto —* ♦ *pron.indef.* **1** [f. *-a*; sottintende un s. espresso precedentemente] chi, ciò che è in grande quantità, misura, numero: *"Quanti soldi hai?" "Non ne ho molti"* **2** (*pl.*) molte persone, molta gente: *protesteremo in molti* **3** (*ell.*) indica grande quantità: *non è —, ma mi accontento* | *fra non —*, tra poco tempo | *da non —*, da poco tempo | *a dir, a far —*, al massimo, tutt'al più | *non ci vuole — a capirlo*, non ci vuole molta intelligenza | *è già — se...*, è già gran cosa se...: *è già — se arrivi per le nove* | *ci corre —*, c'è molta differenza: *ci corre — tra te e lui* | *fare — per qlcu.*, aiutarlo parecchio ♦ *s.m.* grande quantità: *il — e il poco*.
mo|men|tàc|cio *s.m.* circostanza, situazione sfavorevole, spec. in campo economico | momento poco felice, poco opportuno: *arrivi proprio in un —*.
mo|men|tà|ne|o *agg.* che ha breve durata; pas-

seggero: *dolore* — □ **momentaneamente** *avv.* al momento, in questo momento.

mo|mén|to *s.m.* **1** brevissima frazione di tempo; attimo, istante: *aspetta solo un —; un — di rabbia* | *dal — che*, dato che | *da un — all'altro*, fra breve: *telefonerà da un — all'altro*; improvvisamente: *ha deciso di partire da un — all'altro* | *fino a questo —*, finora | *per il —*, per ora: *per il — sono impegnato* | *ogni —*, continuamente | *a momenti*, tra poco: *arriverà a momenti*; per poco: *a momenti scivolavo* | *all'ultimo —*, con molto ritardo: *arrivai all'ultimo —* | *al primo —*, da principio: *al primo — si offese, ma poi mi diede ragione* | *sul —*, lì per lì: *sul — non me ne sono accorto* **2** circostanza, situazione: *è un — felice*; *ho passato momenti difficili* **3** (*estens.*) occasione: *è il mio — di gloria* **4** (*fis.*) grandezza, scalare o vettoriale, definita come il prodotto di una forza per la distanza di un punto dalla sua retta d'azione | *— della quantità di moto* (o *— angolare*), grandezza vettoriale definita dal prodotto della quantità di moto (massa per velocità) per la distanza di un dato punto **5** *— musicale*, breve composizione per pianoforte.

mò|na|ca *s.f.* **1** religiosa appartenente a un ordine monastico femminile, di cui professa i voti di castità, obbedienza e povertà: *— domenicana* | (*estens.*, *impropriamente*) suora **2** denominazione di vari animali i cui colori richiamano quelli dell'abito monacale | *— di mare* (o *foca —*), foca dell'Atlantico e del Mediterraneo, oggi in estinzione.

mo|na|cà|le *agg.* **1** di monaci, di monache; relativo alla condizione monastica: *regola —* **2** (*fig.*) da monaco; austero, severo: *vita —*.

mo|na|càr|si *v.rifl.* [indic.pres. *io mi mònaco, tu ti mònachi*...] farsi monaco o monaca.

mo|na|ca|zió|ne *s.f.* cerimonia in cui chi entra in un ordine religioso monastico indossa per la prima volta l'abito monacale.

mo|na|chèl|la *s.f.* **1** donna modesta e timida o che si mostra tale **2** nome di varie specie di uccelli passeriformi, con capo grande, becco sottile, corpo tozzo e piumaggio bianco e nero.

mo|na|ché|si|mo *s.m.* **1** fenomeno proprio di molte religioni, per il quale alcuni individui abbandonano la vita sociale e si ritirano in solitudine o in piccole comunità per seguire meglio le regole della loro fede e dedicarsi alla meditazione: *— buddhista, cristiano* **2** il complesso delle istituzioni monastiche e delle loro regole: *il — occidentale, orientale*.

mò|na|co *s.m.* [pl. *-ci*] **1** chi ha abbracciato il monachesimo | nel cattolicesimo, membro di un ordine monastico: *— domenicano* **2** scaldaletto **3** (*arch.*) elemento verticale posto al centro di una capriata.

mò|na|de *s.f.* (*filos.*) **1** nei pitagorici, unità base da cui hanno avuto origine i numeri **2** in Leibniz, elemento di natura spirituale, attivo e indivisibile, la cui struttura riproduce quella della realtà.

mo|na|dì|smo *s.m.* (*filos.*) ogni dottrina che concepisce la realtà come una pluralità di monadi distinte fra loro.

mo|nàn|dro *agg.* (*bot.*) detto di fiore con un solo stame e di pianta con fiori di tale tipo.

mo|nàr|ca *s.m.* [pl. *-chi*] chi detiene il potere supremo in uno Stato monarchico; re, sovrano.

mo|nar|chì|a *s.f.* **1** forma istituzionale di governo in cui il potere supremo è accentrato nelle mani di un solo individuo, perlopiù per diritto di sangue | *— costituzionale*, quella in cui il sovrano è affiancato da organi istituzionali, con potere paritario, che rappresentano i cittadini **2** Stato in cui vige tale regime.

mo|nàr|chi|co *agg.* [m.pl. *-ci*] **1** della monarchia: *potere —* **2** che sostiene la monarchia **3** retto a monarchia: *Stato —* ♦ *s.m.* [f. *-a*] sostenitore della monarchia | chi è iscritto a un partito monarchico.

mo|na|stè|ro *s.m.* **1** edificio o insieme di edifici, in cui risiede una comunità di monaci o di monache | *entrare in —*, farsi monaco **2** comunità di monaci o monache che risiede in un monastero.

mo|nà|sti|co *agg.* [m.pl. *-ci*] **1** di monaco o monaca: *ordine —* | relativo a un monastero: *vita monastica* **2** (*fig.*) sobrio, austero.

mo|nàt|to *s.m.* (*st.*) inserviente pubblico che, durante le pestilenze dei secc. XVI e XVII, era addetto al trasporto dei malati e alla sepoltura dei morti.

mon|che|rì|no *s.m.* **1** moncone di un arto superiore amputato **2** (*estens.*) ciò che resta di un oggetto quasi del tutto distrutto o spezzato.

món|co *agg.* [m.pl. *-chi*] **1** (*di persona*) privo di una o entrambe le mani, degli avambracci o delle intere braccia | (*di arto*) privo di una parte: *una gamba monca del piede* **2** (*fig.*) che manca di ql.co.; incompleto, manchevole: *discorso —* ♦ *s.m.* [f. *-a*] persona monca.

mon|có|ne *s.m.* **1** segmento di arto che rimane dopo una parziale amputazione **2** (*estens.*) parte che resta di ql.co. che è stato mozzato, spezzato **3** (*fig.*) opera, attività incompiuta.

món|da *s.f.* (*agr.*) pulitura di una risaia dalle erbe nocive.

mon|da|ni|tà *s.f.* **1** caratteristica di ciò che è mondano **2** frivolezza, futilità: *lei adora le —* **3** (*estens.*) vita frivola e lussosa, tipica di chi ama l'eleganza e la ricercatezza e che partecipa spesso a feste e ricevimenti | il complesso delle persone dell'alta società: *alla prima c'era tutta la —*.

mon|dà|no *agg.* **1** che riguarda il mondo, la vita terrena: *piaceri mondani* **2** relativo alla società elegante: *vita mondana* **3** (*di persona*) che partecipa alla vita di società ♦ *s.m.* [f. *-a*] chi fa vita di società □ **mondanamente** *avv.* in modo mondano | secondo la mondanità.

mon|dà|re *v.tr.* [indic.pres. *io móndo*...] **1** pulire ql.co. eliminando ciò che non si utilizza: *— l'insalata* **2** pulire un frutto togliendogli la buccia o il guscio **3** (*fig.*) purificare da un peccato, da una colpa.

mon|da|tù|ra *s.f.* operazione e risultato del mondare.

mon|dez|zà|io *s.m.* 1 luogo in cui si raccoglie la spazzatura; immondezzaio 2 (*estens.*) luogo partic. sporco: *questa casa è ridotta a —* 3 (*fig.*) ambiente moralmente degradato: *un — di persone corrotte* | cumulo di cose sordide.

mon|dià|le *agg.* 1 del mondo, relativo al mondo intero: *campionato —* 2 noto in tutto il mondo: *uno scrittore di fama —* 3 (*fig.*, *fam.*) fantastico, meraviglioso.

mon|dì|na *s.f.* operaia stagionale addetta alla monda del riso.

món|do[1] *agg.* 1 netto, pulito | (*estens.*) ordinato, lindo 2 (*di verdura o frutto*) privo delle scorie, della buccia o del guscio 3 (*fig.*) moralmente puro, incontaminato: *animo — dal peccato*.

món|do[2] *s.m.* 1 cosmo, universo | (*fig.*) **la fine del —**, catastrofe, disastro; (*fam.*) cosa o persona bellissima, straordinaria, eccezionale ecc. | (*fig.*) **non è la fine del —**, si può rimediare | **da che — è —**, da sempre 2 il globo terrestre, la Terra | **girare mezzo —**, viaggiare molto | **andare in capo al —**, molto lontano | **essere fuori del —**, non rendersi conto della realtà | **per niente al —**, in nessun modo | **il Nuovo —**, le Americhe | **il terzo —**, il complesso dei paesi in via di sviluppo | **il quarto —**, l'insieme dei paesi più poveri, privi di strutture produttive e delle principali risorse 3 ciascun corpo celeste 4 la Terra in quanto sede della vita e teatro delle vicende umane | **mettere al —**, generare, partorire | **venire al —**, nascere | **lasciare il —**, morire | **saper stare al —**, sapersi adattare | *l'altro —*, l'aldilà | **andare all'altro —**, morire | (*fig.*) **cose dell'altro —**, incredibili, inaudite | **tutto il — è paese**, succedono le stesse cose dappertutto | **così va il —**, espressione che esprime rincrescimento per ql.co. che ha avuto un andamento negativo 5 l'insieme di tutti gli uomini; l'umanità: *mobilitare il —* | (*fig.*) **mezzo —**, moltissima gente: *conosce mezzo —* 6 gli individui appartenenti a una stessa specie: *il — animale*, *vegetale* 7 la vita sociale, terrena, spec. in contrasto con quella spirituale | **fuggire il —**, fare vita ritirata oppure dedicarsi alla vita religiosa | **uomo di —**, che ha grande esperienza di vita 8 il complesso delle popolazioni che appartengono alla stessa civiltà: *il — romano* | il complesso delle caratteristiche di una civiltà: *il — contemporaneo* | insieme di persone con attività, principi e interessi comuni: *il — dello spettacolo* | **il bel —**, l'alta società 9 l'insieme delle idee, dei sentimenti e sim. che fanno parte della sfera affettiva e interiore di una persona: *ognuno ha il proprio —* | l'insieme dei valori poetici di un artista: *il — di D'Annunzio* 10 (*filos.*) ambito in cui rientrano realtà dello stesso genere: *il — cognitivo* 11 (*fig.*) gran quantità: *un — di seccature* | **un —**, moltissimo: *si sono divertiti un —* 12 altro nome del gioco infantile chiamato anche 'campana' o 'settimana'.

mon|do|vi|sió|ne *s.f.* collegamento televisivo intercontinentale.

mo|ne|gà|sco *agg.* [m.pl. *-schi*] del principato di Monaco ♦ *s.m.* [f. *-a*] chi è nato o abita nel principato di Monaco.

mo|nel|le|rì|a *s.f.* comportamento o azione da monello.

mo|nèl|lo *s.m.* [f. *-a*] 1 ragazzo di strada chiassoso e maleducato 2 (*estens.*) ragazzo vivace, molto irrequieto.

mo|né|ta *s.f.* 1 dischetto in metallo coniato da un'autorità statale che ne stabilisce lega, misura e valore, usato come mezzo per il pagamento: *monete romane*, *di bronzo*, *d'oro* | (*estens.*, *econ.*) mezzo di scambio per l'acquisto di beni e servizi costituito da dischetti metallici, da banconote o da qualsiasi altro bene materiale il cui valore è stato convenzionalmente stabilito 2 (*econ.*) unità monetaria che si usa in un determinato paese; valuta: *la lira era la — italiana* | — **legale**, quella che lo Stato obbliga a usare come mezzo di pagamento | — **forte**, **debole**, quella che nel tempo tende ad acquistare o a perdere valore rispetto alle altre 3 denaro, soldi | quantità di soldi spiccioli: *cambiare la —* | (*fig.*) **pagare della stessa —**, vendicarsi dando il contraccambio.

mo|ne|tà|re *v.tr.* [indic.pres. *io monéto*...] ridurre a moneta: *— la carta* | trasformare in moneta un metallo.

mo|ne|tà|rio *agg.* di moneta, relativo alla moneta: *mercato —* | **sistema — internazionale**, il complesso dei rapporti di cambio tra le varie monete | **Unione economica monetaria** (*uem*), primo Sistema monetario europeo, creato nel 1992 con il trattato di Maastricht, da cui sono nate la moneta unica (euro) e la Banca centrale europea.

mo|ne|ta|zió|ne *s.f.* processo di trasformazione del metallo grezzo in moneta.

mo|ne|tiz|zà|re *v.tr.* tradurre in moneta titoli, beni immobili e sim. | valutare ql.co. nel suo corrispondente in denaro: *— un danno*.

mon|gol|fiè|ra *s.f.* pallone aerostatico sostenuto con l'aria calda contenuta al suo interno.

mon|gò|li|co *agg.* [m.pl. *-ci*] 1 della Mongolia; dei mongoli 2 (*estens.*) che ha le caratteristiche tipiche dei mongoli.

mon|go|li|smo *s.m.* (*med.*) sindrome di Down.

mòn|go|lo *agg.* mongolico ♦ *s.m.* 1 [f. *-a*] chi appartiene alla popolazione mongolica 2 (*ling.*) famiglia di dialetti che si parlano in Mongolia.

mon|go|lòi|de *agg.* 1 (*antrop.*) detto di gruppo umano con pelle giallastra, caratterizzato da viso largo, zigomi alti e pronunciati, occhi di taglio obliquo e capelli lisci, neri 2 (*med.*) che è affetto da sindrome di Down ♦ *s.m./f.* chi è affetto da sindrome di Down.

mo|nì|le *s.m.* collana d'oro, spec. decorata con pietre preziose | (*estens.*) gioiello.

mo|ni|smo *s.m.* (*filos.*) sistema filosofico che considera la molteplicità del reale fondata su un unico principio.

mò|ni|to *s.m.* ammonizione severa e solenne: *questa esperienza sarà di — per tutti*.

monitor (*ingl.*) [pr. *mònitor*] *s.m.invar.* 1 dispositivo con video che consente di visualizzare e controllare lo svolgimento di un fenomeno mediante grafici, simboli e sim., usato per seguire il decorso di processi produttivi | (*med.*) apparecchiatura usata per controllare l'andamento delle funzioni vitali (p.e. attività cardiaca, respirazione ecc.) **2** (*tv*) piccolo teleschermo su cui si visualizzano direttamente le immagini riprese da una telecamera, usato nelle operazioni di regia **3** (*inform.*) dispositivo di un elaboratore elettronico, mediante il quale si visualizzano su schermo i dati in entrata e in uscita.

mo|ni|to|ràg|gio *s.m.* **1** (*scient.*) rilevazione o verifica, eseguita con un monitor, dell'andamento di un fenomeno biologico, chimico, fisico e sim. **2** (*estens.*) ogni controllo continuativo e sistematico di un processo o di una situazione **3** (*med.*) verifica costante delle funzioni vitali di un paziente mediante particolari apparecchiature, che permette l'intervento tempestivo in caso di emergenza: — *permanente* | (*estens.*) controllo sistematico delle condizioni fisiche di un paziente.

mo|ni|to|rà|re *v.tr.* [indic.pres. *io monìtoro...*] eseguire un monitoraggio.

mo|ni|tó|re[1] *s.m.* [f. -*trice*] **1** (*desueto*) consigliere **2** in pedagogia, istruttore, insegnante **3** (*estens.*) educatore.

mo|ni|tó|re[2] *s.m.* (*mar.*) nave militare piuttosto lenta, usata un tempo per azioni belliche vicino alla costa.

mo|ni|tò|rio *agg.* che ammonisce, che serve per ammonire ♦ *s.m.* in diritto canonico, lettera con cui un'autorità ecclesiastica chiede di rendere palese un fatto, pena la scomunica.

mòn|na *s.f.* (*ant.*) appellativo di rispetto o di cortesia per una signora.

mò|no- primo elemento di parole composte che significa "uno", "unico", "costituito da uno solo" (*monogamia, monoblocco*).

mo|no|àl|be|ro *agg.invar.* (*mecc.*) nei motori delle automobili, detto del meccanismo di distribuzione con un solo albero a camme.

mo|no|às|se *agg.* **1** (*scient.*) dotato di un solo asse, ottico, di simmetria ecc. **2** (*tecn.*) detto di rimorchio a due ruote.

mo|no|bà|si|co *agg.* [m.pl. -*ci*] (*chim.*) detto di base la cui molecola possiede un solo gruppo ossidrilico che può essere sostituito con un atomo di idrogeno.

mo|no|blòc|co *agg.invar.* costituito da un solo blocco ♦ *s.m.* [pl. -*chi*] **1** in un motore a combustione interna, l'insieme dei cilindri ricavato da un unico blocco di fusione **2** in una cucina, insieme compatto che comprende elettrodomestici e impianto idraulico.

mo|no|ca|me|rà|le *agg.* detto di sistema parlamentare composto da una sola camera di rappresentanti; unicamerale.

mo|no|ci|lìn|dri|co *agg.* [m.pl. -*ci*] detto di motore a combustione interna con un solo cilindro.

mo|no|cì|to *s.m.* [pl. -*i*] (*biol.*) globulo bianco del tipo dei linfociti, ma di dimensioni più grandi, con notevole capacità di fagocitosi.

mo|no|cli|nà|le *agg.* (*geol.*) detto di strati rocciosi con pendenza costante e direzione simile | detto di regione caratterizzata da tali strati.

mo|no|clì|no *agg.* **1** (*bot.*) detto di pianta con fiori ermafroditi **2** in cristallografia, detto di sistema cristallino caratterizzato da un solo piano di simmetria, con un asse perpendicolare al piano di simmetria e due assi cristallografici.

mo|nò|co|lo *agg.* che ha un occhio solo | che vede solo da un occhio ♦ *s.m.* **1** lente che corregge difetti della vista, da applicare a un occhio **2** piccolo cannocchiale prismatico a canna unica.

mo|no|co|ló|re *agg.invar.* di un solo colore | *governo* —, quello i cui ministri appartengono a uno stesso partito.

mo|no|col|tù|ra *s.f.* **1** (*agr.*) coltivazione di una specie vegetale praticata per più anni su uno stesso campo **2** (*econ.*) sistema economico spec. dei paesi in via di sviluppo, basato sull'esportazione di un solo prodotto agricolo **3** (*estens.*) area di un paese industrializzato dove un determinato settore produttivo prevale nell'economia locale.

mo|no|còr|de *agg.* (*lett.*) monotono, ripetitivo.

Mo|no|co|ti|lè|do|ni *s.f.pl.* classe di piante fanerogame il cui embrione ha un solo cotiledone.

mo|no|cot|tù|ra *s.f.invar.* tecnica di produzione di ceramiche molto resistenti, usate per pavimentazioni e rivestimenti, consistente nel cuocere contemporaneamente supporto e smalto.

mo|no|cro|mà|ti|co *agg.* [m.pl. -*ci*] **1** di un solo colore **2** (*fis.*) detto di fascio luminoso di un solo colore, costituito da onde della stessa lunghezza.

mo|no|cro|ma|tì|smo *s.m.* **1** (*pitt.*) stile monocromo **2** (*med.*) difetto visivo per cui si è incapaci di distinguere le differenze dei colori.

mo|no|cro|mìa *s.f.* tecnica pittorica e tipografica che utilizza un solo colore | la pittura o la stampa così ottenute.

mo|no|crò|mo o **monòcromo** *agg.* di un solo colore | dipinto in un'unica tonalità, con effetti di chiaroscuro; *un mosaico* —.

mo|no|cu|là|re *agg.* relativo a un solo occhio | che serve per un occhio solo: *lente* —.

mo|no|dì|a *s.f.* (*mus.*) canto a una sola voce, eseguito da una o più persone, con o senza accompagnamento strumentale.

mo|nò|di|co *agg.* [m.pl. -*ci*] di monodia: *canto* — | *lirica monodica*, nella letteratura greca, forma di poesia cantata o recitata da un solo cantante.

mo|no|fà|se *agg.* (*fis., elettr.*) che ha una sola fase | detto di circuito a corrente alternata semplice, che utilizza una linea con due soli fili.

mo|no|fi|sì|smo *s.m.* (*teol.*) movimento eretico cristiano del v sec., che ammetteva l'esistenza in Cristo della sola natura divina; è seguito oggi da alcune chiese orientali.

mo|no|fi|sì|ta *agg.* (*teol.*) **1** che riguarda il monofisismo **2** che sostiene il monofisismo ♦ *s.m./f.* [m.pl. -*i*] seguace del monofisismo.

mo|no|fò|ni|co *agg.* [m.pl. -*ci*] in elettroacustica,

monofora

detto di apparecchio o dispositivo usato per registrare o riprodurre i suoni non in stereofonia.

mo|nò|fo|ra *agg.*, *s.f.* (*arch.*) detto di finestra con una sola apertura, senza suddivisioni.

mo|no|ga|mì|a *s.f.* **1** vincolo matrimoniale in base al quale un individuo, uomo o donna, può avere un solo coniuge per volta **2** (*zool.*) tendenza degli individui di certe specie animali ad accoppiarsi con un unico individuo di sesso diverso.

mo|no|gà|mi|co *agg.* [m.pl. -*ci*] di monogamia.

mo|nò|ga|mo *agg.*, *s.m.* [f. -*a*] che, chi pratica o sostiene la monogamia.

mo|no|gè|ne|si *s.f.* discendenza da un'unica origine.

mo|no|gra|fì|a *s.f.* saggio su un solo argomento: *una — su Manzoni.*

mo|no|grà|fi|co *agg.* [m.pl. -*ci*] che riguarda una monografia: *ricerca monografica* | che ha carattere di monografia: *saggio —* | *corso —*, corso universitario che prevede l'approfondimento di un solo argomento.

mo|no|gràm|ma *s.m.* [pl. -*i*] simbolo grafico composto di due o più lettere intrecciate o sovrapposte, indicante le iniziali di un nome o di una frase; cifra: *il — di un incisore; ricamare un — sulle lenzuola.*

mo|no|la|trì|a *s.f.* (*relig.*) adorazione di un solo dio preferito agli altri, che non prevede, a differenza del monoteismo, l'esclusione dei rimanenti.

mo|no|lìn|gue *agg.* **1** che parla, conosce una sola lingua **2** di scritto, redatto in una sola lingua: *iscrizione —* | *dizionario —*, quello che registra le parole di una lingua e fornisce le spiegazioni nella stessa lingua.

mo|no|lì|ti|co *agg.* [m.pl. -*ci*] **1** costituito da un monolito: *scultura monolitica* **2** (*fig.*) compatto, rigidamente unitario: *un partito —* | fermo, risoluto: *ragionamento, carattere —*.

mo|nò|li|to *s.m.* **1** pietra in un unico grande pezzo **2** elemento architettonico o decorativo ottenuto da un unico blocco in pietra o marmo.

mo|no|lo|cà|le *s.m.* abitazione con un solo locale più servizi essenziali.

mo|no|lo|gà|re *v.intr.* [indic.pres. *io monòlogo, tu monòloghi...*; aus. *A*] **1** parlare da solo o fare un soliloquio **2** (*teat.*) recitare un monologo.

mo|nò|lo|go *s.m.* [pl. *-ghi*] **1** (*teat.*) parte di un componimento recitata da un unico attore che è solo sulla scena | componimento drammatico breve, scritto per un solo attore **2** (*estens.*) discorso che una persona fa con se stessa o che rivolge ad ascoltatori da cui non attende risposta; soliloquio.

mo|no|man|da|tà|rio *agg.* (*comm.*) detto di agente di vendita che lavora per conto di una sola azienda.

mo|no|ma|nì|a *s.f.* **1** (*psich.*) fissazione delirante **2** (*estens.*) attaccamento esasperato a un'idea, a un progetto e sim.

mo|no|ma|nì|a|co *agg.* [m.pl. -*ci*] **1** relativo a monomania: *comportamento —* **2** (*psich.*) che è affetto da monomania ♦ *s.m.* [f. -*a*] chi è affetto da monomania.

mo|nò|me|ro *s.m.* (*chim.*) molecola semplice in grado di unirsi ad altre simili per formare polimeri.

mo|no|mè|tri|co *agg.* [m.pl. -*ci*] in cristallografia, detto di sistema cristallino caratterizzato da tre assi cristallografici tra loro perpendicolari; ne fa parte solo il sistema cubico.

mo|nò|mio *s.m.* (*mat.*) espressione algebrica costituita dal prodotto di più fattori dei quali uno è un coefficiente numerico e gli altri sono lettere.

mo|no|mo|tó|re *agg.*, *s.m.* detto spec. di aeroplano con un solo motore.

mo|no|nu|cle|à|to *agg.* (*biol.*) che ha un solo nucleo: *cellula mononucleata* ♦ *s.m.* globulo bianco con un nucleo compatto.

mo|no|nu|cle|ò|si *s.f.invar.* (*med.*) aumento nel sangue di globuli bianchi mononucleati | — *infettiva*, malattia virale acuta caratterizzata da febbre, angina, tumefazione di milza e linfonodi.

mo|no|pàt|ti|no *s.m.* veicolo-giocattolo costituito da una pedana con due rotelle collegata a un manubrio; vi si poggia sopra un piede e ci si spinge a terra con l'altro.

mo|no|pèt|to *agg.invar.*, *s.m.invar.* detto di giacca a un petto, con una sola fila di bottoni | detto di abito con tale tipo di giacca.

mo|no|plà|no *s.m.* aeroplano con un solo piano alare.

mo|no|ple|gì|a *s.f.* (*med.*) paralisi di un solo arto, di un solo muscolo o di un gruppo muscolare.

mo|nò|po|li® *s.m.* gioco da tavola con dadi, in cui i partecipanti simulano compravendite di terreni e immobili.

mo|no|pò|lio *s.m.* **1** (*econ.*) forma di mercato in cui un'impresa esercita il controllo esclusivo di una merce o di un servizio | (*estens.*) l'impresa che esercita tale controllo **2** (*fig.*) vantaggio, privilegio; diritto esclusivo: *il — del potere politico.*

mo|no|po|lì|sta *s.m./f.* [m.pl. -*i*] chi ha un monopolio.

mo|no|po|lì|sti|co *agg.* [m.pl. -*ci*] di monopolio.

mo|no|po|liz|zà|re *v.tr.* **1** (*econ.*) sottoporre a monopolio prodotti o servizi commerciali **2** (*fig.*) assoggettare al proprio potere, controllare: *— la stampa* | tenere solo per sé, accaparrarsi: *— l'attenzione di qlcu.*

mo|no|po|liz|za|tó|re *agg.*, *s.m.* [f. -*trice*] (*anche fig.*) che, chi monopolizza.

mo|no|pò|sto *agg.invar.*, *s.m./f.invar.* detto di veicolo a un solo posto: *aereo —.*

mo|no|re|at|tó|re *agg.*, *s.m.* detto di aereo con un solo motore a getto.

mo|no|ro|tà|ia *s.f.* (*tecn.*) sistema costituito da una rotaia unica, spec. aerea, sulla quale scorrono dei carrelli che trasportano vagoncini, paranchi e sim. | (*anche agg.invar.*) ferrovia che si muove su un'unica rotaia, spec. aerea: *ferrovia —.*

mo|no|sac|cà|ri|de *s.m.* (*chim.*) zucchero semplice che non può essere scisso ulteriormente (p.e. fruttosio, glucosio).

mo|no|sci o **monoskì** *s.m.invar.* attrezzo per lo sci d'acqua o alpino, costituito da un solo sci di lunghezza e larghezza superiori al normale, su cui si poggiano entrambi i piedi | sport che si pratica con tale attrezzo.

mo|no|scò|pio *s.m.* (*tv*) immagine fissa, gener. costituita da figure geometriche, trasmessa prima che inizino i programmi per consentire la messa a punto di apparecchi trasmittenti e riceventi.

mo|no|sil|là|bi|co *agg.* [m.pl. *-ci*] costituito da una sola sillaba | **lingua monosillabica**, quella in cui ciascuna parola è formata da una sola sillaba (p.e. il cinese).

mo|no|sìl|la|bo *agg.* che è costituito da una sola sillaba; monosillabico ♦ *s.m.* **1** (*ling.*) parola costituita da una sola sillaba (p.e. *bar, che*) **2** (*estens.*) enunciazione molto sintetica gener. indicativa di uno stato di nervosismo, imbarazzo e sim.: *rispondere a monosillabi*.

mo|no|skì *s.m.invar.* → **monoscì**.

mo|nòs|si|do *s.m.* (*chim.*) ossido la cui molecola presenta un solo atomo di ossigeno.

mo|no|strò|fi|co *agg.* [m.pl. *-ci*] (*metr.*) composto da una sola strofa: *componimento —*.

mo|no|te|ì|smo *s.m.* (*filos., relig.*) dottrina che afferma l'esistenza di un solo dio.

mo|no|te|ì|sta *s.m./f.* [m.pl. *-i*] seguace del monoteismo ♦ *agg.* monoteistico.

mo|no|te|ì|sti|co *agg.* [m.pl. *-ci*] del monoteismo.

mo|no|tì|pi|a *s.f.* composizione tipografica realizzata con la monotype.

mo|no|ti|pì|sta *s.m./f.* [m.pl. *-i*] addetto alla monotype.

mo|no|tì|po *s.m.* **1** monotype **2** stampa in un unico esemplare di un disegno eseguito direttamente su lastra di rame o di zinco mediante inchiostro adeguato.

mo|no|to|nì|a *s.f.* noia provocata da ciò che è monotono: *la — del lavoro*.

mo|nò|to|no *agg.* **1** che ha sempre lo stesso tono: *melodia monotona* **2** (*estens.*) che è noioso in quanto privo di varietà o novità: *vita monotona*.

Mo|no|trè|mi *s.m.pl.* ordine di Mammiferi diffusi in Australia, Tasmania e Nuova Zelanda, provvisti di marsupio, con corpo robusto rivestito di pelo ispido e testa terminante in un becco appuntito; vi fa parte l'ornitorinco.

mo|not|tòn|go *s.m.* [pl. *-ghi*] (*ling.*) vocale semplice.

monotype® (*ingl.*) [pr. *monotàip*] *s.f.invar.* macchina per la composizione tipografica, capace di fondere e comporre i caratteri uno alla volta.

mo|no|ù|so *agg.invar.* che si usa una sola volta e poi si getta via: *rasoio, siringa —*.

mo|no|va|lèn|te *agg.* **1** (*chim.*) detto di ciascun elemento in grado di combinarsi con un atomo di idrogeno o di sostituirlo, o che in un composto cede o acquista un solo elettrone **2** (*med.*) detto di farmaco indicato contro una sola malattia: *siero, vaccino —*.

mo|no|vo|lù|me *agg.invar., s.f.invar.* detto di automobile che racchiude in un solo volume l'abitacolo, il bagagliaio e il vano motore.

mo|no|zi|gò|te *agg.* (*biol.*) detto di ciascun gemello derivato dallo stesso uovo fecondato.

mon|si|gnó|re *s.m.* titolo onorifico spettante a vescovi e a ecclesiastici insigniti di particolari dignità | in passato, titolo spettante a imperatori, re, principi e papi.

mon|só|ne *s.m.* (*geog.*) vento periodico proprio delle regioni tropicali, e in partic. dell'Oceano indiano, che in inverno spira dalla terra verso il mare, in estate dal mare verso la terra.

mon|sò|ni|co *agg.* [m.pl. *-ci*] (*meteor.*) relativo ai monsoni; connesso ai monsoni: *clima —*.

món|ta *s.f.* **1** accoppiamento di animali d'allevamento: *la — dei cavalli* | (*estens.*) il luogo in cui avviene tale accoppiamento **2** (*sport*) atto e metodo del cavalcare.

mon|ta|cà|ri|chi *s.m.invar.* impianto di sollevamento in verticale di merci e materiali vari.

mon|tàg|gio *s.m.* **1** operazione consistente nell'unire assieme gli elementi costitutivi di una struttura, un oggetto, un meccanismo e sim.: *catena, linea di —* **2** (*cine.*) la fase conclusiva della realizzazione di un film, in cui si scelgono e si collegano le scene girate in precedenza.

mon|tà|gna *s.f.* **1** (*geog.*) monte: *una catena di montagne* | (*fig.*) **montagne russe**, nei luna park, piccola ferrovia con curve pericolose, salite e discese molto ripide, su cui scorrono carrelli dotati di posti a sedere; otto volante | *sembrare, essere grande come una —*, avere dimensioni enormi **2** (*estens.*) zona montuosa: *vivere in —* | (*med.*) *mal di —*, il complesso dei disturbi fisici quali mal di testa, insonnia, nausea, vomito ecc., dovuti alla diminuzione della pressione atmosferica **3** (*fig.*) quantità ingente: *una — di lavoro*.

mon|ta|gnó|so *agg.* montuoso.

mon|ta|nà|ro *agg.* di montagna | tipico di chi abita in una regione di montagna: *usanze montanare* ♦ *s.m.* [f. *-a*] chi vive o è nato in montagna.

mon|tà|no *agg.* di monte o di montagna: *vegetazione montana*.

mon|tàn|te *part.pres.* di montare ♦ *agg.* (*anche fig.*) che monta, s'innalza ♦ *s.m.* **1** in una struttura, elemento verticale rigido con funzioni di sostegno: *i montanti del tetto* **2** (*sport*) nel pugilato, colpo diretto allo stomaco o al mento dell'avversario, dato dal basso verso l'alto con il braccio piegato **3** (*sport*) nella scherma, colpo di sciabola diretto al petto dell'avversario, inferto in diagonale **4** (*sport*) nel calcio, nella pallanuoto, ciascuno dei due pali verticali a sostegno della porta **5** in matematica finanziaria, la somma del capitale iniziale e degli interessi maturati durante un certo intervallo di tempo.

mon|tà|re *v.intr.* [indic.pres. *io mónto...*; aus. *E*] **1** salire su ql.co., spec. con un balzo o facendo uno sforzo: *— a cavallo, in bicicletta; — in cima a* *un monte* | (*fig.*) — *in collera*, *in bestia*, arrabbiarsi | — *in cattedra*, *in pulpito*, fare il saccente **2** detto di liquidi, aumentare di livello: *le acque del fiume montano in fretta* **3** detto di panna, maionese, uovo ecc., gonfiarsi | — *a neve*, spec. dell'albume dell'uovo, sbattere fino a raggiungere una consistenza spumosa **4** (*fig.*) crescere, aumentare di intensità: *la sua ira montava sempre di più* | — *il sangue alla testa*, perdere la ragione per la rabbia ♦ *tr.* **1** salire: — *la scala* **2** (*anche assol.*) cavalcare un animale: *ha imparato a* — **3** detto di animali grossi, accoppiarsi con la femmina **4** far crescere, far gonfiare una sostanza: — *la panna* **5** (*fig.*) esagerare, ingigantire: — *un fatto* | — *qlcu.*, fargli credere di essere molto importante o di avere grande valore | — *una persona contro qlcu. o ql.co.*, sobillarla contro qlcu. o ql.co. | — *la testa a qlcu.*, esaltarlo, inebriarlo con lusinghe **6** unire gli elementi costitutivi di ql.co.; eseguire un montaggio: — *un armadio, una pellicola cinematografica* | incastonare pietre preziose: — *un topazio* ♦ -*rsi intr.pron.* insuperbirsi, esaltarsi: — *per il successo conseguito*.

mon|tà|ta *s.f.* **1** (*raro*) salita | (*fisiol.*) — *lattea*, inizio della secrezione del latte dalle ghiandole mammarie della puerpera **2** risalita di fiumi che alcuni pesci, come salmoni e anguille, compiono nel periodo della riproduzione.

mon|tà|to *part.pass.* di montare ♦ *agg.* **1** che è stato frullato per essere gonfiato: *panna montata* (*fig.*) che si dà molte arie, convinto di valere molto; gasato: *una signora montata*.

mon|ta|tó|re *agg.*, *s.m.* [f. -*trice*] detto di chi si occupa delle operazioni di montaggio.

mon|ta|tù|ra *s.f.* **1** operazione effettuata per montare; montaggio **2** struttura di sostegno e di collegamento delle diverse parti di uno strumento; intelaiatura: *la* — *di un ponteggio* **3** ciò che supporta un oggetto: *la* — *degli occhiali* | in oreficeria, struttura a sostegno di pietre preziose: — *in oro* **4** ornamento di un capo d'abbigliamento femminile, spec. di un cappello **5** (*fig.*) voluta esagerazione di un fatto, di una notizia: *è tutta una* — *politica*.

món|te *s.m.* **1** (*geog.*) rilievo naturale che si eleva oltre 500 m sul livello del mare; montagna | in toponomastica usato anche in forma tronca: — *Rosa*; *Monte Sant'Angelo*; *Monviso* | (*anche fig.*) *a* —, all'origine: *ho risolto il problema a* — | *a* — *di*, rispetto a un punto di riferimento, in un luogo più elevato **2** (*fig.*) quantità ingente: *un* — *di carte*; *hai un* — *di pretese!* **3** nei giochi di carte, l'insieme delle carte scartate o rimaste sul tavolo dopo la distribuzione | (*fig.*) *mandare a* — *ql.co.*, farlo fallire | *andare a* —, fallire: *un piano andato a* — **4** istituto di credito | — *di pietà*, istituto che forniva prestiti ai bisognosi facendo depositare un pegno **5** somma, insieme di valori: — *premi* | — *ore*, nel linguaggio sindacale, la somma delle ore retribuite per ciascun lavoratore può destinare ad assemblee, riunioni ecc. **6** (*anat.*) — *di Venere*, nella donna, cuscinetto di tessuto adiposo sovrastante la vulva.

mon|te|biàn|co *s.m.invar.* (*gastr.*) dolce di castagne e cioccolato, coperto di panna montata.

mon|te|prè|mi o **mónte prèmi** *s.m.invar.* la somma da ripartire fra i vincitori di un concorso, di una lotteria e sim.

mon|te|pul|cià|no *s.m.* pregiato vino rosso, dal sapore asciutto, prodotto in provincia di Siena.

montgomery (*ingl.*) [pr. *mongòmeri*] *s.m.invar.* giaccone in panno che arriva fino al ginocchio, provvisto di cappuccio, con chiusura ad alamari.

mon|tó|ne *s.m.* **1** maschio adulto della pecora | carne o pelle di tale animale **2** giaccone in pelle di montone.

mon|tuo|si|tà *s.f.* **1** qualità, natura di un terreno montuoso: *la* — *di un territorio* **2** (*spec.pl.*) il complesso dei rilievi montuosi: *le montuosità della regione*.

mon|tuó|so *agg.* **1** che è caratterizzato da monti: *territorio* — **2** che è costituito di monti: *catena montuosa*.

mo|nu|men|tà|le *agg.* **1** relativo a un monumento, ai monumenti: *iscrizione* — **2** che ha la funzione di monumento: *porta, colonna* — | che ha molti monumenti: *cimitero* — **3** (*estens.*, *anche scherz.*) di gran mole; grandioso, maestoso: *progetto* —; *un uomo dall'aspetto* — **4** molto ampio; vasto: *opera, collezione* —.

mo|nu|mén|to *s.m.* **1** opera scultorea o struttura architettonica in memoria di una persona o di un avvenimento molto importante: — *funebre* | — *equestre*, quello che rappresenta un personaggio a cavallo **2** (*estens.*) qualunque opera architettonica di valore storico e artistico: — *gotico*; — *nazionale* **3** l'insieme dei resti, delle testimonianze di un'antica civiltà: *le piramidi sono i monumenti della civiltà egizia* **4** (*fig.*) opera letteraria di grande rilievo, rappresentativa di una cultura, un autore o un'epoca: *un* — *della prosa poetica italiana*.

moquette (*fr.*) [pr. *mokèt*] *s.f.invar.* materiale simile a un tappeto, in lana o fibre sintetiche, usato per rivestire i pavimenti.

mò|ra[1] *s.f.* frutto del rovo o del gelso.

mò|ra[2] *s.f.* (*dir.*) ritardo ingiustificato nell'adempimento di un pagamento a cui si è obbligati | (*estens.*) l'interesse applicato per tale ritardo: *pagare la* —.

Mo|rà|ce|e *s.f.pl.* famiglia di piante dicotiledoni legnose, diffuse nelle regioni tropicali e temperate, con foglie alterne e frutti a drupa, oppure acheni racchiusi in falsi frutti carnosi commestibili; vi appartengono il gelso, il fico.

mo|rà|le *agg.* **1** relativo all'agire umano, considerato in rapporto alla concezione che si ha del bene e del male: *concetto* — | *senso* —, percezione istintiva e personale del bene e del male | (*dir.*) *danno* —, quello costituito dalle sofferenze non materiali, che subisce la vittima di un reato **2** che rispetta i principi di giustizia e onestà: *una scelta* — | di *persona*, che si comporta con rettitudine **3** che riguarda la sfera spirituale, la coscienza: *sostegno* — | (*anche scherz.*) **schiaffo** —, umiliazione bruciante | **vincitore** —, chi è stato

sconfitto nonostante per il suo valore meritasse la vittoria ♦ *s.f.* **1** (*filos., relig.*) dottrina che definisce le norme del comportamento umano; etica: *la — cristiana* **2** il complesso delle norme di comportamento umano e sociale: *la — pubblica* **3** insegnamento dedotto da una favola o da un fatto che viene raccontato | (*scherz.*) *la — della favola*, la conclusione di ql.co. ♦ *s.m.* condizione psicologica, stato d'animo: *essere su, giù di —* □ **moralmente** *avv.* dal punto di vista morale: *un gesto — scorretto* | secondo la morale: *agire —*.
mo|ra|leg|già|re *v.intr.* [indic.pres. *io moraléggio...*; aus. *A*] (*spec.spreg.*) fare osservazioni di natura morale atteggiandosi a moralista: *— su tutto*.
mo|ra|lì|smo *s.m.* **1** (*filos.*) dottrina secondo cui la legge morale è il principio che guida e regola la realtà: *il — di Fichte* **2** (*estens.*) orientamento che considera i valori morali di primaria importanza rispetto agli altri **3** (*spreg.*) tendenza a giudicare gli altri in modo rigido e arbitrario, spec. senza considerare la complessità e la realtà delle circostanze.
mo|ra|lì|sta *s.m./f.* [m.pl. *-i*] **1** scrittore che nelle sue opere rappresenta la vita morale di un'epoca, di una società **2** filosofo che si occupa spec. dei temi della morale **3** persona che mostra un estremo rigore morale ♦ *agg.* **1** di scrittore o filosofo, che tratta o approfondisce spec. temi morali **2** moralistico.
mo|ra|lì|sti|co *agg.* [m.pl. *-ci*] (*filos.*) del moralismo | di, da moralista: *atteggiamento —* □ **moralisticamente** *avv.*
mo|ra|li|tà *s.f.* **1** carattere di ciò che è conforme ai principi di giustizia e onestà: *— di vita*; *un individuo di dubbia —* **2** il complesso delle norme di comportamento e di vita conformi ai principi morali: *— collettiva*.
mo|ra|liz|zà|re *v.tr.* rendere conforme ai principi morali: *— i costumi*.
mo|ra|liz|za|tó|re *agg., s.m.* [f. *-trice*] che, chi moralizza.
mo|ra|liz|za|zió|ne *s.f.* adeguamento ai principi morali.
mo|ra|tò|ria *s.f.* **1** (*dir.*) sospensione della scadenza di un'obbligazione, disposta per legge in circostanze straordinarie (p.e. in caso di gravi calamità naturali) **2** (*estens.*) sospensione di un'attività | **— nucleare**, periodo di tempo durante il quale si sospendono gli esperimenti atomici.
mo|ra|tò|rio *agg.* **1** di sospensione **2** che riguarda la mora: *interessi moratori*.
mor|bi|dèz|za *s.f.* **1** (*anche fig.*) caratteristica di ciò che è morbido; delicatezza: *— di temperamento* **2** (*pitt., scult.*) dolcezza di linee, armonia di toni e sfumature.
mor|bi|dìc|cio *agg.* (*spec.spreg.*) molliccio.
mòr|bi|do *agg.* **1** cedevole alla pressione, molle; tenero, soffice: *un divano troppo —* **2** levigato, liscio, vellutato: *pelle morbida* **3** (*fig.*) che si arrende facilmente; conciliante, malleabile: *suo padre non ha un carattere molto —* **4** di pittura o scultura, che ha tinte o linee delicate **5** (*fig.*) di movimenti, gesti e sim., delicato, fine: *andatura morbida* ♦ *s.m.* cosa morbida: *urtare contro il —* □ **morbidamente** *avv.*
mor|bìl|lo *s.m.* (*med.*) malattia contagiosa che colpisce spec. i bambini, caratterizzata da febbre e comparsa di macchie rosse su viso e corpo.
mòr|bo *s.m.* **1** (*med.*) malattia, affezione | **— di Parkinson**, affezione degenerativa del sistema nervoso centrale che si manifesta con tremore involontario e rigidità muscolare **2** (*fig.*) malanno, corruzione morale.
mor|bo|si|tà *s.f.* (*spec.fig.*) caratteristica di cosa o persona morbosa: *la — di un attaccamento*.
mor|bó|so *agg.* **1** (*med.*) relativo a morbo **2** (*estens., fig.*) di sentimento, stato d'animo e sim., eccessivo, esagerato, quasi patologico | di persona, eccessivamente sensibile o ansioso: *una madre morbosa* | **morbosamente** *avv.*
mòr|chia *s.f.* **1** deposito dell'olio di oliva con cui si preparano saponi, concime, grasso ecc. **2** (*estens.*) qualsiasi residuo untuoso.
mor|dà|ce *agg.* **1** (*lett., raro*) che morde facilmente **2** (*estens.*) di strumento, arnese, che stringe con forza: *tenaglia —* | di sostanza, che corrode: *acido —* **3** (*fig.*) aggressivo, pungente: *un giornalista —*; *frase —*.
mor|da|ci|tà *s.f.* **1** (*raro*) proprietà corrosiva di un liquido **2** aggressività, sarcasmo pungente; causticità: *la — di una risposta*.
mor|dèn|te *part.pres.* di mordere ♦ *agg.* (*anche fig.*) che morde: *critica —* ♦ *s.m.* **1** (*tecn.*) nell'industria tessile, sostanza utilizzata per fissare i coloranti sulle fibre **2** (*tecn.*) sostanza usata per far aderire i metalli su una superficie di materiale diverso | soluzione acida usata per l'incisione su lastre metalliche **3** (*fig.*) spirito aggressivo, grinta: *quell'uomo non ha —* | capacità di convincere; incisività: *un ragionamento ricco di —*.
mòr|de|re *v.tr.* [indic.pres. *io mordo...*; pass.rem. *io morsi, tu mordésti...*; part.pass. *morso*] **1** afferrare con i denti e stringere con forza; addentare: *— una mela* | (*fig.*) *— il freno*, subire costrizioni ubbidendo controvoglia | *mordersi le labbra, la lingua*, evitare di parlare o pentirsi per aver detto ql.co. | *mordersi le mani, le dita*, sentire rabbia o rimorso **2** (*estens., anche assol.*) detto di utensili, strumenti, serrare, stringere: *queste tenaglie mordono* **3** (*estens., fam.*) detto di insetti, crostacei, pungere: *mi ha morso una zanzara* **4** (*estens.*) detto di sostanza corrosiva, intaccare, corrodere: *l'acido morde il metallo* | aderire, far presa: *i pneumatici mordono l'asfalto* **5** (*fig., anche assol.*) provocare una sensazione pungente: *stanotte il gelo morde*.
mor|dic|chià|re *v.tr.* [indic.pres. *io mordicchio...*] mordere con piccoli e frequenti morsi: *mordicchiarsi le unghie*.
mo|rèl|lo *agg.* spec. di manto equino, di colore piuttosto scuro, quasi nero ♦ *s.m.* cavallo con il manto nero.
mo|rè|na *s.f.* (*geol.*) accumulo di materiale roccioso, trasportato e depositato da un ghiacciaio: *— laterale, di fondo*.

mo|rè|ni|co *agg.* [m.pl. *-ci*] (*geol.*) di morena; originato da una morena: *anfiteatro —*.

mo|rèn|te *part.pres. di* morire ♦ *agg.* 1 che sta per morire 2 (*fig.*) che si sta estinguendo; che si va spegnendo: *un ideale —* ♦ *s.m./f.* persona che sta per morire: *assistere un —*.

mo|ré|sca *s.f.* antico ballo arabo-spagnolo, diffusosi in Europa nel XV-XVI sec., caratterizzato da movimenti rapidi e vivaci.

mo|ré|sco *agg.* [m.pl. *-schi*] relativo ai Mori, spec. all'arte e alla civiltà degli arabi nell'Africa settentrionale, in Spagna e in Sicilia: *stile —*.

mo|rét|ta *s.f.* 1 ragazza con pelle nera 2 (*estens.*) ragazza con carnagione e capelli scuri 3 anatra con ventre bianco, collo e testa neri, che presenta nel maschio un ciuffo di penne pendenti dal capo.

mo|rét|to *s.m.* [f. *-a*] 1 ragazzo con pelle nera 2 (*estens.*) ragazzo con carnagione e capelli scuri.

mò|re u|xò|rio (*lat.*) *loc.avv.* detto della condizione di un uomo e di una donna che, pur non essendo sposati, vivono insieme come marito e moglie: *vivere —*.

mor|fè|ma *s.m.* [pl. *-i*] (*ling.*) ogni elemento che, isolato o inserito in una parola, esprime una funzione grammaticale (p.e. *-i* per indicare il plurale maschile).

mor|fi|na *s.f.* (*chim.*) principale alcaloide dell'oppio, usato in medicina per le sue proprietà analgesiche e come sonnifero.

mor|fi|no|mà|ne *agg., s.m./f.* che, chi è affetto da morfinomania.

mor|fi|no|ma|nì|a *s.f.* (*med.*) tossicodipendenza da morfina.

mòr|fo-, -mòr|fo primo e secondo elemento di parole composte che significa "forma", "relativo alla forma" o, solo come secondo elemento, "che ha forma di" (*morfogenesi, isomorfo*).

mor|fo|gè|ne|si *s.f.* (*biol.*) l'insieme dei processi embriologici che conducono alla formazione di un organismo.

mor|fo|lo|gì|a *s.f.* 1 (*ling.*) studio della struttura e dei processi di flessione, derivazione e composizione delle parole 2 scienza che studia la forma esterna e la struttura interna di corpi, organismi, elementi: *— di una pianta*.

mor|fo|lò|gi|co *agg.* [m.pl. *-ci*] relativo alla morfologia.

mor|ga|nà|ti|co *agg.* [m.pl. *-ci*] detto del matrimonio tra un sovrano e una donna di ceto inferiore, in cui la moglie e i figli nati dal matrimonio non hanno diritto alla successione dinastica.

mor|ga|nì|te *s.f.* (*min.*) varietà di berillo di colore rosa, usata come pietra preziosa.

morgue (*fr.*) [pr. *mòrg*] *s.f.invar.* obitorio.

mo|rì|a *s.f.* 1 elevata mortalità di animali, causata spec. da malattie epidemiche 2 (*bot.*) morte di alcune specie di piante, causata da parassiti.

mo|ri|bón|do *agg., s.m.* [f. *-a*] (*anche fig.*) che, chi sta per morire.

mo|ri|ge|ra|téz|za *s.f.* condotta di vita ispirata alla morale e alla moderazione.

mo|ri|ge|rà|to *agg.* di buoni costumi: *un giovane —* | moderato, sobrio □ **morigeratamente** *avv.*

mo|ri|glió|ne *s.m.* 1 uccello acquatico con piumaggio nero e grigio 2 (*min.*) smeraldo di piccole dimensioni non lavorato.

mo|rì|re *v.intr.* [indic.pres. *io muòio, tu muòri, egli muòre, noi moriamo, voi morite, essi muòiono*; pass.rem. *io morìi, tu moristi...*; fut. *io morirò o morrò...*; congiunt.pres. *io muòia..., noi moriamo, voi moriate, essi muòiano*; condiz. *io morirèi o morrèi...*; part.pass. *morto*; aus. *E*] 1 detto di persone, animali, piante, cessare di vivere | — *come un cane*, morire abbandonato, in solitudine | *far —* qlcu., provocarne la morte | *lasciarsi —*, non combattere per vivere, ma cercare la morte | (*prov.*) *chi muore giace e chi vive si dà pace*, suggerisce cinicamente che la vita continua nonostante la morte dei propri cari 2 (*fig.*) soffrire fortemente per disagi, dolori o bisogni fisici: *— di fame, di sonno* | *— dal ridere*, ridere in maniera smodata, da non poterne più | *— dalla vergogna*, vergognarsi in modo evidente per un'azione sbagliata o riprovevole 3 (*fig.*) provare intensamente un'emozione, una sensazione: *— dal desiderio di avere ql.co.* 4 (*fig.*) estinguersi, spegnersi: *la fiducia ormai sta morendo* | affievolirsi lentamente: *il fuoco muore a poco a poco; la voce muore nella valle* 5 (*fig.*) avere fine, terminare in un dato luogo; sfociare: *il torrente muore nel lago*.

mo|ri|tù|ro *agg., s.m.* [f. *-a*] (*lett.*) che, chi sta per morire.

mor|mó|ne *s.m./f.* seguace di una confessione religiosa, nata negli USA nel XIX sec., che professa una dottrina mista cristiano-biblica della comunanza dei beni e della poligamia, basandosi sulla pretesa rivelazione divina del profeta Mormon.

mor|mo|rà|re *v.intr.* [indic.pres. *io mórmoro...*; aus. *A*] 1 detto di acque, di fronde e sim., fare un rumore continuo e lieve 2 parlare sommessamente; bisbigliare, sussurrare: *— tra sé e sé* 3 (*estens.*) esprimere malcontento a bassa voce; protestare: *il pubblico iniziò a —* | sparlare su qlcu.: *si mormora alle sue spalle* ♦ *tr.* dire ql.co. parlando a voce molto bassa: *— una preghiera* | *si mormora che*, si dice che: *si mormora che sia fuggito con i soldi*.

mor|mo|rì|o *s.m.* 1 rumore continuo e lieve delle acque o delle fronde mosse dal vento: *il — del mare* 2 suono continuo e indistinto di più persone che parlano a bassa voce; brusio: *un — di disapprovazione*.

mò|ro[1] *agg.* 1 (*st.*) dei Mori 2 di persona, che ha i capelli o la carnagione di colore scuro ♦ *s.m.* [f. *-a*] 1 chi è nato o abita in Mauritania, Etiopia o altre regioni dell'Africa settentrionale | (*st., spec.pl.*) saraceno, musulmano 2 (*estens.*) persona scura di carnagione e di capelli | *testa di —*, il colore marrone scuro.

mò|ro[2] *s.m.* (*bot.*) gelso.

mo|ro|si|tà *s.f.* (*dir.*) condizione di chi è in mora.

mo|ró|so¹ *agg., s.m.* [f. *-a*] (*dir.*) che, chi è in mora: *debitore —*.

mo|ró|so² *s.m.* [f. *-a*] (*region.*) fidanzato, innamorato.

mòr|ra *s.f.* gioco popolare, in cui due giocatori abbassano il pugno contemporaneamente e mostrano alcune dita gridando un numero, nel tentativo di indovinare il totale delle dita mostrate da entrambi | **— cinese**, gioco simile alla morra, in cui i giocatori tengono il pugno chiuso, la mano distesa o l'indice e il medio tesi per rappresentare rispettivamente il sasso, la carta o le forbici; vince chi, con il proprio simbolo, riesce a neutralizzare l'avversario (il sasso rompe le forbici, la carta avvolge il sasso, le forbici tagliano la carta).

mòr|sa *s.f.* **1** (*tecn.*) attrezzo costituito da due ganasce, una fissa e l'altra mobile, che si fissa al banco di lavoro per tenere bloccato il pezzo in lavorazione **2** (*anche fig.*) stretta energica, tenace, che imprigiona o blocca: *lo teneva stretto nella — della sua mano; — del freddo* | situazione di estremo disagio: *— della miseria; — della dittatura* **3** (*spec.pl., edil.*) l'insieme dei mattoni o delle pietre che sporgono da un muro e servono da attacco e collegamento per un altro muro.

morse (*ingl.*) [pr. *mòrs*] *agg.invar., s.m.invar.* (*telecom.*) detto di un codice alfabetico basato sulla combinazione di punti e linee, usato in passato per le comunicazioni telegrafiche.

mor|sét|to *s.m.* **1** (*tecn.*) attrezzo usato per serrare elementi di piccole dimensioni, azionato da vite o da ganasce avvicinabili: *— a mano* **2** dispositivo a vite usato per fissare oggetti vari a un supporto di sostegno: *il faretto è fissato alla mensola con un —* **3** (*elettr.*) dispositivo costituito da una vite o da una piccola morsa, che collega fra loro due o più conduttori elettrici o un conduttore e un apparecchio elettrico.

mor|si|cà|re *v.tr.* [indic.pres. *io mòrsico, tu mòrsichi...*] **1** addentare, mordere: *mi ha morsicato il cane* **2** (*fam.*) detto di insetti, pungere.

mor|si|ca|tù|ra *s.f.* **1** azione del morsicare **2** il segno lasciato da un morso.

mòr|so *s.m.* **1** azione del mordere: *il — di un cane* | il segno che ne rimane: *il — sulla mano non si vede più* **2** puntura di un insetto: *i morsi delle zanzare* **3** pezzo di cibo staccato con i denti; boccone: *un — di mela* **4** (*fig.*) sensazione fisica intensa, piuttosto dolorosa: *i morsi della fame* | sofferenza interiore molto profonda: *il — della gelosia* **5** (*fig.*) espressione o frase mordace, sarcastica: *i morsi della satira* **6** parte della briglia del cavallo, costituita da una barretta d'acciaio che si mette in bocca all'animale per attaccare le redini | (*fig.*) **mettere il — a qlcu.**, porlo sotto la propria autorità | **allentare il —**, attenuare il proprio controllo su qlcu.

mor|sù|ra *s.f.* applicazione del mordente su una lastra metallica per preparare le matrici di stampa e produrre incisioni ad acquaforte.

mòr|ta *s.f.* **1** braccio morto di un fiume, in cui l'acqua è stagnante **2** punto in cui la corrente di un fiume è meno forte **3** (*fig., coll.*) sospensione di un'attività produttiva o commerciale; stasi.

mor|ta|dèl|la *s.f.* salume di carne suina impastata con lardo e spezie, cotta lentamente a vapore.

mor|tà|io *s.m.* **1** (*chim.*) recipiente in cui si frantumano e si polverizzano con un pestello sostanze solide o in cui si mescolano sostanze diverse, usato spec. in cucina e farmacia | (*fig.*) **pestare l'acqua nel —**, fare un'inutile fatica **2** (*mil.*) pezzo di artiglieria con carica di lancio incorporata, caratterizzato da una canna molto corta, usato per lanci su traiettorie curve.

mor|tà|le *agg.* **1** che causa o può causare la morte: *ferita —* | **peccato —**, nella teologia cattolica, quello che priva l'uomo della grazia divina; (*fig.*) errore imperdonabile: *rinunciarvi è un peccato —* | (*iperb.*) **offesa —**, offesa molto grave | (*sport*) **salto —**, quello che i ginnasti compiono effettuando una capovolta in aria e tornando a terra diritti **2** soggetto alla morte: *l'essere umano è —* **3** umano, tipico dell'uomo: *vita —* **4** (*iperb.*) che procura un'intensa sofferenza; insopportabile: *dolore —* **5** di morto; di morto: *pallore —* | **spoglie mortali**, il cadavere umano ♦ *s.m./f.* (*spec.pl.*) l'uomo, in quanto soggetto alla morte: *un povero —; noi mortali* □ **mortalmente** *avv.* **1** a morte: *ferire —* **2** gravemente | (*iperb.*) tantissimo: *offendere —*.

mor|ta|li|tà *s.f.* (*stat.*) il numero dei morti in rapporto al numero dei viventi, considerato in un dato periodo di tempo su una determinata popolazione: *quoziente di —*.

mor|ta|rét|to *s.m.* piccolo cilindro di cartone contenente polvere da sparo, che si fa esplodere in segno di festa o durante spettacoli pirotecnici.

mor|tà|sa *s.f.* (*tecn.*) incavo praticato nel legno per incastrarvi il tenone.

mòr|te *s.f.* **1** nell'uomo e negli organismi viventi, cessazione della vita: *— naturale, violenta* | (*med.*) **— clinica, cerebrale**, cessazione delle funzioni cerebrali | **darsi la —**, uccidersi | **di —**, simile alla morte, mortale: *silenzio di —* | **in punto di —**, prossimo a morire | (*anche fig.*) **a —**, da procurare la morte: *colpire, spaventarsi a —* | **sino alla —**, per sempre, per tutta la vita | (*iperb.*) **brutto come la —**, terribilmente brutto | (*fig.*) **questione di vita o di —**, questione della massima importanza **2** pena capitale: *condannare qlcu. a —* **3 Morte**, nella tradizione iconografica, personificazione della morte, raffigurata con uno scheletro recante in mano una falce | **aver visto la — in faccia**, essersi trovato in una situazione di pericolo molto grave **4** (*estens., fig.*) cessazione, fine: *la — di un movimento politico* **5** (*fig.*) afflizione, angoscia profonda: *agire con la — nel cuore*.

mor|tèl|la *s.f.* (*bot.*) mirto.

mor|tì|fe|ro *agg.* (*lett.*) che causa o può causare la morte: *gas —* | (*fig.*) nocivo.

mor|ti|fi|càn|te *part.pres.* di mortificare ♦ *agg.* che mortifica, avvilisce, umilia: *un compito —*.

mor|ti|fi|cà|re *v.tr.* [indic.pres. *io mortifico, tu*

mortificazione

mortìfichi...] **1** avvilire, umiliare qlcu. ferendolo nell'amor proprio: *— qlcu. con un rimprovero* **2** (*anche relig.*) reprimere gli impulsi dei sensi mediante la penitenza: *— la carne* ♦ **-rsi** *rifl.* punirsi, sottoporsi a penitenza ♦ *intr.pron.* provare avvilimento, umiliazione: *si mortifica per le tue osservazioni*.

mor|ti|fi|ca|zió|ne *s.f.* **1** umiliazione **2** (*anche relig.*) repressione degli impulsi dei sensi.

mòr|to *part.pass.* di morire ♦ *agg.* **1** di uomo, di organismo vivente, che ha cessato di vivere | *essere un uomo —*, essere spacciato, non avere scampo | *essere — di fame, di paura*, averne moltissima | *più — che vivo, mezzo —*, essere piuttosto malconcio, malridotto | (*fig.*) *essere — e sepolto*, si dice di ciò che è stato superato da tempo **2** (*fig.*) senza vita, animazione; culturalmente e socialmente angusto: *una città, una festa morta* | *giornata morta*, quella in cui non accade niente di particolare | *lingua morta*, quella non più parlata **3** (*fig.*) che non è in grado di svolgere un'attività; che non consente lo svolgimento di un'attività; inerte | *peso —*, quello esercitato da un grave in stato di immobilità; (*estens., fig.*) gravame; di persona, parassita della società | *capitale —*, quello che non si può impiegare in modo proficuo, redditizio | *stagione morta*, periodo in cui gli affari procedono lentamente | *giungere a un punto —*, si dice di situazione senza vie d'uscita | *essere lettera morta*, si dice di regolamento o legge che nessuno rispetta **4** (*fig.*) materialmente inutilizzabile | *binario —*, quello che finisce a un certo punto ♦ *s.m.* **1** [f. *-a*] persona morta; defunto | *il giorno dei morti*, il 2 novembre, giorno in cui la Chiesa cattolica celebra i defunti | *il mondo, il regno dei morti*, l'oltretomba | *suonare a —*, detto di campane, suonare lentamente per la morte di qlcu. | *pallido come un —*, molto pallido | (*fig.*) *fare il —*, nell'acqua, galleggiare restando supino | *un — di fame*, si dice di persona ridotta in miseria, che non ha prospettive future **2** nel bridge, il compagno del dichiarante, che già scopre le carte all'inizio della partita | nel tressette e in altri giochi di carte, il giocatore immaginario a cui ugualmente si distribuiscono le carte: *giocare col —*.

mor|tò|rio *s.m.* intrattenimento senza allegria, che non coinvolge i partecipanti: *la cerimonia è stata un vero —*.

mor|tu|à|rio *agg.* relativo ai morti: *registro —* | *camera mortuaria*, negli ospedali o nei cimiteri, luogo in cui si pongono le salme in attesa della sepoltura.

mò|ru|la *s.f.* (*biol.*) stadio iniziale dello sviluppo di un embrione, costituito da un aggregato di blastomeri simile a una mora.

mòr|va *s.f.* (*vet.*) malattia infettiva degli equini, caratterizzata dalla comparsa di neoformazioni che tendono a suppurare e ulcerarsi.

mo|sai|ci|sta *s.m./f.* [m.pl. *-i*] chi esegue lavori di mosaico.

mo|sài|co *s.m.* [pl. *-ci*] **1** tecnica decorativa realizzata su pareti o pavimenti, mediante il supporto di una base di gesso, cemento o mastice, che consiste nell'accostare frammenti o cubetti colorati di pietre naturali, vetro ecc., per creare un disegno | la decorazione eseguita con tale tecnica **2** (*estens.*) opera o tecnica tendente a ottenere effetti decorativi tramite l'accostamento di elementi di colore diverso: *— di legno; aiuola a —* **3** (*fig.*) insieme di elementi diversi fra loro: *un — di razze; un — di nozioni* **4** (*fig.*) opera musicale, letteraria o di altro genere, costituita da elementi eterogenei presi da più autori e da diverse fonti, priva di coesione e di organicità **5** (*bot.*) malattia virale di numerose piante erbacee, caratterizzata dalla comparsa sulle foglie di macchie verde scuro e verde chiaro.

mó|sca *s.f.* **1** insetto dal corpo scuro dotato di un paio di ali trasparenti e di una piccola proboscide protrattile attraverso cui si alimenta di sostanze organiche in decomposizione; è diffuso ovunque, spec. in presenza di clima caldo, e trasmette germi di diverse malattie | *— tse tse*, insetto diffuso nelle aree tropicali, che trasmette all'uomo e ai Mammiferi il tripanosoma della malattia del sonno | (*fig.*) *essere una — bianca*, si dice di persona o cosa straordinaria, rarissima | *far saltare la — al naso*, far perdere la calma | *fare di una — un elefante*, dare eccessiva importanza a una cosa irrilevante | *non far male a una —*, si dice di persona innocua, mite | *non si sente volare una —*, c'è un silenzio totale | *restare con un pugno di mosche in mano*, non aver concluso nulla **2** (*fig.*) individuo fastidioso, pesante, insopportabile **3** neo artificiale che un tempo le donne applicavano sul viso, sulle spalle o sul collo **4** chicco di caffè tostato da aggiungere ad alcuni liquori **5** piccolo pizzo di barba sotto il labbro inferiore **6** nella pesca con l'amo, esca artificiale il cui aspetto imita quello di insetti o larve ♦ *agg.invar. nella loc. peso —*, nel pugilato, nella lotta e sim., categoria compresa tra i minimosca e i gallo, cui appartengono gli atleti più leggeri | (*estens.*) atleta che appartiene a tale categoria.

mo|sca|ciè|ca o **mósca cièca** *s.f.* gioco infantile in cui uno dei partecipanti, a occhi bendati, cerca di afferrare e riconoscere al tatto un compagno, che, se identificato, verrà bendato a sua volta.

mo|scar|dì|no *s.m.* **1** mollusco marino commestibile che somiglia a un piccolo polpo **2** mammifero roditore con pelame giallo-rosso, somigliante a un ghiro ma di dimensioni più piccole.

mo|sca|tèl|lo *s.m.* varietà di vitigno moscato | il vino bianco secco che si ottiene da tale vitigno ♦ *agg.* di tale vitigno: *uva moscatella*.

mo|scà|to *s.m.* vitigno molto coltivato in Italia, che produce uve bianche o nere, con caratteristico aroma di muschio | il vino dolce che se ne ricava ♦ *agg.* **1** del vitigno moscato **2** che ha sapore o profumo di muschio: *noce moscata*.

mo|sce|rì|no *s.m.* nome comune di varie specie di piccolissimi insetti ditteri che gener. volano a sciami **2** (*fig., scherz.*) persona con un fisico minuscolo.

mo|schè|a *s.f.* edificio sacro dei musulmani riservato al culto e alla preghiera.

mo|schet|tie|re *s.m.* **1** (*st.*, *mil.*) negli eserciti del passato, soldato armato di moschetto **2** nel XVI e XVII sec., guardia del re di Francia **3** (*sport*) nel calcio e nel tennis, atleta della squadra nazionale.

mo|schét|to *s.m.* arma da fuoco a canna corta, simile a un fucile, leggera e maneggevole.

mo|schet|tó|ne *s.m.* **1** gancio metallico a molla, usato per fissare fra loro oggetti vari **2** (*sport*) nell'alpinismo, gancio per chiodi in cui si fa scorrere la corda.

mo|schi|ci|da *agg.*, *s.m.* [m.pl. *-i*] detto di sostanza o preparato per uccidere le mosche: *carta* —.

mó|scio *agg.* [f.pl. *-sce*] **1** senza consistenza, floscio; molle: *pelle moscia* **2** (*fig.*) senza vigore fisico o morale; fiacco, depresso: *è un tipo un po'* — | *erre moscia*, erre alla francese □ **mosciamente** *avv.*

mò|sco *s.m.* [pl. *-schi*] mammifero ruminante asiatico appartenente agli Ungulati, simile a un cervo ma senza corna; il maschio ha una ghiandola ventrale che secerne una sostanza odorosa detta *muschio*.

mo|scó|ne *s.m.* **1** nome di molte specie di mosche più grandi delle comuni **2** (*fig.*) corteggiatore insistente **3** piccola imbarcazione da diporto dotata di remi o pedali, costituita da due galleggianti su cui poggiano i sedili; pattino.

mo|sco|vì|ta *agg.* [m.pl. *-i*] della città di Mosca ♦ *s.m./f.* chi è nato o abita a Mosca.

mòs|sa *s.f.* **1** movimento del corpo o di parti di esso; gesto, movenza: *fare una* — *con la testa* **2** (*estens.*) azione o movimento con un determinato scopo: *una* — *intelligente, sbagliata*; *le mosse del nemico* **3** negli scacchi, nella dama, spostamento di un pezzo da una casella a un'altra | *fare la prima* —, iniziare il gioco; (*fig.*) prendere l'iniziativa **4** (*fig.*) stadio iniziale | *prendere le mosse da*, cominciare, partire da.

mòs|so *part.pass.* di *muovere* ♦ *agg.* **1** che è in movimento: *le cime mosse degli alberi* | (*fig.*) che possiede del movimento; non uniforme, vario: *paesaggio* — | *mare* —, mare agitato | *capelli mossi*, capelli ondulati **2** che ha subito un movimento; smosso | *terreno* —, terreno arato da poco | *fotografia mossa*, fotografia sfocata per il movimento della macchina o del soggetto durante lo scatto **3** (*estens.*) animato, vivace: *ballo* — **4** (*mus.*) indicazione dinamica che prescrive un'esecuzione animata: *andante* —.

mo|stac|ciò|lo *s.m.* (*gastr.*) dolce a base di farina, zucchero, fichi secchi, uva passa, canditi e mandorle tostate.

mo|stàr|da *s.f.* (*gastr.*) salsa a base di senape, aromi vari e aceto, usata per condire carni e verdure | — *di Cremona*, frutta candita in sciroppo a base di senape.

mó|sto *s.m.* succo non ancora fermentato ricavato dalla spremitura dell'uva.

mó|stra *s.f.* **1** esibizione, ostentazione: *far* — *della propria bravura* | *mettersi in* —, farsi notare **2** finzione, simulazione | *far* —, fingere **3** esposizione ordinata di oggetti o di animali destinata a un pubblico di visitatori o di compratori: — *campionaria* | esposizione di opere d'arte | (*estens.*) il luogo in cui ha sede l'esposizione: *la* — *di pittura è in piazza* **4** il risvolto del bavero in cappotti, giacche e sim., di colore e tessuto diverso dal resto del vestito.

mo|strà|re *v.tr.* [indic.pres. *io móstro...*] **1** far vedere, sottoporre all'attenzione altrui: — *le fotografie ai parenti* | — *la lingua*, far esaminare la lingua al medico; fare le boccacce in segno di scherno **2** additare, indicare: — *il percorso* **3** esibire, esporre: — *la patente* | mettere in mostra, far vedere: — *le gambe* **4** spiegare, illustrare, insegnare: — *come funziona il cellulare*; *mi ha mostrato perché ho sbagliato* **5** lasciar credere, fingere: — *stupore* **6** manifestare, lasciar vedere o intendere: — *partecipazione*; — *di capire* ♦ *-rsi rifl.* **1** farsi vedere in un dato posto; apparire: — *in pubblico* **2** dimostrarsi: — *stanco, soddisfatto, si è mostrato all'altezza delle aspettative*.

mo|stri|na *s.f. spec.pl.* distintivo di tessuto, o di altro materiale rigido, che si applica sull'uniforme militare per distinguere l'arma, il corpo, il reparto.

mo|stri|no *s.m.* negli orologi, il quadrante piccolo dei secondi.

mó|stro *s.m.* **1** creatura mitica, leggendaria, dalle forme innaturali, spec. orribili: *la chimera è un* — *della mitologia greco-romana* | (*estens.*) creatura fantastica dall'aspetto orribile: *i mostri delle favole* **2** essere vivente la cui conformazione è anormale **3** (*fig.*, *anche scherz.*) persona molto brutta: *pettinato così, sei un* — **4** (*fig.*) persona con doti eccezionali, positive o negative: *un* — *di cattiveria, di bravura* **5** (*fig.*) persona molto crudele, malvagia che ha commesso crimini efferati, spec. a sfondo sessuale.

mo|struo|si|tà *s.f.* **1** anormalità nella conformazione di una persona | (*anche fig.*) carattere mostruoso: *la* — *di un assassinio* **2** (*spec.pl.*) atto crudele, cosa mostruosa: *la guerra ha portato solo* —.

mo|struó|so *agg.* **1** di mostro; che ha le caratteristiche di un mostro: *creature mostruose* **2** (*anche scherz.*) straordinario perché deforme o molto grande: *naso* — **3** (*fig.*) estremamente crudele, malvagio: *crimine* — **4** (*fig.*) eccezionale, sbalorditivo: *fantasia mostruosa* □ **mostruosamente** *avv.*

mo|tèl *s.m.invar.* albergo situato lungo le autostrade, dotato di parcheggio, frequentato spec. da automobilisti.

mo|ti|li|tà *s.f.* capacità di un organismo vivente di modificare la posizione del proprio corpo o di una sua parte rispetto all'ambiente che lo circonda | la capacità tipica degli organi cavi di muoversi, di contrarsi, indipendentemente dalla volontà: — *intestinale*.

mo|ti|và|re *v.tr.* **1** causare, indurre; provocare: *la discussione fu motivata dalla sua irascibilità* **2**

motivato

giustificare ql.co. esponendo le cause da cui ha avuto origine: — *una decisione* **3** stimolare, suscitare un interesse: — *un ragazzo allo studio*.
mo|ti|và|to *part.pass.* di motivare ♦ *agg.* **1** chiarito, precisato in modo esauriente: *giudizio* — **2** fondato: *una richiesta motivata* **3** di persona, che ha motivazione nel fare ql.co.: *studente molto* —.
mo|ti|va|zio|nà|le *agg.* che riguarda le ragioni, i motivi di ql.co. | *ricerca* —, nel marketing, sondaggio dei motivi che inducono i compratori ad acquistare o meno un prodotto.
mo|ti|va|zió|ne *s.f.* **1** esposizione delle ragioni o dei motivi che determinano un fatto, un comportamento: *la* — *di una decisione* | il complesso dei motivi stessi: *non ho capito le motivazioni del suo rifiuto* **2** (*psicol.*) il complesso delle cause interne e degli stimoli soggettivi che concorrono a determinare il comportamento di un individuo | — *primaria*, quella di carattere fisiologico, come la fame, il sonno ecc. | — *secondaria*, quella di carattere personale e sociale, come il prestigio, il successo ecc.
mo|ti|vo *s.m.* **1** causa, ragione per cui si fa o non si fa ql.co.: *mi sono assentato per motivi seri; avere motivi di lagnarsi* | *a* — *di*, a causa di | *per questo* —, perciò | *per nessun* —, per niente al mondo | *senza* —, senza spiegazione, senza ragione | — *per cui*, ragion per cui | *essere* — *di*, essere causa di **2** (*mus.*) melodia di un brano musicale: *suonare un* — | il brano musicale stesso | — *conduttore*, si dice di un personaggio o di una situazione di un'opera lirica, sinfonica o di un film **3** (*estens.*) tema principale di un'opera letteraria, teatrale, cinematografica ecc.: *il* — *della solitudine nei racconti di Pavese* **4** nelle arti figurative, nell'abbigliamento o nell'arredamento, elemento ornamentale o funzionale ripetuto più volte: *tappezzeria con motivi floreali*.
mò|to[1] *s.m.* **1** spostamento di un corpo nello spazio; movimento: *il* — *dei pianeti, delle onde* | *mettere in* —, avviare il motore di una macchina; (*fig.*) dare inizio a ql.co.: *mettere in* — *la procedura di acquisto della casa* | *essere in* —, spec. di veicolo, essere in movimento | (*gramm.*) *verbi di* —, quelli che esprimono un movimento (p.e. *andare, venire*) | *complementi di* — *a luogo, da luogo, per luogo*, quelli che esprimono rispettivamente il luogo verso il quale, dal quale o attraverso il quale avviene un movimento (p.e. *vado a teatro, ritorno dalla campagna, passerò dal cortile*) **2** esercizio fisico: *fare del* — **3** (anche *fig.*) atto, gesto: *un* — *involontario; avere un* — *di repulsione* **4** impulso emotivo o razionale: *un* — *di compassione* **5** sommossa, agitazione popolare: *i moti rivoluzionari* **6** (*mus.*) andamento delle parti di un brano musicale.
mò|to[2] *s.f.invar. abbr.* di motocicletta.
mò|to- primo elemento di parole composte che indica veicoli funzionanti a motore (*motocicletta*), imbarcazioni azionate da motore a combustione interna (*motoscafo*) o si riferisce a operazioni eseguite con mezzi meccanici (*motocoltura*) | si usa anche come abbr. di "motocicletta" (*motoraduno*).
mo|to|bàr|ca *s.f.* barca dotata di motore.
mo|to|can|no|niè|ra *s.f.* (*mar.*) unità leggera della marina da guerra, armata di missili e piccoli cannoni.
mo|to|car|rèl|lo *s.m.* carrello a motore usato per trasportare materiali leggeri nelle ferrovie, nei cantieri ecc.
mo|to|càr|ro *s.m.* veicolo da trasporto dotato di motore, con tre ruote e un manubrio.
mo|to|car|roz|zét|ta *s.f.* motocicletta a tre ruote con carrozzino laterale per trasportare un passeggero; sidecar.
mo|to|ci|clét|ta *s.f.* veicolo a due ruote con motore a combustione interna.
mo|to|ci|cli|smo *s.m.* lo sport delle corse in motocicletta.
mo|to|ci|cli|sta *s.m./f.* [m.pl. *-i*] chi va in motocicletta | chi pratica lo sport del motociclismo ♦ *agg.* che va in motocicletta: *corridore* —.
mo|to|ci|clì|sti|co *agg.* [m.pl. *-ci*] di motociclismo, dei motociclisti | che riguarda le motociclette.
mo|to|cì|clo *s.m.* nome generico dei veicoli a due ruote dotati di motore.
mo|to|col|ti|va|tó|re *s.m.* (*agr.*) macchina dotata di motore, di potenza e dimensioni ridotte, usata per lavorare la terra, seminare, falciare.
mo|to|col|tù|ra *s.f.* (*agr.*) coltivazione dei campi eseguita con macchine.
mo|to|com|pres|só|re *s.m.* macchina costituita da un compressore e da un motore, usata per produrre aria compressa a uso industriale.
mo|to|co|raz|zà|to *agg.* (*mil.*) detto di unità militare dotata di mezzi motorizzati e corazzati.
mo|to|cròss *s.m.invar.* gara motociclistica praticata fuori strada, gener. su terreni accidentati | la specialità sportiva di tali gare.
mo|to|cros|si|sta *s.m./f.* [m.pl. *-i*] chi partecipa alle gare di motocross.
mo|to|drò|mo *s.m.* impianto sportivo attrezzato per gare motociclistiche.
mo|to|fur|gó|ne *s.m.* motoveicolo a tre ruote con furgone per trasportare merci varie.
mo|to|làn|cia *s.f.* [pl. *-ce*] (*mar.*) lancia a motore.
mo|to|nàu|ti|ca *s.f.* **1** (*sport*) navigazione praticata con imbarcazioni a motore **2** la tecnica della progettazione, costruzione e guida dei motoscafi.
mo|to|nàu|ti|co *agg.* [m.pl. *-ci*] che riguarda la motonautica.
mo|to|nà|ve *s.f.* nave mercantile azionata da uno o più motori a combustione interna, usata per trasportare passeggeri o merci.
mo|to|pe|sche|réc|cio *s.m.* grande barca da pesca dotata di motore.
mo|to|póm|pa *s.f.* gruppo costituito da un motore e da una pompa idraulica, usata per operazioni agricole, per spegnere gli incendi ecc.
mo|to|pro|pul|só|re *agg., s.m.* (*mar.*) detto di

gruppo formato dall'unione di un motore con un propulsore (p.e. l'elica).

mo|to|ra|dù|no *s.m.* raduno turistico o sportivo di motociclisti.

mo|tó|re *agg.* [f. *-trice*] che ha la funzione di muovere; che imprime o trasmette il movimento: *impulso* —; *ruota motrice* ♦ *s.m.* **1** (*astr., filos.*) principio e causa del movimento dei corpi celesti | *Primo* —, Dio **2** (*fig.*) ciò che dà l'impulso per lo svolgimento di ql.co.; movente, ragione: *la ricerca è il* — *del progresso* **3** macchina in grado di trasformare una qualsiasi forma di energia in lavoro meccanico, destinata a diversi usi | — *idraulico*, quello che utilizza energia cinetica o della pressione dell'acqua | — *elettrico*, quello che sfrutta energia elettrica | — *a combustione interna*, quello in cui i carburanti bruciano all'interno della camera di combustione | — *a scoppio*, quello in cui la miscela combustibile di aria e benzina viene accesa da una scintilla elettrica **4** (*gener.*) veicolo azionato da motore | *sport del* —, automobilismo e motociclismo **5** (*inform.*) — *di ricerca*, programma usato per cercare informazioni e dati nei siti di Internet.

mo|to|rét|ta *s.f.* motocicletta di piccola e media cilindrata, con carenatura e ruote di diametro ridotto; motorscooter.

mo|to|rì|no *s.m.* **1** (*fam.*) motocicletta di piccola cilindrata; ciclomotore **2** — *d'avviamento*, in un autoveicolo, motore elettrico di piccole dimensioni, alimentato da una batteria, impiegato per avviare il motore a scoppio.

mo|to|rio *agg.* del moto; che riguarda il moto: *centro* —.

mo|to|rì|smo *s.m.* il complesso di tutti gli sport praticati con mezzi a motore.

mo|to|rì|sta *agg., s.m.* [pl. *-i*] detto di chi si occupa della riparazione e del funzionamento dei motori nei mezzi di trasporto.

mo|to|rì|sti|ca *s.f.* tecnica relativa alla progettazione e alla costruzione dei motori per competizioni sportive.

mo|to|rì|sti|co *agg.* [m.pl. *-ci*] relativo agli sport praticati con mezzi a motore: *gara motoristica*.

mo|to|riz|zà|re *v.tr.* **1** dotare di motore un veicolo o una qualsiasi apparecchiatura **2** dotare di mezzi di trasporto a motore: — *l'esercito* ♦ *-rsi rifl.* **1** adottare mezzi di trasporto a motore **2** (*fam.*) acquistare un autoveicolo o un motoveicolo.

mo|to|riz|za|zió|ne *s.f.* **1** dotazione di mezzi di trasporto a motore: — *delle truppe dell'esercito*; — *civile* **2** il complesso dei problemi tecnici e delle norme relativi alla circolazione di mezzi a motore.

motorscooter (*ingl.*) [pr. *mouterskùter*] *s.m. invar.* motoretta.

mo|to|scà|fo *s.m.* imbarcazione veloce messa in moto da un motore a combustione interna, fuoribordo o entrobordo.

mo|to|scù|ter *s.m.invar.* motorscooter.

mo|to|sé|ga *s.f.* sega azionata da un motore a combustione interna, usata spec. per tagliare gli alberi.

mo|to|si|lu|rán|te *s.f.* unità navale della marina da guerra dotata di motore a combustione interna, molto veloce e armata con siluri.

mo|to|slìt|ta *s.f.* **1** slitta messa in moto da un motore a elica **2** motociclo a cingoli dotato di pattino da neve.

mo|to|ve|dét|ta *s.f.* (*mar.*) piccola e veloce motonave armata, usata per la vigilanza costiera.

mo|to|ve|i|cò|lo *s.m.* qualsiasi veicolo a due o tre ruote, dotato di motore a scoppio.

mo|to|ve|liè|ro *s.m.* veliero azionato da motore, munito di alberi e velatura.

mo|to|vet|tù|ra *s.f.* veicolo a tre ruote, dotato di motore a scoppio e di carrozzeria chiusa.

mo|to|zàp|pa *s.f.* (*agr.*) macchina usata per zappare e sarchiare, munita di un piccolo motore a combustione interna.

mo|trì|ce *s.f.* **1** macchina in grado di produrre energia meccanica e di imprimere il movimento a un veicolo **2** carrozza tranviaria o ferroviaria, dotata di motore, che rimorchia altre carrozze.

mot|teg|già|re *v.intr.* [indic.pres. *io mottéggio...*; aus. A] parlare facendo battute, scherzare ♦ *tr.* canzonare, dileggiare.

mot|tég|gio *s.m.* l'atto del parlare scherzando; canzonatura, dileggio | l'insieme delle parole o delle azioni con cui si motteggia.

mot|tét|to *s.m.* **1** componimento poetico popolare, composto da pochi versi in rima di tono arguto **2** (*mus.*) composizione polifonica sacra, vocale o vocale-strumentale, sviluppatasi a partire dal Medioevo.

mòt|to *s.m.* **1** detto arguto o scherzoso; facezia, frizzo **2** frase breve e sentenziosa riprodotta su uno stemma; massima, sentenza: *il suo* — *è "vivi e lascia vivere"* **3** (*lett.*) parola: *non far* —.

mo|tu|lé|so *agg., s.m.* [f. *-a*] (*med.*) che, chi ha subito una lesione che limita o compromette le capacità motorie.

mo|tu|pró|prio (*lat.*) *s.m.invar.* decreto emanato spontaneamente da papi o capi di Stato per concedere titoli e onorificenze.

mou (*fr.*) [pr. *mu*] *agg.invar., s.f.invar.* detto di caramella gommosa al latte.

mouliné (*fr.*) [pr. *muliné*] *agg.invar., s.m.invar.* detto di filato di cotone ritorto usato spec. per eseguire ricami.

mountain bike (*ingl.*) [pr. *mòntan bàik*] *loc.sost. f.invar.* bicicletta con rapporti multipli di velocità, adatta per sentieri ripidi e accidentati.

mouse (*ingl.*) [pr. *màus*] *s.m.invar.* (*inform.*) dispositivo di computer che sposta il cursore sullo schermo e dà il comando per l'esecuzione di determinate operazioni.

mousse (*fr.*) [pr. *mùs*] *s.f.invar.* (*gastr.*) **1** vivanda spumosa preparata con fegato, tonno, prosciutto o altro, fatta raffreddare in stampi e decorata con gelatina **2** dolce spumoso preparato con uova, panna montata e altri ingredienti, spec. cioccolata.

mo|vèn|te *s.m.* motivo che spinge a compiere un determinata azione; impulso, stimolo: *il — di un crimine.*

mo|vèn|za *s.f.* **1** atteggiamento assunto da una persona nel muoversi: *camminare con movenze aggraziate* **2** (*fig.*) andamento stilistico di un testo scritto o di un discorso.

mo|vi|men|tà|re *v.tr.* [indic.pres. *io movimènto...*] **1** animare, ravvivare, vivacizzare: *— una festa* **2** (*fin.*) sottoporre a un vivace movimento di entrate-uscite, investimenti, scambi: *— un conto* **3** (*tecn.*) spostare ql.co. con mezzi meccanici.

mo|vi|men|ta|zió|ne *s.f.* (*ind.*) in un magazzino, l'insieme delle operazioni di entrata e uscita delle merci.

mo|vi|mén|to *s.m.* **1** atto di tutto il corpo o di una sua parte: *fare un — con il braccio; essere impacciato nel —* | spostamento di cose o persone da un posto all'altro: *mettere ql.co. in —* | **della popolazione**, in demografia, l'insieme delle variazioni riscontrate nella popolazione riguardo a numero e composizione, per effetto delle nascite, delle morti e delle migrazioni | *— di cassa*, in contabilità, il totale delle operazioni effettuate in un determinato periodo di tempo | (*econ.*) *— di capitale*, variazione del patrimonio dovuta a operazioni di vendita, riscossione e sim. **2** attività fisica: *se vuoi dimagrire devi fare molto —* **3** animazione di persone o veicoli; traffico: *è una strada con poco —* **4** nelle arti figurative, impressione di moto che si ottiene mediante una determinata disposizione degli elementi prospettici e dei chiaroscuri: *un dipinto ricco di —* | nelle opere narrative o teatrali, dinamicità del ritmo **5** corrente artistica, culturale o politica: *il — decadentista; le conquiste del — sindacale* **6** (*mus.*) grado di velocità indicato per eseguire un brano | ciascuna delle parti in cui si suddivide una forma compositiva.

mo|viò|la *s.f.* **1** (*cine.*) apparecchiatura usata per il montaggio, che consente di esaminare i singoli fotogrammi di una pellicola, di farla scorrere avanti e indietro e di effettuare tagli e spostamenti **2** (*tv*) apparecchiatura con cui si possono rivedere anche più volte le immagini registrate, spec. quelle degli incontri sportivi, rallentandole e fermandole singolarmente.

mo|zió|ne *s.f.* proposta o richiesta avanzata all'interno di un'assemblea, spec. in Parlamento, che si discute e si mette ai voti.

moz|za|fià|to *agg.invar.* che impressiona vivamente, che lascia senza respiro; emozionante: *una scena —.*

moz|zà|re *v.tr.* [indic.pres. *io mózzo...*] **1** tagliare con un colpo netto: *— un ramo* | recidere con violenza una parte del corpo di una persona o di un animale: *— il capo, la coda* | (*fig.*) *— il fiato*, di forte emozione che impedisce quasi di respirare: *uno spavento da — il fiato* **2** (*fig.*) interrompere in modo brusco: *— la conversazione.*

moz|za|rèl|la *s.f.* formaggio fresco tipico della Campania, a pasta bianca e molle, preparato con latte di bufala o di vacca.

moz|zét|ta *s.f.* mantellina che copre l'abito degli ecclesiastici, provvista o meno di cappuccio e abbottonata davanti da una fila di bottoni.

moz|zi|có|ne *s.m.* ciò che resta di ql.co. che è stato mozzato, spezzato o bruciato: *— di sigaretta, di candela.*

móz|zo[1] *agg.* **1** mozzato, troncato **2** (*estens., fig.*) tronco, incompleto: *parole mozze.*

móz|zo[2] *s.m.* (*mar.*) giovane di età inferiore ai diciotto anni imbarcato su una nave mercantile come apprendista marinaio.

mòz|zo[3] *s.m.* (*mecc.*) parte centrale di un organo rotante, gener. cilindrico, che serve a fissare l'organo stesso al suo asse.

Mp3 *s.m.invar.* (*inform.*) procedimento di compressione di file musicali che consente di conservare l'alta qualità sonora; è usato spec. in Internet per diffondere brani musicali.

mùc|ca *s.f.* femmina adulta del bovino; vacca da latte.

mùc|chio *s.m.* **1** quantità di cose ammassate in disordine; catasta, cumulo: *un — di fogli* | **colpire nel —**, colpire a casaccio, senza distinguere chi si colpisce; (*fig.*) lanciare accuse in maniera indiscriminata **2** (*estens., fig.*) gran quantità, grande numero: *un — di idiozie.*

mu|cil|là|gi|ne o **mucillàggine** *s.f.* **1** (*bot.*) sostanza organica di consistenza vischiosa, simile a una gomma naturale, presente in numerose piante, che assorbe e trattiene l'acqua; è usata in farmacia e in medicina **2** (*estens.*) sostanza vischiosa che si forma nelle acque per effetto dell'eutrofizzazione, spec. durante l'estate.

mu|cil|la|gi|nó|so *agg.* formato da mucillagine | che ha consistenza, aspetto di mucillagine.

mù|co *s.m.* [pl. *-chi*] (*biol., med.*) prodotto liquido, denso e vischioso, che le ghiandole mucose secernono allo scopo di mantenere lubrificate le mucose e proteggerle dai germi patogeni.

mu|có|sa *s.f.* (*anat.*) membrana epiteliale mantenuta sempre umida dal muco che riveste cavità interne e condotti comunicanti con l'esterno.

mu|có|so *agg.* **1** della mucosa: *tessuto —* **2** del muco; che è simile al muco | che produce muco: *ghiandole mucose.*

mù|da *s.f.* negli uccelli, cambiamento annuale delle penne; muta | il periodo in cui avviene tale cambiamento.

muez|zin *s.m.invar.* addetto al culto nelle moschee, che dall'alto del minareto richiama i fedeli per le cinque preghiere canoniche.

mùf|fa *s.f.* formazione di funghi microscopici, biancastri o verdognoli, che si origina su sostanze organiche in decomposizione, spec. sui cibi: *la — del formaggio* | **fare la —**, ricoprirsi di muffa; (*fig.*) restare inerte, inattivo.

muf|fi|re *v.intr.* [indic.pres. *io muffìsco, tu muffìsci...*; aus. *E*] (*spec.fig.*) fare la muffa, ammuffire: *è rimasto a — in camera sua.*

mùf|fo|la *s.f.* **1** tipo di guanto senza divisioni per le dita, che lascia gener. indipendente il solo dito pollice **2** (*tecn., metall.*) camera del forno o contenitore in materiale refrattario per sostanze che non devono essere messe a diretto contatto con le sorgenti del calore.

mu|fló|ne *s.m.* ruminante dei Bovidi, simile a una pecora, con pelame liscio e corto, diffuso in Sardegna e in Corsica; i maschi hanno possenti corna ritorte all'indietro.

mug|ghià|re *v.intr.* [indic.pres. *io mugghio...*; aus. *A*] (*lett.*) **1** detto dei buoi, muggire forte e a lungo **2** (*estens.*) gridare per il dolore **3** (*fig.*) detto del mare, del vento o del tuono, rumoreggiare cupamente.

mùg|ghio *s.m.* (*lett., anche fig.*) l'atto del mugghiare.

mùg|gi|ne *s.m.* nome comune di pesci costieri, di acque marine o salmastre | (*per anton.*) cefalo: *uova di —*.

mug|gi|re *v.intr.* [indic.pres. *io muggisco, tu muggisci, egli muggisce...*; aus. *A*] **1** detto di bovini, emettere muggiti **2** (*fig., lett.*) detto del mare, del vento o del tuono, rumoreggiare.

mug|gi|to *s.m.* verso caratteristico dei bovini.

mu|ghét|to *s.m.* **1** pianta erbacea con foglie ovali, fiorellini bianchi profumati riuniti a grappolo **2** (*med.*) malattia di alcune mucose, spec. quella della bocca, causata da un fungo e caratterizzata dalla comparsa di chiazze biancastre.

mu|gnà|io *s.m.* [f. *-a*] chi per mestiere macina al mulino grano e granaglie | il proprietario o il conduttore di un mulino.

mù|go *s.m.* [pl. *-ghi*] arbusto diffuso in montagna, con fusto corto e contorto, foglie aghiformi, da cui si ricava una resina profumata.

mu|go|là|re *v.intr.* [indic.pres. *io mùgolo...*; aus. *A*] **1** detto spec. di cani, emettere suoni sommessi e lamentosi **2** (*fig.*) detto di persona, lamentarsi, gemere ♦ *tr.* borbottare, mormorare: *mugolava frasi sconnesse*.

mu|go|li|o *s.m.* un mugolare prolungato, insistito.

mu|gu|gnà|re *v.intr.* [indic.pres. *io mugugno..., noi mugugniamo, voi mugugnate...*; aus. *A*] brontolare, borbottare.

mu|gù|gno *s.m.* manifestazione di scontento o di risentimento per un'offesa; brontolio.

mujaheddìn o **mujahiddìn** (*ar.*) [pr. *mujaedìn*] *s.m.invar.* guerrigliero musulmano che conduce la guerra santa contro i nemici dell'unità islamica.

mu|lat|tiè|ra *s.f.* sentiero di montagna percorribile solo con muli o altri animali da soma.

mu|lat|tiè|re *s.m.* chi guida muli.

mu|lat|tiè|ro *agg.* (*raro*) **1** da mulo: *strada mulattiera* **2** relativo ai muli, spec. al loro allevamento.

mu|làt|to *agg., s.m.* [f. *-a*] detto di figlio nato da un genitore bianco e da uno nero: *un bambino —*.

muleta (*sp.*) *s.f.invar.* piccolo drappo rosso usato dai toreri per provocare il toro.

mu|liè|bre o **mulièbre** *agg.* (*lett.*) di, da donna: *bellezza —*.

mu|li|nà|re *v.tr.* **1** (*raro*) far girare in tondo **2** (*fig.*) architettare, macchinare: *— oscuri progetti* | (*assol.*) fantasticare ♦ *intr.* [aus. *A*] **1** girare in tondo, roteare: *l'acqua mulinava vorticosamen-*

te **2** (*fig.*) di idee, pensieri e sim., muoversi tumultuosamente: *mille preoccupazioni gli mulinavano nel cervello*.

mu|li|nèl|lo *s.m.* **1** vortice creato dall'acqua o dal vento **2** denominazione generica di congegni e apparecchi vari, composti da un'elica rotante su un perno **3** giocattolo costituito da un'elica di carta o plastica, che gira al vento; girandola **4** bobina attorno a cui si avvolge la lenza della canna da pesca.

mu|li|no *s.m.* **1** edificio in cui si effettua la macinatura del grano e di altri cereali | (*per anton.*) mulino a vento o ad acqua | macchina che esegue tale operazione | (*fig.*) *tirare l'acqua al proprio —*, agire curando esclusivamente il proprio interesse | **combattere contro i mulini a vento**, lottare contro nemici che in realtà non esistono **2** (*estens., ind.*) macchina usata per macinare materiali solidi (p.e. cemento, gesso), costituita di una tramoggia e di un organo macinante azionato da motore.

mù|lo *s.m.* [f. *-a*] quadrupede domestico infecondo, nato dall'incrocio di un asino con una cavalla, usato come animale da soma e da trasporto, spec. su percorsi impervi | (*fig.*) *essere un —*, *cocciuto come un —*, di persona, essere partic. testarda.

mùl|ta *s.f.* **1** (*dir.*) pena pecuniaria prevista per determinati reati **2** (*estens.*) ammenda prevista per infrazioni o inadempienze: *pagare una —*.

mul|tà|re *v.tr.* infliggere una multa.

mùl|ti- primo elemento di parole composte che significa "che ha molti", "di molti" o che indica abbondanza in genere (*multiforme, multicolore, multimilionario*).

mul|ti|co|ló|re *agg.* di vari colori; variopinto: *gioiello —*.

mul|ti|fo|cà|le *agg.* in ottica, di obiettivi o altri dispositivi, che ha molti fuochi: *lente —*.

mul|ti|fór|me *agg.* **1** che ha varie forme **2** che presenta molteplici aspetti o si manifesta con scopi ed esiti vari | ricco di inventiva; versatile: *un'intelligenza —*.

multigrade (*ingl.*) [pr. *mùltigreid*] *agg.invar., s.m.invar.* detto di olio lubrificante per autoveicoli con diversi gradi di viscosità, adattabile quindi a diverse temperature esterne.

mul|ti|la|te|rà|le *agg.* **1** che presenta molti lati **2** (*estens., fig.*) che interessa più parti: *patto —*.

mul|ti|lìn|gue *agg.* che parla più lingue: *popolazione, Stato —*.

multimedia (*ingl.*) [pr. *multimìdia*] *agg.invar.* multimediale.

mul|ti|me|dià|le *agg.* **1** che sfrutta diversi mezzi di comunicazione e di informazione di massa: *messaggio —* **2** che fa uso di strumenti comunicativi diversi, come filmati, grafica, testi, musica ecc., spec. a scopo didattico **3** (*inform.*) detto di computer, che gestisce contemporaneamente testi, immagini e suoni.

mul|ti|mè|tro *s.m.* in elettrotecnica, strumento usato per misurare intensità di corrente e resistenze.

mul|ti|mi|liar|dà|rio *agg., s.m.* [f. *-a*] che, chi possiede molti miliardi.

mul|ti|mi|lio|nà|rio *agg., s.m.* [f. *-a*] che, chi possiede molti milioni.

mul|ti|na|zio|nà|le *agg.* 1 relativo a più nazioni 2 detto di impresa che svolge la propria attività produttiva nel mercato mondiale mediante organizzazioni in diversi Stati ♦ *s.f.* (*ell.*) società multinazionale.

mul|ti|pa|ra *agg., s.f.* detto di donna o femmina di animale che ha avuto più parti o che in un unico parto ha partorito più figli.

mùl|ti|plo *agg.* che è composto da più parti | *presa di corrente multipla*, quella che contemporaneamente collega più spine | *vettura multipla*, quella che consente di trasportare un numero maggiore di persone e ha un bagagliaio più capiente rispetto ai modelli normali ♦ *s.m.* (*mat.*) numero che si ottiene moltiplicando un dato numero per un qualunque numero intero: *12 è — di 4* | *minimo comune —*, il minore tra i multipli comuni a due o più numeri.

mul|ti|pro|prie|tà *s.f.* (*dir.*) comproprietà di un immobile, spec. di uso turistico, di cui i vari proprietari sfruttano il bene solo per un determinato periodo dell'anno.

mul|ti|raz|zià|le *agg.* che riguarda molte razze | *società —*, composta da diversi gruppi etnici.

mul|ti|sà|le *agg.invar.* detto di cinema con più sale di proiezione.

mul|ti|ù|so *agg.invar.* che si adatta a più usi: *coltello —*.

mùm|mia *s.f.* 1 cadavere imbalsamato: *le mummie delle antiche dinastie egiziane* 2 (*fig.*) persona vecchia e con idee antiquate.

mum|mi|fi|cà|re *v.tr.* [indic.pres. *io mummìfico, tu mummìfichi...*] sottoporre a mummificazione ♦ **-rsi** *intr.pron.* 1 subire un processo di mummificazione 2 (*fig.*) sclerotizzarsi, fossilizzarsi.

mum|mi|fi|ca|zió|ne *s.f.* 1 presso alcune popolazioni antiche, spec. in Egitto, trattamento di imbalsamazione, essiccamento e sim. praticato sui cadaveri per sottrarli alla naturale putrefazione e assicurarne la completa conservazione 2 (*biol.*) in determinate condizioni ambientali e climatiche, processo di essiccamento di un cadavere mediante evaporazione dei liquidi.

mùn|ge|re *v.tr.* [indic.pres. *io mungo, tu mungi...*; pass.rem. *io munsi, tu mungésti...*; part.pass. *munto*] spremere le mammelle per trarne il latte: *— le capre, le mucche* 2 (*fig.*) spillare soldi a una persona.

mun|gi|tó|io *s.m.* luogo in cui si effettua la mungitura | recipiente in cui si raccoglie il latte munto.

mun|gi|tó|re *s.m.* [f. *-trice*] chi esegue la mungitura.

mun|gi|trì|ce *s.f.* apparecchio usato per la mungitura meccanica.

mun|gi|tù|ra *s.f.* operazione del mungere animali da latte: *— a mano, meccanica* | il latte munto: *— abbondante, scarsa*.

mu|ni|ci|pà|le *agg.* 1 del municipio, del comune: *consiglio —* 2 (*spreg.*) che riguarda il ristretto ambito cittadino; campanilistico: *ambizioni municipali*.

mu|ni|ci|pa|lì|smo *s.m.* (*polit.*) tendenza a difendere soltanto gli interessi locali.

mu|ni|ci|pa|li|tà *s.f.* il complesso delle autorità di un comune.

mu|ni|ci|pa|liz|zà|re *v.tr.* trasferire la gestione di servizi pubblici al comune.

mu|ni|ci|pa|liz|za|zió|ne *s.f.* 1 trasferimento della gestione di servizi pubblici al comune: *— dei trasporti* 2 il complesso delle aziende municipalizzate.

mu|ni|cì|pio *s.m.* 1 (*st.*) città assoggettata a Roma che, pur perdendo i diritti politici, conservava l'autonomia amministrativa 2 comune | amministrazione comunale | la sede di tale amministrazione.

mu|ni|fi|cèn|za *s.f.* 1 generosità, liberalità spec. nel donare 2 dono generoso, azione munifica.

mu|nì|fi|co *agg.* [m.pl. *-ci*; superl. *munificentìssimo*] 1 che dona con molta generosità: *un re —* 2 che esprime grande generosità.

mu|nì|re *v.tr.* [indic.pres. *io munisco, tu munisci...*] 1 dotare di mezzi di difesa e di offesa; fortificare: *— una piazzaforte di cannoni* 2 (*estens.*) corredare di ciò che è necessario per lo svolgimento di una funzione o la realizzazione di uno scopo: *— le truppe di provviste* ♦ **-rsi** *rifl.* (anche *fig.*) fornirsi, provvedersi: *— di coraggio*.

mu|ni|zió|ne *s.f.* spec.pl. l'insieme dei proiettili usati per caricare le armi da fuoco: *finire le munizioni*.

muò|ve|re *v.tr.* [indic.pres. *io muovo...*; pass.rem. *io mossi, tu movésti...*; part.pass. *mosso*] 1 mettere in movimento, porre in moto ql.co.; spostare, trascinare: *— le mani*; *il vento muove i rami degli alberi* | *— i primi passi*, di bambino, cominciare a camminare; (*fig.*) intraprendere un'attività, una professione | (*fig.*) *non — un dito*, stare in ozio o non fare nulla per aiutare qlcu. 2 dare l'avvio a un'azione, spec. ostile; rivolgere: *— obiezioni* | *— guerra*, iniziarla 3 indurre a un'azione, suscitare un sentimento; incitare, eccitare: *— il pianto*; *— a pietà* 4 (*assol.*) nel gioco degli scacchi o della dama, spostare un pezzo, una pedina da una casella a un'altra ♦ *intr.* [aus. *E* o *A*] 1 partire, procedere: *il treno muove da Milano* | avanzare, dirigersi: *— incontro agli ospiti* 2 (*fig.*) prendere origine, derivare: *una decisione che muove da una situazione difficile* ♦ **-rsi** *rifl.* 1 mettersi in movimento | (anche *fig.*) allontanarsi: *non si è mosso dal letto tutto il giorno*; *non si muove da quel proposito* | affrettarsi, sbrigarsi: *muoviti, per cortesia!* 2 adoperarsi, impegnarsi per realizzare ql.co.: *oggi deve — anche lui* 3 (*fig.*) sollevarsi contro qlcu.: *i dimostranti si mossero contro i celerini* ♦ *intr.pron.* 1 essere in movimento: *la Luna si muove attorno alla Terra* 2 commuoversi: *— a compassione*.

mù|ra *s.f.* (*mar.*) ciascuna delle funi che tirano

sopravvento e verso prora gli angoli inferiori delle vele quadre per fissarne l'orientamento.

mu|ra|glia *s.f.* **1** muro esterno alto e robusto, gener. costruito a scopo difensivo **2** (*estens.*) parete rocciosa verticale.

mu|ra|glió|ne *s.m.* nelle strutture stradali, portuali o ferroviarie, grossa muraglia di sostegno.

mu|rà|le[1] *agg.* **1** di, da muro: *scritta* — | *pittura* —, quella eseguita sul muro **2** detto di pianta che cresce sul muro; rampicante.

mu|rà|le[2] *s.m.* murales.

murales (*sp.*) *s.m.pl.* pitture a tema socio-politico eseguite sui muri esterni di edifici o su pannelli all'aperto, spec. a fini contestativi.

mu|rà|re *v.tr.* **1** chiudere un'apertura costruendo un muro: — *una porta, una finestra* | fissare nel muro: — *un gancio* | incassare, chiudere in un vano del muro: — *la cassaforte* **2** (*assol.*) costruire un muro | — *a secco*, murare senza calcina ♦ **-rsi** *rifl.* (*fig.*) rinchiudersi in un determinato luogo: — *in casa*.

mu|rà|rio *agg.* che riguarda la muratura, le opere in muratura: *arte muraria* | *cinta muraria*, cerchia di mura che circonda una fortezza, una città.

mu|rà|ta *s.f.* (*mar.*) in uno scafo, ciascuna delle due parti laterali esterne o interne, che si trova sopra la linea di galleggiamento.

mu|ra|tó|re *s.m.* (*edil.*) operaio che costruisce strutture in muratura.

mu|ra|tù|ra *s.f.* **1** il lavoro del murare **2** struttura muraria, muro: — *a secco*.

mu|rè|na *s.f.* pesce teleosteo dal corpo allungato di colore nero, con bocca grande e denti appuntiti che con il morso iniettano un liquido velenoso; vive nella sabbia ed è diffuso nel Mediterraneo dove è ricercato per le sue carni.

Mu|rè|ni|di *s.m.pl.* famiglia di Pesci teleostei di cui fa parte la murena.

mu|rià|ti|co *agg.* [m.pl. *-ci*] *solo nella loc.* (*chim.*) *acido* —, acido cloridrico.

mu|ric|ciò|lo *s.m.* muro basso che delimita una proprietà.

mù|ri|ce *s.m.* mollusco gasteropodo marino con conchiglia rugosa munita di spine, da cui gli antichi estraevano la porpora.

Mù|ri|di *s.m.pl.* famiglia di Mammiferi roditori di cui fanno parte i topi.

mù|ro *s.m.* [pl.m. *i muri*; pl.f. *le mura*, nel sign. 4 o con valore collettivo] **1** struttura in muratura che è elemento costitutivo di un edificio, realizzata tramite sovrapposizione di mattoni oppure di pietre squadrate o naturali, gener. legati con calcina o cemento: *innalzare, abbattere un* — | — *maestro*, quello con funzione portante | — *a secco*, quello fatto di sole pietre, senza malta | *mettere al* —, fucilare | (*fig.*) *mettere qlcu. con le spalle al* —, costringerlo a fare o dire ql.co. | *battere la testa contro il* —, disperarsi | (*fig.*) *parlare al* —, parlare a una persona che non vuole ascoltare **2** (*fig.*) elemento che per compattezza o altri aspetti ricorda un muro; barriera, ostacolo: *un* — *di orgoglio* | (*fig.*) — *di gomma*, detto di chi si rivela indifferente riguardo a scelte o decisioni da prendere; detto di chi interpone ostacoli alla ricerca della verità o al corso della giustizia: *le indagini si scontrarono con un* — *di gomma* **3** (*estens.*) riparo, protezione: *rinchiudersi fra le mura di casa* **4** (*pl.*) l'insieme delle opere murarie di una città o di una fortezza: *le mura di un castello* | *fuori le mura*, all'esterno della cinta muraria di una città **5** (*sport*) nella pallavolo, azione di difesa condotta da due o tre giocatori che si mettono affiancati l'uno all'altro per respingere la palla lanciata dagli avversari | nello sci, discesa molto ripida **6** (*solo sing.*) — *del suono*, in aerodinamica, aumento della resistenza incontrata da un corpo che viaggia nell'aria a una velocità pari o superiore a quella del suono.

mù|sa *s.f.* **1** nella mitologia greco-romana, ciascuna delle nove dee protettrici delle arti e delle scienze | *la decima* —, il cinema **2** (*estens., fig.*) l'ispirazione poetica: *poeta visitato dalla* — | la poesia stessa **3** (*fig.*) persona spec. femminile o cosa ispiratrice di un'opera d'arte: *Lesbia fu la* — *di Catullo*.

mu|sà|ta *s.f.* colpo che viene dato con il muso | (*scherz.*) colpo che si riceve sbattendo contro ql.co.

mu|schià|to *agg.* **1** che contiene muschio; che ha il tipico odore del muschio: *balsamo* — **2** detto di animale o pianta che secerne muschio: *topo* —.

mù|schio[1] *s.m.* **1** sostanza odorosa prodotta da determinate ghiandole di alcuni animali, spec. dal mosco, usata in profumeria e in medicina **2** il profumo che si ricava da tale sostanza.

mù|schio[2] o **mùsco** *s.m.* [pl. *-schi*] nome comune di piantine briofite che crescono ravvicinate nei luoghi umidi e ombrosi, ricoprendo tronchi e rocce con un tappeto di colore verde scuro.

mu|sco|là|re *agg.* di muscolo: *forza* — | (*anat.*) *tessuto* —, quello di cui si compongono i muscoli con caratteristiche cellule allungate molto contrattili | (*fisiol.*) *tono* —, parziale contrazione che persiste anche quando il muscolo è a riposo.

mu|sco|la|tù|ra *s.f.* il complesso dei muscoli.

mù|sco|lo *s.m.* **1** (*anat.*) organo contrattile saldato alle ossa tramite i tendini, che svolge funzione motoria; è costituito da cellule disposte a fascetti, riuniti a loro volta in fasci più grossi: *i muscoli del torace* | *muscoli lisci* o *involontari*, quelli dell'apparato digerente, respiratorio e circolatorio, costituiti da fibre lisce il cui movimento è controllato dal sistema nervoso vegetativo | *muscoli striati* o *volontari*, quelli intorno alle parti mobili dello scheletro, il cui movimento è regolato dal sistema nervoso centrale e quindi dalla volontà **2** (*pl., fig.*) forza fisica, vigore: *esibire i muscoli* | *essere tutto muscoli*, essere particolarmente forte; (*spreg.*) essere poco intelligente **3** taglio di carne macellata, costituito dai muscoli di bovini ed equini **4** (*region.*) mitilo.

mu|sco|ló|so *agg.* che ha muscoli forti e in evidenza: *uomo* —.

mu|sco|vì|te *s.f.* (*min.*) varietà di mica conte-

museo

nuta nelle rocce vulcaniche, di colore giallognolo o biancastro, composta da silicato basico di alluminio e potassio, che si presenta in sottili lamine facilmente sfaldabili; si usa come isolante termico ed elettrico.

mu|sè|o *s.m.* luogo in cui si raccolgono ed espongono al pubblico collezioni di opere d'arte, oggetti di interesse storico, culturale, tecnico, scientifico ecc.: — *archeologico* | *(scherz.) da —,* detto di cosa vecchia, in disuso: *pezzo da —.*

mu|se|o|gra|fì|a *s.f.* scienza che studia come costruire e sistemare un museo.

mu|se|ruò|la *s.f.* piccola gabbia tronca, gener. di cuoio, che si applica al muso dei cani per impedire che mordano | *(fig.) mettere la — a qlcu.,* impedirgli di dire ciò che pensa.

mu|sét|ta *s.f.* sacca in tela contenente la biada che si lega al collo del cavallo.

mù|si|ca *s.f.* **1** arte di combinare insieme più suoni, secondo determinate regole e convenzioni: *studiare — ,* **2** ogni opera composta con tale arte: *ascoltare una — polifonica* | il genere, la produzione musicale di un autore, di un periodo storico, un paese: *— classica, leggera,* — *contemporanea* | *leggere la —,* saper riconoscere le note musicali sullo spartito per ricavarne il suono equivalente **3** *(fig.)* suono dolce e gradevole; rumorio: *la — del vento* | *(iron.)* rumore continuo e fastidioso: *senti che — il traffico oggi!* **4** *(estens.)* ciò che si ripete in modo noioso; tiritera: *sempre la solita —.*

mu|si|cà|bi|le *agg.* che si può musicare.

musical *(ingl.)* [pr. *miùsikol*] *s.m.invar.* genere teatrale brillante in cui si alternano parti recitate, brani musicali, canzoni e balli; commedia musicale.

mu|si|cà|le *agg.* **1** di musica; che riguarda la musica: *strumento, critica* — **2** che ha sensibilità o inclinazione alla musica: *senso* — **3** che ha andamento armonioso, simile a quello della musica; melodioso: *voce* — □ **musicalmente** *avv.*

mu|si|ca|li|tà *s.f. (anche fig.)* caratteristica di ciò che è musicale; armoniosità, dolcezza di suoni: *la — di una poesia.*

mu|si|càn|te *s.m./f.* **1** chi suona in una banda musicale **2** musicista di mediocri capacità artistiche ♦ *agg.* che suona: *angeli musicanti.*

mu|si|cà|re *v.tr.* [indic.pres. *io mùsico, tu mùsichi...*] mettere in musica: — *alcuni versi.*

mu|si|cas|sét|ta *s.f.* cassetta contenente un nastro magnetico con brani musicali preregistrati.

music-hall *(ingl.)* [pr. *miùsikhol*] *s.m.invar.* teatro per spettacoli di varietà a carattere musicale | lo spettacolo che vi si rappresenta.

mu|si|ci|sta *s.m./f.* [m.pl. *-i*] **1** chi compone musica **2** chi esegue composizioni musicali.

mù|si|co *s.m.* [pl. *-ci*] *(antiq.)* musicista o cantore.

mu|si|co|lo|gì|a *s.f.* studio della storia e della tecnica musicale.

mu|si|cò|lo|go *s.m.* [f. *-a*; m.pl. *-gi*] studioso di musicologia.

mu|si|cò|ma|ne *s.m./f.* chi ha l'ossessione della musica; chi ama esageratamente la musica.

mu|si|co|te|ra|pì|a *s.f.* (*med., psicol.*) intervento di tipo riabilitativo o terapeutico che utilizza la musica come stimolo spec. delle funzioni motorie e del linguaggio.

mu|sì|vo *agg.* di mosaico: *tecnica musiva.*

müsli *(ted.) s.m.invar.* miscuglio composto spec. di cereali, frutta secca e miele che si mangia nello yogurt o nel latte.

mù|so *s.m.* **1** parte anteriore della testa degli animali: *il — del gatto* **2** *(spreg. o scherz.)* la faccia dell'uomo anche considerata sotto il profilo espressivo; volto: *pulisciti il —!* | *brutto —,* persona arcigna, che risulta partic. antipatica | *rompere il — a qlcu.,* picchiarlo facendogli molto male | *storcere il —,* corrugarlo in segno di disgusto | *avere, mettere il —,* fare il broncio | *— lungo,* persona molto imbronciata | *a — duro,* in modo risoluto **3** *(estens.)* nell'automobile o nella fusoliera di un aeroplano, la parte anteriore della carrozzeria.

mu|só|ne *s.m.* [f. *-a*] persona scontrosa, poco socievole.

mu|so|ne|rì|a *s.f.* scontrosità.

mus|sà|re *v.intr.* [aus. *A*] detto del vino o di altra bevanda, spumeggiare.

mùs|so|la o **mussolina** *s.f.* tessuto di seta, lana o cotone molto fine e leggero, usato spec. per biancheria intima e abiti femminili.

mus|sul|mà|no *agg.* → **musulmano**.

must *(ingl.)* [pr. *mast*] *s.m.invar.* cosa che si deve possedere o che si deve fare per poter essere alla moda: *quest'inverno il collant a righe è un —.*

mu|stàc|chio *s.m. spec.pl.* baffo lungo e folto.

mustang *(ingl.)* [pr. *mùstang*] *s.m.invar.* cavallo selvatico diffuso in Messico e USA, con manto pezzato e criniera folta.

Mu|stè|li|di *s.m.pl.* famiglia di Mammiferi carnivori di dimensioni piccole o medie, con corpo lungo, zampe ridotte e fitta pelliccia pregiata; ne fanno parte la faina e la martora.

mu|sul|mà|no o **mussulmàno** *agg.* che riguarda l'islamismo; islamico | appartenente all'islamismo ♦ *s.m.* [f. *-a*] persona che professa la religione islamica.

mù|ta¹ *s.f.* **1** avvicendamento, cambio: *— della sentinella* | *la — dei cavalli,* nei viaggi in diligenza, il cambio dei cavalli **2** *(biol.)* nei Rettili, negli Uccelli, in alcuni Mammiferi e negli Invertebrati, periodico cambiamento della pelle, delle piume o di qualsiasi rivestimento cutaneo **3** il complesso degli oggetti necessari a un determinato scopo, che devono essere sostituiti periodicamente con altri analoghi: *una — di biancheria* **4** tuta per immersioni subacquee.

mù|ta² *s.f.* gruppo di cani usati durante le battute di caccia.

mu|tà|bi|le *agg.* **1** che può essere mutato **2** *(estens., fig.)* incostante, variabile; mutevole: *carattere, stato d'animo —.*

mu|ta|bi|li|tà *s.f.* **1** caratteristica di ciò che è mutabile **2** *(estens., fig.)* incostanza, variabilità.

mu|tà|ge|no *agg. (biol.)* detto di fattore o agente in grado di provocare mutazioni genetiche.

mu|ta|mén|to *s.m.* cambiamento, variazione: — *di temperatura*; — *di tendenza*.
mu|tàn|de *s.f.pl.* indumento intimo, maschile e femminile, composto da una sorta di calzoncini corti che si portano a diretto contatto con la pelle.
mu|tan|dì|ne *s.f.pl.* **1** mutande da donna o per bambino **2** calzoncini maschili da mare | slip.
mu|tàn|te *s.m.* **1** (*biol.*) gene che ha subito una mutazione | individuo portatore di una mutazione **2** (*fantascienza*) extraterrestre che assume aspetto umano o individuo che si sta per trasformare in un alieno.
mu|tà|re *v.tr.* **1** sostituire una cosa con un'altra che le somiglia o è diversa; modificare, variare: — *governo*; — *le proprie scelte* **2** rendere una cosa o una persona diversa; trasformare: *la guerra ha mutato lo stato economico del paese*; *l'amore lo sta mutando* ♦ *intr.* [aus. E] diventare diverso: — *di carattere* ♦ **-rsi** *intr.pron.* **1** subire un cambiamento; trasformarsi: *il rospo si mutò in un principe* **2** cambiarsi: — *d'abito*.
mu|tà|tis mu|tàn|dis (*lat.*) *loc.avv.* fatti i debiti mutamenti, tenendo conto delle differenze; si usa per indicare l'identità di due fatti, al di là delle circostanze contingenti: *siamo, —, nella stessa posizione*.
mu|ta|zió|ne *s.f.* **1** mutamento, trasformazione: *una — di temperatura* **2** (*biol.*) variazione del patrimonio genetico di un individuo, trasmissibile alla discendenza, che è in grado di provocare cambiamenti morfologici.
mu|té|vo|le *agg.* **1** che muta facilmente **2** (*estens., fig.*) incostante, volubile: *carattere* — □ **mutevolmente** *avv.*
mu|te|vo|léz|za *s.f.* caratteristica di ciò che è mutevole.
mu|ti|là|re *v.tr.* [indic.pres. *io mùtilo...*] **1** provocare in qlcu. la perdita di un arto: *in guerra è stato mutilato di un braccio* **2** (*estens., fig.*) privare di una parte fondamentale, rendere incompleto.
mu|ti|là|to *s.m.* [f. -a] persona che ha perduto in tutto o in parte un arto o un organo: *posto riservato ai mutilati di guerra*.
mu|ti|la|zió|ne *s.f.* perdita, privazione.
mù|ti|lo *agg.* (*lett.*) mancante, lacunoso di una parte: *testo —*.
mu|ti|smo *s.m.* **1** (*med.*) incapacità di articolare distintamente i suoni e il linguaggio **2** (*estens.*) silenzio deliberato che gener. esprime risentimento: *si è chiuso in un — totale*.

mù|to *agg.* **1** detto di chi non può parlare in quanto affetto da mutismo **2** (*di persona*) che resta in silenzio per un'improvvisa emozione; ammutolito: *restare — dalla paura* **3** (*di cosa, anche fig.*) che è senza suono | che manca dei segni convenzionali | *carta muta*, carta geografica in cui non sono riportati i nomi dei luoghi | *cinema —*, quello senza suoni e dialoghi | *fare scena muta*, spec. a scuola, non rispondere alle domande di un'interrogazione **4** che non riesce a esprimersi; represso: — *rancore* ♦ *s.m.* **1** [f. -a] persona affetta da mutismo; sordomuto **2** cinema muto: *un classico del — americano*.
mù|tua *s.f.* **1** (*dir.*) ente associativo che tutela gli interessi economici dei partecipanti in relazione a eventi particolari, come malattie o incidenti **2** ente preposto all'assistenza medica e ospedaliera prima dell'istituzione del servizio sanitario nazionale (1978) **3** (*coll.*) il Servizio sanitario nazionale.
mu|tuà|bi|le *agg.* detto di prestazione medica o di farmaco che può essere corrisposto dal Servizio sanitario nazionale.
mu|tua|li|smo *s.m.* (*biol.*) simbiosi tra due individui, in cui c'è vantaggio reciproco.
mu|tua|li|sti|co *agg.* [m.pl. -*ci*] **1** relativo alla mutualità **2** che riguarda la mutua: *istituto —* **3** (*biol.*) relativo al mutualismo.
mu|tua|li|tà *s.f.* **1** forma di aiuto reciproco attraverso l'unione e le associazioni **2** (*dir.*) l'insieme degli enti assicurativi e di prevenzione che tutelano contro rischi particolari e che prevedono la ripartizione dei relativi oneri fra i propri membri.
mu|tuàn|te *part.pres.* di mutuare ♦ *agg., s.m./f.* (*dir.*) che, chi concede un mutuo.
mu|tuà|re *v.tr.* [indic.pres. *io mutuo...*] **1** (*dir.*) concedere o prendere denaro in mutuo **2** (*fig.*) prendere da altri; assumere, imitare: *uno scrittore che mutua lo stile dai classici*.
mu|tua|tà|rio *agg., s.m.* [f. -a] (*dir.*) che, chi riceve un mutuo.
mu|tuà|to *part.pass.* di mutuare ♦ *agg.* **1** che è assistito da una mutua **2** preso in prestito | (*fig.*) desunto, derivato da altri ♦ *s.m.* [f. -a] chi è assistito da una mutua.
mù|tuo¹ *agg.* scambievole, reciproco: *mutua comprensione*.
mù|tuo² *s.m.* (*dir.*) prestito di denaro con gli interessi concesso a lungo termine, rimborsabile a scadenze determinate: *fare, chiedere un —*.

Nn

n *s.f./m.* **1** quattordicesima lettera dell'alfabeto (il suo nome è *enne*); consonante nasale dentale | — **come Napoli**, nella compitazione, spec. telefonica, delle parole **2** (*mat.*) simbolo che indica qualsiasi numero intero.
na|bàb|bo *s.m.* **1** (*st.*) titolo di principi e dignitari indiani musulmani **2** [f. -a] (*scherz.*) persona molto ricca che ostenta lusso.
na|buk [pr. *nèibuk*; com. *nàbuk*] *s.m.invar.* pellame scamosciato di vitello, usato nell'abbigliamento e nell'arredamento.
nàc|che|ra *s.f. spec.pl.* strumento musicale a percussione, tipico del folclore spagnolo, costituito da due pezzi di legno concavi legati da una funicella e battuti ritmicamente l'uno contro l'altro entro il palmo della mano.
na|dìr *s.m.invar.* (*astr.*) punto ideale della sfera celeste opposto allo zenit.
nàf|ta *s.f.* **1** (*chim.*) miscela di idrocarburi ricavata distillando il petrolio **2** olio combustibile | gasolio.
naf|ta|li|na *s.f.* (*chim.*) idrocarburo aromatico ricavato dal catrame, usato come tarmicida e in alcune produzioni industriali.
naf|tè|ne *s.m.* (*chim.*) composto appartenente a una classe di idrocarburi ciclici saturi contenuto nel petrolio grezzo.
Nà|ia[1] *s.f.* genere di serpenti velenosi, tipici dell'Asia e dell'Africa, cui appartiene il cobra.
nà|ia[2] *s.f.* (*gerg.*) servizio militare di leva.
nà|ia|de *s.f.* **1** nella mitologia greca e latina, ninfa dei fiumi e delle fonti **2** (*bot.*) pianta d'acqua dolce.
naïf (*fr.*) [pr. *naif*] *agg.invar.* **1** detto di pittura o di forma d'arte slegata da scuole e accademie, caratterizzata da uno stile istintivo, ingenuo, volto a rappresentare una visione liricamente suggestiva della realtà | detto di pittore figurativo che pratica tale arte | detto di opera d'arte così realizzata: *un dipinto —* **2** (*estens.*, *fig.*) semplice, ingenuo ♦ *s.m./f.invar.* pittore naïf.
nài|lon® *s.m.invar.* adattamento di *nylon.*
nan|dù *s.m.* grosso uccello corridore dell'America meridionale, simile allo struzzo ma di dimensioni inferiori, con un manto di piume cinerine cascanti e zampe a tre dita.
na|nì|smo *s.m.* **1** (*med.*) anomalia dell'accrescimento caratterizzata da uno sviluppo corporeo ridotto rispetto alla media **2** tale fenomeno riscontrato nelle piante e negli animali.
nàn|na *s.f.* nel linguaggio infantile, il sonno.
nà|no *agg.* (*med.*) affetto da nanismo | di dimensioni molto inferiori rispetto alla norma: *pianta nana* | (*astr.*) **stella nana**, stella che per luminosità e dimensioni è inferiore al Sole ♦ *s.m.* [f. -a] **1** (*med.*) persona affetta da nanismo | (*estens.*) persona molto piccola di statura **2** creatura fantastica simile a uno gnomo: *i nani di Biancaneve.*
nà|no- primo elemento di parole composte che, anteposto a un'unità di misura, ne divide il valore per un miliardo (*nanosecondo*) | in parole della terminologia medica e scientifica, indica uno sviluppo notevolmente ridotto rispetto alla norma (*nanocefalia*).
na|no|ce|fa|lì|a *s.f.* (*med.*) insufficiente sviluppo della testa.
na|no|cu|rie [pr. *nanokuri*] *s.m.invar.* (*fis.*) unità di misura della radioattività pari a un miliardesimo di curie (*simb.* nc).
na|no|se|cón|do *s.m.* unità di misura di tempo pari a un miliardesimo di secondo (*simb.* ns).
nà|os *s.m.invar.* (*archeol.*) cella del tempio greco che custodiva la statua della divinità.
nà|palm o **napàlm** *s.m.invar.* (*chim.*) miscela gelatinosa esplosiva composta di acidi grassi e sali di alluminio, usata per bombe e lanciafiamme.
na|pò|leo|ne *s.m.* **1** in numismatica, moneta d'oro francese da 20 franchi, fatta coniare da Napoleone I nel 1803 **2** gioco di carte solitario **3** bicchiere da cognac a forma di calice con stelo corto.
na|po|le|ò|ni|co *agg.* [m.pl. -ci] **1** (*st.*) relativo a Napoleone I e alla sua epoca (1769-1821) **2** (*estens.*, *fig.*) grandioso, eccezionale: *hai compiuto un'impresa davvero napoleonica!* ♦ *s.m.* (*st.*) **1** soldato appartenente alle truppe di Napoleone I **2** [f. -a] sostenitore di Napoleone I.
na|po|le|tà|na *s.f.* **1** caffettiera formata da due recipienti sovrapposti, che si capovolge quando l'acqua del recipiente inferiore comincia a bollire **2** nel gioco del tressette, combinazione di asso, due e tre dello stesso seme.
na|po|le|tà|no *agg.* di Napoli | *alla napoletana*, al modo dei napoletani: *pizza alla napoletana* ♦ *s.m.* **1** [f. -a] chi è nato o abita a Napoli **2** dialetto parlato dai napoletani.
nàp|pa *s.f.* **1** fiocco composto da fili di seta, lana o altro, usato per ornare tendaggi, bandiere, uniformi militari e sim. **2** pelle morbida e sottile usata per capi d'abbigliamento, guanti, borsette ecc. **3** (*pop.*, *scherz.*) grosso naso.
nar|ci|sì|smo *s.m.* **1** (*psicoan.*) amore, spec. patologico, dell'individuo verso il proprio corpo,

la propria immagine 2 (*estens.*) eccessivo compiacimento di se stessi e delle proprie capacità; egocentrismo, vanità.

nar|ci|si|sta *s.m./f.* [m.pl. *-i*] (*psicoan.*) persona affetta da narcisismo | (*estens.*) persona vanitosa, egocentrica.

nar|ci|si|sti|co *agg.* [m.pl. *-ci*] (*psicoan.*) che concerne il narcisismo | che rivela, manifesta narcisismo: *compiacimento —* □ **narcisisticamente** *avv.*

nar|ci|so[1] *s.m.* pianta bulbosa con fiori bianchi o gialli profumati.

nar|ci|so[2] *s.m.* persona eccessivamente compiaciuta di sé e delle proprie capacità.

nàr|co- (*scient.*) primo elemento di parole composte che significa "sonno" (*narcolessia*) o indica relazione con le sostanze stupefacenti (*narcotraffico*).

nar|co|dòl|la|ri *s.m.pl.* denaro in dollari proveniente dal traffico di droga.

nar|co|ip|nò|si *s.f.invar.* (*med.*) ipnosi provocata con narcotici.

nar|co|les|si|a *s.f.* (*med.*) malattia caratterizzata da crisi improvvise di sonno che si manifestano anche durante un'attività.

nar|cò|si *s.f.* (*med.*) 1 stato di incoscienza provocato da particolari farmaci 2 anestesia totale.

nar|co|te|ra|pì|a *s.f.* (*med.*) terapia del sonno.

nar|co|tèst *s.m.invar.* prova effettuata allo scopo di accertare se un soggetto abbia assunto o meno sostanze stupefacenti.

nar|cò|ti|co *agg.* [m.pl. *-ci*] detto di sostanza che produce narcosi ♦ *s.f.* reparto di polizia che combatte il commercio della droga ♦ *s.m.* sostanza naturale o artificiale che provoca narcosi | stupefacente.

nar|co|tiz|zà|re *v.tr.* (*anche fig.*) sottoporre un soggetto a narcosi: *il profeta narcotizzò le menti.*

nar|co|traf|fi|càn|te *s.m./f.* chi è implicato nel traffico della droga.

nar|co|tràf|fi|co *s.m.* commercio internazionale di droga controllato da organizzazioni criminali.

nar|ghi|lè *s.m.* pipa diffusa nei paesi musulmani, in cui il fumo, prima di arrivare alla bocca, passa in un recipiente che contiene acqua profumata.

na|rì|ce *s.f.* (*anat., zool.*) ciascuna delle due cavità nasali.

nar|rà|bi|le *agg.* che si può narrare.

nar|rà|re *v.tr.* esporre un avvenimento con ordine e in modo dettagliato; raccontare: *— una storia* ♦ *intr.* [aus. *A*] parlare di un argomento.

nar|ra|tì|va *s.f.* 1 genere letterario che comprende fiaba, novella, racconto, romanzo | il complesso delle opere di carattere narrativo 2 l'insieme dei narratori di un dato periodo o corrente culturale.

nar|ra|tì|vo *agg.* 1 che narra | che ha per oggetto la narrazione di fatti reali o fantastici 2 che è tipico del narrare: *stile, linguaggio —.*

nar|ra|tó|re *s.m.* [f. *-trice*] chi narra | scrittore di opere di narrativa.

nar|ra|zió|ne *s.f.* 1 l'atto del narrare | il modo in cui si narra: *una — poco coinvolgente* 2 racconto, storia.

nar|tè|ce *s.m.* (*arch.*) vestibolo delle basiliche paleocristiane e romaniche più antiche, riservato ai catecumeni e ai penitenti.

nar|và|lo *s.m.* grosso cetaceo dei mari artici con due soli denti, uno dei quali, nel maschio, si sviluppa a spirale e si allunga per oltre due metri sporgendo orizzontalmente dal muso.

na|sà|le *agg.* 1 (*anat.*) del naso: *cavità nasali* 2 (*ling.*) detto di suono articolato con il velo palatino abbassato (p.e. *m, n*) 3 (*estens.*) detto di voce che risuona nel naso ♦ *s.f.* (*ling.*) consonante nasale.

na|sa|liz|za|zió|ne *s.f.* (*ling.*) processo per cui un suono non nasale, spec. una vocale, viene pronunciato con il velo palatino abbassato, facendo fuoriuscire l'aria sia dal canale orale che da quello nasale.

na|scèn|te *part.pres. di* nascere ♦ *agg.* 1 che nasce, che ha inizio: *civiltà —; stella —* 2 (*chim.*) *stato —*, quello relativo ad alcuni elementi, spec. ossigeno e idrogeno, quando, durante una reazione, si liberano dal composto cui appartengono.

nà|sce|re *v.intr.* [indic.pres. *io nasco, tu nasci...*; pass.rem. *io nacqui, tu nascésti...*; part.pass. *nato*; aus. *E*] 1 di uomo o animale, venire alla luce; essere partorito | (*fig.*) *— con la camicia*, essere particolarmente fortunato | (*anche iron.*) *non essere nato ieri*, essere sufficientemente maturo e avveduto per giudicare 2 di piante e fiori, spuntare, germogliare: *una primula è nata nel ciuffo d'erba* | *— come funghi*, si dice di cose che sorgono in fretta e in gran quantità: *le banche in questa città nascono come funghi* 3 di denti, peli, capelli, spuntare e crescere 4 di astri, sorgere, levarsi 5 di fiumi, sgorgare, scaturire 6 (*fig.*) di avvenimento, avere principio, origine: *è nata una nuova filosofia* | di attività, divenire operante, avviarsi: *in questo edificio nascerà un ospedale* | *da cosa nasce cosa*, da un fatto possono derivare sviluppi imprevisti 7 (*fig.*) manifestarsi, insorgere inaspettatamente: *da quell'incontro sono nati seri problemi* | di moto interiore, sentimento e sim., sbocciare, prendere forma: *è nata in me una nuova consapevolezza*; *è nato l'amore.*

nà|sci|ta *s.f.* 1 venuta alla luce, alla vita | *controllo delle nascite*, l'insieme dei metodi volti a limitare il numero delle nascite 2 (*estens.*) origine, famiglia, lignaggio: *un ragazzo di — umile* 3 (*fig.*) inizio, principio: *la — di un'amicizia.*

na|sci|tù|ro *agg., s.m.* [f. *-a*] detto di chi sta per nascere.

na|scón|de|re *v.tr.* [indic.pres. *io nascondo...*; pass.rem. *io nascosi, tu nascondesti...*; part.pass. *nascosto*] 1 mettere in luogo nascosto; occultare: *dove hai nascosto la radio?* 2 impedire la vista, non lasciar vedere: *la casa è nascosta dagli alberi* 3 (*fig.*) dissimulare: *— il proprio malumore* | non rivelare: *— disprezzo* ♦ **-rsi** *rifl., intr. pron.* 1 sottrarsi alla vista 2 (*fig.*) non essere ma-

nascondiglio

nifesto: *dietro la sua gentilezza si nasconde un grande dolore*.

na|scon|di|glio *s.m.* luogo adatto a nascondere o a nascondersi; rifugio.

na|scon|di|no *s.m.* gioco di ragazzi in cui una persona cerca le altre che si sono nascoste.

na|scó|sto *part.pass. di* nascondere ♦ *agg.* **1** che non si vede: *volto — dal velo* **2** (*fig.*) non manifesto, evidente: *ha doti nascoste* **3** (*fig.*) custodito in segreto: *pensiero — | di —*, senza farsi vedere: *incontrarsi di —* □ **nascostamente** *avv.*

na|sèl|lo *s.m.* pesce di mare commestibile, simile al merluzzo, dalle carni delicate.

na|siè|ra *s.f.* anello fissato alle narici dei buoi con lo scopo di guidarli.

nà|so *s.m.* **1** (*anat.*) organo prominente del viso che ha funzione respiratoria; è sede dell'olfatto | *arricciare il —*, corrugarlo per esprimere disappunto, disgusto | *non mettere il — fuori di casa*, non uscire | (*fig.*) *ficcare il — nelle faccende altrui*, essere indiscreto | *lasciare con un palmo di —*, lasciare insoddisfatto, deluso | *non vedere più in là del proprio —*, essere di mentalità ristretta | *far saltare la mosca al —*, far perdere la pazienza **2** la parte corrispondente nel muso degli animali **3** (*fig.*) intuito, fiuto: *per risolvere l'enigma sono andato a —*.

na|sú|to *agg.* dotato di un naso grosso e lungo.

nàs|sa *s.f.* cesta di giunchi intrecciati o di fili metallici usata per la pesca di fondo, provvista di apertura a imbuto che impedisce al pesce di scappare una volta entrato.

na|sti|a *s.f.* (*bot.*) movimento delle piante dovuto a stimoli esterni, luminosi o termici.

na|stri|fór|me *agg.* che ha la forma di un nastro.

na|stri|no *s.m.* **1** fettuccia cucita sulla giacca militare in luogo delle decorazioni **2** (*estens.*) piccolo nastro, da appuntare sull'abito all'altezza del petto, recante i colori di un partito, di un'associazione e sim.

nà|stro *s.m.* **1** tessuto stretto e lungo, in vario materiale, usato per orlare, legare: *un — per i capelli* **2** (*estens.*) qualunque cosa a forma di nastro | *— adesivo*, striscia di materiale plastico o cartaceo con una sostanza adesiva su un lato | *— isolante*, nastro di materiale plastico usato per isolare conduttori elettrici | *— magnetico*, quello ricoperto di sostanze magnetiche allo scopo di registrare immagini, suoni, dati di elaboratori elettronici | *— trasportatore*, piano scorrevole usato per il trasporto di materiale.

na|stro|tè|ca *s.f.* raccolta di nastri magnetici registrati.

Na|stùr|zio *s.m.* genere di piante erbacee dicotiledoni a cui appartengono il crescione e il rafano.

na|tà|le *s.m.* **1** (*lett.*) anniversario del giorno della nascita **2** *Natale*, festa liturgica che ricorda la nascita di Cristo, ricorrente il 25 dicembre **3** (*spec.pl.*) origine; nascita: *quell'uomo è di oscuri natali* ♦ *agg.* relativo alla nascita | di tempo o luogo in cui una persona è nata: *paese —* | *Babbo*

Natale, personaggio immaginario che porta doni ai bambini la notte di Natale.

na|ta|li|tà *s.f.* (*stat.*) numero delle nascite rilevate in un luogo in un dato periodo | *indice di —*, rapporto tra il numero dei nati e l'ammontare di una popolazione.

na|ta|li|zio *agg.* del Natale: *vacanze natalizie*.

na|tàn|te *agg.* che galleggia, che nuota ♦ *s.m.* imbarcazione di medie o piccole dimensioni.

na|ta|tó|ia *s.f.* (*zool.*) nei pesci, organo del movimento | nei mammiferi acquatici, ognuno degli arti trasformati.

na|ta|tò|rio *agg.* relativo al nuoto | (*zool.*) *vescica natatoria*, vescica colma di gas, posta sotto la colonna vertebrale di molti pesci, che serve come organo di galleggiamento.

nà|ti|ca *s.f.* (*anat.*) ognuna delle due parti carnose formate dai muscoli glutei | (*pl.*) sedere.

na|ti|o *agg.* (*lett.*) nativo.

na|ti|vi|tà *s.f.* **1** (*lett.*) nascita **2** nascita di Cristo o della Madonna | commemorazione religiosa di tale evento **3** dipinto o scultura che rappresenta la nascita di Cristo o della Madonna.

na|ti|vo *agg.* **1** che riguarda il luogo di nascita: *lingua nativa*; *clima —* | che è luogo di nascita: *terra nativa* | nato in un determinato luogo: *— di Firenze* **2** (*chim.*) detto di elemento che si trova in natura non combinato con altri: *oro*, *argento —* ♦ *s.m.* [f. *-a*] chi è originario di un luogo; indigeno, autoctono.

nà|to *part.pass. di* nascere ♦ *agg.* **1** venuto alla luce nel mondo **2** caratterizzato da doti o difetti congeniti, da inclinazioni o attitudini naturali; dotato: *sei un'attrice nata* | (*scherz.*) *— stanco*, detto di persona pigra, indolente per natura ♦ *s.m.* [f. *-a*] persona nata in un determinato periodo: *i nati nel 1980* | (*estens.*) figlio: *il primo —*.

na|trì|ce *s.f.* rettile acquatico non velenoso, con capo largo e tronco appiattito; biscia d'acqua.

nàt|ta *s.f.* (*med.*) cisti del cuoio capelluto.

na|tù|ra *s.f.* **1** il complesso delle cose e degli esseri viventi dell'universo, considerato spec. come oggetto di studio | *i tre regni della —*, quello animale, vegetale e minerale | *il libro della —*, la natura come fonte di conoscenza | *pagare in —*, pagare in beni e servizi anziché in denaro **2** personificazione delle energie, dei fenomeni naturali: *il canto della — che si risveglia* | forza generatrice dell'universo: *— feconda*; *madre —* **3** (*pitt.*) *— morta*, genere che consiste nel raffigurare oggetti inanimati | il dipinto che rappresenta tali oggetti **4** carattere, indole: *è generoso di —* | *cambiare —*, cambiare modo di essere **5** (*estens.*) l'insieme delle qualità possedute naturalmente; tipo; genere: *la — del legno*.

na|tu|rà|le *agg.* **1** della natura; che riguarda la natura: *fenomeno —* **2** che si possiede per natura: *doti naturali* | *diritto —*, quello intrinseco alla natura umana | *figlio —*, quello nato da genitori non sposati | *morte —*, quella dovuta a cause naturali **3** conforme all'ordine di natura; prevedibile, ovvio: *è — che i genitori amino i figli* **4** (*estens.*) senza alterazioni e artifici; genuino: *capelli di un ros-*

so — | **acqua** —, quella non gasata | **gas** —, quello presente nel sottosuolo 5 immediato, schietto: *provare un — affetto* 6 (*mat.*) qualunque numero intero e positivo □ **naturalmente** *avv.* 1 per indole: *è — allegro* 2 certamente: *— ci sarò anch'io* 3 ovviamente, logicamente: *non ti ho visto arrivare e — me ne sono andato*.

na|tu|ra|léz|za *s.f.* 1 condizione di conformità alla natura, alla realtà: *la — di un dipinto* 2 spontaneità; assenza di affettazione: *si muove con —*.

na|tu|ra|li|smo *s.m.* 1 dottrina filosofica secondo la quale tutto ciò che accade è dovuto soltanto alle leggi fisiche, senza intervento di un principio trascendente 2 teoria estetica affermatasi in Francia nel sec. XIX, secondo la quale l'opera d'arte deve rappresentare, in modo impersonale e rigorosamente oggettivo, la psicologia umana e l'ambiente sociale.

na|tu|ra|li|sta *s.m./f.* [m.pl. *-i*] 1 chi si impegna nello studio delle scienze naturali 2 seguace del naturalismo nella filosofia e nell'arte 3 amante della natura: *è un patito —*.

na|tu|ra|li|sti|co *agg.* [m.pl. *-ci*] 1 relativo al naturalismo | (*estens.*) rappresentativo della natura, della realtà: *uno scenario —* 2 che concerne le scienze naturali: *uno studio —* 3 relativo alla natura, all'ambiente.

na|tu|ra|liz|zà|re *v.tr.* (*dir.*) concedere la cittadinanza a uno straniero ♦ **-rsi** *rifl.*, *intr.pron.* 1 (*dir.*) chiedere, ottenere la cittadinanza di un paese straniero 2 (*biol.*) detto di vegetali e animali, adattarsi a vivere in un ambiente diverso da quello originario.

na|tu|ra|liz|za|zió|ne *s.f.* 1 (*dir.*) concessione della cittadinanza a uno straniero 2 (*biol.*) adattamento di vegetali e animali a un ambiente diverso da quello di origine.

nature (*fr.*) [pr. *natür*] *agg.invar.* detto di persona o cosa che appare naturale, senza alterazioni o sofisticazioni: *una bellezza —*.

na|tu|rì|smo *s.m.* movimento che propone un genere di vita in armonia con la natura | (*estens.*) nudismo.

na|tu|rì|sta *s.m./f.* [m.pl. *-i*] seguace, sostenitore del naturismo | (*estens.*) nudista ♦ *agg.* naturistico.

na|tu|rì|sti|co *agg.* [m.pl. *-ci*] relativo al naturismo.

nau|fra|gà|re *v.intr.* [indic.pres. *io nàufrago, tu nàufraghi...*; aus. *E*] 1 di una nave, subire un naufragio; affondare | di persone e cose, essere imbarcate su una nave che affonda 2 (*fig.*) fallire; avere un esito disastroso: *il mio progetto è miseramente naufragato*.

nau|frà|gio *s.m.* 1 affondamento di una nave a causa di un incendio, una tempesta e sim. 2 (*fig.*) fallimento; perdita totale: *il — di un'azienda*.

nàu|fra|go *s.m.* [f. *-a*; m.pl. *-ghi*] chi ha fatto naufragio | chi è scampato da un naufragio.

nau|ma|chì|a *s.f.* presso gli antichi Romani e nel Rinascimento, spettacolo di una battaglia navale riprodotto in laghi naturali o artificiali.

nàu|se|a *s.f.* 1 sensazione di fastidio allo stomaco accompagnata da sudore freddo, cui spesso segue il vomito | **mangiare fino alla** —, ingerire cibo fino alla saturazione 2 (*fig.*) sentimento di repulsione | fastidio, noia: *mi hai ripetuto la lezione fino alla —!*

nau|se|a|bón|do *agg.* 1 che provoca nausea: *odore —* 2 (*fig.*) che provoca fastidio, riprovazione: *una proposta nauseabonda*.

nau|se|àn|te *part.pres. di* nauseare ♦ *agg.* che suscita nausea; stomachevole: *un dolciume —* | (*fig.*) ripugnante, disgustoso: *una scena —*.

nau|se|à|re *v.tr.* [indic.pres. *io nàuseo...*] 1 suscitare la nausea 2 (*fig.*, anche *assol.*) disgustare, ripugnare: *comportamenti che nauseano*.

nau|se|à|to *part.pass. di* nauseare ♦ *agg.* che sente nausea | (*fig.*) fortemente disgustato: *sono davvero — di quello che mi dici*.

-nàu|ta secondo elemento di parole composte che significa "navigante", "pilota" (*astronauta, motonauta*).

nàu|ti|ca *s.f.* 1 complesso delle cognizioni tecniche e pratiche indispensabili per condurre una nave 2 insieme delle imbarcazioni da diporto e delle attrezzature relative.

nàu|ti|co *agg.* [m.pl. *-ci*] che concerne la navigazione: *strumenti nautici*.

na|và|le *agg.* relativo alle navi o alla navigazione: *base —*; *museo —*.

na|và|ta *s.f.* (*arch.*) ciascuno degli spazi longitudinali in cui si divide una chiesa, delimitato da colonne, pilastri o muri.

nà|ve *s.f.* imbarcazione di notevoli dimensioni, fornita di mezzi di propulsione e adibita al trasporto di persone e cose: *— passeggeri*, *— da guerra* | **— scuola**, quella attrezzata per l'istruzione di ufficiali e marinai | **— cisterna**, quella che trasporta liquidi, p.e. il petrolio.

na|vét|ta *s.f.* 1 parte delle macchine per tessere e cucire, a forma di navicella, che contiene la spola con il filato 2 (*aer.*) **— spaziale**, veicolo spaziale attrezzato per compiere più viaggi 3 mezzo di trasporto che percorre continui viaggi nei due sensi: *la — dalla stazione all'aeroporto* ♦ *agg.invar.* si dice di mezzo di trasporto che compie continui viaggi nei due sensi su percorso fisso | **treno —**, quello adibito al trasporto di autoveicoli con passeggeri, su vagoni a piani sovrapposti.

na|vi|cèl|la *s.f.* 1 barca o nave di piccole dimensioni 2 in un aeromobile, aerostato o dirigibile, il vano dove alloggiano l'equipaggio e le apparecchiature | in un veicolo spaziale, capsula che contiene l'equipaggio e le strumentazioni | **— spaziale**, astronave 3 (*chim.*) recipiente metallico in cui si effettua la combustione di sostanze organiche.

na|vi|gà|bi|le *agg.* detto di canale, fiume e sim. in cui è possibile navigare.

na|vi|ga|bi|li|tà *s.f.* 1 qualità di corso d'acqua navigabile 2 complesso di requisiti indispensabili a una nave o un aereo per poter navigare o volare in sicurezza.

na|vi|gàn|te *part.pres. di* navigare ♦ *agg.*, *s.m./f.*

navigare

che, chi naviga | ***personale*** —, insieme del personale che presta servizio su aerei o navi.
na|vi|ga|re *v.intr.* [indic.pres. *io nàvigo, tu nàvighi...*; aus. *A*] **1** viaggiare a bordo di una nave o di un aereo: *i pirati navigarono verso oriente* **2** detto di natanti o aeromobili, procedere nello spazio acquatico o aereo **3** detto di merci e sim., essere trasportato da una nave **4** (*fig.*) spostarsi con movimento simile a quello di una nave: *le nuvole navigano nel cielo* **5** (*fig.*) tentare di destreggiarsi in situazioni difficili; barcamenarsi | — **in cattive acque**, essere in un momento difficile, spec. in precarie condizioni economiche | — **col vento in poppa**, trovarsi in condizioni favorevoli **6** (*inform.*) seguire dei percorsi dentro lo spazio virtuale di Internet ♦ *tr.* percorrere navigando: *navigò l'intero oceano*.
na|vi|ga|to *part.pass. di* navigare ♦ *agg.* **1** che ha molta esperienza della navigazione **2** (*fig.*) si dice di chi ha molta esperienza della vita: *un uomo* — | si dice di donna che ha avuto molte avventure amorose.
na|vi|ga|tó|re *s.m.* [f. *-trice*] **1** chi naviga per mare compiendo lunghi viaggi | marinaio **2** su navi e aerei, ufficiale che traccia la rotta **3** (*mar., elettron.*) computer di bordo **4** (*sport*) nel rally, aiutante del pilota che fornisce le indicazioni utili sul percorso ♦ *agg.* che naviga | che si dedica alla navigazione; marinaro: *popolo* —.
na|vi|ga|zió|ne *s.f.* **1** di aerei o navi, l'attività del navigare | il modo di navigare | — ***interna***, quella che si svolge su fiumi, canali e laghi **2** arte, tecnica del navigare: — *sottomarina, astronomica* **3** traversata compiuta per nave **4** (*fig.*) corso travagliato di un'attività.
na|vi|glio *s.m.* **1** imbarcazione, nave **2** (*mar.*) insieme di imbarcazioni destinate allo stesso scopo o allo stesso uso: — *da diporto, da guerra* **3** (*region.*) canale artificiale navigabile, usato a scopi di irrigazione e navigazione.
na|za|rè|no *agg.* di Nazaret, città della Galilea in cui Gesù visse da bambino | ***alla nazarena***, di acconciatura maschile, con capelli che scendono fino alle spalle; di barba, bipartita e di media lunghezza ♦ *s.m. il Nazareno,* (*per anton.*) Gesù Cristo.
ná|zi *s.m.invar. abbr. di* nazista.
na|zi|fa|sci|smo *s.m.* **1** (*st.*) nell'ultima fase della seconda guerra mondiale, alleanza tra il fascismo italiano e il nazionalsocialismo tedesco **2** insieme delle dottrine politiche e dei sistemi di governo propri del fascismo e del nazismo.
na|zi|fa|sci|sta *s.m./f.* [m.pl. *-i*] sostenitore del nazifascismo ♦ *agg.* proprio del nazifascismo e dei suoi sostenitori.
na|zio|nà|le *agg.* della nazione, concepita come unità etnica, culturale, politica ed economica | si usa nella denominazione di musei, enti, imprese e sim. dipendenti dall'amministrazione centrale dello Stato: *biblioteca* — ♦ *s.f.* **1** (*sport*) in gare internazionali, squadra di atleti che rappresenta una nazione: *la* — *di calcio* **2** (*spec.pl.*) sigaretta prodotta dal monopolio di Stato ♦ *s.m./f.* atleta che fa parte della squadra nazionale.
na|zio|na|li|smo *s.m.* **1** movimento politico-ideologico che esalta il primato e la potenza della nazione **2** (*estens.*) mistificazione acritica di tutto ciò che appartiene o si riferisce alla propria nazione.
na|zio|na|li|sta *s.m./f.* [m.pl. *-i*] sostenitore del nazionalismo ♦ *agg.* nazionalistico: *politica* —.
na|zio|na|li|sti|co *agg.* [m.pl. *-ci*] proprio del nazionalismo, dei nazionalisti: *teoria nazionalistica*.
na|zio|na|li|tà *s.f.* **1** la condizione di essere nazionale **2** appartenenza a una nazione; cittadinanza: *ha preso la* — *francese* **3** nazione: *le usanze della* — *spagnola*.
na|zio|na|liz|zà|re *v.tr.* statalizzare un'attività economica privata: — *le banche*.
na|zio|na|liz|za|zió|ne *s.f.* trasferimento di un'attività economica di pubblico interesse dalla gestione privata a quella statale; statalizzazione.
na|zio|nal|po|po|là|re *agg.* **1** detto di fenomeno culturale che esprime i valori più significativi di una nazione **2** (*spreg.*) che asseconda i gusti di un pubblico poco esigente: *uno spettacolo* —.
na|zio|nal|so|cia|li|smo *s.m.* (*st.*) regime politico fondato nel 1920 da A. Hitler (1889-1945), basato sulla pretesa superiorità razziale del popolo germanico; nazismo.
na|zio|nal|so|cia|li|sta *s.m./f.* [m.pl. *-i*] seguace del nazionalsocialismo; nazista ♦ *agg.* del nazionalsocialismo | che si riferisce al nazionalsocialismo: *regime* —; *teorie nazionalsocialiste*.
na|zió|ne *s.f.* **1** insieme di individui legati da comunanza di tradizioni storiche, di lingua e costumi, indipendentemente dalla realizzazione in unità politico-giuridica **2** (*estens.*) Stato: *il territorio della* — | insieme dei cittadini di uno Stato.
naziskin (*ingl.*) *s.m./f.invar.* nome con cui si identificano gli appartenenti alle bande teppistiche ispirate al nazismo, riconoscibili dall'abbigliamento in stile militare e dai capelli rasati.
na|zì|smo *s.m.* nazionalsocialismo.
na|zì|sta *s.m./f.* [m.pl. *-i*] **1** nazionalsocialista **2** (*spreg.*) chi si comporta con particolare violenza e crudeltà ♦ *agg.* nazionalsocialista: *metodo* —.
'ndràn|ghe|ta *s.f.* organizzazione criminale, di tipo mafioso, propria della Calabria.
ne *pron.m./f. sing./pl.* [forma atona usata in posizione proclitica ed enclitica; si può elidere davanti a vocale] **1** [in funzione di compl. di specificazione e di argomento riferito a persone già nominate] di lui, di lei, di loro: *è molto legata alla famiglia,* — *parla spesso; non appena la vide se* — *innamorò* | in funzione partitiva: *mancavano gli atleti, alla gara non ce n'era nemmeno uno* | in usi pleonastici: — *ho abbastanza di tutta questa gente!* **2** [in funzione di compl. di specificazione e di argomento riferito a cose già nominate] di questo/a, di questi/e, di quello/a, di quelli/e: *è un ricordo doloroso, non voglio parlarne* | in funzione partitiva: *dammi una penna,*

io non — ho più | in espressioni ellittiche: — ho viste di tutti i colori! **3** [con valore neutro, riferito a una frase o a un concetto già espresso] di ciò: *questa è la realtà, stanne pur certo*; — *varrà la pena.* **4** da questo, da quello, da ciò: — *deduco che va tutto bene* | da lui, da parte sua, da parte loro: *mi sono data da fare per lui, ma* — *ho avuto ricompensa* ♦ *avv.* di lì, di là, di qui, di qua: — *usciremo bene* | in usi pleonastici: *ce* — *andiamo* | con costruzioni pronominali, in taluni usi verbali: *starsene per conto proprio; andarsene via.*

né *cong.* coordina con valore negativo due o più elementi di una stessa proposizione: *non dico* — *sì* — *no* | coordina due o più proposizioni negative, con il valore di *e non: non lo condanno* — *lo assolvo.*

ne|àn|che *avv., cong.* nemmeno, neppure; in nessun caso: — *per idea; se tu non sei d'accordo, non lo sono* — *io* | come rafforzativo di una negazione: *non gli ho* — *telefonato* | con valore di *persino... non:* — *un animale lo farebbe* | con valore concessivo: — *a farlo apposta.*

néb|bia *s.f.* **1** sospensione di minutissime gocce nell'aria, formatesi per condensazione del vapore acqueo **2** (*fig.*) ciò che offusca l'intelligenza, la comprensione e sim.: *la* — *dell'ignoranza.*

neb|biò|lo *s.m.* vitigno piemontese che dà vini rossi pregiati, come il barolo e il barbaresco | il vino ottenuto da tale vitigno.

neb|bio|si|tà *s.f.* **1** condizione di nebbioso **2** (*fig.*) oscurità, vaghezza: *la* — *di un'affermazione.*

neb|bió|so *agg.* **1** coperto di nebbia; brumoso: *paesaggio* — **2** (*fig.*) poco chiaro, confuso: *un discorso, ricordo* —.

ne|bu|liz|zà|re *v.tr.* **1** disperdere un liquido in gocce minutissime **2** (*agr.*) irrorare frutti e piante di sostanze antiparassitarie.

ne|bu|liz|za|tó|re *s.m.* apparecchio che disperde un liquido in gocce minutissime.

ne|bu|liz|za|zió|ne *s.f.* azione del nebulizzare; vaporizzazione.

ne|bu|ló|sa *s.f.* **1** (*astr.*) aggregazione di materiale interstellare | *nebulose planetarie*, quelle che circondano una stella **2** (*fig.*) insieme confuso di idee, sentimenti.

ne|bu|lo|si|tà *s.f.* **1** caratteristica di ciò che è nebuloso **2** (*meteor.*) nuvolosità **3** (*fig.*) indeterminatezza.

ne|bu|ló|so *agg.* **1** nuvoloso, nebbioso **2** (*fig.*) confuso, indeterminato; oscuro: *immagine nebulosa; concetto* —.

nécessaire (*fr.*) [pr. *nesesèr*] *s.m.invar.* astuccio, borsetta che contiene oggetti necessari per un determinato scopo: — *da viaggio.*

ne|ces|sà|rio *agg.* **1** di cui non si può fare a meno; indispensabile: *strumenti necessari per un esperimento; il tempo* — *per dormire* **2** (*dir.*) disposto dalla legge: *erede* — **3** (*filos.*) che non può non essere o non può essere differente da quello che è ♦ *s.m.* ciò che occorre per un determinato scopo: *privo del* —, *senza mezzi per vivere* □ **necessariamente** *avv.*

ne|ces|si|tà *s.f.* **1** qualità di ciò che è necessario | esigenza, bisogno: *ho* — *di riposarmi* | *fare di* — *virtù*, sottomettersi a una situazione inevitabile | *in caso di* —, qualora fosse necessario **2** cosa necessaria: *le* — *della vita* **3** (*estens.*) forza superiore alla volontà dell'uomo; destino: *cedere alle* — **4** miseria, indigenza: *trovarsi in grave* —.

ne|ces|si|tà|re *v.tr.* [indic.pres. *io necèssito...*] (*raro*) rendere necessario; richiedere per necessità: *questione che necessita un chiarimento* ♦ *intr.* [aus. *E*] **1** aver bisogno: *quel ragazzo necessita di molta comprensione* **2** (*anche impers.*) essere necessario; occorrere: *vista la situazione, necessita un intervento deciso.*

nè|cro- primo elemento di parole composte che significa "cadavere, defunto", "morte" (*necropoli, necrobiosi*).

ne|cro|biò|si *s.f.* (*biol.*) lenta necrosi dei tessuti, con cessazione graduale dell'attività vitale delle cellule, spec. dovuta a un apporto vascolare insufficiente.

ne|cro|fa|gìa *s.f.* abitudine, tipica di vari animali, di nutrirsi di carni putrefatte.

ne|cro|fa|go *agg.* [m.pl. *-gi*] detto di animale che si nutre di carni putrefatte.

ne|cro|fi|lìa *s.f.* (*psich.*) perversione che consiste nell'attrazione sessuale per i cadaveri.

ne|crò|fi|lo *agg., s.m.* [f. *-a*] (*psich.*) che, chi è affetto da necrofilia.

ne|cro|fo|bìa *s.f.* (*psicol.*) paura ossessiva dei cadaveri o della morte.

ne|cro|fo|ro *s.m.* **1** becchino **2** (*zool.*) insetto dei Coleotteri, con livrea nera a fasce gialle, che seppellisce cadaveri di piccoli animali, nella cui carne in putrefazione la femmina depone le uova.

ne|cro|lo|gìa *s.f.* [pl. *-gie*] **1** necrologio **2** commemorazione scritta o breve discorso per un defunto.

ne|cro|lò|gio *s.m.* **1** annuncio funebre o breve articolo per commemorare un defunto, pubblicato spec. su quotidiani **2** registro delle morti tenuto da una chiesa.

ne|cro|lo|gi|sta *s.m./f.* [m.pl. *-i*] chi scrive o pronuncia necrologie | chi redige necrologi in un giornale.

ne|crò|po|li *s.f.* **1** (*archeol.*) complesso di antiche sepolture: — *etrusca* **2** (*estens., lett.*) cimitero moderno, spec. monumentale.

ne|cro|sco|pìa *s.f.* (*med.*) autopsia, effettuata per risalire alla causa di morte.

ne|cro|scò|pi|co *agg.* [m.pl. *-ci*] (*med.*) di necroscopia: *esame* — | relativo alla necroscopia.

ne|crò|si *s.f.* (*biol., med.*) degenerazione che provoca la morte di cellule o tessuti.

ne|crò|ti|co *agg.* [m.pl. *-ci*] (*biol., med.*) di necrosi | di tessuto, che presenta necrosi: *processo* —.

ne|cro|tiz|zà|re *v.tr.* (*biol., med.*) provocare necrosi, ridurre in stato di necrosi ♦ *-rsi intr.pron.* subire un processo di necrosi.

nèc|ton *s.m.invar.* il complesso degli animali che si muovono liberamente e attivamente negli ambienti acquatici (p.e. pesci, cetacei).

ne|er|lan|dé|se *s.m.* lingua del gruppo germanico che comprende l'olandese e il fiammingo.

nefandezza

ne|fan|déz|za *s.f.* 1 caratteristica di ciò che è nefando, riprovevole: *la — di una menzogna* 2 azione, parola nefanda.
ne|fàn|do *agg.* turpe, scellerato: *un'accusa nefanda.*
ne|fà|sto *agg.* 1 funesto, luttuoso 2 infausto; di cattivo augurio: *un presagio —.*
ne|fe|lo|me|trì|a *s.f.* 1 (*meteor.*) studio e misura della velocità e della direzione di movimento delle nubi 2 (*chim., fis.*) misurazione, mediante mezzi ottici, della quantità di una sostanza sospesa in un liquido.
ne|frec|to|mì|a *s.f.* (*med.*) asportazione chirurgica di un rene.
ne|frì|te[1] *s.f.* (*med.*) infiammazione acuta o cronica del rene.
ne|frì|te[2] *s.f.* (*min.*) varietà di giada che si presenta in aggregati fibrosi colorati in vari toni di verde.
ne|frì|ti|co *agg.* [m.pl. *-ci*] 1 (*med.*) relativo a nefrite | causato da nefrite: *dolore —* 2 che è affetto da nefrite ♦ *s.m.* [f. *-a*] persona affetta da nefrite.
nè|fro- (*med.*) primo elemento di parole composte che significa "rene" (*nefrologia*)
ne|fròi|de *agg.* (*scient.*) che ha struttura simile a quella di un rene.
ne|frò|li|to *s.m.* (*med.*) calcolo renale.
ne|fro|lo|gì|a *s.f.* branca della medicina che studia la fisiologia e la patologia del rene.
ne|fro|lò|go *s.m.* [f. *-a*; m.pl. *-gi*] (*med.*) specialista in nefrologia.
ne|fro|pa|tì|a *s.f.* (*med.*) malattia dei reni.
ne|fròsi *s.f.* (*med.*) denominazione generica di qualsiasi affezione degenerativa del rene.
ne|gà|re *v.tr.* [indic.pres. *io négo, tu néghi...*] 1 dichiarare non vera una cosa: *negò ogni accusa* | (*assol.*) dire di no: *nego di averlo fatto* 2 rifiutare di ammettere come vero: *continuava a — la realtà dei fatti* | *l'evidenza,* non avere intenzione di riconoscerla 3 non concedere, rifiutare: *— il permesso* ♦ **-rsi** *rifl.* 1 fingere di essere assente per evitare un incontro non desiderato: *— al telefono* 2 non accondiscendere a una volontà altrui | rifiutare un rapporto sessuale.
ne|ga|tì|va *s.f.* 1 comportamento di chi nega: *stare sulla —* | risposta negativa; rifiuto 2 (*foto.*) negativo.
ne|ga|ti|vi|tà *s.f.* qualità o condizione di ciò che è negativo.
ne|ga|tì|vo *agg.* 1 che contiene o esprime una negazione: *proposizione negativa; avverbio —* 2 (*estens.*) sfavorevole, che esprime un rifiuto: *ho ricevuto una risposta negativa dalla banca* | non costruttivo; incline al pessimismo: *atteggiamento —* 3 (*fig.*) che costituisce un difetto, un danno: *l'aspetto — del carattere* 4 che ha effetti diversi da quelli previsti o sperati: *esperienza negativa* | (*med.*) detto del risultato di un esame che esclude la presenza di un fenomeno: *le analisi sono risultate negative* 5 (*mat.*) detto di numero reale inferiore a zero 6 (*scient.*) detto di ql.co. che è in opposizione a ciò che convenzionalmente è definito positivo: *polo —* 7 (*foto.*) detto di immagine che ha valori cromatici inversi a quelli risultanti nell'immagine positiva ♦ *s.m.* (*foto.*) pellicola su cui è impressa un'immagine con valori cromatici inversi a quelli reali | l'immagine stessa ☐ **negativamente** *avv.* 1 in modo negativo, sfavorevole: *giudicare —* | *un comportamento* 2 con un rifiuto: *rispondere —.*
ne|gà|to *part.pass.* di **negare** ♦ *agg.* che non ha attitudine, predisposizione per ql.co.: *sono — per lo sport.*
ne|ga|zió|ne *s.f.* 1 l'atto del negare: *la — dei principi* | espressione che nega: *— esplicita* | (*gramm.*) elemento linguistico, come la congiunzione o l'avverbio, che esprime negazione (p.e. *né, non*) 2 (*fig.*) ciò che è o appare contrario: *il suo aspetto è la — della serenità.*
ne|ghit|to|si|tà *s.f.* (*lett.*) indolenza, pigrizia.
ne|ghit|tó|so *agg.* (*lett.*) 1 pigro, svogliato nell'agire 2 che esprime neghittosità; che è tipico di un'indole oziosa ♦ *s.m.* [f. *-a*] persona pigra, indolente ☐ **neghittosamente** *avv.*
ne|glèt|to *agg.* (*lett.*) 1 di ql.co., derelitto, trascurato: *orto —* 2 di qlcu., ignorato, dimenticato: *un attore —* 3 trasandato, sciatto: *abito —.*
né|gli *prep.art.m.pl.* composta da **in** e **gli**: *la speranza è — uomini.*
négligé (*fr.*) [pr. *neglijé*] *s.m.invar.* veste femminile da camera.
ne|gli|gèn|te *agg.* pigro, svogliato nell'adempiere i propri doveri o compiti: *essere — nel lavoro* | trasandato, trascurato: *— nel vestire* ♦ *s.m./f.* persona svogliata, noncurante ☐ **negligentemente** *avv.*
ne|gli|gèn|za *s.f.* 1 caratteristica di persona negligente; svogliatezza: *la — di un operaio* | incuria, trascuratezza: *— nel compiere un incarico;* — *nell'abbigliamento* 2 grave disattenzione, dimenticanza: *ho commesso un'imperdonabile —* 3 (*dir.*) omissione nell'adempimento di un obbligo richiesto dalla legge.
ne|go|zià|bi|le *agg.* che si può negoziare.
ne|go|zia|bi|li|tà *s.f.* caratteristica, condizione di ciò che è negoziabile.
ne|go|zià|le *agg.* (*dir.*) che riguarda un negozio giuridico: *volontà —.*
ne|go|ziàn|te *part.pres.* di **negoziare** ♦ *s.m./f.* chi possiede o gestisce un negozio di vendita al pubblico.
ne|go|zià|re *v.tr.* [indic.pres. *io negozio...*] 1 trattare per la compravendita; contrattare 2 condurre trattative per raggiungere un accordo: *— la pace* ♦ *intr.* [aus. *A*] commerciare.
ne|go|zià|to *part.pass.* di **negoziare** ♦ *s.m.* l'insieme delle trattative per raggiungere un accordo o stipulare un contratto: *intavolare un —.*
ne|go|zia|tó|re *s.m.* [f. *-trice*] chi conduce una trattativa.
ne|go|zia|zió|ne *s.f.* l'attività del negoziare; trattativa.
ne|gò|zio *s.m.* 1 impresa commerciale; affare | (*dir.*) — **giuridico,** dichiarazione di volontà da parte di un privato che vuole modificare o

estinguere un accordo giuridico **2** locale dove si vendono merci al minuto: *un — di biancheria intima* **3** (*lett.*) attività, occupazione.

ne|gri|de *agg.* (*antrop.*) che appartiene al gruppo razziale dei negri africani.

ne|griè|ro *agg.* che riguarda la tratta degli schiavi, spec. africani: *navi negriere* ♦ *s.m.* **1** nei secoli scorsi, trafficante di schiavi negri | (*estens.*) mercante di schiavi **2** [f. -a] (*fig.*) chi sfrutta e maltratta i dipendenti.

ne|gri|tù|di|ne *s.f.* l'insieme dei valori etnici e culturali tipici dei popoli negri | (*estens.*) consapevolezza di tali valori da parte dei negri.

né|gro *agg.* **1** che fa parte di un gruppo umano, originario dell'Africa, caratterizzato da pelle nera o scura, naso camuso, labbra spesse e capelli lanosi **2** relativo alle popolazioni di tale gruppo umano: *museo d'arte negra* ♦ *s.m.* [f. -a] **1** individuo appartenente al gruppo umano dei negri **2** (*gerg.*) chi scrive testi per altri, restando anonimo | (*iperb.*) *lavorare come un —*, lavorare molto duramente.

ne|groi|de *agg., s.m./f.* che, chi presenta caratteri simili a quelli dei negri.

ne|gro|màn|te *s.m./f.* chi pratica la negromanzia; indovino.

ne|gro|màn|ti|co *agg.* [m.pl. -ci] di negromante: *responso —* | che riguarda la negromanzia: *studi negromantici.*

ne|gro|man|zì|a *s.f.* **1** antica arte di predire il futuro evocando gli spiriti dei morti **2** (*estens.*) pratica magica.

nè|gus *s.m.invar.* (*st.*) appellativo dell'imperatore di Etiopia.

néi *prep.art.m.pl. composta da* in e i: *— mari.*

nél *prep.art.m.sing. composta da* in e il: *la pasta è — forno.*

nél|la *prep.art.f.sing. composta da* in e la: *— scatola; nell'aula.*

nél|le *prep.art.f.pl. composta da* in e le: *— azioni; — conchiglie.*

nél|lo *prep.art.m.sing. composta da* in e lo: *— scaffale; nell'armadio.*

Ne|ma|tel|mìn|ti *s.m.pl.* tipo di vermi dal corpo cilindrico o filiforme, non segmentato.

ném|bo *s.m.* **1** (*meteor.*) nube bassa, densa di pioggia **2** (*fig., lett.*) grossa schiera di cose o persone in movimento.

nem|bo|strà|to *s.m.* (*meteor.*) nube scura molto estesa, dai bordi sfrangiati, che porta pioggia o neve.

nè|me|si *s.f.* **1** (*mit.*) secondo i Greci, la dea della giustizia **2** (*lett.*) espiazione fatale di una colpa | *vendetta ineluttabile | — storica,* giustizia che colpirebbe nei discendenti le colpe commesse dai progenitori.

ne|mì|co *agg.* [m.pl. -ci] **1** che nutre avversione, ostilità verso qlcu. desiderandone il male | detto di cosa che è avversa, sfavorevole: *destino —* **2** (*fig.*) che detesta ql.co.: *essere — dell'ipocrisia* **3** che si riferisce, appartiene all'esercito o allo Stato contro cui si è in guerra: *contrattacco —* **4** (*fig.*) nocivo, dannoso: *una vita sedentaria è ne-*

mica della bellezza ♦ *s.m.* **1** [f. -a] chi nutre avversione verso ql.co. o qlcu. **2** chi appartiene all'esercito o allo Stato contro cui si è in guerra.

nem|mé|no *avv.* neppure: *— per sogno!* ♦ *cong.* neanche; come se: *non ti aiuto — se mi preghi in ginocchio; ho dovuto scusarmi per forza con lui, — lo avessi insultato!*

nè|nia *s.f.* **1** canto lamentoso e monotono che accompagnava un tempo i funerali **2** cantilena **3** (*fig.*) lamentela insistente; piagnucolio: *basta con questa —!* | discorso interminabile e noioso.

nè|o *s.m.* **1** (*med.*) chiazza cutanea tondeggiante scura, talvolta in rilievo, dovuta a eccesso di pigmentazione | (*estens.*) macchiolina nera disegnata sul viso per fini estetici **2** (*fig.*) piccola imperfezione: *il tuo lavoro è buono, a parte qualche —.*

nè|o- primo elemento di parole composte che significa "moderno, nuovo, recente" (*neologismo*).

ne|o|a|van|guàr|dia *s.f.* nome dato alle correnti artistiche o letterarie contemporanee che si richiamano alle avanguardie storiche del primo Novecento.

ne|o|ca|pi|ta|lì|smo *s.m.* fase del capitalismo caratterizzata dalla concentrazione del potere economico nelle grandi società per azioni e dal consumismo.

ne|o|clas|si|cì|smo *s.m.* tendenza artistica e culturale, sviluppatasi in Europa tra la fine del Settecento e i primi dell'Ottocento, che mirava a ripristinare i canoni e le forme classiche: *il — di Winckelmann.*

ne|o|clas|si|cì|sta *s.m./f.* [m.pl. -i] seguace del neoclassicismo.

ne|o|clàs|si|co *agg.* [m.pl. -ci] del neoclassicismo; improntato, ispirato ai canoni del neoclassicismo: *un dipinto di sapore —* ♦ *s.m.* **1** [f. -a] seguace del neoclassicismo **2** stile del neoclassicismo.

ne|o|co|lo|nia|lì|smo *s.m.* politica di dominio economico attuata dalle potenze mondiali per mantenere in sudditanza i paesi in via di sviluppo.

ne|o|dì|mio *s.m.* elemento chimico, metallo delle terre rare (*simb.* Nd).

ne|o|e|lèt|to *agg., s.m.* [f. -a] detto di chi è stato eletto da poco a una carica pubblica.

ne|o|el|lè|ni|co *agg.* [m.pl. -ci] relativo alla lingua e alla letteratura della Grecia moderna ♦ *s.m.* la lingua greca moderna.

ne|o|fa|scì|smo *s.m.* movimento che, dopo il 1945, ha ripreso in Italia la dottrina e l'azione politica del fascismo.

ne|o|fa|scì|sta *s.m./f.* [m.pl. -i] seguace, sostenitore del neofascismo ♦ *agg.* proprio del neofascismo; relativo al neofascismo: *movimento —.*

ne|ò|fi|ta o **neòfito** *s.m./f.* [m.pl. -i] **1** chi si è convertito da poco a una nuova religione: *lo zelo dei neofiti* **2** (*estens.*) chi ha abbracciato da poco un'idea, un partito.

ne|o|for|ma|zió|ne *s.f.* **1** (*med.*) produzione anomala di nuovi tessuti **2** (*ling.*) vocabolo di formazione recente; neologismo.

ne|o|gè|ne *s.m.* (*geol.*) seconda parte dell'era cenozoica, che comprende il miocene e il pliocene.

ne|o|ghi|bel|li|ni|smo *s.m.* (*st.*) movimento politico e letterario del Risorgimento che sosteneva, in opposizione al neoguelfismo, ideali unitari e repubblicani.

ne|o|gò|ti|co *s.m.* (*spec.arch.*) movimento culturale e artistico, sviluppatosi in Europa nei secc. XVIII-XIX, che riproponeva le forme del gotico ♦ *agg.* [m.pl. -*ci*] che concerne tale movimento: *stile* —.

ne|o|grè|co *agg.* [m.pl. -*ci*] della Grecia moderna: *cultura neogreca* ♦ *s.m.* lingua greca moderna.

ne|o|guel|fi|smo *s.m.* (*st.*) movimento politico del Risorgimento che auspicava una confederazione di Stati italiani sotto la presidenza del Papa.

ne|o|la|li|a *s.f.* (*psich.*) disturbo, tipico di alcune malattie mentali, che consiste nell'uso frequente di forme linguistiche inventate.

ne|o|la|ti|no *agg.* detto delle lingue che derivano dal latino e dei popoli che parlano tali lingue: *le civiltà neolatine* | **letteratura neolatina**, quella scritta in una di tali lingue.

ne|o|lau|re|à|to *agg.*, *s.m.* [f. -*a*] che, chi ha conseguito da poco la laurea.

ne|o|lì|ti|co *s.m.* il terzo periodo dell'età della pietra, caratterizzato dall'uso di strumenti in pietra levigata ♦ *agg.* [m.pl. -*ci*] che si riferisce o appartiene a tale periodo: *industria neolitica*; *reperti neolitici*.

ne|o|lo|gi|smo *s.m.* (*ling.*) termine coniato di recente o nuova accezione di una parola già esistente.

nè|on *s.m.* elemento chimico; gas nobile usato per lampade a luminescenza e insegne luminose (*simb.* Ne).

ne|o|na|tà|le *agg.* proprio del neonato: *malattia* — | che riguarda il neonato.

ne|o|nà|to *agg.* **1** detto di bambino, nato da poco **2** (*estens.*) costituito di recente: *partito* — ♦ *s.m.* [f. -*a*] bambino appena nato.

ne|o|na|to|lo|gì|a *s.f.* (*med.*) ramo della pediatria che si occupa della fisiologia e della patologia dei neonati | reparto ospedaliero che cura e assiste i neonati.

ne|o|na|tò|lo|go *s.m.* [f. -*a*; m.pl. -*gi*] medico specializzato in neonatologia.

ne|o|na|zi|smo *s.m.* movimento politico di estrema destra che si ispira all'ideologia del nazionalsocialismo.

ne|o|na|zi|sta *s.m./f.* [m.pl. -*i*] chi è aderente al neonazismo ♦ *agg.* del neonazismo: *esponente* — | relativo al neonazismo: *politica* —.

ne|o|pla|si|a *s.f.* (*med.*) formazione patologica di nuove cellule | (*estens.*) tumore maligno.

ne|o|plà|sti|co *agg.* [m.pl. -*ci*] (*med.*) che ha natura di neoplasia; tumorale.

ne|o|pla|tò|ni|co *agg.* [m.pl. -*ci*] (*filos.*) proprio del neoplatonismo: *pensiero* — | che riguarda il neoplatonismo ♦ *s.m.* [f. -*a*] seguace, sostenitore del neoplatonismo.

ne|o|pla|to|ni|smo *s.m.* indirizzo filosofico, sviluppatosi nei secc. II-VI, che fondendo elementi platonici con influenze stoiche, aristoteliche e della cultura orientale, elaborò una metafisica secondo cui la realtà emanava da un Dio ineffabile e inconoscibile.

ne|o|po|si|ti|vi|smo *s.m.* indirizzo filosofico sorto a Vienna negli anni Venti, basato su una forte attenzione ai problemi della scienza, sulla rivalutazione della logica formale e sulla necessità di un empirismo radicale.

ne|o|po|si|ti|vi|sta *s.m./f.* [m.pl. -*i*] (*filos.*) seguace, sostenitore del neopositivismo ♦ *agg.* neopositivistico.

ne|o|po|si|ti|vi|sti|co *agg.* [m.pl. -*ci*] (*filos.*) che concerne il neopositivismo: *movimento* —.

ne|o|prè|ne *s.m.* gomma sintetica molto resistente, usata spec. come rivestimento isolante di conduttori elettrici.

ne|o|re|a|li|smo *s.m.* tendenza del cinema, dell'arte e della letteratura a rappresentare con fedeltà gli aspetti della realtà quotidiana.

ne|o|re|a|li|sta *s.m./f.* [m.pl. -*i*] seguace, sostenitore del neorealismo ♦ *agg.* neorealistico.

ne|o|re|a|li|sti|co *agg.* [m.pl. -*ci*] che riguarda il neorealismo | che si ispira al neorealismo: *film* —.

ne|o|to|mi|smo *s.m.* indirizzo filosofico, sviluppatosi alla fine del sec. XIX, che mirava a rivalutare la filosofia di San Tommaso, in polemica con l'immanentismo, il positivismo e l'idealismo moderni.

ne|o|te|sta|men|tà|rio *agg.* che concerne il Nuovo Testamento.

ne|o|ze|lan|dé|se *agg.* della Nuova Zelanda ♦ *s.m./f.* chi è nato o abita nella Nuova Zelanda.

ne|o|zòi|co *agg.* [m.pl. -*ci*] (*geol.*) dell'ultima era geologica, caratterizzata dalla comparsa dell'uomo sulla Terra e dalle glaciazioni ♦ *s.m.* era neozoica, era quaternaria.

ne|pa|lé|se *agg.* del Nepal ♦ *s.m.* **1** [anche f.] chi è nato o abita nel Nepal **2** lingua ufficiale parlata dai nepalesi.

ne|po|ti|smo *s.m.* **1** tendenza dei Papi a favorire i propri familiari, spec. nei secc. XV e XVI **2** (*estens.*) favoreggiamento verso parenti o amici nell'assegnazione di uffici, incarichi.

ne|po|ti|sta *s.m./f.* [m.pl. -*i*] chi usa il proprio potere per favorire parenti o amici ♦ *agg.* clientelare.

ne|po|ti|sti|co *agg.* [m.pl. -*ci*] che concerne il nepotismo; caratterizzato da nepotismo: *politica nepotistica* | tipico di chi favorisce parenti e amici: *comportamento* —.

nep|pù|re *avv.*, *cong.* neanche.

ne|qui|zia *s.f.* (*lett.*) malvagità, crudeltà: — *d'animo*.

ne|rà|stro *agg.* di colore tendente al nero: *una nube nerastra*.

ner|bà|ta *s.f.* colpo inferto con il nerbo.

nèr|bo *s.m.* **1** scudiscio fatto di tendini di bue essiccati e intrecciati **2** (*fig.*) la parte più forte, costitutiva di ql.co.: *il* — *della squadra* **3** (*estens.*, *fig.*)

forza, vigoria morale o fisica: *carattere senza* — | efficacia espressiva: *è un discorso che non ha* —.
ner|bo|rù|to *agg.* dotato di forte muscolatura; forzuto.
ne|rèi|de *s.f.* nella mitologia greca, ciascuna delle ninfe del mare.
ne|rét|to *s.m.* **1** carattere tipografico ad asta grossa, usato per evidenziare titoli o parti del testo; grassetto **2** nei giornali, articolo o inserzione pubblicati in tale carattere.
né|ro *agg.* **1** (*fis.*) si dice del corpo la cui superficie assorbe tutti i raggi luminosi **2** detto del colore più scuro che ci sia in natura: *capelli neri come il carbone* | **oro** —, il petrolio | *caffè* —, quello senza aggiunta di latte | (*fig.*) *pecora nera*, persona che si distingue dalle altre per le sue qualità negative **3** negro: *razza nera* **4** (*fig.*) luttuoso, doloroso; colmo di ostacoli, avversità: *oggi è proprio una giornata nera!*; *sorte nera* **5** (*fig.*) triste, conturbato: *avere un'espressione nera*; *umore* — | *vedere tutto* —, essere pessimista **6** (*fig.*) scellerato, malvagio; demoniaco: *indole nera*; *magia nera* | (*estens.*) caratterizzato dal mistero, dal macabro e dalla violenza: *romanzo* —| *cronaca nera*, quella che nei giornali tratta dei delitti e degli incidenti gravi **7** (*fig.*) illegale: *lavoro*, *mercato* — **8** del fascismo | *camicia nera*, la camicia della divisa fascista ♦ *s.m.* **1** il colore nero: *il* — *ti dona* | sostanza di tale colore: *dipinge con il* —; — *di seppia* | (*fig.*) *mettere* — *su bianco*, scrivere per fissare un impegno **2** (*fam.*) attività economica nascosta al fine di evadere le tasse: *pagare in* — **3** [f. -a] individuo di pelle nera: *i neri d'Africa* **4** fascista.
ne|ro|fù|mo *s.m.* (*chim. ind.*) deposito di minuscole particelle di carbone, che si formano nella combustione incompleta di sostanze organiche (oli vegetali, catrame, gas); è usato nella fabbricazione della gomma o come pigmento per inchiostri, vernici, carta carbone.
nè|ro|li *s.m.* essenza estratta dai fiori d'arancio per distillazione, impiegata in profumeria.
ner|va|tù|ra *s.f.* (*anat.*) insieme dei nervi di un organismo vivente **2** (*zool.*) ciascun ispessimento tubolare delle ali degli insetti che contribuisce alla rigidità alare **3** (*bot.*) insieme dei fasci conduttori che si diramano nella foglia con funzione di trasporto della linfa **4** ogni elemento di sostegno in una struttura architettonica | l'insieme dei cordoni sagomati che limitano gli archi diagonali delle volte a crociera **5** rilievo ornamentale a cordoncino sul dorso dei libri rilegati.
ner|vì|no *agg.* detto di farmaco o di altra sostanza che agisce sul sistema nervoso: *gas* —.
nèr|vo *s.m.* **1** (*anat.*) ciascuno dei fasci di fibre, avvolte da una guaina, che originandosi dai centri del cervello e del midollo spinale arrivano fino alle zone periferiche dell'organismo; trasmettono gli impulsi nervosi e le sensazioni: — *acustico*, *ottico* | (*fam.*) *avere i nervi*, essere nervoso, ansioso | (*fig.*) *dare sui nervi*, *far venire i nervi*, infastidire | *avere i nervi a fior di pelle*, essere molto eccitato | *avere i nervi a pezzi*, essere prossimo a una crisi isterica | *avere i nervi saldi*, saper affrontare con autocontrollo le situazioni difficili **2** (*fam.*) tendine: *mi si accavalla sempre questo* — | elemento fibroso di un taglio di carne: *questa bistecca ha pochi nervi* **3** (*bot.*) nervatura della foglia.
ner|vo|sì|smo *s.m.* sensazione di irritabilità e ansia.
ner|vo|si|tà *s.f.* **1** (*raro*) irritabilità **2** (*estens.*) snella e vigorosa asciuttezza di un corpo **3** (*fig.*) incisività, asciuttezza di un discorso, di uno stile.
ner|vó|so *agg.* **1** relativo ai nervi: *esaurimento* — | *sistema* —, insieme degli organi destinati alle funzioni una della sensibilità che della mobilità **2** che tende ad agitarsi e a irritarsi facilmente, esprimendo il proprio stato emotivo: *è un tipo visibilmente* — **3** che denota nervosismo, agitazione: *un gesto* — **4** asciutto, muscoloso: *fisico* — **5** (*fig.*) stringato, conciso: *prosa nervosa* **6** (*bot.*) detto di tessuto vegetale con numerose nervature ♦ *s.m.* (*fam.*) nervosismo: *mi fai venire il* —
□ **nervosamente** *avv.*
nè|spo|la *s.f.* **1** frutto del nespolo, con buccia di colore scuro e polpa rosata **2** (*scherz.*) colpo, schiaffo.
nè|spo|lo *s.m.* arbusto dai rami spinosi, con foglie oblunghe, fiori bianchi e frutti globosi commestibili.
nès|so *s.m.* **1** legame, relazione: *non c'è un* — *logico* **2** (*ling.*) serie di suoni o lettere considerati unitariamente: — *consonantico*.
nes|sù|no *agg.indef. solo sing.* [al f. si apostrofa davanti a vocale; al m. si tronca in *nessun* davanti a vocale o consonante che non sia *s* impura, *gn*, *ps*, *x*, *z*] **1** [posposto al v. richiede la negazione] neppure uno; alcuno: *non c'è nessuna notizia*; *di nessun conto* | con valore rafforzativo: *senza nessuna polemica* **2** [spec. in frasi interr.] qualche: *hai nessun'altra confidenza da farmi?* ♦ *pron.indef.* **1** neppure uno: *non ho visto* — **2** [spec. in frasi interr.] qualcuno: *hai incontrato* —? ♦ *s.m.* persona di nessun valore: *non è* —, *nonostante le tante arie che si dà*.
net (*ingl.*) *s.m.* nel tennis e nel ping-pong, servizio nullo che si ha quando la palla tocca il bordo superiore della rete prima di arrivare nel campo avversario.
nèt|ta|re¹ *s.m.* **1** sostanza zuccherina secreta da speciali organi dei fiori; elaborata dalle api, si trasforma in miele **2** (*mit.*) la bevanda degli dei; ambrosia | (*estens.*) bevanda squisita, spec. liquore o vino **3** nell'industria alimentare, bevanda a base di succo e polpa di frutta con aggiunta di sciroppo zuccherino.
net|tà|re² *v.tr.* [indic.pres. *io nétto...*] (*lett.*) **1** pulire: *nettare gli stivali* **2** liberare dalla buccia o dalle scorie verdura e frutta: — *l'insalata*.
net|tà|rio *s.m.* (*bot.*) organo vegetale che secerne il nettare nei fiori.
net|téz|za *s.f.* **1** pulizia: *la* — *del pavimento* | — *urbana*, servizio municipale che si occupa di mantenere pulite le strade e di raccogliere le

netto

immondizie 2 (*fig.*) onestà, integrità morale 3 esattezza, precisione: — *di contorni* | (*fig.*) eleganza, nitidezza: — *di stile, di concetto*.

nèt|to *agg.* 1 pulito | (*fig.*) schietto moralmente; senza colpa: *coscienza netta* 2 preciso, esatto: *una superiorità netta* | chiaro, deciso; energico: *una netta volontà* | *di* —, di colpo e con sicurezza: *tagliare di* — 3 libero da detrazioni o gravami | *peso* —, quello da cui è stata detratta la tara ♦ *s.m.* somma risultante dopo l'effettuazione di detrazioni o trattenute ♦ *avv.* chiaramente: *parlare chiaro e* —.

net|ta|mén|te *avv.* 1 con precisione; nitidamente: *le colline si distinguevano* — 2 con decisione: *ha preso* — *posizione*.

net|tù|nio *s.m.* elemento chimico radioattivo (*simb.* Np).

Net|tù|no *s.m.* 1 (*mit.*) il dio del mare 2 (*astr.*) nel sistema solare, ottavo pianeta in ordine di distanza dal Sole.

net|tur|bì|no *s.m.* incaricato della nettezza urbana; spazzino.

network (*ingl.*) [pr. *nètuork*] *s.m.invar.* 1 (*telecom.*) rete di emittenti radiotelevisive associate tra loro 2 (*inform.*) rete telematica.

nèu|ma *s.m.* [pl. *-i*] (*mus.*) segno usato nella notazione medievale per indicare l'altezza di una nota.

neu|rà|le *agg.* (*anat.*) che concerne le strutture nervose.

neu|rec|to|mì|a *s.f.* (*med.*) recisione e asportazione chirurgica, totale o parziale, di un nervo.

neu|rì|te o **nevrite** *s.f.* (*med.*) processo infiammatorio che colpisce i nervi.

nèu|ro *s.f.invar.* (*fam.*) clinica neurologica.

nèu|ro- o **nèvro-** (*scient.*) primo elemento di parole composte che significa "nervo, nervoso, del sistema nervoso" (*neurochirurgia*).

neu|ro|bio|lo|gì|a *s.f.* disciplina che studia i fenomeni fisiologici e chimici del sistema nervoso.

neu|ro|biò|lo|go *s.m.* [f. *-a*; m.pl. *-gi*] studioso, specialista in neurobiologia.

neu|ro|blà|sto *s.m.* (*biol.*) cellula nervosa embrionale da cui ha origine il neurone.

neu|ro|chì|mi|ca *s.f.* branca della chimica che studia la struttura e il funzionamento del sistema nervoso.

neu|ro|chi|rur|gì|a *s.f.* (*med.*) settore della chirurgia che interviene sul sistema nervoso.

neu|ro|chi|rùr|gi|co *agg.* [m.pl. *-ci*] (*med.*) che riguarda la neurochirurgia.

neu|ro|chi|rùr|go *s.m.* [pl. *-ghi* o *-gi*] (*med.*) chirurgo specializzato in neurochirurgia.

neu|ro|fi|brìl|la *s.f.* (*biol.*) struttura filiforme del citoplasma nelle cellule nervose.

neu|ro|fi|sio|lo|gì|a *s.f.* branca della fisiologia che studia le funzioni del sistema nervoso.

neu|ro|glì|a *s.f.* → **nevroglia**.

neu|ro|là|bi|le *agg., s.m./f.* (*med.*) detto di chi è facilmente soggetto a turbe del sistema nervoso.

neu|ro|lèt|ti|co *agg., s.m.* [m.pl. *-ci*] (*med.*) detto di farmaco ad azione sedativa; tranquillante.

neu|ro|lo|gì|a *s.f.* branca della medicina che studia l'anatomia, la fisiologia e la patologia del sistema nervoso.

neu|ro|lò|gi|co *agg.* [m.pl. *-ci*] che concerne la neurologia | di neurologo □ **neurologicamente** *avv.*

neu|rò|lo|go *s.m.* [f. *-a*; m.pl. *-gi*] medico specializzato in neurologia.

neu|rò|ma *s.m.* [pl. *-i*] (*med.*) tumore costituito da masse di fibre nervose.

neu|ró|ne *s.m.* (*anat.*) unità del sistema nervoso; cellula nervosa.

neu|ro|pa|tì|a o **nevropatia** *s.f.* (*med.*) denominazione di qualsiasi malattia nervosa.

neu|ro|pà|ti|co o **nevropàtico** *agg.* [m.pl. *-ci*] (*med.*) 1 relativo a neuropatia 2 che è colpito da neuropatia ♦ *s.m.* [f. *-a*] chi è affetto da neuropatia.

neu|ro|pa|to|lo|gì|a *s.f.* (*med.*) scienza che studia le malattie del sistema nervoso.

neu|ro|pa|tò|lo|go *s.m.* [f. *-a*; m.pl. *-gi*] medico specialista in neuropatologia.

neu|ro|psi|chià|tra *s.m./f.* [m.pl. *-i*] medico specialista in neuropsichiatria.

neu|ro|psi|chia|trì|a *s.f.* branca della medicina che studia le malattie del sistema nervoso e psichiatriche.

neu|ro|psi|chià|tri|co *agg.* [m.pl. *-ci*] (*med.*) relativo alla neuropsichiatria.

neu|ro|psi|co|lo|gì|a *s.f.* (*med.*) scienza che studia i comportamenti e le attività mentali secondo i criteri della neurofisiologia.

neu|ro|tra|smet|ti|tó|re *s.m.* (*biol.*) agente chimico di struttura semplice responsabile della neurotrasmissione.

neu|ro|tra|smis|sió|ne *s.f.* (*biol.*) trasmissione di un impulso nervoso da un neurone all'altro, a livello della sinapsi.

neu|rò|tro|po *agg., s.m.* detto di farmaco che agisce sul sistema nervoso.

Neu|ròt|te|ri *s.m.pl.* ordine di insetti con corpo sottile e due paia di ali trasparenti provviste di un fitto reticolato di nervature.

neu|ro|ve|ge|ta|tì|vo *agg.* (*med.*) relativo al sistema nervoso vegetativo.

nèu|ston *s.m.invar.* (*biol.*) insieme degli organismi che vivono sulla superficie delle acque stagnanti (p.e. ragni e protozoi).

neu|trà|le *agg.* 1 che non parteggia per nessuno tra i contendenti 2 che fa parte di uno Stato che non partecipa a un conflitto internazionale: *zona* —.

neu|tra|lì|smo *s.m.* tendenza a mantenersi neutrale in un conflitto | politica di neutralità.

neu|tra|lì|sta *agg., s.m./f.* [m.pl. *-i*] che, chi è a favore del neutralismo.

neu|tra|li|tà *s.f.* 1 condizione di chi non si schiera con nessuno dei contendenti | condizione di uno Stato che non partecipa a un conflitto internazionale 2 (*chim.*) caratteristica di un composto neutro.

neu|tra|liz|zà|bi|le *agg.* che si può neutralizzare.

neu|tra|liz|zà|re *v.tr.* 1 rendere vana un'azione, opponendovi una forza contraria | annullare gli effetti di un fenomeno negativo: — *le critiche del pubblico* **2** (*chim.*) portare una soluzione a una reazione neutra **3** (*sport*) nelle gare a tempo, sottrarre dal risultato finale un dato intervallo, identico per ogni partecipante, a compenso di interruzioni avvenute durante la competizione.

neu|tra|liz|za|zió|ne *s.f.* azione ed effetto del neutralizzare: *la — della rivolta*.

neu|tri|no *s.m.* (*fis.*) particella elementare subatomica elettricamente neutra e di massa praticamente nulla.

nèu|tro *agg.* **1** non ben definito sulla base di caratteristiche o riferimenti: *sapore —* | **colore** —, colore indistinguibile, indefinito; colore non brillante **2** neutrale; che sta in una posizione intermedia tra due modi di fare o di essere: *atteggiamento —* | (*sport*) **campo** —, campo di gioco che non appartiene a nessuna delle due squadre in gara | (*chim.*) **reazione neutra**, quella né acida né basica | **atomo** —, quello in cui protoni ed elettroni sono in equilibrio ♦ *s.m.* **1** (*gramm.*) in alcune lingue, uno dei tre generi grammaticali **2** (*fis., elettr.*) conduttore a potenziale zero o messo a terra.

neu|tró|ne *s.m.* (*fis.*) particella elementare subatomica priva di carica elettrica, costituente fondamentale, insieme al protone, del nucleo atomico.

neu|trò|ni|co *agg.* [m.pl. -ci] (*fis.*) relativo ai neutroni.

ne|và|io *s.m.* accumulo di neve in conche montuose | luogo in cui si è ammassata la neve.

né|ve *s.f.* **1** precipitazione atmosferica costituita da cristalli regolari, a struttura esagonale, che scendono isolati oppure aggregati in fiocchi di finissimi aghetti di ghiaccio | — *artificiale*, quella prodotta da cannoni sparaneve sulle piste da sci poco innevate | *da —*, di oggetto, adatto a un ambiente innevato: *scarponi da —* **2** (*fig.*) bianchezza | *di —*, candido: *carnagione di —* | *montare a —*, frullare l'albume sino a renderlo spumoso **3** (*gerg.*) cocaina.

ne|vi|cà|re *v.intr.impers.* [indic.pres. *névica*; aus. *E* o *A*] detto della neve, cadere, scendere.

ne|vi|cà|ta *s.f.* **1** caduta della neve: *una — ci ha sorpreso durante il viaggio* **2** quantità di neve caduta: *una — abbondante*.

ne|vì|schio *s.m.* precipitazione costituita da neve minutissima mista ad acqua.

ne|vo|si|tà *s.f.* condizione dell'essere nevoso: *la — delle zone alpine* | quantità di neve che cade mediamente in un luogo in un dato periodo di tempo.

ne|vó|so[1] *agg.* **1** fatto di neve: *manto —* | coperto di neve: *vette nevose* **2** detto di stagione o di periodo in cui cade la neve: *è un inverno molto —*.

ne|vó|so[2] *s.m.* quarto mese del calendario rivoluzionario francese che andava dal 21 dicembre al 19 gennaio.

ne|vràl|gi|a (*med.*) dolore acuto dovuto a irritazione di un plesso nervoso o delle sue radici sensitive: *— intercostale*.

ne|vràl|gi|co *agg.* [m.pl. -ci] (*med.*) di nevralgia: *sintomo —* | **punto** —, quello in cui il dolore è più acuto; (*fig.*) il punto più delicato, il momento più difficile: *il punto — di una questione*.

ne|vràs|se *s.m.* (*anat.*) insieme dell'encefalo e del midollo spinale, contenente una parte delle strutture del sistema nervoso.

ne|vra|ste|nì|a *s.f.* (*med.*) disturbo funzionale del sistema nervoso caratterizzato da uno stato di irritabilità e da un senso di debolezza psicofisica.

ne|vra|stè|ni|co *agg.* [m.pl. -ci] (*med.*) **1** di nevrastenia **2** che è colpito da nevrastenia ♦ *s.m.* [f. -a] **1** chi è affetto da nevrastenia **2** (*estens., fam.*) individuo molto irritabile: *oggi tua sorella è insopportabilmente nevrastenica*.

ne|vrì|te *s.f.* → **neurite**.

nè|vro- → **neuro-**.

ne|vro|glì|a o **neuroglìa** *s.f.* (*anat.*) tessuto di sostegno del sistema nervoso; glia.

ne|vro|pa|tì|a *s.f. e deriv.* → **neuropatia** *e deriv.*

ne|vro|si *s.f.* (*med.*) disturbo causato da conflitti psichici caratterizzato da stati d'ansia e fobie | (*estens.*) eccessiva irritabilità.

ne|vrò|ti|co *agg.* [m.pl. -ci] (*med.*) **1** di nevrosi: *disturbo —* **2** che è colpito da nevrosi ♦ *s.m.* [f. -a] **1** chi è affetto da nevrosi **2** (*estens.*) chi è facilmente irritabile □ **nevroticamente** *avv.*

ne|vro|tiz|zà|re *v.tr.* rendere nevrotico: *un lavoro frenetico nevrotizza* ♦ **-rsi** *intr.pron.* divenire nevrotico.

ne|vro|tiz|za|zió|ne *s.f.* l'atto e l'effetto del nevrotizzare.

nev|vé|ro *inter.* (*lett.*) si usa in tono interrogativo per chiedere conferma di quanto si dice: *siamo arrivati, —?*

new age (*ingl.*) [pr. *niù èiğ*] *loc.sost.f.invar.* **1** movimento culturale nato negli USA che propone un rinnovamento dell'uomo attraverso la spiritualità al fine di raggiungere l'armonia con se stessi e con il mondo esterno **2** genere di musica che mira a ricreare atmosfere mistiche e di rasserenante meditazione, utilizzando strumenti della tradizione classica europea (p.e. arpa, violino) in combinazione con strumenti esotici e suoni naturali.

new economy (*ingl.*) [pr. *niù ekònomi*] *loc.sost. f.invar.* insieme delle attività economiche, imprenditoriali e finanziarie legate all'uso di Internet.

news (*ingl.*) [pr. *niùs*] *s.f.pl.* ultime notizie, spec. dell'ultima ora | (*estens.*) notiziario.

newsgroup (*ingl.*) [pr. *niusgrùp*] *loc.sost.m. invar.* (*inform.*) gruppo di persone che, attraverso Internet, discutono di argomenti di interesse collettivo.

newton (*ingl.*) [pr. *niùton*] *s.m.* (*fis.*) nel Sistema Internazionale, unità di misura della forza corrispondente alla forza necessaria per imprimere a un corpo con massa di un chilogrammo un'accelerazione di un metro al secondo per secondo (*simb.* N).

new|yor|ke|se [pr. *niuiorkése*] *agg.* di New

York | che riguarda New York ♦ *s.m./f.* chi è nato o abita a New York.

ni *s.m./f.invar.* nome della tredicesima lettera dell'alfabeto greco che corrisponde alla *n* di quello latino.

nib|bio *s.m.* uccello rapace diurno di color bruno fulvo con becco adunco e coda biforcuta.

ni|be|lùn|go *s.m.* [pl. *-ghi* o *-gi*] **1** (*mit.*) ciascuno dei nani di una stirpe demoniaca, abitatrice del sottosuolo, del cui tesoro s'impossessarono i Burgundi **2** ogni appartenente alla stirpe dei Burgundi.

ni|ca|ra|guèn|se *agg.* del Nicaragua ♦ *s.m./f.* chi è nato o abita nel Nicaragua.

nic|chia *s.f.* **1** cavità di forma semicilindrica, aperta nel muro di edifici, che accoglie statue o oggetti decorativi | cavità ricavata nel muro di gallerie stradali e ferroviarie a scopo di riparo o deposito **2** cavità superficiale nelle rocce **3** (*fig.*) luogo tranquillo e riparato; rifugio.

nic|chià|re *v.intr.* [indic.pres. *io nicchio...*; aus. *A*] esitare, tentennare: *ha nicchiato un po' ma alla fine ha accettato*.

ni|chel o **nickel** *s.m.* elemento chimico, metallo tenace, grigio, lucente, malleabile, resistente alla corrosione; viene usato per formare leghe, in rivestimenti protettivi o come catalizzatore (*simb.* Ni).

ni|che|là|re *v.tr.* [indic.pres. *io nichelo...*] ricoprire una superficie metallica con nichel, a fini ornamentali o di protezione.

ni|che|la|tù|ra *s.f.* operazione del nichelare | strato di nichel che ricopre un metallo.

ni|chi|li|smo *s.m.* dottrina filosofica che nega radicalmente ogni sistema di valori precostituito | (*estens.*) atteggiamento, comportamento di chi non crede in nulla, nutrendo profonda sfiducia nell'uomo, nella società, nel futuro.

ni|chi|li|sta *s.m./f.* [m.pl. *-i*] (*filos.*) seguace, sostenitore del nichilismo | (*estens.*) chi ha un atteggiamento negativo e pessimista | (*polit.*) anarchico, rivoluzionario ♦ *agg.* **1** del nichilismo: *dottrina —* **2** da nichilista; scettico: *atteggiamento —*.

ni|ckel *s.m.* → **nichel**.

ni|co|tì|na *s.f.* alcaloide velenoso del tabacco.

ni|co|ti|ni|smo *s.m.* (*med.*) intossicazione da nicotina, causa di disturbi fisici e psichici; tabagismo.

nic|to|fo|bì|a *s.f.* (*psicol.*) paura ossessiva del buio.

ni|dià|ta *s.f.* **1** il gruppo degli uccellini nati da una covata: *una — di pulcini* | (*estens.*) l'insieme dei cuccioli di qualunque animale nati in un solo parto **2** (*fig.*) gruppo di bambini, spec. figli degli stessi genitori.

ni|di|fi|cà|re *v.intr.* [indic.pres. *io nidìfico, tu nidifichi...*; aus. *A*] spec. di uccelli, fare il nido.

ni|di|fi|ca|zió|ne *s.f.* **1** il processo del nidificare | il modo del nidificare **2** periodo in cui viene fatto il nido.

ni|do *s.m.* **1** riparo costruito dagli uccelli, o da alcuni mammiferi e pesci, per deporre le uova, allevare i piccoli o per svernare: *— di rondine*; *un — di marmotte* | (*estens.*) luogo in cui trovano riparo alcuni animali; tana: *— di vespe, di topi* **2** ciò che ha forma di nido | **d'ape**, ricamo eseguito in forma di cellette, simili a quelle del favo delle api; tessuto in cotone per asciugamani **3** (*fig.*) la propria casa: *torniamo al —* | (*spreg.*) *covo* | (*fig.*) — **di vipere**, ambiente di persone infide ♦ *agg.invar. nella loc.* **asilo —**, istituto che accoglie i bambini più piccoli.

niel|là|re *v.tr.* [indic.pres. *io niello...*] decorare con niellatura.

niel|la|tù|ra *s.f.* decorazione di oggetti d'oro o d'argento eseguita incidendo la superficie e riempiendo le incisioni con niello | l'oggetto metallico niellato.

nièl|lo *s.m.* **1** lavoro di oreficeria consistente nella niellatura **2** lega di colore nero, composta da polvere d'argento, rame, piombo e zolfo, utilizzata per riempire le incisioni effettuate durante la niellatura.

nièn|te *pron.indef.* **1** [posposto al v. richiede la negazione] nessuna cosa: *— ci addolora*; *non capisco —* | **per —**, senza alcun compenso o risultato: *ho faticato per —!* | **non farsi —**, non farsi alcun male | **non aver — a che fare con qlcu.**, non avere alcun rapporto con lui | **non poterci fare —**, non avere la possibilità di risolvere un problema | **non fa —**, non importa **2** [in frasi interr.] qualche cosa: *hai bisogno di —?*; *c'è — di nuovo?* **3** (*estens.*) poca cosa: *quello che mi è capitato è — rispetto al rischio che ho corso* | **come se — fosse**, con la massima facilità | **da —**, da poco ♦ *agg.invar.* (*fam.*) nessuno, nessuna: *non ha — pazienza*; *— paura!* ♦ *s.m.* **1** nessuna cosa; il nulla: *il tutto e il —*; *non ci ho ricavato un bel —!* | **venire dal —**, essere di umili origini **2** poca cosa, nonnulla: *basta un — per farmi arrabbiare* ♦ *avv.* affatto, neppure un poco: *non è — piacevole* | (*raff.*) **— affatto**, assolutamente no: *"Sei convinto?" "— affatto!"*.

nien|te|di|mé|no o **nientemé|no** *avv.* addirittura: *pretende — che le venga pagata la vacanza*.

nien|te|po|po|di|mé|no *avv.* (*scherz.*) nientedimeno, addirittura.

nietz|schia|ne|si|mo [pr. *nicianèsimo*] *s.m.* (*filos.*) il pensiero filosofico di F.W. Nietzsche (1844-1900), che promulgava una visione del mondo basata sul mito dell'individuo.

nietz|schia|no [pr. *niciàno*] *agg.* di F.W. Nietzsche | che concerne la sua dottrina ♦ *s.m.* [f. *-a*] studioso o sostenitore della filosofia di Nietzsche.

ni|fe *s.m.* (*geol.*) massa di nichel e ferro che, secondo alcune teorie, costituirebbe il nucleo terrestre.

ni|ge|rià|no *agg.* della Nigeria, stato dell'Africa occidentale ♦ *s.m.* [f. *-a*] chi è nato o abita in Nigeria.

night (*ingl.*) [pr. *nàit*] *s.m.invar. abbr. di* nightclub.

nightclub (*ingl.*) [pr. *nàitklab*] *s.m.invar.* locale notturno; discoteca.

ni|lò|ti|co *agg.* [m.pl. *-ci*] che riguarda le regioni del Nilo o i loro abitanti.

nim|bo *s.m.* (*lett.*) luce sfolgorante, intensa | (*estens.*) nell'iconografia cristiana e antica, aureola che circonda la testa di santi e divinità.
nin|fa *s.f.* **1** (*mit.*) divinità minore abitatrice dei boschi, dei monti e delle acque **2** (*zool.*) negli insetti con metamorfosi completa, stadio di sviluppo intermedio tra la larva e l'adulto.
nin|fa|le *agg.* (*lett.*) di ninfa: *bellezza —* ♦ *s.m.* opera letteraria nella quale compaiono ninfe, d'ambientazione pastorale.
nin|fe|a *s.f.* pianta acquatica con larghe foglie carnose e fiori bianchi o rosa.
Nin|fe|à|ce|e *s.f.pl.* famiglia di piante acquatiche dicotiledoni a cui appartiene la ninfea.
nin|fè|o *s.m.* **1** (*archeol.*) nell'antica Roma, grotta o tempio consacrati alle ninfe **2** nelle ville rinascimentali e barocche, fontana monumentale.
nin|fét|ta *s.f.* adolescente che mette in risalto la propria femminilità; lolita.
nin|fò|ma|ne *s.f.* (*psicol.*) donna affetta da ninfomania.
nin|fo|ma|nì|a *s.f.* (*psicol.*) ricerca ossessiva di esperienze sessuali da parte della donna.
nin|fò|si *s.f.* (*zool.*) negli insetti, passaggio dallo stadio di larva a quello di ninfa.
nin|na *s.f.* nel linguaggio infantile, il sonno; nanna: *fare la —*.
nin|na|nàn|na o **nìnna nànna** *s.f.* **1** cantilena per far addormentare i bambini: *cantare una —* **2** (*mus.*) breve brano il cui andamento richiama le ninnananne.
nin|nà|re *v.tr.* (*fam.*) far addormentare i bambini cantando la ninnananna | cullare.
nìn|no|lo *s.m.* **1** giocattolo, trastullo **2** gingillo, soprammobile; fronzolo.
ni|ò|bio *s.m.* elemento chimico, metallo raro simile al platino; è utilizzato in tecnologia nucleare, per leghe e acciai speciali (*simb.* Nb).
ni|pio|lo|gìa *s.f.* (*med.*) branca della pediatria che studia lo sviluppo e le malattie dei lattanti.
ni|pó|te *s.m./f.* **1** il figlio o la figlia del figlio o della figlia | il figlio o la figlia del fratello o della sorella **2** (*pl.*, *fig.*) i posteri, i discendenti.
nip|pò|ni|co *agg.* [m.pl. -ci] (*lett.*) giapponese.
nir|và|na *s.m.invar.* **1** nel buddismo, la suprema salvezza ottenuta con il distacco progressivo dalle cose del mondo, dalle passioni **2** (*estens.*) stato di perfetta serenità, beatitudine: *essere nel —* | condizione di passività, di indifferenza verso gli altri e verso se stessi.
nir|và|ni|co *agg.* [m.pl. -ci] che riguarda il nirvana.
nì|ti|déz|za *s.f.* (*anche fig.*) qualità di ciò che è nitido; limpidezza: *— dello specchio;* — *di stile*.
nì|ti|do *agg.* **1** pulito e splendente: *diamante —* | di cielo, sereno, limpido **2** (*estens.*, *fig.*) netto, preciso nei contorni: *immagine nitida* | vivamente presente: *un ricordo, un sentimento —* **3** (*estens.*) di suono, definitivamente percepibile: *i suoi gemiti ci giungevano nitidi* **4** (*fig.*) chiaro ed elegante; accurato: *stile —* □ **nitidamente** *avv.*
ni|tó|re *s.m.* (*lett.*) lucentezza, nitidezza | (*fig.*) chiarezza, eleganza: *il — della prosa classica*.
ni|tra|ta|zió|ne *s.f.* (*agr.*) concimazione del terreno con fertilizzanti nitrici.
ni|trà|to *s.m.* (*chim.*) estere o sale dell'acido nitrico | — *di calcio,* quello utilizzato come fertilizzante | — *di potassio,* salnitro.
ni|tra|zió|ne *s.f.* (*chim.*) reazione mediante la quale si introduce un nitrogruppo in una molecola organica.
nì|tri|co *agg.* [m.pl. -ci] (*chim.*) detto di composto che contiene il nitrogruppo.
ni|tri|fi|ca|zió|ne *s.f.* in chimica agraria, processo biologico compiuto nel terreno da batteri nitrificanti che trasformano l'azoto ammoniacale organico in azoto inorganico, necessario per lo sviluppo delle piante.
ni|trì|le *s.m.* (*chim.*) **1** estere dell'acido cianidrico **2** nitrogruppo.
ni|trì|re *v.intr.* [indic.pres. *io nitrisco, tu nitrisci...*; aus. A] detto del cavallo, emettere nitriti.
ni|trì|to[1] *s.m.* verso caratteristico del cavallo.
ni|trì|to[2] *s.m.* (*chim.*) estere o sale dell'acido nitroso.
nì|tro *s.m.* (*chim.*) **1** salnitro **2** concime chimico naturale che deriva dai depositi di guano.
ni|tro- (*scient.*) primo elemento di parole composte che indica relazione con l'azoto (*nitroglicerina*).
ni|tro|cel|lu|ló|sa *s.f.* (*chim.*) prodotto della nitrazione della cellulosa, usato per esplosivi, pellicole fotografiche, vernici ecc.
ni|tro|de|ri|và|to *s.m.* (*chim.*) composto organico contenente uno o più nitrogruppi.
ni|tro|gli|ce|rì|na *s.f.* liquido esplosivo ottenuto per nitrazione della glicerina, utilizzato spec. nella fabbricazione di dinamiti.
ni|tro|gli|còl *s.m.invar.* (*chim.*) potente esplosivo, simile alla nitroglicerina, utilizzato per preparare cariche di lancio dei proiettili.
ni|tro|grùp|po *s.m.* (*chim.*) radicale monovalente costituito da un atomo di azoto e da due di ossigeno, tipico dei nitroderivati.
ni|tro|sì|le *s.m.* (*chim.*) ione monovalente positivo costituito da un atomo di azoto e da uno di ossigeno; gruppo nitroso.
ni|tró|so *agg.* (*chim.*) detto di composto dell'azoto trivalente: *ossido —*.
nit|ti|ta|zió|ne *s.f.* (*fisiol.*) atto involontario che consiste nel rapido abbassarsi e sollevarsi delle palpebre.
ni|ù|no *agg.*, *pron.indef.* (*lett.*) nessuno.
nì|va|le *agg.* **1** (*geog.*) delle nevi | *zona, limite —,* luogo, confine delle nevi perenni **2** (*lett.*) nevoso, niveo; innevato.
nì|ve|o *agg.* (*lett.*) bianco, candido come la neve: *pelle nivea*.
ni|vò|me|tro *s.m.* apparecchio usato per misurare le precipitazioni nevose.
niz|zàr|do *agg.* di Nizza | (*gastr.*) **insalata alla nizzarda,** insalata mista preparata con pomodori, capperi, acciughe e olive nere ♦ *s.m.* [f. -a] chi è nato o abita a Nizza.

no *avv.* **1** negazione usata spec. nelle risposte: *"L'hai sentito?" "—"*; *— di sicuro* | *dire di —*, rifiutare, negare | *— e poi —!*, si dice per negare in modo deciso | *speriamo di —*, speriamo che non sia così | (*fam.*) *se —*, altrimenti | *anziché —*, piuttosto, alquanto: *uno spettacolo noioso anziché —* | *sì e —*, appena, neanche: *ci saranno state sì e — dieci persone* **2** nelle prop. disgiuntive, esprime contrapposizione con quanto è stato appena affermato: *dimmi se lo vuoi o —* | *sì o —?*, si dice per esprimere irritazione, impazienza: *ti decidi sì o —?* **3** attenua il valore di ciò che è stato espresso in precedenza e introduce una precisazione: *intelligente —, ma simpatico* **4** con valore enfatico o rafforzativo: *—, non vengo*; *—, non può essere lei* | *ma —!*, si dice per esprimere sorpresa, incredulità: *"Parto per un anno!" "Ma —!"* **5** in frasi interrogative, come sollecitazione di una risposta affermativa: *ti piace, —, la nuova macchina?* ♦ *s.m.invar.* **1** risposta negativa, rifiuto: *il suo — mi ha sorpresa* | *decidersi per il —*, decidersi in senso negativo **2** (*pl.*) l'insieme dei voti contrari: *i — sono più numerosi dei sì* ♦ *agg.invar.* (*fam.*) negativo: *è un periodo veramente —*.

Nobel (*sved.*) *s.m.invar.* premio assegnato ogni anno a chi si è distinto nel campo della medicina, delle lettere ecc. | chi ha ottenuto tale premio.

no|bè|lio *s.m.* elemento chimico artificiale radioattivo (*simb.* No).

no|bil|dòn|na *s.f.* (*antiq.*) titolo attribuito a una donna di famiglia aristocratica priva di titolo nobiliare specifico.

nò|bi|le *agg.* **1** che appartiene alla nobiltà, per nascita o privilegio concesso: *famiglia —* **2** proprio della nobiltà | (*estens.*) molto dignitoso, signorile, decoroso: *portamento —* **3** (*fig.*) che rivela generosità, finezza di sentimento: *ha un animo —* **4** che si distingue per il suo valore o la sua natura: *ci battiamo per una — causa* **5** (*chim.*) detto di elemento che si combina difficilmente con altri: *gas —* ♦ *s.m./f.* chi appartiene alla nobiltà □ **nobilmente** *avv.* con dignità, con signorilità | con generosità, grandezza d'animo: *con me si è comportato davvero —*.

no|bi|lià|re *agg.* dei nobili, della nobiltà: *casato —*.

no|bi|li|tà|re *v.tr.* [indic.pres. *io nobilito...*] **1** (*raro*) conferire un titolo nobiliare **2** (*fig.*) conferire dignità, prestigio, valore: *il lavoro nobilita l'uomo* ♦ **-rsi** *rifl.* elevarsi con nobili azioni.

no|bi|li|ta|zió|ne *s.f.* **1** elevazione al titolo di nobile **2** (*fig.*) elevazione a qualità morali e spirituali superiori | accrescimento di prestigio **3** (*estens., tecn., ind.*) procedimento che migliora la qualità di un prodotto.

no|bil|tà *s.f.* **1** la condizione di nobile | *— di spada*, quella conseguita per imprese militari | *— di toga*, quella acquisita per aver ricoperto importanti cariche pubbliche **2** l'insieme, la classe dei nobili: *alla corte c'era tutta la — riunita* **3** (*estens., fig.*) signorilità, distinzione; elevatezza: *la — dei suoi lineamenti*; *— d'animo* **4** eccellenza, prestigio, superiorità: *la — di un'impresa*; *la — degli ultimi studi scientifici*.

no|bi|luò|mo *s.m.* (*antiq.*) titolo attribuito a un uomo di famiglia aristocratica privo di titolo nobiliare specifico.

nòc|ca *s.f.* ognuna delle giunture nelle dita delle mani e dei piedi.

nòc|chia *s.f.* (*region.*) nocciola.

noc|chiè|re o **nocchièro** *s.m.* [f. *-a*] **1** (*lett.*) chi è pilota, timoniere di una nave | traghettatore **2** nella marina militare, chi è addetto ai servizi marinareschi di bordo.

nòc|chio *s.m.* **1** ingrossamento del fusto di una pianta; nodo **2** (*estens.*) nei frutti e sim., nodosità, sporgenza.

noc|ciò|la *s.f.* il frutto e il seme commestibile del nocciolo, molto usato nella preparazione di dolciumi: *crema di nocciole* ♦ *agg.invar.* di colore marrone chiaro; beige: *guanti —*.

noc|cio|là|to *s.m.* cioccolato con nocciole intere o pestate.

noc|cio|lé|to *s.m.* terreno coltivato a noccioli.

noc|cio|li|na *s.f.* **1** nome corrente dell'arachide: *— americana* **2** (*spec.pl., fig.*) cosa di poco conto: *non sono noccioline*.

nòc|cio|lo¹ *s.m.* **1** parte interna legnosa di certi frutti che contiene il seme: *il — dell'albicocca* **2** (*estens.*) parte centrale di un congegno | in un reattore nucleare, la parte più interna, in cui si verificano le reazioni di fissione **3** (*fig.*) il punto più importante, l'aspetto essenziale: *vieni al — della questione, per favore*.

noc|ciò|lo² *s.m.* pianta arbustacea con foglie ovali dentellate e frutti che racchiudono in un guscio legnoso semi commestibili.

nó|ce¹ *s.m.* **1** grande albero delle zone temperate, con frutti secchi commestibili **2** legno pregiato ricavato da tale albero, usato spec. nella fabbricazione di mobili.

nó|ce² *s.f.* **1** frutto del noce, formato da una parte esterna carnosa prima verde poi nera (mallo), da un guscio bivalve e da una parte interna commestibile (gheriglio) | la parte commestibile della noce **2** (*estens.*) frutto per qualche caratteristica simile alla noce | *— moscata*, seme della miristica, dal sapore aromatico | *— di cocco*, grosso frutto della pianta del cocco, con polpa bianca e liquido lattiginoso **3** (*fig.*) piccolo pezzo di ql.co.: *una — di burro* **4** in macelleria, taglio di carne di vitello o bue posto sotto il girello.

noc|cèl|la *s.f.* protuberanza ossea del polso.

no|ce|pè|sca *s.f.* frutto del nocepesco; pesca noce.

no|ce|pè|sco *s.m.* varietà di pesco il cui frutto ha la buccia che ricorda il mallo delle noci.

no|cì|no *s.m.* **1** (*gastr.*) liquore dolce a base di noci, mediamente alcolico, ricavato dalla macerazione in alcol di noci ancora avvolte nel mallo **2** gioco infantile che consiste nel tirare una noce contro una piramide di quattro noci.

no|ci|vi|tà *s.f.* qualità di ciò che è nocivo; dannosità.

no|ci|vo *agg.* che nuoce; dannoso: *esalazione nociva alla salute* | detto di animale, che distrugge, danneggia le colture o uccide animali considerati utili: *azione di insetti nocivi* □ **nocivamente** *avv.*

no comment (*ingl.*) *loc.sost.m.invar.* formula usata per evitare di rispondere a una domanda.

no|cu|mén|to *s.m.* (*lett.*) l'atto del nuocere; danno, male: *arrecare — a qlcu.*

no|dà|le *agg.* 1 relativo a un nodo 2 (*fig.*) di importanza fondamentale; cruciale: *il punto — di un problema.*

no|dèl|lo *s.m.* 1 (*zool.*) nei quadrupedi, parte degli arti compresa fra lo stinco e la pastoia 2 (*bot.*) ingrossamento anulare nel fusto di una canna.

no|di|no *s.m.* 1 nastrino, piccolo fiocco 2 tipo di ricamo eseguito avvolgendo a ogni punto il filo intorno all'ago e rinfilandolo poi nel tessuto 3 (*region.*, *gastr.*) costata di vitello.

nò|do *s.m.* 1 legamento fra due capi di una fune, fra due nastri e sim. | avvolgimento di un nastro, di un filo su se stesso: *il — della cravatta* 2 (*fig.*) viluppo, groviglio: *avere i nodi nei capelli* 3 sensazione di costrizione; gruppo: *sentire un — in gola* 4 (*fig.*) momento cruciale, decisivo; fulcro: *il — della diatriba* | in un'opera letteraria, intreccio, trama 5 (*fig.*) legame tra persone di tipo spirituale, sentimentale: *un — d'amore* 6 punto di incrocio: *— stradale*, *ferroviario* 7 (*anat.*, *bot.*) formazione tondeggiante presente in tessuti animali o vegetali: *— linfatico* 8 (*mar.*) unità di misura della velocità di una nave o del vento, pari a un miglio marino all'ora, cioè 1852 m all'ora (*simb.* kn).

no|do|si|tà *s.f.* 1 qualità di ciò che è nodoso: *la — del tronco* 2 nodo del legno 3 (*med.*) formazione tondeggiante presente nella pelle o nei tessuti profondi (*sing.*).

no|dó|so *agg.* pieno di nodi: *capelli nodosi; ramo —* | **mani nodose**, mani ossute.

no|du|là|re *agg.* (*scient.*) che riguarda il nodulo | costituito da noduli: *formazione —.*

nò|du|lo *s.m.* 1 (*geol.*) concentrazione di un minerale in rocce sedimentarie di differente composizione e natura 2 (*anat.*) piccola formazione tondeggiante e dura che insorge in diversi tessuti.

no|du|ló|so *agg.* che presenta noduli; che è composto da noduli.

no global (*ingl.*) *loc.sost.m./f.invar.* chi aderisce al movimento che rifiuta la globalizzazione ♦ *loc.agg.invar.* che è contro la globalizzazione: *manifestazione —.*

nói *pron.pers.m./f. di 1ª pers.pl.* 1 si usa come soggetto, sottinteso, quando la persona che parla vuole indicare se stessa insieme ad altri: *ci pensiamo —* | deve essere espresso quando si vuol dare rilievo al soggetto, spec. quando si esprime un paragone o una contrapposizione: *nessuno è triste quanto — in questo momento; anche se voi non volete, — partiamo* | con valore predicativo dopo i verbi *essere*, *parere*, *sembrare* e sim.: *non sembriamo più — da quando se n'è andata* 2 si usa come compl. oggetto o compl. di termine, in sostituzione delle forme atone *ce, ci*, quando gli si vuol dare particolare rilievo: *vogliono proprio —; l'hanno detto a —* 3 preceduto da preposizione, si usa con funzione di compl. indiretto: *venite tra —; hanno parlato di — 4* ha valore impersonale | *quando — pensiamo che*, quando si pensa che 5 è usato, in luogo del pron. di 1ª pers. sing., come plurale di modestia da oratori e scrittori e come plurale maiestatico da sovrani, papi e altre massime autorità.

nò|ia *s.f.* 1 sensazione sgradevole prodotta da uno stato di inerzia, di tristezza o dal ripetersi monotono delle stesse azioni | *venire a —*, stancare; diventare insopportabile | *avere a —*, reputare fastidioso 2 fastidio: *il fumo mi dà —* | seccatura: *ho delle noie con i parenti* 3 cosa o persona che procura fastidio, molestia: *che — quella serata!*

no|iàl|tri *o* **nói àltri** *pron.pers.m.* di *1ª pers.pl.* [f. -e] (*raff.*) noi, spec. nelle contrapposizioni: *— siamo decisi ad andare.*

no|io|si|tà *s.f.* 1 caratteristica di cosa o persona noiosa 2 (*raro*) noia | cosa che suscita noia.

no|ió|so *agg.* che suscita noia; fastidioso, molesto: *un — mal di denti* ♦ *s.m.* [f. -a] persona noiosa: *non fare il —!* □ **noiosamente** *avv.*

noir (*fr.*) [pr. nuàr] *agg.invar.* detto di genere letterario o cinematografico caratterizzato da atmosfere cupe e violente ♦ *s.m.invar.* racconto, romanzo, film che appartiene a tale genere.

no|leg|già|re *v.tr.* [*indic.pres. io noléggio...*] 1 prendere a noleggio 2 dare a noleggio: *mi ha noleggiato una bicicletta.*

no|leg|gia|tó|re *s.m.* [f. -trice] chi prende o dà a noleggio.

no|lég|gio *s.m.* 1 (*dir.*) contratto con il quale il proprietario di un bene mobile si obbliga, dietro compenso, a cederne l'uso: *il — di un'auto* 2 (*estens.*) cifra pagata per noleggiare ql.co. 3 (*estens.*) locale o luogo in cui si noleggiano veicoli o altre cose.

no|lèn|te *agg.* (*lett.*) che non vuole | *volente o —*, che si voglia o no, che piaccia o no.

nò|lo *s.m.* 1 noleggio: *prendere*, *dare a —* 2 compenso spettante a chi noleggia un veicolo o un oggetto 3 prezzo del trasporto di cose per aereo o per nave.

nò|ma|de *agg.* 1 che appartiene a una popolazione caratterizzata da nomadismo 2 (*estens.*) che non ha dimora fissa ♦ *s.m./f.* 1 ciascun appartenente a un gruppo etnico nomade 2 (*estens.*) chi cambia spesso residenza o è senza fissa dimora: *è un — a causa del lavoro.*

no|ma|di|smo *s.m.* 1 (*antrop.*) regime di vita di popoli o tribù che si spostano a seconda degli andamenti stagionali e climatici, vivendo spec. di caccia e pastorizia 2 (*estens.*) tipo di vita di chi cambia spesso residenza.

no|mà|re *v.tr.* [*indic.pres. io nomo...*] (*lett.*) 1 denominare qlcu. o ql.co. 2 chiamare per nome ♦ **-rsi** *rifl.* (*lett.*) chiamarsi, aver nome.

nó|me *s.m.* **1** elemento linguistico che indica esseri viventi, oggetti, idee, sentimenti, eventi | (*gramm.*) — *proprio*, quello che designa un solo essere o una sola cosa nella sua singolarità | *in — di*, in rappresentanza di | *a — di*, per conto di, da parte di: *vai a mio —* | *— depositato*, di prodotto, protetto da un brevetto | (*fig.*) *chiamare le cose col loro —*, parlare senza reticenze **2** nome di battesimo che identifica una persona | l'insieme del nome e del cognome: *il suo — è Marco Bianchi* | *— d'arte*, pseudonimo adottato da artisti, attori, cantanti **3** (*fig.*) fama, reputazione: *difendere il proprio —* | *farsi un —*, diventare famoso **4** (*estens.*) individuo che eccelle in un determinato campo: *è un — nella cinematografia*.
no|mè|a *s.f.* (*anche spreg.*) rinomanza, fama: *ha una buona —*.
no|men|cla|tó|re *s.m.* (*scient.*) **1** [f. *-trice*] chi si dedica allo studio della nomenclatura **2** repertorio che registra i nomi facenti parte di un insieme sistematico ♦ *agg.* che fornisce la nomenclatura relativa a un determinato argomento: *lessico —*.
no|men|cla|tù|ra *s.f.* **1** insieme sistematico dei nomi di un dato settore o di una disciplina, ordinato secondo regole convenzionali: *— biologica, tassonomica* **2** (*estens.*) insieme dei termini che riguardano un determinato argomento: *la — dello sport*.
no|men|kla|tù|ra *s.f.* **1** nell'ex Unione Sovietica, elenco segreto dei principali incarichi dello Stato, approvato dal Partito Comunista **2** nell'uso giornalistico, classe dirigente dell'apparato burocratico in un regime autoritario **3** (*estens., spec.spreg.*) gruppo dirigente di un partito, un'organizzazione e sim.
-no|mì|a secondo elemento di parole composte che significa "governo, amministrazione", "distribuzione sistematica" (*autonomia, economia*).
no|mì|gno|lo *s.m.* (*scherz.*) soprannome che spesso allude a caratteristiche fisiche o morali: *affibbiare un — a qlcu*.
nò|mi|na *s.f.* (*bur.*) atto col quale si conferisce a qlcu. un ufficio, una carica, una dignità: *— ministeriale*.
no|mi|nà|le *agg.* **1** (*gramm.*) del nome, che si riferisce al nome | *predicato —*, quello costituito dal verbo *essere* seguito da un sostantivo o da un aggettivo | *frase —*, proposizione senza verbo di modo finito **2** che esiste solo di nome, non di fatto: *governo —* **3** (*econ.*) *valore — di un'azione*, quota di capitale sociale che l'azione rappresenta □ **nominalmente** *avv.* soltanto di nome.
no|mi|na|li|smo *s.m.* dottrina filosofica secondo cui soltanto gli individui sono realtà concrete, mentre i concetti generali non sono che nomi senza corrispondenza nella realtà.
no|mi|na|li|sta *s.m./f.* [m.pl. -*i*] seguace, sostenitore del nominalismo ♦ *agg.* (*raro*) nominalistico: *principio —*.
no|mi|na|li|sti|co *agg.* [m.pl. *-ci*] (*filos.*) che riguarda il nominalismo e i nominalisti.

no|mi|na|liz|za|zió|ne *s.f.* (*ling.*) trasformazione di un aggettivo o di un verbo in un nome, spec. con l'aggiunta di un suffisso (p.e. *patriottismo* da *patriota, democratizzazione* da *democratizzare*).
no|mi|nà|re *v.tr.* [indic.pres. *io nòmino...*] **1** (*raro*) dare il nome; denominare: *— un fiore* **2** chiamare per nome | menzionare, ricordare: *— sovente qlcu*. **3** conferire una carica o una dignità, con atto di autorità: *— presidente*.
nomination (*ingl.*) [pr. *nominèscion*] *s.f.invar.* negli Stati Uniti, designazione di un candidato alla presidenza o a una carica politica | (*estens.*) candidatura a un premio: *ottenere la — agli Oscar*.
no|mi|na|ti|vi|tà *s.f.* qualità di ciò che è nominativo | (*fin.*) caratteristica del titolo azionario che esige l'intestazione del nome del proprietario.
no|mi|na|ti|vo *agg.* **1** che riporta dei nomi: *elenco —* | (*fin.*) *titolo —*, titolo intestato al proprietario **2** (*gramm.*) nelle lingue con declinazione dei nomi, detto del caso che esprime il soggetto ♦ *s.m.* **1** (*bur.*) designazione di una persona attraverso nome e cognome | nome **2** (*gramm.*) caso nominativo □ **nominativamente** *avv.* per nome.
no|mi|nà|to *part.pass.* di nominare ♦ *agg.* **1** chiamato per nome: *gli studenti nominati vengano a sostenere l'esame* | menzionato, ricordato **2** che è stato designato per ricoprire una carica; preposto.
nò|mo *s.m.* **1** (*st.*) distretto amministrativo dell'antico Egitto **2** circoscrizione amministrativa della Grecia moderna, equivalente a una provincia.
-nò|mo secondo elemento di parole composte che indica "esperto, incaricato in una data disciplina" (*economo, agronomo*).
nón *avv.* **1** nega il concetto espresso dal verbo a cui viene premesso: *— c'è dubbio* | rafforzato da *mica, per niente, affatto* e sim.: *— ci credo affatto* | rafforza un pron. negativo: *— ho visto nessuno*; *— me ne importa nulla* | *— c'è di che*, formula usata per rispondere cortesemente a chi ringrazia o si scusa: "*Scusa*" "*— c'è di che*" **2** si usa nelle prop. disgiuntive e nelle contrapposizioni: *che tu voglia o — voglia*; *— è bello, ma è simpatico* | in frasi comparative: *è più buono di quanto lei — creda* **3** si usa nelle prop. interrogative dirette, indirette o retoriche che implicano una risposta affermativa: *— è forse vero?*; *mi domando se — sia il caso di dirglielo* | usato con valore pleonastico: *è più semplice di quanto tu — creda*; *— appena mi ha visto, mi è venuto incontro*; *le cose che — ha detto!* | *in men che — si dica*, in un attimo **4** in frasi dubitative dopo verbi che indicano timore, dubbio: *dubito che — si faccia più vivo* **5** nega il concetto espresso dall'aggettivo, dal sostantivo, dal pronome o dall'avverbio cui è premesso: *un impegno — indifferente*; *pochi si sono fatti vivi*; *ho riso — poco* **6** premesso a un

sostantivo, forma locuzioni sostantivali, anche in un'unica parola: *i — credenti*; *la nonviolenza*.
nò|na *s.f.* **1** (*st.*) nell'antica Roma, nona ora del giorno, corrispondente all'incirca alle tre del pomeriggio **2** (*lit.*) ora canonica dedicata alla preghiera, corrispondente all'incirca alle tre del pomeriggio.
no|na|ge|nà|rio *agg.*, *s.m.* [f. *-a*] che, chi ha novant'anni d'età.
nón ag|gres|sió|ne *loc.sost.f.* (*dir.*) principio per cui gli Stati si impegnano a non aggredirsi militarmente.
nón al|li|ne|à|to *loc.agg.* detto di paese che in politica estera si mantiene equidistante fra i blocchi politico-militari contrapposti.
nón bel|li|ge|ràn|za *loc.sost.f.* (*dir.*) condizione di uno Stato che si impegna a non partecipare a una guerra pur non dichiarandosi neutrale.
nonchalance (*fr.*) [pr. *nonscialàns*] *s.f.invar.* atteggiamento di disinvolto distacco; indifferenza.
non|ché *cong.* come pure, e anche, e inoltre: *lo ha dato a lui, — ai suoi vicini.*
non|con|for|mi|sta *agg.*, *s.m./f.* [m.pl. *-i*] che, chi non si adegua al modo di pensare e agire della maggioranza.
nón cre|dèn|te *loc.sost.m./f.* individuo che intenzionalmente rifiuta di aderire a una qualunque religione; ateo.
non|cu|ràn|te *agg.* **1** che non si preoccupa, incurante: *— del pericolo* | indifferente: *— del giudizio altrui* | di gesto, azione e sim., che esprime indifferenza: *un'occhiata —* **2** trascurato, negligente: *— nel fare il proprio lavoro.*
non|cu|ràn|za *s.f.* **1** atteggiamento di chi mostra disinteresse verso qlcu. o ql.co. | indifferenza: *ha risposto con —* **2** negligenza, trascuratezza.
non|di|mé|no o **non di méno** *cong.* [con valore avversativo] pure, tuttavia, ciò nonostante: *non so se lo meritasse, — l'ho aiutato.*
nón ès|se|re *loc.sost.m.* (*filos.*) principio contrario all'essere; il nulla.
nón in|ter|vèn|to *loc.sost.m.* (*dir.*) comportamento di uno Stato che si astiene dall'intromettersi in controversie fra Stati.
non|me|tàl|lo *loc.sost.m.* ciascuno degli elementi chimici che non presentano caratteristiche proprie dei metalli.
nòn|na *s.f.* la madre del padre o della madre, considerata in riferimento ai figli di questi.
non|ni|smo *s.m.* (*gerg.*) atteggiamento prepotente e autoritario dei soldati anziani nei confronti delle reclute.
nòn|no *s.m.* **1** il padre del padre o della madre, considerato in riferimento ai figli di questi | (*spec.pl.*) avo, antenato: *i nostri nonni* **2** (*gerg.*) soldato di leva anziano che ha un atteggiamento prepotente e autoritario nei confronti delle reclute.
non|nùl|la *s.m.invar.* cosa da nulla, inezia: *se la prende per un —.*
nò|no *agg.num.ord.* che in una serie corrisponde al posto numero nove | *il secolo —* (o **IX**), gli anni compresi tra l'801 e il 900.

no|no|stàn|te *prep.* malgrado, senza curarsi di: *sono uscito — il vento* | **— tutto**, malgrado tutto il resto: *— tutto gli voglio bene* | *ciò —*, tuttavia ♦ *cong.* quantunque, benché: *non è tornato presto — gliel'avessi chiesto.*
nón plus úl|tra (*lat.*) *loc.sost.m.invar.* il massimo cui si possa pervenire: *il — della raffinatezza.*
non profit (*ingl.*) *loc.agg.invar.* si dice di ente che svolge un'attività socialmente utile senza fini di lucro ♦ *loc.sost.m.invar.* settore economico che comprende enti di tale tipo.
nonsense (*ingl.*) [pr. *nònsens*] *s.m.invar.* **1** nonsenso **2** (*lett.*) breve testo basato su situazioni assurde che ha lo scopo di divertire.
non|sèn|so o **non sènso** *s.m.invar.* cosa senza senso; assurdità.
non so che *loc.sost.m.invar.* cosa che non si coglie con precisione: *ha un — di misterioso.*
non stop (*ingl.*) *loc.agg.invar.* senza soste, senza interruzione: *una trasmissione —*; *studio —.*
non|ti|scor|dàr|di|mé o **non ti scordàr di me** *s.m.* (*bot.*) miosotide.
nón u|dèn|te *loc.agg.*, *sost.m./f.* sordo.
nón ve|dèn|te *loc.sost.m./f.* cieco.
non|vio|lèn|za *s.f.invar.* atteggiamento di chi rifiuta in ogni caso l'impiego della violenza, praticando la resistenza passiva in battaglie sociali e politiche.
nor|ci|ne|rì|a *s.f.* (*region.*) macelleria suina | bottega dove si vende solo carne di maiale.
nor|ci|no *s.m.* (*region.*) chi macella i maiali | chi lavora e vende tale carne.
nòrd *s.m.* **1** (*geog.*) punto cardinale indicato, nell'emisfero boreale, dalla stella polare; settentrione **2** (*estens.*) regione situata a settentrione rispetto a un punto di riferimento: *il — della provincia* | la parte più settentrionale di un territorio: *il — Europa* | *il — del mondo*, l'insieme dei paesi più sviluppati e industrializzati, situati per lo più nell'emisfero boreale ♦ *agg.invar.* che si trova nella parte settentrionale di un luogo: *Torino —* | che è esposto verso settentrione: *lato —.*
nor|da|fri|cà|no *agg.* dell'Africa settentrionale ♦ *s.m.* [f. *-a*] chi è nato o abita nell'Africa settentrionale.
nor|da|me|ri|cà|no *agg.* dell'America settentrionale, in particolare degli Stati Uniti ♦ *s.m.* [f. *-a*] chi è nato o abita nell'America settentrionale.
nord-èst *s.m.* (*geog.*) punto dell'orizzonte equidistante dal nord e dall'est.
nor|deu|ro|pè|o *agg.* dell'Europa settentrionale ♦ *s.m.* [f. *-a*] chi è nato o abita nell'Europa settentrionale.
nòr|di|co *agg.* [m.pl. *-ci*] del nord dell'Europa: *lingue nordiche* ♦ *s.m.* [f. *-a*] chi è nato o abita in un paese del nord dell'Europa.
nor|di|sta *s.m./f.* [m.pl. *-i*] (*st.*) chi combatteva per gli Stati del Nord nella guerra di secessione americana (1861-1865) ♦ *agg.* **1** relativo agli Stati del Nord durante la guerra di secessione americana **2** che appartiene alla parte setten-

trionale di un paese politicamente diviso in due: *il governo —*.
nord-o|vest *s.m.* (*geog.*) punto dell'orizzonte equidistante dal nord e dall'ovest.
nò|ria *s.f.* macchina usata per il sollevamento di liquidi, composta da secchie collegate a una catena che si avvolge su una puleggia motrice.
nòr|ma o **nórma** *s.f.* **1** precetto, regola che prescrive la condotta da tenere: *infrangere una —* | (*bur.*) *a — di*, secondo quanto prescritto: *a — di legge* **2** abitudine: *di — è puntuale* **3** avvertenza, istruzione: *norme per l'uso* **4** (*tecn.*) elemento che si assume a riferimento per determinare una misura o una proporzione **5** (*ling.*) sistema coerente di regole e precetti scelti tra gli usi di una lingua secondo un modello ideale.
nor|mà|le *agg.* **1** che corrisponde alla norma | conforme all'andamento solito, abituale: *condizione —; battito cardiaco —* | **persona** *—*, quella che si comporta come la maggior parte delle persone **2** (*geom.*) perpendicolare, ortogonale: *retta — a un piano* □ **normalmente** *avv.* secondo la norma | abitualmente, regolarmente.
nor|ma|li|tà *s.f.* qualità e condizione di ciò che è normale; regolarità | situazione di chi si adegua alle consuetudini e alle regole della società: *ritorno alla —*.
nor|ma|liz|zà|re *v.tr.* **1** rendere normale; ricondurre alla normalità: *— il traffico ferroviario dopo lo sciopero* **2** adottare sistemi uniformi; standardizzare, unificare: *— i requisiti dei prodotti industriali* ♦ **-rsi** *s.mr.pron.* ritornare alla normalità, spec. dopo agitazioni o disordini: *la situazione dopo il terremoto va normalizzandosi*.
nor|ma|liz|za|tó|re *agg., s.m.* [f. *-trice*] che, chi normalizza.
nor|ma|liz|za|zió|ne *s.f.* **1** l'atto e l'effetto del normalizzare **2** standardizzazione, uniformazione: *la — di un procedimento industriale*.
nor|màn|no *agg.* **1** della Normandia, regione della Francia settentrionale **2** (*st.*) delle popolazioni vichinghe che, fra i secc. VIII e XI, si stabilirono in varie regioni dell'Europa settentrionale e meridionale: *civiltà normanna* ♦ *s.m.* **1** [f. *-a*] chi è nato o abita in Normandia **2** [f. *-a*] (*st.*) appartenente al popolo dei Normanni **3** dialetto parlato in Normandia.
nor|ma|tì|va *s.f.* (*bur.*) insieme delle norme che regolano un dato settore.
nor|ma|tì|vo *agg.* **1** che prescrive, fornisce delle norme: *l'azione normativa di un legislatore* | (*dir.*) *potere —*, quello di emanare norme giuridiche | (*ling.*) **grammatica normativa**, quella che fissa le regole di una lingua **2** che contiene delle norme e quindi ha valore di legge: *accordo —* □ **normativamente** *avv.*
nòr|mo- (*scient.*) primo elemento di parole composte che significa "normale, che rientra nella norma" (*normotipo*).
nor|mo|blà|sto *s.m.* (*biol.*) cellula del midollo osseo, progenitrice del globulo rosso.
nor|mo|do|tà|to *agg., s.m.* [f. *-a*] (*psicol.*) detto di soggetto dotato di intelligenza media.

nor|mò|gra|fo *s.m.* striscia trasparente in cui sono intagliati numeri e lettere, usata nel disegno tecnico per comporre scritte uniformi.
nor|mo|tì|po *agg., s.m.* (*med.*) detto di persona che ha proporzioni corporee normali.
nor|ve|gé|se *agg.* della Norvegia ♦ *s.m.* **1** [anche f.] chi è nato o abita in Norvegia **2** lingua parlata in Norvegia.
nò|so- (*med.*) primo elemento di parole composte che significa "malattia" (*nosofobia*).
no|so|cò|mio *s.m.* (*lett.*) ospedale.
no|so|fo|bì|a *s.f.* (*med., psicol.*) paura ossessiva di ammalarsi.
no|so|lo|gì|a *s.f.* (*med.*) classificazione sistematica dei processi morbosi.
no|so|lò|gi|co *agg.* [m.pl. *-ci*] relativo alla nosologia.
no|so|te|ra|pì|a *s.f.* (*med.*) cura di una malattia mediante inoculazione di germi.
nos|si|gnó|re *avv.* [*nossignori* se rivolto a più persone, *nossignora* se rivolto a una donna] **1** forma cortese di negazione usata con persone di riguardo **2** (*iron.*) forma rafforzata di negazione usata per esprimere contrarietà, disappunto: *"—, non hai ragione"*.
no|stal|gì|a *s.f.* desiderio struggente, rimpianto di una persona, di una cosa lontana o di luoghi, di situazioni che si vorrebbero rivivere.
no|stàl|gi|co *agg.* [m.pl. *-ci*] **1** che rivela nostalgia: *tono —; parole nostalgiche* **2** che soffre di nostalgia | (*iron.*) che rimpiange un regime politico ormai passato ♦ *s.m.* [f. *-a*] persona che prova nostalgia □ **nostalgicamente** *avv.*
no|strà|no *agg.* del nostro paese: *formaggio —*.
nò|stro *agg.poss. di 1ª pers.pl.* **1** che appartiene a noi: *il — appartamento* **2** che è proprio, caratteristico di noi: *i nostri consigli; la nostra simpatia* | con valore di reciprocità: *il — amore* **3** per indicare rapporti di parentela, d'amicizia, di lavoro e sim.: *i nostri genitori; il — capufficio* **4** (*fam.*) consueto, abituale: *il — appuntamento quotidiano; beviamo al — caffè* **5** esprime relazione in riferimento a una comunità ampia, estensibile anche a tutta l'umanità | *il — pianeta*, quello in cui vive il genere umano | *i nostri tempi*, quelli in cui viviamo **6** riferito a un soggetto singolare è usato come plurale maiestatico o di modestia: *secondo le nostre direttive; a — modesto parere* ♦ *pron.poss. di 1ª pers.pl.* **1** quello che ci appartiene, che è peculiare di noi: *la vostra auto e la nostra sono molto veloci* **2** per indicare rapporti di parentela, d'amicizia e sim.: *tua sorella e la nostra sono amiche* **3** si usa in espressioni ellittiche del linguaggio familiare | *i nostri*, i nostri genitori, parenti, amici | *accontentiamoci del —*, godiamo di ciò che abbiamo | *viviamo del —*, viviamo dei nostri averi | *la nostra del 10 agosto*, la nostra lettera.
no|stròmo *s.m.* (*mar.*) sottufficiale preposto ai servizi di bordo e marinareschi.
nò|ta *s.f.* **1** segno, qualità che contraddistingue: *la sua — caratteristica è la precisione* **2** (*mus.*) segno grafico con il quale si rappresentano l'al-

tezza e la durata di un suono | il suono rappresentato da tale segno: *le note sono sette* | (*fig.*) **trovare la — giusta**, trovare il tono, il modo adatto | **le dolenti note**, la parte più sgradevole di un fatto **3** breve appunto: *prendere — della lezione sul quaderno* | **degno di —**, degno di essere ricordato **4** commento di un testo collocato a margine o a piè di pagina | **— introduttiva**, breve testo che si premette a un'opera per dare elementi utili alla lettura | **— del redattore**, in un articolo giornalistico, breve commento del redattore apposto, spec. fra parentesi, a chiarimento di un testo altrui **5** comunicazione scritta di carattere ufficiale: *— diplomatica* **6** giudizio sul comportamento di qlcu., spec. espresso da parte di un superiore verso un dipendente o da un professore nei confronti di un allievo: *— di merito* **7** lista, conto: *la — della spesa*.

nò|ta bè|ne *loc.sost.m.invar.* in un testo scritto, indicazione per richiamare l'attenzione del lettore.

no|tà|bi|le *agg.* che è degno di essere notato, segnalato per ql.co. | (*estens.*) che riveste particolare importanza; pregevole: *impresa —* ♦ *s.m./f.* persona importante, autorevole: *i notabili del partito politico*.

no|ta|io *s.m.* libero professionista con funzioni di pubblico ufficiale; riceve e redige atti privati, contratti ecc., attribuendo loro pubblica fede.

no|tà|re *v.tr.* [indic.pres. *io noto...*] **1** contraddistinguere mediante segni: *— gli errori su un compito* **2** registrare in un elenco: *— le uscite* | annotare, scrivere **3** accorgersi di ql.co.; osservare, rilevare: *non ho notato niente di strano* | *farsi —*, richiamare l'attenzione su di sé **4** mettere in evidenza: *è da — che*.

no|ta|rià|to *s.m.* funzione, attività del notaio.

no|ta|rì|le *agg.* **1** di notaio: *studio —* | *procura —*, quella rilasciata in presenza di un notaio **2** tipico del notaio: *linguaggio —*.

no|ta|zió|ne *s.f.* **1** segnatura, annotazione | *— delle pagine*, numerazione delle pagine **2** (*fig.*) considerazione, osservazione: *ha fatto delle sottili notazioni* **3** (*mus.*) sistema di rappresentazione delle note **4** (*mat., chim.*) insieme delle formule e dei simboli.

notebook (*ingl.*) [pr. *nòtbuk*] *loc.sost.m.invar.* computer portatile che si apre a libro.

nò|tes *s.m.invar.* taccuino per appunti.

no|té|vo|le *agg.* degno di nota; meritevole di considerazione: *una somma —* | (*estens.*) straordinario, eccellente: *avere una — memoria* ☐ **notevolmente** *avv.*

no|ti|fi|ca *s.f.* (*bur.*) comunicazione, notificazione.

no|ti|fi|cà|re *v.tr.* [indic.pres. *io notifico, tu notifichi...*] **1** (*dir.*) rendere noto, portare a conoscenza un atto amministrativo o processuale **2** (*bur.*) dichiarare, denunciare: *— i propri dati*.

no|ti|fi|ca|zió|ne *s.f.* **1** l'atto del notificare **2** (*dir.*) avviso che rende noto all'interessato un determinato atto.

no|ti|zia *s.f.* **1** informazione che rende noto un fatto accaduto di recente: *le ultime notizie* | *non avere notizie di qlcu.*, non saperne nulla **2** (*estens.*) nozione, dato informativo specifico di una disciplina, un'arte, un'attività.

no|ti|zià|rio *s.m.* **1** in giornali o trasmissioni radiotelevisive, rubrica di notizie di minore importanza: *— regionale* **2** insieme di notizie pubblicate su un giornale: *— sportivo* | trasmissione televisiva o radiofonica di notizie: *il — delle ore venti e trenta*.

nò|to *agg.* conosciuto, famoso: *evento —*; *nome —* | *rendere —*, divulgare, diffondere ♦ *s.m.* ciò che si conosce: *il — e l'ignoto*.

no|to|rie|tà *s.f.* **1** condizione di ciò che è notorio: *la — di un miracolo*; *atto di —* **2** (*estens.*) rinomanza, fama.

no|tò|rio *agg.* **1** che è noto, risaputo pubblicamente | (*dir.*) *atto —*, dichiarazione giurata sulla verità di un fatto **2** chiaro, palese: *intenzione notoria* **3** famoso, celebre ☐ **notoriamente** *avv.*

not|tam|bu|lì|smo *s.m.* tendenza a fare vita da nottambulo.

not|tàm|bu|lo *s.m.* [f. *-a*] chi di notte ama andare a divertirsi; chi fa vita notturna.

not|tà|ta *s.f.* la durata di una notte in relazione a ciò che vi accade: *una — di chiacchiere*; *— nevosa* | *far —*, trascorrere svegli la notte.

nòt|te *s.f.* **1** parte del giorno solare che dal tramonto all'alba, in cui la luce non è visibile | *sul far della —*, all'imbrunire | *nel cuore della —*, a notte inoltrata | *di —*, durante la notte | *da —*, da usare durante la notte: *camicia da —* | *buona —*, saluto per chi va a dormire; (*fig.*) esclamazione per indicare ql.co. di concluso | *giorno e —*, continuamente: *lavora giorno e —* | *peggio che andar di —*, di male in peggio **2** tale periodo in relazione a ciò che vi accade: *una — insonne*; *— tempestosa* **3** (*lett.*) oscurità, buio | (*fig.*) oscuramento mentale o spirituale: *la — del Medioevo*.

not|te|tèm|po *avv.* di notte.

nòt|to|la[1] *s.f.* grande pipistrello europeo, dal pelame rossiccio, con ali e orecchie nere.

nòt|to|la[2] *s.f.* saliscendi di legno usato per chiudere usci, imposte, sportelli.

not|to|lì|no *s.m.* **1** piccolo saliscendi | nelle serrature moderne, cilindro in cui viene inserita la chiave **2** (*mecc.*) dente metallico che impedisce il moto retrogrado della ruota dentata.

Not|tùi|di *s.m.pl.* famiglia di farfalle crepuscolari o notturne, con corpo robusto e peloso.

not|tùr|na *s.f.* incontro sportivo, spec. di calcio, che si svolge di sera in uno stadio illuminato artificialmente.

not|tùr|no *agg.* della notte; che avviene di notte: *rumori notturni* | che è aperto, funzionante di notte: *servizio, locale —* ♦ *s.m.* **1** (*mus.*) composizione strumentale di carattere intimo o malinconico, che in origine veniva eseguita all'aperto di notte: *i "Notturni" di Chopin* **2** riproduzione fotografica o pittorica di un paesaggio notturno.

nò|tu|la *s.f.* conto dell'onorario dovuto a un professionista.

nouvelle cuisine (*fr.*) [pr. *nuvél kuisìn*] *loc.*

nova

sost.f.invar. tipo di cucina nata in Francia intorno agli anni Settanta, basata su piatti leggeri, preparati con sistemi di cottura semplici, e su accostamenti originali di ingredienti.

nò|va *s.f.* (*astr.*) stella che, a causa di un'esplosione violenta, aumenta rapidamente la propria luminosità e poi ritorna alla situazione iniziale.

no|van|ta *agg.num.card.invar.* che equivale a nove decine | (*fig.*) **pezzo da** —, nell'organizzazione mafiosa, chi gode di grande prestigio; (*estens.*) persona molto influente ♦ *s.m.invar.* il numero naturale che equivale a nove decine | il simbolo che rappresenta tale numero.

no|van|tèn|ne *agg.*, *s.m./f.* che, chi ha novant'anni d'età.

no|van|tè|si|mo *agg.num.ord.* che in una serie corrisponde al posto numero novanta.

no|van|ti|na *s.f.* serie, complesso di novanta o di circa novanta unità | **essere sulla** —, essere intorno ai novant'anni d'età.

nò|ve *agg.num.card.invar.* che equivale a otto unità più una | **prova del** —, prova aritmetica per verificare l'esattezza del risultato di operazioni elementari; (*fig.*) verifica rapida di ql.co. ♦ *s.m.invar.* il numero naturale che equivale a otto unità più una | il simbolo che rappresenta tale numero.

no|ve|cen|té|sco *agg.* [m.pl. *-schi*] del Novecento.

no|ve|cen|ti|smo *s.m.* il complesso delle tendenze artistiche e letterarie sviluppatesi nel Novecento in Italia.

no|ve|cen|ti|sta *s.m./f.* [pl.m. *-i*] **1** artista o scrittore del Novecento **2** studioso della letteratura, della storia e dell'arte del XX secolo.

no|ve|cèn|to *agg.num.card.invar.* che equivale a nove volte cento ♦ *s.m.invar.* il numero naturale che equivale a nove volte cento | il simbolo che rappresenta tale numero | **il Novecento**, il secolo XX.

no|vèl|la *s.f.* **1** (*lett.*) racconto, notizia di un fatto accaduto di recente: *che* — *mi porti?* | **la buona** —, il Vangelo **2** racconto in prosa di una vicenda reale o immaginaria, più breve del romanzo: *le novelle del Decameron* | il genere letterario della novella.

no|vel|là|me *s.m.* nome con cui si indica l'insieme dei piccoli di alcune specie animali, spec. dei pesci.

no|vel|là|re *v.intr.* [indic.pres. *io novello...*] (*lett.*) **1** raccontare novelle **2** (*estens.*) raccontare, discorrere.

no|vel|la|tó|re *s.m.* [f. *-trice*] (*lett.*) chi racconta novelle | scrittore di novelle.

no|vel|lét|ta *s.f.* (*mus.*) composizione pianistica di carattere fantasioso e forma libera.

no|vel|liè|re *s.m.* **1** [f. *-a*] chi racconta o scrive novelle **2** raccolta di novelle, in particolare di un solo autore.

no|vel|li|no *agg.* **1** appena nato, spuntato: *erba novellina* **2** che è agli esordi di un'attività; inesperto: *attore* — ♦ *s.m.* [f. *-a*] chi è agli inizi di un'attività: *sei proprio un* —!

no|vel|li|sti|ca *s.f.* l'arte di scrivere novelle | il genere letterario della novella, spec. considerato in rapporto a un determinato periodo, ambiente, autore: *la* — *del Quattrocento*.

no|vel|li|sti|co *agg.* [m.pl. *-ci*] relativo alla novella come genere letterario.

no|vèl|lo *agg.* **1** appena nato; recente, nuovo: *insalata novella*; *vino* — **2** che si trova da poco in una determinata condizione: *sposo* — **3** (*lett.*) si dice di persona, cosa o fatto che ripropone le caratteristiche di qlcu. o ql.co. del passato: *un* — *Leonardo*.

no|vèm|bre *s.m.* undicesimo mese dell'anno nel calendario gregoriano, di 30 giorni.

no|vem|bri|no *agg.* di novembre: *nebbia novembrina*.

no|vè|na *s.f.* (*relig.*) pratica devozionale cattolica che consiste in un rito di preghiere della durata di nove giorni consecutivi: *la* — *di Natale*.

no|ve|nà|rio *agg.*, *s.m.* (*metr.*) detto di verso formato da nove sillabe metriche.

no|ven|nà|le *agg.* **1** che dura nove anni **2** che ricorre ogni nove anni: *celebrazione* —.

no|vèn|nio *s.m.* periodo di nove anni.

no|ve|rà|re *v.tr.* [indic.pres. *io nòvero...*] (*lett.*) annoverare, contare.

nò|ve|ro *s.m.* **1** (*lett.*) enumerazione **2** (*estens.*) classe, categoria: *essere nel* — *dei preferiti*.

no|vi|lù|nio *s.m.* prima fase del mese lunare, durante la quale la Luna rimane invisibile.

no|vi|tà *s.f.* **1** caratteristica di ciò che è nuovo; originalità: *la* — *di un evento* **2** cosa nuova, apparsa di recente: *le* — *discografiche* **3** notizia recente: *il giornale riporta le ultime* — **4** innovazione: *le* — *del sistema produttivo*.

no|vi|zià|to *s.m.* **1** (*eccl.*) periodo di formazione del novizio prima di prendere i voti | collegio dove tale formazione avviene **2** (*estens.*) periodo di tirocinio per acquisire esperienza in un'arte o in un'attività: *ha fatto un lungo* —.

no|vì|zio *s.m.* [f. *-a*] **1** (*eccl.*) chi fa il noviziato per entrare in un ordine religioso **2** (*estens.*) chi è all'inizio di un'attività; principiante.

no|zio|nà|le *agg.* relativo a nozione.

no|zió|ne *s.f.* **1** conoscenza intuitiva, elementare: *non avere la* — *del tempo* **2** (*spec.pl.*) insieme degli elementi fondamentali di una disciplina, un argomento: *possedere nozioni di chimica*.

no|zio|ni|smo *s.m.* apprendimento acritico, puramente mnemonico, di notizie e dati.

no|zio|ni|sta *s.m./f.* [m.pl. *-i*] (*spreg.*) chi dà eccessiva importanza alle nozioni.

no|zio|ni|sti|co *agg.* [m.pl. *-ci*] proprio del nozionismo: *insegnamento* — *di una materia* □ **nozionisticamente** *avv.*

nòz|ze *s.f.pl.* sposalizio, matrimonio: *festeggiare le* — | — **d'argento**, venticinquesimo anniversario di matrimonio | — **d'oro**, cinquantesimo anniversario di matrimonio | (*fig.*) **andare a** —, fare una cosa con molta contentezza | **invitare a** —, proporre una cosa molto gradita.

nuance (*fr.*) [pr. *nuàns*] *s.f.invar.* gradazione

della tonalità di un colore | (*estens.*, *fig.*) sfumatura: — *di profumo*, *di stile*.
nù|be *s.f.* **1** (*meteor.*) ammasso visibile di goccioline d'acqua o di piccoli cristalli di ghiaccio sospeso nell'atmosfera **2** (*estens.*) massa di particelle di varia natura sospese nell'aria | — *tossica*, massa d'aria che contiene sostanze tossiche **3** (*fig.*) ql.co. che turba la serenità: *ha una — di malinconia nello sguardo* | *è una — passeggera*, si dice di un contrasto privo di conseguenze.
nu|bi|frà|gio *s.m.* temporale violento, con raffiche di vento e pioggia abbondante, scrosciante.
nù|bi|le *agg.*, *s.f.* detto di donna non sposata.
nù|ca *s.f.* (*anat.*) la parte posteriore del collo; cervice: *gli ha dato un colpo alla — per stordirlo*.
nu|cle|à|re *agg.* **1** (*fis.*) che si riferisce al nucleo dell'atomo: *studi di fisica —* | *energia —*, quella presente nel nucleo atomico, liberata per sintesi nei processi di fusione o per scissione nei processi di fissione | *armi nucleari*, quelle che sfruttano l'energia nucleare **2** (*biol.*) che si riferisce al nucleo cellulare: *membrana —* ♦ *s.m.* tutto quanto si attiene all'energia nucleare come fonte di energia elettrica.
nu|cle|à|si *s.f.* (*chim.*, *biol.*) nella cellula, enzima elettrolitico che scinde gli acidi nucleici.
nu|cle|à|to *agg.* (*biol.*) dotato di nucleo.
nu|clèi|co *agg.* [m.pl. *-ci*] (*biol.*) si dice di ogni acido organico a forma di doppia elica, contenuto nei nuclei delle cellule sotto forma di DNA o RNA.
nu|cle|i|na *s.f.* (*chim.*) sostanza organica proteica contenente fosforo presente nel nucleo delle cellule animali e vegetali.
nù|cle|o *s.m.* **1** la parte centrale o più interna di ql.co.; il primo elemento intorno a cui si è formato un organismo più complesso: *il — di una fiaba* **2** (*biol.*) la parte vitale della cellula **3** (*fis.*) parte centrale dell'atomo formata da protoni e neutroni, attorno a cui ruotano gli elettroni **4** (*astr.*) la parte più luminosa di una cometa, costituita da frammenti di materia solida **5** (*geol.*) parte centrale del globo terrestre, costituita da materiale incandescente **6** (*fig.*) piccolo gruppo di persone | *— familiare*, insieme di individui che compone una famiglia **7** reparto specializzato: *— antiterrorismo*.
nu|clè|o|lo *s.m.* (*biol.*) nel nucleo della cellula, ciascuno dei corpuscoli sferoidali omogenei che contengono proteine.
nu|cle|ó|ne *s.m.* (*fis.*) ognuna delle particelle elementari che costituiscono il nucleo atomico, cioè protoni e neutroni.
nu|cle|o|ti|de *s.m.* (*biol.*) composto organico formato da una base azotata legata a uno zucchero, unità fondamentale degli acidi nucleici.
nude look (*ingl.*) [pr. *nud luk*] *loc.sost.m.invar.* abbigliamento femminile che lascia intravedere il seno.
nu|di|smo *s.m.* movimento che propone l'abolizione degli indumenti per vivere a contatto con la natura.

nu|di|sta *s.m./f.* [m.pl. *-i*] chi pratica il nudismo ♦ *agg.* che riguarda il nudismo: *campi nudisti*.
nu|di|tà *s.f.* **1** condizione di chi è nudo **2** (*spec. pl.*) ogni parte del corpo lasciata nuda: *mostrare le —* **3** (*fig.*) sobrietà, semplicità: — *dello stile*.
nù|do *agg.* **1** non coperto da vesti; spogliato: *corpo — al sole* | *mezzo —*, quasi del tutto nudo | *a piedi nudi*, scalzo **2** (*estens.*) detto di cosa, senza naturale rivestimento, copertura, protezione: *terreno — di vegetazione* | senza ornamenti; spoglio, disadorno: *parete nuda di arazzi* | *a occhio —*, senza lenti o binocolo **3** (*fig.*) schietto, semplice; stringato: *la verità nuda e cruda* | (*fig.*) *mettere a —*, mettere in evidenza, rivelare senza indugio ♦ *s.m.* rappresentazione artistica, scultorea o pittorica, di un corpo nudo □ **nudamente** *avv.* in modo semplice, essenziale.
nù|go|lo *s.m.* grande quantità; gruppo fitto: *un — di moscerini*.
nùl|la *pron.indef.invar.* nessuna cosa, niente: *non fare — che lo possa rattristare* ♦ *s.m.invar.* **1** stato di inesistenza; ciò che non esiste: *Dio creò la terra dal —* | *un —*, una piccolissima cosa **2** (*filos.*) termine con cui si indica l'opposto dell'essere **3** (*fig.*) persona che non ha alcun valore; nullità: *sentirsi un —* ♦ *avv.* niente, affatto | *per —*, per niente, affatto.
nul|la|fa|cèn|te *agg.*, *s.m./f.* che, chi non svolge alcuna attività lavorativa | che, chi vive in modo ozioso.
nùl|la o|sta o **nullaosta** *loc.sost.m.invar.* (*bur.*) dichiarazione con cui l'autorità competente certifica l'inesistenza di impedimenti all'esercizio di attività o all'emanazione di provvedimenti.
nul|la|te|nèn|te *agg.*, *s.m./f.* che, chi non è proprietario di alcun bene immobile e non percepisce alcun reddito oltre quello derivante dal lavoro.
nul|li|fi|cà|re *v.tr.* [indic.pres. *io nullifico*, *tu nullifichi*...] (*raro*) ridurre a nulla; vanificare ♦ *-rsi intr.pron.* divenire nulla.
nul|li|tà *s.f.* **1** (*lett.*) stato di ciò che è nullo; totale mancanza di valore, d'importanza: *la — di un argomento* **2** persona o cosa di nessun valore: *sei proprio una — d'uomo!* **3** (*dir.*) condizione di invalidità di un atto giuridico per mancanza di uno dei suoi requisiti essenziali.
nùl|lo *agg.* **1** che non ha valore, efficacia: *le tue parole hanno sortito un effetto —*; *scheda nulla* **2** (*mat.*) che ha valore zero: *grandezza nulla* **3** (*dir.*) privo dei requisiti richiesti dalla legge: *matrimonio —*.
nù|me *s.m.* (*lett.*) **1** divinità della mitologia classica: *i numi dell'Olimpo* **2** (*fig.*, *anche scherz.*) persona autorevole, che funge da guida | *— tutelare*, divinità che protegge un individuo, un popolo; (*fig.*) persona influente che protegge.
nu|me|rà|bi|le *agg.* che si può numerare.
nu|me|rà|le *agg.* del numero; dei numeri: *sistema —* ♦ *s.m.* (*gramm.*) aggettivo o sostantivo indicante un numero | — **cardinale**, quello che determina una quantità (p.e. *uno*, *cento*) | — **ordina-**

le, quello che definisce il posto occupato in una serie (p.e. *primo, centesimo*).

nu|me|rà|re *v.tr.* [indic.pres. *io nùmero...*] segnare con numeri progressivi: — *le pagine di un libro.*

nu|me|rà|to *part.pass.* di numerare ♦ *agg.* segnato con un numero: *fascicolo —* | *posto —*, nei teatri, negli stadi e sim., quello contrassegnato da un numero.

nu|me|ra|tó|re *agg.* 1 [f. -*trice*] (*tecn.*) che serve per numerare: *macchina numeratrice* ♦ *s.m.* 1 apparecchio che numera: — *meccanico* | — *automatico*, apparecchio che imprime numeri in progressione su fogli, scontrini e sim. 2 (*mat.*) termine della frazione che indica quante parti delle unità significate dal denominatore si devono considerare.

nu|me|ra|zió|ne *s.f.* 1 il processo del numerare | serie di numeri progressivi 2 il sistema dei numeri e la forma sotto cui scriverli: — *romana*.

nu|mè|ri|co *agg.* [m.pl. -*ci*] del numero: *valore —* | che concerne i numeri, le loro funzioni, la loro rappresentazione: *ordine —* | che si esegue attraverso numeri: *calcolo —* □ **numericamente** *avv.* 1 mediante numeri: *definire —* 2 relativamente al numero: — *inferiore*.

nù|me|ro *s.m.* 1 ente matematico che rappresenta la quantità | — *intero*, quello che rappresenta una o più unità | — *decimale*, quello non intero | — *positivo*, quello che indica quantità superiori allo zero | — *negativo*, quello che indica quantità inferiori allo zero | — *pari*, *dispari*, quello divisibile o no per due | — *primo*, quello divisibile solo per uno e per se stesso | (*fis.*) — *atomico*, numero dei protoni presenti nel nucleo atomico di un elemento 2 il simbolo che rappresenta un numero: *numeri romani*, *arabi* | *cifra o insieme di cifre che distingue un elemento: — di targa* | — *civico*, quello delle abitazioni | — *verde*, numero telefonico che si può chiamare al costo di uno scatto 3 biglietto, contrassegno numerato: *prendere il — e attendere in coda* 4 (*estens.*) quantità indefinita di persone o cose | *essere nel —*, far parte del gruppo | *far —*, contribuire ad aumentare una certa quantità | — *legale*, il numero minimo di membri che devono essere presenti affinché sia valida un'assemblea | — *chiuso*, limite massimo entro cui un'istituzione scolastica accetta le domande di iscrizione 5 ognuno dei numeri del lotto, della tombola o di un altro gioco: *i numeri estratti* | (*fig.*, *fam.*) *dare i numeri*, fare discorsi strani, sconclusionati 6 ciascun fascicolo di quotidiani o periodici: *richiedere un — arretrato*; — *unico* 7 parte di uno spettacolo di varietà: *farà un — di recitazione* | (*coll.*) persona divertente, bizzarra: *che — il tuo amico!* 8 (*pl.*) qualità, requisito: *ha i numeri per riuscire nell'impresa* 9 (*gramm.*) nella flessione del nome, del pronome, dell'aggettivo, dell'articolo e del verbo, la categoria che distingue il singolo dal molteplice: — *singolare*, *plurale*.

nu|me|ro|lo|gì|a *s.f.* arte di trovare significati magici o mistici nei numeri.

nu|me|ro|si|tà *s.f.* qualità di ciò che è numeroso; abbondanza, gran quantità: *la — dei tifosi allo stadio*.

nu|me|ró|so *agg.* formato da parecchi elementi: *famiglia numerosa* | (*spec.pl.*) presente in gran numero: *arrivarono numerosi alla conferenza* □ **numerosamente** *avv.*

nu|mi|smà|ti|ca *s.f.* scienza che studia monete e medaglie di ogni epoca e paese sotto l'aspetto storico, economico, giuridico e artistico.

nu|mi|smà|ti|co *agg.* [m.pl. -*ci*] relativo alla numismatica ♦ *s.m.* [f. -*a*] studioso, cultore di numismatica.

num|mu|li|te *s.f.* genere di foraminiferi fossili i cui gusci, depositati nei fondali marini, hanno contribuito alla formazione di rocce calcaree.

nun|zia|tù|ra *s.f.* 1 ufficio, carica del nunzio apostolico | durata di tale incarico 2 sede in cui il nunzio apostolico esplea il suo incarico.

nùn|zio *s.m.* (*lett.*) messaggero, ambasciatore | rappresentante della Santa Sede presso uno Stato straniero: — *apostolico*.

nuò|ce|re *v.intr.* [indic.pres. *io nòccio* o *nuòccio*, *tu nuòci*, *egli nuòce*, *noi nociamo* o *nuociamo*, *voi nocéte* o *nuocéte*, *essi nòcciono* o *nuòcciono*; imperf. *io nocévo* o *nuocévo...*; pass.rem. *io nòcqui*, *tu nocésti* o *nuocésti...*; fut. *io nocerò* o *nuocerò...*; pres.congiunt. *io nòccia* o *nuòccia...*, *noi nociamo* o *nuociamo...*; imperf.congiunt. *io nocéssi* o *nuocéssi...*; condiz. *io nocerèi* o *nuocerèi...*; imp. *nuòci*, *nocéte* o *nuocéte*; dif. del part.pres.; part. pass. *nociuto* o *nuociuto*; aus. *A*] recare danno materialmente o moralmente: *il fumo nuoce alla salute; la sua cattiveria gli ha nuociuto*.

nuò|ra *s.f.* la moglie del figlio considerata rispetto ai genitori di questo.

nuo|tà|re *v.intr.* [indic.pres. *io nuoto...*; aus. *A*] 1 eseguire un insieme di movimenti coordinati per spostarsi nell'acqua: *mi ha insegnato a —* | praticare uno stile di nuoto: — *a farfalla* 2 (*estens.*) galleggiare: *i piselli nuotano nel sugo* | (*fig.*) — *nell'abbondanza*, essere forniti di tutto 3 (*fig., fam.*) stare largo in un capo di vestiario: *nuotava nei vestiti* ♦ *tr.* (*sport*) gareggiare a nuoto su una distanza: — *i duecento metri in pochi minuti* | praticare uno stile di nuoto: — *lo stile libero*.

nuo|tà|ta *s.f.* 1 modo di nuotare: *una — nervosa*, *rilassata* 2 il tempo in cui si resta in acqua nuotando: *ho fatto una bella — di un'ora* | il percorso compiuto a nuoto.

nuo|ta|tó|re *s.m.* [f. -*trice*] chi nuota | chi pratica abitualmente il nuoto: *è un gran —*.

nuò|to *s.m.* 1 l'azione, la pratica del nuotare 2 tecnica, stile di nuoto: *scuola di —*; — *a rana* | — *sincronizzato*, specialità che consiste nell'eseguire delle figure in acqua al suono di una musica.

nuò|va *s.f.* (*lett.*) notizia di fatti accaduti di recente: *portare buone nuove*.

nuò|vo *agg.* 1 creato o accaduto di recente; che è cominciato da poco: *una nuova auto*; *una nuova moda* | — *di zecca*, nuovissimo | *le nuove generazioni*, i giovani 2 che comincerà tra poco; prossimo: *il — anno* 3 che non si è mai visto, né udito prima: *un volto —* | insolito: *ha assunto un — comportamento* **4** mutato, rifatto: *il — volto del paese* | *rimettere a —*, rinnovare: *rimettere a — il locale* **5** successivo, ulteriore: *un — fidanzato* **6** detto di persona o cosa, che ricorda per caratteristiche una precedente: *una nuova Garbo* | nei toponimi, identifica un luogo rispetto a un altro che porta o portava lo stesso nome: *Nuova York* **7** detto di persona, che adempie da poco a certe funzioni: *il — sindaco* ♦ *s.m.* ciò che costituisce una novità: *è nemico del —* | *di —*, ancora: *l'ho incontrato di —* ▢ **nuovamente** *avv.* un'altra volta, di nuovo.

nu|rà|ghe *s.m.* [pl.invar. o *-ghi*] (*archeol.*) costruzione preistorica troncoconica realizzata con grossi massi sovrapposti a secco; è tipica della Sardegna.

nu|rà|gi|co *agg.* [m.pl. *-ci*] dei nuraghi | fatto di nuraghi: *villaggio —*.

nurse (*ingl.*) [pr. *ners*] *s.f.invar.* bambinaia, governante | infermiera.

nursery (*ingl.*) [pr. *nèrsri*] *s.f.invar.* locale attrezzato per ospitare bambini piccoli: *la — di una clinica.*

nu|ta|zió|ne *s.f.* **1** (*astr.*) piccolo spostamento dell'asse di un corpo celeste dovuta all'attrazione di astri vicini **2** (*med.*) oscillazione involontaria e continua del capo.

nù|tria *s.f.* mammifero roditore acquatico diffuso spec. in Sud América | la pelliccia di tale animale messa in commercio col nome di *castorino.*

nu|trì|ce *s.f.* donna che allatta un bambino non suo, spec. dietro pagamento; balia.

nu|tri|èn|te *part.pres. di* nutrire ♦ *agg.* detto di sostanza che ha potere nutritivo: *il latte intero è* — | *crema* —, in cosmesi, preparato che nutre la pelle apportando elementi vitaminici.

nu|tri|mén|to *s.m.* **1** l'atto del nutrire | (*estens.*) mantenimento, sostentamento | il modo in cui si nutre o ci si nutre | alimento: *le radici traggono — dalla terra* **2** (*fig.*) ciò che alimenta affetti, sentimenti e sim.: *il suo coraggio trae — dall'orgoglio* | ciò che innalza lo spirito e accresce le facoltà della mente: *la fede è il — dell'anima.*

nu|trì|re *v.tr.* [indic.pres. *io nutro o nutrisco, tu nutrisci...*] **1** somministrare a un essere vivente gli alimenti necessari: *— il bestiame;* — *un bambino* | (*assol.*) dare nutrimento: *un alimento che nutre* | (*estens.*) mantenere: *— la famiglia* **2** (*fig.*) arricchire spiritualmente: *le buone letture nutrono la mente* | (*fig.*) custodire, coltivare un sentimento: *— affetto* ♦ **-rsi** *rifl.* (*anche fig.*) cibarsi: *— con poco.*

nu|tri|ti|vo *agg.* che riguarda la nutrizione: *apporto —* | che serve a nutrire | *potere —*, l'insieme dei principi alimentari che costituiscono un alimento (grassi, proteine, zuccheri, vitamine ecc.).

nu|trì|to *part.pass. di* nutrire ♦ *agg.* **1** che è stato alimentato bene; robusto: *bambini ben nutriti* **2** (*fig.*) fitto, folto: *un — gruppo di persone.*

nu|tri|zio|nà|le *agg.* (*med.*) relativo alla nutrizione.

nu|tri|zió|ne *s.f.* **1** l'atto del nutrire, del nutrirsi | il modo di nutrire o di nutrirsi: *una — ricca di zuccheri* **2** (*biol.*) l'insieme dei processi che consentono di utilizzare sostanze alimentari per la sopravvivenza e lo sviluppo dell'organismo.

nu|tri|zio|nì|sta *s.m./f.* [m.pl. *-i*] (*med.*) medico che studia i problemi della nutrizione.

nu|tri|zio|nì|sti|ca *s.f.* disciplina che studia i problemi della nutrizione, in particolare i valori nutritivi degli alimenti.

nù|vo|la *s.f.* **1** nube | (*fig.*) *avere la testa fra le nuvole*, essere distratto | *vivere nelle nuvole*, vivere mentalmente fuori dalla realtà | *cascare dalle nuvole*, meravigliarsi **2** (*estens.*) qualsiasi cosa a forma di nuvola: *una — di polvere* | (*fig.*) ciò che offusca la vista: *una — d'odio* **3** (*fig.*) minaccia incombente: *nuvole nere si addensano sull'economia.*

nu|vo|là|glia *s.f.* ammasso irregolare di nuvole.

nù|vo|lo *agg.* nuvoloso ♦ *s.m.* tempo nuvoloso.

nu|vo|lo|si|tà *s.f.* quantità di nuvole nel cielo.

nu|vo|ló|so *agg.* coperto di nubi: *ieri il cielo era —.*

nu|ziàle *agg.* di, delle nozze; matrimoniale: *abito —* | (*biol.*) *livrea —*, modificazione esteriore di taluni animali al periodo degli amori.

nu|zia|li|tà *s.f.* (*stat.*) numero dei matrimoni celebrati in un dato periodo e in un certo posto: *alta —.*

nylon® (*ingl.*) [pr. *nàilon*] *s.m.invar.* fibra tessile sintetica, elastica e resistente | il tessuto realizzato con tale fibra.

Oo

o¹ *s.f./m.invar.* quindicesima lettera dell'alfabeto | — **come Otranto**, si usa nella compitazione, spec. telefonica, delle parole | **come l'— di Giotto**, perfettamente circolare.

o² *cong.* [nello scritto si usa *od* davanti a parola che inizia per *o*-] **1** [con funzione disgiuntiva coordina parti del discorso analoghe per indicare un'alternativa, un'esclusione o un'opposizione] oppure: *ora — mai più*; *bello — interessante*; *che lei voglia — no* | ripetuto davanti ai singoli termini, enfatizza l'assenza di ulteriori alternative: *— tu — io*; *— questo — quello* **2** [con funzione esplicativa] cioè, vale a dire, ossia: *l'astronomia, — scienza dei corpi celesti* **3** in caso contrario, altrimenti: *parla — ti uccido* | **meglio**, per meglio dire: *al più presto, — meglio subito* | **anche**, eventualmente: *oggi, — anche domani*.

o³ *inter.* **1** rafforza l'esclamazione o l'invocazione che la segue: *— mamma, che spavento!*; *— Signore, abbi pietà!* **2** *(fam.)* per chiamare ad alta voce: *— tu là in fondo!*

ò|a|si *s.f.* **1** estensione di terreno, all'interno di un deserto, resa fertile dalla presenza di acqua **2** *(estens.)* luogo circoscritto con caratteristiche migliori rispetto a quelle della realtà circostante: *— di relax* | *(fig.)* momento sereno **3** riserva naturale: *un'— del WWF*.

ob|be|dièn|za *s.f.* → **ubbidienza**
ob|be|di|re *v.intr. e deriv.* → **ubbidire** *e deriv.*
ob|biet|tà|re *v.tr. e deriv.* → **obiettare** *e deriv.*
ob|biet|ti|vo *s.m. e deriv.* → **obiettivo** *e deriv.*
ob|bli|gan|te *part.pres. di obbligare* ♦ *agg.* **1** che genera un obbligo; vincolante: *contratto —* **2** tanto cortese da suscitare altrettanta gentilezza: *maniere obbliganti*.

ob|bli|ga|re *v.tr.* [*indic.pres.* io òbbligo, tu òbblighi...] **1** sottoporre a un obbligo, spec. di tipo morale o giuridico: *— a rispettare il rosso* **2** *(estens.)* costringere: *il maltempo mi obbligò a rincasare* **3** indurre con insistenza: *ci obbligano a restare a cena* **4** rendere debitore in termini di riconoscenza: *tanta benevolenza li obbligherà per sempre* ♦ **-rsi** *rifl.* **1** *(dir.)* vincolarsi per effetto di un'obbligazione: *— in solido* **2** impegnarsi a un dovere di riconoscenza: *— con qlcu.* **3** costringersi: *— a ritentare*.

ob|bli|ga|to *part.pass. di obbligare* ♦ *agg.* **1** vincolato da obblighi; costretto: *— al riserbo* | *a letto*, a riposo per malattia o incidente **2** non facoltativo; inevitabile: *passaggio —* | *scelta obbligata*, imposta dalle circostanze **3** legato da un senso di gratitudine: *non sentirti —* | **molto —!**, come formula di ringraziamento.

ob|bli|ga|to|rie|tà *s.f.* caratteristica di ciò che è obbligatorio.

ob|bli|ga|tò|rio *agg.* **1** che non è facoltativo, che va fatto per forza: *esame —* | richiesto dalle circostanze: *— lo smoking* **2** *(dir.)* imposto dalla legge | che si riferisce a un'obbligazione □ **obbligatoriamente** *avv.* come obbligo; necessariamente.

ob|bli|ga|zio|nà|rio *agg.* *(fin.)* di obbligazione; che riguarda le obbligazioni: *mercato —*.

ob|bli|ga|zió|ne *s.f.* **1** obbligo, impegno **2** *(dir.)* rapporto giuridico che costringe il debitore a una prestazione, patrimonialmente valutabile, nei confronti del creditore **3** *(fin.)* titolo di credito a interesse, emesso per ottenere prestiti a medio o lungo termine.

ob|bli|ga|zio|ni|sta *s.m./f.* [m.pl. -i] *(fin.)* detentore di obbligazioni.

ob|bli|go *s.m.* [pl. -ghi] comportamento imposto da una legge o da ragioni morali; dovere: *— di coscienza* | *(estens.)* imposizione, costrizione | **in —**, impegnato su debiti di gratitudine | **avere degli obblighi verso qlcu.**, dovergli riconoscenza | *d'—*, imposto spec. da consuetudini, decisamente opportuno: *la cravatta è d'—* | **obblighi militari**, servizio di leva.

ob|brò|brio *s.m.* **1** cosa o persona che è motivo di infamia o vergogna **2** *(estens.)* cosa o persona molto brutta: *il tuo abito è un —*.

ob|bro|briò|so *agg.* **1** che è fonte di infamia, di disonore: *atteggiamento —* **2** *(estens.)* mostruoso; che offende il buon gusto: *un palazzo —* □ **obbrobriosamente** *avv.*

o|be|li|sco *s.m.* [pl. *-schi*] monumento monolitico a pianta quadrata, che va restringendosi verso l'alto; gli esemplari di origine egizia sono ornati di geroglifici.

o|be|rà|re *v.tr.* [*indic.pres.* io òbero...] *(raro)* gravare, caricare in modo eccessivo.

o|be|rà|to *part.pass. di oberare* ♦ *agg.* **1** gravato da oneri economici: *— di debiti* **2** *(fig.)* sovraccarico: *sono — d'impegni*.

o|be|si|tà *s.f.* *(med.)* eccessivo accumulo di adipe nell'organismo.

o|bè|so o **obéso** *agg., s.m.* [f. *-a*] *(med.)* che, chi soffre di obesità, di grassezza eccessiva: *ci sono sempre più obesi*.

ò|bi|ce *s.m.* pezzo di artiglieria che effettua tiri con traiettoria molto curva.

o|biet|tà|re o **obbiettàre** *v.tr.* [*indic.pres.* io

obiètto...] sostenere un'opinione contraria; opporre: *che cos'hai da —?*

o|biet|ti|vi|tà o **obbiettività** *s.f.* atteggiamento obiettivo; imparzialità.

o|biet|ti|vo o **obbiettivo** *agg.* **1** privo di pregiudizi; imparziale: *valutazione obiettiva* **2** oggettivo, fondato su dati di fatto ♦ *s.m.* **1** (*fis.*) sistema di lenti di uno strumento ottico che fornisce immagini degli oggetti in dimensioni reali o modificate: *l'— della telecamera* **2** (*mil.*) scopo di un'operazione militare | bersaglio di un colpo d'arma: *— centrato* **3** (*estens.*) meta, finalità: *avere chiaro l'—* □ **obiettivamente** *avv.* **1** in modo imparziale **2** di fatto; oggettivamente: *è — un problema.*

o|biet|tó|re o **obbiettóre** *s.m.* [f. *-trice*] (*raro*) chi fa obiezioni | *— di coscienza,* chi, per ragioni ideologiche o morali, rifiuta di compiere determinati atti che la legge impone (p.e. il servizio militare) o consente (p.e. il procurare l'aborto).

o|bie|zió|ne o **obbiezióne** *s.f.* argomento con cui si contrasta il punto di vista altrui: *avanzare un'—* | *— fiscale,* scelta dichiarata di non pagare tasse e sim. per contestare qualche aspetto del loro utilizzo statale (p.e. per il finanziamento militare).

o|bi|tò|rio *s.m.* locale in cui si conservano i cadaveri in attesa del riconoscimento o dell'autopsia | camera mortuaria di ospedale.

o|bi|tu|à|rio *s.m.* **1** (*st.*) registro medievale delle date di morte dei benemeriti di un'istituzione religiosa **2** rubrica che riporta trafiletti sulle persone defunte in un dato periodo; necrologio.

o|bla|ti|vi|tà *s.f.* (*psicol.*) tendenza a occuparsi delle esigenze altrui senza ricompensa | (*estens.*) altruismo.

o|bla|ti|vo *agg.* **1** (*psicol.*) disposto a dedicarsi alle esigenze altrui senza nulla in cambio | (*estens.*) altruistico **2** (*dir.*) relativo al pagamento volontario di una contravvenzione.

o|blà|to *agg., s.m.* [f. *-a*] si dice di laico che, senza prendere i voti, abita in un monastero e ne condivide la regola.

o|bla|tó|re *s.m.* [f. *-trice*] **1** chi offre ql.co. in beneficenza **2** (*dir.*) chi paga una contravvenzione tramite oblazione.

o|bla|zió|ne *s.f.* **1** offerta di denaro per opere di beneficenza **2** (*dir.*) pagamento volontario di una somma di denaro per l'estinzione di una contravvenzione **3** (*lit.*) deposizione sull'altare di pane e vino da consacrare.

o|bli|o *s.m.* dimenticanza totale; cancellazione dei ricordi | *caduto nell'—,* dimenticato da tutti.

o|bli|qui|tà *s.f.* caratteristica delle cose oblique: *— di un piano.*

o|bli|quo *agg.* **1** (*geom.*) detto di retta o piano che incontri un'altra retta o piano secondo un angolo non retto | inclinato, sghembo **2** (*fig.*) indiretto: *per vie oblique* | (*ling.*) *casi obliqui,* nelle lingue flessive, i casi della declinazione di nome e aggettivo diversi da nominativo e accusativo **3** (*fig.*) storto, sbieco: *occhiata obliqua* | subdolo;

falso: *scopo —* □ **obliquamente** *avv.* **1** di traverso **2** (*fig.*) per vie traverse **3** (*fig.*) slealmente.

o|bli|te|rà|re *v.tr.* [indic.pres. *io oblìtero...*] **1** annullare francobolli, biglietti e sim. con timbri o forature **2** (*fig.*) far dimenticare ♦ **-rsi** *intr.pron.* (*med.*) occludersi.

o|bli|te|ra|trì|ce *s.f.* macchina che annulla francobolli, biglietti e sim.

o|bli|te|ra|zió|ne *s.f.* **1** annullamento di francobolli, biglietti e sim., mediante timbro o foratura **2** (*med.*) occlusione di canale o cavità.

o|blò *s.m.* finestrino circolare nella murata delle navi o sulla fusoliera degli aerei | (*estens.*) finestrella tonda.

o|blùn|go *agg.* [m.pl. *-ghi*] di forma allungata; più lungo che largo: *tavolo —.*

ob|nu|bi|la|mén|to o **onnubilaménto** *s.m.* (*med., psicol.*) offuscamento, annebbiamento, stordimento: *— dei sensi.*

ob|nu|bi|là|re o **onnubilàre** *v.tr.* [indic.pres. *io obnùbilo...*] offuscare, annebbiare; ottundere, confondere: *— la coscienza.*

ò|bo|e *s.m.* (*mus.*) strumento a fiato in legno, ad ancia doppia, formato da un tubo cilindrico stretto e lungo su cui si aprono dei fori chiusi da chiavi.

o|bo|i|sta *s.m./f.* [m.pl. *-i*] chi suona l'oboe.

ò|bo|lo *s.m.* piccola offerta in denaro a bisognosi o a chiese.

ob|so|le|scèn|te *agg.* (*raro*) invecchiato; obsoleto, superato.

ob|so|le|scèn|za *s.f.* **1** invecchiamento progressivo **2** (*econ.*) perdita di competitività di tecnologie non più al passo coi tempi, superate da prodotti o macchinari più evoluti.

ob|so|lè|to *agg.* antiquato, disusato: *vocabolo —.*

ob|tòr|to còl|lo (*lat.*) *loc.* malvolentieri, controvoglia.

oc (*provenzal ant.*) *s.m.invar.* solo nella loc. *lingua d'—,* lingua romanza della Francia meridionale, tipica della poesia trobadorica e ora divisasi in vari dialetti di Piemonte e Provenza.

ò|ca *s.f.* **1** grosso palmipede allevato per le carni e le piume | *gioco dell'—,* gioco da tavolo in cui si tirano i dadi per compiere un percorso numerato | (*mil.*) *passo dell'—,* nel quale si tiene rigida la gamba che viene portata avanti | (*fig.*) *pelle d'—,* brivido di freddo o paura **2** (*fig.*) donna insulsa, sciocchina.

o|càg|gi|ne *s.f.* stupidità, spec. femminile.

o|ca|rì|na *s.f.* (*mus.*) strumento a fiato ovoidale, di terracotta, munito di fori.

oc|ca|mi|smo *s.m.* (*filos.*) indirizzo teoretico inaugurato nel Medio Evo da Guglielmo di Occam (1290-1349), che sosteneva la separazione tra scienza e fede.

oc|ca|mi|sta *agg.* (*filos.*) dell'occamismo | *s.m./f.* [pl. *-i*] seguace dell'occamismo.

oc|ca|sio|nà|le *agg.* **1** dovuto al caso; fortuito **2** che avviene di tanto in tanto; episodico | *rapporto —,* rapporto sessuale estraneo a una stabile relazione sentimentale | *lavoro —,* che viene svolto saltuariamente, senza contratti duraturi

occasionalismo

3 che fornisce l'occasione, il pretesto: *causa —* □

occasionalmente *avv.* 1 casualmente 2 in modo saltuario.

oc|ca|sio|na|li|smo *s.m.* (*filos.*) teoria seicentesca secondo cui ogni fenomeno terreno non è conseguenza di leggi naturali ma dipende direttamente delle intenzioni divine che in esso si realizzano.

oc|ca|sió|ne *s.f.* 1 circostanza particolare: *vestito delle grandi occasioni* | *parole d'—*, discorso convenzionale, non sincero 2 momento favorevole, opportunità | *— d'oro*, momento ideale, opportunità irripetibile 3 bene venduto a cifre vantaggiose | *d'—*, si dice di ql.co. che è offerto a prezzo ridotto 4 causa; pretesto: *fu — d'imbarazzo*.

oc|chia|ia *s.f.* 1 orbita oculare 2 (*spec.pl.*) infossamento bluastro sotto gli occhi gener. dovuto a stanchezza o malattia.

oc|chia|lét|to *s.m.* occhiali per signora, usati spec. nel Settecento, costituiti da una o due lenti senza stanghette e sorretti da un manico.

oc|chià|li *s.m.pl.* coppia di lenti sostenute da una montatura, poste davanti agli occhi per proteggerli dagli agenti esterni o per correggere i difetti della vista: *cambiare —* | *— da sole*, con lenti scure.

oc|chia|li|no *s.m.* occhialetto.

oc|chia|lù|to *agg.* (*scherz.*) che porta occhiali, spec. se ingombranti.

oc|chia|ta[1] *s.f.* sguardo rapido: *un'— furtiva* | *dare un'—*, esplorare in modo sommario: *date un'— qui intorno*; (*fig.*) sorvegliare ql.co. o qlcu. per breve tempo: *daremo noi un'— ai bambini*.

oc|chia|ta[2] *s.f.* pesce di mare commestibile con occhi grandi e una macchia nera alla base della coda, molto diffuso nel Mediterraneo.

oc|chia|to *agg.* caratterizzato da macchie o buchi tondi, simili a occhi: *coperta occhiata*.

oc|chia|tù|ra *s.f.* caratteristica dei formaggi che presentano buchi tondeggianti: *l'— dell'emmental*.

oc|chieg|già|re *v.tr.* [indic.pres. *io occhiéggio...*] guardare con ammirazione o desiderio ♦ *intr.* [aus. *A*] (*lett.*) apparire fugacemente: *le stelle occhieggiano tra le nubi*.

oc|chiél|lo *s.m.* 1 piccolo taglio orlato nel tessuto, in cui si fanno passare i bottoni; asola: *gli occhielli della camicia* | foro praticato su carta, cuoio o stoffa, in cui si fanno passare ganci o fibbie | orlatura o anello metallico per rinforzare tale foro 2 (*giorn.*) frase che si trova sopra il titolo di un articolo, composta in corpo e giustezza a esso inferiori 3 (*tipografia*) indicazione del titolo di un libro o di un suo capitolo, stampata nella pagina dispari che precede il frontespizio o il capitolo all'interno del volume | la pagina bianca in cui è stampato tale titolo.

òc|chio *s.m.* 1 (*anat.*) organo della vista, che nell'uomo è doppio ed è costituito da un globo ospitato in ciascuna delle due cavità nella faccia | la parte visibile del globo oculare, protetta dalle palpebre, colorata in modo diverso a seconda della pigmentazione dell'iride: *avere gli occhi verdi* | *— artificiale*, (*pop.*) *— di vetro*, quello che viene inserito nella cavità orbitale per sostituire l'occhio mancante | *avere gli occhi lucidi*, per la commozione o per la febbre | *chiudere gli occhi*, abbassare le palpebre; (*estens.*) morire; (*estens.*) dormire; (*fig.*) non accettare l'evidenza | *guardarsi negli occhi*, fissarsi reciprocamente; (*fig.*) parlarsi con sincerità, smettere di fingere | *sognare a occhi aperti*, immergersi nelle fantasticherie | *strizzare l'—*, ammiccare | *a quattr'occhi*, privatamente, senza testimoni | (*prov.*) *— per —, dente per dente*, ogni danno sia punito con pena equivalente | (*fig.*) *un — (della testa)*, moltissimo: *il vestito costa un —* 2 vista, capacità di vedere | *— di lince*, vista acutissima | *a — nudo*, senza usare lenti | *a perdita d'—*, fin dove arriva lo sguardo | *a vista d'—*, molto in fretta: *consumarsi a vista d'—* | *colpo d'—*, panoramica generale: *da quassù si gode un bel colpo d'—* | *a colpo d'—*, subito, a prima vista: *l'ho capito a colpo d'—* | *cavarsi gli occhi*, rovinarsi la vista leggendo, spec. se a lungo o con poca luce | *mettere gli occhi addosso a qlcu., su ql.co.*, guardare insistentemente; desiderare vivamente | *non credere ai propri occhi*, non riuscire a capacitarsi | *saltare agli occhi*, essere evidente | *tenere d'—*, sorvegliare | *vedere con i propri occhi*, verificare personalmente | *dare nell'—*, comportarsi in modo da farsi notare | *fare l'— a ql.co.*, abituarsi a vederla | *a occhi chiusi*, senza la minima esitazione, con sicurezza e fiducia 3 (*fig.*) capacità di valutare, di giudicare | discernimento | *avere — clinico*, essere perspicaci, acuti | (*fig.*) *aprire gli occhi*, guardare in faccia la realtà | *aprire gli occhi a qlcu.*, fargli capire come stanno realmente le cose | *chiudere un —*, far finta di niente; mostrarsi tollerante | *a —*, senza misurare esattamente: *calcolare a —* | *a — e croce*, pressappoco | *avere — per ql.co.*, saper giudicare bene ql.co. | *—!*, attenzione! 4 (*fig.*) sguardo, espressione | *leggere negli occhi*, capire dall'espressione | *avere gli occhi fuori dalle orbite*, essere sbalordito, sconvolto | *vedere di buon, mal —*, essere favorevole, sfavorevole | *fare gli occhi dolci a qlcu.*, corteggiarlo | *occhi magnetici*, dal fascino irresistibile | *alzare gli occhi al cielo*, guardare in alto per pregare, per disperazione e sim. 5 sensibilità estetica, buon gusto | *anche l'— vuole la sua parte*, conta anche l'apparenza esteriore | (*fig.*) *pugno in un —*, cosa di pessimo gusto, fastidiosa a vedersi 6 (*arch.*) apertura ovale o circolare praticata nelle facciate o nella copertura di un edificio 7 (*estens.*) ciò che assomiglia a un occhio | macchia tondeggiante | (*med.*) *— di pernice*, formazione callosa tra le dita del piede | *— di bue*, riflettore che segue i movimenti di un personaggio, concentrando su di lui il fascio di luce | *— del ciclone*, la zona centrale e tranquilla attorno alla quale vorticano le masse d'aria | (*fig.*) *essere nell'— del ciclone*, in un momento critico, nel bel mezzo delle difficoltà 8 (*bot.*) gemma | *— della Madonna*, miosotide.

oc|chio|li|no *s.m. nella loc.* **fare l'—**, fare l'occhietto.

oc|chiù|to agg. 1 (lett.) che ha tanti occhi 2 (fig.) che tiene sott'occhio tutto e tutti; vigile 3 (estens.) che presenta macchie tonde simili a occhi; occhiato: *penne occhiute del pavone.*

oc|ci|den|tà|le agg. 1 che si trova a occidente rispetto a un altro punto | che arriva da ovest: *vento* — 2 che appartiene o si riferisce ai paesi dell'Occidente ♦ *s.m./f.* abitante dell'Europa o dell'America del Nord.

oc|ci|den|ta|li|smo *s.m.* 1 tendenza ad attribuire un ruolo fondamentale al contributo dato dalla cultura dell'Occidente alla storia della civiltà 2 (polit.) orientamento che mira a rafforzare le alleanze tra paesi occidentali che gravitano nell'orbita statunitense.

oc|ci|den|ta|liz|zà|re *v.tr.* uniformare ai modelli culturali europei e nordamericani ♦ **-rsi** *intr.pron.* assimilare tali modelli.

oc|ci|den|ta|liz|za|zió|ne *s.f.* imposizione di modelli europei e nordamericani | uniformazione alle usanze, alle abitudini e alla cultura dell'Occidente.

oc|ci|dèn|te *s.m.* 1 parte dell'orizzonte dove tramonta il sole; ponente, ovest 2 (estens.) parte di una regione situata a ovest rispetto a un'altra: *l'— della penisola iberica* | **Occidente**, i paesi europei rispetto a quelli asiatici; (polit.) fino al crollo dell'Unione Sovietica, i paesi che facevano parte del blocco capitalista euro-americano in contrapposizione a quello comunista.

-òc|cio *suff.* si usa per alterare aggettivi con valore diminutivo-vezzeggiativo (*belloccio*).

oc|ci|pi|tà|le agg. (anat.) dell'occipite: *nervo —.*

oc|ci|pi|te *s.m.* (anat.) regione posteriore e inferiore del cranio; nuca.

oc|ci|tà|ni|co agg. [m.pl. -*ci*] che concerne i territori dell'antica Occitania, ossia la Francia del Sud e le aree limitrofe: *dialetto* — | relativo alla lingua d'oc: *poesia occitanica* ♦ *s.m.* lingua d'oc | dialetto provenzale.

oc|ci|tà|no agg. che fa parte di una minoranza di lingua provenzale | *s.m.* 1 [f. -a] chi è nato o abita in un'area di lingua provenzale 2 (ling.) lingua provenzale o dialetto affine.

oc|clù|de|re *v.tr.* [pass.rem. *io occlusi, tu occludesti*...; part.pass. *occluso*] (spec.med.) ostruire, bloccare il passaggio in canali e sim.: *— una vena.*

oc|clu|sió|ne *s.f.* processo o azione che intasa, ostruisce | (med.) — *intestinale*, blocco del canale dell'intestino.

oc|clu|sì|va *s.f.* (ling.) consonante che viene articolata attraverso un'occlusione del canale vocale, cui segue un'improvvisa riapertura (p.e. *p, b, t, d, c* e *g*).

oc|clu|sì|vo agg. 1 (spec. med.) relativo a un'occlusione; causato da essa 2 (ling.) si dice di consonante che viene pronunciata chiudendo e riaprendo subito il canale vocale.

oc|clù|so *part.pass.* di *occludere* ♦ agg. 1 (raro) intasato, ostruito 2 (med.) che ha l'intestino bloccato.

oc|cor|rèn|te agg., *s.m.* detto di ciò che serve per fare ql.co.: *l'— per il viaggio.*

oc|cor|rèn|za *s.f.* 1 bisogno, necessità | *all'—*, in caso di necessità 2 (mat., stat.) ricorrenza di un fenomeno di una variabile ecc. | (ling.) comparsa di un elemento in un testo: *calcolare il numero di occorrenze di una parola.*

oc|cór|re|re *v.intr.* [con. come *correre*; aus. *E*] 1 essere necessario: *gli occorre aiuto* | (impers.) bisognare: *occorre resistere* 2 capitare: *un incidente occorsomi in viaggio* 3 (stat.mat.ling.) comparire; ricorrere: *questo dato occorre spesso.*

oc|cul|tà|bi|le agg. che può essere occultato.

oc|cul|ta|mén|to *s.m.* l'atto di nascondere: — *di prove.*

oc|cul|tà|re *v.tr.* 1 nascondere alla vista: — *un cadavere* 2 (fig.) non rivelare, non far scoprire: — *i propri desideri* 3 (astr.) eclissare: *la Luna ha occultato Giove* ♦ **-rsi** *rifl., intr.pron.* nascondersi.

oc|cul|ta|zió|ne *s.f.* 1 occultamento 2 (astr.) fenomeno per cui un astro oscura la vista di un altro frapponendosi tra esso e la Terra; eclissi.

oc|cul|ti|smo *s.m.* insieme di pratiche (magia, spiritismo ecc.) che si occupano di forze e fenomeni misteriosi, non spiegabili scientificamente.

oc|cul|ti|sta *s.m./f.* [m.pl. -*i*] chi segue o attua pratiche occultistiche.

oc|cul|ti|sti|co agg. [m.pl. -*ci*] relativo all'occultismo.

oc|cùl|to agg. non manifesto, segreto; tenuto nascosto: *un motivo* — | misterioso; arcano | *potere* —, organizzazione di grande influenza che manovra nell'ombra | *scienze occulte*, discipline che studiano ciò che sfugge alla scienza ed è vicino alla magia ♦ *s.m.* ciò che è arcano, misterioso, legato all'occultismo: *il mondo dell'—* □ **occultamente** avv. in modo nascosto; in maniera occulta.

oc|cu|pàn|te *part.pres.* di *occupare* ♦ *agg., s.m./f.* che, chi occupa, militarmente, per protesta o con la semplice presenza: *truppe occupanti; la fabbrica era ancora in mano agli occupanti; riunire gli occupanti del salone.*

oc|cu|pà|re *v.tr.* [indic.pres. *io òccupo...*] 1 riempire uno spazio | (assol.) ingombrare: *la valigetta occupa pochissimo* 2 impossessarsi di un'area senza autorizzazione, spec. per protesta o necessità: — *una fabbrica* | — *un posto*, sistemarsi su un dato sedile o riservarlo per altri, collocandovi sopra un oggetto personale 3 (mil.) invadere e controllare con l'esercito: *le truppe occuparono la regione* 4 (fig.) ricoprire una carica, un ufficio: — *una poltrona importante* 5 impiegare il tempo: *come occupi il tempo libero?* 6 (fig.) tenere impegnato: — *la mente* 7 dare un lavoro regolare a qlcu.: *una banca che occupa venti persone* ♦ **-rsi** *intr.pron.* 1 interessarsi, dedicarsi: — *di musica* 2 badare, prendersi cura: — *degli animali* | impicciarsi 3 trovare un impiego: — *in un'azienda.*

oc|cu|pà|to *part.pass.* di *occupare* ♦ agg. 1 di spazio o servizio, che non è disponibile perché già utilizzato da altri: *linea telefonica occupata; il posto è già* — 2 si dice di luogo sottoposto a occupazione, spec. per protesta o necessità: *casa occupata* 3 (mil.) invaso e controllato da esercito straniero: *i territori occupati in Palestina* **4** (*di persona*) indaffarato, impegnato: *sei sempre troppo —!* **5** che ha un lavoro regolare; assunto ♦ *s.m.* [f. *-a*] chi ha un lavoro regolare: *la percentuale degli occupati.*

oc|cu|pa|zio|nà|le *agg.* relativo all'occupazione lavorativa: *crisi —.*

oc|cu|pa|zió|ne *s.f.* **1** l'azione, il fatto di occupare **2** presa di possesso, spec. non autorizzata: *— delle terre* | **essere in —**, detto di lavoratori, studenti e sim., installarsi per protesta nei locali dove si lavora o studia per impedire l'attività regolare **3** (*mil.*) invasione e controllo militare di un territorio da parte di un esercito straniero: *forze d'—* **4** (*spec.pl.*) impegno, attività: *la mia preferita è il bricolage* **5** posto di lavoro; impiego | **prima —**, primo impiego regolare **6** (*econ.*) insieme dei lavoratori regolari: *rilancio dell'—.*

o|ce|à|ni|co *agg.* [m.pl. *-ci*] **1** relativo all'oceano: *traversata oceanica* **2** (*fig.*) immenso: *una folla oceanica.*

o|ce|a|nì|na *s.f.* (*mit.*) presso gli antichi Greci e Romani, ninfa marina.

o|ce|à|no *s.m.* **1** (*geog.*) vasta distesa di acqua salata che circonda e separa i continenti **2** (*fig.*) distesa sterminata; numero enorme.

o|ce|a|no|gra|fì|a *s.f.* scienza che studia le caratteristiche fisiche, chimiche, biologiche e dinamiche di mari e oceani; talassologia.

o|ce|a|no|grà|fi|co *agg.* [m.pl. *-ci*] relativo allo studio scientifico di mari e oceani.

o|ce|a|nò|gra|fo *s.m.* [f. *-a*] studioso di oceanografia.

o|cel|là|to *agg.* (*zool.*) **1** dotato di ocelli per vedere **2** maculato a ocelli: *la ruota ocellata del pavone.*

o|cèl|lo *s.m.* (*zool.*) **1** piccolo occhio semplice che negli Artropodi può affiancare quelli composti **2** macchia scura e tonda presente sulle piume del pavone, sul mantello del giaguaro e sulle ali di certe farfalle.

ocelot [pr. *osslò*] *s.m.invar.* → **ozelot**.

ò|cra *s.f.* varietà di argilla usata come pigmento ♦ *s.m.invar.* colore giallo rossiccio ♦ *agg.invar.* [segue sempre il s.] di colore giallo rossiccio.

o|cu|là|re *agg.* dell'occhio: *bulbo —* | **testimone —**, che riferisce ciò che ha visto con i propri occhi ♦ *s.m.* negli strumenti ottici, lente o sistema di lenti che permettono l'osservazione dell'immagine fornita dall'obiettivo: *l'— del microscopio.*

o|cu|la|téz|za *s.f.* l'essere oculato; accortezza: *— di giudizio.*

o|cu|là|to *agg.* **1** che agisce con cautela e avvedutezza: *un critico —* **2** fatto con prudenza e ponderazione: *una scelta oculata.*

o|cu|li|fór|me *agg.* di forma simile a un occhio.

o|cu|lì|sta *s.m./f.* [m.pl. *-i*] medico specializzato in oculistica.

o|cu|lì|sti|ca *s.f.* branca della medicina che studia le malattie dell'occhio.

o|cu|lì|sti|co *agg.* [m.pl. *-ci*] dell'oculistica; degli oculisti: *esame —.*

od *cong.* → **o²**.

o|da|li|sca *s.f.* nell'impero ottomano, schiava che si occupava di una dama | (*estens.*) concubina di un sultano o di un pascià.

ò|de *s.f.* componimento lirico di origine greca, di struttura e argomento vari.

o|dé|on o **òdeon** *s.m.invar.* **1** (*archeol.*) teatro greco coperto **2** locale per spettacoli teatrali o cinematografici.

o|dià|re *v.tr.* [indic.pres. *io òdio...*] avere in odio; detestare: *— a morte* | (*estens.*) provare forte avversione, non sopportare: *— i prepotenti*; *il caldo* ♦ **-rsi** *rifl.* disprezzare se stesso ♦ *rifl.rec.* non sopportarsi l'un l'altro; detestarsi.

o|dià|to *part.pass.* di odiare ♦ *agg.* detestato: *l'— regime.*

o|dièr|no *agg.* **1** di oggi: *il palinsesto —* **2** dell'epoca presente; attuale: *consuetudini odierne* □ **odiernamente** *avv.* oggi; al giorno d'oggi.

ò|dio *s.m.* sentimento di grande ostilità: *nutrire —* | *senso d'intolleranza per ql.co.*: *un — verso l'ipocrisia* | **avere in —**, odiare; provare avversione.

o|dio|si|tà *s.f.* caratteristica di ciò che è odioso: *l'— del suo comportamento.*

o|dió|so *agg.* che suscita odio: *comportamento —* | detestabile; molesto: *compito —* □ **odiosamente** *avv.*

o|dis|sè|a *s.f.* serie di avventure, peripezie, disgrazie: *questo lavoro è stato un'—.*

o|don|tal|gì|a *s.f.* (*med.*) mal di denti.

o|don|tàl|gi|co *agg.*, *s.m.* [m.pl. *-ci*] (*farm.*, *med.*) detto di ciò che combatte il mal di denti.

o|dón|to- elemento di parole composte che significa "dente" (*odontoiatria*).

o|don|to|ià|tra *s.m./f.* [m.pl. *-tri*] medico specialista in odontoiatria.

o|don|to|ia|trì|a *s.f.* (*med.*) studio delle patologie del cavo orale.

o|don|to|ià|tri|co *agg.* [m.pl. *-ci*] (*med.*) dell'odontoiatria o degli odontoiatri: *gabinetto —.*

o|don|to|lo|gì|a *s.f.* (*med.*) studio dei denti e delle loro patologie.

o|don|to|lò|gi|co *agg.* [m.pl. *-ci*] (*med.*) dell'odontologia.

o|don|to|pa|tì|a *s.f.* (*med.*) malattia dei denti.

o|don|to|sto|ma|to|lo|gì|a *s.f.* (*med.*) studio delle affezioni dei denti e della bocca.

o|don|to|tèc|ni|ca *s.f.* tecnica della costruzione di protesi dentarie.

o|don|to|tèc|ni|co *agg.* [m.pl. *-ci*] di odontotecnica ♦ *s.m.* tecnico specializzato nella realizzazione di protesi dentarie.

o|do|rà|re *v.tr.* [indic.pres. *io odóro...*] **1** annusare l'odore di ql.co.; fiutare: *— un fiore* **2** (*fig.*) presagire, subodorare: *— una trappola* ♦ *intr.* [aus. *A*] **1** emanare odore: *— di letame* **2** (*fig.*) far intuire; dare sentore: *— di fregatura.*

o|do|rà|to *s.m.* olfatto.

o|dó|re *s.m.* **1** emanazione buona o cattiva percepita con l'olfatto: *— di gas*; *— sgradevole* **2** (*fig.*) indizio, sentore | **in —** *di santità*, considerato santo **3** (*pl.*, *gastr.*) erbe aromatiche.

o|do|rì|fe|ro *agg.* (*lett.*) che emana odore; che contiene sostanze profumate.

o|do|ró|so *agg.* che ha un buon odore; profumato: *fiore —* | ricco di profumi: *primavera odorosa.*

off *(ingl.) agg.invar.* **1** negli interruttori significa "spento", "disattivato" **2** detto di spettacolo d'avanguardia, estraneo ai circuiti ufficiali: *cinema —.*

of|fèn|de|re *v.tr.* [indic.pres. *io offendo...*; pass. rem. *io offèsi, tu offendèsti...*; part.pass. *offéso*] **1** arrecare danno morale; oltraggiare: *— con parole ingiuriose* | urtare la suscettibilità altrui: *la sincerità non mi offende mai* **2** violare valori e sim.: *— il pudore*; *— la divinità* **3** danneggiare materialmente; ledere: *parti offese* | infastidire, risultare sgradevole: *questo rumore offende l'udito*; *— il senso estetico* ♦ **-rsi** *rifl.rec.* scambiarsi offese ♦ *intr.pron.* sentirsi offeso; prendersela: *— per battute innocenti.*

of|fen|si|va *s.f.* **1** attacco militare in grande stile **2** *(estens.)* iniziativa decisa, energica | *(telecom.) — mediatica,* massiccia campagna ideologica o pubblicitaria attraverso i mass media | *(polit.) — di pace,* intensa propaganda pacifista.

of|fen|si|vo *agg.* **1** che offende; ingiurioso: *comportamento —* **2** *(spec.mil.)* che serve per sferrare un attacco: *armamento —* ◻ **offensivamente** *avv.* in modo oltraggioso.

of|fen|só|re *s.m.* [f. *offenditrice*] chi offende | in un conflitto, chi attacca per primo.

of|fe|rèn|te *part.pres.* di offrire ♦ *s.m./f.* **1** chi fa un'offerta, una donazione **2** chi propone un prezzo durante un'asta | *al miglior —,* a colui che offre di più.

of|fèr|ta *s.f.* **1** l'atto di offrire; messa a disposizione: *— di aiuto* | il bene che viene offerto: *un' — alla divinità* | donazione, spec. di denaro; obolo: *cassettina delle offerte* **2** proposta: *un' — che ti può interessare* | *— di lavoro,* proposta di assunzione; ricerca di personale idoneo **3** in una vendita all'asta o in una contrattazione, prezzo proposto dall'acquirente: *fate la vostra —; è la mia ultima —* | *(comm.) — speciale,* vendita a condizioni vantaggiose **4** *(econ.)* quantità di un bene che i produttori vendono a un dato prezzo: *contrazione dell' — immobiliare.*

of|fer|tò|rio *s.m.* *(lit.)* parte della messa in cui il sacerdote offre a Dio il pane e il vino.

of|fé|sa *s.f.* **1** danno morale arrecato con azioni o parole; torto; ingiuria: *perdonare un' —* | azione o parola che causa tale danno **2** attacco: *dalla difesa all' —* | *(sport)* nella scherma, azione d'attacco **3** *(euf.)* affronto: *— all'intelligenza* **4** *(spec. dir.)* violazione di norme giuridiche o di costumi etici: *— al pudore* **5** danneggiamento.

of|fé|so *part.pass. di* offendere ♦ *agg.* **1** risentito per un'ingiuria, un affronto; ferito nell'animo: *sentirsi — nell'onore* **2** detto di organo, arto e sim., leso, danneggiato, reso invalido: *curare l'organo —* ♦ *s.m.* [f. *-a*] chi ha subito offese | *fare l' —,* palesare il proprio risentimento per maltrattamenti, burle e sim.

office automation *(ingl.)* [pr. *òffis automéshon*] *loc.sost.f.invar.* razionalizzazione e automazione delle attività di ufficio attraverso l'adozione di tecnologie informatiche e telematiche.

of|fi|ciàn|te *part.pass. di* officiare ♦ *agg., s.m.* *(lit.)* che, chi celebra una funzione religiosa.

of|fi|cià|re *v.intr.* [indic.pres. *io officio...*; aus. *A*] *(lit.)* celebrare una funzione religiosa.

of|fi|cia|tù|ra *s.f.* → **ufficiatura**

of|fi|ci|na *s.f.* **1** complesso di impianti per lavorazioni artigianali o industriali | sede di tali impianti | garage dove si riparano veicoli a motore **2** *(fig.)* ambiente che produce idee e cultura: *— letteraria.*

of|fi|ci|nà|le *agg.* farmaceutico | *pianta —,* che contiene sostanze impiegate a scopo terapeutico.

off limits *(ingl.)* [pr. *of lìmits*] *loc.agg.invar.* **1** detto di luogo in cui è vietato l'accesso: *settore — 2 (fig.)* proibito.

off-line *(ingl.)* [pr. *oflàin*] *agg.invar., avv. (inform.)* non in diretto collegamento con un elaboratore | *in modalità —,* senza attivare una connessione di rete, in particolare una connessione Internet.

of|frì|re *v.tr.* [indic.pres. *io offro...*; pass.rem. *io offrìi o offersi, tu offristi...*; part.pass. *offerto*] **1** donare, regalare; mettere a disposizione: *— la cena*; *— il proprio tempo* **2** mettere in vendita o all'asta **3** proporre una cifra o un bene per ottenere ql.co.: *— la metà* **4** presentare, fornire; prospettare: *un corso di laurea che offre numerosi sbocchi; ti offrono dei vantaggi* **5** presentare come offerta alla divinità: *— in sacrificio* ♦ **-rsi** *rifl.* dichiararsi disponibile; mettersi a disposizione: *mi offro volontario* | concedersi sessualmente ♦ *intr.pron.* presentarsi: *gli si offrono prospettive interessanti* | mostrarsi: *la tragedia gli si offrì in tutto il suo orrore.*

offset *(ingl.)* [pr. *òfset*] *agg.invar., s.m.invar.* **1** si dice di tecnica di stampa in cui l'immagine è trasportata dalla matrice alla carta mediante un cilindro di materiale plastico **2** si dice della macchina che stampa con tale procedura.

off-shore *(ingl.)* [pr. *ofshór*] *agg.invar.* **1** si dice di gara o mezzo per motonautica d'altura **2** si dice di società finanziaria che svolge la sua attività in paesi che offrono vantaggi fiscali **3** si dice di giacimento petrolifero sottomarino con piattaforma estrattiva galleggiante ♦ *s.m.invar.* grosso motoscafo d'altura.

offside *(ingl.)* [pr. *ofsàid*] *avv., s.m.invar. (sport)* nel calcio, fuorigioco.

of|fu|sca|mén|to *s.m.* l'offuscare, l'offuscarsi; annebbiamento: *— della vista.*

of|fu|scà|re *v.tr.* [indic.pres. *io offusco, tu offuschi...*] **1** rendere fosco, scuro: *la tempesta offuscò il cielo* **2** privare di chiarezza; confondere: *l'odio gli offuscava la mente* **3** *(fig.)* far scadere; sminuire: *una vittoria offuscata dalle accuse di doping* ♦ **-rsi** *intr.pron.* **1** oscurarsi **2** *(fig.)* confondersi, perdere chiarezza: *la mente mi si offusca.*

Ò|fi|di *s.m.pl.* sottordine dei Rettili; Serpenti.

o|fio|lo|gì|a *s.f.* *(zool.)* studio dei serpenti.

of|tal|mì|a *s.f.* *(med.)* infiammazione degli occhi.

of|tàl|mi|co *agg.* [m.pl. *-ci*] relativo agli occhi e alle loro patologie; oculistico.

of|tal|mo-, -of|tàl|mo (*scient.*) primo e secondo elemento di parole composte che significa "occhio" (*oftalmoscopio, esoftalmo*).

of|tal|mo|lo|gì|a *s.f.* (*med.*) settore della medicina che studia l'occhio e i suoi disturbi.

of|tal|mò|lo|go *s.m.* [f. *-a*; m.pl. *-gi*] medico specializzato in oftalmologia; oculista.

of|tal|mo|sco|pì|a *s.f.* (*med.*) osservazione interna dell'occhio.

of|tal|mo|scò|pio *s.m.* (*med.*) strumento per osservare l'interno dell'occhio.

og|get|tì|sti|ca *s.f.* settore commerciale della produzione e vendita di oggetti da regalo e per la casa.

og|get|ti|và|re *v.tr.* 1 esprimere in immagini concrete; estrinsecare: — *un desiderio* | (*estens.*) rendere tangibile, evidente ql.co. di astratto: — *l'idea con una sua applicazione* 2 (*filos.*) dotare di realtà oggettiva ♦ **-rsi** *intr.pron.* manifestarsi concretamente, diventare estrinseco: *la riconoscenza si oggettiva in un dono*.

og|get|ti|va|zió|ne *s.f.* 1 espressione in forma concreta di ql.co. di astratto 2 (*filos.*) il divenire oggetto o essere reso tale.

og|get|ti|vì|smo *s.m.* (*filos.*) tesi per cui la realtà sussiste a prescindere dal soggetto percipiente | orientamento gnoseologico che privilegia il ruolo dell'oggetto rispetto a quello del soggetto.

og|get|ti|vi|tà *s.f.* 1 caratteristica di ciò che è oggettivo 2 (*filos.*) realtà oggettiva che sussiste distintamente dal soggetto 3 obiettività, imparzialità: — *della valutazione*.

og|get|tì|vo *agg.* 1 effettivo; concretamente esperibile: *problema* —; *dato* — | *che va al di là delle opinioni: deduzione oggettiva* 2 (*filos.*) che si presenta come reale di per sé, indipendentemente dalla percezione soggettiva 3 (*fig.*) obiettivo, imparziale: *un giudizio* — 4 (*gramm.*) *proposizione oggettiva*, proposizione dipendente che funge da complemento oggetto per il verbo della principale (p.e. *disse che sarebbe arrivato tardi*) □ **oggettivamente** *avv.* 1 in base ai fatti 2 in modo imparziale.

og|gèt|to *s.m.* 1 cosa concreta, materiale, tangibile: — *solido* | — **volante non identificato**, corpo in volo che non pare riconoscibile come velivolo noto e che può essere preso per una navicella extraterrestre; UFO 2 fine, scopo: *l'* — *delle nostre indagini* | destinatario di un'azione, di un sentimento o pensiero: *essere* — *di critiche* | (*psicoan.*) — **libidico**, ciò verso cui si orientano le pulsioni, i desideri | (*gramm.*) (**complemento**) —, termine su cui si esercita direttamente l'azione del verbo transitivo attivo 3 (*filos.*) tutto ciò che è percepito dal soggetto come diverso da sé 4 argomento, tema: *l'* — *del contendere* | **in** —, di cui si sta trattando; (*bur.*) in lettere e sim., evidenziato nell'intestazione ♦ *agg.invar.* detto di persona trattata come una cosa: *donna* —.

og|get|tuà|le *agg.* 1 relativo all'oggetto 2 (*psi-*

coan.) che riguarda il rapporto con l'oggetto: *relazione* —.

ògǀgi *avv.* 1 nel giorno in corso: — *si torna a casa* | in espressioni rafforzate: *quest'*—; — *stesso* | — **come** —, attenendosi alla situazione attuale 2 [contrapposto a *ieri* o *domani*] attualmente, adesso: *ieri lo disprezzava,* — *lo adora* 3 nella nostra epoca: — *la comunicazione è velocissima* ♦ *s.m.invar.* 1 il giorno presente: *per* — *sono soddisfatto* | **a tutt'**—, fino a ora | (*fig.*) **dall'** — **al domani**, senza preavviso, di botto 2 presente, epoca odierna: *l'* — *presenta problemi inediti* | **al giorno d'**—, attualmente, in questi tempi.

og|gi|dì *avv.*, *s.m.* oggigiorno.

og|gi|giór|no *avv.* al giorno d'oggi: — *è cambiato tutto* ♦ *s.m.* l'epoca odierna.

o|gì|va *s.f.* 1 (*arch.*) nervatura diagonale di rinforzo delle volte a crociera, tipica del gotico: **a** —, a sesto acuto 2 parte anteriore di un proiettile o di un missile.

o|gi|và|le *agg.* a forma di ogiva; a sesto acuto: *bifora* —.

OGM *s.m.invar.* (*biol.*) organismo geneticamente modificato.

ó|gni *agg.indef. solo sing.* 1 ciascun individuo o elemento di un insieme: — *paese ha i propri usi* 2 qualsiasi, qualunque: *cibi di* — *genere* | **a** — **modo**, tuttavia | **in** — **caso**, comunque | **in** — **modo**, a qualsiasi costo | **in** — **senso**, sotto ogni profilo | **per** — **dove**, ovunque 3 con valore distributivo: *il bisestile cade* — *quattro anni* | — **tanto**, di tanto in tanto.

o|gni|qual|vòl|ta o **ogni qual vòlta** *cong.* ogni volta che: *sentiamoci* — *ci sia un dubbio*.

O|gnis|sàn|ti *s.m.* (*relig.*) festività cattolica dedicata ai santi e celebrata il 1° novembre.

-ò|gno|lo *suff.* si usa per formare aggettivi che indicano un grado minore della qualità espressa dal termine di origine (*giallognolo*).

o|gnù|no *pron.indef. solo sing.* ciascuna persona: — *è libero di scegliere* | limitato da un partitivo: — *dei partecipanti*.

òh o **óh** *inter.* a seconda dell'intonazione, può esprimere sentimenti vari, dal dolore al piacere, dallo sdegno alla meraviglia, dalla pietà alla nostalgia ecc.: —, *che bello!*; —, *è incredibile!*

òhi *inter.* esprime spec. dolore, disappunto o preoccupazione: —, *quanto brucia!*; —, *che disastro!*

ohi|bò o **oibò** *inter.* esprime disapprovazione, sdegno, stupore: —, *ma che hai combinato!*

ohi|mè o **oimè** *inter.* esprime disperazione, sconforto, autocommiserazione: —, *sono rovinato!*

ohm (*ted.*) [pr. òm] *s.m.invar.* (*fis.*) unità di misura della resistenza elettrica, corrispondente a quella generata da differenze di potenziale di 1 volt, che produce una corrente di 1 ampere (*simb.* Ω).

òhm|me|tro *s.m.* (*fis.*) misuratore di resistenza elettrica.

oi|bò *inter.* → **ohibò**.

-òi|de secondo elemento di parole composte

che esprime affinità o relazione rispetto a quanto indicato dal primo elemento (*antropoide*), talvolta in senso spreg. (*anarcoide*).

oïl (*fr.*) [pr. *oïl*] *s.m.invar. solo nella loc.* **lingua d'—**, il francese antico, lingua letteraria della Francia centrosettentrionale.

oi|mè *inter.* → **ohimè**.

OK o **o.k.** (*ingl.*) [pr. *okèi*] *inter.* tutto bene; d'accordo ♦ *s.m.invar.* approvazione: *dare l'—*.

o|kà|pi *s.m.invar.* ungulato africano con pelame scuro e zampe zebrate.

okay (*ingl.*) [pr. *okèi*] *inter.*, *s.m.invar.* OK.

ola (*sp.*) *s.f.* movimento degli spettatori sulle tribune di uno stadio, che si alzano e si risiedono uno dopo l'altro come un'onda che passa.

o|là *inter.* per richiamare l'attenzione in tono autoritario o scherzoso: *—, non muovetevi!*

o|lan|dé|se *agg.* dell'Olanda: *zoccoli olandesi* ♦ *s.m.* 1 [anche f.] chi è nato o abita in Olanda 2 lingua parlata in Olanda 3 (*anche agg.invar.*; *gastr.*) formaggio compatto e dolce prodotto nei Paesi Bassi (spec. l'edam).

old fashion (*ingl.*) [pr. *óld féshion*] *loc.* vecchio stile: *arredamento —*.

olé (*sp.*) *inter.* esortazione scherzosa.

O|le|à|ce|e *s.f.pl.* famiglia di piante dicotiledoni di cui fanno parte olivo e frassino.

o|le|àn|dro *s.m.* arbusto ornamentale con fiori profumati, gener. bianchi o rosa.

o|le|à|rio *agg.* relativo all'olio: *produzione olearia*.

o|le|à|to *agg.* (*raro*) oliato | **carta oleata**, impermeabilizzata con paraffina e sim.

o|lèi|co *agg.* [m.pl. *-ci*] (*chim.*) si dice di acido organico contenuto negli oli vegetali e nei depositi adiposi degli erbivori, impiegato spec. per fare detersivi e saponi.

o|le|ì|co|lo *agg.* olivicolo.

o|lei|col|tó|re *s.m.* [f. *-trice*] chi si dedica all'olivicoltura.

o|lei|col|tù|ra *s.f.* coltivazione di olivi; olivicoltura.

o|le|ì|fe|ro *agg.* che dà olio: *albero —*.

o|lei|fì|cio *s.m.* stabilimento per la produzione dell'olio.

ò|le|o- primo elemento di parole composte che significa "olio" (*oleosità*), "sostanza oleosa" (*oleodotto*).

o|le|o|chì|mi|ca *s.f.* 1 parte della chimica che studia gli oli e le sostanze grasse 2 settore industriale che, attraverso la trasformazione di grassi animali e vegetali, produce prodotti intermedi.

o|le|o|di|na|mi|co *agg.* (*tecn.*) si dice di macchinario azionato con la pressione dell'olio.

o|le|o|dót|to *s.m.* conduttura fissa per il trasporto di petrolio.

o|le|o|gra|fì|a *s.f.* 1 stampa di tavole a colori che imita la pittura a olio 2 (*estens.*) dipinto o illustrazione di scarso valore, privo di gusto.

o|le|o|grà|fi|co *agg.* [m.pl. *-ci*] 1 che riguarda l'oleografia: *stampa olegrafica* 2 (*fig.*) manierato; privo di originalità: *rappresentazione oleografica* □ **oleograficamente** *avv.* 1 attraverso stampa oleografica 2 in maniera stereotipata; banalmente.

o|le|o|gra|fì|smo *s.m.* manierismo artistico lezioso, privo di personalità, creatività, energia espressiva.

o|le|o|rè|si|na *s.f.* sostanza composta da resina e oli essenziali che si ricava dalle piante (p.e. la trementina).

o|le|o|si|tà *s.f.* caratteristica di ciò che è oleoso | aspetto tipico delle sostanze oleose.

o|le|ó|so *agg.* 1 contenente olio: *seme —* 2 che ha le caratteristiche dell'olio: *sostanza oleosa* 3 unto; grasso: *cute oleosa*.

o|léz|zo *s.m.* 1 (*lett.*) profumo 2 (*scherz.*) puzzo.

ol|fat|ti|vo *agg.* relativo all'olfatto: *sensazione olfattiva*.

ol|fàt|to *s.m.* il senso per mezzo del quale si percepiscono gli odori; odorato: *un — finissimo*.

ol|fat|tó|rio *agg.* (*anat.*) dell'olfatto, olfattivo: *nervo —*.

o|lià|re *v.tr.* [indic.pres. *io òlio*...] 1 cospargere di olio; lubrificare: *— la catena* 2 (*fig.*) corrompere.

o|lià|ta *s.f.* 1 (*fam.*) quantità di olio versata per lubrificare o condire: *dare un' — all'insalata* 2 (*fig.*) mancia data in cambio di un favore personale.

o|lia|tó|re *s.m.* recipiente portatile con beccuccio usato per versare l'olio lubrificante nei meccanismi che ne hanno bisogno.

o|lia|tù|ra *s.f.* lubrificazione.

o|liè|ra *s.f.* contenitore da tavola per versare l'olio | (*estens.*) accessorio da tavola costituito da due ampolle, una per l'olio e l'altra per l'aceto.

o|li|gàr|ca *s.m./f.* [m.pl. *-chi*] 1 membro di governo oligarchico 2 (*estens.*) esponente di una classe dirigente, di un potentato economico e sim.: *un — del petrolio*.

o|li|gar|chì|a *s.f.* 1 governo il cui potere è nelle mani di pochi: *l'— ateniese dei trenta tiranni* 2 (*estens.*) piccolo gruppo di individui che detengono il potere in un'organizzazione.

o|li|gàr|chi|co *agg.* [m.pl. *-ci*] proprio dell'oligarchia: *regime —* ♦ *s.m.* [f. *-a*] fautore dell'oligarchia □ **oligarchicamente** *avv.* in forma oligarchica: *nazione diretta —*.

ò|li|go- primo elemento di parole composte che significa "poco, pochi" (*oligopolio*).

o|li|go|cè|ne *s.m.* (*geol.*) terzo periodo dell'era terziaria.

O|li|go|chè|ti *s.m.pl.* classe di Anellidi a cui appartiene il lombrico.

o|li|go|ci|te|mì|a *s.f.* (*med.*) riduzione numerica degli elementi corpuscolari, spec. di eritrociti, del sangue.

o|li|go|fre|nì|a *s.f.* (*med.*) deficienza mentale congenita o acquisita.

o|li|go|frè|ni|co *agg.* [m.pl. *-ci*] (*med.*) 1 che riguarda l'oligofrenia 2 affetto da oligofrenia ♦ *s.m.* [f. *-a*] malato di oligofrenia.

o|li|go|mi|ne|rà|le *agg.* si dice di acqua minerale contenente una bassa percentuale di sali.

oligopolio

o│li│go│pò│lio s.m. (econ.) situazione in cui un prodotto o servizio è offerto solo da pochi venditori, che ne condizionano il mercato.
o│li│go│po│li│sti│co agg. [m.pl. -ci] (econ.) dell'oligopolio | che ha le caratteristiche dell'oligopolio: *regime —*.
o│lim│pì│a│de s.f. **1** (st.) nella Grecia antica, complesso di feste e giochi celebrati ogni quattro anni a Olimpia, che coinvolgevano tutte le città elleniche **2** (spec.pl.) manifestazione sportiva a cadenza quadriennale che riguarda numerose discipline e ospita atleti di tutti gli Stati che le praticano | ***olimpiadi invernali***, complesso di gare che riguardano gli sport sul ghiaccio e sulla neve.
o│lim│pi│ci│tà s.f. imperturbabilità assoluta.
o│lim│pi│co[1] agg. [m.pl. -ci] **1** del monte Olimpo, che dagli antichi greci era considerato sede degli dei: *divinità olimpiche* **2** (fig.) imperturbabile; sereno: *olimpica indifferenza* □ **olimpicamente** avv. con calma imperturbabile.
o│lim│pi│co[2] agg. **1** della città di Olimpia **2** (sport) delle olimpiadi (antiche e moderne): *sport —* | di impianto, che ha le caratteristiche necessarie per accogliere i giochi olimpici o che è stato costruito in loro occasione: *stadio —; piscina olimpica*.
o│lim│piò│ni│co agg. [m.pl. -ci] **1** (st.) che aveva vinto una gara ai giochi di Olimpia **2** (sport) relativo alle olimpiadi moderne; olimpico: *primato —* | che partecipa alle olimpiadi: *squadra olimpionica* | ***costume —***, costume da bagno femminile in un pezzo unico ♦ s.m. **1** (st.) vincitore di una gara nell'antica Olimpia **2** [f. -a] membro di una squadra che partecipa alle olimpiadi.
o│lim│po s.m. **1** (mit.) monte greco dove anticamente si credeva abitassero gli dei | (estens., lett.) cielo, paradiso **2** (fig.) vertice ristretto di una categoria: *l' — della politica nazionale* | (iron.) posizione di altera presunzione: *scendi dal tuo — e vieni a lavorare*.
-o│li│no secondo elemento che altera aggettivi e sostantivi con valore diminutivo-vezzeggiativo (*bestiolina*).
ò│lio s.m. **1** liquido untuoso, insolubile in acqua, di origine e composizione varia | ***— animale***, ricavato dal grasso di animali: *— di fegato di merluzzo* | ***— essenziale***, sostanza dal profumo intenso ricavata da vegetali e usata in profumeria e farmaceutica | ***— minerale***, idrocarburo liquido proveniente da giacimenti naturali, oppure raffinato in successive lavorazioni, o estratto da altre sostanze minerali (p.e. bitumi, carboni, asfalti): *oli combustibili* | ***— vegetale***, estratto da frutti o semi: *— di soia* | ***liscio come l'—***, si dice di mare o specchio d'acqua assolutamente privo di increspature; (fig.) senza la minima difficoltà: *è filato tutto liscio come l'—* | (fig., scherz.) ***— di gomito***, impegno in un lavoro faticoso, lena **2** (gastr.) olio vegetale, spec. di oliva, usato per condire o cuocere i cibi | ***— vergine***, olio di oliva non manipolato con acidità fino al 4% | ***— extravergine***, con acidità inferiore all'1% | ***— d'oliva rettificato***, olio vergine manipolato chimicamente | ***— d'oliva***, qualunque olio estratto dalle olive; (comm.) miscela di olio vergine e di olio rettificato **3** (lit.) ***— santo***, olio consacrato dal vescovo e usato per battezzare, cresimare o benedire gli infermi | estrema unzione: *ricevere l'— santo* **4** cosmetico liquido oleoso: *— da bagno* | ***— solare***, contro le scottature **5** (mecc.) olio lubrificante, spec. per motori di veicoli: *controllare l'—* **6** (pitt.) olio vegetale usato per stemperare i colori: *colori a —* | tecnica pittorica in cui si utilizzano tali colori: *dipingere a —; — su tela* | (estens.) dipinto realizzato con tali colori.
o│lì│smo s.m. **1** (biol.) teoria secondo la quale l'organismo deve essere considerato e studiato come un tutto organizzato e non come somma di singole parti **2** (sociol., filos.) teoria che interpreta la società come totalità irriducibile a mera sommatoria dei comportamenti individuali.
o│lì│sti│co agg. (biol., sociol., filos.) relativo all'olismo | che considera il fenomeno in oggetto come una totalità: *approccio —*.
o│lì│va s.f. frutto dell'olivo da cui si estrae olio: *spremere le olive* ♦ agg. di colore simile a quello del frutto acerbo: *verde —*.
o│li│và│stro[1] agg. di colore bruno tendente al verde: *carnagione olivastra*.
o│li│và│stro[2] s.m. olivo selvatico.
o│li│ve│tà│no s.m. monaco della congregazione benedettina fondata nel Medio Evo sul monte Oliveto.
o│li│vé│to o **ulivéto** s.m. terreno piantato a olivi.
o│li│vì│co│lo agg. relativo alla coltura dell'olivo.
o│li│vi│col│tó│re s.m. [f. -trice] chi coltiva l'olivo; oleicoltore.
o│li│vi│col│tù│ra s.f. coltivazione dell'olivo; oleicoltura.
o│li│vì│na s.f. silicato di colore verde oliva, usato come gemma nella varietà trasparente.
o│lì│vo o **ulivo** s.m. albero sempreverde mediterraneo a foglia ovale, con drupe verdastre o nere da cui si estrae olio | ***ramoscello d'—***, simbolo di pace.
òl│la s.f. recipiente in terracotta senza anse, spec. per conservare o cuocere cibi | (archeol.) ***— funeraria***, presso gli antichi Romani, recipiente per contenere le ceneri dei defunti.
ol│là│re agg. *nella loc.* ***pietra —***, roccia scistosa di colore scuro, impiegata per realizzare vasi e piastre di cottura.
Ol│mà│ce│e s.f.pl. famiglia di piante dicotiledoni, con specie ad alto fusto come l'olmo.
òl│mio s.m. elemento chimico, metallo delle terre rare (simb. Ho).
ól│mo s.m. albero di alto fusto con foglie ovali, spesso usato come sostegno della vite.
ò│lo- primo elemento di parole composte di origine greca o moderne che significa "tutto intero", "interamente" (*olocene*).
-ò│lo[1] secondo elemento che altera sostantivi con valore vezzeggiativo o diminutivo (*figliolo*), o che si aggiunge a sostantivi per indicare

omaggio

provenienza, legame originario (*campagnolo, spagnolo*).

-ò|lo² (*chim.*) secondo elemento che può indicare la presenza di ossidrili (*metanolo*), la relazione con sostanze oleose (*benzolo*) o l'origine chimica di alcuni prodotti (*ittiolo*).

o|lo|càu|sto *s.m.* **1** (*relig.*) nei culti antichi, sacrificio in cui la vittima veniva bruciata sull'altare **2** (*fig.*) sacrificio supremo **3** (*st.*) sterminio degli ebrei durante la seconda guerra mondiale.

o|lo|cè|ne *s.m.* (*geol.*) il più recente periodo dell'era neozoica, iniziatosi con il ritiro dei ghiacciai dopo l'ultima glaciazione.

o|lo|cè|ni|co *agg.* [m.pl. -*ci*] (*geol.*) relativo all'olocene.

o|lo|frà|sti|co *agg.* [m.pl. -*ci*] (*ling.*) si dice di termine che sostituisce o equivale a una frase intera.

o|lo|gè|ne|si *s.f.* (*biol.*) teoria in base alla quale l'evoluzione della specie non è influenzata da fattori esterni, ma è dovuta a cause interne alla materia organica, che si trasforma progressivamente fino a sdoppiarsi in due specie figlie.

o|lo|gi|nìa *s.f.* trasmissibilità genetica solo verso individui di sesso femminile.

o|lo|gra|fì|a *s.f.* procedimento di registrazione e riproduzione fotografica che, attraverso la sovrapposizione di due fasci laser, consente di ottenere immagini tridimensionali.

o|lo|grà|fi|co *agg.* relativo all'olografia; realizzato tramite olografia □ **olograficamente** *avv.* attraverso un processo olografico.

o|lo|grà|fo *agg.* (*dir.*) detto di testamento scritto interamente di pugno del testatore.

o|lo|gràm|ma *s.m.* [pl. -*mi*] lastra fotografica su cui è registrata l'immagine tridimensionale di un oggetto risultante dall'interferenza di due fasci laser | l'immagine tridimensionale che l'occhio percepisce come un solido, impressa su tale lastra.

o|lo|tù|ria *s.f.* animale marino degli Echinodermi, con corpo molle a forma di sacco allungato; cetriolo di mare.

ól|tra- → **oltre-** e **ultra-**.

ol|trag|già|re *v.tr.* [indic.pres. *io oltràggio*...] offendere gravemente: — *la memoria*.

ol|tràg|gio *s.m.* **1** offesa grave arrecata con parole o atti: *subire un* — **2** (*dir.*) reato di chi offende un'autorità civile, giudiziaria o politica: — *alla corte* **3** (*estens.*) ciò che viola o contrasta una regola, un principio condiviso da tutti: *un'— alla verità*.

ol|trag|gió|so *agg.* ingiurioso, offensivo: *comportamento —* □ **oltraggiosamente** *avv.*

ol|tràl|pe *avv.* di là delle Alpi rispetto all'Italia: *recarsi —* ♦ *s.m. solo sing.* paese situato di là delle Alpi rispetto all'Italia: *genti d'—*.

ol|trán|za *s.f. nella loc. a —*, fino all'ultimo, all'estremo: *proseguire a —*.

ol|tran|zì|smo *s.m.* (*polit.*) comportamento da oltranzista; estremismo.

ol|tran|zì|sta *s.m./f.* [m.pl. -*i*] chi in politica sostiene posizioni estremistiche, radicali.

ol|tran|zì|sti|co *agg.* [m.pl. -*ci*] politicamente radicale, non disposto a mediazioni □ **oltranzisticamente** *avv.*

ól|tre *avv.* **1** più avanti nello spazio: *proseguire —* | (*fig.*), **andare troppo —**, esagerare **2** più in là nel tempo: *un anno e —*; *attendere —* ♦ *prep.* **1** (*anche fig.*) al di là di: — *la siepe;* — *ogni decenio* | indica superamento di età: — *la quarantina* **3** in aggiunta a: *c'è altro — questo?* | — *a:* in aggiunta a: — *a mangiare troppo, spesso si ubriaca;* all'infuori di: — *a te non l'ho detto a nessuno*.

ól|tre- o **óltra-** primo elemento di parole composte che significa "oltre, al di là" di un luogo (*oltremanica, oltralpe*) o di un limite figurato (*oltremisura*).

ol|tre|con|fì|ne o **óltre confìne** *agg., s.m. solo sing.* si dice di paese che si trova oltre il confine di uno Stato: *nazioni —* ♦ *avv.* al di là della frontiera nazionale, all'estero: *espulso —*.

ol|tre|cor|tì|na o **óltre cortìna** *agg., s.m. solo sing.* (*st.*) fino al 1989, si diceva degli Stati appartenenti al Patto di Varsavia e di ciò che li riguardava nel loro complesso: *strategia d'—* ♦ *avv.* al di là della cortina di ferro: *visita —*.

ol|tre|fron|tiè|ra o **óltre frontièra** *agg., s.m. solo sing.* si dice delle terre al di là della frontiera di uno Stato e di ciò che le riguarda: *costumi d'—* ♦ *avv.* al di là del confine di Stato.

ol|tre|mà|ni|ca o **óltre Manìca** *agg., s.m. solo sing.* si dice della Gran Bretagna e di ciò che la riguarda ♦ *avv.* dall'altra parte della Manica.

ól|tre|mà|re *avv.* di là del mare: *emigrare —* ♦ *s.m. solo sing.* **1** territorio al di là del mare: *colonie d'—* **2** azzurro intenso ♦ *agg.invar.* che ha un colore azzurro intenso: *blu —*.

ol|tre|ma|rì|no *agg.* **1** di oltremare: *territorio —* **2** di colore azzurro intenso: *azzurro —*.

ol|tre|mi|sù|ra o **óltre misùra** *avv.* più del normale; oltremodo: *divertirsi —*.

ol|tre|mò|do *avv.* oltre la misura, tantissimo; straordinariamente: *è — soddisfacente*.

ol|tre|mon|dà|no (*lett.*) ultramondano *agg.* dell'altro mondo; soprannaturale: *destino —*.

ol|tre|o|cè|a|no *avv.* dall'altra parte dell'oceano, spec. in America: *fuggire —* ♦ *s.m.invar.* paese situato al di là dell'oceano: *economia d'—*.

ol|tre|pas|sà|re *v.tr.* (*anche fig.*) passare oltre, superare: — *la misura*.

ol|tre|tóm|ba *s.m.invar.* il mondo dei morti; aldilà.

ol|tre|tùt|to *avv.* per giunta; oltre a quanto già detto: — *non mi pare il momento*.

-ò|ma (*med.*) suffisso di parole composte che indica tumefazione (*ematoma*) o tumore (*sarcoma*).

o|màc|cio *s.m.* tipo corpulento dall'aria pericolosa.

o|mag|già|re *v.tr.* [indic.pres. *io omàggio*...] (*spec.lett.*) rendere omaggio: — *con doni*.

o|màg|gio *s.m.* **1** (*st.*) atto di sottomissione feudale **2** atto di ossequio: *rendono — al benefattore* **3** (*pl.*) saluto rispettoso; cortese augurio: *gra-*

disca i nostri omaggi; coi migliori omaggi **4** dono: *un — floreale* | (*estens.*) prodotto distribuito in regalo a scopo pubblicitario: *— della casa* ♦ *agg.invar.* che viene regalato, spec. a fini promozionali: *pacchetto —*.
o|ma|ni|ta *agg., s.m./f.* [m.pl. *-i*] che, chi è nato o abita nello Stato arabo dell'Oman.
ò|ma|ro *s.m.* gambero marino; astice.
o|mà|so *s.m.* (*zool.*) terza delle quattro cavità dello stomaco dei ruminanti.
om|be|li|cà|le *agg.* relativo all'ombelico: *cordone —*.
om|be|li|co *s.m.* [pl. *-chi*] **1** (*anat.*) piccola cicatrice dell'addome nel punto in cui è stato reciso il cordone ombelicale **2** (*fig.*) centro di una città, di un ambiente e sim.; fulcro: *l'— del mondo*.
óm|bra *s.f.* **1** zona di oscurità prodotta da un corpo opaco che ostacola la diffusione della luce, spec. solare | la sagoma scura che un corpo opaco esposto a una sorgente luminosa proietta su una superfcie: *l'— del palazzo; l'albero fa —|ombre cinesi*, quelle prodotte mettendo le mani davanti a una luce e disponendole in modo da proiettare su una parete vaghe immagini di animali | (*fig.*) *essere l'— di qlcu.*, accompagnarlo ovunque | (*fig.*) *all'— di qlcu.*, sotto la sua protezione: *far carriera all'— di un potente* | (*fig.*) *temere la propria —*, spaventarsi per ogni sciocchezza | (*fig.*) *sembrare l'— di se stesso*, apparire sfibrato, deperito **2** (*estens.*) scarsezza di luce; tenebra: *scendono le ombre notturne* | (*fig.*) *nell'—*, di nascosto, dietro le quinte: *manovrare nell'—* **3** sagoma confusa di persona o cosa: *riuscì a vedere solo un'—* **4** anima di defunto; fantasma **5** (*fig.*) cosa senza consistenza | *dar corpo alle ombre*, dare importanza a cose futili **6** (*estens.*) quantità minima: *senz'— di malizia* **7** (*fig.*) sospetto: *sulla vicenda rimane qualche —* | aspetto negativo: *luci e ombre* **8** manifestazione velata di uno stato d'animo: *un'— di tristezza nello sguardo* **9** (*pitt.*) tono scuro utilizzato per riprodurre le zone non esposte alla luce e dare rilievo alle immagini: *accentuare le ombre* **10** alone, leggera macchia: *nonostante il candeggio c'è ancora un'—* **11** (*region.*) bicchiere di vino ♦ *agg.invar. nelle loc.* **governo** *—*, gruppo di uomini politici dell'opposizione che svolgono compiti analoghi a quelli dei membri del governo al potere | *bandiera —*, quella concessa da alcuni Stati compiacenti agli armatori che vogliono evadere il fisco del paese di appartenenza reale.
om|brà|re *v.tr.* [indic.pres. *io ómbro...*] (*pitt.*) sfumare le ombre per dare plasticità al disegno; ombreggiare.
om|brà|ti|le *agg.* → umbratile.
om|breg|già|re *v.tr.* [indic.pres. *io ombréggio...*] **1** fare ombra a ql.co.: *la palma ombreggia il giardino* **2** completare con chiaroscuri un dipinto, un disegno.
om|breg|già|to *part.pass.* di ombreggiare ♦ *agg.* **1** ricco di ombra: *terrazzo —* **2** (*pitt.*) che presenta effetti di chiaroscuro e sim.: *disegno —*

3 si dice di carattere tipografico che presenta un'ombreggiatura.
om|breg|gia|tù|ra *s.f.* **1** (*pitt.*) rappresentazione del rilievo mediante il chiaroscuro o il tratteggio **2** effetto che arricchisce i caratteri tipografici, come se fossero accompagnati dalla loro ombra.
om|brèl|la *s.f.* **1** (*bot.*) infiorescenza formata da peduncoli che si dipartono a raggiera da uno stesso punto **2** (*zool.*) parte più evidente del corpo di una medusa.
om|brel|là|io *s.m.* [f. *-a*] costruttore o riparatore di ombrelli | commerciante di ombrelli.
om|brel|là|ta *s.f.* colpo inferto con l'ombrello.
Om|brel|li|fe|re *s.f.pl.* famiglia di piante dicotiledoni che presentano infiorescenza a ombrella, cui appartengono carota, finocchio, sedano.
om|brel|li|fór|me *agg.* (*scient.*) a forma di ombrello.
om|brel|li|no *s.m.* parasole per signora.
om|brèl|lo *s.m.* **1** arnese per ripararsi dalla pioggia o dal sole, formato da una cupola di tessuto applicata a un telaio di stecche a raggiera sostenuto da un manico **2** (*estens.*) oggetto che per funzione o struttura ricorda un ombrello: *l'— della vegetazione* **3** (*mil.*) sistema difensivo | *— atomico*, insieme dei mezzi di difesa contro eventuali attacchi nucleari **4** (*foto.*) calotta che riflette la luce del flash per scatti in studio.
om|brel|ló|ne *s.m.* grande ombrello, con un lungo manico conficcato nel terreno o in un sostegno apposito, utilizzato per riparare dal sole sulla spiaggia, in giardino ecc.
om|brét|to *s.m.* cosmetico per dare una sfumatura di colore alle palpebre.
om|brì|na *s.f.* grosso pesce di mare diffuso nel Mediterraneo, dalle carni bianche commestibili.
om|bri|nà|le *s.m.* (*mar.*) ciascuno dei fori che si aprono nella murata delle navi e che servono a scaricare le acque dalla coperta.
om|bro|si|tà *s.f.* **1** abbondanza d'ombra: *l'— del boschetto* **2** (*fig.*) suscettibilità.
om|bró|so *agg.* **1** ricco di ombra: *giardino —* | che fa ombra: *fronde ombrose* **2** (*fig.*) si dice di cavallo che si spaventa facilmente | (*estens.*) si dice di chi è suscettibile, permaloso: *carattere —*.
o|mè|ga *s.m.invar.* nome dell'ultima lettera dell'alfabeto greco, che corrisponde alla *o* lunga latina.
omelette (*fr.*) [pr. *omlèt*] *s.f.invar.* (*gastr.*) frittata ripiegata ed eventualmente farcita: *— al formaggio*.
o|me|lì|a *s.f.* (*lit.*) commento alle letture bibliche, spec. durante la messa | (*estens.*) predica, sermone.
o|mén|to *s.m.* (*anat.*) ciascuna delle due pieghe con cui il peritoneo fascia l'intestino tenue.
ò|meo- primo elemento di parole composte che significa "simile" (*omeopolare*).
o|me|o|pa|tì|a *s.m./f.* [m.pl. *-i*] medico che utilizza terapie omeopatiche.
o|me|o|pa|tì|a *s.f.* (*med.*) terapia consistente nella somministrazione in dosi minime delle

stesse sostanze che nell'uomo sano determinano i sintomi del disturbo da curare.

o|me|o|pà|ti|co *agg.* [m.pl. *-ci*] (*med.*) relativo all'omeopatia: *medicinale —* ☐ **omeopaticamente** *avv.* secondo l'omeopatia.

o|me|o|po|là|re *agg.* (*chim. fis.*) covalente: *legame —*.

o|me|o|stà|si o **omeòstasi** *s.f.* (*biol.*) capacità dell'organismo di conservare l'equilibrio interno al variare delle condizioni ambientali.

o|me|o|stà|to o **omeòstato** *s.m.* (*biol.*) organismo con omeostasi, che mantiene un equilibrio stabile al proprio interno.

o|me|o|te|lèu|to o **omoioteleuto** *s.m.* (*ret.*) figura in cui parti simmetricamente contrapposte di una frase o di un discorso terminano con sillabe omofone ♦ *agg.* (*ling.*) avente la stessa desinenza.

o|me|o|tèr|mo *agg.*, *s.m.* (*zool.*) si dice di organismo capace di conservare una temperatura corporea costante: *i Mammiferi sono omeotermi*.

o|me|ra|le *agg.* (*anat.*) dell'omero, relativo all'omero: *frattura —*.

o|mè|ri|co *agg.* [m.pl. *-ci*] **1** del poeta greco Omero: *poesia omerica* | che concerne Omero: *studi omerici* **2** (*fig.*) degno di un personaggio dell'Iliade o dell'Odissea; epico: *impresa omerica* | (*scherz.*) **risata omerica**, sonora e aperta | (*scherz.*) *appetito —*, formidabile.

ò|me|ro *s.m.* **1** (*anat.*) osso lungo che va dalla spalla al gomito **2** (*spec.pl.*, *lett.*) spalla.

o|mer|tà *s.f.* nella malavita, complicità basata sul silenzio per ostacolare la ricerca e la punizione dei colpevoli di reati | (*estens.*) silenzio su colpe altrui, per timore di ritorsioni, per interesse personale, per cultura diffusa: *un muro di —*.

o|mer|tó|so *agg.* di omertà; fondato sull'omertà: *silenzio —* ☐ **omertosamente** *avv.*

o|més|so *part.pass. di* omettere ♦ *agg.* volutamente tralasciato.

o|mét|te|re *v.tr.* [con. come *mettere*] tralasciare intenzionalmente: *non — alcun dettaglio.*

o|mét|to *s.m.* **1** uomo dal fisico minuto | uomo senza carattere **2** (*fig.*, *fam.*) bravo bambino, ragazzino giudizioso **3** (*pop.*) appendiabiti, gruccia.

o|mi|ci|da *agg.* [m.pl. *-di*] che dà o ha dato la morte: *gesto —* ♦ *s.m./f.* chi ha ucciso qlcu.

o|mi|ci|dio *s.m.* uccisione di una persona | *— bianco*, incidente mortale sul lavoro per insufficienti misure di sicurezza | (*dir.*) — **premeditato**, preparato in precedenza | — **volontario**, compiuto senza preparazione ma con l'intenzione di uccidere | — **preterintenzionale**, seguito a lesioni procurate dall'omicida, ma senza l'intento di uccidere | — **colposo**, commesso involontariamente.

ò|mi|cron *s.m.invar.* nome della quindicesima lettera dell'alfabeto greco, che corrisponde alla *o* breve latina.

o|mi|na|zió|ne *s.f.* (*antrop.*) processo di evoluzione dagli Ominidi primitivi all'uomo attuale.

O|mì|ni|di *s.m.pl.* famiglia di Primati bipedi che comprende l'uomo e i suoi progenitori.

o|mis|sió|ne *s.f.* l'atto di omettere: *— di un punto* | la cosa che viene omessa | (*dir.*) — **di soccorso**, reato di chi non soccorre o chiede aiuto per persone ferite, in pericolo, esanimi, incapaci o (nel caso di minori di dieci anni) smarrite | (*dir.*) — **di atti d'ufficio**, reato commesso da un incaricato di pubblico servizio che non compie, o compie in ritardo, uno dei suoi doveri | (*relig.*) *peccato di —*, mancata esecuzione di ciò che la dottrina prescrive.

o|mis|sis (*lat.*) *s.m.invar.* **1** (*bur.*) parola che indica, all'interno di citazioni e documenti, una parte che è stata tralasciata perché considerata non necessaria **2** (*estens.*) argomento importante volutamente taciuto: *la relazione del ministro conteneva troppi —*.

om|ni- → **onni-**.

òm|ni|bus *s.m.invar.* carrozza a cavalli impiegata nell'Ottocento per il trasporto pubblico urbano ♦ *agg.invar.* **1** (*dir.*) si dice di vincolo che riguarda una serie indeterminata di obbligazioni o di soggetti: *fideiussione —* **2** si dice di iniziativa editoriale che raccoglie opere di uno stesso autore o di un medesimo genere.

ò|mo- primo elemento di parole composte che significa "uguale", "simile" (*omozigote*).

o|mo|cro|mì|a *s.f.* (*zool.*) mimetismo animale basato sulla somiglianza cromatica della pelle rispetto all'ambiente.

o|mò|cro|mo *agg.* **1** (*scient.*) di colore simile **2** (*zool.*) si dice di animale che si mimetizza per omocromia.

o|mo|fi|li|a *s.f.* attrazione per lo stesso sesso; omosessualità.

o|mo|fo|nì|a *s.f.* **1** (*ling.*) identità di suono tra parole di significato diverso | identità di suono tra segni grafici distinti **2** (*mus.*) composizione omofona.

o|mo|fò|ni|co *agg.* [m.pl. *-ci*] relativo all'omofonia.

o|mò|fo|no *agg.* **1** (*ling.*) si dice di parole che hanno suono uguale, ma significato, origine ed eventualmente grafia diversi (p.e. *hanno* e *anno*) | si dice di segni grafici differenti ma con lo stesso suono (p.e. *k* e *q*) **2** (*mus.*) si dice di composizione musicale eseguita da varie voci che procedono all'unisono ♦ *s.m.* parola che ha lo stesso suono di un'altra, ma significato diverso.

o|mo|ga|mì|a *s.f.* (*bot.*) maturazione simultanea dello stigma e del polline nel fiore ermafrodita.

o|mo|ge|nei|tà *s.f.* **1** affinità: *— di vedute* **2** regolarità: *— dei risultati* **3** compattezza, connessione: *— del composto*.

o|mo|ge|neiz|zà|re *v.tr.* **1** rendere omogeneo: *— la frutta* | *i punti di vista* **2** trattare un cibo per trasformarlo in una miscela omogenea.

o|mo|ge|neiz|zà|to *part.pass. di* omogeneizzare ♦ *agg.*, *s.m.* si dice di prodotto alimentare di consistenza omogenea, costituito da una miscela di ingredienti finemente tritati in modo da risultare più digeribili: *— di carne*.

o|mo|ge|neiz|za|zió|ne *s.f.* **1** trattamento che

riduce un cibo a omogeneizzato **2** processo che rende omogeneo: — *delle culture*.

o|mo|gè|ne|o *agg.* **1** della stessa natura, del medesimo genere: *risultati omogenei* **2** composto da elementi che hanno caratteristiche analoghe o che sono connessi in modo uniforme: *impasto* — **3** (*estens.*) si dice di insieme di parti ben armonizzate: *nel complesso formano un insieme* — **4** (*mat.*) si dice di polinomio con monomi di grado uguale □ **omogeneamente** *avv.*

o|mo|gra|fì|a *s.f.* (*ling.*) identità di scrittura tra parole che hanno significato diverso | duplice possibilità fonetica per uno stesso segno grafico.

o|mo|grà|fi|co *agg.* [m.pl. *-ci*] relativo all'omografia.

o|mò|gra|fo *agg.* (*ling.*) si dice di parole che si scrivono allo stesso modo, ma hanno significato diverso (p.e. *vèstiti* e *vestìti*) | si dice di suoni diversi resi da un unico segno grafico (p.e. *c di cane* e *c di ciao*) ♦ *s.m.* parola che ha la stessa grafia di un'altra ma significato diverso.

o|mo|io|te|lèu|to *s.m.* → **omeoteleuto**.

o|mo|lo|gà|re *v.tr.* [indic.pres. *io omòlogo, tu omòloghi...*] **1** approvare una cosa in quanto conforme al regolamento | (*bur.*) riconoscere che un prodotto è dotato dei requisiti necessari per soddisfare determinate esigenze: *— un motore* **2** (*estens.*) convalidare, ratificare ufficialmente: *— un record* **3** (*fig.*) uniformare al modello dominante: *— le aspirazioni delle masse*.

o|mo|lo|gà|to *part.pass.* di omologare ♦ *agg.* approvato in quanto conforme al regolamento: *marmitta omologata*.

o|mo|lo|ga|zió|ne *s.f.* **1** (*dir.*) riconoscimento giudiziario della legalità di un atto e sim. | (*bur.*) certificazione di conformità **2** ratifica, convalida: *— del risultato* **3** (*fig.*) adeguamento ai modelli dominanti: *resistere all'—*.

o|mo|lo|gì|a *s.f.* **1** identità, somiglianza **2** (*biol.*) corrispondenza strutturale tra specie diverse aventi un antenato comune.

o|mò|lo|go *agg.* [m.pl. *-ghi*] **1** avente le stesse caratteristiche di un'altra cosa | che è in sintonia con un'altra cosa: *strategie omologhe* **2** (*biol.*) analogo a quello di un'altra specie ♦ *s.m.* [f. *-a*] chi o ciò che è omologo di qualcos'altro: *un elemento e il suo —* □ **omologamente** *avv.* analogamente.

o|mo|ni|mì|a *s.f.* **1** identità di nome **2** (*ling.*) identità di pronuncia o grafia tra due parole di diverso significato.

o|mò|ni|mo *agg., s.m.* **1** che, chi si chiama allo stesso modo: *l'hanno scambiato per il suo —* **2** (*ling.*) si dice di vocabolo omofono od omografo.

o|mo|pla|sì|a *s.f.* (*biol.*) somiglianza morfologica tra strutture di differente origine filogenetica.

o|mo|ses|su|à|le *agg.* che si orienta sessualmente verso persone dello stesso sesso: *rapporto —* | che è relativo all'omosessualità: *cultura —* ♦ *s.m./f.* chi prova attrazione sessuale per individui del proprio sesso.

o|mo|ses|sua|li|tà *s.f.* tendenza omosessuale | condizione di omosessuale.

o|mo|sfè|ra *s.f.* fascia dell'atmosfera, compresa tra la superficie terrestre e i 100 km di quota, dove l'aria ha composizione uniforme.

O|mòt|te|ri *s.m.pl.* sottordine di Insetti, dotati di apparati boccali succhiatori, spesso nocivi alle colture.

o|mo|zi|gò|te *agg.* **1** (*biol.*) si dice di coppia di cromosomi omologhi avente due geni uguali per un dato carattere **2** (*estens.*) si dice di individuo originato dall'unione di gameti aventi gli stessi fattori ereditari ♦ *s.m.* individuo che ha ereditato da entrambi i genitori lo stesso carattere.

o|mùn|co|lo *s.m.* **1** (*spreg.*) uomo di bassa statura | (*fig.*) uomo moralmente meschino **2** piccola creatura dalle fattezze umane che gli alchimisti ritenevano di poter generare attraverso i loro esperimenti.

on (*ingl.*) *agg.invar.* negli interruttori significa acceso, funzionante.

ò|na|gro o **onàgro** *s.m.* asinello selvatico diffuso in Asia.

o|na|nì|smo *s.m.* **1** masturbazione maschile | (*estens.*) masturbazione femminile **2** (*fig.*) autocompiacimento narcisistico.

o|na|nì|sta *s.m./f.* [m.pl. *-i*] chi si masturba abitualmente.

ón|cia *s.f.* [pl. *-ce*] **1** unità di misura di peso che corrisponde a 30 grammi circa **2** (*estens.*) piccola quantità.

ón|co- (*med.*) primo elemento di parole composte che significa "tumore" (*oncologia*).

on|co|gè|ne|si *s.f.* (*med.*) sviluppo di un tumore.

on|cò|ge|no *agg.* (*med.*) si dice di fattore che provoca la formazione di tumori.

on|co|lo|gì|a *s.f.* (*med.*) scienza che studia i tumori e le terapie antitumorali.

on|co|lò|gi|co *agg.* [m.pl. *-ci*] (*med.*) che riguarda l'oncologia | di oncologia: *istituto —*.

on|cò|lo|go *s.m.* [f. *-a*; m.pl. *-gi*] (*med.*) specialista nel trattamento di tumori.

on|co|te|ra|pì|a *s.f.* (*med.*) trattamento dei tumori.

ón|da *s.f.* **1** massa d'acqua che, per effetto del vento o di altre cause, si solleva e si abbassa con ritmo regolare, increspando la superficie di mari, laghi e sim.: *onde spumeggianti* | *— anomala*, di grandi dimensioni | (*fig.*) *sulla cresta dell'—*, in una fase di notorietà e successo | *seguire l'—*, imitare il gruppo **2** (*estens.*) movimento sinuoso o tumultuoso simile a quello di un'onda | *— dei capelli*, piega morbida e ondulata **3** (*spec.pl.*, *fis.*) propagazione di energia mediante vibrazioni od oscillazioni progressive da un punto all'altro di un mezzo fisico: *— elettromagnetica, radio* | *— d'urto*, quella che viene generata nell'aria da un corpo che viaggia a velocità supersonica | (*telecom.*) *onde lunghe, medie, corte*, onde radio ad alta, media, bassa frequenza | (*tv, radio*) *mandare in —*, trasmettere | *andare in —*, venire trasmesso **4** (*fig.*) forza travolgente: *l'— delle emozioni*;

un'— di luce | **sull'— di**, nella scia di, a seguito di: sull'— delle polemiche | (giorn.) — **lunga**, conseguenze a lungo termine; fenomeno durevole.

on|dà|ta s.f. 1 colpo di grossa onda: l'— spazzò la spiaggia 2 (estens.) afflusso improvviso e intenso di ql.co.: un'— di fumo; un'— di visitatori | accesso emotivo: un'— di allegria | (meteor.) sviluppo improvviso di un fenomeno atmosferico: un'— di canicola | **a ondate**, in momenti successivi.

ón|de avv. (lett.) da dove: — t'è sorta l'idea? ♦ pron.rel. (lett.) con cui, da cui, di cui, per cui | **averne ben d'—**, avere validi motivi ♦ cong. perché, affinché: consultatevi — evitare malintesi.

on|deg|gia|mén|to s.m. oscillazione, dondolio.

on|deg|già|re v.intr. [indic.pres. io ondéggio...; aus. A] 1 di superficie liquida, muoversi a onde | oscillare seguendo il moto ondoso: la nave ondeggiava appena 2 (estens.) oscillare con movimento simile all'onda: le messi ondeggiano al vento | agitarsi: la folla ondeggia in modo pericoloso 3 (fig.) essere incerto; tentennare: — tra il dovere e lo svago.

on|dì|na s.f. 1 ninfa dei fiumi o del mare che, secondo il folclore germanico, adescava i naviganti col suo canto 2 (fig.) nuotatrice molto abile.

on|do|sì|tà s.f. presenza di onde, di moto ondoso.

on|dó|so agg. delle onde: moto —.

on|du|làn|te part.pres. di ondulare ♦ agg. 1 dondolante 2 altalenante 3 che rende ondulato: gommina —.

on|du|là|re v.tr. [indic.pres. io óndulo...] rendere ondulato; piegare a onda | dare un profilo sinuoso: le colline ondulano il panorama.

on|du|là|to part.pass. di ondulare ♦ agg. 1 che ha linea sinuosa; ricco di saliscendi: terreno — 2 con pieghe a onda: lamiera ondulata | si dice di capigliatura mossa, ma senza riccioli.

on|du|la|tó|re s.m. (elettr.) 1 strumento per rendere alternata la corrente continua 2 apparecchiatura per registrare correnti variabili.

on|du|la|tò|rio agg. che si propaga per onde: movimento — | (fis.) **teoria ondulatoria**, ipotesi per cui la luce sarebbe un fenomeno che si propaga per onde e non un movimento di corpuscoli.

on|du|la|zió|ne s.f. 1 oscillazione 2 aspetto ondulato: — del terreno 3 messa in piega per rendere ondulata una capigliatura.

-ó|ne¹ suff. forma sostantivi e aggettivi con valore accrescitivo (pigrone; barcone) o che sottolineano una caratteristica personale (barbone, polentone); si usa per formare sostantivi deverbali che esprimono un'esagerata inclinazione a compiere l'azione espressa dal verbo (mangione).

-ó|ne² suff. (scient.) 1 in chimica caratterizza i chetoni (acetone) 2 in fisica si utilizza per entità elementari (elettrone) 3 in biologia indica unità biologiche (neurone).

o|ne|rà|re v.tr. [indic.pres. io ònero...] oberare, gravare, spec. di impegni, obblighi e sim.: — di tasse.

o|ne|rà|to part.pass. di onerare ♦ agg., s.m. (dir.) si dice di chi sia gravato per legge da un onere | si dice di erede o legatario tenuto ad adempiere un legato.

ò|ne|re s.m. 1 peso, impegno gravoso | **oneri e onori**, le fatiche e i riconoscimenti di un'attività, impresa ecc. 2 obbligo | (dir.) — **della prova**, obbligo di dimostrare quanto sostenuto | (econ.) **oneri fiscali**, tributi.

o|ne|ro|si|tà s.f. pesantezza, gravosità: — dei tributi.

o|ne|ró|so agg. gravoso, pesante: obbligo — □ **onerosamente** avv.

o|ne|stà s.f. qualità di chi o di ciò che è onesto; rettitudine: — di costumi.

o|né|sto agg. 1 che evita di compiere azioni illecite o riprovevoli: comportamento — 2 conforme a principi morali: intenzione onesta 3 legittimo, accettabile: oneste pretese | equo: stipendio — 4 sincero, obiettivo: analisi onesta ♦ s.m. 1 [f. -a] persona onesta 2 quel che è onesto: nella sfera dell'— □ **onestamente** avv. 1 con onestà: comportarsi — 2 in coscienza, sinceramente: ammettere — l'errore.

ONG s.f.invar. organizzazione non governativa, che svolge missioni umanitarie, spec. internazionali, indipendentemente dagli interventi istituzionali.

-ó|ni suff. si usa per formare avverbi che indicano una posizione corporea (tentoni, barcolloni)

ò|ni|ce s.f. (min.) varietà di calcedonio che presenta zone di colore contrastante, usata come pietra ornamentale; agata.

ò|ni|co- primo elemento di parole composte che significa "unghia" (onicosi).

o|ni|có|si s.f. (med.) malattia delle unghie.

o|ni|co|fa|gìa s.f. (psicol.) abitudine di rosicchiarsi le unghie.

-o|ni|mì|a secondo elemento di parole composte che costituiscono il sostantivo astratto del rispettivo termine in -onimo (omonimia).

-ò|ni|mo secondo elemento di parole composte che significa "nome, denominazione" (eponimo).

o|nì|ri|co agg. [m.pl. -ci] 1 di sogno, dei sogni 2 (estens.) sognante; irreale: un'arte onirica □ **oniricamente** avv.

o|ni|rì|smo s.m. (psicol.) stato psichico in cui una persona sveglia ha allucinazioni simili a sogni e scarso senso della realtà.

o|nì|ro- primo elemento di parole composte che significa "sogno" (oniromanzia).

o|ni|ro|lo|gìa s.f. (psicol.) studio dei sogni.

o|ni|ro|man|zì|a s.f. interpretazione dei sogni per ricavarne presagi.

o|nì|sco s.m. [pl. -schi] crostaceo che vive sotto le pietre e si avvolge a palla se viene toccato.

on-line (ingl.) [pr. onlàin] agg.invar., avv. (inform.) 1 in rete, collegato a una rete 2 (estens.) di servizio disponibile mediante collegamento telefonico o telematico.

òn|ni- o **òmni-** primo elemento di parole composte che significa "tutto" o "dovunque" (onnivoro, onnipresente).

on|ni|com|pren|sì|vo agg. che include tutto,

on|ni|po|tèn|te *agg.* che può tutto (è uno degli attributi di Dio): *il Signore —* | si dice di chi, di ciò che ha molto potere: *azienda — nella grande distribuzione* ♦ *s.m.* Dio: *adorare l'Onnipotente.*
on|ni|po|tèn|za *s.f.* **1** condizione di chi è onnipotente: *l'— di Dio* **2** (*estens.*) potere smisurato: *l'— del desiderio.*
on|ni|pre|sèn|te *agg.* **1** presente ovunque (è uno degli attributi di Dio) **2** (*scherz.*) si dice di chi si incontra dappertutto: *il tuo — segretario.*
on|ni|pre|sèn|za *s.f.* l'essere presente in ogni luogo.
on|ni|scièn|te *agg.* che sa tutto (è uno degli attributi di Dio).
on|ni|scièn|za *s.f.* conoscenza assoluta, illimitata.
on|ni|veg|gèn|te *agg.* che vede, che conosce tutto direttamente (è uno degli attributi di Dio).
on|ni|veg|gèn|za *s.f.* dote divina di conoscere direttamente ogni cosa.
on|ni|vo|ro *agg.* **1** che mangia qualsiasi cibo: *il maiale è —* **2** (*estens.*) che accetta in modo acritico qualunque tipo di prodotto culturale gli venga proposto: *telespettatore —.*
on|nu|bi|la|re *v.tr. e deriv.* → **obnubilare** *e deriv.*
o|no|mà|sti|ca *s.f.* ramo della linguistica che studia i nomi propri di luogo o di persona.
o|no|mà|sti|co *agg.* [m.pl. *-ci*] che riguarda i nomi propri: *indice —* ♦ *s.m.* giorno in cui si festeggia il santo di cui si porta il nome.
o|no|ma|to|pè|a *s.f.* (*ling.*) formazione di una parola che imiti il suono di ciò che significa (p.e. *tic tac*) | (*estens.*) la parola così formata.
o|no|ma|to|pèi|co *agg.* [m.pl. *-ci*] relativo a un'onomatopea | nato da un'onomatopea: *vocabolo —.*
o|no|rà|bi|le *agg.* che merita rispetto, degno d'onore: *carriera —.*
o|no|ra|bi|li|tà *s.f.* rispettabilità: *offesero la sua —.*
o|no|ran|za *s.f. spec.pl.* manifestazione pubblica di omaggio | *onoranze funebri*, funerale.
o|no|rà|re *v.tr.* [indic.pres. *io onóro...*] **1** rendere onore; ossequiare | in formule di cortesia: *se vorrà onorarmi di una pronta risposta* | *— il padre e la madre*, trattarli con rispetto e venerazione | *— i morti*, ricordarli solennemente **2** rendere stimabile; dare lustro: *un soldato che onora la patria* **3** adempiere, soddisfare impegni e sim. | *— la propria firma*, pagare quanto promesso ♦ **-rsi** *rifl.* andare orgoglioso: *mi onoro del vostro affetto.*
o|no|rà|rio¹ *s.m.* compenso spettante a un professionista per l'attività svolta.
o|no|rà|rio² *agg.* **1** conferito per rendere onore: *cittadinanza onoraria* **2** che ottiene una carica e sim. a titolo puramente onorifico, senza doverla realmente esercitare: *membro —* **3** si dice di chi esercita pubblico ufficio senza percepire compenso: *console —.*
o|no|rà|to *part.pass.* di onorare ♦ *agg.* **1** degno di onore; rispettabile: *istituto —* | *—!*, formula di cortesia che esprime l'orgoglio di incontrare qlcu. | *onorata società*, organizzazione di stampo camorristico **2** onorevole: *— servizio* □ **onoratamente** *avv.*
o|nó|re *s.m.* **1** buona reputazione dovuta a meriti, qualità: *difendere il proprio —* | *debito d'—*, legato a promesse non scritte | *giurare sul proprio —*, garantire con la propria rispettabilità | *parola d'—*, promessa solenne sulla propria rispettabilità | *uomo d'—*, persona che rispetta le promesse; (*gerg.*) mafioso **2** dignità: *uscirne con —* **3** in società che condannano i rapporti prematrimoniali o extra-matrimoniali, dignità della donna che non ha avuto rapporti sessuali fuori del matrimonio: *macchiare l'— di una giovane* | *delitto d'—*, omicidio commesso per punire rapporti sessuali extra-matrimoniali **4** rispetto, stima | *a onor del vero*, in realtà | *tenere in grande —*, ammirare moltissimo **5** soddisfazione; piacere; privilegio: *ho l'— di iniziare* **6** prestigio, vanto | *farsi —*, meritare la stima degli altri | *fare —*, dimostrarsi all'altezza: *far — alla propria reputazione*; essere motivo di orgoglio: *ciò non ti fa —* **7** omaggio, dimostrazione di reverenza: *seppellire con tutti gli onori*; menzione *d'—* | *fare gli onori di casa*, accogliere un ospite con riguardo | *fare — alla tavola*, mostrare apprezzamento per le pietanze | (*mil.*) *— delle armi*, cerimonia con cui il vincitore riconosce il valore dello sconfitto | (*spec. sport*) *posto*, *piazza d'—*, seconda posizione in classifica **8** (*spec.pl.*) grado, titolo di onorificenza: *elevare ad alti onori* | *onori accademici*, titoli universitari **9** (*relig.*) atto di culto: *— a Dio* **10** (*pl.*) carte principali a bridge.
o|no|ré|vo|le *agg.* **1** degno di onore: *famiglia —* **2** titolo dato ai parlamentari italiani **3** che è motivo di onore: *impresa —* **4** decoroso: *atteggiamento —* | *che non umilia nessuno*: *accordo —* ♦ *s.m./f.* membro del parlamento □ **onorevolmente** *avv.*
o|no|ri|fi|cèn|za *s.f.* titolo, decorazione e sim. concesso per benemerenze particolari.
o|no|ri|fi|co *agg.* [m.pl. *-ci*] conferito per tributare onore: *a titolo —*, senza implicare gli obblighi normalmente connessi.
òn|ta *s.f.* **1** disonore, vergogna **2** offesa, oltraggio: *un' — gravissima* | *a — di*, nonostante.
on|tà|no *s.m.* albero con foglie ovate e legno duro, usato per costruzioni.
on the road (*ingl.*) [pr. *on de ród*] *loc.agg.invar.* **1** si dice di narrazione letteraria o cinematografica incentrata su un'esperienza di viaggio vissuta da personaggi che non accettano le convenzioni sociali tradizionali **2** (*estens.*) anticonformista nel modo di vivere.
on the rocks (*ingl.*) [pr. *on de ròks*] *loc.agg.invar.* si dice di liquore versato in un bicchiere pieno di cubetti di ghiaccio: *scotch —.*
òn|to- primo elemento di parole composte che in filosofia significa "essere, esistenza" (*ontologismo*), in biologia "organismo, essere vivente" (*ontogenetico*).

on|to|gè|ne|si *s.f.* (*biol.*) complesso dei processi di sviluppo dell'organismo, dall'uovo o germe all'individuo adulto.

on|to|ge|nè|ti|co *agg.* [m.pl. *-ci*] (*biol.*) relativo all'ontogenesi.

on|to|lo|gìa *s.f.* (*filos.*) studio dell'essere in quanto tale, a prescindere dalle sue manifestazioni fenomeniche.

on|to|lò|gi|co *agg.* [m.pl. *-ci*] (*filos.*) relativo all'ontologia, all'essere: *argomento —* □ **ontologicamente** *avv.* sul piano ontologico.

on|to|lo|gi|smo *s.m.* (*filos.*) teoria che pone l'intuizione diretta di Dio come precondizione della conoscenza umana.

ONU *s.m.invar.* organizzazione internazionale sorta nel secondo dopoguerra per mantenere la pace nel mondo e tutelare i diritti elementari delle genti.

ò|o- primo elemento di parole composte che significa "uovo", "gamete femminile" (*oogenesi*) o che indica forma simile a quella di un uovo (*oolite*).

o|o|blà|sto *s.m.* (*biol.*) cellula dalla cui differenziazione deriva l'oocita.

o|o|cì|ta o **ovocita** *s.m.* (*biol.*) gamete femminile degli animali; ovocellula.

o|o|ga|mìa o **ovogamia** *s.f.* (*biol.*) riproduzione sessuata in cui il gamete femminile, la cellula uovo, e quello maschile, lo spermio, hanno forma, struttura e comportamento molto diversi.

o|o|gè|ne|si *s.f.* (*biol.*) processo di formazione dell'ovocellula.

o|o|gò|nio *s.m.* **1** (*bot.*) organo riproduttivo femminile che contiene le oosfere **2** (*biol.*) ovocellula immatura.

o|o|li|te *s.f.* (*geol.*) piccolo granello sferico contenente vari minerali, che si trova in varie rocce spec. calcaree.

o|o|sfè|ra *s.f.* (*bot.*) gamete femminile delle piante superiori; gemmula.

o|pa|ci|me|tro *s.m.* misuratore degli idrocarburi incombusti in liquidi o gas, usato spec. per l'analisi dei gas di scarico di motori diesel.

o|pa|ci|tà *s.f.* (*anche fig.*) non trasparenza; mancanza di lucidità: *— di spirito.*

o|pa|ciz|zà|re *v.tr.* rendere opaco: *— un vetro |* (*med.*) rendere impenetrabile ai raggi x ♦ **-rsi** *intr.pron.* divenire opaco.

o|pa|ciz|za|zió|ne *s.f.* azione dell'opacizzare | trattamento per opacizzare le fibre tessili | (*med.*) procedimento per rendere un organo opaco ai raggi x, spec. con un mezzo di contrasto.

o|pà|co *agg.* [m.pl. *-chi*] **1** che non si lascia attraversare dalla luce: *vetro —* **2** (*scient.*) che non si lascia attraversare dalla determinate radiazioni: *— ai raggi x* **3** (*estens.*) privo di lucentezza: *smalto —* **4** (*fig.*) privo di vivacità; ottuso: *voce opaca; sguardo —* | scialbo, non brillante: *una prova opaca* □ **opacamente** *avv.* senza espressività; ottusamente; a livelli mediocri.

o|pà|le *s.m./f.* silice idrata con varietà iridescenti impiegate per scopi ornamentali.

o|pa|le|scèn|te *agg.* che presenta opalescenza; lattiginoso.

o|pa|le|scèn|za *s.f.* aspetto lattiginoso, talora iridescente, di alcuni liquidi e solidi.

o|pa|lì|na *s.f.* **1** vetro traslucido, opalescente **2** cartoncino lucido **3** stoffa semitrasparente in cotone leggero.

o|pa|lì|no *agg.* che ha colore e trasparenza simili all'opale; opalescente.

op art (*ingl.*) *loc.sost.f.invar.* corrente artistica che punta sui meccanismi di illusione percettiva.

ò|pe le|gis (*lat.*) *loc.* (*dir.*) in forza di una legge, per effetto di una norma.

open (*ingl.*) *agg.invar.* **1** (*sport*) si dice di competizione cui possono partecipare tanto professionisti quanto dilettanti **2** si dice di biglietto di viaggio in cui non si precisa la data di utilizzo.

open space (*ingl.*) [pr. *ópen spéis*] *loc.sost.m.invar.* vasto ambiente, spec. adibito a ufficio, senza pareti divisorie interne.

ò|pe|ra *s.f.* **1** attività che produce un effetto o che ha un fine: *l'— delle intemperie; questo disastro è — tua?; l'— divina* **2** ogni lavoro svolto dall'uomo | **a, per — di**, grazie all'intervento di, per colpa di: *il furto è avvenuto a — di ignoti | all'—*, in attività: *mettersi all'— | in —*, in funzione nella sede di utilizzo: *messa in — | fare — di*, impegnarsi a fondo per: *fare — di persuasione* **3** azione umana considerata dal punto di vista etico o religioso: *la fede e le opere; — buona* **4** risultato di un'attività artistica, intellettuale, materiale: *— d'arte | — prima*, lavoro di esordio | **dell'ingegno**, creazione artistica soggetta a diritti d'autore | **opere pubbliche**, infrastrutture finanziate da enti pubblici | (*lat.*) **— omnia**, raccolta dell'intera produzione di un autore **5** (*teat.*) rappresentazione musicata e cantata; melodramma: *— lirica* | il teatro che ospita tali rappresentazioni | **— buffa**, genere teatrale comico diffuso nell'Italia del Settecento | **— dei pupi**, teatro delle marionette **6** ente di beneficenza: *Opera Universitaria.*

o|pe|rà|bi|le *agg.* **1** (*med.*) in grado di sopportare un intervento chirurgico **2** attuabile, praticabile: *soluzione —*.

o|pe|ra|bi|li|tà *s.f.* **1** (*med.*) condizione del paziente che è operabile chirurgicamente **2** l'essere fattibile; praticabilità.

o|pe|rà|io *s.m.* [f. *-a*] chi svolge un'attività manuale alle dipendenze di qlcu.: *— tessile* ♦ *agg.* **1** degli operai: *movimento —* **2** (*zool.*) animale infecondo che svolge i lavori necessari alla comunità: *formica operaia.*

o|pe|ra|i|smo *s.m.* (*polit.*) orientamento che privilegia le esigenze della classe operaia e, in particolare, quelle dei lavoratori di fabbrica come comportamento di istanze rivoluzionarie.

o|pe|ràn|te *part.pres.* di operare ♦ *agg.* **1** vigente: *la norma è già —* **2** attivo, efficace: *medicinale —.*

o|pe|rà|re *v.intr.* [indic.pres. *io òpero...*; aus. *A*] **1** agire: *— con coerenza* | compiere azioni **2** fare effetto: *terapia che opera rapidamente* **3** (*mil.*) manovrare ♦ *tr.* **1** compiere, fare; produrre: *— un*

operatività

miracolo **2** (*anche assol.*) sottoporre a operazione chirurgica: *bisogna — subito* | intervenire chirurgicamente sulla parte da curare: *— il polmone* ♦ **-rsi** *intr.pron.* **1** prodursi, determinarsi: *si operarono importanti mutamenti* **2** (*fam.*) sottoporsi a intervento chirurgico: *— di calcoli*.

o|pe|ra|ti|vi|tà *s.f.* **1** (*dir.*, *bur.*) entrata in vigore; validità: *— di un provvedimento* **2** efficacia: *— di un medicamento* **3** funzionamento; messa in opera: *definire l'— del progetto*.

o|pe|ra|ti|vo *agg.* **1** atto a operare: *strumento —* | predisposto per un'azione: *progetto —* **2** relativo alla messa in atto; esecutivo: *disposizione operativa* **3** (*mil.*) relativo a operazioni belliche: *zona operativa* **4** (*bur.*) che è in vigore: *la delibera è operativa* □ **operativamente** *avv.* in modo operativo | a livello operativo.

o|pe|rà|to *part.pass.* di operare ♦ *agg.* **1** che ha subito un intervento chirurgico | (*gerg.*) che ha cambiato sesso **2** si dice di tessuto a disegni non stampati | (*di cuoio e sim.*) lavorato con effetti in rilievo ♦ *s.m.* **1** [f. *-a*] chi è stato sottoposto a intervento chirurgico **2** modo di comportarsi; azioni compiute: *render conto del proprio —*.

o|pe|ra|tó|re *s.m.* [f. *-trice*] **1** addetto al funzionamento di macchine | addetto alle operazioni di input e output di un calcolatore elettronico | *— cinematografico*, chi manovra la macchina da presa o la telecamera **2** (*econ.*) chi agisce su un mercato come venditore o come compratore **3** chi lavora in un certo settore: *— turistico* | *— ecologico*, netturbino **4** (*mat.*) — *aritmetico*, quello che indica un'operazione aritmetica ♦ *agg.* si dice di ogni macchinario che effettua lavorazioni di materiali.

o|pe|ra|tò|rio *agg.* **1** che riguarda un'operazione chirurgica: *sala operatoria* **2** (*mat.*) relativo alle operazioni.

o|pe|ra|zió|ne *s.f.* **1** procedimento, azione: *un'— facilissima* **2** serie di azioni coordinate verso un obiettivo: *— di marketing* | piano di vasta portata, spesso designato con un nome convenzionale: *— 'città per tutti'* | vasta indagine di polizia e sim.: *— Manipulite* **3** intervento chirurgico: *— in anestesia totale* **4** (*mil.*) qualsiasi azione delle truppe | *zona d'operazioni*, *teatro delle operazioni*, area in cui si svolgono manovre, combattimenti o esercitazioni **5** (*mat.*) procedimento di calcolo: *— algebrica*.

o|pèr|co|lo *s.m.* **1** (*scient.*) organo che, in animali e vegetali, chiude l'imboccatura di una cavità corporea **2** (*farm.*) capsula solubile contenente medicinali in polvere da assumere per via orale **3** tappo di cera che chiude ciascuna cella di un alveare **4** lamella in alluminio che sigilla i tubetti e che viene forata per aprirli.

o|pe|rét|ta *s.f.* **1** genere di teatro musicale con brani cantati, che si alternano a scene recitate e balletti (*fig.*) **da —**, frivolo e ridicolo: *vicenda da — 2* (*lett.*) breve componimento poetico o in prosa.

o|pe|ret|ti|sti|co *agg.* [m.pl. *-ci*] **1** relativo all'operetta **2** (*fig.*) da operetta; superficiale, frivolo.

o|pe|ri|sti|co *agg.* [m.pl. *-ci*] del melodramma: *programma —*.

o|pe|ro|si|tà *s.f.* voglia di fare; laboriosità.

o|pe|ró|so *agg.* **1** laborioso, attivo: *dipendente — 2* pieno di attività: *giornata operosa* □ **operosamente** *avv.*

-o|pì|a secondo elemento di parole composte che significa "vista" (*presbiopia*).

o|pi|fi|cio *s.m.* fabbrica, manifattura.

o|pi|nà|bi|le *agg.* non certo, discutibile: *è una questione —* □ **opinabilmente** *avv.*

o|pi|nà|re *v.tr.*, *intr.* [aus. *A*] (*lett.*, *scherz.*) avere come opinione; ritenere.

o|pi|nió|ne *s.f.* **1** idea; parere; giudizio: *esprimere un' —* | *essere dell' —*, ritenere | *è — che*, si pensa che | *— corrente*, quella della maggior parte della gente | *articolo di —*, che interpreta vicende politiche e tendenze di costume | *giornale di —*, testata che esprime il punto di vista di un determinato settore sociale, indipendentemente dai partiti politici | *— pubblica*, il modo di pensare della collettività; (*estens.*) la collettività stessa, i cittadini **2** stima, considerazione: *avere una cattiva — di qlcu*.

o|pi|nio|ni|sta *s.m./f.* [m.pl. *-i*] (*giorn.*) chi scrive articoli di opinione o interviene in televisione con commenti che interpretano l'attualità politica e di costume.

opinion leader (*ingl.*) [pr. *opinion lìder*] *loc.sost.m./f.invar.* chi gode di prestigio tale da influenzare l'opinione pubblica.

opinion maker (*ingl.*) [pr. *opinion méiker*] *loc.sost.m./f.invar.* opinion leader.

o|pi|ter|gi|no *agg.* della cittadina di Oderzo ♦ *s.m.* [f. *-a*] nativo, abitante di Oderzo.

óp|là *inter.* incitazione a chi sta facendo un salto | esclamazione che si fa eseguendo un salto | incoraggiamento a rialzarsi rivolto a un bimbo caduto per terra.

o|pli|ta *s.m.* [pl. *-i*] (*st.*) fante greco con armatura pesante.

o|plo|tè|ca *s.f.* raccolta d'armi e armature: *l'— del museo del Medio Evo*.

o|pòs|sum *s.m.invar.* marsupiale americano dal pelo lungo e folto | pelliccia di tale animale.

op|pià|ce|o *agg.*, *s.m.* detto di sostanza o preparato che contiene oppio o suoi derivati.

op|pià|to *agg.* con aggiunta di oppio, miscelato a oppio ♦ *s.m.* (*farm.*) preparato che contiene oppio.

óp|pio *s.m.* **1** sostanza stupefacente ricca di alcaloidi, estratta dalle capsule del papavero bianco **2** (*fig.*) ciò che ottunde la lucidità intellettuale e genera illusioni: *la religione è l'— dei popoli*.

op|piò|ma|ne *s.m./f.* chi usa abitualmente l'oppio come stupefacente.

op|pio|ma|nì|a *s.f.* tossicodipendenza da oppio.

op|po|nì|bi|le *agg.* **1** che può essere opposto | (*anat.*) *pollice —*, così detto in quanto si può opporre alle altre dita **2** (*dir.*) contro cui si può fare opposizione: *sentenza —*.

op|pór|re *v.tr.* [con. come *porre*] mettere, porre

contro (sul piano materiale o morale): — *un argine;* — *argomenti* ♦ **-rsi** *intr.pron.* **1** fare opposizione: — *al degrado* **2** porsi contro: *il pollice si può opporre alle altre dita.*
op|por|tu|ni|smo *s.m.* atteggiamento di chi si adegua alle circostanze per sfruttarle a proprio vantaggio.
op|por|tu|ni|sta *s.m./f.* [m.pl. *-i*] chi si comporta con opportunismo ♦ *agg.* opportunistico.
op|por|tu|ni|sti|co *agg.* [m.pl. *-ci*] caratterizzato da opportunismo; tipico di chi si adegua alle circostanze secondo i propri vantaggi: *scelta opportunistica* □ **opportunisticamente** *avv.*
op|por|tu|ni|tà *s.f.* **1** adeguatezza: *l'*— *dell'iniziativa* **2** occasione favorevole: *sfruttare tutte le* —.
op|por|tù|no *agg.* adatto, conveniente, favorevole: *intervento* — | *giungere* —, arrivare al momento giusto.
op|po|si|ti|vo *agg.* (*filos.*) che istituisce un'opposizione: *relazione oppositiva.*
op|po|si|tó|re *s.m.* [f. *-trice*] chi si oppone; avversario: *era un* — *del regime.*
op|po|si|zió|ne *s.f.* **1** azione di contrasto; disaccordo e resistenza: *l'*— *della famiglia al matrimonio* | argomento contrario **2** contraddizione, contrasto: *opinioni in netta* — | (*filos.*) mutua esclusione fra due termini **3** (*polit.*) insieme dei partiti contrari al governo o alla giunta locale; minoranza: *banchi dell'* — | l'azione di contrasto svolta da tali partiti rispetto alle scelte della maggioranza **4** (*dir.*) ricorso contro un atto dell'autorità o una richiesta di parte **5** (*astr.*) posizione di due corpi celesti le cui longitudini differiscono di 180°.
op|pó|sto *part.pass.* di opporre ♦ *agg.* **1** che si trova di fronte: *sulla parete opposta* **2** (*fig.*) contrario, contrapposto: *siamo su posizioni opposte* **3** (*spec.filos.*) si dice di termine che ne esclude necessariamente un altro (p.e. *vero - falso*) ♦ *s.m.* il contrario: *è vero l'* — | *all'* —, invece, al contrario.
op|pres|sió|ne *s.f.* **1** dominio, giogo: *l'* — *della dittatura* **2** (*fig.*) sensazione spiacevole di fastidio fisico o di ansietà, angoscia: — *al petto.*
op|pres|si|vo *agg.* che opprime; opprimente: *ambiente* — □ **oppressivamente** *avv.*
op|près|so *part.pass.* di opprimere ♦ *agg.* **1** sottoposto a oppressione; privo di libertà: *nazione oppressa* **2** addolorato; angosciato: *cuore* — ♦ *s.m.* [f. *-a*] chi subisce vessazioni e sopraffazioni: *la riscossa degli oppressi.*
op|pres|só|re *agg.,s.m.* (*spec.polit.*) che, chi opprime: *esercito* —; *cacciare l'* —.
op|pri|mèn|te *part.pres.* di opprimere ♦ *agg.* pesante; insopportabile: *caldo* —; *persona* —.
op|pri|me|re *v.tr.* [pass.rem. *io oppressi, tu opprimèsti...*; part.pass. *oppresso*] **1** tenere in soggezione; tiranneggiare: — *la popolazione* **2** (*anche fig.*) provocare una sensazione di peso: *la cena mi ha oppresso lo stomaco* | gravare, oberare; estenuare: *tuo fratello opprime tutti con le sue domande.*

op|pu|gnà|bi|le *agg.* confutabile □ **oppugnabilmente** *avv.*
op|pu|gna|bi|li|tà *s.f.* condizione di ciò che si può oppugnare: *l'* — *di una condanna.*
op|pu|gnà|re *v.tr.* [indic.pres. *io oppugno..., noi oppugniamo, voi oppugnate...*] (*lett.*) confutare, contestare: — *una teoria.*
op|pù|re *cong.* **1** [raff. con valore disgiuntivo] o, ovvero: *oggi* — *domani; vuoi un panino o un toast,* — *digiuni?* **2** in caso contrario, altrimenti: *bevi ql.co.,* — *ti disidraterai.*
-o|psi|a secondo elemento di parole composte che significa "esame visivo diretto" (*autopsia*).
op|tà|re *v.intr.* [indic.pres. *io òpto...*; aus. *A*] scegliere, decidere a favore di un'alternativa: — *per una località nota.*
optical (*ingl.*) [pr. *òptical*] *agg.invar., s.m.invar.* nella moda, si dice di abbigliamento con disegni geometrici in bianco e nero, che generano effetti ottici e illusioni percettive.
òp|ti|mum (*lat.*) *s.m.invar.* massimo livello raggiungibile in un dato ambito; top: *la sua preparazione è all'* —.
optional (*ingl.*) [pr. *òpshonal*] *s.m.invar.* accessorio non di serie, per il quale si deve pagare un sovrapprezzo | *full* —, corredato da tutti gli accessori previsti dal costruttore.
òp|to- primo elemento di parole composte che significa "visibile", "vista" (*optometrista*).
op|to|me|trì|a *s.f.* (*med.*) misurazione della vista.
op|to|me|trì|sta *s.m./f.* [m.pl. *-i*] ottico specializzato nel misurare la vista e prescrivere lenti.
o|pu|lèn|to *agg.* **1** molto ricco | *società opulenta*, con un livello dei consumi molto alto in tutte le classi sociali **2** (*fig.*) troppo abbondante; ridondante: *eloquenza opulenta* **3** si dice di donna formosa, di fisico prosperoso.
o|pu|lèn|za *s.f.* **1** ricchezza, sfarzo: *l'* — *della loro vita quotidiana* **2** (*fig.*) ridondanza: — *stilistica.*
O|pùn|zia *s.f.* genere di piante grasse con spine | (per anton.) fico d'India.
ò|pus (*lat.*) *s.m.invar.* (*mus.*) termine che, accompagnato da un numero, indica il posto occupato da un'opera nel catalogo della produzione di un autore.
o|pù|sco|lo *s.m.* librettino divulgativo o pubblicitario: — *promozionale.*
op|zio|nà|le *agg.* **1** facoltativo: *corso* — **2** che può essere aggiunto alla dotazione di serie; optional: *tettuccio* —.
op|zió|ne *s.f.* **1** scelta fra soluzioni alternative | ciascuna delle alternative: *quante opzioni rimangono?* | — *zero*, (st.) programma bilaterale di disarmo per l'eliminazione delle testate nucleari dislocate in Europa; (*estens.*) rinuncia al possesso di aziende dell'informazione da parte di un operatore finanziario **2** diritto di preferenza o precedenza nell'acquisizione di ql.co.: — *sull'acquisto.*
ó|ra¹ *s.f.* **1** unità di tempo pari alla ventiquattresima parte del giorno | intervallo temporale che equivale a tale unità, corrispondente a 60 minuti primi: *mezz'* —; *un'* — *di cammino; battere*

oracolare

le ore | — **locale**, legata al fuso orario | — **solare**, determinata dal passaggio del sole sul fuso orario | — **legale**, quella che per convenzione sostituisce periodicamente l'ora solare | *all'*—, nel giro di un'ora: *30 chilometri all'*— | *a ore*, secondo il numero delle ore di servizio, di utilizzo ecc.: *impiego a ore*, *camera a ore* | **fare le ore piccole**, andare a letto molto tardi **2** (*estens.*) intervallo temporale indeterminato: *ore indimenticabili* | *di* — *in* —, con una veloce evoluzione: *la vicenda si sviluppa di* — *in* — | (*fam.*) *era* —!, *alla buon'*—!, finalmente! | — *di punta*, quella di massimo traffico **3** momento determinato: *che ore sono?*; *l'* — *di cena* | (*gerg.*) — **x**, la quale convenuta per dare il via a ql.co. | (*euf.*) *l'ultima* —, quella prima di morire | (*fam.*) **non vedere l'**—, attendere con impazienza | *di buon'*—, la mattina presto | **dell'ultima** —, molto recente, appena capitato: *sviluppi dell'ultima* —; tardivo, che arriva a giochi fatti: *partigiano dell'ultima* — **4** (*mar.*, *aer.*, *mil.*) posizione, rispetto all'osservatore, che ql.co. occupa sul cerchio dell'orizzonte, immaginato come un quadrante di orologio diviso in dodici ore: *obiettivo individuato a ore 3*.

ó|ra² *avv.* [si tronca in *or* nell'uso poet. e lett. e in alcune loc.] **1** adesso, in questo momento; al giorno d'oggi: — *non ho tempo*; *quello che va di moda* — | *d'* — *in avanti*, *d'* — *in poi*, per sempre a partire da adesso | *fin d'*—, già da adesso: *vi avverto fin d'*— | *or sono*, esprime la lontananza nel tempo rispetto ad adesso: *tre decenni or sono* | — *come* —, *per* —, al momento, per adesso | *prima d'*—, fino a questo momento **2** da poco, poco tempo fa: *se ne è andato* — | *or* —, un istante fa **3** tra poco: — *torna* ♦ *cong.* **1** (*avversativa*) invece: *tu credi di aver ragione*, — *io ti dico che hai torto* **2** dunque, allora: — *devi sapere che...* **3** (*correlativo*) una volta... un'altra: — *allegro*, — *triste* | — *che*, adesso che: — *che ci sei*, *non mollare*.

o|ra|co|là|re *agg.* **1** relativo all'oracolo: *profezia* — **2** (*iron.*) solenne, sentenzioso: *tono* —.

o|ra|co|leg|già|re *v.intr.* [indic.pres. *io oracoléggio...*; aus. *A*] (*iron.*) fare previsioni; sentenziare solennemente.

o|rà|co|lo *s.m.* **1** (*st.*) nel mondo antico, responso profetico di una divinità e sim. | luogo sacro dove il responso veniva comunicato | il sacerdote o la divinità che lo comunicava: *consultare l'* — *di Apollo* **2** (*fig.*, *spec.iron.*) sentenza, risposta di persona autorevole | la persona che dà tale risposta: *adesso sentiremo l'* —.

ò|ra|fo *s.m.* chi lavora l'oro e altri metalli preziosi ♦ *agg.* relativo all'oreficeria: *bottega orafa*.

o|rà|le *agg.* **1** (*med.*) della bocca: *igiene* — | *per via* —, per bocca, riferito all'assunzione di medicine | (*psicoan.*) *fase* —, quella dei primi anni di vita, in cui la bocca è la principale fonte di piacere **2** espresso o trasmesso a voce: *comunicazione* — | *prova* —, effettuata tramite colloquio, non per scritto | *tradizione* —, tramandata attraverso il racconto **3** (*ling.*) si dice di suono che viene articolato nella bocca; non nasale ♦ *s.m.* esame orale: *bocciato all'* — □ **oralmente** *avv.*

o|ra|li|tà *s.f.* **1** caratteristica della comunicazione a voce: *l'* — *della civiltà arcaica* **2** (*psicol.*) utilizzo infantile della bocca come mezzo per conoscere il mondo | (*psicoan.*) predominanza della fase orale.

o|ra|mài *avv.* → **ormai**.

o|ràn|go *s.m.* [pl. *-ghi*] grossa scimmia antropomorfa dei climi equatoriali.

o|ran|gu|tàn *s.m.invar.* orango.

o|rà|rio *agg.* relativo all'ora | (*auto.*) *disco* —, cartoncino per indicare l'ora di arrivo in un parcheggio a tempo | *segnale* —, comunicazione dell'ora esatta | *senso* —, senso di rotazione come quello delle lancette nell'orologio ♦ *s.m.* **1** l'ora o le ore in cui si svolge un fatto, un'attività: — *delle lezioni* | *in* —, nei tempi previsti; all'ora stabilita | *non avere* —, condurre una vita quotidiana priva di scadenze regolari, spec. per l'imprevedibilità degli impegni lavorativi | — *continuato*, erogazione di un servizio senza interruzione all'ora di pranzo | — *ridotto*, giornata lavorativa più breve di quella standard | — *di visita*, quello in cui gli ospedali concedono di visitare i ricoverati **2** tabella, libretto o grafico che indica le ore stabilite per determinate attività: — *dei bus*.

o|rà|ta *s.f.* pesce di mare di colore grigio-azzurro con una striscia dorata tra gli occhi, apprezzato per le carni squisite.

o|ra|tó|re *s.m.* [f. *-trice*] campione di eloquenza; chi è abile nel tenere discorsi | chi parla in pubblico: *applaudire l'* —.

o|ra|tò|ria *s.f.* **1** arte del dire, del tenere bei discorsi in pubblico; eloquenza: — *sacra* **2** genere letterario delle orazioni | complesso degli oratori e dei discorsi di un'epoca storica: — *romana*.

o|ra|to|riàle *agg.* (*mus.*) relativo all'oratorio.

o|ra|tò|rio¹ *agg.* **1** relativo all'oratoria: *arte oratoria* **2** (*fig.*) retorico, pieno di enfasi: *stile* —.

o|ra|tò|rio² *s.m.* **1** edificio per riunioni di preghiera, annesso a un convento o a una chiesa **2** ambiente annesso alla chiesa parrocchiale per attività ricreative giovanili **3** (*mus.*) composizione su tema religioso, drammatica ma priva di messinscena.

o|ra|zió|ne *s.f.* **1** discorso pubblico solenne: *funebre* **2** (*relig.*) preghiera: — *alla Madonna*.

or|bà|ce *s.m.* **1** tessuto di lana grezza, tipico della Sardegna **2** (*st.*) divisa nera fascista.

or|bè|ne o **or|bé|ne** *cong.* (*lett.*) [sempre all'inizio della frase, spec. con valore esortativo] dunque: —, *non indugiamo!*

or|bi|tà|le *s.f.* **1** (*fis.*) traiettoria | (*chim.*) traiettoria degli elettroni intorno al nucleo | (*astr.*) traiettoria di un corpo celeste intorno al proprio centro gravitazionale, spec. intorno a un altro astro: *l'* — *della cometa* | *mandare in* —, lanciare un satellite per farlo ruotare alla distanza stabilita dalla Terra; (*fig.*) mandare in visibilio; (*fig.*) portare al successo **2** (*fig.*) ambito: *restare nella propria* — | *sfera d'influenza*: *nell'* — *statunitense* **3** (*anat.*) ciascuna delle due cavità del cranio che contengono i globi oculari.

or|bi|tà|le *agg.* **1** (*astr.*) dell'orbita di un corpo celeste: *velocità* — 2 (*anat.*) dell'orbita del cranio: *cavità* — ♦ *s.m.* (*fis.*, *chim.*) funzione d'onda relativa al moto degli elettroni nell'atomo: — *atomico.*

or|bi|tàn|te *part.pres. di* orbitare ♦ *agg.* che si trova in orbita: *stazione* —.

or|bi|tà|re *v.intr.* [indic.pres. *io òrbito*...; aus. *A*] 1 (*astr.*) muoversi secondo un'orbita: *i satelliti che orbitano intorno alla Terra* 2 (*fig.*) muoversi nella sfera d'influenza di un'entità economica, politica o ideologica; gravitare: — *intorno a una superpotenza.*

òr|bo *agg.* 1 privo della vista: — *da un occhio* | (*estens.*) che ci vede poco: *sei un po'* — ♦ *s.m.* [f. -*a*] chi è privo della vista | (*estens.*) chi vede male | (*pop.*) *botte da orbi*, colpi menati alla cieca, senza guardare dove si colpisce.

òr|ca *s.f.* 1 cetaceo feroce e voracissimo presente spec. nei mari freddi; ha corpo massiccio, nero nella parte superiore e bianco in quella inferiore, e una grande pinna dorsale 2 (*mit.*) favoloso mostro marino affamato di uomini.

or|chés|sa *s.f.* nelle fiabe, moglie di un orco.

or|chè|stra *s.f.* 1 (*archeol.*) nei teatri greci, area destinata alle danze del coro 2 (*teat.*) la parte antistante il palcoscenico, riservata ai suonatori 3 (*estens.*) insieme dei suonatori e degli strumenti necessari a una esecuzione musicale: — *jazz.*

or|che|stràl|le *agg.* di, dell'orchestra | per orchestra: *pezzo* — ♦ *s.m./f.* chi suona in un'orchestra.

or|che|strà|re *v.tr.* [indic.pres. *io orchèstro*...] 1 (*mus.*) scrivere le parti per i vari strumenti dell'orchestra 2 (*fig.*) preparare le varie fasi di un fenomeno, evento ecc.; organizzare: — *i giochi politici.*

or|che|stra|zió|ne *s.f.* 1 (*mus.*) preparazione delle partiture per i diversi strumenti 2 (*fig.*) coordinamento di missioni, progetti e sim.

órchi- (*med.*) primo elemento di parole composte che significa "testicolo" (*orchiectomia*).

or|chi|dè|a *s.f.* pianta erbacea delle regioni tropicali con fiori pregiati per la loro bellezza.

or|chiec|to|mì|a *s.f.* (*med.*) asportazione di un testicolo o di entrambi.

or|chi|te *s.f.* (*med.*) infiammazione al testicolo.

ór|cio *s.m.* [pl. *orci*] grande vaso panciuto di terracotta: *un'* — *d'olio.*

òr|co *s.m.* [pl. -*chi*] 1 nelle fiabe, essere mostruoso che divora uomini e bambini 2 (*fig.*) persona brutta e minacciosa | *voce da* —, cavernosa 3 (*mit.*) per gli antichi Greci e Romani, l'aldilà.

òr|da *s.f.* 1 raggruppamento delle diverse tribù di una popolazione nomade con fini di guerra, caccia o migrazione 2 (*estens.*) gruppo disordinato di armati che compie violenze e razzie: *un'* — *barbarica* 3 (*spreg.*) frotta, massa disordinata, di persone chiassose: *un'* — *di ragazzacci.*

or|da|li|a o **ordàlia** *s.f.* (*st.*) dura prova fisica cui anticamente si sottoponeva un accusato, il cui esito era inteso come segno della sua colpevolezza o innocenza.

or|di|gno *s.m.* 1 congegno bellico, bomba: — *atomico* 2 (*scherz.*) arnese strano, complicato; diavoleria: — *infernale.*

or|di|nà|bi|le *agg.* che può essere ordinato: — *alfabeticamente*; — *per telefono.*

or|di|nà|le *agg.*, *s.m.* (*mat.*) si dice di numero che indica la posizione di un elemento in un insieme ordinato | (*gramm.*) si dice di aggettivo numerale che esprime il posto occupato in una serie.

or|di|na|mén|to *s.m.* 1 organizzazione 2 disposizione ordinata | criterio ordinatore: *l'* — *di un archivio*; *l'* — *dell'universo* 2 complesso di norme vigenti in uno Stato o in una materia: — *penale* 3 (*mat.*, *inform.*) disposizione di elementi in una data sequenza.

or|di|nà|re *part.pres. di* ordinare ♦ *agg.*, *s.m./f.* 1 che, chi ha dato un ordine 2 (*fin.*, *banc.*) che, chi ha disposto un'operazione 3 (*eccl.*) che, chi ordina un sacerdote.

or|di|nàn|za *s.f.* 1 (*dir.*) atto emanato da un'autorità pubblica con fini normativi, amministrativi o giurisdizionali: — *del sindaco*; — *di custodia* 2 (*mil.*) prescrizione; ordinamento | *d'* —, prevista dal regolamento militare: *pistola d'* —.

or|di|nà|re *v.tr.* [indic.pres. *io órdino*...] 1 mettere in ordine: — *lo schedario* | fissare i criteri che regolamentano una materia 2 comandare; imporre: — *una perquisizione* | prescrivere come terapia: — *riposo assoluto* | commissionare una merce, un servizio, un lavoro: — *una cassa di mele* | (*anche assol.*) in luoghi di ristoro, chiedere ciò che si desidera consumare: — *una pizza*; *hai già ordinato?* 3 (*eccl.*) consacrare sacerdote ♦ **-rsi** *rifl.* disporsi secondo un certo ordine: *le auto si ordinarono lungo la linea.*

or|di|na|rie|tà *s.f.* 1 l'essere abituale; normalità 2 banalità 3 cattiva qualità 4 volgarità: — *di comportamento.*

or|di|nà|rio *agg.* 1 che rientra nel normale ordine delle cose; consueto | che avviene a scadenza regolare: *assemblea ordinaria* | si dice di tariffa senza riduzioni speciali: *biglietto* — | *treno* —, si dice di mezzo che effettua servizio regolare | *di ordinaria amministrazione*, che rientra nella routine; privo di difficoltà o insidie 2 (*bur.*) stabilmente investito di una carica, di un ruolo: *magistrato* — | *professore* —, titolare di una cattedra 3 privo di originalità 4 di scarsa qualità: *stoffa ordinaria* 5 rozzo, volgare: *modi ordinari* ♦ *s.m.* 1 ciò che è consueto: *uscire dall'* — 2 docente universitario nella prima fascia di ruolo: — *di filosofia* □ **ordinariamente** *avv.* in condizioni normali, abitualmente.

or|di|nà|ta[1] *s.f.* (*mat.*) coordinata verticale in un piano cartesiano.

or|di|nà|ta[2] *s.f.* (*fam.*) rassettatura frettolosa: *un'* — *alla stanza.*

or|di|na|tì|vo *s.m.* richiesta di una merce.

or|di|nà|to *part.pass. di* ordinare ♦ *agg.* 1 che è in ordine: *armadio* — | che si svolge con ordine: *manifestazione ordinata* | che si sviluppa con chiarezza e coerenza: *discorso* — 2 che tiene in

ordinatore

ordine le cose | che opera in modo regolare e sistematico: *un tipo* — □ **ordinatamente** *avv.* in modo ordinato: *mettersi — in fila.*

or|di|na|tó|re *agg., s.m.* [f. *-trice*] che, chi dà ordine: *principio —.*

or|di|na|zió|ne¹ *s.f.* (*eccl.*) conferimento del sacramento dell'ordine.

or|di|na|zió|ne² *s.f.* richiesta di una merce | incarico di eseguire un lavoro | in locali di ristoro, richiesta di consumazione | *su* —, a seguito di una richiesta.

ór|di|ne *s.m.* **1** disposizione di una pluralità di elementi secondo un criterio preciso: *— decrescente*; — *degli argomenti* | *in — sparso*, (*mil.*) si dice di soldati schierati a una certa distanza l'uno dall'altro; (*estens.*) con una disposizione casuale **2** condizione in cui nulla è fuori posto, in cui i dettagli sono perfetti: *la stanza è in —*; *mettiti in — per la serata* **3** disposizione armonica di ogni cosa secondo determinate leggi: *l'— del cosmo* **4** organizzazione generale della società; vita pubblica priva di conflitti | — *costituito*, assieme delle norme che fondano una società | — *pubblico*, normale svolgimento della vita sociale nel rispetto delle leggi | *forze dell'—*, poliziotti, carabinieri e sim. **5** successione regolata | (*sport*) — *di partenza*, posizione in cui i concorrenti si schierano al via | — *d'arrivo*, successione in cui i concorrenti arrivano al traguardo | — *del giorno*, elenco dei temi da dibattere | (*fig.*) *essere all'— del giorno*, essere esperienza abituale **6** ambito; carattere: *problemi di — scientifico* | *entrare in un — di idee*, fare proprio un modo di pensare **7** categoria: *scuole di ogni — e grado* | livello di qualità: *di second'—* | — *di grandezza*, (*fis.*) valutazione qualitativa di una grandezza; intervallo quantitativo: *nell'— di grandezza di un centinaio di euro* **8** associazione professionale: — *degli avvocati*; *iscritto all'—* **9** (*eccl.*) — *religioso*, comunità di religiosi che seguono la stessa regola **10** fila orizzontale di oggetti: *un — di palchi* **11** comando: *ai suoi ordini!* | (*sport*) — *di scuderia*, direttive per la gestione della gara che i corridori ricevono dalla squadra | — *di carcerazione*, disposizione del pubblico ministero che rende esecutivo l'arresto **12** ossequio alle regole, disciplina: *richiamare all'—* **13** (*comm.*) richiesta di merci o servizi: *evadere un —* | ordinazione di cibi o bevande; comanda: *hai già preso gli ordini?* **14** nella classificazione di animali e vegetali, categoria inferiore alla classe, che raggruppa varie famiglie **15** (*arch.*) sistema architettonico caratterizzato da un determinato tipo di colonna e trabeazione: — *corinzio* **16** (*eccl.*) il sacramento che conferisce il sacerdozio.

or|di|re *v.tr.* [indic.pres. *io ordisco, tu ordisci...*] **1** disporre longitudinalmente i fili sul telaio per formare l'ordito **2** (*fig.*) organizzare nell'ombra; tramare: — *una tresca* **3** (*fig.*) tracciare nelle linee essenziali: — *l'intreccio di una commedia.*

or|di|to *s.m.* **1** insieme di fili tesi longitudinalmente sul telaio, destinati a intrecciarsi con la trama **2** (*fig.*) intreccio, progetto intricato | (*lett.*) trama narrativa.

or|di|tó|io *s.m.* macchina che prepara l'ordito per tessere.

or|di|tó|re *s.m.* [f. *-trice*] **1** operaio che dispone l'ordito sul telaio **2** (*fig.*) persona che trama nell'ombra, che ordisce macchinazioni.

or|di|tù|ra *s.f.* **1** nella tessitura, operazione dell'ordire **2** (*estens.*) complesso degli elementi che formano la struttura portante del tetto **3** (*fig.*) progettazione di un intrigo, ideazione di un inganno.

o|réc|chia *s.f.* **1** orecchio **2** (*estens.*) piega all'angolo di una pagina.

o|rec|chià|bi|le *agg.* di musica facile da seguire e da ricordare: *canzoncina —.*

o|rec|chia|bi|li|tà *s.f.* qualità di ciò che è orecchiabile.

o|rec|chiàn|te *part.pres.* di orecchiare ♦ *agg., s.m./f.* **1** che, chi canta o suona senza conoscere le regole della musica **2** (*fig.*) che, chi parla di ql.co. solo per sentito dire, senza conoscenze autentiche.

o|rec|chià|re *v.tr.* [indic.pres. *io orécchio...*] **1** sentire per caso: — *una notizia* **2** ripetere a orecchio: — *una canzone* **3** (*estens.*) conoscere appena: — *qualche nozione.*

o|rec|chiét|ta *s.f.* **1** (*anat.*) atrio cardiaco: — *sinistra* **2** (*spec.pl., gastr.*) pasta di grano duro a forma di piccolo orecchio, tipica della Puglia: *orecchiette alle cime di rapa.*

o|rec|chi|no *s.m.* ornamento che si porta alle orecchie.

o|réc|chio *s.m.* [pl.m. *gli orecchi* o pl.f. *le orecchie*] **1** (*anat.*) organo dell'udito, doppio nell'uomo, disposto su entrambi i lati della testa | — *esterno*, il padiglione auricolare e il condotto uditivo | — *medio*, quello situato nell'osso temporale e costituito dalla cassa del timpano, dalla catena degli ossicini (incudine, martello e staffa) e dalla tromba di Eustachio | — *interno*, quello dove si trova il labirinto osseo | *sentirsi fischiare le orecchie*, sentire un sibilo; (*fig.*) essere convinti che qlcu. stia parlando di noi **2** (*per anton.*) padiglione auricolare: *orecchie piccole, grandi, a sventola* | *tirata d'orecchi*, sgridata **3** udito, capacità di sentire | *avere l'— fine*, sentirci benissimo | *duro d'—*, un po' sordo | (*fig.*) *non sentirci da quell'—*, non avere la minima intenzione di cambiare opinione su un dato tema | *chi ha orecchi per intendere intenda*, il messaggio è chiaro per chi lo vuole o lo può capire | *entrare da un — e uscire dall'altro*, non restare minimamente impresso, risultare indifferente | *essere tutt'orecchi*, ascoltare con la massima attenzione | *fare — da mercante*, far finta di non comprendere | *prestare —*, dare ascolto: *non prestare — a certe voci* | *tendere l'—*, concentrarsi per sentire meglio **4** sensibilità, predisposizione per la musica | (*non*) *avere —*, (non) essere intonato | *a —*, senza leggere uno spartito: *imparare un pezzo a —* | — *assoluto*, capacità di distinguere naturalmente la fre-

quenza di un suono 5 (*estens.*) cosa che ricorda un orecchio: *fare un — alla pagina*.
o|rec|chió|ni *s.m.pl.* (*med.*, *pop.*) parotite epidemica.
o|rec|chiù|to *agg.* dalle grandi orecchie: *asino —*.
o|ré|fi|ce *s.m./f.* chi lavora o commercia oggetti di oreficeria.
o|re|fi|ce|rì|a *s.f.* 1 arte di lavorare i metalli preziosi per ricavarne ornamenti 2 negozio, laboratorio di orefice 3 insieme di gioielli e di oggetti preziosi: *asta di —*.
òr|fa|no *agg.*, *s.m.* [f. *-a*] 1 che, chi ha perduto uno o entrambi i genitori: *— di guerra* 2 (*estens.*) che, chi è rimasto privo di una persona amata, di una guida: *— del proprio maestro*.
or|fa|no|trò|fio *s.m.* istituto che accoglie gli orfani e dà loro un'educazione.
òr|fi|co *agg.* [m.pl. *-ci*] 1 (*mit.*) di Orfeo; legato a Orfeo: *cetra orfica; inni orfici* 2 (*relig.*) relativo all'orfismo: *culto —* 3 (*estens.*) iniziatico; misterioso ♦ *s.m.* [f. *-a*] seguace dell'orfismo, iniziato ai suoi misteri.
or|fi|smo *s.m.* 1 religione misterica dell'antica Grecia che si faceva risalire a Orfeo e che si basava sulla purificazione dell'anima 2 (*fig.*) concezione dell'arte come creatività che scaturisce da una pura ispirazione lirica.
or|gàn|di o **organdìs** *s.m.invar.* organza.
or|ga|nét|to *s.m.* 1 (*mus.*) organo meccanico a manovella, dotato di ruote e utilizzato dai suonatori ambulanti 2 (*pop.*) armonica a bocca | piccola fisarmonica 3 (*zool.*) uccellino simile al cardellino, dal canto acuto.
or|ga|nì|ci|smo *s.m.* 1 (*biol.*) teoria che considera l'organismo come una globalità irriducibile alla somma di singoli meccanismi chimico-fisici | (*med.*) concezione della malattia come alterazione degli equilibri generali di un organismo 2 (*filos.*) interpretazione della realtà o di un suo aspetto secondo principi analoghi a quelli che valgono per gli organismi viventi: *— sociale* 3 (*psich.*) riconduzione di ogni patologia psichica a cause anatomiche o fisiologiche.
or|ga|ni|ci|stì|co *agg.* [m.pl. *-ci*] che riguarda l'organicismo.
or|ga|ni|ci|tà *s.f.* 1 qualità di ciò che è organico 2 connessione ordinata delle parti di un tutto: *l'— della proposta*.
or|gà|ni|co *agg.* [m.pl. *-ci*] 1 relativo a un organismo vivente, vegetale o animale: *mondo —* | che costituisce tali organismi: *materia organica* | prodotto da esseri viventi: *fertilizzante —* | ***chimica organica***, quella che studia i composti del carbonio | ***composto —***, costituito essenzialmente da carbonio e idrogeno 2 (*biol.*, *med.*) che riguarda gli organi degli esseri viventi, spec. dell'uomo: *deperimento —* 3 (*psicol.*) si dice di disturbo mentale dovuto a danni o disfunzioni cerebrali 4 (*fig.*) che costituisce un insieme ben ordinato; coerente: *progetto —* 5 che fa parte di una struttura in cui svolge una precisa funzione: *intellettuale — al partito* ♦ *s.m.* 1 complesso del personale di un ufficio, di un'amministrazione: *— al*

completo 2 l'insieme dei componenti di una squadra, gruppo, compagnia e sim.: *l'— dell'orchestra* 3 (*mil.*) composizione di un reparto □
organicamente *avv.* 1 relativamente a un organismo o a un organo 2 (*fig.*) in modo ben coordinato.
or|ga|ni|gràm|ma *s.m.* [pl. *-mi*] grafico che rappresenta la struttura di un ufficio, ente e sim.
or|ga|nì|smo *s.m.* 1 ogni essere vivente, in quanto costituito di un complesso di organi vitali: *— animale* | **— *geneticamente modificato***, individuo al cui corredo genetico è stato aggiunto o sostituito artificialmente nuovo materiale; OGM 2 (*per anton.*) il corpo umano, sotto il profilo della salute e costituzione: *il benessere dell'—* 3 (*fig.*) insieme funzionale di elementi che operano per un fine comune: *— burocratico*.
or|ga|nì|sta *s.m./f.* [m.pl. *-i*] chi suona l'organo.
or|ga|nì|stì|co *agg.* [m.pl. *-ci*] (*mus.*) relativo all'organo: *pezzo —*.
or|ga|niz|zà|re *v.tr.* preparare, predisporre; coordinare in modo unitario e ordinato: *— una missione;— un gruppo; organizzarsi le vacanze* ♦ **-rsi** *rifl.* 1 predisporre le proprie cose in modo ordinato e funzionale per un dato obiettivo: *dovevi organizzarti meglio* 2 associarsi, unire le forze: *i lavoratori si organizzano per protestare* ♦ *intr.pron.* (*biol.*) costituirsi come struttura organica: *la nuova cellula si organizza rapidamente*.
or|ga|niz|za|tì|vo *agg.* relativo all'organizzazione: *strategia organizzativa* □ **organizzativamente** *avv.* sotto il profilo dell'organizzazione.
or|ga|niz|zà|to *part.pass.* di organizzare ♦ *agg.* 1 preparato nelle sue varie fasi: *tour —* | coeso, ordinato, ben funzionante: *squadra organizzata* 2 (*biol.*) differenziato in tessuti e organi.
or|ga|niz|za|tó|re *agg.*, *s.m.* [f. *-trice*] 1 che, chi organizza: *comitato —* 2 (*biol.*) si dice di area di tessuto, spec. embrionale, che provoca la differenziazione di altri tessuti.
or|ga|niz|za|zió|ne *s.f.* 1 predisposizione di tutto quanto è necessario per il buon andamento di ql.co. | ciò che risulta da tale attività: *l'— del rinfresco* | modalità organizzativa; criterio ordinatore: *— burocratica* — ***aziendale***, progettazione completa delle attività e competenze interne a un'azienda 2 struttura organizzata; associazione, organismo | **— *internazionale***, ente che associa vari Stati per coordinarne l'azione in un dato settore | ***Organizzazione Mondiale della Sanità***, organismo internazionale che coordina gli interventi terapeutici in tutto il mondo e che sostiene i sistemi sanitari degli Stati membri 3 (*biol.*) disposizione degli organi che formano una struttura corporea.
òr|ga|no *s.m.* 1 (*biol.*) ogni unità del corpo animale o vegetale che svolge una funzione: *— della vista* | (*per anton.*) organo genitale maschile 2 (*estens.*) ogni parte di un congegno complesso: *gli organi di comando* 3 (*bur.*) insieme di persone e servizi preposti a funzioni specifiche nella gestione dello Stato o di un ente: *— legislativo* 4 (*mus.*) strumento a tastiera il cui suono viene

organogeno

prodotto immettendo aria in una serie di canne attraverso un mantice **5** (*giorn.*) testata giornalistica che funga da portavoce di un'organizzazione: *— di partito* | *— di stampa*, giornale.

or|ga|nò|ge|no *agg.* (*geol.*) formato dall'accumulo di resti organici: *roccia organogena*.

or|ga|no|lèt|ti|co *agg.* [m.pl. *-ci*] percepibile coi sensi: *caratteristiche organolettiche* | *esame —*, che di una sostanza valuta proprietà come colore, sapore, odore ecc.

or|ga|no|lo|gì|a *s.f.* **1** (*anat.*) studio della struttura e del funzionamento degli organi **2** (*mus.*) studio della storia e del funzionamento degli strumenti.

or|ga|no|me|tàl|lo *s.m.* (*chim.*) composto in cui il carbonio organico si lega a un metallo.

or|gàn|za *s.f.* tessuto di seta leggero e trasparente.

or|gan|zi|no *s.m.* filo di seta a doppio filo ritorto | tessuto realizzato con tale filo.

or|gà|smo *s.m.* **1** fase culminante dell'eccitazione sessuale **2** (*estens.*) agitazione, irrequietezza.

òr|gia *s.f.* [pl. *-ge*] **1** (*st.*) nell'antichità classica, festa rituale in onore di Bacco **2** riunione di più persone che danno libero sfogo ai propri istinti e desideri sessuali | (*estens.*) bagordo, gozzoviglia **3** (*fig.*) sovrabbondanza di eventi o sensazioni che stordiscono o eccitano: *un'— di emozioni*.

or|già|sti|co *agg.* [m.pl. *-ci*] **1** (*st.*) che concerne l'orgia antica: *rito —* **2** (*estens.*) relativo a un'orgia, spec. sessuale; licenzioso: *piacere —* **3** (*fig.*) eccitante, inebriante: *esaltazione orgiastica* □ **orgiasticamente** *avv.*

or|gó|glio *s.m.* **1** esagerata stima di sé; superbia: *gonfio di —* **2** fierezza, amor proprio: *l'— di aver avuto successo* **3** (*estens.*) motivo di vanto: *sei l'— della scuola*.

or|go|glió|so *agg.* **1** pieno di orgoglio, altero, superbo | che esprime orgoglio: *frasi orgogliose* **2** fiero; soddisfatto: *sono — del risultato* □ **orgogliosamente** *avv.*

o|rien|tà|bi|le *agg.* che può essere orientato: *cannocchiale —*.

o|rien|tà|le *agg.* **1** situato a oriente rispetto a un altro punto: *Europa —* | che proviene da oriente | *blocco —*, complesso dei paesi che aderivano al patto di Varsavia **2** asiatico: *popolazioni orientali* | *lingue orientali*, complesso di numerose lingue asiatiche e nordafricane: *facoltà di lingue orientali* **3** (*st.*) relativo all'Impero Romano d'Oriente e ai suoi territori: *esercito —* | *chiesa —*, il complesso delle chiese cristiane ortodosse o cattoliche di rito bizantino ♦ *s.m./f.* nativo, abitante dell'Asia.

o|rien|ta|leg|giàn|te *agg.* che ha caratteristiche tipicamente orientali: *architettura —*.

o|rien|ta|lì|sta *s.m./f.* [m.pl. *-i*] studioso di lingue, letterature e civiltà orientali.

o|rien|ta|lì|sti|ca *s.f.* complesso di discipline che studiano le lingue, le letterature e le civiltà orientali.

o|rien|ta|liz|zà|re *v.tr.* influenzare con modelli orientali ♦ *-rsi intr.pron.* assumere caratteristiche della cultura orientale.

o|rien|ta|liz|za|zió|ne *s.f.* imposizione o efficace influenza di modelli orientali | conversione a tali modelli.

o|rien|ta|mén|to *s.m.* **1** consapevolezza della propria posizione rispetto a un punto di riferimento | *senso dell'—*, capacità di orientarsi istintivamente **2** (*geog.*) determinazione della posizione del luogo in cui ci si trova rispetto ai punti cardinali **3** (*fig.*) direzione, indirizzo: *l'— di un'indagine* | *— professionale*, attività di informazione e consiglio ai giovani per la scelta della carriera da intraprendere.

o|rien|tà|re *v.tr.* [indic.pres. *io oriènto...*] **1** disporre, volgere verso un punto cardinale o in una determinata direzione: *— l'ingresso a est*; *— l'antenna verso l'alto* **2** (*anche fig.*) indirizzare: *— qlcu. nella scelta* **3** (*geom.*) stabilire il verso ♦ *-rsi rifl.* **1** determinare con esattezza la propria posizione, spec. rispetto a un punto di riferimento: *si orienta anche al buio* **2** (*fig.*) raccapezzarsi: *— in una faccenda complicata* **3** (*fig.*) indirizzarsi, rivolgersi: *— verso una carriera* | propendere: *si è orientato verso una nuova tattica*.

o|rien|ta|tì|vo *agg.* che dia qualche orientamento; indicativo: *esame —* □ **orientativamente** *avv.* in linea di massima.

o|rien|tà|to *part.pass.* di orientare ♦ *agg.* **1** collocato nella direzione di un punto cardinale o di riferimento **2** (*fig.*) che si indirizza nettamente verso ql.co.; condizionato da forti pregiudiziali: *giudizio molto —* **3** (*geom.*) con l'indicazione di un verso: *retta orientata*.

o|rien|ta|zió|ne *s.f.* posizione di ql.co. rispetto ai punti cardinali.

o|rièn|te *s.m.* **1** parte dell'orizzonte dove sorge il Sole; levante, est: *guardare a —* **2** (*estens.*) regioni situate a oriente | (*per anton.*) paesi asiatici | *Medio*, *Vicino Oriente*, l'Asia occidentale fino all'Iran | *Estremo*, *Lontano Oriente*, Asia orientale, spec. Cina e Giappone **3** luogo dove opera una loggia massonica **4** caratteristica trasparenza della perla.

orienteering (*ingl.*) [pr. *orientìerin*] *s.m.invar.* sport in cui i concorrenti, con il solo ausilio di una bussola, devono raggiungere a piedi nel minor tempo possibile una località passando per varie tappe indicate su una mappa.

o|ri|fì|zio *s.m.* **1** stretta apertura, spec. di condotti **2** (*anat.*) apertura che mette in comunicazione una cavità corporea con un'altra o con l'esterno: *— uterino*.

o|ri|gà|mi *s.m.* antica arte giapponese di piegare un foglio di carta fino a dargli l'aspetto di una data figura (oggetto, animale ecc.) | l'oggetto così realizzato.

o|rì|ga|no *s.m.* erba aromatica perenne diffusa nella zona mediterranea, usata come aroma da cucina.

o|ri|gi|nà|le *agg.* **1** relativo all'origine | che esiste dall'origine: *peccato —* | *edizione —*, la prima pubblicata in assoluto 2 di partenza, iniziale, originario: *le intenzioni originali erano altre* | *testo* —, quello integrale, prima di ogni traduzione, taglio o corruzione | *in lingua* —, si dice di testo non tradotto | (*cine.*) *versione* —, si dice di film non doppiato in altra lingua 3 che è la prima copia, esemplare; che non è frutto di riproduzione: *diploma* — 4 fabbricato nel luogo di cui è produzione tipica: *vaso cinese* — 5 (*estens.*) che non ripete modelli precedenti: *creazione* — 6 (*fig.*) bizzarro, stravagante: *un tipo* —. ♦ *s.m.* 1 ciò che non è copia, traduzione e sim.: *confrontare con l'*—; *ritirare l'*— *del diploma in segreteria* 2 [anche f.] persona stravagante □ **originalmente** *avv.* 1 all'origine; originariamente 2 in maniera insolita, con originalità: *comportarsi* —.

o|ri|gi|na|li|tà *s.f.* 1 autenticità; originarietà: *l'*— *del prodotto; — del documento* 2 (*estens.*) geniale unicità: *l'*— *del progetto* 3 (*fig.*) stravaganza: *non supporto le sue* —.

o|ri|gi|nà|re *v.tr.* [indic.pres. *io orìgino*...] dare origine a ql.co.; causare, produrre: — *una rivolta* ♦ **-rsi** *intr.pron.* avere origine, scaturire; nascere, derivare: *da tale scelta si originano varie conseguenze.*

o|ri|gi|nà|rio *agg.* 1 che ha origine da un dato luogo; proveniente: — *del Lazio* 2 primitivo; delle origini: *l'originaria grandezza* | autentico: *i colori originari della Sistina* 3 che dà o ha dato origine; d'origine: *la nazione originaria* □ **originariamente** *avv.* all'origine; inizialmente.

o|ri|gi|ne *s.f.* 1 punto, momento d'inizio: *l'*— *dell'universo* | *in* —, all'inizio | *ritorno alle origini*, riscoperta dei valori genuini 2 principio generatore, causa scatenante: *l'*— *del problema; l'*— *del dolore* | *avere, trarre* —, essere causato, derivare 3 provenienza: *zona d'*— | *all'*—, direttamente nel luogo di produzione: *oli distillati all'*— 4 (*fig.*) estrazione sociale; stirpe: *avere umili origini* 5 (*mat.*) punto da cui si calcolano le distanze in un sistema di coordinate: — *degli assi* | (*geom.*) punto iniziale di una semiretta.

o|ri|glià|re *v.intr.* [indic.pres. *io orìglio*...; aus. *A*] ascoltare di nascosto: — *dietro il muro.*

o|rì|na *s.f.* → **urina.**

o|ri|nà|le *s.m.* recipiente per orinare; vaso da notte.

o|ri|nà|re o **urinàre** *v.intr.* [aus. *A*] emettere urina ♦ *tr.* emettere insieme all'urina: — *pus.*

o|ri|na|tó|io *s.m.* impianto igienico pubblico per orinare destinato agli uomini, costituito da una vaschetta a muro dotata di acqua corrente | (*estens.*) vespasiano.

o|rit|té|ro|po *s.m.* mammifero africano dal muso lunghissimo, con cui raggiunge e divora termiti e formiche.

o|riùn|do *agg.,s.m.* [f. -*a*] che, chi è originario di un luogo: *un argentino — italiano* | (*sport*) si dice di atleta straniero di origine italiana, che viene ammesso nella nazionale azzurra.

o|riz|zon|tà|le *agg.* 1 parallelo al piano dell'orizzonte: *asse* — 2 (*fig.*) si dice di reparto, ufficio e sim. che sta allo stesso livello di un altro ♦ *s.f.*

spec.pl. in un cruciverba, parola da scrivere orizzontalmente e relativa definizione □ **orizzontalmente** *avv.* in posizione, in senso orizzontale.

o|riz|zon|ta|li|tà *s.f.* caratteristica di ciò che è orizzontale; posizione orizzontale: *mantenere una perfetta* —.

o|riz|zon|ta|mén|to *s.m.* (*edil.*) struttura orizzontale che funge da copertura o che sostiene un pavimento.

o|riz|zon|tà|re *v.tr.* [indic.pres. *io orizzónto*...] mettere in una data posizione rispetto all'orizzonte | (*estens.*) orientare ♦ **-rsi** *rifl.* 1 orientarsi: — *nel bosco* 2 (*fig.*) raccapezzarsi: — *tra mille complicazioni.*

o|riz|zón|te *s.m.* 1 linea ideale che delimita il raggio visuale, lungo la quale il cielo sembra toccare la superficie terrestre | (*estens.*) tratto di cielo e terra delimitato da tale linea: *un vasto* —| *all'*—; (*fig.*) in prospettiva: *problemi all'*— 2 (*fig.*) ambito: *l'*— *della finanza* | panorama complessivo, insieme di prospettive: — *internazionale* 3 (*fig.*) prospettiva futura: — *di sviluppo.*

or|là|re *v.tr.* [indic.pres. *io òrlo*...] 1 dotare di orlo: — *la tenda* | bordare: — *con un nastrino* 2 contornare: *gli alberi orlano la radura.*

or|là|to *part.pass.* di orlare ♦ *agg.* dotato di un orlo cucito: *scampolo* — | (*estens.*) dotato di un margine che si distingue per materiale o colore; listato, bordato: *piatto* — *d'argento.*

or|la|tù|ra *s.f.* 1 l'azione di orlare 2 materiale usato per orlare; bordura.

ór|lo *s.m.* 1 margine, limite estremo: *l'*— *del banco; pieno fino all'*— | (*fig.*) *sull'*— *di*, a un passo da, riferito gener. a ql.co. di spiacevole: *sull'*— *del collasso, del fallimento* | *sull'*— *di un baratro*, sul margine di un precipizio; (*fig.*) in tremendo pericolo 2 estremo lembo di un tessuto, ripiegato e cucito: *rifare l'*—.

ór|ma *s.f.* 1 segno lasciato sul terreno dalla pressione di un piede o di una zampa: *un'*— *sulla sabbia* | (*fig.*) *mettersi sulle orme di qlcu.*, dargli la caccia; pedinarlo | (*fig.*) *seguire le orme di qlcu.*, imitarlo, seguirne l'esempio 2 (*fig.*) impronta, traccia: *un'*— *nella memoria.*

or|mài o **oramài** *avv.* 1 adesso, a questo punto: *sono — le sette; dovrebbe essere arrivato,* —| quasi: — *ci dovremmo essere* | (*enfatico*) già, ben: *saranno — tre giorni che non beve* 2 [riferito al passato o al futuro] allora, a quel punto: *erano passati — degli anni; domani sarà — dimenticato* 3 [per esprimere irrimediabilità, scoraggiamento] giunti a questo punto: — *è troppo tardi.*

or|meg|già|re *v.tr.* [indic.pres. *io orméggio*...] (*mar.*) fissare un'imbarcazione a un punto di solida presa per impedire che si sposti a causa del vento e delle correnti ♦ **-rsi** *intr.pron.* assicurarsi con ormeggi.

or|meg|gia|tó|re *s.m.* (*mar.*) addetto all'ormeggio.

or|még|gio *s.m.* (*mar.*) 1 operazione con cui si lega un'imbarcazione a un sostegno per impe-

ormonale

dire che sia spostata dalle correnti o dal vento | il luogo in cui si ormeggia **2** (*pl.*) ancore, cavi, catene per ormeggiare | **mollare gli ormeggi**, salpare; (*estens.*) partire.

or|mo|nà|le *agg.* (*biol.*) relativo agli ormoni: *regime* — | (*med.*) a base di ormoni: *trattamento* —.

or|mó|ne *s.m.* (*biol.*) sostanza prodotta dalle ghiandole endocrine, capace di stimolare specifiche risposte fisiologiche.

or|mò|ni|co *agg.* [m.pl. -*ci*] (*med.*, *biol.*) relativo agli ormoni; ormonale.

or|mo|no|te|ra|pì|a *s.f.* (*med.*) cura a base di ormoni.

or|na|men|tà|le *agg.* che serve per adornare; decorativo: *motivo* — | **pianta** —, coltivata per la bellezza dei fiori e del fogliame.

or|na|men|ta|zió|ne *s.f.* l'operazione di ornare; decorazione | insieme di ornamenti.

or|na|mén|to *s.m.* **1** l'azione di abbellire con elementi decorativi; decorazione: *l'* — *del locale* **2** ciò che serve a ornare: — *floreale* | (*lett.*) — **stilistico**, preziosismo letterario.

or|nà|re *v.tr.* [indic.pres. *io órno*...] **1** rendere più bello con decorazioni: *nastrini che ornano l'abito* **2** (*lett.*) rendere elevato attraverso artifici retorici: — *il discorso* ♦ -**rsi** *rifl.*, *intr.pron.* adornarsi: — *di ori*; *il cielo si orna di luci*.

or|nà|to[1] *part.pass.* di ornare ♦ *agg.* **1** adorno: *prato* — *di fiori* **2** di stile e sim., elegante nella forma.

or|nà|to[2] *s.m.* **1** (*arch.*) insieme degli elementi ornamentali in rilievo: *l'* — *della facciata di un palazzo* **2** per chi studia disegno, esercitazione relativa al rappresentazione di ornamenti □ **ornatamente** *avv.* in maniera elegante.

or|nèl|lo *s.m.* pianta arborea dal cui tronco si può estrarre la manna.

or|ni|to- primo elemento di parole composte che significa "uccello" (*ornitofilo*).

or|ni|tò|fi|lo *agg.* si dice di pianta la cui impollinazione è operata da uccelli.

or|ni|to|lo|gì|a *s.f.* ramo della zoologia che studia gli Uccelli.

or|ni|to|lò|gi|co *agg.* [m.pl. -*ci*] relativo allo studio scientifico degli Uccelli.

or|ni|tò|lo|go *s.m.* [f. -*a*; m.pl. -*gi*] studioso, esperto di ornitologia.

or|ni|to|man|zì|a *s.f.* (*st.*) metodo di divinazione basato sull'osservazione e sull'interpretazione del canto e del volo degli uccelli.

or|ni|to|rìn|co *s.m.* [pl. -*chi*] mammifero oviparo australiano con becco largo, coda grossa e piedi palmati.

or|ni|tò|si *s.f.* (*vet.*, *med.*) malattia tipica degli uccelli, trasmissibile anche all'uomo.

ò|ro *s.m.* **1** elemento chimico, metallo nobile di colore giallo lucente, presente in natura allo stato nativo in giacimenti limitati (*simb.* Au); è impiegato in oreficeria, per fabbricare monete e in tecnologie particolari: *un bracciale d'* — | — **bianco**, lega che, oltre all'oro, contiene altri elementi, spec. palladio, argento, nichel e zinco | — **zecchino**, oro puro | (*fig.*) — **nero**, petrolio | **medaglia**

d' —, (*sport*) quella assegnata al primo classificato in una gara sportiva; (*bur.*, *mil.*) onorificenza conferita a chi si è distinto per il valore dimostrato in campo civile o militare | (*fig.*) **ragazzo** *d'* —, persona con grandi qualità morali | **cuore** *d'* —, buono e generoso | **secolo** *d'* —, quello considerato di maggior splendore nella storia di un paese o di una cultura | **occasione** *d'* —, molto vantaggiosa | **parole** *d'* —, molto sagge | **età dell'** —, epoca mitica di una felicità ormai perduta | **prendere per** — **colato**, credere ciecamente | (*prov.*) **non è tutto** — **quello che luccica**, le apparenze possono ingannare **2** (*estens.*) denaro, ricchezze | **nemmeno per tutto l'** — **del mondo**, in nessun caso | (*fig.*) **nuotare nell'** —, essere esageratamente ricco | (*pop.*) **vale tant'** — **quanto pesa**, ha un'enorme valore **3** colore giallo splendente: *messi d'* — **4** (*pl.*) oggetti in oro | oggetti preziosi: *ori di famiglia* **5** (*pl.*) uno dei quattro semi delle carte napoletane | uno dei punti di mazzo nel gioco della zara **6** (*sport*) medaglia d'oro: *tre ori olimpici* ♦ *agg. invar.* di colore dorato: *bande bianche e* —.

ò|ro-[1] primo elemento di parole composte che significa "orale, della bocca" (*orofaringe*).

ò|ro-[2] primo elemento di parole composte che significa "montagna" (*orogenesi*).

o|ro|bì|co *agg.*, *s.m.* [f. -*a*; m.pl. -*ci*] **1** (*lett.*) che, chi è di Bergamo e provincia **2** (*sport*) che, chi fa parte della squadra calcistica dell'Atalanta o tifa per essa.

o|ro|fa|rìn|ge *s.f.* (*anat.*) zona della faringe in corrispondenza del cavo orale.

o|ro|gè|ne|si *s.f.* (*geol.*) processo di formazione delle catene montuose in aree instabili della crosta terrestre.

o|ro|ge|nè|ti|co *agg.* [m.pl. -*ci*] (*geol.*) relativo all'orogenesi.

o|ro|gra|fì|a *s.f.* **1** (*geog.*) studio dei rilievi terrestri **2** distribuzione dei rilievi in una data regione | la rappresentazione cartografica di tali rilievi.

o|ro|grà|fi|co *agg.* [m.pl. -*ci*] (*geog.*) relativo all'orografia.

o|roi|dro|grafì|a *s.f.* (*geog.*) studio delle catene montuose e dei corsi d'acqua che da esse discendono.

o|ro|lo|ge|rì|a *s.f.* **1** arte di fabbricare orologi **2** meccanismo simile a quello degli orologi, usato per regolare la durata di un movimento o per provocare l'esplosione di un ordigno in un momento stabilito: *bomba a* — **3** negozio di orologi.

o|ro|lo|già|io *s.m.* [f. -*a*] chi fabbrica, vende o ripara orologi.

o|ro|lò|gio *s.m.* strumento che misura il tempo in ore e frazioni di ore: — *da tavolo* | **un'ora** *d'* —, un'ora precisa **2** (*fig.*) meccanismo che funziona alla perfezione | persona sempre puntualissima, regolarissima o molto metodica: *essere un'* — **biologico**, nelle piante e negli animali, meccanismo interno che regola il ritmo delle funzioni vitali.

o|rò|ni|mo *s.m.* (*ling.*) nome di una montagna.

o|rò|sco|po *s.m.* predizione del futuro di una

or|tèn|sia *s.f.* arbusto ornamentale originario dell'Estremo Oriente, con fiori in corimbi.
òr|te|si *s.f.* (*med.*) apparecchio che si applica al corpo per correggerne un difetto funzionale, ma che non è sostitutivo di parti mancanti.
or|ti|ca *s.f.* pianta erbacea perenne con fusto e foglie coperti di peli irritanti; è utilizzata per le sue proprietà medicinali | (*fig.*) **gettare la tonaca alle ortiche**, abbandonare per sempre i voti sacerdotali per tornare allo stato laicale.
Or|ti|cà|ce|e *s.f.pl.* → **Urticacee**.
or|ti|càn|te *agg.* → **urticante**.
or|ti|cà|ria *s.f.* (*med.*) reazione allergica cutanea, caratterizzata da macchioline rosse pruriginose.
or|ti|col|lo *agg.* relativo all'orticoltura: *verdura orticola*.
or|ti|col|tó|re *s.m.* [f. *-trice*] chi si occupa di orticoltura.
or|ti|col|tù|ra *s.f.* coltivazione degli orti.
or|ti|vo *agg.* 1 coltivato a orto: *area ortiva* 2 coltivabile nell'orto: *varietà ortiva*.
òr|to *s.m.* appezzamento di terreno cintato in cui si coltivano ortaggi e piante da frutto | **— botanico**, area destinata alla coltivazione di specie vegetali molto varie, spec. a fini di studio.
òr|to- primo elemento di parole composte che significa "corretto" (*ortodonzia*) oppure "perpendicolare" (*ortogonale*).
or|to|cèn|tro *s.m.* (*geom.*) intersezione delle altezze in un triangolo.
or|to|clà|sio *s.m.* (*min.*) silicato di alluminio e potassio, usato nell'industria delle porcellane.
or|to|don|zì|a *s.f.* (*med.*) studio delle malformazioni dentarie e loro trattamento.
or|to|dos|sì|a *s.f.* 1 dottrina ufficiale di un sistema politico, ideologico, scientifico, religioso: *l'— marxista* | (*estens.*) piena aderenza ai principi di tale dottrina: *rispetto dell'—* 2 (*fig.*) rispondenza a regole consolidate 3 (*relig.*) la dottrina delle chiese cristiane orientali di rito bizantino.
or|to|dòs|so *agg.* 1 che aderisce integralmente a una dottrina, spec. ai dogmi cattolici: *liberista — 2* (*estens.*) che segue consuetudini diffuse e rodate: *approccio —* 3 (*relig.*) appartenente alle chiese orientali scismatiche, separaratesi dal papato romano nel 1054: *Chiesa greco-ortodossa* ♦ *s.m.* [f. *-a*] membro della Chiesa ortodossa.
or|to|dro|mì|a *s.f.* (*geog.*) distanza minima tra due punti della superficie terrestre, corrispondente all'arco di circolo massimo che li congiunge.
or|to|e|pì|a *s.f.* (*ling.*) disciplina che fissa la pronuncia corretta delle parole di una lingua.
or|to|fo|nì|a *s.f.* 1 (*ling.*) pronuncia corretta di un suono 2 (*med.*) correzione dei difetti di pronuncia.
or|to|fo|nì|sta *s.m./f.* [m.pl. *-i*] (*med.*) specialista nella rieducazione dei difetti di pronuncia delle parole.
or|to|fre|nì|a *s.f.* (*psicol.*) studio dei metodi più adatti all'educazione delle persone affette da ritardo mentale.

---

persona in base alla posizione degli astri nel momento della sua nascita | (*giorn.*) rubrica che per ciascun segno zodiacale illustra le previsioni a scadenza più o meno lunga.
or|pèl|lo *s.m.* 1 lega di rame e zinco di colore simile all'oro utilizzata per false dorature; similoro 2 (*fig.*, *spec.pl.*) fronzolo, decorazione inutile | ornamento eccessivo del discorso: *discorso commemorativo zeppo di orpelli* 3 (*fig.*) apparenza ingannevole: *gli orpelli del successo facile*.
or|rèn|do *agg.* 1 che desta orrore; spaventoso: *esperienza orrenda*; *orrenda carneficina* 2 (*estens.*) molto brutto: *viso —* | di pessima qualità: *un dipinto —* □ **orrendamente** *avv.*
or|rì|bi|le *agg.* 1 che suscita orrore; orrendo, spaventoso: *uno spettacolo —* 2 (*estens.*) pessimo, terribile: *puzzo —* | bruttissimo: *cicatrice —* □ **orribilmente** *avv.*
òr|ri|do *agg.* che fa inorridire; orribile: *un'orrida creatura* | (*spec. di luogo*) che incute orrore per l'aspetto selvaggio e pericoloso: *caverna orrida* ♦ *s.m.* 1 ciò che è ripugnante, terrificante: *il gusto dell'—* 2 gola scoscesa attraversata da torrente o cascata impetuosa: *l'— di Bellano* □ **orridamente** *avv.*
or|ri|pi|làn|te *agg.* 1 raccapricciante; terrificante: *cadavere —* 2 (*iperb.*) brutto, sgradevole.
or|ri|pi|la|zió|ne *s.f.* (*fisiol.*) in vari Mammiferi, tendenza dei peli a rizzarsi a causa del freddo o di una violenta emozione.
or|ró|re *s.m.* 1 sentimento di forte paura e ribrezzo provocato da ciò che è fisicamente o moralmente ripugnante | (*lett.*, *cine.*) **dell'—**, si dice di prodotto culturale che propone situazioni terrificanti e scene ripugnanti per scatenare sensazioni forti, fino al ribrezzo o allo spavento | **avere in —**, detestare 2 (*estens.*) ciò che desta tale sentimento: *gli orrori della guerra* 3 (*estens.*) persona o cosa particolarmente brutta.
òr|sa *s.f.* 1 femmina dell'orso 2 (*astr.*) *Orsa Maggiore*, *Orsa Minore*, costellazioni dell'emisfero boreale.
or|sac|chiòt|to *s.m.* 1 cucciolo d'orso 2 pupazzo per bambini a forma di orso: *dormire con l'—*.
or|sàg|gi|ne *s.f.* carattere burbero, scarsa socievolezza.
or|sét|to *s.m.* 1 orsacchiotto 2 *— lavatore*, procione.
òr|so *s.m.* [f. *-a*] 1 grosso mammifero plantigrado con pelo folto e artigli robusti | denominazione comune di tutte le specie appartenenti agli Ursidi (grizzly, baribal ecc.) o a esse affini (koala, panda ecc.) | *— bianco*, *polare*, quello diffuso nelle zone artiche, con pelliccia bianca e dotato di ottime capacità natatorie | *— russo*, la Russia, simboleggiata da un animale tanto goffo quanto enorme e pericoloso 2 (*fig.*) persona poco socievole | persona goffa: *muoversi come un —* 3 (*fin.*) tendenza al ribasso del mercato borsistico.
or|sù *inter.* (*lett.*) forza!, coraggio!: *—, decidetevi!*
or|tàg|gio *s.m.* qualunque pianta erbacea commestibile coltivabile in un orto.

or|to|frùt|ta *s.f.invar.* complesso di frutta e ortaggi: *vendita di —*.
or|to|frut|ti|co|lo *agg.* relativo all'orticoltura e alla frutticoltura: *prodotto —*.
or|to|frut|ti|col|tù|ra *s.f.* coltivazione di frutta e verdura.
or|to|go|nà|le *agg.* (*mat.*) perpendicolare: *retta —* □ **ortogonalmente** *avv.* perpendicolarmente.
or|to|go|na|li|tà *s.f.* (*mat.*) caratteristica di ciò che è ortogonale; perpendicolarità.
or|to|gra|fì|a *s.f.* (*gramm.*) scrittura corretta di una lingua: *l'— inglese*.
or|to|grà|fi|co *agg.* [m.pl. *-ci*] relativo all'ortografia: *errore —* □ **ortograficamente** *avv.* sul piano dell'ortografia.
or|to|là|no *s.m.* 1 [f. *-a*] chi coltiva e vende ortaggi 2 piccolo uccello migratore.
or|to|mer|cà|to *s.m.* [pl. *ortomercati*] mercato di ortofrutta.
or|to|pe|dì|a *s.f.* 1 branca della medicina che studia anatomia, fisiologia e affezioni degli organi di movimento 2 tecnica per costruire strumenti di correzione delle malformazioni ossee o articolari.
or|to|pè|di|co *agg.* [m.pl. *-ci*] che riguarda l'ortopedia | si dice di apparecchi che correggono malformazioni articolari: *busto —*; *calzatura ortopedica* ♦ *s.m.* 1 medico specialista in ortopedia 2 chi costruisce e vende apparecchi ortopedici.
or|to|sco|pì|a *s.f.* (*med.*) radioscopia su paziente in posizione eretta.
Or|tòt|te|ri *s.m.pl.* ordine di Insetti volatori e saltatori, cui appartengono il grillo, la cavalletta e sim.
or|tòt|ti|ca *s.f.* (*med.*) studio e correzione dello strabismo.
or|tot|ti|sta *s.m./f.* [m.pl. *-i*] specialista di ortottica.
or|to|vi|vai|smo *s.m.* coltivazione di piante da vivaio e di ortaggi.
òr|za *s.f.* (*mar.*) lato sopravento dell'imbarcazione.
or|za|iò|lo *s.m.* (*med.*) piccolo ascesso sulle palpebre.
or|zà|re *v.intr.* [indic.pres. *io òrzo...*; aus. *A*] (*mar.*) orientare la prua nella direzione del vento.
or|zà|ta *s.f.* bibita ottenuta diluendo in acqua uno sciroppo a base di mandorle pestate e zucchero.
òr|zo *s.m.* pianta erbacea simile al frumento, usata come foraggio, nella fabbricazione della birra e nell'alimentazione umana.
o|sàn|na *inter.* evviva! ♦ *s.m.invar.* grido di gioia, di esultanza: *fu accolto dagli —*.
o|san|nà|re *v.intr.* [aus. *A*] 1 levare grida di gioia 2 (*estens.*) fare lodi pubbliche: *— a un campione* ♦ *tr.* esaltare, celebrare: *la critica osannò il film*.
o|sà|re *v.tr.* [indic.pres. *io òso...*] avere il coraggio di fare; ardire; rischiare: *— troppo* | (*estens.*) azzardarsi; permettersi; avere la sfrontatezza: *come osate!*.
ò|scar *s.m.invar.* 1 statuetta con cui ogni anno negli Stati Uniti si premiano i migliori film, attori, registi | (*estens.*) vincitore del premio 2 (*estens.*) riconoscimento al migliore in un dato ambito: *tributare l'— dell'enologia*.
o|sce|ni|tà *s.f.* 1 carattere di ciò che è osceno; sconcezza, indecenza | parola o atto osceno: *dire —* 2 opera pessima, di cattivo gusto.
o|scè|no *agg.* 1 che offende il senso del pudore: *disegno —* 2 (*estens.*) molto brutto; di pessimo gusto: *abito —* □ **oscenamente** *avv.*
o|scil|là|re *v.intr.* [aus. *A*] 1 muoversi secondo una traiettoria andando alternamente nell'uno e nell'altro senso; dondolare: *il pendolo oscilla* 2 (*fig.*) variare tra un estremo e l'altro: *i prezzi sul mercato oscillano* 3 (*fig.*) essere indeciso; tentennare: *— tra due alternative*.
o|scil|la|tó|re *s.m.* (*elettr.*) generatore di corrente alternata.
o|scil|la|tò|rio *agg.* (*anche fig.*) che ha carattere di oscillazione | (*fis.*) **moto** *—*, spostamento alternato in versi opposti.
o|scil|la|zió|ne *s.f.* movimento che avviene alternatamene in due sensi opposti 2 variazione periodica di un dato, di un fenomeno, di una grandezza: *— termometrica* 3 (*fig.*) indecisione, incertezza.
o|scil|lò|gra|fo *s.m.* (*elettr.*) strumento per registrare correnti o tensioni elettriche variabili.
o|scil|lò|me|tro *s.m.* 1 (*med.*) strumento elettronico che rileva la capacità d'espansione di pareti arteriose 2 (*mar.*) misuratore del rollio.
o|scil|lo|scò|pio *s.m.* apparecchiatura che mostra in un tubo catodico lo sviluppo di un fenomeno elettrico.
ò|sco *agg.* [f. *-a*; m.pl. *-sci* o *-schi*] (*st.*) relativo agli Osci, popolazione italica stanziata anticamente nell'odierna Campania ♦ *s.m.* 1 [f. *-a*] membro di tale popolazione 2 lingua osca.
o|scu|ra|mén|to *s.m.* 1 scomparsa parziale o totale della luce 2 spegnimento o copertura delle luci di un centro abitato, per proteggerlo da incursioni nemiche durante una guerra.
o|scu|ran|ti|smo *s.m.* opposizione sistematica al progresso.
o|scu|ran|ti|sta *s.m./f.* [m.pl. *-i*] seguace dell'oscurantismo ♦ *agg.* oscurantistico: *atteggiamento —*.
o|scu|ran|ti|stì|co *agg.* [m.pl. *-ci*] proprio dell'oscurantismo e di chi ne è fautore.
o|scu|rà|re *v.tr.* 1 rendere oscuro, privare della luce 2 (*fig.*) sminuire o privare di merito: *Giotto oscurò la fama di Cimabue* 3 (*fig.*) confondere, rendere incomprensibile 4 (*telecom.*) impedire la trasmissione o la ricezione: *— un'emittente* ♦ **-rsi** *intr.pron.* diventare buio, perdere chiarezza: *il cielo si oscura* | *— in volto*, rabbuiarsi, accigliarsi.
o|scu|ri|tà *s.f.* 1 assenza di luce; buio: *l'— del crepuscolo* 2 (*fig.*) mancanza di chiarezza; incomprensibilità: *l'— della profezia* 3 (*fig.*) mancanza di notorietà; anonimato: *uscire dall'—* 4 (*fig.*) assenza di informazioni, nozioni: *permane l'— sulla vicenda*.
o|scù|ro *agg.* 1 privo di luce; buio: *notte oscura* |

scarsamente illuminato: *vicolo* — **2** (*fig.*) difficile da interpretare: *un testo* —; *disegno* — | inquietante perché incomprensibile **3** (*fig.*) carente di informazioni: *una fase oscura nella ricostruzione* | privo di notorietà: *un lavoro prezioso ma* — | ***oscuri natali***, umili origini **4** (*fig.*) disonorevole; travagliato: *un'epoca oscura* ♦ *s.m.* ciò che non si conosce | (*fig.*) ***essere all'*** — ***di ql.co.***, non saperne nulla □ **oscuramente** *avv.* **1** in modo astruso; in termini criptici: *esprimersi* — **2** senza alcuna notorietà: *contribuire* —.
osé (*fr.*) *agg.invar.* audace, che può scandalizzare: *abbigliamento* —.
-ó|si *suff.* si usa per formare sostantivi che indicano stati psichici o fisiologici (*ipnosi*) o situazioni patologiche (*nevrosi*).
-ò|sio o **-òso** *suff.* in chimica indica un carboidrato (*lattosio*).
ò|smio *s.m.* elemento chimico, metallo nobile a elevata densità (*simb.* Os); è impiegato per indurire leghe e per alcune ricerche biologiche.
o|smò|si *s.f.* **1** fenomeno di diffusione che avviene fra due liquidi miscibili a diversa concentrazione, separati da membrane permeabili o semipermeabili **2** (*fig.*) interscambio fra persone, culture ecc.
o|smò|ti|co *agg.* [m.pl. *-ci*] che riguarda l'osmosi: *pressione osmotica*.
-ó|so[1] *suff.* si usa per formare aggettivi che esprimono caratterizzazione, dotazione, pienezza e sim. (*rabbioso*).
-ó|so[2] *suff.* (*chim.*) indica il composto di un elemento in cui l'elemento si lega con grado di ossidazione minore (*ipocloroso*).
-ó|so[3] *suff.* → **-osio**.
ò|sol *s.m.invar.* (*geol.*) fascia a prevalenza di ossidi e solfuri, che avvolge il nucleo della Terra.
o|spe|dà|le *s.m.* istituto pubblico per il ricovero e la cura dei malati: — *psichiatrico* | (*scherz.*) — ***ambulante***, persona piena di disturbi | (*pop.*) ***mandare qlcu. all'*** —, gonfiarlo di botte ♦ *agg. invar.* si dice di mezzi di trasporto attrezzati per l'assistenza medica: *treno* —.
o|spe|da|liè|ro *agg.* dell'ospedale, degli ospedali: *personale* — ♦ *s.m.* [f. *-a*] **1** chi presta servizio in un ospedale: *il contratto degli ospedalieri* **2** membro di una congregazione religiosa che presta assistenza in ospedale.
o|spe|da|liz|zà|re *v.tr.* ricoverare all'ospedale.
o|spe|da|liz|za|zió|ne *s.f.* ricovero in un ospedale.
o|spi|tà|le *agg.* che riceve gli ospiti con cortesia: *gente poco* — | che esprime tale cortesia: *accoglienza* — | si dice di luogo accogliente: *una casetta* —.
o|spi|ta|li|tà *s.f.* **1** inclinazione a trattare gli ospiti in modo affabile: *l'* — *di un popolo* **2** accoglienza: *ricevere* —.
o|spi|tàn|te *part.pres.* di ospitare ♦ *agg.*, *s.m./f.* che, chi ospita | ***paese*** —, quello che accoglie degli immigrati; quello che organizza una manifestazione internazionale | (*sport*) ***squadra*** —, ***gli ospitanti***, formazione che gioca sul campo di casa.

o|spi|tà|re *v.tr.* [indic.pres. *io òspito*...] **1** accogliere nella propria casa, città, paese e sim.: — *molti immigrati* **2** (*estens.*) contenere, avere all'interno: *il centro storico ospita vari monumenti*.
ò|spi|te *s.m./f.* **1** chi accoglie una persona in casa propria: *essere un eccellente* — **2** la persona accolta: *avere* — *un amico* | — ***d'onore***, personaggio noto che interviene con ruolo collaterale in uno spettacolo o manifestazione | ***andarsene insalutato*** —, allontanarsi senza farsi notare, senza salutare **3** (*biol.*) organismo che ospita e mantiene un parassita ♦ *agg.* **1** ospitante: *il paese* — **2** che viene ospitato | (*sport*) ***squadra*** —, formazione che gioca fuori casa.
o|spì|zio *s.m.* ricovero per persone anziane bisognose di assistenza.
os|sà|li|co *agg.* [m.pl. *-ci*] (*chim.*) si dice di acido organico formato da due gruppi carbossilici, che viene impiegato per stampe e tinture.
os|sà|rio *s.m.* **1** luogo del cimitero o cappella dove si conservano le ossa dei defunti **2** costruzione dove si raccolgono le spoglie dei morti in guerra.
os|sa|tù|ra *s.f.* **1** (*anat.*) complesso, struttura e ordine delle ossa del corpo o di una sua parte **2** (*edil.*) struttura di sostegno di una costruzione: *l'* — *di un palazzo* **3** (*fig.*) schema; trama: *l'* — *della narrazione*.
os|se|ì|na *s.f.* (*biol.*) sostanza proteica, principale costituente organico delle ossa.
òs|se|o *agg.* **1** relativo alle ossa: *frattura ossea* **2** fatto di osso: *pettine* — **3** (*estens.*) che presenta caratteristiche simili a quelle di un osso: *durezza ossea*.
os|se|quià|re *v.tr.* [indic.pres. *io ossèquio*...] riverire, trattare con ossequio: — *un eroe*.
os|sè|quio *s.m.* **1** profondo rispetto verso una persona meritevole: *rendere* — *a qlcu.* **2** conformità: — *alle regole* **3** saluto riverente; omaggio: *Le porgo i miei ossequi!*
os|se|quio|si|tà *s.f.* atteggiamento ossequioso; deferenza.
os|se|quió|so *agg.* che esprime ossequio; rispettoso: *accoglienza ossequiosa* □ **ossequiosamente** *avv.*
os|ser|và|bi|le *agg.* che è possibile osservare: — *solo al microscopio*.
os|ser|vàn|te *part.pres.* di osservare ♦ *agg.* che rispetta una regola, spec. religiosa: *cattolico* — ♦ *s.m./f.* chi applica fedelmente i precetti di una religione.
os|ser|vàn|za *s.f.* rispetto delle prescrizioni, delle regole | (*bur.*) ***in*** — ***a***, conformemente a | ***di stretta*** —, che rispetta scrupolosamente le regole.
os|ser|và|re *v.tr.* [indic.pres. *io ossèrvo*...] **1** esaminare con cura, guardare con attenzione: — *i dettagli* **2** rilevare: *gli feci* — *la svista* | obiettare: *altro da* —? **3** non trasgredire; rispettare: — *le regole*.
os|ser|va|tì|vo *agg.* relativo all'osservazione: *criterio* — | basato sull'osservazione.
os|ser|va|tó|re *agg.* [f. *-trice*] che osserva | dotato di buone capacità osservative ♦ *s.m.* **1** chi os-

osservatorio

serva | chi ha spirito d'osservazione: *sei un fine* — **2** chi presenzia a una riunione o a un evento senza contribuirvi attivamente: *intervenire in qualità di* — | (*dir.*) inviato da uno Stato o da organismi internazionali per vigilare sullo svolgimento di una procedura giuridica: *osservatori inviati dall'ONU*.

os|ser|va|to|rio *s.m.* **1** luogo attrezzato per l'osservazione scientifica di un fenomeno naturale: *— astronomico* **2** (*mil.*) appostamento da cui si sorveglia un'area **3** istituzione che effettua il monitoraggio di dinamiche socio-economiche: *— dell'immigrazione*.

os|ser|va|zió|ne *s.f.* **1** l'atto di osservare | esame accurato; analisi scientifica: *l'— degli astri* | (*med.*) *in —*, si dice di malato ricoverato per accertamenti clinici **2** considerazione critica, rilievo: *brillante —!* **3** rimprovero.

os|ses|sio|nàn|te *part.pres. di* ossessionare ♦ *agg.* **1** che torna fastidiosamente in mente | che esaspera: *dubbio —* **2** (*estens.*) che infastidisce con il suo ripetersi; ossessivo: *ritmo —*.

os|ses|sio|nà|re *v.tr.* [indic.pres. *io ossessióno...*] **1** turbare sistematicamente sul piano emotivo; tormentare: *il rimorso lo ossessiona* **2** (*estens.*) assillare, spec. con richieste: *i fan lo ossessionano*.

os|ses|sió|ne *s.f.* **1** (*psicoan.*) idea assillante e persistente, accompagnata da sofferenza e ansia **2** (*estens.*) pensiero fisso; tarlo: *l'— del denaro* | cosa o persona che assilla, che tormenta.

os|ses|si|vi|tà *s.f.* caratteristica di ciò che ossessiona.

os|ses|si|vo *agg.* **1** (*psicoan.*) che presenta idee fisse e angoscianti: *nevrosi ossessiva* **2** (*estens.*) che assilla; ossessionante: *fantasia ossessiva* **3** (*estens.*) esasperante: *richieste ossessive* | (*mus.*) martellante □ **ossessivamente** *avv.*

os|sès|so *agg.*, *s.m.* [f. *-a*] **1** spiritato, indemoniato: *liberare un — dal diavolo* **2** (*estens.*) che, chi è agitato all'eccesso: *sbraita come un —*.

os|sé|ta *agg.* della regione caucasica dell'Ossezia ♦ *s.m./f.* chi è nato o vive in Ossezia.

òs|si- (*chim.*) primo elemento di parole composte che indica la presenza di ossigeno in un composto inorganico oppure la presenza di uno o più gruppi ossidrilici in un composto organico.

os|si|a *cong.* in altre parole; cioè: *alla prima occasione, — domani*.

os|si|à|ci|do *s.m.* (*chim.*) **1** acido inorganico che contiene ossigeno **2** composto organico che contiene ossidrili e carbossili.

os|si|dà|bi|le *agg.* che si può ossidare.

os|si|da|bi|li|tà *s.f.* caratteristica di ciò che può ossidarsi: *l'— del ferro*.

os|si|dàn|te *part.pres. di* ossidare ♦ *agg.*, *s.m.* (*chim.*) si dice di sostanza capace di ossidarne un'altra.

os|si|dà|re *v.tr.* [indic.pres. *io òssido...*] **1** (*chim.*) combinare con l'ossigeno **2** rivestire di una patina di ossido ♦ **-rsi** *intr.pron.* **1** (*chim.*) combinarsi con l'ossigeno **2** coprirsi di una patina opaca per esposizione all'aria: *la sbarra si è ossidata*.

os|si|dà|si *s.f.* (*biol.*) qualsiasi enzima che favorisce processi di ossidazione.

os|si|da|zió|ne *s.f.* **1** (*chim.*) combinazione di una sostanza con l'ossigeno **2** patina opaca superficiale che ricopre i metalli esposti all'aria per lungo tempo.

os|si|dià|na *s.f.* (*geol.*) roccia vulcanica di colore nero e aspetto vetroso.

òs|si|do *s.m.* (*chim.*) composto dell'ossigeno con un altro elemento.

os|si|do|ri|du|zió|ne *s.f.* (*chim.*) reazione in cui gli elettroni persi da un elemento vengono acquisiti da un altro.

os|si|drì|co *agg.* [pl. *-ci*] (*chim.*) che è composto di ossigeno e idrogeno | *fiamma ossidrica*, sviluppata miscelando ossigeno e idrogeno.

os|si|drì|le *s.m.* (*chim.*) radicale di carica negativa, composto da un atomo di idrogeno e uno di ossigeno.

os|si|drì|li|co *agg.* [m.pl. *-ci*] (*chim.*) relativo all'ossidrile, di ossidrile.

os|si|e|mo|glo|bi|na *s.f.* (*chim.*, *fisiol.*) associazione di emoglobina e ossigeno negli alveoli polmonari.

os|si|fi|cà|re *v.tr.* [indic.pres. *io ossìfico, tu ossìfichi...*] (*biol.*) trasformare in tessuto osseo ♦ **-rsi** *intr.pron.* (*biol.*) diventare osseo.

os|si|fi|ca|zió|ne *s.f.* (*biol.*) formazione di tessuto osseo da una cartilagine.

os|si|ge|nà|re *v.tr.* [indic.pres. *io ossigeno...*] **1** trattare con ossigeno | arricchire di ossigeno: *— i tessuti* **2** decolorare i capelli con acqua ossigenata ♦ **-rsi** *rifl.* **1** respirare aria salubre, ricca di ossigeno: *— in mezzo alla natura* **2** schiarirsi i capelli.

os|si|ge|nà|to *part.pass. di* ossigenare ♦ *agg.* **1** (*chim.*) arricchito con ossigeno | *acqua ossigenata*, perossido di idrogeno, liquido incolore che ha una formula chimica simile a quella dell'acqua ma con un atomo di ossigeno in più e che si usa spec. come disinfettante e decolorante **2** (*estens.*) si dice di aria pulita, non inquinata **3** si dice di capigliatura schiarita con acqua ossigenata e della persona che la porta: *biondo —*.

os|si|ge|na|tó|re *s.m.* apparecchio che eroga ossigeno.

os|si|ge|na|tù|ra *s.f.* decolorazione dei capelli.

os|si|ge|na|zió|ne *s.f.* arricchimento, ricchezza di ossigeno.

os|sì|ge|no *s.m.* elemento chimico gassoso, incolore e inodore (*simb.* O); è un costituente dell'aria e dell'acqua, indispensabile per i processi vitali | (*med.*) *tenda a —*, copertura per garantire a un malato un'aria ricca di ossigeno | (*fig.*) *dare —*, dare sostegno a chi è soffocato dalle difficoltà.

os|si|ge|no|te|ra|pì|a *s.f.* (*med.*) trattamento terapeutico in cui si tiene il paziente sotto una tenda a ossigeno o gli si fa inalare tale gas.

os|sì|mo|ro *s.m.* (*ret.*) affiancamento paradossale di termini aventi senso opposto (p.e. *dolente piacere*).

os|sì|to|no *agg.* (*ling.*) nel greco antico, si dice di parola con la sillaba finale accentata.

os|siù|ro *s.m.* piccolo verme parassita dell'intestino umano, spec. dei bambini.

òs|so *s.m.* [pl.f. *le ossa*, nei sign. 1 e 5 e con valore collettivo; pl.m. *gli ossi* nei sign. 2, 3, 4] **1** ciascuno degli elementi duri, resistenti e rigidi che formano lo scheletro dell'uomo e degli altri Vertebrati | **rompersi l'— del collo**, farsi male al collo; (*estens.*) farsi molto male | (*iperb.*) **rompere le ossa a qlcu.**, massacrarlo di botte | **avere le ossa rotte**, sentirsi fisicamente provato | (*fig.*) — **duro**, persona che sa il fatto proprio, difficile da battere, imbrogliare, soddisfare | **farsi le ossa**, fare esperienza, imparare sul campo | **all'**—, al minimo: *ridotto all'*— | **fino all'**—, in profondità **2** parte ossea di animali macellati: *dare gli ossi al cane* | (*scherz.*) **molla l'**—!, restituisci ciò che hai preso senza diritto! **3** parte compatta delle ossa animali da cui si ricavano utensili: *pettine d'*— **4** (*estens.*) ciò che per aspetto o funzione è simile a un osso | — **di balena**, fanone | — **di seppia**, conchiglia interna dei Cefalopodi **5** (*pl.*) resti mortali; spoglie: *veneriamo le ossa dei nostri cari*.

os|so|bù|co o **òsso bùco** *s.m.* [pl. *ossibuchi*] in macelleria, taglio di carne bovina ricavato dallo stinco, comprendente la sezione dell'osso con relativo midollo.

os|sù|to *agg.* che ha ossa sporgenti: *corpo magro e* —.

o|sta|col|là|re *v.tr.* [indic.pres. *io ostàcolo*...] (*anche fig.*) intralciare o impedire ponendo ostacoli; avversare: — *il progetto* ♦ **-rsi** *rifl.rec.* darsi fastidio l'un l'altro.

o|sta|col|lì|sta *s.m./f.* [m.pl. -i] (*sport*) **1** in atletica, chi gareggia in corse a ostacoli **2** nell'equitazione, cavallo addestrato a saltare ostacoli.

o|stà|co|lo *s.m.* **1** cosa o persona che impedisce, che intralcia: — *naturale* **2** (*sport*) barriera disposta lungo il percorso di una gara di corsa: *110 ostacoli* | barriera che deve essere superata dal cavallo in alcune gare di equitazione.

o|stàg|gio *s.m.* chi è trattenuto dal nemico per rappresaglia | chi è sequestrato da malviventi per ottenere ql.co. in cambio della sua incolumità o liberazione: *rilasciare l'*—.

o|stà|re *v.intr.* [indic.pres. *io òsto*...; dif. del pass.rem., del part.pass. e dei tempi composti; aus. A] (*bur.*) essere d'impedimento, ostacolare: *nulla osta al rilascio del documento*.

ò|ste *s.m.* [f. *-éssa*] gestore di osteria | (*fig.*) **fare i conti senza l'**—, pianificare senza considerare una possibile interferenza altrui.

o|ste|al|gì|a *s.f.* → **osteoalgia**.

o|steg|già|re *v.tr.* [indic.pres. *io ostéggio*...] contrastare, ostacolare: — *l'approvazione*.

o|stèl|lo *s.m.* **1** (*lett.*) alloggio | — **della gioventù**, albergo a prezzi modici per giovani turisti.

o|sten|sió|ne *s.f.* esposizione, esibizione spec. di oggetti di culto: — *della reliquia ai fedeli*.

o|sten|sò|rio *s.m.* (*lit.*) arredo sacro per esporre l'ostia consacrata.

o|sten|tà|re *v.tr.* [indic.pres. *io osténto*...] **1** esibire con insistenza all'ammirazione altrui; mettere in mostra: — *le medaglie* **2** fingere, simulare: — *sicurezza*.

o|sten|tà|to *part.pass.* di ostentare ♦ *agg.* **1** messo in mostra in maniera esagerata **2** si dice di atteggiamento e sim. esibito in modo innaturale: *un'ostentata tranquillità* □ **ostentatamente** *avv.*

o|sten|ta|zió|ne *s.f.* **1** eccessivo sfoggio; messa in mostra clamorosa: — *di opulenza* | (*estens.*) esibizione affettata.

ò|ste|o- primo elemento di parole composte che significa "osso" (*osteocita*).

o|ste|o|al|gì|a o **osteàlgia** *s.f.* (*med.*) dolore d'origine ossea.

o|ste|o|blà|sto *s.m.* (*biol.*) cellula che produce sostanza ossea.

o|ste|o|cì|ta o **osteocito** *s.m.* [pl. -i] (*med.*) cellula fondamentale del tessuto osseo.

o|ste|o|gè|ne|si *s.f.* (*biol.*) produzione di sostanza ossea.

o|ste|o|lo|gì|a *s.f.* branca dell'anatomia che studia le ossa.

o|ste|ò|ma *s.m.* [pl. -i] (*med.*) tumore benigno dell'osso.

o|ste|o|mie|lì|te *s.f.* (*med.*) processo infiammatorio delle ossa e del midollo.

o|ste|o|pa|tì|a *s.f.* (*med.*) qualunque malattia a carico delle ossa.

o|ste|o|po|rò|si *s.f.* (*med.*) rarefazione del tessuto osseo legata all'età o a malattie.

o|ste|o|sar|cò|ma *s.m.* [pl. -i] (*med.*) tumore maligno dell'osso.

o|ste|o|scle|rò|si *s.f.* (*med.*) ispessimento dell'osso.

o|ste|ò|si *s.f.* (*med.*) patologia delle ossa di carattere non infiammatorio.

o|ste|o|to|mì|a *s.f.* (*med.*) taglio chirurgico praticato su un osso.

o|ste|rì|a *s.f.* locale pubblico dove si servono vino e bevande varie, a volte anche pasti.

o|stés|sa *s.f.* **1** donna che gestisce un'osteria **2** moglie dell'oste.

o|stè|tri|ca *s.f.* infermiera abilitata ad assistere la donna durante il parto; levatrice.

o|ste|trì|cia *s.f.* [pl. *-cie*] branca della medicina che studia la gravidanza, il parto e il puerperio.

o|stè|tri|co *agg.* [m.pl. *-ci*] di ostetricia: *centro* — ♦ *s.m.* medico specializzato in ostetricia.

ò|stia *s.f.* **1** (*lit.*) sottile disco di pane non lievitato che il sacerdote consacra durante la messa **2** sfoglia sottile usata come involucro di polveri medicinali da inghiottire.

ò|sti|co *agg.* [m.pl. *-ci*] sgradito | difficile: *compito* —.

o|stì|le *agg.* nemico, avverso: *comportamento* — | inospitale: *ambiente* — □ **ostilmente** *avv.*

o|sti|li|tà *s.f.* **1** inimicizia, astio | avversione: — *diffusa contro il progetto* **2** (*spec.pl.*) azione di guerra; combattimento: *fine delle* —.

o|sti|nàr|si *v.intr.pron.* persistere in un'opinione o in un atteggiamento con irragionevole tenacia; intestardirsi: — *su un'ipotesi perdente*.

o|sti|nà|to *part.pass.* di ostinarsi ♦ *agg.* **1** irre-

ostinazione

movibile nei propri propositi; testardo **2** che viene fatto con ostinazione; caparbio: *un'ostinata opposizione* **3** che continua più del dovuto; persistente: *un — mal di stomaco* **4** (*mus.*) si dice di giro melodico ripetuto in continuazione, gener. affidato al basso, che si contrappone al vario movimento delle altre voci □ **ostinatamente** *avv.* in maniera ostinata; caparbiamente.

o|sti|na|zió|ne *s.f.* **1** persistenza, spesso irragionevole, in un atteggiamento o in un'opinione | testardaggine **2** fastidiosa persistenza: *— di un sintomo.*

Ostpolitik (*ted.*) [pr. *ostpolìtik*] *s.f.invar.* durante la guerra fredda, politica europea di distensione verso il blocco sovietico.

o|stra|ci|smo *s.m.* **1** (*st.*) nell'antica Atene, condanna all'esilio temporaneo inflitta a chi appariva pericoloso per la sicurezza dello Stato **2** (*fig.*) atteggiamento persecutorio nei confronti di qlcu. per ostacolarne l'attività: *dare l'— a un collaboratore* | opposizione a un'iniziativa; boicottaggio: *fare — a ql.co.*

ò|stri|ca *s.f.* mollusco marino commestibile, con conchiglia a due valve | (*fig.*) *chiuso come un'—*, riservato di carattere | *attaccato come l'— allo scoglio*, inseparabile.

o|stri|col|tu|ra *s.f.* allevamento di ostriche.

o|stro|gò|to *s.m.* **1** [f. -a] chi apparteneva a una popolazione barbarica che regnò in Italia dal 489 al 553 **2** lingua ostrogota | (*scherz.*) *parlare —*, esprimersi in modo incomprensibile ♦ *agg.* relativo agli Ostrogoti: *l'invasione ostrogota.*

o|stru|i|re *v.tr.* [indic.pres. *io ostruisco, tu ostruisci*...] chiudere con un ostacolo una via, un condotto ecc.: *il passaggio è ostruito* ♦ **-rsi** *intr. pron.* intasarsi: *lo scarico si ostruisce spesso.*

o|stru|zió|ne *s.f.* **1** chiusura, intasamento; occlusione: *sbloccare un'—* **2** ciò che blocca il passaggio | (*fig.*) *fare —*, esercitare ostruzionismo, opporsi **3** (*med.*) occlusione di canale, vaso o dotto **4** (*sport*) nel calcio e sim., il mettersi fallosamente davanti all'avversario per impedirgli di raggiungere la palla o proseguire nell'azione.

o|stru|zio|ni|smo *s.m.* **1** opposizione sistematica per impedire lo svolgimento di un'attività: *subire l'— dei colleghi* | (*polit.*) — *parlamentare*, sfruttamento, da parte delle minoranze, di tutte le possibilità consentite dal regolamento per intralciare l'attività legislativa **2** (*sport*) fallo d'ostruzione.

o|stru|zio|ni|sta *s.m./f.* [m.pl. -*i*] chi fa ostruzionismo ♦ *agg.* ostruzionistico: *strategia —.*

o|stru|zio|ni|sti|co *agg.* [m.pl. -*ci*] relativo all'ostruzionismo | da ostruzionista □ **ostruzionisticamente** *avv.*

o|tal|gì|a *s.f.* (*med.*) dolore all'orecchio.

o|tàl|gi|co *agg.* [m.pl. -*ci*] (*med.*) che riguarda un dolore all'orecchio.

o|tà|ria *s.f.* mammifero dei mari antartici, simile alla foca ma dotato di piccoli padiglioni auricolari.

ò|ti|co *agg.* [m.pl. -*ci*] (*med.*) che riguarda l'orecchio.

-ò|ti|co *suff.* si usa per derivare aggettivi dai sostantivi in -*osi* (*psicosi*).

o|tì|te *s.f.* (*med.*) infiammazione dell'orecchio.

ò|to- primo elemento di parole composte che significa "orecchio" (*otorino*).

o|to|ià|tra *s.m./f.* [m.pl. -*i*] (*med.*) specialista che cura le malattie dell'orecchio.

o|to|ia|trì|a *s.f.* parte della medicina che studia le malattie dell'orecchio.

o|to|ià|tri|co *agg.* [m.pl. -*ci*] (*med.*) relativo all'otoiatria: *ambulatorio —.*

o|to|rì|no *s.m./f.invar. abbr.* di otorinolaringoiatra.

o|to|ri|no|la|rin|go|ià|tra *s.m./f.* [m.pl. -*i*] (*med.*) specialista in otorinolaringoiatria.

o|to|ri|no|la|rin|go|ia|trì|a *s.f.* parte della medicina che studia le malattie dell'orecchio, del naso e della gola.

o|to|ri|no|la|rin|go|ià|tri|co *agg.* [m.pl. -*ci*] (*med.*) relativo all'otorinolaringoiatria: *studio —.*

o|tor|ra|gì|a *s.f.* (*med.*) emorragia dall'orecchio.

o|to|sco|pì|a *s.f.* (*med.*) esame diretto del condotto uditivo e del timpano effettuato con l'otoscopio.

o|to|scò|pio *s.m.* (*med.*) strumento a specchio per effettuare l'otoscopia.

ò|tre *s.m.* recipiente di pelle animale usato per contenere liquidi | *gonfio come un —*, che ha mangiato esageratamente.

o|trì|co|lo *s.m.* (*anat.*) nome di alcune strutture cave a fondo cieco | — *vestibolare*, cavità dell'orecchio interno che serve per l'equilibrio.

òt|ta- primo elemento di parole composte che significa "otto" (*ottametro*).

ot|ta|è|dro *s.m.* (*geom.*) poliedro avente otto facce triangolari.

ot|ta|go|nà|le *agg.* a forma di ottagono; avente otto lati: *costruzione —.*

ot|tà|go|no *s.m.* (*geom.*) poligono con otto angoli e otto lati.

ot|tà|me|tro *s.m.* (*metr.*) nella poesia classica, verso di otto piedi.

ot|tà|no *s.m.* (*chim.*) idrocarburo della serie del metano con otto atomi di carbonio.

ot|tàn|ta *agg.num.card.invar.* che equivale a otto decine ♦ *s.m.invar.* il numero naturale che equivale a otto decine | il simbolo che rappresenta tale numero.

ot|tàn|te *s.m.* **1** (*mar.*) strumento per orientarsi durante la navigazione **2** (*geom.*) ciascuna delle parti di spazio che vengono generate dall'intersezione di tre piani fra loro perpendicolari.

ot|tan|tèn|ne *agg.*, *s.m./f.* si dice di persona che ha ottant'anni d'età.

ot|tan|tè|si|mo *agg.num.ord.* che in una serie corrisponde al numero ottanta.

ot|tan|tì|na *s.f.* complesso di circa ottanta unità: *una — di metri* | *sull'—*, intorno agli ottant'anni d'età.

ot|ta|tì|vo *agg.*, *s.m.* (*ling.*) nel greco antico, si dice di modo verbale che esprime possibilità, desiderio: *forma ottativa.*

ot|tà|va *s.f.* **1** (*lit.*) periodo di otto giorni che precede o segue una solennità religiosa 2 (*metr.*) strofa di otto endecasillabi di cui i primi sei a rima alternata e gli ultimi due a rima baciata 3 (*mus.*) intervallo di otto note tra due suoni.

ot|ta|vi|no *s.m.* (*mus.*) flauto traverso di piccole dimensioni che esegue note superiori di un'ottava rispetto al flauto.

ot|tà|vo *agg.num.ord.* che in una serie corrisponde al posto numero otto | *il secolo* — (o VIII), gli anni compresi tra il 701 e l'800 | *ottava meraviglia*, cosa stupenda, degna di affiancare le sette meraviglie dell'antichità ♦ *s.m.* 1 ottava parte dell'intero | (*tipografia*) **in** —, foglio su cui si stampano otto pagine per faccia | *sette ottavi*, abito femminile in cui la giacca è più corta di un ottavo rispetto alla gonna 2 (*mus.*) croma 3 (*sport*) *ottavi di finale*, ciascuna delle otto gare di selezione per accedere ai quarti.

ot|tem|pe|ràn|za *s.f.* (*bur.*) obbedienza, adempimento; osservanza: *in — alla circolare*.

ot|tem|pe|rà|re *v.intr.* [indic.pres. *io ottèmpero...*; aus. A] (*bur.*) obbedire a prescrizioni e sim.; adempiere a un obbligo, a un dovere: — *a una disposizione*.

ot|te|ne|bra|mén|to *s.m.* onnubilamento, offuscamento: — *della mente*.

ot|te|ne|brà|re *v.tr.* [indic.pres. *io ottènebro...*] rendere tenebroso; offuscare: *le nubi ottenebrano il cielo* ♦ **-rsi** *intr.pron.* diventare fosco; oscurarsi: *la sua vista si ottenebrò*.

ot|te|né|re *v.tr.* [con. come *tenere*] 1 riuscire ad avere; conseguire: — *il risultato sperato* 2 ricavare; trarre: *il whisky si ottiene dalla fermentazione di cereali*.

ot|te|ni|mén|to *s.m.* raggiungimento, conseguimento.

ot|ten|tòt|to *s.m.* 1 [f. -a] chi appartiene a un'etnia dell'Africa meridionale con caratteri simili ai boscimani 2 la lingua di tale etnia ♦ *agg.* relativo agli ottentotti: *guerriero* —.

ot|tét|to *s.m.* 1 (*mus.*) complesso di otto strumenti | composizione per otto strumenti 2 (*chim.*) gruppo di otto elettroni che costituisce lo strato esterno più stabile per un atomo.

òt|ti|ca *s.f.* 1 parte della fisica che studia i fenomeni legati alla luce 2 tecnica del fabbricare strumenti ottici: *negozio di* — 3 insieme di lenti, diaframmi e sim. di uno strumento ottico: *l'— della cinepresa* 4 (*fig.*) modo di guardare le cose, punto di vista; prospettiva: *prova a cambiare* —.

òt|ti|co *agg.* [m.pl. *-ci*] 1 (*anat.*) che riguarda la vista: *nervo* — 2 (*fis.*) relativo all'ottica 3 (*elettron.*) che usa una tecnologia laser per scrivere o leggere dati, segnali: *disco* —; *lettura ottica* | **strumento** —, apparecchio che sfrutta le leggi di propagazione della luce per fissare immagini o per modificarne la percezione naturale ♦ *s.m.* [f. -a] chi costruisce o vende strumenti ottici □ **otticamente** *avv.* a livello ottico.

ot|ti|mà|le *agg.* che rappresenta il meglio; ideale: *è la soluzione* —.

ot|ti|mà|te *s.m.* (*st.*) nell'antichità classica e nei comuni medievali, cittadino che primeggiava per posizione sociale o benessere economico | *governo degli ottimati*, aristocrazia.

ot|ti|mi|smo *s.m.* tendenza dell'animo a cogliere gli aspetti positivi della realtà; fiducia in uno sviluppo favorevole: *moderato* —.

ot|ti|mì|sta *agg.*, *s.m./f.* [m.pl. *-i*] che, chi è incline all'ottimismo: *un inguaribile* —.

ot|ti|mì|sti|co *agg.* [m.pl. *-ci*] incline a vedere i lati positivi della realtà | che confida in sviluppi favorevoli: *approccio* — □ **ottimisticamente** *avv.* in modo ottimistico.

ot|ti|miz|zà|re *v.tr.* rendere ottimale | migliorare un procedimento per ottenere il massimo rendimento.

ot|ti|miz|za|zió|ne *s.f.* potenziamento massimo dei fattori positivi e riduzione al minimo di quelli negativi.

òt|ti|mo *agg.* [superl. di *buono*] buonissimo, il più buono; eccellente: *ottima idea!*; *ottima salute* ♦ *s.m.* 1 ciò che è al massimo livello o si considera tale: *esigere sempre l'* — | condizione ottimale, optimum 2 massima qualifica di merito, spec. come voto scolastico ♦ *inter.* esprime grande contentezza, soddisfazione completa: "*Possiamo concludere l'affare? —!*" □ **ottimamente** *avv.* benissimo, splendidamente.

ot|tò *agg.num.card.invar.* che equivale a sette unità più una ♦ *s.m.invar.* 1 il numero naturale che equivale a sette unità più una | il simbolo che rappresenta tale numero | — *volante*, giostra con vagoncini che corrono su binari disposti a forma di grande otto; *montagne russe* 2 (*sport*) nel canottaggio, barca con otto vogatori | — *con*, — *senza*, con o senza timoniere.

ot|tó|bre *s.m.* decimo mese dell'anno nel calendario gregoriano, di 31 giorni.

ot|to|brì|no *agg.* di ottobre | che matura in ottobre: *frutta ottobrina*.

ot|to|cen|té|sco *agg.* [m.pl. *-schi*] dell'Ottocento: *ballo* —.

ot|to|cen|tì|sta *s.m./f.* [m.pl. *-i*] 1 artista, letterato dell'Ottocento 2 studioso esperto di fenomeni ottocenteschi 3 (*sport*) nell'atletica e nel nuoto, chi gareggia sulla distanza di 800 metri.

ot|to|cèn|to *agg.num.card.invar.* che equivale a otto centinaia ♦ *s.m.invar.* 1 il numero naturale che equivale a otto centinaia | il simbolo che rappresenta tale numero | *l'Ottocento*, il secolo XIX 2 (*sport*) nell'atletica e nel nuoto, gara sulla distanza di 800 metri.

ot|to|mà|na *s.f.* divano trasformabile in letto.

ot|to|mà|no *agg.*, *s.m.* [f. -a] turco, con particolare riferimento alla dinastia iniziata nel sec. XIV da Othman I e all'impero che essa governò fino al 1923.

ot|to|mì|la *agg.num.card.invar.* che equivale a otto migliaia ♦ *s.m.invar.* 1 il numero naturale che equivale a otto migliaia | il simbolo che rappresenta tale numero 2 nel gergo alpinistico, ciascuna delle poche vette himalayane che superano gli 8000 metri.

ot|to|nà|re *v.tr.* [indic.pres. *io ottóno...*] (*tecn.*) rivestire di uno strato di ottone.

ot|to|nà|rio *agg., s.m.* (*metr.*) si dice di verso con otto sillabe, dove l'ultimo accento ritmico cade sulla settima.

ot|to|na|tù|ra *s.f.* rivestimento con uno strato di ottone.

ot|tó|ne *s.m.* 1 lega di rame e zinco, di colore giallo, con cui si fabbricano o rivestono oggetti: *maniglie di —* 2 (*pl.*; *mus.*) insieme degli strumenti a fiato realizzati in metallo.

Ot|tò|po|di *s.m.pl.* ordine di Cefalopodi con otto tentacoli, a cui appartiene il polpo.

ot|tò|ti|po *s.m.* tavola che riporta segni o lettere di varia grandezza, usata per testare la vista.

ot|tua|ge|nà|rio *agg., s.m.* [f. *-a*] (*lett.*) ottantenne.

ot|tùn|de|re *v.tr.* [pass.rem. *io ottusi, tu ottundésti*...; part.pass. *ottuso*] rendere tardo, inetto; intorpidire: *— la mente* ♦ **-rsi** *intr.pron.* perdere di vivacità, di acutezza; offuscarsi.

ot|tun|di|mén|to *s.m.* intorpidimento, offuscamento.

ot|tu|ra|mén|to *s.m.* otturazione, occlusione.

ot|tu|rà|re *v.tr.* turare, ostruire: *— un'apertura* | (*med.*) *— un dente*, chiudere una cavità scavata dalla carie ♦ **-rsi** *intr.pron.* intasarsi, ostruirsi: *il tubo si è otturato*.

ot|tu|rà|to *part.pass. di* otturare ♦ *agg.* intasato, ostruito: *scarico —* | *dente —*, curato con un'otturazione.

ot|tu|ra|tó|re *agg.* [f. *-trice*] *s.m.* 1 congegno che consente la chiusura di un'arma a retrocarica 2 (*foto.*) dispositivo che regola la durata dell'esposizione della pellicola alla luce.

ot|tu|ra|zió|ne *s.f.* 1 operazione con cui si chiude un'apertura, un buco | (*med.*) chiusura, con uno speciale amalgama, di una cavità scavata dalla carie nel dente 2 (*estens.*) materiale usato per otturare.

ot|tu|sàn|go|lo *agg.* (*geom.*) si dice di triangolo che ha un angolo ottuso.

ot|tu|si|tà *s.f.* (*spec. fig.*) caratteristica di ciò che è ottuso: *— di spirito*.

ot|tù|so *agg.* 1 (*geom.*) di angolo maggiore dell'angolo retto 2 (*fig.*) poco perspicace; tardo | privo di flessibilità, di elasticità; chiuso: *mentalità ottusa* | si dice di facoltà sensoria poco vivace: *sensi ottusi dalla stanchezza* 3 (*fig.*) si dice di suono cupo e sordo □ **ottusamente** *avv.* con ottusità mentale, senza intelligenza.

out (*ingl.*) [pr. *àut*] *avv., agg.invar.* fuori moda, superato: *ormai sei —*; *un abito —* ♦ *s.m.invar.* (*sport*) 1 nel tennis, spazio oltre le linee che delimitano il campo | fallo commesso da chi tira il pallina oltre tali linee 2 nel calcio, spazio oltre la linea laterale | fallo laterale.

outdoor (*ingl.*) [pr. *autdòar*] *agg.invar., s.m.invar.* si dice di competizione sportiva all'aperto.

outing (*ingl.*) [pr. *àutin*] *s.m.invar.* pubblica rivelazione di omosessualità o di appartenenza ad altre categorie solitamente emarginate.

outlet (*ingl.*) [pr. *àutlet*] *s.m.invar.* rivendita di capi d'abbigliamento di marca a prezzi scontati.

outplacement (*ingl.*) [pr. *autpléismənt*] *s.m.invar.* (*econ.*) assegnazione del personale in esubero ad altra mansione.

output (*ingl.*) [pr. *àutput*] *s.m.invar.* (*inform.*) uscita dei dati da un computer verso una periferica che permetta di visualizzarli | complesso dei dati finali così generati dall'elaborazione elettronica.

outsider (*ingl.*) [pr. *autsàider*] *s.m.invar.* 1 (*sport*) partecipante a una gara, che non risulta favorito ma che potrebbe vincere 2 (*estens.*) in qualsiasi confronto competitivo, chi si mette in luce inaspettatamente.

outsourcing (*ingl.*) [pr. *autsùrsin*] *s.m.invar.* (*econ.*) approvvigionamento di risorse o trasferimento di funzioni presso una società esterna.

ouverture (*fr.*) [pr. *uvertiür*] *s.f.invar.* (*mus.*) introduzione strumentale all'inizio di un melodramma, balletto o sim.

ouzo (*greco*) [pr. *ùzo*] *s.m.invar.* liquore greco a base d'anice.

o|và|ia *s.f.* (*anat.*) organo genitale femminile in cui si formano gli ovuli.

o|va|iò|lo *agg.* (*zootec.*) allevata per le uova: *gallina ovaiola*.

o|và|le *agg.* che ha la forma di un uovo; circa ellittico | (*sport*) *palla —*, quella da rugby ♦ *s.m.* oggetto, linea ovale: *l'— perfetto del suo viso*.

o|va|liz|zà|re *v.tr.* rendere ovale | riferito a oggetti circolari, schiacciare ♦ *rifl.* deformarsi avvicinandosi all'ovale: *le ruote si sono ovalizzate*.

o|và|ri|co *agg.* [m.pl. *-ci*] 1 (*anat.*) relativo all'ovaia: *infiammazione ovarica* 2 (*bot.*) relativo all'ovario.

o|va|riec|to|mì|a *s.f.* (*med.*) intervento chirurgico per asportare un'ovaia o entrambe.

o|và|rio *s.m.* (*bot.*) parte inferiore allargata del pistillo, contenente gli ovuli.

o|vàt|ta *s.f.* 1 feltro morbido di cotone usato come imbottitura; bambagia 2 cotone idrofilo.

o|vat|tà|re *v.tr.* 1 imbottire con ovatta 2 (*fig.*) smorzare: *— le grida*.

o|vat|tà|to *part.pass. di* ovattare ♦ *agg.* 1 imbottito con ovatta 2 (*fig.*) tenue, attutito: *sonorità ovattate* | protetto dai fastidi del mondo: *realtà ovattata*.

o|vat|ta|tù|ra *s.f.* imbottitura con ovatta.

o|va|zió|ne *s.f.* accoglienza entusiastica con prolungati applausi: *fu accolto da un'autentica —*.

ó|ve *avv.* (*lett.*) dove ♦ *cong.* (*lett.*) 1 (*condizionale*) nel caso che; qualora: *— mancassero le premesse* 2 (*avversativo*) se invece; mentre.

over (*ingl.*) *agg.invar.* che ha superato una data età | si dice di gruppo di persone o di squadra sportiva che comprende solo elementi superiori a una data età: *comitiva — cinquanta*.

overbooking (*ingl.*) [pr. *overbùkin*] *s.m.invar.* eccesso di prenotazioni rispetto ai posti disponibili.

overdose (*ingl.*) [pr. *overdós*] *s.f.invar.* dose eccessiva di droga o di farmaco.

overflow (*ingl.*) [pr. *overfló*] *s.m.invar.* (*inform.*) stato di errore dovuto a un eccesso di dati da rappresentare.

oversize (*ingl.*) [pr. *oversàis*] *agg.invar.* (*abbigliamento*) si dice di taglia più grande del necessario o della norma: *camicia —*.

ò|vest *s.m.* **1** punto cardinale dove il Sole tramonta negli equinozi; ponente **2** (*estens.*) regione situata a occidente rispetto a un punto di riferimento: *l'— della provincia* | **Ovest**, Far West, ossia i territori occidentali dell'America settentrionale, progressivamente colonizzati e annessi agli Stati Uniti ♦ *agg.invar.* che sta a ovest; occidentale: *costa —.*

ò|vi- → **ovo-**.

o|vi|le *s.m.* (*zootec.*) edificio rustico per il ricovero di pecore e capre | (*fig.*) **tornare all'—**, rientrare nell'ambiente di origine; riprendere vecchie abitudini e frequentazioni; abbracciare nuovamente un'idea, un modello di cui ci si era allontanati.

o|vi|no *agg.* di pecora e/o di capri: *allevamento —* ♦ *s.m.* (*zootec.*) denominazione generica di pecore, capre e sim.

o|vì|pa|ro *agg.*, *s.m.* si dice di animale la cui femmina depone uova, nelle quali l'embrione si sviluppa.

ò|vo- o **òvi-** primo elemento di parole composte che significa "uovo" (*ovogamia*, *oviparo*).

o|vo|cèl|lu|la *s.f.* **1** (*biol.*) gamete femminile, ovulo **2** (*bot.*) oosfera.

o|vo|cì|ta *s.m.* → **oocita**.

o|vo|ga|mia *s.f.* → **oogamia**.

o|vo|gè|ne|si *s.f.* (*med.*) processo di maturazione dell'ovocellula.

o|voi|dà|le *agg.* di forma simile a un uovo; ovale.

o|voi|de *s.m.* corpo avente forma simile a un uovo.

o|vo|làc|cio *s.m.* fungo velenoso dal cappello scarlatto con lamelle bianche.

o|vo|lo *s.m.* **1** pregiato fungo commestibile, con cappello aranciato liscio **2** (*arch.*) motivo ornamentale con forme ovoidali.

o|vo|po|si|tó|re *agg.*, *s.m.* (*zool.*) si dice di organo atto a deporre le uova, presente nella femmina di vari insetti.

o|vo|vi|a *s.f.* funivia con cabine ovoidali a due posti.

o|vo|vi|vì|pa|ro *agg.*, *s.m.* di animale che si riproduce per mezzo di uova che si schiudono nel corpo della madre.

o|vu|là|re¹ *v.intr.* [indic.pres. *io òvulo...*; aus. *A*] (*biol.*) avere un'ovulazione.

o|vu|là|re² *agg.* **1** (*biol.*) dell'ovulo, che riguarda l'ovulo **2** ovale.

o|vu|la|zió|ne *s.f.* (*biol.*) produzione dell'ovulo da parte dell'ovaia | successivo distacco dell'ovulo.

ò|vu|lo *s.m.* **1** oggetto di piccole dimensioni a forma di uovo **2** (*biol.*) cellula sessuale femminile matura **3** (*bot.*) in varie piante, struttura contenente la cellula germinale femminile, che genererà il seme dopo la fecondazione **4** (*farm.*) preparazione medicinale di forma ovoidale da introdurre in vagina.

o|vùn|que *avv.* in ogni luogo; dappertutto.

ov|vé|ro *cong.* (*lett.*) **1** cioè, ossia **2** o, oppure.

ov|vià|re *v.intr.* [indic.pres. *io ovvio...*; aus. *A*] porre rimedio; rimediare: *— al danno.*

ov|vie|tà *s.f.* **1** carattere di ciò che è ovvio: *l'— del ragionamento* **2** cosa ovvia; banalità: *dici solo —.*

òv|vio *agg.* immediatamente evidente | indubitabile: "*Vuoi accompagnarci?*" "*—!*" | scontato, banale: *un'osservazione ovvia* □ **ovviamente** *avv.* naturalmente, evidentemente: *— sono d'accordo* | senza alcun dubbio.

oxford (*ingl.*) *s.m.invar.* tela per camicie.

o|xo|nièn|se *agg.* (*lett.*) di Oxford e delle sue scuole: *tradizione —.*

o|ze|lòt *s.m.invar.* grosso felino dell'America latina; gattopardo americano.

o|zià|re *v.intr.* [indic.pres. *io òzio...*; aus. *A*] trascorrere il tempo nell'ozio, senza alcuna attività: *— per l'intera vacanza.*

ò|zio *s.m.* **1** il non far nulla per pigrizia | inoperosità imposta dalle circostanze: *— forzato* **2** momento tranquillo, distinto dagli impegni quotidiani; tempo libero: *godersi una parentesi di —.*

o|zio|sàg|gi|ne *s.f.* voglia o abitudine di oziare; pigrizia.

o|zio|si|tà *s.f.* **1** caratteristica della persona oziosa **2** (*fig.*) vacuità, futilità: *l'— del problema.*

o|zió|so *agg.* **1** si dice di chi sta in ozio: *un ragazzo —* | si dice di tempo passato a far nulla; inoperoso **2** (*fig.*) si dice di azioni o discorsi superflui: *domanda oziosa* ♦ *s.m.* [f. *-a*] persona oziosa □ **oziosamente** *avv.* **1** senza far nulla **2** in maniera futile.

o|zò|ni|co *agg.* [m.pl. *-ci*] che riguarda l'ozono.

o|zo|niz|zà|re *v.tr.* trattare con ozono: *— l'acqua.*

o|zo|niz|za|tó|re *s.m.* apparecchio che, mediante scariche elettriche o raggi ultravioletti, converte l'ossigeno in ozono.

o|zo|niz|za|zió|ne *s.f.* trattamento a base di ozono.

o|zò|no *s.m.* (*chim.*) gas dall'odore pungente che rappresenta una delle particolari forme di organizzazione dell'ossigeno; è impiegato per disinfettare, deodorare e conservare i cibi | **buco nell'—**, riduzione dello strato di ozono nell'atmosfera e della sua funzione di riparo dai raggi ultravioletti.

o|zo|no|sfè|ra *s.f.* strato dell'atmosfera ad alta concentrazione di ozono, che filtra i raggi solari ultravioletti.

o|zo|no|te|ra|pì|a *s.f.* (*med.*) sistema di cura basato sulla somministrazione di ozono.

P p

p *s.f./m.invar.* sedicesima lettera dell'alfabeto (il suo nome è *pi*); consonante occlusiva bilabiale sorda | — *come Palermo*, nella compitazione, spec. telefonica, delle parole.

pa|ca *s.m.invar.* mammifero roditore notturno dell'America centro-meridionale, con pelame ispido di colore scuro a strisce chiare.

pa|ca|téz|za *s.f.* qualità di persona pacata e condizione che ne deriva; calma, imperturbabilità: — *di carattere; la — di un discorso.*

pa|ca|to *agg.* che possiede o dimostra calma, serenità □ **pacatamente** *avv.*

pàc|ca *s.f.* (*fam.*) colpo amichevole dato con la mano aperta: *dare una — sulla spalla* | (*estens.*) schiaffo.

pac|chét|to *s.m.* **1** confezione di piccolo formato | (*estens.*) il contenuto di tale confezione: *un — di caramelle* **2** complesso di elementi che costituiscono un insieme organico | offerta da parte di un'agenzia di viaggio di un insieme di servizi vantaggiosi | (*polit.*) — *di proposte, di leggi,* in una trattativa o controversia, l'insieme delle soluzioni da rifiutare o accettare in blocco | (*econ.*) — *azionario,* numero di azioni di una società appartenenti a un solo proprietario **3** (*inform.*) insieme dei programmi atti a risolvere problemi applicativi.

pàc|chia *s.f.* (*fam.*) situazione di vita senza problemi, con abbondanza di beni materiali.

pac|chia|nà|ta *s.f.* cosa pacchiana: *questo spettacolo è una vera —!* | comportamento da pacchiano.

pac|chia|ne|rì|a *s.f.* caratteristica di ciò che è pacchiano.

pac|chià|no *agg.* (*di persona*) privo di finezza, di misura: *atteggiamento —* | (*di cosa*) grossolano, di cattivo gusto: *vestito —.*

pac|cià|me *s.m.* strato di foglie e di altri residui vegetali in decomposizione che si ammucchia naturalmente sotto gli alberi o in acque stagnanti.

pàc|co *s.m.* [pl. *-chi*] **1** confezione di uno o più oggetti in forma regolare e compatta, gener. avvolta in cartone e legata con nastro: — *natalizio* | *— postale,* collo da spedire per posta | *— bomba,* ordigno esplosivo spedito come pacco postale **2** corredo di oggetti destinato a una particolare funzione: — *di medicazione* (*estens., gerg.*) imbroglio, fregatura | *tirare il —,* mancare a un appuntamento preso.

pac|cot|ti|glia *s.f.* merce scadente | (*estens.*) insieme di cose di cattivo gusto e di scarso valore.

pà|ce *s.f.* **1** condizione di uno Stato o di un popolo che non sia in guerra con altri Stati o popoli e non sia diviso da lotte intestine | (*estens.*) cessazione di una guerra: *manifestazione per la — in Iraq* | atto ufficiale con cui si mette fine a una guerra: *firmare la —; trattato di —* **2** tranquillità, concordia | **fare —**, rappacificarsi **3** serenità interiore: *essere in — con se stessi* | *mettersi l'animo in —,* rassegnarsi all'evidenza **4** (*lett., teol.*) beatitudine, gioia eterna delle anime accolte nella grazia divina | *riposi in —,* nelle preghiere, formula di augurio per un defunto **5** tranquillità, quiete; assenza di rumore: *la — delle montagne* | tregua, riposo: *non avere mai —* | *lasciare in — qlcu.,* non dargli fastidio.

pace-maker (*ingl.*) [pr. *péismèker*] *s.m.invar.* (*med.*) piccolo dispositivo elettronico inserito sotto la pelle allo scopo di regolare e stimolare il battito cardiaco.

pa|chi|dèr|ma *s.m.* [pl. *-i*] **1** (*zool.*) nome generico di mammiferi erbivori non ruminanti, con pelle molto spessa (p.e. ippopotamo, rinoceronte) **2** (*estens., fig.*) persona grossa e pesante nei movimenti | persona insensibile, tutta tatto.

pa|chi|stà|no o **pakistàno** *agg.* del Pakistan ♦ *s.m.* [f. *-a*] chi è nato o abita nel Pakistan.

pa|cie|re *s.m.* [f. *-a*] chi mette pace; mediatore: *fare da —.*

pa|ci|fi|cà|re *v.tr.* [indic.pres. *io pacifico, tu pacifichi...*] **1** indurre a far pace; riconciliare **2** mettere in pace: — *gli animi* ♦ **-rsi** *rifl.rec.* rappacificarsi ♦ *intr.pron.* **1** fare pace: — *con la moglie* **2** trovare pace: *la situazione si è pacificata.*

pa|ci|fi|ca|tó|re *agg., s.m.* [f. *-trice*] che, chi pacifica: *spirito —.*

pa|ci|fi|ca|zió|ne *s.f.* l'atto del pacificare; riconciliazione.

pa|ci|fi|co *agg.* [m.pl. *-ci*] **1** che ama la pace; che è contrario alla violenza | che non implica l'uso della violenza: *manifestazione pacifica* **2** che dimostra pace: *una vita pacifica* **3** (*fig.*) accettato da tutti: *il diritto al voto è —* | *è — che,* è fuori discussione che **4** (*f.* *-a*) individuo amante della serenità, della pace □ **pacificamente** *avv.*

pa|ci|fi|smo *s.m.* **1** movimento che esclude il ricorso alla guerra come soluzione alle controversie fra gli Stati **2** (*estens.*) atteggiamento di chi ama la pace, il quieto vivere.

pa|ci|fi|sta *s.m./f.* [m.pl. *-i*] sostenitore del pacifismo ♦ *agg.* che riguarda il pacifismo: *movimento, pensiero —.*

pa|cioc|có|ne *s.m.* [f. *-a*] (*fam.*) persona grassa e di carattere gioviale.

pa|ció|ne *agg., s.m.* [f. *-a*] (*fam.*) che, chi è amante del quieto vivere: *un ragazzo —*.

pa|ció|so *agg.* (*fam.*) pacifico, tranquillo.

pack (*ingl.*) [pr. *pèk*] *s.m.invar.* (*geog.*) distesa di lastre di ghiaccio staccatesi dalla banchisa polare che galleggiano sul mare.

packaging (*ingl.*) [pr. *pèkiğin*] *s.m.invar.* nel marketing, modalità di confezione di un prodotto studiate allo scopo di renderlo più attraente per i consumatori o di razionalizzarne il trasporto, l'uso.

pa|dà|no *agg.* del Po; della valle del Po: *pianura padana*.

paddock (*ingl.*) [pr. *pèdok*] *s.m.invar.* **1** in un ippodromo, recinto in cui si sellano i cavalli prima della corsa **2** recinto annesso a una stalla in cui gli animali possono restare all'aperto.

pa|dèl|la *s.f.* **1** recipiente da cucina con forma tonda e bassa, dotato di lungo manico, usato spec. per friggere: *— antiaderente* | (*estens.*) padellata: *una — di patatine fritte* | (*fig.*) *cadere dalla — nella brace*, passare da una situazione difficile a una peggiore **2** recipiente piatto che consente di urinare e defecare a chi è costretto nel letto **3** (*region.*) macchia d'unto su tessuti o abiti.

pa|del|la|ta *s.f.* **1** quantità di cibo che si cuoce in una volta nella padella **2** colpo dato con una padella.

pa|di|glió|ne *s.m.* **1** grande tenda usata un tempo negli accampamenti militari per l'alloggio dei personaggi importanti **2** (*estens.*) edificio a struttura leggera, gener. elegante, costruito in giardini e parchi a scopo di riparo | costruzione separata di un ampio complesso edilizio: *i padiglioni della fiera* **3** negli autoveicoli, la parte superiore della carrozzeria che fa da copertura **4** (*anat.*) *— auricolare*, nell'uomo e nella maggior parte dei mammiferi, parte esterna cartilaginea dell'orecchio.

pà|dre *s.m.* **1** uomo che ha generato dei figli, considerato rispetto a questi | *— di famiglia*, il padre, in quanto responsabile della famiglia, spec. dal punto di vista del mantenimento | *di — in figlio*, di generazione in generazione | *— putativo*, colui che è ritenuto padre senza esserlo **2** (*fig.*) uomo che svolge un ruolo di guida nei confronti di qlcu. | *— spirituale*, religioso che guida qlcu. nella vita spirituale | *— della patria*, titolo che si dava un tempo a chi salvava la patria in pericolo **3** (*spec.pl., estens.*) progenitore, antenato: *i nostri padri* **4** animale maschio che ha generato dei piccoli **5** (*per anton., teol.*) *il Padre*, Dio come creatore dell'uomo; nel cristianesimo, la prima persona della Trinità: *il Padre eterno* **6** (*fig.*) maestro, fondatore: *il — della filosofia* | origine: *l'ozio è il — dei vizi* **7** titolo che si dà ai religiosi, spec. ai frati | *il Santo Padre*, il Papa **8** (*spec.pl.*) ciascun membro di una congregazione religiosa: *i Padri della Fede*.

Pa|dre|nò|stro *s.m. solo sing.* preghiera insegnata da Gesù agli Apostoli, che i fedeli cristiani rivolgono a Dio.

pa|dre|tèr|no *s.m.* **1** Dio Padre **2** [pl. *padreterni*] (*fig., fam.*) persona influente, di grande potere o che è considerata tale: *si sente un —* | (*iron.*) chi è esperto in una determinata attività: *ai fornelli è un —*.

pa|dri|no *s.m.* **1** (*relig.*) uomo che tiene qlcu. a Battesimo o a Cresima **2** testimone in un duello **3** (*gerg.*) capo di una cosca mafiosa | (*estens.*) personaggio influente, che controlla importanti settori della società.

pa|dro|nà|le *agg.* del padrone: *casa —* | (*estens.*) che riguarda il datore di lavoro: *organizzazione —*.

pa|dro|nàn|za *s.f.* **1** diritto e autorità di chi è padrone **2** capacità di controllo: *avere la — di sé* | conoscenza profonda: *parla dell'argomento con —*.

pa|dro|na|to *s.m.* categoria sociale dei padroni, dei datori di lavoro.

pa|dron|ci|no *s.m.* [f. *-a*] **1** piccolo imprenditore **2** taxista o autotrasportatore proprietario del veicolo guidato.

pa|dró|ne *s.m.* [f. *-a*] **1** chi ha la proprietà, il possesso di ql.co. | *— di casa*, chi ospita nei confronti dell'ospitato; chi affitta un appartamento rispetto all'inquilino **2** proprietario di un'azienda, di un'impresa; datore di lavoro | *non avere padroni*, non essere dipendente da nessuno **3** chi esercita un dominio assoluto | *farla da —*, imporre la propria volontà **4** (*fig.*) chi ha pieno controllo o conoscenza di ql.co.: *— di sé; — di un'arte* **5** chi è libero di decidere: *sei — di non farlo* **6** (*mar.*) comandante di imbarcazioni mercantili di piccolo cabotaggio ♦ *agg.* che si comporta come un padrone | *serva padrona*, domestica che comanda in casa.

pa|dro|neg|già|re *v.tr.* [*indic.pres. io padronéggio...*] **1** (*raro*) comandare da padrone **2** (*fig.*) controllare: *— i nervi* | conoscere a fondo: *— una materia*.

paella (*sp.*) [pr. *paèia*] *s.f.invar.* (*gastr.*) piatto tipico spagnolo a base di riso con verdure, carne, pesce e aromi vari.

pa|e|sàg|gio *s.m.* **1** (*geog.*) conformazione di un territorio che comprende gli aspetti fisici, biologici e umani: *— urbano* **2** parte di un luogo geografico che si abbraccia con lo sguardo **3** pittura, foto e sim. che riproducono un paesaggio.

pa|e|sag|gì|smo *s.m.* genere pittorico che rappresenta paesaggi | (*estens.*) genere letterario che descrive paesaggi.

pa|e|sag|gì|sta *s.m./f.* [m.pl. *-i*] pittore o fotografo di paesaggi | (*estens.*) scrittore che rappresenta paesaggi.

pa|e|sag|gì|sti|ca *s.f.* (*pitt., foto*) arte e tecnica della ripresa o della rappresentazione di paesaggi.

pa|e|sag|gì|sti|co *agg.* [m.pl. *-ci*] **1** che riguarda il paesaggio **2** che riguarda la pittura o la fotografia di paesaggi □ **paesaggisticamente** *avv.*

pa|e|sà|no *agg.* di paese, tipico di un paese: *abitudini paesane* | *alla paesana*, secondo il costume

paese

del paese; con semplicità ♦ *s.m.* [f. *-a*] **1** abitante di un paese **2** (*region.*) compaesano.

pa|é|se *s.m.* **1** territorio esteso, omogeneo sotto un determinato aspetto: *i paesi mediterranei* | **Paesi Bassi**, denominazione propria dell'Olanda **2** territorio di uno Stato; nazione: *— democratico* | (*estens.*) patria: *amante del proprio* **— 3** piccolo centro abitato: *— di montagna* | il complesso dei suoi abitanti | (*fig.*) *mandare a quel —*, mandare al diavolo | (*prov.*) *— che vai, usanza che trovi*, ogni luogo ha le sue usanze.

pa|e|si|sta *s.m./f.* [m.pl. *-i*] paesaggista.

pa|e|si|sti|co *agg.* [m.pl. *-ci*] paesaggistico.

paf|fu|to *agg.* grassoccio e sodo; florido: *guance paffute.*

pà|ga *s.f.* **1** stipendio, salario | *giorno di —*, quello in cui si riscuote lo stipendio | *busta —*, quella che contiene la retribuzione di un lavoratore | *libro —*, registro in cui si annotano i nomi dei lavoratori e la loro retribuzione **2** (*fig.*) ricompensa: *questa è la — per averti aiutato!*

pa|gà|bi|le *agg.* che si deve o si può pagare.

pa|gà|ia *s.f.* remo formato da un'asta e da una pala larga, che si manovra senza appoggio allo scalmo | remo corto a due pale che s'impugna al centro e s'immerge a destra e a sinistra dello scafo alternativamente.

pa|ga|ià|re *v.intr.* [indic.pres. *io pagàio...*; aus. A] remare con la pagaia.

pa|ga|mén|to *s.m.* **1** l'atto del pagare; versamento, consegna di denaro **2** somma pagata o da pagare: *inviare un —*.

pa|ga|neg|gian|te *agg.* che ha o dimostra una visione della vita ispirata al paganesimo classico: *scrittore —; cultura —.*

pa|ga|né|si|mo *s.m.* insieme dei culti politeistici dell'antichità greco-romana, considerati in contrapposizione al cristianesimo | (*estens.*) religione non cristiana **2** (*estens.*) modo di vivere che rifiuta l'ascetismo per valorizzare la vita terrena, materiale.

pa|gà|no *agg.* **1** che si riferisce al paganesimo: *rito —* | che professa il paganesimo; non cristiano **2** (*estens.*) che ignora o contrasta i principi del cristianesimo ♦ *s.m.* [f. *-a*] **1** seguace del paganesimo **2** (*estens.*) chi ignora o rifiuta i principi del cristianesimo □ **paganamente** *avv.*

pa|gàn|te *part.pres. di* pagare ♦ *agg.*, *s.m./f.* che, chi paga.

pa|gà|re *v.tr.* [indic.pres. *io pago, tu paghi...*] **1** corrispondere una somma di denaro per beni acquistati, servizi ricevuti o obbligazioni contratte: *— in contanti; — un debito, la bolletta* | *— a rate*, pagare a quote fisse, dilazionate | *— in natura*, pagare con denaro ma con prodotti naturali | *— caro, salato, un occhio*, pagare molto **2** retribuire o remunerare qlcu. per un lavoro svolto; stipendiare: *— un dipendente* **3** offrire ql.co. a qlcu. sobbarcandosene la spesa: *— un caffè*; *— da bere* **4** corrompere: *ha pagato i professori per avere la promozione* **5** (*fig.*) ricompensare, ripagare: *lo ha pagato con l'ingratitudine* **6** (*fig.*) espiare, scontare: *— caro un errore commesso; — il fio* | *— col sangue*, pagare con la vita | *farla — a qlcu.*, vendicarsi | (*prov.*) *chi rompe paga*, chi fa un danno deve rimediare **7** (*assol.*) portare vantaggio: *la disonestà non paga.*

pa|ga|tó|re *agg.*, *s.m.* [f. *-trice*] che, chi paga | (*mil.*) *ufficiale —*, graduato incaricato dei pagamenti al personale.

pa|gèl|la *s.f.* **1** documento scolastico su cui si scrivono le valutazioni riportate da un alunno nel corso dell'anno e agli esami **2** (*estens.*) valutazione di una prestazione: *le pagelle dei calciatori.*

pa|gèl|lo *s.m.* pesce commestibile del Mediterraneo dal corpo appiattito, di colore rosso-argenteo.

pàg|gio *s.m.* **1** giovinetto nobile che serviva nelle corti e veniva avviato alla vita cavalleresca | *capelli alla —*, capelli acconciati a caschetto **2** bambino che sorregge lo strascico dell'abito della sposa.

pa|ghe|rò *s.m.* titolo di credito, cambiale con cui si promette di pagare una somma alla scadenza indicata.

pà|gi|na *s.f.* **1** ciascuna delle due facce di ogni foglio di libro, quaderno o giornale; facciata: *numerazione delle pagine* | (*estens.*) il foglio stesso | *terza —*, nei quotidiani, quella in cui vengono gener. pubblicati articoli culturali | *Pagine gialle*®, elenco telefonico distinto per categorie | *voltare —*, (*fig.*) iniziare un nuovo discorso; (*estens.*) provocare un significativo cambiamento nella propria esistenza **2** (*estens.*) ciò che è scritto in una pagina: *le pagine di un romanzo* | (*fig.*) passo di un testo scritto; brano: *le pagine più brillanti di un autore* **3** (*fig.*) fatto memorabile: *una — gloriosa nella storia del nostro paese* **4** (*inform.*) *— web*, porzione di un sito Internet **5** (*bot.*) ognuno dei due lati di una foglia.

pa|gi|na|zió|ne *s.f.* numerazione delle pagine di un libro | indicazione del numero complessivo delle pagine di un libro.

pà|glia *s.f.* **1** insieme degli steli dei cereali già mietuti e trebbiati | *sedia di —*, quella costruita con il sedile impagliato | (*fig.*) *fuoco di —*, passione violenta ma di breve durata | *avere la coda di —*, sentirsi in colpa o in difetto, spec. avanzando scuse pretestuose | *uomo di —*, prestanome | *leggero come una —*, leggerissimo **2** (*spec.pl.*) oggetto prodotto con la paglia, spec. borsa o cappello: *le paglie di Firenze* **3** *— di ferro*, matassina di trucioli metallici usata per lucidare o pulire; paglietta ♦ *agg.invar.* detto di colore giallo simile a quello della paglia: *biondo —.*

pa|gliac|cét|to *s.m.* indumento intimo femminile con corpetto e mutandine uniti | indumento analogo indossato dai bambini piccoli.

pa|gliac|cià|ta *s.f.* comportamento da pagliaccio; buffonata.

pa|gliàc|cio *s.m.* [f. *-a*] **1** buffone che si esibisce nei circhi; clown **2** (*estens.*) persona che si comporta in modo ridicolo | (*spreg.*) chi manca di senso della responsabilità.

pa|glià|io *s.m.* **1** cumulo di paglia o fieno, per lo

palatino

più di forma conica | (*fig.*) *cercare un ago in un* —, intraprendere una ricerca impossibile 2 rustico dove si tiene la paglia.
pa|glie|ric|cio *s.m.* 1 sacco pieno di paglia o di foglie secche usato un tempo come materasso 2 (*estens.*) struttura che sostiene il materasso composta da un telaio di legno e da un sistema di molle in acciaio.
pa|glie|ri|no *agg.* di colore giallo chiaro, che ricorda quello della paglia.
pa|gliét|ta *s.f.* 1 cappello di paglia da uomo, con tesa rigida e cupola piatta 2 matassina di trucioli metallici, usata per lucidare o pulire utensili da cucina o pavimenti.
pa|gliùz|za *s.f.* 1 fuscello di paglia 2 piccolissima particella d'oro o d'altro metallo lucente incorporata in una massa di minerale o di terra.
pa|gnòt|ta *s.f.* 1 forma di pane tondeggiante 2 (*fig., fam.*) quanto è indispensabile per vivere, per sostenersi economicamente: *guadagnarsi la* —.
pà|go *agg.* [m.pl. *-ghi*] appagato, soddisfatto: *sentirsi — di ql.co.*
pa|gò|da *s.f.* edificio sacro buddista a forma di torre suddivisa in più piani, che aumenta di ampiezza verso la base | *tetto a* —, tetto molto sporgente, con spioventi concavi verso l'alto.
pa|gù|ro *s.m.* crostaceo marino che si mimetizza introducendo l'addome molle in conchiglie vuote di molluschi gasteropodi.
paillette (*fr.*) [pr. paièt] *s.f.invar.* lustrino.
pà|io *s.m.* [pl.f. *paia*] 1 insieme di due cose della stessa specie, complementari fra loro: *un — di calze* | insieme di due persone, animali o cose che non formano una coppia: *un — di bambini scorrazzavano per la via* | (*fig.*) *un altro — di maniche*, una cosa del tutto diversa | *fare il* —, si dice di persone o cose che si assomigliano 2 (*estens.*) oggetto formato da due parti inseparabili: *un — di occhiali* 3 numero limitato non precisabile: *l'ho incontrato un — di volte.*
pa|iò|lo *s.m.* recipiente da cucina in rame o in alluminio, di forma tonda e profonda, che si appende al centro del camino con una catena.
pa|ki|stà|no *s.m.* → pachistano.
pà|la[1] *s.f.* 1 attrezzo composto da una larga lama d'acciaio fissata a un manico, usato per rimuovere, ammucchiare, caricare terra o altri materiali | attrezzo usato per infornare e sfornare il pane 2 parte piatta e allargata del remo o del timone, che viene immersa nell'acqua 3 (*tecn.*) ciascuno degli elementi appiattiti di un'elica, una turbina e sim., adatti a imprimere un movimento: *le pale del mulino* 4 — *meccanica*, macchina semovente, a ruote o cingolata, usata per rimuovere terra o altri materiali 5 — *d'altare*, grande tavola dipinta o scolpita raffigurante soggetti sacri, posta sopra l'altare.
pà|la[2] *s.f.* (*region.*) 1 montagna con parete di roccia molto ripida: *Pale di San Martino* 2 prato esteso molto inclinato che si spinge fin sotto una parete rocciosa.
pa|la|di|no *s.m.* 1 (*st.*) presso la corte carolingia, cavaliere valoroso che fungeva da guardia del re | nella letteratura cavalleresca, ciascuno dei dodici cavalieri scelti da Carlo Magno come guardia del corpo 2 [f. *-a*] (*fig.*) difensore, sostenitore acceso di una causa: *un — dei diritti umani.*
pa|la|fit|ta *s.f.* abitazione primitiva, ma tuttora in uso presso alcuni popoli sudamericani, africani e asiatici, composta da una piattaforma di legno che poggia su pali infissi in terreni paludosi o talvolta su terreno asciutto, a sostegno di una o più capanne di legno, paglia, canne e sim.
pa|la|fit|ti|co|lo *agg.* 1 che riguarda le palafitte: *cultura palafitticola* 2 che abita in capanne erette su palafitte ♦ *s.m.* [f. *-a*] chi abita in capanne erette su palafitte.
pa|la|fre|niè|re *s.m.* 1 chi un tempo era addetto al governo di un palafreno | scudiero, staffiere 2 (*mil.*) istruttore di equitazione in scuole militari.
pa|la|fré|no o **palafrèno** *s.m.* (*st.*) cavallo usato dai cavalieri medievali per viaggi o parate.
pa|la|ghiàc|cio *s.m.* impianto sportivo coperto attrezzato per pattinaggio e hockey su ghiaccio.
pa|la|mi|ta *s.f.* pesce commestibile simile al tonno.
pa|là|mi|to o **palàmite** *s.m.* attrezzo da pesca formato da una lunga fune da cui pendono delle cordicelle munite di amo distanziate tra loro in modo regolare | barca provvista di tale attrezzo.
pa|làn|ca[1] *s.f.* 1 grossa trave, spec. in legno 2 (*mar.*) tavola usata come ponticello mobile 3 (*estens., st.*) riparo usato nelle antiche fortificazioni, formato da grossi pali conficcati nel terreno e da un terrapieno di rinforzo.
pa|làn|ca[2] *s.f.* moneta da un soldo, usata un tempo in alcune regioni italiane | (*region., spec. pl.*) denaro.
pa|lan|chi|no[1] *s.m.* (*raro*) portantina usata in alcuni paesi orientali per trasportare personaggi illustri; lettiga.
pa|lan|chi|no[2] *s.m.* barra in acciaio con l'estremità schiacciata, utilizzata come leva per rimuovere blocchi di pietra.
pa|lan|drà|na *s.f.* 1 veste da camera per uomo, ampia e lunga 2 (*scherz.*) abito lungo e largo.
pa|la|spòrt *s.m.invar.* palazzo dello sport.
pa|là|ta *s.f.* 1 quantità di materiale che può contenere una pala: *— di neve* | (*fig.*) *a palate*, in grande quantità: *soldi a palate* 2 colpo dato con la pala 3 (*sport*) nel canottaggio, colpo di remo dato con la pala dell'acqua da un singolo vogatore.
pa|la|tà|le *agg.* 1 (*anat.*) del palato 2 (*ling.*) detto di consonante articolata con il dorso della lingua che batte contro il palato duro (p.e. *c* in 'celere', *g* in 'giostra') | *vocali palatali*, quelle pronunciate nella parte anteriore della cavità orale, avvicinando la lingua al palato (p.e. *e*, *i*) ♦ *s.f.* (*ling.*) consonante o vocale palatale.
pa|la|ta|liz|za|zió|ne *s.f.* (*ling.*) processo per cui un suono diventa palatale.
pa|la|ti|no[1] *agg.* 1 di un palazzo reale o imperiale: *cappella palatina* 2 (*st.*) titolo dei principi

palatino

elettori del Sacro Romano Impero **3** di luogo o istituto culturale che godeva del patrocinio del sovrano: *Accademia palatina*.

pa|la|ti|no² *agg.* (*anat.*) del palato: *velo —*.

pa|là|to *s.m.* **1** (*anat.*) parete superiore della cavità orale, situata tra la bocca e le fosse nasali, formata da una volta ossea ricoperta di mucosa | — *duro*, parte anteriore del palato | — *molle*, parte posteriore del palato, composta da tessuti molli e mobili; velo palatino **2** (*fig.*) senso del gusto: — *fine*.

pa|laz|zi|na *s.f.* abitazione signorile, per lo più con giardino.

pa|laz|zi|na|ro *s.m.* (*region., spreg.*) costruttore edile che si è arricchito con la speculazione edilizia.

pa|làz|zo *s.m.* **1** grande edificio di pregevole valore architettonico, adibito un tempo a dimora signorile, ora spesso sede di uffici, musei e sim. | — *reale*, residenza del re **2** (*estens.*) corte di un sovrano; reggia | *congiura di —*, quella ordita all'interno della corte **3** (*fig., giorn.*) simbolo del potere politico **4** grande edificio di civile abitazione a più piani **5** grande edificio destinato a manifestazioni o a determinate funzioni: — *dello sport* | — *di giustizia*, sede degli uffici giudiziari.

pal|chét|to *s.m.* ripiano di armadi, scaffali, librerie.

pàl|co *s.m.* [pl. -*chi*] **1** piano di copertura costituito da assi di legno connesse tra loro; solaio | ripiano di uno scaffale, di un armadio **2** tavolato provvisorio usato per eseguire opere murarie o decorative | costruzione provvisoria rialzata da terra destinata a vari usi: *allestire il — per il concerto; il — delle autorità* **3** (*teat.*) palcoscenico | ciascuno dei vani aperti su diversi piani nella parete perimetrale di una sala teatrale, dai quali è possibile assistere a uno spettacolo **4** (*zool.*) ciascuna delle ramificazioni delle corna dei Cervidi.

pal|co|scè|ni|co *s.m.* [pl. *palcoscenici*] **1** palco su cui recitano gli attori **2** (*fig.*) arte teatrale: *amare il —*.

pa|lè|mo|ne o **palemóne** *s.m.* crostaceo commestibile di mare e d'acqua dolce; gamberetto.

pa|lèo *s.m.* (*bot.*) denominazione di varie piante delle Graminacee.

pà|leo- o **palèo-** (*scient.*) primo elemento di parole composte che significa "antico" (*paleolitico*).

pa|le|o|an|tro|po|lo|gi|a *s.f.* scienza che studia i resti fossili dei primi uomini.

pa|le|o|bo|tà|ni|ca *s.f.* ramo della paleontologia che studia i vegetali fossili.

pa|le|o|cè|ne *s.m.* (*geol.*) primo periodo del paleogene.

pa|le|o|cri|stià|no *agg.* relativo ai primi secoli del cristianesimo.

pa|le|o|e|co|lo|gi|a *s.f.* branca della paleontologia che studia le condizioni ambientali in cui vissero le specie vegetali e animali conosciute in forme fossili.

pa|le|o|gè|ne *s.m.* (*geol.*) primo periodo dell'era cenozoica.

pa|le|o|ge|o|gra|fi|a *s.f.* scienza che studia l'aspetto geografico della Terra nei vari periodi geologici.

pa|le|o|gra|fi|a *s.f.* scienza che studia l'evoluzione delle scritture antiche.

pa|le|o|grà|fi|co *agg.* [m.pl. -*ci*] che riguarda la paleografia.

pa|le|ò|gra|fo *s.m.* [f. -*a*] studioso di paleografia.

pa|le|o|lì|ti|co *s.m.* il periodo più antico della preistoria, caratterizzato dall'uso del fuoco e dalla fabbricazione di armi e utensili in pietra scheggiata: — *inferiore, medio, superiore* ♦ *agg.* [m.pl. -*ci*] relativo a tale periodo | detto di tutto ciò che fa riferimento a tale periodo: *reperti paleolitici*.

pa|le|on|to|lo|gi|a *s.f.* scienza che studia i resti fossili di organismi animali e vegetali.

pa|le|on|to|lò|gi|co *agg.* [m.pl. -*ci*] relativo alla paleontologia.

pa|le|on|tò|lo|go *s.m.* [f. -*a*; m.pl. -*gi*] studioso di paleontologia.

pa|le|o|zòi|co *s.m.* la seconda delle cinque ere geologiche, caratterizzata dalla comparsa delle prime tracce di vita ♦ *agg.* [m.pl. -*ci*] relativo al paleozoico | detto di tutto ciò che fa riferimento a tale periodo: *fauna paleozoica*.

pa|le|o|zo|o|lo|gi|a *s.f.* ramo della paleontologia che studia i resti fossili animali.

pa|ler|mi|tà|no *agg.* di Palermo ♦ *s.m.* [f. -*a*] chi è nato o abita a Palermo.

pa|le|sà|re *v.tr.* [indic.pres. *io palèso...*] (*lett.*) rendere manifesto; svelare: — *le proprie intenzioni* ♦ **-rsi** *rifl.* farsi conoscere; rivelarsi ♦ *intr. pron.* diventare palese, manifestarsi: *si palesarono man mano le difficoltà*.

pa|lé|se *agg.* che appare evidente, manifesto: *è — la sua dimostrazione d'affetto* | che è noto a tutti; conosciuto: *una distinzione —* □ **palesemente** *avv.*

pa|le|sti|né|se *agg.* della Palestina ♦ *s.m./f.* chi è nato o abita in Palestina.

pa|lè|stra *s.f.* **1** ampio locale chiuso e coperto, adeguatamente attrezzato per svolgere esercizi ginnici | (*estens.*) attività sportiva che si pratica in tale locale: *fa — tutti i giorni* **2** (*fig.*) esercizio che rafforza le capacità intellettuali o morali: *lo studio è una — mentale*.

paletot (*fr.*) [pr. *paltò*] *s.m.invar.* cappotto.

pa|lét|ta *s.f.* **1** piccola pala per uso domestico: *la — della spazzatura* | piccola pala usata dai bambini per giocare sulla sabbia: *secchiello, — e formine* **2** disco con manico usato dal capostazione per dare il segnale di partenza al treno o dalla polizia per intimare l'alt a un veicolo **3** (*mecc.*) elemento a forma di pala di un organo rotante **4** (*mus.*) parte terminale del manico di una chitarra; cavigliere.

pa|let|tà|ta *s.f.* **1** quantità di materiale che si può prendere con una paletta in una sola volta **2** colpo dato con una paletta.

pa|lét|to *s.m.* **1** piccolo palo di legno o di metallo che si conficca nel terreno per fissarvi ql.co. o segnalare un tracciato, un percorso **2** chiavistello scorrevole entro guide o anelli che ferma il battente di porte o finestre **3** (*fig.*) punto fermo: *mettere dei paletti*.

pa|li|fi|cà|re *v.tr.* [indic.pres. *io palìfico, tu palìfichi...*] rinforzare con pali: — *un argine*; — *le fondamenta di un edificio* ♦ *intr.* [aus. *A*] piantare pali nel terreno per irrobustirlo.

pa|li|fi|ca|zió|ne *s.f.* **1** l'operazione del palificare **2** (*edil.*) insieme di pali utilizzati per consolidare le fondamenta di edifici **3** insieme dei pali che sorreggono linee aeree elettriche o telefoniche.

pa|li|na *s.f.* **1** asta a strisce bianche e rosse usata nei rilevamenti topografici per individuare un punto **2** paletta che segnala percorsi da seguire, confini e sim. **3** palo di sostegno per linee elettriche e telefoniche.

pa|lìn|dro|mo *agg., s.m.* detto di parola, frase o verso che si possono leggere sia da sinistra che da destra (p.e. *osso*).

pa|lin|gè|ne|si *s.f.* **1** (*filos., relig.*) rinascita dell'uomo dopo la morte o rinnovamento del mondo dopo la sua distruzione | nel cristianesimo, avvento definitivo del regno di Dio **2** (*estens.*) rinnovamento profondo; rinascita.

pa|li|no|dì|a *s.f.* componimento poetico in cui si smentisce ciò che si è affermato in un'opera precedente | (*estens.*) scritto o discorso in cui si ritrattano precedenti affermazioni.

pa|lin|sè|sto *s.m.* **1** in filologia, antico manoscritto su pergamena il cui testo d'origine è stato ricavato e sostituito con un nuovo testo | (*fig., scherz.*) vecchio scritto non facilmente leggibile in quanto pieno di cancellature e correzioni **2** (*tv*) schema delle trasmissioni radiotelevisive programmate da una rete per un dato periodo.

pà|lio *s.m.* in manifestazioni tradizionali di alcune città italiane, drappo dipinto o ricamato dato in premio al vincitore di una gara: *il — di Siena* | (*estens.*) la gara stessa: *vincere il —* | *mettere ql.co. in —*, prometterlo come premio in una gara.

pa|liòt|to *s.m.* paramento decorato a intarsio o a rilievo che ricopre la parte anteriore dell'altare.

pa|lis|sàn|dro *s.m.* legno pregiato di color rosso scuro, compatto e pesante, ricavato da alcuni alberi tropicali, usato in falegnameria e in ebanisteria.

pa|liz|zà|ta *s.f.* serie di pali infissi nel terreno, uno vicino all'altro, come opera di sostegno, riparo o recinzione: *erigere una —*.

pàl|la[1] *s.f.* **1** oggetto, corpo di forma sferica: *una — di neve, di gelato, di vetro* | *pesce —*, pesce che si gonfia come una palla **2** sfera di dimensioni variabili e di diverso materiale, spec. gomma, cuoio, legno, con cui si gioca: *— da biliardo*; *battere la —* | il pallone nel gioco del calcio: *— al centro* | (*fig.*) **prendere la — al balzo**, cogliere l'occasione propizia **3** (*estens.*) gioco che si svolge con una palla: — *prigioniera* | azione di gioco: *giocare la — giusta* **4** grossa sfera di piombo o ferro che un tempo si legava al piede dei carcerati | (*fig.*) **essere una — al piede**, essere di ostacolo, d'intralcio **5** proiettile sferico impiegato un tempo in artiglieria: *— da cannone* | qualunque proiettile di armi da fuoco; pallottola: *— di fucile* **6** (*arald.*) figura formata da un insieme di sfere collocate sullo scudo **7** (*pop.*) frottola: *non raccontare palle* **8** (*spec.pl., volg.*) testicolo | (*fig.*) **rompere le palle**, infastidire | **essere una —**, detto di cosa o persona, essere fastidioso | **che palle!**, esclamazione di fastidio, noia.

pàl|la[2] *s.f.* **1** (*st.*) ampia sopravveste indossata dalle matrone romane **2** (*lit.*) piccolo quadrato di lino bianco che copre il calice durante la messa.

pal|la|ca|nè|stro *s.f. solo sing.* sport in cui due squadre, composte da cinque giocatori ciascuna, cercano di lanciare con le mani la palla nel canestro avversario.

pal|la|còr|da *s.f. solo sing.* antico gioco di origine italiana, da cui è derivato il tennis, che consisteva nel lanciare una palla nel campo avversario con la mano o una specie di racchetta, facendole superare una corda tesa.

pal|là|dio[1] *s.m.* statua raffigurante la dea Pallade Atena, per gli antichi Greci protettrice della casa e della città che la veneravà ♦ *agg.* (*lett.*) di Pallade Atena | sacro a Pallade Atena.

pal|là|dio[2] *s.m.* elemento chimico, metallo nobile simile al platino (*simb.* Pd).

pal|la|mà|glio *s.m./f. solo sing.* antico gioco, da cui è derivato il golf, che consisteva nel colpire una palla con una mazza di legno per farle compiere un determinato percorso.

pal|la|mà|no *s.f. solo sing.* sport simile al calcio in cui la palla può essere toccata solo con le mani da due squadre composte da sette giocatori.

pal|la|nuo|tì|sta *s.m./f.* [m.pl. *-i*] chi pratica la pallanuoto.

pal|la|nuò|to *s.f. solo sing.* sport praticato in acqua tra due squadre, composte da sette giocatori ciascuna, che cercano di lanciare la palla con le mani nella porta avversaria.

pal|la|vo|lì|sta *s.m./f.* [m.pl. *-i*] chi pratica la pallavolo.

pal|la|vó|lo *s.f. solo sing.* sport praticato da due squadre, composte da sei giocatori ciascuna, che devono rinviarsi con le mani la palla facendola passare sopra una rete collocata sulla linea centrale di un campo.

pal|leg|gia|mén|to *s.m.* **1** l'atto del palleggiare **2** (*fig.*) passaggio, scambio: *— di responsabilità*.

pal|leg|già|re *v.intr.* [indic.pres. *io palléggio...*; aus. *A*] **1** far saltare una palla più volte facendola rimbalzare a terra | giocare con la palla lanciandola e riprendendola: *— di testa, di piede*; *— contro un muro* **2** detto di due o più giocatori, lanciarsi e rilanciarsi la palla per allenamento prima di una partita ♦ *tr.* far passare più volte un oggetto da una mano all'altra: *una lancia* ♦ **-rsi** *rifl.rec.* **1** ricevere e rinviare ql.co. da una persona all'altra: *— un frutto* **2** (*fig.*) attribuirsi

palleggiatore

l'un l'altro: *si palleggiarono la responsabilità dell'accaduto*.

pal|leg|gia|tó|re *s.m.* [f. *-trice*] giocatore particolarmente abile nel palleggio.

pal|lég|gio *s.m.* **1** esercizio del palleggiare | modo in cui si palleggia **2** (*fig.*) scambio: *il — degli insulti*.

pallet (*ingl.*) [pr. *pàlit*] *s.m.invar.* (*tecn.*) piattaforma rigida sollevabile con carrelli elevatori, sulla quale si impilano merci imballate.

pal|let|tó|ne *s.m.* grosso pallino per fucili da caccia.

pal|lia|ta *s.f.* nel teatro latino, commedia in cui gli attori recitavano indossando il pallio.

pal|lia|ti|vo *agg.*, *s.m.* **1** (*med.*) detto di medicamento che attenua i sintomi di una malattia, senza guarirne le cause **2** (*fig.*) detto di rimedio che attenua gli effetti di una situazione negativa, senza risolverne le cause: *soluzioni palliative per risolvere la crisi economica*.

pal|li|déz|za *s.f.* (*raro*) pallore.

pal|li|dic|cio *agg.* alquanto pallido.

pàl|li|do *agg.* **1** senza colorito; smorto: *viso —* | *— come un morto*, pallidissimo **2** (*estens.*) tenue: *verde —* **3** (*fig.*) evanescente: *un — ricordo* | *non avere la più pallida idea di ql.co.*, non saperne nulla □ **pallidamente** *avv.*

pal|li|na *s.f.* **1** qualsiasi piccola palla usata in sport o giochi particolari: *— da golf, da tennis* **2** piccola palla di terracotta o di vetro con cui giocano i bambini; bilia **3** porzione di alimento di forma tondeggiante: *una — di gelato*.

pal|li|no *s.m.* **1** nel gioco del biliardo e delle bocce, la palla più piccola; boccino **2** (*fig.*) piccola mania: *il — di recitare* | inclinazione naturale; attitudine: *ha il — della storia* **3** (*spec.pl.*) ognuna delle sferette di piombo con cui vengono caricate le cartucce da caccia **4** (*pl.*) dischetti di varia grandezza stampati su stoffa; pois: *camicetta verde a pallini gialli*.

pàl|lio *s.m.* **1** mantello che gli antichi Greci e Romani portavano avvolto sopra la tunica **2** (*lit.*) stola di lana bianca con due strisce pendenti frangiate portata dal Papa, dai patriarchi e dagli arcivescovi nelle funzioni solenni **3** (*anat.*) nei Mammiferi, parte del telencefalo che costituisce la corteccia degli emisferi cerebrali.

pal|lo|nà|io o (*region.*) **pallonàro** *s.m.* [f. *-a*] **1** chi fabbrica o vende palloni **2** (*scherz.*) chi racconta fandonie.

pal|lo|nà|ta *s.f.* **1** colpo di pallone (*fig., fam.*) esagerazione, frottola.

pal|lon|ci|no *s.m.* **1** involucro elastico di gomma colorata, gonfiato con aria o gas più leggeri e legato a un filo, con cui giocano i bambini **2** (*aer.*) camera d'aria degli aerostati **3** lampioncino di carta **4** (*fam.*) etilometro.

pal|ló|ne *s.m.* **1** grossa palla di gomma o di cuoio, di varia forma, usata per diversi giochi: *— da rugby, da calcio, da basket* | (*fig., fam.*) *essere, andare nel —*, essere, andare mentalmente in confusione | *— gonfiato*, persona boriosa ma senza qualità **2** (*estens., per anton.*) gioco del calcio: *una partita di —* **3** (*aer.*) aerostato privo di motore | *— frenato*, quello ancorato a terra per mezzo di funi | *— sonda*, quello usato per ricognizioni militari o per esplorare gli strati superiori dell'atmosfera **4** (*chim.*) recipiente sferico di vetro usato nei laboratori chimici.

pal|lo|nét|to *s.m.* negli sport con la palla, tiro eseguito in modo da imprimere alla palla una traiettoria molto alta che scavalca l'avversario.

pal|ló|re *s.m.* colore pallido, spec. del volto.

pal|ló|so *agg.* (*gerg.*) noioso, sopportabile a fatica: *un libro —*; *è un tipo —*.

pal|lòt|to|la *s.f.* **1** pallina di legno, metallo o altro materiale solido **2** proiettile per armi da fuoco portatili.

pal|lot|to|liè|re *s.m.* strumento formato da un telaio che sostiene dieci file di dieci pallottole variamente colorate, usato per insegnare ai bambini semplici operazioni aritmetiche.

pàl|ma¹ *s.f.* parte interna della mano; palmo | (*fig.*) *portare, tenere qlcu. in — di mano*, stimarlo molto, tenerlo in grande considerazione.

pàl|ma² *s.f.* **1** pianta con fusto a colonna sormontato da un pennacchio di foglie: *— da cocco, da datteri* **2** (*lit.*) ramo di palma o di ulivo benedetto distribuito ai fedeli nella domenica delle Palme **3** ghirlanda o ramo di palma che gli antichi Greci e Romani assegnavano in segno di vittoria | (*estens., fig.*) premio, vittoria: *ottenere la —* | *del martirio*, gloria acquistata con il sacrificio.

Pal|mà|ce|e *s.f.pl.* famiglia di piante di cui fanno parte le palme.

pal|mà|re *agg.* **1** (*anat.*) della palma della mano: *muscolo —* | *che può stare nel palmo della mano: computer —* **2** (*fig.*) chiaro, evidente, ovvio: *una verità —*.

palmarès (*fr.*) *s.m.invar.* **1** classifica dei vincitori di una gara, un festival, un concorso e sim. **2** (*estens.*) elenco dei premi e dei riconoscimenti conquistati nel corso di una carriera: *un attore con un prestigioso —*.

pal|mà|to *agg.* che ha la forma del palmo | *foglia palmata*, quella composta da fogliolione disposte a ventaglio | (*zool.*) *piede —*, quello con le dita unite da una membrana, proprio dei palmipedi.

pal|mén|to *s.m.* **1** ciascuna delle macine del mulino | luogo in cui sono collocate le macine, l'attrezzatura del mulino | (*fig.*) *mangiare a quattro palmenti*, mangiare con ingordigia **2** vasca larga per la pigiatura dell'uva.

pal|mé|to *s.m.* piantagione di palme.

pal|mì|pe|de *agg.*, *s.m.* detto di uccello nuotatore dotato di piedi palmati.

pal|mì|zio *s.m.* **1** albero della palma **2** (*lit.*) ramo di palma o di ulivo che viene benedetto la domenica delle Palme.

pàl|mo *s.m.* **1** distanza che intercorre tra l'estremità del pollice e quella del mignolo, misurata con la mano aperta e distesa: *un — di neve* | (*iperb.*) grandezza minima: *vive in un — di terra* | *restare con un — di naso*, rimanere deluso o sorpreso | *a — a —*, a poco a poco; (*fig.*) in ogni particolare: *conosco la zona — a —* **2** (*region.*) la palma della mano.

pà|lo *s.m.* **1** (*edil.*) cilindro di legno, acciaio o cemento armato conficcato interamente nel terreno a scopo di sostegno di altre strutture: — *di fondazione* **2** qualunque asta di legno o di altro materiale rigido conficcata parzialmente nel terreno: *pali delle recinzione* | (*estens.*) traliccio in acciaio che sostiene linee elettriche: *i pali dell'alta tensione* **3** (*sport*) nel campo di calcio, di rugby ecc., ognuno dei due sostegni della traversa che delimitano la porta | — *di partenza, d'arrivo*, nell'ippica, quelli che indicano l'inizio e la fine del percorso | *restare al* —, non partire; (*fig.*) perdere un'occasione **4** (*gerg.*) chi vigila mentre i complici compiono un furto.

pa|lóm|ba *s.f.* (*region.*) colomba.

pa|lom|bà|ro *s.m.* chi esegue lavori sott'acqua munito di scafandro.

pa|lóm|bo *s.m.* **1** colombo selvatico **2** squalo di piccole dimensioni presente nel Mediterraneo.

pal|pà|bi|le *agg.* 1 che si può palpare, toccare con mano **2** (*fig.*) evidente, palese: *errore —*.

pal|pa|bi|li|tà *s.f.* caratteristica di ciò che è palpabile.

pal|pà|re *v.tr.* **1** toccare, tastare con le mani **2** (*med.*) eseguire la palpazione.

pal|pà|ta *s.f.* l'atto del palpare | un toccare insistito, spec. con intenzioni erotiche.

pal|pa|zió|ne *s.f.* **1** (*raro*) l'atto del palpare **2** (*med.*) esame di un organo o di alcune parti del corpo effettuato con le mani a scopo diagnostico.

pàl|pe|bra *s.f.* (*anat.*) ciascuna delle due pieghe cutanee che proteggono l'occhio.

pal|pe|brà|le *agg.* (*anat.*) della palpebra.

pal|peg|già|re *v.tr.* [indic.pres. *io palpéggio*...] palpare ripetutamente e a lungo, senza premere in modo eccessivo.

pal|pi|tàn|te *part.pres.* di palpitare ♦ *agg.* **1** che palpita; che rivela un moto di vita: *membra ancora palpitanti* | (*estens.*) che è in stato di intensa emozione: *cuore — di felicità* **2** (*fig.*) appassionato, trepidante: *donna — d'amore* | che provoca grande interesse: *notizia di — attualità*.

pal|pi|tà|re *v.intr.* [indic.pres. *io pàlpito*...; aus. *A*] **1** battere con ritmo frequente e irregolare; sussultare: *cuore che palpita d'angoscia* **2** (*estens.*) essere scosso da un'emozione intensa: *— di paura* | (*fig.*) essere preso da un fremente sentimento: *— di desiderio per qlcu*.

pal|pi|ta|zió|ne *s.f.* **1** (*med.*) aumento della frequenza dei battiti cardiaci con sensazione di costrizione **2** (*fig.*) viva emozione, agitazione.

pal|pi|ti|o *s.m.* (*lett.*) un palpitare rapido e intenso.

pàl|pi|to *s.m.* **1** pulsazione, battito del cuore **2** (*fig.*) agitazione dovuta a emozioni o sentimenti intensi: *palpiti d'ansia*.

pal|tò *s.m.* cappotto da uomo o da donna.

pal|ton|ci|no *s.m.* cappotto per bambini | soprabito per signora.

pa|lu|da|mén|to *s.m.* **1** nell'antica Roma, mantello corto portato dai generali in occasioni solenni **2** (*estens.*) veste ampia e regale | (*spreg.*) abito vistoso e di cattivo gusto **3** (*fig.*) abbellimento stilistico sovrabbondante: *prosa ricca di paludamenti*.

pa|lu|dà|re *v.tr.* (*raro*) **1** rivestire, coprire di paludamenti **2** (*fig.*) infarcire di fronzoli ♦ *-rsi rifl.* (*fam.*) vestirsi in modo ricercato e vistoso.

pa|lu|dà|to *part.pass.* di paludare ♦ *agg.* **1** rivestito di paludamenti **2** (*fig.*) ampolloso, solenne: *linguaggio, stile —*.

pa|lù|de *s.f.* terreno con acque stagnanti; acquitrino.

pa|lu|dó|so *agg.* ricco di paludi, acquitrinoso: *pianura paludosa*.

pa|lù|stre *agg.* di palude: *uccello —; vegetazione —*.

pampa (*sp.*) *s.f.* [pl. *pampas*] vasta prateria caratteristica dell'Argentina.

pamphlet (*fr.*) [pr. *pamflé*] *s.m.invar.* breve scritto di contenuto polemico o satirico; libello.

pàm|pi|no *s.m.* foglia della vite.

pan- primo elemento di parole composte che significa "tutto" (*panteismo*).

pa|na|cè|a *s.f.* **1** (*lett.*) pianta medicinale a cui i Greci e i Latini attribuivano virtù curative **2** (*estens.*) rimedio che guarisce tutti i mali.

pa|na|fri|cà|no *agg.* (*polit.*) che riguarda il continente africano e tutti i suoi popoli: *congresso —*.

pà|na|ma *s.m.invar.* cappello estivo maschile fatto con una speciale paglia americana.

pa|na|mèn|se *agg.* di Panama, città e Stato dell'America centrale ♦ *s.m./f.* chi è nato o abita nella città o nello Stato di Panama.

pa|na|me|ri|cà|no *agg.* che riguarda tutti gli Stati delle Americhe.

pa|na|ra|bi|smo *s.m.* movimento ideologico e politico che mira a promuovere l'unificazione di tutti i popoli arabi.

pa|nà|ra|bo *agg.* che riguarda tutti i popoli arabi | che riguarda il panarabismo.

pa|nà|re *v.tr.* impanare: *— il pesce*.

pa|na|sià|ti|co *agg.* [m.pl. *-ci*] che riguarda il continente asiatico e tutti i suoi popoli.

pàn|ca *s.f.* sedile rustico di legno per più persone, gener. senza spalliera e senza braccioli.

pancake (*ingl.*) [pr. *pankèik*] *s.m.invar.* **1** (*gastr.*) frittella dolce o salata tipica dei paesi anglosassoni **2** cosmetico che si stende sul viso per dare un colore uniforme alla pelle; fondotinta.

pan|car|ré *s.m.* pane in cassetta usato per fare toast e tramezzini.

pan|cét|ta *s.f.* **1** (*gastr.*) lardo striato del ventre del suino, usato come condimento o come affettato: *— affumicata* **2** (*fam., scherz.*) pancia lievemente prominente: *ha messo su la —*.

pan|chét|to *s.m.* o **panchétta** *s.f.* sgabello per sedersi o appoggiare i piedi.

pan|chi|na *s.f.* sedile per più persone in pietra, legno o ferro, spec. provvisto di schienale, collocato in giardini e parchi | (*fig., sport*) **sedere in** —, essere l'allenatore di una squadra di calcio; essere una riserva.

pàn|cia *s.f.* [pl. *-ce*] **1** (*fam.*) di uomini e anima-

panciata

li, ventre, addome | *essere a — piena, vuota*, aver mangiato con sazietà, essere digiuno | (*fig.*) *grattarsi la —*, oziare | *starsene a — all'aria*, stare disteso; (*fig.*) oziare **2** (*estens.*) addome ingrossato per gravidanza, obesità o altre ragioni **3** (*fig.*) parte centrale e tondeggiante di contenitori e sim.: *la — del fiasco*.

pan|cià|ta *s.f.* urto dato con la pancia, spec. contro la superficie dell'acqua.

pan|ciè|ra *s.f.* **1** fascia di lana o di tessuto elastico che si mette sull'addome per tenerlo caldo o per sostenerlo **2** (*st.*) parte dell'armatura che proteggeva la pancia.

pan|ciòl|le *avv.* solo nella loc. (*scherz.*) *in —*, con la pancia all'aria; in ozio: *stare tutto il giorno in —*.

pan|ció|ne *s.m.* (*fam.*) **1** rigonfiamento del ventre della donna gravida **2** [f. *-a*] persona che ha una pancia prominente; grassone.

pan|ciòt|to *s.m.* corpetto senza maniche che si porta sopra la camicia; gilè.

pan|ciù|to *agg.* **1** (*fam.*) che ha una grossa pancia: *uomo —* **2** (*estens.*) detto di oggetto che presenta un rigonfiamento: *vaso —*.

pan|có|ne *s.m.* **1** (*edil.*) grossa asse di legno impiegata spec. nella costruzione di sbarramenti mobili e di ponti **2** strato di terreno duro, compatto e impermeabile che si trova a diverse profondità.

pan|còt|to *s.m.* (*gastr.*) zuppa di pane bollito, condita con vari ingredienti, spec. sale, burro e formaggio grattugiato.

pàn|cre|as *s.m.invar.* (*anat.*) ghiandola addominale che produce il succo pancreatico e l'insulina.

pan|cre|à|ti|co *agg.* [m.pl. *-ci*] (*anat.*) del pancreas | *succo —*, liquido ricco di fermenti digestivi.

pan|cre|a|ti|na *s.f.* **1** (*chim.*, *biol.*) ormone prodotto dalla mucosa duodenale che attiva la secrezione pancreatica **2** (*farm.*) sostanza usata nella cura delle insufficienze digestive.

pan|cre|a|ti|te *s.f.* (*med.*) processo infiammatorio del pancreas.

pan|cri|stià|no *agg.* detto di movimento inteso a ricostruire l'unità delle chiese cristiane.

pan|cro|mà|ti|co *agg.* [m.pl. *-ci*] (*foto.*) detto di pellicola sensibile a tutte le tonalità di colore.

pàn|da *s.m.invar.* nome di due mammiferi carnivori dell'Asia | *— minore*, quello grosso come un cane di media taglia, con pelo fulvo e coda larga | *— gigante*, quello grosso come un orso, con un folto mantello bianco e nero e coda brevissima.

pan|de|mì|a *s.f.* (*med.*) epidemia a vastissima diffusione.

pan|dè|mi|co *agg.* [m.pl. *-ci*] (*med.*) di pandemia | che ha carattere di pandemia: *influenza pandemica*.

pan|de|mò|nio *s.m.* frastuono, grande confusione.

pan|dèt|te *s.f.pl.* (*dir.*) **1** parte del digesto dell'imperatore Giustiniano nel sec. VI **2** (*estens.*) raccolta di leggi.

pan|di|spà|gna o **pan di Spàgna** *s.m.invar.* (*gastr.*) torta preparata con uova, burro, zucchero e farina, usata gener. come base per dolci più elaborati.

pandit (*hindi*) *s.m.invar.* in India, titolo attribuito a un uomo di elevato livello culturale, appartenente alle caste superiori.

pan|dól|ce *s.m.* (*gastr.*) dolce natalizio simile al panettone, tipico di Genova.

pan|dò|ro *s.m.* (*gastr.*) dolce molto lievitato, preparato con zucchero, uova, burro e farina, tipico di Verona.

pà|ne[1] *s.m.* **1** alimento costituito da un impasto di acqua, farina, sale, lievitato e cotto al forno | *— bianco*, quello preparato con farina di frumento | *— nero, integrale*, quello preparato con farina che contiene crusca | (*fig.*) *trovare — per i propri denti*, trovare un avversario o un ostacolo molto duro | *buono come il —*, molto mite | *dire — al —, vino al vino*, parlare in modo chiaro **2** ciascuna delle forme di pasta lievitata cotte al forno | *moltiplicazione dei pani*, quella realizzata miracolosamente da Gesù, secondo il racconto dei Vangeli **3** (*estens.*) mezzo di sostentamento: *guadagnarsi il —* **4** (*fig.*) cibo spirituale: *la poesia è il — dell'anima* **5** (*fig.*) attività con cui si ha grande dimestichezza: *il nuoto è il mio —* **6** pezzo di sostanze confezionate in forma di parallelepipedo: *un — di piombo, di burro* **7** (*agr.*) blocco di terra lasciato attorno alle radici di piante da trapiantare **8** (*bot.*) *albero del —*, pianta delle Indie orientali che produce frutti commestibili ricchi di amido.

pà|ne[2] *s.m.* (*mecc.*) filetto della vite.

pa|ne|gì|ri|co *s.m.* [pl. *-ci*] **1** nella letteratura classica, discorso elogiativo o celebrativo | nella letteratura cristiana, discorso o scritto in lode di un santo **2** (*fig.*) lode esagerata; esaltazione: *fare il — di qlcu*.

panel (*ingl.*) *s.m.invar.* **1** nei sondaggi, campione rappresentativo di un insieme di persone a cui si fa riferimento nella raccolta di informazioni statistiche; si usa nello studio dell'evoluzione di un elemento **2** riunione di esperti che discutono su problemi di tipo economico, sociale, politico.

pa|nel|lè|ni|co *agg.* [m.pl. *-ci*] che riguarda la Grecia classica nel suo insieme.

pa|nel|le|nì|smo *s.m.* (*st.*) movimento politico sorto alla fine del sec. XVIII, che mirava a riunire tutti i popoli greci.

pa|nèl|lo *s.m.* residuo solido derivante dalla spremitura di semi oleosi, utilizzato come alimento per il bestiame.

pa|net|ta|trì|ce *s.f.* nei caseifici, macchina che confeziona il burro in pani di forma e peso determinati.

pa|net|te|rì|a *s.f.* luogo in cui si produce o si vende il pane.

pa|net|tiè|re *s.m.* [f. *-a*] **1** chi fa o vende il pane; fornaio **2** chi lavora in un panificio.

pa|nét|to *s.m.* pane di burro o di altra sostanza.

pa|net|tó|ne *s.m.* (*gastr.*) dolce natalizio tipico

di Milano, dalla forma a cupola, a base di uova, farina, zucchero, lievito, burro e canditi.
pa|neu|ro|pè|o *agg.* che riguarda l'Europa nel suo complesso e tutti gli europei.
pàn|fi|lo *s.m.* (*mar.*) **1** grossa imbarcazione da diporto, a motore o a vela; yacht **2** imbarcazione militare a remi o a vela, di stazza inferiore alla galea, che si usava nel Mediterraneo nei secc. XIV-XV.
pan|for|te *s.m.* (*gastr.*) dolce di forma piatta e rotonda a base di farina, miele, nocciole, mandorle e canditi, tipico di Siena.
pan|ger|ma|né|si|mo o **pangermanismo** *s.m.* movimento politico mirante a riunire tutti i popoli di lingua tedesca.
pan|giàl|lo o **pan giàllo** *s.m.* (*gastr.*) dolce natalizio tipico di Roma, a base di farina di granturco, uva passa, mandorle, nocciole, noci e pinoli, tipico di Roma.
pan|go|li|no *s.m.* mammifero insettivoro africano e asiatico, con corpo ricoperto da grosse squame, dotato di arti brevi e di coda lunghissima; in caso di pericolo si appallottola.
pan|grat|tà|to o **pan grattàto** *s.m.* pane raffermo grattugiato, usato spec. per impanare le vivande.
pà|nia *s.f.* **1** sostanza collosa estratta dalle bacche del vischio, usata per catturare piccoli uccelli **2** (*fig.*) lusinga, raggiro: *cadere nella —*.
pa|ni|ca|tu|ra *s.f.* (*vet.*) infestazione di carni bovine e suine da parte di larve, visibili sotto forma di puntini bianchi.
pà|ni|co¹ *agg.* [m.pl. -ci] **1** (*mit.*) del dio Pan | detto di paura improvvisa e incontrollabile, provocata secondo gli antichi dalla presenza di tale dio: *timor —* **2** (*lett.*) relativo alla natura intesa come forza creatrice: *poesia panica* ♦ *s.m.* terrore improvviso e irrefrenabile.
pa|ni|co² *s.m.* [pl. -chi] pianta erbacea i cui semi vengono impiegati nell'alimentazione degli uccelli.
pa|ni|col|là|to *agg.* (*bot.*) a forma di pannocchia.
pa|nie|ra *s.f.* cesta di vimini a due manici, larga e bassa.
pa|nie|rà|ta *s.f.* quantità di oggetti che stanno in un paniere.
pa|nie|re *s.m.* **1** cesto di vimini fornito di manico arcuato che consente di infilarvi il braccio | il contenuto di tale cesto: *un — di funghi* | (*fig.*) *rompere le uova nel —*, mandare all'aria i progetti altrui **2** (*econ.*) insieme di beni di largo consumo in base ai quali si calcolano le variazioni del costo della vita.
pa|nie|ri|no *s.m.* cestino coperto usato dai bambini per portare a scuola la merenda.
pa|ni|fi|cà|re *v.tr.* [indic.pres. *io panifico, tu panifichi...*] utilizzare per la lavorazione del pane: *— la farina* ♦ *intr.* [aus. A] produrre il pane: *i fornai oggi non panificano.*
pa|ni|fi|ca|zió|ne *s.f.* processo di lavorazione del pane.
pa|ni|fi|cio *s.m.* **1** stabilimento in cui si fa il pane **2** negozio per la vendita del pane, fornito di un forno per la panificazione | (*estens.*) panetteria.
pa|ni|fòr|te *s.m.* pannello formato da listelli di legno incollati e successivamente rivestiti da due fogli di compensato.
pa|ni|ne|rì|a *s.f.* paninoteca.
pa|ni|no *s.m.* piccolo pane di forma rotonda, di pasta dolce o salata | *— imbottito*, panino tagliato a metà e riempito con salame, prosciutto o altro.
pa|ni|no|tè|ca *s.f.* locale pubblico con grande assortimento di panini imbottiti, tramezzini e sim.
pa|ni|slà|mi|smo *s.m.* movimento politico-religioso che tende a riunire tutti i popoli islamici.
pa|ni|smo *s.m.* (*lett.*) spirito di comunione dell'uomo con la natura.
pàn|na¹ *s.f.* la parte più grassa del latte, che si condensa in superficie; crema | *— montata*, quella sbattuta fino a farle assumere una consistenza soffice, compatta e schiumosa.
pàn|na¹ *s.f.* (*mar.*) orientamento delle vele in linea con la direzione del vento per arrestare il moto della nave | (*estens.*) condizione di un'imbarcazione ferma, per mancanza di vento o per il particolare orientamento delle vele.
panne (*fr.*) [pr. *pan*] *s.f.invar.* arresto di un autoveicolo causato da un guasto al motore: *restare in —*.
pan|neg|gia|mén|to *s.m.* panneggio.
pan|neg|già|re *v.intr.* [indic.pres. *io pannéggio...*; aus. A] disporre un tessuto in modo tale che formi pieghe armoniose | in scultura e pittura, rappresentare le pieghe delle vesti ♦ *s.m.* panneggio.
pan|nég|gio *s.m.* insieme di pieghe di un tessuto disposte in modo armonioso; drappeggio | in scultura e pittura, rappresentazione delle pieghe delle vesti.
pan|nèl|lo *s.m.* **1** (*raro*) panno sottile, di tessuto leggero **2** elemento piano, racchiuso in un telaio portante, che funge da copertura, rivestimento, protezione od ornamento: *— isolante*; *— di un armadio* **3** quadro dei comandi di un apparecchiatura: *— di controllo* **4** (*tecn.*) *— solare*, dispositivo che assorbe i raggi solari e li utilizza per produrre energia elettrica **5** (*edil.*) elemento murario prefabbricato utilizzato nella costruzione dei tramezzi.
pan|ni|cèl|lo *s.m.* piccolo pezzo di tela usato per impacchi | (*fig.*) *pannicelli caldi*, rimedi inefficaci, palliativi.
pan|ni|co|lo *s.m.* (*anat.*) membrana | *— adiposo*, accumulo di grasso sotto la cute.
pàn|no *s.m.* **1** pezzo di tessuto di lana cardata: *cappotto di —* | (*estens.*) qualunque tessuto grosso, pesante: *il — del biliardo* **2** pezzo di tessuto destinato a vari usi specifici: *— da stiro*, *per lucidare i pavimenti* | *essere bianco come un — lavato*, essere pallidissimo **3** (*pl.*) indumenti, vestiti: *panni invernali* | (*fig.*) *tagliare i panni addosso a qlcu.*, criticarlo, parlarne male | *mettersi nei panni di qlcu.*, calarsi idealmente nella sua situazione |

pannocchia

(*prov.*) *i panni sporchi si lavano in famiglia*, i fatti privati devono restare segreti.
pan|nòc|chia *s.f.* **1** (*bot.*) infiorescenza a grappolo, ricca di ramificazioni **2** spiga di mais, di miglio.
pan|no|grà|fi|co *agg. solo nella loc. lavagna pannografica*, pannello su cui si possono applicare figure ritagliate, usato come sussidio didattico.
pan|no|lèn|ci® *s.m.* [pl.invar. o *pannilenci*] panno morbido e compatto, di vivaci colori, usato per vesti di bambole, patchwork, fiori finti.
pan|no|li|no *s.m.* pezzo di lino o di cotone usato un tempo dalle donne nel periodo mestruale | pezzuola di materiale assorbente usata per i neonati.
pan|no|ló|ne *s.m.* assorbente igienico in vari materiali usato per l'igiene intima degli anziani che soffrono di incontinenza.
pa|nò|plia *s.f.* **1** armatura di un guerriero **2** trofeo d'armi che si appende al muro.
pa|no|rà|ma *s.m.* [pl. *-i*] **1** il paesaggio per come si offre alla vista; veduta: *ammirare il —* **2** (*fig.*) descrizione, rassegna degli elementi, dei caratteri di un determinato periodo storico, culturale e sim.: *il — degli eventi storici europei del Novecento* | (*estens.*) quadro d'insieme di un fenomeno complesso: *il — dell'attuale situazione politica* **3** (*teat.*) fondale semicircolare che dà l'illusione del cielo.
pa|no|rà|mi|ca *s.f.* **1** veduta d'insieme | (*fig.*) resoconto sommario di un fenomeno: *fammi la — della situazione* **2** fotografia di un paesaggio molto esteso **3** ripresa televisiva o cinematografica effettuata facendo ruotare la macchina da presa **4** strada panoramica **5** (*med.*) in odontoiatria, radiografia completa delle arcate dentarie.
pa|no|rà|mi|co *agg.* [m.pl. *-ci*] **1** che consente di vedere un ampio paesaggio: *terrazza panoramica* | (*cine.*) **schermo —**, schermo molto largo **2** (*fig.*) che mira a dare una visione complessiva e sintetica di un fenomeno: *esame — dei fatti*.
pan|pe|pà|to o **pan pepàto** *s.m.* (*gastr.*) dolce a forma di focaccia o ciambella, prodotto in varie regioni italiane, preparato con zucchero, farina, miele, pepe, mandorle e canditi.
pan|sé *s.f.* viola del pensiero.
pan|ta|col|lànt [pr. *pantakollàn*] *s.m.pl.* pantalone femminile elasticizzato e molto aderente, talvolta provvisto di sottopiede.
pan|ta|gruè|li|co *agg.* [m.pl. *-ci*] (*lett.*) **1** degno di Pantagruel, detto spec. di pranzo ricco di cibo e bevande | *fame pantagruelica*, fame insaziabile **2** (*fig., raro*) gigantesco, enorme.
pan|ta|làs|si|co *agg.* [m.pl. *-ci*] (*biol.*) detto di organismo marino che vive sia sotto costa sia al largo.
pan|ta|lo|nà|io *s.m.* [f. *-a*] lavorante di sartoria che confeziona pantaloni.
pan|ta|ló|ne *s.m. spec.pl.* calzone | (*fig., fam.*) *portare i pantaloni*, avere un ruolo dominante in famiglia: *in alcune case è la moglie che porta i pantaloni* | *gonna —*, gonna sportiva costituita da un largo pantalone corto al ginocchio.
pan|ta|no *s.m.* **1** terreno coperto da acqua stagnante | (*estens.*) fango **2** (*fig.*) intrigo, imbroglio.
pan|ta|nó|so *agg.* pieno di fango e di acqua; melmoso: *terreno —*.
pan|te|dé|sco *agg.* [m.pl. *-schi*] che riguarda tutti i popoli di lingua e cultura tedesche.
pan|te|gà|na *s.f.* (*region.*) grosso topo di fogna.
pan|te|i|smo *s.m.* dottrina filosofico-religiosa che identifica tutta la realtà con Dio.
pan|te|i|sta *s.m./f.* [m.pl. *-i*] sostenitore del panteismo.
pan|te|i|sti|co *agg.* [m.pl. *-ci*] relativo al panteismo, ai panteisti.
pan|tè|ra *s.f.* **1** leopardo asiatico: *— nera* | (*fig.*) donna sinuosa, sensuale **2** (*gerg.*) automobile usata dalle pattuglie volanti della polizia **3** (*st.*) *Pantere nere*, movimento rivoluzionario sviluppatosi in America dopo il 1966, che mirava a rivendicare anche con mezzi violenti un maggior potere politico ed economico dei neri.
pàn|the|on *s.m.invar.* **1** nella religione greco-romana, tempio dedicato al culto di tutte le divinità | (*estens.*) l'insieme delle divinità di una religione politeistica **2** tempio in cui sono sepolti i re e i personaggi illustri di una nazione.
pàn|to- primo elemento di parole composte che significa "tutto", "ogni cosa" (*pantocratore*).
pan|to|cra|to|re *agg., s.m.* (*lett.*) che, chi è onnipotente, spec. in riferimento a divinità greche: *Giove —* | *Cristo —*, nell'iconografia orientale, immagine di Cristo benedicente posta nelle chiese bizantine o ispirata all'arte bizantina.
pan|to|fo|bi|a *s.f.* (*psicol.*) timore morboso di tutto, tipico di gravi disturbi psichici.
pan|tò|fo|la *s.f.* morbida calzatura da casa, in pelle o in tessuto | (*fig.*) *mettersi in pantofole*, condurre una vita senza ambizioni, poco attiva.
pan|to|fo|là|io *s.m.* [f. *-a*] **1** chi fabbrica o vende pantofole **2** (*fig., scherz., spreg.*) chi ama il quieto vivere, spec. per pigrizia ♦ *agg.* inattivo, rinunciatario.
pan|to|gra|fi|sta *s.m./f.* [m.pl. *-i*] tecnico che esegue lavori di incisione su metallo o vetro con il pantografo.
pan|tò|gra|fo *s.m.* **1** (*tecn.*) strumento che serve a copiare disegni in varie scale di grandezza, costituito da un parallelogramma deformabile articolato in quattro aste **2** in tipografia, strumento che, partendo da un originale, disegna e incide nelle varie grandezze le matrici dei caratteri di stampa **3** dispositivo collocato sul tetto di locomotori che trasmette la corrente elettrica da fili aerei.
pan|to|mì|ma *s.f.* **1** rappresentazione teatrale affidata solo alla mimica **2** (*estens.*) comunicazione a gesti, fatta spec. di nascosto **3** (*fig.*) messinscena: *non continuare con questa —!*
pan|to|mì|mo *s.m.* **1** pantomima **2** [f. *-a*] attore che esegue una pantomima.
pants (*ingl.*) [pr. *pents*] *s.m.pl.* pantaloni corti, spec. da donna.

pan|zà|na *s.f.* frottola, fandonia: *non raccontare panzane.*
pan|za|nèl|la *s.f.* (*gastr.*) pane raffermo bagnato e condito con olio, aceto, pomodoro, cipolla, basilico; è un piatto rustico dell'Italia centromeridionale.
pan|za|ròt|to o **panzeròtto** *s.m.* (*gastr.*) grosso raviolo farcito con prosciutto, formaggio, uova e altri ingredienti, fritto in olio; è una specialità pugliese.
panzer (*ted.*) *s.m.invar.* **1** carro armato **2** (*fig., scherz.*) persona decisa che mira dritto allo scopo, travolgendo ogni ostacolo che incontra.
pan|ze|ròt|to *s.m.* → **panzarotto**.
pa|o|li|no *agg.* relativo all'apostolo Paolo | relativo a un Papa di nome Paolo: *lettere paoline.*
pa|o|nàz|zo *agg.* di colore rosso-violaceo: *il viso gli diventò — per l'emozione* ♦ *s.m.* colore paonazzo.
pà|pa *s.m.* [f. *-essa*; pl. *-i*] vescovo di Roma e capo della Chiesa cattolica, considerato dai fedeli vicario di Cristo in terra e successore di san Pietro: *Papa Paolo VI* | — **nero**, il generale dei Gesuiti | (*fig.*) *a ogni morte di* —, detto di ciò che accade molto di rado | *stare, vivere come un* —, condurre vita agiata, comoda | (*prov.*) *morto un* — *se ne fa un altro*, nessuno è insostituibile.
pa|pà *s.m.* (*fam.*) padre | (*spreg.*) *figlio di* —, chi vive contando sui soldi e il prestigio della famiglia.
pa|pà|bi|le *agg., s.m.* **1** detto di cardinale che può essere eletto Papa **2** [anche f.] (*estens.*) detto di chi ha probabilità di essere scelto per una carica, un ufficio.
pa|pà|ia o **papàya** *s.f.* albero tropicale d'origine americana, coltivato per i frutti commestibili | il frutto di tale pianta simile al melone.
pa|pà|le *agg.* del Papa; relativo al Papa | (*loc. avv.*) — —, in modo chiaro, esplicito: *le disse* — *quello che aveva deciso.*
pa|pa|li|na *s.f.* **1** copricapo tondo tipico dei prelati e del Papa **2** copricapo tondo di lana usato un tempo dagli uomini anziani, spec. in casa.
pa|pa|li|no *agg.* del Papa: *soldati papalini* ♦ *s.m.* **1** [f. *-a*] fautore del potere temporale dei papi **2** soldato pontificio.
pa|pa|ràz|zo *s.m.* (*gerg.*) fotoreporter a caccia di scandali.
pa|pa|to *s.m.* **1** dignità, carica di un Papa | durata di tale carica **2** l'istituto storico del governo papale: *la lotta tra l'Impero e il Papato.*
Pa|pa|ve|rà|ce|e *s.f.pl.* famiglia di piante erbacee dicotiledoni caratterizzate da fiori a quattro petali, frutti a capsula e foglie alterne; ne fa parte il papavero.
pa|pa|ve|rì|na *s.f.* (*chim.*) alcaloide dell'oppio usato come antispastico.
pa|pà|ve|ro *s.m.* **1** pianta erbacea con fiori a quattro petali e frutti a capsula, coltivata a scopo ornamentale o per l'estrazione dell'oppio | fiore di tale pianta di colore rosso vivo, comune nei luoghi non coltivati o nei campi di frumento; rosolaccio | — *da oppio*, quello di colore bianco dalla cui capsula si estrae l'oppio **2** (*fig.*) persona molto importante, pezzo grosso.
papaya (*sp.*) *s.f.* → **papaia**.
pà|pe|ra *s.f.* **1** oca domestica | (*fig., fam.*) donna sciocca **2** (*fig.*) errore involontario commesso parlando in pubblico o recitando: *ho fatto tante papere* | (*estens., giorn.*) errore madornale: *una — del difensore ha favorito il goal.*
paperback (*ingl.*) [pr. *pèiperbek*] *s.m.invar.* libro in edizione economica, spec. tascabile.
pà|pe|ro *s.m.* [f. *-a*] giovane oca di sesso maschile.
pa|pe|ró|ne *s.m.* **1** nome italiano del personaggio ricco e avaro di Walt Disney **2** (*fig., per anton.*) persona molto ricca.
pa|pés|sa *s.f.* **1** secondo la leggenda, donna elevata al pontificato: *la — Giovanna* **2** (*fig., scherz.*) donna che vive nel lusso | (*iron.*) donna autoritaria.
Pa|pi|lio|nà|ce|e *s.f.pl.* famiglia di piante dicotiledoni legnose o erbacee, con frutto a legume e fiori a cinque petali.
pa|pìl|la *s.f.* **1** (*anat.*) qualunque piccola prominenza di forma conica | *papille gustative, tattili*, quelle atte a recepire rispettivamente il gusto e il tatto **2** (*bot.*) piccola prominenza sull'epidermide dei petali di taluni fiori, ai quali conferisce un aspetto vellutato.
pa|pil|là|re *agg.* delle papille | che ha forma, natura di papilla | caratterizzato dalla presenza di papille.
pa|pil|lò|ma *s.m.* [pl. *-i*] (*med.*) tumore benigno dell'epitelio di rivestimento di una mucosa o della cute.
papillon (*fr.*) [pr. *papiiòn*] *s.m.invar.* cravatta annodata con fiocco a farfalla.
pa|pil|ló|so *agg.* (*bot.*) rivestito di papille.
pa|pì|ro *s.m.* **1** pianta erbacea acquatica, originaria dell'Arabia e dell'Egitto, con fusto alto e infiorescenza a ombrello **2** (*st.*) materiale in fogli su cui si può scrivere, ricavato dal midollo bianco del fusto di tale pianta: *rotolo di* — | testo scritto su tale materiale: *decifrazione di un* — **3** (*fam.*) scritto prolisso.
pa|pi|ro|lo|gì|a *s.f.* scienza che studia i testi antichi scritti su papiro.
pa|pi|rò|lo|go *s.m.* [f. *-a*; m.pl. *-gi*] studioso di papirologia.
pa|pì|smo *s.m.* nella polemica protestante, insieme delle dottrine che riconoscono l'autorità assoluta del Papa nell'ambito della Chiesa cattolica.
pa|pì|sta *s.m./f.* [m.pl. *-i*] fautore del papismo | (*spreg.*) cattolico romano, spec. nella polemica protestante.
pàp|pa *s.f.* **1** minestra semiliquida a base di pane o semolino cotto in acqua, latte o brodo | (*spreg.*) minestra eccessivamente cotta **2** (*estens.*) cibo dei bambini appena svezzati | (*fig., fam.*) *volere, trovare la* — *pronta*, volere, ottenere ql.co. senza impegnarsi, sfruttando la fatica altrui | *essere* — *e ciccia*, di due persone, essere in perfetto accordo **3** — *reale*, alimento prodotto

pappafico

dalle api operaie per il nutrimento delle regine e delle larve, usato nella preparazione di cosmetici e come integratore dietetico.

pap|pa|fi|co *s.m.* [pl. *-chi*] (*mar.*) la vela quadra più alta dell'albero di trinchetto.

pap|pa|gal|lé|sco *agg.* [m.pl. *-schi*] (*fig.*) da pappagallo: *un atteggiamento —* □ **pappagallescamente** *avv.*

pap|pa|gal|li|smo *s.m.* **1** tendenza a ripetere in modo meccanico parole o comportamenti altrui **2** (*fig.*) comportamento di chi importuna le donne per strada.

pap|pa|gàl|lo *s.m.* **1** uccello esotico addomesticabile, con becco adunco e colori smaglianti; alcune specie imitano parole e suoni **2** (*fig.*) chi ripete o imita in modo meccanico parole o comportamenti altrui **3** (*fig.*) uomo che importuna le donne per strada **4** recipiente per urinare usato dagli uomini costretti a letto **5** (*pop.*) pinza con manici lunghi e apertura regolabile.

pap|pa|gòr|gia *s.f.* [pl. *-ge*] cumulo di adipe che si forma sotto il mento delle persone grasse.

pap|pa|mól|le o **pappamòlla** *s.m./f.invar.* persona dal carattere pigro o fisicamente debole.

pap|par|dèl|la *s.f.* **1** (*spec.pl., gastr.*) tipo di lasagna condita con sugo di carne **2** (*fig.*) scritto o discorso lungo e noioso: *bisogna sempre sorbirsi le sue pappardelle.*

pap|pà|re *v.tr.* (*fam.*) **1** mangiare abbondantemente e con ingordigia **2** (*fig.*) appropriarsi indebitamente di un bene, un guadagno; lucrare: *si è pappato tutta l'eredità.*

pap|pà|ta *s.f.* (*fam., anche fig.*) l'atto del pappare; mangiata.

pap|pa|tà|ci *s.m.* insetto che si nutre del sangue dei Vertebrati, compreso l'uomo.

pap|pa|tò|ria *s.f.* **1** (*fam.*) gran mangiata | (*estens.*) quantità di vivande pronte per un pranzo **2** (*fig.*) interesse, vantaggio: *gli interessa solo la —.*

pàp|po *s.m.* (*bot.*) appendice piumosa di alcuni semi e frutti.

pap|pó|ne *s.m.* **1** [f. *-a*] (*fam., anche fig.*) persona ingorda; mangione **2** (*gerg.*) protettore di prostitute.

pap|pó|so *agg.* che ha aspetto o consistenza di pappa.

pà|pri|ca o **paprika** *s.f.* condimento piccante in polvere, ricavato dai peperoni rossi.

pap-test (*ingl.*) *s.m.invar.* (*med.*) test per la diagnosi precoce dei tumori al collo uterino.

pa|puà|no o **papuàso** *agg.* della Nuova Guinea, Stato dell'Oceania ♦ *s.m.* [f. *-a*] chi è nato o abita nella Nuova Guinea.

pà|pu|la *s.f.* (*med.*) lesione cutanea prominente e con superficie piatta.

pà|ra *s.f.* gomma naturale: *scarpe con la —.*

pa|rà *s.m.* paracadutista.

pà|ra-[1] primo elemento di parole composte che indica vicinanza, somiglianza, affinità o contrapposizione, deviazione (*paramilitare, paradosso*).

pà|ra-[2] primo elemento di parole composte che indica riparo, protezione (*paracadute*).

pa|rà|ba|si *s.f.* nella commedia greca antica, pausa in cui il coro si rivolgeva al pubblico esprimendo le idee del poeta.

pa|rà|bi|le *agg.* che può essere parato: *tiro —.*

pa|rà|bo|la[1] *s.f.* **1** (*mat.*) curva algebrica che si ottiene sezionando un cono mediante un piano parallelo a una sua generatrice | luogo geometrico dei punti di un piano equidistanti da un punto fisso e da una retta fissa | *— di un proiettile, di un pallone,* la traiettoria descritta in aria da un proiettile o da un pallone che percorrono uno spazio con andamento ascendente e poi discendente **2** (*fig.*) andamento di un fenomeno che incomincia a declinare dopo avere raggiunto il culmine.

pa|rà|bo|la[2] *s.f.* breve racconto allegorico di Gesù che contiene un insegnamento morale: *la — del figliol prodigo.*

pa|ra|bò|li|co *agg.* [m.pl. *-ci*] (*mat.*) a forma di parabola: *curva parabolica* | *antenna parabolica,* antenna radiotelevisiva che per la particolare forma è capace di captare segnali trasmessi da satelliti artificiali.

pa|ra|bór|do *s.m.invar.* (*mar.*) riparo di sughero o di altro materiale, che si colloca lungo i fianchi di un'imbarcazione allo scopo di attutire urti e sfregamenti.

pa|ra|bréz|za *s.m.invar.* in un veicolo, vetro anteriore di protezione, spec. provvisto di tergicristallo.

pa|ra|ca|du|tà|re *v.tr.* lanciare da un aeromobile con il paracadute: *— soldati, rifornimenti* ♦ **-rsi** *rifl.* lanciarsi con il paracadute.

pa|ra|ca|dù|te *s.m.invar.* dispositivo atto a ridurre la velocità di caduta di un corpo nell'aria, costituito da una calotta in tessuto a forma di ombrello collegata a un sistema di funi che sorregge il carico.

pa|ra|ca|du|ti|smo *s.m.* l'attività di lanciarsi con il paracadute da un velivolo a scopo bellico o sportivo.

pa|ra|ca|du|ti|sta *s.m./f.* [m.pl. *-i*] chi pratica il paracadutismo.

pa|ra|càl|li *s.m.* anello di feltro od ovatta che si applica attorno ai calli del piede per impedire l'attrito con la scarpa.

pa|ra|ca|mi|no *s.m.* pannello con cui si chiude la bocca del camino quando il fuoco è spento.

pa|ra|càr|ro *s.m.* ciascuna delle colonnine di pietra o altro materiale infisse ai bordi delle strade per delimitare la carreggiata.

pa|ra|cé|ne|re *s.m.invar.* riparo per caminetti in metallo usato per impedire che la cenere si sparga sul pavimento.

pa|ra|cen|tè|si o **paracèntesi** *s.f.* (*med.*) prelievo di liquido da una cavità del corpo: *— timpanica.*

pa|ra|cu|si|a *s.f.* (*med.*) ogni alterazione della percezione del tono e dell'intensità dei suoni.

pa|ra|de|ni|te *s.f.* (*med.*) infiammazione del tessuto connettivo di una ghiandola.

pa|ra|dèn|ti *s.m.* cuscinetto di gomma usato dai pugili per proteggere i denti durante l'incontro.

pa|ra|den|tì|te *s.f.* (*med.*) infiammazione acuta del paradenzio.

pa|ra|den|tò|si *s.f.* (*med.*) processo degenerativo dei tessuti che circondano i denti, con distruzione del legamento alveolo-dentale; piorrea alveolare.

pa|ra|dèn|zio *s.m.* (*anat.*) insieme dei tessuti che fissano i denti.

pa|ra|dìg|ma *s.m.* [pl. *-i*] **1** (*gramm.*) modello della declinazione di un nome o della coniugazione di un verbo **2** (*estens.*) esempio, modello.

pa|ra|dig|mà|ti|co *agg.* [m.pl. *-ci*] **1** (*gramm.*) che si riferisce a un paradigma **2** (*estens., lett.*) che serve di modello, di esempio; emblematico.

pa|ra|dì|se|a *s.f.* uccello tropicale dai colori vistosi della Nuova Guinea; uccello del paradiso.

pa|ra|di|sì|a|co *agg.* [m.pl. *-ci*] **1** del paradiso **2** (*fig.*) degno del paradiso: *bellezza paradisiaca*.

pa|ra|dì|so *s.m.* **1** (*teol.*) nella religione cattolica, stato di beatitudine eterna riservato, dopo la morte, alle anime dei giusti **2** luogo in cui si gode tale beatitudine | — *terrestre*, secondo la Genesi, giardino in cui Dio pose Adamo ed Eva | *guadagnarsi il* —, vivere in modo virtuoso, accettando dolori e sofferenze | (*fig.*) *avere dei santi in* —, avere amicizie influenti **3** (*estens.*) secondo varie religioni, l'oltretomba dei buoni: *il* — *dei maomettani* **4** (*fig.*) stato di completa felicità: *sentirsi in* — | luogo stupendo: *il mare oggi è un* — | *paradisi artificiali*, beatitudine prodotta dalle droghe | — *fiscale*, paese che ha un sistema fiscale molto vantaggioso.

pa|ra|dos|sà|le *agg.* che è o appare assurdo, irragionevole, privo di senso: *situazione* — | (*estens.*) bizzarro, stravagante: *persona* — □ **paradossalmente** *avv.*

pa|ra|dos|sa|li|tà *s.f.* caratteristica di ciò che è paradossale; illogicità.

pa|ra|dòs|so *s.m.* **1** affermazione, tesi che, benché in contrasto con l'esperienza comune, si dimostra fondata: — *matematico* | (*filos., scient.*) dimostrazione che, partendo da un presupposto riconosciuto valido, arriva a conclusioni contradditorie **2** (*estens.*) affermazione, comportamento in contrasto con l'opinione, la logica comune: *la sua vita è un* —.

pa|ra|fàn|go *s.m.* [pl. *-ghi*] elemento in plastica o lamiera che contorna la parte superiore delle ruote di un veicolo, limitando gli spruzzi di fango e acqua.

pa|ra|far|ma|cì|a *s.f.* **1** produzione di parafarmaci | insieme dei parafarmaci **2** negozio che vende tali prodotti.

pa|ra|fàr|ma|co *s.m.* [pl. *-ci*] prodotto igienico, cosmetico, dietetico commercializzato nelle farmacie senza obbligo di ricetta medica.

pa|ra|fer|nà|le *agg.* (*dir.*) detto di un bene escluso dalla dote perché già appartenente al titolare prima del matrimonio.

pa|raf|fì|na *s.f.* (*chim.*) sostanza grassa, solida, combustibile, ricavata dalla lavorazione del petrolio; è usata per la preparazione di candele, isolanti elettrici, lubrificanti e sim. | *prova del guanto di* —, quella effettuata dalla polizia scientifica per rivelare tracce di polvere da sparo sulle mani di un indiziato.

pa|raf|fì|ni|co *agg.* [m.pl. *-ci*] (*chim.*) relativo alla paraffina.

pa|ra|fiàm|ma *s.m.invar.* **1** paratia di materiale refrattario collocata nelle costruzioni industriali o civili per separare ambienti ad alto rischio di esplosione o incendio **2** protezione che si applica alla canna di un'arma da fuoco per coprire la fiammata prodotta dallo sparo ♦ *agg.invar.* capace di impedire la propagazione delle fiamme.

pa|ra|fra|sà|re *v.tr.* [indic.pres. *io paràfraso...*] **1** fare la parafrasi: — *un canto della Divina Commedia* **2** (*estens., spreg.*) ripetere, imitare senza originalità un concetto, un'affermazione, un'opera altrui.

pa|rà|fra|si *s.f.* esposizione del contenuto di un testo con parole proprie, allo scopo di chiarirlo, semplificarlo.

pa|ra|fra|sìa *s.f.* (*psicol.*) incapacità di formulare parole connesse in forma di frase.

pa|ra|fre|nì|a *s.f.* (*psich.*) disturbo di tipo schizofrenico caratterizzato da delirio e allucinazioni.

pa|ra|fùl|mi|ne *s.m.* dispositivo collocato sul tetto che fa disperdere a terra le cariche dei fulmini, costituito da un'asta metallica appuntita collegata al terreno per mezzo di un grosso filo di metallo | (*fig.*) *fare da* —, accollarsi rimproveri o punizioni per proteggere altri.

pa|ra|geu|sì|a *s.f.* (*med.*) alterazione del senso del gusto.

pa|ràg|gio *s.m. spec.pl.* **1** (*mar.*) tratto di mare che si trova vicino alla costa **2** (*estens., spec.pl.*) l'insieme dei luoghi circostanti; vicinanze: *ho fatto un giro nei paraggi*.

pa|ra|gòc|ce *agg.invar., s.m.invar.* detto di tappi con beccuccio applicati alle bottiglie per impedire che il liquido sgoccioli.

pa|ra|go|nà|bi|le *agg.* che si può paragonare; confrontabile.

pa|ra|go|nà|re *v.tr.* [indic.pres. *io paragóno...*] **1** mettere a confronto; comparare: — *due pittori tra loro* **2** ritenere simile: — *il sole a un disco* ♦ **-rsi** *rifl.* mettersi a confronto: — *con qlcu. su più aspetti*.

pa|ra|gó|ne *s.m.* **1** analisi comparativa che porta a una scelta o a un giudizio; confronto | *a* — *di*, *in* —, rispetto a, in confronto di: *la mia carnagione a* — *della sua è molto più scura* | *reggere il* —, poter essere paragonato senza sfigurare | (*gramm.*) *complemento di* —, il secondo termine di una comparazione **2** esempio di cosa ritenuta simile a un'altra: *portare un* — *inefficace* **3** affinità, somiglianza: *non c'è* — *tra i due* | *essere senza* —, di cosa indiscutibilmente superiore **4** (*fig.*) *pietra di* —, elemento di confronto, comparazione.

pa|ra|gra|fà|re *v.tr.* [indic.pres. *io paràgrafo...*]

paragrafo

dividere in paragrafi | contrassegnare con paragrafi.

pa|ra|gra|fo *s.m.* **1** ciascuna delle parti in cui è suddiviso il capitolo di un testo **2** segno grafico (§) che indica tale parte.

pa|ra|gua|ià|no o **paraguayàno** *agg.* del Paraguay, Stato dell'America meridionale ♦ *s.m.* [f. *-a*] chi è nato o abita nel Paraguay.

pa|ral|let|te|ra|tù|ra *s.f.* letteratura di consumo.

pa|ra|li|pò|me|ni *s.m.pl.* opera che costituisce la continuazione o il completamento di un'opera precedente.

pa|rà|li|si *s.f.* **1** (*med.*) perdita della mobilità o della sensibilità di uno o più muscoli, provocata da lesioni delle vie nervose **2** (*fig.*) blocco di una normale attività: — *del traffico*.

pa|ra|lì|ti|co *agg.* [m.pl. -*ci*] (*med.*) **1** proprio della paralisi **2** che è colpito da paralisi ♦ *s.m.* [f. *-a*] chi è colpito da paralisi.

pa|ra|liz|zà|re *v.tr.* **1** (*med.*) rendere paralitico **2** (*fig.*) bloccare: *la neve ha paralizzato la città*.

pa|ra|liz|zà|to *part.pass.* di *paralizzare* ♦ *agg.* **1** (*med.*) colpito da paralisi **2** (*fig.*) bloccato.

pa|ral|làs|se *s.f.* (*fis.*) spostamento angolare apparente di un oggetto rispetto a un punto di riferimento se lo si osserva da due punti diversi.

pa|ral|lè|la *s.f.* **1** (*geom.*) retta parallela **2** (*pl.*) strumento usato per tracciare linee parallele **3** (*pl.*) attrezzo ginnico costituito da due sbarre di legno parallele, sostenute da supporti | *parallele asimmetriche*, quelle con le sbarre poste ad altezze diverse, usate nella ginnastica femminile.

pa|ral|le|le|pì|pe|do *s.m.* (*geom.*) prisma le cui facce sono sei parallelogrammi.

pa|ral|le|li|nèr|vio *agg.* (*bot.*) detto di foglia con nervature parallele.

pa|ral|le|lì|smo *s.m.* **1** (*geom.*) relazione tra enti paralleli **2** (*estens.*) disposizione parallela di due o più oggetti **3** (*fig.*) relazione di corrispondenza tra due o più fatti, fenomeni.

pa|ral|lè|lo *agg.* **1** (*geom.*) detto di rette o piani equidistanti in ogni loro punto **2** (*estens.*) detto di cose equidistanti che procedono nella stessa direzione: *strade parallele* **3** (*fig.*) detto di fatti che si svolgono in modo analogo **4** (*inform.*) *interfaccia parallela*, quella che utilizza simultaneamente più canali, unità o dispositivi ♦ *s.m.* **1** (*geom.*) cerchio ottenuto dall'intersezione di una superficie di rotazione con un piano perpendicolare all'asse di rotazione **2** (*geog.*) ogni circolo tracciato idealmente sulla superficie terrestre, parallelo all'equatore **3** (*fig.*) confronto: *istituire un — tra due opere* □ **parallelamente** *avv.* **1** in direzione, posizione parallela: *disporre — due pannelli* **2** (*fig.*) contemporaneamente.

pa|ral|le|lo|gràm|ma o **parallelogràmmo** *s.m.* [pl. *-i*] (*geom.*) quadrilatero con i lati opposti uguali e paralleli fra loro.

pa|ra|lo|gì|smo *s.m.* (*filos.*) ragionamento fallace dal punto di vista logico in cui l'errore non è intenzionale.

pa|ra|lù|ce *s.m.invar.* (*foto.*, *cine.*) schermo applicato all'obiettivo per proteggerlo dalla luce diretta.

pa|ra|lù|me *s.m.* schermo di stoffa, carta o altro materiale applicato a una lampada per attenuarne la luce.

pa|ra|ma|gnè|ti|co *agg.* [m.pl. -*ci*] (*fis.*) che presenta paramagnetismo.

pa|ra|ma|gne|tì|smo *s.m.* (*fis.*) fenomeno per cui alcune sostanze immerse in un campo magnetico si magnetizzano.

pa|ra|mè|cio *s.m.* protozoo presente nelle acque stagnanti, con corpo ovale provvisto di ciglia vibratili.

pa|ra|mè|di|co *agg.*, *s.m.* [m.pl. -*ci*] detto di chi esercita professioni sanitarie che non richiedono il titolo di medico (p.e. infermiere).

pa|ra|mén|to *s.m.* **1** (*lit.*) indumento indossato dal sacerdote durante le funzioni religiose **2** addobbo | *paramenti sacri*, gli oggetti collocati sull'altare e i drappi ricamati con cui si ornano le chiese, i luoghi di culto **3** (*edil.*) ciascuna delle superfici laterali di una struttura muraria.

pa|ra|mè|tri|co *agg.* [m.pl. -*ci*] (*mat.*, *fis.*) relativo a un parametro | comprendente un parametro.

pa|ra|mè|trio *s.m.* (*anat.*) tessuto connettivo che circonda e sostiene l'utero.

pa|rà|me|tro *s.m.* **1** (*mat.*, *fis.*) costante arbitraria da cui dipende l'andamento di una funzione **2** (*fig.*) criterio di valutazione: *giudico secondo i miei parametri* **3** valore numerico cui corrispondono i livelli salariali.

pa|ra|mi|li|tà|re *agg.* che ha metodi, criteri simili a quelli tipici di un organismo militare: *organizzazione —*.

pa|ra|mì|ne *s.m.invar.* (*mar.*) dispositivo che permette di intercettare le mine subacquee.

pa|ra|mó|sche *s.m.invar.* copertura, spec. a forma di rete metallica, usata per proteggere i cibi dalle mosche.

pa|ràn|co *s.m.* [pl. *-chi*] apparecchio costituito da carrucole fisse e mobili collegate da funi o catene, usato per sollevare grossi pesi.

pa|ra|né|ve *s.m.invar.* **1** dispositivo usato per riparare dalla neve linee ferroviarie e strade **2** gambaletto indossato dagli sciatori e dagli alpinisti per evitare che la neve penetri negli scarponi.

pa|ra|nìn|fo *s.m.* [f. *-a*] **1** nell'antica Grecia, chi conduceva la sposa a casa del marito **2** (*estens.*) chi combina matrimoni | (*spreg.*) ruffiano.

pa|ra|nòia *s.f.* (*psich.*) **1** delirio cronico che non compromette le facoltà razionali, caratterizzato da convinzioni apparentemente logiche ma in contrasto con la realtà **2** (*coll.*) stato di confusione mentale: *andare in —* **3** (*pl.*) problemi inutili: *non ti fare tutte queste paranoie*.

pa|ra|nòi|co *agg.* [m.pl. -*ci*] (*psich.*) **1** che riguarda la paranoia; delirante **2** che è affetto da paranoia ♦ *s.m.* [f. *-a*] **1** (*psich.*) chi è affetto da paranoia **2** chi si crea inutili problemi.

pa|ra|nòi|de *agg.* (*psich.*) che si relaziona con la paranoia | *schizofrenia —*, quella caratterizzata da idee deliranti.

pa|ra|nor|mà|le *agg.* **1** (*med.*) che non è pienamente normale **2** detto di fenomeni psichici e fisici non spiegabili con le conoscenze scientifiche (p.e. telepatia, chiaroveggenza) | *facoltà paranormali*, quelle che possiedono i medium ♦ *s.m.* quanto non rientra nei fenomeni psichici e fisici normali: *il mondo del —*.

pa|ràn|za *s.f.* barca usata per la pesca a strascico | (*estens.*) rete da pesca a strascico, trainata da tale barca.

pa|ra|òc|chi *s.m.* ciascuno dei due schermi di cuoio fissati alla briglia, che riparano lateralmente gli occhi del cavallo | (*fig.*) *avere i —*, ignorare cose evidenti.

pa|ra|ò|lio *s.m.invar.* (*mecc.*) guarnizione in gomma collocata in corrispondenza del passaggio di un albero rotante per impedire la fuoruscita del lubrificante.

pa|ra|o|réc|chi o **paraorécchie** *s.m.* **1** (*sport*) nel rugby, casco imbottito indossato dai giocatori per proteggere gli orecchi durante le mischie **2** fascia spec. di lana, usata per riparare gli orecchi dal freddo.

pa|ra|pen|di|o *s.m.invar.* paracadute rettangolare manovrabile, usato per calarsi da pareti ripide di montagna | sport che si pratica con tale paracadute.

pa|ra|pèt|to *s.m.* **1** struttura di sicurezza posta ai bordi di terrazze, ponti, finestre **2** (*mar.*) nelle navi, prolungamento della fiancata al di sopra del ponte di coperta **3** (*mil.*) struttura che protegge i soldati dal tiro nemico.

pa|ra|pì|glia *s.m.invar.* grande e improvvisa confusione; trambusto: *è successo un —*.

pa|ra|ple|gì|a *s.f.* (*med.*) paralisi che colpisce gli arti inferiori.

pa|ra|plè|gi|co *agg.* [m.pl. *-ci*] (*med.*) **1** che riguarda la paraplegia **2** che è affetto da paraplegia ♦ *s.m.* [f. *-a*] chi è affetto da paraplegia.

pa|ra|psi|co|lo|gì|a *s.f.* disciplina che studia i fenomeni psichici e fisici paranormali.

pa|ra|re *v.tr.* **1** rivestire di paramenti **2** riparare, proteggere: — *le mani dal freddo* **3** schivare, evitare | (*fig.*) — *il colpo*, rispondere alle critiche in modo adeguato | (*volg.*) — *il culo*, tutelare qlcu. da un pericolo **4** (*sport*) nel calcio e sim., bloccare con le mani la palla lanciata da un avversario: *il portiere ha parato il pallone* ♦ *intr.* [aus. *A*] mirare a un effetto; andare a finire: *non capisco dove vuoi —* ♦ *-rsi* *rifl., intr.pron.* **1** difendersi: — *dalle accuse* **2** presentarsi improvvisamente: *mi si è parato davanti un ostacolo*.

pa|ra|sco|là|sti|co *agg.* [m.pl. *-ci*] che integra e coadiuva l'attività didattica: *lezioni parascolastiche*.

pa|ra|sim|pà|ti|co *agg., s.m.* [m.pl. *-ci*] (*anat.*) detto della parte del sistema nervoso vegetativo che fa capo ai centri del mesencefalo e del bulbo.

pa|ra|só|le *s.m.invar.* **1** ombrello che ripara dai raggi del sole **2** (*foto.*) paraluce.

pa|ras|sì|ta *agg.* [m.pl. *-i*] **1** (*biol.*) detto di organismo animale o vegetale che vive sfruttando il materiale organico di un altro, spec. arrecandogli un danno **2** (*fig.*) che è inutile socialmente: *istituzione —* ♦ *s.m.* **1** organismo parassita | *parassiti dell'uomo*, pulci, pidocchi ecc. **2** [anche f.] (*fig.*) chi vive alle spalle altrui: *è un — della società*.

pa|ras|si|tà|rio *agg.* **1** (*biol.*) relativo ai parassiti: *malattie parassitarie* **2** (*fig.*) non produttivo.

pa|ras|si|tì|smo *s.m.* **1** (*biol.*) condizione di vita di un parassita **2** (*fig.*) comportamento di chi vive da parassita all'interno di una società, di un gruppo.

pa|ras|si|to|lo|gì|a *s.f.* ramo della biologia che studia i parassiti e i loro rapporti con le malattie umane e animali.

pa|ras|si|tò|si *s.f.* (*med.*) qualunque malattia causata da parassiti.

pa|ra|sta|tà|le *agg.* detto di ente pubblico non gestito dallo Stato, ma posto sotto il suo controllo ♦ *s.m./f.* dipendente di un ente parastatale.

pa|ra|stà|to *s.m.* (*bur.*) complesso degli enti parastatali e dei loro dipendenti.

pa|ra|stin|chi *s.m.invar.* cuscinetto che protegge gli stinchi, usato in vari sport.

pa|rà|ta¹ *s.f.* **1** (*raro*) difesa da un attacco, una critica **2** (*sport*) nella scherma e nel pugilato, azione con cui ci si oppone al colpo dell'avversario | nel calcio e sim., l'azione del portiere che blocca o respinge con le mani la palla.

pa|rà|ta² *s.f.* **1** rivista, rassegna di truppe: — *militare* | sfilata pubblica: — *dei carri di carnevale* **2** sfoggio, gala | *da, di —*, si dice di qlcu. che esprime solennità, lusso, sfarzo: *cena di —; abito da —* **3** (*raro*) situazione rispetto a ciò che ne risulta | *vedere la mala —*, capire che le cose si mettono male.

pa|ra|tàs|si *s.f.* (*ling.*) costruzione del periodo basata sull'accostamento di proposizioni indipendenti.

pa|ra|tè|sto *s.m.* insieme degli elementi complementari di un testo a stampa, quali il titolo, l'introduzione, le note, i rinvii, che concorrono a favorirne la comprensione.

pa|ra|tì|a *s.f.* (*mar.*) ciascuno dei tramezzi che dividono in compartimenti lo scafo | *paratie stagne*, quelle che si chiudono in caso di falla per impedire il passaggio dell'acqua da un locale all'altro della nave **2** (*edil.*) barriera verticale che impedisce infiltrazioni d'acqua nelle fondazioni.

pa|ra|tì|fo *s.m.* (*med.*) malattia infettiva simile al tifo, causata dai batteri della salmonella.

pa|rà|to *s.m.* **1** cortinaggio, drappo **2** (*spec.pl.*) rivestimento per pareti in carta o tessuto: *carta da parati*.

pa|ra|tó|ia *s.f.* saracinesca in metallo o legno che consente di regolare il flusso delle acque in un canale.

pa|ra|u|ni|ver|si|tà|rio *agg.* detto di corso che è a livello universitario anche se impartito da un'istituzione diversa dall'università.

pa|ra|ùr|ti *s.m.invar.* **1** (*auto.*) barra di metallo o plastica che protegge le parti anteriori e posteriori della carrozzeria in caso di urti **2** appa-

paravento

recchio munito di respingenti collocato all'estremità di binari tronchi per impedire ai treni di oltrepassarla.

pa|ra|vèn|to *s.m.* **1** intelaiatura mobile costituita da più pannelli rivestiti di carta o tessuto, usata come divisorio di un ambiente | (*fig.*) *fare da* —, dissimulare o facilitare le malefatte altrui **2** (*fig.*) copertura, pretesto.

parboiled (*ingl.*) [pr. *parbòild*] *agg.invar.* detto di riso sottoposto a parziale cottura, in modo da risultare più resistente e non addensarsi alla cottura definitiva.

par|cèl|la *s.f.* **1** nota delle spese e degli onorari di un professionista **2** piccola parte | (*raro*) appezzamento di terreno di piccole dimensioni | (*dir.*) — *catastale*, particella catastale.

par|cel|là|re *agg.* **1** (*dir.*) relativo a piccoli appezzamenti di terreno: *catasto* — **2** (*med.*) detto di processo morboso che interessa una piccola parte.

par|cel|la|zió|ne *s.f.* (*dir.*) suddivisione di un appezzamento di terreno in parcelle, a fini catastali o agricoli.

par|cel|liz|zà|re *v.tr.* suddividere in parti: — *un lavoro*.

par|cel|liz|za|zió|ne *s.f.* suddivisione in unità autonome: — *di un paese*.

par|cheg|già|re *v.tr.* [indic.pres. *io parchéggio...*] **1** (*anche assol.*) collocare un veicolo in uno spazio opportuno per un certo tempo; posteggiare: *dove parcheggiamo?* **2** (*fig.*, *scherz.*) affidare provvisoriamente a qlcu.: *ti parcheggio dalla tua amica*.

par|cheg|gia|tó|re *s.m.* [f. *-trice*] **1** chi parcheggia **2** custode di un parcheggio, spec. autorizzato.

par|chég|gio *s.m.* **1** sosta temporanea di veicoli in spazi riservati | manovra effettuata per parcheggiare **2** luogo destinato al posteggio: — *a pagamento* | spazio in cui si lascia parcheggiata l'automobile: *ho trovato* — *solo sul prato*.

par|chet|ta|tù|ra *s.f.* copertura di pavimento con parquet | il parquet stesso.

par|chet|tì|sta *s.m./f.* [m.pl. *-i*] operaio che esegue lavori di parchettatura.

par|chì|me|tro *s.m.* apparecchio che registra la durata della sosta a pagamento di un veicolo.

pàr|co[1] *s.m.* [pl. *-chi*] **1** ampia distesa boscosa recintata | — *nazionale*, territorio in cui la conservazione dell'ambiente è tutelata dallo Stato | — *marino*, riserva naturale marina **2** vasto giardino privato o pubblico **3** zona recintata attrezzata per il divertimento: — *giochi* **4** spazio recintato o capannone entro il quale viene custodito del materiale | il materiale riunito entro tale spazio **5** complesso di determinati veicoli, mezzi: — *ferroviario* | — *macchine*, insieme delle auto di un'azienda, una ditta.

pàr|co[2] *agg.* [m.pl. *-chi*] sobrio, frugale: — *nel mangiare* | parsimonioso: — *nello spendere* □ **parcamente** *avv.*

par con|dì|cio (*lat.*) *loc.sost.f.invar.* (*dir.*) parità di trattamento dei creditori | (*polit., giorn.*) parità di accesso ai mezzi di comunicazione.

pardon (*fr.*) [pr. *pardòn*] *inter.* formula usata per scusarsi o chiedere il permesso di fare o dire ql.co.

pa|réc|chio *agg.indef.* [m.pl. *parecchi*; f.pl. *parecchie*] non poco, in riferimento a quantità, numero, misura: *ha avuto parecchi guai* | in espressioni ellittiche, ha valore neutro: *ho ancora* — *da leggere* ♦ *pron.indef.* **1** ciò che è in quantità o in numero considerevole: "*Hai coraggio?*" "*Sì,* —" **2** (*pl.*) molte persone: *parecchi non sono venuti* ♦ *avv.* in misura rilevante; alquanto: *è ingrassato* —.

pa|reg|gia|mén|to *s.m.* pareggio: — *di conti*.

pa|reg|già|re *v.tr.* [indic.pres. *io paréggio...*] **1** rendere pari; livellare: — *l'erba, i capelli* | (*econ.*) far quadrare | — *il bilancio*, chiuderlo in pareggio | (*fig.*) — *i conti*, agire a scopo di vendetta per un torto subito **2** uguagliare: *nessuno lo pareggia nel salto* **3** (*sport*) finire in parità: — *una partita* ♦ *intr.* [aus. *A*] (*sport*) conseguire un punteggio pari ♦ *-rsi intr.pron.* equilibrarsi, uguagliarsi: *gli sforzi si pareggiano*.

pa|rég|gio *s.m.* **1** l'atto del pareggiare; pareggiamento **2** situazione contabile in cui le entrate e le uscite sono pari **3** (*sport*) punteggio pari raggiunto da due squadre.

pa|rèn|chi|ma *s.m.* [pl. *-i*] (*anat., biol.*) tessuto o struttura che costituisce la parte funzionale di un organo animale o vegetale.

pa|ren|chi|mà|ti|co *agg.* (*anat., biol.*) del parenchima | che riguarda il parenchima.

pa|ren|tà|do *s.m.* (*spec.scherz.*) l'insieme dei parenti: *mi ha presentato tutto il* —.

pa|ren|tà|le *agg.* (*lett.*) dei genitori: *autorità* — | *malattia* —, quella ereditaria.

pa|rèn|te *s.m./f.* **1** chi è legato ad altra persona da vincoli di parentela: *parenti stretti* | — *acquisito*, quello divenuto tale a seguito di un matrimonio **2** (*fig.*) cosa molto simile: *l'amicizia è* — *dell'amore*.

pa|ren|tè|la *s.f.* **1** vincolo naturale tra consanguinei o tra affini: *grado di* — **2** l'insieme dei parenti **3** (*fig.*) affinità dovuta a caratteristiche comuni: *fra le due discipline vi è una certa* —.

pa|ren|te|rà|le *agg.* (*med.*) detto di somministrazione di farmaci o altre sostanze per via diversa da quella orale, p.e. mediante iniezioni.

pa|rèn|te|si *s.f.* **1** espressione autonoma dal punto di vista sintattico che all'interno di un testo ha la funzione di chiarire o precisare; inciso: *chiudere una* — | (*estens.*) digressione | (*fig.*) *fra* —, di frase, discorso detti per inciso **2** ciascuno dei due segni grafici che racchiudono tale inciso, impiegati anche in espressioni matematiche per indicare l'ordine di esecuzione in operazioni successive | — *tonde*, quelle usate per evidenziare aggiunte o lacune in un testo | — *quadre*, quelle usate per evitare sovrapposizioni con le parentesi tonde o per riportare inserimenti che non appartengono al testo | — *graffe*, quelle usate per riunire parole o righe e per contenere un'espressione numerica o letterale **3** (*fig.*) in-

tervallo di tempo che interrompe il decorso di un'attività: *la — delle ferie.*
pa|ren|tè|ti|co *agg.* [m.pl. *-ci*] che è posto tra parentesi | che costituisce una parentesi: *frase parentetica.*
pa|rè|o *s.m.* grande rettangolo di tela a colori vivaci che si avvolge intorno al corpo come copricostume.
pa|ré|re¹ *v.intr.* [indic.pres. *io pàio, tu pari, egli pare, noi paiamo, voi paréte, essi pàiono;* fut. *io parrò, tu parrai...;* pass.rem. *io parvi, tu parésti...;* congiunt.pres. *io pàia... noi paiamo, voi paiate, essi pàiano;* condiz.pres. *io parrèi...;* part.pres. *parvente;* part.pass. *parso;* dif. dell'imp.; aus. *E*] **1** apparire in un certo modo; sembrare: *mi pare una persona simpatica* | *pare ieri,* detto in riferimento a un fatto accaduto molto tempo prima, ma che si ricorda come recente **2** credere, pensare: *mi pare ovvio* | *ti pare?,* espressione usata come formula di cortesia o per chiedere l'approvazione, sollecitare l'assenso: *dovremmo andare, non ti pare?* **3** (*fam.*) volere: *fai come ti pare* ♦ *intr.impers.* apparire probabile: *pare che voglia nevicare.*
pa|ré|re² *s.m.* **1** modo di giudicare; opinione personale: *cambia spesso —* | *a mio —,* secondo il mio modo di interpretare le cose **2** consiglio: *bisogna chiedere il — di un medico.*
pa|rè|si *s.f.* (*med.*) perdita parziale della mobilità dei muscoli.
pa|ré|te *s.f.* **1** (*edil.*) elemento verticale che delimita un ambiente, che separa due spazi contigui: *— divisoria* | (*fig.*) *tra le pareti domestiche,* nell'intimità familiare **2** superficie che delimita un oggetto, un organo, una cavità: *le pareti di una grotta; — addominale; — cellulare* **3** (*fig.*) ostacolo, barriera **4** fianco ripido di una montagna: *scalare una —.*
pa|re|ti|mo|lo|gì|a *s.f.* (*ling.*) accostamento etimologico apparentemente esatto, ma senza fondamento scientifico.
pàr|go|lo *s.m.* [f. *-a*] (*lett.*) bambino.
pà|ri¹ *agg.* **1** (*mat.*) detto di numero intero divisibile per due **2** uguale, equivalente: *due forze di — intensità* | *essere — a,* equivalere a: *un etto è — a cento grammi;* essere adeguato, all'altezza di: *essere — alla propria reputazione* | *di — passo,* con passo uguale; (*fig.*) contemporaneamente **3** in giochi, gare o scommesse, uguale per valore o punteggio: *la partita è finita —; per il momento siamo —* **4** senza dislivelli, rientranze o sporgenze: *una fila di tasselli tutti —* | *saltare a piè —,* saltare con le gambe e i piedi uniti; (*fig.*) tralasciare completamente: *ho saltato a piè — le pagine di storia* ♦ *avv.* in parità: *finire —* | *— —,* in modo preciso, alla lettera: *copiare un esame —* | *alla —,* si dice di persona che ricambia l'ospitalità di una famiglia con il suo lavoro ♦ *s.m.* **1** numero, risultato pari **2** uguaglianza, parità | *in —,* allo stesso livello; (*fig.*) in regola: *mettersi in — con gli esami* | *al — di,* allo stesso modo di: *sono bravo al — di lui* **3** [anche f.] persona di uguale rango, condizione sociale: *sono miei —* | *da par suo,* conformemente al suo modo di essere | *trattare qlcu. da — a —,* trattarlo come se fosse della stessa condizione | *essere senza —, non aver —,* essere impareggiabile.
pà|ri² *s.m./f.* **1** in età feudale, titolo che spettava ai nobili **2** membro della camera alta del Parlamento britannico; lord: *la camera dei —.*
pà|ria *s.m.invar.* **1** in India, persona appartenente alle caste più basse della società **2** (*estens.*) persona emarginata.
pa|rie|tà|le *agg.* **1** si dice di pittura o scultura eseguita su parete **2** (*anat.*) della parete laterale della volta cranica: *osso —.*
pa|rie|tà|ria *s.f.* pianta erbacea delle regioni temperate, con foglie ovali ruvide e fiorellini verdognoli.
pa|ri|fi|ca *s.f.* (*bur.*) parificazione.
pa|ri|fi|cà|re *v.tr.* [indic.pres. *io parìfico, tu parìfichi...*] rendere uguale, riconoscere pari: *— i diritti* | *— una scuola privata,* riconoscerle uguale validità di una scuola statale.
pa|ri|fi|cà|to *part.pass.* di parificare ♦ *agg.* riconosciuto dallo Stato legalmente: *scuola parificata.*
pa|ri|fi|ca|zió|ne *s.f.* (*dir., bur.*) riconoscimento di uguale validità.
pa|ri|gi|no *agg.* di Parigi ♦ *s.m.* [f. *-a*] chi è nato o abita a Parigi.
pa|rì|glia *s.f.* **1** coppia di oggetti uguali: *una — di dadi* **2** coppia di cavalli da tiro uguali **3** (*fig.*) uguale trattamento | *rendere la — a qlcu.,* ricambiare allo stesso modo un'offesa, un torto.
pa|ri|grà|do o **pàri gràdo** *agg.invar., s.m./f.invar.* che, chi ha lo stesso grado.
pa|ri|mén|ti *avv.* (*lett.*) nello stesso modo.
pa|ri|pen|nà|to *agg.* (*bot.*) detto di foglia pennata, costituita di un numero pari di fogliolino.
pa|ri|sìl|la|bo *agg.* (*gramm., metr.*) che presenta lo stesso numero di sillabe: *verso —* ♦ *s.m.* (*gramm.*) nella terza declinazione latina, sostantivo o aggettivo che ha lo stesso numero di sillabe nel genitivo e nel nominativo.
pa|ri|tà *s.f.* **1** stato di ciò che è pari; uguaglianza: *— di livello* | *a — di,* nel caso in cui vi sia uguaglianza: *a — di condizioni* **2** (*sport*) punteggio uguale conseguito da due avversari in una competizione: *la finale è finita in —.*
pa|ri|tà|rio *agg.* fondato su un principio di parità: *vantaggi paritari* □ **paritariamente** *avv.*
pa|ri|tè|ti|co *agg.* [m.pl. *-ci*] fondato su condizioni di parità | *commissione paritetica,* quella in cui le parti sono formate da ugual numero di rappresentanti, nominata per risolvere controversie □ **pariteticamente** *avv.*
parka (*ingl.*) *s.m.invar.* giaccone in pelle impermeabile, provvisto di cappuccio, gener. foderato con pelliccia.
par|la|men|tà|re¹ *agg.* **1** del Parlamento; relativo al Parlamento: *dibattito —* | *regime —,* quello in cui il Governo è legittimato dalle sue funzioni dalla fiducia accordatagli dal Parlamento **2** (*fig., spec.scherz.*) che è fatto o detto rispettando le convenzioni, la forma; diplomatico: *un*

parlamentare

contegno — ♦ *s.m./f.* membro del Parlamento, senatore o deputato.

par|la|men|tà|re² *v.intr.* [indic.pres. *io parlaménto*...; aus. A] **1** in diritto internazionale, trattare con i rappresentanti di forze belligeranti al fine di stabilire i termini di una tregua **2** (*estens.*, *anche scherz.*) discutere con qlcu. per raggiungere un accordo.

par|la|men|ta|rì|smo *s.m.* sistema politico in cui il Parlamento, oltre alla funzione legislativa, svolge anche quella di controllo del Governo.

par|la|men|tì|no *s.m.* (*anche spreg.*) in un'organizzazione politica, sindacale, scolastica ecc., organo decisionale che rappresenta una base più vasta.

Par|la|mén|to *s.m.* **1** nello Stato moderno, assemblea dei rappresentanti eletti dal popolo, che esercita la funzione legislativa | (*coll.*) la sola Camera dei deputati, in opposizione a Senato | — *europeo*, organo dell'Unione Europea che ha funzioni di controllo e indirizzo politico **2** (*estens.*) edificio in cui tale assemblea si riunisce **3** (*st.*) assemblea pubblica.

par|làn|te *part.pres.* di parlare ♦ *agg.* **1** che parla **2** (*fig.*) lampante, evidente: *concetto* — **3** (*fig.*) tanto simile al vero o talmente espressivo da sembrare che parli: *ritratto* — ♦ *s.m./f.* chi parla | (*ling.*) chi fa uso di una determinata lingua.

par|lan|tì|na *s.f.* (*fam.*) sciolteza, facilità di parola.

par|là|re¹ *v.intr.* [aus. A] **1** pronunciare parole, suoni articolati: *il bambino sta imparando a* — | — *chiaro*, pronunciare le parole nitidamente; (*fig.*) dire le cose come stanno **2** esprimere, manifestare con parole sentimenti, pensieri e sim.: *parla sempre della sua situazione* **3** rivolgere la parola a qlcu.: *quando ti parlo, guardami!* | (*fig.*) — *al muro*, *al vento*, parlare senza essere ascoltati **4** sostenere una conversazione; dialogare, discutere: — *di arte* | — *del più e del meno*, discorrere su vari argomenti di poca importanza | *far di sé*, provocare l'interesse della gente | *senti chi parla!*, si dice alla persona meno indicata a pronunciarsi su ql.co. **5** tenere un discorso: — *in pubblico* | — *a braccio*, parlare improvvisando **6** (*estens.*) riportare un argomento per iscritto: *tutte le riviste parlano dell'accaduto* | esprimersi con mezzi diversi dalla parola: *parla con lo sguardo* | —, *tra sé*, ragionare da solo, sottovoce **7** influire sulla sensibilità: *mi sta parlando al cuore* | evocare: *tutto in questa casa parla di lei* **8** (*fig.*) essere particolarmente significativo, espressivo, vivace: *un sorriso che parla* **9** manifestare intenzioni; far progetti: *parlano di trasferirsi in Francia* **10** rivelare notizie, segreti | confessare: *l'imputato non vuole* — ♦ *tr.* sapersi esprimere in una determinata lingua: — *bene lo spagnolo* ♦ **-rsi** *rifl.rec.* rivolgersi la parola: — *al citofono* | (*estens.*) essere in buoni rapporti: *dopo la discussione non si parlano più.*

par|là|re² *s.m.* **1** atto, modo di parlare: *un* — *raffinato* **2** parlata, dialetto: *il* — *emiliano.*

par|là|ta *s.f.* modo di esprimersi caratteristico di una comunità o di una persona.

par|là|to *part.pass.* di parlare ♦ *agg.* **1** che appartiene o si riferisce al linguaggio orale corrente: *uso* — *della lingua* **2** detto di cinema, film e sim., dotato di colonna sonora ♦ *s.m.* **1** linguaggio orale quotidiano **2** dialogo che si registra sulla colonna sonora di un film | cinema parlato **3** (*mus.*) insieme delle parti recitate in una rappresentazione musicale.

par|la|tó|re *s.m.* [f. *-trice*] chi parla bene, con proprietà di linguaggio.

par|la|tò|rio *s.m.* in conventi, carceri, collegi, locale in cui gli ospiti della comunità si incontrano con i visitatori.

par|lot|tà|re *v.intr.* [indic.pres. *io parlòtto*...; aus. A] chiacchierare a voce bassa e con atteggiamento di mistero.

par|lot|tì|o *s.m.* chiacchiericcio sommesso e animato.

par|luc|chià|re *v.tr.* [indic.pres. *io parlùcchio*...] parlare una lingua in modo approssimativo: *parlucchia un po' di cinese.*

par|mi|già|na *s.f.* (*gastr.*) vivanda di zucchine o melanzane preparate alla parmigiana.

par|mi|già|no *agg.* di Parma | (*gastr.*) *alla parmigiana*, detto spec. di cibi a base di melanzane e zucchine, che vengono fritte, condite con salsa di pomodoro e formaggio grattugiato, e infine passate al forno ♦ *s.m.* **1** [f. *-a*] chi è nato o abita a Parma **2** (*gastr.*) — *reggiano*®, formaggio grana prodotto nella zona di Parma e Reggio Emilia.

par|nà|so *s.m.* (*lett.*) poesia; ispirazione poetica | (*fig.*) insieme dei poeti di una nazione, un'epoca, una civiltà: *il* — *italiano.*

par|nas|sia|né|si|mo o **parnassianismo** *s.m.* corrente poetica nata in Francia nella seconda metà del XIX sec., che praticò una poesia di estrema perfezione formale.

par|nas|sià|no *agg.* del parnassianesimo; che riguarda il parnassianesimo: *stile* — ♦ *s.m.* [f. *-a*] seguace, fautore del parnassianesimo.

-pà|ro secondo elemento di aggettivi composti, che significa "che genera", "che partorisce" (*oviparo*).

pa|ro|dì|a *s.f.* **1** composizione musicale o letteraria che contraffà con intento comico o satirico un'opera conosciuta: *mettere in* — *un poema* **2** (*estens.*) imitazione caricaturale, burlesca: *fare la* — *di qlcu.* **3** (*fig.*) persona, cosa, istituzione che è un'imitazione scadente di quello che dovrebbe essere: *una* — *del potere.*

pa|ro|dià|re *v.tr.* [indic.pres. *io paròdio*...] mettere in parodia: — *un cantante famoso.*

pa|ro|dì|sta *s.m./f.* [m.pl. *-i*] chi si esibisce in parodie.

pa|ro|dì|sti|co *agg.* [m.pl. *-ci*] di parodia; relativo a parodia: *interpretazione parodistica.*

pa|ro|dón|to *s.m.* (*anat.*) periodonto.

pa|rò|la *s.f.* **1** complesso di suoni articolati che esprime un significato compiuto e ha funzione grammaticale | insieme dei segni grafici corrispondenti: *parole che scorrono sulle pagine* | —

per —, alla lettera: *ripetere — per —* | *gioco di parole*, gioco basato sui diversi significati di un vocabolo | *giro di parole*, perifrasi **2** (*estens.*, *spec. iperb.*) discorso, frase | *— d'ordine*, frase segreta di riconoscimento | *mangiare le parole*, pronunciarle male | *dire una — buona*, confortare | *mettere una buona —*, raccomandare | *non avere parole*, non riuscire a esprimersi in modo adeguato, spec. a causa di un'intensa emozione | *in altre parole*, esprimendosi in modo diverso | *misurare, pesare le parole*, parlare con prudenza riflettendo su ciò che si dice | *non è detta l'ultima —*, la questione non è ancora del tutto risolta | (*fig.*) *passare —*, trasmettere una notizia **3** (*spec.pl.*) chiacchiera inutile a paragone dei fatti: *la volontà non si dimostra a parole* | *è una —!*, è facile a dirsi ma non a farsi **4** insegnamento, consiglio: *ascoltando queste parole mi sono risollevato* **5** facoltà di parlare propria dell'uomo: *ha il dono della —* | *perdere la —*, restare muto **6** possibilità di parlare in un dibattito: *prendere, dare la —* | *libertà di —*, libertà di esprimere le proprie opinioni **7** modo con cui ci si esprime: *ha la — pronta* **8** menzione, cenno: *non ha detto una — di quanto è accaduto* **9** promessa, impegno verbale: *non tradire la — data* | trattativa: *sono in — con lui* | *— d'onore*, promessa solenne | *di —*, che mantiene le promesse: *è un uomo di —* **10** (*pl.*) in una composizione per canto, i versi rispetto alla musica **11** (*inform.*) unità base di informazione, costituita da un gruppo di caratteri | *— chiave*, codice che identifica un documento facilitandone l'individuazione o la ricerca | *— d'ordine, d'accesso*, password.
pa|ro|làc|cia *s.f.* [pl. *-ce*] parola volgare od offensiva.
pa|ro|là|io *s.m.* [f. *-a*] chi parla molto e in modo inconcludente; chiacchierone ♦ *agg.* che abbonda di parole vane.
pa|ro|liè|re *s.m.* [f. *-a*] autore dei versi di canzoni o di commedie musicali.
pa|ro|li|na *s.f.* **1** parola gentile **2** cenno, breve discorso, per lo più confidenziale: *devo dirti una parolina*.
pa|ro|ló|na *s.f.* o **parolóne** *s.m.* **1** parola lunga **2** parola enfatica, gener. vuota di significato: *discorso pieno di paroloni*.
pa|ro|no|mà|sia *s.f.* (*ling.*) figura retorica consistente nell'accostare parole simili per suono e forma, ma diverse semanticamente (p.e. *ricci capricci*).
pa|ro|smi|a *s.f.* (*med.*) alterazione del senso dell'olfatto.
pa|ros|sì|smo *s.m.* **1** (*med.*) fase culminante di un processo morboso **2** (*geol.*) fase iniziale di un'eruzione vulcanica, caratterizzata da esplosioni violente **3** (*fig.*) massimo grado di tensione: *il — dell'odio* | intensa esasperazione.
pa|ros|sì|sti|co *agg.* [m.pl. *-ci*] (*med.*) di parossismo | (*anche fig.*) caratterizzato da parossismo: *urla parossistiche* □ **parossisticamente** *avv.*
pa|ros|sì|to|no *agg.* nella grammatica greca, detto di parola con accento acuto sulla penultima sillaba.

pa|ró|ti|de *s.f.* (*anat.*) ghiandola salivare, situata tra la mandibola e l'orecchio.
pa|ro|ti|te *s.f.* (*med.*) infiammazione della ghiandola parotide | *— epidemica*, malattia infiammatoria acuta della parotide, di origine virale e assai contagiosa, che colpisce prevalentemente i bambini; orecchioni.
parquet (*fr.*) [pr. *parké*] *s.m.invar.* pavimento fatto con listelli di legno, disposti in modo da formare figure geometriche.
par|ri|ci|da *s.m./f.* [m.pl. *-i*] chi ha ucciso il padre.
par|ri|cì|dio *s.m.* uccisione del padre.
par|ròc|chia *s.f.* **1** (*eccl.*) la più piccola circoscrizione di una diocesi | la chiesa in cui il parroco svolge le sue funzioni | sede dell'ufficio parrocchiale **2** (*estens.*) il gruppo dei parrocchiani **3** (*fig., spec.spreg.*) insieme di persone unite da comuni interessi, obiettivi.
par|roc|chià|le *agg.* della parrocchia | del parroco.
par|roc|chià|no *s.m.* [f. *-a*] ciascuno dei fedeli di una parrocchia.
pà|ro|co *s.m.* [pl. *-ci*] (*eccl.*) sacerdote a capo di una parrocchia.
par|rùc|ca *s.f.* capigliatura posticcia.
par|ruc|chiè|re *s.m.* [f. *-a*] chi acconcia e taglia i capelli.
par|ruc|chi|no *s.m.* parrucca che l'uomo applica sul capo per coprire la calvizie.
par|ruc|có|ne *s.m.* [f. *-a*] (*spreg.*) persona con idee antiquate.
pàr|sec *s.m.invar.* unità di lunghezza di distanze stellari, pari a 3,26 anni luce (*simb.* pc).
par|si|mò|nia *s.f.* **1** tendenza a evitare sprechi; frugalità: *vivere con —* **2** (*estens.*) moderazione, sobrietà: *parlare con —*.
par|si|mo|nió|so *agg.* frugale, parco: *un uomo —* | che è fatto con parsimonia o denota parsimonia: *discorso —* □ **parsimoniosamente** *avv.*
par|tàc|cia *s.f.* [pl. *-ce*] **1** comportamento riprovevole; brutta parte: *non ti puoi permettere una simile!* | *fare una — a qlcu.*, trattarlo molto male **2** severo rimprovero; sgridata.
pàr|te *s.f.* **1** ciascuno degli elementi in cui si può dividere un tutto | una certa quantità, porzione di ql.co.: *solo una — di loro era presente* | *fare le parti*, dividere ql.co. tra varie persone | *prender — a ql.co.*, partecciparvi | *fare la propria —*, fare ciò che si deve | *la maggior —*, la maggioranza | *in —*, non completamente **2** zona, lato, direzione: *la — collinare del paese*; *da quale — arrivi?* | *a —*, separatamente | *da —*, in disparte | *dalle parti di*, presso, vicino | *da una —*, da un lato; (*fig.*) in un certo senso: *da una — mi fa piacere* | *d'altra —*, del resto **3** lasso di tempo: *gran — dell'inverno* **4** fazione, partito | (*estens.*) ognuno dei contendenti in un contrasto; schieramento: *dare ragione alle due parti* | *spirito di —*, faziosità | *prendere le parti di qlcu.*, difenderlo | *essere dalla — della ragione, del torto*, avere ragione, torto **5** (*dir.*) ciascuno dei due contendenti in un giudizio | *essere*

partecipante

— *in causa*, essere una delle parti in un processo; (*fig.*) essere direttamente interessato | **parti sociali**, categorie rappresentanti gli imprenditori e i lavoratori dipendenti **6** ogni sezione in cui è suddivisa un'opera scientifica o letteraria: *volume primo, — terza* **7** (*teat.*) insieme delle battute destinate a un personaggio | il personaggio stesso **8** (*fig.*) atteggiamento che si assume; messinscena: *non fare la — dell'offeso!* **9** in un'esecuzione musicale, ciò che deve essere eseguito da cantanti o strumenti: *la — del baritono*.

par|te|ci|pàn|te *part.pres. di* partecipare ♦ *agg., s.m./f.* che, chi partecipa: *i partecipanti alla festa*.
par|te|ci|pà|re *v.intr.* [indic.pres. *io partécipo...*; aus. *A*] **1** prendere parte: — *a un'assemblea* **2** essere partecipe: — *del dolore altrui* ♦ *tr.* rendere noto, comunicare.
par|te|ci|pa|tì|vo *agg.* (*dir., polit.*) che consente di partecipare; che si realizza mediante partecipazione | **democrazia partecipativa**, forma di governo a cui partecipano direttamente tutti i cittadini.
par|te|ci|pa|zió|ne *s.f.* **1** l'atto del prendere parte **2** (*fig.*) vivo interessamento ai sentimenti degli altri **3** biglietto con cui si dà l'annuncio di matrimoni, battesimi e sim. **4** (*fin.*) possesso di una quota del capitale di una società | **partecipazioni statali**, quote detenute dallo Stato in società per azioni private.
par|te|ci|pa|zio|nì|smo *s.m.* (*polit., econ.*) ognuna delle teorie che sostiene la massima partecipazione dei cittadini alla vita politica e sociale.
par|té|ci|pe *agg.* che prende parte: *essere — della felicità di qlcu.*
par|teg|già|re *v.intr.* [indic.pres. *io partéggio...*; aus. *A*] **1** prendere le parti di qlcu. **2** sostenere una posizione politica: — *per un candidato*.
par|te|no|gè|ne|si *s.f.* (*biol.*) tipo di riproduzione di alcuni animali e piante inferiori, in cui lo sviluppo dell'uovo avviene senza fecondazione.
par|te|no|pè|o *agg.* (*lett.*) della città di Napoli, chiamata un tempo Partenope ♦ *s.m.* [f. *-a*] (*lett.*) chi è nato o abita a Napoli.
par|tèn|za *s.f.* **1** l'atto del partire | **essere in** (o **di**) —, essere sul punto di partire | **punto di** —, punto in cui ha inizio un moto; (*fig.*) punto da cui prende avvio un discorso, una ricerca **2** momento in cui un veicolo si mette in moto, spec. un mezzo di trasporto: *la — della navetta; gli orari di — del treno* | luogo da cui parte un mezzo pubblico **3** (*sport*) inizio di una gara | punto da cui prendono il via gli atleti | **falsa** —, partenza irregolare.
parterre (*fr.*) [pr. *partèr*] *s.m.invar.* **1** giardino all'italiana, con aiuole ornamentali **2** nei teatri e nelle sale di concerto, ordine di posti che si trova più in basso; platea.
par|ti|cèl|la *s.f.* (*fis.*) — *elementare*, elemento fondamentale che costituisce la materia (p.e. protone, elettrone) **2** (*dir.*) — *catastale*, unità immobiliari che deriva dalla suddivisione della superficie di un territorio **3** (*gramm.*) parola invariabile, spec. atona e monosillabica, che ha funzione accessoria o di legamento nella frase: — *pronominale*.
par|ti|ci|na *s.f.* in una rappresentazione, ruolo, personaggio di scarso rilievo.
par|ti|ci|pià|le *agg.* (*gramm.*) del participio.
par|ti|ci|pio *s.m.* (*gramm.*) forma nominale del verbo, usata gener. con valore di aggettivo o di sostantivo: — *passato, presente*.
par|ti|còl|la *s.f.* (*lit.*) ostia della comunione.
par|ti|co|là|re *agg.* **1** che non è proprio di un tutto o di tutti; specifico della cosa o della persona singola: *il suo — modo di interpretare i fatti* | *in modo —*, particolarmente **2** che ha caratteristiche esclusive, determinate: *è un caso* — **3** fuori del comune; insolito, strordinario: *è dotato di un fascino —* ♦ *s.m.* **1** elemento che fa riferimento a un tutto: *il — e l'universale* **2** ognuno dei dettagli che compongono un tutto: *il — di un paesaggio* □ **particolarmente** *avv.* **1** nei dettagli: *esaminare* — **2** principalmente, soprattutto: *lo dico — a voi* **3** in modo speciale: *film — interessante*.
par|ti|co|la|reg|già|to *agg.* curato nei dettagli, minuzioso: *resoconto* —.
par|ti|co|la|rì|smo *s.m.* **1** parzialità nei confronti di qlcu.; favoritismo **2** tendenza a curare i propri interessi particolari.
par|ti|co|la|rì|sti|co *agg.* [m.pl. -*ci*] che riguarda il particolarismo | che denota particolarismo: *interessi particolaristici*.
par|ti|co|la|ri|tà *s.f.* **1** caratteristica di ciò che è particolare, non comune: *la — di un episodio* **2** elemento, fatto particolare; dettaglio: *descrivere ogni* — **3** caratteristica distintiva, specifica.
par|ti|gia|ne|rì|a *s.f.* atteggiamento fazioso; parzialità.
par|ti|già|no *s.m.* [f. *-a*] **1** chi parteggia per un'idea, un gruppo **2** appartenente a un gruppo armato irregolare che combatte contro gli invasori del proprio Paese | (*st.*) durante la seconda guerra mondiale, appartenente al movimento di resistenza contro i nazifascisti ♦ *agg.* **1** fazioso: *spirito* — **2** proprio dei partigiani: *difesa partigiana*.
par|tì|re *v.intr.* [aus. *E*] **1** allontanarsi da un luogo per raggiungerne un altro: *parto da Torino per Firenze* **2** iniziare a muoversi; mettersi in funzione: *il treno non parte* | —**in quarta**, partire a grande velocità; (*fig.*) intraprendere ql.co. con energia **3** (*fig.*) provenire; avere inizio: *dalla piazza partono due vie* | (*fig.*) prendere le mosse; scaturire: *tutte le iniziative sono partite da lui* | **a** — **da**, cominciando il calcolo da: *il tempo cambierà a — dalla prossima settimana* **4** (*sport*) in una gara, prendere il via: *gli atleti sono partiti* **5** (*fig., fam.*) rompersi: *il frigorifero è definitivamente partito* | ubriacarsi, sragionare: *gli basta un bicchierino per* —.
par|tì|ta *s.f.* **1** quantità di merce acquistata all'ingrosso: *una — di zucchero* **2** registrazione contabile | — **doppia**, registrazione contabile di-

visa in dare e avere | (*fig.*) *saldare la* —, regolare i conti **3** gara, competizione sportiva: — *di tennis* | *dare* — *vinta*, cedere **4** (*fig.*) azione di più persone, spec. condotta a scopo di divertimento: — *di caccia* | *essere della* —, partecipare a un'attività, a un'iniziativa **5** (*mus.*) composizione strumentale costituita da una serie di variazioni su un determinato tema | suite.

par|ti|tà|rio *s.m.* prospetto in cui viene registrata la situazione di un'azienda nei confronti dei fornitori e dei clienti.

par|ti|ti|co *agg.* [m.pl. *-ci*] di partito; relativo a un partito.

par|ti|ti|smo *s.m.* tendenza ad attribuire una funzione determinante ai partiti nella vita politica di un paese.

par|ti|tis|si|ma *s.f.* (*sport*) partita decisiva o di alto livello agonistico.

par|ti|ti|vo *agg.* (*gramm.*) che indica partizione | *complemento*, *genitivo* —, quello che indica il tutto di cui si considera una parte (p.e. *alcuni dei genitori; ho comprato un chilo di pasta*) | *articolo* —, quello rappresentato dalle prep. articolate *del*, *dello*, *della* ecc., usate con il significato di "un po' di", "una parte di, alcuni" (p.e. *passami del vino*; *sono venuti dei tuoi amici*) ♦ *s.m.* (*gramm.*) complemento partitivo, genitivo partitivo.

par|ti|to *s.m.* **1** associazione di cittadini mirante allo svolgimento di un'attività politico-sociale comune: — *moderato*, *di maggioranza* | (*fig.*) gruppo **2** decisione, alternativa: *non so che* — *prendere* | *per* — *preso*, in modo preconcetto **3** condizione | *a mal* —, in cattivo stato **4** persona che si valuta come occasione di matrimonio: *quell'uomo è un ottimo* —.

par|ti|to|cra|ti|co *agg.* [m.pl. *-ci*] relativo alla partitocrazia.

par|ti|to|cra|zi|a *s.f.* (*spreg.*) accentramento del potere politico negli organi dirigenti dei partiti, a scapito del Governo e del Parlamento.

par|ti|tù|ra *s.f.* (*mus.*) rappresentazione grafica di una composizione a più parti, costituita da una serie di righi sovrapposti che consentono all'esecutore di avere una visione complessiva.

par|ti|zio|ne *s.f.* suddivisione in parti: *la* — *del patrimonio* | *sezione*, *parte*.

partner (*ingl.*) *s.m./f.invar.* **1** chi fa coppia con altra persona in uno spettacolo, una competizione **2** ognuno dei due componenti di una coppia, legati da una relazione amorosa **3** socio in un'impresa economica **4** (*estens.*) Stato, partito, organismo con cui si stringono rapporti d'alleanza.

partnership (*ingl.*) [pr. *pàrtnerscip*] *s.f.invar.* accordo politico, economico | alleanza militare: — *atlantica*.

pàr|to[1] *s.m.* **1** espulsione del feto attraverso gli organi genitali materni | — *cesareo*, intervento chirurgico con cui si estrae il feto per via addominale **2** creatura partorita **3** (*fig.*) prodotto dell'ingegno: — *poetico* | (*scherz.*) — *della fantasia*, cosa non vera, invenzione.

pàr|to[2] *s.m.* appartenente a un'antica popolazione stanziatasi in Persia nel sec. III a.C.

par|to|rièn|te *agg.*, *s.f.* detto di donna che sta partorendo o è in procinto di partorire.

par|to|ri|re *v.tr.* [indic.pres. *io partorisco, tu partorisci...*] **1** (*anche assol.*) dare alla luce: *partorirà tra poco* **2** (*fig.*, *anche scherz.*) produrre un'opera con l'ingegno, la fantasia: *ha partorito un'idea geniale*.

part time (*ingl.*) [pr. *partàim*] *loc.sost.m.invar.* **1** rapporto di lavoro che prevede un orario ridotto: *ottenere il* — **2** lavoratore che ha tale rapporto di lavoro ♦ *loc.agg.invar.* **1** a orario ridotto: *lavoro, contratto* — **2** che ha un contratto a tempo ridotto: *segretaria* —.

party (*ingl.*) *s.m.invar.* ricevimento, festa.

parure (*fr.*) [pr. *parùr*] *s.f.invar.* **1** insieme coordinato di gioielli **2** completo di biancheria intima femminile.

parvenu (*fr.*) [pr. *parvenù*] *s.m.invar.* persona di umile condizione sociale che si è arricchita rapidamente senza però avere acquisito i modi caratteristici del nuovo stato; nuovo ricco.

par|vèn|za *s.f.* **1** (*lett.*) aspetto esteriore; apparenza **2** (*fig.*) vaga somiglianza; ombra, traccia: *una* — *di giustizia*.

par|zià|le *agg.* **1** che riguarda o costituisce solo una parte: *analisi* — *della situazione* | che avviene solo in parte: *un'eclissi* — **2** poco obiettivo, tendenzioso: *un giudizio* — ♦ *s.m.* (*sport*) risultato non definitivo □ **parzialmente** *avv.* **1** in parte: *partecipare* — *alle spese* **2** con parzialità: *giudicare* —.

par|zia|li|tà *s.f.* scarsa obiettività | azione, comportamento parziale: *fare delle* —.

pa|scàl *s.m.invar.* **1** (*fis.*) nel Sistema Internazionale, unità di misura della pressione che equivale alla forza di 1 newton applicata a una superficie di 1 m² (*simb.* Pa) **2** (*inform.*) linguaggio di programmazione creato a scopo didattico.

pà|sce|re *v.tr.* [indic.pres. *io pasco, tu pasci...*; pass.rem. *io pascètti* o *pascéi*, *tu pascésti...*; part.pass. *pasciuto*] **1** detto di animali al pascolo, mangiare: — *l'erba* | (*assol.*) pascolare **2** condurre al pascolo: — *gli armenti* | (*fig.*) alimentare: — *la mente con buone letture* ♦ **-rsi** *rifl.* (*anche fig.*) nutrirsi: — *di illusioni*.

pa|scià *s.m.* (*st.*) titolo onorifico turco | (*fig.*) *fare il* —, vivere negli agi.

pa|sciù|to *part.pass.* *di* pascere ♦ *agg.* nutrito con abbondanza | che ha l'aspetto florido: *guance ben pasciute*.

pa|sco|là|re *v.tr.* [indic.pres. *io pàscolo...*] condurre al pascolo ♦ *intr.* [aus. *A*] mangiare l'erba del pascolo: *le mucche pascolano sul prato*.

pà|sco|lo *s.m.* **1** l'atto del pascolare | permanenza sui pascoli: *divieto di* — **2** zona erbosa riservata all'alimentazione del bestiame | (*estens.*) l'erba come foraggio **3** (*fig.*) alimento spirituale: *trovare* — *nella musica*.

paso doble (*sp.*) *loc.sost.m.invar.* (*mus.*) danza

spagnola degli inizi del sec. XX, di andamento allegro.

Pà|squa *s.f.* **1** nell'ebraismo, festa che ricorda la liberazione dalla schiavitù dell'Egitto **2** nel cristianesimo, festa che commemora la resurrezione di Cristo | la domenica successiva al primo plenilunio di primavera, in cui si celebra tale festa | — *alta*, *bassa*, che cade tardi o presto | *essere contento come una* —, sentirsi molto felice.

pa|squà|le *agg.* di Pasqua; relativo alla Pasqua: *colomba* — | (*relig.*) *precetto* —, obbligo per i fedeli di fare la comunione e di confessarsi in occasione della Pasqua.

pa|squét|ta *s.f.* (*pop.*, *region.*) il lunedì dopo Pasqua.

pa|squi|nà|ta *s.f.* satira di contenuto politico.

pass (*ingl.*) *s.m.invar.* tessera d'identificazione che consente l'ingresso in locali, congressi ecc.

pàs|sa *solo nella loc.* **e** —, e oltre, e più: *sessant'anni e* —.

pas|sà|bi|le *agg.* accettabile, discreto: *uno spettacolo* – ◻ **passabilmente** *avv.*

pas|sa|cà|glia *s.f.* antica danza di origine spagnola | (*mus.*) composizione che accompagna tale danza, di ritmo ternario e andamento moderato.

pas|sa|càr|te *s.m./f.invar.* (*fam.*) impiegato che svolge mansioni modeste.

pas|sàg|gio *s.m.* **1** l'atto del passare da un luogo a un altro o attraverso un luogo | *essere di* —, fermarsi temporaneamente in un luogo **2** (*fig.*) variazione di condizione, mutamento; trasferimento: — *a un livello sociale più elevato*; — *di proprietà* **3** complesso di persone o cose che passano per un luogo: *una via con molto* — **4** luogo attraverso cui si passa; varco | — *pedonale*, parte della carreggiata con strisce bianche destinata all'attraversamento dei pedoni | — *a livello*, punto in cui una strada s'incrocia con la ferrovia **5** breve percorso compiuto gratis su un veicolo altrui: *chiedere un* — **6** (*mus.*) mutamento da una tonalità all'altra | episodio con caratteristiche tecniche particolari **7** apparizione in televisione **8** (*lett.*) brano, passo di un'opera **9** (*astr.*) istante in cui un corpo celeste attraversa il meridiano di un luogo **10** (*sport*) nei giochi di squadra, invio della palla ad altro giocatore.

pas|sa|ma|ne|rì|a *s.f.* **1** insieme dei passamani per guarnizione **2** fabbrica o negozio di passamani.

pas|sa|mà|no[1] *s.m.* [pl.invar. o *-i*] passaggio di un oggetto per le mani di più persone disposte in fila: *far* — *per scaricare le pietre*.

pas|sa|mà|no[2] *s.m.* [pl.invar. o *-i*] cordoncino, nastro o frangia che si applica per guarnizione ad abiti, tappezzerie o tendaggi.

pas|sa|mon|tà|gna *s.m.invar.* berretto di lana che lascia scoperta solo una parte del volto.

pas|sàn|te *part.pres. di passare* ◆ *agg.* che passa | (*sport*) *colpo* —, nel tennis, colpo che scavalca l'avversario sceso a rete ◆ *s.m.* **1** [anche f.] persona che cammina per la strada **2** striscia di stoffa o cuoio, attraverso cui si fanno passare cinture, stringhe **3** — *ferroviario*, tratto ferroviario che collega più stazioni di linee diverse.

pas|sa|pa|rò|la *s.m.invar.* **1** (*mil.*) veloce ripetizione di un ordine a bassa voce **2** comunicazione spontanea fra persone, in relazione alla qualità di un prodotto.

pas|sa|pa|tà|te *s.m.invar.* (*raro*) schiacciapatate.

pas|sa|pòr|to *s.m.* [pl. *-i*] **1** documento d'identità che consente a un cittadino di espatriare **2** (*fig.*) ciò che consente di ottenere un risultato, uno scopo: *lo studio è il* — *per il futuro*.

pas|sà|re *v.intr.* [aus. *E*] **1** muoversi attraversando un luogo: — *per la strada secondaria* | detto di fluidi, scorrere: *l'acqua passa nelle condutture* | detto di strada, fiume ecc., giungere in un luogo e oltrepassarlo; snodarsi attraverso: *il Po passa per Torino* **2** (*fig.*) vivere attraversando varie vicissitudini: *passai per molte difficoltà* **3** transitare per un luogo nel corso di un viaggio, fermandovisi temporaneamente: *passerò a Firenze durante il tragitto* | recarsi da qlcu. per intrattenervisi brevemente: *passerò da te a salutarti* | (*anche fig.*) — *davanti a qlcu.*, superarlo | (*fig.*) — *sopra a ql.co.*, non curarsene **4** trasferirsi in altro luogo: *passeremo in un nuovo appartamento* | (*fig.*) cambiare condizione o atteggiamento: — *dal riso al pianto* | — *alla storia*, diventare celebre | — *ad altro*, cambiare discorso **5** penetrare attraverso un'apertura: *la luce passa per le imposte* **6** detto di tempo, scorrere | (*anche fig.*) aver luogo, intercorrere: *fra i due passano vent'anni* **7** cessare, terminare: *il malessere è passato* **8** (*fig.*) essere approvato, promosso: *le leggi sono passate* | essere accettabile: *non è una meraviglia ma può* — **9** (*fig.*) essere considerato: — *da disonesto* ◆ *tr.* **1** (*anche fig.*) superare, oltrepassare: — *un guaio* | — *gli esami*, essere promosso | (*fig.*) — *il segno*, esagerare | (*fig.*, *fam.*) *passarsela bene*, *male*, trovarsi in una buona, cattiva condizione **2** spostare, trasferire: *lo hanno passato in un altro ufficio* | cedere ad altri; porgere, dare: *passami il libro*, *la palla* **3** trasmettere, comunicare: — *una notizia segreta* | trasferire una comunicazione telefonica: *passami il papà* **4** infilare attraverso un'apertura, un foro: — *il filo nella cruna* **5** ridurre in poltiglia un cibo mediante un utensile: — *i piselli* | far rosolare rapidamente: — *il riso in padella* | filtrare: — *il brodo* **6** distribuire, spalmare su una superficie: — *la cera sul pavimento* **7** trascorrere: — *l'inverno in montagna* | (*fig.*) — *un brutto quarto d'ora*, trascorrere un momento difficile **8** (*fam.*) tollerare: *te ne ho passate già tante*.

pas|sa|scòt|te *s.m.invar.* (*mar.*) attrezzo che trattiene la scotta del fiocco e dello spinnaker, situato su entrambi i lati della coperta.

pas|sà|ta *s.f.* **1** avvenimento di breve durata: *una* — *di neve* **2** lettura rapida: *ho dato una* — *alle notizie* | *di* —, di sfuggita, rapidamente **3** passaggio rapido su una superficie con un oggetto: *dare una* — *ai mobili con lo straccio*; *una* — *di vernice* **4** (*gastr.*) salsa di pomodoro per sughi

pas|sa|tèm|po *s.m.* [pl. *-i*] occupazione per passare piacevolmente il tempo.

pas|sa|tì|smo *s.m.* atteggiamento di chi rifiuta ogni innovazione essendo ancorato a costumi, idee, tendenze del passato.

pas|sà|to *part.pass.* di passare ♦ *agg.* **1** di tempo, trascorso, andato oltre | *l'anno —*, quello appena trascorso **2** accaduto in un tempo lontano: *un amore —* | (*estens.*) sorpassato: *— di moda* | (*fig.*) *essere acqua passata*, detto di situazione spec. negativa ormai lontana nel tempo ♦ *s.m.* **1** il tempo trascorso in relazione a ciò che vi è avvenuto: *non rimpiangere il —* **2** (*gramm.*) tempo del verbo che indica azione già compiuta: *— prossimo* **3** (*gastr.*) minestra di verdure ridotte in crema.

pas|sa|tó|ia *s.f.* striscia di tappeto o di stuoia stesa lungo un corridoio, su una scala ecc.

pas|sa|tut|to *s.m.invar.* utensile da cucina usato per passare, tritare verdure, legumi ecc.

pas|sa|ver|dù|ra o **passaverdùre** *s.m.invar.* utensile da cucina che si usa per passare verdure, legumi e sim.

pas|sa|vi|vàn|de *s.m.invar.* apertura a parete usata per far passare i cibi dal luogo in cui vengono preparati a quello in cui vengono consumati.

pas|seg|gè|ro *agg.* che passa, che è di passaggio | (*spec.fig.*) che ha breve durata: *disturbo —* ♦ *s.m.* [f. *-a*] chi viaggia su un mezzo di trasporto: *i passeggeri di una nave*.

pas|seg|già|re *v.intr.* [indic.pres. *io passéggio...*; aus. *A*] andare a spasso senza una meta precisa | (*estens.*) andare avanti e indietro: *— per la casa*.

pas|seg|già|ta *s.f.* **1** camminata o breve gita su un mezzo di trasporto: *— in carrozza* | percorso compiuto passeggiando: *una breve —* | (*fig.*) impresa senza difficoltà: *questo lavoro non sarà una —* **2** (*estens.*) strada ampia in cui si può passeggiare.

pas|seg|gia|trì|ce *s.f.* (*euf.*) prostituta da marciapiede.

pas|seg|gì|no *s.m.* seggiolino montato su telaio a ruote, usato per portare a passeggio i bambini piccoli.

pas|ség|gio *s.m.* **1** camminata lenta gener. lungo strade frequentate: *le ore pomeridiane del —* **2** luogo in cui si passeggia **3** (*estens., pop.*) insieme delle persone che passeggiano.

passe-partout (*fr.*) [pr. *paspartù*] *s.m.invar.* **1** chiave per aprire tutte le serrature **2** riquadro di cartone che si pone tra la cornice e l'oggetto da incorniciare **3** (*fig.*) buona soluzione per ogni problema.

pàs|se|ra *s.f.* **1** (*pop.*) denominazione di alcuni uccelli dei Passeriformi **2** *— di mare*, pesce commestibile dal corpo appiattito che abita i fondali marini fangosi e le acque salmastre.

Pas|se|ri|cei *s.m.pl.* Passeriformi.

pas|se|rèl|la *s.f.* **1** ponticello mobile che consente di salire e scendere da navi, aerei e sim. | nelle stazioni senza sottopassaggi, portello che consente di attraversare i binari **2** pedana su cui sfilano le indossatrici o gli artisti alla fine di una rappresentazione | la sfilata stessa | (*estens.*) esibizione pubblicitaria di personaggi famosi.

Pas|se|ri|fór|mi *s.m.pl.* ordine di Uccelli canori, con capo piccolo e piedi dotati di alluce volto all'indietro.

pàs|se|ro *s.m.* [f. *-a*] piccolo uccello di colore castano-grigio, con becco corto; si nutre di insetti e di cereali | *— solitario*, uccello dal piumaggio grigio-azzurro e dal canto melodioso.

pas|se|ròt|to *s.m.* passero giovane | (*fig.*) appellativo affettuoso che si rivolge a bambini o si scambia tra innamorati.

pàs|si *s.m.* documento che autorizza l'accesso a uffici pubblici, ministeri e sim.

pas|sì|bi|le *agg.* che può subire ql.co.: *— di modifiche* | che può essere punito con una pena: *è — di arresto*.

Pas|si|flò|ra *s.f.* genere di piante erbacee originarie dell'America, che producono frutti a bacca e fiori di vario colore.

pàs|sim (*lat.*) *avv.* qua e là (usato nelle citazioni bibliografiche per rinviare a luoghi diversi di un'opera).

pas|sì|no *s.m.* colino di plastica o di rete metallica.

pas|sio|nà|le *agg.* **1** di passione, dovuto a passione: *delitto —* **2** che si lascia trasportare dalla passione: *carattere —* ♦ *s.m./f.* individuo passionale □ **passionalmente** *avv.*

pas|sio|na|li|tà *s.f.* caratteristica di persona o cosa passionale.

pas|sió|ne *s.f.* **1** sofferenza fisica | (*relig.*) *la Passione*, insieme delle sofferenze patite da Cristo dall'ultima cena fino alla morte in croce **2** sentimento in grado di dominare l'intera personalità | amore sensuale incontenibile: *accecato dalla —* | la persona oggetto di tale amore | *frutto della —*, frutto rotondo con sapore simile a quello dell'arancia; maracuja **3** (*estens.*) interesse vivo per ql.co.: *avere — per lo sport* | cosa, attività oggetto di tale interesse: *la musica è la sua —* | *fare ql.co. con —*, farlo con entusiasmo, con dedizione | *fare ql.co. per —*, farlo solo per diletto **4** comportamento di parzialità indotto dai sentimenti.

pas|sio|nì|sta *s.m.* [pl. *-i*] chierico della congregazione fondata da san Paolo della Croce (1694-1775).

pas|sì|sta *s.m./f.* [m.pl. *-i*] (*sport*) ciclista che mantiene un'andatura sostenuta su un percorso pianeggiante.

pas|sì|to *agg., s.m.* detto di vino liquoroso fatto con uva passa.

pas|si|vàn|te *agg.* (*gramm.*) detto di forme che danno valore passivo a un verbo attivo | *si —*, particella pronominale che, premessa alle terze persone di un verbo attivo, conferisce loro valore passivo (p.e. *si alzarono muri*, cioè *furono alzati*).

pas|si|vi|tà *s.f.* **1** condizione di persona o cosa passiva; inerzia **2** (*econ.*) debito del bilancio di un'azienda.

pas|sì|vo *agg.* **1** che subisce l'azione altrui; sen-

passo

za iniziativa: *difesa passiva* | (*gramm.*) **verbo** —, quello indicante un'azione subita dal soggetto (p.e. *Laura è amata da tutti*) **2** (*econ.*) detto di bilancio che presenta un'eccedenza dei costi rispetto ai ricavi ♦ *s.m.* **1** (*econ.*) passività | *chiudere il bilancio in* —, chiuderlo in perdita **2** (*sport*) insieme dei punti o delle reti subiti da una squadra **3** (*gramm.*) forma verbale passiva □ **passivamente** *avv.* senza reazioni, con passività: *accetta tutto —.*

pàs|so[1] *s.m.* **1** ciascuno dei movimenti alterni che si compiono per camminare | *a grandi passi*, rapidamente | *fare un — falso*, mettere un piede in fallo; (*fig.*) fare un errore | (*fig.*) *fare il — più lungo della gamba*, fare di più di quanto consentito dalle proprie possibilità | *tornare sui propri passi*, percorrere a ritroso il cammino compiuto in precedenza; (*fig.*) ricominciare da capo **2** la distanza che può essere coperta con un passo: *a un — da casa mia* | (*fig.*) *essere a un — da*, essere prossimi a raggiungere ql.co. **3** andatura | *di pari —*, con la stessa andatura; (*fig.*) insieme | *andare, stare al —*, procedere al ritmo di altre persone; (*fig.*) essere in sintonia: *stare al — coi tempi* | (*fig.*) *a — d'uomo*, riferito a veicoli, molto lentamente | (*mil.*) *—!*, ordine di marcia, eseguito battendo il piede sinistro in terra **4** nella danza, movimento particolare eseguito con i piedi o con tutto il corpo: *— di valzer* **5** andatura di un animale che non è in corsa **6** (*fig.*) iniziativa rivolta a uno scopo: *fare i passi necessari per risolvere una situazione* **7** (*lett.*) brano: *antologia di passi scelti* | (*mus.*) passaggio **8** (*cine.*) distanza tra due fori ai lati della pellicola | (*estens.*) larghezza della pellicola: *film a — ridotto*.

pàs|so[2] *s.m.* **1** luogo attraverso il quale si passa; passaggio | *cedere il —*, lasciar passare prima qlcu. in segno di gentilezza | *uccelli di —*, quelli che migrano in autunno **2** valico.

pàs|so[3] *agg.* appassito: *uva passa.*

password (*ingl.*) [pr. *pàsuord*] *s.f.invar.* (*inform.*) codice d'accesso, parola d'ordine con cui l'utente accede a programmi e banche dati.

pà|sta *s.f.* **1** impasto preparato con farina, acqua e altri ingredienti, lavorato fino a renderlo duttile e compatto: *spianare la —* | *— sfoglia*, quella a base di farina e burro che, quando è cotta, risulta divisa in più fogli, sottili e friabili | (*fig.*) *avere le mani in —*, spec. in situazioni poco chiare, essere molto influente **2** impasto preparato con farina di frumento che, una volta tagliato in varie forme e fatto seccare, si cuoce e si mangia in brodo o asciutto: *— all'uovo, al forno; — e ceci* **3** dolce di dimensioni ridotte, farcito gener. con crema alla vaniglia, al cioccolato e sim.; pasticcino **4** sostanza plasmabile di consistenza piuttosto densa: *— dentifricia* **5** sostanza viscosa destinata a diversi usi: *— di cemento, di vetro* **6** (*fig.*) indole, carattere | *essere fatti della stessa —*, essere molto simili.

pa|sta|fròl|la o **pàsta fròlla** *s.f.* [pl. *-e*] pasta dolce preparata con farina, zucchero, burro e uova | (*fig.*) *essere fatto di —*, essere senza carattere, debole, fiacco.

pa|stà|io *s.m.* [f. *-a*] chi vende o prepara paste alimentari.

pa|sta|sciùt|ta o **pàsta asciùtta** *s.f.* [pl. *pastasciutte* o *paste asciutte*] piatto tipico della cucina italiana fatto con pasta di diverse forme, cotta in acqua bollente salata, scolata e condita in vario modo: *— al burro, al pomodoro.*

pa|steg|già|re *v.intr.* [indic.pres. *io pastéggio...*; aus. *A*] pranzare o cenare bevendo ql.co.: *— con un prosecco.*

pa|stèl|la *s.f.* impasto molle a base di farina e acqua, usato per fare frittelle o come rivestimento di verdure e carni da friggere.

pa|stèl|lo *s.m.* **1** piccolo cilindro contenente un impasto solido colorante, usato per dipingere spec. su carta: *matita a —* | (*estens.*) tecnica pittorica basata sull'uso dei pastelli **2** dipinto eseguito con tale tecnica ♦ *agg.invar.* di tonalità sfumata e tenue: *rosa —.*

pa|stét|ta *s.f.* **1** (*region.*) pastella **2** (*fig.*) accordo fatto a scopi illeciti; imbroglio, raggiro **3** (*estens.*) broglio elettorale.

pa|stic|ca *s.f.* pastiglia: *— alla menta.*

pa|stic|ce|rì|a *s.f.* **1** arte di preparare i dolci | industria di fabbricazione dei dolci **2** assortimento di dolci: *— secca, fresca* **3** negozio in cui si vendono dolci.

pa|stic|cià|re *v.tr.* [indic.pres. *io pasticcio...*] **1** eseguire un lavoro in modo disordinato e confuso | (*assol.*) far pasticci, fare confusione **2** imbrattare, sporcare | fare sgorbi su ql.co.: *— il muro.*

pa|stic|cià|to *part.pass.* di *pasticciare* ♦ *agg.* **1** eseguito male; disordinato, confuso **2** sporco | pieno di sgorbi **3** (*gastr.*) detto di vivanda condita con sugo di carne, formaggio e burro, cotta al forno: *polenta pasticciata.*

pa|stic|ciè|re *s.m.* [f. *-a*] chi prepara o vende dolci ♦ *agg. solo nella loc.* **crema pasticciera**, crema densa preparata con latte, rossi d'uovo, zucchero e farina.

pa|stic|cì|no *s.m.* piccola pasta dolce.

pa|stìc|cio *s.m.* **1** pietanza a base di pasta ripiena di vari ingredienti, cotta al forno; timballo: *— di maccheroni, di verdure* **2** (*fig.*) lavoro disordinato e confuso, eseguito male **3** (*fig.*) situazione difficile; guaio, impiccio: *mettere qlcu. in un —* **4** (*mus.*) nel Settecento, opera teatrale o musicale composta da pezzi di diversi autori; pastiche.

pa|stic|ció|ne *s.m.* [f. *-a*] chi lavora in modo disordinato | chi spesso agisce in modo confuso, senza seguire un criterio preciso.

pastiche (*fr.*) [pr. *pastìsh*] *s.m.invar.* (*arte, mus., lett.*) opera che imita lo stile di altri autori o è costituita da brani di diversa origine.

pa|stiè|ra *s.f.* torta di pastafrolla ripiena di ricotta, grano macerato nel latte e canditi; è una specialità napoletana e si consuma spec. a Pasqua.

pa|sti|fi|cà|re *v.tr.* [indic.pres. *io pastifico, tu pastìfichi...*] utilizzare nella produzione della pasta alimentare: — *la farina* ♦ *intr.* [aus. *A*] produrre le paste alimentari.

pa|sti|fi|ca|zió|ne *s.f.* il complesso delle operazioni con cui si trasforma la farina in pasta.

pa|sti|fi|cio *s.m.* **1** stabilimento in cui si fabbricano paste alimentari **2** (*estens.*) negozio in cui si vendono paste alimentari.

pa|sti|glia *s.f.* **1** prodotto farmaceutico a forma di piccolo disco: *pastiglie per la tosse* **2** prodotto dolciario di analoga forma, contenente zucchero e aromi vari; caramella: *pastiglie al caffè* **3** (*mecc.*) dischetto metallico che si inserisce come guarnizione d'attrito fra due organi in movimento: *le pastiglie dei freni* **4** impasto a base di gesso e colla, usato un tempo per decorare le cornici degli specchi o i mobili.

pa|sti|na *s.f.* **1** pasta alimentare per brodo, di piccolo formato **2** pasticcino.

pa|sti|nà|ca *s.f.* **1** pianta erbacea comune nei luoghi umidi, con fiori rossi o gialli raccolti in infiorescenze, grosse radici carnose commestibili **2** grosso pesce di mare dal corpo romboidale, con coda lunga e appuntita munita di un aculeo velenifero.

pà|sto *s.m.* **1** assunzione di cibo, spec. a ore determinate; il pranzo o la cena: *consumare tre pasti al giorno* | *vino da* —, quello da bere durante il pasto | (*fig.*) *dare in* —, rendere ql.co. di pubblico dominio, esporlo alla curiosità degli altri **2** insieme dei cibi che si mangiano durante un pasto: — *frugale, abbondante*.

pa|stó|ia *s.f.* **1** fune che si lega alle zampe anteriori degli animali al pascolo per impedire che si allontanino **2** (*fig.*) impaccio, impedimento: *le pastoie della burocrazia* **3** (*zool.*) parte dell'arto di equini, bovini e altri ungulati, compresa tra il nodello e la corona.

pa|stó|ne *s.m.* **1** miscuglio di acqua, crusca o farina di granturco, dato come mangime agli animali: *il* — *per i maiali* **2** massa di pasta lievitata da cui si fa il pane **3** (*estens., spreg.*) minestra o pasta eccessivamente cotta **4** (*fig.*) insieme di cose male assortite, discordanti tra loro; accozzaglia: *un* — *di colori; un* — *di concetti* **5** articolo giornalistico di tema politico che rielabora notizie attinte da più fonti.

pa|sto|rà|le[1] *agg.* **1** di pastore; che riguarda i pastori: *canto* — | *poesia* —, poesia che rappresenta attraverso immagini idilliche la vita campestre **2** (*eccl.*) che si riferisce al vescovo e al sacerdote in quanto pastore delle anime: *ministero* — ♦ *s.f.* **1** lettera che tratta argomenti della fede, scritta dal vescovo e inviata ai parroci e ai fedeli di una diocesi **2** il complesso delle iniziative intraprese dalla Chiesa in un dato ambito.

pa|sto|rà|le[2] *s.f.* **1** (*mus.*) composizione strumentale o vocale che nel ritmo, nella melodia e nelle scelte strumentali si richiama al caratteristico stile della musica dei pastori **2** dramma ispirato alla vita campestre.

pa|sto|rà|le[3] *s.m.* (*eccl.*) bastone ricurvo in alto, simbolo dell'autorità del vescovo.

pa|sto|rà|le[4] *s.m.* (*zool.*) prima falange dell'arto del cavallo.

pa|stó|re *s.m.* [f. -*a*] **1** chi custodisce e guida al pascolo le greggi **2** (*fig.*) guida spirituale: — *dei popoli* | (*estens.*) sacerdote, vescovo: — *di anime* | nella Chiesa protestante, ministro del culto **3** (*zool.*) denominazione di varie razze di cani, impiegati nella guardia delle greggi: — *maremmano, tedesco*.

pa|sto|rèl|la *s.f.* (*lett.*) nel Medioevo, componimento lirico di origine provenzale che rappresentava il dialogo d'amore tra un cavaliere e una giovane pastora.

pa|sto|ri|zia *s.f.* attività di allevare il bestiame, spec. gli ovini, e di utilizzare i prodotti che se ne ricavano.

pa|sto|ri|zio *agg.* che riguarda la pastorizia: *attività pastorizia*.

pa|sto|riz|zà|re *v.tr.* sottoporre il latte, la birra o un altro liquido organico al processo di pastorizzazione.

pa|sto|riz|za|tó|re *s.m.* **1** [f. *-trice*] operaio addetto al processo di pastorizzazione **2** apparecchio costituito da un recipiente in ferro dentro cui è inserito un altro in rame, usato per la pastorizzazione.

pa|sto|riz|za|zió|ne *s.f.* procedimento consistente nel riscaldare a bassa temperatura i liquidi alimentari (p.e. latte, birra ecc.), in modo da distruggerne la flora batterica senza che vengano alterate le proprietà nutrizionali.

pa|sto|si|tà *s.f.* caratteristica di cosa pastosa, malleabile.

pa|stó|so *agg.* **1** che ha la consistenza della pasta: *materiale* — **2** (*fig.*) che non presenta contrasti; morbido, gradevole | *voce pastosa*, voce calda e vellutata, piacevole all'udito.

pa|strà|no *s.m.* soprabito maschile pesante, tipico spec. delle divise militari.

pa|stròc|chio *s.m.* (*region., fam., anche fig.*) intruglio, pasticcio.

pa|stù|ra *s.f.* **1** l'atto del pascolare | terreno destinato al pascolo degli animali: *portare le pecore alla* — | (*estens.*) cibo per nutrire gli animali **2** cibo gettato in acqua per attirare i pesci.

pa|tàc|ca *s.f.* **1** in numismatica, denominazione di antiche monete in argento **2** (*estens.*) grande moneta di scarso valore | (*fig.*) oggetto di poco pregio o falso, spacciato per antico **3** (*estens., scherz.*) medaglia, decorazione vistosa, ma di poco valore **4** (*fig., fam.*) grossa macchia di unto: *una* — *sul grembiule*.

pa|tac|có|ne *s.m.* (*fam.*) grosso e vecchio orologio da tasca.

pa|tà|gio *s.m.* (*zool.*) **1** nei rettili, nei pipistrelli e in alcuni mammiferi arboricoli, membrana cutanea posta tra collo, arti e coda con funzione di ala o di paracadute **2** in alcune farfalle, struttura aliforme posta sulla parte anteriore del torace.

pa|ta|rì|a *s.f.* movimento politico-religioso, sorto a Milano nell'XI sec., che accusò l'alto clero

patarino

di simonia e dissolutezza sostenendo la necessità di una riforma della Chiesa.

pa|ta|rì|no *s.m.* [f. *-a*] seguace del movimento della pataria ♦ *agg.* relativo ai patarini.

pa|tà|ta *s.f.* **1** pianta erbacea originaria dell'America meridionale con fiori bianchi, violetti o rosa e tuberi commestibili **2** il tubero di tale pianta, ricco di amido, usato nell'alimentazione o per l'estrazione di fecola e alcol: *patate al forno* | (*fig.*) — *bollente*, problema scottante, partic. difficile da risolvere.

pa|ta|tì|na *s.f.* *spec.pl.* fettina sottile di patata, gener. fritta.

pa|ta|tràc *inter.* voce onomatopeica che imita il rumore di ql.co. che crolla o si sfascia ♦ *s.m. invar.* **1** (*fig.*) guaio, disastro: *ha combinato un* — **2** (*estens.*) crollo, spec. economico: *il* — *di una banca*.

pa|ta|vì|no *agg.* (*lett.*) padovano ♦ *s.m.* [f. *-a*] chi è nato o abita a Padova.

pâté (*fr.*) *s.m.invar.* (*gastr.*) pasticcio a base di carne o pesce, passati al setaccio e uniti a salse e creme: — *di tonno*.

pa|tèl|la *s.f.* **1** (*anat.*) rotula del ginocchio **2** (*zool.*) mollusco marino commestibile di piccole dimensioni, con conchiglia piatta a forma di cono che si attacca agli scogli mediante una ventosa.

pa|tè|ma *s.m.* [pl. *-i*] grave afflizione, turbamento morale | — *d'animo*, stato ansioso, di forte apprensione.

pa|tè|na *s.f.* (*lit.*) piattino rotondo in oro o argento, su cui il sacerdote durante la messa poggia l'ostia.

pa|ten|tà|to *agg.* **1** abilitato allo svolgimento di una data mansione o attività | munito di patente di guida **2** (*fig.*, *scherz.*) molto noto per le sue qualità negative; autentico, matricolato: *un bugiardo* —.

pa|tèn|te *s.f.* **1** licenza o concessione che abilita all'esercizio di una mansione o di un'attività | (*per anton.*) documento che autorizza a guidare autoveicoli, rilasciato a chi supera un esame teorico e pratico: *prendere la* — **2** (*scherz.*) qualifica negativa: *dare a qlcu. la* — *di cretino*.

pa|ten|tì|no *s.m.* **1** patente di durata limitata, relativa a una determinata attività: — *di caccia* **2** (*fam.*) patente per la guida di motoveicoli **3** (*bur.*) autorizzazione, licenza per la vendita di generi di monopolio.

pà|te|ra *s.f.* (*archeol.*) nell'antichità greco-romana, larga e bassa scodella senza anse, spec. in oro o argento, usata nei sacrifici alle divinità.

pa|te|ràc|chio *s.m.* (*spreg.*) accordo poco chiaro, realizzato con intrighi e compromessi, spec. in ambito politico; garbuglio, pasticcio.

pa|te|réc|cio *s.m.* (*med.*) infiammazione acuta dei tessuti intorno alle unghie della mano; giradito.

pa|ter|nà|le *s.f.* discorso grave e solenne, fatto spec. per rimproverare o correggere qlcu.; ramanzina.

pa|ter|na|lì|smo *s.m.* **1** (*st.*, *polit.*) tipo di governo in cui i sovrani assoluti concedevano al popolo provvedimenti di aiuto e assistenza solo come forma di benevolenza personale, senza riconoscimento dei diritti e della libertà dei sudditi **2** (*estens.*) atteggiamento di superiorità e di benevolenza assunto dal datore di lavoro nei confronti dei dipendenti, o gener. da parte di una persona gerarchicamente superiore o più anziana di un'altra.

pa|ter|na|lì|sta *s.m./f.* [m.pl. *-i*] chi si comporta con paternalismo ♦ *agg.* caratterizzato da paternalismo; paternalistico: *atteggiamento* —.

pa|ter|na|lì|sti|co *agg.* [m.pl. *-ci*] proprio del paternalismo | che si ispira a paternalismo: *gesto* — □ **paternalisticamente** *avv.*

pa|ter|ni|tà *s.f.* **1** condizione di padre **2** (*bur.*) nei documenti anagrafici, il nome, l'identità del padre **3** appartenenza di un'opera artistica, di un sistema teorico ecc. a un determinato autore: *la* — *di un dipinto* | (*estens.*) responsabilità: *la* — *di un attentato terroristico*.

pa|tèr|no *agg.* **1** del padre: *affetto* — | da parte di padre: *nonna paterna* **2** (*fig.*) che mostra sentimenti simili a quelli di un padre; amorevole, benevolo: *sollecitudine paterna* □ **paternamente** *avv.*

Pa|ter|nò|ster o **pàter nòster** (*lat.*) *s.m.invar.* Padrenostro.

pa|ter|nò|stro *s.m.* [pl. *paternòstri*] **1** Padrenostro **2** ognuno dei cinque grani più grandi del rosario, in corrispondenza dei quali si recita tale preghiera **3** (*spec.pl.*) varietà di pasta corta, a forma di piccoli cilindri forati.

pa|tè|ti|co *agg.* [m.pl. *-ci*] **1** che suscita compassione; commovente: *una vicenda patetica* **2** (*estens.*) sentimentale in modo eccessivo: *tono* — **3** (*spreg.*) penoso, imbarazzante: *comportamento* — ♦ *s.m.* **1** ciò che ridesta il sentimento, che tende a commuovere: *cadere nel* — **2** [f. *-a*] persona patic. svenevole, languida: *non fare il* —! □ **pateticamente** *avv.*

pa|te|tì|smo *s.m.* sentimentalismo languido, malinconico.

pà|thos *s.m.invar.* sentimento partic. intenso che conferisce tensione drammatica ed efficacia estetica a un'opera artistica: *un dramma con molto* — | (*estens.*) forte passione emotiva.

-pa|tì|a secondo elemento di parole composte che fa riferimento a sentimenti, affetti, passioni (*simpatia*, *apatia*) o designa determinate capacità percettive (*telepatia*) | in medicina, indica una malattia relativa a un dato organo (*cardiopatia*).

pa|ti|bo|là|re *agg.* che si riferisce al patibolo | degno del patibolo.

pa|tì|bo|lo *s.m.* **1** strumento per l'esecuzione di condanne a morte (p.e. ghigliottina, forca) | luogo in cui avviene tale esecuzione **2** (*estens.*) la condanna e l'esecuzione stessa: *mandare qlcu. al* —.

-pà|ti|co secondo elemento di aggettivi derivati da sostantivi in *-patia* (*simpatico*).

pa|ti|mén|to *s.m.* dolore fisico o morale; sofferenza.

pà|ti|na *s.f.* 1 velatura che si forma su dipinti e oggetti antichi, dovuta all'azione nel tempo di agenti atmosferici o agli effetti della luce | (*fig.*) — **del tempo**, il segno tangibile che il tempo lascia su un oggetto facendone percepire l'appartenenza a epoche lontane 2 (*estens.*) strato sottile di qualsiasi materia che ricopre una superficie: *una — di polvere* 3 strato di sostanza colorata e colla che si spalma su un certo tipo di carta da stampa per ottenere che sia lucida e liscia 4 (*med.*) strato giallastro o bianco che si forma sulla lingua, dovuto spec. a cattiva digestione 5 (*fig.*) aspetto esteriore: *una — di severità*.

pa|ti|nà|re *v.tr.* [indic.pres. *io pàtino...*] coprire di patina, stendere la patina su una superficie.

pa|ti|nà|to *part.pass. di* patinare ♦ *agg.* 1 coperto di patina: *carta patinata* 2 (*fig.*) che presenta una perfezione esteriore o apparente; manierato.

pa|ti|na|tù|ra *s.f.* 1 operazione del patinare, spec. per falsificare un oggetto facendolo sembrare antico 2 trattamento mediante il quale si rende lucida e liscia la carta da stampa.

pa|ti|nó|so *agg.* 1 simile a patina 2 rivestito di patina.

patio (*sp.*) *s.m.invar.* cortile circondato da un porticato, tipico delle ville o delle case di campagna in stile spagnolo, con fontane e piante.

pa|tì|re *v.tr.* [indic.pres. *io patisco, tu patisci...*] 1 provare, subire ql.co. che sia causa di sofferenza, danno, risentimento: *— il gelo, un affronto* 2 tollerare, sopportare: *non poter — l'ignoranza* 3 (*assol.*) provare dolore; soffrire: *ho patito a lungo nella vita* 4 (*anche assol.*) detto di oggetto, ricevere un danno; deteriorarsi: *l'auto patisce se usi troppo la frizione*.

pa|tì|to *part.pass. di* patire ♦ *agg.* deperito, smunto, sofferente ♦ *s.m.* [f. *-a*] persona molto appassionata di ql.co.: *un — del cinema*.

pa|to|fo|bì|a *s.f.* (*psicol.*) paura morbosa di prendere una malattia.

pa|to|gè|ne|si *s.f.* (*med.*) l'insieme delle modalità con cui insorge una malattia.

pa|to|gè|no *agg.* (*med.*) che è in grado di provocare una malattia: *germe —*.

pa|to|lo|gì|a *s.f.* 1 settore della medicina che studia le cause e lo sviluppo delle malattie 2 (*estens.*) malattia.

pa|to|lò|gi|co *agg.* [m.pl. *-ci*] 1 relativo alla patologia | che si manifesta in condizioni morbose o anormali: *fenomeno —* 2 (*estens.*) che costituisce un'anomalia; anormale: *timidezza patologica* 3 (*fig.*) che assume caratteristiche critiche: *povertà patologica* □ **patologicamente** *avv.*

pa|tò|lo|go *s.m.* [f. *-a*; m.pl. *-gi*] studioso di patologia.

pà|tria *s.f.* 1 il territorio in cui risiede il popolo di una nazione, a cui ciascun membro sente di appartenere per nascita e per legami di tipo affettivo, storico, culturale e sim. 2 (*lett.*) città, paese natale 3 (*estens.*) luogo di nascita o di origine: *l'Africa è la — degli elefanti*.

pa|tri|àr|ca *s.m.* [pl. *-chi*] 1 (*etnologia*) capo di una tribù o di una grande famiglia 2 (*estens.*) uomo molto anziano, capo di una numerosa famiglia 3 nell'Antico Testamento, nome dei tre capostipiti del popolo ebraico (Abramo, Isacco, Giacobbe) 4 (*eccl.*) titolo attribuito ai capi della Chiesa orientale | titolo attribuito ai vescovi cattolici di alcune città: *il — di Venezia*.

pa|triar|cà|le *agg.* 1 che riguarda il patriarca, in quanto padre di famiglia | da patriarca | (*estens.*) austero e semplice: *vita —* 2 (*etnologia*) detto di sistema sociale che si fonda sul patriarcato 3 (*eccl.*) di patriarca: *titolo —*.

pa|triar|cà|to *s.m.* 1 (*etnologia*) sistema sociale che si basa sull'autorità dell'uomo più anziano di ciascuna famiglia e in cui beni e diritti sono trasmessi secondo la linea maschile 2 (*eccl.*) dignità e sede di un patriarca.

pa|trì|gno *s.m.* il nuovo marito della madre considerato rispetto ai figli che lei ha avuto in precedenza.

pa|tri|li|ne|à|re *agg.* (*etnologia*) che segue la linea di discendenza paterna.

pa|tri|mo|nià|le *agg.* del patrimonio; relativo al patrimonio: *rendita, bene —* ♦ *s.f.* imposta sul patrimonio: *pagare la —*.

pa|tri|mò|nio *s.m.* 1 l'insieme dei beni che appartengono a un individuo, a una famiglia, a un istituto 2 (*estens.*) somma di denaro piuttosto notevole, cospicua: *l'appartamento è costato un —* 3 il complesso degli elementi tipici di un ambiente: *— boschivo* | (*fig.*) il complesso dei beni spirituali, culturali, sociali, propri di una persona o di una collettività: *— morale, artistico*.

pà|trio *agg.* 1 del padre: *patria potestà* | (*estens.*) degli avi: *le tradizioni patrie* 2 della patria: *amor —*.

pa|tri|ò|ta *s.m./f.* [m.pl. *-i*] chi ama la patria, sacrificandosi e combattendo per essa: *i patrioti italiani*.

pa|tri|òt|ti|co *agg.* [m.pl. *-ci*] di, da patriota □ **patriotticamente** *avv.*

pa|triot|tì|smo *s.m.* amore sincero, profondo e devoto per la propria patria.

pa|tri|stì|ca *s.f.* 1 (*relig.*) il periodo della storia del cristianesimo, compreso tra il II e il VII sec., in cui il pensiero cristiano riceve elaborazione e sistemazione da parte dei Padri della Chiesa; patrologia 2 produzione teologico-letteraria dei Padri della Chiesa.

pa|tri|stì|co *agg.* [m.pl. *-ci*] che concerne i Padri della Chiesa o la patristica.

pa|tri|zià|to *s.m.* 1 (*st.*) nell'antica Roma, dignità di patrizio | la classe dei patrizi 2 (*estens.*) nobiltà, aristocrazia.

pa|trì|zio *agg., s.m.* [f. *-a*] 1 (*st.*) nell'antica Roma, detto di chi per diritto di nascita apparteneva alla classe sociale dominante 2 (*estens.*) detto di chi appartiene a una famiglia nobile; aristocratico.

pa|tro|ci|nà|re *v.tr.* [indic.pres. *io patrocìno...*] 1 (*dir.*) difendere in giudizio: *— una causa* 2 (*estens.*) appoggiare, sostenere: *il convegno è stato patrocinato dall'università*.

pa|tro|ci|na|tó|re *s.m.* [f. *-trice*] **1** (*dir.*) chi esercita il patrocinio in un giudizio legale **2** (*estens.*) difensore, sostenitore: *farsi — di una buona causa.*

pa|tro|cì|nio *s.m.* **1** (*dir.*) difesa, rappresentanza assicurata da un legale al suo cliente durante un giudizio **2** (*estens.*) appoggio, protezione, sostegno.

pa|tro|lo|gì|a *s.f.* **1** studio delle opere dei Padri della Chiesa dal punto di vista storico, teologico e filologico **2** il complesso delle opere dei Padri della Chiesa; patristica.

patron (*fr.*) [pr. *patròn*] *s.m.invar.* **1** (*sport*) organizzatore di un giro ciclistico, spec. di quello che si svolge in Francia **2** (*estens.*) organizzatore di festival e di altri tipi di manifestazioni pubbliche **3** nella moda, modello di abito in carta.

pa|tro|nà|le *agg.* di patrono; relativo al santo patrono: *festa —.*

pa|tro|nà|to *s.m.* **1** appoggio, protezione, tutela garantita da una personalità o da un'istituzione: *l'alto — [del Capo dello Stato* **2** istituzione assistenziale: *— per l'infanzia abbandonata* | ente sindacale di tipo assistenziale che cura gli interessi pensionistici e i rapporti di prestazione dei lavoratori.

pa|tro|nì|mi|co *agg., s.m.* [m.pl. *-ci*] detto di nome di persona derivato da quello del padre o dell'avo (p.e. *Alcide da Alceo*).

pa|tró|no *s.m.* **1** [f. *-a*] santo protettore di un paese, una comunità, una città: *sant'Ambrogio è il — di Milano* **2** (*dir.*) avvocato che rappresenta una parte in giudizio **3** [f. *-essa*] personaggio influente che promuove un'iniziativa, spec. di beneficenza **4** (*st.*) nell'antica Roma, cittadino che affrancava uno schiavo, conservando nei suoi confronti una serie di diritti e doveri.

pàt|ta¹ *s.f.* **1** risvolto esterno delle tasche di un abito **2** (*region.*) striscia di stoffa che ricopre l'allacciatura dei bottoni **3** (*region.*) presina usata in cucina per maneggiare pentole e tegami caldi.

pàt|ta² *s.f.* nel gioco delle carte e degli scacchi, punteggio pari: *fare —.*

pat|teg|già|re *v.tr.* [indic.pres. *io pattéggio...*] stipulare un patto, definendone le condizioni: *— una tregua* ♦ *intr.* [aus. A] **1** stringere accordi, condurre trattative: *— con il nemico* **2** scendere a compromessi: *— con la coscienza.*

pat|ti|nàg|gio *s.m.* **1** sport che si pratica con i pattini, sia da ghiaccio che a rotelle: *— artistico* **2** l'esercizio del pattinare.

pat|ti|nà|re *v.intr.* [indic.pres. *io pàttino...*; aus. A] **1** (*sport*) scivolare sul ghiaccio con appositi pattini a lama | correre con i pattini a rotelle **2** (*estens., sport*) scivolare con gli sci spostandoli alternativamente **3** (*estens.*) slittare spec. con le ruote dell'automobile, a causa di una manovra brusca o sbagliata, oppure per il fondo bagnato o ghiacciato.

pat|ti|na|tó|re *s.m.* [f. *-trice*] chi pratica il pattinaggio.

pàt|ti|no¹ *s.m.* **1** lama di acciaio applicata a un certo tipo di calzatura che consente di scivolare sul ghiaccio | *— a rotelle*, telaio metallico munito di quattro piccole ruote che si applica sotto le scarpe per correre su superfici levigate **2** (*tecn.*) elemento scorrevole applicato a una superficie per guidare il moto di un organo **3** (*aer.*) attrezzo strisciante montato su alcuni tipi di velivoli usato come freno durante l'atterraggio o come sostitutivo delle ruote su ghiaccio, acqua, sabbia o neve.

pat|tì|no² *s.m.* (*mar.*) imbarcazione leggera da diporto; moscone.

pàt|to *s.m.* **1** accordo raggiunto da due o più parti | ciascuno dei punti definiti in un accordo: *concludere un —* | (*anche fig.*) *scèndere*, *venire a patti*, stabilire un compromesso; trattare | *stare ai patti*, rispettarli | *— di sangue*, in tribù antiche, organizzazioni segrete e sette, iniziazione o affiliazione sancita mescolando alcune gocce di sangue del nuovo contraente con quelle di un personaggio autorevole della comunità **2** condizione per la quale un accordo può avere continuazione: *anche se li rifiuti, questi sono i patti* | *a — che*, a condizione che.

pat|tù|glia *s.f.* piccolo gruppo di soldati o di agenti di polizia con compiti di controllo e di vigilanza: *— di ricognizione.*

pat|tu|glià|men|to *s.m.* servizio di controllo e vigilanza svolto da una pattuglia.

pat|tu|glià|re *v.intr.* [indic.pres. *io pattùglio...*; aus. A] compiere un servizio di pattuglia ♦ *tr.* perlustrare, sorvegliare con una pattuglia: *— un quartiere.*

pat|tu|ì|re *v.tr.* [indic.pres. *io pattuìsco, tu pattuìsci...*] decidere ql.co. con un patto, un accordo; patteggiare, stabilire, trattare: *— le condizioni di pagamento, la resa.*

pat|tu|ì|to *part.pass.* di *pattuire* ♦ *agg.* concordato, deciso, stabilito mediante un patto: *compenso —.*

pat|tù|me *s.m.* (*region.*) mucchio di rifiuti; immondizia, spazzatura.

pat|tu|miè|ra *s.f.* **1** contenitore in cui si raccoglie la spazzatura domestica **2** (*fig.*) luogo molto sporco.

pa|tùr|nia *s.f. spec.pl.* (*fam.*) cattivo umore, stizza: *avere le paturnie.*

pau|lò|nia *s.f.* grosso albero ornamentale originario del Giappone, con foglie ovali, frutti a capsula e fiori violetti riuniti in pannocchie che sbocciano prima delle foglie.

pau|pe|rì|smo *s.m.* **1** (*relig.*) ideale evangelico di povertà professato da alcuni ordini e comunità cristiane spec. medievali: *il — dei francescani* **2** (*econ.*) fenomeno per cui larghi strati della popolazione di un paese o di intere aree geografiche vivono in condizioni di miseria, a causa della mancanza di capitali e di risorse o per fattori eccezionali come calamità naturali, guerre ecc.

pa|ù|ra *s.f.* **1** sensazione di forte turbamento, di angoscia e di preoccupazione che si prova in presenza di un pericolo vero o immaginato: *— del buio, della morte*; *impallidire per la —* | (*pop.*)

farsela sotto dalla —, essere terrorizzati | **essere morto, mezzo morto di —**, essere molto spaventati | **mettere, far — a qlcu.**, spaventarlo | **essere brutto da far —**, essere bruttissimo **2** (*estens.*) preoccupazione, timore: *ho — di non arrivare in tempo.*

pau|ró|so *agg.* **1** che ha sempre paura: *un bambino* — **2** che incute paura: *un racconto —* | che impressiona profondamente per la sua gravità; terrificante: *un disastro* — **3** (*fam., iperb.*) fuori del comune, straordinario: *ha una cultura paurosa* □ **paurosamente** *avv.*

pàu|sa *s.f.* **1** intervallo di breve durata, interruzione temporanea di un fenomeno o di un'azione: *ho una — di trenta minuti* **2** intervallo di silenzio che si fa durante un discorso **3** (*mus.*) interruzione più o meno lunga del canto o della musica | segno convenzionale che indica sullo spartito la durata di tale interruzione.

pa|và|na *s.f.* danza di andamento lento e solenne, in tempo binario, diffusa fra il XVI e il XVII sec.

pavé (*fr.*) *s.m.invar.* tipo di pavimentazione stradale formata da cubetti di pietra o porfido.

pa|ven|tà|re *v.tr.* [indic.pres. *io pavènto...*] (*lett.*) temere ♦ *intr.* [aus. *A*] (*lett.*) avere paura, essere in ansia per ql.co.

pa|ve|sà|re *v.tr.* [indic.pres. *io pavéso...*] **1** (*mar.*) ornare una nave con il pavese **2** (*estens.*) ornare un edificio a festa, con bandiere e festoni.

pa|vé|se¹ *s.m.* **1** (*mil.*) nel Medioevo, grande scudo in legno di forma rettangolare dietro al quale si riparavano i combattenti **2** (*mar.*) nel Medioevo, scudo posto lungo le murate della nave a scopo difensivo **3** (*mar.*) fila di bandierine con cui si ornano alberi e stragli delle navi in segno di festa | (*estens.*) striscia di bandierine di lampadine colorate usata come addobbo.

pa|vé|se² *agg.* di Pavia ♦ *s.m./f.* chi è nato o abita a Pavia.

pà|vi|do *agg.* (*lett.*) pauroso, timoroso di tutto | che rivela mancanza di coraggio; codardo, vile: *sguardo —* ♦ *s.m.* [f. *-a*] individuo pauroso □ **pavidamente** *avv.*

pa|vi|men|tà|le *agg.* del pavimento: *mosaico —*.

pa|vi|men|tà|re *v.tr.* [indic.pres. *io paviménto...*] rivestire una superficie con il pavimento: *— una stanza.*

pa|vi|men|ta|tó|re *agg., s.m.* [f. *-trice*] che, chi esegue la messa in opera di pavimenti.

pa|vi|men|ta|zió|ne *s.f.* operazione con la quale si pavimentano stanze, strade o altri ambienti | il pavimento stesso; il manto stradale, la stricato delle vie.

pa|vi|men|ti|sta *s.m./f.* [m.pl. *-i*] operaio addetto ai lavori di pavimentazione, spec. di interni.

pa|vi|mén|to *s.m.* rivestimento del piano di calpestio di un ambiente, costituito da mattonelle, marmo, listelli di legno o altro materiale | *— stradale*, asfalto, lastricato.

pa|von|cèl|la *s.f.* uccello insettivoro diffuso nelle paludi e nelle praterie dell'Europa settentrionale, con corpo snello, piumaggio verde brillante striato di azzurro e rosso, e un esile ciuffo di piume nere sul capo.

pa|vó|ne *s.m.* [f. *-a* o *-essa*] **1** grosso uccello galliforme originario dell'India, con piumaggio smagliante, ali piccole e un ciuffo di penne sfrangiate sul capo; nel maschio presenta piumaggio blu e lunghe piume verdi sulla coda terminanti con un ocello azzurro che si può alzare e allargare a ventaglio **2** (*fig.*) uomo vanitoso, tronfio.

pa|vo|neg|giàr|si *v.intr.pron.* [indic.pres. *io mi pavonéggio...*] compiacersi esageratamente di se stessi, darsi delle arie.

pa|vò|nia *s.f.* grossa farfalla notturna di colore rosso con macchie tondeggianti sulle ali.

pay per view (*ingl.*) [pr. *pèipervìù*] *loc.sost.f.invar.* sistema di distribuzione di programmi televisivi in cui l'utente paga solo il costo della trasmissione che ha scelto dal catalogo di una pay tv.

pay tv (*ingl.*) [pr. *pèi tivù*] *loc.sost.f.invar.* emittente televisiva che trasmette programmi con segnale codificato decifrabile solo con un apposito apparecchio che si acquista e si collega al televisore.

pa|zien|tà|re *v.intr.* [indic.pres. *io paziènto...*; aus. *A*] avere pazienza: *dovrai — ancora un poco.*

pa|zièn|te *agg.* **1** (*di persona*) che sa tollerare avversità, sofferenze, difficoltà di vario genere: *è un uomo sempre molto —* | (*di animale*) che è docile, che sopporta lavori gravosi: *l'asino è un animale —* **2** (*estens.*) che rivela pazienza: *atteggiamento —* **3** che richiede pazienza, costanza, attenzione o che è stato eseguito con pazienza: *un — lavoro di pulizia* ♦ *s.m./f.* chi si affida alle cure di un medico □ **pazientemente** *avv.*

pa|zièn|za *s.f.* **1** qualità di chi tollera docilmente avversità, sofferenze, difficoltà: *avere — con i bambini* | *—!*, esclamazione di rassegnazione: *non hai superato l'esame, —!* | *santa —!*, esclamazione di rabbia, stizza | *abbia —*, formula usata per chiedere scusa o esprimere irritabilità a una situazione: *abbia —, ma il treno ha fatto ritardo* | *una — da santo*, grandissima, indispensabile per sopportare le situazioni più moleste | *perdere la —*, innervosirsi | *armarsi di —*, prepararsi a sopportare una situazione partic. intricata o noiosa **2** (*estens.*) cura, precisione, scrupolosità: *è un lavoro che richiede —* | *— da certosino*, calma e precisione richieste dai lavori più difficili **3** riferito agli animali, docilità, mitezza nel sopportare lavori pesanti.

paz|ze|rèl|lo *agg.* **1** (*spec.scherz.*) di persona, che si comporta in modo capriccioso o sventato | eccentrico, stravagante **2** detto di clima, facilmente mutevole: *oggi il tempo è —*.

paz|ze|rel|ló|ne *agg., s.m.* [f. *-a*] che, chi volentieri scherza e si diverte con spensierata allegria.

paz|zé|sco *agg.* [m.pl. *-schi*] **1** di, da pazzo: *un ragionamento —* **2** (*iperb., fam.*) enorme, esagerato: *avere un sonno —*; *costa una cifra pazzesca* | assurdo, incredibile: *una storia pazzesca.*

paz|zì|a *s.f.* **1** (*psich.*) ogni tipo di malattia men-

pazzo

tale; follia 2 (*spec.pl.*) azione o discorso da pazzo, da persona sconsiderata: *commettere pazzie* | (*estens.*) azione stravagante: *in gioventù si fanno pazzie*.

pàz|zo *agg.* 1 (*psich.*) che è affetto da malattia mentale; folle: *diventare —* | (*iperb.*) **essere — di gioia, di rabbia**, essere fuori di sé per la gioia, per la rabbia | **andare — per qlcu., per ql.co.**, esserne fortemente attratto 2 (*iperb.*) di persona, bizzarro, stravagante: *avere un carattere —* 3 (*estens.*) proprio di chi è pazzo; insensato, sconsiderato: *fare spese pazze* ♦ *s.m.* [f. *-a*] 1 (*psich.*) chi è affetto da pazzia 2 (*estens.*) persona insensata, sconsiderata | (*iperb.*) persona bizzarra, stravagante □ **pazzamente** *avv.* 1 da pazzo 2 (*iperb.*) moltissimo: *amare — il cinema*.

paz|zòi|de *agg.*, *s.m./f.* (*scherz.*) detto di chi è mezzo matto; svitato: *un ragazzo un po'—* | (*estens.*) detto di chi è originale, stravagante.

PC [pr. *pici*] *s.m.invar.* personal computer.

pe|à|na *s.m.* [pl.invar. o *-i*] 1 (*lett.*) nella poesia greca, canto in onore di Apollo 2 (*lett.*) componimento lirico che celebra una vittoria o esalta il valore e la gloria militare 3 (*estens.*, *anche iron.*) discorso o scritto encomiastico e celebrativo.

pè|ca|ri *s.m.* mammifero sudamericano simile a un piccolo cinghiale con pelame ispido rossiccio, collare bianco, denti canini sporgenti e ricurvi verso il basso; è ricercato per la pelle pregiata.

pèc|ca *s.f.* difetto, vizio | imperfezione, errore: *un lavoro con molte pecche*.

pec|ca|mi|nó|so *agg.* 1 che è origine di peccato in quanto non rispetta una regola morale o religiosa: *un pensiero —* | che induce al peccato: *letture peccaminose* 2 pieno di peccati: *condurre una vita peccaminosa*.

pec|cà|re *v.intr.* [indic.pres. *io pècco, tu pècchi...*; aus. A] 1 (*teol.*) commettere peccato: *— di avarizia* 2 (*estens.*) fare errori; mancare, sbagliare: *— di distrazione* | (*fig.*) avere qualche carenza, presentare dei difetti: *un discorso che pecca nel rigore logico*.

pec|cà|to *s.m.* 1 (*teol.*) volontaria violazione della legge divina: *confessare un —* | **capitale**, ognuno dei sette peccati più gravi, cioè l'accidia, l'avarizia, la gola, l'invidia, l'ira, la lussuria e la superbia | **— originale**, quello di disobbedienza a Dio, commesso da Adamo ed Eva e trasmesso all'umanità tranne che a Maria Vergine, redento con il Battesimo | **— mortale**, quello che condanna l'anima all'inferno togliendole la grazia divina; (*estens.*) grave e imperdonabile errore 2 (*estens.*) errore, colpa: *— di gioventù* 3 (*fig.*) ciò che suscita dispiacere spec. in quanto inopportuno: *è un vero — che il treno abbia fatto ritardo*.

pec|ca|tó|re *agg.*, *s.m.* [f. *-trice*] (*teol.*) che, chi ha commesso un peccato o per abitudine commette peccati: *è un — incallito* | (*spec.scherz.*) **impenitente**, peccatore incorreggibile.

pec|chia|iò|lo *s.m.* denominazione comune di un falco che si ciba preferibilmente di api e vespe, noto per le lunghe migrazioni che esegue su rotte fisse.

pec|chió|ne *s.m.* maschio dell'ape; fuco.

pé|ce *s.f.* sostanza viscosa, di colore nero, ricavata dalla distillazione del catrame, usata come materiale protettivo e isolante, nella produzione di asfalti artificiali, vernici ecc. | **— nera**, residuo della distillazione del catrame di legno, usato per impermeabilizzare gli scafi delle navi | **— greca**, altro nome della colofonia.

pe|cét|ta *s.f.* 1 (*region.*) grossa macchia, spec. di unto, su un abito 2 cerotto 3 (*estens.*) pezzo di carta o altro materiale usato per rattoppare | (*fam.*) etichetta 4 (*giorn.*, *gerg.*) in una fotografia che deve essere pubblicata, piccolo rettangolo nero che copre certe parti dell'immagine, usata per motivi di decoro o per evitare che il soggetto sia riconoscibile.

pech|blèn|da [pr. *pekblènda*] *s.f.* (*min.*) varietà di uranite composta da una miscela di ossidi di uranio, importante per l'estrazione di tale metallo.

pe|chi|né|se *agg.* di Pechino ♦ *s.m.* 1 [anche f.] chi è nato o abita a Pechino 2 piccolo cane da compagnia, basso, con orecchie pendenti, pelame lungo e liscio.

peck (*ingl.*) *s.m.invar.* unità di misura inglese di capacità per liquidi, equivalente a 9,09 litri.

pè|co|ra *s.f.* 1 mammifero ruminante di grandezza media, diffuso in tutto il mondo e allevato per il latte, la carne e la lana | (*fig.*) **la — nera**, in un gruppo, chi si distingue per qualità negative 2 (*estens.*) animale docile e mite 3 (*fig.*) persona stupida o senza carattere.

pe|co|ràg|gi|ne *s.f.* 1 carenza di intelligenza; stupidità 2 comportamento vile e remissivo.

pe|co|rà|io o (*region.*) **pecoràro** *s.m.* [f. *-a*] 1 guardiano di pecore 2 (*fig.*) individuo rozzo e ignorante.

pe|co|rà|me *s.m.* 1 gran numero di pecore 2 (*fig.*) gruppo di persone che si comportano in modo servile.

pe|co|rà|ro *s.m.* → pecoraio.

pe|co|rèl|la *s.f.* 1 pecora giovane; agnello 2 (*fig.*, *spec.pl.*) fedele cristiano in quanto affidato alla guida di un sacerdote | **— smarrita**, chi vive nel peccato; (*estens.*) persona che si è allontanata dalla propria famiglia o dal proprio ambiente 3 (*fig.*) individuo mite, docile 4 (*spec.pl.*) piccola nuvola bianca la cui forma ricorda quella di una pecorella | (*prov.*) **cielo a pecorelle, pioggia a catinelle**, quando il cielo è coperto da nuvole a fiocchi si prevede pioggia abbondante.

pe|co|rì|no *agg.* di pecora ♦ *s.m.* (*gastr.*) formaggio di pasta dura, prodotto con latte intero di pecora, più o meno salato.

pe|co|ró|ne *s.m.* [f. *-a*] (*fig.*) persona vile e conformista, che si adegua passivamente alle decisioni degli altri.

pec|tì|na *s.f.* (*chim.*) nome generico dei polisaccaridi vegetali, presenti spec. nella frutta, che in acqua producono un gel; si usano nella preparazione di marmellate e gelatine, in farmacia e in cosmetica.

pe|cu|là|to *s.m.* (*dir.*) reato contro la pubblica amministrazione commesso da un pubblico ufficiale il quale si appropria del denaro o degli altri beni a lui affidati.

pe|cu|lià|re *agg.* che è proprio, particolare di qlcu. o ql.co.; specifico: *lo stile — di un artista* □ **peculiarmente** *avv.*

pe|cu|lia|ri|tà *s.f.* tratto distintivo; particolarità: *la — di una sostanza.*

pe|cù|lio *s.m.* **1** nel diritto romano, somma di denaro che il capofamiglia assegnava a un figlio affinché lo amministrasse liberamente **2** (*estens.*, *scherz.*) somma di denaro accumulata spec. risparmiando; gruzzolo.

pe|cù|nia *s.f.* (*lett.*, *anche scherz.*) denaro.

pe|cu|nià|rio *agg.* relativo al denaro | che può essere valutato in denaro: *danno —* | (*dir.*) **pena pecuniaria**, multa, ammenda.

pe|dàg|gio *s.m.* **1** tassa da pagare per poter transitare su un'autostrada o percorrere alcuni itinerari **2** (*fig.*) somma di denaro versata o richiesta abusivamente per poter ottenere ql.co.: *per avere il visto devi pagare il — al funzionario.*

pe|da|go|gìa *s.f.* disciplina che ha per oggetto di studio l'educazione dei giovani e la formazione della loro personalità | materia di insegnamento scolastico o universitario.

pe|da|gò|gi|co *agg.* [m.pl. *-ci*] relativo alla pedagogia.

pe|da|go|gì|smo *s.m.* tendenza a dare eccessiva importanza ai problemi educativi o ad applicare con pedanteria un metodo pedagogico.

pe|da|go|gì|sta *s.m./f.* [m.pl. *-i*] studioso di pedagogia.

pe|da|gò|go *s.m.* [f. *-a*; m.pl. *-ghi*] **1** educatore di fanciulli **2** (*lett.*) guida intellettuale.

pe|da|là|bi|le *agg.* si dice di strada che si può percorrere facilmente in bicicletta.

pe|da|là|re *v.intr.* [aus. *A*] azionare i pedali della bicicletta con la pressione dei piedi | (*estens.*) andare in bicicletta.

pe|da|là|ta *s.f.* **1** ogni spinta data con il piede al pedale della bicicletta **2** il modo di pedalare: *ha una — energica.*

pe|da|la|tó|re *s.m.* [f. *-trice*] chi pedala.

pe|dà|le *s.m.* **1** organo di comando di un veicolo, che si aziona con la pressione del piede: *il — della bicicletta, della frizione* **2** (*mus.*) in alcuni strumenti, meccanismo che si aziona con il piede al fine di produrre note o effetti particolari: *il — del pianoforte, dell'arpa* **3** striscia in cuoio usata dal calzolaio per tenere ferma la scarpa a cui lavora **4** (*bot.*) base del tronco di un albero.

Pe|da|lià|ce|e *s.f.pl.* famiglia di piante erbacee, diffuse nelle regioni tropicali e subtropicali, con fiori ermafroditi, foglie opposte, frutti a noce o incapsulati, di cui fa parte il sesamo.

pe|da|liè|ra *s.f.* **1** parte di una macchina o di un dispositivo in cui si trovano i pedali: *la — della macchina da cucire* | l'insieme dei pedali **2** (*mus.*) nell'organo, grande tastiera azionata con i piedi che produce i suoni più gravi.

pe|da|lì|no *s.m.* (*region.*) calzino da uomo.

pe|da|lò *s.m.* pattino dotato di pedali che azionano un'elica.

pe|dà|na *s.f.* **1** struttura rialzata, gener. in legno, su cui si poggiano i piedi: *la — della cattedra* **2** in alcuni motocicli, ognuno dei due piani laterali su cui vengono poggiati i piedi **3** piattaforma su cui sale chi vuole rendersi visibile a una moltitudine di persone **4** (*sport*) nel salto in alto, tavola inclinata di legno su cui l'atleta batte il piede per prendere lo slancio | nella scherma, piano sopraelevato su cui viene disputato un incontro.

pe|dàn|te *agg.*, *s.m./f.* **1** che, chi ostenta in modo insistente la propria erudizione: *un professore —* **2** che, chi rispetta con estremo rigore le regole grammaticali | (*estens.*) che, chi è eccessivamente meticoloso nel rispettare norme o regolamenti: *un ispettore —* | che, chi è propenso alla critica continua, minuziosa; pignolo.

pe|dan|te|rì|a *s.f.* **1** atteggiamento tipico di chi fa continuo sfoggio della propria erudizione **2** (*estens.*) meticolosità, pignoleria.

pe|dan|té|sco *agg.* [m.pl. *-schi*] da pedante; che dimostra scrupolosità e pignoleria eccessive: *critica pedantesca.*

pe|dà|ta *s.f.* **1** colpo inferto con il piede; calcio: *l'ha preso a pedate* **2** impronta del piede **3** piano orizzontale del gradino su cui si appoggia il piede.

pe|de|mon|tà|no *agg.* (*geog.*) che sta ai piedi di catene o di massicci montuosi: *paese —.*

pe|de|rà|sta *s.m.* [pl. *-i*] chi pratica la pederastia.

pe|de|ra|stì|a *s.f.* omosessualità maschile rivolta spec. verso i bambini.

pe|dè|stre *agg.* **1** (*raro*) che va a piedi | (*estens.*) che si compie a piedi: *viaggio —* **2** (*fig.*) detto di scritto o discorso, di basso livello; banale, ordinario: *prosa —.*

pe|dià|tra *s.m./f.* [m.pl. *-i*] medico specialista in pediatria.

pe|dia|trì|a *s.f.* branca della medicina che si occupa delle malattie del bambino.

pe|dià|tri|co *agg.* [m.pl. *-ci*] di pediatria: *ospedale —* | di pediatra: *visita pediatrica.*

pè|di|ce *s.m.* nelle formule chimiche e matematiche, nel linguaggio informatico e tipografico, cifra o lettera posta ai piedi di un'altra cifra o lettera.

pe|di|cèl|lo[1] *s.m.* **1** (*bot.*) peduncolo di un organo vegetale **2** (*zool.*) *— ambulacrale*, rudimentale organo di locomozione o di adesione degli Echinodermi, provvisto di ventosa.

pe|di|cèl|lo[2] *s.m.* **1** (*med.*) acaro della scabbia | pidocchio **2** (*region.*) piccola pustola; brufolo, foruncolo.

pe|di|cu|lò|si *s.f.* (*med.*) infezione del cuoio capelluto o della pelle causata dai pidocchi.

pe|di|cù|re *s.m.invar.* **1** [anche f.] chi esegue la cura e il trattamento estetico del piede: *andare dalla —* **2** (*fam.*) cura dei piedi dal punto di vista igienico ed estetico: *farsi il —.*

pe|diè|ra *s.f.* la spalliera del letto opposta alla testata.

pedigree (*ingl.*) [pr. *pèdigri*, com. *pedigrì*] *s.m.invar.* **1** albero genealogico di un animale di razza, spec. dei cavalli e dei cani | certificato che attesta tale albero genealogico **2** (*estens.*, *scherz.*) detto dell'uomo, estrazione sociale.

pe|di|lù|vio *s.m.* immersione dei piedi in acqua, talvolta mischiata con medicinali, a scopo terapeutico o riposante.

pe|di|na *s.f.* **1** ciascuno dei dischetti in legno o plastica, neri o bianchi, usati nel gioco della dama | *muovere una —*, spostarla da una casella all'altra in base alle regole del gioco **2** (*fig.*) in un'azienda, un'organizzazione, persona con un ruolo poco rilevante | (*fig.*) *essere una — nelle mani di qlcu.*, essere soltanto un suo strumento.

pe|di|na|mén|to *s.m.* inseguimento circospetto di una persona, con lo scopo di spiarne il comportamento: *sfuggire a un —*.

pe|di|nà|re *v.tr.* **1** seguire una persona con estrema circospezione per spiarne il comportamento: *— un ladro* **2** (*estens.*) andare dietro a una donna per strada spec. importunandola.

pe|dis|se|quo *agg.* **1** che segue o imita ql.co. o qlcu. passivamente, senza offrire un contributo originale: *un esecutore —* **2** eseguito con precisione, ma senza originalità: *una traduzione pedissequa* □ **pedissequamente** *avv.*

pe|di|vèl|la *s.f.* (*mecc.*) nella bicicletta o nel ciclomotore, barra d'acciaio che unisce il pedale al perno di movimento.

pè|do *s.m.* **1** nel mondo antico, grosso bastone con l'estremità superiore ricurva, usato dai pastori per guidare il gregge **2** (*lit.*) una delle insegne del Papa, costituita da un bastone diritto sormontato da un crocifisso.

pe|do|fi|lì|a *s.f.* (*psich.*) perversione sessuale consistente nel provare attrazione erotica per i bambini, talvolta accompagnata da atti di sadismo.

pe|dò|fi|lo *agg., s.m.* [f. -a] che, chi ha inclinazione alla pedofilia.

pe|do|lo|gì|a *s.f.* (*geol.*) scienza che studia l'origine, la composizione chimica e le caratteristiche del suolo, spec. in vista dello sfruttamento agrario.

pe|do|nà|le *agg.* dei pedoni | riservato ai pedoni: *strada —*.

pe|do|na|liz|zà|re *v.tr.* riservare una strada o un quartiere di un centro urbano alla circolazione pedonale, escludendo i mezzi a motore.

pe|dó|ne *s.m.* **1** [f. -*a*] chi si sposta a piedi, spec. paragonato a chi usa i veicoli: *lasciar passare i pedoni* **2** nel gioco degli scacchi, ognuno degli otto pezzi con valore inferiore a quello delle figure **3** impugnatura della canna da pesca su cui si fissa il mulinello.

pe|dùc|cio *s.m.* **1** (*region.*) zampetto di maiale o di capretto macellato **2** (*arch.*) elemento pensile sporgente, costituito da una mensola o da un capitello, che sostiene l'imposta di un arco o di una volta.

pe|dù|la o **pèdula** *s.f. spec.pl.* scarponcino leggero con suola flessibile in gomma, usato per le escursioni in montagna.

pe|dù|le *s.m.* (*raro*) parte della calza che sta a contatto con la pianta e la punta del piede.

pe|dun|co|là|re *agg.* (*scient.*) del peduncolo, dei peduncoli.

pe|dun|co|là|to *agg.* (*scient.*) dotato di peduncolo.

pe|dùn|co|lo *s.m.* **1** (*bot.*) parte terminale di un ramo, gener. assottigliata, che porta il fiore **2** (*zool.*) organo di sostegno degli Invertebrati | in numerosi insetti, segmento che unisce il torace e l'addome **3** (*anat.*) nome di varie formazioni allungate che mettono in comunicazione due organi: *— cerebrale*.

peeling (*ingl.*) [pr. *pìling*] *s.m.invar.* **1** in chirurgia estetica, intervento che consiste nell'asportare gli strati più superficiali della pelle del viso **2** in cosmesi, abrasione superficiale della pelle del viso o del corpo con cui si eliminano le impurità, ottenuta mediante l'applicazione di sostanze farmacologiche o cosmetiche.

pèg|gio *avv.* [compar. di *male*] **1** in modo peggiore; in maniera meno soddisfacente, meno adeguata: *poteva finire —; adesso le cose sono — di prima; con queste lenti vedo —* | *sentirsi —*, trovarsi in uno stato di salute meno buono | *cambiare in —*, peggiorare | *andar —*, procedere in modo peggiore | *andare di male in —*, peggiorare progressivamente **2** [seguito da part. pass. forma un compar. di minoranza] meno: *è — informato di te* | preceduto dall'articolo determinativo forma un superlativo relativo: *è il compito — riuscito* ♦ *agg.invar.* **1** [spec. come predicato di *essere, sembrare, parere*] peggiore: *oggi il tempo è — di ieri; il suo compito mi pare — del mio* **2** [con valore neutro] meno opportuno: *è — tacere* ♦ *s.m./f.invar.* la cosa o la parte peggiore: *temere il —* | *alla —, al —*, nel peggiore dei casi: *alla — partiremo domani* | *alla meno —*, in qualche modo, più male che bene: *ha fatto il compito alla meno —* | (*fig.*) *avere la —*, essere sconfitto.

peg|gio|ra|mén|to *s.m.* cambiamento in peggio; aggravamento.

peg|gio|rà|re *v.tr.* [indic.pres. *io peggióro...*] rendere ql.co. peggiore: *— le proprie condizioni fisiche* ♦ *intr.* [aus. *E*; anche *A* nel sign. 2] **1** divenire peggiore: *la situazione è peggiorata* **2** presentare un aggravamento delle condizioni di salute: *il paziente ha peggiorato*.

peg|gio|ra|tì|vo *agg.* che provoca un peggioramento ♦ *s.m.* (*gramm.*) forma alterata di sostantivi o di aggettivi che esprime un'idea negativa (p.e. *giovinastro, malaticcio*).

peg|gió|re *agg.* [compar. di *cattivo*; gener. si tronca in *peggior* davanti a sost. sing.] **1** che è inferiore per qualità, abilità, capacità, valore e sim.: *non sei — di me; non poteva portarmi in un ristorante —* | preceduto dall'articolo determinativo ha valore di superlativo relativo: *è il peggior risultato che abbia mai ottenuto* **2** meno soddisfacente, conveniente, comodo e sim.: *non potevi avanzare proposta —; nella — delle solu-*

zioni ♦ *s.m./f.* la persona più cattiva o di minor valore, bellezza e sim.

peg|ma|ti|te *s.f.* (*min.*) roccia eruttiva a grana molto grossa, ultimo prodotto della consolidazione del magma che si presenta sotto forma di filoni; può contenere anche minerali rari (p.e. topazio, berillo ecc.).

pé|gno *s.m.* **1** bene mobile consegnato dal debitore al creditore come garanzia del pagamento di un debito: *dare un orologio in —* **2** (*fig.*) prova, segno a garanzia di ql.co., spec. di un impegno morale o sentimentale: *l'anello di fidanzamento è un — d'amore* **3** in alcuni giochi, oggetto depositato da chi perde riscattabile solo dopo aver eseguito la penitenza | la penitenza stessa: *se perdi paghi —*.

pe|la|gia|né|si|mo o **pelagianismo** *s.m.* (*filos., relig.*) dottrina eretica di Pelagio, diffusasi nel v sec., che negava l'esistenza di un peccato originale e il valore del battesimo, sostenendo la possibilità di salvarsi con le sole forze morali, senza l'intervento della grazia.

pe|là|gi|co *agg.* [m.pl. *-ci*] (*scient.*) che si trova o vive in mare aperto: *zona, flora pelagica*.

pè|la|go *s.m.* [pl. *-ghi*] (*lett.*) mare aperto e profondo | (*estens.*) distesa sterminata **2** (*fig.*) enorme quantità di cose spiacevoli; ginepraio: *si è cacciato in un — di problemi*.

pe|là|me *s.m.* il mantello di un animale.

pe|lan|dró|ne *s.m.* [f. *-a*] (*fam.*) fannullone, scansafatiche.

pe|la|pa|tà|te *s.m.invar.* tipo di coltello da cucina dotato di una lama doppia e sottile, usato per sbucciare le patate.

pe|là|re *v.tr.* [indic.pres. *io pélo ...*] **1** togliere i peli, le penne o la pelle di animali: *— il coniglio, il pollo* | (*fig.*) *gatta da —*, questione, situazione molto problematica, di difficile risoluzione **2** (*estens.*) sbucciare frutta, verdura: *— le castagne, le patate* **3** (*fam., scherz.*) tagliare i capelli a qlcu. in modo eccessivo: *il barbiere ti ha pelato* **4** privare un terreno della vegetazione **5** (*fig., iperb., anche assol.*) provocare nella pelle un'acuta sensazione di freddo o di caldo: *un'aria gelida che pela*; *un brodo bollente che pela la lingua* **6** (*fig., fam.*) impoverire le risorse finanziarie di una persona, chiedendole continuamente soldi o prezzi troppo alti; spennare: *in quella boutique pelano le clienti*.

Pe|lar|gò|nio *s.m.* genere di piante erbacee che comprende numerose specie, note più comunemente come gerani; hanno foglie odorose e fiori a corolla variamente colorati.

pe|là|ta *s.f.* **1** pelatura: *dare una — al coniglio* **2** testa completamente o parzialmente calva | la parte della testa priva di capelli **3** (*fig.*) gravoso pagamento dovuto a prezzi troppo alti.

pe|là|to *part.pass.* di pelare ♦ *agg.* **1** di animale, che è senza peli, penne o pelle **2** (*estens.*) di frutta o verdura, che è senza buccia: *castagna, patata pelata* **3** (*fam.*) di testa, che è priva di capelli **4** di terreno, privo di vegetazione, spoglio **5** (*fig., fam.*) di persona, privato di risorse finanziarie ♦ *s.m.* (*fam.*) **1** uomo calvo **2** (*spec.pl.*) pomodoro pelato: *una provvista di pelati*.

pe|la|tù|ra *s.f.* operazione del pelare.

pel|làc|cia *s.f.* [pl. *-ce*] **1** pelle di animale molto dura e resistente **2** (*fig.*) persona partic. resistente a disagi, dolori o fatiche **3** (*estens., spreg.*) persona insensibile e senza scrupoli.

pel|là|gra *s.f.* (*med.*) malattia dovuta a carenza di vitamina PP, caratterizzata dalla comparsa di bolle nelle parti del corpo esposte alla luce, da anemia, da disturbi nervosi e digestivi.

pel|la|gró|so *agg., s.m.* [f. *-a*] (*med.*) che, chi è affetto da pellagra.

pel|là|io *s.m.* [f. *-a*] chi concia o vende pelli.

pel|là|me *s.m.spec.pl.* insieme di pelli conciate | quantità di articoli confezionati con tali pelli: *assortimento di pellami*.

pèl|le *s.f.* **1** (*anat.*) tessuto che riveste esternamente il corpo dell'uomo; cute: *avere una — delicata* | (*fig.*) *avere la — dura*, resistere alle malattie, alle difficoltà | *essere — e ossa*, essere molto magro | *avere i nervi a fior di —*, essere molto teso e nervoso | *non stare più nella —*, non riuscire a trattenere la gioia o l'impazienza **2** (*fig.*) la vita, l'esistenza | *rimetterci la —*, morire | *vender cara la —*, difendersi fino alla fine | *giocare con la* (o *sulla*) *— di qlcu.*, mettere a rischio la sua vita | *fare la — a qlcu.*, ammazzarlo | *amici per la —*, amici inseparabili **3** rivestimento esterno del corpo di numerosi animali: *la — del serpente* | la pelle conciata di un animale: *cintura di —* | (*fig.*) *avere la — d'oca*, rabbrividire per il freddo o la paura **4** (*estens.*) strato sottile di frutti o verdure; buccia: *la — dell'uva, del pomodoro*.

pel|le|gri|nàg|gio *s.m.* **1** viaggio verso luoghi sacri, che si fa per devozione o penitenza: *fare un — a Loreto* **2** (*estens.*) viaggio verso luoghi celebri, d'importanza storica o culturale: *andare in — a Redipuglia* **3** gruppo di pellegrini in viaggio.

pel|le|grí|no *s.m.* [f. *-a*] **1** chi fa un pellegrinaggio **2** (*lett.*) viaggiatore; viandante ♦ *agg.* **1** (*lett.*) forestiero, straniero | errante, ramingo **2** *falco —*, grosso uccello rapace diurno con capo nero e piumaggio grigio-azzurro.

pel|le|rós|sa o **pelliròssa** *s.m./f.* [pl.invar. o *pellirosse*] indigeno dell'America del Nord.

pel|let|te|rì|a *s.f.* **1** attività e tecnica di lavorazione degli oggetti in pelle **2** laboratorio artigiano o negozio di tali oggetti **3** assortimento di oggetti in pelle lavorata.

pel|let|tiè|re *s.m.* [f. *-a*] chi fabbrica o vende oggetti in pelle.

pel|li|cà|no *s.m.* grosso uccello nuotatore e pescatore, diffuso nei paesi tropicali e temperati, con piume bianche, lunghe ali, piedi palmati e un becco enorme dotato inferiormente di una sacca membranosa gialla che immagazzina i pesci.

pel|lic|ce|rì|a *s.f.* **1** attività e tecnica della lavorazione delle pellicce **2** laboratorio o negozio di pellicce **3** assortimento di pellicce.

pel|lìc|cia *s.f.* [pl. *-ce*] **1** mantello d'animale dal pelo lungo e folto: *la — della volpe* **2** pelle d'ani-

pellicciaio

male conciata in modo che non perda il pelo morbido e lucente 3 (*estens.*) indumento, spec. cappotto o giaccone, confezionato con tali pelli: — *di visone* 4 (*arald.*) particolare campo dello scudo, contraddistinto sia dal colore che dal metallo.

pel|lic|cia|io *s.m.* 1 [f. -a] chi concia le pelli per fabbricare pellicce | chi confeziona o vende pellicce 2 insetto coleottero la cui larva si insedia su lane, pelli e pellicce, danneggiandole.

pel|lic|ciòt|to *s.m.* giacca corta o giubbotto sportivo di pelliccia.

pel|li|co|la *s.f.* 1 (*anat., biol.*) pelle o membrana partic. sottile 2 (*estens.*) strato superficiale fluido che copre una superficie; patina 3 materiale plastico trasparente e sottilissimo, usato per avvolgere gli alimenti da conservare 4 (*cine., foto.*) striscia di cellulosa o di celluloide su cui vengono registrate le immagini negative 5 (*fam.*) film.

pel|li|co|là|re *agg.* di pellicola; che ha l'aspetto, la consistenza di pellicola.

pel|li|rós|sa *s.m./f.* → **pellerossa**.

pel|lù|ci|do *agg.* si dice di corpo semitrasparente attraverso cui passa la luce ma non si possono distinguere gli oggetti posti al di là; diafano.

pé|lo *s.m.* 1 (*anat., zool.*) formazione epidermica filiforme, costituita da sostanza cornea; è composta da stelo, radice e bulbo | il complesso dei peli di una persona o di un animale: *una barba con — lungo*; *un cane dal — bruno* | (*fig.*) **non avere peli sulla lingua**, parlare con estrema sincerità | *avere il — sullo stomaco*, essere privo di scrupoli, crudele | *lisciare il — a qlcu.*, adularlo allo scopo di ottenere un favore | *cercare il — nell'uovo*, cercare minuziosamente eventuali imperfezioni 2 (*fig.*) piccolissima frazione di tempo, cosa minima: *per un — non ho perso il pullman* 3 (*fig.*) superficie di un liquido: *il — dell'acqua* 4 (*bot.*) formazione dell'epidermide di fusti, foglie, radici o petali, con funzione spec. protettiva 5 peluria dei tessuti e filati di lana: *questa sciarpa perde il —* 6 pelliccia: *polsini di —*.

pe|lo|si|tà *s.f.* caratteristica di individuo, animale, vegetale peloso.

pe|ló|so *agg.* che ha molti peli; ricoperto di peli: *braccia pelose* | (*fig.*) **carità pelosa**, quella fatta solo per interesse.

pe|lò|ta *s.f.invar.* (*sport*) gioco di origine basca, giocato su un campo rettangolare, da squadre di due o tre giocatori i quali, mediante una particolare racchetta a forma di cesta, lanciano contro un muro una palla che a loro volta gli avversari devono rilanciare.

pèl|ta *s.f.* nell'antica Grecia, piccolo e leggero scudo, rotondo o a mezzaluna, costituito da una struttura in legno o vimini rivestita di cuoio.

pél|tro *s.m.* lega di stagno, piombo, antimonio, rame o argento, in diverse percentuali, usata per imitare l'argento nella produzione di oggetti decorativi: *vassoio di —*.

peluche (*fr.*) [pr. *pelùsh*] *s.f.invar.* tessuto di fibre naturali o sintetiche simile al velluto, con

886

pelo lungo e molto morbido, usato spec. per confezionare pupazzi e animali finti: *cagnolino di —* ♦ *s.m.invar.* pupazzo o animale finto confezionato con tale tessuto.

pe|lù|ria *s.f.* 1 insieme di peli corti, sottili e morbidi: *avere le braccia coperte di —* 2 l'insieme dei sottili filamenti che rivestono la buccia o le foglie di alcuni frutti: *la — delle pesche* 3 l'insieme delle piccole piume che coprono gli uccelli appena nati e i pulcini 4 lanugine di alcuni Mammiferi.

pèl|vi *s.f.* (*anat.*) il complesso delle ossa che costituiscono lo scheletro del bacino.

pèl|vi|co *agg.* [m.pl. -ci] (*anat.*) della pelvi.

pemmican (*ingl.*) [pr. *pèmiken*] *s.m.invar.* cibo a base di carne di renna o di pesce, essiccata e affumicata, tipico degli indiani d'America.

pé|na *s.f.* 1 (*dir.*) sanzione punitiva prevista dalla legge e stabilita dall'autorità giudiziaria mediante processo a carico di chi si è reso colpevole di un reato: *— pecuniaria, detentiva* 2 (*estens.*) danno fisico o morale che si subisce come conseguenza di una colpa commessa: *ha avuto una — ingiusta* 3 (*relig.*) castigo inflitto all'anima di un defunto per i peccati commessi in vita: *— dell'inferno* 4 angoscia, sofferenza morale: *pene d'amore* | *essere un'anima in —*, essere una persona tormentata | *stare in —*, preoccuparsi, essere inquieto 5 sentimento di pietà, compassione per i dolori altrui: *provo tanta — per lui* | *dare —*, suscitare commiserazione; (*spreg.*) causare riprovazione: *ridotto in quelle condizioni, faceva —; il tuo compito fa —* 6 disturbo, fatica: *fecero la salita con gran —* | *a mala —*, a stento, con difficoltà | *darsi — per qlcu.*, *per ql.co.*, darsi da fare, affannarsi, disturbarsi | *valere la —*, meritare, essere giusto, utile: *non vale la — avvilirsi per lui*.

pe|nà|le *agg.* (*dir.*) che riguarda i reati e stabilisce le pene corrispondenti: *sanzione, processo — | diritto —*, il complesso delle norme e delle leggi con cui lo Stato vieta particolari comportamenti attraverso la minaccia di una sanzione penale ♦ *s.f.* (*dir.*) sanzione fissata per un'infrazione | somma di denaro che deve pagare chi viola le clausole di un contratto: *pagare la —* ☐ **penalmente** *avv.* secondo le norme del codice penale.

pe|na|lì|sta *s.m./f.* [m.pl. -i] 1 esperto o studioso di diritto penale 2 avvocato specializzato in cause penali.

pe|na|li|tà *s.f.* 1 sanzione, multa pecuniaria 2 (*sport*) diminuzione del punteggio o altro tipo di svantaggio con cui sono puniti i concorrenti o le squadre che hanno commesso un'irregolarità.

pe|na|liz|zàn|te *part.pres. di* penalizzare ♦ *agg.* 1 che reca svantaggio, danno: *una scelta, una clausola —* 2 (*sport*) che punisce un concorrente con una penalità per qualche azione irregolare.

pe|na|liz|zà|re *v.tr.* 1 mettere in una situazione sfavorevole; danneggiare: *l'aumento della ben-*

zina penalizza i consumatori | trascurare, tralasciare: — *la famiglia rispetto al lavoro* **2** (*sport*) punire con una penalità i concorrenti o le squadre che hanno commesso un'azione irregolare.
pe|na|liz|za|zió|ne *s.f.* (*sport*) penalità inflitta a giocatori e squadre che hanno commesso qualche azione irregolare.
penalty (*ingl.*) [pr. *pènalti*] *s.m.|f.invar.* (*sport*) nel calcio, il calcio di rigore.
pe|nà|re *v.intr.* [indic.pres. *io péno...*; aus. *A*] **1** soffrire pene fisiche o morali; patire, tribolare: *ha penato molto per i figli* **2** faticare per ottenere ql.co., per superare le difficoltà: *ho dovuto — per passare l'esame.*
pe|nà|ti *s.m.pl.* presso gli antichi Romani, divinità protettrici della famiglia, della casa, della patria.
pen|co|là|re *v.intr.* [indic.pres. *io pèncolo...*; aus. *A*] **1** pendere da una parte o dall'altra, minacciando di cadere; traballare, vacillare **2** (*fig.*) esitare, tentennare.
pen|dà|glio *s.m.* oggetto decorativo che pende; ciondolo, monile | (*fig.*) — **da forca**, delinquente in quanto meritevole di impiccagione.
pendant (*fr.*) [pr. *pandàn*] *s.m.invar.* riscontro di una cosa rispetto a un'altra, che rivela simmetria, armonia: *il copriletto fa — con i cuscini* | oggetto corrispondente a un altro: *questo quadro è il — di quello che ho nello studio.*
pen|dèn|te *part.pres.* di pendere ♦ *agg.* **1** che pende dall'alto; appeso, sospeso: *una lampadina — dal soffitto* | (*estens.*) inclinato: *la torre — di Pisa* **2** (*fig.*) non ancora definito, irrisoluto: *causa —* | (*dir.*). **carichi pendenti**, procedimenti penali in corso a carico di una persona ♦ *s.m.* **1** ciondolo **2** (*spec.pl.*) orecchino con pendaglio a goccia.
pen|dèn|za *s.f.* **1** condizione di ciò che pende; inclinazione: *la — del pavimento* **2** (*fis.*) rapporto, espresso in percentuale, fra il dislivello di due punti e la loro distanza in orizzontale: *la strada ha una — del 5%* **3** (*estens.*) terreno in pendenza; declivio, pendio **4** (*dir.*) condizione di incertezza di un procedimento legale ancora in corso **5** (*dir., estens.*) controversia non risolta | conto che non è stato ancora liquidato: *definire una —.*
pèn|de|re *v.intr.* [indic.pres. *io pèndo...*; pass.rem. *io pendéi* o *pendètti, tu pendésti...*; dif. del part.pass. e dei tempi composti; aus. *A*] **1** essere appeso, sospeso a ql.co.: *lo specchio pende dal chiodo; un mazzo di chiavi gli pendevano dalla cintura* **2** rispetto a una linea orizzontale o verticale, essere inclinato: *lo specchio pende a destra* **3** (*fig.*) detto di un procedimento giudiziario, non essere definito o risolto **4** (*estens.*) incombere, gravare: *la sfortuna pende su di noi* **5** (*fig.*) propendere: *— per il sì.*
pen|di|ce *s.f. spec.pl.* parte di un terreno in pendio: *le pendici del colle.*
pen|dì|o *s.m.* **1** pendenza: *terreno in — 2* luogo in pendenza: *un brullo —.*
pèn|do|la *s.f.* orologio con movimento regolato da un pendolo.

pen|do|là|re[1] *v.intr.* [indic.pres. *io pèndolo...*; aus. *A*] **1** compiere un movimento oscillatorio simile a quello del pendolo **2** (*estens.*) percorrere un dato tragitto andando avanti e indietro.
pen|do|là|re[2] *agg.* **1** detto di movimento simile a quello del pendolo **2** detto di chi ogni giorno compie un viaggio di andata e ritorno rispetto al luogo di residenza, spec. per raggiungere il posto di lavoro: *lavoratore, studente —* ♦ *s.m./f.* chi ogni giorno, spec. per motivi di lavoro, compie un viaggio di andata e ritorno rispetto al luogo in cui risiede: *un pullman di pendolari.*
pen|do|la|rì|smo *s.m.* **1** caratteristica di ciò che è pendolare **2** (*fig.*) comportamento di chi assume posizioni contraddittorie **3** il fenomeno dei lavoratori o degli studenti pendolari.
pen|do|lì|no[1] *s.m.* **1** piccolo pendolo usato da maghi e rabdomanti durante i loro esperimenti **2** elettrotreno ad alta velocità.
pen|do|lì|no[2] *s.m.* piccolo uccello dal piumaggio marrone, con capo biancastro e fascia frontale nera, tipico delle zone umide.
pèn|do|lo *s.m.* **1** (*fis.*) solido che, in base alla sola forza di gravità, oscilla in un piano verticale attorno a un asse fisso orizzontale **2** nella pendola, asta pendente terminante con un peso che, oscillando attorno a un punto fisso, regola il movimento | (*estens.*) la pendola stessa **3** (*raro*) filo a piombo **4** (*sport*) nell'alpinismo, manovra compiuta per superare tratti non percorribili in arrampicata libera, in cui lo scalatore, assicurato alla parete con una corda, oscilla da un punto all'altro.
pèn|du|lo *agg.* **1** (*lett.*) che pende **2** (*anat.*) *velo —*, parte molle del palato posta tra la bocca e le fosse nasali; velo palatino.
pè|ne *s.m.* (*anat.*) organo esterno dell'apparato urogenitale maschile.
pe|ne|pià|no *s.m.* (*geog.*) regione lievemente ondulata o quasi piana che si forma alla fine di un ciclo di erosione.
pè|ne|ro *s.m.* parte terminale dell'ordito non tessuto che forma una frangia decorativa.
pe|ne|trà|bi|le *agg.* **1** che si può penetrare: *una sostanza — dall'acqua* **2** (*fig.*) che può essere compreso, risolto: *un mistero poco —.*
pe|ne|trànte *part.pres.* di penetrare ♦ *agg.* **1** che penetra: *un dolore —* | **odore —**, odore acuto **2** (*fig.*) che arriva o indaga a fondo: *analisi —* | efficace, incisivo: *discorso, sguardo —.*
pe|ne|trà|re *v.intr.* [indic.pres. *io pènetro...*; aus. *E*] **1** spingersi dentro ql.co. superando una resistenza: *il chiodo penetra nella parete* **2** (*estens.*) introdursi in un luogo con difficoltà o in modo furtivo: *i ladri sono penetrati nella villa* ♦ *tr.* **1** (*anche fig.*) attraversare, trapassare: *lo penetrò con il suo sguardo* **2** (*fig.*) riuscire a capire perfettamente, a decifrare: *— un mistero.*
pe|ne|tra|zió|ne *s.f.* **1** introduzione di ql.co. in un luogo chiuso o che oppone resistenza: *la forza di — di un proiettile* | (*fig.*) espansione, diffusione: *la — delle ideologie reazionarie* **2** (*fig.*) ca-

pacità di introspezione, di comprensione profonda; perspicacia: *facoltà di* —.

pe|ni|cil|li|na *s.f.* (*farm.*) **1** antibiotico estratto da muffe della specie *Penicillium notatum*, il primo usato per curare le malattie infettive **2** (*pl.*) classe di antibiotici ottenuti nella maggior parte dei casi per via sintetica o semisintetica.

Pe|ni|cil|lio *s.m.* genere di funghi che formano muffe di colore grigio-verde, di cui fanno parte numerose specie; alcune sono usate nell'industria farmaceutica, altre in quella casearia per la produzione di particolari tipi di formaggi (p.e. il gorgonzola, il roquefort).

pe|ni|cil|lo *s.m.* **1** (*bot.*) parte di organo vegetale in forma filamentosa **2** (*anat.*) l'insieme dei vasi terminali che si distaccano a piccoli intervalli dalle arteriole, tipico della milza.

pe|nin|su|là|re *agg.* di penisola; relativo a una penisola | che ha la forma di una penisola.

pe|ni|so|la *s.f.* (*geog.*) territorio che si protende da un continente in un mare o in un lago: — *italiana*, *balcanica*.

pe|ni|tèn|te *agg.* che si pente dei propri peccati o errori ♦ *s.m./f.* **1** chi fa penitenza **2** (*relig.*) chi appartiene ad alcune comunità o confraternite religiose che osservano la regola della penitenza **3** (*relig.*) fedele che si accosta al sacramento della penitenza.

pe|ni|tèn|za *s.f.* **1** espiazione di un peccato o del male commesso mediante opere di privazione o di mortificazione | l'opera che si compie per riparare al peccato o al male commesso: *imporsi una dura* — **2** (*teol.*) nella dottrina cattolica, sacramento mediante il quale i peccati vengono perdonati se il peccatore si pente e confessa; riconciliazione, confessione **3** in alcuni giochi di società o di ragazzi, la piccola pena che si impone per scherzo a chi perde o commette uno sbaglio: *fare la* — **4** punizione che si dà ai bambini: *per* — *oggi non vedrai i cartoni animati*.

pe|ni|ten|zià|le *agg.* (*relig.*) relativo alla penitenza.

pe|ni|ten|zià|rio *agg.* relativo all'organizzazione delle istituzioni carcerarie o all'esecuzione di una condanna detentiva | *diritto* —, parte del diritto penale che si occupa dell'organizzazione carceraria ♦ *s.m.* stabilimento carcerario.

pén|na *s.f.* **1** ciascuna delle formazioni cornee che ricoprono il corpo degli uccelli, costituita da un asse centrale, con una parte inserita nell'epidermide (*calamo*) e una emergente (*rachide*), e da numerose appendici laterali (*barbe*); ha funzione protettiva e serve a dirigere il volo | (*fig.*) *lasciarci*, *rimetterci le penne*, morire o subire notevoli danni **2** ornamento di cappelli, spec. di quelli alpini **3** strumento usato un tempo per scrivere, costituito da una penna d'oca con calamo tagliato trasversalmente e successivamente da un'asticella in materiale vario recante un pennino metallico | (*fig.*) qualsiasi strumento per scrivere a mano che utilizzi l'inchiostro | — *stilografica*, quella munita di serbatoio per contenere l'inchiostro che alimenta il pennino | — *a*

sfera, quella munita di una sfera metallica che distribuisce sul foglio l'inchiostro **4** (*fig.*) il modo, lo stile con cui si scrive: *ha una* — *tagliente* | (*estens.*) la professione di chi scrive | scrittore: *è una grande* — **5** la parte della freccia opposta alla punta **6** la parte del martello, a volte biforcuta, opposta a quella che batte **7** (*spec.pl.*) varietà di pasta alimentare corta e bucata, liscia o rigata, a forma romboidale.

pen|nàc|chio *s.m.* **1** ciuffo di penne variamente colorate, usato come ornamento di cappelli militari, finimenti di cavalli o cappelli e acconciature femminili: *il* — *dei bersaglieri* **2** (*estens.*) oggetto o figura la cui forma ricorda quella di un pennacchio: *un* — *di fumo* **3** (*arch.*) superficie della volta a forma di triangolo sferico con funzioni di raccordo tra la calotta di una cupola e la struttura di base.

pen|na|rèl|lo *s.m.* tipo di penna con pennino di feltro imbevuto di inchiostro a rapida essiccazione.

pen|nà|to¹ *agg.* **1** dotato di penne **2** che ha forma di penna | *foglia pennata*, quella composta di piccole foglie, disposte ai due lati della nervatura mediana.

pen|nà|to² *s.m.* (*agr.*) attrezzo simile a una grossa roncola, composto da una lama ricurva con dentellatura tagliente sul dorso, usato per potare le viti.

Pen|nà|tu|la *s.f.* genere di Celenterati marini diffusi nei mari caldi e temperati, dal colore vivace, spec. rosso; vivono in colonie ramificate, le cui forme ricordano le penne di un uccello.

pen|néc|chio *s.m.* quantità di canapa, lino, lana o altra fibra, che si avvolge intorno alla rocca per filarla con il fuso.

pen|nel|là|re *v.tr.* [*indic.pres. io pennèllo*...] **1** coprire ql.co. con il colore usando il pennello; tinteggiare: — *un cancello* **2** spalmare con sostanza liquida con il pennello: — *la sfoglia con il tuorlo d'uovo* **3** (*fig.*) descrivere ql.co. rapidamente, ma fornendo particolari essenziali ed efficaci.

pen|nel|là|ta *s.f.* **1** colpo dato su una superficie con il pennello, per stendervi il colore, la vernice o un'altra sostanza: *dare una* — *di bianco* | il tratto ottenuto in tal modo **2** (*estens.*) il modo di usare il pennello: *dipingere a pennellate vigorose* **3** (*fig.*) elemento di particolare efficacia descrittiva: *con poche pennellate lo scrittore delinea un personaggio*.

pen|nel|la|tù|ra *s.f.* pennellata di farmaco liquido su una zona malata.

pen|nèl|lo *s.m.* **1** attrezzo costituito da un mazzetto di peli naturali o sintetici fissato all'estremità di un manico di legno, che si usa per dipingere, verniciare o spalmare sostanze semiliquide: — *di setole di cinghiale*; — *da pittore* | — *da barba*, quello usato per insaponare il viso prima della rasatura | (*fig.*) *a* —, alla perfezione: *questo giaccone ti va a* — **2** argine perpendicolare a una riva, che ha la funzione di regolare il corso delle correnti **3** (*fis.*) — *luminoso*, sottile fascio di luce | — *elettronico*, fascio di elettroni emessi da un catodo.

pen|ni|chèl|la *s.f.* (*region.*) breve sonno pomeridiano; siesta.

pen|nì|no *s.m.* piccola lamina appuntita di metallo, che si innesta sul cannello della penna per scrivere.

pen|nó|ne *s.m.* **1** lunga asta che serve a reggere una bandiera **2** (*mar.*) asta in legno o metallo, disposta orizzontalmente a un albero per sostenere una vela quadra.

pen|nù|to *agg.* munito di penne ♦ *s.m.* uccello.

penny (*ingl.*) *s.m.invar.* moneta inglese pari alla centesima parte di una sterlina.

pe|nóm|bra *s.f.* **1** condizione intermedia tra la luce e l'ombra: *camera in* — **2** (*fis.*) zona in cui si passa gradualmente dalla luce all'ombra, che si genera su uno schermo quando fra esso e una sorgente luminosa estesa si frappone un corpo opaco **3** (*astr.*) nell'eclissi, regione circostante il cono d'ombra.

pe|nó|so *agg.* **1** che porta pena, disagio, fatica: *un viaggio* — **2** che suscita pena, che muove a pietà; pietoso, compassionevole: *uno scenario* — | *fare una figura penosa*, vergognosa, molto imbarazzante □ **penosamente** *avv.* in modo penoso | a fatica.

pen|sà|bi|le *agg.* che si può pensare; concepibile, immaginabile: *non è — che possano accettare questa cifra.*

pen|sàn|te *part.pres. di* pensare ♦ *agg.* che pensa, che ha la facoltà di pensare.

pen|sà|re *v.intr.* [*indic.pres.* io *pènso...*; aus. *A*] **1** possedere ed esercitare l'attività del pensiero | (*estens.*) meditare, riflettere: *pensa prima di rispondere!* **2** volgere il pensiero a ql.co. o a qlcu.: *penso ai genitori lontani* | (*estens.*) rievocare, richiamare alla mente; ricordare: *penso alla bella vacanza trascorsa* | *dar da* —, dare una preoccupazione **3** immaginare, fantasticare: *sta pensando al regalo che gli faremo* **4** occuparsi di ql.co. o di qlcu.; badare, provvedere: *pensa solo a se stesso*; *ci penso io a risolvere la situazione* | — *ai fatti propri*, non impicciarsi delle faccende altrui **5** giudicare, avere un'opinione: *perché pensi male di lui?* | — *con la propria testa*, non farsi condizionare dalle opinioni degli altri **6** progettare, fare un piano: *pensiamo ad organizzare il matrimonio* ♦ *tr.* **1** immaginare ql.co. nella mente; prefigurarsi: *pensa che gioia!* **2** escogitare, macchinare; architettare: *chi poteva — una simile messinscena?* | *una ne fa e cento ne pensa*, trova sempre nuove astuzie **3** considerare in modo accurato; meditare: — *attentamente la frase da scrivere* | ricordare: *pensa tutto l'aiuto che ti ha dato* **4** credere, giudicare, ritenere: *penso che sia preferibile firmare* **5** decidere, progettare: *ho pensato di accettare.*

pen|sà|ta *s.f.* idea nuova ed efficace; trovata: *ho avuto una bella* —.

pen|sa|tó|io *s.m.* (*scherz.*) luogo isolato in cui ci si ritira a pensare, a meditare.

pen|sa|tó|re *s.m.* [f. *-trice*] chi pensa, spec. chi medita con intelligenza e profondità questioni filosofiche: *i pensatori contemporanei* | *libero* —, chi rivendica piena libertà di coscienza in materia di religione.

penseé (*fr.*) [pr. *pansé*] *s.f.invar.* viola del pensiero.

pen|sie|rì|no *s.m.* **1** pensiero che si fa su ql.co. di accattivante, che si desidera: *ho fatto un — su quella borsa* **2** composizione breve a tema, che gli alunni delle elementari compongono per esercizio **3** (*fam.*) piccolo dono, di modesto valore ma fatto con affetto: *ti ho portato un* —.

pen|siè|ro *s.m.* **1** attività psichica tramite la quale l'uomo elabora concetti, formula ipotesi ecc.; la facoltà del pensare: *il — contraddistingue l'uomo* | (*estens.*) la mente, in quanto sede dell'attività del pensare: *sto fissando il — su ciò che devo scrivere* **2** (*filos.*) l'attività propriamente speculativa dell'uomo, che si contrappone all'azione: *libertà di* — | (*estens.*) corrente filosofica: *il — di Aristotele* | *uomo di* —, pensatore **3** il modo di pensare caratteristico di una persona: *non rispetta mai il — degli altri* **4** ciò a cui si pensa; il contenuto, l'oggetto stesso del pensiero: *intuisci sempre i miei pensieri* **5** (*estens.*) ansia, angoscia: *hai troppi pensieri* | *stare in* —, *darsi* —, essere preoccupato **6** (*estens.*) intenzione, proposito: *il suo primo — è stato di rifiutare* **7** (*fam.*) attenzione, cura premurosa: *un — affettuoso* | piccolo dono: *gli ho comprato un* — **8** considerazione, riflessione espressa in modo sintetico; motto, sentenza: *ha scritto alcuni pensieri sul significato dell'esistenza* | (*spec.pl.*) titolo di opere filosofiche o letterarie: *i "Pensieri" di Pascal.*

pen|sie|ró|so *agg.* che ha molti pensieri, spec. preoccupanti; che è assorto in pensieri: *essere* —.

pèn|si|le *agg.* **1** (*lett.*) che pende o è sospeso nell'aria **2** sollevato da terra tramite vari tipi di sostegni: *mobile* — | *giardino* —, quello collocato sopra una terrazza **3** (*arch.*) detto di elemento che non è sostenuto da una colonna: *capitello* — ♦ *s.m.* mobile sollevato da terra e appeso al muro: *un — in formica.*

pen|si|li|na *s.f.* tettoia sporgente da una parete o sorretta da colonne, che serve a riparare dalla pioggia e dal sole: *la — della fermata dei pullman.*

pen|sio|nà|bi|le *agg.* **1** che ha raggiunto i limiti di età e di servizio necessari per poter andare in pensione: *impiegato* — **2** che si può conteggiare ai fini della pensione: *anni pensionabili.*

pen|sio|na|mén|to *s.m.* provvedimento tramite il quale i lavoratori sono collocati a riposo.

pen|sio|nàn|te *s.m./f.* persona che alloggia in una pensione | ospite pagante in un'abitazione privata.

pen|sio|nà|re *v.tr.* [*indic.pres. io pensióno...*] mettere a riposo un lavoratore assegnandogli la pensione.

pen|sio|nà|to *part.pass. di* pensionare ♦ *agg.* che riceve una pensione ♦ *s.m.* **1** [f. *-a*] chi riceve una pensione | chi ha come principale fonte di reddito una pensione **2** istituto in cui, pagando

pensione

una retta, ricevono vitto e alloggio determinate categorie di persone, spec. gli anziani.

pen|sió|ne *s.f.* **1** somma di denaro che viene corrisposta periodicamente dallo Stato o da altri enti pubblici o privati a chi cessa di lavorare per raggiunti limiti di età, per aver prestato un dato numero di anni di servizio, per invalidità: — *di vecchiaia, di anzianità* | (*estens.*) condizione di chi riceve tale somma di denaro: *andare in* — **2** prestazione di vitto e alloggio dietro pagamento di una cifra stabilita: *essere a* — | (*estens.*) somma che si paga per tale prestazione | **mezza** —, quella che comprende l'alloggio, la colazione e un pasto | — **completa**, quella che comprende l'alloggio, la colazione e due pasti **3** esercizio pubblico alberghiero che fornisce tale prestazione.

pen|sio|ni|sti|co *agg.* [m.pl. *-ci*] (*bur.*) relativo alle pensioni: *programma* —.

pen|so|si|tà *s.f.* condizione di chi è pensoso, assorto in pensieri o riflessioni.

pen|só|so *agg.* **1** assorto in pensieri, riflessioni; pensieroso: *starsene* — **2** (*estens.*) propenso alla riflessione, alla meditazione: *carattere* — | (*lett.*) che si preoccupa per ql.co. o qlcu. □ **pensosamente** *avv.*

pèn|ta- primo elemento di parole composte che significa "cinque" (*pentagono*).

pen|tà|col|lo *s.m.* (*st.*) figura di stella a cinque punte con segni magici, incisa su metallo, che veniva portata al collo per allontanare i malefici e proteggere dagli incantesimi | amuleto, talismano recante tale figura.

pen|ta|còr|do *s.m.* (*mus.*) **1** antico strumento a cinque corde **2** scala di cinque toni graduati | accordo di cinque suoni.

pen|ta|dàt|ti|lo *agg.* **1** (*zool.*) detto di arto dotato di cinque dita **2** (*bot.*) detto di foglia suddivisa in cinque piccole foglie.

pen|ta|è|dro *s.m.* (*geom.*) poliedro a cinque facce.

pen|ta|go|nà|le *agg.* **1** (*geom.*) del pentagono | che ha forma di pentagono **2** (*sport*) detto di gara a cui partecipano cinque squadre o cinque società.

pen|ta|go|no *s.m.* **1** (*geom.*) poligono con cinque lati **2** (*per anton.*) *il Pentagono*, l'insieme degli edifici a pianta pentagonale in cui ha sede il Dipartimento della Difesa degli Stati Uniti | il Dipartimento stesso **3** in enigmistica, gioco in cui parole disposte orizzontalmente si ripetono verticalmente formando una figura pentagonale.

pen|ta|gràm|ma *s.m.* [pl. *-i*] (*mus.*) l'insieme delle cinque linee parallele orizzontali e dei quattro spazi compresi fra esse, su cui si scrivono i segni delle note e delle pause musicali.

pen|ta|gram|mà|to *agg.* detto di foglio di carta su cui sono stampati o disegnati i pentagrammi.

pen|tà|me|ro *agg.* (*bot.*) detto di fiore con cinque petali e cinque sepali.

pen|tà|me|tro *s.m.* nella poesia greca e latina, verso costituito da cinque piedi.

pen|tà|no *s.m.* (*chim.*) idrocarburo con cinque atomi di carbonio, presente nei gas naturali e nel petrolio greggio; è usato nell'industria delle vernici come solvente.

pen|ta|par|ti|to *s.m.* governo sostenuto da una coalizione di cinque partiti.

Pen|ta|tèu|co *s.m. solo sing.* l'insieme dei primi cinque libri dell'Antico Testamento.

pèn|ta|thlon o **pèntatlon** *s.m.invar.* **1** (*st.*) nell'antichità, competizione dell'atletica leggera che comprendeva cinque diverse prove (corsa, salto, lancio del giavellotto, lancio del disco e lotta) e che si disputava il quarto giorno delle Olimpiadi **2** (*sport*) competizione dell'atletica leggera articolata in cinque prove | — *moderno*, disciplina comprendente cinque prove di cinque sport diversi (equitazione, scherma, tiro, nuoto e corsa campestre).

pen|ta|tlè|ta *s.m./f.* [pl. *-i*] atleta specialista di pentathlon.

pèn|ta|tlon *s.m.invar.* → **pentathlon**.

pen|ta|va|lèn|te *agg.* (*chim.*) **1** detto di atomo combinabile con cinque atomi di idrogeno **2** detto di composto organico la cui molecola presenta cinque identici gruppi funzionali.

pen|te|co|stà|le *agg.* della Pentecoste ♦ *s.m. spec.pl.* seguace del pentecostalismo.

pen|te|co|stà|li|smo *s.m.* movimento religioso protestante sorto negli Stati Uniti all'inizio del XX secolo, suddiviso in sette o chiese, basato sulla credenza in manifestazioni carismatiche attribuite alla presenza dello Spirito Santo, sul modello della prima Pentecoste.

Pen|te|cò|ste *s.f.* (*relig.*) **1** festa cristiana che si celebra cinquanta giorni dopo la Pasqua, per commemorare la discesa dello Spirito Santo sugli apostoli **2** festa ebraica che si celebra il cinquantesimo giorno dopo la Pasqua.

pen|ti|mén|to *s.m.* **1** rimorso o dolore per aver trasgredito una norma etica o religiosa: *un — sincero* **2** (*estens.*) rammarico, rimpianto per un'azione che si è o non si è compiuta **3** (*fig.*) cambiamento di pareri o di comportamento: *i tuoi pentimenti sconvolgono i miei progetti*.

pen|tir|si *v.intr.pron.* [indic.pres. *io mi pènto...*] **1** provare pentimento, sentire rimorso: — *dei propri peccati* **2** (*estens.*) provare rammarico, rimpianto per aver compiuto o non aver compiuto un'azione: — *di non aver continuato a studiare* **3** cambiare parere o comportamento; ricredersi: — *all'ultimo momento*.

pen|ti|to *s.m.* [f. *-a*] **1** chi si pente **2** imputato di reati di terrorismo o di mafia che collabora con le autorità giudiziarie, ottenendo una riduzione della pena.

pén|to|la *s.f.* **1** recipiente di forma cilindrica, spec. in metallo, dotato di due manici e di un coperchio, usato per cuocere i cibi | — *a pressione*, quella con chiusura ermetica, usata per cuocere i cibi in tempi molto rapidi | (*fig.*) *qualcosa bolle in* —, si sta preparando in segreto qualcosa di nuovo | (*prov.*) *ogni* — *ha il suo coperchio*, prima o poi ognuno trova la sistemazione più consona **2**

(*estens.*) quantità di cibo che può essere contenuta in tale recipiente: *una — di ceci*.

pen|to|làc|cia *s.f.* gioco in cui i partecipanti, bendati, cercano di rompere a bastonate una pentola di coccio sospesa in alto, piena di dolciumi o regali.

pen|to|là|me *s.m.* insieme di pentole da cucina di diverso materiale e di dimensioni varie.

pen|to|là|ta *s.f.* **1** quantità di cibo contenuta in una pentola **2** colpo dato con una pentola.

pen|to|li|no *s.m.* **1** piccola pentola con un solo manico, usata per cuocere o scaldare piccole quantità di cibo: *il — per il sugo, per le uova* **2** (*estens.*) quantità di cibo che può essere contenuta in tale recipiente: *un — di brodo*.

pen|to|tal® o **pentothàl** *s.m.invar.* derivato barbiturico usato in medicina come anestetico e talvolta come siero della verità nelle procedure giudiziarie di certi paesi.

pen|tri|te *s.f.* (*chim.*) composto chimico che si usa come esplosivo dal forte potere detonante.

pe|nùl|ti|mo *agg., s.m.* [f. *-a*] in una graduatoria o in una serie, che, chi occupa il posto immediatamente prima dell'ultimo.

pe|nù|ria *s.f.* mancanza, insufficienza di cose necessarie; scarsità: *— di cibo*.

pen|zo|là|re *v.intr.* [indic.pres. *io pènzolo...*; aus. *A*] pendere dall'alto, spec. dondolando.

pen|zo|ló|ni *avv.* in modo da pendere dondolando nel vuoto: *sedere sul muretto con le gambe — | a —, penzolando*.

peón (*sp.*) *s.m.* [pl. *peones*] nell'America meridionale, bracciante giornaliero di povera condizione.

pe|ò|nia *s.f.* pianta erbacea ornamentale con grandi e vistosi fiori a cinque petali, variamente colorati di rosa, bianco o viola.

pe|pà|re *v.tr.* [indic.pres. *io pépo...*] condire ql.co. con il pepe.

pe|pà|to *part.pass.* di pepare ♦ *agg.* **1** condito con pepe **2** (*fig.*) mordace, sarcastico: *un discorso —* **3** (*fig.*) malizioso, piccante: *raccontare una barzelletta pepata*.

pé|pe *s.m.* **1** arbusto rampicante coltivato nelle regioni tropicali con foglie alterne, fiori raccolti in spighe e frutti a bacca usati come condimento **2** la spezia ottenuta da tale pianta, dal caratteristico sapore piccante: *— in polvere, in grani | — nero*, quello ricavato dai frutti immaturi ed essiccati *| — bianco*, quello ricavato dai frutti maturi, macerati in acqua, privati di polpa ed essiccati *| — verde*, quello ricavato dai frutti immaturi e conservati in salamoia | (*fig.*) *avere il — nel sangue*, essere molto caloroso **essere tutto —**, essere una persona molto vivace e arguta | *non sapere né di sale né di —*, essere piuttosto insipido o insignificante **3** *— di Caienna*, peperoncino rosso di sapore piccante, essiccato o polverizzato.

pe|pe|rì|no¹ *s.m.* **1** persona dal carattere molto vivace **2** (*spec.pl.*) pastina da consumare in brodo, simile ai granelli del pepe.

pe|pe|rì|no² *s.m.* (*geol.*) tufo di origine vulcanica, di colore grigio picchiettato di nero, usato spec. come pietra da costruzione.

pe|pe|ro|nà|ta *s.f.* (*gastr.*) pietanza a base di peperoni cotti in padella con cipolla e pomodori.

pe|pe|ron|cì|no *s.m.* varietà di peperone i cui piccoli frutti dal sapore molto piccante sono usati come condimento.

pe|pe|ró|ne *s.m.* **1** pianta erbacea con fusto eretto, foglie ovali, frutti a bacca di colore rosso, verde o giallo **2** (*estens.*) il frutto commestibile di tale pianta, dal sapore dolciastro o piccante | *diventare rosso come un —*, arrossire vistosamente in viso.

pe|piè|ra *s.f.* piccolo recipiente o vasetto contenente il pepe macinato da portare in tavola.

pe|pi|ta *s.f.* piccola massa arrotondata di metallo prezioso, spec. oro o platino, che si è staccata dal giacimento originario per rotolare in sabbie alluvionali.

pè|plo *s.m.* nell'antica Grecia, abito femminile di lana bianca costituito da un telo rettangolare che si faceva passare sotto il braccio destro, si fissava sulla spalla sinistra con una fibbia e si stringeva in vita con una cintura.

pe|pò|ni|de *s.m./f.* frutto duro e carnoso, con parte interna molle, ricca di semi e piuttosto acquosa (p.e. cetriolo, melone, zucca).

pèp|po|la *s.f.* uccello simile al fringuello, con becco conico, testa e dorso neri, ali fulve.

pè|psi *s.f.* (*med.*) digestione.

pe|psì|na *s.f.* (*biol.*) enzima secreto dallo stomaco, che trasforma le proteine in prodotti meno complessi.

pèp|ti|co *agg.* [m.pl. *-ci*] **1** (*med.*) relativo alla digestione | *ulcera peptica*, ulcera gastrica e duodenale in quanto provocate dall'azione dei succhi gastrici **2** (*biol.*) relativo ai peptidi.

pep|ti|dà|si *s.f.* (*chim., biol.*) proteasi che catalizza la scissione in amminoacidi dei polipeptidi costituenti le proteine; polipeptidasi.

pèp|ti|de o **peptìde** *s.m.* (*biol.*) sostanza organica derivante dalla scomposizione delle proteine.

pep|tì|di|co *agg.* [m.pl. *-ci*] (*chim.*) che riguarda i peptidi | *legame —*, quello che in un peptide o in una proteina unisce due amminoacidi.

pep|tó|ne *s.m.* (*biol.*) prodotto della digestione operata dalla pepsina sulle sostanze proteiche.

pèr *prep.* **1** introduce il compl. di moto attraverso luogo (*anche fig.*): *il pullman passerà — Roma; che cosa ti passa — il cervello?* | indica lo spazio circoscritto o l'ambito entro cui si svolge un moto o si verifica un fenomeno: *passeggiare — il parco; sento brividi — la schiena* **2** introduce il compl. di moto a luogo: *partì — l'America; prendiamo il sentiero — il bosco* | esprime destinazione: *c'è un messaggio — te* | (*estens.*) indica la cosa o la persona verso cui si ha un'inclinazione: *provare affetto — un amico; avere propensione — la matematica* **3** introduce il compl. di stato in luogo (*anche fig.*): *incontrò suo padre — strada; hai la testa — aria?* **4** introduce il compl. di tempo indeterminato o continuato: *resi-*

stetti — sei mesi | quando introduce il compl. di tempo determinato, indica gener. una scadenza nel futuro: *la consegna è fissata — lunedì* **5** introduce il compl. di mezzo: *ti manderò il documento — fax* **6** esprime la causa: *restai in casa — la pioggia; urlò — la gioia* **7** indica il fine o lo scopo: *film — soli adulti; gli lasciai una foto — ricordo* | introduce una preghiera, un giuramento, un'esortazione o una promessa: *vi imploro — pietà; — favore, finisci i compiti* | si usa in alcune loc. inter. che esprimono rabbia, disappunto, meraviglia o stupore: *— Dio!; — la miseria!* **8** introduce il compl. di vantaggio o di svantaggio: *lottò — gli altri; il fumo è nocivo — la salute* **9** introduce il compl. di limitazione: *— te, tutte le scuse sono buone* **10** esprime il modo in cui si compie un'azione: *dicevo — scherzo; raccontò tutto — sommi capi* | (*estens.*) indica la maniera con la quale si prende ql.co. o qlcu.: *lo prese — il bavero* **11** introduce il compl. di prezzo, di stima: *ho dovuto venderlo — pochi euro; hanno valutato la macchina — una cifra bassa* | introduce il compl. di pena: *sono stato multato — cento euro* **12** introduce il compl. di colpa: *fu processato — furto* **13** con funzione distributiva: *disponetevi in fila — tre* | (*estens.*) indica una percentuale: *il tre — cento* | (*mat.*) indica le operazioni di moltiplicazione e divisione: *due — due è uguale a quattro; dieci diviso — due è uguale a cinque* **14** introduce il compl. di misura o di estensione: *l'autostrada è interrotta — 8 km; il fiume si estende — 15 km* **15** introduce il predicativo: *lo ebbero — allenatore* **16** indica scambio o sostituzione: *ti ho preso — tua sorella; stai prendendo lucciole — lanterne* **17** seguita da un infinito, introduce diverse proposizioni: finali: *rivelò tutto alla stampa — diffondere la notizia* | causali: *sta male — aver mangiato troppo* | consecutive: *sono troppo stanco — uscire stasera* **18** seguita da un congiuntivo, introduce una proposizione concessiva: *— male che vada, avremo comunque partecipato* **19** entra nella formazione delle locuzioni perifrastiche: *stare, essere —, stare, essere sul punto di: stavo — andarmene; era lì lì — piangere* **20** entra nella formazione di molte loc.: *— caso; — di più; — forza; — il momento; — l'appunto; — tempo; — cui.*

pé|ra *s.f.* **1** il frutto commestibile del pero: *sbucciare una —* | (*fig.*) *cascare, cascarci come una — cotta*, cadere facilmente in un inganno; innamorarsi perdutamente | *essere una — cotta*, essere debole, fiacco **2** (*estens.*) qualsiasi oggetto di forma oblunga che somigli a una pera | (*fig.*) *a —*, illogico, sconclusionato: *ragionamento a —* **3** peretta per clisteri **4** (*scherz.*) testa **5** (*gerg.*) iniezione di eroina: *farsi una —.*

pe|ral|tro *avv.* del resto, d'altra parte, tuttavia.

pe|ràn|co *avv.* (*lett.*) ancora, per ora.

per|bàc|co *inter.* esclamazione di stupore o disappunto: *—, che fortuna!*

per|bè|ne *agg.invar.* onesto, costumato, di buona condizione sociale: *ragazzo —* ♦ *avv.* bene; in modo corretto, con cura: *fare le cose —.*

per|be|nì|smo *s.m.* (*spec.spreg.*) atteggiamento, comportamento di chi, per apparire una persona perbene, rispetta in modo ipocrita la morale e le consuetudini sociali: *il — della borghesia.*

per|be|ni|sta *s.m./f.* [m.pl. *-i*] chi rivela perbenismo nell'atteggiamento, nel comportamento.

per|be|nì|sti|co *agg.* [m.pl. *-ci*] che ha origine nel perbenismo; che denota perbenismo: *società perbenistica; giudizio —.*

per|bo|rà|to *s.m.* (*chim.*) sale dell'acido borico che ha la proprietà di cedere facilmente ossigeno; è usato come disinfettante, sbiancante e deodorante | *— di sodio*, sale di sodio contenente quattro atomi di boro e otto di ossigeno, che si presenta come una sostanza bianca cristallina ed è usato per le proprietà ossidanti spec. nella produzione di detersivi.

per|càl|le *s.m.* tela di cotone molto leggera, con i due versi uguali e decorata con disegni a stampa, usata spec. per confezionare biancheria e abiti.

per|cèn|to *s.m.invar.* per cento.

per|cen|tuà|le *agg.* che è stabilito in ragione di un tanto per cento: *aumento —* ♦ *s.f.* **1** (*mat.*) numero che indica quante parti di una grandezza equivalgono a cento di un'altra: *la — dei votanti* **2** cifra di denaro che si paga o si riceve come compenso, calcolata in ragione di un tanto per cento; provvigione: *prende una — sulle vendite degli appartamenti.*

per|cen|tua|liz|zà|re *v.tr.* ricavare valori percentuali da dati statistici o matematici.

per|ce|pì|bi|le *agg.* **1** che si può percepire; ravvisabile: *un fruscio —* | che si può captare intuitivamente: *presagio difficilmente —* **2** che si può riscuotere: *interesse —.*

per|ce|pì|re *v.tr.* [indic.pres. *io percepisco, tu percepisci...*] **1** avvertire una realtà esterna o interna mediante i sensi o l'intuito: *— un odore, il disagio* **2** ricevere, riscuotere: *— un assegno mensile.*

per|cet|tì|bi|le *agg.* che si può percepire, distinguere e individuare: *un rumore —; un cambiamento chiaramente —.*

per|cet|tì|vo *agg.* **1** relativo alla percezione **2** in grado di percepire: *facoltà percettiva.*

per|cet|tó|re *s.m.* [f. *-trice*] (*bur.*) chi percepisce una somma di denaro o un reddito.

per|ce|zió|ne *s.f.* **1** attività del percepire: *la — del freddo* **2** (*estens.*) attività conoscitiva di ql.co.; intuizione, sensazione: *la — di un pericolo* **3** riscossione di una somma di denaro.

per|ché *avv.* [introduce una prop. interr. diretta o indiretta con valore causale o finale] per quale ragione: *spiegami — non ti sei più fatto vivo; — mi hai chiamato?* | seguito da *non*, esprime un invito a fare ql.co.: *— non ti fermi a dormire?* ♦ *cong.* **1** [introduce una prop. causale con il v. all'indic. o al congiunt.] poiché, per il fatto che: *vado via — sono stanco; non — voglia rimproverarti, ma ti devi attenere alle regole* **2** [introduce una prop. finale con il v. al congiunt.] affinché: *lo dissi ad alta voce — lui lo sapesse* **3** [introduce

perdifiato

una prop. consecutiva con il v. al congiunt.] cosicché: *sono troppo stanco — possa uscire* ♦ *s.m.* **1** causa, scopo, ragione: *ogni cosa ha il suo* — **2** domanda, dubbio: *si è posto una serie di* — | *senza tanti* —, senza tante, troppe domande: *ha accettato senza tanti* —.

per|ciò *cong.* (*con valore conclusivo*) per questo motivo: *non mi hai ascoltato e* — *hai sbagliato*.

per|clo|ra|to *s.m.* (*chim.*) sale dell'acido perclorico, usato spec. per preparare esplosivi.

per|clò|ri|co agg. [m.pl. *-ci*] (*chim.*) detto dell'acido del cloro al grado massimo di ossidazione, usato in galvanoplastica e nelle analisi chimiche.

per|clo|rù|ro *s.m.* (*chim.*) cloruro contenente un metallo o un metalloide al grado massimo di ossidazione, usato spec. in grafica e in elettronica.

per|co|la|zió|ne *s.f.* **1** (*geogr., fis.*) passaggio lento dell'acqua attraverso un terreno permeabile per effetto della forza di gravità **2** (*chim.*) operazione con cui si fa fluire una miscela liquida attraverso uno o più strati filtranti, al fine di separare alcune delle sostanze in essa contenute o per favorire fenomeni di ossidazione.

per|có|me *s.m.invar.solo nella loc.* (*fam.*) *il perché e il* —, tutte le ragioni: *voglio sapere il perché e il* —.

per|cor|rèn|za *s.f.* il tragitto percorso da un mezzo di trasporto in un determinato tempo | il tempo necessario a percorrere tale tragitto.

per|cór|re|re *v.tr.* [con. come *correre*] **1** compiere un tragitto con un mezzo di trasporto o a piedi: — *una strada* **2** (*anche fig.*) attraversare un luogo in tutta la sua estensione o lunghezza: — *tutte le tappe della carriera*.

per|cor|rì|bi|le agg. che si può percorrere.

per|cor|ri|bi|li|tà *s.f.* **1** praticabilità di una strada **2** (*fig.*) plausibilità di un presupposto, di un programma e sim.

per|córso *s.m.* **1** tratto di strada che si percorre o si deve percorrere: *un* — *di 3 km* | il tempo impiegato per attraversarlo **2** (*sport*) tracciato che i concorrenti di una gara devono seguire: *il* — *di una gara automobilistica* **3** (*inform.*) procedura logica per accedere a un file all'interno di una struttura ad albero.

per|còs|sa *s.f.* **1** colpo violento inferto con uno schiaffo, un pugno, un calcio o uno strumento contundente; botta: *finì in ospedale per le percosse ricevute* **2** (*fig., raro*) colpo avverso del destino; avversità.

per|cuò|te|re *v.tr.* [pass.rem. *io percossi, tu percuotésti*...; part.pass. *percosso*] **1** battere, colpire con le mani, con i piedi o con un oggetto: — *il muro con i pugni;* — *la porta con calci;* — *la campana* **2** prendere a botte qlcu.; malmenare, picchiare: *fu percosso con un bastone* | (*estens., lett.*) ferire; **percuotersi il petto**, battersi il petto in segno di pentimento o dolore **3** colpire con violenza: *la torre fu percossa da un fulmine* | (*lett.*) detto spec. di suono o luce, colpire con violenza gli organi di senso **4** (*fig.*) detto di fenomeno, tormentare, affliggere: *l'epidemia percosse l'intera regione* ♦ **-rsi** *rifl.rec.* malmenarsi, picchiarsi.

per|cus|sió|ne *s.f.* **1** l'atto del percuotere | colpo violento | **armi da fuoco a** —, quelle munite di percussore | (*mus.*) **strumenti a** —, quelli il cui suono è prodotto percuotendo membrane, lamine o tubi metallici (p.e. i piatti, le nacchere) **2** (*med.*) in semeiotica, tecnica diagnostica consistente nel battere leggeri colpi su una determinata parte del corpo (p.e. sul torace, sull'addome).

per|cus|só|re *s.m.* nelle moderne armi da fuoco, barretta d'acciaio che percuote con violenza la capsula contenente la polvere da sparo provocando la detonazione della carica di lancio e l'espulsione del proiettile.

per|dèn|te *part.pres. di* perdere ♦ *agg.*, *s.m./f.* **1** che, chi in una contesa, una gara sportiva o un gioco, è stato sconfitto **2** (*estens.*) che, chi non è riuscito ad affermarsi nella vita o in ambito professionale; fallito | che, chi, in amore, subisce spesso delusioni; frustrato.

pèr|de|re *v.tr.* [indic.pres. *io perdo*...; pass.rem. *io persi* o *perdéi* o *perdètti, tu perdésti*...; part.pass. *perso* o *perduto*] **1** restare privo di una persona, anche a causa della sua morte: — *un cliente fruttuoso; ha perso il padre in un incidente* | smarrire un oggetto che si possedeva, rimanere senza ql.co.: — *le chiavi; ho perso i capelli; l'albero perde le foglie* | — **la conoscenza, i sensi**, svenire | — **il colore**, impallidire | — **la memoria**, non riuscire più a ricordare | — **i contatti**, dileguare ogni tipo di rapporto | — **di vista**, non vedere più | — **la vita**, morire | — **la fede**, non credere più | — **il filo del discorso**, non riuscire più a riprendere un discorso dopo averlo interrotto | (*fig.*) — **la faccia**, screditarsi | — **la testa**, diventare pazzo; innamorarsi follemente | — **la calma, la pazienza**, arrabbiarsi moltissimo | — **il dominio, il controllo di sé**, non riuscire più a contenersi **2** sciupare, sprecare: *così perderai tempo* **3** non riuscire a prendere ql.co. in tempo: — *l'autobus* | non partecipare a un avvenimento: — *il concerto* | farsi sfuggire: — *un'ottima opportunità* **4** portare alla rovina, distruggere: *l'abitudine del gioco lo ha perduto* **5** rimetterci: *perderà una somma cospicua* **6** (*anche assol.*) uscire sconfitto da una gara, da una lotta; avere il peggio: — *una causa, una scommessa* **7** (*anche assol.*) far fuoriuscire o scorrere una sostanza: *il serbatoio perde; la ferita perde sangue* ♦ *intr.* [aus. *A*] **1** subire una diminuzione; scemare: *la tua proposta ha perso di efficacia* | **lasciar** —, ignorare ql.co., smettere di occuparsene **2** subire una perdita economica: *la ditta non cessa di* — ♦ **-rsi** *intr. pron.* **1** (*anche fig.*) smarrirsi: — *nella foresta;* — **d'animo**, scoraggiarsi **2** (*fig.*) dileguarsi, svanire: *il suo canto si perdeva nella valle* **3** rovinarsi: *si perse per colpa di una donna*.

per|dià|na *inter.* (*euf.*) esprime stupore, disappunto, irritazione o evidenzia un'affermazione.

per|di|fià|to *s.m.invar.solo nella loc.* ***a*** —, fino a restare senza fiato: *urlare a* —.

per|di|giòr|no *s.m./f.invar.* persona oziosa, scansafatiche.

per|din|ci *inter.* (*euf.*) esprime disappunto, impazienza o stupore.

per|di|o *inter.* (*pop.*) esprime meraviglia, impazienza o insofferenza.

pèr|di|ta *s.f.* **1** privazione di ql.co. che prima si possedeva: *la — del lavoro*; *— di un'occasione* | (*fig.*) spreco, sciupio, dispendio: *è solo una — di tempo e di soldi* **2** detto di persona, allontanamento, separazione: *la — di un amico* | (*euf.*) morte: *una — dolorosa* **3** fuoriuscita di un liquido o di un fluido: *una — d'acqua, di gas* **4** progressiva diminuzione: *— delle energie* | (*fig.*) **a** — **d'occhio**, fin dove può giungere lo sguardo: *la foresta si estendeva a — d'occhio* **5** sconfitta, disfatta che provoca un danno: *una — al gioco* | (*estens.*) il danno subito: *una — grave* **6** (*econ.*) eccedenza dei costi sui ricavi: *il bilancio chiude in —*.

per|di|tèm|po *s.m.invar.* **1** ciò che fa perdere tempo **2** [anche f.] persona che perde tempo, che non riesce a concludere nulla.

per|di|zió|ne *s.f.* **1** grave rovina, spec. morale **2** (*relig.*) dannazione eterna: *la — dell'anima*.

per|do|nà|bi|le *agg.* che si può perdonare.

per|do|nà|re *v.tr.* [indic.pres. *io perdóno*...] **1** condonare a qlcu. lo sbaglio commesso, rinunciando a punirlo per il danno o l'offesa che ci ha arrecato: *— un errore*; *ti perdono del male che mi hai fatto* | trattare con indulgenza rinunciando a dare il giusto castigo: *sua madre gli perdona ogni bravata* **2** (*relig.*) rimettere i peccati: *Dio perdonerà le tue colpe* **3** [spec. in formule di cortesia] scusare: *mi perdoni se la disturbo* ♦ *intr.* [aus. *A*] concedere il perdono: *— per la serenità della famiglia* | (*fig.*) **che non perdona**, spietato.

per|dó|no *s.m.* **1** remissione di una colpa e della conseguente punizione: *chiederai — al tuo amico offeso* **2** (*relig.*) remissione dei peccati concessa da Dio ai suoi fedeli tramite i sacerdoti **3** [in formule di cortesia] scusa: *chiedo — del ritardo*.

per|du|rà|re *v.intr.* [aus. *A*] **1** durare a lungo, persistere; continuare: *la malattia perdura* **2** insistere, perseverare: *— nelle proprie opinioni*.

per|dù|to *part.pass. di* perdere ♦ *agg.* **1** (*di cosa*) scomparso, smarrito, sottratto: *ho ritrovato le chiavi perdute* **2** (*di persona*) venuto a mancare; morto: *piange l'amico* — **3** (*estens.*) che è senza via di scampo, in condizioni disperate: *in quella situazione si sentì* — **4** (*fig.*) corrotto, dissoluto: *un ragazzo completamente* — □ **perdutamente** *avv.* in modo travolgente: *desiderare* —.

pe|re|grì|nà|re *v.intr.* [aus. *A*] (*lett.*) andare vagando; errare, vagabondare.

pe|re|gri|na|zió|ne *s.f.* vagabondaggio.

pe|re|grì|no *agg., s.m.* (*lett., fig.*) raro, singolare, originale: *un'idea peregrina*.

pe|rèn|ne *agg.* **1** destinato a durare sempre; immortale: *memoria* — **2** (*estens.*) che non conosce interruzione; continuo, incessante | **fonte** —, quella che sgorga tutto l'anno, continuamente **3** si dice di vegetale che vive più di due anni □ **perennemente** *avv.* **1** sempre **2** di continuo.

pe|ren|to|rie|tà *s.f.* caratteristica di ciò che è perentorio; categoricità: *la — di un'affermazione*.

pe|ren|tò|rio *agg.* **1** che non ammette obiezioni, discussioni; categorico: *tono, comando* — **2** (*estens.*) che denota un carattere autorevole, deciso, sicuro: *atteggiamento* — **3** che non ammette proroghe o dilazioni: *scadenza perentoria* □ **perentoriamente** *avv.*

pe|ren|zió|ne *s.f.* **1** (*dir.*) nell'attuale codice civile, estinzione del processo per inattività delle parti protrattasi per due anni: *causa caduta in* — **2** (*bur.*) provvedimento estintivo di un diritto, di un potere, di una facoltà per scadenza dei termini entro i quali può essere fatto valere.

pe|re|quà|re *v.tr.* [indic.pres. *io perèquo*...] **1** (*econ.*) ripartire equamente al fine di eliminare disuguaglianze ed errori **2** (*stat.*) eseguire una perequazione.

pe|re|qua|zió|ne *s.f.* **1** (*econ.*) suddivisione equa; bilanciamento: *— delle imposte* **2** (*stat.*) procedura con la quale viene livellata una serie di dati discontinua o contraddittoria per ottenere un andamento regolare.

perestroika o **perestrojka** (*russo*) *s.f.invar.* **1** (*st.*) processo di profondo rinnovamento politico-economico dell'Unione Sovietica avviato, a partire dal 1985, del segretario generale del PCUS M. Gorbaciov **2** (*estens.*) qualsiasi forma di riorganizzazione politica.

pe|rét|ta *s.f.* **1** oggetto che ha la forma di una piccola pera **2** attrezzo igienico-sanitario di gomma che termina con una cannula, usato per fare irrigazioni o clisteri **3** (*elettr.*) interruttore a pulsante, di forma allungata, collocato all'estremità di un filo.

per|fèt|to *agg.* **1** compiuto, completo in tutte le sue parti: *un compito* — **2** che non presenta difetti; eccellente, ottimo: *una donna perfetta*; *una definizione perfetta* ♦ *s.m.* (*gramm.*) tempo del verbo indicante un'azione compiuta nel passato □ **perfettamente** *avv.* **1** in modo perfetto: *il lavoro è stato svolto* — **2** completamente, pienamente: *sono — cosciente*.

per|fe|zio|nà|bi|le *agg.* che si può perfezionare: *un programma* —.

per|fe|zio|na|mén|to *s.m.* completamento di ql.co. in ogni sua parte | miglioramento | **corso**, **scuola di** —, quelli che offrono una preparazione specialistica in un determinato settore disciplinare.

per|fe|zio|nà|re *v.tr.* [indic.pres. *io perfezióno*...] **1** rendere perfetto o migliore ql.co. **2** portare a totale compimento; ultimare: *— la propria preparazione* ♦ **-rsi** *rifl., intr.pron.* **1** raggiungere un ottimo livello di competenza, qualità, conoscenze **2** frequentare un corso o una scuola di perfezionamento; specializzarsi: *— in pediatria*.

per|fe|zió|ne *s.f.* **1** caratteristica, condizione di ciò che è perfetto, che non presenta lacune o difetti | **a**, **alla** —, benissimo: *parla inglese alla* — **2**

condizione di eccellenza; virtù che si possiede al sommo livello: *elogiano ogni sua —*.
per|fe|zio|ni|smo *s.m.* atteggiamento di chi aspira a un ideale di perfezione irraggiungibile.
per|fe|zio|ni|sta *s.m./f.* [m.pl. *-i*] persona che tende al perfezionismo.
per|fi|dia *s.f.* **1** inclinazione a comportarsi con subdola malvagità, senza provare alcuno scrupolo **2** azione, discorso perfido: *ha compiuto le peggiori perfidie*.
pèr|fi|do *agg.* **1** che agisce con subdola malvagità, creando danni ad altri; scellerato | che denota subdola malvagità, cattiveria: *comportamento* — **2** (*lett.*) che non mantiene la parola data; sleale □ **perfidamente** *avv.*
per|fi|no *avv.* addirittura, anche: *lavora — la domenica*.
per|fo|rà|bi|le *agg.* che può essere perforato.
per|fo|ràn|te *part.pres. di* perforare ♦ *agg.* che perfora: *forza, proiettile —* | (*anat.*) ***arteria, vena*** —, quelle che attraversano gli organi.
per|fo|rà|re *v.tr.* [indic.pres. *io perfóro...*] forare in profondità | forare da parte a parte ♦ **-rsi** *intr. pron.* bucarsi da parte a parte.
per|fo|rà|to *part.pass. di* perforare ♦ *agg.* che ha subito una perforazione | che presenta uno o più fori | ***scheda perforata, nastro —***, supporti su cui vengono trascritti, tramite fori, dati e informazioni varie per apparecchiature elettroniche e meccanografiche, sostituiti oggi sempre di più dai supporti magnetici.
per|fo|ra|tó|re *s.m.* **1** [f. *-trice*] addetto alla perforazione **2** (*min.*) attrezzo che esegue i fori nella parete di metallo e cemento dei pozzi petroliferi **3** (*elettron., telecom.*) apparecchio che prepara le strisce perforate per inviare messaggi telegrafici **4** (*elettron., inform.*) *— di schede*, dispositivo di uscita di un computer che registra i dati su schede perforate **5** (*chirurgia*) attrezzo usato per la perforazione ossea **6** (*sport*) nell'alpinismo, attrezzo usato per fissare i ganci alle pareti rocciose **7** animale in grado di perforare strati di roccia con mezzi meccanici o secrezioni chimiche.
per|fo|ra|trì|ce *s.f.* **1** (*tecn., min.*) macchina che serve a perforare rocce o terreni **2** (*elettron., inform.*) macchina usata per eseguire, spec. in modo automatico, la perforazione di schede o bande.
per|fo|ra|zió|ne *s.f.* **1** l'atto del perforare: *utensile per la —* **2** (*min.*) operazione tramite la quale si praticano vari fori di sonda, per individuare la vena produttiva di un pozzo petrolifero o collocare mine nelle miniere, nelle cave **3** (*cine., foto.*) in una pellicola, fila di fori praticati ai due lati, in cui si inserisce il meccanismo della cinepresa o del proiettore **4** in un foglio di carta o di cartone, serie di fori praticati lungo una linea preordinata che consentono di staccare talloncini, tagliandi e simili. **5** (*elettron., inform.*) trasferimento di dati e informazioni sotto forma di fori su nastri e schede **6** (*med.*) rottura della parete di un organo cavo addominale, a causa di un trauma o di una malattia (p.e. ulcera, appendicite) | *— **ossea***, tecnica chirurgica che consiste nel praticare piccoli fori in un osso a scopo decongestionante o eutrofico.
performance (*ingl.*) [pr. *perfòrmans*] *s.f.invar.* **1** detto di artista, atleta o cavallo, esibizione, prestazione, rendimento: *una — entusiasmante* **2** (*estens.*) detto spec. di prodotto, affermazione che si ottiene sul mercato: *la nuova auto ha avuto una — eccezionale* **3** (*arte, teat.*) forma artistica nata negli anni Settanta, basata sull'improvvisazione e sul coinvolgimento del pubblico.
per|fo|sfà|to *s.m.* fertilizzante chimico artificiale a base di fosforo e calcio, molto solubile e pronto all'uso.
per|ga|mè|na *s.f.* **1** pelle di agnello, capra o pecora, macerata in acqua e calce, poi essiccata e levigata, un tempo usata come materiale scrittorio; cartapecora: *codice in —* **2** (*estens.*) il documento scritto su tale materiale: *è stata ritrovata un'antica —*.
per|ga|me|nà|ce|o *agg.* di pergamena.
pèr|go|la *s.f.* impalcatura di sostegno con intelaiatura di ferro o legno, usata per viti o altre piante rampicanti | la pianta o l'insieme delle piante che la rivestono.
per|go|là|to *s.m.* **1** lunga pergola; serie di pergole: *stare all'ombra di un —* **2** (*agr.*) tipo di coltivazione della vite, in cui i tralci vengono stesi su impalcature e sostegni.
pèri- *pref.* significa "intorno", "esternamente" (*pericardio, periferia*).
pe|ri|àn|zio *s.m.* (*bot.*) involucro protettivo del fiore, formato da calice e corolla.
pe|ri|càr|dio *s.m.* (*anat.*) membrana sierosa che avvolge il cuore.
pe|ri|car|dì|te *s.f.* (*med.*) infiammazione del pericardio, gener. conseguente a una malattia di un organo vicino: *— acuta, cronica*.
pe|ri|càr|po *s.m.* (*bot.*) parte del frutto circostante i semi.
pe|ri|co|làn|te *agg.* **1** che è in pericolo, che minaccia di cadere, crollare: *casa —* **2** (*fig.*) che è in crisi, in gravi difficoltà: *situazione economica —*.
pe|rì|co|lo *s.m.* **1** circostanza o situazione che può provocare un grave danno: *correre un —; un — imminente* | ***essere fuori —***, aver superato la fase più critica di una malattia **2** cosa o persona che può provocare un danno: *quel ragazzo in moto è un vero —* | (*spec.scherz.*) *— **pubblico***, persona molto pericolosa **3** (*fig., fam.*) caso, probabilità: *non c'è — che io parta*.
pe|ri|co|lo|si|tà *s.f.* capacità di provocare un danno.
pe|ri|co|ló|so *agg.* **1** pieno di pericoli e rischi: *curva pericolosa; un viaggio —* **2** che può arrecare danno o fare del male: *un individuo —* | (*sport*) ***gioco —***, nel calcio, fallo compiuto da chi entra a piedi uniti o a gamba tesa sull'avversario □ **pericolosamente** *avv.*
pe|ri|còn|drio *s.m.* (*anat.*) membrana fibrosa che avvolge la cartilagine.
pe|ri|do|ti|te *s.f.* (*min.*) roccia eruttiva a strut-

tura granulare, di colore tendente al verde, formata spec. da peridoto, usata in edilizia per decorazioni.

pe|ri|dò|to s.m. (min.) olivina verde o gialla, usata come pietra preziosa.

pe|ri|è|lio s.m. (astr.) il punto di minima distanza dal Sole di un corpo che descrive un'orbita attorno a esso.

pe|ri|fe|ri|a s.f. **1** la zona esterna e più lontana dal centro di una città: *vivere in —* **2** (estens.) zona o parte posta all'esterno rispetto a un centro: *il sangue affluisce dal cuore alla —*.

pe|ri|fè|ri|ca s.f. (inform.) dispositivo tramite il quale l'unità centrale di un sistema di elaborazione elettronica esegue le funzioni di input e output dei dati.

pe|ri|fè|ri|co agg. [m.pl. -ci] **1** della periferia; che si trova in periferia: *abito in una zona periferica* **2** (fig.) che non è essenziale; marginale: *critiche periferiche*.

pe|ri|fra|si s.f. (ling.) giro di parole usato per spiegare meglio un concetto o per non esprimerlo direttamente; circonlocuzione.

pe|ri|frà|sti|co agg. [m.pl. -ci] espresso tramite perifrasi.

pe|ri|gè|o s.m. (astr.) il punto più vicino alla Terra di un corpo che descrive un'orbita intorno a essa.

pe|ri|gò|nio s.m. (bot.) involucro di fiore non differenziato in calice e corolla, composto da tepali.

pe|ri|me|trà|le agg. di perimetro | che si trova lungo il perimetro: *muro —*.

pe|rì|me|tro s.m. **1** (geom.) la linea chiusa che delimita un poligono | la lunghezza di tale linea **2** (estens.) linea di contorno che delimita interamente un'area, una zona: *il — dell'orto*.

pe|ri|na|tà|le agg. riguardante il periodo che precede e segue immediatamente la nascita: *mortalità —*.

pe|ri|nè|o s.m. (anat.) la regione costituita dalle parti molli poste a chiusura dell'apertura inferiore del bacino.

pe|rio|dà|re s.m. modo di scrivere, di articolare i periodi: *un — armonioso, pedante*.

pe|rio|di|ci|tà s.f. **1** ripetizione regolare di un fenomeno o di un fatto: *la — delle piogge* **2** intervallo di tempo che intercorre tra fatti periodici: *— mensile*.

pe|riò|di|co agg. [m.pl. -ci] **1** che si verifica, compare a intervalli di tempo regolari: *visite periodiche; burrasche periodiche* **2** (scient.) di ente o grandezza che varia in modo ricorrente a intervalli regolari | (fis., mat.) che si ripete a intervalli di spazio o di tempo regolari: *moto —* | *numero —*, numero decimale le cui cifre, da un certo punto in poi, si ripetono indefinitamente a gruppi identici, ciascuno dei quali è detto *periodo* **3** (chim.) *sistema — degli elementi*, classificazione degli elementi chimici basata sull'ordine crescente del numero atomico **4** (med.) di malattia, che si presenta a intervalli di tempo piuttosto irregolari ♦ s.m. pubblicazione che esce con frequenza regolare: *un — letterario* ☐ **periodicamente** avv. a periodi, spec. a intervalli di tempo regolari: *fa — un controllo in ospedale* | (estens.) saltuariamente.

pe|rio|diz|zà|re v.tr. dividere il tempo in periodi: *— la storia d'Italia*.

pe|rio|diz|za|zió|ne s.f. divisione della storia in periodi.

pe|rì|o|do s.m. **1** ognuna delle parti in cui la durata di ql.co. può essere divisa | spazio di tempo che si caratterizza per situazioni o eventi particolari: *il — barocco; vivere un — felice* **2** (geol.) ciascun intervallo di tempo in cui si suddivide un'era **3** (ling.) unione di più proposizioni, per coordinazione o subordinazione, avente senso compiuto **4** (fis.) nei fenomeni periodici, intervallo di tempo costante dopo il quale una grandezza si ripresenta con lo stesso valore; ciclo **5** (mus.) serie di frasi musicali unite in un insieme organico **6** (mat.) quantità di cifre che si ripete indefinitamente nello stesso ordine a partire da un certo punto, dopo la virgola **7** (astr.) tempo che un corpo celeste impiega per compiere una rotazione intera sul proprio asse o una rivoluzione intera attorno a un altro corpo **8** (med.) fase di una malattia o di un fenomeno fisiologico: *— di incubazione, terminale*.

pe|rio|don|tì|te s.f. (med.) infiammazione del periodonto.

pe|rio|dòn|to s.m. (anat.) tessuto che circonda la radice del dente.

pe|rio|stio s.m. (anat.) membrana fibrosa, con molti vasi sanguigni, che avvolge le ossa.

pe|ri|pa|tè|ti|ca s.f. (euf.) prostituta di marciapiede.

pe|ri|pa|tè|ti|co agg., s.m. [m.pl. -ci] (filos.) detto di filosofo che appartiene alla scuola di Aristotele.

pe|ri|pe|zì|a s.f. **1** (lett., teat.) nella tragedia greca, improvviso ribaltamento della situazione in senso positivo | (estens.) in un'opera letteraria, elemento caratterizzante la trama, che costituisce la soluzione positiva di una vicenda intricata, difficile o pericolosa **2** (spec.pl.) vicenda avventurosa che gener. ha un esito positivo; disavventura, traversia: *dopo tante peripezie, finalmente ce l'abbiamo fatta!*

pè|ri|plo s.m. **1** circumnavigazione di un'isola o di un continente **2** nella letteratura greca e latina, descrizione di un viaggio marittimo corredata di dati geografici, informazioni tecniche e commerciali, notizie su mari, porti e città.

pe|rì|re v.intr. [indic.pres. *io perisco, tu perisci...*; congiunt.pres. *io perisca...*; aus. E] **1** morire, in partic. di morte non naturale: *— in uno scontro automobilistico* **2** (lett., anche fig.) andare distrutto, andare perduto; estinguersi: *la sua fama non perirà mai*.

pe|ri|scò|pio s.m. strumento ottico costituito da un lungo cannocchiale e da due prismi riflettenti, che consente l'esplorazione dell'orizzonte a un osservatore posto più in basso dell'obiettivo, senza cambiare il punto di vista; è usato

spec. a scopi militari, nei sommergibili e nei carri armati.
Pe|ris|so|dàt|ti|li *s.m.pl.* ordine di Mammiferi ungulati erbivori, per lo più di grandi dimensioni, le cui dita per ogni piede sono in numero dispari; ne fanno parte asini, cavalli, rinoceronti, tapiri e zebre.
pe|ri|stàl|si *s.f.* (*anat.*) l'insieme delle contrazioni compiute dalle pareti del tubo digerente che provocano un avanzamento progressivo del contenuto favorendo l'espulsione.
pe|ri|stàl|ti|co *agg.* [m.pl. *-ci*] (*anat.*) di peristalsi: *movimento* —.
pe|ri|sti|lio *s.m.* (*archeol.*) nel tempio egizio, nella casa greca e romana, cortile interno piuttosto ampio, circondato da un portico a colonne.
pe|ri|tà|le *agg.* (*dir.*) di perito o di perizia: *dichiarazione* —.
pe|ri|tàr|si *v.intr.pron.* [indic.pres. *io mi pèrito...*] (*lett.*) esitare per timore, vergogna o altro; non osare: — *di affermare ql.co.*, *di disturbare qlcu.*
pe|ri|to *s.m.* 1 [f. *-a*] persona competente in un determinato ambito, incaricato da istituti pubblici o privati di eseguire accertamenti o formulare valutazioni: *il* — *dell'assicurazione* 2 diplomato di un istituto tecnico superiore: — *elettrotecnico.*
pe|ri|to|ne|à|le *agg.* (*anat.*) del peritoneo: *liquido* —.
pe|ri|to|nè|o *s.m.* (*anat.*) membrana sierosa che riveste le pareti della cavità addominale e avvolge i visceri.
pe|ri|to|ni|te *s.f.* (*med.*) infiammazione del peritoneo: — *acuta, cronica.*
pe|ri|zìa *s.f.* 1 abilità o bravura in ql.co.: *ha rivelato grande* — *nel disegnare* 2 valutazione eseguita da un esperto, spesso richiesta in una causa civile o penale; esame: — *legale* | la relazione che ne deriva.
pe|ri|zò|ma *s.m.* [pl. *-i*] 1 presso le popolazioni primitive, fascia in tessuto o in altro materiale, che avvolge i fianchi e copre i genitali 2 (*estens.*) mutandine che coprono i genitali e lasciano scoperti i glutei.
pèr|la *s.f.* 1 formazione madreperlacea di forma sferica, prodotta da alcuni molluschi, e spec. dall'ostrica, per difendersi da un corpo estraneo che penetra all'interno della conchiglia; è di colore per lo più chiaro ed è usata come prezioso ornamento: *un girocollo di perle* | — ***artificiale***, ***falsa***, quella la cui fabbricazione imita la perla vera | — ***coltivata***, quella che deriva da un processo naturale ma che viene prodotta artificialmente, inserendo un corpo estraneo nei molluschi 2 (*estens.*) oggetto che ha la forma e il colore della perla | luogo bello e pregevole come una perla: *Venezia è la* — *dell'Adriatico* 3 (*fig.*) persona esemplare per virtù, qualità, meriti: *quella ragazza è una* — *a* | espressione rara, ricercata, preziosa: *perle di saggezza* 4 (*scherz.*) errore macroscopico, strafalcione: *dice certe perle!* 5 (*lett., pl.*) denti, in quanto bianchi e lucenti | goccice, spec. di pioggia o rugiada 6 (*arch.*) elemento ornamentale di forma sferica 7 (*cosmesi, farm.*) capsula gelatinosa contenente prodotti cosmetici o sostanze medicinali: *perle aromatiche* ♦ *agg.invar.* detto di colore opalino e luminoso: *grigio* —.
per|là|ce|o *agg.* che ha un colore simile a quello della perla; madreperlaceo.
per|la|quà|le o **per la quàle** *agg.invar.* (*fam.*) perbene, garbato: *è un tipo poco* — ♦ *avv.* in maniera soddisfacente, bene: *le cose non vanno tanto* —.
per|là|to *agg.* 1 che ha il colore o l'aspetto della perla: *rosa, bianco* — | ***orzo, riso*** —, quelli i cui chicchi vengono trattati in modo da apparire lisci e lucenti 2 (*raro*) ornato di perle: *corona perlata.*
perlé (*fr.*) *agg.invar.* solo nella loc. ***cotone*** —, tipo di filato ritorto e lucido, usato per ricami.
per|lì|fe|ro *agg.* che produce perle: *ostrica perlifera.*
per|lì|na *s.f.* 1 piccola perla 2 (*estens.*) piccola sfera di vetro o altro materiale, usata come ornamento e per confezionare collane, braccialetti e sim.: *una maglietta ornata di perline* 3 (*edil.*) tavoletta in legno che, incastrata con le altre, forma tavolati di rivestimento per pareti o soffitti.
per|li|nà|to *agg.* (*cine.*) detto di schermo cinematografico sottoposto a perlinatura ♦ *s.m.* 1 (*edil.*) tavolato di legno per rivestimenti, composto di perline 2 in una moneta o in una medaglia, cerchio di perline intorno al bordo.
per|li|na|tù|ra *s.f.* 1 (*edil.*) rivestimento di pareti o soffitti con tavole di legno incastrate l'una nell'altra 2 (*cine.*) applicazione di uno strato di perline di vetro speciale su uno schermo cinematografico, in modo da aumentarne il potere riflettente e quindi la luminosità.
per|lo|mé|no o **per lo méno** *avv.* 1 almeno: *se non puoi raggiungermi,* — *avvisami* 2 come minimo, a dir poco: *c'erano* — *trenta bambini.*
per|lo|più o **per lo più** *avv.* quasi sempre, di solito: — *ceniamo alle otto.*
per|lu|strà|re *v.tr.* 1 (*mil.*) percorrere o attraversare una zona ispezionandola sistematicamente, al fine di rilevare la presenza di cose o persone pericolose: *i marines perlustrarono la foresta* 2 (*estens.*) ispezionare ql.co. con estrema attenzione.
per|lu|stra|zió|ne *s.f.* ispezione accurata: *eseguire una* —.
per|ma|lo|si|tà *s.f.* caratteristica di chi è permaloso; suscettibilità.
per|ma|ló|so *agg.,s.m.* [f. *-a*] che, chi si offende facilmente, anche per cose futili; suscettibile: *è una ragazza molto permalosa.*
per|ma|nèn|te *part.pres.* di permanere ♦ *agg.* che rimane, che dura nel tempo; fisso, stabile: *commissione* — | ***stato di agitazione*** —, stato di tensione che dura a oltranza, fino a quando non si raggiungono gli obiettivi prefissi | ***mostra, esposizione*** —, quelle stabili, che non vengono mai

permanenza

chiuse ♦ *s.f.* ondulazione artificiale e duratura dei capelli, ottenuta con particolari trattamenti chimici: *farsi la —*.

per|ma|nèn|za *s.f.* **1** continua presenza nel tempo: *la — dello stato di crisi* **2** soggiorno continuato in un determinato luogo: *ho protratto la — in campagna*.

per|ma|né|re *v.intr.* [indic.pres. *io permango, tu permani, egli permane, noi permaniamo, voi permanéte, essi permàngono*; pass.rem. *io permasi, tu permanésti...*; fut. *io permarrò...*; congiunt.pres. *io permanga..., noi permaniamo, voi permaniate, essi permàngano*; condiz. *io permarrèi...*; part.pass. *permaso*; aus. *E*] **1** continuare a essere in una certa condizione; perdurare: *la situazione permane grave* **2** continuare a restare in un determinato luogo; rimanere.

per|man|ga|nà|to *s.m.* (*chim.*) sale dell'acido permanganico | — *di potassio*, quello di colore viola con energiche proprietà ossidanti, usato come antisettico, nelle iniezioni locali contro il morso dei serpenti, nella preparazione di tinture.

per|man|gà|ni|co *agg.* [m.pl. *-ci*] (*chim.*) detto di acido che contiene un atomo di idrogeno, uno di manganese e quattro di ossigeno.

per|me|à|bi|le *agg.* detto di corpo che può essere attraversato da acqua o da altre sostanze fluide: *tessuto —*.

per|me|a|bi|li|tà *s.f.* proprietà, condizione dei corpi permeabili: *la — di un terreno*.

per|me|à|re *v.tr.* [indic.pres. *io pèrmeo...*] **1** detto di liquidi o gas, attraversare un corpo diffondendosi in esso: *il terreno era permeato di pioggia* **2** (*fig.*) penetrare in profondità, pervadere: *un'opera che è permeata di cultura classica*.

per|més|so[1] *part.pass.* di *permettere* ♦ *agg.* che è autorizzato, che non è proibito; ammesso, consentito | *è —?*, formula di cortesia usata per chiedere di entrare o passare.

per|més|so[2] *s.m.* **1** atto, frase, scritto con cui si autorizza qlcu. a fare ql.co.; autorizzazione, concessione: *non mi hai chiesto il — di usare la macchina* **2** autorizzazione data da un superiore a un impiegato o a un militare che richieda di assentarsi dal posto di lavoro o da un reparto per un certo periodo: *essere in —*; *un — di un giorno*.

per|mét|te|re *v.tr.* [con. come *mettere*] **1** autorizzare qlcu. a fare ql.co.; concedere, consentire: *non permette di parcheggiare l'auto nel cortile* | *permetti?*, *permettete?*, formule di cortesia con cui viene chiesto il permesso di parlare o di fare ql.co. **2** (*anche assol. al ger.*) rendere possibile, dare la possibilità: *se le forze me lo permettono, mi alzerò domattina*; *tempo permettendo, partirò oggi stesso* **3** (*estens.*) ammettere, tollerare: *non permetto questi pettegolezzi!* ♦ **-rsi** *intr. pron.* **1** concedersi ql.co., spec. che comporti uno sforzo economico: *questo mese non mi posso — nulla* **2** prendersi la libertà di fare ql.co.; osare: *si permise di rispondergli male*; *come ti permetti!*

per|mià|no *agg., s.m.* (*geol.*) detto dell'ultimo dei periodi dell'era paleozoica, caratterizzato da manifestazioni vulcaniche molto intense e dal ritirarsi dei mari.

pèr|mi|co *agg., s.m.* [m.pl. *-ci*] (*geol.*) permiano.

per|mis|sio|nà|rio *s.m.* (*dir.*) chi è titolare di un'autorizzazione della pubblica amministrazione necessaria per svolgere una determinata attività.

per|mis|si|vi|smo *s.m.* atteggiamento eccessivamente permissivo, spec. in ambito educativo e sessuale.

per|mis|si|vo *agg.* che ha la tendenza a essere molto tollerante, a concedere eccessiva libertà: *un genitore —* □ **permissivamente** *avv.*

pèr|mu|ta *s.f.* (*dir.*) contratto con cui si trasferiscono reciprocamente beni o diritti fra due persone; baratto, scambio: *ho dato in — la mia vecchia auto*.

per|mu|tà|bi|le *agg.* che si può permutare, barattare.

per|mu|tà|re *v.tr.* [indic.pres. *io pèrmuto...*] **1** fare una permuta; barattare, scambiare cose, diritti e sim.: *— i relativi immobili* **2** (*mat.*) fare una permutazione.

per|mu|ta|tó|re *s.m.* [f. *-trice*] (*lett.*) persona che trasferisce un bene da un proprietario all'altro **2** (*elettr.*) dispositivo usato per fare collegamenti, conversioni o commutazioni | *— di corrente*, quello che trasforma la corrente alternata in corrente continua, sostituito oggi dal raddrizzatore | **telefonico**, quello che collega la centrale telefonica ai cavi degli utenti.

per|mu|ta|zió|ne *s.f.* **1** (*raro*) scambio tramite permuta **2** (*mat.*) operazione che consiste nel cambiare l'ordine di successione di due o più elementi in una serie ordinata.

per|nàc|chia *s.f.* rumore volgare che si produce facendo fuoriuscire un forte soffio dalle labbra serrate, talvolta tirando fuori la lingua o accompagnandosi con le mani, in segno di disprezzo, scherno e sim.

per|ni|ce *s.f.* uccello di medie dimensioni, con piumaggio bruno, becco e zampe rosse, cacciato per le carni prelibate.

per|ni|ció|sa *s.f.* (*med.*) febbre molto forte che può portare anche al delirio, causata da una grave infezione malarica.

per|ni|ció|so *agg.* **1** che provoca danni gravi; deleterio, nocivo: *errore —* **2** (*med.*) detto di malattia molto grave che può anche condurre alla morte □ **perniciosamente** *avv.*

pèr|no *s.m.* **1** asticciola di metallo, legno o altro materiale che serve a unire due elementi o due parti: *ho fissato il ripiano dello scaffale con i perni* **2** (*mecc.*) organo di accoppiamento che consente a una parte di meccanismo di ruotare rispetto all'altra: *il — dell'orologio, della bilancia* **3** (*fig.*) elemento fondamentale, essenziale; cardine, sostegno: *il — del discorso* **4** (*fig.*) chi emerge all'interno di un gruppo per qualità, fama o grado di responsabilità: *il — della famiglia*.

per|not|ta|mén|to *s.m.* soggiorno in un posto durante la notte.

per|not|tà|re *v.intr.* [indic.pres. *io pernòtto...*];

aus. *A*] trascorrere la notte in un luogo diverso da quello abituale: — *in una pensione.*

pé|ro *s.m.* **1** pianta arborea e arbustiva, con foglie ovali e dentate, fiori rosati o bianchi raccolti in infiorescenze a corimbo, coltivato ovunque per il suo frutto commestibile **2** il legno di tale pianta, di colore rossiccio, usato in falegnameria e per fabbricare strumenti musicali.

pe|rò *cong.* **1** ma (*con valore più fortemente avversativo*): *è brutto, — è simpatico* | esprime sorpresa o disappunto: —, *non è così difficile!*; —, *che persona scontrosa!* **2** (*con valore concessivo*) nondimeno, tuttavia: *non è nuovo, funziona — bene.*

pe|ró|ne o **pèrone** *s.m.* (*anat.*) osso laterale della gamba; fibula.

pe|ro|ni|smo *s.m.* regime di tipo populista, instaurato in Argentina da J.D. Perón (1895-1974) negli anni compresi fra il 1946 e il 1955.

pe|ro|nò|spo|ra *s.f.* fungo parassita delle piante coltivate che forma una muffa biancastra sulla pagina inferiore delle foglie: — *della vite, della patata* | malattia provocata da tale fungo.

pe|ro|rà|re *v.tr.* [indic.pres. *io pèroro*...] sostenere, difendere con convinzione e passione un'idea, una persona: — *la causa dei ribelli* ♦ *intr.* [aus. *A*] pronunciare o fare un'arringa: — *in tribunale.*

pe|ro|ra|zió|ne *s.f.* **1** discorso fatto in difesa di ql.co. o qlcu. **2** nella retorica classica, la parte conclusiva di un'orazione, in cui l'oratore tentava di commuovere gli ascoltatori.

pe|ròs|si|do *s.m.* (*chim.*) composto di due atomi di ossigeno uniti fra loro e combinati ad altri elementi, con proprietà ossidanti e disinfettanti | — ***d'idrogeno***, acqua ossigenata.

per|pen|di|co|là|re *agg.* **1** detto di ciò che segue la direzione del filo a piombo: *un muretto — al pavimento* **2** (*geom.*) che forma un angolo retto: *rette perpendicolari* ♦ *s.f.* retta perpendicolare: *disegnare una — a un piano* □ **perpendicolarmente** *avv.*

per|pe|trà|re *v.tr.* [indic.pres. *io pèrpetro*...] (*lett.*) compiere un'azione spec. disonesta, illecita: — *una frode ai danni di qlcu.*

per|pè|tua *s.f.* (*per anton., coll.*) domestica di un sacerdote | (*estens.*) domestica anziana, piuttosto ciarliera.

per|pe|tuà|re *v.tr.* [indic.pres. *io perpètuo*...] **1** rendere perpetuo ql.co.; eternare: — *la memoria di qlco.* **2** (*estens.*) rendere durevole ql.co.; prolungare: — *vecchie abitudini* ♦ **-rsi** *intr.pron.* eternarsi; prolungarsi nel tempo.

per|pe|tua|zió|ne *s.f.* continuazione: *la — della famiglia.*

per|pè|tuo *agg.* **1** che è destinato a durare per sempre; eterno: *ricordo —* | (*fis.*) ***moto*** —, quello che si ipotizza possa perdurare indefinitamente **2** (*estens.*) continuo, ininterrotto: *venerazione perpetua* | frequente **3** che dura per tutta la vita: *esilio —* □ **perpetuamente** *avv.* **1** perennemente **2** senza termine.

per|ples|si|tà *s.f.* caratteristica di chi è perplesso | insicurezza, dubbio: *ho una — a riguardo.*

per|plès|so *agg.* insicuro, dubbioso nel prendere una decisione o nel fare una scelta: *mostrarsi —* | meravigliato, stupito da ql.co. che non convince troppo o che arriva improvvisamente: *il tuo esempio mi lascia —.*

per|qui|sì|re *v.tr.* [indic.pres. *io perquisisco, tu perquisisci*...] cercare minuziosamente oggetti che riguardano un reato, in un posto o su una persona: — *un ufficio.*

per|qui|si|zió|ne *s.f.* ricerca accurata su una persona o in un luogo, volta a ritrovare oggetti nascosti | ricerca ordinata dall'autorità giudiziaria al fine di ritrovare oggetti che riguardano un reato: *mandato di —.*

per|se|cu|tó|re *agg., s.m.* [f. *-trice*] che, chi perseguita.

per|se|cu|tò|rio *agg.* che è caratteristico di chi perseguita: *fine —.*

per|se|cu|zió|ne *s.f.* **1** repressione violenta diretta contro una minoranza politica, religiosa o etnica: — *razziale* **2** (*psich.*) *mania di —*, alterazione che consiste nel ritenersi odiati e continuamente perseguitati **3** (*fig., iperb.*) oggetto o individuo che costituisce un incessante fastidio: *i suoi messaggi sono una vera —!*

per|se|guì|bi|le *agg.* **1** che può essere perseguito; conseguibile: *obiettivo difficilmente —* **2** (*dir.*) di azione che può essere perseguita penalmente.

per|se|guì|re *v.tr.* [indic.pres. *io perséguo*...; pass.rem. *io perseguìi, tu perseguìsti*...] **1** cercare di conseguire, di raggiungere: — *un risultato* **2** (*dir.*) fare oggetto di un'azione penale: — *un reato ai sensi della legge.*

per|se|gui|tà|re *v.tr.* [indic.pres. *io perséguito*...] **1** colpire o tentare di colpire qlcu. più volte con una serie di azioni a suo danno, per motivi politici, religiosi o etnici: — *il nemico* **2** (*fig.*) affliggere: *un destino avverso lo perseguita* | disturbare, molestare di continuo: *mi perseguita con le sue assillanti pretese.*

per|se|gui|tà|to *s.m.* [f. *-a*] chi è oggetto di persecuzione: — *politico.*

per|se|ve|ràn|za *s.f.* costanza, fermezza nel perseguire obiettivi, nel portare avanti idee, propositi: *studia con molta —.*

per|se|ve|rà|re *v.intr.* [indic.pres. *io persèvero*...; aus. *A*] mantenersi costante e fermo in un proposito o nella realizzazione di ql.co.: — *in un'impresa.*

per|sià|na *s.f.* imposta esterna di finestra costituita da stecche orizzontali, in legno o altro materiale, montate su un telaio e inclinate verso l'esterno in modo da far passare l'aria e riparare dalla luce | — ***avvolgibile***, quella composta di stecche senza telaio che si avvolgono su un rullo.

per|sià|no *agg.* della Persia: *impero —* | tipico della Persia: *tappeti persiani* | ***gatto*** —, gatto dal corpo robusto, con testa larga, pelo lungo e soffice ♦ *s.m.* **1** [f. *-a*] chi è nato o abita in Persia **2** la lingua parlata dai persiani **3** pelliccia pregiata

persico

ottenuta dagli agnelli di razza karakul, originaria dell'Asia **4** gatto persiano.

pèr|si|co *agg.* [m.pl. *-ci*] **1** persiano: *golfo —* **2** *pesce —*, pesce commestibile d'acqua dolce, di colore verdastro.

per|sì|no *avv.* perfino.

per|si|stèn|te *part.pres. di persistere* ♦ *agg.* che persiste; continuo, insistente: *dolore, profumo —*.

per|si|stèn|za *s.f.* continuità incessante: *la — della pioggia* | ostinazione, insistenza: *la — stuccevole dei suoi elogi*.

per|si|ste|re *v.intr.* [con. come *assistere*; aus. *A*] **1** mantenersi fermo in un atteggiamento con ostinazione; continuare, insistere: *persiste a esercitarsi nel canto* | (con valore neg.) accanirsi, intestardirsi: *persiste nel rifiutare il suo aiuto* **2** durare a lungo; perdurare: *il freddo persiste*.

pèr|so *part.pass. di perdere* ♦ *agg.* smarrito, sprecato: *quanto impegno —!* | *a tempo —*, nei ritagli di tempo | *darsi per —*, dichiararsi sconfitto.

per|só|na *s.f.* **1** ciascun essere umano considerato senza distinzioni di sesso, età e condizione: *un gruppo di dieci persone* | *a —*, per ciascuno: *cinque euro a —* **2** individuo considerato per le funzioni che esercita all'interno della società: *la — del sovrano* **3** fattezza umana; corpo: *devi avere cura della tua —* | *in, di —*, personalmente **4** *(dir.)* individuo con obblighi e doveri in quanto soggetto di diritto: *— fisica* | *— giuridica*, società, ente in quanto soggetto di diritto **5** *(gramm.)* categoria indicante il soggetto di un'azione: *prima — singolare, plurale* | *(fig.)* **in prima** *—*, direttamente **6** *(teol.)* nella dottrina cristiana, ognuno dei tre componenti della Trinità (Padre, Figlio e Spirito Santo).

per|so|nàg|gio *s.m.* **1** persona di grande prestigio o notorietà; personalità: *un — della storia contemporanea* **2** *(estens., fam.)* tipo strano, originale: *tuo cognato è un bel —!* **3** persona che agisce o viene rappresentata in un'opera artistica: *i personaggi di un romanzo, di uno spettacolo teatrale*.

personal computer *(ingl.)* [pr. *pèrsonal kompiùter*] *loc.sost.m.invar.* *(inform.)* elaboratore elettronico di piccole dimensioni, usato da professionisti, tecnici, privati o negli uffici delle aziende.

per|so|nà|le *agg.* **1** relativo alla persona: *igiene —* | proprio, peculiare di un determinato individuo; soggettivo: *è un tuo parere —* | *biglietto —*, quello che non può essere ceduto ad altri **2** *(gramm.) pronome —*, quello che rappresenta la prima, la seconda o la terza persona (p.e. *io, tu, egli, lui, voi* ecc.) ♦ *s.m.* **1** aspetto fisico di una persona; figura, corpo: *quella ragazza ha un bel —* **2** il complesso degli elementi che rappresentano la sfera intima di un individuo, il suo privato: *quando mi parli non scendere nel —* **3** l'insieme dei dipendenti di un'azienda, un ufficio e sim.: *capo del —* ♦ *s.f.* esposizione delle opere di un artista vivente □ **personalmente** *avv.* **1** in, di persona: *preoccuparsi — di qlcu.* **2** secondo un parere, una valutazione personale: *—, ho dei dubbi*.

per|so|na|li|smo *s.m.* **1** *(filos.)* dottrina che sostiene il valore fondamentale della persona considerata come principio ontologico | dottrina etico-politica formulata in Francia da E. Mounier (1905-1950), che, sostenendo il primato dei valori spirituali dell'individuo, tende a riconciliare l'uomo con la realtà attuale, difendendone al tempo stesso autonomia e libertà **2** tendenza a dare eccessiva importanza agli interessi personali o alle proprie opinioni; egocentrismo.

per|so|na|li|sta *s.m./f.* [m.pl. *-i*] **1** *(filos.)* seguace del personalismo **2** chi tende a far prevalere gli interessi personali o le proprie opinioni.

per|so|na|li|sti|co *agg.* [m.pl. *-ci*] **1** *(filos.)* che riguarda il personalismo **2** che rivela personalismo; egoistico.

per|so|na|li|tà *s.f.* **1** *(raro)* condizione di ciò che è proprio di una persona: *la — di un'opinione* **2** *(psicol.)* insieme delle caratteristiche intellettuali e psicologiche tipiche di un individuo | carattere: *ha una — tenace* **3** persona di grande fama, autorità, prestigio sociale: *le più note — della politica* **4** *(dir.) — giuridica*, condizione di soggetto di diritto.

per|so|na|liz|za|re *v.tr.* rendere ql.co. personale, adattandolo al proprio carattere, ai propri gusti o esigenze: *— l'arredamento* | adattare ai gusti e alle esigenze di una persona o degli utenti: *— le modalità di pagamento*.

per|so|ni|fi|cà|re *v.tr.* [indic.pres. *io personìfico, tu personìfichi...*] **1** rappresentare un'idea astratta o una cosa inanimata attribuendole le caratteristiche di una persona: *— la giustizia, la fortuna* **2** impersonare, simboleggiare: *la Beatrice dantesca personifica la sapienza celeste*.

per|so|ni|fi|ca|zió|ne *s.f.* **1** rappresentazione che raffigura in forma di persona una cosa inanimata, un'idea astratta o un fenomeno naturale, spec. nella letteratura e nell'arte; simbolo: *la — della primavera in un quadro di Botticelli* **2** persona che rappresenta al sommo grado una qualità, un difetto: *quell'individuo è la — della corruzione*.

per|spi|cà|ce *agg.* **1** che ha un intuito acuto e penetrante, che sa capire con prontezza il significato delle cose; sagace, intuitivo: *intelligenza —* **2** che denota lungimiranza: *una scelta —* □ **perspicacemente** *avv.*

per|spi|cà|cia *s.f.* [pl. *-cie*] acutezza, sagacia; avvedutezza: *ha mostrato poca —*.

per|spi|cui|tà *s.f.* chiarezza, evidenza: *la — di un discorso*.

per|spì|cuo *agg.* chiaro, evidente: *ragionamento —*.

per|spi|ra|zió|ne *s.f.* *(med.)* traspirazione della pelle attraverso i pori.

per|sua|dé|re *v.tr.* [pass.rem. *io persuasi, tu persuadésti...*; part.pass. *persuaso*] **1** convincere qlcu. a credere in ql.co. o ad agire in un determinato modo: *lo persuasero a restare*; *persuase l'a-*

mico della gravità di una situazione **2** ottenere approvazione, fiducia: *il suo discorso persuase gran parte del pubblico* ♦ **-rsi** *rifl.* **1** convincersi a credere, ad agire: *non si persuadeva a partire* **2** capacitarsi, rendersi conto: *mi persuasi che era vero*.

per|sua|sió|ne *s.f.* **1** ciò che si dice o si fa per convincere una persona a credere in ql.co. o ad agire in un certo modo: *bisogna usare molta —* **2** opinione, certezza: *ho la — che andrà tutto bene*.

per|sua|sì|vo *agg.* **1** che è capace di persuadere; convincente: *parole persuasive* | (*iron.*) che costringe con la violenza o con le minacce ad agire in un dato modo: *usare modi, mezzi, metodi persuasivi* **2** che piace, che riscuote successo: *interpretazione molto persuasiva*.

per|sua|so *part.pass. di* persuadere ♦ *agg.* che si è lasciato persuadere; certo, convinto | deciso, determinato: *era — a partire*.

per|sua|só|re *s.m.* [*f. persuaditrice*] chi persuade o ha la capacità di persuadere | **persuasori occulti**, detto dei creatori di messaggi pubblicitari che riescono a condizionare le scelte dei consumatori stimolando i loro desideri inconsci o repressi.

per|tàn|to *cong.* (*conclusivo*) perciò, quindi: *hai sbagliato, — devi chiedere scusa*.

pèr|ti|ca *s.f.* **1** lungo e sottile bastone adatto a vari scopi, spec. agricoli: *bacchiare le olive con la —* **2** (*fig., fam.*) persona molto alta e magra; stanga **3** attrezzo ginnico per arrampicate, costituito da un palo verticale liscio fissato al pavimento e al soffitto **4** antica unità di misura di superficie e di lunghezza.

per|ti|nà|ce *agg.* **1** costante, fermo e deciso nelle idee e nei propositi; ostinato: *è un — fautore del riformismo* **2** che dimostra tenacia: *carattere —*.

per|ti|nà|cia *s.f.* costanza, fermezza, tenacia: *sostiene con — le sue idee*.

per|ti|nèn|te *agg.* che riguarda, appartiene o spetta a qlcu. o a ql.co.: *argomento —*.

per|ti|nèn|za *s.f.* **1** proprietà di ciò che è pertinente: *la — di una risposta* **2** ambito, branca, settore in cui una persona esercita un'attività o di cui è responsabile: *questa causa non è di sua — 3* (*dir., spec.pl.*) cosa accessoria destinata durevolmente a servizio od ornamento di un'altra cosa principale.

per|tòs|se *s.f.* malattia infettiva delle vie respiratorie, contagiosa, che colpisce prevalentemente i bambini ed è caratterizzata da violenti accessi di tosse convulsa; tosse asinina, tosse canina o tosse convulsa.

per|tù|gio *s.m.* piccolo buco, foro | (*estens.*) passaggio angusto, stretto: *l'hanno cercato in ogni —*.

per|tur|bamén|to *s.m.* **1** forte sconvolgimento psichico **2** disordine sociale.

per|tur|bà|re *v.tr.* **1** (*anche fig.*) sconvolgere profondamente: *la quiete pubblica* **2** (*astr.*) provocare una perturbazione su un corpo celeste ♦ **-rsi** *intr.pron.* **1** (*fig.*) agitarsi, turbarsi; perdere la calma, la tranquillità **2** (*di condizioni atmosferiche*) guastarsi,

peggiorare: *il giorno seguente il tempo si perturbò*.

per|tur|ba|tó|re *agg., s.m.* [*f. -trice*] che, chi perturba.

per|tur|ba|zió|ne *s.f.* **1** disordine, confusione **2** (*fig.*) agitazione, turbamento **3** (*astr.*) alterazione dell'orbita di un pianeta attorno al Sole provocata dall'influsso del campo gravitazionale degli altri pianeti **4** (*anche assol.*) — *atmosferica*, alterazione delle condizioni meteorologiche che gener. causa cattivo tempo.

Pe|rú *s.m. solo nella loc.* **costare, valere un —**, costare, valere moltissimo.

pe|ru|gì|no *agg.* di Perugia ♦ *s.m.* [*f. -a*] chi è nato o abita a Perugia.

pe|ru|viànol *agg.* del Perú ♦ *s.m.* [*f. -a*] chi abita o è nato in Perú.

per|và|de|re *v.tr.* [*pass.rem. io pervasi, tu pervadésti...*; *part.pass. pervaso*] (*anche fig.*) penetrare e diffondersi ovunque: *il tuo profumo pervade la stanza; sono pervaso da una tristezza profonda*.

per|ve|nì|re *v.intr.* [*con. come venire*; aus. *E*] **1** giungere in un luogo, spec. dopo un percorso lungo e impegnativo: *— a destinazione* **2** (*fig.*) raggiungere una meta, spec. dopo varie difficoltà: *— al grado di direttore* | arrivare a una conclusione, a una scelta: *— a una soluzione* **3** (*bur.*) giungere: *il modulo deve — entro domani* **4** (*dir.*) toccare di diritto; spettare: *gli pervenne un terreno*.

per|ver|sió|ne *s.f.* degenerazione | (*psicol.*) deviazione di un comportamento o di un istinto in senso deteriore | — **sessuale**, comportamento deviato in cui il desiderio sessuale si orienta verso un oggetto anomalo o si soddisfa con pratiche erotiche anormali.

per|ver|si|tà *s.f.* **1** caratteristica di chi o di ciò che è perverso; malvagità, perfidia **2** (*estens.*) azione perversa.

per|vèr|so *agg.* **1** che prova piacere nel fare del male a qlcu., che è incline al male; malvagio, perfido: *un'intelligenza perversa* **2** non naturale, corrotto; degenerato: *istinti perversi* **3** anomalo, abnorme: *un meccanismo —*.

per|ver|ti|mén|to *s.m.* corruzione, degenerazione: *il — delle regole morali*.

per|ver|tì|re *v.tr.* [*indic.pres. io pervèrto...*] corrompere, far degenerare; depravare: *— la morale* ♦ **-rsi** *intr.pron.* corrompersi, degenerare: *le istituzioni si stanno pervertendo*.

per|ver|tì|to *part.pass. di* pervertire ♦ *s.m.* [*f. -a*] persona affetta da perversione sessuale.

per|vi|cà|ce *agg.* che resta fermo nelle proprie opinioni o in un atteggiamento, spec. in senso negativo; caparbio, cocciuto: *carattere —*.

per|vi|cà|cia *s.f.* caparbietà, cocciutaggine: *difende con — la sua opinione*.

per|vie|tà *s.f.* (*anat.*) proprietà di un condotto o di un canale di consentire un passaggio facile e costante: *— arteriosa*.

per|vìn|ca *s.f.* pianta erbacea con piccole foglie ovali e fiori azzurro-violetto, coltivata spec. a

pervio

scopo ornamentale ♦ *s.m.invar.* colore azzurro-violetto, tipico del fiore di tale pianta ♦ *agg. invar.* di colore azzurro-violetto: *foulard —*.
pèr|vio *agg.* (*lett.*) facilmente praticabile, accessibile.
pé|sa *s.f.* **1** operazione di pesatura delle merci al dazio **2** apparecchio usato per pesare | (*estens.*) luogo in cui si effettua la pesatura: *— pubblica.*
pe|sa|lèt|te|re *s.m.invar.* piccola bilancia che serve per pesare le lettere e calcolare l'esatta affrancatura.
pe|sàn|te *part.pres.* di pesare ♦ *agg.* **1** detto di ciò che ha un peso notevole o superiore alla media: *una valigia —* | *industria —*, industria meccanica, siderurgica e metallurgica **2** (*di tessuto, indumento e sim.*) caldo e spesso, adatto per la stagione fredda: *un maglione, una coperta —* **3** (*estens.*) che dà una sensazione di pesantezza, di fastidio: *sentirsi lo stomaco —* | *cibo —*, difficile da digerire | *sonno —*, profondo **4** penetrante, sgradevole: *un — odore di frittura; avere l'alito —* | *aria —*, che si respira a fatica; (*fig.*) atmosfera di tensione **5** che manca di agilità, spec. a causa del peso eccessivo: *corpo, andatura —* **6** (*fig.*) dato con molta forza: *colpo —* | (*sport*) *gioco —*, nel calcio e sim., duro, falloso **7** (*fig.*) che reca offesa, che ferisce; offensivo: *scherzo —* **8** (*fig.*) che richiede uno sforzo notevole o molta resistenza; gravoso: *un lavoro —* | *che procura noia, fastidio; noioso: un tipo —* **9** (*econ.*) detto di unità monetaria il cui valore nominale equivale a un multiplo della precedente: *franco —* □ **pesantemente** *avv.* **1** in modo pesante: *cammina —* **2** profondamente: *dormivo —*.
pe|san|téz|za *s.f.* **1** (*anche fig.*) caratteristica di ciò che è pesante: *la — di un pacco*; *— della prosa* **2** sensazione di peso: *— di gambe.*
pe|sa|per|só|ne *s.f.invar.* bilancia usata per pesare le persone in piedi.
pe|sà|re *v.tr.* [*indic.pres. io péso...*] **1** misurare il peso di qlcu. o ql.co.: *— la frutta* **2** (*fig.*) esaminare, ponderare ql.co. con attenzione al fine di valutarne l'importanza: *— i vantaggi e gli svantaggi di una decisione* | *— le parole*, usare molta prudenza nel parlare | *— le persone*, giudicarle, valutandole spec. dal punto di vista etico e intellettuale ♦ *intr.* [aus. *A*, *E*] **1** avere un determinato peso: *quando è nata pesava tre chili* | (*assol.*) essere piuttosto pesante: *quanto pesa il tuo zaino!* **2** (*fig.*) essere partic. determinante: *in quella scelta pesò il suo giudizio* **3** (*anche fig.*) esercitare il proprio peso su ql.co. o qlcu.: *i piatti pesano sulla mensola; a trent'anni pesa ancora sulla madre!* | (*fig.*) *— sullo stomaco*, si dice di cibo che risulta indigesto | (*fig.*) *— sulla coscienza*, si dice di ciò che provoca rimorso **4** (*fig.*) essere gravoso, faticoso: *il nuovo incarico gli pesa* | essere doloroso, difficile da sopportare: *gli pesa il trasferimento* | dispiacere: *mi pesa doverti lasciare* **5** (*fig.*) incombere in modo minaccioso: *c'è un sospetto che pesa su di loro* ♦ **-rsi** *rifl.* sottoporsi a pesatura per conoscere il proprio peso.

pe|sà|ta *s.f.* **1** operazione del pesare, spec. se eseguita con la bilancia **2** quantità pesata in una volta sola.
pe|sa|tó|re *s.m.* [f. *-trice*] chi pesa.
pe|sa|tù|ra *s.f.* misurazione del peso di ql.co. o qlcu.
pè|sca¹ *s.f.* il frutto del pesco, di forma tondeggiante, con polpa gialla o bianca, succosa e dolce, buccia vellutata per lo più di colore giallo o verde con sfumature rosse | *— noce*, quella con polpa gialla e buccia glabra e lucida; nocepesca.
pé|sca² *s.f.* **1** attività del pescare: *andare a —*; *rete da —* | *— d'altura*, quella praticata in alto mare utilizzando i pescherecci **2** (*estens.*) quantità di pesce pescato: *una — ricca* **3** (*fig.*) sorta di lotteria, fatta spec. per beneficenza, in cui si estraggono da un'urna dei biglietti, alcuni dei quali, contrassegnati da un numero, corrispondono a un premio.
pe|scàg|gio *s.m.* (*mar.*) l'altezza della parte di imbarcazione che resta immersa nell'acqua.
pe|scà|ia *s.f.* sbarramento effettuato con pietre, travi e sim. lungo un corso d'acqua, per catturare i pesci oppure per deviare la corrente.
pe|sca|nó|ce *s.f.* pesca noce, nocepesca.
pe|scà|re *v.tr.* [*indic.pres. io pésco, tu péschi...*] **1** catturare pesci, crostacei, molluschi e sim. usando opportuni strumenti, come rete, lenza, amo ecc.: *— salmoni, granchi* | (*fig.*) *— nel torbido*, cercare di trarre vantaggio da situazioni poco chiare **2** (*estens.*) tentare di prendere o di recuperare ql.co. che si trova nell'acqua: *— la palla caduta nel canale* **3** (*fig.*) prendere, scegliere a caso una cosa tra molte che le assomigliano: *— una carta dal mazzo* **4** (*fig.*) trovare: *dove hai pescato quella rarità?* | cogliere di sorpresa: *lo pescarono mentre stava fotografando documenti riservati* ♦ *intr.* [aus. *A*] detto di imbarcazione, avere lo scafo immerso nell'acqua fino a una certa altezza.
pe|scà|ta *s.f.* **1** azione del pescare **2** quantità di pesce che si pesca in una volta.
pe|sca|tó|re *s.m.* **1** [f. *-trice*] individuo che si dedica alla pesca per professione o per sport **2** (*solo sing., per anton.*) san Pietro, a cui Gesù affidò l'apostolato quando era ancora un umile pescatore **3** (*miner.*) attrezzo per estrarre oggetti caduti per sbaglio nei fori di sonda ♦ *agg.* detto di animale che si ciba spec. di pesci: *rana pescatrice* | (*gastr.*) *alla pescatora*, detto di vivanda cucinata secondo l'uso dei pescatori | *pantaloni alla pescatora*, quelli che arrivano sino al polpaccio.
pé|sce *s.m.* **1** animale vertebrato acquatico appartenente alla classe dei Pesci | *— azzurro*, si dice di acciughe, sgombri e sardine che hanno scaglie di colore azzurro-verdastro | *— dorato* o *rosso*, carassio | *— ghiaccio*, dei mari antartici, ha corpo trasparente e sottile, privo di squame, a lungo muso | *— pagliaccio*, diffuso nell'Oceano indiano orientale e nel Pacifico occidentale, vive tra i tentacoli di un anemone e ha livrea di colore rosso-arancione con tre larghe strisce

bianche orlate di nero | — *pietra*, diffuso nelle acque costiere dell'Oceano indiano e del Pacifico occidentale, ha corpo allungato, quasi cilindrico, di colore grigio o marrone scuro, ed è fornito di spine dorsali velenifere | — *ragno*, diffuso nel Mediterraneo, ha corpo compresso e allungato, ricoperto di sottili scaglie e munito di aculei veleniferi | *nuotare come un* —, benissimo | (*fig.*) — *d'aprile*, scherzo che tradizionalmente si fa il primo di aprile | *essere un* — *lesso*, essere piuttosto scialbo o poco vivace | *essere un* — *piccolo, grosso*, essere poco, molto potente | *essere sano come un* —, essere in perfetta salute | *non sapere che pesci prendere*, non sapere quale decisione possa essere più opportuna | *prendere qlcu. a pesci in faccia*, trattarlo molto male | *sentirsi un* — *fuor d'acqua*, detto di chi si sente a disagio in un ambiente nuovo 2 (*estens.*) la carne del pesce, cruda o cucinata | pietanza a base di pesce: — *al forno; brodo di* — 3 (*fig.*) persona ingenua e sprovveduta.

pe|sce|cà|ne *s.m.* [pl. *pescicani* o *pescecani*] 1 denominazione comune di varie specie di squali predatori 2 (*fig.*) individuo che è diventato ricco rapidamente in modo illecito o speculando sulle disgrazie altrui, spec. in periodo di guerra.

pe|sche|réc|cio *agg.* [f.pl. *-ce*] che riguarda la pesca ♦ *s.m.* motobarca dotata di attrezzatura per la pesca d'alto mare.

pe|sche|rì|a *s.f.* negozio in cui si vende pesce.

pe|sché|to *s.m.* piantagione di peschi.

pe|schiè|ra *s.f.* bacino o vasca in cui si tengono o vengono allevati i pesci; vivaio per pesci.

Pé|sci¹ *s.m.pl.* classe di Vertebrati acquatici di dimensioni varie, dotati di pinne per il nuoto, scheletro osseo o cartilagineo, corpo gener. allungato per lo più rivestito di scaglie, respirazione branchiale.

Pé|sci² *s.m.pl.* (*astr.*) costellazione dell'emisfero australe e dodicesimo segno dello zodiaco, dominante il periodo tra il 20 febbraio e il 20 marzo.

pe|scia|iò|la *s.f.* pentola per cuocere il pesce intero; pesciera.

pe|sciè|ra *s.f.* 1 recipiente di forma allungata per cuocere il pesce intero 2 vassoio per servire il pesce in tavola.

pe|sci|vén|do|lo *s.m.* [f. *-a*] venditore di pesce.

pè|sco *s.m.* [pl. *-schi*] albero con foglie lanceolate, fiori rosa e profumati che sbocciano prima delle foglie, frutti commestibili.

pe|sco|si|tà *s.f.* carattere di ciò che è pescoso | quantità di pesce presente in mari, laghi o fiumi.

pe|scó|so *agg.* che è ricco di pesci: *mare* —.

peseta (*sp.*) *s.f.* [pl. *pesetas*] unità monetaria della Spagna, sostituita dal 1° gennaio 2002 dall'euro.

pe|si|sta *s.m./f.* [pl. *-i*] (*sport*) 1 chi pratica il sollevamento pesi 2 chi pratica il lancio del peso.

pe|si|sti|ca *s.f.* (*sport*) sollevamento pesi.

pé|so¹ *s.m.* 1 forza che la Terra esercita su tutti i corpi posti sulla sua superficie per effetto dell'attrazione gravitazionale, proporzionale alla loro massa e variabile a seconda della latitudine e dell'altitudine | (*estens.*) la misura di tale forza: *controllare il* — *di una lettera prima di affrancarla; il suo* — *è di 80 kg* | — *lordo*, quello che comprende la tara | — *netto*, quello che esclude la tara | — *specifico*, rapporto tra il peso di un corpo, composto da una data sostanza, e il suo volume | (*fig.*) *a* — *d'oro*, a un prezzo molto caro | — *morto*, il corpo inerte di un animale o di una persona, che sembra avere un peso maggiore di quello reale; (*fig.*) persona priva di iniziativa, che si appoggia completamente sugli altri 2 l'oggetto che esercita il peso: *distribuire bene i pesi sul camion* 3 oggetto di metallo equivalente a una determinata unità di peso, usato nelle operazioni di pesatura: *un* — *di 1 kg* 4 (*sport*) attrezzo metallico di forma sferica che deve essere scagliato dall'atleta alla massima distanza possibile: *lancio del* — | (*pl.*) ogni attrezzo usato per potenziare la muscolatura: *sollevamento pesi* 5 (*sport*) ciascuna delle categorie in cui sono suddivisi pugili, lottatori e sim., a seconda del loro peso: — *piuma, medio* 6 (*fig.*) autorità, importanza, valore: *non dare* — *alle parole degli altri* 7 (*fig.*) condizione che procura affanno, oppressione: *avvertire il* — *degli anni; sentire il* — *delle responsabilità* | (*fig.*) *essere di* — *per qlcu.*, gravare economicamente su di lui o risultargli poco gradito.

péso² (*sp.*) *s.m.* [pl. *pesos*] unità monetaria di vari Stati dell'America latina e delle Filippine.

pes|si|mì|smo *s.m.* 1 (*filos.*) dottrina secondo cui la realtà è irrazionale e senza scopo e l'esistenza umana è dominata dall'infelicità, dal male e dal dolore 2 tendenza a cogliere spec. gli aspetti negativi di una situazione e, in generale, della vita e della realtà | (*estens.*) mancanza di fiducia; previsione negativa: *guardare al futuro con* —.

pes|si|mì|sta *s.m./f.* [m.pl. *-i*] (*filos.*) sostenitore del pessimismo 2 chi giudica tutto con pessimismo, chi ha la tendenza a fare previsioni negative: *fare il* — ♦ *agg.* incline al pessimismo; che prevede negativamente lo sviluppo, la conclusione di ql.co.: *è* — *sui risultati dell'intervento*.

pes|si|mì|sti|co *agg.* [m.pl. *-ci*] 1 (*filos.*) proprio del pessimismo, dei pessimisti 2 improntato a pessimismo: *ha un atteggiamento* — □ **pessimisticamente** *avv.*

pès|si|mo *agg.* [superl. di *cattivo*] 1 che è molto cattivo, il più cattivo di tutti | molto sgradevole: *un* — *sapore* 2 che è estremamente riprovevole: *un* — *comportamento; un* — *individuo* 3 molto brutto; orribile: *un* — *aspetto; un* — *film* 4 decisamente inadeguato o insoddisfacente: *una pessima organizzazione*.

pé|sta *s.f.* 1 (*spec.pl.*) orma, impronta 2 (*al pl., fig.*) situazione complicata, difficoltà: *essere, trovarsi nelle peste*.

pe|stàg|gio *s.m.* 1 serie di percosse inflitte da più persone 2 (*estens.*) rissa, zuffa.

pe|stà|re *v.tr.* [indic.pres. *io pésto...*] 1 battere

pestata

ql.co. con un pestello o con un altro attrezzo per ridurlo in polvere o triturarlo: — *l'aglio nel mortaio* | — *l'acqua nel mortaio*, fare un'inutile fatica 2 schiacciare con il piede, calpestare: — *uno spiazzo erboso* | (*fig.*) — *i piedi, i calli a qlcu.*, comportarsi in modo da danneggiarlo o creargli problemi 3 (*estens.*) picchiare con violenza, riempire di percosse: *lo pestarono brutalmente*.
pe|stà|ta *s.f.* 1 azione del pestare 2 colpo dato con il piede su ql.co.: *gli ho dato una — sul piede*.
pè|ste *s.f.* 1 malattia infettiva e contagiosa a carattere epidemico il cui agente patogeno viene trasmesso all'uomo dalle pulci dei ratti; si manifesta con febbre elevata, ingrossamento delle linfoghiandole o broncopolmonite: — *polmonare* | — *bubbonica*, quella che si manifesta con tumefazione dei linfonodi, che vanno poi incontro a suppurazione | — *nera*, quella che si manifesta con lesioni emorragiche della pelle 2 (*estens.*) denominazione di vari tipi di tale malattia che colpisce gli animali: — *equina* 3 (*fig.*) odore molto sgradevole; fetore, puzzo 4 (*fig.*) fenomeno estremamente dannoso; male, piaga: *la — della corruzione* | (*fam.*) *dire* — *e corna di qlcu.*, parlarne molto male 5 (*fig. scherz.*) persona, spec. bambino o ragazzino, inquieto e molto vivace; diavolo, terremoto: *mio nipote è una —*.
pe|stèl|lo *s.m.* 1 utensile di legno o metallo usato per pestare nel mortaio materiali vari 2 (*tecn.*) organo di apparecchiature meccaniche con funzione analoga.
pe|sti|ci|da *s.m.* [pl. *-i*] composto chimico usato per combattere parassiti e altri organismi nocivi alle piante.
pe|stì|fe|ro *agg.* 1 che porta la peste; pestilenziale 2 (*fig.*) che impregna l'aria di fetore; mefitico: *un puzzo —* 3 (*fig.*) estremamente dannoso, malsano; nocivo 4 fastidioso, insopportabile: *ha un bambino —*.
pe|sti|lèn|za *s.f.* 1 epidemia di peste 2 (*fig., raro*) calamità, rovina.
pe|sti|len|zià|le *agg.* 1 di peste; che possiede le caratteristiche della peste 2 (*fig.*) estremamente dannoso, nocivo: *ambiente —* 3 puzzolente; fetido, mefitico: *l'odore di quel gas era —*.
pé|sto *agg.* (*anche fig.*) che ha ricevuto una serie di colpi; pestato | *occhi pesti*, lividi e gonfi per il sonno o le percosse ricevute | (*fig.*) *buio —*, fitto, profondo ♦ *s.m.* 1 composto a base di ingredienti ridotti in poltiglia o pestati 2 salsa tipica genovese a base di basilico, pinoli e aglio pestati e poi mescolati con olio e formaggio pecorino, con cui si condisce la pasta: *spaghetti al —*.
pè|ta|lo *s.m.* (*bot.*) ciascuna delle parti che compongono la corolla del fiore.
pe|tàr|do *s.m.* 1 piccola bomba di carta costruita in modo rudimentale, che si fa esplodere durante festeggiamenti e sim. 2 dispositivo che si colloca sulle rotaie e scoppia al passaggio del treno, usato spec. in caso di nebbia per segnalare al macchinista evenuali ostacoli o pericoli.
pe|téc|chia *s.f.* (*med.*) emorragia cutanea puntiforme tipica di alcune malattie.

pe|tec|chià|le *agg.* (*med.*) che si presenta con petecchie: *tifo —*.
petit-gris (*fr.*) [pr. *petì grì*] *s.m.invar.* pelliccia pregiata molto morbida, confezionata con pelli di scoiattoli siberiani.
pe|ti|zió|ne *s.f.* 1 (*dir.*) domanda scritta che uno o più privati indirizzano a un'autorità per chiedere ql.co.: *fare una —* 2 (*filos.*) — *di principio*, errore di logica consistente nell'assumere come premessa la conclusione a cui si vuole arrivare.
pé|to *s.m.* emissione di gas dall'intestino.
-pé|to secondo elemento di parole composte che indica movimento, direzione verso ql.co. (*centripeto*).
pe|trar|chì|smo *s.m.* 1 imitazione dello stile di F. Petrarca (1304-1374) 2 (*lett.*) corrente poetica ispirata allo stile e ai temi della poesia di Petrarca.
pe|trar|chi|sta *s.m./f.* 1 imitatore del Petrarca 2 studioso del Petrarca.
pe|tro|dòl|la|ro o **petroldòllaro** *s.m. spec.pl.* fondi in dollari statunitensi, depositati nelle banche europee, accumulati dai Paesi produttori di petrolio.
pe|tro|gra|fi|a *s.f.* scienza che studia la composizione chimica, fisica e mineralogica delle rocce.
pe|trol|chì|mi|ca *s.f.* settore della chimica industriale che si occupa della trasformazione chimica del petrolio e dei gas naturali per ricavare carburanti, lubrificanti e sim.
pe|trol|chì|mi|co *agg.* [m.pl. *-ci*] che riguarda la petrolchimica ♦ *s.m.* stabilimento petrolchimico.
pe|trol|dòl|la|ro *s.m.* → **petrodollaro**.
pe|tro|liè|ra *s.f.* nave per il trasporto di liquidi combustibili.
pe|tro|liè|re *s.m.* [f. *-a*] 1 proprietario di giacimenti petroliferi 2 industriale del settore petrolifero 3 lavoratore dell'industria petrolifera.
pe|tro|liè|ro *agg.* che riguarda il petrolio e le diverse fasi della sua lavorazione.
pe|tro|lì|fe|ro *agg.* che contiene petrolio: *giacimento —* | relativo all'estrazione e alla lavorazione del petrolio: *industria petrolifera*.
pe|trò|lio *s.m.* miscela naturale di idrocarburi la cui formazione deriva dalla decomposizione di residui organici accumulatisi durante i secoli nel sottosuolo; allo stato greggio è un liquido infiammabile, oleoso, di colore tra il giallastro e il nero, dalla cui distillazione e lavorazione si ottengono benzine, oli lubrificanti e vari altri prodotti come materie plastiche, fibre sintetiche e sim.
pe|tró|so *agg.* → **pietroso**.
pet|té|go|la *s.f.* uccello di palude con becco lungo, gola e dorso bianchi, zampe rosse o gialle.
pet|te|go|là|re *v.intr.* [indic.pres. *io pettégolo...*; aus. *A*] fare pettegolezzi, malignare su qlcu.
pet|te|go|léz|zo *s.m.* chiacchiera inopportuna tipica di chi è pettegolo | discorso maligno e indiscreto su qlcu. o sul suo comportamento.
pet|té|go|lo *agg.* 1 detto di chi ama parlare, anche con malignità, dei fatti e del comportamen-

to altrui 2 che è proprio delle persone pettegole: *una conversazione pettegola* ♦ *s.m.* [f. *-a*] persona pettegola.

pet|ti|nà|re *v.tr.* [indic.pres. *io pèttino...*] 1 ravviare i capelli con il pettine | acconciare i capelli 2 ripulire e ordinare il pelo di un animale domestico con il pettine, la spazzola o altri strumenti 3 eseguire la pettinatura delle fibre tessili ♦ **-rsi** *rifl.* riordinarsi i capelli con il pettine.

pet|ti|nà|ta *s.f.* 1 l'atto del pettinare o del pettinarsi 2 (*fig.*) rimprovero, sgridata.

pet|ti|nà|to *part.pass.* di pettinare ♦ *agg.* detto di fibra tessile che ha subito la pettinatura: *canapa*, *lana pettinata* ♦ *s.m.* tessuto che si realizza con tali fibre.

pet|ti|na|tri|ce *s.f.* 1 donna che cura le acconciature femminili; parrucchiera 2 (*ind.*) macchina che esegue la pettinatura delle fibre tessili.

pet|ti|na|tù|ra *s.f.* 1 acconciatura dei capelli: *farsi una — nuova* 2 operazione che si esegue con la pettinatrice sulle fibre tessili prima della filatura, per renderle parallele e liberarle dalle impurità residue.

pèt|ti|ne *s.m.* 1 oggetto di osso o di altro materiale rigido per acconciare i capelli, costituito da una serie di denti più o meno fitti fissati su una costola che serve da impugnatura | *parcheggio a —*, in cui le auto sono disposte parallele perpendicolarmente al marciapiede | (*prov.*) *tutti i nodi vengono al —*, prima o poi i problemi irrisolti o gli sbagli tenuti nascosti si ripresentano e vanno affrontati 2 nel telaio, organo formato da una serie di lamelle verticali parallele fissate in una cornice rettangolare, che serve a dividere i fili dell'ordito e a serrare fra loro i fili della trama 3 mollusco marino commestibile la cui conchiglia è formata da due grandi valve disuguali, una convessa e l'altra per lo più piana, percorse da grosse scanalature disposte a ventaglio 4 (*sport*) nello slaloom speciale, serie di porte molto ravvicinate 5 (*tecn.*) utensile usato per la filettatura delle viti 6 (*mar.*) decorazione metallica a sei denti, che rappresentano i sestieri della città di Venezia, collocata sulla prua delle gondole.

petting (*ingl.*) [pr. *pètting*] *s.m.invar.* l'insieme delle pratiche erotiche che non giungono a un rapporto sessuale completo.

pet|ti|no *s.m.* 1 pettorina di grembiule 2 davanti di abito da donna, confezionato in stoffa contrastante 3 il petto inamidato e staccabile della camicia da uomo.

pet|ti|rós|so *s.m.* piccolo uccello canterino dal piumaggio bruno-olivastro, con gola e petto rossi.

pèt|to *s.m.* 1 parte anteriore del tronco umano, compresa tra collo e addome: *un — muscoloso* | *battersi il —*, in segno di pentimento, dolore e sim. | (*fig.*) *prendere ql.co. o qlcu. di —*, affrontarlo con decisione 2 insieme degli organi contenuti nel torace, in partic. polmoni e cuore | *attacco di —*, attacco di cuore | *malattie di —*, quelle che colpiscono polmoni e cuore | *do di —*, il più acuto che un tenore possa emettere | *voce di —*, la più limpida e naturale 3 il seno della donna: *un — piccolo* | *tenere un bambino al —*, allattarlo 4 (*fig.*) animo, cuore 5 taglio di carne bovina tra il collo, la pancia e i fianchi | negli uccelli, parte carnosa che ricopre lo sterno: *— di tacchino* 6 parte di vestito che ricopre il petto | *a doppio —*, si dice di giacca, cappotto e sim. in cui le due metà anteriori si sovrappongono l'una sull'altra sul petto.

pet|to|rà|le *agg.* del petto: *muscolo —* ♦ *s.m.* 1 cinghia di cuoio che passa davanti al petto del cavallo o di altri animali da tiro 2 (*sport*) riquadro di tessuto con un numero stampato sopra, che ciascun atleta fissa sul petto come contrassegno durante una gara.

pet|to|rì|na *s.f.* 1 ritaglio di tessuto, gener. a forma triangolare, che le donne inserivano sotto la scollatura per coprire il seno 2 parte di grembiule o salopette che ricopre il petto.

pet|to|rù|to *agg.* 1 che ha un petto robusto 2 (*estens.*) che cammina tenendo il petto in fuori; impettito.

pe|tu|làn|te *agg.* 1 che fa domande inopportune e usa modi insistenti e fastidiosi; invadente: *un ragazzo —* 2 fastidioso, noioso: *comportamento —*.

pe|tu|làn|za *s.f.* insistenza fastidiosa e inopportuna; sfacciataggine.

pe|tù|nia *s.f.* pianta erbacea ornamentale con fiori a campanula variamente colorati.

pèz|za *s.f.* 1 pezzo di tessuto usato in vario modo: *una — di lino* | *— da piedi*, (*spec.pl.*) quella che i soldati usavano un tempo al posto delle calze; (*fig.*) detto di persona che non si tiene minimamente in considerazione: *lo ha trattato come una — da piedi* 2 riquadro di tessuto usato per rattoppare un buco; toppa: *cucire una — sulla felpa* | (*fig.*) *mettere una — a ql.co.*, trovare un rimedio a una situazione difficile 3 striscia di tessuto lunga molti metri, arrotolata intorno a un cilindro di cartone, che i commercianti tagliano a seconda della richiesta | (*estens.*) stoffa in generale: *un cagnolino di —* 4 chiazza sul mantello di cavalli e altri animali 5 (*bur.*) carta, documento | *— d'appoggio*, documento che giustifica una spesa o un'affermazione 6 (*araldica*) *— onorevole*, figura geometrica sullo scudo 7 (*raro*) periodo di tempo | *da lunga —*, da molto tempo.

pez|zà|to *agg.* detto di mantello di cavallo o altro animale, che presenta macchie di colore diverso: *un cavallo bianco — nero* | (*estens.*) detto di marmo o altro materiale, che presenta chiazze di colore ♦ *s.m.* cavallo pezzato.

pez|za|tù|ra[1] *s.f.* il complesso delle macchie sul mantello di un cavallo o di un altro animale: *una mucca bianca con — bruna*.

pez|za|tù|ra[2] *s.f.* dimensione o forma dei pezzi di materiale o di merce messa in vendita: *la — della legna*.

pez|zèn|te *s.m./f.* 1 poveraccio, straccione 2 (*estens.*) individuo meschino, esageratamente attaccato ai soldi.

pèz|zo *s.m.* **1** parte non determinata di un materiale solido: *un — di acciaio* | frammento | *fare a pezzi*, spezzare, rompere | (*iperb.*) *andare in mille pezzi*, in frantumi | (*fig.*) *cadere a*, *in pezzi*, crollare, andare in rovina | *a pezzi e bocconi*, un poco alla volta, a più riprese | (*fam.*) *— di carta*, titolo di studio: *senza un — di carta è difficile trovare lavoro*; ciò che ha valore convenzionale: *questi accordi sono solo pezzi di carta* | (*fig.*) *essere un — di legno*, essere rigido nei movimenti | *essere un — di ghiaccio*, essere insensibile | *essere un — di pane*, essere buono e generoso **2** parte di un tutto; porzione: *dalla mia stanza intravedo un — di cielo*; *un — di focaccia* **3** elemento che, insieme ad altri, costituisce un insieme unitario: *i pezzi del puzzle*; *ho cambiato un — del motore* | (*fig.*) *essere tutto d'un —*, essere coerente, onesto e incorruttibile **4** ciascuna delle parti di un capo di abbigliamento: *un completo in due pezzi* **5** oggetto considerato in rapporto a una serie di oggetti simili: *i pezzi del servizio di posate*; *i pezzi degli scacchi* | moneta o banconota di un certo valore: *un — da 100 euro* | *— di artiglieria*, ogni arma da fuoco pesante **6** oggetto artistico o manufatto di pregio: *un — antico* | *un — da museo*, oggetto di notevole interesse artistico o scientifico degno di essere esposto al pubblico **7** brano di opera musicale o letteraria: *un — dei "Promessi Sposi"* **8** articolo di giornale: *un — di politica interna* **9** (*fig.*) persona di un certo tipo | *un — d'uomo*, un uomo grande, robusto | *un bel — di donna*, una donna bella, avvenente | (*fig.*) *— grosso*, persona di grande prestigio | *— d'asino*, *di imbecille*, espressione ingiuriosa rivolta a una persona **10** (*fig.*) tratto di spazio piuttosto esteso: *possiedo un — di terra* **11** (*fig.*) periodo di tempo per lo più lungo: *è un — che piove*.

pez|zuò|la *s.f.* **1** piccolo pezzo di stoffa, usato in vari modi **2** (*region.*) grande fazzoletto da testa o da naso.

Pfennig (*ted.*) *s.m.invar.* moneta divisionale tedesca, equivalente alla centesima parte del marco.

pfui *inter.* indica ironia, rifiuto.

pH [pr. *piàkka*] *s.m.invar.* (*chim.*) grado dell'acidità o basicità di una soluzione acquosa | *— neutro*, quello che ha valore 7.

phòn o **fon** *s.m.invar.* (*fis.*) unità di misura del livello di sensazione sonora.

photo finish o **fotofinish** (*ingl.*) *loc.sost.m. invar.* fotografia dell'arrivo di una corsa effettuata per accertare chi per primo ha tagliato il traguardo.

photofit o **fotofit** (*ingl.*) *s.m.invar.* identikit realizzato combinando immagini fotografiche; fotokit.

phy|lum (*lat.*) [pr. *filum*] *s.m.invar.* nella classificazione vegetale e animale, suddivisione superiore alla classe e inferiore al regno, che corrisponde al tipo.

physique du rôle (*fr.*) [pr. *fisìk dü rol*] *loc.sost. m.invar.* (*cine.*, *teat.*) aspetto fisico adatto alla parte che un attore deve recitare | (*estens.*) aspetto adatto a svolgere un determinato compito o ad avere un dato ruolo sociale.

pi *s.m./f.invar.* **1** nome della lettera *p* **2** nome della sedicesima lettera dell'alfabeto greco, che corrisponde alla *p* dell'alfabeto latino | (*mat.*) *— greco*, simbolo (π) usato per indicare il rapporto tra la lunghezza di una circonferenza e il suo diametro, corrispondente al numero irrazionale 3,1415.

pia|cèn|te *part.pres.* di *piacere* ♦ *agg.* che piace | detto di persona non più molto giovane che esercita ancora una certa attrazione: *nonostante l'età, è ancora un uomo —*.

pia|cé|re¹ *v.intr.* [indic.pres. *io piàccio, tu piaci, egli piace, noi piacciamo, voi piacéte, essi piàcciono*; pass.rem. *io piàcqui, tu piacésti*...; cong.pres. *io piàccia*...; part.pass. *piaciuto*; aus. E] **1** riuscire gradito, corrispondere al gusto di qlcu.: *gli piace la musica rock*; *mi piace la frutta* **2** (*assol.*) suscitare consenso, approvazione; attrarre: *quello è un ragazzo che piace*.

pia|cé|re² *s.m.* **1** sensazione gradevole che deriva da una soddisfazione fisica o intellettuale; diletto, godimento: *avere, provare —* **2** cosa che procura piacere; gioia, divertimento: *si concede ogni tanto i piaceri della tavola* | *viaggio di —*, quello che si fa per svago **3** motivo di compiacimento, onore: *per me è un grande — aiutarla!* | *—!*, formula di cortesia che si usa nelle presentazioni **4** favore, servizio; cortesia: *fare, rifiutare un —* | *per —*, formula di cortesia che si usa per chiedere ql.co. | *mi faccia il —*, formula che si usa per pretendere ql.co.: *mi faccia il — di aspettare ancora*; (*anche assol.*) per esprimere irritazione, disappunto: *mi faccia il — di stare zitto!* **5** criterio personale di scelta, volontà: *può andare e venire a suo —* | *a —*, senza limiti; secondo le preferenze personali: *scegliere, prendere ql.co. a —*.

pia|cé|vo|le *agg.* che piace, che procura piacere; divertente, gradevole □ **piacevolmente** *avv.*

pia|ce|vo|léz|za *s.f.* **1** caratteristica di ciò che piace: *la — di una chiacchierata* **2** battuta o frase scherzosa: *dire una —*.

pia|ci|mén|to *s.m.* gradimento, piacere: *è di tuo —?* | *a —*, a piacere, a volontà.

pia|di|na *s.f.* focaccia piatta e sottile senza lievito, tipica della Romagna, che si fa cuocere su una piastra arroventata.

pià|ga *s.f.* **1** lesione più o meno profonda della pelle o di una mucosa, che presenta difficoltà a cicatrizzarsi: *una — alla caviglia*; *essere coperto di piaghe* **2** (*fig.*) problema grave, flagello | problema sociale con notevoli e vaste ripercussioni: *la — della disoccupazione* **3** (*fig.*) tormento dell'animo; dolore, pena: *avere una — nel cuore* | *mettere il dito sulla*, *nella —*, toccare un argomento doloroso o delicato **4** (*fig.*, *scherz.*) persona molto noiosa, che si lamenta continuamente: *finiscila di fare la —!*

pia|gà|re *v.tr.* [indic.pres. *io piago, tu piaghi*...] provocare una o più piaghe, ferire.

piag|ge|rì|a *s.f.* adulazione eccessiva fatta per

ottenere un vantaggio o raggiungere uno scopo; lusinga.
piag|gia *s.f.* [pl. *-ge*] (*lett.*) **1** terreno in pendio; declivio **2** riva, spiaggia **3** campagna, località campestre **4** (*estens.*) paese, regione.
pia|gni|stè|o *s.m.* **1** pianto, lamento prolungato e noioso, tipico dei bambini **2** (*estens.*) discorso fatto con tono lamentoso.
pia|gnó|ne *s.m.* [f. *-a*] (*fam.*) chi piange a lungo e in modo noioso | chi si lagna continuamente.
pia|gnu|co|là|re *v.intr.* [indic.pres. *io piagnùcolo...*; aus. *A*] piangere sommessamente e a lungo.
pia|gnu|co|lì|o *s.m.* un piagnucolare prolungato.
pia|gnu|co|ló|ne *s.m.* [f. *-a*] chi piagnucola spesso.
pia|gnu|co|ló|so *agg.* che piagnucola: *bimbo —* | tipico di chi piagnucola: *tono —*.
piàl|la *s.f.* utensile del falegname formato da un ceppo di legno con una larga feritoia centrale da cui fuoriesce obliquamente un ferro a scalpello che serve a levigare, spianare o assottigliare il legno.
pial|là|re *v.tr.* levigare, spianare con la pialla o con la piallatrice.
pial|là|ta *s.f.* colpo di pialla | piallatura fatta in modo approssimativo: *dare una —*.
pial|la|trì|ce *s.f.* macchina per lavorare grandi superfici di metallo o di legno.
pial|la|tù|ra *s.f.* lavorazione del metallo o del legno consistente nel piallarne le superfici.
pial|lét|to *s.m.* **1** utensile simile a una pialla usato per piccole lavorazioni o per rifiniture **2** tavoletta con lama d'acciaio piatta e rettangolare con un'impugnatura al centro, usata dai muratori per spianare e levigare l'intonaco; frattazzo.
pì|a mà|dre o **piamàdre** *s.f.* (*anat.*) la più interna e sottile delle tre meningi.
pià|na *s.f.* **1** terreno pianeggiante; pianura **2** (*edil.*) pietra squadrata usata come stipite di porte o finestre.
pia|nà|le *s.m.* **1** (*raro*) tratto di terreno pianeggiante **2** (*tecn.*) piano di autoveicolo o di vagone su cui si poggia il carico.
pia|neg|gian|te *agg.* piano, quasi del tutto privo di dislivelli: *terreno —*.
pia|nèl|la *s.f.* **1** pantofola leggera e morbida con tacco basso e aperta dietro **2** mattone sottile per coprire tetti o pavimenti.
pia|ne|ròt|to|lo *s.m.* **1** ripiano che mette in comunicazione due rampe successive di scale **2** spazio in una parete di roccia su cui possono sostare gli arrampicatori.
pia|né|ta[1] *s.m.* [pl. *-i*] **1** (*astr.*) corpo celeste che non brilla di luce propria e ruota attorno al Sole: *i pianeti del sistema solare* **2** (*fig.*) ciò che ruota attorno a qlcu. o ql.co. e costituisce un mondo a sé: *il — donna*.
pia|né|ta[2] *s.f.* (*relig.*) paramento indossato dal sacerdote durante la messa, di colore diverso a seconda della cerimonia e del periodo liturgico.
pian|gèn|te *part.pres. di* piangere ♦ *agg.* che piange.

piano

piàn|ge|re *v.intr.* [indic.pres. *io piango, tu piangi...*; pass.rem. *io piansi, tu piangésti...*; part.pass. *pianto*; aus. *A*] **1** versare lacrime per dolore, commozione o per contatto con sostanze irritanti: *— intensamente, a dirotto; — di contentezza, rabbiosamente; — per l'offesa subita* | (*fig.*) *— sul latte versato*, pentirsi di ql.co. quando non è più possibile rimediare **2** (*estens.*) soffrire: *piange dentro di sé* | *mi piange il cuore*, mi dispiace tantissimo | (*fig.*) *il piatto piange*, espressione usata nei giochi di carte per invitare chi non l'ha ancora fatto a versare la posta ♦ *tr.* **1** versare lacrime: *— lacrime di gioia* **2** (*estens.*) manifestare il proprio dolore per la morte di una persona cara: *— un parente* **3** lamentarsi per una situazione o pentirsi di un errore commesso: *— le proprie colpe* | *— miseria*, lamentarsi in modo eccessivo di essere povero.
pia|ni|fi|cà|bi|le *agg.* che può essere pianificato.
pia|ni|fi|cà|re *v.tr.* [indic.pres. *io pianìfico, tu pianìfichi...*] organizzare, regolare ql.co. secondo un determinato piano.
pia|ni|fi|ca|tó|re *s.m.* [f. *-trice*] **1** chi progetta una pianificazione, spec. di tipo economico **2** chi sostiene la necessità di una pianificazione.
pia|ni|fi|ca|zió|ne *s.f.* programmazione, organizzazione di un'attività secondo un determinato piano: *la — delle vendite* | *— economica*, accentramento delle decisioni riguardanti il sistema economico di uno Stato | *— familiare*, controllo delle nascite.
pia|nìs|si|mo *s.m.* (*mus.*) in una partitura, didascalia che indica che un pezzo deve essere eseguito con una sonorità molto tenue.
pia|nì|sta *s.m./f.* [m.pl. *-i*] chi suona il pianoforte, spec. per professione.
pia|nì|sti|co *agg.* [m.pl. *-ci*] di pianoforte, relativo al pianoforte: *concerto —*.
pià|no[1] *agg.* **1** privo di dislivelli, sporgenze o rilievi; che ha un andamento orizzontale: *un terreno —, una superficie piana* **2** (*geom.*) giacente su un piano: *figura piana* | *geometrìa piana*, riguardante le figure piane **3** (*fig.*) comune, facile, semplice: *una lettura piana* **4** (*gramm.*) detto di parola che ha l'accento tonico sulla penultima sillaba | (*metr.*) detto di verso che finisce con una parola piana **5** (*mus.*) in una partitura, didascalia che indica che il pezzo deve essere eseguito con una sonorità piuttosto tenue **6** (*sport*) nell'atletica leggera, detto di corsa su un terreno senza ostacoli: *correre i 100 m piani* ♦ *avv.* **1** lentamente: *andare —* | ripetuto ha valore rafforzativo: *mangia — —* | (*prov.*) *chi va — va sano e va lontano*, con la calma si riesce a fare bene qualsiasi lavoro **2** con cautela, prudenza | (*fam.*) *andarci — con ql.co.*, agire con estrema prudenza: *vai — con le spese!* **3** a voce bassa: *per favore, parlate —*.
pià|no[2] *s.m.* **1** superficie piana orizzontale, usata spec. come sostegno; ripiano: *un — di marmo; il — della tavola; i piani dello scaffale* | *in —*, orizzontalmente | (*teat.*) *— scenico*, palco su cui recitano gli attori **2** (*geom.*) superficie illimitata che

piano

contiene interamente una retta passante per due punti qualsiasi appartenenti a essa **3** terreno pianeggiante e uniforme **4** ciascuna delle parti in cui un edificio è suddiviso in altezza: *un palazzo di otto piani* | — **interrato**, quello sotto il livello stradale | — **rialzato**, quello poco sopra il livello stradale **5** ciascuno dei piani verticali in cui immaginariamente si può suddividere una rappresentazione figurativa o prospettica in rapporto alla distanza dall'osservatore: *in primo* —; *in secondo* — | (*cine.*, *foto.*, *tv*) ciascuna delle inquadrature definite in base alla distanza dell'immagine messa a fuoco dall'obiettivo di una macchina da presa o fotografica | *primo* —, inquadratura di una persona dalle spalle in su o soltanto del viso, oppure della parte più vicina di un qualsiasi altro soggetto **6** (*fig.*) livello | **mettere sullo stesso** —, trattare due o più persone o cose come se avessero la stessa importanza | *di primo* o *di secondo* —, che ha maggiore o minore rilevanza **7** (*fig.*) prospettiva, punto di vista: *sul — economico la situazione lascia molto a desiderare* **8** (*geol.*) ciascuno degli strati in cui si suddividono i terreni che si sono depositati durante una determinata era geologica | — *di faglia*, negli assestamenti geologici, quello lungo il quale si spostano i due lembi rocciosi.

pià|no[3] *s.m.* **1** disegno che rappresenta un oggetto, un edificio, un macchinario industriale e sim. in proiezione su una superficie piana **2** programma, progetto contenente le indicazioni e gli sviluppi per svolgere un'azione o un'attività: — *di produzione* | (*polit.*) — *di sviluppo economico*, l'insieme delle scelte operate da un'autorità statale in funzione di un equilibrato sviluppo economico | (*urbanistica*) — *regolatore*, regolamento amministrativo che definisce lo sviluppo edificatorio nel territorio di pertinenza del comune | — *di studi*, nell'università, il complesso delle materie che uno studente sceglie di seguire, sostenendo i relativi esami; il documento su cui esso è riportato **3** ciò che si intende fare; progetto: *sventare i piani dei terroristi*; *ho grandi piani per le vacanze.*

pià|no[4] *s.m. abbr. di* pianoforte.

pia|no-bàr *s.m.invar.* locale pubblico che offre servizio di bar con un sottofondo di musica eseguito da un pianista, aperto spec. di sera e durante la notte.

pia|no|fòr|te *s.m.* **1** strumento musicale a corde che vengono percosse e fatte vibrare da martelletti azionati da una tastiera | — *a coda*, con la cassa di risonanza orizzontale | — **verticale**, con la cassa di risonanza verticale **2** (*estens.*) la tecnica per suonare tale strumento: *insegnare* —.

pia|nò|la *s.f.* pianoforte meccanico azionato da due pedali che fanno svolgere un rullo di carta opportunamente forata che, a sua volta, mette in moto i tasti corrispondenti alle note, riproducendo la melodia desiderata.

pia|nò|ro *s.m.* zona di terreno pianeggiante, non molto estesa e situata a media altitudine.

pia|no|tèr|ra *s.m.invar.* pianterreno.

piàn|ta *s.f.* **1** ogni organismo vegetale arboreo, arbustivo o erbaceo: *una — di gelsomino, di fagiolo*; — *da fiore, da frutto* **2** parte del piede rivolta verso il suolo | (*estens.*) parte inferiore della calzatura: *ho comprato un paio di scarpe a — larga* | (*fig.*) *di sana* —, completamente, totalmente **3** rappresentazione grafica su un piano orizzontale, in scala ridotta, di oggetti, edifici, elementi architettonici e sim.: *la — di una casa* | (*estens.*) rappresentazione in scala di una determinata zona; carta topografica: *la — di Milano* | (*estens.*) disegno che rappresenta la disposizione di oggetti o persone in un dato ambiente: *la — di una cucina* **4** (*bur.*) appartenenza al ruolo o all'organico di un ufficio | *in* — **stabile**, con un contratto definitivo; (*estens.*) in modo continuativo: *si è piazzato a casa mia in — stabile.*

piàn|tàg|gi|ne *s.f.* pianta erbacea perenne dicotiledone, diffusa nelle regioni temperate, comune nei prati e nelle zone incolte, con fiorellini verdognoli raccolti in spighe e foglie a rosetta.

pian|ta|giò|ne *s.f.* **1** terreno su cui si coltivano piante dello stesso genere | l'insieme di tali piante coltivate: *una — di ortaggi* **2** grande azienda agricola in cui si coltiva un solo tipo di pianta, comune spec. nelle zone tropicali: *una — di caffè.*

pian|ta|grà|ne *s.m./f.invar.* persona cavillosa che crea problemi anche su questioni poco rilevanti.

pian|tà|na *s.f.* **1** sostegno verticale, di legno o metallo, per librerie, scaffalature, segnali stradali e sim. **2** (*edil.*) ogni asta verticale metallica che viene usata come sostegno delle impalcature **3** lampada a stelo.

pian|tà|re *v.tr.* **1** introdurre nel terreno semi o germogli per far nascere una pianta: — *un mandorlo*; — *da terreno a olivi* **2** (*estens.*) conficcare ql.co. in una superficie solida: — *il palo nel terreno, il chiodo nella parete* | — **le tende**, accamparsi; (*scherz.*) stabilirsi in un posto | (*fig.*) — *grane*, sollevare questioni fastidiose e spiacevoli **3** (*fig.*) abbandonare, lasciare improvvisamente ql.co. o qlcu.: — *gli studi, il fidanzato* | **piantarla**, smettere di fare ql.co. | *piantala!*, smettila!
♦ **-rsi** *v.rifl.* **1** (*fam.*) fermarsi in un posto con la volontà di restarci: — *in casa di un parente* **2** porsi di fronte a qlcu. con atteggiamento risoluto: *mi si piantò dinanzi con aria minacciosa* ♦ *intr.pron.* conficcarsi: *gli si è piantato un ago nel dito.*

pian|tà|to *part.pass. di* piantare ♦ *agg.* **1** coltivato: *terreno — a patate* **2** conficcato in ql.co: *perno — nel muro* **3** (*estens.*) che ha una corporatura robusta: *un giovanotto ben —* **4** impettito, fermo: *sta — sul marciapiede.*

pian|ter|ré|no o (*raro*) **piàn terréno** o **piànoterreno** *s.m.* il piano più basso di un edificio, posto a livello del suolo.

piàn|to *s.m.* **1** l'atto di piangere, di versare lacrime per un dolore o un altro sentimento: *un — disperato*; *avere la voce rotta dal —* **2** (*lett.*) lutto, dolore **3** ciò che provoca tristezza o dolore |

(*scherz.*) cosa riuscita male; persona fastidiosa, seccante: *una ragazza che è un vero —!*
pian|to|nà|re *v.tr.* [indic.pres. *io piantóno...*] detto spec. di militari e forze di polizia, sorvegliare strettamente ql.co. o qlcu.: *— un appartamento.*
pian|tó|ne *s.m.* **1** (*agr.*) pollone staccato dal ceppo di una pianta collocato direttamente nel terreno **2** militare o agente di polizia che ha l'ordine di sorvegliare strettamente ql.co. o qlcu. | nelle caserme, soldato non armato addetto a servizi di vigilanza, di ufficio e sim. **3** (*estens., anche scherz.*) persona che sta ferma a vigilare ql.co. o qlcu.: *sta di — sotto la casa della fidanzata.*
pian|tu|ma|zió|ne *s.f.* nei giardini e nei viali, messa a dimora di un gran numero di piante.
pia|nù|ra *s.f.* zona estesa, pianeggiante e uniforme, gener. situata a un'altitudine non superiore ai 300 metri.
pia|nùz|za *s.f.* passera di mare.
pià|stra *s.f.* **1** sottile lastra di metallo, legno o altro materiale resistente, usata per vari scopi: *— di acciaio, di ghisa; — di protezione, di sostegno* | nel ferro da stiro, la parte inferiore | nella serratura, la parte esterna e piana che protegge il meccanismo **2** fornello elettrico del piano di cottura | nelle cucine a legna, piano di ghisa riscaldato dalla fiamma | *cuocere alla —*, direttamente sulla piastra arroventata **3** (*st.*) grossa lamina metallica che costituiva le armature | (*estens.*) l'armatura stessa **4** (*numismatica*) denominazione di antiche monete, partic. dello scudo romano | moneta divisionale di alcuni Paesi come Siria, Sudan, Egitto **5** (*tecn.*) in un orologio, la parte che contiene i meccanismi **6** (*elettron.*) in un impianto stereofonico, apparecchio che, con l'amplificatore e gli altoparlanti, consente la registrazione e la riproduzione del suono **7** (*mus.*) in alcuni strumenti a percussione (p.e. vibrafono, xilofono), ciascuno degli elementi vibranti.
pia|strèl|la *s.f.* **1** (*edil.*) elemento di spessore limitato a forma rettangolare, quadrata o poligonale, in maiolica, porcellana, metallo smaltato o altro materiale, usato per coprire pavimenti o rivestire pareti **2** sasso piatto e tondeggiante o disco in legno o plastica, usato dai ragazzi in alcuni giochi.
pia|strel|là|re *v.tr.* [indic.pres. *io piastrèllo...*] ricoprire con piastrelle ♦ *intr.* [aus. *A*] detto di velivolo o di motoscafo, rimbalzare sul suolo o sull'acqua per eccesso di velocità o errore di manovra.
pia|strel|li|sta *s.m./f.* [m.pl. *-i*] operaio che fabbrica o posa le piastrelle.
pia|stri|na *s.f.* **1** medaglietta che si attacca al collo di cani e gatti domestici, su cui vengono riportati i dati del proprietario **2** (*mil.*) *— di riconoscimento*, targhetta metallica su cui sono incisi i dati identificativi del soldato che la porta **3** (*anat.*) corpuscolo del sangue, di forma tondeggiante, privo di nucleo, fondamentale per la coagulazione.

piatto

pia|stró|ne *s.m.* (*zool.*) parte ventrale della corazza di tartarughe e testuggini.
piat|ta|bàn|da *s.f.* (*arch.*) elemento portante, in mattoni o pietra, a forma di arco ribassato, che delimita la parte superiore di vani di porte e finestre.
piat|ta|fór|ma *s.f.* **1** superficie di terreno di ampiezza varia, spianata naturalmente o artificialmente | *— stradale*, superficie della strada che comprende carreggiata e banchine | (*geog.*) *— continentale*, fascia di terra sommersa che circonda le terre emerse fino a una profondità di 200 metri **2** superficie piana metallica, fissa o mobile, gener. sollevata da terra, usata come struttura di sostegno o come base per manovre | *— di lancio*, quella attrezzata per il lancio dei razzi | *— girevole*, quella fornita di rotaie, usata per spostare locomotive o carri **3** nelle vetture ferroviarie e sim., spazio senza sedili destinato al transito dei passeggeri **4** (*sport*) nelle gare di tuffi, ciascuna delle strutture rigide poste a 5 e a 10 metri al livello dell'acqua, da cui l'atleta spicca il salto **5** (*fig.*) programma politico su cui si fonda un movimento, un'organizzazione, un governo e sim. | base di avvio di una trattativa, spec. in ambito sindacale.
piat|tà|ia *s.f.* scaffale appeso a una parete o inserito in un mobile, in cui si espongono piatti o vasellame.
piat|tèl|lo *s.m.* **1** piccolo disco a forma di piatto, usato in vario modo: *il — del candeliere* **2** (*sport*) nel tiro a volo, bersaglio mobile costituito da un piccolo disco in gesso o plastica lanciato in aria da una speciale macchina a molla: *tiro al —*.
piat|téz|za *s.f.* (*spec.fig.*) caratteristica di ciò che è piatto: *la — di una narrazione.*
piat|ti|na *s.f.* **1** (*elettr.*) sottile e piatto filo elettrico, formato da due o tre conduttori contenuti in un'unica guaina **2** nei cantieri edili e nelle miniere, carrello piatto per trasportare materiali o utensili **3** nastro metallico per imballare, guarnire, rinforzare e sim.
piat|ti|no *s.m.* **1** piccolo piatto per poggiare tazzine o bicchieri **2** il contenuto di un piattino **3** (*estens.*) manicaretto: *un — delizioso.*
piàt|to *agg.* **1** che ha una superficie liscia e piana, che non presenta parti concave o convesse: *regione piatta* **2** (*mat.*) *angolo —*, quello di 180° **3** che ha un andamento orizzontale, privo di variazioni: *diagramma —* | (*med.*) *elettroencefalogramma —*, quello rettilineo, che indica assenza di attività cerebrale **4** (*fig.*) che non ha originalità; banale, monotono: *un discorso —* ♦ *s.m.* **1** recipiente gener. rotondo, di porcellana, ceramica o altro materiale, usato per servire e mangiare le vivande *— da frutta, da dolce* | (*estens.*) quantità di cibo contenuta in un piatto: *un — di ceci* | *— fondo*, quello con bordo rialzato in cui si servono le minestre **2** vivanda: *un — raffinato* | *— tipico*, quello caratteristico di una regione, città e sim. **3** ogni portata di un pranzo | *primo —*, la minestra | *secondo —*, la pietanza | *— forte*, la portata più sostanziosa di un pranzo **4** (*estens.*)

piattola

qualsiasi oggetto di forma circolare e piatta: *il — della bilancia* **5** (*pl.*, *mus.*) strumento a percussione formato da due dischi concavi, di bronzo o di ottone, che vengono battuti l'uno contro l'altro oppure percossi separatamente con delle bacchette **6** superficie piatta di ql.co.: *il — di una lama* | *colpire di* —, con la parte piatta di ql.co.; (*sport*) nel calcio, tiro eseguito con la parte interna del piede **7** nei giochi d'azzardo, il denaro della posta in palio **8** nei giradischi, supporto rotante su cui si collocano i dischi □ **piattamente** *avv.* in modo scialbo, con monotonia.
piàt|to|la *s.f.* **1** pidocchio parassita del pube **2** (*fig.*) persona fastidiosa di cui è difficile riuscire a liberarsi.
piàz|za *s.f.* **1** spazio urbano più o meno esteso e circondato da edifici, in cui confluiscono più strade, che, a seconda della sua posizione e delle sue origini, può avere diverse funzioni urbanistiche e architettoniche: *la — del mercato;* — *Castello* | *scendere in* —, inscenare una manifestazione pubblica **2** (*estens.*) l'insieme delle persone che si radunano in una piazza | (*giorn.*) la massa, spec. in opposizione a politici e a istituzioni: *sollevare le proteste della* — **3** (*lett.*) spazio libero; luogo ampio e sgombro | *far* — *pulita*, sgomberare un luogo da ciò che lo occupa; (*fig.*) eliminare in maniera radicale ciò che crea disturbo o nuoce **4** posto | *letto a una* —, quello singolo | *letto a due piazze*, quello matrimoniale **5** (*comm.*) luogo in cui si svolgono operazioni finanziarie o economiche; mercato: *la — di Milano* **6** (*mil.*) centro fortificato | — *d'armi*, zona estesa situata all'aperto, usata per esercitazioni militari; (*fig.*) luogo partic. ampio **7** (*estens.*) centro urbano che possiede un teatro o altro spazio da destinare a manifestazioni teatrali.
piaz|za|fòr|te *s.f.* [pl. *piazzeforti*] **1** (*mil.*) località, città fortificata, usata spec. come base di guarnigioni militari **2** (*estens., fig.*) luogo in cui ha sede il nucleo più attivo di un movimento, un'organizzazione e sim.; baluardo.
piaz|za|le *s.m.* **1** spiazzo esteso | (*estens.*) piazza molto ampia, con un lato sgombro da edifici dal quale talvolta è possibile avere una visuale panoramica | **2** negli aeroporti, area per la sosta degli aerei in partenza e in arrivo.
piaz|za|mén|to *s.m.* (*sport*) posizione ottenuta in una classifica o graduatoria.
piaz|za|re *v.tr.* **1** mettere, collocare in una determinata posizione: *— un vaso al centro del tavolo* **2** vendere un prodotto, collocarlo sul mercato: *— tutta la merce* ♦ *-rsi* *rifl.* **1** sistemarsi bene, collocarsi in un posto comodo, spec. senza preoccuparsi di dar fastidio di essere di ingombro per gli altri | *con la macchina in doppia fila* **2** in una gara sportiva, in una classifica, posizionarsi fra i primi: *la squadra si è piazzata bene* **3** negli sport di squadra, disporsi nella posizione più adatta per poter partecipare al gioco.
piaz|za|ta *s.f.* litigio, scenata volgare: *fare una* —.
piaz|za|to *part.pass. di* piazzare ♦ *agg.* **1** detto di chi ha una corporatura massiccia, robusta; ben messo **2** (*fig.*) detto di chi ha conseguito una buona posizione in ambito sociale o lavorativo: *un commercialista* — **3** (*sport*) detto di atleta che si è posizionato fra i primi in una classifica | nell'ippica, detto di cavallo che è arrivato secondo o terzo in una corsa.
piaz|zì|sta *s.m./f.* [m.pl. *-i*] **1** chi raccoglie ordini o vende prodotti su una data piazza commerciale per conto di un'azienda **2** (*estens.*) commesso viaggiatore.
piaz|zò|la *s.f.* **1** slargo ai margini di una strada o di un'autostrada, usato come area di sosta o parcheggio per veicoli **2** nei piazzali degli aeroporti, spiazzo adibito alle operazioni di carico e scarico **3** (*sport*) nel golf, zona con un raggio di diciotto metri attorno alla buca **4** (*mil.*) zona di terreno adibita al sostegno di un pezzo di artiglieria.
pì|ca *s.f.* (*region.*) gazza.
pì|ca|cì|smo *s.m.* (*med.*) alterazione del gusto per cui si desidera ingerire sostanze non commestibili.
picador (*sp.*) [pr. *pikadòr*] *s.m.* [pl. *-es*] nella corrida, cavaliere che ferisce il toro con una picca per indebolirlo.
pì|ca|ré|sco *agg.* [m.pl. *-schi*] detto di genere della letteratura spagnola del XVI sec., diffusosi poi nel resto d'Europa, in cui si narrano le peripezie del picaro.
pì|ca|ro *s.m.* personaggio del vagabondo furbo e imbroglione che vive di espedienti, protagonista dei romanzi picareschi.
pìc|ca[1] *s.f.* **1** lunga asta di legno con punta in ferro, usata in passato dalla fanteria come arma bianca | (*estens.*) il soldato fornito di tale arma **2** nella corrida, la lancia usata dal picador **3** (*pl.*) uno dei semi delle carte da gioco francesi | (*fig.*) *rispondere picche*, rispondere decisamente con un rifiuto.
pìc|ca[2] *s.f.* ostinazione causata da orgoglio, risentimento; puntiglio, ripicca.
pic|càn|te *agg.* **1** che ha sapore forte e pungente: *peperone* — **2** (*fig.*) mordace, salace: *un'espressione* — **3** (*fig.*) audace, licenzioso: *barzelletta* —.
pic|càr|si *v.intr.pron.* [indic.pres. *io mi picco, tu ti picchi...*] **1** insistere con ostinazione nel fare ql.co. | pretendere di conoscere o saper fare bene ql.co.: *si picca di essere un esperto di vini* **2** impermalirsi.
pic|cà|ta *s.f.* **1** colpo di picca **2** (*gastr.*) fettina di vitello cotta in tegame con burro, succo di limone e prezzemolo tritato.
pic|cà|to *part.pass.* di piccarsi ♦ *agg.* risentito, offeso: *rispondere in tono* —.
pic|chet|tàg|gio *s.m.* durante uno sciopero, attività di presidio effettuata da un gruppo di lavoratori o di studenti presso l'ingresso della fabbrica o della scuola per impedire di entrare a chi non aderisce.
pic|chet|tà|re *v.tr.* [indic.pres. *io picchétto...*] **1** delimitare confini, allineamenti e sim. segnando un tracciato sul terreno con dei picchetti **2**

presidiare con picchetti: *i sindacalisti picchettavano la fabbrica.*

pic|chet|ta|tù|ra *s.f.* definizione di un tracciato effettuata conficcando dei picchetti nel terreno.

pic|chét|to *s.m.* **1** paletto in legno, metallo o altro materiale, che si colloca nel terreno per segnare un tracciato oppure per fissare tende o altro **2** (*mil.*) gruppo di soldati con l'incarico di effettuare servizi d'ordine o d'onore | *ufficiale di —*, ufficiale incaricato di sorvegliare la caserma **3** gruppo di lavoratori o studenti in sciopero che fanno picchettaggio.

pic|chià|re *v.tr.* [indic.pres. *io picchio...*] **1** colpire, battere più volte: *picchiava i pugni sul muro come un pazzo* **2** malmenare, percuotere: *lo hanno picchiato brutalmente* ♦ *intr.* [aus. *A*] **1** dare colpi: *— alla porta* **2** sbattere, urtare: *— contro uno spigolo* **3** (*fig.*) detto del sole, scottare, bruciare: *a mezzogiorno il sole picchia* **4** (*fig.*) insistere: *perché picchi sempre su quel tasto?* **5** (*aer.*) detto di aereo, eseguire una discesa con la prua molto inclinata verso terra ♦ *intr. pron.* azzuffarsi, prendersi a botte: *quei due si sono picchiati di santa ragione.*

pic|chià|ta *s.f.* **1** colpo o serie di colpi: *dare una — all'uscio di casa* **2** quantità di colpi, di percosse: *una solenne —* **3** (*aer.*) discesa di un aereo in velocità e con la prua inclinata verso terra.

pic|chià|to *part.pass.* di picchiare ♦ *agg.*, *s.m.* [f. *-a*] detto di persona un po' tocca che si comporta in modo stravagante.

pic|chia|tó|re *s.m.* **1** [f. *-trice*] chi picchia | chi, spec. incaricato da altri, compie azioni violente contro qlcu. **2** (*gerg.*) pugile molto forte e aggressivo.

pic|chiet|tà|re *v.intr.* [indic.pres. *io picchiétto...*; aus. *A*] **1** picchiare ripetutamente con colpi leggeri: *picchiettava con le dita sulla scrivania* **2** (*mus.*) nella tecnica violinistica, eseguire con un solo colpo di arco una serie di note brevi e staccate ♦ *tr.* punteggiare di piccole macchie di colore: *stoffa rossa picchiettata di blu.*

pic|chio *s.m.* uccello di dimensioni piccole o medie, fornito di becco lungo, robusto e appuntito con cui pratica fori nel legno e nella corteccia degli alberi per catturare insetti e larve o per nidificare.

pic|chiòt|to *s.m.* batacchio in bronzo o ferro di varie forme, gener. lavorato artisticamente.

pic|ci|ne|ri|a *s.f.* meschinità di mente, grettezza di sentimenti | azione meschina, gretta.

pic|ci|no *agg.* **1** molto piccolo per età, dimensioni, statura: *un bimbo —* **2** (*fig.*) meschino, gretto: *mentalità piccina* ♦ *s.m.* [f. *-a*] **1** bambino **2** figlio piccolo o cucciolo di animale.

pic|ciò|lo *s.m.* (*bot.*) l'asse sottile e cilindrico che sostiene la lamina fogliare e la collega al fusto | gambo del frutto; peduncolo.

pic|cio|nà|ia *s.f.* **1** locale o torre dove si allevano i piccioni; colombaia **2** (*estens.*) sottotetto, soffitta **3** (*scherz.*) loggione di un teatro | (*estens.*) il pubblico che lo frequenta.

pic|ció|ne *s.m.* [f. *-a*] colombo domestico o selvatico | *— viaggiatore*, quello addomesticato, usato per portare messaggi da una località all'altra | *tiro al —*, gara di tiro al volo, oggi vietata per legge, in cui il bersaglio da colpire era un piccione fatto uscire all'improvviso da una cassetta | (*fig.*) *prendere due piccioni con una fava*, raggiungere due obbiettivi in una volta sola.

pic|ciòt|to *s.m.* (*region.*) **1** giovanotto **2** nella gerarchia mafiosa, il grado più basso.

pic|co *s.m.* [pl. *-chi*] **1** cima acuminata di un monte, isolata e con fianchi molto ripidi | *a —*, a perpendicolo: *uno scoglio a — sul mare* | *andare*, *colare a —*, affondare; (*fig.*) andare in rovina **2** in un diagramma, punto che indica il valore massimo di una grandezza variabile | (*fig.*) il momento di massimo sviluppo di un fenomeno **3** (*mar.*) asta in legno o metallo applicata a un albero della nave in modo da rimanere orientata verso l'alto, che serve a sostenere una vela di randa o a portare la bandiera.

pic|co|léz|za *s.f.* **1** caratteristica di ciò che è piccolo **2** (*fig.*) grettezza, meschinità: *— d'animo* **3** (*fig.*) cosa di poca importanza; inezia, sciocchezza: *si agita per ogni —.*

pic|co|lo *agg.* [compar. *minore* o *più piccolo*; superl. *minimo* o *piccolissimo*] **1** che è inferiore al normale per dimensioni, numero, intensità: *una casa piccola* **2** che ha dimensioni minori rispetto a un'altra cosa della stessa specie: *una borsa piccola* **3** che ha pochi anni di età: *sei ancora — per poter andare a scuola da solo* **4** di poca importanza; irrilevante: *un — sbaglio* **5** (*fig.*) di basso livello sociale o economico: *un — esercente* **6** (*fig.*) gretto, meschino: *mentalità piccola* ♦ *s.m.* [f. *-a*] bambino: *il — sta mangiando* | (*estens.*) cucciolo di animale: *i piccoli della gatta* | *in —*, in proporzioni ridotte | *nel mio —*, secondo le mie possibilità.

pic|co|nà|ta *s.f.* **1** colpo di piccone **2** (*fig.*) critica o accusa dura, aspra.

pic|có|ne *s.m.* attrezzo costituito da un lungo manico di legno in cui è fissato un elemento di acciaio leggermente ricurvo, con un'estremità a punta e l'altra a forma di zappa piuttosto stretta, che serve per scavare o demolire opere murarie.

pic|co|niè|re *s.m.* nelle cave e nelle miniere, operaio che lavora di piccone.

pic|còz|za *s.f.* piccone di dimensioni ridotte, usato in alpinismo, spec. per ascensioni su ghiacciai.

pick-up (*ingl.*) [pr. *pikàp*] *s.m.invar.* **1** nel giradischi, dispositivo elettrico fornito di puntina che trasforma le ondulazioni dei solchi in impulsi elettrici, i quali, a loro volta, vengono convertiti in suoni **2** nella chitarra elettrica, dispositivo che trasforma le vibrazioni delle corde in impulsi elettrici.

pic|nic *s.m.invar.* pranzo o merenda che si fa all'aperto, durante una scampagnata | (*estens.*) la scampagnata stessa.

pic|nò|me|tro *s.m.* (*chim.*) boccetta di vetro

pico-

per determinare la densità di corpi liquidi e solidi.

pi|co- (*scient.*) primo elemento di parole composte che, anteposto a un'unità di misura, la divide per mille miliardi.

pi|cri|co *agg.* [m.pl. *-ci*] (*chim.*) detto di acido derivato dal fenolo, usato come esplosivo o in medicina per le sue proprietà disinfettanti e cicatrizzanti.

pi|doc|chie|ri|a *s.f.* estremo attaccamento al denaro; spilorceria, taccagneria | azione che rivela grettezza, avarizia.

pi|doc|chio *s.m.* 1 piccolo insetto parassita dell'uomo, dal corpo piatto e arti forniti di uncini con cui si attacca ai peli, ai capelli o alle fibre degli abiti per succhiare il sangue dalla pelle 2 piccolo insetto parassita di piante o animali 3 (*spreg.*) individuo gretto, avaro.

pi|doc|chió|so *agg.* 1 pieno di pidocchi 2 (*fig.*) spilorcio, taccagno □ **pidocchiosamente** *avv.* da persona gretta e avara.

pi|du|i|sta *agg.*, *s.m.* [m.pl. *-i*] che, chi era affiliato alla loggia massonica P2, disciolta per legge nel 1981.

piè *s.m.* (*poet.*) piede | **saltare a — pari**, a piedi uniti; (*fig.*) trascurare volutamente ql.co. | **a ogni — sospinto**, in ogni istante | **a — di**, in fondo, nella parte inferiore: *a — di pagina*.

pièce (*fr.*) [pr. *piès*] *s.f.invar.* opera teatrale.

pied-à-terre (*fr.*) [pr. *piedatèr*] *s.m.invar.* appartamentino usato occasionalmente per brevi soggiorni.

pied-de-poule (*fr.*) [pr. *piedpùl*] *s.m.invar.* tessuto con piccoli riquadri irregolari che ricordano la forma di una zampa di gallina.

piè|de *s.m.* 1 parte estrema degli arti inferiori del corpo umano: *avere i piedi grossi, sottili* | **andare a piedi**, camminando, senza mezzi di trasporto | **camminare in punta di piedi**, per non fare rumore | **stare in piedi**, stare dritto; (*fig.*) reggere bene: *scuse che non stanno in piedi* | **essere sul — di guerra**, pronto per iniziare una guerra | **mettere in piedi**, allestire uno spettacolo; fondare un'istituzione | **prendere —**, diventare più forte, diffondersi | **da capo a piedi**, da cima a fondo | **fatto con i piedi**, detto di ciò che è fatto male | **su due piedi**, immediatamente 2 (*zool.*) negli animali quadrupedi, parte terminale delle zampe | nei Molluschi, la parte muscolare con funzione locomotoria 3 la parte bassa di ql.co.: *i piedi di una quercia, di una collina* | parte inferiore di un oggetto o di una struttura, con funzioni di sostegno: *i piedi del letto* 4 oggetto a forma di piede | **— di porco**, leva in acciaio per spostare oggetti pesanti o forzare porte e saracinesche 5 unità di misura di lunghezza anglosassone pari a 30,48 centimetri 6 nella metrica classica, raggruppamento di sillabe brevi e sillabe lunghe che costituisce la misura del verso: *— trocheo, giambo* | nella metrica italiana, ciascuna delle due parti o dei periodi minori in cui si suddivide la fronte di ogni strofe della canzone.

pie|de|stàl|lo *s.m.* → **piedistallo**.

pie|di|no *s.m.* 1 piccolo piede | **fare** (**il**) **— a qlcu.**, toccare il piede di un'altra persona in segno di complicità o, spec. tra innamorati, in segno di intesa amorosa 2 nella macchina da cucire, dispositivo che tiene fermo il tessuto durante la cucitura 3 (*giorn.*) breve annuncio pubblicitario usato come riempimento in fondo a pagine o colonne.

pie|di|piàt|ti *s.m.* (*spreg.*) poliziotto.

pie|di|stàl|lo o (*raro*) **piedestallo** *s.m.* 1 elemento ornamentale o architettonico, di materiali e forma vari, usato come base con funzioni di sostegno per sculture, statue, colonne e sim. | (*fig.*) **mettere qlcu. sul —**, idealizzarlo al massimo 2 (*arch.*) nella colonna classica, elemento a forma di parallelepipedo con pareti lisce, modanature in alto e in basso, le cui caratteristiche e dimensioni variano a seconda dell'ordine.

pie|drit|to *s.m.* (*arch.*) qualunque struttura verticale con funzioni di sostegno.

piè|ga *s.f.* 1 il punto in cui una cosa si piega: *la — dei capelli* | *curva, gomito: la strada fa una — a U; la — del braccio* 2 segno che viene lasciato da una pressatura: *la — dei pantaloni, di un foglio protocollo* 3 parte di stoffa ripiegata su se stessa, per ornamento o come effetto di una sgualcitura: *gonna a pieghe; un abito pieno di pieghe* 4 grinza, ruga, spec. sul volto | (*fig.*) **ragionamento che non fa una —**, chiaro, coerente 5 (*geol.*) flessione degli strati rocciosi, più o meno accentuata 6 (*fig.*) parte intima, nascosta: *le pieghe dell'animo umano* 7 (*fig., fam.*) andamento | **prendere una buona, una cattiva —**, (*di cosa*) prendere un andamento positivo o negativo; (*di persona*) prendere buone o cattive tendenze.

pie|ga|mén|to *s.m.* 1 (*raro*) piegatura 2 flessione sul busto o sulle ginocchia.

pie|gà|re *v.tr.* [indic.pres. *io piègo, tu pièghi...*] 1 curvare, flettere: *— un ferro a U* 2 avvolgere con cura ql.co., p.e. un foglio o un tessuto, accostando un lembo a quello opposto: *— una salvietta* 3 (*anche fig.*) abbassare, inclinare: *— la schiena* | (*fig.*) *— il capo, la testa*, sottomettersi 4 (*fig.*) domare, sottomettere qlcu. o ql.co.: *— il nemico* | indurre, persuadere: *— qlcu. alla propria volontà* ♦ *intr.* [aus. *A*] 1 (*anche fig.*) diventare curvo; incurvarsi: *— sotto il peso della vecchiaia* 2 prendere una data direzione; deviare: *l'auto piegò a destra* ♦ **-rsi** *rifl., intr.pron.* 1 inclinarsi, incurvarsi; abbassarsi: *i rami si piegano al vento* 2 (*fig.*) cedere, sottomettersi: *— alle decisioni del capo* | arrendersi.

pie|ga|trì|ce *s.f.* 1 macchina per piegare fogli stampati 2 macchina per piegare lamiere e profilati 3 macchina che imprime pieghe nei tessuti.

pie|ga|tù|ra *s.f.* 1 operazione consistente nel conferire una forma curva, angolare, arcuata e sim. | assunzione di tale forma 2 il punto in cui ql.co. è piegato | la piega stessa.

pie|ghet|tà|re *v.tr.* [indic.pres. *io pieghétto...*] su un tessuto, fare tante pieghe piccole e ravvicinate.

pie|ghet|ta|tù|ra *s.f.* l'operazione del pieghet-

pie|ghé|vo|le *agg.* **1** che si può piegare facilmente **2** che si può ripiegare su se stesso: *tavolo — 3* (*fig.*) che si arrende facilmente; remissivo ♦ *s.m.* foglio stampato e ripiegato recante informazioni pubblicitarie; dépliant.
pie|ghe|vo|léz|za *s.f.* caratteristica di ciò che è pieghevole.
pie|li|te *s.f.* (*med.*) infiammazione della pelvi renale.
pie|lo|gra|fì|a *s.f.* (*med.*) esame radiologico del rene e delle vie urinarie.
pie|mon|té|se *agg.* del Piemonte ♦ *s.m.* **1** [anche f.] chi è nato o abita in Piemonte **2** dialetto parlato in Piemonte.
piè|na *s.f.* **1** forte aumento della portata di un corso d'acqua: *torrente in —* | (*estens.*) la massa d'acqua di un fiume o di un torrente in piena: *paese travolto dalla — 2* (*fig.*) punto di massima intensità di un sentimento, una sensazione e sim.; foga, impeto: *la — della rabbia* **3** grande affollamento di persone; calca: *oggi al mercato c'è una — eccezionale*.
pie|néz|za *s.f.* **1** stato, condizione di ciò che è pieno **2** (*fig.*) momento che coincide con il massimo della capacità o dell'intensità; completezza, interezza: *— di affetti; essere nella — delle proprie forze*.
piè|no *agg.* **1** che è riempito di tutto ciò che è in grado di contenere; colmo: *valigia piena* | *respirare a pieni polmoni*, inspirando il massimo dell'aria | *come un uovo*, totalmente riempito; zeppo | (*fig.*) *a piene mani*, con sovrabbondanza **2** (*anche fig.*) che contiene ql.co. in abbondanza: *compito — di cancellature; ragazza piena di vitalità* | che ha abbondanza di ql.co.: *un uomo — di malanni* | pervaso: *— di invidia* | *essere — di sé*, essere presuntuoso, altezzoso **3** (*fam.*) che ha mangiato in abbondanza; sazio: *essere, sentirsi —* | *a stomaco —*, dopo aver mangiato **4** che al suo interno non presenta spazi vuoti, che è costituito da materia compatta: *mura piene* **5** che è bene in carne; tornito, grassoccio: *fianchi pieni* **6** (*fig.*) che è nel punto della sua maggiore intensità; intero, completo: *in piena estate* | *a pieni voti*, con il massimo dei voti | *a — titolo*, a tutti gli effetti, sotto ogni aspetto | *a — ritmo*, detto di persona o di macchinario che lavora con la massima velocità possibile ♦ *s.m.* **1** la parte piena, compatta di ql.co., spec. di una struttura architettonica: *i pieni e i vuoti di una facciata* **2** (*fig.*) il momento più intenso o culminante: *nel — delle proprie energie* | *in —*, del tutto: *ha rifiutato in — le mie argomentazioni*; perfettamente, con precisione: *centrare in — il bersaglio* **3** massimo riempimento di un contenitore, un deposito: *fare il — di carburante* **4** (*solo sing.*) grande affollamento; pienone □ **pienamente** *avv.* del tutto, totalmente: *essere — convinto di ql.co.*
pie|nó|ne *s.m.* grande affollamento di persone, spec. di spettatori o di turisti.
pie|nòt|to *agg.* che sta bene in carne; grassoccio, paffuto.
piercing (*ingl.*) [pr. *pìrsing*] *s.m.invar.* perforazione praticata in alcune parti del corpo, spec. su labbra e naso, per introdurvi anelli, brillantini o altri ornamenti.
pierrot (*fr.*) [pr. *pierrò*] *s.m.invar.* maschera teatrale francese che rappresenta il triste innamorato o lo stupido servitore, caratterizzata da un ampio costume bianco con grossi bottoni neri e colletto a pieghe e dal viso completamente truccato di bianco.
pie|tà *s.f.* **1** sentimento di compassione che si prova per la sofferenza o le disgrazie altrui; compatimento, misericordia: *suscitare la — della gente* | *senza —*, spietatamente, in modo crudele: *colpire senza —* | *fare —*, suscitarla; (*fam., scherz.*) detto di cose o persone brutte, fatte male o mal ridotte: *sei conciato da far — 2* (*lett.*) affetto, amore, rispetto: *— filiale* **3** (*relig.*) nel cristianesimo, uno dei sette doni dello Spirito Santo che consente di conquistare la virtù della giustizia **4** (*relig.*) devozione, culto: *pratiche di — 5* (*pitt., scult.*) *Pietà*, opera che raffigura il Cristo morto sorretto dalla Madonna: *la — di Michelangelo*.
pie|tàn|za *s.f.* vivanda che si mangia a tavola, spec. come secondo piatto.
pie|tan|ziè|ra *s.f.* piccolo contenitore metallico a chiusura ermetica, usato per conservare le vivande da consumare fuori casa.
pie|ti|smo *s.m.* **1** movimento di riforma religiosa nato nell'ambito del cristianesimo luterano tedesco tra il XVII e il XVIII sec., che, opponendosi alle tendenze dogmatiche e razionaliste, rivalutava l'importanza dell'esperienza mistica e interiore della pietà **2** (*spreg.*) devozione affettata, apparente | commozione eccessiva.
pie|ti|sti|co *agg.* [m.pl. *-ci*] **1** del pietismo, dei pietisti **2** (*spreg.*) che denota una devozione affettata; bigotto: *atteggiamento —* | che suscita commozione; patetico.
pie|tó|so *agg.* **1** che suscita pietà; commovente: *una storia pietosa* | (*fam.*) brutto, fatto male; misero, meschino: *avere un aspetto — 2* che sente o dimostra pietà; compassionevole, misericordioso: *mostrarsi — nei confronti di chi soffre* **3** che è stato fatto per pietà; dettato dalla pietà: *una pietosa menzogna* **4** (*lett.*) devoto, pio □ **pietosamente** *avv.*
piè|tra *s.f.* **1** roccia compatta costituita da minerali, usata spec. come materiale da costruzione o a scopo decorativo: *una panchina in —* | *— di paragone*, varietà nera di diaspro usata un tempo dagli orafi per determinare la percentuale di oro di una lega; (*fig.*) termine di confronto | *età della —*, periodo preistorico in cui l'uomo usava solo utensili e armi in pietra **2** frammento di roccia di dimensioni variabili: *lanciare, sollevare una —* | *— angolare*, quella che sostiene due muri ad angolo; (*fig.*) fondamento, base | *— dura*, minerale caratterizzato da elevata durezza e resistenza, usato spec. come elemento ornamen-

pietraia

tale | — *miliare*, quella collocata ai margini di una strada per indicare le distanze; (*fig.*) fatto o elemento di fondamentale importanza | — *preziosa*, frammento di minerale raro e pregiato, usato per fabbricare gioielli; gemma | — *sepolcrale*, *tombale*, lastra, spec. di marmo, usata come copertura di una tomba | (*fig.*) *mettere una — sopra ql.co.*, non pensarci o non parlarne più | *porre la prima* —, iniziare a costruire un edificio; (*fig.*) dare avvio a ql.co.

pie|tra|ia o (*lett.*) **petràia** *s.f.* **1** mucchio, cumulo di pietre | (*estens.*) luogo pieno di pietre **2** (*raro*) cava di pietre.

pie|tra|me *s.m.* ammasso di pietre | (*edil.*) il complesso delle pietre usate in determinate opere di costruzione.

pie|tri|fi|cà|re *v.tr.* [indic.pres. *io pietrifico, tu pietrìfichi...*] **1** far diventare di pietra o simile a pietra; mineralizzare, fossilizzare **2** (*fig.*) far rimanere qlcu. di sasso, attonito; paralizzare: *la notizia delle sue dimissioni pietrificò tutti* ♦ **-rsi** *intr.pron.* **1** diventare di pietra o simile a pietra **2** (*fig.*) rimanere di sasso, attonito: *— per lo spavento*.

pie|tri|na *s.f.* cilindretto di cerio e ferro usato per produrre le scintille negli accendini.

pie|tri|sco *s.m.* [pl. *-schi*] complesso di minuti frantumi di roccia usato per preparare il calcestruzzo o per costruire massicciate o terrapieni.

pie|tró|so o (*lett.*) **petróso** *agg.* **1** di pietra; che somiglia a pietra: *materiale* — **2** coperto, pieno di pietre: *il letto — di un torrente* **3** (*lett., fig.*) insensibile.

pie|và|no *s.m.* (*eccl.*) sacerdote rettore di una pieve.

piè|ve *s.f.* (*eccl.*) nel Medioevo e spec. nell'Italia settentrionale, chiesa parrocchiale di campagna facente parte di una circoscrizione ecclesiastica da cui dipendevano altre chiese | la comunità di fedeli che faceva capo a questa chiesa | il territorio su cui abitava tale comunità.

pie|zo|e|let|tri|ci|tà *s.f.* (*fis.*) proprietà di alcuni cristalli (p.e. il quarzo) di elettrizzarsi quando sono sottoposti a compressioni o dilatazioni meccaniche.

pie|zo|me|tri|a *s.f.* (*fis.*) misurazione della compressibilità dei fluidi.

pie|zò|me|tro *s.m.* (*fis.*) strumento con cui si misura la compressibilità dei fluidi attraverso la misurazione della diminuzione del volume causata in essi da un aumento noto di pressione.

pif|fe|rà|io *s.m.* [f. *-a*] suonatore di piffero.

pif|fe|ro *s.m.* (*mus.*) **1** strumento a fiato in legno, simile a un piccolo flauto dritto, usato nella musica popolare italiana **2** pifferaio.

pi|già|ma *s.m.* [pl.invar. o *-i*] indumento, femminile o maschile, da indossare a letto o in casa, costituito da pantaloni e giacca.

pi|già|gia *loc.sost.m.invar.* folla, calca.

pi|già|re *v.tr.* [indic.pres. *io pigio...*] premere, schiacciare ql.co. esercitando una pressione più o meno forte e per un tempo variabile: *— il terreno con i piedi* | (*anche assol.*) spingere altre persone: *la gente pigiava all'ingresso del cinema* | — *l'uva*, schiacciarla per fare il mosto.

pi|gia|trì|ce *s.f.* (*agr.*) macchina per pigiare l'uva costituita da due rulli scanalati attraverso i quali vengono fatti passare i grappoli.

pi|gia|tù|ra *s.f.* schiacciamento, pressione, spec. dell'uva.

pi|gio|nàn|te *s.m./f.* **1** chi vive a pigione nella casa di qlcu. **2** chi abita in una casa presa in affitto.

pi|gió|ne *s.f.* **1** affitto, locazione: *prendere a — una camera, una casa* **2** la somma di denaro dovuta per tale locazione.

pi|glià|re *v.tr.* [indic.pres. *io pìglio...*] (*fam., anche fig.*) afferrare con forza o rapidità; prendere.

pi|glia|tùt|to *agg.invar. solo nella loc.* **asso** —, in una variante del gioco della scopa, si dice dell'asso che prende tutte le carte che sono sul tavolo.

pì|glio *s.m.* **1** atteggiamento del viso, modo di guardare: *mi osservò con — ostile* **2** (*fig.*) tono di voce: *gli rispose con — sicuro* | modo di scrivere, stile: *una cronaca dal — brillante*.

pig|ma|lió|ne *s.m.* chi individua le doti e i talenti di una persona di umile estrazione sociale, istruendola e ingentilendone i modi.

pig|men|tà|re *v.tr.* [indic.pres. *io pigménto...*] (*biol., chim.*) colorire usando pigmenti ♦ **-rsi** *intr.pron.* (*biol.*) assumere una data colorazione per effetto di un pigmento.

pig|men|ta|zió|ne *s.f.* **1** (*biol.*) distribuzione di un pigmento nei tessuti animali o vegetali | la colorazione che deriva da tale distribuzione **2** nell'industria tessile, metodo di tintura delle fibre mediante coloranti non solubili in acqua.

pig|mén|to *s.m.* **1** (*biol.*) sostanza organica colorante presente nelle cellule dei tessuti animali e vegetali ai quali conferisce una particolare colorazione **2** (*chim.*) sostanza colorata insolubile, sintetica o naturale, usata per preparare vernici e pitture o per colorare carte, materie plastiche ecc.

pig|mèo *s.m.* [f. *-a*] **1** appartenente a un gruppo etnico dell'Africa equatoriale caratterizzato dalla statura molto bassa e da altri tipici tratti somatici **2** (*estens.*) persona di statura molto bassa | (*fig.*) persona senza alcuna importanza; nullità ♦ *agg.* che appartiene al gruppo etnico dei Pigmei.

pi|gna *s.f.* **1** (*bot.*) frutto delle Conifere, costituito da squame legnose che racchiudono i semi; cono **2** (*estens.*) cumulo di oggetti a forma di pigna: *una — di monete* **3** (*arch.*) ornamento a forma di pigna, posto spec. su cornici o sulla parte superiore di pilastri o edifici | (*estens.*) la punta di un campanile **4** (*edil.*) pignone.

pi|gnàt|ta *s.f.* **1** pentola molto capiente, gener. di terracotta | quantità di cibo che può essere contenuta in tale pentola **2** (*edil.*) grosso mattone forato rettangolare, usato per costruire i solai.

pi|gno|là|ta *s.f.* (*gastr.*) frittella dolce, cosparsa di pinoli e miele, che si prepara spec. nell'Italia centromeridionale.

pi|gno|le|rì|a *s.f.* **1** caratteristica di chi è pignolo; pedanteria, meticolosità **2** frase o azione da pignolo.
pi|gno|lé|sco *agg.* [m.pl. *-schi*] (*raro*) da pignolo.
pi|gnò|lo *agg.*, *s.m.* [f. *-a*] detto di chi è pedante, esageratamente meticoloso e preciso; puntiglioso, scrupoloso: *un insegnante —*.
pi|gnó|ne¹ *s.m.* (*edil.*) negli argini trasversali di muraglia, elemento sporgente a forma di cono atto a ridurre la formazione di vortici.
pi|gnó|ne² *s.m.* (*mecc.*) in un ingranaggio, la ruota con il minor numero di denti che si innesta su quella più grande; rocchetto.
pi|gno|rà|bi|le *agg.* (*dir.*) che può essere oggetto di pignoramento.
pi|gno|ra|mén|to *s.m.* (*dir.*) nell'espropriazione forzata, atto iniziale con cui l'ufficiale giudiziario ingiunge al debitore di astenersi dal sottrarre alla garanzia del credito determinati beni.
pi|gno|ràn|te *s.m./f.* (*dir.*) il creditore su istanza del quale viene effettuato il pignoramento.
pi|gno|rà|re *v.tr.* [indic.pres. *io pignoro* o *pignòro...*] (*dir.*) sottoporre beni a pignoramento.
pi|gno|ra|tì|zio *agg.* (*dir.*) che è garantito da un pegno: *credito —*.
pi|go|là|re *v.intr.* [indic.pres. *io pìgolo...*; aus. *A*] **1** detto di uccelli, spec. piccoli, emettere pigolii **2** (*fig.*) detto spec. di bambini, piagnucolare con insistenza per chiedere ql.co.
pi|go|lì|o *s.m.* verso acuto, breve, tipico di pulcini e uccellini.
pi|grì|zia *s.f.* caratteristica di chi è pigro; apatia, indolenza, svogliataggine.
pì|gro *agg.* **1** detto di persona che evita fatiche e impegni o agisce con lentezza e svogliatamente: *è — nel lavoro* **2** (*estens.*) caratteristico di un individuo pigro: *passo —* | (*estens.*) che denota disinteresse: *un — abbraccio* **3** (*fig.*) lento, che funziona in modo ritardato: *cervello —; intestino —* ♦ *s.m.* [f. *-a*] persona pigra.
pì|la¹ *s.f.* **1** insieme di oggetti vari, messi uno sopra l'altro: *una — di libri, di quaderni* **2** (*elettr.*) generatore di corrente continua che trasforma l'energia chimica in energia elettrica **3** torcia elettrica alimentata da pile **4** pilastro di sostegno dell'arcata di un ponte; pilone.
pì|la² *s.f.* **1** recipiente in pietra o marmo, capiente e profondo, contenente acqua o altri liquidi **2** acquasantiera.
pi|làf *agg.invar.*, *s.m.invar.* (*gastr.*) si dice di riso rosolato e successivamente cotto in forno con brodo o acqua in modo che i chicchi risultino ben separati; è un piatto tipico della cucina orientale, servito spec. come accompagnamento di carni.
pi|là|re *v.tr.* sottoporre il riso a pilatura.
pi|là|stro *s.m.* **1** (*arch.*) elemento costruttivo in pietra, mattoni, cemento armato o acciaio, di forma gener. quadrangolare, che serve a sorreggere archi, travi o volte **2** (*fig.*) persona o elemento che ha un ruolo fondamentale in un certo ambito: *è il — dell'azienda*.
pi|la|tù|ra *s.f.* l'insieme delle operazioni industriali che trasformano il risone in riso mercantile, spogliando i chicchi del pericarpo e del tegumento al fine di pulirli e sbiancarli.
pile (*ingl.*) [pr. *pàil*] *s.m.invar.* tessuto sintetico morbido, molto resistente, termicamente isolante, usato spec. per confezionare capi sportivi: *felpa in —*.
pi|lè|o *s.m.* **1** nell'antica Roma, berretto di forma conica, in cuoio o feltro **2** (*zool.*) negli uccelli, la parte superiore della testa.
pi|le|o|rì|za *s.f.* (*bot.*) rivestimento cellulare dell'apice della radice, atto a proteggerlo e a facilitarne la penetrazione nel terreno.
pi|lì|fe|ro *agg.* **1** che è ricoperto da peli **2** che produce peli.
pilling (*ingl.*) [pr. *pìlin*] *s.m.* fenomeno per cui su capi di vestiario fabbricati in alcune fibre sintetiche o naturali si forma uno strato di peluria che poi si ammassa in tanti piccoli bioccoli.
pìl|lo *s.m.* (*edil.*) attrezzo costituito da un grosso ceppo munito di due manici, usato per battere o spianare le massicciate; mazzeranga.
pìl|lo|la *s.f.* **1** (*farm.*) preparato farmaceutico, piccolo e tondeggiante, a volte ricoperto da uno strato di cheratina, gelatina e sim., da prendere per bocca | *in pillole*, a piccole dosi; (*fig.*) esposto in modo riassuntivo, spec. per facilitarne l'apprendimento o a scopo divulgativo: *la fisica in pillole* **2** (*per anton.*) pillola anticoncezionale **3** cosa o situazione sgradevole, difficile da mandar giù | (*fig.*) *indorare, addolcire la —*, cercare di rendere una cosa meno spiacevole di quanto non sia realmente, mettendone in evidenza anche gli aspetti positivi.
pì|lo *s.m.* (*st.*) arma da getto della fanteria romana, costituita da una lunga asta di legno munita di punta in ferro.
pi|lò|ne *s.m.* **1** pilastro di grosse dimensioni, in muratura o calcestruzzo, che costituisce l'elemento di sostegno di cupole, arcate di ponti e sim. **2** traliccio in metallo o cemento armato, che fa da sostegno ai cavi delle linee elettriche e delle funivie **3** (*sport*) nel rugby, ognuno dei due giocatori della prima linea di mischia.
pi|lò|ro *s.m.* (*anat.*) anello terminale dello stomaco, fornito di sfintere, che comunica con il duodeno.
pi|lò|ta *s.m./f.* [m.pl. *-i*] **1** (*st.*, *mar.*) chi guidava la nave lungo una determinata rotta pur non essendone il comandante **2** (*mar.*) nei porti, nei canali, chi conduce le navi all'approdo o le porta in mare aperto **3** (*estens.*) chi guida un velivolo per sport o per professione **4** (*estens.*) in una gara sportiva, chi guida un'automobile, una motocicletta da corsa o un motoscafo: *— di Formula 1* ♦ *agg.invar.* **1** si dice di ciò che fa o può fare da guida: *cavo —* **2** (*fig.*) si dice di ciò che viene preso a modello o funge da prototipo: *esperimento, impianto —*.
pi|lo|tà|bi|le *agg.* **1** che si può pilotare **2** (*fig.*) che si può facilmente manovrare, indirizzare: *indagine —*.
pi|lo|tàg|gio *s.m.* il complesso delle manovre

necessarie per guidare una nave, un autoveicolo o un aereo; conduzione, guida.

pi|lo|tà|re v.tr. [indic.pres. io pilòto...] **1** condurre, guidare: — un aereo **2** (fig.) manovrare in modo da raggiungere i propri scopi: — le votazioni.

pi|lo|tà|to part.pass. di pilotare ♦ agg. **1** guidato | (med.) **parto** —, quello non spontaneo, ma provocato e accelerato tramite la somministrazione di medicinali **2** (fig.) manovrato nella direzione desiderata: notizie pilotate.

pi|lo|ti|na s.f. (mar.) imbarcazione di piccole dimensioni, usata per portare il pilota a bordo di una nave in arrivo o per guidare una nave in tratti di difficile navigazione.

pi|luc|cà|re v.tr. [indic.pres. io pilucco, tu pilucchi...] mangiare gli acini di un grappolo d'uva staccandoli uno alla volta | (estens.) mangiare poco alla volta, prendendo piccoli bocconi qua e là: — una focaccia.

pi|mén|to s.m. spezia simile al pepe per uso alimentare, ricavata da una pianta tropicale; pepe della Giamaica.

pim|pàn|te agg. (fam.) **1** (di cosa) sgargiante, vistoso **2** (di persona) allegro, vivace: una signora bella e —.

Pim|pi|nèl|la s.f. genere di piante erbacee annuali o perenni, tipiche delle aree temperate, di cui fanno parte varie specie, p.e. l'anice.

pin (ingl.) s.m.invar. **1** (elettron.) terminazione metallica che stabilisce un contatto elettrico tra un componente e un sistema o fra circuiti multipli **2** piccola spilla con figure o frasi spiritose che i ragazzi applicano gener. sul bavero della giacca, su borse, zaini ecc.

PIN (ingl.) s.m.invar. codice numerico personale che bisogna digitare per utilizzare servizi telematici, per accedere ad operazioni riservate o informazioni protette: richiedere il —.

Pi|nà|ce|e s.f.pl. famiglia di conifere sempreverdi, resinose e con fusto alto; ne fanno parte l'abete, il pino e il larice.

pi|na|co|tè|ca s.f. galleria o settore di museo in cui si raccolgono ed espongono opere artistiche, spec. pittoriche.

pi|nà|stro s.m. pino selvatico tipico delle aree litoranee; pino marittimo.

pince (fr.) [pr. pèns] s.f.invar. in sartoria, piega molto piccola, cucita all'interno, fatta per modellare o stringere un vestito.

pince-nez (fr.) [pr. pensné] s.m.invar. occhiali da fissare sul naso tramite molla.

pìn|co s.m. [pl. -chi] (region., pop.) persona ottusa, sciocca | (coll.) **Pinco Pallino**, nome con cui si indica uno sconosciuto o una persona di poca importanza.

pin|dà|ri|co agg. [m.pl. -ci] relativo al poeta greco Pindaro (518-438 a.C. ca), alle sue opere o al suo stile | (fig.) **volo** —, repentino passaggio da un argomento all'altro; (estens.) digressione di tono aulico.

pi|ne|à|le agg. (scient.) che ha la forma di una pigna | (anat.) **ghiandola, corpo** —, epifisi.

pi|nèl|la s.f. nel gioco della canasta, la carta del due.

pi|né|ta s.f. bosco di pini.

ping-pòng (ingl.) s.m.invar. gioco simile al tennis, praticato su un tavolo verde rettangolare, diviso a metà da una reticella, in cui due giocatori o due coppie si rilanciano una pallina con racchette di legno; tennis da tavolo.

pìn|gue agg. (lett.) **1** che è ricco di adipe; grasso: un fisico — **2** (estens.) che è ricco di vegetazione; fertile: una — vallata **3** (fig.) abbondante, copioso, ricco: una — ricompensa.

pin|guè|di|ne s.f. adiposità, grassezza.

pin|guì|no s.m. **1** uccello marino gregario, dal portamento eretto, con piumaggio bianco sul petto, nero sul dorso, che vive nelle zone glaciali o fredde dell'Antartide; è provvisto di corpo robusto, ali corte inadatte al volo, zampe anteriori modificate in pinne natatorie, piedi palmati **2** gelato da passeggio alla panna, ricoperto di cioccolato.

pìn|na[1] s.f. **1** (zool.) organo atto al movimento e alla stabilizzazione di pesci o altri animali acquatici, costituito da una lamina membranosa sostenuta da scheletro osseo, corneo o cartilagineo: — caudale, dorsale, pettorale **2** (estens., sport) attrezzo di gomma simile a una pinna, che i nuotatori, spec. subacquei, calzano per poter essere più veloci in acqua **3** (mar.) in una nave o in un motoscafo, aletta fissa o mobile che sporge dal lato della carena, allo scopo di migliorarne la stabilità **4** (aer.) in un idrovolante, piano che sporge dal lato dello scafo, allo scopo di aumentare la stabilità e il galleggiamento **5** in un'automobile, spec. sportiva, elemento collocato sulla parte posteriore della carrozzeria simile alla pinna di un pesce, con funzioni estetiche e aerodinamiche **6** (anat.) parte molle e cartilaginosa che delimita lateralmente la narice; aletta nasale.

pìn|na[2] s.f. grosso mollusco marino che vive nei mari caldi e temperati, provvisto di conchiglia triangolare allungata suddivisa in due valve coniche; è piuttosto ricercato per il bisso che produce.

pin|nà|co|lo[1] s.m. **1** (arch.) guglia sottile, di forma piramidale o conica, caratteristica dello stile gotico, posta sulla sommità di edifici come elemento ornamentale **2** (estens.) cima appuntita di una montagna con pareti lisce e ripide, spec. di roccia granitica.

pin|nà|co|lo[2] s.m. gioco di carte simile al ramino, che si esegue con un mazzo di 52 carte.

Pin|nì|pe|di s.m.pl. sottordine di Mammiferi carnivori che vivono nei mari freddi e temperati, abilissimi nuotatori ma camminatori maldestri, con corpo fusiforme, arti corti gener. trasformati in pinne, capo piccolo e rotondo; ne fanno parte foche, otarie e trichechi.

pin|nù|la s.f. (zool.) piccola pinna che in alcuni pesci si trova dietro la pinna dorsale e anale.

pì|no s.m. **1** albero sempreverde diffuso nelle regioni temperate e fredde dell'emisfero settentrionale; ha fusto alto resinoso, lunghe foglie aghiformi riunite in fascetti, pigne che contengono semi | — *domestico*, quello diffuso in area mediterranea, con chioma a ombrello e pigna contenente semi commestibili | — *marittimo*, quello diffuso nelle zone litoranee, con chioma larga e fusto slanciato | *olio di* —, quello che si estrae dalle foglie ed è usato come essenza; quello che si estrae dal legno ed è usato per produrre solventi 2 (*estens.*) il legno che si ricava da tale albero, usato in vario modo, spec. nelle costruzioni 3 — *vulcanico*, getto di vapore, ceneri e gas a forma di pino mediterraneo, emessa da un vulcano nella prima fase dell'eruzione.

pi|nò|lo *s.m.* seme commestibile del pino domestico.

pinot (*fr.*) [pr. *pinò*] *s.m.invar.* vitigno che produce pregiati vini bianchi e rossi | il vino asciutto e dal gusto leggermente amarognolo che se ne ricava: — *grigio*, *bianco*, *nero*.

pin|ta *s.f.* antica misura per fluidi, usata ancora oggi nei paesi anglosassoni; in Gran Bretagna equivale a 0,568 litri.

pin-up girl (*ingl.*) [pr. *pinàp ghèrl*] *loc.sost.f. invar.* ragazza seducente, la cui immagine viene pubblicata spec. su rotocalchi, riviste e materiale pubblicitario.

pin|za *s.f.* **1** (*spec.pl.*) utensile gener. in acciaio, costituito da due branche unite da cerniera, che si adopera impugnando i due manici, usato per afferrare, stringere, tagliare ecc.: *le pinze del calzolaio*, *dell'elettricista* | (*fig.*) *prendere con le pinze*, trattare con prudenza **2** (*pl.*) utensile in acciaio, di piccole dimensioni, munito di branche per afferrare i cibi senza toccarli con le mani: *le pinze per i dolci* **3** (*med.*) attrezzo da presa con due branche, anche dentate, unite all'estremità da una molla, usato in chirurgia per afferrare parti di organi o tessuti **4** (*pop.*, *zool.*) ognuna delle chele di scorpioni e crostacei.

pin|zà|re *v.tr.* **1** unire due o più fogli usando la pinzatrice **2** (*region.*) detto di insetti, pungere con il pungiglione | detto di scorpioni e crostacei, mordere con le pinze.

pin|za|tri|ce *s.f.* attrezzo usato per unire fogli con punti metallici; cucitrice.

pin|za|tù|ra *s.f.* **1** nell'industria tessile, operazione di rifinitura dei tessuti per eliminarne impurità e nodi residui, un tempo eseguita a mano con pinzette, oggi con apposite macchine **2** (*region.*) puntura di insetto | morso di scorpione o crostaceo.

pin|zét|ta *s.f. spec.pl.* pinza a molla di dimensioni ridotte, usata in cosmetica, orologeria e filatelia: — *per le sopracciglia*.

pin|zil|làc|che|ra *s.f.* (*scherz.*, *spec.pl.*) sciocchezza, stupidaggine.

pin|zi|mò|nio *s.m.* (*gastr.*) condimento a base di olio, aceto, pepe e sale in cui si intingono sedani, carciofi, finocchi e sim. da mangiare crudi.

pin|zò|che|ro *s.m.* [f. *-a*] **1** (*st.*, *relig.*) nel Medioevo, membro di un movimento di terziari francescani che praticavano il voto di castità ma rifiutavano l'obbedienza all'autorità ecclesiastica **2** (*spreg.*) bacchettone, bigotto.

pì|o *agg.* **1** che nutre e mostra una profonda devozione e una sincera osservanza delle pratiche religiose; devoto: *una giovane pia* | (*estens.*) che dimostra religiosità: *comportamento* — **2** che è animato da sentimenti di compassione e carità; misericordioso, pietoso | *opere pie*, opere di beneficenza **3** (*lett.*) che prova sincero affetto per la patria e i genitori: *il* — *Enea* **4** spec. di istituti, ospedali e sim., che è destinato a fini assistenziali o religiosi: *il Pio Albergo Trivulzio di Milano* | *luoghi pii*, cappelle, chiese, santuari e sim. **5** (*fig.*, *iron.*) che è destinato a rimanere irrealizzato: *un* — *desiderio*.

pi|ò|ge|no *agg.*, *s.m.* (*med.*) detto di germe che produce un'infiammazione purulenta.

piog|ge|rèl|la *s.f.* pioggia costante, minuta e leggera.

piòg|gia *s.f.* [pl. *-ge*] **1** precipitazione atmosferica di gocce d'acqua il cui diametro è superiore a mezzo millimetro, che si verifica per condensazione del vapore acqueo: *una* — *leggera*, *torrenziale* | — *acida*, pioggia con elevata acidità dovuta a inquinamento atmosferico, molto dannosa per l'agricoltura **2** (*estens.*) abbondanza di cose che cadono dall'alto: *una* — *di fiori* | (*fig.*) *a* —, detto di ciò che si distribuisce in maniera indiscriminata: *finanziamenti*, *provvedimenti a* — **3** (*fig.*) gran numero, serie ininterrotta: *una* — *di insulti*.

pi|ò|lo *s.m.* **1** bastone cilindrico di piccole dimensioni, in legno o metallo, con un'estremità appuntita, che viene conficcato nel terreno, nel muro o in altri supporti con funzioni di sostegno: *il* — *dell'appendiabiti* | *scala a pioli*, scala portatile con gradini costituiti da pioli trasversali tenuti uniti da due aste verticali **2** (*agr.*) cavicchio con cui si fanno nel terreno i buchi per le piante.

piom|bà|re[1] *v.intr.* [indic.pres. *io piómbo*...; aus. *E*] **1** cadere a piombo in modo perfetto, essere perpendicolare **2** cadere dall'alto in modo violento e all'improvviso: *il masso piombò dal ponte sulla strada* | (*fig.*) precipitare, sprofondare: — *nella tristezza* **3** gettarsi con furia: *i poliziotti piombarono sui ladri* **4** (*fig.*) giungere improvvisamente: *piombò a casa mia all'una di notte*.

piom|bà|re[2] *v.tr.* [indic.pres. *io piómbo*...] **1** ricoprire od otturare ql.co. con il piombo: — *una fessura* **2** chiudere, fissare con un sigillo di piombo: — *un carro ferroviario*, *un pacco* **3** otturare una carie dentaria.

piom|ba|tù|ra *s.f.* **1** rivestimento, otturazione, chiusura con il piombo: *la* — *di una cassa* **2** la quantità di piombo usata per ricoprire, otturare o chiudere **3** otturazione di un dente cariato.

piom|bì|fe|ro *agg.* che è ricco di piombo.

piom|bì|no *s.m.* **1** pezzetto di piombo di varie forme, usato come peso per diversi scopi | — *della rete*, ognuno dei pezzi di piombo che si legano al bordo inferiore della rete per farla affon-

piombo

dare e tenerla tesa nell'acqua | — *della lenza*, quello usato per rendere la lenza pesante e mantenerla verticale nell'acqua 2 pezzo di piombo appeso alla cordicella del filo a piombo 3 scandaglio alla cui estremità è fissata una pallina di piombo, usato per misurare i fondali 4 dischetto di piombo con due buchi all'interno in cui si fa passare lo spago, usato per sigillare 5 proiettile cavo per fucili ad aria compressa.

pióm|bo *s.m.* 1 elemento chimico, metallo di colore grigio, molto pesante, malleabile, tenero, presente in natura spec. sotto forma di solfuro (*simb*. Pb); si usa nella preparazione di leghe speciali, nella fabbricazione di accumulatori, di schermi per raggi X e radiazioni nucleari, in chimica e nell'industria del vetro | (*fig.*) *pesare come il* —, essere molto pesante | *andare coi piedi di* —, procedere con estrema cautela | *sentirsi sotto una cappa di* —, sentirsi partic. oppressi | *sentirsi la testa di* —, sentirsi la testa pesante, non essere in grado di reagire con prontezza | *cadere in un sonno di* —, dormire pesantemente | *cadere di* —, cadere di schianto al suolo | *silenzio di* —, silenzio totale, opprimente 2 (*estens.*) oggetto in piombo | *filo a* —, strumento costituito da un filo alla cui estremità è appeso un corpo pesante, usato per stabilire o controllare la perpendicolarità 3 sigillo di piombo 4 proiettile di armi da fuoco: *è caduto sotto il* — *nemico* 5 lega di piombo usata per la composizione tipografica | (*estens.*) ciascun carattere di stampa o l'intera matrice fatta con tale lega 6 (*spec.pl.*) lastra o lamina usata spec. come copertura dei tetti 7 (*bot.*) *mal del* —, malattia di varie piante, spec. dell'ulivo, causata da un fungo e caratterizzata dalla comparsa di una colorazione grigia sul lato inferiore delle foglie ♦ *agg.invar.* di colore grigio scuro con riflessi bluastri: *un cielo grigio* —.

pio|niè|re *s.m.* [f. *-a*] 1 chi esplora terre sconosciute, per stabilirvi nuovi insediamenti e sfruttarne le risorse | (*st.*) colonizzatore dell'America occidentale del XIX sec. 2 (*fig.*) chi, per primo, promuove iniziative, diffonde idee nuove: *un* — *del WEB* 3 nella Croce Rossa italiana, giovane volontario di una speciale componente che svolge servizi sociali e di protezione civile.

pio|nie|ri|smo *s.m.* 1 atteggiamento, comportamento da pioniere (*fig.*) 2 intraprendenza, spirito di iniziativa nel promuovere spec. un'attività.

pio|nie|ri|sti|co *agg.* [m.pl. *-ci*] di, da pioniere □ **pionieristicamente** *avv.*

pì|o pì|o *inter.* (*onom.*) imita il pigolio degli uccellini | si usa come richiamo per i pulcini.

piop|pé|to *s.m.* bosco di pioppi.

piòp|po *s.m.* 1 albero dal fusto alto con corteccia gener. di colore biancastro, che cresce in luoghi umidi e freschi; ha foglie ovali o triangolari dentate sui margini, fiori in amenti, frutti a capsula: — *bianco, nero* 2 (*estens.*) il legno bianco, tenero e leggero, ricavato da tale albero, usato spec. per l'estrazione della cellulosa e per la produzione di pasta di legno, compensati, imballaggi, fiammiferi.

pior|re|a *s.f.* (*med.*) formazione ed emissione di pus, spec. sulla mucosa, causata da germi piogeni | — *alveolare*, infiammazione progressiva degli alveoli dentari che provoca emissione di pus ed espulsione dei denti.

pio|và|no *agg.* di pioggia: *acqua piovana*.

pio|và|sco *s.m.* [pl. *-schi*] rovescio di pioggia accompagnato da forte vento e qualche volta da grandine.

piò|ve|re *v.intr.impers.* [indic.pres. *piove*; pass. rem. *piovve*; part.pass. *piovuto*; aus. E o A] 1 detto di pioggia, cadere giù: *piove forte, a dirotto; è piovuto tutta la notte; nel pomeriggio aveva piovuto per un'ora* | (*fig.*) *piove sul bagnato*, si dice quando un evento negativo o positivo subentra in una situazione già negativa per peggiorarla o già positiva per migliorarla | (*fam.*) *non ci piove*, senza alcun dubbio 2 (*estens.*) detto dell'acqua piovana, passare, penetrare spec. attraverso fessure: *piove in camera dalla soffitta* ♦ *intr.* [aus. E] 1 cadere in abbondanza dall'alto: *piovono foglie, proiettili* | (*fig.*) — *dal cielo*, detto di ciò che si desidera, giungere inaspettatamente 2 arrivare in gran numero: *piovono auguri a centinaia* | (*fig.*) — *addosso*, capitare, venire in abbondanza: *ti è piovuto addosso un brutto guaio* 3 essere in pendenza: *il tetto piove verso il giardino*.

pio|vig|gi|nà|re *v.intr.impers.* [*piovìggina*; aus. E o A] piovere leggermente.

pio|vìg|gi|ne *s.f.* pioggia leggera.

pio|vig|gi|nó|so *agg.* detto di cielo o tempo quando pioviggina.

pio|vo|si|tà *s.f.* 1 caratteristica di una zona o di un determinato periodo piovoso 2 (*meteor.*) quantità di pioggia che cade in una zona in un dato periodo | il numero dei giorni di pioggia in un anno in una data zona.

pio|vó|so *agg.* 1 che porta pioggia: *vento* — 2 che è caratterizzato da frequenti e abbondanti piogge: *una stagione piovosa* ♦ *s.m.* quinto mese del calendario rivoluzionario francese, che andava dal 20 gennaio al 18 febbraio.

piò|vra *s.f.* 1 mollusco marino di grandi dimensioni appartenente ai Cefalopodi, provvisto di lunghissimi tentacoli con ventose 2 (*fig.*) persona o ente che sfrutta avidamente qlcu. fino a estinguerne le risorse 3 (*fig., estens.*) organizzazione criminale a struttura ramificata | (*giorn.*) mafia.

pì|pa[1] *s.f.* 1 strumento usato dai fumatori, formato da un piccolo contenitore perlopiù tondeggiante (fornello) in cui brucia il tabacco, collegato a un cannello terminante con un bocchino da cui si aspira il fumo: *accendere, fumare la* — 2 la quantità di tabacco contenuta nel fornello 3 (*mecc.*) elemento metallico di raccordo fra due tubi ad assi convergenti 4 nella lavorazione del vetro, lunga cannuccia in ferro, rivestita di legno a un'estremità, con cui l'operaio preleva il vetro fuso che poi, soffiando nella cannuccia, modella nella forma desiderata **5** (*tecn.*) negli impianti provvisori di teleferica, sostegno per la fune portante **6** (*spec.pl.*) varietà di pasta alimentare dalla forma simile a quella di una pipa **7** (*fig., scherz.*) naso, spec. lungo e grosso.

pi|pa² *s.f.* anfibio dell'America meridionale, simile a una grossa rana, senza coda, denti e lingua, le cui uova si sviluppano all'interno di cellette cutanee presenti sul dorso della femmina.

pi|pà|ta *s.f.* **1** quantità di tabacco che può essere contenuta in una pipa **2** fumata di pipa | la boccata di fumo che si aspira da una pipa.

Pi|pe|rà|ce|e *s.f.pl.* famiglia di piante dicotiledoni, erbacee o arbustive, diffuse spec. nelle zone tropicali, di cui fa parte il pepe; hanno foglie elicoidali, piccoli fiori disposti in spighe o in grappoli, frutti a bacca o a drupa.

pi|pe|ri|ta *agg.f. solo nella loc.* **menta** —, varietà di menta dal sapore pungente.

pi|pét|ta *s.f.* (*chim.*) piccolo tubo in vetro o plastica mediante il quale, per aspirazione, si prelevano piccole quantità di liquido.

pi|pì *s.f.* (*fam.*) **1** urina: *fare* — **2** nel linguaggio infantile, pene.

pi|pi|strèl|lo *s.m.* **1** piccolo mammifero notturno degli Insettivori atto al volo, con corpo simile a quello di un topo e arti anteriori trasformati in ali da una membrana **2** (*estens.*) pastrano maschile senza maniche, con mantellina, usato spec. nell'Ottocento.

pi|pì|ta *s.f.* **1** malattia infettiva degli uccelli, spec. dei polli, caratterizzata dalla comparsa di una pellicola biancastra sulla lingua | (*fig., scherz.*) *avere la* —, essere spesso assetato; essere partic. taciturno **2** (*fam.*) pellicola che si solleva attorno alle unghie spec. delle mani.

pip|pa *s.f.* **1** (*volg.*) masturbazione maschile **2** (*fig., spec.pl.*) perdita di tempo | (*spec. in frasi neg.*) niente, nulla: *non conta una* — **3** (*fig.*) individuo partic. inetto e sciocco.

pip|pio|li|no *s.m.* nei lavori di uncinetto e ricamo, finitura od ornamento a forma di pallino o anellino.

piqué (*fr.*) [pr. *piké*] *s.m.invar.* tessuto di cotone lavorato con effetti di rilievo.

pì|ra *s.f.* (*lett.*) catasta di legna utilizzata per cremare i cadaveri | un tempo, rogo dei condannati a morte.

pi|ra|mi|dà|le *agg.* **1** che ha la forma di una piramide **2** (*fig.*) detto di organizzazione fornita di un'ampia base operativa, più livelli intermedi e un ristretto vertice decisionale: *struttura* —.

pi|rà|mi|de *s.f.* **1** (*geom.*) poliedro di cui una faccia è costituita da un poligono e le altre da triangoli con un vertice in comune **2** (*estens.*) qualunque oggetto avente tale forma | insieme di elementi ammucchiati o disposti in tale forma: *una* — *di riviste, di mele* **3** (*fig.*) organizzazione fornita di un'ampia base operativa, più livelli intermedi e un ristretto vertice decisionale: *gerarchia a* — | (*stat.*) — *sociale*, tipo di organizzazione sociale rappresentabile con una piramide, in cui all'aumentare del reddito corrisponde una parte di popolazione progressivamente più piccola **4** (*archeol.*) monumento sepolcrale tipico dell'antico Egitto, spec. dei faraoni, a forma di piramide quadrangolare **5** (*sport*) esercizio ginnico svolto da un gruppo di persone che si dispongono una sulle spalle dell'altra a formare una piramide: — *umana* | in alpinismo, sistema per superare pareti ghiacciate o a strapiombo, in cui gli scalatori, opportunamente legati, si dispongono gli uni sulle spalle degli altri con lo scopo di arrivare a piantare i chiodi nelle fessure più alte **6** (*anat.*) formazione piramidale di un organo: *la* — *del timpano* | *piramidi di Malpighi*, masse piramidali interne al rene.

pi|ran|del|lià|no *agg.* **1** relativo allo scrittore Luigi Pirandello (1867-1936) o alla sua opera: *teatro* — **2** (*estens., fig.*) che ricorda l'atmosfera paradossale e angosciosa dell'opera di Pirandello: *situazione pirandelliana*.

piranha (*port.*) [pr. *piràgna*] *s.m.invar.* piccolo pesce osseo dai colori vivaci, diffuso nelle acque dolci dell'America meridionale, molto aggressivo e vorace.

pi|rà|ta *s.m.* [pl. *-i*] **1** chi esercita la pirateria: *una banda di pirati* (*estens., fam.*) — *della strada*, automobilista che, dopo aver investito qlcu., non gli presta soccorso; (*gener.*) chi guida senza rispettare il codice della strada | — *dell'aria*, dirottatore di un aereo **2** (*fig.*) persona priva di scrupoli che ruba o estorce denaro o sfrutta il lavoro altrui per il proprio vantaggio ♦ *agg. invar.* **1** che esercita la pirateria: *nave* — **2** detto di emittente televisiva o radiofonica che si inserisce nei normali circuiti senza la necessaria autorizzazione | (*estens.*) detto di materiale prodotto e venduto illegalmente: *dischetto* —.

pi|ra|teg|già|re *v.intr.* [indic.pres. *io pirateggio*...; aus. *A*] **1** esercitare la pirateria **2** (*fig.*) fare ruberie, comportarsi da sfruttatore.

pi|ra|te|rì|a *s.f.* **1** pratica della navigazione a fini di rapina, di lucro | dirottamento aereo **2** (*estens.*) ruberia, sfruttamento illecito **3** attività abusiva di chi copia e vende prodotti coperti da copyright: — *discografica*.

pi|ra|té|sco *agg.* [m.pl. *-schi*] **1** di pirata **2** (*fig.*) da pirata: *commercio* —.

pi|re|liò|me|tro *s.m.* (*fis.*) strumento usato per la misurazione delle radiazioni solari giunte al livello del suolo.

pi|re|nài|co *agg.* [m.pl. *-ci*] dei Pirenei.

pi|rè|ne *s.m.* (*chim.*) idrocarburo ottenuto dal catrame di carbon fossile.

pi|res|sì|a *s.f.* (*med.*) temperatura corporea più alta rispetto alla norma; febbre.

pi|rè|ti|co *agg.* [m.pl. *-ci*] (*med.*) di febbre.

pi|re|trì|na *s.f.* (*chim.*) sostanza presente nei fiori del piretro, con forte azione insetticida.

pi|rè|tro o **piretro** *s.m.* pianta erbacea perenne con infiorescenze a capolino gialle e bianche, contenenti la piretrina.

pi|rex® *s.m.invar.* → **pyrex**.

pì|ri|co *agg.* [m.pl. *-ci*] (*raro*) che riguarda il

pi|ri|te *s.f.* (*min.*) bisolfuro di ferro sotto forma di cristalli cubici, dal colore giallo e dalla lucentezza metallica; è usato per produrre acido solforico.

pi|ri|ti|co *agg.* [m.pl. *-ci*] di pirite | contenente pirite.

pir|la *s.m./f.invar.* (*pop.*, *region.*) individuo sciocco che si può facilmente prendere in giro.

pi|ro- primo elemento di parole composte che significa "fuoco", "combustione", "calore" (*pirografia*) o "che funziona a vapore" (*piroscafo*) | (*med.*) significa "stato febbrile" (*pirogeno*).

pi|ro|et|ta *s.f.* **1** nella danza e nel pattinaggio artistico, rapida rotazione del corpo su se stesso compiuta sulla punta di un piede **2** in equitazione, giro che il cavallo compie su se stesso poggiandosi su una delle zampe posteriori **3** (*estens.*) rapido movimento rotatorio compiuto con velocità e agilità; capriola, giravolta.

pi|ro|et|ta|re *v.intr.* [indic.pres. *io piroétto...*; aus. *A*] fare piroette | (*estens.*) muoversi con velocità e agilità.

pi|rò|fi|la *s.f.* tegame da cucina realizzato in materiale pirofilo.

pi|rò|fi|lo *agg.* detto di sostanza che non si altera al fuoco: *vetro* —.

pi|ro|fo|bìa *s.f.* (*psicol.*) paura ossessiva del fuoco e del materiale incendiario.

pi|ro|fo|ro *s.m.* **1** (*chim.*) sostanza capace di incendiarsi a contatto con l'aria **2** (*zool.*) grosso coleottero diffuso nelle zone tropicali che emana una vivace luce rosso-bluastra dall'addome.

pi|rò|ga *s.f.* imbarcazione primitiva a remi, ottenuta scavando un tronco d'albero o cucendo insieme pelli e cortecce d'albero, tipica spec. delle popolazioni indigene della Polinesia o dell'America centrale.

pi|rò|ge|no *agg.*, *s.m.* (*med.*) detto di sostanza capace di provocare febbre, usata a scopo terapeutico.

pi|ro|gra|fìa *s.f.* **1** tecnica consistente nel disegnare su cuoio, legno o cartone con una punta metallica arroventata (pirografo) **2** (*estens.*) il disegno che si ottiene mediante tale tecnica.

pi|ro|grà|fi|co *agg.* [m.pl. *-ci*] **1** relativo alla pirografia **2** che è eseguito con la pirografia.

pi|rò|gra|fo *s.m.* strumento usato per eseguire pirografie, costituito da una punta metallica mantenuta rovente con un sistema elettrico.

pi|rò|li|si *s.f.* (*chim.*) decomposizione di sostanze organiche causata dal calore.

pi|ro|lu|sì|te *s.f.* minerale di colore grigio o nero, costituito da biossido di manganese; si usa per estrarre il manganese e per decorare i vetri.

pi|rò|ma|ne *agg.*, *s.m./f.* (*psich.*) che, chi è affetto da piromania.

pi|ro|ma|nìa *s.f.* (*psich.*) impulso irresistibile e morboso di dar fuoco alle cose; mania incendiaria.

pi|ro|me|trìa *s.f.* (*fis.*) branca della fisica tecnica che si occupa della misurazione delle alte temperature.

pi|rò|me|tro *s.m.* (*fis.*) termometro usato per misurare le alte temperature.

pi|ro-pi|ro *s.m.invar.* uccello migratore che vive in aree paludose o vicino ai fiumi, con corpo allungato, piumaggio grigio o bruno, ventre bianco, becco e zampe sottili.

pi|rò|po *s.m.* (*min.*) varietà di granato in forma di cristalli dal colore rosso fuoco; è usato come pietra preziosa.

pi|ro|scà|fo *s.m.* nave mercantile a vapore.

pi|ro|scis|sió|ne *s.f.* (*chim.*) spec. nell'industria petrolchimica, scissione di composti ad elevato peso molecolare in prodotti più semplici ottenuta mediante riscaldamento.

pi|ro|sfè|ra *s.f.* (*geol.*) involucro terrestre sottostante la litosfera, costituito da uno strato magmatico.

pi|ròs|se|no *s.m.* (*min.*) nome generico di minerali tipici delle rocce cristalline e metamorfiche, contenenti silice e silicati verdi o neri.

pi|ro|tèc|ni|ca *s.f.* tecnica di fabbricazione, preparazione dei fuochi d'artificio.

pi|ro|tèc|ni|co *agg.* [m.pl. *-ci*] **1** che concerne la pirotecnica o i fuochi d'artificio: *spettacolo —* **2** (*fig.*) ricco di inventiva; brillante, vivace: *un racconto con una conclusione pirotecnica* ♦ *s.m.* **1** [f. *-a*] chi produce fuochi d'artificio **2** stabilimento militare in cui si fabbricano le munizioni.

pir|ro|ti|te *s.f.* minerale di color giallo bronzo, composto dal solfuro di ferro e da piccole percentuali di altri metalli.

pi|sca|tò|rio *agg.* (*lett.*) di, da pescatore | *anello —*, quello del Papa, munito di sigillo, chiamato così in quanto egli è il successore di san Pietro, pescatore di anime.

pi|scia *s.f.* (*spec.sing.*, *volg.*) urina.

pi|scià|re *v.intr.* [indic.pres. *io pìscio...*; aus. *A*] (*volg.*) urinare | (*fig.*) *pisciarsi sotto*, essere molto impauriti ♦ *tr.* espellere attraverso le vie urinarie: *— sangue* | (*estens.*) perdere.

pi|scià|ta *s.f.* (*volg.*) emissione di urina | la quantità di urina emessa in una volta sola.

pi|scia|tó|io *s.m.* (*volg.*) orinatoio.

pi|sci|col|tó|re *s.m.* [f. *-trice*] chi alleva i pesci.

pi|sci|col|tù|ra *s.f.* tecnica dell'allevamento di pesci.

pi|scì|na *s.f.* vasca che si riempie di acqua dolce o marina, di dimensioni tali da potervi praticare il nuoto | l'insieme delle strutture comprendenti la piscina e gli ambienti, i servizi accessori: *— comunale*.

pi|scio *s.m.* (*volg.*) urina.

pi|sèl|lo *s.m.* **1** pianta annuale erbacea rampicante, con foglie composte, fiori bianchi o colorati e baccelli contenenti semi verdi tondeggianti commestibili **2** il legume di tale pianta, contenente numerosi semi **3** (*fam.*) pene ♦ *agg. invar.* di colore verde chiaro, simile a quello del pisello.

pi|so|là|re *v.intr.* [indic.pres. *io pìsolo...*; aus. *A*]

(*fam.*) dormire per poco tempo e con sonno leggero; sonnecchiare.
pi|sol|li|no *s.m.* (*fam.*) riposino breve e con sonno leggero: *ho schiacciato un bel —*.
pi|sol|lo *s.m.* (*fam.*) sonno breve e leggero.
pi|spo|la *s.f.* **1** uccello simile all'allodola, con piumaggio giallo e olivastro **2** fischietto da richiamo per uccelli, che imita il verso della pispola.
pis|si|da|to *agg. spec. nella loc.* **lichene —**, lichene con tallo pieno di ramificazioni.
pis|si|de *s.f.* **1** (*lit.*) vaso a forma di coppa, in argento o altro metallo prezioso, con interno rivestito in oro, munito di coperchio, in cui si conservano le particole consacrate; ciborio **2** (*bot.*) frutto secco deiscente, la cui parte inferiore è a forma di coppa, mentre quella superiore è simile a un piccolo coperchio che si può ribaltare.
pis|si pis|si *loc.inter.* imita il rumore che si fa con le labbra quando si parla a bassa voce ♦ *loc. sost.m.invar.* mormorio, bisbiglio: *sentivo un continuo —*.
pi|sta *s.f.* **1** orma, traccia: *la — di una volpe* | indizio o complesso di indizi: *seguire una — diversa* | (*fig.*) **essere sulla buona —**, essere molto vicini alla soluzione di un problema **2** (*estens.*) sentiero, percorso segnato da un frequente passaggio di persone, animali o mezzi: *una — nel bosco* **3** (*sport*) circuito chiuso, gener. ad anello o ellisse, su cui si eseguono le gare di corsa: *— automobilistica* | *—!*, largo! **4** (*sport*) percorso di neve battuta, usato per la pratica dello sci **5** piattaforma per il ballo **6** (*aer.*) tratto pavimentato per le manovre di atterraggio e di decollo degli aerei **7** nei nastri magnetici, nelle pellicole cinematografiche e sim., ognuna delle linee su cui si può effettuare una registrazione o un'impressione; traccia.
pi|stàc|chio *s.m.* **1** albero diffuso nei climi caldi e temperati, con fusto breve, fiori rossi riuniti in pannocchie, frutto contenente un seme commestibile di colore verde **2** il seme di tale pianta, tenero e profumato, consumato come frutta secca e molto usato in pasticceria ♦ *agg.invar.* di colore verde pallido, simile a quello del pistacchio.
pi|stil|lo *s.m.* (*bot.*) organo femminile del fiore, costituito da ovario, stilo e stimma.
pi|sto|la *s.f.* **1** arma da fuoco portatile a canna corta, che si impugna con una sola mano, adatta per colpire bersagli collocati non troppo lontano: *— automatica, a ripetizione* | *— a tamburo*, rivoltella | *— lanciarazzi*, quella che serve a lanciare razzi segnaletici **2** (*estens.*) qualsiasi attrezzo o strumento simile nella forma a una pistola: *— sparachiodi* | *— a spruzzo*, attrezzo funzionante ad aria compressa, usato per verniciare uniformemente le superfici.
pi|sto|lè|ro *s.m.* [f. *-a*] spec. nei film western o nelle narrazioni di avventura, persona abile nel tirare di pistola.
pi|sto|let|ta|ta *s.f.* colpo di pistola.
pi|sto|lòt|to *s.m.* **1** discorso o scritto esortativo o ammonitorio | discorso o scritto retorico ed enfatico **2** (*teat.*) in un dialogo, battuta piuttosto lunga e dal tono enfatico.
pi|stó|ne *s.m.* **1** (*mecc.*) spec. nei motori a combustione interna, organo di trasmissione del moto dal cilindro alla biella o viceversa **2** (*mus.*) in alcuni strumenti a fiato, meccanismo che si abbassa all'interno del tubo variandone la lunghezza e consentendo di emettere l'intera successione dei suoni.
pi|ta|gò|ri|co *agg.* [m.pl. *-ci*] di Pitagora (560-480 a.C.), filosofo e matematico greco | che riguarda il pitagorismo | (*mat.*) **tavola pitagorica**, tabella di moltiplicazione dei primi dieci numeri naturali ♦ *s.m.* [f. *-a*] seguace del pitagorismo.
pi|ta|go|rì|smo *s.m.* l'insieme delle dottrine filosofiche e scientifiche professate da Pitagora e dai suoi seguaci nel v sec. a.C., secondo cui il numero costituisce l'essenza delle cose e il fondamento dell'armonia dell'universo.
pi|tà|le *s.m.* (*pop.*) orinale.
pit bull (*ingl.*) [pr. *pìtbul*] *loc.sost.m.invar. abbr. di* pit bull terrier.
pit bull terrier (*ingl.*) [pr. *pìtbul tèrier*] *loc.sost.m.invar.* cane da combattimento, molto aggressivo, nato dall'incrocio di un terrier con un bulldog.
pitcher (*ingl.*) [pr. *pìcer*] *s.m.invar.* (*sport*) nel baseball, lanciatore.
pitch-pine (*ingl.*) [pr. *pičpàin*] *s.m.invar.* albero diffuso nell'America settentrionale, il cui fusto può superare i venti metri di altezza | il legno di tale albero, elastico, resistente, usato per intelaiature, serramenti esterni e costruzioni navali.
pi|te|càn|tro|po *s.m.* (*antrop.*) ominide vissuto all'inizio del Quaternario, circa 700.000 anni fa, i cui resti scheletrici sono stati ritrovati nell'isola di Giava.
pi|ti|ri|a|si *s.f.* (*med.*) malattia della pelle caratterizzata da un'abbondante desquamazione.
pi|toc|cà|re *v.intr.* [indic.pres. *io pitòcco, tu pitòcchi...*; aus. A] (*raro*) elemosinare, mendicare ♦ *tr.* chiedere ql.co. con insistenza eccessiva: *— un pasto*.
pi|toc|che|rì|a *s.f.* **1** caratteristica di chi è pitocco, avaro; spilorceria, taccagneria **2** comportamento o azione da pitocco.
pi|tòc|co *s.m.* [f. *-a*; m.pl. *-chi*] **1** (*raro*) mendicante; accattone, pezzente **2** (*fig.*) avaro; spilorcio, taccagno.
pi|tó|ne *s.m.* **1** serpente arboricolo di grandi dimensioni che può arrivare fino ai dieci metri di lunghezza, non velenoso, diffuso in Africa e in Asia meridionale **2** la pelle conciata di tale animale: *cintura di —*.
pi|to|nés|sa *s.f.* **1** (*st.*) sacerdotessa di Apollo; pizia **2** (*fig.*) donna che indovina il futuro; veggente.
Pi|tò|ni|di *s.m.pl.* famiglia di Ofidi che comprende serpenti di grandi dimensioni.
pi|tò|sfo|ro *s.m.* → **pittosporo**.
pit|ti|ma[1] *s.f.* uccello che vive sulle coste, provvisto di lunghe zampe e di un becco diritto, sot-

pìttima

tile e lunghissimo con cui scova nel fango i piccoli animali di cui si ciba.

pit|tì|ma² *s.f.* **1** (*ant.*) cataplasma, impiastro **2** (*fig.*) persona noiosa, che si lagna continuamente: *smettila di fare la —!*

pit|to|gra|fì|a *s.f.* forma di scrittura basata sull'uso dei disegni per rappresentare idee e fatti.

pit|to|gràm|ma *s.m.* [pl. *-i*] ognuno dei disegni usati in pittografia.

pit|tó|re *s.m.* [f. *-trice*] **1** chi esercita l'arte della pittura **2** chi per professione tinteggia le pareti degli appartamenti; imbianchino.

pit|to|ré|sco *agg.* [m.pl. *-schi*] **1** detto di panorama, scena e sim., caratteristico, ricco di colore e di espressività: *paesaggio —* **2** (*fig.*) colorito, vivace, efficace: *espressione pittoresca* ♦ *s.m.* ciò che è pittoresco: *cercare il —*.

pit|to|ri|ci|tà *s.f.* caratteristica di ciò che è pittorico, espressivo, vivace: *la — di una rappresentazione*.

pit|tò|ri|co *agg.* [m.pl. *-ci*] **1** di pittura; relativo alla pittura: *tecnica pittorica* **2** (*fig.*) che arriva ad effetti espressivi di particolare vivacità: *descrizione di grande efficacia pittorica* □ **pittoricamente** *avv.* **1** in modo pittorico **2** per quanto riguarda la pittura.

pit|tò|spo|ro o **pitòsforo** *s.m.* pianta molto resistente ai venti marini e alla salsedine, coltivata a scopo ornamentale; ha foglie lucide e fiori bianchi profumati.

pit|tù|ra *s.f.* **1** l'arte e la tecnica del dipingere, del rappresentare ql.co. mediante linee e colori: *— a olio, a tempera* | (*estens.*) l'opera, la produzione pittorica di un determinato autore | *scuola pittorica: la — impressionista* **2** (*fig.*) descrizione della realtà effettuata con mezzi diversi da quelli pittorici, ricca di espressività e vivacità: *la — dell'ambiente in questo romanzo è molto suggestiva* **3** (*fam.*) vernice.

pit|tu|ra|re *v.tr.* **1** dipingere **2** verniciare: *— il salone* ♦ **-rsi** *rifl.* (*fam.*) imbellettarsi, truccarsi spec. viso e occhi.

pi|tui|tà|rio *agg.* (*anat.*) della mucosa nasale | *ghiandola pituitaria*, l'ipofisi.

più *avv.* [compar. di *molto*] **1** [seguito da agg. o avv. forma il comparativo di maggioranza] in maggiore quantità, grado o maniera; maggiormente: *agire — celermente; mangiare di —; è — bravo di te; si esprime — correttamente di quanto potessi immaginare* | preceduto dall'articolo determinativo e seguito da agg., forma il superlativo relativo di maggioranza: *è il — competente di tutti* | *— o meno*, all'incirca | *tanto —, molto —, ancor —*, a maggior ragione | *per di —*, inoltre | *chi —, chi meno*, tutti, anche se in misura differente | *— che*, molto: *è — che vantaggioso* **2** (*mat.*) indica l'operazione di addizione: *tre — sei fa nove* | (*estens.*) nelle misurazioni di temperatura, esprime valori superiori allo zero: *la massima della giornata è — trenta* | nelle valutazioni scolastiche, esprime eccedenza: *ha preso otto — in latino* | *in —, di —*, in eccesso: *ci sono due bicchieri in —* **3** nelle frasi negative, indica che ql.co. è cessato o cesserà: *non mangiò —* | *non poterne —*, non riuscire a sopportare oltre ♦ *prep.* con l'aggiunta di; oltre a: *c'era tutta la classe — la direttrice; ho pagato cento euro — IVA* ♦ *agg.invar.* **1** maggiore in numero o quantità: *oggi in aula ci sono — studenti; necessita — denaro di quanto potessi prevedere* | in espressioni ellittiche, ha valore neutro: *— di così non posso darti* **2** più di uno, molti, parecchi: *abbiamo parlato per — ore* ♦ *s.m.invar.* **1** la cosa maggiore, più importante: *il — è iniziare* | la maggior parte: *il — è detto* | *per lo —*, di solito | *tutt'al —*, al massimo **2** (*mat.*) la croce che rappresenta l'operazione dell'addizione o un valore positivo **3** [preceduto dall'art. det. m.pl.] il maggior numero; la maggioranza: *accettare il consiglio dei —*.

piuc|che|per|fèt|to *s.m.* (*gramm.*) tempo del verbo che esprime un'azione compiuta prima di un'altra già avvenuta in passato.

pìu|ma *s.f.* **1** negli uccelli, ciascuna formazione cornea dell'epidermide simile a una penna, ma più corta, morbida e sottile | *leggero come una —*, leggerissimo **2** livrea, piumaggio **3** (*ant.*) peluria, lanugine **4** (*spec.pl., lett.*) cuscino, guanciale ♦ *agg.invar. nella loc. peso —*, nel pugilato, nella lotta e sim., categoria compresa tra i gallo e i leggeri | (*estens.*) atleta che appartiene a tale categoria.

piu|màg|gio *s.m.* l'insieme di piume e penne che rivestono un uccello.

piu|mà|to *agg.* coperto, ornato di piume: *cappello —*.

piu|mì|no *s.m.* **1** l'insieme delle piume più morbide e leggere degli uccelli, private delle parti rigide, atte a limitare la dispersione del calore **2** grosso cuscino riempito di piume o di altro materiale, che si mette sopra la coperta, ai piedi del letto | coperta da letto riempita di piume **3** giubbotto impermeabile, imbottito di piume o di altro materiale sintetico; piumone **4** batuffolo di piume o di altro materiale, usato per spargere la cipria o altre polveri cosmetiche **5** utensile per spolverare, costituito da un ciuffo di piume fissato a un manico sottile **6** spec. nel tiro a segno, proiettile per fucili ad aria compressa, costituito da un cilindro metallico appuntito recante sulla coda un piccolo fiocco colorato di piume o di cotone.

piu|mó|ne® *s.m.* **1** giaccone invernale impermeabile imbottito di piume d'oca o di altro materiale sintetico **2** coperta da letto, molto leggera e calda, imbottita di piume o di altro materiale isolante e soffice.

piut|tò|sto *avv.* **1** più spesso, più facilmente: *in questa regione piove — in primavera che in autunno* | preferibilmente, più volentieri: *desidererei — un po' di latte* | *o —*, o meglio, anzi: *incontriamoci in facoltà, o — in biblioteca* **2** abbastanza, alquanto: *mi sembri — triste* **3** invece: *vorrei sapere — che cosa stai pensando* | *— che*, anziché, pur di non: *— che accusarla, preferirebbe morire.*

pì|va *s.f.* cornamusa | (*fig.*) *andarsene, tornarsene*

con le pive nel sacco, senza aver concluso nulla, scornati e delusi.

pi|vèl|lo *s.m.* [f. -a] (*fam.*) **1** (*spec.spreg.*) giovane inesperto, spec. pretenzioso e saccente **2** giovane alle prime armi in un determinato settore, in un'attività ecc.; novellino, principiante.

pi|vià|le *s.m.* paramento sacro costituito da un largo e lungo mantello, aperto sul davanti e fermato sul petto con un fermaglio; è indossato dal sacerdote in particolari cerimonie liturgiche.

pi|viè|re *s.m.* piccolo uccello migratore che vive spec. vicino alle paludi e nelle zone umide; ha piumaggio nerastro con chiazze gialle, becco corto e zampe lunghe.

pi|vie|rés|sa *s.f.* uccello simile al piviere ma di maggiori dimensioni, che vive lungo le coste marine; ha piumaggio bianco a chiazze nere e le sue carni sono piuttosto apprezzate.

pivot (*fr.*) [pr. pivò] *s.m./f.invar.* (*sport*) nella pallacanestro, giocatore che costituisce il centro delle manovre d'attacco della squadra.

pixel (*ingl.*) *s.m.invar.* (*elettron.*) ognuna delle unità elementari, equivalente a un punto luminoso, di cui è costituita un'immagine digitale.

pi|zìa *s.f.* **1** (*st.*) nell'antica Grecia, sacerdotessa di Apollo a Delfi che recitava il responso dell'oracolo **2** (*estens., raro*) profetessa.

piz|za *s.f.* **1** (*gastr.*) focaccia di pasta lievitata, schiacciata e sottile, condita con olio, pomodoro, mozzarella e altri ingredienti, cotta in forno: *— margherita, con i funghi* | (*estens.*) focaccia rustica o schiacciata **2** scatola tonda e piatta usata per contenere pellicole cinematografiche | (*estens.*) la pellicola stessa **3** (*fig.*) persona o cosa molto seccante, noiosa.

piz|za|iò|lo *s.m.* [f. -a] chi fa le pizze | proprietario di una pizzeria | **alla pizzaiola**, si dice di piatto preparato con salsa di pomodoro, olio, aglio e origano: *scaloppine alla pizzaiola*.

piz|zar|dó|ne *s.m.* [f. -a] (*region.*) vigile urbano.

piz|ze|rì|a *s.f.* locale pubblico in cui si prepara e si serve la pizza.

piz|zét|ta *s.f.* pizza di piccole dimensioni che si consuma con l'aperitivo o come snack.

piz|zi|cà|gno|lo *s.m.* [f. -a] (*region.*) gestore o proprietario di una pizzicheria; salumiere.

piz|zi|cà|re *v.tr.* [indic.pres. *io pizzico, tu pizzichi*...] **1** prendere e stringere la pelle di un punto molle del corpo un'unghiata con pollice e indice: *— una guancia, un orecchio* **2** (*estens.*) pungere: *mi ha pizzicato una zanzara* **3** detto di cibo o bevanda, stimolare con un sapore piccante o frizzante: *questo condimento pizzica la lingua* **4** detto del freddo o del vento, provocare una sensazione pungente su una parte del corpo: *questo freddo polare mi pizzica il naso* **5** (*fig., pop.*) beccare, cogliere in fallo; sorprendere: *li hanno pizzicati mentre entravano dalla finestra* | (*estens.*) arrestare qlcu., catturarlo: *i poliziotti hanno pizzicato un contrabbandiere* **6** (*fig.*) punzecchiare, stuzzicare qlcu. con battute o frasi ironiche **7** (*mus.*) far vibrare le corde di uno strumento con i polpastrelli o con il plettro ♦ *intr.* [aus. *A*] dare prurito: *gli pizzica la mano* **2** detto di cibo o bevanda, essere piccante o frizzante ♦ **-rsi** *rifl.rec.* **1** darsi pizzichi a vicenda **2** (*fig., pop.*) punzecchiarsi, stuzzicarsi: *si pizzicano continuamente per delle sciocchezze*.

piz|zi|cà|to *s.m.* (*mus.*) maniera di far vibrare le corde di uno strumento, pizzicandole con la punta delle dita | il pezzo musicale che si esegue con tale tecnica.

piz|zi|che|rì|a *s.f.* (*region.*) negozio in cui si vendono salumi, formaggi e altri generi alimentari; salumeria.

pìz|zi|co *s.m.* [pl. -chi] **1** presa e stretta, effettuata con la punte del dito indice e pollice, di una parte molle della pelle: *dare un — sul braccio* **2** (*estens.*) quantità di ciò che si può prendere in una volta sola con i polpastrelli ravvicinati delle dita, in partic. sostanze in polvere o in grani: *un — di farina, di formaggio* | (*anche fig.*) quantità minima di ql.co.; granello, briciolo: *abbi un — di serietà!* **3** puntura di insetto: *il — di una vespa*.

piz|zi|có|re *s.m.* **1** prurito **2** sensazione provocata da cibi e bevande piccanti o frizzanti **3** (*fig.*) capriccio, voglia improvvisa: *gli è venuto il — di mettersi a dipingere*.

piz|zi|còt|to *s.m.* pizzico che si dà per scherzo o con intenzioni affettuose.

pìz|zo *s.m.* **1** la parte estrema e a punta di ql.co.: *il — di un tovagliolo* **2** punta aguzza di una montagna **3** barba tagliata a punta, in modo che copra solo il mento **4** merletto, trina: *una gonna con il —* **5** (*gerg.*) somma di denaro estorta da un'organizzazione criminale a negozianti e imprenditori.

piz|zòc|che|ro *s.m. spec.pl.* tipo di tagliatelle a base di farina di grano saraceno, che si cuociono con patate e verdure e si condiscono con burro fuso e formaggio; è una specialità della Valtellina.

piz|zó|so *agg.* (*fam.*) molto noioso: *un documentario —*.

piz|zu|tèl|lo *agg., s.m.* (*region.*) detto di una varietà di uva da tavola con acini dolci, duri e arcuati: *uva pizzutella*.

pla|cà|bi|le *agg.* che si deve o si può placare: *una rabbia difficilmente —*.

pla|cà|re *v.tr.* [indic.pres. *io placo, tu plachi*...] rendere tranquillo, calmo: *— l'odio* | attenuare, sedare: *— la fame* ♦ **-rsi** *rifl.* chetarsi, tranquillizzarsi: *si placò solo quando vide la madre* ♦ *intr. pron.* **1** di impulsi e passioni mitigarsi, smorzarsi **2** di fenomeni naturali, atmosferici smettere di infuriare: *la tempesta si è placata*.

plàc|ca *s.f.* **1** lastra, sottile lamina di metallo o in altro materiale, usata spec. come rivestimento **2** piastrina metallica su cui sono incise le indicazioni di riconoscimento, che si porta su vestiti o berretti come distintivo | targhetta metallica, gener. in ottone, che si mette sulla porta d'ingresso o accanto a essa, su cui è inciso il nome di chi vi abita **3** negli ordini cavallereschi, decorazione a raggiera, a croce o a stella, in oro

placcaggio

o argento, che reca al centro il simbolo dell'ordine 4 (*med.*) formazione piatta e tondeggiante che appare sulla pelle o sulle mucose in seguito a un'infiammazione | — **batterica**, **dentaria**, accumulo di residui alimentari e di batteri sullo smalto dei denti che favorisce la carie 5 (*sport*) nell'alpinismo, tratto di parete rocciosa o ghiacciata quasi del tutto privo di appigli 6 (*fis.*) in un tubo elettronico, elettrodo con potenziale positivo (anodo) 7 (*geol.*) zolla continentale.

plac|càg|gio *s.m.* (*sport*) nel rugby, l'azione eseguita da un giocatore che blocca l'avversario in corsa afferrandolo alla vita o alle gambe.

plac|cà|re *v.tr.* [indic.pres. *io placco, tu placchi...*] 1 applicare su un oggetto uno strato di metallo o di legno con funzione di abbellimento o protezione: — *d'oro una cornice* 2 (*sport*) nel rugby, bloccare un avversario afferrandolo alla vita o alle gambe.

plac|ca|tù|ra *s.f.* applicazione di uno strato di metallo o di legno su un oggetto e il risultato che se ne ricava.

plac|chét|ta *s.f.* 1 bassorilievo in bronzo, argento o avorio, di dimensioni ridotte, usato come ornamento per oggetti come fermagli, cofanetti ecc. 2 negli occhiali, ciascuno dei due elementi ad aletta che poggiano sul naso.

pla|cè|bo (*lat.*) *s.m.invar.* (*farm.*) composto privo di sostanze attive, sostituito a un medicinale per valutarne la reale efficacia, o per ottenere un effetto terapeutico derivante dall'autosuggestione del paziente.

pla|cèn|ta *s.f.* 1 (*anat.*) organo vascolare di forma tondeggiante che si sviluppa in gravidanza aderendo alle pareti dell'utero; fornisce al feto le sostanze nutritive e l'ossigeno attraverso il cordone ombelicale e viene espulso dopo il parto 2 (*bot.*) tessuto con funzione nutritiva, situato all'interno delle foglie, su cui si inseriscono gli ovuli.

Pla|cen|tà|ti *s.m.pl.* sottoclasse di Mammiferi forniti di placenta.

plà|cet (*lat.*) *s.m.invar.* 1 (*dir.*) in passato, formula con cui un'autorità acconsentiva alla pubblicazione di un testo 2 (*estens.*) permesso, consenso, approvazione: *dare, ottenere il* —.

pla|ci|di|tà *s.f.* caratteristica di luogo o persona placidi; calma, tranquillità.

plà|ci|do *agg.* che è totalmente calmo, tranquillo; pacifico, sereno: *un ragazzo dal carattere* —; *una notte placida* □ **placidamente** *avv.*

plà|ci|to *s.m.* 1 (*st.*) nei regni romano-barbarici, assemblea generale del popolo che il sovrano convocava periodicamente 2 (*st.*) nel Medioevo, sentenza di un'autorità giudiziaria | (*estens.*) il documento su cui veniva trascritta tale sentenza 3 (*estens., raro*) opinione espressa da una persona autorevole, spec. in campo filosofico.

plafond (*fr.*) [pr. *plafòn*] *s.m.invar.* 1 soffitto di una camera | (*estens.*) il rivestimento isolante che si applica al soffitto 2 (*fig., econ.*) limite massimo: *il* — *del credito* 3 (*estens.*) livello massimo raggiungibile: *realizzare il* — *in una gara di corsa.*

pla|fo|niè|ra *s.f.* 1 apparecchio di illuminazione che si applica direttamente al soffitto, costituito da una calotta con una o più lampadine 2 (*estens.*) negli autoveicoli, lampada di illuminazione interna.

plà|ga *s.f.* [pl. *-ghe*] (*lett.*) area, regione della superficie terrestre, del cielo o del mare.

pla|già|re *v.tr.* [indic.pres. *io plagio...*] 1 spacciare un'opera altrui come propria 2 (*dir.*) assoggettare una persona alla propria volontà.

pla|già|rio *agg., s.m.* [f. *-a*] detto di chi ha commesso un plagio.

plà|gio *s.m.* 1 spec. in ambito letterario e artistico, appropriazione e divulgazione illecita di un'opera altrui spacciata come propria 2 (*dir.*) azione illecita compiuta da chi assoggetta qlcu. alla propria volontà, annullandone l'autonomia intellettuale; dal 1981 non costituisce più reato.

pla|gio|clà|sio *s.m.* (*min.*) silicato di alluminio composto da calcio e sodio, appartenente al gruppo dei feldspati, che si presenta in forma di cristalli prismatici o tabulari; è il costituente di molte rocce metamorfiche ed eruttive.

plaid (*ingl.*) [pr. *pléid*] *s.m.invar.* coperta di lana o di fibra sintetica, gener. a grandi quadri di vari colori e con frange al bordo.

pla|nà|re[1] *agg.* che ha forma piana, piatta.

pla|nà|re[2] *v.intr.* [aus. *A*] 1 (*aer.*) detto di un velivolo, compiere un volo in discesa sfruttando la sola forza di sostentamento delle superfici alari, senza l'azione del motore 2 (*mar.*) detto di una barca a motore, procedere a gran velocità con la carena quasi totalmente fuori dall'acqua.

pla|nà|ria *s.f.* verme dal corpo piatto appartenente ai Platelminti, diffuso nelle acque dolci.

pla|nà|ta *s.f.* (*aer.*) volo discendente, planante.

plàn|cia *s.f.* [pl. *-ce*] (*mar.*) 1 in una nave, il ponte di comando su cui sono alloggiati gli strumenti per la navigazione 2 passerella che consente l'imbarco e lo sbarco di merci e passeggeri da una nave.

plàn|cton *s.m.invar.* (*biol.*) l'insieme degli organismi animali e vegetali che vivono sospesi nelle acque, lasciandosi trascinare dalle correnti; costituisce il nutrimento di molti animali acquatici.

pla|ne|tà|rio *agg.* 1 (*astr.*) di pianeta; relativo ai pianeti | *sistema* —, il complesso di tutti i pianeti che orbitano attorno al Sole o a una stella 2 relativo alla Terra; terrestre: *popolazione planetaria* | *che coinvolge tutta la Terra; mondiale: fenomeno di proporzioni planetarie* ♦ *s.m.* 1 apparecchiatura che riproduce il movimento dei pianeti attorno al Sole, usata a scopo didattico 2 speciale proiettore che proietta sulla volta di una sala la raffigurazione della sfera celeste così come essa appare in un dato punto della Terra e in un determinato periodo | l'edificio fornito di volta emisferica in cui si effettua tale proiezione.

plà|ni- o **plàno-** (*scient.*) primo elemento di parole composte relative alla rappresentazione in piano di un oggetto (*planimetria*).

pla|ni|me|trì|a *s.f.* **1** settore della topografia che studia tecniche e metodi per effettuare rilevamenti di terreni in rapporto a un piano orizzontale **2** settore della geometria che studia le figure piane **3** rappresentazione grafica in scala di edifici, terreni e sim.

pla|ni|mè|tri|co *agg.* [m.pl. -*ci*] che concerne la planimetria: *rilevamento —*.

pla|nì|me|tro *s.m.* strumento con cui è possibile misurare l'area di una figura piana percorrendone il perimetro con una punta.

pla|ni|sfè|ro *s.m.* **1** rappresentazione cartografica della sfera celeste su un cerchio piano **2** carta geografica che rappresenta tutta la superficie terrestre in piano.

plà|no- → **plani-**.

plan|tà|re *agg.* (*anat.*) che concerne la pianta del piede: *superficie —* ♦ *s.m.* suoletta ortopedica rigida che si introduce nella scarpa per correggere malformazioni della pianta del piede o per favorirne la corretta posizione.

plan|tì|gra|do *agg., s.m.* [f. -*a*] detto di mammifero che quando cammina poggia a terra l'intera pianta del piede.

plaquette (*fr.*) [pr. *plakèt*] *s.f.invar.* in editoria, opuscolo di poche pagine, con una bassa tiratura di stampa.

plà|sma *s.m.* [pl. -*i*] (*anat.*) parte liquida del sangue, di colore giallo pallido, costituita da acqua, lipidi, proteine, sali minerali e glucosio.

pla|smà|bi|le *agg.* (anche *fig.*) che può essere plasmato, formato: *materia —; un'indole difficilmente —*.

pla|sma|cèl|lu|la *s.f.* (*biol.*) cellula del connettivo, che partecipa alla produzione degli anticorpi.

pla|smà|re *v.tr.* **1** lavorare una materia informe e malleabile per darle la forma desiderata; foggiare, modellare: *— la cera, la creta* | (*estens.*) dare forma concreta a un progetto, un'idea e sim.: *l'azienda fu plasmata durante gli anni* **2** (*fig.*) formare il carattere, la cultura di una persona; educare: *— il temperamento, l'indole*.

pla|smà|ti|co *agg.* [m.pl. -*ci*] (*med.*) relativo al plasma.

pla|smo|cì|to o **plasmocita** *s.m.* (*biol.*) cellula ematica di piccole dimensioni, presente nel midollo osseo, di fondamentale importanza nella produzione degli anticorpi.

pla|smo|dià|le *agg.* (*biol.*) del plasmodio.

pla|smò|dio *s.m.* (*biol.*) massa di citoplasma che contiene molti nuclei | *— della malaria*, protozoo parassita dei globuli rossi, responsabile della malaria.

plà|sti|ca *s.f.* **1** arte del modellare materiali plastici per creare figure e oggetti in rilievo **2** (*med.*) intervento chirurgico di tipo ricostruttivo o correttivo: *— nasale* **3** composto macromolecolare ottenuto per sintesi chimica di sostanze organiche, pastoso al riscaldamento e in grado di assumere una qualsiasi forma; è usato per produrre oggetti vari | insieme di materie plastiche: *riciclare la —*.

pla|sti|ci|tà *s.f.* **1** proprietà di una materia plastica di subire una deformazione permanente: *la — della creta* **2** (*fig.*) duttilità, malleabilità del temperamento, dell'indole **3** l'effetto del rilievo che una scultura o un dipinto riescono a trasmettere | (*estens.*) la carica espressiva di un'opera letteraria.

plà|sti|co *agg.* [m.pl. -*ci*] **1** detto di materiale che può essere plasmato con facilità, che ha una consistenza morbida: *l'argilla è un materiale —* | *esplosivo —*, miscuglio di composti esplosivi, contenente cera e vaselina, che si può plasmare a mano o caricare a pressione con detonatori 2 che plasma, dà forma | *arte plastica*, la scultura | *chirurgia plastica*, chirurgia ricostruttiva o correttiva di parti mancanti o malformate del corpo **3** che è modellato in rilievo o crea l'effetto del rilievo: *rappresentazione plastica dell'Italia* **4** (*estens.*) detto del corpo umano, che è modellato in modo armonioso: *ha un fisico —* **5** detto di raffigurazione pittorica le cui immagini hanno un forte rilievo (*fig.*) di opera letteraria che produce effetti partic. espressivi e concreti: *la descrizione plastica di un personaggio* ♦ *s.m.* **1** rappresentazione in rilievo e in scala di una data area della superficie terrestre **2** modello in scala ridotta di un edificio, di un'opera architettonica o di una sua porzione **3** esplosivo plastico □ **plasticamente** *avv.*

pla|sti|dio *s.m.* (*bot.*) corpuscolo del citoplasma delle cellule vegetali.

pla|sti|fi|càn|te *part.pres.* di plastificare ♦ *agg., s.m.* (*chim.*) detto di sostanza che, aggiunta a materie plastiche, ne accresce le caratteristiche di morbidezza ed elasticità.

pla|sti|fi|cà|re *v.tr.* [indic.pres. *io plastìfico, tu plastìfichi...*] **1** (*chim.*) rendere plastico un materiale o una sostanza tramite riscaldamento e aggiungendo plastificanti **2** (*tecn.*) ricoprire ql.co. con uno strato sottile di materia plastica.

pla|sti|fi|ca|zió|ne *s.f.* operazione del plastificare.

pla|sti|li|na® *s.f.* materiale plastico composto da argilla, zinco, zolfo, caolino, cera e olio, anche colorato, usato per modellare.

plastron (*fr.*) [pr. *plastròn*] *s.m.invar.* **1** larga cravatta maschile con nodo piatto, fermata da una spilla, usata spec. nel primo Novecento **2** (*sport*) nella scherma, protezione per il petto.

Pla|ta|nà|ce|e *s.f.pl.* famiglia di piante arboree diffuse nelle regioni temperate, con foglie lobate caduche, fiori riuniti in capolini sferici; ne fa parte il platano.

plà|ta|no *s.m.* albero d'alto fusto e ampia chioma, con grandi foglie lobate caduche, corteccia grigiastra e frutti penduli avvolti da peluria | il legno di tale albero, duro e biancastro, usato per fabbricare mobili e per lavori di intaglio.

pla|tè|a *s.f.* **1** nei teatri e nelle sale cinematografiche, settore collocato dinanzi al palcoscenico in cui prende posto il pubblico: *acquistare* *un biglietto di* — **2** (*estens.*) il complesso degli spettatori che siedono in tale settore: *gli applausi, le critiche della* — | (*gener.*) il pubblico che ascolta o osserva ql.co.: *questa trasmissione ha una — di milioni di spettatori* **3** (*edil.*) nelle fondamenta degli edifici, piattaforma di calcestruzzo posta a contatto del terreno **4** (*geol.*) vasto rilievo sottomarino con sommità pianeggiante.

pla|te|à|le *agg.* **1** (*raro*) che avviene in pubblico | (*spreg.*) volgare, triviale **2** (*estens.*) ostentato, sfacciato: *gesto* — | clamoroso, molto evidente: *sbaglio* — □ **platealmente** *avv.* in modo ostentato.

plateau (*fr.*) [pr. *platò*] *s.m.invar.* **1** vassoio **2** cassetta in plastica o legno, usata per il trasporto o l'imballaggio di frutta e verdura **3** (*geog.*) altopiano **4** (*geol.*) platea.

Pla|tel|min|ti *s.m.pl.* tipo di Invertebrati parassiti, vermiformi, con corpo piatto e allungato suddiviso in segmenti; ne fa parte la tenia.

pla|tés|sa *s.f.* pesce simile alla sogliola, che vive spec. nei mari freddi; passera di mare.

plà|ti|na o **platina** *s.f.* **1** nei torchi per la stampa, piano mobile che si abbassa e preme sul foglio di carta **2** negli orologi a bilanciere, piastra metallica su cui vengono montati tutti i componenti.

pla|ti|nà|re *v.tr.* [indic.pres. *io plàtino*...] **1** (*tecn.*) ricoprire una superficie di metallo o di altro materiale con un sottile strato di platino **2** decolorare i capelli mediante trattamento chimico, per renderli del colore e della lucentezza del platino.

pla|ti|na|tù|ra *s.f.* (*tecn.*) operazione consistente nel rivestire una superficie di metallo o di altro materiale con un sottile strato di platino, spec. tramite elettrolisi | lo strato di platino che riveste la superficie di un oggetto.

plà|ti|no *s.m.* elemento chimico, metallo nobile, raro, di colore bianco-argenteo, resistente, molto duttile e malleabile (*simb.* Pt); si usa in gioielleria, nell'industria chimica e in elettrotecnica ♦ *agg.invar.* del colore del platino: *biondo* —.

pla|tò|ni|co *agg.* [m.pl. -ci] **1** relativo al filosofo greco Platone (427-347 a.C.) o al suo pensiero, alle sue opere **2** (*estens.*) detto di sentimento, spirituale, casto: *rapporto* — | (*fig.*) che non si realizza concretamente; ideale: *desiderio* — **3** (*estens.*) che si ispira a ideali astratti: *modello* — ♦ *s.m.* [f. -a] seguace della filosofia di Platone □ **platonicamente** *avv.* **1** secondo Platone **2** spiritualmente, in modo casto: *amare* —.

pla|to|nì|smo *s.m.* **1** la dottrina filosofica di Platone **2** (*estens.*) ogni concezione filosofica che, ispirandosi a Platone, sostiene l'esistenza di essenze e valori trascendenti.

plau|dèn|te *part.pres.* di plaudire ♦ *agg.* (*lett.*) che applaude: *pubblico* —.

plau|dì|re *v.intr.* [indic.pres. *io plàudo*...; aus. A, raro nei tempi composti] (*lett.*) **1** applaudire **2** (*fig.*) approvare con entusiasmo; manifestare consenso: — *a una mozione*.

plau|sì|bi|le *agg.* **1** (*lett.*) che merita approvazione, consenso **2** che può essere accettato in quanto possibile, logico; verosimile: *una scusa* — □ **plausibilmente** *avv.*

plau|si|bi|li|tà *s.f.* caratteristica di ciò che risulta plausibile: *la — di una spiegazione.*

plàu|so *s.m.* **1** (*lett.*) applauso: *ha ricevuto il — di tutti i presenti* **2** (*estens.*) approvazione, consenso, elogio.

plàu|stro *s.m.* (*st.*) nell'antica Roma, carro a due o quattro ruote.

playback (*ingl.*) [pr. *plèibek*] *s.m.invar.* **1** (*cine.*) tecnica consistente nel registrare dialoghi e suoni in studio per sincronizzarli successivamente con le riprese filmate **2** (*tv*) messa in onda di un brano musicale preregistrato, mentre il cantante simula un'esecuzione in diretta.

playboy (*ingl.*) [pr. *pleibòi*] *s.m.invar.* uomo ricco che conduce vita mondana e si accompagna con belle donne | (*estens.*) conquistatore di donne, grande amatore.

playmaker (*ingl.*) [pr. *pleimèiker*] *s.m./f.invar.* (*sport*) nella pallacanestro, nella pallavolo e in altri giochi di squadra, giocatore che ha il compito di impostare e guidare le azioni di attacco.

play-off (*ingl.*) [pr. *pleiòf*] *s.m.pl.* (*sport*) nei campionati di alcuni giochi di squadra, serie di partite di spareggio per l'assegnazione del titolo finale che si disputa tra le squadre classificate prime in un girone di qualificazione.

playstation (*ingl.*) [pr. *pleistèscion*] *s.f.invar.* apparecchio per videogiochi, costituito da una console che legge elettronicamente e proietta su uno schermo i videogiochi, consentendone lo svolgimento da parte dei giocatori.

ple|bà|glia *s.f.* (*spreg.*) marmaglia, gentaglia.

plè|be *s.f.* **1** (*st.*) nell'antica Roma, la parte della popolazione libera che non apparteneva alla classe patrizia, priva di privilegi e diritti **2** (*estens., spreg.*) la parte della popolazione socialmente e culturalmente meno evoluta di uno Stato o di una città: *la — urbana* | massa, plebaglia **3** (*lett.*) il popolo, spec. in contrapposizione alla nobiltà | in un esercito, il reparto di fanteria.

ple|bè|o *agg.* **1** della plebe: *individuo con origini plebee* **2** (*estens., spreg.*) triviale, grossolano: *costumi plebei* ♦ *s.m.* [f. -a] **1** nell'antica Roma, individuo appartenente alla plebe **2** (*spreg.*) chi appartiene alla classe più povera; popolano.

ple|bi|sci|tà|rio *agg.* **1** che riguarda il plebiscito; che è fondato su un plebiscito: *sistema* — | *votazione plebiscitaria* **2** (*estens., fig.*) che esprime il consenso generale; unanime: *approvazione plebiscitaria.*

ple|bi|scì|to *s.m.* **1** (*st.*) nell'antica Roma, deliberazione presa dall'assemblea della plebe su proposta dei tribuni **2** (*dir.*) consultazione diretta del popolo, chiamato a pronunciarsi su questioni istituzionali **3** (*fig.*) consenso generale, unanime: *un — di elogi.*

plè|ia|de *s.f.* **1** (*pl., astr.*) gruppo di sette stelle appartenenti alla costellazione del Toro, che prendono il nome dalle mitiche figlie di Atlante e Pleione, tramutatesi in stelle in seguito alla morte del padre 2 (*fig.*, *lett.*) nell'antica Grecia, gruppo di sette poeti tragici del III sec. a.C.: *la — alessandrina* | nella Francia del Cinquecento, i sette poeti del gruppo di P. de Ronsard 3 (*estens.*) gruppo di persone dotate di qualità, caratteristiche insigni: *una — di eroi, di giovani artisti* | (*estens.*, *iron.*) gruppo di persone che non meritano di essere citate singolarmente o che hanno in comune una qualità negativa.

plein-air (*fr.*) [pr. *plenèr*] *s.m.invar.* tecnica pittorica propria degli impressionisti, basata sull'esecuzione dei dipinti all'aria aperta al fine di rendere nel modo più autentico e immediato le impressioni suscitate dalla natura.

plei|sto|cè|ne *s.m.* (*geol.*) primo periodo dell'era quaternaria, caratterizzato dalle grandi glaciazioni e dalla comparsa dell'uomo.

ple|nà|rio *agg.* 1 (*lett.*) completo in ogni sua parte; pieno | generale, totale: *favore —* | (*teol.*) *indulgenza plenaria*, completa remissione della pena dovuta per i peccati già commessi e confessati 2 (*dir.*) che non è sottoposto a vincoli, condizionamenti o restrizioni: *amnistia plenaria* | detto di organo collegiale a cui prendono parte tutti i membri: *udienza plenaria*.

ple|ni|lù|nio *s.m.* (*astr.*) la fase in cui la Luna si trova in opposizione al Sole e la sua faccia, completamente illuminata, è interamente visibile dalla Terra; luna piena.

ple|ni|po|ten|zià|rio *agg.*, *s.m.* [f. *-a*] (*dir.*) spec. in politica internazionale, detto di chi è investito di pieni poteri nel condurre determinate trattative o nel concludere accordi e sim.

ple|ni|tù|di|ne *s.f.* (*lett.*) pienezza, compiutezza | perfezione.

plè|num (*lat.*) *s.m.invar.* riunione plenaria dell'organo dirigente di un partito o di uno Stato.

ple|o|nà|smo *s.m.* 1 (*ret.*) figura di ornamento, consistente in un'espressione ridondante con cui si vuole rendere elegante ed efficace il discorso 2 (*gramm.*) presenza di parole che non sono necessarie al senso di una proposizione, usate a scopo rafforzativo (p.e. 'non' in *è più cattivo di quel che non si creda*) 3 (*estens.*) sovrabbondanza, ridondanza: *quella postilla mi sembra solo un —*.

ple|o|nà|sti|co *agg.* [m.pl. *-ci*] 1 di pleonasmo; che costituisce un pleonasmo linguistico 2 (*estens.*) superfluo, inutile: *una precisazione pleonastica* □ **pleonasticamente** *avv.*

ple|sio|sàu|ro *s.m.* grande rettile marino vissuto tra il Triassico e il Cretaceo, con collo molto lungo e zampe a forma di pinne.

ples|si|me|tro *s.m.* 1 (*med.*) strumento diagnostico costituito da una piastrina in avorio, plastica o metallo, usato per la percussione indiretta 2 (*mus.*) metronomo.

plès|so *s.m.* 1 (*anat.*) formazione reticolare, costituita da un intreccio di elementi affini, spec. vene o nervi 2 (*bur.*) insieme di organi che svolgono attività affini e coordinate 3 (*bur.*) scuola elementare che appartiene a un circolo didattico ma non ne è sede | (*estens.*) ciascun istituto scolastico con sede propria.

plè|to|ra *s.f.* 1 (*med.*) eccesso della massa sanguigna: *— venosa* 2 (*bot.*) eccessiva produzione dei succhi in una pianta 2 (*estens.*, *fig.*) sovrabbondanza rispetto alla norma o alle necessità, con conseguenze negative: *una — di laureati*.

ple|tò|ri|co *agg.* [m.pl. *-ci*] 1 (*med.*) affetto o caratterizzato da pletora: *stato —* 2 (*fig.*) sovrabbondante, eccessivo.

plèt|tro *s.m.* (*mus.*) 1 nell'antica Grecia, piccolo strumento in legno o avorio usato per far vibrare le corde della lira 2 lamina di osso, avorio o altro materiale, molto piccola e a forma di mandorla, usata per far vibrare le corde di alcuni strumenti (mandolino, chitarra ecc.).

plèu|ra *s.f.* (*anat.*) membrana sierosa che riveste il polmone e la superficie interna della cavità toracica in cui è contenuto: *— viscerale, parietale*.

plèu|ri|co *agg.* [m.pl. *-ci*] (*anat.*, *med.*) di pleura.

pleu|ri|te *s.f.* (*med.*) infiammazione della pleura, accompagnata da difficoltà respiratorie, dolore al torace e febbre.

pleu|rì|ti|co *agg.* [m.pl. *-ci*] (*med.*) 1 relativo alla pleurite 2 che è affetto da pleurite ♦ *s.m.* [f. *-a*] chi è affetto da pleurite.

plè|xi|glas® o **plexiglas** *s.m.invar.* materia plastica acrilica, leggera e infrangibile, usata in sostituzione del vetro per fabbricare lastre, tubi e altri oggetti.

plì|ca *s.f.* (*anat.*) ripiegatura della mucosa o della cute: *— ascellare*.

plì|co *s.m.* [pl. *-chi*] involucro, gener. sigillato, contenente lettere, documenti, carte: *aprire, spedire un —*.

plìn|to *s.m.* 1 (*arch.*) struttura con funzioni di basamento | piedistallo 2 nell'architettura classica, parallelepipedo a pianta quadrata che sostiene la base di una colonna | lastra quadrangolare posta sopra l'echino di capitelli dell'ordine dorico e tuscanico 3 (*sport*) attrezzo ginnico usato per il salto e il volteggio, costituito da più elementi sovrapposti a forma di tronco di piramide 4 (*arald.*) figura rettangolare, metallica o colorata.

plio|cè|ne *s.m.* (*geol.*) ultimo periodo dell'era cenozoica o terziaria, caratterizzato dalla trasgressione del Mediterraneo occidentale e dall'emersione di nuove terre, oltre che da climi più temperati e dalla presenza di flora e fauna simili a quelle attuali.

plissé (*fr.*) *agg.invar.*, *s.m.invar.* detto di tessuto con piccole e ben segnate pieghe fatte a macchina; plissettato.

plis|set|tà|to *agg.* plissé.

plot (*ingl.*) *s.m.invar.* trama di un romanzo, di un film ecc.; intreccio.

plo|tó|ne *s.m.* 1 (*mil.*) in alcune armi e specialità, suddivisione organica della compagnia in più squadre, il cui comando viene assegnato a un ufficiale subalterno: *— di cavalleria* | *— d'esecuzione*, quello che esegue la condanna a morte

plotter

mediante fucilazione 2 (*sport*) nel ciclismo, gruppo di corridori: — *di coda*.

plotter (*ingl.*) *s.m.invar.* (*inform.*) nei computer, unità periferica che visualizza i dati sotto forma di grafici, disegni e sim.

plùm|be|o *agg.* 1 (*raro*) di piombo 2 di colore grigio scuro, simile a quello del piombo: *cielo* — 3 (*fig.*) pesante, opprimente; greve: *in quella casa c'era un'atmosfera plumbea* | triste, cupo: *umore* —.

plum-cake (*ingl.*) [pr. *plumkèik*] *s.m.invar.* (*gastr.*) dolce a base di farina, uova, zucchero, burro, canditi e uva passa, cotto al forno in uno stampo rettangolare.

plu|ra|le *agg.* (*gramm.*) che si riferisce a più cose o a più persone ♦ *s.m.* (*gramm.*) categoria del numero, usata per esprimere pluralità.

plu|ra|li|smo *s.m.* 1 (*filos.*) qualsiasi dottrina secondo cui la realtà è costituita da una pluralità originaria di enti che non si possono ricondurre a un principio unico 2 (*polit.*) dottrina che riconosce la presenza all'interno della società di una molteplicità di forze politiche, culturali e sim. e sostiene il loro diritto ad associarsi autonomamente in partiti od organizzazioni 3 (*estens.*, *polit.*) la condizione di una società che riconosce la presenza di una molteplicità di opinioni e credenze politiche, culturali e ne favorisce l'espressione.

plu|ra|li|sta *s.m./f.* [m.pl. -*i*] seguace del pluralismo filosofico o politico ♦ *agg.* pluralistico.

plu|ra|li|sti|co *agg.* [m.pl. -*ci*] del pluralismo | che si ispira al pluralismo.

plu|ra|li|tà *s.f.* 1 molteplicità: — *di concezioni* 2 quantità o numero maggiore; maggioranza: *la — degli invitati si è complimentata* 3 (*gramm.*, *raro*) categoria del plurale.

plùri- primo elemento di parole composte che indica molteplicità numerica (*pluricellulare*).

plu|ri|ag|gra|và|to *agg.* (*dir.*) detto di reato caratterizzato da più circostanze aggravanti: *furto* —.

plu|ri|cel|lu|là|re *agg.* (*biol.*) che è composto da più cellule.

plu|ri|clàs|se *s.f.* nella scuola elementare, insieme di classi che, avendo pochi alunni, vengono raggruppate in un'unica classe ♦ *agg.invar.* detto di scuola elementare i cui alunni sono raggruppati in un'unica classe.

plu|ri|col|tù|ra *s.f.* (*agr.*) coltivazione di diverse specie vegetali nella stessa azienda o nella stessa zona.

plu|ri|de|co|rà|to *agg.* che ha avuto più decorazioni: *soldato* —.

plu|ri|di|men|sio|nà|le *agg.* che ha più dimensioni.

plu|ri|di|re|zio|nà|le *agg.* che si orienta, si espande in più direzioni.

plu|rien|nà|le *agg.* che ha una durata di parecchi anni: *iscriversi a un corso — di studi*.

plu|ri|èn|ne *agg.* (*bot.*) detto di pianta che fiorisce dopo due o più anni da quando è stata seminata.

plu|ri|èt|ni|co *agg.* [m.pl. -*ci*] che si caratterizza per la presenza di più etnie: *nazione plurietnica*.

plu|ri|ge|mel|là|re *agg.* (*med.*) detto di parto con più di due gemelli.

plu|ri|la|te|rà|le *agg.* detto di relazione che riguarda contemporaneamente più di due parti; multilaterale: *accordo* —.

plu|ri|lìn|gue *agg.* 1 di luogo in cui si parlano più lingue: *territorio* — 2 di persona o gruppo etnico che parla più di una lingua 3 di testo che è stato redatto in più lingue.

plu|ri|lin|guì|smo *s.m.* 1 in uno stesso territorio, compresenza di più lingue: *il — della Svizzera* 2 capacità di una persona o di un gruppo etnico di parlare più di una lingua 3 in un testo, compresenza di più lingue o di diversi registri espressivi e stilistici.

plù|ri|mo *agg.* molteplice, multiplo.

plu|ri|mo|tó|re *agg.*, *s.m.* detto di aereo che ha più di un motore.

plu|ri|no|mi|nà|le *agg.* detto di sistema elettorale in cui le votazioni portano all'elezione di più candidati per ciascun collegio.

plu|ri|par|ti|ti|co *agg.* [m.pl. -*ci*] 1 relativo a più di due partiti: *patto* — 2 che legittima l'esistenza di più partiti politici: *Stato* —.

plu|ri|re|at|tó|re *agg.invar.*, *s.m.invar.* detto di velivolo con più reattori.

plu|ri|se|co|là|re *agg.* che dura da più secoli o che è durato più secoli: *usanze plurisecolari*.

plu|ri|sìl|la|bo *agg.* detto di parola costituita da più sillabe; polisillabo.

plu|ri|ù|so *agg.invar.* che si presta a più usi: *mobile* —.

plus|va|lèn|za *s.f.* (*econ.*) incremento del valore di un bene rispetto al suo costo.

plus|va|ló|re *s.m.* (*econ.*) nel marxismo, la differenza, di cui si appropria il capitalista, tra il valore della merce prodotta dal lavoratore e il valore del salario a questi corrisposto.

plù|te|o *s.m.* 1 (*mil.*) antica macchina da guerra costituita da un intreccio di vimini rivestito di cuoio, usata dagli assedianti per proteggersi durante gli attacchi 2 (*arch.*) nelle chiese, lastra rettangolare compatta, in marmo o pietra, decorata con bassorilievi o con intarsi, che delimita l'altare o il presbiterio 3 in alcune biblioteche, spec. in quelle rinascimentali, armadio basso provvisto di un piano inclinato che funge da leggio, su cui in passato si fissava il libro con una catena e che oggi viene usato per conservare ed esporre al pubblico i codici di maggior pregio.

plu|to|cra|zì|a *s.f.* (*raro*, *spreg.*) predominio politico di individui o gruppi che detengono grandi ricchezze, ovvero dell'alta finanza e dell'industria.

plu|tó|ne *s.m.* 1 (*astr.*) *Plutone*, nel sistema solare, il nono e ultimo pianeta in ordine di distanza dal Sole 2 (*geol.*) massa di rocce di origine magmatica, solidificatasi in profondità nella crosta terrestre.

plu|tò|nio *s.m.* elemento chimico artificiale,

transuranico, radioattivo (*simb*. Pu); si usa nei reattori e negli ordigni nucleari.
plu|via|le *agg*. che riguarda la pioggia.
plù|vio *agg*. (*lett*.) che porta pioggia; piovoso | che fa piovere.
plu|vio|me|tri|a *s.f*. misurazione della quantità di pioggia effettuata mediante il pluviometro.
plu|vio|mè|tri|co *agg*. [m.pl. *-ci*] che concerne la pluviometria | effettuato con il pluviometro: *misurazioni pluviometriche*.
plu|viò|me|tro *s.m*. strumento usato per misurare la quantità di pioggia caduta in un dato luogo in un certo tempo.
pneu|mà|ti|co *agg*. [m.pl. *-ci*] **1** (*fis*.) relativo all'aria | che sfrutta l'aria come energia meccanica: *freno* — **2** (*tecn*.) detto di macchinari e dispositivi, che funziona ad aria compressa: *martello*, *trapano* — **3** (*tecn*.) che deve essere gonfiato con aria per poter essere utilizzato: *materasso* — ♦ *s.m*. rivestimento delle ruote dei veicoli contenente la camera d'aria, formato da un copertone elastico di gomma dura rinforzata da una struttura di tele e fili metallici.
pneu|mec|to|mì|a *s.f*. (*med*.) asportazione chirurgica parziale o totale di un polmone.
pnèu|mo-[1] (*med*.) primo elemento di parole composte che indica attività respiratoria o presenza d'aria o di gas in una cavità del corpo (*pneumotorace*).
pnèu|mo-[2] (*med*.) primo elemento di parole composte che significa "polmone" (*pneumologia*).
pneu|mo|còc|co *s.m*. [pl. *-chi*] (*biol*.) microrganismo patogeno, principale responsabile delle polmoniti batteriche.
pneu|mo|gra|fì|a *s.f*. (*med*.) registrazione grafica dei movimenti respiratori.
pneu|mò|gra|fo *s.m*. (*med*.) apparecchio con cui si effettua la pneumografia.
pneu|mo|lo|gì|a *s.f*. settore della medicina che studia anatomia, fisiologia e patologia dei polmoni.
pneu|mo|to|rà|ce *s.m*. (*med*.) presenza di aria o gas nella cavità pleurica | — *artificiale*, introduzione di aria nella cavità pleurica a scopo terapeutico o diagnostico | — *spontaneo*, condizione per cui la presenza di aria è dovuta a lesioni tubercolari, germi patogeni, traumi della parete toracica ecc.
po' *tronc. di* poco.
pochade (*fr*.) [pr. *posciàd*] *s.f.invar*. commedia brillante simile al vaudeville ma senza accompagnamento musicale, caratterizzata da intrighi, doppi sensi, avventure galanti, in voga spec. tra Ottocento e Novecento.
pochette (*fr*.) [pr. *poscèt*] *s.f.invar*. **1** piccola borsetta di donna, piatta e senza manici, usata spec. per occasioni eleganti **2** contenitore per buste, carta da lettere ecc. **3** piccolo fazzoletto da taschino, gener. in seta **4** (*mus*.) piccolo violino usato nel Settecento dai maestri di ballo per accennare i motivi della danza.
po|chéz|za *s.f*. **1** esiguità, scarsità; carenza: — *di*

mezzi **2** (*fig*.) meschinità, povertà; piccolezza: — *d'animo*.
pocket (*ingl*.) [pr. *pòket*] *agg.invar*. tascabile: *libro*, *formato* — ♦ *s.m./f.invar*. qualunque oggetto tascabile.
pocket-book (*ingl*.) [pr. *pòketbuk*] *s.m.invar*. libro in edizione economica, di un formato che può anche entrare in una tasca.
pò|co *agg.indef*. [m.pl. *-chi*; tronc. *po'*; si elide nella loc. *poc'anzi*] **1** che è in piccolo numero, in piccola misura o quantità: *alla cerimonia c'erano pochi parenti; mi bastano pochi minuti per finire* **2** piccolo, esiguo: *l'ho ottenuto con poca spesa* | insufficiente, scarso: *ha poca pazienza* | debole, tenue: *oggi c'è — sole* | (*loc.avv*.) **un po'**, con valore attenuativo: *sono un po' stufo di questa situazione*; con valore enfatico: *ascolta un po' che cosa ho da dirti* | **un po'**... **un po'**..., in parte... in parte...: *un po' per un motivo, un po' per un altro* | **un bel po'**, molto, parecchio **3** corto, breve: *c'è poca strada da fare* ♦ *pron.indef*. [f. *-a*, m.pl. *pochi*] **1** ciò che è in piccola quantità, numero o misura: *di soldi me ne sono rimasti pochi* | (*pl*.) non molte persone: *saremo in pochi al corteo; pochi conoscono la verità* **2** in espressioni ellittiche ha valore neutro: *non offenderti per così* — | **fra** —, fra poco tempo: *arriverà fra* — | **da** —, da poco tempo: *mi ha telefonato da* — | di scarso valore: *è una questione da* — | **non è** —, è già sufficiente: *non è* — *che abbia ammesso di aver sbagliato* | **a dir** —, come minimo: *eravamo a dir* — *cento candidati* | **per** — **non**, quasi: *per* — *non scivolavo* | **mancare** —, mancare poco tempo o poca distanza: *manca* — *per arrivare al rifugio* | **aspettare da un po'**, da un certo tempo | **volerci** —, essere facile: *ci voleva* — *a finirlo* | **avere** — **da fare**, avere poche cose da sbrigare | **spendere**, **pagare** —, spendere, pagare poco denaro ♦ *avv*. in piccola quantità o misura: *hai studiato troppo* —; *si sente* — *bene* | per breve spazio o tempo: *starà* — *in città* | raramente: *adesso ci vediamo* — | **non** —, tanto, parecchio: *quel film mi è piaciuto non* — | **o nulla**, quasi nulla, pochissimo | (*a*) — *a* —, gradatamente, pian piano ♦ *s.m. solo sing*. piccola quantità: *per il* — *che mi ha detto, non penso che verrà*; *non si accontenta del* — *che guadagna* | **un po' di**, una piccola quantità di: *versami un po' d'acqua*.
po|dà|gra *s.f*. (*med*.) gotta dell'alluce.
po|dà|gri|co *agg*. [m.pl. *-ci*] (*med*.) di podagra; podagroso.
po|da|gró|so *agg*. (*med*.) **1** di podagra; causato da podagra **2** che è affetto da podagra ♦ *s.m*. [f. *-a*] chi è affetto da podagra.
po|dà|li|co *agg*. [m.pl. *-ci*] (*med*.) detto del parto in cui il feto si presenta con la parte inferiore del corpo, anziché con la testa.
po|da|lì|rio *s.m*. grande farfalla con ali gialle striate di nero e sottili prolungamenti neri alle ali posteriori.
po|de|rà|le *agg*. del podere: *casa* —.
po|dé|re *s.m*. fondo rurale coltivato, gener. comprendente più campi e una casa colonica.

po|de|ró|so *agg.* (*anche fig.*) che ha forza, vigoria, gagliardia: *un ceffone —*; *una mente poderosa* □ **poderosamente** *avv.*

po|de|stà o (*lett.*) **potestà** *s.m.* (*st.*) **1** nel Medioevo, magistrato a capo del comune cittadino **2** durante il fascismo, capo dell'amministrazione comunale nominato dal governo.

pò|di|ce *s.m.* (*anat.*) parte inferiore del tronco del feto.

pò|dio *s.m.* **1** nell'architettura classica, basamento di una costruzione, spec. di un tempio **2** piano sopraelevato su cui sale il direttore d'orchestra | palco rialzato da cui l'oratore parla al pubblico **3** (*sport*) basamento a due o tre livelli su cui salgono i primi tre classificati di una gara sportiva.

po|di|smo *s.m.* (*sport*) parte dell'atletica leggera che comprende la marcia e la corsa a piedi.

po|di|sta *s.m./f.* [m.pl. *-i*] atleta che pratica la marcia o la corsa a piedi.

po|di|sti|co *agg.* [m.pl. *-ci*] relativo al podismo o ai podisti: *gara podistica.*

po|do|fil|li|na *s.f.* polvere resinosa che si estrae dal rizoma del podofillo, di colore giallognolo, usata in farmacia per la sua azione lassativa.

po|do|fil|lo *s.m.* pianta perenne americana, erbacea, con foglie a forma di piede d'anitra, fiori a otto petali bianchi o rosa, il cui rizoma contiene una polvere usata in medicina.

po|do|lo|gi|a *s.f.* **1** settore della veterinaria che si occupa dell'anatomia, della fisiologia e dell'igiene del piede degli animali **2** attività professionale del podologo.

po|dò|lo|go *s.m.* [f. *-a*] specialista nell'igiene, nella cosmesi e nella cura delle affezioni esterne del piede; callista, pedicure.

po|dò|me|tro *s.m.* strumento che misura le dimensioni del piede del cavallo per la ferratura.

po|e|ma *s.m.* [pl. *-i*] **1** composizione in versi di notevole estensione, gener. divisa in canti o libri, che tratta argomenti vari: *— epico, cavalleresco, storico* | il genere letterario a cui appartengono tali composizioni: *— classico* | *— in prosa,* opera di contenuto lirico in forma prosastica | (*mus.*) — **sinfonico**, composizione per orchestra, gener. di notevole ampiezza, ispirata a temi letterari o pittorici, diffusa spec. nell'Ottocento **2** (*estens., scherz.*) scritto o discorso eccessivamente lungo **3** (*fig., fam.*) cosa straordinaria e attraente: *la tua storia è tutta un —* | cosa o persona bizzarra, stravagante: *la cravatta di quel signore è un —!*

po|e|mét|to *s.m.* composizione in versi, per tono e argomento simile al poema, ma di piccole dimensioni.

po|e|si|a *s.f.* **1** arte e tecnica di comporre in versi per esprimere sentimenti, idee, emozioni e sim.: *— lirica, satirica* **2** modo tipico di una scuola o di un poeta di praticare tale arte: *la — del Romanticismo*; *la — di D'Annunzio* **3** l'insieme delle opere poetiche che appartengono a una nazione, a un'epoca storica, a una scuola o a un autore: *la — italiana del Novecento* **4** forma metrica che si contrappone alla prosa: *scrivere in —* **5** componimento in versi, gener. breve: *leggere una —* **6** in un'opera d'arte, percezione di alta tensione spirituale: *una scultura ricca di —* | (*estens.*) capacità di suscitare emozioni e commozione: *la — di un paesaggio, di un sorriso* **7** (*fig., estens.*) fantasticheria, illusione: *lascia stare la — e passiamo ad argomenti seri.*

po|è|ta *s.m.* [f. *-essa*; m.pl. *-i*] **1** chi compone poesie: *— lirico, satirico* | (*estens.*) chi, scrivendo in versi o in prosa, è riuscito a interpretare poeticamente la realtà: *ha descritto quei paesaggi da vero —* **2** (*estens.*) chi possiede ricca fantasia e sensibilità: *ha un animo da —* | (*fig., iron.*) persona che ha poco senso pratico, che tende a perseguire fantasticherie e illusioni.

po|e|tà|re *v.intr.* [indic.pres. *io poèto...*; aus. *A*] scrivere in versi, comporre poesie.

po|e|tà|stro *s.m.* [f. *-a*] (*spreg.*) poeta di scarsissimo valore.

po|e|tés|sa *s.f.* autrice di poesie.

po|è|ti|ca *s.f.* **1** l'arte del poetare | trattato sull'arte della poesia e sulle sue regole **2** il complesso delle concezioni artistiche di un'epoca storica, di una scuola o di un autore: *la — manzoniana.*

po|e|ti|ci|tà *s.f.* caratteristica di ciò che è poetico: *— di alcune immagini.*

po|è|ti|co *agg.* [m.pl. *-ci*] **1** di, della poesia: *linguaggio —* | (*estens.*) che suscita profonde sensazioni e delicati sentimenti: *un paesaggio —* **2** di poeta: *ispirazione poetica* | (*estens.*) che è prodotto dalla fantasia del poeta: *quel personaggio è una creazione poetica* | **licenza poetica**, la libertà con cui un poeta si discosta occasionalmente dalle regole linguistiche **3** (*fig.*) che denota predisposizione alla poesia; delicato, sensibile: *animo —* | (*scherz.*) esageratamente sentimentale o fantasioso ♦ *s.m. solo sing.* ciò che esprime o contiene poesia: *non c'è nulla di — nel suo comportamento* □ **poeticamente** *avv.* **1** con il linguaggio della poesia **2** sotto il profilo della poesia come arte letteraria: *versi — sublimi* **3** in modo stilisticamente simile a quello della poesia: *descrivere — una melodia.*

pòg|gia *s.f.* [pl. *-ge*] (*mar.*) **1** lato sottovento di un'imbarcazione **2** paranco fissato all'estremità inferiore dell'antenna, usato per manovrare adeguatamente la vela.

pog|già|re[1] *v.tr.* [indic.pres. *io pòggio...*] (*lett.*) appoggiare; posare, porre: *— la borsa sulla poltrona* ♦ *intr.* [aus. *E*] sostenersi, fondarsi: *il palazzo poggia sulle fondamenta* | (*fig.*) basarsi: *i suoi risultati poggiano su una solida preparazione* ♦ **-rsi** *rifl.* (*lett.*) appoggiarsi.

pog|già|re[2] *v.intr.* [indic.pres. *io pòggio...*; aus. *A*] **1** (*mar.*) allontanare la prua della nave dalla direzione del vento per poterlo prendere più favorevolmente nelle vele | detto di nave, assumere una determinata rotta per sfuggire a una tempesta **2** (*estens.*) spostarsi lateralmente accostandosi a ql.co.: *— a sinistra, a destra.*

pog|già|tè|sta *s.m.invar.* nelle vetture, accesso-

rio che si applica nella parte superiore del sedile, su cui si appoggia la testa.
pòg|gio *s.m.* modesta altura, collina di forma tondeggiante.
pog|giò|lo *s.m.* (*region.*) piccolo terrazzo, balcone.
pogrom (*russo*) [pr. *pàgrom*] *s.m.invar.* **1** (*st.*) spec. nella Russia zarista, sollevazione popolare antisemita, spesso provocata dallo stesso governo, gener. accompagnata da violenti massacri e saccheggi **2** (*estens.*) persecuzione razziale ai danni di minoranze etniche o religiose.
pòi *avv.* **1** (*con valore temporale*) dopo, in seguito, appresso: — *ne parliamo, adesso non posso*; *prima entrò uno e* — *l'altro* | in una serie e sim., indica l'ordine di successione: *prima c'è il cinque,* — *il sei* | **prima o** —, una volta o l'altra, un giorno o l'altro | *in* —, in avanti: *d'ora in* — **2** (*con valore spaziale*) più lontano, ancora oltre: *prima trovi la scuola,* — *la stazione* **3** (*con valore conclusivo*) insomma, dunque, alla fine: *che ho fatto* — *di sbagliato?* | si usa in espressioni enfatiche: *questa* — *è davvero buffa!* **4** (*con valore avversativo*) d'altra parte: *io te l'ho detto, tu* — *puoi crederci oppure no* **5** (*con valore aggiuntivo*) inoltre, in secondo luogo, per giunta: *sono stufo, e* — *sono anche stanco* | si usa per riprendere il discorso o per passare a un altro argomento: *quanto* — *alla data di consegna, te lo farò sapere domani* ♦ *s.m.* il futuro, l'avvenire: *devi pensare al* — | *il senno di* —, la facile saggezza di chi giudica una situazione solo a cose fatte, quando è del tutto inutile pentirsi: *col senno di* — *sono tutti maestri.*
po|ià|na *s.f.* uccello rapace diurno, simile al falco, con testa grossa, piccolo becco a uncino e piumaggio bruno-rossiccio.
poi|ché o (*lett.*) **pòi che** *cong.* **1** [introduce una prop. causale con il v. all'indic.] dal momento che, giacché, perché: *lo sapeva* — *qualcuno lo aveva avvisato* **2** [introduce una prop. temporale con il v. all'indic.] (*lett.*) dopo che: *poi che seppe la verità, andò via rassegnato.*
pointer (*ingl.*) [pr. *pòinter*] *s.m.invar.* cane da caccia di origine inglese, di statura media, agile ed elegante, con orecchie pendenti, muso allungato e larghe narici; ha pelo bianco macchiato di marrone o nero.
pois (*fr.*) [pr. *puà*] *s.m.invar.* solo nella loc. *a* —, a pallini: *tessuto a* —.
pò|ker *s.m.invar.* gioco di carte di origine americana, che gener. si pratica fra quattro o cinque giocatori con un mazzo di carte francesi, in cui vince chi ha la combinazione più alta e di maggior valore | in tale gioco, la combinazione di quattro carte dello stesso valore.
po|làc|ca *s.f.* **1** (*mus.*) antico ballo di origine polacca di ritmo ternario e tempo moderato, divenuto successivamente forma musicale: *le famose polacche di Chopin* **2** stivaletto a punta da donna, con allacciatura a stringa **3** giacca corta da donna, con alamari e bordi in pelliccia, in uso nell'Ottocento.

polemica

po|làc|co *agg.* [m.pl. *-chi*] della Polonia ♦ *s.m.* **1** [f. *-a*] chi è nato o abita in Polonia **2** lingua del gruppo slavo che si parla in Polonia.
po|là|re *agg.* **1** (*astr., geog.*) del polo; relativo ai poli: *regioni polari* | **calotta** —, l'area di superficie terrestre delimitata da uno dei circoli polari | **stella** —, l'ultima stella dell'Orsa Minore, la più vicina al polo nord celeste | (*fig.*) **freddo** —, freddo molto intenso **2** (*chim.*) **legame** —, legame ionico.
po|la|ri|me|trì|a *s.f.* (*fis.*) settore dell'ottica che si occupa delle misurazioni del grado di polarizzazione di una luce | misura della rotazione del piano di polarizzazione di una luce quando attraversa una sostanza.
po|la|rì|me|tro *s.m.* (*fis.*) strumento ottico che serve a misurare il grado di polarizzazione di una luce e della rotazione che il piano di polarizzazione subisce quando la luce stessa passa attraverso alcune sostanze.
po|la|ri|tà *s.f.* **1** (*scient.*) proprietà di un apparecchio o di un corpo che presenta poli magnetici o elettrici di segno contrario in parti opposte | il polo stesso: — *positiva, negativa* **2** (*estens.*) condizione di antitesi, contrapposizione: *la* — *due affermazioni.*
po|la|riz|zà|re *v.tr.* **1** (*fis.*) provocare una polarizzazione **2** (*fig.*) orientare verso un determinato obiettivo, far convergere su ql.co. o qlcu.: — *le proprie energie verso un solo progetto;* — *su di sé l'interesse generale* | attrarre, catalizzare: *uno spettacolo che ha polarizzato l'attenzione del pubblico* ♦ **-rsi** *intr.pron.* **1** (*fis.*) subire una polarizzazione **2** (*fig.*) orientarsi verso un determinato obiettivo o verso una persona.
po|la|riz|zà|to *part.pass.* di polarizzare ♦ *agg.* (*fis.*) che ha subito polarizzazione.
po|la|riz|za|tó|re *agg., s.m.* (*fis.*) detto di dispositivo capace di produrre la polarizzazione delle onde luminose.
po|la|riz|za|zió|ne *s.f.* **1** (*fis.*) fenomeno in grado di determinare in un corpo una polarità | — *magnetica,* fenomeno per il quale un corpo immerso in un campo magnetico presenta magnetizzazione | — *della luce, ottica,* fenomeno per il quale, in determinate condizioni, le vibrazioni di un'onda luminosa avvengono sempre in un determinato piano **2** (*fig.*) attrazione verso ql.co. o qlcu.: *ha ottenuto la* — *dell'attenzione.*
po|la|ròid® *s.m.invar.* materiale in lastre trasparenti in grado di polarizzare la luce, usato spec. per fabbricare lenti da sole e vetri speciali ♦ *agg.invar., s.f.invar.* detto di macchina fotografica o pellicola capaci di fornire il positivo pochi secondi dopo lo scatto: *è una foto* —; *l'ho fotografato con la* —.
pòl|ca o **polka** *s.f.* danza di origine boema, con andamento veloce in ritmo binario.
po|lè|mi|ca *s.f.* **1** controversia vivace e prolungata tra due o più persone, fatta a voce o per iscritto; disputa, questione: *suscitare una* — **2** (*estens., spec.spreg.*) contestazione, discussione fine a se stessa: *smettetela con le vostre polemiche!*

po|le|mi|ci|tà *s.f.* caratteristica di ciò che è polemico.

pol|lè|mi|co *agg.* [m.pl. -*ci*] **1** che ha tono, carattere di polemica: *risposta polemica* **2** che difende in modo combattivo le proprie idee; aggressivo, battagliero: *spirito —* **3** (*estens., spreg.*) che critica in modo provocatorio, per il solo gusto di contraddire: *intervento —* ☐ **polemicamente** *avv.*

po|le|mi|sta *s.m./f.* [m.pl. -*i*] **1** chi apre una polemica o vi partecipa con discussioni e scritti **2** chi tende a suscitare polemiche, spec. inutili.

po|le|miz|zà|re *v.intr.* [aus. *A*] **1** aprire una polemica; entrare in polemica con qlcu. **2** discutere vivacemente, spesso solo per il gusto di contraddire: *quel ragazzo polemizza su tutto.*

po|lè|na *s.f.* scultura di legno rappresentante una figura femminile, sacra o profana, che si metteva come ornamento sulla prora delle navi.

po|lèn|ta *s.f.* **1** cibo a base di farina di granturco che viene cotta in acqua dentro un paiolo, rimestata a lungo, e infine condita in vario modo: *— al sugo, con salsiccia* **2** (*estens., spreg.*) pietanza molle e appiccicosa, in partic. la minestra.

po|len|tó|ne *s.m.* [f. -*a*] **1** persona goffa, lenta nei movimenti **2** (*scherz., region.*) grande mangiatore di polenta.

pole position (*ingl.*) [pr. *pol posiscion*] *loc.sost. f.invar.* **1** (*sport*) nelle gare motoristiche, posizione di partenza in prima fila, nella corsia più vantaggiosa, assegnata a chi nei giri di prova ha conseguito il miglior tempo **2** (*estens.*) primo posto, posizione privilegiata.

pòli- primo elemento di parole composte che indica molteplicità numerica (*policromia, poliammide*).

-pòli secondo elemento di parole composte che significa "città" (*acropoli, metropoli*).

po|li|am|bu|la|tò|rio *s.m.* ambulatorio fornito di attrezzatura per la visita medica e la cura di diverse malattie.

po|li|am|mì|de *s.f.* (*chim.*) composto polimerico la cui molecola comprende gruppi ammidici, usato per fabbricare materie plastiche e fibre sintetiche, come il nylon.

po|li|an|drì|a *s.f.* **1** unione matrimoniale di una donna con più uomini **2** (*zool.*) poligamia femminile.

po|li|ar|chì|a *s.f.* governo in cui il potere è nelle mani di più cittadini.

po|li|ar|trì|te *s.f.* (*med.*) artrite che colpisce più articolazioni contemporaneamente.

po|li|car|bo|nà|to *s.m.* (*chim.*) composto appartenente a un gruppo di resine sintetiche facilmente lavorabili per le doti di trasparenza e viscosità, quindi adatte alla fabbricazione di vernici, robusti laminati, pezzi di macchine e di velivoli.

po|li|càr|pi|co *agg.* [m.pl. -*ci*] (*bot.*) detto di pianta che nel corso della sua vita fiorisce e fruttifica più volte.

policeman (*ingl.*) [pr. *polìsmen*] *s.m.invar.* nei paesi anglosassoni, agente di polizia; poliziotto.

po|li|cèn|tri|co *agg.* [m.pl. -*ci*] **1** che ha più centri **2** (*arch.*) detto di arco la cui superficie concava è costituita da più archi di cerchio.

po|li|cen|trì|smo *s.m.* esistenza di più centri di decisione in un dato sistema: — *economico, politico.*

Po|li|chè|ti *s.m.pl.* classe di Anellidi marini con corpo cilindrico allungato provvisto di setole e suddiviso in più segmenti.

po|li|ci|te|mì|a *s.f.* (*med.*) notevole e stabile aumento del numero dei globuli rossi nel sangue, di origine patologica o fisiologica.

po|li|clì|ni|co *s.m.* [pl. -*ci*] ospedale con più reparti o cliniche per le varie specialità mediche e chirurgiche.

po|li|con|den|sa|zió|ne *s.f.* (*chim.*) processo con cui si ottengono composti polimerici tramite più reazioni di condensazione fra monomeri con eliminazione di molecole d'acqua o altre molecole semplici.

po|li|cro|mà|ti|co *agg.* [m.pl. -*ci*] **1** che ha più colori; multicolore, policromo **2** (*fis.*) detto di luce o di una qualunque radiazione elettromagnetica formata da più componenti monocromatiche.

po|li|cro|mì|a *s.f.* **1** molteplicità di colori **2** arte e tecnica di decorare o dipingere con più colori.

po|lì|cro|mo *agg.* di più colori; multicolore: *mosaico —.*

po|li|dat|tì|li|a *s.f.* (*med.*) malformazione congenita che colpisce le mani o i piedi, caratterizzata dalla presenza di un numero di dita superiore a cinque.

po|li|è|dri|co *agg.* [m.pl. -*ci*] **1** (*geom.*) di poliedro; che presenta le caratteristiche del poliedro: *figura poliedrica; cristallo —* **2** (*fig.*) che ha molteplici aspetti, interessi o capacità; multiforme, eclettico: *mente poliedrica.*

po|li|è|dro *s.m.* (*geom.*) figura solida limitata da facce poligonali | — **regolare**, figura solida le cui facce, uguali fra loro, sono poligoni regolari.

po|li|en|nà|le *agg.* di più anni; pluriennale: *esperienza —* | che dura più anni: *contratto —.*

po|li|è|ste|re *s.m.* (*chim.*) composto polimerico ricavato dalla policondensazione di alcol e acidi organici polivalenti, base di numerose materie plastiche ♦ *agg.* di poliestere: *fibre poliesteri.*

po|li|e|ti|lè|ne *s.m.* (*chim.*) materia plastica ricavata per polimerizzazione dell'etilene, usata per fabbricare rivestimenti isolanti, recipienti, sacchetti ecc.

po|li|fa|gì|a *s.f.* **1** (*biol.*) nutrizione a base di diverse sostanze **2** (*med.*) fame esagerata e continua; bulimia.

po|li|fà|se *agg.invar.* (*elettr.*) detto di sistema di più grandezze alternate con periodo, frequenza e ampiezza uguali, ma con fasi diverse.

po|li|fo|nì|a *s.f.* **1** (*mus.*) insieme simultaneo di più combinazioni di suoni, vocali o strumentali, collegate fra loro da determinate leggi armoniche **2** (*mus.*) l'insieme delle opere di un'epoca storica, un autore, una scuola | componimento polifonico **3** (*estens.*) insieme, molteplicità di

suoni: *una — di rumori, di voci* | (*fig.*) molteplicità, simultaneità di diversi elementi: *una — di stili, di tonalità*.
po|li|fò|ni|co *agg*. [m.pl. *-ci*] (*mus.*) di polifonia.
po|li|fo|sfa|to *s.m. spec.pl.* (*chim.*) composto ottenuto dalla polimerizzazione dei fosfati, usato come conservante alimentare, nel trattamento delle acque industriali e nella preparazione di detergenti sintetici.
po|li|fun|zio|nà|le *agg*. 1 che può svolgere diverse funzioni | che è adatto a diversi impieghi, che può dar vita a più attività: *centro —* 2 (*chim.*) detto di composto contenente più gruppi funzionali.
Po|li|gà|la *s.f*. genere di piante erbacee, annue o perenni, con foglie lanceolate, fiori rosa, azzurri o viola raccolti in spighe; comprende numerose specie di cui alcune coltivate a scopo ornamentale, altre usate come piante medicinali.
po|li|ga|mì|a *s.f.* 1 unione matrimoniale di un individuo con più individui del sesso opposto 2 (*zool.*) tendenza di alcuni animali ad accoppiarsi con più individui del sesso opposto 3 (*bot.*) presenza di fiori ermafroditi e unisessuati sullo stesso individuo o su individui differenti della stessa specie.
po|li|gà|mi|co *agg*. [m.pl. *-ci*] di poligamia | relativo alla poligamia.
po|li|gà|mo *agg*., *s.m*. [f. *-a*] 1 detto di chi si unisce in matrimonio con più individui del sesso opposto 2 (*zool.*) detto di animale che si accoppia con più individui del sesso opposto 3 (*bot.*) detto di pianta caratterizzata da poligamia.
po|li|gè|ne|si *s.f*. formazione da diverse origini; origine plurima: *— delle lingue, delle razze*.
po|li|ge|nè|ti|co *agg*. [m.pl. *-ci*] che concerne la poligenesi.
po|li|ge|nì|smo *s.m*. (*biol.*) teoria secondo cui le diverse razze umane hanno origine molteplice.
po|li|gi|nì|a *s.f*. 1 unione matrimoniale di un uomo con più donne 2 (*zool.*) poligamia maschile.
po|li|glòt|ta *agg*., *s.m./f*. [m.pl. *-i*] detto di chi conosce e parla diverse lingue.
Po|li|go|nà|ce|e *s.f.pl*. famiglia di piante erbacee, annuali o perenni, con foglie dotate di guaina attorno al picciolo, fiori piccoli in racemi, frutti ad acheni, usate spec. in farmacia e liquoreria; ne fa parte il rabarbaro.
po|li|go|nà|le *agg*. di poligono; che ha sezione o forma di poligono: *una struttura a pianta —* ♦ *s.f*. 1 (*geom.*) linea spezzata costituita da segmenti di retta 2 (*topografia*) linea spezzata che collega i punti di un rilevamento.
Po|li|go|nà|li *s.f.pl*. ordine di piante dicotiledoni molto diffuse, comprendente la famiglia delle Poligonacee.
po|li|go|no *s.m*. 1 (*geom.*) figura piana delimitata da segmenti di retta | — *regolare*, quello con lati e angoli uguali 2 — *di tiro*, terreno adibito a esercitazioni di tiro con armi da fuoco, suddiviso in corsie fornite di bersagli e opportunamente munito di barriere per impedire l'uscita delle pallottole.
po|li|gra|fà|re *v.tr*. [indic.pres. *io poligrafo*...] riprodurre scritti o disegni mediante il poligrafo.
po|li|gra|fì|a *s.f*. sistema di riproduzione di scritti o disegni mediante il poligrafo | la copia dello scritto o del disegno ottenuta in tal modo.
po|li|grà|fi|co *agg*. [m.pl. *-ci*] 1 relativo alla poligrafia 2 che esegue stampe con diversi tipi di sistemi: *stabilimento —* ♦ *s.m*. [f. *-a*] operaio che lavora in uno stabilimento poligrafico.
po|li|grà|fo *s.m*. 1 apparecchio per la riproduzione in più copie di scritti o disegni, usato un tempo negli uffici, che utilizzava una matrice di colla di pesce e gelatina 2 [f. *-a*] chi scrive su diversi argomenti.
po|li|ma|tè|ri|co *agg*. [m.pl. *-ci*] detto di opera artistica realizzata con l'impiego di materiali vari.
po|li|me|rì|a *s.f*. 1 (*chim.*) fenomeno per il quale molecole semplici, o monomere, si uniscono tra loro formando molecole complesse; polimerismo 2 (*genetica*) partecipazione di numerosi geni alla determinazione di un solo carattere 3 (*biol.*) condizione di una struttura complessa vegetale o animale costituita da un insieme di più elementi analoghi.
po|li|mè|ri|co *agg*. [m.pl. *-ci*] 1 (*biol., chim.*) proprio di un polimero | che ha struttura di polimero: *composto —* 2 (*genetica*) caratterizzato da polimeria: *sistema —*.
po|li|me|rì|smo *s.m*. (*chim.*) proprietà di alcuni composti organici di avere stessa composizione percentuale, ma diverso peso molecolare; polimeria.
po|li|me|riz|zà|re *v.tr*. (*chim.*) sottoporre a polimerizzazione ♦ **-rsi** *intr.pron*. (*chim.*) subire la polimerizzazione.
po|li|me|riz|za|zió|ne *s.f*. (*chim.*) reazione che porta alla formazione di polimeri.
po|li|me|ro *agg*., *s.m*. (*chim.*) detto di composto, gener. organico, ottenuto per mezzo di polimerizzazione, costituito da macromolecole.
po|li|me|tro *agg*., *s.m*. detto di componimento poetico con versi di varia misura.
po|li|mòr|fi|co *agg*. [m.pl. *-ci*] che concerne il polimorfismo.
po|li|mor|fì|smo *s.m*. 1 (*biol.*) negli organismi di una stessa popolazione vegetale o animale, contemporanea esistenza di due o più forme diverse 2 (*chim., min.*) proprietà di alcune sostanze di cristallizzarsi in diversi tipi di reticoli 3 (*med.*) compresenza di anomalie o manifestazioni patologiche di aspetto vario.
po|li|mòr|fo *agg*. che presenta polimorfismo.
po|li|ne|sià|no *agg*. della Polinesia ♦ *s.m*. [f. *-a*] chi è nato o abita in Polinesia.
po|li|ne|vrì|te o **polineurite** *s.f*. (*med.*) processo infiammatorio a carico di più nervi.
po|li|nò|mio *s.m*. (*mat.*) somma algebrica di più monomi.
pò|lio *s.f.invar*. *abbr. di* poliomielite.
po|lio|mie|lì|te *s.f*. (*med.*) malattia infettiva vi-

rale che colpisce la sostanza grigia del midollo spinale provocando paralisi e atrofie muscolari; paralisi infantile.

po|lio|mie|li|ti|co *agg.* [m.pl. *-ci*] (*med.*) **1** che concerne la poliomielite | causato da poliomielite **2** che è affetto da poliomielite ♦ *s.m.* [f. *-a*] chi è affetto da poliomielite.

po|li|pà|io *s.m.* **1** (*zool.*) materiale corneo o calcareo costituente lo scheletro delle colonie dei Celenterati, secreto dagli individui stessi **2** colonia di polipi.

po|li|pep|ti|de *s.m.* (*biol.*, *chim.*) sostanza costituita da più amminoacidi.

po|li|pnè|a *s.f.* (*med.*) aumento della frequenza degli atti respiratori, che ha origine patologica o fisiologica.

pò|li|po *s.m.* **1** piccolo animale dei Celenterati che vive isolato o in colonie; ha corpo cilindrico con base aderente al substrato e bocca circondata da tentacoli all'estremità opposta **2** (*com.*, *improprio*) polpo **3** (*med.*) tumore molle benigno delle mucose, in forma di escrescenza tondeggiante o peduncolata: — *nasale*, *dell'utero*.

po|li|poi|de *agg.* che è simile a un polipo.

po|li|pò|lio *s.m.* (*econ.*) forma di mercato in cui un servizio o un bene vengono offerti da più venditori.

Po|li|po|rà|ce|e *s.f.pl.* famiglia di funghi che si sviluppano sui tronchi degli alberi o sul terreno, cui appartengono specie commestibili come il porcino e altre velenose o nocive per il legname.

po|li|pò|si *s.f.* (*med.*) malattia caratterizzata dalla presenza di molti polipi.

po|li|pro|pi|lè|ne *s.m.* (*chim.*) materia plastica ricavata per polimerizzazione del propilene, resistente al calore e di notevole durezza, usata per fabbricare condutture, contenitori e fibre tessili.

po|lip|tò|to *s.m.* figura retorica consistente nella ripetizione di uno stesso vocabolo a breve distanza con diverse funzioni morfosintattiche (p.e. *un povero vecchio seduto su un vecchio sgabello*).

po|li|rè|me *s.f.* (*mar.*) antica nave da guerra a più ordini di remi.

po|li|rit|mì|a *s.f.* (*mus.*) uso simultaneo di parti vocali o strumentali con strutture ritmiche differenti.

pò|lis *s.f.invar.* forma di organizzazione politica e civile tipica dell'antica Grecia, in cui tutti i cittadini partecipavano al governo della città.

po|li|sac|cà|ri|de *s.m.* (*chim.*) composto organico che deriva dalla condensazione di due o più molecole di zuccheri semplici | *polisaccaridi insolubili*, quelli come la cellulosa o la pectina, che formano le sostanze di sostegno dei vegetali e di alcuni animali | *polisaccaridi solubili*, quelli come l'amido e il glicogeno, che costituiscono materiale di riserva.

po|li|se|mì|a *s.f.* (*ling.*) pluralità di significati di una parola o di un'espressione.

po|li|sè|mi|co *agg.* [m.pl. *-ci*] (*ling.*) che ha più significati.

po|li|sèn|so *agg.* [m.pl. *-i*; f.invar.] che ha più significati; che può essere interpretato in vari modi ♦ *s.m.* **1** (*lett.*) pluralità di significati **2** gioco enigmistico basato su una parola o una frase con più significati diversi.

po|li|sil|la|bo *agg.*, *s.m.* (*ling.*) detto di parola composta da più sillabe.

po|li|sin|dè|to *s.m.* (*gramm.*) figura sintattica consistente nella ripetizione della stessa congiunzione, usata per dare effetto alla narrazione, spec. per far rilevare la quantità delle cose elencate o il loro rapido susseguirsi (*facevano un gran baccano: bevevano e cantavano e gridavano e litigavano*).

po|li|sol|fù|ro *s.m.* (*chim.*) solfuro che contiene un numero di atomi di zolfo superiore alla norma.

po|li|spor|tì|va *s.f.* società che si occupa di più discipline sportive.

po|li|spor|tì|vo *agg.* che consente la pratica di più sport: *campo —* | che si occupa di più discipline sportive: *società polisportiva*.

po|li|sta[1] *s.m./f.* [m.pl. *-i*] (*sport*) chi pratica il polo.

po|li|sta[2] *s.m./f.* [m.pl. *-i*] (*polit.*) chi appartiene al Polo delle Libertà.

po|li|sti|rè|ne *s.m.* (*chim.*) materia plastica ricavata per polimerizzazione dello stirene, usata per fabbricare materiale da imballaggi e articoli tecnici e casalinghi; polistirolo.

po|li|sti|rò|lo *s.m.* (*chim.*) polistirene | *— espanso*, poliuretano espanso.

po|li|te|à|ma *s.m.* [pl. *-i*] edificio attrezzato per spettacoli musicali, teatrali o cinematografici.

po|li|tèc|ni|co *agg.* [m.pl. *-ci*] relativo a più scienze o arti ♦ *s.m.* istituto universitario dove si insegnano le scienze fisiche, chimiche e matematiche e le loro applicazioni pratiche | istituto universitario dove si insegnano architettura e ingegneria.

po|li|te|ì|smo *s.m.* forma di religione basata sulla credenza in una pluralità di dei.

po|li|te|ì|sta *agg.*, *s.m./f.* [m.pl. *-i*] che, chi segue e pratica il politeismo.

po|li|te|ì|sti|co *agg.* [m.pl. *-ci*] di politeismo, dei politeisti.

po|li|tè|ne *s.m.* (*chim.*) polietilene.

po|lì|ti|ca *s.f.* **1** teoria e pratica che hanno per oggetto l'organizzazione e il governo dello Stato: *— estera, finanziaria* **2** maniera di governare: *la — assistenzialista dello Stato* | l'insieme delle attività e delle questioni relative alla vita pubblica: *trattare di —* **3** (*estens.*) attività finalizzata alla realizzazione di determinati progetti: *— aziendale; — dei beni culturali* **4** (*fig.*) astuzia, diplomazia nel parlare e nell'agire: *usare un po' di —*.

politically correct (*ingl.*) [pr. *politikali korèkt*] *loc.agg.invar.* politicamente corretto: *un atteggiamento —*.

po|li|ti|càn|te *agg.*, *s.m./f.* (*spreg.*) detto di chi si dedica alla politica con una scarsa preparazione o esclusivamente a scopo personale.

po|li|ti|ci|tà *s.f.* condizione o carattere di ciò che è influenzato, determinato dalla politica.
po|li|ti|ciz|za|re *v.tr.* **1** rendere politico ql.co. che non dovrebbe esserlo **2** sensibilizzare qlcu. perché acquisisca consapevolezza politica: — *i braccianti* ♦ **-rsi** *rifl.* partecipare, sensibilizzarsi alla politica ♦ *intr.pron.* acquisire un carattere politico; entrare nel campo della politica: *la cultura si è politicizzata*.
po|li|ti|ciz|za|zió|ne *s.f.* attribuzione di un carattere politico a ql.co. che gener. non lo possiede | partecipazione, sensibilizzazione alla vita politica.
po|li|ti|co *agg.* [m.pl. *-ci*] **1** che riguarda la politica, l'organizzazione e il governo dello Stato: *vita, situazione politica; la concezione politica di Marx* | *elezioni politiche*, quelle con cui si eleggono i deputati e i senatori del Parlamento nazionale | (*econ.*) *prezzo* —, quello imposto dallo Stato, in misura inferiore a quello di mercato | *scienze politiche*, l'insieme delle discipline che si occupano della politica (amministrazione, economia, diritto ecc.) **2** che deriva da fatti, circostanze e situazioni riguardanti la politica: *problema, scontro* — | compiuto per finalità relative alla politica: *provvedimento* — | *reato* —, reato commesso per ragioni politiche o contro lo Stato **3** di associazione, movimento e sim., che partecipa alla vita politica: *partito* — | proprio di chi si occupa di politica: *avere attitudini, competenze politiche* **4** che tratta aspetti o problemi riguardanti la politica: *rivista politica, dibattito* — | detto di qlcu. che per professione si occupa di questioni o temi riguardanti la politica: *giornalista* — **5** (*raro*) che per natura ha una vita sociale e civile: *l'uomo è un animale* — ♦ *s.m.* **1** persona che si dedica alla politica per professione: *un — molto abile* **2** (*fig.*) persona accorta, che agisce con astuzia e diplomazia **3** (*solo sing.*) ambito pubblico, sociale e sim. di una persona: *il privato e il* — □ **politicamente** *avv.* **1** dal punto di vista politico **2** (*fig.*) con astuzia, con diplomazia.
po|li|ti|có|ne *s.m.* [f. *-a*] (*spreg.*) persona astuta che si sa destreggiare per raggiungere i propri obiettivi.
po|li|to|lo|gì|a *s.f.* disciplina che studia le realtà politiche e la loro evoluzione.
po|li|tò|lo|go *s.m.* [f. *-a*; m.pl. *-gi*] studioso di politologia | (*estens.*) esperto di questioni politiche.
po|li|to|nà|le *agg.* **1** (*mus.*) di composizione che impiega contemporaneamente due o più tonalità diverse **2** (*fig.*) di opera letteraria in cui convivono più toni stilistici.
po|li|to|na|li|tà *s.f.* **1** (*mus.*) in una composizione, impiego contemporaneo di due o più tonalità diverse **2** (*fig.*) in un'opera letteraria, varietà di toni stilistici.
po|li|tra|sfu|so *agg.*, *s.m.* [f. *-a*] (*med.*) detto di persona che ha subito molte trasfusioni di sangue.
po|lit|ti|co *s.m.* [pl. *-ci*] **1** (*st.*) nell'antica Roma, libretto composto da più tavole incerate, gener. in avorio o legno **2** (*st.*) nel Medioevo, registro o inventario in cui venivano descritti i beni di uno stesso proprietario **3** (*arte*) pala d'altare costituita da vari scomparti dipinti o scolpiti, uniti tra loro o incernierati in modo da potersi chiudere l'uno sull'altro **4** (*fig.*) composizione letteraria o musicale costituita da più parti collegate fra loro ma autonome in quanto a stile e contenuti.
po|liu|re|tà|no *s.m.* (*chim.*) resina polimerica dotata di ottime caratteristiche isolanti elettriche, termiche e acustiche; si usa spec. per fabbricare rivestimenti protettivi, ma anche per colle e vernici | — *espanso*, materiale dall'aspetto spugnoso, usato come isolante termico e acustico e per fabbricare imballaggi.
po|li|ù|ria *s.f.* (*med.*) aumento della normale quantità di urina emessa nelle 24 ore, gener. dovuto al diabete oppure a disturbi renali e nervosi.
po|li|va|lèn|te *agg.* **1** (*chim.*) detto di elemento in grado di variare la valenza e di combinarsi con uno stesso elemento in proporzioni differenti dando origine a composti diversi | polifunzionale **2** (*estens.*) che produce diversi effetti o che serve a più scopi: *disposizione* — | che ha più usi o che offre diversi tipi di servizi: *edificio* — **3** che può avere diversi significati o che si presta a essere variamente interpretato: *espressione* —.
po|li|va|lèn|za *s.f.* **1** (*chim.*) proprietà di elementi polivalenti **2** (*estens.*) caratteristica di ciò che è polivalente.
po|li|vi|nil|clo|rù|ro *s.m.* (*chim.*) materia plastica ottenuta dalla polimerizzazione del cloruro di vinile; si usa per fabbricare lastre, tubi, valvole, giocattoli, nelle apparecchiature elettroniche e per rivestire i conduttori.
po|li|vi|ni|le *s.m.* (*chim.*) ogni prodotto ottenuto dalla polimerizzazione del vinile, usato nella fabbricazione di adesivi, vernici ecc.
po|li|vi|ni|li|co *agg.* [m.pl. *-ci*] (*chim.*) di polivinile.
po|li|zì|a *s.f.* **1** attività di prevenzione, repressione e vigilanza condotta dallo Stato per tutelare l'ordine pubblico e garantire la piena osservanza delle leggi: *misure di* — **2** l'insieme dei servizi e delle persone a cui lo Stato assegna tali compiti | — *giudiziaria*, l'insieme delle forze (Polizia di Stato, Guardia di Finanza, Carabinieri e Polizia penitenziaria) che collaborano con l'autorità giudiziaria e che hanno il compito di prendere notizia dei reati, assumerne le prove e ricercare i colpevoli | — *scientifica*, settore della polizia giudiziaria che si avvale di metodi scientifici per le indagini sui reati | — *tributaria*, quella che ha il compito di combattere l'evasione fiscale e il contrabbando | — *stradale*, quella che ha il compito di disciplinare il traffico | l'ufficio in cui ha sede il personale della Polizia di Stato; commissariato di polizia, questura: *portare qlcu. alla* — **4** auto della Polizia di Stato: *sta per arrivare la* —.
po|li|zié|sco *agg.* [m.pl. *-schi*] **1** di, della polizia:

indagine poliziesca **2** (*estens., spreg.*) di metodo o atteggiamento inquisitorio, violento: *sistema —* **3** di opera letteraria o cinematografica il cui argomento principale è costituito da un delitto e dalle relative indagini della polizia: *romanzo —*.

po|li|ziòt|to *s.m.* [f. *-a*] **1** agente della Polizia di Stato | (*spreg.*) piedipiatti, sbirro | — *privato*, chi è in possesso della licenza per svolgere privatamente indagini poliziesche; detective **2** (*estens.*) chi governa in modo violento e repressivo ♦ *agg.invar.* che appartiene alla Polizia di Stato | *donna —*, donna che per professione presta servizio in polizia | *cane —*, cane addestrato per aiutare e difendere la polizia.

pò|liz|za *s.f.* scrittura privata che attesta un contratto, un'obbligazione o l'avvenuto ricevimento di merce o denaro | — *di assicurazione*, documento attestante un contratto di assicurazione.

pòl|ka *s.f.* → polca.

pól|la *s.f.* fonte d'acqua che scaturisce dal terreno.

pol|là|io *s.m.* **1** locale o recinto per polli e altri volatili da cortile | (*estens.*) l'insieme dei polli e degli altri volatili in un pollaio **2** (*fig., fam.*) luogo disordinato e assai sporco **3** (*fig., fam.*) riunione di persone molto rumorose | gran baccano, chiasso creato spec. da donne che parlano a voce alta.

pol|la|iò|lo *s.m.* [f. *-a*] allevatore e venditore di polli.

pol|là|me *s.m.* l'insieme dei pennuti da cortile, ossia polli, tacchini, anatre e oche allevati per l'alimentazione umana.

pol|là|stra *s.f.* **1** gallina giovane **2** (*fig., scherz.*) ragazza piacente e semplicina.

pol|là|stro *s.m.* [f. *-a*] **1** pollo giovane **2** (*fig., scherz.*) giovane inesperto e ingenuo.

pol|le|rì|a *s.f.* negozio in cui si vendono pollame e uova.

pòl|li|ce *s.m.* **1** (*anat.*) il primo e più grosso dito della mano, opponibile alle altre dita e fornito di due sole falangi | (*fig.*) *avere il — verde*, essere bravi nel giardinaggio **2** antica misura di lunghezza, tuttora in uso nel sistema anglosassone, pari a 1/12 di piede, cioè a 2,54 cm | (*estens.*) misura minima, spazio molto piccolo: *non muoversi di un —*.

pol|li|col|tó|re *s.m.* [f. *-trice*] chi si dedica alla pollicoltura.

pol|li|col|tù|ra *s.f.* pratica e tecnica di allevare il pollame, finalizzate all'alimentazione umana o alla riproduzione di nuovi esemplari | l'allevamento stesso.

pòl|li|ne *s.m.* (*bot.*) polvere costituita da piccolissimi granuli, perlopiù gialla, che si deposita sulle antere di un fiore e che contiene l'elemento riproduttore delle piante fanerogame.

pol|li|nò|si *s.f.* (*med.*) l'insieme delle manifestazioni allergiche dovute alla sensibilizzazione dell'organismo verso i pollini di alcuni fiori.

pol|li|vén|do|lo *s.m.* [f. *-a*] chi vende pollame.

pól|lo *s.m.* **1** gallo o gallina giovani allevati per l'alimentazione umana | (*fig., fam.*) *far ridere i polli*, essere ridicolo; comportarsi in modo balordo | *conoscere i propri polli*, conoscere bene le persone con cui si ha a che fare **2** (*solo sing.*) la carne di tali animali in quanto pietanza: — *arrosto, alla cacciatora* **3** (*fig.*) persona ingenua che si fa prendere in giro facilmente; babbeo, semplicioto.

pol|ló|ne *s.m.* **1** (*bot.*) germoglio che nasce dal tronco o dal rizoma di una pianta **2** (*lett.*) discendente, rampollo.

pol|lu|zió|ne *s.f.* (*fisiol.*) emissione involontaria di sperma durante il sonno.

pol|mo|nà|re *agg.* (*anat., med.*) che riguarda il polmone o i polmoni: *arteria, edema —*.

pol|mo|nà|ria *s.f.* pianta erbacea perenne comune nei boschi, caratterizzata da foglie ruvide macchiate di bianco e fiori violacei riuniti in grappoli; un tempo era ritenuta efficace nella cura delle malattie polmonari.

Pol|mo|nà|ti *s.m.pl.* sottoclasse di Molluschi gasteropodi terrestri o d'acqua dolce, a cui appartengono la chiocciola e la lumaca; hanno la cavità del mantello trasformata in una sorta di polmone.

pol|mó|ne *s.m.* **1** (*anat.*) ciascuno dei due organi della respirazione dei Vertebrati (pesci esclusi) che sono racchiusi nella cavità toracica | *respirare a pieni polmoni*, inspirando ed espirando aria profondamente | *gridare a pieni polmoni*, gridare con tutto il fiato | (*fig., scherz.*) *avere dei buoni polmoni*, detto di chi canta o parla a voce molto alta | (*med.*) — *d'acciaio*, respiratore automatico che determina movimenti passivi della cassa toracica, usato in caso di paralisi dei muscoli dell'apparato respiratorio **2** parte di frattaglie costituita dai polmoni degli animali macellati, usata come vivanda **3** (*fig.*) area verde di un centro urbano, che consente un ricambio di ossigeno e quindi purifica l'aria: *questo parco è il — della città* **4** (*estens.*) centro vitale, elemento propulsore di nuove risorse: *l'agricoltura è il — dell'economia della regione* **5** (*sport*) spec. nel linguaggio calcistico, giocatore dotato di grande resistenza.

pol|mo|nì|te *s.f.* (*med.*) infiammazione dei polmoni.

pò|lo[1] *s.m.* **1** (*geog.*) ciascuno dei due punti estremi di intersezione dell'asse di rotazione di un pianeta o di una stella: *i poli della Terra, del Sole* | — *nord*, nella Terra, quello nell'emisfero artico | — *sud*, nella Terra, quello nell'emisfero antartico **2** (*astr.*) ciascuno dei due punti in cui il prolungamento dell'asse di rotazione terrestre incontra la sfera celeste: *poli celesti* **3** (*estens.*) nella Terra, ciascuna delle regioni geografiche situate intorno a un polo | (*per anton.*) il Polo Nord: *faremo un viaggio al —* | (*fig.*) *dall'uno all'altro —*, in tutto il mondo **4** (*fig.*) situazione, posizione contrapposta a un'altra: *quei due sono sempre ai poli opposti* **5** (*fig.*) in ambito sociale ed economico, centro di attrazione: — *di interesse, di sviluppo* **6** (*fig.*) consorzio di più imprese operanti nello stesso settore: — *industriale, side-*

rurgico **7** (*fig.*) coalizione di più forze politiche unite da interessi e programmi comuni: — *conservatore, progressista* | (*polit., anche ell.*) *il Polo (delle Libertà*), in Italia, coalizione di partiti di centro-destra **8** (*fis.*) punto di un corpo in cui si concentrano caratteristiche opposte rispetto a un altro | — *positivo*, *negativo*, in una pila o in un accumulatore elettrico, ciascuna delle due estremità degli elettrodi | *poli magnetici terrestri*, punti della Terra verso cui si dirige l'ago magnetico della bussola e che non coincidono con i poli geografici.

pò|lo² *s.m. solo sing.* (*sport*) gioco praticato da due squadre composte di quattro cavalieri, che cercano di far entrare nella porta avversaria una palla di legno, colpendola con una mazza.

pò|lo³ *agg.invar., s.f.invar.* maglietta sportiva in lana o cotone, con collo piccolo e allacciatura a due o tre bottoni, simile a quella indossata dai giocatori di polo: *comprare una maglietta —*.

po|lò|nio *s.m.* elemento chimico, metallo radioattivo derivante dalla disintegrazione del radio (*simb.* Po).

pól|pa *s.f.* **1** carne macellata, senza ossa e senza grasso: — *di vitello* **2** parte carnosa e succosa di un frutto: *la — di una pesca* **3** (*anat.*) tessuto molle | — *dentale, dentaria*, quella interna al dente, ricca di vasi sanguigni e di terminazioni nervose **4** (*fig.*) in un discorso o in uno scritto, la parte essenziale; nocciolo, sostanza, succo.

pol|pàc|cio *s.m.* (*anat.*) massa muscolosa situata nella parte posteriore della gamba, sotto il ginocchio.

pol|pa|strèl|lo *s.m.* (*anat.*) parte carnosa dell'ultima falange di ogni dito.

pol|pét|ta *s.f.* **1** (*gastr.*) pietanza di carne o altra sostanza tritata, condita con ingredienti vari e preparata in forme tonde o schiacciate, che viene fritta o cotta in umido | (*fig., scherz.*) *far polpette di qlcu.*, avere la meglio su di lui **2** boccone avvelenato per uccidere cani o altri animali.

pol|pet|tó|ne *s.m.* **1** (*gastr.*) impasto a base di carne tritata e condimenti vari, preparato in forma di grosso cilindro, fritto oppure cotto in umido o al forno **2** (*fig.*) scritto, discorso, opera eccessivamente lunghi, noiosi: *quel romanzo è un —*.

pól|po *s.m.* mollusco marino dei Cefalopodi, diffuso nel Mediterraneo e nell'Atlantico; ha corpo carnoso a forma di sacco, testa larga, occhi grossi e sporgenti, otto lunghi tentacoli muniti di ventose.

pol|pó|so *agg.* **1** detto spec. di frutta, ricco di polpa **2** simile alla polpa: *consistenza polposa*.

pol|pù|to *agg.* detto del corpo umano, che ha molta polpa: *braccia polpute*.

pol|sì|no *s.m.* fascia di stoffa con cui viene ripresa la parte terminale delle maniche di abiti o camicie, chiusa da bottoni o gemelli.

pól|so *s.m.* **1** (*anat.*) parte dell'arto superiore in cui la mano e l'avambraccio si congiungono **2** (*estens.*) in un abito, una giacca, un cappotto ecc., parte terminale della manica **3** (*fisiol.*) dilatazione ritmica dei vasi sanguigni prodotta dalle contrazioni cardiache, avvertibile spec. nel polso: — *regolare, forte* | (*fig.*) *tastare il — a qlcu.*, cercare di scoprirne le intenzioni, di coglierne le capacità, attraverso una serie di domande **4** (*fig.*) energia fisica e morale; autorità, fermezza: *uomo di —*.

pól|ta *s.f.* **1** (*st.*) presso gli antichi Romani, sorta di polenta a base di farina di frumento o fave, diffusa prima del pane, poi divenuta cibo dei poveri e degli schiavi **2** pastone per polli e altri animali da cortile | (*estens.*) poltiglia, intruglio.

pol|ti|glia *s.f.* **1** miscuglio molto liquido di sostanze varie, spec. alimentari | (*estens.*) cibo molliccio e colloso perché eccessivamente cotto | (*fig.*) *ridurre qlcu. in —*, annientarlo, conciarlo male **2** fanghiglia, melma.

pol|trì|re *v.intr.* [*indic.pres. io poltrisco, tu poltrisci...*; *aus. A*] **1** restare pigramente a letto, senza dormire: — *nel caldo delle coperte* **2** (*estens.*) stare in ozio, fare una vita oziosa.

pol|tró|na *s.f.* **1** ampia e comoda sedia con braccioli, gener. imbottita: — *di velluto* **2** nei teatri, posto in platea **3** (*fig.*) incarico di prestigio, posto di potere: — *da dirigente*.

pol|tro|nàg|gi|ne *s.f.* poltroneria.

pol|tron|cì|na *s.f.* nei teatri, posto in galleria.

pol|tró|ne *s.m.* **1** [*f. -a*] persona pigra, che ama starsene in ozio: *aiutami e smettila di fare il —!* **2** bradipo.

pol|tro|ne|rì|a *s.f.* indolenza, pigrizia abituali.

pol|tro|nìs|si|ma *s.f.* nei teatri, poltrona in prima fila.

pól|ve|re *s.f.* **1** (*solo sing.*) l'insieme dei piccolissimi e impalpabili frammenti di terra arida che, per la loro leggerezza, si sollevano con il vento e si depositano su persone e cose: *una stanza piena di —; mobili coperti di —* | (*fig.*) *far mangiare la — a qlcu.*, avere la meglio su di lui, superarlo | *gettare la — negli occhi a qlcu.*, illuderlo, ingannarlo **2** (*solo sing., fig.*) situazione di abbandono, di lunga dimenticanza: *antichi reperti lasciati nella — del deposito* **3** (*estens.*) qualsiasi sostanza naturale o artificiale suddivisa in piccolissimi frammenti: — *di talco, di cacao* | *ridurre in —*, macinare: *ridurre in — il caffè*; (*fig.*) distruggere, annientare **4** ciascuna delle sostanze medicinali composte da uno o vari ingredienti polverizzati, somministrate da sole o mischiate per ottenere paste **5** (*gerg.*) cocaina **6** sostanza esplosiva: — *pirica, da sparo* | (*anche fig.*) *dare fuoco alle polveri*, iniziare per primi le ostilità **7** secondo il racconto biblico, la terra con cui fu plasmato l'uomo e ciò che resta dell'uomo dopo il disfacimento del suo cadavere: *siamo — e — ritorneremo*.

pol|ve|riè|ra *s.f.* **1** deposito di esplosivi, munizioni e sim. **2** (*fig.*) zona o paese che vive in una condizione di guerra latente o in cui le tensioni sociali, politiche o militari fanno presagire l'esplosione di un conflitto.

pol|ve|ri|fì|cio *s.m.* fabbrica di esplosivi.

pol|ve|rì|na *s.f.* **1** sostanza medicinale in polve-

polverio

re 2 (gerg.) sostanza stupefacente in polvere 3 (coll.) additivo usato per sofisticare sostanze alimentari, spec. il vino.

pol|ve|rìo s.m. quantità di polvere che si solleva per il vento o altro veicolo.

pol|ve|riz|zà|bi|le agg. che può essere ridotto in polvere.

pol|ve|riz|zà|re v.tr. 1 ridurre un materiale solido in polvere o in piccoli frammenti: — *il cioccolato* 2 (estens.) ridurre un liquido in goccioline minutissime; nebulizzare 3 coprire con una polvere; spolverizzare: — *la ciambella con lo zucchero* 4 (fig.) annientare, distruggere, stravincere: — *il nemico* | (estens.) superare, battere con ampio margine: — *un record* ♦ **-rsi** intr. pron. ridursi in polvere | (fig.) disperdersi, ridursi a niente: *l'eredità si è polverizzata*.

pol|ve|riz|za|tó|re agg. [f. -trice] che polverizza ♦ s.m. 1 apparecchio per polverizzare sostanze solide 2 nebulizzatore.

pol|ve|riz|za|zió|ne s.f. operazione del polverizzare.

pol|ve|ró|ne s.m. grande quantità di polvere che si solleva per il vento o altro | (fig.) *alzare*, *sollevare un —*, scatenare polemiche, creare confusione spec. per confondere la situazione.

pol|ve|ró|so agg. 1 coperto, pieno di polvere; impolverato: *scaffale —* | (estens.) abbandonato: *carte polverose* 2 (fig.) antiquato, invecchiato: *idee polverose* 3 che è simile a polvere, che ha natura, consistenza di polvere | *neve polverosa*, quella fine e asciutta 4 (lett.) di vento, che solleva e trasporta polvere ovunque.

pol|ve|ru|lèn|to agg. 1 che è in polvere, che nella consistenza e nell'aspetto è simile a polvere: *polline —* 2 (lett.) che è ricoperto di polvere 3 (lett.) che solleva polvere.

po|mà|ta s.f. preparato farmaceutico o cosmetico di consistenza molle; unguento.

po|mel|là|to agg. 1 detto di cavallo con mantello grigio a macchie tondeggianti più chiare o più scure 2 (estens.) macchiato con chiazze tondeggianti.

po|mèl|lo s.m. 1 oggetto sferico usato come impugnatura oppure come ornamento: *i pomelli dell'armadio* 2 la parte più in rilievo e tondeggiante della gota, corrispondente allo zigomo: *aveva i pomelli rossi per il gelo*.

po|me|ri|dià|no agg. del pomeriggio: *ore pomeridiane* | che si svolge o accade nel pomeriggio: *impegno —*; *pioggerella pomeridiana*.

po|me|rìg|gio s.m. parte della giornata compresa tra il mezzogiorno e la sera.

po|mè|rio s.m. nell'antica Roma, spazio intorno le mura, considerato sacro e quindi mantenuto libero da costruzioni.

pòm|fo s.m. → ponfo.

pó|mi|ce s.f. roccia eruttiva effusiva, ruvida, leggera, molto porosa, usata come abrasivo ♦ agg. di pomice: *pietra —*.

po|mi|cià|re v.tr. [indic.pres. *io pómicio...*] (raro) levigare, lucidare con la pomice ♦ intr. [aus. A] (pop.) scambiarsi effusioni amorose, spec. in pubblico.

po|mi|cià|ta s.f. (region., scherz.) scambio di effusioni intime.

pó|mo s.m. 1 (lett.) mela | (estens., pop.) melo 2 (estens.) qualsiasi frutto d'albero simile a una mela | (bot.) falso frutto commestibile, tipico delle Rosacee, la cui polpa è formata dal ricettacolo che dopo la fecondazione si ingrossa e diventa carnoso 3 (lett.) elemento sferico posto all'estremità di oggetti vari, usato come impugnatura oppure come ornamento: *il — dell'ombrello* 4 (anat.) — *d'Adamo*, sporgenza tondeggiante formata dalla laringe nella parte mediana anteriore del collo.

po|mo|dò|ro s.m. [pl. *pomodori*] 1 pianta erbacea annuale, originaria dell'America, diffusa nelle regioni temperate; ha fusto rampicante, piccoli fiori gialli riuniti in grappoli, frutti a bacca 2 il frutto commestibile di tale pianta, rosso e carnoso, usato come vivanda e condimento: *sugo di —* | *diventare rosso come un —*, diventare molto rosso 3 *— di mare*, celenterato diffuso spec. lungo le coste del Mediterraneo; attinia.

pó|mo|lo s.m. impugnatura di forma sferica; maniglia: *— della porta*.

po|mo|lo|gì|a s.f. studio degli alberi da frutto e della loro coltivazione.

póm|pa¹ s.f. 1 (mecc.) macchina che serve a spostare sostanze solide allo stato polverulento o granulare oppure fluidi, spec. a spingere o sollevare liquidi, a rarefare o comprimere gas: *— aspirante, premente, pneumatica, a stantuffo* | *— da bicicletta*, piccola pompa a mano o a pedale, usata per comprimere aria nei pneumatici delle biciclette 2 (estens.) distributore di benzina posto lungo le strade 3 tubo di gomma che si usa per annaffiare 4 (mus.) negli strumenti a fiato, parte mobile del tubo che consente di alzare o abbassare il tono.

póm|pa² s.f. 1 apparato solenne e sfarzoso, in occasione di cerimonie e feste pubbliche o private: *ha celebrato il matrimonio con gran —* | *pompe funebri*, impresa che si occupa delle cerimonie e delle pratiche amministrative di un funerale 2 (estens.) magnificenza, lusso, sfarzo | (scherz.) *in — magna*, sfarzosamente, con eleganza e lusso appariscenti: *vestirsi in — magna*.

pom|pàg|gio s.m. operazione del pompare.

pom|pà|re v.tr. [indic.pres. *io pómpo...*] 1 aspirare o comprimere un liquido o un gas tramite una pompa: — *acqua dal pozzo*; *— uno pneumatico* | (coll.) gonfiare per mezzo di una pompa: — *le gomme della bicicletta* | (assol.) azionare una pompa 2 (fig.) esagerare, ingigantire l'importanza di ql.co.; montare, gonfiare: — *una notizia* | decantare in modo esagerato, promuovere con molta pubblicità.

pom|pà|ta s.f. 1 l'azione del pompare effettuata in un'unica volta | pompaggio rapido e frettoloso 2 (estens.) la quantità di liquido o gas aspirata o immessa in una volta sola mediante una pompa.

pom|pèl|mo *s.m.* **1** albero sempreverde degli agrumi, con foglie ovali, fiori bianchi e profumati, frutti sferici simili a grosse arance **2** il frutto commestibile di tale albero, con buccia gialla o rosata e polpa dal sapore agrodolce: *spremuta di —*.
pom|pét|ta *s.f.* arnese con funzioni aspiranti o prementi, simili a una peretta, azionabile a mano.
pom|piè|re *s.m.* **1** vigile del fuoco **2** (*fig.*, *estens.*) chi cerca di placare le tensioni, le liti, gli scontri politici o sociali: *fare da —*.
pom|pi|sta *s.m./f.* [m.pl. *-i*] chi è addetto a un distributore di benzina.
pompon (*fr.*) [pr. *pompòn*] *s.m.invar.* fiocco o nappa in lana, seta o altro filato, usati come ornamento: *un cappellino col —* ♦ *agg.invar. nella loc.* **ragazze** —, quelle che, durante gli incontri di football o di baseball, sostengono le proprie squadre ai bordi del campo agitando vistosi pompon e gridando slogan.
pom|po|si|tà *s.f.* **1** lusso, sfarzo **2** prosopopea, superbia nell'agire e nel parlare.
pom|pó|so *agg.* **1** fastoso, solenne: *festa pomposa* **2** (*fig.*) detto di persona, presuntuoso, superbo | detto di stile e linguaggio, ampolloso, enfatico □ **pomposamente** *avv.*
pòn|ce *s.m.* punch.
poncho (*sp.*) [pr. *pòncio*] *s.m.invar.* indumento tradizionale dei popoli dell'America latina, simile a un mantello, costituito da un quadrato gener. di lana con un foro al centro per passarvi la testa.
pon|de|rà|bi|le *agg.* **1** (*fis.*) che si può pesare; pesabile **2** (*fig.*) che può o deve essere considerato, meditato.
pon|de|ra|bi|li|tà *s.f.* (*anche fig.*) qualità di ciò che è ponderabile.
pon|de|rà|le *agg.* (*scient.*) relativo al peso: *sistema, unità —*.
pon|de|rà|re *v.tr.* [indic.pres. *io pòndero...*] **1** (*raro*) pesare ql.co. **2** (*fig.*, anche assol.) considerare, analizzare ql.co. con attenzione; riflettere, valutare: *— bene la situazione; prima di decidere devi —*.
pon|de|ra|téz|za *s.f.* qualità di chi riflette bene prima di agire; avvedutezza, senno.
pon|de|rà|to *part.pass. di* ponderare ♦ *agg.* **1** attentamente meditato e valutato: *scelta ponderata* **2** che riflette bene prima di agire: *un tipo —* □ **ponderatamente** *avv.*
pon|de|ra|zió|ne *s.f.* attento esame; riflessione.
pon|de|ró|so *agg.* **1** (*raro*) che ha un peso notevole; pesante: *carico —* **2** (*estens.*, *fig.*) che richiede fatica e impegno; arduo, gravoso: *lavoro — 3* (*fig.*) detto di scritto, oscuro, di difficile lettura e interpretazione: *libro —* □ **ponderosamente** *avv.*
po|nèn|te *s.m.* **1** parte dell'orizzonte in cui tramonta il Sole; occidente, ovest: *dirigersi verso — 2* vento fresco che spira da occidente.
po|nen|ti|no *s.m.* (*region.*) fresca brezza di mare che d'estate, nelle ore pomeridiane, spira sulle coste del Lazio.

pòn|fo o **pòmfo** *s.m.* (*med.*) rigonfiamento tondeggiante della pelle, arrossato e pruriginoso, tipico di alcune malattie della pelle e allergie.
Pòn|gi|di *s.m.pl.* famiglia di Mammiferi dell'ordine dei Primati, diffusi in Asia e in Africa, a cui appartengono gorilla, gibboni, oranghi e scimpanzé; hanno corporatura robusta e arti anteriori più lunghi di quelli posteriori.
pón|go® *s.m.invar.* materiale plastico usato da ragazzi e bambini per modellare figure e per altre attività creative.
pon|tà|to *agg.* (*mar.*) detto di imbarcazione il cui scafo è dotato di ponte di coperta.
pón|te *s.m.* **1** costruzione in legno, ferro, cemento armato o altro materiale, che consente il superamento di un corso d'acqua, di una depressione del terreno o di una via di comunicazione preesistente: *— in muratura, metallico; — pedonale, ferroviario; — ad arco | — girevole*, quello su un tratto d'acqua, che ruota per consentire il passaggio delle navi | *— levatoio*, quello all'ingresso di castelli e fortezze medievali, che si solleva e si abbassa per consentire il passaggio di persone e mezzi | *— sospeso*, quello appeso a grossi cavi di acciaio sostenuti da alti piloni | (*fig.*) *rompere i ponti con qlcu.*, troncare completamente i rapporti | *ne è passata di acqua sotto i ponti!*, espressione usata per indicare come cambiano le situazioni quando trascorre del tempo **2** (*estens.*) qualunque mezzo, struttura di comunicazione o collegamento | *— aereo*, in situazioni di emergenza, collegamento tra due località difficilmente raggiungibili, creato tramite una serie di voli aerei che trasportano persone o cose | *— radio*, collegamento tra due località effettuato tramite radioonde per trasmettere comunicazioni telefoniche, programmi televisivi ecc. **3** (*fig.*) elemento di congiunzione, di unione: *i classici sono il nostro — con il passato* | chi fa da tramite fra due posizioni o due persone: *fare da — tra due rivali* **4** (*fig.*) vacanza che si ottiene inserendo in una festa infrasettimanale e la domenica precedente o successiva, uno o più giorni feriali: *il — di Capodanno* **5** protesi dentaria che sostituisce i denti mancanti, fissata agli altri denti mediante appositi ancoraggi **6** (*mar.*) ciascuno dei piani in legno o ferro che dividono orizzontalmente l'interno di una nave: *— di comando, di coperta* **7** (*edil.*) struttura provvisoria in legno o ferro che consente ai muratori di eseguire lavori in altezza **8** (*mecc.*) gruppo anteriore o posteriore di un autoveicolo, in cui si trovano il differenziale e i due semiassi che trasmettono il moto alle ruote **9** (*sport*) esercizio ginnico consistente nell'arcuare il corpo all'indietro fino a toccare la terra con le mani o la testa **10** (*sport*) nella lotta libera, posizione difensiva assunta dall'atleta che s'inarca con il corpo all'indietro appoggiando la testa a terra, in modo da evitare di toccare il tappeto con le spalle **11** (*sport*) nel basket e nel calcio, azione fallosa commessa da un giocatore che, anziché contendere la palla all'avversario, piega la schiena in

avanti provocandone la caduta **12** (*mus.*) nella sonata, transizione che unisce il primo al secondo tema; passaggio **13** (*anat.*) — *di Varolio*, tratto dell'encefalo, situato tra il midollo allungato e il mesencefalo ♦ *agg.invar.* spec. in ambito politico o amministrativo, detto di ciò che ha una durata limitata, che funge da soluzione provvisoria in attesa di quella definitiva: *governo* —.

pon|té|fi|ce *s.m.* **1** nell'antica Roma, membro del collegio sacerdotale, incaricato di vigilare sul culto | — **massimo**, il capo di tale collegio **2** nella Chiesa cattolica, il Papa: *sommo* —.

pon|teg|gia|tó|re *s.m.* [f. *-trice*] (*edil.*) operaio addetto alla costruzione di ponti e ponteggi; pontista.

pon|tég|gio *s.m.* (*edil.*) il complesso delle strutture provvisorie in legno o acciaio, su cui sostano gli operai durante la costruzione di un edificio; impalcatura.

pon|ti|cèl|lo *s.m.* **1** ponte di dimensioni ridotte **2** (*mus.*) negli strumenti ad arco, tavoletta in legno arcuata con apposite tacche, che serve a tenere sollevate le corde e a trasmettere le vibrazioni alla cassa armonica **3** nelle montature degli occhiali, tratto incurvato che unisce i due cerchi con le lenti **4** nelle armi portatili, protezione metallica che riveste il grilletto **5** (*elettr.*) in un circuito, elemento di collegamento mobile fra due punti.

pon|tiè|re *s.m.* (*mil.*) soldato del Genio addetto alla costruzione di ponti e collegamenti.

pon|ti|fi|cà|le *agg.* **1** nell'antica Roma, relativo al pontefice: *collegio* — **2** nella Chiesa cattolica, relativo al Papa o al vescovo: *cattedra* — **3** (*scherz.*) esageratamente solenne e maestoso: *assumere un tono* — ♦ *s.m.* **1** messa solenne celebrata da un vescovo con abito pontificale o dal Papa: *partecipare al* — **2** libro del rituale per le funzioni celebrate dal Papa o dai vescovi.

pon|ti|fi|cà|re *v.intr.* [indic.pres. *io pontifico, tu pontifichi*...; aus. *A*] **1** detto del Papa o di un vescovo, celebrare un pontificale **2** (*fig., scherz.*) assumere un tono saccente, di ostentata superiorità: *non supporto le persone che pontificano*.

pon|ti|fi|cà|to *s.m.* **1** nell'antica Roma, dignità del pontefice **2** nella Chiesa cattolica, titolo e ufficio del pontefice; papato | periodo di tempo durante il quale il Papa svolge il suo ufficio.

pon|ti|fi|cio *agg.* [f.pl. *-cie*] **1** nell'antica Roma, relativo al collegio del pontefice **2** nella Chiesa cattolica, relativo al Papa: *sede pontificia*.

pon|ti|le *s.m.* struttura portuale in cemento armato, acciaio o legno, protesa dalla riva verso il mare, che consente l'attracco e l'ormeggio delle imbarcazioni.

pon|ti|sta *s.m./f.* [pl. *-i*] ponteggiatore.

pon|tó|ne *s.m.* (*mar.*) galleggiante di notevoli dimensioni a fondo piatto, con prua e prora rettangolari, usato per trasportare grossi carichi o sostenere ponti provvisori.

pony (*ingl.*) *s.m.invar.* **1** cavallo di piccola taglia, originario della Scozia e dell'Irlanda, provvisto di pelo lungo e ruvido **2** abbreviazione di pony express.

pony express® (*ingl.*) [pr. *pòni èkspres*] *loc.sost. m.invar.* **1** società privata che si occupa del ritiro e del recapito in tempi brevi di merci e corrispondenza **2** (*anche f.*) fattorino motorizzato che lavora per tale società.

pool (*ingl.*) [pr. *pùl*] *s.m.invar.* **1** (*econ.*) accordo fra imprese dello stesso settore, stipulato al fine di limitare la concorrenza; cartello di imprese **2** organismo internazionale che si occupa della gestione di materie prime o servizi **3** gruppo di persone che svolgono lo stesso lavoro; équipe: — *di giornalisti* | — **antimafia**, gruppo di giudici che conducono le inchieste contro la mafia.

pop[1] (*ingl.*) *agg.invar.* **1** detto di ciò che si diffonde ampiamente spec. fra i giovani; popolare: *moda, cultura* — **2** che si ispira alla pop-art o alla pop-music: *pittore, cantante* —.

POP[2] *s.m.* (*inform.*) in Internet, protocollo che consente a un server di gestire traffici di posta elettronica.

pop art (*ingl.*) *loc.sost.f.invar.* corrente artistica d'avanguardia che si sviluppò negli Stati Uniti agli inizi degli anni Sessanta del Novecento, basata sull'uso di motivi, forme e oggetti strettamente legati alla civiltà dei consumi, attinti spec. dai mezzi di comunicazione di massa.

popcorn (*ingl.*) *s.m.invar.* granoturco soffiato, ottenuto facendo scoppiare i chicchi a fuoco vivace in un recipiente con poco olio.

pò|pe *s.m.invar.* nella Chiesa greco-ortodossa, appellativo del sacerdote.

popeline (*fr.*) [pr. *popelin*] *s.f./m.invar.* tessuto in cotone, lana o seta con l'ordito più fitto della trama.

pop jazz (*ingl.*) [pr. *pop gezz*] *loc.sost.m.invar.* genere musicale in cui si fondono elementi della pop music e del jazz.

pò|pli|te *s.m.* (*anat.*) regione posteriore del ginocchio.

pop music (*ingl.*) [pr. *pop miùsik*] *loc.sost.f.invar.* genere musicale sviluppatosi negli anni Sessanta del Novecento, fortemente legato al mondo giovanile, caratterizzato dalla rottura con gli schemi formali della canzone tradizionale e da un maggiore risalto del ritmo rispetto alla melodia.

po|po|la|mén|to *s.m.* insediamento di una popolazione in un dato territorio.

po|po|là|no *agg.* che appartiene al popolo | proprio della cultura popolare: *usanza popolana* ♦ *s.m.* [f. *-a*] chi appartiene al popolo, alle classi popolari.

po|po|là|re[1] *v.tr.* [indic.pres. *io pòpolo*...] **1** rendere abitato un territorio mediante insediamenti: — *un paese abbandonato*; — *di storioni il parco ittico* **2** abitare, dimorare in un luogo: *antiche tribù germaniche popolarono il basso e il medio Reno*; *il campanile era popolato da pipistrelli* **3** affollare, riempire: *i manifestanti popolarono la piazza* ♦ **-rsi** *intr.pron.* **1** diventare po-

poloso, abitato 2 riempirsi di gente, affollarsi: *i paesini delle coste si popolano solo in estate*.
po|po|là|re² *agg.* 1 che riguarda il popolo in quanto insieme di tutti i cittadini: *volontà* — 2 del popolo, inteso come insieme delle classi meno abbienti | costruito, realizzato per tali classi: *palazzine popolari*; *spettacolo* — 3 che tutela gli interessi dei ceti meno abbienti: *legislazione* — 4 che appartiene alla cultura di un popolo: *proverbi, tradizioni popolari*; *le novelle popolari toscane* 5 che gode le simpatie del popolo; diffuso, famoso: *giocatore, attore, cantante* — 6 di forma di governo in cui il popolo partecipa attivamente 7 (*st.*) in età comunale, che appartiene al ceto composto da borghesia e artigiani, intermedio tra nobiltà e plebe ♦ *s.m./f.* membro del Partito popolare italiano □ **popolarmente** *avv.* 1 da parte del popolo o presso il popolo 2 in modo che possa essere facilmente compreso dal popolo 3 comunemente, generalmente.
po|po|la|ré|sco *agg.* [m.pl. -*schi*] proprio del popolo, caratteristico dei suoi gusti e della sua mentalità: *modi popolareschi*.
po|po|la|ri|tà *s.f.* 1 carattere di ciò che è proprio del popolo: — *di linguaggio* 2 consenso che ql.co. ottiene presso il popolo: *la riforma della scuola non ha riscosso molta* — | notorietà: *i cantanti del Festival godono di vasta* —.
po|po|la|zió|ne *s.f.* 1 l'insieme degli abitanti di una nazione, una città, un territorio: — *italiana, di Roma, della costa* | l'insieme degli individui di un territorio che hanno caratteristiche comuni ma non appartengono a uno stesso gruppo etnico: *le antiche popolazioni nordiche* | (*estens., raro*) popolo, nazione 2 l'insieme delle persone che durante un dato periodo sono accomunabili in base a certe caratteristiche: *la* — *scolastica* 3 (*stat.*) gruppo costituito da un certo numero di unità che vengono classificate in base a una o più caratteristiche 4 (*biol.*) l'insieme degli animali e delle piante che vivono in un dato ambiente o luogo geografico: — *lacustre, della foresta*.
po|po|la|zio|ni|smo *s.m.* → **populazionismo**.
po|po|li|no *s.m.* (*spreg.*) il popolo socialmente e culturalmente più arretrato.
pò|po|lo *s.m.* 1 l'insieme delle persone che, vivendo in un dato territorio, in una nazione o città, o avendo in comune origini, lingua, tradizioni e cultura, costituiscono una collettività omogenea: *il* — *italiano, i popoli slavi* | il complesso dei cittadini di uno Stato, in contrapposizione alla classe dirigente: *un presidente molto stimato dal* — | *a furor di* —, per unanime volontà di tutti i cittadini | *a voce di* —, a richiesta di tutti i cittadini 2 l'insieme delle classi sociali socialmente ed economicamente più modeste: *gente del* — | *donna del* —, popolana 3 (*st.*) in età comunale, il ceto composto dalla borghesia e dagli artigiani, intermedio tra nobiltà e plebe 4 l'insieme delle persone che appartengono alla stessa fede religiosa: *il* — *cristiano, musulmano, protestante* 5 gruppo di persone che condividono gli stessi interessi: *il* — *dei tifosi* 6 (*raro*) folla, moltitudine di persone: *un confluire di* — | in riferimento ad animali, branco, stormo ecc.: *un* — *di insetti*.
po|po|ló|so *agg.* che ha numerosi abitanti: *regione popolosa*.
po|pó|ne *s.m.* 1 (*region.*) melone 2 (*scherz.*) gobba 3 (*fig.*) individuo sciocco, babbeo.
póp|pa¹ *s.f.* la parte posteriore di una nave o di un'imbarcazione, opposta alla prua | *navigare col vento in* —, navigare con il favore del vento; (*fig.*) procedere senza incontrare difficoltà.
póp|pa² *s.f.* 1 (*pop.*) mammella 2 (*lett.*) petto.
pop|pàn|te *s.m./f.* 1 bambino che non è stato ancora svezzato; lattante 2 (*fig., iron.*) giovane inesperto che assume atteggiamenti da persona vissuta.
pop|pà|re *v.tr., intr.* [indic.pres. *io póppo*...; aus. A] succhiare il latte dalla mammella o dal poppatoio.
pop|pà|ta *s.f.* ciascun pasto del lattante | (*estens.*) quantità di latte poppato in tali pasti.
pop|pa|tó|io *s.m.* bottiglia in vetro o plastica, dotata di tettarella in gomma, usata nell'allattamento artificiale; biberon.
pop|pa|vì|a *s.f.* (*mar.*) orientamento a poppa.
pop|pié|re *s.m.* rematore che manovra a poppa | marinaio che sta a poppa.
pop|pié|ro *agg.* (*mar.*) di poppa, che sta a poppa o è orientato a poppa.
pop star (*ingl.*) *loc.sost.f.invar.* musicista, cantante pop di grande successo.
po|pu|la|zio|ni|smo o **popolazionismo** *s.m.* corrente politica e sociale favorevole all'incremento demografico.
po|pu|li|smo *s.m.* 1 (*st.*) movimento politico russo, sviluppatosi verso la fine del XIX sec., che mirava a instaurare un socialismo di tipo contadino 2 (*polit., estens.*) movimento o atteggiamento politico che esalta il popolo e i suoi valori 3 (*spreg.*) atteggiamento demagogico tendente a conquistare il consenso del popolo con argomenti allettanti 4 in ambito artistico o letterario, raffigurazione idealizzata del popolo in quanto unico depositario di valori etici positivi.
po|pu|li|sta *agg.* [m.pl. -*i*] populistico ♦ *s.m./f.* 1 (*polit.*) sostenitore del populismo 2 (*spreg.*) chi adotta un atteggiamento demagogico.
po|pu|li|sti|co *agg.* [m.pl. -*ci*] relativo al populismo, che ne possiede i caratteri: *principi populistici*.
pòr|ca *s.f.* (*agr.*) striscia sopraelevata di terreno, posta tra due solchi paralleli.
por|cài|o¹ *s.m.* 1 luogo molto sporco, sudicio 2 (*fig.*) situazione o ambiente immorale.
por|cài|o² *s.m.* [f. -*a*] guardiano di porci.
por|cà|ta *s.f.* 1 azione sleale e indegna; carognata 2 espressione o azione volgare; oscenità 3 (*coll.*) cosa fatta male dal punto di vista artistico, estetico ecc.: *questo romanzo è una* —.
por|cel|là|na¹ *s.f.* 1 mollusco diffuso nei mari temperati, caratterizzato da una conchiglia traslucida 2 materiale ceramico bianco a pasta vetrosa, impermeabile, traslucido e a grana molto

fine, ricavato tramite cottura di sostanze argillose; si usa per fabbricare stoviglie, sanitari, isolanti elettrici ecc. 3 (estens.) oggetto, spec. artistico, fabbricato con tale materiale.

por|cel|là|na² s.f. pianta erbacea, spesso infestante, con foglie carnose commestibili e piccoli fiori gialli.

por|cel|la|nà|to agg. ricoperto di uno smalto bianco e traslucido, simile a porcellana: *vasca porcellanata.*

por|cel|lì|no s.m. **1** piccolo del maiale: *la scrofa ha partorito cinque porcellini* **2** (fig., scherz.) bambino cicciottello | bambino che si sporca spec. quando mangia o gioca: *sei sudicio come un —!* **3** salvadanaio a forma di porcellino **4** *— d'India*, cavia **5** *— di terra*, crostaceo terrestre di piccole dimensioni, simile all'onisco.

por|cèl|lo s.m. [f. -a] **1** maiale giovane **2** (fig., spec.scherz.) persona sporca, che spesso trascura l'igiene | persona che si esprime o si comporta in modo volgare **3** (fig., fam.) persona grossa che non si pone limiti nel mangiare.

por|cel|lò|ne s.m. [f. -a] (fig., scherz.) persona che non ama la pulizia e spesso è sporca: *pulisciti la bocca, —!* | persona dal linguaggio o dai modi volgari.

por|che|rì|a s.f. **1** cosa sporca o insieme di cose sporche | lordura, sudiciume | (spec.pl., euf.) escremento, spec. di animale domestico **2** (estens.) cosa da buttare, inutile: *in camera ha un sacco di porcherie* **3** (estens.) cibo o bevanda dal sapore disgustoso o che si ritiene possa far male: *smettila di mangiare queste porcherie!* **4** (fig., fam.) azione sleale e indegna fatta ai danni di qlcu.: *combinare una — a qlcu.* **5** (fig.) espressione o azione volgare, indecente; schifezza: *non si fanno porcherie quando si mangia* **6** (fig., fam.) cosa brutta, fatta male, di scarso o nessun valore: *ho visto un film che era una vera —.*

por|chét|ta s.f. (gastr.) maiale da latte svuotato delle interiora, cotto intero allo spiedo o al forno, riempito di sale, pepe, aglio, rosmarino e lardo; è una specialità romana.

por|ci|là|ia s.f. porcile.

por|ci|le s.m. **1** ricovero per i maiali **2** (fig.) luogo molto sporco: *questa casa è un —!*

por|cì|no agg. di porco: *carne porcina* | simile a porco | *occhi porcini*, occhi piccoli, tondi, come quelli del maiale ♦ s.m. fungo commestibile molto pregiato delle Boletacee, con grosso gambo biancastro terminante in un cappello spugnoso, di colore bruno-castano sulla parte superiore, giallastro su quella inferiore.

pòr|co s.m. [f. -a; m.pl. -ci] **1** maiale, spec. quello domestico | *grasso come un —*, molto grasso | *sudicio come un —*, molto sporco | *mangiare come un —*, mangiare in maniera ingorda **2** (estens., solo sing.) la carne del maiale: *salame di —* **3** (fig.) chi non cura l'igiene personale | chi si esprime o si comporta in modo osceno: *quel ragazzo sta facendo il —* **4** (fig.) chi agisce in modo sleale ai danni di qlcu.: *quel — non la passerà liscia!* **5** (lett.) cinghiale ♦ agg. **1** (pop., spreg.) maledetto, schifoso: *che porca vita!* | **fare i propri porci comodi**, pensare solo a se stessi, senza preoccuparsi di creare problemi o seccature agli altri **2** (volg., con valore inter.) in bestemmie, imprecazioni o esclamazioni, esprime rabbia, impazienza, contrarietà: — *mondo!*; — *cane!*; *porca miseria!*; — *Giuda!*

por|co|spì|no s.m. [pl. *porcospini*] **1** istrice **2** (fig.) persona molto scontrosa.

pòr|fi|do s.m. (geol.) roccia di origine vulcanica, molto dura, composta spec. da quarzo e ortoclasio, di colore verde, violetto, rosso o grigio, usata per pavimentazioni stradali, monumenti, scale ecc.

por|fi|rì|co agg. [m.pl. -ci] (min.) detto di roccia composta da grossi cristalli immersi in una pasta vetrosa o cristallina.

pòr|ge|re v.tr. [indic.pres. *io porgo, tu porgi...*| pass.rem. *io porsi, tu porgésti...*; part.pass. *porto*] **1** offrire ql.co. a qlcu. in modo che possa prenderlo; dare, tendere: — *un vassoio, un libro* | — *la mano a qlcu.*, avvicinargliela affinché la stringa; (fig.) soccorrerlo, aiutarlo **2** (fig.) prestare, offrire: — *l'occasione* | — **orecchio**, **ascolto**, prestare la massima attenzione **3** nelle formule di cortesia scritte, presentare: — *vivissimi auguri, sentite condoglianze* **4** (assol.) recitare in pubblico, facendo le dovute pause e usando le parole e i gesti appropriati: — *con stile.*

Po|rì|fe|ri s.m.pl. tipo di animali acquatici, invertebrati, a cui appartengono le spugne; si caratterizzano per il corpo sacciforme dotato di pareti con numerosi forellini e canali dai quali penetra l'acqua.

pòr|no agg.invar. pornografico: *rivista —.*

por|no|gra|fì|a s.f. rappresentazione o descrizione di immagini o temi osceni.

por|no|grà|fi|co agg. [m.pl. -ci] che riguarda la pornografia | che ha carattere di pornografia, che si basa sulla pornografia; osceno: *film —.*

por|nò|gra|fo s.m. [f. -a] autore di scritti, disegni o spettacoli pornografici.

por|no|shòp [pr. *pornosciòp*] s.m.invar. negozio che vende articoli pornografici e strumenti per pratiche erotiche.

por|no|stàr s.f.invar. attore o attrice di successo, protagonista di spettacoli o film pornografici.

pò|ro s.m. **1** (anat.) ciascuno degli orifizi microscopici presenti nella superficie di un organo, che servono a metterlo in comunicazione con l'esterno | *pori sudoriferi*, quelli presenti sulla pelle, in cui sboccano le ghiandole sudoripare e sebacee | (fig.) **sprizzare felicità**, **salute da tutti i pori**, essere felicissimo, godere di perfetta salute | **sprizzare rabbia**, **invidia**, **veleno da tutti i pori**, essere in preda a una forte rabbia, essere molto invidioso **2** ciascuna delle piccole cavità presenti nell'interno o sulla superficie di corpi solidi e compatti: *i pori della carta, del legno.*

po|ro|si|tà s.f. **1** caratteristica di ciò che è poroso | (estens., spec.pl.) poro: *le — della terracotta* **2** (fis.) proprietà di un corpo che presenta piccole cavità nella sua struttura molecolare.

po|ró|so *agg.* **1** che ha numerosi pori: *roccia porosa* **2** detto della pelle, spec. di quella del viso, che presenta dilatazione dei pori.

pór|po|ra *s.f.* **1** sostanza colorante rossa, anticamente ricavata da un mollusco marino e oggi prodotta chimicamente **2** colore rosso vermiglio, simile a quello della porpora | (*fig.*) **essere, diventare, farsi di —**, arrossire vistosamente **3** stoffa tinta di porpora | indumento di pregio, confezionato con tale stoffa, simbolo di potere e di alte dignità **4** (*estens., fig.*) titolo, dignità cardinalizia: *elevare alla —* ♦ *agg.invar.* di colore rosso vermiglio.

por|po|rà|to *s.m.* (*eccl.*) cardinale.

por|po|rì|na *s.f.* **1** pigmento rosso, usato per tingere filati e stoffe **2** polvere metallica colorante molto fine, usata per ricoprire oggetti vari o per ottenere una tinta dorata o argentata.

pór|re *v.tr.* [indic.pres. *io pongo, tu poni, egli pone, noi poniamo, voi ponéte, essi póngono*; pass.rem. *io posi, tu ponésti, egli pose, noi ponémmo, voi ponéste, essi pósero*; fut. *io porrò...*; congiunt.pres. *io ponga..., noi poniamo, voi poniate, essi póngano*; condiz. *io porrèi...*; part.pass. *posto*] **1** collocare, mettere; sistemare: *— i documenti nel cassetto, le rose nel vaso; — in ordine i fogli, la macchina al riparo* | **— mano a ql.co.**, iniziarlo | **— piede in un luogo**, entrarvi | **— gli occhi, lo sguardo su ql.co. o qlcu.**, guardarlo, fissarlo con desiderio | **— fine, termine a ql.co.**, concluderlo | **— un limite, un freno a ql.co.**, limitarlo, frenarlo | **— mente a ql.co.**, rifletterci con attenzione | **— a confronto**, mettere a confronto **2** appoggiare, posare; deporre: *— il cappello sul tavolo; — una mano sulla spalla* **3** (*fig.*) ammettere, ipotizzare; supporre: *poniamo che stia dicendo la verità* **4** formulare, rivolgere; presentare: *— una serie di dubbi* | **— una domanda, una questione**, impostarla **5** (*assol.*) spec. nelle lapidi sepolcrali o commemorative, dedicare: *gli amici fedeli posero* **6** (*anche fig.*) fissare, piantare: *— un terreno a olivi; — le basi di un rapporto* ♦ **-rsi** *rifl.* (*anche fig.*) collocarsi, mettersi: *— a sedere, in disparte; — in contatto* ♦ *intr.pron.* presentarsi, proporsi: *non si è posto il problema*.

pòr|ro *s.m.* **1** pianta erbacea coltivata nelle zone temperate come ortaggio; ha bulbo bianco commestibile e foglie tubolari di colore verde chiaro **2** (*med.*) escrescenza dura e tondeggiante della pelle | (*estens., fam.*) verruca.

pòr|ta *s.f.* **1** apertura ricavata nel muro di una stanza, di un edificio, di una recinzione o della cinta muraria di una città, per consentire l'entrata e l'uscita: *passare, uscire per la —* | serramento che si applica a tale apertura, costituito da uno o due battenti: — **blindata**; *chiudere a chiave la —* | **— antincendio, di sicurezza**, nei locali pubblici, quella che, in caso di incendio, permette un rapido sfollamento | *— a*, accanto, vicino: *abitare — a —* | **a porte chiuse**, escludendo il pubblico: *processo a porte chiuse* | **fuori —**, nei dintorni, nella periferia di un centro urbano | **mettere alla — qlcu.**, scacciarlo in malo modo | (*fig.*) **battere, bussare a tutte le porte**, chiedere aiuto a tutti supplicando | **chiudere la — in faccia a qlcu.**, negargli qualunque forma di aiuto o di assistenza **2** (*fig.*) ingresso, passaggio che consente il raggiungimento di una meta o di entrare in comunicazione con ql.co.: *questo risultato è una — per il successo*; *le buone azioni sono la — del Paradiso* | **trovare la — chiusa, tutte le porte chiuse**, ottenere soltanto una serie di rifiuti **3** sportello di un mobile; anta: *la — dell'armadio* | sportello di un veicolo; portiera: *la — della macchina, del treno* **4** (*sport*) in alcuni giochi di squadre come il calcio e la pallanuoto, ciascuna delle due intelaiature rettangolari fornite di rete, poste alle due estremità del campo, in cui le squadre cercano di mandare la palla o il disco per segnare i punti: *tirare in —* | nello sci, paletto colorato che indica il passaggio obbligato per i concorrenti delle gare di slalom **5** (*geog.*) valico di montagna; passo **6** (*inform.*) interfaccia esterna dell'unità centrale di un computer che permette il collegamento con un'unità periferica **7** (*anat.*) orifizio di un organo cui penetrano e da cui fuoriescono i vasi sanguigni, i tronchi nervosi e i dotti escretori ♦ *agg.invar.* solo nella loc. (*anat.*) **vena —**, vena che raccoglie il sangue proveniente dallo stomaco, dall'intestino e dalla milza per portarlo al fegato.

pòr|ta- primo elemento di parole composte che indica contenimento (*portacipria*), trasporto (*portaerei*), sostegno (*portasciugamani*), custodia (*portamonete*) o apporto (*portafortuna*).

por|ta|à|ghi *s.m.invar.* **1** contenitore per aghi da cucito | scatolina con coperchio di stoffa imbottita su cui si appuntano aghi e spilli **2** (*med.*) speciale pinza chirurgica che serve ad afferrare e a manovrare gli aghi da sutura.

por|ta|ba|gà|gli *s.m.invar.* **1** facchino **2** struttura in metallo che si applica sul tetto di un veicolo per trasportare bagagli, pacchi e sim. | nei mezzi pubblici di trasporto, ripiano per i bagagli a mano posto sopra i sedili **3** (*fam.*) negli autoveicoli, bagagliaio ♦ *agg.invar.* che serve a contenere i bagagli: *vano — della macchina* | che serve a trasportare i bagagli: *carrello —*.

por|ta|ban|diè|ra *s.m./f.invar.* **1** chi sorregge la bandiera durante una sfilata **2** (*fig.*) esponente principale di un movimento politico o culturale: *D'Annunzio fu il — del decadentismo*.

por|ta|bian|che|rì|a *agg.invar., s.m.invar.* detto di mobile o contenitore per biancheria da lavare.

por|tà|bi|le *agg.* **1** che si può trasportare: *carico —* | di indumento, che si può indossare: *cappotto non più —*.

por|ta|bì|ti *s.m.invar.* sostegno a cui si appendono gli abiti in modo che non si sgualciscano.

por|ta|bor|ràc|ce *s.m./f.invar.* (*sport*) nel ciclismo, gregario che ha il compito di rifornire d'acqua il capitano di una squadra.

por|ta|bór|se *s.m./f.invar.* (*spreg.*) assistente, collaboratore di un politico o di un personaggio potente, che si comporta in modo servile ed eccessivamente ossequioso nei suoi confronti.

por|ta|bot|ti|glie *s.m.invar.* scaffale in cui si pongono orizzontalmente le bottiglie per conservarle | cestello suddiviso in scompartimenti per trasportare le bottiglie.

por|ta|càr|te *agg.invar.*, *s.m.invar.* detto di custodia in pelle o in altro materiale in cui si ripongono in ordine documenti, carte e sim.: *cartella —*.

por|ta|cé|ne|re *s.m.invar.* recipiente usato per raccogliere la cenere, i mozziconi di sigari e di sigarette; posacenere.

por|ta|chià|vi *agg.invar.*, *s.m.invar.* detto di custodia o anello in cui si raccolgono le chiavi.

por|ta|ci|pria *agg.invar.*, *s.m.invar.* detto di astuccio piatto da borsetta che contiene la cipria, uno specchietto e un piumino: *scatola —*.

por|ta|co|ló|ri *s.m./f.invar.* (*sport*) spec. nell'ippica e nel ciclismo, atleta o fantino che gareggia per conto di una scuderia o di una società indossandone i colori.

por|ta|di|schi *agg.invar.*, *s.m.invar.* detto di mobile o album in cui si ripongono i dischi musicali.

por|ta|e|li|còt|te|ri *agg.invar.*, *s.f.invar.* detto di nave militare dotata di attrezzatura per il trasporto, il decollo e l'atterraggio di elicotteri.

por|ta|è|rei *s.f.invar.* nave militare di grandi dimensioni, fornita di ampio ponte di volo per il decollo e l'atterraggio di aerei ♦ *s.m.* grosso aereo adatto al trasporto di uno o più aviogetti di mole ridotta ♦ *agg.invar.* che è adatto al trasporto, al decollo e all'atterraggio di aerei: *aereo, nave —*.

por|ta|fe|ri|ti *s.m.invar.* soldato addetto al trasporto dei feriti.

por|ta|fi|nè|stra o **pòrta-finèstra** *s.f.* [pl. *porte-finestra* o *porte-finestre*] finestra apribile sino a terra che illumina l'ambiente interno e permette anche il passaggio delle persone.

por|ta|fió|ri *agg.invar.*, *s.m.invar.* detto di sostegno o di vaso per contenere fiori recisi.

por|ta|fò|gli *s.m.* portafoglio.

por|ta|fò|glio *s.m.* **1** custodia tascabile in pelle o altro materiale, suddivisa in scompartimenti, per riporvi denaro e documenti personali | *alleggerire qlcu. del —*, rubarglielo | *avere il — ben fornito, gonfio*, avere molto denaro | *mettere mano al —*, pagare | *gonna a —*, gonna aperta che si sovrappone intorno ai fianchi e si allaccia in vita **2** (*estens.*) borsa che serve a contenere documenti, in partic. quella che i ministri usano per riporre le pratiche relative al loro ufficio | (*fig.*) la carica o la funzione di ministro; ministero: *il — degli Interni* | *ministro senza —*, membro del governo che ha il titolo di ministro ma che non è titolare di un dicastero **3** (*econ.*) l'insieme delle cambiali e dei titoli di credito detenuti da un'impresa o da una banca.

por|ta|for|tù|na *agg.invar.*, *s.m.invar.* **1** detto di oggetto a cui si attribuisce la facoltà magica di influire positivamente sul destino, di portare fortuna: *ciondolo —* **2** detto di animale o persona la cui sola vista si ritiene possa essere di buon auspicio: *gobbo —*.

por|ta|fo|to|gra|fi|e *s.m.invar.* album o cornice per fotografie.

por|ta|frùt|ta *s.m.invar.* fruttiera ♦ *agg.invar.* che è adatto a contenere frutta: *vassoio —*.

por|ta|giò|ie *agg.invar.*, *s.m.invar.* detto di cofanetto in cui si conservano o trasportano i gioielli.

por|ta|im|mon|di|zie *agg.invar.*, *s.m.invar.* detto di contenitore per la spazzatura; pattumiera: *bidone —*.

por|ta|im|prón|ta *s.m.invar.* strumento usato dal dentista, su cui si distribuisce la pasta per rilevare l'impronta dei denti.

por|ta|làm|pa|da *s.m.invar.* dispositivo su cui si innesta una lampadina elettrica.

por|ta|le *s.m.* **1** porta monumentale di una chiesa o di un palazzo **2** (*tecn.*) struttura statica che si ricava collegando una trave orizzontale con due travi verticali **3** (*inform.*) sito di grandi dimensioni che fornisce diversi servizi e informazioni.

por|ta|lèt|te|re *s.m./f.invar.* impiegato delle poste addetto al recapito a domicilio della corrispondenza; postino.

por|ta|ma|ti|te *s.m.invar.* astuccio in cui riporre le matite.

por|ta|mén|to *s.m.* modo di atteggiare la persona, spec. nel camminare e nel muoversi: *una donna dal — disinvolto* **2** (*estens., fig.*) modo di agire, di comportarsi.

por|ta|mi|na o **portamine** *s.m.invar.* matita automatica costituita da un cannello in cui si trova la mina e da un pulsante che ne comanda l'uscita | parte del compasso in cui si inserisce la punta di grafite.

por|ta|mis|si|li *s.m.invar.* attrezzatura militare adibita al trasporto e al lancio di missili, di cui sono dotate uniti navali e aeree | (*estens.*) l'aereo munito di tale attrezzatura ♦ *s.f.* nave munita di tale attrezzatura ♦ *agg.invar.* che è in grado di trasportare missili e di lanciarli: *nave, aereo —*.

por|ta|mo|né|te *s.m.invar.* contenitore tascabile in pelle o altro materiale per riporvi le monete metalliche; borsellino.

por|ta|mu|ni|zió|ni *s.m.invar.* soldato addetto al trasporto delle munizioni.

por|tàn|te *part.pres. di* portare ♦ *agg.* **1** detto di elemento o struttura che, in edifici o macchinari, serve a sostenere il carico: *trave —* | *muro —*, quello su cui grava il peso di una costruzione **2** (*fig.*) che serve da sostegno; essenziale: *il commercio è l'elemento — dell'economia nazionale* ♦ *s.m.* ambio del cavallo.

por|tan|ti|na *s.f.* **1** spec. nel Settecento, sedia o cabina fissata a lunghe stanghe, usata per il trasporto di una persona e sorretta da due o più uomini **2** (*raro*) lettiga usata per trasportare ammalati; barella.

por|tan|ti|no *s.m.* **1** un tempo, chi era addetto al trasporto delle portantine **2** [f. -*a*] negli ospedali, inserviente addetto al trasporto degli ammalati in lettiga; barelliere.

por|tàn|za *s.f.* **1** la capacità massima di carico di una struttura: — *di un ponte* **2** *(aer.)* la componente verticale, diretta verso l'alto, della forza aerodinamica che agisce sull'ala di un aereo consentendogli di mantenersi in volo.

por|ta|og|get|ti *agg.invar., s.m.invar.* detto di supporto o contenitore per oggetti vari: *vano, mensola* — | *(scient.) vetrino* —, vetrino su cui vengono appoggiati i materiali da sottoporre a esame microscopico.

por|ta|om|brel|li *agg.invar., s.m.invar.* detto di grande vaso o contenitore fornito di basamento per raccogliere l'acqua, in cui si mettono gli ombrelli.

por|ta|ór|di|ni *s.m.invar.* soldato che ha l'incarico di recapitare ordini e messaggi.

por|ta|pàc|chi *s.m.invar.* **1** fattorino che ha l'incarico di consegnare i pacchi a domicilio **2** sostegno montato su motociclette e biciclette per il trasporto di pacchi.

por|ta|pén|ne *agg.invar., s.m.invar.* detto di contenitore per penne: *astuccio* —.

por|ta|po|sà|te *s.m.invar.* contenitore suddiviso in scomparti, in cui si ripongono le posate.

por|tà|re *v.tr.* [indic.pres. *io pòrto*...] **1** reggere un peso o un oggetto spostandolo o trasferendolo da un dato posto a un altro: — *un pacco, una busta*; — *un vassoio in salone* | sostenere il peso o l'oggetto secondo una certa modalità: — *la borsa a tracolla, lo zaino sulle spalle* | detto spec. di mezzi di trasporto, trasportare ql.co. in un dato posto: *quel furgone porta solo prodotti alimentari* **2** tenere con sé ql.co. durante un trasferimento: *ha portato con sé solo una valigia* **3** *(anche fig.)* consegnare, dare: *il fattorino ti ha portato un pacco*; *la Befana porta in dono dolci e caramelle* | *(fig.)* — *aiuto, soccorso*, aiutare, soccorrere **4** accompagnare qlcu. in un dato luogo: — *i figli a scuola, il cane a passeggio* | condurre: *quel sentiero porta al bosco* **5** fig. far giungere, convogliare in un dato luogo: *il nuovo impianto porterà l'acqua a tutto il paese* | — ***ql.co. a compimento, a termine***, farla in modo che ql.co. si concluda, giunga a conclusione | — ***avanti ql.co.***, far procedere, progredire ql.co. | *(fig.) qual buon vento ti porta?*, esprime meraviglia e piacere per un incontro inatteso | — ***l'acqua al proprio mulino***, badare soltanto ai propri interessi **6** trasportare merci in un dato paese per venderle | esportare valuta in un paese straniero: — *ingenti capitali in Svizzera* **7** trasportare ql.co. con sé: *questo vento porta molta polvere* | — ***via***, con riferimento a cose, togliere o rubare: *mi hanno portato via le chiavi della macchina!*; con riferimento a persone, allontanare da un dato luogo **8** trasportare ql.cu. reggendolo su di sé o con un mezzo di trasporto: — *un bambino in braccio*; *l'ho portato a Roma in macchina* **9** *(coll.)* guidare, manovrare: — *la moto, l'aereo* **10** reggere, sostenere un peso: *le colonne portano il peso del soffitto* | avere una certa capacità di carico: *quel camion porta quaranta quintali* **11** *(fig.)* appoggiare, favorire, sostenere qlcu.: *ha trovato quel posto perché è stato portato dal sindaco* **12** recare su di sé; indossare, avere: — *un cappotto*; *porto la taglia 42* | avere indosso secondo un certo stile: — *il cappello sulle ventitré* | utilizzare abitualmente: *porto gli occhiali* **13** tenere una parte del corpo in una certa posizione o in un certo modo: *porta la schiena curva* | avere una determinata acconciatura: *porta i capelli lunghi* | avere ql.co. sul proprio corpo: *porto ancora il livido sul mento* | tendere in avanti: *portò le braccia alla madre* **14** avere un certo cognome, nome o soprannome: *porta un cognome ben noto in città* | possedere un titolo o una qualifica **15** *(coll.)* di cosa, riportare: *le bozze non portano il titolo definitivo* **16** riferire, trasmettere: *le porto i saluti del direttore* **17** addurre, presentare a sostegno di una tesi, un'affermazione: *portò varie testimonianze a difesa del suo alibi* **18** nutrire, provare un sentimento nei confronti di una persona: *porta ancora rancore a suo fratello* | — ***rispetto***, rispettare | — ***pazienza***, pazientare **19** causare, produrre una certa situazione: *il maltempo porta danni alle campagne*; *la tua perseveranza ti porterà fortuna* | *(fig.)* ridurre a una determinata condizione, perlopiù negativa: — *qlcu. alla depressione* **20** *(fig.)* indurre, spingere: *la rabbia lo portò a reagire* **21** *(coll.)* nelle operazioni di aritmetica, riportare una cifra, fare il riporto: *7 più 6 fa 13, scrivo 3 e porto 1* ♦ **-rsi** *rifl.* trasferirsi: — *sul luogo dell'incidente* | spostarsi: *si portò dinanzi a tutti* ♦ *intr.pron.* andare, recarsi: *la nave si portò al largo*.

por|ta|ri|tràt|ti *s.m.invar.* cornice o custodia nella quale si tengono ritratti o fotografie.

por|ta|ri|vi|ste *agg.invar., s.m.invar.* detto di mobiletto o contenitore nel quale si tengono giornali e riviste.

por|ta|sa|pó|ne *agg.invar., s.m.invar.* detto di contenitore o supporto per mettervi il sapone: *scatoletta* —.

por|ta|scì *s.m.invar.* dispositivo in metallo che si monta sul tetto di un autoveicolo per fissare gli sci durante il trasporto.

por|ta|sciu|ga|mà|no o **portasciugamàni** *s.m.* [pl.invar. o *-i*] accessorio costituito da un supporto per reggere gli asciugamani.

por|ta|si|ga|rét|te *agg.invar., s.m.invar.* detto di astuccio tascabile o da tavolo, in argento o in altro materiale, per tenervi le sigarette.

por|ta|si|ga|ri *agg.invar., s.m.invar.* detto di scatola da tavolo o da tasca usata per conservare i sigari.

por|ta|spil|li *s.m.invar.* **1** contenitore di metallo per spilli **2** puntaspilli.

por|ta|ta *s.f.* **1** ciascuna delle vivande che vengono servite in un pranzo: *menù di dieci portate* **2** capacità massima di carico o di sollevamento di un mezzo di trasporto, di una struttura: *la — di un ponte, di un ascensore* | valore massimo che può misurare uno strumento di misura: *bilancia con 20 kg di* — **3** *(mil.)* distanza massima

portatile

a cui può essere lanciato un proiettile; gittata **4** punto cui si può giungere con determinati mezzi: *la cifra non è alla mia —*; *essere a — di mano* | **alla —** *di tutti*, si dice di ciò che è accessibile a tutti: *prezzo alla — di tutti* **5** (*fig.*) importanza, valore: *notizia di grande —* **6** (*fis.*) volume di un fluido che scorre in una sezione nell'unità di tempo: *la — di un fiume.*

por|tà|ti|le *agg.* che si trasporta facilmente, che si può portare con sé: *registratore —* ♦ *s.m./f.* (*ell.*) computer, televisore, telefono e sim. portatile.

por|tà|to *part.pass.* di portare ♦ *agg.* **1** (*fig.*) incline, predisposto: *ragazzo — per il disegno* | propenso, disposto: *sono — a darti ragione* **2** pervaso, travolto da un sentimento: *— dalla disperazione* ♦ *s.m.* (*fig.*, *lett.*) effetto, prodotto: *il — delle nuove tecnologie.*

por|ta|tó|re *s.m.* [f. *-trice*] **1** (*gener.*) chi porta ql.co.|latore **2** chi è addetto al trasporto di pesi, carichi, spec. in zone impervie **3** chi è in possesso di un titolo di credito non nominativo: *libretto al —* **4** (*med.*) chi trasmette ad altri i bacilli di malattie infettive, anche senza esserne contagiato **5** *— di handicap*, handicappato.

por|ta|to|va|glio|lo *s.m.* [pl.invar. o *-i*] anello, custodia di foggia varia in cui si ripone il proprio tovagliolo per poterlo distinguere da quello degli altri.

por|ta|uò|vo *s.m.invar.* piccolo calice in cui si pone l'uovo cotto alla coque per mangiarlo a tavola.

por|ta|va|ló|ri *s.m.invar.* presso banche o aziende, chi è incaricato del trasporto di denaro liquido o di altri valori ♦ *agg.invar.* che è adatto al trasporto di denaro liquido o di altri valori: *furgone —*.

por|ta|và|si *s.m.invar.* sostegno per vasi, da appendere alle ringhiere dei balconi o al muro, oppure da poggiare a terra | vaso ornamentale in ceramica o in altro materiale in cui si ripone un vaso.

por|ta|vi|vàn|de *agg.invar.*, *s.m.invar.* detto di contenitore per tenere in caldo o per trasportare cibi già pronti: *carrello —*.

por|ta|vó|ce *s.m.invar.* **1** [anche f.] persona incaricata di esporre pubblicamente il punto di vista di un uomo politico, di un ente ecc.: *il — del Vaticano* **2** (*raro*) tubo in metallo munito di boccagli alle due estremità, usato un tempo per trasmettere messaggi da un ambiente all'altro.

porte-enfant (*fr.*) [pr. *portanfàn*] *s.m.invar.* specie di sacchetto di stoffa imbottita, decorato con guarnizioni e ricami, in cui si pone un neonato per tenerlo in braccio, oggi usato nelle cerimonie di battesimo.

por|tèl|li|no *s.m.* (*mar.*) oblò.

por|tèl|lo *s.m.* **1** piccola porta aperta in un portone **2** apertura rettangolare a un solo battente: *— di una nave, di un aereo* **3** sportello di un armadio.

por|tel|ló|ne *s.m.* **1** su navi o aerei, portello per l'imbarco di merci e passeggeri **2** nelle automobili a tre o cinque porte, portello di apertura del portabagagli.

por|tèn|to *s.m.* **1** miracolo, prodigio: *è una pillola che fa portenti* **2** prodotto dell'ingegno sorprendente per gli effetti: *quel film è un —* | (*estens.*) persona dotata di qualità straordinarie, eccezionali: *quel ragazzo è un —* in latino.

por|ten|tó|so *agg.* **1** miracoloso, prodigioso **2** che ha qualità straordinarie, eccezionali: *giocatore —* ♦ *s.m.* *solo sing.* cosa straordinaria, eccezionale: *un'azione che ha del —* □ **portentosamente** *avv.*

por|ti|cà|to *s.m.* portico ampio e lungo | insieme di portici ♦ *agg.* dotato di portici: *una via porticata.*

por|tic|ciò|lo *s.m.* piccolo porto attrezzato per il ricovero di imbarcazioni da diporto.

pòr|ti|co *s.m.* [pl. *-ci*] **1** struttura aperta su uno o più lati, costituita da una serie di pilastri o colonne che sostengono la copertura o l'edificio sovrastante **2** nei fabbricati rurali, riparo per animali, carri e attrezzi agricoli, costituito da una tettoia che poggia su pilastri.

por|tiè|ra *s.f.* **1** portinaia **2** sportello di autoveicolo **3** tenda pesante posta dinanzi alle porte, come ornamento o riparo.

por|tie|rà|to *s.m.* funzione o mansione di portiere in uno stabile.

por|tiè|re *s.m.* **1** [f. *-a*] persona che ha il compito di vigilare l'ingresso di edifici pubblici o privati e che talvolta svolge anche altri servizi; portinaio **2** (*sport*) nel calcio e in altri giochi di squadra, giocatore che difende la porta.

por|ti|nà|io *s.m.* [f. *-a*] persona che ha il compito di custodire l'ingresso di edifici pubblici; portiere ♦ *agg.* detto di religioso che ha il compito di custodire la porta di un convento: *frate —*.

por|ti|ne|rì|a *s.f.* locale posto all'ingresso di edifici pubblici o privati, in cui il portiere svolge le sue funzioni | l'appartamento destinato al portiere.

pòr|to[1] *s.m.* **1** luogo posto sulla riva del mare, di un lago o di un fiume, protetto da barriere artificiali o naturali, che permette il ricovero alle navi e consente di effettuare le operazioni di sbarco e imbarco di merci e passeggeri: *— marittimo, fluviale, mercantile* | **canale**, quello posto nel punto di sbocco in mare di un canale | (*fig.*) *— di mare*, luogo rumoroso e disordinato, molto frequentato **2** (*lett.*, *fig.*) luogo tranquillo e sicuro; rifugio | meta, conclusione positiva e desiderata: *l'affare è andato in —*.

pòr|to[2] *s.m.* **1** l'azione del portare | *— d'armi*, licenza rilasciata dal questore che autorizza una persona a portare con sé armi; (*estens.*) documento che comprova tale licenza **2** prezzo che si deve per il trasporto di merci.

pòr|to[3] *s.m.invar.* pregiato vino rosso o bianco, liquoroso, prodotto in Portogallo, adatto come aperitivo o per dessert.

por|to|ghé|se *agg.* del Portogallo ♦ *s.m.* **1** [anche f.] chi è nato o abita nel Portogallo **2** la lingua neolatina che si parla in Portogallo, in Brasile e

positivo

in altri paesi 3 [anche f.] (*fig.*) chi riesce a entrare in un cinema, un teatro e sim. senza pagare il biglietto: *fare il —*.
por|to|là|no *s.m.* 1 (*mar.*) libro per i naviganti, in cui si descrivono dettagliatamente porti, coste, condizioni idrografiche e meteorologiche 2 (*aer., estens.*) guida utilizzata per la navigazione aerea.
por|ton|ci|no *s.m.* porta di piccole dimensioni aperta in un grande portone.
por|tó|ne *s.m.* porta di grandi dimensioni che affaccia su una strada, costituente l'ingresso principale di un edificio pubblico o privato.
por|tò|ro *s.m.* marmo nero con striature gialle che si estrae a Portovenere, in Liguria.
por|tu|à|le *agg.* di porto, che riguarda il porto: *lavori portuali* ♦ *s.m.* persona che lavora in un porto.
por|tu|à|rio *agg.* attinente al porto; portuale.
por|tu|là|ca *s.f.* pianta erbacea diffusa spec. nelle regioni calde, provvista di foglie alterne carnose e fiori grandi dai colori vivaci.
por|tu|ó|so *agg.* ricco di porti: *zona portuosa*.
por|zió|ne *s.f.* 1 (*anche fig.*) quota, parte di un tutto: *una — di terreno; una — di felicità* 2 quantità di cibo servita a ciascun commensale: *una — di torta*.
pò|sa *s.f.* 1 collocazione di ql.co. in una determinata sede: *la — della prima pietra* 2 deposito che resta sul fondo di un recipiente quando si lascia decantare un liquido; sedimento: *la — del vino* 3 (*lett., solo sing.*) quiete, sosta, riposo: *lavorare senza —* 4 l'atto di restare immobile per essere ritratti o fotografati | la posizione assunta: *stare in — | teatro di —*, stabilimento cinematografico in cui si filmano le scene 5 (*fig.*) atteggiamento innaturale, studiato, affettato: *la sua passione per l'arte è solo una —; assumere pose da grande oratore* 6 (*foto.*) esposizione della pellicola alla luce: *tempo di —*.
po|sa|cà|vi *agg.invar., s.f.invar.* detto di nave dotata di attrezzatura per la posa e la riparazione dei cavi sottomarini.
po|sa|cé|ne|re *s.m.invar.* portacenere.
po|sa|mì|ne *s.f.invar.* nave da guerra dotata di attrezzatura per la posa in mare di mine.
po|sa|pià|no *s.m./f.invar.* (*scherz.*) persona molto lenta e tranquilla.
po|sà|re *v.tr.* [*indic.pres. io pòso...*] deporre, mettere giù ql.co.; appoggiare: *— la cartella sulla sedia* | (*fig.*) *— le armi*, cessare le ostilità ♦ *intr.* [aus. *E* nel sign. 1, *A* negli altri sign.] 1 poggiare, gravare su ql.co.: *il tetto posa su quattro pilastri* | (*fig.*) avere fondamento su ql.co., basarsi: *teoria che posa su basi certe* 2 (*raro*) detto di liquido, depositare sul fondo del recipiente il sedimento: *lascia che il vino posi* 3 stare in una posizione per farsi ritrarre o fotografare; mettersi in posa 4 (*fig.*) atteggiarsi in modo innaturale, studiato, affettato: *— a grande esperto* ♦ **-rsi** *intr. pron.* 1 adagiarsi su ql.co., cadendo o scendendo dall'alto: *l'uccellino si posò sul ramo* 2 (*fig.*) soffermarsi: *il suo sguardo si posò sul nuovo arrivato*.
po|sà|ta *s.f.* ciascuno degli utensili (cucchiaio, forchetta e coltello) che si posano sulla tavola apparecchiata, usato per mangiare.
po|sa|te|rì|a *s.f.* assortimento di posate | servizio di posate.
po|sa|téz|za *s.f.* qualità di chi agisce con calma; equilibrio, riflessività.
po|sà|to *part.pass. di* posare ♦ *agg.* detto di persona che agisce in modo calmo e riflessivo | detto di ciò che denota equilibrio, ponderazione: *tono —*.
po|sa|tó|io *s.m.* ramo o bastone su cui si posano gli uccelli in gabbia o i polli nel pollaio.
po|sa|tó|re *s.m.* 1 addetto alla messa in opera di tubature, cavi 2 [f. *-trice*] (*fig.*) persona che si atteggia, che si comporta in modo affettato per darsi importanza.
po|sa|tù|ra *s.f.* deposito, posa, sedimento lasciato da un liquido sul fondo del recipiente.
po|scrìt|to *s.m.* aggiunta in calce a una lettera già firmata.
po|sdo|mà|ni *avv.* (*lett.*) dopodomani.
po|si|tì|va *s.f.* (*foto.*) immagine con colori, luci e ombre corrispondenti a quelli degli oggetti reali, ricavata dalla stampa del negativo.
po|si|ti|vì|smo *s.m.* 1 corrente filosofica della seconda metà del XIX sec., che poneva i dati scientifici a fondamento della conoscenza ed estendeva il metodo delle scienze a tutti i settori del sapere 2 (*estens.*) spirito pratico; concretezza.
po|si|ti|vì|sta *s.m./f.* [m.pl. *-i*] 1 (*filos.*) seguace del positivismo 2 (*estens.*) persona che bada alla concretezza.
po|si|ti|vi|tà *s.f.* carattere di ciò che è positivo: *la — di un consiglio*.
po|si|tì|vo *agg.* 1 che si basa su elementi oggettivi, concreti o esiste di fatto; effettivo, reale: *dato — | scienze positive*, fisica, scienze naturali e matematica 2 detto di persona che bada ai fatti, alla concretezza: *ragazzo fin troppo —* 3 che viene stabilito da ql.co. o da qlcu. | *diritto —*, quello definito da un legislatore e pertanto relativo a una determinata epoca e a una data società 4 che esprime un'affermazione: *dare una risposta positiva* 5 favorevole, vantaggioso, utile: *l'aspetto — di una circostanza; giudizio —* 6 che conferma una certezza definitiva | (*biol., med.*) detto di esame o di risultato di un'analisi di laboratorio che conferma la presenza di uno stato patologico o di una sostanza che si cercava: *l'esame del sangue ha dato esito —* 7 (*mat.*) detto di numero reale maggiore dello zero 8 (*scient.*) detto convenzionalmente di un oggetto o di un fenomeno in opposizione a un altro che si è, altrettanto convenzionalmente, definito negativo: *polo —, carica positiva* 9 (*gramm.*) detto dell'aggettivo e dell'avverbio non in grado comparativo o superlativo 10 (*foto.*) *immagine positiva*, positiva ♦ *s.m. solo sing.* 1 ciò che esiste nei fatti, nella concretezza: *il — e il possi-*

bile **2** ciò che è certo, sicuro o favorevole, vantaggioso: *trovare il — anche nello sconforto* □
positivamente *avv.* **1** in modo affermativo: *rispondere — a una domanda* **2** in modo favorevole: *valutare — un evento* **3** con esito positivo: *una vicenda che si è conclusa —*.
po|si|tró|ne o **positóne** *s.m.* (*fis.*) particella elementare con massa uguale a quella dell'elettrone, ma dotata di carica opposta (positiva).
po|si|zio|na|mén|to *s.m.* l'atto del posizionare o del posizionarsi: *il — delle squadre; il — dei corridori sulla striscia di partenza*.
po|si|zio|nà|re *v.tr.* [indic.pres. io posizióno...] **1** mettere ql.co. nella posizione desiderata o in quella più opportuna **2** (*tecn.*) rilevare la precisa posizione di ql.co.
po|si|zió|ne *s.f.* **1** luogo in cui si trova una cosa, spec. in relazione ad altri punti di riferimento: *la — di un pianeta* | (*auto.*) **luci di —**, quelle che servono per segnalare la presenza di un veicolo **2** posto occupato da qlcu. in una gara, una classifica e sim.: *è in ultima —* **3** modo in cui ql.co. viene collocato: *— orizzontale, verticale* **4** modo in cui una persona si atteggia o dispone il corpo, gli arti: *stare in una — scomoda*; *mettersi in — di partenza* **5** (*fig.*) condizione, situazione, stato in cui si trova una persona in relazione al contesto sociale, professionale, economico: *essere in una — delicata* | *farsi una —*, raggiungere il successo professionale ed economico **6** (*fig.*) convinzione, opinione: *— politica, culturale* | *prendere —*, assumere un atteggiamento deciso riguardo a una determinata questione **7** (*mil.*) zona occupata da truppe di soldati, armi e mezzi, a scopo difensivo od offensivo | *guerra di —*, quella che si svolge tra due avversari fermi nelle rispettive trincee.
po|so|lo|gì|a *s.f.* (*farm., med.*) indicazione delle modalità e delle dosi di somministrazione dei farmaci.
po|spór|re *v.tr.* [con. come *porre*] **1** mettere dopo, porre ql.co. dopo altro | (*fig.*) considerare meno importante; subordinare: *— le proprie esigenze a quelle della famiglia* **2** rimandare, posticipare: *— il giorno della partenza*.
po|spo|si|zió|ne *s.f.* **1** collocazione di ql.co. dopo altro **2** rinvio.
pòs|sa *s.f.* (*lett.*) potenza, forza.
posse (*ingl.*) [pr. *pòsse*] *s.f.invar.* gruppo giovanile italiano della fine del Novecento, che esegue brani musicali e canzoni in stile rap.
pos|se|dé|re *v.tr.* [con. come *sedere*] **1** avere ql.co. in possesso, in dominio, in proprietà: *— terreni, appartamenti* | (*lett.*) *— una donna*, avere un rapporto sessuale con lei **2** (*fig.*) avere in sé determinate qualità spirituali, intellettuali ecc.: *non possiede il senso del dovere; possiede una brillante dialettica* **3** (*fig.*) dominare completamente; soggiogare: *ero posseduto dalla rabbia* **4** (*fig.*) conoscere in profondità; padroneggiare: *— un'arte*.
pos|se|di|mén|to *s.m.* **1** (*raro*) possesso **2** (*spec.pl.*) l'insieme delle terre possedute da un privato: *avere ampi possedimenti* | l'insieme dei domini posseduti da uno Stato: *i possedimenti britannici in Africa*.
pos|sèn|te *agg.* (*anche fig.*) forte, potente: *tono —*.
pos|ses|sió|ne *s.f.* invasamento di una persona da parte di uno spirito, in partic. del demonio.
pos|ses|sì|vo *agg.* **1** detto di persona che tende a conquistare una posizione dominante ed esclusiva in campo affettivo o morale: *un padre — nei confronti della figlia* | detto di sentimento, comportamento e sim. che rivela un attaccamento morboso nei confronti della persona desiderata: *un amore —* **2** (*gramm.*) detto di elemento linguistico che indica possesso: *aggettivo, pronome —* □ **possessivamente** *avv.*
pos|sès|so *s.m.* **1** (*dir.*) potere che qlcu. esercita di fatto su ql.co., di cui gode i frutti, anche senza esserne proprietario **2** possibilità di disporre di ql.co. in totale libertà, in qualità di proprietari o fruitori: *il — della moto, della casa; ho ripreso — della stanza occupata dagli ospiti; è in — di informazioni eclatanti* **3** (*spec.pl.*) terreno detenuto in proprietà: *ha ereditato ampi possessi* | possedimento detenuto da uno Stato in un altro paese **4** (*fig.*) controllo, dominio: *era nel pieno — delle sue facoltà mentali* | ampia e approfondita conoscenza di ql.co.: *non ha ancora raggiunto il — della tecnica* **5** (*fig.*) unione sessuale con una donna.
pos|ses|só|re *s.m.* [f. *posseditrice*] chi detiene un bene in possesso.
pos|ses|sò|rio *agg.* (*dir.*) relativo al possesso | *azione possessoria*, quella stabilita per rivendicare o tutelare il possesso di un bene.
pos|sì|bi|le *agg.* **1** che può accadere, che può essere; eventuale: *fatto, evento, cosa —; valutare i possibili rischi* **2** [nelle prop. interr.] esprime dubbio o incredulità: *è — essere così permalosi?* **3** che può essere fatto, messo in pratica: *indagare con la massima discrezione —* **4** che può essere vero; concepibile, plausibile: *fornire una spiegazione —* ♦ *s.m.* solo sing. **1** ciò che può accadere, che può esistere: *i limiti del —* **2** ciò che si può fare: *farò il — per accontentarti* □ **possibilmente** *avv.* se si può, se è possibile: *—, non rientrare troppo tardi*.
pos|si|bi|lì|smo *s.m.* atteggiamento o comportamento di chi è disposto ad adattarsi alla realtà dei fatti, a non chiudersi nei propri ideali, princìpi ecc.
pos|si|bi|lì|sta *agg., s.m./f.* [m.pl. *-i*] che, chi denota possibilismo.
pos|si|bi|li|tà *s.f.* **1** stato, condizione di ciò che è possibile; eventualità: *c'è la — di ottenere una buona percentuale di voti* **2** potere, capacità di fare ql.co.: *non ho avuto la — di riflettere* **3** (*pl.*) l'insieme dei mezzi materiali o morali di cui si dispone: *— finanziarie*.
pos|si|dèn|te *s.m./f.* chi è in possesso di beni immobili: *ricco —*.
post- *pref.* [anche *pos-* davanti a consonante] indica posizione successiva nello spazio o nel tempo; dopo, poi (*postmoderno, posporre*).

pò|sta *s.f.* **1** servizio pubblico che si occupa della spedizione e del recapito di lettere, pacchi, vaglia e sim.: *inviare, ricevere per —* | *— aerea*, servizio postale effettuato tramite aerei di linea | *— elettronica*, sistema di scambio di messaggi scritti fra utenti collegati a una rete telematica; e-mail **2** (*spec.pl.*) l'amministrazione del servizio postale | l'insieme degli uffici e del personale che fa capo a essa: *lavoro alle Poste* | l'edificio in cui ha sede un ufficio postale: *vado alla —* **3** la corrispondenza che viene smistata e recapitata tramite il servizio postale: *ti ho messo la — sulla scrivania* **4** (*estens.*) titolo di rubriche di riviste, giornali, trasmissioni televisive e radiofoniche, costituite dalle lettere dei lettori o degli ascoltatori e dalle relative risposte **5** luogo in cui il cacciatore attende il passaggio della selvaggina | (*fig.*) *fare la — a qlcu.*, sorvegliarlo nel tentativo di sorprenderlo **6** un tempo, stazione di sosta delle diligenze che dovevano procedere al cambio dei cavalli **7** somma di denaro che si punta in un gioco o in una scommessa | (*fig.*) in imprese di vario tipo, ciò che viene messo a rischio con le proprie scelte, azioni e sim.: *pensaci bene prima di agire, la — in gioco è molto alta.*
po|sta|gi|ro *s.m.* [pl.invar. o *-i*] operazione con cui chi ha un conto corrente postale trasferisce una data cifra di denaro a un altro correntista.
po|stà|le *agg.* della posta, riguardante la posta: *pacco —; amministrazione —* | *cartolina —*, quella venduta con affrancatura stampata ♦ *s.m.* treno, nave o altro mezzo di trasporto adibito al servizio postale.
po|sta|zió|ne *s.f.* **1** (*mil.*) disposizione strategica di armi e soldati a scopo difensivo od offensivo | zona riparata e difesa in cui si collocano armi pesanti, pezzi di artiglieria e soldati **2** (*estens.*) luogo in cui si dispongono cronisti e operatori durante la realizzazione di una trasmissione radiotelevisiva **3** (*estens.*) in un ufficio, un'azienda, una fabbrica e sim., luogo in cui si colloca l'apparecchiatura necessaria allo svolgimento di un'attività: *— di lavoro munita di videoterminale.*
post|bèl|li|co *agg.* [m.pl. *-ci*] del periodo immediatamente successivo a una guerra.
post|co|mu|ni|smo *s.m.* nei paesi dell'Est europeo, spec. in Unione Sovietica, situazione politica successiva al crollo del regime comunista.
post|co|mu|ni|sta *agg.* che riguarda il postcomunismo ♦ *s.m./f.* [m.pl. *-i*] chi vive nel periodo postcomunista o appartiene a un'ideologia, un'organizzazione postcomunista.
post|con|ci|lià|re *agg.* successivo a un concilio, spec. al concilio Vaticano II (1959-1965).
post|da|tà|re *v.tr.* **1** apporre su un documento una data posteriore a quella reale **2** attribuire a un'opera o a un evento una data posteriore a quella gener. accettata.
post|da|tà|to *agg.* che reca una data posteriore a quella reale: *assegno —.*
po|steg|già|re *v.tr.* [indic.pres. *io posteggio...*] (*anche assol.*) lasciare un veicolo in sosta in un posteggio o in una strada, una piazza e sim.; parcheggiare: *— l'auto in corso Cavour; di sabato non si riesce mai a —.*
po|steg|gia|tó|re *s.m.* [f. *-trice*] custode delle automobili in un posteggio.
po|stég|gio *s.m.* **1** occupazione del suolo pubblico con autoveicoli in sosta o con banchi di venditori ambulanti: *pagare il —* **2** spazio destinato alla sosta di automobili, motociclette ecc.; parcheggio: *— privato, gratuito* **3** in un mercato, spazio destinato al banco di un venditore.
po|ste|le|grà|fi|co *agg.* [m.pl. *-ci*] che riguarda i servizi postali e telegrafici ♦ *s.m.* [f. *-a*] persona addetta a tali servizi.
po|ste|le|gra|fò|ni|co *agg.* [m.pl. *-ci*] che riguarda i servizi postali, telegrafici e telefonici ♦ *s.m.* [f. *-a*] persona addetta a tali servizi.
poster (*ingl.*) *s.m.invar.* manifesto illustrato, spec. di grandi dimensioni, da appendere alle pareti a scopo ornamentale.
po|ste|rió|re *agg.* **1** nello spazio, che sta dietro: *la facciata — di un palazzo* **2** nel tempo, che viene dopo: *poeti posteriori a Foscolo* **3** (*ling.*) detto di suono che si articola nella parte più interna della cavità orale | *vocali posteriori*, le vocali *ò, ó, u* ♦ *s.m.* (*scherz., euf.*) deretano, sedere □ **posteriormente** *avv.* **1** dietro **2** dopo, successivamente.
po|ste|rio|ri|tà *s.f.* caratteristica di ciò che viene dopo nel tempo: *la — di un evento rispetto a un altro.*
po|ste|ri|tà *s.f.* **1** l'insieme dei discendenti di una stirpe, di una famiglia; discendenza: *trasmettere alla —* **2** l'insieme dei posteri, delle persone che nasceranno dopo di noi.
pò|ste|ro *s.m. spec.pl.* chi, nel tempo, verrà dopo di noi; lontano discendente: *tramandare ql.co. ai posteri.*
post|fa|zió|ne *s.f.* in un libro, commento posto dopo il testo, che gener. non viene scritto dall'autore.
po|stíc|cia *s.f.* [pl. *-ce*] (*agr.*) filare di alberi, gener. piantati a difesa e rinforzo di argini.
po|stíc|cio *agg.* [f.pl. *-ce*] **1** che viene applicato appositamente per sostituire ql.co. che manca; artificiale, finto: *barba posticcia* | (*estens.*) che non presenta alcun legame con ciò che sta prima: *il romanzo aveva una conclusione posticcia* **2** (*fig.*) non autentico, falso, simulato: *firma posticcia* ♦ *s.m.* **1** ciuffo di capelli finti che si applica ad acconciature femminili per motivi estetici **2** (*agr.*) terreno in cui vengono coltivate le piantine in attesa di essere trapiantate.
po|stí|ci|no *s.m.* **1** spazio di dimensioni limitate: *scelse un — accanto alla madre* **2** posto gradevole in cui si sosta: *mi hanno parlato di un bel — qui intorno* | albergo, ristorante e sim., bello e ospitale: *andiamo in un — dove si gustano specialità locali* **3** mansione, incarico di scarso rilievo: *ho ottenuto un — per quattro soldi.*
po|sti|ci|pà|re *v.tr.* [indic.pres. *io posticipo...*] rinviare ql.co., rimandarlo a un tempo successi-

posticipazione

vo rispetto a quello prestabilito: — *la data di partenza*.

po|sti|ci|pa|zió|ne *s.f.* rinvio di ql.co. a un tempo successivo: — *di un pagamento*.

po|sti|ci|po *s.m.* **1** rinvio, posticipazione di ql.co. a un tempo successivo **2** (*sport*) nel calcio, partita giocata in differita.

po|sti|glió|ne *s.m.* un tempo, chi guidava i cavalli delle vetture postali | cocchiere di carrozze signorili che conduceva cavalcando uno dei cavalli.

po|stil|la *s.f.* **1** breve nota, gener. scritta sul margine esterno di un documento o della pagina di un libro; glossa **2** (*fig.*) precisazione, osservazione: *consentitemi di fare una —*.

po|stil|là|re *v.tr.* aggiungere, fare postille a uno scritto.

po|sti|no *s.m.* [f. *-a*] **1** portalettere **2** (*estens.*) chi ha il compito di recapitare messaggi a qlcu.: *il — dei terroristi*.

post-it® *s.m.invar.* biglietto adesivo rimovibile, usato per annotazioni, messaggi ecc.

post|mo|dèr|no *agg.* **1** (*arch.*) detto delle tendenze nate intorno alla fine degli anni Settanta del Novecento, che si opponevano al funzionalismo e al razionalismo **2** (*estens.*) in filosofia, arte, letteratura ecc., detto di tendenza che, in opposizione all'ideologia del progresso, mira a coniugare modi e forme del passato con elementi e spunti innovativi.

pó|sto *s.m.* **1** luogo preciso in cui si trova qlcu. o ql.co.; spazio, sede, sito: *rimettere una cosa al suo —* | *al — di*, in vece di: *cosa diresti al suo —?* | *essere a —*, essere in ordine | *mettere le cose a —*, rimettere in ordine; (*fig.*) ridefinire la verità | (*fig.*) *mettere a — qlcu.*, dargli una lezione, rimproverarlo | *avere la testa a —*, essere equilibrato, assennato | *essere una persona a —*, essere una persona perbene, onesta | *essere a — con la coscienza*, essere in pace con se stessi, non avere niente da rimproverarsi | *tenere la lingua a —*, evitare di parlare, spec. per dire cose a sproposito | *tenere le mani a —*, non toccare ciò che non si deve; (*fig.*) non essere violento, manesco **2** nei luoghi o nei mezzi pubblici, nei veicoli, spazio destinato ad accogliere una persona; sedile, poltrona: *auto a cinque posti; ho prenotato un — in platea* | nelle aule scolastiche, banco assegnato a uno studente: *ragazzi, andate a —* | in una fila, turno: *mi sono allontanato e ho perso il —* **3** luogo assegnato a un militare per lo svolgimento di un determinato compito: *— di combattimento* **4** spazio dotato di particolari attrezzature allo scopo di fornire un servizio: *— telefonico*; *posti letto* **5** (*fig.*) stato, condizione, situazione: *non vorrei mai essere al tuo —* **6** occupazione, impiego, posizione: *sta cercando un — migliore; ha un — di nessuna rilevanza* **7** località, luogo, paese: *in Toscana ci sono posti bellissimi* | ristorante, albergo, locale pubblico: *mi ha portato in un — dove si mangiava malissimo*.

po|sto|pe|ra|tò|rio *agg.* che è successivo a un'operazione chirurgica.

post|pran|dià|le *agg.* **1** (*lett.*) che è successivo a un pranzo **2** (*med.*) che insorge dopo il pasto: *sonnolenza —*.

po|stri|bo|lo *s.m.* (*lett.*) casa di prostituzione; bordello.

post scrip|tum (*lat.*) *loc.sost.m.invar.* poscritto.

po|stu|làn|te *part.pres. di* postulare ♦ *agg.*, *s.m./f.* **1** detto di chi chiede con insistenza spec. benefici, favori **2** (*eccl.*) detto di chi domanda di poter entrare in un ordine religioso.

po|stu|là|re *v.tr.* [indic.pres. *io pòstulo*...] **1** chiedere ql.co. con molta insistenza, spec. benefici, favori e sim. **2** chiedere di essere ammesso in un ordine religioso **3** (*filos.*, *mat.*) ammettere per vero allo scopo di spiegare o dimostrare ql.co. **4** (*estens.*) presupporre, ipotizzare, implicare: *una decisione che postula molte rinunce*.

po|stu|là|to *s.m.* (*filos.*, *mat.*) proposizione ammessa come vera in quanto necessaria per spiegare o dimostrare ql.co.: *i postulati di Euclide*.

pò|stu|mo *agg.* **1** detto di figlio che è nato dopo la morte del padre **2** (*estens.*) detto di opera pubblicata dopo la morte dell'autore: *romanzo —* | detto di ciò che si raggiunge dopo la morte: *notorietà postuma* **3** (*estens.*) detto di ciò che avviene in ritardo: *riflessione postuma* ♦ *s.m. spec. pl.* **1** strascico di una malattia: *i postumi dell'influenza* **2** (*estens.*) ripercussione, conseguenza di ql.co.: *i postumi dell'insurrezione*.

po|stu|ni|ver|si|tà|rio *agg.* che viene dopo il corso di studi universitario o il conseguimento del titolo di laurea.

po|stù|ra *s.f.* **1** (*raro*) posizione **2** (*med.*) posizione abituale del corpo umano o di una sua parte: *una — innaturale* **3** (*zool.*) atteggiamento abituale di un animale.

post|vo|cà|li|co *agg.* [m.pl. *-ci*] (*ling.*) detto di suono che viene subito dopo una vocale.

po|tà|bi|le *agg.* detto di ciò che si può bere senza danno per la salute: *acqua —*.

potage (*fr.*) [pr. *potàj*] *s.m.invar.* minestra, gener. passato di verdura.

po|ta|mo|lo|gì|a *s.f.* branca della geografia che ha per oggetto lo studio dei fiumi.

po|tà|re *v.tr.* [indic.pres. *io póto*...] (*agr.*) tagliare i rami o le radici di una pianta per favorirne la crescita o per darle una certa forma.

po|tàs|sa *s.f.* carbonato di potassio, usato per fabbricare vetri, ceramiche, smalti, detersivi ecc.

po|tàs|si|co *agg.* [m.pl. *-ci*] (*chim.*) di potassio; contenente potassio: *sale —*.

po|tàs|sio *s.m.* elemento chimico, metallo alcalino di colore bianco argenteo, molto leggero, presente nella maggior parte degli organismi vegetali e animali, nel mare e in molti minerali (*simb.* K); i suoi derivati sono usati in agricoltura come fertilizzanti, nell'industria farmaceutica, in fotografia ecc.

po|ta|tó|io *s.m.* arnese usato per potare.

po|ta|tó|re *s.m.* [f. *-trice*] (*agr.*) chi pota.

po|ta|tù|ra *s.f.* (*agr.*) l'operazione del potare una pianta | il complesso dei rami potati.

po|tèn|te *agg.* **1** detto di qlcu. che ha grande

potere, autorità, influenza: *un politico* — | detto di un ente collettivo, un'organizzazione e sim., che dispone di notevoli mezzi finanziari o militari: *una nazione, un reparto d'artiglieria* — **2** detto di ql.co. che proviene da un individuo molto influente, che detiene grandi poteri: *ha avuto un appoggio* — **3** che ha grande energia fisica, forza, vigore: *un pugile* —; *muscoli potenti*; *voce* — **4** detto di elemento naturale, fenomeno fisico e sim. che si manifesta in modo forte e intenso: *un maremoto, una pioggia* — | detto di un'entità soprannaturale che è dotata di straordinari poteri **5** detto di ciò che viene eseguito in modo violento: *un calcio, un lancio* — **6** che offre certe prestazioni o ha determinati effetti: *un motore* — | straordinariamente efficace: *uno sciroppo, un insetticida* — **7** (*estens.*) detto di qlcu. che è dotato di grandi capacità artistiche o espressive: *un romanziere, un declamatore* — | di discorso, scritto e sim., straordinariamente espressivo: *uno stile* — **8** notevolmente acuto, profondo: *una mente, una fantasia* — **9** (*coll.*) di bevanda, molto alcolica o ristretta: *un vino, un caffè* — ♦ *s.m. spec.pl.* persona che ha grande potere e autorità politica o economica: *farsi appoggiare dai potenti* □ **potentemente** *avv.*

po|ten|ti|no *agg.* di Potenza ♦ *s.m.* [f. *-a*] chi è nato o abita a Potenza.

po|tèn|za *s.f.* **1** potere, autorità, influenza: *esercita una forte* — *all'interno dell'ente* | potere politico, economico e sim.: *la* — *politica, finanziaria, militare di un paese* **2** energia fisica, forza, vigore: *la* — *di un pugile, delle braccia*; *la* — *di una voce* **3** forza, intensità di un elemento naturale o di un fenomeno fisico: *la* — *del vento, di un terremoto* | potere soprannaturale | entità soprannaturale dotata di tale potere: *le potenze infernali, celesti* **4** violenza, vigore di un impatto, un colpo e sim.: *la* — *di uno schiaffo, di un urto* **5** proprietà di fornire certe prestazioni o determinati effetti: *la* — *di un motore, di un farmaco* | potenza di un esplosivo o di un'arma di fuoco: *la* — *della bomba atomica* **6** (*estens.*) capacità artistica e espressiva: *la* — *di uno scrittore, di un comiziante* | espressività di un discorso, uno scritto e sim.: *poesia di grande* — *stilistica* **7** acutezza, intensità: *la* — *dell'ingegno, dell'immaginazione* **8** potere di influenzare gli animi, le coscienze: *la* — *dell'amore*; *la* — *del denaro* **9** persona che ha un ruolo importante, egemone: *le grandi potenze di una nazione* | (*scherz.*) persona che ha conquistato una solida posizione sociale, economica e sim.: *ora è una* — | industria, azienda che ha un ruolo preminente in un dato campo: *la sua impresa è una* — *nel settore chimico* **10** nazione, Stato sovrano, spec. che svolge un ruolo egemone in ambito internazionale: *le potenze occidentali* **11** (*filos.*) possibilità di produrre o di subire un mutamento: — *attiva, passiva* | *in* —, che è nello stato potenziale **12** (*mat.*) numero che si ottiene moltiplicando la base per se stessa tante volte quante sono indicate dall'esponente | *elevare all'ennesima* —, elevare a una potenza indeterminata; (*fig.*) elevare al massimo grado **13** (*fis.*) lavoro effettuato da una forza o da un sistema di forze nell'unità di tempo: *la* — *di un motore* | l'energia erogata da tale forza nell'unità di tempo | — *elettrica*, il prodotto dell'intensità della corrente che percorre un circuito per il valore della tensione (*simb.* P) **14** (*geol.*) spessore di uno strato minerale o roccioso.

po|ten|zià|le *agg.* **1** che ha la possibilità di realizzarsi: *successo* — **2** (*gramm.*) detto di modo o tempo verbale che esprime una possibilità: *congiuntivo* — ♦ *s.m.* **1** (*fis.*) in un sistema di forze, il lavoro necessario per spostare l'unità di massa o di carica positiva da un punto a un altro punto stabilito convenzionalmente come riferimento **2** (*fig.*) il complesso delle capacità o dei mezzi di cui dispone una persona, un ente e sim.: — *intellettivo*; — *finanziario, bellico* □ **potenzialmente** *avv.* in modo potenziale.

po|ten|zia|li|tà *s.f.* **1** caratteristica di ciò che è potenziale: *la* — *di un pericolo* **2** (*estens.*) capacità, possibilità, disponibilità: — *economica* | attitudine, dote: *quella ragazza ha delle notevoli* — *artistiche* **3** (*mecc.*) capacità di un impianto, una macchina e sim. di produrre una certa quantità di lavoro nell'unità di tempo.

po|ten|zia|mén|to *s.m.* incremento delle capacità di ql.co.: *il* — *dell'apparato industriale di una nazione*.

po|ten|zià|re *v.tr.* [indic.pres. *io potènzio*...] rendere potente o più potente ql.co.; incrementare: — *il turismo*.

po|ten|zió|me|tro *s.m.* (*elettr.*) apparecchio usato per misurare le differenze di potenziale fra due punti di un circuito elettrico.

po|té|re[1] *v.intr.* [indic.pres. *io pòsso, tu puòi, egli può, noi possiamo, voi potete, essi pòssono*; imperf. *io potevo, tu potevi, egli poteva, noi potevamo, voi potevate, essi potévano*; pass.rem. *io potéi, tu potésti*...; fut. *io potrò, tu potrai*...; congiunt.pres. *io pòssa, tu pòssa, egli pòssa, noi possiamo, voi possiate, essi pòssano*; congiunt.imperf. *io potessi*...; condiz. *io potrèi, tu potresti*...; ger. *potèndo*; part.pres. *potente* o (lett.) *possènte*; part.pass. *potuto*; se usato assol. si coniuga con l'aus. *A*; come v. servile, seguito da un v. all'inf. anche sottinteso (sign. 1, 2, 3), ha l'aus. richiesto dal v. all'inf., ma può essere usato anche con *A*] **1** [v. servile] avere la possibilità, la capacità, la forza, il permesso, il diritto di fare ql.co.: *non posso mai dire quello che penso*; *non posso più guidare senza lenti*; *posso spostare quel pacco con le mie mani*; *posso andare a giocare?*; *ho fatto quello che potevo* | *a più non posso*, con tutte le forze | *non poterne più*, non riuscire più a sopportare ql.co. o qlcu. | (*prov.*) *volere è* —, con la forza della volontà si supera ogni ostacolo **2** [v. servile] essere probabile, possibile, plausibile, lecito e sim.: *tutto può succedere*; *potrebbe telefonare stasera*; *potessi avere un minimo di solidarietà!*; *in aula non si può portare il cellulare* | *può darsi che, può essere che*, è possibile che, è probabile che **3** [v. servile] essere in

potere

grado di fare ql.co.; avere i mezzi necessari per fare ql.co.: *mi ha pregato di dirglielo, ma non posso (dirglielo)* **4** (*assol.*) avere forza, efficacia: *il modello paterno può molto su di lui* | avere influenza, autorità: *lui può parecchio presso il presidente* | riuscire a realizzare: *la fede può tutto.*

po|té|re² *s.m.* **1** facoltà concreta di fare o di non fare ql.co.: *il — di scegliere* | (*estens.*) forza, virtù, potenza: *il — magico di una fata* **2** (*estens.*) capacità di influire in modo determinante su comportamenti o situazioni: *ha il — di farmi innervosire* **3** balia, dominio, padronanza: *è caduto in — del nemico* **4** autorità suprema nell'ambito di uno Stato, di un gruppo, di una collettività: *la brama del —* | l'insieme degli organi che esercitano tale autorità **5** (*dir.*) ciascuna delle funzioni assegnate per legge a un soggetto in quanto titolare di una carica, di un ufficio: *il — legislativo, esecutivo, giudiziario* | **— temporale**, l'autorità che esercita la Chiesa in ambito non spirituale | (*fig.*) **quarto —**, la stampa | **quinto —**, il giornalismo e la televisione **6** proprietà, capacità | **— di acquisto**, il valore di scambio di una determinata unità monetaria **7** (*fis.*) proprietà di un corpo o di un sistema di produrre determinati fenomeni o effetti: *— assorbente, detonante.*

po|te|stà¹ *s.f.* **1** potere: *avere la — di dire o fare ql.co.* **2** (*dir.*) potere attribuito dall'ordinamento legislativo per il conseguimento della tutela di interessi altrui | **patria —**, l'insieme dei diritti e dei doveri che spettano ai genitori sui figli minorenni **3** (*pl., teol.*) le creature celesti del terzo coro della seconda gerarchia.

po|te|stà² *s.m.* → **podestà.**

pot-pourri (*fr.*) [pr. *potpurì*] *s.m.invar.* **1** piatto composto di varie carni e verdure cotte insieme **2** miscuglio di fiori e foglie secche, impregnato di oli essenziali e messo in sacchetti di tessuto per profumare la biancheria **3** (*estens.*) accozzaglia, miscuglio di varie cose; guazzabuglio **4** (*fig.*) testo letterario o brano musicale costituito da pezzi presi da più opere.

pouf (*fr.*) [pr. *puf*] *s.m.invar.* sgabello basso di forma cilindrica completamente imbottito.

poule (*fr.*) [pr. *pul*] *s.f.invar.* **1** puntata di gioco | l'insieme delle puntate di vari giocatori | (*estens.*) gara o gioco in cui il premio è costituito dal totale delle varie puntate **2** (*sport*) in una gara a eliminazione, ciascun girone.

po|ve|ràc|cio *s.m.* [f. *-a*; f.pl. *-ce*] persona disgraziata, sfortunata, che si trova in difficoltà: *—, ce la farà?*

po|ve|rèl|lo *agg., s.m.* [f. *-a*] detto di persona povera, umile e buona | *il — d'Assisi*, san Francesco.

po|ve|rét|to *agg., s.m.* [f. *-a*] detto di persona povera, infelice, sofferente.

po|ve|rì|no *agg., s.m.* [f. *-a*] detto di persona misera, infelice, che suscita compassione: *il — non aveva di che vivere.*

pò|ve|ro *agg.* **1** che non ha i mezzi per vivere o ne ha pochi, che dispone di scarsi redditi; indigente, misero: *un uomo, un paese —* | **— in canna**, poverissimo **2** (*estens.*) che rivela miseria, scarsità di mezzi: *un'abitazione povera e squallida* **3** che è carente di ql.co.; che scarseggia: *essere — di creatività, di idee*; *regione povera di acqua* | sterile, poco produttivo: *terreno —* | **in parole povere**, con semplicità, senza giri di parole **4** [sempre preposto al s.] che è in una situazione tale da suscitare compassione, pietà: *pover'uomo, come si è ridotto!* | (*fig., fam.*) **un — diavolo, un — Cristo**, un poveraccio, un infelice **5** detto di un compianto defunto: *il — zio lo diceva sempre* | detto di persona verso cui si prova disprezzo o che suscita ironia: *— sciocco, non riuscirai mai a sapere la verità!* ♦ *s.m.* [f. *-a*] chi non ha i mezzi per vivere o ne possiede appena a sufficienza; mendicante □ **poveramente** *avv.* **1** da povero, in povertà: *visse —* **2** (*estens.*) scarsamente, in modo limitato: *esprimersi —.*

po|ver|tà *s.f.* **1** condizione di chi dispone di scarsi mezzi per vivere: *cadere in —* **2** (*estens.*) limitatezza, penuria: *— di idee, di creatività*; *— di mezzi.*

po|ve|ruò|mo o **pover'uòmo** *s.m.* [pl. raro *poveruomini*] **1** uomo che suscita commiserazione e compassione: *si è cacciato in un brutto guaio, —!* **2** (*spreg.*) uomo mediocre o meschino.

po|zió|ne *s.f.* **1** bevanda contenente zucchero e medicinali **2** (*estens., scherz.*) bevanda **3** (*lett.*) filtro magico.

póz|za *s.f.* **1** piccola fossa piena d'acqua o quantità di liquido sparso in terra: *era riverso in una — di sangue.*

poz|zàn|ghe|ra *s.f.* pozza d'acqua fangosa, spec. piovana.

poz|zét|to *s.m.* **1** cavità per contenere liquidi **2** apertura che dà accesso alle fognature **3** (*mar.*) nelle imbarcazioni da diporto, spazio protetto a poppa per i passeggeri e il timoniere.

póz|zo *s.m.* **1** scavo a sezione circolare, rivestito in muratura, praticato verticalmente nel terreno per raggiungere strati acquiferi o giacimenti minerari | **— petrolifero**, quello praticato in profondità per l'estrazione del petrolio **2** qualsiasi cavità, naturale o artificiale, presente nel terreno | **— nero**, fossa sotterranea in cui vengono raccolti i rifiuti liquidi provenienti dagli edifici sprovvisti di fognatura **3** (*fig.*) quantità grandissima: *guadagna un — di soldi* | **— di scienza**, persona di grande cultura **4** (*mar.*) nelle costruzioni navali, qualunque apertura praticata nel ponte di coperta o nelle sovrastrutture.

poz|zo|là|na *s.f.* tufo vulcanico incoerente, di colore grigio o rossastro, usato per preparare le malte idrauliche.

pra|ghé|se *agg.* di Praga ♦ *s.m./f.* chi è nato o abita a Praga.

prag|mà|ti|ca *s.f.* branca della linguistica che ha come oggetto di studio le relazioni tra i segni e coloro che li usano.

prag|mà|ti|co *agg.* [m.pl. *-ci*] relativo all'attività pratica | che si interessa degli aspetti pratici piuttosto che di quelli teorici: *tipo —* □ **pragmaticamente** *avv.*

prag|ma|ti|smo *s.m.* **1** corrente filosofica affermatasi all'inizio del XX sec. negli Stati Uniti, secondo la quale la validità di una teoria o di un'affermazione è dimostrata solo dalla sua verificabilità pratica **2** comportamento e atteggiamento orientato alla concretezza dei risultati **3** (*estens.*) comportamento spregiudicato di chi ricorre a qualsiasi mezzo per realizzare un obiettivo.

prag|ma|ti|sta *agg.* che ha fini pratici ♦ *s.m./f.* [m.pl. *-i*] (*filos.*) seguace del pragmatismo.

pra|li|na *s.f.* confetto costituito da una mandorla tostata ricoperta di zucchero caramellato | cioccolatino ripieno.

pram|mà|ti|ca *s.f.* **1** (*st.*) legge, decreto regio o editto che regola un comportamento pubblico **2** regola stabilita dalle consuetudini | *essere di* —, essere conforme a una regola, a una consuetudine consolidata: *frase di* —.

pra|no|te|ra|pi|a *s.f.* pratica terapeutica della medicina alternativa consistente nell'imporre le mani sulla parte malata di una persona, allo scopo di stimolare il passaggio di un ipotetico fluido benefico.

pran|za|re *v.intr.* [aus. *A*] consumare il pranzo: — *a casa dei suoceri*.

pran|zet|to *s.m.* pranzo semplice, senza formalità, ma con vivande gustose.

pràn|zo *s.m.* **1** il pasto principale della giornata, spec. quello consumato a mezzogiorno **2** ricco ed elegante banchetto, gener. con molti invitati: — *di matrimonio* **3** ora in cui gener. si pranza; mezzogiorno: *ci vediamo dopo* —.

pra|se|o|di|mio *s.m.* elemento chimico, metallo delle terre rare (*simb.* Pr).

pràs|si *s.f.* **1** (*filos.*) attività pratica, distinta dalla teoria **2** (*estens.*) procedura consueta: *rispettare la* —.

pra|ta|iò|lo *agg.* dei prati: *fungo* — ♦ *s.m.* fungo commestibile delle Agaricacee, con cappello biancastro o bruno, comune nei campi e nei prati, anche coltivato.

pra|tèn|se *agg.* che cresce o vive nei prati: *fiori pratensi*.

pra|te|rì|a *s.f.* **1** (*geog.*) pianura notevolmente estesa, caratteristica delle aree continentali con clima temperato secco; vi crescono specie erbacee, in partic. Graminacee e Leguminose **2** vasta distesa di terreno erboso.

prà|ti|ca *s.f.* **1** attività orientata alla concreta realizzazione di una volontà, di una teoria o sim. o con cui si dà luogo a una procedura | — *religiosa*, atto di devozione | *in* —, in atto; in sostanza: *mettere in* — *un principio*; *i soldi in* — *sono finiti*; in altre parole: *in* —, *mi ha preso in giro* **2** (*estens.*) atto o il complesso degli atti derivati da una consuetudine; prassi: *una* — *consueta* **3** esercizio spec. assiduo di una determinata attività o mestiere: *far* — *dello sci* | tirocinio, apprendistato professionale: — *notarile, ospedaliera* **4** abilità o conoscenza derivata dall'esperienza concreta e dall'esercizio; senso pratico: *è volenteroso, ma non ha* — *di queste cose* | ampia e precisa conoscenza di una città, un luogo ecc. **5** familiarità, dimestichezza: *ha* — *con il direttore* **6** (*spec.pl.*) iter burocratico riguardante un caso specifico, che produce una documentazione | il complesso degli atti e dei documenti così prodotti: *avviare le pratiche di divorzio*; *una* — *difficile, delicata*; *chiudere, sbrigare una* — | (*estens.*) la cartella che raccoglie i documenti riguardanti un affare, una procedura, una concessione e sim.: *mettere ordine fra le pratiche*.

pra|ti|cà|bi|le *agg.* **1** che si può praticare; realizzabile, fattibile: *esercizio ginnico difficilmente* — **2** di luogo attraverso cui si può passare: *bosco poco* — ♦ *s.m.* piattaforma fissa o mobile, su cui gli attori possono recitare o su cui si possono collocare elementi della scena.

pra|ti|ca|bi|li|tà *s.f.* caratteristica di ciò che si può praticare.

pra|ti|càc|cia *s.f.* (*coll.*) capacità acquisita con una lunga esperienza, ma priva di fondamenti teorici.

pra|ti|can|ta|to *s.m.* pratica di una professione che precede l'esercizio effettivo; apprendistato, tirocinio: — *legale*.

pra|ti|càn|te *part.pres.* di praticare ♦ *agg.* che pratica | che osserva scrupolosamente le pratiche religiose: *cattolico* — ♦ *s.m./f.* chi svolge un apprendistato, un tirocinio professionale: *fa il* — *presso un commercialista*.

pra|ti|cà|re *v.tr.* [indic.pres. io pràtico, tu pràtichi...] **1** mettere in pratica, in atto: — *il bene, la giustizia* **2** esercitare assiduamente: — *il nuoto* | (*assol.*) esercitare un mestiere, una professione: *è commercialista, ma ancora non pratica* **3** frequentare una persona o un ambiente: — *solo famiglie perbene* **4** fare, eseguire: — *una cesellatura*; — *una tariffa speciale*.

pra|ti|ci|tà *s.f.* caratteristica di ciò che è pratico, comodo, funzionale: — *di un vestito* **2** senso pratico: *mostrare* —.

prà|ti|co *agg.* [m.pl. *-ci*] **1** che riguarda la pratica concreta: *attività pratica* **2** che si può realizzare, attuare facilmente: *suggerimento* — | che si può usare o portare con facilità: *un elettrodomestico, un vestito molto* — **3** che tiene presente la concretezza delle cose, che non si abbandona a considerazioni astratte: *un tipo* —; *avere senso* — | *all'atto* —, in pratica **4** che ha pratica, esperienza, competenza in un lavoro o in una professione: *un tecnico* — *del mestiere* | conoscitore di una città, un luogo ecc. **5** (*filos.*) relativo all'agire; che serve di norma all'agire: *filosofia pratica* | *ragion pratica*, quella che regola la vita morale dell'uomo □ **praticamente** *avv.* **1** in modo pratico **2** nella sostanza, in realtà.

pra|ti|còl|lo *agg.* si dice di animali che vive nelle praterie.

pra|ti|có|ne *s.m.* [f. *-a*] (*spreg.*) chi esercita un'arte o una professione senza conoscerne i principi teorici e avvalendosi solo della pratica.

pra|ti|le *s.m.* nono mese del calendario rivoluzionario francese, che andava dal 20 maggio al 18 giugno.

pra|ti|vo *agg.* **1** coltivato, tenuto a prato: *terreno* — **2** che cresce nei prati: *erbe prative*.
prà|to *s.m.* **1** distesa di terreno non coltivato e coperto d'erba **2** terreno erboso coltivato a foraggio **3** (*sport*) area erbosa che costituisce un campo di gioco.
pra|to|li|na *s.f.* margheritina che cresce nei prati.
prà|vo *agg.* (*lett.*) malvagio, perverso.
pre- primo elemento di parole composte che indica anteriorità nel tempo (*predefinire, preallarme*) o nello spazio (*preporre, prealpino*) | indica superiorità o preferenza (*predominare, predilezione*).
pre|a|do|le|scèn|te *agg., s.m./f.* detto di ragazzo o di ragazza con un'età compresa fra gli 11 e i 14 anni.
pre|a|gò|ni|co *agg.* [m.pl. *-ci*] (*med.*) che precede l'agonia: *stato* —.
pre|al|làr|me *s.m.* (*spec.mil.*) segnale che precede e preannuncia quello di allarme vero.
pre|al|pi|no *agg.* delle Prealpi: *flora prealpina*.
pre|àm|bo|lo *s.m.* **1** parte introduttiva di un discorso, di un'opera **2** (*estens., fam.*) premessa superflua e cerimoniosa.
pre|an|nun|cià|re o **preannunziàre** *v.tr.* [indic.pres. *io preannùncio...*] annunciare in anticipo: *una telefonata preannunciò il suo arrivo* | (*fig.*) lasciar prevedere, presagire: *si preannuncia maltempo*.
pre|an|nùn|cio o **preannùnzio** *s.m.* annuncio dato in anticipo.
pre|ap|pen|ni|ni|co *agg.* [m.pl. *-ci*] del Preappennino: *area preappenninica*.
pre|a|tlè|ti|co *agg.* [m.pl. *-ci*] si dice di esercizio ginnico che prepara alla pratica di un'attività atletica.
pre|av|ver|ti|mén|to *s.m.* **1** avvertimento dato in anticipo **2** (*fig.*) premonizione.
pre|av|ver|ti|re *v.tr.* [indic.pres. *io preavvèrto...*] avvertire in anticipo: — *qlcu. della propria partenza*.
pre|av|vi|sà|re *v.tr.* avvisare in anticipo.
pre|av|vi|so *s.m.* **1** avviso preventivo: *partire con* — **2** (*dir.*) comunicazione anticipata della cessazione di un rapporto definito da un contratto, spec. di lavoro.
pre|bèl|li|co *agg.* [m.pl. *-ci*] si dice del periodo che precede immediatamente una guerra.
pre|bèn|da *s.f.* **1** rendita derivante da un beneficio ecclesiastico | lo stesso beneficio **2** (*estens.*) guadagno realizzato con poca fatica.
pre|cam|brià|no *agg., s.m.* (*geol.*) archeozoico.
pre|cam|pio|nà|to *agg.invar.* (*sport*) precedente l'inizio del campionato: *torneo* — ♦ *s.m.* periodo che precede un campionato, caratterizzato da una serie di partite amichevoli.
pre|can|ce|ró|so *agg.* (*med.*) che precede la formazione di un tumore maligno.
pre|ca|rià|to *s.m.* spec. nella scuola, condizione di lavoratore precario | l'insieme dei lavoratori precari.
pre|ca|rie|tà *s.f.* carattere, natura, condizione di precario; instabilità: *la* — *di un rapporto*.

pre|cà|rio *agg.* **1** instabile, provvisorio, temporaneo: *lavoro* — | che tende al peggio, malsicuro: *condizione precaria* | *salute precaria*, salute cagionevole **2** detto di chi lavora con un contratto provvisorio ♦ *s.m.* [f. *-a*] lavoratore precario □ **precariamente** *avv.*
pre|cau|zio|nà|le *agg.* che ha scopo preventivo: *misura* — □ **precauzionalmente** *avv.*
pre|cau|zió|ne *s.f.* **1** cautela, prudenza, circospezione: *procedere con* — **2** misura che tende a evitare un pericolo, un danno: *prendere le necessarie precauzioni*.
pre|ce|dèn|te *part.pres. di* precedere ♦ *agg.* che precede; antecedente, anteriore: *i giorni precedenti le ferie* ♦ *s.m.* **1** atto o evento che viene prima di altri analoghi | *senza precedenti*, detto di cosa che non si è mai verificata prima; (*estens.*) unico, eccezionale: *un caldo senza precedenti* | *creare un* —, fare ql.co. che possa in seguito costituire un pretesto o un modello per casi analoghi **2** ciascun elemento riguardante la vita pregressa di un individuo in relazione a un determinato momento: *avere degli ottimi precedenti di lavoro* | (*dir.*) *precedenti penali*, le condanne per reati riportate da un individuo □ **precedentemente** *avv.*
pre|ce|dèn|za *s.f.* **1** l'atto di precedere **2** diritto di passare prima degli altri: *dare la* — *alle auto provenienti da destra* **3** (*fig.*) priorità: *una questione che ha* — *assoluta* | *in* —, precedentemente, prima di ql.co.
pre|cè|de|re *v.tr., intr.* [indic.pres. *io precedo...*; pass.rem. *io precedéi* o *precedètti, tu precedésti...*; part.pass. *preceduto*; aus. dell'intr. *A*] andare, stare innanzi: — *qlcu. nella fila* | venire prima nel tempo: *l'alba precede l'aurora*.
pre|ces|sió|ne *s.f.* **1** (*fis.*) lento movimento in cui l'asse di rotazione di un corpo disegna un cono in senso contrario a quello della rotazione **2** (*astr.*) — *degli equinozi*, moto conico dell'asse terrestre che determina un lieve anticipo annuale degli equinozi.
pre|cet|tà|re *v.tr.* [indic.pres. *io precètto...*] **1** (*bur.*) ordinare con un precetto scritto **2** (*mil.*) richiamare alle armi i militari già andati in congedo | (*estens.*) ordinare la requisizione di beni per necessità dell'esercito **3** (*estens.*) durante uno sciopero, richiamare al lavoro gli addetti a un servizio di pubblica utilità.
pre|cet|ti|sti|ca *s.f.* **1** il complesso delle regole relative a una determinata materia **2** (*spreg.*) insegnamento basato solo sull'enunciazione di regole.
pre|cèt|to *s.m.* **1** norma, comandamento, regola: *i precetti della morale* | nella religione cattolica, regola di condotta per cui i fedeli compiono determinati atti o si astengono da altri | — *pasquale*, obbligo per i fedeli di ricevere la comunione nel periodo di Pasqua **2** ordine di adempiere un obbligo entro un certo termine, emesso da un'autorità giudiziaria, militare ecc. **3** ordine di chiamata alle armi.
pre|cet|tó|re *s.m.* [f. *-trice*] un tempo, insegnan-

pre|cin|zió|ne *s.f.* (*archeol.*) negli antichi teatri e anfiteatri, corridoio che separava in settori l'area destinata al pubblico.
pre|ci|pi|tàn|do *ger. di* precipitare ♦ *s.m.invar.* (*mus.*) nelle partiture, indicazione che prescrive un passaggio accelerato da un movimento moderato o lento a uno veloce.
pre|ci|pi|tàn|te *s.m.* (*chim.*) reagente che provoca la precipitazione di una sostanza in una soluzione o in una sospensione.
pre|ci|pi|tà|re *v.intr.* [indic.pres. *io precipito...*; aus. *E*] **1** (*anche fig.*) cadere in maniera rovinosa dall'alto: *— dalla torre*; *— nella depressione* **2** (*fig.*) evolvere verso una conclusione negativa; peggiorare rapidamente: *lo stato generale del paziente sta precipitando* **3** (*chim.*) detto di una sostanza, separarsi dalla soluzione in cui era sciolta e depositarsi sul fondo ♦ *tr.* **1** far cadere dall'alto con violenza: *precipitarono il prigioniero giù dalle mura* **2** (*fig.*) sollecitare, affrettare, concludere troppo rapidamente: *— una risposta* **3** (*chim.*) separare una sostanza dalla soluzione in cui è sciolta aggiungendovi un reagente ♦ **-rsi** *rifl.* **1** gettarsi dall'alto, spec. con l'intenzione di suicidarsi: *— dalla finestra* **2** dirigersi con impeto verso un luogo: *— all'aeroporto.*
pre|ci|pi|tà|to *part.pass. di* precipitare ♦ *agg.* **1** caduto a precipizio **2** (*fig.*) che denota una fretta eccessiva:*una decisione precipitata* ♦ *s.m.* (*chim.*) sostanza insolubile che si separa da una soluzione e si deposita sul fondo di un recipiente.
pre|ci|pi|ta|tó|re *s.m.* apparecchio usato per filtrare l'aria da polveri e fumi.
pre|ci|pi|ta|zió|ne *s.f.* **1** caduta dall'alto verso il basso *— (meteor.) — atmosferica*, fenomeno di condensazione e caduta dell'acqua contenuta nell'atmosfera sulla superficie terrestre sotto forma di pioggia, grandine o neve **2** (*fig.*) sollecitudine, fretta eccessiva: *parlare con —* **3** (*chim.*) in una soluzione, reazione per cui si forma una sostanza insolubile che si deposita in basso.
pre|ci|pi|te|vo|lis|si|me|vol|mén|te *avv.* (*scherz.*) in modo molto precipitoso.
pre|ci|pi|tó|so *agg.* **1** che cade o scende a precipizio | (*estens.*) che si muove o si compie in modo molto rapido; rapidissimo: *fuga precipitosa* **2** che agisce con fretta eccessiva, senza riflettere: *essere — nel valutare* | che è fatto con precipitazione, frettolosamente: *giudizio —* □ **precipitosamente** *avv.* in modo precipitoso: *scappare —* | senza riflettere: *giudicare —.*
pre|ci|pì|zio *s.m.* **1** luogo scosceso, ripido in cui si può precipitare | *a —*, con fortissima pendenza; dall'alto con impeto; (*fig.*) con molta fretta: *la roccia era a — sul mare*; *cadde a — dalle scale*; *rispose a —* **2** (*fig.*) baratro, perdizione: *essere sull'orlo del —.*
pre|ci|puo *agg.* **1** principale, essenziale: *obiettivo —* **2** (*estens.*) peculiare, tipico: *le caratteristi-*

preconfezionato

che precipue del Romanticismo inglese □ **precipuamente** *avv.*
pre|ci|sà|bi|le *agg.* che si può precisare; determinabile, definibile: *dose non —.*
pre|ci|sà|re *v.tr.* determinare, specificare in modo chiaro ed esatto.
pre|ci|sa|zió|ne *s.f.* **1** determinazione atta a precisare ql.co.: *— del carattere di un argomento* **2** espressione con la quale si precisa ql.co.: *chiese una — perché il concetto era poco chiaro.*
pre|ci|sì|no *agg.*, *s.m.* [f. *-a*] (*iron.*) che, chi dimostra eccessiva precisione e meticolosità.
pre|ci|sió|ne *s.f.* estrema scrupolosità e accuratezza: *ci mette — quando ricama* | massima esattezza; assenza di qualunque errore: *orologio di —.*
pre|ci|so *agg.* **1** esatto: *è una risposta precisa* | ben determinato, chiaro: *ha intenzioni precise* | (*estens.*) specifico, proprio: *è tuo — compito* **2** che agisce con meticolosità: *è un tipo —* | che funziona con esattezza: *strumento di misura —* **3** (*fam.*) identico a ql.co., qlcu.; uguale: *il tuo costume è — al mio*; *è — a suo padre* □ **precisamente** *avv.* **1** esattamente, proprio: *i fatti stanno — come ti ho detto* **2** con precisione: *ha dichiarato — le proprie intenzioni.*
pre|clà|ro *agg.* (*lett.*) celebre, illustre, insigne.
pre|clù|de|re *v.tr.* [pass.rem. *io preclusi, tu precludésti...*; part.pass. *precluso*] (*spec.fig.*) impedire definitivamente: *la sconfitta ci preclude l'accesso in finale.*
pre|clu|sió|ne *s.f.* impedimento, esclusione.
pre|clu|sì|vo *agg.* che vieta l'accesso a ql.co. | che impedisce di fare ql.co.
pre|cò|ce *agg.* **1** che si sviluppa prima del normale: *fioritura —* | che manifesta in anticipo talenti o abilità tipici dell'età adulta: *un bambino —* **2** che avviene prematuramente: *una morte —* | (*med.*) **diagnosi** *—*, fatta prima che i sintomi della malattia siano evidenti □ **precocemente** *avv.*
pre|co|cì|tà *s.f.* caratteristica di ciò o di chi è precoce: *rivelare una certa —.*
pre|co|gni|tì|vo *agg.* riferito alla precognizione.
pre|co|gni|zió|ne *s.f.* conoscenza anticipata di fatti che devono ancora verificarsi | premonizione.
pre|co|lom|bià|no *agg.* si dice di quanto riguarda la civiltà americane e risale a un periodo anteriore alla scoperta di Cristoforo Colombo (1492): *arte, popolazione precolombiana.*
pre|con|cèt|to *agg.* si dice di opinione concepita a proposito di ql.co. o qlcu. prima di averne avuto esperienza o conoscenza diretta: *le tue sono solo idee preconcette* ♦ *s.m.* opinione preconcetta; pregiudizio.
pre|con|ci|lià|re *agg.* (*relig.*) precedente al concilio Vaticano II: *Chiesa —.*
pre|con|fe|zio|na|mén|to *s.m.* l'operazione del preconfezionare | il risultato di tale operazione.
pre|con|fe|zio|nà|re *v.tr.* [indic.pres. *io preconfezióno...*] confezionare un prodotto, spec. alimentare, prima di metterlo in commercio.
pre|con|fe|zio|nà|to *part.pass. di* preconfezionare ♦ *agg.* **1** confezionato prima di essere mes-

precongressuale

so in vendita 2 (*fig.*) si dice di prodotto, spec. dell'industria culturale, progettato per piacere a un determinato tipo di pubblico, indipendentemente dall'effettivo valore artistico: *musica preconfezionata*.

pre|con|gres|suà|le *agg.* che viene fatto prima o in preparazione di un congresso: *tesi precongressuali*.

pre|co|niz|zà|re *v.tr.* (*lett.*) **1** annunciare in forma pubblica e solenne **2** (*estens.*) prevedere, pronosticare: — *il successo dell'impresa*.

pre|co|niz|za|zió|ne *s.f.* (*lett.*) l'atto di preconizzare.

pre|còn|scio *agg., s.m.* (*psicoan.*) si dice dei contenuti psichici che non sono immediatamente presenti alla coscienza, ma possono esservi richiamati facilmente.

pre|con|so|nàn|ti|co *agg.* [m.pl -*ci*] (*ling.*) collocato davanti a una consonante.

pre|cor|dià|le *agg.* (*anat.*) che si riferisce al precordio: *dolore —*.

pre|còr|dio *s.m.* **1** (*anat.*) la regione toracica situata anteriormente al cuore **2** (*pl.; lett.*) il cuore, l'animo come sede degli affetti e delle emozioni: *la commozione giunse agli intimi precordi*.

pre|cór|re|re *v.tr.* [con. come *correre*] **1** (*lett.*) precedere qlcu. o ql.co. correndo **2** (*estens.*) anticipare, prevenire | — *i tempi*, essere modernissimi, all'avanguardia: *tecnologia che precorre i tempi* | — *gli eventi*, agire prima del momento opportuno.

pre|cor|ri|tó|re *agg., s.m.* [f. -*trice*] (*lett.*) che, chi precorre: *quel pittore è un — delle nuove tendenze*.

pre|co|sti|tu|ì|re *v.tr.* [indic.pres. *io precostituisco, tu precostituisci...*] preparare in anticipo; predisporre.

pre|co|sti|tu|ì|to *part.pass. di* precostituire ♦ *agg.* costituito in anticipo; predisposto | *maggioranza precostituita*, in Parlamento, quella raggiunta attraverso accordi informali stipulati prima della votazione | *opinione precostituita*, preconcetto.

pre|còt|to *agg., s.m.* si dice di prodotto alimentare preparato industrialmente e venduto già totalmente o parzialmente cotto.

pre|cot|tù|ra *s.f.* procedimento industriale di preparazione dei cibi precotti.

pre|cri|stià|no *agg.* precedente alla nascita o alla diffusione del cristianesimo: *religioni precristiane*.

pre|cur|só|re *agg.* [f. *precorritrice*] che precorre, anticipa; premonitore: *segno —* ♦ *s.m.* chi formula per primo idee o concezioni destinate a essere sviluppate in seguito; antesignano: *essere un —*.

prè|da *s.f.* **1** ciò che si ottiene con la forza: — *bellica* **2** animale catturato durante la caccia: *il leone divorò la sua —* | (*fig.*) *essere*, *cadere — di qlcu., di ql.co.*, dipendere totalmente, esserne vittima, dominato **3** (*fig.*) balia, potere: *essere in — al terrore*.

pre|dà|re *v.tr.* [indic.pres. *io prèdo...*] prendere, catturare con la forza | (*estens.*) razziare: *l'esercito vittorioso predava la regione*.

pre|da|tó|re *agg., s.m.* [f. -*trice*] **1** detto di animali che cacciano altri animali: *la tigre è un —* **2** che, chi compie saccheggi.

pre|da|tò|rio *agg.* relativo a un predatore; da predatore: *atteggiamento —*.

pre|da|zió|ne *s.f.* (*biol.*) meccanismo, fondamentale per l'equilibrio dei biosistemi, per cui gli individui di una data specie per nutrirsi catturano quelli di un'altra.

pre|de|ces|só|re *s.m.* **1** chi ha ricoperto un incarico o una dignità prima di un altro: *il — del direttore generale* **2** (*spec.pl.*) gli antenati.

pre|de|fi|nì|to *agg.* definito, stabilito in precedenza.

pre|dèl|la *s.f.* **1** largo gradino, spec. di legno, collocato sotto una cattedra o davanti a un'altare **2** sezione inferiore, spesso divisa in più riquadri, che costituisce la base di un polittico o di una pala d'altare.

pre|dell|i|no *s.m.* il gradino che permette di accedere alle carrozze ferroviarie o alle vetture tranviarie.

pre|de|sti|nà|re *v.tr.* [indic.pres. *io predestino...*] stabilire molto tempo prima il destino di qlcu.

pre|de|sti|nà|to *part.pass. di* predestinare ♦ *agg.* destinato precedentemente a ql.co.: *un giovane — a un futuro radioso* ♦ *s.m.* [f. -*a*] chi ha avuto in sorte un certo destino, spec. positivo: *essere un —*.

pre|de|sti|na|zió|ne *s.f.* **1** assegnazione di un determinato destino | il destino che è stato assegnato a qlcu. **2** (*teol.*) ordinamento della vita umana secondo la volontà divina.

pre|de|ter|mi|nà|re *v.tr.* [indic.pres. *io predetermìno...*] determinare in anticipo; prefissare.

pre|de|ter|mi|na|zió|ne *s.f.* determinazione in anticipo di ql.co.

pre|dèt|to *part.pass. di* predire ♦ *agg.* già detto o nominato: *le predette persone*.

prè|di|ca *s.f.* **1** discorso che illustra passi biblici o argomenti morali tenuto dal sacerdote durante una celebrazione; omelia **2** (*fam.*) discorso di rimprovero o ammonimento; ramanzina.

pre|di|cà|re *v.tr.* [indic.pres. *io prèdico, tu prèdichi...*] **1** annunciare, diffondere una religione: — *la fede cristiana* **2** (*assol.*) tenere un'omelia, un discorso di carattere religioso: — *durante la messa* **3** (*estens.*) insegnare ad altri attraverso le proprie parole: — *la pace* | — *bene e razzolare male*, detto di chi non si preoccupa di osservare i consigli e gli ammonimenti che impartisce ad altri.

pre|di|ca|tì|vo *agg.* (*ling., filos.*) che costituisce o riguarda un predicato | (*gramm.*) *verbo —*, che ha un senso compiuto e svolge da solo la funzione di predicato verbale | *complemento — del soggetto*, *dell'oggetto*, l'aggettivo o il sostantivo riferito al soggetto o al compl. oggetto che completa il significato del predicato verbale (p.e. *ar*-

rivò secondo al traguardo; *lo nominarono presidente*).

pre|di|cà|to *s.m.* **1** (*filos.*) ciò che viene affermato o negato intorno a un soggetto **2** (*ling.*) parte della frase che costituisce ciò che si dice del soggetto | (*gramm.*) — *verbale*, quello costituito da un verbo predicativo (p.e. *io mangio*; *loro giocano a calcio*) | — *nominale*, quello costituito da un verbo copulativo e un elemento nominale (p.e. *Giovanni è simpatico*; *io sono diventato più gentile*) | *essere in* —, avere buone probabilità di ottenere un nomina, un posto di lavoro e sim.: *sono in — per il posto di capoufficio*.

pre|di|ca|tó|re *s.m.* [f. *-trice*] **1** chi, abitualmente o in un'occasione particolare, predica in chiesa **2** (*estens.*) chi sostiene e propaganda pubblicamente un'idea: *un — del disarmo* ♦ *agg.* che predica | *frati predicatori*, i frati domenicani.

pre|di|ca|tò|rio *agg.* (*spec. spreg.*) da predica o da predicatore: *moralismo —*.

pre|di|ca|zió|ne *s.f.* **1** l'annuncio e l'insegnamento pubblico di un messaggio religioso: *la — cristiana* **2** (*filos., ling.*) l'attribuzione di un predicato a un soggetto.

pre|di|còz|zo *s.m.* (*fam.*) predica, ramanzina.

pre|di|lèt|to *part.pass. di* prediligere ♦ *agg., s.m.* [f. *-a*] che, chi è amato più degli altri o preferito a ogni altra cosa o persona: *figlio —*.

pre|di|le|zió|ne *s.f.* **1** netta preferenza: *ha una certa — per la musica classica* **2** ciò che si predilige: *i film polizieschi sono la sua —*.

pre|di|li|ge|re *v.tr.* [indic.pres. *io prediligo, tu prediligi...*; pass.rem. *io predilèssi, tu prediligésti...*; part.pass. *predilètto*; manca il part.pres.] apprezzare o amare ql.co. o ql.cu. in maniera particolare; preferire: — *i romanzi d'avventura*.

pre|di|re *v.tr.* [con. come *dire*] dire ciò che avverrà nel futuro: — *la vittoria della propria squadra*; — *a ql.cu. una brillante carriera*.

pre|di|spór|re *v.tr.* [con. come *porre*] **1** preparare, organizzare in anticipo per un determinato fine: — *il necessario per un lavoro*; — *il salone per la cerimonia* **2** (*med.*) determinare in un organismo una disposizione a contrarre determinate malattie: *fumo e inquinamento predispongono al cancro* **3** (*fig.*) mettere nella condizione psicologica più idonea a una determinata situazione: — *l'animo alla prova* ♦ *-rsi* rifl. prepararsi dal punto di vista emotivo e psicologico: — *alle novità*.

pre|di|spo|si|zió|ne *s.f.* **1** preparazione, organizzazione: *la — del servizio di sicurezza* **2** (*estens.*) inclinazione, attitudine: *avere — per la musica* **3** (*med.*) particolare tendenza a contrarre o sviluppare determinate malattie.

pre|di|spó|sto *part.pass. di* predisporre ♦ *agg.* **1** che è stato preparato, organizzato precedentemente: *un piano ben —* | fatto in maniera da poter essere impiegato per determinati fini: *un computer — per la connessione Internet* **2** che manifesta propensione verso ql.co.: *un carattere — all'amicizia* **3** (*med.*) si dice di organismo che ha particolare tendenza a sviluppare certe malattie.

pre|di|zió|ne *s.f.* annuncio di eventi futuri; vaticinio.

pre|do|mi|nàn|te *part.pres. di* predominare ♦ *agg.* **1** che domina sugli altri; prevalente: *la tendenza —* **2** che è più frequente, più presente.

pre|do|mi|nàn|za *s.f.* maggiore presenza, importanza o influenza: — *di colori intensi in un quadro*.

pre|do|mi|nà|re *v.intr.* [indic.pres. *io predòmino...*; aus. *A*] **1** esercitare un dominio o un potere maggiore su ql.cu. o in un determinato ambito: — *sui mari* **2** essere presente in quantità maggiore o più di frequente: *in Liguria predominano le spiagge di sassi* | prevalere: *in lei predomina l'impulsività*.

pre|do|mi|nio *s.m.* **1** supremazia su ql.cu. o in un determinato ambito: *esercitare il — su una regione* **2** prevalenza.

pre|dó|ne *s.m.* chi commette rapine e razzie.

pre|e|si|stèn|te *part.pres. di* preesistere ♦ *agg.* che esisteva in precedenza; precedente: *la situazione —*.

pre|e|si|stèn|za *s.f.* esistenza di ql.co. prima di un dato periodo o evento.

pre|e|si|ste|re *v.intr.* [aus. *E*] esistere prima di ql.co.: *civiltà che preesistevano all'arrivo degli europei*.

pre|fab|bri|cà|re *v.tr.* [indic.pres. *io prefàbbrico, tu prefàbbrichi...*] **1** fabbricare in maniera industriale elementi standardizzati da utilizzare nella realizzazione di edifici e strutture **2** (*fig.*) preparare in maniera artificiosa per un determinato fine: — *un alibi*.

pre|fab|bri|cà|to *part.pass. di* prefabbricare ♦ *agg.* **1** detto di elementi standard realizzati industrialmente e impiegati nella costruzione di edifici o strutture | si dice di edificio realizzato con tali elementi: *ospedale —* **2** (*fig.*) detto di documento, prova o sim. preparato artificiosamente in precedenza per un determinato scopo ♦ *s.m.* edificio o altra struttura realizzati con elementi prefabbricati.

pre|fa|tó|re *s.m.* (*lett.*) chi scrive una prefazione.

pre|fà|zio *s.m.* (*lit.*) nella messa, parte introduttiva della preghiera eucaristica, costituita da una lode solenne recitata dal celebrante in dialogo con i fedeli.

pre|fa|zió|ne *s.f.* breve scritto che viene premesso al testo di un libro per illustrarne le caratteristiche fondamentali.

pre|fe|rèn|za *s.f.* scelta, predilezione per una cosa o una persona rispetto ad altre: *assegnare la propria — a uno dei candidati* | *fare preferenze*, comportarsi con parzialità | *di —*, preferibilmente | *voto di —*, nelle elezioni a scrutinio di lista, voto che viene dato a un candidato della lista prescelta.

pre|fe|ren|zià|le *agg.* di preferenza: *opzione —* | *trattamento —*, di favore | *corsia —*, nelle strade urbane, quella riservata ai mezzi pubblici □ **preferenzialmente** *avv.*

pre|fe|rì|bi|le *agg.* che è possibile o più opportuno preferire: *scelta —* | **è —**, è meglio, più opportuno □ **preferibilmente** *avv.* se possibile: *vorrei una stanza, — con vista sul mare.*

pre|fe|ri|bi|li|tà *s.f.* caratteristica di ciò che è preferibile.

pre|fe|rì|re *v.tr.* [indic.pres. *io preferisco, tu preferisci*...] scegliere una cosa o una persona perché la si ritiene migliore rispetto ad altre; prediligere: *— il mare alla montagna.*

pre|fe|rì|to *part.pass.* di preferire ♦ *agg., s.m.* [f. *-a*] che, chi è apprezzato o amato più di qualunque altra cosa o persona dello stesso gruppo; prediletto: *è il mio libro —; il — tra i nipoti.*

pre|fe|stì|vo *agg.* 1 precedente un giorno festivo: *giornata prefestiva* 2 relativo a un giorno prefestivo: *treno —* | **messa prefestiva**, quella che viene celebrata la sera del sabato o nella vigilia delle festività ed è valida per assolvere il precetto.

pre|fet|tì|zio *agg.* del prefetto: *nomina prefettizia* | **commissario —**, funzionario di nomina prefettizia che assume l'amministrazione temporanea di un comune al posto degli organi elettivi.

pre|fèt|to *s.m.* 1 funzionario del Ministero degli Interni che rappresenta il Governo in una provincia 2 (*st.*) nell'antica Roma, funzionario che agiva su delega di un magistrato 3 (*eccl.*) titolo spettante ai cardinali di curia che presiedono le sacre congregazioni | **— apostolico**, ecclesiastico a capo di una prefettura apostolica.

pre|fet|tu|ra *s.f.* 1 ufficio, carica di prefetto | l'edificio in cui hanno sede gli uffici che dipendono dal prefetto 2 (*eccl.*) nella curia romana, ufficio a cui è preposto un prefetto.

prè|fi|ca *s.f.* 1 nella tradizione di alcuni popoli, donna pagata per piangere e lamentarsi nel corso dei funerali 2 (*scherz.*) persona che si lamenta facilmente e in maniera eccessiva.

pre|fìg|ge|re *v.tr.* [con. come *figgere*; part.pass. *prefisso*] fissare in anticipo: *prefiggersi un obiettivo ambizioso.*

pre|fi|gu|rà|re *v.tr.* rappresentare ql.co. destinato a verificarsi nel futuro; precorrere.

pre|fi|gu|ra|zió|ne *s.f.* l'atto di prefigurare | ciò che viene prefigurato.

pre|fi|nan|zia|mén|to *s.m.* (*banc.*) finanziamento a breve termine concesso da un istituto di credito in attesa dell'emissione di un mutuo.

pre|fi|nan|zià|re *v.tr.* [indic.pres. *io prefinànzio*...] accordare un prefinanziamento.

pre|fis|sà|le *agg.* (*ling.*) di prefisso: *formazione —*.

pre|fis|sà|re *v.tr.* 1 stabilire in anticipo: *il compenso per un lavoro* 2 (*ling.*) apporre un prefisso a una parola.

pre|fis|sà|to *part.pass. di* prefissare ♦ *agg.* 1 stabilito in precedenza 2 (*ling.*) detto di parola formata apponendo un prefisso ♦ *s.m.* (*ling.*) parola prefissata.

pre|fis|sa|zió|ne *s.f.* (*ling.*) derivazione di una parola da un'altra per mezzo dell'aggiunta di un prefisso.

pre|fìs|so *part.pass.* di prefiggere ♦ *agg.* stabilito in precedenza; prefissato ♦ *s.m.* 1 (*ling.*) elemento che viene preposto alla radice o al tema di una parola per formarne una nuova (p.e. *anti-* in *antivigilia*) 2 nella teleselezione, gruppo di cifre proprie di un determinato distretto che precedono il numero di telefono del singolo abbonato.

pre|fis|sòi|de *s.m.* (*ling.*) primo elemento usato nella formazione di parole composte e derivato da una parola con significato autonomo (p.e. *auto-* nel significato di 'automobile' in *autoambulanza*).

pre|gà|re *v.tr.* [indic.pres. *io prègo, tu prèghi*...] 1 chiedere con parole o atti di supplica: *lo pregai di perdonarmi* 2 invitare in maniera cortese a fare ql.co.: *la pregherei di aspettare qui* 3 rivolgere pensieri, parole e gesti rituali a una divinità o ad altra figura venerabile: *— il santo patrono* | (*assol.*) recitare preghiere.

pre|gé|vo|le *agg.* di buona qualità; di valore: *un quadro —* □ **pregevolmente** *avv.*

pre|ge|vo|léz|za *s.f.* caratteristica di ciò che ha pregio, ha valore.

pre|ghiè|ra *s.f.* 1 richiesta fatta in tono umile; implorazione: *rivolgere un'accorata —* 2 pensiero o atto rituale con cui ci si rivolge a una divinità: *assorto in —* | le parole recitate per pregare.

pre|giàre *v.tr.* [indic.pres. *io prègio*...] (*lett.*) apprezzare notevolmente ql.co. o qlcu. ♦ **-rsi** *rifl.* ritenersi onorato per ql.co.: *mi pregio di lavorare per questa azienda.*

pre|già|to *part.pass.* di pregiare ♦ *agg.* di grande valore: *mobili pregiati; moneta pregiata.*

prè|gio *s.m.* 1 considerazione | *avere,* **tenere in —**, stimare 2 qualità positiva; merito: *pregi e difetti* | *di —*, di lusso, di valore: *finiture di —*.

pre|giu|di|cà|re *v.tr.* [indic.pres. *io pregiùdico, tu pregiùdichi*...] 1 mettere a rischio la riuscita di ql.co. | compromettere: *le tue parole hanno pregiudicato l'esito della trattativa* 2 (*estens.*) danneggiare.

pre|giu|di|cà|to *part.pass.* di pregiudicare ♦ *agg.* destinato a fallire; vanificato: *tentativo —* ♦ *s.m.* [f. *-a*] (*dir.*) chi ha riportato in passato condanne penali.

pre|giu|di|zià|le *agg.* si dice di quanto deve essere chiarito o risolto prima di avviare ogni altra azione o decisione | (*dir.*) nel processo, questione che deve essere esaminata e risolta preliminarmente ♦ *s.f.* questione, condizione pregiudiziale: *rimuovere ogni —* □ **pregiudizialmente** *avv.* preliminarmente.

pre|giu|di|zia|li|tà *s.f.* (*dir.*) nel processo, il rapporto che lega le questioni pregiudiziali alle questioni oggetto del processo stesso, che possono essere considerate solo dopo la risoluzione delle prime.

pre|giu|di|zié|vo|le *agg.* che può pregiudicare ql.co.: *scelta —* | dannoso: *comportamento —* □ **pregiudizievolmente** *avv.*

pre|giu|dì|zio *s.m.* 1 idea, opinione erronea che deriva da conoscenza superficiale di qlcu. o ql.co. o è basata sulle convinzioni correnti; pre-

concetto: *nutrire pregiudizi contro qlcu.* | credenza superstiziosa **2** danno: *l'inquinamento reca — alla salute.*
pre|gnàn|te *agg.* detto di vocabolo o espressione, ricco di significato.
pre|gnàn|za *s.f.* ricchezza di significato, riferito spec. a parole o espressioni: *parole di grande —.*
pré|gno *agg.* **1** (*raro*) gravido: *una pecora pregna* **2** (*estens.*, *anche fig.*) impregnato, pieno: *frasi pregne di senso.*
prè|go *inter.* espressione di cortesia impiegata per rispondere a ringraziamenti o scuse, o con cui si invita qlcu. ad accomodarsi, ad accettare un'offerta o a ripetere ciò che non si è capito: *—, si accomodi!*; *come ha detto, —?*
pre|gra|fi|smo *s.m.* la condizione di chi non ha ancora imparato a scrivere.
pre|grès|so *agg.* (*med.*, *bur.*) che è avvenuto o si è acquisito in un periodo precedente all'attuale: *diritti pregressi.*
pre|gu|stà|re *v.tr.* godere anticipatamente di un piacere immaginandone la realizzazione: *— il successo.*
pre|in|do|eu|ro|pè|o o **preindeuropèo** *agg.* detto di fenomeno linguistico risalente a un periodo anteriore a quello della diffusione delle lingue indoeuropee in una determinata area geografica.
pre|in|du|strià|le *agg.* **1** anteriore all'industrializzazione: *società —* **2** che non ha ancora conosciuto il fenomeno dell'industrializzazione.
pre|i|scri|zió|ne *s.f.* (*bur.*) iscrizione preliminare a un corso di studi, richiesta spec. per motivi organizzativi.
prei|stò|ria *s.f.* **1** il periodo dell'evoluzione della specie umana precedente alle prime forme attestate di scrittura | (*estens.*) condizione di vita primitiva: *vivere nella —* | **roba da —**, vecchissima, antiquata **2** (*fig.*) le radici remote di ql.co.; albori: *la — dell'informatica.*
prei|stò|ri|co *agg.* [m.pl *-ci*] **1** relativo alla preistoria: *fossili preistorici* **2** (*scherz.*) vecchissimo, estremamente antiquato.
pre|la|ti|zio *agg.* del prelato, da prelato: *abito —.*
pre|là|to *s.m.* (*eccl.*) sacerdote che riveste cariche o funzioni di particolare rilievo.
pre|la|tù|ra *s.f.* **1** la dignità e l'ufficio di prelato **2** l'area geografica su cui un prelato esercita la sua giurisdizione.
pre|la|vàg|gio *s.m.* prima fase di breve lavaggio prevista nel ciclo di funzionamento di lavatrici e lavastoviglie: *fare il —.*
pre|la|zió|ne *s.f.* (*dir.*) priorità rispetto ad altri nell'esercizio di un diritto o nell'acquisto di un bene: *diritto di —.*
pre|le|va|mén|to *s.m.* **1** l'atto di prelevare: *— di campioni d'acqua* **2** quanto viene prelevato.
pre|le|và|re *v.tr.* [indic.pres. *io prelèvo...*] **1** prendere da un luogo e portare via, spec. da un deposito | in partic. ritirare da una banca parte di una somma depositata in precedenza: *— un po' di soldi dal conto bancario* **2** asportare: *— un campione di tessuto* | (*med.*) **il sangue**, a fini di diagnosi o per trasfusioni **3** prendere una persona e condurla via con la forza o per autorità: *i rapitori lo hanno prelevato dalla sua macchina.*
pre|li|ba|téz|za *s.f.* **1** straordinaria bontà di sapore **2** cibo o bevanda squisiti.
pre|li|bà|to *agg.* detto di cibo o bevanda che ha un sapore eccellente: *un piatto —* | (*estens.*) di grande qualità, pregevole.
pre|liè|vo *s.m.* **1** asportazione di ql.co. da un luogo; prelevamento: *— di un campione di terra* | **— fiscale**, l'insieme delle imposte che un contribuente versa allo Stato **2** (*med.*) l'atto di prelevare da un organismo un campione di tessuto o di liquido biologico, spec. di sangue, per sottoporlo ad analisi o utilizzarlo per trapianti e trasfusioni: *sottoporsi al — del sangue* **3** ritiro di denaro da un conto bancario o postale: *fare un — allo sportello.*
pre|li|mi|nà|re *agg.* che ha funzione di premessa o preparazione a ql.co.: *accordi preliminari* | (*dir.*) **contratto —**, accordo scritto attraverso il quale i contraenti si vincolano a stipulare un altro contratto futuro e ne precisano i termini ♦ *s.m.spec.pl.* ciò che prepara o introduce ql.co. di successivo; avvio, premessa: *i preliminari del corteggiamento* □ **preliminarmente** *avv.*
pre|lò|gi|co *agg.* [m.pl *-ci*] (*psicol.*) relativo allo stadio di sviluppo precedente la formazione del pensiero logico.
pre|lù|de|re *v.intr.* [pass.rem. *io prelùsi, tu preludésti...*; part.pass. *prelùso*; aus. A] **1** (*raro*) introdurre **2** annunciare, precedere: *un vento che prelude alla pioggia.*
pre|lù|dio *s.m.* **1** (*mus.*) brano strumentale che fa da introduzione a una composizione o a un'opera lirica | in epoca romantica, brano strumentale di intenso lirismo **2** (*estens.*) discorso o scritto introduttivo **3** (*fig.*) segno o fatto che preannuncia gli sviluppi futuri: *il — del conflitto.*
pré-maman (*fr.*) [pr. *premamàn*] *agg., s.m.invar.* si dice di capo di vestiario molto ampio, disegnato per le donne in gravidanza.
pre|ma|tri|mo|nià|le *agg.* che avviene o è realizzato prima del matrimonio: *accordo —* | **rapporto —**, rapporto sessuale consumato prima del matrimonio.
pre|ma|tù|ro *agg.* realizzato o accaduto prima del momento opportuno: *scelte premature* | **parto —**, prima del nono mese di gestazione | **morte prematura**, avvenuta in età ancora giovane ♦ *s.m.* [f. *-a*] neonato venuto alla luce prima del termine normale della gravidanza □ **prematuramente** *avv.*
pre|me|di|tà|re *v.tr.* [indic.pres. *io premèdito...*] progettare mentalmente un'azione, spec. di tipo criminoso.
pre|me|di|tà|to *part.pass.* di premeditare ♦ *agg.* (*dir.*) progettato con lucidità e non commesso per impulso momentaneo: *omicidio —* □ **premeditatamente** *avv.*
pre|me|di|ta|zió|ne *s.f.* (*dir.*) accurata preparazione di quanto si intende compiere.
prè|me|re *v.tr.* [indic.pres. *io premo...*; pass.rem.

premessa

io preméi o *premètti, tu premésti...*; part.pass. *premuto*] **1** esercitare una spinta o una pressione: — *i tasti* **2** (*estens.*) seguire da vicino; incalzare: — *il nemico da ogni lato* ♦ *intr.* [aus. *A*] **1** fare pressione su ql.co.: — *con la garza sulla ferita* **2** (*fig.*) stare a cuore, importare: *ci preme unicamente la fine del conflitto* **3** (*fig.*) esercitare pressioni per ottenere qualcosa; chiedere con insistenza: — *sulle autorità perché sia avviata la riforma.*

pre|més|sa *s.f.* **1** considerazione fatta come introduzione a un discorso o a un ragionamento: *formulare una —* **2** testo introduttivo: *la — di un saggio* **3** (*filos.*) in un sillogismo, ciascuna delle due prime proposizioni dalle quali si fa procedere la conclusione.

pre|me|struà|le *agg.* precedente la mestruazione.

pre|mét|te|re *v.tr.* [con. come *mettere*] far precedere a un discorso o a un testo scritto: — *al romanzo la biografia dell'autore.*

pre|mià|le *agg.* (*dir.*) si dice di norma giuridica o legge che concede riduzioni di pena per gli imputati che collaborano con la giustizia.

pre|mià|re *v.tr.* [indic.pres. *io prèmio...*] ricompensare con un premio: — *i primi tre classificati.*

pre|mià|to *part.pass. di* premiare ♦ *agg.*, *s.m.* [f. *-a*] che, chi ha ricevuto un premio.

pre|mia|zió|ne *s.f.* **1** l'atto di conferire un premio **2** la cerimonia in cui vengono assegnati dei premi.

premier (*ingl.*) [pr. *prèmier*] *s.m.invar.* capo del Governo; Primo ministro.

pre|mie|rà|to *s.m.* sistema di governo nel quale al Primo ministro vengono attribuiti ampi poteri.

première (*fr.*) [pr. *premièr*] *s.f.invar.* prima rappresentazione pubblica di uno spettacolo teatrale o cinematografico.

pre|mi|nèn|te *agg.* che si trova in posizione di rilievo, che ha maggior importanza; principale: *figura, personalità —.*

pre|mi|nèn|za *s.f.* particolare rilievo rispetto a persone o cose; superiorità: *avere —.*

prè|mio *s.m.* **1** ricompensa, costituita da un oggetto o da una somma di denaro, assegnata come riconoscimento di un merito o di una vittoria: *consegnare, ricevere un —* | quantità di denaro o altro bene assegnata al vincitore di lotterie, estrazioni e sim.: *un — milionario* | — **di consolazione**, quello di minor valore, assegnato a chi non ha ottenuto nessuno dei premi maggiori | — **di produzione**, quello in denaro che un'azienda corrisponde a chi raggiunge determinati risultati lavorativi | (*sport*) — **partita**, quello assegnato ai membri di una squadra in caso di vittoria **2** gara o concorso che prevede l'assegnazione di uno o più premi ai vincitori: — *di poesia; gran — automobilistico* **3** la persona o l'opera che sono stati insigniti di un premio: *è intervenuto il — Pulitzer dello scorso anno* **4** (*dir.*) nel contratto di assicurazione, la somma pagata per garantirsi la copertura del rischio | **contratto a** —, quello in cui uno dei contraenti si riserva il diritto di eseguire o risolvere il contratto attraverso il pagamento di una determinata somma ♦ *agg.invar.* si dice di ciò che viene assegnato come premio: *viaggio —.*

pre|mi|stóp|pa *s.m.invar.* (*tecn.*) dispositivo che comprime le guarnizioni di tenuta per alberi rotanti o tubi.

pre|mo|là|re *agg.*, *s.m.* si dice di ciascuno degli otto denti, quattro per ogni arcata, che nell'uomo adulto sono collocati tra canini e molari.

pre|mo|ni|tó|re *agg.* [f. *-trice*] che avverte in anticipo di ql.co.: *segni premonitori.*

pre|mo|ni|tò|rio *agg.* relativo alla premonizione.

pre|mo|ni|zió|ne *s.f.* percezione anticipata di eventi futuri; presagio, presentimento.

pre|mo|rièn|za *s.f.* (*dir.*) morte che avviene precedentemente a quella di un'altra persona o prima di un dato termine.

pre|mo|rì|re *v.intr.* [con. come *morire*; aus. *E*] (*bur.*) morire prima di una certa persona o di un dato termine: *entrambi i figli sono premorti ai genitori.*

pre|mu|nì|re *v.tr.* [indic.pres. *io premunisco, tu premunisci...*] (*anche fig.*) dotare preventivamente ql.co. di quanto serve alla sua difesa: — *la fortezza* ♦ **-rsi** *rifl.* prepararsi anticipatamente per far fronte ad avvenimenti o fenomeni dannosi: — *contro possibili accuse.*

pre|mù|ra *s.f.* **1** fretta, urgenza: *avere — di concludere* | **far — a qlcu.**, fargli fretta **2** (*spec.pl.*) attenzione affettuosa; cura: *la ringrazio per le sue premure.*

pre|mu|ràr|si *v.intr.pron.* fare ql.co. con sollecitudine: *mi sono premurato di invitarli.*

pre|mu|ro|si|tà *s.f.* caratteristica di chi è premuroso.

pre|mu|ró|so *agg.* che è pieno di premure, che agisce in maniera sollecita e attenta: *un amico —* □ **premurosamente** *avv.*

pre|nà|sce|re *v.intr.* [con. come *nascere*] (*bur.*) nascere prima di un dato termine o di una certa persona.

pre|na|tà|le *agg.* precedente la nascita: *periodo —.*

prèn|de|re *v.tr.* [indic.pres. *io prendo...*; pass.rem. *io prési, tu prendésti...*; part.pass. *préso*] **1** stringere ql.co. con le mani o con uno strumento in maniera da poterlo muovere o utilizzare; afferrare: — *il dizionario* | — **di peso**, sollevare **2** bloccare ql.co. o qlcu. in movimento; acciuffare: — *il vaso prima che cadesse a terra* | catturare: *ho preso tre pesci* | arrestare: *la polizia ha preso il latitante* | — **qlcu. con le mani nel sacco**, sorprenderlo mentre sta rubando **3** impossessarsi di ql.co. o di qlcu., spec. con la forza o con l'inganno | conquistare: *l'avamposto nemico è stato preso* | rubare: *mi hanno preso il portafogli* | — **una donna**, possederla sessualmente **4** portare con sé in vista di un eventuale utilizzo: — *l'ombrello* | utilizzare come mezzo di trasporto: — *l'aereo* | — **tempo**, attendere prima di agire | — **posto**, sedersi **5** acquistare: — *il giornale* **6** consumare in un bar, in un ristorante: — *una bibita, un panino al prosciutto* | ingeri-

preparazione

re: — *una medicina* | — **una boccata d'aria**, uscire all'aperto | — *fiato*, fare una pausa; riposarsi dopo uno sforzo **7** ritirare: — *del denaro in banca* | prelevare una persona da un certo luogo: *passo a prenderti in ufficio* | — **in casa**, ospitare in maniera stabile: *ci siamo presi in casa i nonni* **8** scegliere qlcu. per un certo ruolo; assumere: — *due nuovi operai* | — **in moglie**, sposare **9** ricevere in pagamento, percepire: — *la paga* | ottenere o chiedere come pagamento per un lavoro: *per quel lavoro l'idraulico prende un sacco di soldi* **10** ricevere contro la propria volontà; subire: *mi sono preso un brutto colpo* | subire come condanna: *l'imputato ha preso sei anni di reclusione* | essere contagiato da una malattia: — *l'influenza* | — **fuoco**, incendiarsi **11** esporsi o essere esposto a ql.co.: — *dei rischi*; — *freddo* | — **il sole**, abbronzarsi **12** provare un sentimento, una sensazione: — *fiducia*; — *paura* **13** (*fig.*) reagire in un certo modo a qlcu. o ql.co.: *come l'hai presa?* | **prendersela**, rimanerci male; offendersi: *non te la* — *!* **14** trattare qlcu. o ql.co. in una determinata maniera | — **qlcu. con le buone, con le cattive**, in maniera gentile o brusca | — **di petto**, affrontare con decisione | — **di mira**, attaccare ripetutamente; bersagliare | — **con le molle**, valutare con cautela; trattare con riguardo | — **un granchio**, commettere un grossolano errore di valutazione | — **ql.co. per buono**, credere, accettare come vero **15** scambiare, confondere: — *una persona, una cosa per un'altra* **16** occupare uno spazio: *il tavolo prende metà della stanza* | impegnare: *questo lavoro mi prende molto tempo* **17** misurare: — *le dimensioni di ql.co.* **18** imboccare una certa strada: — *la tangenziale* | — *il largo*, navigare verso il mare aperto; (*fig.*) farsi più distante | — **quota**, alzarsi in volo ♦ *intr.* [aus. *A*] **1** spostarsi in una determinata direzione: — *a sinistra* **2** detto del fuoco, accendersi e divampare; detto di piante, attecchire: *i gerani non hanno preso bene* **3** [seguito dalla prep. *a* più infinito] iniziare: — *a lamentarsi* **4** (*fig.*) capitare addosso in maniera improvvisa e inaspettata: *mi prese un'ansia insopportabile* | *che ti prende?*, espressione usata per chiedere chiarimenti circa un comportamento strano o inaspettato ♦ **-rsi** *rifl. rec.* **1** acchiapparsi: *giocare a* — **2** (*fam.*) provare reciproca simpatia: *ma non ci prendiamo molto*.

pren|di|só|le *agg., s.m.invar.* detto di abito femminile estivo molto scollato e privo di maniche.

pren|di|tó|re *s.m.* [f. *-trice*] (*banc.*) il beneficiario di una cambiale.

pre|ne|go|ziá|to *s.m.* incontro di preparazione svolto preliminarmente a un negoziato.

pre|nó|me *s.m.* (*st.*) presso gli antichi romani, il nome personale anteposto a quello della gente.

pre|no|tà|re *v.tr.* [indic.pres. *io prenòto*...] riservarsi in anticipo: — *il biglietto aereo, l'albergo* ♦ **-rsi** *rifl.* mettersi in nota per assicurarsi ql.co.: — *per il teatro*.

pre|no|ta|zió|ne *s.f.* **1** l'atto con cui ci si fa riservare ql.co. **2** il documento che attesta tale atto: *esibire la* —.

prèn|si|le *agg.* (*biol.*) detto di organo animale che permette di afferrare: *mano, coda* —.

pre|oc|cu|pàn|te *part.pres. di* preoccupare ♦ *agg.* che è causa di preoccupazione: *notizie preoccupanti.*

pre|oc|cu|pà|re *v.tr.* [indic.pres. *io preòccupo*...] mettere, tenere in ansia: *il suo ritardo mi preoccupa* ♦ **-rsi** *intr.pron.* essere in ansia: — *per il futuro.*

pre|oc|cu|pà|to *part.pass. di* preoccupare ♦ *agg.* essere in ansia, in pensiero: *sono* — *per il suo ritardo.*

pre|oc|cu|pa|zió|ne *s.f.* **1** ansia, apprensione: *sono pieno di preoccupazioni* **2** la persona o la cosa che fa preoccupare: *il figlio è per lui una continua* —.

pre|o|lim|pió|ni|co *agg.* [m.pl *-ci*] (*sport*) che si svolge in preparazione delle olimpiadi: *gara preolimpionica.*

pre|or|di|na|mén|to *s.m.* ordinamento anticipato o provvisorio.

pre|or|di|nà|re *v.tr.* [indic.pres. *io preórdino*...] organizzare o determinare in anticipo; prestabilire.

pre|or|di|nà|to *part.pass. di* preordinare ♦ *agg.* fissato in anticipo, prestabilito □ **preordinataménte** *avv.*

pre|or|di|na|zió|ne *s.f.* ordinamento anticipato; preordinamento.

pre|pa|rà|re *v.tr.* **1** approntare ql.co. perché possa essere utilizzato: — *le armi* | organizzare tutto ciò che è necessario per la realizzazione di ql.co.: — *una festa* | **un esame, un concorso**, studiare per poterlo sostenere **2** istruire o allenare qlcu. per un determinato scopo: — *la squadra per il campionato* **3** elaborare, realizzare: — *un nuovo romanzo* **4** (*fig.*) tenere in serbo: *il destino ci prepara grandi cose* ♦ **-rsi** *rifl.* **1** predisporsi a fare ql.co.: *mi preparo a partire* **2** (*anche fig.*) mettersi nella condizione migliore per affrontare una prova con successo: — *alla gara, a un esame* ♦ *intr.pron.* stare per accadere, per manifestarsi: *si preparano grandi novità.*

pre|pa|ra|tì|vo *s.m. spec.pl.* le operazioni che servono a preparare: *occuparsi dei preparativi per la cerimonia.*

pre|pa|rà|to *part.pass. di* preparare ♦ *agg.* **1** disposto, approntato per l'uso: *ho la valigia già preparata per la partenza* | non improvvisato: *discorso* — **2** competente e capace: *un insegnante molto* — ♦ *s.m.* prodotto di laboratorio o farmaceutico pronto per l'uso.

pre|pa|ra|tó|re *s.m.* [f. *-trice*] chi ha il compito di preparare ql.co. | (*sport*) — **atletico**, chi si occupa della preparazione fisica di una squadra o di un singolo atleta.

pre|pa|ra|tò|rio *agg.* che serve a preparare: *corso* —.

pre|pa|ra|zió|ne *s.f.* **1** l'atto di preparare: *la* — *della cena* **2** acquisizione di conoscenze e competenze per un determinato scopo: *la* — *di un esame* | (*sport*) allenamento **3** l'insieme di cono-

scenze e competenze acquisite in un determinato settore: *un medico dalla — eccellente.*
pre|pen|sio|na|mén|to *s.m.* messa in pensione prima del termine stabilito.
pre|pon|de|ràn|te *agg.* **1** che prevale numericamente **2** che prevale per la sua forza, la sua importanza o la sua autorevolezza: *opinione —.*
pre|pon|de|ràn|za *s.f.* prevalenza numerica o maggior forza: *— delle truppe alleate.*
pre|pór|re *v.tr.* [con. come *porre*] **1** mettere prima, davanti: *— il verbo al complemento* | *(fig.)* preferire: *— il bene comune ai propri interessi* **2** mettere a capo: *— qlcu. a un ufficio.*
pre|po|si|ti|vo *agg.* (*gramm.*) che svolge funzione di preposizione: *locuzione prepositiva.*
pre|po|si|zio|nà|le *agg.* (*gramm.*) riferito a preposizione | che svolge funzione di preposizione: *nesso —.*
pre|po|si|zió|ne *s.f.* (*gramm.*) parte invariabile del discorso che, preposta a sostantivi, aggettivi, pronomi, avverbi e verbi all'infinito, indica la relazione sintattica esistente tra questi elementi e altre parti della frase, formando quindi i complementi | *preposizioni proprie*, vengono così chiamate le particelle *di, a, da, in, con, su, per, tra, fra* | *preposizioni improprie*, vengono così chiamate quelle preposizioni che possono fungere anche da avverbio (p.es. *dietro, prima, sopra...*) | *preposizioni articolate*, sono quelle che risultano dalla fusione di una preposizione propria con un articolo determinativo (es. *dello, della, alla, agli...*).
pre|pó|sto *part.pass.* di preporre ♦ *agg.* **1** posto davanti o prima **2** messo a capo di ql.co.
pre|po|tèn|te *agg.* **1** che vuole imporre la propria volontà con la forza o la prevaricazione: *una persona —* **2** irresistibile: *un bisogno — ♦ s.m./f.* persona prepotente: *essere un vero —* □ **prepotentemente** *avv.*
pre|po|tèn|za *s.f.* **1** tendenza a imporre la propria volontà con la forza **2** atto prepotente; prevaricazione: *subire le prepotenze di qlcu.* | *di —*, con la forza.
pre|po|té|re *s.m.* potere esagerato; strapotere: *il — dei più ricchi.*
preprint (*ingl.*) [pr. *preprìnt*] *s.m.invar.* estratto di un volume o di una rivista diffuso prima della pubblicazione dell'opera completa.
pre|pu|be|rà|le o **prepùbere** *agg.* riferito alla prepubertà: *periodo —.*
pre|pu|ber|tà *s.f.* periodo precedente la pubertà; preadolescenza.
pre|pù|zio *s.m.* (*anat.*) piega cutanea che ricopre il glande.
pre|raf|fa|el|li|smo *s.m.* movimento artistico e letterario affermatosi in Inghilterra attorno alla metà del XIX sec., che auspicava il recupero della semplicità prerinascimentale.
pre|raf|fa|el|li|ta *agg.* [m.pl -*i*] del preraffaellismo: *arte — ♦ s.m.* artista che aderisce al preraffaellismo.
pre|re|gi|strà|to *agg.* precedentemente registrato: *trasmissione televisiva preregistrata.*

pre|ri|na|sci|men|tà|le *agg.* anteriore al Rinascimento: *cultura —.*
pre|ri|scal|da|mén|to *s.m.* (*tecn.*) riscaldamento preventivo cui si sottopongono i gas o i liquidi che circolano in un impianto.
pre|ro|ga|ti|va *s.f.* **1** diritto speciale riconosciuto per legge a chi riveste un determinato ruolo: *le prerogative dei pubblici ufficiali* **2** (*estens.*) caratteristica propria di qlcu. o di ql.co.: *la calma è una sua —.*
pre|ro|mà|no *agg.* detto di tutto ciò che riguarda una data regione nel periodo precedente alla conquista romana: *le culture italiche preromane.*
pre|ro|man|ti|ci|smo *s.m.* corrente culturale europea della seconda metà del XVIII sec., che prelude al gusto e ai temi romantici.
pre|ro|màn|ti|co *agg.* [m.pl -*ci*] relativo al preromanticismo: *sensibilità preromantica* ♦ *s.m.* esponente del preromanticismo.
prè|sa *s.f.* **1** l'atto di prendere o di afferrare | stretta: *non mollare la —* | *(fig.)* — *di posizione*, esplicita dichiarazione della propria opinione | *(fig.) — di possesso*, atto con cui si diviene proprietari di un bene | *(fig.) — in giro*, canzonatura, imbroglio | *(fig.) essere alle prese con ql.co.*, essere impegnato in ql.co. di complesso **2** adesione, tenuta: *cemento a — rapida* | *far —*, attaccarsi; *(fig.)* colpire, coinvolgere: *la sua interpretazione ha fatto — sul pubblico* **3** elemento che si utilizza per afferrare ql.co. e tenersi saldi; appiglio: *una parete rocciosa priva di prese* **4** conquista di una città o di un luogo fortificato: *la — di Troia* **5** pezzo di stoffa che si usa per maneggiare utensili molto caldi; presina da cucina **6** piccola quantità di polvere o grani che si può prendere tra i polpastrelli: *una — di tabacco* **7** apertura regolabile attraverso la quale si preleva un liquido o un gas da una conduttura: *la — del gas* | *— di corrente*, elemento di collegamento in una rete elettrica in cui si inserisce la spina per alimentare gli apparecchi elettrici **8** (*cine.*) l'insieme delle operazioni necessarie per fissare immagini su una pellicola | *in — diretta*, detto di avvenimenti che vengono ripresi in tempo reale durante il loro svolgimento **9** (*sport*) nella lotta, nel judo e sim., mossa con cui si afferra un avversario | (*calcio*) bloccaggio del pallone da parte del portiere **10** nei giochi di carte, l'atto di raccogliere le carte in tavola, reso possibile dall'aver gettato una carta di maggior valore.
pre|sà|gio *s.m.* **1** previsione del futuro sulla base di segni premonitori | (*estens.*) presentimento **2** avvenimento o segno che permette di prefigurare il futuro: *un — delle cose a venire.*
pre|sa|gì|re *v.tr.* [indic.pres. *io presagisco, tu presagisci...*] **1** predire avvenimenti futuri: *— il proprio destino* **2** avere il presentimento di ql.co.: *— una sventura.*
pre|sà|go *agg.* [m.pl -*ghi*] (*lett.*) che prevede il futuro.
pre|sa|là|rio *s.m.* borsa di studio erogata dallo

Stato a studenti universitari sulla base del merito o della condizione economica.

pre|sbio|pì|a *s.f.* (*med.*) disturbo gener. senile della vista dovuto alla perdita del potere di accomodamento del cristallino e caratterizzato da difficoltà nella visione ravvicinata.

prè|sbi|te *agg.*, *s.m./f.* (*med.*) che, chi è affetto da presbiopia.

pre|sbi|te|rà|to *s.m.* (*eccl.*) nella Chiesa cattolica, il secondo grado del sacramento dell'ordine, corrispondente al sacerdozio.

pre|sbi|te|ria|né|si|mo o **presbiterianismo** *s.m.* dottrina e struttura organizzativa caratteristiche di talune chiese protestanti di origine calvinista, il cui governo è demandato al consiglio degli anziani laici e dei ministri di culto.

pre|sbi|te|rià|no *agg.* del presbiterianesimo: *chiesa presbiteriana* ♦ *s.m.* [f. -*a*] chi fa parte di una chiesa protestante presbiteriana.

pre|sbi|tè|rio *s.m.* **1** (*arch.*) nei luoghi di culto cristiani, lo spazio circostante l'altare **2** la casa in cui risiede il parroco o il rettore di una chiesa **3** nelle chiese presbiteriane, il consiglio degli anziani e dei ministri di culto, che governa la comunità.

pre|sbi|te|ro *s.m.* **1** (*eccl.*) anziano cui veniva affidato il governo delle comunità cristiane delle origini **2** (*estens.*) sacerdote.

pre|sbi|tì|smo *s.m.* (*med.*) presbiopia.

pre|scé|glie|re *v.tr.* (con. come *scegliere*) preferire, scegliere tra più cose o persone.

pre|scél|to *part.pass. di* prescegliere ♦ *agg.*, *s.m.* [f. -*a*] che, chi è stato scelto fra più cose o persone: *il — per un importante incarico*.

pre|scièn|za *s.f.* **1** (*teol.*) la perfetta conoscenza del futuro che è propria di Dio **2** (*estens.*) conoscenza anticipata di eventi futuri | capacità di profetizzare.

pre|scìn|de|re *v.intr.* [pass.rem. *io prescindéi, tu prescindésti...*; raro il part.pass. *prescisso*; aus. *A*] non prendere in considerazione ql.co.: *— dagli elementi secondari* | *a — da*, senza tenere conto di.

pre|sco|là|re *agg.* precedente l'età in cui si inizia a frequentare la scuola dell'obbligo: *bambino in età —*.

pre|sco|là|sti|co *agg.* [m.pl *-ci*] prescolare | *istruzione prescolastica*, quella impartita nella scuola materna.

pre|scrit|tì|bi|le *agg.* (*dir.*) soggetto a prescrizione: *reato —*.

pre|scrit|ti|bi|li|tà *s.f.* (*dir.*) caratteristica di ciò che è prescrittibile.

pre|scrìt|to *part.pass. di* prescrivere ♦ *agg.* **1** fissato, stabilito: *adeguarsi a quanto —* **2** (*dir.*) cancellato per prescrizione: *diritto —*.

pre|scrì|ve|re *v.tr.* [con. come *scrivere*] **1** fissare, stabilire: *— delle norme di comportamento*; *— una dieta ipocalorica* | ordinare come medicina **2** (*dir.*) mandare in prescrizione ♦ **-rsi** *intr.pron.* (*dir.*) cadere in prescrizione.

pre|scri|zió|ne *s.f.* **1** l'atto di stabilire una norma | quanto è stato stabilito **2** l'insieme delle indicazioni di cura date da un medico sulla ricetta **3** (*dir.*) estinzione di un diritto quando questo non viene esercitato entro il tempo stabilito dalla legge | estinzione di un reato e della relativa pena una volta trascorso un determinato periodo di tempo: *cadere in —*.

pre|se|gna|là|re *v.tr.* segnalare anticipatamente: *— una curva*.

pre|se|le|zio|nà|re *v.tr.* [indic.pres. *io preselezióno*...] sottoporre a una selezione preliminare: *— i partecipanti a un concorso*.

pre|se|le|zió|ne *s.f.* **1** selezione preliminare **2** (*telecom.*) il primo passaggio di un collegamento telefonico, nel quale si compone il prefisso.

pre|se|nì|le *agg.* precedente l'età senile.

pre|sen|tà|bi|le *agg.* **1** che può essere presentato in pubblico; decoroso: *un abito* — **2** di qualità soddisfacente: *un lavoro —*.

pre|sen|ta|bi|li|tà *s.f.* caratteristica di ciò che è presentabile.

pre|sen|tà|re *v.tr.* [indic.pres. *io presènto*...] **1** far vedere; esibire: *— i documenti a un poliziotto* | (*mil.*) — **le armi**, portare il fucile verticale davanti al corpo, impugnandolo con entrambe le mani, come segno di onore **2** avanzare, sottoporre: *— una proposta* | *— una candidatura*, avanzarla | *— le dimissioni*, rassegnarle al proprio datore di lavoro **3** illustrare, spiegare: *— un libro appena pubblicato*; *— i termini del problema* | far apparire in un certo modo: *— come valido* **4** (*fig.*) comportare, prospettare: *un percorso che presenta notevoli difficoltà* **5** far conoscere una persona ad un'altra o due persone tra loro: *siamo stati presentati da un comune amico* **6** fare da presentatore a una manifestazione pubblica o a uno spettacolo: *— un festival musicale* ♦ **-rsi** *rifl.* **1** recarsi personalmente in un certo luogo: *si presentò a casa mia senza avvisare* **2** farsi vedere in una certa condizione: *— in pessimo stato* **3** farsi conoscere andando personalmente da qlcu. e dicendo il proprio nome: *mi sono presentato a lui di mia iniziativa* ♦ *intr.pron.* **1** apparire, rivelarsi: *il percorso si presenta accidentato* **2** capitare: *non si è presentata l'occasione giusta*.

pre|sen|ta|tàrm o **presentat'àrm** *s.m.invar.* **1** comando militare di presentare le armi in segno d'onore: *ordinare il —* **2** la posizione da assumere in risposta a tale comando.

pre|sen|ta|tó|re *s.m.* [f. -*trice*] chi presenta spettacoli o manifestazioni pubbliche: *— radiofonico*.

pre|sen|ta|zió|ne *s.f.* **1** l'atto di presentare o di presentarsi: *la — di una manifestazione* | *fare le presentazioni*, far conoscere due o più persone tra loro **2** (*estens.*) discorso o testo scritto che introduce un'opera al pubblico: *la — di uno spettacolo teatrale*.

pre|sèn|te[1] *agg.* **1** che si trova in un dato luogo: *gli spettatori presenti in teatro* | *—!*, esclamazione in risposta a un appello | (*fig.*) *essere* — *a se stesso*, essere del tutto cosciente | **avere** *— qlcu., ql.co.*, averne memoria o consapevolezza | **tenere** *— qlcu., ql.co.*, ricordarsene e tenerne conto | **far** *— ql.co.*, ricordarla o segnalarla **2** che esiste o si verifica at-

presente

tualmente; odierno: *il tempo* — **3** questo: *il* — *documento* ♦ *s.m.* **1** tempo attuale; oggi: *le difficoltà del* — **2** [anche f.] persona che si trova in un certo luogo: *i presenti rimasero sorpresi* **3** (*gramm.*) tempo verbale che indica azioni in corso di svolgimento mentre si parla o di condizioni attualmente esistenti | — *storico*, quello utilizzato per narrare eventi passati ♦ *s.f.* (*bur.*) la lettera che si sta scrivendo □ **presentemente** *avv.* nel momento attuale.

pre|sèn|te[2] *s.m.* dono, regalo: *fare, ricevere un* —.

pre|sen|ti|mén|to *s.m.* intuizione di ql.co. che sta per verificarsi: *avere un* —.

pre|sen|tì|re *v.tr.* [indic.pres. *io presènto*...] avere l'intuizione di ql.co. che sta per verificarsi.

pre|sèn|za *s.f.* **1** il fatto di trovarsi in un luogo o di prendere parte a ql.co.: *la sua* — *ha lasciato il segno* | *fare atto di* —, recarsi in un luogo o prendere parte a ql.co. per semplice formalità | *in, alla* — *di qlcu.*, davanti a qlcu. | (*fig.*) — *di spirito*, rapidità nel prendere decisioni e reagire; prontezza **2** esistenza: *la* — *di sostanze tossiche* **3** aspetto esteriore: *una persona di bella* —.

pre|sen|zia|lì|smo *s.m.* propensione a prendere parte assiduamente ad avvenimenti pubblici e mondani al solo scopo di mettersi in mostra.

pre|sen|zia|lì|sta *agg., s.m./f.* [m.pl -*i*] che, chi rivela presenzialismo.

pre|sen|zià|re *v.tr., intr.* [indic.pres. *io presènzio*...; aus. *A*] assistere personalmente o prendere parte attiva in un evento pubblico: — *l'inaugurazione*; — *a un congresso*.

pre|sè|pio o **presèpe** *s.m.* rappresentazione tradizionale della nascita di Gesù realizzata per mezzo di statuette collocate all'interno di uno scenario con al centro la grotta di Betlemme | — *vivente*, realizzato con persone reali.

pre|ser|và|re *v.tr.* [indic.pres. *io presèrvo*...] proteggere da danni e pericoli; difendere.

pre|ser|va|tì|vo *s.m.* sottile guaina di gomma da applicare al pene prima del rapporto sessuale, a scopo profilattico o anticoncezionale.

pre|ser|va|zió|ne *s.f.* conservazione, protezione.

prè|si|de *s.m.* [anche f.] chi dirige un istituto scolastico di istruzione secondaria o una facoltà universitaria.

pre|si|dèn|te *s.m.* [anche f., raro *presidentessa*] chi dirige e coordina un ente, un'istituzione, una società | — *onorario*, che dispone della carica a titolo onorario ma non esercita le relative funzioni | — *della Repubblica*, nell'ordinamento repubblicano, capo dello Stato | — *del Consiglio*, capo del Governo; Primo ministro.

pre|si|den|tés|sa *s.f.* donna che svolge l'incarico di presidente.

pre|si|dèn|za *s.f.* **1** la carica e l'ufficio di presidente o di preside: *essere eletto alla* — | durata in carica di un presidente: *durante la* — *di Pertini* **2** la sede di chi riveste tale carica **3** l'insieme del personale che collabora con il presidente o con il preside.

pre|si|den|zià|le *agg.* relativo al presidente o alla presidenza: *nomina* — | *repubblica* —, sistema costituzionale in cui il presidente della Repubblica è anche capo del Governo o dispone di ampi poteri esecutivi.

pre|si|den|zia|lì|smo *s.m.* **1** sistema costituzionale in cui il presidente della Repubblica gode di ampi poteri **2** tendenza favorevole a tale sistema.

pre|si|den|zia|lì|sta *agg.* **1** relativo al presidenzialismo **2** fautore del presidenzialismo.

pre|si|dià|re *v.tr.* [indic.pres. *io presìdio*...] **1** munire di presidio: — *un avamposto militari* **2** (*estens.*) sorvegliare: — *gli ingressi*.

pre|sì|dio *s.m.* **1** reparto armato incaricato del controllo e della difesa di un luogo: *un* — *delle forze armate* | (*estens.*) luogo fortificato in cui è di stanza tale reparto: *attaccare il* — **2** (*estens.*) protezione armata: *stare a* — *della banca* | (*fig.*) difesa, tutela: *legge a* — *dei consumatori* **3** (*mil.*) circoscrizione territoriale posta sotto il controllo di un'unica autorità militare **4** ausilio, strumento di cui si dispone nello svolgimento di un'attività: — *diagnostico*.

pre|siè|de|re *v.tr.* [indic.pres. *io presiedo*...] essere a capo come presidente: — *una società* ♦ *intr.* [aus. *A*] **1** dirigere nella veste di presidente: — *ai lavori dell'assemblea* **2** (*fig.*) svolgere un ruolo preminente in ql.co.: *gli organi che presiedono alla respirazione*.

pre|sì|na *s.f.* cuscinetto di stoffa o di altro materiale utilizzato in cucina per maneggiare recipienti e altri oggetti caldi.

pre|sì|sto|le *s.f.* (*med.*) contrazione degli atri del cuore precedente la sistole ventricolare.

pre|so|crà|ti|co *agg.* [m.pl -*ci*] **1** relativo al pensiero filosofico greco prima di Socrate (469-399 a.C.): *filosofi presocratici* **2** si dice di filosofo greco vissuto prima di Socrate ♦ *s.m.* filosofo presocratico.

près|sa *s.f.* (*tecn.*) macchinario impiegato per comprimere, deformare o spianare un materiale e dargli la forma desiderata: — *idraulica*.

pres|sa|fo|ràg|gio o **pressaforàggi** *s.m.invar.* macchinario per comprimere fieno e paglia in balle.

press agent (*ingl.*) [pr. *près ègent*] *s.m./f.invar.* addetto stampa alle dipendenze di personaggi pubblici, enti e organizzazioni.

pres|sàn|te *part.pres. di* pressare ♦ *agg.* urgente, incalzante: *necessità* — □ **pressantemente** *avv.*

pres|sa|po|chì|smo *s.m.* tendenza ad agire o giudicare in maniera superficiale e approssimativa; senza curarsi dell'esattezza di ciò che si fa o si dice.

pres|sa|po|chì|sta *s.m./f.* [m.pl -*i*] persona il cui comportamento è caratterizzato da pressappochismo.

pres|sap|pò|co *avv.* all'incirca, approssimativamente: *hanno* — *le stesse dimensioni*.

pres|sà|re *v.tr.* [indic.pres. *io prèsso*...] **1** comprimere con forza: — *i vestiti in valigia* | (*tecn.*) comprimere per mezzo di una pressa **2** (*estens.*)

stringere da ogni lato: *la folla lo pressava* **3** (*fig.*) assillare; incalzare: *mi pressa con le sue richieste*.

pres|sà|to *part.pass. di* pressare ♦ *agg.* (*tecn.*) sottoposto a pressatura: *cartone —*.

pres|sa|tù|ra *s.f.* (*tecn.*) compressione di un materiale effettuata con una pressa.

pressing (*ingl.*) *s.m.invar.* **1** in vari sport con la palla, azione incalzante con cui si contrasta l'avversario **2** (*fig.*) insistenza.

pres|sió|ne *s.f.* **1** l'atto di premere su ql.co. | la forza così esercitata **2** (*fis.*) grandezza che corrisponde al rapporto tra la forza esercitata perpendicolarmente su una superficie e l'area di tale superficie | (*meteor.*) — *atmosferica*, la forza esercitata dall'atmosfera sull'unità di superficie | (*med.*) — *sanguigna*, pressione esercitata dal sangue sulle pareti arteriose: *misurare la —* | (*econ.*) — *fiscale*, rapporto tra il reddito prelevato attraverso il fisco e il reddito nazionale **3** (*fig.*) insistenza | *fare — su qlcu.*, insistere perché faccia ql.co. | (*fig.*) *essere sotto —*, essere incalzati da ql.co.

près|so *avv.* (*lett.*) nelle vicinanze, accanto: *vive qui —* | *da —*, da vicino ♦ *prep.* **1** [si unisce ai pron.pers. mediante la prep. *di*] vicino a; in prossimità di: *una località — Venezia*; *si mise — di lui* **2** indica un rapporto di relazione: *studia — l'università di Milano* | in casa di: *si è stabilito — gli zii* | alle dipendenze di: *è impiegata — un'assicurazione* | nella cultura di un popolo o di altro gruppo sociale: *è una ricorrenza importante — i popoli del nord* | (*lett.*) nei libri, nelle opere di: *leggere — Dante* ♦ *s.m.pl.* le aree circostanti; i dintorni: *mi trovo nei pressi della cattedrale*.

pres|so|ché o **prèsso che** *avv.* circa, più o meno: *era — terminato*.

pres|so|fu|sió|ne *s.f.* (*metall.*) tecnica di colata in cui il metallo fuso viene introdotto nella forma per mezzo di una forte pressione.

pres|so|stà|to *s.m.* dispositivo che permette di conservare un fluido a pressione costante.

pres|su|riz|zà|re *v.tr.* (*tecn.*) rendere e mantenere la pressione interna di un ambiente superiore a quella esterna.

pres|su|riz|za|zió|ne *s.f.* (*tecn.*) operazione volta a mantenere la pressione interna di un ambiente superiore a quella esterna.

pre|sta|bi|lì|re *v.tr.* [indic.pres. *io prestabilisco*, *tu prestabilisci*...] stabilire anticipatamente; prefissare: *— delle regole operative*.

pre|stam|pàto *agg.*, *s.m.* detto di modulo o bollettino nel quale sono già stampate alcune indicazioni generali che devono essere completate manualmente con i dati specifici.

pre|sta|nó|me *s.m./f.invar.* chi, in contratti o altri documenti, concede di far figurare il proprio nome al posto di quello di un'altra persona che non può o non vuole comparirvi direttamente.

pre|stàn|te *part.pres. di* prestare ♦ *agg.* robusto e di aspetto gradevole: *un uomo —*.

pre|stàn|za *s.f.* **1** l'aspetto di chi è prestante **2** forza, vigore: *— fisica*.

pre|stà|re *v.tr.* [indic.pres. *io prèsto...*] **1** dare ql.co. in maniera provvisoria e a patto che sia restituita: *— un cd* **2** dare, fornire: *— la propria opera* | *— attenzione*, stare attento | *— fede*, credere | *— orecchio*, dare ascolto ♦ *-rsi rifl.* adoperarsi per ql.co.: *— a collaborare* ♦ *intr.pron.* adattarsi: *un materiale che si presta a diversi utilizzi*.

pre|sta|tó|re *s.m.* [f. *-trice*] chi presta | *— d'opera*, chi, dietro retribuzione, svolge una certa mansione per conto di altri.

pre|sta|zió|ne *s.f.* **1** attività, opera eseguita per lavoro: *— specialistica* **2** il rendimento di qlcu. nel corso di una determinata attività: *la sua — nell'esame è stata sorprendente* | (*spec.pl.*) il rendimento di un manufatto: *è un'auto con notevoli prestazioni* **3** (*dir.*) il contenuto di un'obbligazione.

pre|sti|di|gi|ta|tó|re *s.m.* [f. *-trice*] (*raro*) prestigiatore.

pre|sti|di|gi|ta|zió|ne *s.f.* l'arte del prestidigitatore.

pre|sti|gia|tó|re *s.m.* [f. *-trice*] chi esegue giochi di prestigio.

pre|stì|gio *s.m.* **1** stima di cui si gode; autorevolezza: *una personalità di grande —* **2** (*raro*) realtà illusoria | *gioco di —*, gioco illusionistico.

pre|sti|gió|so *agg.* di notevole prestigio; di rilievo, importante: *vittoria prestigiosa* □ **prestigiosamente** *avv.*

pre|stis|si|mo *s.m.invar.* (*mus.*) didascalia dello spartito che indica un movimento più veloce del presto.

prè|sti|to *s.m.* **1** l'atto di prestare: *concedere un —*; *prendere in —* **2** ciò che viene prestato | somma di denaro concessa per un certo periodo di tempo dietro promessa di restituzione ed eventualmente con il pagamento di interessi **3** (*ling.*) accoglimento in una lingua di un elemento proveniente da un'altra.

prè|sto *avv.* **1** nel giro di poco tempo; a breve: *arrivo —* | *al più —*, prima possibile **2** rapidamente: *spero di finire —* **3** prima del consueto o del tempo stabilito: *siamo arrivati —* | di primo mattino: *svegliarsi —* ♦ *s.m.* (*mus.*) didascalia dello spartito che indica un movimento molto vivace.

prè|su|le *s.m.* alto ecclesiastico; vescovo.

pre|sù|me|re *v.tr.* [con. come *assumere*] **1** credere, supporre: *presumo che tu abbia ragione* **2** pretendere: *— di conoscere tutto e tutti* **3** nutrire un'eccessiva stima di sé: *— di essere il migliore*.

pre|su|mì|bi|le *agg.* che si può presumere; ipotizzabile: *valore —* □ **presumibilmente** *avv.* per quanto si può ipotizzare; probabilmente.

pre|sun|tì|vo *agg.* prevedibile in base a valutazioni e ricerche | (*econ.*) *bilancio —*, preventivo □ **presuntivamente** *avv.*

pre|sùn|to *part.pass. di* presumere ♦ *agg.* supposto, ipotetico: *— il colpevole* | (*dir.*) *morte presunta*, quella dichiarata dall'autorità giudiziaria riguardo una persona di cui manchino notizie da almeno dieci anni.

pre|sun|tuo|sàg|gi|ne *s.f.* (*raro*) presunzione.
pre|sun|tuo|si|tà *s.f.* caratteristica di chi è presuntuoso; presunzione.
pre|sun|tuó|so *agg.* che ha un'opinione di sé superiore alla realtà: *un giovane —* | che manifesta presunzione: *atteggiamento —* ♦ *s.m.* [f. *-a*] persona presuntuosa □ **presuntuosamente** *avv.*
pre|sun|zió|ne *s.f.* **1** l'atto di presupporre; ipotesi, congettura | (*dir.*) *— di innocenza*, principio secondo cui ogni imputato deve essere considerato innocente fino a quando non viene dimostrata la sua colpevolezza **2** opinione troppo alta di sé: *agire con —*.
pre|sup|pór|re *v.tr.* [con. come *porre*] **1** fare una supposizione in anticipo: *si è verificato quanto avevo presupposto* **2** richiedere come condizione; comportare: *i reperti presuppongono la presenza di uomini nella regione.*
pre|sup|po|si|zió|ne *s.f.* l'atto di presupporre | la cosa presupposta.
pre|sup|pó|sto *s.m.* **1** premessa di un ragionamento: *il mio discorso muove da presupposti certi* **2** condizione necessaria: *il — per la concessione del visto.*
prêt-à-porter (*fr.*) [pr. *pretaporté*] *agg.invar.*, *s.m.invar.* si dice di abbigliamento femminile confezionato in serie anche se disegnato da stilisti.
pre|tàt|ti|ca *s.f.* (*sport*) l'atteggiamento dell'allenatore che, per disorientare gli avversari, alla vigilia di una gara evita di comunicare la formazione destinata a scendere in campo.
prè|te *s.m.* sacerdote: *— cattolico, buddista* | *farsi —*, ricevere l'ordinazione sacerdotale | (*fam.*) *boccone del —*, cibo o boccone particolarmente appetitoso | (*fam.*) *scherzo da —*, poco divertente o di cattivo gusto.
pre|ten|dèn|te *s.m./f.* **1** chi aspira a ql.co.: *il — al titolo di campione* **2** (*assol.*) corteggiatore, spasimante.
pre|tèn|de|re *v.tr.* [con. come *tendere*] **1** richiedere con forza; esigere: *pretendo il vostro rispetto* | volere in maniera ostinata o arrogante: *pretende di essere trattato come un re* **2** affermare con forza ql.co. di infondato; presumere: *pretende di essere infallibile* **3** chiedere più di quanto sia opportuno: *per quel lavoro ha preteso un sacco di soldi* ♦ *intr.* [aus. *A*] aspirare a un titolo, una carica e sim.: *— alla corona.*
pre|ten|sio|na|tó|re *s.m.* (*auto.*) dispositivo che blocca la cintura di sicurezza in caso di urto frontale, impedendo al corpo di essere proiettato in avanti.
pre|ten|sió|ne *s.f.* **1** pretesa, presunzione **2** (*estens.*) ostentazione di ricchezze e lusso.
pre|ten|zio|si|tà o **pretensiosità** *s.f.* caratteristica di ciò che è pretenzioso.
pre|ten|zió|so o **pretensióso** *agg.* che ha molte pretese; spocchioso: *atteggiamento —* □ **pretenziosamente** *avv.*
pre|te|rin|ten|zio|nà|le *agg.* si dice di azione le cui conseguenze oltrepassano le intenzioni di chi l'ha commessa | (*dir.*) si dice di reato che ha avuto conseguenze più gravi di quanto era nelle intenzioni dell'autore: *omicidio —*.
pre|te|rin|ten|zio|na|li|tà *s.f.* carattere preterintenzionale: *la — del reato.*
pre|tè|ri|to *s.m.* (*gramm.*) si dice di tempi verbali passati.
pre|te|ri|zió|ne *s.f.* figura retorica che serve a dare maggior rilievo a ql.co. che viene detto in seguito, affermando precedentemente che è superfluo parlarne (p.e. *non ti dico quanto mi sia pesato*).
pre|té|sa *s.f.* **1** l'atto di pretendere | ciò che viene preteso: *avanzare delle pretese* **2** (*estens.*) esigenza, ambizione | *senza pretese*, semplice, privo di ambizioni: *una casetta senza pretese.*
pre|té|sco *agg.* [m.pl *-schi*] (*spreg.*) da prete, tipico dei preti: *untuosità pretesche.*
pre|té|so *part.pass.* di pretendere ♦ *agg.* supposto | dubbio, opinabile: *pretese capacità.*
pre|tè|sto *s.m.* **1** falsa ragione per poter raggiungere i propri scopi; scusa: *trovare un — per assentarsi* **2** (*estens.*) occasione, appiglio: *ho bisogno di un — per telefonargli.*
pre|te|stuo|si|tà *s.f.* carattere di ciò che è pretestuoso: *la — delle tue parole.*
pre|te|stuó|so *agg.* basato su pretesti; privo di una vera ragione: *argomento —* □ **pretestuosamente** *avv.*
pre|ti|no *s.m.* prete giovane e dall'aspetto insicuro.
pre|tó|re *s.m.* **1** (*dir.*) magistrato competente in materia civile o penale riguardo a cause di limitata entità **2** (*st.*) nell'antica Roma, magistrato che amministrava la giustizia.
pre|to|rià|no *s.m.* (*st.*) nell'antica Roma, guardia del corpo di alti ufficiali militari | durante l'impero, soldato preposto alla protezione dell'imperatore.
pre|tò|rio¹ *agg.* **1** (*dir.*) relativo al pretore: *sentenza pretoria* **2** (*st.*) nell'antica Roma, relativo al pretore o all'imperatore: *corte pretoria* **3** (*bur.*) relativo al municipio e all'autorità municipale | *albo —*, quello su cui vengono esposti alla cittadinanza gli atti ufficiali del comune.
pre|tò|rio² *s.m.* (*st.*) **1** presso gli antichi romani, la tenda del comandante di un accampamento militare **2** il corpo dei pretoriani | la sede di tale corpo.
prèt|to *agg.* (*raro*) **1** genuino **2** (*estens.*) puro, chiaro: *governo di — stampo autoritario* □ **prettamente** *avv.* chiaramente, tipicamente.
pre|tù|ra *s.f.* **1** (*dir.*) la carica del pretore | la sua sede **2** la circoscrizione su cui un pretore esercita la sua giurisdizione **3** (*st.*) nell'antica Roma, la carica del pretore.
pre|va|lèn|te *part.pres.* di prevalere ♦ *agg.* che prevale su altri per numero, forza o autorevolezza: *convinzione —* □ **prevalentemente** *avv.* per lo più, soprattutto.
pre|va|lèn|za *s.f.* superiorità, maggioranza | *in —*, in maggioranza, per lo più.
pre|va|lé|re *v.intr.* [con. come *valere*; aus. *E* o *A*] **1** avere la meglio: *i buoni prevalgono sui cat-*

tivi | primeggiare: *prevale su tutti per la sua preparazione* **2** essere più numerosi: *i voti a favore prevalgono sui contrari*.

pre|va|ri|cà|re *v.intr.* [indic.pres. *io prevàrico, tu prevàrichi*...; aus. *A*] **1** agire in maniera disonesta o immorale **2** abusare di un potere o di una posizione di forza per trarre vantaggi personali.

pre|va|ri|ca|tó|re *agg., s.m.* [f. *-trice*] che, chi prevarica.

pre|va|ri|ca|zió|ne *s.f.* **1** l'atto di prevaricare **2** (*dir.*) reato di abuso di potere.

pre|ve|dé|re *v.tr.* [con. come *vedere*] **1** vedere in anticipo; indovinare: — *eventi futuri* | ipotizzare ql.co. per il futuro sulla base dei dati raccolti: *per domani è prevista neve* **2** prendere in considerazione: *una possibilità non prevista dalla normativa*.

pre|ve|dì|bi|le *agg.* **1** che può essere previsto: *era un evento* — **2** (*estens.*) ovvio, banale: *parole prevedibili* □ **prevedibilmente** *avv.*

pre|ve|di|bi|li|tà *s.f.* caratteristica di ciò che è prevedibile.

pre|veg|gèn|te *agg.* (*lett.*) **1** che è capace di prevedere eventi futuri **2** (*estens.*) previdente, cauto.

pre|veg|gèn|za *s.f.* (*lett.*) l'abilità di chi è preveggente.

pre|vén|di|ta *s.f.* vendita anticipata di biglietti per uno spettacolo o un evento sportivo.

pre|ve|nì|re *v.tr.* [con. come *venire*] **1** fare o dire ql.co. prima di altri: *volevo parlarti, ma mi hai prevenuto* | soddisfare richieste e desideri prima che vengano formulati **2** cautelarsi anticipatamente per evitare eventi dannosi: — *una malattia*.

pre|ven|ti|và|re *v.tr.* **1** calcolare l'entità di una spesa prima di affrontarla: — *un costo di mille euro* | fare un preventivo **2** (*estens.*) prevedere: *avevo preventivato la sua assenza*.

pre|ven|tì|vo *agg.* **1** che serve a prevenire un possibile danno: *prendere misure preventive* | **medicina preventiva**, branca della medicina relativa alla prevenzione delle malattie | (*dir.*) **carcerazione preventiva**, quella imposta in via cautelativa prima di una condanna definitiva | **censura preventiva**, quella cui sono sottoposti opere e spettacoli prima che vengano diffusi pubblicamente **2** calcolato in anticipo: *valutazione preventiva dei costi* ♦ *s.m.* calcolo preliminare del costo di un lavoro: *fare, chiedere un* — | — **d'esercizio**, previsione dei costi e dei guadagni redatta per consentire a un'azienda di svolgere la propria attività in condizioni di equilibrio | **mettere in** —, preventivare □ **preventivamente** *avv.* **1** al fine di prevenire **2** anticipatamente.

pre|ve|nù|to *part.pass.* di prevenire ♦ *agg.* che ha dei preconcetti; maldisposto: *è* — *nei confronti degli stranieri*.

pre|ven|zió|ne *s.f.* **1** predisposizione di misure volte a evitare eventi dannosi: *la* — *contro le epidemie* | (*dir.*) **misure di** —, provvedimenti assunti nei confronti di persone socialmente pericolose per impedire loro di commettere reati **2** pregiudizio negativo; preconcetto.

pre|vi|dèn|te *agg.* che si prepara in anticipo a fronteggiare possibili problemi e inconvenienti; avveduto: *un capofamiglia* — □ **previdentemente** *avv.*

pre|vi|dèn|za *s.f.* **1** capacità di prepararsi in maniera opportuna a gestire eventuali difficoltà future; avvedutezza **2** — *sociale*, il complesso delle assicurazioni sociali, statali e parastatali che assistono i lavoratori in caso di invalidità, vecchiaia o disoccupazione.

pre|vi|den|zià|le *agg.* relativo alla previdenza sociale: *sistema* —.

prè|vio *agg.* (*bur.*) fatto in precedenza: — *versamento della quota associativa*.

pre|vi|sio|nà|le *agg.* relativo a una previsione: *bilancio* —.

pre|vi|sió|ne *s.f.* ipotesi circa eventi futuri basata su dati attuali: — *pessimistica, ottimistica* | **previsioni del tempo**, analisi delle condizioni meteorologiche previste in una determinata area geografica per un certo periodo di tempo.

pre|vì|sto *part.pass.* di prevedere ♦ *agg.* conosciuto prima di verificarsi: *avvenimenti previsti* ♦ *s.m.* ciò che è stato pianificato o supposto in precedenza: *è andato tutto meglio del* —.

pre|vo|cà|li|co *agg.* [m.pl *-ci*] (*ling.*) si dice di fonema collocato prima di una vocale.

pre|vò|sto *s.m.* **1** titolo ecclesiastico spettante a membri autorevoli di monasteri o capitoli canonici **2** (*region.*) parroco.

pre|zio|sì|smo *s.m.* **1** insistita raffinatezza formale, anche fine a se stessa: *una scrittura ricca di preziosismi* **2** corrente letteraria francese del sec. XVII caratterizzata dall'uso di un linguaggio di raffinatezza artificiosa.

pre|zio|si|tà *s.f.* **1** carattere di ciò che è prezioso: *un ornamento di notevole* — | (*estens.*) oggetto prezioso **2** (*fig.*) artificiosa eleganza formale.

pre|zió|so *agg.* **1** di grande valore per qualità e prezzo: *preziosi pezzi d'antiquariato* **2** (*fig.*) che viene tenuto in grande considerazione perché molto utile o affettivamente importante: *un* — *aiuto; amico* — **3** (*fig., fam.*) si dice di persona difficile da contattare o incontrare: *sei diventato* —! **4** (*fig.*) volutamente elegante; raffinato: *stile* — ♦ *s.m.* **1** (*spec. pl.*) ori, gioielli: *furto di preziosi* **2** [f. *-a*] (*fig., fam.*) chi non si lascia contattare o incontrare facilmente: *fai sempre il* —! □ **preziosamente** *avv.*

prez|zà|re *v.tr.* [indic.pres. *io prèzzo*...] applicare l'indicazione del prezzo di vendita sulla merce.

prez|zà|rio *s.m.* catalogo degli articoli in vendita e dei loro prezzi.

prez|za|trì|ce *s.f.* etichettatrice utilizzata per prezzare automaticamente le merci.

prez|za|tù|ra *s.f.* applicazione dell'etichetta con il prezzo sulle merci in vendita.

prez|zé|mo|lo *s.m.* pianta erbacea con fogliolone frastagliate di colore verde intenso e molto aromatiche, impiegate in cucina | (*fig.*) **essere come il** —, essere dappertutto, spec. in maniera inopportuna.

prèz|zo *s.m.* **1** quantità di moneta necessaria per

prezzolare

acquistare un bene o usufruire di un servizio | — **di costo**, pari alle spese sostenute dal venditore per acquisire o produrre il bene | — **all'ingrosso**, quello adottato nel mercato dei grossisti | — **al consumo**, quello adottato nella vendita ai privati | — **di favore**, scontato | — **di mercato**, determinato dall'interazione tra domanda e offerta **2** (*fig.*) quanto si paga in termini di fatica, rinunce e sim. per raggiungere un determinato obiettivo: *il — del potere* | (*fig.*) **non avere** —, si dice di cosa o persona cui si attribuisce un valore inestimabile | (*fig.*) **a caro** —, con grande fatica o sacrificio | (*fig.*) **a — di**, sopportando in cambio: *si è laureato a — di enormi rinunce* **3** (*estens.*) cartellino o etichetta indicanti il prezzo di una merce: *attaccare il —*.

prez|zo|là|re *v.tr.* [indic.pres. *io prèzzolo...*] pagare qlcu. perché commetta atti illeciti o inconciliabili con l'etica professionale: *— un politico*.

prez|zo|là|to *agg.* pagato per commettere azioni illecite o riprovevoli: *giornalista —*.

pri|a *avv.* (*poet.*) prima.

pria|pi|smo *s.m.* (*med.*) malattia caratterizzata da persistente e dolorosa erezione del pene, in assenza di eccitazione sessuale e senza eiaculazione.

pri|gió|ne *s.f.* **1** luogo di detenzione; carcere: *mettere qlcu. in —* | detenzione, reclusione: *condannato a quattro anni di —* **2** (*fig.*) luogo o situazione opprimente e frustrante: *il mio ufficio è una vera —*.

pri|gio|nì|a *s.f.* la condizione di chi è prigioniero; detenzione: *una lunga —*.

pri|gio|niè|ro *agg.* **1** di persona, che è rinchiuso in un luogo e privato della libertà personale: *combattenti fatti prigionieri* | di animale, che è stato catturato con una trappola o ridotto in cattività **2** (*estens.*) che è bloccato in uno spazio chiuso: *rimanere — tra le lamiere* **3** (*fig.*) che è schiavo di modi di pensare, abitudini o vizi: *essere — della superstizione* ♦ *s.m.* [f. -*a*] persona prigioniera: *— politico*.

pri|ma[1] *avv.* **1** in un tempo anteriore; precedentemente: *tre settimane — | — o poi*, un giorno o l'altro **2** in un tempo più breve: *con l'aereo si arriva — che col treno* | **fare —**, impiegare meno tempo o fatica: *se mi ascolti fai —* | **quanto —**, nel minor tempo possibile **3** in uno spazio, in un luogo precedente: *casa mia si trova cento metri —* **4** in primo luogo: *— i compiti, poi il gioco* ♦ *prep.* [si unisce ai sostantivi mediante la prep. *di*] **1** indica anteriorità nel tempo: *— di un anno* | (*loc.*) **di, che**, seguita da un verbo introduce prop. temporali: *— di venire ti avviserò; diglielo — che parta* **2** indica precedenza nello spazio: *— del semaforo*.

pri|ma[2] *s.f.* **1** la prima rappresentazione pubblica di un'opera teatrale, di una composizione musicale o di un film: *la — ha avuto grande successo* **2** il primo anno del corso di studi nella scuola primaria e secondaria: *essere bocciati in —* **3** la prima classe di un mezzo di trasporto: *viaggiare in —* **4** la marcia più breve nel cambio di velocità dei mezzi a motore: *mettere la —*.

pri|ma|dón|na o **prima donna** *s.f.* [pl. *primedonne* o *prime donne*] **1** la protagonista di uno spettacolo **2** (*estens.*) persona che cerca di mettersi in evidenza in maniera sfacciata e bizzosa: *smettila di fare la —*.

pri|mà|rio *agg.* **1** primo in una sequenza | **scuola primaria**, quella frequentata dai sei agli undici anni | (*geol.*) **era primaria**, il paleozoico **2** fondamentale, basilare: *una questione di — rilievo* ♦ *s.m.* **1** medico che dirige un reparto ospedaliero **2** (*econ.*) il settore produttivo che comprende agricoltura, allevamento, caccia e pesca, industria estrattiva.

pri|mà|te *s.m.* titolo onorifico attribuito al vescovo della diocesi principale di una nazione, cui viene riconosciuto un ruolo di guida nell'episcopato nazionale: *il — di Francia*.

Pri|mà|ti *s.m.pl.* ordine di Mammiferi in cui rientrano scimmie e proscimmie e che comprende le specie più evolute del regno animale.

pri|ma|tìc|cio *agg.* [f.pl -*ce*] si dice di frutti e ortaggi la cui maturazione è anticipata rispetto ad altre varietà della medesima specie.

pri|ma|tì|sta *s.m./f.* [m.pl -*i*] (*sport*) atleta che detiene un primato in una specialità: *il — nazionale di lancio del peso*.

pri|mà|to *s.m.* **1** condizione di chi è superiore agli altri in un determinato campo | primo posto in una graduatoria **2** (*sport*) il risultato migliore ottenuto in una specialità sportiva a livello nazionale o internazionale; record: *il — mondiale dei cento metri piani*.

pri|ma|to|lo|gìa *s.f.* settore della zoologia che si occupa dei Primati e spec. dei rapporti biologici che essi hanno con le specie umana.

pri|mat|tó|re o **primo attore** *s.m.* [pl. *primattori* o *primi attori*] attore protagonista in una rappresentazione teatrale o in un film.

pri|ma|vè|ra *s.f.* **1** stagione dell'anno compresa tra inverno ed estate e caratterizzata da clima tiepido e ripresa del ciclo vegetativo; nell'emisfero boreale inizia il 21 marzo e si conclude il 21 giugno | (*estens.*) clima mite e sereno **2** (*scherz.*) anno di vita: *avere parecchie primavere sulle spalle* **3** (*fig., lett.*) giovinezza: *la — della vita* | momento iniziale, di primo sviluppo di ql.co.: *una civiltà nella sua —* **4** (*bot.*) primula **5** (*anche agg.invar.*; *sport*) detto della squadra giovanile di una società calcistica e dei tornei cui essa prende parte: *la — della Juventus*; *campionato —*.

pri|ma|ve|rì|le *agg.* di primavera | tipico della primavera: *temperature primaverili*.

pri|ma|zià|le *agg.* detto di chiesa o diocesi retta da un primate.

pri|meg|già|re *v.intr.* [indic.pres. *io priméggio...*; aus. *A*] essere il primo o tra i primi; distinguersi, eccellere.

prime rate (*ingl.*) [pr. *pràim rèit*] *loc.sost.m. invar.* (*banc.*) tasso d'interesse minimo per prestiti a breve termine, riservato dalle banche ai migliori clienti.

prime time (*ingl.*) [pr. *pràim tàim*] *loc.sost.m.*

principio

invar. con riferimento ai programmi televisivi, prima serata.
pri|miè|ra *s.f.* **1** gioco d'azzardo italiano al quale partecipano da quattro a otto giocatori **2** nella scopa e nello scopone, combinazione di quattro carte di semi diversi che dà diritto a un punto.
pri|mi|gè|nio *agg.* (*lett.*) proprio delle origini, dei tempi più remoti; primitivo, originario: *paesaggio —* | *forze primigenie*, le forze della natura.
pri|mi|na *s.f.* (*fam.*) prima classe della scuola elementare, frequentata privatamente da un alunno che deve ancora compiere i sei anni d'età.
pri|mì|pa|ra *s.f.* donna al primo parto.
pri|mi|ti|vi|smo *s.m.* in ambito artistico, tendenza a recuperare e imitare caratteri propri di culture cosiddette primitive.
pri|mi|ti|vi|tà *s.f.* condizione di ciò che è primitivo.
pri|mi|ti|vo *agg.* **1** (*raro*) di prima, di epoca anteriore | originario: *riportare un quadro al suo — splendore* **2** (*antrop.*) appartenente alla preistoria: *civiltà primitive* | riguardante popolazioni il cui stile di vita è simile a quello preistorico: *tribù primitive* **3** (*estens.*) rozzo, incivile: *un modo di fare —* ♦ *s.m. spec.pl.* [f. -*a*] individuo della preistoria o appartenente a civiltà primitive □ **primitivamente** *avv.*
pri|mì|zia *s.f.* **1** frutto, ortaggio che matura in anticipo rispetto alla stagione consueta **2** (*fig.*) notizia ricevuta in anticipo.
pri|mo *agg.num.ord.* **1** che in una serie occupa il posto numero uno: *il — anno di corso* | *il secolo —* (o *i*), gli anni compresi tra quello della nascita di Cristo e il 99 **2** che precede tutti gli altri in ordine di tempo o spazio: *i primi mesi dell'anno*; *la prima strada sulla destra* **3** che rappresenta la parte iniziale di ql.co.: *svegliarsi di — mattino* | *sulle prime*, inizialmente **4** fondamentale, principale: *il suo — pensiero sono i figli* **5** superiore per merito, valore, importanza | **— cittadino**, il capo dello Stato in una Repubblica o il sindaco in un comune | *di prim'ordine*, *di prima qualità*, *di prima scelta*, di livello eccellente ♦ *s.m.* **1** [f. -*a*] chi si trova al primo posto in un elenco, in una graduatoria: *il — del concorso ippico* | (*fig.*) *il — venuto*, *il — che capita*, uno qualunque **2** la prima portata di un pasto | (*estens.*) un piatto di pasta, riso o minestra: *prenderò un —* **3** il primo giorno di un mese, di un anno: *il — maggio* | (*pl.*) i giorni iniziali di un periodo: *prendo le ferie ai primi dell'anno* **4** sessantesima parte di un'ora; minuto: *un — e tre secondi* ♦ *avv.* in primo luogo; principalmente, soprattutto.
pri|mo|gè|ni|to *agg.*, *s.m.* [f. -*a*] si dice del figlio nato per primo.
pri|mo|ge|ni|tù|ra *s.f.* la condizione di chi è primogenito.
pri|mor|dià|le *agg.* **1** delle origini: *universo —* **2** (*estens.*) non ancora sviluppato; primitivo, rozzo: *società —*.
pri|mòr|dio *s.m. spec.pl.* il momento iniziale di un'epoca o di un processo; principio: *i primordi dell'umanità*.
pri|mu|la *s.f.* pianta erbacea i cui fiori gialli, rosa o violacei sbocciano all'inizio della primavera | (*fig.*) **— rossa**, persona impossibile da catturare.
Pri|mu|là|ce|e *s.f.pl.* famiglia di piante dicotiledoni di cui fanno parte la primula e il ciclamino.
pri|mus in|ter pa|res (*lat.*) *loc.sost.m.* chi gode di maggiore autorità all'interno di un gruppo di persone tutte di pari grado o dignità.
prin|ci|pà|le *agg.* che ha più importanza, valore: *la questione —* | (*gramm.*) *proposizione —*, all'interno di un periodo, la proposizione indipendente da cui dipendono tutte le altre proposizioni ♦ *s.m./f.* **1** (*fam.*) la persona alle cui dipendenze si lavora **2** (*solo f.*; *gramm.*) proposizione principale □ **principalmente** *avv.*
prin|ci|pà|to *s.m.* **1** ufficio e dignità di principe | il territorio, lo Stato con a capo un principe: *il — di Monaco* **2** (*estens.*) il potere supremo del sovrano e la durata del suo regno: *il — di Ottaviano* **3** (*pl.*; *teol.*) il primo coro della terza gerarchia degli angeli.
prìn|ci|pe *s.m.* **1** chi appartiene a una famiglia regnante o ha titolo di sovran | **— ereditario**, il primo nella scala di successione al trono | **— consorte**, il marito della regina quando non sia re | **— azzurro**, nelle fiabe, figura ideale di eroe positivo che risolve l'intreccio salvando o sposando la protagonista; (*estens.*) sposo ideale: *sta ancora aspettando il — azzurro* | *il — delle tenebre*, il diavolo **2** titolo spettante ai nobili di rango più elevato **3** (*estens.*) persona che gode di particolare prestigio in un dato ambito: **— del Foro**, avvocato di particolare bravura ed esperienza | (*anton.*) *il — degli Apostoli*, san Pietro | (*eccl.*) **— della Chiesa**, cardinale **4 — di Galles**, tessuto disegnato con riquadri di varia grandezza ♦ *agg.* **1** (*raro*) principale, fondamentale: *l'argomento — di un discorso* **2** il primo, il più antico | **edizione —**, la prima edizione a stampa di un'opera, in partic. quella di un'opera classica o medievale stampata nel xv sec. o nella prima metà del xvi.
prin|ci|pé|sco *agg.* [m.pl. -*schi*] **1** relativo a un principe; da principe **2** (*estens.*) splendido, grandioso: *un banchetto —* □ **principescamente** *avv.*
prin|ci|pés|sa *s.f.* **1** sovrana di un principato **2** moglie o figlia di un principe | figlia di un re.
prin|ci|pes|sì|na *s.f.* figlia giovane o ancora nubile di un re o di un principe.
prin|ci|piàn|te *part.pres.* di principiare ♦ *agg.*, *s.m./f.* **1** si dice di chi, avendo iniziato da poco uno studio o un'attività, è ancora inesperto: *corso per principianti* **2** (*estens.*, *spreg.*) incompetente.
prin|ci|pià|re *v.tr.* [*indic.pres. io principio...*] (*raro*) iniziare, cominciare: *— un discorso* ♦ *intr.* [aus. *A* con sogg. animato, *E* con sogg. inanimato] (*raro*) avere inizio.
prin|cì|pio *s.m.* **1** inizio, avvio: *il — del giorno* | *in —*, *al —*, all'inizio | *dal —*, dall'inizio **2** (*raro*) causa originaria: *il — dell'odio* **3** l'elemento fondamentale di ql.co. | (*farm.*) **— attivo**, sostanza re-

sponsabile dell'effetto di un farmaco **4** (*fig.*, *spec.pl.*) ognuna delle idee basilari di un sistema di pensiero o di una scienza: *i principi della fisica* | norma morale fondamentale: *avere principi solidi* | *questione di* —, relativa a fondamentali convinzioni morali e intellettuali | *per* —, per profonda convinzione personale.

prin|ci|sbéc|co *s.m.* lega di stagno, rame e zinco di aspetto simile all'oro.

prió|ra *s.f.* la madre superiora di un monastero o di un convento.

prio|rà|to *s.m.* **1** l'ufficio e la carica di priore o di priora **2** il luogo in cui risiede e opera un priore o una priora.

prió|re *s.m.* **1** il superiore di una comunità monastica **2** (*st.*) in epoca medioevale, spec. a Firenze, titolo conferito ai rappresentanti delle corporazioni più importanti, chiamati a far parte del governo della città | chi era a capo del collegio dei consoli.

prio|ri|tà *s.f.* **1** condizione di ciò che è precedente nel tempo: *stabilire la* — *di un'invenzione* **2** il fatto di venire prima in una scala di importanza o valore | *avere la* —, venir prima per importanza o urgenza: *questi problemi hanno la* — *su tutti gli altri*.

prio|ri|tà|rio *agg.* che ha la priorità: *interesse* — □ **prioritariamente** *avv.*

pri|sma *s.m.* [pl. *-i*] **1** (*geom.*) poliedro che ha come basi due poligoni uguali e paralleli e come facce laterali i parallelogrammi definiti dalle coppie di lati di tali poligoni **2** in ottica, cristallo o solido trasparente limitato da facce piane non parallele che permette di scomporre un raggio di luce nei suoi componenti.

pri|smà|ti|co *agg.* [m.pl. *-ci*] **1** di prisma **2** a forma di prisma.

privacy (*ingl.*) [pr. pràivasi] *s.f.invar.* la sfera privata della vita di una persona: *essere gelosi della propria* —.

pri|và|re *v.tr.* togliere ql.co. a qlcu.: — *qlcu. delle sue proprietà* ♦ **-rsi** *rifl.* rinunciare volontariamente a ql.co.: — *di ogni privilegio*.

pri|va|ti|sta *s.m./f.* [m.pl. *-i*] **1** chi frequenta una scuola privata | chi studia privatamente **2** chi sostiene un esame scolastico dopo essersi preparato privatamente.

pri|va|ti|sti|co *agg.* [m.pl. *-ci*] relativo all'iniziativa privata: *criterio* —.

pri|va|ti|va *s.f.* facoltà esclusiva di esercitare alcune attività economiche che lo Stato riserva a sé o dà in concessione; monopolio: — *del gioco d'azzardo*.

pri|va|ti|vo *agg.* **1** che ha il potere di privare: *provvedimento* — *della libertà personale* **2** (*ling.*) detto di elemento che in parole composte indica negazione o assenza.

pri|va|tiz|zà|re *v.tr.* cedere a privati beni o attività economiche di proprietà pubblica: — *la distribuzione del gas*.

pri|va|tiz|za|zió|ne *s.f.* cessione a privati di beni o attività economiche pubbliche.

pri|và|to *part.pass.* di privare ♦ *agg.* **1** che riguarda il singolo individuo al di fuori dal ruolo sociale che svolge: *parlo come* — *cittadino* | *ritirarsi a vita privata*, abbandonare ogni ruolo pubblico | *diritto* —, il complesso delle leggi che riguardano i rapporti tra singoli cittadini o tra questi e gli enti pubblici **2** che è di proprietà di un singolo cittadino o di un ente, di una società non pubblica: *industria privata* | (*estens.*) che è aperto ai soli iscritti: *club* — | *scuola privata*, quella che prevede il pagamento di una tassa d'iscrizione **3** personale, riservato: *udienza privata* | *in* —, in un contesto riservato ♦ *s.m.* **1** il semplice cittadino al di fuori delle sue eventuali responsabilità pubbliche: *acquistare una casa da un* — **2** (*solo sing.*) la sfera della vita personale e non pubblica: *difendere il proprio* — □ **privatamente** *avv.* in forma privata.

pri|va|zió|ne *s.f.* l'atto di privare o di privarsi.

pri|vi|le|già|re *v.tr.* [indic.pres. *io privilègio*...] **1** concedere un vantaggio, un trattamento di favore a qlcu.: — *gli imprenditori privati* **2** (*estens.*) preferire, anteporre: — *i figli trascurando il lavoro*.

pri|vi|le|già|to *part.pass.* di privilegiare ♦ *agg., s.m.* [f. *-a*] **1** che, chi gode di privilegi **2** che, chi si trova in una situazione di vita particolarmente favorevole: *essere un* —.

pri|vi|lè|gio *s.m.* **1** particolare diritto o vantaggio di cui gode una sola persona o un gruppo ristretto: *abolire ogni* — *sociale* **2** (*st.*) documento reale o pontificio che attesta la concessione di un privilegio **3** onore: *è per me un* — *conoscerti* **4** pregio, dono: *il* — *di avere una bella voce*.

prì|vo *agg.* che manca di ql.co.: — *di difetti* | — *di sensi*, svenuto.

pro[1] *prep.* a vantaggio di; per: *schierarsi* — *o contro una proposta*.

pro[2] o (*raro*) **prò** *s.m.invar.* utilità, vantaggio: *a che* — *darsi tanto da fare?* | *i* — *e i contro*, gli aspetti vantaggiosi e quelli sconvenienti.

pro[3] *s.m.invar.* (*sport*) *abbr. di* professionista: *la categoria dei* —.

pro-[1] *pref.* **1** indica estensione nel tempo e nello spazio (*protendere, proseguire*) **2** indica ascendenti o discendenti nei gradi di parentela (*prozia, pronipote*) **3** significa "facente le veci di" (*prorettore*).

pro-[2] *pref.* indica precedenza e priorità (*proscimmie*).

pro|bà|bi|le *agg.* che si ritiene possa verificarsi o essersi verificato; plausibile, verosimile: *è* — *che tu abbia ragione* □ **probabilmente** *avv.*

pro|ba|bi|lì|smo *agg.* (*filos.*) teoria secondo la quale non esistono conoscenze certe, ma solo acquisizioni probabili.

pro|ba|bi|lì|sti|co *agg.* [m.pl. *-ci*] **1** (*filos.*) relativo al probabilismo **2** (*mat.*) relativo al calcolo delle probabilità.

pro|ba|bi|li|tà *s.f.* **1** possibilità che ql.co. si verifichi o si sia verificata: *non ho nessuna* — *di farcela* **2** la misura in cui si ritiene che ql.co. possa verificarsi: *alta, bassa* —; *una* — *su cento* **3** (*mat.*) il rapporto tra il numero dei casi favorevoli a un evento e il numero dei casi possibili | *calcolo delle* —, settore della matematica che calcola i valori di probabilità complesse.

pro|bàn|te *agg.* che rappresenta una prova valida; persuasivo: *ragionamento* —.

pro|ba|ti|vo *agg.* che ha lo scopo di provare ql.co.: *documento* —.

pro|ba|tò|rio *agg.* (*dir.*) relativo alle prove | valido come prova: *testimonianza probatoria*.

pro|bi|tà *s.f.* caratteristica di chi è probo; onestà, rettitudine: *indiscutibile* —.

pro|blè|ma *s.m.* [pl. *-i*] **1** quesito con cui si chiede di ricavare da una serie di dati noti uno o più dati non conosciuti: *un — di trigonometria | (estens.)* questione ancora irrisolta: *un — etico* **2** (*fig.*) situazione sfavorevole e di difficile risoluzione: *avere dei problemi; un — di denaro* **3** (*fig.*) persona difficile da capire e che desta preoccupazioni.

pro|ble|mà|ti|ca *s.f.* insieme di questioni aperte relative a un dato settore: — *culturale*.

pro|ble|mà|ti|ci|tà *s.f.* carattere di ciò che è problematico.

pro|ble|mà|ti|co *agg.* [m.pl. *-ci*] **1** che rappresenta un problema | di difficile realizzazione: *un accordo* — **2** che si pone in maniera critica e non dogmatica: *atteggiamento* —.

pro|ble|ma|tiz|zà|re *v.tr.* **1** rendere complicato ciò che è di per sé semplice **2** esaminare in maniera approfondita.

pròbo *agg.* (*lett.*) onesto, integro moralmente.

Pro|bo|sci|dà|ti *s.m.pl.* ordine dei Mammiferi ungulati dotati di proboscide, in cui rientra solo l'elefante.

pro|bò|sci|de *s.f.* (*zool.*) **1** organo prensile proprio degli elefanti, costituito dal prolungamento tubolare del naso e del labbro superiore **2** organo di forma allungata proprio dell'apparato boccale di vari insetti.

pro|bo|vì|ro *s.m.* [pl. *probiviri*] persona che per la sua autorevolezza è chiamata a svolgere funzioni consultive o di controllo in seno a società, enti e partiti.

pro|cac|cià|re *v.tr.* [indic.pres. *io procàccio*...] fare di tutto per avere; procurare: — *il cibo*.

pro|cac|cia|tó|re *agg., s.m.* [f. *-trice*] che, chi procaccia: — *d'affari*.

pro|cà|ce *agg.* **1** di aspetto provocante: *femmina* — **2** (*lett.*) insolente, sfrontato □ **procacemente** *avv.*

pro|ca|ci|tà *s.f.* caratteristica di chi è procace.

pro ca|pi|te (*lat.*) *loc.avv.*, *agg.invar.* a testa, per ciascuno: *reddito* —.

pro|cè|de|re *v.intr.* [indic.pres. *io procedo*...; pass.rem. *io procedètti* o (raro) *procedéi, tu procedésti*...; part.pass. *proceduto*; aus. *E* nei sign. 1, 3 e 5, *A* nei sign. 2, 4, 6 e 7] **1** andare avanti; avanzare: — *a passo d'uomo* (*fig.*) proseguire in ciò che si è iniziato; progredire: — *nella realizzazione di un progetto* **3** (*fig.*) detto di attività, andare avanti secondo quanto previsto: *il lavoro procede bene* **4** agire, comportarsi: — *con la massima correttezza* **5** (*raro*) prendere origine: *lo Spirito procede dal Padre e dal Figlio* **6** dare inizio: — *alla votazione* **7** (*dir.*) iniziare un'azione legale: — *contro terzi* | — *d'ufficio*, per autonoma iniziativa dell'ufficio o dell'autorità competente | *non luogo a* —, mancanza delle condizioni per dare inizio a un processo o per proseguirlo.

pro|ce|di|bi|li|tà *s.f.* (*dir.*) possibilità di dare corso a un'azione giudiziaria: *verificare le condizioni di* —.

pro|ce|di|mén|to *s.m.* **1** modo di procedere; metodo: — *logico* **2** (*dir.*) serie di atti giuridici tra di loro connessi e volti a un medesimo fine | — *civile, penale*, processo.

pro|ce|dù|ra *s.f.* **1** sequenza prefissata di operazioni necessarie allo svolgimento di ql.co.: *applicare la* — **2** (*dir.*) l'insieme delle norme che occorre rispettare nello svolgimento di un procedimento giudiziario o amministrativo: *codice di* — *civile*.

pro|ce|du|rà|le *agg.* **1** (*dir.*) relativo alla procedura: *incidente* — **2** (*inform.*) relativo alle procedure di risoluzione dei problemi: *programmazione* — □ **proceduralmente** *avv.* secondo la procedura.

pro|ce|du|rì|sta *s.m.* esperto in diritto processuale.

pro|cèl|la *s.f.* (*lett.*) **1** tempesta, burrasca **2** (*fig.*) sconvolgimento, sventura.

pro|cel|là|ria *s.f.* uccello marino di piccole dimensioni adatto al volo prolungato e capace di resistere ai venti delle tempeste; ha piumaggio bruno e bianco e ali lunghe e strette.

Pro|cel|la|ri|fór|mi *s.m.pl.* ordine di Uccelli adatti al volo prolungato che vivono in alto mare, spec. nell'emisfero australe; ne fanno parte procellaria e albatro.

pro|ces|sà|bi|le *agg.* che può essere sottoposto a processo.

pro|ces|sà|re *v.tr.* [indic.pres. *io procèsso*...] sottoporre a processo: — *per furto*.

pro|ces|sio|nà|le *agg.* di processione; da processioni: *rito* — □ **processionalmente** *avv.* in processione.

pro|ces|sio|nà|ria *s.f.* denominazione comune di varie farfalle notturne i cui bruchi, in primavera, escono dai nidi in lunghe file ordinate per spostarsi su nuovi alberi.

pro|ces|sió|ne *s.f.* **1** corteo di religiosi e laici che procede in preghiera lungo un determinato percorso **2** (*estens.*) lunga fila di persone, animali o veicoli che procedono lentamente nella stessa direzione: *una — di formiche* | *andare, muoversi in* —, in fila e a passo lento.

pro|cès|so *s.m.* **1** svolgimento di fatti o fenomeni connessi tra loro: — *evolutivo* | (*med.*) — *morboso*, la sequenza delle manifestazioni proprie di una malattia **2** sequenza di operazioni da compiere per conseguire un certo scopo; procedimento: — *di lavorazione* **3** (*dir.*) l'insieme di attività attraverso cui l'autorità giudiziaria accerta la verità su un fatto e risolve una controversia: *essere sotto* — | — *inquisitorio*, pro-

processore

cedimento penale in cui l'accusa è favorita nell'accertamento dei fatti | — *accusatorio*, procedimento penale in cui accusa e difesa sono poste su un piano di parità | (*fig.*) *fare il — alle intenzioni*, esprimere un giudizio su qlcu. basandosi non su fatti oggettivi, ma solo su supposizioni riguardo a quanto voleva dire o fare.

pro|ces|só|re *s.m.* (*inform.*) l'unità centrale di elaborazione dei computer.

pro|ces|suà|le *agg.* (*dir.*) del processo: *spese processuali* | *diritto —*, il complesso delle norme che regolano un processo □ **processualmente** *avv.* in sede di processo.

pro|cìn|to *s.m.* solo nella loc. *in procinto di*, sul punto di fare ql.co.: *sono in — di andarmene*.

pro|ció|ne *s.m.* piccolo mammifero carnivoro diffuso nell'America settentrionale con corpo tozzo, lunga coda folta ad anelli neri e mascherina nera sugli occhi.

pro|clà|ma *s.m.* [pl. -*i*] solenne appello o dichiarazione.

pro|cla|mà|re *v.tr.* 1 rendere noto in maniera solenne; ufficializzare: *— la repubblica; — il nuovo presidente* 2 dichiarare con fermezza: *— la propria estraneità ai fatti* ♦ **-rsi** *rifl.* dichiarare ql.co. di se stesso in maniera ferma; professarsi: *— innocente*.

pro|cla|ma|zió|ne *s.f.* annuncio pubblico e ufficiale di ql.co.: *la — dei vincitori*.

pròc|li|si *s.f.* (*ling.*) fenomeno per cui una parola atona, gener. un pronome personale, si appoggia nella pronuncia alla parola seguente.

pro|clì|ti|co *agg.* [m.pl. -*ci*] (*ling.*) detto di parola atona che nella pronuncia si appoggia alla parola che la segue: *particella proclitica*.

pro|clì|ve *agg.* (*lett.*) incline, propenso a ql.co.: *— alla generosità*.

pro|con|so|là|re *agg.* (*st.*) di proconsole: *sede —* | *provincia —*, nell'Impero Romano, territorio governato da un proconsole.

pro|con|so|là|to *s.m.* (*st.*) 1 la dignità e l'ufficio del proconsole 2 la durata in carica di un proconsole.

pro|còn|so|le *s.m.* (*st.*) nell'antica Roma, carica spettante ai consoli che, al termine del consolato, assumevano un incarico militare o il governo di una provincia.

pro|cra|sti|nà|bi|le *agg.* (*bur., estens.*) che si può rimandare: *impegno —*.

pro|cra|sti|nà|re *v.tr.* [indic.pres. *io procràstino...*] (*bur., estens.*) rimandare, rinviare: *— il termine di presentazione di un modulo*.

pro|cra|sti|na|zió|ne *s.f.* (*bur.*) rinvio, differimento.

pro|cre|à|re *v.tr.* [indic.pres. *io procrèo...*] generare, dar vita: *— un figlio*.

pro|cre|a|tó|re *agg.*, *s.m.* [f. *-trice*] che, chi procrea.

pro|cre|a|zió|ne *s.f.* l'atto di generare figli; riproduzione.

pro|cù|ra *s.f.* 1 (*dir.*) atto con cui una persona conferisce a un'altra il potere di rappresentarla e di agire in suo nome in atti e procedimenti ufficiali; delega | documento con cui si trasmette tale potere | *per —*, si dice di atto compiuto attraverso un delegato: *matrimonio per —* 2 *Procura della Repubblica*, l'ufficio che ha il compito di svolgere indagini, attivare azioni penali e rappresentare l'accusa presso un tribunale | l'insieme dei magistrati che sono impiegati presso tale ufficio.

pro|cu|rà|re *v.tr.* 1 trovare ql.co. e riuscire a venirne in possesso: *mi sono procurato il libro* 2 fare in modo che si faccia una determinata cosa: *procura di esser puntuale* 3 causare: *— danni ingenti*.

pro|cu|ra|tó|re *s.m.* [f. *-trice*] 1 (*dir.*) chi ha il compito di rappresentare una persona o un ente sulla base di una procura; delegato: *il — di un calciatore* | *— legale*, laureato in giurisprudenza abilitato a rappresentare una parte durante un procedimento giudiziario | *Procuratore* (*della Repubblica*), magistrato che esercita le funzioni di pubblico ministero 2 (*st.*) nell'impero romano, magistrato che amministrava un territorio per conto dell'imperatore.

prò|da *s.f.* (*lett.*) riva, sponda.

pro|de *agg.* (*lett.*) coraggioso, intrepido.

pro|déz|za *s.f.* 1 (*lett.*) caratteristica del prode; coraggio, valore 2 atto coraggioso 3 (*estens.*) azione di grande bravura: *il portiere ha compiuto una —*.

pro|diè|re *s.m.* (*mar.*) marinaio che effettua le manovre di prua.

pro|diè|ro *agg.* (*mar.*) 1 che si trova a prua: *cannone —* 2 si dice di imbarcazione che naviga direttamente davanti a un'altra.

pro|di|ga|li|tà *s.f.* 1 caratteristica del prodigo 2 atto di prodigo.

pro|di|gà|re *v.tr.* [indic.pres. *io pròdigo, tu pròdighi...*] 1 spendere in modo sconsiderato; sperperare: *— le proprie ricchezze* 2 (*fig.*) dare in abbondanza: *— consigli* | *— tutto se stesso*, prodigarsi ♦ **-rsi** *rifl.* impegnarsi senza risparmio: *— in un'opera di bene*.

pro|dì|gio *s.m.* 1 fenomeno straordinario 2 (*iperb.*) cosa o persona dalle caratteristiche eccezionali; portento: *quel ragazzo è un vero —* ♦ *agg.invar.* nella loc. *bambino —*, dotato di capacità intellettuali o artistiche straordinarie e precoci.

pro|di|gio|si|tà *s.f.* carattere di ciò che è prodigioso.

pro|di|gió|so *agg.* 1 che rappresenta un fatto straordinario: *eventi prodigiosi* | (*estens.*) eccezionale: *memoria —* 2 (*iperb.*) straordinariamente bravo: *un pianista —* □ **prodigiosamente** *avv.*

prò|di|go *agg.* [m.pl. *-ghi*] 1 che spende o dona senza misura | (*fig.*) *figliol —*, detto di chi si è pentito dei suoi errori e ritorna sulla retta via 2 (*fig.*) estremamente generoso nel dare: *— di consigli* ♦ *s.m.* [f. *-a*] persona che spende senza misura; scialacquatore.

pro|di|tò|rio *agg.* 1 da traditore 2 compiuto in

maniera inaspettata e scorretta: — *attacco* □
pro|di|to|ria|men|te *avv.*
pro|dót|to *s.m.* **1** ciò che risulta da un processo naturale o artificiale: — *della terra*, *del pensiero umano* | bene materiale realizzato in una produzione industriale: — *manifatturiero* **2** la conseguenza di un'azione, di un evento, di una situazione: *le migrazioni sono un — degli squilibri economici* **3** (*econ.*) il risultato di un processo di produzione | — *interno lordo*, il valore monetario di tutti i beni e i servizi prodotti in un anno su base nazionale **4** (*mat.*) il risultato di un'operazione di moltiplicazione.
pròdro|mo *s.m. spec.pl.* indizio che preannuncia ql.co.: *i prodromi della crisi*.
pro|du|cèn|te *part.pres. di* produrre ♦ *agg.* **1** che produce **2** efficace, utile: *atteggiamento poco —*.
pro|du|cì|bi|le *agg.* che può essere prodotto.
pro|du|ci|bi|li|tà *s.f.* caratteristica di ciò che è producibile.
pro|dùr|re *v.tr.* [indic.pres. *io produco, tu produci...*; pass.rem. *io produssi, tu producésti...*; fut. *io produrrò...*; cond. *io produrrèi...*; part.pass. *prodótto*] **1** far nascere; dare come frutto: *questi campi producono molto riso* **2** realizzare attraverso un processo di lavorazione: *la Sardegna produce ottimo sughero* | fabbricare in maniera industriale: *lo stabilimento produce automobili* **3** secernere sostanze organiche: *il fegato produce la bile* | liberare, emanare: *il fuoco produce luce e calore* **4** realizzare con l'ingegno e la creatività: *Manzoni ha prodotto opere di altissimo valore* **5** causare: — *conseguenze inimmaginabili* **6** (*bur.*) presentare, mostrare: — *un documento d'identità* | — *un testimone*, chiamarlo a deporre in un processo ♦ **-rsi** *rifl.* esibirsi davanti a un pubblico: *il prestigiatore si è prodotto in numeri di grande destrezza*.
pro|dut|ti|vi|tà *s.f.* **1** l'attitudine o la capacità di produrre **2** (*econ.*) rapporto tra quantità prodotta e risorse economiche e lavorative impiegate; rendimento | *premio di —*, quello che viene corrisposto a un lavoratore in base al suo rendimento.
pro|dut|ti|vo *agg.* **1** che produce: *settore economico —* **2** relativo alla produzione di un bene | *ciclo —*, il complesso delle fasi di una produzione **3** che assicura un risultato; efficace: *sforzo —* | (*econ.*) che dà un utile: *investimento —* □ **produttivamente** *avv.*
pro|dut|tó|re *agg.* **1** che produce un bene: *i paesi produttori di petrolio* **2** che si occupa della realizzazione e della commercializzazione di film, spettacoli o dischi: *casa produttrice* ♦ *s.m.* [f. *-trice*] **1** l'imprenditore o il lavoratore che produce un determinato bene: *i maggiori produttori di vino* **2** chi sovrintende alla realizzazione di un film, di uno spettacolo o di un disco sotto l'aspetto economico o artistico **3** agente incaricato di procurare affari per un'azienda.
pro|du|zió|ne *s.f.* **1** l'atto di produrre | il risultato di tale atto: *la — di automobili* **2** (*econ.*) trasformazione di materie prime al fine di realizzare prodotti di consumo **3** (*estens.*) creazione intellettuale o artistica: *la — operistica di Verdi* **4** il processo di realizzazione di film, spettacoli o dischi.
pro|e|mià|le *agg.* **1** relativo al proemio **2** che fa da proemio: *testo —*.
pro|è|mio *s.m.* sezione introduttiva di un discorso o di un testo scritto.
pro|en|zi|ma *s.m.* [pl. *-i*] (*chim., biol.*) precursore inattivo di un enzima in grado di trasformarsi nel suo corrispondente attivo.
prof *s.m./f.invar.* (*gerg.*) professore.
pro|fa|nà|re *v.tr.* **1** violare ciò che è sacro compiendo atti irrispettosi: — *una chiesa* **2** (*estens., fig.*) oltraggiare, venire meno al rispetto dovuto: — *la sacralità dell'arte*; — *la memoria dei morti*.
pro|fa|na|tó|re *agg., s.m.* [f. *-trice*] che, chi profana.
pro|fa|na|zió|ne *s.f.* **1** violazione di luoghi, oggetti o persone sacre **2** (*estens., fig.*) grave mancanza di rispetto.
pro|fà|no *agg.* **1** che è contrario o estraneo a ciò che è sacro; mondano, terreno: *letteratura profana* **2** che compie una profanazione: *parole profane* ♦ *s.m.* **1** (*solo sing.*) ciò che non è sacro | (*fig.*) *mescolare sacro e —*, mischiare cose che contrastano tra loro **2** [f. *-a*] persona priva di competenza in un dato ambito: *essere un — in fatto di pittura*.
pro|fà|se *s.f.* (*biol.*) fase iniziale della divisione cellulare in cui i cromosomi iniziano a evidenziarsi.
pro|fe|rì|bi|le *agg.* (*raro, spec. in frasi neg.*) che può essere pronunciato, che è opportuno pronunciare: *parole non proferibili*.
pro|fe|rì|re *v.tr.* [indic.pres. *io proferisco, tu proferisci...*; pass.rem. *io proferii, tu proferisti...*; part.pass. *proferito*] (*lett.*) **1** dire, pronunciare spec. con tono deciso o solenne: — *frasi irripetibili* **2** articolare in modo nitido: — *un termine*; — *un suono*.
pro|fes|sà|re *v.tr.* [indic.pres. *io profèsso...*] **1** dichiarare apertamente un'idea o un credo religioso: — *la fede cristiana* **2** (*anche assol.*) esercitare una professione: *è avvocato, ma non ha mai professato* ♦ **-rsi** *rifl.* dichiararsi esplicitamente: — *musulmano*.
pro|fes|sio|nà|le *agg.* **1** della professione; che riguarda la professione: *etica —* | (*spec.iron.*) *deformazione —*, abitudine acquisita a causa della professione esercitata | *segreto —*, dovere, cui sono sottoposte alcune professioni, di non rivelare quanto appreso nello svolgimento del proprio lavoro **2** detto di persona, abile e competente nell'esercizio del proprio lavoro: *un parrucchiere —* **3** detto di apparecchi e attrezzi adatti a essere utilizzati nell'esercizio di una professione | di alta qualità: *macchina fotografica —* □ **professionalmente** *avv.* **1** sotto l'aspetto professionale **2** da professionista: *operare —*.
pro|fes|sio|na|li|tà *s.f.* **1** carattere professiona-

professionalizzare

le di un'occupazione 2 capacità professionale; competenza: *mostrare* —.

pro|fes|sio|na|liz|zà|re *v.tr.* rendere professionale un'attività o una persona: — *il proprio impegno politico* ♦ **-rsi** *rifl.* acquisire professionalità.

pro|fes|sió|ne *s.f.* **1** dichiarazione esplicita di un'idea, un sentimento o un credo: — *di stima nei confronti di qlcu.* **2** attività lavorativa, spec. qualificata e non manuale: *la — dell'avvocato | **libera** —*, quella che non è svolta alle dipendenze di qlcu.

pro|fes|sio|nì|smo *s.m.* **1** esercizio di un'attività come professione **2** alta competenza di chi esercita un'attività in modo professionale **3** (*sport*) pratica di un'attività sportiva a livello professionale: *darsi al —*.

pro|fes|sio|nì|sta *s.m./f.* [m.pl. *-i*] **1** chi esercita una professione | (*estens.*) persona esperta in un determinato campo: *un risultato da professionista* **2** chi pratica uno sport per professione: *un — del tennis* ♦ *agg.* che svolge un'attività a livello professionale: *golfista —*.

pro|fès|so *agg.*, *s.m.* [f. *-a*] (*eccl.*) detto di chi ha fatto la professione dei voti religiosi: *monaca professa*.

pro|fes|so|rà|le *agg.* **1** di professore | proprio dei professori: *preparazione —* **2** (*spreg.*) saccente, cattedratico: *atteggiamento —* □ **professoralmente** *avv.* in maniera pedante.

pro|fes|só|re *s.m.* [f. *-essa*] **1** insegnante di scuola media inferiore e superiore o dell'università: — *di lettere* **2** (*estens.*) insegnante di ql.co.: — *di pianoforte* | — *d'orchestra*, titolo che designa i musicisti di un'orchestra **3** (*estens.*) persona molto preparata nel suo campo | persona pedante, saccente.

pro|fè|ta *s.m.* [f. *-essa*; pl. *-i*] **1** chi, ispirato da Dio, ne manifesta e interpreta la volontà: *un — biblico* | (*per anton.*) **il Profeta**, per la tradizione islamica, Maometto **2** (*estens.*) chi prevede o ritiene di prevedere gli eventi futuri; veggente | **cattivo** —, quello le cui previsioni non si avverano | — *di sventure*, chi ha previsioni estremamente pessimistiche.

pro|fe|tà|re *v.tr.*, *intr.* [indic.pres. *io profèto...*; aus. dell'intr. *A*] profetizzare.

pro|fè|ti|co *agg.* [m.pl. *-ci*] **1** di, da profeta: *personalità profetica* **2** (*estens.*) che preannuncia il futuro: *testo —* □ **profeticamente** *avv.*

pro|fe|tiz|zà|re *v.tr.*, *intr.* [aus. dell'intr. *A*] **1** parlare per ispirazione divina, rivelando la volontà di Dio **2** (*estens.*) predire eventi futuri.

pro|fe|zì|a *s.f.* **1** proclamazione della volontà di Dio o predizione di eventi futuri per ispirazione divina | il contenuto dell'annuncio di un profeta: *è una terribile —* **2** (*estens.*) predizione di eventi futuri basata su elementi diversi, come l'osservazione degli astri o i sogni: *facili profezie*.

prof|fèr|ta *s.f.* (*lett.*) proposta: *profferte amorose*.

pro|fì|cuo *agg.* che porta profitto; utile: *impegno —* □ **proficuamente** *avv.*

pro|fi|là|re *v.tr.* **1** disegnare i contorni di una figura | (*fig.*) delineare il profilo di una cosa o di una persona; rappresentare negli aspetti essenziali **2** rifinire un abito con un sottile orlo | adornare con una guarnizione di contorno: — *le ante dell'armadio* **3** (*tecn.*) lavorare un oggetto metallico al laminatoio per conferirgli un dato profilo ♦ **-rsi** *intr.pron.* **1** delinearsi di profilo: *le montagne si profilavano da lontano* **2** (*fig.*) prospettarsi: *si profila una brutta sconfitta*.

pro|fi|làs|si *s.f.* (*med.*) prevenzione delle malattie spec. infettive: — *antimalarica*.

pro|fi|là|to *part.pass.* di profilare ♦ *agg.* **1** ben delineato nel profilo: *la sagoma della nave appare ben profilata* **2** rifinito con un orlo: *giacca profilata* **3** ornato con una guarnizione di contorno ♦ *s.m.* (*tecn.*) semilavorato in metallo o materiali plastici che ha forma di barra a sezione complessa.

pro|fi|la|trì|ce *s.f.* **1** macchinario usato per realizzare profilati metallici con la piegatura a freddo delle lamiere **2** macchinario usato per realizzare profilati di legno.

pro|fi|làt|ti|co *agg.* [m.pl. *-ci*] **1** relativo alla profilassi **2** volto a evitare la diffusione di malattie infettive ♦ *s.m.* preservativo.

pro|fi|la|tù|ra *s.f.* la sagomatura di ql.co. secondo un dato disegno | il profilo così ottenuto.

pro|fì|lo *s.m.* **1** linea di contorno di ql.co.: *il — del ponte visto da lontano* **2** linea continua che rappresenta il contorno di un oggetto; sagoma **3** linea del viso visto di fianco: *un — di donna* | ritratto di una persona vista di fianco **4** (*fig.*) descrizione degli aspetti essenziali di qlcu. o ql.co. | (*lett.*) saggio che descrive in maniera sintetica le caratteristiche di un personaggio, un'opera, un periodo, una disciplina: *un — di Alessandro Manzoni*; — *di storia romana* | *sotto il —*, dal punto di vista: *sotto il — legislativo* | *di alto, basso —*, di grande o scarso valore: *un discorso di basso —* **5** in sartoria, bordatura, orlatura.

profiterole (*fr.*) [pr. *profiteròl*] *s.m.invar.* (*gastr.*) **1** piccolo bignè ripieno di crema **2** (*estens.*) dolce composto da tanti piccoli bignè ricoperti di crema, cioccolato o panna montata.

pro|fit|tà|re *v.intr.* [aus. *A*] **1** progredire: — *negli studi* **2** avvantaggiarsi, approfittare: — *della generosità altrui*.

pro|fit|ta|tó|re *agg.*, *s.m.* [f. *-trice*] che, chi sfrutta persone o situazioni per trarne vantaggi.

pro|fìt|to *s.m.* **1** beneficio, miglioramento: *ricevere — dalla cura* | **mettere a —**, far fruttare **2** (*fig.*) progresso nel lavoro o nel campo degli studi: *il — lascia un po' a desiderare* **3** (*econ.*) in un'impresa, differenza tra ricavi e costi di produzione.

pro|flù|vio *s.m.* **1** flusso abbondante di un liquido: *un — di lacrime* **2** (*fig.*) enorme quantità di cose che si susseguono: *un — di insulti*.

pro|fón|de|re *v.tr.* [con. come *fondere*] dare senza misura, sperperare: — *ricchezze, elogi* ♦

-rsi *intr.pron.* fare o dire ql.co. con effusione, calore: — *in ringraziamenti*.

pro|fon|di|me|tro *s.m.* **1** apparecchio utilizzato nelle immersioni subacquee per misurare la profondità raggiunta **2** spessimetro.

pro|fon|di|tà *s.f.* **1** (*anche fig.*) condizione di ciò che è profondo: — *di una caverna*; — *di pensiero* **2** altezza di una massa d'acqua dalla superficie al fondo: *la — di un lago, di un pozzo* **3** (*spec.pl.*) luogo profondo; abisso: *le — marine* | (*fig.*) la parte più intima, nascosta: *le — del cuore* **4** carattere di tridimensionalità conferito a un'immagine dalla prospettiva.

pro|fón|do *agg.* **1** che presenta una notevole distanza tra il fondo e la superficie: *un lago molto* — | *respiro* —, quello fatto inspirando molta aria | *voce profonda*, voce grave **2** (*estens.*) che penetra all'interno in misura notevole: *un — taglio* | *sonno* —, sonno intenso **3** (*fig.*) grande, vasto: *persona di profonda cultura, interiorità* | di sentimento, intenso: *una passione profonda* **4** (*fig.*) che è in grado di far riflettere; ricco di sensi: *ha fatto un discorso* — | che coinvolge la parte più intima dell'anima: *profonde meditazioni* **5** (*fig.*) riposto, segreto: *il significato — di ciò che ci circonda* ♦ *s.m.* (*anche fig.*) la parte più profonda o più intima: *nel — dell'anima* □ **profondamente** *avv.* **1** molto addentro **2** intimamente.

pro fòr|ma (*lat.*) *loc.agg.invar.*, *loc.avv.* per pura formalità: *colloquio* — ♦ *s.m.invar.* semplice formalità: *si tratta di un* —.

prò|fu|go *agg., s.m.* [f. *-a*; m.pl. *-ghi*] che, chi è costretto ad abbandonare il proprio paese per cause naturali, sociali o politiche | *campo profughi*, struttura attrezzata per la prima accoglienza dei profughi.

pro|fu|mà|re *v.tr.* rendere ql.co. profumato: — *i cassetti* ♦ *intr.* [aus. *A*] emanare un profumo: *i tuoi capelli profumano di buono* ♦ **-rsi** *rifl.* mettersi del profumo.

pro|fu|mà|to *part.pass.* di profumare ♦ *agg.* **1** che emana profumo **2** (*fig., fam.*) caro, costoso: *prezzi profumati* □ **profumatamente** *avv.* lautamente, a caro prezzo: *pagare* —.

pro|fu|ma|zió|ne *s.f.* varietà di profumo conferita a un particolare prodotto: *sapone prodotto in varie profumazioni*.

pro|fu|me|rì|a *s.f.* **1** arte di preparare profumi | luogo in cui si preparano profumi **2** negozio di profumi e cosmetici.

pro|fu|miè|re *s.m.* [f. *-a*] chi prepara profumi e cosmetici o li vende.

pro|fu|miè|ro *agg.* relativo alla preparazione e al commercio dei profumi.

pro|fù|mo *s.m.* **1** odore piacevole prodotto naturalmente o artificialmente: *il — del pane caldo* **2** miscela di essenze profumate preparata a scopo cosmetico: *un — da donna*.

pro|fu|sió|ne *s.f.* **1** abbondante spargimento **2** (*fig.*) grande o eccessiva abbondanza: *una — di congratulazioni* | *a* —, in abbondanza, senza limiti: *vino a* —.

pro|fù|so *agg.* **1** versato in abbondanza **2** (*fig.*) elargito con eccessiva generosità: *denaro — in sciocchezze* □ **profusamente** *avv.*

pro|gè|nie *s.f.invar.* (*lett.*) **1** l'insieme dei discendenti: *la — di Abramo* **2** (*spreg.*) genìa.

pro|ge|ni|tó|re *s.m.* [f. *-trice*] il capostipite di una famiglia | (*spec.pl.*) avo, antenato.

pro|ge|ste|ró|ne *s.m.* (*biol.*) ormone steroideo femminile secreto dal corpo luteo dell'ovaia dopo l'ovulazione al fine di favorire l'impianto nell'utero dell'ovulo fecondato.

pro|get|tà|re *v.tr.* [indic.pres. *io progètto...*] **1** ideare ql.co. e studiare il modo di realizzarlo: — *una festa* **2** ideare un macchinario, una costruzione o un sistema complesso e stenderne il progetto: — *un sistema di telecomunicazioni*.

pro|get|ta|zió|ne *s.f.* **1** l'ideazione di ql.co. **2** la preparazione di un progetto: *la — del nuovo polo fieristico*.

pro|get|ti|sta *s.m./f.* [m.pl. *-i*] **1** autore di un progetto: *il — del ponte* **2** chi stende progetti per professione.

pro|get|ti|sti|ca *s.f.* l'attività e la tecnica di stendere progetti per costruzioni edili o industriali: — *civile*.

pro|gèt|to *s.m.* **1** piano del lavoro necessario alla realizzazione di ql.co.: — *di legge*, proposta di legge presentata all'esame degli organi legislativi **2** insieme di calcoli e disegni realizzati in preparazione di opere edili o di ingegneria.

pro|get|tuà|le *agg.* relativo alla progettazione: *fase* —.

pro|get|tua|li|tà *s.f.* capacità di realizzare progetti.

pro|gna|ti|smo *s.m.* (*anat.*) anomala prominenza della mandibola.

pro|gnà|to *agg.* detto di volto che presenta prognatismo.

pro|gnò|si *s.f.* (*med.*) previsione sul decorso clinico e sull'esito di uno stato patologico | — *riservata*, che non viene formulata per la gravità della malattia.

pro|gnò|sti|co *agg.* [m.pl. *-ci*] relativo alla prognosi.

pro|gràm|ma *s.m.* [pl. *-i*] **1** esposizione sistematica e dettagliata di quanto si ha intenzione di fare: — *di viaggio* | *essere in* —, essere previsto | *essere fuori* —, non essere previsto | *avere in* — *di fare*, avere intenzione **2** (*scuola*) elenco dei contenuti che verranno affrontati in un corso di studi o in una singola disciplina: *il — di storia e geografia* **3** foglio che descrive i diversi momenti di uno spettacolo o di un'altra manifestazione: — *di sala* | elenco degli spettacoli e delle manifestazioni che si svolgeranno durante un dato periodo: *il — della Scala* **4** singola trasmissione radiofonica o televisiva: *i programmi di questa sera* **5** (*inform.*) sequenza di istruzioni codificate in un particolare linguaggio che consente a un elaboratore elettronico di eseguire determinate operazioni: — *di grafica* | — *di videoscrittura*, applicazione utilizzata per scrivere testi.

pro|gram|mà|bi|le *agg.* che può essere programmato.

pro|gram|mà|re *v.tr.* **1** mettere in programma:— *una spesa* **2** organizzare in maniera dettagliata:— *la giornata lavorativa* **3** (*inform., anche assol.*) scrivere il programma per un elaboratore elettronico: — *in Basic*.

pro|gram|mà|ti|co *agg.* [m.pl. *-ci*] **1** che riguarda un programma **2** che delinea un programma: *visione programmatica*.

pro|gram|ma|tó|re *s.m.* [f. *-trice*] **1** chi stende un programma **2** (*inform.*) chi scrive e realizza programmi per elaboratori elettronici.

pro|gram|ma|zió|ne *s.f.* **1** la stesura di un programma | (*scuola*) — **didattica**, preparazione dei piani di studio **2** (*econ.*) pianificazione economica **3** (*inform.*) scrittura e realizzazione di un programma.

pro|gram|mi|sta *s.m./f.* [m.pl. *-i*] **1** (*raro*) chi elabora un programma **2** chi scrive e prepara programmi radiotelevisivi.

pro|gre|di|re *v.intr.* [indic.pres. *io progredisco, tu progredisci*...; aus. *A* con soggetto di persona, per lo più *E* con soggetto di cosa] **1** andare avanti; avanzare | (*assol.*) procedere verso il completamento: *la costruzione progredisce* **2** (*fig.*) fare progressi; perfezionarsi: *il mio inglese progredisce lentamente*.

pro|gre|di|to *part.pass.* di progredire ♦ *agg.* **1** di alto livello tecnologico: *adottare tecniche progredite* **2** che ha raggiunto un alto grado di sviluppo: *civiltà progredita*.

pro|gres|sió|ne *s.f.* **1** accrescimento graduale | avanzamento continuo **2** (*mat.*) successione di numeri ordinati secondo una data regola | (*fig.*) *in* — *geometrica*, in rapido aumento.

pro|gres|si|smo *s.m.* orientamento di chi è progressista.

pro|gres|si|sta *agg., s.m./f.* [m.pl. *-i*] che, chi ha tendenze innovatrici: *politico* —.

pro|gres|si|vi|tà *s.f.* carattere di ciò che è progressivo: *la* — *delle aliquote fiscali*.

pro|gres|si|vo *agg.* **1** che aumenta o diminuisce in maniera graduale: *incremento* — | *imposte progressive*, che crescono in proporzione al reddito **2** (*lett.*) che rappresenta o comporta un progresso □ **progressivamente** *avv.*

pro|grés|so *s.m.* **1** processo di avanzamento: *la situazione è in* — **2** perfezionamento: *un* — *nelle tecniche costruttive* **3** il miglioramento delle condizioni di vita di una società e delle sue strutture politiche e sociali; sviluppo: *un* — *accelerato*.

proi|bi|re *v.tr.* [indic.pres. *io proibisco, tu proibisci*...] **1** vietare: *è proibito introdurre cani* **2** impedire: *la nebbia ci ha proibito di atterrare*.

proi|bi|ti|vo *agg.* **1** che serve o mira a proibire: *norma proibitiva* **2** (*estens.*) che rende di fatto difficile o impossibile fare quanto si vorrebbe: *un freddo* — | *prezzo* —, molto alto.

proi|bi|to *part.pass.* di proibire ♦ *agg.* vietato | (*sport*) *colpo* —, non permesso dal regolamento | *libri proibiti*, quelli che erano messi all'indice dalla Chiesa | *sogni proibiti*, desideri irrealizzabili.

proi|bi|zió|ne *s.f.* divieto di fare ql.co.: — *di commerciare in armi*.

proi|bi|zio|ni|smo *s.m.* **1** (*st.*) divieto di produzione e di vendita delle bevande alcoliche, in vigore negli Stati Uniti dal 1919 al 1933 | il periodo in cui tale divieto fu in vigore **2** (*estens.*) legislazione fortemente repressiva nei confronti della circolazione e del consumo di stupefacenti.

proi|bi|zio|ni|sta *agg., s.m./f.* [m.pl. *-i*] che, chi è un fautore del proibizionismo: *politico* —.

proi|bi|zio|ni|sti|co *agg.* del proibizionismo.

pro|iet|tà|re *v.tr.* [indic.pres. *io proiètto*...] **1** lanciare fuori o avanti; scagliare: *il vulcano proietta ceneri e lapilli a grande distanza* | (*fig.*) protendere oltre il tempo presente: — *i propri desideri nel futuro* **2** emettere raggi luminosi: — *luce sulla parete* | creare ombre su una superficie **3** (*cine.*) inviare immagini per mezzo di un proiettore: — *un film* **4** (*geom.*) effettuare la proiezione di un solido su una superficie piana ♦ **-rsi** *rifl.* lanciarsi, buttarsi: *il tuffatore si è proiettato nel vuoto* ♦ *intr. pron.* **1** detto di luce od ombra, irraggiarsi, andare a cadere: *le ombre si proiettano lunghe sull'asfalto* **2** (*fig.*) protendersi idealmente nel tempo: *un'intuizione che si proietta nel futuro*.

pro|iet|ti|fi|cio *s.m.* fabbrica in cui si producono proiettili.

pro|ièt|ti|le *s.m.* **1** ogni corpo che venga scagliato con forza nello spazio **2** corpo metallico appositamente costruito per essere esploso da un'arma da fuoco o da un cannone; colpo: — *tracciante*.

pro|iet|ti|vo *agg.* (*geom.*) relativo alle proiezioni | *geometria proiettiva*, quella che studia le proprietà delle figure realizzate con operazioni di proiezione.

pro|ièt|to *s.m.* **1** (*geol.*) materiale solido lanciato fuori da un vulcano in eruzione **2** (*mil.*) corpo lanciato da una bocca da fuoco.

pro|iet|tó|re *s.m.* **1** apparecchio usato per proiettare film o diapositive **2** apparecchio che proietta un fascio luminoso a grande distanza: *il* — *di un'automobile*.

pro|ie|zió|ne *s.f.* **1** l'atto e il risultato del proiettare **2** (*cine.*) operazione del proiettare su uno schermo immagini impresse su diapositive o film | (*estens.*) spettacolo cinematografico | *sala di* —, cinema **3** (*geom.*) riproduzione di un oggetto tridimensionale su una superficie piana | — *geografica, cartografica*, rappresentazione grafica della superficie terrestre secondo una certa scala **4** (*stat.*) previsione realizzata sulla base di dati appositamente acquisiti | — *elettorale*, previsione dei risultati elettorali effettuata sulla base dei primi dati parziali **5** (*psicoan.*) meccanismo psichico consistente nel trasferimento su altre persone di impulsi inconsciamente rifiutati.

pro|las|sà|to *agg.* (*med.*) che ha subito un prolasso: *retto* —.

pro|làs|so *s.m.* (*med.*) abbassamento e fuoruscita di un organo interno attraverso un'apertura naturale: — *rettale, uterino*.

pro|lat|ti|na *s.f.* (*chim., biol.*) ormone ipofisa-

pròlle *s.f. solo sing.* **1** insieme di figli di una stessa famiglia: *una — numerosa* | (*estens., lett.*) discendenza **2** l'insieme dei cuccioli di un animale **3** quanto è generato da una pianta nel corso del ciclo vegetativo.

pro|le|gò|me|ni *s.m.pl.* esposizione preliminare | introduzione allo studio di una scienza o di un autore.

pro|lès|si *s.f.* **1** (*ret.*) figura retorica che consiste nel fornire anticipatamente la risposta a una prevista obiezione **2** (*ling.*) nel discorso, figura sintattica consistente nell'anticipazione di uno o più elementi che verranno ripresi successivamente.

pro|le|ta|rià|to *s.m.* **1** la classe sociale composta dai lavoratori salariati **2** la condizione dei membri di tale classe.

pro|le|tà|rio *s.m.* [f. *-a*] **1** (*st.*) nell'antica Roma, cittadino con censo inferiore al minimo previsto per l'iscrizione alle classi in cui era ripartito il popolo **2** chi non possiede mezzi di produzione e presta la sua forza-lavoro in cambio di un salario ♦ *agg.* dei proletari: *coscienza proletaria*.

pro|lèt|ti|co *agg.* [m.pl. *-ci*] **1** di prolessi **2** che costituisce una prolessi: *costrutto —*.

pro|li|fe|rà|re *v.intr.* [indic.pres. *io prolifero...*; aus. *A*] **1** (*biol.*) detto di cellule, riprodursi per proliferazione **2** (*fig.*) moltiplicarsi e diffondersi rapidamente: *proliferano nuovi centri commerciali*.

pro|li|fe|ra|zió|ne *s.f.* **1** (*biol.*) processo di produzione di cellule animali o vegetali per divisione di altre cellule **2** (*fig.*) rapida espansione, moltiplicazione spec. incontrollata | **— nucleare**, diffusione di armamenti nucleari.

pro|li|fi|cà|re *v.intr.* [indic.pres. *io prolìfico, tu prolìfichi...*; aus. *A*] **1** (*biol.*) detto di animali, generare altri organismi della medesima specie; figliare: *i conigli prolificano più volte l'anno* **2** (*bot.*) detto di piante, mettere i germogli **3** (*fig.*) espandersi, accrescersi di numero: *prolificano progetti*.

pro|li|fi|ca|zió|ne *s.f.* l'atto del prolificare.

pro|li|fi|ci|tà *s.f.* caratteristica, attitudine di chi è prolifico; fecondità.

pro|lì|fi|co *agg.* [m.pl. *-ci*] **1** che è in grado di generare o ha generato molta prole: *i colombi sono molto prolifici* **2** (*fig.*) che produce molte opere: *un compositore —*.

pro|lis|si|tà *s.f.* caratteristica di cosa o persona prolissa.

pro|lìs|so *agg.* **1** di scritto o discorso, che si dilunga eccessivamente con abbondanza di particolari e precisazioni: *un'orazione prolissa* **2** di persona, che parla o scrive con troppa esuberanza di parole: *un politico —* □ **prolissamente** *avv.*

pro lò|co (*lat.*) *loc.sost.f.invar.* ente per la promozione culturale e turistica di una località.

pròllo|go *s.m.* [pl. *-ghi*] **1** in opere teatrali, scena di apertura che illustra l'antefatto dell'azione **2** (*estens.*) testo introduttivo **3** (*fig.*) circostanza che presagisce il susseguirsi di eventi dello stesso tipo: *questo non è che il — delle tue future vittorie!*

pro|lùn|ga *s.f.* **1** ogni elemento mobile impiegato per estendere le possibilità d'uso di ql.co.: *la — di un manico* **2** filo elettrico dotato di connettori alle estremità, utilizzato per prolungare cavi di alimentazione: *la — della radio*.

pro|lun|gà|bi|le *agg.* che può essere prolungato.

pro|lun|ga|mén|to *s.m.* **1** l'atto del prolungare nel tempo o nello spazio: *il — di un sentiero*; *il — dei lavori in corso* **2** ciò che è fatto per prolungare ql.co.: *un — di plastica* | continuazione: *il — dell'estate*.

pro|lun|gà|re *v.tr.* [indic.pres. *io prolungo, tu prolunghi...*] **1** rendere più lungo nello spazio: *il tragitto* **2** aumentare di durata nel tempo: *— la stagione sciistica* ♦ **-rsi** *intr.pron.* **1** allungarsi nello spazio o nel tempo **2** parlare o scrivere più del necessario; dilungarsi, tergiversare.

pro|lu|sió|ne *s.f.* **1** discorso introduttivo a un ciclo di conferenze o incontri **2** lezione inaugurale tenuta da una professore universitario di nuova nomina all'inizio dell'anno accademico.

pro|ma|nà|re *v.intr.* [aus. *E*] (*lett.*) emanare un odore: *dall'aiuola promana un profumo di viole* ♦ *tr.* (*lett.*) diffondere.

pro|me|mò|ria *s.m.invar.* breve annotazione per ricordare ql.co. a se stessi o ad altri.

pro|més|sa *s.f.* **1** impegno a compiere una certa azione o a mantenere un certo comportamento: *tener fede a una —* | dichiarazione che implica il rispetto dell'impegno preso nei confronti di qlcu.: *fare una —* (*fig.*) | **— da marinaio**, quella su cui non si può fare affidamento **2** (*fig.*) chi per le sue qualità sembra destinato ad avere un futuro di successo: *una — dello sport*.

pro|més|so *part.pass.* di promettere ♦ *agg.* che è oggetto di una promessa: *un regalo —* | (*lett.*) **il — sposo, la promessa sposa**, il fidanzato, la fidanzata.

pro|mè|te|o *s.m.* elemento chimico radioattivo, metallo delle terre rare (*simb.* Pm); si usa nelle batterie nucleari.

pro|met|tèn|te *part.pres.* di promettere ♦ *agg.* che sembra destinato al successo, al buon esito: *un — pittore*; *un'iniziativa —*.

pro|mét|te|re *v.tr.* [con. come *mettere*] **1** garantire l'assolvimento di una promessa fatta; prendere un impegno nei confronti di qlcu.: *— un aiuto*; *— di fare il bravo* (*fig.*, anche assol.) far sperare in un futuro successo, in una buona riuscita: *i primi minuti dello spettacolo promettono un gran finale*; *è un allievo che promette*.

pro|mè|zio *s.m.* (*chim.*) prometeo.

pro|mi|nèn|te *agg.* che sporge in fuori: *naso —* | che spicca in altezza: *torre —*.

pro|mi|nèn|za *s.f.* **1** caratteristica di ciò che è prominente **2** elemento prominente; sporgenza: *le prominenze dei monti*.

pro|mi|scui|tà *s.f.* **1** caratteristica, condizione di ciò che è promiscuo: *— di stili in una chiesa, di*

promiscuo

lingue **2** situazione di mescolanza | convivenza in uno stesso luogo di maschi e femmine.

pro|mì|scuo *agg.* **1** costituito da una mescolanza di elementi, persone, fenomeni diversi: *società promiscua* | ***trasporto*** —, quello misto, che raggruppa persone e cose | ***matrimonio*** —, quello tra persone di religione o razza diverse **2** (*gramm.*) detto di nome di animale che resta invariato, riferendosi sia al maschio che alla femmina (p.e. *tigre, coccodrillo*) □ **promiscuamente** *avv.*

pro|mon|tò|rio *s.m.* (*geog.*) sporgenza montuosa della costa.

pro|mòs|so *part.pass.* di promuovere ♦ *agg.*, *s.m.* [f. *-a*] si dice dello studente che al termine di un anno scolastico viene ammesso a quello successivo | si dice del candidato che ha superato un esame o ha conseguito un'abilitazione: *i promossi sono stati pochissimi.*

promoter (*ingl.*) *s.m./f.invar.* chi si occupa della promozione commerciale di un prodotto od organizza e produce uno spettacolo, un concerto.

pro|mo|tó|re *agg., s.m.* [f. *-trice*] che, chi sostiene e promuove un'iniziativa, un evento culturale, uno spettacolo | — ***finanziario***, operatore abilitato a vendere servizi finanziari per conto di una società d'investimenti.

pro|mo|zio|nà|le *agg.* che riguarda la promozione commerciale: *settore, messaggio* — | ***vendita*** —, quella fatta a prezzi scontati per favorire la commercializzazione di un prodotto.

pro|mo|zió|ne *s.f.* **1** l'atto del promuovere, del sostenere: *la — di un'iniziativa* | (*econ.*) complesso di attività dirette a incentivare la commercializzazione di un prodotto **2** passaggio di un alunno a una classe superiore | superamento di un esame **3** avanzamento nella carriera: *ottenere una* — **4** (*sport*) passaggio di una squadra a una categoria superiore: *centrare la — in serie A.*

prompt (*ingl.*) *s.m.invar.* (*inform.*) segnale sullo schermo del computer indicante che il programma è attivo e pronto a ricevere input.

pro|mul|gà|re *v.tr.* [indic.pres. *io promulgo, tu promulghi...*] **1** (*dir.*) pubblicare ufficialmente una legge rendendola valida: *— una nuova normativa* **2** (*estens.*) far circolare, divulgare: *— una teoria scientifica.*

pro|mul|ga|tì|vo *agg.* (*bur., dir.*) fatto per promulgare: *atto* —.

pro|mul|ga|tó|re *agg., s.m.* [f. *-trice*] che, chi promulga.

pro|mul|ga|zió|ne *s.f.* **1** (*dir.*) atto con cui l'autorità competente ordina la pubblicazione di una legge e la sua entrata in vigore **2** (*estens.*) divulgazione, diffusione.

pro|muò|ve|re *v.tr.* [con. come *muovere*] **1** favorire, sostenere: *— la ricerca scientifica* **2** (*dir.*) dare inizio a un procedimento: *— una causa in tribunale* **3** ammettere alla classe superiore: *— un alunno in terza media* | far passare un candidato a un esame **4** assegnare a mansioni di maggiore responsabilità e retribuzione: *sono stato promosso caporeparto.*

prò|na|o *s.m.* (*arch.*) **1** (*archeol.*) nei templi greci, atrio colonnato antistante la cella della divinità **2** (*estens.*) negli edifici che riprendono lo stile greco, portico a colonne nella parte anteriore.

pro|na|zió|ne *s.f.* (*fisiol.*) movimento dell'avambraccio che ruota verso l'interno.

pro|ni|pó|te *s.m./f.* **1** figlio o figlia di nipote **2** (*spec.pl.*) discendente.

prò|no *agg.* (*lett.*) **1** chinato verso terra **2** (*fig.*) incline a ql.co. | disponibile ad arrendersi.

pro|nó|me *s.m.* (*gramm.*) parte variabile del discorso che ha la funzione di sostituire il nome designando persona o cosa non nominata.

pro|no|mi|nà|le *agg.* relativo al pronome: *flessione* — | che ha natura di pronome; da pronome: *valore* — | ***particella*** —, forma atona del pronome personale | ***verbi pronominali***, verbi che nella loro coniugazione si accompagnano alla particella pronominale (*affacciarsi, lamentarsi*).

pro|no|sti|cà|re *v.tr.* [indic.pres. *io pronòstico, tu pronòstichi...*] **1** prevedere, preannunciare: *— una sconfitta* **2** lasciar presagire: *queste nuvole pronosticano un brutto temporale.*

pro|nò|sti|co *s.m.* [pl. *-ci*] previsione degli eventi futuri tentata sulla base di indizi e congetture: *tentare un* —.

pron|téz|za *s.f.* **1** rapidità, sveltezza nel compiere un'azione o nel produrre un effetto: *reagire con — a un pericolo; un farmaco che agisce con* — **2** capacità intuitiva e decisionale: *— d'animo, d'ingegno.*

prón|to *agg.* **1** (*di cosa*) già preparato per l'utilizzo o la consumazione: *piatti pronti* **2** (*di persona*) che è in condizione di poter agire: *— a partire* | —!, si dice rispondendo al telefono **3** rapido, immediato: *una pronta risposta* | — ***soccorso***, servizio medico riservato alle urgenze | (*fin.*) ***pagamento a pronta cassa***, quello effettuato al momento della consegna della merce **4** molto efficiente; abile: *una persona pronta* | ***avere una memoria pronta***, avere facilità nel ricordare | ***riflessi pronti***, riflessi scattanti **5** incline, disposto: *carattere — all'ira* □ **prontamente** *avv.* in maniera rapida, risoluta.

pron|tuà|rio *s.m.* **1** opuscolo da consultazione contenente le informazioni principali attorno a un determinato argomento: *— di chimica* **2** elenco dei farmaci che si possono ottenere a prezzi ridotti o gratuitamente.

prò|nu|bo *s.m.* **1** [f. *-a*] (*st.*) nell'antica Roma, la persona che accompagnava lo sposo o la sposa durante la cerimonia nuziale (*estens., lett.*) chi protegge o favorisce un matrimonio, una relazione amorosa **2** (*biol.*) insetto che provoca l'impollinazione ♦ *agg.* **1** (*lett.*) che fa da pronubo **2** (*biol.*) di insetto, impollinatore.

pro|nùn|cia o **pronùnzia** *s.f.* [pl. *-ce*] **1** l'atto del pronunciare: *fare errori di* —; *la — delle sorde* **2** la particolare articolazione dei suoni propria di una lingua: *la — inglese* **3** (*estens.*) modo personale di parlare: *— nasale, gutturale* **4** (*dir.*) delibera dell'autorità giudiziaria; sentenza.

pro|nun|cià|bi|le o **pronunziàbile** *agg.* che è possibile pronunciare.
pro|nun|cia|bi|li|tà o **pronunziabilità** *s.f.* caratteristica di ciò che è pronunciabile.
pro|nun|cia|mén|to *s.m.* **1** colpo di stato militare **2** (*estens.*) pubblica presa di posizione.
pro|nun|cià|re o **pronunziàre** *v.tr.* [indic.pres. *io pronuncio*...] **1** articolare per mezzo della voce: — *poche parole* **2** dire, declamare in pubblico: — *un'arringa* | formulare, emettere: — *una condanna* ♦ **-rsi** *intr.pron.* **1** dichiarare il proprio parere: *sull'argomento non mi pronuncio* **2** emettere una sentenza.
pro|nun|cià|to o **pronunziàto** *part.pass.* di pronunciare ♦ *agg.* (*anche fig.*) particolarmente evidente; marcato: *mento —; difetto —*.
pro|nun|zià|re *v.tr.* e *deriv.* → **pronunciare** e *deriv.*
pro|pa|gà|bi|le *agg.* che si può propagare.
pro|pa|ga|bi|li|tà *s.f.* caratteristica di ciò che è propagabile.
pro|pa|gàn|da *s.f.* **1** attività che ha come fine la diffusione di idee, teorie o prodotti commerciali: — *elettorale; metodi di —* **2** (*estens., fam.*) insieme di informazioni gonfiate, poco attendibili: *i politici propinano solo —!*
pro|pa|gan|dà|re *v.tr.* diffondere idee o prodotti attraverso la propaganda | pubblicizzare: — *un modo di pensare*.
pro|pa|gan|dì|sta *s.m./f.* [m.pl. *-i*] **1** chi fa propaganda **2** chi lavora per una ditta propagandandone i prodotti.
pro|pa|gan|dì|sti|co *agg.* [m.pl. *-ci*] **1** riguardante la propaganda | da propaganda: *metodi propagandistici* **2** fatto per scopi pubblicitari □ **propagandisticamente** *avv.*
pro|pa|gà|re *v.tr.* [indic.pres. *io propago, tu propaghi*...] **1** (*biol.*) far moltiplicare attraverso la riproduzione: — *una specie di fiori* **2** (*fig.*) far circolare; divulgare: — *una dottrina* ♦ **-rsi** *intr.pron.* **1** di piante o animali, riprodursi, moltiplicarsi **2** (*estens.*) estendersi, allargarsi: *il fuoco si propagò a tutto l'edificio* **3** (*fig.*) trasmettersi tra le persone; diffondersi: *il terrore si propaga rapidamente*.
pro|pa|ga|tó|re *agg., s.m.* [f. *-trice*] che, chi propaga; divulgatore: — *di eclatanti notizie*.
pro|pa|ga|zió|ne *s.f.* **1** (*anche fig.*) trasmissione, diffusione: *la — dei virus; — di idee* **2** (*biol.*) diffusione di una specie vegetale o animale tramite riproduzione **3** (*fis.*) trasporto di energia per onde attraverso il vuoto o attraverso un mezzo: *la — della luce nello spazio*.
pro|pag|gi|nà|re *v.tr.* [indic.pres. *io propàggino*...] (*bot.*) far riprodurre una pianta attraverso la propagginazione.
pro|pag|gi|na|zió|ne *s.f.* (*bot.*) metodo di riproduzione delle piante effettuato attraverso l'interramento di un ramo (propaggine).
pro|pàg|gi|ne *s.f.* **1** (*bot.*) ramo di pianta piegato e parzialmente interrato in modo che produca delle radici e possa costituire una nuova pianta **2** (*fig.*) diramazione: *le propaggini estreme di una catena montuosa*.
pro|pà|go|lo *s.m.* (*bot.*) nelle piante briofite, organo in grado di riprodurre un nuovo individuo.
pro|pa|là|re *v.tr.* (*lett.*) diffondere cose che dovrebbero rimanere riservate: — *una confidenza* ♦ **-rsi** *intr.pron.* divulgarsi, diffondersi.
pro|pa|la|zió|ne *s.f.* divulgazione di notizie false o che dovrebbero rimanere riservate.
pro|pà|no *s.m.* (*chim.*) idrocarburo gassoso e inodore contenuto nel petrolio, utilizzato come combustibile.
pro|pa|ros|sì|to|no *agg.* (*ling.*) **1** nella grammatica greca, si dice delle parole che hanno accento acuto sulla terzultima sillaba **2** (*estens.*) sdrucciolo.
pro|pe|dèu|ti|ca *s.f.* complesso di nozioni che occorre acquisire all'inizio dello studio di una disciplina: — *alla lingua latina*.
pro|pe|dèu|ti|co *agg.* [m.pl. *-ci*] finalizzato allo studio iniziale di una disciplina: *testo —* □ **propedeuticamente** *avv.*
pro|pel|lèn|te *agg.* che fornisce una spinta in avanti: *forza —* ♦ *s.m.* sostanza combustibile impiegata nell'alimentazione dei motori a propulsione: *il — di un razzo spaziale*.
pro|pèn|de|re *v.intr.* [con. come *pendere*; aus. A] essere favorevole; inclinare: — *per una certa teoria*.
pro|pen|sió|ne *s.f.* **1** tendenza ad apprezzare o a preferire ql.co., qlcu.; inclinazione **2** predisposizione naturale: *manifestare — per l'arte*.
pro|pèn|so *part.pass.* di propendere ♦ *agg.* (*raro*) che è ben disposto nei confronti di qlcu. o ql.co. | favorevole, incline: *essere — a farsi gli affari propri*.
pro|pe|ri|spò|me|no *agg.* (*ling.*) nella grammatica greca, detto di parole con accento circonflesso sulla penultima sillaba.
pro|pi|lèi *s.m.pl.* (*arch.*) portico collocato in cima a una gradinata che costituisce l'ingresso monumentale a un edificio.
pro|pi|lène *s.m.* (*chim.*) idrocarburo gassoso sintetizzato industrialmente da cui si ottengono vari prodotti chimici.
pro|pi|na *s.f.* (*bur.*) indennità che era corrisposta ai componenti di una commissione d'esame.
pro|pi|nà|re *v.tr.* **1** far bere ql.co. di sgradevole: — *un pessimo vino* **2** (*fig.*) dare a credere: — *un sacco di frottole*.
pro|pìn|quo *agg.* (*lett.*) **1** vicino **2** (*estens.*) legato da parentela.
pro|pi|tè|co *s.m.* [pl. *-chi* o *-ci*] proscimmia arboricola presente in Madagascar con gli arti anteriori più corti di quelli posteriori, il capo piccolo e la coda lunga.
pro|pi|zià|re *v.tr.* [indic.pres. *io propìzio*...] **1** rendere propizio: — *le divinità con doni* **2** ingraziarsi: *propiziarsi la giuria* **3** (*estens.*) favorire, facilitare: *la psicoterapia ha propiziato la sua guarigione*.

pro|pi|zia|tó|re *agg.*, *s.m.* [f. *-trice*] che, chi propizia.

pro|pi|zia|tò|rio *agg.* volto a propiziare: *sacrificio —*.

pro|pi|zia|zió|ne *s.f.* (*relig.*) rito, sacrificio celebrati per propiziarsi una divinità.

pro|pì|zio *agg.* **1** ben disposto, favorevole: *gli dei ti siano propizi* **2** opportuno: *attendere il momento —*.

prò|po|li *s.f./m.* sostanza resinosa prodotta dalle gemme e dalle cortecce di varie piante, utilizzata dalle api per rivestire i favi; è impiegata in cosmetica e in farmacia.

pro|po|nèn|te *s.m./f.* (*bur.*) chi sottopone una proposta all'approvazione di un'assemblea: *il — della delibera*.

pro|po|nì|bi|le *agg.* che si può proporre.

pro|po|ni|mén|to *s.m.* impegno preso con se stessi; proposito.

pro|pór|re *v.tr.* [con. come *porre*] **1** sottoporre all'esame di qlcu.: *— un disegno di legge* **2** consigliare, suggerire: *— un metodo infallibile* **3** stabilire, decidere, prefissarsi: *mi sono proposto un miglior comportamento*.

pro|por|zio|nà|le *agg.* che è in proporzione | (*mat.*) **direttamente —**, si dice di una grandezza che aumenta o diminuisce con l'aumentare o il diminuire di un'altra secondo un rapporto costante | **inversamente —**, si dice di due serie di grandezze che variano in senso opposto, cioè se una aumenta l'altra diminuisce e viceversa, in modo che il loro prodotto si mantenga costante | (*dir.*) **sistema —**, sistema elettorale in cui ogni lista ottiene un numero di seggi proporzionale al numero totale di voti ottenuti □ **proporzionalmente** *avv.*

pro|por|zio|na|li|tà *s.f.* **1** caratteristica di ciò che è proporzionale; corrispondenza di misura **2** (*mat.*) relazione che intercorre fra grandezze proporzionali.

pro|por|zio|nà|re *v.tr.* [indic.pres. *io proporzióno...*] rendere ql.co. proporzionale a un'altra; commisurare: *— le imposte ai redditi*.

pro|por|zio|nà|to *part.pass.* di *proporzionare* ♦ *agg.* **1** commisurato, adeguato: *uno stile di vita — al reddito* **2** ben strutturato, armonioso: *un corpo —* □ **proporzionatamente** *avv.*

pro|por|zió|ne *s.f.* **1** reciproca e armoniosa corrispondenza di misura tra due o più elementi di un insieme: *— tra altezza e larghezza di un edificio* | **in —**, proporzionalmente: *aumenta il caldo e, in —, la mia stanchezza* | (*fig.*) *avere il senso delle proporzioni*, saper comprendere il valore delle cose adeguandovi giudizi e comportamenti **2** (*estens.*) giusta corrispondenza; adeguatezza: *la — tra pena e reato* **3** (*estens.*, *pl.*) dimensioni, entità: *danni di proporzioni irrisorie* **4** (*mat.*) uguaglianza fra due rapporti.

pro|po|si|tì|vo *agg.* **1** che contiene, esprime una proposta: *relazione propositiva* **2** (*estens.*) attivo, costruttivo: *mentalità propositiva*.

pro|pò|si|to *s.m.* **1** ferma intenzione di fare ql.co.: *avere buoni propositi* | (*estens.*) quanto si ha intenzione di fare; fine da perseguire: *il mio — è dei migliori* | **di —**, con volontà; apposta: *agire di —* **2** argomento, materia: *domandare chiarimenti in —* | **a — di**, riguardo a | **giungere a —**, arrivare proprio quando è utile.

pro|po|si|zio|nà|le *agg.* (*ling.*) che riguarda una proposizione; enunciativo.

pro|po|si|zió|ne *s.f.* **1** (*gramm.*) espressione di senso compiuto composta da un soggetto, un predicato ed eventuali complementi; frase | **— indipendente**, quella autonoma dal punto di vista sintattico | **— dipendente**, quella priva di autonomia sintattica, dipendente da un'altra proposizione **2** enunciato verbale di concetti, pensieri **3** (*ret.*) in un'orazione o in un poema, esposizione iniziale dell'argomento trattato **4** (*mat.*) enunciato di un problema o di un teorema.

pro|pó|sta *s.f.* l'atto del proporre | ciò che viene proposto: *avanzare, discutere, respingere una —* | **— di legge**, progetto di legge sottoposto all'attenzione degli organi legislativi.

pro|pre|tó|re *s.m.* (*st.*) nell'antica Roma, expretore cui veniva assegnata l'amministrazione di una provincia.

pro|pria|mén|te *avv.* **1** proprio, esattamente **2** in senso proprio: *il concetto va inteso —* **3** in modo adeguato, appropriato: *scrivere, vestirsi —*.

pro|prie|tà *s.f.* **1** qualità, carattere distintivo di ql.co.: *le — curative delle acque termali* **2** peculiarità di una persona costituita da una qualità fisica o morale o da un abituale atteggiamento: *ha la sorprendente — di farti sempre arrabbiare* **3** adeguatezza e precisione nel parlare: *buona — di linguaggio* **4** (*dir.*) diritto di godere e disporre di una cosa in modo pieno ed esclusivo, entro i limiti stabiliti dalla legge; possesso: *vantare la — di un terreno* **5** (*estens.*) bene che si possiede: *— fondiaria* | **— privata**, l'insieme dei beni posseduti da singoli cittadini | **— pubblica**, l'insieme dei beni posseduti da istituzioni pubbliche **6** (*estens.*) chi possiede un bene, spec. un immobile o un'azienda: *la nuova — della fabbrica*.

pro|prie|tà|rio *s.m.* [f. *-a*] chi ha la proprietà di ql.co.: *il — di un'automobile*.

prò|prio *agg.* **1** che appartiene in maniera particolare a una persona, a una cosa; caratteristico, tipico: *il clima piovoso è — dell'Inghilterra* | (*gramm.*) **nome —**, nome che identifica persone o cose in maniera specifica (p.e. *Daniela, Milano*) **2** (*estens.*) che esprime in maniera precisa quanto si intende dire; appropriato: *linguaggio —* | **senso —**, il significato letterale, ristretto di una parola **3** adatto, appropriato, opportuno: *non è questa la sede propria per parlarne* ♦ *avv.* **1** veramente: *è — antipatico!* **2** esattamente: *mi trovavo — là* **3** per niente: *non è — giusto* ♦ *agg. poss.* **1** [si usa al posto di *suo* e *loro* quando si riferisce al sogg. della prop., spec. se questo è un pron. indef., e nelle prop. con sogg. impers.] che è proprietà esclusiva di una persona; di lui, di lei, di loro: *lei ama i propri libri; ciascuno pensa al — dovere; farsi gli affari propri* | ha anche valore di pronome possessivo: *scopriamo le carte,* *ciascuno mostri le proprie* **2** si usa per rafforzare gli aggettivi possessivi: *l'ho toccato con le mie proprie mani* ♦ *s.m. solo sing.* ciò che è proprietà esclusiva di qlcu.: *spendere del —* | *lavorare in —*, autonomamente, senza dipendere da nessuno.

pro|pu|gnà|re *v.tr.* [indic.pres. *io propugno...*, *noi propugniamo*, *voi propugnate...*] sostenere con decisione ed energia: *— la propria causa*.

pro|pu|gna|tó|re *agg.*, *s.m.* [f. -trice] che, chi propugna.

pro|pul|sió|ne *s.f.* **1** azione che imprime a un corpo la spinta necessaria per muoversi: *— a elica* **2** (*fig.*) spec. in ambito economico, impulso che realizza un avanzamento.

pro|pul|si|vo *agg.* (*anche fig.*) che imprime una spinta: *sistema —*.

pro|pul|só|re *s.m.* apparecchio che imprime il movimento a un veicolo: *— a reazione*.

pro|pul|so|rio *agg.* che produce una spinta; propulsivo.

prò|ra *s.f.* **1** in un'imbarcazione, la parte anteriore; prua | (*estens.*, *lett.*) nave **2** (*estens.*) la parte anteriore di un aeroplano **3** direzione verso cui procede una nave o un aeroplano.

pro|ra|vi|a *s.f.* (*mar.*) parte anteriore di una nave | *a —*, verso prora, in direzione della prora.

pro|ret|tó|re *s.m.* [f. -trice] chi fa le veci del rettore di un'università.

prò|ro|ga *s.f.* posticipazione di una scadenza; dilazione: *concedere una —*.

pro|ro|gà|bi|le *agg.* che si può prorogare: *pagamento non —*.

pro|ro|ga|bi|li|tà *s.f.* condizione di ciò che può essere prorogato.

pro|ro|gà|re *v.tr.* [indic.pres. *io pròrogo*, *tu pròroghi...*] rinviare la data di una scadenza o di un impegno: *— la convocazione dell'assemblea*.

pro|rom|pèn|te *part.pres. di* prorompere ♦ *agg.* (*anche fig.*) travolgente, incontenibile: *forza —*.

pro|róm|pe|re *v.intr.* [con. come *rompere*; aus. A, rari i tempi composti] (*lett.*) **1** uscire da ql.co. in maniera impetuosa: *il torrente proruppe dall'argine* **2** (*fig.*) manifestarsi in maniera incontenibile: *la loro gioia proruppe* | abbandonarsi a sfoghi violenti; sbottare: *alla notizia prorompeva in lacrime* **3** (*fig.*) intervenire bruscamente interrompendo un discorso.

prò|sa *s.f.* **1** espressione linguistica, a differenza della poesia, non è regolata da misure e ritmi regolari; ha tono discorsivo ed è impiegata nella narrazione, nell'oratoria, nella comunicazione scientifica, pratica e ordinaria | *— d'arte*, testo letterario breve caratterizzato da una notevole ricercatezza stilistica | *— poetica*, quella che riprende modi stilistici e tecnici propri della poesia **2** (*estens.*) opera in prosa | complesso di opere scritte in prosa di un autore, un genere, un'epoca: *la — del Manzoni* | *teatro di —*, quello in cui i testi sono recitati e non cantati | *attore di —*, quello che recita in teatro.

pro|sai|ci|tà *s.f.* **1** caratteristica dei testi scritti in prosa | mancanza di stile, di espressività poetica **2** (*estens.*, *fig.*) mancanza di aspirazioni ideali; banalità gretta: *la — dell'esistenza*.

pro|sài|co *agg.* [m.pl. -ci] **1** della prosa; relativo alla prosa: *scrittura prosaica* **2** (*fig.*) ordinario, quotidiano | privo di profondità; banale: *parole prosaiche* □ **prosaicamente** *avv.*

pro|sà|sti|co *agg.* [m.pl. -ci] **1** scritto in prosa: *testo —* **2** (*estens.*) che ha tono dimesso, non poetico, discorsivo: *verso —*.

pro|sa|tó|re *s.m.* [f. -trice] scrittore in prosa.

pro|scè|nio *s.m.* la parte anteriore del palcoscenico, che sporge verso la sala rimanendo fuori dal sipario: *l'attore viene sul —*.

Pro|scim|mie *s.f.pl.* sottordine arboricolo dei Primati i cui esemplari, dalle abitudini notturne, hanno piccola taglia, occhi molto grandi e muso appuntito.

pro|sciò|glie|re *v.tr.* [con. come *sciogliere*] **1** liberare da un impegno o da un intralcio **2** (*dir.*) scagionare un imputato dall'accusa senza rinviarlo a giudizio.

pro|scio|gli|mén|to *s.m.* **1** liberazione da impegni, intralci **2** (*dir.*) scagionamento di un imputato da un'accusa di reato | assoluzione.

pro|sciu|ga|mén|to *s.m.* l'atto del prosciugare, del prosciugarsi e il suo risultato.

pro|sciu|gà|re *v.tr.* [indic.pres. *io prosciugo*, *tu prosciughi...*] **1** rendere asciutto un luogo liberandolo dall'acqua: *— una zona di paludi* **2** (*fig.*) svuotare del tutto; esaurire: *— il conto in banca* ♦ **-rsi** *intr.pron.* divenire asciutto.

pro|sciùt|to *s.m.* coscia di maiale salata e parzialmente prosciugata | (*estens.*, *gastr.*) affettato di prosciutto | (*fig.*) *avere gli occhi*, *gli orecchi foderati di —*, non accorgersi di cose evidenti; non sentire bene o far finta di non sentire.

pro|scrìt|to *part.pass. di* proscrivere ♦ *agg.*, *s.m.* [f. -a] che, chi è stato colpito da proscrizione; esiliato.

pro|scrì|ve|re *v.tr.* [con. come *scrivere*] **1** (*st.*) nell'antica Roma, colpire un cittadino con una sentenza di proscrizione **2** (*estens.*) mandare in esilio: *— gli oppositori politici* **3** (*fig.*) vietare, abolire ql.co.: *— un'idea politica*.

pro|scri|zió|ne *s.f.* **1** (*st.*) nell'antica Roma, pubblico avviso con cui veniva notificata la messa in vendita dei beni di un debitore | (*estens.*) condanna a morte o all'esilio con conseguente confisca e vendita dei beni | *liste di —*, quelle che contenevano i nomi dei cittadini proscritti **2** (*estens.*) esilio **3** (*fig.*) cancellazione, divieto.

pro|séc|co *s.m.* tipo di vitigno diffuso spec. sui colli trevigiani | vino bianco asciutto o amabile che se ne ricava: *servire un —*.

pro|se|cu|tó|re *s.m.* [f. -trice] chi prosegue ql.co. che altri hanno incominciato.

pro|se|cu|zió|ne *s.f.* proseguimento: *favorire la — di un progetto* | (*estens.*) ciò che costituisce il seguito di ql.co.; prolungamento: *la — di un viale stradale*.

pro|se|gui|mén|to *s.m.* continuazione, svilup-

proseguire

po ulteriore di ql.co.: *il — dell'attività* | seguito: *il — del film*.

pro|se|gui|re *v.tr.* [indic.pres. *io proséguo...*] portare avanti; continuare: *— un viaggio* ♦ *intr.* [aus. *A* quando si riferisce a persona, *E* o *A* quando si riferisce a cosa] procedere, seguitare: *l'assemblea proseguirà domani* | non cessare, persistere: *— nella ricerca*.

pro|se|li|ti|smo *s.m.* opera che ha lo scopo di fare proseliti.

pro|sè|li|to *s.m.* [f. *-a*] nuovo seguace di una religione, di una dottrina.

pro|sèn|chi|ma *s.m.* [pl. *-i*] (*bot.*) tessuto vegetale di sostegno formato da fibre molto resistenti.

pro|siè|guo *s.m.* (*bur.*) proseguimento | *in — di tempo*, nei momenti successivi.

pròsit (*lat.*) *inter.* formula augurale utilizzata nei brindisi.

pro|so|di|a *s.f.* **1** (*metr.*) nella poesia classica, il complesso delle regole relative alla quantità delle sillabe | nella poesia italiana, il complesso delle regole relative all'accentazione dei versi **2** (*ling.*) studio dei fenomeni d'intonazione, durata e intensità che interessano il discorso.

pro|sò|di|co *agg.* [m.pl. *-ci*] della prosodia, relativo alla prosodia.

pro|so|po|pè|a *s.f.* **1** (*ret.*) figura nella quale si fanno parlare persone morte o assenti oppure si personificano cose inanimate e concetti astratti **2** (*fig., spreg.*) eccessiva solennità di tono; sussiego, boria: *esprimersi con —*.

pro|spe|rà|re *v.intr.* [indic.pres. *io pròspero...*; aus. *A*] crescere bene, in maniera florida: *gli affari prosperano*; *in questa zona prospera l'ulivo*.

pro|spe|ri|tà *s.f.* ricchezza, floridezza.

pròspe|ro *agg.* **1** che è in ottima condizione e produce ricchezza; florido, fiorente: *un paese —* **2** (*estens.*) che porta prosperità; benigno, propizio: *fortuna prospera*.

pro|spe|ro|si|tà *s.f.* caratteristica, condizione di cosa o persona prosperosa.

pro|spe|ró|so *agg.* **1** che è in piena salute; florido | *donna prosperosa*, donna di fiorente bellezza, formosa **2** che è in ottime condizioni economiche; fiorente: *regione prosperosa*.

pro|spet|tà|re *v.tr.* [indic.pres. *io prospètto...*] presentare, proporre: *— una possibilità* ♦ **-rsi** *intr.pron.* mostrarsi: *non si prospettano miglioramenti*.

pro|spèt|ti|co *agg.* [m.pl. *-ci*] della prospettiva, rappresentato secondo le regole del disegno in prospettiva □ **prospetticamente** *avv.*

pro|spet|ti|va *s.f.* **1** parte della geometria che insegna a rappresentare una figura tridimensionale su una superficie piana **2** raffigurazione realizzata seguendo le regole della prospettiva | panorama, veduta **3** (*fig.*) punto di vista: *giudicare da una — economica* | *errore di —*, errore di valutazione **4** (*fig.*) complesso di circostanze future che è possibile prevedere: *la — di una crisi politica* | *nella — di ql.co.*, nel caso in cui si verifichi ql.co. | *essere, restare senza prospettive*, essere senza possibilità per il futuro.

pro|spèt|to *s.m.* **1** vista di ciò che sta di fronte | ciò che si vede di fronte: *il — di un edificio* | (*geom.*) rappresentazione grafica della superficie anteriore di ql.co. realizzata in proiezione ortogonale | *osservare di —*, osservare ponendosi di fronte all'oggetto **2** (*estens.*) tabella, quadro sintetico di una situazione: *il — dei risultati elettorali*.

pro|spe|zió|ne *s.f.* (*geol.*) esplorazione della struttura del sottosuolo eseguita con vari metodi | (*estens.*) grafico riportante i dati che risultano da tale indagine.

pro|spi|cièn|te o **prospicènte** *agg.* che è rivolto, che guarda verso ql.co.: *casa — la vallata*.

pros|se|nè|ta *s.m.* [pl. *-i*] (*lett.*) mediatore | (*spreg.*) ruffiano.

pros|si|mà|le *agg.* (*anat.*) detto della parte di un organo che si trova più vicina alla linea mediana del corpo.

pros|si|mi|tà *s.f.* condizione di ciò che è prossimo; vicinanza | *in — di*, nei pressi di; poco tempo prima di.

pròs|si|mo *agg.* **1** molto vicino nello spazio o nel tempo: *l'anno scolastico è — alla fine* | vicino a un dato avvenimento: *essere — al matrimonio* | *parente —*, quello legato da uno stretto vincolo di parentela **2** primo a venire; successivo: *la settimana prossima* **3** (*raro*) passato da poco; recente: *eventi ancora prossimi* | (*gramm.*) *passato —*, tempo verbale indicante azioni avviate nel passato, ma le cui conseguenze sono ancora attive nel presente | *trapassato —*, tempo verbale indicante azioni avvenute in un momento anteriore rispetto a un dato punto nel passato ♦ *s.m.* **1** in un gruppo di persone che attendono il proprio turno, chi viene dopo: *avanti il —!* **2** (*solo sing.*) secondo la concezione cristiana, ogni essere umano: *amare il —* | (*estens.*) l'umanità in genere □ **prossimamente** *avv.* nell'immediato futuro.

pro|sta|ta *s.f.* (*anat.*) ghiandola dell'apparato genitale maschile, avvolta attorno alla parte iniziale dell'uretra.

pro|sta|tec|to|mì|a *s.f.* (*med.*) rimozione della prostata per via chirurgica.

pro|stà|ti|co *agg.* [m.pl. *-ci*] (*anat., med.*) **1** relativo alla prostata: *affezione prostatica* **2** che soffre di affezioni prostatiche ♦ *s.m.* chi soffre di affezioni prostatiche.

pro|sta|ti|te *s.f.* (*med.*) infiammazione della prostata.

pro|ster|nà|re *v.tr.* [indic.pres. *io prostèrno...*] (*lett.*) stendere al suolo; abbattere ♦ **-rsi** *rifl.* inchinarsi, piegarsi a terra in un atto di devozione: *— davanti al sovrano*.

prò|ste|si *s.f.* (*ling.*) aggiunta di un elemento non etimologico in apertura di parola, spec. per ragioni di eufonia (p.e. *per iscritto* anziché *per scritto*).

prò|sti|lo *s.m.* (*arch.*) tempio ornato con un colonnato sulla facciata anteriore.

pro|sti|tu|ì|re *v.tr.* [indic.pres. *io prostituisco, tu*

prostituisci...] **1** fare commercio di ciò che è strettamente connesso alla dignità umana: — *la propria libertà*, *il proprio corpo* **2** costringere alla prostituzione ♦ **-rsi** *rifl.* **1** farsi corrompere **2** prestarsi a commettere atti sessuali per denaro.
pro|sti|tù|ta *s.f.* donna che esercita la prostituzione.
pro|sti|tu|zió|ne *s.f.* **1** messa in vendita di beni connessi alla dignità personale **2** commercio di prestazioni sessuali: *sfruttamento della* —.
pro|strà|re *v.tr.* [indic.pres. *io pròstro*...] **1** (*lett.*) abbattere **2** (*fig.*) privare delle forze; indebolire: *è stato prostrato dalle troppe fatiche* | umiliare ♦ **-rsi** *rifl.* **1** inchinarsi, gettarsi a terra in atto di sottomissione o adorazione: — *al cospetto della divinità* **2** (*fig.*) umiliarsi.
pro|strà|to *part.pass. di* prostrare ♦ *agg.* **1** inchinato, piegato a terra **2** (*fig.*) privo di forze; depresso, abbattuto: *mi sento* —.
pro|stra|zió|ne *s.f.* **1** l'atto del chinarsi in ginocchio per sottomissione o adorazione | (*fig.*) umiliazione **2** condizione di estrema debolezza fisica o psichica; sfinimento, depressione.
pro|ta|go|nì|smo *s.m.* **1** funzione di chi ricopre un ruolo da protagonista **2** (*spreg.*) tendenza a primeggiare, a mettersi al centro delle situazioni: *essere malato di* —.
pro|ta|go|nì|sta *s.m./f.* [m.pl. *-i*] **1** personaggio principale di una rappresentazione drammatica o di una narrazione: *i protagonisti del romanzo* **2** l'attore che interpreta il ruolo principale in un'opera cinematografica, teatrale o televisiva **3** (*estens.*) chi svolge un ruolo di rilievo in una vicenda della vita reale: *i protagonisti del processo.*
prò|ta|si *s.f.* **1** nei poemi classici, sezione introduttiva in cui viene esposto l'argomento e rivolta un'invocazione alla divinità ispiratrice: *la* — *dell'Eneide* **2** (*gramm.*) nel periodo ipotetico, la proposizione secondaria, correlata all'apodosi, in cui si dichiara la condizione cui è sottoposta la realizzazione di un dato evento (p.e.: *se non ti decidi a studiare* protasi, *sarai bocciato* apodosi).
pro|te|à|si *s.f.* (*chim.*, *biol.*) ogni enzima che favorisce la scissione delle proteine.
pro|tèg|ge|re *v.tr.* [indic.pres. *io proteggo, tu proteggi*...; pass.rem. *io protessi, tu proteggésti*...; part.pass. *protetto*] **1** difendere, soccorrere, tutelare: — *i più deboli* | appoggiare, favorire qlcu. **2** sostenere, incentivare un'iniziativa, un'attività: — *le arti* **3** tenere al riparo: *un albero mi protegge dalla pioggia* **4** (*inform.*) difendere la memoria dell'elaboratore da accessi indesiderati e danneggiamenti accidentali attraverso l'uso di metodi e strumenti appositi: — *il sistema con l'antivirus* ♦ **-rsi** *rifl.* tenersi al riparo: — *dalla grandine*; — *da accuse ingiuste.*
pro|tèi|co *agg.* [m.pl. *-ci*] **1** relativo alle proteine: *elevato contenuto* — **2** che assicura un apporto di proteine: *alimento fortemente* —.
pro|tei|fór|me *agg.* che è in grado di assumere forme o aspetti differenti | (*estens.*, *fig.*) versatile, poliedrico: *intellettuale* —.

pro|te|ì|na *s.f.* (*biol.*) sostanza organica azotata, organizzata in combinazioni di amminoacidi, costituente fondamentale della materia vivente.
pro|te|ì|ni|co *agg.* [m.pl. *-ci*] proteico.
pro tèm|po|re (*lat.*) *loc.avv.*, *loc.agg.invar.* per un periodo limitato di tempo; in via provvisoria: *segretario* —.
pro|tèn|de|re *v.tr.* [con. come *tendere*] tendere in avanti: *l'albero protende i rami verso il cielo* ♦ **-rsi** *rifl.*, *intr.pron.* spingersi in avanti; sporgersi: — *verso il precipizio.*
prò|te|o *s.m.* anfibio oviparo a respirazione branchiale, presente unicamente nelle acque sotterranee del Carso e della Dalmazia.
pro|te|o|lì|si *s.f.* (*chim.*, *biol.*) scomposizione delle proteine in sostanze meno complesse per azione di enzimi o per idrolisi.
pro|te|ràn|to *agg.* (*bot.*) si dice di pianta in cui la fioritura avviene prima dello sviluppo fogliare.
pro|tèr|via *s.f.* superbia, arroganza: *parlare con* —.
pro|tèr|vo *agg.* che manifesta protervia: *sguardo* —.
prò|te|si *s.f.* **1** (*med.*) dispositivo artificiale adottato per sostituire un organo del corpo umano mancante o difettoso: — *ortopedica*, *dentaria* **2** (*ling.*) prostesi.
pro|te|sì|sta *s.m./f.* [m.pl. *-i*] chi realizza protesi dentarie.
pro|té|so *agg.* teso in avanti: *corpo* — *dal balcone.*
pro|tè|sta *s.f.* **1** forte disapprovazione nei confronti di ql.co. o qlcu.; contestazione: *una vibrata* — **2** esplicita dichiarazione di un sentimento, di una convinzione personale: *fare* — *di affetto.*
pro|te|stàn|te *part.pres. di* protestare ♦ *agg.* del protestantesimo: *l'etica* — | che aderisce a una chiesa protestante: *pastore* — ♦ *s.m./f.* chi aderisce a una chiesa protestante.
pro|te|stan|té|si|mo *s.m.* **1** il complesso di confessioni religiose cristiane nate a partire dalla Riforma luterana per successivi distacchi dalla Chiesa romana **2** l'insieme delle diverse concezioni religiose proprie dei protestanti.
pro|te|stà|re *v.intr.* [indic.pres. *io protèsto*...; aus. *A*] esprimere con nettezza disapprovazione od opposizione nei confronti di qlcu. o ql.co.: — *contro un regime dittatoriale* ♦ *tr.* **1** dichiarare in maniera chiara un sentimento, una convinzione personale: — *la propria estraneità alle accuse* **2** (*banc.*) constatare il mancato pagamento di un titolo di credito: — *un assegno* ♦ **-rsi** *rifl.* dichiararsi con fermezza: — *estraneo all'accaduto.*
pro|te|sta|tà|rio *agg.* che esprime, contiene una protesta: *comportamento* —.
pro|tè|sto *s.m.* (*dir.*) atto con cui un pubblico ufficiale accerta formalmente il mancato pagamento o la mancata accettazione di un titolo di credito; l'accertamento stesso.
pro|tet|tì|vo *agg.* che serve a proteggere o che protegge: *involucro* — | che mostra protezione nei confronti di qlcu.: *una madre molto protettiva.*
pro|tèt|to *part.pass. di* proteggere ♦ *agg.* fornito di difese | difeso da eventuali pericoli o danni: *si*

protettorato

sente — dai genitori ♦ *s.m.* [f. *-a*] chi gode del favore o dell'appoggio di qlcu.: *è un — del direttore.*

pro|tet|to|ra|to *s.m.* (*dir. internazionale*) rapporto tra due Stati in base al quale uno dei due assume l'obbligo della tutela politica e militare verso l'altro, il quale, a sua volta, autorizza il primo a gestire i propri affari esteri | (*estens.*) territorio dello Stato che è sotto tale tutela.

pro|tet|tó|re *s.m.* **1** [f. *-trice*] chi protegge, aiuta o cura gli interessi di qlcu.: *un — dei deboli* | chi sostiene un'attività intellettuale o garantisce aiuti concreti alle persone che vi si dedicano: *un — della letteratura* **2** chi mantiene una donna con la quale ha una relazione amorosa, spec. segreta **3** (*euf.*) chi sfrutta una prostituta vivendo alle sue spalle ♦ *agg.* che protegge, aiuta, soccorre: *unione protettrice dei rifugiati politici* | *santo —*, santo patrono.

pro|te|zió|ne *s.f.* **1** difesa, riparo da eventuali pericoli o danni: *tenda di —* **2** attività esercitata da organizzazioni, enti e sim. contro lo sfruttamento indiscriminato o il degrado; salvaguardia: *società per la — degli animali, dei beni culturali* | *— civile*, quella che lo Stato garantisce alle popolazioni colpite da calamità naturali o gravi catastrofi **3** aiuto, sostegno garantito ad attività artistiche, scientifiche o a chi vi si dedica: *— degli scrittori* | (*estens.*) appoggio, favoritismo: *fare carriera grazie alla — di persone importanti* **4** attività illecita svolta da bande criminali a danno di imprese e commercianti ai quali viene richiesto il versamento di una somma di denaro sotto minaccia di violenze e ritorsioni | (*estens.*) la somma versata da chi subisce tali minacce **5** (*inform.*) accorgimento usato per proteggere programmi o dati dalla duplicazione, dalla modifica ecc.

pro|te|zio|ni|smo *s.m.* politica economica che tende a proteggere i prodotti nazionali agricoli o industriali dalla concorrenza straniera mediante varie misure, spec. con l'imposizione di alti tassi doganali ai prodotti importati.

pro|te|zio|ni|sta *s.m./f.* [m.pl. *-i*] chi sostiene il protezionismo ♦ *agg.* che sostiene il protezionismo: *Stato —*.

pro|te|zio|ni|sti|co *agg.* [m.pl. *-ci*] del protezionismo; che si ispira ai principi del protezionismo: *misure protezionistiche.*

pro|ti|de *s.m.* (*biol., chim.*) proteina.

prò|ti|ro *s.m.* (*arch.*) **1** piccola volta sorretta da due colonne, addossata alla facciata delle chiese romaniche **2** nella casa greco-romana, vestibolo.

prò|to *s.m.* in una tipografia, capotecnico addetto all'impostazione e alla composizione del lavoro; tipografo.

prò|to- primo elemento di parole composte che significa "primo" nel tempo, nello spazio o in quanto a importanza (*protomateria, protomedico*) | (*biol.*) indica le più semplici strutture di un organismo (*protoplasma*).

pro|to|at|ti|nio *s.m.* elemento chimico, metallo radioattivo assai raro (*simb.* Pa).

984

pro|to|col|là|re¹ *v.tr.* [indic.pres. *io protocòllo...*] (*bur.*) registrare ql.co. in un protocollo: — *le domande.*

pro|to|col|là|re² *agg.* relativo alle norme del protocollo: *disposizione —* | (*fig.*) conforme alle regole, alla prassi: *risposta —*.

pro|to|còl|lo *s.m.* **1** (*diplomatica*) il complesso delle formule iniziali di un documento **2** (*st., dir.*) registro in cui i notai trascrivevano il testo integrale o gli estremi degli atti da loro rogati **3** (*bur.*) negli enti privati e nelle amministrazioni pubbliche, registro in cui si riportano in ordine cronologico lettere o documenti in partenza e in arrivo: *registrare nel —* | *foglio di carta —*, foglio di carta gener. rigato, del formato usato per domande, dichiarazioni, denunce e sim. **4** (*dir. internazionale*) documento che attesta un accordo fra Stati **5** (*bur.*) il complesso delle norme che regolano lo svolgimento di cerimonie ufficiali, spec. di uno Stato: *rispettare il —* | (*estens., iron.*) formalismo esteriore, etichetta **6** (*inform.*) *— di comunicazione*, il complesso delle norme che disciplinano lo scambio di informazioni.

pro|to|màr|ti|re *s.m.* il primo martire cristiano, santo Stefano.

pro|to|ma|tè|ria *s.f.* (*fis.*) materia primordiale indifferenziata da cui, per esplosione, avrebbe avuto origine l'universo.

pro|to|mè|di|co *s.m.* [pl. *-ci*] un tempo, primo medico di corte o primario di ospedale.

pro|tó|ne *s.m.* (*fis.*) particella elementare di carica elettrica positiva equivalente alla carica negativa dell'elettrone, componente, con il neutrone, dei nuclei atomici.

pro|tò|ni|co¹ *agg.* [m.pl. *-ci*] (*fis.*) relativo a protone.

pro|tò|ni|co² *agg.* [m.pl. *-ci*] (*ling.*) detto di suono o sillaba che nella parola viene subito prima della vocale o sillaba accentata.

pro|to|no|tà|rio o **protonotàro** *s.m.* (*st.*) **1** nella curia romana, prelato con l'incarico di ricevere e registrare gli atti dei concistori e dei processi di beatificazione **2** nell'impero bizantino, funzionario o segretario di alto rango **3** nel regno di Sicilia, durante l'età normanna, sveva e angioina, capo della cancelleria reale incaricato di supervisionare alla compilazione e all'invio dei diplomi regi.

pro|to|plà|sma *s.m.* [pl. *-i*] (*biol.*) l'insieme del materiale costituente le cellule viventi di organismi animali e vegetali.

pro|to|rà|ce *s.m.* (*zool.*) il primo dei tre segmenti in cui si suddivide il torace degli insetti.

pro|to|sin|cro|tró|ne *s.m.* (*fis.*) macchina in grado di accelerare i protoni.

pro|to|stò|ria *s.f.* periodo di passaggio dalla preistoria alla storia.

pro|tò|ti|po *s.m.* **1** modello, primo esemplare: *il — di un'automobile* **2** (*fig.*) chi possiede al massimo grado i caratteri propri di una determinata categoria di individui: *il — del politico* ♦ *agg.* che costituisce il primo esemplare: *apparecchio —*.

pro|tòt|te|ro *s.m.* pesce diffuso nelle paludi

dell'Africa, dal corpo allungato, dotato di branchie e di un polmone che gli consente di respirare anche in ambiente aereo durante la stagione secca.

pro|to|zòi *s.m.pl.* sottoregno animale che comprende organismi microscopici unicellulari, diffusi in tutti gli ambienti.

pro|to|zòi|co *agg.* [m.pl. *-ci*] (*geol.*) archeozoico.

pro|tràr|re *v.tr.* [con. come *trarre*] allungare nel tempo, far durare a lungo o più a lungo: — *la permanenza* | rinviare nel tempo, prorogare: — *le ferie* ♦ **-rsi** *intr.pron.* durare, prolungarsi: *le vacanze si protrassero fino a settembre*.

pro|tràt|ti|le *agg.* che può essere spinto in fuori, in avanti: *artigli protrattili*.

pro|tra|zió|ne *s.f.* prolungamento di ql.co. nel tempo; proroga.

pro|trom|bì|na *s.f.* (*biol.*, *chim.*) proenzima del sangue capace di trasformarsi in trombina quando il sangue viene a contatto con l'aria dando avvio al processo di coagulazione.

pro|trù|de|re *v.tr.* [*pass.rem. io protrusi, tu protrudésti...*; *part.pass. protruso*] far sporgere in avanti le labbra per produrre e articolare determinati suoni ♦ *intr.* [aus. *E*] (*anat.*) sporgere, creare una sporgenza.

pro|tru|sió|ne *s.f.* (*med.*) sporgenza di un organo verso l'esterno dovuto gener. a un'anomalia: — *del mento* | — **labiale**, avanzamento delle labbra durante l'articolazione di alcune vocali (p.e. *u*, *o*).

pro|tu|be|ràn|za *s.f.* prominenza, rigonfiamento, sporgenza: *l'urto ha creato una* — *sulla fiancata dell'auto*.

pro|tu|tó|re *s.m.* (*dir.*) persona incaricata dal giudice tutelare di rappresentare un minore in caso di conflitto di interessi fra quest'ultimo e il tutore.

pròva *s.f.* **1** ogni operazione che si fa per accertare, dimostrare, verificare le proprietà e la natura di una cosa, le competenze o i sentimenti di una persona, oppure il funzionamento di un impianto ecc.: *fare una* —; *tenere in* — *il motore* | (*anche fig.*) **a** — *di bomba*, detto di cosa molto solida, capace di resistere agli attacchi | **a tutta** —, sperimentato, accertato: *affidabilità a tutta* — **2** dimostrazione, testimonianza concreta di ql.co.: *dare una* — *di amicizia* **3** nelle verifiche scolastiche, esercitazione o colloquio sostenuto dallo studente; esame: — *scritta, orale, pratica* **4** (*mat.*) verifica del risultato di un'operazione matematica: — *del nove* **5** tentativo che si compie per raggiungere un determinato obiettivo: *ci riuscì alla terza* — **6** gara, competizione sportiva: *sostenere la* — *di lancio* **7** ogni esecuzione parziale o totale di una rappresentazione teatrale, di uno spettacolo: *assistere alle prove* **8** verifica eseguita volontariamente oppure richiesta dagli altri, dagli eventi: *sottoporre qlcu. a una* — **9** fatto o elemento che dimostra la veridicità di ql.co.: *affermazione convalidata da prove; assolto per mancanza di prove*.

pro|và|re *v.tr.* [*indic.pres. io pròvo...*] **1** sottoporre a verifica, a prova: — *l'auto nuova* | — *un abito*, indossarlo per vedere se calza **2** fare le prove di una rappresentazione teatrale, di uno spettacolo: — *un balletto* **3** (*anche assol.*) fare una prova; tentare: — *non costa nulla* **4** mettere alla prova, cimentare: *la malattia lo ha molto provato* **5** dimostrare la veridicità di ql.co. fornendo delle prove: — *un'accusa* **6** conoscere per diretta esperienza: — *la fame* **7** avvertire, sentire dentro di sé: — *noia, timore*.

pro|và|to *part.pass. di* provare ♦ *agg.* **1** dimostrato, convalidato: *un'accusa mai provata* **2** leale, sicuro: *un'amicizia provata* **3** sottoposto a dure prove; esausto: *è fisicamente* —.

pro|ve|nièn|za *s.f.* **1** il fatto di provenire | luogo da cui ql.co. o qlcu. proviene: *oggetto di* — *straniera* **2** (*fig.*) derivazione, origine: *la* — *di un problema*.

pro|ve|nì|re *v.intr.* [con. come *venire*; aus. *E*, rari i tempi composti] **1** venire da un dato luogo: — *dal Nord Europa* **2** (*fig.*) avere origine, derivare da ql.co.: *verbi che provengono dal latino*.

pro|vèn|to *s.m.* introito, guadagno, rendita.

pro|ven|zà|le *agg.* della Provenza, regione della Francia sud-orientale ♦ *s.m.* **1** [anche f.] chi è nato o abita in Provenza **2** la lingua parlata in Provenza.

pro|ver|bià|le *agg.* **1** che ha carattere di proverbio: *espressione* — **2** (*fig.*) che è passato in proverbio; noto a tutti, risaputo: *la sua spilorceria è diventata* — □ **proverbialmente** *avv.* **1** in forma, in modo di proverbio: *ascolta i miei consigli, perché, come* — *si dice*, *"uomo avvisato, mezzo salvato"* **2** (*estens.*) notoriamente: *essendo*, —, *il silenzio d'oro, non si è pronunciato sulla questione*.

pro|vèr|bio *s.m.* breve e arguto detto popolare che contiene un insegnamento, una norma, una massima dedotti dall'esperienza | **passare in** —, venire portato a tipico esempio per qualche caratteristica.

pro|vét|ta *s.f.* **1** tubetto di vetro, arrotondato e chiuso a un'estremità, usato per analisi di laboratorio | **concepimento in** —, fecondazione artificiale **2** (*tecn.*) campione di un materiale o di una sostanza da sottoporre a prove; provino.

pro|vét|to *agg.* che ha grande esperienza o competenza in ql.co.; esperto: *uno scalatore* —.

provider (*ingl.*) [pr. *provàider*] *s.m.invar.* (*inform.*) società, azienda che fornisce il servizio di accesso a Internet.

pro|vìn|cia *s.f.* [pl. *-ce* o *-cie*] **1** (*st.*) nell'antica Roma, territorio conquistato dai Romani e posto sotto l'autorità di un loro magistrato **2** ente territoriale con amministrazione autonoma, intermedio fra Comune e Regione, in cui sono raggruppati più comuni, il più importante dei quali è il capoluogo: *la* — *di Bologna* | (*estens.*) la sede di tale ente: *andare alla Provincia* **3** (*estens.*) il complesso dei centri minori di una regione o di una provincia, spec. in contrapposizione alle grandi città: *abitare in* — | (*spreg.*) *di* —, detto di chi è originario di un piccolo centro e denota una mentalità ristretta, una cultura ar-

provinciale

retrata 4 (*eccl.*) circoscrizione territoriale composta da più diocesi, dipendente da un arcivescovo | il complesso dei conventi o delle case religiose che dipendono dallo stesso padre provinciale.

pro|vin|ciàle *agg.* 1 che fa parte della provincia: *giunta* — 2 (*spec.spreg.*) tipico della provincia, di chi abita in provincia: *cultura* — 3 (*eccl.*) *padre* —, colui che è a capo dei conventi che si trovano in una stessa provincia. ♦ *s.m./f.* chi è nato o abita in provincia | chi rivela mentalità, cultura, gusti e modi tipici della provincia ♦ *s.f.* strada provinciale.

pro|vin|cia|lì|smo *s.m.* 1 condizione di chi è provinciale 2 (*spreg.*) mentalità da provinciale 3 (*ling.*) espressione, parola propria di un territorio circoscritto.

pro|vin|cia|liz|zà|re *v.tr.* (*bur.*) trasferire una proprietà all'amministrazione provinciale ♦ **-rsi** *intr.pron.* (*spreg.*) acquisire mentalità, cultura, gusti provinciali.

pro|vì|no *s.m.* 1 prova di recitazione, di canto o di ballo a cui viene sottoposto un aspirante artista per verificare le sue capacità 2 strumento che serve a determinare la resistenza di un materiale o la densità di un liquido 3 campione di materiale o di sostanza da sottoporre a prove; provetta.

pro|vo|cànte *part.pres.* di provocare ♦ *agg.* 1 che provoca; provocatorio 2 che suscita il desiderio erotico: *donna, abbigliamento* —.

pro|vo|cà|re *v.tr.* [*indic.pres.* io pròvoco, tu pròvochi...] 1 causare ql.co.; determinare, produrre: *il fumo provoca danni alla salute* | far scaturire: *l'attesa mi provoca ansia* 2 indurre qlcu. a comportarsi in modo ribelle, a reagire con atti anche violenti; sfidare: — *i tifosi della squadra avversaria* | comportarsi in modo da suscitare interesse erotico.

pro|vo|ca|tó|re *agg., s.m.* [f. *-trice*] 1 che, chi provoca 2 che, chi induce a reazioni violente con frasi o gesti irritanti.

pro|vo|ca|tò|rio *agg.* 1 che induce alla ribellione, a reagire in modo violento: *discorsi provocatori* 2 che costituisce una provocazione: *atto* — □ **provocatoriamente** *avv.*

pro|vo|ca|zió|ne *s.f.* 1 l'atto del provocare qlcu. | frase, comportamento che provoca, che induce a una reazione violenta | (*fig.*) discorso, espressione tendente a scuotere il pubblico 2 (*dir.*) attenuante riconosciuta al colpevole di un reato per aver agito in seguito a un'offesa, a un'ingiustizia subita.

pro|vo|la *s.f.* formaggio di forma sferica od oblunga, fresco o affumicato, a pasta semidura, prodotto spec. con latte di bufala, tipico dell'Italia meridionale.

pro|vo|ló|ne *s.m.* formaggio a pasta dura, dolce o piccante, prodotto con latte intero di vacca, tipico dell'Italia meridionale.

prov|ve|dé|re *v.intr.* [con. come *vedere*; regolari il fut. *io provvederò...* e il condiz. *io provvederèi...*; aus. A] 1 disporre quanto è necessario affinché non manchi nulla, non ci siano danni e sim.: — *alla stabilità della famiglia* | fare ciò che serve per risolvere un problema: — *alla riparazione dell'ascensore* 2 prendere i provvedimenti più idonei per raggiungere un dato obiettivo: *provvedi tu all'acquisto dei biglietti?* ♦ *tr.* 1 preparare per tempo ciò che si pensa potrà essere necessario o utile: — *quanto serve per il pic-nic* 2 dotare, fornire: — *l'auto di antifurto* ♦ **-rsi** *rifl.* fornirsi di ql.co. che potrebbe essere utile; munirsi: — *di visto*.

prov|ve|di|mén|to *s.m.* 1 disposizione, misura, con cui si fronteggiano esigenze e circostanze critiche: *prendere un* — *indispensabile* 2 (*bur.*) misura disciplinare 3 (*dir.*) atto con cui l'autorità statale esplica il proprio potere: — *legislativo*.

prov|ve|di|to|rà|to *s.m.* (*bur.*) ente ministeriale avente il compito di coordinare gli uffici che si occupano di un dato settore nell'ambito di una provincia: — *agli studi* | la sede di tale ente.

prov|ve|di|tó|re *s.m.* [f. *-trice*] titolo di chi è a capo di un settore amministrativo: *il* — *agli studi*.

prov|vi|dèn|za *s.f.* 1 (*spec.pl.*) ciascuna delle azioni concrete con cui lo Stato o un ente pubblico provvede a una necessità: *provvidenze a favore degli orfani* 2 (*teol.*) l'ordine con cui Dio governa la natura e la storia indirizzandole verso l'obiettivo previsto | assistenza benevola di Dio verso le creature: *avere fiducia nella* — 3 (*estens.*) avvenimento inaspettato che risolve una situazione difficile; dono, favore: *in quel momento la tua visita è stata una vera* —!

prov|vi|den|ziàle *agg.* 1 della provvidenza divina; che emana o deriva da essa 2 (*estens.*) favorevole, opportuno: *vincita* —.

pròv|vi|do *agg.* 1 (*lett.*) che provvede 2 che agisce con saggezza e lungimiranza; previdente 3 opportuno, utile.

prov|vi|gió|ne *s.f.* retribuzione corrisposta gener. a rappresentanti o ad agenti di commercio, calcolata in base al profitto che si ricava dall'affare: *essere pagato a* —.

prov|vi|so|rie|tà *s.f.* carattere provvisorio di ql.co.; precarietà: *la* — *di un lavoro*.

prov|vi|sò|rio *agg.* che ha una durata temporanea, limitata; momentaneo, transitorio: *soluzione provvisoria* | **in via provvisoria**, per il momento, temporaneamente □ **provvisoriamente** *avv.*

prov|vì|sta *s.f.* 1 (*raro*) l'atto del provvedere alle proprie o altrui necessità: *far* — *per la famiglia* 2 (*spec.pl.*) ciò che si accantona per le esigenze future; scorta: *terminare le provviste*.

pro|zì|o *s.m.* [f. *-a*] zio del padre o della madre rispetto ai figli di questi ultimi.

prùa *s.f.* 1 (*mar.*) prora 2 (*estens.*) parte anteriore di un velivolo.

pru|dèn|te *agg.* 1 detto di persona, che agisce con prudenza, con circospezione: *autista* — 2 detto di comportamento o di frase, che denota prudenza: *iniziativa, dichiarazione* — 3 in costruzioni impersonali ha valore neutro: *è* — *chiamare un medico* □ **prudentemente** *avv.*

pru|dèn|za *s.f.* 1 qualità di chi agisce in modo da evitare pericoli, danni e sim.; cautela: *guida-*

re con — 2 ponderazione, equilibrio nel valutare ciò che si deve fare o dire: *ha usato molta — con i giornalisti* **3** (*teol.*) la prima delle quattro virtù cardinali, quella che fa distinguere il bene dal male.

pru|den|zià|le *agg.* dettato, ispirato da prudenza: *intervento —*.

prù|de|re *v.intr.* [pass.rem. *io prudéi, tu prudésti, egli prudé* o *prudètte...*; mancano il part. pass. e i tempi composti] dare prurito: *gli prude il naso* | (*fig.*) *sentirsi — la lingua*, avere voglia di parlare | *sentirsi — le mani*, avere voglia di fare a botte con qlcu.

pruderie (*fr.*) [pr. *prudeřì*] *s.f.invar.* pudore esagerato e ostentato, spesso falso e formale.

pru|eg|gia|re *v.intr.* [indic.pres. *io pruéggio...*; aus. *A*] (*mar.*) procedere lentamente in mare, tenendo la prua contro vento, per evitare danni allo scafo.

prù|gna *s.f.* **1** (*poet.*) brina **2** (*bot.*) strato di sostanza cerosa che riveste frutti e foglie rendendoli impermeabili all'acqua.

prù|gno *s.m.* susino.

prù|gno|la *s.f.* il frutto del prugnolo.

prù|gno|lo *s.m.* arbusto spinoso delle Rosali, con foglie piccole, fiori bianchi e frutti commestibili aspri di colore nero bluastro.

pru|i|na *s.f.* **1** (*poet.*) brina **2** (*bot.*) strato di sostanza cerosa che riveste frutti e foglie rendendoli impermeabili all'acqua.

pru|nà|io *s.m.* o **prunàia** *s.f.* **1** terreno coperto di pruni **2** (*fig.*) faccenda partic. intricata e ingarbugliata; ginepraio.

pru|né|to *s.m.* luogo con molti pruni; prunaio.

prù|no *s.m.* **1** arbusto spinoso **2** (*estens., raro*) spina.

pru|rì|gi|ne *s.f.* **1** (*lett.*) prurito **2** (*med.*) malattia della pelle caratterizzata dalla comparsa di eruzioni e da un forte prurito.

pru|ri|gi|nó|so *agg.* **1** che causa prurito **2** (*fig.*) eccitante, spec. dal punto di vista sessuale: *immagine pruriginosa*.

pru|rì|to *s.m.* **1** sensazione cutanea di fastidiosa irritazione che induce a grattarsi **2** (*fig.*) desiderio intenso e improvviso; capriccio, smania: *gli è venuto il — di dipingere*.

prùs|si|co *agg.* [m.pl. *-ci*] (*chim.*) detto di acido cianidrico.

psam|mo|gra|fì|a *s.f.* (*geol.*) studio della composizione chimica e fisica delle sabbie.

psàm|mon *s.m.invar.* (*biol.*) il complesso degli organismi animali e vegetali che vivono nelle sabbie di mari, fiumi, laghi ecc.

psam|mo|te|ra|pì|a *s.f.* (*med.*) terapia consistente nel ricoprire il corpo o alcune sue parti con la sabbia.

psèu|do- (*scient., anche spreg.*) primo elemento di parole composte che significa "falso" o indica apparente somiglianza con quanto espresso dal secondo elemento (*pseudofrutto, pseudoscientifico*).

pseu|do|a|cà|cia *s.f.* [pl. *-cie*] (*bot.*) robinia.

pseu|do|frùt|to *s.m.* (*bot.*) falso frutto.

psicoattivo

pseu|do|mor|fò|si *s.f.* (*min.*) fenomeno per cui un minerale cambia la sua struttura cristallina interna senza variare la sua originaria forma esterna.

pseu|dò|ni|mo *s.m.* nome fittizio: *gli pseudonimi di scrittori e artisti*.

pseu|dò|po *s.m.* rettile di colore giallo-bruno, dal corpo lungo privo di arti anteriori e con rudimentali arti posteriori.

pseu|do|scien|ti|fi|co *agg.* [m.pl. *-ci*] che è privo di basi scientifiche, anche se dichiara di averle: *esperimento —*.

psi *s.f./m.invar.* nome della ventitreesima lettera dell'alfabeto greco, che corrisponde al gruppo *ps* dell'alfabeto latino.

psi|ca|nà|li|si *s.f.* e *deriv.* → **psicoanalisi** e *deriv.*

psi|ca|ste|nì|a *s.f.* → **psicoastenia**.

psi|che[1] *s.f.* (*psicol.*) il complesso delle funzioni mentali, affettive e sensitive tramite le quali l'individuo ha esperienza di sé e della realtà che lo circonda.

psi|che[2] *s.f.invar.* grande specchio sorretto da sostegni laterali che consentono di modificarne l'inclinazione, usato un tempo nell'arredamento delle camere da letto.

psi|che|dè|li|co *agg.* [m.pl. *-ci*] **1** si dice di droghe o farmaci che provocano allucinazioni, alterazioni della coscienza ecc. **2** si dice di prodotto artistico o musicale creato sotto effetto di sostanze allucinogene, che tenta di ricreare le sensazioni provate nello stato di alterazione della coscienza | si dice di fasci luminosi colorati e lampeggianti, il cui movimento rispecchia il ritmo della musica: *luci psichedeliche*.

psi|chià|tra *s.m./f.* [m.pl. *-i*] medico specializzato in psichiatria.

psi|chia|trì|a *s.f.* settore della medicina che si occupa della diagnosi, della cura e della prevenzione delle malattie mentali.

psi|chià|tri|co *agg.* [m.pl. *-ci*] relativo alla psichiatria.

psi|chi|co *agg.* [m.pl. *-ci*] della psiche, attinente alla psiche: *trauma —*.

psi|co- (*filos., med., scient.*) primo elemento di parole composte che indica relazione con la psiche (*psicologismo, psicoattivo, psicodiagnostica*).

psi|co|a|nà|li|si o **psicanàlisi** *s.f.* teoria psicologica e metodo terapeutico fondati da S. Freud (1856-1939), basati sull'analisi dei processi psichici inconsci e sul significato di tali processi nel comportamento (sogni, lapsus ecc.).

psi|co|a|na|lì|sta o **psicanalista** *s.m./f.* [m.pl. *-i*] medico che segue metodi psicoanalitici; analista.

psi|co|a|na|lì|ti|co o **psicanalitico** *agg.* [m.pl. *-ci*] relativo alla psicoanalisi: *metodo —*.

psi|co|a|na|liz|zà|re o **psicanalizzàre** *v.tr.* sottoporre qlcu. a trattamento psicoanalitico.

psi|co|a|ste|nì|a o **psicastenia** *s.f.* (*med.*) nevrosi che si manifesta con ansia, depressione, malinconia.

psi|co|at|tì|vo *agg.* (*med.*) psicotropo.

psi|co|dia|gnò|sti|ca *s.f.* il complesso dei procedimenti usati per l'indagine e l'analisi della personalità di singoli individui o di gruppi.

psi|co|dràm|ma *s.m.* [pl. *-i*] **1** psicoterapia consistente nel far partecipare il paziente a un'azione scenica e nel fargli recitare un ruolo che rievochi della sua storia personale ciò che gli ha causato i disturbi psichici **2** (*estens.*, *iron.*) situazione di conflittualità estrema tra più persone.

psi|co|fàr|ma|co *s.m.* [pl. *-ci*] farmaco che agisce sulla psiche.

psi|co|fi|si|ca *s.f.* settore della psicologia scientifica che si occupa delle relazioni tra i processi psichici e i fenomeni fisici, spec. del rapporto tra l'intensità degli stimoli e quella delle sensazioni a essi corrispondenti.

psi|co|là|bi|le *agg.*, *s.m./f.* detto di chi è instabile dal punto di vista psicologico o è soggetto a turbe psichiche.

psi|co|lin|gui|sti|ca *s.f.* settore della linguistica che ha per oggetto di studio i meccanismi psicologici alla base dell'acquisizione, dell'elaborazione e dell'uso della lingua.

psi|co|lo|gì|a *s.f.* **1** scienza che si occupa dei fenomeni relativi alla sfera affettiva e mentale dell'uomo | — **dell'età evolutiva**, quella che studia l'evoluzione delle strutture psichiche nel periodo compreso fra la nascita e l'adolescenza di un individuo | — **del profondo**, quella che studia i fenomeni dell'inconscio | — **sperimentale**, quella che studia i problemi riguardanti la percezione, l'apprendimento, il pensiero ecc. applicando il metodo sperimentale **2** (*estens.*) capacità di penetrare e comprendere l'animo umano: *usare un po' di — con le persone* **3** modo di pensare, di reagire, di sentire, tipico di un individuo o di un gruppo: *la — dei ragazzi*.

psi|co|lò|gi|co *agg.* [m.pl. *-ci*] **1** di psicologia, relativo alla psicologia: *test —* **2** che concerne l'anima: *la sfera psicologica di qlcu*. **3** relativo all'esperienza interiore di un individuo | che si basa sull'introspezione | *romanzo —*, quello in cui l'autore conferisce particolare rilievo agli stati d'animo dei personaggi □ **psicologicamente** *avv.*

psi|co|lo|gì|smo *s.m.* **1** (*filos.*) tendenza a interpretare la realtà e i problemi a essa relativi partendo dalla coscienza individuale **2** nella critica letteraria, tendenza a dare eccessivo rilievo agli elementi psicologici.

psi|cò|lo|go *s.m.* [f. *-a*; m.pl. *-gi*] **1** studioso di psicologia **2** (*estens.*) chi ha una profonda conoscenza dell'animo umano.

psi|co|me|trì|a *s.f.* branca della psicologia sperimentale che si occupa della misurazione dei fenomeni psichici in rapporto alla loro intensità, durata e frequenza, applicando test mentali o metodi matematici.

psi|co|mo|tò|rio *agg.* (*med.*) relativo alla componente psichica dell'attività motoria.

psi|co|mo|tri|ci|tà *s.f.* (*med.*) il complesso delle teorie e delle terapie riguardanti la capacità di muovere il corpo in relazione ai processi psichici.

psi|co|pa|tì|a *s.f.* (*psicol.*) malattia mentale | qualsiasi forma di alterazione del comportamento.

psi|co|pà|ti|co *agg.* [m.pl *-ci*] (*med.*) **1** di psicopatia: *comportamento —* **2** che è affetto da psicopatia ♦ *s.m.* [f. *-a*] chi è affetto da psicopatia.

psi|co|pa|to|lo|gì|a *s.f.* (*psich.*, *psicol.*) disciplina che studia il funzionamento anomalo dell'attività psichica allo scopo di individuare l'origine delle malattie mentali.

psi|co|pa|tò|lo|go *s.m.* [f. *-a*; m.pl. *-gi*] esperto o studioso di psicopatologia.

psi|co|pe|da|go|gì|a *s.f.* settore della psicologia che studia i fenomeni psicologici per formulare adeguati metodi pedagogici e didattici.

psi|cò|si *s.f.* **1** (*psich.*, *psicol.*) grave malattia mentale caratterizzata da alterazione della personalità, incapacità di valutare adeguatamente la realtà, deliri e allucinazioni **2** (*estens.*) ossessione morbosa, idea fissa | fenomeno di panico collettivo: *la — del nucleare*.

psi|co|so|màt|ti|co *agg.* [m.pl. *-ci*] relativo all'influenza degli stati psichici sul corpo: *malattia psicosomatica*.

psi|co|tèc|ni|ca *s.f.* applicazione di metodi psicologici al fine di risolvere nel modo più adeguato i problemi relativi al lavoro e di migliorare l'orientamento e la selezione professionale.

psi|co|tèc|ni|co *agg.* [m.pl. *-ci*] che riguarda la psicotecnica: *esame —* ♦ *s.m.* [f. *-a*] chi si occupa di psicotecnica.

psi|co|te|ra|pèu|ta *s.m./f.* [m.pl. *-i*] psicologo o medico specializzato nel praticare la psicoterapia; psicoterapista.

psi|co|te|ra|pèu|ti|co *agg.* [m.pl. *-ci*] psicoterapico.

psi|co|te|ra|pì|a *s.f.* cura dei disturbi psichici basata sul dialogo tra il paziente e il medico.

psi|co|te|rà|pi|co *agg.* [m.pl. *-ci*] (*med.*) che riguarda la psicoterapia: *trattamento —*.

psi|co|te|ra|pi|sta *s.m./f.* [m.pl. *-i*] psicoterapeuta.

psi|cò|ti|co *agg.* [m.pl. *-ci*] **1** che concerne la psicosi **2** che è affetto da psicosi ♦ *s.m.* [f. *-a*] chi è affetto da psicosi.

psi|cò|tro|po *agg.* (*med.*) detto di farmaco che agisce sui processi psichici; psicoattivo.

psi|crò|me|tro *s.m.* strumento usato per misurare l'umidità relativa dell'aria, valutata in base alla differenza nelle letture di due termometri affiancati.

Psit|ta|ci|fór|mi *s.m.pl.* ordine di Uccelli che vivono nelle foreste tropicali, di cui fanno parte i pappagalli.

psit|ta|cò|si *s.f.* (*med.*, *vet.*) malattia infettiva dei pappagalli che si può trasmettere all'uomo colpendo spec. l'apparato polmonare.

pso|ria|si *s.f.* (*med.*) malattia cronica della pelle che si manifesta con la comparsa di macchie rosso-biancastre ricoperte di squame.

pss o **pst** *inter.* (*onom.*) imita un leggero sibilo e si usa per richiamare l'attenzione di qlcu. o per imporre silenzio.

Pte|ri|do|fi|te *s.f.pl.* divisione del regno vegetale comprendente piante che presentano alternanza di generazione, provviste di radici, fusto e foglie, ma prive di fiori e semi; ne fanno parte felci ed equiseti.

Pte|ri|go|ti *s.m.pl.* sottoclasse di Insetti comprendente tutte le forme provviste di ali o prive di ali per riduzione secondaria.

Pte|ro|sau|ri *s.m.pl.* ordine di Rettili che vissero nell'era mesozoica, provvisti di organi atti al volo.

ptia|li|na *s.f.* (*chim.*, *biol.*) enzima presente nella saliva che trasforma gli amidi in sostanze zuccherine solubili.

ptia|li|smo *s.m.* (*med.*) aumento della secrezione di saliva.

ptò|si *s.f.* (*med.*) spostamento verso il basso di un organo, spec. dei visceri addominali.

puàh *inter.* esprime disprezzo, derisione, disgusto.

pub (*ingl.*) [pr. *pab*] *s.m.invar.* nei paesi anglosassoni, locale pubblico in cui è possibile consumare bevande alcoliche | (*estens.*) in altri paesi, bar in cui l'arredamento ricorda quello del pub inglese.

pu|bal|gi|a *s.f.* (*med.*) dolore nella regione pubica, causato dallo stiramento dei muscoli che si inseriscono sul pube, avvertito spec. da chi pratica sport o si sottopone a intensi allenamenti.

pub|bli|cà|bi|le *agg.* che si può pubblicare.

pub|bli|cà|no *s.m.* nell'antica Roma, chi si aggiudicava l'appalto per le opere pubbliche o la riscossione delle imposte.

pub|bli|cà|re *v.tr.* [indic.pres. io *pùbblico*, tu *pùbblichi*...] **1** rendere pubblico, divulgare ql.co.: *— una sentenza* **2** rendere di pubblica conoscenza uno scritto per mezzo della stampa: *— un romanzo*.

pub|bli|ca|zió|ne *s.f.* **1** divulgazione al pubblico: *la — di una legge* | (*anche ell.*) *pubblicazioni (di matrimonio)*, affissione in municipio o in chiesa dei dati anagrafici degli sposi prima del matrimonio **2** diffusione di uno scritto per mezzo della stampa **3** lo scritto pubblicato: *— periodica*.

pub|bli|ci|smo *s.m.* il complesso dei mezzi di informazione pubblica, usati a scopo di propaganda.

pub|bli|ci|sta *s.m./f.* [m.pl. *-i*] **1** collaboratore di giornali e periodici che non è giornalista di professione **2** esperto di diritto pubblico.

pub|bli|ci|sti|ca *s.f.* **1** attività dei giornalisti e di chi scrive articoli, opuscoli di attualità e sim. **2** l'insieme delle pubblicazioni con carattere di attualità.

pub|bli|ci|sti|co *agg.* [m.pl. *-ci*] **1** tipico della pubblicistica: *stile —* **2** relativo al diritto pubblico.

pub|bli|ci|tà *s.f.* **1** caratteristica di ciò che è pubblico **2** diffusione, divulgazione tra il pubblico: *dare — a un fatto* **3** il complesso dei mezzi con cui un'azienda fa conoscere al pubblico il proprio prodotto al fine di incrementare le vendite **4** (*estens.*) qualunque forma di comunicazione diretta al pubblico con scopi commerciali: *— televisiva*.

pub|bli|ci|tà|rio *agg.* relativo alla pubblicità; che serve a fare pubblicità: *manifesto —* ♦ *s.m.* [f. *-a*] chi, per professione, si occupa di pubblicità.

pub|bli|ciz|zà|re *v.tr.* rendere ql.co. di pubblica conoscenza, spec. a scopo commerciale: *— un film*.

pùb|bli|co *agg.* [m.pl. *-ci*] **1** che concerne l'intera collettività; che interessa tutta la collettività: *bene —; sicurezza pubblica* | (*dir.*) *— ufficiale*, chi esercita una funzione legislativa, giudiziaria o amministrativa | *— ministero*, nei processi penali, il magistrato che sostiene l'accusa | *diritto —*, l'insieme delle norme che regolano l'attività e l'organizzazione dello Stato **2** che è di tutti i membri di una collettività: *opinione pubblica* | che tutti conoscono e possono giudicare: *questione di dominio —* | che si svolge alla presenza di tutti: *assemblea pubblica* **3** che può essere usato o frequentato da tutti: *giardini pubblici* ♦ *s.m.* **1** numero indefinito di persone considerate nel loro insieme, che fruiscono di un dato servizio: *biblioteca aperta al —* | *in —*, in luogo pubblico, accessibile a tutti **2** il complesso delle persone destinatarie di libri, giornali, trasmissioni televisive, radiofoniche | il complesso delle persone che assistono a spettacoli artistici o manifestazioni culturali: *alla prima ha assistito un — rumoroso* **3** l'ambito della vita pubblica: *il — e il privato* ♦ **pubblicamente** *avv.* **1** in pubblico, di fronte a tutti: *parlare —* **2** fra tutti, a tutti: *è una notizia — nota*.

pù|be *s.m.* (*anat.*) osso costituente la parte anteriore del bacino | regione anatomica di forma triangolare posta superiormente a tale osso.

pu|be|rà|le *agg.* della pubertà.

pù|be|re *agg., s.m./f.* (*lett.*) detto di adolescente che attraversa la pubertà.

pu|ber|tà *s.f.* (*fisiol.*) periodo compreso fra gli 11 e i 15 anni di età, in cui nell'individuo si sviluppa e ha inizio l'attività delle ghiandole sessuali | (*estens.*) adolescenza.

pu|be|scèn|te *agg.* (*bot.*) detto di organo vegetale rivestito da una piccola e fitta peluria.

pù|bi|co *agg.* [m.pl. *-ci*] (*anat.*) del pube.

public relations (*ingl.*) [pr. *pàblik rilèscions*] *loc.sost.f.pl.* pubbliche relazioni.

pudding (*ingl.*) [pr. *pùddin*] *s.m.invar.* (*gastr.*) budino tipico della cucina inglese, gener. a base di cereali o farina, grassi e uova.

pud|din|ga *s.f.* (*geol.*) roccia costituita da ciottoli arrotondati cementati fra loro da leganti silicei.

pu|di|bón|do *agg.* (*lett.*) che ha o rivela grande pudore.

pu|di|cì|zia *s.f.* atteggiamento di riservatezza o di pudore.

pu|dì|co *agg.* [m.pl. *-chi*] **1** che ha o rivela pudicizia: *gesto —* **2** (*lett.*) modesto, timido ☐ **pudicamente** *avv.*

pu|dó|re *s.m.* **1** sentimento di riservatezza o di

puericultore

ritrosia verso ciò che riguarda la sfera sessuale: *quel film è un oltraggio al* — **2** (*estens.*) discrezione, ritegno: *sparlare di qlcu. senza* —.

pue|ri|cul|tó|re *s.m.* [f. *-trice*] **1** medico specialista in puericultura **2** infermiere che si occupa dell'assistenza di neonati o bambini, spec. presso asili nido o scuole materne.

pue|ri|cul|tù|ra *s.f.* branca della pediatria che si occupa della salute del bambino nel periodo prenatale, in quello successivo alla nascita e nella prima infanzia.

pue|rì|le *agg.* **1** del fanciullo o dei fanciulli: *età* — **2** (*spreg.*) che denota immaturità o superficialità: *ragionamenti puerili* □ **puerilmente** *avv.*

pue|ri|li|tà *s.f.* (*spreg.*) **1** caratteristica di ciò che è puerile: *la* — *di un discorso* **2** gesto, espressione puerile.

pue|rì|zia *s.f.* (*lett.*) l'età puerile, compresa tra l'infanzia e l'adolescenza.

puèr|pe|ra *s.f.* donna che ha partorito da poco tempo.

puer|pe|rà|le *agg.* relativo al puerperio: *febbre* —.

puer|pè|rio *s.m.* periodo di tempo successivo al parto, della durata di circa sei settimane.

pu|gi|là|to *s.m.* sport consistente nel combattimento di due atleti che si colpiscono su un ring con i pugni protetti da guantoni; boxe.

pù|gi|le *s.m.* atleta che pratica il pugilato; boxeur.

pu|gi|lì|sti|co *agg.* [m.pl. *-ci*] relativo al pugilato, ai pugili: *match* —.

pu|glié|se *agg.* della Puglia ♦ *s.m./f.* chi è nato o abita in Puglia.

pù|gna *s.f.* (*lett., anche fig.*) combattimento.

pu|gnà|ce *agg.* (*lett.*) **1** combattivo **2** che istiga al combattimento.

pu|gna|là|re *v.tr.* uccidere o ferire con un pugnale | (*fig.*) — *alle spalle*, colpire qlcu. a tradimento.

pu|gna|là|ta *s.f.* **1** colpo o ferita di pugnale **2** (*fig.*) colpo inatteso che provoca profondo dolore: *il suo rifiuto fu per lui una* —.

pu|gna|la|tó|re *s.m.* [f. *-trice*] (*anche fig.*) chi uccide o ferisce con un pugnale.

pu|gnà|le *s.m.* arma bianca con punta acuminata, munita di lama corta a due tagli.

pu|gnà|re *v.intr.* [indic.pres. *io pugno..., noi pugniamo, voi pugnate...*; aus. *A*] (*lett.*) combattere.

pù|gno *s.m.* [pl. *pugni*] **1** la mano chiusa con le dita strette e ripiegate sul palmo, per colpire o tenere ql.co: *serrare il* —; *stringere nei pugni le estremità della corda* | *mostrare il* — *a qlco.*, minacciarlo | *scrivere di proprio* —, scrivere di propria mano | (*fig.*) *avere la situazione in* —, averne il totale controllo | *avere la vittoria in* —, essere sul punto di vincere | *tenere, avere in* — *qlcu.*, averlo in proprio potere **2** colpo inferto con il pugno: *ha preso a pugni l'aggressore* | *fare a pugni*, prendersi a pugni, lottare con i pugni **3** ciò che si stringe nella mano serrata a pugno: *un* — *di lenticchie* | (*fig.*) *rimanere con un* — *di mosche*, restare deluso per non aver concluso nulla **4** (*estens.*) numero limitato, minima quantità: *un* — *di spiccioli*.

puh *inter.* (*onom.*) imita il rumore di uno sputo e si usa per esprimere disgusto, disprezzo e sim.

pù|la *s.f.* **1** rivestimento dei semi dei cereali che si distacca durante la trebbiatura **2** sottoprodotto della sbramatura del riso e della trebbiatura dei cereali, costituito dalle parti residue del seme, usato spec. per l'alimentazione del bestiame.

pùl|ce *s.f.* **1** piccolo insetto saltatore privo di ali, parassita degli animali e dell'uomo, di cui succhia il sangue provocando lesioni pruriginose | (*fig.*) *mettere la* — *nell'orecchio*, insinuare un sospetto, un dubbio in qlcu. | *gioco della* —, gioco che consiste nel far saltare dei dischetti in plastica su quelli dell'avversario | *mercato delle pulci*, mercato in cui si vendono oggetti vecchi o usati **2** (*gerg.*) microfono miniaturizzato che si installa per spiare i discorsi altrui, usato nelle operazioni di spionaggio o durante le indagini giudiziarie.

pul|cià|io *s.m.* luogo pieno di pulci, partic. sudicio.

pul|ci|nà|io *s.m.* locale o luogo in cui si allevano i pulcini.

pul|ci|nèl|la *s.m.invar.* **1** *Pulcinella*, maschera napoletana della commedia dell'arte, con costume costituito da camiciotto e larghi pantaloni bianchi, cappello bianco a cono e maschera nera; rappresenta il furbo popolano scansafatiche che ricorre a tutto pur di scampare alla povertà | (*fig.*) *il segreto di* —, quello noto a tutti **2** (*fig.*) persona priva di serietà; buffone, pagliaccio **3** — *di mare*, uccello dei paesi freddi, dal corpo tozzo e goffo, con grande becco a placche variopinte, piumaggio nero, bianco e grigio, zampe palmate e piccole ali che fungono da pinne.

pul|cì|no *s.m.* **1** piccolo della gallina e di altri uccelli | (*fig.*) *bagnato, inzuppato come un* —, bagnato, inzuppato fradicio | — *bagnato*, si dice di chi mostra timidezza e goffaggine **2** (*estens., fam.*) bambino molto piccolo **3** (*sport*) giovane giocatore appartenente a una squadra di allievi di una società calcistica.

pul|ció|so *agg.* che è pieno di pulci: *cane* —.

pu|lé|dro *s.m.* [f. *-a*] cavallo o altro giovane equino.

pu|lég|gia *s.f.* [pl. *-ge*] (*mecc.*) **1** ruota scanalata che solleva carichi tramite una catena o una fune; carrucola **2** organo costituito da una ruota montata su un albero rotante, che serve a trasmettere il moto a un organo analogo per mezzo di un elemento flessibile (catena, cinghia, fune).

pu|li|mèn|tà|re *v.tr.* [indic.pres. *io puliménto...*] levigare una superficie in pietra, marmo o metallo, a mano o con apposita macchina.

pu|lì|re *v.tr.* [indic.pres. *io pulisco, tu pulisci...*] **1** togliere lo sporco da ql.co.: — *i vetri* **2** liberare ql.co. da ciò che è inutile o dannoso: — *i gerani dalle erbacce* **3** (*raro*) levigare **4** (*fig.*) privare qlcu. del denaro che possiede: *ha giocato a poker e lo hanno pulito* **5** (*fig.*) perfezionare uno scritto.

pu|li|ta *s.f.* operazione di pulizia rapida e approssimativa: *dare una — allo scaffale*.
pu|li|ta|mén|te *avv.* **1** in modo corretto, onesto **2** in modo definito, nitidamente.
pu|li|to *part.pass. di* pulire ♦ *agg.* **1** privo di macchie o di sporcizia: *camicia pulita* **2** si dice di persona o di parte del corpo che rivela un'attenta pulizia: *è un tipo molto —; unghie pulite* **3** (*estens.*) si dice di fonte energetica che non provoca inquinamento **4** (*fig.*) onesto, irreprensibile e sim.: *un commercio affatto —* | che è esente da colpe: *ho la coscienza pulita* | che non offende il comune senso del pudore; decente: *linguaggio —* **5** (*fig., fam.*) che è privo di denaro ♦ *avv.* in modo pulito; senza oscenità: *parlare —* ♦ *s.m.* luogo pulito: *vivere nel —*.
pu|li|tó|re *s.m.* [f. -*trice*] chi pulisce.
pu|li|tri|ce *s.f.* **1** macchina usata per levigare e lucidare marmo, legno o altri materiali **2** macchina usata per liberare il grano da pula o paglia.
pu|li|tù|ra *s.f.* operazione di pulizia.
pu|li|zì|a *s.f.* **1** (*anche fig.*) assenza di sporcizia: *nella sua casa c'è sempre molta —*; *un comportamento che denota — morale* **2** (*spec.pl.*) attività del pulire ql.co. | *fare le pulizie*, pulire e riordinare la casa | *fare —*, pulire, sgombrare; (*fig.*) allontanare da un posto le persone disoneste, irresponsabili ecc. | *— etnica*, eliminazione violenta delle minoranze etniche.
pullman (*ingl.*) *s.m.invar.* **1** autopullman **2** (*raro*) carrozza ferroviaria elegante, che offre servizi di lusso.
pullover (*ingl.*) *s.m.invar.* maglia di lana o cotone senza bottoni, con scollatura a V o a giro collo, da indossare gener. sopra la camicia.
pul|lu|là|re *v.intr.* [indic.pres. *io pùllulo...*; aus. *A*] **1** (*anche fig.*) venire fuori, spuntare in gran quantità: *una riviera in cui pullulano gli alberghi*; *nella sua mente pullulavano progetti* **2** essere gremito, pieno: *il museo pullulava di visitatori*.
pul|mi|no *s.m.* piccolo pullman, usato per servizi privati o su particolari tragitti, che può trasportare soltanto nove persone.
pulp (*ingl.*) [pr. *palp*] *agg.invar., s.m.invar.* detto di genere letterario e cinematografico in cui prevalgono storie macabre e partic. violente, trattate spesso con estremo e grottesco realismo: *film —*.
pul|pi|te *s.f.* (*med.*) infiammazione della polpa dei denti.
pùl|pi|to *s.m.* **1** nelle chiese, palco o tribuna elevata, di forma poligonale o circolare, destinati al predicatore | (*fig., iron.*) *da che — viene la predica!*, frase rivolta a chi dà consigli su cose che egli stesso non mette in pratica **2** (*st.*) nell'antica Roma, tribuna o palco da cui parlava un oratore.
pul|sàn|te *s.m.* bottone o tasto di un meccanismo che, premuto, aziona il meccanismo stesso: *il — del cronometro* | bottone o tasto di un circuito elettrico che, premuto, ne determina l'apertura o la chiusura: *il — della lampada*.

pul|san|tiè|ra *s.f.* pannello contenente più pulsanti.
pùl|sar *s.f.invar.* (*astr.*) stella a neutroni derivata da una supernova, che emette con frequenza periodica brevi radioonde pulsanti.
pul|sà|re *v.intr.* [aus. *A*] **1** palpitare, battere: *il cuore, il sangue pulsa* **2** (*estens., fig.*) essere pieno di fervore, di vitalità: *nei centri balneari la vita pulsa freneticamente*.
pul|sa|zió|ne *s.f.* (*fisiol.*) espansione ritmica delle arterie conseguentemente alle contrazioni del cuore: *pulsazioni accelerate*.
pul|sió|ne *s.f.* **1** impulso, spinta | (*estens.*) impulso emotivo **2** (*psicoan.*) impulso di tipo istintivo che induce l'individuo a orientare azioni e comportamento verso una meta: *— di morte*.
pul|vi|nà|re *s.m.* **1** nell'antica Roma, letto su cui si ponevano le immagini degli dei durante cerimonie e feste sacre **2** (*estens.*) letto o palco degli imperatori romani.
pul|vi|no *s.m.* (*arch.*) nello stile bizantino, elemento in pietra semplice o lavorata, a forma di piramide tronca rovesciata, posto tra il capitello e l'imposta dell'arco della colonna.
pul|vi|sco|lo *s.m.* polvere finissima, impalpabile | *— atmosferico*, insieme di minutissime particelle solide o liquide sospese nell'aria e disperse dal vento | *— radioattivo*, insieme di particelle radioattive che cadono sulla terra in seguito a un'esplosione nucleare.
pul|zèl|la *s.f.* (*lett., raro*) fanciulla vergine | *la — d'Orléans*, Giovanna d'Arco.
pù|ma *s.m.invar.* felino molto agile, abile saltatore e corridore, con corpo snello, pelo fulvo, testa piccola; vive nelle foreste e nelle zone rocciose del continente americano dove preda mammiferi e uccelli.
punch[1] (*ingl.*) [pr. *pànč*] *s.m.invar.* bevanda alcolica che si assume calda, preparata con acqua, zucchero e liquori e aromatizzata con scorza di agrumi; ponce.
punch[2] (*ingl.*) [pr. *pànč*] *s.m.invar.* (*sport*) nel pugilato, pugno dato con molta violenza.
punching ball (*ingl.*) [pr. *pàncin bol*] *loc.sost. m.invar.* (*sport*) palla di gomma rivestita di cuoio, sospesa tra il soffitto e il pavimento tramite cordoni elastici, usata dai pugili durante gli allenamenti.
pun|gèn|te *part.pres. di* pungere ♦ *agg.* **1** che punge: *spina —* **2** (*estens.*) acuto, intenso: *gelo —* | acre, penetrante: *odore —* **3** (*fig.*) graffiante, mordace: *battuta —*.
pùn|ge|re *v.tr.* [indic.pres. *io pungo, tu pungi...*; pass.rem. *io punsi, tu pungésti...*; part.pass. *punto*] **1** bucare, ferire leggermente con una punta acuminata la pelle o un'altra superficie: *lo ha punto una zanzara* **2** (*estens., anche assol.*) produrre una sensazione fastidiosa; pizzicare: *il peperoncino punge la lingua; il gelo punge* **3** (*lett., raro*) spronare, stimolare | (*fig.*) sollecitare: *mi punge un desiderio* **4** (*fig.*) offendere, ferire nella sensibilità spec. con parole cattive o allusive;

pungiglione

punzecchiare: — *l'orgoglio di qlcu.* ♦ **-rsi** *rifl.* ferirsi leggermente con un oggetto acuminato.

pun|gi|gliò|ne *s.m.* organo addominale fornito di un'appendice appuntita, con cui alcuni insetti inoculano sostanze irritanti o velenose.

pun|gi|tò|po *s.m.invar.* pianta cespugliosa sempreverde coltivata a scopo ornamentale, diffusa nelle regioni a clima temperato, caratterizzata da piccoli rami piatti e pungenti, fiori verdastri e frutti a bacche rosse; è usata spec. per preparare addobbi natalizi.

pun|go|là|re *v.tr.* [indic.pres. *io pùngolo...*] **1** colpire con il pungolo: — *le bestie* **2** (*fig.*) sollecitare, incitare con insistenza.

pùn|go|lo *s.m.* **1** lungo bastone fornito di punta in ferro, usato dai contadini per spronare le bestie al lavoro **2** (*fig.*) stimolo, incitamento: *il — del successo.*

pu|nì|bi|le *agg.* che può essere punito | (*dir.*) perseguibile: *delitto — con l'ergastolo.*

Pu|ni|cà|ce|e *s.f.pl.* famiglia di piante dicotiledoni arbustive o arboree diffuse nelle regioni a clima temperato, di cui fa parte il melograno.

pù|ni|co *agg.* [m.pl. *-ci*] (*st.*) cartaginese | **guerre puniche**, le tre guerre combattute da Roma contro Cartagine tra il 264 e il 146 a.C. ♦ *s.m.* la lingua parlata dai Cartaginesi.

pu|nì|re *v.tr.* [indic.pres. *io punisco, tu punisci...*] **1** colpire con una pena; castigare: — *un rapinatore, un reato* **2** (*estens.*) penalizzare, danneggiare: *un provvedimento che punisce i cittadini.*

pu|nì|ti|vo *agg.* che serve o è diretto a punire: *misura punitiva.*

pu|ni|tó|re *agg.*, *s.m.* [f. *-trice*] che, chi punisce.

pu|ni|zió|ne *s.f.* **1** atto che ha lo scopo di punire qlcu.: *la — dei colpevoli di un delitto* | castigo, pena: *una — esemplare* **2** (*sport*) nel calcio e in altri giochi di squadra, tiro decretato dall'arbitro a favore della squadra che ha subito un fallo.

punk (*ingl.*) [pr. *pank*] *agg.invar.*, *s.m.invar.* **1** [anche f.] appartenente a un movimento giovanile di protesta nato in Inghilterra a metà degli anni '70, caratterizzato da uno stile di vita anticonformistico, un abbigliamento nero arricchito con borchie e un tipo di acconciatura e trucco stravagante e vistoso: *gruppo —* **2** genere musicale nato all'interno di tale movimento, basato su uno stile aggressivo e provocatorio.

pùn|ta¹ *s.f.* **1** estremità aguzza e acuminata di ql.co.: *la — dello spillo, della freccia, del pugnale* | *ballare sulle punte*, ballare appoggiandosi sulle dita dei piedi, come nella danza classica | *camminare in — di piedi*, camminare sulle dita dei piedi per evitare di fare rumore | (*fig.*) *avere ql.co. sulla — della lingua*, essere sul punto di dirlo o di ricordarlo | *prendere di —*, riferito a ql.co., affrontarlo in modo accanito; riferito a qlcu., affrontarlo o trattarlo in modo brusco **2** (*tecn.*) denominazione di vari attrezzi e utensili atti a perforare: — *per trapano* **3** (*fig.*) massima intensità, maggiore frequenza di un fenomeno: *la — massima delle visite si è verificata in estate* | *ore di —*, quelle che registrano l'affollamento o il traffico più intenso **4** (*fig.*) la parte più avanzata di un gruppo di individui: *pattuglia di —* | *uomo di —*, uomo che si contraddistingue per il suo impegno e le sue qualità **5** (*sport*) nel calcio e in altri giochi di squadra, giocatore di prima linea, con compiti offensivi; attaccante **6** (*anche fig.*) minima quantità di ql.co.: *una — di zucchero, di gelosia* **7** (*geog.*) tratto di costa sporgente | cima aguzza di un monte **8** particolare taglio di carne macellata: — *di petto.*

pùn|ta² *s.f.* la posizione del cane da caccia quando punta la selvaggina.

pun|tà|le *s.m.* elemento a punta che riveste l'estremità di un oggetto allo scopo di rinforzarlo o proteggerlo: *il — del bastone.*

pun|ta|mén|to *s.m.* operazione tramite la quale si orienta un'arma da fuoco verso l'obiettivo da colpire.

pun|tà|re¹ *v.tr.* **1** appoggiare ql.co. di appuntito su una superficie premendo con forza: — *un chiodo nel legno;* — *i gomiti sulla scrivania* **2** volgere, dirigere ql.co. verso un determinato punto: — *il fucile* **3** (*anche assol.*) nel gioco d'azzardo, scommettere una certa somma di denaro: — *sul nero* **4** (*fig.*) fare affidamento, contare su ql.co. o qlcu. per realizzare un obiettivo: — *sulla propria perspicacia;* — *sulle giovani leve dell'azienda* **5** (*fam.*) appuntare ql.co. cucendolo e fermandolo con spilli: — *un fiocco sul grembiule* | *st.* [aus. *A*] **1** avviarsi, dirigersi verso un determinato luogo: — *verso le colline* **2** (*fig.*) ambire, aspirare a ql.co. e fare tutto il possibile per conseguirlo: — *alla promozione.*

pun|tà|re² *v.tr.* (*anche assol.*) detto del cane da caccia, orientare il muso in direzione della selvaggina restando immobile o strisciando **2** (*estens.*) guardare in modo insistente e a lungo: — *una bella donna.*

pun|ta|séc|ca *s.f.* [pl. *puntesecche*] **1** tecnica di incisione eseguita su lastre di rame o zinco con un attrezzo a punta d'acciaio o di diamante | la stampa così ottenuta **2** l'attrezzo a punta usato per tale tipo di incisione.

pun|ta|spìl|li *s.m.invar.* cuscinetto di stoffa imbottito, usato per appuntare aghi e spilli.

pun|tà|ta¹ *s.f.* **1** colpo inferto con un oggetto a punta o con un'arma acuminata **2** (*sport*) nel calcio, veloce azione d'attacco **3** (*mil.*) rapida incursione in un territorio occupato dal nemico a scopo bellico o perlustrativo | (*estens.*) breve escursione in una località, deviazione dalle tappe prefissate di un viaggio: *abbiamo fatto anche una — in montagna* **4** scommessa fatta al gioco | la cifra di denaro che si punta: *fare una — alla roulette.*

pun|tà|ta² *s.f.* ciascuna delle parti in cui si suddivide un'opera letteraria, un servizio giornalistico oppure una trasmissione radiofonica o televisiva, pubblicate o trasmesse separatamente dalle altre e a determinate scadenze: *racconto a puntate.*

pun|ta|tó|re *s.m.* [f. *-trice*] **1** chi punta **2** (*mil.*)

punto

nei reparti di artiglieria, soldato addetto al puntamento del pezzo **3** chi scommette cifre di denaro al gioco **4** (*inform.*) cursore del monitor, spec. quando viene azionato dal mouse.

pun|ta|tù|ra *s.f.* **1** in un brano vocale, sostituzione di una nota con un'altra da parte del cantante per meglio figurare **2** la messa in registro dei fogli prima della fase di stampa tipografica.

pun|teg|già|re *v.tr.* [indic.pres. *io puntéggio...*] **1** segnare ql.co. con una serie di piccoli punti | (*fig.*) cospargere una superficie di piccole macchie di vari colori; macchiettare **2** praticare una sequenza di piccoli fori: — *le suole degli stivali* **3** mettere in uno scritto la punteggiatura adeguata.

pun|teg|gia|tù|ra *s.f.* **1** operazione del punteggiare ql.co. | sequenza di punti | (*fig.*) macchiettatura **2** in un testo scritto, il complesso dei segni ortografici che separano le varie parti e che indicano le pause, l'espressività, l'intonazione che si devono dare alla voce durante la lettura; interpunzione.

pun|tég|gio *s.m.* in una gara, un gioco o un concorso, il numero dei punti ottenuti da ciascun partecipante.

pun|tel|la|mén|to *s.m.* applicazione di puntelli.

pun|tel|là|re *v.tr.* [indic.pres. *io puntèllo...*] **1** sorreggere o rinforzare ql.co. che potrebbe cedere applicandovi puntelli di sostegno: — *un soffitto* **2** (*fig.*) rendere più convincente una tesi, un'opinione e sim.; rafforzare: — *la propria teoria con dati certi* ♦ **-rsi** *rifl.* reggersi, sostenersi.

pun|tel|la|tù|ra *s.f.* l'operazione del puntellare ql.co. | il complesso dei puntelli applicati.

pun|tèl|lo *s.m.* **1** trave di legno o ferro di notevoli dimensioni | opera muraria collocata come sostegno per impedire il crollo di strutture pericolanti **2** bastone obliquo che si colloca contro finestre o porte per impedire che si aprano o si chiudano **3** (*fig.*, *raro*) appoggio, sostegno morale: *il nonno è il — della famiglia.*

pun|te|rì|a *s.f.* **1** (*mecc.*) nei motori a combustione interna, asta di acciaio che comanda l'apertura e la chiusura delle valvole dei cilindri **2** (*mil.*) l'insieme dei congegni di cui è munito un pezzo di artiglieria per eseguire il puntamento.

pun|te|ruò|lo *s.m.* piccola barra d'acciaio appuntita, gener. dotata di manico, usata per praticare fori o per allargarli.

pun|ti|fór|me *agg.* che ha la forma di un punto o che è della grandezza di un punto: *chiazze puntiformi.*

pun|ti|glio *s.m.* **1** ostinazione tipica delle persone caparbie, dettata spec. dall'orgoglio più che da una vera e propria convinzione: *litigare solo per —* **2** grande impegno, tenacia e volontà dimostrati nel perseguire un obiettivo: *lavorare con —.*

pun|ti|glió|so *agg.* **1** ostinato, caparbio, spec. per partito preso: *è un tipo —* **2** tenace, scrupoloso: *allievo molto — nello studio* ♦ *s.m.* [f. -*a*] persona puntigliosa: *fare il —* □ **puntigliosamente** *avv.*

pun|tì|na *s.f.* **1** sottile chiodo con gambo corto, testa larga e piatta, usato per fissare i fogli di carta su pannelli di legno | tipo di chiodo con o senza testa, usato da falegnami e calzolai **2** nei giradischi, punta di diamante o zaffiro che scorre nei solchi del disco **3** (*mecc.*) ciascuno dei due elementi che costituiscono il contatto elettrico nello spinterogeno **4** (*spec.pl.*) varietà di pasta alimentare a forma di piccole punte, usata spec. per minestre.

pun|ti|nì|smo *s.m.* corrente pittorica di fine Ottocento che usava l'accostamento di colori puri, stesi con pennellate puntiformi.

pun|tì|no *s.m.* piccolo punto | **puntini di sospensione**, sequenza di tre punti collocati alla fine di un periodo per segnalare che il discorso è rimasto in sospeso | *a —*, benissimo, in modo preciso: *cotto a —.*

pùn|to *s.m.* **1** (*geom.*) ente geometrico fondamentale, il più semplice e privo di dimensioni | (*astr.*) **punti cardinali**, i quattro punti fondamentali dell'orizzonte, ovvero nord, sud, est, ovest | *— di vista*, quello da cui si osserva un oggetto; (*fig.*) modo soggettivo di interpretare e giudicare le cose | (*fig.*) *di — in bianco*, improvvisamente **2** (*mar.*) posizione di una nave in mare determinata dalle coordinate geografiche, ovvero longitudine e latitudine | (*fig.*) **fare il — di una questione**, stabilirne lo stato | *—*, *morto*, difficoltà insormontabile **3** segno grafico costituito da un piccolissimo pallino che si pone sulla *i* minuscola e dopo un'abbreviazione | segno d'interpunzione che si mette a conclusione di un periodo: *dopo il — si mette la lettera maiuscola* | *— e virgola*, segno indicante una pausa intermedia tra quella della virgola e quella lunga del punto | *due punti*, segno che introduce un discorso diretto, una spiegazione, un'enumerazione | *— esclamativo, interrogativo*, segni che si mettono dopo una frase per indicare l'intonazione e il significato esclamativo o interrogativo | (*fig.*) **mettere i punti sulle i**, chiarire, precisare ql.co. in modo molto scrupoloso **4** (*estens.*) segno, oggetto piccolo come un punto grafico o estremamente piccolo; macchiolina: *guarda quel — lassù: è una stella!* | (*fig.*) *— nero*, comportamento, azione moralmente riprovevole **5** luogo preciso, determinato; posto: *quell'incrocio è uno dei punti più pericolosi della statale* | (*fig.*) *— debole*, l'aspetto caratteriale meno valido di una persona, che può costituire l'appiglio per una contestazione al suo operato | *— dolente*, aspetto doloroso e critico di una situazione **6** passo, brano di un discorso o di uno scritto: *un — del Vangelo* (*estens.*) argomento, tema, questione: *non abbiamo ancora esaminato i punti più importanti* | *venire al —*, affrontare la questione principale | *questo è il —, qui sta il —*, questo è l'argomento più difficile, l'aspetto cruciale | *— d'onore*, questione di estrema importanza, che riguarda l'onore di qlcu. **7** momento preciso, attimo, istante: *a un certo — arrivò suo fratello* | (*fig.*) *— critico*, momento estremamente difficile | *essere in — di morte*, essere prossimo a morire | *essere sul — di,*

puntone

stare per: *ero sul — di rientrare* | *in* —, precisamente: *sono le tre in —* **8** grado, sfumatura, tipo: *è un — di blu molto scuro* **9** (*anche fig.*) termine, limite, livello: *— di saturazione*; *a che — sei?*; *è arrivato a tal —!* | *mettere a —*, detto di un meccanismo, renderlo perfettamente efficiente; (*fig.*) detto di una questione e sim., chiarirne con precisione i termini | *di tutto —*, completamente: *si è già vestito di tutto —* **10** nelle valutazioni scolastiche, negli esami, nelle quotazioni di borsa, nei giochi ecc. ciascuna delle unità che costituiscono gli elementi di una scala di valori: *ho dieci punti di vantaggio* | nel nuovo codice della strada, ciascuna delle venti unità virtuali previste per ogni patente di guida, che viene sottratta a seconda delle infrazioni commesse: *mi hanno tolto quattro punti dalla patente* | (*fig.*) *dare dei punti a qlcu.*, essergli superiore in ql.co. **11** nel cucito, tratto di filo passato nella stoffa con l'ago tra due fori successivi | nei lavori all'uncinetto o a maglia, particolare nodo fatto con un filo **12** (*med.*) ciascun elemento della sutura di una ferita: *mi hanno messo sette punti* **13** unità di misura del carattere di stampa tipografica ♦ *agg.* (*region.*) nessuno, alcuno: *non ho punta voglia di lavorare* ♦ *avv.* [gener. preceduto da la neg.] per nulla, affatto: *non sono — soddisfatto*.

pun|tó|ne *s.m.* (*arch.*) ciascuna delle travi atte a sostenere l'orditura di un tetto.

pun|tuà|le *agg.* **1** che giunge in orario, che non arriva in ritardo: *è sempre —* | che rispetta gli impegni presi: *tipo —* **2** (*fig.*) svolto in modo preciso, esatto in ogni dettaglio: *un resoconto — dei fatti* □ **puntualmente** *avv.* **1** all'ora stabilita, con puntualità: *l'autobus è partito —* **2** in modo dettagliato, punto per punto: *ha risposto — a tutte le domande*.

pun|tua|li|tà *s.f.* caratteristica di cosa o persona puntuale: *la — del treno*.

pun|tua|liz|zà|re *v.tr.* definire precisamente i termini di un problema, una questione e sim.

pun|tua|liz|za|zió|ne *s.f.* precisazione che chiarisce i termini di una questione.

pun|tù|ra *s.f.* **1** l'azione del pungere | ferita fatta in superficie da un corpo sottile e a punta: *la — di una vespa*, *di un ago* **2** (*med.*) introduzione di un ago in una cavità dell'organismo per prelevarne tessuti o introdurvi liquidi | *— lombare*, quella che si fa nella colonna vertebrale, a livello della quarta vertebra lombare **3** (*pop.*) iniezione: *non mi fare una —!* **4** improvvisa fitta di dolore sintomatica di una malattia o conseguente a traumi, ferite.

pun|tù|to *agg.* appuntito, che termina a punta.

pun|zec|cha|mén|to *s.m.* punzecchiatura.

pun|zec|chià|re *v.tr.* [indic.pres. *io punzécchio...*] **1** pungere leggermente e ripetutamente: *è stata punzecchiata dalle zanzare* **2** (*fig.*) provocare qlcu., molestarlo con battute o dispetti: *finiscila di punzecchiarla!* ♦ *-rsi* *rifl.rec.* darsi fastidio reciprocamente scambiandosi battute cattive o facendosi una serie di dispetti.

pun|zec|chia|tù|ra *s.f.* **1** leggera puntura **2** (*fig.*) provocazione con battute cattive, dispetti ecc.

pun|zo|nà|re *v.tr.* [indic.pres. *io punzóno...*] **1** imprimere ql.co. con un punzone **2** forare con un punzone superfici metalliche e lamiere **3** (*sport*) applicare un contrassegno ai veicoli che partecipano a una gara: *— le moto*.

pun|zo|na|trì|ce *s.f.* macchina munita di punzone per praticare fori nelle lamiere o per ritagliarvi rondelle di varie dimensioni.

pun|zo|na|tù|ra *s.f.* l'operazione consistente nel punzonare ql.co.

pun|zó|ne *s.m.* **1** attrezzo in acciaio duro recante a un'estremità una lettera, un numero o un altro segno da imprimere su una superficie di metallo o cuoio, oppure su medaglie o monete **2** elemento in acciaio costituente l'organo tranciante di una punzonatrice e sim.

pù|pa¹ *s.f.* **1** bambola **2** (*region.*) bambina | ragazza o donna giovane e bella.

pù|pa² *s.f.* (*zool.*) stadio di sviluppo degli insetti a metamorfosi completa, intermedio tra la condizione larvale e quella adulta.

pu|pà|rio *s.m.* (*zool.*) involucro che ricopre la pelle di molti insetti metamorfici.

pu|pàt|to|la *s.f.* **1** bambola **2** (*fig.*) ragazza bella ma inespressiva.

pu|pàz|zo *s.m.* **1** fantoccio: *— di neve* **2** (*fig.*, *spreg.*) persona priva di carattere, debole e indecisa.

pu|pìl|la *s.f.* **1** (*anat.*) apertura circolare posta al centro dell'iride, con funzione di regolare la quantità di luce che colpisce la retina **2** (*estens.*, *lett.*) iride | occhio.

pu|pil|là|re¹ *agg.* (*anat.*) della pupilla: *contrazione —*.

pu|pil|là|re² *agg.* (*dir.*) del pupillo, dei pupilli: *bene —*.

pu|pìl|lo *s.m.* [f. *-a*] **1** (*dir.*) minorenne sottoposto a tutela **2** (*estens.*) chi gode di particolari preferenze o protezioni; favorito, protetto: *il — del capo*.

pù|po *s.m.* **1** [f. *-a*] (*region.*) bambino **2** marionetta siciliana: *il teatro dei pupi*.

pur|ché *cong.* [introduce una prop. condiz. con v. al congiunt.] a condizione che, a patto che: *farò i compiti, — mi accompagniate al parco*.

pur|ches|sì|a *agg.indef.invar.* [sempre posposto al sost.] (*raro*) qualsiasi, qualunque: *fai una scelta —*.

pù|re *cong.* [tronc. in *pur*] **1** [introduce una prop. concessiva con v. al congiunt. o al ger.] sebbene; quand'anche: *pur volendo, non sarei in grado di farlo* | *sia —*, anche se: *un contributo, sia — minimo* | (*loc.*) *pur di*, allo scopo di: *farebbe di tutto pur di liberarsi di lui* **3** (*con valore avversativo*) eppure, tuttavia: *fu avvisato, — partì lo stesso* ♦ *avv.* **1** (*con valore aggiuntivo*) anche: *lei rientra adesso e io —* **2** (*con valore raff.*) esprime incoraggiamento o rimprovero: *ti avevo pur avvisato di non partire!* **3** davvero, proprio: *è — vero quello che mi stai dicendo*.

pu|rè *s.m.* passato di verdure, di legumi o di

frutta | (*per anton.*) vivanda preparata con un passato di patate lessate a cui si aggiungono latte, burro e parmigiano.

pu|rè|a *s.f.* purè.

pu|réz|za *s.f.* **1** qualità di ciò che è puro: — *dell'acqua* | — *di linee*, semplicità, sobrietà **2** (*fig.*) integrità, onestà: — *di vita* | castità, illibatezza: — *di costumi*.

pùr|ga *s.f.* **1** medicinale che provoca l'evacuazione del contenuto intestinale; lassativo, purgante **2** (*tecn.*) operazione del liberare un materiale da impurità **3** (*fig.*) netta eliminazione di avversari politici, attuata da parte di un regime autoritario: *le purghe naziste*.

pur|gàn|te *part.pres. di* purgare ♦ *agg.* **1** che purga: *l'effetto — di un farmaco* **2** (*teol.*) *anime purganti*, quelle del purgatorio che devono purificarsi dai peccati per accedere al paradiso ♦ *s.m.* purga, lassativo.

pur|gà|re *v.tr.* [indic.pres. *io purgo, tu purghi*...] **1** somministrare a qlcu. una purga **2** (*anche fig.*) liberare ql.co. da impurità: — *l'acqua dalle scorie* | (*fig.*) — *un testo*, emendarlo da oscenità o da parti sconvenienti secondo la morale comune **3** (*fig.*) espiare una colpa ♦ **-rsi** *rifl.* **1** prendere una purga **2** (*fig.*) purificarsi.

pur|ga|tì|vo *agg.* dotato di proprietà purganti: *sciroppo* —.

pur|ga|to *part.pass. di* purgare ♦ *agg.* libero da scorie, impurità e sim. | *edizione purgata*, quella da cui è stato eliminato ogni elemento sconveniente od osceno.

pur|ga|tò|rio *s.m.* **1** (*teol.*) nella dottrina cattolica, condizione e luogo di penitenza in cui le anime dei defunti devono espiare i peccati commessi prima di entrare in paradiso **2** (*estens., fig.*) pena, tormento: *l'esistenza per lui è un* —.

pu|ri|fi|cà|re *v.tr.* [indic.pres. *io purìfico, tu purifichi*...] **1** liberare una sostanza da scorie o impurità; depurare: — *l'aria* **2** (*fig.*) liberare dai peccati, dalle tentazioni, dalle passioni e sim.: — *l'anima dalle colpe* ♦ **-rsi** *intr.pron.* di sostanza, elemento, depurarsi ♦ *rifl.* (*fig.*) diventare puro sotto il profilo spirituale, morale.

pu|ri|fi|ca|tó|re *agg.* [f. *-trice*] purificatorio: *acqua purificatrice*.

pu|ri|fi|ca|tò|rio *agg.* che serve a purificare: *atto* —.

pu|ri|fi|ca|zió|ne *s.f.* **1** (*anche fig.*) liberazione da scorie o impurità **2** (*relig.*) cerimonia, rito con cui si libera qlcu. o ql.co. dallo stato d'impurità per renderlo spiritualmente puro.

pu|rì|smo *s.m.* **1** indirizzo linguistico della prima metà del XIX sec., basato sulla difesa dei caratteri tradizionali di una lingua e sul rifiuto di tutto ciò che proviene da altre lingue **2** ciascuna teoria linguistica moderna che si ispira a tale indirizzo.

pu|rì|sta *s.m./f.* [m.pl. *-i*] sostenitore del purismo | (*estens.*) chi osserva con scrupolosità la correttezza di una lingua.

pu|rì|sti|co *agg.* [m.pl. *-ci*] **1** del purismo o dei puristi **2** da purista.

pu|ri|tà *s.f.* (*lett., anche fig.*) purezza.

pu|ri|ta|né|si|mo *s.m.* **1** movimento religioso sorto nel XVI sec. all'interno della Chiesa anglicana, che predicava la stretta osservanza delle Sacre Scritture e una morale molto rigida **2** (*estens.*) atteggiamento di eccessivo moralismo.

pu|ri|tà|no *agg.* **1** del puritanesimo o dei puritani **2** (*estens.*) che si ispira a un rigido e severo moralismo: *pregiudizi puritani* ♦ *s.m.* [f. *-a*] **1** (*st.*) seguace del puritanesimo **2** (*estens.*) persona che manifesta ostentatamente un rigido moralismo.

pù|ro *agg.* **1** di materia che non è mescolata ad altre: *argento, oro* — | *acqua pura*, acqua limpida | *aria pura*, aria non inquinata, sana | *di razza pura*, si dice di animale che non risulta da incroci, ma dall'accoppiamento di individui della stessa razza **2** di disciplina non applicata: *fisica pura* **3** mero, semplice, solo: *la pura verità* **4** (*fig.*) che non è contaminato da colpe o peccati; casto, innocente: *animo* — ♦ *s.m.* [f. *-a*] chi non accetta compromessi e difende coerentemente ciò in cui crede □ **puramente** *avv.* **1** in modo puro **2** soltanto, semplicemente: *era un riferimento — casuale*.

pu|ro|sàn|gue *agg., s.m./f.invar.* si dice di animale pregiato, spec. di cavallo da corsa che proviene da individui della stessa razza.

pur|tròp|po *avv.* malauguratamente, sfortunatamente: *non c'è più nulla da fare*.

pu|ru|lèn|to *agg.* di pus | contenente pus: *ferita purulenta*.

pu|ru|lèn|za *s.f.* **1** caratteristica purulenta di ql.co. **2** materia purulenta; pus.

pus *s.m.invar.* (*med.*) liquido viscoso di colore giallastro, bianco o verdastro, formato da globuli bianchi in degenerazione, che costituisce il prodotto di processi infiammatori.

pusher (*ingl.*) [pr. *pùscer*] *s.m./f.invar.* (*gerg.*) spacciatore di droga.

pu|sil|là|ni|me *agg.* di animo debole e timoroso o che denota viltà: *uomo, atteggiamento* — ♦ *s.m./f.* persona timorosa, vile.

pu|sil|la|ni|mi|tà *s.f.* debolezza d'animo, viltà, meschinità.

pù|sto|la *s.f.* (*med.*) lesione circoscritta della pelle che contiene pus.

pu|sto|ló|so *agg.* di pustola | coperto di pustole: *volto* —.

puszta (*ungherese*) [pr. *pùsta*] *s.f.invar.* grande pianura stepposa ungherese, adatta all'allevamento di equini e bovini.

pu|ta|cà|so o **pùta càso** *loc.avv.* per caso, per ipotesi: *se — telefonasse, digli che non ci sono* | — *che*, supponi che, metti il caso che: — *che venga, avvisami immediatamente*.

pu|ta|tì|vo *agg.* che è ritenuto autentico senza essere tale: *padre* —.

pu|ti|fè|rio *s.m.* **1** grande chiasso creato da persone che litigano: *è nato un* — **2** (*fig.*) grande disordine, confusione.

pu|ti|pù *s.m.* strumento musicale del folclore napoletano.

pu|tiz|za *s.f.* emanazione fredda da spaccature naturali del suolo di acido solfidrico e anidride solforosa con origine vulcanica.

pu|trè|di|ne *s.f.* **1** processo di putrefazione | materia organica putrefatta o in putrefazione **2** (*fig.*) degenerazione, corruzione morale.

pu|tre|fà|re *v.intr.* [con. come *fare*; aus. *E*], **pu|tre|far|si** *intr.pron.* detto di materia organica, subire un processo di putrefazione; decomporsi, marcire.

pu|tre|fàt|to *part.pass.* di putrefare ♦ *agg.* **1** andato in putrefazione, decomposto, marcito **2** (*fig.*) moralmente corrotto: *un partito politico —*.

pu|tre|fa|zió|ne *s.f.* **1** decomposizione di materie organiche causata da processi di fermentazione, che produce un caratteristico odore nauseante: *corpo in —* **2** (*fig.*) corruzione morale, marciume: *società in —*.

pu|trèl|la *s.f.* trave d'acciaio profilata, con sezione a doppio T, usata nelle costruzioni, spec. nei solai.

pu|tre|scèn|te *agg.* (*anche fig.*) che è in via di putrefazione, che si sta putrefacendo.

pu|tre|sci|na *s.f.* (*chim.*) sostanza organica azotata, che si forma nel corso della putrefazione dei tessuti animali.

pù|tri|do *agg.* **1** che è in avanzato stato di putrefazione; marcio: *carne putrida* | della putrefazione, prodotto da putrefazione: *odore —* **2** (*fig.*) moralmente corrotto, marcio ♦ *s.m. solo sing.* corruzione, marciume.

pu|tri|dù|me *s.m.* **1** ammasso di cose putride, marce **2** (*fig.*) corruzione morale; marciume.

putsch (*ted.*) [pr. *putsh*] *s.m.invar.* complotto, insurrezione di un gruppo politico che mira a prendere il potere.

put|tà|na *s.f.* **1** (*volg.*) prostituta | (*fig.*, *spreg.*) *figlio di —*, individuo senza scrupoli **2** (*fig.*, *spreg.*) persona che si lascia facilmente corrompere e che si preoccupa solo del proprio tornaconto.

put|ta|nà|ta *s.f.* (*volg.*) **1** stupidaggine, cosa di nessun valore **2** azione cattiva, perfida.

put|ta|niè|re *s.m.* (*volg.*) **1** frequentatore di prostitute **2** (*estens.*) donnaiolo, casanova.

pùt|to *s.m.* **1** (*ant.*) fanciullo, bambino **2** pittura o scultura di un bambino nudo, che gener. rappresenta un angioletto o un amorino.

pùz|za *s.f.* (*region.*) puzzo.

puz|zà|re *v.intr.* [aus. *A*] **1** emanare un odore sgradevole, un puzzo: *— di chiuso* **2** (*fig.*, *anche assol.*) destare sospetti; suscitare dubbi: *la faccenda inizia a —; questa storia mi puzza* | lasciar intendere il secondo fine di ql.co.: *una vicenda che puzza di marcio* **3** (*fig.*, *fam.*) risultare spiacevole; creare noia, fastidio: *sembra quasi che troppi soldi gli puzzino; ti puzza la vita, forse?*

puzzle (*ingl.*) [pr. *pàsol*] *s.m.invar.* **1** gioco di pazienza consistente nel ricomporre un'immagine scomposta in piccoli pezzi di forma varia **2** (*estens.*) cruciverba | (*fig.*) questione di difficile risoluzione; rompicapo.

pùz|zo *s.m.* **1** odore sgradevole, cattivo: *— di bruciato* **2** (*fig.*) sentore, indizio: *c'è — di sporco in questa storia*.

pùz|zo|la *s.f.* mammifero carnivoro di piccole dimensioni, dal corpo snello, con pelliccia rossastra sul dorso e nera sul ventre, zampe corte dotate di unghie robuste, coda folta; per difesa emette gas fetidi.

puz|zo|lèn|te *agg.* che emana un odore sgradevole, un puzzo: *gas —*.

puz|zó|ne *s.m.* [f. *-a*] (*region.*) **1** chi ha un cattivo odore **2** (*fig.*) persona disonesta o spregevole.

PVC *s.m.invar.* (*chim.*) polivinilcloruro.

py|rex® o **pirex** *s.m.invar.* tipo di vetro resistente al calore, usato per fabbricare pentole, stoviglie da cucina e contenitori da laboratorio.

Qq

q *s.f./m.invar.* diciassettesima lettera dell'alfabeto italiano (il suo nome è *qu*) | — **come Quarto**, si usa nella compitazione, spec. telefonica, delle parole.

qu *s.f./m.invar.* nome della lettera *q*.

qua¹ *avv.* **1** (nel senso indeterminato di vicino a chi parla) in questo posto: *torniamo — domani?* | spesso in correlazione con *là*: *— è vuoto, là non saprei* | — **e là**, un po' dappertutto; ora in un posto, ora in un altro | **al di** —, da questa parte: *al di — del fosso* | (**per**) **di** —, da questa parte | **in** —, verso questa parte: *venite un po' più in* —; (*temporale*) a questa parte, a oggi: *da qualche mese in* — | (*raff.*) **da quando in** — *...?*, in domande retoriche, per esprimere disappunto di fronte a una nuova regola, a un nuovo atteggiamento ecc. **2** (*fig.*) a questo punto: *— inizia il divertimento* **3** (*raff.*) posposto a *questo*: *vuoi questo —?* | con determinazioni di luogo: *— intorno*; *— sopra* | per enfatizzare un'azione: *trovare la —*.

qua² *inter.* voce onomatopeica che imita il verso di anatre e oche.

quàc|che|ro *s.m.* [f. *-a*] (*relig.*) chi appartiene a un movimento protestante nato nel Cinquecento in Inghilterra, poi diffusosi negli Stati Uniti, che propone vita semplice, purezza di fede e dedizione alle opere.

qua|dèr|no *s.m.* fascicolo di fogli cuciti insieme e raccolti in una copertina, usati spec. a scuola per fare i compiti, i conti o prendere appunti: *— a quadretti*.

quà|dra *s.f.* **1** (*mar.*) vela quadrata **2** (*ell.*) parentesi quadra: *aprire la —* **3** (*region.*) soluzione che concilia vari elementi: *trovare la —*.

qua|dran|go|là|re *agg.* **1** che ha la forma di un quadrangolo | relativo a un quadrangolo **2** (*sport*) che coinvolge quattro squadre ♦ *s.m.* (*sport*) incontro, torneo a quattro squadre: *un — di calcio*.

qua|dràn|go|lo *agg.* (*geom.*) che ha quattro angoli ♦ *s.m.* (*geom.*) figura piana con quattro vertici; quadrilatero.

qua|dràn|te *s.m.* **1** (*geom.*) ciascuna delle quattro regioni in cui due rette perpendicolari dividono un piano | ciascuna delle quattro porzioni di cerchio delimitate da due diametri ortogonali **2** nell'orologio, superficie su cui si leggono ore e minuti | — *solare*, meridiana **3** nella bussola, ciascuno dei quattro settori di 90° che vanno da un punto cardinale a quello contiguo.

qua|drà|re *v.tr.* **1** rendere di forma quadrata | (*geom.*) — **una figura piana**, costruire un quadrato di area equivalente a essa **2** (*mat.*) elevare al quadrato ♦ *intr.* [aus. *A, E*] **1** essere esatto; tornare: *il calcolo quadra* | corrispondere esattamente: *il consumo quadra con le previsioni* **2** essere adatto, adeguarsi: *giudizi che non quadrano con la realtà* **3** (*fam.*) andare a genio; garbare | risultare convincente; soddisfare: *il progetto non ci quadrava*.

qua|drà|ti|co *agg.* [m.pl. *-ci*] (*mat.*) che riguarda l'elevazione al quadrato | di secondo grado | *irrazionale* —, espressione che contiene solo radici quadrate e operazioni razionali.

qua|dra|ti|no *s.m.* (*tipografia*) spazio bianco, pari a metà del corpo di composizione.

qua|drà|to *part.pass.* di quadrare ♦ *agg.* **1** che presenta quattro lati uguali: *basamento —* **2** (*mat.*) elevato alla seconda potenza; si dice spec. di misure di superficie, che si possono concepire come lati di quadrati ideali: *chilometro —* | **radice quadrata di un numero**, numero che, moltiplicato per se stesso, dà il numero assegnato **3** (*estens.*) squadrato, angoloso: *un volto —* **4** (*fig.*) robusto, solido **5** (*fig.*) assennato, equilibrato; giudizioso: *un tipo —* ♦ *s.m.* **1** (*geom.*) quadrilatero con tutti i lati uguali e gli angoli retti **2** (*estens.*) oggetto, superficie, disposizione di forma quadrata: *un — di terra* **3** (*mat.*) prodotto che si ottiene moltiplicando un numero per se stesso | *al —*, alla seconda potenza: *elevare un numero al —* **4** (*mil.*) schieramento difensivo | (*fig.*) *fare —*, unire le forze per difendersi o per difendere ql.co., qlcu.: *il governo fa — intorno alla proposta di legge* **5** (*sport*) palco per incontri di boxe; ring.

qua|dra|tó|ne *s.m.* (*tipografia*) spazio bianco, largo quanto il corpo di composizione.

qua|dra|tù|ra *s.f.* **1** (*mat.*) determinazione di un quadrato che ha la stessa area di una figura data | — *del cerchio*, determinazione di un quadrato equivalente a un cerchio dato, impossibile da risolvere graficamente; (*fig.*) problema non risolvibile, obiettivo irraggiungibile: *volere la — del cerchio* **2** operazione con cui si dà forma quadrata: *— di un foglio* **3** suddivisione in quadrati | (*estens.*) insieme dei riquadri così ottenuti; ciascun riquadro **4** (*mat.*) elevazione di un numero alla seconda potenza **5** (*fig.*) forza interiore; equilibrio, assennatezza: *— d'animo*.

qua|drèl|lo *s.m.* **1** mattonella o piastrella quadrata **2** (*gastr.*) lombata di agnello, maiale o vitello **3** (*spec.pl.*; *gastr.*) pasta lunga a sezione quadrata.

qua|dret|tà|re *v.tr.* [indic.pres. *io quadrétto...*] suddividere in quadretti tramite righe perpendicolari: — *la pagina*.
qua|dret|tà|to *part.pass.* di quadrettare ♦ *agg.* a quadretti: *stoffa quadrettata*.
qua|dret|ta|tù|ra *s.f.* suddivisione in quadretti | insieme di quadretti su una superficie.
qua|drét|to *s.m.* **1** piccolo oggetto quadrato: *un — di cioccolato* **2** riquadro, spec. di fitto reticolato di linee perpendicolari: *andate a capo e lasciate un —* | *a quadretti*, si dice di superficie disegnata con un reticolo di linee perpendicolari: *quaderno a quadretti* **3** (*pitt.*) dipinto e sim. di piccole dimensioni **4** (*fig.*) scenetta di vita reale, che presenta aspetti tipici o comunque significativi: *un — divertente*.
quà|dri- primo elemento di parole composte che significa "di quattro, formato da quattro" (*quadrinomio*).
qua|dri|ci|pi|te *s.m.* (*anat.*) muscolo della parte anteriore della coscia.
qua|dri|cro|mì|a *s.f.* procedimento di stampa che combina i tre colori fondamentali (giallo, rosso, blu) e il nero: *grigio di —*.
qua|dri|di|men|sio|nà|le *agg.* a quattro dimensioni | (*fis.*) *spazio —*, che ha il tempo come coordinata aggiuntiva, come nella teoria della relatività.
qua|drien|nà|le *agg.* **1** che dura quattro anni: *contratto —* **2** che avviene ogni quattro anni ♦ *s.f.* esposizione d'arte che si tiene ogni quattro anni.
qua|dri|èn|nio *s.m.* periodo di quattro anni.
qua|dri|fò|glio *s.m.* **1** trifoglio a quattro foglie, considerato un portafortuna **2** raccordo con grandi curve tra due strade importanti.
qua|dri|fo|nì|a *s.f.* sistema per registrare e riprodurre suoni attraverso quattro canali, con elevata fedeltà e un rilevante effetto spaziale.
qua|dri|fo|ra *agg., s.f.* (*arch.*) si dice di finestra divisa in quattro parti da tre colonnine.
qua|dri|ga *s.f.* **1** (*st.*) antico cocchio tirato da quattro cavalli affiancati **2** tiro a quattro.
qua|dri|gè|mi|no *agg.* si dice di gravidanza o parto da cui nascono quattro gemelli.
qua|dri|gèt|to *agg., s.m.* quadrireattore.
qua|dri|glia *s.f.* **1** danza figurata del Settecento e dell'Ottocento, eseguita da quattro coppie di ballerini | musica su cui si eseguiva tale danza **2** tiro a quattro cavalli.
qua|dri|là|te|ro *agg.* che ha quattro lati ♦ *s.m.* **1** (*geom.*) poligono con quattro lati **2** (*estens.*) oggetto o spazio limitato da quattro lati **3** (*mil.*) fortificazione che per vertici ha quattro baluardi o fortezze | (*st.*; *per anton.*) *il Quadrilatero*, territorio fortificato dagli austro-ungarici nell'Ottocento, fra le piazzeforti di Peschiera, Verona, Legnago e Mantova.
qua|dri|me|strà|le *agg.* **1** relativo a un quadrimestre: *giudizio —* **2** che ha una durata di quattro mesi: *vincolo —* **3** che avviene ogni quadrimestre: *pubblicazione —* ♦ *s.m.* periodico che esce ogni quattro mesi □ **quadrimestralmente** *avv.* ogni quattro mesi.
qua|dri|mè|stre *s.m.* periodo di quattro mesi | ciascuno dei due periodi dell'anno scolastico.
qua|dri|mo|tó|re *agg., s.m.* si dice di aeroplano che ha quattro motori.
qua|dri|nò|mio *s.m.* (*mat.*) somma algebrica di quattro monomi.
qua|dri|par|ti|re *v.tr.* dividere in quattro parti.
qua|dri|par|ti|to *part.pass.* di quadripartire ♦ *agg.* prodotto dal concorso di quattro parti: *intesa quadripartita* ♦ *s.m.* (*polit.*) coalizione di governo fra quattro partiti.
qua|dri|par|ti|zió|ne *s.f.* suddivisione in quattro parti.
qua|dri|pè|ta|lo *agg.* (*bot.*) che presenta quattro petali.
qua|dri|plà|no *agg., s.m.* (*aer.*) si dice di velivolo dotato di quattro piani alari.
qua|dri|po|là|re *agg.* (*elettr.*) di quadripolo; cha ha quattro morsetti o poli: *spina —*.
qua|dri|pò|lo *s.m.* (*elettr.*) circuito elettrico con quattro morsetti.
qua|dri|pòr|ti|co *s.m.* [pl. *-ci*] (*arch.*) cortile quadrato antistante a varie basiliche paleocristiane, ornato da portici lungo tutto il perimetro.
qua|dri|re|at|tó|re *agg., s.m.* si dice di aeroplano che ha quattro reattori; quadrigetto.
qua|dri|rè|me *s.f.* (*st.*) nell'antichità classica, nave da guerra con quattro ordini di remi.
qua|dri|sil|là|bi|co *agg.* [m.pl. *-ci*] di quattro sillabe.
qua|dri|sil|la|bo *agg.* quadrisillabico ♦ *s.m.* **1** (*ling.*) parola di quattro sillabe **2** (*metr.*) verso di quattro sillabe.
qua|drì|vio *s.m.* **1** incrocio di due strade; punto di partenza di quattro strade **2** (*st.*) insieme delle discipline scientifiche (aritmetica, geometria, musica, astronomia) all'interno del curriculum educativo medievale delle arti liberali.
quà|dro *agg.* **1** a forma di quadrato: *vite a testa quadra* **2** (*mat.*) quadrato: *metro —* **3** (*fig.*) robusto, solido | *spalle quadre*, spalle larghe, robuste ♦ *s.m.* **1** dipinto su tela, legno e sim.: *un — terribile* **2** (*fig.*) spettacolo, scena: *un — terribile* **3** (*fig.*) descrizione; rappresentazione: *farsi un — chiaro* | (*med.*) *— clinico*, complesso dei sintomi di un malato | (*agg. invar. nella loc.*) *legge —*, quella che fissa i principi fondamentali che ordinano un settore normativo **4** schema, tabella: *— esplicativo* **5** (*fig.*) ambito, contesto: *rientra nel — delle risorse* **6** oggetto, superficie di forma quadrata; riquadro: *tovaglia a quadri* | (*ginnastica*) *— svedese*, grande attrezzo appeso verticalmente al soffitto e formato da lunghe aste che si intersecano costituendo una grande scacchiera composta da numerosi quadrati, attraverso i quali il ginnasta si sposta in orizzontale, in verticale e in obliquo **7** (*tecn.*) pannello con gli apparecchi di controllo e di comando di un'apparecchiatura: *— elettrico*; *— di comando* **8** (*cine.*) perimetro dell'immagine che appare sullo schermo **9**

(*teat.*) all'interno di un atto, ciascuna parte che inizia con un cambiamento di tempo o di luogo **10** (*spec.pl.*) in un'azienda, chi ha funzioni organizzative e di responsabilità sotto un dirigente | gli alti funzionari di un'organizzazione politica o sindacale **11** (*pl.*; *mil.*) ruoli degli ufficiali: *alti quadri militari* **12** (*pl.*; *gioco*) uno dei quattro semi delle carte francesi.

qua|dròt|ta *agg., s.f.* si dice di carta per scrivere, che ha lunghezza e larghezza quasi uguali.

qua|drùc|cio *s.m.* **1** (*cine., foto.*) apertura rettangolare dietro l'obiettivo, che delimita il contorno delle immagini **2** (*spec.pl.*) pasta in brodo a quadratini.

qua|drù|ma|ne *agg., s.m.* si dice di animale che ha tutte e quattro le zampe adatte alla presa.

qua|drun|vi|rà|to o **quadrumviràto** *s.m.* **1** (*st.*) magistratura romana che comprendeva quattro membri **2** (*estens.*) gruppo dirigente con quattro membri pari in grado.

qua|drùn|vi|ro o **quadrùmviro** *s.m.* ciascun membro di un quadrunvirato.

qua|drù|pe|de *agg., s.m.* detto di animale a quattro zampe.

qua|dru|pli|cà|re *v.tr.* [indic.pres. *io quadrùplico, tu quadrùplichi*...] (*mat.*) moltiplicare per quattro | aumentare di quattro volte | (*estens.*) accrescere parecchio: — *le energie* ♦ **-rsi** *intr. pron.* accrescersi di quattro volte | (*estens.*) crescere notevolmente.

qua|dru|pli|ca|zió|ne *s.f.* (*mat.*) moltiplicazione per quattro | incremento di quattro volte.

qua|drù|pli|ce *agg.* **1** formato da quattro parti, elementi | (*st.*; *per anton.*) **la Quadruplice (alleanza)**, alleanza settecentesca tra Austria, Inghilterra, Olanda e Francia contro la Spagna **2** che si ripete quattro volte: — *copia.*

quà|dru|plo *agg.* **1** maggiore di quattro volte: *tempo — del normale* **2** costituito da quattro parti simili: *presa quadrupla* ♦ *s.m.* quantità quattro volte maggiore: *valere il —*.

quag|giù *avv.* qui in basso | qui a sud | (*spec. iron.*) nel mondo terreno, contrapposto al paradiso celeste: *le ingiustizie di —*.

quà|glia *s.f.* nome comune di varie specie di Uccelli migratori di piccole dimensioni, cacciati e allevati per le carni prelibate.

qua|glià|re *v.intr.* [indic.pres. *io quàglio*...; aus. È] **1** (*region.*) cagliare **2** (*coll.*) giungere a conclusione positiva; compiersi: *la faccenda non quaglia ancora*.

quàl|che *agg.indef.m./f. solo sing.* **1** alcuni, pochi: *tra — giorno*; — *amico* **2** [con valore indeterminato] uno: *cerco — responsabile* | *da — altra parte*, altrove | *in — modo*, in una maniera o nell'altra; alla meno peggio: *mangiare in — modo* **3** un certo: *dato di — rilievo*.

qual|còsa o **qualche còsa** *pron.indef. solo sing.* [concordato con il maschile] una cosa o alcune cose: *mangiare —*; *è successo —* | seguito da *altro*: *serve qualcos'altro?* | seguito da complemento partitivo: — *di buono* | — **(di) più**, — **(di) meno**, un po' più, un po' meno: *pesa — meno di me* |

(*iron.*) — **come...**, la bellezza di...: *aspettare — come tre ore* | (*coll.*) **è già —!**, meglio che niente! | (*euf.*) **ne so —**, purtroppo conosco il problema per esperienza personale | (*coll.*) — **mi dice che...**, ho il presentimento che... ♦ *s.m. solo sing.* [sempre preceduto da art.indet.] cosa indefinibile, non so che: *qui c'è un — di sinistro*.

qual|cù|no *pron.indef. solo sing.* [si tronca davanti ad *altro* e si elide davanti ad *altra*: *qualcun altro, qualcun'altra*] **1** un numero indeterminato, non grande, di cose o persone: — *dei tuoi cani*; *ho esaminato i candidati e — mi è piaciuto* **2** persona o cosa d'identità imprecisata: *c'è —?* ♦ *s.m. solo sing.* un personaggio importante: *essere —*.

quà|le [pl. *quali*; si tronca in *qual* davanti a parole che iniziano per vocale e, in alcune loc., anche davanti a parole che iniziano per consonante] *agg.interr.m./f.* [spesso è sostituito da *che*, spec. nell'uso parlato] si usa nelle proposizioni interr. dirette e indirette per conoscere qualità, identità, natura di qlcu. o ql.co.: — *piatto prendiamo?*; *dimmi qual è il tuo colore preferito* ♦ *agg.escl.m./f.* [nell'uso parlato è più frequente *che*] enfatizza la qualità, l'identità, la natura di qlcu. o ql.co.: — *piacere!* ♦ *agg.rel.m./f.* [ha lo stesso valore di *come*, con una sfumatura di tono elevato] nello stato in cui, così come: *la ragazza — l'hai conosciuta* | della qualità di: *persone quali te e me* | fra cui, come per esempio: *alcuni colori, quali il blu e il nero* | **tale e —**, pressoché identico ♦ *agg.indef.m./f.* **1** (*lett.*) [spec. seguito da *che* e v. al congiunt.] qualunque: — *che sia la decisione* **2** come rafforzativo di *certo*: *ho un certo qual languorino* ♦ *pron.interr.m./f.* si usa per chiedere la qualità, l'identità di ql.co. o di qlcu.: *dimmi — vuoi* ♦ *pron.rel.m./f.* [preceduto dall'art.det.] che; cui: *ho visto la sorella di Marco, la — mi ha detto di salutarti*; *il mezzo del — ti servi* | (*coll.*) **per la —**, adeguato; perbene: *giovane non molto per la —* ♦ *avv.* in qualità di: *parlare — titolare.*

qua|li|fi|ca *s.f.* **1** giudizio su una persona; appellativo: *guadagnarsi la — di esperto* **2** (*dir.*) posizione di un lavoratore dipendente in base alla sua mansione **3** titolo professionale: — *di geometra.*

qua|li|fi|cà|bi|le *agg.* che può essere definito; caratterizzabile.

qua|li|fi|càn|te *part.pres.* di qualificare ♦ *agg.* **1** che dà una qualifica; abilitante: *titolo —* **2** che dà lustro, prestigio: *attività —* **3** che esprime le caratteristiche essenziali; saliente: *punti qualificanti del programma.*

qua|li|fi|cà|re *v.tr.* [indic.pres. *io qualifico, tu qualifichi*...] **1** determinare con una qualità, identificare con una caratteristica; definire con un giudizio: *ha un indice d'ascolto che lo qualifica come uno dei migliori programmi dell'anno*; *non possiamo qualificarli idonei* **2** trasmettere competenze, spec. per mansioni professionali: — *gli apprendisti* **3** (*spec.sport*) selezionare chi passa al turno successivo: *prova che qualifica per le finali* ♦ **-rsi** *rifl.* **1** declinare le proprie

qualificativo

generalità; comunicare il proprio titolo: — *come medico* **2** meritarsi una qualifica: — *idoneo a un concorso* **3** (*sport*) superare prove di selezione: — *al turno successivo*.

qua|li|fi|ca|ti|vo *agg.* che serve ad attribuire una qualità: *aggettivo* —.

qua|li|fi|cà|to *part.pass.* di qualificare ♦ *agg.* **1** fornito di buone qualità, spec. dal punto di vista sociale, economico o culturale: *famiglia qualificata*; *ambiente* — **2** che ha specifiche capacità professionali; abilitato, specializzato: *tecnico* —; *essere — a intervenire | lavoro* —, che richiede capacità particolari.

qua|li|fi|ca|zió|ne *s.f.* **1** attribuzione di una qualità o di una qualifica | acquisizione di una capacità, spec. professionale; abilitazione, preparazione: — *professionale* **2** (*sport*) gara che un atleta deve superare per partecipare a un'altra di livello più elevato.

qua|li|tà *s.f.* **1** caratteristica di persona o cosa che ne determina la natura: *quali sono le sue* — *salienti?* | *in — di*, nella funzione di: *in — di rappresentante* | — *della vita*, complesso delle condizioni che determinano il livello di benessere nell'esistenza quotidiana | (*gramm.*) *complemento di* —, che indica una caratteristica di qlcu. o ql.co. (p.e. un'opera *di classe*) **2** dote, pregio: *avere tante* — | *di* — *di*, di buon livello: *cibi di* — **3** specie, varietà: *tre — di pomodori* **4** (*comm.*) l'insieme delle caratteristiche intrinseche ed estrinseche di una merce: — *garantita*, *puntare sulla* — *anziché sulla quantità* | — *totale*, metodo di organizzazione aziendale che pianifica, regola e controlla ogni fase lavorativa per ottimizzare la produzione.

qua|li|ta|ti|vo *agg.* **1** relativo alla qualità: *aspetti qualitativi, non quantitativi* | *salto* —, notevole miglioramento della qualità **2** (*scient.*) che non dipende strettamente da puntuali riscontri quantitativi | (*marketing*) *indagine qualitativa*, quella che estrapola importanti aspetti generali da campioni ristretti □ **qualitativamente** *avv.* sul piano della qualità: *peggiorare* —.

qua|ló|ra *cong.* [seguito da v. al congiunt.] se avvenisse che: *avvertimi,* — *cambiassi idea*.

qual|sì|a|si *agg.indef.m./f.invar.* **1** qualunque, ogni: *fare — cosa*; *puoi venire in — momento* **2** [sempre posposto al s.] senza qualità particolari: *prendi un giornale* | (*spreg.*) banale: *una donna* —; *discorsi* — ♦ *agg.rel.indef.m./f. solo sing.* [seguito da v. al congiunt.] l'uno o l'altro che; qualunque: *proseguiremo — cosa si incontri*.

qual|si|vò|glia *agg.indef.m./f. solo sing.* (*lett.*) qualsiasi, qualunque: *in — occasione*.

qua|lùn|que *agg.indef.m./f.invar.* **1** non importa quale, tanto l'uno quanto ogni altro; ogni: *mangiare — cosa*; — *libro va bene* **2** [sempre posposto al s.] senza qualità particolari: *la domenica per me è un giorno* — | (*spreg.*) banale: *un tipo* — | *l'uomo* —, l'uomo della strada, l'uomo medio ♦ *agg.rel.indef.m./f. solo sing.* [seguito da v. al congiunt.] l'uno o l'altro che; quale che: *si smarrisce — strada prenda*.

qua|lun|qui|smo *s.m.* **1** (*polit.*) movimento d'opinione sorto in Italia all'indomani della nascita della Repubblica, che proponeva di bandire ideologie e partiti **2** (*estens.*) atteggiamento semplicistico di indifferenza o sfiducia verso la politica e i problemi sociali.

qua|lun|qui|sta *s.m./f.* [m.pl. -*i*] **1** (*polit.*) sostenitore del qualunquismo **2** (*estens.*) chi guarda con indifferenza e sfiducia ai problemi politici e sociali ♦ *agg.* qualunquistico: *posizione* —.

qua|lun|qui|sti|co *agg.* [m.pl. -*ci*] politicamente superficiale, semplicistico in materia sociale: *tendenza qualunquistica*.

quàn|do *cong.* **1** [introduce prop. temporali, anche preceduto da prep.] nel momento in cui: *torna — puoi*; *da — si è ammalato ha smesso di fumare* | *ogni volta che*: — *passa di qui si ferma sempre* | *quand'ecco* (*che*), e a un tratto: *ormai non lo aspettavo più, quand'eccolo arrivare* **2** [in prop. condizionali seguito da v. al congiunt.] qualora, se: *quand'anche avessi vinto, non avrei ritirato il premio* **3** [introduce prop. causali giacché, dal momento che: *è inutile che tu faccia una simile promessa, — sai di non poterla mantenere* **4** [introduce prop. avversative seguito da v. all'indic. o al condiz.] mentre: *gioca,* — *dovrebbe studiare* **5** [introduce prop. esclamative] indica stupore o disappunto: — *si dice il destino!* | (*coll.*) — *mai*, sicuramente no: — *mai ci hai provato?* ♦ *avv.* **1** [introduce prop. interr. dirette e indirette, anche preceduto da prep.] in quale tempo, in quale momento: — *si parte?*; *a — i festeggiamenti?*; *per — ce la farete?*; *di quand'è?* **2** [in prop. correlative] ora... ora, altre volte: — *a me,* — *a mio fratello* | *di — in* —, di tanto in tanto, qualche volta ♦ *s.m.invar.* momento in cui ql.co. avviene: *il dove e il — dell'appuntamento*.

quàn|ti|co *agg.* [m.pl. -*ci*] (*fis.*) **1** che può assumere solo alcuni valori discreti: *salto* —; *orbita quantica* **2** quantistico.

quan|ti|fi|cà|bi|le *agg.* del quale si può stabilire la quantità; che si può esprimere in termini numerici.

quan|ti|fi|cà|re *v.tr.* [indic.pres. *io quantifico, tu quantifichi...*] valutare sul piano della quantità; esprimere in termini numerici: — *i danni*.

quan|ti|fi|ca|zió|ne *s.f.* calcolo quantitativo; determinazione numerica.

quan|ti|sti|co *agg.* [m.pl. -*ci*] (*fis.*) relativo ai quanti o alla teoria che li studia: *fisica quantistica*.

quan|ti|tà *s.f.* **1** massa, misura, numero di ql.co.: *piccola — di prodotti* **2** gran numero; abbondanza: *una — di pesci* | *in* —, abbondantemente | (*fam., scherz.*) *in — industriale*, a dismisura: *mangiare in — industriale* **3** (*mat., fis.*) grandezza numerabile o misurabile **4** (*ling.*) durata di una vocale o di una sillaba (breve o lunga).

quan|ti|ta|ti|vo *agg.* **1** relativo alla quantità: *valutazione quantitativa* **2** (*ling.*) che riguarda la durata di vocali e sillabe | *metrica quantitativa*, quella dell'antica poesia greca e latina, basata sulla quantità delle sillabe **3** (*scient.*) si dice di metodo di rilevazione puramente numerico,

che prescinde da ogni elemento qualitativo: *indagine quantitativa* ♦ *s.m.* quantità | (*comm.*) partita: *ordinare un dato — di merce* □ **quantitativamente** *avv.* sotto il profilo della quantità.
quàn|to[1] *agg. interr., pron.interr.* quale misura di, che numero di, che quantità di: *sai quanti soldi ci vogliano?*; *fra — si parte?* | *quanti ne abbiamo oggi?*, che giorno è? ♦ *agg.escl., pron.escl.* [per enfatizzare la quantità di una cosa o di un'azione] che gran quantità di: *— tempo!*; *— ne mangerei!* ♦ *agg.rel.* **1** la quantità che, il numero che: *scegline quanti tipi vuoi* **2** in correlazione con *tanto*: *tanti quaderni quanti alunni* **3** come raff. di *tutto*: *ritirare tutto —*; *uccidere tutti quanti* ♦ *pron.rel.* **1** (*pl.*) tutti coloro che: *quanti vogliono entrare alzino la mano* **2** [anche preceduto da prep.] (tutto) ciò che: *ecco — richiesto*; *a — dicono*; *meno di — necessiti*; *per — vedo* | seguito da partitivo: *— di peggio potesse capitarti* | *questo è —*, ecco tutto **3** in correlazione con *tanto*: *sono tanti quanti la volta scorsa* ♦ *avv.* **1** [in prop. interr. ed escl.] in che misura, in che quantità: *— hai consumato?*; *so — ci tenga;* *— è bello!* **2** nella misura in cui: *allungarlo — basta* **3** [nelle comparazioni, spec. in correlazione con *tanto*] come: *ha dormito — te*; *è tanto bello — sciocco* | seguito da *più* o *meno*: *— meno si sforza, tanto più gli va bene* | *— mai*, come non mai: *ho mangiato — mai* | *— prima*, prima possibile, al più presto **4** unito a diverse preposizioni forma alcune loc.: *in —*, poiché, per il fatto che: *si riparò in — pioveva*; in qualità di: *parlo in — esperto* | *(in) — a*, per quanto riguarda: *— ai tuoi dubbi, ne riparliamo più tardi* | *per —*, benché: *per — provi, non riesco* ♦ *s.m. solo sing.* quantità; tot.
quàn|to[2] *s.m.* (*fis.*) minimo valore indivisibile di una grandezza fisica; particella elementare: *— di luce*; *teoria dei quanti*.
quan|to|mé|no o **quànto méno** *avv.* almeno; perlomeno: *è — scortese*.
quan|tò|me|tro *s.m.* (*metall.*) apparecchio che misura i componenti di una lega metallica.
quan|tùn|que *cong.* [seguito da v. al congiunt., anche sottinteso] nonostante che; benché: *— (fossi) stanco, cercai di resistere*.
qua|ràn|ta *agg.num.card.invar.* che equivale a quattro decine ♦ *s.m.invar.* il numero naturale che equivale a quattro decine | il simbolo che rappresenta tale numero.
qua|ran|tè|na *s.f.* periodo di quaranta giorni | (*med.*) periodo di isolamento per sospetto di contagio | (*fig.*) *mettere qlcu. in —*, tenerlo in disparte, spec. per punirlo.
qua|ran|tèn|ne *agg.,s.m./f.* si dice di chi ha quarant'anni d'età.
qua|ran|tè|si|mo *agg.num.ord.* che in una serie occupa il posto numero quaranta.
qua|ran|ti|na *s.f.* complesso di circa quaranta unità: *una — di giorni* | *sulla —*, intorno ai quarant'anni d'età.
qua|ran|tó|re o **quarant'òre** *s.f.pl.* (*lit.*) esposizione e adorazione dell'ostia consacrata per quaranta ore consecutive.

quarto

qua|ran|tòt|to *agg.num.card.invar.* che equivale a quattro decine più otto unità ♦ *s.m.invar.* **1** il numero naturale che equivale a quattro decine più otto unità | il simbolo che rappresenta le numero 2 (*coll.*) scombussolamento; subbuglio, confusione: *è successo un —* | *mandare a carte —*, scombinare, mandare all'aria.
qua|ré|si|ma *s.f.* (*lit.*) periodo penitenziale di quaranta giorni che precede la Pasqua | (*pop.*) *lungo come la —*, noioso, prolisso.
qua|re|si|mà|le *agg.* della quaresima: *fioretto —* ♦ *s.m.* predica del periodo di quaresima | (*estens., fam.*) paternale ripetitiva.
quark (*ingl.*) *s.m.invar.*(*fis.*) ciascuno degli ipotetici componenti delle particelle subnucleari a interruzione forte.
quàr|ta *s.f.* **1** (*auto.*) quarta marcia nel cambio di velocità | (*fig.*) *partire in —*, iniziare in modo irruento **2** quarta classe di un corso scolastico: *promosso in — superiore* **3** (*mus.*) nella scala diatonica, intervallo sonoro che comprende quattro note **4** *— di copertina*, ultima facciata della copertina di libri e sim.
quar|tà|na *s.f.* (*med.*) febbre malarica che si acutizza ogni quattro giorni.
quarterback (*ingl.*) [pr. *quòrterbek*] *s.m.invar.* (*sport*) nel football americano, regista centrale dell'attacco.
quar|tet|ti|sta *s.m./f.*[m.pl. *-i*] (*mus.*) **1** membro di un quartetto **2** compositore per quartetti.
quar|tét|to *s.m.* **1** (*mus.*) composizione per quattro musicisti o voci | gruppo musicale composto da quattro persone: *— jazz* **2** compagnia ben assortita di quattro individui: *un allegro —*.
quar|tie|re *s.m.* **1** zona circoscritta di una città: *— periferico* | *quartieri alti*, dove abitano i ricchi **2** (*mil.*) complesso di edifici per l'alloggio di militari | *quartier generale*, insieme delle strutture e del personale che servono al comando di grandi unità militari; (*fig.*) base operativa da cui si dirige un'organizzazione e sim. | *non dare — a qlcu.*, non concedergli tregua | (*fig.*) *lotta senza —*, implacabile e senza esclusione di colpi.
quar|ti|na *s.f.* **1** (*metr.*) strofa di quattro versi **2** (*mus.*) serie di quattro note | in un ritmo ternario, gruppo di quattro note che equivalgono al valore di tre.
quar|ti|no *s.m.* **1** un quarto di litro, spec. di vino | recipiente da un quarto di litro **2** pieghevole di quattro facciate.
quar|ti|rò|lo *s.m.* formaggio tipico lombardo.
quàr|to *agg.num.ord.* che in una serie occupa il posto numero quattro | *il secolo — o iv*), gli anni compresi tra il 301 e il 400 | *di quart'ordine*, di pessima qualità | *quarta malattia*, malattia simile alla scarlattina | (*polit.*) *— stato*, proletariato | (*fis.*) *quarta dimensione*, il tempo nella teoria della relatività | *— potere*, la stampa | (*sport*) *— uomo*, arbitro aggiuntivo che supervisiona i comportamenti sulle panchine e l'arbitraggio dei colleghi ♦ *s.m.* **1** quarta parte dell'intero: *un — di torta*; *— di luna* | quarta parte dell'unità di misura, spec. del litro: *un — di vino* | (*anche ell.*) *un — (d'ora)*,

periodo di quindici minuti: *le sette e un —* | **— d'ora accademico**, usuale ritardo nell'inizio della lezione universitaria | *(fig.)* **passare un brutto — d'ora**, correre un grosso rischio | *(tipografia)* **in —**, foglio su cui si stampano quattro pagine per faccia | **tre quarti**, soprabito corto 2 ciascuno dei pezzi principali in cui viene diviso l'animale macellato: *— di bue* 3 *(mus.)* semiminima | unità base nel tempo di una battuta: *il valzer è in tre quarti* 4 *(sport)* **— di finale**, una delle quattro gare di selezione per accedere alle semifinali.

quar|zì|fe|ro *agg.* contenente quarzo.

quar|zì|te *s.f.* *(geol.)* roccia silicea di origine metamorfica, ricca di quarzo.

quàr|zo *s.m.* minerale formato da biossido di silicio, che si presenta in cristalli incolori o colorati, talora preziosi; ha anche vari utilizzi tecnologici: *pila al —*.

quà|sar *s.f.invar.* *(astr.)* fonte di radiazioni a energia elevatissima, che ha l'aspetto di una stella e una velocità prossima a quella della luce.

quà|si *avv.* 1 circa, pressappoco (per indicare un minimo difetto rispetto alla quantità intera o qualità completa): *— un secolo*; *è — accettabile*; *— mai* 2 anche raddoppiato, per attenuare osservazioni o azioni, con un tono di incertezza: *mi azzarderei — a proporre...*; *— — accetto* 3 per poco non, a momenti: *— ci credevo* ♦ *cong.* [introduce una prop. modale con v. al congiunt.] come se: *agiva — fosse a casa sua*.

quas|sa|zió|ne *s.f.* *(farm.)* operazione del frammentare materiali vegetali secchi per estrarne i principi attivi.

quas|sù *avv.* qui in alto | qui a nord | *da —*, stando qui in alto: *da — si gode il panorama*.

qua|tèr|na *s.f.* 1 *(gioco del lotto)* serie di quattro numeri estratti sulla stessa ruota | *(tombola)* quattro numeri estratti della stessa fila di una cartella 2 lista di quattro persone proposte per una scelta ulteriore.

qua|ter|nà|rio *agg.* 1 di quattro elementi | *(metr.)* **verso —**, in quattro sillabe 2 *(geol.)* che appartiene all'era neozoica 3 *(chim.)* si dice di atomi di azoto uniti a quattro gruppi organici ♦ *s.m.* 1 *(geol.)* era neozoica 2 *(metr.)* verso quadrisillabo.

quàt|to *agg.* [spec. raddoppiato] chinato a terra, rannicchiato per non farsi notare: *se ne stava — — a origliare* | *(estens.)* silenzioso: *allontanarsi — — nel buio*.

quat|tor|di|cèn|ne *agg.*, *s.m./f.* si dice di chi ha quattordici anni d'età.

quat|tor|di|cè|si|ma *s.f.* retribuzione di metà anno, che alcuni contratti di lavoro prevedono in aggiunta alle dodici mensilità e alla tredicesima.

quat|tor|di|cè|si|mo *agg.num.ord.* che nella serie occupa il posto numero quattordici | *il secolo —* (o *XIV*), gli anni compresi tra il 1301 e il 1400.

quat|tór|di|ci *agg.num.card.invar.* che equivale a una decina più quattro unità | *(anche ell.)* **le (ore) —**, le due del pomeriggio ♦ *s.m.invar.* il numero naturale che equivale a una decina più quattro unità | il simbolo che rappresenta tale numero.

quat|trì|no *s.m.* 1 *(st.)* antica moneta italiana 2 *(pop.)* minimo valore monetario: *non valere un —* 3 *(spec.pl.)* denaro: *fare un mucchio di quattrini*.

quàt|tro *agg.num.card.invar.* 1 che equivale a tre unità più una | **a quattr'occhi**, senza testimoni, a tu per tu; in confidenza: *discutere a quattr'occhi* | *(mus.)* **a — mani**, si dice di pezzo eseguito da due pianisti insieme sulla stessa tastiera 2 *(coll.)* alcuni, pochi: *prendi i tuoi — stracci e vattene!* | *(fig.)* **— gatti**, pochissima gente | *(iperb.)* **far le scale a — a —**, salirle di gran carriera | *(fig.)* **fare il diavolo a —**, fare rumore, confusione; darsi moltissimo da fare | **farsi in —**, *(per qlcu.)* dare tutto l'aiuto possibile; *(per un obiettivo)* impegnarsi al massimo per la realizzazione | **dirne — a qlcu.**, riprenderlo con estrema durezza ♦ *s.m.invar.* 1 il numero naturale che equivale a tre unità più una | il simbolo che rappresenta tale numero | **in — e quattr'otto**, in men che non si dica, in un attimo | *(auto.)* **— per —**, autovettura a trazione integrale, con quattro ruote motrici 2 *(canottaggio)* barca con quattro vogatori | **— di coppia**, barca in cui ciascun vogatore manovra due remi | **— con**, barca con quattro vogatori aventi un solo remo, con timoniere | **— senza**, barca con quattro vogatori aventi un solo remo, senza timoniere.

quat|tròc|chi o **quattr'òcchi** *s.m.invar.* 1 [anche f.] *(scherz.)* persona che porta gli occhiali 2 anatra con due macchie bianche sotto gli occhi.

quat|tro|cen|té|sco *agg.* [m.pl. -schi] del Quattrocento, del XV secolo.

quat|tro|cen|tì|sta *s.m./f.* [m.pl. -i] 1 *(sport)* atleta che corre i 400 metri | nuotatore che gareggia sulla stessa distanza 2 artista del Quattrocento | studioso della cultura quattrocentesca.

quat|tro|cèn|to *agg.num.card.invar.* che equivale a quattro centinaia ♦ *s.m.invar.* 1 il numero naturale che equivale a quattro centinaia | il simbolo che rappresenta tale numero | *il Quattrocento*, il secolo XV 2 *(sport)* nell'atletica e nel nuoto, gara sulla distanza di 400 metri.

quat|tro|mì|la *agg.num.card.invar.* che equivale a quattro migliaia ♦ *s.m.invar.* 1 il numero naturale che equivale a quattro migliaia | il simbolo che rappresenta tale numero 2 *(alpinismo)* ogni vetta sopra i 4000 metri.

quat|tro|ruò|te *(gerg.; per anton.)* automobile.

quechua *(sp.)* [pr. *kèciua*] *agg.invar.* relativo all'omonimo popolo sudamericano: *cultura —* ♦ *s.m.invar.* 1 [anche f.] membro del popolo indigeno del Perù, che costituì il primo nucleo dell'impero inca 2 lingua dei quechua, ufficiale in Perù e in Bolivia.

qué|gli *pron.dimostr.m.sing.* *(lett.)* [spec. con funzione di sogg.] quell'uomo.

quél|lo *agg.dimostr.* [m.pl. *quegli*; il m.sing. si tronca in *quel*, al pl. *quei*, davanti a parole inizianti per consonante che non sia *s* impura, *gn*, *ps*, *x*, *z*; precede il *s*.] 1 indica persona o cosa lontana da chi parla e da chi ascolta: *è quel ragazzo laggiù*; *gli eventi di quell'anno* | rafforzato da

medesimo, *stesso*, *tale*: *in — stesso giorno* **2** indica ql.co. o qlcu. già nominato, già noto: *mandami quella famosa lettera* | in espressioni ellittiche: *su — non farti problemi* **3** con valore enfatico, spec. in frasi escl.: *gli ho preparato uno di quegli scherzi!* ♦ *pron.dimostr.* [la forma tronca *quel* si usa sempre nell'espressione *in quel di*... e talora davanti a *che*] **1** indica ql.co. o qlcu. lontano da chi parla e da chi ascolta, oppure ql.co. o qlcu. di cui si parla in assenza: *— laggiù è il suo ufficio*; *mi piace quella con la minigonna* | seguito da una precisazione, indica qlcu. non conosciuto o che non si intende nominare: *— che deve arrivare*; *quelli di Genova* | sostituisce un s. appena impiegato, per evitare ripetizioni: *il piatto bianco e — rosso* | in correlazione con *questo*: *scegliere tra questo e —* | *in quella*, proprio in quell'istante **2** [seguito da pron.rel.] colui; ciò: *lei è quella con cui lavoro*; *amo — che faccio* **3** indica ql.co. o qlcu. già nominato, già noto: *sì, intendevo proprio —* | (spreg.) *non le parlare di —!* | (euf.) *una di quelle*, prostituta **4** *in quel di*..., nella zona di: *in quel di Genova*.
quer|cé|to *s.m.* bosco di querce.
quèr|cia *s.f.* [pl. *-ce*] **1** nome di vari alberi di alto fusto che producono ghiande | (per anton.) la varietà più comune, detta anche *rovere* | **— da sughero**, albero mediterraneo dalla cui corteccia si ricava il sughero **2** legno di rovere, ottimo in edilizia e falegnameria **3** (*fig.*) persona molto forte **4** (*polit.*) partito italiano dei Democratici di Sinistra, che ha tale albero come simbolo: *i candidati della Quercia*.
quer|ciò|lo *s.m.* giovane quercia.
que|rè|la *s.f.* (*dir.*) atto con cui chi si ritiene offeso da un reato non perseguibile d'ufficio chiede un procedimento penale contro il colpevole: *sporgere — contro qlcu*.
que|re|là|bi|le *agg.* (*dir.*) che può essere querelato.
que|re|làn|te *part.pres.* di querelare ♦ *agg.*, *s.m./f.* (*dir.*) che, chi sporge querela.
que|re|là|re *v.tr.* [indic.pres. *io querèlo*...] (*dir.*) denunciare mediante querela | (per anton.) sporgere querela per diffamazione.
que|re|là|to *part.pass.* di querelare ♦ *agg.*, *s.m.* [f. *-a*] (*dir.*) che, chi viene denunciato tramite querela.
querelle (*fr.*) [pr. *kerèl*] *s.f.invar.* dibattito, polemica, spec. su questioni culturali o politiche.
que|ri|mò|nia *s.f.* (*lett.*) lamentela petulante e fuori luogo.
que|ri|mo|nió|so *agg.* (*lett.*) che continua a lamentarsi | lagnoso, lamentoso: *tono —*.
què|ru|lo *agg.* (*lett.*) dal tono lamentoso: *vocina querula*.
query (*ingl.*) [pr. *quèri*] *s.f.invar.* (*inform.*) complesso di istruzioni fornite alla macchina per estrarre da un database, eventualmente in ricerche ripetute, dati di un certo tipo.
que|sì|to *s.m.* domanda, interrogativo: *rispondere a un —*.
qué|sti *pron.dimostr.m.sing.* (*lett.*) [spec. con funzione di sogg.] questa persona (qui presente o appena nominata).
que|stio|nà|re *v.intr.* [indic.pres. *io questióno*...; aus. *A*] **1** discutere: *— di faccende private* **2** litigare, avere un diverbio: *— per soldi*.
que|stio|nà|rio *s.m.* **1** elenco di domande su un tema: *distribuire un —* **2** modulo dove compaiono i quesiti: *compilare il —*.
que|stió|ne *s.f.* **1** argomento da esaminare con cura; problema: *una — seria*; *i termini della —* | **— di principio**, scelta o convinzione indipendente dall'opportunità | **— di vita o di morte**, situazione che potrebbe rivelarsi letale | **mettere ql.co. in —**, metterlo in discussione, in dubbio | **fuori —**, non dubitabile: *le sue doti son fuori —* | (*polit.*) **— di fiducia**, posta dal governo sulla votazione parlamentare di una propria proposta di legge, la cui bocciatura implicherebbe le dimissioni dell'esecutivo **2** problema sociale: *— agraria*; *— meridionale* | annosa vertenza internazionale: *— palestinese*; *— d'Oriente* | (*lett.*) dibattito spec. filologico: *— omerica*; *— della lingua* | (*polit.*) **— morale**, il problema della corruzione tra gli amministratori pubblici **3** controversia, disputa: *— di metodo* | **in —**, di cui si sta parlando: *il tema in —* | *— bizantina*, cavillo **4** lite: *venire a —* | discussione; obiezione: *non è il caso di fare questioni*.
qué|sto *agg.dimostr.* [precede sempre il s.] **1** indica persona o cosa vicina a chi parla: *questa volta è fatta*; *quest'anello è nuovo* | rafforzato da *medesimo*, *stesso*: *fece — medesimo gesto* | **— mondo**, la realtà terrena contrapposta all'aldilà **2** in determinazioni di tempo, indica simultaneità o prossimità: *tornano quest'anno*; *proprio — pomeriggio*; *ci vediamo — lunedì*; *verrete quest'oggi?* | **di questi tempi**, con quello che succede oggigiorno **3** indica ql.co. o qlcu. di cui si sta parlando, o di cui si è appena parlato: *— giovanotto fa al caso tuo* **4** siffatto, del genere: *non sopporto questi ragionamenti* ♦ *pron.dimostr.* [f. *-a*] **1** indica ql.co. o qlcu. vicino a chi parla, oppure ql.co. o qlcu. di cui si parla: *— è veramente elegante*; *il prescelto è —* | in correlazione con *quello*: *preferisci — o quello?* **2** l'argomento di cui si sta parlando: *mi sembra una follia* | **e con —?**, e allora?, che cosa importa?
que|stó|re *s.m.* **1** funzionario di polizia che gestisce una questura | (*polit.*) **— parlamentare**, chi affianca il presidente della Camera o del Senato nel mantenimento dell'ordine durante le sedute **2** (*st.*) magistrato minore dell'antica Roma.
que|stua *s.f.* raccolta delle elemosine: *andare alla —*.
que|stuàn|te *part.pres.* di questuare | *agg.*, *s.m./f.* che, chi raccoglie elemosine, beneficenze.
que|stuà|re *v.intr.* [*io quèstuo*...; aus. *A*] fare la questua, raccogliere elemosine, beneficenze ♦ *tr.* (spec. *fig.*) elemosinare: *— raccomandazioni*.
que|stù|ra *s.f.* **1** ufficio dell'amministrazione statale che in ogni provincia svolge compiti di pubblica sicurezza **2** (*st.*) magistratura minore dell'antica Roma.
que|stu|rì|no *s.m.* (*pop.*) agente di polizia.

quetzal (*sp.*) [pr. *ketsàl*] *s.m.invar.* **1** moneta guatemalteca **2** uccello vivacemente colorato che vive in America centrale.

qui *avv.* **1** in questo posto (con maggiore determinatezza di *qua*): — *da voi si sta bene* | in correlazione con *là* o *lì*: *preferisci — o lì* | preceduto da prep.: *di —; da —* | *(per) di —*, attraverso questo posto: *si entra di —* | *fin —*, fino a questo punto | *essere di —*, essere originario del posto **2** (*fig.*) a questo punto: — *iniziano i guai* | *da, di — a...*, da adesso fino a...: *da — a dopodomani avrai tutto il tempo per finire il lavoro*; fra...: *di — a una settimana* | *di — in avanti*, d'ora in poi | *non finisce —*, la cosa avrà un seguito **3** (*fig.*) in questa situazione, in questo caso: — *servirebbe la sua esperienza* | — *lo dico e — lo nego*, non mi assumo la responsabilità dell'affermazione **4** (*raff.*) con valore enfatico: *vieni un po' —!* | si somma a determinazioni di luogo: — *davanti;* — *sotto* | posposto a *questo*: *vuoi questo —?*

quiche (*fr.*) [pr. *kish*] *s.f.invar.* (*gastr.*) torta salata.

quid (*lat.*) *s.m.invar.* un qualcosa di indeterminato, di indefinibile; non so che: *un — che mi intimorisce*.

quie|scèn|te *agg.* (*scient.*) a riposo; temporaneamente inattivo.

quie|scèn|za *s.f.* **1** stato di riposo, sospensione dell'attività **2** condizione di lavoratore messo a riposo | *trattamento di —*, quello che spetta al lavoratore dipendente al termine dell'attività lavorativa **3** (*geol.*) inattività vulcanica tra due eruzioni **4** (*bot.*) fase del ciclo biologico di un vegetale in cui si interrompono momentaneamente alcune funzioni vitali.

quie|tàn|za *s.f.* (*dir.*) ricevuta rilasciata dal creditore a chi salda il debito.

quie|tan|zà|re *v.tr.* emettere o firmare una ricevuta di pagamento.

quie|tà|re *v.tr.* [indic.pres. *io quièto...*] far stare tranquilli; calmare, placare: — *la folla;* — *i bambini* ♦ *-rsi intr.pron.* ritornare tranquillo; placarsi: *il vento si quietò*.

quiè|te *s.f.* **1** immobilità: *la — delle acque* | (*fis.*) assenza o cessazione di moto: *stato di —* **2** assenza di rumori e movimenti fastidiosi; calma ambientale: *la — del crepuscolo* | tranquillità, riposo: *per guarire ha bisogno di —* | (*fig.*) calma interiore; pace, tranquillità | — *pubblica*, condizione di tranquillità sociale, senza disordini che perturbino la convivenza.

quie|ti|smo *s.m.* **1** (*relig.*) dottrina seicentesca condannata dalla Chiesa, secondo cui la contemplazione era più importante delle pratiche di culto **2** (*estens.*) amore per il quieto vivere | accettazione passiva e indifferente della realtà; apatia.

quie|ti|sta *s.m./f.* [m.pl. *-i*] **1** chi è seguace del quietismo **2** (*estens.*) amante del quieto vivere | persona apatica.

quiè|to *agg.* **1** immobile; tranquillo: *il lago è —* **2** (*estens.*) privo di confusione: *posticino —* | — *vivere*, esistenza priva di conflitti **3** (*fig.*) senza ansie: *un — riposo* **4** (*fig.*) d'indole pacifica: *temperamento —* | che non si agita: *stai —!* □ **quietamente** *avv.*

qui|nà|rio *agg.* costituito da cinque elementi | (*metr.*) si dice di verso di cinque sillabe che ha l'ultimo accento ritmico sulla quarta sillaba | (*mat.*) in base cinque: *numerazione quinaria* ♦ *s.m.* (*metr.*) verso di cinque sillabe che ha l'ultimo accento ritmico sulla quarta sillaba.

quin|di *avv.* in seguito; poi: *feci benzina,* — *ripartii* ♦ *cong.* (*conclusivo*) perciò, di conseguenza: *non ho tempo,* — *vattene*.

quin|di|cèn|ne *agg., s.m./f.* si dice di chi ha quindici anni d'età.

quin|di|cè|si|mo *agg.num.ord.* che in una serie occupa il posto numero quindici | *il secolo —* (o *xv*), gli anni compresi tra il 1401 e il 1500.

quin|di|ci *agg.num.card.invar.* che equivale a una decina più cinque unità | (*anche ell.*) *le (ore) —*, le tre del pomeriggio ♦ *s.m.invar.* **1** il numero naturale che equivale a una decina più cinque unità | il simbolo che rappresenta tale numero | *gioco del —*, in cui si devono ordinare quindici quadratini numerati, che scorrono dentro un quadro che può ospitare sedici **2** (*sport*) squadra di rugby.

quin|di|ci|na *s.f.* **1** insieme di circa quindici unità: *una — di ragazzi* **2** periodo di quindici, o circa quindici, giorni: *la seconda — del mese*.

quin|di|ci|nà|le *agg.* **1** che si verifica ogni quindici giorni: *scadenza —* **2** che ha una durata di quindici giorni: *licenza —* ♦ *s.m.* periodico che esce ogni quindici giorni □ **quindicinalmente** *avv.* ogni quindici giorni.

quin|quen|nà|le *agg.* **1** che dura cinque anni: *piano —* **2** che ha luogo ogni cinque anni ♦ *s.m.* celebrazione di un evento risalente a cinque anni prima.

quin|quèn|nio *s.m.* periodo che dura cinque anni.

quin|ta *s.f.* **1** (*teat.*) armatura rettangolare posta ai lati della scena | (*fig.*) *dietro le quinte*, senza scoprirsi, nell'ombra, spec. a tramare o a gestire di nascosto | (*foto.*, *cine.*) *di —*, situato a lato dell'inquadratura, in primo piano **2** (*auto.*) quinta marcia nel cambio di velocità **3** quinta classe di un corso scolastico: *fare la — liceo* **4** (*mus.*) nella scala diatonica, intervallo sonoro che comprende cinque note **5** (*sport*) posizione schermistica di guardia.

quin|tà|le *s.m.* misura di peso corrispondente a 100 kg.

quin|tèr|no *s.m.* fascicolo di venti pagine, costituito da cinque fogli piegati a metà e inseriti l'uno dentro l'altro.

quin|tes|sèn|za *s.f.* **1** (*filos.*) secondo Aristotele, l'etere come elemento del mondo celeste | per gli alchimisti, essenza purissima di una sostanza, ricavata attraverso cinque distillazioni **2** (*fig.*) natura intima, senso profondo | grado massimo, per lo più in senso morale: *sei la — dell'egoismo*.

quin|tét|to *s.m.* **1** (*mus.*) composizione per cinque musicisti o voci | gruppo musicale composto da cinque persone: — *soul* 2 compagnia ben assortita di cinque individui.

quin|to *agg.num.ord.* che in una serie occupa il posto numero cinque | *il secolo* — (o *v*), gli anni compresi tra il 401 e il 500 | — *potere*, la televisione | *quinta colonna*, chi opera nell'ombra a favore dell'avversario | *quinta malattia*, malattia infantile simile al morbillo ♦ *s.m.* quinta parte dell'intero.

quin|tu|pli|cà|re *v.tr.* [indic.pres. *io quintùplico, tu quintùplichi*...] (*mat.*) moltiplicare per cinque | aumentare di cinque volte: — *il patrimonio* ♦ **-rsi** *intr.pron.* accrescersi di cinque volte.

quin|tù|pli|ce *agg.* formato da cinque parti, elementi | che si ripete cinque volte.

quin|tu|plo *agg.* 1 maggiore di cinque volte 2 costituito da cinque parti: *filo* — ♦ *s.m.* quantità cinque volte maggiore: *chiedere il* —.

qui|pro|quò o **qui pro quo** *s.m.invar.* equivoco, fraintendimento.

qui|ri|na|li|sta *s.m./f.* [pl. *-i*] (*giorn.*) esperto di temi legati alla Presidenza della Repubblica italiana.

qui|rì|te *agg.* 1 (*st.*) dell'antica Roma: *tribù* — 2 (*lett., scherz.*) romano: *nobiltà* — ♦ *s.m.* (*st.*) cittadino di Roma antica.

qui|squi|lia *s.f.* cosa da nulla; bazzecola: *non perderti in simili quisquilie.*

quì|vi *avv.* (*lett.*) 1 là (lontano da chi parla e da chi ascolta) 2 a quel punto; allora.

quiz *s.m.invar.* quesito posto ai partecipanti a un gioco, ai candidati a un esame: *i* — *di selezione* | (*gioco a*) —, basato su una serie di quesiti: — *televisivo.*

quò|rum (*lat.*) *s.m.invar.* quota minima richiesta perché un'elezione o una delibera sia valida; numero legale.

quò|ta *s.f.* 1 parte di un tutto che spetta a ciascuno degli aventi diritto: — *di un bene immobile*; — *ereditaria* | — *di immigrazione*, numero di persone legalmente autorizzate a immigrare | — *di produzione*, tetto massimo imposto da accordi sopranazionali alla produzione di un genere alimentare in un singolo Stato 2 parte di una somma che ciascuno deve pagare o riscuotere: — *di partecipazione* 3 nelle scommesse, proporzione tra la posta da giocare e la cifra che verrà pagata in caso di vincita: *una* — *di tre a uno* | nei concorsi a montepremi variabile (p.e. il totocalcio), somma che va a ciascun vincitore: *quote popolari* 4 (*geog.*) distanza di una località da un piano orizzontale di riferimento; gener. altitudine sul livello del mare: *raggiungere* — *900* | (*estens.*) altezza dal suolo | *prendere* —, riferito a un velivolo, alzarsi in volo; (*fig.*) riferito a progetto e sim., svilupparsi, avere successo | *perdere* —, riferito a velivolo, abbassarsi in volo; (*fig.*) riferito a progetto e sim., entrare in crisi 5 (*arch., tecn.*) nei disegni tecnici, misura di ciascuna delle varie parti dell'oggetto rappresentato.

quo|tà|re *v.tr.* [indic.pres. *io quòto*...] 1 (*fin.*) fissare il prezzo in borsa e nel mercato dei cambi: — *un'azione* 2 (*comm.*) stabilire il valore, il prezzo 3 in un pagamento collettivo, determinare la quota di ciascuno: — *gli iscritti per tre euro* 4 nelle scommesse, definire la quotazione di un cavallo o di un concorrente 5 (*fig.*) valutare positivamente; stimare: — *un'opera* 6 riferito a mappe e disegni tecnici, completare con le quote relative a ciascuna dimensione.

quo|tà|to *part.pass.* di quotare ♦ *agg.* 1 (*spec.fin., comm.*) che ha una quotazione: — *in borsa* 2 (*fig.*) apprezzato: *un artista* —.

quo|ta|zió|ne *s.f.* 1 atto del quotare | (*comm.*) valutazione di mercato 2 (*fin.*) prezzo in borsa di un titolo | tasso quotidiano del cambio di una moneta 3 nelle scommesse, definizione del rapporto tra posta e vincita 4 (*fig.*) stima di cui una persona gode in relazione alla sua attività: *le sue quotazioni sono in rialzo.*

quo|ti|dia|ni|tà *s.f.* 1 il fatto che una cosa accada tutti i giorni; normalità, ordinarietà 2 la realtà di sempre.

quo|ti|dià|no *agg.* 1 di ogni giorno: *esercizio* — | *stampa quotidiana*, i giornali che escono tutti i giorni | (*fig.*) *il pane* —, il necessario per vivere 2 (*fig.*) usuale, abituale: *le abitudini quotidiane* ♦ *s.m.* giornale che esce tutti i giorni: — *nazionale* □ **quotidianamente** *avv.* ogni giorno.

quo|ti|sta *s.m./f.* [m.pl. *-i*] socio di una società a responsabilità limitata.

quo|tiz|zà|re *v.tr.* dividere in quote | suddividere in lotti: — *un terreno.*

quo|tiz|za|zió|ne *s.f.* divisione in quote.

quò|to *s.m.* (*mat.*) quoziente di divisione con resto zero.

quo|zièn|te *s.m.* 1 (*mat.*) risultato di una divisione 2 (*stat.*) indice numerico che esprime un rapporto: — *di natalità* | (*psicol.*) — *d'intelligenza*, indice di sviluppo mentale.

qwerty [pr. *kuèrti*] *solo nella loc.* **tastiera** —, quella standard anglosassone, diffusa spec. in informatica, individuata dalle prime lettere della riga alfabetica superiore.

Rr

r *s.f./m.invar.* diciottesima lettera dell'alfabeto (il suo nome è *erre*); consonante liquida vibrante | — *come Roma*; si usa nella compitazione, spec. telefonica, delle parole.
ra- → **ri-**.
ra|bar|ba|ro *s.m.* **1** pianta erbacea di origine orientale, dal cui rizoma si ricava una sostanza amara medicinale **2** liquore digestivo preparato con il rizoma di tale pianta.
rab|ber|cià|re *v.tr.* [indic.pres. *io rabbèrcio...*] mettere a posto alla meglio: — *una tenda* | (*fig.*) correggere in qualche maniera: — *uno scritto*.
rab|ber|cia|tù|ra *s.f.* operazione con cui si rabbercia | risultato del rabberciare.
ràb|bia *s.f.* **1** (*vet., med.*) malattia virale che colpisce vari mammiferi ed è trasmissibile anche all'uomo tramite il morso; si manifesta con agitazione, spasmi della laringe a contatto con l'acqua e paralisi cardio-respiratoria; idrofobia **2** (*fig.*) violenta irritazione; ira: *essere in preda alla* — **3** (*fig.*), stizza, disappunto: *che — vederti così!* **4** (*fig.*) accanimento: *studiare con —*.
ràb|bi|co *agg.* [m.pl. *-ci* (*vet., med.*) relativo alla rabbia.
rab|bi|ni|co *agg.* [m.pl. *-ci*] di rabbino, relativo ai rabbini: *scuola rabbinica*.
rab|bi|ni|smo *s.m.* dottrina trasmessa dai rabbini, che costituisce l'interpretazione tradizionale della legge giudaica.
rab|bi|no *s.m.* **1** (*st.*) dottore della legge fra gli Ebrei **2** (*relig.*) guida spirituale di una comunità ebraica.
rab|bió|so *agg.* **1** (*vet., med.*) malato di rabbia: *cane* — **2** (*di persona*) che si infuria facilmente, collerico; pieno di rabbia | (*di azione*) che mostra rabbia: *reazione rabbiosa* **3** accanito; furibondo: *brama rabbiosa* □ **rabbiosamente** *avv.*
rab|boc|cà|re *v.tr.* [indic.pres. *io rabbócco, tu rabbócchi...*] riempire fino all'orlo, spec. con liquidi: — *la brocca* | aggiungere fino al livello corretto.
rab|bóc|co *s.m.* aggiunta di liquido in un recipiente per ripristinarne il livello corretto: — *d'olio nel motore*.
rab|bo|nì|re *v.tr.* [indic.pres. *io rabbonisco, tu rabbonisci...*] far tornare tranquillo ♦ **-rsi** *intr. pron.* tornare alla calma, placarsi.
rab|bri|vi|dì|re *v.intr.* [indic.pres. *io rabbrividisco, tu rabbrividisci...*; aus. E] **1** avere, sentire i brividi: — *per il freddo* **2** (*fig.*) trasalire per l'orrore, lo sgomento e sim.: *la paura lo fece —*.
rab|buf|fà|re *v.tr.* **1** mettere in disordine, scompigliare: — *i capelli* **2** (*fig.*) rimproverare duramente ♦ **-rsi** *intr.pron.* (*meteor.*) volgere al brutto; minacciare tempesta.
rab|buf|fà|to *part.pass.* di rabbuffare ♦ *agg.* **1** disordinato, arruffato: *pelo* — **2** (*spec. di mare*) che minaccia tempesta.
rab|bùf|fo *s.m.* rimprovero severo.
rab|bu|iàr|si *v.intr.pron.* [indic.pres. *io mi rabbùio...*] **1** divenire buio; oscurarsi: *l'orizzonte si rabbuia* **2** (*fig.*) farsi scuro in volto; incupirsi: — *per una notizia*.
ràb|do- primo elemento di parole composte che significa "bastone" (*rabdomante*) o "a forma di bastone" (*Rabdoceli*).
Rab|do|cè|li *s.m.pl.* ordine di vermi turbellari che vivono in acqua o nella terra umida.
rab|do|màn|te *s.m./f.* **1** chi esercita l'arte divinatoria di individuare fonti d'acqua servendosi di una bacchetta **2** (*estens.*) radioestesista.
rab|do|màn|ti|co *agg.* [m.pl. *-ci*] **1** relativo al rabdomante o alla rabdomanzia **2** (*estens.*) radioestesico.
rab|do|man|zì|a *s.f.* **1** arte divinatoria di individuare fonti sotterranee d'acqua grazie alle vibrazioni di una bacchetta che si tiene in mano **2** (*estens.*) radioestesia.
ra|bi|cà|no *agg., s.m.* si dice di cavallo dal manto scuro a chiazze bianche.
rac|ca|pez|zà|re *v.tr.* [indic.pres. *io raccapézzo...*] **1** mettere insieme con difficoltà; racimolare: — *quattro soldi* **2** trovare a fatica | (*fig.*) arrivare a capire: — *la vicenda* ♦ **-rsi** *intr.pron.* **1** (*anche fig.*) orientarsi: — *tra mille problemi* **2** (*anche assol.*) arrivare a spiegarsi; capire: *non si raccapezza più degli sviluppi*.
rac|ca|pric|ciàn|te *part.pres.* di raccapricciare ♦ *agg.* agghiacciante; orrendo: *massacro* — | (*iperb.*) bruttissimo.
rac|ca|pric|cià|re *v.intr.* [indic.pres. *io raccapriccio...*; aus. E] provare raccapriccio; inorridire: *la scena ci fece —*.
rac|ca|prìc|cio *s.m.* profondo turbamento pieno d'orrore o disgusto.
rac|cat|ta|fié|no *s.m.invar.* rastrello meccanico che raccoglie il fieno in cumuli.
rac|cat|ta|pàl|le *s.m./f.invar.* (*calcio, tennis*) chi è incaricato di recuperare la palla uscita dal campo di gioco per restituirla ai giocatori.
rac|cat|tà|re *v.tr.* **1** raccogliere da terra, spec. ciò che è caduto o che è stato gettato: — *il biglietto* **2** (*fig.*) mettere insieme a stento; racimolare: — *adesioni*.

rac|chét|ta *s.f.* **1** attrezzo per giocare a tennis, formato da un telaio ovale con cordatura a rete, dotato di un lungo manico | attrezzo di dimensioni minori, con manico corto e piano battente in legno rivestito, usato per giocare a ping-pong | (*estens.*) campione di tennis: *torneo con le migliori racchette* **2** ciascuno dei due bastoncini con un dischetto all'estremità, che servono agli sciatori per mantenersi in equilibrio e spingersi sulla neve **3** — *da neve*, attrezzo costituito da un telaio di legno con cordatura che si applica sotto lo scarpone per camminare sulla neve fresca.
rac|chet|tà|re *v.intr.* (*gerg.*) avanzare sugli sci spingendosi con le racchette.
rac|chet|tó|ne *s.m.* grossa racchetta rotonda per giocare a rilanciarsi la palla al volo, spec. su prati e spiagge.
ràc|chio *agg., s.m.* [f. -*a*] (*fam.*) che, chi è brutto, sgraziato.
rac|chiù|de|re *v.tr.* [con. come *chiudere*] (anche *fig.*) tenere chiuso in sé; contenere: *quella casa racchiude un segreto*.
rac|cò|glie|re *v.tr.* [con. come *cogliere*] **1** prendere da terra: — *un sasso* **2** cogliere prodotti della terra: — *funghi* **3** (*fig.*) ricevere; ottenere: — *complimenti;* — *importanti risultati;* **4** (anche *fig.*) riunire, mettere insieme: — *dati;* — *le forze* | reperire: — *prove* | collezionare: — *fumetti* | — *le idee*, riflettere per organizzare in modo razionale ciò che si pensa su un dato argomento **5** accogliere, accettare: — *la sfida* | (*fig.*) **non** —, non badare a una provocazione, a una proposta e sim. **6** ripiegare insieme, avvolgere: — *la tovaglia* ♦ **-rsi** *rifl.* **1** rannicchiarsi: — *in posizione fetale* **2** (*fig.*) concentrarsi: — *in preghiera* ♦ *intr.pron.* (*di persone*) riunirsi, radunarsi: — *intorno al fuoco* | (*di cosa*) condensarsi, ammassarsi; convergere: *l'acqua si raccoglie nel bacino.*
rac|co|gli|mén|to *s.m.* atto del raccogliersi spiritualmente; meditazione.
rac|co|glì|tic|cio *agg.* [f.pl. -*ce*] (anche *fig.*) raccolto a caso qua e là: *esercito* —.
rac|co|gli|tó|re *s.m.* **1** [f. -*trice*] chi raccoglie: — *di mele;* — *di testimonianze* **2** cartella per documenti, schede e sim.
rac|co|gli|trì|ce *s.f.* macchina per la raccolta automatica di prodotti agricoli.
rac|còl|ta *s.f.* **1** azione, operazione con cui si raccoglie, si raduna ql.co.: — *di fondi* | — *differenziata*, quella in cui i rifiuti vengono raccolti in contenitori diversi, a seconda dei processi di riciclaggio che possono subire **2** (*agr.*) operazione per cogliere periodicamente i prodotti maturi: *la* — *delle patate* **3** (*estens.*) insieme di cose raccolte secondo un criterio: — *di poesie, di testi specialistici* | collezione: — *di francobolli* **4** adunata | *chiamare a* —, far convenire **5** concentramento; accoglienza: *centro di* —.
rac|còl|to *part.pass. di* raccogliere ♦ *agg.* **1** tenuto assieme, stretto: *capelli raccolti in una crocchia* **2** rannicchiato: *stare tutto* — **3** (*fig.*) concentrato, intento | contenuto: *emozione raccolta* **4** (*fig.*) tranquillo, appartato, intimo: *un angolino* — ♦ *s.m.* (*agr.*) complesso dei prodotti ricavati durante l'anno da una coltivazione: *magro* — ☐
raccoltamente *avv.* con concentrazione | in maniera composta.
rac|co|man|dà|bi|le *agg.* che è da raccomandarsi: *lettura* — | *poco* —, si dice di persona poco affidabile o di dubbia onestà.
rac|co|man|dà|re *v.tr.* **1** affidare all'assistenza, alla protezione altrui: *ti raccomando i miei figli* **2** favorire mediante il proprio autorevole appoggio, la propria influente intercessione, spec. in esami, concorsi e sim. **3** consigliare: — *un ristorante;* — *cautela* ♦ **-rsi** *rifl.* **1** implorare aiuto; affidarsi: — *a Dio* **2** sollecitare caldamente: *si è raccomandato di far presto* | (*assol.*) *mi raccomando!*, come formula esortativa: *è importante, mi raccomando!* **3** risultare preferibile per le ottime qualità: *un prodotto che si raccomanda da sé.*
rac|co|man|dà|ta *s.f.* sistema di spedizione postale in cui l'inoltro al destinatario è assicurato: *inviare tramite* — | busta o pacco così inviato.
rac|co|man|da|tà|rio *s.m.* [f. -*a*] **1** persona a cui è stata rivolta una raccomandazione; chi ha ql.co. in affidamento **2** (*mar.*) agente che provvede per conto dell'armatore alle necessità della nave in porto.
rac|co|man|dà|to *part.pass. di* raccomandare ♦ *agg.* **1** favorito da protezioni e appoggi influenti **2** spedito con raccomandata: *lettera raccomandata* ♦ *s.m.* [f. -*a*] chi gode di raccomandazioni vantaggiose | (*gerg.*) — *di ferro*, chi ha protezioni davvero potenti.
rac|co|man|da|zió|ne *s.f.* **1** atto con cui si raccomanda, si affida ad altri qlcu. o ql.co. **2** segnalazione di qlcu. a chi potrebbe agevolarlo: — *per un impiego* esortazione autorevole; consiglio: — *materna* **4** spedizione per raccomandata: *diritto di* —.
rac|co|mo|dà|re *v.tr.* [indic.pres. *io raccòmodo*...] **1** rimettere in buono stato: — *un attrezzo* **2** rimettere in ordine: — *le lenzuola* **3** (*fig.*) sistemare; comporre: — *un contrasto.*
rac|co|mo|da|tù|ra *s.f.* azione con cui si raccomoda.
rac|con|tà|bi|le *agg.* che può essere raccontato senza problemi, senza imbarazzi: *un'esperienza* —.
rac|con|tà|re *v.tr.* [indic.pres. *io raccónto*...] **1** esporre, spec. a voce, una vicenda reale o immaginaria: — *ciò che si è sognato;* — *tutto per filo e per segno* | narrare: — *una fiaba* | (*coll.*) *raccontarla*, annoiare con chiacchiere: *l'ha raccontata per tutta la mattina;* dare a intendere il falso: *a noi non la racconti* | *saperla* —, mentire con naturalezza ♦ *intr.* parlare, discorrere intorno a un tema: *raccontagli di noi* | trattare: *il libro racconta di un nuovo fenomeno.*
rac|cón|to *s.m.* **1** attività del raccontare: *sta fornendo un* — *dettagliato* | fatto raccontato **2** (*lett.*) componimento in prosa di lunghezza contenuta: — *dell'orrore.*
rac|cor|cià|re *v.tr.* accorciare.
rac|cor|dà|re *v.tr.* [indic.pres. *io raccòrdo*...] **1**

raccordo

mettere in comunicazione tramite un raccordo 2 (*fig.*) collegare: — *due argomenti*.
rac|còr|do *s.m.* 1 elemento di collegamento tra due o più parti 2 tratto di strada che congiunge due arterie di grandi traffico, spec. autostrade | — *anulare*, strada di circonvallazione ad anello | — *ferroviario*, tratto di ferrovia che si dirama dalla linea principale per consentire l'accesso diretto a stabilimenti, magazzini, porti e sim. 3 (*tecn.*) elemento che collega due tubi di diverso diametro o direzione: — *a manicotto* 4 (*cine.*, *lett.*) nesso tra due scene o due episodi di una narrazione.
rac|coz|zà|re *v.tr.* [indic.pres. *io raccòzzo...*] 1 mettere insieme a stento: *riuscì a — alcuni volontari* 2 riunire in modo frettoloso e disordinato: — *le proprie cose*.
ra|cè|mo *s.m.* 1 (*bot.*) grappolo, spec. d'uva 2 (*arch.*) motivo ornamentale formato da tralci vegetali che si intrecciano, terminando spesso con un grappolo stilizzato.
ra|ce|mó|so *agg.* (*bot.*, *med.*) a grappolo: *infiorescenza racemosa; escrescenza racemosa*.
racer (*ingl.*) [pr. *réiser*] *s.m.invar.* motoscafo da gara.
rà|chi- (*scient.*) primo elemento di parole composte che significa "spina dorsale" (*rachianestesia*).
ra|chi|al|gì|a *s.f.* (*med.*) dolore alla spina dorsale.
ra|chi|a|ne|ste|sì|a *s.f.* (*med.*) anestesia effettuata introducendo l'anestetico nel canale vertebrale.
ra|chi|cen|tè|si o **rachicèntesi** *s.f.* (*med.*) prelievo di un campione di liquido cefalorachidiano mediante puntura lombare.
rà|chi|de *s.m./f.* 1 (*anat.*) colonna vertebrale 2 (*bot.*) nervatura centrale della foglia | asse principale dell'infiorescenza 3 (*zool.*) asse delle penne degli Uccelli.
ra|chi|dè|o *agg.* (*anat.*) della colonna vertebrale.
ra|chi|schì|si *s.f.* (*med.*) fessura verticale congenita in alcune vertebre; spina bifida.
ra|chì|ti|co *agg.* [m.pl. *-ci*] 1 (*med.*) affetto da rachitismo: *corpo* — 2 (*estens.*) debole e stentato: *una piantina rachitica* ♦ *s.m.* [f. *-a*] (*med.*) chi è affetto da rachitismo.
ra|chi|tì|smo *s.m.* (*med.*) malattia dell'infanzia in cui le ossa non si calcificano correttamente per carenza di vitamina D, compromettendo lo sviluppo dello scheletro.
ra|ci|mo|là|re *v.tr.* [indic.pres. *io racimolo...*] raccogliere a poco a poco, a fatica: — *riserve per l'inverno*.
ra|ci|mo|lo *s.m.* piccolo grappolo d'uva | rametto di grappolo d'uva.
rack (*ingl.*) *s.m.invar.* 1 piccolo mobile a ripiani per sistemare i componenti di un impianto stereo 2 telaio in acciaio per collocare apparecchi elettronici modulari.
racket (*ingl.*) *s.m.invar.* organizzazione della malavita che estorce denaro con la violenza, l'intimidazione, il ricatto: *il — dell'immigrazione clandestina*.

rà|da *s.f.* ampia insenatura riparata.
rà|dar *s.m.invar.* 1 apparecchio elettronico capace di localizzare oggetti e radioguidare aeromobili mediante l'emissione di radioonde che, incontrando un ostacolo, vengono rinviate a esso per riflessione 2 (*scherz.*) intuito eccezionale; sensibilità spiccata ♦ *agg.invar.* relativo al radar | (*pop.*) *uomini* —, controllori di volo.
ra|dar|fà|ro *s.m.* tipo speciale di radiofaro per l'assistenza aerea o marittima tramite radar.
ra|da|ri|sta *s.m./f.* [m.pl. *-i*] addetto al radar.
ra|dar|te|ra|pì|a *s.f.* (*med.*) fisioterapia che sfrutta le onde radar per generare calore nei tessuti profondi dell'apparato muscolo-scheletrico.
rad|den|sà|re *v.tr.* [indic.pres. *io raddènso...*] rendere più denso, più fitto; addensare ♦ -**rsi** *intr.pron.* diventare più denso, più fitto: *la nebbia si raddensa*.
rad|dòb|bo *s.m.* (*mar.*) riparazione delle avarie di una nave.
rad|dol|ci|re *v.tr.* (*anche fig.*) addolcire ♦ -**rsi** *intr.pron.* 1 del tempo, diventare più mite 2 (*fig.*) di persona, diventare più dolce.
rad|dop|pia|mén|to *s.m.* 1 operazione che rende doppio | (*estens.*) incremento, intensificazione 2 (*ling.*) ripetizione immediata di una parola per intensificarne il significato (p.e. *subito subito*) 3 gioco enigmistico in cui si raddoppia la consonante di una parola per ottenerne un'altra di significato diverso (p.e. *moto, motto*).
rad|dop|pià|re *v.tr.* [indic.pres. *io raddóppio...*] 1 rendere doppio: — *i prezzi* 2 (*estens.*) aumentare: — *le energie* ♦ *intr.* [aus. *E*] 1 diventare doppio 2 (*estens.*) accrescersi: *gli impegni raddoppiano*.
rad|dop|pià|to *part.pass. di* raddoppiare ♦ *agg.* 1 accresciuto del doppio: *puntata raddoppiata* 2 (*estens.*) molto aumentato: *con — entusiasmo* 3 ripiegato in due: *copriletto* —.
rad|dóp|pio *s.m.* 1 incremento di due volte | (*estens.*) aumento 2 (*ferrovia*) costruzione di un secondo binario 3 (*sport*) marcatura effettuata da due difensori su uno stesso avversario.
rad|driz|zà|bi|le *agg.* che può essere raddrizzato.
rad|driz|za|mén|to *s.m.* 1 azione che raddrizza 2 (*fis.*) conversione di corrente alternata in corrente continua o pulsante.
rad|driz|zà|re *v.tr.* 1 far tornare diritto: — *una sbarra* | rimettere in posizione verticale: — *un quadro* 2 (*fig.*) correggere da errori o difetti: — *le idee a qlcu*. 3 (*estens.*) accomodare, sistemare 4 (*fis.*) rendere continua o pulsante una corrente alternata ♦ -**rsi** *intr.pron.* 1 rimettersi diritto 2 (*fig.*) tornare sulla buona strada | (*estens.*) mettersi a posto, aggiustarsi: *gli affari si raddrizzeranno* 3 del tempo, volgere al bello.
rad|driz|za|tó|re *s.m.* (*fis.*) dispositivo che converte la corrente alternata in corrente continua, permettendone il passaggio solo in un senso.
ra|dèn|te *part.pres. di* radere ♦ *agg.* che percorre una traiettoria vicina al suolo: *tiro* —; *a volo* — | *luce* —, che incide parallelamente sulla su-

radio

perficie di un corpo | *sole* —, vicino all'orizzonte.
rà|de|re *v.tr.* [pass.rem. *io rasi, tu radésti...*; part.pass. *raso*] **1** privare del pelo grazie al rasoio | tagliare: — *i capelli* | — *qlcu.*, fargli la barba **2** abbattere, distruggere | — *al suolo*, demolire completamente, spec. città o edifici **3** (*fig.*) sfiorare, rasentare: *volare radendo il mare* ♦ -**rsi** *rifl.* sbarbarsi.
ra|dià|le¹ *agg.* (*mat.*) che è nella direzione del raggio di una cerchio | che è disposto su direzioni uscenti da un centro | (*auto.*) **pneumatico** —, quello con la carcassa formata da fili disposti a raggiera rispetto al mozzo della ruota | (*astr.*) **velocità** —, velocità con cui un astro si allontana o avvicina alla Terra ♦ *s.f.* arteria stradale o linea tranviaria che unisce il centro alla periferia ♦ *s.m.* (*auto.*) pneumatico radiale.
ra|dià|le² *agg.* (*anat.*) relativo al radio | che sta nel lato esterno dell'avambraccio o della mano.
ra|dian|te¹ *agg.* (*fis.*) che emette luce o calore per irraggiamento: *pannello* —.
ra|dian|te² *s.m.* (*mat.*) unità di misura degli angoli piani nel Sistema Internazionale; equivale all'angolo al centro di una circonferenza che insiste su un arco lungo quanto il raggio.
ra|dià|re *v.tr.* [indic.pres. *io ràdio...*] (*bur.*) cancellare dall'elenco degli associati, aventi diritto, iscritti al ruolo ecc., spec. come sanzione disciplinare; espellere: — *dall'albo*; *lo hanno radiato dall'esercito*.
ra|dià|to¹ *part.pass. di* radiare ♦ *agg.*, *s.m.* che, chi è stato espulso da un'associazione, da un albo e sim.
ra|dià|to² *agg.* **1** disposto a raggi **2** contornato di raggi: *aureola radiata* **3** (*bot.*) si dice di grosso fiore alla periferia di un'ombrella.
ra|dia|tó|re *s.m.* **1** (*fis.*) corpo atto a emettere radiazioni **2** (*tecn.*) calorifero **3** (*tecn., auto.*) dispositivo che serve a disperdere il calore nei motori a combustione interna.
ra|dia|to|rì|sta *s.m./f.* [m.pl. -*i*] meccanico che monta e ripara radiatori per autoveicoli.
ra|dia|zió|ne¹ *s.f.* (*fis.*) fenomeno per cui dalla materia si libera energia sotto forma di corpuscoli o di onde elettromagnetiche | i corpuscoli o le onde così emesse: — *solare*.
ra|dia|zió|ne² *s.f.* (*bur.*) cancellazione da un elenco di membri, da un albo, da un ruolo e sim.; espulsione.
rà|di|ca *s.f.* **1** legno pregiato ricavato dalla radice del noce, usato in opere di falegnameria e intarsio **2** legno ottenuto dalla radice di una specie di erica, utilizzato per fabbricare pipe.
radical-chic (*ingl.*) [pr. *radicalscìk*) *agg.invar.*, *s.m./f.invar.* che, chi manifesta con snobismo tendenze politiche radicali.
ra|di|cà|le *agg.* **1** (*bot.*) della radice: *assorbimento* — **2** (*fig.*) che modifica fin dalle basi; che interviene in profondità: *revisione* — **3** (*polit.*) che propugna un profondo rinnovamento sociale | che non accetta mediazioni: *ala* — *del movimento* ♦ *s.m.* **1** (*polit.*) [anche f.] sostenitore del radicalismo | membro del Partito radicale **2** (*mat.*) radicando sotto il simbolo di radice con relativo indice **3** (*chim.*) residuo di molecola organica che ha perso un elettrone e che tende a legarsi come blocco unico **4** (*ling.*) radice di una parola □ **radicalmente** *avv.* dalle radici, dalle basi: *ripensare* — | totalmente; profondamente.
ra|di|ca|leg|giàn|te *agg.* (*polit.*) favorevole a profonde riforme sociali | simpatizzante del Partito radicale.
ra|di|ca|lì|smo *s.m.* (*polit.*) orientamento favorevole a un programma di riforme radicali | (*estens.*) rifiuto estremistico di ogni mediazione.
ra|di|ca|li|tà *s.f.* **1** drasticità | incisività **2** (*fig.*) netta intransigenza.
ra|di|ca|liz|zà|re *v.tr.* spingere all'estremo; esasperare: — *il conflitto* ♦ -**rsi** *intr.pron.* **1** (*di contrasto, differenza*) inasprirsi **2** (*di persona*) diventare intransigente.
ra|di|ca|liz|za|zió|ne *s.f.* estremizzazione, inasprimento: *la* — *del problema*.
ra|di|ca|mén|to *s.m.* **1** processo in cui una pianta mette radici | condizione di ciò che ha messo radici **2** (*fig.*) inserimento organico in un ambiente: — *del partito sul territorio*.
ra|di|càn|do *s.m.* (*mat.*) numero, espressione sotto radice.
ra|di|cà|re *v.intr.* [indic.pres. *io ràdico, tu ràdichi...*; aus. E] (*anche fig.*) mettere radici ♦ -**rsi** *intr.pron.* penetrare profondamente, stabilmente: *la paura gli si radicò dentro*.
ra|di|cà|to *part.pass. di* radicare ♦ *agg.* (*bot.*) che ha messo le radici | (*fig.*) penetrato in profondità, fissato stabilmente: *pregiudizio* —.
ra|dìc|chio *s.m.* cicoria amara che si consuma sia cruda sia cotta.
ra|dì|ce *s.f.* **1** (*bot.*) organo delle piante che si addentra nel terreno con funzione di sostegno e di assorbimento degli alimenti: — *a fittone* | **mettere radici**, attecchire; (*di motivo culturale*) penetrare a fondo; (*di persona*) stabilirsi in un luogo **2** (*estens.*) la parte più bassa di ql.co.: *le radici del vulcano* **3** (*fig.*) origine, causa: *curare alla* — **4** (*anat.*) struttura che dà stabilità a un organo: — *del dente* | tratto iniziale di un organo: — *del capello* **5** (*ling.*) elemento irriducibile di una parola, che appare con un significato stabile in tutti i vocaboli appartenenti alla stessa famiglia lessicale **6** (*mat.*) quantità che, elevata alla potenza espressa dall'indice del radicale, riproduce il radicando: *estrarre la* — *cubica* | soluzione di un'equazione.
ra|di|chét|ta *s.f.* (*bot.*) abbozzo di radice | parte dell'embrione da cui si sviluppa la radice.
ra|di|co|lì|te *s.f.* (*med.*) infiammazione delle radici dei nervi cranici o spinali.
ra|die|sté|si|a *s.f. e deriv.* → **radioestesia** *e deriv.*
rà|dio¹ *s.f.invar.* **1** (*abbr.*) radiofonia: *fare* — *di qualità* **2** organizzazione che gestisce trasmissioni radiofoniche: *lavorare alla* — | stazione che trasmette programmi radiofonici **3** apparecchio radiofonico: *accendere la* — ♦ *agg.invar.* **1** relativo a radioonde; realizzato tramite radioonde: *ponte* — **2** trasmesso per radio; radiofonico: *an-*

nuncio — | (*giorn.*) *giornale —*, notiziario diffuso alla radio.
rà|dio² *s.m.invar.* (*anat.*) osso lungo dell'avambraccio.
rà|dio³ *s.m.* elemento chimico metallico, presente nei minerali di uranio e altamente radioattivo (*simb.* Ra); si usa in varie ricerche scientifiche.
rà|dio-¹ primo elemento di parole composte che indica relazione con radiazioni, spec. di tipo radioattivo (*radiocarbonio*), con energie raggianti, spec. con i raggi X (*radiologia*), o con onde elettromagnetiche, spec. quelle hertziane (*radioonda*).
rà|dio-² primo elemento di parole composte che hanno a che fare con trasmissioni o apparecchi radiofonici (*radioamatore*).
ra|dio|a|ma|tó|re *s.m.* [f. *-trice*] chi ha la passione di comunicare con altri tramite una radio ricetrasmittente, su bande di frequenza autorizzate e secondo codici definiti.
ra|dio|a|ma|to|riá|le *agg.* da radioamatore.
ra|dio|a|scol|ta|tó|re *s.m.* [f. *-trice*] chi ascolta trasmissioni radiofoniche.
ra|dio|as|si|stèn|za *s.f.* assistenza via radio alla navigazione aerea e marittima.
ra|dio|a|stro|no|mì|a *s.f.* branca dell'astronomia che studia i corpi celesti attraverso le radioonde che emettono.
ra|dio|at|ti|vi|tà *s.f.* (*fis.*) proprietà di un elemento chimico di emettere radiazioni di tipo corpuscolare o elettromagnetico per disintegrazione del nucleo.
ra|dio|at|ti|vo *agg.* che emette radiazioni capaci di attraversare corpi opachi, generare fluorescenza, polarizzare elettricamente il gas, impressionare lastre fotografiche: *isotopo —* □ **radioattivamente** *avv.*
ra|dio|bio|lo|gì|a *s.f.* ramo della biofisica che studia gli effetti delle radiazioni sugli individui.
ra|dio|bùs|so|la *s.f.* (*aer., mar.*) radiogoniometro di bordo.
ra|dio|ca|nà|le *s.m.* (*telecom.*) intervallo di frequenza assegnato a un'emittente radio.
ra|dio|car|bò|nio *s.m.* (*fis.*) isotopo radioattivo del carbonio, avente numero di massa 14, impiegato per ricerche archeologiche.
ra|dio|col|le|ga|mén|to *s.m.* collegamento tramite radioonde.
ra|dio|co|man|dà|re *v.tr.* comandare a distanza mediante onde elettromagnetiche.
ra|dio|co|man|dà|to *part.pass. di* radiocomandare ♦ *agg.* comandato a distanza tramite onde elettromagnetiche: *apparecchio —*.
ra|dio|co|màn|do *s.m.* comando a distanza con onde elettromagnetiche.
ra|dio|co|mu|ni|ca|zió|ne *s.f.* sistema di comunicazione a distanza mediante radioonde.
ra|dio|con|ta|mi|na|zió|ne *s.f.* contaminazione da emissioni radioattive.
ra|dio|cró|na|ca *s.f.* cronaca di un avvenimento trasmessa per radio: *— della partita.*

ra|dio|cro|ni|sta *s.m./f.* [m.pl. *-i*] chi fa radiocronache.
ra|dio|cro|no|lo|gì|a *s.f.* sistema per datare reperti archeologici e geologici sulla base del decadimento dei loro elementi radioattivi.
ra|dio|dia|gnò|sti|ca *s.f.* (*med.*) complesso delle tecniche di diagnosi basate sull'uso delle radiazioni.
ra|dio|dif|fón|de|re *v.tr.* (*telecom.*) [con. come *fondere*] trasmettere alla radio.
ra|dio|dif|fu|sió|ne *s.f.* (*telecom.*) diffusione di programmi mediante radioonde.
ra|dio|dràm|ma *s.m.* [pl. *-i*] opera drammatica scritta per trasmissioni radiofoniche.
ra|dio|è|co *s.f./m.* [f.pl.invar.; m.pl. *-chi*] segnale radioelettrico che, quando incontra un ostacolo, ritorna alla stazione emittente.
ra|dio|e|co|lo|gì|a *s.f.* ramo dell'ecologia che studia gli effetti delle radiazioni sull'ambiente.
ra|dio|e|le|mén|to *s.m.* (*chim.*) elemento radioattivo.
ra|dio|e|let|tri|ci|tà *s.f.* studio e uso delle radioonde per trasmettere segnali.
ra|dio|e|ste|sì|a o **radiestesia** *s.f.* presunta capacità di captare le radiazioni emanate da oggetti o sostanze occulte, solitamente attraverso le oscillazioni di un pendolino.
ra|dio|e|sté|si|co o **radiestésico** *agg.* [m.pl. *-ci*] relativo alla radioestesia.
ra|dio|e|ste|sì|sta o **radiestesista** *s.m./f.* [m.pl. *-i*] chi ritiene di captare, spec. con le oscillazioni di un pendolino, le radiazioni emesse da oggetti nascosti.
ra|dio|fà|ro *s.m.* stazione radiotrasmittente che permette a navi e aeroplani di definire la loro posizione geografica.
ra|dio|fo|nì|a *s.f.* trasmissione di suoni mediante onde radio.
ra|dio|fò|ni|co *agg.* [m.pl. *-ci*] di radiofonia; che avviene mediante radiofonia: *annuncio —* □ **radiofonicamente** *avv.* attraverso la radiofonia.
ra|dio|fo|nì|sta *s.m.* [pl. *-i*] soldato del genio trasmissioni addetto ai collegamenti radiofonici.
ra|dio|fò|to *s.f.invar.* fotografia trasmessa a distanza mediante onde elettromagnetiche.
ra|dio|fre|quèn|za *s.f.* frequenza usata per radiocomunicazioni.
ra|dio|ge|né|ti|ca *s.f.* settore della genetica che studia gli effetti delle radiazioni sul patrimonio genetico.
ra|dio|go|niò|me|tro *s.m.* strumento di bordo di navi e aeromobili che permette di determinare la direzione da cui provengono i segnali di un radiofaro e quindi la propria posizione rispetto a esso.
ra|dio|gra|fà|re *v.tr.* [indic.pres. *io radiògrafo...*] **1** sottoporre a radiografia **2** (*fig.*) esaminare a fondo.
ra|dio|gra|fì|a *s.f.* **1** (*med.*) esame diagnostico in cui una zona del corpo viene sottoposta ai raggi X per ottenere la fotografia delle sue parti interne | fotografia così ottenuta **2** (*fig.*) analisi approfondita: *la — della situazione.*

ra|dio|grà|fi|co *agg.* [m.pl. *-ci*] della radiografia; ottenuto con radiografia: *referto —* □ **radiograficamente** *avv.* tramite radiografia.
ra|dio|gràm|ma[1] *s.m.* [pl. *-i*] telegramma trasmesso via radio.
ra|dio|gràm|ma[2] *s.m.* [pl. *-i*] (*med.*) pellicola impressionata dai raggi x.
ra|dio|gui|dà|re *v.tr.* guidare a distanza un aeromobile tramite radioonde.
ra|dio|i|sò|to|po *s.m.* (*chim.*) isotopo radioattivo.
Ra|dio|là|ri *s.m.pl.* [sing. *-io*] classe di Protozoi marini il cui scheletro siliceo contribuisce a formare il sedimento oceanico.
ra|dio|li|na *s.f.* radioricevente portatile.
ra|dio|lo|ca|liz|zà|re *v.tr.* localizzare attraverso radioonde.
ra|dio|lo|ca|liz|za|tó|re *s.m.* apparecchiatura che serve a localizzare oggetti che emettono o riflettono radioonde.
ra|dio|lo|ca|liz|za|zió|ne *s.f.* sistema per individuare emissioni di radioonde od oggetti che le riflettono.
ra|dio|lo|gì|a *s.f.* (*med.*) scienza che studia l'applicazione diagnostica e terapeutica dei raggi X e delle radiazioni emesse dalle sostanze radioattive.
ra|dio|lò|gi|co *agg.* [m.pl. *-ci*] di, della radiologia | ottenuto con la radiologia □ **radiologicamente** *avv.* attraverso tecniche radiologiche.
ra|diò|lo|go *s.m.* [f. *-a*; m.pl. *-gi*] (*med.*) specialista in radiologia.
ra|dio|mes|sàg|gio *s.m.* (*telecom.*) messaggio diffuso via radio.
ra|dio|me|te|o|ro|lo|gì|a *s.f.* branca della meteorologia che utilizza le radioonde per lo studio dei fenomeni atmosferici.
ra|diò|me|tro *s.m.* (*fis.*) strumento per misurare l'energia prodotta dalle radiazioni.
ra|dio|mi|crò|fo|no *s.m.* microfono radiotrasmittente che stabilisce un contatto audio senza cavo di collegamento.
ra|dio|mò|bi|le *agg.* che interviene grazie a segnalazioni radio: *unità —* ♦ *s.f.* autoveicolo con radio ricetrasmittente a bordo.
ra|dio|mon|tàg|gio *s.m.* trasmissione radiofonica che comprende spezzoni registrati in occasioni diverse.
ra|dio|ón|da *s.f.* (*fis.*) onda elettromagnetica per telecomunicazioni; onda hertziana.
ra|dio|o|pà|co *agg. e deriv.* → **radiopaco** *e deriv.*
ra|dio|pa|ci|tà o **radioopacità** *s.f.* proprietà delle sostanze che non si lasciano attraversare dai raggi X.
ra|dio|pà|co o **radioopàco** *agg.* [m.pl. *-chi*] (*spec.med.*) non attraversabile dai raggi x, come le sostanze che fungono da mezzi di contrasto in radiologia.
ra|dio|pi|lo|tà|ta *agg.* [pl. *-i*] (*aer.*) dispositivo di pilotaggio automatico che, installato su un aeromobile, ne permette il radiocomando.
ra|dio|re|gi|stra|tó|re *s.m.* apparecchio che comprende una radio e un registratore, collegati agli stessi altoparlanti, utile per registrare trasmissioni radio.
ra|dio|ri|ce|vèn|te *agg.*, *s.f.* (*telecom.*) detto di apparecchio che riceve segnali trasmessi con radioonde.
ra|dio|ri|ce|vi|tó|re *s.m.* (*telecom.*) apparecchio che riceve segnali trasmessi con radioonde; radioricevente.
ra|dio|ri|ce|zió|ne *s.f.* (*telecom.*) ricezione di segnali trasmessi mediante radioonde.
ra|dio|ri|pe|ti|tó|re *s.m.* (*telecom.*) apparecchio che amplifica i radiosegnali ricevuti da una stazione e li ritrasmette a un'altra.
ra|dio|sco|pì|a *s.f.* (*med.*) esame diagnostico simile alla radiografia, ma in cui l'immagine si forma su uno schermo fluorescente sensibile ai raggi x.
ra|dio|scò|pi|co *agg.* [m.pl. *-ci*] (*med.*) di, della radioscopia | ottenuto tramite radioscopia: *osservazione radioscopica* □ **radioscopicamente** *avv.* tramite la radioscopia.
ra|dio|si|tà *s.f.* (*anche fig.*) caratteristica di ciò che è radioso: *la — del suo viso*.
ra|dió|so *agg.* **1** luminoso, splendente: *mattino —* **2** (*fig.*) gioioso; raggiante | benigno, prospero: *futuro —* □ **radiosamente** *avv.*
ra|dio|són|da *s.f.* meteorografo montato su un pallone-sonda per effettuare rilevamenti in quota e trasmetterli a terra.
ra|dio|spì|a *s.f.* radiotrasmittente miniaturizzata utilizzata per ascoltare di nascosto telefonate o conversazioni e trasmetterle poi a una stazione ricevente.
ra|dio|sta|zió|ne *s.f.* (*telecom.*) stazione radiotrasmittente.
ra|dio|stél|la *s.f.* (*astr.*) piccola area nello spazio interstellare che emette molte onde elettromagnetiche.
ra|dio|stel|là|re *agg.* **1** relativo a una radiostella **2** (*estens.*) relativo alla radioastronomia.
ra|dio|ste|re|o|fo|nì|a *s.f.* sistema di trasmissione in modulazione di frequenza che permette di ricevere il suono stereofonicamente.
ra|dio|své|glia *s.f.* apparecchio costituito da una radio e da un orologio che la fa accendere all'ora voluta, spec. in funzione di sveglia.
ra|dio|tà|xi *s.m.* taxi con radiotelefono a bordo, in collegamento costante con una centrale che riceve le chiamate dei clienti.
ra|dio|tèc|ni|ca *s.f.* branca dell'elettrotecnica che studia le onde elettromagnetiche e le loro applicazioni pratiche.
ra|dio|tèc|ni|co *agg.* [m.pl. *-ci*] relativo alla radiotecnica ♦ *s.m.* chi si occupa di radiotecnica.
ra|dio|te|le|fo|nì|a *s.f.* (*telecom.*) comunicazione telefonica per mezzo di radioonde.
ra|dio|te|le|fò|ni|co *agg.* (*telecom.*) che riguarda la radiotelefonia.
ra|dio|te|lè|fo|no *s.m.* (*telecom.*) apparecchio per comunicazioni telefoniche mediante radioonde.
ra|dio|te|le|gra|fà|re *v.tr.* [indic.pres. *io radio-*

radiotelegrafia

telègrafo...] (*telecom.*) trasmettere con radiotelegrafo.
ra|dio|te|le|gra|fì|a *s.f.* (*telecom.*) sistema di comunicazioni telegrafiche mediante radioonde.
ra|dio|te|le|grà|fi|co *agg.* (*telecom.*) che riguarda la radiotelegrafia.
ra|dio|te|le|gra|fì|sta *s.m./f.* [m.pl. *-i*] (*telecom.*) addetto a una stazione che invia e riceve telegrammi tramite radioonde.
ra|dio|te|le|lè|gra|fo *s.m.* (*telecom.*) apparecchio telegrafico che trasmette i segnali per mezzo di radioonde.
ra|dio|te|le|scò|pio *s.m.* strumento con radioricevitore collegato a un'antenna capace di captare le radioonde che provengono dallo spazio.
ra|dio|te|le|scri|vèn|te *s.f.* (*telecom.*) telescrivente che riceve e trasmette messaggi per mezzo di radioonde.
ra|dio|te|le|vi|sió|ne *s.f.* 1 sistema di trasmissione dell'immagine mediante radioonde 2 organizzazione che cura le trasmissioni radiofoniche e televisive: — *nazionale*.
ra|dio|te|le|vi|sì|vo *agg.* della radiotelevisione.
ra|dio|te|ra|pì|a *s.f.* (*med.*) metodo di cura che sfrutta l'effetto delle radiazioni per distruggere tessuti anomali, spec. tumorali.
ra|dio|te|rà|pi|co *agg.* [m.pl. *-ci*] (*med.*) che riguarda la radioterapia: *centro —.*
ra|dio|te|ra|pì|sta *s.m./f.* [m.pl. *-i*] (*med.*) radiologo specializzato in radioterapia.
ra|dio|tra|smét|te|re *v.tr.* [con. come *mettere*] (*telecom.*) 1 trasmettere mediante radioonde 2 trasmettere mediante radiofonia.
ra|dio|tra|smet|ti|tó|re *s.m.* (*telecom.*) apparecchio che trasmette onde radio.
ra|dio|tra|smis|sió|ne *s.f.* 1 processo di trasmissione mediante radioonde 2 programma radiofonico: *una — interessante.*
ra|dio|tra|smit|tèn|te *agg., s.f.* (*telecom.*) si dice di apparecchio o stazione che trasmette segnali mediante radioonde.
ra|dio|u|tèn|te *s.m./f.* utente del servizio di radiofonia, che ne paga il canone.
rà|do *agg.* 1 non folto: *peli radi* 2 privo di compattezza; non fitto: *tela rada* 3 non frequente: *uscite rade* | *di —*, raramente | *non di —*, frequentemente.
rà|don *s.m.invar.* elemento chimico, gas nobile originato dalla disintegrazione del radio (*simb.* Rn).
ra|du|nà|re *v.tr.* 1 mettere insieme; riunire in un unico luogo: — *i partecipanti* ♦ **-rsi** *intr.pron.* trovarsi tutti; raccogliersi: — *in corridoio.*
ra|du|nà|ta *s.f.* insieme di persone convenute nello stesso luogo | (*dir.*) — **sediziosa**, assembramento di gente che minaccia l'ordine pubblico.
ra|dù|no *s.m.* riunione di gente per un evento: — *di appassionati* | l'evento stesso: *decimo — degli alpini.*
ra|dù|ra *s.f.* spazio prativo in un bosco.
Rà|fa|no *s.m.* genere di piante erbacee con radice gustosa e piccante, cui appartiene il ravanello.

ràf|fa *solo nella loc.* **di riffa o di —**, con qualsiasi mezzo, a ogni costo.
raf|fa|el|lé|sco *agg.* [m.pl. *-schi*] 1 relativo al pittore Raffaello Sanzio (1483-1520) | conforme allo stile di tale pittore 2 (*estens.*) avente linee pure e raffinate: *profilo —.*
raf|faz|zo|na|mén|to *s.m.* atto del raffazzonare | la cosa raffazzonata: *un film che è un —.*
raf|faz|zo|nà|re *v.tr.* [indic.pres. *io raffazzóno...*] aggiustare alla meglio, rimediare in modo approssimativo: — *un lavoro* | mettere insieme in fretta: — *la cena.*
raf|faz|zo|na|tó|re *s.m.* [f. *-trice*] chi fa le cose in modo sbrigativo.
raf|faz|zo|na|tù|ra *s.f.* raffazzonamento.
raf|fér|ma *s.f.* 1 conferma in un ufficio o incarico 2 (*mil.*) proseguimento volontario del servizio militare oltre la ferma di leva.
raf|fér|mo *agg.* (*di pane*) non fresco, indurito.
ràf|fia *s.f.* → **rafia**.
ràf|fi|ca *s.f.* 1 violento colpo di vento 2 successione rapida di colpi di arma automatica: *sparare una —* 3 (*fig.*) serie serrata: *battute a —.*
raf|fi|gu|rà|bi|le *agg.* che può essere raffigurato.
raf|fi|gu|rà|re *v.tr.* 1 rappresentare per immagini: *il disegno raffigura sua madre* 2 simboleggiare: *l'ulivo raffigura la pace* 3 figurarsi, immaginare: *raffigurarsi tutt'altro.*
raf|fi|gu|ra|zió|ne *s.f.* attività con cui si raffigura; rappresentazione figurativa | ciò che viene raffigurato.
raf|fi|na|mén|to *s.m.* processo di perfezionamento | ingentilimento: — *delle linee.*
raf|fi|nà|re *v.tr.* 1 rendere più puro, più fine, spec. tramite raffinazione: — *lo zucchero* 2 (*fig.*) ingentilire: — *le maniere* | perfezionare: — *la tecnica* ♦ **-rsi** *intr.pron.* ingentilirsi; affinarsi: *il gusto si raffina.*
raf|fi|na|téz|za *s.f.* caratteristica di quel che è raffinato, di buon gusto: — *del cibo* 2 cosa ricercata, squisita: *un'opera piena di raffinatezze.*
raf|fi|nà|to *part.pass. di* raffinare ♦ *agg.* 1 che ha subito il processo di raffinazione: *petrolio —* 2 (*fig.*) fine, elegante, squisito: *ricevimento —* | (*spreg.*) studiato: — *sadismo* ♦ *s.m.* [f. *-a*] chi ha raffinatezza di gusto □ **raffinatamente** *avv.*
raf|fi|na|zió|ne *s.f.* processo di purificazione di sostanze allo stato grezzo: — *dell'olio.*
raf|fi|ne|rì|a *s.f.* 1 stabilimento per la raffinazione di prodotti industriali, spec. di petrolio 2 laboratorio clandestino dove si raffinano stupefacenti.
ràf|fio *s.m.* uncino d'acciaio munito di manico per afferrare oggetti in mare.
raf|for|za|mén|to *s.m.* (*anche fig.*) processo, attività che rafforza: — *delle difese.*
raf|for|zà|re *v.tr.* [indic.pres. *io raffòrzo...*] (*anche fig.*) rendere più forte; rinforzare: — *il temperamento* ♦ **-rsi** *intr.pron.* diventare più forte; rinsaldarsi: — *negli anni.*
raf|for|za|tì|vo *agg.* 1 che rinforza 2 (*gramm.*) che aumenta l'intensità espressiva di una parola o frase.

raf|fred|da|mén|to *s.m.* **1** azione che raffredda | calo di temperatura **2** (*tecn.*) smaltimento del calore generato da un impianto, al fine di evitare surriscaldamenti dannosi: — *idraulico* **3** (*fig.*) diminuzione dell'intensità emotiva: — *dei sentimenti* **4** (*med.*) danno alla salute provocato dalla permanenza al freddo: *malattia da —*.
raf|fred|dà|re *v.tr.* [indic.pres. *io raffréddo...*] **1** rendere più freddo: — *nell'acqua* **2** (*fig.*) rendere meno intenso; smorzare: — *i sentimenti di qlcu.* ♦ **-rsi** *intr.pron.* **1** diventare più freddo: *il clima si raffredda* **2** (*fig.*) diventare meno ardente; affievolirsi: *l'entusiasmo si sta raffreddando* **3** (*fam.*) prendere un'infreddatura: *se non ti copri rischi di raffreddarti*.
raf|fred|dà|to *part.pass. di* raffreddare ♦ *agg.* **1** infreddolito **2** si dice di chi ha preso un'infreddatura: *è troppo — per uscire*.
raf|fred|da|tó|re *s.m.* **1** (*tecn.*) apparecchio o ambiente destinato al raffreddamento di materiali in fase di lavorazione **2** (*metall.*) pezzo di metallo posto in una forma per accelerare la solidificazione del metallo fuso.
raf|fred|dó|re *s.m.* infiammazione acuta delle mucose delle cavità nasali: — *allergico*.
raf|fron|tà|re *v.tr.* [indic.pres. *io raffrónto...*] mettere a confronto; paragonare: — *i risultati*.
raf|frón|to *s.m.* confronto; paragone.
rà|fia o **raffia** *s.f.* **1** nome di palme tropicali con foglie gigantesche, da cui si ricavano fibre resistenti **2** fibra ricavata dalle palme omonime, che si usa per lavori di intreccio.
rafting (*ingl.*) [pr. *ràftin*] *s.m.invar.* (*sport*) discesa di torrenti in gommone.
rà|ga|de *s.f.* (*med.*) piccola ulcerazione a forma di fessura che si forma spec. presso le labbra, il capezzolo o l'ano.
ragamuffin (*ingl.*) [pr. *ragamàffin*] *s.m.invar.* (*mus.*) stile nato negli anni '80 del sec. XX che unisce rap e reggae.
ra|ga|nèl|la *s.f.* **1** anfibio simile alla rana, ma più piccolo **2** strumento costituito da una piccola ruota dentata in legno che viene fatta girare intorno a un perno rivestito in metallo, producendo una sorta di gracidio.
ra|gàz|za *s.f.* **1** giovanetta; adolescente: *una — intelligente* **2** giovane donna | nubile: *cognome da —* | — *immagine*, donna giovane e bella che attira i clienti in locali notturni e sim. | — *madre*, giovane donna non sposata che cresce da sola la prole **3** (*fam.*) fidanzata: *lasciare la —*.
ra|gaz|zà|ta *s.f.* azione compiuta con leggerezza, senza criterio.
ra|gàz|zo *s.m.* **1** giovinetto, adolescente: *un — simpatico* | giovane uomo | *da —*, in giovane età **2** garzone, commesso: *prendere un — in negozio* **3** (*fam.*) fidanzato: *avere un nuovo —*.
rag|ge|là|re *v.tr.* [indic.pres. *io raggèlo...*] (*spec. fig.*) gelare: *la notizia li ha raggelati* ♦ *intr.* [aus. E], **-rsi** *intr.pron.* (*spec.fig.*) diventare gelido: — *dalla paura*.
rag|giàn|te *part.pres. di* raggiare ♦ *agg.* **1** che manda raggi di luce; radioso: *sole* — **2** (*fis.*) che emana, irradia da un corpo: *energia —* **3** (*fig.*) contentissimo; esultante: — *per la notizia*.
rag|già|re *v.intr.* [indic.pres. *io ràggio...*; aus. A] (*fis.*) irradiarsi, detto spec. di calore e luce.
rag|già|to *part.pass. di* raggiare ♦ *agg.* disposto a raggiera | (*biol.*) con struttura radiale.
rag|giè|ra *s.f.* fascio di raggi che si dipartono da un punto | *a —*, detto di cose che si dipartono da un centro comune.
ràg|gio *s.m.* **1** ciascuna delle linee lungo le quali sembra propagarsi la luce emanata da un corpo: — *di luna* **2** (*fig.*) sprazzo: *un — di vitalità* **3** (*fis.*) ogni radiazione emessa da una sorgente: *raggi infrarossi* **4** (*geom.*) segmento che va dal centro di un cerchio alla circonferenza o dal centro di una sfera alla superficie **5** (*estens.*) distanza intorno a un dato punto: *muoversi in un — di duecento metri* | — *d'azione*, (*di armi*) massima distanza entro cui il colpo risulta efficace; (*fig.*) ambito in cui ql.co. produce effetti | (*fig.*) *a largo —*, (*spec. di esplorazione, incursione*) in un'area molto vasta o a notevole distanza; (*estens.*) di vasta portata: *considerazioni a largo —* **6** elemento della ruota che congiunge il mozzo al cerchione.
rag|gi|rà|re *v.tr.* trarre in inganno; truffare.
rag|gì|ro *s.m.* imbroglio; truffa: *un — ben organizzato*.
rag|giùn|ge|re *v.tr.* [con. come *giungere*] **1** arrivare ad allinearsi con qlcu. che precede: *gli inseguitori lo raggiunsero* | riunirsi con qlcu. che si trova in un altro luogo: *domani raggiungerò in montagna la mia famiglia* | (*estens.*) riuscire a toccare: — *la mela* **2** (*estens.*) toccare un luogo; arrivare: — *la riva* | arrivare a un determinato livello: *l'inquinamento ha raggiunto un livello preoccupante* **3** colpire: — *il bersaglio* **4** (*fig.*) ottenere, conseguire: — *l'obiettivo*.
rag|giun|gì|bi|le *agg.* (*anche fig.*) che può essere raggiunto: *risultato difficilmente —*.
rag|giun|gi|mén|to *s.m.* **1** atto del raggiungere **2** (*fig.*) conseguimento; ottenimento: — *dell'obiettivo*.
rag|go|mi|to|là|re *v.tr.* [indic.pres. *io raggomìtolo...*] avvolgere a gomitolo; aggomitolare: — *la lana* ♦ **-rsi** *rifl.* ripiegarsi su sé; rannicchiarsi.
rag|go|mi|to|là|to *part.pass. di* raggomitolare ♦ *agg.* rannicchiato: *sta — in un angolo*.
rag|gra|nel|là|re *v.tr.* [indic.pres. *io raggranèllo...*] raccogliere a stento; racimolare: — *l'indispensabile*.
rag|grin|zi|mén|to *s.m.* processo che rende grinzoso.
rag|grin|zì|re *v.tr.* [indic.pres. *io raggrinzìsco, tu raggrinzìsci...*] far diventare grinzoso: *l'età raggrinzisce il viso* ♦ *intr.* [aus. E], **-rsi** *intr.pron.* divenire grinzoso: *il rivestimento in pelle si è raggrinzito*.
rag|gru|mà|re *v.tr.* condensare in grumi ♦ **-rsi** *intr.pron.* rapprendersi in grumi: *la panna si è raggrumata*.
rag|grup|pa|mén|to *s.m.* **1** atto di radunare in

raggruppare

un gruppo **2** complesso di persone o cose riunite in gruppo: — *di soldati*.

rag|grup|pà|re *v.tr.* riunire in uno o più gruppi: — *tre a tre* ♦ **-rsi** *intr.pron.* riunirsi in gruppo: — *in piazza*.

rag|gua|glià|re *v.tr.* [indic.pres. *io ragguàglio*...] **1** mettere bene al corrente; informare dettagliatamente: — *sulle ultime novità* **2** paragonare.

rag|guà|glio *s.m.* **1** informazione | resoconto: *breve* — *sul fatto* **2** paragone.

rag|guar|dé|vo|le *agg.* **1** degno di riguardo: *personaggio* — **2** notevole, ingente: *quantità* —.

rà|gia *s.f.* [pl. *-gie* o *-ge*] resina che cola da alcune conifere.

ra|già o **ràjah** *s.m.* principe indiano.

ra|gio|na|mén|to *s.m.* riflessione logica con cui, partendo da determinate premesse, si giunge a una conclusione; argomentazione: — *astratto*.

ra|gio|nà|re *v.intr.* [indic.pres. *io ragióno*...; aus. A] **1** usare la ragione, riflettere: — *su dati certi* **2** discutere; conversare: — *di cinema*.

ra|gio|na|ti|vo *agg.* (*lett.*) basato sul ragionamento logico: *approccio* —.

ra|gio|nà|to *part.pass. di* ragionare ♦ *agg.* meditato, logico, razionale: *progetto* — | *bibliografia ragionata*, ordinata e commentata secondo criteri particolari.

ra|gio|na|tó|re *s.m.* [f. *-trice*] chi sa ragionare con coerenza.

ra|gió|ne *s.f.* **1** facoltà del pensiero di connettere logicamente idee; discernimento: *esercitare la* — | *perdere il lume della* —, lasciarsi sopraffare dall'ira, dalla passione; impazzire | *età della* —, maturità **2** (*filos.*) facoltà della conoscenza dimostrativa, non intuitiva **3** argomentazione per provare ql.co. | *a ragion veduta*, dopo ponderato esame | *non sentire ragioni*, non farsi convincere **4** motivo; diritto: *avere buone ragioni* | (*pl.*) esigenze, necessità: *assente per ragioni familiari* | *a* —, giustamente | *a maggior* —, per motivi ancor più rilevanti | *avere* —, essere nel giusto | *aver di qlcu.*, vincerlo | *dare* — *a qlcu.*, riconoscere la validità delle sue motivazioni | *di santa* —, con violenza: *picchiare di santa* — | *ragion di Stato*, l'interesse superiore dello Stato **5** fondamento intelligibile; causa: *la* — *di un evento storico* | *farsi una* — *di ql.co.*, rassegnarvisi | *dare* — *di ql.co.*, spiegarne la motivazione | *chiedere* — *di ql.co.*, chiederne una giustificazione **6** rapporto, proporzione | *in* — *diretta*, in misura direttamente proporzionale | *in* — *inversa*, in misura inversamente proporzionale **7** (*dir.*) — *sociale*, nome commerciale di una società di persone.

ra|gio|ne|rì|a *s.f.* **1** disciplina che rileva i fenomeni economico-amministrativi dell'azienda elaborandoli in scritture contabili, al fine di fornire alle direzioni aziendali le informazioni necessarie al controllo e alla decisione **2** ufficio che controlla la contabilità in un ente, società e sim. | — *generale dello Stato*, organo del Ministero del Tesoro preposto al controllo delle erogazioni statali **3** nome corrente dell'istituto tecnico commerciale, ossia della scuola media superiore che conferisce il diploma di ragioniere.

ra|gio|né|vo|le *agg.* **1** dotato di ragione **2** che ha buon senso: *donna* — **3** basato su giuste ragioni: *discorso* — | legittimo: — *dubbio* **4** conveniente; non eccessivo; equo: *prezzo* — □ **ragionevolmente** *avv.* **1** secondo criteri razionali **2** in misura corretta.

ra|gio|ne|vo|léz|za *s.f.* caratteristica di quel che è ragionevole: — *delle pretese*.

ra|gio|niè|re *s.m.* [f. *-a*] **1** chi esercita la ragioneria **2** chi ha conseguito il diploma presso un istituto tecnico commerciale.

ra|gio|nie|rì|sti|co *agg.* [m.pl. *-ci*] **1** relativo alla ragioneria, ai ragionieri **2** (*estens.*) eccessivamente meticoloso; pignolo: *spirito* —.

ra|glàn *agg.invar.* si dice di un tipo di attaccatura di manica che parte dal collo, con cuciture oblique che arrivano sotto l'ascella | *a*, *alla* —, con tale attaccatura: *impermeabile alla* —.

ra|glià|re *v.intr.* [indic.pres. *io ràglio*...; aus. A] **1** emettere ragli: *l'asina ragliava* **2** (*fig.*) parlare o cantare in modo sguaiato, sgradevole.

ra|glià|ta *s.f.* (*anche fig.*) raglio prolungato.

rà|glio *s.m.* **1** verso dell'asino **2** (*fig.*) canto stonato | voce sgradevole.

rà|gna *s.f.* **1** rete per uccellagione **2** (*fig.*) tranello **3** (*pop.*) insieme dei primi fili di bava emessi dal baco da seta per fissare il bozzolo ai sostegni.

ra|gna|té|la *s.f.* **1** tela di ragno: *tessere la* — **2** (*fig.*) groviglio, intrico | trama di inganni: — *di bugie*.

rà|gno *s.m.* nome generico di Aracnidi a otto zampe, con corpo diviso in due parti, dotati di particolari apparati che secernono un caratteristico filo | (*fig.*) *non cavare un* — *dal buco*, non concludere niente.

ragtime (*ingl.*) [pr. *regtàim*] *s.m.invar.* (*mus.*) genere di musica pianistica molto sincopato in voga negli Stati Uniti, spec. tra i neri, nei primi due decenni del Novecento.

ra|gù *s.m.* condimento per paste asciutte che si prepara con carne tritata, salsa di pomodoro e altri aromi.

RAI *s.f.invar.* ente che gestisce le trasmissioni pubbliche della radio e della televisione ♦ *agg.invar.* relativo alla RAI: *palinsesto* ♦

raid (*ingl.*) *s.m.invar.* **1** incursione, spec. aerea o navale | (*estens.*) blitz, retata delle forze dell'ordine: *un* — *tra i malavitosi* | scorreria teppistica, criminosa: — *razzista* **2** (*sport*) prova motoristica su percorso lungo e accidentato **3** (*fin.*) rischiosa operazione finalizzata ad abbassare il prezzo di mercato di un'azione.

raider (*ingl.*) [pr. *ràider*] *s.m.invar.* (*fin.*) chi acquista grandi quantità di titoli per lucrare sulla rivendita o tentando una scalata in Borsa.

Rai|fór|mi *s.m.pl.* ordine di Pesci cartilaginei con pinne pettorali ed occhi sul dorso, a cui appartiene la razza.

rà|ion *s.m.invar.* → rayon®.

ra|is s.m.invar. nel mondo arabo, comandante, capo.
rà|jah s.m.invar. → ragià.
ralenti (fr.) [pr. ralantì; com. ràlenti] s.m.invar. (cine., tv) rallentatore: rivedere al —.
ral|le|gra|mén|to s.m. 1 atto del rallegrarsi 2 (pl.) congratulazioni: rallegramenti vivissimi!
ral|le|grà|re v.tr. [indic.pres. io rallégro...] rendere allegro; suscitare gioia: la vittoria li ha rallegrati | rendere più lieto, più gaio: le canzoni rallegrarono la serata ♦ -rsi intr.pron. 1 diventare più allegro | provare gioia, contentezza: nell'udire la notizia si rallegrò 2 felicitarsi, congratularsi: ci rallegriamo per il tuo successo.
ral|len|ta|mén|to s.m. 1 riduzione di velocità: — nelle consegne 2 (fig.) diminuzione di intensità: — nella produzione 3 (cine., tv) effetto cinematografico in cui l'azione pare rallentata, ottenibile o proiettando a velocità normale scene filmate con il rallentatore, oppure riproducendo più lentamente riprese effettuate normalmente.
ral|len|tàn|do s.m.invar. (mus.) indicazione di diminuire progressivamente la velocità d'esecuzione.
ral|len|tà|re v.tr. [indic.pres. io rallènto...] 1 rendere più lento: — la marcia | (assol.) andare meno rapido, diminuire la velocità: — in prossimità dell'incrocio 2 (fig.) diminuire di intensità: — la vigilanza | rendere meno frequente; diradare: — le ispezioni 3 (mus.) eseguire a tempo meno veloce ♦ -rsi intr.pron. farsi meno intenso: la pressione si sta rallentando.
ral|len|ta|tó|re s.m. (cine., tv) dispositivo mediante il quale è possibile riprendere un numero più elevato di fotogrammi per unità di tempo, in modo che la proiezione del filmato a velocità normale mostri un'azione apparentemente rallentata | al —, con la tecnica del rallentamento: sequenza al —; (fig.) con grande lentezza: imparare al —.
Ral|li|fór|mi s.m.pl. ordine di Uccelli palustri con collo, zampe e becco molto lunghi, al quale appartiene la gru.
ral|li|sta s.m./f. [m.pl. -i] membro di un equipaggio da rally.
rally (ingl.) [pr. rèlli] s.m.invar. gara automobilistica su percorsi lunghi e accidentati.
RAM s.f.invar. (inform.) si dice della memoria in cui l'elaboratore va a scrivere e a caricare i programmi.
ra|ma|dàn s.m.invar. nono mese del calendario islamico, in cui è obbligatorio digiunare dall'alba al tramonto.
ramages (fr.) [pr. ramàj] s.m.pl. decorazione con disegni di fiori, foglie, ramoscelli: carta da parati a —.
ra|mà|glia s.f. insieme di rami e frasche tagliate.
ra|ma|io s.m. [f. -a] chi realizza artigianalmente oggetti in rame; calderaio.
ra|ma|iò|lo s.m. cucchiaio fondo a manico lungo, per rimestare, schiumare, versare cibi liquidi; mestolo.

rammaricare

ra|man|zì|na s.f. lunga sgridata; paternale: fare una bella —.
ra|mà|re v.tr. 1 rivestire con uno strato sottile di rame 2 (agr.) irrorare con una soluzione di solfato di rame: — il vigneto.
ra|màr|ro s.m. rettile simile a una grossa lucertola dal dorso verde brillante macchiato di nero ♦ agg.invar. nella loc. verde —, verde vivo, brillante.
ra|mà|to part. pass. di ramare ♦ agg. 1 del colore del rame: baffi ramati 2 rivestito di rame: padella ramata 3 contenente rame o solfato di rame: acqua ramata ♦ s.f. (agr.) soluzione di solfato di rame per la viticoltura; verderame.
ra|ma|tù|ra s.f. 1 rivestimento in rame di superfici metalliche 2 (agr.) irrorazione con soluzione di solfato di rame.
ra|màz|za s.f. scopa fatta di rametti che serve per spazzare cortili e sim. | (mil., gerg.) essere di —, essere di turno per il servizio di pulizia della caserma.
ra|maz|zà|re v.tr. spazzare con la ramazza.
ràm|bo s.m.invar. (per anton.) persona che coltiva la propria forza fisica e si comporta in modo aggressivo, spec. giustificando i propri atti violenti come interventi in difesa della giustizia.
rà|me s.m. 1 elemento chimico metallico, molto malleabile e tenace, di colore rossastro (simb. Cu); è impiegato spec. come conduttore termico ed elettrico | (agr.) solfato di —, anticrittogamico spec. per le viti | età del —, terza era preistorica 2 (pl.) utensili in rame: rami da cucina 3 incisione su rame ♦ agg.invar. nella loc. biondo —.
ra|mén|go s.m. (region.) nella loc. a —, in rovina: è andato tutto a —; al diavolo: ma va' a —.
ra|mi|fi|cà|re v.intr. [indic.pres. io ramìfico, tu ramìfichi..., aus. A] produrre rami: la pianta ramificherà ♦ -rsi intr.pron. dividersi in rami | (estens.) biforcarsi: il sentiero si ramificava | (fig.) articolarsi in vari settori.
ra|mi|fi|cà|to part.pass. di ramificare ♦ agg. 1 munito di rami: albero ben — 2 (estens.) diviso in rami secondari: delta — | (fig.) articolato: interessi ramificati.
ra|mi|fi|ca|zió|ne s.f. 1 (bot.) generazione di rami che si dipartono dal tronco o da rami più grossi 2 (estens.) diramazione di un corpo principale: una — del circuito | (fig.) articolazione in settori; branca: — aziendale.
ra|min|go agg. [m.pl. -ghi] che vaga senza meta; errabondo: andar — per il mondo | da vagabondo: vita raminga.
ra|mì|no s.m. gioco di carte con due mazzi da 52 più quattro jolly, in cui vanno formate combinazioni da scartare in modo da restare senza carte.
ram|ma|glià|re v.tr. [indic.pres. io rammàglio...] aggiustare un tessuto a maglia: il golf.
ram|ma|ri|cà|re v.tr. [indic.pres. io rammàrico, tu rammàrichi...] amareggiare: l'ingratitudine mi rammaricò ♦ -rsi intr.pron. dispiacersi, rincrescersi: si rammarica della scelta.

ram|mà|ri|co *s.m.* [pl. *-chi*] sentimento di amarezza; rincrescimento: *non avere alcun —*.
ram|me|mo|rà|re *v.tr.* [indic.pres. *io rammèmoro...*] (*lett.*) richiamare alla memoria; rammentare ♦ **-rsi** *intr.pron.* (*lett.*) ricordarsi.
ram|men|dà|re *v.tr.* [indic.pres. *io rammèndo...*] riparare con ago e filo, ricostruendo la trama della stoffa logorata o bucata: *— la manica*.
ram|men|da|tó|re *s.m.* [f. *-trice*] **1** chi rammenda per mestiere **2** (*ind. tessile*) addetto alla rammendatura.
ram|men|da|tù|ra *s.f.* **1** rammendo **2** (*ind. tessile*) operazione eseguita sui tessuti greggi per riparare i difetti di tessitura e orditura.
ram|mèn|do *s.m.* operazione con cui si rammenda | la parte rammendata: *— grossolano*.
ram|men|tà|re *v.tr.* [indic.pres. *io rammént o...*] **1** richiamare alla memoria propria o altrui: *— le fasi operative* **2** aver presente nella memoria: *— l'episodio* ♦ **-rsi** *intr.pron.* ricordarsi: *si rammenta di voi*.
ram|mo|der|nà|re *v.tr.* [indic.pres. *io rammodèrno...*] rendere moderno; ammodernare.
ram|mol|li|mén|to *s.m.* (*anche fig.*) azione che rende più molle | assunzione di una consistenza molle | (*fig.*) indebolimento: *— caratteriale*.
ram|mol|lì|re *v.tr.* [indic.pres. *io rammollisco, tu rammollisci...*] **1** rendere molle (*fig.*) rendere debole; infiacchire: *l'ozio rammollisce* ♦ **-rsi** *intr.pron.* **1** diventare molle: *la cera si sta rammollendo* **2** (*fig.*) indebolirsi | rimbambirsi: *con l'età si è rammollito*.
ram|mol|lì|to *part.pass.* di rammollire ♦ *agg.* **1** diventato molle: *asfalto —* **2** (*fig.*) fiacco, indebolito: *atleta — dall'inattività* | rimbambito ♦ *s.m.* [f. *-a*] chi non ha energia fisica | persona priva di forza d'animo: *se sei già stanco sei un —*.
ram|mor|bi|dì|re *v.tr.* [indic.pres. *io rammorbidisco, tu rammorbidisci...*] **1** rendere morbido o più morbido: *— la crosta* **2** (*fig.*) rendere più mite; addolcire: *— i suoi toni aspri* ♦ **-rsi** *intr.pron.* (*anche fig.*) diventare morbido o più morbido: *il suo caratteraccio non si è rammorbidito*.
Ràm|no *s.m.* genere di piante arbustive con piccoli fiori gialli o bianchi, utilizzate in farmacia o coltivate a scopo ornamentale.
rà|mo *s.m.* **1** parte legnosa dell'albero, che ha origine dal fusto e porta foglie, fiori e frutti: *— fiorito* | (*fig.*). *— secco*, cosa o persona che non serve a nulla; elemento inutile di un sistema, spec. aziendale **2** (*estens.*) tutto ciò che si diparte da un corpo principale: *dal tubo si stacca un — secondario* | (*polit.*) *— del Parlamento*, ciascuna delle due Camere **3** settore di un'attività o di una disciplina: *un — della matematica* **4** linea di parentela: *— cadetto* **5** (*mat.*) ciascuna parte sgiunta di una curva: *— di iperbole* **6** (*anat.*) diramazione di nervi o di vasi sanguigni.
ra|mo|scèl|lo *s.m.* piccolo ramo.
ra|mó|so *agg.* ricco di rami: *albero —* | ramificato: *corna ramose*.
ràm|pa *s.f.* **1** piano inclinato che permette di superare un dislivello | tratto di scala tra due piani successivi **2** (*estens.*) salita breve e ripida **3** *— di lancio*, struttura per il lancio di missili.
ram|pàn|te *agg.* **1** (*arald.*) detto di animale raffigurato ritto sulle zampe posteriori, mentre attacca o si arrampica: *grifo —* **2** (*fig.*) che mira a posizioni di prestigio, ambizioso; che si comporta da arrivista: *giovane —* **3** (*arch.*) *arco —*, arco gotico con imposte ad altezza diversa.
ram|pan|ti|smo *s.m.* arrivismo.
ram|pi|càn|te *agg.*, *s.m.* si dice di pianta a fusto sottile che si sviluppa appoggiandosi a dei sostegni mediante viticci: *vite —*.
Ram|pi|càn|ti *s.m.pl.* ordine di Uccelli dotati di zampe con due dita rivolte indietro e due in avanti, partic. adatte per arrampicarsi sui tronchi; vi appartengono il picchio e il pappagallo.
ram|pi|chì|no *s.m.* (*fam.*) mountain bike.
ram|pi|nì|smo *s.m.* (*vet.*) difetto dell'arto del cavallo, per cui l'animale procede poggiando quasi solo sulle punte degli zoccoli.
ram|pì|no *s.m.* gancio fatto a uncino.
ram|pó|gna *s.f.* (*lett.*) aspro rimprovero.
ram|po|gnà|re *v.tr.* [indic.pres. *io rampógno..., noi rampogniamo, voi rampognate...*] (*lett.*) rimproverare con asprezza.
ram|pól|lo *s.m.* (*lett.*) discendente diretto di una famiglia: *— della casata* | (*scherz.*) figlio: *dov'è il tuo —?*
ram|pó|ne *s.m.* **1** grossa fiocina per la pesca dei cetacei **2** ferro piegato a uncino **3** attrezzo per alpinisti da applicare sotto lo scarpone per far presa sul ghiaccio **4** attrezzo dentato da fissare sotto le scarpe di chi, per lavoro, deve arrampicarsi sui pali.
rà|na *s.f.* **1** anfibio senza coda, dagli occhi sporgenti e dalla pelle liscia, con zampe posteriori adatte al salto: *una — nello stagno* **2** (*solo sing., sport*) stile di nuoto con movimenti simili a quelli di una rana: *nuotare a —* **3** *— pescatrice*, pesce osseo con la testa molto grande, provvista di lunghe appendici mobili che fungono da richiamo per le prede; è partic. apprezzato per le carni della parte caudale, detta *coda di rospo* ♦ *agg.invar.* nella loc. **uomo —**, sommozzatore, spec. di corpi militari.
ranch (*ingl.*) [pr. *rènč*] *s.m.invar.* fattoria nordamericana per l'allevamento di bestiame.
ran|ci|déz|za *s.f.* (*anche fig.*) caratteristica di ciò che è rancido: *la — delle sue idee*.
ràn|ci|do *agg.* **1** detto di sostanza grassa che, invecchiando, si è alterata acquistando un sapore e un odore sgradevoli: *lardo —* **2** (*fig.*) antiquato, sorpassato: *teoria rancida* ♦ *s.m.* sapore acre, odore sgradevole di sostanza irrancidita: *puzzare di —*.
ran|ci|dù|me *s.m.* **1** fetore di rancido | insieme di cibi irranciditi **2** (*fig.*) ciò che appare sorpassato: *— politico*.
ràn|cio *s.m.* pasto dei militari: *distribuire il —*.
ran|có|re *s.m.* risentimento tenuto nascosto; malanimo: *covare —* | *senza —*, con l'intenzione di restare in buoni rapporti: *te lo dico senza —*.

ran|co|ró|so *agg.* che serba rancore; colmo di rancore.
ràn|da *s.f.* **1** (*mar.*) vela di taglio trapezoidale, retta superiormente dal picco e tesa inferiormente dal boma **2** rudimentale strumento da muratore per descrivere cerchi.
ran|dà|gio *agg.* [f.pl. -gie o -ge] **1** che va errando; vagabondo | da vagabondo; ramingo: *esistenza randagia* **2** si dice di animale senza padrone, spec. cane o gatto ♦ *s.m.* [f. -a] **1** persona senza fissa dimora; vagabondo **2** animale randagio: *accalappiacani in cerca di randagi*.
ran|da|gi|smo *s.m.* condizione degli animali randagi: *combattere il —*.
ran|deg|già|re *v.intr.* [indic.pres. *io randéggio...*; aus. *A*] (*mar.*) navigare alla minima distanza possibile dalla costa.
ran|del|là|re *v.tr.* [indic.pres. *io randèllo...*] picchiare con il randello; bastonare.
ran|del|là|ta *s.f.* colpo di randello.
ran|dèl|lo *s.m.* bastone corto e tozzo, che viene impugnato spec. per colpire.
random (*ingl.*) *agg.invar.* **1** (*stat., inform.*) aleatorio, casuale **2** (*estens.*) eventuale; saltuario: *studio —* ♦ *avv.* a caso: *procedere —*.
ran|do|miz|zà|re *v.tr.* (*stat., inform.*) rendere casuale tramite un elemento di accidentalità.
ra|nèl|la *s.f.* dischetto metallico forato che viene inserito tra la vite e il dado.
ra|nèt|ta *agg.,s.f.* → **renetta**.
ran|fo|tè|ca *s.f.* (*zool.*) rivestimento corneo delle mascelle degli uccelli, che forma il becco.
range (*ingl.*) [pr. *réing*] *s.m.invar.* **1** (*scient.*) intervallo | (*estens.*) scarto: *le variazioni non devono superare un dato —* **2** (*tecn.*) raggio d'azione, spec. di sistemi di trasmissione.
ranger (*ingl.*) [pr. *rènger*] *s.m.invar.* **1** soldato dei reparti statunitensi specializzati nell'incursione in territorio nemico **2** guardia dei parchi nazionali nordamericani.
ran|ghi|na|tó|re *s.m.* (*agr.*) macchina dotata di rastrelli multipli per rivoltare e rastrellare il foraggio.
ràn|go *s.m.* [pl. -ghi] **1** grado, condizione, ceto sociale: *essere di basso —* | (*fig.*) livello qualitativo | *di —*, di condizione elevata: *personaggio di —*; di alta qualità, di vaglia: *cantante di —* **2** (*mil.*) riga di soldati; schiera | *rompere i ranghi*, sciogliere le righe dello schieramento | (*fig.*) *rientrare nei ranghi*, sottomettersi alle regole prima trasgredite | *serrare i ranghi*, collaborare il più possibile per raggiungere un obiettivo **3** (*mar.*) livello di classificazione dei vascelli da guerra.
ran|nic|chià|re *v.tr.* [indic.pres. *io rannìcchio...*] ripiegare in poco spazio: *— le gambe* ♦ *-rsi* *rifl.* raccogliersi su se stesso occupando poco spazio: *— nell'angolo*.
ra|ni|sta *s.m./f.* [pl. -i] (*sport*) nuotatore specializzato nello stile a rana.
ràn|no *s.m.* miscela per fare il bucato, fatta di cenere e acqua bollente.
ran|nu|vo|la|mén|to *s.m.* **1** concentrazione di più nuvole **2** (*fig.*) offuscamento: *— in viso*.
ran|nu|vo|là|re *v.tr.* [indic.pres. *io rannùvolo...*] **1** coprire di nuvole **2** (*fig.*) turbare; offuscare: *— il cervello* ♦ *-rsi* *intr.pron.* **1** (*anche impers.*) coprirsi di nuvole: *il cielo si rannuvolerà presto*; *si sta rannuvolando* **2** (*fig.*) oscurarsi in volto: *alla novità si rannuvolò*.
ran|nu|vo|là|to *part.pass.* di *rannuvolare* ♦ *agg.* **1** coperto di nuvole: *cielo —* **2** (*fig.*) acciglialo, incupito: *volto —*.
ra|nòc|chio *s.m.* o **ranòcchia** *s.f.* **1** rana comune **2** (*fig.*) persona piccola e dall'aspetto sgraziato.
ran|to|là|re *v.intr.* [indic.pres. *io ràntolo...*; aus. *A*] **1** emettere rantoli **2** (*estens.*) agonizzare.
ran|to|lì|o *s.m.* ripetuta emissione di rantoli.
ràn|to|lo *s.m.* **1** respiro affannoso di chi sta per morire **2** (*med.*) rumore della respirazione, percepibile all'esterno con l'auscultazione, prodotto dal passaggio dell'aria in cavità che contengono catarro abbondante: *— da asmatico*.
Ra|nun|col|là|ce|e *s.f.pl.* famiglia di piante dicotiledoni diffuse nelle regioni temperate, alla quale appartengono il ranuncolo e l'anemone.
ra|nùn|co|lo *s.m.* pianta erbacea con fiori colorati, spec. gialli.
rap (*ingl.*) [pr. *rèp*] *agg.invar., s.m.invar.* si dice di genere musicale nato negli USA alla fine degli anni '70 del sec. XX, nel quale un parlato fortemente ritmato si sviluppa sopra una base uniforme e sincopata: *gruppo —*.
rà|pa *s.f.* **1** pianta erbacea con grossa radice commestibile | *cima di —*, stelo fiorifero commestibile di tale pianta: *orecchiette con cime di —* | (*fig.*) *testa di —*, persona ottusa | *voler cavare sangue da una —*, chiedere a qlcu. ciò che non è in grado di dare **2** (*fig.*) persona poco intelligente: *il mio allievo è una —*.
ra|pà|ce *agg.* **1** si dice di animale che vive di preda; predatore: *carnivoro —* **2** (*fig.*) che si appropria di beni altrui con l'inganno o con la forza: *politico —* | che esprime brama incontenibile, avidità: *sguardo —* ♦ *s.m.* ogni uccello predatore dotato di becco ricurvo e artigli adunchi (p.e. falco, aquila). □ **rapacemente** *avv.* con brama smodata; avidamente.
ra|pa|ci|tà *s.f.* (*anche fig.*) caratteristica di animali o persone rapaci.
ra|pa|nèl|lo *s.m.* → **ravanello**.
ra|pà|re *v.tr.* sottoporre al taglio dei capelli a zero: *raparsi il cranio* ♦ *-rsi* *rifl.* tagliarsi i capelli a zero.
ra|pà|ta *s.f.* azione del rapare; rasatura a zero: *darsi una bella —*.
ra|pà|to *part.pass.* di *rapare* ♦ *agg.* rasato, tosato | (*gerg.*) *testa rapata*, naziskin.
ra|pe|rón|zo|lo *s.m.* pianta erbacea perenne con fiori violetti a pannocchia, le cui foglie e radici sono commestibili.
rà|pi|da *s.f.* tratto di corso d'acqua in forte pendenza con vortici impetuosi.
ra|pi|di|tà *s.f.* velocità; prontezza: *— d'intervento*.
rà|pi|do *agg.* **1** che si muove velocemente: *prendere il mezzo più —* **2** che impiega pochissimo tempo: *è troppo — nelle risposte* **3** che richiede

rapidograph

poco tempo; che avviene in fretta: *cemento a presa rapida* ♦ *s.m.* (*desueto*) treno intercity □ **rapidamente** *avv.*

ra|pi|do|graph® [pr. *rapìdograf*] *s.m.invar.* penna da disegno tecnico, con serbatoio per l'inchiostro.

ra|pi|mén|to *s.m.* **1** atto illecito di portare via qlcu. con la forza per tenerlo prigioniero | (*dir.*) sequestro di persona: *— a scopo di estorsione* **2** (*relig.*) estasi mistica | (*estens.*) condizione di chi è assorto | (*estens.*) profonda emozione: *ammirare lo spettacolo con —*.

ra|pi|na *s.f.* **1** (*dir.*) reato di chi si impossessa di una cosa altrui con la violenza o con minacce: *una — in banca* **2** (*estens.*) saccheggio: *le rapine compiute dagli invasori* | estorsione, ruberia **3** (*pop.*) richiesta eccessiva di denaro: *prezzo da —* **4** (*zool.*) l'azione di procacciarsi il cibo cacciando prede | *uccelli da —*, rapaci.

ra|pi|nà|re *v.tr.* **1** derubare con la violenza o con minacce: *— l'ufficio postale* | portar via tramite rapina: *— tutto l'incasso* **2** (*estens.*) sottrarre in modo illecito: *rapinò le donazioni che aveva raccolto* **3** (*pop.*) chiedere cifre sproposite: *quel ristorante ci ha rapinato*.

ra|pi|na|tó|re *s.m.* [f. *-trice*] chi compie una rapina.

ra|pi|nó|so *agg.* (*lett.*; *anche fig.*) travolgente: *sguardo —* □ **rapinosamente** *avv.* in maniera irresistibile: *trascinato — dalla corrente*.

ra|pi|re *v.tr.* [indic.pres. *io rapisco, tu rapisci*...] **1** (*dir.*) compiere un sequestro di persona **2** trarre con sé, portare via, spec. con inganno, seduzione e sim.: *l'amante lo rapì alla famiglia* **3** (*zool.*) ghermire: *l'aquila rapì il leprotto* **4** (*fig.*; *anche assol.*) estasiare, avvincere: *questo canto rapisce*.

ra|pi|to *part.pass.* di rapire ♦ *agg.* (*fig.*) assorto in contemplazione; estasiato: *ammirava — il quadro* ♦ *s.m.* [f. *-a*] vittima di un sequestro di persona: *rilasciare un —*.

ra|pi|tó|re *s.m.* [f. *-trice*] autore di un sequestro di persona.

rap|pa|ci|fi|cà|re o **riappacificàre** *v.tr.* [indic. pres. *io rappacìfico, tu rappacìfichi*...] far tornare in pace; riconciliare: *— i litiganti* | (*estens.*) placare: *— gli animi* ♦ **-rsi** *rifl., rifl.rec.* fare pace; riconciliarsi: *— con la vita* | *— dopo un diverbio*.

rap|pa|ci|fi|ca|zió|ne *s.f.* atto del rappacificare, del tornare in pace; riconciliazione.

rap|pat|tu|mà|re *v.tr.* (*fam.*) riconciliare in qualche maniera, rappacificare temporaneamente ♦ **-rsi** *rifl., rifl.rec.* (*fam.*) riconciliarsi in modo provvisorio e superficiale.

rapper (*ingl.*) [pr. *rèpper*] *s.m./f.invar.* musicista rap | appassionato di musica rap.

rap|pez|zà|re *v.tr.* [indic.pres. *io rappèzzo*...] **1** riparare con la sostituzione di un pezzo, con l'aggiunta di una pezza; rattoppare: *— i calzoni* **2** (*fig.*) mettere insieme, sistemare alla meglio; aggiustare: *— un discorso*.

rap|pez|za|tù|ra *s.f.* **1** intervento per rappezzare | rattoppo **2** (*fig.*) risistemazione malriuscita: *la — dell'articolo è evidente*.

rap|pèz|zo *s.m.* intervento per rappezzare | pezza, toppa: *lenzuolo pieno di rappezzi*.

rap|por|tà|bi|le *agg.* che può essere rapportato: *dinamiche tra loro non rapportabili*.

rap|por|tà|re *v.tr.* [indic.pres. *io rappòrto*...] **1** mettere a confronto due grandezze o quantità per stabilire un rapporto: *— le spese agli stipendi* | (*estens.*) confrontare: *— le varie alternative* | (*estens.*) mettere in relazione: *parole da — al caso* **2** (*disegno*) riprodurre in scala: *— la planimetria* ♦ **-rsi** *intr.pron.* **1** riferirsi: *risultati che si rapportano a una crisi* **2** (*fig.*) stringere rapporti; relazionarsi: *si rapporta bene con i compagni*.

rap|pòr|to *s.m.* **1** resoconto: *fare —* | relazione scritta: *un — della riunione* | (*mil.*) **chiamare a —**, convocare i sottoposti perché riferiscano sull'attività svolta, su una situazione e sim. **2** nesso, legame tra più cose: *— di causalità* | (*fig.*) confronto, paragone: *non c'è — tra i due artisti* | *in —a*, quanto a, relativamente a **3** relazione interpersonale: *— di amicizia* | *— di lavoro*, tra lavoratore e azienda | *sessuale*, atto sessuale | *— giurìdico*, relazione tra soggetti giuridici avente rilevanza giuridica **4** (*mat.*) quoto, quoziente tra due numeri **5** (*scient.*) risultato della divisione tra due grandezze: *— tra peso e altezza* | (*mecc.*) *— di trasmissione*, rapporto tra il numero di giri di una ruota e sim. e quello di un'altra ruota collegata alla prima | *cambiare —*, nelle biciclette, cambiare velocità agendo sulla leva del cambio per variare il rapporto di trasmissione.

rap|prèn|de|re *v.tr.* [con. *prendere*] rendere più denso; coagulare ♦ **-rsi** *intr.pron.* addensarsi, coagularsi: *il budino si è rappreso*.

rap|pre|sà|glia *s.f.* **1** ritorsione contro chi ha recato un danno, spec. sul piano dei rapporti internazionali: *boicottare per —* | **— pacìfica**, che non implica azioni militari **2** (*estens.*) azione violenta compiuta da un esercito occupante contro la popolazione civile per reagire a perdite inflitte dalla guerriglia.

rap|pre|sen|tà|bi|le *agg.* che può essere rappresentato: *— graficamente*; *commedia poco —*.

rap|pre|sen|tàn|te *s.m./f.* **1** chi rappresenta una persona, una società e sim.: *— politico* **2** (*dir.*) chi per procura o per legge agisce in nome e nell'interesse di un altro soggetto: *— nella causa* | *— di commercio*, chi promuove o conclude affari per conto di un'azienda **3** (*fig.*) chi incarna un'epoca, un'idea; esponente: *Voltaire è un — dell'Illuminismo*.

rap|pre|sen|tàn|za *s.f.* **1** azione svolta per conto d'altri a tutela dei loro interessi: *— legale* | *— di commercio*, incarico e attività di rappresentante di commercio | *— polìtica*, delega della sovranità popolare ai rappresentanti eletti | *in —, di*, a nome, per conto di | *sala di —*, quella destinata a ricevimenti e incontri ufficiali **2** (*estens.*) persona o gruppo che rappresenta altri; delegazione: *ricevere una — dei manifestanti* **3** ufficio di rappresentanza: *avere una — all'estero*.

rap|pre|sen|tà|re v.tr. [indic.pres. io rappresènto...] **1** riprodurre la realtà mediante immagini: *il disegno rappresenta mia madre* | (*estens.*) descrivere: *il racconto rappresenta l'Italia odierna* | **rappresentarsi ql.co.**, figurarsi come può essere **2** (*fig.*) simboleggiare: *Ulisse rappresenta l'astuzia* **3** agire per conto d'altri; fare le veci di qlcu. | (*polit.*) essere un rappresentante eletto | (*dir.*) tutelare legalmente: — *in giudizio* | **4** (*teat.*, *cine.*) portare in scena, sullo schermo: — *un dramma* **5** significare; contare: *il lavoro rappresenta poco per lui*.

rap|pre|sen|ta|ti|va s.f. **1** (*sport*) squadra composta da atleti scelti per rappresentare una città, una regione, una nazione: — *russa di calcio* **2** insieme di persone che rappresentano un partito, un'associazione ecc.

rap|pre|sen|ta|ti|vi|tà s.f. capacità di essere rappresentativo: *mettere in dubbio la — dei delegati*.

rap|pre|sen|ta|ti|vo agg. **1** che è atto a rappresentare: *efficacia rappresentativa* **2** che riassume i caratteri di un'idea, di un'epoca e sim.: *esponente più — della scuola* | (*stat.*) **campione —**, che rispecchia efficacemente le caratteristiche della popolazione **3** (*polit.*) basato sulla rappresentanza: *democrazia rappresentativa* **4** (*filos.*, *psicol.*) che riguarda la rappresentazione: *processo —* □ **rappresentativamente** avv.

rap|pre|sen|ta|zió|ne s.f. **1** espressione tramite immagini: — *di enti matematici* | raffigurazione: — *pittorica* | (*estens.*) descrizione: — *romanzesca* **2** (*filos.*, *psicol.*) processo mediante il quale un oggetto esterno o uno stato d'animo si presentano alla coscienza | contenuto di tale processo **3** (*teat.*, *cine.*) spettacolo.

ra|pso|di|a s.f. **1** (*st.*) arte, poesia del rapsodo | componimento poetico epico **2** (*mus.*) componimento che svolge liberamente temi popolari.

ra|psò|di|co agg. [m.pl. *-ci*] **1** di rapsodia; dei rapsodi **2** (*fig.*) saltuario; discontinuo: *studio —* □ **rapsodicamente** avv. saltuariamente.

ra|psò|do s.m. (*st.*) nell'antica Grecia, cantore che recitava in pubblico canti epici | (*estens.*) cantastorie.

ràp|tus (*lat.*) s.m.invar. **1** (*psicol.*, *psich.*) impulso improvviso e incontrollabile a compiere azioni violente **2** (*estens.*) ispirazione improvvisa: — *creativo*.

ra|re|fà|re v.tr. [indic.pres. *io rarefàccio* o *rarefò, tu rarefai, egli rarefà...*; per le altre forme con. come *fare*] **1** rendere meno denso **2** (*fig.*) rendere meno frequente ♦ **-rsi** *intr.pron*. diradarsi: *la nebbia si rarefà*.

ra|re|fàt|to part.pass. di *rarefare* ♦ agg. **1** più rado: *gas —* **2** (*fig.*) raffinato: *rarefatte atmosfere narrative*.

ra|re|fa|zió|ne s.f. processo che rarefà: — *dell'aria*.

ra|ri|tà s.f. **1** condizione delle cose o persone che sono rare **2** cosa rara: *collezionare —*.

rà|ro agg. **1** non comune; insolito: *più unico che —* | *che capita poche volte, infrequente: i rari casi in cui si presenta* | difficile a trovarsi; scarso: *qualche — residuo* | (*fig.*) **bestia rara**, individuo fuori del comune | (*chim.*, *min.*) **terre rare**, lantanidi e minerali che li contengono **2** prezioso per la sua rarità: *moneta rara; rara bellezza* **3** non fitto; rado: *rare costruzioni* □ **raramente** avv. non frequentemente, di rado: *capita —*.

ras s.m.invar. **1** (*st.*) capo di una regione dell'impero etiopico **2** (*spreg.*) autorità locale che si comporta da tiranno.

ra|sà|re v.tr. **1** tagliare peli e sim. con il rasoio: — *la barba, la testa* **2** privare di sporgenze, dislivelli; pareggiare: — *il prato* ♦ **-rsi** *rifl*. tagliarsi peli, spec. della barba, con il rasoio.

ra|sa|tèl|lo s.m. rasato leggero usato spec. per fodere.

ra|sà|to part.pass. di *rasare* ♦ agg. si dice di tessuto molto liscio: *velluto —* | **maglia rasata**, ottenuta lavorando un ferro a dritto e uno a rovescio ♦ s.m. tessuto di cotone simile a raso.

ra|sa|tù|ra s.f. azione del rasare, del rasarsi | materiale che si asporta rasando.

ra|schià|bi|le agg. che può essere raschiato.

ra|schia|mén|to s.m. **1** azione con cui si raschia **2** (*med.*) asportazione chirurgica di formazioni patologiche da ossa o cavità naturali, spec. dall'utero.

ra|schia|ò|lio s.m.invar. (*mecc.*) fascia metallica sul pistone del motore a scoppio, che elimina l'eccesso di lubrificante dalla superficie dei cilindri.

ra|schià|re v.tr. [indic.pres. *io ràschio...*] **1** levigare, ripulire con uno strumento ruvido o tagliente: — *una padella*; — *la pelle* **2** (*med.*) asportare tessuti e materiali organici mediante raschiamento: — *l'utero* | **raschiarsi la gola**, fare rumore con la gola per liberarsi dal catarro o attirare l'attenzione di qlcu. | — *il fondo del barile*, ricorrere alle ultime risorse.

ra|schià|ta s.f. raschiatura eseguita alla svelta, sommariamente.

ra|schia|tò|io s.m. utensile per raschiare le asperità da una superficie.

ra|schia|tù|ra s.f. **1** operazione con cui si raschia | traccia lasciata in ciò che viene raschiato **2** materiale asportato raschiando.

ra|schiet|tà|re v.tr. [indic.pres. *io raschiétto...*] eseguire la raschiettatura.

ra|schiet|ta|tù|ra s.f. (*mecc.*) finitura manuale eseguita con il raschietto.

ra|schiét|to s.m. utensile dotato di lama per raschiare.

rà|schio s.m. **1** atto del raschiarsi la gola **2** irritazione, prurito alla gola.

ra|sen|tà|re v.tr. [indic.pres. *io rasènto...*] **1** sfiorare passando molto vicino: — *il mobile* **2** (*fig.*) essere, andare molto vicino a ql.co.: — *la pensione; trattamento che rasenta l'umiliazione*.

ra|sèn|te prep. [segue verbi di moto] molto vicino a, quasi sfiorando: *volare — la* (o *alla*) *terra; camminare — il* (o *al*) *muro*.

rash (*ingl.*) s.m.invar. (*med.*) eruzione cutanea improvvisa e transitoria.

rà|so *part.pass. di* radere ♦ *agg.* **1** rasato, liscio: *a pelo* — **2** pieno fino all'orlo: *scodella rasa* ♦ *prep. nella loc.* — **terra**, rasente la terra: *sparo — terra* ♦ *s.m.* varietà di tessuto dall'aspetto liscio e lucente: *gonna di —*.
ra|so|ià|ta *s.f.* colpo di rasoio.
ra|sò|io *s.m.* strumento con lama d'acciaio affilatissima per radere barba e capelli | — **di sicurezza**, con lametta protetta per evitare ferite | — **elettrico**, apparecchio con lamette rotanti per radersi a secco.
ra|so|tèr|ra *agg.invar., s.m.invar.* (*sport*) si dice di tiro che procede vicino al terreno.
rà|spa *s.f.* sorta di lima da legno con denti grossi e radi.
ra|spà|re *v.tr.* **1** spianare con la raspa: — *un ripiano* **2** (*estens.*) irritare: *questa bevanda mi raspa la gola* **3** di animale, grattare: *il cane — la terra* ♦ *intr.* [aus. *A*] **1** raschiare, grattare: *carta che raspa* **2** (*estens.*) armeggiare, frugare.
rà|spo *s.m.* grappolo d'uva senza acini.
ra|spól|lo *s.m.* grappolo d'uva con pochi acini.
ra|spó|so *agg.* **1** ruvido **2** si dice di vino aspro.
ras|sé|gna *s.f.* **1** (*mil.*) ispezione alla truppa schierata; rivista: *passare in —* **2** (*estens.*) esame minuzioso: *— delle questioni aperte* **3** resoconto ordinato di eventi, opere, rappresentazioni e sim.; pubblicazione periodica | — **stampa**, descrizione dei principali articoli apparsi sulla stampa **4** mostra; concorso: *— di pittura*.
ras|se|gnà|re *v.tr.* [indic.pres. *io rasségno...*, *noi rassegniamo, voi rassegnate...*] presentare: *— le dimissioni* | — **un mandato**, dimettersi ♦ **-rsi** *intr. pron.* (*anche assol.*) accettare con pazienza ql.co. di doloroso, di non voluto: *— agli ordini*.
ras|se|gnà|to *part.pass. di* rassegnare ♦ *agg.* che esprime sopportazione: *sguardo —* | pronto a obbedire, ad accettare ql.co. di spiacevole: *uomo —*.
ras|se|gna|zió|ne *s.f.* atto del rassegnarsi; paziente accettazione: *— alla malattia*.
ras|se|re|na|mén|to *s.m.* **1** rischiaramento del cielo; diradamento delle nubi **2** (*fig.*) recupero della serenità interiore.
ras|se|re|nàn|te *part.pres. di* rasserenare ♦ *agg.* che infonde serenità; tranquillizzante: *presenza —*.
ras|se|re|nà|re *v.tr.* [indic.pres. *io rasseréno...*] (*anche fig.*) rendere sereno: *questo vento rasserena il cielo* ♦ **-rsi** *intr.pron.* (*anche fig.*) diventare sereno: *si rasserenò alla notizia*.
ras|se|re|na|tó|re *agg., s.m.* [f. *-trice*] che, chi rasserena.
ras|set|tà|re *v.tr.* [indic.pres. *io rassètto...*] **1** mettere in ordine: *— l'armadio* **2** aggiustare, accomodare: *— la giacca* ♦ **-rsi** *rifl.* curare il proprio aspetto, mettersi in ordine.
ras|set|ta|tù|ra *s.f.* **1** riordino **2** aggiustatura.
ras|si|cu|ràn|te *part.pres. di* rassicurare ♦ *agg.* che infonde fiducia, sicurezza: *tono —*.
ras|si|cu|rà|re *v.tr.* rendere sicuro; liberare da dubbi, sospetti: *parole che rassicurano* ♦ **-rsi** *intr.pron.* riprendere animo; liberarsi da timori: *dopo il successo ottenuto si rassicurò*.
ras|si|cu|ra|zió|ne *s.f.* discorso, parola rassicurante: *non avere alcuna — in merito*.
ras|so|da|mén|to *s.m.* processo che rende sodo: *il — dei muscoli*.
ras|so|dàn|te *part.pres. di* rassodare ♦ *agg.* studiato per rendere la pelle più elastica o i muscoli più tonici: *trattamento —*.
ras|so|dà|re *v.tr.* [indic.pres. *io rassòdo...*] **1** rendere più sodo: *— i glutei* **2** (*fig.*) rendere più stabile; consolidare: *— l'alleanza* ♦ **-rsi** *intr.pron.* **1** diventare sodo o più sodo **2** (*fig.*) diventare più solido; rafforzarsi: *il loro legame dovrebbe —*.
ras|so|mi|gliàn|te *part.pres. di* rassomigliare ♦ *agg.* somigliante: *effigie —*.
ras|so|mi|gliàn|za *s.f.* condizione di quel che è simile; somiglianza.
ras|so|mi|glià|re *v.intr.* [indic.pres. *io rassomìglio...*; aus. *E, A*] essere simile; somigliare: *— all'originale* ♦ **-rsi** *rifl.rec.* avere somiglianze reciproche: *— fin da piccoli*.
rà|sta *s.m./f.invar.* **1** membro di una setta politico-religiosa, nata in Giamaica negli anni '30 del sec. XX, che mira al ritorno in Africa della popolazione nera | (*estens.*) simpatizzante della cultura rasta **2** (*mus.*) tipo di reggae caratteristico dei rasta giamaicani ♦ *agg.invar.* **1** che appartiene all'omonima setta giamaicana | (*estens.*) che condivide alcuni contrassegni estetici della cultura rasta, spec. il taglio di capelli e i gusti musicali **2** (*mus.*) proprio di un genere di reggae giamaicano: *canzone —* **3** si dice di acconciatura a treccioline lunghe, inaugurata dalla cultura rasta: *farsi i capelli —*.
ra|strel|la|mén|to *s.m.* **1** operazione di raccolta con il rastrello **2** (*fig.*) ispezione a tappeto; battuta: *— dei Carabinieri* **3** (*spec.fin.*) incetta: *— di azioni*.
ra|strel|là|re *v.tr.* [indic.pres. *io rastrèllo...*] **1** raccogliere con il rastrello: *— l'erba* | ripulire con il rastrello: *— l'orto* **2** (*fig.*) perlustrare sistematicamente per scovare nemici, soggetti pericolosi, persone o cose scomparse: *— la zona* **3** (*estens.*) racimolare | (*econ., fin.*) fare incetta, spec. di un bene poco diffuso o di un titolo azionario.
ra|strel|là|ta *s.f.* **1** rapida passata con il rastrello | quantità di materiale raccolto in una volta con il rastrello **2** colpo inferto con il rastrello.
ra|strel|la|tù|ra *s.f.* operazione con cui si rastrella.
ra|strel|liè|ra *s.f.* **1** (*zootec.*) intelaiatura a pioli, fissata orizzontalmente sopra la mangiatoia, per contenere il fieno **2** (*estens.*) scolapiatti | intelaiatura a barre o a ripiani, gener. fissata a un muro, utilizzata per sostenere, o esporre ql.co.: *— per le biciclette; — dei fucili*.
ra|strèl|lo *s.m.* **1** (*agr.*) arnese costituito da un lungo manico con un'asta trasversale munita di denti chiusa ad un'estremità, usato per livellare il terreno e per raccogliere erba e sim. | — **meccanico**, macchina per la raccolta del fieno **2** (*estens.*) qualsiasi attrezzo di forma o funzione analoga

al rastrello agricolo: *il — del croupier; giocare con palette e —*.

ra|stre|mà|re *v.tr.* [indic.pres. *io rastrèmo...*] (*edil.; arch.*) ridurre gradualmente in diametro o in larghezza dal basso verso l'alto: *— una colonna* ♦ **-rsi** *intr.pron.* assottigliarsi dal basso verso l'alto.

ra|stre|mà|to *part.pass. di* rastremare ♦ *agg.* si dice di elemento architettonico che si assottiglia verso l'alto: *pilastro —*.

ra|stre|ma|zió|ne *s.f.* operazione che serve a rastremare | parte rastremata: *— del muro*.

rà|stro *s.m.* **1** (*agr.*) macchina agricola munita di denti arcuati per rompere gli strati profondi del terreno **2** (*mus.*) strumento per tracciare le righe del pentagramma.

ra|sù|ra *s.f.* raschiatura per cancellare ql.co. da una pergamena.

rà|ta *s.f.* ciascuna delle parti in cui viene divisa una somma da pagare dilazionata, a scadenze prefissate: *pagamento a rate*.

ra|ta|fià *s.m.* liquore zuccherato di marasche.

ra|te|à|le *agg.* relativo alla rata; effettuato a rate: *finanziamento —* □ **ratealmente** *avv.* a rate: *pagare —*.

ra|te|à|re *v.tr.* [indic.pres. *io ràteo...*] **1** dividere in rate; rateizzare: *— i rimborsi* **2** (*estens.*) suddividere nel tempo.

ra|te|a|zió|ne *s.f.* suddivisione in rate.

ra|teiz|zà|re *v.tr.* dividere in rate | stabilire i criteri di una rateazione.

ra|teiz|za|zió|ne *s.f.* atto del rateizzare: *— a tassi convenienti*.

rà|te|o *s.m.* **1** rateizzazione **2** (*contabilità*) quota di costi o ricavi maturati nell'esercizio in corso, ma che verranno sostenuti o riscossi in quello successivo | (*banc.*) *— d'interessi*, interessi maturati al giorno di scadenza dell'ultima cedola a quello di negoziazione.

ra|ti|fi|ca *s.f.* **1** (*dir.*) approvazione di un negozio giuridico da parte di chi vi sia stato rappresentato senza procura | atto con cui il Capo dello Stato o le Camere approvano i trattati internazionali firmati dal Governo **2** (*estens.*) convalida: *— dell'incarico*.

ra|ti|fi|cà|re *v.tr.* [indic.pres. *io ratìfico, tu ratifichi...*] **1** (*dir.*) approvare mediante ratifica **2** (*estens.*) convalidare: *— il patto*.

rating (*ingl.*) [pr. *rétin*] *s.m.invar.* **1** (*econ.*) valutazione della qualità dei titoli di un'impresa e della sua solidità aziendale e affidabilità **2** (*tv*) indice di gradimento rispetto a un campione di spettatori: *il — di una trasmissione*.

rat musqué (*fr.*) [pr. *ràmüské*] *s.m.invar.* pelliccia di topo muschiato.

rattan (*ingl.*) *s.m.invar.* legno di pianta rampicante impiegato in ebanisteria, per fabbricare elementi d'arredo, bastoni e sim.

rat|ti|ci|da *agg., s.m.* [pl. *-i*] topicida.

ràt|to[1] *s.m.* mammifero roditore, simile al topo, ma più grosso e vorace, veicolo di gravi infezioni.

ràt|to[2] *s.m.* (*lett.*) rapimento: *il — di Proserpina*.

rat|top|pà|re *v.tr.* [indic.pres. *io rattòppo...*] **1** riparare con toppe: *— il vestito* **2** (*fig.*) accomodare alla meglio: *— un errore*.

rat|top|pà|to *part.pass. di* rattoppare ♦ *agg.* pieno di toppe: *tessuto —* | con abiti rattoppati: *si è presentato tutto —*.

rat|tòp|po *s.m.* **1** operazione per rattoppare | parte rattoppata; toppa: *mettere un — sulla manica* **2** (*fig.*) rimedio improvvisato, espediente provvisorio: *il suo intervento fu solo un —*.

rat|trap|pi|mén|to *s.m.* irrigidimento; contrazione: *— del braccio*.

rat|trap|pi|re *v.tr.* [indic.pres. *io rattrappisco, tu rattrappisci...*] far contrarre le membra, rendendone difficile la distensione e il movimento: *quella posizione scomoda gli ha rattrappito le gambe* ♦ **-rsi** *intr.pron.* (*di parti corporee*) irrigidirsi leggermente, subire una contrazione: *le si rattrappirono gli arti per il freddo*.

rat|tri|stà|re *v.tr.* rendere triste; addolorare ♦ **-rsi** *intr.pron.* diventare triste: *— per la sconfitta*.

rat|tri|stà|to *part.pass. di* rattristare ♦ *agg.* afflitto, dolente: *sguardo —*.

rat|tri|sti|re *v.tr.* [indic.pres. *io rattristisco, tu rattristisci...*] rattristare ♦ **-rsi** *intr.pron.* rattristarsi.

rau|cè|di|ne *s.f.* abbassamento o alterazione della voce per affezioni alla laringe.

ràu|co *agg.* [m.pl. *-chi*] **1** affetto da raucedine **2** si dice di voce roca | di suono basso, cupo: *emettere un lamento —*.

ra|va|nà|re *v.intr.* (*region.*) frugare, rovistare: *— nella borsa*.

ra|va|nèl|lo *s.m.* pianta erbacea con radice commestibile rossa e tondeggiante di sapore leggermente piccante.

rave (*ingl.*) [pr. *réiv*] (*gerg.*) raduno giovanile, spec. notturno e trasgressivo, dove si balla musica techno e sim. ad altissimo volume.

ra|viò|lo *s.m. spec.pl.* pasta all'uovo ripiena di carni o di ricotta con verdure: *ravioli in brodo*.

ra|viz|zó|ne *s.m.* crocifera simile al cavolo, i cui semi danno un olio alimentare e lubrificante, ma usata anche come foraggio.

rav|va|lo|rà|re *v.tr.* [indic.pres. *io ravvalóro...*] dare maggior valore; avvalorare.

rav|ve|dér|si *v.intr.pron.* [indic.fut. *io mi ravvedrò o ravvederò...*; condiz.pres. *io mi ravvedrèi o ravvederèi...*; part.pass. *ravveduto*; negli altri tempi con. come *vedere*] riconoscere i propri errori per correggere la condotta: *— troppo tardi*.

rav|ve|di|mén|to *s.m.* riconoscimento delle proprie colpe; pentimento.

rav|vi|à|re *v.tr.* [indic.pres. *io ravvìo...*] rimettere a posto: *— il ciuffo* ♦ **-rsi** *rifl.* mettersi in ordine: *— prima di uscire*.

rav|vi|à|ta *s.f.* azione con cui si ravvia rapidamente; sistemata: *una — ai capelli*.

rav|vi|ci|na|mén|to *s.m.* **1** maggiore o ulteriore avvicinamento **2** (*fig.*) riconciliazione.

rav|vi|ci|nà|re *v.tr.* **1** avvicinare di più o di nuovo: *— gli sgabelli* **2** (*fig.*) riconciliare: *— i rivali* ♦ **-rsi** *intr.pron.* avvicinarsi di più o di nuovo: *l'acqua si*

ravvicinato

sta ravvicinando al limite ♦ *rifl., rifl.rec.* (*fig.*) riconciliarsi: — *alla famiglia*; *proveranno a* —.

rav|vi|ci|nà|to *part. pass.* di ravvicinare ♦ *agg.* effettuato da vicino: *ripresa ravvicinata* | molto vicino: *scadenza ravvicinata*.

rav|vi|lup|pà|re *v.tr.* 1 avvolgere in maniera stretta; avviluppare: — *il gomitolo* ♦ **-rsi** *rifl.* avvolgersi in maniera stretta: — *nella coperta* ♦ *intr.pron.* ingarbugliarsi, avvilupparsi.

rav|vi|sà|bi|le *agg.* che può essere ravvisato | riscontrabile, rilevabile: *affinità* — *a stento*.

rav|vi|sà|re *v.tr.* 1 (*lett.*) riconoscere dall'aspetto: — *a prima vista* 2 (*estens.*) distinguere, riconoscere: — *il marchio del genio* | rilevare, individuare: — *gli estremi dell'atto doloso*.

rav|vi|và|re *v.tr.* 1 rinvigorire, rianimare | intensificare: — *una tonalità* 2 (*fig.*) rendere più vivace: — *la serata con barzellette* 3 (*tecn.*) effettuare una ravvivatura ♦ **-rsi** *intr.pron.* 1 riprendere vigore: *la fiamma si ravviva* 2 (*fig.*) rianimarsi: *la loro storia si è ravvivata di recente*.

rav|vi|va|tù|ra *s.f.* (*tecn.*) operazione per rigenerare la capacità abrasiva di una mola, il filo di una lama.

rav|vòl|ge|re *v.tr.* [con. come *volgere*] avvolgere più volte: — *il tappeto* | avvolgere per coprire completamente: — *un piatto nella carta* ♦ **-rsi** *rifl.* avvolgersi per bene: — *in un plaid*.

rav|vol|to|là|re *v.tr.* [indic.pres. io *ravvòltolo*...] avvolgere più volte | avvolgere in fretta: — *gli avanzi nella stagnola* ♦ **-rsi** *rifl.* 1 avvolgersi più volte: — *nella mantella* 2 rotolarsi: — *nell'erba*.

rà|yon® o **ràion** *s.m.invar.* fibra tessile artificiale ottenuta dalla cellulosa e usata in sostituzione della seta.

ra|zio|ci|nàn|te *agg.* dotato di raziocinio: *l'uomo è un essere* — | relativo alla ragione: *spirito* —.

ra|zio|cì|nio *s.m.* capacità di ragionare | buon senso, criterio: *persona ricca di* —.

ra|zio|nà|le *agg.* 1 dotato di ragione, fornito di superiori capacità conoscitive: *l'uomo è un essere* — 2 conforme a ragione; fondato su principi logici: *esame* — 3 progettato per rispondere perfettamente a una data funzione; funzionale: *arredo* — | che privilegia la funzionalità rispetto all'estetica 4 (*mat.*) si dice di numero esprimibile attraverso un rapporto tra numeri interi | *operazioni razionali*, le quattro operazioni fondamentali □ **razionalmente** *avv.* conformemente a ragione, in base a principi razionali: *scegliere* —.

ra|zio|na|lì|smo *s.m.* 1 (*filos.*) dottrina secondo cui la realtà è strutturata in base a criteri logici e la conoscenza è fondata essenzialmente sulla ragione 2 (*arch.*) movimento sorto negli anni '20 del Novecento che, nel design e nell'architettura, privilegia i criteri funzionali rispetto a quelli estetici 3 (*estens.*) atteggiamento dettato da criteri esclusivamente razionali.

ra|zio|na|lì|sta *s.m./f.* [m.pl. -*i*] 1 (*filos.*) seguace del razionalismo 2 (*estens.*) persona che privilegia la razionalità rispetto all'intuizione e alle emozioni ♦ *agg.* razionalistico.

ra|zio|na|lì|sti|co *agg.* [m.pl. -*ci*] relativo al razionalismo: *pensiero* — □ **razionalisticamente** *avv.* con spirito, criterio razionalistico.

ra|zio|na|li|tà *s.f.* 1 capacità di ragionare | assennatezza 2 rispondenza a criteri logici: — *del progetto* | funzionalità: — *di un mobile*.

ra|zio|na|liz|zà|re *v.tr.* 1 rendere più rispondente a criteri di efficienza, di funzionalità: — *la produzione per ottimizzare i costi* 2 (*psicol.*) attribuire spiegazioni razionali a un proprio comportamento o movente emotivo: — *un malessere* 3 (*mat.*) trasformare una frazione in modo che non abbia più radicali al denominatore.

ra|zio|na|liz|za|zió|ne *s.f.* 1 riorganizzazione più razionale: — *produttiva* 2 (*psicol.*) spiegazione razionale, anche con ragioni non autentiche, volta a giustificare comportamenti istintivi o emotivi 3 (*mat.*) eliminazione dei radicali a denominatore.

ra|zio|na|mén|to *s.m.* distribuzione di un genere di prima necessità in quote individuali limitate, in un periodo in cui vi è penuria di esso.

ra|zio|nà|re *v.tr.* [indic.pres. io *razióno*...] disciplinare il consumo tramite razionamento; distribuire in quote razionate: — *il pane*.

ra|zió|ne *s.f.* 1 parte spettante a ciascuno | (*fig.*) dose: — *di rimproveri* | (*mil.*) quantità quotidiana di cibo e altri generi di conforto assegnata a ciascun soldato 2 assegnazione individuale di un bene razionato.

ràz|za¹ *s.f.* 1 (*zool.*) complesso di individui aventi caratteri ereditari comuni che li differenziano dagli altri della stessa specie: *selezionare una* — | *di* —, che non deriva da incroci tra razze diverse: *gatto di* —; (*fig.*) che ha notevoli doti nel proprio campo: *lottatore di* — 2 (*antrop.*) tipo umano con caratteri morfologici che lo differenziano dagli altri: — *gialla* | (*estens.*) popolazione: *la* — *ariana*; *discriminazioni di* — | **umana**, specie umana 3 (*estens.*) discendenza: — *plebea* 4 (*spec.spreg.*) sorta, tipo: *che* — *di ragionamenti sono?* | (*raff.*) spec. in esclamazioni volgari: *che* — *di idiota!*

ràz|za² *s.f.* pesce di mare dal corpo romboidale piatto e con coda lunga e sottile.

ràz|za³ *s.f.* (*tecn.*) raggio del volante, della ruota del timone e sim.

raz|zìa *s.f.* 1 scorreria armata per saccheggiare: *una* — *delle truppe ribelli* 2 (*estens.*) furto di animali: — *di pollame* | (*fig.*) **fare** — *di*, portare via in grande quantità: *fare* — *di prodotti in sconto*.

raz|zià|le *agg.* della razza; relativo alla razza, spec. con riferimento a ideologie razzistiche: *integrazione* —.

raz|zià|re *v.tr.* [indic.pres. io *razzìo*...] saccheggiare: — *il magazzino* | rubare: — *tutta la merce*.

raz|zia|tó|re *agg., s.m.* [f. -*trice*] che, chi compie una razzia: *predone* —.

raz|zì|smo *s.m.* 1 complesso di teorie e comportamenti volti a giustificare e a realizzare la supremazia di una razza sulle altre 2 (*estens.*) discriminazione verso una categoria di persone diversa dalla propria: *il* — *contro gli immigrati*.

raz|zi|sta *s.m./f.* [m.pl. *-i*] sostenitore del razzismo ♦ *agg.* razzistico: *pregiudizio —*.

raz|zi|sti|co *agg.* [m.pl. *-ci*] del razzismo; da razzista: *comportamento —*.

ràz|zo *s.m.* **1** fuoco artificiale formato da un tubo riempito con polvere pirica, che, dopo essere stato acceso, vola lasciando una scia | *— di segnalazione*, proiettile luminoso per segnalare la propria posizione, spec. come richiesta di soccorso | (*fig.*) *a —*, **come un —**, in modo fulmineo: *partire a —; filare come un —* **2** (*aer.*) endoreattore | (*estens.*) missile azionato da razzi.

raz|zo|là|re *v.intr.* [indic.pres. *io ràzzolo...*; aus. *A*] detto di pollame, raspare il terreno in cerca di cibo | (*pop.*) **predicare bene e — male**, comportarsi bene soltanto a parole.

re[1] *s.m.* **1** capo di uno Stato retto a monarchia; sovrano | *da —*, di gran lusso, di alta qualità: *pranzo da —* **2** (*estens.; anche iron.*) persona che eccelle in qualche attività: *il — dei furbi* | animale o cosa che primeggia: *il — dei vini* **3** (*gioco*) pezzo principale degli scacchi: *scacco al —* | figura del mazzo di carte che rappresenta un re: *— di picche*.

re[2] *s.m.* (*mus.*) nei paesi latini, nome della seconda nota della scala di do.

re- *pref.* serve a formare verbi e loro derivati e indica ripetizione (*reinserire*), movimento in senso opposto (*reintegrare*); equivale a *ri-*, ma rispetto a esso è meno frequente e forma spec. termini scientifici o letterari (p.e. *refluire*).

-ré|a [sempre con raddoppiamento della *r* iniziale] secondo elemento di parole composte che indica eccesso di secrezione, produzione patologica di umori (*gonorrea*).

reading (*ingl.*) [pr. *rìdin*] *s.m.invar.* **1** lettura pubblica di opere letterarie, spec. poetiche **2** raccolta di vari brani su uno stesso argomento.

re|a|gèn|te *s.m.* (*chim.*) sostanza che interviene in una reazione; reattivo.

re|a|gi|re *v.intr.* [indic.pres. *io reagisco, tu reagisci...*; aus. *A*] **1** rispondere a una violenza e sim.: *— all'offesa* **2** agire sotto lo stimolo di un'altra azione: *— al trattamento* **3** (*chim.*) di sostanza o miscela, partecipare a una reazione chimica **4** (*fis.*) detto di forza, operare in direzione e verso contrari a un'altra.

re|à|le[1] *agg.* **1** che esiste veramente | che ci si è verificato: *fatto —* | effettivo: *guadagno —* | autentico: *— intenzione* **2** (*mat.*) si dice di numero razionale o irrazionale, non immaginario **3** (*econ.*) di reddito o salario, valutato non nel suo valore nominale ma secondo il suo effettivo potere d'acquisto ♦ *s.m.* (*spec.filos.*) realtà □ **realmente** *avv.* in realtà; davvero.

re|à|le[2] *agg.* **1** di re: *corona —* **2** (*estens.*) che primeggia per importanza, grandezza ecc.: *aquila —* | *scala —*, nel poker, sequenza di cinque carte dello stesso seme in ordine progressivo ♦ *s.m.pl.* il re e la regina | membri della famiglia reale: *i reali d'Inghilterra*.

re|a|li|smo *s.m.* **1** atteggiamento di chi ha una visione pratica, concreta della realtà, priva di astrazioni: *— negli affari* **2** (*filos.*) dottrina secondo cui il mondo esterno esiste a prescindere dalla percezione che ne abbiamo **3** (*lett., arte*) tendenza a rappresentare la realtà senza idealizzazioni o deformazioni: *il — di Balzac*.

re|a|li|sta[1] *agg.,s.m./f.* [m.pl. *-i*] **1** (*filos., lett., arte*) che è seguace del realismo **2** che, chi agisce basandosi sull'esperienza pratica.

re|a|li|sta[2] *agg.,s.m./f.* [m.pl. *-i*] che, chi sostiene il sistema monarchico | (*fig.*) **essere più — del re**, battersi per ql.co. con più decisione di chi vi sia direttamente coinvolto.

re|a|li|sti|co *agg.* [m.pl. *-ci*] **1** (*filos., lett., arte*) relativo al realismo **2** che rispecchia la realtà: *resoconto —; ritrarre in modo —* **3** fondato sulla concretezza dei fatti; pragmatico: *atteggiamento —* □ **realisticamente** *avv.* **1** secondo un'impostazione realistica **2** in maniera realistica, con concretezza.

reality show (*ingl.*) [pr. *riàliti shó*] *loc.sost.m. invar.* (*tv*) programma che trasmette in diretta situazioni di vita reale.

re|a|liz|zà|bi|le *agg.* **1** che può essere realizzato; attuabile: *sogno —* **2** (*comm.*) convertibile in moneta: *merce —*.

re|a|liz|za|bi|li|tà *s.f.* **1** fattibilità **2** (*comm.*) convertibilità in moneta.

re|a|liz|zà|re *v.tr.* **1** tradurre in realtà; attuare: *— un desiderio* **2** rendersi conto, capire appieno: *— la serietà della minaccia* **3** (*comm.*) convertire in denaro liquido; vendere | guadagnare, ricavare: *— un bel gruzzolo* **4** (*sport, anche assol.*) segnare: *— su rigore* ♦ **-rsi** *intr.pron.* attuarsi nella realtà; avverarsi: *la tua speranza si realizzerà* ♦ *rifl.* dare piena espressione a se stesso: *— nello sport*.

re|a|liz|za|tó|re *s.m.* [f. *-trice*] **1** chi realizza: *il — del progetto* **2** (*sport*) chi segna dei punti.

re|a|liz|za|zió|ne *s.f.* **1** attuazione: *la — dell'idea* | (*teat.*) *— scenica*, complesso di operazioni necessarie per la messa in scena **2** (*fig.*) senso di soddisfazione derivante dall'ottenimento di risultati conformi alle proprie aspirazioni e aspettative: *— professionale* **3** (*sport*) punto, marcatura.

re|a|liz|zo *s.m.* (*comm.*) conversione in denaro liquido: *— di un titolo*.

realpolitik (*ted.*) [pr. *realpolitìk*] *s.f.invar.* politica che, spec. nei rapporti internazionali, bada solo agli interessi concreti, a prescindere da motivazioni di principio.

re|al|tà *s.f.* **1** tutto ciò che esiste: *l'osservazione della —* | *— interiore*, mondo dei vissuti soggettivi | (*inform.*) *— virtuale*, tecnica di simulazione per cui l'utente ha la sensazione di trovarsi in un ambiente fisico diverso da quello che effettivamente lo ospita e ha la possibilità di interagire con esso **2** condizione di ciò che esiste o è accaduto effettivamente e non è immaginario: *la — dei fatti* **3** insieme delle cose materiali, concrete: *la — in cui viviamo*; *la dura —* | *in —*, in effetti, di fatto.

re|à|me *s.m.* (*lett.*) regno.

re|a|ti|no *agg.* relativo a Rieti ♦ *s.m.* [f. *-a*] nativo o abitante di Rieti.

re|à|to *s.m.* (*dir.*) violazione di una norma penale: *commettere un —*.

re|at|ti|vi|tà *s.f.* attitudine a reagire.

re|at|ti|vo *agg.* che riguarda la reazione | (*fig.*) incline a reagire: *essere — nelle difficoltà* ♦ *s.m.* 1 (*chim.*) sostanza che reagisce a contatto con altre 2 (*psicol.*) test psicologico □ **reattivamente** *avv.* con reattività.

re|at|tó|re *s.m.* 1 organo propulsivo in cui viene sfruttata la spinta prodotta da una massa di gas che fuoriesce ad alta velocità | (*estens.*) aereo a reazione; aviogetto 2 *— nucleare*, impianto in cui si innescano reazioni nucleari a catena per generare energia termica.

re|a|zio|nà|rio *agg., s.m.* [f. *-a*] sostenitore di idee conservatrici; retrogrado: *politico —*.

re|a|zió|ne *s.f.* 1 azione di risposta; replica: *suscitare una —* 2 (*polit.*) opposizione a ogni programma riformatore e progressista | fronte contrario alle riforme: *le forze della —* 3 (*fis.*) forza che un corpo esercita in risposta a un'altra forza, uguale e opposta, che lo sollecita | *— nucleare*, processo di mutazione del nucleo atomico 4 (*chim.*) trasformazione che modifica la composizione delle sostanze 5 (*biol.*) risposta dell'organismo a uno stimolo: *— alla terapia*.

réb|bio *s.m.* ciascuna delle punte della forca, della forchetta e sim.

re|bo|àn|te *agg.* → **roboante**.

rè|bus *s.m.invar.* 1 gioco enigmistico in cui bisogna comporre una frase a partire da una serie di figure e lettere 2 (*estens.*) cosa, persona difficile da capire; enigma: *quella donna è un —*.

re|cal|ci|tràn|te o **ricalcitrante** *part.pres. di* recalcitrare ♦ *agg.* 1 (*zool.*) che recalcitra 2 (*fig.*) riluttante: *— all'iniziativa*.

re|cal|ci|trà|re o **ricalcitrare** *v.intr.* [indic.pres. *io recàlcitro...*; aus. A] 1 (*zool.*) detto spec. di equini, impuntarsi indietreggiando o scalciando 2 (*fig.*) fare opposizione, resistenza: *— all'ordine* | esitare.

re|ca|pi|tà|re *v.tr.* [indic.pres. *io recàpito...*] far pervenire a un recapito o a un destinatario: *— una busta*.

re|cà|pi|to *s.m.* 1 luogo dove si può trovare qlcu. o gli si possono effettuare consegne; indirizzo 2 azione del recapitare; consegna.

re|cà|re *v.tr.* [indic.pres. *io rèco, tu rèchi...*] 1 portare: *— in dono* 2 mostrare su di sé: *non — tracce del disastro* 3 arrecare: *— disturbo* ♦ *-rsi intr.pron.* andare: *— da amici*.

re|cè|de|re *v.intr.* [con. come *cedere*; aus. A] 1 tirarsi indietro; arrendersi; rinunciare: *— davanti alle difficoltà* 2 (*dir.*) svincolarsi da un rapporto giuridico esercitando il diritto di recesso.

re|cen|sió|ne *s.f.* (*lett.*) articolo di rivista o giornale in cui si giudica criticamente un libro appena pubblicato | (*estens.*) descrizione e analisi critica di uno spettacolo, disco o film usciti da poco, di una mostra inaugurata di recente.

re|cen|si|re *v.tr.* [indic.pres. *io recensisco, tu recensisci...*] descrivere e giudicare in modo conciso, su riviste o giornali, un libro, una mostra ecc.

re|cen|só|re *s.m.* [f. *recensitrice*] chi scrive recensioni.

re|cèn|te *agg.* avvenuto da poco, che risale a un momento vicino nel tempo: *avvenimento —* | *di —*, da poco tempo □ **recentemente** *avv.* poco tempo fa.

re|ce|pi|mén|to *s.m.* (*anche dir.*) atto con cui si recepisce; accoglimento: *— del regolamento attuativo*.

re|ce|pì|re *v.tr.* [indic.pres. *io recepisco, tu recepisci...*] 1 fare proprio: *— le richieste;* — *i suggerimenti* | (*dir.*) accogliere nel quadro di un ordinamento norme deliberate altrove 2 comprendere, capire.

reception (*ingl.*) [pr. *resèpshon*] *s.f.invar.* ufficio di un albergo, dove i clienti vengono ricevuti al loro arrivo.

re|ces|sió|ne *s.f.* 1 rinuncia 2 (*econ.*) rallentamento della crescita economica.

re|ces|si|vi|tà *s.f.* (*biol.*) caratteristica del carattere recessivo.

re|ces|sì|vo *agg.* 1 (*biol.*) si dice di carattere ereditario che si manifesta solo negli individui i cui genitori hanno entrambi un gene identico per tale carattere 2 (*econ.*) relativo alla recessione: *fase recessiva*.

re|cès|so *s.m.* 1 (*lett.*) luogo nascosto, solitario | (*fig.*) parte segreta, intima: *penetrare nei recessi dell'anima* 2 (*dir.*) scioglimento da un vincolo contrattuale: *esercitare il diritto di —* 3 (*med.*) interruzione nello sviluppo di una patologia.

re|cet|tì|vo *agg. e deriv.* → **ricettivo** *e deriv.*

re|cet|tó|re *s.m.* 1 [f. *-trice*] chi riceve 2 (*tecn.*) ricevitore 3 (*anat.*) organo o apparato periferico in grado di registrare stimoli e segnali chimici o fisici e di trasmetterli ai centri nervosi che generano una risposta ♦ *agg.* [f. *-trice*] che riceve; fatto per ricevere: *apparato —*.

re|cì|de|re *v.tr.* [pass.rem. *io recisi, tu recidésti...*; part.pass. *reciso*] troncare con un taglio netto; mozzare: *— la corda*.

re|ci|dì|va *s.f.* 1 (*dir.*) condizione di chi, già condannato per un reato, ne commette un altro 2 (*med.*) nuova manifestazione o riacutizzazione di una malattia che era o sembrava guarita; ricaduta.

re|ci|di|vàn|te *part.pres. di* recidivare ♦ *agg.* (*med.*) si dice di malattia che si riacutizza: *bronchite —*.

re|ci|di|và|re *v.intr.* 1 (*dir.*) commettere un reato per cui si è stati condannati 2 (*med.*) di malattia, riacutizzarsi.

re|ci|di|vi|tà *s.f.* condizione di recidivo.

re|ci|dì|vo *agg.* 1 (*dir.*) che commette nuovamente un reato dopo aver già subito una condanna 2 (*estens.*) che ripete il medesimo errore 3 (*med.*) di patologia che si ripresenta o si riacutizza | di malato che subisce una ricaduta ♦ *s.m.* [f. *-a*] 1 (*anche dir.*) chi compie lo stesso errore o reato che ha già commesso in precedenza 2 persona che torna a soffrire di un disturbo che era o pareva risolto □ **recidivamente** *avv.* con recidività.

re|cìn|ge|re *v.tr.* [con. come *cingere*] cingere tutt'intorno: — *la proprietà.*

re|cin|tà|re *v.tr.* circondare con un recinto: — *il prato.*

re|cìn|to *s.m.* **1** spazio circondato da un muro, steccato o altra barriera analoga | box **2** ciò che serve per recingere: — *in legno.*

re|cin|zió|ne *s.f.* **1** operazione con cui si recinge: *provvedere — dell'orto* **2** ciò che serve per recingere; recinto: — *metallica.*

re|ciò|to *s.m.* vino bianco o rosso da dessert ottenuto da uve passite, che viene prodotto in provincia di Verona.

re|ci|pièn|te *s.m.* oggetto destinato a contenere liquidi o altro: — *per la terra.*

re|ci|pro|ci|tà *s.f.* condizione di ciò che è reciproco: — *di trattamento.*

re|cì|pro|co *agg.* [m.pl. *-ci*] scambievole, vicendevole: *rispetto —* | (*gramm.*) **verbo riflessivo** —, quello che indica azione reciproca (p.e. *abbracciarsi*) ♦ *s.m.* (*mat.*) numero che, moltiplicato per quello dato, dà come risultato l'unità: *il — di 2 è 1/2* | **reciprocamente** *avv.* vicendevolmente, l'un l'altro: *stimarsi —.*

re|ci|sió|ne *s.f.* **1** atto con cui si recide; taglio: — *di un'arteria* **2** (*raro, fig.*) risolutezza: *rispondere con —.*

re|cì|so *part.pass. di* recidere ♦ *agg.* **1** tagliato: *fiore —* **2** (*fig.*) risoluto, deciso: *giudizio —* □ **recisamente** *avv.* in modo risoluto: *apostrofare —.*

rè|ci|ta *s.f.* rappresentazione di un'opera teatrale: — *scolastica.*

recital (*ingl.*) [pr. *résital*] *s.m.invar.* manifestazione musicale con esibizione solistica | recitazione di monologhi e sim.

re|ci|tàn|te *part.pres. di* recitare ♦ *agg.* si dice di voce che declama con un certo sottofondo musicale.

re|ci|tà|re *v.tr.* [indic.pres. *io recito...*] **1** ripetere un testo ad alta voce dopo averlo imparato a memoria: — *le preghiere* | dire o leggere declamando: — *dei versi* **2** (*cine., teat.*) interpretare sulla scena: — *Shakespeare* | (*assol.*) sostenere una parte in uno spettacolo | (*assol.*) fare l'attore **3** (*estens.*) simulare: — *la parte dell'innocente* | (*assol.*) assumere atteggiamenti ipocriti; fingere: *basta —!* **4** (*dir.*) dire, affermare, riferito a norme: *come recita il comma 2.*

re|ci|ta|tì|vo *agg.* che riguarda la recitazione ♦ *s.m.* (*mus.*) esecuzione canora che riduce l'elemento melodico per riprodurre il parlato.

re|ci|ta|zió|ne *s.f.* atto del recitare | arte del recitare: *studiare —* | modo di recitare: — *caricata.*

re|cla|mà|re *v.intr.* [aus. *A*] lamentarsi per delle ingiustizie subite: — *per il cattivo servizio* ♦ *tr.* **1** esigere ciò che spetta per diritto: — *il compenso pattuito* **2** (*di cose; anche scherz.*) avere bisogno urgente: *i tuoi capelli reclamano uno shampoo.*

réclame (*fr.*) [pr. *reclàm*] *s.f.invar.* **1** propaganda commerciale; pubblicità: *la — della pasta* **2** (*estens.*) mezzo con cui si reclamizza: *distribuire —; vedere le — in* TV.

re|cla|mì|sti|co *agg.* **1** che ha carattere pubblicitario: *comunicazione reclamistica* **2** (*spreg.*) privo di serietà, propagandistico: *discorso —.*

re|cla|miz|zà|re *v.tr.* far conoscere tramite réclame; pubblicizzare: — *la linea nuova.*

re|cla|miz|zà|to *part.pass. di* reclamizzare ♦ *agg.* nella loc. **auto reclamizzata**, vettura aziendale la cui carrozzeria porta loghi e immagini che promuovono l'azienda proprietaria.

re|cla|miz|za|zió|ne *s.f.* attività che mira a reclamizzare.

re|clà|mo *s.m.* lamentela, protesta: *sporgere —.*

re|cli|nà|bi|le *agg.* che può essere reclinato: *schienale —.*

re|cli|nà|re *v.tr.* piegare verso il basso: — *la testa.*

re|clu|sió|ne *s.f.* **1** condizione di chi è in prigione | (*estens.*) segregazione, isolamento: *la degenza in clinica è stata una —* **2** (*dir.*) pena detentiva da scontare in appositi stabilimenti.

re|clù|so *s.m.* [f. *-a*] chi sta scontando una pena di reclusione.

rè|clu|ta *s.f.* **1** soldato appena arruolato **2** (*estens.*) chi è nuovo in un gruppo, in un'attività: *una — del volontariato.*

re|clu|ta|mén|to *s.m.* **1** complesso delle operazioni di leva **2** (*estens.*) assunzione di personale | ricerca di nuove adesioni: *il — di sostenitori.*

re|clu|tà|re *v.tr.* [indic.pres. *io rècluto...*] **1** arruolare per il servizio militare **2** (*estens.*) assumere per un'attività; ingaggiare: — *un aiutante* | coinvolgere in un'organizzazione e sim.

re|còn|di|to *agg.* **1** (*lett.*) nascosto e lontano: *un cantuccio —* **2** (*fig.*) misterioso; segreto: *fine —.*

rè|cord *s.m.invar.* **1** (*sport*) il risultato migliore in una specialità; primato: *stabilire un —* | (*fig.*) **a tempo di —**, in tempi eccezionalmente rapidi **2** (*estens.*) livello o quantità mai raggiunti: *un — di incassi* **3** (*inform.*) elemento base di un archivio elettronico ♦ *agg.invar.* da primato; eccezionale: *crescita —.*

recordman (*ingl.*) [pr. *récordmen*] *s.m.invar.* (*sport*) primatista.

re|cri|mi|nà|re *v.intr.* [indic.pres. *io recrìmino...*; aus. *A*] lamentarsi tardivamente; ripensare con rammarico: *non — sul passato.*

re|cri|mi|na|tò|rio *agg.* che manifesta recriminazione: *tono —.*

re|cri|mi|na|zió|ne *s.f.* **1** rammarico per un proprio errore **2** lamentela per danni subiti; lagnanza: *le recriminazioni dei clienti.*

re|cru|de|scèn|za *s.f.* (*anche fig.*) intensificazione, aggravamento di un male che pareva migliorare: — *della criminalità.*

rèc|to *s.m.invar.* faccia anteriore di foglio, moneta, medaglia e sim.

re|cu|pe|rà|bi|le o **ricuperàbile** *agg.* che può essere recuperato: *errore —.*

re|cu|pe|rà|re o **ricuperàre** *v.tr.* [indic.pres. *io recùpero...*] **1** tornare a possedere ciò che era stato perso o rubato; ritrovare; riacquistare: — *il maltolto;* — *il buon umore* | (*assol.*) riprendersi: — *dopo una malattia* **2** (*fig.*) reinserire in un ambiente persone disadattate o disabili; inte-

grare | ridare valore, efficienza e sim.: — *le periferie* **3** mettere in salvo: — *i naufraghi* | (*mar.*) riportare in superficie; ripescare: — *il relitto* **4** riguadagnare: — *le perdite* | rimontare: — *il distacco* **5** riciclare scarti; riutilizzare **6** (*sport*) disputare un incontro che era stato rinviato | giocare più a lungo del normale per compensare interruzioni nel tempo regolamentare.
re|cu|pe|ra|tó|re o **ricuperatóre** *s.m.* **1** [f. *-trice*] chi effettua un recupero, spec. di relitti **2** (*spec. mil.*) sistema di ricarica di arma automatica | congegno per riportare in posizione un pezzo d'artiglieria dopo il rinculo **3** (*tecn.*) dispositivo che effettua un recupero, spec. di energia termica all'interno di un impianto.
re|cù|pe|ro o **ricùpero** *s.m.* **1** ritrovamento di ciò che si era perso, riacquisizione di ql.co. che era stato tolto ecc.: — *della refurtiva* | riacquisizione della funzionalità: — *della parola* **2** (*fig.*) integrazione sociale; reinserimento: — *degli emarginati* **3** utilizzo più massiccio e razionale; valorizzazione: — *di aree depresse* | (*tecn.*) **materiali di** —, quelli riutilizzabili in un nuovo ciclo produttivo **4** riduzione di uno svantaggio; miglioramento rispetto a una condizione insoddisfacente | **corso di** —, rivolto a studenti in ritardo rispetto al programma di studi **5** (*sport*) disputa di un incontro precedentemente rinviato | tempo aggiuntivo concesso dall'arbitro per compensare le interruzioni durante il tempo regolamentare.
re|dar|gu|i|re *v.tr.* [indic.pres. *io redarguisco, tu redarguisci*...] rimproverare severamente.
re|dat|tó|re *s.m.* [f. *-trice*] **1** chi redige un testo, spec. un atto, un documento **2** (*giorn.*) chi scrive o rivede gli articoli di un giornale o di una rivista | — **capo**, coordinatore dei lavori di redazione **3** in una casa editrice, chi cura la messa a punto dei testi da pubblicare.
re|da|zio|nà|le *agg.* di redazione; da redattore: *norma* — | (*anche ell.*) (**artícolo**) —, articolo steso dalla redazione senza firme specifiche □ **redazionalmente** *avv.* a cura, a opera della redazione.
re|da|zió|ne *s.f.* **1** stesura: — *di un progetto* **2** attività di redattore: *le venne affidata la* — *di un dizionario* **3** (*estens.*) insieme dei redattori: — *sportiva; comitato di* — | sede in cui operano **4** (*filologia*) ciascuna delle stesure di un'opera letteraria.
red|di|tie|re *s.m.* [f. *-a*] chi percepisce un reddito | chi vive di rendite.
red|di|ti|vi|tà *s.f.* capacità di produrre un reddito: *bassa* —.
red|di|ti|zio *agg.* che dà reddito, guadagno: *investimento* —.
rèd|di|to *s.m.* (*econ.*) entrata complessiva di un dato periodo, espressa in moneta: *dichiarazione dei redditi* | **categorie a** — **fisso**, stipendiati e pensionati.
red|di|tò|me|tro *s.m.* (*econ.*) insieme di indici usati dal fisco per desumere il reddito dei contribuenti dal loro possesso di certi beni.
red|di|tu|à|le *agg.* che riguarda il reddito.

re|dèn|to *part.pass.* di redimere ♦ *agg.* **1** (*polit.*) liberato dall'invasore: *terre redente* **2** (*relig.*) riscattato dal peccato, spec. quello originale ♦ *s.m.* (*relig.*) è liberato dal peccato.
re|den|tó|re *agg., s.m.* [f. *-trice*] che, chi redime | (*per anton.*) **il Redentore**, Gesù Cristo che ha salvato l'umanità dal peccato.
re|den|zió|ne *s.f.* **1** riscatto, liberazione: — *dalla povertà* **2** (*relig.*) liberazione dell'uomo dal peccato originale.
re|di|ge|re *v.tr.* [indic.pres. *io redigo, tu redigi*...; pass.rem. *io redassi, tu redigésti*...; part.pass. *redatto*] **1** elaborare per iscritto; compilare, stendere: — *una relazione* **2** curare a livello redazionale: — *un manuale*.
re|di|me|re *v.tr.* [pass.rem. *io redènsi, tu redimésti*...; part.pass. *redènto*] liberare da una condizione negativa: — *dal male*; — *la patria* ♦ **-rsi** *rifl.* riscattarsi, riabilitarsi: — *dai vizi*.
re|di|mi|bi|le *agg.* **1** che può essere redento **2** (*econ.*) estinguibile | **debito** —, debito pubblico costituito da titoli obbligazionari a medio e lungo termine che lo Stato rimborserà con gli interessi entro una scadenza prefissata.
rè|di|ne *s.f. spec.pl.* **1** ciascuna delle due strisce di cuoio attaccate al morso del cavallo per guidarlo; briglia **2** (*fig.*) direzione, guida: *tenere le redini della ditta*.
redingote (*fr.*) [pr. *redengót*] *s.f.invar.* **1** soprabito maschile lungo fino al ginocchio, usato dal Settecento al primo Novecento **2** (*estens.*) cappotto femminile allacciato sul davanti, stretto in vita e più largo in basso.
re|di|stri|bu|i|re *v.tr. e deriv.* → **ridistribuire** *e deriv.*
re|di|vì|vo *agg.* **1** tornato in vita: *sembri tuo padre* — **2** (*scherz.*) si dice di persona che torna a farsi vedere o sentire dopo lungo tempo.
rè|du|ce *agg.* che fa ritorno da un viaggio, da una missione, da un'impresa, da una particolare esperienza e sim.: *essere* — *dalle Olimpiadi* ♦ *s.m./f.* chi è tornato dalla guerra o dalla prigionia: — *del Vietnam*.
re|du|pli|cà|re *v.tr.* [indic.pres. *io redùplico, tu redùplichi*...] **1** (*lett.*) raddoppiare **2** (*ling.*) ripetere: — *un aggettivo per fare il superlativo*.
re|du|pli|ca|zió|ne *s.f.* **1** (*lett.*) azione che raddoppia **2** (*ling.*) ripetizione.
reef (*ingl.*) [pr. *rif*] *s.m.invar.* barriera corallina.
ré|fe *s.m.* robusto filo ritorto di fibre vegetali.
re|fe|ren|dà|rio *s.m.* qualifica iniziale dei membri della Corte dei Conti e del Consiglio di Stato ♦ *agg.* che riguarda un referendum: *quesito* — | che sostiene un referendum: *comitato* —.
re|fe|rèn|dum *s.m.invar.* **1** (*dir.*) votazione con cui i cittadini si esprimono su una questione di interesse nazionale, spec. abrogando una legge o parte di essa **2** (*estens.*) consultazione di un gruppo di individui su un tema: *fare un* — *in fabbrica*.
re|fe|rèn|te *agg.* (*spec.bur.*) che si limita a riferire, senza deliberare nulla: *commissione* — ♦ *s.m.* **1** (*ling.*) situazione, realtà cui la comunica-

zione linguistica rinvia: *il — del discorso* **2** [anche f.] (*estens.*) punto di riferimento: *il — dei lavoratori*.

re|fe|rèn|za *s.f.* **1** (*spec.pl.*) informazione sulle capacità professionali e sulla condotta di qlcu.: *avere ottime referenze* **2** (*ling.*) funzione per cui il segno linguistico rinvia a entità extra-linguistiche.

re|fe|ren|zià|le *agg.* (*ling.*) relativo al referente: *funzione —*.

re|fe|ren|zià|re *v.tr.* [indic.pres. *io referènzio...*] dotare di buone referenze.

re|fe|ren|zià|to *part.pass.* di referenziare ♦ *agg.* provvisto di buone referenze: *candidato —*.

re|fèr|to *s.m.* **1** relazione scritta dal medico sullo stato clinico del paziente **2** (*dir.*) denuncia che tutti gli operatori sanitari devono presentare all'autorità giudiziaria locale nel caso in cui, esercitando la loro professione, siano venuti a conoscenza di reati perseguibili d'ufficio.

re|fet|tò|rio *s.m.* sala per il pranzo comunitario in collegi, conventi e sim.

re|fe|zió|ne *s.f.* pasto semplice | — **scolastica**, pasto fornito agli alunni nelle scuole a tempo pieno.

re|fi|là|re *v.tr.* (*editoria*) tagliare ai margini per squadrare perfettamente: *— la brochure*.

refill (*ingl.*) *s.m.invar.* tubetto che contiene il materiale per ricaricare penne a sfera, accendini o vaporizzatori.

rè|flex *agg.invar.*, *s.f.invar.* si dice di macchina fotografica dove l'immagine raccolta dall'obiettivo viene proiettata direttamente nel mirino, mediante uno specchio.

rè|flu|o *agg.* (*scient.*) che rifluisce, che ha un reflusso | (*fisiol.*) **sangue —**, che torna al cuore | *acque reflue*, quelle che vengono eliminate dopo l'uso da un impianto domestico, agricolo o industriale.

re|flùs|so *s.m.* (*med.*) passaggio di liquido da un organo a un altro in senso contrario al normale: *— esofageo*.

rè|fo|lo *s.m.* soffio di vento leggero, con improvvise raffiche.

re|fó|sco *s.m.* vitigno coltivato nel Friuli e nell'Istria | il vino rosso dal gusto pieno e dal profumo intenso che se ne ricava.

refrain (*fr.*) [pr. *refrèn*] *s.m.invar.* (*lett.*, *mus.*) ritornello, ripresa.

re|frat|ta|rie|tà *s.f.* qualità di quel che è refrattario: *la — dei mattoni*.

re|frat|tà|rio *agg.* **1** di materiale che resiste a temperature elevate **2** (*med.*) resistente all'azione di agenti morbosi o farmaci **3** (*fig.*) insensibile: *— alle emozioni* | (*scherz.*) per nulla predisposto; negato: *— al lavoro* ♦ *s.m.* materiale refrattario □ **refrattariamente** *avv.*

re|fri|ge|ràn|te *part.pres.* di refrigerare ♦ *agg.* **1** che rinfresca: *doccia —* **2** (*tecn.*) che serve ad abbassare la temperatura: *impianto —* ♦ *s.m.* **1** apparecchio per refrigerare gas o liquidi **2** fluido per raffreddare parti in movimento.

re|fri|ge|rà|re *v.tr.* [indic.pres. *io refrìgero...*] **1** rinfrescare **2** (*tecn.*) sottoporre a refrigerazione ♦ **-rsi** *rifl.* rinfrescarsi: *— con una bibita*.

re|fri|ge|ra|tó|re *agg.* [f. *-trice*] che refrigera ♦ *s.m.* (*tecn.*) **1** apparecchio per refrigerare | freezer **2** fluido di raffreddamento.

re|fri|ge|ra|zió|ne *s.f.* **1** raffreddamento artificiale **2** sistema di conservazione degli alimenti deteriorabili mediante abbassamento della loro temperatura, senza però arrivare a congelarli.

re|fri|gè|rio *s.m.* **1** piacevole sensazione di fresco, prodotta spec. da ciò che mitiga la calura e sim. **2** (*fig.*) sollievo: *di — all'animo*.

re|fur|ti|va *s.f.* ciò che è stato rubato.

re|fù|so *s.m.* (*tipografia*) inserimento di una lettera errata nella composizione | (*estens.*) errore di stampa.

re|ga|là|re *v.tr.* **1** dare spontaneamente ql.co. che si ritiene possa essere utile o gradito; donare: *— un fiore* **2** (*fig.*) concedere generosamente; elargire: *— un sorriso* **3** (*iperb.*) vendere a prezzo molto basso.

re|gà|le *agg.* di re: *titolo —* | (*estens.*) degno di un re; magnifico: *ricevimento —* □ **regalmente** *avv.*

re|ga|lì|a *s.f.* **1** regalo in denaro; mancia: *— pasquale* **2** (*st.*) diritto spettante al sovrano medievale.

re|ga|li|tà *s.f.* **1** condizione di chi è re **2** maestosità: *— nell'incedere*.

re|gà|lo *s.m.* **1** ciò che si regala, che si dà senza compenso; dono: *— di compleanno* **2** (*fig.*) cosa gradita: *la tua gioia è il miglior —* | *favore* **3** (*iperb.*) merce a prezzo molto basso ♦ *agg. invar.* da regalo: *pacco —*.

re|gà|ta *s.f.* gara di velocità tra imbarcazioni: *— storica*; *— velica*.

re|ga|tàn|te *s.m./f.* partecipante a una regata.

re|gè|sto *s.m.* **1** (*st.*) nel Medioevo, registro con gli elementi essenziali di atti privati e pubblici **2** riassunto di un documento storico.

reggae (*ingl.*) [pr. *règghe*] *agg.invar.*, *s.m.invar.* si dice di musica popolare di origine giamaicana che unisce rhythm and blues e ritmi africani: *pezzo —*.

reg|gèn|te *part.pres.* di reggere ♦ *agg.* **1** che governa | (*spec.bur.*) che esercita provvisoriamente funzioni altrui: *amministratore —* **2** (*gramm.*) che regge dopo di sé un costrutto sintattico ♦ *s.m./f.* **1** chi governa | incaricato che sostituisce temporaneamente qlcu. **2** (*solo f.*; *gramm.*) proposizione che ne regge un'altra.

reg|gèn|za *s.f.* **1** carica di reggente | la durata di tale carica **2** (*gramm.*) costrutto sintattico richiesto da un elemento linguistico: *— di un verbo*.

règ|ge|re *v.tr.* [indic.pres. *io reggo, tu reggi...*; pass.rem. *io ressi, tu reggésti...*; part.pass. *retto*] **1** tenere dritto; sorreggere: *— un anziano* | tenere sollevato: *— un vaso* **2** (*fig.*) sopportare, tollerare: *— l'alcol*; *non — qlcu.* **3** (*estens.*) guidare, dirigere: *— il volante* | (*fig.*) dirigere, governare: *— l'amministrazione* **4** (*gramm.*) richiedere un dato costrutto sintattico: *"benché" regge il congiuntivo* ♦ *intr.* [aus. *A*] **1** stare in piedi; resistere: *il ponte reggerà* | (*fig.*) **non — al paragone**, sfigurare rispetto a ql.co., qlcu. **2** (*fig.*) avere coerenza, consistenza: *la spiegazione non regge* **3** (*meteor.*) tenersi costante: *partiamo se il tempo regge* ♦ **-rsi** *rifl., intr.pron.* **1** star saldo, star ritto; sostenersi: — *in piedi* | *reggiti forte,* tieniti saldamente; (*fig.*) preparati alla notizia clamorosa **2** (*polit.*) governarsi: — *a principato* ♦ *rifl.rec.* sostenersi reciprocamente.

règ|gia *s.f.* [pl. *-ge*] **1** residenza del re **2** (*fig.*) grande casa lussuosa.

reg|già|no *agg.* di Reggio Emilia ♦ *s.m.* **1** [f. *-a*] chi è nato o abita a Reggio Emilia **2** (*gastr.*) formaggio parmigiano reggiano.

reg|gi|càl|ze *s.m.invar.* indumento femminile costituito da una fascia, gener. elasticizzata, che cinge i fianchi, dotata di quattro giarrettiere per sostenere le calze.

reg|gi|li|bro o **reggilibri** *s.m.invar.* sostegno ad angolo retto per sorreggere una fila di libri.

reg|gi|men|tà|le *agg.* del reggimento.

reg|gi|mén|to *s.m.* **1** (*mil.*) unità organica dell'esercito formata da più battaglioni **2** (*coll.*) moltitudine: *un — di invitati.*

reg|gi|no *agg.* di Reggio Calabria ♦ *s.m.* [f. *-a*] chi è nato o abita a Reggio Calabria.

reg|gi|pèt|to *s.m.* [pl. *-i*] reggiseno.

reg|gi|sé|no *s.m.* [pl. *-i*] indumento intimo femminile per sostenere il seno.

re|gìa *s.f.* **1** direzione dell'allestimento di un'opera teatrale, cinematografica o di un programma televisivo o radiofonico: *consigli dalla —* | (*estens.*) attività di regista: *scuola di —* **2** (*fig.*) coordinamento di attività, manifestazioni: *occulta della crisi* | (*sport*) organizzazione delle azioni di gioco: *la — della squadra.*

re|gi|cì|da *agg., s.m./f.* [m.pl. *-i*] che, chi uccide un sovrano.

re|gi|cì|dio *s.m.* assassinio del sovrano.

re|gì|me *s.m.* **1** sistema politico, forma di governo: — *parlamentare* | (*spreg.*) governo autoritario | (*per anton.*) la dittatura fascista italiana | (*iperb.*) situazione per cui le forze politiche esercitano ingerenze nella sfera delle libertà civili, culturali, economiche **2** regolamentazione di un istituto o rapporto giuridico: — *valutario* **3** regola, abitudine per condurre una vita sana: — *alimentare* **4** (*geog., meteor.*) andamento di un fenomeno in un dato lasso di tempo e in determinate condizioni: — *torrentizio* **5** (*anche fig.*) funzionamento di un sistema, di una macchina e sim.: *gli affari vanno a pieno —* | *a —,* ben funzionante | (*mecc.*) — *di giri,* numero dei giri che un motore compie per unità di tempo.

regimental (*ingl.*) [pr. *regìmentl*] *agg.invar.* si dice di capo di abbigliamento maschile che imita la foggia delle divise militari britanniche | *cravatta —,* quella a strisce colorate diagonali ♦ *s.f.invar.* cravatta regimental.

re|gì|na *s.f.* **1** moglie di re | donna a capo di uno Stato monarchico | — *madre,* madre del sovrano **2** (*fig.*) donna che si distingue fra le altre, che primeggia: *la — della serata* **3** (*estens.*) cosa che eccelle fra altre: *la Margherita rimane la — delle pizze* **4** (*zool., anche agg.*) femmina feconda degli insetti organizzati in forme di vita sociali: *ape —* **5** (*gioco*) pezzo più potente degli scacchi a difesa del re | nelle carte francesi, la figura che ha valore intermedio tra il re e il fante; donna.

re|gi|nét|ta *s.f.* vincitrice di un concorso di bellezza.

rè|gio *agg.* [f.pl. *-gie*] del re: — *decreto* | controllato dallo Stato monarchico: *regia marina.*

re|gio|nà|le *agg.* **1** della regione, delle regioni: *territorio —* **2** relativo a una data area geopolitica: *equilibrio — del Medio Oriente* **3** si dice di treno con percorso interno a una regione, che fa molte fermate ♦ *s.m.* treno regionale □ **regionalmente** *avv.* **1** in una regione; su scala regionale **2** regione per regione: *dati raccolti —.*

re|gio|na|lì|smo *s.m.* **1** intenso attaccamento a ciò che riguarda la propria regione **2** (*polit.*) tendenza a concedere autonomia alle regioni **3** (*ling.*) uso linguistico tipico di una regione.

re|gio|na|lì|sta *s.m./f.* **1** chi è molto attaccato a ciò che riguarda la propria regione **2** (*polit.*) chi sostiene l'autonomia delle regioni ♦ *agg.* regionalistico: *politica —.*

re|gio|na|lì|sti|co *agg.* [m.pl. *-ci*] (*spec.polit.*) relativo al regionalismo.

re|gio|na|liz|zà|re *v.tr.* (*bur.*) rendere di competenza o proprietà della Regione: — *i trasporti.*

re|gió|ne *s.f.* **1** (*geog.*) zona della superficie terrestre con caratteristiche omogenee: — *mediterranea* | (*astr.*) settore della volta celeste: — *australe* **2** (*estens.*) territorio: *la — meridionale della penisola* | (*fig.*) ambito: *la — della logica* **3** territorio con peculiarità storico-culturali | ciascun ente territoriale, dotato di parziale autonomia amministrativa e legislativa, in cui è suddiviso uno Stato | (*bur.*) amministrazione di tale ente: *delibera della Regione* **4** (*anat., zool.*) ciascun settore in cui è suddiviso il corpo: — *dorsale* **5** (*geom.*) porzione di piano delimitata da rette o curve | parte di spazio delimitata da piani.

re|gì|sta *s.m./f.* [m.pl. *-i*] **1** chi cura la regia di uno spettacolo **2** (*estens.*) coordinatore, organizzatore | (*sport*) giocatore che imposta le azioni della squadra.

re|gì|sti|co *agg.* [m.pl. *-ci*] di regia; da regista: *occhio —.*

re|gi|strà|bi|le *agg.* che può essere registrato: *variazione —.*

re|gi|strà|re *v.tr.* **1** (*anche dir., bur.*) annotare in un registro, anche pubblico: — *una vendita* **2** annotare: — *un pensiero* | schedare: — *i casi simili* | riportare: *espressioni registrate dal vocabolario* **3** mettere in luce; segnalare: *si registrò una grave crisi* **4** rilevare tramite apposito apparecchio: — *il sisma* **5** (*fig.*) ottenere, riscuotere: — *un successo* **6** raccogliere suoni e immagini per riprodurli: — *una canzone alla radio* **7** (*tecn.*) mettere a punto: — *il congegno.*

re|gi|strà|ta *s.f.* (*radio, tv*) programma preparato prima della messa in onda; differita: *trasmettere in —.*

re|gi|stra|tó|re *s.m.* **1** apparecchio per registra-

re e riprodurre suoni o immagini: — *a cassette* | (*aer.*) — **di volo**, apparecchio che registra i dati del volo di un aeromobile; scatola nera **2** strumento che traccia grafici sull'evoluzione di una grandezza fisica **3** — *di cassa*, macchina che emette scontrini fiscali e registra gli incassi.
re|gi|stra|zió|ne *s.f.* **1** (*dir.*, *bur.*) annotazione in registro, anche pubblico: — *di una ditta* **2** trascrizione dell'andamento di un fenomeno **3** operazione che fissa suoni e immagini su appositi supporti per successive riproduzioni **4** (*radio*, *tv*) programma non in diretta; registrata **5** (*tecn.*) messa a punto.
re|gi|stro *s.m.* **1** libro e sim. in cui si registra ql.co.: — *scolastico* **2** (*dir.*) documento pubblico sul quale si registrano atti contrattuali affinché abbiano validità legale: — *immobiliare* | ufficio che detiene tale documento **3** (*tecn.*) dispositivo per la regolazione di strumenti **4** (*mus.*) estensione melodica di uno strumento o di una voce: — *tenorile* | nell'organo, serie di canne di uguale tipo, con timbro omogeneo | (*fig.*) **cambiare** —, cambiare atteggiamento **5** (*ling.*) livello espressivo proprio di una data situazione comunicativa: — *elevato* **6** (*tipografia*) perfetta sovrapposizione di righe di testo, immagini e colori stampati in tempi diversi sullo stesso foglio, che si ottiene facendo coincidere gli appositi segni a croce posti su ogni cliché di stampa | **fuori** —, imprecisa sovrapposizione delle varie parti che compongono una pagina stampata.
re|gnàn|te *part.pres.* di regnare ♦ *agg.*, *s.m./f.* che, chi regna: *casa* —; *i regnanti d'Inghilterra*.
re|gnà|re *v.intr.* [indic.pres. *io régno*..., *noi regniamo*, *voi regnate*...; aus. A] **1** essere re **2** (*estens.*) dominare: *gli inglesi regnavano in India* **3** (*fig.*) essere diffuso; predominare: *il caos regna da tempo*.
ré|gno *s.m.* **1** Stato a regime monarchico | il territorio di tale Stato: *invadere il* — | carica di re e sua durata: *rinunciare al* —; *alla fine del suo* — | **Regno Unito**, Gran Bretagna **2** (*estens.*) luogo in cui domina qlcu., spec. una divinità | (*relig.*) — **di Dio**, **dei cieli**, paradiso | — **dei morti**, oltretomba **3** (*fig.*) luogo dove esiste, vive abitualmente una cosa o un animale | ambito in cui si è competenti o ci si trova a proprio agio: *la matematica è il mio* — | (*estens.*) sfera, settore **4** (*biol.*) ciascuna delle tre massime partizioni del mondo naturale: — *minerale*, *vegetale*, *animale*.
rè|go|la *s.f.* **1** ordine costante in cui si svolge una serie di fatti: *il fenomeno si ripete senza una* — | **eccezione alla** —, anomalia **2** indicazione di ciò che va fatto; norma: — *di comportamento* | (*estens.*) abitudine: *dormire fuori per lui è la* — | **di** —, di solito | **a** — **d'arte**, alla perfezione | **in** —, secondo le prescrizioni: *mettere in* — *un dipendente* | (*coll.*) **in piena** —, al massimo grado: *un cretino in piena* — | (*fig.*) **avere le carte in** —, avere i requisiti giusti **3** (*gramm.*) prescrizione di uso linguistico: — *di concordanza* **4** le convenzioni proprie di un gioco, di uno sport: *le regole del calcio* | (*fig.*) **regole del gioco**, convenzioni più o meno

esplicite che fissano i criteri di comportamento in una comunità o situazione **5** misura, moderazione: *bere senza* — **6** (*relig.*) complesso di prescrizioni interne a un ordine: — *francescana*.
re|go|là|bi|le *agg.* che può essere regolato: *poggiatesta* —.
re|go|la|men|tà|re¹ *v.tr.* [indic.pres. *io regolaménto*...] (*bur.*) sottoporre a regolamento; disciplinare: — *l'edilizia locale*.
re|go|la|men|tà|re² *agg.* del regolamento; conforme a regolamento | (*sport*) **tempo** —, nel calcio e sim., durata normale della partita senza recuperi o prolungamenti.
re|go|la|men|ta|zió|ne *s.f.* (*bur.*) **1** intervento che regolamenta: *una nuova* — *della materia* **2** insieme delle norme in un dato campo.
re|go|la|mén|to *s.m.* **1** complesso di norme che regolano un'attività o il funzionamento di enti: — *attuativo* | testo che riporta tali norme **2** (*comm.*) pagamento, estinzione di un debito | (*gerg.*) — **di conti**, soluzione violenta di un conflitto, spec. tra malavitosi; vendetta.
re|go|là|re¹ *v.tr.* [indic.pres. *io règolo*...] **1** organizzare secondo delle regole; disciplinare: — *le esportazioni* **2** ridurre, moderare: — *gli sprechi* **3** mettere a punto; sistemare nel modo corretto, desiderato: — *il volume*, *la temperatura*; — *l'ora* **4** pagare, estinguere: — *un debito* **5** (*fig.*) definire: — *la faccenda* ♦ **-rsi** *rifl.* **1** comportarsi adeguatamente: — *secondo le circostanze* **2** limitarsi, moderarsi: — *a tavola*.
re|go|là|re² *agg.* **1** conforme a una regola: *svolgimento* — | (*mil.*) **esercito** —, quello ufficiale di uno Stato **2** privo di anomalie, di irregolarità: *superficie* — | (*fisiol.*) **polso** —, che ha il ritmo normale | (*gramm.*) **verbi regolari**, che seguono le regole generali della loro coniugazione | (*geom.*) **poligono** —, che ha tutti i lati e gli angoli uguali **3** (*di cosa*) che avviene a intervalli costanti; puntuale: *pagamento* — | (*di persona*) che è costante e puntuale nello svolgere un'attività: *sul lavoro è molto* — **4** (*eccl.*) che segue una regola approvata dal Papa: *clero* — □ **regolarmente** *avv.* **1** secondo una norma: — *registrato* **2** a scadenze regolari; con costanza: *incontrarsi* — | (*iron.*) di regola: *sbagliare* — **3** secondo un ordine; simmetricamente.
re|go|la|rì|sta *s.m./f.* (*sport*) specialista in gare di regolarità.
re|go|la|ri|tà *s.f.* **1** conformità a una norma: — *procedurale* **2** armonia di forme: — *di figura* **3** andamento regolare; costanza: *pagare con* — | (*sport*) **gara di** —, gara motoristica in cui il percorso va coperto in un tempo prestabilito.
re|go|la|riz|zà|re *v.tr.* **1** mettere in regola: — *un immigrato* **2** rendere regolare, costante: — *le consegne*.
re|go|la|riz|za|zió|ne *s.f.* **1** procedura che mette in regola **2** trattamento che dà regolarità.
re|go|là|ta *s.f.* messa a punto approssimativa: *una* — *alla carburazione* | (*coll.*) **darsi una** —, moderare i propri eccessi.

re|go|la|téz|za *s.f.* stile di vita caratterizzato dalla moderazione.
re|go|la|ti|vo *agg.* che funge da regolatore.
re|go|là|to *part.pass. di* regolare ♦ *agg.* **1** che funziona secondo una regola; ben ordinato: *sviluppo urbano* — **2** privo di eccessi: *esistenza regolata* □ **regolatamente** *avv.*
re|go|la|tó|re *agg.* [f. *-trice*] che regola | *piano* —, complesso di norme che regolano lo sviluppo edilizio dei centri abitati ♦ *s.m.* dispositivo automatico che regola un meccanismo.
re|go|la|zió|ne *s.f.* operazione per regolare ql.co.: — *del ritmo*.
rè|go|lo *s.m.* **1** listello rigido per tracciare rette, controllare la planarità di una superficie ecc.; righello **2** — *calcolatore*, strumento che presenta due scale logaritmiche numerate, usato per eseguire calcoli matematici.
re|gre|di|re *v.intr.* [indic.pres. *io regredisco, tu regredisci*...; part.pres. *regrediènte*; part. pass. *regredito*; aus. *E*] **1** tornare indietro, retrocedere: *il livello dell'acqua sta regredendo* | (*med.*) di sintomo o malattia, perdere virulenza, indebolirsi **2** (*fig.*) tornare a una condizione precedente, meno evoluta: — *nei comportamenti* **3** (*psicol.*) subire una regressione.
re|gres|sió|ne *s.f.* **1** ritorno indietro; regresso: — *culturale* | (*med.*) attenuazione di una malattia **2** (*psicol.*) ritorno a comportamenti e stati d'animo tipici di uno stadio meno maturo dello sviluppo psichico **3** (*geol.*) ritiro del mare ed emersione di terre.
re|gres|si|vo *agg.* che regredisce o tende a regredire.
re|grès|so *s.m.* **1** ritorno a un livello meno evoluto; decadenza **2** (*biol.*) attenuazione di un fenomeno, spec. patologico.
Reich (*ted.*) [pr. *ràik*] *s.m.invar.* (*st.*) Impero, Stato tedesco | *terzo* —, regime nazista (1933-45).
re|i|dra|tà|re *v.tr.* idratare ciò che si è disidratato: — *l'organismo*.
re|ièt|to *agg., s.m.* [f. *-a*] (*lett.*) che, chi è stato respinto: — *della società*.
re|ie|zió|ne *s.f.* (*dir.*) atto con cui si respinge una domanda e sim.
rei|fi|cà|re *v.tr.* [indic.pres. *io reìfico, tu reìfichi*...] sottoporre a reificazione.
rei|fi|ca|zió|ne *s.f.* **1** (*psicol.*) processo mentale con cui si traduce in termini concreti ql.co. di astratto: *la* — *di una fantasia* **2** riduzione a mera cosa; disumanizzazione: — *della cultura*.
Rei|fór|mi *s.m.pl.* ordine di Uccelli incapaci di volare, simili a struzzi, ma con tre dita per piede e collo piumato.
reiki (*giapp.*) *s.m.invar.* tecnica orientale di meditazione, usata anche a fini terapeutici.
re|im|piàn|to *s.m.* **1** nuovo impianto: — *di un'impresa* **2** (*med.*) ricollocazione chirurgica di parti anatomiche: — *dentale*.
re|im|pie|gà|re *v.tr.* **1** riutilizzare **2** assumere di nuovo: — *un dipendente*.
re|im|piè|go *s.m.* [pl. *-ghi*] l'atto di reimpiegare.
re|im|po|stà|re *v.tr.* riorganizzare in modo diverso: — *l'approccio*.
re|in|cà|ri|co *s.m.* [pl. *-chi*] nuovo incarico; conferma dell'incarico | (*polit.*) incarico di formare il governo, affidato dal Presidente del Consiglio dimissionario.
re|in|car|nà|re *v.tr.* far rivivere, riprodurre nell'aspetto o nelle azioni ♦ **-rsi** *intr.pron.* rinascere in un nuovo corpo.
re|in|car|na|zió|ne *s.f.* **1** credenza secondo cui, dopo la morte, l'anima torna a vivere in un altro corpo **2** (*fig.*) chi ricorda qlcu. nell'aspetto o nelle azioni: *essere la* — *del predecessore*.
re|in|gàg|gio *s.m.* nuovo ingaggio | (*sport*) rinnovo di contratto di un atleta.
re|in|se|ri|mén|to *s.m.* nuovo inserimento di qlcu. nell'ambiente da cui era stato escluso o si era allontanato: — *sociale*.
re|in|se|rì|re *v.tr.* [indic.pres. *io reinserisco, tu reinserisci*...] **1** inserire nuovamente: — *la spina* **2** (*fig.*) riportare in un contesto, dopo una fase di allontanamento ♦ **-rsi** *rifl.* inserirsi di nuovo; tornare a far parte di un contesto: — *nel gruppo*.
re|in|te|grà|bi|le *agg.* che può essere reintegrato.
re|in|te|grà|re *v.tr.* **1** (*anche fig.*) far tornare alla precedente interezza: — *le energie* **2** (*bur., dir.*) riportare al godimento dei propri diritti; reinserire in un incarico, impiego: — *un dipendente licenziato ingiustamente* ♦ **-rsi** *rifl., intr. pron.* (*anche fig.*) reinserirsi: — *nell'azienda*.
re|in|te|gra|ti|vo *agg.* che reintegra: *sentenza reintegrativa; restauro* —.
re|in|te|gra|zió|ne *s.f.* **1** intervento di ricostruzione, di ripristino | restauro che completa o ricostruisce le parti mancanti di un'opera d'arte **2** (*bur., dir.*) ricollocamento nell'incarico precedente.
re|in|tro|dùr|re *v.tr.* [con. come *condurre*] **1** inserire nuovamente **2** rimettere in uso ql.co. che era stato abolito: — *antiche usanze* ♦ **-rsi** *rifl., intr.pron.* introdursi nuovamente.
re|in|ve|sti|mén|to *s.m.* (*fin.*) operazione per reinvestire; nuovo investimento: — *degli utili*.
re|in|ve|stì|re *v.tr.* [indic.pres. *io reinvèsto*...] (*spec.fin.*) investire nuovamente.
re|i|te|rà|bi|le *agg.* che può essere ripetuto.
re|i|te|rà|re *v.tr.* [indic.pres. *io reìtero*...] fare, dire un'altra volta; ripetere: — *la richiesta*.
re|i|te|rà|to *part.pass. di* reiterare ♦ *agg.* ripetuto, insistente: *reiterati tentativi* □ **reiteratamente** *avv.* ripetutamente.
re|i|te|ra|zió|ne *s.f.* **1** ripetizione **2** (*ret.*) figura retorica che consiste nel ripetere una stessa idea con perifrasi e sim.
re|la|ti|vi|smo *s.m.* (*filos.*) concezione secondo cui la conoscenza non può mai cogliere realtà assolute | — *culturale*, rifiuto di stabilire gerarchie tra i valori delle diverse civiltà.
re|la|ti|vi|sta *s.m./f.* (*spec.filos.*) sostenitore del relativismo; chi ammette verità mutevoli e valori molteplici.
re|la|ti|vi|sti|co *agg.* [m.pl. *-ci*] **1** (*spec.filos.*) del

relativismo; da relativista: *atteggiamento —* **2** (*scient.*) proprio della teoria della relatività.
re|la|ti|vi|tà *s.f.* **1** caratteristica di ciò che è relativo, non assoluto; dipendenza da fattori esterni: *— dei gusti* | (*filos.*) *— della conoscenza,* relativismo **2** (*fis.*) *teoria della —,* teoria con cui A. Einstein (1879-1955) sostenne l'interdipendenza di spazio, tempo, materia e il carattere relativo di moto, velocità, massa.
re|la|ti|viz|za|re *v.tr.* privare di valore assoluto | considerare in relazione a ql.co.: *— al contesto.*
re|la|ti|viz|za|zió|ne *s.f.* processo che relativizza: *la — dei valori.*
re|la|ti|vo *agg.* **1** che si definisce in rapporto ad altro; che dipende da variabili esterne: *l'effetto è — all'intensità* | legato al punto di vista; soggettivo: *i gusti sono relativi* | (*mat.*) *numero —,* caratterizzato dal segno positivo o negativo **2** che è in relazione con ql.co.; attinente: *discorso — alla modernità* **3** limitato; parziale: *avere — successo* **4** (*gramm.*) *proposizione relativa,* proposizione subordinata che si riferisce a un termine di un'altra proposizione dalla quale dipende | *pronome —,* quello che introduce una proposizione relativa ♦ *s.m.* (*gramm.*) pronome relativo □ **relativamente** *avv.* in modo relativo; parzialmente: *essere — soddisfatto* | *— a,* per quanto riguarda, in relazione a: *— a questo non ho obiezioni.*
re|la|tó|re *agg.* che riferisce su un tema ♦ *s.m.* [f. *-trice*] **1** chi illustra a voce una questione: *i relatori del convegno* **2** (*polit.*) parlamentare che riferisce su una proposta di legge **3** docente universitario che assiste il laureando nell'elaborazione della tesi.
re|làx *s.m.invar.* rilassamento psicofisico; riposo assoluto.
re|la|zio|nà|le *agg.* che concerne una relazione | (*psicol.*) relativo alle relazioni interpersonali: *capacità —.*
re|la|zio|nà|re *v.tr.* [indic.pres. *io relazióno...*] informare con una relazione: *— il capo sull'accaduto.*
re|la|zió|ne *s.f.* **1** legame, rapporto tra fatti, concetti, cose e sim.: *la — forma-sostanza* | (*mat.*) rapporto fra grandezze, elementi: *— di congruenza* | *in — a,* riguardo a **2** vincolo d'affetto, d'amicizia, d'affari | (*coll.*) legame amoroso: *— extraconiugale* | (*pl.*) conoscenze, amicizie: *relazioni importanti* | *pubbliche relazioni,* insieme di attività per promuovere l'immagine pubblica di qlcu. o ql.co **3** resoconto: *— dettagliata.*
re|lè *s.m.* (*elettr.*) commutatore che può fungere da interruttore per un circuito.
release (*ingl.*) [pr. *rilìs*] *s.f.invar.* (*inform.*) versione di un programma.
re|le|gà|re *v.tr.* [indic.pres. *io rèlego, tu rèleghi...*] esiliare | costringere a vivere in un luogo sgradito: *— in un villaggio lontano* | (*fig.*) mettere in disparte: *— i ricordi in una scatola.*
re|le|ga|zió|ne *s.f.* azione con cui si relega.
reliability (*ingl.*) [pr. *rilaiebìliti*] *s.f.invar.* (*inform.*) garanzia di esattezza nell'elaborazione | (*tecn.*) affidabilità.
re|li|gió|ne *s.f.* **1** complesso di credenze e atti di culto, che esprime il rapporto dell'essere umano con il sacro e la divinità **2** insieme di credenze e riti, teologicamente determinato, gener. caratteristico di una data comunità: *— musulmana, cattolica* | insegnamento scolastico della religione cattolica: *ora di —* | *— di Stato,* seguita ufficialmente da uno Stato **3** (*estens.*) profonda riverenza per ql.co. e il culto che ne consegue: *— del rock.*
re|li|gio|si|tà *s.f.* **1** condizione di ciò che è religioso | sacralità: *la — dell'altare* **2** modo soggettivo di rapportarsi con il sacro: *la — di una poesia* | ossequio alle regole formali e cultuali di una religione: *— esteriore* **3** (*fig.*) attenzione minuziosa e rispettosa; scrupolo, zelo: *eseguire gli ordini con —.*
re|li|gió|so *agg.* **1** di una religione, della religione: *culto —* | (*estens.*) conforme ai dettami di una religione: *matrimonio —* **2** che professa una religione **3** (*eccl.*) relativo a una comunità religiosa autorizzata: *ordine —* **4** (*fig.*) pieno di rispetto; devoto: *in — silenzio* | scrupoloso: *operare con cura religiosa* ♦ *s.m.* [f. *-a*] (*eccl.*) membro di ordine o congregazione: *comunità di religiose* □ **religiosamente** *avv.* **1** secondo la religione: *vivere —* **2** (*fig.*) devotamente; con grande cura: *attenersi — alle indicazioni.*
re|lì|quia *s.f.* **1** (*spec.pl.*) ciò che è rimasto: *reliquie dell'Impero* **2** (*relig.*) parte del corpo od oggetto appartenuto a un santo o a un beato.
re|li|quià|rio *s.m.* (*relig.*) urna per conservare reliquie.
re|lìt|to *s.m.* **1** carcassa di natante naufragato o aereo precipitato **2** (*fig.*) persona decaduta, finita in gravi difficoltà: *— umano.*
REM *agg.invar.* (*fisiol.*) si dice della fase del sonno in cui nel dormiente si registrano rapidi movimenti oculari.
remainder (*ingl.*) [pr. *rimèinder*] *s.m.invar.* volume messo in vendita a prezzo ridotto in quanto giacenza di magazzino | (*estens.*) libreria specializzata nel vendere tali libri.
remake (*ingl.*) [pr. *rimèik*] *s.m.invar.* nuova versione di film o spettacolo teatrale.
re|mà|re *v.intr.* [indic.pres. *io rèmo...*; aus. *A*] manovrare i remi per imprimere il movimento a un'imbarcazione; vogare | (*gerg.*) *— contro,* contrastare, ostacolare dall'interno: *— contro la proposta; nel gruppo qlcu. rema contro.*
re|mà|ta *s.f.* **1** attività prolungata del remare **2** stile nel remare: *— regolare* **3** colpo di remo.
re|ma|tó|re *s.m.* [f. *-trice*] chi rema; vogatore.
re|miè|ro *agg.* relativo ai rematori, al canottaggio: *società remiera.*
re|mi|gàn|te *part.pres.* di remigare ♦ *agg., s.f.* (*zool.*) si dice di ciascuna delle penne più forti sulle ali degli uccelli, che ne sostengono il volo.
re|mi|gà|re *v.intr.* [indic.pres. *io rèmigo, tu rèmighi...*; aus. *A*] di uccelli, battere lentamente le ali in volo.

re|mi|ni|scèn|za *s.f.* **1** affioramento di ql.co. alla memoria | ciò che si ricorda: — *cinematografica* **2** passo di un'opera d'arte in cui se ne richeggiano altre: *reminiscenze classiche in Joyce*.
re|mis|sì|bi|le *agg.* che si può rimettere, perdonare: *danno* —.
re|mis|sió|ne *s.f.* **1** atto con cui si condona; perdono | (*relig.*) — **dei peccati**, nel cattolicesimo, perdono attraverso la confessione | (*dir.*) — **del debito**, rinuncia ai diritti di creditore **2** (*fig.*) rimedio, scampo: *ormai non c'è più* — **3** affidamento alle decisioni altrui; arrendevolezza; sottomissione: *accettò con* — **4** (*med.*) riduzione dell'intensità della malattia.
re|mis|si|vi|tà *s.f.* condiscendenza, remissione.
re|mis|si|vo *agg.* **1** che condiscende facilmente; sottomesso: *atteggiamento* — **2** (*dir.*) che vale a condonare una pena: *formula remissiva* □ **remissivamente** *avv*.
remix (*ingl.*) [pr. *remìks*] *agg.invar.*, *s.m.invar.* (*mus.*) si dice di brano modificato secondo un messaggio diverso.
rè|mo *s.m.* asta di legno terminante in forma di pala, che, immersa nell'acqua, serve per imprimere il movimento a un'imbarcazione: *perdere un* — | (*fig.*) *tirare i remi in barca*, mettere fine a un'attività; abbandonare un'impresa rischiosa.
rè|mo|ra¹ *s.f.* **1** indugio, esitazione: *privo di remore* **2** (*mar.*) zona d'acqua calma che si forma nella scia di poppa o laterale di un'imbarcazione.
rè|mo|ra² *s.f.* pesce dei Teleostei dotato di una ventosa sul capo con cui si attacca alle navi o ai pesci più grossi per farsi trasportare.
re|mò|to *agg.* **1** molto lontano nel tempo: *episodio* — | (*gramm.*) *passato*, *trapassato* —, tempi dell'indicativo che esprimono la definitiva conclusione dell'azione **2** (*fig.*) distante sul piano logico: *un* — *collegamento* **3** (*fig.*) lontano dal realizzarsi: *c'è una remota possibilità?* **4** molto lontano nello spazio | isolato; appartato: *villaggio* — *nell'entroterra* **5** (*inform.*) si dice di collegamento con un elaboratore che non è connesso in rete locale: *accesso* —.
re|mu|ne|ra|re *v.tr. e deriv*. → **rimunerare** *e deriv*.
ré|na *s.f.* sabbia, arena.
re|nà|le *agg.* (*anat.*, *med.*) del rene, dei reni: *insufficienza* —.
re|nà|no *agg.* del fiume Reno e delle regioni che bagna | *bottiglia renana*, quella verde da vino, con forma affusolata e capacità di 1/2 litro.
renard (*fr.*) [pr. *renàr*] *s.m.invar.* nella moda e nella pellicceria, volpe.
rèn|de|re *v.tr.* [indic.pres. *io rendo*...; pass.rem. *io rési*, *tu rendésti*...; part.pass. *réso*] **1** far diventare: — *felice*; — *noto*; — *padre* | — **la vita difficile a qlcu.**, tormentarlo **2** restituire, riconsegnare: — *un prestito* | **vuoto a** —, involucro da riportare al venditore dopo averne esaurito il contenuto | (*anche fig.*) — **giustizia a qlcu.**, far valere i suoi diritti: *la descrizione non vi rende giustizia* **3** contraccambiare: — *un favore* | **a buon** —, si dice a chi ci ha fatto un favore, promettendo di restituirlo **4** dare, offrire: — *testimonianza*; — *un servizio* | tributare: — *onore*, *omaggio* | — **merito**, mostrare riconoscenza; ricompensare | — **grazie**, ringraziare | — **conto di ql.co.**, illustrarne la giustificazione, la ragione | **rendersi conto di ql.co.**, accorgersene; spiegarsene i motivi **5** (*anche assol.*) dare come guadagno; fruttare economicamente: *l'affare ha reso una fortuna*; *questo terreno non rende* | funzionare bene; dare risultati; avere un buon rendimento: *in salita non rende* **6** esprimere; rappresentare: — *in due parole* | — **l'idea**, spiegarsi con efficacia ♦ **-rsi** *rifl.* comportarsi in modo tale da apparire con certe caratteristiche: — *ridicolo* ♦ *intr.pron.* risultare, diventare: *l'intervento si è reso necessario*.
rendering (*ingl.*) [pr. *rénderin*] *s.m.invar.* (*inform.*) elaborazione elettronica di un'immagine realistica a partire da un disegno.
rendez-vous (*fr.*) [pr. *randevù*] *s.m.invar.* appuntamento; incontro.
ren|di|cón|to *s.m.* **1** relazione su un tema; resoconto **2** (*econ.*) consuntivo di entrate e uscite compiuto alla chiusura di un esercizio finanziario.
ren|di|mén|to *s.m.* **1** rapporto tra quanto ottenuto e quanto impiegato, tra il risultato e lo sforzo compiuto; produttività: — *del motore*; — *scolastico* **2** (*fin.*) reddito di un titolo rispetto al suo prezzo di mercato, determinato dalle contrattazioni di borsa.
rèn|di|ta *s.f.* provento derivante dal semplice possesso di un bene: — *fondiaria* | *vivere di* —, avere entrate che permettono di non lavorare; (*estens.*) sfruttare quanto già acquisito, appreso ecc.
rè|ne *s.m.* (*anat.*) ciascuno dei due organi, collocati nella parte posteriore dell'addome, ai lati della colonna vertebrale, che filtrano il sangue e producono urina | (*med.*) — **artificiale**, apparecchio che sostituisce temporaneamente il rene nella funzione di dialisi.
re|nét|ta o **ranétta** *agg.*, *s.f.* si dice di varietà di mela con buccia gialla a macchie marroni.
ré|ni *s.f.pl.* zona lombare: *dolore alle* — | (*fig.*) **spezzare le** —, sfiancare: *in fabbrica ti spezzavi le* — | sconfiggere, piegare: *gli hanno spezzato le* — *coi ricatti*.
rè|nio *s.m.* elemento chimico metallico, simile al platino e molto raro (*simb.* Re); è impiegato in leghe a elevata resistenza.
re|ni|tèn|te *agg.*, *s.m./f.* che, chi rifiuta di assecondare una richiesta | (*mil.*) — **alla leva**, chi non risponde alla chiamata per il servizio militare obbligatorio.
re|ni|tèn|za *s.f.* rifiuto di obbedire; riluttanza | (*dir.*, *per anton.*) reato del cittadino iscritto nella lista di leva che, senza motivo legittimo, non si presenta alla chiamata nella data stabilita.
rèn|na *s.f.* **1** mammifero delle regioni polari, simile a un grosso cervo, allevato come animale da tiro o da latte **2** pelle conciata di tale animale: *giacca di* —.
rentier (*fr.*) [pr. *rantié*] *s.m.invar.* (*fin.*) chi percepisce rendite, interessi e sim.
rentrée (*fr.*) [pr. *rantré*] *s.f.invar.* (*spec.teat.*) ri-

torno dopo un periodo di assenza: *la — sulle scene.*
rè|o *agg., s.m.* [f. *-a*] autore di un reato; colpevole | *— confesso,* chi ha confessato il crimine.
rè|o- (*scient.*) primo elemento di parole composte che significa "scorrimento" o "corrente".
re|o|lo|gì|a *s.f.* branca della fisica che studia la deformazione dei corpi sotto l'azione di forze esterne.
re|o|stà|to *s.m.* (*elettr.*) resistore a resistenza variabile atto a regolare l'intensità di corrente in un circuito.
re|o|tro|pì|smo *s.m.* (*bot.*) fenomeno di incurvamento di un organo vegetale durante la crescita, provocato da una corrente d'acqua.
re|pàr|to *s.m.* **1** sezione con funzioni specifiche all'interno di un'azienda, un ospedale e sim.: *— spedizioni* **2** (*mil.*) unità organica all'interno di un'altra più ampia, di ordine superiore: *un altro — della compagnia.*
repêchage (*fr.*) [pr. *repeshàj*] *s.m.invar.* (*spec. sport*) ripescaggio degli eliminati.
re|pel|lèn|te *agg.* che suscita disgusto; ripugnante: *odore —.*
re|pel|lèn|za *s.f.* **1** qualità di persona o cosa repellente; ripugnanza **2** (*scient.*) proprietà di una sostanza di non lasciarsi penetrare da un determinato liquido.
re|pen|tà|glio *s.m. spec. nella loc.* **mettere a —**, mettere in pericolo.
re|pen|ti|ni|tà *s.f.* caratteristica di ciò che avviene in modo improvviso e rapido.
re|pen|tì|no *agg.* che avviene in brevissimo tempo; improvviso: *un peggioramento —* □ **repentinamente** *avv.*
re|pe|rì|bi|le *agg.* che può essere reperito, rintracciato: *finanziamento difficilmente —.*
re|pe|ri|bi|li|tà *s.f.* caratteristica di quel che risulta reperibile: *— delle informazioni* | (*bur.*) condizione per cui il personale di un servizio pubblico deve rendersi rintracciabile anche fuori dall'orario canonico.
re|pe|ri|mén|to *s.m.* ritrovamento: *— di prove.*
re|pe|rì|re *v.tr.* [indic.pres. *io reperìsco, tu reperìsci...*; part.pass. *reperìto*] trovare; scovare: *— fondi.*
re|per|tà|re *v.tr.* [indic.pres. *io repèrto...*] (*dir.*) produrre, esibire come reperto: *— l'arma nel processo.*
re|pèr|to *s.m.* **1** oggetto trovato nel corso di una ricerca, di un'indagine ecc: *— giudiziario, archeologico* **2** (*med.*) ciò che viene rilevato in un esame clinico, diagnostico.
re|per|tò|rio *s.m.* **1** insieme delle interpretazioni che un attore, una compagnia teatrale, un cantante, un'orchestra sono in grado di eseguire | insieme delle opere di un drammaturgo o di un compositore di musica: *il — mozartiano* **2** assortimento; gamma: *disponibile in un ricco — di materiali* | (*fig.*) complesso delle risorse di cui un individuo dispone in un certo settore: *usa il suo — di seduttore* **3** elenco, registro che contiene notizie di facile consultazione: *— bibliografico |* (*estens., fig.*) raccolta: *questa rappresentazione è un — di battute allusive* **4** (*cine., tv*) immagini di —, sequenze d'archivio girate in precedenza e riutilizzate in nuove produzioni.
replay (*ingl.*) [pr. *replèi*] *s.m.invar.* (*tv*) nel corso di una diretta spec. sportiva, ripetizione di una scena appena ripresa.
rè|pli|ca *s.f.* **1** ripetizione: *— di una manifestazione interrotta* | la cosa ripetuta **2** (*teat.*) rappresentazione successiva alla prima: *assistere a una —* | (*tv, radio*) trasmissione di un programma già mandato in onda | riproduzione di un'opera d'arte eseguita da uno stesso autore **3** risposta; obiezione: *diritto di —.*
re|pli|cà|bi|le *agg.* che deve o può essere replicato, ripetuto.
re|pli|ca|bi|li|tà *s.f.* condizione di ciò che è replicabile; ripetibilità: *la — degli esperimenti scientifici.*
re|pli|càn|te *part.pres. di* replicare ♦ *agg.* (*chim., biol.*) che subisce una replicazione ♦ *s.m./f.* in fantascienza, automa dall'aspetto e dal comportamento identici a quelli umani; androide | (*giorn.*) chi ripete azioni altrui: *quel politico emergente è solo un —.*
re|pli|cà|re *v.tr.* [indic.pres. *io rèplico, tu rèplichi...*] **1** dire, eseguire di nuovo; ripetere: *— un comando;* — *un'esperienza* | (*teat., spec.assol.*) fare delle repliche: *si replica ogni settimana* **2** (*anche assol.*) rispondere, spec. per obiettare: *— alle accuse.*
re|pli|ca|zió|ne *s.f.* (*chim., biol.*) processo in cui vengono elaborate molecole identiche a una già esistente che funge da matrice: *— del DNA.*
report (*ingl.*) *s.m.invar.* resoconto, relazione: *— dettagliato dei risultati.*
reportage (*fr.*) [pr. *reportàj*] *s.m.invar.* (*giorn.*) servizio realizzato o scritto da un reporter: *— dall'estero.*
reporter (*ingl.*) *s.m.invar.* (*giorn.*) inviato speciale, corrispondente; cronista: *il — radiofonico.*
re|pres|sió|ne *s.f.* **1** atto repressivo, che interviene spec. nella sfera politica e sociale: *— della libertà* **2** (*psicoan.*) processo consapevole attraverso cui si esclude dalla propria coscienza un contenuto psichico sgradevole.
re|pres|sì|vo *agg.* che serve per reprimere: *intervento —* □ **repressivamente** *avv.*
re|près|so *part.pass. di* reprimere ♦ *agg.* **1** trattenuto, soffocato: *rabbia repressa* **2** (*psicoan.*) sottoposto a repressione; impedito: *impulso —* ♦ *s.m.* [f. *-a*] chi reprime i propri impulsi.
re|pres|só|re *agg., s.m.* [f. *reprimitrice*] che, chi reprime: *il — della rivolta.*
re|pri|mén|da *s.f.* rimprovero severo.
re|prì|me|re *v.tr.* [pass.rem. *io reprèssi, tu reprimésti...*; part.pass. *reprèsso*] **1** contenere ql.co. che tende a prorompere; tenere a freno: *— un urlo* **2** far cessare con la forza, spec. ciò che mira a sconvolgere un dato assetto economico, politico o sociale; domare: *— la protesta* ♦ **-rsi** *rifl.* frenarsi, dominarsi.
re|pri|mì|bi|le *agg.* che può essere represso.

reprint (*ingl.*) [pr. *reprìnt*] *s.m.invar.* in tipografia, ristampa anastatica di una rivista, un libro e sim.

re|pro|bo *agg.*, *s.m.* [f. *-a*] **1** (*relig.*) che, chi è condannato da Dio **2** (*estens.*) che, chi è malvagio, perverso.

reps (*fr.*) *s.m.invar.* pesante tessuto a coste.

rep|ta|zió|ne *s.f.* (*zool.*) movimento strisciante proprio dei Rettili.

re|pùb|bli|ca *s.f.* **1** sistema politico in cui il capo dello Stato è eletto per un tempo limitato e la sovranità è esercitata dai cittadini direttamente o per mezzo di rappresentanti | territorio, popolazione di uno Stato di tal genere | — *democratica*, quella in cui i rappresentanti vengono eletti con suffragio universale | — *parlamentare*, quella in cui il Parlamento controlla costantemente il Governo | — *popolare*, quella in cui le istituzioni sono dominate da un partito di massa | — *presidenziale*, quella in cui il capo dello Stato ha notevole potere **2** (*lett.*) comunità paritaria: — *delle lettere*.

re|pub|bli|cà|no *agg.* **1** della repubblica; di uno Stato retto a repubblica: *sistema* —; *territorio* — **2** favorevole alla repubblica | *Partito* —, quello sorto per instaurare la repubblica **3** di Partito repubblicano: *deputato* — ♦ *s.m.* [f. *-a*] **1** fautore, sostenitore della repubblica **2** membro di un Partito repubblicano.

re|pub|bli|chi|no *agg.* (*spreg.*) che riguarda la Repubblica Sociale Italiana, con capitale in Salò, creata da Mussolini durante l'occupazione nazista ♦ *s.m.* [f. *-a*] (*spreg.*) chi aderì a tale regime.

re|pu|li|sti *s.m. solo nella loc. fare un* —, portare via tutto, fare piazza pulita.

re|pul|sió|ne o **ripulsióne** *s.f.* **1** reazione di profondo ribrezzo; avversione: *suscitare* — *immediata* **2** (*fis.*) forza per cui due corpi o sostanze tendono a respingersi.

re|pul|sì|vo o **ripulsivo** *agg.* **1** che suscita repulsione, ribrezzo: *comportamento* — **2** (*fis.*) che allontana, che respinge: *forza repulsiva*.

re|pu|tà|re *v.tr.* [indic.pres. *io rèputo...*] giudicare; ritenere: — *urgente l'intervento* ♦ *-rsi rifl.* stimarsi, considerarsi: — *il migliore*.

re|pu|tà|to *part.pass.* di reputare ♦ *agg.* apprezzato, stimato; famoso: *un* — *specialista*.

re|pu|ta|zió|ne *s.f.* considerazione, stima in cui si è tenuti dagli altri: *avere una pessima* — | (*assol.*) buona reputazione; rispettabilità: *guastarsi la* —.

rè|quie *s.f. solo sing.* quiete, pace; riposo: *non avere mai* — | *senza* —, ininterrottamente.

rè|quiem (*lat.*) *s.m.invar.* preghiera cattolica per i defunti: *recitare il* — | (*messa da*) —, funzione di suffragio per un defunto; (*mus.*) esecuzione musicale sui testi di tale messa.

re|qui|sì|re *v.tr.* [indic.pres. *io requisisco, tu requisisci...*] prendere d'autorità, spec. esigendo la disponibilità di ql.co. per determinati usi; sequestrare: — *un locale per adibirlo a sala studio*; *l'infermiera gli requisì le sigarette* | (*bur.*) sottoporre a requisizione | (*scherz.*) — *qlcu.*, monopolizzarne la compagnia.

re|qui|sì|to *s.m.* qualità, condizione richiesta per accedere a una selezione, una prova, una carica e sim.: — *d'idoneità* | (*estens.*) dote, pregio: *hai ottimi requisiti*.

re|qui|si|tò|ria *s.f.* **1** (*dir.*) arringa in cui il Pubblico Ministero presenta le proprie richieste **2** (*estens.*) discorso di denuncia; invettiva: *una* — *contro la corruzione* | rimprovero severo.

re|qui|si|zió|ne *s.f.* (*dir.*) provvedimento con cui lo Stato, in casi di urgente necessità pubblica, si appropria forzatamente di beni privati dietro indennizzo.

ré|sa *s.f.* **1** (*mil.*) atto con cui ci si arrende al nemico: *trattare la* — | (*estens.*) azione o stato d'animo di chi si dà per vinto | (*anche fig.*) — *incondizionata*, quella con cui lo sconfitto si sottomette all'arbitrio del vincitore **2** restituzione: — *dei vuoti di bottiglia* | (*fig.*) — *dei conti*, rendiconto del proprio operato, spec. se meritevole di punizione **3** merce restituita al fornitore perché rimasta invenduta **4** rapporto intercorrente fra risultato e mezzi impiegati; rendimento: — *elevata*.

re|scìn|de|re *v.tr.* [con. come *scindere*] (*dir.*) annullare, sciogliere tramite rescissione: — *un negozio contrattuale*.

re|scin|dì|bi|le *agg.* (*dir.*) che si può sciogliere tramite rescissione.

re|scin|di|bi|li|tà *s.f.* (*dir.*) condizione di ciò che è rescindibile.

re|scis|sió|ne *s.f.* (*dir.*) dichiarazione di invalidità di un contratto, dotata di efficacia retroattiva.

re|scis|sò|rio *agg.* (*dir.*) che rescinde; teso a rescindere: *istanza rescissoria*.

re|scrìt|to *s.m.* **1** (*dir.*) pronunciamento scritto di un sovrano, avente valore di legge o di decisione inappellabile **2** (*eccl.*) decisione su una controversia teologica.

re|se|cà|re *v.tr.* [indic.pres. *io rèseco, tu rèsechi...*] (*med.*) sottoporre a resezione.

re|sè|da *s.f.* pianta erbacea mediterranea con profumati fiori giallo-verdastri riuniti a grappolo; amorino.

reset (*ingl.*) [pr. *risèt*] *s.m.invar.* (*inform.*) operazione che riporta il sistema allo stato iniziale, dopo aver interrotto i programmi in esecuzione.

re|set|tà|re *v.tr.* [indic.pres. *io resétto...*] (*inform.*) effettuare un reset; riavviare: — *il sistema*.

re|se|zió|ne *s.f.* (*med.*) asportazione chirurgica di un organo o di una parte di organo.

residence (*ingl.*) [pr. *rèsidens*] *s.m.invar.* complesso alberghiero formato da piccoli appartamenti che si affittano, spec. per le vacanze, con la possibilità di usufruire di alcuni servizi centralizzati.

re|si|dèn|te *part.pres.* di risiedere ♦ *agg.* che dimora stabilmente: *cittadino* — ♦ *s.m./f.* chi ha residenza anagrafica in un dato comune: *un* — *di Roma*.

re|si|dèn|za *s.f.* **1** luogo dove si vive abitualmente | (*bur.*) registrazione presso l'anagrafe comunale della dimora abituale: *cambiare* — **2** sede di autorità, ente e sim.: *New York è la* — *dell'ONU* **3** (*estens.*) struttura edilizia in cui si abita: *una* — *modesta*; — *estiva* **4** permanenza; soggiorno: — *all'estero per lavoro*.

re|si|den|zià|le *agg.* di residenza | *zona* —, area urbana dedicata solo ad abitazioni, gener. lussuose e rispondenti allo stesso modello architettonico: *i campi da tennis della zona* —.

re|si|du|à|le *agg.* che costituisce un residuo; rimanente: *parte* —.

re|si|du|à|to *s.m.* ciò che avanza; residuo | — *bellico*, materiale bellico da riciclare o anche ordigno inesploso da disinnescare, recuperati dopo la guerra; (*fig., scherz.*) oggetto molto vecchio, spec. malandato.

re|sì|du|o *agg.* che avanza; rimanente: *denaro* — ♦ *s.m.* (*anche fig.*) ciò che resta: *residui di un incendio; ha ancora un* — *di onestà*.

re|si|lièn|te *agg.* (*fis.*) che resiste all'urto senza spezzarsi.

re|si|lièn|za *s.f.* (*fis.*) proprietà di un materiale di reggere all'urto senza spezzarsi.

rè|si|na *s.f.* sostanza organica viscosa e trasparente, secreta da alcune piante, che viene impiegata nella preparazione di vernici, isolanti ecc. | — *sintetica*, ciascuno dei polimeri organici sintetici che sono i principali costituenti delle materie plastiche.

re|si|nà|re *v.tr.* [indic.pres. *io rèsino*...] **1** sottoporre a un procedimento di estrazione e raccolta della resina: — *una conifera* **2** apprettare con resina artificiale, riferito a tessuti.

re|si|nà|to *part.pass.* di resinare ♦ *agg.* trattato, profumato con resina: *vino* —.

re|si|né|se *agg.* di Ercolano ♦ *s.m./f.* chi è nato o abita a Ercolano.

re|si|nì|fe|ro *agg.* che contiene o produce resina.

re|si|nó|so *agg.* di resina, tipico della resina | resinifero.

re|si|pi|scèn|te *agg.* (*lett.*) che si ravvede.

re|si|pi|scèn|za *s.f.* (*lett.*) ravvedimento; pentimento.

re|si|stèn|te *part.pres.* di resistere ♦ *agg.* **1** di materiali, che non si lascia danneggiare: — *all'acqua* | *cosa usurabile: tela* — **2** che sopporta la fatica: *fisico* — | (*fig.*) *durevole: affetto* — **3** (*biol.*) si dice di batterio che sopravvive a trattamenti antibiotici.

re|si|stèn|za *s.f.* **1** attività, sforzo per contrastare: *opporre* — *alla decisione* | — *passiva*, strategia di opposizione non violenta basata sul rifiuto di collaborare **2** capacità di tollerare; solidità, robustezza: — *di un materiale alla pressione* | ridotta tendenza a usurarsi: *un tessuto di notevole* — | capacità di sostenere sforzi prolungati: *esercizi di* — *alla fatica* **3** (*fis.*) ogni forza che si oppone a un'altra | — *elettrica*, impedimento che la corrente incontra nell'attraversare un conduttore **4** opposizione armata a invasori stranieri o a un regime dittatoriale | (*per anton.*) lotta partigiana contro l'occupazione tedesca nella II guerra mondiale: *martiri della Resistenza* **5** (*biol.*) capacità che hanno certi batteri di sopravvivere a trattamenti antibiotici e sim. **6** (*elettr., improprio*) resistore.

re|si|ste|re *v.intr.* [pass.rem. *io resistéi* o *resistètti, tu resistésti*...; part.pass. *resistito*; aus. *A*] **1** opporre resistenza senza lasciarsi abbattere: — *alla spinta* | (*fig.*) non cedere; non essere influenzato: — *alla seduzione* **2** (*estens.*) riuscire a tollerare: *non resisteranno alla siccità* **3** (*fig.*) mantenersi valido; perdurare: *slogan che resiste al tempo*.

re|si|sti|vi|tà *s.f.* (*fis.*) resistenza elettrica specifica di una sostanza.

re|si|stó|re *s.m.* (*fis.*) componente di circuito che realizza una resistenza elettrica definita.

ré|so *s.m.* (*comm.*) **1** restituzione dell'invenduto al fornitore **2** restituzione di merce insoddisfacente al venditore.

re|so|cón|to *s.m.* **1** dettagliato rapporto, formulato spec. per iscritto | (*estens.*) descrizione minuziosa: *il* — *dell'escursione* **2** (*econ.*) rendiconto.

re|spin|gèn|te *s.m.* ciascuno dei due ammortizzatori collocati in testa al vagone ferroviario.

re|spin|ge|re *v.tr.* [con. come *spingere*] **1** spingere via, ricacciare con la forza: — *l'attacco* | (*fig.*) allontanare con fastidio, rabbia, disinteresse e sim.: — *un truffatore* **2** non accettare; rifiutare: — *la richiesta* **3** contestare, confutare: — *le critiche* **4** bocciare: — *allo scritto* **5** mandare indietro; rinviare: — *il plico* | (*sport*) nel calcio, rinviare la palla, spec. su tiro a rete avversario.

re|spìn|ta *s.f.* (*sport*) nel calcio, rinvio difensivo | parata con rilancio.

re|spìn|to *part.pass.* di respingere ♦ *agg., s.m.* [f. *-a*] che, chi ha subito una bocciatura.

re|spi|rà|bi|le *agg.* che può essere respirato senza danno: *l'ambiente lunare non è* —.

re|spi|ra|bi|li|tà *s.f.* condizione di ciò che è respirabile.

re|spi|rà|re *v.intr.* [aus. *A*] **1** compiere la respirazione: — *regolarmente* | (*estens.*) vivere: *nonostante la caduta respira ancora* **2** (*fig.*) godere di un ambiente vivibile: *non si respirava in mezzo a quella folla* **3** (*fig.*) trovare sollievo; riposare: *i debiti non lo fanno* — **4** (*coll.*) traspirare: *con queste solette il piede respira meglio* ♦ *tr.* **1** inspirare ed espirare: — *troppi inquinanti* **2** (*fig.*) percepire, cogliere: *si respira una speranza nuova tra la gente*.

re|spi|ra|tó|re *s.m.* dispositivo che permette di respirare in condizioni anomale: — *da sub* | (*med.*) — *artificiale*, apparecchio usato per stimolare meccanicamente la respirazione a chi non è in grado di compierla spontaneamente.

re|spi|ra|tò|rio *agg.* (*anat., fisiol.*) relativo alla respirazione: *sistema* —.

re|spi|ra|zió|ne *s.f.* (*fisiol.*) processo con cui l'organismo incorpora ossigeno ed elimina anidride carbonica | — *bocca a bocca*, quella ottenuta soffiando nella bocca di chi non è in grado di respirare autonomamente | (*biol.*) — *cellulare*, attività metabolica in cui viene assorbito e fissato ossigeno, con successiva ossidazione dei vari substrati.

re|spi|ro *s.m.* **1** atto respiratorio; ciascun movimento della respirazione: *avere il — corto | fino all'ultimo —*, fino alla morte; (*estens.*) senza tregua | *esalare l'ultimo —*, morire | *tirare un — (di sollievo)*, sentirsi sollevati | (*fig.*) *di largo —*, d'ampia portata culturale, di vasta concezione: *progetto di largo —* **2** (*fig.*) sollievo; pausa: *concedersi un po' di —* **3** (*mus.*) segno sul pentagramma che indica al cantante o al suonatore di strumento a fiato quando respirare.

re|spon|sà|bi|le *agg.* **1** che deve rendere conto delle azioni proprie o altrui: *sei — del magazzino* | (*giorn.*) *direttore —*, chi si assume la responsabilità giuridica di quanto pubblicato **2** consapevole delle conseguenze dei propri atti; coscienzioso: *professionista —* **3** colpevole | (*estens.*) che è causa, spec. di effetti negativi: *congiuntura — del fallimento* ♦ *s.m./f.* **1** chi deve rispondere di quanto dirige: *— del progetto* **2** colpevole: *arrestare il —* □ **responsabilmente** *avv.* con senso di responsabilità.

re|spon|sa|bi|li|tà *s.f.* **1** obbligo di rispondere del proprio o altrui operato: *avere molte — al lavoro* | (*dir.*) — *civile*, quella che deriva da un atto illecito o da un obbligo non adempiuto, con conseguente obbligo di risarcimento dei danni | *— penale*, imputazione di un reato che comporta l'applicazione di una sanzione penale **2** consapevolezza della portata delle proprie azioni: *senso di —* | l'atto che concretizza tale consapevolezza: *educare i figli è una —* **3** colpevolezza: *— del disastro*.

re|spon|sa|bi|liz|zà|re *v.tr.* rendere responsabile: *— un collaboratore* | far prendere coscienza di responsabilità ♦ *-rsi* *rifl.* assumersi responsabilità | prendere coscienza delle proprie responsabilità: *— nel corso della crescita*.

re|spon|sa|bi|liz|za|zió|ne *s.f.* attribuzione o assunzione di responsabilità.

re|spón|so *s.m.* **1** (*lett.*) risposta fornita da un oracolo **2** (*estens., anche iron.*) risposta in forma ufficiale, autorevole: *il — dei commissari*.

re|spon|so|rià|le *agg.* (*lit.*) che ha la forma di un responsorio.

re|spon|sò|rio *s.m.* (*lit.*) canto in cui il coro risponde con un ritornello al versetto del solista.

rès|sa *s.f.* folla disordinata che spinge; calca: *la — natalizia nei negozi*.

rè|sta¹ *s.f.* uncino collocato sulla parte destra delle corazze quattrocentesche, su cui si appoggiava il calcio della lancia: *partire lancia in —*.

rè|sta² *s.f.* **1** treccia di cipolle o di agli legati assieme **2** (*mar.*) spesso cavo di canapa usato per manovrare la rete a strascico nella pesca d'altura.

re|stàn|te *part.pres. di restare* ♦ *agg.* che resta; residuo: *tempo —* ♦ *s.m.* ciò che rimane: *il — della riunione*.

re|stà|re *v.intr.* [indic.pres. *io rèsto...*; aus. *E*] **1** fermarsi in un luogo; rimanere: *oggi resto qui* | *che resti tra noi!*, che non si venga a sapere! **2** permanere in una posizione, condizione e sim.: *— fermo* | (*estens.*) sopravvivere: *quelli che restano* **3** ritrovarsi in una certa situazione: *dopo il divorzio restai solo* | (*fig.*) *— senza parole, di sale, di sasso, di stucco*, stupirsi molto | *— male*, dispiacersi | *restarci (secco, sul colpo)*, morire all'improvviso | *— a piedi*, non riuscire a prendere un mezzo pubblico; (*fig.*) essere escluso **4** esserci ancora, avanzare: *per te non è restato nulla* | *non resta che*, si può soltanto **5** essere situato; stare: *dove resta casa tua?*

re|stau|rà|bi|le *agg.* che può essere restaurato.

re|stau|rà|re *v.tr.* [indic.pres. *io restauro...*] **1** rimettere a nuovo opere d'arte, mobili, oggetti antichi o deteriorati | (*scherz.*) *restaurarsi il viso*, truccarsi per sembrare giovani **2** ripristinare: *— vecchie abitudini* | (*polit.*) rimettere in carica un regime caduto: *sovrano restaurato* ♦ *-rsi* *rifl.* (*scherz.*) rimettersi in ordine spec. dopo uno sforzo fisico: *è meglio che mi restauri prima di vederla*.

re|stau|ra|tó|re *agg., s.m.* [f. *-trice*] **1** che, chi restaura pezzi d'arte o d'arredo **2** che, chi ripristina una situazione antecedente | (*polit.*) che, chi sostiene il ritorno di un regime caduto: *forze restauratrici*.

re|stau|ra|zió|ne *s.f.* ristabilimento di un regime | (*per anton.*) fase della storia europea inaugurata dal Congresso di Vienna (1815).

re|stàu|ro *s.m.* **1** intervento finalizzato alla conservazione di opere d'arte, arredi antichi e sim.: *— conservativo* | tecnica applicata in tale intervento, consistente nella ricostruzione o nella sostituzione di parti lacunose, deteriorate | (*edil.*) risistemazione di una costruzione che non ne modifichi la struttura **2** ciò che è stato restaurato: *visitare il — della Cappella Sistina*.

re|stì|o *agg.* **1** (*di animale*) che non vuole andare avanti; riottoso **2** (*di persona*) riluttante: *sembri — a partire*.

re|sti|tu|ì|bi|le *agg.* che può essere restituito.

re|sti|tu|ì|re *v.tr.* [indic.pres. *io restituisco, tu restituisci...*] **1** (*anche fig.*) ridare ql.co. che era stato prestato, rubato, perso ecc.; rendere: *— i soldi; — tutti i diritti; — la serenità* **2** (*fig.*) ricambiare, contraccambiare: *— uno sgarbo* **3** riportare allo stato d'origine: *— alla primitiva schiettezza* | (*lett.*) rimettere nello stato precedente: *— nelle funzioni abituali*.

re|sti|tu|zió|ne *s.f.* atto con cui si dà indietro o si ricambia: *— di un favore* **2** in filologia, ristabilimento della forma originaria di testi e sim.

rè|sto *s.m.* **1** parte mancante o residua; rimanenza: *al — penseremo poi* | *del —*, d'altra parte **2** differenza in denaro che viene data a chi paga una somma superiore al prezzo **3** (*mat.*) il risultato dell'operazione di sottrazione | in una divisione, cifra che va aggiunta al prodotto tra divisore e quoziente per ottenere il dividendo **4** (*pl.*) avanzi: *resti di cibo* | spoglie; salma: *i resti in una fossa comune* | (*archeol.*) rovine, vestigia: *resti romani*.

re|strìn|ge|re *v.tr.* [part.pass. *ristrètto*; nelle altre forme con. come *stringere*] **1** ridurre a minor

misura, larghezza, volume: — *un passaggio; il lavaggio ha ristretto il vestito* | (*spec.gastr.*) addensare: — *la crema* | (*assol.*, *pop.*) avere potere astringente: *il limone restringe* **2** (*fig.*) limitare, ridurre: — *i compensi* ♦ **-rsi** *intr.pron.* diminuire di misura, larghezza, volume: — *in alto* | (*fig.*) diminuire nella quantità: *le occasioni si restringono* ♦ *rifl.* avvicinarsi serratamente a qlcu. per occupare minor spazio.
re|strin|gi|mén|to *s.m.* azione volta a rendere più stretto; riduzione di misura, di larghezza | punto dove ql.co. si restringe: — *della carreggiata*.
re|strit|tì|vo *agg.* che serve a limitare: *misura restrittiva* □ **restrittivamente** *avv.*
re|stri|zió|ne *s.f.* **1** limitazione: — *delle spese* **2** (*fig.*) riserva su una propria affermazione: *dirlo senza restrizioni*.
restyling (*ingl.*) [pr. *restàiling*] *s.m.invar.* modifica esclusivamente estetica del design: — *della copertina*.
re|sur|re|zió|ne o **risurrezióne** *s.f.* **1** ritorno in vita dopo la morte: — *della carne* **2** (*estens.*, *fig.*) ritorno in auge; reviviscenza: — *di una moda*.
re|su|sci|tà|re o **risuscitàre** *v.tr.* [indic.pres. *io resùscito...*] **1** far tornare in vita: — *i morti* | (*fam.*, *iperb.*) dare conforto, benessere, energia: *questo liquore ti resuscita* **2** (*fig.*) riportare in uso: — *antiche abitudini* | suscitare nuovamente; riattivare: — *le attese* ♦ *intr.* [aus. *E*] tornare a vivere; risorgere | (*fam.*, *iperb.*) tornare in salute; ritrovare entusiasmo: *resusciterà col nuovo amore*.
retablo (*sp.*) *s.m.invar.* ancona incorniciata con alternanza di rilievi e dipinti, nata in Spagna nel Medioevo.
re|tàg|gio *s.m.* (*lett.*) eredità spirituale: *il — italico*.
retard (*ingl.*) [pr. *ritàrd*) *agg.invar.*, *s.m.invar.* si dice di medicinale rilasciato nell'organismo lentamente.
re|tà|ta *s.f.* **1** gettata di una rete | quantità di preda catturata in una rete **2** (*fig.*) cattura di più persone da parte di esercito o polizia: *una — tra le prostitute*.
ré|te *s.f.* **1** attrezzo costituito da fili intrecciati, usato per la caccia e per la pesca: *gettare la —* | (*fig.*) trappola; raggiro: *prendere qlcu. nella —* **2** (*estens.*) qualunque oggetto costituito da un intreccio di maglie: *mettere una — metallica alla finestra* | — *del letto*, quella a maglie d'acciaio su cui poggia il materasso | — **per la spesa**, borsa traforata in nylon e sim. | — **da circo**, quella che trattiene i trapezisti in caso di caduta | (*fig.*) *senza* —, senza protezione **3** (*fig.*) intreccio di linee, reali o ideali: *disegnare una — di riferimento* | (*mat.*) insieme di curve o piani | insieme delle vie di comunicazione: — *tranviaria* | sistema di distribuzione agli utenti: — *del gas* | (*elettr.*) insieme dei componenti di un circuito **4** (*fig.*) insieme di enti o persone che collaborano in maniera coordinata: — *commerciale* | (*polit.*, *per anton.*) formazione nata nel 1991 in polemica rispetto ai partiti tradizionali: *parlamentari della Rete* **5** (*telecom.*) ricetrasmissione attraverso un sistema di collegamento: — *telefonica* | (*radio*, *tv*) canale radiotelevisivo: *in onda sulla stessa* — **6** (*inform.*) sistema integrato atto a collegare elaboratori e terminali: — *aziendale* | (*per anton.*) Internet: *le risorse della Rete* | — **telematica**, sistema di interconnessione a distanza, per ricevere e trasmettere dati; network | *in* —, all'interno di un circuito elettrico, telematico, informatico ecc.: *mettere in* — **7** (*sport*) nel calcio, nell'hockey ecc., ciascuna delle due porte | (*estens.*) marcatura, goal: *vincere con tre reti di scarto* **8** (*sport*) nel tennis, nella pallavolo e sim., barriera di filato posta tra le due metà del campo.
re|ti|cèl|la *s.f.* **1** rete metallica a maglie fitte usata per attenuare la vivacità della fiamma sui fornelli o per filtrare gli scaricchi nei lavandini **2** (*raro*) cuffia lavorata a maglia con cui si orna la capigliatura; retina.
re|ti|cèn|te *agg.* volutamente silenzioso su ql.co. che dovrebbe comunicare: *teste* — | (*estens.*) improntato a reticenza: *atteggiamento* —.
re|ti|cèn|za *s.f.* **1** atteggiamento di chi è reticente, di chi non comunica ciò che dovrebbe | *senza reticenze*, con schiettezza **2** (*ret.*) figura che consiste nel sospendere il discorso lasciando sottinteso ciò che non viene detto (p.e. *io sono certo una persona tollerante, ma...*).
re|ti|co|là|re *agg.* a reticolo: *disegno* —.
re|ti|co|là|to *agg.* disegnato a forma di reticolo: *stoffa reticolata* ♦ — *geografico*, nelle carte geografiche, l'intreccio complessivo dei meridiani e dei paralleli **2** graticcio di fili metallici intrecciati e (*mil.*) groviglio di filo spinato a scopo di difesa passiva.
re|ti|co|lo *s.m.* **1** immagine, struttura a forma di rete: — *di strade, di arterie, del mirino* **2** (*zool.*) seconda cavità dello stomaco dei Ruminanti **3** (*chim.*) disposizione geometrica di atomi e molecole in un cristallo idealmente perfetto.
re|tì|na[1] *s.f.* (*anat.*) tunica interna del globo oculare che funge da recettore dei segnali luminosi.
re|tì|na[2] *s.f.* rete sottile, spec. di nylon, che si avvolge sui capelli per tenerli in ordine.
re|ti|nà|re *v.tr.* **1** (*tecn.*) dotare di rete e sim. | fornire un materiale di una struttura a rete metallica: *vetri retinati* **2** in tipografia, scomporre i chiaroscuri dell'immagine che si vuole riprodurre in un insieme di punti neri **3** applicare retini a un disegno tecnico | in grafica, sostituire a una tinta una sua sfumatura percentuale: — *il verde del 10%*.
re|tì|ni|co *agg.* [m.pl. *-ci*] (*anat.*) relativo alla retina.
re|ti|nì|te *s.f.* (*med.*) infiammazione della retina.
re|tì|no *s.m.* **1** rete a sacco composta di maglie strette, unita a un lungo manico, con la quale si catturano pesci, farfalle e altri piccoli animali **2** in tipografia, pellicola costituita da un reticolo, che viene utilizzata per ottenere un impianto di stampa a punti neri **3** nel disegno spec. tecnico,

retore

pellicola trasparente da applicare su lucidi e sim. per caratterizzare una o più aree.

rè|to|re *s.m.* **1** (*st.*) nell'antichità greco-romana, oratore **2** (*spreg.*) chi si esprime in modo troppo enfatico.

re|tò|ri|ca *s.f.* **1** arte del persuadere con le parole; eloquenza **2** (*spreg.*) modo di esprimersi ampolloso, spec. privo di contenuti: *è tutta —*.

re|tò|ri|co *agg.* [m.pl. -ci] **1** della retorica | conforme alla retorica: *regole retoriche* | **figura retorica**, procedimento stilistico che mira a rendere il discorso più espressivo | (*gramm.*) **domanda retorica**, quella la cui risposta è ovvia **2** (*spreg.*) ampolloso e vuoto □ **retoricamente** *avv.*

re|tràt|ti|le *agg.* che può essere tirato dentro o indietro: *unghia —*.

re|trat|ti|li|tà *s.f.* requisito di ciò che è retrattile.

re|tri|bu|i|re *v.tr.* [indic.pres. *io retribuisco, tu retribuisci...*] dare un compenso per una prestazione; rimunerare, pagare: *— i dipendenti* | (*fig., lett.*) dare un premio; ricompensare.

re|tri|bu|ti|vo *agg.* relativo alla retribuzione: *regime —* | che serve a retribuire.

re|tri|bu|zió|ne *s.f.* **1** conferimento di un compenso | paga spettante a chi svolge un lavoro per conto d'altri **2** (*fig., lett.*) premio; ricompensa.

re|trì|vo *agg., s.m.* [f. -a] che, chi è insensibile al progresso culturale e sociale; retrogrado: *comportamento —*.

rè|tro *avv.* (*lett.*) dietro; indietro ♦ *s.m.* parte posteriore: *ci vediamo sul —* | **fronte-retro**, in entrambe le facciate del foglio: *fotocopia fronteretro* | *vedi —*, formula che invita a consultare la facciata posteriore del foglio.

rétro (*fr.*) [pr. *retró*] *agg.invar.* ispirato a un passato recente: *gusto —*.

rè|tro- primo elemento di parole composte che indica "movimento all'indietro", "posizione arretrata" o "collocazione posteriore" (*retrocedere, retrodatare, retrobottega*).

re|tro|a|gì|re *v.intr.* [con. come *agire*; aus. *A*] **1** (*scient.*) in un sistema, rispondere allo stimolo alterandone la fonte: *i maltrattamenti paterni retroagirono sul padre* **2** (*raro*) agire retroattivamente.

re|tro|at|ti|vi|tà *s.f.* (*dir.*) effetto retroattivo.

re|tro|at|ti|vo *agg.* che estende i suoi effetti al passato: *effetto —* | (*dir.*) **legge retroattiva**, quella che si applica anche a eventi precedenti l'entrata in vigore □ **retroattivamente** *avv.*

re|tro|a|zió|ne *s.f.* **1** (*scient.*) azione di ritorno di uno stimolo, di un fenomeno di comportamento sulla sua fonte; feedback | (*inform.*) **— positiva, negativa**, operazione che rende il sistema più stabile, instabile **2** (*raro, dir.*) retroattività | (*estens.*) trasferimento dell'efficacia su uno stadio precedente.

re|tro|bóc|ca *s.m.invar.* parte posteriore della cavità orale.

re|tro|bot|té|ga *s.m.invar.* stanza collocata dietro una bottega, che funge da piccolo magazzino o da laboratorio.

re|tro|cà|ri|ca *s.f. solo nella loc.* **a —**, di arma caricabile dalla culatta.

re|tro|cè|de|re *v.intr.* [indic.pres. *io retrocedo...*; pass.rem. *io retrocèssi* o *retrocedèi* o *retrocedètti, tu retrocedésti...*; part.pass. *retrocesso* o *retroceduto*; aus. *E*] andare indietro; indietreggiare: *l'auto retrocedeva*; *— in serie C* | (*fig.*) recedere: *— dalla scelta* ♦ *tr.* far tornare a un grado inferiore: *lo retrocessi per la sua incapacità*.

re|tro|ces|sió|ne *s.f.* **1** atto dell'indietreggiare **2** (*bur., mil.*) passaggio punitivo a un grado inferiore **3** (*sport*) passaggio di una squadra a una serie inferiore | **in zona —**, nella parte più bassa della classifica.

re|tro|cu|cì|na *s.m.invar.* vano dispensa situato dietro la cucina.

re|tro|da|tà|re *v.tr.* **1** (*bur.*) contrassegnare con una data anteriore a quella effettiva: *— un atto* **2** far risalire a una data anteriore a quella precedentemente ritenuta corretta: *— un dipinto*.

re|tro|da|ta|zió|ne *s.f.* atto del retrodatare.

retrofit (*ingl.*) [pr. *rètrofit*] *s.m.invar.* (*auto.*) filtro per la marmitta degli autoveicoli che catalizza e purifica gli scarichi inquinanti.

re|tro|fles|sió|ne *s.f.* flessione all'indietro | (*med.*) **— dell'utero**, anomalia per cui l'utero presenta l'apertura rivolta all'indietro.

re|tro|fles|so *agg.* che presenta una retroflessione: *utero —*.

re|trò|gra|do *agg.* **1** che va all'indietro: *andatura retrograda del gambero* | (*estens.*) che procede in senso opposto a quello considerato normale | (*astr.*) **moto —**, quello apparente di un pianeta, in senso contrario a quello del Sole **2** (*psicol.*) che riguarda fatti precedenti un dato momento | **amnesia retrograda**, oblio degli eventi anteriori a un trauma **3** (*fig.*) contrario al progresso; retrivo: *atteggiamento —* ♦ *s.m.* [f. -a] chi rifiuta il progresso.

re|tro|guàr|dia *s.f.* **1** (*mil.*) reparto schierato alle spalle di un esercito in marcia, con funzione di difesa **2** (*fig.*) posizione di arretratezza: *letterato di —* | l'insieme delle persone che si schierano su posizioni superate **3** (*sport*) nel calcio, l'insieme dei difensori.

re|tro|gù|sto *s.m.* sapore che una bevanda o una pietanza lasciano dopo quello percepito all'assaggio: *rosso con — di prugna*.

re|tro|il|lu|mi|nà|to *agg.* illuminato da dietro: *schermo —*.

re|tro|màr|cia *s.f.* [pl. -ce] **1** marcia all'indietro di un veicolo **2** (*estens., tecn.*) scorrimento all'indietro di una pellicola, un nastro e sim. | (*cine.*) in una cinepresa, dispositivo che permette la sovrimpressione di più immagini **3** (*fig.*) cambiamento di opinione, atteggiamento e sim.; voltafaccia: *imbarazzata — del Governo*.

re|tro|néb|bia *agg.invar., s.m.invar.* (*auto.*) si dice di faretto posteriore dall'intensa luce rossa che segnala il veicolo a chi lo segue nella nebbia: *faro —*.

re|tro|pàl|co *s.m.* [pl. -chi] (*teat.*) spazio o stanzino situato dietro il palcoscenico, contenente spec. il materiale di scenografia.

re|tro|pas|sàg|gio *s.m.* (*sport*) nei giochi di squadra, passaggio della palla a un compagno in posizione arretrata.

re|tro|pro|ie|zió|ne *s.f.* proiezione di diapositive e sim., compiuta con un proiettore posto dietro lo schermo.

re|tro|ràz|zo *s.m.* razzo collocato su un veicolo spaziale per frenarne la spinta.

re|tro|scè|na *s.f.* (*teat.*) parte del palcoscenico posta dietro la scena, non visibile dal pubblico ♦ *s.m.invar.* **1** il complesso dei preparativi che si svolgono dietro la scena: *rumori dal —* **2** intrigo, evento, significato che si cela dietro un fatto noto: *scoprire i — della tragedia.*

re|tro|spet|ti|va *s.f.* rassegna, mostra sull'evoluzione di un artista, un fenomeno, un movimento culturale: *— del neorealismo.*

re|tro|spet|ti|vo *agg.* volto all'indietro, al passato: *sguardo —* □ **retrospettivamente** *avv.*

re|tro|stàn|te *agg.* che è situato dietro: *locale — alla chiesa.*

re|tro|tèr|ra *s.m.invar.* **1** territorio situato alle spalle di una fascia costiera; entroterra **2** (*estens., fig.*) il complesso degli interessi politici, economici e sim. che gravitano attorno a un'attività | complesso di fattori che costituiscono le basi di un evento, di un fenomeno o della formazione di un individuo; background: *il — sociale degli scioperi; il suo — culturale emerge in ogni discorso.*

re|tro|trè|no *s.m.* (*mecc.*) in un veicolo, l'insieme delle ruote e delle sospensioni posteriori.

re|tro|ver|sió|ne *s.f.* **1** rivolgimento all'indietro | (*med.*) completa rotazione all'indietro dell'utero **2** traduzione nella lingua originale di un testo che si era tradotto in altra lingua.

re|tro|vèr|so *s.f.* (*med.*) che presenta una retroversione: *utero —.*

re|tro|vì|a *s.f. spec.pl.* **1** (*mil.*) zona retrostante al fronte, che funge da base logistica **2** (*sport*) area del campo dove opera la difesa | la difesa stessa: *passaggi delle retrovie* **3** (*fig.*) parte finale di una serie, una classifica e sim.

re|tro|vì|rus *s.m.invar.* (*biol.*) virus composto da RNA, capace di provocare tumori e forme immunodepressive (p.e. l'AIDS) danneggiando il DNA della cellula infettata.

re|tro|vi|sì|vo *agg.* che permette di vedere alle proprie spalle: *specchietto —.*

re|tro|vi|só|re *agg., s.m.* (*auto.*) si dice dello specchietto retrovisivo: *sistemare il —.*

rèt|ta[1] *s.f.* (*geom.*) la linea più breve che unisce due punti, prolungata all'infinito in entrambi i versi.

rèt|ta[2] *s.f.* pagamento periodico di vitto e alloggio in collegi, pensioni e sim.

rèt|ta[3] *s.f. solo nella loc.* **dare** *—*, prestare ascolto: *davanti alla TV non mi danno —*; credere: *non devi dar — a quel bugiardo;* seguire il consiglio: *dammi —, lascia perdere!*

ret|tà|le *agg.* (*anat., med.*) relativo all'intestino retto.

ret|tan|go|là|re *agg.* a forma di rettangolo.

ret|tàn|go|lo *agg.* (*geom.*) si dice di figura in cui sia presente almeno un angolo retto: *trapezio —* ♦ *s.m.* **1** (*geom.*) quadrangolo con tutti gli angoli retti, in cui sono uguali solo i lati opposti **2** (*estens.*) oggetto o porzione di spazio avente forma rettangolare: *un — di cielo dalla finestra* | (*sport*) *— di gioco*, campo di calcio.

ret|ti|fi|ca *s.f.* **1** correzione di precedenti azioni, dichiarazioni ecc. | (*giorn.*) correzione dell'inesattezza di una notizia o ulteriore precisazione **2** (*mecc.*) finitura superficiale di precisione ottenuta con la mola.

ret|ti|fi|cà|bi|le *agg.* che può essere rettificato.

ret|ti|fi|cà|re *v.tr.* [*indic.pres. io rettìfico, tu rettìfichi...*] **1** rendere rettilineo; raddrizzare: *il confine curvo del campo* | (*geom.*) *— un arco, una circonferenza*, costruire un segmento di lunghezza corrispondente **2** modificare precisando; correggere: *— la dichiarazione* **3** (*mecc.*) rifinire tramite rettifica **4** (*chim.*) sottoporre a rettificazione.

ret|ti|fi|cà|to *part.pass.* di rettificare ♦ *agg., s.m.* (*chim.*) si dice di prodotto ottenuto per rettificazione: *ho comprato il — come tipo di alcol.*

ret|ti|fi|ca|zió|ne *s.f.* **1** operazione che rende rettilineo: *— della strada* **2** (*chim.*) distillazione di liquidi effettuata tramite apparecchio dotato di colonna con riflusso **3** (*spec.dir.*) correzione: *— di omissioni in un atto.*

ret|ti|fi|lo *s.m.* tratto rettilineo di strada.

ret|ti|là|rio *s.m.* reparto di zoo riservato ai rettili | (*estens.*) ambiente attrezzato con vetrine per l'esposizione o lo studio di rettili.

rèt|ti|le *s.m.* **1** animale della classe dei Rettili **2** (*spreg.*) persona infida; serpente.

Rèt|ti|li *s.m.pl.* classe di Vertebrati caratterizzata da respirazione polmonare e sangue freddo, con corpo rivestito di squame o placche e con zampe corte o assenti che favoriscono un'andatura strisciante.

ret|ti|lì|ne|o *agg.* **1** che si sviluppa in linea retta: *percorso —* **2** (*fig.*) coerente: *carattere —* ◆ *s.m.* rettifilo: *sorpassare in —.*

ret|ti|tù|di|ne *s.f.* dirittura morale; onestà.

rèt|to *part.pass.* di reggere ♦ *agg.* **1** diritto: *in linea retta* | (*geom.*) *angolo —*, quello che misura 90 gradi **2** (*fig.*) corretto, esatto: *il — impiego del termine* **3** (*fig.*) di sani principi; onesto, leale | *retta via*, il modo giusto e morale di vivere: *il criminale è tornato sulla retta via* **4** (*anat.*) *intestino —*, tratto finale dell'intestino crasso, che va dal sigma allo sfintere anale **5** (*gramm.*) *casi retti*, nelle lingue flessive, il nominativo e l'accusativo all'interno della declinazione di nome e aggettivo ♦ *s.m.* **1** ciò che è onesto, giusto: *il buono e il —* **2** faccia anteriore di medaglia, foglio e sim.; recto **3** (*anat.*) intestino retto □ **rettamente** *avv.* **1** in modo onesto: *agire —* **2** correttamente: *intendere — l'affermazione.*

ret|to|rà|to *s.m.* **1** ufficio, dignità di rettore | du-

rettore

rata di tale carica | luogo in cui hanno sede gli uffici del rettore.

ret|tó|re *s.m.* **1** chi dirige una comunità, un convitto: — *del collegio* | professore a capo di un'università: *Magnifico Rettore* **2** (*eccl.*) sacerdote che regge una chiesa non parrocchiale, un seminario e sim. | chi presiede una confraternita ♦ *agg.* (*eccl.*) si dice del sacerdote che regge un seminario: *padre* —.

ret|to|sco|pì|a *s.f.* (*med.*) esame del retto effettuato tramite rettoscopio.

ret|to|scò|pio *s.m.* (*med.*) sonda utilizzata per l'osservazione interna del retto.

rèu|ma *s.m.* [pl. *-i*] (*med.*) dolore reumatico.

reu|mà|ti|co *agg.* [m.pl. *-ci*] (*med.*) relativo al reumatismo: *disturbo* — | che provoca reumatismo.

reu|ma|tì|smo *s.m.* (*med.*) infiammazione dolorosa a carico di articolazioni, muscoli, tendini e ossa.

reu|ma|tòi|de *agg.* (*med.*) che ha origine, natura reumatica: *artrite* —.

reu|ma|to|lo|gì|a *s.f.* branca della medicina che studia e cura le malattie reumatiche.

reu|ma|tò|lo|go *s.m.* [f. *-a*; m.pl. *-gi*] (*med.*) specialista in reumatologia.

re|van|scì|smo *s.m.* (*polit.*) aspirazione nazionalistica alla rivincita dopo una sconfitta bellica.

re|van|scì|sta *s.m./f.* [m.pl. *-i*] fautore, sostenitore di una rivincita dopo una guerra perduta.

re|van|scì|sti|co *agg.* [m.pl. *-ci*] del revanscismo: *militarismo* — | da revanscista.

re|ve|rèn|do *agg.* (*eccl.*) titolo attribuito a ecclesiastici e istituzioni religiose: *la reverenda madre* —, *il r.* (*fam.*) sacerdote, prete.

re|ve|ren|zià|le o **riverenziàle** *agg.* che esprime riverenza: *inchino* — | provocato da un sentimento di rispettosa riverenza: *timore* —.

rêverie (*fr.*) [pr. revrì] *s.f.invar.* **1** sogno, fantasticheria **2** opera artistica dai toni onirici **3** (*psicol.*) stato di abbandono alla fantasticheria.

re|ver|sà|le *s.f.* **1** (*bur.*) autorizzazione a incassare una somma **2** documento rilasciato come ricevuta alla consegna: — *ferroviaria*.

re|ver|sì|bi|le *agg.* **1** di fenomeno o rapporto, che può essere invertito, ribaltato: *moto* —; *argomentazione* — | che si può riportare allo stato iniziale: *condizione* — **2** (*fis.*) si dice di ogni trasformazione che, in qualsiasi momento, può invertire il senso del proprio processo, se le condizioni iniziali vengono modificate da una forza esterna **3** (*dir.*) si dice di pensione che, dopo la morte del beneficiario, può essere parzialmente erogata ai congiunti dello stesso **4** (*med.*) si dice di malattia che può regredire **5** di indumento, double-face.

re|ver|si|bi|li|tà *s.f.* condizione di ciò che è reversibile | (*dir.*) **pensione di** —, pensione erogabile ai congiunti del beneficiario dopo la sua morte.

re|ver|sì|na *s.f.* (*region.*) parte alta del lenzuolo da ripiegare sulle coperte.

re|vi|sio|nà|re *v.tr.* [indic.pres. *io revisióno*...] sottoporre a revisione: — *l'automobile*.

re|vi|sió|ne *s.f.* **1** esame effettuato allo scopo di correggere, controllare ql.co.: — *delle bozze di stampa* | (*comm.*) — **contabile**, controllo della regolare tenuta della contabilità di società per azioni **2** (*tecn.*) intervento di manutenzione volto ad assicurare efficienza a macchine, circuiti ecc. | controllo tecnico periodico, obbligatorio, fatto per autorizzare la circolazione di un veicolo a motore **3** (*dir.*) impugnazione straordinaria di sentenze penali definitive | riesame di una condizione giuridica o di un atto obbligatorio.

re|vi|sio|nì|smo *s.m.* **1** (*polit.*) volontà di modificare gli assetti internazionali ufficiali **2** tendenza a interpretare diversamente un'ideologia: — *marxista*, — **storico**, atteggiamento storiografico che contesta valutazioni e dati consolidati, spec. a proposito di fascismo e nazismo.

re|vi|sio|nì|sta *s.m./f.* [m.pl. *-i*] fautore, sostenitore del revisionismo ♦ *agg.* revisionistico.

re|vi|sio|nì|sti|co *agg.* [m.pl. *-ci*] del revisionismo | da revisionista: *tendenze revisionistiche*.

re|vi|só|re *s.m.* chi è incaricato di controllare, correggere: — *di bozze, dei conti*.

revival (*ingl.*) [pr. revàivol] *s.m.invar.* ritorno in voga di stili, gusti, orientamenti tipici di un recente passato: *il* — *dei balli latino-americani*.

re|vi|vi|scèn|za *s.f.* (*raro*) ripresa delle attività vitali; risveglio | (*fig.*) ritorno in auge; attualizzazione: — *di una moda*; — *di un sentimento*.

rè|vo|ca *s.f.* atto con cui si revoca; annullamento: — *di una disposizione*.

re|vo|cà|bi|le *agg.* che può essere revocato.

re|vo|ca|bi|li|tà *s.f.* prerogativa di ciò che è revocabile; annullabilità: — *di una sentenza*.

re|vo|cà|re *v.tr.* [indic.pres. *io rèvoco, tu rèvochi*...] disdire, annullare: — *un provvedimento* | (*bur.*) privare dell'incarico; destituire: — *il segretario*.

re|vo|ca|tì|vo *agg.* che serve a revocare: *atto* —.

re|vo|ca|tò|rio *agg.* che riguarda la revoca | che richiede od ottiene una revoca: *azione revocatoria*.

revolver (*ingl.*) *s.m.invar.* rivoltella.

re|vol|ve|rà|ta *s.f.* colpo di revolver; rivoltellata.

re|vul|sió|ne o **rivulsióne** *s.f.* (*med.*) aumento dell'afflusso sanguigno nei tessuti superficiali, provocato con l'applicazione di farmaci revulsivi, al fine di decongestionare organi interni o di attivare processi reattivi.

re|vul|sì|vo o **rivulsivo** *agg., s.m.* (*med.*) si dice di farmaco che induce revulsione.

RH *s.m.invar.* (*biol.*) fattore antigene ereditario che può essere presente o assente sulla membrana dei globuli rossi nel sangue: — *positivo*.

rho o **ro** *s.m./f.invar.* nome della diciassettesima lettera dell'alfabeto greco, corrispondente alla *r* dell'alfabeto latino.

rhum *s.m.invar.* → **rum**.

rhythm and blues (*ingl.*) [pr. ritmendblùs] *loc. sost.m.invar., loc.agg.invar.* si dice di musica popolare afroamericana derivata dal jazz e poi sviluppatasi nel rock and roll.

ri- o **ra-, rin-** *pref.* [davanti a vocale *ri-* può ridursi a *r-*] si usa per formare verbi e loro derivati, esprimendo ripetizione (*riprovare*), ritorno a fasi precedenti in opposizione al presente (*riprendere*), intensità (*rinchiudere*) o conferendo un nuovo valore al verbo di derivazione (*riscaldare*).

ri|ab|brac|cià|re *v.tr.* [indic.pres. *io riabbraccio...*] abbracciare ancora una volta, spec. a distanza di molto tempo ♦ **-rsi** *rifl.rec.* tornare ad abbracciarsi dopo una separazione prolungata: — *dopo la liberazione.*

ri|a|bi|li|tàn|te *part.pres.* di riabilitare ♦ *agg.* di riabilitazione | che serve a riabilitare; riabilitativo: *cura —.*

ri|a|bi|li|tà|re *v.tr.* [indic.pres. *io riabìlito...*] **1** riportare alla funzionalità normale; rieducare: *terapia per — la parte* **2** (*dir.*) reintegrare nei diritti tolti per condanna: — *chi è stato condannato ingiustamente* **3** (*fig.*) restituire la stima messa in dubbio o perduta; redimere: *il suo comportamento lo riabilita* **4** (*tecn.*) rimettere in funzione; ripristinare: — *un macchinario* ♦ **-rsi** *rifl.* riacquistare la stima altrui; redimersi: — *con una retta condotta.*

ri|a|bi|li|ta|tì|vo *agg.* che serve a riabilitare; riabilitante.

ri|a|bi|li|ta|zió|ne *s.f.* **1** (*med.*) trattamento che mira a restituire la piena funzionalità **2** (*dir.*) reintegrazione dei diritti persi dopo una condanna pubblica **3** (*fig.*) riscatto, redenzione: *la piena — dalle infamie* **4** (*tecn.*) ripristino.

ri|a|bi|tu|à|re *v.tr.* [indic.pres. *io riabìtuo...*] abituare nuovamente ♦ **-rsi** *rifl.* riprendere abitudine, confidenza; riadattarsi: — *a lavorare;* — *alla vicinanza dei genitori.*

ri|ac|ca|dé|re *v.intr.* [con. come *cadere;* aus. *E*] accadere nuovamente.

ri|ac|cèn|de|re *v.tr.* [con. come *accendere*] (*anche fig.*) accendere un'altra volta: — *l'amore* ♦ **-rsi** *intr.pron.* (*anche fig.*) accendersi nuovamente: *si riaccese l'entusiasmo.*

ri|ac|ciuf|fà|re *v.tr.* catturare di nuovo; riacchiappare: *ti riacciufferanno presto.*

ri|ac|com|pa|gnà|re *v.tr.* [indic.pres. *io riaccompagno..., noi riaccompagniamo, voi riaccompagnate...*] accompagnare indietro, a propria volta o nuovamente: — *a casa qlcu.*

ri|ac|co|stà|re *v.tr.* [indic.pres. *io riaccòsto...*] accostare ancora; richiudere: — *i battenti* ♦ **-rsi** *rifl.* riavvicinarsi: *si riaccostò a lui per confidargli il segreto* ♦ *intr.pron.* (*fig.*) tornare ad accostarsi: — *alla politica.*

ri|ac|qui|stà|re *v.tr.* **1** comprare un'altra volta: *riacquisteremo questo cioccolato* **2** (*anche fig.*) recuperare ql.co. che si era perso: — *il buon umore.*

ri|a|cu|tiz|zà|re *v.tr.* acutizzare nuovamente: *lo sforzo riacutizza il fastidio* ♦ **-rsi** *intr.pron.* tornare acuto: *la rivalità si sta riacutizzando.*

ri|a|dat|tà|re *v.tr.* adattare nuovamente | sistemare, modificare per un uso differente: — *una giacca* ♦ **-rsi** *rifl., intr.pron.* adattarsi un'altra volta: — *alla vita in famiglia.*

ri|ad|dor|men|tà|re *v.tr.* [indic.pres. *io riaddorménto...*] addormentare nuovamente ♦ **-rsi** *intr.pron.* rimettersi a dormire dopo essersi svegliati: *si riaddormentò a fatica.*

ri|af|fac|cià|re *v.tr.* [indic.pres. *io riaffaccio...*] affacciare nuovamente: — *l'ipotesi* ♦ **-rsi** *rifl., intr.pron.* affacciarsi, apparire di nuovo: *la luna si riaffacciava dalle nuvole* | (*fig.*) ripresentarsi alla mente: *si riaffacciano antichi fantasmi.*

ri|af|fer|mà|re *v.tr.* [indic.pres. *io riaffèrmo...*] affermare nuovamente o con più forza: — *le proprie convinzioni* ♦ **-rsi** *rifl.* dare nuovamente prova delle proprie capacità, dei propri meriti: *si riaffermò come vero leader.*

ri|af|fio|rà|re *v.intr.* [indic.pres. *io riaffióro...*; aus. *E*] affiorare di nuovo | tornare in superficie: *è riaffiorato il cadavere* | tornare visibile con un restauro: *riaffiorarono antiche iscrizioni* | (*estens.*) tornare alla memoria.

ri|ag|gan|cià|re *v.tr.* [indic.pres. *io riaggancio...*] **1** agganciare nuovamente **2** (*assol.*) chiudere la comunicazione telefonica: *si prega di —* ♦ **-rsi** *intr.pron.* fare riferimento; riallacciarsi: — *al discorso iniziale* ♦ *rifl.* fissarsi ancora con un gancio: *l'alpinista si riagganciò prima di continuare la scalata.*

ri|al|lac|cià|re *v.tr.* [indic.pres. *io riallaccio...*] (*anche fig.*) allacciare di nuovo: — *i rapporti* ♦ **-rsi** *intr.pron.* (*spec.fig.*) tornare a collegarsi; ricongiungersi, riconnettersi: — *al passato.*

ri|al|li|nea|mén|to *s.m.* **1** nuovo allineamento di una schiera e sim. **2** (*econ.*) nuovo allineamento in un sistema di cambi fissi, dovuto alla svalutazione o rivalutazione di una delle monete.

ri|àl|to *s.m.* luogo rialzato rispetto al terreno circostante; rilievo.

ri|al|zà|re *v.tr.* **1** alzare un'altra volta: *rialzate la mano* **2** (*anche fig.*) sollevare dal basso, da una caduta: — *il paese dalla crisi* | (*fig.*) — **la testa**, ritrovare la speranza, il coraggio **3** accrescere in altezza: — *il sottotetto* **4** far aumentare: — *i prezzi* ♦ *intr.* [aus. *E*] salire in quantità: *la temperatura rialza* | costare di più; rincarare ♦ **-rsi** *rifl.* (*anche fig.*) rimettersi in piedi; sollevarsi: *il pugile si sta rialzando;* — *dalla sventura* ♦ *intr.pron.* **1** alzarsi nuovamente: *il vento si sta rialzando* **2** aumentare, crescere: *la febbre si è rialzata.*

ri|al|zà|to *part.pass.* di rialzare ♦ *agg.* sollevato dal suolo | *piano* —, in un edificio, quello di poco sopraelevato rispetto alla strada; mezzanino.

ri|al|zì|sta *s.m./f.* [m.pl. *-i*] (*fin.*) chi promuove il rialzo dei titoli in borsa.

ri|àl|zo *s.m.* **1** incremento: — *delle temperature* | aumento di prezzo; rincaro | (*fin.*) aumento di valore di un titolo | (*fin.*) **giocare al** —, comprare titoli di borsa per rivenderli a prezzo superiore; (*fig.*) avanzare richieste sempre più alte in una controversia | (*fig.*) **le quotazioni di qlcu. sono in** —, si dice riferendosi a chi sta guadagnando in reputazione o in potere **2** parte rialzata; sporgenza: *ripararsi dietro un* — **3** elemento aggiuntivo atto a rialzare: *il* — *del mobile.*

ri|a|mà|re v.tr. **1** ricambiare l'amore: *egli la ama riamato* **2** amare di nuovo.

ri|am|mét|te|re v.tr. [con. come *mettere*] riaccogliere dopo un allontanamento: — *nel gruppo*.

ri|am|mis|sió|ne s.f. atto con cui si riammette: — *dopo una sospensione*.

ri|an|dà|re v.intr. [con. come *andare*; aus. *E*] (anche fig.) ritornare: — *a quelle emozioni*.

ri|a|ni|mà|re v.tr. [indic.pres. *io riànimo*...] **1** far rinvenire: *lo rianimarono in ambulanza* **2** (fig.) ridare coraggio, speranza: *la vittoria li rianimò* ♦ **-rsi** intr.pron. **1** riprendere i sensi **2** (fig.) riprendere coraggio, speranza | tornare vivo e frequentato: *il lungolago si rianima la domenica*.

ri|a|ni|ma|zió|ne s.f. **1** restituzione di vitalità, energia, fiducia **2** (med.) complesso di interventi volti a ristabilire funzioni vitali in crisi.

ri|an|no|dà|re v.tr. [indic.pres. *io riannòdo*...] (anche fig.) annodare di nuovo: — *contatti utili*.

ri|a|per|tu|ra s.f. **1** (anche fig.) nuova apertura di ciò che si era chiuso: — *del credito* **2** ripresa di un'attività: — *delle scuole* | ritorno in condizioni di piena accessibilità: *la — dei locali ristrutturati* **3** (dir.) riavvio di un procedimento giudiziario.

ri|ap|pa|ci|fi|cà|re v.tr. → **rappacificare**.

ri|ap|pa|ri|re v.intr. [con. come *apparire*; aus. *E*] apparire nuovamente; ricomparire: — *in pubblico*.

ri|ap|pa|ri|zió|ne s.f. ricomparsa.

ri|ap|pro|priàr|si v.intr.pron. [indic.pres. *io mi riappròprio*...] riprendere ciò di cui si era stati privati: — *della sovranità*.

ri|ap|pro|pria|zió|ne s.f. atto con cui ci si riappropria.

ri|a|pri|re v.tr. [con. come *aprire*] **1** aprire nuovamente | (fig.) — *una ferita*, risvegliare un dolore **2** riprendere un'attività interrotta: — *gli studi* **3** rendere ancora accessibile al pubblico | — *una strada*, autorizzarne il transito dopo migliorie ♦ intr. [aus. *A*] riprendere l'attività: *l'istituto ha già riaperto* ♦ **-rsi** intr.pron. (anche fig.) aprirsi di nuovo | riprendere: *i lavori si riapriranno fra un'ora*.

ri|ar|mà|re v.tr. **1** armare di nuovo; rifornire di armi e mezzi **2** rimettere in condizioni efficienti | (mar.) rendere nuovamente adatto alla navigazione: — *il mercantile* **3** (edil.) dotare di nuova armatura di sostegno: — *la balconata* **4** ricaricare: — *la pistola* ♦ **-rsi** rifl. rifornirsi di armamenti.

ri|àr|mo s.m. complesso di attività destinate a rafforzare il potenziale bellico | aggiornamento e incremento degli armamenti: *il — delle grandi potenze*.

ri|àr|so agg. bruciato | arido, secco: *terreno —*.

ri|a|scol|tà|re v.tr. [indic.pres. *io riascólto*...] tornare ad ascoltare | ascoltare una registrazione.

ri|as|sa|po|rà|re v.tr. [indic.pres. *io riassapóro*...] (anche fig.) assaporare nuovamente: — *la vittoria*.

ri|as|se|stà|re v.tr. [indic.pres. *io riassèsto*...] (spec.fig.) rimettere in sesto, in ordine: — *le finanze* ♦ **-rsi** rifl. mettersi comodo ♦ intr.pron. **1** rimettersi in sesto, tornare a posto: *i rapporti si sono riassestati* **2** subire un nuovo assestamento: *il suolo si va riassestando*.

ri|as|set|tà|re v.tr. [indic.pres. *io riassètto*...] rimettere in assetto; riordinare: — *i cassetti* ♦ **-rsi** rifl. rimettere in ordine il proprio aspetto.

ri|as|sèt|to s.m. **1** intervento di riordino **2** nuovo ordinamento; riorganizzazione: — *del settore*.

ri|as|si|cu|ra|zió|ne s.f. (dir.) contratto con cui un assicuratore si garantisce presso un altro assicuratore per i rischi assunti nei confronti degli assicurati.

ri|as|sor|bi|mén|to s.m. (anche fig.) processo con cui si riassorbe: — *degli operai in esubero*.

ri|as|sor|bi|re v.tr. [indic.pres. *io riassòrbo* o *riassorbisco, tu riassòrbi* o *riassorbisci*...] **1** assorbire di nuovo o completamente: *la spugna ha riassorbito l'acqua* | (med.) far defluire nel sistema circolatorio liquidi organici o farmaci iniettati **2** (fig.) impegnare totalmente: *fu riassorbito dal lavoro* | reimpiegare: — *la manodopera* ♦ **-rsi** intr.pron. (raro) essere assorbito di nuovo o completamente: *l'alone si riassorbì* | (med.) defluire nel sistema circolatorio: *l'ematoma si riassorbirà*.

ri|as|sú|me|re v.tr. **1** condensare in breve; compendiare; ricapitolare | *riassumendo*, in conclusione **2** addossare di nuovo a sé; riprendere: — *la stessa funzione* **3** riprendere alle proprie dipendenze: — *il licenziato*.

ri|as|su|mi|bi|le agg. che può essere espresso in termini più concisi: — *per sommi capi*.

ri|as|sun|ti|vo agg. che riepiloga brevemente: *dossier —*.

ri|as|sun|to s.m. esposizione sintetica: — *in cento parole*.

ri|as|sun|zió|ne s.f. **1** riavvio di un rapporto lavorativo: — *dovuta alla ripresa economica* **2** ripresa su di sé: — *di responsabilità*.

ri|at|tac|cà|re v.tr. [indic.pres. *io riattacco, tu riattacchi*...] **1** attaccare nuovamente: — *un manifesto* **2** (assol., coll.) interrompere la comunicazione telefonica **3** (fam.) ricominciare: — *a ridere* | (assol.) riprendere il lavoro: *riattaccherò dopo il pranzo* **4** trasmettere nuovamente per contagio: *mi hanno riattaccato l'influenza* ♦ **-rsi** intr.pron. ricongiungersi: *i pezzi non si riattaccano*.

ri|at|tà|re v.tr. preparare per un nuovo uso: — *l'abito*.

ri|at|ti|và|re v.tr. rimettere in funzione; ridare efficienza: — *la linea*.

ri|at|ti|va|zió|ne s.f. operazione del riattivare; ripristino.

ri|at|tiz|zà|re v.tr. (anche fig.) attizzare nuovamente: — *le gelosie*.

ri|a|vé|re v.tr. [indic.pres. *io riò, tu riai, egli rià*..., *essi rianno*; nelle altre forme con. come *avere*] **1** ottenere di nuovo; recuperare, riacquistare: — *l'intera somma* | (assol.) **far —**, rianimare: *per farla — basta un po' d'acqua* **2** tornare a sentire: — *voglia* ♦ **-rsi** intr.pron. **1** tornare in forze, rinvigorirsi | riprendere i sensi | (*fig.*) riprendere coraggio; reagire: *si riebbe dallo spavento* **2** superare difficoltà economiche.

ri|av|vi|ci|na|men|to *s.m.* **1** movimento che riporta a una distanza inferiore **2** (*fig.*) ripresa del dialogo; riconciliazione: *un — tra le parti*.

ri|av|vi|ci|na|re *v.tr.* avvicinare nuovamente | (*fig.*) riconciliare: *— i litiganti* ♦ **-rsi** *rifl.* tornare vicino; riaccostarsi: *— alla fede* ♦ *rifl.rec.* **1** tornare più vicini l'un l'altro **2** (*fig.*) riprendere il dialogo; riconciliarsi: *i due Stati si stanno riavvicinando*.

ri|av|vòl|ge|re *v.tr.* [con. come *volgere*] **1** avvolgere di nuovo: *— il gomitolo* **2** coprire di nuovo con panni: *riavvolse il cucciolo nella coperta* ♦ **-rsi** *rifl., intr.pron.* tornare ad avvolgersi: *si riavvolse nel mantello prima di scomparire*; *il nastro della cassetta si sta riavvolgendo*.

ri|ba|dì|re *v.tr.* [indic.pres. *io ribadìsco, tu ribadìsci*...] **1** piegare e ribattere la punta sporgente di un chiodo conficcato | (*sport*) *— in rete*, nel calcio, segnare dopo una respinta dei difensori **2** (*fig.*) riaffermare, confermare, eventualmente avanzando ulteriori ragioni: *— le perplessità*.

ri|ba|di|tù|ra *s.f.* **1** azione con cui si ribadisce **2** parte ribadita del chiodo.

ri|bal|de|rì|a *s.f.* caratteristica di chi è ribaldo; furfanteria | gesto da ribaldo; scelleratezza: *pagherai questa —!*

ri|bàl|do *s.m.* (*anche scherz.*) delinquente; mascalzone ♦ *agg.* **1** da furfante: *comportamento —* **2** (*estens.*) sfrontato.

ri|bal|ta *s.f.* **1** piano o sportello imperniato orizzontalmente che si può alzare o abbassare | *a —*, si dice di mobile con piano ribaltabile **2** (*teat.*) asse che un tempo veniva fatto ruotare su perni per oscurare le luci del proscenio | (*estens.*) proscenio | (*fig.*) *luci della —*, l'attività teatrale | *alla —*, (*teat.*) sul proscenio, di fronte al pubblico; *chiamare il protagonista alla —*; (*fig.*) si dice di persona che in un dato momento gode di fama: *un artista alla —*; al successo, in primo piano: *tornare alla —*.

ri|bal|tà|bi|le *agg.* che può essere ribaltato ♦ *s.m.* (*auto.*) cassone di autocarro che si inclina per scaricare il carico.

ri|bal|ta|mén|to *s.m.* rovesciamento, capovolgimento.

ri|bal|tà|re *v.tr.* **1** capovolgere, mandare sottosopra | portare in posizione diversa da quella normale: *— il sedile* **2** (*fig.*) modificare radicalmente, spec. in senso opposto: *— il risultato* ♦ *intr.* [aus. *E*], **-rsi** *intr.pron.* (*anche fig.*) finire sottosopra; capovolgersi: *la situazione si ribaltò*.

ri|bal|tì|na *s.f.* **1** scrittoio provvisto di piano ribaltabile **2** aletta della copertina: *— del libro*.

ri|bal|tó|ne *s.m.* **1** (*coll.*) improvviso capovolgimento di veicolo **2** (*fig.*) grave dissesto | radicale mutamento di equilibri: *— politico*.

ri|bas|sà|re *v.tr.* (*econ.*) ridurre di valore, di prezzo: *— il biglietto* ♦ *intr.* [aus. *E*] diminuire di valore, di prezzo: *il dollaro sta ribassando*.

ri|bas|sì|sta *s.m./f.* [m.pl. *-i*] (*fin.*) chi promuove il ribasso dei titoli in borsa.

ri|bàs|so *s.m.* **1** diminuzione, decremento | calo di prezzo: *— dopo le feste* | *essere in —*, scendere di prezzo; (*fig.*) perdere prestigio, autorità e sim.: *quell'opinione è in —* **2** (*fin.*) riduzione di valore di un titolo | *giocare al —*, vendere un titolo borsistico in previsione di una diminuzione del suo valore.

ri|bàt|te|re *v.tr.* **1** (*anche assol.*) battere nuovamente o più volte **2** riscrivere a macchina: *— un'altra copia* **3** (*spec. sport*) battere di rimando, respingere: *— il tiro* **4** (*fig.*) contraddire, confutare: *— le accuse* | (*assol.*) replicare, rimbeccare: *obbedì senza —* **5** ribadire: *— il chiodo* | *— una cucitura*, rinforzarla ♦ *intr.* [aus. *A*] (*fig.*) insistere: *ribatte sempre sulle stesse cose*.

ri|bat|tez|zà|re *v.tr.* [indic.pres. *io ribattézzo*...] **1** amministrare nuovamente il sacramento del battesimo **2** chiamare con un altro nome: *— una strada*.

ri|bat|tì|no *s.m.* piccolo chiodo che unisce due lamiere tramite ribaditura a freddo.

ri|bat|tù|ta *s.f.* **1** azione con cui si batte di nuovo o più volte **2** (*sport*) rinvio della palla; respinta **3** (*giorn.*) intervento effettuato sul giornale in stampa per inserire notizie dell'ultima ora **4** (*st., mus.*) abbellimento vocale simile a un trillo, in cui si alternano due note che vanno man mano avvicinandosi.

ri|bè|ca *s.f.* (*mus.*) strumento ad arco con tre corde, suonato dai menestrelli medievali.

ri|bel|làr|si *v.intr.pron.* [indic.pres. *io mi ribèllo*...] **1** sollevarsi contro l'autorità; insorgere: *il popolo si ribella* **2** (*estens.*) opporsi risolutamente; rifiutare di sottomettersi: *— al perbenismo* | dissentire aspramente; rivoltarsi: *la sua coscienza si ribellava*.

ri|bèl|le *agg.* **1** che insorge: *città —* **2** (*estens.*) insofferente alle costrizioni; indocile: *carattere —* **3** (*fig.*) resistente a ogni cura, trattamento: *malattia —* ♦ *s.m./f.* chi si ribella: *combattere i ribelli*.

ri|bel|lió|ne *s.f.* **1** rivolta contro l'autorità; insurrezione **2** (*estens.*) resistenza alle imposizioni | atteggiamento di protesta | insofferenza: *— morale contro la corruzione*.

ri|bel|lì|smo *s.m.* tendenza a ribellarsi | atteggiamento protestatario: *il — degli universitari*.

Rì|bes *s.m.invar.* **1** genere di piante di bosco con frutti a grappolo, che, in alcune specie, sono commestibili **2** il frutto commestibile di tali piante, costituito da una bacca nera o rossa dal sapore acidulo: *sciroppo di ribes*.

ri|bò|bo|lo *s.m.* **1** (*region.*) motto popolare colorito **2** idiotismo toscano usato nella scrittura.

ri|bol|li|mén|to *s.m.* (*anche fig.*) condizione di ciò che ribolle: *— del mosto*; *— di emozioni*.

ri|bol|lì|o *s.m.* (*anche fig.*) ribollimento continuo **2** rumore di liquido in ebollizione | gorgolio di liquido che spumeggia: *il — dell'acqua alla chiusa*.

ri|bol|lì|re *v.intr.* [con. come *bollire*; aus. *A*] **1** bollire nuovamente **2** bollire intensamente: *la*

ribollita

lava ribolle | (*estens.*) fermentare **3** (*anche fig.*) manifestarsi in modo tumultuoso; agitarsi, accavallarsi: *il — delle onde; le idee gli ribollivano nella testa* **4** (*fig.*) essere sconvolto da una passione: *— d'ira* ♦ *tr.* bollire una seconda volta: *— l'acqua*.

ri|bol|li|ta *s.f.* (*gastr.*) zuppa di verdure, tipica della Toscana, che si versa sul pane condito con olio, pepe e sale.

ri|bol|lì|tù|ra *s.f.* operazione del far bollire di nuovo | quello che viene ribollito.

ri|bo|nu|clèi|co *agg.* [m.pl. *-ci*] (*chim.*, *biol.*) detto dell'acido organico più noto come RNA.

ri|bò|sio *s.m.* (*chim.*, *biol.*) zucchero con cinque atomi di carbonio che si trova nell'acido ribonucleico.

ri|bo|sò|ma *s.m.* [pl. *-i*] (*biol.*) organello che nel citoplasma controlla la sintesi proteica.

ri|bréz|zo *s.m.* intensa ripugnanza; schifo: *crimine che suscita —*.

ri|but|tàn|te *part.pres.* di ributtare ♦ *agg.* che suscita repulsione; repellente: *scena —*.

ri|but|tà|re *v.tr.* **1** buttare, gettare di nuovo **2** espellere: *lo scolo ributta liquami fetidi* | vomitare: *— la colazione* **3** (*fig.*) restituire: *il mare ha ributtato i corpi dei naufraghi* **4** respingere: *— le critiche* ♦ *intr.* [aus. *A*] **1** (*bot.*) riprendere a germogliare: *le piantine ributteranno presto* **2** (*fig.*) suscitare ribrezzo; ripugnare: *la tua faccia mi ributta* ♦ **-rsi** *rifl.* (*anche fig.*) buttarsi di nuovo: *— nell'impresa*.

ri|cac|cià|re *v.tr.* [indic.pres. *io ricaccio*...] **1** mandare via nuovamente: *— dal lavoro* **2** respingere con la forza: *— l'invasore* **3** far tornare indietro | *— in gola*, (*a se stessi*) trattenere a stento: *— le lacrime in gola*; (*a qlcu.*) costringere a ritrattare insulti e sim.: *gli ricacciò in gola l'ingiuria* **4** ficcare di nuovo; rimettere: *— tutto nella scatola* **5** (*gerg.*) restituire: *devi — ciò che hai rubato* ♦ *intr.* [aus. *A*] (*bot.*) riprendere a germogliare ♦ **-rsi** *rifl.* (*anche fig.*) cacciarsi dentro di nuovo: *— nei guai*.

ri|ca|dé|re *v.intr.* [con. come *cadere*; aus. *E*] **1** (*anche fig.*) cadere nuovamente; ricascare: *— nel peccato* **2** (*fig.*) di acconciature, abiti e sim., pendere: *il velo ricadeva sul fianco* **3** tornare a terra, dopo essere stato lanciato in alto: *il giavellotto ricadde di punta* **4** (*fig.*) gravare: *la colpa ricadrà su di lui*.

ri|ca|dù|ta *s.f.* **1** caduta di ciò che era salito: *— a terra del proiettile* | *— radioattiva*, pioggia di polveri radioattive in seguito a un'esplosione nucleare; fall out **2** (*fig.*) conseguenza indiretta: *privo di ricadute dannose* **3** (*med.*) ripresa di una malattia che pareva guarita.

ri|cal|cà|re *v.tr.* [indic.pres. *io ricalco, tu ricalchi*...] **1** tornare a calcare | (*fig.*) *— le orme di qlcu.*, prenderlo a esempio | ricopiare facendo un ricalco **3** (*fig.*) seguire fedelmente; imitare: *la sua carriera ricalca quella paterna*.

ri|cal|ca|tó|io *s.m.* (*metall.*) strumento, spec. a forma di pestello, utilizzato per le operazioni di formatura.

ri|cal|ca|tù|ra *s.f.* **1** atto del ricalcare | copia ottenuta tramite ricalco **2** (*metall.*) operazione con cui il pezzo viene premuto nel senso della lunghezza per ottenere un rigonfiamento.

ri|cal|ci|fi|cà|re *v.tr.* [indic.pres. *io ricalcifico, tu ricalcifichi*...] (*anche med.*) arricchire di calcio in caso di carenza ♦ **-rsi** *intr.pron.* tornare alla giusta quantità di calcio.

ri|cal|ci|fi|ca|zió|ne *s.f.* processo che ricalcifica, con cui si torna alla giusta quantità di calcio.

ri|cal|ci|trà|re *v.intr. e deriv.* → **recalcitrare** *e deriv.*

ri|càl|co *s.m.* [pl. *-chi*] operazione del ricalcare | copia di disegno, ottenuta spec. su lucido o con carta carbone.

ri|ca|mà|re *v.tr.* **1** (*anche assol.*) decorare un tessuto, usando ago e filo: *passava ore a —* **2** (*fig.*) rifinire all'eccesso: *— ogni periodo* **3** (*spreg., anche assol.*) colorire con dettagli di fantasia: *non è il caso di — sulla tragedia*.

ri|ca|ma|tó|re *s.m.* [f. *-trice*] **1** chi ricama, spec. per professione **2** (*fig.*) chi dedica rifiniture eccessive all'opera: *un — di rime*.

ri|cam|bià|re *v.tr.* [indic.pres. *io ricambio*...] **1** contraccambiare: *— l'offesa* **2** cambiare un'altra volta: *— abitudini* ♦ *intr.* [aus. *E*] mutare di nuovo: *la situazione è ricambiata* ♦ **-rsi** *rifl.rec.* scambiarsi: *— gli auguri*.

ri|càm|bio *s.m.* **1** atto del ricambiare una cortesia o un gesto d'affetto **2** cambio, sostituzione: *— dell'acqua* | (*fig.*) avvicendamento; rinnovamento: *— generazionale* | *di —*, di scorta: *giacca di —*; da sostituzione o riparazione **3** (*ell., spec. auto.*) pezzo di ricambio: *— originale* | cartuccia con inchiostro: *— per la stilografica* **4** (*fisiol., med.*) il complesso delle trasformazioni chimiche che nell'organismo assicurano la conservazione, l'attività e il rinnovamento dei tessuti; metabolismo | **malattie del** *—*, quelle legate al ciclo delle sostanze che non vengono metabolizzate.

ri|cà|mo *s.m.* **1** attività, arte del ricamare: *corso di —* **2** decorazione eseguita ad ago su un tessuto: *un — a fiori* **3** (*estens., fig.*) lavoro d'arte molto raffinato **4** (*pl.*) dettagli inventati per arricchire un racconto.

ri|can|di|dà|re *v.tr.* [indic.pres. *io ricàndido*...] ripresentare come candidato ♦ **-rsi** *rifl.* ripresentarsi, riproporsi come candidato: *— in un altro collegio*.

ri|ca|pi|ta|liz|zà|re *v.tr.* **1** (*fin.*) aumentare o reintegrare il capitale di un'azienda, con nuovi conferimenti, accantonamenti ecc. **2** (*econ.*) incrementare il capitale con gli interessi maturati.

ri|ca|pi|ta|liz|za|zió|ne *s.f.* (*econ., fin.*) operazione volta ad aumentare o reintegrare il capitale.

ri|ca|pi|to|là|re *v.tr.* [indic.pres. *io ricapìtolo*...] riassumere per sommi capi; riepilogare: *— i punti chiave*.

ri|ca|pi|to|la|zió|ne *s.f.* riepilogo: *— conclusiva*.

ri|cà|ri|ca *s.f.* **1** operazione effettuata per ricaricare: *la — dell'arma* | dispositivo che permette di

ricaricare: *la* — *della sveglia* **2** cartuccia sostitutiva; ricambio: — *dell'accendino*; — *della biro*.
ri|ca|ri|cà|bi|le *agg.* che si può ricaricare: *pila* —
♦ *s.f.* scheda per telefono cellulare con credito limitato ma reintegrabile: *passare dall'abbonamento alla* —.
ri|ca|ri|cà|re *v.tr.* [indic.pres. *io ricàrico, tu ricàrichi...*] **1** gravare nuovamente di un carico: *a ogni tappa ricaricavano i muli* | rimettere sopra come carico: — *la merce sul camion* **2** rinnovare la carica, una volta esaurita: — *la pistola, la biro* | (*fig.*) dare nuova energia: *la vittoria li ricaricò* **3** (*comm.*) addebitare a chi compra il margine lordo di chi vende ♦ **-rsi** *rifl., intr.pron.* (*anche fig.*) caricarsi nuovamente: *la batteria si sta ricaricando*.
ri|cà|ri|co *s.m.* [pl. *-chi*] **1** (*comm.*) incremento percentuale del costo di un bene, necessario al venditore per coprire le spese sostenute e ottenere un guadagno: *praticare un* — *eccessivo* **2** (*edil.*) manutenzione di opere murarie.
ri|ca|scà|re *v.intr.* [indic.pres. *io ricasco, tu ricaschi...*; aus. *E*] (*fam., anche fig.*) cascare un'altra volta; ricadere: *ricaschi sempre negli stessi errori*.
ri|cat|tà|bi|le *agg.* che può essere ricattato.
ri|cat|tà|re *v.tr.* obbligare a una determinata azione, spec. a pagamento, con la minaccia di procurare danno, spec. con rivelazioni compromettenti: — *un marito infedele* | (*estens., scherz.*) fare oggetto di una richiesta che non si possa rifiutare.
ri|cat|ta|tó|re *s.m.* [f. *-trice*] chi ricatta.
ri|cat|ta|tò|rio *agg.* di ricatto | che serve a ricattare: *logica ricattatoria*.
ri|càt|to *s.m.* richiesta di denaro e sim. sotto la minaccia di procurare danno | (*estens.*) richiesta che non lascia alternative: *usate l'affetto come arma di* —.
ri|ca|và|bi|le *agg.* che può essere ricavato.
ri|ca|và|re *v.tr.* **1** cavare fuori, trarre: — *molto petrolio dalla regione* | ottenere mediante una trasformazione: *dall'uva ricaviamo il vino* **2** dedurre, desumere: — *dai dati disponibili* **3** ottenere un ricavo; guadagnare: — *meno soldi del previsto* **4** (*fig.*) raggiungere un risultato, un effetto spec. positivo: *ho ricavato soddisfazione dalla sua vittoria*.
ri|ca|và|to *s.m.* **1** denaro che si ottiene da un'operazione commerciale **2** (*fig.*) frutto, risultato: *il* — *dei nostri sforzi*.
ri|cà|vo *s.m.* **1** corrispettivo della vendita di beni o servizi: — *unitario* **2** (*estens., fig.*) guadagno, utilità.
ric|chéz|za *s.f.* **1** possesso di molti beni materiali; condizione di chi è ricco: *la* — *non è tutto* | (*fig.*) grande quantità di risorse intellettuali, morali ecc.: — *di spirito* **2** (*econ.*) ogni bene che può fruttare un guadagno; risorsa | complesso di tali beni **3** (*estens.*) ciò che si ha e che si ritiene molto caro: *la mia* — *è la famiglia* **4** patrimonio naturale o spirituale di un ambiente: — *faunistica* **5** (*anche fig.*) abbondanza: — *di fiori nel giardino*.

ric|chió|ne *s.m.* (*volg.*) omosessuale, gay.
ric|cia|rèl|lo *s.m.* dolce senese preparato con la pasta di mandorle, a forma di losanga.
ric|cio[1] *s.m.* **1** ciocca di capelli o peli che si arrotolano in una voluta: *un* — *sulla fronte* **2** (*estens.*) cosa che ricorda un riccio di capelli; oggetto a spirale: *un* — *di spuma*; — *di burro* | — *di legno*, truciolo ♦ *agg.* [f.pl. *-ce*] **1** avvolto su se stesso in una piccola voluta: *capello* — | ricciuto **2** (*estens.*) ondulato, increspato: *foglia riccia*.
ric|cio[2] *s.m.* **1** mammifero col dorso rivestito di aculei che si arrotola a palla quando è in pericolo; porcospino | (*fig.*) ***chiudersi a*** —, trincerarsi in un silenzio impenetrabile **2** — *di mare*, echinoderma marino commestibile, coperto di aculei **3** involucro spinoso delle castagne.
ric|ciò|la *s.f.* pesce marino bruno argenteo, privo di squame e dalle carni pregiate.
ric|ciò|lo *s.m.* (*pop.*) riccio di capelli; boccolo.
ric|cio|lù|to *agg.* che ha capelli ricci: *capo* —.
ric|ciù|to *agg.* **1** che ha la capigliatura riccia: *ragazza ricciuta* **2** riccio, arricciato: *barba ricciuta* | crespo; increspato: *insalata ricciuta*.
ríc|co *agg.* [m.pl. *-chi*] **1** che possiede molti beni | economicamente prospero: *regioni ricche* **2** abbondantemente fornito: *sei* — *d'ingegno*; *giorno* — *di sorprese* | pieno di dettagli, decorazioni e sim.: *un* — *intaglio*; *drappeggio* — **3** che dona ricchezza; lucroso: *un* — *affare* | che produce frutti; fertile: *terra ricca* | ***vegetazione ricca***, vegetazione rigogliosa **4** che esibisce ricchezza; lussuoso: *una ricca veste* | prezioso: *un* — *monile* **5** ingente: *un* — *contributo* ♦ *s.m.* [f. *-a*] proprietario di molti beni economici □ **riccamente** *avv.* **1** da ricco: *vivere* — | (*estens.*) con grande lusso: — *vestito* **2** con abbondanza, con dovizia: *testo* — *commentato*.
ric|cò|me|tro *s.m.* (*giorn.*) sistema per determinare se il reddito di un contribuente sia tale da farlo accedere a determinate agevolazioni statali.
ri|cér|ca *s.f.* **1** attività che mira a trovare, reperire, individuare ql.co., qlcu.: *alla* — *di finanziamenti*; *sono scattate le ricerche* **2** indagine sistematica finalizzata ad accrescere date conoscenze: — *linguistica* | l'insieme di tali indagini come attività complessiva: *finanziare la* — | — ***di mercato***, analisi statistica sui trend commerciali per razionalizzare l'offerta | — ***di marketing***, studio delle possibilità di vendita di un prodotto.
ri|cer|cà|re *v.tr.* [indic.pres. *io ricérco, tu ricérchi...*] **1** cercare nuovamente **2** cercare a fondo: — *i rapitori* **3** indagare per sviluppare date conoscenze: — *la verità* **4** desiderare | perseguire: — *la serenità*.
ri|cer|ca|téz|za *s.f.* **1** caratteristica di ciò che è molto raffinato **2** (*spec.pl.*) ostentazione di eleganza: *evitare inutili ricercatezze*.
ri|cer|cà|to *part.pass.* di ricercare ♦ *agg.* **1** che è oggetto di ricerca, di indagini: *la polizia arrestò la persona ricercata* **2** richiesto per le sue doti; apprezzato: *prodotto* — **3** che mostra ricercatezza: — *nel parlare* | raffinato: *linguaggio* — |

(spreg.) affettato; artificioso: *lavorazione troppo ricercata* ♦ *s.m.* [f. *-a*] persona cercata dalla polizia in relazione a un crimine: *arresto del —* □ **ri|cer|ca|ta|men|te** *avv.* con ricercatezza.

ri|cer|ca|tó|re *s.m.* [f. *-trice*] chi svolge ricerche scientifiche | chi occupa il ruolo iniziale della carriera accademica in Italia.

ri|ce|tra|smet|ti|tó|re *agg.*, *s.m.* [f. *-trice*] (*telecom.*) detto di apparecchio che può trasmettere e ricevere segnali, spec. radiofonici.

ri|ce|tra|smit|tèn|te *agg.*, *s.f.* (*telecom.*) si dice di apparecchio ricetrasmettitore.

ri|cèt|ta *s.f.* 1 prescrizione del medico 2 (*fig.*) rimedio; espediente; accorgimento: *una — per la serenità* 3 indicazione degli ingredienti e delle operazioni per preparare una vivanda: *provare una nuova — per lo spezzatino.*

ri|cet|tà|co|lo *s.m.* 1 spazio in cui si raccoglie ql.co.: *— di polvere* | (*fig.*) ambiente frequentato da gente poco raccomandabile: *un — di ubriaconi* 2 (*bot.*) parte del fiore dove si innestano pistilli, sepali, petali e stami.

ri|cet|tà|rio *s.m.* 1 blocchetto per ricette mediche 2 raccolta di ricette gastronomiche.

ri|cet|ta|tó|re *s.m.* [f. *-trice*] (*dir.*) chi commette, spec. in modo abituale, il reato di ricettazione.

ri|cet|ta|zió|ne *s.f.* (*dir.*) reato di chi per profitto acquista, riceve od occulta denaro, cose provenienti da un delitto.

ri|cet|ti|vi|tà o **recettività** *s.f.* 1 capacità di imparare 2 (*med.*) attitudine a contrarre un'infezione 3 capacità di una località di accogliere turisti.

ri|cet|ti|vo o **recettivo** *agg.* 1 che è in grado di recepire e assimilare stimoli: *spirito —* | (*estens.*) che impara facilmente: *allievo —* 2 (*med.*) esposto al contagio: *organismo —* 3 relativo all'accoglienza di persone, spec. turisti: *strutture ricettive* □ **ricettivamente** *avv.*

ri|cèt|to *s.m.* rifugio, ricovero | *dare —*, ospitare, accogliere.

ri|ce|vèn|te *part.pres.* di ricevere ♦ *agg.* 1 che riceve 2 (*telecom.*) che serve a ricevere segnali elettromagnetici ♦ *s.m.*/*f.* 1 (*bur.*) chi riceve; destinatario: *firma del —* 2 (*ling.*) chi, nel processo comunicativo, riceve e decodifica il messaggio.

ri|cé|ve|re *v.tr.* [indic.pres. *io ricevo*...] 1 prendere, accettare o subire ciò che è dato o fatto da altri: *— regali, un'offesa* 2 trarre: *— beneficio* 3 prendere in sé: *— aria dalla finestrella* | contenere: *la struttura può — trecento persone* 4 accogliere chi viene in visita: *— gli invitati* | ammettere in un gruppo 5 (*telecom.*) raccogliere segnali; captare: *— via radio* 6 (*sport*) prendere la palla lanciata da un avversario o da un compagno.

ri|ce|vi|mén|to *s.m.* 1 l'atto di ricevere; accettazione: *— del materiale* 2 (*bur.*) ammissione a un colloquio: *— docenti* 3 (*raro*) accoglienza solenne: *il — del ministro* | ammissione di un nuovo membro 4 trattenimento con vari invitati: *— di gala.*

ri|ce|vi|tó|re *agg.* [f. *-trice*] che riceve ♦ *s.m.* [anche f.] (*bur.*) chi riscuote denaro per conto d'altri: *— del totocalcio* 2 (*telecom.*) apparecchio ricevente | *— **telefonico***, apparecchio che converte gli impulsi elettrici ricevuti via cavo in vibrazioni sonore 3 (*sport*) giocatore di baseball che riceve il tiro del lanciatore.

ri|ce|vi|to|rì|a *s.f.* (*bur.*) sede in cui un ricevitore effettua le riscossioni | *— del lotto*, botteghino che accetta le giocate.

ri|ce|vù|ta *s.f.* scritto con cui si attesta di aver ricevuto ql.co.: *emettere una —* | *— di ritorno*, tagliando allegato a una lettera raccomandata che viene firmato dal destinatario per tornare al mittente come prova dell'avvenuta consegna.

ri|ce|zió|ne *s.f.* 1 atto del ricevere 2 (*telecom.*) processo con cui un segnale elettromagnetico viene ricevuto 3 (*sport*) nella pallavolo, tocco con cui si risponde alla battuta o alla schiacciata avversaria 4 (*fig.*) assorbimento di elementi culturali | accoglienza; successo: *la — italiana del libro.*

ri|chia|mà|re *v.tr.* 1 (*anche assol.*) chiamare nuovamente: *prova a — più tardi* | (*mil.*) *— alle armi*, arruolare di nuovo dopo il compimento del servizio militare 2 (*anche fig.*) invitare a tornare: *— alla realtà* | ritirare: *— i soldati* | (*fig.*) *— all'ordine, all'obbedienza*, sollecitare il rispetto delle regole e sim. 3 rimproverare: *— i distratti* 4 far accorrere: *— un folto pubblico* | attirare: *— l'attenzione* 5 ricordare; citare: *— una massima* ♦ **-rsi** *intr.pron.* fare riferimento; rifarsi: *— alla consuetudine.*

ri|chia|mà|to *part.pass.* di richiamare ♦ *agg.*, *s.m.* [f. *-a*] detto di chi è nuovamente chiamato sotto le armi.

ri|chià|mo *s.m.* 1 (*anche fig.*) atto che riporta a un determinato stato: *— alla concretezza* 2 sollecitazione a far ritorno: *il — dell'esercito* | (*fig.*) *— all'ordine* | ammonimento: *— ufficiale* | gesto e sim. volti a richiamare l'attenzione: *il — della sentinella* | (*estens.*) allettamento, attrazione: *il — dei soldi* 4 riferimento: *— alla legge* | in un testo, rinvio a un altro punto o a un altro testo: *segno di —* 5 (*zool.*) verso emesso per comunicare con altri membri della propria specie | nella caccia, strumento che produce suoni simili al verso dell'animale che si vuole catturare o colpire 6 (*med.*) vaccinazione che rinnova l'immunizzazione a distanza di tempo: *iniezione di —.*

ri|chie|dèn|te *s.m.*/*f.* (*bur.*) chi avanza una richiesta di documentazione, autorizzazione ecc.

ri|chiè|de|re *v.tr.* [con. come *chiedere*] 1 chiedere nuovamente | chiedere con decisione o con urgenza: *— assistenza* | reclamare: *— giustizia* 2 chiedere per acquistare: *molti richiedono quell'articolo* 3 domandare per informazioni: *— indicazioni* 4 chiedere in restituzione: *— il materiale dopo la festa* 5 (*bur.*) avanzare una richiesta: *— un visto* 6 necessitare; esigere: *l'impresa richiede nervi saldi.*

ri|chiè|sta *s.f.* 1 atto con cui si richiede; domanda: *— di assunzione* | *a —*, che si verifica solo se viene espressamente chiesto: *fermata a — | a — di qlcu.*, in seguito alla domanda di qlcu. **2** quanto viene richiesto come compenso per una prestazione o come prezzo per una merce: *la sua sarà valutata dal capufficio* **3** (*bur.*) domanda scritta con la quale viene chiesto il rilascio di documenti o l'autorizzazione per ql.co. | il modulo per presentare tale domanda: *— in carta semplice* **4** (*comm.*) domanda di beni o servizi: *forte — di baby-sitter.*

ri|chié|sto *part.pass. di* richiedere ♦ *agg.* **1** che viene cercato e acquistato da molti; ricercato; apprezzato: *servizio molto —* **2** che conviene; adatto: *il candidato ha i requisiti richiesti.*

ri|chiù|de|re *v.tr.* [con. come *chiudere*] **1** chiudere nuovamente: *ha richiuso le palpebre* | riportare all'originario o consueto stato di chiusura: *— la bottiglia, la camicia, il quaderno* **2** riporre nuovamente in un luogo protetto: *richiudi il portafoglio in borsa!* ♦ **-rsi** *rifl.* (anche *fig.*) rinchiudersi, rifugiarsi: *d'inverno si richiuse in casa; ora si richiude nei suoi pensieri* ♦ *intr.pron.* **1** chiudersi nuovamente: *la trappola si richiuse su di lui* **2** detto di ferita, rimarginarsi.

ri|ci|clà|bi|le *agg.* che può essere riciclato: *scoria —.*

ri|ci|cla|bi|li|tà *s.f.* condizione di ciò che si può riutilizzare, reimpiegare.

ri|ci|clàg|gio *s.m.* **1** (*tecn.*) ricupero di scarti e rifiuti in nuovi cicli produttivi: *— della plastica* | impiego di materiale sfruttato solo in parte **2** (*estens.*) riutilizzo, reimpiego; riqualificazione: *— di alcuni lavoratori* | (*fig.*) rimessa in circolazione | *— del denaro* (*sporco*), impiego in attività finanziarie legali del denaro ricavato da attività criminose.

ri|ci|clà|re *v.tr.* **1** (*tecn.*) impiegare più volte fino allo sfruttamento completo | di rifiuto, trasformare in materiale utilizzabile **2** (*estens.*) destinare ad altra mansione; riqualificare professionalmente: *— il personale di un'azienda* | (*iron.*) ripresentare sotto nuova veste: *— un politico* | (*fig.*) rimettere in circolazione: *— oggetti rubati* **3** (*coll.*) riutilizzare, riproporre: *— una storiella.*

ri|ci|cla|tó|re *s.m.* [f. *-trice*] chi si occupa di riciclare, spec. proventi illeciti.

ri|cì|no *s.m.* pianta erbacea o arbustiva con frutto grigio e grandi semi, dai quali si ricava un olio lassativo, impiegato anche in lavorazioni industriali.

ri|co|gni|tì|vo *agg.* **1** di ricognizione; esplorativo: *missione ricognitiva* | che serve a verificare **2** (*dir.*) che mira al riconoscimento; che esegue un riconoscimento: *atto —.*

ri|co|gni|tó|re *s.m.* (*mil.*) velivolo da ricognizione.

ri|co|gni|zió|ne *s.f.* **1** (*mil.*) azione terrestre, navale o aerea volta ad accertare entità e posizione delle truppe nemiche | (*estens.*) accertamento; esame: *una — completa* **2** (*dir.*) atto che accerta l'identità di qlcu. | riconoscimento dell'esistenza di una situazione giuridica: *— di un credito.*

ri|col|le|gà|re *v.tr.* [indic.pres. *io ricollégo, tu ricolléghi...*] **1** collegare nuovamente: *— i fili* **2** (*fig.*) stabilire un nesso, spec. tra eventi ♦ **-rsi** *intr.pron.* fare riferimento; connettersi, richiamarsi idealmente: *un episodio che si ricollega a più moventi* ♦ *rifl.* **1** ispirarsi, riallacciarsi: *mi ricollego a quanto già detto* **2** (*spec. radio, tv*) tornare in collegamento, in comunicazione: *si è ricollegato con la base* ♦ *rifl.rec.* stare in relazione reciproca: *molti dettagli si ricollegano.*

ri|col|mà|re *v.tr.* [indic.pres. *io ricólmo...*] **1** colmare nuovamente: *— una bottiglia* **2** (*spec.fig.*) colmare completamente, riempire, spec. di doni o dimostrazioni affettive: *— di premure.*

ri|cól|mo *agg.* **1** interamente riempito: *un cesto — di spighe* **2** (*fig.*) colmo, saturo: *— di attese.*

ri|co|min|cià|re *v.tr.* [indic.pres. *io ricomincio...*] (anche *assol.*) cominciare nuovamente; riprendere: *— la discussione; ha ricominciato a bere; si ricomincia dopo il pranzo* ♦ *intr.* [aus. *E, A*] **1** (anche *impers.*) iniziare di nuovo dopo una pausa; riprendere: *il film sta ricominciando; ricominciò a nevicare* **2** cominciare nuovamente: *è ricominciata la primavera.*

ri|com|pa|rì|re *v.intr.* [con. come *comparire*; aus. *E*] comparire nuovamente; riapparire: *è ricomparsa la luce.*

ri|com|pàr|sa *s.f.* nuova manifestazione; riapparizione: *la — del fenomeno* | **fare la propria —**, tornare: *ha fatto la sua — in pubblico.*

ri|com|pat|tà|re *v.tr.* rendere di nuovo compatto | (*fig.*) riunificare più elementi in un complesso omogeneo ♦ **-rsi** *intr.pron.* ritornare compatto | (*fig.*) riconsolidarsi come gruppo: *la squadra si ricompattò.*

ri|com|pèn|sa *s.f.* ciò che viene dato in cambio di favori o servizi, o per premiare un gesto meritevole | *— al valore*, onorificenza per chi abbia compiuto un atto civile o militare di grande coraggio.

ri|com|pen|sà|re *v.tr.* [indic.pres. *io ricompénso...*] rendere oggetto di una ricompensa; ripagare: *— in denaro.*

ri|com|pe|rà|re *v.tr.* → ricomprare.

ri|com|pór|re *v.tr.* [con. come *porre*] **1** comporre da capo: *— la relazione* **2** rimettere in ordine; ricostruire: *— i momenti di una vicenda* **3** rimettere assieme; riunire: *— i cocci* **4** (*fig.*) appianare; sanare: *— una lite* ♦ **-rsi** *rifl.* riprendere il controllo di sé: *— dopo la sfuriata* | recuperare un aspetto composto: *vada alla toilette a —!*

ri|com|po|si|zió|ne *s.f.* **1** operazione che serve a ricomporre, ricostruire: *— di un mosaico; — tipografica di un testo* **2** (*fig.*) ricostituzione: *— del partito* **3** (*fig.*) risoluzione, appianamento: *— dei conflitti.*

ri|com|prà|re o **ricomperàre** *v.tr.* [indic.pres. *io ricómpro...*] **1** comprare di nuovo ciò che si era in precedenza venduto: *— la casa di famiglia* **2** comprare un altro esemplare: *te l'ho rotto e te lo ricomprerò.*

ri|con|cè|de|re v.tr. [con. come *concedere*] concedere di nuovo; accordare.

ri|con|ci|lià|re v.tr. [indic.pres. *io riconcilio*...] **1** rimettere d'accordo, rappacificare: — *due nemici* **2** far riacquistare: *la costanza mi riconcilierà il suo rispetto* **3** stimolare, favorire: *questa musica riconcilia il sonno* ♦ **-rsi** *rifl.*, *rifl.rec.* tornare in armonia: — *dopo una separazione.*

ri|con|ci|lia|zió|ne s.f. ristabilimento di uno stato di armonia; rappacificazione.

ri|con|du|cì|bi|le agg. (spec.fig.) che può essere ricondotto, messo in relazione: *scelta — al bisogno.*

ri|con|dùr|re v.tr. [con. come *condurre*] **1** condurre nuovamente **2** riportare nel luogo di provenienza: *li hanno ricondotti al confine* | (*fig.*) riportare alla condizione precedente: — *alla ragione* **3** (*fig.*) far risalire, attribuire; riportare: — *l'evento al contesto.*

ri|con|fér|ma s.f. **1** prova ulteriore; rinnovata attestazione: *è una — dei miei sospetti* **2** rinnovo dell'incarico, del contratto e sim.: *ottenere la — fra i titolari.*

ri|con|fer|mà|re v.tr. [indic.pres. *io riconfermo*...] **1** confermare nuovamente: *ti riconfermo la mia presenza alla festa* **2** confermare nell'incarico ♦ **-rsi** *rifl.*, *intr.pron.* **1** dimostrarsi ancora una volta: *si riconferma il migliore* **2** dichiararsi di nuovo: *si riconfermò contrario.*

ri|con|for|tà|re v.tr. [indic.pres. *io riconfòrto*...] confortare nuovamente o maggiormente | (*estens.*) rincuorare, sollevare ♦ **-rsi** *rifl.* riprendere animo; risollevarsi: — *da una brutta esperienza.*

ri|con|giùn|ge|re v.tr. [con. come *giungere*] congiungere nuovamente: — *i lembi* ♦ **-rsi** *rifl.*, *rifl. rec.* congiungersi nuovamente; riunirsi: — *in un gruppo.*

ri|con|giun|gi|mén|to s.m. azione, movimento, processo che ricongiunge; riunione: — *coi parenti;* — *dei contributi previdenziali.*

ri|con|giun|zió|ne s.f. di cose, ricongiungimento: — *delle estremità.*

ri|con|nèt|te|re v.tr. [con. come *connettere*] **1** connettere un'altra volta; collegare meglio **2** (*fig.*) mettere in relazione; ricollegare: *bisogna — i due crimini* ♦ **-rsi** *intr.pron.* **1** connettersi nuovamente o meglio **2** far riferimento; ricollegarsi: — *all'intervento precedente.*

ri|co|no|scèn|te part.pres. di *riconoscere* ♦ agg. che prova o esprime riconoscenza; grato: *te ne sarò —.*

ri|co|no|scèn|za s.f. sentimento di gratitudine per un bene che si è ricevuto: *mostrare — verso il benefattore.*

ri|co|nó|sce|re v.tr. [con. come *conoscere*] **1** individuare ql.co. o qlcu. di noto: — *a prima vista* **2** conoscere davvero; distinguere: — *un diamante originale* | *farsi —*, fornire elementi per essere identificati; (*fig.*, *anche scherz.*) comportarsi in modo da essere giudicati negativamente **3** ammettere; confessare: — *lo sbaglio* **4** (*dir.*) accettare come legittimo: *non riconosco la vostra autorità* | approvare ufficialmente: — *un'associazione*, *un governo* | — **un figlio**, dichiararsene genitore naturale ♦ **-rsi** *rifl.* **1** confessarsi, dichiararsi; ammettere di essere: — *colpevole di ql.co.* **2** identificarsi: *non mi riconosco nel giudizio che hai di me* ♦ *rifl.rec.* individuare ciascuno l'identità dell'altro: *si sono incontrati e si sono riconosciuti.*

ri|co|no|scì|bi|le agg. che può essere riconosciuto; identificabile, individuabile: — *a occhio nudo.*

ri|co|no|sci|bi|li|tà s.f. condizione di quel che è riconoscibile; identificabilità.

ri|co|no|sci|mén|to s.m. **1** identificazione: — *dell'aggressore* **2** ammissione: — *di colpa* **3** accettazione: — *dell'autorità* | (*dir.*) dichiarazione ufficiale di paternità, maternità naturale **4** ricompensa; apprezzamento: *pubblico —.*

ri|con|quì|sta s.f. azione volta a riconquistare: *la — della città* | (*st.*, *per anton.*) serie di guerre condotte dagli spagnoli per cacciare gli arabi dalla penisola iberica (711-1492): *le leggende della Riconquista.*

ri|con|qui|stà|re v.tr. conquistare nuovamente combattendo: — *una regione* | (*anche fig.*) riacquistare ql.co. che era stato perduto: — *la fiducia in se stessi.*

ri|con|ségna s.f. **1** atto con cui si riconsegna; restituzione **2** cerimonia con la quale si consegna ql.co.: — *delle armi.*

ri|con|se|gnà|re v.tr. [indic.pres. *io riconségno*...*, noi riconsegniamo, voi riconsegnate*...] **1** consegnare nuovamente: *ti riconsegno l'elenco dei nominativi, non perderlo questa volta* **2** restituire, rendere: — *un oggetto smarrito;* — *quanto ci era stato affidato.*

ri|con|si|de|rà|re v.tr. [indic.pres. *io riconsidero*...] **1** considerare nuovamente | riesaminare con cura: *riconsidera l'offerta, potrebbe essere vantaggiosa* | valutare da un altro punto di vista: — *l'intera vicenda* **2** apprezzare, stimare di nuovo: *la critica lo ha riconsiderato per le sue ultime canzoni.*

ri|con|ver|sió|ne s.f. operazione volta a riconvertire | (*econ.*) trasformazione di un apparato industriale al fine di orientare diversamente la produzione: *la — della siderurgia italiana.*

ri|con|ver|tì|re v.tr. [con. come *convertire*] **1** convertire di nuovo | riportare su vecchie posizioni: — *al cattolicesimo* **2** (*econ.*) ristrutturare un sistema produttivo per svilupparne un altro ♦ **-rsi** *rifl.*, *intr.pron.* **1** convertirsi di nuovo; tornare a sostenere posizioni che si erano abbandonate: *si è riconvertito al liberismo* **2** (*econ.*) subire una ristrutturazione produttiva.

ri|con|vo|cà|re v.tr. [indic.pres. *io ricònvoco, tu ricònvochi*...] convocare nuovamente: — *la riunione.*

ri|co|pèr|to part.pass. di *ricoprire* ♦ agg. completamente coperto: *budino — di crema* | costellato; cosparso: *prato — di margherite* | placcato: *anello — d'oro* | dotato di copertina: *diario —* ♦ *s.m.* gelato rivestito da uno strato di cioccolato.

ri|co|per|tù|ra *s.f.* operazione di rivestimento: *la — del tetto* | ciò che ricopre: *una — poco solida*.

ri|co|pià|re *v.tr.* [indic.pres. *io ricòpio*...] **1** copiare nuovamente: *per punizione lo ricopierai cento volte* **2** mettere, riportare in bella copia **3** (*estens.*) assumere a modello ql.co. o qlcu.; riprodurre: *— la tecnica pittorica di un dipinto*.

ri|co|pia|tù|ra *s.f.* atto del ricopiare | nuova copiatura: *una — ben scritta*.

ri|co|prì|re *v.tr.* [con. come *coprire*] **1** coprire nuovamente | coprire con cura, spec. a scopo protettivo: *— i semi; — i mobili con l'olio* | di ql.co., ammantare per difendere, riparare: *la coperta ricopre il bambino che dorme* **2** rivestire: *— di cioccolato; — il divano* | riferito a metallo, placcare **3** occupare per l'intera superficie: *la neve ricoprì il pendio* | occultare, nascondere: *cercarono — lo scandalo* | (*fig.*) dissimulare **4** (*fig.*) colmare: *— di affetto* **5** (*fig.*) esercitare; occupare: *— importanti mansioni* ♦ **-rsi** *rifl.* rimettersi addosso i vestiti; ripararsi ♦ *intr.pron.* coprirsi nuovamente; rivestirsi: *il prato si ricopre di brina*.

ri|cor|dà|re *v.tr.* [indic.pres. *io ricòrdo*...] **1** aver presente nella memoria: *— i dettagli di un episodio* **2** richiamare alla memoria propria o altrui: *— a qlcu. un appuntamento* **3** (*estens.*) rassomigliare: *ricordi tua sorella nel modo di fare* **4** citare, menzionare | commemorare: *— i caduti* ♦ **-rsi** *intr.pron.* aver presente nel ricordo; richiamare alla memoria: *non mi ricordo di te*.

ri|cor|dì|no *s.m.* piccolo oggetto in ricordo di qlcu. o ql.co. **2** immaginetta accompagnata da una dedica con cui si ricordano ricorrenze religiose o cari defunti: *il — della comunione*.

ri|còr|do *s.m.* **1** recupero del passato nella memoria: *vivere nel — di qlcu.* **2** presenza nella memoria di persone o eventi: *il — di un'impresa gloriosa* **3** ciò che si ricorda: *ricordi indelebili; i ricordi della gioventù* **4** oggetto che rievoca la memoria di qlcu., di ql.co.: *— turistico; ricordi di famiglia* | (*spec.pl.*) testimonianza del passato; reperto: *i ricordi della civiltà greca* **5** (*estens.*) effetto, traccia di un evento: *questa tosse è un — della malattia*.

ri|cor|rèn|te *part.pres. di* ricorrere ♦ *agg.* che torna periodicamente, che si ripete: *esperienza —* | *motivo —*, tema frequente nella produzione di un artista, in un'opera, in un discorso e sim. | (*med.*) **febbre —**, febbre che riemerge a intervalli presentanti le stesse caratteristiche □ **ricorrentemente** *avv.*

ri|cor|rèn|za *s.f.* **1** periodica ricomparsa: *la — del disturbo* **2** (*estens.*) festività che torna ogni anno; anniversario.

ri|cór|re|re *v.intr.* [con. come *correre*; aus. *E*] **1** (*anche fig.*) correre indietro; riandare all'origine: *— con la memoria alla gioventù* **2** affidarsi, rivolgersi per aiuto e sim.: *— alla mappa, all'esperto* **3** servirsi di: *— ai metodi spicci* **4** (*dir.*) presentare ricorso a un'autorità amministrativa o giudiziaria: *— in appello* | **— in Cassazione**, impugnare una sentenza **5** (*assol.*) presentarsi frequentemente: *il segno ricorre in ogni pagina* **6** ripetersi periodicamente: *ieri ricorreva la festa del paese*.

ri|còr|so *s.m.* **1** utilizzo di cosa o persona per uno scopo, spec. per ricavarne un aiuto: *fare — a un trucco* **2** (*dir.*) richiesta di modifica o revoca di un provvedimento: *presentare —* in Cassazione | la domanda scritta contenente tale richiesta **3** (*lett.*) ripetizione di fatti nel tempo: *corsi e ricorsi storici*.

ri|co|sti|tu|èn|te *part.pres. di* ricostituire ♦ *agg.* che ridà vigore: *trattamento —* ♦ *s.m.* medicinale che cura l'affaticamento psichico e fisico.

ri|co|sti|tu|ì|re *v.tr.* [indic.pres. *io ricostituisco, tu ricostituisci*...] **1** costituire nuovamente: *l'alleanza* **2** (*fig.*) rinvigorire: *— il fisico prostrato* ♦ **-rsi** *intr.pron.* **1** tornare a costituirsi **2** (*fig.*) tornare in salute; ristabilirsi.

ri|co|sti|tu|zió|ne *s.f.* azione, operazione, processo con cui si ricostituisce; ricomposizione, ripristino: *la — del gruppo*.

ri|co|stru|ì|re *v.tr.* [indic.pres. *io ricostruisco, tu ricostruisci*...] **1** costruire nuovamente: *— il palazzo crollato* **2** riprodurre lo svolgimento di un fatto per mezzo di elementi noti o ipotesi: *— l'evasione* **3** in filologia, ripristinare la lezione originale di un testo.

ri|co|strut|tì|vo *agg.* relativo alla ricostruzione | che mira a ricostruire: *plastica ricostruttiva* | **linguistica ricostruttiva**, quella che parte da forme linguistiche più recenti per ipotizzarne i precedenti non attestati.

ri|co|strut|tó|re *agg., s.m.* [f. *-trice*] che, chi ricostruisce: *politica ricostruttrice*.

ri|co|stru|zió|ne *s.f.* **1** opera di ricostituzione delle condizioni precedenti; rifacimento: *— di una casa distrutta dal bombardamento; — della mascella* | frutto dell'attività ricostruttiva: *è una — fedele* **2** (*fig.*) riproduzione della dinamica di fatti a partire dai dati noti | **— storica**, descrizione di eventi e ambienti storici in un romanzo, film, dramma e sim. **3** insieme di iniziative politiche, economiche e sociali volte a risollevare uno Stato dai danni di una guerra.

ri|còt|ta *s.f.* latticinio bianco, morbido, ottenuto ricuocendo il siero avanzato dalla lavorazione del formaggio | (*fig.*) **mani di —**, mani dotate di una presa incerta.

ri|cot|tà|io *s.m.* [f. *-a*] chi produce o commercia ricotte.

ri|cot|tù|ra *s.f.* **1** azione del cuocere un'altra volta **2** (*metall.*) trattamento che consiste nel riscaldare un metallo e lasciarlo poi raffreddare lentamente, allo scopo di ridurne l'eccessiva durezza e di eliminarne le tensioni interne.

ri|co|ve|rà|re *v.tr.* [indic.pres. *io ricóvero* o *ricòvero*...] **1** (*anche assol.*) far entrare in un luogo di cura: *— qlcu. d'urgenza* **2** dare asilo, protezione: *— i fuggiaschi* | riparare: *— l'auto in box* ♦ **-rsi** *rifl., intr.pron.* **1** entrare in ospedale e sim. **2** rifugiarsi; ripararsi: *— nella grotta*.

ri|co|ve|rà|to *part.pass. di* ricoverare ♦ *agg., s.m.* [f. *-a*] degente in un ospedale e sim.

ri|có|ve|ro o **ri|còvero** *s.m.* **1** accoglienza | sistemazione in un centro di cura: — *in clinica* **2** luogo che dà riparo, protezione; rifugio: *cercare —* **3** istituto per anziani o poveri.

ri|cre|à|re *v.tr.* [indic.pres. *io ricrèo...*] **1** creare nuovamente; riorganizzare: — *un'associazione* | (*estens.*) riprodurre: *il film ricrea le speranze dell'epoca* **2** (*anche assol.*) ritemprare, ristorare | divertire: *passaggio che ricrea* ♦ **-si** *rifl.* **1** distrarsi, svagarsi: — *al luna-park* **2** (*lett.*) ritemprarsi ♦ *intr.pron.* tornare a costituirsi; riformarsi: *si stanno ricreando le condizioni idonee*.

ri|cre|a|ti|vo *agg.* che serve allo svago, al divertimento: *club —* | che ha il fine di ritemprare lo spirito e il corpo.

ri|cre|a|zió|ne *s.f.* **1** riposo dal lavoro; pausa, svago: *concedersi un po' di —* | intervallo tra due lezioni scolastiche: *fare —* **2** ciò che ricrea il corpo e la mente; ristoro: *il nuoto è una sana —*.

ri|cré|der|si *v.intr.pron.* cambiare opinione nei riguardi di ql.co. o qlcu. ammettendo di aver sbagliato: *ti ricrederai sul suo conto*.

ri|cré|sce|re *v.intr.* [con. come *crescere*; aus. *E*] crescere nuovamente dopo un taglio e sim.: *i capelli ricrescono rapidamente; la coda della lucertola ricresce*.

ri|cré|sci|ta *s.f.* nuova o ulteriore crescita: *la — del prato*.

ric|tus (*lat.*) *s.m.invar.* (*med.*) spasmo dei muscoli del viso, causato da gravi tic nervosi o malattie: — *tetanico*.

ri|cu|cì|re *v.tr.* [con. come *cucire*] **1** cucire nuovamente | rammendare: — *la tasca* | (*med.*) suturare **2** (*fig.*) mettere assieme alla meglio elementi diversi: — *storie popolari in un racconto* **3** (*fig.*) ricomporre sanando contrasti; appianare: — *lo scontro*.

ri|cu|ci|tù|ra *s.f.* operazione del ricucire | segno di tale operazione; rattoppo, rammendo: *un abito pieno di ricuciture*.

ri|cuò|ce|re *v.tr.* [con. come *cuocere*] **1** cuocere nuovamente o maggiormente **2** (*metall.*) sottoporre a ricottura.

ri|cù|pe|ro *s.m. e deriv.* → **recupero** *e deriv.*

ri|cùr|vo *agg.* **1** curvo; molto curvo: *lama ricurva* **2** (*fig.*) si dice di anziano ingobbito.

ri|cu|sà|bi|le *agg.* che può essere ricusato.

ri|cu|sà|re *v.tr.* **1** rifiutare: — *l'invito* | non accondiscendere: — *di salire* (*dir.*) sottoporre a ricusazione: — *il giudice* ♦ **-si** *intr.pron.* rifiutarsi, non acconsentire: — *di obbedire*.

ri|cu|sa|zió|ne *s.f.* (*dir.*) richiesta di sostituire un funzionario in un processo penale, in quanto lo si ritiene inadatto a svolgere la propria funzione.

ri|dac|chià|re *v.intr.* [indic.pres. *io ridacchio...*; aus. *A*] ridere a fior di labbra con intenzione canzonatoria.

ri|dan|cià|no *agg.* **1** che ride spesso e volentieri: *un tipo —* **2** che fa ridere di gusto: *barzelletta ridanciana*.

ri|dà|re *v.tr.* [indic.pres. *io ridò, tu ridai, egli ridà...*; le altre forme con. come *dare*] **1** dare nuovamente: — *acqua ai fiori* | infondere di nuovo: *le sue parole mi hanno ridato energia* **2** riproporre una trasmissione già mandata in onda **3** rendere, restituire: *ti ridarò tutto il prestito*.

ri|da|rèl|la *s.f.* (*fam.*) gran voglia di ridere | riso irrefrenabile, incontenibile: *avere la —*.

rìd|da *s.f.* **1** (*st.*) antico ballo in cui si gira velocemente in tondo tenendosi per mano e cantando **2** (*estens.*) movimento agitato e scomposto di molte cose o persone: *una — di biciclette in corsa* **3** (*fig.*) incessante avvicendamento di pensieri e stati d'animo: *una — di emozioni, di dubbi*.

ri|de|fi|nì|re *v.tr.* **1** definire di nuovo | precisare meglio: — *un progetto* **2** (*estens.*) riconsiderare secondo un'ottica diversa: — *gli obiettivi*.

ri|de|fi|ni|zió|ne *s.f.* **1** nuova definizione: — *di una norma* **2** (*estens.*) riorganizzazione secondo criteri diversi.

ri|dèn|te *part.pres.* di *ridere* ♦ *agg.* **1** che ride; che manifesta, rivela gioia: *sguardo —* **2** gradevole, ameno: — *località*.

rì|de|re *v.intr.* [pass.rem. *io risi, tu ridésti...*; part.pass. *riso*; aus. *A*] **1** esprimere allegria attraverso una particolare mimica facciale ed emettendo caratteristici suoni | esprimere con manifestazioni analoghe sentimenti diversi (compatimento, derisione ecc.): *gli ha riso in faccia per umiliarlo* | **per —**, per scherzo: *l'ho detto solo per —* | **— a denti stretti**, mostrarsi contenti nonostante la delusione | **— dietro**, canzonare, deridere: *vi farete — dietro* | **c'è poco da —**, invito a non scherzare sulle faccende serie | (*fig.*) **far — i polli**, di argomento e sim., apparire stupido e inconsistente | **ridendo e scherzando**, tra una cosa e l'altra: *ridendo e scherzando siamo rimasti al verde* **2** (*fig.*) brillare di gioia: *i suoi occhi ridono quando ti vede* ♦ **-si** *intr.pron.* farsi beffe, burlarsi di qlcu. | non preoccuparsi di ql.co.: — *del pericolo* | **ridersela**, infischiarsene: *se la ridono delle accuse* ♦ *s.m.* l'atto di ridere: *facemmo un gran —*.

ri|de|stà|re *v.tr.* [indic.pres. *io ridèsto...*] **1** destare nuovamente; risvegliare: *la radio ci ha ridestati* **2** (*fig.*) far risorgere; riaccendere, ravvivare: — *ricordi remoti* ♦ **-si** *intr.pron.* **1** risvegliarsi: *la natura al mattino si ridesta* **2** (*fig.*) ravvivarsi: *il desiderio si sta ridestando*.

ri|di|co|làg|gi|ne *s.f.* **1** condizione di quel che è ridicolo: *la — di un'idea* **2** azione, parola ridicola; sciocchezza: *compiere una —*.

ri|di|co|liz|zà|re *v.tr.* mettere in ridicolo; deridere.

ri|dì|co|lo *agg.* **1** che suscita il riso per la sua goffaggine, bizzarria, stupidità: *vestito —* **2** (*estens.*) insignificante; meschino: *guadagno —* ♦ *s.m.* carattere, lato comico; comicità: *il — di una questione; coprirsi di —* | **mettere in —**, fare apparire ridicolo, schernire □ **ridicolmente** *avv.*

ri|di|men|sio|na|mén|to *s.m.* **1** riorganizzazione su scala ridotta: — *aziendale* **2** (*fig.*) attribuzione di minore rilevanza: *il — del suo ruolo*.

ri|di|men|sio|nà|re *v.tr.* [indic.pres. *io ridimensióno...*] **1** ristrutturare, riorganizzare in dimensioni più piccole, per adeguamento a nuove esigenze: — *il locale* **2** (*fig.*) riportare a proporzioni più contenute o più realistiche: — *l'entusiasmo*; — *gli obiettivi* | considerare meno importante, meno clamoroso ♦ **-rsi** *rifl.* **1** riorganizzarsi su scala ridotta: *la ditta si sta ridimensionando* ♦ *intr.pron.* (*fig.*) ridursi a misure meno rilevanti, più proporzionate alla situazione: *le ambizioni si ridimensioneranno* | assumere un'importanza minore: *lo scandalo si sta ridimensionando.*

ri|dì|re *v.tr.* [con. come *dire*] **1** dire nuovamente; ripetere: — *il solito ritornello* **2** riportare, riferire: *gli ridissi ciò che avevo scoperto* **3** esprimere a parole; raccontare: *emozioni che non si possono* — **4** obiettare, spec. per biasimare, criticare: *che cos'hai da* —?

ri|di|se|gnà|re *v.tr.* [indic.pres. *io ridiségno...*, *noi ridisegniamo, voi ridisegnate...*] **1** disegnare nuovamente **2** (*fig.*) pianificare in modo diverso; modificare: — *le modalità;* — *il confine.*

ri|di|stri|bu|ì|re o **redistribuire** *v.tr.* [indic.pres. *io ridistribuisco, tu ridistribuisci...*] distribuire nuovamente | spartire, attribuire in modo diverso: — *i redditi; regali da* —.

ri|di|stri|bu|zió|ne o **redistribuzióne** *s.f.* atto con cui si distribuisce di nuovo | distribuzione operata secondo criteri diversi: — *dei compiti.*

ri|di|ven|tà|re *v.intr.* [indic.pres. *io ridivénto...*; aus. *E*] diventare nuovamente; tornare a essere: — *campione.*

ri|don|dàn|te *part.pres.* di ridondare ♦ *agg.* troppo ricco; sovrabbondante: *discorso* — *di allusioni oscure* | (*spec.spreg.*) ampolloso, retorico: *prosa* —.

ri|don|dàn|za *s.f.* qualità di ciò che è ridondante: — *stilistica* | (*ling.*) in un messaggio, parte che si può eliminare senza perdita sostanziale di informazione.

ri|don|dà|re *v.intr.* [indic.pres. *io ridóndo...*; aus. *E*] sovrabbondare; traboccare: *la frase ridonda di profondi significati* | (*spreg.*) eccedere in ql.co.: *una conferenza che ridonda di latinismi.*

ri|dòs|so *s.m.* riparo artificiale o naturale che si erge ai lati di ql.co.: *il paese è nascosto dal ridosso dei monti* | **a** — **di ql.co.**, al riparo di ql.co.: *a* — *dell'edificio;* (*fig.*) molto vicino, a, nel tempo o nello spazio: *a* — *della scadenza* | **a** — **di qlcu.**, minacciosamente addosso a qlcu.

ri|dót|ta *s.f.* **1** (*mil.*) piccola fortificazione; postazione **2** (*auto.*) rapporto di marcia particolarmente basso utilizzato per superare pendenze critiche.

ri|dót|to *part.pass.* di ridurre ♦ *agg.* **1** che è stato ridotto di dimensione, peso, quantità, valore ecc.: *tariffa ridotta* | che è inferiore allo standard: *scartamento* —; *formato* — **2** (*estens.*) piccolo, modesto: *un* — *numero di elementi* | ristretto: *operare in tempi ridotti* | limitato: *esercitare un* — *effetto* **3** [seguito da compl.] (*anche fig.*) portato in una certa condizione: — *in polvere;* — *in miseria* **4** (*chim.*) sottoposto a riduzione: *metallo* — ♦ *s.m.* **1** (*teat., cine.*) sala che ospita gli spettatori nell'intervallo **2** (*ell.*) biglietto a tariffa ridotta.

ri|du|cèn|te *part.pres.* di ridurre ♦ *agg., s.m.* (*chim.*) si dice di sostanza che opera una riduzione.

ri|du|cì|bi|le *agg.* **1** che può essere ridotto: *consumo* — | (*chim.*) che può subire una riduzione: *sostanza* — **2** (*raro*) riconducibile a un determinato stato: — *alla ragione.*

ri|du|ci|bi|li|tà *s.f.* caratteristica di ciò che è riducibile.

ri|dùr|re *v.tr.* [indic.pres. *io riduco, tu riduci...*; pass.rem. *io ridussi, tu riducésti...*; part.pass. *ridótto*] **1** portare a dimensioni minori: — *la grandezza di una foto;* — *in scala il disegno* | rendere meno numeroso, frequente: — *le visite* | diminuire d'intensità, di quantità: — *l'impatto,* — *le spese* | limitare, circoscrivere: — *un discorso ai capisaldi* **2** [seguito da compl.] portare in una condizione di minor coesione, di scomposizione o di disfacimento: — *in briciole;* — *a cubetti* | (*fig.*) far pervenire a uno stato peggiore; imporre una condizione negativa: — *allo sconforto;* — *in schiavitù* **3** trasformare per diverso utilizzo: — *a ristorante una cascina* | riferito a un testo, adattare, trasporre: — *un racconto per la TV* | restringere un abito **4** (*fig.*) riportare nello stato precedente o dovuto: — *all'ordine* **5** (*fig.*) ricondurre a un'origine, a una ragione ecc.: — *la vicenda alle sue cause* **6** (*mat.*) semplificare: — *al minimo comun denominatore* | — *ai minimi termini* **7** (*chim.*) sottoporre a riduzione: — *il ferro* ♦ **-rsi** *intr.pron.* **1** diminuire di dimensioni, di quantità, d'intensità ecc.: *il rischio si sta riducendo* | limitarsi: *le opportunità si riducono a due* **2** trasformarsi, passare a una condizione diversa per effetto di un intervento materiale: — *in poltiglia* | (*fig.*) scadere a una condizione peggiore: — *a uno straccio* | — *all'ultimo*, attendere l'ultimo momento per agire **3** (*raro*) ritirarsi: — *in una baita.*

ri|dut|tì|vo *agg.* **1** che determina una riduzione **2** (*estens.*) che sminuisce eccessivamente: *valutazione riduttiva* □ **riduttivamente** *avv.* in maniera limitativa.

ri|dut|tó|re *s.m.* **1** [f. *-trice*] chi riduce; chi trasforma adattando, spec. opere letterarie: — *per sceneggiati televisivi* **2** (*mecc.*) ingranaggio che trasmette il moto rotatorio riducendo il numero di giri **3** (*elettr.*) dispositivo che serve a regolare la tensione della corrente ♦ *agg.* (*chim.*) riducente: *zucchero* —.

ri|du|zió|ne *s.f.* **1** azione che riduce: — *sul costo* | diminuzione quantitativa: — *del personale* **2** imposizione di una condizione: — *in cattività* **3** adattamento di un testo letterario: — *cinematografica di un romanzo* **4** (*fig.*) riconduzione a un determinato stato: — *alla sua vera natura* **5** (*chim.*) reazione in cui un elemento acquista elettroni, abbassando il grado di ossidazione o

riduzionismo

di valenza **6** (*mat.*) semplificazione: — *dei termini simili* **7** (*med.*) operazione con cui si riaccostano i segmenti di un osso fratturato.

ri|du|zio|nì|smo *s.m.* (*filos.*) dottrina secondo cui le scienze complesse possono essere ricondotte a quelle ritenute più semplici, in particolare alla fisica come sapere fondamentale.

ri|du|zio|nì|sta *s.m./f.* [m.pl. *-i*] chi sostiene il riduzionismo ♦ *agg.* **1** che riguarda il riduzionismo **2** che sostiene il riduzionismo.

ri|èc|co *avv.* [si usa anche con i pron.pers. atoni in posizione enclitica] ecco nuovamente: — *il sole!*; *riecoti finalmente!*

ri|e|cheg|gia|mén|to *s.m.* (*lett.*) l'atto e l'effetto del riecheggiare | (*fig.*) reminiscenza; imitazione: — *dantesco*.

ri|e|cheg|già|re *v.intr.* [indic.pres. *io riechéggio*...; aus. *E*] echeggiare più volte: *grida che riecheggiano* | (*fig.*) essere ravvisabile, apparire come traccia: *vi riecheggiano temi classici* ♦ *tr.* rendere l'eco | (*fig.*) richiamare; imitare: — *motivi popolari*.

ri|e|di|fi|cà|re *v.tr.* [indic.pres. *io riedifico, tu riedìfichi*...] edificare nuovamente: — *una casa in luogo sicuro*.

ri|e|di|fi|ca|zió|ne *s.f.* operazione con cui si riedifica; ricostruzione.

ri|e|di|zió|ne *s.f.* **1** nuova edizione; ristampa: *la — di un libro esaurito* **2** (*estens.*) rimessa in distribuzione di un film | remake cinematografico | rappresentazione rinnovata di un testo teatrale **3** (*fig.*) riproposizione, ripresentazione: *la — della coalizione precedente*.

ri|e|du|cà|bi|le *agg.* che può essere rieducato.

ri|e|du|cà|re *v.tr.* [indic.pres. *io rièduco, tu rièduchi*...] **1** educare nuovamente per correggere precedenti errori **2** (*med.*) far riacquistare funzionalità a organi o facoltà colpiti da menomazione: — *l'arto fratturato*.

ri|e|du|ca|zió|ne *s.f.* **1** trattamento di educazione correttiva: — *di un ragazzo violento* **2** (*med.*) terapia volta a reintegrare la funzionalità di parti o facoltà lese.

ri|e|la|bo|rà|re *v.tr.* [indic.pres. *io rielàboro*...] **1** elaborare nuovamente **2** rivedere secondo criteri diversi: — *il trattato*.

ri|e|la|bo|ra|zió|ne *s.f.* operazione con cui si rielabora | il risultato di tale operazione.

ri|e|lèg|ge|re *v.tr.* [con. come *eleggere*] eleggere nuovamente; riconfermare alla carica occupata in precedenza.

ri|e|leg|gì|bi|le *agg.* che può essere rieletto.

ri|e|leg|gi|bi|li|tà *s.f.* possibilità di essere rieletto.

ri|e|le|zió|ne *s.f.* votazione che riconferma in carica.

ri|e|mèr|ge|re *v.intr.* [con. come *emergere*; aus. *E*] **1** emergere nuovamente | tornare in superficie **2** (*fig.*) ricomparire, ripresentarsi: *la tensione riemergerà*; *i ricordi riemergono dal passato*.

ri|e|mer|sió|ne *s.f.* **1** ritorno in superficie; risalita: *la — di un relitto* **2** (*fig.*) ricomparsa.

ri|em|pi|mén|to *s.m.* **1** atto del riempire: *il — di un vaso* | (*edil.*) **materiale di —**, quello utilizzato per alzare o livellare il terreno **2** (*fig.*) atto del compilare interamente un modulo.

ri|em|pì|re *v.tr.* [indic.pres. *io riémpio*...] **1** (*anche fig.*) rendere pieno; colmare: — *la piazza*; — *qlcu. di paura* | farcire; imbottire: — *un sandwich* | (*fig.*) **riempirsi la bocca di belle parole**, esprimersi in modo saccente; fare tante promesse poco credibili | **riempire la testa**, confondere con discorsi inutili: *ti hanno riempito la testa di sciocchezze* **2** compilare integralmente: — *un modulo* **3** occupare piacevolmente, impegnare con attività appaganti: *lo sport ha riempito le sue giornate* **4** (*assol.*) saziare: *questa pietanza riempie* ♦ **-rsi** *rifl.* (*fam.*) rimpinzarsi, abbuffarsi: — *di cibo* ♦ *intr.pron.* **1** diventare pieno: *la sala si sta riempiendo di gente* **2** ricoprirsi interamente, su tutta la superficie: *la pelle si riempì di bolle* **3** essere ricolmo di un sentimento, di un pensiero: *l'anima si è riempita di gioia*.

ri|em|pi|tì|vo *agg.* che serve a riempire: *ghiaia riempitiva* ♦ *s.m.* **1** materiale che serve a riempire uno spazio vuoto **2** espressione superflua: *un discorso zeppo di riempitivi* **3** (*fig., raro*) persona o cosa che serve solo a far numero: *partecipa solo come —*.

ri|em|pi|tù|ra *s.f.* atto del riempire | ciò che serve a riempire.

ri|en|trà|nte *part.pres. di* rientrare ♦ *agg.* che rientra | che ha rientranze, incavi: *litorale —*.

ri|en|trà|nza *s.f.* tratto, parte di una linea o superficie che rientra; concavità: *una — nella roccia* | (*geogr.*) insenatura della costa.

ri|en|trà|re *v.intr.* [indic.pres. *io riéntro*...; aus. *E*] **1** ritornare nel luogo da cui si era usciti: — *alla base* **2** (*fig.*) ritornare nella condizione iniziale: — *in possesso della valigia* | — **in sé**, ritrovare l'autocontrollo | — **in argomento**, tornare su una questione **3** (*fig.*) non essere realizzato, venire annullato: *la missione rientrò* **4** essere incluso, compreso: — *nell'elenco* **5** presentare una concavità: *la costa rientra in quel punto* **6** (*fam.*) recuperare il denaro investito, impiegato ecc.

ri|en|trà|to *part.pass. di* rientrare ♦ *agg.* che non è stato sviluppato, che non è riuscito: *progetto —*.

ri|én|tro *s.m.* **1** viaggio che riporta nel luogo da cui si è usciti, partiti: *ci penserò al —* | fase del volo di ritorno di un veicolo spaziale, che comincia con l'ingresso nell'atmosfera terrestre **2** in tipografia, spostamento di una riga all'interno rispetto al margine.

ri|e|pi|lo|gà|re *v.tr.* [indic.pres. *io riepìlogo, tu riepìloghi*...] fare un riepilogo; ricapitolare.

ri|e|pi|lo|ga|tì|vo *agg.* che mira a riepilogare: *discorso —*.

ri|e|pì|lo|go *s.m.* [pl. *-ghi*] breve riassunto di discorsi o scritti con cui si evidenziano i punti o i tratti salienti; ricapitolazione, sintesi: — *del racconto*.

ri|e|qui|li|brà|re *v.tr.* (*anche fig.*) riportare in equilibrio, in equilibrio: *la bilancia commerciale*; *devo — la mia situazione interiore* ♦ **-rsi** *rifl.*, *intr.pron.* (*anche fig.*) ritrovare equilibrio, stabilità: *la coppia si sta riequilibrando*.

ri|e|qui|li|brio *s.m.* (*anche fig.*) instaurazione o ristabilimento di un equilibrio: *il — delle disuguaglianze.*
ri|e|sà|me *s.m.* nuovo esame, spec. con nuove modalità o elementi: *un — del processo.*
ri|e|sa|mi|nà|re *v.tr.* [indic.pres. *io riesàmino*...] esaminare un'altra volta | valutare in rapporto ad altri elementi; riconsiderare dal principio: *— la vicenda.*
riesling (*ted.*) [pr. *rìsling*] *s.m.invar.* vitigno di origine tedesca da cui si ottiene l'omonimo vino bianco secco.
ri|e|splò|de|re *v.intr.* [con. come *esplodere*; aus. *E*] (*anche fig.*) esplodere, scoppiare di nuovo con violenza, intensità: *il malcontento è riesploso; è riesplosa l'estate* ♦ *tr.* sparare ancora: *— un colpo d'arma da fuoco.*
ri|ès|se|re *v.intr.* [con. come *essere*; aus. *E*] trovarsi nuovamente | *ci risiamo!*, riecco la stessa brutta situazione!
ri|e|su|mà|re *v.tr.* [indic.pres. *io riesùmo* o *rièsumo*...] **1** estrarre dalla tomba; disseppellire: *— il cadavere* **2** (*fig.*) riportare in uso; rendere ancora attuale: *— un vestito, un'usanza.*
ri|e|su|ma|zió|ne *s.f.* operazione eseguita allo scopo di riesumare; dissotterramento | (*fig.*) riproposta, ripristino.
ri|e|vo|cà|re *v.tr.* [indic.pres. *io rièvoco, tu rièvochi*...] **1** evocare nuovamente | richiamare nel ricordo: *— i bei tempi* **2** (*estens.*) commemorare: *— i propri defunti.*
ri|e|vo|ca|ti|vo *agg.* che vuole rievocare: *discorso —.*
ri|e|vo|ca|zió|ne *s.f.* **1** richiamo di ql.co. nella memoria | discorso fatto per rievocare | cerimonia di commemorazione: *una — affettuosa* | quel che si rievoca: *una dolce —.*
ri|fa|ci|mén|to *s.m.* **1** ricostruzione; restauro: *il — del muro* **2** rielaborazione di un'opera letteraria o figurativa: *il — del dipinto* | (*cine.*) remake.
ri|fà|re *v.tr.* [indic.pres. *io rifàccio o rifò, tu rifai, egli rifà*...; per le altre forme con. come *fare*] **1** compiere un'altra volta: *lo rifarei subito* | ripercorrere: *— il giro* | rileggere: *lo hanno rifatto presidente* **2** riacquistare, recuperare: *rifarsi un nome, una famiglia, una vita* **3** ricostruire, risistemare ql.co. di rovinato, deteriorato o difettoso: *è tutto da —; rifarsi il naso; — l'orlo* | riordinare; rassettare: *c'è il letto da —; — la camera* | (*fam.*) cambiare, rinnovare: *abbiamo rifatto il tinello* | (*coll.*) *rifarsi gli occhi, la bocca*, godere di una vista o di un sapore gradevole, spec. dopo averne provati di sgradevoli **4** (*fam.*) cucinare un'altra volta o in modo diverso per migliorare il sapore: *— al forno le patate bollite* **5** imitare, contraffare: *— il verso a qlcu.*, imitarlo **6** risarcire, compensare: *l'assicurazione mi rifarà i danni* ♦ **-rsi** *rifl.*, *intr.pron.* **1** farsi di nuovo; ridiventare: *— cristiano* | *— vivo*, riprendere i contatti dopo parecchio tempo **2** tornare come prima: *il tempo si rifece nuvoloso* **3** tornare in buone condizioni; recuperare una perdita: *— delle sventure,* *del tempo perso* | (*assol.*, *meteor.*) ristabilirsi: *il tempo sembra —* **4** prendere la rivincita: *ci rifaremo nella prossima partita* | rivalersi: *si rifecero su di lui* **5** fare riferimento; richiamarsi: *— all'autorità del maestro.*
ri|fe|rì|bi|le *agg.* **1** che può essere riferito, ripetuto **2** che concerne; riconducibile: *è — alla situazione.*
ri|fe|ri|mén|to *s.m.* **1** relazione; nesso: *senza — alla questione* | accenno, allusione; rimando: *— bibliografico* | (*spec.bur.*) **in** (**con**) — **a**, riferendosi a: *con — alla circolare* **2** quello a cui si guarda per regolarsi, orientarsi: *punto di — nello spazio; la sua figura fu un — per la crescita* | (*bur.*, *banc.*) *sportello, agenzia, ufficio di —*, quello competente, cui bisogna rivolgersi | (*fin.*) *azionista di —*, che ha quote sufficienti a controllare la società **3** (*mat.*, *geom.*) schema per definire la posizione di enti geometrici, descriverne gli spostamenti ecc.: *il — degli assi cartesiani.*
ri|fe|rì|re *v.tr.* [indic.pres. *io riferisco, tu riferisci*...] **1** comunicare quel che si sa; riportare come informazione: *— la scoperta* **2** mettere in relazione; collegare, ricondurre: *— il crimine a un movente* ♦ *intr.* [aus. *A*] presentare una relazione su un argomento di propria competenza; fare rapporto: *— per iscritto al superiore; il sindaco riferirà in merito alla situazione economica* ♦ **-rsi** *intr.pron.* **1** alludere, richiamarsi: *mi riferisco a te; ti riferisci a un autore in particolare?* **2** essere attinente; riguardare: *la previsione si riferisce a domani.*
riff (*ingl.*) *s.m.invar.* (*mus.*) nel rock e nel jazz, frase corta e orecchiabile che viene continuamente ripetuta da uno o più strumenti.
rif|fa[1] *s.f.* lotteria privata con in palio oggetti di valore.
rif|fa[2] *s.f.* solo nella loc. **o di — o di raffa**, in ogni modo, a tutti i costi.
ri|fia|tà|re *v.intr.* [aus. *A*] **1** (*raro*) respirare, riprendere fiato | (*fig.*) prendersi un po' di ristoro, riposare un po': *non avere il tempo di —* **2** (*estens.*, *fig.*) aprire la bocca per proferire parola; fiatare: *ha ascoltato ciò che gli ho detto senza —.*
ri|fi|là|re *v.tr.* **1** filare nuovamente: *— il tessuto* **2** tagliare a filo i bordi; pareggiare i margini: *— la lastra* **3** (*fam.*) appioppare, affibbiare: *— una fregatura* | dire, dare tutto di seguito: *gli ha rifilato una sequela di parolacce.*
ri|fi|la|tù|ra *s.f.* rifinitura dei bordi; pareggiamento dei margini: *— di un libro, di un pezzo meccanico.*
ri|fi|nì|re *v.tr.* [indic.pres. *io rifinisco, tu rifinisci*...] perfezionare nei dettagli; cesellare: *— un intarsio* | (*sport*) *— l'azione*, nel calcio, eseguire il passaggio che permette al compagno di fare goal ♦ *intr.* [aus. *E*] arrivare nuovamente; ricapitare: *dopo vari tentativi sono rifinita al punto di partenza.*
ri|fi|ni|téz|za *s.f.* perfezione, compiutezza.
ri|fi|nì|to *part.pass. di* rifinire ♦ *agg.* eseguito alla perfezione; curato nei dettagli.
ri|fi|ni|tó|re *s.m.* **1** [f. *-trice*] in industria o nel-

l'artigianato, addetto a lavorazioni di rifinitura 2 chi sa perfezionare testi, opere e sim. 3 (*sport*) calciatore i cui passaggi mettono un compagno in condizione di segnare.

ri|fi|ni|tù|ra *s.f.* 1 operazione che mira a rifinire, a rendere compiuto un lavoro | risultato di tale operazione 2 (*spec.pl.*) elemento decorativo; guarnizione: *rifiniture in pelle*.

ri|fio|rì|re *v.intr.* [indic.pres. *io rifiorisco, tu rifiorisci*...; aus. *E*] 1 fiorire nuovamente: *il ciliegio rifiorisce* | (*fig.*) riprendere vigore, tornare florido: *la notizia lo farà —; la sua bellezza è rifiorita* 2 di macchie e sim., riaffiorare nonostante i trattamenti: *la muffa sul muro è rifiorita*.

ri|fio|ri|tù|ra *s.f.* 1 nuova fioritura | (*fig.*) rinascita: *una — culturale della città* 2 ricomparsa di macchie già cancellate.

ri|fiu|tà|bi|le *agg.* che deve o può essere rifiutato: *offerta non —*.

ri|fiu|tà|re *v.tr.* 1 non accettare, respingere: *proposta da —; — un regalo* | (*estens.*) non tollerare: *il mio programma rifiuta alcuni cibi* 2 non voler fare: *— di viaggiare in aereo* 3 non dare; negare: *— un prestito, l'autorizzazione* ♦ **-rsi** *intr.pron.* non accettare di fare ql.co.: *— di obbedire*.

ri|fiù|to *s.m.* 1 risposta negativa; mancato assenso; diniego: *opporre un netto —; — di un lavoro* 2 (*spec.pl.*) residuo inutile, scarto; immondizia: *— biodegradabile; cassonetto dei rifiuti* | (*fig.*) *— della società*, emarginato.

ri|fles|sàn|te *s.m.* cosmetico usato per dare ai capelli riflessi colorati.

ri|fles|sió|ne *s.f.* 1 (*fis.*) fenomeno per cui un raggio luminoso, sonoro o elettromagnetico viene rinviato quando colpisce una superficie riflettente 2 (*fig.*) meditato esame di una questione; accorta valutazione: *il problema necessita di lunga —* | ponderatezza, senno: *agire con —* 3 considerazione, opinione che deriva da una disamina attenta: *la tua è una — profonda*.

ri|fles|si|vi|tà *s.f.* qualità di chi è riflessivo; tendenza a riflettere.

ri|fles|sì|vo *agg.* 1 che fa valutazioni ponderate; assennato, giudizioso: *carattere —* | che è caratterizzato da riflessione o impone una riflessione: *pausa riflessiva* 2 (*gramm.*) si dice della forma verbale in cui il complemento oggetto si identifica col soggetto ed è espresso da un pronome riflessivo (p.e. *io mi vesto*) 3 *pronome —*, le forme pronominali usate con i verbi riflessivi (p.e. *mi, ti, si, ci, vi* e *sé*) □ **riflessivamente** *avv.*

ri|flès|so *part.pass.* di riflettere ♦ *agg.* (*fis.*) di raggio o luce, che ha subito una riflessione | rinviato da specchi e sim.: *immagine riflessa* | *brillare di luce riflessa*, godere la propria notorietà ai meriti di qlcu. con cui si è in rapporto ♦ *s.m.* 1 luce riflessa; riverbero: *un — accecante* 2 (*fig.*) conseguenza; effetto: *l'azione non ebbe alcun — | di —*, per conseguenza indiretta 3 (*fisiol.*) reazione nervosa involontaria a uno stimolo esterno | *— condizionato*, quello dovuto a uno stimolo neutro che abitualmente viene percepito come associato a un altro capace di attivare il riflesso.

ri|flet|tèn|te *part.pres.* di riflettere ♦ *agg.* che riflette: *superficie —*.

ri|flèt|te|re *v.tr.* [indic.pres. *io rifletto*...; part.pass. *riflesso* nella forma tr., *riflettuto* nella forma intr.] 1 (*fis.*) rinviare per riflessione: *uno schermo per — le radiazioni* 2 riprodurre per riflessione; rimandare: *— l'immagine* 3 (*fig.*) manifestare esteriormente; rispecchiare: *le azioni riflettono i desideri* ♦ *intr.* [aus. *A*] meditare attentamente: *— sull'accaduto* | *senza —*, in modo avventato ♦ **-rsi** *rifl.* 1 venire riflesso; rispecchiarsi 2 (*fig.*) ripercuotersi, influire: *l'umore si riflette sull'organismo*.

ri|flet|tó|re *s.m.* 1 apparecchio che proietta raggi luminosi a grande distanza: *i riflettori dello stadio, del teatro* | (*fig.*) attenzione collettiva: *essere sotto i riflettori* 2 (*telècom.*) elemento che potenzia le capacità di un'antenna.

ri|flu|ì|re *v.intr.* [indic.pres. *io rifluisco, tu rifluisci*...; aus. *E*] 1 (*anche fig.*) fluire nuovamente, tornare a scorrere: *l'acqua rifluì dalla sorgente; i pensieri cominciavano a —* 2 fluire indietro: *l'inondazione rifluì entro gli argini* 3 tornare ad affluire: *dopo il break rifluiranno in sala per la seconda parte dello spettacolo*.

ri|flùs|so *s.m.* 1 (*anche fig.*) flusso, movimento in senso contrario: *il — del sangue; il — verso casa dei turisti* 2 abbassamento di livello nella bassa marea 3 (*fig., spec.econ.*) calo: *fase di — commerciale* 4 (*fig.*) ripresa di modelli, valori abbandonati: *— culturale* | *— nel privato*, tendenza a privilegiare gli interessi individuali rispetto all'impegno sociale e politico.

ri|fo|cil|la|mén|to *s.m.* (*raro*) atto del rifocillare, del rifocillarsi.

ri|fo|cil|là|re *v.tr.* ristorare dando di che nutrirsi ♦ **-rsi** *rifl.* ristorarsi con cibi e bevande: *— con uno spuntino*.

ri|fon|dà|re *v.tr.* [indic.pres. *io rifóndo*...] fondare nuovamente, ricostruire: *— una città distrutta* | (*fig.*) organizzare dalla base in modo nuovo, diverso: *— il movimento*.

ri|fon|da|zió|ne *s.f.* atto di nuova fondazione | (*fig.*) ricostituzione su nuove basi | (*polit., per anton.*) Partito della Rifondazione Comunista, nato dopo lo scioglimento del PCI.

ri|fón|de|re *v.tr.* [con. come *fondere*] 1 fondere nuovamente: *— l'oro* 2 (*fig.*) ricomporre modificando; rimaneggiare: *— il testo* 3 (*dir.*) risarcire, rimborsare: *— i costi*.

ri|fo|re|sta|zió|ne *s.f.* rimboschimento.

ri|fór|ma *s.f.* 1 intervento, spec. legislativo, che modifica uno stato di cose, un ordinamento, un'istituzione: *la — agraria* 2 (*per anton., st.*) movimento religioso avviato da Martin Lutero nel sec. XVI da cui scaturirono le chiese protestanti | *— cattolica*, movimento religioso sorto nel periodo precedente la Controriforma 3 (*mil.*) dichiarazione di non idoneità all'arruolamento.

ri|for|mà|bi|le *agg.* che deve o può essere riformato.

ri|for|mà|re *v.tr.* [indic.pres. *io rifórmo*...] 1 formare nuovamente; ricostituire: — *la band* **2** trasformare per rispondere a nuove esigenze o per rendere migliore; innovare: — *l'istituto*; — *la società* **3** (*mil.*) dichiarare inabile all'arruolamento ♦ **-rsi** *intr.pron.* formarsi di nuovo: *la crosta si è riformata.*

ri|for|mà|to *part.pass. di riformare* ♦ *agg.* **1** modificato in seguito a una riforma | (*relig.*) che segue una regola modificata: *frate* — **2** (*relig.*) relativo alla riforma protestante e alle confessioni che ne sono derivate: *Chiesa riformata* ♦ *s.m.* [f. *-a*] **1** membro di una Chiesa riformata **2** (*mil.*) chi sia risultato inabile all'arruolamento.

ri|for|ma|tó|re *agg., s.m.* [f. *-trice*] che, chi riforma o intende farlo.

ri|for|ma|tò|rio *s.m.* (*dir.*) istituto di reclusione e recupero per minorenni.

ri|for|mat|tà|re *v.tr.* (*inform.*) formattare di nuovo: — *l'hard-disk.*

ri|for|mì|smo *s.m.* tendenza a modificare gradualmente la struttura dello Stato e la società con riforme legali | (*estens.*) politica basata sulle riforme.

ri|for|mì|sta *s.m./f.* [m.pl. *-i*] chi sostiene il riformismo ♦ *agg.* **1** che sostiene il riformismo: *movimento* — **2** riformistico.

ri|for|mì|sti|co *agg.* [m.pl. *-ci*] del riformismo | da riformista.

ri|for|ni|mén|to *s.m.* **1** reintegrazione di quel che si è esaurito: — *di carburante*; *il* — *per il fronte* **2** (*pl.*) ciò di cui si è riforniti o ci si rifornisce; provviste: *rifornimenti per l'inverno* **3** (*sport*) nel calcio, passaggio agli attaccanti | nelle discipline di fondo, distribuzione di bevande e cibi lungo il percorso.

ri|for|nì|re *v.tr.* [indic.pres. *io rifornìsco, tu rifornìsci*...] **1** fornire nuovamente **2** dotare di quanto serve, spec. dopo che ci si era esaurito: — *la cisterna d'acqua* | approvvigionare: — *la dispensa dei viveri* ♦ **-rsi** *rifl.* (*anche scherz.*) fornirsi nuovamente di ql.co.; fare rifornimento: — *di sigarette.*

ri|for|nì|tó|re *agg., s.m.* [f. *-trice*] che, chi rifornisce.

ri|fran|gèn|te *part.pres. di rifrangere* ♦ *agg.* che genera rifrazione: *materiale* —.

ri|fran|gèn|za *s.f.* (*fis.*) proprietà che hanno alcuni corpi di produrre rifrazione.

ri|fràn|ge|re *v.tr.* [con. come *frangere*; part. pass. *rifratto*] (*fis.*) sottoporre a rifrazione; deflettere: *il prisma rifrange la luce* ♦ **-rsi** *intr.pron.* (*fis.*) subire una rifrazione attraverso un mezzo: *i raggi si rifrangono nello stagno.*

ri|frat|tó|re *s.m.* **1** dispositivo che sfrutta la rifrazione delle onde luminose per potenziare l'illuminazione di una lampada **2** (*astr.*) telescopio che capta la luce degli astri tramite lenti ♦ *agg.* [f. *-trice*] che rifrange.

ri|fra|zió|ne *s.f.* (*fis.*) fenomeno per cui un'onda luminosa, sonora o elettromagnetica, passando da un mezzo all'altro, cambia direzione.

ri|fréd|do *agg., s.m.* si dice di cibo cotto e conservato, da mangiare freddo.

ri|frìg|ge|re *v.tr.* [con. come *friggere*] **1** friggere una seconda volta **2** (*fig.*) riproporre cercando di dare un aspetto nuovo: — *la solita solfa.*

ri|frìt|to *part.pass. di rifriggere* ♦ *agg.* **1** fritto un'altra volta: *olio* — **2** (*fig.*) risaputo | **fritto e** —, sentito troppe volte; banale, trito.

ri|frit|tù|ra *s.f.* **1** cibo rifritto **2** (*fig.*) rifacimento di cose note.

ri|fug|gì|re *v.intr.* [con. come *fuggire*; aus. *E*] **1** fuggire ancora **2** (*fig.*) essere alieno da ql.co.; provare avversione: — *dall'ozio* ♦ *tr.* avere in avversione; scansare: *rifugge ogni discussione* | aborrire: *rifugge ogni manifestazione di cattiveria.*

ri|fu|giàr|si *v.intr.pron.* [indic.pres. *io mi rifugio*...] mettersi al riparo; trovare rifugio: — *in una grotta* | (*fig.*) cercare conforto: — *nella lettura.*

ri|fu|già|to *s.m.* [f. *-a*] chi è emigrato dal proprio paese per sfuggire a persecuzioni politiche.

ri|fù|gio *s.m.* **1** (*anche fig.*) protezione, riparo: *trovare* — *durante una bufera*; *cercare un* — *durante i momenti difficili* **2** luogo che dà riparo: *un* — *per la notte* | (*mil.*) in guerra, ambiente a prova d'attacco: — *antiaereo* | (*sport*) in alta montagna, costruzione che ospita escursionisti **3** (*estens.*) luogo di ritrovo abituale: *il garage è il* — *della compagnia* **4** (*fig.*) persona o cosa che offre appoggio e sicurezza: *il suo* — *è la fede* ♦ *agg.invar. nella loc.* **bene** —, cosa che mantiene il proprio valore resistendo agli effetti dell'inflazione.

ri|fùl|ge|re *v.intr.* [pass.rem. *io rifulsi, tu rifulgesti*...; part.pass. *rifulso*; rari i tempi composti; aus. *E, A*] (*lett., anche fig.*) brillare, risplendere: *il sole rifulge nel cielo*; — *di gloria.*

ri|fu|sió|ne *s.f.* **1** nuovo trattamento di fusione: — *dell'anello* **2** (*fig.*) rimaneggiamento: — *di un testo* **3** (*fig.*) rimborso, risarcimento.

rì|ga *s.f.* **1** linea dritta impressa, segnata o tracciata su una superficie: *tirare una* — *su un foglio*; *maglia a righe* | *farsi la* —, farsi la scriminatura dei capelli **2** sequenza di parole scritte che si dispongono su un'unica linea orizzontale; rigo: *saltare una* — | (*fig.*) **sopra le righe**, si dice di atteggiamento che risulta eccessivo rispetto alle condizioni | **leggere tra le righe**, intuire ciò che è sottinteso in un discorso **3** (*estens.*) scritto breve e sbrigativo: *non mi ha più mandato una* — **4** allineamento di persone, p.e. atleti e soldati, l'una di fianco all'altra | la serie delle persone disposte in tal modo | (*fig.*) **stare in** —, obbedire | **mettere in** —, sottoporre a una regola severa | (*mil.*) **rompere le righe**, comando per mettere in libertà la truppa schierata; (*fig.*) sciogliere una riunione e sim. **5** stecca piatta con bordo graduato, usata per misurare e tirare linee **6** in tipografia, l'insieme dei caratteri che occupano una giustezza **7** (*fis.*) *righe spettrali*, negli spettri luminosi, righe oscure o brillanti, prodotte per assorbimento o emissione di energia luminosa.

ri|gàg|gio *s.m.* (*tipografia*) **1** numero e disposizione di righe per pagina **2** tracciato di righe in orizzontale, continue o puntinate: *il* — *della tabella.*

ri|gà|glia *s.f. spec.pl.* (*gastr.*) l'insieme delle interiora commestibili di un volatile.

ri|gà|gno|lo *s.m.* **1** piccolo ruscello **2** (*estens.*) rivolo che scorre ai lati della strada durante la pioggia.

ri|gà|re *v.tr.* [indic.pres. *io rigo, tu righi...*] **1** tracciare righe; segnare con righe: — *una pagina* | sfregiare con graffi, incisioni: — *il vassoio* **2** (*fig.*) solcare con rivoli: *una lacrima ti rigò le guance* ♦ *intr.* [aus. *A*] *solo nella loc.* — *diritto*, comportarsi in modo corretto.

ri|ga|tì|no *s.m.* **1** tessuto di cotone o lino a piccole righe colorate in vario modo, usato spec. per indumenti da lavoro **2** (*spec.pl.*) pasta a forma di piccolo cilindro rigato.

ri|gà|to *part.pass.* di rigare ♦ *agg.* **1** segnato da righe: *foglio* — **2** (*fig.*) bagnato: *viso* — *di pianto*.

ri|ga|tó|ne *s.m. spec.pl.* pasta a forma di cilindro rigato.

ri|gat|tiè|re *s.m.* [f. *-a*] chi compra e rivende roba usata.

ri|ga|tù|ra *s.f.* **1** tracciatura di righe | insieme di righe: *una* — *ordinata* **2** complesso di scanalature ad andamento elicoidale che nella canna dell'arma da fuoco imprimono una rotazione al proiettile.

ri|ge|ne|rà|re *v.tr.* [indic.pres. *io rigènero...*] **1** (*raro*) far nascere di nuovo | (*relig.*) nel cattolicesimo, dare nuova vita nel segno della grazia: *la fede rigenera* **2** (*fig.*) riportare allo splendore originario; far rinascere: — *l'antica gloria della città* | (*anche assol.*) rimettere in forze; rendere nuovamente sani, efficiente: *una cura che rigenera la salute* **3** (*biol.*) ricostituire parti lese: *l'albero rigenera la corteccia* **4** (*tecn.*) trattare un materiale o un apparecchio usurato per restituirgli proprietà o funzionalità: — *una batteria* ♦ **-rsi** *intr.pron.* **1** (*biol.*) ricostituirsi: *la cute si rigenerò rapidamente* **2** (*fig.*) ristorarsi fisicamente o spiritualmente: — *nella sauna* **3** rinnovarsi interiormente, culturalmente: — *con la meditazione* | (*relig.*) nascere a nuova vita: — *in Cristo*.

ri|ge|ne|ra|tì|vo *agg.* che rigenera | relativo alla rigenerazione: *processo* —.

ri|ge|ne|rà|to *part.pass.* di rigenerare ♦ *agg.* (*tecn.*) sottoposto al trattamento di rigenerazione: *gomma, lana rigenerata* ♦ *s.m.* prodotto ottenuto per rigenerazione.

ri|ge|ne|ra|tó|re *agg., s.m.* [f. *-trice*] (*anche fig.*) che, chi rigenera.

ri|ge|ne|ra|zió|ne *s.f.* **1** (*anche relig.*) nuova nascita | (*fig.*) rinnovamento, rinascita: *spirituale* **2** (*tecn.*) trattamento effettuato per riattivare le proprietà di un materiale o la funzionalità di un apparecchio: — *del carbone attivo* **3** (*biol.*) ricostruzione di parti lese: — *delle cellule*.

ri|get|tà|re *v.tr.* [indic.pres. *io rigètto...*] **1** gettare nuovamente: — *l'immondizia nel cassonetto* **2** buttare a propria volta; rilanciare: — *la pallina* **3** gettare fuori, indietro: *il filtro rigettò molti detriti* | (*fig.*) non accettare; respingere: — *il progetto* **4** (*fam.*) vomitare **5** (*bot., anche assol.*) germogliare ancora, ributtare ♦ **-rsi** *rifl.* gettarsi, buttarsi nuovamente: *si rigettò in acqua*.

ri|gèt|to *s.m.* **1** l'atto del rigettare | (*fig.*) non accoglimento, bocciatura: — *dell'istanza* **2** (*biol.*) intolleranza organica verso un elemento trapiantato: *crisi di* — | (*fig.*) rifiuto di ciò che è vissuto come estraneo: *ha un* — *psicologico per la sporcizia*.

ri|ghèl|lo *s.m.* asticella provvista di bordo graduato, usata per tirare righe.

ri|ghet|tà|to *agg.* a righe sottili: *abito* —.

ri|ghì|no *s.m.* **1** (*raro*) righello **2** (*mar.*) listello, in metallo o legno, posto sulla superficie esterna della nave a indicare l'orlo del ponte di coperta **3** in tipografia, riga di stampa che si chiude prima del margine con un a capo.

ri|gi|déz|za *s.f.* **1** (*fis.*) tendenza di un corpo a non deformarsi se sottoposto a sollecitazioni esterne **2** (*estens.*) scarsa elasticità, flessibilità; difficoltà a piegarsi: — *di un bracciale*; — *nei movimenti* **3** (*fig.*) inflessibilità; durezza, rigore: — *morale* **4** (*meteor.*) inclemenza: *la* — *dell'inverno*.

ri|gi|dì|smo *s.m.* atteggiamento di cieca obbedienza alle regole.

ri|gi|di|tà *s.f.* **1** (*fis.*) proprietà dei corpi che resistono alla deformazione; rigidezza **2** (*estens.*) durezza, resistenza: *la* — *dell'acciaio* **3** (*med.*) assenza di movimento: — *cadaverica* | scarsa mobilità: — *articolare* **4** (*fig.*) severità, rigore; inclemenza: — *educativa* | assenza di flessibilità: — *dei ruoli, del mercato* **5** (*meteor.*) rigidezza: — *di clima*.

ri|gi|do *agg.* **1** (*anche fis.*) che non si deforma se sottoposto a forze esterne; non elastico: *struttura rigida* **2** (*med.*) incapace di muoversi; irrigidito: *muscolo* — **3** (*fig.*) severo, inclemente: *giudice* — | privo di flessibilità, poco adattabile: *orario* — **4** (*meteor.*) gelido: *stagione rigida* □ **rigidamente** *avv.*

ri|gi|rà|re *v.tr.* **1** girare nuovamente o più volte: — *ql.co. tra le mani* **2** percorrere di nuovo o completamente: *continuano a* — *la zona* **3** trasferire ad altri: — *un'informazione, un incarico* **4** (*fig.*) dare un aspetto diverso; rivoltare | (*coll.*) — *il discorso*, abbandonare un argomento scottante | (*fig.*) — *la frittata*, far apparire le cose a proprio comodo **5** (*fig.*) ingannare: *lo rigirano come vogliono* **6** (*cine.*) filmare ancora una volta: — *la scena* ♦ *intr.* [aus. *A*] (*anche fig.*) andare in giro continuamente: — *in lungo e in largo la città; è inutile* — *sulle stesse scuse* | (*fig.*) **gira e rigira**, in ogni caso, alla fin fine ♦ **-rsi** *rifl.* girare su se stesso, rivoltarsi: — *insonne nel letto* | voltarsi indietro: *si rigirò a guardarlo mentre si allontanava*.

ri|go *s.m.* [pl. *-ghi*] linea impressa o segnata su un foglio: *non scrivere sotto il* — | riga scritta, stampata: *leggere saltando da un* — *all'altro* | — *musicale*, pentagramma.

ri|gó|glio *s.m.* **1** (*bot.*) pieno sviluppo vegetativo **2** (*fig.*) esuberanza, floridezza: — *giovanile*.

ri|go|glio|si|tà *s.f.* (*anche fig.*) caratteristica, condizione di ciò che è rigoglioso.

ri|gò|glió|so *agg.* **1** (*bot.*) che è in pieno sviluppo: *giardino —* **2** (*fig.*) pieno di vigore; esuberante, florido □ **rigogliosamente** *avv.*

ri|gò|gol|lo *s.m.* uccello migratore dal piumaggio prevalentemente giallo, macchiato di nero, e dal canto melodioso.

ri|gon|fia|mén|to *s.m.* **1** azione per gonfiare di nuovo: *— del pallone* **2** ingrossamento | parte rigonfia; gonfiore.

ri|gon|fià|re *v.tr.* [indic.pres. *io rigónfio...*] gonfiare nuovamente: *ho fatto — le gomme della macchina* ♦ *intr.* [aus. *E*] detto spec. di pasta, aumentare di volume; lievitare ♦ **-rsi** *intr.pron.* ridiventare gonfio: *le gambe mi si stanno rigonfiando.*

ri|gon|fia|tù|ra *s.f.* (*anche fig.*) gonfiore: *— di una notizia.*

ri|gón|fio *agg.* (*anche fig.*) gonfio, spec. in misura eccezionale: *— d'orgoglio* ♦ *s.m.* parte gonfia; rigonfiamento.

ri|gó|re *s.m.* **1** asprezza; inflessibilità: *il — nei conti pubblici* | (*fig.*) **essere di** *—*, essere obbligatorio: *la cravatta è di —* | **carcere di** *—*, istituto o trattamento detentivo particolarmente duro **2** precisione, esattezza, coerenza di ragionamento, di metodo: *— analitico* | **a rigor di logica**, secondo logica **3** (*fig.*) austerità; rigorosità: *— di costumi* **4** (*sport, ell.*) tiro che punisce falli commessi a breve distanza dalla propria porta, effettuato da un avversario solo davanti al portiere | **area di** *—*, nel calcio, zona intorno alla porta entro cui i falli sono sanzionati da un rigore **5** (*meteor.*) freddo gelido: *— polare.*

ri|go|rì|smo *s.m.* **1** rigore eccessivo nel seguire o applicare le regole **2** atteggiamento di intransigenza assoluta, spec. in campo etico | (*teol., filos.*) dottrina dell'assoluta obbligatorietà della legge.

ri|go|rì|sta *s.m./f.* [m.pl. *-i*] **1** chi è troppo intransigente **2** (*sport*) specialista dei calci di rigore **3** (*teol., filos.*) seguace del rigorismo.

ri|go|rì|stì|co *agg.* [m.pl. *-ci*] (*teol., filos.*) del rigorismo | da rigorista: *comportamento —.*

ri|go|ro|si|tà *s.f.* carattere di chi mostra rigore intellettuale e morale; inflessibilità: *— di valutazione* | coerenza, esattezza: *la — di una legge.*

ri|go|ró|so *agg.* **1** di persona, che mostra rigore; severo: *esattore —* | di cosa, che rivela rigidità o si ispira a criteri di rigidità: *in biblioteca regna un ordine —* **2** eseguito, condotto in modo preciso, impeccabile: *esame —* | logicamente ineccepibile; consequenziale: *argomento —* **3** di leggi, norme e sim., non flessibile; inderogabile, rigido: *regolamento —* □ **rigorosamente** *avv.*

ri|go|ver|nà|re *v.tr.* [indic.pres. *io rigovèrno...*] **1** (*anche assol.*) lavare e riordinare le stoviglie: *dopo cena sono andata a dormire senza —* **2** (*estens.*) mettere in ordine: *— la casa* **3** (*raro*) accudire gli animali, di stalla o domestici: *ha rigovernato il bestiame.*

ri|gua|da|gnà|re *v.tr.* [indic.pres. *io riguadagno..., noi riguadagniamo, voi riguadagnate...*] **1** guadagnare nuovamente: *— una bella somma* |

(*fig.*) recuperare, riconquistare: *— la pubblica stima;— il tempo sprecato* **2** raggiungere di nuovo una meta: *— la cima.*

ri|guar|dà|re *v.tr.* **1** guardare nuovamente: *ho guardato e riguardato in tutti i posti ma non c'era* **2** (*estens.*) effettuare una revisione; controllare, scrutare: *— l'intero fascicolo* | (*fig.*) valutare attentamente: *a chi ben riguardi, la questione risulterà difficile* **3** avere a che fare; concernere, coinvolgere: *la questione ti riguarda personalmente* ♦ **-rsi** *rifl.* evitare un male; cautelarsi: *— dalle ladrerie* | salvaguardare la propria salute: *è meglio che ti riguardi con questo freddo; riguardati, mi raccomando.*

ri|guàr|do *s.m.* **1** cautela, garbo nell'usare ql.co.; cura: *avere — per gli oggetti di cristallo* | considerazione, delicatezza d'animo: *gli anziani si trattano con —* | *indagare con — per le vittime* | **senza** *—*, senza ritegno **2** precauzione per la propria salute **3** deferenza; rispetto, cortesia: *parlargli con —* | **di** *—*, degno di trattamento speciale: *personaggio di —* **4** attinenza; rapporto | **nei riguardi di**, nei confronti di | *— a*, per quanto concerne: *— a quella faccenda* | **al** *—*, in proposito.

ri|guar|dó|so *agg.* pieno di riguardo, deferente: *atteggiamento —* □ **riguardosamente** *avv.*

ri|gur|gi|tà|re *v.intr.* [indic.pres. *io rigùrgito...*; aus. *A, E*] **1** di liquido; traboccare per insufficienza di spazio: *la pioggia rigurgitava dai tombini* **2** (*fig.*) essere colmo; traboccare: *una sala rigurgitante di gente* ♦ *tr.* (*anche assol.*) lasciar traboccare in quantità: *la fogna rigurgita da ore* | (*anche fig., spreg.*) far uscire dalla bocca: *il neonato rigurgita la poppata; non — idiozie.*

ri|gùr|gi|to *s.m.* **1** fuoriuscita da un contenitore troppo pieno | ciò che trabocca **2** (*fig.*) accesso repentino: *un — d'ira* **3** (*fig.*) ricomparsa inattesa di un fenomeno sociale negativo che pareva scomparso: *— di militarismo* **4** (*med.*) reflusso di cibo dall'esofago.

ri|làn|cià|re *v.tr.* [indic.pres. *io rilancio...*] **1** lanciare nuovamente | tirare di rimando; rinviare: *ti rilancio la palla!* **2** (*fig.*) rendere ancora attuale: *— un'idea* | riproporre sul mercato: *— un prodotto* **3** (*assol.*) in un'asta, fare un'offerta più alta | nel poker, aumentare la posta.

ri|làn|cio *s.m.* **1** nuovo lancio | (*spec.sport*) tiro in avanti: *— in attacco* | lancio di rimando: *— del frisbee* **2** (*fig.*) insieme di iniziative, spec. di carattere pubblicitario, volte a ridare diffusione, credibilità: *— di una moda* | recupero; ripresa: *progetto di —* **3** in un'asta, offerta più alta | nel poker, puntata che alza la posta.

ri|la|scia|mén|to *s.m.* (*raro, anche fig.*) rilassamento; allentamento: *— dei tessuti;— dei costumi.*

ri|la|scià|re *v.tr.* [indic.pres. *io rilascio...*] **1** lasciare nuovamente: *— la presa* **2** rimettere in libertà; scarcerare: *— il sospettato* **3** (*scient.*) emanare; liberare: *rilascia troppi gas* **4** (*bur.*) dare; emettere: *— un'autorizzazione* | (*estens.*) concedere: *rilascerà una dichiarazione* **5** allentare; rilassare: *— i nervi* ♦ **-rsi** *intr.pron.* (*di pelle, tessuti e sim.*) perdere tonicità ♦ *rifl.rec.* separarsi

rilascio

nuovamente: *dopo l'ennesima discussione si sono rilasciati.*

ri|là|scio *s.m.* **1** messa in libertà; liberazione: *il — dell'ostaggio* **2** (*bur.*) concessione; consegna: *— del passaporto* **3** emissione accidentale di inquinanti.

ri|las|sa|mén|to *s.m.* **1** decontrazione | (*estens.*) distensione fisica o psichica; relax **2** (*fig.*) infiacchimento | scadimento: *— morale.*

ri|las|sà|re *v.tr.* **1** distendere, decontrarre *— le gambe* | (*estens.*) allentare la tensione, spec. psichica: *— i nervi* **2** (*fig.*) rendere meno severo: *— il regolamento* ♦ **-rsi** *rifl.* distendersi fisicamente e psicologicamente; riposarsi: *il break è utile per —* ♦ *intr.pron.* **1** diventare meno teso: *il muscolo si sta rilassando* **2** (*fig.*) perdere rigore; infiacchirsi, spec. a livello morale: *la società si è troppo rilassata.*

ri|las|sa|téz|za *s.f.* **1** stato in cui si trova chi è rilassato **2** (*fig.*) decadenza morale; mollezza: *— di costumi* | assenza di rigore, di disciplina: *— nel metodo educativo, nella gestione economica.*

ri|las|sà|to *part.pass. di* rilassare ♦ *agg.* **1** decontratto: *muscolo —* | flaccido nella pelle, nei tessuti: *collo — per l'età* | (*estens.*) in stato di relax **2** (*fig.*) privo di rigore; moralmente decaduto.

ri|le|gà|re *v.tr.* [*indic.pres.* io rilégo, tu rileghi...] **1** legare di nuovo: *— le scarpe slacciate* **2** cucire insieme dei fogli e rivestirli di copertina per farne un libro: *— la tesi.*

ri|le|ga|tó|re *s.m.* [*f. -trice*] chi rilega libri.

ri|le|ga|tù|ra *s.f.* confezionamento di fogli in volume | il materiale e il modo con cui avviene tale confezionamento; legatura: *una — in seta.*

ri|lèg|ge|re *v.tr.* [con. *leggere*] **1** leggere nuovamente | leggere per individuare errori e sim.; rivedere **2** (*fig.*) interpretare secondo criteri diversi, spec. un testo letterario: *— in chiave satirica.*

ri|lèn|to *avv.* nella loc. *a —*, con lentezza: *il dibattito proseguì a —.*

ri|let|tù|ra *s.f.* **1** nuova lettura | lettura di revisione **2** (*fig.*) reinterpretazione.

ri|le|và|bi|le *agg.* che può essere rilevato; individuabile.

ri|le|va|mén|to *s.m.* **1** il complesso delle operazioni che servono a determinare un fenomeno, una grandezza: *— statistico* | *— topografico*, determinazione della posizione relativa di vari punti di un terreno allo scopo di effettuarne la rappresentazione topografica **2** (*mar.*) angolo compreso tra un asse di riferimento e la posizione di un oggetto rispetto all'osservatore **3** subentro in una ditta, in una società o nella proprietà di un'attività commerciale.

ri|le|vàn|te *part.pres. di* rilevare ♦ *agg.* di rilievo; notevole: *— contributo.*

ri|le|vàn|za *s.f.* rilievo, importanza: *questioni di grande —.*

ri|le|và|re *v.tr.* [*indic.pres.* io rilèvo...] **1** mettere in evidenza, rilievo; sottolineare a scopo di discussione: *— le differenze* | osservare, notare: *rilevo che avete preferito tacere* **2** venire a conoscenza di ql.co.; apprendere: *— notizie da un quotidiano* **3** sottoporre a rilevazione, spec. statistica: *— il gradimento del prodotto* | sottoporre a rilevamento topografico: *— l'area* **4** acquisire come responsabile, proprietario e sim., subentrando ad altri; acquistare: *— l'impresa* **5** dare il cambio; sostituire: *— il medico di guardia* | (*estens., raro*) andare a prendere per condurre in altro luogo: *— qlcu. al ristorante* ♦ *intr.* [aus. *A*] (*raro*) sollevarsi, sporgere: *il cornicione rileva di molto dalla parete* ♦ **-rsi** *intr.pron.* emergere; stagliarsi: *le Alpi si rilevano d'improvviso dalla nebbia.*

ri|le|va|tà|rio *s.m.* [f. *-a*] chi diventa responsabile, proprietario e sim. al posto di altri.

ri|le|và|to *part.pass. di* rilevare ♦ *agg.* **1** individuato, evidenziato: *l'argomento — è di estrema importanza* **2** che si alza dallo sfondo, dal piano; rialzato: *bordo —.*

ri|le|va|tó|re *s.m.* **1** [f. *-trice*] chi effettua rilevamenti | incaricato della distribuzione e della raccolta dei questionari di un censimento **2** (*tecn.*) apparecchio che compie un rilevamento.

ri|le|va|zió|ne *s.f.* raccolta sistematica di dati, spec. a scopo statistico.

ri|liè|vo *s.m.* **1** condizione di ciò che sporge dal piano, che si stacca dallo sfondo: *un tessuto con fiori in —* **2** ciò che aggetta da una superficie | (*scult.*) rappresentazione caratterizzata da figure che emergono dal fondo con maggiore o minore stacco: *tecnica dell'alto —* | l'opera eseguita in tal modo: *uno splendido basso —* **3** (*fig.*) risalto, spicco: *mettere in — ql.co.* | importanza: *la questione ha un — modesto* | *di —*, rilevante **4** (*geog.*) altura | l'insieme delle montuosità di una zona: *— appenninico* **5** il complesso delle operazioni di rilevamento o rilevazione: *— altimetrico* **6** osservazione, nota: *avanzare un — al relatore* | critica: *ha mosso dei rilievi sul mio operato.*

ri|lie|vo|gra|fì|a *s.f.* tecnica di stampa che riproduce effetti di bassorilievo.

ri|lò|ga® *s.f.* sostegno per tendaggi con guida scorrevole manovrata da tiranti.

ri|lu|cèn|te *part.pres. di* rilucere ♦ *agg.* (*anche fig.*) pieno di lucentezza; splendente: *astro —; sorriso —.*

ri|lù|ce|re *v.intr.* (dif.: si usa spec. nella 3ª pers. sing. e pl. dell'indic.pres. e imperf., mancano il part.pass. e i tempi composti] (*lett.*) brillare, risplendere.

ri|lut|tàn|te *part.pres. di* riluttare ♦ *agg.* non propenso; restio: *era — ma accettò.*

ri|lut|tàn|za *s.f.* condizione, comportamento di chi è riluttante; esitazione: *— a intervenire.*

ri|lut|tà|re *v.intr.* [aus. *A*] (*lett.*) essere restio; esitare.

rì|ma *s.f.* **1** identità di suono tra parole, dalla vocale accentata in poi | *fare —*, rimare | *— interna*, rimalmezzo | (*fig.*) *rispondere per le rime*, ribattere con decisione su ogni punto **2** (*pl., estens.*) versi | componimenti poetici: *rime foscoliane.*

ri|mal|mèz|zo *s.f.* rima situata a metà verso; rima interna.
ri|man|dà|re *v.tr.* **1** mandare un'altra volta, di nuovo: *è meglio — il curriculum* **2** mandare indietro; restituire: *— il materiale invenduto* **3** mandare via; far tornare al luogo di provenienza: *— al confine* | mandare continuamente da un luogo all'altro: *lo rimandarono avanti e indietro tutto il giorno* **4** ritardare nel tempo; differire: *— l'addio* **5** far riferimento ad altra cosa detta o scritta: *— alla premessa* | rinviare ad altra persona e sim.: *ti rimando a un mio amico* **6** nel vecchio ordinamento scolastico, far sostenere esami di riparazione: *— in italiano*.
ri|man|dà|to *part.pass.* di rimandare ♦ *agg.*, *s.m.* [f. *-a*] nel vecchio ordinamento scolastico, detto di studente rinviato alla sessione autunnale per sostenere gli esami di riparazione.
ri|màn|do *s.m.* **1** atto con cui si manda indietro; rinvio | *di* —, in risposta, di ritorno: *di — gli chiese di andarsene* **2** dilazione, differimento **3** in un testo, rinvio ad altro passo o testo: *— alla bibliografia*.
ri|ma|neg|gia|mén|to *s.m.* **1** intervento volto a rimaneggiare | rielaborazione: *— testuale* **2** (*fig.*) spostamento o cambiamento di mansioni all'interno di un organo collegiale.
ri|ma|neg|già|re *v.tr.* [indic.pres. *io rimanéggio...*] **1** maneggiare un'altra volta, di nuovo **2** (*fig.*) rielaborare, modificare; conferire nuova forma, organizzazione: *— la facciata; — gli incarichi* | in tipografia, cambiare la composizione di un testo.
ri|ma|nèn|te *part.pres.* di rimanere ♦ *agg.* che avanza; residuo: *parte —* ♦ *s.m.* **1** ciò che rimane: *lasciar perdere il —* **2** [anche f.] (*spec.pl.*) chi resta; ciascuno degli altri: *tre sono partiti e i rimanenti hanno provveduto a ripulire*.
ri|ma|nèn|za *s.f.* **1** ciò che rimane **2** (*spec.pl.*, *comm.*) merce avanzata; giacenza di magazzino: *svendere le rimanenze*.
ri|ma|né|re *v.intr.* [indic.pres. *io rimango, tu rimani, egli rimane, noi rimaniamo, voi rimanéte, essi rimàngono*; pass.rem. *io rimasi, tu rimanésti...*; fut. *io rimarrò...*; congiunt.pres. *io rimanga...*; condiz.pres. *io rimarrèi, tu rimarrésti...*; part.pass. *rimasto*; aus. *E*] **1** restare in un luogo; trattenersi: *— in ufficio* | (*estens.*) essere arrivato a un certo punto della lettura o il discorso: *dov'ero rimasto?* **2** permanere in uno stato, condizione e sim.: *— fermo; — in carica; il ristorante rimane chiuso per ferie* | (*coll., assol.*) accordarsi: *come siete rimasti per l'incontro?* | *— (in) sospeso*, non essere ancora deciso **3** (*estens.*) di ql.co., avere carattere non effimero; perdurare: *il ricordo rimane; un'arte che rimarrà* **4** di qlcu., ritrovarsi in una certa situazione o stato: *— vedovo; — deluso* | *— lì*, restare impacciato, indeciso sul da farsi | (*ell.*) *rimanerci*, stupirsi: *ci è proprio rimasto quando ha sentito la notizia*; (*fam.*) morire | *— indietro*, lasciarsi distanziare; (*fig.*) avere arretrati; (*spec.scherz.*) non essere aggiornato **5** esserci ancora; avanzare: *non rimane alternativa; mi sono rimasti solo pochi spiccioli* | essere superstite: *di quei deportati non è rimasto nessuno* | andare in eredità; toccare: *il mio ruolo rimarrà a te* **6** essere situato, trovarsi: *a che altezza rimane il villaggio?*
ri|man|già|re *v.tr.* [indic.pres. *io rimangio...*] **1** mangiare un'altra volta; di nuovo **2** (*fig.*) non mantenere; ritrattare: *ti dovrai — la promessa*.
ri|mar|cà|re *v.tr.* [indic.pres. *io rimarco, tu rimarchi...*] **1** marcare nuovamente **2** sottolineare avanzando rilievi, critiche: *— la lacuna*.
ri|mar|ché|vo|le *agg.* degno di nota; notevole.
ri|mà|re *v.intr.* [aus. *A*] **1** detto di parola, concludersi con gli stessi suoni di un'altra, dalla vocale accentata in poi: *"tondo" rima con "mondo"* **2** (*estens.*) scrivere poesie ♦ *tr.* mettere in rima delle parole | (*estens.*) narrare in versi: *— le loro gesta*.
ri|mar|gi|nà|re *v.tr.* [indic.pres. *io rimàrgino...*] **1** ricongiungere i margini di una ferita; cicatrizzare **2** (*fig.*) lenire, superare: *— un'umiliazione* ♦ *-rsi* *intr.pron.* **1** cicatrizzarsi **2** (*fig.*) mitigarsi; ricomporsi: *la frattura tra le sorelle si rimarginò*.
ri|mà|rio *s.m.* elenco delle parole che rimano in un testo, in un autore o in una lingua, ordinate alfabeticamente secondo la vocale accentata.
ri|ma|sti|cà|re *v.tr.* [indic.pres. *io rimàstico, tu rimàstichi...*] **1** masticare di nuovo **2** (*fig.*) riproporre senza originalità: *rimastica sempre le solite opinioni* **3** (*fig.*) tornare a meditare su vecchie faccende; rimuginare: *— lo spiacevole episodio*.
ri|ma|sti|ca|tìc|cio *s.m.* (*raro*) **1** cibo rimasticato **2** (*fig., spreg.*) riproposizione scontata di cose già note: *un film che sa di —*.
ri|ma|sti|ca|tù|ra *s.f.* (*spec.fig.*) attività del rimasticare: *fare una — di opere altrui* | ciò che si rimastica: *è un'ignobile —*.
ri|ma|sù|glio *s.m.* ciò che resta, spec. di scarso valore; minimo avanzo: *rimasugli di cibo*.
ri|mà|to *part.pass.* di rimare ♦ *agg.* in rima: *poema —*.
ri|ma|tó|re *s.m.* [f. *-trice*] chi compone versi in rima; verseggiatore | nella letteratura delle origini, poeta di versi rimati in volgare: *— stilnovista* | (*spreg.*) poeta privo di ispirazione.
rim|bal|dan|zì|re *v.tr.* [indic.pres. *io rimbaldanzisco, tu rimbaldanzisci...*] rendere nuovamente o maggiormente baldanzoso: *i complimenti lo rimbaldanzirono* ♦ *-rsi* *intr.pron.* ritrovare baldanza.
rim|bal|zà|re *v.intr.* [aus. *E, A*] **1** essere respinto indietro o deviato dopo un urto: *fanno — la palla; le pallottole rimbalzavano ovunque* **2** (*fig.*) essere comunicato velocemente: *la dichiarazione sta rimbalzando su tutte le reti*.
rim|bal|zèl|lo *s.m.* gioco che consiste nel far rimbalzare un ciottolo piatto sul pelo dell'acqua, lanciandolo con inclinazione opportuna.
rim|bal|zì|no *s.m.* gioco in cui si lancia una moneta contro il muro in modo tale che, ricadendo, si avvicini a un punto segnato per terra.
rim|bàl|zo *s.m.* **1** deviazione o ritorno in direzione opposta dopo un urto | *di —*, dopo un rim-

rimbambimento

balzo: *respingere la palla di —*; dopo un primo urto: *il proiettile l'ha colpito di —*; (*fig.*) in modo indiretto: *la cosa mi tocca solo di —* **2** (*sport*) nel basket, riconquista del pallone dopo un tiro a canestro sbagliato.
rim|bam|bi|mén|to *s.m.* processo durante il quale si rimbambisce | condizione da rimbambito: *in totale —*.
rim|bam|bi|re *v.tr.* [indic.pres. *io rimbambisco, tu rimbambisci...*] stordire; istupidire: *la televisione lo rimbambisce* ♦ **-rsi** *intr.pron.* (*spreg.*) perdere la capacità di ragionare in modo lucido: *— in ospizio.*
rim|bam|bi|to *part.pass.* di rimbambire ♦ *agg., s.m.* [f. *-a*] che, chi non è più in grado di ragionare lucidamente; rimbecillito: *sei proprio un —!*
rim|bec|cà|re *v.tr.* [indic.pres. *io rimbécco, tu rimbécchi...*] ribattere polemicamente: *— l'allusione* ♦ **-rsi** *rifl.rec.* discutere vivacemente.
rim|be|cil|li|re *v.tr.* [indic.pres. *io rimbecillisco, tu rimbecillisci...*] rendere imbecille | (*estens.*) mandare in confusione; stordire ♦ **-rsi** *intr.pron.* diventare imbecille.
rim|be|cil|li|to *part.pass.* di rimbecillire ♦ *agg., s.m.* [f. *-a*] che, chi è diventato imbecille.
rim|boc|cà|re *v.tr.* [indic.pres. *io rimbócco, tu rimbócchi...*] ripiegare all'estremità: *— la tela per orlarla* | *— il lenzuolo*, risvoltarne la parte alta sopra la coperta | *— le coperte*, sistemarne le estremità laterali sotto il materasso | (*fig.*) *rimboccarsi le maniche*, cominciare a lavorare con impegno.
rim|boc|ca|tù|ra *s.f.* azione del rimboccare | la parte rimboccata.
rim|bóc|co *s.m.* [pl. *-chi*] rimboccatura: *il — delle lenzuola.*
rim|bom|bàn|te *part.pres.* di rimbombare ♦ *agg.* che risuona; fragoroso: *l'eco — nella vallata* | che rimbomba: *locale — di musica ad alto volume* | (*fig., spec.spreg.*) enfatico, roboante: *comizio —.*
rim|bom|bà|re *v.intr.* [indic.pres. *io rimbómbo...*; aus. *E, A*] echeggiare con cupo fragore; rintronare: *fuori rimbomba il temporale.*
rim|bóm|bo *s.m.* **1** cupo fragore che echeggia **2** (*fis.*) in certi ambienti chiusi, persistenza del suono dopo l'interruzione dell'emissione: *il — delle voci nella caverna.*
rim|bor|sà|bi|le *agg.* che può essere rimborsato.
rim|bor|sa|bi|li|tà *s.f.* condizione di ciò che può essere rimborsato.
rim|bor|sà|re *v.tr.* [indic.pres. *io rimbórso...*] restituire denaro prestato, anticipato per altri o pagato per servizi mai goduti; risarcire: *— la cauzione*; *lo dobbiamo — del danno.*
rim|bór|so *s.m.* restituzione di denaro o risarcimento pecuniario | somma rimborsata: *il — è arrivato per posta.*
rim|bo|scà|re *v.tr.* [indic.pres. *io rimbòsco, tu rimbòschi...*] rimboschire.
rim|bo|schi|mén|to *s.m.* ricostituzione di area boschiva degradata; riforestazione.
rim|bo|schì|re *v.tr.* [indic.pres. *io rimboschisco, tu rimboschisci...*] ripiantare a bosco ♦ *intr.* [aus. *E*] divenire nuovamente boscoso: *le montagne rimboschiscono.*
rim|brot|tà|re *v.tr.* [indic.pres. *io rimbròtto...*] (*raro*) ammonire bruscamente; rimproverare.
rim|bròt|to *s.m.* brusco rimprovero.
ri|me|dià|bi|le *agg.* che può essere rimediato: *errore —.*
ri|me|dià|re *v.intr.* [indic.pres. *io rimèdio...*; aus. *A*] porre rimedio; ovviare: *— alla mancanza* | provvedere: *spetta a lui — alla macchina rotta* ♦ *tr.* **1** mettere a posto; riparare: *— una serie di torti* **2** (*fam., anche iron.*) procurarsi; racimolare: *— quattro soldi* **3** (*fig.*) subire, ricavare ql.co. di sgradevole: *a forza di piagnucolare ha rimediato un ceffone* **4** accomodare; riadattare: *— il pigiama per il fratellino.*
ri|mè|dio *s.m.* **1** farmaco, medicamento; cura con cui si guarisce o si allevia una malattia: *— contro il dolore* **2** (*estens.*) soluzione per una situazione negativa: *un — al disagio giovanile* | *senza —*, disperato | *— peggiore del male*, intervento che innesca conseguenze ancor più gravi del problema che risolve | (*prov.*) *a mali estremi, estremi rimedi*, la gravità di certe situazioni autorizza il ricorso a misure eccezionali.
ri|mem|bràn|za *s.f.* (*lett.*) l'attività del rimembrare; intensa rievocazione | cosa ricordata.
ri|mem|brà|re *v.tr.* [indic.pres. *io rimèmbro...*] (*lett.*) ricordare, richiamare vividamente alla memoria ♦ **-rsi** *intr.pron.* (*lett.*) ricordarsi con partecipazione emotiva.
ri|me|ri|tà|re *v.tr.* [indic.pres. *io rimèrito...*] (*lett.*) rendere merito; ricompensare | *che Dio ti rimeriti*, formula usata per ringraziare il benefattore.
ri|me|sco|la|mén|to *s.m.* **1** azione del rimescolare **2** (*fig.*) turbamento emotivo.
ri|me|sco|là|re *v.tr.* [indic.pres. *io riméscolo...*] **1** mescolare di nuovo **2** mescolare varie volte; continuare a mescolare: *— il risotto* | (*fig.*) *— il sangue*, turbare profondamente: *quella vista mi rimescolò il sangue* **3** (*estens.*) mettere sottosopra rovistando | (*fig.*) *— le carte*, confondere la situazione modificando l'ordine o il senso dei suoi elementi **4** (*fig., raro*) riportare alla memoria; rivangare: *non — certi episodi* ♦ **-rsi** *intr.pron.* **1** di persone, mischiarsi ad altri: *— tra la folla* **2** (*anche fig.*) sconvolgersi, turbarsi.
ri|me|sco|là|ta *s.f.* azione con cui si mescola alla svelta: *dare una — ai bussolotti.*
ri|me|sco|lì|o *s.m.* **1** mescolamento continuo: *— di gente* **2** (*fig.*) turbamento: *il — dei miei pensieri.*
ri|més|sa *s.f.* **1** l'azione, il processo del rimettere: *— in scena di una rappresentazione teatrale* **2** (*sport, ell.*) in varie discipline, rilancio in campo della palla dopo un'interruzione del gioco: *— con le mani* | nella scherma, nuovo attacco dopo la parata avversaria | (*fig.*) *— in gioco*, rivalutazione di fattori che parevano ormai esclusi, superati ecc.: *la — in gioco della fazione sconfitta* | *giocare di —*, lasciare l'iniziativa all'avversario, in

attesa del momento propizio per la risposta **3** immagazzinamento di derrate | l'insieme delle derrate immagazzinate | magazzino che contiene tali scorte alimentari o attrezzi agricoli o bestiame **4** edificio attrezzato per il deposito dei veicoli: *la — dei tram* **5** invio di merce, di denaro, di titoli | (*banc.*) operazione eseguita per accreditare in conto | (*fin.*) — *finanziaria*, invio di denaro a un creditore | — *di emigranti*, denaro inviato dall'estero alla famiglia d'origine **6** (*comm.*) perdita: *avere una —* **7** (*bot.*) nuova germogliazione.

ri|mes|sàg|gio *s.m.* **1** deposito in locali attrezzati di veicoli e imbarcazioni a impiego periodico **2** (*estens.*) la manutenzione effettuata durante il periodo di deposito.

ri|me|sta|mén|to *s.m.* (*anche fig.*) azione del rimestare: *inopportuno — di vecchi rancori*.

ri|me|stà|re *v.tr.* [*indic.pres. io rimésto...*] (*anche assol.*) **1** rimescolare: *devi — il budino perché si addensi senza grumi* **2** (*fig.*) rimettere in questione; rivangare, spec. in modo inopportuno, inutile: *non ti conviene — nel suo passato*.

ri|mét|te|re *v.tr.* [con. come *mettere*] **1** mettere un'altra volta, di nuovo: *— a posto*; *— radici* | — *piede*, tornare | *— in piedi*, ricostruire; (*fig.*) far risorgere, riattivare: *— in piedi l'azienda* | — *a nuovo*, restaurare alla perfezione; (*fig.*) riportare alla piena efficienza **2** affidare, demandare: *rimetto a te la scelta* **3** perdonare, condonare: — *le colpe, i debiti* **4** (*coll., anche assol.*) *rimetterci*, subire un danno; perdere: *ci ho rimesso di tasca mia; rimetterci in salute* **5** (*anche assol.*) vomitare, rigettare **6** (*sport, anche assol.*) rilanciare, rimandare: *— il pallone*; *— dal fondo* **7** (*bur.*) spedire, inviare spec. valori o denaro | rilasciare: *— una fattura* ♦ **-rsi** *intr.pron.* **1** tornare in salute, ristabilirsi | (*coll.*) *— in carne*, ingrassare **2** (*meteor.*) rasserenarsi: *il tempo si è rimesso* ♦ *rifl.* **1** mettersi di nuovo: *— a correre* | *— insieme*, riprendere una relazione sentimentale **2** affidarsi; confidare: *mi rimetto alla tua saggezza*.

ri|mi|rà|re *v.tr.* guardare con cura o ammirazione: *— il capolavoro* ♦ **-rsi** *rifl.* guardarsi con compiacimento: *ti rimiri sempre allo specchio*.

rim|mel® *s.m.invar.* cosmetico usato per dare risalto alle ciglia.

rim|min|chio|ni|re *v.tr., intr.* [*indic.pres. io rimminchionisco, tu rimminchionisci...*; aus. dell'intr. E] (*volg.*) rimbecillire.

ri|mo|del|là|re *v.tr.* [*indic.pres. io rimodèllo...*] (*anche fig.*) modellare di nuovo; plasmare in modo diverso: *— un concetto*.

ri|mo|der|na|mén|to *s.m.* intervento volto a rimodernare; rinnovamento in chiave moderna: *— dei locali*.

ri|mo|der|nà|re *v.tr.* [*indic.pres. io rimodèrno...*] rendere più moderno: *— l'arredamento* | (*estens.*) aggiornare; rinnovare: *— le competenze* ♦ **-rsi** *intr.pron.* **1** (*di cosa*) assumere struttura, aspetto più moderni **2** (*di persona*) adattarsi a nuove tendenze; aggiornarsi.

ri|món|ta *s.f.* **1** (*anche sport*) in una competizione, recupero progressivo dello svantaggio: *— elettorale* **2** (*zool.*) viaggio di ritorno degli uccelli migratori.

ri|mon|tà|re *v.tr.* [*indic.pres. io rimónto...*] **1** montare ql.co. di smontato, danneggiato e sim.: *— il meccanismo* **2** (*anche assol.*) recuperare lo svantaggio **3** risalire un pendio | percorrere contro vento, contro corrente: *— la corrente del fiume* **4** cavalcare ancora: *— lo stesso cavallo* ♦ *intr.* [aus. *E*] **1** montare, salire di nuovo: *— in cima*; *— in sella dopo la caduta* **2** (*fig.*) avere origini; risalire: *le mura rimontano all'epoca dorica*.

ri|mor|chià|re *v.tr.* [*indic.pres. io rimòrchio...*] **1** trainare un veicolo o un natante, spec. in avaria, agganciandolo a un altro: *— l'auto a secco* **2** (*fig.*) trascinarsi dietro: *lo ha rimorchiato fino a qui solo per farsi pagare la cena* | indurre a fare ql.co. anche controvoglia; convincere: *si fa sempre — dagli amici* **3** (*pop., anche assol.*) sedurre; agganciare: *— ragazze in discoteca; stasera si rimorchia alla grande!*

ri|mor|chia|tó|re *s.m.* (*mar.*) piccola nave, fornita di un motore potente, che rimorchia imbarcazioni in avaria o manovra grandi navi dentro canali, porti e sim ♦ *agg.* [f. *-trice*] che rimorchia: *camion —*.

ri|mòr|chio *s.m.* **1** traino | (*fig.*) *essere a — di qlcu.*, stare sempre in sua compagnia; dargli retta supinamente **2** ciò che si rimorchia; veicolo privo di motore agganciato a una motrice: *— agricolo*.

ri|mòr|de|re *v.tr.* [con. come *mordere*] **1** mordere di nuovo | mordere a propria volta **2** (*fig.*) tormentare col rimorso: *mi rimorde di averlo fatto*.

ri|mòr|so *s.m.* sentimento di dolore provato per colpe commesse: *divorato dal —*.

ri|mòs|so *s.m.* (*psicoan.*) contenuto psichico sottoposto a rimozione: *ritorno del —*.

ri|mo|stràn|za *s.f.* espressione di biasimo; protesta, reclamo: *presentare le proprie rimostranze*.

ri|mo|vì|bi|le *agg.* che può essere rimosso.

ri|mo|zió|ne *s.f.* **1** azione per rimuovere da un luogo; spostamento | *— forzata*, spostamento tramite carro attrezzi di veicoli parcheggiati in sosta vietata **2** (*bur.*) destituzione, sospensione: *— dall'incarico* **3** (*psicoan.*) processo inconscio con cui le psiche esclude dalla coscienza contenuti non tollerabili.

rim|pa|glia|tó|re *s.m.* [f. *-trice*] chi sistema impagliature rovinate.

rim|pal|là|re *v.intr.* [aus. *A*] rimbalzare | nel calcio e nel biliardo, fare rimpallo ♦ *tr.* (*coll., fig.*) demandare; scaricare: *— la responsabilità*.

rim|pàl|lo *s.m.* **1** (*sport*) rimbalzo della palla dovuto all'urto contro un palo o un avversario **2** nel gioco del biliardo, ritorno della palla su quella che l'ha colpita.

rim|pan|nuc|cià|re *v.tr.* [*indic.pres. io rimpannuccio...*] **1** rivestire di panni nuovi **2** (*fig.*) riportare in condizioni economiche migliori ♦ **-rsi** *rifl.* migliorare la propria situazione economica.

rim|pa|stà|re *v.tr.* **1** impastare di nuovo **2** (*fig.*)

rimaneggiare a livello di disposizione o di contenuto: — *il testo* | (*polit.*) — *il governo*, sottoporlo a rimpasto.

rim|pà|sto *s.m.* **1** nuovo, ulteriore impasto | l'amalgama che se ne ricava **2** (*fig.*) rimaneggiamento, rielaborazione | (*polit.*) sostituzione di ministri senza aprire una crisi di governo.

rim|pa|trià|re *v.intr.* [indic.pres. *io rimpatrio*...; aus. *E*] tornare in patria: — *illegalmente* ♦ *tr.* rimandare in patria: — *i profughi*.

rim|pa|trià|ta *s.f.* (*fam.*) incontro di amici che non si vedevano da tempo.

rim|pà|trio *s.m.* rinvio o ritorno in patria: *il — degli emigrati*.

rim|pèt|to *avv. nella loc.* **di —**, davanti, di fronte: *abita di — al palazzo*; *la porta di —*.

rim|pià n|ge|re *v.tr.* [con. come *piangere*] **1** ricordare con nostalgia: — *i bei tempi* **2** ripensare con rincrescimento; rammaricarsi: — *di aver accettato*.

rim|pià n|to *part.pass.* di rimpiangere ♦ *agg.* ricordato malinconicamente: *le tanto rimpiante vacanze* ♦ *s.m.* **1** nostalgia: *il — della gioventù* **2** rammarico.

rim|piat|ti|no *s.m.* gioco in cui chi è di turno deve scovare i compagni nascosti; nascondino.

rim|piaz|zà|re *v.tr.* **1** collocare una persona o una cosa al posto di un'altra; sostituire: — *il licenziato con un apprendista*; — *le pile* **2** fare le veci di qlcu.; supplire temporaneamente: *ho rimpiazzato mio cugino in quell'incarico*.

rim|piàz|zo *s.m.* sostituzione | sostituto: *mi hanno preso come —*.

rim|pic|cio|li|mén|to o **rimpiccolimento** *s.m.* riduzione di dimensioni: — *in scala*.

rim|pic|cio|lì|re o **rimpiccolire** *v.tr.* [indic.pres. *io rimpicciolisco, tu rimpicciolisci*...] rendere, far apparire più piccolo: — *una fotografia sullo schermo* ♦ *intr.* [aus. *E*], **-rsi** *intr.pron.* diventare o apparire più piccolo: *la maglietta si è rimpicciolita con il lavaggio*; *la nave salpata rimpiccioliva all'orizzonte*.

rim|pin|guà|re *v.tr.* [indic.pres. *io rimpinguo*...] **1** rendere di nuovo grasso; ingrassare ulteriormente **2** (*fig.*) arricchire ancora: — *la cassa* ♦ **-rsi** *intr.pron.* **1** ingrassare ancora **2** (*fig.*) arricchirsi di nuovo o di più.

rim|pin|zà|re *v.tr.* riempire di cibo; saziare | (*fig.*) riempire troppo; imbottire: — *di sciocchezze* ♦ **-rsi** *rifl.* riempirsi eccessivamente: *non ti — quando mangi*.

rim|pol|pà|re *v.tr.* [indic.pres. *io rimpólpo*...] **1** rendere più grasso, rimettere in carne **2** (*fig.*) arricchire: — *il testo di riferimenti* ♦ **-rsi** *intr. pron.* tornare in carne; ingrassare.

rim|pro|ve|rà|re *v.tr.* [indic.pres. *io rimpròvero*...] **1** ammonire, redarguire; sgridare: — *lo studente indisciplinato* **2** fare oggetto di critica, spec. con l'intento di rinfacciare: *gli rimproverano i passati errori* ♦ **-rsi** *rifl.* biasimarsi per ql.co.: — *per i propri errori* | rammaricarsi di ql.co.: *non ho niente di cui rimproverarmi, ho fatto quello che potevo*.

rim|prò|ve|ro *s.m.* l'atto del redarguire; sgridata | espressione, verbale o gestuale, con cui si disapprova: *occhiata di —*.

ri|mu|gi|nà|re *v.tr., intr.* [indic.pres. *io rimùgino*...; aus. *A*] ripensare elaboratamente e a lungo; meditare in modo ossessivo: — *un progetto*; — *sull'accaduto*.

ri|mu|ne|rà|re o **remunerare** *v.tr.* [indic.pres. *io rimùnero*...] **1** (*lett.*) ripagare, ricompensare: — *lo sforzo* **2** (*assol.*) fruttare profitto; rendere: *impresa che rimunerava parecchio*.

ri|mu|ne|ra|ti|vi|tà o **remuneratività** *s.f.* caratteristica di ciò che è rimunerativo, redditizio.

ri|mu|ne|ra|tì|vo o **remunerativo** *agg.* che rimunera; che dà un buon compenso: *affare — ☐* **rimunerativamente** *avv.*

ri|mu|ne|ra|zió|ne o **remunerazione** *s.f.* l'atto del ricompensare | ciò con cui si rimunera; retribuzione, compenso: — *insufficiente*.

ri|muò|ve|re *v.tr.* [con. come *muovere*] **1** (*anche fig.*) togliere via, levare, spostare: — *una barriera*; — *le perplessità* **2** (*fig.*) dissuadere, distogliere: — *qlcu. da un cattivo proposito* **3** (*bur.*) destituire, deporre: — *dalla carica* **4** (*psicoan.*) sottoporre a rimozione **5** muovere di nuovo ♦ **-rsi** *intr.pron.* mutare opinione; desistere da un'idea.

rin- → **ri-**.

ri|nàl|gi|a *s.f.* (*med.*) dolore localizzato al naso.

ri|na|scèn|za *s.f.* (*lett.*) rinascita, spec. spirituale, culturale.

ri|nà|sce|re *v.intr.* [con. come *nascere*; aus. *E*] **1** (*spec.scherz.*) nascere una seconda volta: *se potessi — rifarei le stesse scelte* **2** riacquistare il gusto di vivere: *la maternità l'ha fatta —* | (*fig.*) riprendere vigore: *la protesta rinascerà* **3** germogliare ancora, spuntare nuovamente: *l'insalata sta per —*; *i peli rinascono* | (*fig.*) tornare a svilupparsi; rifiorire: *faremo — la cultura*.

ri|na|sci|men|tà|le *agg.* del Rinascimento: *corte —*.

ri|na|sci|mén|to *s.m.* solo sing. [spec. con iniziale maiuscola] (*st.*) movimento culturale sorto in Italia alla fine del sec. XIV sulla base di un rinnovato culto della classicità.

ri|nà|sci|ta *s.f.* **1** ricrescita di ciò che era stato tagliato: — *dei capelli* **2** vitalità ritrovata: *una — interiore* | riattivazione, ripresa; nuova fioritura: — *dei conflitti*; — *economica, culturale*.

rin|ca|gnà|to *agg.* si dice di viso un po' schiacciato con naso appiattito e all'insù.

rin|cal|cà|re *v.tr.* [indic.pres. *io rincalco, tu rincalchi*...] (*fam.*) calcare forte fino in fondo: — *il tappo sulla bottiglia*.

rin|cal|zà|re *v.tr.* rinforzare alla base accumulandovi terra intorno: — *l'ombrellone*; *piantine da —* | *il letto*, infilare sotto il materasso le estremità di coperte e lenzuola.

rin|cal|zà|ta *s.f.* (*raro*) rincalzo effettuato alla svelta.

rin|càl|zo *s.m.* **1** intervento effettuato per rincalzare **2** sostegno, appoggio: *mettere un — sotto il piede del mobile*; *materiale di —* | (*estens., fig.*) rinforzo; aiuto: *un — economico* | *di —*, a ulteriore sostegno: *rispondere di* — 3 (*spec.pl., mil.*) il complesso delle truppe di riserva 4 (*sport*) giocatore di riserva.

rin|cam|mi|nàr|si *v.intr.pron.* (*anche fig.*) riprendere il cammino: — *sulla retta via.*

rin|can|tuc|cià|re *v.tr.* [indic.pres. *io rincantuccio...*] collocare in un angolo ♦ **-rsi** *rifl.* rifugiarsi in un cantuccio.

rin|can|tuc|cià|to *part.pass.* di rincantucciare ♦ *agg.* appartato: *vivere* —.

rin|ca|rà|re *v.tr.* aumentare di prezzo, rendere più costoso | (*fig.*) — *la dose,* aggravare ql.co. di già spiacevole ♦ *intr.* [aus. *E*] farsi più costoso: *l'oro ha smesso di* —.

rin|cà|ro *s.m.* aumento di prezzo: — *dei beni primari.*

rin|ca|sà|re *v.intr.* [aus. *E*] tornare a casa; rientrare: — *al tramonto.*

rin|chiù|de|re *v.tr.* [con. come *chiudere*] chiudere dentro senza possibilità di uscita: — *in gabbia* | mettere in un contenitore sicuro: — *i soldi in un posto segreto* ♦ **-rsi** *rifl.* chiudersi dentro: — *in casa durante la tempesta* | (*estens.*) segregarsi: — *in monastero* | (*fig.*) chiudersi in se stesso: — *nel silenzio.*

rin|ci|trul|li|re *v.tr.* [indic.pres. *io rincitrullisco, tu rincitrullisci...*] rendere citrullo; rimbecillire ♦ *intr.* [aus. *E*], **-rsi** *intr.pron.* diventare citrullo; rimbambirsi: *con l'età rincitrullisce.*

rin|ci|vi|li|mén|to *s.m.* (*raro*) processo di civilizzazione: — *di un popolo* | adozione di buone maniere.

rin|ci|vi|li|re *v.tr.* [indic.pres. *io rincivilisco, tu rincivilisci...*] rendere civile o più civile ♦ *intr.* [aus. *E*], **-rsi** *intr.pron.* diventare più civile | raffinare le proprie maniere.

Rin|co|cè|fa|li *s.m.pl.* ordine di Rettili simili a lucertole, la cui unica specie non estinta è lo sfenodonte.

Rin|cò|fo|ri *s.m.pl.* ordine di Coleotteri caratterizzati da un prolungamento del capo in forma di proboscide e dalla presenza di antenne ripiegate; sono detti anche Curculionidi.

rin|co|glio|ni|re *v.tr.* [indic. pres. *io rincoglionisco, tu rincoglionisci...*] (*volg.*) rendere coglione, rimbambito; rincretinire ♦ *intr.* [aus. *E*], **-rsi** *intr. pron.* (*volg.*) diventare coglione; rincretinirsi.

rin|co|rà|re *v.tr.* → **rincuorare**.

rin|cór|re|re *v.tr.* [con. come *correre*] (*anche fig.*) inseguire: — *la corriera;* — *un sogno* ♦ **-rsi** *rifl.rec.* (*anche fig.*) inseguirsi l'un l'altro: *i bambini giocavano a* —; *le notizie si rincorrono.*

rin|cór|sa *s.f.* breve corsa fatta per acquistare slancio: *prendere la* — *per il salto* | *di* —, di slancio: *arrivò di* —.

rin|co|spèr|mo *s.m.* pianta sempreverde rampicante, da spalliera, con odorosi fiori bianchi a forma di stella.

rin|cré|sce|re *v.intr.* [con. come *crescere*; aus. *E*] suscitare rammarico, dispiacere: *perché mi dovrebbe* —?; *mi rincresce di non poter venire stasera* | usato in formule di cortesia: *le rincresce darmi un passaggio?*

rin|cre|sci|mén|to *s.m.* dispiacere, rammarico | *con* —, a malincuore.

rin|cre|ti|ni|re *v.tr.* [indic.pres. *io rincretinisco, tu rincretinisci...*] rendere cretino | (*estens.*) stordire; confondere: *ti sta rincretinendo con le sue smancerie!* ♦ *intr.* [aus. *E*], **-rsi** *intr.pron.* diventare cretino; rimbecillirsi.

rin|cre|ti|ni|to *part.pass.* di rincretinire ♦ *agg.*, *s.m.* [f. *-a*] che, chi è diventato cretino | (*estens.*) che, chi è stordito, confuso.

rin|cru|de|li|re *v.tr.* [indic.pres. *io rincrudelisco, tu rincrudelisci...*] rendere ancora crudele; incrudelire di più: *le tante accuse lo rincrudelirono* ♦ *intr.* [aus. *E*], **-rsi** *intr.pron.* diventare crudele di nuovo o più crudele ancora | di malattia, aggravarsi.

rin|cru|di|mén|to *s.m.* inasprimento; recrudescenza: — *climatico.*

rin|cru|dì|re *v.tr.* [indic.pres. *io rincrudisco, tu rincrudisci...*] 1 (*spec.fig.*) rendere nuovamente o maggiormente crudo, rigido: *la nevicata ha rincrudito la temperatura; la vita l'ha rincrudito* 2 (*estens., fig.*) rendere nuovamente o maggiormente aspro; esasperare: — *lo scontro* ♦ *intr.* [aus. *E*], **-rsi** *intr.pron.* 1 diventare più crudo, più rigido: *il tempo si sta rincrudendo* 2 (*estens., fig.*) inasprirsi, acuirsi: *le tensioni si stanno rincrudendo.*

rin|cu|là|re *v.intr.* [aus. *A*] 1 indietreggiare senza voltarsi: *il mulo rinculava spaventato* 2 di arma da fuoco, arrestare bruscamente all'atto dello sparo.

rin|cu|là|ta *s.f.* improvviso indietreggiamento, spec. di animale.

rin|cù|lo *s.m.* brusco arretramento di arma da fuoco, come contraccolpo allo sparo.

rin|cuo|rà|re o **rincorare** *v.tr.* [indic.pres. *io rincuòro...*] fare coraggio; confortare: — *un amico in difficoltà* ♦ **-rsi** *rifl.* riprendere animo; ritrovare fiducia.

ri|ne|go|zià|re *v.tr.* spec. nel linguaggio economico e politico, negoziare nuovamente | ridefinire un accordo attraverso nuove trattative; ricontrattare: — *le condizioni di pace.*

ri|nen|cè|fa|lo *s.m.* (*anat.*) parte dell'encefalo che gestisce l'olfatto.

rin|fac|cia|mén|to *s.m.* (*raro*) atto del rinfacciare | la cosa rinfacciata.

rin|fac|cià|re *v.tr.* [indic.pres. *io rinfaccio...*] 1 rimproverare apertamente a qlcu. errori e sim.: — *le debolezze* 2 ricordare in modo aggressivo un debito di riconoscenza per benefici ricevuti: — *gli aiuti nei momenti difficili* ♦ **-rsi** *rifl.rec.* attribuirsi l'un l'altro colpe, errori e sim.: — *vecchi torti.*

rin|fian|cà|re *v.tr.* [indic.pres. *io rinfianco, tu rinfianchi...*] 1 (*edil.*) rinforzare sui fianchi 2 (*estens., fig.*) rafforzare, sostenere, avvalorare.

rin|fiàn|co *s.m.* [pl. *-chi*] 1 (*edil.*) opera muraria costruita per rinfiancare; contrafforte 2 (*estens., fig.*) sostegno, appoggio: *un* — *alla tua tesi.*

rin|fo|co|la|mén|to *s.m.* (*raro*) riattivazione; risveglio: — *delle passioni.*

rin|fo|co|là|re v.tr. [indic.pres. *io rinfòcolo...*] **1** riattizzare il fuoco: — *il camino* **2** (*fig.*) suscitare nuovamente; riaccendere, ravvivare: — *l'amore* ♦ **-rsi** *intr.pron.* (*anche fig.*) riaccendersi.

rin|fo|de|rà|re v.tr. [indic.pres. *io rinfòdero...*] **1** rimettere nel fodero: — *il pugnale* | (*estens.*) ritirare, ritrarre: — *gli artigli* **2** (*fig.*) mettere da parte, rinunciare a frasi o azioni: — *i propositi bellicosi.*

rin|for|zàn|do *s.m.invar.* (*mus.*) nelle partiture, indicazione di aumentare progressivamente l'intensità del suono all'interno di una frase.

rin|for|zà|re v.tr. [indic.pres. *io rinfòrzo...*] **1** rendere più forte, vigoroso: — *la muscolatura; difese da —* | (*anche fig.*) rendere più stabile, saldo: — *un'opera muraria;* — *il carattere* | (*fig.*) consolidare, avvalorare: — *una teoria* **2** (*mus.*) dotare di maggiore intensità: — *il suono* **3** (*psicol.*) premiare un comportamento affinché venga ripetuto ♦ *intr.* [aus. *E*] di fenomeno atmosferico, intensificarsi: *il vento continua a —* ♦ **-rsi** *intr.pron.* diventare più forte; rinvigorirsi: — *con una dieta.*

rin|for|zà|to *part.pass.* di rinforzare ♦ *agg.* **1** strutturato in modo tale da essere più resistente: *materiale* — **2** si dice di punto usurabile di un indumento, coperto da rinforzo o realizzato a maglie più fitte: *tallone* — **3** (*gastr.*) si dice di panino, pizza e sim., fornito di una dose maggiore di ripieno.

rin|fòr|zo *s.m.* **1** l'atto del rinforzare: *effettuare un —* | elemento che rinforza: — *alla gamba del tavolo* | (*fig.*) sostegno; aiuto **2** pezza applicata sui punti più usurabili di un indumento: *un — al cavallo dei pantaloni* **3** (*pl.*, *mil.*) truppe mandate in appoggio a quelle già impegnate sul campo: *attendere rinforzi* **4** (*psicol.*) ricompensa data per un comportamento che si vuol rendere abituale.

rin|fran|ca|mén|to *s.m.* (*raro*) intervento volto a rincuorare, a restituire energia | ripresa di vigore, di coraggio.

rin|fran|cà|re v.tr. [indic.pres. *io rinfranco, tu rinfranchi...*] **1** rendere di nuovo fiducioso; incoraggiare: — *un amico con speranze di vittoria* **2** ritemprare il fisico; ristorare: *questa bevanda energizzante ti ha rinfrancato* ♦ **-rsi** *intr. pron.* **1** ritrovare sicurezza **2** rinvigorirsi.

rin|fran|cà|to *part.pass.* di rinfrancare ♦ *agg.* **1** che mostra maggior fiducia, sicurezza: *sorriso* — **2** che ha ritrovato vigore fisico ed energia: *mi sento rinfrancata.*

rin|fre|scàn|te *part.pres.* di rinfrescare ♦ *agg.* **1** che rinfresca: *pomata* — | di medicinale, che ha funzione depurativa, antinfiammatoria, lassativa **2** dissetante: *bibita —.*

rin|fre|scà|re v.tr. [indic.pres. *io rinfrésco, tu rinfréschi...*] **1** rendere fresco: — *le mani nell'acqua, una bibita nel frigo* **2** ridare freschezza; restaurare, ritoccare: — *le pareti; rinfrescarsi il trucco* | (*fig., spec.iron.*): — **la memoria**, far tornare in mente, spec. ciò che non si vuole ricordare **3** (*coll.*) lenire uno stato infiammatorio ♦ *intr.* [aus. *E; anche impers.*] **1** (*meteor.*) diventare più freddo: *sul tardi rinfresca* **2** (*mar.*) detto del vento, rinforzarsi ♦ **-rsi** *intr.pron.* diventare più fresco: *la fronte del malato comincia a —* ♦ **rifl. 1** ristorarsi con bevande dissetanti **2** rimettersi in ordine, sciacquarsi spec. dopo una fatica, un viaggio: *vai a rinfrescarti prima di uscire.*

rin|fre|scà|ta *s.f.* **1** calo di temperatura **2** azione volta a ridare freschezza, refrigerio al corpo; lavata: *darsi una bella — dopo la ginnastica* **3** (*fig.*) revisione generica; ripasso: *dare una — alla materia prima dell'esame.*

rin|fré|sco *s.m.* [pl. *-schi*] ricevimento in occasione di festeggiamenti, con bevande e spuntini | (*pl.*) ciò che viene offerto da bere e mangiare in tali feste: *prendere i rinfreschi al buffet.*

rin|fù|sa *s.f. solo nella loc.* **alla** —, senza ordine, in modo confuso: *chiacchierare alla —;* (*comm.*) detto di merci prive di imballaggio: *merci, carico alla —.*

ring (*ingl.*) *s.m.invar.* **1** (*sport*) palco attrezzato per incontri di pugilato o lotta; quadrato **2** (*econ.*) accordo stipulato per far salire il prezzo di un prodotto diminuendone l'offerta.

rin|ga|gliar|dì|re v.tr. [indic.pres. *io ringagliardisco, tu ringagliardisci...*] rendere vigoroso; rafforzare ♦ *intr.* [aus. *E*], **-rsi** *intr.pron.* riprendere vigoria.

rin|gal|luz|zì|re v.tr. [indic.pres. *io ringalluzzisco, tu ringalluzzisci...*] (*fam., anche scherz.*) rendere baldanzoso e vivace: *il corteggiamento lo ringalluzzì* ♦ *intr.* [aus. *E*], **-rsi** *intr.pron.* (*fam., anche scherz.*) diventare vispo, baldanzoso.

rin|gal|luz|zì|to *part.pass.* di ringalluzzire ♦ *agg.* (*fam.*) pieno di baldanza, vivacità.

rin|ghià|re v.intr. [indic.pres. *io ringhio...;* aus. *A*] **1** detto di cani e lupi, emettere un brontolio minaccioso digrignando i denti **2** (*fig.*) parlare rabbiosamente, con ostilità ♦ *tr.* pronunciare in tono irritato: — *minacce.*

rin|ghiè|ra *s.f.* parapetto spec. metallico di cui sono dotati ballatoi, scale, terrazzi e sim. | **casa di —**, vecchio caseggiato popolare costruito su più piani, con un lungo ballatoio che permette l'accesso alle abitazioni.

rin|ghio *s.m.* l'atto del ringhiare | verso di cane o lupo che ringhia.

rin|ghió|so *agg.* **1** che ringhia: *un lupo —* **2** (*fig.*) che parla con tono rabbioso, ostile □ **ringhiosamente** *avv.*

rin|gio|va|ni|mén|to *s.m.* passaggio a una condizione, un aspetto più giovanile; rigenerazione.

rin|gio|va|nì|re v.tr. [indic.pres. *io ringiovanisco, tu ringiovanisci...*] riportare a un aspetto e vigore giovanili: *la vacanza l'ha ringiovanito* ♦ *intr.* [aus. *E*] tornare giovane per vigore e aspetto fisico.

rin|gio|va|nì|to *part.pass.* di ringiovanire ♦ *agg.* tornato giovanile nella forma fisica o nello spirito.

rin|gra|nà|re v.tr. (*mecc.*) ingranare di nuovo: — *la prima* ♦ *intr.* [aus. *A*] **1** (*mecc.*) riprendere a

ingranare 2 (*fig., fam.*) tornare a funzionare bene; riprendere il ritmo: *gli affari cominciano a —*.
rin|gra|zia|mén|to *s.m.* atto con cui si ringrazia | (*spec.pl.*) manifestazione, espressione di gratitudine: *dono di —; ringraziamenti ufficiali*.
rin|gra|zià|re *v.tr.* [indic.pres. *io ringrazio*...] esprimere gratitudine, riconoscenza: *— il benefattore solo a parole* | *sia ringraziato il cielo!*, esclamazione di soddisfazione, gioia o sollievo.
ri|ni|te *s.f.* (*med.*) infiammazione delle cavità nasali, di origine infettiva o allergica: *— da fieno*.
rin|ne|ga|mén|to *s.m.* abiura; sconfessione.
rin|ne|gà|re *v.tr.* [indic.pres. *io rinnégo* o *rinnègo, tu rinnéghi* o *rinnèghi*...] sconfessare quella che era la propria fede, idea; abiurare: *— la teoria eliocentrica* | trattare come sconosciuto dopo un rapporto di affetto o stima: *— il maestro*.
rin|ne|gà|to *part.pass.* di rinnegare ♦ *agg., s.m.* [f. *-a*] che, chi ha tradito la patria, la fede.
rin|no|và|bi|le *agg.* 1 che può essere rinnovato: *contratto —* 2 che può essere rigenerato, ricostituito | detto di fonte energetica, non esauribile (p.e. sole, vento, maree).
rin|no|va|bi|li|tà *s.f.* condizione di ciò che può essere rinnovato o rigenerato.
rin|no|va|mén|to *s.m.* 1 messa a nuovo; restauro: *— dell'edificio* | sostituzione con ql.co. di nuovo; ammodernamento: *— delle strutture aziendali* | positivo svecchiamento: *— culturale*.
rin|no|và|re *v.tr.* [indic.pres. *io rinnòvo*...] 1 fare di nuovo; ripetere: *— l'augurio; — un accordo* 2 rimettere a nuovo; restaurare: *— la facciata* | modificare, riformare: *— la società* 3 sostituire con ql.co. di nuovo; modernizzare: *— il personale* ♦ **-rsi** *intr.pron.* 1 diventare nuovo, moderno | (*fig.*) rigenerarsi fisicamente o spiritualmente 2 avvenire nuovamente, ripetersi; ripresentarsi: *le tensioni si rinnoveranno*.
rin|no|và|to *part.pass.* di rinnovare ♦ *agg.* 1 rinato con uguale o maggiore intensità: *con — coraggio* 2 ripetuto: *rinnovati assalti*.
rin|no|va|tó|re *agg., s.m.* [f. *-trice*] che, chi rinnova spec. in senso spirituale o morale: *messaggio —*.
rin|no|vel|là|re *v.tr.* [indic.pres. *io rinnovèllo*...] (*lett.*) 1 rinnovare 2 rifare o ridire ♦ **-rsi** *intr. pron.* (*lett.*) rinnovarsi.
rin|nò|vo *s.m.* 1 riconferma: *— dell'abbonamento; — delle scuse* | proroga: *chiedere il — della concessione* 2 rimessa a nuovo; ammodernamento: *— urbano* 3 (*agr.*) trattamento in profondità del terreno prima della coltivazione.
ri|no-, -ri|no (*med.*) primo e secondo elemento di parole composte che significa "naso" (*rinologia, otorino*).
ri|no|ce|rón|te *s.m.* poderoso mammifero erbivoro, africano e asiatico, provvisto di uno o due corni sul naso.
ri|no|fa|rin|ge *s.f.* (*anat.*) parte alta della faringe, collocata all'altezza delle cavità nasali.
ri|no|fa|rin|gi|te *s.f.* (*med.*) stato infiammatorio della rinofaringe.

ri|no|ia|trì|a *s.f.* (*med.*) terapia delle malattie che colpiscono il naso.
ri|no|lo|gì|a *s.f.* (*med.*) studio del naso e dei suoi disturbi.
ri|no|màn|za *s.f.* notorietà, celebrità: *un personaggio di — nazionale*.
ri|no|mà|to *agg.* famoso, celebre: *un vino —*.
ri|no|mi|nà|re *v.tr.* [indic.pres. *io rinòmino*...] 1 nominare nuovamente: *è stato rinominato sindaco* 2 (*inform.*) modificare a livello di nome: *— un file*.
ri|no|pi|tè|co *s.m.* [pl. *-chi*] massiccia scimmia asiatica, con pelame colorato, dal caratteristico naso all'insù.
ri|no|plà|sti|ca *s.f.* (*med.*) intervento di chirurgia plastica al naso.
ri|nor|ra|gì|a *s.f.* (*med.*) emorragia al naso; epistassi.
ri|nor|rè|a *s.f.* (*med.*) abbondante secrezione nasale.
ri|no|sco|pì|a *s.f.* (*med.*) esame delle cavità nasali effettuato con un rinoscopio.
ri|no|scò|pio *s.m.* specchietto usato per esplorare le cavità nasali.
ri|no|vi|rus *s.m.invar.* (*biol.*) ciascuno dei virus responsabili di varie affezioni alle vie respiratorie, tra cui il raffreddore.
rin|sac|cà|re *v.tr.* [indic.pres. *io rinsacco, tu rinsacchi*...] 1 (*raro*) insaccare nuovamente 2 battere un sacco sul terreno per comprimerne o uniformare il contenuto ♦ **-rsi** *intr.pron.* affondare la testa fra le spalle alzate.
rin|sal|da|mén|to *s.m.* atto, processo che rinsalda; consolidamento.
rin|sal|dà|re *v.tr.* (*anche fig.*) rendere più saldo; consolidare, rafforzare: *— le fondamenta di una casa; — l'alleanza* ♦ **-rsi** *intr.pron.* consolidarsi: *il rapporto si rinsalderà* ♦ *rifl.* farsi più sicuro, determinato: *— nell'intento*.
rin|san|gua|mén|to *s.m.* iniezione di energie, spec. nuove; accrescimento, arricchimento.
rin|san|guà|re *v.tr.* [indic.pres. *io rinsanguo*...] 1 fornire di nuovo sangue: *la terapia lo ha rinsanguato* 2 (*estens.*) trasmettere nuova energia | (*fig.*) rifornire di denaro o mezzi: *— l'erario* ♦ **-rsi** *intr.pron.* 1 rinvigorirsi 2 (*fig.*) rimettersi in sesto sul piano economico.
rin|sa|vì|re *v.intr.* [indic.pres. *io rinsavisco, tu rinsavisci*...; aus. *E*] recuperare la ragione | (*estens.*) mettere giudizio.
rin|sec|chì|re *v.tr.* [indic.pres. *io rinsecchisco, tu rinsecchisci*...] rendere secco o maggiormente secco: *la calura ha rinsecchito le piante* ♦ *intr.* [aus. *E*], **-rsi** *intr.pron.* diventare secco: *i biscotti rinsecchiscono se lasciati all'aperto* | (*estens.*) di persona, dimagrire.
rin|sel|va|ti|chì|re *v.tr.* [indic.pres. *io rinselvatichisco, tu rinselvatichisci*...] rendere di nuovo selvatico | (*fig.*) rendere scontroso, asociale ♦ *intr.* [aus. *E*], **-rsi** *intr.pron.* (*anche fig.*) tornare allo stato selvatico: *il bosco abbandonato rinselvatichì; con la vita di montagna si è rinselvatichito*.
rin|ser|rà|re *v.tr.* [indic.pres. *io rinsèrro*...] 1 ser-

rin|ta|nàr|si v.intr.pron. **1** rientrare nella tana: *le marmotte si rintanano* **2** (*estens.*, *fig.*) rifugiarsi, ripararsi: — *a letto*; — *sotto un tetto durante una burrasca* | nascondersi; rinchiudersi: — *in camera*.

rin|ter|rà|re v.tr. [indic.pres. *io rintèrro*...] **1** interrare di nuovo **2** colmare di terra: — *la fossa* **3** in floricoltura, cambiare la terra: — *un vaso* ♦ **-rsi** intr.pron. riempirsi di terra: *la foce del fiume si sta rinterrando*.

rin|toc|cà|re v.intr. [indic.pres. *io rintócco, tu rintócchi*...; aus. *A, E*] ripetere suoni staccati, scanditi: *il pendolo rintocca*.

rin|tóc|co s.m. [pl. *-chi*] ogni colpo risonante di una campana, della suoneria di un orologio e sim.

rin|ton|tì|re v.tr. [indic.pres. *io rintontisco, tu rintontisci*...] stordire, intontire fortemente o ancora: *la botta lo rintontì* ♦ **-rsi** intr.pron. stordirsi: — *per il frastuono*.

rin|ton|tì|to part.pass. *di* rintontire ♦ agg., s.m. [f. -a] che, chi è stordito, confuso.

rin|trac|cià|bi|le agg. che può essere rintracciato.

rin|trac|cià|re v.tr. [indic.pres. *io rintraccio*...] individuare seguendo una traccia | (*estens.*) trovare dopo lunga e meticolosa ricerca: — *lo scomparso*.

rin|tri|stì|re v.tr. [indic.pres. *io rintristisco, tu rintristisci*...] rattristare di nuovo ♦ intr. [aus. *E*], **-rsi** intr.pron. intristire ancora; divenire più triste: *rintristisco se sento quella musica*.

rin|tro|na|mén|to s.m. **1** rimbombo: *il — del temporale* **2** assordamento **3** (*fig.*) intontimento, stordimento.

rin|tro|nà|re v.tr. [indic.pres.*io rintròno*...] **1** rendere sordo; assordare, stordire: *l'esplosione rintronò la folla* **2** (*iperb.*) frastornare, intontire: *mi ha rintronato con le sue urla* ♦ intr. [aus. *E, A*] rimbombare: *il tuono rintronava lontano* | (*estens.*) risuonare con cupo fragore; echeggiare.

rin|tro|nà|to part.pass. *di* rintronare ♦ agg. (*fam.*) stordito per il rumore o la stanchezza | (*estens., pop.*) ottuso, rimbambito.

rin|tuz|zà|re v.tr. **1** spuntare: — *la punta* **2** (*fig.*) respingere, ribattere: — *l'attacco* | soffocare, reprimere: — *la rabbia*.

ri|nùn|cia o **rinùnzia** s.f. [pl. *-ce*] **1** atto, decisione, documento con cui si rinuncia: — *scritta all'incarico* **2** sacrificio; privazione: *fare rinunce per i figli* | (*relig.*) elevazione purificatrice oltre i bisogni terreni.

ri|nun|cià|re o **rinunziàre** v.intr. [indic.pres. *io rinuncio*...; aus. *A*] privarsi, spogliarsi di ql.co. di cui si ha la proprietà | non godere, non appropriarsi, non approfittare nonostante si sia titolari: — *a una prerogativa, all'eredità* | astenersi volontariamente dal fare ql.co.: — *a una vacanza di lusso*; — *ai beni mondani*.

ri|nun|cia|tà|rio agg., s.m. [f. -a] che, chi tende facilmente a rinunciare a un vantaggio, un desiderio, un diritto: *atteggiamento —*.

ri|nùn|zia s.f. e deriv. → **rinuncia** e deriv.

rin|van|gà|re v.tr. → **rivangare**.

rin|va|sà|re v.tr. in floricoltura, trasferire in un vaso più ampio: — *la rosa*.

rin|va|sa|tù|ra s.f. operazione di trasferimento di una pianta in un vaso più ampio.

rin|ve|ni|bi|le agg. che può essere rinvenuto, trovato; rintracciabile: *reperto —*.

rin|ve|ni|mén|to[1] s.m. **1** ritorno in sé dopo uno svenimento; recupero dei sensi **2** (*tecn.*) procedimento volto a conferire freschezza e morbidezza a un prodotto o a un organismo vegetale **3** (*metall.*) trattamento termico consistente nel riscaldare e raffreddare lentamente acciai e leghe leggere, spec. per contenerne la durezza.

rin|ve|ni|mén|to[2] s.m. scoperta, ritrovamento: — *del cadavere* | la cosa che è stata rinvenuta: *i rinvenimenti archeologici*.

rin|ve|nì|re[1] v.intr. [con. come *venire*; aus. *E*] **1** riprendere i sensi dopo uno svenimento **2** detto di ciò che è essiccato, appassito e sim., recuperare morbidezza e freschezza: *l'uvetta rinviene in acqua* **3** (*metall.*) essere trattato con un processo di rinvenimento.

rin|ve|nì|re[2] v.tr. [con. come *venire*] **1** scoprire, ritrovare: — *vasi antichi* **2** accertare la verità delle cose; giungere a spiegare in modo razionale: — *le cause del delitto*.

rin|ver|dì|re v.tr. [indic.pres. *io rinverdisco, tu rinverdisci*...] **1** far tornare verde: *la pioggia rinverdisce l'erba* **2** (*fig., lett.*) far tornare giovane, vigoroso | ridestare; ravvivare: — *l'energia di un tempo* ♦ intr. [aus. *E*] **1** ridiventare verde: *l'albero rinverdisce* **2** (*fig.*) tornare vigoroso, rifiorire.

rin|vià|bi|le agg. che può essere rinviato: *è una decisione —*.

rin|vià|re v.tr. [indic.pres. *io rinvìo*...] **1** mandare di nuovo; rispedire **2** mandare indietro; respingere, restituire: — *merce comprata per corrispondenza* **3** rimandare ad altro tempo; differire, aggiornare: — *la seduta* | (*dir.*) — *a giudizio*, destinare a un processo, a seguito di indizi emersi in istruttoria **4** (*sport, anche assol.*) rilanciare: — *dal fondo* **5** (*anche assol.*) rimandare ad altro passo o ad altra opera: — *alle note*.

rin|vi|go|ri|mén|to s.m. (*raro, anche fig.*) rafforzamento.

rin|vi|go|rì|re v.tr. [indic.pres. *io rinvigorisco, tu rinvigorisci*...] rendere ancora vigoroso; rafforzare ♦ **-rsi** intr.pron. ritrovare energia, vigore: — *in palestra*.

rin|vì|o s.m. **1** (*sport*) spec. nel calcio, respinta, rilancio: — *del difensore*; *calcio di —* **2** nuova spedizione: *il — della lettera* **3** proroga; differimento: *ottenere un — della rata* | (*dir.*) — *a giudizio*, provvedimento che dispone l'avvio di un processo a carico di un imputato **4** rimando testuale.

rì|o[1] s.m. (*poet.*) ruscello.

rì|o[2] agg. (*poet.*) malvagio.

ri|oc|cu|pà|re v.tr. [indic.pres. *io rióccupo*...] tornare a occupare: — *il solito posto* ♦ **-rsi** intr.pron. riprendere a occuparsi: — *della questione*.

ri|o|nà|le *agg.* del rione: *festa —* | che si trova in un rione: *mercato —*.
ri|ó|ne *s.m.* quartiere della città: *— centrale*.
ri|or|di|na|mén|to *s.m.* recupero dell'ordine precedente: *il — della cameretta* | nuovo ordinamento, riassetto; riforma: *— normativo del settore*.
ri|or|di|nà|re *v.tr.* [indic.pres. *io riórdino...*] **1** ordinare secondo altri criteri; dare un nuovo assetto: *— la materia; — l'esercito* **2** (*anche fig.*) rimettere in ordine: *— il magazzino; — le idee* **3** rassettare: *— i vestiti, i capelli* **4** (*comm.*) fare nuovamente un'ordinazione.
ri|ór|di|no *s.m.* (*bur.*) riordinamento: *— dei ruoli*.
ri|or|ga|niz|zà|re *v.tr.* **1** organizzare un'altra volta: *— l'incontro* **2** dotare ancora di organizzazione: *— le difese* **3** organizzare diversamente, secondo altri criteri: *— tutto da capo; — l'ufficio* ♦ **-rsi** *rifl.* organizzarsi di nuovo: *devo riorganizzarmi con lo studio*.
ri|or|ga|niz|za|zió|ne *s.f.* intervento o processo che ridà organizzazione o migliora quella esistente: *— delle risorse*.
ri|ot|to|si|tà *s.f.* (*lett.*) carattere di chi è riottoso: *— a obbedire*.
ri|ot|tó|so *agg.* (*lett.*) rissoso, litigioso | (*estens.*) restio: *— al lavoro* | (*assol.*) indocile: *carattere —* ☐ **riottosamente** *avv.*
ri|pa|gà|re *v.tr.* [indic.pres. *io ripago, tu ripaghi...*] **1** pagare di nuovo **2** indennizzare; rimborsare: *— l'auto tamponata* **3** (*fig., anche iron.*) ricompensare: *mi ripaghi solo con l'indifferenza* | *— con la stessa moneta*, applicare lo stesso trattamento negativo che si è ricevuto.
ri|pa|rà|bi|le *agg.* che può essere riparato: *guasto —; offesa —*.
ri|pa|rà|re[1] *v.tr.* **1** (*anche assol.*) dare riparo; difendere, proteggere: *la coperta ripara dal freddo* **2** correggere, lenire o compensare con qualche rimedio: *— l'incomprensione* | (*dir.*) risarcire, rimborsare: *— un danno* **3** sistemare malfunzionamenti, danni, difetti e sim.; aggiustare: *— la camicia* **4** (*anche assol.*) nel vecchio ordinamento scolastico, sostenere un esame autunnale per dimostrare di aver recuperato carenze di preparazione: *— a settembre* ♦ *intr.* [aus. *A*] provvedere, rimediare: *— al disastro* ♦ **-rsi** *rifl.* mettersi al riparo: *— dai proiettili*.
ri|pa|rà|re[2] *v.intr.* [aus. *E*] cercare asilo; rifugiarsi: *— sui monti, in una baita; — all'estero*.
ri|pa|rà|ta *s.f.* riparazione eseguita alla meglio: *dare una — al lavandino*.
ri|pa|rà|to *part.pass.* di riparare ♦ *agg.* al sicuro dalle intemperie; protetto: *angolo —*.
ri|pa|ra|tó|re *agg., s.m.* [f. *-trice*] che, chi ripara: *provvedimento —* | *matrimonio —*, quello celebrato per rimediare a un concepimento extra-coniugale, quando questo sia considerato riprovevole.
ri|pa|ra|zió|ne *s.f.* **1** operazione che serve a riparare danni; aggiustatura: *— dell'orologio* **2** (*fig.*) rimedio di un danno morale; risarcimento: *— dell'affronto* | *esame di —*, nel vecchio ordi-
namento scolastico, prova sostenuta nella sessione autunnale per dimostrare di aver recuperato determinate carenze.
ri|par|là|re *v.intr.* [aus. *A*] parlare un'altra volta: *— di un argomento* | *se ne riparlerà, ne riparleremo!*, si dice per rinviare la discussione, spesso con sfumatura minacciosa ♦ **-rsi** *rifl.rec.* tornare a rivolgersi la parola dopo un litigio; fare pace.
ri|pà|ro *s.m.* **1** protezione: *cercare — dal temporale* | *al —*, in condizioni di sicurezza **2** ciò che protegge per contenere effetti negativi; difesa: *un — naturale* **3** (*fig.*) provvedimento, rimedio: *alla morte non c'è —* | *correre ai ripari*, intraprendere azioni per evitare, lenire o riparare danni.
ri|par|ti|bi|le *agg.* che può essere ripartito, suddiviso: *quota —*.
ri|par|tì|re[1] *v.intr.* [indic.pres. *io riparto...*; aus. *E*] **1** rimettersi in viaggio; partire un'altra volta: *è ripartita dall'Olanda* **2** rimettersi in funzione: *il motore sta ripartendo!*
ri|par|tì|re[2] *v.tr.* [indic.pres. *io ripartisco, tu ripartisci...*] **1** dividere equamente; frazionare: *— il terreno; — il tempo a disposizione* | distribuire fra varie persone; spartire: *— il guadagno; le incombenze* **2** suddividere secondo un criterio: *— per argomento* | distribuire uniformemente: *— le forze in gioco*.
ri|par|ti|zió|ne *s.f.* **1** suddivisione: *ogni — territoriale* | ciascuna parte di ciò che è stato suddiviso | distribuzione ordinata: *— dei compiti* **2** (*bur.*) reparto amministrativo.
ri|pas|sà|re *v.tr.* **1** attraversare di nuovo: *— il fiume con il battello* **2** rimandare con un passaggio e sim.: *— la palla; ripasso la linea allo studio* **3** far passare di nuovo attraverso ql.co.: *— il filo nell'ago* **4** passare sopra nuovamente: *— la parete con una seconda mano* | tracciare meglio: *— i contorni* **5** sottoporre a revisione; ricontrollare **6** (*anche assol.*) rivedere quanto studiato: *è tardi per —* ♦ *intr.* [aus. *E*] passare di nuovo: *quando ripassa il bus?* | trovarsi nuovamente in un luogo; ritornare: *quando ripassi di qui, chiama!; ripasserete a trovarci?*
ri|pas|sà|ta *s.f.* **1** ulteriore passata veloce: *una — di tempera* **2** ripasso sommario: *una — prima dell'interrogazione* | revisione veloce **3** (*fam.*) sgridata: *mi ha dato una — che non dimenticherò*.
ri|pàs|so *s.m.* riesame mentale effettuato per rivedere ciò che si è studiato.
ri|pen|sa|mén|to *s.m.* **1** atto con cui si riesamina: *radicale — della teoria* **2** cambiamento di opinione, di intenti: *senza alcun —*.
ri|pen|sà|re *v.intr.* [indic.pres. *io ripènso...*; aus. *A*] pensare ancora, tornare a pensare | (*estens.*) tornare a meditare, riflettere: *— alla frase ambigua* | tornare con la memoria; ricordare: *— agli anni verdi* | *ripensarci*, mutare idea, orientamento: *non ho intenzione di ripensarci* ♦ *tr.* riconsiderare; riesaminare: *— l'impostazione*.
ri|per|cór|re|re *v.tr.* [con. come *correre*] (*anche fig.*) percorrere di nuovo: *— il sentiero; — le fasi della vicenda*.

ri|per|cuò|te|re v.tr. [con. come *percuotere*] percuotere di nuovo o più volte una superficie: *ripercossi a lungo la porta senza ricevere risposta* ♦ **-rsi** intr.pron. (fig.) generare contraccolpi; influire: *la scelta si ripercuote su di voi*.

ri|per|cus|sió|ne s.f. conseguenza, contraccolpo: *— politica*.

ri|pe|scàg|gio s.m. rimessa in gioco, recupero di quel che era stato eliminato o che si era abbandonato: *— dei migliori esclusi*.

ri|pe|scà|re v.tr. [indic.pres. *io ripésco, tu ripéschi*...] **1** pescare di nuovo | (estens.) recuperare dall'acqua: *— la salma* **2** (fig.) scovare dopo molte ricerche; riscoprire: *— i giochi dell'infanzia* | riprendere in considerazione; rilanciare: *— la proposta* | rimettere in gioco: *— alcuni esclusi*.

ri|pe|tèn|te part.pres. di ripetere ♦ agg., s.m./f. si dice di alunno che ripete l'anno scolastico dopo una bocciatura.

ri|pè|te|re v.tr. [indic.pres. *io ripeto*...] **1** dire di nuovo: *— la formula* | riportare, spec. come diceria, quanto sentito da altri; riferire: *— parola per parola* | nel gergo scolastico, ripassare o esporre la lezione: *— a memoria* **2** fare di nuovo: *— l'esperienza* | nel gergo scolastico, frequentare ancora la classe in cui si è stati bocciati: *— l'anno* **3** ottenere di nuovo; replicare: *— il fallimento* **4** (tecn.) ritrasmettere, riprodurre: *— un segnale* ♦ **-rsi** intr.pron. accadere, verificarsi più volte: *il guaio non si ripeterà* | succedersi, susseguirsi: *il — dei minuti* ♦ rifl. dire o fare sempre le stesse cose; essere monotono.

ri|pe|tì|bi|le agg. che può essere ripetuto: *volgarità non —*.

ri|pe|ti|bi|li|tà s.f. situazione di ciò che risulta ripetibile.

ri|pe|ti|ti|vi|tà s.f. caratteristica di cose o persone ripetitive: *la — della mansione*.

ri|pe|ti|ti|vo agg. che si ripete tante volte; sempre uguale: *oratore —; lavoro —* □ **ripetitivamente** avv.

ri|pe|ti|tó|re agg. [f. *-trice*] che ripete | **stazione ripetitrice**, impianto radiotelevisivo che riceve segnali e li ritrasmette amplificati ♦ s.m. (tecn.) apparecchio usato per ripetere segnali | (telecom.) stazione ripetitrice.

ri|pe|ti|zió|ne s.f. **1** nuova espressione, realizzazione di ql.co.: *— della favola ai bambini; — dell'esperienza* | nuova manifestazione di un evento, di un fatto: *— dello strano fenomeno* | *a —*, si dice di congegno in grado di ripetere un movimento senza interventi esterni; si dice di arma da fuoco che si ricarica semplicemente manovrando l'otturatore; (fig.) a raffica: *dire idiozie a —* **2** espressione che torna noiosamente identica a breve distanza: *evitare la — col sinonimo* | (ret.) qualsiasi figura che ripete una parte del discorso **3** (spec.pl.) lezione privata fatta per recuperare carenze scolastiche: *dare, prendere ripetizioni*.

ri|pe|tù|to part.pass. di ripetere ♦ agg. frequente; numeroso: *ripetute sventure* □ **ripetutamente** avv.

ri|pia|na|mén|to s.m. (raro) intervento volto a ripianare: *il — del disavanzo*.

ri|pia|nà|re v.tr. (econ.) pareggiare: *— il deficit* | (fin.) estinguere: *— il debito di un ente pubblico*.

ri|pià|no s.m. **1** superficie pianeggiante | (agr.) pianoro ricavato in un pendio a scopo di coltivazione; gradone **2** qualunque superficie piana | ogni elemento orizzontale contenuto in un mobile, in uno scaffale: *scaffale a ripiani fissi*.

ri|pìc|ca s.f. [pl. *-che*] dispetto compiuto per rivalsa: *è una — inutile* | **per —**, per prendersi la soddisfazione di una piccola vendetta.

ri|pi|déz|za s.f. qualità di ciò che è ripido.

ri|pi|di|tà s.f. **1** ripidezza **2** (mar.) rapporto tra l'altezza e la lunghezza dell'onda.

rì|pi|do agg. che ha una forte pendenza; erto, scosceso: *scala ripida; sentiero —* □ **ripidamente** avv.

ri|pie|ga|mén|to s.m. **1** (mil.) ritirata su posizioni più sicure: *un — dell'esercito* | (fig.) abbandono dei livelli raggiunti; involuzione **2** tendenza psicologica a rifugiarsi: *— su se stessi* **3** (geol.) deformazione delle rocce dovuta alla pressione dell'orogenesi; corrugamento.

ri|pie|gà|re v.tr. [indic.pres. *io ripiègo, tu ripièghi*...] piegare di nuovo; piegare varie volte: *— il fazzoletto* | di arti, piegare su se stesso quasi unendo le estremità: *— le gambe; — le ali* | reclinare, adagiare: *ha ripiegato la sua testa sulla mia spalla* ♦ intr. [aus. *A*] **1** (mil.) effettuare una ritirata; arretrare **2** (fig.) puntare su un obiettivo meno azzardato di quello iniziale: *— su capi meno cari* ♦ **-rsi** intr.pron. flettersi, incurvarsi: *il ramo si è ripiegato alla forza del vento* ♦ rifl. rivolgersi su se stesso: *— nella solitudine*.

ri|pie|ga|tù|ra s.f. piegatura: *— del lenzuolo* | linea lungo la quale ql.co. viene ripiegato.

ri|piè|go s.m. [pl. *-ghi*] espediente a cui si ricorre per cavarsela in mancanza di alternative migliori | *di —*, che offre una soluzione praticabile ma non del tutto soddisfacente.

ri|piè|no agg. **1** totalmente pieno; ricolmo: *un balcone — di fiori* **2** (gastr.) farcito: *pollo —* ♦ s.m. **1** la cosa usata per riempire; imbottitura: *il — del cuscino* **2** (gastr.) farcitura: *il — di carne*.

ri|pi|glià|re v.tr. [indic.pres. *io ripiglio*...] (fam.) **1** pigliare di nuovo; riprendere | riacquistare, ricuperare: *— coraggio* | catturare dopo una fuga; riacciuffare: *— il prigioniero evaso* **2** riattaccare, ricominciare, riferito a discorsi e sim. **3** riammettere: *— qlcu. alle proprie dipendenze* ♦ intr. [aus. *A*] (pop.) detto di piante e sim., riaversi, rinvenire ♦ **-rsi** rifl. (fam.) riprendersi da uno stato di stanchezza, intorpidimento.

ri|po|po|la|mén|to s.m. **1** processo che riporta la gente in un luogo **2** ritorno in una determinata area di una specie quasi scomparsa, favorito da interventi di salvaguardia ambientale: *— faunistico*.

ri|po|po|là|re v.tr. [indic.pres. *io ripòpolo*...] **1** popolare di nuovo: *— le campagne* | (estens.) tornare ad affollare **2** (ecol.) reintegrare a livello di fauna o flora: *— le montagne di lupi* ♦ **-rsi** intr.

pron. tornare popoloso o affollato: *dopo cena le strade si ripopolano.*

ri|pór|re *v.tr.* [con. come *porre*] **1** rimettere nel posto precedente | collocare nel posto solito, corretto: — *gli stivali nella scarpiera* | mettere via per conservare, custodire: — *il denaro al sicuro* **2** (*fig.*) collocare, concentrare in qlcu. o ql.co. un sentimento: — *scarsa fiducia nei sotterfugi* **3** tornare a porre; riformulare, ripresentare: — *l'interrogativo*; — *una candidatura* ♦ **-rsi** *intr.pron.* riproporsi, rimanifestarsi: *si ripone lo stesso problema* ♦ *rifl.* mettersi nuovamente in una certa posizione, condizione: — *in ascolto del silenzio.*

ri|por|tà|bi|le *agg.* che può essere riportato: *insulto non —.*

ri|por|tà|re *v.tr.* [indic.pres. *io ripòrto...*] **1** portare di nuovo in un luogo: *deve — l'auto dal meccanico!* **2** accompagnare al luogo di residenza, provenienza; ricondurre: *mi riporteresti a casa?* | portare indietro ql.co.; restituire: — *merce difettosa; riportamelo quando hai finito!* **3** portare con sé al ritorno da un viaggio: *l'ha riportato integro da Roma* **4** ripetere frasi altrui; citare: — *alla lettera un brano celebre* | portare in risposta o come indicazione; riferire: *il giornale riporta notizie scottanti; gli ingredienti sono riportati sull'etichetta* | (*assol.*) fare rapporto: — *al capo* **5** (*fig.*) ottenere, conseguire: — *apprezzamenti* | subire: — *perdite* **6** (*fig.*) trarre, ricavare: — *un'impressione diversa* **7** riprodurre, trasferire: — *su lucido* **8** (*fig.*) collegare concettualmente o idealmente: *sono disturbi da — allo stress* **9** (*mat.*) segnare come riporto ♦ **-rsi** *intr.pron.* **1** trasferirsi nuovamente; tornare: — *sul posto*; — *alla pagina iniziale* **2** (*fig.*) tornare col pensiero: — *all'infanzia* **3** riferirsi; ricollegarsi: — *ai dati disponibili.*

ri|pòr|to *s.m.* **1** (*raro*) azione del riportare | *cane da —,* quello addestrato a riportare la selvaggina durante la caccia | (*edil.*) **materiale di —,** materiale di scavo portato in un luogo per colmare cavità o elevare rialzi **2** (*mat.*) nell'addizione, numero che risulta dalla somma dei numeri di una colonna e che va aggiunto alla colonna successiva delle unità di ordine superiore **3** ciocca di capelli pettinata in modo tale da coprire una calvizie parziale.

ri|po|sàn|te *part.pres. di* riposare ♦ *agg.* ristoratore; distensivo: *massaggio —.*

ri|po|sà|re[1] *v.intr.* [indic.pres. *io ripòso...*; aus. A] **1** interrompere la fatica per ristorarsi: *si fermò a —* | (*mecc.*) essere momentaneamente spento: *è meglio che il motore riposi* | (*agr.*) non essere sfruttato dalla coltivazione per qualche tempo **2** (*estens.*) dormire: *non devi svegliarlo quando riposa* | (*euf.*) essere morto: — *nella pace eterna* **3** (*raro*) essere in condizioni di quiete: *il mare riposa da giorni* | (*bot.*) essere in stato di quiescenza (*d'inverno la terra riposa* **4** essere situato; poggiare, trovarsi: *la casa riposa sulle fondamenta; la neve riposa sui rami* | (*fig.*) fondarsi; basarsi: *la missione riposa sulla tua abilità* **5** di liquido, restare fermo affinché i sedimenti si depositino sul fondo: *lasciare che il vino riposi* | di impasto, ammorbidirsi, amalgamarsi restando fermo: *è bene che l'impasto riposi per un'ora* ♦ *tr.* fare riposare; dare tranquillità: — *gli occhi stanchi; una musica che riposa la mente* ♦ **-rsi** *rifl.* concedersi riposo: — *la domenica.*

ri|po|sà|re[2] *v.tr.* posare di nuovo o in modo più stabile; riappoggiare: — *i libri sulla scrivania* ♦ **-rsi** *rifl., intr.pron.* posarsi nuovamente: *alla notizia, mi sono riposata sulla sedia; dopo la folata, la piuma si è riposata a terra.*

ri|po|sà|to *part.pass. di* riposare ♦ *agg.* ristorato dal riposo: *un viso —.*

ri|po|sì|no *s.m.* breve dormita; sonnellino: — *pomeridiano.*

ri|pò|so *s.m.* **1** la condizione del riposare | interruzione della fatica; pausa, sollievo: *concediti un'ora di —* | giorno non lavorativo: — *infrasettimanale* | (*mil.*) posizione di distensione, eretta con gamba sinistra avanzata | *a —,* in pensione: *funzionario (messo) a —* **2** (*estens.*) sonno: *ti auguro un buon —* | (*euf.*) — **eterno,** la morte **3** (*lett.*) stato di pace, quiete: *una passeggiata in mezzo alla natura dà —* | luogo dove ci si ristora: *la montagna è il — ideale* **4** (*agr.*) stato periodico di non sfruttamento del terreno | (*bot.*) quiescenza **5** (*mecc.*) non funzionamento **6** di liquido, stato di immobilità che consente ai sedimenti di depositarsi sul fondo del recipiente: *la grappa è in riposo nel legno di rovere.*

ri|po|stì|glio *s.m.* piccolo vano in cui riporre oggetti, attrezzi ecc.

ri|pó|sto *part.pass. di* riporre ♦ *agg.* recondito: *in un — cantuccio* | (*fig.*) segreto: *il significato — della frase.*

ri|prèn|de|re *v.tr.* [con. come *prendere*] **1** prendere un'altra volta; ripigliare: *riprendi il libro;* — *la tosse* | — **le armi,** tornare a combattere | — **marito, moglie,** risposarsi **2** prendere dopo una fuga; riacciuffare: — *gli evasi* **3** prendere indietro dopo aver lasciato, dato, accompagnato e sim.: — *l'auto riparata; a che ora torno a riprenderti?* **4** rioccupare, riconquistare: — *la posizione persa;* — *la fortezza* | (*fig.*) recuperare, riacquistare: — *fiducia* | — *i sensi,* rinvenire **5** tornare a dominare, a colpire: *la paura mi sta riprendendo* **6** ricominciare dopo un'interruzione: — *il cammino* | (*assol.*) ricominciare a parlare; soggiungere: *dopo una pausa, riprese: il suo racconto* **7** rimproverare, ammonire: — *il maleducato* **8** (*foto., cine.*) fissare, riprodurre in immagini con cinepresa o fotocamera: — *la scena di scorcio* | in un disegno, riprodurre una fisionomia, una figura: *il paesaggio dal vero* | assumere a modello: *il film riprende in parte il libro* **9** in sartoria, stringere ritoccando la cucitura: — *l'abito sui fianchi* ♦ *intr.* [aus. A] **1** ricominciare: — *a correre; ha ripreso a grandinare* **2** (*fig.*) trovare vigore: *dopo la gelata le piantine non hanno ripreso* **3** (*auto.*) avere ripresa ♦ **-rsi** *intr.pron.* **1** (*anche fig.*) riacquistare vigore; stare meglio: — *dallo spavento* **2**

ripresa

ravvedersi, correggersi: *si riprese subito dopo l'errore*.

ri|pré|sa *s.f.* **1** nuovo avvio dopo una pausa: — *del dialogo* **2** (*teat.*) nuova messa in scena dopo la conclusione del ciclo di spettacoli **3** (*cine.*) operazione del riprendere con la macchina da presa: *rifare le riprese* | scena filmata | (*tv*) — *diretta*, quella che permette di mostrare ciò che si filma proprio mentre lo si sta riprendendo **4** (*sport*) in una partita di calcio, secondo tempo | nel pugilato, ciascuna frazione dell'incontro **5** (*auto.*) capacità di accelerare | (*estens.*) rapida accelerazione **6** (*mus.*) ripetizione di una parte all'interno di un brano | il punto di inizio di tale ripetizione **7** recupero di vitalità: *un'inaspettata — dallo shock* | (*econ.*) fase di sviluppo dopo un periodo di crisi **8** in sartoria, piega cucita per modellare o restringere un abito; pince.

ri|pre|sen|tà|re *v.tr.* [indic.pres. *io ripresènto*...] presentare di nuovo: — *l'idea* ♦ **-rsi** *intr.pron.* verificarsi di nuovo; riproporsi: *il caso continua a* — ♦ *rifl.* presentarsi di nuovo: *non ripresentarti se non hai le migliori intenzioni* | ricandidarsi: *il presidente si ripresenterà alle elezioni*.

ri|pré|so *part.pass.* di riprendere ♦ *agg.* detto di capo d'abbigliamento, risistemato perché si adatti al corpo.

ri|pri|sti|nà|re *v.tr.* [indic.pres. *io ripristìno*...] riportare nello stato originario; rimettere in funzione: — *il servizio* | (*edil.*) restaurare: — *il palazzo* | (*fig.*) rimettere in vigore; ristabilire: — *le regole*.

ri|pri|sti|no *s.m.* rimessa in funzione; riattivazione: — *del collegamento* | (*edil.*) restauro | (*fig.*) ristabilimento: — *della sicurezza*.

ri|pro|du|ci|bi|le *agg.* che può essere riprodotto: *immagine* —.

ri|pro|du|ci|bi|li|tà *s.f.* caratteristica di ciò che può essere riprodotto: — *in serie*.

ri|pro|dùr|re *v.tr.* [con. come *produrre*] **1** produrre di nuovo **2** rifare in copia: — *in molti esemplari* | (*estens.*) pubblicare, stampare **3** (*fig.*) ritrarre, ricreare: *l'opera riproduce il clima dell'epoca* ♦ **-rsi** *rifl., intr.pron.* **1** (*biol.*) generare organismi della stessa specie: — *sessualmente* **2** formarsi nuovamente: *la macchia si riprodurrà* **3** (*fig.*) avvenire di nuovo; ripetersi.

ri|pro|dut|ti|vo *agg.* relativo alla riproduzione: *processo* — | (*biol.*) atto a riprodurre: *organo* —.

ri|pro|dut|tó|re *agg.* che riproduce | relativo alla riproduzione: *apparato* — ♦ *s.m.* **1** [f. *-trice*] chi riproduce **2** [f. *-trice*] (*zootec.*) animale selezionato per la riproduzione **3** (*tecn.*) apparecchio che serve a riprodurre suoni, immagini: — *di musicassette*.

ri|pro|du|zió|ne *s.f.* **1** il processo del riprodurre; duplicazione | la copia riprodotta: *una — fedele all'originale*; *la — in marmo di una statua di terracotta* | (*estens.*) pubblicazione a stampa, parziale o integrale, di un testo | (*fig.*) rappresentazione fedele della realtà; ritratto: *il romanzo è una puntuale — del periodo storico* **2** ripetizione: *la — delle medesime condizioni, di uno stesso fenomeno* **3** (*biol.*) generazione di individui della stessa specie: — *agamica, sessuata* **4** (*tecn.*) processo tipografico, fotografico o grafico attraverso il quale da una matrice o da un originale si ricava una serie di copie | la copia stessa: — *anastatica, cianografica* **5** (*tecn.*) proiezione di immagini filmate | emissione di suoni registrati: — *di un disco*.

ri|pro|gra|fì|a *s.f.* ogni tecnica usata per duplicare rapidamente documenti e sim.

ri|pro|mét|te|re *v.tr.* [con. come *mettere*] **1** promettere a propria volta o di nuovo **2** prefiggersi, proporsi: *mi riprometto di migliorare gli incassi* | (*estens.*) aspettarsi, nutrire come speranza: *ci ripromettiamo una buona gara*.

ri|prò|va *s.f.* nuova, ulteriore prova a verifica di quella precedente | elemento, fatto che costituisce la conferma: *ecco la — della mia teoria* | *a —, a conferma*.

ri|pro|và|re[1] *v.tr.* [indic.pres. *io riprovo*...] **1** provare di nuovo: *ora riprovo il vestito* | percepire, esperire di nuovo: *riprovo la stessa sensazione* **2** dare nuova prova, dimostrare ancora; testimoniare: *questo riprova il tuo senso di responsabilità* ♦ *intr.* [aus. *A*], **-rsi** *intr.pron.* fare un ulteriore tentativo: *riproviamo a bussare, forse è in casa*.

ri|pro|và|re[2] *v.tr.* [indic.pres. *io riprovo*...] (*lett.*) biasimare, disapprovare.

ri|pro|va|zió|ne *s.f.* biasimo, disapprovazione; censura: *susciterai la — di tutti*.

ri|pro|vé|vo|le *agg.* (*lett.*) che merita biasimo, da condannare: *azione* —.

ri|pu|dià|re *v.tr.* [indic.pres. *io ripudio*...] **1** non riconoscere come proprio ciò che in effetti è tale, riferito spec. a relazioni di parentela o amicizia: — *il consorte* **2** (*estens.*) sconfessare, rinnegare: — *la vecchia bandiera* | rifiutare: — *la guerra*.

ri|pù|dio *s.m.* **1** disconoscimento di ciò che è proprio o di persona a cui si è legati di fatto | sconfessione | (*estens.*) rifiuto: — *dei compromessi* **2** nel diritto matrimoniale di alcune civiltà, atto con cui il marito scioglie il vincolo coniugale.

ri|pu|gnàn|te *part.pres.* di ripugnare ♦ *agg.* (*anche fig.*) che suscita repulsione; disgustoso, repellente: *crimine* —; *è un pensiero davvero* —!

ri|pu|gnàn|za *s.f.* forte repulsione; disgusto: — *invincibile* | (*estens.*) riluttanza: — *a fare ql.co.*

ri|pu|gnà|re *v.intr.* [indic.pres. *io ripugno*..., *noi ripugniamo, voi ripugnate*...; aus. *A*] suscitare repulsione mentale, spirituale o fisica: *l'idea mi ripugna*.

ri|pu|lì|re *v.tr.* [indic.pres. *io ripulisco, tu ripulisci*...] **1** pulire di nuovo: *ripulisci il vetro, è ancora sporco* **2** (*anche fig.*) liberare dalla sporcizia e dal disordine: *devi — la siepe dalle foglie cadute*; — *la zona dagli spacciatori* | — *il piatto*, mangiare tutto ciò che è contenuto nel proprio piatto **3** (*fig.*) rivedere per limare, perfezionare: — *il testo* **4** (*gerg.*) lasciare senza soldi, senza beni; derubare: *i ladri lo hanno ripulito* ♦ **-rsi** *rifl.* **1** mettere in ordine la propria persona, lavandosi e pettinandosi | (*estens.*) vestirsi in modo più accurato, elegante che in passato 2 (*fig.*) dirozzarsi, ingentilirsi nei modi.

ri|pu|li|ta *s.f.* pulizia fatta in una volta sola, spec. in fretta: *darsi una — prima di uscire.*

ri|pu|li|tù|ra *s.f.* 1 azione che ripulisce: *eseguire una — della superficie* 2 ciò che viene tolto pulendo.

ri|pùl|sa *s.f.* (*lett.*) reazione di chi respinge una richiesta e sim.; rifiuto.

ri|pul|sió|ne *s.f.* → repulsione.

ri|pul|sì|vo *agg.* → repulsivo.

ri|qua|drà|re *v.tr.* 1 ridurre a un quadrato; squadrare: *— un blocco di marmo* 2 inserire in una cornice quadrata: *— l'immagine* | (*arch.*) decorare con motivi di forma quadrata: *— il soffitto.*

ri|quà|dro *s.m.* 1 ciascuna parte di forma quadrata in cui si divide una superficie; spazio quadrato: *un — del terreno* 2 elemento disegnato, dipinto o in rilievo che circoscrive uno spazio quadrato: *ogni — del soffitto.*

ri|qua|li|fi|cà|re *v.tr.* qualificare nuovamente o meglio: *— i programmi* | dare una nuova o diversa qualifica professionale: *— il personale* ♦ **-rsi** *rifl.* acquisire una qualifica professionale nuova o migliore.

ri|qua|li|fi|ca|zió|ne *s.f.* acquisizione di migliori competenze: *— professionale.*

ri|sàc|ca *s.f.* riflusso dell'onda dalla costa verso il mare.

ri|sà|ia *s.f.* area coltivata a riso.

ri|sa|iò|lo *s.m.* [f. -a] 1 mondariso 2 addetto al controllo dei lavori e all'attività di irrigazione di una risaia.

ri|sa|lì|re *v.tr.* [con. come *salire*] 1 salire un'altra volta | ripercorrere dopo essere discesi: *stanno risalendo il pendio* | — *un fiume*, navigare verso la sorgente | (*fig.*) — *la china*, tornare in una buona situazione dopo un periodo difficile ♦ *intr.* [aus. *E*] 1 salire di nuovo | tornare nel luogo da dove si era discesi: *— in casa* 2 (*fig.*) aumentare di intensità: *la febbre risalirà in serata* | (*econ.*) rincarare 3 (*fig.*) tornare nel ricordo: *— al primo incontro* | ricondursi con un'indagine all'origine di ql.co.: *— alle cause di un fenomeno* 4 essersi verificato in un certo tempo: *il fatto risale all'anno scorso* | (*estens.*) avere origini; rimontare: *il reperto risale al periodo neolitico.*

ri|sa|lì|ta *s.f.* azione con cui si risale; ascesa: *la — della china; la — dei salmoni verso la sorgente* | *impianto di —*, quello che porta lo sciatore in cima alla pista.

ri|sal|tà|re[1] *v.tr.* saltare nuovamente: *il cavallo risalta l'ostacolo* ♦ *intr.* [aus. *A, E*] 1 eseguire di nuovo un salto 2 rimontare con un balzo da dove si era scesi: *— in groppa.*

ri|sal|tà|re[2] *v.intr.* [aus. *A*] 1 sporgere da una superficie, un piano 2 (*estens.*) di suoni, colori, oggetti, spiccare: *il gioiello risalta sulla giacca* 3 (*fig.*) di persona, distinguersi per qualità particolari: *— per sagacia* | di cosa, risultare con grande chiarezza: *dalle sue parole risalta l'amore che ha per te.*

ri|sàl|to *s.m.* 1 spicco visivo; evidenza: *il — del colore nel dipinto* | (*fig.*) importanza, rilievo: *ruolo di —* | *mettere in —*, rendere evidente, far spiccare 2 (*arch.*) aggetto, sporgenza: *il — del fregio.*

ri|sa|nà|bi|le *agg.* che può essere risanato: *territorio —.*

ri|sa|na|mén|to *s.m.* 1 guarigione 2 operazione di bonifica | (*fig.*) intervento volto a migliorare condizioni di disagio economico e sociale: *— di una borgata*, — *edilizio*, demolizione e successiva ricostruzione di un quartiere degradato, secondo criteri urbanistici e igienici più razionali 3 (*econ.*) eliminazione dell'indebitamento: *— dei conti pubblici* | (*bur.*) in un settore, in un'impresa, razionalizzazione della gestione.

ri|sa|nà|re *v.tr.* 1 far tornare sano; guarire: *— l'inferno* 2 rendere salubre; bonificare: *— la palude* | (*estens.*) riportare a condizioni ambientali e igieniche accettabili: *— il rione* 3 (*econ.*) liberare dai debiti: *— il bilancio* | (*bur.*) riorganizzare in modo più efficiente: *— il reparto* ♦ *intr.* [aus. *E*], **-rsi** *intr.pron.* tornare in salute; guarire.

ri|sa|pé|re *v.tr.* [indic.pres. *io risò..., egli risà...*; nelle altri voci con. come *sapere*] venire a sapere, spec. in modo indiretto.

ri|sa|pù|to *part.pass.* di risapere ♦ *agg.* ben noto: *vicenda risaputa.*

ri|sar|cì|bi|le *agg.* che può essere risarcito: *danno —.*

ri|sar|ci|mén|to *s.m.* riparazione economica del danno | somma con cui si ripaga: *— miliardario.*

ri|sar|cì|re *v.tr.* [indic.pres. *io risarcisco, tu risarcisci...*] compensare spec. con denaro un danno morale o materiale; rifondere: *— il torto.*

ri|sa|rèl|la *s.f.* → ridarella.

ri|sà|ta *s.f.* atto del ridere rumorosamente per un certo tempo: *una grassa —.*

ri|scal|da|mén|to *s.m.* 1 azione con cui si riscalda | aumento di temperatura: *— dell'aria* 2 impianto che serve a riscaldare edifici e sim.: *accendere il —* | — *centrale* quello che in un palazzo riscalda tutti gli appartamenti insieme | *— autonomo*, quello che riscalda ciascun appartamento in autonomia 3 (*sport*) complesso di esercizi eseguiti per preparare i muscoli all'attività.

ri|scal|dà|re *v.tr.* 1 scaldare di nuovo dopo il raffreddamento: *— la cena in forno* 2 rendere caldo; scaldare: *— le mani davanti al fuoco* | (*anche assol.*) generare un senso di calore: *una bevanda che riscalda* 3 (*fig.*) ravvivare: *— l'atmosfera* | infiammare, eccitare: *idee che riscaldano gli animi* ♦ *intr.* [aus. *E*] 1 generare calore: *un caminetto che riscalda* 2 (*tecn.*) surriscaldare ♦ **-rsi** *intr.pron.* 1 divenire caldo: *il mare si riscalda a mezzogiorno* | (*tecn.*) surriscaldarsi: *il motore si sta riscaldando* 2 (*fig.*) eccitarsi, infiammarsi: *a quelle parole la platea si riscaldò* ♦ *rifl.* 1 riacquistare calore: *— sotto le coperte* 2 (*sport*) fare esercizi di riscaldamento.

riscaldata

ri|scal|dà|ta *s.f.* azione sbrigativa per riscaldare o riscaldarsi un po'.

ri|scat|tà|bi|le *agg.* che può essere riscattato: *immobile —*.

ri|scat|tà|re *v.tr.* **1** riferito a persona, liberare dalla prigionia o schiavitù attraverso un pagamento | riferito a cosa che si era ceduta, impegnata e sim., riacquistare il possesso tramite denaro **2** (*dir.*) svincolare dagli obblighi di un contratto attraverso un apposito pagamento: *— dall'ipoteca* **3** (*fig.*) rendere libero; redimere: *— la nazione dagli invasori; — l'uomo dal peccato* | rendere di nuovo onorato, degno di stima: *il suo gesto lo riscattò* ♦ **-rsi** *rifl.* (*anche assol.*) redimersi da uno stato negativo: *— dall'antica colpa*.

ri|scàt|to *s.m.* **1** liberazione di ostaggi e sim. ottenuta dietro pagamento | riacquisto di un bene che ci è stato sottratto | prezzo chiesto per riscattare: *pagare il —* **2** (*fig.*) emancipazione; elevazione sociale e sim.: *il — dei diseredati* | redenzione: *— morale* **3** (*dir.*) atto che libera, a date condizioni, da precedenti obblighi.

ri|schia|ra|mén|to *s.m.* **1** processo che conferisce chiarezza, luminosità | rasserenamento: *il — del cielo* **2** (*fig.*) chiarimento: *il — delle idee*.

ri|schia|rà|re *v.tr.* **1** rendere meno buio; illuminare: *— il locale* | rendere più chiaro; schiarire: *la tonalità* **2** (*fig.*) rendere più limpido, più nitido, riferito a un suono o una voce | *— la vista*, fare in modo che percepisca in modo più nitido **3** (*fig.*) rendere meno confuso; chiarire: *— la mente dai dubbi* ♦ *intr.* [aus. *E*], **-rsi** *intr.pron.* **1** diventare chiaro, più chiaro | *— in volto*, rasserenarsi **2** (*meteor.*) tornare sereno; rasserenarsi: *il tempo si sta rischiarando* **3** (*fig.*) diventare più sereno, più lieto.

ri|schià|re *v.tr.* [indic.pres. *io rischio*...] **1** mettere a repentaglio: *— la pelle* | (*assol.*) azzardare, osare: *non voglio —* **2** (*estens.*) correre il pericolo di ql.co.: *— una punizione; ho rischiato di cadere* ♦ *intr.impers.* [aus. *A* o *E*] esserci il rischio: *rischiava di nevicare*.

ri|schio *s.m.* possibilità di subire danni | situazione pericolosa; azzardo: *il brivido del —* | danno che si rischia; pericolo in cui si può incorrere: *— di contagio* | *a —*, particolarmente esposto a effetti negativi, spec. in ambito sanitario e finanziario: *categoria a —* | *correre il —*, rischiare | *a proprio — e pericolo*, assumendo su di sé i possibili esiti dannosi.

ri|schio|si|tà *s.f.* pericolosità.

ri|schió|so *agg.* che comporta rischi; pericoloso: *progetto —* □ **rischiosamente** *avv.*

ri|sciac|quà|re *v.tr.* [indic.pres. *io risciacquo*...] **1** sciacquare di nuovo **2** sciacquare accuratamente con acqua pulita per togliere residui di sapone o detersivo: *— le stoviglie, i panni; risciacquarsi il viso*.

ri|sciac|quà|ta *s.f.* **1** rapido risciacquo, eseguito alla meglio **2** (*fig., fam.*) sgridata, lavata di capo.

ri|sciac|qua|tù|ra *s.f.* **1** operazione del risciacquare: *— della biancheria* **2** liquido in cui è stato risciacquato ql.co.: *la — della verdura*.

ri|sciàc|quo *s.m.* **1** attività con cui si risciacqua: *il — dei piatti* **2** in lavatrici e lavastoviglie, fase di risciacquatura.

ri|sciò *s.m.* carrozzella a due ruote tirata da un uomo, diffusa in Estremo Oriente.

ri|scon|tà|re *v.tr.* [indic.pres. *io riscónto*...] (*fin., banc.*) presentare allo sconto ad altre banche, dopo aver già scontato ai clienti: *— cambiali* ♦ *intr.* [aus. *A*] (*bur., econ.*) praticare il risconto.

ri|scón|to *s.m.* **1** (*fin., banc.*) acquisizione di cambiali già scontate, in garanzia o in pagamento **2** (*bur., econ.*) rettifica contabile relativa alle entrate o alle uscite destinate a maturare nell'esercizio successivo ma che vengono sostenute o riscosse nell'esercizio in corso.

ri|scon|trà|bi|le *agg.* che può essere riscontrato | rilevabile: *modifica facilmente —*.

ri|scon|trà|re *v.tr.* [indic.pres. *io riscóntro*...] **1** confrontare per verificare le corrispondenze; raffrontare: *— le due versioni* **2** controllare lo stato, l'esattezza: *— il peso, le dimensioni* | verificare che sia efficiente: *— un meccanismo* **3** rilevare dopo un esame: *— discrepanze*.

ri|scón|tro *s.m.* **1** registrazione di corrispondenze e diversità | *mettere a —*, confrontare **2** conferma, riprova: *avere, trovare —* **3** controllo, verifica: *dai riscontri effettuati non risulta* **4** (*bur.*) messaggio di risposta: *in attesa di un Suo —* **5** (*tecn.*) corrispondenza delle parti che si devono incastrare **6** ricontrollo delle scritture contabili | (*banc.*) ufficio che controlla prelievi e versamenti.

ri|sco|pèr|ta *s.f.* **1** nuova esperienza esplorativa: *la — di sé; la — di un luogo* **2** recupero: *— delle tradizioni* | rivalutazione, rinnovato interesse: *la — di un artista dimenticato*.

ri|sco|prì|re *v.tr.* [con. come *scoprire*] **1** scoprire di nuovo: *— il volto* **2** esplorare in modo nuovo: *— la città* **3** (*fig.*) far conoscere di nuovo; rivalutare: *— un cantante* | riportare in auge; recuperare: *— una vecchia teoria* **4** tornare a provare: *— emozioni semplici* ♦ **-rsi** *rifl.* scoprirsi di nuovo.

ri|scòs|sa *s.f.* riconquista di ciò che era stato preso da altri; controffensiva | riscatto, rivincita: *una — civile, morale* | (*anche scherz.*) *alla —!*, grido di incitamento alla riconquista di ql.co.

ri|scos|sió|ne *s.f.* incasso di denaro: *— dello stipendio*.

ri|sco|ti|bi|le *agg.* → **riscuotibile**.

ri|scrit|tù|ra *s.f.* operazione con cui un testo viene steso daccapo | il testo riscritto; nuova stesura.

ri|scrì|ve|re *v.tr.* [con. come *scrivere*] **1** scrivere un'altra volta | scrivere da capo per migliorare o modificare: *è tutto da —!* **2** (*anche assol.*) scrivere in risposta: *gli riscriverò domani*.

ri|scuò|te|re *v.tr.* [con. come *scuotere*] **1** scuotere ancora **2** svegliare; smuovere dall'inerzia **1** incassare: *— un credito* **4** (*fig.*) ricevere; ottenere: *— applausi* ♦ **-rsi** *intr.pron.* tornare vigile; riprendersi: *— dalle fantasticherie* | (*estens.*) trasalire per improvvisa paura o meraviglia.

ri|scuo|ti|bi|le o **riscotibile** *agg.* che si può o si deve riscuotere; esigibile: *assegno —.*

ri|sé|ga *s.f. (edil.)* punto in cui un muro si riduce di spessore, spec. in corrispondenza di un piano superiore.

ri|sen|ti|mén|to *s.m.* **1** dispetto, sdegno, rancore: *— per l'offesa* **2** *(med.)* sensazione dolorosa, conseguente a un trauma o a una malattia in corso: *— muscolare.*

ri|sen|ti|re *v.tr.* [indic.pres. *io risènto...*] **1** sentire nuovamente; ascoltare varie volte: *— sempre la stessa canzone* | avvertire di nuovo: *— una fitta*; *— un'emozione* **2** patire, accusare: *— le carenze educative* ♦ *intr.* [aus. *A*] essere soggetto alle conseguenze: *— della solitudine* ♦ **-rsi** *intr.pron.* offendersi: *— per una sciocchezza* ♦ *rifl.rec.* ritelefonarsi: *a risentirci!*

ri|sen|ti|to *part.pass.* di risentire ♦ *agg.* che esprime risentimento; irritato: *tono —* □ **risentitamente** *avv.*

ri|sèr|bo *s.m.* cautela e discrezione nel manifestare opinioni e sentimenti | *(estens.)* riservatezza: *tenere uno stretto —.*

ri|se|ri|a *s.f.* stabilimento in cui viene lavorato il riso.

ri|sèr|va *s.f.* **1** destinazione esclusiva di ql.co. a qlcu. o a determinati scopi; privilegio | *— di caccia, di pesca*, diritto esclusivo di cacciare, di pescare; luogo soggetto a tale diritto *(estens.)* in un paese colonizzato, territorio destinato alle popolazioni indigene: *— indiana* | zona regolamentata per la protezione dell'ambiente naturale: *— faunistica, naturale* **3** attività svolta per mettere in serbo; provvista: *— per l'inverno* | *(auto.)* minimo residuo di carburante nel serbatoio: *spia della —* | quota di produzione vinicola destinata all'invecchiamento: *vino di —* **4** limitazione, restrizione: *adesione con —* | *— mentale,* limitazione interiore della validità di ciò che si afferma **5** *(sport)* sostituto dell'atleta titolare **6** *(mil.)* complesso dei cittadini in congedo ma richiamabili in caso di guerra: *mobilitare la —.*

ri|ser|và|re *v.tr.* [indic.pres. *io risèrvo...*] **1** destinare a ql.co., a qlcu. di preciso; attribuire in esclusiva: *— un trattamento speciale; riservarsi la scelta* **2** prenotare: *— una cuccetta* **3** tenere in serbo: *— per il gran finale una coppa* **4** scegliere di rinviare: *riservarsi di decidere.*

ri|ser|va|téz|za *s.f.* **1** comportamento di chi è riservato; discrezione **2** caratteristica di ciò che è confidenziale; segretezza: *— della notizia.*

ri|ser|và|to *part.pass.* di riservare ♦ *agg.* **1** destinato esclusivamente a qlcu. | prenotato: *poltrona riservata* **2** che non ama manifestare i propri sentimenti; schivo | che mantiene la riservatezza; discreto: *collaboratore —* | *(med.)* **prognosi riservata**, sospensione del giudizio sulla salute di un malato grave **3** coperto da riserbo, da non divulgare: *informazione riservata* □ **riservatamente** *avv.* in modo riservato.

ri|ser|vi|sta *s.m./f.* [pl. *-i*] *(mil.)* soldato della riserva, in congedo ma richiamabile in caso di guerra.

ri|sguàr|do *s.m.* foglio incollato per metà alla copertina, posto a protezione delle pagine a inizio e fine libro.

ri|sì|bi|le *agg.* che merita derisione; ridicolo: *idea —.*

ri|si|bi|li|tà *s.f.* qualità di ciò che è risibile.

ri|si|cà|re *v.tr.* [indic.pres. *io risico, tu rìsichi...*] *(region.)* rischiare | *(prov.)* **chi non risica non rosica,** per guadagnare bisogna rischiare.

ri|si|cà|to *part.pass.* di risicare ♦ *agg.* 'ridottissimo, minimo: *vantaggio —.*

ri|si|co|lo *agg.* relativo alla coltivazione del riso: *zona risicola* | che produce riso: *paese —.*

ri|si|col|tó|re *s.m.* [f. *-trice*] coltivatore di riso.

ri|si|col|tù|ra *s.f.* coltivazione del riso.

ri|siè|de|re *v.intr.* [indic.pres. *io risiedo...*; aus. *A*] **1** abitare, dimorare | *(bur.)* avere residenza **2** *(fig.)* consistere: *il problema risiede nella mancanza di tempo.*

ri|siè|ro *agg.* del riso: *commercio —.*

ri|si|fi|cio *s.m.* stabilimento in cui si lavora il riso; riseria.

ri|si|ko® *s.m.invar.* gioco di società in cui ci si confronta strategicamente in un immaginario conflitto internazionale.

ri|sma *s.f.* **1** unità di conteggio dei fogli di carta, corrispondente a 500 fogli nel caso di quelli da stampa, a 400 nel caso di quelli da cancelleria | ciascun pacco confezionato con tale quantitativo **2** *(spreg.)* razza, tipo: *della sua stessa —.*

rì|so[1] *s.m.* [pl.f. *risa*] **1** dimostrazione di contentezza attraverso una particolare mimica facciale e suoni caratteristici: *un — sguaiato* | *(prov.)* **il — abbonda sulla bocca degli sciocchi,** ridere con eccessiva facilità è segno di scarsa intelligenza **2** *(fig.)* aspetto vivace e gaio; splendore: *il — della natura estiva.*

rì|so[2] *s.m.* **1** pianta delle Graminacee con infiorescenze a pannocchia riunite in spighette e frutti a cariosside: *chicchi di —* **2** *(gastr.)* l'insieme dei frutti commestibili della pianta omonima: *— in bianco* **3** *carta di —,* quella fine che si ricava dalle foglie di sparto.

ri|so|là|re *v.tr. e deriv.* → **risuolare** *e deriv.*

ri|so|lì|no *s.m.* riso appena abbozzato, spec. ironico.

ri|sol|le|và|re *v.tr.* [indic.pres. *io risollèvo...*] **1** sollevare nuovamente | sollevare dopo una caduta **2** *(fig.)* far uscire dalle difficoltà: *— l'azienda* | confortare: *— il morale* **3** *(fig.)* ripresentare: *— una questione* ♦ **-rsi** *rifl.* *(anche fig.)* sollevarsi nuovamente: *— dopo la caduta; da un grande dolore.*

ri|sòl|to *part.pass.* di risolvere ♦ *agg.* **1** che ha trovato una soluzione: *problema —* **2** di malattia che è guarita.

ri|so|lu|téz|za *s.f.* caratteristica di chi è risoluto; determinazione.

ri|so|lu|tì|vo *agg.* **1** capace di risolvere: *clausola risolutiva* **2** che determina l'esito, la conclusione di ql.co.; decisivo: *intervento —.*

ri|so|lù|to *agg.* *(di persona)* sicuro nelle scelte;

risolutore

deciso | (*di azione, giudizio*) energico; sicuro □ **risolutamente** *avv.* in modo risoluto: *intervenire —*.
ri|so|lu|to|re *agg., s.m.* [f. *-trice*] che, chi risolve: *azione risolutrice*.
ri|so|lu|zió|ne *s.f.* **1** azione che risolve; soluzione: *la — dell'enigma* | (*med.*) esito favorevole di una malattia **2** annullamento, scioglimento: *— di un contratto* **3** decisione: *prendere una —* | deliberazione assembleare: *— dell'*ONU **4** (*foto., cine., grafica*) grado di dettaglio della riproduzione, rilevabile dal numero di punti usati per rappresentarla; definizione: *immagine in alta —* **5** (*mus.*) passaggio da un accordo dissonante alle note consonanti di un accordo successivo.
ri|sòl|ve|re *v.tr.* [indic.pres. *io risolvo...*; pass.rem. *io risolsi* o *risolvéi* o *risolvètti, tu risolvésti...*; part.pass. *risolto*] **1** condurre a soluzione, spec. attraverso un procedimento o un'intuizione: *— l'indovinello; — le difficoltà* **2** decidere, stabilire: *risolse di intervenire* **3** (*raro*) separare negli elementi costitutivi; scomporre: *— una sostanza* **4** (*dir.*) sciogliere, rescindere: *— un vincolo* **5** (*mus.*) far passare a un accordo consonante: *— la sensibile sulla tonica* ♦ *intr.* [aus. *A*] (*mus.*) detto di nota o accordo, essere seguito da un suono con cui è in armonia ♦ **-rsi** *intr.pron.* **1** andare a finire, concludersi: *— in un pieno successo* **2** di malattia, guarire **3** decidersi, spec. sciogliendo le perplessità: *si risolse a partire*.
ri|sol|vì|bi|le *agg.* che può essere risolto: *guaio —* | (*dir.*) che può essere sciolto.
ri|sol|vi|bi|li|tà *s.f.* condizione di ciò che può trovare una risoluzione.
ri|so|nàn|te *part.pres. di* risonare ♦ *agg.* **1** sonoro, rimbombante: *tono —* **2** (*fis.*) che entra in risonanza | dotato di risonanza.
ri|so|nàn|za *s.f.* **1** (*fis.*) fenomeno per cui in un corpo sottoposto a onde sonore a frequenza costante si accresce la durata o l'intensità del suono per effetto delle vibrazioni prodotte; amplificazione | (*mus.*) **cassa di —**, cassa armonica di strumento a corda; (*fig.*) canale amplificatore di notizie e sim. **2** (*estens.*) eco | (*fig.*) interesse suscitato: *eventi di scarsa —* **3** (*med.*) *— magnetica nucleare*, tecnica diagnostica basata sull'assorbimento di radioonde da parte di alcuni atomi sottoposti a un campo magnetico.
ri|so|nà|re *v.tr., intr.* → **risuonare**.
ri|sór|ge|re *v.intr.* [con. come *sorgere*; aus. *E*] **1** sorgere nuovamente: *il sole risorge ogni mattina* **2** tornare in vita; resuscitare: *Cristo è risorto* | (*fig.*) ricomparire, ripresentarsi: *la fede risorge nell'anima; risorge sempre la stessa questione* **3** (*fig.*) riaversi, riprendersi da una situazione negativa: *risorse dalla malattia* | avere una ripresa; rifiorire: *la nazione riuscirà a —*.
ri|sor|gi|men|tà|le *agg.* relativo al Risorgimento: *mito —*.
ri|sor|gi|mén|to *s.m.* **1** nuova fioritura, ripresa: *— letterario* **2** (*st., per anton.*) periodo compreso fra il 1815 e il 1870 in cui avvenne la progressiva unificazione dell'Italia: *eroi del Risorgimento*.

ri|sor|gì|va *s.f.* (*geol.*) sorgente alimentata da una falda che affiora in superficie.
ri|sór|sa *s.f.* **1** mezzo materiale o capacità interiore con cui si fronteggia una difficoltà, un bisogno: *risorse intellettive* **2** (*econ.*) strumento disponibile che genera ricchezza: *— rinnovabile* **3** (*inform.*) ogni componente di un sistema: *gestione risorse*.
ri|sór|to *part.pass. di* risorgere ♦ *agg.* risuscitato: *Cristo —* | (*fig.*) tornato in buone condizioni: *un paese —*.
ri|sòt|to *s.m.* (*gastr.*) riso che viene cotto nel brodo, fino a completo assorbimento, con condimenti vari: *— alla milanese*.
ri|spar|mià|re *v.tr.* [indic.pres. *io risparmio...*] **1** consumare poco, usare con parsimonia | *— le forze*, dosare lo sforzo | (*coll.*) *— il fiato*, evitare chiacchiere inutili **2** non spendere: *cento euro al mese* | (*anche assol.*) pagare meno del solito: *— grazie ai saldi* | contenere le spese; fare economia: *devo — per il viaggio* **3** non far subire; evitare: *mi vorrei — l'umiliazione* **4** mancare di colpire; escludere: *la crisi non li può —* | non togliere; conservare: *— la vita a qlcu*. ♦ **-rsi** *rifl.* avere riguardo delle proprie condizioni; salvaguardarsi: *non — nel lavoro*.
ri|spar|mia|tó|re *s.m.* [f. *-trice*] chi risparmia denaro | (*econ.*) chi accumula e investe risparmi: *i piccoli risparmiatori*.
ri|spàr|mio *s.m.* **1** contenimento del consumo; economia: *— di tempo, delle energie* | ciò che si risparmia | *al —*, minimizzando le spese; (*estens.*) sforzandosi il meno possibile: *lavorare al —* **2** (*econ.*) parte del reddito non consumata in spese correnti, da accantonare o investire | **libretto di —**, documento che attesta l'esistenza di depositi a risparmio in banca.
ri|spec|chià|re *v.tr.* [indic.pres. *io rispècchio...*] **1** specchiare di nuovo **2** riflettere: *l'acqua rispecchiava gli alberi* | (*fig.*) rappresentare efficacemente; esprimere: *la descrizione ti rispecchia perfettamente* ♦ **-rsi** *rifl.* specchiarsi nuovamente ♦ *intr.pron.* **1** riflettersi: *il sole si rispecchia nel mare* **2** (*fig.*) trovare rispondenza; corrispondere: *mi rispecchio nelle tue idee*.
ri|spe|dì|re *v.tr.* [indic.pres. *io rispedisco, tu rispedisci...*] **1** spedire nuovamente **2** rimandare indietro: *— al mittente*.
ri|spet|tà|bi|le *agg.* **1** degno di rispetto | (*estens.*) perbene: *uomo —* **2** (*estens.*) ragguardevole, considerevole: *cifra —*.
ri|spet|ta|bi|li|tà *s.f.* qualità o condizione di quel che è rispettabile: *riconquistare la propria —*.
ri|spet|tà|re *v.tr.* [indic.pres. *io rispètto...*] **1** stimare | onorare, riverire: *— il maestro* **2** non violare: *— i diritti altrui* | non molestare, non danneggiare: *— la natura* **3** (*fig.*) considerare senza intenti prevaricatori: *la scelta* | **farsi —**, far valere la propria volontà anche incutendo timore **4** osservare in modo scrupoloso: *— le regole*.
ri|spet|tà|to *part.pass. di* rispettare ♦ *agg.* che ha buona reputazione; stimato.
ri|spet|tì|vo *agg.* relativo a ciascuna cosa o per-

sona già nominata: *ogni bambino con i rispettivi genitori* □ **rispettivamente** *avv.*

ri|spèt|to *s.m.* **1** deferenza, stima | (*pl., estens.*) saluti ossequiosi: *presentare i propri rispetti* **2** riconoscimento delle prerogative, dei diritti, della dignità altrui; non prevaricazione: — *della diversità* | attenzione, cura verso oggetti, beni: *tratta con — i mobili di famiglia* | **mancare di** — *a qlcu.*, offenderlo **3** osservanza scrupolosa: — *del limite di velocità* **4** punto di vista; riguardo | — *a*, in relazione a: — *a te non ci sono problemi*; in confronto a: *troppo scuro — all'altro* **5** (*poet.*) breve componimento popolare di contenuto amoroso.

ri|spet|tó|so *agg.* **1** che prova stima | che esprime rispetto; deferente: *atteggiamento* — **2** che non danneggia: — *dell'ecosistema* **3** che non trasgredisce: — *delle leggi* □ **rispettosamente** *avv.* con rispetto: *chiedere* —.

ri|splen|dèn|te *part.pres.* di risplendere ♦ *agg.* splendente, sfavillante: *luce* — | (*fig.*) smagliante; radioso: *sorriso* —.

ri|splèn|de|re *v.intr.* [con. come *splendere*] **1** emanare splendore; brillare: *il Sole risplende* **2** (*fig.*) mettersi in evidenza; primeggiare: — *per audacia*.

ri|spol|ve|rà|re *v.tr.* [indic.pres. *io rispólvero*...] **1** spolverare un'altra volta **2** (*fig.*) rendere di nuovo attuale; rinfrescare: — *le vecchie strategie*.

ri|spon|dèn|te *part.pres.* di rispondere ♦ *agg.* corrispondente | adatto: *non — alle esigenze*.

ri|spon|dèn|za *s.f.* **1** adeguatezza: — *alla mansione* | conformità; accordo **2** ripercussione di un'azione; effetto: *la notizia ebbe immediata — in noi*.

ri|spón|de|re *v.intr.* [indic.pres. *io rispondo*...; pass.rem. *io risposi, tu rispondésti*...; part.pass. *risposto*; aus. *A*] **1** replicare con gesti, azioni o frasi a ciò che ci è stato detto o fatto: — *con un'occhiata eloquente* | — *con una denuncia* | (*assol.*) prendere una telefonata: — *al primo squillo* | (*coll.*) ribattere in modo impertinente: *non devi — ai superiori!* | — *a tono*, rispondere con prontezza; replicare vivacemente o polemicamente | — *al fuoco*, sparare di rimando **2** rendere conto; assumersi la responsabilità: *devi — delle tue malefatte* | (*comm.*) far fronte a un impegno: *risponde l'assicurazione* **3** reagire a ordini, sollecitazioni, stimoli: *il freno rispose tardi*; *i muscoli non rispondono più* | (*fig., fam.*) ripercuotersi, riflettersi: *la fitta risponde nell'altro arto* | (*med.*) risentire positivamente: — *alla terapia* **4** (*fig.*) essere adatto; corrispondere: — *alla richiesta* | — *al nome di*, chiamarsi **5** (*sport*) ribattere il colpo dell'avversario **6** nel gioco, gettare carte dello stesso seme di quelle giocate dall'avversario: — *a quadri* ♦ *tr.* offrire come risposta: — *la verità*.

ri|spon|di|tó|re *s.m.* **1** dispositivo degli aerei da guerra che serve a confondere i radar nemici **2** segreteria telefonica che trasmette messaggi prestabiliti e non registra le comunicazioni di chi chiama.

ri|spo|sà|re *v.tr.* [indic.pres. *io rispòso*...] sposare un'altra volta ♦ **-rsi** *rifl.* prendere un nuovo consorte ♦ *rifl.rec.* tornare insieme all'altare.

ri|spó|sta *s.f.* **1** atto del rispondere | la cosa che si risponde: — *soddisfacente* **2** l'azione o l'insieme delle parole, scritte o pronunciate, con cui si replica, si reagisce: *attendersi una* —; — *militare* | *in — a*, rispondenza a 3 soluzione a un interrogativo, a un problema: — *esatta!*; — *alla crisi* **4** (*biol., med., psicol.*) reazione a uno stimolo, una sollecitazione: — *immunitaria*; — *condizionata* | (*tecn.*) rispondenza ai comandi **5** (*sport*) colpo che respinge quello dell'avversario: — *di dritto*.

ri|spun|tà|re *v.intr.* [aus. *E*] **1** spuntare nuovamente: *l'insalata rispunta* **2** (*fig.*) ricomparire: *è rispuntato dopo un anno d'assenza* ♦ *tr.* accorciare nuovamente recidendo le punte: *devo rispuntarmi i capelli*; — *le piante*.

ris|sa *s.f.* lite violenta, spec. fra numerose persone, con scambio di insulti e percosse | (*estens., fig.*) diverbio, polemica: *risse ideologiche*.

ris|sà|re *v.intr.* [aus. *A*] partecipare a una rissa | (*estens., fig.*) questionare, discutere con animosità.

ris|so|si|tà *s.f.* carattere da attaccabrighe.

ris|só|so *agg.* che litiga con facilità | proprio di chi è facile alla rissa: *carattere* —.

ri|sta|bi|li|mén|to *s.m.* **1** ripristino: — *delle condizioni* **2** ritorno in salute.

ri|sta|bi|lì|re *v.tr.* [indic.pres. *io ristabilisco, tu ristabilisci*...] **1** stabilire un'altra volta **2** rendere nuovamente stabile; riconsolidare: — *alcune certezze* | rimettere in vigore: — *le regole* **3** riportare in buone condizioni fisiche: — *la salute* ♦ **-rsi** *intr.pron.* **1** tornare in salute **2** (*meteor.*) rimettersi al bello.

ri|sta|bi|lì|to *part.pass.* di ristabilire ♦ *agg.* tornato in salute; guarito: *tornare — dalla clinica*.

ri|sta|gnà|re *v.intr.* [indic.pres. *io ristagno*..., *noi ristagniamo, voi ristagnate*...; aus. *A*] **1** di acqua corrente, smettere di scorrere, diventando stagnante | di liquidi organici, smettere di defluire, creando un ristagno: *il sangue ristagna* **2** (*fig.*) subire gravi riduzioni, rallentamenti, crisi: *l'economia ristagna*.

ri|stà|gno *s.m.* **1** interruzione nel flusso dell'acqua | (*fisiol.*) arresto del flusso di un liquido corporeo: — *sanguigno* **2** (*fig.*) rallentamento di un fenomeno e sim.: — *degli scambi*.

ri|stàm|pa *s.f.* operazione con cui si ristampa senza apportare grandi modifiche | opera ristampata: *acquistare una* — *del libro*.

ri|stam|pà|re *v.tr.* stampare nuovamente; ripubblicare.

ri|sto|ràn|te *s.m.* locale pubblico che serve pasti: — *tipico* ♦ *agg.invar.* che effettua servizio di ristorante: *vagone* —.

ri|sto|rà|re *v.tr.* [indic.pres. *io ristòro*...] far riposare | rimettere in forze; rinvigorire: *il sonno ristora* | rifocillare | (*fig.*) ritemprare, confortare l'animo: *è un successo che ristora* ♦ **-rsi** *rifl.* riposarsi | rifocillarsi: — *con uno spuntino* | (*anche fig.*) recuperare le energie.

ri|sto|ra|tó|re *agg.* [f. *-trice*] che dà ristoro: *sonno* — ♦ *s.m.* gestore di un locale che offre pasti.

ri|sto|ra|zió|ne *s.f.* settore commerciale relativo alla fornitura di pasti in esercizi pubblici.

ri|stó|ro *s.m.* ritorno in forze, ripresa di vigore: *trovare — dalla fatica nel cibo* | (*fig.*) sollievo, conforto: *cercare — dal dolore* | tutto ciò che è inteso come fonte di energia: *il suo — era la preghiera* | *punto di —*, locale che offre cibi e bevande in luoghi molto frequentati.

ri|stret|téz|za *s.f.* 1 caratteristica di ciò che è ristretto, angusto 2 (*fig.*) scarsità: *— di mezzi* 3 (*spec.pl.*) difficoltà economica; povertà: *campare in ristrettezze* 4 (*fig.*) limitatezza spirituale; grettezza: *— di vedute*.

ri|strét|to *part.pass.* di restringere ♦ *agg.* 1 non spazioso; angusto: *muoversi in spazi ristretti* 2 serrato, racchiuso: *vicolo — tra i palazzi* 3 (*fig.*) scarso: *tempo* — | circoscritto; limitato: *cerchia ristretta* 4 (*fig.*) meschino, gretto: *animo —* 5 concentrato: *caffè —* | condensato: *zuppa ristretta*.

ri|strut|tu|rà|re *v.tr.* 1 strutturare di nuovo o secondo criteri diversi: *— il discorso* | (*econ.*) razionalizzare sul piano dei sistemi lavorativi 2 (*edil.*) restaurare modificando le strutture murarie: *— la cascina*.

ri|strut|tu|ra|zió|ne *s.f.* 1 riorganizzazione, spec. di aziende e sim.: *la — porterà licenziamenti* 2 (*edil.*) restauro effettuato modificando strutturalmente le costruzioni.

ri|suc|chià|re *v.tr.* [indic.pres. *io risucchio...*] 1 succhiare nuovamente 2 trascinare in un risucchio: *il vortice li risucchiò* | (*fig.*) coinvolgere, attirare spec. con prepotenza in un gruppo: *fu risucchiato dalla folla* 3 (*fig.*) assorbire completamente: *il lavoro ti sta risucchiando*.

ri|sùc|chio *s.m.* vortice di una massa gassosa o liquida che trascina i corpi al proprio interno; gorgo, mulinello: *il — dell'elica*.

ri|sùl|ta *s.f.* solo nella loc. *di —*, detto del materiale di scarto di una lavorazione, depurazione, demolizione ecc.

ri|sul|tàn|te *part.pres.* di risultare ♦ *agg.* che risulta; derivante: *studiare la dinamica —* ♦ *s.f.* 1 [anche m.] (*fis.*) vettore che risulta dalla somma di più vettori: *— di forze* | forza il cui effetto è equivalente a quello di un sistema di forze date 2 (*fig.*) esito finale; risultato: *la — dei vari contributi*.

ri|sul|tàn|za *s.f.* spec.pl. ciò che risulta: *risultanze dell'indagine*.

ri|sul|tà|re *v.intr.* [aus. *E*] 1 derivare come effetto: *dall'affare risulteranno grandi profitti* 2 derivare come conclusione: *dalle premesse risulta che...* | apparire dimostrato, verificato: *— dalle informazioni* | essere noto; apparire chiaro a: *a me non risulta* 3 rivelarsi, dimostrarsi: *— efficace* | avere un certo esito: *l'esame è risultato positivo* | riuscire: *— primo classificato*.

ri|sul|tà|to *s.m.* 1 effetto, conseguenza: *terapia dai risultati scarsi* | esito, conclusione; responso: *il — dei test* 2 (*sport*) punteggio di un incontro tra due squadre: *i risultati della serie A* 3 (*mat.*) quantità, formula che risolve un'operazione e sim.

ri|suo|là|re o **risolàre** *v.tr.* [indic.pres. *io risuòlo...*] dotare di suole nuove: *— gli stivali*.

ri|suo|la|tù|ra o **risolatùra** *s.f.* operazione del risuolare | suola che si applica in sostituzione di quella logora: *— in gomma*.

ri|suo|nà|re o **risonàre** *v.tr.* [indic.pres. *io risuòno...*] suonare un'altra volta ♦ *intr.* [aus. *E, A*] 1 suonare nuovamente 2 di oggetti percossi, restituire un suono amplificato e cupo: *la pentola vuota risuona* | di strumenti, emettere un suono echeggiante: *il gong risuonò* 3 di luoghi, rimbombare; echeggiare: *la palestra risuona di urla* 4 di suoni, diffondersi ripetendosi a lungo; echeggiare: *i canti risuonavano per la valle* 5 (*fig.*) di sensazioni o ricordi, ripercuotersi nella mente: *le sue urla risuonarono a lungo in me* 6 (*fis.*) entrare in risonanza.

ri|sur|re|zió|ne *s.f.* → **resurrezione**.

ri|su|sci|tà|re *v.tr.*, *intr.* → **resuscitare**.

ri|sve|glià|re *v.tr.* [indic.pres. *io risvéglio...*] 1 svegliare | svegliare una seconda volta 2 (*fig.*) incoraggiare ad agire; riscuotere 3 (*fig.*) stimolare, suscitare: *— la voglia di leggere* | ravvivare, riaccendere: *— la passione, il ricordo* ♦ *-rsi intr. pron.* 1 svegliarsi | svegliarsi nuovamente 2 (*fig.*) riscuotersi dall'inerzia: *la cultura si è risvegliata*.

ri|své|glio *s.m.* 1 interruzione del sonno; ritorno alla veglia: *un brusco —* 2 (*fig.*) nuova manifestazione di uno stimolo: *il — della fame* | rinascita di un sentimento latente: *il — dell'odio* 3 (*fig.*) ritorno in attività dei fenomeni naturali dopo una fase d'inerzia: *— primaverile* | nuovo impulso in un settore: *— culturale* | nuovo fervore, spec. sul piano morale: *il — delle coscienze*.

ri|svòl|to *s.m.* 1 parte di indumento ripiegata verso l'esterno: *il — della tasca* 2 parte stampata della sovraccoperta di un libro, ripiegata verso l'interno | (*estens.*) il testo che tale parte riporta 3 (*fig.*) riflesso poco evidente ma non irrilevante: *esaminare tutti i risvolti della scelta*.

ri|ta|glià|re *v.tr.* [indic.pres. *io ritaglio...*] 1 tagliare nuovamente 2 tagliare lungo il contorno: *— l'inserzione* | (*fig.*) **ritagliarsi uno spazio**, trovare del tempo per ql.co. che interessa; costruirsi un ruolo nel quadro di un'attività collettiva.

ri|tà|glio *s.m.* parte, immagine che è stata ritagliata: *— di giornale* | scarto che rimane dopo aver ritagliato: *— di stoffa* | (*fig.*) **— di tempo**, breve momento libero.

ri|tar|dà|bi|le *agg.* che può essere ritardato; rimandabile.

ri|tar|dàn|do *s.m.invar.* (*mus.*) rallentando.

ri|tar|dàn|te *part.pres.* di ritardare ♦ *agg.*, *s.m.* si dice di ciò che rallenta un fenomeno, un processo: *farmaco —*.

ri|tar|dà|re *v.intr.* [aus. *A*] impiegare più tempo del previsto: *— a intervenire* | essere in ritardo: *il bus continua a —* | di orologio, essere indietro rispetto all'ora esatta ♦ *tr.* 1 rallentare: *il vento ritardò le operazioni* | far tardare ostacolando l'a-

ritmo

zione: *la manifestazione ha ritardato il treno* **2** differire: — *la spedizione*.

ri|tar|da|tà|rio *s.m.* [f. *-a*] **1** chi arriva in ritardo **2** chi indugia eccessivamente.

ri|tar|dà|to *part.pass. di* ritardare ♦ *agg.* **1** differito nel tempo; procrastinato: *decollo —* **2** rallentato: *sviluppo —* **3** (*psicol.*) che presenta ritardo mentale ♦ *s.m.* [f. *-a*] (*psicol.*) chi presenta ritardo mentale | (*estens.*, *spreg.*) sciocco.

ri|tàr|do *s.m.* **1** superamento del limite di tempo concesso | tempo impiegato in eccesso, atteso oltre il limite: — *nelle consegne* | *in* —, dopo il tempo previsto: *presentarsi in —* | (*psicol.*) — *mentale*, sviluppo psichico inferiore alla norma **2** (*estens.*) indugio: *non può permettersi alcun —*.

ri|té|gno *s.m.* controllo dei propri impulsi; misura, riguardo: *un ragazzo senza —*.

ri|tem|prà|re *v.tr.* [indic.pres. io ritèmpro...] ridare la tempra | (*fig.*) rinvigorire, rafforzare: — *l'animo* ♦ *-rsi rifl.* riprendere forza; rinvigorirsi: — *dalle dure prove*.

ri|te|né|re *v.tr.* [con. come *tenere*] **1** reputare, giudicare: *mi ritengo idoneo* **2** (*anche fig.*, *lett.*) contenere, frenare: — *la frana*; — *le lacrime* **3** (*bur.*) detrarre, trattenere: — *le tasse* **4** (*fig.*) ricordare: — *le cifre esatte* **5** (*med.*) non eliminare a sufficienza dall'organismo: — *i grassi* ♦ *-rsi rifl.* **1** considerarsi, reputarsi: — *il migliore* **2** (*lett.*) controllarsi: — *dal dire ingiurie*.

ri|ten|tà|re *v.tr.* [indic.pres. io ritènto...] **1** (*anche assol.*) tentare nuovamente; riprovare **2** indurre nuovamente in tentazione.

ri|te|nù|ta *s.f.* importo che si deduce da un pagamento; trattenuta | (*fin.*) — *alla fonte*, prelievo fiscale che il datore di lavoro pratica sullo stipendio del dipendente | — *d'acconto*, prelievo fiscale che viene praticato da chi effettua un pagamento a qlcu., come anticipo delle tasse che quest'ultimo dovrà pagare sul proprio reddito.

ri|ten|zió|ne *s.f.* **1** (*med.*) eliminazione insufficiente dall'organismo: — *delle urine*, *idrica* **2** (*psicol.*) conservazione nella memoria delle informazioni sensoriali registrate.

ri|ti|rà|re *v.tr.* **1** tirare nuovamente **2** tirare indietro; ritrarre: — *la fune*; — *il braccio* **3** (*estens.*) far tornare indietro; richiamare: — *l'esercito* | togliere dalla circolazione: — *i fascicoli difettosi* **4** (*estens.*) farsi dare; prendere: — *una vincita*, *lo stipendio* **5** (*fig.*) disdire, revocare: — *il permesso* | ritrattare: — *la deposizione* ♦ *-rsi rifl.* **1** arretrare; indietreggiare: — *in buon ordine* **2** tornare a casa: — *a notte fonda* | andare dove si può avere riservatezza: — *a discutere in studio* | trasferirsi in una località isolata: — *in collina* **3** rinunciare a partecipare, a svolgere: — *dalla competizione*; *si è ritirato dagli affari* | — *a vita privata*, smettere di esercitare funzioni pubbliche ♦ *intr.pron.* **1** diventare più stretto, più corto: — *al primo lavaggio* **2** arretrare: *i ghiacciai si stanno ritirando* | defluire: *il mare si ritira con la bassa marea*.

ri|ti|rà|ta *s.f.* **1** (*mil.*) arretramento di truppe; ripiegamento | (*fig.*) rinuncia; cedimento | *battere in —*, (*mil.*) ripiegare davanti al nemico; (*fig.*) rinunciare a una competizione e sim.; (*estens.*) andarsene alla svelta **2** rientro serale dei soldati in caserma | segnale di tromba che annuncia l'ora di tale rientro **3** gabinetto, spec. delle vetture ferroviarie.

ri|ti|rà|to *part.pass. di* ritirare ♦ *agg.* appartato; luogo — | solitario: *condurre vita ritirata*.

ri|ti|ro *s.m.* **1** presa in consegna: *il — di un pacco in posta* | riscossione: — *dello stipendio* **2** ordine di tornare indietro; richiamo: *il — delle truppe dal confine* | (*bur.*) revoca: — *della patente* | disdetta, annullamento: — *della disponibilità* **3** esclusione dal mercato e sim.: — *di un prodotto dannoso* **4** permanenza in un luogo appartato: — *spirituale* | (*sport*) periodo di preparazione tecnica e tattica di una squadra | luogo isolato in cui si può stare in tranquillità; rifugio: *il suo estivo* **5** interruzione di un'attività pubblica | abbandono di una competizione: *l'infortunio lo costrinse al —*.

rit|mà|re *v.tr.* (*spec.mus.*) scandire secondo un dato ritmo: — *l'esecuzione* | (*estens.*) cadenzare: — *l'andatura*.

rit|mà|to *part.pass. di* ritmare ♦ *agg.* scandito da un ritmo incisivo: *canzone ritmata* | ritmico, cadenzato.

rìt|mi|ca *s.f.* (*metr.*, *mus.*) teoria del ritmo.

rit|mi|ci|tà *s.f.* qualità di ciò che è ritmico: — *della musica* | carattere di un movimento che si svolge secondo una scansione ritmica.

rìt|mi|co *agg.* [m.pl. *-ci*] **1** che ha un certo ritmo, che segue un ritmo: *passo*, *movimento —* | (*sport*) *ginnastica ritmica*, disciplina femminile in cui si eseguono a tempo di musica esercizi ginnici con piccoli attrezzi **2** (*metr.*) che imprime un ritmo: *accento —* **3** (*estens.*) di fenomeno naturale, scandito da una sequenza ordinata di movimenti o fasi: *il — susseguirsi dei mesi* **4** (*estens.*) regolare nella successione degli elementi | armonico nelle linee: *disposizione ritmica dei pilastri* □ **ritmicamente** *avv.* in modo ritmico | seguendo un certo ritmo, spec. con movimenti armoniosi: *la ballerina danzava —*.

rìt|mo *s.m.* **1** successione di suoni, accenti, movimenti secondo una cadenza regolare: — *di marcia* | (*anche fisiol.*) frequenza di movimenti in un'attività: — *del cuore*; *al — di dieci al minuto* | (*estens.*) andamento di un fenomeno: — *produttivo* | (*fig.*) **a —** *serrato*, in modo rapido, incalzante | *reggere il —*, sopportare l'impegno richiesto da un'attività **2** (*mus.*) complesso delle durate sonore in una composizione | cadenza propria degli elementi di una composizione che costituiscono l'accompagnamento: — *reggae* | nella musica leggera, composizione in cui la componente ritmica prevale su quella melodica | *tenere il —*, ballare o suonare rispettando la cadenza del pezzo **3** (*metr.*) alternanza, propria della poesia, di sillabe accentate e atone | (*estens.*) andamento narrativo: *il — del racconto* **4** (*fig.*) armonica successione di linee, forme, colori: *il — della facciata*.

ri|to *s.m.* **1** l'insieme delle espressioni proprie di un culto, organizzate secondo un dato cerimoniale, che mirano a realizzare il rapporto con il divino: — *iniziatico*, *magico* **2** all'interno di una religione, cerimonia ufficiale regolata secondo una norma e una forma prescritta: — *eucaristico* | (*estens.*) insieme delle cerimonie di un culto religioso pubblico; liturgia: — *romano* **3** (*estens.*) solenne cerimonia pubblica che celebra eventi civili **4** (*estens.*) consuetudine, costume: *il — del caffè* | *di —*, consueto, abituale **5** (*dir.*) procedura: — *penale* | **eccezione di** *—*, questione relativa alla procedura.

ri|toc|cà|re *v.tr.* [indic.pres. *io ritócco, tu ritócchi*...] **1** toccare nuovamente **2** modificare per abbellire, sistemare, correggere: — *un racconto, un disegno*; *ritoccarsi l'ombretto*; — *lo statuto* **3** (*euf.*) riferito a tariffe, prezzi e sim., aumentarli.

ri|toc|cà|ta *s.f.* ritocco eseguito in fretta, sommariamente: *darsi una — al rossetto*.

ri|tóc|co *s.m.* [pl. *-chi*] **1** modifica migliorativa; abbellimento; correzione **2** (*euf.*) di prezzo e sim., aumento.

ri|tòr|ce|re *v.tr.* [con. come *torcere*] **1** torcere nuovamente o energicamente **2** (*fig.*) rivolgere quanto viene fatto o detto contro chi ne è stato l'autore: — *le critiche* **3** nell'industria tessile, torcere insieme vari fili per ottenere filati più grossi ♦ **-rsi** *intr.pron.* (*fig.*) rivolgersi negativamente: *il suo crimine gli si ritorse contro*.

ri|tor|ci|tù|ra *s.f.* nell'industria tessile, operazione con cui si ritorcono più fili assieme.

ri|tor|nà|re *v.intr.* [indic.pres. *io ritórno*...; aus. E] **1** andare ancora nel luogo dove si era in precedenza; tornare: — *alla partenza* **2** (*fig.*) riportare l'attenzione a un ricordo, un pensiero e sim.: *ritornò con la mente a lui* | — *su ql.co.*, riparlarne, ripensarci | — *in sé*, rinvenire; recuperare l'autocontrollo **3** ripresentarsi, riproporsi: *ritorna sempre lo stesso problema* **4** provenire, scaturire: *ce ne ritornerà solo un danno* | avere un determinato effetto: *la tua ritorna vantaggiosa per noi* **5** tornare a essere; ridiventare: — *sano* ♦ **ritornarsene** *intr.pron.* far ritorno: *ritornatene da dove sei venuto!*

ri|tor|nèl|lo *s.m.* **1** (*metr.*) verso o insieme di versi che si ripete in un componimento, spec. alla fine di ogni strofa; ripresa **2** (*mus.*) frase musicale che ricorre in un pezzo, spec. alla fine di ogni strofa; refrain **3** (*fig.*) discorso ripetuto alla noia; manfrina: *un — già sentito!*

ri|tór|no *s.m.* **1** movimento che riporta nel luogo da cui si era partiti o in cui si era già stati: — *alla base* | **essere di** *—*, essere in viaggio per ritornare | — **in cuffia**, eco anomala in un apparecchio di ascolto | — **di fiamma**, nel motore a benzina, risalita dei gas incendiati attraverso i condotti di aspirazione; (*fig.*) ripresa di una passione, spec. amorosa | **punto di non** *—*, (*mar.*, *aer.*) quello oltre cui non si ha più carburante sufficiente per rientrare alla base di partenza; (*fig.*) stadio in cui un processo diventa irreversibile **2** (*fig.*) riscoperta; rivalutazione: — *alle origini* **3** restituzione | (*estens.*) vantaggio indiretto di un'operazione: *scarso — economico* **4** ricomparsa; nuova manifestazione: *il — dell'afa* **5** (*sport*, *anche ell.*) (*girone di*) —, in un campionato, seconda serie di partite, in cui le squadre tornano a incontrarsi.

ri|tor|sió|ne *s.f.* **1** ribaltamento di un'argomentazione contro il suo autore | azione vendicativa contro chi ha arrecato danni **2** (*estens.*) ripicca, rivalsa: *agire per pura —*.

ri|tòr|ta *s.f.* ramoscello flessibile che si usa per legare fascine e sim.

ri|tòr|to *part.pass.* di *ritorcere* ♦ *agg.* **1** contorto: *rami ritorti* **2** attorcigliato: *corda ritorta* **3** si dice di filato formato dalla ritorcitura di più capi assieme.

ri|tràr|re *v.tr.* [con. come *trarre*] **1** rappresentare in un'immagine dipinta, fotografica ecc.: — *un paesaggio* | (*fig.*) descrivere: *il romanzo ritrae la società dell'epoca* **2** tirare indietro, tirar via: *il braccio* | (*fig.*) distogliere: *mi ritrasse dalla minaccia*; *ritrasse i suoi occhi da me* ♦ **-rsi** *rifl.* **1** raffigurare sé stesso: — *sulla tela* **2** tirarsi indietro: — *al passaggio di qlcu.* | recedere: — *dal proposito* ♦ *intr.pron.* (*ling.*) detto di accento, spostarsi su una sillaba precedente.

ri|trat|tà|bi|le *agg.* che può essere ritrattato: *dichiarazione non —* | *che si può disdire*.

ri|trat|tà|re *v.tr.* **1** trattare nuovamente; ritornare a esaminare **2** smentire una propria affermazione; rinnegare: — *la deposizione*.

ri|trat|ta|zió|ne *s.f.* **1** atto del ritrattare | dichiarazione orale o scritta con cui si ritratta; smentita **2** (*dir.*) modifica delle proprie dichiarazioni in un processo, allo scopo di correggere precedenti versioni errate o menzognere.

ri|trat|ti|sta *s.m./f.* [m.pl. *-i*] **1** (*pitt.*, *scult.*) artista specializzato nel fare ritratti **2** (*estens.*) scrittore che descrive efficacemente le caratteristiche proprie di luoghi, personaggi, eventi ecc.

ri|trat|ti|sti|ca *s.f.* **1** (*pitt.*, *scult.*) arte del ritratto **2** genere artistico del ritratto | complesso dei ritratti di un autore, di un periodo, di una scuola ecc.: — *antica*.

ri|trat|ti|sti|co *agg.* [m.pl. *-ci*] relativo all'arte del ritratto.

ri|tràt|to *s.m.* **1** riproduzione fotografica, pittorica o scultorea dell'aspetto di una persona | (*estens.*) descrizione a parole: — *della situazione* **2** (*fig.*) chi somiglia molto a qualcun altro: *è il — di suo nonno* | personificazione: *sei il — dell'onestà*.

ri|tra|zió|ne *s.f.* atto del ritirare, del ritirarsi | restringimento, diminuzione nel volume: — *del tessuto*.

ri|trì|to *agg. solo nella loc.* **trito e** *—*, ripetuto alla noia: *discorso trito e —*.

ri|tro|si|a *s.f.* **1** carattere di chi è schivo, poco socievole | (*estens.*) scontrosità di atteggiamento **2** riluttanza.

ri|tró|so *agg.* **1** poco socievole; schivo **2** riluttante a compiere una data azione: — *a confessare* | *a* —, all'indietro: *risalire a — nel tempo*.

ri|tro|và|bi|le *agg.* che può essere ritrovato; rintracciabile.

ri|tro|va|mén|to *s.m.* scoperta; rinvenimento: *il — del relitto*.

ri|tro|và|re *v.tr.* [indic.pres. *io ritròvo...*] **1** trovare ciò che si era perso | scoprire tramite ricerche: *— il malloppo* **2** (*fig.*) riacquistare, recuperare: *— la calma* **3** trovare nuovamente | rivedere, incontrare dopo qualche tempo: *— un vecchio amico* **4** rivedere dopo una modifica, un cambiamento: *al mio ritorno ho ritrovato la casa in subbuglio* ♦ **-rsi** *intr.pron.* venire improvvisamente a trovarsi in una condizione, in un luogo: *— ricco* ♦ *rifl.* raccapezzarsi: *in questa situazione non si ritrova* (*coll.*) essere a proprio agio ♦ *rifl.rec.* incontrarsi di nuovo: *— in un locale*.

ri|tro|và|to *s.m.* scoperta o invenzione, ottenuta tramite ricerche e sperimentazioni: *un — della tecnica* | (*estens.*) trovata, espediente.

ri|tró|vo *s.m.* **1** riunione, adunanza: *il — dei coscritti* **2** luogo d'incontro e intrattenimento: *— notturno* | (*estens.*) punto di raduno: *— di snob, di malviventi*.

rit|to *agg.* (*di persona*) dritto in piedi; eretto: *stare —* | (*di cosa*) che sta in posizione verticale: *conficcare un cartello — in terra* | di parte del corpo, levato all'insù; alzato: *tenere le orecchie ritte* ♦ *s.m.* **1** (*edil., arch.*) elemento verticale avente funzione di sostegno **2** (*sport*) nel salto in alto e con l'asta, ciascuno dei due supporti verticali graduati su cui poggia orizzontalmente l'asta.

ri|tu|à|le *agg.* **1** relativo a un rito | conforme al rito: *formula —* **2** (*estens.*) conforme all'usanza: *il — riposino pomeridiano* | secondo procedura: *domanda —* ♦ *s.m.* **1** complesso degli atti e delle formule che caratterizzano lo svolgimento di un rito: *seguire il — liturgico* **2** (*anche fig.*) complesso di regole secondo cui si svolge una cerimonia; cerimoniale: *osservare il — del giuramento* **3** (*anche scherz.*) abitudine: *il — del tè* □ **ritualmente** *avv.*

ri|tua|li|smo *s.m.* (*relig., spec.spreg.*) tendenza a far prevalere gli aspetti esteriori del culto sui sentimenti che lo sorreggono.

ri|tua|li|sti|co *agg.* [m.pl. *-ci*] che riguarda il rito, il rituale □ **ritualisticamente** *avv.*

ri|tua|li|tà *s.f.* caratteristica, qualità di ciò che è rituale.

ri|tua|liz|zà|re *v.tr.* **1** considerare come rito; rendere rituale: *— la riunione* **2** fissare le regole per lo svolgimento di un rito.

ri|tua|liz|za|zió|ne *s.f.* atto, processo che rende rituale.

ri|tuf|fà|re *v.tr.* tuffare nuovamente ♦ **-rsi** *rifl.* (*anche fig.*) tuffarsi nuovamente: *— nella ricerca*.

ri|u|nió|ne *s.f.* **1** riunificazione: *la — dei territori* | ricongiunzione dopo una separazione: *la — dei coniugi* **2** raduno di persone in un luogo; adunanza: *— condominiale* **3** (*sport*) complesso di gare che hanno luogo nella medesima seduta: *— di ciclismo*.

ri|u|ni|re *v.tr.* [indic.pres. *io riunisco, tu riunisci...*] **1** unire di nuovo: *— i due lembi* **2** mettere nello stesso luogo; radunare: *— i soldati* | chiamare in riunione; convocare: *— il comitato* **3** (*fig.*) far tornare uniti; riconciliare ♦ **-rsi** *intr. pron.* **1** raccogliersi, radunarsi: *i manifestanti si sono riuniti nella piazza* **2** ricongiungersi: *decisero di — alla comitiva* **3** tornare assieme; rappacificarsi: *i due fidanzati si sono riuniti*.

ri|u|nì|to *part.pass.* di riunire ♦ *agg.* consociato, associato: *editori riuniti*.

riu|scì|re *v.intr.* [con. come *uscire*; aus. *E*] **1** uscire nuovamente | uscire dopo essere entrato: *si entra di qui e si riesce laggiù* **2** mettere capo; sboccare: *— sulla via maestra* **3** di cosa, avere un dato esito; risultare: *— alla perfezione* | (*assol.*) avere esito positivo: *il piano dovrebbe —* **4** ottenere un determinato effetto: *come sei riuscito a sbagliare?* | (*anche assol.*) realizzare ciò che si desidera: *— a scappare*; *— nella vita* **5** rivelare un'attitudine, un'abilità: *— negli sport* | essere in grado, avere la capacità: *riesci a sentirmi?* | rivelarsi; diventare: *— un grande campione* **6** apparire; risultare: *— antipatico*; *— incomprensibile*.

riu|scì|ta *s.f.* (*di cosa*) modo di attuazione | risultato, esito, spec. positivo: *la — dell'esperimento* | (*di persona*) realizzazione di obiettivi; successo.

ri|ù|so *s.m.* nuovo uso; reimpiego | (*edil.*) recupero a fini abitativi di edifici abbandonati.

ri|u|ti|liz|zà|re *v.tr.* usare ql.co. di già usato, eventualmente per scopi diversi da quelli originari: *— le scorie*.

ri|u|ti|liz|za|zió|ne *s.f.* nuova utilizzazione, reimpiego.

ri|u|ti|liz|zo *s.m.* riutilizzazione; riuso.

ri|va *s.f.* **1** lembo estremo di terra bagnato dalle acque del mare, di un lago o di un fiume | litorale, spiaggia **2** (*anche fig.*) sponda: *toccare la —*.

ri|và|le *agg., s.m./f.* che, chi è in competizione con altri; concorrente, antagonista: *— nello sport* | **senza rivali**, assolutamente superiore, impareggiabile.

ri|val|leg|già|re *v.intr.* [indic.pres. *io rivaléggio...*; aus. *A*] competere con altri | (*fig.*) reggere il confronto: *come scrittore rivaleggia con i grandi nomi*.

ri|val|lér|si *v.intr.pron.* [con. come *valere*] **1** valersi ancora, servirsi nuovamente: *— della stessa struttura* **2** rifarsi: *— della perdita* | (*fig.*) prendersi una rivincita: *— sui parenti*.

ri|va|li|tà *s.f.* condizione in cui si trova chi è rivale | atteggiamento competitivo; antagonismo: *— in amore*.

ri|vàl|sa *s.f.* risarcimento di una perdita, di un danno: *cerca una — alle forti perdite* | (*fig.*) rivincita: *prendersi una — su qlcu*.

ri|va|lu|tà|re *v.tr.* [indic.pres. *io rivalùto o rivàluto...*] **1** valutare nuovamente **2** (*anche fin.*) aumentare di valore: *— la sterlina* | (*fig.*) considerare positivamente dopo aver disprezzato: *— uno scrittore* ♦ **-rsi** *intr.pron.* crescere di valore: *l'oro si sta rivalutando*.

ri|va|lu|ta|zió|ne *s.f.* aumento di valore: *— mo-*

rivangare

netaria | (*fig.*) riconoscimento del valore prima negato: — *del suo ruolo.*

ri|van|ga|re o **rinvangàre** *v.tr.* [indic.pres. *io rivango, tu rivanghi...*] **1** (*agr.*) dissodare; vangare nuovamente **2** ricordare spiacevoli eventi remoti | riaprire vecchie contese: — *una brutta faccenda.*

ri|ve|dé|re *v.tr.* [con. come *vedere*] **1** vedere nuovamente: — *al replay* | incontrare dopo molto tempo: — *un parente* | (*fig.*) — **la luce del sole**, uscire di prigione **2** avere impresso nella memoria; ricordare vividamente: *rivedo quella donna come se fosse qui* **3** rileggere per ricordare, capire meglio o appurare l'esattezza di quanto scritto o letto: — *il discorso da tenere in pubblico* | ripassare; ristudiare: — *la partitura* **4** riesaminare, ricontrollare | correggere: — *uno scritto* | (*mecc.*) verificare il funzionamento; revisionare: — *l'apparecchiatura* ♦ **-rsi** *rifl.rec.* incontrarsi ancora: — *al solito posto* | *ci rivedremo!*, formula che minaccia future vendette o punizioni.

ri|ve|dì|bi|le *agg.* **1** che può o deve essere rivisto **2** (*mil.*) si dice di chi è iscritto nelle liste di leva ma deve ripresentarsi successivamente per verificare gli sviluppi di qualche inabilità temporanea.

ri|ve|di|bi|li|tà *s.f.* (*mil.*) condizione di chi deve ripresentarsi alla leva successiva per inabilità temporanea.

ri|ve|dù|to *part.pass. di* rivedere ♦ *agg.* che è stato sottoposto a revisione: *versione riveduta e corretta.*

ri|ve|là|re *v.tr.* [indic.pres. *io rivélo...*] **1** rendere nota una cosa misteriosa, segreta; svelare; confidare: — *il vero significato* **2** mettere in luce; esprimere: *il rossore rivelò l'imbarazzo* **3** rendere percepibile un fenomeno che i sensi non colgono direttamente: — *la radiazione* ♦ **-rsi** *rifl.* **1** mostrarsi per ciò che si è: — *un incapace* **2** (*relig.*) detto della divinità, mostrarsi all'uomo ♦ *intr.pron.* dimostrarsi, risultare: *l'indicazione si rivelò utile.*

ri|ve|là|to *part.pass. di* rilevare ♦ *agg.* (*teol.*) si dice di religione, dogma e sim. che faccia risalire la propria origine a una rivelazione divina anziché alla riflessione umana: *verità rivelate.*

ri|ve|la|tó|re *agg.* [f. *-trice*] che rivela: *risposta rivelatrice* ♦ *s.m.* **1** [f. *-trice*] chi fa una rivelazione **2** (*tecn.*) dispositivo che serve a segnalare dati fenomeni, spec. a rivelare la presenza di gas, radiazioni, corpi estranei: — *di particelle.*

ri|ve|la|zió|ne *s.f.* **1** atto con cui si rivela ql.co. | ciò che si rivela: *rivelazioni piccanti* **2** (*estens.*) persona o cosa che mostra aspetti sorprendenti: *quell'artista è un'autentica* — **3** (*teol.*) manifestazione diretta di Dio all'uomo | nel cristianesimo, complesso di verità che si ritengono comunicate direttamente da Dio.

ri|vén|de|re *v.tr.* [indic.pres. *io rivendo...*] **1** vendere nuovamente **2** vendere dopo aver acquistato: — *al doppio del prezzo.*

ri|ven|di|bi|le *agg.* che può essere rivenduto.

ri|ven|di|cà|re *v.tr.* [indic.pres. *io rivéndico, tu rivéndichi...*] **1** (*raro*) vendicare nuovamente **2** (*anche dir.*) chiedere indietro dopo esser stati privati ingiustamente: — *l'eredità* | (*estens.*) richiedere come proprio diritto; pretendere: — *la libertà di scelta* **3** attribuire a se stesso la responsabilità di gesti, dichiarazioni e sim.: — *l'aggressione.*

ri|ven|di|ca|ti|vo *agg.* relativo a una rivendicazione, spec. sindacale | che esprime rivendicazioni: *manifestazione rivendicativa.*

ri|ven|di|ca|zió|ne *s.f.* **1** (*anche dir.*) richiesta di restituzione | riaffermazione di un diritto: *rivendicazioni popolari* **2** assunzione di responsabilità; dichiarazione di paternità di un atto: — *terroristica.*

ri|vén|di|ta *s.f.* **1** operazione commerciale effettuata per vendere una seconda volta o vendere dopo aver acquistato: — *senza ricarichi* | negozio che vende al dettaglio; spaccio: — *di tabacchi.*

ri|ven|di|tó|re *s.m.* [f. *-trice*] **1** chi rivende l'usato; rigattiere **2** commerciante al dettaglio: — *autorizzato dalla casa costruttrice.*

ri|ver|be|rà|re *v.tr.* [indic.pres. *io rivèrbero...*] irradiare di riflesso; riflettere: — *le luci dell'alba* ♦ **-rsi** *intr.pron.* **1** di luce, calore, riflettersi | di suono, risuonare: *la musica si riverberava nella via* **2** (*fig.*) ripercuotersi: *il danno si riverberò sull'intera comunità.*

ri|vèr|be|ro *s.m.* **1** luce che si riverbera; riflesso **2** calore che irraggia da superfici riscaldate **3** persistenza di un suono dovuta alla riflessione delle onde sonore | (*elettron.*) sistema atto a regolare tale persistenza in strumenti musicali e amplificatori: *il* — *della chitarra elettrica* **4** schermo concavo di metallo che riflette la luce: *lampada a* — **5** (*fig.*) ripercussione, effetto non diretto.

ri|ve|rèn|te *part.pres. di* riverire ♦ *agg.* che esprime grande rispetto, riverenza: *atteggiamento* —.

ri|ve|ren|zià|le *agg.* → **reverenziale**.

ri|ve|rèn|za *s.f.* **1** rispetto profondo verso chi si stima molto: *nutrire un sentimento di* — | rispettosa osservanza **2** inchino di ossequio: *fare la* —.

ri|ve|rì|re *v.tr.* [indic.pres. *io riverisco, tu riverisci...*] **1** rispettare profondamente: — *un luminare* | salutare in modo ossequioso: *andare a* — *i maestri.*

ri|ve|rì|to *part.pass. di* riverire ♦ *agg.* che è circondato da stima; rispettato, ossequiato: *un* — *benefattore.*

ri|ver|ni|cià|re *v.tr.* verniciare di nuovo, spec. per ripristinare una verniciatura rovinata.

ri|ver|sa|mén|to *s.m.* **1** (*anche fig.*) l'atto e il risultato del riversarsi: *un* — *di gente nelle strade* **2** (*tecn.*) operazione volta a trasferire immagini o suoni su un supporto diverso: — *su pellicola.*

ri|ver|sà|re *v.tr.* [indic.pres. *io rivèrso...*] **1** versare nuovamente **2** effondere; spargere: *la ciminiera riversava inquinanti nel cielo* | (*fig.*) rivolgere, indirizzare: — *mille cure sui figli* **3** (*fig.*) far ricadere: — *l'onere sui colleghi* **4** (*tecn.*) trasferire da un supporto a un altro ♦ **-rsi** *intr.pron.* **1** spargersi; traboccare: *il petrolio si è riversato in mare* **2** (*estens.*, *fig.*) dirigersi in massa | irrompere: *tutti si riversarono nel corridoio*.

ri|vèr|so *agg.* disteso all'indietro; supino: *giaceva —*.

ri|ve|sti|mén|to *s.m.* operazione con cui si copre, si fodera e sim. | materiale impiegato per ricoprire: *cambiare il —*.

ri|ve|sti|re *v.tr.* [indic.pres. *io rivèsto*...] **1** (*anche fig.*) indossare nuovamente: — *il completo per l'occasione*; — *la toga dopo la riabilitazione* **2** vestire chi è nudo: — *da capo a piedi* | rifornire di nuovi vestiti: *lo hanno rivestito da quel sarto* **3** (*estens.*) ricoprire: *le foglie rivestono i rami* | coprire spec. per abbellire o proteggere: — *d'oro le decorazioni* **4** (*fig.*) ammantare; mascherare: — *il vuoto spirituale di parole roboanti* **5** (*fig.*) ricoprire incarichi e sim.: — *funzioni importanti* | assumere o avere: — *un'importanza particolare* ♦ **-rsi** *rifl.* **1** vestirsi nuovamente: *il paziente si rivestì dopo la visita* **2** mettersi vestiti diversi: *vai a rivestirti come si deve!* **3** (*estens.*) ricoprirsi indossando qualcosa: — *di una corazza* ♦ *intr.pron.* ricoprirsi; ammantarsi: *la terra si rivestirà di neve*.

ri|ve|sti|to *part.pass.* di rivestire ♦ *agg.* **1** ricoperto | foderato: *divano —* **2** vestito meglio, a nuovo.

ri|ve|sti|tù|ra *s.f.* operazione del rivestire, foderare ql.co. | materiale di rivestimento.

ri|vet|ta|tri|ce *s.f.* attrezzo a tenaglia usato per unire lamiere e sim. mediante la ribaditura di rivetti.

ri|vét|to *s.m.* ribattino.

ri|viè|ra *s.f.* **1** (*geog.*) fascia costiera | (*per anton.*) costa ligure: *Riviera di Ponente* **2** (*sport*) in equitazione, ostacolo formato da una siepe seguita da un fossato colmo d'acqua.

ri|vie|rà|sco *agg.* [m.pl. *-schi*] di riviera; costiero: *centro —*.

ri|vin|ci|ta *s.f.* **1** (*sport*, *gioco*) partita in cui si può rifare di una sconfitta: *concedere la —* **2** (*estens.*) successo che arriva a rimediare una precedente sconfitta; occasione per rivalersi: *una — sul destino*.

ri|vi|si|tà|re *v.tr.* [indic.pres. *io rivìsito*...] **1** visitare nuovamente **2** (*fig.*) considerare secondo un punto di vista diverso; reintepretare | riproporre in chiave differente: — *il testo sotto il profilo umoristico*.

ri|vi|si|ta|zió|ne *s.f.* rilettura; reinterpretazione: — *di un'opera letteraria* | riproposizione di un fenomeno culturale in termini nuovi: *una — dei classici*.

ri|vi|sta *s.f.* **1** rapida presa in esame; revisione, spec. sommaria: *dare una — alla proposta* **2** (*mil.*) sfilata delle truppe davanti ad autorità in occasioni solenni | ispezione effettuata per verificare l'equipaggiamento dei soldati **3** periodico specializzato; rassegna: — *filosofica* | periodico illustrato di attualità; rotocalco **4** spettacolo di varietà che alterna scenette comiche a numeri di ballo, canzoni ecc.

ri|vi|sto *part.pass.* di rivedere ♦ *agg.* **1** fin troppo noto: *roba vista e rivista* **2** revisionato.

ri|vi|ta|liz|zà|re *v.tr.* vivificare nuovamente; rendere ancora vitale | (*estens.*) riportare a uno stato di efficienza: — *l'economia di una regione* ♦ **-rsi** *intr.pron.* ritrovare vitalità; rinvigorirsi.

ri|vi|ta|liz|za|zió|ne *s.f.* ripresa di vitalità.

ri|vi|ve|re *v.intr.* [con. come *vivere*; aus. *E*] **1** ricominciare a vivere: *svegliarsi dal coma e —* | risorgere: *l'anima rivive nell'aldilà* **2** (*fig.*) ritrovare energia, vigore: *il massaggio lo fece —* | tornare in auge; rifiorire: *le tradizioni rivivranno* **3** (*fig.*) continuare a vivere; perpetuarsi: *la sua fede rivive in noi* ♦ *tr.* **1** trascorrere, sperimentare di nuovo: — *un momento di tranquillità* **2** ritrovare nel ricordo | sentire ancora: — *la stessa emozione*.

rì|vo *s.m.* **1** (*lett.*) ruscello **2** (*estens.*, *iperb.*) liquido che scorre in abbondanza: *un — di alcolici*.

ri|vòl|ge|re *v.tr.* [con. come *volgere*] **1** volgere o volgere nuovamente: — *gli occhi verso di lui* **2** dirigere, indirizzare; orientare: *le rivolgerò una preghiera*; — *gli sforzi verso l'obiettivo* | dedicare, prestare: — *l'attenzione* **3** volgere altrove; voltare: *rivolse il viso dal disgusto* **4** (*anche fig.*) rigirare; ribaltare: — *il biglietto tra le mani*; — *nell'animo propositi di vendetta* ♦ **-rsi** *intr.pron.* **1** girarsi in una direzione; volgersi **2** (*estens.*) indirizzare la parola: — *all'uditorio* **3** (*fig.*) ricorrere per ricevere consulenza, informazioni e sim.: — *all'esperto* | affidarsi: — *a un amico*.

ri|vol|gi|mén|to *s.m.* **1** ribaltamento | sconvolgimento, dissesto **2** (*fig.*) cambiamento sociale, politico e sim.; sovvertimento: — *epocale*.

rì|vo|lo *s.m.* **1** ruscello | rigagnolo **2** (*estens.*, *iperb.*) flusso di liquido: — *di sudore*, *di sangue*.

ri|vòl|ta *s.f.* ribellione collettiva contro istituzioni e sim.; insurrezione: — *popolare*.

ri|vol|tàn|te *part.pres.* di rivoltare ♦ *agg.* disgustoso; ripugnante: *odore —*; *crudeltà —*.

ri|vol|tà|re *v.tr.* [indic.pres. *io rivòlto*...] **1** voltare ancora: *voltare e — le pagine* **2** voltare sottosopra, dalla parte opposta; rigirare: — *il materasso* | girare mostrando il rovescio: — *la federa* | (*fig.*, *coll.*) — **come un calzino**, **come un guanto**, sottoporre a un'ispezione molto accurata **3** rimescolare: — *la macedonia* **4** (*fig.*) provocare repulsione; disgustare: *la sua disonestà mi rivolta* ♦ **-rsi** *rifl.* **1** voltarsi indietro; girarsi dall'altra parte | (*iperb.*) — **nella tomba**, detto di chi è morto, essere disgustato dal comportamento dei vivi ♦ *intr.pron.* **1** ribellarsi: *i nobili si rivolteranno all'autorità del re* **2** (*fig.*) del tempo o di situazioni, mutarsi improvvisamente: *il tempo si è rivoltato contro gli escursionisti*.

ri|vol|tèl|la *s.f.* pistola a ripetizione, con un tamburo rotante che alloggia le pallottole; revolver.

ri|vol|tel|là|ta *s.f.* colpo di rivoltella; revolverata.

ri|vòl|to *part.pass.* di rivolgere ♦ *agg.* **1** volto, gi-

rivoltolare

rato: — *a sinistra* **2** (*fig.*) indirizzato, mirato: *discorso — al solito scopo*.

ri|vol|to|là|re *v.tr.* [indic.pres. *io rivòltolo...*] voltolare più volte o una volta ancora ♦ **-rsi** *rifl.* voltolarsi in continuazione; voltolarsi nuovamente: — *nel letto*.

ri|vol|tó|so *agg., s.m.* che, chi scatena una rivolta o vi aderisce: *militare —*.

ri|vo|lu|zio|nà|re *v.tr.* [indic.pres. *io rivoluzióno...*] **1** trasformare in modo radicale; mutare completamente: — *la visione del mondo* **2** (*fig.*) mettere sottosopra; disordinare: — *la camera*.

ri|vo|lu|zio|nà|rio *agg.* **1** di una rivoluzione: *esercito —* **2** (*fig.*) che rinnova in modo radicale l'ordine esistente: *teoria rivoluzionaria* | che vuole cambiare le cose: *spirito —* ♦ *s.m.* [f. *-a*] chi promuove una rivoluzione o vi aderisce.

ri|vo|lu|zio|na|rì|smo *s.m.* ideologia e atteggiamento di chi vorrebbe fare una rivoluzione per sovvertire l'ordine vigente.

ri|vo|lu|zió|ne *s.f.* **1** radicale rivolgimento, spesso violento, dell'ordine politico e sociale costituito: — *armata* **2** (*estens.*) profonda trasformazione di un sistema, di una disciplina, di una consuetudine; radicale rinnovamento: — *telematica;* — *culturale* **3** (*fig.*) turbamento, confusione **4** (*astr.*) orbita ellittica che un corpo celeste compie intorno a un altro: *la* — *lunare intorno alla Terra*.

ri|vul|sió|ne *s.f.* → revulsione.

ri|vul|sì|vo *agg.* → revulsivo.

ri|zo- (*scient.*) primo elemento di parole composte che significa "radice" (*Rizoforacee*).

Ri|zo|fo|rà|ce|e *s.f.pl.* famiglia di piante tropicali, appartenenti alle Dicotiledoni, le cui radici spuntano dai rami superiori e il cui legno duro resiste all'umidità.

ri|zò|ma *s.m.* [pl. *-i*] (*bot.*) fusto allungato di piante erbacee perenni, ricco di sostanze di riserva, che striscia sul terreno o si sviluppa sotto terra.

ri|zo|ma|tó|so *agg.* (*bot.*) che presenta rizomi | a forma di rizoma.

riz|zà|re *v.tr.* **1** mettere ritto; alzare: — *un palo* | (*fig.*) — *gli orecchi*, mettersi in ascolto | — *la cresta*, diventare arrogante **2** innalzare, costruire; fabbricare: — *una muraglia* ♦ **-rsi** *rifl.* alzarsi in piedi; assumere una posizione eretta ♦ *intr.pron.* innalzarsi | di capelli, diventare irti.

RNA *s.m.invar.* (*biol.*) acido ribonucleico, sostanza localizzata nelle cellule, importante per la sintesi delle proteine.

ro *s.f./m.invar.* → rho.

road movie (*ingl.*) [pr. *rod mùvi*] *loc.sost.m.invar.* (*cine.*) film incentrato sul tema del viaggio avventuroso attraverso cui si rivela lo sviluppo interiore dei protagonisti | (*estens.*) genere cinematografico di tali film.

roaming (*ingl.*) [pr. *rómin*] *s.m.invar.* (*telecom.*) accordo tra società di telefonia mobile raggiunto per concedere agli utenti di un dato gestore l'utilizzo della rete di un altro.

ro|à|no *agg., s.m.* si dice di cavallo nel cui mantello si mescolano peli rossi, bianchi e neri.

roast beef (*ingl.*) [pr. *ròsbif*] *loc.sost.m.invar.* (*gastr.*) carne di manzo che viene cotta solo all'esterno e lasciata al sangue internamente.

rò|ba *s.f.* **1** qualsiasi oggetto; qualsiasi insieme di oggetti: *è tutta — da buttare* | (*fam.*) — *da pazzi*, cosa incredibile; azione da condannare **2** complesso di ciò che si possiede, di cui si dispone: *prendi la tua — e vattene!* **3** qualunque merce: *vende solo bella —* **4** (*gerg.*) droga.

Ro|bì|nia *s.f.* genere di piante arbustive o arboree dal legno robusto, diffuse soprattutto nell'America centro-settentrionale; l'unica specie europea presenta infiorescenze bianche a grappoli.

ro|biò|la *s.f.* tenero formaggio tipico della Lombardia e del Piemonte, piuttosto grasso, con un sapore dolce.

ro|bi|vèc|chi *s.m./f.invar.* chi compra cose usate per rivenderle; rigattiere.

ro|bo|àn|te o **reboànte** *agg.* **1** (*lett.*) che rimbomba: *boato —* **2** (*fig.*) molto pomposo e appariscente, ma privo di sostanza: *arringa —*.

robot [pr. *robó* o *ròbot*] *s.m.invar.* **1** macchina che è capace di svolgere funzioni tipicamente umane; automa | — *da cucina*, elettrodomestico usato per grattugiare, tagliare, tritare, miscelare ecc. **2** (*fig.*) chi agisce meccanicamente, senza riflettere | chi obbedisce senza discutere.

ro|bò|ti|ca *s.f.* **1** teoria e tecnica della costruzione e dell'utilizzo di robot **2** (*ind.*) automazione di date fasi produttive, svolte esclusivamente da macchine sofisticate.

ro|bò|ti|co *agg.* [m.pl. *-ci*] **1** relativo a robot; della robotica **2** (*fig.*) che è privo di spirito; da robot: *comportamento —*.

ro|bo|tiz|zà|re *v.tr.* attrezzare con robot: — *l'assemblaggio* ♦ **-rsi** *intr.pron.* **1** automatizzarsi con l'impiego di robot: *la produzione si è robotizzata* **2** (*fig.*) assumere comportamenti da automa; disumanizzarsi.

ro|bu|stéz|za *s.f.* **1** caratteristica di cosa o persona robusta: *la — di una struttura* **2** (*fig.*) forza interiore: — *di carattere* | energia espressiva.

ro|bù|sto *agg.* **1** (*di persona*) dotato di forza, di energia: *muscoli robusti* | capace di sopportare disagi, malattie; resistente: *sana e robusta costituzione* | (*di cosa*) massiccio, solido: *tavolo —* **2** (*estens.*) abbondante: *dosi robuste* | (*euf.*) grasso: *ragazza robusta* **3** (*fig.*) di qualità interiori, saldo, vigoroso: *una robusta determinazione* | di stile, incisivo, efficace □ **robustamente** *avv.* **1** con energia: *mi strinse — un braccio* **2** (*fig.*) con vigore espressivo: *dipingere —*.

rocaille (*fr.*) [pr. *rocàii*] *agg., s.f.* **1** nella Francia del sec. XVIII, stile di architettura da giardino che riprende elementi naturali, quali grotte e conchiglie **2** motivo decorativo a volute, riprodotto in oggetti e mobili, tipico dell'arredamento di gusto rococò.

ro|cam|bo|lé|sco *agg.* [m.pl. *-schi*] si dice di azione avventurosa e spericolata, con la quale si superano abilmente rischi e difficoltà: *impresa rocambolesca* □ **rocambolescamente** *avv.*

ròc|ca[1] *s.f.* **1** fortezza difensiva costruita in un punto elevato e poco accessibile | spec. nei toponimi, borgo nato in un luogo elevato e fortificato: *Rocca San Casciano* **2** cima montuosa isolata, dalle pareti spoglie e scoscese.

róc|ca[2] *s.f.* strumento usato per filare a mano, dotato di un'asta rigonfia all'estremità su cui si avvolge il fiocco di lana; conocchia.

roc|ca|fòr|te *s.f.* [pl. *roccheforti* o *roccaforti*] **1** cittadella fortificata; fortezza **2** (*fig.*) luogo, ambito in cui ql.co. trova molti sostegni e risorse; baluardo: *le roccaforti comuniste dell'Italia centrale*.

roc|chet|tà|ro *s.m.* → rockettaro.

roc|chét|to *s.m.* **1** piccolo cilindro cavo di materiale rigido con estremità sporgenti, intorno al quale si avvolge il filo per cucire: *— per la macchina da cucire* **2** (*elettr.*) bobina: *— d'induzione* **3** (*cine.*) cilindro usato per arrotolare la pellicola.

ròc|chio *s.m.* **1** (*arch.*) ciascuno dei blocchi di pietra che, sovrapposti l'uno all'altro, formano una colonna non monolitica **2** (*estens.*) pezzo avente una tozza forma cilindrica.

ròc|cia *s.f.* [pl. *-ce*] **1** (*geol.*) aggregato minerale caratterizzato da elevata compattezza e solidità: *— sedimentaria* **2** (*estens.*) strato di pietra della crosta terrestre | blocco di pietra viva affiorante: *minare le rocce* **3** in alpinismo, parete scoscesa | (*estens.*) arrampicata in parete: *fare —* **4** (*fig.*) persona salda nel fisico o nell'animo: *anche nelle difficoltà rimane una —*.

roc|cia|tó|re *s.m.* [f. *-trice*] alpinista che arrampica su roccia.

roc|ció|so *agg.* **1** formato da roccia: *formazione rocciosa* | costellato da rocce; coperto di pietre: *distesa rocciosa* **2** (*fig.*) forte; possente | saldo; tenace: *determinazione rocciosa* □ **rocciosamente** *avv.* in maniera ostinata.

rock (*ingl.*) *s.m.invar.* (*mus.*) **1** (*abbr., coll.*) rock and roll: *— acrobatico* **2** complesso dei vari sviluppi del rock and roll, dovuti soprattutto all'uso di tecniche elettroniche ♦ *agg.invar.* relativo al rock: *pezzo —* | *che compone o suona rock: artista —*.

rockabilly (*ingl.*) *s.m.invar.* **1** (*mus.*) genere rock influenzato dalla musica country **2** [anche f.] appassionato di musica rockabilly ♦ *agg.invar.* relativo al rockabilly | ispirato o influenzato da tale musica: *moda —*.

rock and roll o **rock'n roll** (*ingl.*) [pr. *rokenról*] *loc.sost.m.invar.* (*mus.*) genere di origine statunitense derivato dal rhythm and blues, caratterizzato dall'esasperazione del ritmo | ballo eseguito seguendo tale musica ♦ *agg.invar.* relativo a tale musica.

rocker (*ingl.*) *s.m./f.invar.* musicista rock.

roc|ket|tà|ro o **rocchettàro** *s.m.* [f. *-a*] **1** (*scherz.*) musicista rock **2** appassionato di musica rock.

rock'n roll *loc.sost.m.invar.* → rock and roll.

rockstar (*ingl.*) [pr. *rokstàr*] *loc.sost.f.invar.* musicista rock di grande successo.

rò|co *agg.* [m.pl. *-chi*] **1** basso e soffocato; rauco: *voce roca* | si dice di chi ha la raucedine **2** profondo e sordo: *rumore —* □ **rocamente** *avv.* **1** con voce rauca **2** cavernosamente: *le campane rintoccarono —*.

ro|co|cò *s.m.* sviluppo settecentesco dello stile barocco, dominato da eleganti giochi di linee bizzarre, sia nell'architettura che nella decorazione ♦ *agg.* appartenente o relativo a tale stile: *facciata —* | (*estens.*) molto capriccioso; artificioso.

ro|dàg|gio *s.m.* **1** (*mecc.*) periodo iniziale del funzionamento di una macchina, che serve per eventuali messe a punto: *completare il — della vettura* **2** (*fig.*) fase di adattamento psicologico e fisico | periodo di allenamento.

ro|dà|re *v.tr.* [indic.pres. *io ròdo...*] **1** (*mecc.*) sottoporre al rodaggio **2** (*fig.*) adattare a una nuova situazione, esigenza ♦ **-rsi** *intr.pron.* ambientarsi, adattarsi: *nel giro di qualche settimana si sarà rodato*.

rodeo (*sp.*) *s.m.* [pl.invar. o *-i*] torneo in cui i cow-boy nordamericani gareggiano cavalcando senza sella o domando torelli e cavalli.

ró|de|re *v.tr.* [indic.pres. *io rodo...*; pass.rem. *io rosi, tu rodésti...*; part.pass. *roso*] **1** sgretolare con i denti; rosicchiare: *il tarlo rode il mobile* **2** (*scherz.*) mangiare; sgranocchiare **3** (*anche fig.*) corrodere, logorare: *— la superficie con un abrasivo*; *mi rode il dubbio* ♦ *intr.* [aus. *A*] fare rabbia: *le rode di non potercela fare* ♦ **-rsi** *rifl.* torturarsi l'animo in pensieri dolenti; tormentarsi; struggersi.

ro|di|gi|no *agg.* di Rovigo ♦ *s.m.* [f. *-a*] chi è nato o abita a Rovigo.

ro|di|lé|gno *s.m.invar.* insetto dei Lepidotteri la cui larva è provvista di forti mandibole per scavare gallerie nel legno.

ro|di|mén|to *s.m.* **1** erosione **2** (*fig.*) tormento interiore.

ró|dio *s.m.* elemento chimico raro, caratterizzato da elevata durezza; si usa in oreficeria, nei catalizzatori o per costruire coppie termoelettriche e rivestire speciali apparecchi (simb. Rh).

Ro|di|tó|ri *s.m.pl.* ordine di Mammiferi, di medie o piccole dimensioni, caratterizzati da denti incisivi molto robusti che crescono continuamente; vi appartengono il topo, il castoro, il coniglio.

ro|do|dèn|dro *s.m.* arbusto diffuso nelle aree alpine, con vistosi fiori a corolla di colore bianco, rosa o rosso.

ro|do|món|te *s.m.* (*scherz.*) persona arrogante che si vanta di imprese eccezionali; spaccone.

roentgen *agg.invar.*, *s.m.invar. e deriv.* → röntgen *e deriv.*

ro|gàn|te *part.pres. di* rogare ♦ *agg.,s.m./f.* (*dir.*) si dice della parte che chiede al notaio la stesura di un atto pubblico.

ro|gà|re *v.tr.* [indic.pres. *io rògo, tu ròghi...*] (*dir.*) **1** avanzare la richiesta, da parte di un organo giudiziario, affinché un'autorità giudizia-

ria compia dati atti processuali **2** redigere un atto, da parte di un notaio.

ro|ga|tà|rio *s.m.* (*dir.*) estensore di un atto notarile richiesto da un rogante.

ro|ga|tò|ria *s.f.* (*dir.*) richiesta che un giudice inoltra all'autorità giudiziaria competente affinché compia determinati atti processuali.

ro|ga|tò|rio *agg.* (*dir.*) che riguarda la rogatoria o che risponde a essa.

rò|gi|to *s.m.* (*dir.*) atto notarile.

ró|gna *s.f.* **1** (*med.*) malattia cutanea prodotta da un acaro, che dà prurito; scabbia | (*vet.*) analoga infestazione cutanea, di origine parassitaria, che colpisce alcuni animali domestici **2** (*bot.*) malattia prodotta da funghi che intaccano il tronco di alcune piante: *— nera dell'ulivo* **3** (*fig.*) faccenda problematica; guaio: *andare in cerca di rogne* | persona molesta, fastidiosa.

ro|gnó|ne *s.m.* **1** rene di animale macellato **2** (*estens., gastr.*) pietanza preparata con tale parte.

ro|gnó|so *agg.* **1** colpito dalla rogna **2** (*fig.*) si dice di faccenda problematica, scabrosa | si dice di persona noiosa, molesta □ **rognosamente** *avv.* in modo fastidioso.

rò|go *s.m.* [pl. *-ghi*] **1** (*st.*) catasta di legna incendiata su cui si incenerivano cadaveri o si ardevano vivi dei condannati | (*estens.*) supplizio medievale e rinascimentale che puniva i colpevoli di determinati delitti bruciandoli vivi: *condannare al —* **2** incendio terribile: *il — del quartiere non risparmiò nessuno.*

rol|là|re *v.intr.* [indic.pres. *io ròllo...*; aus. *A*] (*mar., aer.*) oscillare nel rollio, intorno al proprio asse longitudinale ♦ *tr.* arrotolare strettamente: *— un telo* | (*gerg.*) arrotolare a mano una sigaretta, una canna.

rol|là|ta *s.f.* in aeromobili o imbarcazioni, ciascuna violenta oscillazione dovuta a rollio.

roll-bar (*ingl.*) *s.m.invar.* (*auto.*) nei veicoli fuoristrada, arco tubolare molto resistente montato sopra le teste del pilota e dei passeggeri allo scopo di proteggerli in caso di ribaltamento.

rol|lè *s.m.* (*gastr.*) petto di vitello o di pollame che viene arrotolato, farcito e arrostito.

rol|li|no *s.m.* → **rullino**.

rol|li|o *s.m.* di aeromobili o imbarcazioni, oscillazione intorno al proprio asse longitudinale, a causa delle turbolenze o del moto ondoso.

rom[1] *agg.invar., s.m./f.invar.* zingaro.

ROM[2] *s.f.invar.* (*inform.*) memoria di sola lettura, dove si trovano dati utili spec. per le funzioni di avvio dell'elaboratore.

ro|màn|do *agg.* appartenente o relativo al gruppo di dialetti franco-provenzali che si parlano nella Svizzera occidentale | (*estens.*) relativo a tale area geografica | *Svizzera romanda*, parte della Svizzera di lingua francese ♦ *s.m.* insieme dei dialetti romandi.

ro|ma|né|sco *agg.* [m.pl. *-schi*] che è proprio della cultura popolare di Roma medievale, moderna e contemporanea: *gergo —; cucina romanesca* ♦ *s.m.* dialetto parlato dai romani.

ro|mà|ni|co *agg., s.m.* [m.pl. *-ci*] si dice dello stile artistico diffusosi in Europa occidentale tra il Mille e l'inizio del Duecento, caratterizzato in architettura, spec. quella religiosa, da archi a tutto sesto e da volte a botte o a crociera: *facciata romanica.*

ro|ma|ni|sta *s.m./f.* [m.pl. *-i*] **1** esperto di diritto romano **2** specialista di filologia romanza **3** studioso di storia romana | cultore delle tradizioni e dell'arte di Roma **4** (*sport*) giocatore della squadra di calcio della Roma | ciascun tifoso di tale squadra ♦ *agg.* relativo alla squadra di calcio della Roma: *tifoseria —.*

ro|ma|ni|sti|ca *s.f.* **1** il complesso degli studi di diritto romano **2** filologia romanza.

ro|ma|ni|tà *s.f.* **1** qualità e condizione di chi è romano **2** civiltà e spirito di Roma antica | complesso dei popoli dell'Impero Romano.

ro|ma|niz|zà|re *v.tr.* influenzare con i tratti dell'antica civiltà romana | far assumere le caratteristiche di comportamento del romano attuale ♦ **-rsi** *rifl., intr.pron.* acquisire i tratti dell'antica civiltà romana | assumere abitudini e comportamento degli attuali abitanti di Roma.

ro|ma|niz|za|zió|ne *s.f.* influenza, condizionamento da parte dell'antica civiltà romana.

ro|mà|no[1] *agg.* (*st.*) relativo all'antica Roma: *foro —* | *numeri romani*, quelli rappresentati mediante lettere (*I, V, X, L, C, D, R*) **2** relativo alla Roma moderna: *viabilità romana* | *fare alla romana*, saldare il conto dopo averlo diviso in quote identiche per ciascuno **3** che riguarda la Chiesa cattolica romana: *curia romana* ♦ *s.m.* [f. *-a*] **1** cittadino dell'antica Roma **2** chi è nato o abita nella Roma moderna.

ro|mà|no[2] *s.m.* contrappeso mobile che corre sul braccio lungo della stadera.

ro|mà|no-bar|bà|ri|co *agg.* [m.pl. *-ci*] (*st.*) che riguarda le forme istituzionali e civili scaturite dalle invasioni barbariche nei territori della romanità: *un regno —.*

ro|man|ti|che|rì|a *s.f.* eccesso di sentimentalismo | azione, espressione esageratamente romantica; svenevolezza.

ro|man|ti|ci|smo *s.m.* **1** movimento culturale diffusosi in tutta Europa nel sec. XIX, che, esaltando l'istinto, il sentimento e la libera fantasia, si proponeva di difendere l'identità e il patrimonio spirituale dei popoli: *i padri del Romanticismo* | impostazione di gusto, stile e valori che caratterizza gli artisti romantici: *il — di Hugo* **2** (*estens.*) tendenza ad abbandonarsi a motivi passionali, irrazionali e fantastici; sentimentalismo: *il — del tramonto* **3** (*estens.*) prerogativa di ispirare dolci sentimenti: *il — del tramonto.*

ro|màn|ti|co *agg.* [m.pl. *-ci*] **1** tipico del Romanticismo e dei suoi esponenti: *poetica romantica* | che sostiene il Romanticismo o vi si ispira: *autore —* **2** caratterizzato da appassionata fantasia; ricco di sentimentalismo: *carattere —* **3** che suscita dolci sentimenti, spec. amorosi: *un paesaggio —* ♦ *s.m.* [f. *-a*] **1** esponente, seguace del Romanticismo **2** chi ha un animo malinconico e sognatore □ **romanticamente** *avv.* **1** nello

stile del Romanticismo **2** con passionalità malinconica e sognante.
ro|man|ti|cù|me *s.m.* (*spreg.*) esasperazione del romanticismo, che si esprime con banali languori e sentimentalismi fini a se stessi: *il — dei romanzi rosa*.
ro|màn|za *s.f.* **1** (*lett.*) componimento poetico epico-leggendario **2** (*mus.*) composizione vocale o strumentale di ispirazione lirica | aria caratteristica del melodramma ottocentesco, di carattere lirico patetico.
ro|man|zà|re *v.tr.* rielaborare con aggiunte fantastiche e toni avventurosi un episodio reale, rendendolo simile a una narrazione romanzesca.
ro|man|zà|to *part.pass.* di romanzare ♦ *agg.* arricchito con toni epici, dettagli avventurosi e altri elementi che ricordano i caratteri del romanzo: *resoconto —*.
ro|man|zé|sco *agg.* [m.pl. *-schi*] **1** relativo ai romanzi: *genere —* **2** (*fig.*) che è tanto particolare, avvincente, eccezionale da sembrare tratto da un romanzo; da romanzo: *incontro —* □ **romanzescamente** *avv.*
ro|man|ziè|re *s.m.* [f. *-a*] autore di romanzi.
ro|màn|zo¹ *agg.* si dice di ciascuna lingua derivata dal latino | **filologia romanza**, disciplina che studia le lingue derivate dal latino e le relative letterature.
ro|màn|zo² *s.m.* **1** nella letteratura moderna, ampio componimento narrativo in prosa che descrive le vicende di alcuni protagonisti calati in uno sfondo | genere letterario moderno che raccoglie tali opere articolandosi in vari sottogeneri | — **storico**, quello che ricrea l'epoca in cui è ambientata la vicenda **2** nella letteratura classica, narrazione avventurosa in prosa, di ampia portata e dallo stile misto: *il — di Petronio* | nella letteratura medievale, opera in versi composta in volgare su temi cavallereschi e amorosi: *il — di Lancillotto* **3** (*fig.*) storia inventata | storia reale, avvincente come un romanzo: *avventure da —*.
rom|bà|re *v.intr.* [indic.pres. *io rómbo*...; aus. *A*] emettere un rumore cupo che rintrona lungamente: *il motore rombava*.
rom|ben|cè|fa|lo *s.m.* (*anat.*) zona posteriore dell'encefalo embrionale, dalla quale derivano il cervelletto e il midollo allungato.
róm|bi|co *agg.* [m.pl. *-ci*] del rombo | che ha forma di rombo.
róm|bo¹ *s.m.* rumore cupo e forte: *— di tuono*.
róm|bo² *s.m.* **1** (*geom.*) parallelogramma avente tutti i lati uguali e le diagonali perpendicolari tra loro | (*estens.*) elemento decorativo che riproduce tale figura, spec. disposto in sequenza con altri dello stesso tipo; losanga: *vestito a rombi* **2** (*mar.*) ciascuna delle trentadue suddivisioni della rosa dei venti nelle bussole nautiche | (*estens.*) ogni direzione indicata dalla bussola.
róm|bo³ *s.m.* nome comune di pesci marini commestibili dal corpo romboidale piatto.
rom|bo|è|dro *s.m.* (*geom.*) poliedro le cui facce sono sei rombi uguali.

rom|boi|dà|le *agg.* che ha la forma di un romboide.
rom|bòi|de *s.m.* (*geom.*) qualsiasi parallelogramma non equilatero né equiangolo.
ro|mè|no o **rumèno** *agg.* relativo alla Romania ♦ *s.m.* **1** [f. *-a*] chi è nato o abita in Romania **2** lingua neolatina che si parla in Romania.
ro|mi|to *agg.* (*lett.*) solitario, detto spec. di luogo ♦ *s.m.* (*lett.*) eremita.
ro|mi|tò|rio *s.m.* **1** eremo, eremitaggio **2** (*estens., fig.*) luogo appartato, solitario.
róm|pe|re *v.tr.* [indic.pres. *io rompo*...; pass.rem. *io ruppi, tu rompésti*...; part.pass. *rotto*] **1** spezzare; frantumare; spaccare | — **gli argini**, strariparre, detto di fiume | (*fig.*) — **il ghiaccio**, superare la timidezza iniziale di un confronto | **rompersi la testa**, scervellarsi | — **la faccia a qlcu.**, gonfiarlo di botte | (*coll., volg., anche assol.*) — **le scatole, le palle**, risultare importuno, seccare **2** (*estens.*) danneggiare; rovinare: *hanno rotto il campanello* | strappare: *hai rotto i pantaloni* **3** dividere aprendosi un varco: *— l'acqua con lo scafo* | — **le righe**, spezzare la regolarità dell'ordine di uno schieramento **4** interrompere: *— la monotonia* | — **gli indugi**, passare all'azione | (*fig.*) — **i ponti**, cessare ogni relazione **5** non rispettare; violare: — *la tregua* ♦ *intr.* [aus. *A*] **1** cessare ogni relazione: *ha rotto con la moglie da due anni; il sindacato ruppe sulla contingenza* **2** (*lett.*) erompere: *— in lacrime* **3** (*fam.*) seccare, importunare: *smettila di —!* ♦ **-rsi** *intr.pron.* **1** spezzarsi; andare in frantumi **2** (*estens.*) danneggiarsi, guastarsi: *gli orologi da polso sono belli ma si rompono facilmente* **3** (*fam.*) non poterne più; esasperarsi: *questa volta mi sono davvero rotto*.
rom|pi|bi|le *agg.* che può essere rotto.
rom|pi|cà|po *s.m.* [pl. *-i*] **1** gioco enigmistico difficile da risolvere **2** (*fig.*) cruccio, assillo **3** (*estens.*) problema intricato, complesso.
rom|pi|còl|lo *s.m./f.* [pl.invar. o raro m.pl. *-i*] persona scapestrata; scavezzacollo | *a —*, con pericolosa precipitazione, a rotta di collo.
rom|pi|ghiàc|cio *s.m.invar.* **1** nave appositamente rinforzata e attrezzata per aprirsi la rotta tra i ghiacci **2** grosso strumento a punta che serve a rompere i blocchi di ghiaccio.
rom|pi|scà|to|le *agg.invar., s.m./f.invar.* (*coll.*) si dice di persona che risulta molesta e importuna.
ron|ci|nà|to *agg.* **1** ripiegato a uncino **2** (*bot.*) si dice di foglia il cui margine presenti lobi acuti e rivolti verso il picciolo.
rón|co¹ *s.m.* [pl. *-chi*] **1** grande squalo commestibile, scuro sul dorso e chiaro sul ventre, con placche ossee sulla pelle **2** spinarello.
rón|co² *s.m.* [pl. *-chi*] (*med.*) rumore respiratorio di tonalità bassa e sonora che si produce nei bronchi in caso di bronchite.
rón|co|la *s.f.* (*agr.*) attrezzo utile per tagliare e potare rami, formato da un manico che regge una lama ricurva.
ron|co|là|ta *s.f.* colpo dato con il roncolo o con la roncola.

rón|co|lo *s.m.* coltello per il giardinaggio, la cui lama ricurva può essere ritratta nel manico.

rón|da *s.f.* servizio di vigilanza armata compiuto da una pattuglia militare | la pattuglia medesima | (*fig., scherz.*) *fare la — a una donna*, corteggiarla in modo assiduo.

ron|dèl|la *s.f.* (*mecc.*) anello metallico piatto che si inserisce tra il pezzo da fissare e la testa della vite, o il dado del bullone, che lo blocca.

rón|di|ne *s.f.* **1** uccello migratore dalla coda forcuta, con ali lunghe e appuntite, nero sul dorso e bianco sul petto | *a coda di —*, che presenta l'estremità divaricata in due punte: *frac a coda di —* | (*prov.*) *una — non fa primavera*, non basta un episodio per provare una regolarità **2** *— di mare*, uccello dal corpo slanciato, con becco rosso e piumaggio grigio-bianco, che si ciba di pesci.

ron|di|nòt|to *s.m.* piccolo di rondine.

ron|dò *s.m.* **1** (*mus.*) movimento con cui si concludono la sonata e il concerto, basato sulla ripetizione di un tema portante che si alterna con temi da esso derivati **2** piazzale provvisto di un'aiuola spartitraffico al centro.

ron|dó|ne *s.m.* uccello migratore simile alla rondine, ma di dimensioni maggiori.

ron|fa|re *v.intr.* [indic.pres. *io rónfo*...; aus. *A*] (*fam.*) **1** russare rumorosamente **2** (*estens.*) fare le fusa, detto di gatto.

röntgen o **roentgen** (*ted.*) [pr. *röntghen*] *s.m.invar.* (*fis.*) unità di misura dell'intensità delle radiazioni x o gamma ♦ *agg.invar. nella loc. raggi —*, raggi x (*simb.* R).

rönt|gen|te|ra|pì|a o **roentgenterapia** [pr. *röntghenterapìa*] *s.f.* (*med.*) terapia basata sull'impiego dei raggi x.

ron|zà|re *v.intr.* [indic.pres. *io rónzo*...; aus. *A*] **1** emettere un rumore vibrante durante il volo, detto di insetti come api, mosche, zanzare e sim.: *si sentivano le vespe —* **2** (*estens.*) si dice di tutto ciò che produce un rumore sordo e vibrante, simile a quello degli insetti in volo: *l'aereo ronzava in cielo* **3** (*fig.*) mulinare: *mi ronzano in testa molti progetti* **4** (*fig.*) stare sempre vicino a ql.co., qlcu.; girare attorno: *smettila di ronzarmi intorno*.

ron|zì|no *s.m.* cavallo di scarsa qualità, sfiancato e malridotto.

ron|zì|o *s.m.* **1** rumore di insetto che ronza **2** (*estens.*) rumore vibrante simile a quello di insetti in volo: *il — della ventola* | brusio: *il — del pubblico*.

roof garden (*ingl.*) [pr. *rufgàrden*] *loc.sost.m. invar.* grande terrazza ricca di vegetazione, sistemata sul tetto di un palazzo come spazio di ristoro o di ritrovo.

rò|ri|do *agg.* (*lett.*) coperto di rugiada.

rò|sa *s.f.* **1** arbusto protetto da spine e ricco di fiori profumati | *— canina*, arbusto da cespuglio con fiori color rosa carne **2** il fiore di tali arbusti, variamente colorato, considerato re dei fiori e simbolo di bellezza: *un mazzo di rose* | (*iperb.*) *fresco come una —*, per nulla affaticato | (*fig.*) *al-*

l'acqua di rose, fatto in maniera superficiale | *non sono tutte rose e fiori*, i vantaggi nascondono alcune insidie | (*prov.*) *se son rose fioriranno*, il tempo dirà se alle buone premesse di oggi corrisponderanno i frutti sperati **3** (*geog.*) *— dei venti*, forma di stella con sedici punte che illustra le possibili direzioni del vento **4** (*fig.*) novero, cerchia di quelli fra cui viene operata una scelta: *— di candidati* ♦ *s.m.invar.* colore intermedio tra il rosso e il bianco ♦ *agg.invar.* **1** di colore rosa | *maglia —*, quella indossata dal ciclista che guida la classifica del Giro d'Italia; (*estens.*) il ciclista stesso **2** femminile: *riviste —* | (*spec.lett.*) di argomento sentimentale, amoroso: *narrativa —*; *cronaca —*.

Ro|sà|ce|e *s.f.pl.* famiglia di piante dicotiledoni arboree, arbustive o erbacee, che presentano fiori a cinque petali e foglie dentate alterne; vengono coltivate come piante da frutto (lampone, ciliegio, melo ecc.) o da ornamento (rosa ecc.).

ro|sà|ce|o *agg.* (*raro*) che riguarda la rosa | di colore rosa.

ro|sà|io *s.m.* coltivazione di rose | pianta di rosa.

ro|sà|rio *s.m.* **1** sequenza di preghiere in onore della Madonna, alle quali si alterna la meditazione di alcuni misteri cristiani: *recitare il —* | corona formata da una crocetta e da cinquantaquattro grani, con la quale si tiene il conto delle preghiere da recitare: *portare un — benedetto* **2** (*fig.*) serie di cose che si succedono; sequela: *un — di bugie*.

ro|sa|tèl|lo *s.m.* vino dal colore rosato.

ro|sà|to *agg.* **1** di colore rosa; roseo: *gote rosate* **2** contenente essenza di rose: *acqua rosata* ♦ *s.m.* vino rosso dal colore molto chiaro, tendente al rosa.

rosé (*fr.*) *agg., s.m.* si dice del vino rosato.

rò|se|o *agg.* **1** di colore rosa: *carnagione rosea* **2** (*fig.*) sereno e prospero: *un — futuro*.

ro|sè|o|la *s.f.* (*med.*) chiazza rossa circolare che si forma sulla pelle dei malati di tifo, sifilide e malattie esantematiche.

ro|sé|to *s.m.* coltivazione di rose; rosaio.

ro|sét|ta *s.f.* **1** in gioielleria, speciale forma di taglio delle pietre preziose, spec. dei diamanti, a piramide sfaccettata **2** distintivo tipico di alcune onorificenze, a forma di coccarda **3** (*mecc.*) rondella **4** (*gastr.*) panino rotondo, lavorato in superficie a imitazione dei cinque petali di una rosa.

ro|si|cà|re *v.tr.* [indic.pres. *io rósico, tu rósichi*...] **1** rodere pian piano, poco alla volta; rosicchiare **2** (*fig., scherz.*) guadagnare grazie a un'azione ostinata e paziente.

ro|sic|chia|mén|to *s.m.* azione del rosicchiare | rumore prodotto rosicchiando.

ro|sic|chià|re *v.tr.* [indic.pres. *io rosicchio*...] **1** rodere a poco a poco, insistentemente: *legno rosicchiato dai tarli* | mangiucchiare a piccoli pezzi **2** (*fig.*) guadagnare un po' per volta.

ro|si|col|tó|re *s.m.* [f. *-trice*] coltivatore di rose.

ro|sma|rì|no *s.m.* arbusto sempreverde che

presenta piccole foglie lineari e fiori viola in spighe molto profumati; le foglie, fortemente aromatiche, vengono usate per insaporire i cibi.

ró|so *part.pass.* di rodere ♦ *agg.* consumato: — *dalla gelosia.*

ro|so|làc|cio *s.m.* papavero.

ro|so|là|re *v.tr.* [indic.pres. *io ròsolo*...] far cuocere a fuoco vivace in modo da lasciar formare una croccante crosta dorata sopra la vivanda: — *la carne* ♦ **-rsi** *intr.pron.* cuocersi a fuoco vivace | (*fig.*) — *al sole,* stare a lungo sotto i raggi per abbronzarsi.

ro|so|là|ta *s.f.* rosolatura sommaria.

ro|so|la|tù|ra *s.f.* cottura su fuoco vivace fino alla formazione di una croccante crosta superficiale.

ro|so|lì|a *s.f.* (*med.*) malattia virale esantematica tipica dell'infanzia, caratterizzata da eruzioni cutanee in forma di macchioline rosse.

ro|sò|lio *s.m.* liquore poco alcolico, ricco di zucchero, il cui aroma varia a seconda dell'essenza aggiunta per caratterizzarlo: — *di cedro.*

ro|só|ne *s.m.* (*arch.*) 1 nelle chiese romaniche e gotiche, grande finestra circolare che si apre sopra l'ingresso maggiore 2 elemento decorativo che riproduce un fiore inserito in un cerchio: *i rosoni del soffitto.*

rò|spo *s.m.* 1 nome comune di vari Anuri dalla pelle viscida e dal corpo tozzo | (*fig.*) **ingoiare un** —, sopportare ql.co. di fastidioso, sgradevole | (*coll.*) **sputa il** —*!,* invito a non essere reticente 2 (*fig.*) persona dal brutto aspetto 3 (*region.*) *coda di* —*,* rana pescatrice.

ros|sà|stro *agg.* che ha una tonalità smorta di rosso: *riflesso* —*.*

ros|seg|giàn|te *agg.* (*lett.*) che ha un colore molto vicino al rosso.

ros|sét|to *s.m.* 1 cosmetico per le labbra, gener. in forma di bastoncino o di matita 2 pesce marino di piccole dimensioni, dalle carni apprezzabili.

ros|sìc|cio *agg.* [f.pl. *-ce*] che ha una tonalità di rosso piuttosto tenue.

rós|so *agg.* 1 del colore del sangue vivo, delle ciliegie e sim.: *pomodoro* — | *diventare* —*,* assumere un colorito rosso in viso per imbarazzo o rabbia repressa | *a luci rosse,* legato alla pornografia | *capelli rossi,* capelli fulvi | (*gastr.*) *sugo* —*,* quello a base di pomodoro | *carne rossa,* quella di suini, bovini ed equini | (*fig.*) *vedere* —*,* essere folle di rabbia 2 (*polit., pop.*) di sinistra; ispirato a modelli marxisti: *cooperative rosse* ♦ *s.m.* 1 il colore rosso: — *scarlatto* 2 [f. *-a*] chi ha i capelli rossi 3 [f. *-a*] (*polit., pop.*) militante di sinistra 4 luce del semaforo che impone di fermarsi: *sta per scattare il* — 5 (*comm.*) passivo in un conto: *andare in* — 6 (*fam.*) tuorlo d'uovo 7 vino rosso.

ros|só|re *s.m.* arrossamento cutaneo dovuto a irritazione, scottatura ecc. | improvviso afflusso di sangue al viso per imbarazzo o altri moventi emotivi.

rò|sta *s.f.* (*arch.*) transenna in legno o inferriata semicircolare a raggiera, collocata al di sopra della porta principale.

ro|stic|ce|rì|a *s.f.* locale dove si cucinano e si vendono piatti caldi, spec. fritture, arrosti di carne e contorni di verdura.

ro|stic|ciè|re *s.m.* [f. *-a*] gestore di rosticceria.

ro|strà|to *agg.* dotato di rostro: *volatile* —*;* *imbarcazione rostrata* | *colonna rostrata,* colonna eretta dai Romani, in occasione di una vittoria navale, ornata con i rostri delle navi nemiche.

rò|stro *s.m.* 1 (*zool.*) becco adunco di uccello rapace | apparato boccale sporgente che vari insetti usano per pungere e succhiare 2 (*edil.*) struttura sporgente che si mette alla base dei ponti per agevolare il deflusso dell'acqua 3 (*st.*) sprone metallico a uncino che le navi antiche montavano sulla prora per speronare lo scafo delle navi nemiche.

rò|ta *s.f.* 1 (*lett.*) ruota 2 (*eccl.*) *Sacra Rota,* tribunale della Santa Sede, massima autorità giudicante in diritto canonico.

ro|tà|bi|le *agg., s.f.* si dice di strada che può essere percorsa da veicoli con ruote.

ro|ta|cì|smo *s.m.* (*ling.*) trasformazione del suono di una consonante in quello della erre.

ro|ta|ciz|zà|re *v.tr.* (*ling.*) trasformare in erre per rotacismo ♦ **-rsi** *intr.pron.* (*ling.*) trasformarsi in erre, detto di consonante.

ro|tà|ia *s.f.* 1 ciascuna delle due guide longitudinali d'acciaio su cui si muovono treni e tram 2 solco che una ruota lascia nel terreno 3 (*fis., mecc.*) guida metallica per infissi, carrelli, tendaggi ecc., che offre un piano di scorrimento uniforme a minimo attrito.

ro|tàn|te *agg.* che ruota: *elica* —*.*

ro|ta|tì|va *s.f.* in tipografia, macchina per stampa ad alta tiratura che funziona con cilindri rotanti.

ro|ta|tì|vo *agg.* 1 che ha movimento rotatorio 2 che riguarda la stampa in rotativa 3 (*agr.*) si dice di coltivazione in cui le colture si alternano sui vari terreni 4 (*banc.*) si dice di credito che va ricostituito entro un tempo prefissato dall'utilizzo.

ro|ta|tò|ria *s.f.* circolazione di veicolo intorno a un'isola rotazionale | l'isola rotazionale medesima.

ro|ta|tò|rio *agg.* (*fis., astr.*) si dice del moto di ciò che ruota intorno a un asse o intorno a un punto di riferimento: *il moto* — *del pianeta.*

ro|ta|zio|nà|le *agg.* 1 (*spec.astr.*) di rotazione; rotatorio 2 *isola* —*,* area rialzata in mezzo a un incrocio, intorno alla quale girano i veicoli.

ro|ta|zió|ne *s.f.* 1 movimento intorno a ql.co. | (*spec.astr.*) moto intorno al proprio asse: *la* — *del satellite* | (*mat.*) movimento di una figura piana intorno a un asse individuato sul suo stesso piano: *solido di* — 2 movimento circolare di una parte del corpo: — *della gamba* 3 (*fig.*) sostituzione effettuata a scadenze regolari; ricambio; avvicendamento: — *di mansioni* | — *agraria,* sistema di coltivazione in cui un terreno ospita colture ogni anno diverse affinché non si impoverisca di date sostanze.

ro|te|à|re *v.tr.* [indic.pres. *io ròteo*...] volgere intorno velocemente: *— lo sguardo* ♦ *intr.* [aus. *A*] volteggiare descrivendo ampi cerchi: *gli avvoltoi roteavano in cielo*.

ro|te|a|zió|ne *s.f.* movimento rotatorio di ciò che rotea.

ro|tèl|la *s.f.* **1** ruota di piccole dimensioni, solitamente inserita in un rotismo o in altri meccanismi di funzionamento: *pattini a rotelle*; *rotelle dell'orologio* | (*fig.*) **avere qualche — fuori posto**, **in meno**, essere un tipo strano, insolito **2** (*anat.*) rotula.

ro|ti|smo o **ruotismo** *s.m.* complesso di ingranaggi in cui il movimento di una ruota dentata determina quello di tutte le altre.

rò|to- (*scient.*) primo elemento di parole composte che indica "rotazione", "rotismo" o "ruota" (*rotocalcografia*).

ro|to|càl|co *s.m.* [pl. *-chi*] **1** rotocalcografia **2** (*estens.*) rivista stampata con alte tirature in rotocalcografia **3** (*radio, tv*) programma di attualità destinato al grande pubblico.

ro|to|cal|co|gra|fì|a *s.f.* in tipografia, sistema di stampa per grandi tirature, in cui si incide sopra cilindri di rame anziché su lastre | stabilimento in cui viene effettuata la stampa in rotocalco.

ro|to|cal|co|grà|fi|co *agg.* [m.pl. *-ci*] relativo alla rotocalcografia.

ro|to|la|mén|to *s.m.* movimento di quel che rotola: *— su se stessi*; *— dei sassi lungo la scarpata*.

ro|to|là|re *v.tr.* [indic.pres. *io ròtolo*...] spingere in avanti un corpo tondeggiante, in modo che proceda girando su se stesso: *— il bidone* ♦ *intr.* [aus. *E*] avanzare ruotando su se stesso: *il masso rotolò fino a valle* ♦ **-rsi** *rifl.* di persona, animale, girare su se stesso disteso; voltolarsi, rigirarsi: *il maiale si rotola nel fango*.

ro|to|lì|o *s.m.* un rotolare che continua.

rò|to|lo *s.m.* **1** involto di forma cilindrica | ciò che viene arrotolato: *— di fogli, di carta igienica* | (*estens.*) pacchetto cilindrico: *— di gettoni, di vestiti* **2** forma antica del libro, costituita da un insieme di fogli incollati in una lunga striscia che si arrotolava intorno a un'astina: *un — di pergamena* **3** (*fam.*) **a rotoli**, a catafascio, in rovina: *il progetto andò presto a rotoli*.

ro|to|ló|ne *s.m.* azione di chi si rotola: *i bambini facevano rotoloni sul prato* | caduta durante la quale si rotola; ruzzolone, capitombolo.

ro|to|ló|ni *avv.* cadendo rovinosamente; ruzzolando per terra: *cascare*.

ro|tón|da *s.f.* **1** edificio di forma pressoché circolare: *una — neoclassica* **2** terrazza, piattaforma circolare: *una — sul mare*.

ro|ton|deg|giàn|te *agg.* avente forma approssimativamente rotonda.

ro|ton|di|tà *s.f.* **1** caratteristica di ciò che è rotondo **2** (*fig.*) armoniosità di espressione: *la — del suo discorso* | morbidezza grafica, di tratto **3** (*pl., scherz.*) forme tondeggianti di un corpo femminile; curve.

ro|tón|do *agg.* **1** che ha la forma di un cerchio, di una sfera o di un cilindro; tondo: *recinto —*; *il pallone è —*; *far rotolare un bariletto —* **2** (*fig.*) che si esprime in modo armonico: *stile —* | caratterizzato da tratto morbido: *sfumature rotonde* ♦ *s.m.* ciò che ha una forma tondeggiante; rotondità.

ro|tó|re *s.m.* **1** parte rotante di una macchina elettrica **2** (*aer.*) elica principale dell'elicottero, con funzione di sostentazione e propulsione, formata da grandi pale disposte orizzontalmente.

ròt|ta[1] *s.f.* percorso seguito da un aeromobile o da un natante: *tenere la —* | rappresentazione grafica di tale percorso su una carta di navigazione | (*anche fig.*) *— di collisione*, quella che conduce verso uno scontro | (*fig.*) **cambiare —**, mutare completamente strategia e comportamento.

ròt|ta[2] *s.f.* **1** breccia nell'argine durante una piena del fiume **2** sconfitta totale; disfatta | **in —**, si dice di esercito che si ritira allo sbando dopo un disastro militare **3** (*coll.*) rottura | **a — di collo**, in gran fretta, a precipizio | **essere in — con qlcu.**, avere interrotto tutti i rapporti.

rot|ta|mà|io *s.m.* [f. *-a*] chi raccoglie, seleziona e commercia rottami riutilizzabili.

rot|ta|mà|re *v.tr.* **1** smontare una macchina, per recuperarne quel che ancora funziona, e mandarne la carcassa in demolizione **2** sostituire ciò che è obsoleto, danneggiato approfittando di incentivi e altri vantaggi.

rot|ta|ma|zió|ne *s.f.* **1** raccolta di rottami per rivenderli a chi può reimpiegarli **2** rimpiazzo di ciò che è obsoleto o danneggiato, approfittando di incentivi e altri vantaggi: *la — delle auto non catalizzate*.

rot|tà|me *s.m.* **1** ciò che ha subito danni ed è inutilizzabile o malridotto: *la tua auto è ormai un —* | frammento di cosa rotta: *portare i rottami in discarica* | insieme di pezzi spaccati: *ritirare il — 2* (*fig.*) persona distrutta nel fisico o nello spirito: *il colloquio l'ha ridotta a un —*.

rot|ta|mì|sta *s.m./f.* [m.pl. *-i*] rottamaio.

ròt|to *part.pass.* di **rompere** ♦ *agg.* **1** ridotto in pezzi; infranto: *cristallo —* | spezzato: *bastone —* | fratturato: *avere una gamba rotta* **2** danneggiato, consunto: *sedia rotta* **3** (*estens.*) guasto: *meccanismo —* **4** (*fig.*) stanco; a pezzi | malconcio, pesto: *ossa rotte* **5** reso resistente dall'abitudine: *è — a ogni sforzo* **6** (*fig.*) interrotto, incrinato: *pace rotta da uno sparo* | **voce rotta**, voce franta dal pianto o dall'emozione ♦ *s.m.* **1** (*desueto*) rottura | **per il — della cuffia**, a stento, per un soffio **2** (*pl.*) minima quantità imprecisata che eccede il numero determinato di una somma o di un insieme: *duecento euro e rotti*; *attendono mille e rotti invitati*.

rot|tù|ra *s.f.* **1** atto o effetto del rompere; spaccatura: *la — di un vetro* **2** (*spec.med.*) frattura: *la — della caviglia* **3** danno, guasto: *— del motore* **4** (*fig.*) scocciatura, fastidio; noia mortale: *che — (di scatole, di palle) doverlo fare!*; *questa lezione è una vera —!* **5** (*fig.*) interruzione improvvisa di un rapporto e sim.: *— della trattativa* | deteriora-

mento, disfacimento: *la — di un'atmosfera magica* | **di** —, si dice di prodotti culturali che segnano una svolta o una protesta contro le tendenze dominanti.
Rottweiler (*ted.*) [pr. *rotvàiler*] *s.m.invar.* possente cane da guardia di provenienza tedesca.
ròtula *s.f.* (*anat.*) osso piatto spugnoso che copre anteriormente il ginocchio.
rotùleo *s.f.* (*anat.*) della rotula: *tendine —*|che concerne la rotula.
roulette (*fr.*) [pr. *rulèt*] *s.f.invar.* 1 gioco d'azzardo in cui una pallina viene fatta girare dentro un disco concavo suddiviso in caselle numerate rosse e nere 2 — *russa*, scommessa in cui si preme il grilletto di una pistola puntata alla propria tempia e caricata con un solo colpo.
roulotte (*fr.*) [pr. *rulòt*] *s.f.invar.* rimorchio di autovettura, che funge da abitazione per lunghi viaggi e campeggi.
round (*ingl.*) [pr. *ràund*] *s.m.invar.* (*sport*) ognuna delle parti in cui è diviso un incontro di pugilato; ripresa | (*estens.*, *fig.*) fase di un acceso confronto.
routine (*fr.*) [pr. *rutìn*] *s.f.invar.* 1 ritmo ripetitivo di vita; monotona abitudine: *la — lavorativa* 2 (*estens.*) esperienza, pratica | **di** —, si dice di attività abituali, prive di sorprese.
rovèllo *s.m.* (*lett.*) assillo; tormento | stizzito risentimento.
rovènte *agg.* di metallo, riscaldato fino ad arrossarsi | (*estens.*) caldissimo | (*fig.*) bruciante; infocato; scottante: *una — polemica*.
róvere *s.m./f.* quercia comune dalle dimensioni cospicue, caratterizzata da una chioma piena e omogenea | (*estens.*) il legno robusto e pregiato ricavato da tale albero.
roverèlla *s.f.* quercia dal tronco nodoso, provvista di una caratteristica peluria sui ramoscelli e sulla pagina inferiore delle foglie.
rovesciaménto *s.m.* 1 versamento 2 (*fig.*) capovolgimento, ribaltamento: *— delle parti* 3 sovvertimento: *— della monarchia*.
rovesciàre *v.tr.* [indic.pres. *io rovèscio...*] 1 far cascare una cosa o una persona che sta ritta in verticale: *— il vaso*; *— a terra qlcu.con uno spintone* | piegare all'indietro: *— la testa* | (*fig.*, *polit.*) privare del potere; abbattere: *— il regime* 2 voltare sottosopra; capovolgere: *— la scatola* | portare all'esterno la superficie interna; girare dalla parte opposta al diritto; rivoltare: *— un guanto* | (*fig.*) modificare completamente; ribaltare: *— i termini del problema* 3 versare da un recipiente: *gli rovesciò addosso il caffè* | versare in abbondanza: *la cascata rovescia molta acqua* | (*fig.*) riversare: *ha rovesciato le sue ansie su di lei* ♦ **-rsi** *intr.pron.* 1 cadere per terra; cascare: *la sedia si rovesciò* 2 (*anche fig.*) ribaltarsi; capovolgersi: *il motoscafo si è rovesciato*; *si rovesciò stremato sul letto*; *la situazione si rovescerà* 3 fuoriuscire da un recipiente; versarsi | cadere giù, spec. in abbondanza 4 (*fig.*) affluire in maniera tumultuosa: *— nella via*.
rovesciàta *s.f.* (*sport*) nel calcio, tiro al volo in cui il giocatore, alzando le gambe in sforbiciata, calcia il pallone indirizzandolo dietro le proprie spalle.
rovèscio *agg.* [f.pl. *-sce*] voltato dalla parte opposta a quella normale; rovesciato: *camicia rovescia* | di persona, supino, riverso: *giacere —* | *alla rovescia*, nella maniera opposta a quella consueta, corretta, sperata: *un mondo alla rovescia* ♦ *s.m.* 1 capovolgimento di sorte; disgrazia | (*estens.*, *fig.*) dissesto finanziario 2 (*fig.*) profondo sovvertimento di un sistema 3 parte opposta a quella diritta; faccia posteriore, inferiore: *il — della coperta* | negli abiti, il lato che resta all'interno; risvolto: *il — della giacca* | (*fig.*) *il — della medaglia*, l'aspetto negativo di ql.co. 4 schiaffo dato con il dorso della mano; manrovescio 5 (*sport*) nel tennis, tiro vibrato con l'esterno della racchetta 6 nel lavoro a maglia, punto che risulta uguale al dritto solo sulla faccia opposta del lavoro 7 caduta improvvisa e abbondante di liquidi | (*meteor.*) violenta precipitazione piovosa: *possibilità di brevi rovesci* | (*fig.*) sequela travolgente: *un — di parolacce*.
rovéto *s.m.* cespuglio di rovi | area coperta di rovi.
rovigòtto *agg.*, *s.m.* [f. *-a*] (*pop.*) rodigino.
rovìna *s.f.* 1 crollo: *la — del palazzo risale al terremoto* | condizione di serio deterioramento: *muro in —* 2 (*pl.*) materiale precipitato nel crollo; macerie: *cercare sotto le rovine* | resti di antiche costruzioni; ruderi: *le rovine dell'anfiteatro* 3 (*fig.*) danno gravissimo; scempio: *la — dello Stato*; *l'azienda andrà in —* | causa di disastro, sfacelo o perdizione: *quella ragazza fu la sua —*.
rovinàre *tr.* 1 danneggiare gravemente: *— l'auto in un incidente* | (*euf.*) sciupare: *— la fodera* | (*fig.*) ledere moralmente; compromettere: *con i tuoi modi hai rovinato tutto* | (*coll.*) *— l'appetito*, suscitare malessere interiore 2 far crollare; demolire: *— un muro* 3 (*fig.*) mandare in miseria, far fallire: *i vizi li rovineranno* ♦ *intr.* [aus. E] crollare: *l'edificio è rovinato rapidamente* | franare: *il fianco della collina rovinò verso la strada* | (*estens.*) cadere dall'alto; precipitare: *l'acqua della diga rovinerà a valle* ♦ **-rsi** *rifl.* provocare a se stessi un danno non rimediabile: *— con le proprie mani* ♦ *intr.pron.* sciuparsi, guastarsi: *le pagine si rovinano se le colori troppo*!
rovinàto *part.pass.* di *rovinare* ♦ *agg.* 1 di edificio, che è in macerie; diroccato 2 di oggetto, danneggiato gravemente | difettoso: *mi han regalato un giocattolo —* 3 (*fig.*) di persona, che ha subito un danno morale o materiale: *una ragazza rovinata nella reputazione* | che è finito in miseria.
rovìnio *s.m.* caduta rovinosa | fracasso di oggetti che crollano o vanno in frantumi: *— di bicchieri*.
rovinóso *agg.* 1 che provoca disastrose conseguenze, spec. sul piano economico: *investimento —* 2 (*spec.meteor.*) furioso: *alluvione rovinosa* □ **rovinosaménte** *avv.* 1 disastrosamente 2 impetuosamente: *il torrente scrosciava —*.
rovistàre *v.tr.* (*anche assol.*) esplorare, fruga-

re minutamente, anche mettendo a soqquadro, in cerca di ql.co.: *i ladri rovistarono senza fortuna l'appartamento; — in tasca.*

ró|vo *s.m.* **1** arbusto dal fusto spinoso con fiori bianchi o rosati, il cui frutto è la mora **2** genere di piante appartenenti alle Rosacee, caratterizzate da un fusto spinoso e da piccoli frutti a drupa; ne fanno parte il lampone e il rovo di macchia **3** (*spec.pl.*, *estens.*) cespuglio spontaneo coperto di spine: *pungersi fra i rovi.*

royalty (*ingl.*) [pr. *ròialti*] *s.f.* [pl.invar. o *royalties*] (*dir.*, *comm.*) compenso economico che si versa al proprietario di risorse naturali, all'inventore di una soluzione brevettata, all'autore di un'opera dell'ingegno per avere il diritto di uno sfruttamento commerciale.

róz|za *s.f.* cavallo vecchio e malconcio, di nessun valore; ronzino.

roz|zéz|za *s.f.* **1** (*di cosa*) scarsa rifinitura, grossolanità **2** (*di persona*) carenza di educazione, di buon gusto; volgarità.

róz|zo *agg.* **1** che non è stato rifinito, sistemato: *bozzetto —* | non levigato; ruvido **2** (*fig.*) privo di educazione, di buone maniere; incolto: *un — contadino* | maleducato, villano: *maniere rozze* □ **rozzamente** *avv.*

rù|ba *s.f.* solo nella loc. **andare a** —, essere richiesto tantissimo.

ru|bac|chià|re *v.tr.* [indic.pres. *io rubacchio...*] rubare qua e là, poco per volta | (*assol.*) compiere frequentemente piccoli furti.

ru|ba|cuò|ri *s.m./f.invar.* (*scherz.*) persona che seduce facilmente, che fa innamorare di sé ♦ *agg.invar.* seducente: *sguardo —.*

ru|ba|maz|zét|to *s.m.* rubamazzo.

ru|ba|màz|zo *s.m.* gioco di carte in cui ci si impossessa delle carte accumulate dall'avversario se si possiede una carta uguale alla prima del suo mazzo.

ru|bà|re *v.tr.* **1** (*anche assol.*) impadronirsi illecitamente di cose d'altri; prendere con la violenza, con la frode: *— una bella somma; l'hanno beccato a —* **2** (*fig.*) portar via, sottrarre quanto toccherebbe ad altri: *le hanno rubato il marito* | *— la vittoria,* vincere senza merito | *— l'idea,* spacciarla per propria | *— lo stipendio,* ottenere una retribuzione dignitosa benché si lavori poco e male | *— tempo a qlcu.,* importunarlo quando dovrebbe occuparsi di cose importanti | *— il mestiere a qlcu.,* svolgere i suoi compiti in modo indebito; carpirgli i trucchi, i segreti della professione.

ru|be|rì|a *s.f.* sistematica appropriazione fraudolenta di beni altrui; ladreria.

Ru|bià|ce|e *s.f.pl.* famiglia di piante dicotiledoni con foglie intere o seghettate, fiori piccoli e frutti a capsula, cui appartengono alberi come la china e arbusti come il caffè.

ru|bi|cón|do *agg.* che ha una carnagione di colorito rosso vivo: *un viso —.*

ru|bì|dio *s.m.* elemento chimico, metallo alcalino analogo al potassio (*simb.* Rb); i suoi sali vengono usati nella produzione della ceramica e del vetro.

ru|bi|net|te|rì|a *s.f.* in un impianto di erogazione per gas o liquidi, complesso dei regolatori del flusso (rubinetti, miscelatori ecc.).

ru|bi|nét|to *s.m.* dispositivo che regola il flusso di un liquido o di un gas in una tubazione: *aprire il —.*

ru|bì|no *s.m.* **1** pietra preziosa caratterizzata da elevata trasparenza e da un vivace colore rosso, composta da ossido di cromo | (*estens.*) gioiello, gener. anello, impreziosito con tale pietra **2** negli orologi meccanici, cuscinetto dove sono alloggiati i perni delle parti mobili ♦ *agg.invar.* che ha una vivace tonalità di rosso.

ru|biz|zo *agg.* si dice di persona, spec. in età avanzata, con un bel colorito e un aspetto sano.

rù|blo *s.m.* unità monetaria russa.

ru|brì|ca *s.f.* **1** quaderno fornito di margini a scaletta contrassegnati dalle lettere dell'alfabeto, su cui si registrano indirizzi, recapiti telefonici, appunti ecc. **2** in un giornale, in un periodico o in una trasmissione, sezione riservata a un tipo particolare di argomenti: *la — del cuore* **3** prospetto che raggruppa i titoli dei capitoli all'inizio o al fondo di un volume.

ru|bri|cà|re *v.tr.* [indic.pres. *io rubrìco, tu rubrìchi...*] (*raro*) annotare in una rubrica | (*estens.*) archiviare.

ru|bri|ca|zió|ne *s.f.* registrazione in una rubrica | (*estens.*) archiviazione.

ru|brì|ci|sta *s.m.* [pl. *-i*] **1** [anche f.] redattore di una rubrica giornalistica, televisiva, radiofonica **2** (*eccl.*) chi studia le regole della liturgia.

ruche (*fr.*) [pr. *rüsh*] *s.f.invar.* guarnizione di tessuto increspato, in lino o seta, per abiti femminili; gala.

ru|chét|ta *s.f.* erba aromatica da mescolare con l'insalata.

rù|co|la *s.f.* (*region.*) ruchetta.

rù|de *agg.* **1** che mostra una risolutezza brusca, ma sincera: *atteggiamento — ma franco* **2** (*lett.*) faticoso, duro: *lavoro —* | privo di agi; scomodo: *vita —* □ **rudemente** *avv.*

rù|de|re *s.m.* **1** (*spec.pl.*) rovina di monumento, spec. antico: *ruderi maya* **2** (*fig.*) persona, spec. anziana, in pessime condizioni fisiche.

ru|déz|za *s.f.* caratteristica di persona o cosa rude.

ru|di|men|tà|le *agg.* **1** che si limita agli aspetti più semplici; elementare: *preparazione — sulla materia* **2** appena abbozzato; approssimativo: *un piano ancora —* **3** (*biol.*) si dice di organo poco sviluppato rispetto a quanto accade in specie affini □ **rudimentalmente** *avv.*

ru|di|mén|to *s.m.spec.pl.* **1** principio elementare di una scienza o di un'arte: *insegnare i rudimenti della prospettiva* | conoscenza base di una disciplina; primo ammaestramento **2** abbozzo.

ruf|fia|nà|ta *s.f.* gesto, comportamento da ruffiano.

ruf|fia|neg|già|re *v.intr.* [indic.pres. *io ruffianéggio...*; aus. A] comportarsi da ruffiano, da adulatore servile.

ruf|fia|ne|ri|a *s.f.* qualità di chi è ruffiano | comportamento servile; modo di fare da ruffiano.

ruf|fia|né|sco *agg.* [m.pl. *-schi*] da ruffiano: *cercava i suoi favori con atteggiamento —*.

ruf|fia|no *s.m.* [f. *-a*] **1** chi favorisce incontri amorosi altrui; mezzano | (*estens.*) chi favorisce la prostituzione **2** (*fig.*) chi assume un atteggiamento esageratamente servile per ingraziarsi qlcu.

rù|ga *s.f.* grinza nella pelle del volto, dovuta all'invecchiamento o alla contrazione dei muscoli facciali.

rug|bi|sta [pr. *regbìsta*] *s.m./f.* [m.pl. *-i*] giocatore di rugby.

rug|bi|sti|co [pr. *regbìstico*] *agg.* [m.pl. *-ci*] relativo al rugby.

rugby (*ingl.*) [pr. *règbi*] *s.m.invar.* (*sport*) gioco in cui due squadre di quindici giocatori si contendono una palla ovale che deve essere calciata nella porta avversaria o portata a mano oltre la linea di meta.

rùg|gi|ne *s.f.* **1** sostanza di colore bruno-rossastro che si forma per ossidazione sulla superficie del ferro, quando questo rimane esposto all'aria e all'umidità **2** (*fig.*) rancore, malanimo: *tra loro ci sono vecchie ruggini* **3** (*agr.*) malattia delle piante, dovuta a funghi parassiti, che provoca la formazione di pustole scure sulle foglie ♦ *agg.invar.* di una tonalità scura di rosso, simile a quella della ruggine.

rug|gi|no|si|tà *s.f.* (*bot.*) alterazione della buccia di vari frutti che si manifesta con la comparsa di chiazze marroni: *la — di una pera*.

rug|gi|nó|so *agg.* **1** ricoperto dalla ruggine: *cancello —* **2** che è di color ruggine.

rug|gi|re *v.intr.* [indic.pres. *io ruggisco, tu ruggisci...*; aus. *A*] **1** detto del leone e di altre grandi belve, emettere ruggiti **2** (*estens.*) detto dell'uomo, urlare furiosamente, parlare con rabbia e disperazione **3** (*fig.*) detto di fenomeni naturali, produrre un rumore potente e minaccioso: *la tempesta ruggì a lungo* ♦ *tr.* detto dell'uomo, emettere suoni in tono rauco, iroso: *ruggì parole di vendetta*.

rug|gì|to *s.m.* **1** verso profondo e possente del leone o di altre grandi belve **2** (*estens.*) urlo rabbioso **3** (*fig.*) fragore di elementi naturali: *il — del vento*.

ru|già|da *s.f.* complesso di goccioline che durante la notte si depositano sopra gli oggetti posti sul terreno, per condensazione del vapore acqueo diffuso nell'aria: *petali bagnati di —*.

ru|gia|dó|so *agg.* (*lett.*) **1** bagnato di rugiada: *erba rugiadosa* **2** (*fig.*) florido, rigoglioso: *pomo —*.

ru|go|si|tà *s.f.* qualità di ciò che è rugoso; grinzosità: *— del tessuto*.

ru|gó|so *agg.* pieno di rughe: *fronte rugosa* | (*estens.*) coperto di increspature; grinzoso: *corteccia rugosa*.

rul|làg|gio *s.m.* **1** (*aer.*) corsa di un velivolo a contatto con il terreno, prima di staccarsi dal suolo in fase di decollo o dopo averlo toccato in fase di atterraggio **2** (*sport*) in atletica, spinta impressa dal piede che permette alcuni tipi di salto; rullata.

rul|làn|te *s.m.* (*mus.*) all'interno della batteria, tamburo fornito di spirali metalliche che creano l'effetto di un rullio prolungato, di un suono secco.

rul|là|re *v.intr.* [aus. *A*] **1** detto di tamburo e sim., emettere un suono ritmato per una percussione rapida **2** (*aer.*) correre a contatto con il terreno, durante il decollo o l'atterraggio **3** (*mar., aer.*) oscillare nel rollio **4** (*sport*) in atletica, eseguire un rullaggio.

rul|là|ta *s.f.* rullaggio.

rul|la|trì|ce *s.f.* (*mecc.*) **1** macchina che filetta viti e bulloni, facendoli rotolare su matrici filettate **2** macchina a tre rulli usata per piegare opportunamente le lamiere.

rul|la|tù|ra *s.f.* **1** (*agr.*) passaggio di rulli sul terreno arato per spezzarne le zolle e renderlo compatto **2** (*mecc.*) filettatura di viti compiuta tramite rullatrice **3** (*mecc.*) piegatura di lamiere effettuata mediante una macchina a rulli in acciaio.

rul|li|no o **rollino** *s.m.* rotolo di pellicola fotografica.

rul|lì|o *s.m.* **1** effetto sonoro di tamburi che rullano a lungo **2** (*mar., aer.*) rollio.

rùl|lo *s.m.* **1** suono cupo e cadenzato, caratteristico del tamburo battuto a colpi rapidi e continui **2** qualsiasi attrezzo o elemento di macchina che abbia forma cilindrica, troncoconica o conica e che ruoti attorno al proprio asse | *— compressore*, cilindro pesantissimo usato per spianare e compattare la strada, il terreno; (*fig.*) persona che abbatte ogni ostacolo che si frapponga alla realizzazione dei propri obiettivi **3** in tipografia, grande rotolo di carta per la stampa in rotativa **4** (*mus.*) rotolo di carta perforata introdotto nella pianola per far muovere i tasti **5** (*cine., foto.*) rotolo di pellicola **6** (*pl., sport*) congegno usato dai ciclisti per l'allenamento invernale, composto da cilindri mobili sui quali le ruote possono girare senza generare avanzamento.

rum o **rhum** *s.m.invar.* acquavite ricavata dalla distillazione della melassa di canna da zucchero.

rùm|ba *s.f.* danza afro-cubana in ritmo binario sincopato, gener. vivace, eseguita con movimenti sinuosi del bacino.

ru|mé|no *agg., s.m.* → **romeno**.

Ru|mi|nàn|ti *s.m.pl.* sottordine di Mammiferi erbivori, privi di incisivi superiori e dotati di uno stomaco a quattro cavità che permette di far tornare il cibo in bocca per rimasticarlo; vi appartengono il cervo, il bue, la giraffa ecc.

ru|mi|nà|re *v.tr.* [indic.pres. *io rùmino...*] **1** (*zool.*) rigurgitare il cibo dal rumine alla bocca per masticarlo nuovamente **2** (*estens.*) masticare a lungo e lentamente, con difficoltà: *— un pezzo di carne fibrosa* **3** (*fig.*) meditare in modo profondo e prolungato; ripensare, rimuginare.

ru|mi|na|zió|ne *s.f.* (*zool.*) attività del ruminare.

rù|mi|ne *s.m.* (*zool.*) nei Ruminanti, la più am-

rumore

pia cavità dello stomaco che riceve per prima il cibo.

ru|mó|re s.m. **1** qualsiasi fenomeno acustico causato da vibrazioni irregolari, che risulta non armonico, talvolta fastidioso: *il — del traffico* | *inquinamento da —*, eccesso di rumori in un ambiente **2** (*estens.*) vociare alto e confuso; schiamazzo: *smettetela di fare —!* **3** (*telecom.*) qualunque disturbo, di natura esterna o interna al sistema, che modifichi le caratteristiche del segnale | *— di fondo*, rumore ambientale uniforme e continuo; (*estens.*) perturbazione che limita la precisione degli strumenti di misura elettrici o meccanici; (*elettr.*) segnale che un amplificatore emette quando non ha segnali in entrata **4** (*ling.*) nella teoria della comunicazione, qualsiasi disturbo del messaggio **5** (*fig.*) scalpore, risonanza: *lo scandalo ha fatto molto — nell'ambiente*.

ru|mo|reg|già|re v.intr. [indic.pres. *io rumoréggio*...; aus. *A*] **1** produrre un rumore in maniera prolungata o costante: *la cascata rumoreggia nel bosco* **2** (*estens.*) protestare rumorosamente; fare un tumulto | mormorare commenti di disapprovazione: *a quelle parole il pubblico cominciò a —*.

ru|mo|rì|o s.m. rumore confuso e sordo, che dura per diverso tempo.

ru|mo|rì|sta s.m./f. [m.pl. *-i*] tecnico che produce i rumori durante le rappresentazioni teatrali, nelle registrazioni sonore di film e di trasmissioni radiofoniche.

ru|mo|ro|si|tà s.f. caratteristica di ciò che risulta rumoroso: *la — del meccanismo*.

ru|mo|ró|so agg. **1** caratterizzato da tanto rumore: *riunione rumorosa* **2** che produce un rumore forte: *meccanismo —* □ **rumorosamente** avv.

rù|na s.f. (*ling.*) ciascuno dei segni dell'antico alfabeto germanico, diffusosi tra i popoli scandinavi.

rù|ni|co agg. [m.pl. *-ci*] (*ling.*) relativo alle rune | scritto con le rune: *iscrizione runica*.

ruo|lì|no s.m. registro di piccole dimensioni, riportante spec. l'elenco dei militari che appartengono a un dato reparto | *— di marcia*, (*mil.*) elenco che riporta nomi e mansioni dei soldati di una colonna in marcia; (*fig.*) piano delle fasi di un'impresa e dei relativi tempi: *di questo passo non rispetterete il — di marcia*.

ruò|lo s.m. **1** elenco ufficiale degli appartenenti a un ente, a un'organizzazione e sim.: *i ruoli dell'amministrazione* | *di —*, si dice di chi è inserito nell'elenco dei dipendenti pubblici assunti stabilmente: *docente di —* **2** (*dir.*) registro dove vengono iscritte le pratiche giudiziarie da trattare **3** (*anche fig.*) funzione svolta all'interno di un gruppo, di un'organizzazione: *rivestire il — di informatore* | (*estens.*) contributo nella realizzazione o svolgimento di ql.co.: *ebbe un — decisivo nella progettazione* **4** (*sport*) compito del singolo giocatore in una squadra: *in che — giochi?* **5** (*teat., cine.*) personaggio che viene interpretato in uno spettacolo; parte: *rifiutare un — secondario* | (*lett.*) funzione narrativa: *il — del cattivo*.

ruò|ta s.f. **1** organo meccanico circolare che gira attorno a un asse e che trasmette il moto per contatto diretto: *le ruote del macchinario*; *ruote dentate* | disco su cui poggiano i veicoli, che permette la locomozione: *mezzo a tre ruote* | (*fig.*) **a — libera**, in modo incontrollato, senza alcun freno: *chiacchierare a — libera* | **mettere il bastone tra le ruote**, intralciare | *l'ultima — del carro*, chi conta meno di tutti in un gruppo | *seguire a —*, nel ciclismo, seguire a brevissima distanza la bicicletta che precede; (*estens.*) seguire da vicino: *i compagni lo seguiranno a —* **2** nei conventi di clausura, cilindro girevole inserito in un'apertura della parete che permette di passare materiali dall'interno all'esterno e viceversa **3** urna girevole per le estrazioni del lotto | (*estens.*) sede delle estrazioni: *estratto sulla — di Milano* **4** antico supplizio cui il condannato veniva lasciato a morire legato su una ruota, con le membra disarticolate **5** qualunque oggetto o disposizione di tipo circolare, a disco: *la — del luna park*; *la — del sole* | *a —*, a forma di cerchio: *mantello a —* | *fare la —*, di tacchini e pavoni, aprire la coda a ventaglio; eseguire un esercizio ginnico consistente in una rotazione laterale del corpo; (*fig.*) mettersi in mostra, pavoneggiarsi **6** (*spec.pl., gastr.*) pasta a forma di piccola ruota con raggi che convergono al centro.

ruo|tà|re v.intr. [indic.pres. *io ruòto*...; aus. *A, E*] **1** girare attorno a ql.co.: *la trottola ruotava vorticosamente* | *— su se stesso*, ruotare intorno al proprio asse **2** (*fig.*) incentrarsi, vertere: *la relazione ruoterà intorno al finanziamento* ♦ tr. far ruotare, girare: *— il capo*.

ruo|tì|no s.m. (*auto.*) ruota di scorta di dimensioni ridotte che, in caso di emergenza, permette di effettuare brevi tragitti a velocità moderata.

ruo|tì|smo s.m. → rotismo.

rù|pe s.f. balza rocciosa di una montagna, con pareti scoscese.

ru|pè|stre agg. **1** relativo a una rupe; tipico delle rupi: *vegetazione —* | formato, dominato da rupi: *paesaggio —* **2** edificato in zona impervia scavando nella roccia: *eremo —* **3** eseguito su pareti di roccia: *incisione —* | *arte —*, il complesso delle manifestazioni artistiche preistoriche eseguite su roccia: *pittura —*.

ru|pì|a s.f. unità monetaria di India, Pakistan, Indonesia e altri Stati africani e asiatici.

ru|rà|le agg. di campagna; agreste: *ambiente —* ♦ s.m./f. *spec.pl.* chi vive o lavora in campagna; contadino.

ru|ra|li|tà s.f. carattere rurale: *la — di una cultura*.

ru|scèl|lo s.m. piccolo corso d'acqua; rivo.

rush (*ingl.*) [pr. *rash*] s.m.invar. **1** (*sport*) scatto finale in una gara: *in vista del traguardo il cavallo si produsse in un — vincente* **2** (*fig.*) sforzo conclusivo per terminare un lavoro.

rù|spa s.f. macchina cingolata e motorizzata che viene impiegata per scavi e spostamenti di terreno.

ru|spàn|te *part.pres. di* ruspare ♦ *agg.* **1** si dice di pollo lasciato libero di razzolare sul terreno **2** (*fig.*, *fam.*) non artificioso; genuino: *allegria* —.
ru|spà|re *v.intr.* [aus. *A*] **1** rastrellare il terreno in cerca di castagne rimaste dalla raccolta **2** razzolare, detto di polli ♦ *tr.* livellare con la ruspa; spianare: — *il terreno.*
ru|spi|sta *s.m./f.* [m.pl. *-i*] operaio che manovra la ruspa.
rus|sà|re *v.intr.* [aus. *A*] respirare nel sonno rumorosamente.
rùs|so *agg.* della Russia | (*gastr.*) *insalata russa*, piatto freddo preparato con maionese e dadini di verdure cotte ♦ *s.m.* **1** [f. *-a*] chi è nato o abita in Russia **2** lingua slava parlata in Russia.
rùs|so|la *s.f.* genere di funghi, talvolta commestibili, comunemente noti come *colombine.*
ru|sti|cà|le *agg.* (*lett.*) rusticano | *poesia* —, poesia di tema agreste.
ru|sti|cà|no *agg.* caratteristico della gente di campagna; contadinesco.
ru|sti|chéz|za *s.f.* rozzezza nei modi | grossolanità caratteriale.
ru|sti|ci|tà *s.f.* caratteristica di ciò che è rustico | (*fig.*) grossolanità, volgarità: — *di carattere.*
rù|sti|co *agg.* [m.pl. *-ci*] **1** di campagna | *pizza rustica*, torta salata **2** (*di persona*) poco socievole; scontroso: *modi rustici* **3** (*di cose*) poco rifinito; grezzo | (*estens.*) non raffinato; alla buona: *pasto* — ♦ *s.m.* **1** edificio annesso a una villa o a una fattoria, utilizzato come alloggio per contadini o come deposito **2** (*pl.*, *gastr.*) paste salate di sfoglia farcita □ **rusticamente** *avv.*
rù|ta *s.f.* pianta erbacea perenne, con fiori gialli e foglie aromatiche, dalla quale si estrae un olio essenziale usato per aromatizzare liquori e preparare medicamenti.
Ru|tà|ce|e *s.f.pl.* famiglia di piante dicotiledoni con foglie ricche di ghiandole oleifere, cui appartengono gli Agrumi.
ru|tè|nio *s.m.* elemento chimico, metallo molto raro, duro, fragile e poco reattivo (*simb.* Ru); si usa in gioielleria in lega con il platino, nella preparazione di catalizzatori e di leghe per contatti elettrici.
ru|ti|làn|te *agg.* (*lett.*) rosso fiammante.
rut|tà|re *v.intr.* [aus. *A*] emettere rumorosamente aria proveniente dallo stomaco; fare un rutto.
rùt|to *s.m.* rumorosa fuoriuscita dalla bocca di gas che provengono dallo stomaco.
rut|tó|re *s.m.* (*elettr.*) interruttore che apre o chiude automaticamente un circuito elettrico, tramite comandi elettromagnetici: *il — dell'accensione.*
ru|vi|déz|za *s.f.* **1** caratteristica delle cose ruvide, non lisce: *la — della buccia del limone* **2** (*fig.*) scontrosità, rozzezza: *ci trattò con —.*
ru|vi|di|tà *s.f.* (*lett.*) ruvidezza.
rù|vi|do *agg.* **1** non liscio; scabro: *pelle ruvida* **2** (*fig.*) scontroso, brusco: — *di carattere* □ **ruvidamente** *avv.*
ruz|zà|re *v.intr.* [aus. *A*] giocare insieme, facendo corse, salti e chiasso: *i bambini ruzzano per strada.*
ruz|zo|là|re *v.intr.* [aus. *E*] cadere rotolando: *il tronco ruzzolò lungo il pendio; — giù dalla scala* ♦ *tr.* far rotolare: — *una pietra* | far precipitare dall'alto: *la bufera ruzzolava le tegole dai tetti.*
ruz|zo|là|ta *s.f.* ruzzolone.
ruz|zo|li|o *s.m.* (*region.*) caduta in cui si continua a rotolare.
ruz|zo|ló|ne *s.m.* caduta fatta ruzzolando: *un — per la scarpata.*
ruz|zo|ló|ni *avv.* a rotoloni; ruzzolando: *fare la discesa —.*

Ss

s *s.f./m.invar.* diciannovesima lettera dell'alfabeto italiano (il suo nome è *esse*) | — **come Savona**, si usa nella compitazione, spec. telefonica, delle parole | *a* —, si dice di ciò che presenta in successione due curve, gomiti, pieghe che girano in direzioni opposte: *curva a* — | — **impura**, quella che precede una consonante.
sà|ba|to *s.m.* sesto giorno della settimana.
sa|bàu|do *agg.* relativo alla casata Savoia: *dinastia sabauda*.
sàb|ba *s.m.* [pl.invar. o *sàbbati*] riunione notturna di demoni e streghe in cui vengono celebrati riti in onore di Satana.
sab|bà|ti|co *agg.* [m.pl. *-ci*] *nella loc.* **anno** —, (*st.*, *relig.*) quello che ricorreva ogni sette anni, nel quale agli antichi ebrei era vietato riscuotere debiti; (*bur.*) anno di congedo retribuito concesso ai docenti universitari per dedicarsi a studi e ricerche.
sàb|bia *s.f.* **1** insieme di granuli che provengono dalla disgregazione di rocce: *cava di* — | **sabbie mobili**, massa di sabbia instabile, tipica delle paludi, in cui si affonda senza poter uscire; (*fig.*) situazione rischiosa da cui non si riesce a uscire | (*fig.*) **costruito sulla** —, privo di basi solide, effimero **2** (*med.*) complesso di piccolissimi granuli che si coagulano nelle vie urinarie e biliari **3** (*tv*) **effetto** —, disturbo per cui l'immagine sullo schermo appare velata da piccoli punti ♦ *agg. invar.* che ha un colore tra il grigio e il beige, simile a quello della sabbia.
sab|bià|re *v.tr.* [indic.pres. *io sàbbio*...] (*tecn.*) rendere opache o levigare lastre metalliche o di vetro sottoponendole a un getto di sabbia.
sab|bià|to *part.pass. di* sabbiare ♦ *agg.* **1** (*tecn.*) reso opaco con un trattamento di sabbiatura: *vetro* — **2** (*tv*) si dice di immagine disturbata da un effetto sabbia.
sab|bia|tù|ra *s.f.* **1** (*spec.pl.*) trattamento terapeutico in cui la parte sofferente viene ricoperta di sabbia calda **2** (*tecn.*) lavorazione che rende opaca una superficie in vetro o in metallo mediante un getto di sabbia | levigatura di superfici metalliche tramite un getto di sabbia.
sab|bió|ne *s.m.* **1** sabbia a grani grossi, mescolata a ghiaia **2** area sabbiosa.
sab|bió|so *agg.* **1** costituito da sabbia: *lido* — | ricco di sabbia: *terreno* — **2** simile a sabbia | che si sgretola; incoerente: *pietra sabbiosa*.
sa|bì|no *agg.* della Sabina, regione storica del Lazio | (*st.*) dei Sabini, la popolazione che la abitava nell'antichità ♦ *s.m.* [f. *-a*] nativo, abitante della Sabina | (*st.*) appartenente all'antica popolazione italica che visse tra il Tevere e l'Aniene: *il ratto delle sabine*.
sabot (*fr.*) [pr. *sabó*] *s.m.invar.* zoccolo, spec. femminile, con tomaia accollata, tacco piuttosto alto e apertura sul tallone.
sa|bo|tàg|gio *s.m.* **1** (*anche dir.*) danneggiamento di strutture, macchinari e sim., utilizzati da un'azienda o a disposizione della collettività: *un* — *di protesta alla linea elettrica* **2** (*mil.*) azione che mira a mettere fuori uso servizi logistici o mezzi tecnologici del nemico **3** (*estens.*) manovra per rendere più difficile un'attività, per ostacolare un'impresa.
sa|bo|tà|re *v.tr.* [indic.pres. *io sabòto*...] **1** compiere un sabotaggio: — *le linee di comunicazione* **2** (*estens.*) ostacolare, intralciare: — *un progetto* | denigrare, sminuire: — *il nuovo eletto*.
sa|bo|ta|tó|re *agg., s.m.* [f. *-trice*] che, chi compie sabotaggi.
sàc|ca *s.f.* **1** sacco poco profondo ma capace, per contenere spec. viveri o biancheria: — *da ginnastica* **2** (*geog.*) rientranza, insenatura: *la* — *del golfo* | (*aer.*) — **d'aria**, vuoto d'aria **3** (*biol.*) cavità in organi, tessuti vegetali o animali: — *purulenta* **4** (*fig.*) ambiente omogeneo per un determinato aspetto, spec. negativo sul piano sociale: — *di povertà* | (*mil.*) — **di resistenza**, zona in cui permangono gruppi di combattenti nemici ormai isolati; i combattenti stessi.
sac|cà|ri- → **saccaro-**.
sac|cà|ri|de *s.m.* (*chim.*) glucide, carboidrato.
sac|ca|rì|fe|ro *agg.* **1** che riguarda la produzione di zucchero: *impianto* —; *coltivazione saccarifera* **2** contenente zucchero: *canna saccarifera*.
sac|ca|ri|fi|cà|re *v.tr.* [indic.pres. *io saccarifico, tu saccarifichi*...] (*chim.*) sottoporre i polisaccaridi a idrolisi per ridurli in semplici molecole di glucosio.
sac|ca|ri|fi|ca|zió|ne *s.f.* (*chim.*) processo di scomposizione dei polisaccaridi in zuccheri semplici.
sac|ca|ri|me|trì|a o **saccarometrìa** *s.f.* (*chim.*) determinazione della percentuale di zuccheri disciolti in una soluzione | la tecnica utilizzata in tale operazione.
sac|ca|rì|na *s.f.* (*chim.*) sostanza dolcificante usata come sostitutivo dello zucchero in diete e medicinali, spec. per diabetici.
sàc|ca|ro- o **sàccari-** primo elemento di parole composte che significa "zucchero" (*saccarina*).
sac|ca|ròi|de *agg., s.m.* (*geol.*) si dice di mine-

rale, spec. calcareo, dalla superficie leggermente granulosa, simile a quella di una zolletta di zucchero: *marmo* —.
sac|ca|ro|me|trì|a *s.f.* → **saccarimetria**.
sac|ca|ro|mi|cè|te *s.m.* (*biol.*) fungo unicellulare che provoca la fermentazione alcolica dei liquidi zuccherini.
sac|ca|rò|sio *s.m.* (*chim.*) denominazione scientifica dello zucchero comune.
sac|ca|tù|ra *s.f.* (*meteor.*) propaggine di un'area a bassa pressione, che assume una forma allungata e si inserisce in un'area a pressione più alta.
sac|cèn|te *agg., s.m./f.* che, chi ostenta in modo presuntuoso ciò che sa: *non fare il* —*!* | che, chi è convinto erroneamente di sapere □ **saccentemente** *avv.*
sac|cen|te|rì|a *s.f.* atteggiamento da saccente | presunzione di conoscere.
sac|cheg|già|re *v.tr.* [indic.pres. *io sacchéggio*...] **1** compiere un'incursione militare per depredare un centro abitato o un territorio di tutto ciò che ha valore; razziare: — *il villaggio* **2** (*estens.*) rapinare; derubare: — *la bottega* | (*scherz.*) svuotare di tutto il contenuto: — *il frigorifero* **3** (*fig.*) appropriarsi di spunti e creazioni altrui; scopiazzare; plagiare: — *un romanzo;* — *un pensatore*.
sac|cheg|gia|tó|re *agg., s.m.* [f. -trice] che, chi saccheggia.
sac|chég|gio *s.m.* **1** operazione con cui si depreda e devasta; razzia: *il* — *perpetrato dagli invasori* **2** (*fig.*) appropriazione di idee altrui e sim.; plagio.
sac|chét|to *s.m.* involucro in carta, stoffa o materiale plastico di dimensioni contenute, dotato talvolta di manici, usato per contenere una merce o per trasportare quanto acquistato in negozi e supermercati: *mettere la spesa nei sacchetti* | il contenuto di tale involucro: *un* — *di zucchero* | *a* —, si dice di vestito che cade diritto, senza modellare la figura.
sac|ci|fór|me *agg.* (*scient.*) a forma di sacco.
sàc|co *s.m.* [pl. *-chi*] **1** recipiente, spec. in tela o plastica, di forma allungata e aperto solo in alto, che viene usato per contenere o trasportare materiali incoerenti e oggetti vari: — *della spazzatura;* — *postale* | (*fig.*) **prendere, cogliere con le mani nel** —, sorprendere qlcu. mentre sta compiendo ql.co. di illecito | **vuotare il** —, parlare senza trattenersi, sfogarsi; confessare tutto | **mettere nel** —, ingannare **2** contenuto di un sacco; quantità corrispondente: *un* — *di farina* **3** tela a trama rada, usata per confezionare sacchi | (*estens.*) vestito di tela grossolana che è tipico di vari ordini religiosi: *vestire il* — *francescano* **4** (*fig., fam.*) quantità notevole: *un* — *di guai; ne prese un* — | (*fam.*) *un* —, tantissimo: *viaggeremo un* — | *a sacchi*, in grandi quantità, a palate **5** (*estens.*) borsa, sacca, spec. se di forma allungata | — *a pelo*, sacco impermeabile e imbottito per dormire in tenda o all'aperto | — *da bivacco*, sacco a pelo leggero e caldissimo per gli alpinisti che devono dormire all'aperto in alta montagna | (*sport*) — (*da pugile*), quello rivestito di cuoio e riempito di sabbia che il pugile usa come bersaglio da allenamento per potenziare i propri colpi | **fare il** —, ripiegare per scherzo il lenzuolo in modo che sia impossibile distendersi completamente nel letto **6** zaino: — *da montagna* | *al* —, si dice di pasto preparato prima di una gita e consumato all'aperto **7** (*scient.*) cavità anatomica, o anche provocata da patologie, in tessuti animali o vegetali: — *pleurico* **8** saccheggio: *il* — *di Roma* | **mettere a** —, saccheggiare.
sac|còc|cia *s.f.* [pl. -ce] (*region.*) tasca: *mettere in* —.
sac|có|ne *s.m.* grande sacco che un tempo veniva riempito con paglia o foglie di mais e adoperato come materasso.
sac|co|pe|li|sta *s.m./f.* [m.pl. *-i*] turista che viaggia con zaino e sacco a pelo, spec. dormendo all'aperto.
sàc|cu|lo *s.m.* (*anat.*) vescicola fibrosa dell'orecchio interno.
sa|cèl|lo *s.m.* **1** (*st.*) presso gli antichi Romani, recinto all'aperto intorno all'altare di una divinità **2** (*arch.*) cappella costruita in segno di riconoscenza per una grazia ricevuta e sim.
sa|cer|do|tà|le *agg.* relativo al sacerdote: *vocazione* —.
sa|cer|dò|te *s.m.* **1** (*relig.*) ministro di un culto | in varie chiese cristiane, uomo che, tramite il sacramento dell'ordine, viene autorizzato ad amministrare i sacramenti e a celebrare la messa; prete **2** (*fig.*) chi esercita un'attività o persegue un ideale con dedizione totale, come se si trattasse di una missione sacra: — *della verità*.
sa|cer|do|tés|sa *s.f.* **1** (*relig.*) nei culti pagani, donna con funzioni sacerdotali **2** (*fig.*) donna che coltiva un'attività con energia eccezionale, che sostiene un ideale in modo esemplare: *una* — *della musica*.
sa|cer|dò|zio *s.m.* **1** (*relig.*) ufficio di sacerdote | nelle chiese cristiane, sacramento dell'ordine sacro, che consente di amministrare i sacramenti: *conferire il* — **2** (*fig.*) vocazione, missione: *il suo* — *è la cura dei malati*.
sacher (*ted.*) [pr. *sàker*] *agg.invar., s.f.invar.* (*gastr.*) torta viennese al cioccolato, farcita con marmellata alle albicocche e rivestita di glassa al cioccolato fondente.
sa|crà|le[1] *agg.* che ha carattere sacro: *cerimonia* —; *aura* —.
sa|crà|le[2] *agg.* (*anat.*) relativo all'osso sacro e alla regione circostante.
sa|cral|gì|a *s.f.* (*med.*) dolore nella regione sacrale.
sa|cra|li|tà *s.f.* carattere di ciò che è sacro o sacrale: *la* — *degli atti di culto*.
sa|cra|liz|zà|re *v.tr.* rivestire di sacralità; far diventare sacro.
sa|cra|liz|za|zió|ne[1] *s.f.* processo che attribuisce sacralità: *la* — *della figura del re*.
sa|cra|liz|za|zió|ne[2] *s.f.* (*med.*) saldatura delle ultime vertebre con l'osso sacro.

sa|cra|men|tà|le *agg.* 1 (*teol.*, *lit.*) relativo a un sacramento: *rito* — 2 (*fig.*) rituale, consueto.
sa|cra|men|tà|re *intr.* (*pop.*) imprecare.
sa|cra|mén|to *s.m.* 1 (*teol.*) ciascuno dei riti fondamentali del cristianesimo, istituiti da Gesù per trasmettere la grazia e operare la salvezza dell'uomo; il cattolicesimo ne ha fissati sette (battesimo, eucaristia, cresima, penitenza, unzione degli infermi, ordine e matrimonio) di cui le Chiese riformate riconoscono solo i primi due | (*fam.*) **con tutti i sacramenti**, in perfetta regola; eccellente: *un pranzo cucinato con tutti i sacramenti* 2 (*estens.*, *lit.*) eucaristia | ostia consacrata: *esposizione del SS. Sacramento* 3 (*pop.*) imprecazione: *lo ricoprì di sacramenti*.
sa|crà|rio *s.m.* 1 (*st.*) presso gli antichi Romani, punto del tempio o della casa che ospitava i simulacri delle divinità e gli arredi sacri 2 (*relig.*) cappella o altro luogo di culto che custodisce reliquie e oggetti sacri 3 (*estens.*) edificio dedicato alla memoria di chi viene onorato pubblicamente: — *dei caduti* 4 (*fig.*) intimità gelosamente custodita: — *interiore*.
sa|cre|stà|no o **sagrestàno** *s.m.* laico incaricato di custodire e tenere in ordine gli arredi sacri e la sagrestia di una chiesa.
sa|cre|stì|a o **sagrestìa** *s.f.* locale della chiesa in cui sono custoditi paramenti, arredi sacri e vesti liturgiche.
sa|cri|fi|cà|bi|le *agg.* che si può sacrificare | cui si può rinunciare senza problemi.
sa|cri|fi|cà|le *agg.* che riguarda un sacrificio religioso | (*fig.*) **vittima** —, capro espiatorio.
sa|cri|fi|cà|re *v.tr.* [indic.pres. *io sacrìfico, tu sacrìfichi...*] 1 (*relig.*) offrire in sacrificio: — *un vitello* 2 (*estens.*) rinunciare a vantaggio e sim. per necessità, calcolo o motivazione ideale: — *tutto per la ricerca della libertà* 3 relegare in una situazione, in una posizione che non valorizza; sciupare: — *un attaccante a centrocampo* | utilizzare male; sprecare: *non* — *la tua intelligenza in queste sciocchezze* ♦ *intr.* [aus. *A*] (*relig.*) offrire sacrifici: — *a Zeus* ♦ **-rsi** *rifl.* 1 perdere la vita per la salvezza altrui o per un ideale; immolarsi: *si sacrificò per coprirci la ritirata* 2 (*estens.*) affrontare rinunce e disagi a favore di altre persone, o per raggiungere un obiettivo materiale o ideale: — *per la famiglia*.
sa|cri|fi|cà|to *part.pass.* di sacrificare ♦ *agg.* 1 costellato di sofferenze o rinunce: *vecchiaia sacrificata* 2 non valorizzato: *quadro* — *in uno stanzino* | sottovalutato: *un genio* —.
sa|cri|fì|cio (*lett.* sacrifizio) *s.m.* 1 (*relig.*) cerimonia rituale in cui una vittima o un altro bene viene offerto in onore della divinità | ciò che viene offerto | — *umano*, quello in cui viene immolata una persona | (*teol.*) — *della croce*, accettazione del supplizio da parte di Gesù per la salvezza dell'umanità | (*lit.*) — **eucaristico**, messa cattolica come ripetizione simbolica del sacrificio della croce 2 (*estens.*) offerta di beni spirituali in segno di devozione alla divinità: *offrì in* — *le sue privazioni* 3 (*estens.*) offerta della vita per ql.co., qlcu.: *l'estremo* — *per la rivoluzione* 4 rinuncia, privazione: *una vita di sacrifici*.
sa|cri|lè|gio *s.m.* 1 profanazione di ciò che è sacro attraverso azioni o parole; empietà 2 (*fig.*) grave offesa verso ciò che va rispettato: *i lager furono un* — *contro la dignità umana* 3 (*scherz.*) gesto di scarsa riverenza o considerazione verso quel che ha valore: *è un* — *non assaggiare quel piatto*.
sa|cri|lè|go *agg.* [m.pl. *-ghi*] 1 che profana ciò che è sacro: *gesto* — 2 (*fig.*) irrispettoso, irriverente nei confronti di cose o persone che meritano rispetto: *scritto* — ♦ *s.m.* [f. *-a*] chi compie un sacrilegio.
sa|cri|pàn|te *s.m.* 1 (*per anton.*, *scherz.*) uomo coraggioso dal fisico possente 2 (*spreg.*) spaccone ♦ *inter.* esprime meraviglia o irritazione: —, *mi hanno derubato!*
sa|cri|sta *s.m.* [pl. *-i*] sacrestano.
sà|cro[1] *agg.* 1 relativo alla divinità: *rito* — | che riguarda il culto o è destinato alla celebrazioni religiose: *arredi sacri* | **Sacro Monte**, serie di cappelle raffiguranti episodi di storia sacra (spec. la via crucis) che si susseguono lungo l'ascesa di un'altura | — **collegio**, il consesso dei cardinali della Chiesa cattolica, cui spetta il compito di eleggere il papa | **musica sacra**, destinata all'accompagnamento di riti religiosi | **arte sacra**, che raffigura soggetti religiosi 2 consacrato: *tempio* — *a Zeus* | (*estens.*) dedicato: *il sabato è* — *al riposo* 3 (*estens.*) inviolabile: *la libertà è un valore* — | (*scherz.*) indiscutibile, intoccabile: *il sonno per me è* —*!* ♦ *s.m. solo sing.* ciò che è sacro: *non mescolare* — *e profano*.
sà|cro[2] *agg.*, *s.m.* (*anat.*) si dice di osso del bacino, costituito dalla saldatura delle ultime cinque vertebre.
sa|cro|sàn|to *agg.* 1 sacro e santo 2 (*estens.*) inviolabile: *diritto* — | indubitabile, indiscutibile: *verità sacrosanta* | giustissimo: *giudizio* — | meritato: *punizione sacrosanta*.
sà|di|co *agg.* [m.pl. *-ci*] del sadismo: *crudeltà sadica* | che rivela sadismo: *sguardo* — ♦ *s.m.* [f. *-a*] (*psicol.*) persona affetta da sadismo (*estens.*) chi gode nel tormentare gli altri □ **sadicamente** *avv.*
sa|dì|smo *s.m.* 1 (*psicol.*) perversione sessuale per cui si trae godimento dall'infliggere umiliazioni e dolori fisici 2 (*estens.*) crudeltà fine a se stessa; gusto del tormentare gli altri.
sa|do|mà|so *s.m.invar.* abbr. di sadomasochismo ♦ *agg.invar.* abbr. di sadomasochistico.
sa|do|ma|so|chì|smo *s.m.* 1 (*psicol.*) perversione sessuale per cui si gode sia nell'infliggere sia nel subire sofferenze 2 ogni pratica erotica legata a tale perversione: *fare* —.
sa|do|ma|so|chì|sta *s.m./f.* [m.pl. *-i*] (*psicol.*) persona affetta da sadomasochismo ♦ *agg.* sadomasochistico.
sa|do|ma|so|chì|sti|co *agg.* [m.pl. *-ci*] (*psicol.*) da sadomasochista; caratterizzato da sadomasochismo: *desiderio* —.
sa|ét|ta *s.f.* 1 (*lett.*) freccia, dardo 2 fulmine, fol-

gore 3 (*fig.*) cosa o persona che si muove molto velocemente: *correre come una —*.

sa|et|tà|re *v.tr.* [indic.pres. *io saétto...*] 1 (*lett.*) colpire con frecce | (*assol.*) scagliare frecce 2 (*estens., anche fig.*) lanciare in modo sferzante: *— parole rabbiose.*

sa|et|tà|to *part.pass. di* saettare ♦ *agg.* (*bot.*) sagittato.

sa|et|ti|fór|me *agg.* (*bot.*) sagittato.

sa|et|tó|ne *s.m.* 1 serpente diffuso nei boschi dell'Europa centromeridionale, con dorso bruno lucente e ventre giallastro, lungo oltre un metro, che si nutre di topi, ghiri, talpe ed è un buon arrampicatore; noto anche come Colubro di Esculapio, anticamente era raffigurato attorcigliato intorno al bastone del dio greco, simbolo della medicina 2 (*arch.*) asta inclinata di una capriata | rinforzo diagonale di travi e sim.

sa|fà|ri *s.m.* spedizione di caccia grossa in Africa | *— fotografico*, viaggio in un'oasi faunistica per fotografare gli animali nel loro ambiente naturale ♦ *agg.invar. nella loc.* **zoo** *—*, parco faunistico dove gli animali possono muoversi in spazi abbastanza ampi mentre i visitatori li osservano a bordo delle loro auto.

sa|fè|na *s.f.* (*anat.*) ciascuna delle due vene superficiali che risalgono la gamba a partire dal malleolo.

safety car (*ingl.*) [pr. *séifti car*] *s.f.* (*sport*) nelle corse automobilistiche, vettura che si mette davanti ai concorrenti per moderarne l'andatura, in seguito a incidenti, maltempo e sim.

sàf|fi|co *agg.* [m.pl. *-ci*] 1 di Saffo, poetessa greca del sec. VII a.C.; relativo alla sua poesia 2 (*metr.*) si dice di un tipo di verso che era fondamentale nella poesia greco-latina e di alcune composizioni da esso costituite: *ode saffica* 3 (*estens.*) relativo al saffismo; lesbico: *rapporto —*.

saf|fi|smo *s.m.* omosessualità femminile; lesbismo.

sà|ga *s.f.* 1 narrazione epica delle antiche letterature nordiche 2 (*lett.*) racconto o ciclo narrativo incentrato sull'evoluzione di un personaggio o gruppo: *la — di Guerre Stellari* 3 (*estens.*) serie di fatti memorabili; epopea | (*iron.*) vicenda che si prolunga nel tempo, spec. arrecando danni o fastidi: *la richiesta della tua pensione è ormai una —*.

sa|gà|ce *agg.* 1 (*lett.*) che è dotato di buon fiuto 2 (*fig.*) che ha intuito; perspicace; acuto: *un — investigatore* | che rivela sagacia: *osservazione —* □ **sagacemente** *avv.*

sa|ga|cia *s.f.* scaltrezza; perspicacia.

sag|géz|za *s.f.* 1 capacità di pensare e agire in modo assennato, equilibrato, spec. grazie all'esperienza acquisita: *un anziano di grande —* 2 validità; attendibilità: *la — del tuo parere.*

sag|già|re *v.tr.* [indic.pres. *io sàggio...*] 1 misurare le proprietà, le qualità di ql.co., spec. la purezza di un metallo: *— l'oro* 2 (*fig.*) mettere alla prova per indagare la natura, le caratteristiche, la misura di ql.co.: *— la resistenza nemica.*

sag|gia|tó|re *s.m.* 1 [f. *-trice*] persona che verifica la purezza dei metalli preziosi 2 bilancino di precisione per metalli preziosi.

sag|gia|tù|ra *s.f.* verifica della purezza di un metallo prezioso | segno che si lascia sul metallo per saggiarlo.

sag|gia|vì|no *s.m.invar.* (*enologia*) tubetto di vetro, rigonfio a un'estremità, con cui si preleva dalla botte un assaggio di vino.

sag|gì|na *s.f.* graminacea annuale dal fusto alto e sottile, della quale alcune varietà sono coltivate come foraggio, mentre altre servono per fabbricare spazzole e scope.

sag|gi|nà|le *s.m.* fusto di saggina seccato.

sàg|gio[1] *agg.* [f.pl. *-ge*] che possiede saggezza: *— consigliere* | che manifesta saggezza; assennato: *consiglio —* ♦ *s.m.* [f. *-a*] chi è dotato di saggezza | chi ha esperienza e conoscenze; sapiente: *i saggi della comunità* | esperto al di sopra delle parti che interviene in una controversia: *istituire una commissione di saggi* □ **saggiamente** *avv.*

sàg|gio[2] *s.m.* 1 esame sperimentale volto a determinare proprietà, qualità, valore di ql.co., spec. di un metallo prezioso 2 esemplare o parte che permette di cogliere le caratteristiche di quel che va esaminato; campione: *un — gratuito di profumo* | (*editoria*) copia di una pubblicazione che viene regalata a fini propagandistici 3 dimostrazione di capacità: *eccovi un — della sua forza* | esibizione pubblica in cui gli allievi mostrano quel che hanno appreso: *il — della scuola di musica* 4 pubblicazione in prosa non narrativa dedicata a un argomento specifico: *un — scientifico* 5 (*banc., fin.*) tasso: *— di interesse.*

sag|gì|sta *s.m./f.* [m.pl. *-i*] chi scrive saggi critici.

sag|gì|sti|ca *s.f.* scrittura di saggi; arte di scrivere saggi | genere letterario dei saggi e relativa produzione editoriale: *una collana di — letteraria.*

sag|gì|sti|co *agg.* [m.pl. *-ci*] che riguarda la saggistica: *genere —*.

sa|git|tà|le *agg.* (*anat.*) si dice del piano ideale che divide verticalmente il corpo umano in metà simmetriche | *sutura —*, il punto in cui si congiungono le due ossa parietali del cranio.

sa|git|tà|ria *s.f.* pianta erbacea perenne con foglie sagittate, che vive negli specchi d'acqua delle regioni temperate.

sa|git|tà|rio[1] *s.m.* (*zool.*) serpentario.

Sa|git|tà|rio[2] *s.m.* (*astr.*) costellazione dell'emisfero australe e nono segno dello zodiaco, dominante il periodo tra il 23 novembre e il 21 dicembre.

sa|git|tà|to *agg.* (*bot.*) si dice di foglia con apice appuntito e due lobi acuti, disposti simmetricamente accanto all'attacco del picciolo.

sà|go|la *s.f.* (*mar.*) fune sottile di canapa che serve spec. ad alzare e ammainare la bandiera, a tirare altre cime, a sostenere scandagli, lenze ecc.

sà|go|ma *s.f.* 1 contorno, profilo, linea di un oggetto, spec. di automobili, edifici ed elementi di arredo 2 (*tecn.*) pezzo campione su cui vengono

sagomare 1098

modellati tutti gli altri **3** bersaglio per tiro a segno che riproduce i contorni del corpo umano **4** (*coll.*, *scherz.*) persona stravagante e divertente: *è proprio una —!*
sa|go|mà|re *v.tr.* [indic.pres. *io sàgomo...*] **1** modellare sulla base di una sagoma **2** dare una certa forma a ql.co.
sa|go|mà|to *part.pass. di* sagomare ♦ *agg.* che presenta un profilo particolare, non lineare | si dice di capo di vestiario che sottolinea le linee del corpo: *cappotto con spalla sagomata* ♦ *s.m.* cartellone pubblicitario che viene montato su un'intelaiatura dalla sagoma particolare: *il — del marchio*.
sa|go|ma|tù|ra *s.f.* **1** operazione con cui si conferisce una sagoma **2** sagoma.
sà|gra *s.f.* festa popolare con fiera e mercato: *la — del maiale*.
sa|grà|to *s.m.* spazio consacrato davanti alla chiesa, talvolta sopraelevato rispetto al piano stradale.
sa|gre|stì|a *s.f. e deriv.* → **sacrestia** *e deriv.*
sa|grì|no *s.m.* piccolo squalo snello e di colore scuro, con pinne dorsali munite di aculei.
sa|guà|ro *s.m.* varietà di cactus di enormi dimensioni, diffuso nei deserti tropicali del Messico e degli USA.
sa|ha|rià|na *s.f.* giacca di tela, piuttosto ampia, con colletto chiuso, cintura in vita e ampie tasche su petto e fianchi.
sa|ha|rià|no *agg.* (*geog.*) relativo al deserto africano del Sahara.
sà|ia *s.f.* **1** armatura dei tessuti in cui si vede l'intreccio a righe diagonali di trama e ordito **2** tessuto realizzato con tale armatura.
saint-honoré (*fr.*) [pr. *sentonoré*] *s.m. o f.invar.* dolce di pasta sfoglia, guarnito con bignè alla chantilly e rivestito di panna montata.
saintpaulia [pr. *sempàulia*] *s.f.* pianta erbacea perenne di origine africana, con fiori violacei e foglie carnose, ricoperte da lanugine.
sà|io *s.m.* veste di panno rozzo che viene indossata dai membri di alcuni ordini mendicanti: *— francescano*.
sa|kè *s.m.invar.* bevanda alcolica giapponese, che viene distillata dal riso.
sà|la[1] *s.f.* **1** la stanza di un'abitazione, arredata spec. con poltrone e divani, che viene adibita a spazio di soggiorno e di ricevimento; salotto: *guardare la televisione in —* | arredo di tale locale: *una — in rovere* | **— da pranzo**, locale della casa dove si consumano i pasti **2** ampio locale all'interno di un edificio, in grado di accogliere più persone per una data attività | **— d'attesa**, **— d'aspetto**, in studi e uffici, stanza dove si attende il proprio turno; nelle stazioni e negli aeroporti, salone dove si attende il momento della partenza | (*med.*) — **operatoria**, camera sterilizzata e dotata dell'attrezzatura per operazioni chirurgiche | — **stampa**, ambiente allestito per ospitare i giornalisti durante lo svolgimento di una manifestazione | — **giochi**, locale pubblico attrezzato con videogiochi e sim. | (*mus.*) — **d'incisione**, spazio attrezzato per la registrazione di musica... | (*mar.*) — **macchine**, area di una nave in cui sono collocati macchinari e motori **2** sala di spettacolo | pubblico in essa ospitato: *la — cominciò a protestare* | — **cinematografica**, salone dove si proiettano film sul grande schermo.
sà|la[2] *s.f.* asse che collega due ruote di un carro, di una carrozza ferroviaria e sim.
sa|làc|ca *s.f.* (*region.*) aringa o altro pesce simile conservato affumicato o sotto sale.
sa|là|ce *agg.* **1** pungente, mordace: *motto —* **2** licenzioso; scurrile: *barzelletta —*.
sa|la|ci|tà *s.f.* caratteristica di ciò che è salace.
Sa|la|màn|dra *s.f.* **1** genere di Anfibi urodeli dal corpo simile a quello delle lucertole; della specie più comune, con pelle nera a chiazze gialle, si credeva anticamente che potesse sopravvivere tra le fiamme **2** (*fig.*) chi supporta senza danni calori elevati: *solo una — come te non si scotta con quel forno*.
sa|la|màn|na *s.f.* vitigno e uva bianca da tavola, con grandi acini dal sapore moscato.
sa|là|me *s.m.* **1** (*gastr.*) insaccato di carne suina tritata e salata, preparata con pepe e cubetti di grasso per la stagionatura **2** (*estens.*) dolce a forma di salame: *— di cioccolato* **3** (*fig.*) persona goffa, impacciata: *non startene lì come un —*.
sa|la|me|léc|co *s.m.* [pl. *-chi*] saluto esageratamente cerimonioso: *senza troppi salamelecchi*.
sa|la|mèl|la *s.f.* (*gastr.*) salame magro a forma di ferro di cavallo, poco stagionato, adatto spec. per la cottura alla griglia.
sa|la|mò|ia *s.f.* soluzione acquosa concentrata di sale comune, che si usa per conservare vari cibi: *olive in —*.
sa|là|re *v.tr.* cospargere di sale per conservare o per condire: *— l'insalata*.
sa|la|rià|le *agg.* relativo al salario: *politica —*.
sa|la|rià|re *v.tr.* [indic.pres. *io salàrio...*] retribuire mediante salario; pagare periodicamente per lavori manuali esercitati in modo continuativo.
sa|la|rià|to *part.pass. di* salariare ♦ *agg.* pagato con un salario: *prestazione salariata* ♦ *s.m.* [f. *-a*] lavoratore dipendente che riceve un salario periodico per prestazioni continuative.
sa|là|rio *s.m.* compenso che spetta periodicamente a chi lavora alle dipendenze, spec. come operaio | (*econ.*) — **nominale**, la somma di denaro che viene percepita | — **reale**, valutazione dell'effettivo valore del salario nominale in termini di capacità di acquisto.
sa|las|sà|re *v.tr.* **1** (*med.*) sottoporre a un salasso **2** (*fig.*, *scherz.*) costringere a una spesa eccessiva; far pagare molti soldi: *il negoziante mi ha salassato*.
sa|làs|so *s.m.* **1** (*med.*) sistema terapeutico basato sull'estrazione di sangue tramite incisione, aspirazione con ago o, anticamente, applicazione di sanguisughe: *sottoporre a un —* **2** (*scherz.*) forte esborso; prezzo eccessivo: *le tasse saranno un —*.

sa|là|ta *s.f.* azione con cui si sala: *date una — all'impasto.*

sa|la|ti|no *s.m.* biscotto o pasticcino salato.

sa|là|to *part.pass.* di salare ♦ *agg.* 1 contenente sale: *l'acqua del mare è salata* 2 insaporito con il sale: *formaggio —* | si dice di pietanza condita con una quantità eccessiva di sale: *il risotto è —* | conservato sotto sale: *alici salate* 3 *(fig.)* che richiede un forte esborso economico: *multa salata* ♦ *s.m.* 1 sapore salato: *alternare dolce e —* | cibo con tale sapore: *aver voglia di —* 2 insaccato; affettato: *per secondo ci offrirono dei salati.*

sa|la|tù|ra *s.f.* aggiunta di sale o immersione in salamoia per la conservazione del cibo: *la — delle aringhe.*

sal|cic|cia *s.f. e deriv.* → **salsiccia** *e deriv.*

sàl|da *s.f.* soluzione acquosa a base di gomma arabica e amido che serve come appretto per dare rigidità al tessuto.

sal|dà|re *v.tr.* 1 unire in un solo intero; congiungere stabilmente | *(metall.)* unire tramite saldatura: *— due tubi* 2 *(fig.)* collegare gli elementi di un tutto: *— le parti del discorso* 3 pareggiare il dare e l'avere; pagare una quota di quanto dovuto: *— i debiti* | *(fig.)* *— la partita,* giungere alla resa dei conti ♦ **-rsi** *intr.pron.* 1 *(anche med.)* detto di parti staccate, ricongiungersi: *la frattura si è saldata* 2 *(fig.)* connettersi, collegarsi.

sal|da|tó|re *s.m.* 1 operaio che esegue saldature 2 attrezzo che serve per saldare.

sal|da|tri|ce *s.f.* *(tecn.)* macchina che esegue saldature elettriche di elementi metallici.

sal|da|tù|ra *s.f.* 1 operazione con cui due pezzi di metallo vengono congiunti stabilmente mediante calore | tratto dove i due pezzi vengono saldati: *una — invisibile* | *— autogena,* quella che unisce due pezzi metallici fondendone i rispettivi margini | *— per fusione,* realizzata utilizzando metallo fuso come collante 2 *(fig.)* collegamento in un tutto organico.

sal|déz|za *s.f.* *(anche fig.)* caratteristica di quel che è saldo; stabilità: *— di propositi.*

sàl|do[1] *s.m.* 1 *(econ.)* differenza tra accrediti e addebiti di un conto: *farsi pagare il — in banca* 2 cifra che manca per completare un pagamento del quale si è versato un acconto: *quant'è il —?* | pagamento di tale cifra residua: *effettuare il —* 3 *(spec.pl.)* vendita a prezzo ribassato, spec. di rimanenze; liquidazione: *mettere in —; aspettare i saldi.*

sàl|do[2] *agg.* 1 compatto | resistente, robusto: *bastione —* | *(estens.)* che non si muove, traballa e sim.; stabile: *appoggio —; tieniti —* 2 *(fig.)* fermo, costante, irremovibile: *obiettivo —* | *durevole* □ **saldamente** *avv.*

sà|le *s.m.* 1 *(chim.)* composto che si ottiene combinando una base con un acido | *— comune, da cucina, da tavola,* cloruro di sodio | *— marino,* cloruro di sodio ricavato dall'evaporazione dell'acqua di mare | *— inglese,* solfato di magnesio utilizzato come lassativo | *sali da bagno,* cristalli da sciogliere nell'acqua per curarsi o tonificarsi 2 *(per anton.)* cloruro di sodio, impiegato per conservare o condire gli alimenti: *aggiungere un po' di —* | *(gastr.)* *giusto di —,* insaporito al punto giusto | *sotto —,* cosparso di sale per essere conservato | *(fig.)* *restare di —,* rimanere sbalordito 3 *(pl.)* sali ammoniacali che si usano per rianimare chi è svenuto: *annusare i sali* 4 *(fig.)* buon senso; assennatezza: *non avere abbastanza — in zucca* 5 *(fig.)* arguzia: *frasi senza —.*

sa|len|ti|no *agg.* dell'area pugliese del Salento: *litorale —* ♦ *s.m.* [f. *-a*] chi è nato o abita nel Salento.

sa|le|sià|no *agg.* 1 che riguarda san Francesco di Sales (1567-1622) 2 relativo alla congregazione fondata da S. Giovanni Bosco nel 1859 per educare i giovani ♦ *s.m.* [f. *-a*] chi appartiene a una congregazione salesiana: *collegio dei salesiani.*

sal|gèm|ma *s.m.* *(min.)* cloruro di sodio in cristalli cubici o in masse compatte.

Sà|li|ce *s.m.* genere di alberi con tronco di colore grigiastro e rami flessibili, che crescono spec. in ambienti umidi | *— bianco,* varietà con foglie verdi-grigie nella pagina superiore e biancastre in quella inferiore, il cui legno ha molti impieghi | *— piangente,* varietà caratterizzata da lunghi rami pendenti.

sa|li|cé|to *s.m.* piantagione di salici.

sa|li|ci|là|to *s.m.* *(chim.)* sale o estere dell'acido salicilico, di cui alcune varietà sono usate in medicina, altre per la conservazione di cibi.

sa|li|ci|le *s.m.* *(chim.)* radicale monovalente derivato dall'acido salicilico.

sa|li|ci|li|co *agg.* [m.pl. *-ci*] *(chim.)* 1 si dice di ossiacido che è presente in varie piante, fra cui il salice da cui prende nome, e che viene utilizzato soprattutto in medicina 2 si dice di derivato dell'acido salicilico.

sa|lièn|te *agg.* 1 *(lett., scient.)* che sale 2 che crea un rilievo; sporgente 3 *(fig.)* rilevante; fondamentale: *carattere — di una teoria* ♦ *s.m.* 1 elemento prominente; sporgenza: *— roccioso* 2 *(arch.)* elemento costruttivo orientato verso l'alto 3 *(mil.)* fortificazione delle mura esterne a forma di cuneo che punta verso l'esterno | nucleo operativo più avanzato nello schieramento di un esercito.

sa|liè|ra *s.f.* contenitore per tenere in tavola il sale.

sa|lì|fe|ro *agg.* che contiene sale: *bacino —* | che riguarda la produzione di sale: *impianto —.*

sa|li|fi|cà|re *v.tr.* [indic.pres. *io salìfico, tu salìfichi...*] *(chim.)* trasformare in sale attraverso una reazione: *— una base.*

sa|li|fi|ca|zió|ne *s.f.* *(chim.)* reazione chimica in cui da una base e un acido si forma un sale.

sa|lì|na *s.f.* 1 *(ind.)* complesso di vasche costiere nelle quali viene fatta evaporare l'acqua marina per ricavarne il sale 2 *(min.)* deposito naturale di sali, raccoltisi per evaporazione di acqua marina 3 *(min.)* miniera di salgemma.

sa|li|ni|tà *s.f.* concentrazione di sali nell'acqua, spec. in un bacino naturale: *grado di —.*

sa|li|no *agg.* **1** relativo a un sale: *concentrazione salina* **2** che contiene sale: *acqua salina*.
Sà|lio *s.m. spec.pl.* (*st.*) presso gli antichi Romani, sacerdote degli dei Marte e Quirino, incaricato di aprire l'anno militare.
sa|li|re *v.intr.* [indic.pres. *io salgo, tu sali, egli sale, noi saliamo, voi salite, essi sàlgono*; pass.rem. *io salìi, tu salisti*...; congiunt.pres. *io salga*..., *noi saliamo, voi saliate, essi sàlgano*; part.pres. *salènte* o *saliènte*; ger. *salèndo*; aus. *E*] **1** muoversi verso l'alto: — *al piano di sopra*; — *con la sciovia* | — *in superficie*; emergere **2** sistemarsi sopra ql.co. di rialzato o in posizione più elevata: — *sulla pedana*; — *in spalla* | montare: — *in auto* **3** alzarsi in aria; ascendere: *la mongolfiera salì rapidamente* **4** elevarsi, ergersi: *il colle sale fino a 600 metri* | essere in salita: *il sentiero sale leggermente* **5** (*fig.*) arrivare a una condizione migliore: — *di grado* | — *al trono*, divenire re **6** (*fig.*) aumentare; accrescersi: *la febbre continua a* — ♦ *tr.* percorrere in salita: — *i gradini*.
sa|li|scén|di *s.m.* **1** congegno per chiudere finestre e porte **2** dispositivo che permette di regolare a piacere l'altezza di una lampada dal soffitto **3** successione di salite e discese: *strada ricca di* —.
sa|li|ta *s.f.* **1** (*anche fig.*) azione con cui si sale: — *sul palco*; — *al trono* **2** percorso che va verso l'alto; erta: *fare una* — *con la bici* | *in* —, con pendenza verso l'alto: *strada in* —; (*fig.*) difficile da realizzare: *l'impresa è salita* —.
sa|li|va *s.f.* liquido prodotto dalle ghiandole salivari che contribuisce alla masticazione e alla digestione dei cibi.
sa|li|và|re¹ o **salivàle** *agg.* relativo alla saliva: *ghiandola* —.
sa|li|và|re² *v.intr.* [aus. *A*] secernere saliva.
sa|li|va|tò|rio *agg.* relativo alla saliva | che favorisce la salivazione.
sa|li|va|zió|ne *s.f.* secrezione di saliva.
sal|ma *s.f.* corpo di una persona morta; cadavere: *identificare la* —.
sal|mà|stro *agg.* che sa di salsedine | detto spec. dell'acqua di lagune ed estuari, che contiene sale in percentuale intermedia tra quella del mare e quella dolce ♦ *s.m.* odore o sapore di salsedine: *sentì il* — *in bocca*.
sal|me|rì|e *s.f.pl.* (*mil.*) complesso dei veicoli e degli animali da soma destinati al rifornimento di viveri, armi ecc. | materiali trasportati con tali mezzi.
sal|me|rì|no *s.m.* pesce simile alla trota, con pinne giallognole, allevato per le carni prelibate.
sal|mì *s.m.* (*gastr.*) cottura in umido della selvaggina, tagliata a pezzetti, aromatizzata e marinata nel vino: *coniglio in* —.
sal|mi|strà|re *v.tr.* (*gastr.*) sottoporre la lingua di bue a un trattamento in cui la si strofina con sale e salnitro, la si lascia marinare in salamoia e, infine, la si lessa.
sàl|mo *s.m.* **1** (*relig.*) testo poetico di argomento religioso contenuto nell'Antico Testamento e adottato nella liturgia cristiana **2** (*mus.*) composizione sul testo dei salmi, per coro o voce solista.
sal|mo|dì|a *s.f.* lettura o canto di un salmo | maniera in cui il salmo viene cantato.
sal|mo|dià|re *v.intr.* [indic.pres. *io salmòdio*...; aus. *A*] recitare, cantare salmi, spec. in coro.
sal|mo|nà|to *agg.* si dice di trota le cui carni hanno un colore rosato a causa di un'alimentazione basata su crostacei.
sal|mó|ne *s.m.* grande pesce dell'Atlantico che si riproduce nelle acque di fiume e che è apprezzato per l'ottima carne ♦ *agg.invar.* che ha un colore tra l'arancione e il rosa.
Sal|mo|nèl|la *s.f.* (*biol.*) genere di batteri che provocano infezioni intestinali, dalle enteriti al tifo, nell'uomo e in vari animali.
sal|mo|nel|lò|si *s.f.* (*med.*, *vet.*) infezione intestinale provocata dalla salmonella.
sal|mo|ni|col|tù|ra *s.f.* allevamento ittico di Salmonidi, spec. trote.
Sal|mò|ni|di *s.m.pl.* famiglia di Pesci ossei a cui appartengono salmoni e trote, caratterizzati dalla seconda pinna dorsale adiposa.
sal|ni|tro *s.m.* nitrato di potassio, impiegato nella polvere da sparo e nei concimi azotati.
sa|lo|diè|se *agg.* della località di Salò, sul Garda ♦ *s.m./f.* chi è nato o abita a Salò.
sa|lo|mó|ni|co *agg.* [m.pl. -*ci*] **1** di Salomone, re biblico famoso per la sua saggezza **2** (*fig.*) imparziale, equilibrato: *verdetto* — □ **salomonicamente** *avv.* con imparzialità perfetta.
sa|ló|ne *s.m.* **1** in un palazzo e sim., vasto locale di rappresentanza: — *di ricevimento* | in un appartamento, stanza più spaziosa che serve come sala da pranzo o salotto **2** esposizione dei prodotti di un settore economico: *il* — *del turismo* **3** (*region.*) negozio di parrucchiere | — *di bellezza*, centro per trattamenti estetici.
saloon (*ingl.*) [pr. *salùn*] *s.m.invar.* locale pubblico diffuso negli USA nel secondo Ottocento, ai tempi della conquista del West, dove si consumavano alcolici e si giocava d'azzardo.
salopette (*fr.*) [pr. *salopèt*] *s.f.invar.* tipo di pantaloni con bretelle, che risalgono sul davanti con una pettorina.
sa|lot|tiè|ro *agg.* (*di persona*) che frequenta salotti mondani: *intellettuale* — | (*estens.*) frivolo, leggero: *clima* —.
sa|lòt|to *s.m.* **1** sala di appartamento privato o ambiente pubblico, destinata alla conversazione, all'intrattenimento e sim.: *conversare in* — **2** (*estens.*) arredo per il salotto: — *in pelle* **3** ritrovo periodico in abitazione privata, spec. per dibattiti culturali e occasioni mondane; l'insieme dei partecipanti a tali riunioni: — *artistico* | (*spreg.*) *da* —, superficiale, frivolo: *chiacchiere da* —.
sal|pà|re *v.tr.* (*mar.*) sollevare dal fondo marino: — *le ancore* ♦ *intr.* [aus. *E*] (*mar.*) mollare gli ormeggi; partire: — *da Genova*.
sal|pìn|ge *s.f.* **1** (*st.*) presso gli antichi Greci, tromba in bronzo **2** (*anat.*) ciascuno dei due condotti che portano dall'ovaia all'utero; tuba |

condotto uditivo tra la faringe e l'orecchio medio.

sal|pin|gi|te *s.f.* (*med.*) infiammazione della salpinge uterina o di quella uditiva.

sàl|sa¹ *s.f.* condimento di varia consistenza e composizione, che serve per insaporire le pietanze: — *di pomodoro* | (*fig.*) **cucinare in tutte le salse**, riproporre in modi diversi e fino all'eccesso.

sàl|sa² *s.f.* (*mus.*) musica da ballo di origine caraibica nella quale si fondono ritmi afro-cubani e influenze jazz e rock.

sàl|sa³ *s.f.* (*geol.*) eruzione dal sottosuolo di fango salato e gas.

sal|se|di|ne *s.f.* **1** caratteristica di ciò che contiene sale | salinità **2** sale disciolto nell'acqua, nel terreno o nell'aria.

sal|sé|se *agg.* della località emiliana di Salsomaggiore ♦ *s.m./f.* chi è nato o abita a Salsomaggiore.

sal|sìc|cia (*pop.* salcìccia) *s.f.* [pl. -ce] insaccato di carne suina tritata e insaporita con sale e aromi, preparata all'interno delle budella minute del maiale.

sal|sic|ciòt|to (*pop.* salcicciòtto) *s.m.* **1** grossa salsiccia da consumare cruda **2** (*fig.*) oggetto di forma allungata **3** (*scherz.*) cuscinetto adiposo sul fianco.

sal|siè|ra *s.f.* contenitore per servire le salse in tavola.

sàl|so *agg.* contenente sale; salmastro ♦ *s.m.* sapore di sale | salsedine: *la burrasca riempì l'aria di* —.

sal|so|iò|di|co *agg.* [m.pl. -ci] si dice di acque ricche di ioduro e cloruro di sodio | si dice del trattamento termale realizzato con tali acque.

sal|ta|béc|ca *s.f.* (*pop.*) cavalletta.

sal|ta|bec|cà|re *v.intr.* [indic.pres. *io saltabécco, tu saltabécchi*...; aus. *A*] (*pop.*) procedere a saltelli, come una cavalletta.

sal|tà|re *v.intr.* [aus. *E* nei sign. 1 e 2; *E* o *A* nel sign. 3; *A* nel sign. 4] **1** staccarsi di slancio da terra: — *sul posto* | lasciarsi cadere; lanciarsi: — *dall'aereo* | spostarsi a balzi: *la rana saltava sulla riva* | (*iperb.*) — *dalla felicità*, mostrare una gioia incontenibile | — *addosso a qlcu.*, assalirlo; (*fig.*) insultarlo o contestarlo violentemente | — *al collo di qlcu.*, abbracciarlo; aggredirlo | — *fuori*, presentarsi all'improvviso: — *fuori da dietro la siepe*; (*fig.*) venire alla luce, essere trovato: *che cos'è saltato fuori dall'inchiesta?*; intervenire con gesti o parole inattesi; uscirsene: *è saltato fuori con quella novità* | (*fig.*) — *agli occhi*, essere molto evidente: *un errore che salta agli occhi* | — **in testa, in mente a qlcu.**, detto di idee e sim., manifestarsi improvvisamente: *gli è saltato in testa di partire* **2** salire, montare, spec. in fretta o con agilità: *salta in macchina!* **3** staccarsi improvvisamente; schizzare via: *è saltato il tappo* **4** (*estens.*) scoppiare, esplodere: *le cariche stanno per* —| *far* — *i nervi*, mandare su tutte le furie **5** (*estens.*) di circuito, meccanismo e sim., smettere di funzionare: *il collegamento è saltato* **6** (*fig.*) essere destituito | andare a monte; fallire: *l'accordo è saltato* | *far* — *il banco*, nei giochi d'azzardo, sbancare **7** (*fig.*) passare improvvisamente a un altro punto: — *subito alla conclusione* | — *di palo in frasca*, passare bruscamente a un tema non collegato a ciò di cui si stava parlando **8** (*sport*) nell'atletica, nella ginnastica, nello sci, effettuare una prova di salto: *l'astista sta per* — ♦ *tr.* **1** oltrepassare con un salto: — *l'ostacolo* | (*fig.*) — *il fosso*, affrontare un problema con efficace risolutezza; agire con decisione **2** (*fig.*) tralasciare, omettere: — *un paragrafo* | — *il pasto*, non mangiare | — *una classe*, evitare la frequenza di un anno scolastico attraverso un'apposita verifica della preparazione **3** (*gastr.*) rosolare in olio o burro sulla viva fiamma: — *le verdure*.

sal|ta|rel|là|re *v. intr.* → **salterellare**.

sal|ta|rèl|lo *s.m. e deriv.* → **salterello** *e deriv.*

sal|ta|tó|re *agg.* [f. *-trice*] che salta ♦ *s.m.* chi salta | (*sport*) atleta o sciatore che si cimenta in una disciplina di salto.

Sal|ta|tó|ri *s.m.pl.* **1** sottordine degli Ortotteri **2** Anuri.

sal|tel|la|mén|to *s.m.* andatura a piccoli salti.

sal|tel|là|re *v.intr.* [indic.pres. *io saltèllo*...; aus. *A*] procedere a saltelli.

sal|tèl|lo *s.m.* piccolo salto.

sal|tel|ló|ni *avv.* a piccoli salti; saltellando: *entrare (a)* —.

sal|te|rel|là|re o **saltarellàre** *v.intr.* [indic.pres. *io salterèllo*...; aus. *A*] fare saltelli rapidi: — *spensieratamente*.

sal|te|rèl|lo o **saltarèllo** *s.m.* **1** saltello **2** danza popolare simile alla tarantella, diffusa in Italia centrale **3** fuoco d'artificio che saltella dopo l'esplosione.

sal|te|rì|no *agg.* che si muove a saltelli: *grillo* —.

sal|tè|rio *s.m.* **1** (*mus.*) antico strumento ebraico a dieci corde, che si fanno risuonare pizzicandole, con cassa trapezoidale o triangolare **2** (*relig.*) libro biblico dei salmi | raccolta di salmi, organizzata per accompagnare l'intero anno liturgico.

sal|tic|chià|re *v.intr.* [indic.pres. *io saltìcchio*...; aus. *A*] fare piccoli salti; salterellare.

sàl|ti|co *s.m.* [pl. *-ci*] minuscolo ragno nero e bianco che sfrutta la sua abilità di saltatore per catturare le prede.

sal|tim|bàn|co *s.m.* [pl. *-chi*] **1** acrobata che si esibisce per strada, nelle feste di paese o in un circo **2** (*spreg.*) chi dimostra scarso senso di responsabilità e dignità professionale; buffone, ciarlatano.

sal|tim|bóc|ca *s.m.invar.* (*gastr.*) fetta di vitello arrotolata con salvia e prosciutto e fatta saltare in padella.

sàl|to *s.m.* **1** movimento con cui ci si stacca di slancio da terra o ci si lascia cadere nel vuoto; balzo | (*auto.*) — *di corsia*, scavalcamento dello spartitraffico in una strada a doppia carreggiata | (*fig.*) — *nel buio*, decisione presa senza avere alcuna certezza sulle conseguenze | *fare quattro salti*, ballare per svago | — *mortale*, acrobazia in cui si esegue una capriola completa in aria | (*fig.*) *fare i*

salti mortali, fare tutto il possibile: *per completare il lavoro ho fatto i salti mortali* **2** (*estens*.) breve visita; scappata: *faranno un — anche da voi* **3** (*sport*) in atletica, ciascuna delle specialità basate su qualche tipo di salto: *— in lungo, triplo, in alto, con l'asta* | nell'equitazione, movimento del cavallo per superare l'ostacolo | nello sci nordico, prova al trampolino **4** (*estens*.) dislivello: *fra i due balconi c'è un — di tre metri* | caduta di un corso d'acqua per un precipizio e sim.: *— della cascata* **5** (*fig*.) improvviso passaggio a una condizione diversa, spec. a un grado superiore: *— di mansione* | *— di qualità*, rilevante progresso compiuto in breve tempo | *a salti*, in maniera discontinua: *scrivere a salti* **6** (*fig*.) lacuna, omissione: *un — di tre pagine*.

sal|trà|to® *s.m.spec.pl.* sale da bagno profumato, emolliente e decongestionante.

sal|tua|rie|tà *s.f.* caratteristica di ciò che è saltuario.

sal|tuà|rio *agg.* privo di continuità nel tempo; discontinuo: *lavoretti saltuari* | che avviene di tanto in tanto; occasionale: *incontri saltuari* □ **saltuariamente** *avv.*

sa|lu|bèr|ri|mo *agg.* [superl. di *salubre*] molto salubre.

sa|lù|bre o **sàlubre** *agg.* [superl. *salubèrrimo*] che fa bene alla salute; salutare: *aria —*.

sa|lu|bri|tà *s.f.* condizione di ciò che è salubre: *la — del clima*.

sa|lu|mà|io *s.m.* [f. *-a*] salumiere.

sa|lù|me *s.m.* qualsiasi prodotto alimentare derivato dalla carne suina: *un piatto di salumi*.

sa|lu|me|rì|a *s.f.* negozio di salumi; pizzicheria.

sa|lu|miè|re *s.m.* [f. *-a*] negoziante che vende salumi; pizzicagnolo.

sa|lu|mi|fì|cio *s.m.* stabilimento alimentare dove si preparano salumi.

sa|lu|tà|re¹ *agg.* **1** che giova alla salute; salubre: *ambiente —* **2** (*fig*.) che permette di evitare guai o problemi: *raccomandazione —* | utile.

sa|lu|tà|re² *v.tr.* **1** rivolgere, nel momento dell'incontro o del commiato, parole o gesti che esprimono rispetto, amicizia, affetto e sim.: *— con la mano* | (*mil*.) onorare tramite gesti fissati dal regolamento: *— i superiori* **2** (*estens*.) far visita a qlcu.: *volevamo venirti a — domani* **3** (*estens*.) accogliere: *fu salutato dagli insulti della gente* | festeggiare; acclamare: *— i trionfatori* ♦ **-rsi** *rifl.rec.* scambiarsi saluti: *— con una stretta di mano* | (*fig*.) **non** *— più*, aver rotto i rapporti.

sa|lù|te *s.f.* **1** condizione generale dell'organismo: *essere in buona, cattiva —* | *avere una — di ferro*, essere in eccellenti condizioni fisiche; ammalarsi di rado **2** condizione di benessere dell'organismo; buona salute: *ti trovo in —* | *scoppiare di —*, stare davvero molto bene | *brindare alla — di qlcu., ql.co.*, bere in onore di qlcu., di ql.co. **3** (*lett*.) salvezza: *la — spirituale* ♦ *inter*. **1** funge da saluto; salve: *— a tutti!* **2** si usa come espressione di augurio | si dice a chi starnuta **3** introduce un brindisi.

sa|lu|tì|smo *s.m.* stile di vita che attribuisce grande importanza alle regole d'igiene e al mantenimento della salute.

sa|lu|tì|sta *s.m./f.* [m.pl. *-i*] **1** persona che cura scrupolosamente la propria salute **2** membro dell'Esercito della Salvezza.

sa|lu|tì|sti|co *agg.* [m.pl. *-ci*] del salutismo; da salutista.

sa|lù|to *s.m.* **1** gesto o frase con cui si saluta: *un — caloroso* | *togliere il — a qlcu.*, interrompere i rapporti con lui **2** discorso di omaggio, di accoglienza e sim. pronunciato in occasione di celebrazioni pubbliche: *il — degli organizzatori* **3** (*spec.pl.*) formula di cortesia che si usa spec. per concludere lettere: *cordiali saluti*.

sàl|va *s.f.* **1** tiri simultanei di più armi su uno stesso obiettivo: *una — d'artiglieria* | sparo simultaneo di più armi caricate senza proiettili, in segno d'onore o festeggiamento | *sparare a salve*, senza proiettili **2** (*fig*.) esplosione simultanea di applausi, fischi ecc.: *è partita una — di fischi*.

sal|và|bi|le *agg.* che può essere salvato ♦ *s.m. solo sing.* ciò che può essere salvato: *salvare il —*.

sal|va|con|dót|to *s.m.* autorizzazione scritta che permette di accedere o transitare in zone altrimenti vietate: *ottenere un —*.

sal|va|da|nà|io *s.m.* contenitore per conservare le monete da risparmiare, che vengono introdotte attraverso una fessura.

sal|va|do|ré|gno o **salvadorègno** *agg.* dello Stato centroamericano del Salvador ♦ *s.m.* [f. *-a*] chi è nato o abita in Salvador.

sal|va|gèn|te *s.m.* [pl.invar.; nel sign. 1, anche *-i*] **1** oggetto galleggiante che serve per tenere a galla chi ha bisogno di soccorso in acqua o sta imparando a nuotare **2** marciapiede spartitraffico collocato in corrispondenza delle fermate dei mezzi pubblici per favorire la salita e discesa dei passeggeri.

sal|va|góc|ce *agg.invar.*, *s.m.invar.* si dice di tappo speciale da applicare alla bottiglia per non lasciarne colare alcuna goccia.

sal|va|guar|dà|re *v.tr.* proteggere, difendere: *— i beni demaniali* ♦ **-rsi** *rifl.* tutelarsi: *— tramite un'assicurazione*.

sal|va|guàr|dia *s.f.* tutela, difesa; custodia: *— dei diritti civili*.

sal|va|mo|tó|re *s.m.invar.* dispositivo che protegge il motore elettrico, interrompendo la corrente in caso di forti variazioni di tensione.

sal|va|pùn|te *s.m.invar.* **1** piccolo cappuccio che serve a proteggere la punta di penne, matite e sim. **2** mezzaluna, gener. metallica, inserita sotto la punta della scarpa per proteggerla.

sal|và|re *v.tr.* **1** trarre fuori da pericolo; mettere in salvo: *— un ferito; — la vita* **2** salvaguardare da un danno; proteggere: *quei guanti salvano dalle scottature* | (*fig*.) *— la faccia*, conservare un'immagine dignitosa nonostante le difficoltà **3** (*inform*.) registrare dei dati su supporto magnetico, ottico o nella memoria centrale del computer: *— due file su cd-rom* ♦ **-rsi** *rifl.* **1** mettersi in salvo: *non riusciranno mai a —* **2** restare

sal|va|schèr|mo *s.m.invar.* (*inform.*) programma che limita l'usura dei componenti del monitor, modificandone automaticamente la videata se questa rimane identica per lungo tempo.

sal|va|slip *s.m.invar.* piccolo assorbente igienico femminile da fissare allo slip.

sal|va|spà|zio *agg.invar.* di oggetto o dispositivo conformato in modo da occupare il minor spazio possibile: *sportello* —; *confezione* —.

sal|va|strèl|la *s.f.* pianta perenne delle Rosacee, con infiorescenze a spiga e foglie aromatiche commestibili.

sal|va|tàc|co *s.m.* [pl. *-chi*] copertura, gener. di gomma, che copre il tacco della scarpa per limitarne l'usura.

sal|va|tàg|gio *s.m.* **1** gesto o complesso di operazioni per salvare chi è in pericolo: *portare a termine un difficile* — | *di* —, che serve per salvare: *giubbotto di* — **2** (*fig.*) intervento di emergenza per rimediare a una situazione grave | (*econ.*) sostegno finanziario, gener. statale, a favore di banche o altri istituti sull'orlo del fallimento **3** (*inform.*) registrazione di dati, spec. di recente elaborazione, su un supporto magnetico, ottico o nella memoria centrale del computer: — *automatico* **4** (*sport*) intervento difensivo che evita la marcatura avversaria: — *sulla linea di porta*.

sal|va|te|le|co|màn|do *s.m.* involucro in gomma che evita danni al telecomando del televisore in caso di urti e sim.

sal|va|tó|re *s.m.* [f. *-trice*] chi salva o ha salvato: *il* — *della patria* | (*per anton.*) *il Salvatore*, Gesù.

sal|va|vi|ta *agg.invar.* che serve a salvare la vita | *cane* —, quello addestrato per il recupero di dispersi | *farmaco* —, medicinale indispensabile nel trattamento di patologie potenzialmente mortali ♦ *s.m.invar.* **1** (*elettr.*) interruttore di sicurezza in grado di bloccare la corrente in caso di pericolo **2** (*farm.*) farmaco salvavita.

sàl|ve *inter.* espressione di saluto, di augurio: —, *gente!*

sal|véz|za *s.f.* **1** condizione di chi è salvo; processo che permette di salvarsi: *la* — *dell'anima* **2** ciò che permette di salvarsi: *la loro* — *fu la fuga*.

sàl|via *s.f.* pianta erbacea dai fiori violacei, le cui foglie rivestite di una lanugine grigia sono usate per aromatizzare i cibi e come antisettico.

sal|viét|ta *s.f.* **1** tovagliolo di piccole dimensioni **2** (*region.*) asciugamano.

sal|vì|fi|co *agg.* [m.pl. *-ci*] (*lett.*) che dona la salvezza spirituale: *grazia salvifica*.

sàl|vo *agg.* **1** che è scampato senza danno a qualche pericolo; incolume: *è uscito* — *per miracolo* | (*teol.*) che è stato salvato dalla dannazione ♦ *aver salva la vita*, riuscire a non farsi uccidere ♦ *s.m. solo nella loc. in* —, lontano dal pericolo, al sicuro: *portare in* — *qlcu.* ♦ *prep.* tranne, eccetto: *si può visitare ogni giorno* — *il lunedì* | — *che*, eccetto il caso che, a meno che: *non ci verrò* — *che sia indispensabile*.

sa|mà|ra *s.f.* frutto secco caratteristico dell'olmo, che non si apre per lasciar uscire i semi ed è dotato di un'aletta grazie alla quale viene trasportato dal vento.

sa|mà|rio *s.m.* elemento chimico, metallo delle terre rare a bassa radioattività (*simb.* Sm).

sa|ma|ri|tà|no *agg.* della città palestinese di Samaria o dell'omonima regione circostante ♦ *s.m.* **1** [f. *-a*] chi è nato o abita nella città o nella regione di Samaria | (*per anton.*) *buon* —, chi è spontaneamente incline ad aiutare gli altri **2** lingua semitica parlata nella Samaria.

sàm|ba *s.f.* o *m.* [pl.f. *le sambe*; pl.m. *i samba*] **1** musica da ballo brasiliana dal ritmo sincopato **2** (*estens.*) il ballo che si pratica su tale musica.

sam|ber|nàr|do *s.m.* → **sanbernardo**.

sam|bù|ca¹ *s.f.* **1** (*mus.*) antico strumento triangolare a corde, d'origine fenicia **2** antica macchina bellica che veniva montata sulle torri d'assedio e permetteva di gettare un ponte verso le mura nemiche.

sam|bù|ca² *s.f.* liquore dell'Italia centrale ricavato dal sambuco, di sapore simile a quello dell'anisetta.

Sam|bù|co¹ *s.m.* [pl. *-chi*] genere di piante arboree o arbustive diffuse nelle zone subtropicali e temperate, con infiorescenze a pannocchia | — *nero*, albero dal fusto ricco di midollo, bianchi fiori profumati e bacche nere, usate per preparare infusi e liquori.

sam|bù|co² *s.m.* [pl. *-chi*] (*mar.*) imbarcazione a vele latine, diffusa in passato spec. nel Mar Rosso.

samizdat (*russo*) [pr. *samizdàt*] *s.m.invar.* all'epoca dell'Unione Sovietica, pubblicazione clandestina realizzata dai gruppi di opposizione.

sam|ma|ri|nè|se *agg.* della Repubblica di San Marino ♦ *s.m./f.* chi è nato o abita a San Marino.

sa|mo|ié|do *s.m.* **1** [f. *-a*] membro di un popolo stanziato nella Siberia settentrionale **2** (*ling.*) gruppo di lingue uralo-altaiche, diffuse nelle steppe intorno al Mar Glaciale Artico **3** robusto cane da slitta dal folto pelo chiaro ♦ *agg.* relativo ai Samoiedi o alla loro lingua.

sa|mo|vàr *s.m.invar.* vaso metallico con beccuccio, che in Europa orientale serve a bollire l'acqua per il tè.

sam|pie|tri|no o **sanpietrino** *s.m.* blocchetto di porfido utilizzato nella pavimentazione di strade, piazzali e marciapiedi.

sa|mu|rài *s.m.* nobile giapponese della casta dei guerrieri.

san *agg.* troncamento di *santo*.

sa|nà|bi|le *agg.* che può essere guarito | (*fig.*) che si può sistemare, rifondere: *danno* —.

sa|nà|re *v.tr.* **1** rimettere in salute; guarire: — *una ferita* | (*fig.*) portare al superamento di una situazione di dolore o difficoltà: — *un dispiacere* **2** (*estens.*) riportare alla normalità una situazione a rischio o degenerata: — *il conflitto istituzionale* **3** (*econ.*) riportare in pareggio: — *il deficit* **4** bonificare: — *la palude* **5** (*dir.*) rendere valido ed efficace: — *un provvedimento*.

sa|na|tò|ria *s.f.* (*dir.*) atto con cui vengono legittimate situazioni che risulterebbero di per sé illegali: — *per l'edilizia abusiva.*

sa|na|tò|rio *agg.* (*dir.*) che serve a sanare irregolarità preesistenti: *atto* — ♦ *s.m.* (*med.*) ricovero per malati di tubercolosi.

san|ber|nàr|do o **san Bernàrdo** o **sambernàrdo** *s.m.* [pl.invar. o -*i*] cane di grossa taglia con folto pelo bianco e bruno, utilizzato per soccorrere e recuperare dispersi in montagna, spec. in caso di valanghe.

san|ci|re *v.tr.* [indic.pres. *io sancisco, tu sancisci...*] **1** stabilire in modo ufficiale o solenne; rendere operante tramite una legge: — *il principio* **2** rendere stabile; confermare: — *attraverso l'uso.*

sàn|cta san|ctò|rum (*lat.*) *loc.sost.m.invar.* **1** nella Bibbia, parte più interna dell'antico tempio di Gerusalemme | (*lit.*) tabernacolo sull'altare **2** (*fig.; anche scherz.*) luogo accessibile solo a pochi privilegiati.

san|cu|lòt|to *s.m.* **1** (*st.*) durante la Rivoluzione francese, termine spregiativo utilizzato dai nobili per designare i rivoluzionari **2** (*estens.*) estremista.

sàn|da|lo[1] *s.m.* **1** albero di origine malese, dal cui legno bianco si distilla un olio balsamico **2** pianta di origine indiana dal legno rosso, usato per soprammobili e sim.

sàn|da|lo[2] *s.m.* calzatura estiva parzialmente aperta, in cui la tomaia è costituita da fasce di cuoio o plastica.

sàn|da|lo[3] o **sàndolo** *s.m.* barca a remi con fondo piatto, tipica della laguna veneta.

san|do|li|no *s.m.* barchetta di forma allungata, con poppa e prua aguzze, a fondo piatto, con remo a pala doppia.

sàn|do|lo *s.m.* → **sandalo**[3].

san|dràc|ca *s.f.* resina ricavata da diverse conifere indiane e africane, utilizzata nella preparazione di ceralacca e vernici.

sandwich (*ingl.*) [pr. sènduič] *s.m.invar.* **1** panino tagliato a metà e imbottito **2** (*sport*) nel calcio, azione fallosa in cui due giocatori chiudono su entrambi i fianchi il portatore di palla avversario ♦ *agg.invar.* nella loc. **uomo** —, chi è assunto per girare con un cartellone pubblicitario sul petto e un altro sulla schiena.

san|fe|di|smo *s.m.* **1** (*st.*) organizzazione reazionaria con cui i contadini napoletani vennero portati a combattere contro la Repubblica partenopea nel 1799 **2** (*st.*) complesso di movimenti antiliberali che si svilupparono nello Stato pontificio dopo il Congresso di Vienna (1815) **3** (*estens.*) orientamento reazionario, spec. di matrice clericale.

san|fe|di|sta *s.m./f.* [m.pl. -*i*] **1** (*st.*) sostenitore del sanfedismo **2** (*estens.*) reazionario di orientamento clericale.

san|fo|riz|za|zió|ne *s.f.* trattamento con cui i tessuti di cotone vengono resi irrestringibili.

san|gàl|lo *s.m.* ricamo a cordoncino con cui si ottengono disegni traforati | tessuto con tali ornamenti.

san|gio|vé|se *s.m.* **1** vitigno coltivato in Toscana e Romagna **2** vino rosso e asciutto che si ricava dall'uva di tale vitigno.

sangria (*sp.*) *s.f.invar.* bevanda spagnola a base di vino rosso, limone, zucchero e pezzi di frutta.

sàn|gue *s.m. solo sing.* **1** (*anat.*) tessuto fluido, rosso, composto spec. da plasma, globuli bianchi, globuli rossi e piastrine, che circola nell'apparato cardiovascolare trasportando gas, prodotti metabolici e principi nutritivi: *esami del* —; *donatore di* — | *al* —, si dice della carne ai ferri poco cotta **2** (*fig.*) grave violenza che causa ferite o morti: *fatto di* —; *lo bastonarono a* — | (*estens.*) strage: *soffocare nel* — *la ribellione*; *notte di* — | *all'ultimo* —, si dice di duello destinato a risolversi con la morte di uno dei due contendenti | *sporcarsi le mani di* —, compiere un omicidio | (*fig.*) *sputare, sudare* —, faticare tantissimo **3** (*fig.*) parentela; stirpe; razza: *essere di* — *boemo* | *la voce del* —, naturale inclinazione a riconoscere e amare i consanguinei | *avere* — *blu*, essere nobile di nascita | — *del proprio* —, il proprio figlio | *buon* — *non mente*, si dice di giovane dotato delle stesse buone qualità dei genitori **4** (*fig.*) indole; temperamento: *avere il* — *caldo* | *avere ql.co. nel* —, essere fortemente predisposto verso ql.co.: *ha la musica nel* — **5** (*estens.*) spirito, animo: *sentirsi gelare il* — *dalla paura* | umore: *non farti cattivo* —*!; il riso fa buon* — | *non correre buon* —, non esserci buoni rapporti: *tra di loro non corre buon* — | — *freddo*, completo autocontrollo | *a* — *freddo*, con premeditazione, non per reazione: *gli ha sparato a* — *freddo*; con freddezza, senza lasciarsi coinvolgere dall'emotività: *ragionare a* — *freddo* ♦ *agg.invar.* che ha una tonalità vivace di rosso, simile a quella del sangue.

san|gui|fe|ro *agg.* (*anat.*) che porta il sangue: *vasi sanguiferi* | che riguarda la circolazione sanguigna.

san|gui|gna *s.f.* ocra di color rosso scuro che si usa per fare pastelli da disegno | (*estens.*) il pastello così realizzato | disegno eseguito con tale pastello.

san|gui|gno *agg.* **1** (*anat.*) che riguarda il sangue: *gruppo* — **2** (*med.*) che contiene sangue | ricco di sangue **3** (*fig.*) focoso, passionale: *carattere* — **4** del colore del sangue: *rosso* —.

san|gui|nàc|cio *s.m.* **1** (*region.*) insaccato a base di sangue di maiale e grasso **2** pietanza ottenuta friggendo sangue di maiale **3** dolce preparato con cioccolato, zucchero, latte e sangue di maiale.

san|gui|na|mén|to *s.m.* perdita di sangue.

san|gui|nà|re *v.intr.* [indic.pres. *io sànguino...*; aus. *A*] **1** versare sangue: *il taglio sanguinava* **2** (*fig.*) far soffrire molto: *il lutto sanguinerà a lungo* | *mi sanguina il cuore*, ho l'animo a pezzi.

san|gui|nà|ria *s.f.* pianta erbacea dal cui rizoma si ricava un lattice rosso, che serve come colorante e medicinale.

san|gui|nà|rio *agg.,s.m.* [f. *-a*] che, chi ha l'inclinazione a uccidere; violento: *killer* — | (*estens.*) che, chi usa l'omicidio e la tortura come mezzi di dominio: *regime* —.
san|gui|nèl|la *s.f.* **1** arbusto dai rami rossi, con fiori bianchi e frutti scuri **2** erba delle Graminacee di color rosso cupo.
san|gui|nèl|lo *s.m.* varietà di arancio diffusa in Sicilia, con frutti dalla polpa rossa.
san|gui|no|lèn|to *agg.* che gronda sangue: *cadavere* —.
san|gui|nó|so *agg.* **1** (*raro*) pieno di sangue; insanguinato **2** (*fig.*) segnato da spargimento di sangue; cruento: *duello* — □ **sanguinosamente** *avv.* con spargimento di sangue.
san|gui|sù|ga *s.f.* **1** piccolo verme degli Anellidi dotato di ventose boccali, con cui si attacca ad altri animali per succhiarne il sangue **2** (*fig.*) persona estremamente avida | persona importuna di cui non ci si riesce a liberare.
sà|nie *s.f.* (*lett.*) sostanza purulenta; pus.
sa|ni|fi|cà|re *v.tr.* [indic.pres. *io sanìfico, tu sanìfichi*...] rendere igienicamente idoneo alla produzione o al consumo alimentare.
sa|ni|fi|ca|zió|ne *s.f.* complesso di trattamenti e procedimenti che rendono un impianto industriale idoneo alla produzione alimentare o che adeguano un alimento agli standard sanitari.
sa|ni|tà *s.f.* **1** condizione di chi è in buona salute: — *mentale* **2** (*estens.*) carattere di ciò che giova alla salute; salubrità: *la* — *di certi climi* **3** (*fig.*) integrità morale: — *di un'abitudine* **4** complesso degli enti e delle persone che tutelano la salute di una comunità: *la* — *lombarda*.
sa|ni|tà|rio *agg.* che riguarda la sanità e l'igiene | relativo alla sanità pubblica: *operatore* — | ***cordone*** —, sistema di controlli che vengono attuati per circoscrivere un'epidemia ♦ *s.m.* spec.pl. **1** impianto destinato all'igiene personale **2** (*bur.*) medico □ **sanitariamente** *avv.*
san|nì|ta *agg.* [m.pl. *-i*] della regione del Sannio, che nell'antichità corrispondeva a parte degli attuali Abruzzo, Molise e Campania ♦ *s.m./f.* [m.pl. *-i*] membro dell'antica popolazione italica stanziata nel Sannio.
san|nì|ti|co *agg.* [m.pl. *-ci*] del Sannio; dei Sanniti | (*st.*) *guerre sannitiche*, quelle che per tre volte opposero Romani e Sanniti tra il 343 e il 290 a.C.
sà|no *agg.* **1** che è in buona salute, senza malattie: *fisico* — | che mostra buona salute; florido: *un colorito* — | — ***come un pesce***, sanissimo | — ***e salvo***, incolume, illeso; intatto **2** che non si è guastato, deteriorato: *un frutto* — **3** che fa bene alla salute; salutare: *alimentazione sana* **4** (*fig.*) moralmente integro, retto: *ragazza di sani principi* **5** intatto, intero: *il bicchiere era ancora* — *dopo l'urto* | ***di sana pianta***, interamente, da cima a fondo □ **sanamente** *avv.*
san|pie|trì|no *s.m.* → **sampietrino**.
sàn|sa *s.f.* residuo della spremitura dell'olio dalle olive | ***olio di*** —, quello di qualità inferiore che si ricava dalla sansa.
sàn|scri|to *s.m.* antica lingua dell'India, destinata spec. a usi letterari e liturgici, di ceppo indoeuropeo ♦ *agg.* relativo all'antica lingua indiana | espresso in tale lingua: *poema* —.
sans façon (*fr.*) [pr. *sanfasòn*] *loc.* senza troppa cura; sbrigativamente | ***alla*** —, alla buona, senza cerimonie.
san|sì|no *s.m.* olive destinate alla terza spremitura | olio ricavato dalla terza spremitura.
san|só|ne *s.m.* (*fam.*) uomo incredibilmente forte.
sans papiers (*fr.*) [pr. *san papié*] *s.m./f.invar.* immigrato clandestino, senza documenti di soggiorno.
san|ta|bàr|ba|ra *s.f.* [pl. *santebarbare*] **1** locale utilizzato come deposito di munizioni ed esplosivi su una nave militare **2** (*fig.*) situazione molto rischiosa, che può degenerare ed esplodere repentinamente.
san|te|rèl|lo o **santarèllo** *s.m.* [f. *-a*] (*iron.*) chi ostenta falsamente devozione religiosa, altruismo o innocenza.
san|tìd|di|o o **sant'Iddìo** *inter.* espressione di stupore o di disappunto.
san|ti|fi|cà|re *v.tr.* [indic.pres. *io santìfico, tu santìfichi*...] **1** (*anche assol.*) rendere santo: *la fede santifica* **2** dichiarare ufficialmente santo; canonizzare: — *cinque martiri* **3** rispettare e onorare in maniera devota: — *il nome di Dio* | ***le feste***, osservare le prescrizioni ecclesiastiche sulle solennità religiose **4** (*estens.*) rendere più nobile, più degno: — *il lavoro dedicandolo agli altri* ♦ **-rsi** *rifl.* purificarsi fino alla santità.
san|ti|fi|ca|zió|ne *s.f.* **1** processo che rende santo: — *dell'amore nel matrimonio* **2** formale proclamazione della santità di qlcu.; canonizzazione **3** osservanza dei riti e delle festività religiose **4** (*estens.*) elevazione, nobilitazione.
san|tì|no *s.m.* immaginetta sacra che riproduce la figura di un santo.
san|tìs|si|mo *agg.* si dice di cose religiose degne della massima venerazione: *il* — *nome di Maria* ♦ *s.m.* ostia consacrata: *venerare il* —.
san|ti|tà *s.f.* **1** (*relig.*) qualità propria di Dio e di ciò che gli si collega | caratteristica di quel che è santo: *la* — *dei sacramenti* | condizione di chi vive secondo la volontà di Dio | ***Santità***, titolo attribuito al papa **2** (*estens.*) caratteristica di ciò che è inviolabile, degno di supremo rispetto: *la* — *dei valori*.
sàn|to *agg.* [si elide davanti ai sost. che iniziano per vocale; si tronca in *san* davanti a sost.m. che iniziano per consonante; regolare davanti a *s* impura] **1** (*relig.*) degno di essere venerato: *Dio* —; *i luoghi santi* | consacrato, benedetto: *acqua santa* | canonizzato: *i santi martiri*; *sant'Andrea*; *san Francesco*; — *Stefano* | (*escl.*) — ***cielo!***, ***santi numi!***, per esprimere disappunto o meraviglia **2** (*estens.*) che va rispettato per il suo valore morale, che non può essere violato: *la santa memoria dei nostri morti* | buono, giusto; pio, probo: *era un sant'uomo*; *una santa vita* | ***parole sante!***, assolutamente giuste **3** (*coll.*) ottimo: *hai fatto una cosa santa!* | perfetto; completo: *in santa pa-*

santone

ce; *armarsi di santa pazienza* | (*pleonastico*) per rafforzare il sostantivo che precede: *fammi il — piacere!; tutto il — giorno* ♦ *s.m.* **1** (*teol.*) individuo canonizzato dalla chiesa: *la festa del —* | (*fig.*) **avere qualche – in Paradiso**, godere di protezioni influenti | **non sapere a che — votarsi**, non avere idea di come uscire da un guaio **2** (*estens.*) uomo buono e giusto | uomo estremamente paziente: *tuo marito è un —* □ **santamente** *avv.* con santità.

san|tó|ne *s.m.* **1** asceta orientale venerato come santo **2** [f. *-a*] (*iron.*) capo carismatico.

san|tuà|rio *s.m.* **1** luogo sacro | (*fig.*) ambito dei sentimenti intimi: *il — della famiglia* **2** chiesa che custodisce reliquie o immagini miracolose, o che è sorta nel sito di miracoli o apparizioni: *il — di Lourdes* **3** (*estens.*) ambiente esclusivo e protetto: *un — della malavita*.

san|zio|nà|re *v.tr.* [indic.pres. *io sanzióno...*] **1** approvare ufficialmente; sancire **2** colpire con sanzioni punitive.

san|zio|na|tó|rio *agg.* (*dir.*) relativo a una sanzione | che sanziona.

san|zió|ne *s.f.* **1** ratifica di un atto amministrativo o di una legge da parte dell'autorità preposta | (*estens.*) approvazione: *ha ricevuto la — dal responsabile* **2** (*dir.*) punizione per chi non ha rispettato una legge: *— amministrativa* **3** (*spec. pl.*) ritorsione di uno o più Stati contro un altro Stato, condotta attraverso provvedimenti di tipo economico, politico o militare: *imporre pesanti sanzioni*.

sa|pé|re[1] *v.tr.* [indic.pres. *io so, tu sai, egli sa, noi sappiamo, voi sapéte, essi sanno*; pass.rem. *io sèppi, tu sapésti, egli sèppe... essi sèppero*; fut. *io saprò...*; congiunt.pres. *io sàppia... essi sàppiano*; condiz.pres. *io saprèi...*; imp. *sappi, sappiate*; ger. *sapèndo*; part.pres. *sapiente*; part.pass. *saputo*] **1** avere cognizioni acquisite con studio, apprendimento, informazione; conoscere: *— la lezione a menadito; sai qualche barzelletta?* **2** possedere competenze operative apprese tramite la pratica: *— il proprio mestiere* | (*pop.*) **saperla lunga**, essere molto furbo **3** aver verificato per esperienza diretta: *— quant'è dura la miseria* **4** [seguito da inf.] essere in grado di: *— suonare uno strumento; sai ripetere questo scioglilingua?* | **saperci fare**, essere abile ad approfittare delle situazioni; essere particolarmente scaltro in un certo ambito: *con le donne ci sa fare* **5** essere, venire informato; apprendere: *l'ho saputo da fonte sicura* | *far — qlco. a qlcu.*, mettere qlcu. a conoscenza di qlco. | (*coll.*) **chi lo sa?**, per esprimere dubbio o perplessità | **a saperlo...**, se lo avessi saputo mi sarei comportato diversamente | **non volerne — di ql.co., di qlcu.**, non interessarsi di ql.co., qlcu.; non supportare ql.co., qlcu. | **a quanto ne so, per quel che ne so, che io sappia**, in base alle mie conoscenze | **Dio solo (lo) sa**, non lo si può sapere **6** rendersi conto, essere consapevole: *so di aver sbagliato* | **non si sa mai**, non si può escludere a priori; non è prevedibile | **si sapeva, lo sapevo**, il fatto era prevedibile **7** avere idea: *non so che cosa dire* ♦ *intr.*

[aus. *A*] **1** essere un conoscitore, un esperto: *— di giardinaggio* **2** avere odore; avere sapore: *— di tappo; — di zucchero* | (**non**) *— di nulla*, essere privo di sapore; (*fig.*) non avere alcun elemento interessante **3** (*fig.*) dare l'impressione: *la storia sapeva di bugia* | **mi sa che...**, mi sembra che..., ho l'impressione che...

sa|pé|re[2] *s.m. solo sing.* l'insieme delle nozioni e delle conoscenze possedute da un singolo, da una società o dall'umanità nel suo complesso; lo scibile: *i campi del —*.

sa|pi|di|tà *s.f.* caratteristica di ciò che è sapido.

sà|pi|do *agg.* **1** (*lett.*) gustoso, saporito **2** (*fig.*) spiritoso, arguto: *battute sapide*.

sa|pièn|te *part.pres.* di sapere ♦ *agg.* **1** che ha una conoscenza di grado elevato; dotto | che unisce saggezza e cultura **2** competente, esperto: *un — venditore* | che denota abilità: *massaggio —* ♦ *s.m./f.* chi ha molta saggezza | chi ha grandi conoscenze; dotto □ **sapientemente** *avv.* **1** in modo saggio **2** abilmente: *— cucinato*.

sa|pien|tó|ne *agg., s.m.* [f. *-a*] che, chi ostenta grandi conoscenze, spesso senza possederle realmente.

sa|pièn|za *s.f.* **1** conoscenza vasta e approfondita delle cose; sapere profondo: *la — di re Salomone* | condizione di chi è sapiente **2** abilità, perizia: *un lavoro eseguito con grande —* **3** combinazione di acuto discernimento e di forte senso morale; saggezza **4** (*relig.*) nella teologia cattolica, uno dei sette doni dello Spirito Santo, che consente di discernere le realtà soprannaturali.

sa|po|nà|ceo *agg.* simile al sapone per proprietà, per aspetto: *materiale —*.

sa|po|nà|ria o **saponàia** *s.f.* **1** pianta erbacea perenne che cresce spontaneamente in terreni poveri e incolti e ha radici ricche di saponina **2** polvere sgrassante e depurativa, ricavata dalla saponaria.

sa|po|nà|rio *agg.* relativo al sapone e all'industria saponiera: *impianto —*.

sa|po|nà|ta *s.f.* soluzione di acqua e sapone, ricca di schiuma.

sa|pó|ne *s.m.* **1** sale alcalino di acidi grassi, di consistenza pastosa o solida, usato come detergente: *— in polvere* | (*fig.*) **acqua e —**, si dice di ragazza che non si trucca o che è molto spontanea **2** (*estens.*) pezzo di sapone: *un — da bucato*.

sa|po|nét|ta *s.f.* **1** pezzo di sapone per l'igiene personale, gener. profumato **2** orologio da tasca dell'Ottocento, di forma piatta.

sa|po|niè|ra *s.f.* scatoletta rigida per la saponetta; portasapone.

sa|po|niè|re *s.m.* (*raro*) **1** chi produce o commercia in saponi **2** operaio di saponificio.

sa|po|niè|ro *agg.* relativo all'industria e alla distribuzione del sapone: *mercato —*.

sa|po|ni|fi|cà|re *v.tr.* [indic.pres. *io saponìfico, tu saponìfichi...*] sottoporre a saponificazione; trasformare in sapone.

sa|po|ni|fi|ca|zió|ne *s.f.* (*chim.*) trasformazione di oli o grassi in sapone.

sa|po|ni|fi|cio *s.m.* stabilimento in cui si fabbrica il sapone.

sa|po|ni|na *s.f.* (*chim.*) polvere solubile con proprietà detergenti, che nell'acqua produce molta schiuma; è tossica perché induce emolisi.

sa|po|nó|so *agg.* fatto di sapone: *liquido —*|che somiglia al sapone per proprietà o aspetto.

sa|pó|re *s.m.* **1** sensazione prodotta da determinate sostanze sugli organi del gusto: *— aspro* | (*estens.*) la proprietà di alcune sostanze di produrre tale sensazione: *il — del tonno* **2** (*fig.*) tono che rivela un certo stato d'animo: *frasi di — misterioso* | intensità espressiva; vivacità: *battute senza —* **3** (*pl.*) erbe aromatiche.

sa|po|ri|to *agg.* **1** caratterizzato da un sapore gradevole; gustoso: *pietanza saporita* **2** di cibo, gradevole ma un po' troppo salato: *minestrone — 3* (*fig.*) che si fa con gusto, con soddisfazione: *una dormita saporita* | vivace; arguto: *notizia saporita* □ **saporitamente** *avv.* **1** con ricchezza di sapori: *mangiare —* **2** (*fig.*) con gusto: *dormire —*.

sa|po|ró|so *agg.* (*raro; anche fig.*) dal gusto intenso o gradevole; gustoso, sapido: *storiella saporosa.*

sà|pro- primo elemento di parole composte che significa "putrefazione, decomposizione" (*saprofago*).

sa|pró|fa|go *agg.* [m.pl. *-gi*] (*biol.*) si dice di organismo che si alimenta con materiali organici in decomposizione.

sa|pro|fi|lo *agg.* (*biol.*) si dice di organismo che predilige ambienti ricchi di materiali organici in decomposizione.

sa|pro|fi|ti|co *agg.* [m.pl. *-ci*] (*biol.*) che riguarda organismi saprofiti o il saprofitismo.

sa|pro|fi|to o **saprofita** *agg.,s.m.* [m.pl. *-i*] (*bot.*) si dice di vegetale che non ha clorofilla e si alimenta con materiali organici in decomposizione.

sa|pro|pèl *s.m.invar.* (*geol.*) fanghiglia scura composta dalla putrefazione di microrganismi, da cui derivano petrolio, bitumi e asfalti.

sa|pu|tèl|lo *agg.,s.m.* [f. *-a*] si dice di chi, pur essendo molto giovane, si dà arie da persona adulta ostentando esperienze e conoscenze: *fa sempre il —.*

sa|pù|to *part.pass.* di sapere ♦ *agg.* **1** (*lett.*) che conosce **2** (*spreg.*) che ostenta le proprie conoscenze e presume di essere competente in ogni argomento ♦ *s.m.* [f. *-a*] chi crede di sapere tutto e ostenta le proprie conoscenze.

sa|ra|bàn|da *s.f.* **1** (*mus.*) danza di origine orientale dal ritmo sfrenato, diffusasi in Europa nel XVI e XVII secc., trasformatasi poi in una danza lenta e grave, infine stilizzatasi in una forma melodica delle suite strumentali **2** (*fig.*) movimento frenetico e confuso; rumoroso disordine: *una — di veicoli.*

sa|ràc|chio *s.m.* erba perenne delle Graminacee, con tenaci foglie lineari utilizzate per fare corde.

sa|ràc|co *s.m.* [pl. *-chi*] sega a mano con lama trapezoidale o rettangolare, con una corta impugnatura su un solo lato.

sa|ra|cè|no *s.m.* [f. *-a*] nel Medioevo e Rinascimento, musulmano ♦ *agg.* **1** (*st.*) dei saraceni: *esercito —* **2** *grano —*, pianta erbacea che cresce anche in climi freddi e che dà una farina scura.

sa|ra|ci|né|sca *s.f.* **1** lamiera snodabile che scorre entro guide verticali, usata come chiusura spec. a pianterreno: *alzare la —* **2** regolatore del flusso di liquido, spec. in condotte a pressione.

sà|ra|go *s.m.* [pl. *-ghi*] pesce marino con corpo appiattito striato di scuro, apprezzato per le carni.

sar|cà|smo *s.m.* **1** ironia pungente, con una vena di amarezza: *fare del —* **2** (*estens.*) espressione sarcastica.

sar|cà|sti|co *agg.* [m.pl. *-ci*] che manifesta sarcasmo: *sguardo —* □ **sarcasticamente** *avv.*

sar|chià|re *v.tr.* [indic.pres. *io sàrchio...*] smuovere il terreno in superficie per ripulirlo.

sar|chia|trì|ce *s.f.* macchina agricola con cui si sarchia, spec. negli spazi tra i filari.

sar|chia|tù|ra *s.f.* operazione con cui si sarchia.

sar|chièl|lo *s.m.* sarchio da giardinaggio, di dimensioni ridotte.

sàr|chio *s.m.* attrezzo agricolo a manico lungo, che termina con una zappa a pale opposte o con una combinazione di zappa e bidente.

sàr|co- primo elemento di parole composte che significa "carne", "parte carnosa", "muscolo" (*sarcoma*).

sar|cò|fa|go *s.m.* [pl. *-gi* o *-ghi*] grande urna sepolcrale in pietra, legno e sim., spesso decorata, impiegata anticamente per racchiudere un defunto.

sar|còi|de *s.m.* (*med.*) tumore benigno che somiglia al sarcoma | nodulo cutaneo caratteristico di certe malattie della pelle.

sar|cò|ma *s.m.* [pl. *-i*] (*med.*) tumore maligno che colpisce i tessuti connettivi.

sar|cò|me|ro *s.m.* (*med.*) unità strutturali delle fibrille nei muscoli striati.

sàr|da *s.f.* sardina.

sar|da|na|pa|lé|sco *agg.* [m.pl. *-schi*] (*lett.*) che conduce una vita dedita al lusso | (*estens.*) sfarzoso, eccessivamente lussuoso: *vita sardanapalesca.*

sar|da|na|pà|lo *s.m.* (*lett., per anton.*) persona che vive nel lusso e nei piaceri.

sar|de|gnò|lo *agg.* (*pop.*) della Sardegna, detto spec. di animali: *somarello —.*

sar|dèl|la *s.f.* (*pop.*) sardina.

sar|dì|na *s.f.* pesce marino di modeste dimensioni, di colore azzurro argenteo, apprezzato per le carni; sarda | (*fig.*) ***stare come sardine***, accalcati in pochissimo spazio.

sar|dì|smo *s.m.* movimento autonomista sardo, sorto dopo la prima guerra mondiale.

sàr|do *agg.* della Sardegna ♦ *s.m.* **1** [f. *-a*] chi è nato o abita in Sardegna **2** complesso dei dialetti parlati in Sardegna.

sar|dò|nia *s.f.* varietà di ranuncolo diffusa nel-

le zone umide, dal succo velenoso, che in dosi minime ha azione espettorante e diuretica.
sar|dò|ni|co *agg.* [m.pl. *-ci*] che deride in modo sarcastico; beffardo: *ghigno —*.
sar|gàs|so *s.m.* alga oceanica che galleggia grazie a vescichette piene d'aria.
sà|ri *s.m.* abito femminile indiano, formato da un lungo telo di seta o di cotone con cui si fascia il corpo, lasciando scoperta una spalla.
Sà|rin® *s.m.invar.* gas nervino molto potente.
sar|mà|ti|co *agg.* [m.pl. *-ci*] **1** (*geog.*) della Sarmazia, regione a nord del Mar Nero: *bassopiano —* **2** (*st.*) relativo ai Sarmati, popolazione nomade che dagli altopiani iranici si spostò nelle pianure del Don.
sar|mén|to *s.m.* tralcio di vite, legnoso e flessibile | (*estens.*) lungo ramo che ricade verso terra.
sàr|tia *s.f.* (*mar.*) ciascuno dei cavi fissi di acciaio o canapa che sostengono trasversalmente gli alberi delle navi.
sar|tià|me *s.m.* (*mar.*) complesso delle sartie su una nave.
sàr|to *s.m.* [f. *-a*] **1** chi confeziona abiti su misura | creatore e realizzatore di modelli d'abbigliamento; stilista **2** costumista.
sar|to|rì|a *s.f.* **1** laboratorio dove si realizzano abiti su misura | casa di moda: *— da donna* **2** complesso delle attività e delle persone coinvolte nella confezione di abiti: *— teatrale*.
sar|to|rià|le *agg.* che riguarda l'attività di sartoria | realizzato in sartoria.
sar|tò|rio *s.m.* (*anat.*) muscolo flessore della coscia.
sar|to|tèc|ni|ca *s.f.* complesso delle tecniche e delle attività relative alla sartoria.
sar|tù *s.m.* (*gastr.*) piatto partenopeo costituito da uno sformato di riso al sugo con funghi, uova e mozzarella.
sashimi (*giapp.*) [pr. *sashìmi*] *s.m.invar.* piatto freddo giapponese a base di pesce crudo e crostacei in salsa.
sas|sà|ia *s.f.* **1** terreno pieno di sassi **2** riparo di grossi massi costruito spec. lungo i fiumi per impedire le frane.
sas|sa|iò|la *s.f.* lancio di sassi contro una persona o una cosa.
sas|sa|iò|lo *agg.* si dice di animale che vive tra le rocce: *colombo —*.
sas|sà|ta *s.f.* colpo inferto con un sasso.
sas|sé|to *s.m.* sassaia.
Sas|sì|fra|ga *s.f.* genere di piante erbacee perenni di montagna, con fiori colorati, foglie carnose e fusto gracile, che comprende anche varietà da giardino.
sàs|so *s.m.* **1** pietra; roccia | masso, macigno | (*fig.*) *dormire come un —*, molto profondamente | *non essere di —*, essere vulnerabile, sensibile alla tentazione **2** frammento di pietra, ciottolo: *raccogliere un —* | (*fig.*) *tirare il — e nascondere la mano*, causare un danno senza esporsi.
sas|so|fo|ni|sta o **saxofonista** *s.m./f.* [m.pl. *-i*] suonatore di sassofono.
sas|sò|fo|no o **saxòfono** *s.m.* (*mus.*) strumento a fiato in ottone, con ancia semplice e forme variabili, impiegato spec. nel jazz e nella musica leggera.
sas|so|fràs|so *s.m.* albero nordamericano dal legno rosso profumato, le cui radici sono impiegate in medicina.
sàs|so|la *s.f.* **1** (*mar.*) grande cucchiaia per togliere l'acqua dal fondo di una barca **2** (*estens.*) cucchiaia che serve a spostare materiale incoerente da un contenitore a un altro.
sas|so|li|no *s.m.* liquore modenese all'anice.
sàs|so|ne *agg.* **1** (*geog.*) della regione tedesca di Sassonia **2** (*st.*) relativo a una popolazione germanica, stanziata nell'area dell'Elba intorno al sec. III d.C. e poi diffusasi nel bacino del Mare del Nord: *l'invasione — dell'Inghilterra* ♦ *s.m.* **1** [anche f.] (*geog.*) chi è nato o abita in Sassonia **2** [anche f.] (*st.*) membro del popolo sassone **3** (*ling.*) idioma degli antichi Sassoni | dialetto tedesco che si parla attualmente in Sassonia.
sas|só|so *agg.* pieno di sassi: *prato —*.
Sà|ta|na *s.m.* il capo dei diavoli; Lucifero.
sa|ta|nàs|so *s.m.* **1** (*pop.*) Satana **2** (*fig.*) persona furiosa, prepotente: *modi da —* | persona sempre attiva, in movimento.
sa|tà|ni|co *agg.* [m.pl. *-ci*] **1** di Satana; che si rivolge a Satana: *rito —* **2** che esprime una bestiale perfidia: *risata satanica*.
sa|ta|ni|smo *s.m.* **1** culto di Satana o dello spirito del male | (*estens.*) adorazione delle forze maligne **2** tendenza letteraria romantica, decadente, che ostentava atteggiamenti di ribellione alla morale comune, esaltando le forze liberatrici e creative simbolizzate da Satana.
sa|tèl|li|te *s.m.* (*astr.*) astro che ruota intorno a un pianeta: *la Luna è il — terrestre* | (*aer.*) *— artificiale*, veicolo spaziale che orbita intorno a un astro per finalità legate alle telecomunicazioni, alla ricerca scientifica, al controllo militare | (*telecom.*) *via —*, attraverso un satellite artificiale che faccia da ponte: *trasmissione via —* ♦ *agg. invar.* si dice di Stato strettamente dipendente e condizionato da un altro Stato dal punto di vista politico ed economico (p.e. i paesi dell'Europa orientale che erano legati all'URSS) | indipendente ma collegato a una struttura vicina: *edificio —*; *città —*.
satin (*fr.*) [pr. *satèn*] *s.m.invar.* tessuto di cotone lucente, simile a seta, che serve spec. per confezionare fodere.
sa|ti|nà|re *v.tr.* **1** (*ind. tessile*) rendere liscio e come seta tramite calandratura: *— il tessuto* **2** (*ind. cartiera*) levigare e lucidare: *— il cartone* **3** (*mecc.*) rendere opaco con spazzole rotanti: *— l'argento*.
sa|ti|nà|to *part.pass. di* satinare ♦ *agg.* (*fig.*) luminoso e liscio come seta: *pelle satinata*.
sa|ti|na|trì|ce *s.f.* macchina per satinare i tessuti.
sa|ti|na|tù|ra *s.f.* **1** (*ind. tessile*) calandratura **2** lucidatura della carta **3** (*mecc.*) trattamento per rendere opaca una superficie metallica.
sa|ti|nèl|la *s.f.* stoffa di seta leggera.
sà|ti|ra *s.f.* **1** genere letterario che ritrae con in-

tenti critici e morali ambienti e personaggi, con una vena ironica che sfocia talvolta nell'invettiva **2** complesso dei componimenti satirici di un autore, di un'epoca ecc.: *la — latina* **3** (*estens.*) discorso, rappresentazione, comportamento che mette in ridicolo le idee, il modo di vivere, le azioni di qlcu.: *spettacolo di —*.
sa|ti|reg|già|re *v.intr.* [indic.pres. *io satiréggio...*; aus. *A*] fare satira ♦ *tr.* mettere in ridicolo.
sa|ti|ré|sco *agg.* [m.pl. *-schi*] (*lett.*) di satiro; tipico dei satiri | *dramma —*, tipo di farsa che veniva rappresentata nella Grecia classica.
sa|ti|ri|a|si *s.f.* (*med.*) ossessivo desiderio sessuale nell'uomo.
sa|ti|ri|co *agg.* [m.pl. *-ci*] della satira; che ha le caratteristiche della satira; burlesco: *scritto —* ♦ *s.m.* autore di satire: *un grande —* □ **satiricamente** *avv.*
sà|ti|ro *s.m.* **1** (*mit.*) presso gli antichi Greci e Romani, divinità dei boschi dalle fattezze umane, ma con coda, orecchie e zampe equine o caprine **2** (*fig.*) uomo morbosamente lussurioso.
sa|tol|là|re *v.tr.* [indic.pres. *io satóllo...*] riempire di cibo, saziare ♦ **-rsi** *rifl.* mangiare a sazietà; rimpinzarsi.
sa|tól|lo *agg.* pieno di cibo; sazio.
sa|tra|pì|a *s.f.* (*st.*) ciascuna delle province dell'antico impero persiano governata da un satrapo | carica di satrapo | durata di tale carica.
sà|tra|po *s.m.* [pl. *-i*] **1** (*st.*) governatore di una delle province dell'antico impero persiano **2** (*fig.*) chi esercita il proprio potere con arroganza spadroneggiando sugli altri.
sa|tu|rà|re *v.tr.* [indic.pres. *io sàturo...*] **1** (*chim., fis.*) far giungere a saturazione **2** (*fig.*) riempire il più possibile o all'eccesso: *— l'allievo di informazioni* ♦ **-rsi** *intr.pron.* riempirsi il più possibile o all'eccesso: *il mercato si saturò presto.*
sa|tu|ra|zió|ne *s.f.* **1** (*chim., fis.*) raggiungimento del livello massimo di un fenomeno, di una qualità fisico-chimica, della concentrazione di una sostanza in date condizioni | grado massimo, concentrazione massima **2** (*fig.*) condizione di ciò che è eccessivamente pieno; congestionamento: *— delle strade* | (*econ.*) *— del mercato*, condizione in cui l'offerta è troppo abbondante rispetto agli sbocchi disponibili **3** (*fig.*) limite estremo di sopportazione, di tolleranza: *in ufficio siamo alla —*.
sa|tur|nà|le *agg.* (*lett.*) di Saturno, dio degli antichi Romani ♦ *s.m.pl.* feste in onore di Saturno, celebrate nell'antica Roma alla fine dell'anno solare.
sa|tùr|nia *s.f.* farfalla notturna con ali marroni a macchie scure, le cui larve sono molto voraci.
sa|tur|nià|no *agg.* (*astr.*) relativo al pianeta Saturno ♦ *s.m.* [f. *-a*] immaginario abitante del pianeta Saturno.
sa|tur|nì|no *agg.* **1** (*raro*) del pianeta Saturno **2** (*lett.*) malinconico: *temperamento —* **3** (*med.*) detto di malattia causata dall'intossicazione da piombo.

sa|tùr|nio *agg.* (*lett.*) che riguarda il dio Saturno o che gli è sacro.
sa|tur|nì|smo *s.m.* (*med.*) cronica intossicazione da piombo che si manifesta con dimagrimento, anemia, coliche intestinali e a volte con lesioni muscolari.
Sa|tùr|no *s.m.* (*astr.*) pianeta del sistema solare, sesto per distanza dal Sole.
sà|tu|ro *agg.* **1** (*chim., fis.*) giunto a saturazione | *soluzione satura*, quella in cui un'ulteriore quantità di sostanza non riesce più a disciogliersi **2** (*fig.*) pieno fino al limite; colmo, zeppo: *ambiente — di tensioni* | (*econ.*) detto di mercato in cui la domanda è scarsa o inesistente.
saudade (*port.*) *s.f.invar.* malinconica nostalgia, tipica della musica e della letteratura portoghese.
sau|dì|ta *agg.* [m.pl. *-i*] relativo alla dinastia di Ibn Saud (1880-1953) e al territorio di cui è sovrana: *Arabia Saudita* ♦ *s.m./f.* [m.pl. *-i*] chi è nato o abita nell'Arabia Saudita.
sàu|na *s.f.* pratica fisioterapica consistente in un bagno di vapore seguito da una doccia fredda | ambiente che ospita tale trattamento.
Sàu|ri *s.m.pl.* sottordine di Rettili ovipari, il cui corpo allungato è rivestito di squame cornee; vi appartengono il ramarro e la lucertola.
Sau|ri|schi *s.m.pl.* gruppo di Rettili fossili, nel quale vengono classificate varie specie di dinosauri.
sàu|ro *agg.* si dice di mantello equino biondo o rossastro e dell'animale che lo porta ♦ *s.m.* cavallo con tale mantello.
sauté (*fr.*) [pr. *soté*] *agg.invar., s.m.invar.* (*gastr.*) si dice di vivanda fatta rosolare rapidamente a fuoco vivo | *à la —*, al salto.
sauvignon (*fr.*) [pr. *sovignòn*] vitigno francese di uva bianca, diffusissimo anche nell'Italia settentrionale | vino bianco ricavato da tali uve.
sa|và|na *s.f.* (*geog.*) tipo di vegetazione delle zone tropicali costituita da praterie e arbusti.
sà|vio *agg.* **1** saggio, dotato di buon senso e di equilibrio: *uomo —* | detto o pensato in modo saggio: *scelta savia* **2** sano di mente, in pieno possesso delle proprie facoltà mentali ♦ *s.m.* [f. *-a*] **1** persona saggia, assennata **2** chi ha molta esperienza e cultura: *i sette savi dell'antica Grecia* □ **saviamente** *avv.*
sa|vo|iàr|do *agg.* **1** della Savoia, area alpina a nord-ovest del Piemonte **2** sabaudo ♦ *s.m.* **1** [f. *-a*] chi è nato o abita nella Savoia **2** (*ling.*) dialetto franco-provenzale che si parla in Savoia **3** (*gastr.*) biscotto a base di farina, zucchero e uova, morbido e leggero, di forma allungata.
savoir faire (*fr.*) [pr. *savuarfèr*] *loc.sost.m.invar.* capacità di cavarsela in modo signorile in ogni circostanza.
sa|vo|na|ról|a *s.f.* sedia di epoca rinascimentale formata da una serie di listelli incrociati, braccioli e spalliera di cuoio, stoffa o legno.
sax *s.m.invar. abbr. di* sassofono.
saxhorn (*ingl.*) [pr. *saksòrn*] *s.m.invar.* (*mus.*)

saxofono

strumento a fiato in ottone, con bocchino, pistoni e un tubo avvolto su se stesso che termina in un ampio padiglione.

sa|xò|fo|no *s.m. e deriv.* → **sassofono** *e deriv.*
sa|zià|re *v.tr.* [indic.pres. *io sàzio*...] **1** (*anche assol.*) soddisfare completamente la fame | (*assol.*) dare un senso di sazietà anche con una piccola quantità: *i dolci saziano* | (*estens.*) nauseare **2** (*fig.*) appagare, soddisfare pienamente: — *la sete di vendetta* ♦ **-rsi** *rifl.* **1** mangiare a sazietà **2** (*fig.*) appagarsi, fino ad averne noia: *non — mai delle conquiste raggiunte*.
sa|zie|tà *s.f.* (*anche fig.*) condizione di chi è sazio: — *di divertimenti* | *a —*, in abbondanza, finché si vuole: *mangiare a —*.
sà|zio *agg.* **1** che ha mangiato tanto da non provare più fame **2** (*fig.*) che ha pienamente appagato i propri desideri: — *di serate mondane* | (*estens.*) stanco, nauseato: — *di novità*.
sbac|cel|là|re *v.tr.* [indic.pres. *io sbaccèllo*...] estrarre dal baccello; sgusciare: — *i piselli*.
sba|ciuc|chia|mén|to *s.m.* l'azione di sbaciucchiare, di sbaciucchiarsi.
sba|ciuc|chià|re *v.tr.* [indic.pres. *io sbaciùcchio*...] baciare ripetutamente, spec. in modo sdolcinato ♦ **-rsi** *rifl.rec.* baciarsi ripetutamente, spec. in modo sdolcinato.
sba|da|tàg|gi|ne *s.f.* **1** mancanza di attenzione, di riflessione: *combina guai per —* **2** azione, comportamento da persona sbadata: *è una delle sue solite sbadataggini*.
sba|dà|to *agg.* **1** che agisce senza attenzione, senza riflettere: *sei molto —* **2** che manifesta distrazione, negligenza: *saluto —* ♦ *s.m.* [f. *-a*] chi è distratto, sbadato □ **sbadatamente** *avv.*
sba|di|glià|re *v.intr.* [indic.pres. *io sbadiglio*...; aus. *A*] fare sbadigli.
sba|di|glio *s.m.* atto respiratorio involontario che consiste in una profonda inspirazione a bocca aperta, provocato dal sonno, dalla noia o dalla fame.
sba|fà|re *v.tr.* (*fam.*) **1** mangiare molto e con avidità **2** mangiare a sbafo.
sba|fà|ta *s.f.* (*fam.*) mangiata abbondante, spesso a spese d'altri.
sba|fa|tó|re *s.m.* [f. *-trice*] (*fam.*) chi mangia spesso a spese d'altri; scroccone.
sbàf|fo *s.m.* macchia allungata, a forma di baffo.
sbà|fo *s.m. solo nella loc.* **a —**, a spese di altri.
sba|glià|re *v.intr.* [indic.pres. *io sbàglio*...; aus. *A*] **1** compiere errori: *non puoi —* | comportarsi in modo errato: *sbagli ad andartene così* | (*assol.*) commettere una mancanza: *hai sbagliato, adesso paghi le conseguenze* **2** svolgere un'attività in maniera errata: — *a rispondere* **3** compiere una cattiva scelta: *ho sbagliato a parlare con te* ♦ *tr.* **1** confondere; scambiare: — *ingresso* | scegliere male: — *strategia* | — **numero**, nelle comunicazioni telefoniche, comporre un numero sbagliato **2** ottenere esiti diversi da quelli giusti o sperati; effettuare scorrettamente: — *il tiro* ♦ **-rsi** *intr.pron.* valutare in modo scorretto; ingannarsi: *mi sono sbagliato sul suo conto*.
sba|glià|to *part.pass. di* sbagliare ♦ *agg.* **1** scambiato con altro: *indirizzo —* | (*estens.*) scelto in modo inopportuno: *professione sbagliata* **2** non esatto; errato: *procedimento —* **3** eseguito male: *lavorazione sbagliata*.
sbà|glio *s.m.* **1** azione di chi sbaglia; errore: — *di previsione* | scambio, equivoco: — *di persona* **2** errore, colpa: *gli sbagli della vita*.
sba|le|strà|re *v.tr.* [indic.pres. *io sbalèstro*...] **1** scagliare **2** (*fig.*) mandare altrove; costringere al trasferimento: *lo sbalestrano spesso per lavoro* **3** (*fig.*) mettere in difficoltà; disorientare: *la notizia lo ha sbalestrato*.
sba|le|strà|to *part.pass. di* sbalestrare ♦ *agg.* smarrito, spaesato | disordinato, poco equilibrato: *esistenza sbalestrata* ♦ *s.m.* [f. *-a*] persona poco equilibrata.
sbal|là|re *v.tr.* estrarre dall'imballaggio ♦ *intr.* [aus. *A*] **1** in alcuni giochi di carte, oltrepassare il punteggio massimo stabilito **2** (*fam.*) sbagliare per eccesso in calcoli, previsioni e sim. **3** (*gerg.*) essere sotto l'effetto di sostanze stupefacenti | (*estens.*) eccitarsi, esaltarsi.
sbal|là|to *part.pass. di* sballare ♦ *agg.* **1** estratto dall'imballaggio **2** (*mecc.*) di perno, organo e sim., scentrato, che ha troppo gioco **3** (*fam.*) privo di buon senso; irragionevole: *discorso —* **4** (*gerg.*) di persona, che è sotto l'effetto di sostanze stupefacenti | (*estens.*) che conduce una vita irregolare ♦ *s.m.* [f. *-a*] individuo dalla vita disordinata: *è uno —*.
sbàl|lo *s.m.* **1** estrazione dall'imballaggio **2** (*gerg.*) effetto di una sostanza stupefacente | (*estens..gerg.*) situazione che entusiasma: *che —!*
sbal|lot|ta|mén|to *s.m.* effetto di ciò che sballotta.
sbal|lot|tà|re *v.tr.* [indic.pres. *io sballòtto*...] **1** agitare fra le mani: — *il sacchetto* **2** far traballare; scuotere: *il tram sballotta i passeggeri* **3** spingere in direzioni diverse: *la tempesta sballottava il vascello* **4** (*fig.*) spostare continuamente da un lavoro, o da un luogo, all'altro: *mi sballottano in tutte le filiali*.
sba|lor|di|mén|to *s.m.* stupore profondo.
sba|lor|dì|re *v.tr.* [indic.pres. *io sbalordisco, tu sbalordisci*...] stupire, impressionare profondamente: *questa scelta mi sbalordisce* ♦ *intr.* [aus. *E*], **-rsi** *intr.pron.* restare profondamente stupito.
sba|lor|di|tì|vo *agg.* che provoca un profondo stupore: *una ripresa sbalorditiva* | (*estens.*) esagerato: *richiesta sbalorditiva*.
sba|lor|dì|to *part.pass. di* sbalordire ♦ *agg.* pieno di sconcerto, eccezionalmente stupito.
sbal|zà|re[1] *v.tr.* **1** far saltare via: *il puledro lo sbalzò di sella* **2** (*fig.*) rimuovere da una carica.
sbal|zà|re[2] *v.tr.* lavorare a sbalzo, con figure in rilievo.
sbal|zà|to *part.pass. di* sbalzare ♦ *agg.* decorato in modo da ottenere immagini in rilievo: *argento —*.
sbàl|zo[1] *s.m.* **1** movimento improvviso; scosso-

ne 2 (*fig.*) improvvisa variazione: — *di corrente, dei prezzi* | *a sbalzi*, in modo discontinuo.

sbàl|zo² *s.m.* 1 (*arch.*) elemento che sporge dalla struttura principale 2 sistema di lavorazione di lastre metalliche, con cui si ottengono figure in rilievo.

sban|ca|mén|to *s.m.* opera di scavo di ampia portata, che serve spec. per preparare le fondamenta.

sban|cà|re¹ *v.tr.* [indic.pres. *io sbanco, tu sbanchi...*] 1 (*anche assol.*) nel gioco d'azzardo, vincere tutto il denaro a disposizione del banco 2 (*estens.*) rovinare economicamente: *i creditori ti sbancheranno* ♦ *intr.* [aus. *E*], **-rsi** *intr.pron.* 1 riferito al banco nei giochi d'azzardo, perdere l'intera cifra a disposizione (*estens.*) spendere tutti i propri soldi: — *in spese futili.*

sban|cà|re² *v.tr.* preparare con uno sbancamento: — *un'area edificabile.*

sban|da|mén|to¹ *s.m.* 1 (*aer., mar.*) inclinazione sul fianco di velivoli o natanti | (*aut.*) improvvisa deviazione laterale di un veicolo dalla propria traiettoria 2 (*fig.*) disorientamento in materia di valori, di idee.

sban|da|mén|to² *s.m.* 1 (*mil.*) dispersione di truppe: *lo — durante la ritirata* 2 (*fig.*) senso di smarrimento e confusione che deriva dalla disgregazione di un gruppo.

sban|dà|re *v.intr.* [aus. *A*] 1 (*aer., mar.*) inclinarsi lateralmente | (*auto.*) effettuare una brusca deviazione della traiettoria: *l'auto sbandò sul ghiaccio* 2 (*fig.*) allontanarsi dai propri orientamenti ideologici; perdere i valori ♦ **-rsi** *intr. pron.* 1 (*spec.mil.*) disperdersi in maniera disordinata: *l'esercito si sbandò dopo l'armistizio* 2 (*fig.*) perdere la coesione del gruppo; disgregarsi: *di questo passo la comunità finirà per* —.

sban|dà|ta *s.f.* 1 (*auto.*) improvvisa deviazione di un veicolo dalla propria traiettoria 2 (*fig.*) allontanamento dalle regole condivise, spec. per assumere comportamenti devianti: — *adolescenziale* 3 (*fam.*) intensa infatuazione amorosa: *si è preso una* — *per lei.*

sban|dà|to *part.pass.* di sbandare ♦ *agg.*, *s.m.* 1 che, chi è rimasto solo dopo la disgregazione del gruppo o dopo l'allontanamento da esso; disperso: *militare* — 2 (*fig.*) che, chi vive senza sicuri riferimenti morali e ideologici, allo sbando: *un gruppo di sbandati.*

sban|die|ra|mén|to *s.m.* 1 movimento con cui si agita la bandiera | segnalazione tramite bandierine: *lo — del guardalinee* 2 (*fig.*) esibizione di valori e programmi, oppure di imprese, doti e sim.: *lo — delle proprie idee.*

sban|die|rà|re *v.tr.* [indic.pres. *io sbandièro...*] 1 (*anche assol.*) far sventolare le bandiere a festa 2 (*fig.*) esibire con ostentazione: — *i risultati* | divulgare nonostante le esigenze di riservatezza: — *la novità ai quattro venti.*

sban|die|rà|ta *s.f.* sventolio di bandiere.

sban|die|ra|tó|re *s.m.* [f. *-trice*] chi fa volteggiare una o più bandiere nel corso di manifestazioni folcloristiche.

sbando *s.m.* disorientamento ideologico, morale | (*estens.*) disordine, caos | *allo* —, senza riferimenti saldi, alla deriva: *un'esistenza allo* —.

sba|rac|cà|re *v.tr.* [indic.pres. *io sbaracco, tu sbaracchi...*] (*fam.*) 1 togliere persone o cose dal loro posto: — *il reparto* 2 (*assol.*) andarsene via con tutte le proprie cose.

sba|ra|glià|re *v.tr.* [indic.pres. *io sbaràglio...*] sconfiggere con netta superiorità; travolgere: — *gli assalitori.*

sba|rà|glio *s.m.* disfatta | (*fig.*) **andare, mandare allo** —, andare, mandare incontro a un pericolo senza i mezzi per affrontarlo | *debuttanti allo* —, senza garanzie di successo | *vivere allo* —, in balia degli eventi.

sba|raz|zà|re *v.tr.* (*riferito a cose*) sgombrare: — *l'appartamento* | (*riferito a persone*) rendere libero da fastidi e sim.: — *dalla seccatura* ♦ **-rsi** *rifl.* liberarsi di quel che dà noia o impiccio: — *dei curiosi*; — *degli scatoloni.*

sba|raz|zì|no *s.m.* [f. *-a*] ragazzo vivace e scanzonato ♦ *agg.* allegro e giocoso: *sorriso* —.

sbar|bà|re *v.tr.* 1 svellere dalle radici; sradicare: — *un arbusto* 2 tagliare la barba; radere ♦ **-rsi** *rifl.* farsi la barba; radersi: — *allo specchio.*

sbar|ba|tèl|lo *s.m.* giovane che ostenta una maturità e un'esperienza che non possiede.

sbar|bet|ta|tù|ra *s.f.* (*agr.*) asportazione delle radici superficiali spuntate sopra il punto d'innesto.

sbar|bì|no *s.m.* [f. *-a*] (*region.*) giovane intraprendente che si finge esperto e smaliziato.

sbar|cà|re *v.tr.* [indic.pres. *io sbarco, tu sbarchi...*] 1 (*mar.*) far scendere, scaricare a terra 2 (*fig.*) trascorrere alla meglio: — *la stagione fredda* | — *il lunario*, tirare a campare alla meno peggio ♦ *intr.* [aus. *E*] 1 (*mar.*) scendere da un'imbarcazione | (*estens.*) scendere da un veicolo qualunque: — *dall'aeroplano* 2 (*mil.*) giungere in territorio nemico scendendo da mezzi navali.

sbar|ca|tó|io *s.m.* passerella su cui vengono fatti scendere dalla nave passeggeri e merci.

sbàr|co *s.m.* [pl. *-chi*] 1 discesa a terra da una nave 2 (*mil.*) arrivo del mare sul territorio nemico | *da* —, si dice di attrezzature o truppe specializzate nello sbarco d'assalto: *mezzi da* —.

sba|rel|là|re *v.intr.* [indic.pres. *io sbarèllo...*; aus. *A*] 1 (*fam.*) camminare barcollando; vacillare 2 (*gerg.*) comportarsi come uno squilibrato.

sbàr|ra *s.f.* 1 asta rigida, spec. metallica; spranga: *sbarre alle finestre*; *lo percosse con una* — | (*fig.*) *dietro le sbarre*, in galera | (*dir.*) in tribunale, barriera che delimita l'area destinata agli imputati | (*fig.*) *mettere alla* —, esporre al giudizio pubblico | 3 (*sport*) in ginnastica artistica, attrezzo costituito da una barra orizzontale a due metri e mezzo di altezza | bilanciere per il sollevamento pesi 4 segno grafico obliquo o verticale; sbarretta 5 (*arald.*) striscia diagonale che taglia lo scudo dall'angolo superiore sinistro a quello inferiore destro.

sbar|ra|mén|to *s.m.* 1 atto con cui si sbarra: *lo*

sbarrare

— *della porta* | (*mil.*) **fuoco di** —, intensa attività di artiglieria, che si concentra in un punto per ostacolare l'avanzata nemica | (*edil.*) **opera di** —, chiusa, diga e sim. per regolare il flusso di un corso d'acqua **2** ostacolo o insieme di strutture che ostruisce il passaggio.

sbar|rà|re *v.tr.* **1** chiudere con sbarre; sprangare: — *le finestre* **2** (*estens.*) bloccare, impedire l'accesso: — *il ponte;* — *il passo* **3** spalancare per meraviglia, paura ecc. (detto degli occhi) **4** segnare con una barretta; barrare: — *la propria scelta;* — *un assegno.*

sbar|rà|to *part.pass. di* sbarrare ♦ *agg.* barrato: *il tram 12* — ♦ *s.m.* (*arald.*) scudo in cui si alternano sei barre di colore diverso.

sbar|rét|ta *s.f.* segno grafico costituito da una lineetta obliqua o verticale che indica separazione.

sbas|sà|re *v.tr.* (*coll.*) rendere più basso: — *la mensola.*

sba|sti|re *v.tr.* [indic.pres. *io sbastisco, tu sbastisci...*] togliere l'imbastitura.

sba|tac|chia|mén|to *s.m.* azione con cui si sbatacchia.

sba|tac|chià|re *v.tr.* [indic.pres. *io sbatàcchio...*] scuotere energicamente, sbattere: — *i cuscini.*

sbàt|te|re *v.tr.* [con. *battere*] **1** battere energicamente più volte: — *le ciglia;* — *le ali* **2** chiudere con violenza: *non* — *la porta!* **3** gettare violentemente: *il forte vento lo sbatté a terra* | (*fig.*) — **ql.co. in faccia a qlcu.**, dirgliela con violenza, rinfacciargliela **4** (*estens., fig.*) costringere con la forza ad andare: *se insisti ti sbatteranno fuori;* — *qlcu. in cella* | buttare dove capita: — *la borsa sul divano* | (*giorn.*) — **in prima pagina**, presentare in chiave scandalistica **5** (*gastr.*) agitare una sostanza gener. liquida per amalgamarla o darle consistenza: — *le uova* **6** (*volg.*) possedere sessualmente ♦ *intr.* [aus. *A*] **1** agitarsi: *la vela sbatte* | chiudersi con violenza: *la porta continua a* — **2** urtare: *andammo a* — *contro il guardrail* ♦ **-rsi** *intr.pron.* **1** (*fam.*) affannarsi, darsi da fare **2** (accompagnato dalla particella *ne*] (*coll.*) infischiarsene.

sbat|ti|tù|ra *s.f.* operazione con cui si sbatte: *la* — *dei tappeti.*

sbat|ti|uò|va *s.m.invar.* frullino per montare la panna, le uova ecc.

sbat|tù|ta *s.f.* atto con cui si sbatte una sola volta o per breve tempo: *una* — *alla giacca.*

sbat|tù|to *part.pass. di* sbattere ♦ *agg.* **1** frullato: *uovo* — **2** (*fig.*) che rivela spossatezza, malessere; sciupato: *aria sbattuta.*

sba|va|mén|to *s.m.* emissione di bava.

sba|và|re *v.intr.* [aus. *A*] **1** emettere bava: *il bulldog sbava molto* | (*fig., fam.*) essere preda di un desiderio incontenibile: — *per un abito* **2** detto di colore e sim., spandersi oltre i margini, uscire dalla linea di contorno: *la tempera sta sbavando* ♦ *tr.* **1** sporcare con la bava: *il bambino ha sbavato il bavaglino* **2** (*metall.*) ripulire dalle sbavature: — *il pezzo fuso* ♦ **-rsi** *rifl.* sporcarsi di saliva.

sba|va|tù|ra *s.f.* **1** secrezione di bava; striscia di bava: *la* — *della chiocciola* **2** macchia di colore che si spande fuori dal contorno **3** (*fig.*) piccolo difetto; imperfezione | divagazione inutile in un testo orale o scritto **4** (*metall.*) incrostazione su un pezzo fuso.

sbec|cà|re *v.tr.* [indic.pres. *io sbécco, tu sbécchi...*] scheggiare un oggetto in vetro, ceramica e sim., spec. sull'orlo o sul beccuccio.

sbef|feg|gia|mén|to *s.m.* atto di derisione.

sbef|feg|già|re *v.tr.* [indic.pres. *io sbefféggio...*] deridere malignamente.

sbef|feg|gia|tó|re *s.m.* [f. *-trice*] (*raro*) chi sbeffeggia.

sbel|li|càr|si *v.intr.pron.* [indic.pres. *io mi sbellìco, tu ti sbellìchi...*] *nella loc.* — **dalle risa**, ridere a crepapelle.

sben|dà|re *v.tr.* [indic.pres. *io sbèndo...*] liberare da un bendaggio.

sbèr|la *s.f.* ceffone, schiaffo: *una* — *in faccia.*

sber|lèf|fo *s.m.* boccaccia, smorfia; gesto di scherno: *fare sberleffi.*

sbe|vaz|zà|re *v.intr.* [aus. *A*] (*fam.*) bere abbondantemente e in modo sregolato.

sbia|di|re *v.tr.* [indic.pres. *io sbiadisco, tu sbiadisci...*] far perdere il colore: *il lavaggio ha sbiadito la camicia* ♦ *intr.* [aus. *E*], **-rsi** *intr.pron.* **1** perdere colore; scolorire **2** (*fig.*) attenuarsi: *emozioni destinate a* —.

sbia|di|to *part.pass. di* sbiadire ♦ *agg.* **1** che ha un colore meno intenso di quello originale; stinto: *immagine sbiadita* **2** (*fig.*) privo di carattere o di vivacità; scialbo: *stile* —.

sbian|càn|te *s.m.* prodotto per rendere bianco il bucato.

sbian|cà|re *v.tr.* [indic.pres. *io sbianco, tu sbianchi...*] far diventare bianco; candeggiare | — **il riso**, raffinarlo ♦ *intr.* [aus. *E*], **-rsi** *intr.pron.* divenire bianco | (*estens.*) impallidire: — *di paura.*

sbian|chi|mén|to *s.m.* **1** operazione per sbiancare **2** (*foto.*) immersione dei negativi in acqua per limitarne l'annerimento.

sbian|chi|re *v.tr.* [indic.pres. *io sbianchisco, tu sbianchisci...*] **1** sbiancare **2** (*gastr.*) lessare solo parzialmente; sbollentare: — *la verdura.*

sbiè|co *agg.* [m.pl. *-chi*] obliquo; inclinato, storto: *linea sbieca* | **di** —, di traverso | (*fig.*) **guardare di** —, con rancore o con aria minacciosa.

sbi|got|ti|mén|to *s.m.* sgomento; sconcerto.

sbi|got|ti|re *v.tr.* [indic.pres. *io sbigottisco, tu sbigottisci...*] stupire con notizie che turbano profondamente; sconcertare ♦ *intr.* [aus. *E*], **-rsi** *intr.pron.* provare sgomento spec. per la preoccupazione, la paura, la sorpresa: — *davanti alla tragedia.*

sbi|got|ti|to *part.pass. di* sbigottire ♦ *agg.* sgomento, sconcertato: *espressione sbigottita.*

sbi|lan|cia|mén|to *s.m.* **1** spostamento del peso che causa una perdita di equilibrio **2** (*fig.*) squilibrio.

sbi|lan|cià|re *v.tr.* [indic.pres. *io sbilàncio...*] **1** far perdere l'equilibrio, far inclinare da una parte: *la borsa lo sbilancia verso destra* **2** (*fig.*)

dissestare, provocare uno squilibrio economico: *una spesa che sbilancia l'economia familiare* ♦ **-rsi** *intr.pron.* **1** perdere l'equilibrio spostando il proprio peso da un lato **2** (*fig.*) agire o esprimersi in maniera imprudente; compromettersi | prendere espressamente posizione: *meglio non — senza informazioni certe.*

sbi|làn|cio *s.m.* (*econ.*) passivo di bilancio, deficit.

sbi|lèn|co *agg.* [m.pl. *-chi*] **1** inclinato da un lato; storto: *mobile —* **2** (*fig.*) strampalato: *un discorso —.*

sbir|cià|re *v.tr.* [indic.pres. *io sbìrcio...*] dare un'occhiata furtiva senza farsi notare | spiare: *— da una fessura.*

sbir|cià|ta *s.f.* occhiata frettolosa e furtiva.

sbir|ro *s.m.* **1** (*st.*) nel Medioevo e nel Rinascimento, guardia armata addetta all'ordine pubblico **2** (*gerg.*) poliziotto, guardia.

sbiz|zar|ri|re *v.tr.* [indic.pres. *io sbizzarrisco, tu sbizzarrisci...*] (*raro*) liberare da vizi e sim. ♦ **-rsi** *intr.pron.* **1** sfogare liberamente il proprio estro, la propria creatività: *— nella composizione* **2** (*estens.*) soddisfare i propri capricci.

sbloc|càg|gio *s.m.* (*tecn.*) sblocco.

sbloc|cà|re *v.tr.* [indic.pres. *io sblòcco, tu sblòcchi...*] rimettere in funzione, in movimento, svincolando da blocchi o impedimenti: *— il meccanismo* | (*fig.*) liberare da impedimenti: *la trattativa* | liberare da blocchi psicologici: *i buoni risultati lo hanno sbloccato* ♦ **-rsi** *rifl.*, *intr.pron.* **1** (*anche fig.*) riprendere a funzionare, a dare risultati dopo una fase di blocco, di stallo: *il centravanti si è sbloccato con una rete spettacolare* **2** (*estens.*) liberarsi da inibizioni o altri blocchi interiori.

sblòc|co *s.m.* [pl. *-chi*] operazione che permette di liberare ciò che è bloccato.

sbòb|ba *s.f.* (*fam.*) brodaglia dal sapore sgradevole | qualunque cibo poco appetitoso.

sbo|bi|na|mén|to *s.m.* operazione con cui si sbobina | testo sbobinato.

sbo|bi|nà|re *v.tr.* (*fam.*) mettere per iscritto le parole registrate su nastro magnetico: *— la lezione.*

sboc|cà|re *v.intr.* [indic.pres. *io sbócco, tu sbócchi...*; aus. *E*] **1** confluire, immettersi: *il fiume sbocca nel lago* **2** fuoriuscire dopo un tratto al chiuso: *il tunnel sbocca in superficie* **3** giungere dopo un percorso: *l'auto sboccò sull'autostrada* **4** (*fig.*) andare a finire, concludersi: *il malcontento sboccò in una contestazione* ♦ *tr.* togliere parte del liquido contenuto in un recipiente: *— il fiasco.*

sboc|ca|tàg|gi|ne *s.f.* tendenza a usare espressioni scurrili.

sboc|cà|to *part.pass.* di sboccare ♦ *agg.* **1** di linguaggio, pieno di espressioni triviali, scurrili | di persona, che usa un linguaggio volgare **2** spezzato o scheggiato sull'orlo; beccato: *bicchiere —* □ **sboccatamente** *avv.* in modo triviale.

sboc|cià|re *v.intr.* [indic.pres. *io sbòccio...*; aus. *E*] **1** (*di gemme, fiori*) schiudersi, aprirsi | (*fig.*) raggiungere il pieno sviluppo fisico: *in un anno è sbocciata* **2** (*fig.*) avere inizio; sorgere: *è sbocciato un amore.*

sbòc|cio *s.m.* momento in cui il fiore o la gemma si apre.

sbóc|co *s.m.* [pl. *-chi*] **1** confluenza, immissione; punto in cui essa avviene: *lo — della via sulla piazza* | uscita, sfogo: *il gas cerca uno —* **2** fuoriuscita di liquido | (*pop.*) *— di sangue*, emottisi **3** (*fig.*) possibilità di soluzione o di sviluppo: *situazione senza —* **4** (*econ.*) opportunità commerciale: *un mercato senza sbocchi* | opportunità occupazionale.

sboc|con|cel|là|re *v.tr.* [indic.pres. *io sbocconcèllo...*] **1** mangiare a piccoli bocconi, spec. malvolentieri: *con la febbre ha sbocconcellato solo un po' di pane* **2** (*estens.*) scheggiare sull'orlo; beccare: *— la tazza.*

sbol|len|tà|re *v.tr.* [indic.pres. *io sbollènto...*] (*gastr.*) lasciare per breve tempo a lessare in acqua bollente; scottare.

sbol|li|re *v.intr.* [indic.pres. *io sbollisco, tu sbollisci...*; anche *io sbóllo...*; aus. *A* nel sign. 1, *E* nel sign. 2] **1** smettere di bollire **2** (*fig.*) calmarsi, attenuarsi: *l'indignazione sta sbollendo.*

sbo|lo|gnà|re *v.tr.* [indic.pres. *io sbológno..., noi sbologniamo, voi sbolognate...*] (*fam.*) **1** rifilare, appioppare perché inutile o sgradito: *— le cianfrusaglie a un conoscente* **2** (*fig.*) levarsi di torno: *— i curiosi* | **sbolognarsela**, svignarsela.

sbór|nia *s.f.* ubriacatura: *smaltire la —.*

sbor|niàr|si *v.rifl.* [indic.pres. *io mi sbórnio...*] ubriacarsi.

sbor|sà|re *v.tr.* [indic.pres. *io sbórso...*] pagare in contanti; spendere: *— subito l'intera cifra.*

sbot|tà|re *v.intr.* [indic.pres. *io sbòtto...*; aus. *E*] prorompere, erompere; scoppiare: *— in una risata* | (*fam.*) sfogarsi dopo aver cercato di contenersi.

sbòt|to *s.m.* improvviso sfogo di emozioni trattenute a lungo: *— di pianto.*

sbot|to|nà|re *v.tr.* [indic.pres. *io sbottóno...*] aprire liberando i bottoni dagli occhielli: *sbottonarsi i calzoni* ♦ **-rsi** *rifl.* (*fam.*) esprimersi apertamente: *quell'investigatore non si sbottona mai.*

sbot|to|na|tu|ra *s.f.* operazione dello sbottonare o sbottonarsi.

sboz|zà|re *v.tr.* [indic.pres. *io sbòzzo...*] **1** dare un primo abbozzo di forma; sgrossare: *— il legno da scolpire* **2** (*estens.*) disegnare i tratti essenziali; abbozzare: *— il ritratto* **3** (*fig.*) delineare nelle linee guida: *— il discorso.*

sboz|za|tó|re *agg.*, *s.m.* [f. *-trice*] che, chi si occupa di sbozzare il materiale da scolpire.

sboz|zi|mà|re *v.tr.* [indic.pres. *io sbòzzimo...*] lavare un tessuto o un filato in soluzioni calde per togliere i residui di bozzima.

sboz|zi|ma|tu|ra *s.f.* lavaggio che ripulisce la bozzima da filati e tessuti di origine vegetale.

sboz|zo|là|re *v.intr.* [indic.pres. *io sbòzzolo...*; aus. *A*] uscire dal bozzolo, detto della farfalla del baco da seta.

sbra|ca|mén|to *s.m.* (*fam.*) **1** perdita di compo-

sbracare

stezza | trasandatezza; sciattezza 2 calo di motivazione: *lo — della truppa.*
sbra|cà|re *v.tr.* [indic.pres. *io sbraco, tu sbrachi...*] liberare da lacci, corde ecc.: *— una merce* ♦ **-rsi** *rifl.* (*fam.*) 1 togliersi i pantaloni o allentarli per maggior comodità 2 lasciarsi andare a comportamenti scomposti, sguaiati.
sbra|cà|to *part.pass. di* sbracare ♦ *agg.* (*fam.*) 1 che porta i pantaloni cascanti | (*estens.*) vestito in modo trasandato 2 (*fig.*) sboccato, volgare.
sbrac|ciàr|si *v.intr.pron.* [indic.pres. *io mi sbràccio...*] 1 scoprire le braccia tirando su le maniche | indossare abiti senza maniche 2 fare grandi gesti con le braccia: *il vigile si sbracciava per intimarti l'alt* 3 (*fig.*) darsi da fare in ogni modo.
sbrac|cià|to *part.pass. di* sbracciarsi ♦ *agg.* 1 (*di persona*) che ha le braccia scoperte 2 detto di indumento, a maniche corte o senza maniche.
sbra|cià|re *v.tr.* [indic.pres. *io sbràcio...*] smuovere la brace accesa per ravvivare la fiamma.
sbrai|tà|re *v.intr.* [indic.pres. *io sbràito...*; aus. A] urlare furiosamente in maniera sguaiata.
sbra|na|mén|to *s.m.* atto dello sbranare.
sbra|nà|re *v.tr.* 1 fare a brandelli con denti o artigli; dilaniare: *il leone ha sbranato la gazzella* 2 (*iperb.*) insultare rabbiosamente; criticare ferocemente ♦ **-rsi** *rifl.rec.* 1 (*anche fig.*) distruggersi l'un l'altro: *tra disperati ci si sbrana* 2 (*iperb.*) odiarsi e cercare di danneggiarsi reciprocamente: *in famiglia si sono sempre sbranati.*
sbrec|cà|re *v.tr.* [indic.pres. *io sbrécco, tu sbrécchi...*] scheggiare sull'orlo ceramiche, vetri e sim.; sbeccare: *— il piatto.*
sbrec|cà|to *part.pass. di* breccare ♦ *agg.* con l'orlo rotto: *ciotola sbreccata.*
sbri|cià|re *v.tr.* [indic.pres. *io sbrìcio...*] mandare in pezzi; sbriciolare ♦ **-rsi** *intr.pron.* ridursi in frantumi; sbriciolarsi.
sbri|cio|la|mén|to *s.m.* riduzione in briciole; sminuzzamento.
sbri|cio|là|re *v.tr.* [indic.pres. *io sbrìciolo...*] 1 ridurre in briciole; sminuzzare: *— i biscotti* | (*estens.*) fare a pezzi; distruggere: *il terremoto ha sbriciolato il ponte* 2 (*fam.*) sporcare di briciole: *— i calzoni* ♦ **-rsi** *intr.pron.* ridursi a pezzettini, in briciole: *il muro si sbriciola pian piano.*
sbri|gà|re *v.tr.* [indic.pres. *io sbrigo, tu sbrighi...*] portare a termine; concludere; risolvere | *— le faccende domestiche*, fare le pulizie in casa | (*bur.*) *— una pratica*, evaderla | *— la corrispondenza*, leggerla ed evaderla | **sbrigarsela**, cavarsela efficacemente ♦ **-rsi** *rifl.* fare presto; affrettarsi: *sarà meglio —.*
sbri|ga|tì|vo *agg.* 1 che si fa alla svelta: *pasto —* 2 risoluto nel comportarsi, nel giungere a una soluzione: *approccio —* 3 (*estens.*) privo di approfondimento; superficiale: *considerazioni sbrigative* □ **sbrigativamente** *avv.*
sbri|glià|re *v.tr.* [indic.pres. *io sbrìglio...*] sciogliere dalle briglie | (*fig.*) liberare da ogni vincolo: *— la creatività* ♦ **-rsi** *intr.pron.* svincolarsi da ogni freno.
sbri|glià|to *part.pass. di* sbrigliare ♦ *agg.* privo di limiti; sfrenato: *immaginazione sbrigliata* 2 che ha modi spigliati; disinvolto | privo di remore morali.
sbri|na|mén|to *s.m.* 1 operazione che scioglie il ghiaccio formatosi all'interno del frigorifero 2 (*auto.*) operazione che toglie l'appannamento interno del parabrezza e del lunotto.
sbri|nà|re *v.tr.* 1 liberare dal ghiaccio accumulato: *— il congelatore* 2 (*auto.*) disappannare il parabrezza e il lunotto.
sbri|na|tó|re *s.m.* 1 sistema per sbrinare il frigorifero domestico 2 (*auto.*) sistema di riscaldamento del parabrezza e del lunotto che elimina l'appannamento.
sbri|na|tù|ra *s.f.* sbrinamento.
sbrin|del|là|re *v.tr.* [indic.pres. *io sbrindèllo...*] ridurre a brandelli; lacerare.
sbrin|del|là|to *part.pass. di* sbrindellare ♦ *agg.* strappato, lacero, sfilacciato: *cappotto —* | (*estens.*) detto di qlcu. che ha l'aspetto trasandato, malconcio.
sbro|do|la|mén|to *s.m.* (*anche fig.*) atto con cui ci si insudicia di brodo, grasso, unto e sim. 2 (*fig.*) discorso prolisso.
sbro|do|là|re *v.tr.* [indic.pres. *io sbròdolo...*] 1 insudiciare di brodo, grasso, unto e sim. 2 (*fig.*) infarcire di parole inutili; rendere prolisso: *— il discorso* ♦ **-rsi** *rifl.* sporcarsi mentre si beve o si mangia.
sbro|do|la|tù|ra *s.f.* 1 brodolamento | macchia dovuta allo sbrodolamento: *una — sulla cravatta* 2 (*fig.*) prolissità.
sbro|do|ló|ne *s.m.* [f. -a] chi si sporca spesso i vestiti a tavola.
sbro|glià|re *v.tr.* [indic.pres. *io sbròglio...*] sciogliere, districare: *— il groviglio* | (*fig.*) *— la matassa*, risolvere un problema intricato ♦ **-rsi** *rifl.* togliersi di dosso una faccenda complicata | **sbrogliarsela**, cavarsi dai guai.
sbrón|za *s.f.* (*fam.*) ubriacatura.
sbron|zàr|si *v.rifl.* [indic.pres. *io mi sbrónzo...*] (*fam.*) ubriacarsi.
sbrón|zo *agg.* (*fam.*) ubriaco.
sbruf|fà|re *v.tr.* schizzare liquidi, spec. dal naso o dalla bocca: *il bimbo sbruffò il latte addosso alla mamma.*
sbrùf|fo *s.m.* azione con cui si sbruffa liquido | il liquido schizzato.
sbruf|fo|nà|ta *s.f.* azione o discorso da sbruffone; fanfaronata.
sbruf|fó|ne *s.m.* [f. -a] chi si vanta di avere capacità o qualità che non possiede e si comporta da gradasso.
sbruf|fo|ne|rì|a *s.f.* caratteristica di chi è sbruffone | sbruffonata.
sbu|cà|re *v.intr.* [indic.pres. *io sbuco, tu sbuchi...*; aus. E] 1 fuoriuscire da un buco, da un'apertura; uscire da un percorso angusto: *l'auto sbucò dalla viuzza* 2 (*fig.*) apparire improvvisamente: *sbucò dall'ombra.*
sbuc|cia|pa|tà|te *s.m.invar.* arnese per pelare le patate.

sbuc|cià|re *v.tr.* [indic.pres. *io sbùccio...*] **1** privare della buccia: — *la frutta* | (*sport*) — *la palla*, sfiorare la palla senza riuscire a indirizzarla **2** (*estens.*) provocare un'abrasione: *mi sono sbucciato cadendo.*

sbuc|cia|tù|ra *s.f.* **1** operazione con cui si toglie la buccia **2** abrasione; escoriazione.

sbu|del|la|mén|to *s.m.* azione con cui si sbudella.

sbu|del|là|re *v.tr.* [indic.pres. *io sbudèllo...*] **1** squarciare il ventre per togliere le interiora; sventrare: — *un bue* **2** (*fam.*) ferire gravemente alla pancia ♦ **-rsi** *rifl. nella loc.* — *dalle risa*, sbellicarsi dal ridere.

sbuf|fà|re *v.intr.* [aus. *A*] **1** soffiare rumorosamente: — *di noia* **2** emettere getti di fumo, di vapore: *la locomotiva sbuffava.*

sbuf|fà|ta *s.f.* rumorosa emissione di aria, spec. dalla bocca.

sbùf|fo *s.m.* **1** forte soffio | l'aria, il fumo, il vapore così emesso: *lo* — *della pentola a pressione* **2** raffica di vento **3** rigonfiamento o arricciatura che guarnisce un vestito.

sbu|giar|dà|re *v.tr.* smascherare come bugiardo; smentire.

sbul|lo|nà|re *v.tr.* [indic.pres. *io sbullóno...*] privare dei bulloni.

sbu|ro|cra|tiz|zà|re *v.tr.* gestire con procedure burocratiche più semplici.

sbur|rà|re *v.tr.* scremare il latte per trarne panna o burro.

sbuz|zà|re *v.tr.* (*pop.*) **1** sventrare per togliere i visceri: — *un pesce* **2** (*estens.*) ferire gravemente alla pancia.

scàb|bia *s.f.* (*med.*, *vet.*) malattia provocata da un acaro che si annida nella pelle, provocando bollicine superficiali e prurito.

scab|bió|so *agg.*, *s.m.* [f. *-a*] che, chi è malato di scabbia.

scal|bió|sa *s.f.* pianta erbacea i cui fiori si presentano in capolini rosa o violacei, impiegata per preparare infusi medicinali.

scal|bréz|za *s.f.* qualità di ciò che è scabro; ruvidezza: *la* — *del muro.*

scà|bro *agg.* **1** irregolare al tatto; ruvido: *panno* — **2** (*lett.*) brullo: *terreno* — **3** (*fig.*, *lett.*) disadorno, essenziale: *stile* —.

sca|bro|si|tà *s.f.* **1** qualità di ciò che non è liscio; ruvidezza | piccola sporgenza; asperità | (*tecn.*) complesso delle irregolarità di una superficie metallica dopo la lavorazione; rugosità **2** (*fig.*) caratteristica di ciò che è difficile da trattare perché scandaloso; imbarazzante.

sca|bró|so *agg.* **1** non liscio; scabro: *legno* — **2** (*estens.*) accidentato; disagevole: *cammino* — **3** (*fig.*) difficile da trattare perché scandaloso; imbarazzante: *faccenda scabrosa* □ **scabrosamente** *avv.*

scac|chià|re *v.tr.* [indic.pres. *io scàcchio...*] (*agr.*) potare i germogli improduttivi.

scac|chia|tù|ra *s.f.* (*agr.*) potatura dei germogli improduttivi, spec. della vite.

scac|chiè|ra *s.f.* tavola quadrata, suddivisa in 64 riquadri alternativamente bianchi e neri, per giocare a dama o a scacchi.

scac|chiè|re *s.m.* ampia area considerata teatro di guerra, anche solo potenziale: *lo* — *mediorientale.*

scac|chì|sta *s.m./f.* [m.pl. *-i*] chi gioca a scacchi.

scac|chì|stil|co *agg.* [m.pl. *-ci*] relativo agli scacchi o agli scacchisti: *torneo* —.

scac|cià|cà|ni *agg.*, *s.m./f.* si dice di pistola a salve, che funge spec. da arma giocattolo.

scac|cia|mó|sche *s.m.invar.* specie di ventaglio usato per allontanare le mosche.

scac|cia|pen|siè|ri *s.m.invar.* (*mus.*) strumento popolare siculo, che si suona appoggiando i denti a un supporto e facendo vibrare con la mano una piccola lamina metallica.

scac|cià|re *v.tr.* [indic.pres. *io scàccio...*] **1** cacciare via; allontanare in modo brusco: — *i demoni* **2** (*fig.*) far scomparire; allontanare: *cerca di* — *la paura.*

scàc|co *s.m.* [pl. *-chi*] (*pl.*) gioco in cui due avversari muovono a turno 32 pezzi su una scacchiera **2** mossa di gioco con cui si minaccia un pezzo importante dell'avversario | — *matto*, scacco che chiude la partita **3** | (*fig.*) pesante sconfitta, insuccesso | **tenere in** — **qlcu.**, costringerlo a obbedire, spec. con il ricatto **4** (*estens.*) quadratino: *stoffa a scacchi.*

scac|col|làr|si *v.rifl.* [indic.pres. *io mi scàccolo...*] (*pop.*) togliersi caccole dalle narici.

scac|co|màt|to *s.m.invar. sing.* scacco matto.

sca|dèn|te *part.pres.* di scadere ♦ *agg.* di scarsa qualità: *materiale* —.

sca|dèn|za *s.f.* **1** termine di tempo oltre il quale cessa la validità di un documento: *rinnovare il passaporto prima della* — | (*comm.*) data entro cui è garantita la qualità di un prodotto **2** termine di tempo entro il quale si può assolvere un impegno o esercitare un'attività, una carica, un diritto **3** (*estens.*) obbligo e sim. da adempiere entro una data stabilita.

sca|den|zà|re *v.tr.* [indic.pres. *io scadènzo...*] (*bur.*) collegare a una scadenza di realizzazione: — *un pagamento.*

sca|den|zà|rio *s.m.* (*bur.*) registro con le scadenze a venire.

sca|dé|re *v.intr.* [con. come *cadere*; aus. *E*] **1** perdere valore, importanza, prestigio; decadere: — *di tono* **2** di obbligazioni e sim., arrivare alla data di pagamento: *la bolletta è scaduta* | (*estens.*) non essere più valido dopo il superamento della scadenza: *il documento sta per* — | (*comm.*) non essere più commestibile o utilizzabile dopo il termine di conservazione: *le conserve sono scadute.*

sca|di|mén|to *s.m.* perdita di qualità; decadenza: — *culturale*, deterioramento, deperimento.

sca|fàn|dro *s.m.* **1** equipaggiamento impermeabile che i palombari indossano per immergersi **2** (*estens.*) qualunque attrezzatura che salvaguarda il corpo in condizioni ambientali estreme: — *da pompiere.*

sca|fà|re *v.tr.* (*fam.*) rendere meno impacciato;

smaliziare ♦ (*fam.*) **-rsi** *intr.pron.* diventare più spigliato e disinvolto.

sca|fa|to *part.pass.* di scafare ♦ *agg.* (*fam.*) scaltro.

scaf|fa|là|re *v.tr.* **1** arredare con scaffali alle pareti: — *la cantina* **2** ordinare in uno scaffale: — *i manuali*.

scaf|fa|la|tù|ra *s.f.* **1** collocazione di scaffali **2** complesso degli scaffali: — *in legno*.

scaf|fà|le *s.m.* mobile composto da vari ripiani sovrapposti, dove si ripongono libri, soprammobili ecc.

sca|fi|sta *s.m./f.* **1** chi si occupa della manutenzione degli scafi **2** pilota di motoscafo | (*gerg.*) chi trasporta su un motoscafo immigrati clandestini o generi di contrabbando.

scà|fo *s.m.* **1** insieme delle strutture che formano il corpo galleggiante di un natante **2** parte centrale di un carro armato o di un idrovolante.

-scà|fo secondo elemento di parole composte che significa "mezzo marino" (*aliscafo*).

sca|fo|ce|fa|li|a *s.f.* (*med.*) alterazione del cranio che presenta una forma compressa sui lati.

sca|fòi|de *agg., s.m.* (*anat.*) si dice di due piccole ossa, di forma simile a uno scafo, che si trovano sia nel tarso sia nel carpo.

Sca|fò|po|di *s.m.pl.* classe di Molluschi marini, il cui corpo allungato è avvolto da una conchiglia conica o tubolare, aperta alle estremità.

sca|gio|nà|re *v.tr.* [*indic.pres. io scagióno...*] discolpare: — *il presunto colpevole* ♦ **-rsi** *rifl.* discolparsi.

scà|glia *s.f.* **1** (*zool.*) squama caratteristica dei Rettili e dei Pesci **2** piccola lamina lucente di metallo | placca, frammento di forma appiattita, di materiale vario: — *di roccia*.

sca|glià|re¹ *v.tr.* [*indic.pres. io scàglio...*] lanciare violentemente, gettare lontano; scaraventare: — *una freccia* ♦ (*fig.*) pronunciare con veemenza o rabbia: — *accuse* ♦ **-rsi** *rifl.* **1** gettarsi; avventarsi **2** (*fig.*) rivolgersi con insulti, minacce e sim.: — *contro il sospettato*.

sca|glià|re² *v.tr.* [*indic.pres. io scàglio...*] rompere in scaglie, scheggiare: — *una piastrella* ♦ **-rsi** *intr.pron.* ridursi in scaglie, scheggiarsi.

sca|gliò|la *s.f.* **1** gesso a presa rapida che si usa spec. per protesi dentarie, ingessature ortopediche e decorazioni a stucco **2** erba delle Graminacee i cui semi vengono impiegati come becchime per uccelli.

sca|glio|na|mén|to *s.m.* organizzazione in scaglioni: — *delle partenze*.

sca|glio|nà|re *v.tr.* [*indic.pres. io scagliónо...*] disporre a scaglioni | intervallare con regolarità: — *le consegne*.

sca|glió|ne¹ *s.m.* **1** ampio ripiano lungo un pendio; terrazzo **2** (*mil.*) reparto di soldati che opera in relativa autonomia: — *di leva* | (*estens.*) gruppo di persone che ne segue un altro dopo un dato tempo | (*fig.*) ciascuno dei blocchi in cui si suddivide ql.co., spec. un'operazione, una procedura e sim. **3** (*econ.*) fascia di valori, spec. in riferimento al reddito imponibile.

sca|glió|ne² *s.m.* (*zool.*) ciascuno dei quattro canini dei cavalli maschi.

sca|glió|so *agg.* **1** pieno di scaglie; rivestito di squame **2** che si sgretola in scaglie: *minerale —*.

sca|gnòz|zo *s.m.* (*spreg.*) persona che obbedisce ciecamente a un uomo di potere; tirapiedi.

scà|la *s.f.* **1** struttura architettonica che permette di salire e scendere da un livello a un altro attraverso una serie di gradini: — *a chiocciola* | *fare le scale*, salirle o scenderle | — *mobile*, piano inclinato scorrevole con gradini, azionato a motore, che trasporta al livello superiore o inferiore di un edificio; (*econ.*) sistema di adeguamento automatico di stipendi e sim. alle fluttuazioni del costo della vita **2** attrezzo mobile di legno o metallo formato da montanti paralleli collegati da pioli trasversali: *appoggiare la — al muro*; — *a libretto* **3** (*fig.*) successione graduale di elementi disposti secondo un ordine di grandezza, di importanza **4** (*scient.*) successione di valori che esprimono l'intensità di un fenomeno: — *termometrica*; *misurare i terremoti con la — Mercalli* **5** (*mus.*) serie di suoni ordinati dal più grave al più acuto secondo intervalli definiti: — *maggiore, cromatica* **6** rapporto tra le misure reali e quelle della rappresentazione cartografica: *cartina in — uno a mille* **7** (*fig.*) misura | *su — ridotta*, in piccolo | *su larga —*, in grande.

sca|lan|dró|ne *s.m.* (*mar.*) passerella mobile che si stende tra la nave e la banchina del porto per far transitare merci e persone.

sca|là|re¹ *agg.* **1** disposto a scala **2** che aumenta per gradi; progressivo: *tassazione —* **3** (*fis.*) si dice di grandezze non vettoriali, identificate da numeri reali **4** (*banc.*) si dice di metodo contabile che presenta l'interesse o il saldo accanto a ciascun movimento ♦ *s.m.* **1** (*fis.*) grandezza scalare **2** (*banc.*) prospetto di conto in cui ogni movimento è corredato del saldo aggiornato.

sca|là|re² *v.tr.* **1** (*anche sport*) ascendere, salire fino in cima; oltrepassare con un'arrampicata: — *un monte*; — *la cinta* | (*econ.*) — *una società*, acquistarne azioni per controllarla **2** mettere in scala: — *le tinte* | — *i capelli*, tagliarli con lunghezza decrescente | *a —*, gradualmente **3** (*estens.*) detrarre; ridurre: — *le spese dal prezzo* **4** (*auto., anche assol.*) — (*la marcia*), passare a un rapporto di trasmissione inferiore.

sca|là|ta *s.f.* **1** azione con cui ci si arrampica | (*fig.*) tentativo di raggiungere posizioni prestigiose: — *alla direzione* | (*fin.*) — *a un titolo*, tentativo di assicurarsi quote di una società in numero sufficiente a controllarla **2** (*sport*) ascensione alpinistica su roccia | nel ciclismo, superamento di un tratto in salita.

sca|la|tó|re *s.m.* [f. *-trice*] (*sport*) **1** chi si dedica a scalate alpinistiche **2** ciclista portato per i percorsi in salita.

scal|ca|gnà|to *agg.* **1** si dice di calzatura logora, spec. sul calcagno **2** (*estens.*) si dice di cosa o persona malridotta: *un motorino —*.

scal|cà|re *v.tr.* [*indic.pres. io scalco, tu scalchi...*]

(gastr.) trinciare la carne cotta da portare in tavola.
scal|cià|re v.intr. [indic.pres. io scàlcio...; aus. A] sferrare calci.
scal|ci|nà|re v.tr. liberare dalla calcina: — la parete.
scal|ci|nà|to part.pass. di scalcinare ♦ agg. **1** senza calcina, non intonacato **2** (fig.) malandato, malridotto: ufficio — | detto di persona, trasandato; scalcagnato.
scal|ci|na|tù|ra s.f. operazione con cui si raschia la calcina | area così scalcinata.
scal|da|àc|qua o **scaldàcqua** s.m.invar. apparecchio che riscalda l'acqua: — elettrico.
scal|da|bà|gno s.m. [pl.invar. o -i] scaldaacqua per usi domestici, spec. per il bagno.
scal|dàc|qua s.m.invar. → **scaldaacqua**.
scal|da|lèt|to s.m. [pl.invar. o -i] contenitore metallico di materiali ad alta temperatura, bottiglia di acqua calda o disco attraversato da resistenze elettriche, che viene infilato fra le lenzuola per riscaldare il letto.
scal|da|mù|sco|li s.m.invar. calza di lana che si estende dalla coscia alla caviglia lasciando scoperto il piede, usata da ginnasti, ballerini e sim. durante l'allenamento.
scal|da|piàt|ti s.m.invar. apparecchio che serve a tenere in caldo le portate o a riscaldare i piatti.
scal|da|piè|di s.m.invar. pedana o recipiente che viene riscaldato per tenere caldi i piedi.
scal|dà|re v.tr. **1** rendere caldo o più caldo; riscaldare: — la cena; — il locale | (iron.) — *la sedia*, si dice di chi, spec. a scuola o in ufficio, si dimostra svogliato o negligente | — *il motore*, avviarlo e lasciarlo girare prima di partire | (sport) — *i muscoli*, fare esercizi di riscaldamento **2** (assol.) emanare calore: *oggi il sole non scalda* **3** (fig.) eccitare; riempire di fervore: — *gli animi* ♦ intr. [aus. A] (spec. mecc.) surriscaldarsi ♦ **-rsi** rifl. procurarsi calore: — *sotto le coperte* ♦ intr.pron. **1** aumentare di temperatura, diventare caldo o più caldo: *la stagione si sta scaldando* **2** (fig.) infervorarsi; accalorarsi: *il dibattito si sta scaldando*.
scal|dà|ta s.f. operazione di riscaldamento rapido: una — *alla verdura*.
scal|da|vi|vàn|de s.m.invar. apparecchio usato per tenere in caldo le vivande da servire | scomparto per vassoi alloggiato nella parte bassa di alcuni forni da cucina, che sfrutta il calore generato dall'apparecchio durante il funzionamento.
scal|di|no s.m. recipiente metallico o in terracotta riempito di braci e sim., usato un tempo per riscaldare il letto o le mani | (estens.) scaldaletto elettrico.
scal|lè|a s.f. (arch.) scala monumentale per l'accesso esterno a edifici importanti.
scal|lè|no agg. **1** (mat.) detto di triangolo con tre lati disuguali o di trapezio con lati obliqui disuguali **2** (anat., anche ell.) *muscolo* —, detto di ciascuno dei tre muscoli che si trovano tra le prime due costole e le vertebre del collo.

sca|lè|o s.m. **1** scala doppia, tenuta assieme da una cerniera al vertice; scala a libretto **2** mobiletto con due o tre gradini, che si usa per raggiungere i ripiani superiori di uno scaffale.
scal|lét|ta s.f. **1** schema preliminare che elenca i punti da sviluppare in un testo orale o scritto **2** (cine., tv) elenco sommario dei momenti, delle ambientazioni di un programma o di un film **3** (sci) tecnica per risalire pendii ripidi, tenendo gli sci perpendicolari alla discesa e spostandoli a turno verso l'alto.
scal|fi|re v.tr. [indic.pres. io scalfisco, tu scalfisci...] (anche fig.) intaccare superficialmente: — *la vernice*; non — *le sicurezze di qlcu.* | ferire leggermente: *il proiettile gli ha scalfito la mano*.
scal|fit|tù|ra s.f. azione con cui si scalfisce | lesione superficiale; graffio.
scàl|fo s.m. nella manica, parte che si attacca alla spalla.
sca|li|ge|ro agg. **1** che riguarda la famiglia dei Della Scala, signori di Verona tra il Quattrocento e il Cinquecento | (estens.) che è di Verona o che la riguarda **2** relativo al teatro milanese alla Scala.
sca|li|nà|ta s.f. grande scala, spec. esterna.
sca|lì|no s.m. **1** piccolo ripiano orizzontale che si collega ai successivi, posti ad altezza progressivamente crescente, per formare una scala; gradino | dislivello tra piani contigui, spec. calpestabili: *lo — del marciapiede* **2** (fig.) livello, grado: *salire uno — in azienda*.
scal|mà|na s.f. (pop.) **1** vampa di calore al viso **2** malessere provocato da un brusco raffreddamento.
scal|ma|nàr|si v.intr.pron. affaticarsi molto in un'attività | (estens.) infervorarsi nel parlare | (fig.) impegnarsi, darsi da fare per realizzare un obiettivo.
scal|ma|nà|to part.pass. di scalmanarsi ♦ agg. **1** trafelato per la fatica o l'agitazione **2** (fig.) in preda all'agitazione; turbolento ♦ s.m. [f. -a] chi si comporta da fanatico.
scal|miè|ra s.f. o **scalmièra** s.m. (mar.) scanalatura o forcella metallica in cui viene inserito il remo mentre si voga.
scàl|mo s.m. (mar.) **1** nella nave priva di struttura metallica, ognuno degli elementi in legno che ne costituiscono le costole **2** caviglia a cui viene fissato il remo.
scà|lo s.m. **1** luogo attrezzato di sbarco, predisposto per carico e scarico di persone e merci, spec. da navi, treni, aerei: — *merci*; — *passeggeri* **2** fermata intermedia: *fare — in una stazione*; *viaggio senza —* | — *tecnico*, sosta dovuta a esigenze di manutenzione in volo e sim.
sca|ló|gna o **scarógna** s.f. (pop.) sfortuna.
sca|lo|gnà|to agg. (pop.) sfortunato.
sca|ló|ne s.m. (arch.) ampia scala monumentale.
sca|lop|pi|na s.f. (gastr.) fettina di vitello, cotta con condimenti vari.
scal|pel|là|re v.tr. [indic.pres. io scalpèllo...] **1** lavorare con lo scalpello, praticando incisioni,

intagli ecc. **2** (*med.*) incidere chirurgicamente un osso tramite scalpello.

scal|pel|la|tù|ra *s.f.* lavorazione realizzata tramite scalpello.

scal|pel|li|no *s.m.* **1** operaio che lavora pietra e marmo **2** (*spreg.*) scultore di scarsa qualità.

scal|pèl|lo *s.m.* **1** utensile d'acciaio a punta tagliente per lavorare legno, pietra e altri materiali duri | (*per anton.*) (*l'arte dello*) —, la scultura **2** (*med.*) strumento per l'incisione di ossa.

scal|pic|cià|re *v.intr.* [indic.pres. *io scalpìccio*...; aus. *A*] strisciare i piedi mentre si cammina.

scal|pìc|ci|o *s.m.* prolungato trascinamento dei piedi mentre si cammina | il rumore così prodotto.

scal|pi|tà|re *v.intr.* [indic.pres. *io scàlpito*...; aus. *A*] **1** di cavallo, pestare il terreno con gli zoccoli **2** (*fig.*) di persona, dare segni di nervosismo.

scal|pi|tì|o *s.m.* uno scalpitare insistente.

scàl|po *s.m.* **1** presso varie popolazioni, cuoio capelluto strappato come trofeo dal cranio di un nemico **2** (*med.*) parte di cuoio capelluto che si incide per scoprire le ossa del cranio.

scal|pò|re *s.m.* **1** reazione indignata, risentita **2** (*estens.*) risonanza.

scal|trèz|za *s.f.* dote di chi è scaltro; astuzia.

scal|trì|re *v.tr.* [indic.pres. *io scaltrisco, tu scaltrisci*...] far diventare scaltro o più scaltro ♦ **-rsi** *rifl.* diventare scaltro o più scaltro.

scal|trì|to *part.pass. di* scaltrire ♦ *agg.* esperto, abile.

scàl|tro *agg.* **1** che si comporta in modo sagace, accorto; astuto **2** che mostra sagacia, scaltrezza □ **scaltramente** *avv.*

scal|za|cà|ne *s.m./f.* [pl.invar. o *-i*] o **scalzacàni** *s.m./f.invar.* (*spreg.*) **1** chi è di condizione umile **2** persona che lavora male, da incompetente.

scal|zà|re *v.tr.* **1** privare delle scarpe e delle calze: — *i piedi* **2** riferito a una pianta, privare del sostegno della terra circostante | (*estens.*) smuovere alla base: — *dalle fondamenta* **3** (*fig.*) indebolire | rimuovere da una carica e sim. per subentrarvi; soppiantare ♦ **-rsi** *rifl.* levarsi scarpe e calze.

scàl|zo *agg.* **1** che ha i piedi nudi **2** (*relig.*) che fa parte di un ordine la cui rigorosa regola impone di portare solo i sandali, senza calze.

scam|bià|re *v.tr.* [indic.pres. *io scàmbio*...] **1** dare (o ricevere) in cambio d'altro; barattare: *ci scambiamo le figurine* | (*fam.*) cambiare con moneta di taglio inferiore o di valore equivalente **2** (*fig.*) esporre dialogando: — *opinioni, impressioni* | — *quattro chiacchiere* , conversare **3** confondere qlcu. o ql.co. con altro: *lo scambiarono per il fratello* ♦ **-rsi** *rifl.rec.* sostituirsi l'un l'altro: — *di posto.*

scam|bié|vo|le *agg.* reciproco: *appoggio* — □ **scambievolmente** *avv.* vicendevolmente.

scàm|bio *s.m.* **1** atto con cui si dà qlcu. o ql.co. ricevendo in cambio qlcu. o ql.co. di genere analogo: — *di prigionieri*; — *di pareri* **2** confusione involontaria tra cose o persone simili: — *di ombrelli* **3** (*econ.*) cessione di beni in cambio di altri; commercio | *libero* —, commercio internazionale senza barriere **4** congegno che fa spostare tratti di rotaie mobili per instradare il treno o tram su un altro binario **5** (*sport*) nel tennis, nella pallavolo e sim., successione di colpi tra avversari | nel calcio, passaggio.

scam|bi|sta *s.m./f.* [m.pl. *-i*] **1** chi manovra gli scambi per treni e tram **2** (*econ.*) operatore del mercato dei cambi **3** (*gerg.*) chi pratica scambi di coppia.

sca|mi|ciàr|si *v.rifl.* [indic.pres. *io mi scamìcio*...] levarsi la giacca restando in camicia.

sca|mi|cià|to *part.pass. di* scamiciarsi ♦ *agg.* che non indossa la giacca | (*estens.*) disordinato nell'abbigliamento ♦ *s.m.* abito femminile privo di maniche, gener. scollato e con abbottonatura anteriore.

sca|mòr|za *s.f.* **1** formaggio di latte vaccino, o misto a caprino, in forma di pera **2** (*fig., scherz.*) persona che dimostra scarsa abilità e capacità.

sca|mo|scià|re *v.tr.* [indic.pres. *io scamòscio* o *scamòscio*...] riferito alle pelli, sottoporre a trattamenti che le rendano vellutate come la pelle di camoscio.

sca|mo|scià|to *part.pass. di* scamosciare ♦ *agg.*, *s.m.* si dice della pelle che è stata resa simile a quella di camoscio.

sca|moz|zà|re *v.tr.* [indic.pres. *io scamòzzo*...] (*agr.*) recidere la parte superiore, non fruttifera, del ramo.

scam|pa|gnà|ta *s.f.* gita in campagna.

scam|pa|nà|re *v.intr.* [aus. *A*] **1** suonare le campane a distesa **2** spec. di abito, allargarsi verso il fondo ♦ *tr.* allargare verso il basso un abito.

scam|pa|nà|ta *s.f.* suono a distesa di campane.

scam|pa|nà|to *part.pass. di* scampanare ♦ *agg.* spec. di abito, allargato verso il fondo; svasato.

scam|pa|na|tù|ra *s.f.* forma svasata con cui è foggiata la parte finale di un abito.

scam|pa|nel|là|re *v.intr.* [indic.pres. *io scampanèllo*...; aus. *A*] suonare il campanello in maniera prolungata ed energica.

scam|pa|nel|là|ta *s.f.* deciso squillo di campanello.

scam|pa|nel|lì|o *s.m.* uno scampanellare insistente.

scam|pa|nì|o *s.m.* scampanata prolungata.

scam|pà|re *v.tr.* **1** riuscire a evitare, non subire: — *la condanna* | *scamparla (bella)*, sfuggire a un grave pericolo **2** (*desueto*) mettere in salvo da minacce, da mali | (*pop.*) *Dio ci scampi!*, speriamo che il problema non ci tocchi! ♦ *intr.* [aus. *E*] **1** uscire illeso; sopravvivere: — *al massacro* **2** (*raro*) trovare rifugio; riparare: — *in un paese straniero.*

scam|pà|to *part.pass. di* scampare ♦ *agg.* **1** (*di danno, pericolo e sim.*) evitato **2** (*di persona*) che ha superato senza conseguenze un grave pericolo; incolume | sopravvissuto ♦ *s.m.* [f. *-a*] chi si è salvato da un pericolo o ha evitato un danno, un rischio: *gli scampati alla strage.*

scàm|po[1] *s.m.* salvezza | modo o mezzo per sal-

varsi: *cercare — nella fuga | non c'è (via di) —,* non c'è nulla da fare.

scàm|po² *s.m.* piccolo crostaceo marino simile all'astice, di colore bianco-rosato, con sottili antenne e carni prelibate.

scàm|po|lo *s.m.* **1** piccolo taglio di tessuto avanzato da una pezza, gener. venduto a un prezzo minore **2** *(fig.)* avanzo, rimasuglio | ritaglio di tempo.

sca|na|là|re *v.tr.* incavare in senso longitudinale un materiale duro con uno o più solchi poco profondi.

sca|na|là|to *part.pass.* di scanalare ♦ *agg.* che ha una o più scanalature.

sca|na|la|tri|ce *s.f.* macchina per scanalare.

sca|na|la|tù|ra *s.f.* **1** operazione dello scanalare **2** l'incavo longitudinale e poco profondo risultante da tale operazione: *le scalanature di una colonna.*

scan|da|glià|re *v.tr.* [indic.pres. *io scandàglio*...] **1** misurare la profondità delle acque di mari, laghi e sim. con uno scandaglio | *(estens.)* esplorare **2** *(fig.)* indagare, cercare di conoscere.

scan|dà|glio *s.m.* strumento per misurare la profondità delle acque e identificare la natura del fondo di mari, laghi e sim.

scan|da|li|smo *s.m.* tendenza a creare o promuovere scandali per trarne profitto, attirare l'attenzione o danneggiare qlcu.

scan|da|li|sta *s.m./f.* [m.pl. *-i*] chi crea o promuove scandali per trarne profitto, suscitare interesse o danneggiare qlcu.

scan|da|li|sti|co *agg.* [m.pl. *-ci*] che tende a creare o promuovere scandali: *giornale* —.

scan|da|liz|zà|re *v.tr.* dare scandalo | suscitare indignazione; stupire, mettere in imbarazzo ♦ **-rsi** *intr.pron.* rimanere turbato; provare sdegno: *si scandalizzò del suo comportamento.*

scàn|da|lo *s.m.* **1** grande turbamento provocato da atto, discorso o avvenimento contrario alla morale, al senso di giustizia, al pudore: *fare, dare* — | *(fig.) essere la pietra dello* —, essere la causa di uno scandalo, di polemiche e sim. **2** tutto quello che suscita indignazione perché contrario alla moralità corrente o alle convenzioni sociali: *il suo comportamento è uno* — **3** *(estens.)* evento contrastante con la morale comune, che suscita interesse e curiosità nell'opinione pubblica: *lo — delle tangenti* **4** clamore indesiderato intorno a un evento | *soffocare uno* —, nasconderlo.

scan|da|lò|so *agg.* **1** che causa scandalo, che è motivo di scandalo: *un libro* — **2** *(iperb.)* eccessivo: *prezzi scandalosi; una fortuna scandalosa.*

scan|di|nà|vo *(meno corretto* scandìnavo*) agg.* della Scandinavia ♦ *s.m.* [f. *-a*] chi è nato o abita in Scandinavia.

scàn|dio *s.m.* elemento chimico metallico del gruppo delle terre rare *(simb.* Sc*).*

scan|dì|re *v.tr.* [indic.pres. *io scandisco, tu scandisci...*] **1** *(metr.)* leggere i versi secondo le regole metriche, isolando i piedi l'uno dall'altro: *— un endecasillabo* **2** *(estens.)* pronunciare una parola lentamente, staccando le sillabe o le singole lettere **3** *(estens.)* dividere in intervalli regolari: *le campane scandiscono le ore* **4** *(inform.)* sottoporre a scansione **5** *(tv)* analizzare l'immagine da trasmettere, scomponendola in un elevato numero di punti.

scan|nà|re *v.tr.* **1** uccidere un animale tagliandogli la gola; sgozzare | *(estens.)* ammazzare qlcu. in modo brutale **2** *(fig.)* far pagare un prezzo troppo alto: *in quel locale ti scannano* ♦ **-rsi** *rifl.rec.* *(iperb.)* litigare in modo violento | essere in forte competizione.

scan|na|tó|io *s.m.* luogo in cui si scannano o si dissanguano gli animali da macello.

scan|nel|là|re *v.tr.* scanalare.

scanner *(ingl.) s.m.invar.* **1** *(tecn., scient.)* dispositivo elettronico per esplorare una zona o un particolare strato di un oggetto, un materiale o un corpo **2** *(inform.)* lettore ottico in grado di riconoscere immagini o testi e di trasmetterli come dati a un sistema di elaborazione.

scan|ne|riz|zà|re *v.tr.* *(inform.)* leggere con lo scanner un'immagine, un testo; scandire, digitalizzare.

scanning *(ingl.)* [pr. *skànin*] *s.m.invar.* **1** metodo di esplorazione scientifica che si basa sull'utilizzo di ultrasuoni, onde elettromagnetiche e sim. e sulla misurazione del diverso potere riflettente delle varie parti prese in esame; scansione **2** *(inform.)* acquisizione di un'immagine o un testo attraverso lo scanner.

scàn|no *s.m.* sedile con schienale e braccioli, gener. decorato e imponente: *gli scanni del Parlamento* | *(estens.)* panca, sgabello.

scan|sa|fa|tì|che *s.m./f.invar.* chi ha poca voglia di lavorare; pigro, fannullone.

scan|sà|re *v.tr.* **1** spostare, rimuovere **2** schivare, evitare: *— un pugno, un pericolo* ♦ **-rsi** *rifl.* farsi da parte: *scansati che devo passare.*

scan|sì|a *s.f.* mobile a ripiani; scaffale.

scan|sió|ne *s.f.* **1** *(metr.)* divisione del verso nelle sue parti costitutive **2** *(estens.)* pronuncia distinta e staccata **3** metodo di esplorazione scientifica basato sull'uso di ultrasuoni, onde elettromagnetiche e sim., utilizzato spec. in medicina per diagnosticare tumori e altre alterazioni cellulari; scanning **4** *(inform.)* acquisizione di un'immagine o un testo attraverso lo scanner; scanning.

scàn|so *s.m.* solo nella loc. **a** *— di*, per evitare: *a — di guai.*

scan|ti|nà|to *s.m.* piano di un edificio situato in parte o del tutto sotto il livello del terreno.

scan|to|nà|re *v.intr.* [indic.pres. *io scantóno...*; aus. *A*] **1** voltare rapidamente dietro un angolo, spec. per non essere visto o evitare di incontrare qlcu. | *(estens.)* svignarsela **2** *(fig.)* sottrarsi a una responsabilità | evitare un argomento, un discorso.

scan|zo|nà|to *agg.* che affronta ogni situazione, anche la più difficile, con distacco e ironia.

sca|pac|ció|ne *s.m.* colpo dato a mano aperta dietro la testa.

scapato

sca|pà|to *agg.*, *s.m.* [f. *-a*] (*fam.*) che, chi ha poco giudizio; sconsiderato.

sca|pe|stra|tàg|gi|ne *s.f.* 1 l'essere scapestrato 2 azione, comportamento da scapestrato.

sca|pe|strà|to *agg.* sregolato, dissoluto | imprudente ♦ *s.m.* [f. *-a*] chi ha una vita sregolata e dissoluta | chi si comporta in modo imprudente.

sca|pez|zà|re *v.tr.* [indic.pres. *io scapézzo...*] (*agr.*) tagliare i rami di una pianta fino al tronco.

sca|pi|col|làr|si *v.intr.pron.* [indic.pres. *io mi scapicòllo...*] 1 scendere a precipizio per luoghi ripidi: — *per le scale* | (*estens.*) affrettarsi 2 (*fig.*) affannarsi per ottenere ql.co.

sca|pi|còl|lo *s.m.* luogo scosceso | *a* —, a precipizio; precipitosamente.

sca|pi|glià|re *v.tr.* [indic.pres. *io scapìglio...*] scompigliare, spettinare i capelli a qlcu. ♦ **-rsi** *rifl.*, *intr.pron.* spettinarsi.

sca|pi|glià|to *agg.* 1 spettinato: *testa scapigliata* 2 (*fig.*) dissoluto, trasgressivo, scapestrato 3 (*lett.*) della scapigliatura: *poesia scapigliata* ♦ *s.m.* [f. *-a*] artista che appartiene al movimento culturale della scapigliatura.

sca|pi|glia|tù|ra *s.f.* movimento letterario-artistico sorto in Piemonte e Lombardia alla fine del XIX sec., caratterizzato da un forte anticonformismo e dal rifiuto della tradizione classica e tardo-romantica.

sca|pi|tà|re *v.intr.* [indic.pres. *io scàpito...*; aus. *A*; gener. con la particella *ci*] subire un danno morale o materiale; rimetterci.

scà|pi|to *s.m.* perdita di denaro | (*fig.*) danno morale o materiale | *a* — *di*, a svantaggio di: *a* — *della tua felicità*.

scà|po *s.m.* 1 (*bot.*) stelo senza foglie che parte dalla radice e sostiene un fiore 2 (*arch.*) fusto di una colonna 3 (*anat.*) parte del pelo esterna alla cute.

sca|poc|chià|re *v.tr.* [indic.pres. *io scapòcchio...*] privare della capocchia: — *uno spillo*.

scà|po|la *s.f.* (*anat.*) osso pari, piatto e triangolare della spalla che si articola con la clavicola e l'omero.

sca|po|là|re[1] *agg.* (*anat.*) che riguarda la scapola.

sca|po|là|re[2] *s.m.* lunga striscia di stoffa rettangolare che ricade sul petto e sulla schiena, talvolta munita di cappuccio, indossata dai religiosi di alcuni ordini monastici.

sca|po|là|re[3] *v.tr.* [indic.pres. *io scàpolo...*] 1 (*mar.*) oltrepassare un ostacolo con difficoltà o andandogli molto vicino 2 (*fam.*) scampare un pericolo | *scapolarsela*, svignarsela ♦ *intr.* [aus. *A*, *E*] (*fam.*) evitare una situazione pericolosa o sgradita.

scà|po|lo *agg.*, *s.m.* si dice di uomo non sposato; celibe | — *d'oro*, ricco e ambito dalle donne.

scap|pa|mén|to *s.m.* (*mecc.*) nei motori a combustione interna, l'insieme di tubi, condotti e marmitta che regola l'espulsione dei gas di scarico | la fuoriuscita stessa dei gas di scarico.

scap|pà|re *v.intr.* [aus. *E*] 1 fuggire, allontanarsi velocemente: *scappò con i nostri soldi* | — *di prigione*, evadere | (*fig.*) *di qui non si scappa*, la situazione non lascia scelta 2 correre, andare in fretta: *è tardi, devo proprio* —; *scappò a casa* 3 sfuggire: *non lasciarti — questa occasione* | sfuggire inavvertitamente: *mi è scappato qualche errore* 4 farsi sentire in modo irresistibile o incontrollabile, detto spec. di impulso o stimolo fisico: — *da piangere*; *mi scappa la pipì!* 5 sbucar fuori, sfilarsi: *la camicia ti scappa dai pantaloni*.

scap|pà|ta *s.f.* l'atto di andare per breve tempo e in fretta in un luogo o da qlcu.: *fare una — dai nonni*.

scap|pa|tèl|la *s.f.* colpa non grave | relazione extraconiugale di breve durata.

scap|pa|tó|ia *s.f.* espediente astuto per sottrarsi a una situazione pericolosa o sgradita: *cercare una* —.

scap|pel|là|re *v.tr.* [indic.pres. *io scappèllo...*] 1 togliere il cappello, il cappuccio e sim. a ql.co.: — *un fungo* 2 (*pop.*, *volg.*) scoprire il glande dal cappuccio prepuziale ♦ **-rsi** *rifl.* 1 togliersi il cappello in segno di saluto od ossequio 2 (*pop.*, *volg.*) scoprire il proprio glande dal cappuccio prepuziale.

scap|pel|là|ta *s.f.* saluto cerimonioso fatto levandosi il cappello.

scap|pel|lòt|to *s.m.* scapaccione leggero dato in modo confidenziale, senza voler far male.

scap|pot|tà|re *v.tr.* [indic.pres. *io scappòtto...*] scoprire un'automobile abbassando o togliendo la capote.

scap|puc|cià|re *v.tr.* [indic.pres. *io scappùccio...*] togliere a ql.co. o qlcu. il cappuccio.

sca|pric|ciàr|si *v.intr.pron.* [indic.pres. *io mi scapriccio...*] 1 togliersi un capriccio 2 sbizzarrirsi.

sca|psu|là|re *v.tr.* [indic.pres. *io scàpsulo...*] togliere la capsula a un recipiente.

Sca|ra|bèi|di *s.m.pl.* famiglia di Insetti coleotteri, con ali adatte al volo e corpo tozzo rivestito da un duro tegumento gener. scuro.

sca|ra|bè|o *s.m.* 1 insetto dei Coleotteri, con corpo grosso e tozzo rivestito da un tegumento durissimo, ali adatte al volo e antenne che terminano in sottili lamelle 2 (*estens.*) amuleto o gioiello in pietra dura che riproduce l'immagine di uno scarabeo, tipico dell'arte degli antichi Egizi 3 gioco da tavolo costituito da numerose tessere di plastica, recanti ciascuna una lettera e il relativo valore in punti, che i giocatori devono disporre su un tabellone formando delle parole di senso compiuto.

sca|ra|boc|chià|re *v.tr.* [indic.pres. *io scarabòcchio...*] fare scarabocchi: — *un quaderno* | (*fig.*) scrivere male, svogliatamente.

sca|ra|bòc|chio *s.m.* macchia d'inchiostro; sbavatura | parola illeggibile: *la tua firma è uno* — 2 scritto o disegno fatto malamente.

sca|rac|chià|re *v.intr.* [indic.pres. *io scaràcchio...*; aus. *A*] (*pop.*) sputare emettendo catarro; scatarrare.

sca|ràc|chio *s.m.* (*pop.*) sputo catarroso.

sca|ra|fàg|gio *s.m.* insetto notturno con corpo

lucido e piatto di colore scuro, antenne filiformi e lunghe zampe, infestatore di abitazioni; blatta.

sca|ra|màn|ti|co *agg.* [m.pl. *-ci*] che ha valore di scaramanzia: *gesto —* □ **scaramanticamente** *avv.*

sca|ra|man|zì|a *s.f.* gesto, rito, segno e sim. che, nella credenza popolare, serve ad allontanare la sfortuna o il verificarsi di un evento negativo; scongiuro: *fare ql.co. per —.*

sca|ra|mùc|cia *s.f.* [pl. *-ce*] **1** scontro di breve durata tra pattuglie o reparti di eserciti nemici **2** (*fig.*) piccola polemica; contrasto.

sca|ra|ven|tà|re *v.tr.* [indic.pres. *io scaravènto...*] gettare con violenza, scagliare: *— un oggetto dalla finestra* | spingere violentemente qlcu. facendolo cadere ♦ **-rsi** *rifl.* gettarsi con violenza: *— addosso a qlcu.*

scar|cas|sà|to *agg.* (*fam.*) sgangherato, in cattive condizioni.

scar|ce|ra|mén|to *s.m.* scarcerazione.

scar|ce|rà|re *v.tr.* [indic.pres. *io scàrcero...*] far uscire dal carcere; rilasciare.

scar|ce|ra|zió|ne *s.f.* rilascio, liberazione di un detenuto dal carcere.

scar|das|sà|re *v.tr.* cardare con lo scardasso.

scar|das|sa|tù|ra *s.f.* cardatura.

scar|dàs|so *s.m.* attrezzo con punte d'acciaio uncinate usato per cardare la lana.

scar|di|na|mén|to *s.m.* l'atto di scardinare | l'effetto che ne consegue.

scar|di|nà|re *v.tr.* [indic.pres. *io scàrdino...*] **1** strappare con forza dai cardini: *— una finestra* **2** (*fig.*) demolire ql.co. dimostrandone l'infondatezza: *— un'accusa* ♦ **-rsi** *intr.pron.* **1** uscire dai cardini **2** (*fig.*) disgregarsi.

scàr|do|la o (*raro*) **scàrdova** *s.f.* pesce d'acqua dolce con ventre argentato, scaglie dure e grandi occhi rossi.

scà|ri|ca *s.f.* **1** sparo simultaneo di più armi da fuoco | rapida successione di colpi sparati da una singola arma: *una — di mitra* **2** gran quantità di cose o colpi che cadono, colpiscono e sim. in modo improvviso e violento: *una — di sassi, di parole* **3** (*elettr.*) *— elettrica,* passaggio repentino di corrente fra due conduttori a diverso potenziale **4** violenta evacuazione intestinale.

sca|ri|ca|ba|ri|le o **scaricabarili** *s.m.* gioco infantile a coppie che consiste nel sollevarsi a vicenda, mettendosi schiena contro schiena e intrecciando le proprie braccia con quelle dell'altro | (*fig.*) *fare a —,* addossarsi vicendevolmente colpe o responsabilità.

sca|ri|ca|mén|to *s.m.* l'atto di scaricare o scaricarsi; scarico.

sca|ri|cà|re *v.tr.* [indic.pres. *io scàrico, tu scàrichi...*] **1** togliere il carico: *— un camion; — la spesa dall'auto* | deporre un carico: *— le valigie sul marciapiede* | (*di mezzo di trasporto*) far scendere i passeggeri: *l'autobus ci scaricò in piazza* | (*estens.*) svuotare **2** (*fam.*) lasciare, abbandonare: *la fidanzata l'ha scaricato* **3** (*di corsi d'acqua*) versare, immettere: *il fiume scarica le sue acque nel mare* **4** (*fig.*) liberare da un peso morale: *ho deciso di raccontargli tutto per scaricarmi la coscienza* **5** (*anche fig.*) lanciare ql.co. contro qlcu.; scagliare: *gli scaricò addosso una serie di pugni e di improperi* | sfogare, manifestare liberamente: *— la rabbia* **6** (*fig.*) far ricadere su altri, addossare: *— una colpa, una responsabilità* **7** estrarre il caricatore o i proiettili da un'arma da fuoco | sparare tutti i proiettili contro qlcu. o ql.co. **8** far perdere la carica a un dispositivo: *— la batteria* **9** (*inform.*) copiare un file da un supporto informatico a un altro ♦ **-rsi** *rifl.* **1** liberarsi di un peso **2** (*fig.*) liberarsi di un obbligo, un dolore e sim.: *— di un dovere* **3** (*fig.*) rilassarsi, allentare la tensione: *per scaricarmi vado in palestra* ♦ *intr.pron.* **1** (*di corsi d'acqua*) riversarsi **2** (*di pioggia, grandine, fulmini*) cadere, abbattersi **3** esaurire la carica: *le pile si sono scaricate.*

sca|ri|ca|tó|io *s.m.* **1** luogo per lo scarico **2** condotto per le acque di rifiuto; fogna.

sca|ri|ca|tó|re *agg.* [f. *-trice*] che scarica ♦ *s.m.* **1** operaio che si occupa del carico e dello scarico di merci **2** dispositivo per le operazioni di scarico **3** (*elettr.*) negli impianti elettrici, dispositivo automatico di protezione che scarica eventuali sovratensioni.

scà|ri|co *agg.* [m.pl. *-chi*] **1** privo di carica: *camion —* **2** senza carica: *pila scarica* **3** (*spec.fig.*) libero, vuoto: *cielo — di nuvole* ♦ *s.m.* **1** rimozione di un carico; svuotamento: *lo — della merce* **2** abbandono di materiale di rifiuto: *divieto di —* | l'insieme di rifiuti, immondizie e sim. | luogo in cui sono scaricati tali materiali **3** (*di liquidi, gas e sim.*) l'atto di riversarsi in un luogo | condotto attraverso cui avviene il riversamento | **tubo di —**, nei motori a scoppio, quello attraverso cui fuoriescono i gas di scarico **4** (*comm.*) registrazione di un'uscita.

sca|ri|fi|cà|re *v.tr.* [indic.pres. *io scarìfico, tu scarìfichi...*] **1** (*med.*) abradere lo strato superficiale della pelle o di una mucosa, spec. per effettuare test o vaccinazioni **2** (*estens.*) incidere la corteccia di un albero per ottenere la linfa **3** (*agr.*) lavorare la terra con uno scarificatore.

sca|ri|fi|ca|tó|re *s.m.* **1** (*med.*) strumento chirurgico per scarificare **2** (*agr.*) attrezzo formato da punte d'acciaio usato per frantumare la crosta del terreno senza rivoltarlo.

sca|ri|fi|ca|tù|ra *s.f.* **1** (*agr.*) frantumazione della crosta superficiale del terreno **2** incisione sulla corteccia di un albero per farne sgorgare la linfa.

sca|ri|fi|ca|zió|ne *s.f.* (*med.*) abrasione degli strati superficiali della pelle o della mucosa per fini terapeutici o diagnostici.

scar|lat|tì|na *s.f.* (*med.*) malattia infettiva contagiosa di origine batterica tipica dell'età infantile, caratterizzata da febbre, infiammazione della gola, pelle arrossata e tendente alla desquamazione.

scar|làt|to *agg.* di colore rosso acceso ♦ *s.m.* colore rosso acceso.

scar|mi|glià|re *v.tr.* [indic.pres. *io scarmìglio...*]

scompigliare i capelli, spettinare ♦ **-rsi** *rifl.*, *intr. pron.* spettinarsi, scompigliarsi i capelli.

scar|mi|glià|to *agg.* arruffato | (*di persona*) con i capelli spettinati, arruffati.

scar|na|tù|ra *s.f.* nella concia delle pelli, eliminazione dello strato adiposo presente nella parte interna delle pelli.

scar|ni|fi|cà|re *v.tr.* [indic.pres. *io scarnìfico, tu scarnìfichi...*] **1** levare la carne che circonda ql.co.; spolpare **2** (*fig.*) ridurre all'essenziale.

scar|ni|fi|ca|zió|ne *s.f.* eliminazione della carne che circonda ql.co., spec. le ossa.

scar|ni|re *v.tr.* [indic.pres. *io scarnisco, tu scarnisci...*] **1** levare la carne intorno | (*estens.*) smagrire **2** (*fig.*) ridurre all'essenziale.

scàr|no *agg.* **1** magro: *viso* — **2** (*estens.*) scarso, insufficiente: *prove scarne* **3** (*fig.*) spoglio, essenziale: *stile* —.

sca|rò|gna *s.f.* → **scalogna**.

sca|rò|la *s.f.* varietà di indivia | (*region.*) lattuga o cicoria.

scàr|pa *s.f.* **1** insieme di suola e tomaia, in cuoio o altro materiale, che copre e protegge il piede nella parte inferiore e superiore: *scarpe da ginnastica* | (*fig.*) **fare le scarpe a qlcu.**, procurargli un danno fingendo di essergli amico **2** (*fig., fam.*) persona incapace: *sei proprio una* — **3** cuneo che si mette sotto le ruote di un veicolo fermo su un pendio.

scar|pà|ta¹ *s.f.* piano molto inclinato di un terreno; forte pendio.

scar|pà|ta² *s.f.* colpo dato con una scarpa.

scar|pét|ta *s.f.* scarpa da bambino | scarpa elegante da donna | scarpa leggera e bassa usata in certi sport: *scarpette da pugile* | (*fig., fam.*) **fare la —**, raccogliere il sugo rimasto nel piatto usando un pezzo di pane.

scar|piè|ra *s.f.* mobile a ripiani per riporre le scarpe.

scar|pi|nà|re *v.intr.* [aus. *A*] (*fam.*) camminare molto e faticosamente.

scar|pi|nà|ta *s.f.* (*fam.*) camminata lunga e faticosa.

scar|pó|ne *s.m.* grossa scarpa robusta con tomaia alta e suola spessa in gomma, usata spec. per camminare su terreni accidentati | **— da scì**, calzatura alta di plastica rigida con sporgenze per consentire l'aggancio con gli sci.

scar|roz|zà|re *v.tr.* [indic.pres. *io scarròzzo...*] portare qua e là con un veicolo.

scar|roz|zà|ta *s.f.* (*fam.*) passeggiata in carrozza, automobile o altro veicolo.

scar|ruf|fà|re o **scaruffàre** *v.tr.* scompigliare i capelli ♦ **-rsi** *intr.pron.* scompigliarsi i capelli.

scar|ru|co|là|re *v.intr.* [indic.pres. *io scarrùcolo...*; aus. *A*] (*di funi, catene e sim.*) scorrere fuori una carrucola ♦ *tr.* togliere dalla gola della carrucola.

scar|seg|già|re *v.intr.* [indic.pres. *io scarséggio...*; aus. *A*] essere scarso; mancare: *i viveri scarseggiano* | essere carente di ql.co.

scar|séz|za *s.f.* mancanza, carenza, scarsità.

scar|si|tà *s.f.* insufficienza, mancanza, carenza: *— di denaro.*

scàr|so *agg.* **1** che è in misura inferiore a quanto si desidera o è necessario; insufficiente: *— guadagno* | *povero, manchevole: essere — di fantasia* | *poco abile, poco dotato: essere — in geografia* **2** di poco inferiore alla misura esatta: *tre metri scarsi* □ **scarsamente** *avv.*

scar|ta|bel|là|re *v.tr.* [indic.pres. *io scartabèllo...*] sfogliare, scorrere frettolosamente un libro o sim. alla ricerca di ql.co.

scar|tà|bi|le *agg.* che può essere scartato.

scar|ta|fàc|cio *s.m.* insieme disordinato di fogli | libro sgualcito.

scar|ta|mén|to *s.m.* la distanza fra le facce interne delle rotaie che costituiscono un binario ferroviario | **— ridótto**, che ha una misura inferiore a quella normale | (*fig.*) **a — ridótto**, poco efficiente.

scar|tà|re¹ *v.tr.* **1** levare la carta che avvolge un oggetto: *— un regalo* **2** nei giochi di carte, eliminare una carta che si ha in mano **3** rifiutare, escludere qlcu. o ql.co. perché considerato non buono, inutile, inadatto ecc.: *è stato scartato al provino*; *— un'idea*.

scar|tà|re² *v.intr.* [aus. *A*] (*di veicolo o animale*) deviare con un brusco spostamento laterale | (*sport*) nel ciclismo, spostarsi di lato all'improvviso durante la volata ♦ *tr.* schivare qlcu. passandogli accanto | (*sport*) nel calcio, basket e sim., superare l'avversario mantenendo il possesso della palla; dribblare.

scar|ta|ve|trà|re *v.tr.* [indic.pres. *io scartavétro...*] (*fam.*) levigare con la carta vetrata; cartavetrare.

scar|ta|ve|trà|ta *s.f.* rapida levigatura con la carta vetrata.

scar|ti|na *s.f.* nei giochi di carte, carta di poco valore | (*estens., fam.*) cosa o persona che non vale nulla.

scàr|to¹ *s.m.* **1** eliminazione di ql.co. in seguito a una scelta | ciò che è scartato perché inutile o di scarsa qualità: *scarti di magazzino* | (*fig., spreg.*) persona incapace **2** nei giochi di carte, l'atto di scartare | il complesso delle carte scartate **3** gioco enigmistico che consiste nell'indovinare due parole, la seconda delle quali è ottenuta eliminando dalla prima una lettera o una sillaba.

scàr|to² *s.m.* **1** (*di veicolo o animali*) improvviso spostamento laterale | (*estens.*) deviazione **2** distacco, differenza nel punteggio: *uno — di pochi punti* **3** (*mat.*) differenza tra il valore di una variabile e un valore di riferimento.

scar|toc|cià|re *v.tr.* [indic.pres. *io scartòccio...*] **1** togliere le pannocchie di mais dalle brattee **2** togliere dal cartoccio.

scar|tòf|fia *s.f. spec.pl.* (*scherz.*) scritto poco importante | incartamenti, pratiche burocratiche.

sca|ruf|fà|re *v.tr.* → **scarruffare**.

scas|sà|re *v.tr.* **1** arare il terreno in profondità **2** (*fam.*) rompere: *ha scassato l'auto* **3** (*fig., pop.*) scocciare, infastidire pesantemente ♦ **-rsi** *intr.*

pron. **1** (*fam.*) rompersi: *il frigo si è scassato* **2** (*pop.*) stufarsi, annoiarsi.
scas|sà|to *part.pass. di* scassare ♦ *agg.* (*fam.*) rotto; in cattive condizioni.
scas|si|na|mén|to *s.m.* l'atto di scassinare; forzatura.
scas|si|nà|re *v.tr.* aprire ql.co. con la forza, manomettendo la serratura: — *una porta.*
scas|si|na|tó|re *s.m.* [f. *-trice*] chi compie degli scassi, spec. per rubare.
scàs|so *s.m.* **1** l'atto di scassinare, spec. per scopi illeciti: *furto con* — **2** (*agr.*) dissodamento profondo di un terreno.
sca|tar|rà|re *v.intr.* [aus. *A*] (*fam.*) tossire espellendo catarro.
sca|te|na|mén|to *s.m.* (*spec.fig.*) manifestazione improvvisa, spec. di sentimenti e sim.
sca|te|nà|re *v.tr.* [indic.pres. *io scaténo*...] **1** causare la manifestazione impetuosa di un sentimento: — *l'odio* **2** incitare, aizzare: — *la folla alla violenza* ♦ **-rsi** *intr.pron.* **1** agire in modo impetuoso o violento: *i tifosi si scatenarono* | (*di fenomeno atmosferico*) scoppiare, infuriare: *sta per — il temporale* **2** darsi alla pazza gioia **3** (*fam.*) entusiasmarsi, infiammarsi: *quando parla di calcio, si scatena.*
sca|te|nà|to *part.pass. di* scatenare ♦ *agg.* senza freni, incontenibile | (*scherz.*) *pazzo* —, persona esuberante, vivace, intraprendente.
scà|to|la *s.f.* **1** recipiente di vario materiale, con coperchio, usato per contenere o trasportare oggetti: — *di latta* | *cibo in* —, conservato in recipienti, spec. metallici, ermeticamente chiusi | *scatole cinesi*, serie di scatole di dimensioni decrescenti che si possono mettere l'una dentro l'altra; (*fig.*) serie di fattori collegati fra loro | (*fig.*) *comprare a — chiusa*, senza controllare il contenuto **2** il contenuto di una scatola: *una — di biscotti* **3** (*estens.*) oggetto a forma di scatola | (*anat.*) — *cranica*, l'insieme delle ossa che racchiudono il cervello | (*aer.*) — *nera*, congegno elettronico che registra i dati del volo **4** (*pl.*, *pop.*, *euf.*) testicoli | (*fig.*) *rompere le scatole a qlcu.*, infastidirlo oltremisura | (*fig.*) *averne piene le scatole*, non sopportare più ql.co. o qlcu., essere esasperato.
sca|to|là|io *s.m.* [f. *-a*] chi fabbrica o vende scatole.
sca|to|là|me *s.m.* **1** insieme, varietà di scatole **2** prodotti alimentari conservati in scatola.
sca|to|là|to *agg.* conservato in scatola: *cibo* —.
sca|to|lét|ta *s.f.* **1** piccola scatola di metallo chiusa ermeticamente che contiene prodotti alimentari conservati: — *di tonno* **2** il cibo contenuto in una scatoletta: *abbiamo mangiato solo scatolette.*
sca|to|li|fi|cio *s.m.* fabbrica di scatole.
sca|to|lo|gì|a *s.f.* scritto o discorso scherzoso che ha per tema argomenti triviali, spec. gli escrementi.
sca|to|lò|gi|co *agg.* [m.pl. *-ci*] che riguarda la scatologia.
scat|tàn|te *part.pres. di* scattare ♦ *agg.* che ha riflessi pronti; agile, veloce: *atleta* — | (*di veicolo*) che ha un'ottima ripresa.
scat|tà|re *v.intr.* [aus. *E*, *A* nel sign. 1; *E* nei sign. 2, 3, 4, 5] **1** (*di congegno*) liberarsi dallo stato di tensione in modo improvviso: *la trappola non è scattata* **2** (*estens.*) balzare, fare un movimento improvviso: — *in piedi* | aumentare improvvisamente la velocità: *l'atleta scattò quando mancavano duecento metri al traguardo* **3** (*fig.*) incominciare all'improvviso: *l'attacco scattò alla mezzanotte* **4** (*fig.*) prorompere improvvisamente in una manifestazione d'ira: *non ti si può dire nulla che scatti subito* **5** passare a un altro livello con una serie progressiva di valori: *tra un'ora scatta la tariffa ridotta* ♦ *tr.* fare una fotografia azionando lo scatto di una macchina fotografica: *gli ho scattato molte foto.*
scat|ti|sta *s.m./f.* [m.pl. *-i*] atleta dotato di scatto | nell'atletica, specialista nelle gare di velocità su percorso breve; velocista.
scàt|to *s.m.* **1** liberazione di un congegno da uno stato di tensione | il congegno stesso che scatta | il rumore che un congegno produce scattando **2** balzo, slancio; movimento improvviso e brusco | *a scatti*, con movimenti bruschi e irregolari; con brusche interruzioni: *parlare a scatti* | *di* —, in modo improvviso e rapido: *alzarsi di* — **3** (*sport*) accelerazione massima e improvvisa: *atleta con un buono* — **4** (*fig.*) improvvisa manifestazione di ira, nervosismo e sim. **5** (*fig.*) salto quantitativo, aumento di livello: — *di stipendio* **6** unità tariffaria del servizio telefonico.
scat|tó|so *agg.* detto di guida sportiva, grintosa | detto di persona che ha frequenti scatti di ira o di nervosismo.
sca|tu|rì|gi|ne *s.f.* (*lett.*) **1** sorgente **2** (*fig.*) origine.
sca|tu|rì|re *v.intr.* [indic.pres. *io scaturisco, tu scaturisci*...; aus. *E*] **1** (*di liquido*) sgorgare, zampillare **2** (*fig.*) derivare, avere origine.
scau|tì|smo *s.m.* → **scoutismo**.
scau|tì|sti|co *agg.* → **scoutistico**.
sca|val|ca|mén|to *s.m.* (*anche fig.*) l'atto di scavalcare.
sca|val|cà|re *v.tr.* [indic.pres. *io scavalco, tu scavalchi*...] **1** superare un ostacolo passandogli sopra: — *un cancello* **2** (*fig.*) sorpassare qlcu. | prendere di propria iniziativa una decisione che spetta a un superiore: — *il direttore* **3** disarcionare; gettare giù da cavallo.
sca|và|re *v.tr.* **1** asportare terra, sabbia, sassi per formare una cavità nel terreno: — *una buca* | fare un incavo in un oggetto asportando parte del materiale che lo compone: — *un tronco* | (*fig.*) *scavarsi la fossa*, danneggiarsi gravemente **2** (*spec.assol.*, *fig.*) indagare a fondo, approfondire: *a forza di* —, *sono giunto alla verità* **3** riportare alla luce; dissotterrare.
sca|và|to *part.pass. di* scavare ♦ *agg.* (*di volto*) magro, smunto.
sca|va|tó|re *agg.* [f. *-trice*] che scava: *macchina scavatrice* ♦ *s.m.* **1** addetto ai lavori di scavo **2** macchina scavatrice.

sca|va|tri|ce *s.f.* scavatore; escavatrice.
sca|va|tu|ra *s.f.* azione dello scavare | terra o materia scavata.
sca|vez|za|còl|lo *s.m./f.* [pl. *-i*] giovane sregolato e imprudente | *a* —, a precipizio, precipitosamente.
sca|vez|zà|re *v.tr.* [indic.pres. *io scavézzo*...] potare la punta di un albero | (*estens.*) rompere, spezzare.
sca|vi|no *s.m.* piccolo utensile da cucina per svuotare frutta, ortaggi e sim.
scà|vo *s.m.* 1 azione dello scavare | luogo in cui si scava 2 (*archeol.*) esplorazione scientifica del terreno per riportare alla luce oggetti antichi | (*spec.pl.*) la zona in cui è stata effettuata tale ricerca e gli oggetti in essa reperiti.
scaz|zà|re *v.intr.* [aus. *A*] (*volg.*) infastidire: *mi scazza arrivare in ritardo* ♦ **-rsi** *intr.pron.* (*volg.*) 1 annoiarsi 2 arrabbiarsi.
scàz|zo *s.m.* (*volg.*) 1 noia 2 (*spec.pl.*) problema: *essere pieno di scazzi* 3 litigio.
scaz|zot|tà|re *v.tr.* [indic.pres. *io scazzòtto*...] (*pop.*) prendere a cazzotti ♦ **-rsi** *rifl.rec.* (*pop.*) prendersi a cazzotti.
scaz|zot|tà|ta *s.f.* (*pop.*) scontro a pugni | serie di pugni.
scé|glie|re *v.tr.* [indic.pres. *io scelgo, tu scegli*...; pass.rem. *io scelsi, tu scegliésti*...; fut. *io sceglierò*...; congiunt.pres. *io scelga*...; condiz. *io sceglierèi, tu sceglierésti*...; part.pass. *scelto*] 1 individuare, prendere tra più persone o cose quella che si ritiene migliore: *un aiutante, un vestito* 2 prendere la parte migliore di ql.co. dopo averla separata da quella peggiore: — *la frutta* 3 decidere: *ha scelto di iscriversi all'università* | preferire: *al tuo posto, sceglierei la verità*.
sceic|cà|to *s.m.* 1 titolo, dignità di sceicco 2 territorio di uno sceicco.
sceìc|co *s.m.* [pl. *-chi*] nel mondo arabo, titolo dato a persone autorevoli | capo delle tribù beduine.
scel|le|ra|tàg|gi|ne *s.f.* scelleratezza.
scel|le|ra|téz|za *s.f.* 1 caratteristica di ciò che è scellerato 2 misfatto; azione scellerata.
scel|le|rà|to *agg.* malvagio, cattivo ♦ *s.m.* [f. *-a*] persona di grande malvagità □ **scelleratamente** *avv.*
scel|li|no *s.m.* 1 moneta divisionale inglese in uso sino al 1971, pari alla ventesima parte della sterlina 2 unità monetaria dell'Austria in uso sino all'adozione dell'euro nel 2002 3 unità monetaria di Kenya, Somalia, Tanzania, Uganda.
scél|ta *s.f.* 1 l'atto di scegliere: *compiere una* — | la possibilità di scegliere: *non avere* — | *a* —, secondo la propria preferenza: *un omaggio a* — 2 selezione, insieme di ciò che è stato scelto: *una — di poesie* | *di prima, seconda* —, di qualità migliore o più scadente.
scél|to *part.pass.* di scegliere ♦ *agg.* 1 selezionato, frutto di una scelta | di qualità superiore: *vini scelti* 2 (*estens.*) raffinato, elegante: *pubblico* — 3 bene addestrato in una certa disciplina: *tiratore* —.

sce|mà|re *v.intr.* [indic.pres. *io scémo*...; aus. *E*] attenuarsi; diminuire per intensità, qualità o quantità.
sce|mà|ta *s.f.* (*fam.*) cosa banale; stupidaggine | frase o azione da scemo.
sce|mèn|za *s.f.* (*fam.*) 1 imbecillità, stupidità 2 frase o azione da scemo.
scé|mo *agg.* 1 (*di persona*) che ha poca intelligenza, sciocco | (*di cosa*) senza valore o significato; insulso: *un film* — 2 (*raro*) mancante, non intero | (*arch.*) **arco** —, arco a sesto ribassato, cioè con altezza di misura inferiore al raggio ♦ *s.m.* [f. *-a*] persona scema; sciocco | *lo — del villaggio*, persona presa in giro da tutti per il suo comportamento.
scem|piàg|gi|ne *s.f.* sciocchezza, imbecillità, stupidaggine.
scem|pià|re *v.tr.* [indic.pres. *io scémpio*...] rendere scempio, semplice ♦ **-rsi** *intr.pron.* diventare semplice.
scém|pio[1] *s.m.* 1 (*lett.*) strage, massacro 2 (*fig.*) deturpazione, rovina: — *del paesaggio*.
scém|pio[2] *agg.* semplice, non doppio.
scè|na *s.f.* 1 palcoscenico | *mettere in* —, rappresentare a teatro | *andare in* —, di lavoro teatrale, essere rappresentato | *entrare in* —, di attore, comparire sul palcoscenico; (*fig.*) intervenire in una situazione modificandola 2 ricostruzione dell'ambiente in cui si svolge un'azione teatrale, cinematografica o televisiva | (*estens.*) luogo in cui è avvenuto un fatto: *la — del delitto* 3 l'azione dei personaggi sul palcoscenico | — *muta*, senza dialoghi | (*estens.*) *far — muta*, rispondere col silenzio a una domanda 4 ognuna delle parti in cui è diviso un atto teatrale | (*estens.*) parte unitaria e coerente di una narrazione più ampia: *la — dell'addio* | — *madre*, quella più importante; (*fig.*) momento culminante, spec. di una discussione o scenata | (*fig.*) *colpo di* —, improvviso cambiamento 5 spettacolo naturale o della vita reale che si offre alla vista: *una — terribile* | situazione: *la — politica* 6 (*fig.*) finzione: *la tua è solo* — | (*spec.pl.*) manifestazione esagerata di sentimenti o passioni; scenata: — *di rabbia*; *non fare scene*.
sce|nà|rio *s.m.* 1 l'insieme del fondale e delle quinte usate per una rappresentazione teatrale 2 (*fig.*) paesaggio naturale, gener. suggestivo | (*estens., giorn.*) quadro, prospettiva in cui si colloca un evento: *gli scenari del dopoguerra*.
sce|nà|ta *s.f.* manifestazione esagerata di risentimento, di collera: — *di gelosia* | litigio, rimprovero violento.
scén|de|re *v.intr.* [indic.pres. *io scendo*...; pass.rem. *io scesi, tu scendésti*...; part.pass. *sceso*; aus. *E*] 1 spostarsi da un luogo più alto a uno più basso: — *nel seminterrato* | — *in piazza*, partecipare a una manifestazione di protesta | — *in campo*, presentarsi per affrontare una gara, una sfida e sim. | (*di precipitazioni atmosferiche*) cadere: *la neve scendeva sui tetti* | essere in pendenza: *la strada scende gradualmente* 2 muoversi da nord a sud: *gli Unni scesero in Italia* 3 smontare: —

dall'auto; — *alla prima fermata* 4 prendere alloggio; sostare: *è sceso nell'albergo più rinomato della città* 5 (*fig.*) piegarsi, cedere: — *a compromessi* | abbassarsi: *non voglio — a tanto* 6 (*fig.*) giungere a una condizione peggiore: — *di grado* | diminuire di livello, intensità, valore e sim.: *la temperatura è scesa* 7 ricadere: *i capelli le scendono sulle spalle* | pendere: *dal soffitto scendevano ragnatele* ♦ *tr.* percorrere verso il basso: — *le scale.*

scen|di|bà|gno *s.m.invar.* piccolo tappeto, gener. di spugna, che si stende accanto alla doccia o alla vasca da bagno per appoggiarvi i piedi dopo essersi lavati.

scen|di|lèt|to *s.m.invar.* piccolo tappeto che si stende accanto al letto.

sce|neg|già|re *v.tr.* [indic.pres. *io scenéggio*...] adattare e rielaborare un'opera letteraria o un soggetto originale, suddividendolo in scene e scrivendone i dialoghi, in modo che possa essere rappresentato in teatro, al cinema o in televisione.

sce|neg|già|ta *s.f.* 1 genere del teatro popolare napoletano che si basa sul testo di una canzone di successo da cui prende il titolo lo spettacolo 2 (*estens.*) messinscena creata per far colpo.

sce|neg|già|to *s.m.* rappresentazione televisiva, gener. a puntate, basata su un'opera letteraria.

sce|neg|gia|tó|re *s.m.* [f. -*trice*] chi scrive sceneggiature.

sce|neg|gia|tù|ra *s.f.* 1 suddivisione in scene di un'opera teatrale, cinematografica o radiotelevisiva 2 copione di film o trasmissione radiotelevisiva con le annotazioni tecniche.

sce|nét|ta *s.f.* breve azione comica | (*estens.*) situazione involontariamente divertente.

scè|ni|co *agg.* [m.pl. -*ci*] proprio della scena: *effetto* —.

sce|no|gra|fì|a *s.f.* 1 l'arte di creare le scene 2 l'insieme degli elementi scenici che compongono il luogo in cui si svolge l'azione teatrale o cinematografica.

sce|no|grà|fi|co *agg.* [m.pl. -*ci*] 1 che riguarda la scenografia 2 (*fig.*) spettacolare, meraviglioso □ **scenograficamente** *avv.*

sce|nò|gra|fo *s.m.* [f. -*a*] chi progetta o realizza le scene.

sce|no|tèc|ni|ca *s.f.* l'arte, la tecnica dell'allestimento scenico.

scen|trà|re *v.tr.* [indic.pres. *io scèntro*...] 1 far andare fuori centro 2 (*region.*) danneggiare, spec. a causa di un incidente: *ho scentrato l'auto* ♦ -**rsi** *intr.pron.* 1 perdere la centratura 2 (*region.*) scontrarsi, spec. di veicoli.

scen|trà|to *part.pass. di* scentrare ♦ *agg.* che non è esattamente al centro.

sce|rìf|fo[1] *s.m.* 1 negli Stati Uniti, capo della polizia di una contea | in Inghilterra e Irlanda, chi amministra la giustizia in una contea 2 (*estens.*) guardia privata.

sce|rìf|fo[2] *s.m.* nel mondo musulmano, titolo dei discendenti di Maometto.

scer|vel|làr|si *v.intr.pron.* [indic.pres. *io mi scervèllo*...] pensare intensamente, arrovellarsi per risolvere un problema o una situazione complicata.

scer|vel|là|to *part.pass. di* scervellarsi ♦ *agg.*, *s.m.* [f. -*a*] che, chi è sbadato o irresponsabile.

scet|ti|cì|smo *s.m.* 1 (*filos.*) dottrina secondo cui è impossibile raggiungere una conoscenza assoluta e certa 2 (*estens.*) tendenza a dubitare di tutto.

scèt|ti|co *agg.* [m.pl. -*ci*] 1 (*filos.*) proprio dello scetticismo 2 (*estens.*) diffidente, che dubita di tutto: *essere — su ql.co.* ♦ *s.m.* [f. -*a*] 1 seguace dello scetticismo 2 (*estens.*) persona scettica □ **scetticamente** *avv.*

scèt|tro *s.m.* 1 bastone simbolo del potere regio o imperiale 2 (*fig.*) primato, superiorità.

sce|ve|rà|re *v.tr.* [indic.pres. *io scévero*...] (*lett.*) distinguere, separare.

scé|vro *agg.* (*lett.*) privo, esente: *essere — di colpe.*

schè|da *s.f.* 1 cartoncino rettangolare usato per annotazioni e ordinato in uno schedario | — **bibliografica**, quella che contiene i dati bibliografici di un libro | — **magnetica**, tessera con banda magnetica sulla quale sono registrati dati leggibili da appositi strumenti | — **telefonica**, scheda magnetica per telefonare con apparecchi pubblici 2 modulo stampato usato per pratiche burocratiche e amministrative | — **elettorale**, quella su cui l'elettore segna il proprio voto | — **bianca**, quella su cui l'elettore non ha tracciato alcun segno | — **nulla**, scheda elettorale ritenuta non valida a causa di errori o irregolarità 3 (*giorn.*, *tv*) sintesi informativa su un evento, un personaggio e sim. 4 (*inform.*) elemento hardware di un computer | — **madre**, quella che contiene i componenti principali del sistema | — **grafica**, quella che permette di visualizzare le immagini sul monitor.

sche|dà|re *v.tr.* [indic.pres. *io schèdo*...] 1 registrare su una scheda | — *un testo*, *un autore*, annotare in modo schematico le informazioni principali su quel testo o autore 2 registrare i dati riguardanti determinate persone in appositi schedari, per poterli consultare in caso di bisogno.

sche|dà|rio *s.m.* 1 insieme di schede disposte secondo un dato ordine 2 (*estens.*) mobile in cui si conservano le schede per la consultazione.

sche|da|rì|sta *s.m./f.* addetto alla gestione di schedari.

sche|dà|to *part.pass. di* schedare ♦ *agg.* registrato su scheda: *libro* — ♦ *s.m.* [f. -*a*] persona registrata negli schedari della polizia.

sche|da|tó|re *s.m.* [f. -*trice*] chi compila schede.

sche|da|tù|ra *s.f.* operazione dello schedare.

sche|dì|na *s.f.* foglietto predisposto per i giochi del totocalcio, totip, enalotto e sim.: *giocare la* —.

schég|gia *s.f.* [pl. -*ge*] 1 frammento irregolare, gener. appuntito o tagliente, che si è staccato da un corpo solido: — *di legno* 2 (*fig.*, *fam.*) persona, animale, cosa che si muove a gran velocità:

quell'auto è una — | **essere una — impazzita**, sfuggire a ogni controllo.

scheg|già|re v.tr. [indic.pres. io schéggio...] causare il distacco di uno o più frammenti dalla superficie di un oggetto: — un bicchiere ♦ **-rsi** intr. pron. subire una scheggiatura: mi si è scheggiata l'unghia.

scheg|gia|tù|ra s.f. distacco di uno o più frammenti dalla superficie di un oggetto | punto da cui si è distaccato un frammento.

sche|le|trà|to s.m. (med.) protesi odontoiatrica mobile che riempie lo spazio dei denti mancanti.

sche|lè|tri|co agg. [m.pl. -ci] 1 proprio dello scheletro 2 (estens.) magrissimo, scarno: mani scheletriche 3 (fig.) ridotto al minimo; conciso.

sche|le|tri|re v.tr. [indic.pres. io scheletrisco, tu scheletrisci...] ridurre come uno scheletro ♦ **-rsi** intr.pron. diventare magrissimo.

sche|le|tri|to part.pass. di scheletrire ♦ agg. 1 estremamente magro | (di albero o ramo) senza foglie, secco 2 (fig.) ridotto all'essenziale.

schè|le|tro s.m. 1 l'insieme delle strutture ossee e cartilaginee con funzione di sostegno e di protezione delle parti molli del corpo, presente nell'uomo e negli animali vertebrati | **sembrare uno** —, essere magrissimo | (fig.) **tenere uno — nell'armadio**, mantenere segreto un atto o un evento riprovevole del passato 2 (estens.) struttura di sostegno: lo — di una nave (fig.) schema fondamentale: lo — di un progetto | trama: lo — di un racconto.

schè|ma s.m. [pl. -i] 1 rappresentazione semplificata di un progetto, un meccanismo, un evento e sim.: lo — del piano di gioco 2 piano preliminare di un'opera; progetto, abbozzo 3 modello astratto.

sche|ma|ti|ci|tà s.f. proprietà di ciò che è schematico.

sche|mà|ti|co agg. [m.pl. -ci] che rappresenta ql.co. in modo essenziale, semplice e funzionale: disegno — □ **schematicamente** avv.

sche|ma|ti|smo s.m. tendenza a procedere, a esprimersi secondo modelli troppo rigidi.

sche|ma|tiz|zà|re v.tr. rappresentare ql.co. in modo schematico.

sche|ma|tiz|za|zió|ne s.f. semplificazione, riduzione all'essenziale.

schér|ma s.f. 1 tecnica del combattimento con armi bianche (fioretto, spada, sciabola) | sport in cui gli atleti si sfidano con tali armi 2 (estens.) nel pugilato, abilità di schivare gli attacchi dell'avversario e, contemporaneamente, di mandare a segno i propri.

scher|màg|gio s.m. (tecn.) schermatura.

scher|ma|glia s.f. 1 (sport) nella scherma, serie alterna di attacchi e parate 2 (fig.) discussione polemica; battibecco, scaramuccia.

scher|mà|re v.tr. [indic.pres. io schérmo o schèrmo...] proteggere con uno schermo.

scher|mà|ta s.f. videata.

scher|ma|tù|ra s.f. l'azione dello schermare | ciò che si usa per schermare.

scher|mi|dó|re s.m. → schermitore.

scher|mìr|si v.rifl. [indic.pres. io mi schermisco, tu ti schermisci...] 1 ripararsi, difendersi 2 (fig.) sottrarsi, cercare di evitare ciò che può creare imbarazzo o disagio: — da un complimento.

scher|mì|sti|co agg. che riguarda la scherma.

scher|mi|tó|re o **schermidóre** s.m. 1 [f. -trice] chi pratica la scherma 2 pugile con una buona scherma.

schér|mo o **schèrmo** s.m. 1 (anche fig.) riparo, protezione: farsi — con le mani | ciò che ostacola o impedisce il passaggio di ql.co.: — acustico 2 (cine., foto.) superficie bianca su cui si proiettano le immagini impresse sulla pellicola | **il grande** —, il cinema 3 (estens.) sala cinematografica: il film sarà sugli schermi a Natale | cinema, mondo del cinema: adattare un racconto per lo —; i divi dello — 4 in computer, tv e sim., superficie fluorescente sulla quale appaiono le immagini | **il piccolo** —, la televisione.

scher|mo|grà|fi|a s.f. (med.) tecnica di indagine diagnostica che consiste nel fotografare l'immagine prodotta su uno schermo fluorescente dal passaggio di raggi x attraverso un corpo.

scher|mo|grà|fi|co agg. [m.pl. -ci] (med.) proprio della schermografia.

scher|nì|re v.tr. [indic.pres. io schernisco, tu schernisci...] deridere, farsi beffe di qlcu.

schér|no s.m. 1 derisione, offesa: dire ql.co. per — | atto o parola con cui si schernisce 2 persona o cosa che è schernita.

scher|zà|re v.intr. [indic.pres. io schérzo...; aus. A] 1 giocare in modo allegro e vivace 2 comportarsi senza serietà; fare scherzi; prendersi gioco di ql.co. o qlcu.: gli piace — su questo argomento | **ma scherzi?**, espressione usata per esprimere incredulità e stupore | (fig.) — **con il fuoco**, agire in modo imprudente in una situazione pericolosa 3 (fam.) [preceduto da una negazione] non essere da meno: lui è bravo, ma anche tu non scherzi.

schér|zo s.m. 1 l'azione dello scherzare | **per** —, per ridere; senza serie intenzioni | **neppure per** —, assolutamente no | **(sapere) stare allo** —, non offendersi 2 azione o frase che ha lo scopo di divertire: — di pessimo gusto 3 (estens.) azione dannosa o sgradevole, spec. imprevista: la memoria mi ha giocato un brutto — 4 (fig.) cosa molto facile, da nulla: vincere è stato uno — 5 (lett.) componimento poetico di argomento burlesco 6 (mus.) composizione di tono brioso spec. per pianoforte | composizione dall'andamento rapido.

scher|zó|so agg. 1 che ama scherzare: è un tipo — 2 divertente, giocoso: tono — □ **scherzosamente** avv.

schet|ti|nàg|gio s.m. pattinaggio a rotelle.

schet|ti|nà|re v.intr. [indic.pres. io schèttino...; aus. A] pattinare con i pattini a rotelle.

schet|ti|na|tó|re s.m. [f. -trice] chi pattina su pattini a rotelle.

schèt|ti|no s.m. spec.pl. pattino a rotelle.

schiàc|cia s.m. [m.pl. -ce] utensile da pasticcere composto da due dischi metallici imperniati a tenaglia, usato per schiacciare la pasta e ottenere cialde, ostie e sim.

schiac|cia|mén|to *s.m.invar.* alterazione della forma di un corpo a causa di una compressione | (*astr.*) — *polare*, appiattimento ai poli degli astri in rotazione.

schiac|cia|nó|ci *s.m.invar.* utensile da cucina per rompere il guscio di noci, mandorle, nocciole.

schiac|cià|nte *part.pres. di* schiacciare ◆ *agg.* evidente, al di là di ogni dubbio | molto netto: *vittoria —*.

schiac|cia|pa|tà|te *s.m.invar.* utensile da cucina per schiacciare le patate lesse.

schiac|cià|re *v.tr.* [indic.pres. *io schiàccio...*] **1** comprimere ql.co. con forza in modo da romperlo, ammaccarlo, appiattirlo e sim.: — *le patate* | (*fig.*) — *un sonnellino*, *un pisolino*, dormire per breve tempo **2** (*estens.*) spingere, premere: — *il campanello*; *la folla mi stava schiacciando* **3** (*fig.*) sopraffare, domare: — *il nemico* **4** (*sport*) nella pallavolo, nel tennis, nel ping-pong, fare una schiacciata ◆ **-rsi** *intr.pron.* deformarsi in seguito ad appiattimento o ammaccatura.

schiac|cia|sàs|si *s.m.invar.* rullo compressore per schiacciare la superficie delle strade non asfaltate.

schiac|cià|ta *s.f.* **1** l'azione dello schiacciare | ammaccatura **2** (*sport*) nella pallavolo, nel tennis, nel ping-pong, colpo dato energicamente alla palla dall'alto verso il basso **3** focaccia sottile.

schiac|cià|to *part.pass. di* schiacciare ◆ *agg.* **1** che ha perso la forma originaria in seguito ad appiattimento o ammaccatura: *una torta schiacciata* **2** (*di naso*) camuso.

schiaf|fà|re *v.tr.* (*fam.*) **1** gettare con forza, mettere ql.co. da qualche parte in fretta o malamente: — *i vestiti in valigia* **2** destinare qlcu. a un luogo o compito sgradito | — *qlcu. in prigione*, imprigionarlo ◆ **-rsi** *intr.pron.* buttarsi di peso: — *sul divano*.

schiaf|feg|già|re *v.tr.* [indic.pres. *io schiafféggio...*] **1** colpire con schiaffi **2** (*fig.*, *lett.*) battere con violenza, sferzare.

schiàf|fo *s.m.* percossa data sul viso a mano aperta; ceffone: *prendere a schiaffi* | *avere una faccia da schiaffi*, comportarsi in modo indisponente e irritante **2** (*fig.*) umiliazione: *uno — morale*.

schia|maz|zà|re *v.intr.* [aus. *A*] (*di galline e volatili*) emettere gridi molesti | (*estens.*, *di persona*) far baccano alzando la voce.

schia|màz|zo *s.m.* insieme di gridi molesti.

schian|tà|re *v.tr.* rompere, spezzare con violenza | (*fig.*) — *il cuore*, causare un grande dolore ◆ *intr.* [aus. *E*] (*fam.*) morire, crepare: — *di gelosia* ◆ **-rsi** *intr.pron.* **1** rompersi, spezzarsi violentemente **2** fracassarsi sbattendo violentemente contro un ostacolo o precipitando dall'alto: — *contro un palo*.

schiàn|to *s.m.* **1** rottura, scoppio violento e improvviso | rumore secco prodotto da ciò che si schianta | *di —*, all'improvviso **2** (*fig.*) dolore intenso **3** (*fig.*, *fam.*) cosa o persona molto bella e appariscente: *sei uno —*.

schiàp|pa *s.f.* (*fam.*) persona incapace, inesperta: *essere una — in ql.co.*

schia|rì|re *v.tr.* [indic.pres. *io schiarisco*, *tu schiarisci...*] (*anche fig.*) rendere chiaro o più chiaro: — *un colore* | *schiarirsi le idee*, riflettere | *schiarirsi la voce*, renderla più nitida con un piccolo colpo di tosse ◆ *intr.* [aus. *E*], **-rsi** *intr.pron.* **1** diventare chiaro o più chiaro: *la maglia si è schiarita dopo il lavaggio* **2** (*anche fig.*) rasserenarsi: *il cielo si sta schiarendo*; *a quelle parole si schiarì in volto* ◆ *intr.impers.* [aus. *E*, *A*] tornare sereno | farsi giorno: *in estate schiarisce presto*.

schia|rì|ta *s.f.* **1** rasserenamento del cielo: *per domani è prevista una —* **2** (*fig.*) distensione, miglioramento.

schia|ri|tù|ra *s.f.* operazione dello schiarire.

schiàt|ta *s.f.* (*lett.*) stirpe, discendenza.

schiat|tà|re *v.intr.* [aus. *E*] (*spec.fig.*) scoppiare, crepare: — *dal freddo*; — *di gelosia*.

schia|vì|smo *s.m.* sistema politico e sociale fondato sulla schiavitù.

schia|vì|sta *s.m./f.* [m.pl. *-i*] **1** chi sostiene lo schiavismo **2** (*estens.*) chi tratta gli altri come fossero schiavi; sfruttatore ◆ *agg.* schiavistico.

schia|vì|sti|co *agg.* [m.pl. *-ci*] proprio dello schiavismo o dello schiavista.

schia|vi|tù *s.f.* **1** condizione dell'essere schiavo: *liberare dalla —*; *ridurre in —* **2** (*estens.*) mancanza di libertà politica; sottomissione **3** (*fig.*) condizione di chi è dominato da passioni, vizi, abitudini: *la — della droga*.

schia|viz|zà|re *v.tr.* ridurre in schiavitù, rendere schiavo | (*iperb.*) sottomettere alla propria volontà.

schià|vo *agg.*, *s.m.* [f. *-a*] **1** che, chi è privo della libertà e dei diritti civili: *traffico di schiavi* **2** (*estens.*) che, chi è privo di libertà politica e autonomia; sottomesso: *popolo —* **3** (*fig.*) che, chi è vittima di passioni, vizi, abitudini: — *del fumo*.

schi|dió|ne *s.m.* lungo spiedo sottile sul quale si infilzano volatili e pezzi di carni varie da arrostire a fuoco vivo.

schiè|na *s.f.* **1** (*di persona*) parte posteriore del corpo tra la nuca e i fianchi | (*fig.*) *curvare la —*, mostrarsi umile | *pugnalare*, *colpire alla —*, tradire | *voltare la — a qlcu.*, abbandonarlo | *rompersi la —*, lavorare molto duramente **2** (*di animale*) dorso, groppa.

schie|nà|le *s.m.* **1** parte di un sedile a cui si appoggia la schiena **2** (*spec.pl.*) midollo spinale di animale macellato.

schie|nà|ta *s.f.* **1** colpo dato con la schiena **2** (*sport*) nella lotta, colpo con cui si mette l'avversario con la schiena al tappeto.

schiè|ra *s.f.* **1** insieme di uomini armati disposti in un certo ordine: *sbaragliare le schiere nemiche* **2** folla, moltitudine, spec. di persone | gruppo di persone accomunate da ql.co.: *la — dei critici* | *a —*, in gruppo: *villette a —*, serie di abitazioni unifamiliari affiancate.

schie|ra|mén|to *s.m.* **1** disposizione delle truppe 2 (*sport*) nei giochi a squadre, disposizione dei giocatori in campo | nell'automobilismo, disposizione delle auto per la partenza 3 (*fig.*) insieme di persone e forze che difendono un'idea, un progetto, un interesse comune: *lo — cattolico, di centrodestra.*

schie|rà|re *v.tr.* [indic.pres. *io schièro*...] **1** ordinare in schiere: *— i soldati* **2** (*estens.*) disporre in un certo ordine: *— i propri giocatori* ♦ **-rsi** *rifl.* **1** ordinarsi in schiere: *— in posizione di attacco* **2** (*fig.*) prendere posizione: *— contro qlcu., ql.co.; — a favore di qlcu., di ql.co.*

schiet|téz|za *s.f.* (*spec.fig.*) sincerità, franchezza.

schièt|to o **schiétto** *agg.* **1** puro, semplice, genuino: *cibo, vino — | italiano —,* senza inflessioni dialettali o straniere **2** (*fig.*) sincero, franco □ **schiettamente** *avv.* sinceramente, francamente.

schi|fà|re *v.tr.* **1** disprezzare: *— il denaro* **2** fare schifo, disgustare: *questo cibo mi schifa* ♦ **-rsi** *intr.pron.* (*fam.*) provare schifo, ribrezzo, fastidio: *— di ql.co.*

schi|fà|to *part.pass.* di schifare ♦ *agg.* **1** nauseato, disgustato **2** evitato, disprezzato: *— da tutti.*

schi|féz|za *s.f.* **1** aspetto ripugnante, disgustoso **2** cosa che fa schifo | cosa mal riuscita o mal fatta: *questo film è una — | (estens.)* cibo o bevanda che si teme possa far male: *non mangiare schifezze.*

schi|fil|tó|so *agg.*, *s.m.* [f. *-a*] che, chi è di gusti difficili, spec. nel mangiare; schizzinoso: *non fare lo —.*

schi|fì|o *s.m. solo nella loc.* (*scherz.*) *a —,* nel peggiore dei modi: *finire a —.*

schi|fo *s.m.* **1** senso di disgusto | (*iperb.*) *fare —,* essere ripugnante, parere brutto, fatto male: *questo compito fa —*; dare pessima prova di sé o delle proprie capacità: *in matematica faccio — | (escl.) che —!,* espressione usata per esprimere disgusto **2** ciò che è schifoso: *questa vacanza è uno —.*

schi|fo|si|tà *s.f.* caratteristica di ciò che è schifoso | ciò che è schifoso.

schi|fó|so *agg.* **1** che fa schifo: *odore — | (estens.)* scadente; bruttissimo: *libro —* **2** (*fam.*) esagerato: *hai una fortuna schifosa* □ **schifosamente** *avv.* **1** in modo disgustoso **2** esageratamente: *sei — fortunato.*

schi|niè|re *s.m.* nelle antiche armature, la parte che protegge lo stinco.

schioc|cà|re *v.tr.* [indic.pres. *io schiòcco, tu schiòcchi*...] muovere ql.co. in modo da produrre uno schiocco: *— le dita, la frusta* ♦ *intr.* [aus. *A*] produrre uno schiocco.

schiòc|co *s.m.* [pl. *-chi*] rumore secco di breve durata, simile a un piccolo scoppio: *un bacio con lo —.*

schio|dà|re *v.tr.* [indic.pres. *io schiòdo*...] **1** togliere i chiodi a ql.co.: *— un'asse* **2** (*fig., fam.*) far spostare qlcu. ♦ **-rsi** *intr.pron.* **1** distaccarsi a causa della perdita dei chiodi **2** (*fig., fam.*) spostarsi, allontanarsi: *non — dal computer.*

schiop|pet|tà|ta *s.f.* colpo di schioppo o fucile.

schiòp|po *s.m.* antica arma da fuoco portatile ad avancarica, con canna lunga | (*fam., spec. scherz.*) fucile da caccia | *a un tiro di —,* a breve distanza.

schi|ri|biz|zo *s.m.* → **sghiribizzo**.

schi|si *s.f.* (*med.*) fenditura congenita lungo la linea mediana di una struttura o di un organo.

schi|sto|so|mì|a|si *s.f.invar.* (*med.*) bilharziosi.

schi|tar|rà|re *v.intr.* [aus. *A*] suonare la chitarra male e a lungo.

schiù|de|re *v.tr.* [con. come *chiudere*] aprire in parte o adagio: *— le labbra* ♦ **-rsi** *intr.pron.* **1** aprirsi lentamente: *le uova si stanno schiudendo* **2** (*fig.*) mostrarsi, manifestarsi: *gli si sono schiuse nuove opportunità di lavoro.*

schiù|ma *s.f.* **1** insieme di bollicine d'aria che si forma sulla superficie di un liquido agitato o in ebollizione | prodotto schiumoso da toilette: *— da bagno | — da barba,* preparato a base di sapone, disponibile spec. in bombolette spray, che si applica sulla pelle per agevolare la rasatura **2** bava che si forma sulla bocca degli animali, spec. per rabbia o fatica | (*fig.*) *avere la — alla bocca,* essere in preda a un attacco d'ira **3** (*fig.*) la parte peggiore: *la — della società* **4** (*min.*) *— di mare,* sepiolite.

schiu|ma|iò|la o **schiumaròla** *s.f.* paletta bucherellata usata in cucina spec. per togliere la schiuma del brodo e per prelevare la frittura dall'olio bollente.

schiu|mà|re *v.tr.* togliere la schiuma da un liquido: *— la birra* ♦ *intr.* [aus. *A*] **1** fare schiuma **2** emettere bava, spec. per rabbia o fatica | (*fig.*) essere in preda all'ira.

schiu|ma|rò|la *s.f.* → **schiumaiola**.

schiu|mò|ge|no *agg.* che produce schiuma: *sostanza schiumogena* ♦ *s.m.* estintore.

schiu|mo|si|tà *s.f.* caratteristica di ciò che è schiumoso.

schiu|mó|so *agg.* **1** simile a schiuma **2** che produce schiuma: *sapone — | pieno di schiuma.*

schiù|sa *s.f.* l'atto di schiudersi | uscita dal guscio: *la — dei pulcini.*

schi|và|bi|le *agg.* che può essere schivato.

schi|và|re *v.tr.* evitare, scansare: *— un incidente.*

schi|và|ta *s.f.* movimento improvviso per evitare un ostacolo.

schi|vo *agg.* **1** che tende a evitare ql.co.: *— di lodi* **2** timido, riservato: *un carattere —.*

schi|zo- (*scient.*) primo elemento di termini composti che significa "divisione" (*Schizomiceti*) o "dissociazione" (*schizofrenia*).

Schi|zo|fi|ce|e *s.f.pl.* classe di alghe unicellulari di colore verde-azzurro, anche dette *alghe azzurre*.

schi|zo|fre|nì|a *s.f.* (*psich.*) grave forma di psicosi caratterizzata da dissociazione della personalità, deliri, allucinazioni.

schi|zo|frè|ni|co *agg.* [m.pl. *-ci*] (*psich.*) **1** proprio della schizofrenia | (*estens.*) impossibile da sopportare: *una situazione schizofrenica* **2** affetto da schizofrenia ♦ *s.m.* [f. *-a*] (*psich.*) chi è affetto da schizofrenia.

schi|zòi|de *agg.* (*psich.*) relativo a una condi-

scialacquare

zione psichica vicina alla schizofrenia, caratterizzata da chiusura in se stessi e incapacità di relazionarsi con gli altri ♦ *s.m./f.* (*psich.*) chi ha caratteri schizoidi.

schi|zo|ma|nì|a *s.f.* (*psich.*) sindrome maniacale di tipo schizoide che si manifesta in modo episodico.

Schi|zo|mi|cè|ti *s.m.pl.* classe di organismi unicellulari, cui appartengono i batteri.

schiz|zà|re *v.intr.* [aus. *E*] **1** (*di liquido*) zampillare, fuoriuscire improvvisamente con un forte getto **2** (*estens.*) saltare via di scatto, scappare: *schizzò fuori di casa* ♦ *tr.* **1** spruzzare: — *acqua* **2** sporcare con schizzi: — *la maglia di sugo* **3** (*fig.*) disegnare con tratti rapidi ed essenziali: — *un volto* | descrivere in modo generale; abbozzare ♦ **-rsi** *rifl.*, *intr.pron.* macchiarsi con schizzi: — *di olio.*

schiz|za|ta *s.f.* improvviso getto di liquido contro qlcu. o ql.co. | schizzo.

schiz|za|to *agg.*, *s.m.* (*gerg.*) che, chi è nervoso, agitato | che, chi agisce da squilibrato.

schiz|zét|to *s.m.* **1** strumento simile a una siringa usato per iniettare liquidi nel corpo a scopo terapeutico **2** giocattolo con pompetta per spruzzare acqua **3** (*estens.*, *scherz.*) arma da fuoco poco efficace.

schiz|zi|nó|so *agg.*, *s.m.* [f. *-a*] che, chi ha gusti troppo esigenti; incontentabile.

schiz|zo *s.m.* **1** getto di materia liquida o semiliquida | la materia liquida o semiliquida schizzata | la macchia che ne deriva: *uno — di fango* **2** (*fig.*) disegno abbozzato: *buttare giù uno — a matita* | descrizione essenziale; abbozzo: *lo — di un progetto.*

schnauzer (*ted.*) [pr. *shnàuzer*] *s.m.invar.* razza di cani da guardia con pelo corto e ispido, muso allungato con barba rigida e orecchie corte.

schò|la can|tó|rum (*lat.*) *loc.sost.f.invar.* coro o scuola di musica sacra, spec. gregoriana.

sci *s.m.* **1** ciascuna delle due assicelle in materiale leggero e flessibile con punta curvata verso l'alto, che, fissate allo scarpone, permettono di scivolare sulla neve | — *da fondo*, con agganci solo anteriori, per marciare sulla neve | — *d'acqua*, più larghi, per scivolare sull'acqua trainati da un motoscafo **2** lo sport praticato con gli sci: *piste da —, maestro di —* | — *alpinismo*, quello che abbina ascensioni alpinistiche a discese fuori pista | — *alpino*, quello che comprende gare di discesa e slalom | — *estremo*, quello in cui si affrontano discese di pareti e canaloni ripidissimi e ghiacciati.

sci|a *s.f.* **1** solco spumeggiante lasciato sull'acqua da un'imbarcazione **2** (*estens.*) traccia di fumo, odore, luce e sim. che resta nell'aria dopo il passaggio di qlcu. o ql.co.: *la — di una cometa*; *lasciare una — di profumo* | (*fig.*) *seguire la — di qlcu.*, seguirne l'esempio, imitarlo.

scià *s.m.* (*st.*) titolo che veniva dato ai sovrani dell'Iran.

scià|bi|ca *s.f.* **1** rete a strascico usata per pescare vicino alla costa o in acque poco profonde **2** barca per la pesca con tale rete **3** (*zool.*) gallinella d'acqua.

sci|à|bi|le *agg.* detto di neve o percorso su cui è possibile sciare, spec. in modo agevole.

scià|bo|la *s.f.* arma da punta e da taglio, con lama lunga, piatta e leggermente curva | (*sport*) una delle tre specialità della scherma.

scia|bo|là|re *v.tr.* [indic.pres. *io sciàbolo...*] colpire con la sciabola ♦ *intr.* [aus. *A*] tirare sciabolate.

scia|bo|là|ta *s.f.* colpo di sciabola.

scia|bo|la|tó|re *s.m.* [f. *-trice*] chi pratica la scherma con la sciabola.

scia|bor|dà|re *v.tr.* [indic.pres. *io sciabórdo...*] agitare un liquido chiuso in un recipiente | agitare ql.co. immerso in un liquido ♦ *intr.* [aus. *A*] (*di liquido*) battere contro un ostacolo producendo un rumore ritmico: *le onde sciabordavano contro gli scogli.*

scia|bor|dì|o *s.m.* rumore ritmico prodotto dal frangersi di un liquido contro un ostacolo; gorgoglio: *lo — delle onde.*

scia|cal|làg|gio *s.m.* azione di chi approfitta di sciagure altrui, catastrofi e sim. per compiere furti: *episodi di —.*

scia|càl|lo *s.m.* **1** mammifero simile al lupo, attivo spec. di notte, che si nutre anche di carogne **2** (*fig.*) persona che approfitta di sciagure altrui, catastrofi e sim. per compiere furti o saccheggi | (*estens.*) persona vile e cinica.

sciac|che|trà *s.m.* pregiato vino bianco ligure, prodotto nella zona delle Cinque Terre.

sciac|quà|re *v.tr.* [indic.pres. *io sciàcquo...*] lavare con acqua, spec. per togliere i residui di detersivo: — *i piatti* | *sciacquarsi la bocca*, fare sciacqui con acqua o altro liquido, spec. medicamentoso; (*estens.*) bere ql.co. in piccola quantità ♦ **-rsi** *rifl.* lavarsi in modo sommario e veloce.

sciac|quà|ta *s.f.* l'atto di sciacquare o sciacquarsi in modo sommario e veloce: *darsi una —.*

sciac|qua|tù|ra *s.f.* **1** azione dello sciacquare **2** acqua usata per sciacquare | (*fig.*, *spreg.*) — *di piatti*, brodo o bevanda annacquata e dal sapore poco gradevole.

sciac|quì|o *s.m.* **1** rumore continuo di liquido che sgorga, cade o viene agitato **2** sciabordio; rumore lieve di onde.

sciàc|quo *s.m.* **1** lavaggio della bocca a scopo igienico o curativo **2** liquido per sciacquarsi la bocca.

sciac|quó|ne *s.m.* dispositivo per scaricare l'acqua dal serbatoio del gabinetto: *tirare lo —.*

scia|gù|ra *s.f.* grave disgrazia, evento disastroso.

scia|gu|rà|to *agg.*, *s.m.* [f. *-a*] **1** che, chi è stato colpito da una sciagura; sventurato **2** che, chi causa sciagura, sofferenza, sfortuna: *incontro —* **3** che, chi è scellerato, malvagio: *tutta colpa di quello —* | (*fam.*) che, chi si comporta in modo irresponsabile □ **sciaguratamente** *avv.* **1** sfortunatamente **2** malvagiamente.

scia|lac|qua|mén|to *s.m.* sperpero, spreco.

scia|lac|quà|re *v.tr.* [indic.pres. *io scialàcquo...*]

scialacquatore

(*anche assol.*) spendere senza misura; sperperare, dissipare.
scia|lac|qua|tó|re *s.m.* [f. *-trice*] chi spende senza misura; sprecone.
scia|lac|quó|ne *s.m.* [f. *-a*] (*fam.*) spendaccione, sprecone.
scia|là|re *v.intr.* [aus. *A*] vivere nel lusso, senza preoccuparsi di spendere in modo eccessivo ♦ *tr.* sperperare, dilapidare.
sciàl|bo *agg.* **1** pallido, sbiadito, scolorito **2** (*fig.*) insignificante, privo di personalità | (*di cibo o bevanda*) insipido, senza sapore.
scia|li|ti|co *agg.* [m.pl. *-ci*] detto di lampada usata in chirurgia per illuminare senza formare ombre.
sciall|là|to *agg.* (*di collo di abiti, cappotti e sim.*) fatto a forma di scialle, cioè arrotondato, senza punte e incrociato sul davanti.
sciàl|le *s.m.* indumento femminile costituito da un pezzo di tessuto di forma quadrata, triangolare o semicircolare, spesso con frange, che si mette sulle spalle unendone i lembi sul davanti.
scià|lo *s.m.* **1** spreco, sperpero **2** sfarzo, sfoggio.
scia|lùp|pa *s.f.* imbarcazione di servizio a remi o a motore, posta a bordo delle navi: *— di salvataggio.*
scia|ma|né|si|mo *s.m.* → **sciamanismo.**
scia|mà|ni|co *agg.* [m.pl. *-ci*] proprio dello sciamano o dello sciamanismo.
scia|ma|nì|smo o **sciamanésimo** *s.m.* (*etnologia*) complesso di credenze e pratiche magico-religiose incentrate sulla figura dello sciamano.
scia|man|nà|to *agg.*, *s.m.* che, chi è trasandato, sciatto spec. nel modo di vestire.
scia|mà|no *s.m.* (*etnologia*) presso varie popolazioni asiatiche e amerindie, individuo a cui si riconoscono poteri eccezionali, spec. di guarigione e di mediazione con gli spiriti.
scia|mà|re *v.intr.* [aus. *A*, *E*] **1** (*di api e sim.*) riunirsi in sciame per andare a formare una nuova colonia **2** (*fig.*, *di persone*) allontanarsi in massa; muoversi in gruppo.
scia|ma|tù|ra *s.f.* (*di api e sim.*) abbandono in gruppo di una colonia per formarne una nuova.
scià|me *s.m.* **1** gruppo di api che abbandonano l'alveare al seguito di una regina per fondare una nuova colonia **2** (*estens.*) folto gruppo di insetti volanti: *uno — di zanzare* **3** (*fig.*) moltitudine di persone o cose in movimento | ***a sciami,*** in gran quantità.
sciàm|po *s.m. e deriv.* → **shampoo** *e deriv.*
scian|cà|re *v.intr.* [indic.pres. *io scianco, tu scianchi*...] rendere sciancato, azzoppare ♦ **-rsi** *intr. pron.* diventare sciancato.
scian|cà|to *part.pass.* *di* sciancare ♦ *agg.* **1** (*di persona*) storpio, azzoppato **2** (*scherz.*, *di cosa*) traballante: *mobile —* ♦ *s.m.* [f. *-a*] persona sciancata.
scian|crà|to *agg.* **1** detto di abito assottigliato nel punto vita **2** detto di sci o snowboard ristretto nella parte centrale.
scian|cra|tù|ra *s.f.* **1** punto in cui un abito aderisce alla vita **2** restringimento nella parte centrale di sci o snowboard.
scian|gài *s.m.* gioco da tavola che consiste nel lasciar cadere alla rinfusa numerosi bastoncini e nel raccoglierli poi uno alla volta senza muovere quelli vicini.
scian|tó|sa *s.f.* cantante di caffè concerto o di locali con spettacoli di varietà.
sciàn|tung *s.m.invar.* → **shantung.**
scià|po *agg.* (*region.*) scarso di sale; insipido.
scia|rà|da *s.f.* **1** gioco enigmistico consistente nell'indovinare due parole che, lette una dopo l'altra, formino una terza parola o una frase (p.e. *testa-mento = testamento*) **2** (*fig.*) questione difficile; rompicapo.
sci|à|re¹ *v.intr.* [aus. *A*] spostarsi con gli sci, spec. su una superficie coperta di neve | praticare lo sport dello sci.
sci|à|re² *v.intr.* [aus. *A*] (*mar.*) manovrare i remi in modo che l'imbarcazione indietreggi di poppa, così da rallentare o fermarsi.
sciàr|pa *s.f.* **1** lunga fascia, spec. in lana o seta, che si avvolge intorno al collo per proteggersi dal freddo o come ornamento **2** fascia portata a tracolla o alla vita come distintivo di una carica.
sci|à|ta *s.f.* attività dello sciare | modo di sciare | percorso compiuto con gli sci.
scia|tal|gì|a *s.f.* [pl. *-gie*] (*med.*) sciatica.
scià|ti|ca *s.f.* (*med.*) nevralgia del nervo sciatico, che si manifesta con dolore intenso nella parte posteriore della coscia e della gamba.
scià|ti|co *agg.* [m.pl. *-ci*] (*anat.*) si dice del nervo che dal bacino scende lungo la parte posteriore della gamba.
sci|a|tó|re *s.m.* [f. *-trice*] chi scia | chi pratica lo sport dello sci.
sci|a|tò|rio *agg.* relativo allo sport dello sci.
sciat|te|rì|a *s.f.* trascuratezza, incuria.
sciàt|to *agg.* **1** (*di persona*) che è poco curato, spec. nel vestire; trasandato | che svolge con trascuratezza il proprio lavoro **2** (*estens.*) che è fatto senza cura, in modo approssimativo □ **sciattamente** *avv.*
sciat|tó|ne *s.m.* [f. *-a*] (*fam.*) persona molto sciatta, trasandata.
sci|bì|le *s.m.* tutto ciò che la mente umana può conoscere.
scic|che|rì|a *s.f.* (*fam.*) eleganza: *che —!* | cosa elegante.
scic|có|so *agg.* (*fam.*, *scherz.*) elegante.
science fiction (*ingl.*) [pr. *sàins fikscion*] *loc. sost.f.invar.* fantascienza.
sci|èn|te o **scièn|te** *agg.* (*raro*) consapevole □ **scientemente** *avv.* consapevolmente, di proposito.
scien|ti|fi|ci|tà *s.f.* carattere scientifico: *la — di un esperimento.*
scien|tì|fi|co *agg.* [m.pl. *-ci*] **1** che è proprio della scienza: *metodo —* | che tratta di scienza: *testo —* **2** che adotta i metodi propri della scienza: *ricerca scientifica* | (*anche ell.*) ***la (polizia) scientifica,*** reparto della polizia che usa mezzi tecnologici avanzati per le indagini **3** che ha come og-

getto le scienze naturali, fisiche e matematiche: *studi scientifici* □ **scientificamente** *avv.* in modo scientifico | da un punto di vista scientifico.
scien|ti|smo *s.m.* dottrina secondo cui l'unica vera conoscenza è quella basata sulla scienza.
scien|ti|sta *s.m./f.* [m.pl. *-i*] sostenitore dello scientismo.
scièn|za *s.f.* **1** insieme organico e sistematico delle conoscenze su un certo ordine di fenomeni | — *esatta*, ognuna delle discipline basate sul calcolo e perciò non condizionate da esperienze sensoriali | — *pura*, quella fine a se stessa | — *applicata*, quella i cui risultati trovano applicazione pratica **2** conoscenza, sapere | *uomo di* —, scienziato; (*estens.*) persona di grande cultura | (*fam.*) *avere la* — *infusa*, detto di chi pretende di sapere tutto | (*scherz.*) *essere un'arca*, *un pozzo di* —, molto dotto **3** (*spec.pl.*) insieme di discipline con uguale campo di indagine: *scienze letterarie* | *scienze naturali*, quelle che studiano la natura nei suoi vari aspetti, come la botanica, la zoologia, la mineralogia **4** (*spec.pl.*) insegnamento scolastico che comprende scienze naturali, biologia, chimica e geografia astronomica **5** ricerca scientifica: *la* — *ha fatto molti progressi*.
scien|zià|to *s.m.* [f. *-a*] chi si dedica alla ricerca scientifica | chi studia una scienza.
Sci|fo|zòi *s.m.pl.* classe di Celenterati di cui fanno parte varie specie di meduse.
sci|i|sti|co *agg.* [m.pl. *-ci*] relativo allo sport dello sci: *stagione sciistica*.
sci|i|ta *s.m./f.* [m.pl. *-i*] musulmano appartenente a una delle correnti che riconoscono come califfi solo Alì, cugino e genero di Maometto, e i suoi discendenti ♦ *agg.* **1** proprio degli Sciiti **2** che appartiene al gruppo degli Sciiti.
sci|lin|guà|gno|lo *s.m.* parlantina | *avere lo* — *sciolto*, parlare in fretta e molto.
scil|la *s.f.* pianta erbacea con grandi foglie basali, il cui bulbo ha proprietà medicamentose.
scil|la|ro *s.m.* crostaceo marino dal corpo tozzo di colore bruno a linee e macchie rosse, privo di chele.
sci|mi|tàr|ra *s.f.* corta sciabola a lama ricurva, allargata verso la punta, usata sin dall'antichità dai popoli orientali, spec. dai Turchi.
scim|mia *s.f.* **1** nome generico di Mammiferi con due o quattro estremità prensili, alluce opponibile, occhi frontali e dentatura simile a quella umana **2** (*fig.*, *spreg.*) persona brutta, dispettosa | persona che imita gesti o atteggiamenti altrui.
scim|mié|sco *agg.* [m.pl. *-schi*] (*spec.spreg.*) proprio di una scimmia.
scim|mió|ne *s.m.* **1** grossa scimmia **2** [f. *-a*] (*fig.*) persona di grossa corporatura, spec. goffa.
scim|miot|ta|mén|to *s.m.* imitazione ridicola e goffa.
scim|miot|tà|re *v.tr.* [indic.pres. *io scimmiòtto...*] **1** prendere in giro qlcu. cercando di imitarlo in modo ridicolo **2** riprodurre in modo goffo, malamente: — *una pronuncia dialettale*.

scim|miot|ta|tù|ra *s.f.* l'azione di scimmiottare | goffa imitazione.
scim|miòt|to *s.m.* **1** scimmia giovane o piccola | (*fig.*) *fare lo* —, scimmiottare **2** (*fig.*) persona brutta.
scim|pan|zé *s.m.* **1** scimmia africana molto simile all'uomo, abbastanza robusta, con folto pelo scuro, arti anteriori più lunghi dei posteriori, bocca e orecchie grandi **2** (*fig.*) persona dall'aspetto scimmiesco.
sci|mu|ni|to *agg.*, *s.m.* [f. *-a*] che, chi è sciocco, scemo.
scin|de|re *v.tr.* [pass.rem. *io scissi*, *tu scindésti...*; part.pass. *scisso*] **1** (*spec. fig.*) dividere, separare **2** (*chim.*) frazionare un composto negli elementi che lo costituiscono ♦ **-rsi** *intr.pron.* dividersi nettamente.
scin|di|bi|le *agg.* che si può scindere.
scin|ti|gra|fi|a *s.f.* (*med.*) esame diagnostico di un organo eseguito registrando, mediante appositi strumenti, i raggi gamma emessi da un determinato isotopo radioattivo precedentemente iniettato al paziente per via endovenosa.
scin|til|la *s.f.* **1** particella incandescente che si stacca da materiali in combustione, spec. carbone e legna, oppure da metalli roventi o sfregati tra loro **2** effetto luminoso causato da una scarica elettrica in un dielettrico liquido o gassoso **3** (*fig.*) illuminazione intellettuale o creativa **4** (*fig.*) causa, origine di un evento: *la* — *che fece scoppiare il conflitto*.
scin|til|làn|te *part.pres.* di scintillare ♦ *agg.* brillante, luccicante.
scin|til|là|re *v.intr.* [aus. *A*] **1** mandare scintille **2** (*fig.*) mandare bagliori di luce simili a scintille: *il mare scintillava al chiarore della luna* | sfavillare, luccicare: *gli occhi le scintillavano dall'emozione*.
scin|til|li|o *s.m.* lo scintillare continuo e intenso.
scin|to|i|smo o **shintoismo** *s.m.* religione nazionale del Giappone, basata su un politeismo naturalistico, sul culto degli antenati e sul riconoscimento dell'origine divina della dinastia imperiale.
scin|to|i|sta o **shintoista** *agg.* **1** scintoistico **2** che segue lo scintoismo ♦ *s.m./f.* [m.pl. *-i*] seguace dello scintoismo.
scin|to|i|sti|co *agg.* [m.pl. *-ci*] proprio dello scintoismo o degli scintoisti.
sciò *inter.* espressione usata per allontanare animali | (*scherz.*) si dice per allontanare persone fastidiose.
scioc|càn|te o **shockànte** *part.pres.* di scioccare ♦ *agg.* sconvolgente, impressionante: *un episodio* —.
scioc|cà|re o **shockàre** *v.tr.* [indic.pres. *io sciòcco*, *tu sciòcchi...*] causare uno shock; emozionare fortemente, sbalordire: *le tue parole l'hanno scioccato*.
scioc|cà|to o **shockàto** *part.pass.* di scioccare ♦ *agg.* in stato di shock; sconvolto, fortemente emozionato.
scioc|chéz|za *s.f.* **1** condizione di ciò che è

sciocco | atto, frase da sciocco; scemenza: *ho fatto una* — **2** cosa di poco valore | *costare*, *pagare una* —, pochissimo.

sciòc|co *agg.*, *s.m.* [f. *-a*; m.pl. *-chi*] che, chi è superficiale, poco intelligente: *domanda sciocca*; *si è comportato da* — □ **scioccamente** *avv.*

scio|gli|bi|le *agg.* che può essere sciolto.

scio|glie|re *v.tr.* [indic.pres. *io sciolgo, tu sciogli*...; pass.rem. *io sciolsi, tu sciogliésti*...; fut. *io scioglierò*...; part.pass. *sciolto*] **1** disfare, slegare ql.co. che è annodato, intrecciato e sim.: *sciogliersi i capelli* **2** liberare da catene, corde e sim.: — *i cani* | — *i muscoli*, massaggiarli o fare particolari esercizi per renderli agili ed elastici | — *la lingua a qlcu.*, costringerlo a parlare **3** (*fig.*) liberare da un impegno, da un obbligo e sim.: — *da una promessa* | adempiere: — *un voto* **4** fondere, liquefare: — *il burro* | portare a soluzione una sostanza immergendola in un liquido: — *lo zucchero nell'acqua* **5** annullare: — *un patto* **6** porre fine a un rapporto associativo: — *una società* | far finire una riunione: — *la seduta* | — *le Camere*, atto con cui il capo dello Stato fa cessare l'attività parlamentare prima della scadenza ordinaria, indicendo nuove elezioni **7** risolvere, spiegare: — *un indovinello* | — *una sigla*, sostituire ogni lettera con la parola intera corrispondente | (*med.*) — *la prognosi*, formulare un giudizio definitivo sullo stato di salute di un paziente ♦ **-rsi** *rifl.* (*anche fig.*) liberarsi da ciò che tiene legato ♦ *intr. pron.* **1** liquefarsi, fondersi: *la neve si è sciolta* (*fig.*) | — *in lacrime*, scoppiare a piangere **2** (*fig.*) acquisire disinvoltura: *all'inizio era molto impacciato, ma poi si è sciolto*.

scio|gli|lin|gua *s.m.invar.* frase difficile da pronunciare rapidamente, a causa della ripetuta e frequente alternanza di suoni simili.

scio|gli|mén|to *s.m.* **1** l'atto di sciogliere, di sciogliersi **2** (*fig.*) conclusione, soluzione: *lo* — *di una vicenda*.

sci|o|li|na *s.f.* composto chimico che si applica sotto gli sci per regolarne l'attrito con la neve.

sci|o|li|na|re *v.tr.* applicare la sciolina sulla soletta degli sci.

sciòl|ta *s.f.* (*fam.*) diarrea.

sciol|téz|za *s.f.* **1** agilità nei movimenti | — *di mano*, abilità manuale, spec. nel suonare o nel dipingere **2** (*fig.*) naturalezza, disinvoltura: — *nel parlare*.

sciòl|to *part.pass.* di *sciogliere* ♦ *agg.* **1** (*anche fig.*) libero da legami: *capelli sciolti* | agile, disinvolto: — *nei movimenti* | *avere la lingua sciolta*, parlare con facilità, essere loquace **2** disciolto: *sale* — *nell'acqua* **3** (*comm.*) sfuso, non in scatole o confezioni: *cioccolatini sciolti* □ **scioltamente** *avv.* in modo sciolto, senza impacci.

scio|pe|ràn|te *part.pres.* di *scioperare* ♦ *agg.*, *s.m./f.* che, chi partecipa a uno sciopero.

scio|pe|rà|re *v.intr.* [indic.pres. *io sciòpero*...; aus. *A*] fare sciopero.

scio|pe|ra|tàg|gi|ne *s.f.* condizione di chi è ozioso, senza voglia di lavorare.

scio|pe|rà|to *part.pass.* di *scioperare* ♦ *agg.*, *s.m.* [f. *-a*] che, chi non ha voglia di lavorare e vive nell'ozio; sfaticato.

sciò|pe|ro *s.m.* astensione collettiva e volontaria dal lavoro, messa in atto dai lavoratori dipendenti per ottenere miglioramenti economici o normativi oppure per ragioni di ordine sociale o politico: *diritto di* — | — *generale*, che coinvolge tutte le categorie di lavoratori | — *selvaggio*, imprevedibile per modi e tempi | — *a singhiozzo*, con intervalli di ripresa del lavoro | — *bianco*, quello nel quale ci si attiene ai regolamenti in modo eccessivamente scrupoloso, ostacolando o rallentando il normale svolgimento del lavoro | — *della fame*, astensione volontaria dal cibo in segno di protesta o per attirare l'attenzione della gente su determinati problemi.

scio|ri|nà|re *v.tr.* **1** (*lett.*) stendere i panni all'aria aperta per asciugarli **2** (*fig.*) mettere in mostra, ostentare **3** (*fig.*) diffondere, esprimere in grande quantità: — *complimenti*.

sci|o|vi|a *s.f.* impianto funicolare per il traino in salita degli sciatori; ski-lift.

scio|vi|ni|smo *s.m.* sentimento nazionalistico esaltato, fazioso e fanatico.

scio|vi|ni|sta *agg.* proprio dello sciovinismo ♦ *s.m./f.* [m.pl. *-i*] seguace dello sciovinismo.

scio|vi|ni|sti|co *agg.* [m.pl. *-ci*] proprio dello sciovinismo | da sciovinista.

sci|pi|tàg|gi|ne *s.f.* scipitezza.

sci|pi|téz|za *s.f.* **1** condizione di ciò che è insipido **2** condizione di ciò che è sciocco, insulso | atto o discorso sciocco.

sci|pi|to *agg.* **1** insipido, con poco sapore **2** (*fig.*) sciocco.

scip|pà|re *v.tr.* **1** derubare con scippo **2** (*estens., fig.*) privare inaspettatamente qlcu. di un diritto, una vittoria e sim.

scip|pa|tó|re *s.m.* [f. *-trice*] chi compie degli scippi.

scìp|po *s.m.* furto compiuto per la strada, strappando un oggetto di dosso a qlcu. e fuggendo poi velocemente.

sci|roc|cà|ta *s.f.* burrasca di vento di scirocco | mareggiata provocata dallo scirocco.

sci|roc|cà|to *agg.*, *s.m.* [f. *-a*] (*gerg.*) si dice di persona confusa e un po' svampita | stravagante.

sci|ròc|co *s.m.* [pl. *-chi*] vento caldo umido da sud-est, tipico del Mediterraneo.

sci|rop|pà|re *v.tr.* [indic.pres. *io sciròppo*...] conservare la frutta in uno sciroppo zuccherato | (*scherz.*) **sciropparsi qlcu.**, **ql.co.**, sopportare con pazienza una persona o una cosa fastidiosa.

sci|ròp|po *s.m.* soluzione concentrata di zucchero in acqua o altro liquido, usata per conservare la frutta e per preparare bibite | (*med.*) medicinale liquido in cui il principio attivo è disperso in una soluzione zuccherina.

sci|rop|pó|so *agg.* **1** denso e dolce come sciroppo **2** (*fig.*) che esagera con il sentimentalismo: *romanzo* —.

sci|sma *s.m.* [pl. *-i*] **1** separazione da una Chiesa o da una confessione religiosa | — *d'Oriente*, separazione fra la Chiesa di rito latino e il patriarcato di Costantinopoli avvenuta nel 1054 **2** (*estens.*) divisione all'interno di un partito politico, di un'associazione e sim.

sci|smà|ti|co *agg.* [m.pl. *-ci*] **1** relativo allo scisma **2** che ha causato uno scisma | che segue uno scisma ♦ *s.m.* [f. *-a*] chi ha dato origine a uno scisma | seguace di uno scisma.

scis|sì|le *agg.* (*scient.*) che si scinde facilmente.

scis|sió|ne *s.f.* **1** divisione, separazione **2** (*chim.*) divisione di una molecola nelle sue parti costituenti | — *nucleare*, divisione prodotta nel nucleo con un bombardamento di neutroni; fissione **3** (*biol.*) riproduzione agamica consistente nella divisione della cellula in due parti.

scis|sio|nì|smo *s.m.* tendenza a provocare scissioni ideologiche o politiche all'interno di un gruppo.

scis|sio|nì|sta *agg., s.m./f.* [m.pl. *-i*] che, chi promuove una scissione o partecipa ad essa.

scis|sio|nì|sti|co *agg.* [m.pl. *-ci*] che riguarda lo scissionismo.

scìs|so *part.pass.* di scindere ♦ *agg.* diviso, separato.

scis|sù|ra *s.f.* **1** fessura, crepa **2** (*anat.*) fenditura o solco più o meno profondo in un organo: — *cerebrale*.

scì|sto *s.m.* roccia metamorfica composta da minerali lamellari o fibrosi, facilmente divisibile in piani paralleli.

sci|sto|si|tà *s.f.* (*geol.*) proprietà di una roccia di dividersi facilmente in piani paralleli.

sci|stó|so *agg.* (*geol.*) caratterizzato da scistosità.

sciu|pà|re *v.tr.* **1** ridurre in cattivo stato, danneggiare: — *una maglia* **2** sprecare: — *il proprio tempo* ♦ **-rsi** *intr.pron.* **1** rovinarsi, sgualcirsi **2** deperire fisicamente.

sciu|pà|to *part.pass. di* sciupare ♦ *agg.* **1** rovinato, in cattivo stato: *mani sciupate* **2** deperito: *l'ho visto molto* —.

sciu|pì|o *s.m.* spreco abituale: — *di denaro*.

sciu|pó|ne *agg., s.m.* [f. *-a*] che, chi sciupa molto; sprecone.

sciu|scià *s.m.* nel secondo dopoguerra, ragazzo che si guadagnava da vivere lustrando scarpe o con piccoli traffici.

sci|vo|là|re *v.intr.* [indic.pres. *io scìvolo*...; aus. *E*] **1** scorrere agevolmente su una superficie liscia o in discesa: — *sulla neve* **2** cadere a terra a causa della perdita di aderenza con il terreno: — *sul pavimento bagnato* **3** sfuggire alla presa: *m'è scivolato il sapone* **4** (*fig.*) spostarsi poco alla volta da un argomento a un altro: *il discorso scivolò sullo sport*.

sci|vo|là|ta *s.f.* l'atto di scivolare | (*sport*) nel calcio, intervento sull'avversario compiuto scivolando con le gambe in avanti.

sci|vo|lo *s.m.* **1** piano inclinato per far scorrere del materiale in una certa direzione **2** gioco costituito da un piano inclinato su cui ci si lascia scivolare.

sci|vo|ló|ne *s.m.* **1** caduta fatta scivolando **2** (*fig.*) errore | sconfitta inaspettata | improvviso peggioramento.

sci|vo|lo|si|tà *s.f.* condizione di ciò che è scivoloso, viscido.

sci|vo|ló|so *agg.* **1** detto di superficie su cui è facile scivolare: *pavimento* — **2** viscido, che sfugge alla presa.

sclè|ra *s.f.* (*anat.*) la parte biancastra e non trasparente che costituisce la tunica esterna dell'occhio.

scle|rà|re *v.intr.* [indic.pres. *io sclèro*...; aus. *E*] (*gerg.*) impazzire.

scle|rì|te *s.f.* (*med.*) infiammazione della sclera.

sclè|ro- primo elemento di parole composte che significa "durezza, indurimento" (*sclerometro*) o anche "sclera" (*sclerotomia*).

scle|ro|der|mì|a *s.f.* (*med.*) malattia cronica che si manifesta con indurimento e ispessimento della pelle.

scle|rò|me|tro *s.m.* apparecchio che misura la durezza dei materiali.

scle|ro|sàn|te *agg.* che rende sclerotico | (*med.*) *iniezioni sclerosanti*, trattamento delle piccole varici, che consiste nell'iniettare, direttamente nella vena interessata, sostanze che ne provocano l'indurimento e la chiusura.

scle|rò|si o **sclèrosi** *s.f.* **1** (*med.*) indurimento progressivo e patologico di un organo causato da ipertrofia del tessuto connettivo di sostegno | — *a placche*, *multipla*, malattia degenerativa che colpisce il sistema nervoso centrale **2** (*fig.*) irrigidimento, perdita di elasticità o vitalità.

scle|rò|ti|ca *s.f.* (*anat.*) sclera.

scle|rò|ti|co *agg.* [m.pl. *-ci*] **1** (*med.*) proprio della sclerosi **2** affetto da sclerosi | (*fig.*) irrigidito **3** (*estens.*) rimbambito ♦ *s.m.* [f. *-a*] **1** (*med.*) persona colpita da sclerosi **2** (*estens.*) persona rimbambita.

scle|ro|tiz|zà|re *v.tr.* **1** (*med.*) causare sclerosi **2** (*fig.*) irrigidire ♦ **-rsi** *intr.pron.* **1** (*med.*) diventare sclerotico **2** (*fig.*) irrigidirsi, perdere elasticità.

scle|ro|tiz|za|zió|ne *s.f.* irrigidimento: *la* — *della vita politica*.

scle|ro|to|mì|a *s.f.* (*med.*) intervento chirurgico di incisione della sclera.

scòc|ca *s.f.* l'insieme della struttura e del rivestimento esterno della carrozzeria di un autoveicolo.

scoc|cà|re *v.tr.* [indic.pres. *io scòcco, tu scòcchi*...] **1** lanciare, scagliare lontano con un arco o una balestra: — *una freccia* | con forza **2** (*fig.*) indirizzare, mandare con impeto verso qlcu.: — *un bacio* **3** battere le ore: *l'orologio scocca le due* ♦ *intr.* [aus. *E*] **1** (*di congegno a molla*) scattare **2** (*di fulmine o scintilla*) guizzare, sprigionarsi | (*di sentimento*) nascere **3** (*di ora*) suonare: *scoccò la mezzanotte*.

scoc|ciàn|te *part.pres. di* scocciare ♦ *agg.* (*fam.*) che dà fastidio, che è spiacevole: *situazione* —.

scoc|cià|re *v.tr.* [indic.pres. *io scòccio*...] (*fam.*) infastidire, seccare: *ti scoccia se accendo la ra-*

dio? ♦ **-rsi** *intr.pron.* (*fam.*) annoiarsi, infastidirsi: *mi sono scocciato di aspettare.*
scoc|cià|to *part.pass. di* scocciare ♦ *agg.* (*fam.*) annoiato, infastidito.
scoc|cia|tó|re *s.m.* [f. *-trice*] (*fam.*) persona che, con il proprio comportamento, arreca fastidio; seccatore.
scoc|cia|tù|ra *s.f.* (*fam.*) seccatura, fastidio.
sco|dà|re *v.tr.* [indic.pres. *io scódo*...] tagliare, completamente o in parte, la coda a un animale.
sco|dèl|la *s.f.* piatto fondo o tazza senza manico che si usa per servire alimenti liquidi | (*estens.*) quantità di cibo che può essere contenuta in una scodella: *una — di latte.*
sco|del|là|re *v.tr.* [indic.pres. *io scodèllo*...] 1 versare un cibo semiliquido o liquido in una scodella 2 (*fig., fam.*) fare o dire con grande facilità: *— bugie* | (*scherz.*) partorire, spec. con frequenza.
sco|din|zo|la|mén|to *s.m.* movimento rapido della coda.
sco|din|zo|là|re *v.intr.* [indic.pres. *io scodìnzolo*...; aus. *A*] 1 (*spec. di cane*) muovere velocemente la coda per la gioia o l'eccitazione 2 (*fig., di persona*) essere servile ed eccessivamente lusinghiero verso qlcu.
sco|din|zo|lì|o *s.m.* continuo scodinzolamento.
sco|glièra *s.f.* serie di scogli in successione, spec. in prossimità di un litorale | costa rocciosa.
scó|glio *s.m.* 1 parte di roccia che affiora o emerge dalle acque del mare, di un fiume o di un lago | (*gastr.*) *allo —*, si dice spec. di pasta condita con un sugo a base di crostacei e molluschi 2 (*fig.*) difficoltà, ostacolo: *superare lo — della timidezza.*
sco|glio|nà|re *v.tr.* [indic.pres. *io scogliono*...] (*volg.*) annoiare, infastidire molto ♦ **-rsi** *intr. pron.* (*volg.*) annoiarsi, infastidirsi.
sco|glió|so *agg.* ricco di scogli | formato da scogli.
sco|iàt|to|lo *s.m.* agile mammifero dell'ordine dei Roditori, con coda lunga e folta, che vive sugli alberi.
sco|la|bot|ti|glie *s.m.invar.* attrezzo con aste rivolte verso l'alto, su cui si infilano le bottiglie capovolte per farle scolare.
sco|la|pà|sta *s.m.invar.* colapasta.
sco|la|piàt|ti *s.m.* arnese da cucina su cui si appoggiano stoviglie e pentole appena lavate per farle scolare.
sco|la|po|sà|te *s.m.invar.* arnese da cucina in cui si mettono le posate appena lavate per farle scolare.
sco|là|re[1] *v.tr.* [indic.pres. *io scólo*...] 1 svuotare un recipiente del liquido che contiene | far colare il liquido di cui sono impregnati o in cui sono immersi cibi o verdure: *— la pasta* | (*estens.*) lasciare asciugare: *— i piatti* 2 (*scherz.*) bere fino all'ultima goccia: *scolarsi una bottiglia di birra* ♦ *intr.* [aus. *È*] 1 (*di liquido*) uscire fuori goccia a goccia; colare 2 di oggetto bagnato, asciugarsi perdendo lentamente il liquido che contiene o ha in superficie: *mettere i bicchieri a —.*
sco|là|re[2] *agg.* che riguarda la scuola | *età —,* quella in cui si deve frequentare la scuola dell'obbligo.
sco|la|ré|sca *s.f.* l'insieme degli scolari di una classe o di una scuola.
sco|la|rét|to *s.m.* [f. *-a*] 1 scolaro alle sue prime esperienze 2 (*estens., fig.*) persona ingenua o timida e goffa.
sco|la|ri|tà *s.f.* dato statistico riguardante la frequenza scolastica che indica il livello di istruzione di una popolazione, un gruppo e sim.
sco|la|riz|zà|re *v.tr.* mettere in condizione di poter usufruire dell'insegnamento scolastico | sottoporre all'obbligo scolastico.
sco|la|riz|za|zió|ne *s.f.* l'atto di scolarizzare | adempimento dell'obbligo scolastico.
sco|là|ro *s.m.* [f. *-a*] 1 chi frequenta una scuola elementare o media inferiore 2 allievo, discepolo di un artista o di una scuola.
sco|là|sti|ca *s.f.* l'insieme delle dottrine filosofiche, teologiche e scientifiche elaborate in età medievale che hanno come tema fondamentale il rapporto tra la rivelazione divina e le varie scienze.
sco|là|sti|co *agg.* [m.pl. *-ci*] 1 che riguarda la scuola: *anno —* 2 (*fig.*) limitato alla conoscenza, alle regole, agli schemi acquisiti a scuola: *parlare un francese —* 3 (*filos.*) relativo alla scolastica ♦ *s.m.* (*filos.*) seguace della scolastica.
sco|la|tó|io *s.m.* piano inclinato che serve per far scolare ql.co.
sco|la|tù|ra *s.f.* l'azione dello scolare | il liquido scolato.
sco|liò|si *s.f.* (*med.*) anomala deviazione laterale della colonna vertebrale.
sco|liò|ti|co *agg.* [m.pl. *-ci*] 1 (*med.*) proprio della scoliosi 2 affetto da scoliosi ♦ *s.m.* [f. *-a*] chi soffre di scoliosi.
scol|lac|ciàr|si *v.rifl.* [indic.pres. *io mi scollàccio*...] indossare abiti eccessivamente scollati.
scol|lac|cià|to *part.pass. di* scollacciarsi ♦ *agg.* 1 (*di abito*) troppo scollato | (*di persona*) che indossa un abito troppo scollato 2 (*fig.*) licenzioso, tendente all'osceno: *film —.*
scol|lac|cia|tù|ra *s.f.* scollatura troppo ampia.
scol|la|mén|to *s.m.* 1 distacco di cose o parti incollate fra loro 2 (*med.*) distacco, chirurgico o traumatico, di organi o strati anatomici 3 (*fig.*) perdita di unità all'interno di un gruppo, spec. politico.
scol|là|re[1] *v.tr.* [indic.pres. *io scòllo*...] 1 staccare cose o parti incollate fra loro: *— un francobollo dalla cartolina* 2 (*med.*) distaccare per via chirurgica o strati anatomici uniti ♦ **-rsi** *intr.pron.* (*di cose o parti incollate*) staccarsi, separarsi.
scol|là|re[2] *v.tr.* [indic.pres. *io scòllo*...] tagliare un indumento in modo da ottenere un'apertura sul collo, sul petto o sulla schiena.
scol|là|to *part.pass. di* scollare[2] ♦ *agg.* 1 (*di abito*) aperto sul collo, sul petto, sulle spalle o sulla schiena | (*di scarpa*) che lascia scoperto il collo del piede 2 (*di persona*) che indossa un abito scollato.

scol|la|tù|ra¹ *s.f.* distacco di cose o parti incollate fra loro; scollamento.

scol|la|tù|ra² *s.f.* **1** (*in un abito*) apertura che lascia scoperti il collo, una parte del petto e a volte anche la schiena | la parte del corpo lasciata scoperta da tale apertura **2** (*in una scarpa*) apertura che lascia scoperto il collo del piede.

scol|le|gà|re *v.tr.* [indic.pres. *io scollégo o scollègo, tu scollèghi o scollèghi...*] separare, distaccare ciò che era collegato ♦ **-rsi** *intr.pron.* staccarsi, sconnettersi.

scòl|lo *s.m.* apertura di un indumento in corrispondenza del collo o del petto: *una maglia con — a V* | apertura della tomaia di una scarpa in corrispondenza del collo del piede.

scol|ma|tó|re *agg., s.m.* si dice di canale che riceve le acque di piena di un fiume e le convoglia in un bacino più grande oppure nello stesso corso d'acqua più a valle, dove la portata è maggiore, così da evitare straripamenti.

scó|lo *s.m.* **1** (*di liquidi*) l'azione di scolare, defluire | il liquido che scola | il luogo dove i liquidi scolano | **canale di —**, quello che raccoglie le acque di scarico **2** (*med., pop.*) blenorragia, gonorrea.

scol|lo|pèn|dra *s.f.* piccolo animale dei Chilopodi diffuso nei paesi caldi, con corpo allungato segmentato in anelli, ognuno dotato di un paio di arti; il suo morso velenoso, in grado di paralizzare le prede, può provocare nell'uomo dolore e infiammazione.

scol|lò|pio *s.m.* membro alla congregazione delle Scuole pie, fondata da san Giuseppe Calasanzio a Roma nel 1617.

sco|lo|rà|re *v.tr.* [indic.pres. *io scolóro...*] far perdere il colore; scolorire, sbiadire ♦ **-rsi** *intr. pron.* perdere il colore | (*estens.*) impallidire.

sco|lo|ri|mén|to *s.m.* perdita dell'intensità e della vivacità del colore.

sco|lo|ri|na® *s.f.* preparato chimico per scolorire ed eliminare le macchie d'inchiostro.

sco|lo|ri|re *v.tr.* [indic.pres. *io scolorisco, tu scolorisci...*] (*anche fig.*) far perdere il colore; scolorire, sbiadire: *il tempo scolorisce i ricordi* ♦ *intr.* [aus. *E*], **-rsi** *intr.pron.* perdere il colore, sbiadirsi | (*estens.*) impallidire: *si scolorì in volto*.

scol|pà|re *v.tr.* [indic.pres. *io scólpo...*] liberare qlcu. da un'accusa o una colpa ♦ **-rsi** *rifl.* difendersi da un'accusa o una colpa; giustificarsi.

scol|pì|re *v.tr.* [indic.pres. *io scolpisco, tu scolpisci...*; pass.rem. *io scolpii, tu scolpisti...*; part.pass. *scolpito*] **1** lavorare con lo scalpello il marmo, il legno o un altro materiale per ricavare figure in rilievo o a tuttotondo: *— una statua* | (*estens.*) incidere: *— il proprio nome su un tronco* **2** (*fig.*) fissare fortemente, imprimere: *— un ricordo nell'animo*.

scol|pì|to *part.pass. di* scolpire ♦ *agg.* **1** decorato con fregi, sculture: *porta scolpita* **2** (*estens.*) marcato, deciso: *viso* — **3** (*fig.*) ben fissato, impresso: *immagine scolpita nella memoria*.

scól|ta o **scòlta** *s.f.* **1** (*lett.*) sentinella **2** nello scoutismo, ragazza con più di 16 anni.

scom|bi|nà|re *v.tr.* **1** mettere in disordine, sottosopra: *una folata di vento gli ha scombinato tutti i fogli* **2** mandare a monte; disdire ciò che era combinato.

scom|bi|nà|to *part.pass. di* scombinare ♦ *agg.*, *s.m.* [f. *-a*] che, chi è confusionario, sconclusionato, sregolato.

scóm|bro *s.m.* → **sgombro²**.

scom|bus|so|la|mén|to *s.m.* confusione; turbamento, sconvolgimento: *lo — del trasloco*.

scom|bus|so|là|re *v.tr.* [indic.pres. *io scombùssolo...*] mettere sottosopra; turbare, sconvolgere: *questo viaggio lo ha scombussolato*.

scom|bus|so|lì|o *s.m.* grande confusione, scombussolamento.

scom|més|sa *s.f.* **1** patto fra due o più individui che affermano o prevedono cose contrastanti, in base al quale ognuno s'impegna a pagare una certa somma di denaro o ad assolvere determinati obblighi nel caso in cui le sue previsioni risultino sbagliate: *perdere una* — **2** puntata di denaro in giochi d'azzardo, corse di cavalli, incontri sportivi e sim.: *non si accettano scommesse* | la somma puntata: *una — di cento euro* **3** (*fig.*) impresa rischiosa, difficile.

scom|mét|te|re *v.tr.* [con. come *mettere*] **1** fare una scommessa: *— una pizza* | (*assol.*) dare per certo: *scommetto che non l'hai visto* **2** (*anche assol.*) puntare denaro al gioco: *ho scommesso sul numero dieci*.

scom|met|ti|tó|re *s.m.* [f. *-trice*] chi fa una scommessa; chi scommette abitualmente.

sco|mo|dà|re *v.tr.* [indic.pres. *io scòmodo...*] **1** disturbare, causare fastidio o incomodo **2** (*fig.*) rivolgersi a qlcu. per motivi banali: *— il preside* | (*fam.*) chiamare in causa: *non c'è bisogno di — Einstein per questa formula* ♦ **-rsi** *rifl.* prendersi il disturbo di fare ql.co., spec. come favore verso altri: *non dovevi scomodarti* | muoversi, alzarsi, cambiare posto, spec. per cortesia: *stia pure, non si scomodi!*

sco|mo|di|tà *s.f.* condizione di ciò che è scomodo | situazione scomoda: *abitare lassù è una vera —*.

scò|mo|do¹ *agg.* **1** che non è comodo: *divano —* | che comporta disagio, difficoltà, perdita di tempo e sim.: *strada scomoda* **2** (*di persona*) che non sta comodo: *stai —?* **3** (*fig., di persona*) che ha un carattere difficile; che può causare problemi: *testimone —* □ **scomodamente** *avv.*

scò|mo|do² *s.m.* disturbo, incomodo.

scom|pa|gi|na|mén|to *s.m.* disgregazione, disfacimento.

scom|pa|gi|nà|re *v.tr.* [indic.pres. *io scompàgino...*] **1** (*anche fig.*) rovinare l'ordine, l'equilibrio, la struttura di ql.co. **2** (*tipografia*) disfare l'impaginatura **3** rovinare la legatura di un libro, di un quaderno ♦ **-rsi** *intr.pron.* scomporsi, disgregarsi.

scom|pa|gi|nà|to *part.pass. di* scompaginare ♦ *agg.* **1** si dice di libro o quaderno che ha le pagine non rilegate **2** (*fig.*) scomposto, sconvolto.

scom|pa|gnà|re *v.tr.* [indic.pres. *io scompagno..., noi scompagniamo, voi scompagnate...*]

scompagnato

separare cose che solitamente formano un tutt'uno; spaiare: — *un paio di guanti*.

scom|pa|gnà|to *part.pass.* di scompagnare ♦ *agg.* spaiato | incompleto: *un servizio di piatti —*.

scom|pa|rì|re *v.intr.* [con. come *apparire*; aus. E] **1** sparire, sottrarsi alla vista: *scomparve dietro l'angolo* | non essere più reperibile: *è scomparso da più di una settimana* | (*euf.*) morire **2** fare brutta figura, non reggere il confronto: *di fronte alla vostra bravura, noi scompariamo* | non risaltare: *il quadro, messo lì, scompare*.

scom|pàr|sa *s.f.* **1** lo scomparire | *a —*, che si può richiudere in un mobile o intercapedine: *letto a —* **2** (*euf.*) morte.

scom|pàr|so *part.pass.* di scomparire ♦ *agg.* che non c'è più: *un animale —* ♦ *s.m.* [f. -a] (*dir.*) persona non rintracciabile al suo domicilio o residenza e di cui non si hanno più notizie | (*euf.*) persona defunta.

scom|par|ti|mén|to *s.m.* **1** ogni parte in cui è suddiviso uno spazio **2** settore in cui è divisa una carrozza ferroviaria: *— di prima classe*.

scom|pàr|to *s.m.* **1** suddivisione interna di ql.co., spec. di un mobile; scompartimento: *mobile a due scomparti* **2** (*arch.*) ciascuna delle partizioni di una parete muraria, variamente rilevate o colorate.

scom|pen|sà|re *v.tr.* [indic.pres. *io scompènso...*] **1** alterare, rompere un equilibrio **2** (*med.*) causare uno scompenso.

scom|pen|sà|to *part.pass.* di scompensare ♦ *agg.* **1** senza equilibrio **2** (*med.*) colpito da scompenso, spec. cardiaco.

scom|pèn|so *s.m.* **1** (*spec.fig.*) mancanza di equilibrio, di compensazione: *— tra domanda e offerta* **2** (*med.*) insufficienza funzionale di un organo: *— cardiaco*.

scom|pi|glià|re *v.tr.* [indic.pres. *io scompìglio...*] mettere in disordine; sconvolgere: *— i capelli*, arruffarli | *— le idee*, confonderle ♦ *-rsi intr. pron.* (*di capelli*) spettinarsi, arruffarsi.

scom|pì|glio *s.m.* (*anche fig.*) agitazione, disordine, confusione: *il suo arrivo portò lo — in casa*.

scom|pi|sciàr|si *v.intr.pron.* [indic.pres. *io mi scompiscio...*] (*pop.*) pisciarsi addosso | (*fig.*) *— dalle risa*, ridere a crepapelle.

scom|po|nì|bi|le *agg.* che si può scomporre: *mobile —*.

scom|po|ni|bi|li|tà *s.f.* caratteristica di ciò che può essere scomposto in più parti.

scom|pór|re *v.tr.* [con. come *porre*] **1** separare le parti che formano un tutto: *— una parola in sillabe* **2** mettere in disordine: *il vento ti ha scomposto i capelli* **3** (*fig.*) turbare: *la notizia non lo scompose* ♦ *-rsi intr.pron.* **1** dividersi nelle parti costituenti **2** (*fig.*) agitarsi, perdere la compostezza: *ascoltò le accuse senza —*.

scom|po|si|zió|ne *s.f.* smontaggio | suddivisione.

scom|po|stéz|za *s.f.* condizione di ciò che è scomposto | assenza di equilibrio, di compostezza formale.

scom|pó|sto *part.pass.* di scomporre ♦ *agg.* **1** separato, suddiviso negli elementi costitutivi **2** disordinato | privo di compostezza; sconveniente: *atteggiamento —* **3** privo di equilibrio formale □ **scompostamente** *avv.* **1** senza compostezza **2** in modo sconveniente.

scom|pu|tà|re *v.tr.* [indic.pres. *io scòmputo...*] detrarre, togliere da un totale.

scom|pu|to *s.m.* detrazione da un totale.

sco|mù|ni|ca *s.f.* **1** (*eccl.*) pena comminata da un'autorità religiosa che esclude chi ne è colpito dai sacramenti e dalla comunione dei fedeli **2** (*estens.*) condanna ideologica o politica.

sco|mu|ni|cà|re *v.tr.* [indic.pres. *io scomùnico, tu scomùnichi...*] **1** (*eccl.*) colpire con scomunica **2** (*estens.*) censurare, mettere al bando | escludere, espellere.

sco|mu|ni|cà|to *part.pass.* di scomunicare ♦ *agg., s.m.* [f. -a] che, chi è colpito da scomunica.

scon|ca|te|nà|to *agg.* slegato, non connesso: *eventi sconcatenati*.

scon|cer|tàn|te *part.pres.* di sconcertare ♦ *agg.* che sconcerta, che provoca turbamento; sconvolgente.

scon|cer|tà|re *v.tr.* [indic.pres. *io sconcèrto...*] disorientare, lasciare perplesso: *il suo gesto lo sconcertò* ♦ *-rsi intr.pron.* turbarsi, confondersi.

scon|cer|tà|to *part.pass.* di sconcertare ♦ *agg.* turbato, confuso.

scon|cèr|to *s.m.* stato di sconvolgimento, turbamento: *uno — generale*.

scon|céz|za *s.f.* condizione di ciò che è sconcio: *la — di un film* | azione, parola sconcia: *dire sconcezze*.

scon|cià|re *v.tr.* [indic.pres. *io scóncio...*] (*raro*) conciare male; guastare.

scón|cio *agg.* [f.pl. *-ce*] schifoso, brutto | osceno: *gesto —* ♦ *s.m.* cosa indecente, turpe, vergognosa | cosa fatta male □ **sconciamente** *avv.*

scon|clu|sio|na|téz|za *s.f.* incoerenza, assurdità.

scon|clu|sio|nà|to *agg.* **1** privo di senso, di coerenza: *racconto —* **2** che ragiona o agisce in modo assurdo e incoerente.

scon|dì|to *agg.* che ha scarso condimento o non è condito | (*con valore avv.*) senza condimenti: *mangiare —*.

scon|fes|sà|re *v.tr.* [indic.pres. *io sconfèsso...*] **1** rinnegare, abiurare: *— la propria fede* **2** disapprovare ufficialmente, non riconoscere le parole o le azioni di qlcu.: *— le scelte del presidente*.

scon|fes|sió|ne *s.f.* **1** rinnegamento di quanto si è detto o fatto prima **2** pubblica disapprovazione di parole o azioni altrui.

scon|fic|cà|re *v.tr.* [indic.pres. *io sconficco, tu sconficchi...*] togliere ciò che è conficcato.

scon|fìg|ge|re *v.tr.* [indic.pres. *io sconfiggo, tu sconfiggi...*; pass.rem. *io sconfissi, tu sconfiggésti...*; part.pass. *sconfitto*] **1** vincere, sbaragliare in combattimento | (*estens.*) superare gli avversari in competizioni, spec. politiche o sportive **2** (*fig.*) eliminare, debellare: *— la fame nel mondo*.

scon|fi|na|mén|to *s.m.* **1** superamento, spec. illegale, di un confine **2** (*fig.*) divagazione, allon-

scon|fi|nà|re v.intr. [aus. A] 1 oltrepassare i confini di uno Stato; entrare in una proprietà altrui 2 (fig.) divagare, allontanarsi dai limiti fissati: — dall'argomento di discussione.
scon|fi|nà|to part.pass. di sconfinare ♦ agg. privo di confini, senza limiti | (fig.) immenso, grandissimo: un potere —.
scon|fìt|ta s.f. 1 disfatta di un esercito in combattimento | insuccesso in una competizione, spec. sportiva o politica: subire una clamorosa — 2 (fig.) eliminazione di un male, di una piaga sociale e sim.: la — dell'analfabetismo, dell'AIDS.
scon|fìt|to part.pass. di sconfiggere ♦ agg., s.m. [f. -a] che, chi è stato vinto, battuto.
scon|for|tàn|te part.pres. di sconfortare ♦ agg. che scoraggia, che deprime: notizia —.
scon|for|tà|re v.tr. [indic.pres. io sconfòrto...] scoraggiare, deprimere; togliere fiducia, speranza ♦ **-rsi** intr.pron. abbattersi, perdersi d'animo.
scon|for|tà|to part.pass. di sconfortare ♦ agg. avvilito, scoraggiato, demoralizzato.
scon|fòr|to s.m. stato d'animo di chi si sente depresso; scoraggiamento: non lasciarsi prendere dallo —.
scon|ge|la|mén|to s.m. l'atto di scongelare, di essere scongelato.
scon|ge|là|re v.tr. [indic.pres. io scongèlo...] 1 riportare a temperatura ambiente ciò che è congelato o surgelato: — la carne 2 sbloccare togliendo divieti o provvedimenti di limitazione: — i prezzi ♦ **-rsi** intr.pron. 1 tornare a temperatura ambiente 2 (fig.) tornare alla normalità dopo un periodo di tensione.
scon|giu|rà|re v.tr. 1 (lett.) allontanare spiriti maligni con esorcismi 2 (fig.) supplicare, pregare con insistenza: ti scongiuro di ascoltarmi 3 (fig.) evitare, allontanare: — un pericolo.
scon|giù|ro s.m. atto rituale per allontanare gli spiriti maligni | formula o gesto superstizioso contro il malocchio o l'avverarsi di eventi indesiderati: fare gli scongiuri.
scon|nes|sió|ne s.f. assenza di connessione.
scon|nès|so o **sconnésso** part.pass. di sconnettere ♦ agg. 1 composto di parti non unite bene tra loro: tavolo — 2 (fig.) che manca di coerenza; sconclusionato: ragionamento —.
scon|nes|sù|ra s.f. punto in cui una cosa è sconnessa.
scon|nèt|te|re o **sconnéttere** v.tr. [con. come annettere] disunire, separare cose unite fra loro ♦ intr. [aus. A] non connettere, sragionare ♦ **-rsi** intr.pron. disgiungersi, separarsi.
sco|no|sciù|to agg. 1 non conosciuto, ignoto: luoghi sconosciuti | privo di fama: un cantante — | mai provato prima: emozioni sconosciute 2 non ancora identificato, di cui non si conosce la natura: un male — ♦ s.m. [f. -a] persona di cui non si conosce l'identità | (iron.) **illustre** —, persona di cui non si è mai sentito parlare.
scon|quas|sà|re v.tr. 1 fracassare, scuotere violentemente 2 (fig.) scombussolare, creare malessere: il viaggio in treno mi ha sconquassato ♦ **-rsi** intr.pron. rovinarsi a causa di colpi o urti.
scon|quas|sà|to part.pass. di sconquassare ♦ agg. 1 in cattivo stato, sgangherato 2 (fig.) frastornato, scombussolato: sentirsi —.
scon|quàs|so s.m. 1 rovina, distruzione 2 (fig.) scompiglio, grave disordine.
scon|sa|crà|re v.tr. (relig.) privare un luogo, un ambiente o un oggetto del carattere sacro: — una chiesa.
scon|sa|cra|zió|ne s.f. (relig.) atto con cui un'autorità religiosa toglie il carattere di sacralità precedentemente attribuito a un luogo, un ambiente o un oggetto.
scon|si|de|ra|téz|za s.f. imprudenza, avventatezza.
scon|si|de|rà|to agg. 1 che agisce o parla senza riflettere; imprudente 2 che è fatto o detto senza riflettere, in modo avventato: gesto — ♦ s.m. [f. -a] persona sconsiderata: agire da —.
scon|si|glià|bi|le agg. non consigliabile.
scon|si|glià|re v.tr. [indic.pres. io sconsìglio...] non consigliare: mi ha sconsigliato questo film | dissuadere, distogliere dal dire o fare ql.co.: ti sconsiglio di comprarlo.
scon|so|làn|te part.pres. di sconsolare ♦ agg. che rattrista; sconfortante.
scon|so|là|re v.tr. [indic.pres. io sconsòlo...] rattristare, demoralizzare, gettare nello sconforto ♦ **-rsi** intr.pron. rattristarsi, demoralizzarsi.
scon|so|là|to part.pass. di sconsolare ♦ agg. 1 che non trova conforto, che non può essere consolato 2 triste, desolato: sguardo —.
scon|tà|bi|le agg. che può essere scontato: prezzo non —.
scon|tà|re v.tr. [indic.pres. io scónto...] 1 (fin.) anticipare o farsi anticipare il pagamento di un credito non ancora scaduto, detraendo dall'importo la somma corrispondente all'interesse che decorre tra l'anticipo e la scadenza effettiva: — una cambiale 2 estinguere parzialmente o totalmente un debito 3 detrarre da un conto: — il 10% dal totale | ribassare un prezzo 4 espiare una pena: ha scontato due anni di carcere | (estens.) subire le conseguenze di ql.co.: — gli errori di gioventù | (fam.) **scontarla**, pagare le conseguenze di un atto.
scon|tà|to part.pass. di scontare ♦ agg. 1 detratto da un conto | **prezzo** —, ribassato 2 che ha un prezzo ridotto: merce scontata 3 espiato: pena scontata 4 prevedibile, ovvio: vittoria scontata | **dare per** —, considerare certo, come se fosse già accaduto.
scon|ten|tà|re v.tr. [indic.pres. io scontènto...] non accontentare; lasciare o rendere scontento: una scelta che ha scontentato tutti.
scon|ten|téz|za s.f. condizione di chi è scontento; insoddisfazione.
scon|tèn|to agg. non contento, insoddisfatto ♦ s.m. insoddisfazione, disappunto.
scón|to s.m. 1 (dir.) contratto con cui una banca anticipa al cliente l'importo di un credito non ancora scaduto verso terzi, deducendone

scontrarsi

l'interesse | *tasso di* —, percentuale d'interesse applicato da una banca nel prestito di denaro 2 deduzione di una somma da un importo 3 diminuzione del prezzo praticata dal venditore all'acquirente: *chiedere lo* —; *— del 50%*.

scon|tràr|si *v.intr.pron.* [indic.pres. io mi scóntro...] 1 (*di veicolo*) cozzare violentemente contro ql.co.: *la moto si scontrò con un'auto* 2 (*fig.*) entrare in conflitto di idee, interessi e sim.: *— con qlcu. su un argomento* ♦ *rifl.rec.* 1 (*di veicoli*) urtarsi violentemente, cozzare l'uno contro l'altro 2 affrontarsi in battaglia | gareggiare in una competizione sportiva: *le due squadre si scontreranno domani* | (*estens.*) litigare 3 (*fig.*) discordare, essere in contrasto: *i loro pareri si scontrano*.

scon|trì|no *s.m.* biglietto di ricevuta che attesta un pagamento o il diritto a una prestazione: *presentarsi al banco muniti di* —.

scón|tro *s.m.* 1 urto violento, cozzo tra veicoli: *— in autostrada* 2 (*estens.*) battaglia, combattimento | *— a fuoco*, sparatoria 3 (*fig.*) contrasto violento di opinioni: *— tra partiti politici*.

scon|tro|sàg|gi|ne *s.f.* 1 temperamento, carattere scontroso 2 azione o discorso da persona scontrosa.

scon|tro|si|tà *s.f.* 1 indole scontrosa 2 atto o discorso da scontroso.

scon|tró|so *agg.* che si arrabbia facilmente; poco socievole | poco cordiale, scostante: *atteggiamento —* ♦ *s.m.* [*f. -a*] persona scontrosa: *non fare lo —* □ **scontrosamente** *avv.*

scon|ve|nièn|te *agg.* 1 che è in contrasto con la correttezza, la morale, la decenza e sim.: *discorso —* 2 non vantaggioso da un punto di vista economico.

scon|ve|nièn|za *s.f.* 1 mancanza di correttezza, decenza, decoro e sim. | atto o detto sconveniente 2 assenza di convenienza economica.

scon|vol|gèn|te *part.pres. di* sconvolgere ♦ *agg.* che sconvolge, impressiona profondamente: *evento —*.

scon|vòl|ge|re *v.tr.* [con. come *volgere*] 1 (*anche fig.*) mettere sottosopra, causare disordine: *la guerra sconvolse la nazione* | stravolgere: *quest'imprevisto ha sconvolto tutti i miei piani* 2 (*fig.*) turbare gravemente: *la sua morte ci ha sconvolto* ♦ *-rsi* *intr.pron.* turbarsi profondamente.

scon|vol|gi|mén|to *s.m.* grave turbamento, profonda agitazione.

scon|vòl|to *part.pass. di* sconvolgere ♦ *agg.* messo sottosopra, a soqquadro: *un paese — dall'alluvione* | (*fig.*) profondamente turbato: *la gente è sconvolta*.

scoop (*ingl.*) [pr. *skup*] *s.m.invar.* notizia sensazionale diffusa in esclusiva da un giornale, un notiziario radiotelevisivo e sim.

sco|or|di|nà|to *agg.* privo di coordinazione | che compie movimenti non coordinati.

sco|or|di|na|zió|ne *s.f.* assenza di coordinazione, spec. nei movimenti del corpo.

scooter (*ingl.*) [pr. *skùter*] *s.m.invar.* 1 moto di piccola o media cilindrata, con ruote di dimensioni ridotte 2 imbarcazione a vela che, sotto l'azione del vento, è in grado di slittare sul ghiaccio.

scoo|te|ri|sta [pr. *skuterìsta*] *s.m./f.* [m.pl. *-i*] chi viaggia con uno scooter.

scó|pa¹ *s.f.* pianta arbustiva sempreverde, usata per fabbricare scope.

scó|pa² *s.f.* arnese per spazzare il pavimento, formato da una sorta di grossa spazzola su cui è innestato un lungo manico.

scó|pa³ *s.f.* gioco di carte fra due, tre o quattro persone, con un mazzo di 40 carte distribuite a tre per volta | in tale gioco, punto che si realizza quando, con la propria carta, un giocatore raccoglie tutte le carte sul tavolo: *fare —*.

sco|pà|re *v.tr.* [indic.pres. *io scópo...*] 1 spazzare con la scopa 2 (*volg.*) possedere sessualmente | (*estens., assol.*) avere un rapporto sessuale.

sco|pà|ta *s.f.* 1 l'atto di scopare, spec. in fretta 2 colpo dato con la scopa: *prendere a scopate* 3 (*volg.*) rapporto sessuale.

sco|pa|tó|re *s.m.* [*f. -trice*] chi scopa.

sco|pa|tù|ra *s.f.* pulitura fatta con la scopa.

sco|per|chià|re *v.tr.* [indic.pres. *io scoperchio...*] togliere il coperchio: *— una pentola* | (*estens.*) scoprire levando la copertura: *il vento scoperchiò la casa* ♦ *-rsi* *intr.pron.* restare senza coperchio o copertura.

sco|pèr|ta *s.f.* l'atto di scoprire, spec. verità, cose, paesi e personaggi prima sconosciuti: *la — di una nuova specie animale* | ciò che è scoperto | (*iron.*) *che (bella) —!*, si dice a chi presenta come nuova una cosa che, invece, è ovvia ed evidente a tutti.

sco|pèr|to *part.pass. di* scoprire ♦ *agg.* 1 non coperto; senza copertura o riparo: *terrazza scoperta* | (*spec.mil.*) senza difesa o protezione: *posizione scoperta* 2 non nascosto, visibile | *giocare a carte scoperte*, mettendole sulla tavola in modo che siano viste da tutti; (*fig.*) agire in modo leale, senza inganni 3 (*di persona o parte del corpo*) non riparato da indumenti: *schiena scoperta* | *dormire —*, senza lenzuola o coperte | *a capo —*, senza cappello | (*fig.*) *andare a viso —*, *a fronte scoperta*, detto di chi, non avendo nulla da nascondere, affronta con sicurezza gli sguardi altrui 4 (*banc.*) privo di copertura | *assegno —*, quello il cui importo è superiore ai soldi disponibili sul conto corrente di riferimento ♦ *s.m.* 1 luogo non riparato, indifeso: *uscire allo —* 2 (*banc.*) *— (di conto)*, mancanza di fondi in un conto corrente | (*econ.*) saldo passivo □ **scopertamente** *avv.* in modo scoperto; esplicitamente.

sco|pé|to *s.m.* bosco di eriche, tipico della macchia mediterranea.

sco|pet|tó|ne *s.m.* spazzolone per pulire i pavimenti.

-sco|pì|a secondo elemento di parole composte che significa "esame", compiuto a vista o con l'uso di strumenti ottici (*radioscopia*).

sco|piaz|zà|re *v.tr.* copiare male e senza criterio: *ha scopiazzato qua e là*.

sco|piaz|za|tó|re *s.m.* [f. *-trice*] persona che scopiazza.
sco|piaz|za|tù|ra *s.f.* l'atto di scopiazzare | la cosa, l'opera scopiazzata.
sco|pi|no *s.m.* specie di spazzola per pulire il water.
-scò|pio secondo elemento di parole composte che indica strumenti con cui è possibile compiere determinate osservazioni (*telescopio*).
scò|po *s.m.* ciò a cui si tende; proposito, fine: *raggiungere il proprio —* | *a — di*, per: *a — di lucro* | *allo, con lo — di*, con il fine di: *l'ha fatto con lo — di attirare l'attenzione.*
sco|po|fi|li|a *s.f.* (*psicol.*) voyeurismo.
sco|po|fi|lo *s.m.* [f. *-a*] (*psicol.*) voyeur.
sco|po|fo|bi|a *s.f.* (*psicol.*) paura morbosa di essere visti.
sco|pó|ne *s.m.* variante del gioco della scopa, con quattro giocatori divisi in due coppie, ai quali sono distribuite tutte le carte del mazzo in una sola volta, eccetto le 4 scoperte in tavola | *— scientifico*, versione senza le iniziali carte scoperte in tavola.
scop|pià|re[1] *v.intr.* [indic.pres. *io scòppio...*; aus. *E*] 1 rompersi all'improvviso e con fragore: *sono scoppiate le tubature* | esplodere: *è scoppiata una bombola di gas* 2 (*fig.*) prorompere: *— a ridere* | non riuscire più a trattenersi: *se non glielo dico, scoppio* 3 (*iperb.*) non poterne più, crepare: *— di invidia, di caldo* | *— di salute*, essere in ottime condizioni di salute | *mangiare fino a —*, a crepapelle 4 (*fig.*) manifestarsi con improvvisa violenza: *è scoppiata una rivolta* 5 (*fig.*) essere sovraffollato: *l'autobus scoppiava di gente* 6 (*sport*) cedere improvvisamente per la stanchezza: *il ciclista scoppiò in salita.*
scop|pià|re[2] *v.tr.* [indic.pres. *io scòppio...*] dividere cose o persone che formano una coppia; spaiare.
scop|pià|to *part.pass.* di scoppiare[1] ♦ *agg.* 1 (*sport*) si dice di atleta che ha ceduto improvvisamente per la stanchezza 2 (*gerg.*) che è sotto effetto di sostanze stupefacenti | (*estens.*) rimbambito, fuori di testa.
scop|piet|tàn|te *part.pres.* di scoppiettare ♦ *agg.* che scoppietta | (*fig.*) vivace, gioioso: *una risata —.*
scop|piet|tà|re *v.intr.* [indic.pres. *io scoppiétto...*; aus. *A*] 1 fare brevi scoppi secchi; crepitare: *la legna scoppiettava nel camino* 2 (*fig.*) risuonare.
scop|piet|tì|o *s.m.* uno scoppiettare frequente e continuo: *lo — del motore.*
scòp|pio *s.m.* 1 improvvisa e rumorosa rottura, spec. per eccessiva pressione interna: *lo — di uno pneumatico* | esplosione: *lo — di una bomba* | *motore a —*, che funziona tramite esplosione di una miscela detonante | *a — ritardato*, detto di ordigno che esplode dopo un certo tempo dalla percussione della spoletta, (*fig.*) in ritardo rispetto al tempo normale di reazione 2 (*estens.*) il rumore prodotto da uno scoppio 3 (*fig.*) violenta e improvvisa manifestazione di un evento: *lo — del conflitto* | violenta e improvvisa manifestazione di un sentimento: *uno — di rabbia.*
scòp|po|la *s.f.* 1 scappellotto dato sulla nuca 2 (*fig.*) grave danno, spec. economico.
sco|pri|mén|to *s.m.* l'atto di togliere la copertura di ql.co.
sco|prì|re *v.tr.* [con. come *coprire*] 1 togliere a una cosa ciò che la copre, la chiude, la ripara o nasconde: *— una pentola* | *— un monumento*, inaugurarlo togliendo il velo che lo ricopre 2 liberare il corpo o una sua parte da un indumento, un panno e sim. che copre o nasconde: *— le spalle* | *scoprirsi il capo*, togliersi il cappello 3 lasciare senza protezione | (*fig.*) *— il fianco*, esporsi alle critiche degli avversari 4 lasciar vedere, rendere visibile | (*fig.*) palesare, manifestare: *— le proprie intenzioni* | (*fig.*) *— le carte*, far conoscere i propri intenti 5 giungere a conoscenza di fatti, persone, cose, luoghi prima sconosciuti: *— la verità*; *— chi è l'assassino* | (*fig.*, *iron.*) *— l'acqua calda*, presentare come nuovo ql.co. che è ovvio 6 individuare, identificare: *— un errore* | riconoscere in qlcu. una caratteristica mai notata prima: *ho scoperto in te un amico* | iniziare ad apprezzare ql.co. che prima si ignorava: *ha scoperto la musica classica* ♦ **-rsi** *rifl.* 1 spingere via le coperte durante il sonno | togliersi parte degli indumenti; indossare abiti più leggeri: *è presto per — 2* (*fig.*) rivelare i propri pensieri, le proprie intenzioni e sim.: *con me non si è scoperto* 3 uscire da un riparo o nascondiglio | (*sport*) in un duello o incontro di pugilato, abbassare la guardia.
sco|pri|tó|re *s.m.* [f. *-trice*] chi scopre ql.co. prima non si conosceva.
scor|rag|gia|mén|to *s.m.* stato di avvilimento, abbattimento e sfiducia; sconforto.
sco|rag|già|re *v.tr.* [indic.pres. *io scoràggio...*] 1 togliere coraggio; infondere sfiducia e timore; deprimere: *le critiche l'hanno scoraggiato* 2 (*estens.*) frenare, sconsigliare: *il suo carattere burbero scoraggiava ogni tipo di approccio* ♦ **-rsi** *intr.pron.* perdere coraggio e fiducia, demoralizzarsi: *non devi scoraggiarti per così poco.*
sco|ra|mén|to *s.m.* stato d'animo di sfiducia in se stessi, di tristezza e sconforto.
sco|raz|zà|re *v.intr. e deriv.* → **scorrazzare** *e deriv.*
scor|bù|ti|co *agg.* [m.pl. *-ci*] 1 (*med.*) proprio dello scorbuto | affetto da scorbuto 2 (*fig.*) che è scontroso ♦ *s.m.* [f. *-a*] 1 (*med.*) chi è colpito da scorbuto 2 (*fig.*) chi ha un carattere scontroso □ **scorbuticamente** *avv.* in modo scontroso.
scor|bù|to o **scòrbuto** *s.m.* (*med.*) malattia dovuta a carenza di vitamina C, caratterizzata da emorragie e dimagrimento.
scor|cià|re *v.tr.* [indic.pres. *io scórcio...*] rendere più corto; accorciare, abbreviare: *— la gonna* ♦ **-rsi** *intr.pron.* divenire più corto, più breve: *le giornate si scorciano.*
scor|cia|tó|ia *s.f.* 1 percorso più breve rispetto a quello della strada principale: *conosco una — 2* (*fig.*) espediente, modo con cui si ottiene ql.co. più rapidamente.

scór|cio *s.m.* **1** nella prospettiva, rappresentazione di una figura su un piano obliquo rispetto a chi guarda | *di* —, con una forte angolazione; (*fig.*) da lontano, di sfuggita **2** vista limitata di uno spazio più ampio: *di qui puoi vedere uno — di mare* **3** ultima parte di un periodo di tempo.

scor|dà|re[1] *v.tr.* [indic.pres. *io scòrdo*...] dimenticare, non ricordare: — *un indirizzo; hai scordato di avvertirmi* ♦ **-rsi** *intr.pron.* dimenticarsi: *mi sono scordato di prendere le chiavi*.

scor|dà|re[2] *v.tr.* [indic.pres. *io scòrdo*...] far perdere l'accordatura | (*mus.*) modificare la normale accordatura di uno strumento ad arco, spec. del violino, per ottenere effetti speciali o facilitare l'esecuzione di alcuni passaggi ♦ **-rsi** *intr.pron.* perdere l'accordatura.

scor|dà|to *part.pass. di* scordare[2] ♦ *agg.* (*di strumento musicale*) privo di accordatura; stonato.

scor|da|tù|ra *s.f.* **1** (*mus.*) modificazione della normale accordatura di uno strumento ad arco, spec. del violino, per superare difficoltà tecniche o rendere più brillante l'esecuzione di alcuni passaggi **2** perdita dell'accordatura da parte di uno strumento a corda.

score (*ingl.*) [pr. *skòr*] *s.m.invar.* in alcuni giochi e sport, punteggio conseguito | taccuino, pannello e sim. in cui si segnano i punti.

sco|rég|gia o **scorréggia** *s.f.* [pl. *-ge*] (*pop.*) emissione rumorosa di gas intestinali; peto.

sco|reg|già|re o **scorréggiare** *v.intr.* [indic.pres. *io scoréggio*...; aus. *A*] (*pop.*) fare scoregge.

scòr|fa|no *s.m.* pesce di colore rossastro a macchie scure, con testa molto grossa e aculei velenosi sporgenti dalla pinna dorsale; le sue carni sono usate spec. per la zuppa di pesce **2** (*spreg.*) persona molto brutta.

scòr|ge|re *v.tr.* [indic.pres. *io scorgo, tu scorgi*...; pass.rem. *io scorsi, tu scorgésti*...; part.pass. *scorto*] **1** riuscire a vedere; distinguere: — *un cartello in lontananza* **2** (*fig.*) discernere con la mente | accorgersi di ql.co.: — *un pericolo*.

scò|ria *s.f. spec.pl.* **1** rifiuto inquinante, spec. di una lavorazione industriale | (*metall.*) prodotto di scarto, derivato dalla fusione o raffinazione di un metallo | (*fis.*) **scorie radioattive**, materiali radioattivi di rifiuto che si formano durante una reazione nucleare **2** (*geol.*) frammento di lava eruttato da un vulcano nella fase esplosiva **3** (*fig.*) residuo inutile, parte peggiore.

sco|ri|fi|cà|re *v.tr.* [indic.pres. *io scorìfico, tu scorìfichi*...] (*metall.*) eliminare la ganga da un minerale | affinare un metallo, liberandolo dalle impurità | (*ind.*) ridurre in scorie.

sco|ri|fi|ca|zió|ne *s.f.* (*metall.*) operazione dello scorificare.

scor|nà|re *v.tr.* [indic.pres. *io scòrno*...] **1** rompere le corna, privare delle corna **2** (*fig.*) ridicolizzare, deridere ♦ **-rsi** *intr.pron.* **1** rompersi le corna **2** (*fig.*) fallire in un'impresa rimanendo deluso e umiliato.

scor|nà|to *part.pass. di* scornare ♦ *agg.* **1** con le corna rotte o privato delle corna **2** (*fig.*) deluso, umiliato; deriso.

scor|ni|cià|re *v.tr.* [indic.pres. *io scornìcio*...] **1** togliere dalla cornice **2** modellare a forma di cornice.

scòr|no *s.m.* umiliazione, vergogna, beffa causata da un insuccesso.

scor|pac|cià|ta *s.f.* mangiata abbondante: *una — di gelato* | (*fig.*) consumo, fruizione in gran quantità: *una — di libri*.

scor|pió|ne[1] *s.m.* **1** animale degli Aracnidi, con corpo appiattito di colore giallo-bruno o nero, due chele anteriori e addome che si prolunga posteriormente in una falsa coda terminante con un aculeo velenoso **2** (*fig.*) persona maligna e cattiva.

Scor|pió|ne[2] *s.m.* (*astr.*) costellazione e ottavo segno dello zodiaco, dominante il periodo tra il 24 ottobre e il 22 novembre.

scor|po|rà|re *v.tr.* [indic.pres. *io scòrporo*...] **1** suddividere in più parti un complesso patrimoniale unitario **2** (*estens.*) separare da un insieme uno o più elementi.

scòr|po|ro *s.m.* operazione dello scorporare | la parte scorporata.

scor|raz|zà|re o **scorazzàre** *v.intr.* [aus. *A*] **1** correre qua e là per gioco, per divertimento: *i bambini scorrazzavano in cortile* **2** (*estens.*) girovagare ♦ *tr.* accompagnare in giro: *lo abbiamo scorrazzato per la città*.

scor|raz|zà|ta o **scorazzàta** *s.f.* giro all'aperto; veloce gita.

scor|rég|gia *s.f. e deriv.* → **scoreggia** *e deriv.*

scór|re|re *v.intr.* [con. *come correre*; aus. *E*] **1** muoversi dentro un condotto, lungo un tracciato e sim. senza particolare attrito: *il sangue scorre nelle vene* | colare, sgorgare **2** (*estens., anche fig.*) procedere senza intoppi, con facilità: *nel tuo tema ci sono alcune frasi che non scorrono* **3** (*fig.*) trascorrere, passare: *il tempo scorreva velocemente* ♦ *tr.* leggere in fretta, in modo superficiale: — *un elenco*.

scor|re|rìa *s.f.* incursione in un territorio a scopo di saccheggio e devastazione.

scor|ret|téz|za *s.f.* **1** mancanza di correttezza | errore, inesattezza **2** mancanza di lealtà, di rispetto o di educazione: *la — di un'azione* | atto o discorso sleale.

scor|rèt|to *agg.* **1** che non è corretto, che presenta errori e imprecisioni: *calcolo* — **2** (*di atto o discorso*) sleale, scortese | *gioco* —, falloso **3** (*di persona*) che si comporta in modo sleale e irrispettoso □ **scorrettamente** *avv.*

scor|ré|vo|le *agg.* **1** che scorre: *porta, nastro* — **2** che procede facilmente, senza difficoltà: *traffico* — | (*fig.*) che si sviluppa con scioltezza: *discorso* —.

scor|re|vo|léz|za *s.f.* (*spec.fig.*) carattere di ciò che è scorrevole.

scor|ri|bàn|da *s.f.* veloce scorreria di una banda armata | (*estens., scherz.*) rapida visita, giro veloce in una zona o località: *abbiamo fatto una — in Alsazia*.

scor|ri|mén|to *s.m.* movimento dentro un condotto, lungo un tracciato e sim.: *lo — dei titoli di coda* | **strada a — veloce**, strada urbana a più corsie.

scór|sa *s.f.* lettura veloce e superficiale: *dare una — ai giornali.*
scór|so *part.pass. di* scorrere ♦ *agg.* appena trascorso: *la settimana scorsa.*
scor|só|io *agg. nella loc.* **nodo** —, nodo fatto in modo tale da formare un laccio che si stringe quanto più si tira la cima.
scòr|ta *s.f.* **1** l'atto di scortare qlcu. o ql.co. al fine di proteggerlo o sorvegliarlo: *fare la — a qlcu.* | le persone o i mezzi impiegati per tale azione: *avere una — di quattro uomini; fare da —, essere di — a qlcu.* | **— d'onore**, reparto armato che rende onore a un'autorità e la segue nelle cerimonie ufficiali | **con, sotto la — di**, con l'aiuto di, sotto la guida di **2** riserva di denaro, viveri o altri beni da usare in caso di necessità futura: *fare (la) — di cibo*; *esaurire le scorte* | **di —**, detto di ciò che è tenuto come riserva per casi imprevisti: *occhiali, ruota di —* **3** (*spec.pl.*) giacenza di prodotti finiti, accantonati in attesa di essere smerciati.
scor|tà|re *v.tr.* [indic.pres. *io scòrto*...] accompagnare per proteggere, sorvegliare, onorare e sim.: *— un carcerato.*
scor|tec|cià|re *v.tr.* [indic.pres. *io scortéccio*...] **1** privare della corteccia: *— un tronco* **2** (*estens.*) togliere l'intonaco, la vernice e sim. ♦ **-rsi** *intr.pron.* perdere la corteccia | (*estens.*) scrostarsi.
scor|tec|cia|tri|ce *s.f.* macchina per scortecciare i tronchi impiegati nella produzione della cellulosa.
scor|tec|cia|tu|ra *s.f.* operazione con cui si toglie la corteggia ai tronchi | la corteccia tolta.
scor|té|se *agg.* privo di cortesia, di garbo, di gentilezza: *parole scortesi* □ **scortesemente** *avv.*
scor|te|sì|a *s.f.* **1** caratteristica di chi o di ciò che è scortese **2** atto o parola scortese; sgarbo.
scor|ti|ca|mén|to *s.m.* l'atto di scorticare, di scorticarsi.
scor|ti|ca|re *v.tr.* [indic.pres. *io scórtico, tu scórtichi*...] **1** scuoiare; levare la pelle a un animale ucciso **2** (*estens., anche assol.*) lacerare la pelle; escoriare, sbucciare: *cadendo si è scorticato le ginocchia* **3** (*fig., fam.*) richiedere un prezzo eccessivo: *in quel negozio ti scorticano* **4** (*fig., fam.*) criticare, esaminare con esagerata severità.
scor|ti|ca|tù|ra *s.f.* **1** l'atto di scorticare **2** abrasione della pelle; escoriazione.
scor|ti|chì|no *s.m.* **1** [f. *-a*] chi scortica gli animali macellati **2** coltello per scorticare.
scòr|za *s.f.* **1** il rivestimento più esterno della corteccia degli alberi | (*estens.*) buccia di un frutto: *la — dell'arancia* **2** (*estens.*) pelle di alcuni animali, spec. di rettili e pesci **3** (*fig.*) aspetto esteriore, apparenza: *sotto la ruvida — si nasconde una persona sensibile.*
scor|zo|né|ra *s.f.* pianta erbacea spontanea nei prati montani, con lungo stelo, fiori gialli e foglie lineari; viene coltivata per la sua radice commestibile.
sco|scén|de|re o **scoscèndere** *v.intr.* [con. come *scendere*; aus. *E*] scendere a picco, ripidamente.
sco|scen|di|mén|to *s.m.* **1** frana improvvisa di rocce **2** terreno in forte pendenza; dirupo.
sco|scé|so *part.pass. di* scoscendere ♦ *agg.* ripido, in forte pendenza: *sentiero —.*
sco|scià|re *v.tr.* [indic.pres. *io scòscio*...] **1** causare una slogatura all'articolazione della coscia con l'anca **2** staccare le cosce di un animale, spec. del pollo, prima o dopo averlo cucinato ♦ **-rsi** *intr.pron.* **1** nella danza, divaricare al massimo le gambe **2** (*fam.*) mostrare le cosce.
sco|scià|ta *s.f.* nella danza, divaricazione massima delle gambe.
sco|scià|to *part.pass. di* scosciare ♦ *agg.* (*di indumento*) che scopre molto le cosce; sgambato.
scò|scio *s.m.* **1** nella danza, divaricazione massima delle gambe **2** incavatura dei calzoni tra le cosce.
scòs|sa *s.f.* **1** movimento violento, sussulto improvviso: *scosse di terremoto* | **— elettrica**, sensazione di tremito prodotta nell'organismo da una scarica di corrente elettrica **2** (*fig.*) profondo dolore, grave turbamento.
scòs|so *part.pass. di* scuotere ♦ *agg.* turbato, fortemente agitato.
scos|só|ne *s.m.* **1** scossa violenta, brusco sobbalzo **2** (*fig.*) sconvolgimento inaspettato.
sco|sta|mén|to *s.m.* **1** separazione, allontanamento **2** (*mat., stat.*) differenza tra i valori veri di una grandezza e quelli medi calcolati.
sco|stàn|te *part.pres. di* scostare ♦ *agg.* che suscita antipatia; poco socievole: *un comportamento —.*
sco|stà|re *v.tr.* [indic.pres. *io scòsto*...] **1** allontanare due cose o persone vicine: *— il divano dalla parete* **2** sfuggire, evitare ♦ *intr.* [aus. *A*] essere lontano, non accostato ♦ **-rsi** *rifl., intr.pron.* **1** allontanarsi; spostarsi: *scostati, fammi passare!* **2** (*fig.*) allontanarsi, deviare: *— dalla tradizione.*
sco|stu|ma|téz|za *s.f.* caratteristica di chi o di ciò che è scostumato | azione o detto da scostumato.
sco|stu|mà|to *agg., s.m.* [f. *-a*] che, chi si comporta in modo contrario alle norme della morale e della decenza | (*estens.*) vizioso, dissoluto, immorale: *una vita scostumata.*
scotch[1] (*ingl.*) [pr. *skòč*] *s.m.invar.* whisky scozzese.
scotch®[2] (*ingl.*) [pr. *skòč*] *s.m.invar.* nastro autoadesivo.
sco|ten|nà|re *v.tr.* [indic.pres. *io scoténno*...] **1** privare gli animali, spec. il maiale, della cotenna **2** togliere il cuoio capelluto al nemico ucciso o prigioniero.
sco|ten|na|tù|ra *s.f.* **1** azione dello scotennare **2** usanza di togliere il cuoio capelluto al nemico ucciso o prigioniero.
scò|to *agg., s.m.* [f. *-a*] **1** appartenente agli Scoti, antico popolo celtico **2** (*lett.*) scozzese.
sco|to|fo|bì|a *s.f.* (*psicol.*) paura morbosa dell'oscurità.
scò|to|la *s.f.* stecca in legno o ferro per battere il lino e la canapa così da separare le fibre legnose da quelle tessili.

sco|tò|ma *s.m.* [pl. *-i*] (*med.*) perdita della vista in un'area limitata del campo visivo.

scòt|ta *s.f.* (*mar.*) cavo di manovra per distendere la parte inferiore della vela in caso di vento.

scot|ta|di|to *solo nella loc.* **a** —, detto di vivanda, spec. carne cotta alla brace, che deve essere mangiata caldissima, appena cucinata.

scot|tàn|te *part.pres. di* scottare ♦ *agg.* 1 (*anche fig.*) che scotta, che brucia: *rimprovero —* 2 (*fig.*) che suscita grande interesse o preoccupazione: *questione —*.

scot|tà|re *v.tr.* [indic.pres. *io scòtto...*] 1 causare un'ustione, una bruciatura: *scottarsi una mano* 2 (*estens.*) far cuocere una vivanda per un tempo molto breve: — *le verdure* 3 (*fig.*) causare dolore, dispiacere e sim.: *è rimasto scottato da quell'esperienza* ♦ *intr.* [aus. *A* nei sign. 1 e 2, *E* nel sign. 3] 1 emanare calore, avere una temperatura alta: *il termosifone scotta* | (*fig.*) **sentirsi — la terra sotto i piedi**, avere fretta di andarsene per impazienza o a causa di un pericolo 2 (*fig.*) suscitare interesse o preoccupazione: *è un argomento che scotta* | provenire da azioni illecite: *soldi che scottano* 3 (*fig.*) irritare, infastidire: *la verità scotta* ♦ **-rsi** *rifl.*, *intr.pron.* 1 bruciarsi, ustionarsi 2 (*fig.*) vivere un'esperienza spiacevole: *ti sei già scottato una volta*.

scot|ta|ta *s.f.* l'atto di scottare leggermente un cibo.

scot|ta|tù|ra *s.f.* 1 ustione, bruciatura 2 (*fig.*) esperienza spiacevole e deludente.

scòt|to[1] *part.pass. di* scuocere ♦ *agg.* detto di cibo troppo cotto: *pasta scotta*.

scòt|to[2] *s.m. solo nella loc.* **pagare lo** —, subire le conseguenze negative di ql.co.

scout (*ingl.*) [pr. *skàut*] *s.m./f.invar. abbr. di* boy scout ♦ *agg.invar.* che riguarda i boy scout: *raduno —*.

scou|tì|smo [pr. *skautìsmo*] o **scautismo** *s.m.* movimento giovanile internazionale fondato nel 1908 che si propone di educare i giovani promuovendo uno stile di vita comunitario e a contatto della natura.

scou|tì|sti|co [pr. *skautìstico*] o **scautìstico** *agg.* [m.pl. *-ci*] proprio dello scoutismo.

sco|và|re *v.tr.* [indic.pres. *io scóvo...*] 1 far uscire dal covo; stanare: — *la volpe* 2 (*fig.*) riuscire a trovare; scoprire: *ho scovato un posto davvero speciale*.

sco|vo|li|no *s.m.* 1 spazzolino che si usa per pulire cavità lunghe e strette, come fucili, pipe, bottiglie 2 particolare spazzolino per l'igiene degli spazi interdentali.

scó|vo|lo *s.m.* lunga spazzola cilindrica per pulire l'interno della bocca da fuoco o della canna di un'arma.

scoz|zà|re *v.tr.* [indic.pres. *io scòzzo...*] mescolare le carte da gioco.

scoz|zé|se *agg.* della Scozia | **tessuto** —, caratterizzato da riquadri di diversi colori | **doccia** —, quella in cui si alternano getti di acqua calda e acqua fredda; (*fig.*) rapida successione di eventi negativi e positivi ♦ *s.m.* 1 [anche f.] che è nato o abita in Scozia | (*fig.*) persona avara; spilorcio 2 lingua del gruppo gaelico parlata in Scozia.

scoz|zo|nà|re *v.tr.* [indic.pres. *io scozzóno...*] 1 domare o ammaestrare, spec. un cavallo 2 (*fig.*) insegnare i rudimenti di un lavoro, di una disciplina.

scoz|zó|ne *s.m.* domatore o ammaestratore di cavalli e sim.

scrambler (*ingl.*) [pr. *skrèmbler*] *s.m.invar.* 1 (*sport*) moto da cross 2 dispositivo elettronico che altera un segnale in modo che questo possa essere ben ricevuto solo da chi possiede un apposito decodificatore.

scràn|na *s.f.* sedia con braccioli e schienale alto.

scràn|no *s.m.* scanno | (*estens.*) panca, sgabello.

scre|an|zà|to *agg.*, *s.m.* [f. *-a*] che, chi è senza creanza; maleducato.

scre|di|ta|mén|to *s.m.* l'atto di screditare, di screditarsi | l'effetto derivante da tale azione.

scre|di|tà|re *v.tr.* [indic.pres. *io scrédito...*] far perdere a qlcu. la reputazione, la stima, il prestigio: *è stato screditato davanti a tutti* ♦ **-rsi** *intr. pron.* comportarsi in modo da perdere la reputazione, la stima, il prestigio.

screening (*ingl.*) [pr. *skrìnin*] *s.m.invar.* 1 (*med.*) controllo sanitario eseguito su una popolazione o un gruppo che si ritiene a rischio, allo scopo di identificare i portatori di malattia e curarli 2 (*estens.*) qualunque indagine che mira a selezionare o scegliere.

screen saver (*ingl.*) [pr. *skrin sèiver*] *loc.sost.m. invar.* (*inform.*) salvaschermo.

scre|mà|re *v.tr.* [indic.pres. *io scrèmo...*] 1 togliere la panna, la parte grassa del latte 2 (*fig.*) selezionare, vagliare.

scre|mà|to *part.pass. di* scremare ♦ *agg.* detto di latte da cui è stata levata la panna, la crema.

scre|ma|tù|ra *s.f.* l'operazione di scremare | (*fig.*) selezione accurata.

scre|po|là|re *v.tr.* [indic.pres. *io scrèpolo...*] produrre crepe sottili: *il freddo mi ha screpolato le mani* ♦ **-rsi** *intr.pron.* fendersi in crepe sottili.

scre|po|la|tù|ra *s.f.* formazione di crepe sottili | il segno lasciato da tali crepe: *labbra piene di screpolature* | punto in cui una superficie è screpolata.

scre|zià|re *v.tr.* [indic.pres. *io scrèzio...*] macchiare di vari colori | cospargere vari colori su un fondo uniforme.

scre|zià|to *part.pass. di* screziare ♦ *agg.* striato in vari colori | con macchie o striature di colore diverso dallo sfondo: *un marrone — di verde*.

scre|zia|tù|ra *s.f.* striatura in vari colori | insieme di chiazze o striature di colore diverso dallo sfondo.

scrè|zio *s.m.* disaccordo, dissapore tra persone che prima andavano d'accordo.

scrì|ba *s.m.* [pl. *-i*] (*st.*) 1 presso gli Egizi, scrivano, con funzione di pubblico ufficiale 2 presso gli antichi Ebrei, interprete della legge, spec. seguace del fariseismo 3 presso i Romani e nel Medioevo, scrivano di professione.

scri|bac|chià|re *v.tr.* [indic.pres. *io scribàcchio...*] scrivere malamente, senza impegno | (*spreg.*) scrivere cose di poco valore.

scri|bac|chì|no *s.m.* [f. *-a*] **1** scrittore di scarso valore **2** impiegato che svolge lavori molto modesti.

scric|chio|la|mén|to *s.m.* produzione di un rumore secco e crepitante | il rumore stesso.

scric|chio|là|re *v.intr.* [indic.pres. *io scrìcchiolo...*; aus. *A*] **1** produrre un rumore secco e crepitante, spec. in seguito a rottura, attrito o pressione: *il ghiaccio scricchiolò sotto i nostri piedi* | cigolare nel muoversi: *la porta scricchiola* **2** (*fig.*) vacillare, dare segni di crisi: *il rapporto inizia a —*.

scric|chio|lì|o *s.m.* **1** uno scricchiolare insistente e continuo **2** (*fig.*) segno di crisi.

scrìc|cio|lo *s.m.* **1** uccello di piccole dimensioni, con un sottile becco appuntito, coda corta e dritta, piumaggio rossiccio, voce trillante **2** (*fig.*) persona piccola e mingherlina.

scrì|gno *s.m.* piccolo forziere per custodire gioielli, oggetti preziosi e sim. | (*fig.*) *essere uno — di bontà, di saggezza*, essere molto buono, molto saggio.

scri|mi|na|tù|ra *s.f.* la riga di spartizione dei capelli in certe pettinature.

scrì|mo|lo *s.m.* (*geog.*) cresta montuosa che ha un versante a precipizio e l'altro a dolce pendio.

scrip|tò|rium (*lat.*) *s.m.* nel Medioevo, locale dove gli amanuensi svolgevano il loro lavoro.

scri|stia|niz|zà|re *v.tr.* allontanare un popolo o un paese dalla religione cristiana ♦ **-rsi** *rifl.* abbandonare la fede cristiana.

scri|stia|niz|za|zió|ne *s.f.* l'atto di cristianizzare, di scristianizzarsi e il risultato che ne consegue.

scri|te|rià|to *agg., s.m.* [f. *-a*] che, chi è o si comporta senza criterio, in modo imprudente.

scrìt|ta *s.f.* parola o frase che compare su un foglio, un cartello e sim.: *sulla porta c'è una —* | (*estens.*) insegna, cartello: — *al neon*.

scrìt|to *part.pass.* di scrivere | *agg.* **1** espresso per mezzo della scrittura: *richiesta scritta* | **lingua scritta**, quella propria della scrittura, gener. più controllata ed elevata di quella parlata | **legge scritta**, quella fissata in un testo, codificata | *esame —*, *prova scritta*, non orale **2** che reca segni di scrittura: *pagina scritta* **3** (*fig.*) impresso: *portare ql.co. — nel cuore* | evidente, visibile: *colpa scritta in fronte* **4** (*fig.*) destinato, stabilito: *dove è — che devo farlo io?* ♦ *s.m.* **1** la scrittura | (*loc.avv.*) *per —*, *per iscritto*, in forma scritta | **mettere ql.co. per —**, *per iscritto*, scriverlo **2** ogni cosa espressa con la scrittura: *uno — indecifrabile* | opera, saggio, articolo e sim.: *scritti giovanili* | prova scritta: *gli scritti iniziano domani*.

scrit|tó|io *s.m.* tavolo per scrivere, scrivania.

scrit|tó|re *s.m.* [f. *-trice*] chi si dedica all'attività letteraria: — *di romanzi*.

scrit|tò|rio *agg.* che viene adoperato per scrivere: *materiale —* ♦ *s.m.* scriptorium.

scrit|tù|ra *s.f.* **1** l'atto di scrivere | il modo di scrivere: — *corsiva*; — *illeggibile* | — **speculare**, quella che va da destra a sinistra ed è leggibile solo ponendo il foglio davanti a uno specchio **2** espressione scritta: *affidare i ricordi alla —* | (*estens.*) qualsiasi testo scritto | (*anton.*) **la Sacra Scrittura**, la Bibbia **3** (*dir.*) documento scritto in cui si certifica un fatto, si effettua una dichiarazione e sim. | — *privata*, redatta da privati | — **pubblica**, redatta da un notaio o da un altro pubblico ufficiale **4** contratto fra un artista e un impresario; ingaggio: *ottenere una —* **5** (*spec.pl.*) registrazione scritta dei movimenti di denaro, merci e sim.: *scritture contabili*.

scrit|tu|rà|bi|le *agg.* che può essere scritturato.

scrit|tu|rà|le *agg.* che riguarda la Sacra Scrittura; biblico.

scrit|tu|rà|re *v.tr.* **1** ingaggiare un artista dello spettacolo con una scrittura **2** registrare in un libro contabile; contabilizzare.

scrit|tu|ra|zió|ne *s.f.* **1** ingaggio di un artista **2** registrazione dei dati contabili.

scri|và|ni|a *s.f.* mobile costituito da un piano orizzontale per scrivere, gener. con uno o più cassetti.

scri|và|no *s.m.* [f. *-a*] chi scrive o copia ql.co. per conto di altri | impiegato addetto alla stesura o copiatura di documenti.

scri|vèn|te *part.pres.* di scrivere ♦ *agg., s.m./f.* (*bur., ling.*) che, chi scrive.

scrì|ve|re *v.tr.* [pass.rem. *io scrissi, tu scrivésti...*; part.pass. *scritto*] **1** tracciare su carta o altra superficie segni grafici che indicano per convenzione parole, suoni e sim.: — *al computer*; — *musica*; — *in inglese* | (*fig.*) — **sulla sabbia**, fare ql.co. di non duraturo **2** esprimere con segni grafici appropriati: *come si scrive questa parola?* **3** esprimere un concetto, un pensiero ecc. per mezzo della scrittura: *scrisse la propria avventura* **4** comporre un testo scritto, spec. con valore artistico: — *una tesi di dottorato*; — *una poesia* | (*assol.*) comunicare con lettere, cartoline e sim.: — *ai parenti per Natale* | — **per**, **su un giornale**, collaborarvi **5** sostenere, affermare in un'opera scritta: *Freud scrive che...* **6** (*fig.*) imprimere, fissare profondamente: — *nella mente* ♦ **-rsi** *rifl. rec.* comunicare tramite lettere, cartoline e sim.

scroc|cà|re *v.tr.* [indic.pres. *io scròcco, tu scròcchi...*] (*fam.*) ottenere ql.co. a spese altrui: — *un passaggio* | (*estens.*) ottenere senza merito: — *lo stipendio*.

scroc|ca|tó|re *s.m.* [f. *-trice*] chi cerca di scroccare; scroccone.

scroc|chià|re *v.intr.* [indic.pres. *io scròcchio...*; aus. *A*] (*fam.*) scricchiolare | **far — le dita**, piegarle in modo da produrre con le articolazioni un rumore secco.

scròc|chio *s.m.* (*fam.*) rumore di ql.co. che scrocchia.

scròc|co[1] *s.m.* [pl. *-chi*] (*fam.*) l'atto di scroccare | *a —*, senza pagare, a spese di altri.

scròc|co[2] *s.m.* [pl. *-chi*] scatto | rumore prodotto da uno scatto | **serratura a —**, che si chiude senza chiave, solo con una spinta | *coltello a* —, a serramanico.

scroc|có|ne *s.m.* [f. *-a*] chi scrocca; scroccatore.

scro|fa *s.f.* femmina del maiale o del cinghiale.

scrò|fo|la *s.f.* (*med.*) scrofolosi.

scro|fo|lò|si *s.f.* (*med.*) ingrossamento delle linfoghiandole del collo, spec. di natura tubercolare.

scro|fu|là|ria *s.f.* pianta erbacea diffusa nelle regioni temperate, con frutti a capsula o a bacca e foglie opposte dentate.

scrol|la|mén|to *s.m.* (*raro*) l'atto di scrollare o scrollarsi.

scrol|là|re *v.tr.* [indic.pres. *io scròllo*...] 1 scuotere energicamente: — *una tovaglia* | — *il capo*, muoverlo a destra e a sinistra in segno di disapprovazione o diniego | — *le spalle*, alzarle in segno di indifferenza 2 eliminare, far cadere scuotendo: — *la neve dal cappello* | (*anche fig.*) *scrollarsi ql.co. di dosso*, liberarsene scuotendosi in modo energico: — *di dosso la tristezza* 3 (*fig.*) sollecitare qlcu. ad allontanare da sé l'abbattimento o l'apatia ♦ **-rsi** *intr.pron.* 1 muoversi in modo energico 2 (*fig.*) scuotersi da uno stato di depressione o indifferenza.

scrol|là|ta *s.f.* 1 scuotimento energico | — *di spalle*, movimento lieve delle spalle per esprimere disprezzo, indifferenza e sim. 2 (*fig.*) stimolo a uscire da uno stato di depressione o indifferenza.

scro|scià|nte *part.pres. di* scrosciare ♦ *agg.* che scroscia | impetuoso, fragoroso: *applauso* —.

scro|scià|re *v.intr.* [indic.pres. *io scròscio*...; aus. E, A] 1 (*di acqua*) cadere con violenza e forte rumore 2 (*fig.*) succedersi rapidamente con un rumore simile a quello dell'acqua scrosciante: *scrosciarono gli applausi*.

scrò|scio *s.m.* 1 caduta d'acqua violenta e rumorosa: — *di pioggia* 2 (*fig.*) serie di eventi rumorosi che si susseguono rapidamente: — *di risa* 3 (*tv*) interruzione di breve durata del segnale video, con disturbo nell'audio.

scro|sta|mén|to *s.m.* scrostatura.

scro|stà|re *v.tr.* [indic.pres. *io scròsto*...] 1 rimuovere la crosta da una ferita 2 (*estens.*) togliere la parte più superficiale di ql.co.: — *l'intonaco* ♦ **-rsi** *intr.pron.* 1 perdere la crosta, lo strato superficiale: *il muro si sta scrostando* 2 (*di rivestimento*) cadere, staccarsi: *l'intonaco inizia a* —.

scro|stà|to *part.pass. di* scrostare ♦ *agg.* rovinato in superficie.

scro|sta|tù|ra *s.f.* l'atto di scrostare o scrostarsi | parte scrostata.

scrò|to *s.m.* (*anat.*) sacco cutaneo in cui sono contenuti i testicoli.

scrù|po|lo *s.m.* 1 inquietudine, incertezza di carattere morale riguardo all'opportunità di agire in un determinato modo | riguardo: *non avere scrupoli con me* | *essere senza scrupoli*, essere disonesto | *farsi* — *di ql.co.*, preoccuparsene 2 accuratezza, estrema cura: *lavoro realizzato con* —.

scru|po|lo|si|tà *s.f.* coscienziosità; accuratezza.

scru|po|ló|so *agg.* 1 pieno di scrupoli, spec. morali o religiosi: *persona scrupolosa* 2 che si comporta responsabilmente 3 eseguito in modo accurato, preciso: *ricerca scrupolosa* □ **scrupolosamente** *avv.* in modo coscienzioso | accuratamente, in modo preciso.

scru|tà|re *v.tr.* osservare con cura, tentando di cogliere ql.co. che non si nota subito: — *l'orizzonte*.

scru|ta|tó|re *agg.* [f. *-trice*] che scruta ♦ *s.m.* 1 chi scruta 2 chi, in un seggio elettorale, compie lo scrutinio dei voti.

scru|ti|nà|re *v.tr.* 1 fare lo scrutinio dei voti espressi in una votazione 2 in ambito scolastico, decidere i voti da attribuire agli alunni.

scru|ti|na|tó|re *s.m.* [f. *-trice*] chi fa lo scrutinio dei voti espressi in una votazione; scrutatore.

scru|ti|nio *s.m.* 1 il controllo e il conteggio dei voti espressi in una votazione 2 valutazione che una commissione di insegnanti esprime sul profitto degli alunni di una classe al termine di un periodo o dell'anno scolastico.

scu|ci|re *v.tr.* [indic.pres. *io scùcio*...] 1 levare una cucitura | dividere parti cucite insieme 2 (*fam.*) sborsare: *quanto hai dovuto* —? | spillare, ottenere ♦ **-rsi** *intr.pron.* perdere la cucitura.

scu|cì|to *part.pass. di* scucire ♦ *agg.* 1 che ha delle scuciture 2 (*fig.*) slegato, incoerente.

scu|ci|tù|ra *s.f.* l'atto di scucire o scucirsi | parte scucita.

scu|de|rì|a *s.f.* 1 insieme di locali adibiti a stalla e a deposito di tutto ciò che serve per l'allevamento dei cavalli 2 (*estens.*) organizzazione per l'allevamento e l'addestramento dei cavalli da corsa 2 (*sport*) nel motociclismo, nell'automobilismo e sim., l'insieme dei veicoli da corsa, dei piloti e dei tecnici che fanno parte di una stessa casa produttrice: *la* — *Ferrari* | (*fig.*) *ordini di* —, ordini impartiti dal vertice di un'organizzazione.

scu|dét|to *s.m.* 1 piccolo scudo tricolore cucito sulla maglia degli atleti della squadra che nella stagione precedente ha vinto un campionato nazionale, spec. di serie A | *vincere lo* —, vincere il campionato nazionale 2 (*mil.*) distintivo a forma di piccolo scudo applicato sulla manica di un'uniforme 3 piccola piastra metallica forata nel centro usata per proteggere o abbellire la serratura.

scu|diè|ro *s.m.* (*st.*) 1 nel Medioevo, giovane nobile che accompagnava un cavaliere, portandogli lo scudo e avendo cura delle sue armi e del suo cavallo 2 dignitario di corte.

scu|di|scià|re *v.tr.* [indic.pres. *io scudìscio*...] percuotere con lo scudiscio.

scu|di|scià|ta *s.f.* colpo di scudiscio.

scu|dì|scio *s.m.* frustino flessibile, in legno o cuoio, usato per incitare il cavallo.

scù|do[1] *s.m.* 1 (*st.*) arma difensiva per proteggere il corpo | (*fig.*) *levata, alzata di scudi*, ribellione 2 (*estens.*) struttura di rivestimento, di protezione e sim. | struttura metallica protettiva e di scavo usata per la costruzione di gallerie in terreni poco compatti | — *spaziale*, sistema difensivo basato sull'uso di satelliti spaziali 3 (*fig.*) difesa, barriera protettiva: *farsi* — *con le mani* | *far-*

si — *di qlcu.*, *di ql.co.*, usarli come difesa, per proteggersi 4 (*arald.*) parte dello stemma formata dal campo su cui sono rappresentate le figure | — *crociato*, simbolo della Democrazia Cristiana 5 (*zool.*) grande scaglia cornea del tegumento dei Rettili.

scu|do[2] *s.m.* moneta di vario valore con inciso, su una delle due facce, lo scudo dello Stato o del principe emittente | moneta d'argento da cinque lire in corso in Italia fino alla seconda guerra mondiale.

scuf|fia *s.f.* 1 (*dial.*) cuffia 2 (*pop.*) innamoramento, cotta | ubriacatura: *prendere una* — 3 (*mar.*) fare —, di imbarcazione a vela, capovolgersi.

scuf|fià|re *v.intr.* [indic.pres. *io scùffio*...; aus. *A*] (*mar.*) di imbarcazione, capovolgersi.

scu|gniz|zo *s.m.* [f. *-a*] monello napoletano | (*estens.*) ragazzo vivace.

scu|lac|cià|re *v.tr.* [indic.pres. *io sculàccio*...] picchiare ripetutamente con la mano aperta sul sedere, spec. i bambini come punizione.

scu|lac|cià|ta *s.f.* colpo o insieme di colpi dati con la mano aperta sul sedere: *prendere a sculacciate*.

scu|lac|ció|ne *s.m.* energica sculacciata.

scu|let|tà|re *v.intr.* [indic.pres. *io sculétto*...; aus. *A*] camminare dimenando vistosamente le anche e il sedere.

scul|tó|re *s.m.* [f. *-trice*] chi esercita l'arte della scultura.

scul|tò|re|o o **scultòrio** *agg.* 1 proprio della scultura: *opera scultorea* 2 (*estens.*) che pare scolpito; statuario: *fisico* — 3 (*fig.*) forte, incisivo: *stile* —.

scul|tù|ra *s.f.* 1 l'arte, la tecnica dello scolpire, del plasmare figure o immagini: *scuola di* — 2 (*estens.*) opera scolpita o plasmata: *serie di sculture* | il complesso delle opere di un periodo o di un autore: *la* — *di Michelangelo*.

scuò|ce|re *v.intr.* [con. come *cuocere*; aus. *E*], **-rsi** *intr.pron.* cuocere eccessivamente; oltrepassare il punto di cottura ottimale.

scuo|ia|mén|to *s.m.* l'atto di scuoiare.

scuo|ià|re *v.tr.* [indic.pres. *io scuòio*...] levare la pelle a un animale ucciso: — *un coniglio*.

scuo|ia|tó|re *s.m.* [f. *-trice*] in macelleria o conceria, addetto allo scuoiamento.

scuo|ia|tù|ra *s.f.* in conceria, prima fase nella lavorazione delle pellicce, consistente nel distaccare la pelle dal corpo dell'animale ucciso.

scuò|la *s.f.* 1 istituzione educativa che, attraverso l'insegnamento, provvede a diffondere la cultura, l'istruzione e la preparazione professionale: — *materna, elementare, media* | il complesso delle istituzioni scolastiche: *la riforma della* — | — *pubblica*, quella che dipende dallo Stato | — *privata*, gestita da privati | — *dell'obbligo*, quella che per legge deve essere frequentata da tutti i ragazzi entro certi limiti d'età 2 (*estens.*) organizzazione che ha lo scopo di insegnare una qualche disciplina o attività pratica: — *di canto, di equitazione* | — *guida*, autoscuola 3 insegnamento metodico di una disciplina, di un'arte e sim.: *tre ore di* —; *oggi non c'è* — 4 edificio dove ha sede una scuola: *uscire da* — 5 l'insieme degli insegnanti e degli alunni di una scuola: *in gita con la* — 6 (*fig.*) ammaestramento, pratica, esercizio: — *di vita* 7 insieme di artisti, scrittori, scienziati ecc. che seguono un medesimo indirizzo | l'indirizzo stesso: *la* — *crociana* | l'insieme dei discepoli di un grande maestro: *la* — *di Platone*.

scuo|la|bus o **scuolabùs** *s.m.invar.* autobus per il trasporto degli scolari, spec. da casa a scuola e viceversa.

scuo|la|gui|da *s.f.* [pl. *scuoleguìda*] scuola che impartisce lezioni teoriche e pratiche per ottenere la patente di guida dei veicoli; autoscuola.

scuò|te|re *v.tr.* [indic.pres. *io scuoto*...; pass.rem. *io scòssi, tu scuotésti* o *scotésti*...; part.pass. *scòsso*] 1 agitare con forza muovendo in più direzioni: — *una lattina* | — *la testa*, in segno di scontentezza, dubbio o diniego | — *le spalle*, alzarle per esprimere indifferenza | (*fig.*) — *qlcu.*, stimolarlo all'azione, scrollarlo 2 (*estens.*) far cadere ql.co. con movimenti energici: — *la polvere dallo straccio* | (*fig.*) allontanare: *scuotersi dalla timidezza* 3 (*fig.*) agitare, turbare: *la notizia l'ha scosso molto* ♦ **-rsi** *intr.pron.* 1 sobbalzare | (*fig.*) uscire da uno stato di depressione o indifferenza | — *dal sonno*, risvegliarsi all'improvviso 2 (*fig.*) agitarsi, turbarsi.

scuo|ti|mén|to *s.m.* scossone; scrollata.

scù|re *s.f.* 1 attrezzo da boscaiolo e da falegname più grande dell'accetta, con lama dritta o arcuata 2 (*st.*) arma da guerra di forma simile a tale attrezzo 3 (*fig.*) forte taglio, riduzione.

scu|rì|re *v.tr.* [indic.pres. *io scurisco, tu scurisci*...] far diventare scuro o più scuro: — *i capelli* ♦ *intr.* [aus. *E*], **-rsi** *intr.pron.* divenire scuro o più scuro ♦ *intr.impers.* [aus. *E, A*] imbrunire, farsi notte: *tra un po' scurisce*.

scù|ro[1] *agg.* 1 buio, oscuro: *luogo* — 2 (*di colore*) dalla tonalità più spenta e cupa: *marrone* — | tendente al nero: *maglia scura* 3 (*fig.*) fosco, corrucciato: *farsi* — *in volto* 4 triste, difficile: *tempi scuri* ♦ *s.m.* 1 oscurità, buio 2 in un dipinto e sim., parte ombreggiata 3 colore scuro: *vestirsi di* —.

scù|ro[2] *s.m.* imposta interna di finestra o porta a vetri per oscurare la stanza.

scur|rì|le *agg.* di una comicità licenziosa e volgare; triviale: *frasi scurrili*.

scur|ri|li|tà *s.f.* caratteristica di ciò che è scurrile | volgarità.

scù|sa *s.f.* 1 richiesta di perdono per una mancanza commessa: *domandare* — 2 le parole o gli atti con cui ci si scusa: *lettera piena di scuse* 3 argomento di parziale discolpa; attenuante, giustificazione: *non hai scuse per ciò che hai fatto* 4 motivo fittizio, pretesto: *devo trovare una* — *per convincerlo*.

scu|sà|bi|le *agg.* che si può scusare: *errore* —.

scu|sàn|te *s.f.* giustificazione, attenuante: *non avere scusanti*.

scu|sà|re v.tr. **1** discolpare, giustificare un comportamento altrui: — *i figli* **2** in formule di cortesia, si usa per chiedere di essere perdonati da un'intromissione: *scusa, mi passi il sale?* | (*iron.*) *scusa, scusate se è poco!*, per sottolineare l'eccezionalità di ql.co. ♦ **-rsi** *rifl.* chiedere scusa, giustificarsi: — *per l'accaduto*.

scu|tel|là|ria s.f. pianta erbacea perenne con grandi foglie ovali e fiori a campanula di diversi colori.

sda|zià|re v.tr. [indic.pres. *io sdàzio*...] svincolare una merce dal dazio.

sde|bi|tàr|si v.rifl. [indic.pres. *io mi sdébito*...] liberarsi dai debiti | (*fig.*) disobbligarsi: *non so come sdebitarmi*.

sde|gnà|re v.tr. [indic.pres. *io sdégno*..., *noi sdegniamo, voi sdegnate*...] **1** disprezzare, rifiutare: — *l'aiuto di qlcu*. **2** provocare sdegno, irritazione ♦ **-rsi** *intr.pron.* indignarsi, adirarsi, offendersi: — *con, contro qlcu*.

sde|gnà|to *part.pass.* di sdegnare ♦ *agg.* offeso.

sdé|gno s.m. forte indignazione, riprovazione, biasimo: *parole di —*.

sde|gno|si|tà s.f. superbia, altezzosità.

sde|gnó|so *agg.* **1** che prova sdegno **2** che esprime sdegno; sprezzante: *sguardo —* □ **sdegnosamente** *avv.*

sden|tà|re v.tr. [indic.pres. *io sdènto*...] levare, rompere i denti, spec. a un attrezzo o a un congegno ♦ **-rsi** *intr.pron.* perdere i denti.

Sden|tà|ti s.m.pl. ordine di Mammiferi senza denti o con denti rudimentali, cui appartengono il formichiere, l'armadillo e il bradipo.

sden|tà|to *part.pass.* di sdentare ♦ *agg.*, s.m. [f. -a] che, chi è senza denti.

sdi|lin|qui|mén|to s.m. l'azione dello sdilinquirsi | (*fig.*) smanceria, svenevolezza.

sdi|lin|quìr|si v.intr.pron. [indic.pres. *io mi sdilinquisco, tu ti sdilinquisci*...] **1** indebolirsi, diventare fiacco **2** (*fig.*) perdersi in complimenti e smancerie.

sdo|ga|na|mén|to s.m. l'operazione di sdoganare.

sdo|ga|nà|re v.tr. svincolare la merce trattenuta in dogana mediante pagamento dei diritti doganali.

sdol|ci|na|téz|za s.f. caratteristica di chi o di ciò che è sdolcinato | atto o discorso sdolcinato.

sdol|ci|nà|to *agg.* lezioso, languido: *modi sdolcinati*.

sdol|ci|na|tù|ra s.f. atto, discorso sdolcinato; smanceria.

sdop|pia|mén|to s.m. l'atto di sdoppiare o sdoppiarsi | (*psicol.*) — **della personalità**, disturbo dissociativo, tipico della schizofrenia, per cui in una persona si sviluppano parallelamente due personalità contrastanti tra loro.

sdop|pià|re[1] v.tr. [indic.pres. *io sdóppio*...] rendere semplice ciò che è doppio.

sdop|pià|re[2] v.tr. [indic.pres. *io sdóppio*...] dividere in due parti ♦ **-rsi** *intr.pron.* dividersi in due.

sdot|to|reg|già|re v.intr. [indic.pres. *io sdottoréggio*...; aus. *A*] esprimersi con tono saccente; ostentare erudizione.

sdra|ià|re v.tr. [indic.pres. *io sdràio*...] coricare, mettere a giacere: — *sul letto* ♦ **-rsi** *rifl.* coricarsi, mettersi a giacere: — *per terra*.

sdra|ià|to *part.pass.* di sdraiare ♦ *agg.* che è disteso, coricato.

sdrà|io s.m. *nella loc.* **sedia a** —, sedia costituita da un telaio a inclinazione regolabile al quale è fissata una tela robusta su cui è possibile sdraiarsi ♦ *s.f.invar.* sedia a sdraio.

sdram|ma|tiz|zà|re v.tr. attenuare la gravità di un evento, di una situazione, di una notizia.

sdram|ma|tiz|za|zió|ne s.f. l'atto di sdrammatizzare.

sdruc|cio|là|re v.intr. [indic.pres. *io sdrùcciolo*...; aus. *E*] scivolare su una superficie viscida o liscia | (*estens.*) cadere a causa di una scivolata.

sdruc|cio|lé|vo|le *agg.* (*anche fig.*) su cui è facile scivolare: *terreno —*.

sdrùc|cio|lo *agg.* (*gramm.*) detto di parola con l'accento sulla terzultima sillaba | (*metr.*) detto di verso che finisce con una parola sdrucciola e conteggia una sillaba in più rispetto alla misura normale.

sdruc|cio|ló|ne s.m. scivolone, capitombolo.

sdru|cì|re v.tr. [indic.pres. *io sdrucisco* o *sdrùcio, tu sdrucisci* o *sdruci*...] scucire, spec. strappando: — *una maglietta* | (*estens.*) lacerare, strappare ♦ **-rsi** *intr.pron.* strapparsi, spec. per consunzione.

sdru|cì|to *part.pass.* di sdrucire ♦ *agg.* strappato, logoro.

sdru|ci|tù|ra s.f. strappo, scucitura.

se[1] *cong.* **1** [introduce prop. condizionali con il v. all'indic. o al congiunt.] nel caso in cui, qualora: — *vai al cinema, avvertimi*; — *mangiassi di meno, dimagrirei* | in frasi ellittiche, per esprimere rincrescimento o desiderio: — *solo me lo avessi detto!*; — *vincessi il primo premio!* | —*mai*, nel caso che: — *mai dovesse arrivare, telefonami*; tutt'al più, eventualmente: — *mai la chiameremo noi* | (*con valore enfatico*) — **Dio vuole**, finalmente **2** [introduce prop. causali] poiché, dato che: — *lo sapevano, dovevano dircelo* **3** [preceduto da *come*, introduce prop. comparative ipotetiche con v. al congiunt.] quasi come: *si comporta come — non fosse successo nulla* **4** [preceduto da *anche* o seguito da *pure*, introduce prop. concessive] nonostante: *anche — è tardi, provo lo stesso*; — *pure fosse colpevole, andrebbe ascoltato* **5** [seguito da *non*, introduce prop. eccettuative con v. all'inf.] eccetto, tranne che: *non si può fare nulla — non aspettare* | soltanto: *non ho visto nessuno — non lei* | — **non altro**, almeno: — *non altro è stato gentile* **6** introduce prop. dubitative: *verifica — hai superato la selezione* **7** introduce prop. interrogative indirette: *mi domando — sia il caso di partire* ♦ *s.m.invar.* **1** incertezza, dubbio: *non lasciarti fermare dai —* **2** condizione: *non ci sono —*.

se[2] *pron.pers.m./f.* di 3ª *pers.sing.* e *pl.* si usa al posto del pron. *si* con i pron. atoni *lo, la, li, le* e

con la particella *ne*, in posizione enclitica o proclitica: — *l'è bevuto tutto*; — *li sono presi*; *andarsene*; *prendersela*.
sé *pron.pers.rifl.m./f. di 3ª pers.sing. e pl.* [forma tonica dei pron. *lui*, *lei*, *loro* che si usa solo quando si riferisce al soggetto della proposizione; spesso è rafforzato da *stesso* o *medesimo* e in tal caso può essere scritto anche senza accento] **1** introdotto da preposizione, si usa come compl. indiretto; se c'è reciprocità d'azione, è sempre sostituito da *loro* (p.e. diviserto tra loro il bottino): *ha fatto parlare di —*; *lo hanno portato con —*; *rimproverare se stessi* | **essere**, **non essere in** —, essere, non essere nel possesso delle proprie facoltà mentali | **essere pieno di** —, essere presuntuoso | **essere chiuso in** —, essere introverso, poco socievole | **essere fuori di** —, perdere il controllo delle proprie emozioni | **tornare in** —, rinvenire; ritrovare il controllo delle proprie emozioni | **pensare soltanto a** —, agire in modo egoistico | **tenere ql.co. per** —, non rivelarlo a nessuno | **dentro di** —, **fra — e** —, nel proprio intimo | **in** —, **di per** —, nella sua essenza | **a** — **(stante)**, a parte: *un caso a — (stante)* | **da** —, da solo, senza l'intervento di altri: *ha fatto da —* | (*prov.*) *chi fa da — fa per tre*, è meglio cavarsela con le proprie risorse | **va da** —, è ovvio, è logico: *va da — che dovrai esercitarti molto* **2** si usa come complemento oggetto, al posto del pronome atono *si*, quando gli si vuol dare particolare rilievo, spec. nelle contrapposizioni: *ha danneggiato solo* — (o *se stesso*).
se|bà|ce|o *agg.* relativo al sebo | che secerne sebo | **ghiandole sebacee**, quelle situate negli strati più superficiali del derma, che secernono il sebo versandolo nel follicolo pilifero o direttamente sulla superficie della pelle.
seb|bè|ne *cong.* [introduce prop. concessive con v. al congiunt.] benché, quantunque: — *fosse stanco, andò al cinema*.
sè|bo *s.m.* sostanza grassa secreta dalle ghiandole sebacee del derma, con funzione protettiva e lubrificante per la pelle.
se|bor|rè|a *s.f.* (*med.*) aumento patologico della secrezione di sebo da parte delle ghiandole sebacee.
se|bor|ròi|co *agg.* [m.pl. *-ci*] (*med.*) che riguarda la seborrea | causato da seborrea.
se|càn|te *agg.* (*geom.*) detto di retta che taglia una qualsiasi linea ♦ *s.f.* **1** (*geom.*) retta secante **2** (*mat.*) in trigonometria, funzione reciproca del coseno.
séc|ca *s.f.* **1** tratto in cui il fondale marino è poco profondo oppure in rilievo rispetto all'area circostante, e tale da ostacolare la navigazione: *incagliarsi nelle secche* **2** mancanza o scarsità d'acqua: *un fiume in* —.
sec|càn|te *part.pres. di* seccare ♦ *agg.* noioso, molesto; spiacevole: *un imprevisto* —.
sec|cà|re *v.tr.* [indic.pres. *io sécco, tu sécchi*...] **1** rendere secco, fare diventare arido: *il sole ha seccato la terra* | mettere ad asciugare al sole, all'aria o in forno determinati cibi per disidratarli e poterli conservare meglio **2** prosciugare: — *un torrente* **3** (*fig.*) importunare, infastidire: *continua a seccarmi con i suoi problemi* ♦ *intr.* [aus. E] diventare secco: *i fiori seccarono in fretta* ♦ **-rsi** *intr.pron.* **1** diventare secco, inaridirsi | (*fig.*) esaurirsi: *la sua vena creativa si è seccata* **2** divenire asciutto | (*fam.*) rimarginarsi: *la ferita si sta seccando* **3** (*fig.*) infastidirsi, provare irritazione: *mi sono seccata di aspettarti*.
sec|cà|to *part.pass. di* seccare ♦ *agg.* (*fig.*) infastidito, irritato.
sec|ca|tó|re *s.m.* [f. *-trice*] chi secca, infastidisce, irrita; scocciatore.
sec|ca|tú|ra *s.f.* fastidio, noia, scocciatura.
sec|chéz|za *s.f.* **1** condizione di ciò che è secco: — *del clima* **2** (*fig.*) concisione, brevità: — *di stile*.
séc|chia *s.f.* **1** secchio usato spec. per attingere l'acqua **2** (*estens.*) quantità di liquido o materiale contenuta in una secchia.
sec|chia|ta *s.f.* **1** quantità di liquido o materiale contenuta in un secchio **2** colpo dato con un secchio.
sec|chièl|lo *s.m.* **1** secchio di piccole dimensioni per usi particolari: — *per il ghiaccio* | — *da spiaggia*, quello di plastica usato dai bambini per giocare con la sabbia **2** borsa che ha forma simile a un secchio.
séc|chio *s.m.* **1** recipiente di materiale vario, di forma cilindrica o troncoconica, con manico semicircolare: — *di plastica* | — **dell'immondizia**, **della spazzatura**, usato per i rifiuti domestici, gener. con apertura del coperchio tramite pedale **2** (*estens.*) la quantità di liquido o altro materiale contenuta in un secchio.
sec|chió|ne *s.m.* [f. *-a*] (*fam.*, *spreg.*) alunno che ottiene buoni risultati studiando in modo ostinato ed eccessivo.
séc|co *agg.* [m.pl. *-chi*] **1** privo di acqua, di umidità; asciutto: *vento* — | essiccato: *fiori secchi* | **pelle secca**, disidratata | **pane** —, raffermo | **pasticceria secca**, senza ripieno di panna, crema e sim. **2** molto magro: *avere le gambe secche* **3** (*fig.*) brusco, deciso, privo di cordialità: *risposta secca* | (*di rumore*) netto, improvviso: *colpo* — | (*fam.*) *fare* — *qlcu.*, ucciderlo in modo fulmineo | (*fam.*) *restarci* —, morire sul colpo **4** (*di vino o liquore*) non dolce **5** nel gioco del lotto, giocata fatta su una sola ruota, senza altre combinazioni: *ambo*, *terno* — ♦ *s.m.* **1** luogo senz'acqua: *tirare in* — *una barca* **2** siccità, aridità: *con questo* — *la frutta non giunge a maturazione* | *a* —, senz'acqua o altro liquido | *lavaggio a* —, compiuto con sostanze chimiche o per immersione in sostanze solventi | **muro a** —, costruito senza calcina | **pittura a** —, fatta sull'intonaco secco | (*fig.*) *rimanere a* —, restare senza soldi, senza risorse; restare senza benzina □ **seccamente** *avv.* in modo deciso, brusco: *parlare* —.
sec|cú|me *s.m.* insieme di cose secche.
se|cen|té|sco o **seicentésco** *agg.* [m.pl. *-schi*] del Seicento, del sec. XVII.
se|cen|ti|smo o **seicentismo** *s.m.* gusto letterario e artistico tipico del Seicento in Europa, caratterizzato dall'artificio e dalla bizzarria.

se|cen|ti|sta o **seicentista** *s.m./f.* [m.pl. *-i*] scrittore, artista del Seicento | studioso della cultura del Seicento.

se|cen|ti|sti|co o **seicentistico** *agg.* proprio del seicentismo; barocco.

se|cèr|ne|re *v.tr.* [indic.pres. *io secerno...*; part.pass. *secrèto*; usato quasi solo alla 3ª pers.sing. e pl. dei tempi semplici] (*biol.*) produrre ed emettere particolari sostanze.

se|ces|sió|ne *s.f.* distacco di un gruppo di persone dall'unità politica o sociale di cui faceva parte | (*st.*) *guerra di —*, negli Stati Uniti d'America, la guerra combattuta dal 1861 al 1865 tra gli Stati schiavisti del Sud e quelli antischiavisti del Nord.

se|ces|sio|ni|smo *s.m.* tendenza a staccarsi dal gruppo sociale o politico a cui si appartiene.

se|ces|sio|ni|sta *s.m./f.* [m.pl. *-i*] fautore di una secessione ♦ *agg.* secessionistico.

se|ces|sio|ni|sti|co *agg.* [m.pl. *-ci*] proprio del secessionismo o dei secessionisti.

sé|co *pron.* (*lett.*) con sé.

se|co|là|re *agg.* **1** che ha uno o più secoli: *pianta —* | che dura da secoli: *tradizioni secolari* **2** che si ripete ogni secolo: *celebrazione —* **3** laico, non ecclesiastico: *potere, abito —* | *clero —*, l'insieme degli ecclesiastici che non fanno parte di ordini o congregazioni **4** (*lett.*) mondano, terreno, non spirituale ♦ *s.m. spec.pl.* laico.

se|co|la|ri|tà *s.f.* **1** durata secolare **2** (*eccl.*) condizione degli appartenenti al clero secolare.

se|co|la|riz|zà|re *v.tr.* (*eccl.*) sottoporre a secolarizzazione.

se|co|la|riz|za|zió|ne *s.f.* **1** (*eccl.*) provvedimento con cui si riduce allo stato laicale chi ha ricevuto gli ordini religiosi | riduzione di un edificio da luogo di culto a uso profano **2** (*estens.*) laicizzazione; diminuzione dell'influenza religiosa sulla vita civile.

sè|co|lo *s.m.* **1** periodo di cent'anni **2** periodo storico caratterizzato da un evento particolare | *il — dei Lumi*, l'Illuminismo **3** epoca in cui si vive, periodo storico attuale | *del —*, detto di evento, personaggio e sim. ritenuto il più rappresentativo del periodo: *il male del —* **4** (*iperb.*) periodo di tempo molto lungo: *è un — che non vado a teatro* | (*pl.*) tempo indeterminato e lunghissimo: *una tradizione che dura da secoli* | *per tutti i secoli dei secoli*, in eterno | *alla fine dei secoli*, alla fine del mondo **5** (*lett.*) la vita mondana, spec. in contrapposizione a quella religiosa | *al —*, locuzione che precede il nome anagrafico di un religioso o di chi ha adottato uno pseudonimo: *Totò, al secolo Antonio De Curtis.*

se|cón|da *s.f.* **1** (*ell.*) in un corso di studi, la classe successiva alla prima: *— media* | la seconda classe di un mezzo di trasporto: *viaggiare in —* **2** (*ell.*) la seconda marcia nel cambio di velocità di un veicolo: *ingranare la —* **3** (*sport*) nella scherma, posizione di difesa | nella ginnastica, posizione di riposo | nella danza classica, posizione con gambe divaricate, piedi rivolti all'esterno, braccia aperte | *punizione di —*, nel calcio, quella in cui la palla non può essere battuta direttamente a rete **4** (*mus.*) nel sistema tonale, intervallo compreso tra due gradi successivi della scala diatonica **5** *in —*, di secondo grado, vice: *pilota in —* **6** forma le seguenti loc.: *a — di*, conformemente a, in base a: *a — della situazione* | *a — che*, [introduce una prop. con v. al congiunt.] dipendentemente da: *a — che tu vada o no.*

se|con|da|mén|to *s.m.* (*med.*) espulsione spontanea della placenta e degli altri annessi fetali subito dopo il parto.

se|con|dà|rio *agg.* **1** che è secondo in una successione **2** che è minore per importanza o valore; non fondamentale: *un problema, un ruolo —* | (*gramm.*) *proposizione secondaria*, subordinata, dipendente **3** (*med.*) detto di fattore patologico causato a sua volta da un altro fattore **4** (*econ.*) *settore —*, l'insieme delle attività industriali relative alla trasformazione e alla lavorazione delle materie prime, in contrapposizione a quello agricolo (*primario*) e ai servizi (*terziario*) ♦ *s.m.* **1** (*econ.*) settore secondario **2** (*geol.*) era mesozoica □ **secondariamente** *avv.* **1** in secondo luogo | in grado minore, in modo meno importante **2** successivamente.

se|con|di|no *s.m.* (*fam.*) guardia carceraria, carceriere.

se|cón|do[1] *agg.num.ord.* **1** che in una serie corrisponde al posto numero due: *è arrivato —* | *il secolo —* (o *II*), gli anni compresi tra il 101 e il 200 | (*mat.*) *elevare un numero alla seconda (potenza)*, elevarlo al quadrato **2** (*estens.*) altro, nuovo; diverso rispetto al primo: *una seconda gioventù* | *— fine*, scopo nascosto, diverso da quello dichiarato **3** minore per importanza, valore o grado: *posti in seconda classe* | *di seconda mano*, già usato, non nuovo: *abito di seconda mano* | *in — piano*, non al centro dell'attenzione | *in — luogo*, poi, secondariamente ♦ *avv.* [in correlazione con *primo*] in secondo luogo: *non esco, primo perché è tardi e — perché sono stanco* ♦ *s.m.* **1** unità di misura del tempo corrispondente alla sessantesima parte di un minuto primo (*simb.* s) | (*estens.*) istante, momento: *arrivo tra un —* **2** (*mat.*) unità di misura degli angoli, equivalente a 1/3600 di grado **3** in un pranzo, la seconda portata: *come — c'è pesce* **4** padrino di un duello | (*sport*) nel pugilato, assistente di un pugile durante l'incontro.

se|cón|do[2] *prep.* **1** conformemente a; nel modo richiesto, voluto, indicato: *agire — il regolamento* **2** stando a; in base a ciò che sostiene o scrive qlcu.: *— me; — alcuni..., — altri...; Vangelo — Matteo* **3** in base a: *agire — le circostanze* **4** in rapporto a: *giudicare — i meriti.*

se|con|do|gè|ni|to *agg., s.m.* [f. *-a*] che, chi è nato per secondo tra più figli.

secrétaire (*fr.*) [pr. *secretér*] *s.m.invar.* mobile composto da una parte inferiore munita di cassetti e una superiore con un piano ribaltabile per scrivere.

se|cre|ti|vo *agg.* (*biol.*) che secerne | che riguarda la secrezione.

se|crè|to *s.m.* (*biol.*) il prodotto di una secrezione.
se|cre|tó|re *agg.* [f. *-trice*] (*biol.*) che secerne: *apparato —*.
se|cre|to|rio *agg.* (*biol.*) proprio della secrezione.
se|cre|zió|ne *s.f.* (*biol.*) produzione ed emissione da parte di cellule e ghiandole specializzate di particolari sostanze utili all'organismo (p.e. ormoni, muco) o da eliminare come rifiuto (p.e. sudore) | la sostanza secreta.
sè|da|no *s.m.* **1** ortaggio con foglie aromatiche e grosse costole commestibili **2** (*spec.pl.*) pasta corta di forma cilindrica e ricurva.
se|dà|re *v.tr.* [indic.pres. *io sèdo*...] calmare, placare: *— il dolore* | reprimere: *— una ribellione*.
se|da|ti|vo *agg.* che serve a calmare: *effetto —* ♦ *s.m.* farmaco che ha un effetto calmante.
sè|de *s.f.* **1** (*ant.*) seggio | **Sede Apostolica**, **Santa Sede**, il Governo della Chiesa cattolica **2** luogo di residenza | (*dir.*) *— legale*, domicilio della persona giuridica **3** città, edificio dove sorgono gli uffici di un ente, un'organizzazione e sim.: *la — del Parlamento* | l'edificio che ospita tali uffici **4** luogo in cui si svolge un evento: *la città è — di importanti manifestazioni* **5** spazio predisposto per contenere ql.co. | *— stradale*, carreggiata **6** spazio o momento opportuno: *non è questa la — adatta per discutere* | (*fig.*) **in separata —**, privatamente | *in — di*, mentre si svolge ql.co.: *in — di voto*.
se|den|ta|rie|tà *s.f.* condizione di chi è sedentario.
se|den|tà|rio *agg.* **1** che si fa rimanendo seduti; che comporta poco movimento: *occupazione sedentaria* **2** (*di persona*) che si muove poco **3** (*di popolazione e sim.*) con sede stabile, non nomade ♦ *s.m.* [f. *-a*] chi si muove poco o ha una vita poco attiva.
se|den|ta|riz|za|zió|ne *s.f.* (*antrop.*) trasformazione di una popolazione da nomade a sedentaria.
se|dé|re[1] *v.intr.* [indic.pres. *io sièdo, tu sièdi, egli siède, noi sediamo, voi sedéte, essi sièdono*; pass.rem. *io sedéi* o *sedètti, tu sedésti*...; fut. *io sederò* o *siederò*...; congiunt.pres. *io sièda*..., *noi sediamo, voi sediate, essi sièdano*; condiz. *io sederèi* o *siederèi*...; imp. *sièdi, sedéte*; ger. *sedèndo*; aus. *E*] **1** poggiare sopra ql.co. le natiche, tenendo il busto eretto: *— su uno sgabello, per terra* | *mettersi a —*, sedersi | *posto a —*, dove è possibile sedersi | (*fig.*) *non stare mai seduto*, essere sempre in attività **2** (*estens.*) svolgere una funzione, un ufficio sedendo su un seggio: *— in Parlamento* | *— in cattedra*, insegnare; (*fig.*) avere un atteggiamento saccente | *— in tribunale*, essere giudice | *— sul trono*, regnare ♦ **-rsi** *intr.pron.* mettersi seduto | *— a tavola*, per consumare il pasto.
se|dé|re[2] *s.m.* parte posteriore del corpo corrispondente ai glutei; deretano.
sè|dia *s.f.* mobile su cui ci si siede, formato da una spalliera e da un piano orizzontale sostenuto da quattro gambe: *— pieghevole, in legno* | *— a dondolo*, quella che oscilla avanti e indietro perché ha le gambe appoggiate su assi ricurve | *— a rotelle*, quella provvista di ruote che consente alle persone invalide di spostarsi autonomamente o con l'aiuto di qlcu. | *— elettrica*, quella usata per l'esecuzione di condanne a morte mediante scarica elettrica.
se|di|cèn|ne *agg.*, *s.m./f.* che, chi ha sedici anni d'età.
se|di|cèn|te *agg.* che si attribuisce titoli e qualifiche che non ha: *il — avvocato*.
se|di|cè|si|mo *agg.num.ord.* che in una serie corrisponde al posto numero sedici | *il secolo —* (o *XVI*), gli anni compresi tra il 1501 e il 1600 ♦ *s.m.* ognuna delle sedici parti uguali di un'unità | (*tipografia*) *in —*, si dice di formato ottenuto ripiegando quattro volte un foglio di stampa, in modo da far risultare sedici fogli, equivalenti a trentadue pagine.
sé|di|ci *agg.num.card.invar.* che equivale a una decina più sei unità | (*anche ell.*) **le** (**ore**) *—*, le quattro del pomeriggio ♦ *s.m.* il numero naturale che equivale a una decina più sei unità | il simbolo che rappresenta tale numero.
se|di|le *s.m.* qualsiasi oggetto fatto per sedersi: *i sedili di un'auto*.
se|di|men|tà|re *v.intr.* [indic.pres. *io sediménto*...; aus. *E, A*] **1** (*di particelle solide sospese in un liquido*) depositarsi sul fondo **2** (*fig.*) sospendere una decisione, accantonare una situazione e sim., lasciando passare del tempo prima di riprenderla in considerazione.
se|di|men|tà|rio *agg.* (*geol.*) si dice di roccia che si è formata per sedimentazione di materiali diversi | che comporta sedimentazione.
se|di|men|ta|zió|ne *s.f.* **1** processo di deposito, sul fondo di un recipiente, delle particelle solide sospese in un liquido **2** (*geol.*) processo di deposito di residui minerali insolubili che si accumulano sul fondo del mare o di un corso d'acqua dopo essere stati trasportati dalla corrente **3** (*fig.*) lenta maturazione.
se|di|mén|to *s.m.* **1** deposito lasciato in fondo a un recipiente da particelle solide in sospensione **2** (*geol.*) insieme di materiale organico o inorganico che si è depositato sul fondo di un bacino.
se|di|men|to|lo|gì|a *s.f.* branca della geologia che studia i processi di sedimentazione e le rocce sedimentarie.
se|dio|li|no *s.m.* (*aer.*) sedile per piloti.
se|diò|lo *s.m.* (*sport*) sulky.
se|di|zió|ne *s.f.* tumulto di popolo, ribellione contro l'autorità costituita.
se|di|zió|so *agg.* **1** che è causa o effetto di sedizione **2** (*di persona*) che provoca o partecipa a sedizioni ♦ *s.m.* [f. *-a*] persona sediziosa.
se|du|cèn|te *part.pres. di* sedurre ♦ *agg.* **1** affascinante: *sguardo —* **2** allettante: *proposta —*.
se|dùr|re *v.tr.* [indic.pres. *io seduco, tu seduci*...; pass.rem. *io sedussi, tu seducésti*...; part.pass. *sedótto*] **1** sviare qlcu. dal bene con inganni e lusinghe: *— con la speranza di facili guadagni* **2** indurre a rapporti sessuali mediante promesse e

lusinghe | (*estens.*) affascinare, attrarre: *la tua proposta mi seduce.*

se|dù|ta *s.f.* **1** riunione di un gruppo di persone al fine di esaminare, discutere e deliberare: *rimandare una —* | *— spiritica*, riunione in cui si svolgono pratiche di spiritismo | (*fig.*) *— stante*, subito, immediatamente: *essere assunto — stante* **2** incontro tra un professionista e un cliente per una consultazione, una visita e sim.: *prenotare una — dal dentista.*

se|dut|ti|vo *agg.* che provoca seduzione; fascinoso, allettante.

se|dut|tó|re *agg., s.m.* [f. *-trice*] che, chi seduce.

se|du|zió|ne *s.f.* **1** l'atto di sedurre e l'effetto che ne deriva | ciò che seduce, tentazione **2** attrazione, fascino.

se|far|di|ta *agg., s.m./f.* [m.pl. *-i*] si dice degli ebrei appartenenti alle comunità residenti nella penisola iberica fino al XV sec. e dei loro discendenti attuali.

sé|ga *s.f.* **1** attrezzo o macchina per tagliare spec. legno e metallo, costituito da una lama dentata in acciaio inserita in un manico o telaio: *— da falegname* | *coltello a —*, munito di lama dentata **2** *pesce —*, pesce marino con un prolungamento della mascella provvisto di denti laterali, simile alla lama di una sega **3** (*volg.*) masturbazione maschile: *farsi una —* **4** (*volg.*) niente: *non capire una —* | persona incapace: *essere una — in ql.co.*

sé|ga|le o **ségala** *s.f.* pianta erbacea simile al grano da cui si ricava una farina scura usata per l'alimentazione umana e animale: *pane di —* | *— cornuta*, malattia della segale causata da un fungo.

se|ga|li|gno *agg.* (*fig.*) dal fisico asciutto; magro.

se|ga|òs|sa o **segaòssi** *s.m.invar.* **1** sega usata per segare le ossa degli animali macellati **2** (*scherz., spreg.*) chirurgo.

se|gà|re *v.tr.* [indic.pres. *io ségo, tu séghi...*] **1** tagliare con una sega: *— un'asse* **2** (*estens.*) recidere, tagliare **3** (*iperb.*) stringere tanto forte da segnare la pelle: *la catena gli segava le caviglie* **4** (*gerg.*) bocciare a un concorso, esame e sim.

se|ga|trì|ce *s.f.* macchina per il taglio di legnami, metalli e sim.

se|ga|tù|ra *s.f.* **1** taglio, recisione **2** il complesso dei piccoli frammenti che si producono segando il legno, utilizzato come combustibile o come materiale assorbente per pulire i pavimenti.

sèg|gio *s.m.* **1** (*lett.*) sedia imponente usata da personaggi importanti; trono: *— papale* **2** (*estens.*) sedia riservata a chi esercita un ufficio importante: *il — del presidente* **3** (*polit.*) ciascuno dei posti di un organo collegiale | ciascuno dei posti ottenuti da un partito in Parlamento o nei consigli comunali, regionali o provinciali in base alle votazioni | *— (elettorale)*, luogo in cui si svolgono le operazioni di voto | commissione preposta alla raccolta e allo scrutinio dei voti di un'elezione.

sèg|gio|la *s.f.* sedia.

seg|gio|là|io *s.m.* [f. *-a*] chi fabbrica, aggiusta o vende seggiole.

seg|gio|lì|no *s.m.* sedia piccola e bassa, con braccioli, per bambini | sedia pieghevole | sedile ribaltabile in uso nei mezzi di trasporto, spec. sui treni.

seg|gio|ló|ne *s.m.* sedia alta per bambini, con un piano anteriore ribaltabile su cui essi possono mangiare o giocare senza cadere in avanti.

seg|gio|vì|a *s.f.* impianto per il trasporto di persone usato per superare forti dislivelli in montagna, costituito da sedili uniti a una fune metallica tesa tra due stazioni.

se|ghe|rì|a *s.f.* stabilimento in cui si lavora il legno o il marmo con seghe meccaniche.

se|ghét|ta *s.f.* **1** piccola sega usata per tagliare le fiale di vetro **2** anello dentellato che si mette sul muso dei cavalli per governarli più facilmente.

se|ghet|tà|re *v.tr.* [indic.pres. *io seghétto...*] dentellare ql.co. in modo simile alla lama di una sega.

se|ghet|tà|to *part.pass.* di seghettare ♦ *agg.* dentellato come la lama di una sega: *biglietto con bordo —.*

se|ghét|to *s.m.* piccola sega a mano usata spec. per metalli.

seg|men|tà|le *agg.* proprio di un segmento.

seg|men|tà|re *v.tr.* [indic.pres. *io segménto...*] **1** dividere in segmenti **2** (*fig.*) suddividere ql.co. che è già diviso ♦ *-rsi* *intr.pron.* dividersi in segmenti.

seg|men|ta|zió|ne *s.f.* **1** divisione in segmenti | frazionamento, spec. di un gruppo **2** (*biol.*) divisione dell'uovo fecondato in un dato numero di cellule(*blastomeri*), che segna l'inizio dello sviluppo embrionale.

seg|mén|to *s.m.* **1** (*geom.*) tratto di retta compreso fra due punti | *— circolare*, area compresa tra un arco di circonferenza e la sua corda **2** (*estens., anche fig.*) porzione, parte: *— di stoffa*; *— di mercato* **3** (*anat.*) parte di un organo o di un apparato compresa tra due estremi | (*zool.*) metamero.

se|gna|là|re *v.tr.* **1** comunicare tramite segnali: *— una deviazione* **2** (*estens.*) far conoscere, annunciare: *— l'arrivo di una burrasca* **3** (*fig.*) indicare all'attenzione altrui, mettere in luce: *— una mostra* | raccomandare: *— un candidato* ♦ *-rsi* *rifl.* distinguersi, farsi notare: *— nello sport.*

se|gna|la|tó|re *s.m.* **1** [f. *-trice*] chi è addetto alle segnalazioni **2** strumento per segnalazioni.

se|gna|la|zió|ne *s.f.* **1** comunicazione a distanza tramite uso di segnali | l'insieme dei segnali stessi: *— acustica* **2** (*estens.*) informazione, notizia: *la — del suo arrivo è giunta tardi* **3** (*fig.*) raccomandazione.

se|gnà|le *s.m.* **1** segno convenzionale per indicare o comunicare ql.co.: *trasmettere, ricevere un —* | (*radio, tv*) *— orario*, segnale acustico che precede la comunicazione dell'ora esatta | *— stradale*, cartello o dispositivo posto su una via di comunicazione per regolare il traffico o indicare pericoli e sim. **2** (*estens.*) congegno ottico o acustico che trasmette segnali | — *d'allarme*, dispositivo installato su treni e metropolitane che, se azionato in caso di necessità, blocca immediatamente il convoglio **3** traccia, indizio: *segnali di ripresa* **4** (*elettr.*) tensione, corrente, flusso di radioonde con cui si trasmette un'informazione in entrata o uscita da un apparecchio: — *video*.

se|gna|lè|ti|ca *s.f.* insieme di segnali: — *stradale*.

se|gna|lè|ti|co *agg.* [m.pl. *-ci*] che serve a segnalare | *dati segnaletici*, le informazioni sulle caratteristiche somatiche di una persona che ne permettono il riconoscimento.

se|gna|li|bro *s.m.* striscia di carta o altro materiale che si inserisce tra le pagine di un libro per ritrovare la pagina voluta.

se|gna|li|ne|e *s.m.invar.* (*sport*) guardalinee.

se|gna|pó|sto *s.m.* (pl.invar. o *-i*) biglietto o targhetta che indica il posto assegnato a ogni partecipante in congressi, riunioni, pranzi e sim.

se|gna|prèz|zo *s.m.invar.* cartellino su cui è segnato il prezzo di una merce esposta al pubblico.

se|gna|pùn|ti *s.m.invar.* **1** [anche f.] persona addetta a segnare i punti di una partita, spec. di pallacanestro e pallavolo **2** lavagna, pallottoliere o sim. su cui sono riportati i punti ottenuti dai concorrenti durante il gioco.

se|gnà|re *v.tr.* [indic.pres. *io ségno..., noi segniamo, voi segnate...*] **1** indicare con uno o più segni; evidenziare: — *un percorso sulla mappa* **2** contrassegnare, mettere un segno di riconoscimento: — *un libro con la propria firma* | marchiare il bestiame | — *il passo*, muovere i piedi ritmicamente stando fermi sul posto; (*fig.*) non fare progressi **3** (*estens.*) annotare, registrare: — *un numero di telefono, un appuntamento*; — *sul conto* **4** mostrare, indicare: *il termometro segna due gradi* | — *a dito*, additare pubblicamente **5** dare il segnale, annunciare: *la campanella segnò l'inizio dell'intervallo* | (*fig.*) rappresentare, costituire: *un'invenzione che ha segnato l'inizio di una nuova era* **6** lasciare il segno, graffiare | (*fig.*) comportare un cambiamento: *quell'episodio l'ha segnato* **7** (*sport, anche assol.*) nei giochi di squadra, realizzare un punto: — *un gol* ♦ **-rsi** *rifl.* farsi il segno della croce.

se|gna|sùb *s.m.invar.* (*sport*) boa munita di bandiera rossa con striscia diagonale bianca che segnala la presenza di un sub in immersione.

se|gna|tàs|se *s.m.invar.* francobollo applicato dagli uffici postali sulla corrispondenza non sufficientemente affrancata per indicare la tassa che il destinatario dovrà pagare al momento del ritiro.

se|gnà|to *agg.* **1** che ha un segno, un marchio e sim.: *un viso — dalla sofferenza* **2** stabilito, deciso: *il suo destino è* — □ **segnatamente** *avv.* particolarmente; specialmente.

se|gna|tù|ra *s.f.* **1** nelle biblioteche e negli archivi, sigla usata per la catalogazione di un libro o di un documento **2** (*tipografia*) indicazione che individua l'esatta progressione dei fogli di stampa **3** (*sport*) nel calcio e sim., ogni punto ottenuto da una squadra durante una partita.

se|gna|vèn|to *s.m.invar.* dispositivo metallico girevole che, posto sulla sommità di un edificio, indica la direzione del vento.

se|gna|vì|a *s.m.invar.* nei sentieri di montagna, indicazione dell'itinerario verniciata su tronchi o massi.

sé|gni|co *agg.* [m.pl. *-ci*] (*ling.*) che riguarda i segni.

sé|gno *s.m.* **1** ogni impronta visibile lasciata da ql.co.: *il — dei passi sulla sabbia* | (*fig.*) *lasciare il —*, essere ricordato; avere conseguenze **2** ciò che serve a distinguere o indicare: *un — sul muro* | *il — della croce*, gesto rituale dei cristiani fatto con la mano destra a raffigurare una croce | *segni particolari*, caratteristiche fisiche peculiari di un individuo (p.e. cicatrici e nei) **3** ogni figura o espressione grafica usata per rappresentare ql.co.; simbolo: *il — della sottrazione* | — *zodiacale*, ognuna delle dodici figure che rappresentano le dodici parti in cui è diviso lo zodiaco **4** (*ling.*) tutto ciò che è usato per comunicare un'informazione | — *linguistico*, unione di un significante e un significato **5** cenno, gesto: *mi fece — di entrare* **6** indizio: — *premonitore*; *è — che arriva il brutto tempo* | (*med.*) sintomo | *cattivo, buon —!*, indizio o presagio sfavorevole, favorevole | *in, come — di*, come dimostrazione, come prova di: *in — di pace* | *non dare segni di vita*, sembrare morto; (*estens.*) non dare più notizie di sé **7** punto, limite | *passare il —*, esagerare | *perdere il —*, non trovare più il punto in cui si è arrivati a leggere **8** bersaglio: *tiro a —* | *mettere a — (un colpo)*, colpire il bersaglio; (*fig.*) raggiungere l'obiettivo | (*fig.*) *colpire, dare, cogliere nel —*, indovinare ql.co. | *essere fatto — a, di ql.co.*, essere oggetto di: *è fatto — di insulti*.

sé|go *s.m.* [pl. *-ghi*] grasso animale, spec. di origine bovina, usato come lubrificante o nella fabbricazione di candele, sapone e sim.

se|gó|so *agg.* che contiene sego.

se|gre|gà|re *v.tr.* [indic.pres. *io sègrego, tu sègreghi...*] dividere, separare dagli altri | emarginare ♦ **-rsi** *intr.pron.* isolarsi, appartarsi: — *in casa*.

se|gre|ga|zió|ne *s.f.* isolamento, separazione dagli altri | emarginazione | — *razziale*, separazione forzata dei membri di una minoranza etnica, messa in atto da governi razzisti nei paesi con popolazione mista.

se|gre|ga|zio|nì|smo *s.m.* politica di segregazione razziale.

se|gre|ga|zio|nì|sta *s.m./f.* [m.pl. *-i*] chi sostiene il segregazionismo.

se|gre|ga|zio|nì|sti|co *agg.* [m.pl. *-ci*] relativo al segregazionismo, ai segregazionisti: *movimento —*.

se|gré|ta *s.f.* cella bassa e isolata, spec. senza finestre, dove venivano rinchiusi determinati prigionieri.

se|gre|ta|rià|le *agg.* che riguarda il segretario o la segreteria.

se|gre|ta|rià|to s.m. carica di segretario generale, spec. di una grande organizzazione | durata di tale carica | sede in cui il segretario generale e il suo personale svolgono le proprie mansioni.

se|gre|tà|rio s.m. [f. -a] **1** chi svolge incarichi di fiducia per conto di un'altra persona | in un ufficio, chi ha il compito di curare le pratiche amministrative e burocratiche, sbrigare la corrispondenza, rispondere al telefono ecc. **2** chi ha il compito di redigere verbali e resoconti di riunioni, assemblee e sim. | in un ente pubblico o privato, chi cura i registri, rilascia documenti, comunica le deliberazioni ecc.: — *comunale* | — *di redazione*, in una casa editrice, persona che cura gli aspetti organizzativi e i rapporti con i collaboratori **3** chi dirige un partito, un'organizzazione, un'associazione e sim.: *il — dell'ONU* | — *di Stato*, in alcuni paesi (p.e. Stati Uniti), ministro degli Affari Esteri.

se|gre|te|rì|a s.f. **1** in un'azienda o in un ente pubblico, ufficio in cui vengono sbrigate le pratiche amministrative e burocratiche | le persone che lavorano in tale ufficio | la sede di tale ufficio | — *politica*, organismo attraverso cui il segretario di un partito, seguendo le direttive stabilite dal comitato centrale e dai congressi, mette in atto una determinata linea politica **2** carica di segretario **3** — *di Stato*, in alcuni paesi (p.e. Stati Uniti), il dicastero che cura i rapporti con l'estero **4** — *telefonica*, apparecchio che risponde automaticamente alle telefonate e registra le eventuali comunicazioni di chi chiama.

se|gre|téz|za s.f. **1** carattere di ciò che è segreto o strettamente riservato: *la — di un patto* | *in tutta, in gran —*, di nascosto **2** la capacità di mantenere un segreto.

se|gré|to¹ agg. **1** (*lett.*) appartato, nascosto **2** che deve essere tenuto nascosto: *incontro —* **3** fatto di nascosto: *fuga segreta* **4** non accessibile o accessibile solo a pochi: *documento —* | *conosciuto a pochi: passaggio —* **5** che mantiene nascosta la propria identità: *agente —* | — *servizi segreti*, organismi militari che operano segretamente al fine di difendere lo Stato □ **segretamente** *avv.* in segreto, di nascosto.

se|gré|to² s.m. **1** ciò che non si può o non si vuole divulgare: *svelare, mantenere un —* | — *di Stato*, informazioni che sono mantenute segrete per la sicurezza dello Stato | (*scherz.*) *il — di Pulcinella*, ql.co. che, pur dovendo essere nascosto, è noto a tutti | *in —, in gran —*, di nascosto **2** segretezza, riservatezza: *bisogna mantenere il — su quanto è successo* | — *professionale*, obbligo di non rivelare le informazioni che si ottengono nell'esercizio di una professione **3** espediente, metodo, mezzo per raggiungere certi scopi: *il — del successo* **4** dispositivo di chiusura con combinazione.

se|guà|ce s.m./f. chi segue una dottrina, una religione, una scuola, un maestro e sim.

se|guèn|te *part.pres.* di seguire ♦ *agg.* che viene dopo; successivo: *paragrafo, anno —*.

se|gù|gio s.m. **1** cane da caccia con muso allungato, orecchie pendenti, corpo snello, pelo corto e olfatto finissimo **2** (*fig.*) investigatore abile.

se|guì|re v.tr. [indic.pres. *io séguo, tu ségui...*; pass.rem. *io seguii, tu seguisti...*] **1** andare dietro a ql.cu., a ql.co. | accompagnare: *non seguirmi dappertutto* | — *di nascosto*, pedinare **2** procedere secondo una certa direzione: — *una strada* | (*fig.*) — *la corrente*, fare ciò che fa la maggioranza **3** (*estens.*) guardare in modo continuativo, spec. per sorvegliare: — *qlcu. con gli occhi* | (*fig.*) tenersi al corrente: — *gli sviluppi della vicenda* **4** stare attento, concentrarsi; comprendere: — *un ragionamento* **5** frequentare: — *un corso di ballo* **6** (*fig.*) accettare; aderire, conformarsi: — *un consiglio, la moda* | — *un esempio*, imitarlo ♦ *intr.* [aus. *E*] **1** venire dopo nel tempo, nello spazio, in un ordine: *alla monarchia seguì la repubblica* **2** derivare come conseguenza: *ne è seguito un litigio* **3** continuare: *il racconto segue a pagina dieci*.

se|gui|tà|re v.tr. [indic.pres. *io séguito...*] continuare ♦ *intr.* [aus. *E, A*] proseguire, continuare.

sé|gui|to s.m. **1** l'insieme delle persone che accompagnano o scortano un personaggio importante: *il — di un re* **2** il complesso di seguaci, discepoli, ammiratori e sim. di una dottrina o di un maestro **3** (*fig.*) consenso, approvazione: *avere —* **4** sequenza, serie di eventi: *un — di disgrazie* **5** continuazione: *vedere il — del film* | *in —*, poi | *di —*, senza interruzione | *in — a*, a causa di: *morì in — allo scontro* | (*bur.*) *far — a ql.co.*, far riferimento a quanto è stato detto o fatto in precedenza **6** (*fig.*) conseguenza, effetto: *lo scandalo non ebbe —*.

sèi agg.num.card.invar. che equivale a cinque unità più una ♦ s.m. il numero naturale che equivale a cinque unità più una | il simbolo che rappresenta tale numero.

seicentésco agg. → **secentesco**.

seicentismo s.m. e deriv. → **secentismo** e deriv.

sei|cèn|to agg.num.card.invar. che equivale a sei volte cento ♦ s.m. il numero naturale che equivale a sei volte cento | il simbolo che rappresenta tale numero | *il Seicento*, il secolo XVII.

Se|là|ci s.m.pl. ordine di pesci marini di grandi dimensioni, con scheletro cartilagineo, corpo fusiforme o appiattito, bocca fornita di numerose fila di denti aguzzi, cui appartengono gli squali.

sél|ce s.f. **1** (*geol.*) roccia sedimentaria formata da quarzo, usata nelle pavimentazioni stradali o come materiale da costruzione **2** (*spec.pl.*) piccolo blocco squadrato di selce o altra pietra dura usato per la pavimentazione stradale.

sel|cià|re v.tr. [indic.pres. *io sélcio...*] pavimentare il suolo di strade e piazze con lastre o cubetti di selce o altra pietra dura.

sel|cià|to s.m. pavimentazione di strade e piazze costituita da selci o altre pietre dure | (*estens.*) pavimentazione stradale.

sel|cia|tù|ra s.f. l'operazione del selciare | selciato.

se|le|nià|no s.m. [f. -a] ipotetico abitante della

Luna ♦ *agg.* che riguarda la Luna | che si immagina possa esistere sulla Luna.

se|lè|nio *s.m.* elemento chimico non metallico (*simb.* Se); è usato come semiconduttore e nella colorazione di vetri, ceramiche ecc.

se|le|no- primo elemento di parole composte che significa "luna", "lunare" (*selenologia*).

se|le|no|gra|fi|a *s.f.* studio e descrizione della superficie della Luna.

se|le|no|lo|gì|a *s.f.* branca dell'astronomia che studia la Luna.

se|le|nò|si *s.f.* (*med.*) malattia causata da intossicazione da selenio che colpisce spec. chi opera nell'industria vetraria ed elettronica.

se|let|ti|vi|tà *s.f.* carattere di ciò che è selettivo | proprietà di una sostanza, di un congegno e sim. di operare una selezione tra elementi o fenomeni della stessa natura in modo da ottenere un certo risultato finale.

se|let|ti|vo *agg.* **1** capace di selezionare | basato sulla selezione: *criterio —* | che tende a selezionare; di gusti difficili **2** (*di sostanza, congegno e sim.*) che presenta selettività □ **selettivamente** *avv.* in modo selettivo, tramite selezione.

se|let|tó|re *s.m.* ogni dispositivo che consente di operare una selezione | (*telecom.*) apparecchio automatico che, in base agli impulsi ricevuti, consente di stabilire il collegamento desiderato dall'utente.

se|le|zio|nà|re *v.tr.* [indic.pres. *io selezióno...*] fare una selezione; scegliere in base a determinate caratteristiche o abilità: *— gli atleti migliori*.

se|le|zio|nà|to *part.pass.* di selezionare ♦ *agg.* scelto | (*zootec.*) **razze selezionate**, quelle migliorate in seguito a selezione artificiale.

se|le|zio|na|tó|re *agg.* [f. -*trice*] che seleziona ♦ *s.m.* **1** chi seleziona **2** (*sport*) tecnico che sceglie gli atleti per formare una squadra rappresentativa.

se|le|zió|ne *s.f.* **1** scelta degli elementi migliori o che presentano caratteristiche adatte per un certo fine: *— di partecipanti; operare una —* | **— attitudinale**, quella che valuta le attitudini psicofisiche delle persone da assumere o da arruolare | (*biol.*) **— naturale**, processo per cui gli individui più dotati hanno maggiori probabilità di sopravvivenza | **— artificiale**, processo di riproduzione controllato dall'uomo in modo da ottenere razze con determinate caratteristiche **2** insieme di cose o persone scelte: *una — di poesie* | (*sport*) *la — azzurra*, la squadra nazionale **3** (*telecom.*) operazione con cui si sceglie una linea telefonica: *— automatica* | **— passante**, in enti, aziende e sim., sistema che permette di raggiungere telefonicamente gli utenti interni componendo un numero comune seguito del numero dell'interno desiderato.

self-control (*ingl.*) [pr. *selfcontròul*, com. *selfcòntrol*] *s.m.invar.* controllo di sé; autocontrollo.

self-made man (*ingl.*) [pr. *selfmèid mèn*] *loc. sost.m.invar.* persona che si è fatta da sé, che ha raggiunto il successo professionale o sociale solo grazie al proprio impegno e alla propria volontà.

self-service (*ingl.*) [pr. *selfsèrvis*] *s.m.invar.* **1** tecnica di vendita in cui i clienti si servono da soli **2** (*estens.*) ristorante o altro esercizio in cui ci si serve da soli, senza l'intervento del personale.

sèl|la *s.f.* **1** sedile, spec. di cuoio, che si fissa sul dorso di cavalli, asini e sim. per cavalcare in modo più agevole | **montare in —**, a cavallo | (*fig.*) **rimettersi in —**, riguadagnare una posizione, una carica e sim. che si era persa o si stava per perdere **2** sellino di bicicletta o motocicletta **3** (*geog.*) valico lungo una dorsale montuosa, posto tra una valle e l'altra **4** taglio di carne, spec. ovina o bovina, che comprende la parte lombare **5** (*anat.*) **— turcica**, nel cranio, cavità ossea dello sfenoide in cui è contenuta l'ipofisi.

sel|là|io *s.m.* [f. -*a*] chi fabbrica o ripara selle e altri oggetti in cuoio.

sel|là|re *v.tr.* [indic.pres. *io sèllo...*] munire di sella: *— un cavallo*.

sel|la|tù|ra *s.f.* operazione del sellare.

sel|le|rì|a *s.f.* **1** bottega del sellaio | tecnica di lavorazione delle selle e dei finimenti | il complesso di tali prodotti **2** (*estens.*) il rivestimento interno di un autoveicolo **3** in una scuderia, deposito di selle e finimenti.

sel|lì|no *s.m.* piccolo sedile di bicicletta o motocicletta.

sèltz o **sèlz** *s.m.* acqua resa gassata con l'aggiunta di anidride carbonica, usata per diluire bevande.

sél|va *s.f.* **1** bosco esteso e molto fitto; foresta **2** (*fig.*) grande moltitudine, spec. confusa: *una — di palazzi, di impegni*.

sel|vag|gi|na *s.f.* denominazione generica per indicare gli animali selvatici commestibili che sono oggetto di caccia | (*estens.*) la carne di tali animali uccisi.

sel|vàg|gio *agg.* [f.pl. -*ge*] **1** che vive, che cresce in una selva | difficilmente addomesticabile: *animale —* **2** (*estens., di luogo*) non coltivato | disabitato: *terre selvagge* **3** appartenente a una società primitiva: *tribù selvaggia* | (*estens.*) rozzo **4** (*fig.*) crudele, violento: *un'uccisione selvaggia* **5** non regolamentato; incontrollato: *ristrutturazione selvaggia, sciopero —* ♦ *s.m.* [f. -*a*] **1** chi vive in una società primitiva o allo stato primitivo **2** (*fig.*) chi ha un comportamento ribelle e asociale □ **selvaggiamente** *avv.* **1** in modo selvaggio: *vivere —* **2** (*fig.*) in modo violento e crudele: *furono picchiati —*.

sel|vag|ti|chéz|za *s.f.* condizione di chi o di ciò che è selvatico.

sel|và|ti|co *agg.* [m.pl. -*ci*] **1** (*di pianta*) che nasce e cresce spontaneamente, senza l'intervento umano: *melo —* **2** (*di animale*) che cresce e vive in libertà, non addomesticato | (*estens.*) poco docile: *gatto —* **3** (*fig., di persona*) non socievole, scontrosa **4** (*di luogo*) ricoperto di fitta vegetazione spontanea; incolto ♦ *s.m.* odore o sapore forte tipico della selvaggina.

sel|va|ti|cù|me *s.m.* (*spreg.*) insieme di persone, animali o piante selvatici.

sel|vi|col|tù|ra o **silvicoltùra** *s.f.* scienza che si occupa dei problemi riguardanti la coltivazione, la conservazione e l'utilizzazione dei boschi.

sel|vó|so *agg.* ricoperto di selve.

sèlz *s.m.* → **seltz**.

se|ma|fo|ri|co *agg.* [m.pl. *-ci*] del semaforo: *impianto —*.

se|ma|fo|ri|sta *s.m./f.* [m.pl. *-i*] chi è addetto alla manovra e alla manutenzione dei semafori.

se|ma|fo|riz|zà|re *v.tr.* munire di semafori: *— un incrocio* | regolamentare con semafori.

se|mà|fo|ro *s.m.* **1** apparecchio che regola il traffico di veicoli e pedoni emettendo luci di colore verde, giallo, rosso o bianco **2** (*mar.*) stazione costiera di vedetta e segnalazione che, grazie a strumenti radiotelegrafici e telefonici, comunica con le navi e compie rilievi meteorologici.

se|màn|ti|ca *s.f.* ramo della linguistica che studia il significato delle parole, delle combinazioni tra parole e delle frasi | (*estens.*) lo studio del significato dei segni di un linguaggio non verbale.

se|man|ti|ci|tà *s.f.* la proprietà di ciò che è semantico | (*estens.*) la capacità di esprimere significati.

se|màn|ti|co *agg.* [m.pl. *-ci*] **1** proprio della semantica **2** che riguarda il significato delle parole: *cambiamento —* □ **semanticamente** *avv.* dal punto di vista semantico.

sem|bià|n|te *s.m.* (*lett.*) apparenza, aspetto esterno.

sem|bià|n|za *s.f.* **1** (*lett.*) aspetto fisico | espressione del viso **2** (*spec.pl.*) aspetto esteriore | (*estens., spec.pl.*) apparenza ingannevole: *nascondersi sotto false sembianze.*

sem|brà|re *v.intr.* [indic.pres. *io sémbro*...; aus. *E*] avere l'aspetto; parere: *— un tipo simpatico* | avere l'apparenza; assomigliare: *da lontano sembrava sua sorella* ♦ *intr.impers.* [aus. *E*] dare l'impressione di; apparire probabile: *sembra che debba piovere da un momento all'altro.*

sé|me *s.m.* **1** (*bot.*) parte del frutto dalla cui germinazione ha origine una nuova pianta | (*estens.*) nocciolo: *il — della ciliegia, dell'albicocca* | *il — del grano,* il chicco | *semi di zucca,* quelli che si mangiano abbrustoliti e salati | *olio di semi,* ricavato da semi di piante diverse dall'olivo (p.e. mais, soia) **2** (*con valore collettivo*) semente: *gettare il —* **3** (*fig.*) causa, origine: *il — dell'odio* **4** ciascuno dei quattro simboli in cui si dividono le carte da gioco napoletane (*coppe, denari, spade, bastoni*) e francesi (*quadri, cuori, fiori, picche*) **5** sperma: *la banca del —.*

se|me|iò|ti|ca *s.f.* parte della medicina che studia i segni e i sintomi delle malattie.

se|me|iò|lo|go *s.m.* [f. *-a*; m.pl. *-gi*] specialista in semeiotica.

se|me|iò|ti|co *agg.* [m.pl. *-ci*] proprio della semeiotica.

se|mén|te *s.f.* (*agr.*) l'insieme dei semi di una stessa specie destinati alla semina.

se|mèn|za *s.f.* **1** (*agr.*) semente **2** (*spec.pl.,* *pop.*) semi di zucca salati e abbrustoliti **3** (*fig., lett.*) origine **4** piccolo chiodo a testa piatta usato dai calzolai **5** insieme di perle molto piccole.

se|men|zà|io *s.m.* (*agr.*) terreno in cui si seminano le piante che verranno messe a dimora.

se|men|zà|le *s.m.* (*agr.*) la piantina germogliata dal seme.

se|me|stràl|le *agg.* **1** che ha durata di sei mesi: *corso —* **2** che avviene ogni sei mesi: *pagamento —* □ **semestralmente** *avv.* ogni sei mesi.

se|me|stra|li|tà *s.f.* caratteristica di ciò che è semestrale | importo da pagare ogni sei mesi.

se|mè|stre *s.m.* **1** periodo di sei mesi | *— bianco,* gli ultimi sei mesi di mandato del presidente della Repubblica, durante i quali egli non ha più il potere di sciogliere le Camere **2** (*estens.*) somma che si paga o si riceve ogni sei mesi; semestralità.

sè|mi- primo elemento di parole composte che significa "mezzo" (*semicerchio*) o "quasi" (*semichiuso, semifreddo*).

-se|mi|a (*ling.*) secondo elemento di parole composte che significa "significato" (*polisemia*).

se|mi|a|cèr|bo *agg.* (*di frutto*) che non è ancora completamente maturo.

se|mi|à|la *s.f.* (*aer.*) ognuna delle due parti in cui l'ala viene divisa dalla fusoliera.

se|mi|a|nal|fa|bè|ta *agg., s.m./f.* [m.pl. *-i*] che, chi sa a malapena leggere e scrivere | (*estens.*) ignorante.

se|mi|a|nal|fa|be|tì|smo *s.m.* condizione di semianalfabeta.

se|mi|a|pèr|to *agg.* aperto per metà: *porta semiaperta.*

se|mi|às|se *s.m.* **1** (*mat.*) in un sistema di assi cartesiani, semiretta di riferimento che parte dall'origine **2** (*mecc.*) in un autoveicolo, ognuno dei due alberi che trasmettono il moto dal differenziale alle ruote.

se|mi|au|to|mà|ti|co *agg.* [m.pl. *-ci*] detto di lavorazione, meccanismo o macchina in grado di compiere automaticamente solo una parte delle operazioni: *pistola semiautomatica.*

se|mi|bi|scrò|ma *s.f.* (*mus.*) valore di nota o pausa corrispondente a 1/64 di semibreve.

se|mi|brè|ve *s.f.* (*mus.*) valore di nota o pausa corrispondente a un tempo di 4/4.

se|mi|cèr|chio *s.m.* **1** (*geom.*) figura piana racchiusa da una semicirconferenza e dal suo diametro **2** (*estens.*) mezzo cerchio, mezza circonferenza: *disporsi a —.*

se|mi|chiù|so *agg.* chiuso per metà; quasi chiuso.

se|mi|cin|go|là|to *agg., s.m.* si dice di autoveicolo, spec. militare, che al posto delle ruote posteriori ha dei cingoli.

se|mi|cir|co|là|re *agg.* che ha la forma di un semicerchio: *cortile —.*

se|mi|cìr|co|lo *s.m.* mezzo circolo; semicirchio.

se|mi|cir|con|fe|rèn|za *s.f.* (*geom.*) ciascuna delle due parti in cui una circonferenza è divisa da due punti diametralmente opposti.

se|mi|con|dut|tó|re *s.m.* (*fis.*) sostanza la cui

conducibilità elettrica è intermedia tra quella di un metallo e quella di un isolante.
se|mi|con|so|nàn|te *s.f.* (*ling.*) semivocale.
se|mi|con|so|nàn|ti|co *agg.* [m.pl. *-ci*] (*ling.*) proprio di una semiconsonante.
se|mi|còt|to *agg.* cotto solo in parte, non completamente cotto.
se|mi|crò|ma *s.f.* (*mus.*) valore di nota o pausa corrispondente a metà di una croma, cioè a 1/16 di semibreve.
se|mi|crù|do *agg.* cotto in modo insufficiente, quasi crudo.
se|mi|cù|pio *s.m.* 1 vasca da bagno di piccole dimensioni in cui ci si immerge parzialmente stando seduti 2 il bagno fatto in tale vasca, a scopo igienico o terapeutico: *fare un* —.
se|mi|de|po|nèn|te *agg.*, *s.m.* (*gramm.*) detto di verbo latino che si coniuga come deponente solo nel perfetto e nei tempi da esso derivati.
se|mi|de|ten|zió|ne *s.f.* (*dir.*) sanzione inflitta in sostituzione di pena detentiva non superiore a un anno e che comporta l'obbligo di trascorrere almeno 10 ore al giorno in un istituto di pena | la condizione di chi è sottoposto a tale sanzione.
se|mi|dià|me|tro *s.m.* la metà del diametro.
se|mi|dì|o *s.m.* [f. *semidèa*; m.pl. *semidèi*] 1 nella mitologia greco-romana, chi è nato dall'unione di una divinità con una persona mortale 2 (*fig.*, *iron.*) chi sembra o si crede superiore agli altri.
se|mi|el|lìt|ti|co *agg.* [m.pl. *-ci*] (*geom.*) che ha la forma di una mezza ellissi.
se|mi|e|sò|ne|ro *s.m.* esonero limitato alla metà dell'obbligo totale | (*estens.*) esenzione, dispensa parziale.
se|mi|fi|nà|le *s.f.* (*sport*) ultima fase di selezione dei concorrenti o delle squadre da ammettere alla gara finale: *giocare la* —.
se|mi|fi|na|lì|sta *s.m./f.* [m.pl. *-i*] concorrente qualificato per le semifinali.
se|mi|fréd|do *agg.*, *s.m.* si dice di dolce simile al gelato, ma fatto con ingredienti parzialmente diversi e conservato a una temperatura meno bassa.
se|mi|gràs|so *agg.* detto di prodotto alimentare che ha una quantità media di grassi: *formaggio* —.
se|mi|la|vo|rà|to *agg.*, *s.m.* si dice di prodotto industriale che deve subire un'ulteriore lavorazione per diventare un prodotto finito.
se|mi|li|ber|tà *s.f.* (*dir.*) regime carcerario che consente ai detenuti di trascorrere parte del giorno fuori dal carcere per partecipare ad attività lavorative o di studio utili al reinserimento sociale.
se|mi|li|quì|do *agg.* quasi allo stato liquido: *colla semiliquida*.
se|mi|lu|nà|re *agg.* che ha forma di mezzaluna | (*anat.*) *osso* —, piccolo osso del polso.
se|mi|lù|nio *s.m.* il periodo in cui la Luna è al primo o all'ultimo quarto.
se|mi|me|tàl|lo *s.m.* (*chim.*) elemento con proprietà simili ai metalli (p.e. conducibilità elettrica) e ai non metalli (p.e. fragilità).
se|mi|mì|ni|ma *s.f.* (*mus.*) valore di nota o pausa corrispondente a 1/4 di semibreve.
se|mi|mim|per|me|à|bi|le *agg.* parzialmente impermeabile: *tessuto* —.
sé|mi|na *s.f.* 1 operazione del seminare 2 il tempo in cui si semina.
se|mi|nà|bi|le *agg.* che si può seminare.
se|mi|nà|le *agg.* 1 (*bot.*) proprio del seme 2 (*anat.*) che riguarda lo sperma: *liquido* —.
se|mi|nà|re *v.tr.* [indic.pres. *io sémino...*] 1 porre il seme nella terra per far nascere una pianta: — *il grano*; — *un campo a grano* (*estens.*, *fig.*) spargere qua e là: — *libri per la casa* 3 (*fig.*) provocare, causare: — *rancore* 4 (*fam.*) in una gara di corsa, lasciare indietro gli avversari: — *il gruppo* | far perdere le proprie tracce a un inseguitore.
se|mi|na|rià|le *agg.* proprio di un seminario ecclesiastico o accademico.
se|mi|na|rì|le *agg.* seminariale.
se|mi|nà|rio *s.m.* 1 istituto per la preparazione degli aspiranti al sacerdozio 2 esercitazione universitaria su un tema specialistico | (*estens.*) riunione di studio o di aggiornamento su un certo tema per un gruppo ristretto di persone.
se|mi|na|rì|sta *s.m.* [pl. *-i*] allievo di un seminario religioso.
se|mi|na|tì|vo *agg.* (*agr.*) detto di terreno destinato alla semina o pronto per essere seminato ♦ *s.m.* terreno lavorato e coltivato, spec. a cereali, leguminose, patate e sim.
se|mi|nà|to *part.pass. di* seminare ♦ *agg.* 1 cosparso di semi 2 (*anche fig.*) pieno, cosparso: *camera seminata di giochi* 3 (*arald.*) detto di scudo cosparso di piccole figure ♦ *s.m.* terreno seminato | (*fig.*) *uscire dal* —, allontanarsi dall'argomento trattato; divagare.
se|mi|na|tó|re *s.m.* [f. *-trice*] chi semina.
se|mi|na|trì|ce *s.f.* (*agr.*) macchina usata per la semina.
se|min|fer|mi|tà *s.f.* infermità parziale: — *di mente*.
se|min|fér|mo *agg.*, *s.m.* [f. *-a*] che, chi è colpito da infermità parziale.
se|mi|nò|ma *s.m.* [pl. *-i*] (*med.*) tumore maligno del testicolo.
se|mi|nò|ma|de *agg.* (*antrop.*) 1 che pratica il seminomadismo 2 proprio del seminomadismo ♦ *s.m./f.* chi pratica il seminomadismo.
se|mi|no|ma|dì|smo *s.m.* (*antrop.*) modo di vita proprio dei gruppi che vivono alternando l'agricoltura, praticata in sedi fisse, ad attività come la pastorizia e la caccia, che comportano spostamenti territoriali.
se|min|ter|rà|to *s.m.* il piano di un edificio che è situato in parte sotto il livello stradale.
se|mi|nù|do *agg.* quasi nudo; mezzo nudo.
se|mio|gra|fì|a *s.f.* scrittura abbreviata che usa segni convenzionali (p.e. stenografia).
se|mio|lo|gì|a *s.f.* 1 (*ling.*) semiotica 2 (*raro*, *med.*) semeiotica.

se|mio|lò|gi|co agg. [m.pl. -ci] che riguarda la semiologia.
se|mio|lo|go s.m. [f. -a; m.pl. -gi] 1 studioso di semiologia 2 (med.) specialista in semeiotica.
se|mi|o|pà|co agg. [m.pl. -chi] parzialmente opaco; semitrasparente.
se|mi|o|scu|ri|tà s.f. oscurità parziale; penombra.
se|miò|ti|ca s.f. scienza che studia i segni, linguistici e non linguistici, attraverso i quali si comunica.
se|miò|ti|co agg. [m.pl. -ci] proprio della semiotica: *analisi semiotica*.
se|mi|pa|ras|si|ta agg. [m.pl. -i] (biol.) detto di organismo che è solo parzialmente parassita ♦ s.m. 1 animale semiparassita 2 [anche f.] pianta semiparassita.
se|mi|pe|ri|me|tro s.m. (geom.) la metà del perimetro.
se|mi|per|me|à|bi|le agg. che si lascia attraversare da alcune sostanze e non da altre.
se|mi|pià|no s.m. (geom.) ciascuna delle due parti in cui un piano è diviso da una retta in esso giacente.
se|mi|piè|no agg. pieno per metà; quasi pieno.
se|mi|pre|si|den|zia|li|smo s.m. (polit.) sistema di governo in cui il capo dello Stato condivide il potere esecutivo con un Primo ministro da lui stesso nominato.
se|mi|pro|dót|to s.m. (mat.) la metà del risultato di una moltiplicazione.
se|mi|pro|fes|sio|ni|sta agg., s.m./f. [m.pl. -i] (sport) si dice di atleta che ha un contratto con una società sportiva, ma è libero di esercitare anche un'altra attività lavorativa.
se|mi|pùb|bli|co agg. [m.pl. -ci] 1 aperto solo a una certa categoria di pubblico 2 che è noto solo in alcuni ambienti; non ancora pienamente ufficiale.
se|mi|raf|fi|nà|to agg. detto di prodotto industriale o alimentare messo in commercio dopo un processo di raffinazione parziale: *zucchero —*.
se|mi|rèt|ta s.f. (geom.) ognuna delle due parti in cui una retta è divisa da un suo punto.
se|mi|ri|gi|do agg. in parte rigido; poco flessibile.
se|mi|ri|mòr|chio s.m. la parte posteriore di un autoarticolato, collegata a snodo con la cabina motrice.
se|mi|sè|rio agg. che è tra il serio e lo scherzoso: *discorso —*.
se|mi|sfè|ra s.f. (geom.) ognuna delle due parti in cui una sfera è divisa da un piano passante per il suo centro.
se|mi|sfè|ri|co agg. [m.pl. -ci] che ha la forma di una semisfera.
se|mi|sò|li|do agg. solido solo in parte; non del tutto solido.
se|mi|sóm|ma s.f. (mat.) metà di una somma.
se|mi|ta s.m./f. [m.pl. -i] appartenente a un gruppo etnico-linguistico del Medio Oriente che, secondo la Bibbia, discenderebbe da Sem, figlio di Noè | (partic.) ebreo ♦ agg. semitico.
se|mi|tàp|pa s.f. (sport) nel ciclismo, ciascuna delle due parti con classifica propria in cui è divisa una tappa.
se|mi|ti|co agg. [m.pl. -ci] proprio dei semiti | **lingue semitiche**, famiglia di lingue di cui fanno parte l'ebraico, l'arabo e l'aramaico ♦ s.m. la famiglia delle lingue semitiche.
se|mi|tò|no s.m. (mus.) intervallo di mezzo tono.
se|mi|tra|spa|rèn|te agg. quasi trasparente.
se|mi|uf|fi|cià|le agg. quasi ufficiale; senza caratteristiche di ufficialità ma proveniente da fonte autorevole: *notizia —*.
se|mi|vo|cà|le s.f. (ling.) suono la cui articolazione comporta un'apertura intermedia fra quella delle vocali e quella delle consonanti ed è sempre seguito o preceduto da vocale (p.e. la *i* di *pieno* e *noi*, la *u* di *uovo* e *cauto*); semiconsonante.
se|mi|vo|cà|li|co agg. [m.pl. -ci] proprio di una semivocale.
se|mi|vuò|to agg. vuoto per metà, quasi vuoto.
sem|mài cong. [introduce prop. condiz. con v. al congiunt.] nel caso che, qualora: *— uscissi prima, avvertimi* ♦ avv. tutt'al più, caso mai: *sei tu, —, che devi farlo*.
sé|mo|la s.f. 1 farina di grano duro un po' grossolana, usata spec. per produrre paste alimentari | crusca 2 (region.) semolino 3 (fig., pop.) lentiggini.
se|mo|là|to agg. detto di zucchero raffinato.
se|mo|li|no s.m. 1 farina di grano duro macinata grossa, ma di pezzatura più piccola di quella della semola 2 minestra fatta con tale farina.
se|mo|vèn|te agg. che si muove da sé: *macchine semoventi* | (mar.) **pontone** —, dotato di un piccolo motore | (mil.) **cannone** —, installato su un carro armato.
sem|pi|tèr|no agg. (lett.) eterno.
sém|pli|ce agg. 1 formato da un solo elemento: *filo* — | *corsa* —, di sola andata 2 che non è mescolato ad altro: *un caffè* — | (bur.) **carta** —, non bollata | (gramm.) **preposizione** —, non articolata | (gramm.) **tempi semplici**, non composti, cioè non costituiti dall'ausiliare 3 (fig.) facile, non complicato: *calcolo* — 4 essenziale, non raffinato, modesto: *arredamento, abbigliamento* — | senza ricercatezza, naturale: *condurre una vita* — 5 (*di persona*) schietto, alla buona: *gente* — | ingenuo 6 [preposto al sost., anche in correlazione con *puro*, con valore raff.] solamente, niente più che: *una* — *domanda*; *un* — *maestro*; *questa è la pura e* — *verità* 7 [posposto al sost.] che è al grado più basso di una gerarchia: *soldato* — ♦ s.m./f. chi ha l'animo schietto, puro | inesperto, ingenuo □
semplicemente avv. 1 con naturalezza: *parlare, comportarsi* — | sobriamente; modestamente: *vestire* — 2 solo, esclusivamente: *vorrei* — *parlarti* | (euf.) proprio: *è* — *vergognoso*.
sem|pli|ció|ne s.m. [f. -a] chi è sincero; alla buona, ingenuo.
sem|pli|cio|ne|rì|a s.f. eccessiva ingenuità.
sem|pli|ciòt|to agg., s.m. [f. -a] che, chi è esageratamente ingenuo; sprovveduto.

sem|pli|ci|smo *s.m.* modo troppo semplice di ragionare; superficialità.
sem|pli|ci|sta *s.m./f.* [m.pl. *-i*] chi considera tutto con superficialità.
sem|pli|ci|sti|co *agg.* [m.pl. *-ci*] fatto in modo superficiale; che rivela semplicismo.
sem|pli|ci|tà *s.f.* **1** caratteristica di ciò che è facile, non complicato **2** naturalezza, schiettezza, disinvoltura: — *di modi* **3** ingenuità.
sem|pli|fi|cà|re *v.tr.* [*indic.pres. io semplìfico, tu semplìfichi...*] rendere semplice o più semplice; rendere meno complesso; facilitare: — *una procedura* | (*mat.*) — **una frazione**, ridurla ai minimi termini dividendo numeratore e denominatore per un divisore comune ♦ **-rsi** *intr.pron.* diventare più semplice, più chiaro: *la vicenda si semplifica.*
sem|pli|fi|ca|ti|vo *agg.* atto a semplificare.
sem|pli|fi|ca|tó|re *agg., s.m.* [f. *-trice*] che, chi semplifica.
sem|pli|fi|ca|zió|ne *s.f.* riduzione alla semplicità o a una maggiore semplicità.
sèm|pre *avv.* **1** senza interruzione, senza limiti di tempo: *è — così paziente?*; *questa situazione non durerà —* | (*raff.*) **per —**, per l'eternità | **una volta per —**, una volta per tutte | **da —**, fin dall'inizio, da moltissimo tempo: *è così da —* | **di —**, di ogni tempo: *l'amico di —* **2** costantemente, di continuo: *era — fuori casa*; *sei — il solito!* **3** ogni volta, in ogni occasione: *chiedeva — di te* **4** seguito da un comparativo ha valore rafforzativo e indica un aumento graduale e continuo: *andare — più veloce*; *sta — meno bene* **5** ancora, tuttora: *lavori — come postino?* **6** (*con valore concessivo*) pur tuttavia, nondimeno: *mi ha mentito, ma è pur — mio fratello* **7** (*con valore restrittivo*) purché: *può mangiare di tutto, ma — con moderazione* | (*loc.cong.*) **— che**, purché, ammesso che: *possiamo partire, — che tu lo voglia.*
sem|pre|vér|de *agg., s.m./f.* si dice di pianta legnosa che non perde le foglie in inverno (p.e. pino, alloro).
sem|pre|vi|vo *s.m.* piccola pianta erbacea perenne con fiori di colore rossiccio e foglie carnose a rosetta.
sem|prò|nio *s.m.* [solo in correlazione con *tizio* e *caio*] persona qualsiasi.
sè|na|pe *s.f.* **1** genere di piante erbacee i cui semi sono usati in culinaria e in medicina **2** salsa a base di farina di senape; mostarda ♦ *agg.invar.* di colore intermedio tra il giallo e il marrone.
se|nà|rio *s.m.* nella metrica latina, verso di sei piedi giambici | nella metrica italiana, verso con l'ultimo accento ritmico sulla quinta sillaba.
se|nà|to *s.m.* **1** nell'antica Roma, supremo organo collegiale, con poteri consultivi e deliberativi **2** negli Stati moderni a regime bicamerale, uno dei due rami del Parlamento | la sede in cui si riuniscono i senatori | l'insieme dei senatori **3** *— accademico*, organo deliberativo di un'università, costituito dal rettore e dai presidi delle facoltà.
se|na|to|con|sùl|to *s.m.* nell'antica Roma, deliberazione del senato.
se|na|tó|re *s.m.* [f. *-trice*] membro del Senato.
se|na|to|rià|le *agg.* che riguarda il Senato o i senatori.
se|na|tò|rio *agg.* (*lett.*) senatoriale.
se|ne|ga|lé|se *agg.* del Senegal ♦ *s.m./f.* chi è nato o abita nel Senegal.
se|ne|scèn|te *agg.* (*lett., di persona*) che invecchia, che è nel periodo della senescenza.
se|ne|scèn|za *s.f.* processo di involuzione biologica degli organismi che comporta, dopo l'età matura, un progressivo decadimento di tutte le loro funzioni.
se|nì|le *agg.* di, da vecchio: *demenza —*.
se|ni|li|smo *s.m.* invecchiamento prematuro.
se|ni|li|tà *s.f.* vecchiaia | *— **precoce***, senilismo.
se|ni|liz|za|zió|ne *s.f.* aumento dell'età media delle persone che operano in un settore produttivo.
sè|nior (*lat.*) *agg.invar.* **1** [posposto a nome proprio di persona in caso di omonimia in una stessa famiglia] più vecchio, più anziano: *Giovanni Agnelli —* **2** detto di professionista con lunga esperienza lavorativa: *dirigente —*.
se|niò|res (*lat.*) *agg.invar., s.m./f.invar.* (*sport*) si dice di categoria superiore a quella degli *juniores*, costituita da atleti più anziani o che possiedono particolari requisiti o capacità tecniche | atleta che fa parte di tale categoria.
sén|no *s.m.* **1** capacità d'intendere | **uscir di —**, **perdere il —**, impazzire **2** avvedutezza, prudenza | **il — di poi**, valutazione a posteriori, quando tutto è già successo.
sen|nò o **se no** *avv.* (*fam.*) in caso contrario, altrimenti: *sbrigati, — arriveremo tardi.*
sen|non|ché o **se non che** *cong.* **1** (*con valore avversativo*) ma: *volevo esserci, — ho perso il treno* **2** (*con valore eccettuativo*) eccetto che, fuorché: *non puoi far altro, — stargli vicino.*
sé|no[1] *s.m.* **1** il petto, spec. femminile | (*estens.*) mammelle femminili | ciascuna delle due mammelle | **tenere un neonato al —**, allattarlo **2** (*euf.*) grembo femminile | **portare un figlio in —**, essere incinta **3** (*fig.*) parte intima, profonda del cuore, dell'animo: *nutrire un sentimento in —* | parte interna di ql.co.: *nel — della terra* | **in — a**, all'interno di un determinato ambiente: *in — alla famiglia* **4** (*anat.*) piccola cavità o canale | **seni paranasali**, cavità dello scheletro della faccia comunicanti con le fosse nasali **5** (*geog.*) insenatura di mare o lago, di dimensioni inferiori al golfo.
sé|no[2] *s.m.* (*mat.*) funzione trigonometrica che in un triangolo rettangolo esprime il rapporto tra la misura del cateto opposto a un angolo di ampiezza data e la misura dell'ipotenusa.
se|no|a|trià|le *agg.* (*anat.*) che riguarda l'atrio destro del cuore | **nodo —**, regione dell'atrio destro in cui hanno origine gli impulsi elettrici che danno luogo al ritmo cardiaco.
se|no|lo|gì|a *s.f.* (*med.*) disciplina che studia la fisiologia, l'anatomia e le patologie del seno.

sen|sà|le *s.m./f.* mediatore, spec. nella compravendita di bestiame e prodotti agricoli.

sen|sa|téz|za *s.f.* caratteristica di ciò che è sensato; ragionevolezza: *la — di un discorso*.

sen|sà|to *agg.* che mostra buon senso; ragionevole: *comportamento —* □ **sensatamente** *avv.* con buon senso.

sen|sa|zio|nà|le *agg.* che fa colpo, che suscita curiosità e interesse: *evento —*.

sen|sa|zio|na|li|smo *s.m.* tendenza a diffondere notizie sensazionali o a presentare come sensazionali e clamorosi eventi che non lo sono.

sen|sa|zio|na|li|sti|co *agg.* [m.pl. *-ci*] che fa del sensazionalismo, che alimenta il sensazionalismo: *articolo —*.

sen|sa|zió|ne *s.f.* 1 informazione che il sistema nervoso riceve quando uno stimolo esterno agisce su un organo sensoriale: *— uditiva*, *di calore* 2 coscienza di un cambiamento a livello psichico: *— di angoscia* 3 (*fig.*) presentimento, impressione: *la — di non farcela*.

sen|se|rì|a *s.f.* l'attività del sensale | compenso che spetta al sensale.

sen|sì|bi|le *agg.* 1 che può essere percepito mediante i sensi: *esperienza —* 2 percepibile con chiarezza, evidente; notevole: *un — peggioramento* 3 che riceve impressioni mediante i sensi: *un essere —* | che risponde intensamente a uno stimolo: *gli occhi sono sensibili alla luce* 4 (*estens.*) si dice di strumento o dispositivo che può registrare le minime variazioni di un fenomeno: *bilancia —* | (*foto.*) si dice di materiale trattato con una particolare emulsione che lo rende impressionabile dalla luce 5 (*fig.*) che ha particolare capacità di sentire affetti, sentimenti, emozioni: *animo —* □ **sensibilmente** *avv.* 1 mediante i sensi: *conoscere —* 2 (*estens.*) in modo rilevante; notevolmente: *è — cambiato*.

sen|si|bi|li|tà *s.f.* 1 (*fisiol.*) la facoltà di percepire gli stimoli mediante gli organi di senso: *— olfattiva* 2 attitudine a sentire intensamente emozioni e affetti 3 (*di strumento o dispositivo*) capacità di avvertire un fenomeno e di registrarne anche le più piccole variazioni.

sen|si|bi|liz|zà|re *v.tr.* 1 rendere sensibile o più sensibile a uno stimolo 2 (*med.*) aumentare la reattività di un organismo nei confronti di un allergene 3 rendere qlcu. cosciente e partecipe di un fatto, di un'idea: *— i giovani sul problema ambientale* ♦ **-rsi** *intr.pron.* 1 divenire consapevole, partecipe 2 (*biol.*) subire un processo di sensibilizzazione.

sen|si|bi|liz|za|zió|ne *s.f.* 1 accrescimento della sensibilità di un corpo o di un organismo nei confronti di un fenomeno, di uno stimolo 2 (*biol.*, *med.*) reattività di un organismo verso determinate sostanze 3 (*fig.*) processo finalizzato a risvegliare in qlcu. l'attenzione e l'interesse verso determinati problemi.

sen|si|smo *s.m.* (*filos.*) dottrina che pone l'esperienza sensibile come condizione necessaria e sufficiente per la conoscenza.

sen|si|sta *agg.*, *s.m./f.* [m.pl. *-i*] (*filos.*) che, chi segue il sensismo.

sen|si|sti|co *agg.* [m.pl. *-ci*] (*filos.*) proprio del sensismo, che riguarda il sensismo.

sen|si|ti|va *s.f.* piccola pianta delle Mimosacee originaria del Brasile, con fiori rosa e foglie che, appena toccate, si piegano su se stesse.

sen|si|ti|vi|tà *s.f.* caratteristica di chi è sensitivo.

sen|si|ti|vo *agg.* 1 atto a sentire mediante i sensi | che riguarda l'attività dei sensi: *facoltà sensitiva* 2 (*di persona*) emotivo, sensibile ♦ *s.m.* [f. *-a*] persona con facoltà paranormali; medium.

sèn|so *s.m.* 1 facoltà di ricevere impressioni dagli stimoli esterni | ognuna delle funzioni ricettive che percepiscono tali stimoli: *i cinque sensi*; *il — del gusto*, *dell'olfatto*, *del tatto*, *della vista*, *dell'udito* | *sesto —*, notevole capacità d'intuito 2 (*pl.*) facoltà di sentire; coscienza di sé | **perdere**, **riacquistare i sensi**, perdere, riprendere coscienza 3 (*pl.*) sensualità: *i piaceri dei sensi* 4 percezione, sensazione fisica o psichica: *provare un — di solitudine* | impressione, spec. sgradevole; ribrezzo: *far —* | stato d'animo, sentimento: *provare un — di colpa* 5 capacità di comprendere; sensibilità: *avere il — della giustizia* | **della misura**, moderazione | **buon —**, assennatezza, equilibrio | — **pratico**, capacità di affrontare e risolvere i problemi pratici 6 significato di una parola, di un discorso e sim.: *— letterale*, *figurato*; *frase senza —* | (*estens.*) logica, coerenza: *non ha — quel che fai* | **doppio —**, duplice interpretazione | **traduzione a —**, che coglie il significato generale | (*bur.*) **ai sensi della legge**, in conformità con quanto dice la legge 7 aspetto, modo | **in un certo —**, per certi versi 8 verso, direzione: *nel — della larghezza*; *andare in — contrario* | — **vietato**, direzione in cui i veicoli non possono transitare | — **unico**, unica direzione nella quale i veicoli possono percorrere una strada.

sen|só|re *s.m.* (*tecn.*) dispositivo che rileva i valori di una grandezza fisica o le sue variazioni e li trasmette a un sistema di controllo.

sen|so|rià|le *agg.* 1 che riguarda gli organi di senso: *attività sensoriali* 2 proprio dei sensi.

sen|sò|rio *agg.* del senso, dei sensi | **apparato —**, organo di senso o l'insieme degli organi di senso ♦ *s.m.* (*med.*) il complesso delle funzioni sensoriali e psichiche.

sen|so|riz|zà|re *v.tr.* dotare di sensori.

sen|suà|le *agg.* 1 proprio dei sensi, che riguarda la soddisfazione dei sensi: *piacere —* 2 incline ai piaceri dei sensi 3 che ha sensualità, che suscita il desiderio dei sensi: *voce —*.

sen|sua|li|tà *s.f.* l'essere sensuale.

sen|tèn|za *s.f.* 1 (*dir.*) giudizio emesso da un giudice: *pronunciare una —* 2 frase breve e incisiva che esprime un principio o una norma morale; massima | (*fig.*) **sputare sentenze**, esprimere con presunzione giudizi non richiesti.

sen|ten|zià|re *v.tr.*, *intr.* [indic.pres. *io sentènzio...*; aus. *A*] 1 emettere una sentenza 2 esprimere giudizi presuntuosi e inopportuni | esprimersi in tono sentenzioso.

sen|ten|zio|si|tà *s.f.* carattere di chi è sentenzioso.
sen|ten|zió|so *agg.* 1 ricco di sentenze, massime: *un testo —* 2 che fa largo uso di sentenze: *stile —* | che si esprime in tono saccente □ **sentenziosamente** *avv.* con tono sentenzioso.
sen|tiè|ro *s.m.* 1 strada stretta e tracciata in modo sommario; viottolo 2 (*fig.*) via, strada: *il — della corruzione.*
sen|ti|men|tà|le *agg.* 1 che riguarda i sentimenti: *vita —* 2 che prova sentimenti gentili, teneri, malinconici | che esprime o suscita tali sentimenti: *poesia —* ♦ *s.m./f.* persona sentimentale, romantica □ **sentimentalmente** *avv.* in modo sentimentale.
sen|ti|men|ta|li|smo *s.m.* tendenza a una sentimentalità eccessiva | azione o parola sentimentale.
sen|ti|men|ta|li|sta *s.m./f.* [m.pl. *-i*] 1 chi ostenta un atteggiamento sentimentale 2 (*estens.*) chi attribuisce ai sentimenti un'importanza eccessiva.
sen|ti|men|ta|li|sti|co *agg.* [m.pl. *-ci*] che esprime sentimentalismo | proprio del sentimentalismo.
sen|ti|men|ta|li|tà *s.f.* caratteristica di chi o di ciò che è sentimentale, spec. in modo esagerato.
sen|ti|mén|to *s.m.* 1 ogni stato affettivo della coscienza, positivo o negativo: *— di felicità, di rancore* | affettività: *lasciarsi guidare dal —* 2 sensibilità: *azione piena di —* | assennatezza; cura: *fare ql.co. con —* 3 (*spec.pl.*) modo di pensare, di sentire, di valutare ql.co. spec. da un punto di vista etico: *persona di nobili sentimenti.*
sen|ti|na *s.f.* 1 la parte più bassa e interna dello scafo di una nave, dove si raccolgono le acque di scolo 2 (*fig., lett.*) ricettacolo di brutture e scelleratezze.
sen|ti|nèl|la *s.f.* soldato armato messo di guardia per proteggere persone o cose militari | *essere di —,* fare la guardia.
sen|ti|re[1] *v.tr.* [indic.pres. *io sènto...*] 1 percepire mediante i sensi; avvertire impressioni prodotte da uno stimolo esterno o interno: *— fame, un sapore, un dolore* | *non —, non sentirsi più le gambe, le braccia* e sim., non avere più la sensibilità, spec. temporaneamente, in tale parte del corpo a causa di uno sforzo o per grande stanchezza 2 udire: *— uno sparo; — qlcu. che urla* | ascoltare: *stammi a —* | *sentirci bene,* avere un buon udito | (*fig.*) *non sentirci da quell'orecchio,* non voler affrontare un certo argomento; non essere disposti a transigere su ql.co. | *non — ragioni,* impuntarsi su un'idea | *farsi —,* far valere la propria autorità; sostenere le proprie ragioni; dare notizie di sé 3 venire a sapere: *senti cosa penso di fare* | *sentirci cosa ha deciso* | *hai sentito l'ultima?,* espressione che indica meraviglia verso ciò che si sta per raccontare 4 avvertire, intuire: *sento che c'è sotto un imbroglio* | presentire: *sento che sta per succedere qualcosa* 5 provare sentimenti; avere coscienza di un proprio stato interiore: *— antipatia per qlcu.; — nostalgia* ♦ **-rsi** *rifl.* 1 provare una sensazione fisica: *— debole* 2 essere in un certo stato d'animo; provare un sentimento: *— felice* | avere una certa percezione di sé: *— bello* | **sentìrsela**, essere disposto a fare ql.co., avere la forza di fare ql.co. | *— in debito verso qlcu.*, riconoscersi obbligato nei suoi confronti.
sen|ti|re[2] *s.m.* (*lett.*) sentimento morale, sensibilità: *persona d'alto —.*
sen|ti|to *part.pass.* di sentire[1] ♦ *agg.* 1 udito; ascoltato: *canzone sentita per radio* | *per — dire,* per conoscenza indiretta 2 (*spec. in formule epistolari*) vivo, cordiale, sincero: *sentiti auguri* □ **sentitamente** *avv.* (*spec. in formule epistolari*) vivamente, cordialmente, sinceramente: *— ringraziano.*
sen|tó|re *s.m.* 1 impressione, sensazione; notizia vaga: *avere — di ql.co.* 2 (*lett.*) profumo, odore.
sèn|za *prep.* [si unisce ai pron.pers. con la prep. *di*] 1 privo di: *rimase — amici; non parto — di te* | *non —,* con: *ce l'ho fatta, non — fatica* | *fare —,* rinunciare a 2 con assenza di | *— sosta, tregua,* incessantemente | *— dubbio, senz'altro,* certamente ♦ *cong.* introduce prop. esclusive implicite o esplicite con valore modale: *se ne andarono — salutare; è partito — che i suoi genitori lo sapessero.*
sen|za|dì|o *s.m./f.invar.* chi non crede in Dio | (*estens.*) chi non ha alcuno scrupolo morale.
sen|za|pà|tria *s.m./f.invar.* 1 chi non ha patria; apolide 2 (*spreg.*) chi rinnega la propria patria.
sen|za|tét|to *s.m./f.invar.* 1 chi è rimasto senza una casa dove dormire, spec. in seguito a un disastro o una calamità naturale 2 vagabondo, barbone.
sen|zièn|te *agg.* (*lett.*) che è dotato di sensi e sensibilità.
sè|pa|lo *s.m.* (*bot.*) ognuna delle piccole foglie che formano il calice di un fiore.
se|pa|rà|bi|le *agg.* che può essere separato.
se|pa|rà|re *v.tr.* [indic.pres. *io separo...*] 1 dividere, disunire, allontanare persone o cose unite, vicine, mescolate fra loro: *— i letti; — due litiganti; — la crusca dalla farina* 2 distinguere: *— il bene dal male* 3 tenere diviso: *il fiume separa i due territori* ♦ **-rsi** *rifl., rifl.rec.* porre termine a un legame, a una compagnia e sim.; dividersi: *— da un socio; in fondo alla via i due si separarono* | (*di coniugi*) cessare la convivenza | allontanarsi: *— dai genitori.*
se|pa|ra|tì|smo *s.m.* tendenza di un gruppo etnico o religioso minoritario a sottrarsi dalla sovranità dello Stato a cui appartiene e a ottenere l'indipendenza o il riconoscimento di una certa autonomia: *— basco.*
se|pa|ra|tì|sta *agg., s.m./f.* [m.pl. *-i*] che, chi sostiene il separatismo.
se|pa|ra|tì|sti|co *agg.* [m.pl. *-ci*] proprio del separatismo, dei separatisti.
se|pa|rà|to *part.pass.* di separare ♦ *agg.* non più unito; distinto: *genitori separati; chiedere due conti separati* ♦ *s.m.* [f. *-a*] coniuge separato □ **separatamente** *avv.* a parte: *vendere ql.co. —* | uno per volta: *convocare gli studenti —.*

se|pa|ra|tó|re *agg.* [f. *-trice*] che separa ♦ *s.m.* **1** chi separa **2** apparecchio che serve a separare sostanze o prodotti diversi.

se|pa|ra|zió|ne *s.f.* **1** divisione, allontanamento di persone o cose unite, vicine, mescolate fra loro: *rivedersi dopo una lunga —* | (*dir.*) — **dei beni**, regime patrimoniale in cui ognuno dei due coniugi conserva la proprietà dei beni da lui acquistati durante il matrimonio | (*dir.*) — **personale dei coniugi**, cessazione della convivenza tra due coniugi **2** scissione: *la — delle due Germanie*.

séparé (*fr.*) *s.m.invar.* nei locali pubblici, camera o salottino appartato.

se|pio|li|te *s.f.* minerale costituito da silicato idrato di magnesio, che si presenta in masse compatte, porose e leggere di colore biancastro; è chiamata anche *schiuma* e viene usata per fabbricare pipe pregiate.

se|pol|cràle *agg.* **1** di, da sepolcro: *iscrizione —* **2** (*fig.*) triste, profondo, pauroso: *silenzio, buio —*.

se|pol|cré|to *s.m.* luogo in cui sono raggruppati più sepolcri, spec. di età antica; necropoli.

se|pól|cro *s.m.* monumento funebre di particolare valore artistico eretto spec. per custodire defunti illustri; tomba | **Santo Sepolcro**, quello di Cristo a Gerusalemme | (*fig., lett.*) **scendere nel** —, morire | — **imbiancato**, ipocrita.

se|pól|to *part.pass.* di seppellire ♦ *agg.* **1** posto nella tomba; seppellito | (*fig., fam.*) **morto e —**, detto di persona o cosa che nessuno più ricorda o cerca **2** ricoperto, sommerso: *campi sepolti dalla neve* **3** (*fig.*) nascosto: *segreto — nel cuore*.

se|pol|tù|ra *s.f.* seppellimento | cerimonia funebre che accompagna il seppellimento | *dar —*, seppellire.

sep|pel|li|mén|to *s.m.* deposizione nella tomba o sottoterra; inumazione.

sep|pel|li|re *v.tr.* [indic.pres. *io seppellisco, tu seppellisci...*; part.pass. *seppellito* o *sepólto*] **1** deporre nella tomba: *una salma* **2** sotterrare, spec. per nascondere: *— un tesoro* | ricoprire, sommergere: *la valanga ha sepolto gli sciatori* **3** (*fig.*) dimenticare: *— vecchie ostilità* ♦ **-rsi** *rifl.* (*fig.*) rinchiudersi, isolarsi: *— in casa* | immergersi: *— tra i libri*.

sép|pia *s.f.* mollusco marino commestibile a forma di sacco ovale, con bocca circondata da tentacoli | *osso di —*, la rudimentale conchiglia interna di tale mollusco | *nero di —*, liquido nero che l'animale secerne per nascondersi in caso di pericolo ♦ *agg., s.m.invar.* si dice di colore intermedio tra il grigio e il bruno.

sep|pià|to *agg.* di color seppia | (*foto.*) fotografia in bianco e nero con sfumature brunastre.

sep|pù|re *cong.* (*con valore concessivo*) anche se, benché: *— dovessi perdere tutto, tenterò comunque* | (*con valore condizionale*) se anche, ammesso che: *il suo aiuto, — arriverà, non risolverà nulla*.

sè|psi *s.f.* (*med.*) infezione generalizzata all'intero organismo, gener. con reazioni febbrili.

se|què|la *s.f.* serie di cose o fatti, spec. spiacevoli, uno di seguito all'altro: *una — di imprevisti*.

se|quèn|za *s.f.* **1** serie ordinata di cose, eventi e sim. | *in —*, uno di seguito all'altro **2** (*tecn.*) successione ordinata di operazioni o dati: *— di lavorazione* **3** (*cine.*) serie di inquadrature successive che riguardano uno stesso episodio o tema: *una — comica*.

se|quen|ziàle *agg.* che riguarda una sequenza, che segue una sequenza: *ciclo —*.

se|quen|zia|li|tà *s.f.* caratteristica di ciò che è in sequenza.

se|que|strà|bi|le *agg.* che può essere sequestrato.

se|que|strà|re *v.tr.* [indic.pres. *io sequèstro...*] **1** (*dir.*) sottoporre a sequestro: *— un'abitazione* | (*estens.*) togliere, requisire: *i genitori gli hanno sequestrato il motorino* **2** privare illegalmente qlcu. della libertà personale | (*estens., scherz.*) bloccare, costringere a rimanere in un posto.

se|que|stra|tà|rio *s.m.* [f. *-a*] (*dir.*) chi ha l'incarico di custodire un bene sequestrato.

se|que|strà|to *part.pass.* di sequestrare ♦ *agg.* sottoposto a sequestro ♦ *s.m.* [f. *-a*] **1** (*dir.*) proprietario o possessore dei beni per i quali è stato disposto il sequestro **2** vittima di un sequestro di persona.

se|que|stra|tó|re *s.m.* [f. *-trice*] **1** (*dir.*) chi richiede un sequestro o lo compie per conto di un'autorità **2** chi compie un sequestro di persona; rapitore.

se|què|stro *s.m.* **1** (*dir.*) provvedimento cautelare con cui il giudice sottrae un bene alla disponibilità di chi lo detiene: *disporre un —* | — **penale**, provvedimento con cui l'autorità giudiziaria ordina il ritiro di tutte le cose oggetto di un reato o utili ai fini della prova, per accertare il reato stesso **2** *— di persona*, reato commesso da chi priva illegalmente qlcu. della libertà personale.

se|quò|ia *s.f.* gigantesco albero delle Conifere, sempreverde, originario della California.

sé|ra *s.f.* **1** l'ultima parte del giorno fra il tramonto e l'inizio della notte | *sul far della —*, all'imbrunire | *dalla — alla mattina*, improvvisamente, in un tempo brevissimo | *i giornali della —*, editi nel pomeriggio **2** (*estens.*) periodo di tempo compreso tra la cena e la mezzanotte o oltre: *esci questa —? | abito da —*, elegante, da indossare spec. nelle serate mondane.

se|rac|cà|ta *s.f.* insieme di seracchi | area di un ghiacciaio ricoperta di seracchi.

se|ràc|co *s.m.* [pl. *-chi*] blocco di ghiaccio a forma di guglia e alto vari metri, originato da una spaccatura del ghiacciaio nei tratti in più forte pendenza.

se|rà|fi|co *agg.* [m.pl. *-ci*] **1** di, da serafino **2** (*fig.*) che non si scompone mai; sempre tranquillo e pacifico | ingenuo: *espressione serafica* □ **seraficamente** *avv.* in modo serafico, senza scomporsi.

se|ra|fi|no *s.m.* **1** (*teol.*) angelo appartenente al primo e più elevato coro angelico **2** camicia o

se|rà|le *agg.* della sera: *ore serali* | che si svolge di sera: *corso —*.

se|rà|ta *s.f.* 1 la sera, con riferimento alla durata e al modo di trascorrerla: *una — in compagnia* | *in —*, durante la sera 2 festa, ricevimento, spettacolo che si svolge di sera: *— teatrale* | *— di gala*, spettacolo, ballo e sim. di grande solennità ed eleganza | *— d'onore*, spettacolo in onore di qlcu. | *— di beneficenza*, il cui incasso è devoluto in beneficenza.

ser|bà|re *v.tr.* [indic.pres. *io sèrbo*...] 1 mettere da parte ql.co. per servirsene in un secondo momento: *— il denaro* 2 (*fig.*) conservare, mantenere: *— un segreto* | *— rancore*, non perdonare un torto o un'offesa subiti ♦ **-rsi** *rifl.* restare: *— giovane*.

ser|ba|tó|io *s.m.* 1 cisterna o recipiente usato come deposito di liquidi o gas: *il — della benzina*; *il — per l'acqua* 2 bacino o conca artificiale per la raccolta di grandi masse d'acqua 3 (*fig.*) ricca fonte, deposito: *un — di notizie*.

sèr|bo¹ *s.m.* solo nelle loc. *mettere, tenere, avere in —*, serbare, conservare.

sèr|bo² *agg.* della Serbia ♦ *s.m.* 1 [f. *-a*] chi è nato o abita in Serbia 2 lingua parlata in Serbia.

se|re|nà|ta *s.f.* 1 canto con accompagnamento di uno o pochi strumenti eseguito di notte davanti alla casa della donna amata 2 (*mus.*) nella seconda metà del Settecento, composizione strumentale da eseguirsi alla sera all'aperto | composizione drammatico-musicale di argomento pastorale o storico, in voga tra la fine del Seicento e per tutto il Settecento, rappresentata presso le corti.

se|re|nìs|si|mo *agg.* titolo onorifico attribuito a sovrani e principi di sangue reale | (*ell.*) *la Serenissima*, la repubblica di Venezia.

se|re|ni|tà *s.f.* limpidezza: *la — del cielo* | (*fig.*) tranquillità: *— di spirito*.

se|ré|no *agg.* 1 chiaro, limpido, senza nubi: *giornata serena* 2 (*fig.*) senza preoccupazioni; tranquillo: *ora sono molto più —* | obiettivo, imparziale: *giudizio —* ♦ *s.m.* cielo sereno: *è tornato il —* | (*fig.*) calma □ **serenamente** *avv.* con tranquillità interiore, senza preoccupazioni: *vivi —* | in modo imparziale: *giudicare —*.

ser|gèn|te *s.m.* 1 (*mil.*) sottufficiale comandante di squadra, corrispondente al primo grado della gerarchia dei sottufficiali | *— maggiore*, sottufficiale di grado immediatamente superiore a quello di sergente 2 (*fig.*) persona autoritaria e dispotica 3 morsetto da falegname, usato spec. per stringere due pezzi appena incollati.

serial (*ingl.*) [pr. *sìrial*] *s.m.invar.* trasmissione radiofonica o televisiva a episodi interpretata dallo stesso protagonista.

se|rià|le *agg.* 1 proprio di una serie | disposto in serie | *musica —*, quella basata su una successione rigorosamente preordinata e invariabile di suoni, detta *serie* 2 (*inform.*) detto di dispositivo che tratta i dati in modo sequenziale, uno dopo l'altro: *stampante —*.

se|ria|li|tà *s.f.* disposizione in serie.

se|ria|liz|zà|re *v.tr.* [indic.pres. *io serializzo*...] disporre in serie | (*inform.*) ricondurre dei dati alla forma seriale.

serial killer (*ingl.*) [pr. *sìrial killer*] *s.m./f.invar.* assassino che compie una serie di delitti con le stesse modalità.

se|rià|re *v.tr.* [indic.pres. *io sèrio*...] (*stat.*) disporre secondo una serie di valori.

se|ria|zió|ne *s.f.* disposizione di più elementi secondo una serie ordinata | (*stat.*) successione ordinata dei valori relativi a un certo fenomeno.

se|rì|ce|o *agg.* (*bot.*) si dice di organo ricoperto di peli lucidi simili alla seta.

sè|ri|co *agg.* [m.pl. *-ci*] che riguarda la seta | simile alla seta: *capelli serici*.

se|ri|co|lo *agg.* che riguarda la sericoltura.

se|ri|col|tó|re *s.m.* [f. *-trice*] chi pratica la sericoltura.

se|ri|col|tù|ra *s.f.* allevamento dei bachi da seta e produzione della seta greggia.

sè|rie *s.f.invar.* 1 successione ordinata di elementi connessi fra loro e disposti secondo un certo criterio: *— di disgrazie, di libri, di imperatori* | gamma, ventaglio: *una — di possibilità* | *— di francobolli*, l'insieme di tutti i francobolli di diverso valore che fanno parte della stessa emissione | *in —*, senza interruzioni | *produzione in —*, produzione di grandi quantità di oggetti seguendo uno stesso modello | *di —*, detto di accessorio compreso nel modello prodotto in serie 2 l'insieme dei fascicoli di una rivista, contraddistinti da numeri progressivi 3 (*tv*) serial 4 (*sport*) ognuno dei gruppi in cui sono suddivisi atleti o squadre in base al loro valore: *partita di — A*.

se|rie|tà *s.f.* 1 consapevolezza e responsabilità delle proprie azioni: *comportarsi, lavorare con —* | moralità, rettitudine: *la — di un'azienda* 2 importanza, gravità: *la — di una situazione*.

se|ri|gra|fì|a *s.f.* metodo di stampa in cui l'inchiostro è fatto passare attraverso un tessuto di seta fissato a un telaio | la stampa così ottenuta.

se|ri|grà|fi|co *agg.* [m.pl. *-ci*] proprio della serigrafia.

sè|rio *agg.* 1 che agisce con responsabilità e coscienza; che dimostra correttezza e impegno: *società seria* 2 preoccupato, accigliato, triste: *espressione seria* 3 (*di cosa*) preoccupante, grave: *le sue condizioni di salute sono serie* 4 che non è scherzoso o comico: *discorso —* ♦ *s.m.* ciò che è serio | *sul —*, davvero, senza scherzi: *dico sul —* | *fare sul —*, agire con seri propositi, in modo coerente e deciso | *prendere sul —*, affrontare con impegno e serietà; credere alle parole di qlcu. □ **seriamente** *avv.* 1 con serietà: *impegnarsi —* 2 in modo grave, preoccupante: *è — malato*.

se|rió|re *agg.* (*lett.*) posteriore, più tardo.

se|rió|so *agg.* serio, grave, riflessivo spec. in modo ostentato: *comportamento —* □ **seriosamente** *avv.*

ser|mó|ne *s.m.* **1** predica, omelia **2** (*scherz.*) discorso noioso e lungo | rimprovero, ammonimento: *fare un — a qlcu.*
se|ro|tí|no *agg.* **1** (*lett.*) della sera **2** tardivo, che fiorisce o matura tardi: *frutto —.*
se|ro|to|ni|na *s.f.* (*biol.*) sostanza presente in tutte le specie di animali e in alcuni vegetali; si trova nelle cellule intestinali, nelle piastrine e anche nel sistema nervoso centrale, dove ha la funzione di neurotrasmettitore.
sèr|pa *s.f.* nella carrozza, cassetta a due posti per il cocchiere.
ser|pà|io *s.m.* **1** luogo pieno di serpi **2** [f. *-a*] cacciatore, addomesticatore di serpenti.
sèr|pe *s.f.* **1** serpente di piccole dimensioni non velenoso; biscia **2** (*fig.*) persona ipocrita e malvagia | *allevare*, *scaldare*, *nutrire una — in seno*, favorire qlcu. che in seguito si mostrerà ingrato.
ser|peg|gia|mén|to *s.m.* (*di strada, fiume e sim.*) andamento sinuoso.
ser|peg|giàn|te *part.pres. di* serpeggiare ♦ *agg.* **1** che ha un percorso sinuoso, tortuoso **2** (*fig.*) che si insinua e diffonde in modo sotterraneo, accrescendosi sempre più: *una rabbia —.*
ser|peg|già|re *v.intr.* [indic.pres. *io serpéggio...*; aus. *A*] **1** procedere tortuosamente; avere un andamento sinuoso: *la strada sale serpeggiando* **2** (*fig.*) insinuarsi, diffondersi in modo sotterraneo: *il malcontento serpeggia tra la gente.*
ser|pen|ta|ria *s.f.* pianta erbacea con rizoma ritorto su se stesso e infiorescenza dall'odore cadaverico.
ser|pen|tà|rio[1] *s.m.* uccello rapace africano con lunghe zampe e un vistoso ciuffo di piume sul capo, che si nutre spec. di serpenti.
ser|pen|tà|rio[2] *s.m.* istituto di ricerca in cui si allevano serpenti a scopo di studio | area di giardino zoologico in cui sono raggruppati i serpenti.
ser|pèn|te *s.m.* **1** nome generico di vari rettili dal corpo cilindrico rivestito di squame, privi di zampe, che strisciano sul terreno: *— velenoso* | *— a sonagli*, crotalo | *— dagli occhiali*, cobra **2** la pelle conciata di tale animale: *scarpe di —* **3** (*fig.*) persona maligna e infida.
ser|pen|té|sco *agg.* [m.pl. *-schi*] (*fig.*) dal comportamento astuto e malvagio.
ser|pen|ti|fór|me *agg.* che ha la forma di un serpente.
ser|pen|ti|na *s.f.* **1** linea o percorso serpeggiante: *sentiero a —* **2** tubo a spirale; serpentino.
ser|pen|ti|no[1] *agg.* di, da serpente; simile a un serpente | (*fig.*) maligno, infido: *lingua serpentina.*
ser|pen|ti|no[2] *s.m.* **1** tubo a spirale di diametro ridotto, in cui si fa passare un fluido allo scopo di raffreddare o riscaldare più velocemente un altro fluido esterno **2** minerale di colore verde, a scaglie o fibre, costituito da silicato di magnesio.
ser|pen|tó|ne *s.m.* **1** lungo corteo o fila di persone **2** sbarramento che delimita la corsia preferenziale di una strada urbana.

ser|pí|gi|ne *s.f.* (*med.*) lesione cutanea di forma irregolare e tortuosa.
ser|pi|gi|nó|so *agg.* (*med.*) si dice di lesione cutanea che si estende in modo tortuoso.
sér|qua *s.f.* (*pop.*) dozzina | (*estens.*) gran quantità.
sèr|ra[1] *s.f.* **1** costruzione con pareti e tetto in materiale trasparente, spec. vetro, per la coltivazione di fiori o piante in condizioni climatiche controllate **2** (*geog.*) *effetto —*, aumento della temperatura della Terra causato dall'elevata concentrazione di anidride carbonica e altri gas nell'atmosfera che lascia passare le radiazioni solari, ma impedisce a quelle infrarosse terrestri di disperdersi nello spazio.
sèr|ra[2] *s.f.* catena montuosa senza avvallamenti.
ser|ra|dà|di *s.m.* attrezzo per avvitare i dadi dei bulloni.
ser|ra|fi|la *s.m./f.* [pl. *-e*] in una fila di militari o ginnasti, chi marcia per ultimo.
ser|ra|fi|lo *s.m.* pinzetta o morsetto usato per collegare fili elettrici.
ser|ràg|gio *s.m.* (*tecn.*) operazione con cui si stringono con forza viti e bulloni.
ser|rà|glio[1] *s.m.* l'insieme degli animali di un circo | luogo in cui sono rinchiusi.
ser|rà|glio[2] *s.m.* **1** nell'impero ottomano, palazzo del sultano **2** harem.
ser|ra|mà|ni|co *s.m.* solo nella loc. *coltello a —*, coltello con lama che si può ripiegare nel manico.
ser|ra|men|ti|sta *s.m.* [pl. *-i*] operaio specializzato nell'installare e riparare serramenti.
ser|ra|mén|to *s.m.* [pl.m. *i serramenti*; pl.f. *le serramenta*, con valore collettivo] struttura mobile per chiudere un'apertura in una parete, come finestre, porte e sim. | (*estens.*) infisso.
ser|ràn|da *s.f.* saracinesca: *abbassare la —.*
ser|rà|re *v.tr.* [indic.pres. *io sèrro...*] **1** chiudere con una chiave o altro mezzo: *— le finestre* **2** chiudere stringendo: *— i pugni*; *— una vite* | *— le file*, (*mil., sport*) accorciare la distanza tra persona e persona; (*fig.*) stringersi compatti **3** intensificare, aumentare: *— il ritmo* | *— l'avversario*, incalzarlo ♦ *-rsi* *rifl.* chiudersi: *— in casa.*
ser|rà|ta *s.f.* sospensione dell'attività aziendale attuata, spesso illecitamente, dal datore di lavoro come forma di pressione sui lavoratori o sui poteri pubblici nel corso di una lotta sindacale.
ser|rà|te *s.m.invar.* (*sport*) vigorosa azione d'attacco messa in atto da una squadra, spec. verso la fine di una partita, per sbloccare la situazione.
ser|rà|to *part.pass. di* serrare ♦ *agg.* **1** chiuso | circondato **2** compatto, fitto: *fila serrata* **3** rapido, incalzante: *ritmo —*, *domande serrate* | conciso: *stile —.*
ser|ra|tù|ra *s.f.* congegno meccanico o elettromeccanico per chiudere a chiave porte, cancelli, casseforti, contenitori e sim.: *forzare una —* | *— di sicurezza*, con dispositivo che ne blocca il funzionamento se non si usa la chiave giusta.
sèr|to *s.m.* (*lett.*) ghirlanda: *— di fiori.*

sèr|va *s.f.* **1** (*spreg.*) domestica **2** (*fig.*) persona pettegola e meschina.
ser|vàg|gio *s.m.* (*lett.*) condizione di servitù.
ser|và|lo *s.m.* felino africano simile al leopardo; gattopardo.
ser|vèn|te *part.pres. di* servire ♦ *agg.* (*lett., desueto*) servizievole | **cavalier** —, cicisbeo ♦ *s.m.* militare addetto a un pezzo di artiglieria.
server (*ingl.*) *s.m.invar.* (*inform.*) computer che permette la comunicazione tra altri computer tramite una connessione di rete, consentendo di condividere file e programmi.
ser|vì|bi|le *agg.* **1** che si può presentare in tavola **2** che si può usare.
service (*ingl.*) [pr. sèrvis] *s.m.invar.* azienda fornitrice di attrezzature, assistenza e servizi specializzati, spec. per convegni, cerimonie e sim.
ser|vì|gio *s.m.* azione disinteressata in favore di qlcu.
ser|vì|le *agg.* **1** proprio del servo: *lavoro —* **2** (*spreg.*) vile, senza dignità: *comportamento —* **3** (*gramm.*) *verbi servili*, quelli che non sono usati in modo assoluto ma reggono un altro verbo all'infinito e indicano la modalità con cui si svolge l'azione (p.e. volere, dovere, potere).
ser|vi|lì|smo *s.m.* tendenza a una eccessiva sottomissione nei confronti di qlcu., gener. per paura o interesse.
ser|vì|re *v.tr.* [indic.pres. *io sèrvo*...] **1** essere in stato di schiavitù **2** (*di domestico*) essere al servizio di qlcu.: *— come cameriere* **3** prestare la propria opera in favore di un ente, un'istituzione: *— la Stato* | *— messa*, assistere il celebrante durante la cerimonia **4** (*di negozianti*) soddisfare il cliente: *in cosa posso servirla?* | avere come cliente fisso **5** portare in tavola cibi o bevande: *— la cena* **6** (*sport*) nei giochi di squadra, passare la palla a un compagno | (*assol.*) nel tennis, effettuare il servizio; battere **7** fornire di un servizio pubblico: *abito in una zona ben servita dai mezzi pubblici* **8** nei giochi di carte, distribuire le carte fra i giocatori ♦ *intr.* [aus. *E*] **1** essere utile: *lamentarsi non serve a nulla* | svolgere una certa funzione: *questa esperienza ti serva da esempio* **2** (*fam.*) occorrere: *mi serve un cacciavite* ♦ **-rsi** *intr.pron.* **1** adoperare, usare: *— della bici* | giovarsi: *— di un interprete* **2** prendere parte di ciò che viene offerto: *serviti pure* **3** essere cliente abituale: *mi servo sempre da quel panettiere*.
ser|vì|ta *s.m.* [pl. *-i*] religioso appartenente all'ordine dei Servi di Maria.
ser|vì|to *part.pass. di* servire ♦ *agg.* **1** (*di persona*) che ha ricevuto quanto richiesto **2** (*di cibo*) pronto e portato in tavola per essere mangiato: *il pollo è —* **3** nel poker, detto del giocatore che non vuole cambiare le carte ricevute.
ser|vi|tó|re *s.m.* [f. *-trice*] **1** chi presta servizio in una casa; domestico **2** (*estens.*) chi si dedica con devozione a una causa, un ideale, un'istituzione.
ser|vi|tù *s.f.* **1** schiavitù **2** l'insieme delle persone di servizio: *riunire la —* **3** (*dir.*) limitazione del diritto di proprietà su un fondo a vantaggio di un altro appartenente a una persona diversa.
ser|vi|zié|vo|le *agg.* che si rende utile; disponibile ad aiutare.
ser|vì|zio *s.m.* **1** completa dedizione, impegno a favore di una persona, un ideale e sim.: *essere al — della giustizia* **2** attività lavorativa dipendente svolta presso un ente pubblico o privato: *entrare in —*; *trent'anni di —* | il lavoro domestico svolto in casa altrui: *persona di —* | in ristoranti, bar e sim., prestazione del cameriere: *nel conto non è incluso il —* | *di, in —*, che sta svolgendo il proprio turno di lavoro | *fuori —*, in congedo o a riposo; (*estens.*) di macchinario e sim., temporaneamente non funzionante: *l'ascensore è fuori —* | *scala, porta di —*, quella riservata ai domestici, ai fornitori **3** l'attività svolta in un corpo militare: *prestare — negli alpini* | il singolo incarico cui è tenuto un militare: *— di guardia* | *servizi segreti*, organismi militari istituiti a difesa dello Stato che hanno l'incarico di reperire informazioni riservate per combattere spionaggio, terrorismo ecc. **4** (*anche iron.*) atto utile o gradito; cortesia: *grazie per il —*; *bel — mi hai fatto!* **5** prestazione fornita da un ente pubblico o privato per soddisfare i bisogni della collettività: *— sociale, ferroviario* | *— sanitario nazionale*, insieme di attività di carattere pubblico per la tutela della salute dei cittadini **6** (*pl., econ.*) insieme composto di attività economico-lavorative che non producono nuovi beni, ma consistono in prestazioni d'opera (p.e. istruzione, telecomunicazioni, trasporti, pubblica amministrazione ecc.); terziario **7** insieme funzionale di oggetti destinati a un determinato scopo: *— da caffè, di posate* | *— all'americana*, serie di piccole tovaglie in stoffa o altro materiale usate in sostituzione della tovaglia **8** (*pl.*) spazio e impianti per l'igiene personale e i bisogni fisiologici: *casa con doppi servizi* **9** (*spec.pl., pop.*) faccenda **10** (*giorn.*) articolo, reportage, filmato su un certo argomento o evento: *— di cronaca* **11** (*sport*) nel tennis, nel ping-pong, nella pallavolo, battuta iniziale che mette in gioco la palla.
sèr|vo *s.m.* [f. *-a*] **1** chi è soggetto a un'altra persona; schiavo **2** (*spreg.*) cameriere, domestico **3** chi si dedica interamente a una persona, a un ideale e sim., anche in modo succube: *— del potere* | denominazione di appartenenti a vari ordini religiosi: *Servi di Maria* | *— di Dio*, persona devota **4** *— muto*, piccolo mobile da camera su cui si appoggiano gli indumenti quando ci si sveste; tavolino che si mette accanto alla tavola da pranzo per poggiare stoviglie o vivande ♦ *agg.* (*lett.*) schiavo.
ser|vo|fré|no *o* **servofrèno** *s.m.* (*auto.*) meccanismo collegato al pedale del freno degli autoveicoli pesanti o di grossa cilindrata che moltiplica l'intensità della forza esercitata sul pedale stesso.
ser|vo|stèr|zo *s.m.* (*auto.*) meccanismo comandato dal volante che serve per alleviare lo sforzo compiuto dal conducente per sterzare.

sè|sa|mo *s.m.* pianta erbacea di origine asiatica dai cui semi si ricava un olio commestibile | i semi di tale pianta usati per preparare pane e dolci.

se|squi|pe|dà|le *agg.* (*lett.*) smisurato, esagerato.

sès|sa *s.f.* variazione periodica del livello delle acque di laghi o mari interni causata da improvvisi colpi di vento o repentine variazioni della pressione atmosferica.

ses|sa|ge|nà|rio *agg.*, *s.m./f.* (*lett.*) che, chi ha sessant'anni di età.

ses|sa|ge|si|mà|le *agg.* che si esprime in sessantesimi di unità | *sistema* —, sistema di numerazione a base sessanta, usato nella misurazione degli angoli e nella suddivisione del tempo.

ses|sa|gè|si|mo *agg.num.ord.* (*lett.*) sessantesimo.

ses|sàn|ta *agg.num.card.invar.* che equivale a sei decine ♦ *s.m.* il numero naturale che equivale a sei decine | il simbolo che rappresenta tale numero.

ses|san|tèn|ne *agg.*, *s.m./f.* che, chi ha sessant'anni.

ses|san|tè|si|mo *agg.num.ord.* che in una serie corrisponde al posto numero sessanta.

ses|san|ti|na *s.f.* complesso di sessanta o di circa sessanta unità: *una — di iscritti* | *essere sulla* —, avere più o meno sessant'anni di età.

ses|san|tot|té|sco *agg.* [m.pl. *-schi*] che riguarda la contestazione, spec. studentesca, nata nel 1968.

ses|san|tot|ti|no *s.m.* [f. *-a*] chi ha partecipato al movimento di contestazione giovanile iniziato nel 1968.

sès|si|le *agg.* (*bot.*) detto di foglia o fiore senza picciolo o peduncolo, che si inserisce direttamente sul ramo.

ses|sió|ne *s.f.* periodo in cui si riunisce un'assemblea, una commissione e sim. | serie di sedute: *— d'esame*.

ses|si|smo *s.m.* tendenza a discriminare le persone in base al sesso, spec. le donne rispetto agli uomini.

ses|si|sta *agg.*, *s.m./f.* [m.pl. *-i*] che, chi discrimina le persone in base al sesso.

sès|so *s.m.* 1 il complesso delle caratteristiche che, in una stessa specie, distinguono i maschi e le femmine | (*scherz.*) — *forte*, gli uomini | (*scherz.*) *gentil* —, — *debole*, le donne 2 l'insieme dei fenomeni e dei problemi che riguardano la vita sessuale | attività sessuale: *fare del* — | — *sicuro*, quello praticato con le necessarie precauzioni per evitare la trasmissione di infezioni o malattie 3 organo genitale.

ses|suà|le *agg.* relativo al sesso: *esperienze sessuali* □ **sessualmente** *avv.* da un punto di vista sessuale.

ses|sua|li|tà *s.f.* 1 (*biol.*) la presenza di caratteri sessuali 2 l'insieme degli aspetti fisici, psicologici, culturali, sociali legati all'attività sessuale: *un'indagine sulla* —.

ses|sua|liz|za|zió|ne *s.f.* (*biol.*) in alcuni animali inferiori, processo di acquisizione di caratteri e proprietà sessuali.

ses|suà|to *agg.* (*biol.*) detto di essere vivente dotato di organi sessuali di riproduzione.

ses|suo|fo|bì|a *s.f.* (*psicol.*) avversione morbosa verso tutto ciò che riguarda il sesso e la sessualità.

ses|suo|fò|bi|co *agg.* [m.pl. *-ci*] (*psicol.*) che riguarda la sessuofobia.

ses|suò|fo|bo *s.m.* [f. *-a*] (*psicol.*) chi è affetto da sessuofobia.

ses|suo|lo|gì|a *s.f.* scienza che studia le manifestazioni fisiologiche e patologiche della sessualità umana, anche da un punto di vista psicologico e sociale, e i fattori che la influenzano.

ses|suò|lo|go *s.m.* [f. *-a*; m.pl. *-gi*] studioso, esperto di sessuologia.

ses|suò|ma|ne *agg.*, *s.m./f.* (*psicol.*) che, chi è affetto da sessuomania.

ses|suo|ma|nì|a *s.f.* (*psicol.*) interesse morboso verso tutto ciò che è attinente al sesso.

sè|sta *s.f.* 1 (*eccl.*) l'ora canonica che corrisponde al mezzogiorno 2 (*mus.*) intervallo tra due suoni la cui distanza è di 6 note.

se|stàn|te *s.m.* strumento ottico formato da un settore circolare di sessanta gradi, usato per misurare angoli, spec. l'altezza apparente degli astri sopra l'orizzonte.

se|stèr|zio *s.m.* antica moneta romana originariamente coniata in argento, poi in ottone.

se|stét|to *s.m.* 1 (*mus.*) composizione per sei strumenti o voci | complesso musicale di sei strumenti o voci 2 insieme di sei persone che fanno ql.co. insieme.

se|stiè|re *s.m.* (*st.*) ognuno dei sei settori in cui erano divise alcune città italiane | ognuna delle sei parti in cui è suddivisa Venezia.

se|sti|na *s.f.* 1 (*metr.*) strofa composta da sei versi, spec. endecasillabi, di cui i primi quattro a rima alternata e i due finali a rima baciata 2 (*lett.*) componimento lirico di sei stanze di sei endecasillabi non rimati, in cui le parole finali di ogni verso della prima stanza sono ripetute in tutte quelle seguenti 3 (*mus.*) gruppo di sei note della medesima durata, la cui somma corrisponde all'unità di tempo assunta dalla misura nella composizione.

sè|sto[1] *agg.num.ord.* che in una serie corrisponde al posto numero sei | (*med.*) *sesta malattia*, malattia infettiva esantematica dell'infanzia | (*metr.*) *sesta rima*, sestina | — *grado*, nell'alpinismo, grado massimo di difficoltà di una scalata.

sè|sto[2] *s.m.* 1 ordine, assetto, disposizione normale di ql.co. | *rimettere in* —, mettere in ordine, sistemare | (*fig.*) *rimettersi in* —, ritornare a una situazione normale, spec. per quanto riguarda la salute o le condizioni economiche 2 (*arch.*) curvatura di un arco | *arco a tutto* —, semicircolare | *arco a* — *acuto*, la cui forma è simile a un'ellisse appuntita a un'estremità; ogivale.

set (*ingl.*) *s.m.invar.* 1 assortimento di più elementi che formano un tutto unitario: *un — da viaggio*; *un — di caratteri* 2 (*sport*) spec. nel tennis, nel ping pong e nella pallavolo, ciascuna partita in cui è suddiviso un incontro 3 (*cine.*) luogo in cui si effettuano le riprese di un film.

sé|ta *s.f.* fibra tessile costituita dai filamenti sottilissimi secreti dai bachi da seta per costruirsi il bozzolo | (*estens.*) tessuto di tale fibra: *camicia di* —| — **artificiale**, fibra artificiale a base di cellulosa | (*fig.*) *di* —, simile alla seta per morbidezza e lucentezza: *capelli di* —.

se|tac|cià|re *v.tr.* [indic.pres. *io setàccio*...] **1** passare ql.co. attraverso il setaccio: — *la farina* **2** (*fig.*) esaminare in modo minuzioso | perlustrare alla ricerca di qlcu. o ql.co.: — *la città*.

se|tac|cia|tù|ra *s.f.* operazione del setacciare; vagliatura.

se|tàc|cio *s.m.* attrezzo formato da una rete tesa su un telaio rigido, usato per separare le parti più fini di una sostanza dal resto | (*fig.*) **passare al** —, esaminare in modo minuzioso.

se|ta|iò|lo *s.m.* [f. -a] produttore o venditore di seta.

se|tà|le *s.m.* (*pesca*) parte terminale della lenza costituita da un filo sottile che unisce l'amo al galleggiante.

set ball (*ingl.*) [pr. *sèt bòl*] *loc.sost.m.invar.* (*sport*) spec. nel tennis e nella pallavolo, la palla che consente di vincere il set.

sé|te *s.f.* **1** bisogno di bere: *patire la* —| (*estens.*, *di pianta o terreno*) aridità, necessità d'acqua **2** (*fig.*) desiderio intenso, brama: — *di successo*, *di vendetta*.

se|te|rì|a *s.f.* **1** stabilimento di lavorazione della seta **2** (*spec.pl.*) assortimento di filati e tessuti in seta.

se|ti|fi|cà|to *agg.* (*di tessuto*) sottoposto a una lavorazione che lo rende simile alla seta.

se|ti|fi|cio *s.m.* stabilimento di lavorazione della seta.

sé|to|la[1] *s.f.* pelo rigido e duro di alcuni animali (p.e. maiale, cinghiale), usato nella fabbricazione di pennelli, spazzole e sim. | (*scherz.*) capello o pelo ispido.

sé|to|la[2] *s.f.* **1** (*med.*, *pop.*) ragade **2** (*vet.*) fenditura longitudinale dello zoccolo degli equini che provoca perdite di sangue.

se|to|ló|so *agg.* pieno, ricoperto di setole | ispido, duro come setola.

se|tó|so *agg.* che è simile alla seta per aspetto, consistenza e lucentezza.

set point (*ingl.*) [pr. *sèt pòint*] *loc.sost.m.invar.* (*sport*) spec. nel tennis e nella pallavolo, il punto che consente di aggiudicarsi il set.

sèt|ta *s.f.* **1** insieme di persone che seguono una dottrina religiosa o politica che si è staccata da un'altra diffusa e affermata: — *eretica* | (*spreg.*) gruppo ideologico o politico intollerante verso gli altri **2** società segreta: — *massonica*.

set|tàg|gio *s.m.* l'operazione del settare | il risultato di tale operazione.

set|tàn|ta *agg.num.card.invar.* che equivale a sette decine ♦ *s.m.* il numero naturale che equivale a sette decine | il simbolo che rappresenta tale numero.

set|tan|tèn|ne *agg.*, *s.m./f.* che, chi ha settant'anni d'età.

set|tan|tè|si|mo *agg.num.ord.* che in una serie corrisponde al posto numero settanta.

set|tan|tì|na *s.f.* complesso di settanta o di circa settanta unità: *una* — *di persone* | **essere sulla** —, avere più o meno settant'anni d'età.

set|tà|re *v.tr.* [indic.pres. *io sètto*...] impostare un apparecchio per un determinato funzionamento | (*inform.*) stabilire i parametri o assegnare i valori alle variabili che regolano il funzionamento di un programma.

set|tà|rio *agg.* **1** proprio di una setta, che riguarda una setta: *movimento* — **2** (*estens.*) fazioso, estremista: *atteggiamento* — ♦ *s.m.* [f. -a] persona che sostiene in modo intransigente e fanatico le proprie idee.

set|ta|rì|smo *s.m.* tendenza ad avere un atteggiamento estremista e fazioso; fanatismo.

set|tà|to *agg.* (*anat.*, *bot.*) che ha uno o più setti.

sèt|te *agg.num.card.invar.* che equivale a sei unità più una ♦ *s.m.* il numero naturale che equivale a sei unità più una | il simbolo che rappresenta tale numero.

set|te|bèl|lo *s.m.* **1** nel gioco della scopa, il sette di quadri o di denari, che vale un punto **2** (*sport*) squadra nazionale maschile di pallanuoto.

set|te|cen|té|sco *agg.* [m.pl. *-schi*] del Settecento, del sec. XVIII.

set|te|cen|tì|sta *s.m./f.* [m.pl. -*i*] scrittore, artista del Settecento | studioso della cultura del Settecento.

set|te|cèn|to *agg.num.card.invar.* che equivale a sette volte cento ♦ *s.m.* il numero naturale che equivale a sette volte cento | il simbolo che rappresenta tale numero | *il Settecento*, il secolo XVIII.

set|tèm|bre *s.m.* nono mese dell'anno nel calendario gregoriano, di 30 giorni.

set|tem|brì|no *agg.* di settembre: *clima* —.

set|ten|vi|ro *s.m.* e *deriv.* ➜ **settenviro** *e deriv.*

set|te|nà|rio *s.m.* (*metr.*) verso con l'ultimo accento ritmico sulla sesta sillaba | verso latino di sette piedi e mezzo.

set|ten|nà|to *s.m.* periodo di sette anni, riferito spec. alla durata di una carica politica: *il* — *del presidente della Repubblica*.

set|ten|trio|nà|le *agg.* **1** che si trova a nord, a settentrione: *coste settentrionali* | rivolto verso nord: *la parte* — *del castello* **2** proveniente da nord: *venti settentrionali* | proprio della parte nord di un paese: *tradizione* — **3** che è nato o abita nella parte nord di un paese, di una regione ♦ *s.m./f.* chi è nato o abita nella parte nord di un paese, di una regione.

set|ten|trio|na|lì|smo *s.m.* **1** (*st.*) nella seconda metà dell'Ottocento, orientamento politico-economico che sosteneva il predominio del Nord dell'Italia rispetto al Sud **2** (*ling.*) parola, locuzione o costruzione sintattica tipica delle regioni settentrionali d'Italia che è entrata nell'italiano comune.

set|ten|trió|ne *s.m.* 1 nord 2 regione o insieme di regioni situate a nord di un paese, di una regione: *il — della Germania* | *(per anton.)* l'Italia del nord: *trasferirsi nel —*.

set|ten|vi|rà|to o **settemvirato** *s.m.* *(st.)* nell'antica Roma, magistratura collegiale composta da sette membri.

set|tèn|vi|ro o **settèmviro** *s.m.* membro di un settenvirato.

sèt|te ot|tà|vi *loc.sost.m.invar.* giaccone di lunghezza pari a circa i sette ottavi dell'abito sopra cui è indossato.

setter (*ingl.*) *s.m.invar.* cane da caccia con pelo lungo e ondulato e orecchie pendenti.

set|te|rò|sa *s.m.* (*sport*) squadra nazionale femminile di pallanuoto.

set|ti|ce|mì|a *s.f.* (*med.*) grave infezione generalizzata, caratterizzata dalla presenza di microrganismi patogeni nel sangue.

set|ti|clà|vio *s.m.* (*mus.*) l'insieme delle sette chiavi musicali.

sèt|ti|co *agg.* [m.pl. *-ci*] (*med.*) 1 proprio di un'infezione: *stato —* | *che causa un'infezione* 2 che presenta germi; infetto.

sèt|ti|le *agg.* 1 tagliato in lamine | *opera —*, mosaico a disegni geometrici per pavimenti e pareti, con marmi e pietre di forme e colori diversi 2 (*di materiale*) che può essere tagliato facilmente.

sèt|ti|ma *s.f.* (*mus.*) intervallo tra due suoni la cui distanza è di sette note.

set|ti|mà|na *s.f.* 1 periodo di sette giorni consecutivi, spec. quello che intercorre tra il lunedì e la domenica successiva | *fine —*, i giorni di sabato e domenica, destinati al riposo e allo svago | *— lavorativa*, il periodo di giorni in cui si svolge l'attività lavorativa | *— corta*, settimana lavorativa di cinque giorni (dal lunedì al venerdì) | *Settimana Santa*, quella che precede la Pasqua 2 salario corrispondente a una settimana di lavoro 3 periodo di circa sette giorni in cui si svolgono determinate manifestazioni o attività: *— letteraria* | *— bianca*, quella che si trascorre in una località sciistica durante il periodo invernale 4 gioco infantile che consiste nel saltellare su un percorso disegnato a terra; è detto anche "mondo" o "campana".

set|ti|ma|nà|le *agg.* della settimana: *attività, paga —* | *che avviene ogni settimana: assemblea — ♦ s.m.* periodico pubblicato una volta alla settimana: *un — sportivo* □ **settimanalmente** *avv.* ogni sette giorni.

set|ti|mì|no¹ *agg., s.m.* [f. *-a*] che, chi è nato al settimo mese di gravidanza.

set|ti|mì|no² *s.m.* (*mus.*) pezzo composto per sette strumenti o voci | complesso di sette esecutori.

sèt|ti|mo *agg.num.ord.* che in una serie corrisponde al posto numero sette.

sèt|to *s.m.* 1 (*anat.*) lamina che divide in due parti una cavità: *— nasale* 2 (*zool.*) membrana che divide i vari segmenti del corpo degli Anellidi 3 (*bot.*) ognuna delle pareti che divide in varie logge un frutto 4 (*tecn.*) elemento, struttura che serve a separare.

set|tó|re¹ *s.m.* 1 (*geom.*) *— circolare*, parte di cerchio delimitata da un arco e due raggi | *— sferico*, parte di sfera compresa in un cono con vertice al centro 2 area a forma di settore circolare: *il — dello stadio* | spazio delimitato; area definita: *— centrale* 3 (*fig.*) ramo, campo di un'attività: *— pubblico* | *— primario*, l'insieme delle attività economiche comprendenti agricoltura, allevamento, caccia, pesca e industria mineraria | *— secondario*, l'insieme delle attività economiche industriali | *— terziario*, l'insieme delle attività economiche che forniscono i servizi.

set|tó|re² *agg., s.m.* che, chi esegue la sezione di cadaveri | *perito —*, medico che compie l'autopsia dei cadaveri a fini legali | *— anatomico*, chi seziona i cadaveri e prepara le parti per le lezioni di anatomia.

set|to|rià|le *agg.* 1 relativo a un determinato settore: *economia —* | *linguaggio —*, quello caratteristico di un certo settore di attività 2 circoscritto, limitato: *interessi settoriali*.

set|to|rià|li|smo *s.m.* tendenza a considerare i problemi particolari a scapito di una visione più generale.

set|to|rià|liz|za|zió|ne *s.f.* suddivisione in settori.

set|trì|ce *agg., s.f.* (*geom.*) detto di curva con cui si divide un angolo in due o più parti uguali.

set|tua|ge|nà|rio *agg., s.m.* [f. *-a*] (*lett.*) che, chi ha settant'anni di età.

set-up (*ingl.*) [pr. *setàp*] *s.m.invar.* (*inform.*) installazione, spec. di programma o periferica.

se|ve|ri|tà *s.f.* l'essere severo; rigore: *la — di un giudizio*.

se|vè|ro *agg.* 1 rigoroso, intransigente nel giudicare o nel far rispettare le regole: *genitore —* | caratterizzato da rigore e fermezza: *castigo —* 2 (*estens.*) serio, austero: *sguardo —* | sobrio, semplice: *stile —* 3 rilevante, grave: *una severa sconfitta*.

se|vì|zia *s.f.* spec.pl. maltrattamento fisico e morale; tortura: *subire sevizie* | violenza sessuale con atti di sadismo.

se|vi|zià|re *v.tr.* [indic.pres. *io sevìzio...*] torturare | violentare sessualmente.

se|vi|zia|tó|re *s.m.* [f. *-trice*] chi sevizia.

sex appeal (*ingl.*) [pr. *sèx apìl*] *s.m.invar.* capacità di esercitare un forte fascino da un punto di vista erotico.

sex shop (*ingl.*) [pr. *sèx sciòp*] *s.m.invar.* negozio specializzato in prodotti erotici e pornografici.

sex symbol (*ingl.*) [pr. *sèx sìmbol*] *loc.sost.m.invar.* personaggio, spec. del mondo dello spettacolo, la cui immagine è un modello di attrazione erotica.

sexy (*ingl.*) [pr. *sèxi*] *agg.invar.* 1 che ha sex-appeal; provocante: *abito, persona —* 2 erotico: *foto —*.

se|zio|na|mén|to *s.m.* suddivisione | (*med.*) dissezione di cadavere.

se|zio|nà|re *v.tr.* [indic.pres. *io sezióno...*] **1** dividere in sezioni | analizzare approfonditamente **2** (*med.*) sottoporre ad autopsia; dissezionare: *— un cadavere.*
se|zió|ne *s.f.* **1** suddivisione, ripartizione: *il testo è diviso in tre sezioni* | ciascuna delle parti in cui è diviso un ente, un'istituzione e sim.: *la — A del liceo* | *— elettorale*, divisione di una circoscrizione elettorale in cui sono iscritti gli elettori che votano presso uno stesso seggio **2** sede locale di un sindacato, partito politico, associazione e sim. **3** spazio che raggruppa persone o oggetti con caratteristiche in comune: *la — degli artisti emergenti* **4** (*geom.*) intersezione tra una figura piana e una retta o tra una figura solida e un piano | *— aurea*, parte di segmento che è media proporzionale fra l'intero segmento e la parte restante **5** (*disegno tecnico*) rappresentazione grafica di un oggetto come se fosse tagliato da un piano: *disegnare ql.co. in —* **6** (*med.*) taglio eseguito su un cadavere per studio o autopsia **7** (*mus.*) parte di un'orchestra o di altro complesso musicale che raggruppa strumenti dello stesso tipo | *— melodica*, formata dagli strumenti a fiato | *— ritmica*, formata da percussioni, pianoforte, bassotuba e alcuni strumenti a pizzico.
sfac|cen|dà|re *v.intr.* [indic.pres. *io sfaccèndo...*; aus. *A*] lavorare con impegno, spec. per sbrigare faccende domestiche; sfacchinare.
sfac|cen|dà|to *part.pass.* di sfaccendare ♦ *agg.*, *s.m.* [f. *-a*] **1** che, chi non ha nulla da fare **2** che, chi non ha voglia di fare niente; scansafatiche.
sfac|cet|tà|re *v.tr.* [indic.pres. *io sfaccétto...*] tagliare e lavorare una pietra preziosa per ottenere vari piani o facette.
sfac|cet|tà|to *part.pass.* di sfaccettare ♦ *agg.* **1** tagliato, lavorato a faccette: *pietra sfaccettata* **2** (*fig.*) che presenta una molteplicità di aspetti e sfumature; complesso: *un problema —.*
sfac|cet|ta|tù|ra *s.f.* **1** l'operazione di sfaccettare | parte sfaccettata **2** (*fig.*) aspetto di una questione.
sfac|chi|nà|re *v.intr.* [aus. *A*] (*fam.*) compiere un lavoro faticoso; sgobbare.
sfac|chi|nà|ta *s.f.* (*fam.*) lavoro faticoso | (*estens.*) grande sforzo fisico o mentale: *raggiungere la cima è stata una vera —.*
sfac|cia|tàg|gi|ne *s.f.* caratteristica di chi è sfacciato; sfrontatezza: *una — senza limiti* | azione sfacciata.
sfac|cià|to *agg.* **1** senza pudore, modestia o ritegno; sfrontato: *comportamento —* | molto grande; esagerato: *fortuna sfacciata, lusso —* **2** (*di cavallo*) con una chiazza bianca sulla fronte ♦ *s.m.* [f. *-a*] persona sfacciata.
sfa|cè|lo *s.m.* stato e processo di disfacimento | (*fig.*) rovina: *lo — di un impero.*
sfa|gio|là|re *v.intr.* [indic.pres. *io sfagiòlo...*; aus. *E*] (*fam.*) piacere, andare a genio: *non mi sfagiola granché.*
sfà|gno *s.m.* muschio di colore verde e biancastro, usato nella coltivazione delle piante da serra.

sfasato

sfal|dà|bi|le *agg.* che è possibile sfaldare.
sfal|da|mén|to *s.m.* spaccatura in falde | disgregazione.
sfal|dà|re *v.tr.* dividere in falde ♦ **-rsi** *intr.pron.* **1** dividersi in falde **2** (*fig.*) perdere compattezza; disgregarsi: *il gruppo si sta sfaldando.*
sfal|da|tù|ra *s.f.* **1** sfaldamento **2** (*min.*) proprietà di un minerale di dividersi con facilità secondo superfici piane.
sfal|sà|re *v.tr.* **1** collocare due o più oggetti secondo una disposizione orizzontale o verticale in modo che non siano allineati: *— i quadri su una parete* **2** evitare, scansare | *— il tiro*, nelle esercitazioni di artiglieria, deviare la mira per non colpire il bersaglio.
sfa|mà|re *v.tr.* nutrire in modo da eliminare la fame; saziare | (*estens.*) mantenere: *— i figli* ♦ **-rsi** *rifl.* nutrirsi sino alla sazietà | (*estens.*) mantenersi.
sfan|gà|re *v.tr.* [indic.pres. *io sfango, tu sfanghi...*] ripulire dal fango | (*fam.*) *sfangarla*, *sfangarsela*, riuscire a risolvere una situazione complicata; cavarsela: *ce la siamo sfangata.*
sfà|re *v.tr.* [indic.pres. *io sfàccio o sfò, tu sfai...*; con. *come fare*] disfare | (*di neve o ghiaccio*) sciogliere ♦ **-rsi** *intr.pron.* **1** (*di neve o ghiaccio*) sciogliersi **2** perdere compattezza, vigore, freschezza.
sfar|fal|la|mén|to *s.m.* **1** (*di crisalide*) uscita dal bozzolo **2** volo simile a quello della farfalla | (*fig.*) comportamento incostante e frivolo **3** (*di luce o immagine luminosa*) variazione di intensità; tremolio | (*mecc.*) vibrazione irregolare di un motore.
sfar|fal|là|re *v.intr.* [aus. *A*] **1** (*di crisalide*) uscire dal bozzolo come farfalla **2** svolazzare come una farfalla | (*fig.*) comportarsi con leggerezza e incostanza **3** (*di luce o immagine luminosa*) variare di intensità; tremolare | (*mecc., di motore*) vibrare in modo irregolare.
sfar|fal|lì|o *s.m.* **1** (*di insetti*) l'atto di sfarfallare **2** fluttuamento in aria di foglie, neve, petali e sim. **3** (*mecc.*) sfarfallamento.
sfar|fal|ló|ne *s.m.* (*fam.*) errore linguistico; sproposito.
sfa|ri|na|mén|to *s.m.* l'atto di sfarinare o di sfarinarsi.
sfa|ri|nà|re *v.tr.* ridurre in farina: *— il grano* | sbriciolare ♦ **-rsi** *intr.pron.* ridursi in farina | sbriciolarsi.
sfàr|zo *s.m.* lusso vistoso: *lo — di un abito* | sfoggio di ricchezza; sfarzosità: *una festa ricca di —.*
sfar|zo|si|tà *s.f.* l'essere sfarzoso: *la — di una cerimonia* | ostentazione di ricchezza.
sfar|zó|so *agg.* pieno di sfarzo, fatto con sfarzo.
sfa|sa|mén|to *s.m.* **1** (*fis.*) differenza di fase fra due grandezze alternate di uguale periodo **2** (*fig., fam.*) disorientamento, stordimento.
sfa|sà|re *v.tr.* **1** (*fis.*) mettere fuori fase | variare la fase di una corrente alternata **2** (*fig., fam.*) disorientare, scombussolare.
sfa|sà|to *part.pass.* di sfasare ♦ *agg.* **1** (*di moto-*

sfasatura 1168

re) che è fuori fase **2** (*fig., fam.*) che è disorientato, scombussolato: *oggi sono un po' —*.

sfa|sa|tù|ra *s.f.* sfasamento.

sfa|scia|car|ròz|ze *s.m.invar.* chi acquista vecchi veicoli per demolirli o per smontarli e rivenderne i pezzi ancora utilizzabili.

sfa|scia|mén|to *s.m.* lo sfasciare, lo sfasciarsi, l'essere sfasciato.

sfa|scià|re¹ *v.tr.* [indic.pres. *io sfàscio...*] togliere la fascia, privare della fasciatura: *— il polso*.

sfa|scià|re² *v.tr.* [indic.pres. *io sfàscio...*] **1** rompere, distruggere: *— l'auto in un incidente* **2** (*fig.*) rovinare, disgregare: *— una famiglia* ♦ **-rsi** *intr.pron.* **1** rompersi, distruggersi **2** (*fig.*) rovinarsi, disgregarsi: *il partito si è sfasciato*.

sfà|scio *s.m.* **1** totale distruzione **2** (*fig.*) rovina, decadenza: *un paese allo —* | (*fam.*) **a —**, in grande quantità.

sfa|sci|smo *s.m.* **1** atteggiamento di chi, spec. in un periodo di crisi, persegue il profitto personale senza preoccuparsi delle conseguenze delle proprie azioni sulla collettività o sulle istituzioni **2** tendenza ad assumere sistematicamente posizioni di critica non propositiva.

sfa|sciù|me *s.m.* **1** ammasso di rovine **2** (*geol.*) accumulo di detriti derivanti dalla disgregazione delle rocce di una parete.

sfa|tà|re *v.tr.* dimostrare la falsità o l'inattendibilità di ql.co. in cui si credeva: *— una notizia*.

sfa|ti|cà|to *part.pass. di* sfaticare ♦ *agg., s.m.* [f. *-a*] (*fam.*) che, chi è un fannullone; scansafatiche.

sfàt|to *part.pass. di* sfare ♦ *agg.* **1** disfatto: *letto —* **2** sciupato, privo di freschezza: *volto —* | (*di persona*) stanco, esausto **3** (*di frutto*) eccessivamente maturo.

sfa|vil|làn|te *part.pres. di* sfavillare ♦ *agg.* brillante: *anello —* | (*fig.*) raggiante: *sorriso —*.

sfa|vil|là|re *v.intr.* [aus. *A*] **1** sprigionare faville | (*estens.*) risplendere di luce viva; brillare, luccicare **2** (*fig.*) esprimere con l'espressione un sentimento intenso, spec. di gioia: *le sfavillano gli occhi*.

sfa|vil|lì|o *s.m.* uno sfavillare intenso e continuo.

sfa|vó|re *s.m.* solo nella loc. **a** (o **in**) *—*, contro, a svantaggio, a danno: *la situazione è a nostro —*.

sfa|vo|ré|vo|le *agg.* non favorevole; avverso, contrario: *giudizio —* | negativo: *risultato —*.

sfa|vo|rì|re *v.tr.* [indic.pres. *io sfavorisco, tu sfavorisci...*] non favorire; svantaggiare, danneggiare.

sfeb|brà|re *v.intr.* [indic.pres. *io sfèbbro...*; aus. *E*] non avere più la febbre: *è sfebbrato dopo tre giorni*.

sfe|ga|tàr|si *intr.pron.* [indic.pres. *io mi sfégato...*] (*fam.*) impegnarsi, dedicarsi con passione e fatica.

sfe|ga|tà|to *part.pass. di* sfegatare ♦ *agg., s.m.* [f. *-a*] (*fam.*) che, chi è un accanito sostenitore, un fanatico: *fan —*.

sfe|no|dón|te *s.m.* rettile simile a una grossa lucertola, dotato di cresta dorsale e coda con protuberanze spinose; l'unica specie vivente è diffusa in Nuova Zelanda.

sfe|nòi|de *s.m.* (*anat.*) osso impari situato alla base del cranio.

sfè|ra *s.f.* **1** (*geom.*) solido in cui tutti i punti della superficie esterna sono equidistanti da un punto interno detto *centro* | (*estens.*) palla, globo: *— di cristallo* | pallone: *calciare la —* | *— celeste*, sfera ideale che circonda la Terra e sulla quale sembrano avvenire i fenomeni celesti | *penna a —*, quella in cui l'inchiostro, particolarmente denso, affluisce a un pennino costituito da una piccola sfera **2** (*fig.*) ambito, campo, settore: *— sessuale* | *— d'influenza*, ambito all'interno del quale qlcu. o ql.co. esercita un potere diretto o indiretto: *la — d'influenza degli Stati Uniti* | *alte sfere*, chi esercita un potere in un certo settore: *le alte sfere della politica, dell'economia* **3** (*region.*) lancetta dell'orologio.

sfe|ri|ci|tà *s.f.* forma, conformazione propria della sfera.

sfè|ri|co *agg.* [m.pl. *-ci*] di sfera, proprio di una sfera: *volume —* | a forma di sfera: *oggetto —*.

sfe|ri|stè|rio *s.m.* campo usato per il gioco della pelota, del tamburello e sim.

sfe|roi|dà|le *agg.* proprio di uno sferoide | a forma di sferoide.

sfe|ròi|de *s.m.* solido di forma simile alla sfera.

sfe|rò|me|tro *s.m.* strumento che misura il raggio di curvatura di una superficie.

sfer|ra|glià|re *v.intr.* [indic.pres. *io sferràglio...*; aus. *A*] generare un forte rumore di ferraglia urtate o smosse: *il treno sferragliò*.

sfer|rà|re *v.tr.* [indic.pres. *io sfèrro...*] **1** togliere i ferri dagli zoccoli di un animale: *— un cavallo* **2** (*fig.*) dare con molta forza: *— un pugno* | lanciare, scagliare: *— un gran tiro di destro* ♦ **-rsi** *intr.pron.* **1** (*di animale*) perdere uno o più ferri dagli zoccoli **2** lanciarsi conto qlcu. in modo impetuoso.

sfer|ruz|zà|re *v.intr.* [aus. *A*] lavorare con i ferri da maglia.

sfèr|za *s.f.* **1** scudiscio, frusta **2** (*estens.*) manifestazione violenta | critica aspra.

sfer|zàn|te *part.pres. di* sferzare ♦ *agg.* **1** che colpisce con impeto: *pioggia —* **2** (*fig.*) pungente, sarcastico, sprezzante: *critica —*.

sfer|zà|re *v.tr.* [indic.pres. *io sfèrzo...*] **1** colpire con la sferza: *— il cavallo* | (*estens.*) colpire, battere con violenza **2** (*fig.*) criticare, riprendere duramente.

sfer|zà|ta *s.f.* **1** colpo di sferza **2** (*fig.*) critica severa e pungente.

sfiam|mà|re¹ *v.tr.* far diminuire, attenuare un'infiammazione ♦ **-rsi** *intr.pron.* divenire meno infiammato, non essere più infiammato: *la ferita si sta sfiammando*.

sfiam|mà|re² *v.intr.* [aus. *A*] (*di fiamma*) divampare | bruciare producendo molta fiamma.

sfian|ca|mén|to *s.m.* affaticamento eccessivo.

sfian|cà|re *v.tr.* [indic.pres. *io sfianco, tu sfianchi...*] **1** rompere ai fianchi: *l'ondata ha sfiancato la barca* **2** affaticare grandemente, stremare:

lo sforzo mi ha sfiancato ♦ *-rsi intr.pron.* 1 rompersi ai fianchi 2 affaticarsi, spossarsi per uno sforzo eccessivo.
sfian|cà|to *part.pass. di* sfiancare ♦ *agg.* 1 sfinito, spossato, stremato 2 (*di abito*) aderente sui fianchi; sciancrato 3 (*di animale*) con i fianchi incavati.
sfia|ta|mén|to *s.m.* 1 emissione di vapori, gas e sim. 2 (*mus.*) negli strumenti a fiato, perdita del timbro o dell'intensità del suono 3 (*fig., fam.*) perdita del fiato.
sfia|tà|re *v.intr.* [aus. *A*] 1 emettere vapori, gas e sim. 2 (*di sostanze gassose*) fuoriuscire da un'apertura ♦ *-rsi intr.pron.* 1 (*mus.*) di strumenti a fiato, perdere il timbro o l'intensità del suono 2 (*fig., fam.*) perdere il fiato parlando o gridando; sgolarsi.
sfia|ta|tó|io *s.m.* 1 apertura praticata in un ambiente chiuso per far uscire aria, gas e sim. 2 (*zool.*) nei cetacei, ciascuno dei due fori per l'emissione dei getti di vapore posti sulla parte dorsale del capo.
sfià|to *s.m.* sfiatatoio.
sfib|bià|re *v.tr.* [indic.pres. *io sfibbio*...] sciogliere una o più fibbie per aprire o slacciare ql.co.: *sfibbiarsi la cintura.*
sfi|bra|mén|to *s.m.* 1 l'operazione di sfibrare, di sfibrarsi 2 (*fig.*) logoramento fisico o psichico.
sfi|bràn|te *part.pres. di* sfibrare ♦ *agg.* logorante a livello fisico o psichico: *prova, attesa —.*
sfi|brà|re *v.tr.* 1 spezzare, indebolire le fibre; privare delle fibre: — *il legno* 2 (*estens.*) logorare le forze fisiche o psichiche; indebolire, spossare: *il troppo caldo mi ha sfibrato* ♦ *-rsi intr. pron.* 1 perdere le fibre 2 indebolirsi, spossarsi, sfinirsi.
sfi|da *s.f.* 1 invito a battersi in duello | invito a competere in una prova, spec. sportiva: *lanciare una —; — elettorale* 2 gara, competizione, spec. sportiva: *perdere la —* 3 (*fig.*) provocazione: *parole di —* 4 (*estens.*) operazione, compito particolarmente difficile.
sfi|dàn|te *part.pres. di* sfidare ♦ *agg., s.m./f.* 1 che, chi sfida a duello o a una competizione 2 (*sport*) chi affronta un campione in carica nel tentativo di sottrargli il titolo che detiene.
sfi|dà|re *v.tr.* 1 invitare qlcu. a battersi in duello | invitare qlcu. a competere in una prova, spec. sportiva: — *a calcio* 2 (*estens.*) invitare qlcu. a fare ql.co. di particolarmente difficile: *ti sfido a risolvere l'enigma* | (*fam.*) *sfido!, sfido io!*, espressione per sottolineare l'ovvietà o l'inevitabilità di un evento 3 (*fig.*) affrontare con audacia un pericolo, un ostacolo e sim.: — *la burrasca* ♦ *-rsi rifl. rec.* invitarsi reciprocamente a competere in un duello o in una prova: — *a scacchi.*
sfi|dù|cia *s.f.* mancanza di fiducia | (*polit.*) *voto di —*, quello con cui il parlamento ritira il proprio sostegno al governo, provocandone la caduta.
sfi|du|cià|re *v.tr.* [indic.pres. *io sfidùcio*...] togliere la fiducia: *il Senato ha sfiduciato il Governo* ♦ *-rsi intr.pron.* perdere la fiducia.

sfi|du|cià|to *part.pass. di* sfiduciare ♦ *agg.* che ha perso la fiducia; avvilito, scoraggiato.
sfi|ga *s.f.* (*gerg.*) sfortuna, iella.
sfi|gà|to *agg., s.m.* [f. *-a*] (*gerg.*) 1 che, chi è sfortunato, iellato 2 (*estens.*) si dice di persona incapace o di poco conto.
sfig|mo- primo elemento di parole composte che significa "pulsazione" (*sfigmomanometro*).
sfig|mo|ma|nò|me|tro *s.m.* (*med.*) strumento che misura la pressione arteriosa.
sfi|gu|rà|re *v.tr.* deturpare, rovinare nell'aspetto: *le ustioni gli hanno sfigurato il volto* | (*iperb.*) stravolgere: *l'ira lo sfigurava* ♦ *intr.* [aus. *A*] fare una brutta figura: *non voglio — di fronte a loro.*
sfi|lac|cià|re *v.tr.* [indic.pres. *io sfilàccio*...] 1 ridurre in filacce 2 tirare via uno o più fili dalla trama di un tessuto, spec. a scopo decorativo; sfrangiare ♦ *-rsi intr.pron.* 1 ridursi in filacce: *la tovaglia si sta sfilacciando* 2 (*fig.*) disgregarsi, scomporsi.
sfi|lac|cià|to *part.pass. di* sfilacciare ♦ *agg.* 1 ridotto in filacce | sfrangiato 2 (*fig.*) disunito, disgregato | sconnesso: *un discorso —.*
sfi|lac|cia|tù|ra *s.f.* 1 nelle industrie tessili e della carta, operazione con cui dagli stracci si ricavano fibre adatte a essere filate 2 riduzione in filacce | la parte sfilacciata.
sfi|là|re[1] *v.tr.* 1 togliere una cosa infilata: — *le perle di una collana* 2 togliere di dosso: *sfilarsi una maglia* 3 togliere ql.co. dal suo posto: *sfila una carta dal mazzo* | sottrarre: *mi ha sfilato il portafoglio* 4 togliere a un tessuto uno o più fili ♦ *-rsi intr.pron.* 1 uscire dal filo: *l'ago si è sfilato* 2 sganciarsi, slacciarsi: *ti si è sfilato un bottone* 3 sfilacciarsi | smagliarsi.
sfi|là|re[2] *v.intr.* [aus. *E*, *A*] 1 procedere in fila | (*di reparti militari, squadre sportive e sim.*) passare in fila secondo un certo ordine alla presenza di superiori o di un pubblico: — *in una parata* 2 (*fig.*) susseguirsi, succedersi: *mille pensieri sfilano nella mia mente.*
sfi|là|ta *s.f.* 1 passaggio di più persone o mezzi disposti in fila: *la — dei carri di carnevale* | — *di moda*, presentazione di modelli portati da indossatori o indossatrici che sfilano su una passerella davanti al pubblico 2 sequenza di oggetti omogenei.
sfi|la|tì|no *s.m.* (*fam.*) tipo di pane dalla forma sottile e allungata.
sfi|là|to *part.pass. di* sfilare ♦ *s.m.* ricamo su un tessuto che si ottiene tramite lavorazione di alcuni fili sfilati.
sfi|la|tù|ra *s.f.* 1 lo sfilare, lo sfilarsi | la parte sfilata; smagliatura 2 operazione di ricamo con cui si sfilano alcuni fili del tessuto per poi lavorarlo con punti decorativi.
sfil|za *s.f.* gran quantità, lunga serie: *una — di lamentele.*
sfìn|ge *s.f.* 1 (*mit.*) nell'antica Grecia, mostro alato con corpo di leone e volto femminile che divorava chi non risolveva i suoi enigmi | nell'antico Egitto, rappresentazione del dio Ra, con corpo leonino e testa umana 2 (*fig.*) perso-

sfinimento

sfi|ni|mén|to *s.m.* grande stanchezza fisica o psichica; spossatezza: *stato di —*.

sfi|ni|re *v.tr.* [indic.pres. *io sfinisco, tu sfinisci...*] **1** far perdere le forze; spossare: *la camminata mi ha sfinito* **2** (*estens.*) annoiare, stufare: *mi sfinisce con le sue lamentele* ♦ **-rsi** *intr.pron.* perdere le forze.

sfi|ni|téz|za *s.f.* stato di grande debolezza fisica o psichica.

sfin|tè|re *s.m.* (*anat.*) anello muscolare che, tramite contrazione, chiude l'orifizio a cui sta intorno: *— anale* | (*estens.*) ano.

sfioc|ca|mén|to *s.m.* operazione preliminare della filatura per ridurre in fiocchi la fibra tessile.

sfioc|cà|re *v.tr.* [indic.pres. *io sfiòcco, tu sfiòcchi...*] ridurre in fiocchi.

sfio|ra|mén|to *s.m.* tocco quasi impercettibile.

sfio|rà|re *v.tr.* [indic.pres. *io sfióro...*] **1** passare vicino toccando appena: *— la guancia con una carezza* | passare a distanza ridottissima: *quella macchina mi ha sfiorato* **2** (*fig.*) toccare di sfuggita: *— un problema* **3** (*fig.*) essere sul punto di raggiungere, di conseguire ql.co.: *— il successo*.

sfio|ri|re *v.intr.* [indic.pres. *io sfiorisco, tu sfiorisci...*; aus. *E*] **1** (*di pianta*) perdere i fiori, le foglie; appassire: *le rose stanno sfiorendo* **2** (*fig.*) perdere freschezza e splendore; invecchiare.

sfio|ri|tù|ra *s.f.* il processo con cui una pianta perde i fiori | periodo in cui una pianta sfiorisce.

sfi|rè|na *s.f.* pesce osseo marino, veloce e abile predatore, con corpo allungato, muso stretto e grande bocca munita di denti robusti; è detto anche *luccio di mare*.

sfit|tà|re *v.tr.* rendere sfitto: *— una casa, un podere* ♦ **-rsi** *intr.pron.* diventare sfitto.

sfit|ti|re *v.tr.* [indic.pres. *io sfittisco, tu sfittisci...*] far diventare meno fitto; sfoltire.

sfit|to *agg.* non affittato: *appartamento —*.

sfi|zio *s.m.* capriccio, voglia: *levarsi uno —* | **per —**, per puro capriccio.

sfi|zio|si|tà *s.f.* carattere di ciò che è sfizioso | cosa sfiziosa, spec. da un punto di vista alimentare.

sfi|zió|so *agg.* che soddisfa un capriccio; attraente spec. per la sua originalità.

sfo|cà|re o **sfuocàre** *v.tr.* [indic.pres. *io sfòco* o *sfuòco, tu sfòchi* o *sfuòchi...*] (*foto.*) non mettere bene a fuoco un'immagine, che perciò risulta poco nitida.

sfo|cà|to o **sfuocàto** *part.pass. di* sfocare *o* sfuocare ♦ *agg.* **1** non nitido; che ha i contorni imprecisi: *immagine sfocata* **2** (*fig.*) poco chiaro; confuso: *un discorso —* | non ben definito: *personaggio un po' —*.

sfo|ca|tù|ra o **sfuocatùra** *s.f.* (*foto.*) mancanza di nitidezza in un'immagine, causata da una cattiva messa a fuoco.

sfo|cià|re *v.intr.* [indic.pres. *io sfócio...*; aus. *E*, raro *A*] **1** (*di corso d'acqua*) sboccare, immettersi con una foce: *fiume che sfocia nel mare* **2** (*fig.*) risolversi, concludersi: *gli insulti sfociarono in una rissa*.

sfó|cio *s.m.* sbocco.

sfo|de|rà|bi|le *agg.* che è possibile sfoderare: *poltrona —*.

sfo|de|rà|re[1] *v.tr.* [indic.pres. *io sfòdero...*] **1** estrarre dal fodero: *— la spada, la pistola* **2** (*fig.*) mostrare ql.co. inaspettatamente o al momento opportuno | sfoggiare: *sfoderò la sua simpatia*.

sfo|de|rà|re[2] *v.tr.* [indic.pres. *io sfòdero...*] togliere la fodera da ql.co.: *— una gonna*.

sfo|de|rà|to *part.pass. di* sfoderare[2] ♦ *agg.* privo di fodera: *giaccone —*.

sfo|gà|re *v.tr.* [indic.pres. *io sfógo, tu sfóghi...*] manifestare sentimenti o stati d'animo repressi: *— la rabbia* ♦ *intr.* [aus. *E*] (*di liquido, gas e sim.*) fuoriuscire ♦ **-rsi** *intr.pron.* **1** aprire il proprio animo a ql.cu.: *— con un amico* | *— su ql.cu.*, far ricadere ingiustamente su ql.cu. il proprio malumore **2** soddisfare un istinto, un desiderio: *— a bere*.

sfog|già|re *v.intr.* [indic.pres. *io sfòggio...*; aus. *A*] fare sfoggio | (*assol.*) vivere con sfarzo e in modo appariscente ♦ *tr.* mostrare con compiacimento: *— una collana* | (*fig.*) ostentare: *— la propria cultura*.

sfòg|gio *s.m.* **1** ostentazione di lusso **2** (*fig.*) ostentazione di doti: *fare — di simpatia*.

sfò|glia *s.f.* **1** lamina sottile **2** strato di pasta all'uovo stesa e assottigliata col mattarello.

sfo|glià|re[1] *v.tr.* [indic.pres. *io sfòglio...*] togliere le foglie, i petali: *— una rosa* ♦ **-rsi** *intr.pron.* perdere le foglie, i petali.

sfo|glià|re[2] *v.tr.* [indic.pres. *io sfòglio...*] voltare le pagine di un libro, giornale e sim., spec. frettolosamente o leggendo qua e là: *— l'album delle foto* ♦ **-rsi** *intr.pron.* ridursi in lamine sottili, in sfoglie.

sfo|glià|ta[1] *s.f.* l'atto di scorrere rapidamente le pagine di un libro, un giornale e sim.: *dare una — al manuale*.

sfo|glià|ta[2] *s.f.* torta dolce di pasta sfoglia con ripieno.

sfo|glia|tèl|la *s.f.* piccolo dolce napoletano di pasta sfoglia ripiegata e farcita con un ripieno a base di ricotta e canditi.

sfo|glia|trì|ce *s.f.* **1** macchina agricola che toglie le foglie **2** macchinario che permette di suddividere automaticamente un tronco in fogli.

sfo|glia|tù|ra[1] *s.f.* l'operazione di togliere le foglie a un albero, un ramo e sim. | *— della vite*, sfoltimento delle foglie per favorire la maturazione dei grappoli d'uva.

sfo|glia|tù|ra[2] *s.f.* sfaldatura nel formaggio causata da un difetto di lavorazione.

sfó|go *s.m.* [pl. *-ghi*] **1** fuoriuscita, emissione di liquidi o gas, spec. sotto pressione | apertura attraverso cui ql.co. può sfogare: *valvola di —* | (*in ambienti*) *senza —*, piccolo, chiuso **2** (*estens.*) sbocco: *— sul mare* **3** (*fig.*) libera manifestazione, spec. repentina, di stati d'animo: *— di gelosia* **4** (*pop.*) eruzione cutanea.

sfol|go|ràn|te *part.pres. di* sfolgorare ♦ *agg.* luminoso, splendente, radioso: *sorriso —*.

sfol|go|rà|re *v.intr.* [indic.pres. *io sfólgoro...*; aus. *A*] (*anche fig.*) risplendere di luce intensa.

sfol|go|rì|o *s.m.* l'atto di sfolgorare in modo continuo.

sfol|la|gèn|te *s.m.invar.* corto bastone rivestito di gomma, usato dalle forze dell'ordine per disperdere la folla in caso di tumulti, disordini e sim.; manganello.

sfol|la|mén|to *s.m.* **1** allontanamento di persone da un luogo o area per motivi di sicurezza; evacuazione **2** (*bur.*) riduzione di personale.

sfol|là|re *v.intr.* [indic.pres. *io sfòllo...*; aus. *E, A*] **1** (*di folla*) diradarsi **2** allontanarsi da un luogo o da una regione a causa di guerra o calamità naturali ♦ *tr.* **1** sgombrare un luogo da una folla: *bisogna — la piazza* | far allontanare: *— la gente* **2** (*bur.*) ridurre il personale ♦ **-rsi** *intr.pron.* svuotarsi di gente.

sfol|là|to *part.pass. di* sfollare ♦ *agg., s.m.* [f. -a] che, chi è stato costretto ad allontanarsi dalla propria residenza a causa di una guerra o di calamità naturali: *soccorrere gli sfollati*.

sfol|ti|mén|to *s.m.* **1** riduzione di numero e densità; diradamento **2** eliminazione degli elementi meno convincenti o meno utili di un insieme: *— di un testo*.

sfol|ti|re *v.tr.* [indic.pres. *io sfoltisco, tu sfoltisci...*] rendere meno folto; diradare: *— i capelli* | (*di persone*) diminuire: *— il personale* ♦ **-rsi** *intr.pron.* divenire meno folto; diradarsi.

sfol|ti|ta *s.f.* l'atto di sfoltire un poco; taglio rapido e parziale: *dare una — ai capelli*.

sfon|da|mén|to *s.m.* **1** rottura del fondo **2** (*estens.*) apertura ottenuta con la forza: *lo — delle barriere di protezione* | superamento **3** (*mil.*) rottura del fronte nemico.

sfon|dà|re *v.tr.* [indic.pres. *io sfóndo...*] **1** rompere il fondo: *— una scatola* | (*estens.*) sfasciare: *— una sedia* | *— le scarpe,* logorarne la suola **2** (*estens.*) far cedere una chiusura o un riparo con un colpo violento: *— la porta* | *— un muro,* abbatterlo | (*fig.*) *— una porta aperta,* dire o fare ql.co. che è già detto o compiuto da altri; affermare ql.co. di totalmente scontato **3** (*mil.*) rompere il fronte di uno schieramento nemico ♦ *intr.* [aus. *A*] (*fam.*) affermarsi, raggiungere il successo: *ha sfondato nel cinema* ♦ **-rsi** *intr.pron.* rompersi, cedere nel fondo: *la cassa si è sfondata per il peso eccessivo*.

sfon|dà|to *part.pass. di* sfondare ♦ *agg.* **1** con il fondo rotto | sfasciato | (*fam.*) *ricco —,* ricchissimo **2** (*fig., fam.*) ingordo fino all'eccesso ♦ *s.m.* decorazione pittorica che simula un'apertura grazie all'illusione prospettica.

sfón|do *s.m.* **1** la parte prospetticamente più lontana di un dipinto, una fotografia o altra rappresentazione: *dipingere delle montagne sullo —* | (*teat.*) la parte di scenario che si colloca sul fondo della scena; fondale **2** (*estens.*) la parte più lontana del campo visivo rispetto a chi guarda: *sullo — si vede il mare* **3** (*fig.*) ambiente storico, sociale, culturale: *il film ha per — la guerra*.

sfon|dó|ne *s.m.* (*fam.*) errore grossolano, sproposito.

sfo|rac|chià|re *v.tr.* [indic.pres. *io sforàcchio...*] bucherellare, forare qua e là.

sfo|rà|re *v.tr., intr.* [indic.pres. *io sfóro...*; aus. *A*] (*anche assol.*) oltrepassare un limite stabilito: *— il tetto di spesa*.

sfor|bi|cià|re *v.tr.* [indic.pres. *io sfòrbicio...*] tagliare con le forbici, producendo spec. tagli non continui; tagliuzzare ♦ *intr.* [aus. *A*] (*sport*) eseguire una sforbiciata.

sfor|bi|cià|ta *s.f.* **1** l'atto di sforbiciare velocemente e alla meglio: *una — ai capelli* | colpo di forbici **2** (*sport*) rapido movimento a forbice delle gambe, usato spec. nel calcio per colpire il pallone al volo: *calciare in —*.

sfor|mà|re *v.tr.* [indic.pres. *io sfórmo...*] **1** deformare; privare della forma originaria: *— un maglione* **2** togliere da uno stampo: *— un dolce* ♦ **-rsi** *intr.pron.* deformarsi.

sfor|mà|to *part.pass. di* sformare ♦ *s.m.* (*gastr.*) cibo cotto al forno o a bagnomaria dentro a uno stampo: *— di formaggio*.

sfor|nà|re *v.tr.* [indic.pres. *io sfórno...*] **1** togliere dal forno un cibo cotto **2** (*fig.*) produrre velocemente e in abbondanza: *— un film all'anno* | (*scherz.*) partorire.

sfor|nà|ta *s.f.* **1** l'atto di sfornare **2** (*fig.*) produzione in serie: *una — di romanzi* **3** (*fig.*) uscita di un gruppo di persone da uno stesso luogo simultaneamente: *una — di studenti*.

sfor|nì|to *agg.* **1** sprovvisto, privo: *essere — di libri* **2** (*assol.*) che è mal fornito: *negozio —*.

sfor|tù|na *s.f.* **1** cattiva fortuna, sorte avversa: *— in amore; portare —; perseguitato dalla —* **2** evento sfavorevole, disgrazia: *è stata una — non avergli parlato*.

sfor|tu|nà|to *agg.* **1** che ha sfortuna **2** che non ha avuto buon esito: *un viaggio —* | infausto, nefasto: *un giorno —* □ **sfortunatamente** *avv.* per sfortuna; purtroppo: *— non lo sapevo*.

sfor|zà|re *v.tr.* [indic.pres. *io sfòrzo...*] **1** sottoporre a uno sforzo: *— il motore* **2** aprire o tentare di aprire ql.co. usando la forza: *la serratura è stata sforzata* **3** costringere qlcu. a fare ql.co. ♦ **-rsi** *intr.pron.* impegnarsi in ogni modo: *— di comprendere;— di non ridere;— a sorridere*.

sfor|zà|to *part.pass. di* sforzare ♦ *agg.* che è fatto per forza; non spontaneo: *sorriso —*.

sfòr|zo *s.m.* **1** intensa applicazione e impegno per ottenere un determinato risultato: *— fisico; — di volontà* | *con —,* difficilmente | *senza —,* con facilità | (*iron.*) *che —!, bello —!,* detto di atto facile a farsi **2** particolare sollecitazione cui viene sottoposto un meccanismo: *motore sotto —*.

sfót|te|re *v.tr.* [indic.pres. *io sfótto...*] (*pop.*) prendere in giro: *lo sfottono per il suo cognome* ♦ **-rsi** *rifl.rec.* (*pop.*) prendersi in giro l'uno con l'altro.

sfot|ti|mén|to *s.m.* (*pop.*) derisione, presa in giro.

sfot|ti|tù|ra *s.f.* (*pop.*) sfottimento | atto o discorso con cui si sfotte.

sfot|tò *s.m.* (*pop.*) allegra presa in giro.

sfra|cel|là|re *v.tr.* [indic.pres. *io sfracèllo*...] ridurre a pezzi o deformare; fracassare: *il macchinario gli ha sfracellato il braccio* ♦ **-rsi** *intr.pron.* fracassarsi in seguito a forte urto; schiantarsi: *si sfracellò al suolo*.

sfra|cèl|lo *s.m.* **1** strage, distruzione **2** (*fam.*) grande quantità | *fare sfracelli*, ottenere risultati strepitosi.

sfran|già|re *v.tr.* [indic.pres. *io sfràngio*...] fare la frangia all'orlo di un tessuto: — *dei tovaglioli* ♦ **-rsi** *intr.pron.* sfilacciarsi a frangia.

sfran|gia|tù|ra *s.f.* l'atto di fare frange | parte sfrangiata.

sfra|gi|sti|ca *s.f.* disciplina che studia i sigilli e il loro valore artistico o storico.

sfrat|tà|re *v.tr.* obbligare, tramite procedura giudiziaria, il locatario a lasciare libero entro una certa data l'immobile che ha in affitto: *il proprietario ci ha sfrattato* ♦ *intr.* [aus. *A*] **1** lasciare un immobile in seguito a intimazione dell'autorità giudiziaria **2** (*estens.*, *anche scherz.*) mandar via da un luogo; cacciare: *ci hanno sfrattati dal campo da calcio*.

sfrat|tà|to *part.pass.* di sfrattare ♦ *agg.*, *s.m.* [f. *-a*] che, chi ha ricevuto lo sfratto.

sfràt|to *s.m.* ingiunzione, fatta dal proprietario o da un giudice, a lasciare libero un immobile che si occupa come affittuario: *subire lo* —.

sfrec|cià|re *v.intr.* [indic.pres. *io sfréccio*...; aus. *A*] passare, correre molto velocemente: *l'aereo sfrecciò in cielo*.

sfred|dàr|si *v.intr.pron.* [indic.pres. *io mi sfréddo*...] diventare freddo: *la minestra si sta sfreddando*.

sfre|ga|mén|to *s.m.* **1** l'atto di sfregare **2** (*med.*) rumore rilevato con l'auscultazione quando due membrane sierose fanno attrito fra loro perché infiammate.

sfre|gà|re *v.tr.* [indic.pres. *io sfrégo*, *tu sfréghi*...] **1** strofinare, fregare facendo una certa pressione: *sfregarsi gli occhi*; — *il pavimento* **2** fare uno o più graffi su una superficie.

sfre|ga|tù|ra *s.f.* l'atto di sfregare | segno lasciato sfregando.

sfre|già|re *v.tr.* [indic.pres. *io sfrègio* o *sfrégio*...] deturpare con sfregi, scritte, tagli e sim.: — *un quadro* ♦ **-rsi** *rifl.*, *intr.pron.* farsi uno sfregio.

sfre|già|to *part.pass.* di sfregiare ♦ *agg.* deturpato da sfregi, tagli e sim.: *volto* — ♦ *s.m.* [f. *-a*] chi ha uno sfregio sul volto.

sfre|gia|tó|re *s.m.* [f. *-trice*] chi sfregia.

sfré|gio o **sfrègio** *s.m.* **1** ferita che rovina i tratti del viso | *la cicatrice che resta* **2** (*estens.*) taglio, scritta, graffio e sim. fatto su opere d'arte al fine di deturparle **3** (*fig.*) insulto, offesa: *ricevere uno* —.

sfre|nà|re *v.tr.* [indic.pres. *io sfréno* o *sfrèno*...] lasciare libero da ogni freno; scatenare: — *i propri istinti* ♦ **-rsi** *intr.pron.* abbandonarsi completamente ai propri impulsi; scatenarsi.

sfre|na|téz|za *s.f.* mancanza di moderazione o controllo | (*spec.pl.*) azione o comportamento senza ritegno o misura.

sfre|nà|to *part.pass.* di sfrenare ♦ *agg.* (*anche fig.*) senza controllo o misura: *lusso* —.

sfrì|do *s.m.* **1** calo quantitativo subito da una merce, un materiale o un prodotto nella fase di lavorazione e trasporto **2** (*mecc.*) il complesso dei residui di lavorazione di fibre tessili, carta, legname e sim.

sfrìg|ge|re *v.intr.* [con. come *friggere*; aus. *A*] produrre un rumore crepitante; sfrigolare.

sfri|go|là|re *v.intr.* [indic.pres. *io sfrìgolo*...; aus. *A*] fare il rumore scoppiettante tipico dei cibi quando friggono; crepitare.

sfri|go|lì|o *s.m.* prolungato scoppiettio tipico dei grassi o dei cibi quando friggono: *lo* — *dell'olio bollente*.

sfrìt|to *agg.* detto di olio, burro e sim. già usati per friggere.

sfron|dà|re *v.tr.* [indic.pres. *io sfróndo*...] **1** togliere una parte o tutte le fronde di una pianta: — *un albero* **2** (*fig.*) liberare ql.co. da tutto ciò che non è essenziale o pertinente: — *uno scritto* ♦ **-rsi** *intr.pron.* perdere le fronde.

sfron|da|tù|ra *s.f.* **1** eliminazione delle fronde **2** (*fig.*) eliminazione del superfluo.

sfron|ta|téz|za *s.f.* sfacciataggine | atto o frase da sfrontato.

sfron|tà|to *agg.* **1** (*di persona*) che non prova vergogna; insolente, sfacciato: *un giovanotto* — **2** (*di cosa*) che rivela mancanza di ritegno, di pudore: *risposta sfrontata* ♦ *s.m.* [f. *-a*] persona sfrontata.

sfrut|tà|bi|le *agg.* che può essere sfruttato: *una risorsa difficilmente* —.

sfrut|ta|mén|to *s.m.* **1** conseguimento del massimo rendimento possibile: *lo* — *di una miniera d'oro* **2** imposizione di modalità lavorative e retributive illegali, ingiuste o immorali: — *del lavoro minorile*.

sfrut|tà|re *v.tr.* **1** far produrre: — *un terreno, una miniera* **2** (*fig.*) trarre profitto dal lavoro altrui senza dare giuste condizioni di lavoro e remunerazione **3** (*estens.*) volgere a proprio vantaggio, approfittare: — *un'occasione*.

sfrut|ta|tó|re *agg.*, *s.m.* [f. *-trice*] che, chi sfrutta.

sfug|gèn|te *part.pres.* di sfuggire ♦ *agg.* **1** elusivo, evasivo | non chiaro, ambiguo: *sguardo* — **2** (*di lineamento*) poco marcato, appena accennato: *mento* —.

sfug|gé|vo|le *agg.* (*anche fig.*) che sfugge facilmente.

sfug|gì|re *v.intr.* [indic.pres. *io sfuggo*, *tu sfuggi*...; aus. *E*] **1** sottrarsi a qlcu. o a ql.co.: — *alla polizia* **2** cadere, scivolare via: — *di mano* | *lasciarsi* — *un'occasione*, non approfittarne **3** (*fig.*) non essere colto o notato; scappare inavvertitamente: *non ti sfugge nulla*; *ti sono sfuggiti molti errori* | dimenticare: *mi è sfuggito di mente ciò che dovevo dirti* ♦ *tr.* evitare, scansare: — *un incidente*.

sfug|gì|ta *s.f.* nella loc. *di* —, frettolosamente, rapidamente: *parlare con qlcu. di* —.

sfu|mà|re *v.intr.* [aus. *E*] **1** dileguarsi: *la nebbia sta sfumando* | (*fig.*) andare in fumo, svanire: *l'incontro è sfumato* **2** (*di colore*) diminuire di tonalità, attenuarsi: *l'azzurro del cielo sfuma verso l'orizzonte* | (*di figura*) perdere in precisione e nettezza ♦ *tr.* diminuire in modo graduale la tonalità di un colore, la nettezza di una linea o l'intensità di un suono | — *i capelli*, accorciarli in modo graduale dall'alto verso il basso.

sfu|mà|to *part.pass.* di sfumare ♦ *agg.* **1** (*fig.*) andato in fumo, svanito: *viaggio* — **2** (*di colore*) che passa in modo graduale da una tonalità all'altra: *un rosso* — | (*di figura*) che ha contorni poco netti: *profilo* — | (*fig.*) vago, non ben definito: *ricordo* — ♦ *s.m.* (*pitt.*) tipo di chiaroscuro che si caratterizza per il passaggio morbido dai toni scuri a quelli chiari.

sfu|ma|tù|ra *s.f.* **1** (*pitt.*) passaggio graduale da una tonalità di colore a un'altra | la parte sfumata **2** ognuna delle diverse tonalità di un colore: *le sfumature del giallo* **3** (*mus.*) passaggio graduale da una nota a un'altra **4** taglio di capelli graduato sulla nuca **5** (*fig.*) lieve differenza, particolare, dettaglio: *sfumature di significato* **6** (*fig.*) accenno: *una* — *di ironia*.

sfu|mì|no *s.m.* (*pitt.*) piccolo rotolo di pelle, carta o seta usato per ottenere le sfumature.

sfuo|cà|re *v.tr. e deriv.* → **sfocare** *e deriv.*

sfu|rià|re *v.tr.* [indic.pres. *io sfùrio*...] sfogare: *la propria collera* ♦ **-rsi** *intr.pron.* (*fam.*) sfogarsi, manifestare in modo violento la propria rabbia.

sfu|rià|ta *s.f.* **1** sfogo, manifestazione violenta di collera: *fare una* — **2** (*estens.*) breve ma violenta manifestazione di fenomeni meteorologici.

sfù|so *agg.* **1** sciolto, liquefatto **2** (*estens.*) detto di merce che non viene venduta in confezioni già pronte: *caramelle sfuse*.

sga|bèl|lo *s.m.* piccolo sedile privo di spalliera e braccioli.

sga|buz|zì|no *s.m.* piccola stanza usata spec. come ripostiglio.

sgam|bà|ta *s.f.* **1** (*sport*) corsa di riscaldamento fatta prima di una gara **2** lunga passeggiata: *farsi una* — *in montagna*.

sgam|bà|to *agg.* detto di indumento con sgambatura; scosciato.

sgam|ba|tù|ra *s.f.* in un indumento, apertura in corrispondenza della coscia.

sgam|bet|tà|re *v.intr.* [indic.pres. *io sgambétto*...; aus. *A*] **1** muovere le gambe stando seduti o sdraiati **2** (*estens.*) camminare a passi corti: *il bambino ha iniziato a* — ♦ *tr.* far cadere qlcu. facendogli lo sgambetto.

sgam|bét|to *s.m.* mossa con cui si intralcia il passo a qlcu., facendolo inciampare | (*fig.*) *fare lo* — *a qlcu.*, prendere il suo posto slealmente.

sga|na|sciàr|si *v.intr.pron.* [indic.pres. *io mi sganàscio*...] slogarsi le ganasce | (*iperb.*) — *dalle risate*, ridere a crepapelle.

sga|na|sció|ne (*region.* sganassóne) *s.m.* (*pop.*) ceffone.

sgan|cià|bi|le *agg.* che può essere sganciato.

sgan|cia|mén|to *s.m.* **1** liberazione da uno o più ganci; distacco: — *dei vagoni dalla motrice* **2** lancio di bombe o altri ordigni esplosivi, spec. da un aeroplano **3** (*mil.*) ripiegamento che mira a interrompere il contatto col nemico, al fine di evitare uno scontro.

sgan|cià|re *v.tr.* [indic.pres. *io sgàncio*...] **1** liberare da uno o più ganci; staccare: *il rimorchio* | — *una bomba*, lanciarla, spec. da un aeroplano **2** (*fam.*) sborsare denaro: *non ha sganciato nemmeno un centesimo* ♦ **-rsi** *rifl., intr.pron.* **1** staccarsi, sciogliersi da uno o più ganci **2** (*mil.*) interrompere volontariamente il contatto con il nemico per evitare uno scontro **3** (*fig., fam.*) liberarsi di qlcu. o ql.co., spec. fastidioso: — *da un impegno*.

sgàn|cio *s.m.* sganciamento di bombe o altri ordigni esplosivi.

sgan|ghe|rà|re *v.tr.* [indic.pres. *io sgànghero*...] togliere dai gangheri, scardinare | (*estens.*) rovinare, scombinare.

sgan|ghe|rà|to *part.pass.* di sgangherare ♦ *agg.* **1** divelto dai cardini | (*estens.*) sfasciato: *sedia sgangherata* **2** (*fig.*) sconnesso, disordinato: *discorso* — **3** smodato, sguaiato: *risata sgangherata*.

sgar|ba|tàg|gi|ne *s.f.* mancanza di garbo | azione o discorso sgarbato; sgarbo.

sgar|ba|téz|za *s.f.* sgarbataggine.

sgar|bà|to *agg.* **1** senza garbo, senza grazia: *comportamento* — **2** non cortese, maleducato: *risposta sgarbata* ♦ *s.m.* [f. *-a*] persona scortese e maleducata.

sgar|be|rì|a *s.f.* atto, frase, atteggiamento sgarbato; sgarbo.

sgàr|bo *s.m.* atto sgarbato; villania, scortesia: *fare uno* — *a qlcu.*

sgar|bu|glià|re *v.tr.* [indic.pres. *io sgarbùglio*...] sciogliere, districare un groviglio | (*fig.*) risolvere, chiarire.

sgar|giàn|te *agg.* vivamente colorato; appariscente, vistoso: *abito* —.

sgar|rà|re *v.intr.* [aus. *A*] **1** (*fam.*) sbagliare, mancare di esattezza | (*di persona*) sbagliare, venir meno al proprio dovere **2** (*gerg.*) commettere uno sgarro.

sgar|ret|tà|re *v.tr.* [indic.pres. *io sgarrétto*...] **1** tagliare i garretti a un animale **2** (*agr.*) tagliare le piantine alla base per rinforzarle.

sgàr|ro *s.m.* **1** (*fam.*) mancanza di precisione | il venir meno al proprio dovere **2** (*gerg.*) infrazione di un codice di comportamento che causa rappresaglie e ritorsioni: *commettere uno* —.

sga|sà|re[1] *v.tr.* (*fam.*) togliere o far diminuire l'anidride carbonica di una bevanda gassata, spec. agitandola ♦ **-rsi** *intr.pron.* (*gerg.*) abbattersi, perdere l'entusiasmo.

sga|sà|re[2] o **sgassàre** *v. intr.* [aus. *A*] (*fam.*) accelerare il motore a veicolo fermo, spec. per una partenza scattante.

sgat|tai|o|là|re *v.intr.* [indic.pres. *io sgattàiolo*...; aus. *A*, *E*] muoversi in modo agile e veloce | (*estens.*) allontanarsi in silenzio, senza farsi notare: *è sgattaiolato via senza che me ne accorgessi*.

sge|là|re *v.tr., intr.* [indic.pres. *io* sgèlo...; aus. *A, E*] (*fam.*) disgelare.

sgè|lo *s.m.* disgelo.

sghém|bo *agg.* non diritto; obliquo, storto: *parete sghemba* | *di* —, di sbieco: *guardare di* — ♦ *avv.* di traverso; obliquamente.

sghèr|ro *s.m.* **1** (*st.*) uomo armato al servizio di un potente **2** (*spreg.*) poliziotto, sbirro.

sghi|gnaz|za|mén|to *s.m.* l'atto di sghignazzare | sghignazzata.

sghi|gnaz|zà|re *v.intr.* [aus. *A*] ridere sguaiatamente, spec. con scherno.

sghi|gnaz|zà|ta *s.f.* risata sguaiata o provocatoria.

sghim|bè|scio *agg.* sghembo; di traverso | *di, a* —, obliquamente.

sghi|ri|biz|zo o **schiribizzo** *s.m.* (*pop.*) ghiribizzo.

sgob|bà|re *v.intr.* [indic.pres. *io* sgòbbo...; aus. *A*] (*fam.*) impegnarsi duramente; lavorare molto: — *sui libri*.

sgob|bà|ta *s.f.* (*fam.*) lavoro particolarmente faticoso svolto per un tempo prolungato e senza pause.

sgob|bó|ne *s.m.* [f. *-a*] (*spec.iron.*) chi lavora o studia assiduamente e con grande impegno.

sgoc|cio|là|re *v.intr.* [indic.pres. *io* sgócciolo...; aus. *E, A*] **1** (*di liquidi*) cadere a gocce; gocciolare **2** (*di contenitori e tubature*) perdere liquido a gocce: *il rubinetto sgocciola* ♦ *tr.* **1** far cadere un liquido a gocce: *stai sgocciolando l'olio sulla tovaglia* **2** vuotare un recipiente fino all'ultima goccia.

sgoc|cio|la|tó|io *s.m.* **1** recipiente per raccogliere un liquido che sgocciola **2** attrezzo di cucina usato per mettere a sgocciolare pentole e stoviglie lavate; scolapiatti.

sgoc|cio|la|tù|ra *s.f.* **1** l'atto di sgocciolare **2** gocce residue sul fondo di un recipiente | l'impronta lasciata dalle gocce cadute.

sgoc|cio|lì|o *s.m.* uno sgocciolare continuo.

sgóc|cio|lo *s.m.* sgocciolatura | (*fig.*) *essere agli sgoccioli*, vicino alla fine: *l'anno scolastico è agli sgoccioli*.

sgo|làr|si *v.intr.pron.* [indic.pres. *io mi* sgólo...] affaticare la gola parlando a voce alta o gridando: *per farmi sentire dovevo sgolarmi* | (*estens.*) parlare molto e a lungo.

sgom|be|rà|re o **sgombràre** *v.tr.* [indic.pres. *io* sgómbero...] **1** (*anche fig.*) rendere libero uno spazio, un ambiente da ciò che lo ingombra: — *una piazza*; — *la mente* | — *un appartamento*, lasciarlo libero **2** evacuare: — *il palazzo* **3** rimuovere ql.co. che ingombra: — *gli scatoloni dalla soffitta* ♦ *intr.* [aus. *A*] (*coll.*) andarsene.

sgóm|be|ro o **sgómbro** *s.m.* **1** liberazione di uno spazio da ciò che lo ingombra o lo occupa **2** evacuazione di una zona **3** trasloco.

sgom|bra|né|ve *s.m.invar.* veicolo che sgretola la neve, rimuovendola a lato della strada da sgomberare; spartineve.

sgom|brà|re *v.tr./intr.* → **sgomberare**.

sgóm|bro[1] *agg.* (*anche fig.*) non ingombro, libero: *cielo* — *di nuvole* | *mente sgombra*, libera da pensieri, spec. negativi ♦ *s.m.* sgombero.

sgóm|bro[2] o **scómbro** pesce di mare di media grandezza, con corpo fusiforme di colore blu o verde e strisce nere sul dorso.

sgo|men|tà|re *v.tr.* [indic.pres. *io* sgoménto...] sbigottire, causare sgomento ♦ **-rsi** *intr.pron.* provare sgomento.

sgo|mén|to *s.m.* stato di forte turbamento; spavento, panico, sbigottimento ♦ *agg.* sgomentato, turbato: *sguardo* —.

sgo|mi|nà|re *v.tr.* [indic.pres. *io* sgòmino...] sbaragliare, sconfiggere: — *una banda di rapinatori* | mettere in fuga.

sgo|mi|tà|re *v.tr.* [indic.pres. *io* sgómito...] dare gomitate ♦ *intr.* [aus. *A*] (*anche fig.*) farsi largo a gomitate: — *per raggiungere la prima fila*.

sgo|mi|to|là|re *v.tr.* [indic.pres. *io* sgomitolo...] disfare un gomitolo.

sgom|mà|re[1] *v.tr.* [indic.pres. *io* sgómmo...] levare la gommatura ♦ **-rsi** *intr.pron.* perdere la gommatura.

sgom|mà|re[2] *v.intr.* [indic.pres. *io* sgómmo...; aus. *A*] (*fam.*) fare una sgommata.

sgom|mà|ta *s.f.* (*fam.*) **1** slittamento delle ruote di un veicolo provocato da una rapida accelerazione o da una brusca frenata **2** il rumore prodotto dalle gomme di un veicolo che stridono sull'asfalto, spec. in caso di partenza con rapida accelerazione o di brusca frenata | segno scuro lasciato dalle gomme sull'asfalto.

sgom|mà|to *part.pass.* di sgommare[1] ♦ *agg.* (*di veicolo*) privo di gomme o con gomme consunte.

sgon|fià|re *v.tr.* [indic.pres. *io* sgónfio...] **1** levare totalmente o parzialmente l'aria o il gas contenuti in un recipiente elastico: — *un palloncino* **2** (*estens.*) togliere o diminuire un gonfiore **3** (*fig.*) ridimensionare | — *una notizia*, attribuirle poca importanza ♦ **-rsi** *intr.pron.* **1** perdere la gonfiezza: *la palla si è sgonfiata* | perdere il gonfiore: *la ferita si sta sgonfiando* **2** (*fig.*) perdere la presunzione e la superbia.

sgon|fia|tù|ra *s.f.* l'atto di sgonfiare, di sgonfiarsi.

sgón|fio *agg.* **1** senza aria o gas al suo interno; poco gonfio: *ruota sgonfia* **2** libero da gonfiore: *la caviglia è ormai sgonfia*.

sgòr|bia o **sgórbia** *s.f.* tipo di scalpello dotato di lama a sezione curva, usato spec. da falegnami e intagliatori.

sgor|bià|re *v.tr.* [indic.pres. *io* sgòrbio...] riempire con sgorbi, scarabocchiare.

sgòr|bio *s.m.* **1** macchia d'inchiostro fatta per disattenzione; scarabocchio | (*estens.*) parola che non si riesce a leggere **2** (*estens.*) scritto, disegno e sim. fatto malamente: *cosa rappresenta quello* —? **3** (*fig.*) persona brutta.

sgor|gà|re *v.intr.* [indic.pres. *io* sgórgo, *tu* sgórghi...; aus. *E*] **1** (*di liquido*) uscire impetuosamente; zampillare: *l'acqua sgorga dalla fontana* | (*estens.*) scendere in abbondanza: *le lacrime sgorgarono dai suoi occhi* **2** (*fig.*) scaturire: *frasi*

che sgorgano dal cuore ♦ *tr.* sturare, liberare da un ingorgo: — *lo scarico del bagno.*
sgot|tà|re *v.tr.* [indic.pres. *io sgótto...*] (*mar.*) levare l'acqua dal fondo di un'imbarcazione.
sgoz|za|mén|to *s.m.* l'atto di sgozzare.
sgoz|zà|re *v.tr.* [indic.pres. *io sgózzo...*] **1** tagliare la gola; scannare **2** (*fig.*) imporre un interesse da usura su un prestito di denaro.
sgra|dé|vo|le *agg.* che non è gradito; spiacevole: *situazione —* | (*estens.*, *di persona*) fastidioso, molesto.
sgra|de|vo|léz|za *s.f.* carattere di ciò che è sgradevole.
sgra|dì|to *agg.* che non è gradito; spiacevole, fastidioso: *ospite —.*
sgraf|fi|gnà|re *v.tr.* [indic.pres. *io sgraffigno...*, *noi sgraffigniamo, voi sgraffignate...*] (*fam.*) rubare con astuzia e destrezza: *mi hanno sgraffignato il portafogli.*
sgràf|fio *s.m.* (*fam.*) graffio.
sgram|ma|ti|cà|to *agg.* **1** (*di persona*) che fa molti errori di grammatica **2** (*di discorso o scritto*) pieno di errori: *un tema —.*
sgram|ma|ti|ca|tù|ra *s.f.* errore di grammatica.
sgra|na|mén|to¹ *s.m.* (*agr.*) sgranatura.
sgra|na|mén|to² *s.m.* (*foto.*) assenza di uniformità di colore in un'immagine.
sgra|nà|re¹ *v.tr.* levare dal baccello i semi delle piante leguminose: — *le fave* | levare i grani da un frutto: — *una pannocchia* | — *il cotone*, separarne semi e fibre | (*fig.*) — *il rosario*, recitarlo, scorrendo tra le dita i grani della corona | — *gli occhi*, spalancarli, spec. per meraviglia.
sgra|nà|re² *v.tr.* rompere, rovinare la grana di un materiale ♦ **-rsi** *intr.pron.* rovinarsi nella grana, disgregarsi.
sgra|nà|re³ *v.tr.* **1** (*mecc.*) dividere due parti di un ingranaggio che sono a contatto **2** (*auto.*) inserire o disinserire malamente la marcia, provocando uno stridio ♦ **-rsi** *intr.pron.* (*mecc.*) sganciarsi da un ingranaggio.
sgra|na|trì|ce *s.f.* **1** (*agr.*) macchina con disco girevole scanalato o dentato che serve per sgranare le pannocchie del granturco scartocciate **2** (*tess.*) macchina usata per separare la fibra dai semi del cotone.
sgra|na|tù|ra¹ *s.f.* (*agr.*) l'operazione dello sgranare legumi, granturco o cotone.
sgra|na|tù|ra² *s.f.* (*foto.*) effetto granuloso di un'immagine.
sgran|chi|re *v.tr.* [indic.pres. *io sgranchisco, tu sgranchisci...*] sciogliere, muovendosi, i muscoli e le articolazioni intorpiditi per il freddo o l'immobilità | *sgranchirsi le gambe*, fare quattro passi ♦ **-rsi** *rifl.* sciogliere i muscoli e le articolazioni intorpiditi distendendoli o facendo del moto: *ho bisogno di sgranchirmi un po'.*
sgra|noc|chià|re *v.tr.* [indic.pres. *io granòcchio...*] (*fam.*) mangiare, spec. a piccoli bocconi, un cibo che scrocchia sotto i denti: — *patatine.*
sgras|sàg|gio *s.m.* sgrassatura della superficie di pezzi metallici mediante trattamento chimico.

sgras|sà|re *v.tr.* **1** levare da un cibo la parte grassa: — *il brodo* **2** smacchiare dal grasso.
sgras|sa|tù|ra *s.f.* l'operazione dello sgrassare.
sgra|và|re *v.tr.* (*spec.fig.*) alleviare, liberare, alleggerire da un peso: — *da una responsabilità, dalle tasse* ♦ **-rsi** *rifl.*, *intr.pron.* **1** (*spec.fig.*) liberarsi: — *di una colpa* **2** (*pop.*) partorire.
sgrà|vio *s.m.* (*spec.fig.*) alleggerimento o liberazione da un peso | alleggerimento o eliminazione di un onere fiscale: — *d'imposta.*
sgra|zia|tàg|gi|ne *s.f.* rozzezza, grossolanità | azione o frase sgraziata.
sgra|zià|to *agg.* privo di grazia e garbo; senza bellezza o armonia.
sgre|to|la|mén|to *s.m.* frantumazione, frammentazione.
sgre|to|là|re *v.tr.* [indic.pres. *io sgrétolo...*] **1** frammentare, frantumare, ridurre in piccoli frammenti **2** (*fig.*) mettere in crisi, distruggere a poco a poco ♦ **-rsi** *intr.pron.* **1** frammentarsi, frantumarsi, rompersi in piccoli frammenti: *l'intonaco si è sgretolato* **2** (*fig.*) perdere l'unità e la coesione interna: *il gruppo si sta sgretolando.*
sgre|to|lìo *s.m.* sgretolamento continuo | rumore prodotto da ql.co. che si sta sgretolando.
sgri|dà|re *v.tr.* rimproverare, riprendere in modo severo spec. alzando la voce.
sgri|dà|ta *s.f.* rimprovero: *prendersi una —.*
sgrom|mà|re *v.tr.* [indic.pres. *io sgrómmo...*] pulire un contenitore di vino dalla gromma.
sgron|dà|re *v.intr.* [indic.pres. *io sgróndo...*; aus. A] **1** (*di acqua*) grondare **2** far scolare un liquido che è in un recipiente o impregna ql.co.: *ho messo l'ombrello a —* ♦ *tr.* svuotare un recipiente dell'ultime gocce di liquido che conteneva; sgocciolare: — *una bottiglia.*
sgrop|pà|re¹ *v.tr.* [indic.pres. *io sgròppo...*] districare, sciogliere un nodo, un gruppo.
sgrop|pà|re² *v.tr.* [indic.pres. *io sgròppo...*] rovinare la groppa di un cavallo, di una bestia da soma e sim. per eccessiva fatica | (*estens.*) affaticare, stancare, sfiancare ♦ *intr.* [aus. A] (*di cavallo*) inarcare la groppa, spec. per disarcionare il cavaliere ♦ **-rsi** *intr.pron.* affaticarsi, stancarsi, sfiancarsi.
sgrop|pà|ta *s.f.* **1** (*di cavallo e sim.*) inarcamento della groppa, spec. per disarcionare il cavaliere **2** breve cavalcata veloce **3** (*sport*) breve corsa di allenamento | nel corso di una gara, azione di breve durata a ritmo sostenuto.
sgros|sa|mén|to *s.m.* eliminazione di ciò che eccede, del superfluo.
sgros|sà|re *v.tr.* [indic.pres. *io sgròsso...*] **1** dare a un blocco di materiale grezzo la prima forma di un oggetto togliendone le parti eccedenti, spec. nella lavorazione del legno e del marmo **2** (*fig.*) dirozzare, rendere meno rozzo | istruire qlcu. impartendogli le nozioni elementari di un'arte, di una disciplina ♦ **-rsi** *intr.pron.* (*di persona*) dirozzarsi, raffinarsi | impratichirsi.
sgros|sa|tù|ra *s.f.* l'operazione dello sgrossare.
sgro|vi|glià|re *v.tr.* [indic.pres. *io sgrovìglio...*] sciogliere, districare un groviglio: — *una matas-*

sa | (*fig.*) risolvere una situazione molto complessa.

sgua|ia|tàg|gi|ne *s.f.* mancanza di educazione e di misura | atto o discorso sguaiato.

sgua|ià|to *agg.* volgare, scomposto: *comportamento —* ♦ *s.m.* [f. -*a*] chi agisce o si esprime in modo volgare □ **sguaiatamente** *avv.*

sguai|nà|re *v.tr.* [indic.pres. *io sguàino* o *sguàino...*] (*anche fig.*) estrarre dalla guaina, dal fodero: *— la spada.*

sgual|ci|re *v.tr.* [indic.pres. *io sgualcisco, tu sgualcisci...*] spiegazzare, stropicciare, raggrinzare: *— un abito* ♦ **-rsi** *intr.pron.* spiegazzarsi, stropicciarsi, raggrinzarsi.

sgual|ci|to *part.pass. di* sgualcire ♦ *agg.* spiegazzato, stropicciato: *una lettera sgualcita.*

sgual|ci|tù|ra *s.f.* l'atto di sgualcire o sgualcirsi | piega, stropicciatura.

sgual|dri|na *s.f.* (*spreg.*) donna di facili costumi | (*estens.*) prostituta.

sguàn|cio *s.m.* → **sguincio.**

sguàr|do *s.m.* 1 l'atto di volgere gli occhi verso qlcu. o ql.co.; l'atto di guardare: *non le rivolse neppure uno —* | occhiata: *dare uno —* | *al giornale* 2 modo in cui si guarda: *— triste* 3 vista: *fin dove arriva lo —* | (*estens.*) occhi: *abbassare lo —.*

sguar|ni|re *v.tr.* [indic.pres. *io sguarnisco, tu sguarnisci...*] 1 togliere forze e mezzi di difesa militari ad un certo settore: *— il fronte di truppe* 2 privare di guarnizioni 3 (*estens.*) privare di ciò che è necessario o abituale.

sguar|ni|to *part.pass. di* sguarnire ♦ *agg.* 1 senza difesa o guarnigione: *castello —* 2 senza guarnizioni, ornamenti: *tavola sguarnita* 3 (*estens.*) privo di ciò che è necessario o di quanto possiede abitualmente: *negozio —.*

sguàt|te|ro *s.m.* [f. -*a*] lavapiatti | (*spreg.*) servo addetto ai lavori più umili.

sguaz|zà|re *v.intr.* [aus. *A*] 1 stare nell'acqua muovendosi e sollevando schizzi 2 trovarsi a proprio agio: *gli piace — nel torbido* 3 (*fig.*) possedere ql.co. in abbondanza: *— nell'oro.*

sguin|cià|re *v.tr.* [indic.pres. *io sguìncio...*] tagliare in modo obliquo, a sguincio.

sguìn|cio o **sguàncio** *s.m.* 1 linea o struttura obliqua | *a, di —*, di sbieco, obliquamente 2 (*arch.*) strombatura del muro attorno a porte e finestre.

sguin|za|glià|re *v.tr.* [indic.pres. *io sguinzàglio...*] 1 sciogliere dal guinzaglio: *— i cani* 2 (*fig.*) mandare all'inseguimento o alla ricerca di qlcu.: *— i poliziotti.*

sgu|scià|re[1] *v.tr.* [indic.pres. *io sgùscio...*] togliere ql.co. dal guscio: *— le noci* ♦ *intr.* [aus. *E*] (*di uccelli*) uscire dal guscio dell'uovo.

sgu|scià|re[2] *v.intr.* [indic.pres. *io sgùscio...*; aus. *E*] sfuggire alla presa, scivolare via | (*estens., di persona o animale*) sgattaiolare, fuggire di soppiatto.

sgu|scia|trì|ce *s.f.* (*agr.*) macchina che separa i semi delle piante foraggere dalle loro infiorescenze.

sgu|scia|tù|ra *s.f.* estrazione dal guscio.

sgù|scio *s.m.* 1 (*arch.*) modanatura con superficie concava 2 tipo di sgorbia.

shake (*ingl.*) [pr. *scéik*] *s.m.invar.* ballo moderno di ritmo veloce e cadenzato.

shaker (*ingl.*) [pr. *scéiker*] *s.m.invar.* recipiente con coperchio, nel quale si mescolano, scuotendoli, gli ingredienti di un cocktail.

sha|ke|spe|a|rià|no [pr. *scekspiriàno*] o **scespiriàno** *agg.* (*lett., teat.*) che riguarda Shakespeare e la sua opera.

sha|ke|rà|re [pr. *scekeràre*] *v.tr.* mescolare gli ingredienti di un cocktail scuotendoli dentro uno shaker.

sham|pi|sta [pr. *sciampìsta*] o **sciampista** *s.m./f.invar.* in un negozio di parrucchiere, addetto al lavaggio dei capelli.

shampoo (*ingl.*) [pr. *sciàmpo*] o **sciàmpo** *s.m.invar.* 1 miscela detergente che si usa per lavare i capelli 2 (*estens.*) lavaggio dei capelli con lo shampoo: *fare lo —.*

shantung (*ingl.*) [pr. *sciàntung*] o **sciàntung** *s.m.invar.* tessuto di seta con superficie ineguale, originario della Cina.

share (*ingl.*) [pr. *scèr*] *s.m.invar.* percentuale di spettatori sintonizzati su un canale televisivo in una certa fascia oraria.

shareware (*ingl.*) [pr. *scervuèr*] *s.m.invar.* (*inform.*) modalità di distribuzione di un software, tale per cui l'autore diffonde gratuitamente per via telematica una versione incompleta del prodotto, invitando gli utenti a scaricarla e, se non rimangono soddisfatti, ad acquistare la versione completa o a partecipare alla copertura delle spese di realizzazione inviandogli direttamente la cifra.

sharia (*ar.*) [pr. *sciarìa*] *s.f.invar.* legge sacra della religione islamica.

sherpa (*ingl.*) [pr. *scèrpa*] *agg.invar.* che appartiene alla popolazione Sherpa, stanziata tra il Nepal e il Tibet ♦ *s.m.invar.* 1 [anche f.] appartenente alla popolazione Sherpa 2 guida o portatore che accompagna gli alpinisti nelle spedizioni sull'Himalaya.

sherry (*ingl.*) [pr. *scéri*, com. *scèrri*] *s.m.invar.* vino bianco liquoroso prodotto in Spagna, nel territorio di Jerez.

shetland (*ingl.*) [pr. *scétlend*; com. *scètland*] *s.m.invar.* filato o tessuto ricavato dalla lana delle pecore delle isole britanniche Shetland.

shiatsu (*giapp.*) [pr. *sciàzzu*] *s.m.invar.* pratica terapeutica tradizionale giapponese, consistente in un massaggio a pressione su certi punti del corpo.

shin|to|i|smo [pr. *scintoìsmo*] *s.m.invar. e deriv.* → **scintoismo** *e deriv.*

shoah (*ebr.*) [pr. *shoà*] *s.f.invar.* termine che indica lo sterminio degli ebrei messo in atto dai nazisti durante la seconda guerra mondiale.

shock (*ingl.*) [pr. *sciòk*] *s.m.invar.* 1 (*med.*) reazione organica violenta causata da un intenso stimolo fisico o psichico: *— anafilattico* 2 (*estens.*) emozione improvvisa e violenta: *essere sotto —.*

shoc|cà|re [pr. *sciokkàre*] *v.tr. e deriv.* → **scioccare** *e deriv.*
shocking (*ingl.*) [pr. *sciòkking*] *agg.invar.* impressionante, molto emozionante | (*di colore*) intenso, sgargiante: *rosa —*.
shock|te|ra|pì|a [pr. *sciokterapìa*] *s.f.* (*med.*) terapia psichiatrica d'urto usata spec. per la cura di alcune malattie mentali, che consiste nel causare nel paziente forti stimoli o shock nervosi mediante la somministrazione di alcune sostanze o con l'elettricità.
shopper (*ingl.*) [pr. *sciòpper*] *s.m.invar.* sacchetto, spec. in plastica, con impressi marchi, messaggi pubblicitari e sim., che i negozianti danno ai clienti per riporre i prodotti acquistati.
shopping (*ingl.*) [pr. *sciòpping*] *s.m.invar.* l'andare in giro per negozi a fare acquisti.
shopping center (*ingl.*) [pr. *sciòpping sénter*] *loc.sost.m.invar.* centro commerciale.
short (*ingl.*) [pr. *sciòrt*] *s.m.invar.* cortometraggio, spec. pubblicitario.
shorts (*ingl.*) [pr. *sciòrz*] *s.m.pl.* calzoncini corti per uomo o per donna.
show (*ingl.*) [pr. *sciòu*] *s.m.invar.* spettacolo di varietà, spec. televisivo.
showgirl (*ingl.*) [pr. *scioughérl*] *s.f.invar.* donna di spettacolo, abile intrattenitrice, su cui si incentra uno show.
showman (*ingl.*) [pr. *scioumèn*] *s.m.invar.* uomo di spettacolo, abile intrattenitore, su cui si incentra uno show.
showroom (*ingl.*) [pr. *sciourùm*] *s.m.invar.* salone per l'esposizione di prodotti destinati alla vendita.
shuttle (*ingl.*) [pr. *sciàtl*, com. *sciàttol*] *s.m.invar.* navetta spaziale.
sì[1] *s.m.* (*mus.*) nei paesi latini, nome della settima nota della scala di do.
si[2] *pron.pers.rifl.m./f. di 3ª pers.sing. e pl.* [atono; è sostituito da *se* davanti ai pron. atoni *la, lo, li, le* e alla particella *ne*; si pospone ai pron.pers. atoni *mi, ti, ci, vi, gli*; si usa in posizione proclitica con i v. di modo finito, in posizione enclitica con i v. di modo indefinito] **1** [con funzione di compl.ogg. con i v.rifl. e rifl.rec.] sé: — *è pettinato male*; — *sopportano appena* **2** [con funzione di compl. di termine con i v.rifl. apparenti] a sé: *farsi un nuovo amico*; — *è lavata le mani* **3** si usa nella coniugazione dei verbi intransitivi pronominali: *vergognarsi di un'azione*; — *dimenticò dell'appuntamento* **4** davanti a un verbo alla 3ª pers. sing., dà ad esso valore impersonale: — *racconta*; — *arriva tra un'ora* **5** unito a un verbo transitivo attivo alla 3ª pers. sing. o pl., dà ad esso valore passivo: *affittasi appartamento*; — *richiede il diploma* **6** con valore intensivo: — *è mangiata tutta la torta!*
sì[1] *avv.* **1** si usa come risposta affermativa, anche ripetuto o rafforzato: "*Hai preso tutto?*" "—", "—", *certamente*" | *far cenno di* —, annuire | *rispondere di* —, in modo affermativo | *dire di* —, dare il proprio consenso | *se* —, in caso affermativo | *e* — *che*, e dire che, e pensare che **2** in contrapposizione a *no* | *uno* — *e uno no*, uno ogni due | *un giorno* — *e uno no*, a giorni alterni | — *e no*, a malapena: *saremo stati* — *e no in dieci* | *più* — *che no*, probabilmente sì **3** (*con valore enfatico*) davvero, proprio: *questo* — *che è importante!* **4** [posposto a un agg., anticipa una prop. avversativa] certo: *è bella* —, *ma un po' stupida* ♦ *s.m.invar.* **1** risposta affermativa: *mi aspetto un* — | *tra il* — *e il no*, nell'incertezza | *la lingua del* —, l'italiano **2** (*spec.pl.*) voti favorevoli: *sette* — *e un no* ♦ *agg.invar.* (*fam.*) favorevole: *una giornata* —.
sì[2] *avv.* (*lett.*) così ♦ *cong.* (*lett.*) [seguito da *che* o *da* introduce prop. consecutive] così, in modo che: *far* — *che tutti siano contenti*.
sì|a *cong.* [con valore correlativo disgiuntivo, accompagnato da *sia, che, o*] così ... come, tanto ... quanto: *gli piace* — *l'inverno* — *l'estate; avvertirò* — *te che lui*.
si|al *s.m.* (*geol.*) strato superficiale del globo terrestre, formato in prevalenza da composti di silicio e alluminio.
si|à|li|co *agg.* [m.pl. *-ci*] (*geol.*) proprio del sial.
sia|mé|se *agg.* del Siam, paese oggi denominato Thailandia | *gemelli siamesi*, uniti per una parte del corpo | *gatto* —, gatto di razza pregiata, con pelo color avana, muso, orecchie, zampe e coda neri e occhi azzurri ♦ *s.m.* **1** [anche f.] nativo o abitante del Siam **2** (*solo sing.*) lingua parlata in Siam.
si|ba|rì|ta *s.m./f.* [m.pl. *-i*] **1** nativo o abitante dell'antica città di Sibari **2** (*fig., lett.*) persona che ama il lusso e i piaceri più raffinati.
si|be|rià|no *agg.* della Siberia | (*fig.*) *freddo* —, molto intenso ♦ *s.m.* [f. *-a*] chi è nato o abita in Siberia.
si|bi|làn|te *agg.* (*ling.*) in fonetica, si dice di suono che si articola appoggiando o avvicinandola lingua agli incisivi superiori producendo un effetto di sibilo (p.e. *s*) ♦ *s.f.* (*ling.*) consonante sibilante.
si|bi|là|re *v.intr.* [*indic.pres. io sìbilo*...; *aus. A*] produrre sibili.
si|bìl|la *s.f.* **1** nell'antichità classica, donna che si credeva dotata di veggenza: *la Sibilla Cumana* **2** (*scherz.*) indovina, veggente.
si|bil|lì|no *agg.* **1** proprio della sibilla **2** (*fig.*) oscuro, misterioso, enigmatico: *risposta sibillina*.
sì|bi|lo *s.m.* fischio continuato acuto e sottile.
sic (*lat.*) *avv.* così, proprio così (si usa fra parentesi accanto a una parola o frase errata, incomprensibile o strana per avvertire che è stata scritta o detta proprio così e non si tratta di un errore di stampa).
si|cà|rio *s.m.* chi uccide su mandato di altri.
sic|ché *cong.* **1** [introduce prop. conclusive] e quindi, e perciò: *arrivai in ritardo, — non vidi l'inizio del film* **2** [introduce prop. consecutive] così che: *iniziò a nevicare, — non uscimmo* **3** (*assol.*) allora, dunque: "—", *si va o no?*".
sic|ci|tà *s.f.* mancanza o scarsezza di pioggie che si protrae per molto tempo | secchezza, aridità.
sic|có|me *cong.* **1** [introduce prop. causali] poi-

sic et simpliciter

ché, giacché: — *insisti, mi fermo a cena* **2** (*lett.*) come.

sic et sim|pli|ci|ter (*lat.*) *loc.avv.* senz'altro, senza aggiungere altro.

si|ci|lia|no *agg.* della Sicilia ♦ *s.m.* **1** [f. -a] chi è nato o abita in Sicilia **2** (*solo sing.*) l'insieme dei dialetti parlati in Sicilia.

si|co|fàn|te *s.m.* **1** nell'antica Grecia, privato cittadino che denunciava alle autorità l'autore di un reato **2** (*estens.*) spia; calunniatore.

si|co|mò|ro *s.m.* albero africano di grandi dimensioni, il cui legno era usato dagli Egizi per costruire i sarcofaghi | frutto di tale albero.

si|cò|nio *s.m.* (*bot.*) infiorescenza del fico | il frutto che ne deriva.

si|cò|si *s.f.* (*med.*) infiammazione suppurativa dei follicoli dei peli.

si|cu|lo *agg.*, *s.m.* [f. -a] **1** (*st.*) appartenente all'antica popolazione presente in Sicilia prima della colonizzazione greca **2** (*lett.*; *scherz.*) siciliano.

si|cu|mè|ra *s.f.* ostentata sicurezza di sé.

si|cù|ra *s.f.* congegno di sicurezza che, nelle armi da fuoco portatili, blocca il meccanismo di sparo | (*estens.*) congegno che blocca il funzionamento di un meccanismo.

si|cu|ra|mén|te *avv.* **1** con sicurezza, in modo sicuro **2** di certo, certamente: *arriverà — tra poco*.

si|cu|réz|za *s.f.* **1** condizione di ciò che è sicuro, privo di rischi: *la — di una struttura*, *di un guadagno* | *cassetta di —*, quella in cui sono custoditi oggetti di valore e documenti, spec. in una banca | *valvola di —*, quella che impedisce lo scoppio di caldaie, pentole a pressione e sim. | — *pubblica*, condizione di uno Stato in cui vengono fatte osservare le leggi ed è garantito l'ordine pubblico | — *sociale*, il complesso delle prestazioni di tipo assistenziale e previdenziale garantite dallo Stato **2** qualità di chi è sicuro di sé e delle proprie azioni: *parlare con —* **3** certezza: *ho la — di farcela*.

si|cù|ro *agg.* **1** che è privo di pericolo o rischio: *un gioco —* **2** che offre protezione: *un luogo —* **3** che non corre pericoli; protetto: *con te si sente —* **4** che ha o dimostra padronanza, abilità | *essere — di sé*, *del fatto proprio*, avere fiducia in se stessi, essere coscienti delle proprie capacità **5** (*di persona*) che sa con certezza: *è — di averti visto* **6** certo, indubitabile: *una notizia sicura* | efficace: *un rimedio —* | (*fig.*) *andare a colpo —*, senza esitazioni o incertezze, certi dell'esito finale ♦ *avv.* certamente: *"Ci sarai?" "—!"* | *di —*, senza dubbio: *ti chiamerò di —* ♦ *s.m. solo sing.* **1** ciò che è sicuro, certo | *dare ql.co. per —*, esserne certo **2** luogo protetto, senza pericoli: *mettere ql.co. al —* | (*fig.*) *andare sul —*, non correre alcun rischio.

si|cur|tà *s.f.* **1** (*ant.*) sicurezza **2** (*dir.*) assicurazione.

sidecar (*ingl.*) [pr. *sàidkar*, com. *sàidekar*] *s.m. invar.* veicolo composto da una motocicletta con a lato un carrozzino per il passeggero.

si|de|ràl|e *agg.* **1** (*astr.*) delle stelle, degli astri: *luce —* | *anno —*, il tempo che la Terra impiega per compiere un giro completo intorno al Sole **2** (*fig.*) enorme.

si|dè|re|o *agg.* **1** (*lett.*) proprio delle stelle **2** (*astr.*) siderale.

si|de|ro|gra|fì|a *s.f.* incisione su lastra di acciaio.

si|de|rur|gì|a *s.f.* settore della metallurgia che riguarda la lavorazione industriale del ferro e la produzione dell'acciaio e della ghisa.

si|de|rùr|gi|co *agg.* [m.pl. *-ci*] che riguarda la siderurgia ♦ *s.m.* [f. -a] operaio dell'industria siderurgica.

sì|dro *s.m.* bevanda a bassa gradazione alcolica ottenuta dalla fermentazione di succhi di frutta, spec. di mele.

siemens (*ted.*) [pr. *sìmens*] *s.m.invar.* unità di misura della conduttanza elettrica nel Sistema Internazionale (*simb.* S).

siè|pe *s.f.* **1** fila di arbusti o cespugli piantati molto vicini tra loro per cingere un terreno od ornare viali e giardini **2** (*fig.*) insieme di persone o cose raggruppate in modo fitto, spec. per formare uno sbarramento **3** (*sport*) nell'ippica, ostacolo formato da una siepe artificiale o naturale.

siè|ro *s.m.* **1** parte liquida che si separa da un fluido biologico per effetto della coagulazione: — *del sangue*; — *del latte* **2** (*med.*) preparato medicamentoso ricavato dal sangue di animali immunizzati contro determinate malattie infettive o tossine: — *antivipera*.

siè|ro- (*biol.*, *med.*) primo elemento di parole composte che indica relazione con il siero o presenza di siero (*sieroterapia*).

sie|ro|dià|gno|si *s.f.* (*med.*) esame diagnostico utilizzato per identificare gli anticorpi specifici di una malattia infettiva contenuti nel siero del sangue di un malato.

sie|ro|lo|gì|a *s.f.* ramo della biologia che studia la composizione normale e le variazioni patologiche del siero del sangue, a scopo diagnostico.

sie|ro|ne|ga|ti|vi|tà *s.f.* (*med.*) condizione di chi è sieronegativo.

sie|ro|ne|ga|tì|vo *agg.*, *s.m.* [f. -a] (*med.*) che, chi, in seguito a una sierodiagnosi, risulta privo di anticorpi specifici verso un determinato microorganismo patogeno.

sie|ro|po|si|ti|vi|tà *s.f.* (*med.*) condizione di chi è sieropositivo.

sie|ro|po|si|tì|vo *agg.*, *s.m.* [f. -a] (*med.*) che, chi, in seguito a una sierodiagnosi, risulta portatore di anticorpi specifici verso un determinato microorganismo patogeno | (*per anton.*) che, chi è portatore del virus dell'AIDS.

sie|ró|sa *agg.*, *s.f.* (*anat.*) si dice della membrana sottile ed elastica che riveste la superficie interna delle cavità del corpo umano.

sie|ró|so *agg.* **1** simile a siero: *liquido —* **2** che contiene siero.

sie|ro|te|ra|pì|a *s.f.* terapia contro determinate malattie infettive mediante somministrazione di siero contenente anticorpi specifici contro la malattia da curare.

sierra (*sp.*) *s.f.* catena montuosa dalla cresta molto frastagliata, caratteristica dell'America meridionale e della Spagna.
siesta (*sp.*) *s.f.* breve riposo pomeridiano: *fare la —*.
sif|fat|to *agg.* (*raro*) così fatto, tale.
si|fi|li|de *s.f.* (*med.*) malattia infettiva a decorso cronico, trasmessa spec. per via sessuale.
si|fi|li|ti|co *agg.* [m.pl. -*ci*] **1** proprio della sifilide **2** affetto da sifilide ♦ *s.m.* [f. -*a*] chi è affetto da sifilide.
si|fo|na|mén|to *s.m.* l'insieme delle opere idrauliche e civili necessarie per incanalare nel sottosuolo i corsi d'acqua che attraversano un centro urbano.
si|fó|ne *s.m.* **1** condotto idraulico a forma di U rovesciata e con bracci diseguali, che serve per portare un liquido da un serbatoio a un altro situato a un livello inferiore **2** contenitore a pressione per selz o acqua gassata, dotato di un dispositivo di chiusura a leva che fa fuoriuscire il liquido da un tubicino **3** tipo di mosto per la preparazione di vini liquorosi, spec. marsala.
si|ga|rà|io *s.m.* [f. -*a*] operaio addetto alla lavorazione industriale del tabacco.
si|ga|rét|ta *s.f.* **1** piccolo rotolo cilindrico di tabacco trinciato avvolto in un foglietto di carta molto sottile, che si fuma dopo aver acceso una delle estremità: *sigarette con filtro* **2** (*estens.*) ogni oggetto che abbia forma simile a quella di una sigaretta: *— di cioccolato* | **pantaloni a** *—*, quelli dritti, con la gamba a forma di tubo.
si|ga|rét|to *s.m.* sigaretta avvolta in una foglia di tabacco invece che nella carta.
si|ga|ro *s.m.* piccolo rotolo di foglie di tabacco, che si fuma.
si|gil|làn|te *s.m.* materiale plastico, gener. costituito da silicone, usato per chiudere ermeticamente fessure di serramenti o altre strutture.
si|gil|là|re *v.tr.* **1** imprimere un sigillo; chiudere con un sigillo: *— una busta* **2** (*estens.*) chiudere ermeticamente: *— una bottiglia* **3** (*dir.*) apporre sigilli in seguito a una disposizione dell'autorità giudiziaria.
si|gil|la|tu|ra *s.f.* l'operazione del sigillare.
si|gil|lo *s.m.* **1** attrezzo sulla cui superficie è inciso a incavo un simbolo che, impresso su cera o ceralacca, garantisce l'autenticità o l'integrità di un documento **2** l'impronta di tale simbolo lasciata su cera, ceralacca e sim. da tale strumento **3** (*dir.*) segno materiale apposto, per disposizione dell'autorità giudiziaria, sugli accessi a locali per impedirne la violazione e su documenti per autenticarli o garantirne l'integrità | *— di garanzia*, marchio che attesta la qualità e l'integrità di un prodotto **4** (*estens.*) qualsiasi tipo di chiusura ermetica **5** (*fig.*) impronta, peculiarità, segno inconfondibile.
si|gla *s.f.* **1** la lettera o le lettere iniziali di una o più parole usate come abbreviazione al posto del nome per esteso **2** firma abbreviata, spec. costituita dalle iniziali di nome e cognome **3** *— musicale*, breve motivo musicale che apre o chiude una trasmissione radiotelevisiva.
si|glà|re *v.tr.* apporre una sigla: *— un documento* | *— un accordo*, sottoscriverlo temporaneamente, in attesa di un'approvazione definitiva.
si|glà|rio *s.m.* elenco di sigle con i corrispondenti nomi per esteso.
sig|ma *s.m.invar.* **1** [anche f.] nome della diciottesima lettera dell'alfabeto greco, che corrisponde alla *s* dell'alfabeto latino **2** (*anat.*) parte finale del colon discendente, prima dell'intestino retto.
si|gni|fi|càn|te *part.pres.* di significare ♦ *agg.* (*lett.*) significativo, importante ♦ *s.m.* (*ling.*) l'elemento formale, fonico o grafico che, insieme al significato, costituisce il segno linguistico.
si|gni|fi|cà|re *v.tr.* [indic.pres. *io significo, tu significhi...*] **1** esprimere un significato, un messaggio; voler dire: *che cosa significa questa parola?* | (*estens.*) essere indizio, segnale, simbolo di ql.co.: *il suo ritardo significa che qualcosa è andato storto* **2** (*fig.*) avere importanza: *significhi molto per lui* | equivalere: *partecipare significava aver già vinto*.
si|gni|fi|ca|ti|vi|tà *s.f.* carattere di ciò che è significativo.
si|gni|fi|ca|ti|vo *agg.* **1** che ha particolare importanza: *premio —* **2** ricco di significato: *frase significativa*.
si|gni|fi|cà|to *s.m.* **1** il concetto espresso da un segno linguistico o da un altro mezzo di espressione (gesto, segnale ecc.): *il — di una parola*; *— letterale, figurato* **2** (*fig.*) valore, importanza: *ciò ha per me un grande —*.
si|gnó|ra *s.f.* **1** appellativo che, per riguardo o cortesia, si premette al nome, al cognome e all'eventuale titolo di una donna **2** persona di sesso femminile: *abiti per —* **3** moglie: *il signor Bianchi e —* **4** donna raffinata nei modi e nelle abitudini: *essere una vera —* | donna ricca: *fare una vita da —* **5** la padrona di casa rispetto al personale di servizio **6** (*lett.*) padrona, dominatrice | (*per anton.*) **Nostra Signora**, la Madonna.
si|gnó|re *s.m.* [si tronca in *signor* davanti ai nomi propri e comuni] **1** appellativo che, per riguardo o cortesia, si premette al nome, al cognome e all'eventuale titolo di un uomo: *il signor Rossi* **2** persona di sesso maschile: *ti ha telefonato un —* **3** uomo raffinato nei modi e nelle abitudini: *agire da —* | uomo ricco: *vivere da —* | (*pl.*) l'insieme delle persone benestanti **4** il padrone di casa rispetto al personale di servizio **5** (*st.*) nobile che ha il dominio di un territorio | sovrano, principe: *i Visconti erano i signori di Milano* **6** (*lett.*) padrone, dominatore: *il — del castello* | (*per anton.*) **il Signore**, **Nostro Signore**, Dio.
si|gno|reg|già|re *v.tr.* [indic.pres. *io signoréggio...*] (*lett.*; *anche fig.*) dominare: *— un territorio* ♦ *intr.* [aus. *A*] (*lett.*) esercitare un dominio.
si|gno|rì|a *s.f.* **1** (*lett.*) dominio, potere assoluto, autorità **2** (*st.*) forma di governo di tipo monarchico assolutistico che si ebbe in molte città ita-

liane dopo il tramonto delle istituzioni comunali **3** titolo onorifico attribuito in passato a persone autorevoli | *la Signoria Vostra*, formula usata oggi solo nel linguaggio epistolare burocratico.

si|gno|ri|le *agg.* **1** (*st.*) proprio di un signore **2** di, da signore; raffinato: *gusti signorili* □ **signorilmente** *avv.*

si|gno|ri|li|tà *s.f.* caratteristica di chi è signorile.

si|gno|ri|na *s.f.* **1** appellativo che, per riguardo o cortesia, si premette al nome, al cognome e all'eventuale titolo di una donna non sposata (oggi è gener. sostituito da *signora*) **2** giovane ragazza | fanciulla nel periodo della pubertà: *diventare* — **3** nubile, donna non sposata.

si|gno|ri|no *s.m.* **1** (*antiq.*) il figlio giovane del padrone di casa rispetto alla servitù **2** (*iron.*) giovane delicato e di gusti difficili.

si|gnor|nò *avv.* (*mil.*) forma di risposta negativa usata quando ci si rivolge a un superiore.

si|gno|rot|to *s.m.* nobile che possiede un piccolo dominio o una piccola proprietà.

si|gnor|sì *avv.* (*mil.*) forma di risposta positiva usata quando ci si rivolge a un superiore.

sikh (*hindi*) [pr. *sik*] *agg. invar.*, *s.m./f.invar.* appartenente al gruppo religioso e politico indiano sorto nel Punjab tra il XV e il XVI sec., rigidamente monoteista e contrario alla suddivisione in caste.

si|len|te *agg.* (*lett.*) tacito, silenzioso.

si|len|zia|to|re *s.m.* **1** dispositivo che, inserito nel tubo di scappamento delle automobili, riduce il rumore dello scarico dei gas; marmitta **2** dispositivo che, applicato alla bocca delle armi da fuoco portatili, attutisce il rumore dello sparo.

si|len|zio *s.m.* **1** assenza di suoni, voci, rumori | — *di tomba*, totale **2** il tacere; lo smettere di parlare, di produrre rumori o suoni: *stare in* — **3** il tacere, il non dare notizie su un certo argomento | il non dare notizie di sé: *dopo un lungo —, mi ha telefonato* | (*dir.*) — **assenso**, quando la mancata risposta è da intendersi come tacita approvazione | — **stampa**, scelta, libera o imposta, di non diffondere tramite notiziari, giornali e sim. informazioni relative a un fatto importante: *chiedere il* — *stampa* **4** dimenticanza, oblio | *passare ql.co. sotto* —, non parlarne di proposito | *cadere nel* —, essere dimenticato | *vivere nel* —, senza far parlare di sé **5** in collegi, caserme e sim., ordine che obbliga al riposo e vieta qualsiasi rumore | (*mil.*) segnale di tromba che segnala l'inizio del riposo.

si|len|zio|si|tà *s.f.* l'essere silenzioso.

si|len|zio|so *agg.* **1** (*di persona*) taciturno, che non parla molto **2** (*di luogo*) quieto, senza rumori: *casa silenziosa* **3** che fa poco rumore o non ne fa affatto: *motore* — □ **silenziosamente** *avv.*

sil|fi|de *s.f.* **1** (*mit. nordica*) compagna del silfo **2** (*fig.*) donna snella e aggraziata.

sil|fo *s.m.* (*mit. nordica*) spirito, spec. maligno, dell'aria, dei boschi o delle acque.

silhouette (*fr.*) [pr. *siluèt*] *s.f.invar.* **1** ritratto o figura di profilo, di cui sono rappresentati solo i contorni; sagoma **2** (*estens.*) forma, linea del corpo, spec. femminile: *avere una bella* —.

si|li|cà|to *s.m.* **1** (*chim.*) sale di un acido silicico **2** minerale cristallino presente in quasi tutte le rocce, costituito da silicio e ossigeno.

si|li|ce *s.f.* (*min.*) biossido di silicio, diffuso in natura nelle sabbie e in molti minerali sia in varietà cristalline (p.e. quarzo) che amorfe (p.e. opale).

si|li|ce|o *agg.* di silice | che contiene silice.

si|li|ci|co *agg.* [m.pl. *-ci*] di silicio: *acido* —.

si|li|cio *s.m.* elemento chimico, metalloide bruno, semiconduttore, costituente principale di molte rocce e minerali (*simb.* Si).

si|li|ciz|za|zió|ne *s.f.* (*geol.*) processo di fossilizzazione in cui gli atomi di carbonio delle sostanze organiche sono sostituiti da atomi di silicio.

si|li|co|nà|re *v.tr.* [*indic.pres. io silicóno...*] **1** impermeabilizzare o sigillare con il silicone **2** nella chirurgia plastica, ricorrere all'inserimento di silicone fluido o solido per ricostruire o correggere determinate parti del corpo.

si|li|có|ne *s.m.* (*chim.*) polimero organico del silicio, di origine sintetica, usato come lubrificante, isolante, impermeabilizzante e nella chirurgia estetica.

si|li|cò|ni|co *agg.* [m.pl. *-ci*] (*chim.*) di silicone | che contiene silicone.

si|li|cò|si *s.f.* (*med.*) malattia polmonare causata dall'inalazione prolungata di polvere di silicio; colpisce spec. i minatori e i lavoratori del vetro.

si|li|qua *s.f.* (*bot.*) frutto secco, di forma allungata, che si apre longitudinalmente in due valve.

sil|la|ba *s.f.* **1** (*ling.*) unità fonetica costituita da uno o più suoni che si pronunciano con la stessa emissione di voce: *parola di due sillabe* **2** (*fam., in frasi negative*) niente, nulla: *non capire una* —, *non disse neppure una* —.

sil|la|bà|re *v.tr.* [*indic.pres. io sillabo...*] pronunciare o scrivere una parola staccandone le sillabe una dall'altra; compitare | imparare a leggere separando le sillabe delle parole.

sil|la|bà|rio *s.m.* libro scolastico per imparare a leggere e scrivere secondo il metodo sillabico.

sil|la|ba|zió|ne *s.f.* l'atto del sillabare.

sil|là|bi|co *agg.* [m.pl. *-ci*] **1** proprio di una o più sillabe **2** costituito da sillabe | *grafia*, *scrittura sillabica*, quella i cui segni rappresentano sillabe e non singoli suoni | *metodo* —, metodo didattico per l'apprendimento della lettura basato sulla scomposizione delle parole in sillabe e non in singole lettere.

sil|lès|si *s.f.* (*ling.*) concordanza tra gli elementi di una frase secondo un senso logico e non grammaticale (p.e. *la maggior parte delle persone pensano che...*).

sil|lo|ge *s.f.* (*lett.*) raccolta, antologia, florilegio: — *di testi lirici*.

sil|lo|gì|smo *s.m.* **1** (*filos.*) ragionamento deduttivo tale che, date due premesse, ne consegue necessariamente una conclusione 2 (*estens.*) ragionamento rigoroso e inoppugnabile.

sil|lo|gi|sti|ca *s.f.* (*filos.*) parte della logica che si occupa di descrivere e analizzare natura e forme del sillogismo.

sil|lo|gi|sti|co *agg.* [m.pl. -*ci*] proprio di un sillogismo | basato su un sillogismo: *dimostrazione sillogistica*.

sil|lo|giz|zà|re *v.tr.* esporre ricorrendo a uno o più sillogismi ♦ *intr.* [aus. *A*] ragionare per sillogismi | (*estens.*) argomentare con ragionamenti rigorosi e sottili.

sì|lo *s.m.* [pl. *sili* o, alla sp., *silos*] **1** costruzione a forma spec. cilindrica, in lamiera o muratura, per il deposito e la conservazione di cereali, foraggi, minerali e sim. **2** (*mil.*) deposito sotterraneo segreto in cui sono alloggiati e da cui possono essere lanciati missili a lungo raggio **3** parcheggio urbano su più piani; autosilo.

silo- → **xilo-**.

si|lò|fa|go *agg.* → **xilofago**.

si|lò|fo|no *s.m. e deriv.* → **xilofono** *e deriv.*

si|lo|gra|fì|a *s.f.* → **xilografia**.

si|lo|lo|gì|a *s.f.* → **xilologia**.

si|lò|me|tro *s.m.* (*mar.*) strumento che misura la velocità delle navi.

si|lo|tè|ca *s.f.* → **xiloteca**.

si|lu|ra|mén|to *s.m.* **1** danneggiamento o affondamento di un'imbarcazione per mezzo di siluri **2** (*fig.*) rimozione da un incarico, spec. di rilievo: *il — del segretario generale* | azione finalizzata al fallimento di ql.co.

si|lu|rà|n|te *part.pres. di* silurare ♦ *agg.* detto di mezzo da guerra dotato di lanciasiluri ♦ *s.f.* nave da guerra armata di siluri.

si|lu|rà|re *v.tr.* **1** (*mil.*) colpire con uno o più siluri **2** (*fig.*) rimuovere da un incarico di rilievo: *— il direttore* | causare il fallimento di ql.co.; boicottare: *— un'iniziativa*.

si|lu|rià|no *agg., s.m.* (*geol.*) si dice del secondo periodo del paleozoico: *fossile —*.

si|lu|ri|fór|me *agg.* che ha forma di siluro.

si|lù|ro *s.m.* **1** proiettile di grandi dimensioni e di forma allungata, carico di esplosivi, dotato di motore proprio e organo di direzione con cui viaggia in immersione andando a colpire obiettivi subacquei o di superficie **2** (*fig.*) azione che mira a screditare o danneggiare qlcu., spec. importante: *lanciare un — contro un avversario politico* | azione finalizzata a far fallire ql.co.

sil|và|no *agg.* (*lett.*) di selva.

silverplate (*ingl.*) [pr. *sìlverpleit*] *s.m.invar.* metallo placcato d'argento: *cornice in —*.

sil|vè|stre *agg.* (*lett.*) di selva | che vive, che cresce nelle selve; silvano.

sìl|via *s.f.* genere di piccoli uccelli passeriformi con becco sottile e coda diritta; ne fanno parte la capinera e il beccafico.

sil|vì|co|lo *agg.* proprio dei boschi | che vive nei boschi: *fauna silvicola*.

sil|vi|col|tù|ra *s.f.* → **selvicoltura**.

sim- *pref.* → **sin-**.

SIM *s.f.invar.* (*telecom.*) scheda di un telefono cellulare che identifica l'abbonato, permettendogli di accedere ai servizi.

sim|bi|òn|te *s.m.* (*biol.*) individuo animale o vegetale che vive in simbiosi.

sim|bi|ò|si *s.f.* **1** (*biol.*) forma di vita associata tra individui di specie diverse, con beneficio reciproco **2** (*fig.*) stretto rapporto tra persone: *vive in — con sua figlia* | mescolanza armonica di elementi o forme differenti: *— tra danza e musica*.

sim|bi|ò|ti|co *agg.* [m.pl. -*ci*] (*anche fig.*) di simbiosi: *legame —*.

sim|bo|leg|già|re *v.tr.* [indic.pres. *io simboléggio...*] rappresentare, esprimere con simboli: *il bianco simboleggia la purezza*.

sim|bo|li|ci|tà *s.f.* carattere di ciò che è simbolico.

sim|bò|li|co *agg.* [m.pl. -*ci*] **1** di simbolo; che ha valore di simbolo: *regalo —* **2** che fa uso di simboli o si esprime attraverso i simboli: *linguaggio —* □ **simbolicamente** *avv.*

sim|bo|lì|smo *s.m.* **1** condizione di ciò che ha carattere simbolico o è costituito da simboli: *il — della liturgia* **2** tendenza ad attribuire valore simbolico a manifestazioni storico-culturali **3** l'uso di un particolare sistema di segni | il sistema stesso dei segni: *il — della chimica* **4** (*arte, cine., lett.*) la tendenza a esprimersi attraverso simboli | (*st.*) movimento artistico-letterario sorto in Francia nella seconda metà dell'Ottocento, basato sull'uso di un linguaggio analogico e metaforico.

sim|bo|lì|sta *agg.* simbolistico ♦ *s.m./f.* [m.pl. -*i*] esponente, seguace del simbolismo.

sim|bo|lì|sti|co *agg.* [m.pl. -*ci*] proprio del simbolismo o dei simbolisti: *linguaggio —*.

sim|bo|liz|zà|re *v.tr.* [indic.pres. *io simbolizzo...*] rappresentare attraverso simboli: *la colomba simbolizza lo Spirito Santo* | attribuire un valore simbolico.

sim|bo|liz|za|zió|ne *s.f.* rappresentazione in forma di simbolo.

sìm|bo|lo *s.m.* **1** oggetto, individuo o altro elemento concreto che rappresenta un'entità astratta o sintetizza una realtà più ampia; emblema: *l'aquila era il — dell'impero* **2** (*scient.*) segno grafico convenzionale che esprime un ente: *"r" è il — del raggio* | (*chim.*) abbreviazione convenzionale del nome di un elemento, costituito da una o due lettere: *"Al" è il — dell'alluminio* **3** (*ling.*) segno del linguaggio scritto o parlato.

sim|bo|lo|gì|a *s.f.* insieme organico di simboli relativi a una certa materia, cultura, popolo ecc.: *la — cristiana*.

si|mi|là|re *agg.* simile, affine: *oggetti di forma —*.

si|mi|la|ri|tà *s.f.* affinità, analogia.

sì|mi|le *agg.* **1** che presenta somiglianze e analogie con un'altra cosa o persona; analogo: *caratteri simili; un fiore — a una margherita* **2** (*spreg.*) tale, siffatto: *con persone simili è meglio non parlare* **3** (*geom.*) uguale per forma, ma di diversa grandezza: *quadrati simili* ♦ *s.m./f.* ogni essere della propria specie: *amare i propri simi-*

similitudine 1182

li | ... **e simili**, alla fine di un'elencazione indica genericamente cose o individui analoghi a quelli precedenti □ **similmente** *avv.* in modo simile, allo stesso modo, analogamente.
si|mi|li|tù|di|ne *s.f.* 1 (*raro*) somiglianza 2 (*ret.*) figura che accosta due concetti sulla base di un rapporto di somiglianza; comparazione (p.e. *veloce come un treno*) 3 (*geom.*) relazione tra due enti tale che risulti costante il rapporto fra gli elementi lineari dell'uno e i corrispondenti dell'altro.
si|mi|lò|ro *s.m.invar.* lega di rame, stagno e zinco con colore simile a quello dell'oro: *collanina in —*.
si|mil|pèl|le *s.m.invar.* materiale artificiale che, per aspetto e consistenza, è simile alla pelle naturale: *portafogli in —*.
sim|me|trì|a *s.f.* 1 (*geom.*) proprietà di figure in cui i punti corrispondenti si trovano allineati da parti opposte e alla stessa distanza rispetto a un dato punto, linea o retta | (*estens.*) corrispondenza di forma, grandezza, posizione tra gli elementi di una struttura, un corpo, un insieme 2 (*biol.*) disposizione regolare delle parti che formano un organismo, rispetto a un piano o asse 3 (*fig.*) armonia di proporzioni, combinazioni e sim. tra le parti di un insieme: *la perfetta — di un dipinto*.
sim|mè|tri|co *agg.* [m.pl. -ci] dotato di simmetria; che è disposto in simmetria: *sistemazione simmetrica di elementi* □ **simmetricamente** *avv.*
si|mo|nì|a *s.f.* (*relig.*) commercio a fini di lucro di beni spirituali o sacri.
si|mo|nì|a|co *agg.* [m.pl. -ci] 1 proprio della simonia | che deriva da simonia 2 che commette simonia: *prete —* ♦ *s.m.* [f. -a] chi è colpevole di simonia.
sim|pa|tè|ti|co *agg.* [m.pl. -ci] che s'accorda perfettamente col pensiero o col carattere, le caratteristiche, le qualità di una persona o di una cosa.
sim|pa|tì|a *s.f.* 1 sentimento di attrazione istintiva verso qlcu. o ql.co.: *provare, sentire —* | affetto, intesa sentimentale 2 qualità di chi o ciò che è simpatico: *persona di grande —*.
sim|pà|ti|co¹ *agg.* [m.pl. -ci] 1 che ispira simpatia: *mi è —*; *stare — a qlcu.* | (*estens.*) piacevole, divertente: *un — pomeriggio* 2 inchiostro *—*, visibile solo dopo trattamenti specifici ♦ *s.m.* [f. -a] persona simpatica □ **simpaticamente** *avv.*
sim|pà|ti|co² *agg., s.m.* [m.pl. -ci] (*med.*) si dice di uno dei due componenti del sistema nervoso che presiede alle funzioni della vita vegetativa.
sim|pa|tiz|zàn|te *part.pres.* di simpatizzare ♦ *agg., s.m./f.* che, chi guarda con favore a un partito, a un movimento e sim., senza però aderirvi in maniera formale: *un — del partito democratico* | (estens.) sostenitore, tifoso: *i simpatizzanti della Juventus*.
sim|pa|tiz|zà|re *v.intr.* [aus. *A*] 1 entrare in rapporto di reciproca simpatia: *— con qlcu.* 2 condividere idee, opinioni e sim. nelle loro linee fondamentali: *— per un partito*.

sim|pè|ta|lo *agg.* (*bot.*) detto di fiore con petali uniti tra loro.
sim|pò|sio *s.m.* 1 (*lett.*) banchetto, convito 2 (*fig.*) congresso di studiosi.
si|mu|là|cro *s.m.* 1 immagine o statua che rappresenta una divinità, un eroe, un personaggio illustre 2 (*lett., fig.*) apparenza, illusione.
si|mu|là|re *v.tr.* [indic.pres. *io sìmulo...*] 1 manifestare sentimenti insinceri; fingere: *— affetto per qlcu.* | far credere ciò che non si è, ciò che non si ha: *— una malattia* 2 (*estens.*) imitare: *— il verso della rana* 3 (*scient.*) riprodurre artificialmente un fenomeno per studiarlo: *— l'assenza di gravità*.
si|mu|là|to *part.pass.* di simulare ♦ *agg.* 1 finto, falso, non autentico 2 riprodotto in modo artificiale, spec. a fini di sperimentazione o allenamento: *volo —*.
si|mu|la|tó|re *s.m.* 1 [f. -trice] chi simula | (*sport*) giocatore che ha la tendenza a fingere di aver subito un fallo 2 (*tecn.*) dispositivo in grado di ricreare determinate condizioni o ambienti, usato nell'allenamento degli atleti o nell'addestramento dei piloti e sim.: *— di guida*.
si|mu|la|zió|ne *s.f.* 1 finzione | (*dir.*) *— di reato*, reato commesso da chi afferma falsamente che è avvenuto un reato o ne simula le tracce 2 (*scient.*) creazione di un modello che riproduce artificialmente le condizioni in cui si verifica un fenomeno.
si|mul|ta|nei|tà *s.f.* contemporaneità; coincidenza di eventi.
si|mul|tà|neo *agg.* che avviene nel medesimo tempo: *due eventi simultanei* | **traduzione simultanea**, quella che il traduttore esegue mentre l'oratore sta parlando □ **simultaneamente** *avv.*
sin- *pref.* [si ha assimilazione davanti a *l, m, r, s*; davanti a *b* e *p* la *n* diventa *m*] indica contemporaneità, unione, connessione, completamento (*sintassi, sillaba, simmetria, simbiosi*).
si|na|gò|ga *s.f.* edificio sacro della religione ebraica, destinato al culto e all'insegnamento dei testi sacri.
si|na|lè|fe *s.f.* (*metr.*) fusione in un'unica sillaba della vocale o del dittongo finale di una parola con la vocale o il dittongo iniziale della parola seguente.
si|nà|psi *s.f.* (*fisiol.*) collegamento attraverso cui avviene la trasmissione dell'impulso nervoso fra due cellule nervose.
si|nar|trò|si *s.f.* (*anat.*) articolazione fissa, priva di movimento.
sin|ce|rà|re *v.tr.* [indic.pres. *io sincèro...*] (*lett.*) convincere della verità di ql.co. ♦ **-rsi** *rifl.* accertarsi, assicurarsi: *— delle condizioni di qlcu.*
sin|ce|ri|tà *s.f.* carattere di chi o di ciò che è sincero; franchezza, schiettezza: *dubitare della — di qlcu.*
sin|cè|ro *agg.* 1 che non inganna; franco, schietto, leale: *un amico —* 2 (*di sentimento, passione e sim.*) reale, non finto o simulato: *dolore —* 3 (*estens.*) genuino, senza adulterazioni: *vino —* □ **sinceramente** *avv.* francamente, schiettamente:

ti ho parlato — | in verità, davvero: *—, non so cosa è meglio*.

sin|ci|ne|si|a *s.f.* (*med.*) disturbo motorio proprio di alcune forme di paralisi, consistente nell'impossibilità di compiere un gesto volontario senza effettuarne contemporaneamente un altro involontario.

sin|cli|na|le *s.f.* (*geol.*) piega degli strati rocciosi concava verso l'alto e convessa verso il basso.

sin|co|pà|re *v.tr.* [indic.pres. *io sìncopo*...] **1** (*ling.*) far cadere uno o più suoni all'interno di una parola **2** (*mus.*) ritmare un brano musicale con sincopi.

sin|co|pà|to *part.pass.* di sincopare ♦ *agg.* **1** (*ling.*) detto di parola che ha subito una sincope **2** (*mus.*) detto di brano musicale caratterizzato da sincope.

sìn|co|pe *s.f.* **1** (*ling.*) caduta di un suono o gruppo di suoni all'interno di una parola (p.e. *comprare* da *comperare*) **2** (*mus.*) effetto ritmico di sfasatura d'accento ottenuto facendo iniziare un suono sul tempo debole, anziché forte, della battuta **3** (*med.*) sospensione improvvisa dell'attività cardiocircolatoria e respiratoria: *— cardiaca*.

sin|crè|ti|co *agg.* [m.pl. *-ci*] che presenta sincretismo | (*ling.*) **caso** *—,* caso morfologico che oltre alla propria funzione ha assunto anche quella di altri casi ormai scomparsi.

sin|cre|tì|smo *s.m.* **1** fusione di elementi filosofici, mitologici o religiosi di diversa origine **2** (*ling.*) fenomeno per cui un'unica forma grammaticale ha più funzioni.

sin|cre|tì|sti|co *agg.* [m.pl. *-ci*] proprio del sincretismo | caratterizzato da sincretismo: *filosofia sincretistica*.

sin|cro|nì|a *s.f.* **1** proprietà di ciò che è sincrono; sincronismo: *— di movimenti* | *in —,* simultaneamente **2** prospettiva di studio per cui si considera un fenomeno in un preciso momento storico e non nella sua evoluzione complessiva.

sin|crò|ni|co *agg.* [m.pl. *-ci*] **1** simultaneo, sincrono **2** proprio della sincronia | **linguistica sincronica**, quella che studia le caratteristiche di una lingua così come questa si presenta in un preciso momento e non nella sua evoluzione storica.

sin|cro|nì|smo *s.m.* **1** l'essere sincrono; simultaneità, contemporaneità **2** (*fis.*) condizione di due fenomeni periodici con uguale periodo **3** (*cine.*) perfetta contemporaneità tra immagini e suoni correlati.

sin|cro|niz|zà|re *v.tr.* **1** rendere sincronico | *— gli orologi*, regolarli sulla stessa ora **2** (*cine.*) realizzare una perfetta contemporaneità tra immagini e suoni correlati ♦ **-rsi** *rifl., intr.pron.* divenire sincrono.

sin|cro|niz|zà|to *part.pass.* di sincronizzare ♦ *agg.* compiuto in sincronia, simultaneamente | (*sport*) **nuoto** *—,* quello in cui si devono eseguire in acqua una serie di figure con accompagnamento musicale.

sin|cro|niz|za|tó|re *s.m.* (*tecn.*) dispositivo che ha la funzione di sincronizzare più movimenti.

sin|cro|niz|za|zió|ne *s.f.* conseguimento di una perfetta simultaneità tra più azioni o funzioni.

sìn|cro|no *agg.* **1** che avviene nello stesso momento; simultaneo | (*fis.*) che ha lo stesso periodo: *oscillazioni sincrone* **2** (*tecn.*) che si muove in maniera coordinata col movimento di un altro elemento: *alternatore —*.

sin|cro|tró|ne *s.m.* (*fis.*) acceleratore su traiettoria circolare per elettroni e protoni.

sin|da|cà|bi|le *agg.* che si può criticare: *azione —*.

sin|da|cà|le[1] *agg.* proprio del sindacato o del sindacalismo: *lotte sindacali*.

sin|da|cà|le[2] *agg.* **1** che riguarda i sindaci o il collegio dei sindaci di una società **2** proprio di un sindaco: *ordinanza —*.

sin|da|ca|lì|smo *s.m.* movimento che, attraverso le organizzazioni sindacali, tutela gli interessi economici e sociali dei lavoratori nei confronti dei datori di lavoro.

sin|da|ca|lì|sta *s.m./f.* [m.pl. *-i*] **1** esponente di un'organizzazione sindacale | (*estens.*) chi si impegna in un'attività sindacale **2** sostenitore del sindacalismo.

sin|da|ca|liz|zà|re *v.tr.* **1** rendere consapevole sui diritti dei lavoratori e sulla necessità di un'organizzazione a livello sindacale **2** organizzare in sindacato: *— i lavoratori di un'azienda* ♦ **-rsi** *intr.pron.* **1** acquisire una coscienza sindacale **2** aderire a un sindacato.

sin|da|ca|liz|za|zió|ne *s.f.* **1** organizzazione di lavoratori in sindacato | adesione a un sindacato **2** azione di sensibilizzazione sindacale svolta nei confronti di gruppi di lavoratori.

sin|da|cà|re *v.tr.* [indic.pres. *io sìndaco, tu sìndachi*...] **1** esaminare, controllare l'attività di enti, amministrazioni, funzionari e sim. **2** (*fig.*) considerare con severità; criticare: *devi sempre — su ogni cosa?*

sin|da|cà|to[1] *s.m.* **1** associazione di lavoratori, spec. dipendenti, costituita per tutelare gli interessi economici, sociali e professionali della categoria: *il — dei metalmeccanici*; *essere iscritto a un —* | *— **confederale***, quello che aderisce a una delle tre grandi associazioni sindacali italiane (CGIL, CISL, UIL) | *— **autonomo***, non aderente a CGIL, CISL o UIL **2** (*econ.*) accordo di tipo monopolistico fra più imprese.

sin|da|cà|to[2] *s.m.* controllo sull'operato di enti, amministrazioni, funzionari e sim. | (*estens.*) esame minuzioso.

sìn|da|co *s.m.* [f. invar. o *-a*; pl. *-ci*] **1** capo dell'amministrazione di un comune, nell'ordinamento italiano eletto direttamente dai cittadini **2** (*in società di capitale, cooperative e sim.*) membro dell'organo che controlla l'attività degli amministratori, garantendo il rispetto delle leggi e dello statuto societario.

sin|dat|ti|li|a *s.f.* (*med.*) malformazione congenita consistente nella fusione di due o più dita.

sìn|de|si *s.m.* (*ret.*) accostamento di parole o frasi tramite congiunzioni.

sìn|do|ne *s.f.* (*st.*) presso gli ebrei, lenzuolo di lino entro cui si avvolgeva il cadavere | (*relig.*)

Sacra Sindone, per i cattolici, lenzuolo in cui fu avvolto Cristo morto e che reca impressa l'immagine del suo corpo.

sin|dro|me *s.f.* (*med.*) il complesso dei sintomi che denunciano una malattia: — *emorragica* | (*estens.*) patologia, malattia | — *di Down*, malattia congenita causata da un difetto cromosomico, che comporta ritardo mentale e aspetto di tipo mongoloide | — **da immunodeficienza acquisita**, AIDS | — *di Stoccolma*, condizione psichica di dipendenza sviluppata da taluni ostaggi nei confronti del sequestratore | — *di Stendhal*, stato di intensa emozione, caratterizzato talvolta da svenimenti, che può colpire durante la visione di opere d'arte.

si|ne|cù|ra *s.f.* 1 (*eccl.*) nel passato, beneficio ecclesiastico senza obblighi di funzioni e uffici 2 (*estens.*) incarico che non comporta grandi responsabilità di lavoro.

si|nèd|do|che *s.f.* (*ret.*) figura che trasferisce il significato di una parola a un'altra sulla base di un rapporto di quantità (p.e. la parte per il tutto: *le vele* per *le navi*; il singolare per il plurale: *il gatto è un animale domestico*).

si|ne di|e (*lat.*) *loc.* senza scadenza, a tempo indeterminato: *rinviare ql.co. —*.

si|nè|drio *s.m.* 1 (*st.*) nell'antica Grecia, assemblea politica o religiosa dei rappresentanti delle città | presso gli antichi ebrei, supremo organo politico, giudiziario e religioso 2 (*spec. scherz.*) assemblea di persone, spec. importanti.

si|ne qua non (*lat.*) *loc.agg.invar.* che è necessario, imprescindibile: *condizione —*.

si|nè|re|si *s.f.* 1 (*metr.*) fusione tra due o più vocali appartenenti a due sillabe diverse di una stessa parola 2 (*chim., fis.*) separazione spontanea del solvente da una massa colloidale con conseguente raggrinzimento di questa.

si|ner|gì|a *s.f.* 1 (*med.*) azione simultanea di più organi diversi per compiere una certa funzione o processo | sinergismo 2 (*estens.*) interazione, azione combinata al fine di ottenere una maggiore efficienza e un miglior risultato: *lavorare in —*.

si|nèr|gi|co *agg.* [m.pl. -*ci*] 1 (*med.*) proprio della sinergia | che presenta o causa sinergia 2 che interagisce, che si combina: *azione sinergica* | prodotto da una combinazione di elementi.

si|ner|gi|smo *s.m.* (*med.*) azione simultanea di farmaci diversi sull'organismo, combinata in modo tale che i singoli effetti ne risultano potenziati.

si|ne|ste|si|a *s.f.* 1 (*psicol.*) fenomeno per cui una percezione che corrisponde a un certo senso è associata a quella di un senso diverso 2 (*ret.*) figura consistente nell'associare due termini relativi a sfere sensoriali diverse.

sin|fo|nì|a *s.f.* 1 (*mus.*) composizione per orchestra, gener. in quattro movimenti | (*estens.*) brano strumentale di introduzione a un melodramma; ouverture 2 (*fig.*) insieme armonico.

sin|fò|ni|co *agg.* [m.pl. -*ci*] 1 (*mus.*) di sinfonia: *pezzo —* 2 (*fig.*) composto da una molteplicità armonica di elementi.

sin|ga|lé|se *agg.* dell'isola di Ceylon (Sri Lanka): *cucina —* ♦ *s.m./f.* chi è nato o abita nell'isola di Ceylon.

sin|ghioz|zà|re *v.intr.* [indic.pres. *io singhiózzo...*; aus. *A*] 1 piangere con singhiozzi 2 avere il singhiozzo 3 (*fig.*) procedere a scatti: *il motore singhiozza*.

sin|ghióz|zo *s.m.* 1 rapida inspirazione causata da un'improvvisa contrazione del diaframma | *a —*, *a singhiozzi*, in modo discontinuo: *sciopero a —*; *procedere a —* 2 (*spec.pl.*) successione veloce di inspirazioni ed espirazioni convulse causate dal pianto: *scoppiare in singhiozzi*.

single (*ingl.*) [pr. *sìngol*] *s.m./f.invar.* persona che non ha un legame sentimentale stabile.

sin|go|là|re *agg.* 1 (*lett.*) proprio di un solo individuo 2 unico nel suo genere; insolito, strano: *un comportamento —* | raro: *di — bellezza* 3 (*gramm.*) detto di forma indicante una sola cosa o persona: *nome —* ♦ *s.m.* 1 (*gramm.*) forma che indica o che riguarda una sola cosa o persona: *il — del nome*, *del verbo* 2 (*sport*) nel tennis, partita tra due giocatori: *torneo di — maschile* □ **singolarmente** *avv.* 1 a uno a uno, in modo individuale: *seguire — gli studenti* 2 particolarmente, eccezionalmente: *— simpatico*.

sin|go|la|ri|tà *s.f.* 1 individualità, unicità 2 originalità, peculiarità: *la — di un evento*.

sin|go|lo *agg.* 1 considerato a sé; isolato, separato dagli altri: *i singoli individui di un gruppo* 2 di un solo elemento, unico: *in singola copia* | predisposto per una sola persona: *letto —* ♦ *s.m.* 1 individuo: *i doveri del —* 2 (*mus.*) CD con un solo brano o pochi brani tratti spec. da una più ampia raccolta 3 (*sport*) nel tennis, partita tra due giocatori; singolare | nel canottaggio, imbarcazione per un solo vogatore.

sin|gùl|to *s.m.* (*lett.*) singhiozzo.

si|ni|scàl|co *s.m.* [pl. -*chi*] nel Medioevo, maggiordomo al servizio della famiglia reale o di una grande famiglia aristocratica | (*estens.*) alto dignitario.

si|ni|stra *s.f.* 1 la mano sinistra: *scrivere con la —* 2 il lato corrispondente alla mano sinistra: *girare a —* | (*fig.*) *a destra e a —*, dappertutto 3 (*polit.*) l'insieme degli schieramenti di tendenza progressista, radicale o rivoluzionaria, i cui rappresentanti siedono in Parlamento tradizionalmente alla sinistra del presidente | (*estens.*) la parte progressista di un partito o movimento.

si|ni|strà|re *v.tr.* danneggiare gravemente: *la frana ha sinistrato il paese*.

si|ni|strà|to *part.pass.* di sinistrare ♦ *agg.*, *s.m.* [f. -*a*] *che*, *chi* è stato colpito da un sinistro.

si|ni|stro *agg.* 1 che sta dalla parte del cuore: *gamba sinistra* 2 che si trova a sinistra rispetto a un punto di riferimento: *la sponda sinistra del fiume* 3 (*fig.*) avverso, contrario, funesto: *un presagio —* | truce, minaccioso: *un tipo —* ♦ *s.m.* 1 (*bur.*) disastro, incidente: *un grave —* 2 (*sport*) nel pugilato, il pugno sinistro e il colpo dato con

tale pugno: *sferrare un — poderoso* | nel calcio, il piede sinistro e il tiro compiuto con tale piede: *tirare di —* □ **sinistramente** *avv.* in modo truce, minaccioso | in modo funesto.
si|ni|stròr|so *agg.* 1 che va da destra a sinistra: *scrittura sinistrorsa* 2 (*fis.*) che gira nel senso opposto a quello delle lancette dell'orologio; antiorario: *vite sinistrorsa* 3 (*scherz.*) chi ha tendenze politiche di sinistra.
si|no *prep., avv.* → **fino**[1].
si|no- primo elemento di parole composte che significa "Cina" (*sinologia*).
si|no|dà|le *agg.* che riguarda il sinodo | prescritto da un sinodo: *disposizioni sinodali.*
si|nò|di|co *agg.* [m.pl. *-ci*] (*astr.*) proprio della congiunzione di due o più astri | **mese** —, intervallo tra due novilunii successivi.
si|no|do *s.m.* organo collegiale ecclesiastico | — *diocesano*, assemblea dei sacerdoti di una stessa diocesi.
si|no|lo|gì|a *s.f.* studio della lingua, cultura e civiltà cinese.
si|nò|lo|go *s.m.* [f. *-a*; m.pl. *-gi* o *-ghi*] esperto o studioso di sinologia.
si|no|ni|mì|a *s.f.* (*ling.*) uguaglianza di significato tra due o più parole o espressioni.
si|no|nì|mi|co *agg.* [m.pl. *-ci*] (*ling.*) proprio della sinonimia | che è in relazione di sinonimia: *parole sinonimiche.*
si|no|nì|mo *s.m.* (*ling.*) parola che ha lo stesso significato di un'altra, anche se con differenti sfumature (p.e. *viso* e *faccia*).
si|nò|pia *s.f.* 1 tipo di ocra rossa | (*estens.*) sottile corda colorata di ocra rossa usata per tracciare linee diritte 2 disegno preparatorio di un affresco, eseguito sull'intonaco.
si|nò|psi *s.f.* (*cine.*) 1 prima stesura di un soggetto cinematografico 2 riassunto di un film, realizzato spec. a scopi pubblicitari.
si|nó|ra *avv.* → **finora**.
si|nòs|si *s.f.* (*lett.*) esposizione sintetica e sistematica di una materia.
si|nòt|ti|co *agg.* [m.pl. *-ci*] che permette di avere una visione simultanea delle varie parti di un complesso | **tavole sinottiche**, esposizione schematica di una materia su fogli divisi in colonne | **Vangeli sinottici**, i Vangeli di Matteo, Marco e Luca, nei quali l'esposizione presenta uno svolgimento in gran parte parallelo.
si|nò|via *s.f.* (*anat.*) liquido presente nelle cavità delle articolazioni che facilita i movimenti.
si|no|vià|le *agg.* (*anat.*) di sinovia: *liquido* —.
si|no|vì|te *s.f.* (*med.*) infiammazione della membrana sinoviale, spec. del ginocchio.
sin|tàg|ma *s.m.* [pl. *-i*] (*ling.*) combinazione di due o più elementi linguistici che formano un'unità sintattica minima con valore autonomo.
sin|tag|mà|ti|co *agg.* [m.pl. *-ci*] (*ling.*) proprio di un sintagma | formato da sintagmi.
sin|tàs|si *s.f.* 1 (*ling.*) studio delle relazioni che si istituiscono nella frase tra le parti che la compongono | l'insieme delle norme che regolano le relazioni tra le parti di una frase: *— latina* | il testo che raccoglie e ordina tali regole 2 (*estens.*) l'insieme delle relazioni significative o funzionali che si stabiliscono tra le componenti di un'opera artistica, teatrale, musicale, cinematografica ecc.
sin|tàt|ti|co *agg.* [m.pl. *-ci*] proprio della sintassi: *analisi sintattica*.
sin|te|rìz|za|zió|ne *s.f.* (*metall.*) processo di compressione delle polveri metalliche mediante riscaldamento, impiegato per rafforzare la saldatura tra le particelle e migliorarne la resistenza.
sìn|te|si *s.f.* 1 (*filos.*) nella dialettica, il concetto o il giudizio più comprensivo che supera e unifica posizioni opposte 2 processo di unificazione di varie parti, elementi o termini in un tutto | (*estens.*) fusione di diversi elementi essenziali e caratteristici: *— di differenti tradizioni regionali* 3 (*estens.*) compendio, riassunto: *— di storia* | *in* —, brevemente, in modo conciso 4 (*chim.*) processo con cui si ottiene un composto chimico attraverso una o più reazioni fra gli elementi | (*estens.*) riproduzione artificiale di ql.co. che esiste in natura | (*chim., biol.*) — **clorofilliana**, fotosintesi | (*chim., biol.*) — **proteica**, processo cellulare di costituzione delle proteine.
sin|te|ti|ci|tà *s.f.* concisione, essenzialità.
sin|tè|ti|co *agg.* [m.pl. *-ci*] 1 che costituisce o risulta di una sintesi 2 (*estens.*) conciso, essenziale: *un giudizio —* 3 (*chim.*) detto di prodotto, sostanza e sim. ottenuto artificialmente attraverso sintesi chimiche: *fibre sintetiche* □ **sinteticamente** *avv.* 1 in modo sintetico: *raccontare —* 2 (*chim.*) mediante sintesi.
sin|te|tiz|zà|re *v.tr.* 1 esporre in forma sintetica; riassumere: *— un romanzo* 2 (*chim.*) ottenere, produrre mediante sintesi: *— una sostanza.*
sin|te|tiz|za|tó|re *s.m.* (*mus.*) strumento elettronico formato da un insieme complesso di moduli, in grado di produrre una varietà amplissima di effetti sonori.
sin|te|tiz|za|zió|ne *s.f.* 1 l'azione di sintetizzare e il suo risultato 2 (*mus.*) creazione o modificazione elettronica di un effetto sonoro.
sin|to|am|pli|fi|ca|tó|re *s.m.* (*elettron.*) apparecchio comprendente, in un unico sistema, amplificatore e sintonizzatore.
sin|to|ma|ti|ci|tà *s.f.* caratteristica di ciò che è sintomatico.
sin|to|mà|ti|co *agg.* [m.pl. *-ci*] 1 (*med.*) che riguarda i sintomi | che è un sintomo: *disturbo —* | **terapia sintomatica**, che si limita a eliminare i sintomi di una malattia e non le cause 2 (*fig.*) significativo: *è — che non ti abbia salutato*.
sin|to|ma|to|lo|gì|a *s.f.* (*med.*) l'insieme dei sintomi di una malattia.
sìn|to|mo *s.m.* 1 (*med.*) fenomeno caratteristico che accompagna ed evidenzia una malattia: *i primi sintomi dell'influenza* 2 (*fig.*) indizio, segno: *i sintomi della crisi economica.*
sin|to|nì|a *s.f.* 1 (*fis.*) concordanza tra due frequenze d'onda | (*telecom.*) **mettere in** —, accordare la frequenza d'onda di un circuito ricevente

sintonizzare

con quello della stazione trasmittente **2** (*fig.*) accordo, armonia, corrispondenza: *essere in — con qlcu.*

sin|to|niz|zà|re *v.tr.* **1** (*elettron.*) mettere in sintonia due circuiti oscillanti | regolare una radio o una televisione sulla lunghezza d'onda corrispondente a un canale: — *la radio su una stazione di musica pop* **2** (*fig.*) rendere armonioso ♦ **-rsi** *intr.pron.* **1** mettersi ad ascoltare o a vedere un determinato canale radiotelevisivo: — *sul terzo canale* **2** (*fig.*) armonizzarsi, essere in accordo: — *con le opinioni di qlcu.*

sin|to|niz|za|tó|re *s.m.* (*elettron.*) dispositivo che, in un apparecchio radioricevente, permette di sintonizzarsi su radiofrequenze diverse | (*estens.*) apparecchio radioricevente.

sin|to|niz|za|zió|ne *s.f.* (*elettron.*) l'atto di sintonizzare o di sintonizzarsi.

si|nuo|si|tà *s.f.* **1** tortuosità: *la — di una salita* | parte che è sinuosa: *le — di una costa* **2** (*fig.*) complessità, ambiguità: *la — di un ragionamento.*

si|nu|ó|so *agg.* **1** che presenta molte curve; serpeggiante: *strada sinuosa* **2** (*fig.*) complesso | subdolo □ **sinuosamente** *avv.*

si|nu|si|te *s.f.* (*med.*) infiammazione dei seni paranasali.

si|nu|soi|dà|le *agg.* (*mat.*) a forma di sinusoide.

si|nu|sòi|de *s.f.* (*mat.*) curva che rappresenta la funzione trigonometrica seno; è caratterizzata da andamento regolare a onde.

sio|ni|smo *s.m.* **1** (*st.*) movimento politico e culturale ebraico sorto alla fine del sec. XIX che mirava a ricostruire lo Stato ebraico in Palestina **2** dopo la costituzione dello Stato d'Israele (1948), movimento che sostiene il diritto all'esistenza di tale Stato | (*con connotazione negativa*) atteggiamento politico di chiusura del governo israeliano verso il movimento per l'autodeterminazione del popolo palestinese.

sio|ni|sta *agg., s.m./f.* [m.pl. *-i*] che, chi sostiene il sionismo: *movimento —.*

sio|ni|sti|co *agg.* [m.pl. *-ci*] relativo al sionismo.

si|pa|riét|to *s.m.* (*teat.*) sipario supplementare in tessuto leggero calato per consentire veloci cambiamenti di scena | breve numero eseguito davanti al siparietto durante un cambio di scena.

si|pà|rio *s.m.* (*teat.*) grande tendaggio di tessuto pesante che impedisce la vista del palcoscenico dalla sala e viene rimosso per permettere la visione dello spettacolo | *alzare, calare il —*, iniziare, concludere la rappresentazione; (*fig.*) far cominciare, far finire ql.co.: *cala il — sulla vicenda.*

si|pa|ri|sta *s.m./f.* [m.pl. *-i*] (*teat.*) addetto alla manovra del sipario.

si|re *s.m.* (*lett.*) sovrano, re.

si|rè|na[1] *s.f.* **1** (*mit.*) creatura favolosa il cui corpo era, per la metà superiore, quello di una fanciulla e, per la metà inferiore, quello di un uccello (in versioni più tarde, quello di un pesce); ammaliava i naviganti con il canto **2** (*estens.*) donna affascinante.

si|rè|na[2] *s.f.* apparecchio di segnalazione capace di produrre segnali acustici prolungati che possono essere percepiti a notevole distanza: *la — dell'ambulanza.*

si|re|nét|ta *s.f.* (*mus.*) organetto con uno o più registri che imitano il canto degli uccelli.

si|rià|no *agg.* della Siria ♦ *s.m.* **1** [f. *-a*] chi è nato o abita in Siria **2** lingua di ceppo arabo parlata in Siria.

si|ri|ma *s.f.* → **sirma**.

si|rin|ga *s.f.* **1** (*mus.*) strumento a fiato formato da più canne di lunghezza diversa legate l'una accanto all'altra **2** apparecchio costituito da un piccolo tubo in vetro o plastica, con stantuffo e ago forato, usato per iniettare liquidi medicinali o per prelevare sangue o altri liquidi organici **3** utensile di cucina per introdurre il ripieno nei dolci o per decorarli.

si|rin|gà|re *v.tr.* [indic.pres. *io siringo, tu siringhi...*] (*med.*) inserire l'ago di una siringa in una cavità dell'organismo per iniettarvi o prelevarne liquidi ♦ **-rsi** *rifl.* (*gerg.*) iniettarsi della droga tramite siringa.

sir|ma o **sirima** *s.f.* (*metr.*) seconda parte della stanza di canzone, dopo la fronte.

sirtaki (*greco*) *s.m.invar.* musica e danza popolare della Grecia.

sir|te *s.f.* (*lett.*) **1** banco sabbioso in alto mare, pericoloso per la navigazione **2** (*fig.*) pericolo, insidia.

sir|ven|té|se *s.m.* componimento poetico in forma non fissa, diffuso nei secc. XIII-XV, di argomento religioso, morale o politico.

si|sal *s.f.* **1** tipo di agave **2** fibra tessile ricavata dalle foglie di tale pianta.

sì|sma *s.m.* [pl. *-i*] movimento tellurico; terremoto: — *di forte entità.*

si|smi|ci|tà *s.f.* condizione dei territori soggetti a sismi: *la — di una zona* | intensità e frequenza di fenomeni sismici: *elevata, bassa —.*

sì|smi|co *agg.* [m.pl. *-ci*] proprio di un terremoto: *movimento —* | *zona sismica*, quella in cui si verificano frequentemente terremoti.

si|smo-, -si|smo primo e secondo elemento di parole composte che significa "terremoto, movimento tellurico" (*sismologia, bradisismo*).

si|smo|gra|fì|a *s.f.* tecnica di registrazione dei fenomeni sismici con il sismografo.

si|smo|grà|fi|co *agg.* [m.pl. *-ci*] relativo alla sismografia | relativo al sismografo: *registrazione sismografica.*

si|smò|gra|fo *s.m.* strumento che registra le vibrazioni della crosta terrestre.

si|smo|gràm|ma *s.m.* [pl. *-i*] diagramma delle vibrazioni della crosta terrestre tracciato da un sismografo.

si|smo|lo|gì|a *s.f.* scienza che studia i movimenti spontanei della crosta terrestre e le scosse telluriche.

si|smò|lo|go *s.m.* [f. *-a*; m.pl. *-gi*] studioso di sismologia.

sis|si|gnó|re *avv.* **1** risposta affermativa rivolta a un superiore, spec. in ambito militare **2** (*iron.*) sì, certo.

si|stè|ma *s.m.* [pl. *-i*] **1** ciò che è costituito da

più elementi uniti tra loro in modo organico: — *monetario* | (*filos.*) insieme organico dei principi caratterizzanti il pensiero di un filosofo: *il — kantiano* | (*biol.*) complesso delle parti di un organismo che concorrono allo svolgimento di una data funzione; apparato: — *nervoso* | (*mat.*) complesso di enti messi in reciproca relazione: — *di assi cartesiani* | (*geog.*) insieme degli elementi omogenei di un territorio: — *montuoso* | (*mus.*) complesso di regole riguardanti i rapporti armonici: *il — tonale* | (*astr.*) — *solare*, l'insieme dei corpi celesti che gravitano intorno al Sole **2** metodo; insieme di procedimenti seguiti per realizzare un progetto: — *di coltivazione* | (*fam.*) modo di comportarsi **3** organizzazione politica, economica e sociale di uno Stato: — *democratico, autoritario* | (*spreg.*) ordine costituito: *ribellarsi al —* **4** insieme di unità convenzionalmente stabilite per misurare una grandezza: — *metrico decimale* **5** classificazione secondo un certo ordine | (*chim.*) — *periodico* (*degli elementi*), classificazione degli elementi in base al loro numero atomico **6** (*inform.*) insieme di elementi hardware e software che compongono e fanno funzionare un computer | — *operativo*, insieme dei programmi che assicurano il funzionamento di base di un computer, permettendo l'utilizzo delle diverse applicazioni **7** nei giochi basati su pronostici, metodo statistico che aumenta le probabilità di vittoria grazie a una serie di varianti di gioco: *giocare un —*.
si|ste|mà|re *v.tr.* [indic.pres. *io sistèmo*...] **1** organizzare in sistema **2** mettere a posto, ordinare: — *una camera, i capelli* | definire, regolare: — *una questione* **3** alloggiare: — *i turisti in albergo* **4** procurare un lavoro: — *un amico in banca* **5** far sposare, spec. in modo economicamente vantaggioso: *hanno sistemato le loro figlie* **6** (*fam.*) punire, castigare: *adesso ti sistemo io!* ♦ **-rsi** *rifl.* **1** mettersi a posto: — *la maglia* **2** risolversi, finire bene: *tutto si sistemerà* **3** trovare un alloggio e andare a vivere in un certo luogo: — *in città* **4** trovare un lavoro **5** sposarsi.
si|ste|mà|ta *s.f.* sistemazione frettolosa, alla meglio.
si|ste|mà|ti|ca *s.f.* (*scient.*) metodo per ordinare un insieme di conoscenze in sistema | (*biol.*) — *botanica*, *zoologica*, disciplina che classifica gli organismi viventi in base alle loro caratteristiche e somiglianze; tassonomia.
si|ste|ma|ti|ci|tà *s.f.* proprietà di ciò che è sistematico: *la — di un ragionamento*.
si|ste|mà|ti|co *agg.* [m.pl. *-ci*] **1** che forma un sistema o si riferisce a un sistema: *classificazione sistematica* **2** eseguito secondo determinate leggi; fatto secondo un sistema: *metodo —* | metodico: *studio —* **3** fatto per principio; puntiglioso: *critica sistematica* ♦ *s.m.* [f. *-a*] studioso di sistematica □ **sistematicamente** *avv.* **1** in modo sistematico; secondo un sistema: *procedere —* **2** sempre, regolarmente: *sbagliare —* | per principio: *critica — ogni cosa*.

si|ste|ma|tiz|zà|re *v.tr.* rendere sistematico; ordinare secondo un determinato sistema.
si|ste|ma|zió|ne *s.f.* **1** ordinamento secondo un determinato sistema, seguendo certi criteri **2** organizzazione, disposizione in un determinato ordine: *la — dei libri sullo scaffale* **3** risoluzione: *la — di una contesa* **4** alloggio, locazione: *ha trovato una buona —* | (*estens.*) impiego, lavoro | (*estens.*) matrimonio.
si|stè|mi|co *agg.* [m.pl. *-ci*] proprio di un sistema.
si|ste|mì|sta *s.m./f.* [m.pl. *-i*] **1** (*inform.*) esperto di sistemi operativi **2** nei giochi basati su pronostici, chi, per la giocata, ricorre a un sistema.
si|ste|mì|sti|ca *s.f.* teoria dei sistemi.
si|sto|la *s.f.* dispositivo metallico che, applicato a un tubo di gomma o plastica, permette di regolare il getto d'acqua | (*estens.*) il tubo con tale dispositivo.
si|stò|le *s.f.* (*fisiol.*) movimento di contrazione del cuore grazie al quale il sangue è espulso dalle cavità cardiache.
si|stò|li|co *agg.* [m.pl. *-ci*] (*fisiol.*) proprio della sistole.
si|stro *s.m.invar.* (*mus.*) strumento a percussione formato da un telaio e da un supporto nel quale sono inseriti anelli, dischi, campanelli e sim., che vengono fatti risuonare agitando il telaio.
si|tar o **sitàr** *s.m.invar.* (*mus.*) strumento a corde originario dell'India settentrionale, simile a un grande liuto, con cassa armonica ottenuta da una zucca e manico lungo.
si|ti|bón|do *agg.* (*lett.*) assetato.
sit in (*ingl.*) [pr. *sitìn*] *loc.sost.m.invar.* manifestazione di protesta i cui partecipanti occupano un luogo pubblico sedendosi a terra e ricorrendo eventualmente alla resistenza passiva all'ordine di sgombrare.
sì|to[1] *s.m.* **1** posto, luogo, località: — *archeologico* **2** (*inform.*) in Internet, spazio virtuale identificato da un indirizzo univoco, in cui un utente mette a disposizione di altri utenti dati, informazioni e sim. **3** (*biol.*) sezione di gene, enzima, proteina.
sì|to[2] *agg.* (*bur.*) collocato, situato: *stabile — in via Verdi*.
sì|to- primo elemento di parole scientifiche che significa "cibo" (*sitologia*).
si|to|fo|bì|a *s.f.* (*psicol.*) avversione morbosa per il cibo.
si|to|lo|gì|a *s.f.* scienza dell'alimentazione.
si|to|manì|a *s.f.* (*psicol.*) processo morboso caratterizzato dal bisogno insaziabile di cibo.
si|tu|à|re *v.tr.* [indic.pres. *io sìtuo*...] (*anche fig.*) mettere, porre in un luogo: *la villa è situata in collina* ♦ **-rsi** *rifl., intr.pron.* mettersi, porsi in un certo luogo.
si|tua|zio|nà|le *agg.* proprio di una situazione.
si|tua|zió|ne *s.f.* stato, condizione: *è in una — complessa* | *essere*, *mostrarsi all'altezza della —*, comportarsi nel modo più adeguato alle circostanze | *fare il punto della —*, analizzare le condizioni in cui ci si trova | — *patrimoniale*, documen-

to che attesta il valore del patrimonio di una azienda in un dato momento.

si|zi|gia *s.f.* [pl. *-gie*] (*astr.*) allineamento di un pianeta con la Terra e il Sole | ognuno dei punti dell'orbita lunare in opposizione o congiunzione con il Sole.

ska (*ingl.*) *s.m.* genere musicale di origine giamaicana, simile a un reggae accelerato e molto sincopato.

skài® *s.m.* similpelle, spec. per valigeria e arredamento.

skateboard (*ingl.*) [pr. *skéitbord*] *loc.sost.m. invar.* specie di monopattino formato da un'asse con quattro ruote disposte a coppie.

skating (*ingl.*) [pr. *skéitin*] *s.m.invar.* pattinaggio | l'andare sullo skateboard.

skeleton (*ingl.*) [pr. *skélitn*] *s.m.invar.* slittino monoposto da neve o ghiaccio, dotato di due pattini d'acciaio che permettono il raggiungimento di alte velocità.

sketch (*ingl.*) [pr. *skéč*] *s.m.invar.* breve scena televisiva o teatrale di carattere comico.

skilift (*ingl.*) *s.m.invar.* sciovia.

skinhead (*ingl.*) [pr. *skìnhed*] *s.m./f.invar.* appartenente a gruppi giovanili che si distinguono per i capelli rasati, l'abbigliamento scuro, la violenza e il fanatismo, spec. di stampo razzistico.

skipass (*ingl.*) *s.m.invar.* tessera personale di abbonamento che consente l'uso degli impianti di risalita di una certa zona sciistica: — *giornaliero*.

skipper (*ingl.*) [pr. *skìper*] *s.m.invar.* (*mar.*) chi dirige la manovra in una barca a vela da regata | capitano o proprietario di una piccola nave da carico.

skyline (*ingl.*) [pr. *skailàin*] *s.m.invar.* profilo di una città, di un panorama e sim. che si staglia all'orizzonte.

slab|bra|re *v.tr.* 1 rompere all'orlo, ai margini 2 lacerare, allargare i labbri di una ferita ♦ **-rsi** *intr.pron.* lacerarsi ai bordi.

slab|bra|tu|ra *s.f.* lacerazione, rottura ai bordi | punto in cui una cosa è slabbrata.

slac|cià|re *v.tr.* [indic.pres. *io slàccio*...] sciogliere dal laccio; liberare da ciò che allaccia: — *la cintura* ♦ **-rsi** *intr.pron.* detto di cosa allacciata, sciogliersi, allentarsi: *mi si è slacciata la scarpa*.

slà|lom *s.m.invar.* (*sport*) nello sci, gara di velocità su percorso in discesa con passaggi obbligati segnalati da coppie di paletti, dette porte | — *speciale*, con porte molto vicine | — *gigante*, con percorso lungo e porte più distanziate | nel calcio, serie di veloci dribbling con cui un giocatore scarta gli avversari | (*fig.*) *fare lo* —, compiere dei rapidi cambiamenti per aggirare ostacoli o problemi.

sla|lo|mi|sta *s.m./f.* [m.pl. *-i*] (*sport*) specialista in gare di slalom.

slan|cià|re *v.tr.* [indic.pres. *io slàncio*...] 1 distendere con forza: — *una gamba in avanti* 2 snellire: *quell'abito ti slancia* ♦ **-rsi** *rifl.* (*anche fig.*) avventarsi, scagliarsi ♦ *intr.pron.* (*fig.*) pro-

tendersi, innalzarsi: *la torre si slancia verso il cielo.*

slan|cià|to *part.pass.* di slanciare ♦ *agg.* 1 (*di persona*) dalla corporatura alta e snella 2 (*di struttura architettonica*) proteso verso l'alto: *guglie slanciate.*

slàn|cio *s.m.* 1 l'atto di slanciarsi | balzo | *prenderelo* —, la rincorsa | *di* —, di scatto; istintivamente 2 (*fig.*) impulso incontenibile, impeto improvviso: — *di generosità* 3 (*fig.*) sviluppo: *dare nuovo* — *all'economia* 4 aspetto slanciato.

slang (*ingl.*) [pr. *slèng*] *s.m.invar.* gergo.

slar|gà|re *v.tr.* [indic.pres. *io slargo, tu slarghi*...] rendere più largo ♦ **-rsi** *intr.pron.* allargarsi: *il sentiero si slarga.*

slàr|go *s.m.* [pl. *-ghi*] punto in cui una strada, una valle, un terreno e sim. si allargano.

slash (*ingl.*) [pr. *slèsh*] *s.m.invar.* barra obliqua (/) usata come segno grafico di separazione.

sla|và|to *agg.* 1 sbiadito, pallido: *giallo* — 2 (*fig.*) poco espressivo, poco vivace: *stile* —.

sla|vi|na *s.f.* frana di neve non compatta.

sla|vi|smo *s.m.* 1 (*ling.*) parola, locuzione o costrutto di origine slava presente in una lingua non slava 2 tendenza degli slavi a costituirsi in unità etnica e politica.

sla|vi|sta *s.m./f.* [m.pl. *-i*] esperto o studioso di slavistica.

sla|vi|sti|ca *s.f.* studio delle lingue, letterature e culture dei popoli slavi.

slà|vo *agg.* proprio dei popoli di lingua slava | *lingue slave*, insieme di lingue di ceppo indoeuropeo parlate nell'Europa centro-orientale (p.e. serbocroato, ceco, polacco, bulgaro, russo) ♦ *s.m.* 1 [f. *-a*] appartenente a una popolazione di lingua slava 2 lingue slave.

sle|à|le *agg.* 1 privo di lealtà, onestà, correttezza: *un giocatore* —2 fatto senza lealtà: *concorrenza* — □ **slealmente** *avv.*

sle|al|tà *s.f.* 1 caratteristica di chi o di ciò che è sleale 2 azione sleale.

sleeping car (*ingl.*) [pr. *slìping kar*] *s.m.invar.* vagone-letto.

sle|gà|re *v.tr.* [indic.pres. *io slégo, tu slèghi*...] 1 liberare da un legame: — *il cane* 2 sciogliere ql.co. che è annodato: — *un nodo*; *slegarsi le scarpe* ♦ **-rsi** *intr.pron.* sciogliersi: *questi lacci si slegano sempre* ♦ *rifl.* liberarsi da un legame.

sle|gà|to *part.pass.* di slegare ♦ *agg.* 1 non legato: *il prigioniero era* — | non rilegato: *un libro* — 2 (*fig.*) sconnesso, incoerente: *frasi slegate.*

slide (*ingl.*) [pr. *slàid*] *s.m.invar.* 1 diapositiva 2 lucido da lavagna luminosa 3 (*inform.*) schermata realizzata con programmi per presentazioni.

slip (*ingl.*) mutandine, anche da bagno.

slit|ta *s.f.* 1 veicolo con due lunghi pattini al posto delle ruote, usato per il trasporto di persone e cose su terreni nevosi o ghiacciati 2 (*mecc.*) meccanismo dotato di guide che permettono lo scorrimento di un elemento su un altro.

slit|ta|mén|to *s.m.* 1 (*spec. di veicoli*) scivolata | (*delle ruote di un veicolo*) il girare a vuoto 2 (*fig.*) rinvio 3 (*fig.*) allontanamento, deviazione da una posizione politica o ideologica originaria 4 (*fin.*) ribassamento: *lo — dei prezzi*.

slit|tà|re *v.intr.* [aus. *A* nel sign. 1; *A*, *E* negli altri sign.] 1 andare in slitta 2 (*estens.*, *spec. di veicoli*) scivolare per mancanza di attrito: *l'auto slittò sul ghiaccio* | (*delle ruote di un veicolo*) girare a vuoto 3 (*fig.*) essere rinviato: *l'appuntamento slitta di una settimana* 4 (*fig.*) allontanarsi da una posizione politica o ideologica originaria 5 (*fin.*) essere in ribasso.

slit|ti|no *s.m.* 1 piccola slitta non trainata, con cui i bambini scivolano in discesa sulla neve 2 (*sport*) slitta monoposto o biposto per gare su piste ghiacciate.

slì|vo|viz *s.m.invar.* acquavite di prugne, diffusa nelle zone nord-orientali dell'Italia, in Croazia, Slovenia e Austria.

slò|gan *s.m.invar.* formula sintetica e molto espressiva usata per fini pubblicitari o di propaganda: — *elettorale*.

slo|gà|re *v.tr.* [indic.pres. *io slògo, tu slòghi*...] produrre, causare una slogatura: *la caduta le ha slogato il gomito* ♦ **-rsi** *intr.pron.* subire una slogatura: — *il polso*.

slo|ga|tù|ra *s.f.* (*fam.*) distorsione o lussazione di un'articolazione.

slog|già|re *v.tr.* [indic.pres. *io slòggio*...] costringere a lasciare un luogo; allontanare ♦ *intr.* [aus. *A*] andar via da un luogo: *è stato costretto a* — | (*fam.*) *sloggia!*, vattene!

slot *s.m.invar.* (*inform.*) nei computer, ciascuno degli alloggiamenti predisposti per accogliere una scheda aggiuntiva.

slot machine (*ingl.*) [pr. *slót mascìn*] *s.f.invar.* apparecchio a gettone per il gioco d'azzardo.

slo|vàc|co *agg.* [m.pl. *-chi*] della Slovacchia ♦ *s.m.* 1 [f. *-a*] chi è nato o abita in Slovacchia 2 lingua slava parlata in Slovacchia.

slo|vè|no *agg.* della Slovenia ♦ *s.m.* 1 [f. *-a*] chi è nato o abita in Slovenia 2 lingua slava parlata in Slovenia.

slow (*ingl.*) [pr. *slóu*] *s.m.invar.* (*mus.*) canzone o ballo dal ritmo lento.

slow food (*ingl.*) [pr. *slóu fùd*] *loc.sost.m.invar.* tendenza gastronomica che rivaluta la cucina tradizionale, la genuinità dei cibi e il piacere della tavola, in contrapposizione al pasto veloce tipico del *fast food*.

slum (*ingl.*) [pr. *slam*] *s.m.invar.* quartiere degradato, fatiscente.

smac|cà|to *agg.* 1 eccessivamente dolce 2 esagerato, sfacciato: *lodi smaccate*.

smac|chià|re *v.tr.* [indic.pres. *io smàcchio*...] pulire ql.co. togliendo le macchie: — *la tovaglia*.

smac|chia|tó|re *s.m.* 1 [f. *-trice*] addetto alla smacchiatura 2 prodotto chimico per smacchiare.

smac|chia|tù|ra *s.f.* pulitura dalle macchie.

smàc|co *s.m.* [pl. *-chi*] insuccesso, sconfitta umiliante, beffarda: *subire uno* —.

sma|glià|n|te *agg.* (*anche fig.*) splendente, luminoso: *un sorriso* —.

sma|glià|re *v.tr.* [indic.pres. *io smàglio*...] 1 rompere, disfare le maglie 2 (*med.*) provocare delle smagliature sulla pelle ♦ **-rsi** *intr.pron.* 1 rompersi, disfarsi per una smagliatura: *mi si sono smagliate le calze* 2 (*med.*) detto della pelle, presentare smagliature.

sma|glià|to *part.pass. di* smagliare ♦ *agg.* che presenta smagliature.

sma|glia|tù|ra *s.f.* 1 in un tessuto, strappo causato dalla rottura di una o più maglie 2 (*med.*) lesione degli strati superficiali della pelle, simile a una cicatrice lineare madreperlacea 3 (*fig.*) elemento non coerente; contraddizione: *il ragionamento presenta alcune smagliature*.

sma|gne|tìz|zà|re *v.tr.* (*fis.*) togliere il magnetismo ♦ **-rsi** *intr.pron.* perdere parzialmente o del tutto la magnetizzazione.

sma|gne|tiz|za|tó|re *s.m.* dispositivo che compie la smagnetizzazione.

sma|gne|tiz|za|zió|ne *s.f.* (*fis.*) eliminazione o riduzione della magnetizzazione di un corpo.

sma|grì|re *v.tr.* [indic.pres. *io smagrisco, tu smagrisci*...] 1 rendere o far sembrare più magro: *quel vestito ti smagrisce* 2 impoverire per eccessivo sfruttamento: — *un terreno* ♦ *intr.* [aus. *E*], **-rsi** *intr.pron.* dimagrire.

sma|li|zià|re *v.tr.* [indic.pres. *io smalìzio*...] far divenire meno ingenuo, più scaltro: *l'esperienza lo ha smaliziato* ♦ **-rsi** *intr.pron.* scaltrirsi, diventare più esperto.

small (*ingl.*) [pr. *smòl*] *agg.* detto di indumento di taglia piccola.

smal|tà|re *v.tr.* ricoprire di smalto: *smaltarsi le unghie*.

smal|ta|tó|re *s.m.* [f. *-trice*] chi compie lavori di smaltatura.

smal|ta|trì|ce *s.f.* (*foto.*) apparecchio per la smaltatura delle fotografie, gener. attraverso il calore.

smal|ta|tù|ra *s.f.* 1 l'operazione dello smaltare | strato di smalto 2 (*foto.*) lucidatura di una copia fotografica mediante trattamento chimico.

smal|ti|mén|to *s.m.* 1 completamento dei processi di digestione | superamento: *lo — di una sbornia* 2 esaurimento di merci, prodotti e sim. 3 eliminazione di rifiuti.

smal|tì|re *v.tr.* [indic.pres. *io smaltisco, tu smaltisci*...] 1 digerire: — *la cena* | — **la sbornia**, farla passare 2 esaurire, vendere completamente: — *una merce* 3 scaricare acque, eliminare immondizie ecc. | — **i rifiuti**, sottoporli a processi di trasformazione 4 (*fig.*) sbrigare, portare a termine: — *il lavoro arretrato* 5 (*fig.*) far defluire; decongestionare: — *il traffico*.

smal|tì|sta *s.m./f.* [m.pl. *-i*] chi esegue decorazioni in smalto.

smal|ti|tó|io *s.m.* scavo in cui sono convogliate le acque di scolo in eccesso.

smàl|to *s.m.* 1 sostanza vetrosa che si applica su ceramiche e oggetti metallici, per decorazione o protezione: *vaso con decorazione a* — | *oggetto, spec. artistico, decorato con smalti*: *collezione di smalti preziosi* 2 — **per unghie**, cosmetico per rendere le unghie lucide o colorate 3 (*anat.*)

dura sostanza bianca che copre la corona del dente 4 (*fig.*) energia, combattività | *perdere lo* —, non avere più l'entusiasmo, la vivacità di un tempo 5 (*arald.*) l'oro, l'argento e gli altri colori di uno stemma.

smam|mà|re *v.intr.* [aus. *A*] (*pop.*) andarsene, togliersi di mezzo: *smamma!*

sma|nac|cià|re *v.intr.* [indic.pres. *io smanàccio...*; aus. *A*] (*fam.*) gesticolare, agitare le mani ♦ *tr.* manipolare in modo maldestro.

sman|ce|rì|a *s.f.* (*spec.pl.*) moina; gesto o atteggiamento sdolcinato: *perdersi in smancerie*.

sman|ce|ró|so *agg.* sdolcinato, lezioso.

sma|net|tà|re *v.intr.* [indic.pres. *io smanétto...*; aus. *A*] 1 (*gerg.*) dare una forte accelerazione in motocicletta | correre in motocicletta a gran velocità 2 (*gerg.*) saper usare bene il computer.

sma|net|tó|ne *s.m.* (*gerg.*) persona particolarmente abile nell'uso del computer.

sman|giuc|chià|re *v.tr.* [indic.pres. *io smangiùcchio...*] mangiucchiare, rosicchiare.

smà|nia *s.f.* 1 stato di agitazione e inquietudine: *avere la* — *addosso* | *dare in smanie*, manifestare una grande agitazione 2 (*fig.*) voglia impaziente; brama: — *di successo*.

sma|nià|re *v.intr.* [indic.pres. *io smànio...*; aus. *A*] 1 essere in preda alla smania; essere inquieto e agitato: — *per la febbre* 2 (*fig.*) desiderare ardentemente: *smania per ottenere il successo*.

sma|nió|so *agg.* 1 che smania 2 (*fig.*) che è preso da un fortissimo desiderio: *essere* — *di partire*.

sman|tel|la|mén|to *s.m.* (*anche fig.*) l'atto di smantellare; abbattimento, demolizione.

sman|tel|là|re *v.tr.* [indic.pres. *io smantèllo...*] 1 abbattere, demolire opere in muratura: — *una fortezza* 2 (*estens.*) rendere inoperativo: — *una base militare, un macchinario* 3 (*estens.*) sciogliere un'organizzazione: — *i servizi segreti* 4 (*fig.*) dimostrare la falsità o infondatezza di ql.co.: — *un'accusa*.

smar|ca|mén|to *s.m.* (*sport*) l'atto di smarcare o di smarcarsi.

smar|cà|re *v.tr.* [indic.pres. *io smarco, tu smarchi...*] (*sport*) liberare un compagno di squadra dalla marcatura avversaria: — *con un lungo lancio* ♦ **-rsi** *intr.pron.* (*sport*) sottrarsi alla marcatura di un avversario.

smar|gias|sà|ta *s.f.* atto o discorso da smargiasso; spacconata.

smar|giàs|so *s.m.* chi si vanta di imprese eccezionali; spaccone, gradasso.

smar|gi|na|tù|ra *s.f.* (*bot.*) leggera incisione alla sommità di un organo.

smar|ri|mén|to *s.m.* 1 lo smarrire, l'essere smarrito; perdita: *lo* — *del portafoglio* (*fig.*) turbamento, confusione: *un attimo di* — | momentanea perdita di coscienza, lucidità o memoria.

smar|rì|re *v.tr.* [indic.pres. *io smarrisco, tu smarrisci...*] non trovare più; perdere: — *un documento* | — *la via*, non ritrovare più la strada giusta | (*fig.*) — *la ragione*, impazzire ♦ **-rsi** *intr.*

pron. 1 perdersi, non trovare più la strada: — *nel bosco* 2 (*fig.*) turbarsi, confondersi.

smar|rì|to *part.pass.* di smarrire ♦ *agg.* 1 che non si trova più, perso | *ufficio oggetti smarriti*, dove sono custoditi, in attesa di restituzione, gli oggetti trovati su mezzi o in locali pubblici 2 (*fig.*) colto da smarrimento e confusione.

smart card (*ingl.*) *loc.sost.f.invar.* carta magnetica di riconoscimento, spec. quella che, inserita in un decodificatore, permette l'accesso ai programmi di una pay-tv.

sma|scel|làr|si *v.intr.pron.* [indic.pres. *io mi smascèllo...*] solo nelle loc. — *dalle risa, dal ridere*, ridere moltissimo, a crepapelle.

sma|sche|ra|mén|to *s.m.* 1 rimozione della maschera, del travestimento 2 (*fig.*) rivelazione o scoperta della vera natura di ql.co. o qlcu.: *lo* — *di un impostore*.

sma|sche|rà|re *v.tr.* [indic.pres. *io smàschero...*] 1 togliere la maschera, il travestimento 2 (*fig.*) rivelare, scoprire la vera natura di ql.co. o qlcu.: — *un ladro* ♦ **-rsi** *rifl.* 1 togliersi la maschera, il travestimento 2 (*fig.*) rivelare, spec. in modo involontario, i propri obiettivi, la propria identità e sim.

smash (*ingl.*) [pr. *smèsh*] *s.m.invar.* (*sport*) nel tennis, potente colpo dall'alto verso il basso; schiacciata.

sma|te|ria|liz|zà|re *v.tr.* privare di consistenza materiale; far diventare immateriale ♦ **-rsi** *intr. pron.* perdere la concretezza, la consistenza materiale | (*estens.*) non avere legami con la realtà materiale; spiritualizzarsi.

sma|te|ria|liz|za|zió|ne *s.f.* l'atto di smaterializzare o di smaterializzarsi.

smaz|zà|re *v.tr.* nel gioco delle carte, distribuire le carte ai giocatori.

smaz|zà|ta *s.f.* nel gioco delle carte, fase di una partita corrispondente a una distribuzione di carte; mano | carte ricevute dalla distribuzione.

smem|bra|mén|to *s.m.* 1 squartamento 2 divisione di un insieme unitario o organico in più parti: *lo* — *di una raccolta* 3 perdita dell'unità, disgregazione di un gruppo e sim.: *lo* — *di una famiglia*.

smem|brà|re *v.tr.* [indic.pres. *io smèmbro...*] 1 squartare, fare a pezzi 2 (*fig.*) dividere un insieme unitario o organico in più parti: — *un territorio* 3 disgregare, dividere un gruppo e sim.: — *una squadra*.

sme|mo|rag|gi|ne *s.f.* caratteristica di chi è smemorato | dimenticanza; sbadataggine.

sme|mo|ra|téz|za *s.f.* smemorataggine.

sme|mo|rà|to *agg.*, *s.m.* [f. *-a*] 1 che, chi ha perduto la memoria 2 che, chi si dimentica spesso e con facilità le cose.

smen|tì|re *v.tr.* [indic.pres. *io smentisco, tu smentisci...*] 1 dichiarare o dimostrare la falsità di un'affermazione; contraddire, sbugiardare: — *una previsione*; — *un testimone* | — **la propria fama**, deludere le aspettative, non esserne all'altezza 2 ritrattare: — *una confessione* ♦ **-rsi** *rifl.* 1 dichiarare ql.co. che contraddice quanto si è

prima affermato; contraddirsi: *il testimone si è smentito più volte* **2** agire in modo contrastante rispetto a quello abituale | **non — mai**, essere sempre lo stesso.
smen|ti|ta *s.f.* **1** l'atto di smentire **2** dichiarazione con cui si smentisce: *dare la —*.
sme|ral|di|no *agg.* del colore dello smeraldo; verde intenso.
sme|ràl|do *s.m.* pietra preziosa, varietà del berillo, di colore verde intenso | *(fig.) di —*, di un verde vivo e brillante ♦ *agg.invar.* di colore verde brillante, simile a quello dello smeraldo.
smer|cià|bi|le *agg.* che è possibile smerciare; vendibile.
smer|cia|bi|li|tà *s.f.* caratteristica di ciò che è vendibile.
smer|cià|re *v.tr.* [indic.pres. *io smèrcio...*] vendere, commerciare la merce.
smèr|cio *s.m.* vendita, commercio: *lo — di un prodotto*.
smèr|go *s.m.* [pl. *-ghi*] uccello nuotatore simile all'anatra, con lungo becco a uncino.
sme|ri|glià|re *v.tr.* [indic.pres. *io smerìglio...*] **1** lucidare con lo smeriglio: *— il pavimento* **2** sottoporre a un processo di smerigliatura.
sme|ri|glià|to *part.pass. di* smerigliare ♦ *agg.* **1** ricoperto di polvere di smeriglio: *carta smerigliata* **2** trattato con lo smeriglio | *vetro —*, reso traslucido e ruvido.
sme|ri|glia|trì|ce *s.f.* macchina per smerigliare.
sme|ri|glia|tù|ra *s.f.* operazione con cui si trattano con lo smeriglio o con altri abrasivi superfici in pietra, metallo o vetro, per levigarle o renderle traslucide.
sme|rì|glio[1] *s.m.* pietra dura, varietà granulare del corindone, la cui polvere è usata come abrasivo ♦ *agg.invar.* che ha lo smeriglio | *tela —*, tela con incollato uno strato di polvere di smeriglio.
sme|rì|glio[2] *s.m.* falco di piccole dimensioni, con dorso color piombo e striature nere sulla coda.
sme|rì|glio[3] *s.m.* feroce squalo dal muso allungato diffuso nel Mediterraneo e nell'Atlantico.
smer|là|re *v.tr.* [indic.pres. *io smèrlo...*] orlare con ricamo a smerlo: *— un lenzuolo*.
smer|la|tù|ra *s.f.* rifinitura a smerli.
smer|let|tà|re *v.tr.* [indic.pres. *io smerlétto...*] smerlare.
smèr|lo *s.m.* tipo di ricamo a festoni lungo l'orlo di un capo di biancheria, caratterizzato dalla presenza di sporgenze a punta o arrotondate | **punto a —**, quello formato da punti fitti e paralleli, fermati da piccoli nodi.
smés|so *part.pass. di* smettere ♦ *agg.* (*spec. di indumenti*) che non si usa più perché troppo vecchio o fuori taglia: *pantaloni smessi*.
smét|te|re *v.tr.* [con. come *mettere*] **1** interrompere temporaneamente o in modo definitivo: *— una ricerca; — di studiare* | (*escl.*) *smèttila!, smettetela!*, per impedire, per fermare qlcu. in ciò che sta facendo o dicendo **2** (*di indumenti*) non indossarli più ♦ *intr.* [aus. *A*] cessare, finire: *il temporale non smette*.

smez|zà|re *v.tr.* [indic.pres. *io smèzzo...*] **1** dividere, tagliare a metà: *— un frutto* **2** consumare fino a metà: *— una bottiglia*.
smi|dol|là|re *v.tr.* [indic.pres. *io smidóllo...*] **1** togliere il midollo o le midolla **2** (*fig.*) fiaccare; privare della forza, del vigore ♦ **-rsi** *intr.pron.* rammollirsi, svigorirsi.
smi|dol|là|to *part.pass. di* smidollare ♦ *agg.* **1** privo del midollo **2** (*fig.*) senza energie; debole | (*estens.*) pavido, rammollito ♦ *s.m.* [f. *-a*] persona smidollata.
smie|là|re *v.tr.* [indic.pres. *io smièlo...*] togliere il miele dai favi dell'alveare.
smie|là|to *part.pass. di* smielare ♦ *agg.* **1** senza miele **2** (*region.*) dolce come il miele | (*estens.*) esageratamente dolce | (*fig., di atto, discorso e sim.*) sdolcinato.
smi|li|ta|riz|zà|re *v.tr.* **1** riportare alla condizione o all'uso civile persone, corpi o ambienti che facevano parte di forze armate: *— una caserma* **2** liberare un territorio da installazioni militari.
smi|li|ta|riz|za|zió|ne *s.f.* **1** restituzione alla condizione civile di persone, corpi, attività e strutture precedentemente inclusi nell'esercito o impiegati a scopi militari: *— della polizia; — di un'area industriale* **2** liberazione di un territorio da installazioni militari.
smìl|zo *agg.* **1** esile, magro **2** (*fig.*) breve; scarno: *uno scritto troppo —*.
smi|nà|re *v.tr.* liberare una zona dalle mine.
smi|nu|ì|re *v.tr.* [indic.pres. *io sminuisco, tu sminuisci...*] (*spec. fig.*) ridurre, diminuire: *— l'importanza di un evento* ♦ **-rsi** *rifl.* sottovalutarsi, stimarsi meno di quanto si vale.
smi|nuz|za|mén|to *s.m.* spezzettamento, sbriciolamento.
smi|nuz|zà|re *v.tr.* ridurre in piccoli pezzetti; spezzettare, sbriciolare: *— l'aglio* ♦ **-rsi** *intr. pron.* spezzettarsi, sbriciolarsi, frantumarsi.
smi|sta|mén|to *s.m.* divisione di persone o cose secondo la loro destinazione o il loro utilizzo: *— della posta*.
smi|stà|re *v.tr.* suddividere, separare persone o cose secondo la loro destinazione o il loro utilizzo: *— le reclute* | (*sport*) *— il pallone*, nel calcio e in altri sport di squadra, passarlo a un compagno.
smi|su|rà|to *agg.* che supera le misure normali; enorme, incommensurabile: *spazio —* | (*fig.*) intenso, profondo: *odio —*.
smith|so|nì|te *s.f.* minerale composto da carbonato di zinco; si presenta in stalattiti o in ammassi di rena.
smi|tiz|zà|re *v.tr.* privare del carattere di mito | ridimensionare, valutare in modo più realistico.
smi|tiz|za|zió|ne *s.f.* ridimensionamento, rivalutazione di ql.co. o qlcu. che ha assunto nel tempo carattere mitico.
smo|bi|li|tà|re *v.tr.* [indic.pres. *io smobilìto...*] **1** (*mil.*) ricondurre in assetto di pace forze armate in precedenza mobilitate; congedare: *— le truppe* **2** (*estens.*) smantellare, chiudere: *— un cantiere* **3** (*fig.*) ricondurre a una situazione di

normalità ciò che prima era stato mobilitato per un certo scopo: — *la macchina elettorale dopo il voto.*

smo|bi|li|ta|zió|ne *s.f.* l'operazione dello smobilitare | (*mil.*) — **generale**, insieme delle operazioni con cui le forze armate, alla fine di un conflitto, sono ricondotte a un assetto di pace.

smoc|co|là|re *v.tr.* [indic.pres. *io smòccolo* o *smóccolo*...] **1** levare la parte consumata dello stoppino di una candela, di un lume e sim. **2** (*pop.*) pulire il naso dal moccio ♦ *intr.* [aus. *A*] **1** (*di candela*) colare cera fusa **2** (*pop.*) avere il naso che cola **3** (*pop.*) bestemmiare.

smoc|co|la|tù|ra *s.f.* **1** l'atto di smoccolare **2** parte consumata dello stoppino di una candela, di un lume e sim.|cera fusa che cola da una candela.

smo|dà|to *agg.* che oltrepassa la giusta misura; eccessivo, esagerato: *ricchezza smodata* □ **smodatamente** *avv.*

smo|de|rà|to *agg.* privo di moderazione; eccessivo, smodato.

smog (*ingl.*) *s.m.invar.* densa coltre di nebbia mista a fumi, che sovrasta spesso le zone industriali o urbane.

smoking (*ingl.*) *s.m.invar.* abito maschile da sera, costituito da giacca, tradizionalmente nera, con risvolti in seta lucida e pantaloni neri.

smol|là|re *v.tr.* [indic.pres. *io smòllo*...] allentare: — *un bullone* ♦ **-rsi** *intr.pron.* allentarsi, divenire meno teso: *gli elastici si sono smollati.*

smol|li|cà|re *v.tr.* [indic.pres. *io smollico, tu smollichi*...] ridurre in molliche; sbriciolare: — *il pane* ♦ **-rsi** *intr.pron.* sbriciolarsi.

smo|na|cà|re *v.tr.* [indic.pres. *io smònaco, tu smònachi*...] far abbandonare lo stato monacale ♦ **-rsi** *rifl.* abbandonare lo stato monacale.

smon|tà|bi|le *agg.* che è possibile smontare e rimontare; scomponibile: *mobile —.*

smon|tàg|gio *s.m.* scomposizione di un oggetto nelle sue parti costitutive.

smon|tà|re *v.tr.* [indic.pres. *io smónto*...] **1** scomporre un oggetto nelle sue parti costitutive: — *la libreria* | togliere dalla montatura: — *le lenti degli occhiali* **2** (*fig.*) dimostrare la falsità di una tesi e sim.; confutare: — *un'accusa* **3** ricondurre allo stato liquido una sostanza montata: — *la panna* **4** (*fig.*) privare di entusiasmo: *le tue osservazioni mi hanno smontato* ♦ *intr.* [aus. *E*; anche *A* nel sign. 3] **1** scendere: — *da cavallo, dal tram* **2** terminare il proprio turno: *smonto alle dieci* ♦ **-rsi** *intr.pron.* **1** (*di sostanza montata*) tornare liquido, afflosciarsi **2** (*fig.*) perdere l'entusiasmo.

smòr|fia[1] *s.f.* **1** contrazione volontaria o involontaria del viso che ne altera il normale atteggiamento: — *di dolore* | *fare le smorfie,* fare le boccacce **2** moina, atto lezioso e svenevole.

smòr|fia[2] *s.f.* (*region.*) libro che associa a un'immagine tratta dai sogni o eventi un numero da giocare al lotto.

smor|fió|so *agg., s.m.* [f. *-a*] che, chi fa smorfie, moine: *non fare lo —!*

smòr|to *agg.* **1** (*di persona*) pallido: *viso* — **2** (*di colore*) sbiadito; non vivace: *un giallo* — **3** privo di vigore espressivo: *stile —.*

smor|za|mén|to *s.m.* attenuazione, riduzione di intensità, forza e sim.

smor|zà|re *v.tr.* [indic.pres. *io smòrzo*...] **1** spegnere: — *una candela* **2** (*anche fig.*) attenuare, rendere meno intenso: — *la luce, un colore* | calmare: — *la sete* | (*fig.*) — *i toni,* moderare i termini di una discussione **3** (*fis.*) diminuire progressivamente l'intensità di un fenomeno periodico fino ad annullarlo ♦ **-rsi** *intr.pron.* **1** spegnersi **2** (*anche fig.*) attenuarsi.

smor|zà|ta *s.f.* (*sport*) nel tennis, nel ping-pong, nella pallavolo, colpo attenuato con cui si fa cadere la palla appena oltre la rete, rendendo difficoltosa la risposta agli avversari.

smo|scià|re *v.tr.* [indic.pres. *io smóscio*...] (*fam.*) far divenire moscio | (*fig.*) svigorire ♦ **-rsi** *intr.pron.* (*fam.*) divenire moscio | perdere le energie.

smot|ta|mén|to *s.m.* lento scivolamento di uno strato di terreno a causa di infiltrazioni d'acqua: *area soggetta a smottamenti.*

smot|tà|re *v.intr.* [indic.pres. *io smòtto*...; aus. *E*] franare lentamente.

smoz|zi|cà|re *v.tr.* [indic.pres. *io smózzico, tu smózzichi*...] **1** tagliare, ridurre in piccoli pezzi; spezzettare **2** (*fig.*) pronunciare male, in modo confuso; biascicare: — *le parole.*

SMS *s.m.invar.* breve messaggio scritto inviato mediante telefono, spec. cellulare; messaggino.

smùn|to *agg.* **1** magro e pallido; emaciato: *viso* — **2** (*di colore*) slavato, smorto.

smuò|ve|re *v.tr.* [con. come *muovere*] **1** spostare, muovere con fatica: — *un masso* | muovere a livello superficiale: — *la terra* | (*fig.*) — **le acque**, attirare l'attenzione su un problema **2** far spostare qlcu. da un luogo: *nessuno riesce a smuoverlo dal letto* | (*fig.*) allontanare da un proposito, da un'opinione e sim.: — *qlcu. da una decisione* | (*fig.*) far uscire da uno stato di inerzia e apatia ♦ **-rsi** *intr.pron.* **1** spostarsi perché non legato a unito bene **2** (*fig.*) cambiare proposito, idea e sim. **3** uscire da uno stato di inerzia e apatia; scuotersi.

smu|rà|re *v.tr.* **1** demolire una struttura in muratura **2** riaprire un'apertura che era stata murata **3** rimuovere dal muro ciò che vi era infisso: — *una lapide.*

smus|sa|mén|to *s.m.* **1** arrotondamento di uno spigolo e sim.|l'operazione di rendere meno tagliente una lama, meno aguzza una punta **2** (*fig.*) mitigazione.

smus|sà|re *v.tr.* **1** arrotondare uno spigolo, un angolo | rendere meno tagliente una lama, meno aguzza una punta **2** (*fig.*) mitigare, attenuare: — *le parole* ♦ **-rsi** *intr.pron.* **1** (*di angolo e sim.*) arrotondarsi | (*di lama o punta*) divenire meno tagliente, meno aguzza **2** attenuarsi.

smus|sa|tù|ra *s.f.* smussamento|parte smussata.

snack (*ingl.*) [pr. *snèk*] *s.m.invar.* **1** rapido spun-

tino 2 ogni cibo adatto a essere consumato rapidamente, come merenda o tra i pasti.
snack-bar *(ingl.)* [pr. *snek-bàr*] *loc.sost.m. invar.* bar in cui si può fare uno spuntino con panini, tartine e sim.
sna|tu|rà|re *v.tr.* far cambiare natura a ql.co. o qlcu., spec. in peggio: — *il paesaggio* | *(fig.)* modificare profondamente; distorcere: — *il senso di un'opera* ♦ **-rsi** *intr.pron.* cambiare la propria natura, spec. in peggio | *(estens.)* perdere le proprie caratteristiche.
sna|tu|ra|to *part.pass.* di snaturare ♦ *agg.* 1 che ha perso la propria natura, parzialmente o del tutto 2 che si comporta non rispettando i sentimenti, i principi propri della natura umana; disumano: *padre, figlio* — ♦ *s.m.* [f. *-a*] persona snaturata, disumana.
sna|zio|na|liz|zà|re *v.tr.* privare delle proprie caratteristiche nazionali: — *un'intera popolazione.*
sneb|bià|re *v.tr.* [indic.pres. *io snébbio*...] 1 liberare dalla nebbia 2 *(fig.)* liberare da ciò che ostacola la comprensione: — *la mente* | chiarire.
snel|léz|za *s.f.* linea snella; magrezza | *(fig.)* elegante essenzialità.
snel|li|mén|to *s.m.* 1 dimagrimento 2 semplificazione, alleggerimento: — *della burocrazia.*
snel|li|re *v.tr.* [indic.pres. *io snellisco, tu snellisci*...] 1 rendere snello o più snello: *un esercizio per* — *le gambe* 2 *(fig.)* sveltire, semplificare; rendere più efficiente: — *una procedura* ♦ **-rsi** *intr.pron.* dimagrire.
snèl|lo *agg.* 1 alto e sottile; slanciato: *un corpo* — 2 agile, sciolto nei movimenti 3 essenziale, privo del superfluo: *uno stile* —.
sner|va|mén|to *s.m.* 1 logorio fisico o psicologico 2 *(mecc.)* deformazione irreversibile che alcuni materiali presentano in seguito a sollecitazione eccessiva.
sner|và|re *v.tr.* [indic.pres. *io snèrvo*...] 1 privare di energia fisica o morale; fiaccare 2 *(in macelleria)* rendere più tenera la carne togliendo o spezzando i nervi e i tendini ♦ **-rsi** *intr.pron.* perdere le energie fisiche o morali; fiaccarsi, logorarsi.
sni|dà|re *v.tr.* far uscire un animale dal nido, dalla tana; stanare | *(fig.)* far uscire qlcu. da un nascondiglio: — *i banditi dal loro rifugio.*
snif|fà|re *v.tr.* 1 *(fam.)* annusare, fiutare 2 *(gerg., anche assol.)* aspirare dal naso sostanze stupefacenti: — *cocaina.*
snif|fà|ta *s.f. (gerg.)* l'atto di sniffare.
snob *(ingl.) s.m./f.invar.* chi ostenta raffinatezza di gusti e maniere, spec. disprezzando tutto ciò che giudica plebeo: *fare lo* — ♦ *agg.invar.* proprio di uno snob: *linguaggio* —.
snob|bà|re *v.tr.* [indic.pres. *io snòbbo*...] trattare ql.co. o qlcu. con sprezzante superiorità e distacco: — *certa musica.*
sno|bi|smo *s.m.* caratteristica di chi è snob | comportamento da snob.
sno|bi|sti|co *agg.* [m.pl. *-ci*] tipico di uno snob: *atteggiamento* —.

snoc|cio|la|mén|to *s.m.* l'atto di snocciolare.
snoc|cio|là|re *v.tr.* [indic.pres. *io snòcciolo*...] 1 togliere il nocciolo: — *le olive* 2 *(fig.)* raccontare con abbondanza di particolari; spiattellare | dire rapidamente e senza interruzioni: — *una bugia dietro l'altra* 3 *(fig., fam.)* sborsare molto denaro.
snoc|cio|la|tó|io *s.m.* utensile per snocciolare olive e piccoli frutti.
sno|dà|bi|le *agg.* che si può snodare, detto di arnese o parte meccanica dotati di snodi che possono essere piegati e orientati.
sno|dà|re *v.tr.* [indic.pres. *io snòdo*...] 1 disfare i nodi: — *un laccio* 2 *(estens.)* rendere più agili i movimenti 3 dotare di snodi così da rendere pieghevole e orientabile; articolare ♦ **-rsi** *intr. pron.* 1 *(di nodo o cosa annodata)* sciogliersi 2 avere un tracciato serpeggiante: *il sentiero si snoda lungo la collina* | *(di narrazione, vicenda e sim.)* svolgersi: *la storia si snoda tra continui colpi di scena* 3 *(di elemento rigido)* muoversi, orientarsi secondo gli snodi; articolarsi: *il braccio della lampada si snoda in due direzioni.*
sno|dà|to *part.pass.* di snodare ♦ *agg.* 1 libero da nodi 2 agile, sciolto 3 dotato di uno o più snodi; articolato: *braccio* —.
snò|do *s.m.* 1 *(mecc.)* dispositivo di collegamento che permette a due elementi rigidi accoppiati di muoversi l'uno rispetto all'altro | punto di articolazione 2 *(di strada)* svincolo: *autostradale* 3 *(di vicenda e sim.)* momento cruciale.
snorkeling *(ingl.)* [pr. *snòrkeling*] *s.m.invar.* osservare il fondale marino nuotando a pelo d'acqua con maschera e boccaglio.
snowboard *(ingl.)* [pr. *snòubord*] *s.m.invar.* *(sport)* tavola con attacchi trasversali per gli scarponi, per discese su neve o ghiaccio.
snu|dà|re *v.tr.* sguainare: — *la spada.*
so- *pref.* significa "sotto, di sotto" *(sollevare, sostenere)* o ha valore attenuativo *(sospingere, sorridere).*
soap opera *(ingl.)* [pr. *sòup òpera*] *loc.sost.f. invar.* sceneggiato televisivo o radiofonico in numerose puntate con personaggi fissi, incentrato prevalentemente su vicende sentimentali.
so|à|ve[1] *agg.* 1 delicato, piacevole: *voce* — 2 che dà pace e tranquillità.
so|à|ve[2] *s.m.* vino bianco, secco e aromatico, prodotto in provincia di Verona.
so|a|vi|tà *s.f.* grazia, piacevolezza.
sob|bal|zà|re *v.intr.* [aus. *A*] *(di cosa)* fare sobbalzi, traballare: *il treno sobbalzava sulle rotaie* | *(di persona)* trasalire, sussultare: — *per lo spavento.*
sob|bàl|zo *s.m. (di cosa)* scossone; movimento improvviso, spec. in direzione verticale | *(di persona)* trasalimento, sussulto.
sob|bar|cà|re *v.tr.* [indic.pres. *io sobbarco, tu sobbarchi*...] *(raro)* caricare qlcu. di un peso, una responsabilità e sim. ♦ **-rsi** *rifl.* sottoporsi a una fatica, assumersi una responsabilità e sim.: — *una mole di lavoro;* — *le spese del viaggio.*
sob|bol|lì|re *v.intr.* [indic.pres. *io sobbóllo*...;

sobborgo

aus. *A*] **1** (*di liquido*) iniziare a bollire; bollire leggermente **2** (*fig.*, *lett.*; *di sentimenti*) stare per manifestarsi.

sob|bór|go *s.m.* [pl. *-ghi*] piccolo centro abitato ai margini di una grande città | quartiere periferico.

so|bil|là|re *v.tr.* incitare, istigare, spec. di nascosto, alla ribellione o ad azioni di ostilità: *— gli operai alla rivolta*.

so|bil|la|tó|re *agg.*, *s.m.* [f. *-trice*] che, chi sobilla; istigatore.

so|bil|la|zió|ne *s.f.* istigazione alla ribellione o ad azioni ostili, spec. facendo leva sul malcontento altrui.

so|brie|tà *s.f.* **1** moderazione, misura: *— nel bere* **2** (*fig.*) semplicità, essenzialità.

sò|brio *agg.* **1** che non è sotto gli effetti dell'alcol; lucido: *rimanere —* **2** moderato, misurato nel mangiare, nel bere, negli altri istinti naturali: *condurre una vita sobria* **3** (*fig.*) semplice, essenziale: *stile —*.

soc|chiù|de|re *v.tr.* [con. come *chiudere*] chiudere solo in parte; accostare: *— la porta, gli occhi*.

sòc|ci|da *s.f.* (*dir.*) contratto associativo, con ripartizione degli utili, fra chi dispone di bestiame e chi lo alleva.

soc|com|bèn|te *part.pres.* di *soccombere* ♦ *agg.*, *s.m./f.* **1** (*lett.*) che, chi soccombe **2** (*dir.*) che, chi perde in un processo civile o amministrativo: *parte —*.

soc|cóm|be|re *v.intr.* [indic.pres. *io soccómbo*...; pass.rem. *io soccombéi* o *soccombètti*, *tu soccombésti*...; part.pass. *soccombuto*, raro; aus. *E*] **1** essere vinto; cedere: *— all'avversario* | (*dir.*) *— in giudizio*, perdere una causa **2** morire | *— al male*, morire in seguito a una grave malattia.

soc|cór|re|re *v.tr.* [con. come *correre*] aiutare, assistere: *— i feriti*.

soc|cor|ri|tó|re *agg.*, *s.m.* [f. *-trice*] che, chi soccorre.

soc|cór|so *s.m.* **1** aiuto prestato a chi si trova in un'emergenza o in pericolo: *portare — a qlcu.*; *— stradale*, *alpino* | *pronto —*, prima assistenza che si presta a un ferito o a chi è colpito da malore; reparto ospedaliero per le prime cure di urgenza **2** (*spec.pl.*) chi o ciò che soccorre o è utile a soccorrere: *chiamare i soccorsi*.

so|cial|de|mo|crà|ti|co *agg.*, *s.m.* [f. *-a*; m.pl. *-ci*] **1** che, chi s'ispira ai principi della socialdemocrazia: *partito —* **2** appartenente a un partito socialdemocratico.

so|cial|de|mo|cra|zì|a *s.f.* parte più moderata del movimento socialista, che sostiene le riforme sociali all'interno delle istituzioni democratico-liberali, senza il ricorso a metodi rivoluzionari.

so|cià|le *agg.* **1** che vive in società, all'interno di una comunità organizzata: *l'uomo è un animale —* **2** che riguarda la società umana, spec. le relazioni tra le persone, i gruppi e sim.: *rapporti sociali* | *scienze sociali*, quelle che studiano i vari aspetti della vita associata (p.e. sociologia, economia, antropologia) | *giustizia —*, equa distribuzione della ricchezza e dei beni **3** che mira a garantire a tutti i cittadini buone condizioni di vita: *politica —*; *rivendicazioni sociali* **4** (*dir.*) che riguarda una società e sim.: *capitale —* **5** che si svolge tra i membri di un gruppo, di un'associazione: *cena —* ♦ *s.m.* la sfera dei problemi sociali: *impegnarsi nel —* □ **socialmente** *avv.* **1** in modo sociale **2** dal punto di vista sociale: *attività — utile*.

so|cia|li|smo *s.m.* **1** insieme di dottrine politiche che propugnano l'abolizione totale o parziale della proprietà privata e la socializzazione dei mezzi di produzione per realizzare la giustizia sociale | (*st.*) *— reale*, l'applicazione effettiva delle dottrine socialiste all'interno dell'Unione Sovietica e dei paesi dell'Europa orientale nel corso del XIX secolo **2** movimento politico che mira ad allargare la giustizia sociale all'interno di una società di tipo capitalistico.

so|cia|li|sta *agg.* [m.pl. *-i*] **1** proprio del socialismo o basato su di esso: *ideologia —* **2** sostenitore del socialismo ♦ *s.m./f.* chi appartiene a un partito socialista o socialdemocratico.

so|cia|li|sti|co *agg.* [m.pl. *-ci*] proprio del socialismo.

so|cia|li|tà *s.f.* **1** tendenza dell'uomo a vivere in società **2** l'insieme dei rapporti che regolano la vita degli appartenenti a una società.

so|cia|liz|za|re *v.tr.* **1** (*econ.*) trasferire la proprietà o la gestione di un bene allo Stato affinché sia disponibile per la società: *— i mezzi di produzione* **2** educare qlcu. al rispetto delle regole sociali | inserire o reinserire qlcu. all'interno della collettività ♦ *intr.* [aus. *A*] (*psicol.*) sviluppare rapporti sociali con le persone che fanno parte della comunità, del gruppo in cui ci si inserisce.

so|cia|liz|za|zió|ne *s.f.* **1** trasferimento della proprietà o della gestione di un bene allo Stato affinché sia disponibile per la società **2** (*psicol.*) processo di inserimento in una società, in un gruppo: *difficoltà di —*.

so|cie|tà *s.f.* **1** l'insieme di tutti gli esseri umani, in quanto uniti da vincoli naturali e da relazioni generali comuni: *il bene della —* | (*zool.*) raggruppamento di più individui di una stessa specie, con divisione dei compiti: *la — delle formiche* **2** gruppo di persone unite da una stessa cultura, tradizione e sim. o appartenenti a uno stesso periodo storico: *la — contadina*; *la — contemporanea* | *la — dei consumi*, caratterizzata dalla diffusione e dall'uso su larga scala di beni non necessari | *la — di massa*, caratterizzata dall'influenza dei mezzi di comunicazione e dalla omologazione di gusti e comportamenti | *la buona*, *l'alta —*, l'insieme delle persone ricche e potenti | *gioco di —*, passatempo da salotto **3** associazione tra più persone che hanno interessi o fini comuni: *— sportiva* | *— segreta*, organizzazione in cui sono mantenuti segreti i nomi dei partecipanti e le attività svolte | *l'onorata —*, la camorra; (*estens.*) la mafia **4** (*dir.*) contratto tra

più persone che hanno messo dei beni in comune per l'esercizio di un'attività economica di cui divideranno gli utili | l'attività economica che ne deriva: — *finanziaria* | — *per azioni*, quella in cui le quote di partecipazione dei soci sono rappresentate da azioni | (*fam.*) *in* —, in condivisione: *comprare ql.co. in — con qlco.*
so|cie|tà|rio *agg.* (*dir.*) relativo a una società: *assetto* —.
so|cié|vo|le *agg.* 1 che ama la compagnia; che si rapporta facilmente con gli altri: *una persona* — 2 che tende per natura a vivere in società coi suoi simili; sociale.
so|cie|vo|léz|za *s.f.* 1 affabilità nelle relazioni con gli altri; cordialità 2 tendenza a organizzarsi, a vivere in società.
sò|cio *s.m.* [f. *-a*; f.pl. *-cie*] 1 membro di un'associazione, di un gruppo e sim.: *i soci di un tennis club* 2 (*dir.*) chi fa parte di una società economica investendovi denaro e ricevendo una parte degli utili 3 chi partecipa con altri a un'impresa e sim. | (*spreg.*) complice.
sò|cio- primo elemento di parole composte che significa "società" (*sociologia*) o "sociale" (*socioculturale*)
so|cio|bio|lo|gì|a *s.f.* disciplina che studia le basi biologiche del comportamento sociale degli organismi viventi.
so|cio|cul|tu|rà|le *agg.* causato o caratterizzato da fenomeni sia sociali che culturali.
so|cio|e|co|nò|mi|co *agg.* [m.pl. *-ci*] relativo agli aspetti sociali ed economici di un fenomeno: *sviluppo* —.
so|cio|lin|gui|sti|ca *s.f.* parte della linguistica che studia il rapporto tra i fenomeni linguistici e la società.
so|cio|lin|gui|sti|co *agg.* [m.pl. *-ci*] proprio della sociolinguistica.
so|cio|lo|gì|a *s.f.* scienza che studia i fenomeni e i processi sociali in relazione alle strutture in cui è organizzata la società: — *della famiglia, dell'arte*.
so|cio|lò|gi|co *agg.* [m.pl. *-ci*] che riguarda la sociologia: *studio* —.
so|cio|lo|gì|smo *s.m.* tendenza a considerare qualsiasi attività umana esclusivamente da un punto di vista sociologico.
so|cio|lo|go *s.m.* [f. *-a*; m.pl. *-gi*] esperto o studioso di sociologia.
so|cio|po|li|ti|co *agg.* [m.pl. *-ci*] che riguarda aspetti sia sociali che politici: *fenomeno* —.
so|cio|sa|ni|tà|rio *agg.* relativo all'assistenza medica pubblica.
so|crà|ti|co *agg.* [m.pl. *-ci*] di Socrate, filosofo ateniese (469-399 a.C.) | *metodo* —, maieutica ♦ *s.m.* [f. *-a*] seguace di Socrate.
sò|da® *s.f.* 1 (*chim.*) carbonato di sodio in polvere bianca, usato nella produzione di carta, vetri, detersivi, saponi | *caustica*, idrossido di sodio, molto corrosivo, usato nell'industria dei saponi, in tintoria e nella produzione di gomma e carta 2 (*estens.*) acqua gassata simile al seltz, usata spec. per diluire bevande alcoliche: *whisky e* —.

so|dà|glia *s.f.* terreno non dissodato.
so|dà|le *s.m./f.* (*lett.*) compagno, amico.
so|da|lì|zio *s.m.* 1 associazione, società: — *sportivo* 2 alleanza, amicizia: *un duraturo* — *politico*.
sod|di|sfa|cèn|te *part.pres. di* soddisfare ♦ *agg.* che soddisfa | positivo, benché non eccellente.
sod|di|sfa|ci|mén|to *s.m.* appagamento, soddisfazione: — *delle richieste*.
sod|di|sfà|re *v.tr., intr.* [indic.pres. *io soddisfàccio o soddisfo o soddisfàcio, tu soddisfài o soddisfi, egli soddisfa o soddisfà, noi soddisfacciamo,* fam. *soddisfiamo, voi soddisfate, essi soddisfano o soddìsfano*; fut. *io soddisferò,* fam. *soddisferò...*; congiunt.pres. *io soddisfàccia o soddisfi..., noi soddisfacciamo,* fam. *soddisfiamo, voi soddisfacciate,* fam. *soddisfiate, essi soddisfàcciano o soddisfìno*; cond. *io soddisferei,* fam. *soddisferei, tu soddisfaresti,* fam. *soddisferesti...*; nelle altre forme con. come *fare*; aus. *A*] 1 dare soddisfazione, rendere soddisfatto dando quanto richiesto o desiderato: *il pranzo mi ha sfatto* 2 appagare, adempiere: — *(a) una richiesta* | — *(a) un debito*, pagarlo 3 risultare adeguato o piacevole; accontentare: — *il pubblico; la tua proposta non mi soddisfa*.
sod|di|sfa|zió|ne *s.f.* 1 adempimento di quanto è richiesto, dovuto e sim.: — *di un debito* | *riparazione: ricevere — di un'offesa* 2 contentezza, piacere: *la — di ricevere un premio; un'attività che dà soddisfazioni* | *non c'è* —, non c'è gusto.
sò|di|co *agg.* [m.pl. *-ci*] (*chim.*) di sodio, contenente sodio.
sò|dio *s.m.* elemento chimico, metallo alcalino di colore bianco (*simb.* Na); è presente nell'acqua marina come cloruro di sodio.
sò|do *agg.* compatto, duro: *carni sode* | *uovo* —, bollito con il guscio fino a farlo rapprendere del tutto ♦ *avv.* (*fam.*) intensamente | *picchiare* —, con forza | *lavorare* —, con intensità, duramente | *dormire* —, profondamente ♦ *s.m.* terreno duro, resistente: *costruire sul* — | *venire al* —, al punto più importante, nucleo essenziale.
so|do|mì|a *s.f.* rapporto sessuale per via anale | (*estens.*) omosessualità maschile.
so|do|mì|ta *agg., s.m.* [pl. *-i*] che, chi pratica la sodomia.
so|do|mì|ti|co *agg.* [m.pl. *-ci*] proprio della sodomia.
so|do|miz|zà|re *v.tr.* sottoporre a sodomia.
so|do|miz|za|zió|ne *s.f.* l'atto di sodomizzare.
so|fà *s.m.* divano; sedile imbottito a più posti.
sof|fe|rèn|te *part.pres. di* soffrire ♦ *agg.* 1 che esprime sofferenza: *espressione* — 2 che soffre | che è malato: *curare la gamba* — ♦ *s.m./f.* persona che soffre per motivi fisici o psicologici.
sof|fe|rèn|za *s.f.* dolore fisico o psicologico: — *intensa*.
sof|fer|mà|re *v.tr.* [indic.pres. *io sofférmo...*] (*anche fig.*) trattenere, fissare, fermare per breve tempo: — *lo sguardo, l'attenzione* ♦ **-rsi** *intr. pron.* (*anche fig.*) fermarsi per breve tempo; indugiare: — *su un particolare*.
sof|fèr|to *part.pass. di* soffrire ♦ *agg.* 1 che è sta-

soffiare

to raggiunto, realizzato con sforzo, dolore, fatica: *un traguardo —* **2** che esprime sofferenza, dolore profondo: *sguardo —.*

sof|fià|re *v.intr.* [indic.pres. *io sóffio...*; aus. *A*] **1** emettere con forza aria dalla bocca, tenendo le labbra semichiuse: *— sulle candeline* | (*fig.*) *— sul fuoco*, alimentare discordie **2** (*di vento*) spirare: *la tramontana soffia forte* ♦ *tr.* **1** espirare con forza dalla bocca o dal naso: *— il fumo della sigaretta* | *soffiarsi il naso*, espellere il muco dalle narici espirando con forza dal naso | *— il vetro*, lavorarlo con la soffiatura **2** convogliare aria con un attrezzo: *— aria con un mantice* | rimuovere con un soffio: *— via la polvere* **3** (*fig.*) dire in segreto, spec. con intenzioni maligne: *— ql.co. nell'orecchio a qlcu.* | (*gerg.*) fare la spia **4** nel gioco della dama, togliere all'avversario la pedina che avrebbe dovuto obbligatoriamente muovere e non ha mosso **5** (*estens.*) portar via, sottrarre ciò che appartiene o spetta ad altri: *mi ha soffiato il posto.*

sof|fià|ta *s.f.* **1** il soffiare una volta, spec. energicamente: *una — di naso* **2** (*gerg.*) comunicazione anonima di una notizia riservata | spiata.

sof|fià|to *agg. nella loc. vetro —,* lavorato mediante processo di soffiatura.

sof|fia|tó|re *s.m.* [f. *-trice*] **1** operaio vetraio che soffia il vetro **2** (*gerg.*) spia.

sof|fia|tù|ra *s.f.* **1** l'atto di soffiare **2** nella lavorazione del vetro, operazione con cui si modella una massa vetrosa soffiandovi dentro dell'aria tramite un tubo di ferro.

sòf|fi|ce o **sóffice** *agg.* **1** che cede morbidamente alla pressione; molle: *cuscino —* **2** (*fig.*) non rigido, flessibile: *tattica —.*

sof|fiét|to *s.m.* **1** piccolo mantice a mano per accendere o ravvivare il fuoco, per spargere polveri insetticide e sim. **2** elemento o dispositivo costituito da più parti articolate estendibili e ripiegabili su se stesse | *porta a —,* porta che, quando è aperta, si raccoglie a pacchetto contro un montante laterale **3** (*gerg.*) articolo di giornale che tende a esaltare, anche indebitamente, qlcu. o ql.co.

sòf|fio *s.m.* **1** atto del soffiare: *spegnere la candela con un —* | il fiato emesso nel soffiare | (*fig.*) *in un —,* velocemente, in un attimo | *per un —,* per poco: *non è finito sotto a quell'auto per un —* | *di un —,* di pochissimo: *mancato di un —* **2** corrente d'aria di limitata intensità: *un — di vento* **3** (*med.*) rumore irregolare che rivela il cattivo funzionamento di un organo: *un — al cuore.*

sof|fió|ne *s.m.* **1** (*geol.*) violento getto naturale di vapore acqueo misto ad ammoniaca, anidride di carbonica, acido borico che fuoriesce ad alta temperatura da fenditure del suolo **2** pianta erbacea perenne con fiori gialli e foglie dentate; tarassaco **3** lunga canna di ferro con cui si soffia sul fuoco per ravvivarlo.

sof|fit|ta *s.f.* (*edil.*) vano tra l'ultimo piano dell'edificio e il tetto; solaio.

sof|fit|tà|re *v.tr.* (*edil.*) fornire un ambiente di soffitto.

sof|fit|ta|tù|ra *s.f.* l'operazione del soffittare | struttura che riveste il soffitto.

sof|fit|to *s.m.* **1** (*edil.*) superficie superiore della copertura di un locale, opposta al pavimento **2** (*sport*) in alpinismo, porzione di parete rocciosa che sporge ad angolo retto.

sof|fo|ca|mén|to *s.m.* **1** impedimento della respirazione **2** (*fig.*) repressione: *il — della ribellione.*

sof|fo|càn|te *part.pres. di* soffocare ♦ *agg.* **1** che soffoca o dà la sensazione di soffocamento: *caldo —* **2** (*fig.*) opprimente: *ambiente —.*

sof|fo|cà|re *v.tr.* [indic.pres. *io sòffoco, tu sòffochi...*] **1** impedire la respirazione, temporaneamente o fino a provocare la morte: *il gas lo stava soffocando* | (*fig.*) *— le fiamme,* spegnerle **2** (*fig.*) reprimere: *— la rivolta* | fare in modo che ql.co. si sviluppi o si diffonda: *— l'odio, un'epidemia* ♦ *intr.* [aus. *E*] respirare faticosamente; non riuscire a respirare | morire per soffocamento.

sof|fo|cà|to *part.pass. di* soffocare ♦ *agg.* detto di suono o voce attutito: *grido —.*

sof|fo|ca|zió|ne *s.f.* soffocamento.

sof|fón|de|re *v.tr.* [con. come *fondere*] cospargere ♦ *intr.pron.* diffondersi delicatamente | (*estens.*) colorirsi.

sof|fríg|ge|re *v.tr.* [con. come *friggere*] far friggere lentamente ♦ *intr.* [aus. *A*] friggere poco, lentamente.

sof|frì|re *v.tr.* [con. come *offrire*] **1** patire da un punto di vista fisico o morale: *— la sete* | essere sensibile a ql.co.: *— il solletico; — la solitudine* | (*fig.*) *— le pene dell'inferno,* sopportare grandi dolori | [in frasi neg.] tollerare, sopportare: *non posso — gli schiamazzi* ♦ *intr.* [aus. *A*] **1** sentire dolore fisico o morale; patire: *— per la morte di qlcu.* | (*euf.*) *finire di —,* morire **2** essere soggetto a un disturbo, a una malattia: *— di emicranie.*

sof|frìt|to *s.m.* battuto di cipolla ed erbe odorose fatto soffriggere nell'olio o nel burro e usato come base per pietanze o condimenti.

sof|fù|so *part.pass. di* soffondere ♦ *agg.* delicatamente cosparso | *luce soffusa,* attenuata, diffusa in modo uniforme.

so|fì|sma *s.m.* [pl. *-i*] **1** (*filos.*) argomentazione apparentemente valida, ma che in realtà approda a conclusioni false o assurde **2** (*estens.*) ragionamento che ha lo scopo di ingannare.

so|fì|sta *s.m.* [pl. *-i*] **1** (*filos.*) seguace della sofistica **2** (*estens.*) chi ricorre a sofismi, a ragionamenti ingannevoli.

so|fì|sti|ca *s.f.* indirizzo filosofico greco del V-IV sec. a.C. che sosteneva una concezione pratica del sapere e considerava la retorica una valida via alla conoscenza.

so|fi|sti|cà|re *v.intr.* [indic.pres. *io sofistico, tu sofistichi...*; aus. *A*] ricorrere a sofismi; sottilizzare ♦ *tr.* contraffare sostanze o prodotti alimentari; adulterare: *— il vino.*

so|fi|sti|cà|to *part.pass. di* sofisticare ♦ *agg.* **1** (*di sostanza o prodotto alimentare*) adulterato, non genuino: *vino —* **2** eccessivamente ricerca-

to; artificioso: *gusti sofisticati* | molto elaborato; ad alto grado di perfezione tecnologica: *un meccanismo —*.
so|fi|sti|ca|tó|re *s.m.* [f. *-trice*] chi sofistica una sostanza o un prodotto alimentare.
so|fi|sti|ca|zió|ne *s.f.* **1** adulterazione di sostanza o prodotto alimentare **2** eccessiva raffinatezza.
so|fi|sti|che|rì|a *s.f.* **1** caratteristica di ciò che è sofisticato **2** carattere di ciò che è sofistico | ragionamento sofistico, cavilloso.
so|fi|sti|co *agg.* [m.pl. *-ci*] **1** (*filos.*) proprio della sofistica | che costituisce o si basa su un sofisma: *ragionamento* — **2** eccessivamente scrupoloso, cavilloso ♦ *s.m.* [f. *-a*] persona esigente, schizzinosa.
so|fro|lo|gì|a *s.f.* (*psicol.*) tecnica di rilassamento che si basa sull'azione combinata di parole e musica.
soft (*ingl.*) *agg.invar.* **1** morbido, delicato; che dà una sensazione di piacevole calma: *musica, atmosfera* — **2** (*fig.*) flessibile, accomodante: *gestire un problema in maniera —*.
softball (*ingl.*) [pr. *sòftbol*] *s.m.invar.* gioco simile al baseball, praticato spec. da squadre femminili su un campo di dimensioni minori, con palle più grosse e mazze più corte e leggere.
soft-core (*ingl.*) [pr. *sòft-kòr*] *agg.invar.* detto di spettacolo o pubblicazione di carattere pornografico in cui si mescolano esigenze di realismo ed estetiche.
soft drink (*ingl.*) *s.m.invar.* bevanda analcolica.
software (*ingl.*) [pr. *sòftuer*] *s.m.invar.* (*inform.*) l'insieme dei programmi usati su un computer | singolo programma specifico: *installare un —* | *compatibile*, quello adatto a essere usato su un dato computer | *sviluppare un —*, realizzarlo o perfezionarlo | *libero*, realizzato in collaborazione da più programmatori indipendenti, diffuso spec. in maniera gratuita, liberamente ridistribuibile e adattabile da parte degli utenti attraverso la modifica del codice sorgente | *— proprietario*, realizzato da società informatiche a scopo di lucro e diffuso in maniera tale da nascondere il codice sorgente, rendendo impossibile la modifica del programma da parte degli utenti.
sog|get|ti|sta *s.m./f.* [m.pl. *-i*] chi scrive soggetti cinematografici, televisivi o radiofonici.
sog|get|ti|va *s.f.* (*cine.*) inquadratura dal punto di vista di uno dei personaggi, il cui sguardo sull'azione viene a coincidere con quello dello spettatore: *ripresa in —*.
sog|get|ti|vi|smo *s.m.* **1** (*filos.*) concezione che nega l'esistenza di verità e valori oggettivi **2** (*estens.*) tendenza a interpretare e valutare qualsiasi fatto in modo soggettivo.
sog|get|ti|vi|sti|co *agg.* [m.pl. *-ci*] (*filos.*) proprio del soggettivismo.
sog|get|ti|vi|tà *s.f.* carattere di ciò che è soggettivo: *la — di un giudizio*.
sog|get|ti|vo *agg.* **1** che dipende dal modo di sentire e pensare di un soggetto e non è, perciò, valido per tutti: *convinzione soggettiva* **2** (*gramm.*) del soggetto | *proposizione soggettiva*, che funge da soggetto di un'altra proposizione **3** (*psicol.*) basato sull'introspezione: *metodo —*.
sog|gèt|to¹ *s.m.* **1** argomento, tema: *il — di un racconto* | (*teat., cine.*) trama, canovaccio da cui si svilupperà poi il copione definitivo | (*mus.*) tema fondamentale della fuga | (*in una biblioteca*) *catalogo per soggetti*, quello in cui le opere sono schedate per argomento **2** (*filos.*) l'io in quanto essere pensante, in contrapposizione all'oggetto del pensiero **3** (*gramm.*) la persona o la cosa con cui è accordato il verbo **4** (*fam., spec. spreg. o iron.*) tipo, persona: *uno strano —* **5** (*med.*) individuo considerato nelle sue caratteristiche cliniche: *— anemico* **6** (*dir.*) *— giuridico*, ente o persona in quanto titolare di diritti e doveri.
sog|gèt|to² *agg.* **1** sottoposto a un'autorità, a un obbligo o a una certa condizione: *essere — a vigilanza speciale* **2** (*estens.*) esposto, facilmente interessato da eventi o manifestazioni negative: *area soggetta a frane* | (*di persona*) predisposto a una malattia o un disturbo: *individuo — a crisi respiratorie*.
sog|ge|zió|ne *s.f.* **1** sottomissione **2** senso d'imbarazzo, di timidezza che si prova in presenza di persone importanti o in ambienti nuovi: *essere in —; mettere —*.
sog|ghi|gnà|re *v.intr.* [indic.pres. *io sogghigno..., noi sogghigniamo, voi sogghignate...*; aus. *A*] fare sogghigni.
sog|ghì|gno *s.m.* ghigno appena accennato; sorriso astioso, maligno.
sog|gia|cé|re *v.intr.* [con. come *giacere*; aus. *E, A*] essere soggetto, sottoposto; sottostare: *— alla volontà altrui*.
sog|gio|gà|re *v.tr.* [indic.pres. *io soggiógo, tu soggióghi...*] (*anche fig.*) sottomettere, assoggettare: *— un popolo*.
sog|gio|ga|tó|re *agg., s.m.* [f. *-trice*] (*lett.*) che, chi soggioga.
sog|gior|nà|re *v.intr.* [indic.pres. *io soggiórno...*; aus. *A*] stare, dimorare: *— una settimana all'estero*.
sog|giór|no *s.m.* **1** permanenza per un certo tempo in un luogo, spec. per riposo o turismo: *— invernale* | (*dir.*) *— obbligato*, obbligo di risiedere in un dato comune **2** stanza della casa dove si sta abitualmente durante il giorno: *accomodarsi in —* | l'arredamento di tale ambiente.
sog|giùn|ge|re *v.tr., intr.* [con. come *giungere*; aus. *A*] aggiungere altro a quanto già detto, per completare, precisare, concludere un discorso.
sog|gó|lo *s.m.* **1** nell'abito monacale, benda che fascia la gola e circonda il viso **2** striscia, spec. in cuoio, che passa sotto il mento per tenere saldo in testa un cappello; sottogola **3** striscia di cuoio che passa sotto la gola del cavallo e si congiunge con la testiera.
só|glia *s.f.* **1** limite inferiore del vano della porta | (*estens.*) entrata | *varcare la —*, entrare **2** (*fig.*) principio, inizio: *l'estate è alle soglie; alla — della vecchiaia* **3** (*scient.*) il valore minimo perché una grandezza risulti apprezzabile o misurabile | —

soglio

di udibilità, valore minimo di intensità di un suono per essere udito dall'orecchio umano | (*med.*) — *del dolore*, grado minimo di intensità di uno stimolo perché provochi dolore | (*econ.*) — *di povertà*, livello di reddito al di sotto del quale si è considerati in condizione di povertà 4 (*geog.*) area di passaggio, transizione e separazione.

sò|glio *s.m.* (*lett.*) 1 trono, seggio 2 dignità, potere di un sovrano | *il* — *pontificio*, la dignità, il potere papale.

sò|glio|la *s.f.* pesce di mare con corpo ovale molto appiattito ed entrambi gli occhi sullo stesso lato del corpo.

so|gnàn|te *part.pres.di* sognare ♦ *agg.* 1 che pare sognare: *sguardo* — 2 fantastico, da sogno: *atmosfera* —.

so|gnà|re *v.tr.* [indic.pres. *io sógno...*, *noi sogniamo*, *voi sognate...*] 1 vedere in sogno: *ho sognato di essere un gatto* 2 desiderare fortemente: — *una villa al mare* 3 illudersi, sperare vanamente: *non mi sogno neppure di riuscire a convincerlo*; *la promozione te la puoi sognare* ♦ *intr.* [aus. *A*], **-rsi** *intr.pron.* fare sogni: (*se*) *lo sogna tutte le notti* | *sognare a occhi aperti*, fantasticare | *sogno o son desto?*, detto per esprimere meraviglia.

so|gna|tó|re *agg., s.m.* [f. *-trice*] 1 che, chi sogna 2 (*fig.*) che, chi si abbandona facilmente a illusioni e fantasticherie.

só|gno *s.m.* 1 attività psichica che ha luogo durante il sonno, caratterizzata da pensieri, emozioni, successioni di immagini più o meno coerenti: *fare un brutto* — | *sogni d'oro*, augurio per un sonno tranquillo | *sembrare*, *essere un* —, straordinario e bellissimo: *questa vacanza è un* — | (*fam.*) *neppure*, *nemmeno*, *neanche per* —, assolutamente no 2 illusione, desiderio di cose irrealizzabili o difficili da realizzare: *ha realizzato il suo* — | — *nel cassetto*, aspirazione segreta e ambiziosa.

sò|ia *s.f.* pianta erbacea annuale simile al fagiolo, con semi ricchi di proteine da cui si ricavano olio e farina.

soirée (*fr.*) [pr. *suaré*] *s.f.invar.* festa serale in ambiente mondano ed elegante.

sòl[1] *s.m.invar.* (*mus.*) nei paesi latini, nome della quinta nota della scala di do.

sòl[2] *s.m.invar.* (*chim.*) soluzione colloidale da cui si può separare, mediante specifici trattamenti, la fase colloidale dispersa, detta *gel*.

so|là|io *s.m.* 1 locale tra la copertura dell'ultimo piano e il tetto; soffitta 2 ognuno dei piani orizzontali che dividono verticalmente un edificio, servendo da pavimento all'ambiente sovrastante e da soffitto a quello sottostante.

so|la|mén|te *avv.* solo, unicamente, esclusivamente: *possono entrare* — *poche persone*.

So|la|nà|ce|e *s.f.pl.* famiglia di piante erbacee o legnose delle Tubiflorali, con fiori solitari o in infiorescenze cimose e frutti a bacca o a capsula; ne fanno parte la patata e il pomodoro.

so|là|re[1] *agg.* 1 proprio del Sole: *luce*, *eclissi* — | *ora* —, il calcolo del tempo basato sul passaggio del Sole dal meridiano di un luogo | *orologio* —, meridiana 2 (*di dispositivo e sim.*) che usa l'energia ottenuta dalla luce del Sole 3 (*di prodotto cosmetico*) che protegge dalle radiazioni solari, favorendo l'abbronzatura: *crema* — 4 radioso, che esprime serenità: *volto* — 5 (*fig.*) evidente, lampante: *ragionamento* —.

so|là|re[2] *v.tr. e deriv.* → **suolare** *e deriv.*

so|la|ri|tà *s.f.* luminosità, splendore.

so|là|rium (*lat.*) *s.m.invar.* 1 (*arch.*) terrazza esposta al sole, adatta per cure elioterapiche 2 impianto o ambiente per la radioterapia superficiale e l'abbronzatura artificiale.

so|la|tì|o *agg.* (*lett.*) soleggiato.

sol|cà|re *v.tr.* [indic.pres. *io sólco*, *tu sólchi...*] 1 fendere il terreno con solchi: — *il podere con l'aratro* | (*lett.*) — *il mare*, *le acque*, navigarvi 2 (*estens.*) lasciare un solco, un segno profondo su una superficie: *le rughe gli solcano il volto*.

sol|ca|tù|ra *s.f.* l'atto di solcare | il solco stesso.

sól|co *s.m.* [pl. *-chi*] 1 lunga apertura scavata nel terreno con uno strumento agricolo, spec. l'aratro 2 (*estens.*) incavo, infossamento lungo e profondo che attraversa una superficie: *i solchi delle ruote* 3 (*estens.*) traccia, impronta | *il* — *della nave*, scia 4 (*anat.*) fessura lunga e stretta sulla superficie di un organo.

sol|cò|me|tro *s.m.* strumento per misurare la velocità di una nave.

sol|da|tà|glia *s.f.* (*spreg.*) gruppo disordinato di soldati indisciplinati.

sol|da|té|sco *agg.* [m.pl. *-schi*] (*spec. spreg.*) da soldato.

sol|da|tì|no *s.m.* modellino in piombo o plastica raffigurante un soldato, spec. usato come giocattolo.

sol|dà|to *s.m.* [f. *-essa*] 1 chi è parte di un esercito; militare | — *semplice*, che non ricopre alcun grado | (*pop.*) *andare* —, fare il servizio militare 2 (*fig., lett.*) chi lotta per un ideale, per una causa: *un* — *della fede*.

sòl|do *s.m.* 1 denominazione di diversi tipi di monete, gener. di poco valore | (*fig.*) *non valere un* — (*bucato*), non valere niente | *pagare*, *valere quattro soldi*, pochissimo | *essere senza un* —, non avere denaro | (*scherz.*) *alto come un* — *di cacio*, bassissimo 2 (*pl., fam.*) denaro: *costare molti soldi* | *fare soldi*, arricchirsi 3 (*st.*) paga dei soldati mercenari | *essere al* — *di qlcu.*, essere al suo servizio.

só|le *s.m.* 1 (*astr.*) *Sole*, la stella a noi più vicina, attorno alla quale girano i corpi celesti del sistema che comprende anche la Terra 2 il Sole così come noi lo percepiamo, con riferimento spec. alla sua luce, al suo calore, al suo moto apparente | *al sorgere del* —, all'alba | *al calar del* —, al tramonto | *contro* —, controluce | *occhiali da* —, quelli che proteggono gli occhi dalle radiazioni solari | *prendere il* —, esporsi ai raggi solari per abbronzarsi | *cura del* —, elioterapia | *colpo di* —, insolazione | (*fig.*) *alla luce del* —, apertamente, senza nulla nascondere | *chiaro come il* —, evidente 3 simbolo di bellezza, potenza, sapienza, perfezione: *bello come il* — | *re Sole*, appellativo del re di Francia Luigi XIV.

so|le|ci|smo *s.m.* (*ling.*) errore a livello grammaticale o lessicale.

so|leg|già|re *v.tr.* [indic.pres. *io soléggio...*] esporre al sole, spec. per riscaldare o asciugare.

so|leg|già|to *part.pass. di* soleggiare ♦ *agg.* illuminato e riscaldato dai raggi solari; solatio: *stanza soleggiata*.

so|lèn|ne *agg.* **1** che si celebra con cerimonia particolare e grandiosa; maestoso: *giuramento* — | *messa* —, cantata **2** grave, severo: *momento, aspetto* — | (*estens.*) imponente, maestoso: *monumento* — **3** (*scherz.*) clamoroso, enorme: *un* — *bugiardo* **4** (*mus.*) indicazione sulla partitura che prescrive un andamento sostenuto e grave.

so|len|ni|tà *s.f.* **1** maestosità: *la* — *di un evento* | tono, atteggiamento solenne **2** ricorrenza, festività: — *religiosa, civile*.

so|len|niz|zà|re *v.tr.* celebrare con solennità.

so|le|nòi|de *s.m.* (*elettr.*) dispositivo formato da un cilindro con un conduttore elettrico avvolto a elica, in grado di generare un campo magnetico.

so|lé|re *v.intr.* [indic.pres. *io sòglio, tu suòli, egli suòle, noi sogliamo, voi soléte, essi sògliono*; pass.rem. *io soléi, tu solésti...*; congiunt.pres. *io sòglia..., noi sogliamo, voi sogliate, essi sògliano*; part.pass. *sòlito*; dif.: non ha il fut., il condiz. pres. e imperf., il part. pres. e tutti i tempi composti; è sempre seguito da v. all'inf.] (*lett.*) essere solito, usare: — *bere il caffè a fine pasto* | *come si suol dire*, come si dice comunemente.

so|lèr|te *agg.* (*lett.*) che fa il proprio dovere con impegno: *impiegato* — | fatto con cura; meticoloso: *studi solerti*.

so|lèr|zia *s.f.* sollecitudine, alacrità.

so|lét|ta *s.f.* **1** sottile suola mobile che si introduce nella scarpa per ridurre lo spazio interno o come protezione del piede **2** parte della calza che corrisponde alla pianta del piede **3** (*sport*) rivestimento della parte inferiore degli sci **4** (*edil.*) lastra di piccolo spessore in cemento armato, usata per solai, muri e sim.

so|let|tà|re *v.tr.* [indic.pres. *io solétto...*] **1** dotare una calzatura di soletta **2** (*edil.*) munire di soletta.

so|let|ta|tù|ra *s.f.* **1** applicazione di solette a delle calzature **2** (*edil.*) costruzione di una soletta.

sòl|fa *s.f.* suono insistente e noioso | (*fig.*) ripetizione interminabile e noiosa di uno stesso argomento: *sempre la stessa* —.

sol|fà|ra *s.f.* giacimento o miniera di zolfo di natura sedimentaria.

sol|fà|re *v.tr.* [indic.pres. *io sólfo...*] (*agr.*) solforare: — *le viti*.

sol|fa|tà|ra *s.f.* (*geol.*) **1** fumarola vulcanica quiescente caratterizzata da emissioni di vapore acqueo, anidride carbonica e acido solfidrico | l'emissione gassosa stessa **2** miniera, deposito di zolfo.

sol|fa|ta|zió|ne *s.f.* **1** (*chim.*) formazione di solfati per reazione di un ossido e anidride solforica o per ossidazione di un solfuro **2** (*elettr.*) formazione di solfato di piombo sulle piastre di un accumulatore al piombo.

sol|fà|to *s.m.* (*chim.*) sale o estere dell'acido solforico.

sol|feg|già|re *v.tr., intr.* [indic.pres. *io solféggio...*; aus. *A*] (*mus.*) leggere un brano musicale ad alta voce, nominando o cantando le note rispettandone la durata | esercitarsi nel solfeggio.

sol|fég|gio *s.m.* (*mus.*) esercizio orale che consiste nel leggere o intonare le note di un testo musicale, pronunciandone il nome e rispettandone la durata.

sol|fi|drì|co *agg.* [m.pl. *-ci*] (*chim.*) detto di acido formato da idrogeno e zolfo, con caratteristico odore di uova marce.

sol|fì|fe|ro *agg.* che contiene zolfo: *deposito* — | che produce zolfo.

sol|fi|tà|re *v.tr.* trattare una sostanza con zolfo o anidride solforosa.

sol|fi|ta|zió|ne *s.f.* trattamento a base di zolfo a cui si sottopone una sostanza alimentare, spec. vini, succhi, zucchero.

sol|fì|to *s.m.* (*chim.*) sale o estere dell'acido solforoso.

sol|fo|rà|re *v.tr.* [indic.pres. *io sólforo...*] **1** (*agr.*) cospargere di zolfo a scopo antiparassitario; solfare **2** (*chim.*) trattare con zolfo.

sol|fo|rà|to *agg.* che contiene zolfo | che è trattato con zolfo.

sol|fò|ri|co *agg.* [m.pl. *-ci*] (*chim.*) detto di composto dello zolfo esavalente.

sol|fo|ró|so *agg.* (*chim.*) detto di composto dello zolfo tetravalente.

sol|fù|ro *s.m.* (*chim.*) sale dell'acido solfidrico.

so|li|dà|le *agg.* **1** concorde con le idee e le aspirazioni degli altri: *essere* — *con qlcu*. **2** (*mecc.*) detto di un pezzo di meccanismo collegato a un altro in maniera rigida.

so|li|da|rie|tà *s.f.* **1** vincolo di assistenza reciproca nel bisogno: — *umana* **2** condivisione di sentimenti, opinioni, obiettivi altrui e conseguente partecipazione morale o materiale: *manifestazione di* —.

so|li|da|rì|smo *s.m.* tendenza a sentirsi solidali con altri.

so|li|da|rì|sti|co *agg.* [m.pl. *-ci*] basato sulla solidarietà.

so|li|da|riz|zà|re *v.intr.* [aus. *A*] esprimere solidarietà: — *con qlcu*.

so|li|di|fi|cà|bi|le *agg.* che può essere reso solido.

so|li|di|fi|cà|re *v.tr.* [indic.pres. *io solidìfico, tu solidìfichi...*] **1** (*fis.*) portare una sostanza dallo stato liquido a quello solido **2** (*fig.*) consolidare, rendere più forte: — *le basi di un patto* ♦ *intr.* [aus. *E*], **-rsi** *intr.pron.* **1** (*fis.*) passare dallo stato liquido a quello solido **2** (*fig.*) consolidarsi, rinforzarsi.

so|li|di|fi|ca|zió|ne *s.f.* passaggio di una sostanza dallo stato liquido a quello solido | (*fig.*) consolidazione.

so|li|di|tà *s.f.* **1** robustezza, stabilità: *la* — *di una*

struttura 2 (*fig.*) validità, fondatezza: *la — di un'unione, di un'argomentazione.*
sol|li|do *agg.* 1 (*fis.*) detto di stato della materia nel quale le molecole sono fortemente coese fra loro: *il ghiaccio è acqua allo stato —* 2 duro, robusto, resistente: *un materiale —* | (*fig.*) resistente, saldo: *solida amicizia* 3 (*geom.*) detto di figura a tre dimensioni | **geometria solida**, quella che studia le figure solide 4 (*fig.*) che ha buone basi, ben fondato, profondo: *una cultura, una tradizione solida* ♦ *s.m.* 1 (*fis.*) corpo allo stato solido 2 (*geom.*) figura tridimensionale.
so|li|lò|quio *s.m.* il parlare da solo, discorso tra sé e sé.
so|lin|go *agg.* [m.pl. *-ghi*] (*poet.*) solitario.
sol|li|no *s.m.* 1 colletto staccabile di camicia da uomo 2 ampio bavero azzurro listato di bianco, tipico dell'uniforme dei marinai.
so|li|psi|smo *s.m.* (*psicol.*) egocentrismo, soggettivismo esasperato.
so|li|psi|sti|co *agg.* [m.pl. *-ci*] proprio del solipsismo.
sol|li|sta *agg., s.m./f.* [m.pl. *-i*] 1 (*mus.*) cantante o strumentista che esegue un brano musicale da solo o che ricopre un ruolo di primo piano all'interno di un'orchestra o di un gruppo: *chitarrista —* 2 interprete che si esibisce da solo: *ballerino —*.
sol|li|sti|co *agg.* [m.pl. *-ci*] proprio del solista.
sol|li|tà|rio *agg.* 1 che ama stare solo 2 (*di impresa sportiva*) compiuto da soli, senza l'aiuto di altri: *regata solitaria* 3 (*di luogo*) isolato; non frequentato: *un promontorio —* 4 (*zool.*) che vive solo, non in gruppo: *passero —* | (*bot.*) isolato: *fiore —* ♦ *s.m.* 1 brillante incastonato da solo, spec. in un anello | l'anello stesso 2 qualsiasi gioco, spec. di carte, che si fa da soli.
sò|li|to *agg.* non diverso da altre volte; consueto, abituale: *il — ristorante* | (*di persona*) che rimane sempre la stessa, che ha sempre le stesse caratteristiche o abitudini: *il — pigro* | (*di situazione o cosa*) sempre uguale e che si ripete spesso: *ha fatto uno dei soliti guai* | **esser —**, aver l'abitudine: *sono — camminare un po' dopo pranzo* ♦ *s.m.* 1 consuetudine, abitudine: *è più veloce del —* | **come il, al —**, come sempre | **di, per il —**, normalmente, abitualmente 2 cibo o bevanda che si prende abitualmente: *per me il —!* □ **solitamente** *avv.* di solito; normalmente, abitualmente.
so|li|tù|di|ne *s.f.* 1 condizione di chi sta solo: *odiare la —* 2 caratteristica di un luogo solitario.
sol|laz|zà|re *v.tr.* far divertire: *la compagnia* ♦ **-rsi** *intr.pron.* divertirsi, spassarsela.
sol|laz|zé|vo|le *agg.* spassoso, divertente.
sol|làz|zo *s.m.* divertimento, svago, spasso.
sol|le|ci|tà|re *v.tr.* [indic.pres. *io sollécito...*] 1 stimolare a fare presto; insistere, richiedere che ql.co. si verifichi al più presto: *— un pagamento* 2 richiedere con insistenza: *— qlcu. ad andarsene* 3 (*fig.*) stimolare: *— la fantasia* 4 (*mecc.*) sottoporre a sollecitazione.
sol|le|ci|ta|zió|ne *s.f.* 1 insistenza, richiesta che

ql.co. venga fatto al più presto: *lettera di —* 2 (*fig.*) stimolo, incitamento: *— culturale* 3 (*mecc.*) l'azione di una o più forze su un corpo.
sol|lé|ci|to[1] *agg.* 1 che agisce, opera con prontezza e premura: *impiegato —* 2 fatto con prontezza e zelo: *una risposta sollecita.*
sol|lé|ci|to[2] *s.m.* (*bur.*) sollecitazione: *mandare un — di pagamento.*
sol|le|ci|tù|di|ne *s.f.* 1 prontezza e premura nel fare: *— nello studio* 2 premura, attenzione verso qlcu. o ql.co.
sol|le|ó|ne *s.m.* 1 periodo tra la seconda metà di luglio e la prima decade di agosto, con il Sole nella costellazione del Leone 2 (*estens.*) il sole dell'estate, spec. nelle ore più calde | **grande calura estiva.**
sol|le|ti|ca|mén|to *s.m.* (*raro, anche fig.*) il solleticare.
sol|le|ti|cà|re *v.tr.* [indic.pres. *io solletico, tu solletichi...*] 1 toccare provocando solletico: *— i piedi* 2 (*fig.*) stimolare: *— l'appetito* | eccitare, lusingare: *— la vanità di qlcu.*
sol|lé|ti|co *s.m.* [pl. *-chi*] 1 sensazione nervosa provocata dal sentirsi sfiorare la pelle | **fare il — a qlcu.**, sfregarlo con tocco leggero così da provocargli tale sensazione; (*iron.*) non ottenere alcun effetto: *i suoi rimproveri mi fanno il solletico* 2 (*fig.*) stimolo piacevole e leggero.
sol|le|va|mén|to *s.m.* 1 spostamento verso l'alto: *il — di un carico* | (*sport*) **— pesi**, specialità dell'atletica pesante che consiste nel sollevare da terra e portare sopra la testa a braccia tese un bilanciere con pesi alle estremità 2 innalzamento: *il — del livello del mare.*
sol|le|và|re *v.tr.* [indic.pres. *io sollèvo...*] 1 levare, spostare verso l'alto; alzare: *— un peso da terra* | (*fig.*) innalzare: *si sollevò un grido* 2 (*fig.*) portare a una migliore condizione; liberare: *— qlcu. dalla povertà* | **— qlcu. da un incarico**, toglierglielo; (*euf.*) licenziarlo 3 (*fig.*) causare, suscitare: *l'articolo ha sollevato aspre critiche* 4 far ribellare, far insorgere: *— il popolo contro il governo* ♦ **-rsi** *intr.pron.* 1 innalzarsi: *l'elicottero si sollevò da terra* 2 (*fig.*) riaversi, riprendersi da un punto di vista fisico o morale: *— dopo una tragedia* 3 ribellarsi, insorgere.
sol|le|và|to *part.pass.* di sollevare ♦ *agg.* 1 mantenuto più in alto 2 in condizioni migliori; liberato da ansia e timori: *ora mi sento —.*
sol|le|va|tó|re *agg., s.m.* [f. *-trice*] che, chi solleva | (*sport*) *— di pesi*, atleta che pratica il sollevamento pesi; pesista.
sol|le|va|zió|ne *s.f.* 1 (*raro*) innalzamento, elevazione 2 rivolta, insurrezione: *— popolare* | protesta collettiva: *le sue parole hanno provocato una —.*
sol|liè|vo *s.m.* conforto, alleviamento fisico o morale: *essere di — a qlcu.* | **tirare, un sospiro, un respiro di —**, sentirsi liberato da una preoccupazione.
sol|lù|che|ro o **sollucchero** *s.m.* nelle loc. **andare, mandare in —**, provare, far provare un sentimento di intimo compiacimento.

só|lo *agg.* **1** senza compagnia; senza nessuno vicino; isolato: *se ne sta tutto —* | senza la presenza di estranei: *finalmente soli* | *da —*, senza la partecipazione, l'aiuto o l'intervento di altri: *me ne occupo da —* | *da — a —*, a quattrocchi | *essersi fatto da —*, detto di persona che, partendo dal nulla, ha raggiunto un'ottima posizione sociale solo con le proprie forze | *parlare da —*, parlare tra sé e sé ad alta voce **2** unico, singolo: *ha un — amico* | *il —*, l'unico: *è il — in grado di farlo* | *non un —*, neppure uno, nessuno: *non ho trovato un — bar aperto* **3** [al pl., preposto al s.] nessun altro che: *per soli adulti* **4** (*di cosa*) senza nient'altro: *ha mangiato pane —* **5** (*mus.*) solista: *pezzo per violino —* ♦ *s.m.* **1** [f. *-a*] l'unico: *siete i soli a saperlo* **2** (*mus., spec.pl.*) solista | *a —*, assolo ♦ *avv.* solamente, soltanto; *ho fatto — una telefonata*; *ha mangiato — pane* ♦ *solo che* *loc.cong.* ma, però: *va bene, — che vorrei alcuni chiarimenti* | purché: *potresti partecipare, — che tu lo voglia*.

so|ló|ne *s.m.* riformatore di leggi | (*spec. iron.*) uomo giusto e saggio.

sol|sti|zià|le *agg.* (*astr.*) proprio del solstizio, che riguarda il solstizio.

sol|stì|zio *s.m.* (*astr.*) ciascuna delle due date dell'anno, il 22 dicembre e il 21 giugno, in cui si ha in ognuno dei due emisferi alternatamente la notte più lunga e il giorno più lungo.

sol|tàn|to *avv.* solamente, unicamente, semplicemente: *ho invitato — pochi amici*.

so|lù|bi|le *agg.* **1** (*chim.*) detto di sostanza che si può sciogliere facilmente in un liquido (*solvente*) **2** (*fig.*) spiegabile, risolvibile.

so|lu|bi|li|tà *s.f.* condizione di ciò che è solubile.

so|lu|bi|liz|zà|re *v.tr.* (*chim.*) rendere solubile.

so|lu|bi|liz|za|zió|ne *s.f.* **1** (*chim.*) l'operazione e il risultato del solubilizzare **2** (*metall.*) trattamento termico per la diffusione omogenea dei componenti speciali in una lega.

so|lù|to *s.m.* (*chim.*) sostanza disciolta in un solvente, col quale forma una soluzione.

so|lu|zió|ne *s.f.* **1** scioglimento di una sostanza in un'altra, spec. liquida | (*chim.*) miscela omogenea di più sostanze (*soluti*) disciolte entro un'altra sostanza (*solvente*) **2** risoluzione, spiegazione: *la — di un indovinello* | (*mat.*) valore dell'incognita o delle incognite che verificano un'equazione o un sistema di equazioni **3** (*estens.*) accordo, compromesso: *giungere a una — pacifica* **4** *— di continuità*, interruzione in una continuità spaziale o temporale | *senza — di continuità*, ininterrottamente | *(comm.)* pagamento, assolvimento | *pagare in un'unica —*, in una sola volta.

sol|vèn|te *agg.* **1** (*chim.*) detto di sostanza in grado di sciogliere altre sostanze senza alterarne la natura **2** (*comm.*) detto di chi è in grado di pagare: *cliente —* ♦ *s.m.* **1** (*chim.*) sostanza solvente **2** [anche f.] (*comm.*) persona solvente.

sol|vèn|za *s.f.* (*comm.*) capacità di far fronte ai propri impegni economici.

sol|vì|bi|le *agg.* **1** che è in grado di pagare, di assolvere agli impegni economici assunti **2** che può essere pagato: *debito —*.

sol|vi|bi|li|tà *s.f.* (*comm.*) condizione di chi è solvibile; solvenza.

sò|ma *s.f.* carico collocato sulla groppa di una bestia da trasporto | *bestia da —*, adatta per il trasporto di pesi.

-sò|ma secondo elemento di parole composte che significa "corpo" (*cromosoma*).

sò|ma|lo *agg.* della Somalia ♦ *s.m.* **1** [f. *-a*] chi è nato o abita in Somalia **2** lingua parlata in Somalia.

so|ma|ràg|gi|ne *s.f.* ignoranza | atto o discorso stupido, da ignorante.

so|mà|ro *s.m.* [f. *-a*] **1** asino, ciuco | *lavorare come un —*, moltissimo **2** (*fig.*) ignorante | scolaro con scarsi risultati: *sei proprio un —!* ♦ *agg.invar.* ignorante.

so|mà|ti|co *agg.* [m.pl. *-ci*] (*biol.*) che si riferisce al corpo umano, alle sue fattezze.

so|ma|tiz|zà|re *v.tr.* (*med.*) trasformare un disturbo psichico in organico: *— la tensione* ♦ *-rsi* *intr.pron.* (*di disturbo psichico*) convertirsi in disturbo organico, manifestarsi a livello fisico.

so|ma|tiz|za|zió|ne *s.f.* (*med.*) fenomeno per cui un disturbo psicologico determina sofferenze a livello organico e funzionale.

sò|ma|to- primo elemento di parole composte che significa "corpo" (*somatotropina*).

so|ma|to|sta|ti|na *s.f.* (*biol.*) sostanza organica presente nel corpo umano come regolatore di vari ormoni e impiegata nella cura di diverse malattie.

so|ma|to|tro|pi|na *s.f.* (*biol.*) ormone della crescita secreto dall'ipofisi.

som|bré|ro *s.m.* cappello con cupola alta e larghe tese, tipico del Messico.

so|meg|già|re *v.tr., intr.* [indic.pres. *io soméggio...*; aus. *A*] trasportare a soma.

so|mi|gliàn|te *part.pres.* di *somigliare* ♦ *agg.* che somiglia: *due cugini piuttosto somiglianti* | simile, analogo.

so|mi|gliàn|za *s.f.* affinità, corrispondenza a livello fisico o psicologico: *una forte —* | (*lett.*) *a —*, in modo simile: *a — di qlcu*.

so|mi|glià|re *v.tr.* [indic.pres. *io somìglio...*; aus. *A, E*] essere simile a livello fisico o psicologico; assomigliare per certe qualità: *ti somiglia molto*; *somigli tutto tuo nonno* ♦ *-rsi* *rifl. rec.* essere simili: *— come due gocce d'acqua*.

sóm|ma *s.f.* **1** l'operazione del sommare: *fare una —* | il risultato dell'addizione: *la — ammonta a cento* | *tirare le somme*, fare un'addizione; (*fig.*) concludere **2** quantità di denaro: *pagare una certa —*.

som|mà|re *v.tr.* [indic.pres. *io sómmo...*] (*anche fig.*) fare la somma, addizionare; aggiungere: *— il prezzo del trasporto* | (*fig.*) *tutto sommato*, considerando tutti gli aspetti ♦ *intr.* [aus. *A, E*] ammontare.

som|ma|rie|tà *s.f.* carattere di ciò che è sommario: *la — di un riassunto*.

som|mà|rio[1] *agg.* **1** fatto, esposto per sommi

capi: *narrazione sommaria* **2** (*dir.*) detto di procedura svolta rapidamente e non secondo il rito ordinario | *giustizia sommaria*, punizione inflitta senza ricorrere a un regolare processo **3** (*estens.*) fatto velocemente, in modo sbrigativo: *indagine sommaria*.

som|mà|rio[2] *s.m.* **1** trattazione sintetica di un argomento; compendio **2** esposizione schematica dei temi affrontati in un libro, in una rivista e sim. | indice **3** (*in un giornale*) una o più frasi che, poste sotto il titolo, anticipano il contenuto dell'articolo.

som|ma|tò|ria *s.f.* (*mat.*) somma algebrica di un numero finito o infinito di termini di una successione.

sommelier (*fr.*) [pr. *somelié*] *s.m./f.invar.* degustatore professionale di vini | chi, in un ristorante, è addetto al servizio e all'assaggio di vini.

som|mèr|ge|re *v.tr.* [con. come *immergere*] **1** (*di corso o massa d'acqua*) inondare: *la piena sommerse i campi* | ricoprire d'acqua: *le onde sommersero l'imbarcazione* **2** (*fig.*) avvolgere, circondare interamente: *è sommerso dai regali* | soffocare, sopraffare: *sono sommersi dai debiti* **3** (*fig.*) far scomparire: *il tempo ha sommerso ogni ricordo*.

som|mer|gì|bi|le *s.m.* mezzo navale che può navigare sia in superficie che sott'acqua, in immersione.

som|mèr|so *part.pass.* di sommergere ♦ *agg.* **1** coperto dalle acque **2** (*fig.*) detto di attività economica che sfugge agli obblighi fiscali: *lavoro* —.

som|més|so *agg.* (*di suono*) basso, appena avvertibile: *tono* —.

sommier (*fr.*) [pr. *somié*] *s.m.invar.* divano letto.

som|mi|ni|strà|re *v.tr.* **1** dare, distribuire ad altri: — *una medicina* **2** far compilare: — *un questionario*.

som|mi|ni|stra|tó|re *agg., s.m.* [f. -*trice*] che, chi somministra.

som|mi|ni|stra|zió|ne *s.f.* l'atto di somministrare: *la* — *di un vaccino* | distribuzione: — *di viveri*.

som|mi|tà *s.f.* **1** punto più alto; vetta, cima: *la* — *di una torre* **2** (*fig.*) culmine.

som|mi|tà|le *agg.* che si trova sulla sommità.

sóm|mo *agg.* **1** il più alto: *le somme vette* **2** (*fig.*) superiore, massimo: *il* — *bene* | *il* — **pontefice**, il papa | (*per anton.*) *il poeta* —, Dante | *in* — *grado*, al massimo grado | *per sommi capi*, soffermandosi solo sui punti più importanti ♦ *s.m.* apice, grado più elevato: *al* — *della gioia* □ **sommamente** *avv.* massimamente, più di ogni altra cosa.

som|mòs|sa *s.f.* sollevazione popolare; insurrezione, rivolta.

som|mo|vi|mén|to *s.m.* spostamento, sconvolgimento: — *del terreno*.

som|moz|za|tó|re *s.m.* [f. -*trice*] **1** esperto nuotatore subacqueo **2** appartenente a corpi speciali dell'esercito, della marina, dei vigili del fuoco ecc. addestrato a eseguire lavori subacquei.

som|muò|ve|re *v.tr.* [con. come *muovere*]

(*lett.*) **1** agitare, muovere violentemente **2** (*fig.*) sobillare, spingere alla rivolta.

so|na|gliè|ra *s.f.* striscia di tela o cuoio con sonagli appesi, che si mette al collo degli animali da lavoro per segnalarne la presenza.

so|nà|glio *s.m.* piccola sfera cava di metallo con dentro una pallina di ferro che, scossa, produce un tintinnio urtando contro le pareti.

so|nàn|te *part.pres.* di sonare ♦ *agg.* **1** che risuona | (*fig.*) *moneta, denaro* —, contante **2** (*fig.*) di grandi proporzioni: — *sconfitta*.

sò|nar *s.m.invar.* (*mar.*) apparecchio che localizza corpi immersi mediante l'emissione di onde acustiche o ultrasoniche e la ricezione delle onde riflesse.

so|nà|re *v.tr., intr. e deriv.* → **suonare** *e deriv.*

so|nà|ta *s.f.* (*mus.*) composizione per uno o più strumenti, in tre o quattro tempi contrastanti per ritmo e forma.

so|na|tì|na (*mus.*) composizione, spec. di carattere didattico, simile alla sonata, ma più breve e facile.

són|da *s.f.* **1** (*tecn.*) macchina per la perforazione in profondità del suolo, usata anche per il prelievo di rocce **2** (*scient.*) dispositivo per compiere misurazioni o rilevazioni di precisione | — **atmosferica**, apparecchiatura per lo studio degli strati alti dell'atmosfera | (*aer.*) — **spaziale**, veicolo privo di equipaggio, lanciato nello spazio cosmico per compiere rilevazioni scientifiche **3** (*med.*) strumento tubolare usato per esplorare cavità e organi o per prelevare o introdurre liquidi: — *gastrica*.

son|dà|bi|le *agg.* che può essere sondato.

son|dàg|gio *s.m.* **1** ricerca esplorativa compiuta mediante sonda **2** (*stat.*) indagine condotta su un campione di popolazione, spec. per conoscere opinioni: — *preelettorale* | (*estens.*) esame, inchiesta.

son|dà|re *v.tr.* [*indic.pres.* io *sóndo*...] **1** esaminare con una sonda: — *i fondali marini* **2** (*fig.*) cercare di conoscere; indagare: — *l'opinione pubblica* | (*fig.*) — **il terreno**, avere contatti preliminari e raccogliere informazioni per valutare le possibilità di riuscita di un'iniziativa.

so|nét|to *s.m.* componimento poetico formato da quattordici versi endecasillabi, raggruppati i primi otto in due quartine e gli ultimi sei in due terzine.

sò|ni|co *agg.* [m.pl. -*ci*] (*scient.*) proprio del suono: *velocità sonica*.

son|nac|chió|so *agg.* sonnolento, assonnato: *aria sonnacchiosa*.

son|nam|bu|lì|smo *s.m.* stato fisiologico o patologico caratterizzato da attività motoria più o meno complessa durante il sonno, senza che al risveglio se ne conservi il ricordo.

son|nàm|bu|lo *agg., s.m.* [f. -*a*] che, chi durante il sonno compie un'attività motoria più o meno complessa, della quale non si ricorda al risveglio.

son|nec|chià|re *v.intr.* [*indic.pres.* io *sonnécchio*...; *aus. A*] **1** dormicchiare; essere tra la ve-

glia e il sonno **2** (*fig.*) essere poco attivo, poco vivace.
son|nel|li|no *s.m.* sonno breve e poco profondo, spec. quello che si fa nel primo pomeriggio.
son|ni|fe|ro *s.m.* preparato farmaceutico che induce il sonno: *prendere un* —.
són|no *s.m.* **1** fenomeno fisiologico caratterizzato da perdita della coscienza e dell'iniziativa motoria, con rallentamento delle funzioni neurovegetative: — *agitato*; *parlare nel* — | *prendere* —, *addormentarsi* | (*med.*) *malattia del* —, malattia tropicale trasmessa dalla mosca tse-tse, che si manifesta con sonnolenza e profondo torpore | (*euf.*) *l'ultimo* —, *il* — *eterno*, la morte **2** sensazione di torpore e di stanchezza che induce a dormire | *far venire*, *mettere* —, provocare sonnolenza; (*fig.*) annoiare molto | (*fig.*) *cadere dal* —, *essere morto di* —, non riuscire più a stare svegli **3** (*fig.*) calma, quiete, silenzio: *il paese era immerso nel* — | inerzia, apatia: *il* — *della ragione*.
son|no|lèn|to *agg.* **1** che ha sonno, assonnato **2** che induce a dormire: *un pomeriggio* — **3** (*fig.*) inattivo, apatico, pigro.
son|no|lèn|za *s.f.* **1** torpore causato dal bisogno di dormire **2** (*fig.*) pigrizia, apatia, inerzia.
so|no|ri|sta *s.m./f.* [m.pl. -*i*] addetto alla colonna sonora di un film; tecnico del suono.
so|no|ri|tà *s.f.* **1** proprietà di emettere suoni | l'insieme delle caratteristiche di un suono; timbro: *la particolare* — *di uno strumento* **2** carattere di musicalità e armonia: *la* — *di una voce* **3** (*di luogo*) proprietà di riverberare i suoni: *la* — *di un teatro* **4** (*ling.*) articolazione con vibrazione delle corde vocali.
so|no|riz|zà|re *v.tr.* **1** (*ling.*) trasformare un suono da sordo in sonoro **2** (*cine.*) arricchire un film con la colonna sonora ♦ *-rsi intr.pron.* (*ling.*, *di consonante sorda*) trasformarsi in sonora.
so|no|riz|za|tó|re *s.m.* [f. *-trice*] (*cine.*) addetto alla sonorizzazione di un film.
so|no|riz|za|zió|ne *s.f.* **1** (*ling.*) trasformazione di un suono da sordo a sonoro **2** (*cine.*) processo con cui si dota un film della colonna sonora.
so|nò|ro *agg.* **1** che riguarda il suono | che emette, trasmette o riflette suoni: *strumento* — **2** che ha suono chiaro e forte, che risuona con pienezza: *un ceffone* — | (*fig.*) clamoroso: *una sonora sconfitta* **3** (*ling.*) detto di suono per articolare il quale si fanno vibrare le corde vocali: *consonante sonora* **4** (*cine.*) detto di film con parole e suoni in sincronia con le immagini | *colonna sonora*, l'insieme dei suoni di un film, spec. i brani musicali ♦ *s.m.* (*cine.*) **1** cinema sonoro **2** l'insieme dei suoni di un film; colonna sonora.
son|tuo|si|tà *s.f.* sfarzosità, lusso estremo.
son|tu|ó|so *agg.* sfarzoso, pieno di lusso: *un* — *ricevimento*.
so|pi|re *v.tr.* [indic.pres. *io sopisco*, *tu sopisci*...] calmare, lenire, placare: — *l'odio*.
so|pó|re *s.m.* stato di rilassamento fisico simile al sonno, con solo parziale perdita di coscienza.
so|po|ri|fe|ro *agg.* **1** che dà sopore, che induce a dormire: *farmaco con effetto* — **2** (*fig.*) molto noioso: *uno spettacolo* —.
sop|pal|cà|re *v.tr.* [indic.pres. *io soppalco*, *tu soppalchi*...] dotare un ambiente di soppalco.
sop|pàl|co *s.m.* [pl. -*chi*] locale rialzato ricavato dividendo orizzontalmente un ambiente di altezza notevole.
sop|pàn|no *s.m.* fodera pesante usata per vestiti o scarpe.
sop|pe|rì|re *v.intr.* [indic.pres. *io sopperisco*, *tu sopperisci*...; aus. *A*] far fronte, supplire: — *a una spesa*.
sop|pe|sà|re *v.tr.* [indic.pres. *io soppéso*...] **1** stimare il peso di un oggetto, spec. tenendolo fra le mani **2** (*fig.*) valutare con attenzione, esaminare con cura: — *una proposta*; — *vantaggi e svantaggi*.
sop|pian|tà|re *v.tr.* sostituirsi, subentrare ad altri o altro, anche con l'inganno.
sop|piàt|to *agg. solo nella loc. di* —, di nascosto: *entrare di* —.
sop|por|tà|bi|le *agg.* che può essere sopportato; tollerabile: *un dolore* —.
sop|por|ta|bi|li|tà *s.f.* caratteristica di ciò che è sopportabile; tollerabilità.
sop|por|tà|re *v.tr.* [indic.pres. *io soppòrto*...] **1** (*di struttura*) reggere, sostenere un peso: *la mensola non sopporta carichi eccessivi* | (*fig.*) sostenere un onere: — *una spesa* **2** tollerare agevolmente: — *il freddo* | subire pazientemente: *hai sopportato fin troppo* | soffrire, patire: — *dolori* | *non* —, odiare, non tollerare: *non sopporto la maleducazione*.
sop|por|ta|zió|ne *s.f.* **1** pazienza, tolleranza: *raggiungere il limite della* — **2** atteggiamento di malcelata insofferenza.
sop|pres|sà|re *v.tr.* [indic.pres. *io sopprèsso*...] (*raro*) pressare; mettere in pressa.
sop|pres|sà|ta *s.f.* salume di carne di maiale tritata, variamente speziata e ben pressata.
sop|pres|sió|ne *s.f.* **1** abolizione, eliminazione: *la* — *di una tassa* **2** eliminazione fisica, uccisione.
sop|près|so *part.pass.* di sopprimere ♦ *agg.* **1** abolito, eliminato: *treno* — **2** ucciso.
sop|pri|me|re *v.tr.* [con. come *opprimere*] **1** annullare, eliminare, abolire: — *una fermata del tram* **2** eliminare fisicamente; uccidere: — *un ostaggio*.
sop|pùn|to *s.m.* punto usato per cucire orli interni e risvolti di tessuto.
só|pra (*lett.* sòvra) *avv.* **1** in luogo o posizione più elevata: *mettilo là* — | (*estens.*) piano superiore di un edificio: *sali* — **2** precedentemente: *l'autore citato* — ♦ *prep.* **1** indica la posizione più elevata di una cosa rispetto a un'altra che fa da base, appoggio, sostegno: *le chiavi sono* — *il tavolo* | (*fig.*) *metterci una pietra* —, tentare di dimenticare | *giurare* — *qlcu.*, *ql.co.*, in nome di qlcu., ql.co. | *dormirci* —, lasciar passare del tempo; sottovalutare ql.co. | (*loc.*) *al di* — *di*, oltre: *al di* — *di ogni sospetto* **2** indica la posizione di una cosa rispetto a un'altra che ne è avvolta o ricoperta: *indossare una maglia* — *la camicia* **3** indi-

ca la posizione più elevata di una cosa rispetto a un'altra con cui non è in contatto: *ho appeso il quadro — la porta* | indica una posizione più elevata rispetto a ql.co. che è molto vicino: *abita — la stazione* | (*fig.*) *passar — a ql.co.*, non prenderlo in considerazione | *averne fin — i capelli*, non sopportare più ql.co. | — *pensiero*, soprappensiero, distratto **4** indica l'accumularsi o il disporsi di cose l'una sull'altra: *libri uno — l'altro* | (*fig.*) indica accumulo o rapida successione di eventi **5** (*fig.*) indica una relazione di supremazia, dominio, controllo: *dominare — una nazione* **6** (*anche fig.*) indica una discesa dall'alto: *la neve scese — la città* | (*estens.*) contro: *si gettarono in tre — di lui* **7** superiore a: *temperatura — i 20°*; *costa — i cento euro* | più a nord: — *l'equatore* | più di: *ama i suoi figli — ogni cosa* **8** intorno a, riguardo a: *esprimere un giudizio — una questione* | *tornare — una decisione*, ripensarci ♦ *agg. invar.* superiore: *al piano —* ♦ *s.m.invar.* la parte superiore, sovrastante: *il — è di seta.*
só|pra- o **sòvra-** *pref.* **1** indica posizione più elevata (*sopracciglio*) **2** indica un'aggiunta, un supplemento (*soprannome, sovrattasa*) **3** indica superamento di un limite o eccesso (*soprannaturale, sopravvalutare*) **4** indica superiorità di funzione o grado (*sovrintendente*) **5** conferisce all'agg. valore di superlativo (*sopraffino*).
so|prà|bi|to *s.m.* cappotto leggero indossato sopra gli abiti nella mezza stagione: *portare il —.*
so|prac|cen|nà|to *agg., s.m.* [f. *-a*] che, chi è stato nominato o citato in precedenza.
so|prac|ci|glià|re *agg.* → **sopracciliare**.
so|prac|ci|glio *s.m.* [pl. *i sopraccigli* o *le sopracciglia*] ognuno dei due tratti cutanei arcuati e ricoperti di peli sopra l'occhio | i peli che li ricoprono.
so|prac|ci|lià|re o **sopraciliàre** o **sopracigliàre** *agg.* proprio del sopracciglio | in corrispondenza del sopracciglio: *arcata — destra, sinistra*.
so|prac|ci|tà|to o **sopracitàto** *agg., s.m.* [f. *-a*] che, chi è stato citato in precedenza.
so|prac|co|pèr|ta o **sovraccopèrta** *s.f.* **1** coperta leggera messa sopra il letto per ornamento **2** foglio stampato che avvolge un libro per proteggerne la copertina o a scopo pubblicitario ♦ *avv.* (*mar.*) sul ponte di coperta: *stare —*.
so|pra|ci|lià|re *agg.* → **sopracciliare**.
so|pra|ci|tà|to *agg., s.m.* → **sopracitato**.
so|prad|dà|zio *s.m.* imposta aggiunta a un dazio.
so|prad|dét|to *agg., s.m.* [f. *-a*] che, chi è stato citato o menzionato in precedenza.
so|prad|do|mi|nàn|te o **sopradominànte** *s.f.* (*mus.*) sesto grado della scala diatonica, chiamato così perché segue il quinto grado che è la *dominante*.
so|pra|e|di|fi|cà|re *v.tr. e deriv.* → **sopredificare** *e deriv.*
so|pra|e|len|cà|to *agg., s.m.* [f. *-a*] che, chi è stato elencato in precedenza.
so|pra|e|le|và|re *v.tr. e deriv.* → **soprelevare** *e deriv.*

so|pra|e|spó|sto *agg., s.m.* [f. *-a*] che, chi è stato esposto in precedenza.
so|praf|fà|re *v.tr.* [indic.pres. *io sopraffàccio* o *sopraffò, tu sopraffài, egli sopraffà...*; nelle altre forme con. come *fare*] (*anche fig.*) soverchiare, sconfiggere, avere la meglio: — *il nemico*; *essere sopraffatto dalla tristezza.*
so|praf|fat|tó|re *agg., s.m.* [f. *-trice*] che, chi sopraffà; prepotente.
so|praf|fa|zió|ne *s.f.* imposizione violenta; prepotenza, sopruso: *commettere, subire una —.*
so|praf|fì|lo *s.m.* cucitura a punti lunghi e radi, gener. diagonali, per evitare la sfilacciatura nei tessuti senza orlo.
so|praf|fì|no *agg.* eccellente, di ottima qualità: *cibo —* | straordinario, molto raffinato: *intelligenza sopraffina.*
so|praf|fu|sió|ne *s.f.* (*fis.*) condizione di instabilità di un corpo che si trova allo stato liquido pur essendo la temperatura inferiore a quella di solidificazione.
so|prag|git|to *s.m.* cucitura a punti piccoli e fitti, usata per unire due lembi di tessuto.
so|prag|giùn|ge|re *v.intr.* (con. come *giungere*; aus. *E*] **1** giungere all'improvviso, arrivare inaspettatamente: *è sopraggiunto un temporale* **2** capitare in aggiunta ad altro; aggiungersi: *sopraggiunsero complicazioni.*
so|prag|giùn|ta *s.f.* aggiunta ulteriore | *per —*, per di più.
so|pra|in|di|cà|to o **soprindicàto** *agg., s.m.* [f. *-a*] che, chi è stato indicato in precedenza.
so|pral|luò|go *s.m.* [pl. *-ghi*] **1** ispezione eseguita da un'autorità giudiziaria nel luogo in cui occorre rilevare delle prove: *compiere un —* **2** (*estens.*) visita preliminare a scopo informativo.
so|pra|lù|ce *s.m.invar.* (*edil.*) apertura sopra la porta o la finestra di una stanza, per illuminare maggiormente l'interno e permettere il ricambio d'aria.
so|pràl|zo *s.m.* (*edil.*) parte di edificio costruita in una fase successiva rispetto al corpo centrale dello stabile.
so|pra|men|zio|nà|to o **soprammenzionàto** *agg., s.m.* [f. *-a*] che, chi è stato menzionato in precedenza.
so|pram|mà|ni|ca *s.f.* mezza manica che, spec. in passato, si indossava per proteggere le maniche della giacca.
so|pram|mò|bi|le *s.m.* oggetto decorativo che gener. si pone sopra un mobile.
so|pra|na|zio|nà|le o **soprannazionàle** o **sovranazionàle** *agg.* al di sopra dei singoli poteri nazionali: *organismo —* | che oltrepassa considerazioni di ordine nazionale.
so|pran|na|tu|rà|le o **sovrannaturàle** *agg.* **1** che trascende la natura; non spiegabile con le leggi della natura: *fenomeno —* | (*estens.*) sovrumano, eccezionale: *forza —* **2** che appartiene al divino: *apparizione —* ♦ *s.m.* ciò che trascende la natura.
so|pran|na|zio|nà|le *agg.* → **sopranazionale**.
so|pran|nó|me *s.m.* appellativo familiare,

soprintendente

scherzoso o ingiurioso dato a qlcu., gener. collegato a una qualche sua caratteristica: *è noto col — di Baffo*.

so|pran|no|mi|nà|re *v.tr.* [con. come *nominare*] dare, affibbiare a qlcu. un soprannome.

so|pran|nu|me|rà|rio *agg.* che è in soprannumero, in più rispetto al numero previsto.

so|pran|nù|me|ro *agg.invar.* aggiuntivo, in più, extra: *spese —* ♦ *avv. solo nella loc.* **in —**, in più rispetto al numero previsto: *scolari in —*.

so|prà|no *s.m.* (*mus.*) **1** il registro più acuto delle voci femminili o bianche | la voce stessa che ha tale registro: *cantare da —* **2** [anche f.; pl. invar.] chi canta con voce di soprano ♦ *agg. invar.* (*mus.*) detto di strumento che, all'interno della propria famiglia, ha estensione corrispondente a quella della voce di soprano: *sax —*.

so|prap|pen|siè|ro o **sovrappensièro** *avv.* immerso nei propri pensieri, senza badare a quanto accade o c'è intorno: *fare ql.co. —*.

so|prap|più *s.m.* → **sovrappiù**.

so|pra|scàr|pa *s.f.* scarpa in materiale impermeabile indossata sopra la scarpa normale come riparo spec. dalla pioggia.

so|pras|sàl|to *s.m.* (*anche fig.*) brusco e improvviso movimento del corpo; sussulto, trasalimento: *avere un —* | *di —*, con un movimento brusco; (*estens.*) all'improvviso.

so|pras|sa|tu|ra|zió|ne *s.f.* (*chim., fis.*) **1** fenomeno per cui una soluzione contiene disciolta una quantità di soluto superiore a quella sufficiente a saturarla **2** fenomeno per cui un vapore raffreddato al di sotto della sua temperatura di condensazione non passa allo stato liquido.

so|pras|se|dé|re *v.intr.* [con. come *sedere*; aus. A] rinviare una decisione o un atto: *meglio — a questa decisione*.

so|pras|sò|glio *s.m.* rialzo supplementare provvisorio costruito con sacchi di terra sopra l'argine di un corso d'acqua per contenerne la piena.

so|pras|suò|lo *s.m.* parte superficiale del terreno | l'insieme della vegetazione che ricopre un terreno.

so|pra|strut|tù|ra o **sovrastruttura**.

so|pra|ti|to|lo → **soprattitolo**.

so|pra|tò|ni|ca *s.f.* (*mus.*) nel sistema tonale, la seconda nota di una scala maggiore o minore, collocata subito dopo la tonica.

so|prat|tàc|co *s.m.* [pl. -chi] tacco applicato come rinforzo al tacco originale della scarpa.

so|prat|tàs|sa o **sovrattàssa** *s.f.* **1** sanzione fiscale consistente in una maggiorazione del tributo in caso di omesso, ritardato o insufficiente pagamento **2** tariffa aggiuntiva per particolari servizi postali: *versare una —*.

so|prat|ti|to|lo o **sopratitolo** *s.m.* (*giorn.*) piccolo titolo introduttivo scritto sopra a quello principale; occhiello.

so|prat|tùt|to *avv.* più di tutto, sopra ogni altra cosa; specialmente: *mi piace — l'avventura*.

so|pra|va|lu|tà|re *v.tr. e deriv.* → **sopravvalutare** *e deriv.*

so|pra|van|zà|re *v.tr.* superare: *— in velocità* ♦ *intr.* [aus. E] (*raro*) rimanere in avanzo.

so|pra|vèn|to *avv.* (*mar.*) dalla parte da cui soffia il vento, rispetto a un punto di riferimento: *trovarsi —* | nella stessa direzione del vento: *navigare —* ♦ *agg.invar.* che si trova dalla parte in cui soffia il vento ♦ *s.m.invar.* lato di nave o aereo esposto al vento.

so|prav|va|lu|tà|re o **sopravalutàre** *v.tr.* [con. come *valutare*] stimare, valutare qlcu. o ql.co. più di quanto valga o conti realmente: *ho sopravvalutato le tue capacità* ♦ **-rsi** *rifl.* avere un'eccessiva considerazione di sé.

so|prav|va|lu|ta|zió|ne *s.f.* valutazione eccessiva.

so|prav|ve|nì|re *v.intr.* [con. come *venire*; aus. E] **1** sopraggiungere; arrivare improvvisamente **2** accadere all'improvviso, inaspettatamente: *sopravvennero complicazioni*.

so|prav|vèn|to *s.m.* superiorità, prevalenza: *prendere, avere il — su qlcu.*

so|prav|vè|ste *s.f.* nel Medioevo, veste portata dai cavalieri sopra l'armatura | (*estens.*) veste aperta sul davanti indossata sopra un'altra.

so|prav|vis|sù|to *part.pass. di* sopravvivere ♦ *agg., s.m.* [f. -a] **1** che, chi è rimasto in vita dopo la morte di altri, spec. in un incidente, una sciagura e sim.; superstite **2** (*fig.*) che, chi ha una mentalità o abitudini ormai superate.

so|prav|vi|vèn|za *s.f.* **1** il sopravvivere; il mantenersi in vita: *ci sono basse probabilità di —* **2** addestramento militare, disciplina sportiva che consiste nel vivere in un ambiente naturale ostile con limitati mezzi a disposizione: *corso di —*.

so|prav|vi|ve|re *v.intr.* [fut. *io sopravvivrò* o *sopravviverò...*; cond. *io sopravvivrèi* o *sopravviverèi...*; nelle altre forme con. come *vivere*; aus. E] **1** restare in vita dopo la morte di altri: *i genitori sono sopravvissuti ai figli* | (*fig.*) continuare a vivere idealmente: *— nel ricordo* **2** rimanere in vita, scampando a un evento calamitoso o a una malattia: *— a un brutto incidente* **3** (*estens.*) mantenersi in vita: *lo stipendio non gli basta per —* | (*fig.*) perdurare, mantenersi in uso: *ricette che sopravvivono*.

so|pre|di|fi|cà|re o **sopraedificàre** *v.tr.* [indic. pres. *io sopredìfico, tu sopredìfichi...*] costruire sopra un edificio già esistente.

so|pre|di|fi|ca|zió|ne o **sopraedificazióne** *s.f.* costruzione sopra un edificio già esistente.

so|pre|le|và|re o **sopraelevàre** *v.tr.* [indic.pres. *io soprelèvo...*] **1** alzare una costruzione edificandovi sopra uno o più piani **2** costruire al di sopra del livello normale: *— una strada*.

so|pre|le|và|ta o **sopraelevàta** *s.f.* strada a più corsie che si trova sopra il livello stradale normale.

so|pre|le|va|zió|ne o **sopraelevazióne** *s.f.* **1** edificazione di uno o più piani sopra una costruzione già esistente | parte sopraelevata **2** differenza di livello tra le rotaie di un binario ferroviario in curva.

so|prin|di|cà|to *agg., s.m.* → **sopraindicato**.

so|prin|ten|dèn|te o **sovrintendènte** *part.*

soprintendenza

pres. di soprintendere ♦ *s.m./f.* **1** chi sovrintende a qlcu. o ql.co.: *il — del cantiere* **2** funzionario statale che dirige una soprintendenza: — *ai Beni culturali* **3** nella polizia di Stato, sottufficiale di grado immediatamente superiore all'assistente.
so|prin|ten|dèn|za o **sovrintendènza** *s.f.* **1** l'attività del soprintendere **2** ufficio periferico del ministero per i beni e le attività culturali, con l'incarico di tutelare il patrimonio artistico e culturale | la sede di tale ufficio | carica di soprintendente.
so|prin|tèn|de|re o **sovrintèndere** *v.intr.* [con. come *tendere*; aus. *A*] vigilare su un lavoro, un'attività affinché sia eseguito regolarmente | (*estens.*) avere compiti di direzione e coordinamento: — *al restauro.*
so|prù|so *s.m.* prepotenza, sopraffazione, prevaricazione: *compiere, subire un —.*
soq|quà|dro *s.m.* grande disordine, scompiglio | **mettere a** —, in gran confusione; (*fig.*) turbare profondamente.
sór *s.m.* [f. *sora*] (*pop.*, usato come appellativo davanti a nomi propri, cognomi o titoli) signore.
sòr|ba *s.f.* frutto del sorbo, di forma tondeggiante e colore rossastro; colto ancora acerbo, è fatto maturare artificialmente, spec. nella paglia.
sor|bet|te|ri|a *s.f.* (*raro*) **1** negozio in cui si producono e vendono sorbetti **2** assortimento di sorbetti.
sor|bet|tiè|ra *s.f.* macchina per preparare sorbetti | recipiente in cui si conserva o si serve un sorbetto.
sor|bi|re *v.tr.* [indic.pres. *io sorbisco, tu sorbisci...*] **1** bere lentamente, a piccoli sorsi: — *un caffè, un amaro* **2** (*scherz.*) sopportare malvolentieri cose o persone fastidiose o noiose: — *una predica.*
sor|bi|tò|lo *s.m.* (*chim.*) alcol contenuto in alcuni frutti e alghe, usato nella preparazione di resine sintetiche, di alimenti per diabetici, come lassativo o anche come emulsionante e plastificante.
sòr|bo *s.m.* pianta con foglie pennate, fiori bianchi e frutti rossi commestibili di piccole dimensioni.
sòr|bo|la *s.f.* frutto del sorbo; sorba | (*region.*, *escl.*) **sorbole!**, per esprimere stupore.
sor|ci|no *agg.* **1** (*raro*) di sorcio **2** (*di mantello equino*) di color grigio scuro.
sór|cio *s.m.* (*pop.*) topo | (*fig.*) *far vedere i sorci verdi a qlcu.*, spaventarlo o metterlo in grossa difficoltà.
sor|dà|stro *agg.,s.m.* [f. *-a*] che, chi è un po' sordo.
sor|di|déz|za *s.f.* sudiciume, sporcizia | (*fig.*) grettezza, meschinità.
sòr|di|do o **sórdido** *agg.* **1** (*anche fig.*) lurido, squallido: *tipo, albergo* — **2** (*fig.*) gretto, avaro.
sor|di|na *s.f.* dispositivo per attutire il suono di uno strumento musicale: *mettere la —* | *in —*, senza far rumore; (*fig.*) di nascosto.

sor|di|tà *s.f.* **1** mancanza totale o parziale dell'udito **2** (*fig.*) indifferenza, insensibilità **3** (*di suono*) l'essere smorzato.
sór|do *agg.* **1** che ha perso del tutto o parzialmente il senso dell'udito: — *da un orecchio* | (*fam.*) — *come una campana*, completamente sordo **2** (*fig.*) che non presta ascolto; indifferente, insensibile: — *alle suppliche* **3** (*di ambiente*) privo di risonanza, che assorbe i suoni | (*di suono, rumore o voce*) cupo, smorzato: *grido* — **4** (*fig.*) nascosto, non manifesto, ma intenso: *odio, dolore* — **5** (*ling.*) detto di suono per articolare il quale non si fanno vibrare le corde vocali: *consonanti sorde* ♦ *s.m.* [f. *-a*] persona sorda | *fare il* —, fingere di non sentire.
sor|do|mu|ti|smo *s.m.* (*med.*) incapacità di parlare che deriva da sordità congenita o acquisita prima dei tre anni di vita.
sor|do|mù|to *agg., s.m.* [f. *-a*] che, chi è affetto da sordomutismo.
sor|dó|ne *s.m.* piccolo uccello dei Passeriformi, con dorso grigio, gola bianca a macchie nere e fianchi rossastri, diffuso nelle zone alpine e appenniniche.
-só|re *suff.* → *-tore*.
so|rèl|la *s.f.* **1** persona di sesso femminile che ha in comune con un'altra persona entrambi i genitori: *fratello e —* | — *di latte*, chi è stata allattata dalla medesima balia | *essere come sorelle*, molto amiche **2** (*fig.*) cosa molto simile a un'altra o che si accompagna solitamente a un'altra: *l'ingiustizia è — dell'ignoranza* **3** suora ♦ *agg.pl.* con le stesse origini o molto affini: *lingue sorelle*.
so|rel|làn|za *s.f.* **1** rapporto di parentela tra sorelle | (*estens.*) solidarietà tra donne **2** (*fig.*) legame tra cose che hanno la stessa origine o che presentano caratteristiche simili.
so|rel|là|stra *s.f.* sorella in quanto figlia di uno solo dei genitori.
sor|gèn|te *part.pres. di* sorgere ♦ *s.f.* **1** punto in cui sgorga l'acqua dal sottosuolo; fonte: *acqua di* — **2** (*estens.*) ciò da cui possono aver origine calore, luce, radiazioni e sim.: — *luminosa* **3** (*fig.*) causa, origine: — *di un problema.*
sor|gen|ti|zio *agg.* di sorgente: *bacino* —.
sór|ge|re *v.intr.* [indic.pres. *io sórgo, tu sórgi...*; pass.rem. *io sórsi, tu sorgésti...*; part.pass. *sórto*; aus. *E*] **1** (*di persona*) levarsi in piedi, alzarsi **2** (*di luogo o cosa*) essere in posizione elevata; innalzarsi: *il castello sorgeva sul colle* **3** (*di corpo celeste*) levarsi, apparire all'orizzonte: *il Sole è sorto alle 6* | (*estens.*) spuntare, nascere: *sorge un nuovo giorno* **4** (*di suono*) farsi sentire, levarsi: *una voce sorse dal fondo della sala* **5** (*di corso d'acqua*) scaturire: *il Po sorge dal Monviso* **6** (*fig.*) avere inizio, nascere: *mi sorgono dei sospetti* | (*di evento*) presentarsi, svilupparsi: *sono sorte complicazioni* ♦ *s.m.* solo sing. (*di corpo celeste*) il riapparire all'orizzonte | *il — del Sole*, l'alba.
sor|gì|va *s.f.* (*lett.*) sorgente, fonte.
sor|gì|vo *agg.* di sorgente: *acque sorgive*.

sór|go *s.m.* [pl. *-ghi*] **1** saggina **2** pianta con fiori in spighette, coltivata come cereale.
so|ria|no *agg., s.m.* [f. *-a*] detto di una razza di gatto domestico con pelo corto di colore grigiofulvo striato di nero.
sor|mon|tà|re *v.tr.* [indic.pres. *io sormónto...*] salire al di sopra di ql.co. oltrepassandolo o coprendolo: *le onde sormontarono gli argini* | (*fig.*) superare, vincere: *— ogni avversità*.
sor|nió|ne *agg., s.m.* [f. *-a*] che, chi non lascia trapelare i propri pensieri o sentimenti ma li cela sotto un'apparente indifferenza: *— come un gatto*.
so|ro|rà|le *agg.* (*lett.*) da, di sorella.
so|ro|ri|ci|dio *s.m.* uccisione della propria sorella.
so|ró|sio *s.m.* (*bot.*) infruttescenza formata da drupe unite tra loro, come quella dell'ananas.
sor|pas|sà|re *v.tr.* **1** (*anche fig.*) superare: *— il livello di sicurezza* **2** (*di veicolo*) oltrepassare un altro veicolo: *è vietato — a destra*.
sor|pas|sà|to *part.pass.* di sorpassare ♦ *agg.* (*di cosa*) caduto in disuso, non più attuale: *moda sorpassata* | (*di persona*) antiquato, non al passo coi tempi.
sor|pàs|so *s.m.* manovra con cui si supera un veicolo in marcia: *corsia di —* | (*fig.*) in una classifica, competizione e sim., superamento ottenuto grazie a risultati migliori: *la Juventus ha compiuto il — sul Milan*.
sor|pren|dèn|te *part.pres.* di sorprendere ♦ *agg.* straordinario, eccezionale: *risultato —*.
sor|prèn|de|re *v.tr.* [con. come *prendere*] **1** cogliere inaspettatamente, di sorpresa: *fu sorpreso da un temporale* | cogliere qlcu. mentre sta compiendo un'azione, spec. illecita: *il ladro fu sorpreso sul fatto* **2** stupire, meravigliare: *la tua generosità ci sorprende* ♦ *-rsi intr.pron.* stupirsi, meravigliarsi: *non mi sorprende più nulla* ♦ *rifl.* prendere all'improvviso consapevolezza di ql.co. che si sta facendo: *mi sorpresi a pensarlo*.
sor|pré|sa *s.f.* **1** il sorprendere: *mi hai fatto una bella —* | *di —*, all'improvviso | *a —*, inaspettatamente **2** cosa o evento inaspettato che causa meraviglia, stupore: *il suo arrivo è stato una —* | stupore, meraviglia: *fu una — per tutti* **3** piccolo dono allegato a un prodotto, spec. dolciario: *merende con —*.
sor|pré|so *part.pass.* di sorprendere ♦ *agg.* (*di persona*) meravigliato, stupito per ql.co. di inaspettato: *si mostrò — di vedermi lì* | che esprime tale sensazione: *espressione sorpresa del viso*.
sor|règ|ge|re *v.tr.* [con. come *reggere*] **1** reggere qlcu. sostenendolo per una parte del corpo: *— un anziano* **2** reggere una struttura sovrastante facendo da base: *il palco è sorretto da una solida impalcatura* **3** (*fig.*) confortare, aiutare ♦ *-rsi rifl.* tenersi in piedi.
sor|ri|dèn|te *part.pres.* di sorridere ♦ *agg.* **1** che sorride | che esprime gioia: *volto —* **2** (*di luogo*) ridente, allegro.
sor|rì|de|re *v.intr.* [con. come *ridere*; aus. *A*] **1** ridere leggermente, a fior di labbra **2** apparire propizio: *la fortuna gli sorride* **3** (*fig.*) riuscire gradito; piacere: *l'idea non mi sorride per niente*.
sor|rì|so *s.m.* riso leggero, a fior di labbra: *accennare un —*.
sor|sà|ta *s.f.* sorso | quantità di liquido inghiottito sorseggiando.
sor|seg|già|re *v.tr.* [indic.pres. *io sorséggio...*] bere a piccoli sorsi assaporando: *— un vino*.
sór|so *s.m.* **1** quantità di liquido inghiottito in una sola volta | (*fig.*) *in un —*, tutto in una volta **2** (*estens.*) piccola quantità di liquido: *un — di liquore*.
sòr|ta *s.f.* specie, tipo, qualità: *ogni — di divertimento* | *una — di*, una specie di: *portava una — di cappello* | [in frasi negative] *di —*, di nessun tipo: *non c'è pericolo di —*.
sòr|te *s.f.* **1** fortuna; destino: *buona, cattiva —* **2** stato, condizione in cui ci si trova per eventi indipendenti dalla nostra volontà: *avere in — un destino infame* | *abbandonare qlcu. alla sua —*, non preoccuparsi di soccorrerlo **3** evento imprevisto, caso: *ebbe la — di conoscerlo* | esito | *a —*, a caso | *tirare a —*, sorteggiare.
sor|teg|già|re *v.tr.* [indic.pres. *io sortéggio...*] estrarre a sorte, a caso.
sor|tég|gio *s.m.* estrazione a sorte, a caso: *il — dei premi*.
sor|ti|lè|gio *s.m.* pratica magica, incantesimo.
sor|tì|re *v.tr.* [indic.pres. *io sortisco, tu sortisci...*] avere come risultato; ottenere: *le medicine non hanno sortito effetto*.
sor|tì|ta *s.f.* **1** uscita improvvisa da un luogo chiuso compiuta da truppe assediate per assaltare i nemici **2** comparsa in scena di un personaggio **3** frase spiritosa.
sor|ve|gliàn|te *part.pres.* di sorvegliare ♦ *s.m./f.* chi sorveglia; addetto alla sorveglianza: *il — notturno del museo*.
sor|ve|gliàn|za *s.f.* l'azione di controllo e vigilanza su cose o persone | (*dir.*) *— speciale*, misura di prevenzione per persone pericolose che consiste nell'imposizione di certi obblighi.
sor|ve|glià|re *v.tr.* [indic.pres. *io sorvéglio...*] **1** seguire con attenzione, custodire qlcu. o ql.co.: *— una banca*; *— i bambini perché non si allontanino* **2** tenere sotto controllo: *— il sospettato*.
sor|ve|glià|to *part.pass.* di sorvegliare ♦ *agg.* **1** che è sorvegliato **2** controllato, moderato: *stile —* ♦ *s.m.* [f. *-a*] chi è sorvegliato | (*dir.*) *— speciale*, chi è sottoposto a provvedimento di sorveglianza speciale.
sor|vo|là|re *v.tr.* [indic.pres. *io sorvólo...*] volare sopra: *— una città* ♦ *intr.* [aus. *A*] tralasciare: *— su una questione* | *sorvoliamo!*, lasciamo perdere.
sor|vó|lo *s.m.* passaggio in volo sopra un'area.
SOS [pr. *èsse-ò-èsse*] *s.m.* segnale che le navi in pericolo diffondono per richiedere soccorso urgente | (*estens.*) qualsiasi richiesta di aiuto urgente | (*fig.*) *lanciare un —*, chiedere aiuto.
sò|sia *s.m./f.invar.* persona tanto simile a un'altra da poter essere scambiata per essa.
so|spèn|de|re *v.tr.* [indic.pres. *io sospèndo...*; pass.rem. *io sospési, tu sospendésti...*; part.pass.

sospensione

sospéso] **1** appendere, attaccare ql.co. in alto in modo che penzoli: — *un lampadario al soffitto* **2** (*fig.*) interrompere, smettere per un certo tempo: — *una ricerca* **3** (*fig.*) privare per qualche tempo di un impiego, di una carica e sim., gener. a scopo punitivo | (*scuola*) allontanare provvisoriamente dalle lezioni per ragioni disciplinari: — *uno studente* **4** (*chim.*) disperdere particelle solide in un liquido senza che queste si sciolgano.

so|spen|sió|ne *s.f.* **1** il sospendere, l'essere sospeso: *essere in* — **2** cessazione momentanea: — *della tregua* **3** sanzione disciplinare per cui una persona è temporaneamente allontanata da un impiego, da una carica e sim. | (*scuola*) esclusione provvisoria dalle lezioni per ragioni disciplinari **4** *puntini di* —, i tre punti che convenzionalmente indicano l'interruzione di un discorso, un elenco e sim. **5** (*chim.*) sistema eterogeneo in cui un solido è disperso in minutissime particelle in un liquido **6** (*mecc.*) dispositivo che, collegando in maniera elastica gli organi di una macchina, riduce le vibrazioni.

so|spen|si|va *s.f.* (*bur.*) provvedimento di rinvio: *chiedere una* —.

so|spen|si|vo *agg.* (*bur.*) che sospende o rinvia: *provvedimento* —.

so|spen|só|re *agg.*, *s.m.* detto di elemento o congegno che mantiene ql.co. in sospensione.

so|spen|sò|rio *agg.* (*anat.*) detto di muscolo, formazione o legamento che tiene sospeso un organo ♦ *s.m.* tipo di cintura che sorregge lo scroto, usata spec. da ballerini e atleti.

so|spé|so *part.pass.* di sospendere ♦ *agg.* **1** sollevato, tenuto in alto: — *nel vuoto* | (*fig.*) — *a un filo*, in una situazione precaria o pericolosa **2** interrotto per un certo periodo; rinviato: *l'assemblea è sospesa* **3** incerto, ansioso | *col fiato* —, trattenendo il respiro per l'ansia o l'emozione **4** colpito da un provvedimento di sospensione ♦ *s.m.* conto da saldare; pratica non ancora definita: *avere molti sospesi* | (*loc.*) *in* —, in una situazione di incertezza o non definizione: *un procedimento rimasto in* —.

so|spet|tà|bi|le *agg.*, *s.m./f.* che, chi può essere sospettato.

so|spet|ta|bi|li|tà *s.f.* condizione di chi è sospettabile.

so|spet|tà|re *v.tr.* (*indic.pres. io sospètto...*) **1** credere che qlcu. possa essere colpevole sulla base di indizi: — *qlcu. di omicidio* **2** intuire attraverso indizi o supposizioni: — *un tradimento* | (*estens.*) immaginare, credere, supporre: *nessuno sospettava una tale reazione* ♦ *intr.* [aus. *A*] **1** supporre che qlcu. sia colpevole: *nessuno sospetta di lui* **2** diffidare, dubitare: — *della generosità di qlcu*.

so|spet|tà|to *part.pass.* di sospettare ♦ *agg.*, *s.m.* [f. *-a*] che, chi è sospettato di essere l'autore di un reato.

so|spèt|to[1] *agg.* **1** che desta diffidenza; che suscita dubbi: *comportamento* — **2** di cui si teme l'esistenza; possibile: *una sospetta frattura* ♦ *s.m.* [f. *-a*] persona che suscita dubbi o diffidenze | persona che si ritiene possa aver commesso un delitto: *interrogare i sospetti*.

so|spèt|to[2] *s.m.* **1** dubbio, diffidenza verso persone, cose o eventi: — *infondato*; *destare sospetti*; *guardare qlcu. con* — **2** timore: *ho il* — *che mi tradisca*.

so|spet|to|si|tà *s.f.* diffidenza.

so|spet|tó|so *agg.* che tende a sospettare; diffidente: *un carattere* — | *che rivela sospetto: sguardo* —.

so|spìn|ge|re *v.tr.* [con. come *spingere*] **1** spingere in avanti con movimento continuo e senza scosse: *il vento sospingeva la barca al largo* | (*fig.*) protendere: — *lo sguardo* **2** (*fig.*) spronare; indurre.

so|spìn|to *part.pass.* di sospingere ♦ *agg.* nella *loc.* **a ogni piè** —, a ogni passo; (*fig.*) di continuo, spesso.

so|spi|rà|re *v.intr.* [aus. *A*] emettere sospiri, spec. per ansia, dolore o desiderio ♦ *tr.* desiderare profondamente; attendere con ansia: — *le vacanze*.

so|spì|ro *s.m.* **1** inspirazione lenta e profonda seguita da un'espirazione più o meno prolungata, segno spec. di forti moti interiori: — *di sollievo* **2** (*lett.*) respiro | *mandare l'ultimo* —, morire.

so|spi|ró|so *agg.* **1** che emette sospiri **2** (*estens.*) malinconico.

sò|sta *s.f.* **1** il sostare; arresto, fermata: *una breve* — | *divieto di* —, divieto di parcheggio **2** interruzione momentanea; pausa: *lavora senza* —.

so|stan|ti|và|le *agg.* proprio di un sostantivo: *funzione* —.

so|stan|ti|và|re *v.tr.* (*gramm.*) usare come sostantivo una parte del discorso che non lo è: — *un aggettivo*.

so|stan|ti|và|to *part.pass.* di sostantivare ♦ *agg.* detto di parte del discorso usata in funzione di sostantivo: *infinito* —.

so|stan|tì|vo *s.m.* (*gramm.*) parte variabile del discorso che indica entità concrete o astratte (p.e. *persona, mela, gregge, cattiveria*).

so|stàn|za *s.f.* **1** (*filos.*) ciò che costituisce l'essenza di una cosa **2** (*estens.*) la parte fondamentale di ql.co.: *la* — *di un fatto* | *in* —, insomma, in conclusione **3** (*chim.*) la materia in quanto insieme di molecole: — *liquida* | (*anat.*) — *cerebrale*, il complesso delle strutture che formano il cervello **4** (*fam.*) capacità nutritiva, nutrimento: *un cibo di poca* — **5** (*spec.pl.*) ricchezza, beni.

so|stan|zià|le *agg.* **1** (*filos.*) proprio della sostanza **2** essenziale, fondamentale: *dato* — □ **sostanzialmente** *avv.* essenzialmente, fondamentalmente: *è* — *lo stesso*.

so|stan|zia|li|tà *s.f.* **1** (*filos.*) condizione di ciò che è sostanziale **2** carattere di ciò che è molto importante.

so|stan|zià|re *v.tr.* [*indic.pres. io sostànzio...*] (*lett.*) dotare di sostanza ♦ **-rsi** *intr.pron.* divenire sostanziale.

so|stan|zio|si|tà *s.f.* caratteristica di ciò che è sostanzioso.

so|stan|zió|so *agg.* 1 che ha sostanza, che dà nutrimento: *cena sostanziosa* 2 (*estens.*) cospicuo, consistente: *stipendio —*.

so|stà|re *v.intr.* [indic.pres. *io sòsto...*; aus. *A*] 1 fare una sosta; fermarsi in un luogo per un certo periodo: *— per due giorni a Roma* | (*di veicolo*) fermarsi in parcheggio 2 interrompere per poco un'attività; fare una pausa.

so|sté|gno *s.m.* 1 ciò che sostiene: *muro di —* | (*estens.*) aiuto, appoggio: *il — degli amici* | *a — di*, a vantaggio di: *prove a — di un'accusa* 2 (*fig.*) persona o cosa che aiuta altri materialmente o moralmente: *è il — dei genitori*.

so|ste|né|re *v.tr.* [con. come *tenere*] 1 tenere qlcu. o ql.co. in una certa posizione, supportandone il peso; reggere: *le travi sostengono il tetto* 2 (*fig.*) aiutare, soccorrere: *— un amico in difficoltà* | favorire, appoggiare: *— un candidato* 3 (*fig.*) dichiarare con fermezza, affermare con convinzione: *— una tesi* 4 (*fig.*) assumersi un onere morale o materiale: *— una spesa* | affrontare: *— un esame* | *— una parte*, interpretarla ♦ **-rsi** *rifl.* 1 reggersi: *si sostiene con un bastone* 2 (*estens.*) mantenersi economicamente ♦ *intr. pron.* 1 stare su: *lo scaffale si sostiene con puntelli* 2 (*fig.*) essere convincente: *la tua argomentazione non si sostiene*.

so|ste|ní|bi|le *agg.* (*spec. fig.*) che si può sostenere: *ipotesi, spesa —*.

so|ste|ni|bi|li|tà *s.f.* carattere di ciò che è sostenibile.

so|ste|ni|tó|re *agg., s.m.* [f. *-trice*] che, chi sostiene, sorregge, aiuta, favorisce: *— di un'idea* | *socio —*, chi, per aiutare maggiormente l'associazione o il circolo di cui fa parte, paga una quota superiore a quella ordinaria.

so|sten|ta|mén|to *s.m.* 1 l'atto di fornire nutrimento necessario alla vita e allo sviluppo di un organismo | il mantenere in condizioni di vita soddisfacenti: *provvedere al — dei figli* 2 nutrimento | ciò che serve per sostentare.

so|sten|tà|re *v.tr.* [indic.pres. *io sostènto...*] fornire il necessario per vivere; mantenere: *— la propria famiglia* ♦ **-rsi** *rifl.* mantenersi in vita, provvedere a sé: *non ha di che —*.

so|ste|nu|téz|za *s.f.* contegno, riservatezza, serietà.

so|ste|nù|to *part.pass. di* sostenere ♦ *agg.* 1 grave e riservato; austero | solenne, elevato: *discorso —* 2 veloce: *andatura sostenuta* | intenso e continuo: *ritmo —* 3 (*mus.*) indicazione di esecuzione intensa e lenta 4 (*econ.*) tendente al rialzo: *prezzo —* ♦ *s.m.* [f. *-a*] chi ha un atteggiamento riservato e distaccato.

so|sti|tu|èn|te *part.pres. di* sostenere ♦ *s.m.* (*chim.*) atomo o gruppo atomico che, in una molecola organica, occupa il posto di un atomo di idrogeno o di un altro gruppo.

so|sti|tu|í|bi|le *agg.* che è possibile sostituire.

so|sti|tu|i|bi|li|tà *s.f.* condizione di ciò o di chi è sostituibile.

so|sti|tu|í|re *v.tr.* [indic.pres. *io sostituisco, tu sostituisci...*] 1 mettere una persona o una cosa al posto di un'altra; cambiare: *— una batteria scarica* 2 prendere il posto di un'altra persona o cosa; stare al posto di: *un supplente sostituirà il professore* ♦ **-rsi** *rifl.* prendere il posto di un'altra persona o cosa: *il figlio si è sostituito al padre*.

so|sti|tu|tí|vo *agg.* che sostituisce; adatto a sostituire.

so|sti|tù|to *s.m.* [f. *-a*] 1 chi sostituisce un'altra persona | **— procuratore**, magistrato che sostituisce il procuratore nelle funzioni di pubblico ministero 2 (*mus.*) chi collabora con il direttore d'orchestra nell'esecuzione di un'opera lirica.

so|sti|tu|zió|ne *s.f.* 1 cambiamento di una persona o cosa con un'altra con funzioni analoghe: *la — di un'auto* 2 (*sport*) ingresso in campo di un nuovo giocatore al posto di uno precedentemente schierato.

so|strà|to *s.m.* 1 (*geol.*) strato che sta sotto un altro strato 2 (*ling.*) la lingua diffusa in una data area prima che un'altra lingua si sovrapponesse a essa 3 (*fig.*) ciò che costituisce il fondamento di ql.co.; substrato: *il — ideologico di un film* 4 (*biol., chim., agr.*) substrato.

so|stru|zió|ne *s.f.* (*edil.*) struttura che serve da basamento e sostegno a una costruzione sovrastante, usata spec. quando si edifica su terreni in pendenza.

sot|tà|bi|to *s.m.* sottoveste.

sot|ta|cé|re *v.tr.* [con. come *tacere*] (*lett.*) tacere intenzionalmente ql.co., spec. per ingannare.

sot|ta|cé|to *avv.* sotto aceto, nell'aceto: *mettere un cibo —* ♦ *agg.invar.* conservato sotto aceto: *peperoni —* ♦ *s.m. spec.pl.* cibo conservato sotto aceto e servito spec. come antipasto o contorno: *un barattolo di sottaceti*.

sot|tàc|qua o **sott'acqua** *avv.* sotto l'acqua, in immersione nell'acqua: *stare —*.

sot|tà|na *s.f.* 1 indumento femminile indossato sotto la veste; sottoveste | (*estens.*) gonna | (*fig.*) *correre dietro alle sottane*, essere un donnaiolo 2 abito talare; veste tradizionale dei sacerdoti, di colore nero e con una lunga fila di bottoni sul davanti.

sot|téc|chi *avv. nella loc.* **di —**, con occhi quasi socchiusi, per nascondere le proprie intenzioni: *guardare di —* | (*fig.*) **agire di —**, di nascosto.

sot|tèn|de|re *v.tr.* [con. come *tendere*] 1 (*geom.*) unire gli estremi di un arco con un segmento 2 implicare, presupporre.

sot|ter|fù|gio *s.m.* espediente; azione ingannevole, compiuta di nascosto per evitare una situazione spiacevole, un pericolo e sim.: *vivere di sotterfugi; ricorrere a un —*.

sot|ter|ra|mén|to *s.m.* l'atto di sotterrare.

sot|ter|rà|ne|a *s.f.* linea ferroviaria che corre sotto terra; metropolitana.

sot|ter|rà|ne|o *agg.* 1 che si trova sotto terra: *rifugio —* | proveniente da sotto terra: *rumore —* 2 (*fig.*) nascosto: *alleanze sotterranee* ♦ *s.m.* locale di un edificio ricavato sotto terra: *i sotterranei del palazzo*.

sot|ter|rà|re *v.tr.* [indic.pres. *io sottèrro...*] 1

mettere, nascondere sotto terra: — *un tesoro* **2** seppellire: — *un morto*.

sot|té|so *part.pass. di* sottendere ♦ *agg.* **1** (*geom.*) detto di arco di curva con gli estremi uniti da un segmento rettilineo (*corda*) **2** (*fig., lett.*) che lascia vedere in maniera impercettibile; intriso, venato: *sguardo — di malinconia*.

sot|ti|gliéz|za *s.f.* **1** caratteristica di ciò che è sottile **2** (*fig.*) acutezza, finezza: — *di una critica* | osservazione eccessivamente minuziosa; cavillo: *perdersi in sottigliezze*.

sot|ti|le *agg.* **1** che ha scarso spessore: *asse —* **2** esile, snello: *dita sottili* | (*fig.*) *suono —*, debole e acuto **3** (*fig.*) fresco, penetrante: *aria —* **4** (*fig.*) acuto, fine: *vista —* | minuzioso, perspicace: *argomentazione —* ♦ *s.m. solo nelle loc.* **andare, guardare per il —**, badare alle minuzie □ **sottilmente** *avv.* **1** in modo sottile **2** con perspicacia, con minuziosità | astutamente.

sot|ti|lét|ta® *s.f.* [*pl. sottilette*] formaggio fuso preparato in forma di fette sottili.

sot|ti|liz|zà|re *v.intr.* [aus. *A*] esaminare una questione compiendo osservazioni minuziose, cavillose: *non sottilizziamo troppo*.

sot|tin|sù *o* **sótto in su** *avv. solo nella loc.* **di —**, dal basso verso l'alto: *guardare di —*.

sot|tin|tèn|de|re *v.tr.* [con. come *tendere*] **1** tacere ql.co. che è possibile intuire con facilità: — *il soggetto di una frase* **2** lasciare intendere ql.co. senza dirlo in modo esplicito: *il suo discorso sottintende un rifiuto* **3** (*estens.*) comportare, implicare: *i buoni risultati sottintendono esercizio*.

sot|tin|té|so *part.pass. di* sottintendere ♦ *agg.* non espresso, non detto in modo esplicito: *soggetto, verbo —* | **è**, **resta —**, è ovvio ♦ *s.m.* concetto non espresso, ma intuibile dal contesto: *parlare per sottintesi*.

sót|to *avv.* **1** in luogo o posizione più bassa: *il libro è lì —* | (*estens.*) piano inferiore di un edificio: *scendi —* | **mettere —**, investire: *è stato messo — da un'auto* | *farsi —*, avvicinarsi in modo deciso | (*fig.*) **mettersi —**, impegnarsi con tutte le energie | *c'è — ql.co.*, c'è ql.co. di losco | — —, nell'intimo, dentro di sé: —, *avrei voluto andarmene* **2** di seguito; successivamente: *come scritto qui —* ♦ *prep.* **1** indica la posizione più bassa di una cosa rispetto a un'altra con cui è in contatto: *le chiavi sono — lo zerbino* | (*loc.*) **al di di**, inferiore: *al di — della media* **2** indica la posizione più bassa di una cosa rispetto a un'altra che avvolge o ricopre: *che camicia hai messo — il maglione?* **3** indica la posizione più bassa di una cosa rispetto a un'altra con cui non è in contatto: *la scatola è — il tavolo* | indica una posizione più bassa rispetto a ql.co. che è molto vicino: *una cicatrice — il ginocchio* | **le stelle**, di notte all'aperto | — *il sole*, nel mondo: *niente di nuovo — il sole* | **essere**, **finire — i ferri**, essere sottoposto a un'operazione chirurgica | (*fig.*) **avere ql.co. — gli occhi, il naso**, vicinissimo | *ridere — i baffi*, senza farsi notare **4** indica una relazione tra cose l'una delle quali incombe, schiaccia o travolge l'altra: *finire — il treno* | **andare sott'acqua**, immergersi o sprofondare nell'acqua | **mettere — i piedi**, calpestare; (*fig.*) assoggettare, umiliare **5** (*fig.*) indica una relazione di dipendenza, subordinazione, assoggettamento e sim.: *ha molti operai — di sé* | — **le armi**, nell'esercito **6** (*anche fig.*) indica lo stato di una cosa che subisce un'azione, spec. condotta dall'alto verso il basso: *camminare — il sole*; *essere — processo*; — *l'effetto della droga* **7** indica come si presenta ql.co.: *caffè — vuoto*; — *false sembianze* **8** inferiore a: *gruppi — le dieci persone*; — *il livello del mare* | più a sud: — *l'equatore* **9** durante il regno: — *Carlo Magno* | nell'imminenza, in prossimità temporale: — *Pasqua* ♦ *agg.invar.* inferiore: *la figura —*; *al piano —* ♦ *s.m.invar.* la parte inferiore, sottostante: *il — è in cotone*.

sót|to- *pref.* [*sott-* davanti a vocale] **1** indica posizione inferiore (*sottogonna, sottolineare*) **2** indica inferiorità da un punto di vista quantitativo (*sottoproduzione*) | da un punto di vista qualitativo (*sottosviluppo, sottovalutare*) | di funzione o grado (*sottotenente*) **3** indica suddivisione (*sottogruppo*).

sot|to|a|li|men|tà|re *v.tr.* [indic.pres. *io sottoalimènto...*] **1** (*med.*) nutrire meno di quanto è necessario al fabbisogno fisiologico **2** (*tecn.*) alimentare un motore, un impianto e sim. con una quantità di carburante o energia inferiore a quella necessaria.

sot|to|a|li|men|ta|zió|ne *s.f.* alimentazione insufficiente al fabbisogno fisiologico.

sot|to|a|scèl|la *s.f.* doppia lunetta di tessuto inserita all'interno del giromanica per assorbire il sudore.

sot|to|bàn|co *avv.* di contrabbando o al mercato nero: *acquistare —* ♦ *s.m.* somma di denaro data di nascosto, gener. per ottenere favori.

sot|to|bic|chiè|re *s.m.* tondino in vari materiali che si pone sotto il bicchiere, spec. per non macchiare il tavolo.

sot|to|bór|do *avv.* (*mar.*) vicino, di fianco a una nave.

sot|to|bò|sco *s.m.* [pl. *-schi*] **1** il complesso di erbe e arbusti che crescono nei boschi ai piedi degli alberi d'alto fusto **2** (*fig.*) insieme di persone che operano meno o poco lecitamente all'ombra di un'attività: *il — politico*.

sot|to|bot|ti|glia *s.m.* tondino in vari materiali che si pone sotto la bottiglia, spec. per non macchiare il tavolo.

sot|to|bràc|cio *avv.* **1** col braccio infilato tra il braccio e il fianco di un'altra persona: *camminare — con qlcu.* **2** sotto il braccio: *col giornale —*.

sot|tòc|chio *avv.* sotto gli occhi, davanti agli occhi: *tenere — gli appunti*.

sot|toc|cu|pà|to *agg., s.m.* [f. *-a*] che, chi lavora un numero di ore settimanali inferiore al normale.

sot|toc|cu|pa|zió|ne *s.f.* utilizzazione ridotta della forza lavoro disponibile.

sot|to|chià|ve *avv.* in un luogo chiuso a chiave |

(*estens.*) in un posto sicuro | (*fig.*) **tenere qlcu.** —, non permettergli di uscire; imprigionarlo.

sot|to|clàs|se *s.f.* **1** (*mat.*) sottoinsieme **2** (*nella tassonomia animale e vegetale*) ognuna delle suddivisioni di una classe.

sot|to|cò|da *s.f.* **1** (*in un animale da sella o da tiro*) finimento che passa sotto la coda **2** (*in un uccello*) parte del piumaggio che copre la parte posteriore dell'addome.

sot|to|com|mis|sió|ne *s.f.* ognuno dei gruppi nei quali è divisa una commissione.

sot|to|co|pèr|ta *avv.* (*mar.*) sotto il ponte di coperta.

sot|to|còp|pa *s.m.invar.* **1** sorta di sottobicchiere per coppa o tazza **2** (*in un autoveicolo*) parte inferiore della coppa dell'olio, in cui viene convogliato il lubrificante.

sot|to|cò|sto *avv.* a un prezzo inferiore a quello di costo: *vendita* — ♦ *agg.invar.* venduto sottocosto: *prodotto* —.

sot|to|cul|tù|ra *s.f.* **1** (*antrop.*) gruppo culturale all'interno di una comunità culturale più ampia **2** (*spreg.*) cultura deteriore, massificata: *sottoculture metropolitane*.

sot|to|cu|tà|ne|o *agg.* (*anat., med.*) che riguarda lo strato inferiore della pelle | *iniezione sottocutanea*, fatta sotto la pelle.

sot|to|cu|te *s.m.* (*anat., med.*) strato di tessuto subito sotto la pelle ♦ *avv.* sotto la pelle.

sot|to|do|mi|nàn|te *s.f.* (*mus.*) quarto grado nella scala diatonica, chiamato così perché precede il quinto grado che è la *dominante*.

sot|to|e|len|cà|to *agg.* che è elencato successivamente.

sot|to|e|spór|re *v.tr.* [con. come *porre*] (*foto.*) esporre alla luce una pellicola per un tempo di posa insufficiente, in modo che l'immagine ottenuta non sia nitida.

sot|to|e|spo|si|zió|ne *s.f.* (*foto.*) esposizione insufficiente.

sot|to|fa|mì|glia *s.f.* (*nella tassonomia animale e vegetale*) ognuna delle suddivisioni di una famiglia.

sot|to|fón|do *s.m.* **1** strato immediatamente sottostante | (*in una pavimentazione*) strato di materiale tra il fondo e il rivestimento esterno **2** (*fig.*) elemento, caratteristica, qualità non espresso in modo esplicito, ma che si coglie indirettamente: *i suoi libri hanno un — di idealismo* **3** rumore di fondo: *un fastidioso — di automobili* | (*cine., tv*) l'insieme di suoni e rumori inseriti nella colonna sonora in secondo piano.

sot|to|gàm|ba *avv.* con leggerezza eccessiva; con superficialità: *prendere un impegno* —.

sot|to|gè|ne|re *s.m.* ciascuna delle suddivisioni di un genere.

sot|to|gó|la *s.m./f.invar.* **1** piccola cinghia, spec. in cuoio, che passa sotto il mento e fissa un copricapo **2** finimento del cavallo composto da una striscia di cuoio fatto passare sotto la gola.

sot|to|gòn|na o **sottogónna** *s.f.* sottoveste a vita, indossata sotto la gonna.

sot|to|go|vèr|no *s.m.* pratica politica consistente nell'attribuire incarichi e posti di responsabilità sulla base di clientele e nepotismi | l'insieme di poteri non istituzionali generati da tale pratica.

sot|to|grùp|po *s.m.* ciascuna parte in cui si suddivide un gruppo.

sot|to|in|siè|me *s.m.* **1** ciascuna parte in cui si suddivide un insieme **2** (*mat.*) insieme formato da elementi che fanno parte a loro volta di un altro insieme.

sot|to|li|ne|à|re *v.tr.* [indic.pres. *io sottolìneo*...] **1** tracciare una linea al di sotto di una parola o frase per evidenziarla: — *gli errori in rosso* **2** (*fig.*) mettere in rilievo, far risaltare: — *l'importanza di un evento* | pronunciare in modo enfatico: — *le parole*.

sot|to|lì|ne|a|tù|ra *s.f.* **1** il segno, la linea che si traccia sotto una parola o frase per evidenziarla | parte sottolineata **2** (*fig.*) messa in rilievo, accentuazione; enfasi.

sot|to|lin|guà|le *agg.* (*anat., med.*) che è sotto la lingua | *pillola* —, che si fa sciogliere tenendola sotto la lingua.

sot|to|lìo *avv.* nell'olio: *mettere un cibo* — | *agg.invar.* conservato nell'olio: *acciughe* —.

sot|to|mà|no *avv.* **1** a portata di mano: *avere tutto* — | (*fig.*) a disposizione: *non avere* — *soldi sufficienti* **2** di nascosto: *passare ql.co.* — ♦ *s.m.* cartellina che si tiene sulla scrivania come appoggio per scrivere e custodia per i fogli.

sot|to|ma|rì|no *agg.* che è sotto la superficie del mare ♦ *s.m.* mezzo navale in grado di navigare in completa immersione anche per lunghi periodi, utilizzato spec. a scopi bellici: — *nucleare*.

sot|to|més|so *part.pass.* di *sottomettere* ♦ *agg.* **1** senza libertà, privo di indipendenza: *un popolo* — **2** remissivo, docile.

sot|to|mét|te|re *v.tr.* [con. come *mettere*] **1** privare della libertà, dell'indipendenza; assoggettare: — *una popolazione* | costringere a sottostare: — *al proprio volere* **2** presentare ql.co. a qlcu. affinché la giudichi; sottoporre: — *il caso a un tribunale* ♦ *-rsi* *rifl.* piegarsi, rimettersi al volere altrui.

sot|to|mis|sió|ne *s.f.* **1** l'atto di sottomettere o di sottomettersi: *la* — *di una popolazione* **2** condizione di chi è sottomesso | umiltà, docilità, remissività.

sot|to|mùl|ti|plo *agg., s.m.* (*mat.*) si dice di quantità contenuta un numero esatto di volte in un'altra quantità: *il millimetro è* — *del metro*.

sot|to|pa|gà|re *v.tr.* [con. come *pagare*] pagare meno del giusto o del dovuto: — *i dipendenti*.

sot|to|pàl|co *s.m.* [m.pl. *-chi*] parte sottostante al palcoscenico, da cui si manovrano le macchine di scena.

sot|to|pàn|cia *s.m.invar.* striscia, spec. di cuoio, che si fa passare sotto la pancia del cavallo per fermare la sella sul dorso.

sot|to|pas|sàg|gio *s.m.* **1** tratto di strada che passa sotto il piano di un'altra che la interseca **2** passaggio pedonale sotterraneo per l'attraversamento di binari o strade trafficate.

sot|to|pàs|so *s.m.* sottopassaggio.
sot|to|pèn|to|la *s.m.* accessorio da cucina usato come appoggio per le pentole ancora calde.
sot|to|pé|so *agg.* si dice di chi ha un peso corporeo inferiore alla norma: *essere —*.
sot|to|piàt|to *s.m.* ampio piatto, spec. ornamentale, sopra cui si pone il piatto con il cibo.
sot|to|pór|re *v.tr.* [con. come *porre*] **1** costringere ad affrontare, a subire ql.co. di difficile o di spiacevole: *— a un esame* **2** proporre; sottomettere a un giudizio: *— a qlcu. un'iniziativa* ♦ **-rsi** *rifl.* accettare di affrontare ql.co. di difficile, di spiacevole: *— a un intervento chirurgico* | sottomettersi.
sot|to|pó|sto *part.pass. di* sottoporre ♦ *agg.*, *s.m.* [f. -a] che, chi in un rapporto di lavoro o in una gerarchia è subordinato ad altri.
sot|to|po|té|re *s.m.* potere esercitato in modo occulto e in grado di influire sul potere istituzionale.
sot|to|prèz|zo *avv.* a un prezzo più basso rispetto a quello corrente: *comprare —*.
sot|to|pro|dót|to *s.m.* **1** prodotto ottenuto in via secondaria dal processo di lavorazione di altri prodotti **2** (*estens.*) prodotto culturale ritenuto di scarsa qualità.
sot|to|pro|du|zió|ne *s.f.* (*econ.*) livello di produzione inferiore alle capacità produttive o insufficiente a soddisfare la domanda.
sot|to|pro|le|ta|ria|to *s.m.* nelle moderne società industriali, lo strato della popolazione più povero e arretrato.
sot|tór|di|ne *s.m.* **1** (*nella tassonomia animale e vegetale*) suddivisione intermedia tra la famiglia e l'ordine **2** (*loc.*) *in —*, alle dipendenze di altri | in secondo piano.
sot|to|ré|gno *s.m.* (*nella tassonomia animale e vegetale*) ognuna delle suddivisioni di un regno.
sot|to|scà|la *s.m.invar.* vano sotto una rampa di scala, usato spec. come ripostiglio.
sot|to|scrìt|to *part.pass. di* sottoscrivere ♦ *agg.* (*bur.*) detto di documento, atto e sim. provvisto di firma di approvazione ♦ *s.m.* [f. -a] (*bur.*) formula con cui chi scrive e firma una domanda in proprio nome indica se stesso in terza persona: *il — Mario Rossi richiede...*
sot|to|scrit|tó|re *s.m.* [f. -trice] chi sottoscrive; firmatario | chi partecipa a una sottoscrizione.
sot|to|scrì|ve|re *v.tr.* [con. come *scrivere*] **1** apporre la propria firma in fondo a un documento, una lettera e sim.: *— un contratto* **2** (*fig.*) approvare, aderire, condividere: *— una scelta*.
sot|to|scri|zió|ne *s.f.* **1** l'atto di sottoscrivere **2** raccolta di firme o denaro per partecipare a un'iniziativa: *aprire una —* **3** (*banc.*) acquisto di titoli di nuova emissione.
sot|to|se|gre|tà|rio *s.m.* [f. -a] nell'ordinamento italiano, collaboratore del ministro di un dicastero: *il — agli Interni*.
sot|to|só|pra *avv.* **1** in modo capovolto; alla rovescia: *girare — una scatola* **2** (*estens.*) in grande disordine: *mettere — una camera* | (*fig.*) in stato di malessere fisico o di profonda agitazione emotiva: *mi sento tutto —*.
sot|to|spè|cie *s.f.invar.* **1** (*nella tassonomia animale e vegetale*) ognuna delle suddivisioni di una specie **2** (*estens.*) suddivisione, raggruppamento di ordine inferiore a un altro **3** (*spreg.*, *iron.*) si dice di oggetto di bassa qualità: *una — di automobile*.
sot|to|stàn|te *part.pres. di* sottostare ♦ *agg.* posto sotto, a un livello inferiore: *la valle —*.
sot|to|stà|re *v.intr.* [indic.pres. *io sottostò, tu sottostài, egli sottostà...*; nelle altre forme con. come *stare*; aus. E] **1** essere sottoposto, alle dipendenze: *— a un padrone* **2** (*fig.*) essere soggetto, soggiacere: *— a un ordine*.
sot|to|stèr|zo *s.m.* (*auto.*) slittamento dell'avantreno di un veicolo, con conseguente perdita di aderenza al terreno e tendenza ad allargare la curva.
sot|to|sti|mà|re *v.tr.* stimare, valutare meno del giusto o del reale; sottovalutare: *— l'entità di un pericolo*.
sot|to|suò|lo *s.m.* strato di terreno sottostante alla superficie del suolo: *lo sfruttamento del —*.
sot|to|svi|lup|pà|to *agg.* **1** (*di paese, popolo e sim.*) economicamente non sviluppato **2** (*di persona*) che ha uno sviluppo fisico, psichico o mentale inferiore al normale.
sot|to|svi|lùp|po *s.m.* condizione di mancato o scarso sviluppo socio-economico di un paese, popolo o sim.
sot|to|te|nèn|te *s.m.* nell'esercito, ufficiale di grado più basso | (*mar. militare*) *— di vascello*, ufficiale di grado corrispondente a quello di tenente dell'esercito.
sot|to|tèr|ra *avv.* sotto la terra | *mettere —*, seppellire | (*euf.*) *andare, essere —*, morire, essere morto.
sot|to|tét|to *s.m.* in un edificio, spazio immediatamente sotto al tetto; soffitta, solaio.
sot|to|ti|to|là|to *agg.* che ha i sottotitoli: *programma — per i non udenti*.
sot|to|tì|to|lo *s.m.* **1** titolo secondario che spiega o amplia il titolo principale **2** (*spec.pl.*; *cine.*, *tv*) scritta in sovrimpressione che compare nella parte inferiore dello schermo, spec. per tradurre in simultanea i dialoghi.
sot|to|tò|no *avv.* **1** in modo poco brillante **2** in condizioni fisiche non ottimali: *sentirsi —* ♦ *agg. invar.* poco brillante, poco vivace: *festa —*.
sot|to|tràc|cia *agg.invar.* detto di impianto elettrico o idraulico le cui condutture passano sotto la superficie esterna delle pareti di un edificio.
sot|to|va|lu|tà|re *v.tr.* [indic.pres. *io sottovalùto o sottovàluto...*] valutare meno del giusto o del reale; sottostimare: *— un avversario* ♦ **-rsi** *rifl.* avere una scarsa considerazione di sé; sminuirsi: *non devi sottovalutarti*.
sot|to|va|lu|ta|zió|ne *s.f.* valutazione più bassa rispetto al valore reale o giusto.
sot|to|và|so *s.m.* vaso, piatto o altro recipiente

che si mette sotto a un vaso di fiori, spec. per raccogliere l'eventuale acqua in eccesso.

sot|to|vèn|to *avv.* (*mar.*) dalla parte opposta a quella da cui soffia il vento, rispetto a un punto di riferimento: *navigare —* ♦ *agg.invar.* che si trova dalla parte opposta a quella da cui soffia il vento ♦ *s.m. solo sing.* lato di nave o aereo opposto a quello da cui soffia il vento.

sot|to|vè|ste *s.f.* indumento intimo femminile privo di maniche, con spalline sottili, indossato sotto il vestito.

sot|to|vi|a *s.m./f.* tratto di strada passante al di sotto di un'altra strada.

sot|to|vó|ce *avv.* a voce bassa, appena percepibile: *parlare —*.

sot|to|vuò|to *avv.* in condizioni di assenza dell'aria: *confezionare —* ♦ *agg.invar.* conservato o confezionato in condizioni di assenza dell'aria: *prodotto —*.

sot|tra|èn|do *s.m.* (*mat.*) secondo termine di una sottrazione, cioè quello che, sottratto al minuendo, dà la differenza.

sot|tràr|re *v.tr.* [con. come *trarre*] **1** portar via; levare: *— ql.co. a qlcu.* | liberare, salvare: *— qlcu. a* (o *da*) *un pericolo* **2** (*estens.*) rubare: *— denaro a qlcu.* **3** (*mat.*) determinare la differenza di due numeri togliendo dal più grande il più piccolo ♦ *-rsi* *rifl.* evitare, sfuggire: *— a un'intervista* | venir meno, mancare: *— alle proprie responsabilità*.

sot|tra|zió|ne *s.f.* **1** l'azione di portare via | furto: *— di gioielli* **2** (*mat.*) operazione con cui si calcola la differenza fra due numeri, detti *minuendo* e *sottraendo*.

sot|tuf|fi|cià|le *s.m.* nell'esercito, grado intermedio tra i militari di truppa e gli ufficiali.

soubrette (*fr.*) [pr. *subrèt*] *s.f.invar.* negli spettacoli di varietà, prima attrice che recita, balla e canta.

soufflé (*fr.*) [pr. *suflé*] *s.m.invar.* (*gastr.*) vivanda a base di ingredienti vari uniti a besciamella e albumi d'uovo montati a neve, che, cotta al forno, si gonfia.

soul (*ingl.*) [pr. *sòul*] *s.m.invar.* (*mus.*) genere spec. vocale di origine afroamericana, che fonde elementi blues, gospel e spiritual.

sound (*ingl.*) [pr. *sàund*] *s.m.invar.* (*mus.*) nel jazz e nella musica pop, sonorità caratteristica di un genere musicale o dello stile di un esecutore: *il — della musica rock*.

souplesse (*fr.*) [pr. *suplès*] *s.f.invar.* **1** (*sport*) sciolta, agilità nei movimenti | *in —,* senza sforzo **2** (*fig.*) elasticità mentale, flessibilità per cui ci si adatta alle circostanze.

souvenir (*fr.*) [pr. *suvenìr*] *s.m.invar.* oggetto che si acquista come ricordo di un luogo visitato: *portare un — agli amici*.

so|vèn|te *avv.* (*lett.*) spesso, frequentemente: *vai — al cinema?*.

so|ver|chià|re *v.tr.* [indic.pres. *io sovèrchio...*] **1** (*lett.*) oltrepassare, superare: *il fiume soverchiò gli argini* **2** (*fig.*) superare, vincere su qlcu. in una competizione, lotta e sim.; sopraffare: *— i nemici* | superare per intensità: *la musica soverchiava il rumore*.

so|ver|chie|rì|a *s.f.* comportamento prepotente e arrogante | atto di sopraffazione; sopruso.

so|vèr|chio *agg.* esagerato, eccessivo, oltre il necessario ♦ *s.m.* ciò che eccede; esagerazione.

so|vè|scio *s.m.* (*agr.*) sotterramento di piante erbacee per arricchire il terreno di sostanze organiche e renderlo, quindi, più fertile.

so|vièt o **sò|viet** *s.m.invar.* (*st.*) organo elettivo su cui si fondava il sistema amministrativo e politico dell'Unione Sovietica.

so|viè|ti|co *agg.* [m.pl. *-ci*] **1** dei soviet, costituito da soviet **2** (*estens.*) dell'Unione Sovietica ♦ *s.m.* [f. *-a*] nativo o abitante dell'Unione Sovietica.

sò|vra *avv.*, *prep.* → **sopra**.

sò|vra- *pref.* → **sopra-**.

so|vrab|bon|dàn|te *part.pres. di* sovrabbondare ♦ *agg.* più che abbondante; eccedente, oltre il necessario.

so|vrab|bon|dàn|za *s.f.* eccessiva quantità, eccedenza | *in —,* in quantità superiore al necessario.

so|vrab|bon|dà|re *v.intr.* [indic.pres. *io sovrabbóndo...*; aus. *E, A*] esserci in grande quantità, oltre quanto necessario | abbondare molto; avere in gran quantità: *— di* (o *in*) *frutta*.

so|vrac|ca|ri|cà|re *v.tr.* [indic.pres. *io sovraccàrico, tu sovraccàrichi...*] (*anche fig.*) caricare in modo eccessivo: *— un veicolo*; *— qlcu. di lavoro*.

so|vrac|cà|ri|co *agg.* [m.pl. *-chi*] eccessivamente carico: *— di incombenze* ♦ *s.m.* (*anche fig.*) carico superiore al normale.

so|vrac|co|pèr|ta *s.f.* → **sopraccoperta**.

so|vra|di|men|sio|nà|re *v.tr.* [indic.pres. *io sovradimensióno...*] fissare, assegnare dimensioni superiori al necessario o al reale.

so|vra|e|spór|re *v.tr. e deriv.* → **sovresporre** *e deriv.*

so|vraf|fa|ti|cà|re *v.tr.* [indic.pres. *io sovraffatico, tu sovraffàtichi...*] stancare eccessivamente ♦ *-rsi* *intr.pron.* stancarsi in modo eccessivo.

so|vraf|fol|la|mén|to *s.m.* eccessivo affollamento, spec. in un ambiente chiuso.

so|vraf|fol|là|to *agg.* troppo affollato: *tram —*.

so|vra|li|men|tà|to *agg.* **1** nutrito oltre il necessario **2** (*mecc.*) detto di motore con sovralimentatore.

so|vra|li|men|ta|tó|re *s.m.* (*mecc.*) dispositivo per la sovralimentazione di un motore a combustione interna.

so|vra|li|men|ta|zió|ne *s.f.* **1** nutrizione eccessiva, che supera il fabbisogno; ipernutrizione **2** (*mecc.*) alimentazione di un motore a combustione interna con aria carburata a pressione superiore a quella atmosferica.

so|vra|na|zio|nà|le *agg. e deriv.* → **sopranazionale**.

so|vra|ni|tà *s.f.* autorità, diritto, potere di chi è sovrano | *— popolare,* principio secondo cui il popolo ha potere supremo sullo Stato.

so|vran|na|tu|rà|le *agg.* → **soprannaturale**.

so|vrà|no *agg.* 1 (*lett.*) superiore | totale, assoluto 2 (*dir.*) detto di potere o diritto che non deriva o dipende da altra autorità | che esercita un potere pieno e indipendente: *popolo —* 3 proprio del capo di uno Stato monarchico ♦ *s.m.* [f. *-a*] capo di uno Stato monarchico; re: *incoronazione del —* □ **sovranamente** *avv.* 1 da sovrano 2 specialmente, in particolar modo.

so|vra|oc|cu|pa|zió|ne *s.f.* utilizzazione della forza lavoro disponibile in misura superiore a quella necessaria.

so|vrap|pas|sàg|gio *s.m.* tratto di strada, spec. pedonale, che passa sopra il piano di un'altra strada che la interseca; cavalcavia.

so|vrap|pàs|so *s.m.* sovrappassaggio.

so|vrap|pen|sié|ro *avv.* → **soprappensiero**.

so|vrap|pé|so *s.m.* peso superiore a quello previsto, normale: *è in — di dieci chili* ♦ *agg.* che pesa più di quanto è ritenuto nella norma.

so|vrap|più o **soprappiù** *s.m.* ciò che è in più rispetto al necessario, all'opportuno, al dovuto: *la mancia è un —* | *per, in —,* di troppo.

so|vrap|po|ni|bi|le *agg.* che è possibile sovrapporre: *elementi sovrapponibili.*

so|vrap|po|po|là|re *v.tr.* [indic.pres. *io sovrappòpolo*...] popolare un luogo in modo eccessivo rispetto alle sue risorse ♦ **-rsi** *intr.pron.* (*di luogo*) popolarsi eccessivamente.

so|vrap|po|po|là|to *part.pass. di* sovrappopolare ♦ *agg.* (*di luogo*) eccessivamente popolato: *città —.*

so|vrap|po|po|la|zió|ne *s.f.* 1 condizione di un luogo sovrappopolato 2 popolazione in eccesso rispetto alle risorse disponibili o alla superficie di un territorio.

so|vrap|pór|re *v.tr.* [con. come *porre*] 1 porre due cose una sopra l'altra, spec. facendole combaciare: *— due immagini* 2 (*fig.*) anteporre, far prevalere ♦ **-rsi** *intr.pron.* 1 porsi sopra ad altro 2 (*fig.*) aggiungersi | prevalere su ql.co. fino a sostituirlo.

so|vrap|po|si|zió|ne *s.f.* 1 disposizione di una cosa sopra a un'altra 2 (*fig.*) prevalenza 3 (*fig.*) aggiunta.

so|vrap|pó|sto *part.pass. di* sovrapporre ♦ *agg.* posto sopra | **fucile a canne sovrapposte**, con le canne una sopra l'altra.

so|vrap|prèz|zo *s.m.* maggiorazione, aumento del prezzo normale.

so|vrap|pro|du|zió|ne *s.m.* (*econ.*) livello di produzione superiore rispetto alla domanda effettiva | *crisi di —,* crisi economica causata dal mancato assorbimento della produzione industriale da parte dei mercati.

so|vra|scor|ri|mén|to *s.m.* (*geol.*) scivolamento di una vasta massa rocciosa durante il corrugamento di una catena montuosa.

so|vra|scrì|ve|re *v.tr.* 1 scrivere sopra 2 (*inform.*) salvare un file con lo stesso nome di un altro, determinando la cancellazione di quello preesistente.

so|vra|sen|si|bi|le *agg., s.m.* (*filos.*) detto di ciò che non si può conoscere attraverso i sensi: *realtà sovrasensibili.*

so|vra|stàm|pa *s.f.* stampa fatta su un'altra stampa | segno, sigla e sim. riportato sopra un francobollo per modificarne le caratteristiche o l'uso.

so|vra|stam|pà|re *v.tr.* stampare su un foglio già stampato | imprimere un segno, una sigla e sim. sopra un francobollo per modificarne le caratteristiche o l'uso.

so|vra|stàn|te *part.pres. di* sovrastare ♦ *agg.* 1 che sta sopra 2 (*fig.*) imminente, incombente: *pericolo —.*

so|vra|stà|re *v.tr.* 1 stare sopra: *un paesino sovrastato dalle montagne* 2 (*fig.*) incombere; essere imminente: *una minaccia lo sovrastava* 3 (*fig.*) essere superiore; primeggiare: *un atleta che sovrasta tutti gli altri.*

so|vra|stèr|zo *s.m.* (*auto.*) slittamento delle ruote posteriori di un veicolo, con conseguente perdita di aderenza al terreno e tendenza a stringere la curva.

so|vra|sti|mà|re *v.tr.* stimare, valutare più del giusto o del reale; sopravvalutare: *— il valore di un immobile.*

so|vra|strut|tù|ra o **soprastruttùra** *s.f.* 1 elemento costruttivo posto sopra un'altra struttura: *— metallica di rivestimento* 2 nella dottrina marxiana, l'insieme degli ordinamenti politici e giuridici e delle forme di coscienza morali, filosofiche e culturali di un sistema sociale, in quanto emanazione e riflesso di una data struttura economica 3 (*fig.*) aggiunta superflua, non integrata con il resto.

so|vrat|tàs|sa *s.f.* → **soprattassa**.

so|vrec|ci|tà|bi|le *agg.* che si eccita con facilità; ipersensibile.

so|vrec|ci|tà|re *v.tr.* [indic.pres. *io sovréccito*...] causare in qlcu. grande eccitazione o forte tensione ♦ **-rsi** *intr.pron.* mettersi, entrare in uno stato di grande eccitazione o di forte tensione.

so|vrec|ci|ta|zió|ne *s.f.* stato di forte eccitazione e tensione emotiva o nervosa.

so|vre|spór|re o **sovraespórre** *v.tr.* [con. come *porre*] (*foto.*) esporre la pellicola a una quantità di luce eccessiva, cosicché se ne ottiene un'immagine dai colori falsati.

so|vre|spo|si|zió|ne o **sovraesposizióne** *s.f.* (*foto.*) esposizione a una quantità di luce eccessiva.

so|vrim|pò|sta o **sovrimpósta** *s.f.* imposta addizionale.

so|vrim|pres|sió|ne *s.f.* 1 (*foto.*) impressione di una o più immagini su un'immagine già impressa sulla pellicola 2 (*cine., tv*) sovrapposizione di una scritta sulle immagini: *telefonare al numero in —.*

so|vrim|près|so *agg.* 1 impresso sopra una pellicola già impressa 2 che ha una scritta impressa su un'immagine di sfondo; sovrastampato.

so|vrin|tèn|de|re *v.intr. e deriv.* → **soprintendere** *e deriv.*

so|vru|mà|no *agg.* 1 che supera i limiti della

natura umana 2 (*iperb.*) eccezionale, straordinario: *forza sovrumana.*

sov|ve|ni|re *v.tr.* [con. come *venire*] (*lett.*) aiutare, soccorrere ♦ *intr.* [aus. *A* nel sign. 1, *E* nel sign. 2] (*lett.*) 1 venire in aiuto: — *ai poveri* 2 venire in mente: *mi sovvenne un ricordo.*

sov|ven|zio|na|mén|to *s.m.* sovvenzione.

sov|ven|zio|nà|re *v.tr.* [indic.pres. *io sovvenzióno...*] aiutare con una sovvenzione; finanziare: — *un'iniziativa.*

sov|ven|zió|ne *s.f.* sostegno economico; aiuto finanziario: *ottenere una* —.

sov|ver|sió|ne *s.f.* sconvolgimento violento, spec. di un ordine sociale e politico; sovvertimento.

sov|ver|si|vi|smo *s.m.* tendenza a essere sovversivo | movimento sovversivo.

sov|ver|si|vo *agg., s.m.* [f. -*a*] 1 che, chi mira a sovvertire un ordine politico e sociale: *azione sovversiva* 2 (*estens.*) che, chi punta a innovare profondamente rispetto alle tradizioni.

sov|ver|ti|mén|to *s.m.* sconvolgimento violento o repentino di un ordine costituito.

sov|ver|tì|re *v.tr.* [indic.pres. *io sovvèrto...*] 1 sconvolgere, rovesciare un ordinamento vigente: — *l'ordine pubblico* 2 (*estens.*) innovare, stravolgere: — *le regole.*

sov|ver|ti|tó|re *agg., s.m.* [f. -*trice*] che, chi sovverte.

soz|ze|rì|a (*dial.* zozzerìa) *s.f.* (*region.*) 1 sudiciume | cosa sporca 2 (*fig.*) cosa o atto turpe.

sóz|zo (*dial.* zózzo) *agg.* 1 sporco, sudicio: *scarpe sozze di fango* 2 (*fig.*) turpe, immorale.

soz|zó|ne (*dial.* zozzóne) *agg.,s.m.* [f. -*a*] 1 che, chi è molto sporco 2 (*fig.*) che, chi è volgare, scurrile.

soz|zù|me *s.m.* sudiciume | insieme di cose sozze.

soz|zù|ra *s.f.* 1 condizione di chi o di ciò che è sozzo, sporco | porcheria, sporcizia 2 (*fig.*) depravazione; azione immorale.

spac|ca|lé|gna *s.m./f.invar.* chi, per mestiere, spacca la legna da ardere.

spac|ca|mon|tà|gne *s.m./f.invar.* (*fam.*) gradasso, spaccone.

spac|ca|òs|sa *s.m.invar.* coltello con lama pesante e larga, usato per spaccare le ossa degli animali macellati.

spac|ca|piè|tre *s.m./f.invar.* operaio che spacca le pietre per le pavimentazioni stradali.

spac|cà|re *v.tr.* [indic.pres. *io spacco, tu spacchi...*] 1 spezzare, dividere in più parti con un'azione violenta: — *la legna* | rompere; infrangere: — *un vaso* | (*fig.*) **un sole che spacca le pietre**, caldissimo | — *il minuto*, essere puntualissimo 2 (*fig.*) dividere nettamente in due o più gruppi, detto specialmente di questioni politiche, d'attualità o sim.: *un caso che spacca in due il paese* ♦ **-rsi** *intr.pron.* rompersi: *il meccanismo potrebbe* — 2 (*fig.*) dividersi nettamente in due o più gruppi: *il partito si è spaccato.*

spac|cà|ta *s.f.* 1 l'azione dello spaccare, spec. frettolosamente 2 (*in ginnastica e danza*) posizione di massima divaricazione delle gambe, fino a metterle in linea retta.

spac|ca|tim|pa|ni *agg.invar.* (*iperb.*) assordante, molto rumoroso: *musica* —.

spac|cà|to *part.pass. di* spaccare ♦ *agg.* 1 diviso, rotto, spezzato in più parti | (*fig.*) diviso a causa di un contrasto: *una famiglia spaccata* 2 (*fig., coll.*) identico, tale e quale: *è suo fratello* — | vero e proprio, evidente: *bugiardo* — ♦ *s.m.* 1 disegno o modellino in scala che rappresenta la sezione verticale di una struttura, di un edificio 2 (*fig.*) analisi della realtà profonda di ql.co. attraverso la descrizione di un suo particolare aspetto: *uno — di vita quotidiana.*

spac|ca|tù|ra *s.f.* 1 l'azione dello spaccare | punto in cui ql.co. è spaccato; fenditura: *una — nel soffitto* 2 (*fig.*) disaccordo, contrasto: *una profonda — lacera la società* | rottura di rapporti.

spac|chet|tà|re *v.tr.* [indic.pres. *io spacchétto...*] disfare un pacchetto | togliere dalla confezione: — *un regalo.*

spac|cià|re *v.tr.* [indic.pres. *io spàccio...*] 1 vendere velocemente o in quantità notevole: — *le rimanenze di magazzino* 2 smerciare, vendere illecitamente: — *droga* | — **monete false**, metterle in circolazione 3 (*fig.*) diffondere, divulgare informazioni prive di fondamento: — *notizie false per vere* | far passare qlcu. o ql.co. per ciò che non è: — *un quadro falso per autentico* ♦ **-rsi** *rifl.* far credere d'essere chi non si è: *si è spacciato per il direttore.*

spac|cià|to *part.pass. di* spacciare ♦ *agg.* 1 (*fam.*) senza speranza di salvarsi, di sopravvivere: *dare qlcu. per* — 2 (*iperb.*) rovinato, perduto, finito: *se perdo il treno, sono spacciato.*

spac|cia|tó|re *s.m.* [f. -*trice*] chi spaccia merce illecita | (*per anton.*) chi spaccia droga.

spàc|cio *s.m.* 1 vendita al pubblico | negozio in cui si vende merce al minuto, spec. all'interno di una comunità 2 vendita illecita: *arrestare per — di droga.*

spàc|co *s.m.* [pl. -*chi*] 1 spaccatura, fenditura: — *nella parete* 2 strappo, taglio netto: — *nella camicia* 3 apertura longitudinale negli abiti maschili e femminili come ornamento o per agevolare i movimenti: *gonna con lo* —.

spac|co|nà|ta *s.f.* azione, discorso da spaccone; smargiassata.

spac|có|ne *s.m.* [f. -*a*] smargiasso: *fare lo* —.

spacelab (*ingl.*) [pr. *speislàb*] *s.m.invar.* laboratorio spaziale orbitante.

spà|da *s.f.* 1 arma bianca con lama dritta e appuntita di varia lunghezza: — *di bronzo* | **sguainare la** —, trarla dal fodero; (*estens.*) iniziare una contesa | (*fig.*) — *di Damocle*, minaccia, pericolo sempre incombente | *a* — **tratta**, a spada sguainata; (*fig.*) con grande slancio, in modo risoluto, con piglio battagliero: *sostenere, difendere a* — *tratta* 2 (*sport*) una delle tre armi, con fioretto e sciabola, che si usano nella scherma; ha lama a sezione triangolare, atta a colpire soltanto di punta 3 (*estens.*) spadaccino 4 (*spec.pl.*) uno dei quattro semi delle carte da gioco italiane e dei

spadaccino

tarocchi **5** pesce —, grosso pesce di mare, con la mascella superiore dotata di lungo e appuntito prolungamento.
spa|dac|ci|no s.m. [f. -a] chi sa adoperare bene la spada.
spa|da|io s.m. [f. -a] chi fabbrica spade.
spa|del|là|re intr. [indic.pres. io spadèllo...; aus. A] (fam.) trafficare in cucina.
spa|di|no s.m. spada piccola e corta, usata spec. come accessorio di alcune uniformi di gala.
spa|di|sta s.m./f. [m.pl. -i] chi pratica nella scherma la specialità della spada.
spa|dó|na agg., s.f. detto di una varietà di pera dal colore verde chiaro, di forma allungata e con polpa succosa.
spa|dro|neg|già|re v.intr. [indic.pres. io spadronéggio...; aus. A] atteggiarsi da padrone, imponendo il proprio volere in modo prepotente e arrogante: in casa spadroneggiano i figli.
spa|e|sa|mèn|to s.m. smarrimento; disorientamento.
spa|e|sà|to agg. che sí sente a disagio, in imbarazzo | disorientato, smarrito.
spa|ghet|tà|ta s.f. (fam.) mangiata di spaghetti, spec. in compagnia.
spa|ghet|te|rì|a s.f. locale pubblico in cui sono serviti prevalentemente piatti a base di pasta, spec. spaghetti.
spa|ghet|tiè|ra s.f. **1** recipiente per servire in tavola gli spaghetti o altra pastasciutta **2** pentola adatta alla preparazione della pastasciutta, spec. lunga.
spa|ghét|to[1] s.m. spec.pl. pasta alimentare lunga e sottile, che si mangia gener. asciutta.
spa|ghét|to[2] s.m. (region.) paura, fifa | *prendersi uno* —, spaventarsi.
spa|gi|nà|re v.tr. [indic.pres. io spàgino...] (in tipografia) disfare l'impaginazione di un volume per apportarvi modifiche.
spa|glià|re v.tr. [indic.pres. io spàglio...] levare il rivestimento o la copertura di paglia ♦ **-rsi** intr.pron. perdere il rivestimento o la copertura di paglia: la sedia si è spagliata.
spa|gnò|la s.f. febbre spagnola.
spa|gno|lé|sco agg. [m.pl. -schi] (spreg.) dai modi altezzosi e boriosi, un tempo considerati tipici degli spagnoli.
spa|gno|lét|ta s.f. **1** piccolo cilindro attorno a cui si avvolgono filati per cucire | filato così confezionato **2** tipo di chiusura per imposte.
spa|gno|li|smo s.m. (ling.) parola o espressione di origine spagnola adottata in altre lingue; ispanismo **2** usanza, moda originaria della Spagna.
spa|gnò|lo agg. della Spagna | *febbre spagnola*, grave epidemia influenzale diffusasi tra il 1915 e il 1920 ♦ s.m. **1** [f. -a] nativo o abitante della Spagna **2** lingua nazionale della Spagna.
spà|go s.m. [pl. -ghi] funicella sottile costituita da due o più fili ritorti, gener. di canapa | (fig., fam.) *dare — a qlcu.*, incoraggiarlo a parlare, a confidarsi | dare retta a qlcu.

spa|ià|re v.tr. [indic.pres. io spàio...] separare chi o ciò che è appaiato: *— i calzini*.
spa|ià|to part.pass. di spaiare ♦ agg. detto di cosa separata da ciò con cui formava un paio: *guanto —*.
spa|lan|cà|re v.tr. [indic.pres. io spalanco, tu spalanchi...] aprire completamente: *— le finestre* | *— gli occhi*, per vedere meglio, per paura o per stupore | *— la bocca*, per mangiare, gridare, sbadigliare o per meraviglia | *— le braccia*, per abbracciare o per esprimere rassegnazione e resa ♦ **-rsi** intr.pron. aprirsi completamente.
spa|là|re v.tr. togliere, levare con la pala: *— la neve*.
spa|là|ta s.f. l'atto di spalare frettolosamente.
spa|la|tó|re s.m. [f. -trice] chi spala | addetto alla spalatura.
spa|la|trì|ce s.f. **1** macchina per spalare **2** (agr.) macchina per smuovere materiali sciolti ammucchiati (p.e. cereali).
spa|la|tù|ra s.f. l'atto di spalare.
spàl|la s.f. **1** ognuna delle due parti del corpo umano tra l'attaccatura del braccio e la base del collo | (pl.) schiena: *mettersi una maglia sulle spalle* | *scusa le spalle*, formula di confidenza detta a qlco. cui si volge la schiena | *portare ql.co. a —*, appoggiandola sulle spalle | *alzare le spalle*, *stringersi nelle spalle*, per esprimere rinuncia, disinteresse o rassegnazione | *colpire alle spalle*, da dietro; (fig.) a tradimento | (fig.) *guardarsi le spalle*, difendersi da eventuali attacchi o pericoli | *essere con le spalle al muro*, senza via d'uscita | *avere molti anni sulle spalle*, essere in età avanzata | *avere*, *prendersi ql.co. sulle spalle*, assumerne la responsabilità | *avere qlcu. sulle spalle*, mantenerlo economicamente | *vivere alle spalle di qlcu.*, a sue spese | *ridere alle spalle di qlcu.*, farsi beffe di lui o sua insaputa | *volgere le spalle*, scappare | *voltare le spalle a qlcu.*, abbandonarlo, non aiutarlo: *tutti gli amici mi hanno voltato le spalle* | *gettarsi ql.co. dietro le spalle*, non curarsene più: *si è gettato dietro le spalle il proprio fallimento* | *avere le spalle grosse*, saper sopportare **2** (in un quadrupede) parte del dorso vicino all'attaccatura degli arti anteriori | (in macelleria) taglio di carne corrispondente a tale zona **3** (in un indumento) parte che copre la spalla **4** fianco, falda di montagna o collina **5** attore che in una scena comica affianca il comico principale, fornendogli lo spunto per la battuta: *fare da —* | (estens.) persona che è di valido aiuto: *è la mia — ideale* **6** (arch.) piedritto su cui poggiano le estremità di un arco, di una volta.
spal|làc|cio s.m. **1** nell'antica armatura, piastra che proteggeva la spalla **2** ognuna delle due cinghie di uno zaino che passano sopra le spalle.
spal|là|ta s.f. urto dato con la spalla: *buttar giù la porta a spallate*.
spal|leg|già|re v.tr. [indic.pres. io spalléggio...] **1** aiutare, sostenere, difendere: *è spalleggiato dai genitori* **2** (mil.) trasportare sulle spalle: *una mitragliatrice* ♦ **-rsi** rifl.rec. difendersi vicendevolmente.

spal|lét|ta *s.f.* **1** parapetto in muratura costruito ai lati di un ponte, al margine di un burrone e sim. **2** parte rialzata di terreno che fa da argine a un corso d'acqua **3** sporgenza laterale nel vano di una porta o di una finestra, su cui si fissano le imposte.

spal|liè|ra *s.f.* **1** parte di sedile su cui si appoggia la schiena; schienale **2** ciascuno dei due elementi verticali che delimitano il capo e i piedi del letto **3** (*agr.*) intelaiatura che fa da appoggio a piante da frutto o ornamentali **4** (*sport*) arnese ginnico simile a una scala a pioli, fissato in verticale a una parete.

spal|li|na *s.f.* **1** ornamento in tessuto o metallo che si fissa sopra la spalla di uniformi civili e militari, spec. come distintivo di grado **2** striscia di tessuto che passa sopra le spalle e regge un indumento femminile: *le spalline del reggiseno* **3** imbottitura applicata a vari indumenti, spec. a giacche e cappotti, per rialzarne le spalle.

spal|lùc|cia *s.f.* [pl. *-ce*] *nella loc.* **fare spallucce**, alzare le spalle per esprimere disprezzo o indifferenza.

spal|mà|re *v.tr.* stendere sostanze semiliquide o pastose su una superficie: — *la marmellata* ♦ **-rsi** *rifl.* cospargersi: — *una crema*.

spàl|to *s.m.* **1** muro o massa di terra disposti a scarpata lungo il fronte di un'opera di fortificazione; bastione **2** (*pl.*) le gradinate di un grande stadio: *i tifosi assiepati sugli spalti*.

spamming (*ingl.*) [pr. *spàmmin*] *s.m.invar.* (*inform.*) diffusione mediante posta elettronica di messaggi, spec. pubblicitari, non richiesti dai destinatari.

spam|pa|nà|re *v.tr.* [indic.pres. *io spàmpano*...] (*agr.*) togliere i pampini alle viti ♦ **-rsi** *intr.pron.* (*di vite*) perdere i pampini | (*di fiore, spec. rosa*) allargare i petali verso il basso; iniziare a sfiorire.

spa|nà|re *v.tr.* consumare la filettatura di una vite, di un dado ♦ **-rsi** *intr.pron.* (*di vite, dado, bullone e sim.*) perdere la filettatura.

spa|nà|to *part.pass. di* spanare ♦ *agg.* **1** detto di vite, dado, bullone e sim. che ha perso la filettatura e quindi non fa presa **2** (*coll.*) fuori di testa; stordito.

span|cià|re *v.intr.* [indic.pres. *io spàncio*...; aus. *A*] tuffarsi battendo la pancia sull'acqua ♦ **-rsi** *intr.pron.* ridere a crepapelle: — *dalle risa*.

span|cià|ta *s.f.* **1** colpo dato battendo con la pancia, spec. nel tuffarsi in acqua: *dare, prendere una* — **2** (*fam.*) scorpacciata: *farsi una* —.

spàn|de|re *v.tr.* [pass.rem. *io spandéi, tu spandésti*...; part.pass. *spanto*] **1** spargere, distendere ql.co. uniformemente su una superficie piuttosto ampia: — *la cera sul pavimento* **2** versare: — *l'acqua per terra* | — *lacrime*, piangere copiosamente | (*fam.*) **spendere e** —, sperperare, scialacquare **3** diffondere: — *un profumo* | (*fig.*) far circolare; divulgare: — *notizie* ♦ **-rsi** *intr.pron.* **1** allargarsi, estendersi: — *a macchia d'olio* **2** diffondersi.

span|di|cé|ra *s.m.invar.* arnese domestico formato da un lungo manico e un pattino per stendere in modo uniforme la cera sul pavimento.

span|di|con|cì|me *s.m.invar.* macchina agricola per spandere fertilizzanti sul terreno.

span|di|sà|le *s.m./f.invar.* macchina o dispositivo per spargere il sale sulle strade al fine di prevenire la formazione di ghiaccio o favorirne lo scioglimento, spec. in caso di nevicate o gelate; spargisale.

spaniel (*ingl.*) *s.m.invar.* razza di cane di piccola statura, con pelo lungo e ondulato e orecchie pendenti.

spàn|na *s.f.* **1** misura approssimativa corrispondente all'apertura della mano distesa | *a spanne*, a occhio e croce **2** (*estens., iperb.*) misura minima | *alto una* —, molto basso.

span|nà|re[1] *v.tr.* scremare, togliere la panna: — *il latte*.

span|nà|re[2] *v.tr.* disappannare: — *un vetro*.

span|noc|chià|re *v.tr.* [indic.pres. *io spannòcchio*...] togliere le pannocchie del granturco dal cartoccio che le avvolge.

spa|pa|rac|chiàr|si o **spaparanzàrsi** *v.rifl.* [indic.pres. *io mi spaparàcchio* o *mi spaparanzo*...] (*region.*) sdraiarsi o sedersi comodamente, spec. in modo scomposto.

spap|pa|gal|là|re *v.intr.* [aus. *A*] ripetere in modo meccanico ciò che altri dicono, senza capire.

spap|po|la|mén|to *s.m.* l'atto di spappolare | (*med.*) profonda lesione di organi o tessuti anatomici causata da uno schiacciamento.

spap|po|là|re *v.tr.* [indic.pres. *io spàppolo*...] **1** ridurre in poltiglia: — *la polpa di un frutto* **2** (*med.*) provocare uno spappolamento ♦ **-rsi** *intr.pron.* **1** ridursi a una massa informe **2** (*med.*) subire uno spappolamento.

spa|ra|chiò|di *s.f.invar.* attrezzo simile a una pistola che usa l'aria compressa per conficcare chiodi di ancoraggio in materiali duri.

spa|ra|gnì|no *agg., s.m.* [f. *-a*] (*fam.*) che, chi è tirchio, avaro.

spa|ra|né|ve *agg.invar. solo nella loc.* **cannone** —, congegno che produce artificialmente la neve e la sparge sul terreno.

spa|rà|re *v.tr.* **1** far partire i colpi di un'arma da fuoco: — *due proiettili* **2** (*fig.*) sferrare; tirare violentemente: — *un pugno* **3** (*fig.*) dire con grande sicurezza cose esagerate o inventate: — *bugie* | **spararle grosse**, raccontare falsità | — *un prezzo esorbitante*, richiederlo ♦ *intr.* [aus. *A*] **1** usare un'arma da fuoco: — *contro qlcu.* | — *a salve*, senza proiettili | — *nel mucchio*, a caso; (*fig.*) attaccare verbalmente, criticare più persone senza distinzione | — *a zero*, con l'alzo in posizione orizzontale, come quando si spara da molto vicino; (*fig.*) criticare duramente **2** (*di arma da fuoco*) far partire i colpi: *il fucile non ha sparato* **3** (*tv*) detto di colori o superfici, produrre riflessi abbaglianti nel corso di una ripresa.

spa|rà|ta *s.f.* **1** smargiassata, vanteria **2** (*fig.*) sfogo violento; scenata.

spa|rà|to¹ *part.pass. di* sparare ♦ *agg.* (*fam.*) velocissimo: *andare —*.

spa|rà|to² *s.m.* apertura sul davanti negli abiti da sera maschili | (*estens.*) il petto inamidato delle camicie che appare da tale apertura.

spa|ra|to|ria *s.f.* serie di spari; scambio di colpi d'arma da fuoco: *essere coinvolto in una —*.

spa|rec|chià|re *v.tr.* [indic.pres. *io sparécchio...*] togliere dalla tavola stoviglie e tovaglia.

spa|rég|gio *s.m.* 1 assenza di pareggio; disparità | (*in un bilancio*) disavanzo 2 (*sport*) incontro supplementare tra squadre o avversari che hanno concluso in situazione di parità le gare regolamentari.

spàr|ge|re *v.tr.* [indic.pres. *io spargo, tu spargi...*; pass.rem. *io sparsi, tu spargésti...*; part.pass. *sparso*] 1 gettare qua e là: *— fiori; — i vestiti in giro* | (*estens.*) collocare in diverse parti; spargagliare: *— poliziotti per la città* 2 versare: *— il vino* | **— sangue**, ferire o uccidere | **— lacrime**, piangere 3 cospargere: *— di sabbia il cortile* 4 emanare, diffondere nell'ambiente: *— calore* 5 (*fig.*) divulgare: *— una notizia* | **la voce**, far sapere in giro ♦ **-rsi** *intr.pron.* 1 sparpagliarsi 2 diffondersi.

spar|gi|mén|to *s.m.* versamento, diffusione; sparpagliamento | **— di sangue**, atto cruento; ferimento, uccisione.

spar|gi|pé|pe *s.m.invar.* tappo bucherellato che fa da dosatore in una pepiera | la pepiera stessa.

spar|gi|sà|le *s.m.invar.* 1 tappo bucherellato che fa da dosatore in una saliera | la saliera stessa 2 spandisale.

spa|ri|glià|re *v.tr.* [indic.pres. *io sparìglio...*] disfare una pariglia dividendo gli elementi che la compongono: *— due cavalli*.

spa|rì|re *v.intr.* [indic.pres. *io sparisco, tu sparisci...*; pass.rem. *io sparii, tu sparisti...*; part.pass. *sparito*; aus. *E*] 1 sottrarsi alla vista, spec. all'improvviso; scomparire, dileguarsi: *il ladro sparì tra la folla* 2 (*estens.*) non esserci più: *il dolore è sparito* | essere introvabile: *la mia sciarpa è sparita* | (*fig.*) **— dalla circolazione**, (*di persona*) essere irreperibile; (*di cosa*) essere ormai introvabile | **— dalla faccia della terra**, morire; (*estens.*) scomparire del tutto | (*fam.*) **sparisci!**, vattene immediatamente!

spa|ri|zió|ne *s.f.* scomparsa, spec. improvvisa: *la — del tesoro*.

spar|là|re *v.intr.* [aus. *A*] 1 parlare malignamente: *— di qlcu.* 2 parlare a sproposito o in modo volgare.

spà|ro *s.m.* l'azione dello sparare | colpo di arma da fuoco: *fu raggiunto da tre spari* | il rumore prodotto da un'arma che spara: *udire uno —*.

spar|pa|glia|mén|to *s.m.* spargimento disordinato, dispersione.

spar|pa|glià|re *v.tr.* [indic.pres. *io sparpàglio...*] spargere qua e là, in modo disordinato: *— i fogli sul tavolo* | *mandare in direzioni diverse: — i poliziotti in tutto il quartiere* ♦ **-rsi** *intr.pron.* disperdersi, andare in direzioni diverse: *la folla si sparpagliò per le vie*.

sparring partner (*ingl.*) [pr. *spàrring pàrtner*] *loc.sost.m.invar.* (*sport*) pugile che boxa con un altro pugile per allenarlo.

spàr|so *part.pass. di* spargere ♦ *agg.* abbandonato senza ordine: *carte sparse sulla scrivania* | non raggruppato: *capelli sparsi; poesie sparse*.

spar|ta|chi|smo *s.m.* (*st.*) movimento rivoluzionario di sinistra sorto in Germania nel 1916.

spar|tà|no *agg.* 1 di Sparta 2 (*fig.*) austero, severo, secondo i costumi ritenuti propri degli antichi spartani: *un'educazione spartana* | semplice, essenziale: *arredamento —* ♦ *s.m.* [*E.-a*] nativo o abitante di Sparta □ **spartanamente** *avv.*

spar|ti|àc|que *s.m.invar.* 1 linea che divide due bacini idrografici 2 (*fig.*) elemento di divisione profonda | momento di passaggio: *lo — tra Medioevo ed età moderna*.

spar|ti|fiàm|ma *s.m.invar.* nei fornelli da cucina, disco con piccoli fori laterali da cui fuoriesce il gas.

spar|ti|né|ve *s.m.invar.* spazzaneve.

spar|ti|re *v.tr.* [indic.pres. *io spartisco, tu spartisci...*] suddividere per poi distribuire; condividere: *— una vincita* | (*fig.*) **non avere nulla da — con qlcu., con ql.co.**, non averci niente a che fare.

spar|ti|to *part.pass. di* spartire ♦ *s.m.* (*mus.*) riduzione per canto e pianoforte o solo per pianoforte di una composizione per orchestra | (*estens.*) testo scritto di un brano musicale; partitura.

spar|ti|tràf|fi|co *agg.invar.* detto di rialzo che divide la strada in corsie, convogliando le correnti di traffico: *aiuola —* ♦ *s.m.invar.* tale rialzo.

spar|ti|zió|ne *s.f.* distribuzione delle parti in cui è suddiviso ql.co.; ripartizione: *la — dell'eredità*.

spàr|to *s.m.* 1 pianta erbacea dalle foglie dure e resistenti, tipica dell'area mediterranea 2 fibra tessile molto resistente ricavata dalle foglie dello sparto e usata per cordami, stuoie, reti da pesca.

spa|rù|to *agg.* 1 magro e pallido; emaciato: *viso — 2* esiguo, assai ridotto: *uno — gruppo*.

spar|viè|ro o **sparvière** *s.m.* 1 uccello rapace diurno con testa piccola, ali corte, piumaggio grigio sul dorso e bruno a striature sul petto 2 tavoletta con impugnatura sulla superficie inferiore, usata dal muratore come supporto per spargere la malta.

spa|si|màn|te *part.pres. di* spasimare ♦ *s.m./f.* (*anche scherz.*) chi è innamorato di qlcu.; corteggiatore.

spa|si|mà|re *v.intr.* [indic.pres. *io spàsimo...*; aus. *A*] 1 patire dolori lancinanti 2 (*fig.*) desiderare ardentemente: *— di incontrare qlcu.* | soffrire per un sentimento intenso: *— d'amore* | **— per qlcu.**, esserne molto innamorato.

spà|si|mo *s.m.* 1 dolore fisico lancinante, molto acuto: *sopportare atroci spasimi* 2 (*fig.*) sofferenza lancinante dell'animo; struggimento.

spà|smo *s.m.* (*med.*) contrazione anomala di un muscolo, gener. accompagnata da dolore acuto.

spa|smò|di|co *agg.* [m.pl. *-ci*] **1** (*med.*) di spasmo **2** lancinante, acuto: *dolore —* | (*fig.*) affannoso, angoscioso: *attesa spasmodica*.

spas|sà|re *v.tr.* (*raro*) divertire | *spassarsela*, divertirsi ♦ **-rsi** *intr.pron.* divertirsi, godersela.

spas|sio|nà|to *agg.* che giudica senza lasciarsi condizionare dalle proprie passioni: *un critico —* | obiettivo, imparziale: *consiglio —*.

spàs|so *s.m.* **1** svago, divertimento, passatempo: *darsi agli spassi* **2** (*fig.*) persona o cosa spassosa, divertente: *questo libro è uno — 3 a —*, a passeggio: *portare a — qlcu.* | (*fig.*) *essere a —*, essere disoccupato.

spas|só|so *agg.* divertente, piacevole: *una persona spassosa*.

spà|sti|co *agg.* [m.pl. *-ci*] **1** (*med.*) di spasmo; causato da spasmo | *paralisi spastica*, perdita della capacità di controllare la muscolatura volontaria **2** colpito da paralisi spastica ♦ *s.m.* [f. *-a*] chi è stato colpito da paralisi spastica.

spà|to *s.m.* minerale a struttura cristallina, che si sfalda facilmente in facce regolari.

spà|to|la *s.f.* **1** attrezzo costituito da una lamina con manico per stendere o lavorare materiali pastosi: *— da pittore; — per modellare l'argilla* | *a —*, a forma di spatola **2** spazzola del tergicristallo **3** parte anteriore dello sci, appuntita e curvata verso l'alto.

spau|ràc|chio *s.m.* **1** spaventapasseri **2** (*fig.*, *spec. scherz.*) persona o cosa che incute paura.

spau|ri|re *v.tr.* [indic.pres. *io spaurisco, tu spaurisci...*] mettere paura, spaventare ♦ **-rsi** *intr. pron.* avere paura.

spa|val|de|ri|a *s.f.* eccessiva e arrogante sicurezza di sé | atto da spavaldo.

spa|vàl|do *agg.* che ha o dimostra un'eccessiva e arrogante sicurezza; sfrontato: *comportamento —* ♦ *s.m.* [f. *-a*] persona spavalda, temeraria: *fare lo —*.

spa|ven|ta|pàs|se|ri *s.m.* **1** pupazzo spec. di paglia ricoperta di stracci, messo in mezzo ai campi per spaventare gli uccelli **2** (*fig.*) persona brutta o malamente vestita: *andare in giro conciato come uno —*.

spa|ven|tà|re *v.tr.* [indic.pres. *io spavènto...*] incutere spavento; provocare paura: *— qlcu. con una minaccia* | (*iperb.*) preoccupare: *questo esame mi spaventa* ♦ **-rsi** *intr.pron.* impaurirsi, essere colto da spavento: *— per un rumore improvviso* | (*iperb.*) preoccuparsi.

spa|ven|té|vo|le *agg.* spaventoso.

spa|vèn|to *s.m.* **1** paura violenta e improvvisa: *fare, provare —* | (*iperb.*) preoccupazione **2** (*estens.*, *fam.*) persona o cosa molto brutta.

spa|ven|to|si|tà *s.f.* caratteristica di ciò che è spaventoso.

spa|ven|tó|so *agg.* **1** che provoca spavento: *rumore —* | che suscita profonda impressione: *tragedia spaventosa* **2** (*fam.*) straordinario, esagerato: *fortuna spaventosa*.

spa|zià|le *agg.* proprio dello spazio | che riguarda lo spazio cosmico: *missione —*.

spa|zià|re *v.intr.* [indic.pres. *io spàzio...*; aus. *A*] **1** muoversi in un ampio spazio: *le rondini spaziano nel cielo* | estendersi per un grande spazio **2** (*fig.*) muoversi con la mente in un ampio orizzonte di idee: *— in tutti i campi del sapere* ♦ *tr.* disporre in uno spazio più oggetti distanziandoli l'uno dall'altro | (*in tipografia*) distanziare una parola o una lettera dall'altra.

spa|zia|tó|re *agg.* [f. *-trice*] che serve a spaziare | *barra spaziatrice*, nella macchina per scrivere e nella tastiera di un computer, tasto allungato che si preme per inserire uno o più spazi tra i caratteri.

spa|zia|tù|ra *s.f.* disposizione di oggetti distanziati nello spazio | distribuzione degli spazi nella composizione tipografica o dattilografica.

spa|zieg|già|re *v.tr.* [indic.pres. *io spaziéggio...*] mettere spazio tra una cosa e l'altra | (*in tipografia*) spaziare più del normale le singole lettere all'interno di una stessa parola.

spa|zien|ti|re *v.tr.* [indic.pres. *io spazientisco, tu spazientisci...*] far perdere la pazienza ♦ **-rsi** *intr. pron.* perdere la pazienza: *— per il troppo rumore*.

spà|zio *s.m.* **1** (*com.*) estensione di luogo vuoto o occupato da corpi fermi o in movimento: *— tridimensionale* **2** (*astr.*) estensione in cui si muovono i corpi celesti **3** estensione limitata, circoscritta, vuota o occupata da corpi: *non c'è più — nell'armadio* | *— pubblicitario*, nei giornali, nella cartellonistica, nelle trasmissioni radiotelevisive, sezione destinata alla pubblicità **4** (*fig.*) ambito d'azione; possibilità, opportunità: *non c'è — per le idee nuove* **5** estensione di tempo; giro: *nello — di un anno* **6** (*in tipografia*) intervallo bianco fra lettera e lettera e parola e parola **7** (*mus.*) l'intervallo tra una riga e l'altra del pentagramma.

spa|zio|si|tà *s.f.* carattere di ciò che è spazioso; vastità.

spa|zió|so *agg.* ampio, vasto: *una camera spaziosa* | *fronte spaziosa*, alta.

spa|zio|tem|po|rà|le *loc.agg.* relativo sia allo spazio che al tempo.

spaz|za|ca|mì|no *s.m.* chi per mestiere pulisce la canna dei camini dalla fuliggine.

spaz|za|né|ve *s.m.invar.* **1** grande lama d'acciaio montata sulla parte anteriore di un veicolo per spostare la neve ai lati della carreggiata; spartineve | (*estens.*) veicolo sul quale è montata tale lama **2** (*sport*) nello sci, posizione in cui, per rallentare la velocità, si allargano le code avvicinando le punte: *scendere a —*.

spaz|zà|re *v.tr.* **1** pulire con la scopa: *— il cortile* **2** togliere con la scopa o altro arnese: *— la neve* | (*fig.*) liberare da ql.co. o qlcu. che è sgradito, dannoso e vim.: *— il quartiere dai malviventi* | (*fig.*) *— via*, distruggere: *la tempesta ha spazzato via il raccolto* **3** (*fam.*) mangiare avidamente.

spaz|zà|ta *s.f.* l'atto di spazzare frettolosamente, alla meglio.

spaz|za|trì|ce *s.f.* autoveicolo usato per la pulizia delle strade.

spaz|za|tù|ra *s.f.* **1** l'atto di spazzare: *la — delle*

spazzino

strade **2** immondizia, rifiuti: *cassonetto della* — **3** (*fig.*) cosa priva di valore o di pessimo gusto: *questo libro è* —.
spaz|zi|no *s.m.* [f. -*a*] chi, per mestiere, spazza le strade; netturbino, operatore ecologico.
spàz|zo|la *s.f.* **1** oggetto costituito da un supporto su cui sono infissi setole, fili di plastica, metallo o altro materiale; è usato per pulire, lucidare, ravviare i capelli e sim. | *capelli a* —, tagliati corti e pari **2** (*elettr.*) blocchetto di carbone o rame che, fissato all'estremità di un conduttore, collega due parti di un circuito elettrico **3** (*mus.*) bacchetta con all'estremità un pennello di fili metallici, usata per ottenere particolari effetti con gli strumenti a percussione **4** (*auto.*) nel tergicristallo, bordo di gomma a contatto con il parabrezza.
spaz|zo|là|re *v.tr.* [indic.pres. *io spàzzolo*...] pulire, lucidare con la spazzola: — *le scarpe* | ravviare con la spazzola: *spazzolarsi i capelli*.
spaz|zo|là|ta *s.f.* l'atto di spazzolare frettolosamente, alla meglio: *dare una* — *alla giacca*.
spaz|zo|li|no *s.m.* piccola spazzola usata per pulire denti, unghie o oggetti di piccole dimensioni.
spaz|zo|ló|ne *s.m.* grossa spazzola con manico lungo per lavare o lucidare i pavimenti.
speaker (*ingl.*) [pr. *spìker*) *s.m./f.invar.* **1** annunciatore, lettore radiotelevisivo **2** telecronista **3** chi, nel corso di una manifestazione, dà informazioni al pubblico mediante un altoparlante.
spec|chiàr|si *v.rifl.* [indic.pres. *io mi spècchio*...] guardarsi, osservarsi in uno specchio o in un'altra superficie riflettente ♦ *intr.pron.* riflettersi: *le montagne si specchiano nel lago*.
spec|chià|to *part.pass. di* specchiare ♦ *agg.* integro, esemplare, irreprensibile: *specchiata onestà*.
spec|chiè|ra *s.f.* **1** grande specchio con cornice, spec. ornamentale **2** mobile con lo specchio incorporato | *armadio a* —, quello le cui ante sono ricoperte di specchi.
spec|chiét|to *s.m.* **1** specchio di piccole dimensioni | — *retrovisivo* (o *retrovisore*), quello che in un automezzo permette di vedere il tratto di strada dietro l'automezzo stesso | (*fig.*) — *per le allodole*, espediente per attirare gli ingenui **2** prospetto, tabella riassuntiva.
spèc|chio *s.m.* **1** lastra di vetro con una faccia metallizzata, in grado di riflettere le immagini: *guardarsi nello* (o *allo*) — | — *d'acqua*, tratto di mare o di lago | (*fig.*) *tenere la casa come uno* —, molto pulita **2** (*estens.*) struttura o dispositivo con una superficie riflettente o semplicemente liscia **3** ciò che imita, riproduce o esprime una certa realtà: *gli occhi sono lo* — *dell'anima* **4** (*estens.*) prospetto, quadro: *lo* — *dei voti* **5** ampiezza di un'apertura o di un riquadro architettonico.
special (*ingl.*) [pr. *spècial*] *s.m.invar.* (*radio, tv*) programma in cui si esibisce un unico protagonista | programma dedicato a una singola tematica o a un particolare evento.

spe|cià|le *agg.* **1** relativo a un certo ambito, a un determinato uso: *treno* — | non comune, particolare: *prezzo* — **2** eccellente, di ottima qualità: *una torta* — ♦ *s.m.* **1** (*radio, tv*) programma, spec. di approfondimento, dedicato a un particolare evento o questione; special **2** (*sport*) slalom speciale □ **specialmente** *avv.* soprattutto, particolarmente.
spe|cia|li|sta *s.m./f.* [m.pl. -*i*] chi è specializzato in un determinato ambito: — *di diritto civile* | (*per anton.*) medico specializzato in un certo ambito della medicina | atleta che si dedica a una certa specialità sportiva: *gli specialisti del salto in alto*.
spe|cia|li|sti|co *agg.* [m.pl. -*ci*] di, da specialista: *attrezzatura specialistica*.
spe|cia|li|tà *s.f.* **1** particolarità: *la* — *di un evento* **2** settore di un'attività in cui si è particolarmente competenti: *la sua* — *sono i ritratti* **3** ciascuna delle tipologie di gara in cui si suddivide una certa attività sportiva: *le* — *del nuoto* **4** prodotto caratteristico; piatto tipico: — *trentina* | — *farmaceutica*, prodotto medicinale messo in commercio a un prezzo prefissato **5** cosa eccellente, di ottima qualità: *questo cibo è una* —.
spe|cia|liz|zà|re *v.tr.* restringere un'attività a un ambito ristretto e specifico | far acquisire una preparazione specialistica ♦ **-rsi** *rifl.* **1** dedicarsi a un ramo particolare di attività, studi, produzione: — *nel commercio con l'estero* **2** conseguire una specializzazione: — *in ginecologia*.
spe|cia|liz|zà|to *part.pass.* di specializzare ♦ *agg.* **1** (*di attività, azienda e sim.*) che si occupa di un ambito ristretto: *società specializzata nella compravendita immobiliare* **2** (*di persona*) che ha una specializzazione: *operaio* —.
spe|cia|liz|za|zió|ne *s.f.* acquisizione di una particolare competenza in un certo ambito: *corso di* —; — *in informatica* | diploma o altro documento che attesta tale competenza.
spè|cie *s.f.invar.* **1** insieme di individui con caratteri simili che li distinguono dagli altri dello stesso genere: *una* — *di piante* | *l'umana* —, l'umanità **2** (*biol.*) insieme di individui che hanno gli stessi caratteri morfologici e biologici e che riproducendosi danno prole fertile **3** (*estens.*) qualità, tipo: *prodotti di ogni* — | *una* — *di*, detto di cosa vagamente simile a un'altra: *aveva una* — *di cappello* | (*fam.*) *mi fa* —, mi sorprende **4** (*lett.*) aspetto, apparenza: *apparve sotto* — *di angelo* ♦ *avv.* specialmente, particolarmente: *non parto*, — *con questo tempo*.
spe|cì|fi|ca *s.f.* (*comm., bur.*) elenco dettagliato: — *delle spese*.
spe|ci|fi|cà|re *v.tr.* [indic.pres. *io specìfico, tu specìfichi*...] precisare con dati specifici, descrivere in modo dettagliato: *devi* — *cosa successe*.
spe|ci|fi|ca|tì|vo *agg.* che specifica.
spe|ci|fi|cà|to *part.pass. di* specificare ♦ *agg.* indicato con precisione □ **specificatamente** *avv.* in modo preciso e dettagliato.
spe|ci|fi|ca|zió|ne *s.f.* descrizione precisa e particolareggiata | (*gramm.*) *complemento di* —,

quello che precisa il concetto espresso dal sostantivo da cui dipende.
spe|ci|fi|ci|tà *s.f.* carattere specifico | la proprietà di ciò che è specifico.
spe|ci|fi|co *agg.* [m.pl. *-ci*] **1** caratteristico di una specie **2** (*estens.*) determinato, particolare, preciso: *caso* — | (*fis.*) **peso** —, rapporto tra il peso di un corpo e il suo volume **3** (*med.*) che ha azione efficace su una certa patologia: *farmaco — per l'emicrania* ♦ *s.m.* **1** particolarità, peculiarità: *lo — di un dato prodotto* **2** (*med.*) farmaco efficace su una certa patologia □ **specificamente** *avv.* in modo specifico.
spe|cil|lo *s.m.* (*med.*) lungo e sottile strumento metallico per sondare ferite o recessi anatomici.
spè|ci|men (*lat.*) *s.m.invar.* saggio, campione | piccolo fascicolo con estratti di un'opera editoriale in preparazione, distribuito a scopo pubblicitario.
spe|cio|si|tà *s.f.* condizione di ciò che è specioso.
spe|ció|so *agg.* giusto, bello, vero solo in apparenza.
speck (*ted.*) *s.m.invar.* prosciutto crudo salato e affumicato.
spè|co *s.m.* [pl. *-chi*] **1** (*lett.*) caverna, antro **2** (*anat.*) cavità nelle ossa | — **vertebrale**, canale formato dai fori vertebrali che contiene il midollo spinale.
spè|co|la *s.f.* edificio destinato a osservatorio astronomico.
spe|cu|là|re[1] *v.intr.* [indic.pres. *io spèculo*...; aus. *A*] **1** indagare con la ragione: — *sull'universo* **2** (*econ.*) fare una speculazione finanziaria o commerciale: — *in borsa* **3** (*estens.*) sfruttare, anche illecitamente, una situazione in modo vantaggioso per sé e a scapito di altri: — *su una disgrazia* ♦ *tr.* indagare con la ragione.
spe|cu|là|re[2] *agg.* **1** proprio di uno specchio; che ha le proprietà di uno specchio: *superficie* — | *immagine* —, l'immagine di un oggetto così come è riflesso da uno specchio **2** (*estens.*) simmetrico: *due porte speculari.*
spe|cu|la|ti|vo *agg.* **1** che riguarda la speculazione intellettuale | adatto alla ricerca teorica: *mente speculativa* **2** (*econ.*) proprio di una speculazione commerciale o finanziaria.
spe|cu|la|tó|re *agg., s.m.* [f. *-trice*] **1** che, chi fa speculazioni intellettuali **2** (*econ.*) che, chi compie speculazioni commerciali o finanziarie.
spe|cu|la|tò|rio *agg.* (*econ.*) speculativo.
spe|cu|la|zió|ne *s.f.* **1** ricerca intellettuale priva di immediati scopi pratici o applicazioni tecniche | (*estens.*) meditazione **2** (*econ.*) operazione finanziaria o commerciale che lucra sulla differenza tra il prezzo di acquisto e quello di vendita **3** (*estens.*) attività o azione con cui si cerca di ottenere un vantaggio personale sfruttando a scapito di altri una situazione: — *edilizia.*
spè|cu|lum (*lat.*) *s.m.invar.* (*med.*) strumento con due valve divaricatrici, usato per dilatare le cavità del corpo da esaminare internamente.
spe|dì|re *v.tr.* [indic.pres. *io spedisco, tu spedisci*...] **1** inviare: — *una lettera, un pacco* **2** mandare una persona da qualche parte o da qlcu.: — *un corriere* | (*fig.*) — **qlcu. all'altro mondo**, ucciderlo.
spe|di|téz|za *s.f.* rapidità e prontezza nel fare ql.co.
spe|dì|to *part.pass.* di spedire ♦ *agg.* rapido, svelto: *passo* — | sciolto, fluente: *pronuncia spedita* ♦ *avv.* velocemente: *camminare* — | fluentemente: *parlare* —.
spe|di|zió|ne *s.f.* **1** l'atto di spedire; invio: *la — di una raccomandata* | ciò che è spedito: *la — non è ancora arrivata* **2** viaggio compiuto da più persone a scopi spec. scientifici o militari: *la — al Polo Nord* **3** impresa militare per conquistare nuovi territori.
spe|di|zio|niè|re *s.m.* [f. *-a*] chi, per mestiere, esegue spedizioni di merci.
spe|gnà|re *v.tr.* [indic.pres. *io spégno..., noi spegniamo, voi spegnate...*] riscattare un oggetto dato in pegno.
spè|gne|re o **spégnere** (*region., lett.* spèngere o spéngere) *v.tr.* [indic.pres. *io spèngo, tu spègni...*; pass.rem. *io spènsi, tu spegnésti...*; part.pass. *spènto*] **1** far cessare di ardere: — *un fuoco, il gas* **2** interrompere il funzionamento di un apparecchio o dispositivo elettrico: — *la radio, la luce* **3** (*fig.*) far cessare: — *la fame, la rabbia* | estinguere: — *un debito* | smorzare, attenuare a poco a poco: — *le polemiche* ♦ **-rsi** *intr.pron.* **1** cessare di ardere: *la sigaretta si sta spegnendo* **2** (*di apparecchio o dispositivo elettrico*) smettere di funzionare: *si è spenta la lampadina* **3** (*fig.*) venir meno, estinguersi: *un amore che si sta spegnendo* | morire: — *serenamente.*
spe|gni|mén|to *s.m.* l'atto di spegnere | il processo dello spegnersi.
spe|gni|tó|io *s.m.* arnese formato da un cono metallico fissato su un manico, usato per spegnere la fiamma di candele e sim.
spe|lac|chià|re *v.tr.* [indic.pres. *io spelàcchio...*] levare qua e là il pelo ♦ **-rsi** *intr.pron.* perdere il pelo qua e là.
spe|lac|chià|to *part.pass.* di spelacchiare ♦ *agg.* che ha perso il pelo qua e là; che ha peli radi | (*scherz.*) che ha pochi capelli.
spe|là|re *v.tr.* [indic.pres. *io spélo...*] togliere il pelo ♦ **-rsi** *intr.pron.* perdere il pelo.
spe|leo- o **spéleo-** primo elemento di parole composte che significa "caverna" (*speleologia*).
spe|le|o|bio|lo|gì|a *s.f.* ramo della biologia che studia le forme di vita dell'ambiente cavernicolo.
spe|le|o|lo|gì|a *s.f.* scienza che studia le caverne naturali dal punto di vista geologico, fisico e biologico | tecnica e pratica di esplorazione delle caverne naturali.
spe|le|o|lò|gi|co *agg.* [m.pl. *-ci*] proprio della speleologia.
spe|le|ò|lo|go *s.m.* [f. *-a*; m.pl. *-gi*] studioso, esperto di speleologia.
spel|là|re *v.tr.* [indic.pres. *io spèllo...*] **1** levare la pelle dal corpo di un animale ucciso: — *un coniglio* **2** produrre una lieve escoriazione: *spellarsi le mani* **3** (*fig., fam.*) richiedere un prezzo, un compenso eccessivo ♦ **-rsi** *intr.pron.* **1** (*di ani-*

spellatura

male) cambiare la pelle 2 (*di persona*) prodursi una leggera escoriazione: *si è spellato cadendo*.

spel|la|tu|ra *s.f.* 1 l'atto di spellare 2 escoriazione, sbucciatura.

spelling (*ingl.*) *s.m.invar.* pronuncia distaccata delle singole lettere che compongono una parola.

spe|lón|ca *s.f.* 1 caverna, grotta profonda e vasta 2 (*fig.*) abitazione tetra, squallida.

spè|me *s.f.* (*poet.*) speranza.

spen|dac|ció|ne *s.m.* [f. *-a*] chi spende smodatamente.

spèn|de|re *v.tr.* [indic.pres. *io spendo...*; pass.rem. *io spési, tu spendésti...*; part.pass. *spéso*] 1 dare denaro ad altri come pagamento di ql.co.: *ho speso dieci euro per un libro*; — *molto in divertimenti* | — *un occhio della testa*, *un patrimonio*, *un capitale*, moltissimo | — *e spandere*, sperperare 2 (*fig.*) consumare, adoperare: — *tutte le proprie energie* | impiegare il tempo facendo ql.co.: *ho speso tutta la giornata per fare due commissioni* | — *una parola per qlcu.*, dire ql.co. in suo favore.

spen|de|réc|cio *agg.* [f.pl. *-ce*] che spende molto, con facilità.

spen|di|bi|le *agg.* che può essere speso.

spen|di|bi|li|tà *s.f.* caratteristica di ciò che è spendibile.

spèn|ge|re *v.tr. e deriv.* → **spegnere** *e deriv.*

spen|nac|chià|re *v.tr.* [indic.pres. *io spennàcchio...*] levare le penne qua e là ♦ **-rsi** *intr.pron.* perdere le penne qua e là.

spen|nac|chià|to *part.pass. di* spennacchiare ♦ *agg.* 1 che ha perso le penne qua e là: *un gallo* — 2 (*scherz.*) che ha pochi capelli.

spen|nà|re *v.tr.* [indic.pres. *io spénno...*] 1 strappare, togliere le penne: — *un pollo* 2 (*fig., fam.*) richiedere un compenso eccessivo: *in quel ristorante ti spennano* | sottrarre denaro, spec. al gioco ♦ **-rsi** *intr.pron.* perdere le penne.

spen|nel|là|re *v.tr.* [indic.pres. *io spennèllo...*] (*anche assol.*) passare su una superficie un pennello intinto in una sostanza liquida o semiliquida.

spen|nel|là|ta *s.f.* l'atto di spennellare frettolosamente, alla meglio.

spen|nel|la|tu|ra *s.f.* l'atto di spennellare | (*med.*) applicazione di un farmaco liquido mediante pennello.

spen|sie|ra|tàg|gi|ne *s.f.* spensieratezza eccessiva; superficialità, leggerezza | azione compiuta con superficialità.

spen|sie|ra|téz|za *s.f.* condizione di chi è spensierato.

spen|sie|rà|to *agg.* che non ha pensieri gravi; privo di preoccupazioni: *vita spensierata* □ **spensieratamente** *avv.*

spèn|to o *spénto part.pass di* spegnere ♦ *agg.* 1 che non brucia più | (*di vulcano*) inattivo 2 (*fig.*) privo di vivacità: *sguardo* —| smorzato, scialbo: *colore* — 3 (*di dispositivo o apparecchio*) che non è in funzione: *motore* —.

spen|zo|là|re *v.tr.* [indic.pres. *io spènzolo...*] far penzolare ♦ *intr.* [aus. *A*] penzolare: *la bandiera spenzola dal balcone* ♦ **-rsi** *rifl.* sporgersi.

spe|rà|bi|le *agg.* che è possibile sperare.

spe|ràn|za *s.f.* 1 attesa fiduciosa di un bene futuro o di ql.co. che si desidera: *infondere*, *nutrire* — *in qlcu.* 2 (*teol.*) una delle tre virtù teologali, per la quale si attende con fiducia la vita eterna 3 cosa sperata: *le mie speranze si sono realizzate* | *giovane di belle speranze*, che pare destinato a un futuro brillante 4 persona o cosa in cui si spera: *questo intervento è la sua ultima* —.

spe|ran|zó|so *agg.* pieno di speranza.

spe|rà|re *v.tr.* [indic.pres. *io spèro...*] attendere con fiducia una cosa desiderata: *spero di rivederti presto* | augurarsi; credere che un evento possa avverarsi: *speriamo di vincere* | — *di sì*, *di no*, per esprimere la speranza che ql.co. si verifichi o no | *voglio sperarlo*, *spero bene*, per indicare quasi una certezza ♦ *intr.* [aus. *A*] nutrire fiducia, speranza: — *in qlcu.*

spèr|de|re *v.tr.* [con. come *perdere*] 1 (*lett.*) disperdere 2 (*raro*) smarrire ♦ **-rsi** *intr.pron.* (*anche fig.*) perdersi, smarrirsi.

sper|dù|to *part.pass. di* sperdere ♦ *agg.* solitario, isolato: *un villaggio* —| *essere*, *sentirsi* —, solo e a disagio per il fatto di essere in un ambiente non familiare.

spe|re|quà|to *agg.* caratterizzato da sperequazione.

spe|re|qua|zió|ne *s.f.* disuguaglianza, mancanza di uniformità nella distribuzione: — *della ricchezza*.

sper|giu|rà|re *v.tr., intr.* [aus. *A*] 1 giurare il falso 2 giurare solennemente | *giurare e* —, affermare in ogni modo la verità di ql.co.

sper|giù|ro¹ *agg.*, *s.m.* [f. *-a*] che, chi giura il falso o non mantiene un giuramento.

sper|giù|ro² *s.m.* giuramento falso.

spe|ri|co|là|to *agg.*, *s.m.* [f. *-a*] che, chi sfida il pericolo; temerario □ **spericolatamente** *avv.*

spe|ri|men|tà|bi|le *agg.* che può essere sperimentato.

spe|ri|men|ta|bi|li|tà *s.f.* caratteristica di ciò che si può sperimentare; provabilità, dimostrabilità.

spe|ri|men|tà|le *agg.* 1 basato sull'esperimento, sulla sperimentazione: *metodo*, *scienza* — 2 (*di attività*) che sperimenta nuovi modi e mezzi in un certo ambito: *musica* — | (*di luogo*) che è sede di esperimenti: *centro* —.

spe|ri|men|ta|li|smo *s.m.* 1 orientamento metodologico che pone la sperimentazione alla base della ricerca scientifica 2 nelle arti e in letteratura, ricerca di nuove tecniche e forme d'espressione.

spe|ri|men|ta|li|sta *s.m./f.* [m.pl. *-i*] seguace, sostenitore dello sperimentalismo.

spe|ri|men|tà|re *v.tr.* [indic.pres. *io sperimènto...*] 1 verificare l'efficacia, la funzionalità di ql.co. mediante esperimento: — *una nuova medicina* 2 (*fig.*) conoscere per esperienza; provare: — *la solitudine* 3 (*fig.*) mettere alla prova qlcu. o ql.co.

spe|ri|men|tà|to *part.pass. di* sperimentare ♦ *agg.* **1** (*di persona*) che ha esperienza; esperto **2** (*di cosa*) collaudato, sicuro.
spe|ri|men|ta|tó|re *s.m.* [f. *-trice*] chi fa esperimenti.
spe|ri|men|ta|zió|ne *s.f.* controllo, verifica mediante esperimento | — *didattica*, ricerca di nuove metodologie didattiche.
spèr|ma *s.m.* [pl. *-i*] (*biol.*) liquido viscoso biancastro secreto dalle ghiandole genitali maschili e contenente gli spermatozoi.
sper|ma|cè|ti *s.m.* liquido oleoso contenuto nella cavità cefalica di alcuni cetacei che solidifica quando l'animale muore; è usato come lubrificante e per fabbricare candele, cosmetici e sim.
sper|mà|ti|co *agg.* [m.pl. *-ci*] (*biol.*) proprio dello sperma.
sper|ma|to|gè|ne|si *s.f.* (*biol.*) processo di formazione degli spermatozoi.
sper|ma|tor|rè|a *s.f.* (*med.*) emissione involontaria di liquido seminale, senza erezione né orgasmo.
sper|ma|to|zò|o *s.m.* (*biol.*) cellula germinale maschile.
sper|mi|ci|da *agg.*, *s.m.* [pl. *-i*] detto di prodotto che distrugge gli spermatozoi, usato spec. come anticoncezionale.
spèr|mi|co *agg.* [pl. *-ci*] (*biol.*) spermatico.
spe|ro|na|mén|to *s.m.* lo speronare, l'essere speronato.
spe|ro|nà|re *v.tr.* [indic.pres. *io speróno...*] (*di nave*) colpire un'altra nave con lo sperone o con la prora | (*estens.*, *di veicolo*) colpire un altro veicolo nella fiancata.
spe|ro|nà|ta *s.f.* colpo di sperone.
spe|ro|nà|to *part. pass. di* speronare ♦ *agg.* **1** (*di animale*) che ha gli speroni **2** (*di edificio*) rafforzato mediante speroni.
spe|ró|ne *s.m.* **1** arnese metallico applicato al tacco dello stivale del cavaliere per pungolare il cavallo nei fianchi; sprone **2** (*mar.*) robusta prominenza nella prua delle navi da guerra, usata, spec. nel passato, per danneggiare le navi nemiche **3** (*zool.*) robusta appendice di forma conica sporgente dalle zampe del gallo e di altri uccelli | escrescenza cornea in prossimità dello stinco di bovini ed equini **4** (*geog.*) diramazione secondaria di una cresta montuosa **5** (*edil.*) struttura di rinforzo costruita trasversalmente a una struttura muraria per contrastare le spinte oblique; contrafforte.
sper|pe|rà|re *v.tr.* [indic.pres. *io spèrpero...*] **1** dilapidare, spendere senza criterio: — *lo stipendio* **2** (*estens.*) usare male, sprecare: — *le energie*.
sper|pe|rì|o *s.m.* uno sperperare continuo.
spèr|pe|ro *s.m.* spreco; spesa eccessiva, dissipazione.
sper|so|na|liz|zà|re *v.tr.* **1** privare della personalità **2** rendere impersonale una discussione o una questione per garantirne l'obiettività ♦ **-rsi** *intr.pron.* perdere la personalità o rinunciarvi.

sper|so|na|liz|za|zió|ne *s.f.* perdita, privazione della personalità.
sper|ti|càr|si *v.intr.pron.* [indic.pres. *io mi spèrtico, tu ti spèrtichi...*] fare ql.co. in modo smisurato e poco sincero: — *in elogi*.
sper|ti|cà|to *agg.* smisurato, eccessivo.
spé|sa *s.f.* **1** somma di denaro che si spende o si deve spendere: *la — prevista è di mille euro; sostenere una —* | — *pubblica*, quella sostenuta dallo Stato per la produzione di servizi pubblici | *non badare a spese*, essere disposto a pagare qualsiasi somma | *a spese di*, a carico di; (*fig.*) a danno di: *l'ha imparato a proprie spese* | (*fig.*) *fare le spese di ql.co.*, subirne le conseguenze **2** compera, acquisto: *esco a fare spese* **3** (*fam.*, *sing.*) acquisto di generi alimentari e altri prodotti necessari al mantenimento quotidiano di una famiglia: *fare la —* | l'insieme delle provviste acquistate: *mettere a posto la —* **4** (*pl.*) l'insieme delle uscite di denaro: *le spese sono superiori alle entrate* | *stare sulle spese*, provvedere al proprio mantenimento vivendo fuori casa.
spe|sà|re *v.tr.* [indic.pres. *io spéso...*] mantenere a proprie spese | rimborsare le spese sostenute.
spe|sà|to *agg.* rimborsato delle spese.
spes|sì|me|tro *s.m.* (*auto.*) strumento per misurare lo spessore del battistrada di uno pneumatico.
spés|so *agg.* **1** denso: *crema spessa* | (*di vino*) corposo **2** fitto, folto **3** di notevole spessore: *muro —* | di un certo spessore: — *sei centimetri* **4** frequente | *spesse volte*, frequentemente ♦ *avv.* di frequente: *ci vediamo —* | — *e volentieri*, molto frequentemente.
spes|só|re *s.m.* **1** distanza fra le due superfici opposte che delimitano un corpo secondo la dimensione minore; grossezza: *i ripiani hanno uno — di tre centimetri* **2** (*fig.*) rilievo culturale, artistico: *film di un certo —* | consistenza.
spet|tà|bi|le *agg.* nelle lettere commerciali, rispettabile: — *ditta*.
spet|ta|co|là|re *agg.* grandioso, eccezionale a vedersi: *ricevimento —* | straordinario: *vittoria —*.
spet|ta|co|la|ri|tà *s.f.* grandiosità, eccezionalità.
spet|ta|co|la|riz|zà|re *v.tr.* rendere spettacolare, far divenire uno spettacolo: — *un avvenimento* ♦ **-rsi** *intr.pron.* assumere le caratteristiche di uno spettacolo.
spet|ta|co|la|riz|za|zió|ne *s.f.* l'atto di spettacolarizzare.
spet|tà|co|lo *s.m.* **1** rappresentazione artistica davanti a un pubblico: — *teatrale* | ciascuna delle repliche di una rappresentazione: *andare al cinema al primo —* | (*fig.*) *dare —*, attirare l'attenzione **2** (*solo sing.*) ambito del teatro, cinema, televisione ecc.: *lavorare nello —* **3** ciò che colpisce per bellezza, bruttezza, curiosità e sim.: *uno —* | *commovente* ♦ *agg.invar.* che è stato impropriamente trasformato in spettacolo, facendone risaltare spec. gli aspetti sensazionali: *politica —*.
spet|ta|co|ló|so *agg.* **1** che sorprende per la sua

spettante

grandiosità: *cerimonia spettacolosa* **2** eccezionale, fuori del comune.
spet|tàn|te *part.pres.* di spettare ♦ *agg.* che spetta, che compete.
spet|tàn|za *s.f.* (*bur.*) **1** pertinenza, competenza: *non è di mia —* **2** ciò che spetta come compenso per una prestazione effettuata: *liquidare una —*.
spet|tà|re *v.intr.* [indic.pres. *io spètto*...; aus. *E*] competere per diritto o dovere: *spetta a te decidere*.
spet|ta|tó|re *s.m.* [f. *-trice*] chi assiste a uno spettacolo | chi è presente o assiste a un avvenimento.
spet|te|go|là|re *v.intr.* [indic.pres. *io spettégolo*...; aus. *A*] fare pettegolezzi; sparlare.
spet|ti|nà|re *v.tr.* [indic.pres. *io spèttino*...] mettere i capelli in disordine, disfare la pettinatura ♦ **-rsi** *rifl.*, *intr.pron.* arruffarsi i capelli.
spet|trà|le *agg.* proprio di uno spettro; somigliante a uno spettro: *immagine —* | *luce —*, fioca e irreale.
spèt|tro *s.m.* **1** fantasma | *sembrare uno —*, detto di persona magra e pallida **2** (*fig.*) grave minaccia che incombe: *lo — di un'epidemia* **3** (*fis.*) diagramma o figura risultante dall'analisi delle componenti di una radiazione ondulatoria o corpuscolare | *— solare*, ottenuto dalla rifrazione della luce del Sole **4** (*farm.*) *— d'azione*, campo di efficacia di un antibiotico, comprendente tutte le specie e i ceppi di batteri su cui il farmaco esplica la sua azione.
spet|tro|gra|fì|a *s.f.* (*fis.*) insieme di tecniche per la produzione, l'osservazione e la registrazione degli spettri.
spet|tro|me|trì|a *s.f.* (*fis.*) tecnica e sistema di misurazione delle lunghezze d'onda e dell'intensità delle righe degli spettri.
spet|tro|sco|pì|a *s.f.* ramo della fisica che studia gli spettri elettromagnetici.
spet|tro|scò|pi|co *agg.* [m.pl. *-ci*] (*fis.*) proprio della spettroscopia.
spet|tro|scò|pio *s.m.* (*fis.*) strumento ottico costituito da un prisma ottico per osservare e studiare gli spettri luminosi.
spè|zia *s.f. spec.pl.* sostanza vegetale aromatica, gener. di origine esotica, usata per insaporire i cibi (p.e. pepe, noce moscata, cannella, chiodi di garofano).
spe|zià|le *s.m./f.* (*ant.*) **1** venditore di spezie **2** (*pop.*) farmacista.
spe|zià|re *v.tr.* [indic.pres. *io spèzio*...] condire con spezie; aromatizzare.
spe|zià|to *part.pass.* di speziare ♦ *agg.* condito con spezie.
spe|zie|rì|a *s.f.* **1** bottega dello speziale **2** (*spec. pl.*) assortimento di spezie.
spez|zà|re *v.tr.* [indic.pres. *io spèzzo*...] **1** rompere in due o più pezzi: *— il pane, un ramo* | (*fam.*) fratturare: *spezzarsi un braccio* | (*fig.*) *— il cuore a qlcu.*, causargli un forte dispiacere **2** (*estens.*) interrompere la continuità di ql.co., dividere in parti: *— un viaggio in più tappe* ♦ **-rsi** *intr.pron.* rompersi: *si spezzò la fune*.
spez|za|tì|no *s.m.* (*gastr.*) pietanza a base di carne in piccoli pezzi cucinata in umido.
spez|zà|to *part.pass.* di spezzare ♦ *agg.* **1** rotto | fratturato **2** (*estens.*) privo di continuità; interrotto | *orario —*, orario di lavoro in più turni | (*geom.*) *linea spezzata*, formata da una sequenza di segmenti non allineati ♦ *s.m.* completo con giacca di colore e tessuto diversi da quelli dei pantaloni.
spez|za|tù|ra *s.f.* **1** rottura | punto in cui una cosa è spezzata | parte spezzata **2** volume scompagnato di un'opera.
spez|zet|ta|mén|to *s.m.* riduzione in pezzetti.
spez|zet|tà|re *v.tr.* [indic.pres. *io spezzétto*...] dividere, ridurre in piccole parti: *— un biscotto* ♦ **-rsi** *intr.pron.* dividersi, ridursi in piccoli pezzi.
spez|zet|ta|tù|ra *s.f.* spezzettamento | la cosa che è spezzettata | (*fig.*) interruzione.
spez|zì|no *agg.* di La Spezia ♦ *s.m.* [f. *-a*] chi è nato o abita a La Spezia.
spez|zó|ne *s.m.* **1** parte di un tutto unitario | (*cine.*) pezzo di pellicola **2** bomba rudimentale, lanciata spec. da un aereo.
spì|a *s.f.* **1** chi riferisce di nascosto, per malevolenza o proprio interesse, informazioni segrete o compromettenti: *fare la —* | chi esercita lo spionaggio **2** (*fig.*) indizio, sintomo: *i licenziamenti sono una — della crisi* **3** (*tecn.*) dispositivo acustico o luminoso che segnala le condizioni di funzionamento o di congegno e sim.: *la — dell'olio* ♦ *agg.invar.* che riporta informazioni o segnala certe condizioni di funzionamento | (*aer.*) *satellite —*, satellite artificiale con particolari dispositivi di rilevamento usato spec. per scopi militari.
spiac|ci|cà|re *v.tr.* [indic.pres. *io spiàccico, tu spiàccichi*...] schiacciare fino a spappolare: *— un insetto* ♦ **-rsi** *intr.pron.* schiacciarsi, spappolarsi.
spia|cèn|te *part.pres.* di spiacere ♦ *agg.* dispiaciuto; che prova rammarico: *sono — di non esserle utile*.
spia|cé|re *v.intr.* [con. come *piacere*; aus. *E*] provocare rincrescimento; causare dispiacere o amarezza: *spiace sentire tali critiche* | *mi spiace*, *se non ti spiace*, espressioni di cortesia per attenuare un rifiuto, per chiedere un permesso e sim.: *se non ti spiace, vorrei accompagnarti* ♦ **-rsi** *intr. pron.* dispiacersi, dolersi.
spia|cé|vo|le *agg.* che dà dispiacere, che causa amarezza; sgradito, fastidioso: *imprevisto —*.
spia|ce|vo|léz|za *s.f.* caratteristica di ciò che è spiacevole; sgradevolezza.
spiàg|gia *s.f.* [pl. *-ge*] tratto di litorale costituito da sabbia, ghiaia o ciottoli, gener. frequentato dai bagnanti: *andare in —* | *— libera*, priva di stabilimenti balneari | (*fig.*) *l'ultima —*, l'ultima opportunità.
spia|mén|to *s.m.* operazione con cui si spiana un terreno; livellamento.
spia|nà|re *v.tr.* **1** rendere piano; pianeggiare, livellare: *— un terreno* | *— la pasta*, distenderla as-

sottigliandola | — *la pistola*, *il fucile*, puntarli contro qlcu. | (*fig.*) — *la strada*, *la via a qlcu.*, agevolarlo eliminando ogni ostacolo 2 radere al suolo, demolire: — *un edificio*.
spia|nà|ta *s.f.* 1 l'atto di spianare, spec. frettolosamente 2 spiazzo pianeggiante.
spia|na|tó|ia *s.f.* tavola di legno piallata su cui si stende la pasta e si tira la sfoglia.
spia|na|trì|ce *s.f.* macchina che spiana le superfici, spec. il terreno; livellatrice.
spià|no *s.m. solo nella loc. a tutto —*, al massimo: *divertirsi a tutto —*.
spian|tà|re *v.tr.* 1 sradicare: — *un albero* | sconficcare: — *un palo* 2 (*fig.*) mandare in miseria, rovinare.
spian|tà|to *part.pass.* di spiantare ♦ *agg.*, *s.m.* [f. *-a*] che, chi è in miseria; squattrinato: *un giovane —*.
spi|à|re *v.tr.* 1 osservare di nascosto e con attenzione i comportamenti e le azioni di qlcu., per curiosità o per sapere ql.co.: — *i nemici* 2 cercare di conoscere: — *le intenzioni di qlcu.* 3 (*estens.*) osservare con attenzione la realtà per cogliere il momento più propizio per fare ql.co.: — *l'occasione*.
spi|à|ta *s.f.* rivelazione di informazioni che si è venuti a conoscere; delazione.
spiat|tel|là|re *v.tr.* [indic.pres. *io spiattèllo...*] 1 dire apertamente e senza riguardi cose riservate o delicate: — *la verità in faccia* 2 mostrare apertamente: *gli spiattellò la patente sotto il naso*.
spiaz|za|mén|to *s.m.* lo spiazzare, l'essere spiazzato.
spiaz|zà|re *v.tr.* 1 (*sport*) nel calcio, nel tennis e in altri sport di squadra, sorprendere l'avversario con un'azione che non si aspetta così da fargli perdere la posizione a lui più favorevole 2 (*fig.*) mettere qlcu. in difficoltà facendo o dicendo ql.co. di inaspettato; disorientare: *la tua decisione ci ha spiazzato*.
spiàz|zo *s.m.* spazio piano libero, aperto e abbastanza ampio.
spic|cà|ce *agg.* detto di frutto la cui polpa si stacca facilmente dal nocciolo (p.e. pesca, susina).
spic|cà|gno|lo *agg.* spiccace.
spic|cà|re *v.tr.* [indic.pres. *io spicco, tu spicchi...*] 1 staccare una cosa da un'altra a cui è attaccata: — *una mela dal ramo* | — *le parole, le sillabe*, pronunciarle distintamente 2 compiere un movimento, spec. brusco, sollevandosi da terra: — *un balzo* | — *il volo*, (*di uccelli*) levarsi in volo; (*fig.*) fuggire da un luogo, da una condizione in cui si ha poca libertà 3 (*dir., comm.*) emettere: — *un mandato* ♦ *intr.* [aus. *A*] risaltare, distinguersi: — *tra la folla*.
spic|cà|to *part.pass.* di spiccare ♦ *agg.* 1 che risalta; ben distinto 2 marcato: *uno — accento inglese* | notevole: *uno — senso critico* ♦ *s.m.* (*mus.*) nella tecnica degli strumenti ad arco, colpo d'arco che produce più note successive, facendo rimbalzare l'arco sulle corde con movimenti alterni di andata e ritorno □ **spiccatamente** *avv.* 1 con forte risalto; in modo distinto 2 marcatamente, tipicamente: *lineamenti — asiatici*.
spic|chio *s.m.* 1 ciascuna delle parti in cui è suddiviso il frutto degli agrumi e dell'aglio: *uno — di limone* | (*estens.*) ciascuna delle parti, simile nella forma allo spicchio di un agrume, in cui si può tagliare un frutto: — *di mela* 2 (*estens.*) qualsiasi cosa cha abbia forma simile a quella di uno spicchio: *uno — di formaggio, di luna* | *a spicchi*, composto da elementi a forma di spicchio.
spic|cià|re *v.tr.* [indic.pres. *io spìccio...*] 1 finire in fretta: — *una faccenda* 2 accontentare qlcu. in ciò che chiede così da permettergli di andarsene: — *un cliente* 3 (*region.*) mettere in ordine: — *una camera* ♦ **-rsi** *intr.pron.* sbrigarsi: *se non ti spicci, perderai il treno*.
spic|cià|ti|vo *agg.* sbrigativo | che ha modi bruschi e spicci.
spic|ci|cà|re *v.tr.* [indic.pres. *io spìccico, tu spìccichi...*] staccare ql.co. che è appiccicato: — *un'adesivo* | (*fig.*) — *le parole*, pronunciarle in modo distinto | *non — parola*, non parlare, stare zitto ♦ **-rsi** *intr.pron.* (*fam.*) 1 staccarsi 2 (*fig.*) liberarsi da qlcu., ql.co. che è fastidioso o sgradito.
spic|ci|cà|to *part.pass.* di spiccicare ♦ *agg.* (*region.*) estremamente somigliante, identico: *è — suo fratello*.
spic|cio *agg.* [f.pl. *-ce*] 1 rapido, sbrigativo; brusco: *modi spicci* | *andare per le spicce*, usare metodi sbrigativi 2 spicciolo: *denaro —* ♦ *s.m. spec.pl.* denaro in monete o in banconote di poco valore.
spic|cio|là|to *agg.* (*raro*) separato | (*loc.avv.*) *alla spicciolata*, a piccoli gruppi, pochi per volta: *partire alla —*.
spic|cio|lo *agg.* 1 detto di denaro minuto, in monete o banconote di poco valore; spiccio 2 (*fig.*) semplice: *in termini spiccioli* ♦ *s.m. spec.pl.* denaro in monete o in banconote di poco valore: *ho pochi spiccioli*.
spic|co *s.m.* [pl. *-chi*] risalto, rilievo | *di —*, importante, autorevole: *un ospite di —*.
spider (*ingl.*) [pr. *spàider*] *s.m./f.invar.* 1 automobile di tipo sportivo, a due posti, con carrozzeria scoperta 2 (*inform.*) programma che compie una ricerca di documenti in Internet, inserendo poi i risultati in un database cui si accede tramite motore di ricerca.
spi|doc|chià|re *v.tr.* [indic.pres. *io spidòcchio...*] togliere i pidocchi ♦ **-rsi** *rifl.* levarsi i pidocchi.
spie|di|no *s.m.* piccola asta appuntita su cui si infilzano pezzetti di cibo, spec. carne o pesce, da arrostire | (*spec.pl.*) pietanza così preparata.
spiè|do *s.m.* asta di ferro per infilare carne, pesce o altro cibo da arrostire alla fiamma | *allo —*, detto di cibo infilzato nello spiedo e arrostito sul fuoco.
spie|gà|bi|le *agg.* che si può spiegare | giustificabile.
spie|ga|mén|to *s.m.* 1 (*mil.*) schieramento di reparti militari in assetto di combattimento | — *di forze*, di truppe o forze di polizia pronte a in-

spiegare

tervenire 2 (*estens.*) impiego ed esibizione di un gran numero di cose o persone.
spie|gà|re *v.tr.* [indic.pres. *io spiègo, tu spièghi...*] 1 svolgere, distendere ql.co. che è avvolto o piegato: — *un lenzuolo, le reti* | — *le ali*, aprirle per spiccare il volo | — *le vele*, distenderle; salpare | (*fig.*) — *la voce*, emetterla in tutta la sua sonorità 2 (*mil.*) schierare: — *l'esercito* 3 (*fig.*) far capire, rendere comprensibile ql.co. di difficile; chiarire: — *un indovinello* | indicare in modo particolareggiato: *ti spiego come fare* ♦ **-rsi** *rifl.* dire ciò che si pensa; manifestare in modo chiaro il proprio pensiero: *non riesco a spiegarmi* | *mi spiegò?, mi sono spiegato?*, per sottolineare l'importanza delle proprie affermazioni ♦ *rifl.rec.* giungere a un chiarimento: *dopo il litigio, ci siamo spiegati.*
spie|gà|to *part.pass.* di spiegare ♦ *agg.* aperto, svolto | *a voce spiegata*, con voce piena | (*fig.*) *a vele spiegate*, senza ostacoli, con buoni risultati.
spie|ga|zió|ne *s.f.* 1 l'atto di spiegare illustrando, commentando e sim.: *la — del professore* 2 ciò che serve a chiarire: *la — di un teorema* 3 chiarimento, precisazione; motivazione: *pretendo una —.*
spie|gaz|za|mén|to *s.m.* l'atto di spiegazzare.
spie|gaz|zà|re *v.tr.* piegare malamente, sgualcire: — *un foglio* ♦ **-rsi** *intr.pron.* sgualcirsi.
spie|gaz|za|tù|ra *s.f.* piega, sgualcitura.
spie|tà|to *agg.* 1 crudele, senza pietà, inesorabile: *nemico —* 2 (*fig.*) accanito, ostinato: *concorrenza spietata* □ **spietatamente** *avv.*
spif|fe|rà|re *v.tr.* [indic.pres. *io spìffero...*] (*fam.*) rivelare, raccontare senza riguardo informazioni riservate; spiattellare ♦ *intr.* [aus. *A*] (*di aria*) soffiare da una fessura.
spif|fe|ro *s.m.* (*fam.*) corrente d'aria che penetra da una fessura.
spi|ga *s.f.* (*bot.*) infiorescenza con asse principale allungato in cui sono inseriti fiori senza picciolo: — *di riso* | infiorescenza del grano | *tessuto a —*, spigato | *pavimento a —*, con le mattonelle che s'incontrano ad angolo.
spi|gà|re *v.intr.* [indic.pres. *io spigo, tu spighi...*; aus. *E, A*] 1 (*di cereale*) mettere la spiga 2 (*di ortaggio*) invecchiare sulla pianta, cessando di essere commestibile.
spi|gà|to *agg., s.m.* detto di tessuto lavorato con un intreccio che ricorda la forma di una spiga | detto di abito confezionato con tale tessuto: *un cappotto —.*
spi|ga|tù|ra *s.f.* formazione della spiga nei cereali | (*estens.*) stagione in cui i cereali mettono la spiga.
spi|ghét|ta *s.f.* 1 (*bot.*) nelle Graminacee, parte dell'infiorescenza chiusa tra due glume che contiene uno o più fiori 2 cordoncino intrecciato di seta, cotone o lana, per guarnizioni o rifiniture.
spi|glia|téz|za *s.f.* disinvoltura; sicurezza di sé | (*di scritto, discorso e sim.*) scioltezza, scorrevolezza.
spi|glià|to *agg.* sicuro di sé, disinvolto | (*di scritto, discorso e sim.*) scorrevole, sciolto.
spi|gnat|tà|re *v.intr.* [aus. *A*] (*fam.*) affaccendarsi ai fornelli.
spi|gno|rà|re *v.tr.* [indic.pres. *io spignóro...*] (*dir.*) liberare un bene dal pignoramento.
spi|go|la *s.f.* pesce di mare dal corpo allungato, di colore argenteo, ricercato per le carni pregiate; branzino.
spi|go|là|re *v.tr.* [indic.pres. *io spìgolo...*] 1 raccogliere le spighe rimaste sul campo dopo la mietitura 2 (*fig.*) raccogliere curiosità, aneddoti e sim.
spi|go|la|tó|re *s.m.* [f. *-trice*] chi spigola.
spi|go|la|tù|ra *s.f.* 1 raccolta delle spighe rimaste dopo la mietitura | l'insieme delle spighe raccolte 2 (*spec.pl.; fig.*) curiosità, aneddoti raccolti qua e là.
spi|go|lo *s.m.* 1 (*geom.*) ciascun lato dei poligoni che formano un poliedro 2 linea di intersezione tra due superfici considerata nella parte sporgente: *gli spigoli di un mobile* | — *vivo*, non arrotondato 3 (*spec.pl.; fig.*) scontrosità, asprezza: *smussare gli spigoli del proprio carattere.*
spi|go|ló|so *agg.* 1 provvisto di molti spigoli | angoloso, ossuto: *lineamenti spigolosi* 2 (*fig.*) scontroso; dai modi bruschi: *carattere —.*
spil|la *s.f.* 1 (*region.*) spillo | — *da balia, di sicurezza*, tipo di spillo ripiegato su se stesso dotato di un fermaglio di chiusura che ne copre l'estremità appuntita 2 fermaglio; gioiello che si appunta sugli abiti per ornamento.
spil|là|re[1] *v.tr.* 1 far uscire un liquido, spec. vino, da un recipiente 2 (*fig.*) prendere un po' per volta, carpire con astuzia: — *soldi* ♦ *intr.* [aus. *E* nel sign. 1, *A* nel sign. 2] 1 (*di liquido*) uscire a gocce: *la birra è spillata dal barile* 2 (*di recipiente*) lasciar uscire a gocce: *la botte ha spillato.*
spil|là|re[2] *v.tr.* unire più elementi, spec. fogli di carta, con spilli o punti metallici.
spil|la|trì|ce *s.f.* strumento per unire fogli o altri elementi con punti metallici.
spil|la|tù|ra *s.f.* estrazione del vino dalla botte per travasarlo o imbottigliarlo.
spil|lo *s.m.* 1 sottile bastoncino d'acciaio, appuntito a un'estremità e terminante con una capocchia all'altra, usato per unire in modo provvisorio lembi di tessuto, fogli di carta e sim.: *puntare un orlo con gli —* | — *da balia, di sicurezza*, spilla da balia o di sicurezza | *tacchi a —*, alti e molto sottili 2 spilla ornamentale 3 punteruolo di ferro con cui si forano le botti per assaggiarne il vino | il foro fatto nella botte con tale strumento 4 — *di sicurezza*, congegno che evita lo scoppio anticipato delle bombe a mano o delle spolette dei proiettili di artiglieria.
spil|ló|ne *s.m.* lungo spillo, gener. con capocchia decorata, usato per fermare i capelli, decorare un abito, fissare un cappello.
spil|luz|zi|cà|re *v.tr.* [indic.pres. *io spilluzzico, tu spilluzzichi...*] mangiare a piccoli bocconi; spiluccare.
spi|lor|ce|rì|a *s.f.* avarizia, tirchieria.

spi|lòr|cio *agg.*, *s.m.* [f. *-a*; f.pl. *-ce*] che, chi è estremamente avaro, tirchio, anche nelle spese piccole o necessarie.

spi|lun|gó|ne *s.m.* [f. *-a*] persona molto alta e magra.

spì|na *s.f.* **1** organo legnoso pungente che si può trovare sul fusto o sulle foglie di alcune piante **2** (*pl.*) insieme di piante o rami spinosi: *cespuglio di spine* **3** (*estens.*, *pop.*) fitta; acuto dolore: *sentirsi una — fra le costole* **4** (*fig.*) tormento, cruccio: *essere una — nel fianco*, *nel cuore* | *stare*, *essere sulle spine*, a disagio, in grande agitazione **5** (*zool.*) aculeo di istrice o riccio | pungiglione di insetto | lisca di pesce | *a — di pesce*, detto di struttura o disegno i cui elementi sono disposti a due a due ad angolo lungo una retta **6** (*anat.*) formazione ossea appuntita | *— dorsale*, colonna vertebrale; (*fig.*) audacia, grinta, risolutezza | *— bifida*, rachischisi **7** (*elettr.*) elemento che, introdotto in opportune cavità, stabilisce un contatto elettrico **8** cannella per spillare il vino | foro della botte in cui si inserisce tale cannella | *alla —*, detto di bevanda spillata direttamente dal fusto che la contiene: *birra alla —*.

spi|nà|cio *s.m.* pianta erbacea annuale coltivata per le foglie triangolari verde scuro commestibili e ricche di ferro.

spi|nà|le *agg.* (*anat.*) della spina dorsale: *midollo —*.

spi|nà|re *v.tr.* togliere le spine, la lisca a un pesce.

spi|na|rèl|lo *s.m.* piccolo pesce d'acqua dolce, con corpo affusolato dotato di aculei erettili sul dorso.

spi|nà|to *agg.* **1** dotato di spine | *filo —*, filo di ferro provvisto di punte acuminate, usato per recinzioni **2** detto di tessuto lavorato a spina di pesce; spigato ♦ *s.m.* tessuto spinato.

spi|nèl|lo *s.m.* (*gerg.*) sigaretta confezionata manualmente con hashish o marijuana | *farsi uno —*, fumarselo.

spi|né|to *s.m.* **1** luogo ricco di arbusti spinosi **2** (*fig.*) situazione, questione complessa e difficile.

spi|nét|ta *s.f.* (*mus.*) strumento a corde pizzicate mediante tastiera dotata di tasti a leva; è simile al clavicembalo ma di dimensioni più ridotte.

spin|gàr|da *s.f.* **1** grosso fucile montato su un cavalletto, spec. a bordo di una barca piatta, usato in passato per cacciare gli uccelli acquatici **2** (*st.*) nel Medioevo, macchina militare usata per lanciare grosse pietre | dal sec. XVI, pezzo d'artiglieria leggero simile al mortaio.

spin|ge|re *v.tr.* [indic.pres. *io spingo*, *tu spingi*...]; pass.rem. *io spinsi*, *tu spingésti*...; part.pass. *spinto*] **1** premere, esercitare una pressione su ql.co. o qlcu. spostandolo: *— il tavolo verso il muro*; *mi hanno spinto a terra* | premere: *— l'interruttore* **2** (*fig.*) indirizzare, protendere: *— lo sguardo lontano* **3** (*fig.*) incitare, sollecitare, indurre: *lo spinse a licenziarsi* ♦ *intr.* [aus. *A*] **1** fare pressione: *l'acqua spingeva contro gli argini* | (*anche assol.*) fare ressa: *la folla spingeva contro le transenne*; *calma, non spingete!* **2** darsi da fare perché si verifichi ql.co.: *sta spingendo per ottenere il posto* ♦ *-rsi intr.pron.* **1** inoltrarsi: *— fino al mare* **2** (*fig.*) osare, arrivare: *— oltre ogni limite*.

spinnaker (*ingl.*) [pr. *spìnneker*, com. *spinnàker*] *s.m.invar.* (*mar.*) nelle imbarcazioni da regata, grande vela triangolare alzata a prora per sfruttare al meglio il vento di poppa.

spinning (*ingl.*) [pr. *spìnin*] *s.m.invar.* (*sport*) ginnastica eseguita su una particolare cyclette a tempo di musica.

spi|no *s.m.* **1** spina **2** pianta spinosa ♦ *agg.* in denominazioni botaniche o zoologiche, spinoso: *uva spina*, *porco —*.

spi|nó|ne *s.m.* cane da caccia, abile nuotatore, con muso quadrato e pelo biancastro ispido e folto.

spi|no|si|tà *s.f.* caratteristica di ciò che è spinoso.

spi|nó|so *agg.* **1** irto di spine: *arbusto —* **2** (*fig.*) pieno di difficoltà: *situazione spinosa*.

spi|nòt|to *s.m.* **1** (*mecc.*) perno che collega il pistone alla biella, lasciando ai due elementi libertà di movimento **2** (*elettr.*) elemento di un circuito elettrico che stabilisce un collegamento con un altro circuito.

spìn|ta *s.f.* **1** urto, pressione che causa uno spostamento: *ricevere*, *dare una —* | *a —*, spingendo **2** scatto, impulso: *darsi una — iniziale* **3** (*fig.*) stimolo; motivazione: *la — che lo ha portato a ciò* **4** (*fig.*) raccomandazione, favoreggiamento: *è stato promosso grazie a una —* **5** (*fis.*) pressione esercitata dall'esterno su una superficie | *— di Archimede*, forza dal basso verso l'alto esercitata da un fluido su un corpo che vi sia immerso.

spin|ta|rèl|la *s.f.* raccomandazione, aiuto.

spin|te|rò|ge|no *s.m.* (*auto.*) dispositivo in grado di trasformare la corrente a bassa tensione della batteria in corrente ad alta tensione necessaria per l'accensione.

spin|te|rò|me|tro *s.m.* (*elettr.*) dispositivo formato da una coppia di elettrodi tra i quali è applicata una tensione che provoca scariche elettriche.

spìn|to *part.pass.* di spingere ♦ *agg.* **1** incline, disposto **2** (*fig.*) salace, scabroso: *storiella spinta* **3** (*tecn.*) portato oltre il limite normale: *motore —*.

spin|to|nà|re *v.tr.* [indic.pres. *io spintóno*...] urtare con spinte; dare spintoni.

spin|tó|ne *s.m.* **1** spinta violenta **2** (*fig.*) raccomandazione, aiuto.

spiom|bà|re[1] *v.tr.* [indic.pres. *io spiómbo*...] togliere l'impiombatura o i piombini a ql.co.

spiom|bà|re[2] *v.tr.* [indic.pres. *io spiómbo*...] spostare dalla linea a piombo ♦ *intr.* [aus. *A*] non essere perfettamente verticale.

spio|nàg|gio *s.m.* attività clandestina volta a reperire, a favore di uno Stato, informazioni su aspetti segreti dell'organizzazione politica, militare o economica di un altro Stato | *— industriale*, quello che mira a conoscere segreti tecnici e organizzativi di un'impresa concorrente.

spion|cì|no *s.m.* piccolo foro praticato in una

spione

porta, per vedere chi sta dall'altra parte senza essere visti.
spi|ó|ne *s.m.* [f. *-a*] (*spreg.*) persona che fa la spia.
spio|ni|sti|co *agg.* [m.pl. *-ci*] proprio dello spionaggio.
spio|vèn|te *part.pres. di* spiovere ♦ *agg.* **1** che ricade in giù | molto inclinato verso terra: *tetto —* **2** (*sport*) nei giochi di palla, detto di tiro che disegna una parabola alta e stretta ♦ *s.m.* **1** ciascuno dei piani inclinati che formano il tetto **2** (*geog.*) versante di un monte su cui scorrono le acque scendendo a valle **3** (*sport*) tiro di pallone a parabola alta e stretta.
spio|ve|re *v.intr.* [con. come *piovere*; aus. *E*] **1** scolare, scorrere in giù: *l'acqua spiove dal tetto* **2** (*estens.*) ricadere in giù ♦ *intr.impers.* [aus. *E*, *A*] smettere di piovere.
spi|ra *s.f.* **1** ciascuno dei giri che formano una spirale | *a spire*, a spirale **2** ciascuno degli anelli che i serpenti formano quando si avvolgono su se stessi **3** (*fig.*) situazione senza via d'uscita.
spi|rà|glio *s.m.* **1** piccola apertura, fessura attraverso cui passano luce e aria | luce o aria che entrano da tale fessura **2** (*fig.*) tenue possibilità; barlume: *uno — di speranza*.
spi|rà|le *agg.* **1** (*geom.*) detto di linea curva che parte da un punto e gira all'infinito intorno a esso progressivamente allontanandosene **2** formato da spire; a forma di spirale ♦ *s.f.* **1** (*geom.*) linea spirale **2** struttura, traiettoria, disposizione a forma di spirale: *spirali di fumo* | *a —*, a forma di spirale **3** (*med.*) dispositivo anticoncezionale intrauterino **4** molla metallica avvolta a spirale attorno a un perno **5** (*fig.*) sviluppo continuo e crescente di un fenomeno, spec. negativo: *la — della violenza* | situazione senza via d'uscita: *la — della droga*.
spi|ra|li|fór|me *agg.* a forma di spirale.
spi|rà|re¹ *v.intr.* [aus. *A*] **1** (*di vento*) soffiare: *spirava una piacevole brezza* **2** (*lett.*) emanare, esalare.
spi|rà|re² *v.intr.* [aus. *E*] esalare l'ultimo respiro; morire.
spi|ri|fór|me *agg.* a forma di spira | che ha uno sviluppo a spire.
spi|ríl|lo *s.m.* (*biol.*) batterio spiraliforme.
spi|ri|tà|to *agg.* **1** invasato da uno spirito malefico **2** (*fig.*) fuori di sé, sconvolto | che esprime una profonda agitazione: *occhi spiritati* **3** (*fig.*) molto vivace; pieno di energia: *bambino —* ♦ *s.m.* [f. *-a*] **1** invasato, posseduto da uno spirito malefico **2** (*fig.*) persona estremamente vitale, vivace.
spi|ri|tèl|lo *s.m.* **1** folletto **2** (*fig.*) bambino molto vivace.
spi|ri|ti|co *agg.* [m.pl. *-ci*] di spiritismo: *seduta spiritica*.
spi|ri|ti|smo *s.m.* dottrina che ritiene possibile evocare gli spiriti dei defunti.
spi|ri|ti|sta *s.m./f.* [m.pl. *-i*] chi studia o pratica lo spiritismo.
spi|ri|ti|sti|co *agg.* [m.pl. *-ci*] proprio dello spiritismo.
spi|ri|to¹ (*poet.* spirto) *s.m.* **1** l'entità immateriale che si manifesta come pensiero, sentimento e volontà (contrapposta a *corpo*, *materia*): *i valori dello —* **2** (*relig.*) anima individuale | realtà, essenza divina | **Spirito Santo**, la terza persona della Trinità | **spiriti celesti**, gli angeli | *povero di —*, detto di persona che rinuncia alle ricchezze; persona semplice; (*estens.*) persona sciocca **3** spettro, fantasma: *il luogo è infestato dagli spiriti* **4** (*estens.*) disposizione d'animo; condizione emotiva: *avere — critico*, *d'iniziativa* | *— di contraddizione*, ostinazione nel contraddire tutto e tutti | *— di corpo*, solidarietà che lega un gruppo | *— di parte*, parzialità **5** ingegno vivace | **presenza di —**, capacità di comportarsi adeguatamente in una situazione imprevista, difficile **6** senso dell'umorismo | **persona di —**, che accetta gli scherzi | **battuta di —**, frase, motto divertente e arguto | **fare dello —**, dire cose divertenti **7** persona dotata di particolari qualità intellettuali e morali: *è uno — avventuroso* **8** significato autentico e profondo: *lo — di una legge* **9** insieme delle tendenze e delle esigenze che caratterizzano un periodo, un ambiente: *lo — del Rinascimento*.
spi|ri|to² *s.m.* alcol etilico: *uvetta sotto —*.
spi|ri|to³ *s.m.* (*gramm.*) nella scrittura greca, segno posto sulla vocale iniziale di una parola per indicare se il suono è aspirato o non aspirato.
spi|ri|to|sàg|gi|ne *s.f.* l'essere spiritoso | (*anche spreg.*) atto o discorso spiritoso.
spi|ri|tó|so *agg.* dotato d'umorismo; arguto: *battuta spiritosa* ♦ *s.m.* [f. *-a*] persona spiritosa.
spi|ri|tróm|ba *s.f.* → **spirotromba**.
spiritual (*ingl.*) [pr. *spìritual*] *s.m.invar.* canto religioso dei neri d'America che fonde le melodie del canto liturgico europeo con elementi della musica africana.
spi|ri|tuà|le *agg.* **1** che si riferisce allo spirito, spec. in opposizione a *materiale* e *carnale*: *amore —* **2** (*relig.*) che concerne l'anima e la vita religiosa: *beni spirituali* | **potere —**, quello della Chiesa sulle anime dei fedeli | *capo —*, chi è a capo di una comunità religiosa **3** che dà molta importanza ai valori dello spirito: *persona —* □ **spiritualmente** *avv.* **1** per quanto concerne lo spirito **2** nello spirito, con il pensiero: *essere — presente*.
spi|ri|tua|li|smo *s.m.* **1** (*filos.*) dottrina che si contrappone al materialismo affermando il carattere spirituale della realtà **2** (*estens.*) esaltazione dei valori spirituali.
spi|ri|tua|li|sta *s.m./f.* [m.pl. *-i*] **1** seguace dello spiritualismo **2** (*estens.*) chi sostiene la preminenza dei valori spirituali su quelli materiali ♦ *agg.* spiritualistico.
spi|ri|tua|li|sti|co *agg.* [m.pl. *-ci*] proprio dello spiritualismo.
spi|ri|tua|li|tà *s.f.* **1** l'essere spirituale | l'insieme dei valori spirituali, religiosi **2** profonda adesione ai valori spirituali, spec. a quelli religiosi.

spi|ri|tua|liz|zà|re *v.tr.* **1** rendere spirituale **2** idealizzare: — *la persona amata*.
spi|ri|tua|liz|za|zió|ne *s.f.* riduzione a spirito | idealizzazione.
spi|ro|chè|ta *s.f.* (*biol.*) batterio di forma allungata e avvolta a spirale.
spi|roi|dà|le *agg.* che ha forma simile a una spirale.
spi|ro|me|trì|a *s.f.* (*med.*) esame che consiste nella misurazione del volume d'aria inspirata ed espirata normalmente dai polmoni.
spi|rò|me|tro *s.m.* (*med.*) strumento per eseguire la spirometria.
spi|ro|tróm|ba o **spiritrómba** *s.f.* (*zool.*) apparato boccale succhiatore dei Lepidotteri, simile a una proboscide che, a riposo, è avvolta in spire.
spìr|to *s.m.* → **spirito**[1].
spiu|mà|re *v.tr.* togliere le piume ♦ **-rsi** *intr. pron.* perdere le piume.
spiz|zi|cà|re *v.tr.* [indic.pres. *io spìzzico, tu spìzzichi...*] mangiare a piccoli bocconi, assaggiare; spiluccare.
spìz|zi|co *s.m.* [pl. *-chi*] *solo nelle loc.* **a —**, **a spìzzichi**, un po' alla volta.
splashdown (*ingl.*) [pr. *splèshdaun*] *s.m.invar.* ammaraggio di un veicolo di ritorno dallo spazio.
splatter (*ingl.*) *agg.invar.* (*cine.*, *lett.*) caratterizzato da scene partic. violente e sanguinose.
spleen (*ingl.*) [pr. *splìin*] *s.m.invar.* (*lett.*) stato di malinconia, noia e profonda insoddisfazione.
splen|dèn|te *part.pres. di* splendere ♦ *agg.* (*anche fig.*) radioso, luminoso, lucente: *sorriso —*.
splèn|de|re *v.intr.* [indic.pres. *io splendo...*; pass.rem. *io splendéi* o *splendètti, tu splendésti...*; dif. del part.pass. e dei tempi composti] **1** avere, emanare una luce intensa; brillare: *la luna splende in cielo* **2** (*fig.*) risplendere: *i tuoi occhi splendono di gioia*.
splèn|di|do *agg.* **1** che ha o emana un vivo splendore **2** (*fig.*) meraviglioso, stupendo: *un film —* □ **splendidamente** *avv.* **1** fastosamente **2** in modo ottimo.
splen|dó|re *s.m.* **1** luce intensa; luminosità **2** (*fig.*) straordinarietà, eccezionalità: *lo — della gioventù* | bellezza: *uno — di ragazzo* **3** sfarzo, ricchezza: *gli splendori del palazzo*.
splè|ne *s.m.* (*anat.*) milza.
sple|nè|ti|co *agg.* [m.pl. *-ci*] **1** (*anat.*) relativo alla milza; splenico **2** malato alla milza **3** (*fig.*) malinconico ♦ *s.m.* [f. *-a*] **1** (*med.*) chi è malato alla milza **2** (*fig.*) chi tende a essere malinconico.
splè|ni|co *agg.* [m.pl. *-ci*] (*anat.*) relativo alla milza ♦ *s.m.* [f. *-a*] (*med.*) chi è malato alla milza.
sple|nì|te *s.f.* (*med.*) infiammazione della milza.
splè|no- (*scient.*) primo elemento di parole composte che significa "milza" (*splenomegalia*).
sple|no|me|ga|lì|a *s.f.* (*med.*) aumento di volume della milza.
spòc|chia *s.f.* boria, altezzosità, presunzione.
spoc|chió|so *agg.*, *s.m.* [f. *-a*] che, chi è pieno di spocchia; borioso: *atteggiamento —*.
spo|de|stà|re *v.tr.* [indic.pres. *io spodèsto...*] **1** privare qlcu. di un'autorità, di una carica: *— un re* **2** privare qlcu. di una proprietà, di un bene.
spo|e|tiz|zà|re *v.tr.* far perdere il sentimentalismo, l'incanto, l'atmosfera poetica; disincantare ♦ **-rsi** *intr.pron.* disilludersi amaramente.
spò|glia *s.f.* **1** (*lett.*) abito, indumento | *sotto mentite spoglie*, sotto false apparenze **2** (*lett.*) salma, cadavere **3** (*pl.*; *st.*) l'armatura che il vincitore toglieva al nemico vinto | (*estens.*) bottino.
spo|glià|re *v.tr.* [indic.pres. *io spòglio...*] **1** togliere di dosso i vestiti; svestire **2** (*estens.*) privare ql.co. di un ornamento, un accessorio, un rivestimento e sim.: *— una parete dei quadri* **3** (*fig.*) privare di ql.co. con violenza: *— dei diritti* | depredare, saccheggiare **4** esaminare con cura uno o più scritti per registrarne i dati che interessano; fare lo spoglio ♦ **-rsi** *rifl.*, *intr.pron.* **1** svestirsi; sfilarsi uno o più abiti di dosso **2** (*fig.*) privarsi di ql.co., spec. per darlo ad altri: *si spogliò delle proprie ricchezze* **3** (*fig.*) abbandonare un'abitudine, un atteggiamento: *— della timidezza* **4** divenire spoglio perdendo il rivestimento esterno **5** (*di vino*) lasciare residui sul fondo del recipiente.
spo|glia|rel|li|sta *s.m./f.* [m.pl. *-i*] ballerino o ballerina che si esibisce in spettacoli di spogliarello.
spo|glia|rèl|lo *s.m.* spettacolo in cui un ballerino o una ballerina si spogliano a ritmo di musica; strip-tease.
spo|glia|tó|io *s.m.* stanza in cui ci si spoglia o si depositano gli indumenti: *lo — della piscina*.
spò|glio[1] *agg.* nudo, disadorno | *scarno*: *stile —*.
spò|glio[2] *s.m.* esame, selezione, classificazione di notizie, dati e sim. | *— della corrispondenza*, suddivisione della posta a seconda delle diverse destinazioni | *— dei voti, delle schede*, scrutinio e conteggio dei voti di un'elezione.
spoiler (*ingl.*) *s.m.invar.* **1** (*auto.*) elemento rigido applicato spec. sulla parte posteriore della carrozzeria per migliorare le caratteristiche aerodinamiche del veicolo; alettone **2** (*sport*) parte posteriore di alcune calzature sportive, articolata per favorire la mobilità della caviglia.
spò|la *s.f.* bobina di filo che si introduce nella navetta per tessere | la navetta con il filo che viene fatta passare avanti e indietro tra i fili dell'ordito nella tessitura | (*fig.*) *fare la —*, andare e avanti e indietro da un punto all'altro.
spo|lét|ta *s.f.* **1** (*tecn.*) rocchetto metallico da inserire nella navicella delle macchine per cucire attorno al quale s'avvolge uno dei due fili per la cucitura **2** congegno che provoca l'esplosione della carica interna dei proiettili d'artiglieria, dei missili ecc. | *— a tempo*, quella che causa l'esplosione allo scadere di un certo intervallo di tempo | *— a percussione*, quella che entra in funzione in seguito alla percussione all'urto con il bersaglio.
spo|lia|zió|ne *s.f.* sottrazione arbitraria di beni altrui | saccheggio.
spo|li|ti|ciz|zà|re *v.tr.* sottrarre all'influsso della politica; privare di aspetto politico: *— un*

spoliticizzazione

evento ♦ **-rsi** *intr.pron.* perdere la consapevolezza, l'aspetto, il carattere politico.

spo|li|ti|ciz|za|zió|ne *s.f.* l'atto di spoliticizzare o spoliticizzarsi.

spol|lo|nà|re *v.tr.* [indic.pres. *io spollóno...*] (*agr.*) sottoporre a spollonatura.

spol|lo|na|tù|ra *s.f.* (*agr.*) asportazione dei polloni che si formano alla base di una pianta per evitarne il depauperamento.

spol|mo|nàr|si *v.intr.pron.* [indic.pres. *io mi spolmóno...*] gridare, parlare o cantare tanto da affaticare i polmoni; sgolarsi.

spol|pà|re *v.tr.* [indic.pres. *io spólpo...*] 1 togliere la polpa | — *un osso*, mangiare o levare la carne che vi è attaccata 2 (*fig., fam.*) privare di beni, ricchezze e sim.; spennare.

spol|pà|to *part.pass. di* spolpare ♦ *agg.* 1 senza polpa; senza carne 2 (*estens.*) magro, smunto: *cavallo —* 3 (*fig., fam.*) immiserito.

spol|ve|rà|re *v.tr.* [indic.pres. *io spólvero...*] 1 (*anche assol.*) ripulire dalla polvere: — *un mobile* 2 (*fig., scherz.*) mangiare in modo vorace: *ha spolverato un'intera torta* 3 cospargere con una sostanza in polvere; spolverizzare: — *di zucchero a velo*.

spol|ve|rà|ta *s.f.* 1 l'azione dello spolverare frettolosamente, in modo sommario: *una — alla camera* 2 spargimento di una sostanza in polvere: *una — di cacao* | sottile strato di sostanza simile a polvere: *una — di neve* 3 (*fig.*) ripasso superficiale e veloce di quanto appreso in precedenza: *dare una — al programma di matematica*.

spol|ve|ra|tù|ra *s.f.* 1 spolverata; rimozione della polvere 2 spargimento di una sostanza in polvere | sottile strato di sostanza in polvere 3 (*fig.*) conoscenza superficiale; infarinatura | ripasso veloce.

spol|ve|rì|no[1] *s.m.* soprabito leggero per la mezza stagione.

spol|ve|rì|no[2] *s.m.* 1 piccola spazzola con cui il parrucchiere rimuove i residui di capelli dopo il taglio 2 (*region.*) piumino usato per spolverare 3 vasetto con coperchio bucherellato per cospargere i dolci di zucchero, cacao ecc.

spol|ve|riz|zà|re *v.tr.* cospargere con una sostanza in polvere: — *di zucchero a velo la torta*.

spól|ve|ro *s.m.* 1 (*raro*) l'atto di spolverare 2 spargimento di una sostanza in polvere | strato sottile di una sostanza in polvere 3 (*fig.*) infarinatura, conoscenza superficiale 4 tecnica di riporto di un disegno consistente nel bucherellare i contorni del disegno stesso e nel cospargere poi i fori di carbone o gesso in modo che questo, depositandosi, riproduca sulla superficie sottostante il contorno del disegno originale.

spom|pà|re *v.tr.* [indic.pres. *io spómpo...*] (*fam.*) stancare, svigorire fisicamente o psicologicamente: *questa gara lo ha spompato* ♦ **-rsi** *intr.pron.* (*fam.*) stancarsi, svigorirsi.

spón|da *s.f.* 1 striscia di terra che delimita un corso o una distesa d'acqua; riva: *le sponde del fiume* 2 parte che delimita lateralmente una superficie; bordo: *le sponde del letto* | parapetto | (*sport*) *gioco di —*, nel biliardo e nelle bocce, tiro che sfrutta l'effetto derivante dal contatto della palla con una sponda.

spon|dài|co *agg.* [m.pl. *-ci*] (*metr.*) proprio di uno spondeo | costituito da uno spondeo.

spon|dè|o *s.m.* (*metr.*) nella poesia greca e latina, piede costituito da due sillabe lunghe con ictus sulla prima.

spon|di|lì|te *s.f.* (*med.*) infiammazione delle vertebre.

spòn|di|lo *s.m.* (*antiq., anat.*) vertebra.

spòn|gia *s.f.* animale invertebrato marino, dal cui scheletro, liberato dalle parti molli, si ottengono le spugne naturali di uso domestico.

spon|sà|li *s.m.pl.* (*lett.*) promessa di matrimonio | (*estens.*) nozze.

spòn|sor *s.m.invar.* chi, per ricavarne pubblicità, finanzia attività sportive, culturali e sim.

spon|so|riz|zà|re *v.tr.* finanziare, per scopi pubblicitari, un'iniziativa o un evento sportivo, artistico, culturale e sim.: — *una squadra* | (*fig.*) sostenere.

spon|so|riz|za|tó|re *agg., s.m.* [f. *-trice*] che, chi sponsorizza.

spon|so|riz|za|zió|ne *s.f.* finanziamento, per scopi pubblicitari, di un'iniziativa o di un evento sportivo, artistico, culturale e sim.

spon|ta|nei|smo *s.m.* atteggiamento politico di chi privilegia l'azione condotta spontaneamente dai gruppi rispetto a quella organizzata da un partito, sindacato e sim.

spon|ta|ne|i|sta *s.m./f.* [m.pl. *-i*] sostenitore dello spontaneismo.

spon|ta|ne|i|stì|co *agg.* [m.pl. *-ci*] proprio dello spontaneismo.

spon|ta|nei|tà *s.f.* caratteristica di chi o di ciò che è spontaneo; naturalezza.

spon|tà|ne|o *agg.* 1 che è detto o fatto di propria iniziativa; volontario: *offerta spontanea* | *di mia, tua, sua... spontanea volontà*, per libera scelta 2 istintivo: *risposta spontanea* | (*di scritto*) privo di artificiosità; semplice | (*di persona*) che si comporta o si esprime con naturalezza e immediatezza 3 che avviene in modo naturale, senza l'intervento umano: *vegetazione spontanea* □ **spontaneamente** *avv.*

spòn|te (*lat.*) *nelle loc.* **mea, tua, sua**... —, di mia, tua, sua... libera iniziativa; spontaneamente.

spo|po|la|mén|to *s.m.* riduzione della popolazione in un certo luogo.

spo|po|là|re *v.tr.* [indic.pres. *io spòpolo...*] 1 rendere disabitato o meno popolato: *la carestia spopolò le campagne* 2 (*estens.*) rendere meno affollato ♦ *intr.* [aus. *A*] (*fam.*) avere grande successo: *un attore che spopola tra i giovani* ♦ **-rsi** *intr.pron.* 1 divenire disabitato o meno popolato 2 (*estens.*) divenire meno affollato: *in agosto la città si spopola*.

spo|po|là|to *part.pass. di* spopolare ♦ *agg.* poco o per nulla popolato: *zona spopolata*.

spò|ra *s.f.* 1 (*biol.*) in alcuni organismi vegetali

e animali, cellula atta alla riproduzione 2 (*zool.*) stadio di sviluppo di alcuni protozoi.

spo|ra|di|ci|tà *s.f.* saltuarietà, occasionalità.

spo|rà|di|co *agg.* [m.pl. *-ci*] che avviene a intervalli irregolari; saltuario, occasionale □ **sporadicamente** *avv.*

spo|ràn|gio *s.m.* (*bot.*) organo vegetale in cui si originano le spore.

spor|cac|ció|ne *agg., s.m.* [f. *-a*] 1 che, chi è molto sporco o si sporca con facilità 2 (*fig.*) che, chi agisce o parla in modo osceno, immorale.

spor|cà|re *v.tr.* [indic.pres. *io spòrco, tu spòrchi...*] 1 rendere sporco; insudiciare: *— il pavimento* 2 (*fig.*) deturpare, macchiare moralmente: *— la propria coscienza* | *sporcarsi le mani*, essere coinvolto in ql.co. di compromettente ♦ **-rsi** *rifl., intr.pron.* 1 imbrattarsi, insudiciarsi, spec. in modo involontario: *— di sugo* 2 (*fig.*) macchiarsi moralmente, con un'azione immorale o riprovevole.

spor|ci|zia *s.f.* 1 condizione di chi o di ciò che è sporco | insieme di cose sporche; luridume: *che — in questa stanza!* 2 (*fig.*) atto o parola volgare, turpe.

spòr|co *agg.* [m.pl. *-chi*] 1 sudicio; imbrattato: *camicia sporca di olio* | (*estens., di colore*) mescolato con il grigio o il nero: *giallo —* | (*fig.*) *avere la coscienza sporca*, aver fatto ql.co. di riprovevole 2 (*fig.*) disonesto, immorale: *una sporca faccenda* | osceno: *barzelletta sporca* | *denaro —*, frutto di reato | (*fam.*) *farla sporca*, commettere un'azione disonesta 3 (*tecn.*) detto di segnale audio o video ricevuto in modo difettoso ♦ *s.m.* sporcizia: *vivere nello —.*

spor|gèn|te *part.pres.* di sporgere ♦ *agg.* che sporge; che viene in avanti; prominente: *roccia —.*

spor|gèn|za *s.f.* caratteristica di ciò che è sporgente | ciò che sporge; prominenza.

spór|ge|re *v.tr.* [con. come *porgere*] 1 mettere fuori, protendere: *— la testa dal finestrino* 2 (*dir.*) presentare, avanzare: *— denuncia* ♦ *intr.* [aus. *E*] venire in fuori, essere prominente: *il chiodo sporge troppo dal muro* ♦ **-rsi** *rifl.* protendersi in fuori: *— dal balcone.*

spo|rì|fe|ro *agg.* (*bot.*) detto di organo o tessuto che produce spore.

spo|ro|gè|ne|si *s.f.* (*bot.*) ogni processo che genera spore.

spo|ro|go|nì|a *s.f.* (*biol.*) riproduzione mediante spore, propria di certi organismi vegetali e animali.

spo|ro|lo|gì|a *s.f.* branca della botanica che studia le spore.

Spo|ro|zòi *s.m.pl.* classe di Protozoi parassiti o saprofiti che alternano un ciclo riproduttivo asessuato a uno sessuato.

spòrt *s.m.invar.* insieme di esercizi fisici praticati in gruppo o individualmente per mantenere in efficienza il proprio corpo, per gioco o per agonismo: *praticare uno — di squadra; fare dello —* | *invernali*, quelli praticati sulla neve o sul ghiaccio | *— estremi*, quelli, spec. non competitivi, che comportano molti rischi | (*estens.*) *per —*, per divertimento: *fare ql.co. per —.*

spòr|ta *s.f.* 1 borsa larga e robusta, in vario materiale, dotata di due manici, usata per trasportare la spesa 2 (*estens.*) quantità di roba contenuta in una sporta: *una — di patate* 3 (*fig.*) grande quantità | *darne, prenderne un sacco e una —*, dare, prendere molte botte.

spor|tel|li|sta *s.m./f.* [m.pl. *-i*] impiegato che lavora a diretto contatto con il pubblico, dietro a uno sportello.

spor|tèl|lo *s.m.* 1 imposta di chiusura o apertura di un vano: *lo — del frigo* | porta di accesso dei veicoli 2 in alcuni uffici, apertura di una superficie divisoria o zona di un bancone in cui l'impiegato comunica direttamente con il pubblico: *all'ultimo — non c'è molta coda* | *— automatico*, impianto computerizzato che permette di compiere operazioni di tipo bancario mediante tessera magnetica, senza ricorrere a un impiegato 3 agenzia o filiale di una banca.

spor|ti|vi|tà *s.f.* interesse verso lo sport; pratica sportiva | spirito sportivo; correttezza: *accettare una sconfitta con —.*

spor|ti|vo *agg.* 1 che riguarda lo sport: *competizione sportiva* | *campo —*, quello attrezzato per praticare gli sport all'aperto 2 che pratica gli sport: *ragazzo —* 3 (*fig.*) leale, corretto: *giocare in modo —* | (*estens., fam.*) che accetta in modo sereno una sconfitta, una difficoltà 4 (*di abito*) pratico, comodo, giovanile 5 (*di veicolo*) dotato di linea aerodinamica e motore dalle prestazioni superiori al normale | *guida sportiva*, scattante e veloce ♦ *s.m.* [f. *-a*] chi pratica lo sport o ne è appassionato □ **sportivamente** *avv.* 1 in modo sportivo 2 (*fig.*) correttamente, lealmente.

sportswear (*ingl.*) [pr. *spòrtsuer*] *s.m.invar.* abbigliamento sportivo e per il tempo libero.

spo|ru|la|zió|ne *s.f.* 1 (*bot.*) produzione di spore 2 (*zool.*) forma di riproduzione asessuata mediante la quale da un'unica cellula madre si originano più cellule figlie in seguito a successive divisioni del nucleo.

spò|sa *s.f.* 1 la donna nel giorno delle nozze: *abito da —* 2 moglie | *promessa —*, fidanzata.

spo|sa|li|zio *s.m.* cerimonia del matrimonio.

spo|sà|re *v.tr.* [indic.pres. *io spòso...*] 1 unirsi a ql.cu. in matrimonio: *ha sposato una donna molto più giovane di lui* 2 unire in matrimonio: *li sposa il parroco del paese* 3 dare in matrimonio 4 (*fig.*) abbracciare, sostenere: *— una causa* ♦ **-rsi** *intr.pron., rifl.rec.* 1 unirsi in matrimonio: *si sono sposati un mese fa* | *— in comune, in chiesa*, con rito civile, religioso 2 (*fig.*) accordarsi: *questo vino non si sposa bene con il dolce.*

spo|sà|to *part.pass.* di sposare ♦ *agg., s.m.* [f. *-a*] che, chi è unito in matrimonio; coniugato.

spò|so *s.m.* 1 l'uomo nel giorno delle nozze 2 marito | *promesso —*, fidanzato 3 (*pl.*) l'uomo e la donna nel giorno delle nozze: *una foto con gli sposi* | marito e moglie: *una giovane coppia di sposi.*

spos|sàn|te *part.pres. di* spossare ♦ *agg.* estenuante, snervante, faticoso.

spos|sà|re *v.tr.* [*indic.pres. io* spòsso...] estenuare, fiaccare, sfinire: *un caldo che spossa* ♦ **-rsi** *intr.pron.* perdere forza, energia, vigore; infiacchirsi.

spos|sa|téz|za *s.f.* grande debolezza; sfinimento.

spos|ses|sà|re *v.tr.* [*indic.pres. io* spossèsso...] togliere a qlcu. il possesso di un bene ♦ **-rsi** *rifl.* privarsi di un bene, di una proprietà.

spo|sta|mén|to *s.m.* mutamento di posto; trasferimento: — *di ufficio* | anticipazione o differimento: — *di una scadenza* | — **d'aria**, violento movimento di una massa d'aria, spec. dopo un'esplosione.

spo|stà|re *v.tr.* [*indic.pres. io* spòsto...] **1** togliere ql.co. o qlcu. da un posto abituale e metterlo altrove: — *la fermata del tram* | trasferire: — *i dipendenti in una nuova sede* | rimandare, differire: — *l'esame* **2** (*fig., fam.*) cambiare, modificare: *ho dovuto — tutti i miei programmi* | indirizzare, volgere verso una cosa diversa: — *l'attenzione su un altro problema* ♦ **-rsi** *rifl.* cambiare posto, posizione: *spostatevi, che non riesco a passare!* | muoversi da un luogo all'altro: — *in treno* | trasferirsi: *ci siamo spostati in campagna* | (*fig.*) **non — di un passo**, essere irremovibile, restare della propria opinione ♦ *intr.pron.* **1** muoversi: *il temporale si sta spostando verso nord* **2** (*fig.*) indirizzarsi altrove: *la discussione si è spostata su un altro argomento*.

spo|stà|to *part.pass. di* spostare ♦ *agg., s.m.* [f. *-a*] che, chi ha difficoltà a inserirsi nella vita sociale; emarginato.

spot (*ingl.*) *s.m.invar.* **1** riflettore che proietta un fascio di luce molto concentrato | faretto **2** (*elettron.*) punto luminoso prodotto da un pannello elettronico su uno schermo fluorescente **3** comunicato pubblicitario radiotelevisivo.

sprà|n|ga *s.f.* sbarra in ferro o legno per chiudere porte, imposte e sim. | (*gener.*) asta in ferro o legno usata come arma spec. in azioni di guerriglia urbana.

spran|gà|re *v.tr.* [*indic.pres. io* sprango, *tu* spranghi...] **1** chiudere con la spranga: — *la porta* **2** colpire con una spranga.

spran|gà|ta *s.f.* colpo dato con una spranga.

spran|ga|tù|ra *s.f.* operazione dello sprangare | (*estens.*) ciò che serve a sprangare.

spray (*ingl.*) [pr. sprài] *agg.invar., s.m.invar.* si dice di contenitore provvisto di dispositivo che nebulizza o polverizza prodotti liquidi o semiliquidi; spruzzatore: *bomboletta* — | (*estens.*) si dice di sostanza mescolata a un gas propellente racchiusa in tale contenitore: — *profumato; deodorante* —.

spràz|zo *s.m.* **1** (*lett.*) spruzzo **2** fascio di luce improvviso e inaspettato: *uno — di sole* **3** (*fig.*) repentina manifestazione di un'idea, di un sentimento e sim.; bagliore: *uno — di serenità* | **a sprazzi**, in modo sporadico; ogni tanto.

spre|cà|re *v.tr.* [*indic.pres. io* sprèco, *tu* sprèchi...] usare, spendere male: *ho sprecato tempo e denaro* | consumare in modo eccessivo: — *l'acqua* | non valorizzare, sciupare: — *una buona opportunità* | — *fiato*, parlare inutilmente ♦ **-rsi** *intr.pron.* **1** disperdere le proprie capacità ed energie in ql.co. che non le merita **2** (*iron.*) fare ql.co. in modo limitato rispetto alle proprie possibilità: *non si è neppure sprecato a telefonarmi!*

spre|cà|to *part.pass. di* sprecare ♦ *agg.* usato male o per un fine che non lo merita; buttato via: *fatica sprecata*.

sprè|co *s.m.* [pl. *-chi*] sperpero; consumo inutile ed eccessivo.

spre|có|ne *agg., s.m.* [f. *-a*] che, chi spreca molto, spec. soldi; sciupone.

spre|gé|vo|le *agg.* ignobile, abietto, turpe: *azione* —.

spre|ge|vo|léz|za *s.f.* caratteristica di chi o di ciò che è spregevole; abiezione.

spre|già|re *v.tr.* [*indic.pres. io* sprègio...] disprezzare, sdegnare, non considerare minimamente: — *gli onori*.

spre|gia|tì|vo *agg.* che esprime disprezzo o usato per esprimere disprezzo: *soprannome* — ♦ *s.m.* (*gramm.*) forma spregiativa di un sostantivo o aggettivo con cui si esprime negatività, peggiore condizione, inferiore qualità (p.e. *tipaccio, giallastro*).

sprè|gio *s.m.* **1** disprezzo | **avere in** —, disprezzare **2** atto che esprime disprezzo.

spre|giu|di|ca|téz|za *s.f.* l'essere spregiudicato; audacia, sfrontatezza | comportamento da spregiudicato.

spre|giu|di|cà|to *agg., s.m.* [f. *-a*] che, chi non ha o non dimostra scrupoli morali | che, chi è privo di pregiudizi, preconcetti e sim. □ **spregiudicatamente** *avv.*

sprè|me|re *v.tr.* [con. come *premere*] **1** premere, schiacciare ql.co. per farne uscire il liquido che contiene: — *un'arancia* | ottenere un liquido con la spremitura: — *il succo di un limone* (*fig.*) **spremersi il cervello**, **le meningi**, riflettere a lungo su come risolvere una questione **2** (*fig.*) far sborsare denaro; sfruttare economicamente.

spre|mi|a|grù|mi *s.m.* arnese manuale o apparecchio elettrico per la spremitura degli agrumi.

spre|mi|frút|ta *s.m.invar.* arnese manuale o apparecchio elettrico per la spremitura della frutta.

spre|mi|li|mó|ni *s.m.* spremiagrumi.

spre|mi|tù|ra *s.f.* l'azione dello spremere: *la — delle olive* | (*estens.*) il liquido spremuto.

spre|mù|ta *s.f.* **1** spremitura veloce **2** bevanda ottenuta con la spremitura di un frutto succoso, spec. di agrumi: — *di pompelmo*.

spre|tàr|si *v.intr.pron.* [*indic.pres. io mi* sprèto...] lasciare lo stato sacerdotale.

spre|tà|to *part.pass. di* spretarsi ♦ *agg., s.m.* che, chi ha lasciato lo stato sacerdotale.

sprez|zàn|te *part.pres. di* sprezzare ♦ *agg.* che sente o esprime disprezzo; altezzoso: *modi sprezzanti; essere — con qlcu.*

sprez|zà|re *v.tr.* [*indic.pres. io* sprèzzo...] (*lett.*) disprezzare.

sprèz|zo *s.m.* 1 disprezzo; atteggiamento sprezzante 2 noncuranza; scarsa attenzione: *agire con — del pericolo.*
spri|gio|nà|re *v.tr.* [indic.pres. *io sprigióno...*] emanare, emettere: *— calore* ♦ *-rsi intr.pron.* uscire fuori, spec. in modo impetuoso: *si sprigionò un odore fortissimo.*
spri|mac|cià|re *v.tr.* [indic.pres. *io sprimàccio...*] agitare o battere con le mani un guanciale, un materasso e sim. per distribuire in modo omogeneo l'imbottitura.
sprint (*ingl.*) *s.m.invar.* 1 (*sport*) accelerazione improvvisa, scatto di un corridore o di un cavallo per superare un avversario 2 (*di veicolo*) capacità di rapida accelerazione 3 (*fig., fam.*) vivacità; grinta ♦ *agg.invar.* (*fig.*) vivace, esuberante: *una ragazza —.*
sprinter (*ingl.*) *s.m.invar.* (*sport*) atleta dotato di sprint | velocista | nell'ippica, cavallo dotato di scatto e velocità.
spriz|zà|re *v.intr.* [aus. *E*] fuoriuscire come spruzzo; zampillare ♦ *tr.* 1 far scaturire sotto forma di getto 2 (*fig.*) esprimere, manifestare con vivacità: *— allegria da tutti i pori.*
spriz|zo *s.m.* 1 getto di liquido che scaturisce con forza; spruzzo 2 (*fig.*) improvvisa e breve manifestazione di un sentimento e sim.
spro|fon|da|mén|to *s.m.* 1 l'atto di sprofondare o sprofondarsi | parte sprofondata 2 (*geol.*) depressione provocata dal cedimento verticale del terreno.
spro|fon|dà|re *v.tr.* [indic.pres. *io sprofóndo...*] far cadere in basso; far precipitare ♦ *intr.* [aus. *E*] 1 abbassarsi nel sottosuolo: *il terreno sta sprofondando* | cadere in una profondità; inabissarsi: *la nave sprofondò nell'oceano* 2 affondare in ql.co. di molle: *— nella neve* 3 (*fig.*) lasciarsi sopraffare, vincere da ql.co.: *— nella noia* ♦ *-rsi rifl.* lasciarsi cadere pesantemente: *— nel divano* | (*fig.*) immergersi, dedicarsi con impegno: *— nello studio.*
spro|lo|quià|re *v.intr.* [indic.pres. *io sprolòquio...*; aus. *A*] fare sproloqui, discorsi prolissi e inutili.
spro|lò|quio *s.m.* discorso prolisso, confuso e inconcludente.
spro|nà|re *v.tr.* [indic.pres. *io spróno...*] 1 stimolare il cavallo con lo sprone per farlo muovere 2 (*fig.*) incitare, esortare: *— qlcu. a studiare.*
spro|nà|ta *s.f.* 1 colpo di sprone 2 (*fig.*) incoraggiamento, incitamento.
spró|ne *s.m.* 1 arnese per incitare il cavallo; sperone | *dar di —*, spronare | (*fig.*) *a spron battuto*, a gran velocità; (*fig.*) immediatamente 2 (*fig.*) stimolo, incitamento: *essere di — a qlcu.* 3 (*di abito, camicia*) carré 4 (*zool.*) sperone.
spro|por|zio|nà|to *agg.* 1 privo di proporzione: *peso — all'altezza* 2 (*estens.*) esagerato, eccessivo: *prezzo —* □ **sproporzionatamente** *avv.*
spro|por|zió|ne *s.f.* mancanza di proporzione.
spro|po|si|tà|to *agg.* 1 pieno di spropositi 2 (*fig.*) eccessivo, esagerato: *orgoglio —.*
spro|pò|si|to *s.m.* 1 cosa fatta o detta in modo inopportuno | *a —*, inopportunamente: *parlare a — 2* atto grave e sconsiderato: *fare uno — 3* errore grammaticale, strafalcione: *discorso pieno di spropositi* 4 (*fig., fam.*) grossa quantità | somma esagerata: *l'ho pagato uno —.*
spro|vin|cia|liz|zà|re *v.tr.* far perdere a ql.co. o qlcu. la mentalità o le abitudini provinciali: *— un evento* ♦ *-rsi intr.pron.* perdere i caratteri provinciali.
spro|vin|cia|liz|za|zió|ne *s.f.* l'atto di sprovincializzare o sprovincializzarsi | il risultato di tale azione.
sprov|ve|du|téz|za *s.f.* inesperienza; mancanza di preparazione o qualità nell'affrontare una situazione, un problema e sim.
sprov|ve|dù|to *agg., s.m.*[f. *-a*] che, chi è privo dell'esperienza, della preparazione o delle qualità necessarie per affrontare una situazione, un problema e sim. | ingenuo, sciocco.
sprov|vì|sto *agg.* sfornito, mancante, privo: *luogo — di riscaldamento* | (*loc.avv.*) *alla sprovvista*, di sorpresa: *mi ha colto alla sprovvista.*
spruz|zà|re *v.tr.* 1 gettare un liquido a piccole gocce: *— acqua sulle piante, del profumo* | (*estens.*) spargere una polvere a piccoli getti: *il cacao sulla torta* 2 bagnare leggermente con spruzzi: *— i capelli di lacca* | (*estens.*) cospargere con piccoli getti di una polvere: *— una torta di zucchero* ♦ *-rsi rifl., intr.pron.* bagnarsi, macchiarsi con spruzzi; schizzarsi.
spruz|zà|ta *s.f.* 1 l'atto di spruzzare una volta | la sostanza spruzzata: *— di profumo* 2 (*fig.*) pioggia leggera e di breve durata | strato sottile di neve.
spruz|za|tó|re *s.m.* dispositivo grazie al quale un liquido può essere spruzzato; nebulizzatore, spray.
spruz|za|tù|ra *s.f.* l'atto di spruzzare | la sostanza spruzzata | segno lasciato su un oggetto da una sostanza spruzzata.
sprúz|zo *s.m.* 1 getto di acqua o altro liquido in gocce piccolissime | *verniciatura a —*, fatta con una speciale pistola ad aria compressa che nebulizza la vernice 2 macchia lasciata da una sostanza spruzzata.
spu|do|ra|téz|za *s.f.* caratteristica di chi o di ciò che è spudorato; impudenza.
spu|do|rà|to *agg., s.m.* [f. *-a*] che, chi è senza pudore; impudico, sfacciato: *menzogna spudorata* □ **spudoratamente** *avv.*
spù|gna *s.f.* 1 (*zool.*) animale acquatico del phylum dei Poriferi, con corpo sacciforme formato da un complesso di fori e canali attraverso cui circola l'acqua 2 scheletro dissecato di alcuni Poriferi, che per le sue proprietà di assorbire e trattenere i liquidi viene usato per bagnare, detergere ecc. | oggetto con proprietà simili ma prodotto artificialmente: *— da bagno* | (*fig.*) *essere una —, bere come una —*, essere un gran bevitore | *dare un colpo di — su ql.co.*, dimenticarlo, non parlarne più 3 tessuto di cotone, morbido e assorbente, usato spec. per asciugamani e accappatoi | (*sport*) *getto della —*, nel pugilato, atto con cui l'allenatore di un pugile lancia sul ring un

spugnatura

asciugamano in segno di resa | (*fig.*) **gettare la —**, arrendersi, lasciare un'impresa.

spu|gna|tù|ra *s.f.* **1** l'azione di bagnarsi o strofinarsi con una spugna **2** trattamento terapeutico con acqua o liquidi medicamentosi applicati sul corpo mediante spugne.

spu|gno|la *s.f.* fungo commestibile caratterizzato da un cappello conico di aspetto spugnoso.

spu|gno|si|tà *s.f.* caratteristica di ciò che è spugnoso | parte, cosa spugnosa.

spu|gnó|so *agg.* che ha l'aspetto, le caratteristiche o la natura della spugna: *materiale —; terreno —*.

spu|là|re *v.tr.* pulire dalla pula.

spul|cià|re *v.tr.* [indic.pres. *io spùlcio...*] **1** liberare dalle pulci, spec. togliendole una a una **2** (*fig.*) esaminare minuziosamente alla ricerca di ql.co.: *— l'elenco degli invitati* ♦ **-rsi** *intr.pron.* (*di animali*) togliersi le pulci.

spul|cia|tù|ra *s.f.* eliminazione delle pulci | (*fig.*) esame minuzioso.

spú|ma *s.f.* **1** schiuma: *la — della birra* **2** bibita analcolica gassata, a base di acqua, zucchero e aromi vari **3** *— di mare*, sepiolite.

spu|màn|te *part.pres. di* spumare ♦ *agg., s.m.* detto di vino bianco o rosato che, in seguito a una doppia fermentazione, produce, nel momento in cui si stappa e si versa nel bicchiere, una spuma abbondante e leggera.

spu|man|tiz|za|zió|ne *s.f.* **1** processo naturale di doppia fermentazione a cui si sottopone un vino per ottenerne uno spumante **2** addizionamento di anidride carbonica a un vino perché abbia caratteristiche simili a quelle dello spumante.

spu|mà|re *v.intr.* [aus. *A*] fare la spuma.

spu|meg|giàn|te *part.pres. di* spumeggiare ♦ *agg.* **1** che spumeggia **2** (*estens.*) vaporoso, leggero: *abito —* **3** (*fig.*) vivace, brioso, brillante: *spettacolo —*.

spu|meg|già|re *v.intr.* [indic.pres. *io spuméggio...*; aus. *A*] produrre spuma in gran quantità.

spu|mó|ne *s.m.* dolce soffice e spumoso, a base di chiare d'uovo, zucchero e panna montata | gelato semifreddo morbido e spumoso.

spu|mo|si|tà *s.f.* qualità di ciò che è spumoso.

spu|mó|so *agg.* **1** che fa molta spuma; pieno di spuma: *latte —* **2** (*fig.*) simile a spuma per leggerezza e sofficità.

spùn|ta *s.f.* (*comm., fin.*) controllo o revisione dei conti con contrassegno a fianco di ciascun dato verificato.

spun|tà|re¹ *v.tr.* **1** privare della punta: *— un bastone* | accorciare leggermente tagliando la punta: *— i capelli* **2** (*fig.*) superare: *— una difficoltà* | riuscire a ottenere: *— un buon prezzo* | *spuntarla*, riuscire in ql.co. avendo superato difficoltà e ostacoli ♦ *intr.* [aus. *E*] **1** mettere fuori la punta; iniziare a essere visibile; nascere: *mi è spuntato il dente del giudizio; spunta l'alba* **2** apparire improvvisamente: *spuntò da dietro un muro* ♦ **-rsi** *intr.pron.* perdere la punta.

spun|tà|re² *v.tr.* contrassegnare in un elenco i dati controllati: *— i nomi degli assenti*.

spun|tà|re³ *v.tr.* staccare, disfare ql.co. che era appuntato: *— un orlo*.

spun|tà|ta¹ *s.f.* taglio della punta, spec. rapido: *una — ai capelli*.

spun|tà|ta² *s.f.* controllo veloce dei dati di un elenco contrassegnandoli uno per uno.

spun|ta|tù|ra *s.f.* **1** l'operazione dello spuntare | parte eliminata quando si spunta | *— di un albero*, cimatura **2** trinciato di tabacco per pipa, ottenuto con le punte tagliate dei sigari **3** taglio di carne suina o bovina intorno alle estremità delle costole.

spun|tì|no *s.m.* pasto leggero.

spùn|to¹ *s.m.* **1** (*teat.*) le parole iniziali di una battuta che il suggeritore sussurra all'attore | (*mus.*) le prime battute di un motivo **2** (*estens.*) elemento che fornisce l'occasione per fare o dire ql.co.: *offrire lo — per una riflessione*.

spùn|to² *s.m.* (*mecc.*) superamento dello stato di inerzia all'avviamento di un motore | ripresa, accelerazione.

spun|tó|ne *s.m.* **1** spina aguzza e legnosa **2** robusta punta di legno o metallo **3** antica arma formata da una lunga asta metallica con punta acuminata **4** nell'alpinismo, sporgenza acuminata di una roccia usata come appiglio per l'arrampicata.

spu|paz|zà|re *v.tr.* (*fam.*) **1** far divertire; giocare con qlcu. | coccolare: *— un bambino* **2** (*scherz.*) intrattenere qlcu. controvoglia: *mi sono spupazzato i parenti per una settimana* ♦ **-rsi** *intr.pron.* (*fam.*) divertirsi | amoreggiare.

spur|gà|re *v.tr.* [indic.pres. *io spurgo, tu spurghi...*] **1** pulire, liberare un condotto, un passaggio e sim. da ciò che l'ostruisce: *— un pozzo nero* **2** espellere catarro, liberando le vie respiratorie: *— i bronchi* **3** (*gastr.*) preparare per la cottura determinati alimenti privandoli delle parti non commestibili o facendo in modo che perdano naturalmente le sostanze che ne rovinerebbero il sapore: *far — le lumache, le vongole* ♦ **-rsi** *intr.pron.* espellere il muco o il catarro; espettorare.

spùr|go *s.m.* [pl. *-ghi*] l'operazione dello spurgare | ciò che è spurgato.

spù|rio *agg.* **1** illegittimo: *figlio —* **2** (*di opera d'arte*) non autentico.

spu|tac|chià|re *v.intr.* [indic.pres. *io sputàcchio...*; aus. *A*] **1** sputare qua e là **2** emettere schizzi di saliva mentre si parla.

spu|tac|chiè|ra *s.f.* recipiente pieno di calce, segatura o altro, in cui si può sputare.

spu|tàc|chio *s.m.* sputo grosso e denso.

spu|tà|re *v.intr.* [aus. *A*] emettere uno sputo | (*fig.*) *— su ql.co., addosso a qlcu., in faccia a qlcu.*, mostrare grande disprezzo | *— nel piatto in cui si mangia*, disprezzare ciò di cui si approfitta ♦ *tr.* **1** (*anche fig.*) mandar fuori dalla bocca: *— un boccone; — insulti* | (*fig.*) *— l'osso*, restituire ciò di cui ci si è indebitamente appropriati; confessare ql.co. | *— il rospo*, rivelare ql.co. a lungo taciuto |

— *sangue*, faticare, impegnarsi molto | — *veleno*, dire parole piene di invidia e rabbia **2** (*estens.*) buttar fuori, emettere con violenza: *il vulcano sputò lava*.
spu|ta|sen|tèn|ze *s.m./f.invar.* (*fam.*) chi parla in modo saccente e presuntuoso, dando giudizi e consigli spec. inutili.
spu|tà|to *part.pass. di* sputare ♦ *agg.* (*fam.*) estremamente somigliante nel fisico o nel carattere; tale e quale: *quel bambino è — suo padre*.
sputnik (*russo*) *s.m.invar.* ognuno dei primi dieci satelliti artificiali lanciati nello spazio dall'URSS a partire dal 1957 | (*estens.*) satellite artificiale.
spù|to *s.m.* saliva o catarro emesso dalla bocca | (*fig.*) *essere appiccicato con lo —*, detto di ql.co. che si stacca con facilità.
sput|ta|na|mén|to *s.m.* (*volg.*) l'atto di sputtanare o sputtanarsi.
sput|ta|nà|re *v.tr.* (*volg.*) screditare, sparlare di qlcu., facendogli perdere la reputazione ♦ **-rsi** *rifl.* (*volg.*) agire in modo da perdere la stima altrui; screditarsi.
sput|ta|nà|ta *s.f.* (*volg.*) sputtanamento.
spy story (*ingl.*) [pr. *spài stòri*] *loc.sost.f.invar.* narrazione o film di spionaggio.
squa|der|nà|re *v.tr.* [indic.pres. *io squadèrno*...] squinternare; staccare le pagine di un libro e sim. ♦ **-rsi** *intr.pron.* squinternarsi.
squà|dra[1] *s.f.* strumento a forma di triangolo rettangolo, usato per tracciare angoli retti | *a*, *in* —, ad angolo retto, perpendicolare | *essere fuori* —, non essere ad angolo retto; (*fig.*) essere fuori posto.
squà|dra[2] *s.f.* **1** (*mil.*) la più piccola unità organica dell'esercito, comandata da un sottufficiale o un graduato di truppa | — *mobile*, sezione operativa della Polizia di Stato **2** (*mil.*) insieme di due o più divisioni di aerei da combattimento o di navi da guerra agli ordini di un unico comandante **3** (*estens.*) gruppo di uomini armati, spec. organizzati | (*st.*) — *d'azione fascista*, durante il fascismo, gruppo armato che compiva atti violenti contro le organizzazioni democratiche o i loro rappresentanti **4** (*estens.*) gruppo organizzato di persone che svolgono la stessa attività: — *di medici* | insieme di persone organizzate per un fine comune: *una — di volontari* **5** (*sport*) insieme di atleti che gareggiano per gli stessi colori in una competizione collettiva o individuale: — *di pallanuoto*, *la — italiana di sci*.
squa|dràc|cia *s.f.* (*spreg.*) squadra d'azione fascista | (*estens.*) banda di delinquenti.
squa|drà|re *v.tr.* **1** mettere a squadra; controllare la perpendicolarità di ql.co. ed eventualmente correggerla con la squadra | — *un foglio (da disegno)*, disegnarvi il riquadro entro cui si disegnerà **2** (*estens.*) ridurre in forma o sezione quadrata: — *una tavola di legno* **3** (*fig.*) guardare attentamente: *mi ha squadrato dalla testa ai piedi*.
squa|drà|to *part.pass. di* squadrare ♦ *agg.* **1** ridotto a forma o sezione quadrata **2** (*fig.*) che ha lineamenti spigolosi: *viso —*.
squa|dra|tù|ra *s.f.* l'operazione dello squadrare.
squa|drì|glia *s.f.* **1** (*raro*) piccola squadra **2** (*mar.*) gruppo di navi da guerra leggere agli ordini di un unico comandante **3** (*aer.*) unità organica fondamentale dell'aeronautica, composta da più aerei.
squa|drì|smo *s.m.* **1** (*st.*) l'organizzazione delle squadre d'azione fasciste e la loro attività negli anni che seguirono la prima guerra mondiale **2** (*estens.*, *polit.*) il ricorso a gruppi armati incaricati di compiere atti violenti e intimidatori contro gli avversari politici.
squa|drì|sta *agg.*, *s.m./f.* [pl. *-i*] che, chi apparteneva a una squadra d'azione fascista.
squa|drì|sti|co *agg.* [m.pl. *-ci*] proprio dello squadrismo.
squà|dro[1] *s.m.* **1** azione dello squadrare **2** strumento topografico per tracciare sul terreno punti allineati lungo due direzioni perpendicolari fra loro.
squà|dro[2] *s.m.* pesce degli Squaliformi, caratterizzato da larghe pinne pettorali e corpo depresso.
squa|dró|ne *s.m.* (*mil.*) reparto di cavalleria formato da almeno due plotoni, sotto il comando di un capitano.
squa|glià|re *v.tr.* [indic.pres. *io squàglio*...] sciogliere, fondere, liquefare: *il sole ha squagliato la neve* ♦ **-rsi** *intr.pron.* **1** sciogliersi, liquefarsi: *ti si sta squagliando il gelato* **2** (*fig.*, *fam.*) intenerirsi **3** (*fig.*, *fam.*) svignarsela, andarsene di nascosto o in gran fretta: *alla prima difficoltà, se l'è squagliata*.
squa|li|fi|ca *s.f.* **1** l'atto di squalificare o essere squalificato **2** (*sport*) provvedimento disciplinare con cui si vieta a un atleta o a una squadra di gareggiare per un certo periodo di tempo.
squa|li|fi|cà|re *v.tr.* [indic.pres. *io squalifico*, *tu squalifichi*...] **1** dichiarare non idoneo, non qualificato | screditare **2** (*sport*) vietare a un atleta o a una squadra la partecipazione a una o più competizioni per un certo periodo di tempo **3** (*estens.*) escludere da un concorso e sim. a causa di irregolarità ♦ **-rsi** *rifl.* screditarsi; dimostrarsi incapace o inadatto a un'attività, un incarico e sim.
Squa|li|fór|mi *s.m.pl.* ordine di Pesci dal corpo fusiforme dotato di una pinna caudale e due pinne dorsali, cinque fessure branchiali e bocca ventrale.
squal|li|déz|za *s.f.* (*raro*) squallore.
squàl|li|do *agg.* **1** privo di qualsiasi ornamento; misero, degradato: *una casa squallida* **2** triste e desolato: *un luogo —* **3** moralmente turpe: *una squallida vicenda* | spregevole: *uno — individuo*.
squal|ló|re *s.m.* desolazione, miseria; stato di degrado e abbandono: *vivere nello —*.
squà|lo *s.m.* nome generico di vari Pesci cartilaginei, spec. di grandi dimensioni, con corpo fusiforme, pinne asimmetriche e bocca ventra-

squama

le, dotata di più file di denti aguzzi (p.e. pescecane).

squà|ma *s.f.* **1** (*zool.*) ciascuna delle formazioni piatte che rivestono il corpo di alcuni Vertebrati, spec. Pesci e Rettili **2** (*bot.*) lamina fogliacea protettiva che avvolge organi sotterranei o gemme **3** (*med.*) in dermatologia, piccolo frammento di epidermide costituito da lamelle cornee che si staccano in modo visibile **4** (*anat.*) formazione ossea laminare.

squa|mà|re *v.tr.* togliere le squame: — *un pesce* ♦ **-rsi** *intr.pron.* perdere le squame.

Squa|mà|ti *s.m.pl.* ordine di Rettili con corpo allungato ricoperto di squame o scudi cornei, cui appartengono serpenti e lucertole.

squa|mà|to *agg.* fatto a squama | rivestito di squame.

squa|mi|fór|me *agg.* a forma di squama.

squa|mó|so *agg.* fatto a squame | coperto di squame.

squar|cia|gó|la *s.m. solo nella loc.* ***a*** —, a gran voce: *urlare a* —.

squar|cia|mén|to *s.m.* lacerazione; squarcio.

squar|cià|re *v.tr.* [*indic.pres. io squàrcio...*] **1** aprire in modo violento, dilaniare: *l'esplosione gli ha squarciato il petto* | fare a pezzi, ridurre in brandelli; lacerare: — *un vestito* **2** (*fig.*) rompere: *un boato squarciò il silenzio* | svelare: — *il velo del mistero* ♦ **-rsi** *intr.pron.* lacerarsi.

squàr|cio *s.m.* **1** lacerazione; profonda e ampia spaccatura **2** (*fig.*) apertura tra le nubi: *uno* — *di azzurro* | scorcio, veduta **3** (*fig.*) brano di opera letteraria o musicale.

squar|ta|mén|to *s.m.* **1** l'atto di squartare **2** (*st.*) esecuzione capitale consistente nello smembrare il corpo del condannato mediante trazione dei quattro arti.

squar|tà|re *v.tr.* **1** tagliare in quarti, in grosse parti: — *un maiale* **2** massacrare.

squar|ta|tó|re *agg., s.m.* [f. -*trice*] che, chi squarta.

squas|sà|re *v.tr.* scuotere con violenza.

squatter (ingl.) [pr. *squòtter*] *s.m./f.invar.* chi, come forma di protesta alternativa, occupa abusivamente un edificio pubblico abbandonato per viverci in comunità.

squat|tri|nà|to *agg., s.m.* [f. -*a*] che, chi è senza quattrini.

squaw (ingl.) [pr. *squòo*] *s.f.invar.* nella lingua degli Indiani dell'America settentrionale, donna, moglie.

squi|li|brà|re *v.tr.* **1** togliere da uno stato di equilibrio, rendere instabile **2** (*fig.*) privare dell'armonia | privare dell'equilibrio psichico **3** (*fig.*) dissestare, sbilanciare economicamente ♦ **-rsi** *intr.pron.* perdere l'equilibrio.

squi|li|brà|to *part.pass. di* squilibrare ♦ *agg.* **1** che è senza equilibrio | sproporzionato: *dieta squilibrata* **2** che non ha pieno controllo delle proprie facoltà mentali ♦ *s.m.* [f. -*a*] chi non ha o ha perso il pieno controllo delle proprie facoltà mentali.

squi|lì|brio *s.m.* **1** mancanza di equilibrio **2** (*fig.*) alterazione patologica delle facoltà psichiche: — *mentale* **3** (*fig.*) sproporzione: — *economico*.

squil|la *s.f.* piccola campana dal suono acuto | campanella appesa al collo degli animali da pascolo.

squil|làn|te *part.pres. di* squillare ♦ *agg.* **1** (*di suono*) acuto, chiaro **2** (*fig., di colore*) intenso, vivace.

squil|là|re *v.intr.* [aus. *A, E*] emettere un suono chiaro e acuto: *sta squillando il telefono*.

squil|lo *s.m.* suono acuto e vibrante di breve durata | (*estens.*) chiamata telefonica: *fare uno* — ♦ *agg.invar.* nella loc. ***ragazza*** —, prostituta rintracciabile telefonicamente ♦ *s.f.invar.* ragazza squillo.

squin|ter|nà|re *v.tr.* [indic.pres. *io squintèrno...*] **1** slegare i quinterni di un libro, di un fascicolo e sim. **2** (*fig.*) scombussolare emotivamente ♦ **-rsi** *intr.pron.* scompaginarsi.

squin|ter|nà|to *part.pass. di* squinternare ♦ *agg.* **1** scompaginato, slegato: *fascicolo* — **2** (*fig., di persona*) poco equilibrato; che conduce una vita disordinata ♦ *s.m.* [f. -*a*] persona squinternata.

squi|si|téz|za *s.f.* **1** qualità di ciò che è squisito, prelibato | (*fig.*) raffinatezza, delicatezza di modi **2** cosa squisita: *mangiare una* —.

squi|sì|to *agg.* **1** (*di cibo o bevanda*) prelibato, dal gusto eccellente: *un pranzo* — **2** (*fig.*) raffinato, delicato: *una persona squisita* □ **squisitamente** *avv.* **1** in modo squisito **2** tipicamente: *stile* — *barocco*.

squit|tì|o *s.m.* uno squittire continuo e prolungato.

squit|tì|re *v.intr.* [indic.pres. *io squittisco, tu squittisci...*; aus. *A*] **1** (*di animali, spec. uccelli e topi*) emettere suoni brevi, acuti e stridenti **2** (*scherz., di persona*) parlare con voce stridula e petulante.

sra|di|ca|mén|to *s.m.* l'atto di sradicare; l'essere sradicato.

sra|di|cà|re *v.tr.* [indic.pres. *io sràdico, tu sràdichi...*] **1** strappare dal terreno una pianta con tutte le sue radici; estirpare **2** (*fig.*) togliere una persona dal proprio ambiente familiare o sociale **3** (*fig.*) eliminare completamente: — *la delinquenza* ♦ **-rsi** *intr.pron.* **1** (*di pianta*) staccarsi dalle radici **2** (*fig., di persona*) allontanarsi dal proprio ambiente familiare o sociale.

sra|gio|nà|re *v.intr.* [indic.pres. *io sragióno...*; aus. *A*] farneticare, fare ragionamenti sconnessi.

sre|go|la|téz|za *s.f.* **1** disordine **2** azione, comportamento sregolato.

sre|go|là|to *agg.* **1** che eccede il giusto limite; senza regole, disordinato: — *nel mangiare* **2** moralmente disordinato; scapestrato: *vita sregolata*.

sro|to|là|re *v.tr.* [indic.pres. *io sròtolo...*] disfare un rotolo; distendere ciò che era arrotolato: — *un manifesto* ♦ **-rsi** *intr.pron.* (*di ql.co. che è arrotolato*) svolgersi, distendersi.

stab|bià|re *v.intr.* [indic.pres. *io stàbbio...*; aus. *A*] (*di bestiame*) pernottare su un terreno, concimandolo ♦ *tr.* far pernottare il bestiame su un terreno per concimarlo.

stàb|bio *s.m.* 1 terreno recintato in cui si fa pernottare il bestiame perché lo concimi 2 letame di stalla; stallatico.

stà|bi|le *agg.* 1 ben fermo, fisso, saldo: *costruzione poco —* 2 (*fig.*) durevole, costante: *sentimento —* | permanente, fisso: *impiego —* | (*di tempo meteorologico*) non variabile: *temperatura —* 3 che non perde le proprie caratteristiche, che non si modifica: *colore —* 4 detto di compagnia teatrale o musicale che ha sede fissa in una determinata città: *teatro —* ♦ *s.m.* 1 edificio, fabbricato: *— d'epoca* 2 teatro stabile □ **stabilmente** *avv.* in modo durevole.

sta|bi|li|mén|to *s.m.* 1 l'atto di stabilire o stabilirsi 2 edificio per attività industriali; fabbrica: *— metallurgico* 3 edificio o insieme di edifici attrezzati per un servizio di pubblica utilità: *— balneare.*

sta|bi|li|re *v.tr.* [indic.pres. *io stabilisco, tu stabilisci...*] 1 fissare, collocare in modo stabile: *— la propria dimora in campagna* 2 costituire, organizzare in modo durevole: *— l'ordine nel paese* 3 decidere, deliberare: *— le regole di un gioco*; *stabilirono di fuggire* | assegnare: *— i turni lavorativi* 4 (*sport*) realizzare: *— un nuovo record* ♦ **-rsi** *rifl.* prendere dimora stabile.

sta|bi|li|tà *s.f.* (*anche fig.*) carattere di ciò che è stabile: *la — di un ponteggio*; *la — politica*.

sta|bi|li|to *part.pass.* di stabilire ♦ *agg.* fissato, deciso: *luogo —*.

sta|bi|liz|zàn|te *part.pres. di* stabilizzare ♦ *agg.*, *s.m.* (*chim.*) detto di additivo che impedisce l'alterazione di materiali deperibili.

sta|bi|liz|zà|re *v.tr.* (*anche fig.*) rendere stabile ♦ **-rsi** *intr.pron.* diventare stabile.

sta|bi|liz|za|tó|re *agg.* [f. *-trice*] che stabilizza ♦ *s.m.* 1 (*elettr.*) congegno che elimina le variazioni della rete di alimentazione con l'invio di una tensione costante agli apparecchi utilizzatori 2 (*mar., aer.*) dispositivo che riduce il rollio delle navi o stabilizza l'assetto di volo degli aerei.

sta|bi|liz|za|zió|ne *s.f.* (*anche fig.*) l'atto di stabilizzare o stabilizzarsi | il risultato che ne deriva.

sta|bu|la|zió|ne *s.f.* 1 sistema di allevamento del bestiame in stalle o luoghi recintati 2 sistema di allevamento di pesci e molluschi in bacini artificiali.

sta|ca|no|vì|smo *s.m.* 1 (*st.*) movimento sorto in Unione Sovietica durante lo stalinismo per aumentare la produttività lavorativa 2 (*estens.*, *spec.iron.*) eccessivo zelo nello svolgere il proprio lavoro.

sta|ca|no|vì|sta *agg., s.m./f.* [m.pl. *-i*] 1 (*st.*) che, chi aderiva allo stacanovismo 2 (*estens.*, *spec. iron.*) che, chi mostra eccessivo zelo nel proprio lavoro.

sta|ca|no|vì|sti|co *agg.* [m.pl. *-ci*] che riguarda lo stacanovismo o gli stacanovista.

stac|cà|bi|le *agg.* che si può staccare.

stac|cà|re *v.tr.* [indic.pres. *io stacco, tu stacchi...*] 1 separare ciò che è attaccato o congiunto: *— un francobollo dalla busta* 2 togliere il collegamento tra un apparecchio e un impianto: *— il telefono* | *— la corrente*, toglierla 3 scostare: *— il tavolo dal muro* | (*sport*) in una competizione di corsa, distanziare: *— il gruppo* 4 (*fig.*) distogliere: *non — gli occhi di dosso a qlcu.* 5 emettere: *— un assegno* ♦ *intr.* [aus. *A*] 1 spiccare, risaltare: *ci vuole un colore che stacchi di più* 2 (*fam.*) finire l'orario di lavoro: *stacco alle otto* ♦ **-rsi** *intr.pron.* 1 (*anche fig.*) allontanarsi, separarsi: *— dai genitori* 2 togliersi, venir via: *mi si è staccato un bottone*.

stac|cà|to *part.pass.* di staccare ♦ *s.m.* (*mus.*) modalità di esecuzione in cui le note sono separate l'una dall'altra da una pausa brevissima.

stac|cià|re *v.tr.* [indic.pres. *io stàccio...*] (*region.*) setacciare.

stac|cio|nà|ta *s.f.* 1 recinzione di traverse in legno sostenute da pali infissi nel terreno 2 (*sport*) nelle gare ippiche, ostacolo formato da traverse in legno o da sterpi.

stàc|co *s.m.* [pl. *-chi*] 1 l'atto di staccare o staccarsi 2 (*fig.*) risalto, contrasto | **fare —**, risaltare 3 (*fig.*) intervallo, pausa: *lo — tra due scene di uno spettacolo* | breve interruzione di un programma televisivo o radiofonico: *— musicale* 4 (*cine.*) passaggio netto, senza dissolvenze, da un'inquadratura all'altra 5 (*sport*) nel salto, il momento in cui l'atleta si solleva da terra.

sta|dè|ra *s.f.* bilancia con un solo piatto e un lungo braccio graduato sul quale scorre un peso equilibratore costante.

stà|dia *s.f.* lunga asta graduata per rilevamenti topografici.

stà|dio *s.m.* 1 campo attrezzato per manifestazioni sportive, con gradinate per il pubblico 2 periodo, fase di un processo: *— larvale* 3 (*aer.*) ognuna delle componenti di un missile o razzo vettore che si staccano in successione una volta esaurita la funzione propulsiva.

staff (*ingl.*) *s.m.invar.* insieme dei collaboratori più vicini a chi dirige un lavoro, coordina un'attività e sim.; équipe.

stàf|fa *s.f.* 1 ciascuno dei due anelli metallici che pendono dalla sella e in cui il cavaliere infila i piedi | (*fig.*) **tenere il piede in due staffe**, destreggiarsi fra due partiti opposti | **perdere le staffe**, essere sopraffatto dalla rabbia 2 qualsiasi oggetto o parte di oggetto in cui si inserisce o si appoggia il piede: *la — della vanga* | predellino della carrozza 3 (*tecn.*) pezzo metallico piegato a U che si fissa a una superficie come rinforzo o collegamento 4 (*anat.*) uno dei tre ossicini dell'orecchio medio.

staf|fà|le *s.f.* ferro che sporge orizzontalmente dal manico della vanga per poter appoggiare il piede.

staf|fét|ta *s.f.* 1 corriere, messaggero 2 (*sport*) gara di corsa, nuoto o sci, nella quale un determinato tragitto viene diviso in parti uguali che devono essere percorse in successione dai corridori di una stessa squadra 3 (*fig.*) avvicendamento, alternanza 4 (*anche agg.invar.*) veicolo

staffettista

che precede una manifestazione, i concorrenti di una gara e sim.

staf|fet|ti|sta *s.m./f.* [m.pl. *-i*] (*sport*) atleta di una gara a staffetta.

staf|fiè|re *s.m.* **1** (*st.*) servo che reggeva la staffa al cavaliere **2** (*estens.*) servitore di casa signorile.

staf|fi|là|re *v.tr.* **1** colpire, battere con lo staffile **2** (*fig.*) criticare aspramente.

staf|fi|là|ta *s.f.* **1** colpo di staffile **2** (*fig.*) critica aspra **3** (*sport*) nel calcio, tiro violento in rete.

staf|fi|le *s.m.* **1** striscia di cuoio che tiene la staffa attaccata alla sella **2** (*estens.*) frusta formata gener. da una sola striscia di cuoio.

sta|fi|lo|còc|co *s.m.* [pl. *-chi*] (*biol.*) varietà di batteri caratterizzati da una disposizione a grappolo; alcuni sono parassiti dell'uomo.

sta|fi|sà|gria *s.f.* pianta erbacea dal fusto peloso, con fiori riuniti in grappolo e dai cui semi si ricava una sostanza antiparassitaria.

stage (*fr.*) [pr. *stàj*] *s.m.invar.* periodo di formazione o perfezionamento professionale presso un'azienda, un'università e sim.

stag|fla|zió|ne *s.f.* (*econ.*) periodo caratterizzato simultaneamente dalla stagnazione e inflazione.

stag|già|re *v.tr.* [indic.pres. *io stàggio*...] (*agr.*) puntellare con pali i rami degli alberi carichi di frutti.

stàg|gio *s.m.* ognuna delle due aste in legno o altro materiale usata come sostegno in una struttura | in una scala a mano, ognuna delle due aste verticali in cui sono infissi i pioli.

sta|gio|nà|le *agg.* **1** proprio di una stagione: *influenza —* **2** che dura una stagione: *lavoro —* | *albergo —*, aperto solo durante la stagione turistica ♦ *s.m./f.* chi lavora solo in certi periodi dell'anno.

sta|gio|na|li|tà *s.f.* caratteristica di ciò che è stagionale.

sta|gio|nà|re *v.tr.* [indic.pres. *io stagióno*...] far invecchiare un prodotto in certe condizioni ambientali affinché acquisisca particolari qualità: *— il formaggio* ♦ *intr.* [aus. *E*], *-rsi intr.pron.* acquisire particolari qualità rimanendo per un certo periodo in determinate condizioni ambientali.

sta|gio|nà|to *part.pass.* di stagionare ♦ *agg.* **1** sottoposto a stagionatura; invecchiato: *salame —* **2** (*scherz.*, *di persona*) avanti con gli anni, attempato.

sta|gio|na|tù|ra *s.f.* metodo di conservazione di un prodotto affinché, posto in certe condizioni per un determinato periodo, acquisisca particolari qualità | periodo di tempo necessario per stagionare.

sta|gió|ne *s.f.* **1** ognuno dei quattro periodi di tre mesi in cui è diviso l'anno solare | *mezza —*, primavera e autunno **2** le condizioni atmosferiche e meteorologiche caratterizzati ciascun periodo dell'anno: *la — fredda* | *la bella*, *buona —*, quando piove poco e le temperature sono alte | *la brutta*, *cattiva —*, caratterizzata da basse temperature e pioggia o neve **3** periodo in cui maturano determinati frutti o in cui si fanno certi lavori agricoli: *la — dei fichi*, *della semina* | *frutto di —*, caratteristico della stagione in cui si è | *frutto fuori —*, che matura prima o dopo la stagione in cui si è **4** periodo dell'anno in cui si svolgono certe manifestazioni, attività e sim.: *— teatrale* | *bassa*, *alta —*, periodo in cui l'attività turistica è ridotta, intensa **5** (*lett.*) periodo della vita; età: *la — della vecchiaia*.

sta|gi|sta *s.m./f.* [m.pl. *-i*] chi partecipa a uno stage.

sta|gliar|si *v.intr.pron.* [indic.pres. *io mi stàglio*...] spiccare, risaltare su uno sfondo: *il monte si staglia contro il cielo*.

sta|gnà|io *s.m.* [f. *-a*] chi salda con lo stagno e fabbrica oggetti di latta; lattoniere.

sta|gnàn|te *part.pres.* di stagnare ♦ *agg.* (*anche fig.*) che ristagna: *situazione —*.

sta|gnà|re[1] *v.tr.* [indic.pres. *io stagno*..., *noi stagniamo*, *voi stagnate*...] **1** rivestire con uno strato di stagno | saldare con lo stagno: *— una pentola* **2** (*estens.*) chiudere ermeticamente per impedire fuoriuscite o infiltrazioni di liquido.

sta|gnà|re[2] *v.intr.* [aus. *A*] **1** (*di fluidi*) restare fermo, non fluire **2** (*fig.*, *econ.*) non incrementarsi, non aumentare di intensità ♦ *tr.* interrompere il flusso di un liquido: *— il sangue di una ferita* ♦ *-rsi intr.pron.* smettere di fluire.

sta|gna|tù|ra *s.f.* operazione del rivestire o del saldare con lo stagno | strato superficiale di stagno.

sta|gna|zió|ne *s.f.* **1** ristagno, stasi **2** (*econ.*) situazione di esaurimento della crescita economica.

sta|gni|col|tù|ra *s.f.* allevamento di pesci d'acqua dolce in stagni naturali o artificiali.

sta|gni|no *s.m.* (*region.*) stagnaio.

stà|gno[1] *s.m.* piccola distesa d'acqua stagnante e poco profonda.

stà|gno[2] *s.m.* elemento chimico, metallo bianco-argenteo, malleabile (*simb.* Sn); è usato per leghe, saldature e coperture di altri metalli.

stà|gno[3] *agg.* che è a perfetta tenuta d'acqua o d'altro liquido; ermetico: *compartimenti stagni*.

sta|gnò|la *agg.*, *s.f.* detto di sottile foglio di metallo, gener. di stagno, usato per avvolgere prodotti spec. alimentari: *carta —*.

stà|io *s.m.* [pl.f. *staia* nel sign. 1; pl.m. *stai* nel sign. 2] **1** misura di capacità per aridi e cereali usata un tempo in Italia settentrionale, con valori diversi a seconda della zona **2** recipiente cilindrico in legno della capacità di uno staio.

stа|lag|mì|te *s.f.* (*geol.*) concrezione calcarea a forma di cono o colonna che s'innalza dal pavimento delle grotte.

sta|lag|mì|ti|co *agg.* [m.pl. *-ci*] proprio della stalagmite | che ha forma o natura di stalagmite.

sta|lat|tì|te *s.f.* (*geol.*) concrezione calcarea, simile alla stalagmite, che pende dal soffitto delle grotte.

sta|lat|tì|ti|co *agg.* [m.pl. *-ci*] di stalattite | che ha forma o natura di stalattite.

sta|li|nià|no *agg.* che riguarda Stalin: *politica staliniana*.

sta|li|ni|smo *s.m.* **1** dottrina e pratica politica di matrice marxista adottata da Stalin (1879-1953) in URSS **2** (*estens.*, *spreg.*) esercizio repressivo e autoritario del potere politico.

sta|li|ni|sta *agg.* [m.pl. *-i*] **1** proprio dello stalinismo **2** che sostiene o segue lo stalinismo ♦ *s.m./f.* seguace dello stalinismo.

stàl|la *s.f.* ambiente per il ricovero di animali domestici, spec. bovini ed equini | (*estens.*) luogo sporco | (*fig.*) *dalle stelle alle stalle*, espressione usata per indicare un brusco passaggio da una condizione di prestigio a una impopolare o misera.

stal|là|ti|co *agg.* [m.pl. *-ci*] di stalla ♦ *s.m.* letame di animali in stalla; stabbio.

stal|liè|re *s.m.* [f. *-a*] chi ha il compito di curare i cavalli.

stàl|lo *s.m.* **1** sedile di legno con schienale e braccioli, gener. allineato con altri a formare un ordine di posti; scanno **2** ciascuno degli scomparti in cui sono tenuti gli animali in una stalla o scuderia **3** nel gioco degli scacchi, situazione in cui il re cade in scacco in qualsiasi direzione sia mosso | (*fig.*) *situazione di —*, situazione senza possibilità di sviluppo.

stal|ló|ne *s.m.* cavallo maschio destinato alla riproduzione.

sta|mà|ni o **stamàne** *avv.* stamattina, nella mattina di oggi.

sta|mat|ti|na *avv.* questa mattina; nella mattina di oggi.

stam|béc|co *s.m.* [pl. *-chi*] mammifero ruminante alpino, simile a una grossa capra, con manto grigio-rossastro e lunghe corna anellate.

stam|bèr|ga *s.f.* abitazione squallida e sporca; tugurio.

stam|bù|gio *s.m.* stanza piccola, buia e squallida.

stà|me *s.m.* **1** la parte più resistente e fine della lana, usata per tessuti pregiati **2** filo dell'ordito **3** (*bot.*) organo maschile del fiore, formato dal filamento e dall'antera.

sta|mi|gna o **stamina** *s.f.* tessuto di lana sottile ma molto resistente, spec. usato per setacci e bandiere.

sta|mi|nà|le *agg.* **1** (*bot.*) relativo allo stame **2** (*biol.*) detto di cellula non ancora differenziata.

stàm|pa *s.f.* **1** tecnica che permette di riprodurre più volte in modo identico quanto è scritto, disegnato, inciso, fotografato su una matrice | (*estens.*) insieme di procedure proprie di tale tecnica: *in corso di —* | risultato di tali procedure: *— nitida* | *dare un libro alle stampe*, farlo pubblicare **2** l'insieme delle pubblicazioni di periodici, riviste, libri: *— quotidiana* | *libertà di —*, diritto di esprimere liberamente opinioni e idee mediante la stampa **3** (*estens.*) l'insieme dei giornalisti: *le opinioni della —* **4** riproduzione di un disegno da una matrice: *una — dell'Ottocento* | impressione di un motivo a colori o in rilievo su un materiale: *— dei tessuti* **5** (*foto.*) processo con cui l'immagine negativa della pellicola è riportata in copia positiva su carta sensibile ♦ *agg.invar.* proprio dei giornalisti, riservato ai giornalisti: *comunicato —* | *ufficio —*, quello che, in un ente, azienda e sim., trasmette le notizie ufficiali ai giornali.

stam|pàg|gio *s.m.* **1** lavorazione di metalli e materiali plastici eseguita mediante presse e stampi al fine di ottenere determinate forme **2** stampa su tessuti o materiale cartaceo.

stam|pàn|te *s.f.* unità periferica di un computer che stampa su carta i documenti e gli elaborati: *— a getto d'inchiostro, laser*.

stam|pà|re *v.tr.* **1** riprodurre con procedimento di stampa: *— un giornale* **2** dare alle stampe, pubblicare: *— un libro* **3** (*foto.*) trasferire l'immagine negativa dalla pellicola alla carta sensibile, trasformandola in positiva **4** riprodurre un disegno, uno scritto e sim. su un supporto **5** riprodurre tramite stampaggio **6** (*anche fig.*) imprimere; segnare con una traccia: *— orme sulla sabbia* | *dare con forza: — un bacio sulla guancia*; *— un ceffone* ♦ *-rsi intr.pron.* (*anche fig.*) imprimersi, fissarsi: *quell'immagine mi si è stampata nella mente*.

stam|pa|ta *s.f.* stampa di un documento effettuata con una stampante collegata al computer.

stam|pa|tèl|lo *agg.*, *s.m.* detto del carattere di scrittura manuale che imita il carattere della stampa.

stam|pà|to *part.pass.* di **stampare** ♦ *agg.* **1** impresso tramite stampa o stampaggio: *libro, tessuto —* **2** (*fig.*) profondamente impresso, chiaramente visibile: *nome — nella memoria* | *— in fronte, in viso*, detto di sentimento e sim. che è evidente o percepibile dall'espressione, dalla fisionomia ♦ *s.m.* **1** foglio stampato; modulo **2** tessuto stampato.

stam|pa|tó|re *s.m.* [f. *-trice*] **1** chi stampa | in una tipografia, addetto alle macchine da stampa **2** operaio addetto allo stampaggio.

stam|pa|trì|ce *s.f.* macchina che stampa copie fotografiche o pellicole cinematografiche.

stam|pèl|la *s.f.* **1** apparecchio ortopedico di sostegno, usato da chi è invalido per camminare; gruccia **2** oggetto per appendere gli abiti; gruccia.

stam|pe|rì|a *s.f.* stabilimento o reparto in cui si eseguono lavori di stampa o stampaggio.

stam|pì|glia *s.f.* timbro recante nella matrice una scritta, un contrassegno e sim.

stam|pi|glià|re *v.tr.* [indic.pres. *io stampìglio...*] imprimere, timbrare con una stampiglia.

stam|pi|glia|trì|ce *s.f.* macchina che esegue stampigliature.

stam|pi|glià|tu|ra *s.f.* l'operazione dello stampigliare | scritta, contrassegno e sim. stampigliato.

stam|pi|nà|re *v.tr.* riprodurre ql.co. su una superficie tramite stampino.

stam|pì|no *s.m.* **1** formina: *— per i biscotti* **2** lastra di vario materiale con sagomato o traforato un disegno, che, spennellata di colore o inchiostro, è usata come matrice per riprodurre il disegno su una superficie **3** punzone d'acciaio per fare buchi regolari, spec. nel cuoio e nel cartone.

stàm|po *s.m.* **1** recipiente in cui si cuociono o si versano sostanze semiliquide che, solidificandosi, ne acquistano la forma: — *per budino* **2** matrice per lo stampaggio di pezzi di serie: — *per mattoni* | (*fig.*) **essere fatto con lo —**, essere molto somigliante ad altra persona o cosa **3** (*fig.*) tempra, carattere: *persona di vecchio —* | genere, specie: *non voglio uscire con gente di quello —*.

sta|nà|re *v.tr.* **1** far uscire dalla tana; snidare **2** (*fig.*) far uscire qlcu. dal luogo in cui si è chiuso o nascosto.

stàn|ca *s.f.* **1** durante l'alta marea o la piena di un fiume, fase in cui il livello massimo dell'acqua resta invariato prima di decrescere **2** (*fig.*) ristagno, stasi: *periodo di —*.

stan|cà|re *v.tr.* [indic.pres. *io stanco, tu stanchi...*] **1** logorare, affaticare fisicamente o psicologicamente: *la salita mi ha stancato* **2** far venire meno le energie, l'impegno, la resistenza: *— gli avversari* **3** (*estens., anche assol.*) infastidire, annoiare: *i tuoi discorsi mi hanno stancato* ♦ **-rsi** *intr.pron.* **1** affaticarsi molto, perdere le energie **2** annoiarsi, infastidirsi | *non — di fare ql.co.*, non smettere: *non mi stacherò mai di ripetertelo*.

stan|chéz|za *s.f.* grande affaticamento; debolezza, spossatezza.

stàn|co *agg.* [m.pl. *-chi*] **1** molto affaticato, spossato; che necessita di riposo: *essere — per il lavoro*; *sentirsi le gambe stanche* | (*iperb.*) *— morto*, stanchissimo **2** (*estens.*) esaurito, senza più vitalità: *fantasia stanca* **3** senza più desiderio o interesse per ql.co.: *sono — di leggere* | *al limite della sopportazione: sono — delle tue continue richieste* □ **stancamente** *avv.*

stand (*ingl.*) [pr. *stènd*] *s.m.invar.* ciascuno dei reparti che in una fiera, un'esposizione e sim. sono occupati dagli espositori.

stàn|dard *s.m.invar.* **1** modello, tipo al quale ci si uniforma o che è assunto come riferimento: *— europeo* **2** grado, livello qualitativo: *— di vita* **3** campione di un determinato prodotto su cui si basa una classificazione ufficiale di qualità ♦ *agg.invar.* uniformato, conforme a un certo modello: *misura —*.

stan|dar|diz|zà|re *v.tr.* **1** conformare a uno standard; uniformare: *— un prodotto* **2** (*fig.*) privare delle caratteristiche specifiche per rendere uguale a un modello.

stan|dar|diz|za|zió|ne *s.f.* (*anche fig.*) conformazione a un modello; uniformazione | fabbricazione di prodotti standardizzati.

stand by (*ingl.*) [pr. *stèndbai*, com. *stendbài*] *s.m.invar.* **1** (*elettron.*) condizione di attesa di un collegamento, una linea e sim. **2** negli aeroporti, lista di attesa di viaggiatori che non hanno prenotato il volo.

standing ovation (*ingl.*) [pr. *stèndin ovéscion*] *loc.sost.f.invar.* lungo e caloroso applauso che il pubblico fa alzandosi in piedi.

stan|di|sta *s.m./f.* [m.pl. *-i*] addetto all'allestimento di uno stand | titolare di uno stand | chi, in uno stand, si relaziona con i visitatori.

stàn|ga *s.f.* **1** lunga sbarra in legno o ferro, usata spec. come rinforzo nella chiusura di finestre e porte **2** ognuno dei due bracci del carro a cui si attaccano gli animali da tiro **3** nelle stalle, sbarra che separa gli animali l'uno dall'altro **4** (*fig., fam.*) persona molto alta.

stan|gà|re *v.tr.* [indic.pres. *io stango, tu stanghi...*] **1** chiudere con la stanga: *— una finestra* **2** colpire con una stanga **3** (*fig.*) danneggiare, spec. economicamente **4** (*gerg.*) bocciare.

stan|gà|ta *s.f.* **1** colpo di stanga **2** (*fig.*) danno o sacrificio economico; batosta: *— fiscale* **3** (*fig.*) sconfitta, brutto risultato **4** (*sport*) nel calcio, tiro molto forte.

stan|ghét|ta *s.f.* **1** barretta metallica del chiavistello che, al girare della chiave, esce o rientra nella bocchetta **2** ognuna delle due asticelle laterali degli occhiali **3** (*mus.*) linea verticale che delimita una battuta all'interno del pentagramma.

stan|gó|ne *s.m.* [f. *-a*] (*fam.*) persona molto alta.

stan|ni|fe|ro *agg.* contenente stagno.

sta|nòt|te *avv.* questa notte; nella notte in corso, in quella appena passata o in quella immediatamente futura.

stàn|te *part.pres. di* stare ♦ *agg.* **1** che sta | *a sé —*, separato, che fa parte a sé: *spesa a sé —* | *seduta —*, nel corso della seduta; (*estens.*) immediatamente **2** (*archeol., di statua*) che sta dritta in piedi: *Apollo —* ♦ *prep.* a causa di: *— il cattivo tempo, l'escursione è annullata* | (*loc.cong.*) *— (il fatto) che*, poiché.

stan|tì|o *agg.* **1** (*di cibo*) che ha perso la freschezza, il sapore originario, perché conservato troppo a lungo: *burro —* **2** (*fig.*) non più attuale, superato: *notizie stantie* ♦ *s.m.* odore, sapore di ciò che ha perso la freschezza originaria.

stan|tùf|fo *s.m.* (*mecc.*) organo meccanico che scorre con moto alterno in un cilindro, comprimendo o aspirando il fluido che vi è contenuto.

stàn|za *s.f.* **1** ognuno dei vani di un edificio, separati l'uno dall'altro da pareti: *la — da letto*; *una — d'albergo* **2** (*metr.*) strofa di canzone o ballata **3** sede abituale | (*mil.*) *essere di —*, avere sede in una determinata città.

stan|zià|le *agg.* che dimora stabilmente in un luogo: *popolazione —* | (*di uccelli o selvaggina*) che non migra.

stan|zia|mén|to *s.m.* **1** assegnazione di una somma di denaro per una spesa specifica: *— di fondi in favore di un progetto* | la somma stanziata **2** insediamento stabile in una certa zona.

stan|zià|re *v.tr.* [indic.pres. *io stànzio...*] destinare una somma di denaro per un certo scopo; iscrivere una spesa in un bilancio preventivo ♦ **-rsi** *intr.pron.* stabilirsi, fissare la propria dimora.

stan|zia|tó|re *agg., s.m.* [f. *-trice*] che, chi stanzia una somma di denaro.

stan|zi|no *s.m.* stanza molto piccola, gener. senza finestra, usata come ripostiglio o spogliatoio.

stap|pà|re *v.tr.* togliere il tappo; sturare: *— una bottiglia.*

star (*ingl.*) *s.f.invar.* **1** stella del cinema; diva | (*estens.*) personaggio importante, popolare **2** imbarcazione a vela da regata, con un equipaggio di due persone.

sta|ra|re *v.tr.* (*tecn.*) modificare l'esatta taratura di un apparecchio ♦ **-rsi** *intr.pron.* (*di apparecchio*) perdere l'esatta taratura.

stà|re *v.intr.* [indic.pres. *io sto, tu stai, egli sta, noi stiamo, voi state, essi stanno*; pass.rem. *io stètti, tu stésti, egli stètte, noi stémmo, voi stéste, essi stèttero*; fut. *io starò...*; congiunt.pres. *io stìa..., noi stiamo, voi stiate, essi stiano*; congiunt.imperf. *io stéssi...*; condiz. *io starèi...*; imp. *stai o sta' o sta*; part.pass. *stato*; aus. *E*] **1** (*assol.*) fermarsi interrompendo un movimento | restare dove si è: *stai pure, non preoccuparti* **2** trovarsi, essere fisicamente in un luogo: *dove sta la mia giacca?* **3** [anche nella forma intensiva *starsene*] rimanere in una certa situazione, trattenersi in un certo luogo: *bisogna — attenti; se ne sta tutto il giorno davanti alla tv* | continuare a essere in una certa posizione: *— in equilibrio | stando così le cose,* poiché la situazione è questa | *— (insieme) con qlcu.,* essere in sua compagnia: *nel pomeriggio sta con i nonni*; viverci assieme: *— con i genitori*; (*fig.*) avere una relazione sentimentale con qlcu. | (*fig.*) **— con qlcu.**, **dalla parte di qlcu.**, parteggiare per lui | **— addosso a qlcu.**, incalzarlo con pressanti richieste | **riuscire a —; saper, poter —**, essere in grado di vivere, di resistere: *non può — senza di voi |* **lasciar —**, non toccare ql.co.; non disturbare qlcu.: *lasciami —*; (*assol.*) desistere, non continuare: *meglio lasciar —|* **starci**, acconsentire: *ci stai a venire al cinema?* **4** poter essere contenuto, entrarci: *in questa bottiglia ci sta un litro di vino* | (*fig.*) **non — in sé**, essere fuori di sé, non controllarsi: *non — in sé dalla felicità* **5** (*mat.*) essere in rapporto di proporzione: *10 sta a 2 come 20 sta a 4* **6** abitare, risiedere: *sto in via Italia* | (*di edificio e sim.*) avere sede: *l'ospedale sta a pochi isolati da qui* **7** essere in una data condizione fisica, psicologica, economica: *come stai?*; *non — molto bene* **8** *— bene, male*, essere o non essere opportuno, educato, conveniente: *sta male andarsene senza salutare* | essere o non essere adatto: *queste scarpe non ti stanno bene* **9** (*di ql.co.*) essere in un certo modo: *dicci come stanno le cose* | (*estens.*) consistere, essere: *qui sta la parte più complessa* **10** spettare: *non sta a noi scegliere* **11** in funzione di v. fraseologico | seguito da ger., indica un'azione continuativa: *sto studiando* | seguito da *per* e inf.pres., indica l'imminenza di un'azione: *sta per arrivare* | seguito da *a* e inf.pres., sottolinea la durata di un'azione: *è stato a parlare al telefono per ore.*

starlet (*ingl.*) [pr. *stàrlet*] *s.f.invar.* giovane attrice cinematografica non ancora famosa.

stàr|na *s.f.* uccello simile alla pernice, con corpo tozzo, piume grigiastre e piccolo becco ricurvo.

star|naz|zà|re *v.intr.* [aus. *A*] **1** (*di uccelli, spec. gallinacei*) agitare rapidamente le ali, emettendo suoni striduli **2** (*fig., scherz.*) far chiasso; chiacchierare inutilmente.

star|nu|ti|re *v.intr.* [indic.pres. *io starnutisco, tu starnutisci...*; aus. *A*] fare uno o più starnuti.

star|nù|to *s.m.* brusca espirazione involontaria preceduta da una profonda inspirazione, causata da una stimolazione della mucosa nasale: *fare uno —.*

star system (*ingl.*) [pr. *stàr sìstem*] *loc.sost. m.invar.* l'insieme di persone che lavorano per sostenere, creare, favorire una star.

start (*ingl.*) *s.m.invar.* **1** (*cine.*) fotogramma iniziale di un film **2** (*sport*) segnale di partenza.

starter (*ingl.*) *s.m.invar.* **1** chi, in una gara di corsa, dà il segnale di partenza **2** (*auto.*) dispositivo che facilita l'avviamento del motore.

sta|sà|re *v.tr.* liberare da ciò che intasa; sturare.

sta|sé|ra *avv.* questa sera; la sera in corso o quella appena passata.

stà|si *s.f.* **1** (*med.*) rallentamento o ristagno di fluidi circolanti nell'organismo **2** (*fig.*) rallentamento o arresto momentaneo; ristagno.

-stà|si o **-stàsia** (*med., scient.*) secondo elemento di parole composte che significa "interruzione, arresto" (*menostasi*) o "mantenimento costante" (*omeostasi*).

sta|tà|le *agg.* dello Stato; che è gestito dallo Stato: *scuola —* ♦ *s.m./f.* dipendente di un'amministrazione statale ♦ *s.f.* strada statale.

sta|ta|lì|smo *s.m.* tendenza ad attribuire allo Stato un largo potere di intervento nella vita economica e sociale.

sta|ta|lì|sta *s.m./f.* [m.pl. *-i*] fautore dello statalismo.

sta|ta|lì|sti|co *agg.* [m.pl. *-ci*] proprio dello statalismo.

sta|ta|liz|zà|re *v.tr.* rendere di proprietà dello Stato.

sta|ta|liz|za|zió|ne *s.f.* trasferimento della proprietà o della gestione di un'impresa da un ente privato a uno statale.

stà|ti|ca *s.f.* **1** (*fis.*) parte della meccanica che studia le condizioni di equilibrio dei corpi **2** (*estens.*) insieme delle condizioni di equilibrio e stabilità di una costruzione.

sta|ti|ci|tà *s.f.* condizione di ciò che è statico.

stà|ti|co *agg.* [m.pl. *-ci*] **1** (*fis.*) proprio della statica | proprio di un sistema in quiete; non dinamico **2** che riguarda la stabilità di una costruzione **3** (*fig.*) senza movimento; privo di sviluppo: *un'economia statica.*

sta|tì|no *s.m.* **1** (*bur.*) piccolo prospetto che riporta i dati di una rilevazione **2** modulo rilasciato da un'università come prova di avvenuto pagamento delle tasse, iscrizione o superamento di un esame e sim.

station wagon (*ingl.*) [pr. *stéscion vègon*] *loc. sost.f.invar.* automobile modificata rispetto al modello base, con sedili posteriori ribaltabili e portellone posteriore, in modo da avere maggiore spazio per i bagagli; familiare.

sta|tì|sta *s.m./f.* [m.pl. *-i*] chi governa uno Stato |

esperto dei problemi relativi al governo di uno Stato.

sta|ti|sti|ca *s.f.* **1** analisi quantitativa di fenomeni collettivi allo scopo di spiegarli e prevederli secondo il calcolo delle probabilità **2** (*estens.*) raccolta sistematica e ordinata di dati.

sta|ti|sti|co *agg.* [m.pl. *-ci*] che riguarda la statistica; proprio della statistica: *calcolo —* ♦ *s.m.* [f. *-a*] chi si occupa di statistica □ **statisticamente** *avv.* **1** dal punto di vista statistico **2** mediamente.

sta|ti|vo *s.m.* supporto per microscopi e altri strumenti ottici di precisione.

sta|tiz|za|re *v.tr.* statalizzare.

sta|tiz|za|zió|ne *s.f.* statalizzazione.

stà|to *s.m.* **1** lo stare | (*gramm.*) *verbi di —*, quelli che non indicano movimento | *complemento di — in luogo*, quello indicante lo stato in cui si compie quanto espresso dal verbo **2** modo di essere; situazione: *— di salute* | *— d'animo*, condizione di spirito; umore | (*fig.*) *— di grazia*, condizione di particolare ispirazione, efficienza **3** condizione anagrafica o giuridica di una persona: *— celibe, nubile* | il documento ufficiale che attesta una condizione anagrafica o giuridica: *richiedere lo — di famiglia* | *— civile*, condizione anagrafica di un individuo relativamente ai legami familiari o alla cittadinanza; anagrafe **4** posizione economica e sociale: *migliorare il proprio —* | classe sociale | (*st.*) *primo, secondo, terzo, quarto —*, nella Francia prerivoluzionaria, la nobiltà, il clero, la borghesia, il popolo **5** (*chim., fis.*) situazione in cui possono trovarsi le molecole di una sostanza | *— di aggregazione*, modo in cui si possono aggregare le molecole: *— solido, liquido, gassoso* **6** (*mil.*) *— maggiore*, l'insieme degli ufficiali alla guida e direzione di grandi unità **7** l'entità giuridica e politica che è frutto dell'organizzazione della vita collettiva di un gruppo sociale stanziato su un territorio, sul quale tale entità esercita la propria sovranità: *Stato democratico* | il territorio stesso: *i confini dello Stato* | *Stato di diritto*, quello in cui c'è la separazione dei poteri e in cui ogni cittadino, incluso chi esercita il potere politico, deve rispettare le leggi | *uomo di Stato*, statista | *ragion di Stato*, logica per cui l'interesse dello Stato prevale su ogni altra cosa | (*fig.*) *fare di ql.co. un affare di Stato*, dargli più importanza di quanto non meriti.

-stà|to secondo elemento di parole composte che indica la capacità di stabilizzare, di mantenere costante (*termostato*) o la capacità di sostenersi (*aerostato*).

sta|to|la|trì|a *s.f.* concezione che riconosce allo Stato un'autorità assoluta e illimitata; culto dello Stato.

sta|tó|re *s.m.* (*mecc.*) parte fissa di una macchina elettrica rotante.

stà|tua *s.f.* opera di scultura a tutto tondo, raffigurante persona o animale: *— di marmo* | *— equestre*, che rappresenta un personaggio a cavallo | (*fig.*) *essere, sembrare una —*, detto di persona o animale che resta immobile e muto.

sta|tu|à|le *agg.* dello Stato in quanto organizzazione politico-giuridica.

sta|tu|à|ria *s.f.* l'arte di scolpire statue | la produzione scultorea: *la — classica*.

sta|tu|à|rio *agg.* **1** di statua, che riguarda le statue **2** (*fig.*) maestoso, solenne, imponente: *fisico —*.

sta|tu|i|re *v.tr.* [indic.pres. *io statuisco, tu statuisci...*; part.pass. *statuito*] (*dir.*) stabilire per legge; sancire.

sta|tu|ni|tèn|se *agg.* degli Stati Uniti d'America ♦ *s.m./f.* chi è nato o abita negli Stati Uniti d'America.

stà|tu quo (*lat.*) *loc.sost.m.invar.* → **status quo**.

sta|tù|ra *s.f.* **1** altezza di un individuo in posizione eretta | (*estens.*) altezza di un animale, dal piede alla spalla **2** (*fig.*) altezza d'animo o d'ingegno; levatura: *— morale*.

stà|tus (*lat.*) *s.m.invar.* situazione sociale o giuridica di un individuo, di un gruppo.

stà|tus quo o **stà|tu quo** (*lat.*) *loc.sost.m.invar.* situazione in un dato momento; situazione di fatto: *mantenere lo —*.

status symbol (*ingl.*) *loc. sost.m.invar.* oggetto, segno esteriore che indicherebbe la posizione sociale, spec. elevata, di una persona.

sta|tu|tà|rio *agg.* di statuto | sancito da uno statuto.

sta|tù|to *s.m.* **1** atto che contiene le norme fondamentali di un ente pubblico o privato: *lo — di un'associazione* | (*st.*) *— albertino*, carta costituzionale emanata da re Carlo Alberto di Savoia nel 1848 | *— regionale*, che regola l'organizzazione interna di una regione: *regione a — speciale* **2** (*estens.*) condizione giuridica.

sta|vòl|ta *avv.* (*fam.*) questa volta.

sta|zio|na|mén|to *s.m.* (*spec. di veicolo*) sosta | (*auto.*) *freno di —*, freno a mano.

sta|zio|nà|re *v.intr.* [indic.pres. *io stazióno...*; aus. *A*] (*spec. di veicoli*) sostare, stare fermo in un luogo.

sta|zio|nà|rio *agg.* **1** che resta fermo in un luogo | (*di animale*) che non migra: *uccello —* **2** (*fig.*) che non varia; costante.

sta|zió|ne *s.f.* **1** l'insieme di impianti ed edifici attrezzati per le operazioni di arrivo e partenza dei mezzi di trasporto pubblico: *— marittima* | (*assol.*) stazione ferroviaria | (*st.*) luogo attrezzato per la sostituzione o il riposo dei cavalli **2** qualsiasi edificio o impianto fisso attrezzato per certi servizi: *— meteorologica* | *— dei carabinieri*, la più piccola unità operativa dei carabinieri sul territorio | *— di servizio*, struttura attrezzata per il rifornimento di carburante, l'assistenza tecnica degli autoveicoli e il ristoro dei viaggiatori **3** canale radiofonico: *cambiare —* **4** località con particolari caratteristiche ambientali e climatiche | località adatta a soggiorni di villeggiatura, di cura: *— sciistica, termale* **5** (*relig.*) nella Via Crucis, ognuna delle quattordici immagini della Passione di Cristo di fronte alle quali i fedeli si fermano a pregare **6** (*fisiol.*) la posizione del corpo umano: *— eretta*.

stàz|za *s.f.* **1** (*mar.*) volume complessivo degli

spazi interni di una nave mercantile misurato in *tonnellate di stazza*, pari ognuna a 2,832 m³ **2** (*fig.*) corporatura robusta.

staz|zà|re *v.tr.* misurare la stazza di un'imbarcazione ♦ *intr.* [aus. *A*] (*di nave*) avere una certa stazza.

stàz|zo *s.m.* recinto all'aperto in cui si riunisce il bestiame durante la notte.

staz|zo|nà|re *v.tr.* [indic.pres. *io stazzóno...*] sgualcire.

ste|a|ri|co *agg.* [m.pl. *-ci*] (*chim.*) detto di acido che si ottiene dalla saponificazione di grassi animali e vegetali, usato per candele e appretti per tessuti | *candela stearica*, candela di stearina.

ste|a|ri|na *s.f.* (*chim.*) gliceride dell'acido stearico | nome commerciale di una miscela solida di acidi grassi un tempo usata per le candele.

ste|a|ti|te *s.f.* (*min.*) varietà compatta di talco, usata come isolante elettrico o per fabbricare oggetti ornamentali e gessetti.

stéc|ca *s.f.* **1** asticella lunga e sottile di materiale diverso a seconda degli usi: *le stecche della staccionata* **2** nome generico di vari elementi a forma di stecca: *le stecche dell'ombrello* | — *del biliardo*, asta assottigliata sulla punta, con cui si colpisce la palla nel biliardo | *stecche di balena*, lamine ricavate dai fanoni della balena, usate per busti, ventagli ecc. **3** (*med.*) tavoletta in materiale rigido per immobilizzare un osso fratturato **4** (*estens.*) confezione di dieci o venti pacchetti di sigarette **5** (*fig.*) stonatura improvvisa | serie di note stonate.

stec|cà|re *v.tr.* [indic.pres. *io stécco, tu stécchi...*] **1** fornire di stecche | cingere con uno steccato: — *un giardino* **2** (*med.*) applicare una stecca a un osso fratturato **3** (*fig.*) sbagliare, prendere male: — *una nota* | (*sport*) — *la palla*, nel tennis, colpirla col bordo della racchetta ♦ *intr.* [aus. *A*] **1** (*biliardo*) colpire male la palla con la stecca **2** (*fig.*) stonare nell'esecuzione di un pezzo musicale.

stec|cà|ta *s.f.* **1** steccato **2** colpo dato con la stecca.

stec|cà|to *s.m.* **1** recinzione, barriera di stecche o pali affiancati infissi nel terreno | in un ippodromo, delimitazione della pista **2** (*fig.*) separazione, divisione profonda.

stec|chét|to *s.m.* nella loc. *a* —, con forti limitazioni di mezzi, denaro, cibo: *stare, tenere a* —.

stec|chi|no *s.m.* stuzzicadenti.

stec|chi|re *v.tr.* [indic.pres. *io stecchisco, tu stecchisci...*] uccidere sul colpo: *lo stecchì con una fucilata* ♦ *intr.* [aus. *E*], *-rsi intr.pron.* seccarsi | irrigidirsi.

stec|chi|to *part.pass.* di stecchire ♦ *agg.* **1** rinsecchito: *un albero* — **2** rigido | *morto* —, morto sul colpo | (*fig.*) *lasciare* —, sbalordito **3** (*fig.*) magrissimo.

stéc|co *s.m.* [pl. *-chi*] ramoscello secco e sfrondato | bastoncino appuntito | (*fig.*) *essere uno* —, magrissimo.

stec|co|nà|ta *s.f.* o **stecconàto** *s.m.* steccato.

stec|có|ne *s.m.* asse di legno stretta e piatta, gener. appuntita, usata per recinti e steccati.

ste|chio|me|tri|a *s.f.* parte della chimica che studia le leggi che regolano i rapporti di combinazione delle molecole nelle reazioni.

ste|go|mi|a *s.f.* piccolo insetto simile alla zanzara, tipico delle zone tropicali, che pungendo trasmette la febbre gialla.

ste|go|sàu|ro *s.m.* grande rettile terrestre mesozoico, appartenente ai Dinosauri, con cresta ossea lungo la spina dorsale.

stèl|le *s.f.* [pl.invar. o *steli*] **1** lastra di marmo o pietra con iscrizioni o immagini in rilievo: — *commemorativa* **2** (*bot.*) la zona centrale dei fusti e delle radici.

stél|la *s.f.* **1** corpo celeste splendente di luce propria, costituito da materia allo stato di plasma | — *cadente*, meteora | — *polare*, nella costellazione dell'Orsa Minore, quella che indica il Polo nord | (*fig.*) *salire, giungere, arrivare alle stelle*, arrivare molto in alto; (*di prezzo*) rincarare | *portare, levare alle stelle*, esaltare, magnificare | *vedere le stelle*, sentire un fortissimo dolore fisico **2** immagine, struttura, oggetto a forma di stella: *una* — *di stoffa* | *a* —, a forma di stella | — *filante*, rotolino di carta variamente colorato che si lancia per gioco a carnevale | — *dello sperone*, rotella dello sperone **3** decorazione, distintivo, emblema a forma di stella | simbolo indicante il grado militare; stelletta: *generale a quattro stelle* | simbolo indicante la categoria o la qualità di alberghi, ristoranti e sim.: *pensione a tre stelle* | *la* — *di Davide*, a sei punte, simbolo del popolo di Israele **4** personaggio dello spettacolo; star | (*estens.*) personaggio famoso **5** sorte, destino: *sperare in una buona* — **6** (*bot.*) — *di Natale*, arbusto con piccoli fiori gialli circondati da grandi brattee rosse disposte a stella; — *alpina*, pianta erbacea con foglie lanuginose e fiori bianchi vellutati; edelweiss **7** (*zool.*) — *di mare*, invertebrato degli Echinodermi con corpo a forma di stella.

stel|là|re *agg.* **1** (*astr.*) proprio di una stella; relativo alle stelle | *fisica* —, astrofisica **2** che ha forma di stella **3** spaziale: *guerre stellari* **4** (*di prezzo*) altissimo.

stel|là|to *agg.* **1** pieno, cosparso di stelle: *cielo* — **2** che presenta raffigurate delle stelle | (*per anton.*) *bandiera stellata*, quella degli USA **3** che ha forma di stella.

stel|lét|ta *s.f.* **1** (*spec.pl.*) distintivo a forma di stella a cinque punte che contraddistingue le forze armate italiane | distintivo indicante il grado degli ufficiali dell'esercito **2** asterisco.

stel|li|na *s.f.* **1** giovane attrice cinematografica; starlet **2** (*spec.pl.*) tipo di pastina per brodo.

stel|lon|ci|no *s.m.* (*giorn.*) trafiletto privo di titolo.

stè|lo *s.m.* **1** (*bot.*) fusto delle piante erbacee | peduncolo del fiore **2** (*estens.*) elemento di sostegno a forma di fusto | *lampada a* —, con fusto lungo che poggia sul pavimento **3** (*anat.*) parte del pelo esterna all'epidermide.

stèm|ma *s.m.* [pl. *-i*] (*arald.*) emblema figurati-

stemmato

vo di famiglie nobili, istituzioni, enti, associazioni e sim.

stem|ma|to *agg.* che reca uno stemma.

stem|pe|ra|re *v.tr.* [indic.pres. *io stèmpero*...] **1** sciogliere, diluire una sostanza solida in un liquido formando un impasto: — *i colori nell'olio* | *(fig.)* privare di forza, efficacia; attenuare: — *una critica* **2** togliere la tempera a un metallo: — *l'acciaio* ♦ **-rsi** *intr.pron.* **1** sciogliersi | *(fig.)* perdere forza, intensità **2** perdere la tempera | perdere la punta.

stem|piar|si *v.intr.pron.* [indic.pres. *io mi stèmpio*...] perdere i capelli sulle tempie.

stem|pia|to *part.pass. di* stempiarsi ♦ *agg.* con pochi o senza capelli sulle tempie.

stem|pia|tu|ra *s.f.* lo stempiarsi | parte delle tempie senza capelli.

stencil *(ingl.)* [pr. *stènsil*] *s.m.* mascherina traforata per eseguire decorazioni su vari materiali | tecnica decorativa che usa tali mascherine | decorazione ottenuta con tale tecnica.

sten|dar|do *s.m.* **1** *(st.)* insegna dei reggimenti di cavalleria **2** gonfalone di enti pubblici o confraternite religiose, issato su un'asta.

stèn|de|re *v.tr.* [con. come *tendere*] **1** distendere, allargare, allungare: — *le gambe, le braccia* | *la mano*, chiedere l'elemosina **2** mettere a giacere: *stesero il ferito sul letto* | *(estens.)* atterrare, abbattere: — *qlcu. con un pugno* | *(fig.)* lasciare sbalordito, senza capacità di replica: *con quella risposta l'hai steso!* **3** spiegare, svolgere ql.co. di ravvolto o piegato: — *la coperta sul letto* | *(anche assol.)* mettere all'aria per far asciugare: — *il bucato* **4** spalmare, spianare: — *la marmellata sul pane* | *la pasta*, lavorarla con il mattarello per renderla una sfoglia **5** mettere per iscritto; redigere: — *un verbale* ♦ **-rsi** *rifl.* coricarsi, sdraiarsi, spec. per dormire: *ho bisogno di stendermi per mezz'ora* ♦ *intr.pron.* estendersi nello spazio.

sten|di|bian|che|ri|a *s.m.invar.* attrezzo su cui si stende la biancheria ad asciugare.

sten|di|to|io *s.m.* **1** spazio attrezzato per stendere i panni ad asciugare **2** stendibiancheria.

stè|no- primo elemento di parole composte che significa "stretto" (*stenocardia*) o "breve" (*stenografia*).

ste|no|bloc|co *s.m.* particolare blocco di carta usato dagli stenografisti.

ste|no|car|di|a *s.f.* (*med.*) angina pectoris.

ste|no|dat|ti|lo|gra|fi|a *s.f.* sistema della stenografia combinata alla dattilografia.

ste|no|dat|ti|lò|gra|fo *s.m.* [f. *-a*] chi è specializzato o diplomato in stenodattilografia.

ste|no|gra|fa|re *v.tr.* [indic.pres. *io stenògrafo*...] scrivere con i caratteri e i segni della stenografia.

ste|no|gra|fi|a *s.f.* tecnica di scrittura manuale veloce che usa abbreviazioni e segni convenzionali al posto delle parole e frasi.

ste|no|gra|fi|co *agg.* [m.pl. *-ci*] proprio della stenografia | scritto tramite stenografia: *resoconto* —.

ste|nò|gra|fo *s.m.* [f. *-a*] chi scrive usando la tecnica stenografica.

ste|nò|si o **stènosi** *s.f.* (*med.*) restringimento patologico di un orifizio o di un condotto anatomico.

ste|no|ti|pi|a *s.f.* scrittura stenografica realizzata con speciali macchine da scrivere.

ste|no|ti|pi|sta *s.m./f.* [m.pl. *-i*] chi scrive in stenotipia.

sten|ta|re *v.intr.* [indic.pres. *io stènto*...; aus. *A*] **1** fare fatica, incontrare difficoltà per riuscire in ql.co.: *non stento a crederlo* **2** *(assol.)* vivere in ristrettezze economiche: *una famiglia che stenta* ♦ *tr. nelle loc.* — **la vita, il pane** e sim., vivere tra gli stenti.

sten|ta|to *part.pass. di* stentare ♦ *agg.* **1** fatto, ottenuto con difficoltà, a fatica | privo di naturalezza, non spontaneo: *un sorriso* — **2** *(di pianta e sim.)* cresciuto male, a stento **3** pieno di fatiche e di stenti: *vita stentata*.

stèn|to *s.m.* **1** sofferenza, privazione causata da gravi ristrettezze economiche: *condurre una vita di stenti* **2** difficoltà, fatica nell'ottenere o fare ql.co. | **a** —, a fatica.

sten|tò|re|o *agg.* (*di voce*) forte, chiara, potente.

step *(ingl.) s.m.* speciale pedana per esercizi ginnici a tempo di musica | *(estens.)* ginnastica consistente nel salire e scendere a tempo di musica da una speciale pedana.

stép|pa *s.f.* vasta prateria incolta tipica dei climi continentali con lunghi periodi di siccità.

stép|pi|co *agg.* [m.pl. *-ci*] proprio della steppa.

step|pó|so *agg.* che ha aspetto o caratteristiche proprie della steppa.

stèr|co *s.m.* [pl. *-chi*] escrementi animali.

ster|co|rà|rio *agg.* **1** *(lett.)* relativo allo sterco **2** *(zool.)* scarabeo —, insetto dei Coleotteri che depone le uova negli escrementi animali.

stè|re|o *agg.invar. abbr. di* stereofonico ♦ *s.m.invar.* impianto stereofonico.

stè|re|o- primo elemento di parole composte che significa "spaziale, tridimensionale" (*stereofonia, stereometria*).

ste|re|ò|ba|te *s.m.* nell'architettura greca, basamento di una colonna o di un intero edificio.

ste|re|o|ci|ne|ma|to|gra|fi|a *s.f.* cinematografia nella quale le immagini sullo schermo sono rese, tramite tecniche particolari, tridimensionali.

ste|re|o|fo|ni|a *s.f.* tecnica di registrazione e riproduzione del suono su più canali, tale per cui l'ascoltatore ha l'impressione che il suono provenga da varie direzioni | *(loc.)* **in** —, stereofonico.

ste|re|o|fò|ni|co *agg.* [m.pl. *-ci*] **1** proprio della stereofonia: *effetto* — **2** basato sulla stereofonia | *impianto* —, impianto per l'ascolto di musica, con uno o più diffusori acustici.

ste|re|o|fo|to|gra|fi|a *s.f.* tecnica fotografica in cui si affiancano due immagini di un oggetto così da dare all'osservatore l'impressione di tridimensionalità dell'oggetto stesso | fotografia stereoscopica.

ste|re|o|gra|fi|a *s.f.* **1** *(geom.)* metodo di rappresentazione grafica di un solido su una superficie 2 (*med.*) in radiologia, metodo diagnostico basato sull'osservazione di due radiografie disposte in un apposito apparecchio che rende l'immagine steroscopica.

ste|re|o|gràm|ma *s.m.* [pl. *-i*] (*mat.*) rappresentazione grafica tridimensionale di una funzione a due variabili | diagramma a tre dimensioni.

ste|re|o|me|trì|a *s.f.* parte della geometria che studia i solidi.

ste|re|o|sco|pì|a *s.f.* 1 percezione della tridimensionalità di un oggetto dovuta alla visione binoculare 2 (*fis.*) parte dell'ottica che studia le immagini e gli effetti tridimensionali 3 fotografia stereoscopica.

ste|re|o|scò|pi|co *agg.* [m.pl. *-ci*] proprio della stereoscopia | *fotografia stereoscopica*, quella che, pur stampata su una superficie piana, ha un effetto di rilievo; stereofotografia.

ste|re|o|scò|pio *s.m.* strumento ottico, simile a un binocolo, che rende un'immagine tridimensionale.

ste|re|o|ti|pà|re *v.tr.* [indic.pres. *io stereòtipo...*] stampare tramite stereotipia.

ste|re|o|ti|pà|to *part.pass. di* stereotipare ♦ *agg.* 1 stampato tramite stereotipia 2 (*fig.*) riprodotto in modo identico, seguendo un modello fisso; convenzionale: *frasi stereotipate*.

ste|re|o|ti|pì|a *s.f.* procedimento di riproduzione con cui si ottengono, da una composizione tipografica a caratteri mobili, lastre in piombo o plastica fuse in un blocco unico | la lastra così ottenuta | la stampa ottenuta con tali lastre.

ste|re|o|tì|pi|co *agg.* [m.pl. *-ci*] che riguarda lo stereotipia.

ste|re|ò|ti|po *agg.* proprio della stereotipia | ottenuto con sterotipia ♦ *s.m.* (*psicol.*) opinione precostituita, scarsamente suscettibile di modifiche | (*estens.*) luogo comune; modello convenzionale di comportamento, di discorso e sim.

stè|ri|le *agg.* 1 fisiologicamente incapace di concepire, di riprodursi; infecondo | *fiore* —, che non dà frutto 2 (*estens.*, *agr.*) improduttivo e poco produttivo: *terreno* — 3 (*fig.*) inutile, privo di effetti: *discussione* — 4 (*med.*) sterilizzato: *tampone* —.

ste|ri|li|tà *s.f.* 1 incapacità fisiologica a riprodursi 2 (*estens.*, *agr.*) bassa o nulla produttività 3 (*fig.*) mancanza di effetti 4 totale assenza di germi o altri microrganismi.

ste|ri|liz|zà|re *v.tr.* 1 rendere sterile; privare della capacità di riprodursi e procreare 2 liberare da germi e altri microrganismi con appositi procedimenti: — *il latte*.

ste|ri|liz|za|tó|re *s.m.* 1 [f. *-trice*] chi sterilizza 2 apparecchio per la sterilizzazione ♦ *agg.* che sterilizza: *macchina sterilizzatrice*.

ste|ri|liz|za|zió|ne *s.f.* 1 (*med.*) procedimento con cui si rende la femmina o il maschio incapaci di procreare 2 procedimento che elimina qualsiasi forma di vita microbica presente in una sostanza o in un corpo.

ster|lét|to o **sterlàtto** *s.m.* pesce di piccole dimensioni, simile allo storione, che fornisce caviale molto pregiato.

ster|lì|na *s.f.* unità monetaria del Regno Unito e di diversi altri paesi.

ster|mi|nà|re *v.tr.* [indic.pres. *io stèrmino...*] annientare; eliminare del tutto, senza lasciare sopravvissuti: — *una popolazione*.

ster|mi|na|téz|za *s.f.* vastità, smisuratezza.

ster|mi|nà|to *agg.* immenso, smisurato: *deserto* — | (*fig.*) fuori dal comune: *cultura sterminata*.

ster|mi|na|tó|re *agg.*, *s.m.* [f. *-trice*] che, chi stermina.

ster|mì|nio *s.m.* 1 massacro, strage: *fare uno* — | *campo di* —, luogo di prigionia in cui i reclusi vengono uccisi in maniera sistematica: spec. riferito ai lager nazisti) 2 (*fig.*, *fam.*) quantità grandissima; enormità: *uno* — *di soldi*.

stèr|na *s.f.* uccello acquatico somigliante al gabbiano ma più piccolo, con coda forcuta e becco rosso, lungo e sottile.

ster|nà|le *agg.* (*anat.*) proprio dello sterno; che riguarda lo sterno.

stèr|no *s.m.* (*anat.*) osso piatto nella parte mediana anteriore del torace, a cui si uniscono le costole.

ste|ròi|de *s.m.* (*chim.*) nome di diversi composti organici, naturali o sintetici, caratterizzati da una struttura complessa e costituenti di molti ormoni e acidi biliari.

ste|roi|dè|o *agg.* (*chim.*) proprio dello steroide | contenente steroidi: *composto* —.

ster|pà|glia *s.f.* groviglio di sterpi: *fitta* — | zona ricoperta da sterpi.

ster|pà|ia *s.f.* o **sterpàio** *s.m.* terreno pieno di sterpi; sterpaglia.

ster|pà|me *s.m.* insieme di sterpi.

ster|pàz|zo|la o **sterpazzòla** *s.f.* uccello dei Passeriformi, diffuso nel continente europeo, che nidifica tra le siepi o gli sterpi.

stèr|po o **stérpo** *s.m.* arbusto secco e spinoso; ramo secco.

ster|pó|so *agg.* pieno, ricoperto di sterpi: *un campo* —.

ster|rà|re *v.tr.* [indic.pres. *io stèrro...*] rimuovere la terra scavando o spianando, gener. per fare una strada, per costruire un edificio e sim.

ster|rà|to *part.pass. di* sterrare ♦ *agg.* ottenuto con operazioni di sterro | *strada sterrata*, che ha il fondo in terra battuta ♦ *s.m.* 1 terreno sterrato 2 strada sterrata: *percorrere uno* —.

ster|ra|tó|re *s.m.* [f. *-trice*] operaio addetto ai lavori di sterro.

stèr|ro *s.m.* rimozione della terra compiuta scavando o spianando | scavo o superficie così ottenuti | terra asportata sterrando.

ster|zà|re *v.intr.* [indic.pres. *io stèrzo...*; aus. *A*] 1 azionare lo sterzo per cambiare la direzione di un veicolo: — *a destra* 2 (*fig.*, *fam.*) cambiare improvvisamente di idea, tendenza.

ster|zà|ta *s.f.* 1 manovra dello sterzare 2 (*fig.*) netto mutamento di idee, tendenze: *una robusta* —.

stèr|zo *s.m.* meccanismo che permette di agire

sulle ruote anteriori di un veicolo dirigendolo nella direzione voluta.

stés|so *agg.dimostr.* **1** [anche rafforzato da *medesimo*] identico, medesimo: *andare nella stessa scuola; avere gli stessi amici* | **nello, allo** — *tempo*, **al tempo** —, contemporaneamente: *lavora e studia allo* — *tempo* **2** (*raff.*) proprio, in persona: *il preside* — *è d'accordo con noi* | **domani** —, proprio domani | persino: *l'avversario* — *si congratulò con lui* **3** rafforza un pron.pers.: *devi aver fiducia in te* — ♦ *pron.dimostr.m.sing.* [f. -a] **1** la medesima persona: *c'era la stessa dell'altra volta* | *non essere più lo* —, essere cambiato rispetto a un tempo, spec. nel comportamento **2** la medesima cosa: *gli orari sono gli stessi dell'anno scorso* | *è*, **fa lo** —, è indifferente | (*loc., fam.*) *lo* —, ugualmente: *partirò lo* —.

ste|sù|ra *s.f.* **1** l'atto di stendere uno scritto: *la* — *di un verbale* **2** redazione di un'opera letteraria: *la prima* — *di un romanzo*.

ste|to|sco|pì|a *s.f.* (*med.*) auscultazione mediante stetoscopio.

ste|to|scò|pio *s.m.* (*med.*) strumento dotato di uno o due auricolari, impiegato per auscultare il cuore e gli organi della respirazione.

steward (*ingl.*) [pr. *stiùard*] *s.m.invar.* sugli aerei, assistente di volo | (*estens.*) su altri mezzi di trasporto, che fornisce assistenza ai passeggeri.

stì|a *s.f.* gabbia in cui si richiudono i polli per allevarli o trasportarli.

stiac|cià|to *s.m.* tecnica simile al bassorilievo, tipica del Rinascimento, in cui il rilievo va gradualmente attenuandosi dal primo all'ultimo piano, creando un'illusione di profondità.

stick (*ingl.*) *s.m.invar.* **1** confezione, spec. di prodotti cosmetici e igienici, in forma di piccolo cilindro **2** gelato o ghiacciolo confezionato inserito su uno stecco.

sti|còn|me|tro *s.m.* (*tipografia*) regolo graduato per misurare lo spazio che occuperà in una riga di stampa una riga del manoscritto da comporre.

stie|pì|di|re *v.tr.* [indic.pres. *io stiepidisco, tu stiepidisci...*] rendere tiepido | lasciare intiepidire.

sti|glià|re *v.tr.* [indic.pres. *io stìglio...*] sottoporre a stigliatura.

sti|glia|tù|ra *s.f.* nella lavorazione delle piante tessili, separazione delle fibre dagli steli.

stìg|ma o **stimma** *s.m.* [pl. -i] **1** (*bot.*) rigonfiamento superiore del pistillo su cui si deposita il polline **2** (*zool.*) ognuna delle piccole aperture laterali nel corpo degli insetti, attraverso cui avviene la respirazione **3** (*lett.*) marchio, segno distintivo, spec. negativo: *lo* — *del fallimento*.

stig|màn|te o **stimmate** *s.f.pl.* **1** (*relig.*) le ferite nelle mani, nei piedi e nel costato di Cristo | tali segni apparsi ad alcuni santi nelle corrispondenti parti del corpo **2** (*st.*) nell'antica Grecia, marchio impresso a fuoco sul bestiame o sulla fronte di delinquenti e schiavi fuggitivi **3** (*fig.*) segno caratteristico.

stig|mà|ti|co o **stimmàtico** *agg.* [m.pl. -ci] **1** (*bot.*) di stigma **2** (*fis.*) detto di sistema ottico caratterizzato da stigmatismo.

stig|ma|tì|smo *s.m.* (*fis.*) proprietà di un sistema ottico in cui a ogni punto reale corrisponde, nell'immagine, un punto determinato.

stig|ma|tiz|zà|re *v.tr.* biasimare energicamente, disapprovare fortemente: — *il comportamento di qlcu.*

sti|là|re *v.tr.* (*bur.*) stendere un documento, una lettera ufficiale: — *un contratto* | (*estens.*) scrivere, produrre: — *un elenco*.

stì|le *s.m.* **1** forma espressiva propria di un autore, di un'epoca in campo letterario e artistico: *lo* — *di Calvino;* — *rinascimentale;* — *tragico* | — **di un mobile**, l'insieme degli elementi che lo caratterizzano con riferimento al periodo in cui fu originariamente prodotto o in voga: — *Luigi XIV* **2** modo abituale di comportarsi, di presentarsi: *questo abito non rispecchia il tuo* — | eleganza, distinzione: *una persona di* — | **in grande** —, detto di ql.co. fatto in modo grandioso, fastoso: *matrimonio in grande* — **3** foggia particolare di un abito **4** (*sport*) modo, tecnica di esecuzione di un esercizio o di un'attività | — **libero**, nel nuoto, crawl.

sti|lè|ma *s.m.* [pl. *-i*] **1** (*ling.*) parola, frase, costrutto in quanto elemento di uno stile **2** procedimento stilistico che caratterizza un autore, una scuola, un periodo: *stilemi danteschi*.

sti|let|tà|ta *s.f.* **1** colpo di stiletto | (*fig.*) espressione ironica o di biasimo rivolta contro qualcuno, spec. in maniera indiretta; frecciata **2** (*estens., anche fig.*) fitta, dolore molto acuto.

sti|lèt|to *s.m.* pugnale dalla lama molto sottile e acuminata.

sti|lì|sta *s.m./f.* [m.pl. *-i*] **1** chi disegna la linea delle collezioni di moda o degli accessori | designer industriale **2** chi ha particolare cura del suo stile.

sti|lì|sti|ca *s.f.* studio storico-critico delle forme stilistiche che caratterizzano uno scrittore, una scuola, un'epoca.

sti|lì|sti|co *agg.* [m.pl. *-ci*] relativo allo stile | che riguarda la stilistica: *analisi stilistica*.

sti|lì|ta o **stilite** *s.m.* [pl. *-i*] (*st.*) asceta della Chiesa orientale che trascorre la vita sopra a una colonna.

sti|liz|zà|re *v.tr.* rappresentare ql.co. riducendolo agli elementi essenziali.

sti|liz|za|zió|ne *s.f.* l'operazione di stilizzare | la rappresentazione così ottenuta.

stìl|la *s.f.* (*lett.*) goccia.

stil|là|re *v.tr.* mandar fuori a stille ♦ *intr.* [aus. *E*] uscire a stille; gocciolare.

stil|lì|ci|dio *s.m.* **1** il cadere dell'acqua a goccia a goccia: *lo* — *di una grondaia* **2** (*fig.*) il ripetersi continuo, monotono di ql.co.: *uno* — *di telefonate*.

stil|no|vì|smo *s.m.* **1** stilnovo **2** modo di poetare proprio degli stilnovisti.

stil|no|vì|sta *s.m.* [pl. *-i*] poeta dello stilnovo | *agg.* **1** proprio dello stilnovo **2** che aderisce allo stilnovismo.

stil|no|vì|sti|co *agg.* [m.pl. *-ci*] che riguarda lo stilnovo: *tradizione stilnovistica*.

stil|nò|vo *s.m.* stile poetico comune ad alcuni autori italiani dei secc. XIII e XIV, fra i quali Dante, caratterizzato da una profonda raffinatezza stilistica e dall'esaltazione della donna in quanto fonte di elevazione spirituale.

sti|lo *s.m.* **1** asticella di metallo od osso con una estremità appuntita, che gli antichi usavano per scrivere su tavolette cerate | (*inform.*) attrezzo simile a una penna per tracciare linee e punti su una tavoletta grafica **2** braccio graduato della stadera **3** sostegno a forma di asta **4** stiletto **5** (*bot.*) prolungamento del pistillo che regge lo stigma **6** (*zool.*) appendice o peduncolo dell'addome di certi insetti.

sti|lò|ba|te *s.m.* (*arch.*) basamento delle colonne del tempio greco | (*estens.*) gradinata del tempio stesso.

sti|lò|fo|ro *agg.*, *s.m.* (*arch.*) detto di elemento a forma di animale su cui poggia una colonna, tipico spec. delle chiese romaniche e gotiche.

sti|lo|grà|fi|ca *s.f.* penna stilografica.

sti|lo|grà|fi|co *agg.* [m.pl. *-ci*] **1** si dice di penna dotata di serbatoio per l'inchiostro che alimenta il pennino **2** che è adatto a tale penna: *inchiostro —*.

sti|lòi|de *agg.* (*anat.*) detto di formazione allungata e sottile: *apofisi — radiale*.

sti|ma *s.f.* **1** valutazione monetaria: *fare la — di una casa* | prezzo derivato da una valutazione: *— molto alta* **2** (*stat.*) assegnazione di valori numerici a un parametro ignoto riferito a una popolazione, sulla base dei dati di un campione | il valore così assegnato **3** buona opinione; considerazione positiva: *avere — di qlcu.* **4** (*mar.*) calcolo del punto in cui si trova una nave, basato sulla rotta, la velocità media tenuta ecc.

sti|mà|bi|le *agg.* **1** degno di stima **2** che si può stimare, valutare da un punto di vista economico: *un investimento — in diversi miliardi*.

sti|mà|re *v.tr.* **1** determinare il prezzo, il valore di ql.co.; valutare: *— un appartamento* **2** ritenere, giudicare: *— qlcu. un gran lavoratore* **3** apprezzare, avere in grande considerazione: *ti stimo molto* ♦ **-rsi** *rifl.* ritenersi, giudicarsi: *— fortunato*.

sti|mà|to *part.pass.* di stimare ♦ *agg.* **1** che ha una larga stima, tenuto in grande considerazione: *uno — medico* **2** stabilito con una stima, in maniera approssimativa: *la spesa stimata è sui cento euro*.

sti|ma|tó|re *s.m.* [f. *-trice*] chi fa stime per professione: *— di gioielli*.

stim|ma *s.f. e deriv.* → **stigma** *e deriv.*

stim|ma|te *s.f.* → **stigmate**.

sti|mo|làn|te *part.pres.* di stimolare ♦ *agg.* **1** che stimola: *domanda —* | (*fig.*) che suscita interesse: *dibattito —* **2** (*med.*) che causa stimolazione o attivazione di una certa funzione: *farmaco —*.

sti|mo|là|re *v.tr.* [indic.pres. *io stìmolo...*] **1** incitare, esortare, invogliare: *— allo sport* **2** (*fig.*) eccitare, rendere più intenso un sentimento: *— la curiosità* | suscitare una reazione dell'organismo: *— l'appetito*.

sti|mo|la|tó|re *agg.* [f. *-trice*] che stimola ♦ *s.m.* **1** chi stimola **2** (*med.*) apparecchio in grado di sollecitare una funzione organica deficitaria | *— cardiaco*, pacemaker.

sti|mo|la|zió|ne *s.f.* l'atto di stimolare | ciò che provoca uno stimolo.

sti|mo|lo *s.m.* **1** incitamento, incentivo: *ha bisogno di stimoli per studiare* **2** impulso a soddisfare una necessità fisiologica: *lo — della fame, della sete* **3** fattore che provoca una reazione nell'organismo: *— nervoso*.

stin|co *s.m.* [pl. *-chi*] osso della gamba dal ginocchio alla caviglia | (*fig.*) **non essere uno — di santo**, non avere un comportamento irreprensibile.

stin|ge|re *v.tr.* [con. come *tingere*] scolorire, togliere la tinta ♦ *intr.* [aus. *E*], **-rsi** *intr.pron.* perdere il colore: *questa maglia si è ormai stinta*.

sti|pà|re *v.tr.* pigiare, ammassare in uno spazio ristretto: *— le maglie nel cassetto* ♦ **-rsi** *intr.pron.* accalcarsi: *— nel tram*.

sti|pen|dià|re *v.tr.* [indic.pres. *io stipèndio...*] assumere qlcu. al proprio servizio pagandogli uno stipendio | (*estens.*) dare lavoro a qlcu.: *— sei dipendenti*.

sti|pen|dià|to *part.pass.* di stipendiare ♦ *agg.*, *s.m.* [f. *-a*] che, chi riceve uno stipendio | (*estens.*) si dice di lavoratore dipendente.

sti|pèn|dio *s.m.* retribuzione fissa, spec. mensile, corrisposta a chi presta un lavoro subordinato: *aumento di —* | **— base**, minimo corrisposto, senza calcolare straordinari, indennità e sim.

sti|pét|to *s.m.* armadietto, spec. per cose di valore.

sti|pi|te *s.m.* **1** ciascuno dei due elementi architettonici verticali che delimitano lateralmente il vano di porte o finestre; piedritti: *battere il gomito contro lo —* **2** (*bot.*) fusto delle palme | gambo dei funghi.

sti|po *s.m.* piccolo armadio, spec. in legno pregiato e decorato, per oggetti di valore, carte, documenti.

sti|psi *s.f.* (*med.*) stitichezza.

sti|pu|la *s.f.* (*bur.*) stipulazione.

sti|pu|là|re *v.tr.* [indic.pres. *io stìpulo...*] (*dir.*) redigere in modo formale un accordo, un contratto e sim.: *— un preliminare d'acquisto*.

sti|pu|la|zió|ne *s.f.* (*dir.*) l'atto di stipulare | stesura e sottoscrizione formale di un contratto.

sti|ra|cal|zó|ni *s.m.invar.* attrezzo formato da due tavole di legno incernierate usato per fare la piega ai pantaloni.

sti|rac|chia|mén|to *s.m.* l'atto di stiracchiare, di stiracchiarsi.

sti|rac|chià|re *v.tr.* [indic.pres. *io stiràcchio...*] **1** stendere gli arti per sgranchirli: *— le braccia* **2** (*fam.*) stirare frettolosamente ♦ *intr.* [aus. *A*] (*fam.*) fare sacrifici economici ♦ **-rsi** *rifl.* sgranchirsi.

sti|rac|chià|to *part.pass.* di stiracchiare ♦ *agg.* forzato, stentato: *una sufficienza stiracchiata*.

sti|rac|chia|tù|ra *s.f.* interpretazione forzata di un testo o di un avvenimento.

sti|ra|mà|ni|che *s.m.invar.* attrezzo per stirare le maniche senza appiattirle.

sti|ra|mén|to *s.m.* 1 (*tecn.*) operazione dello stendere su una più ampia superficie una massa di metallo, vetro e sim. 2 (*med.*) brusca distensione di muscoli o tendini, con o senza lacerazione: — *muscolare*.

sti|rà|re *v.tr.* 1 distendere tirando per appianare le pieghe: — *un manifesto* 2 (*anche assol.*) togliere le pieghe a un indumento con il ferro da stiro: — *le camicie* 3 distendere le membra per sgranchirsele: — *le gambe sotto al tavolo* 4 procurarsi uno stiramento muscolare: *mi sono stirato il polpaccio* 5 (*tecn.*) stendere su una superficie una massa di metallo, vetro e sim. ♦ **-rsi** *rifl.* sgranchirsi, allungare una parte del corpo intorpidita ♦ *intr.pron.* procurarsi uno stiramento muscolare.

sti|ra|tó|io *s.m.* 1 asse da stiro 2 tavolo da disegno su cui si stende il foglio 3 (*ind.*) macchinario tessile per stirare i nastri di cotone.

sti|ra|tó|re *s.m.*[f. *-trice*] addetto a operazione di stiramento o stiratura.

sti|ra|tri|ce *s.f.* macchina automatica per la stiratura di stoffe e capi d'abbigliamento.

sti|ra|tu|ra *s.f.* 1 l'operazione di stirare con il ferro da stiro 2 (*tecn.*) stiramento 3 stiramento di tendini o muscoli.

sti|re|ri|a *s.f.* laboratorio per la stiratura a pagamento di indumenti.

sti|ro *s.m.* operazione dello stirare gli indumenti | (*loc.*) *da* —, per stirare: *ferro da* —.

stir|pe *s.f.* 1 origine, discendenza: *di — reale* | l'insieme delle persone che hanno uno stesso capostipite 2 (*dir.*) insieme delle persone che costituiscono la discendenza immediata di un defunto.

sti|ti|chéz|za *s.f.* difficoltà nell'evacuazione delle feci; stipsi.

sti|ti|co *agg., s.m.* [f. *-a*; m.pl. *-ci*] 1 che, chi è colpito da stitichezza 2 (*fig., scherz.*) che, chi produce con lentezza.

sti|va *s.f.* (*in navi e aerei*) spazio interno nella parte più bassa dello scafo o della fusoliera, destinato al carico.

sti|vàg|gio *s.m.* carico delle merci nella stiva o nella fusoliera.

sti|và|le *s.m.* calzatura lunga che arriva sino al ginocchio, alla coscia o all'inguine: *stivali da pesca* | (*per anton.*) **lo Stivale**, l'Italia, così chiamata per la sua forma | (*fig., spreg.*) ... *dei miei stivali*, detto di qlcu. o ql.co. che si ritiene incapace, di scarso valore: *medico dei miei stivali!*

sti|va|lét|to *s.m.* calzatura che arriva poco oltre il collo del piede: *un paio di stivaletti col tacco*.

sti|và|re *v.tr.* 1 caricare nelle stive: — *il carico* 2 (*raro*) stipare.

stiz|za *s.f.* ira improvvisa e passeggera; accesso di rabbia: *trattare qlcu. con* —.

stiz|zì|re *v.tr.* [indic.pres. *io stizzisco, tu stizzisci*...] indispettire, irritare; provocare la stizza ♦ *intr.* [aus. *E*], **-rsi** *intr.pron.* lasciarsi prendere dalla stizza: — *per uno sgarbo*.

stiz|zì|to *part.pass.* di *stizzire* ♦ *agg.* preso dalla stizza: *mi rispose* —.

stiz|zó|so *agg.* 1 che si stizzisce con facilità | pieno di stizza: *tono* — 2 (*fig., fam.*) fastidioso, irritante: *tosse stizzosa*.

sto|cà|sti|co *agg.* [m.pl. *-ci*] (*stat.*) relativo al calcolo delle probabilità: *analisi stocastica*.

stoc|ca|fìs|so *s.m.* 1 merluzzo preparato senza sale lasciandolo seccare all'aria 2 (*fig., fam.*) persona dall'atteggiamento impacciato e rigido.

stoc|càg|gio *s.m.* (*comm.*) collocazione o accumulazione di scorte in magazzino.

stoc|cà|re[1] *v.tr.* [indic.pres. *io stòcco, tu stòcchi*...] collocare o accumulare in un magazzino come scorta.

stoc|cà|re[2] *v.tr.* [indic.pres. *io stòcco, tu stòcchi*...] 1 (*sport*) nella scherma, compiere una stoccata 2 (*fig.*) fare una battuta pungente, sarcastica.

stoc|cà|ta *s.f.* 1 colpo dato con lo stocco 2 (*sport*) nella scherma, colpo valido che va a bersaglio, concludendo un'azione e permettendo di segnare un punto | nel calcio, tiro preciso e forte in porta 3 (*fig.*) battuta pungente e sarcastica 4 (*fig.*) dispiacere grave e inaspettato.

stoc|chì|sta o **stockista** *s.m./f.* [m.pl. *-i*] 1 chi tiene in magazzino stock, scorte di prodotti 2 venditore di prodotti in stock, spec. nel settore dell'abbigliamento.

stòc|co *s.m.* [pl. *-chi*] arma bianca simile alla spada, ma più corta e con stretta lama a sezione triangolare, adatta a ferire di punta.

stock (*ingl.*) *s.m.invar.* 1 (*comm.*) scorta di merci; giacenza | **vendita in** —, in grandi quantità o a prezzo di favore 2 (*estens.*) quantità notevole.

stoc|kì|sta *s.m./f.* → **stocchista**.

stòf|fa *s.f.* 1 tessuto di spessore consistente per abiti o tappezzerie 2 (*fig., fam.*) attitudine, capacità, disposizione naturale per un'attività: *avere la — dell'attore* | (*assol.*) capacità notevoli: *avere della* —.

stoi|ci|smo *s.m.* 1 (*filos.*) dottrina della scuola di Zenone di Cizio (III sec. a.C.), per cui la saggezza consiste nell'accettare con impassibilità i beni e i mali, nel vincere le passioni, nel considerare la virtù come unico vero bene 2 (*fig.*) forza d'animo di fronte al dolore e alle avversità.

stòi|co *agg.* [m.pl. *-ci*] 1 (*filos.*) dello stoicismo 2 (*fig.*) sereno e fermo di fronte al dolore e alle avversità: *atteggiamento* — ♦ *s.m.* [f. *-a*] 1 filosofo che segue lo stoicismo 2 (*fig.*) chi sopporta con serenità e fermezza il dolore e le avversità.

stoì|no o **stuoìno** *s.m.* 1 piccola stuoia ruvida messa davanti all'ingresso di casa per pulirvisi le scarpe; zerbino 2 tenda di stuoia avvolgibile, applicata spec. a porte o finestre come riparo dal sole.

stò|la *s.f.* 1 (*lit.*) striscia di stoffa indossata da vescovi, sacerdoti e diaconi durante le funzioni 2 lunga striscia spec. di pelliccia, che le signore portano sulle spalle o al collo: — *di visone*.

sto|li|di|tà *s.f.* **1** stoltezza **2** azione o frase da persona sciocca.
stò|li|do *agg.,s.m.*[f.*-a*] che, chi è stolto, sciocco.
sto|ló|ne *s.m.* **1** (*bot.*) ramo che cresce sviluppandosi orizzontalmente lungo il terreno ed emette radici in corrispondenza di ogni nodo **2** (*zool.*) in alcuni Invertebrati e Cordati, prolungamento del corpo dal quale si formano nuovi individui.
stol|téz|za *s.f.* **1** caratteristica di chi è stolto; stupidità **2** azione o frase da stolto.
stól|to *agg.,s.m.*[f.*-a*] che, chi dimostra poca intelligenza; stupido, sciocco.
stò|ma *s.m.* [pl. *-i*] (*bot.*) ognuna delle piccole aperture nell'epidermide delle foglie e del fusto delle piante, che permettono gli scambi gassosi con l'ambiente.
sto|ma|cà|re *v.tr.* [indic.pres. *io stòmaco, tu stòmachi...*] **1** nauseare: *questo cibo mi stomaca* **2** (*fig., anche assol.*) disgustare moralmente ♦ **-si** *intr.pron.* **1** sentirsi rivoltare lo stomaco **2** (*fig.*) disgustarsi moralmente.
sto|ma|ché|vo|le *agg.* (*anche fig.*) che stomaca, che disgusta; nauseante.
sto|mà|chi|co *s.m.* [m.pl. *-ci*] (*med.*) farmaco che stimola il buon funzionamento dello stomaco.
stò|ma|co *s.m.* [pl. *-chi* o *-ci*] **1** organo dell'apparato digerente tra l'esofago e l'intestino | *a — vuoto, pieno*, prima o dopo il pasto | *dar di —*, vomitare | *avere uno — di struzzo*, digerire facilmente i cibi più pesanti | *avere ql.co. sullo —*, non averlo digerito; (*fig.*) non riuscire a sopportarlo | (*fig.*) *stare sullo — a qlcu.*, risultargli insopportabile: *quello là mi sta sullo —* **2** (*fig., fam.*) capacità di sopportare persone, cose o situazioni disgustose o fastidiose: *non ha lo — per farlo*.
sto|ma|ti|te *s.f.* (*med.*) infiammazione delle mucose della bocca.
sto|ma|to|lo|gì|a *s.f.* branca della medicina che studia le malattie della bocca.
sto|ma|to|lò|gi|co *agg.* [m.pl. *-ci*] proprio della stomatologia.
sto|ma|tò|lo|go *s.m.* [f. *-a*; m.pl. *-gi*] specialista in stomatologia.
sto|nà|re *v.tr.* [indic.pres. *io stòno...*] eseguire una nota fuori tono ♦ *intr.* [aus. *A*] non armonizzarsi, contrastare: *questo colore stona con il resto*.
sto|nà|ta *s.f.* stonatura.
sto|nà|to *part.pass.* di stonare ♦ *agg.* **1** (*di persona*) che stona; non intonato: *— come una campana* | (*di strumento*) ch'è male accordato, senza l'intonazione giusta | *nota stonata*, eseguita fuori tono; (*fig.*) cosa inopportuna **2** (*fig.*) che non si armonizza, contrastante **3** (*fig.*) confuso, turbato.
sto|na|tù|ra *s.f.* **1** l'atto di stonare | suono stonato **2** (*fig.*) ciò che è contrastante, non armonizzato con il resto; cosa inopportuna.
stop (*ingl.*) *s.m.invar.* **1** nel linguaggio telegrafico internazionale, punto fermo **2** ordine, comando di fermarsi: *intimare lo —* **3** segnale stradale che obbliga i veicoli ad arrestarsi **4** (*in un veicolo motorizzato*) fanalino posteriore che si illumina frenando **5** (*sport*) nel calcio, il gesto di fermare la palla col piede o col petto.
stóp|pa *s.f.* sottoprodotto della pettinatura di canapa e lino, usato per imbottiture, per rendere stagne le giunzioni di tubi e condutture | *capelli di —*, biondi, ma privi di lucentezza e secchi | *sembrare, essere come —*, duro e filaccioso.
stop|pàc|cio *s.m.* in un'arma da fuoco ad avancarica, batuffolo di stoppa usato per stipare la carica | (*estens.*) batuffolo di stoppa per otturare.
stop|pac|ció|so *agg.* simile a stoppa; filaccioso.
stop|pà|re *v.tr.* [indic.pres. *io stòppo...*] **1** fermare, bloccare **2** (*sport*) nel calcio, fermare il pallone col piede o col petto.
stop|pà|ta *s.f.* (*sport*) nel gioco del calcio, il gesto di stoppare: *— di petto*.
stopper (*ingl.*) *s.m.invar.* (*sport*) nel calcio, giocatore della difesa con il compito di contrastare l'attaccante avversario più avanzato.
stóp|pia *s.f.* (*spec.pl.*) gli steli dei cereali che rimangono nel campo dopo la mietitura.
stop|pì|no *s.m.* **1** fibra ritorta che fa da lucignolo nelle candele o nel lume a petrolio **2** miccia per fuochi d'artificio: *accendere lo —*.
stop|pó|so *agg.* simile alla stoppa; che sembra stoppa: *capelli stopposi*.
stòr|ce|re *v.tr.* [con. come *torcere*] torcere con forza: *— un chiodo* | *storcersi un piede*, *un polso*, slogarselo | *— gli occhi*, stralunarli | *il naso, le labbra, la bocca*, per esprimere disapprovazione o disgusto ♦ **-si** *rifl., intr.pron.* (*di persona*) dimenarsi, contorcersi | (*di cosa*) piegarsi in malo modo.
stor|di|mén|to *s.m.* intontimento, confusione: *provare un senso di —*.
stor|dì|re *v.tr.* [indic.pres. *io stordìsco, tu stordìsci...*] **1** frastornare, confondere: *una musica che stordisce* | far perdere conoscenza: *lo stordì con un colpo in testa* **2** (*fig.*) lasciare stupefatto, sbalordire: *la sua bellezza ci ha stordito* ♦ **-si** *rifl.* (*fig.*) distrarsi dalla tristezza, dalle preoccupazioni e sim. con divertimenti e forti emozioni.
stor|di|tàg|gi|ne *s.f.* l'essere stordito | azione di persona stordita.
stor|dì|to *part.pass.* di stordire ♦ *agg.* **1** sbalordito, confuso, intontito | senza sensi, tramortito: *cadere a terra —* **2** (*fam.*) sbadato, distratto ♦ *s.m.* [f. *-a*] (*fam.*) persona sbadata, distratta.
stò|ria *s.f.* **1** l'accadere delle vicende umane nel tempo: *nel corso della —* | (*estens.*) fatto vero e documentabile: *non è una favola, è —* **2** disciplina di studio che si occupa della narrazione e dell'interpretazione delle vicende e delle attività della società umana: *— medievale*; *— dell'architettura* | la relativa materia di insegnamento scolastico: *interrogazione di —* | *passare alla —*, essere degno di ricordo **3** racconto, esposizione di un fatto particolare: *la — di un incontro* | favola: *raccontami una —* **4** serie di vicende personali: *la — della sua vita* | (*fam.*) legame sentimentale, relazione amorosa: *avere una — con*

qlcu. **5** caso, faccenda: *non voglio più parlare di quella* — | **è la solita** —, detto di ql.co., spec. sgradevole, che si ripete nel tempo **6** frottola, bugia: *non raccontarmi storie* | preteso: *è solo una* — *per non venire* **7** (*pl.*) smanceria, obiezione pretestuosa; lamentela: *non fare storie!*

sto|ri|ci|smo *s.m.* orientamento di pensiero che rapporta ogni manifestazione culturale all'ambiente storico in cui si è formata.

sto|ri|ci|sta *agg., s.m./f.* [m.pl. *-i*] che, chi aderisce allo storicismo.

sto|ri|ci|sti|co *agg.* [m.pl. *-ci*] proprio dello storicismo: *interpretazione storicistica* | fondato sullo storicismo.

sto|ri|ci|tà *s.f.* **1** condizione di tutto ciò che è parte del divenire storico **2** realtà storica: *la* — *di un fatto*.

sto|ri|ciz|zà|re *v.tr.* considerare in rapporto a un processo o periodo storico: — *un'opera d'arte*.

sto|ri|ciz|za|zió|ne *s.f.* l'atto di storicizzare.

stò|ri|co *agg.* [m.pl. *-ci*] **1** proprio della storia | che ha per oggetto la storia | *atlante* —, le cui tavole illustrano la situazione politica di una determinata area geografica in un certo periodo **2** che risale a epoche passate | che ha particolare valore per via della sua storia o come testimonianza del passato: *monumenti storici* **3** vero, realmente accaduto o esistito: *personaggio* — **4** (*estens.*) memorabile, epocale: *un cambiamento* — ♦ *s.m.* [f. *-a*] studioso di storia; storiografo □ **storicamente** *avv.* **1** dal punto di vista della storia: *considerare* — *un evento* **2** realmente: *luogo* — *esistito*.

sto|riél|la *s.f.* breve racconto, spec. ironico o aneddotico.

sto|rio|gra|fì|a *s.f.* **1** narrazione e interpretazione di eventi storici ispirata a determinati principi metodologici **2** il complesso delle opere storiche di un certo periodo: *la* — *moderna*.

sto|rio|grà|fi|co *agg.* [m.pl. *-ci*] proprio della storiografia | basato sui metodi della storiografia: *ricerca storiografica*.

sto|riò|gra|fo *s.m.* [f. *-a*] chi compie studi storiografici; storico.

sto|rió|ne *s.m.* grosso pesce marino che risale i fiumi per depositare le uova, le quali, salate, costituiscono il caviale.

stor|mì|re *v.intr.* [indic.pres. *io stormisco, tu stormisci...*; aus. *A*] (*di fronde e foglie*) produrre un leggero fruscio, spec. per azione del vento.

stór|mo *s.m.* **1** (*raro*) moltitudine di persone | *suonare le campane a* —, a martello, in segno di festa o per radunare una folla **2** gruppo di uccelli o insetti in volo: *uno* — *di rondini* **3** (*aer.*) unità organica dell'aeronautica militare, costituita da più squadriglie.

stor|nà|re *v.tr.* [indic.pres. *io stórno...*] **1** (*fin.*) trasferire una somma da una voce di spesa a un'altra **2** (*fig.*) allontanare, distogliere.

stor|nel|là|ta *s.f.* cantata di stornelli.

stor|nel|la|tó|re *s.m.* [f. *-trice*] chi compone o canta, spec. improvvisando, stornelli.

stor|nèl|lo *s.m.* breve canto popolare, spec. improvvisato, tipico dell'Italia centromeridionale, d'argomento amoroso o satirico.

stór|no[1] *s.m.* (*fin.*) l'operazione di stornare.

stór|no[2] *agg.* detto di cavallo con mantello grigio scuro macchiettato di bianco.

stór|no[3] *s.m.* uccello con piumaggio scuro macchiettato di bianco e dal becco diritto e giallognolo.

stor|pia|mén|to *s.m.* storpiatura.

stor|pià|re *v.tr.* [indic.pres. *io stòrpio...*] **1** rendere storpio **2** (*fig.*) deformare; realizzare male, in modo sbagliato | — *le parole*, pronunciarle male, sbagliate ♦ **-rsi** *intr.pron.* divenire storpio.

stor|pia|tù|ra *s.f.* **1** deformazione degli arti **2** (*fig.*) inesattezza.

stòr|pio *agg., s.m.* [f. *-a*] che, chi è deformato nelle braccia o gambe; sciancato.

stòr|ta[1] *s.f.* (*fam.*) distorsione: *ho preso una brutta* —.

stòr|ta[2] *s.f.* recipiente con base larga e piatta, collo lungo ripiegato verso il basso, usato per distillare.

stòr|to *part.pass. di* storcere ♦ *agg.* **1** non diritto: *naso* —; *ramo* — **2** che non è allineato rispetto a un punto di riferimento; che non si trova nel punto giusto, nella direzione corretta: *quadro* —; *hai la cravatta storta* **3** (*fig.*) non giusto; sbagliato: *idea storta* | (*fam.*) sfavorevole, avverso: *periodo* — ♦ *avv.* in obliquo, non diritto: *cammina* — | (*fig.*) *guardare* —, in maniera ostile.

stor|tù|ra *s.f.* **1** (*raro*) caratteristica di ciò che è storto **2** (*fig.*) cosa ingiusta: *le storture della vita* | modo sbagliato di ragionare, di agire ecc.: — *mentale*.

storyboard (*ingl.*) [pr. *stòribord*] *s.m.invar.* sequenza di bozzetti con didascalie, che sintetizza la trama di un film, di un programma, di uno spot o che presenta le scene principali di un fumetto.

sto|vì|glia *s.f. spec.pl.* complesso del vasellame usato per tavola e per cucina: *riordinare le stoviglie*.

stoz|zà|re *v.tr.* [indic.pres. *io stòzzo...*] **1** lavorare a sbalzo con lo stozzo **2** (*mecc.*) scanalare con la stozzatrice.

stoz|za|trì|ce *s.f.* macchina utensile per eseguire scanalature nelle superfici di metallo.

stòz|zo *s.m.* cesello particolare, per sbalzare lastre metalliche.

stra- *pref.* indica eccesso (*straparlare*), misura eccezionale (*strapagare*), superamento di un limite (*stripare, straordinario*); rende di grado superlativo gli aggettivi e avverbi che precede (*stracricco, strabene*).

stra|bì|co *agg., s.m.* [m.pl. *-ci*] che, chi è affetto da strabismo.

stra|bi|liàn|te *part.pres. di* strabiliare ♦ *agg.* stupefacente; sbalorditivo: *risultato* —.

stra|bi|lià|re *v.tr.* [indic.pres. *io strabìlio...*] lasciare sbalordito; stupire: *l'acrobazia li strabiliò* ♦ *intr.* [aus. *A*] restare sbalordito; trasecolare: *a tale vista strabilierà*.

stra|bi|lià|to *part.pass. di* strabiliare ♦ *agg.* sbalordito, molto stupito: *sguardo* —.
stra|bì|smo *s.m.* (*med.*) difetto dell'occhio dovuto a mancanza di parallelismo dei due assi oculari | — *di Venere*, strabismo leggero, considerato un attributo del fascino femminile.
stra|boc|ché|vo|le *agg.* eccessivo; innumerevole; smisurato: *moltitudine* —.
stra|buz|zà|re *v.tr. nella loc.* — *gli occhi*, sbarrarli e stravolgerli, stralunarli.
stra|cà|ri|co *agg.* [m.pl. -*chi*] gravato da un carico eccessivo.
strac|cà|re *v.tr.* [indic.pres. *io stracco, tu stracchi...*] (*region.*) sfinire ♦ **-rsi** *intr.pron.* sfinirsi.
strac|chi|no *s.m.* formaggio vaccino lombardo, non fermentato.
strac|cia|iò|lo *s.m.* [f. -*a*] straccivendolo.
strac|cià|re *v.tr.* [indic.pres. *io stràccio...*] **1** fare a pezzi | lacerare: — *la manica* | (*fig.*) *stracciarsi le vesti*, esibire il dolore o la rabbia in modo scomposto **2** (*fig.*) battere in modo netto; vincere clamorosamente: — *lo sfidante* **3** pettinare i bozzoli per sfilacciare la seta ♦ **-rsi** *intr.pron.* strapparsi; lacerarsi.
strac|cia|tèl|la *s.f.* **1** minestra preparata gettando uova sbattute e parmigiano nel brodo bollente **2** gelato al fiordilatte con pezzetti di cioccolato.
strac|cià|to *part.pass. di* stracciare | *agg.* **1** ridotto a brandelli; strappato: *indumento* — **2** (*estens.*) si dice di chi indossa vestiti laceri: *gira in paese tutto* — **3** (*fig.*) si dice di prezzo molto ribassato: *a prezzo* —.
stràc|cio *s.m.* **1** pezzo di tessuto logoro | (*fig.*, *coll.*) *uno* — *di*, espressione usata spec. in frasi negative, per indicare una cosa o una persona qualsiasi o di poco pregio: *non ha nemmeno uno* — *di fidanzato, di possibilità* **2** pezza da pulizie; strofinaccio **3** (*spec.pl.*) abito logoro | indumento di pessima qualità | (*coll.*, *spreg.*) effetto personale: *raccatta i tuoi stracci e sparisci* **4** (*fig.*) persona sfinita, deperita: *mi sento uno* — **5** seta ricavata pettinando il bozzolo ♦ *agg.* [f.pl. -*ce*] da ridurre in stracci | (*fig.*) da gettare via | **carta** *straccia*, cartastraccia.
strac|ció|ne *s.m.* [f. -*a*] (*spreg.*) chi porta indumenti logori | miserabile, pezzente.
strac|ci|vén|do|lo *s.m.* [f. -*a*] chi raccoglie e acquista stracci per poi rivenderli.
stràc|co *agg.* [m.pl. -*chi*] (*region.*) sfinito.
stra|cit|ta|di|no *agg.* che esprime, manifesta al massimo le caratteristiche della vita urbana | (*sport*; *anche ell.*) (*partita*) *stracittadina*, derby.
stra|còt|to *part.pass. di* stracuocere ♦ *agg.* **1** troppo cotto **2** (*fig.*) perdutamente innamorato ♦ *s.m.* (*gastr.*) carne di manzo, lasciata cuocere a lungo in casseruola con verdure e sapori vari.
stra|cuò|ce|re *v.tr.* [con. come *cuocere*] cuocere eccessivamente.
stra|da *s.f.* **1** tratto di terreno spianato, asfaltato o lastricato, che serve da via di comunicazione: — *provinciale* | — *ferrata*, ferrovia | — *maestra*, quella principale | *Codice della* —, complesso degli obblighi che regolano la circolazione stradale | **uomo della** —, persona comune | (*spreg.*) **ragazzi di** —, giovani teppisti abbandonati a se stessi | (*spreg.*) **donna di** —, prostituta | (*fig.*) **in mezzo alla** —, in condizioni di indigenza **2** percorso che conduce in un luogo; cammino, tragitto: *sbagliare* —; *fare la* — *più breve* | — *facendo*, durante il cammino | (*fig.*) **andare diritto per la propria** —, procedere senza deviare dallo scopo prefissato | **essere sulla buona** —, seguire l'indirizzo giusto per raggiungere l'obiettivo | **essere fuori** —, essere in errore, non aver capito **3** (*fig.*) modo di comportarsi, di agire; condotta: *sei su una brutta* — **4** passaggio, varco: *si facevano* — *a spintoni* | (*anche fig.*) **fare** — *a qlcu.*, precederlo per fargli da guida | (*fig.*) **aprire la** —, essere il primo a fare ql.co., mostrando possibilità inedite o misurandosi per primo con certe difficoltà | **fare, farsi** —, fare carriera **5** (*fig.*) mezzo, strumento; metodo: *cercare la* — *ideale*.
stra|dà|le *agg.* relativo alla strada: *cartelli stradali* | **carta** —, carta geografica che riporta i tracciati delle strade e le relative distanze chilometriche ♦ *s.f.* polizia stradale.
stra|dà|rio *s.m.* elenco alfabetico delle vie e delle piazze di una città, con indicazioni topografiche.
stra|di|no *s.m.* **1** operaio addetto alla manutenzione delle strade **2** (*region.*) operatore ecologico.
stra|di|và|rio *s.m.* violino o violoncello costruito da A. Stradivari (1644-1737).
stra|fal|ció|ne *s.m.* errore madornale: *la lettera contiene uno* —.
stra|fà|re *v.intr.* [indic.pres. *io strafàccio* o *strafò, tu strafai, egli strafà...*; con. come *fare*; aus. *A*] fare più del necessario | esagerare.
stra|fàt|to *agg.* **1** (*raro*) si dice di frutto troppo maturo **2** fatto da tempo: *discorsi fatti e strafatti* **3** (*fig.*, *gerg.*) completamente ubriaco o drogato.
stra|fó|ro *s.m. nella loc.* **di** —, di nascosto; di sfuggita; in modo indiretto: *l'ha scoperto di* —.
stra|fot|tèn|te *agg.*, *s.m./f.* (*fam.*) che, chi mostra una sfacciata e arrogante noncuranza; impudente, sfrontato: *comportarsi da* —.
stra|fot|tèn|za *s.f.* (*fam.*) carattere da strafottente; atteggiamento strafottente.
stra|fót|ter|si *v.intr.pron.* [indic.pres. *io mi strafótto...*] (*volg.*) mostrare completo disinteresse | **strafottersene**, infischiarsene: *me ne strafotto della tua opinione*.
stra|gè *s.f.* **1** uccisione violenta di molte persone o animali: — *di nemici* | (*giorn.*) — **di Stato**, strage preparata con la complicità dei servizi segreti o di altri organi statali **2** (*estens.*) gran numero di decessi dovuti a epidemia, a cause naturali e sim.: *il virus ha provocato una* — **3** (*estens.*) distruzione di cose | (*fig.*) **fare** — **di cuori**, sedurre molte persone **4** (*fig.*) esito disastroso: *agli esami c'è stata una* —.
stra|gì|smo *s.m.* (*giorn.*, *polit.*) strategia terroristica che ricorre all'attentato e alla strage per creare instabilità politica e sociale.

stra|gì|sta *s.m./f.* [m.pl. *-i*] (*giorn.*, *polit.*) chi ricorre allo stragismo.

stral|cià|re *v.tr.* [indic.pres. *io stràlcio*...] **1** togliere da un insieme: — *dalla lista* **2** (*bur.*, *econ.*) liquidare | — *un'azienda*, metterla in liquidazione.

stràl|cio *s.m.* **1** operazione con cui si stralcia | scelta; cernita **2** (*bur.*, *econ.*) liquidazione: *porre in —*.

strà|le *s.m.* (*lett.*) dardo, freccia.

stral|là|re *v.tr.* (*edil.*) fissare con uno o più stralli.

stràl|lo *s.m.* **1** (*mar.*) cavo metallico che sostiene l'albero di una nave verso prora **2** (*edil.*) tirante d'acciaio che fissa una struttura metallica.

stra|lu|nà|re *v.tr.* riferito agli occhi, sbarrarli e stravolgerli per malore o emozione intensa.

stra|lu|nà|to *part.pass.* di stralunare ♦ *agg.* stravolto: *volto —*.

stra|ma|le|dì|re *v.tr.* [con. come *maledire*] (*fam.*) maledire con violenza.

stra|maz|zà|re *v.intr.* [aus. *E*] cadere di colpo e pesantemente per un malore e sim.: *il mulo stramazzò al suolo*.

stram|bà|re *v.intr.* [aus. *A*] (*mar.*) compiere una strambata; virare di poppa.

stram|bà|ta *s.f.* (*mar.*) spostamento improvviso della randa sul bordo opposto, mentre il vento è in poppa | (*estens.*) manovra per virare di poppa.

stram|be|rì|a *s.f.* modo di essere di chi è stràmbo | azione o espressione da persona stramba.

stràm|bo *agg.* bizzarro, strano, stravagante: *scelta stramba*.

stram|bòt|to *s.m.* (*metr.*) breve componimento in endecasillabi su temi satirici o amorosi.

strà|me *s.m.* erba secca che serve da foraggio o da lettiera per il bestiame.

stram|pa|là|to *agg.* strano; sconclusionato: *ragionamento —*.

stram|pa|le|rì|a *s.f.* **1** modo di essere di chi, di ciò che è strampalato **2** azione o espressione da persona strampalata.

stra|néz|za *s.f.* **1** modo di essere di chi, di ciò che è strano **2** azione o espressione da persona strana: *ha compiuto l'ennesima —*.

stran|go|la|mén|to *s.m.* azione con cui si strangola: *supplizio per —*.

stran|go|la|prè|ti *s.m.pl.* (*region.*) strozzapreti.

stran|go|là|re *v.tr.* [indic.pres. *io stràngolo*...] **1** uccidere stringendo la gola con lacci e sim. **2** (*estens.*, *iperb.*) stringere al collo ostacolando la respirazione: *la cravatta mi strangola* **3** (*fig.*) mettere in difficoltà: *i creditori lo stanno strangolando* **4** (*mar.*) riferito a una vela, raccogliere con un cavo per sottrarre al vento: *— la randa*.

stran|go|la|tó|re *s.m.* [f. *-trice*] persona che strangola.

stran|gù|ria *s.f.* (*med.*) difficoltà nella minzione, con urina che fuoriesce a stento, a gocce.

stra|nia|mén|to *s.m.* **1** operazione, processo che strania **2** (*cine.*, *teat.*) senso di distacco che lo spettatore prova rispetto a ciò che viene rappresentato **3** (*lett.*) modifica dell'espressione per suscitare nel lettore una diversa percezione della realtà comune.

stra|nià|re *v.tr.* [indic.pres. *io strànio*...] estraniare ♦ **-rsi** *rifl.* diventare estraneo: *— dal gruppo*.

stra|niè|ro *agg.* **1** di altra nazionalità, di altro paese: *costume —* **2** che riguarda un popolo nemico o invasore ♦ *s.m.* **1** [f. *-a*] chi appartiene ad altra nazione: *ospitare uno —* **2** (*estens.*) invasore, nemico: *non passa lo —!*

stra|nì|re *v.tr.* [indic.pres. *io stranisco*, *tu stranisci*...] rendere irrequieto, fare innervosire ♦ **-rsi** *intr.pron.* irritarsi: *non è il caso di — per una sciocchezza*.

stra|nì|to *agg.* **1** irritabile **2** intontito: *mi guardò con occhio —*.

strà|no *agg.* insolito; singolare; curioso: *episodio —* | *fuori del comune*; stravagante: *un tipo —* | *— che*, stupisce che: *è — che non sia venuto* ♦ *s.m. solo sing.* ciò che si distingue dalla normalità, dalla consuetudine: *lo — è che sia qui* □ **stranamente** *avv.*

stra|or|di|na|rie|tà *s.f.* caratteristica di chi, di ciò che è straordinario: *la — di quell'esperienza*.

stra|or|di|nà|rio *agg.* **1** non ordinario; insolito: *vendita straordinaria* **2** che ha carattere speciale, non regolare, episodico: *assemblea straordinaria* | si dice di servizi di trasporto che vengono istituiti solo in caso di bisogno o in particolari periodi: *treno —* **3** fuori del comune; grandissimo; eccezionale: *forza straordinaria* ♦ *s.m.* **1** lavoro prestato oltre l'orario normale | il compenso relativo: *— fuori busta* **2** (*solo sing.*) ciò che è straordinario: *non c'è nulla di —* □ **straordinariamente** *avv.* **1** in maniera eccezionale: *disegnare —* **2** incredibilmente; oltremodo: *è — bella*.

stra|or|zà|re *v.intr.* [aus. *A*] (*mar.*) in un'imbarcazione a vela, portare per errore la prua al vento.

stra|pa|gà|re *v.tr.* [indic.pres. *io strapago*, *tu strapaghi*...] pagare tanto, anche troppo.

stra|par|là|re *v.intr.* [aus. *A*] (*fam.*) farneticare.

stra|paz|zà|re *v.tr.* **1** rimproverare in maniera pesante; maltrattare: *— l'alunno* **2** (*estens.*) trattare male; sciupare: *— il vestito* | (*fig.*) eseguire, interpretare male: *— una poesia* **3** affaticare troppo ♦ **-rsi** *rifl.* affaticarsi troppo.

stra|paz|zà|ta *s.f.* **1** dura sgridata: *la — del capo* **2** fatica esagerata: *la — del viaggio*.

stra|paz|zà|to *part.pass.* di strapazzare ♦ *agg.* **1** maltrattato | sciupato; malconcio | (*gastr.*) **uova strapazzate**, che vengono sbattute anche durante la cottura **2** disagiato, faticoso: *condurre un'esistenza strapazzata*.

stra|pàz|zo *s.m.* **1** attività con cui si strapazza | (*fig.*) *da —*, di scarso valore: *notaio da —* **2** eccesso di fatica: *una giornata senza strapazzi*.

stra|piom|bà|re *v.intr.* [indic.pres. *io strapiómbo*...; aus. *E* e *A*] non cascare a piombo; sporgere in fuori: *il muretto strapiomba*.

stra|pióm|bo *s.m.* **1** condizione di ciò che strapiomba **2** (*sport*) nell'alpinismo, parete roccio-

strato

sa sporgente oltre la perpendicolare: *parete a* — 3 precipizio: *finire giù dallo* —.
stra|po|té|re *s.m.* eccesso di potere.
strap|pa|cuò|re *agg.invar.* che commuove dal profondo: *esperienza* —.
strap|pa|là|cri|me *agg.invar.* che fa piangere dall'emozione; patetico: *addio* —.
strap|pa|mén|to *s.m.* azione, processo che strappa | (*med.*) **lesione da** —, quella di un tessuto che si lacera.
strap|pà|re *v.tr.* 1 togliere con forza: — *le erbacce* 2 (*estens.*) portare via, sottrarre: — *agli affetti* 3 (*fig.*) carpire, estorcere: — *una promessa* | — *l'applauso*, meritare il successo di pubblico | — *le lacrime*, far piangere dalla commozione 4 lacerare: — *un foglio* | (*fig.*) — *il cuore*, commuovere profondamente ♦ **-rsi** *rifl.* o *intr.pron.* 1 lacerarsi, rompersi 2 (*sport*) patire uno strappo muscolare: *si è strappato sullo scatto*.
strap|pà|ta *s.f.* azione con cui si strappa | strappo.
strap|pà|to *part.pass. di* strappare ♦ *agg.* che ha degli strappi; lacero; sdrucito: *lenzuolo* —.
strap|pa|tù|ra *s.f.* 1 azione con cui si strappa | parte strappata 2 (*ind. tessile*) scarto di lavorazione della canapa, che serve come stoppa.
stràp|po *s.m.* 1 atto con cui si strappa; strattone: *dare uno* — *alla corda* 2 rottura, squarcio, lacerazione: *rammendare uno* — | (*med.*) — *muscolare*, grave stiramento 3 (*fig.*) interruzione di un rapporto, di un dialogo: *uno* — *fra le parti sociali* | *a strappi*, a fasi alterne 4 (*coll.*) passaggio in moto o auto: *vuoi uno* — *a casa?* 5 (*fig.*) eccezione; infrazione: *fare uno* — *alla regola* 6 (*sport*) nelle corse a piedi e nel ciclismo, breve salita 7 tecnica per staccare dal muro un affresco.
stra|pun|ti|no *s.m.* 1 seggiolino a ribalta che si trova sui mezzi di trasporto e nelle sale di spettacolo, per essere utilizzato in caso di esaurimento dei normali posti a sedere 2 (*mar.*) materasso per la branda da marinaio.
stra|ri|pa|mén|to *s.m.* superamento degli argini, detto di un corso d'acqua.
stra|ri|pàn|te *part.pres. di* straripare ♦ *agg.* traboccante; incontenibile: *allegria* —.
stra|ri|pà|re *v.intr.* [aus. *E, A*] 1 traboccare oltre le rive o gli argini, detto di corso d'acqua 2 (*fig.*) essere colmo, traboccare: *il teatro straripava quella sera*.
stra|sci|ca|mén|to *s.m.* 1 atto dello strascicare 2 (*fig.*) pronuncia lenta, strascicata.
stra|sci|cà|re *v.tr.* [indic.pres. *io stràscico, tu stràscichi...*] 1 trascinare senza staccare da terra, facendo strisciare | — *i piedi*, non sollevarli quando si cammina 2 (*fig.*) tirare in lungo 3 (*fig.*) pronunciare con suono lento, confuso e prolungato: — *le frasi* ♦ *intr.* [aus. *A*] penzolare fino a terra: *il mantello gli strascicava sotto i piedi*.
stra|sci|chi|o *s.m.* [pl. *-chi*] un continuo strascicare | rumore prodotto dallo strascicamento.
strà|sci|co *s.m.* [pl. *-chi*] 1 (*raro*) azione di chi strascica | *rete a* —, rete da pesca che viene trascinata sul fondo a rimorchio di una o più barche 2 parte di abito femminile elegante che stri-

scia per terra 3 corteo, seguito: *uno* — *di fan* 4 residuo di bava lasciato dalla lumaca 5 (*fig.*) conseguenza negativa: *uno* — *della crisi*.
stra|sci|na|mén|to *s.m.* azione con cui si strascina.
stra|sci|nà|re *v.tr.* trascinare faticosamente: — *il cadavere* ♦ **-rsi** *rifl., intr.pron.* (*di cosa*) andare per le lunghe | (*di persona*) trascinarsi a fatica: — *oltre la soglia*.
stra|sci|ni|o *s.m.* un continuo strascinare | rumore prodotto dallo strascinamento.
strass (*ted.*) *s.m.invar.* cristallo ricco di piombo, che imita il diamante.
stra|ta|gèm|ma *s.m.* [pl. *-i*] mossa astuta per ingannare il nemico | astuzia: *cavarsela con uno* —.
stra|tè|ga *s.m.* [pl. *-ghi*] 1 (*mil.*) persona che definisce la strategia bellica: *Napoleone fu uno* — *eccezionale* 2 (*estens.*) persona abile nell'individuare i mezzi per perseguire un obiettivo.
stra|te|gì|a *s.f.* 1 branca dell'arte militare che studia la condotta bellica | impostazione dei combattimenti da parte di un condottiero 2 (*fig.*) abilità nel perseguire un fine, spec. di vasta portata: — *di comunicazione*.
stra|tè|gi|co *agg.* [m.pl. *-ci*] 1 (*mil.*) relativo alla strategia: *armi strategiche* | *ritirata strategica*, effettuata per guadagnare posizioni più vantaggiose 2 (*fig.*) di grande importanza per raggiungere uno scopo: *mossa strategica* | abile, astuto: *decisione strategica* □ **strategicamente** *avv.* 1 sotto il profilo strategico 2 (*fig.*) con abilità; in modo astuto.
stra|ti|fi|cà|re *v.tr.* [indic.pres. *io stratìfico, tu stratifichi...*] disporre a strati ♦ **-rsi** *intr.pron.* (*anche fig.*) disporsi a strati: *le abitudini si stratificano lentamente*.
stra|ti|fi|cà|to *part.pass. di* stratificare ♦ *agg.* (*anche fig.*) disposto a strati: *rocce stratificate*; *conoscenze stratificate* | (*biol.*) costituito da più strati di cellule: *tessuto* —.
stra|ti|fi|ca|zió|ne *s.f.* 1 disposizione su vari strati | — *sociale*, suddivisione della popolazione in gruppi differenziati in base al censo, alla cultura ecc. 2 (*geol.*) disposizione in strati geologici di rocce, terreni e simm. 3 (*fig.*) sovrapposizione di elementi in momenti successivi: *la* — *delle conoscenze*.
stra|ti|fór|me *agg.* (*scient.*) a forma di strato.
stra|ti|grа|fì|a *s.f.* 1 (*geol.*) studio della successione cronologica delle rocce depositatesi nel corso delle varie ere 2 (*med.*) radiografia che dà le immagini di singoli strati degli organi 3 (*archeol.*) descrizione dei livelli di terreno dove sono stati rinvenuti reperti antichi.
stra|ti|grà|fi|co *agg.* [m.pl. *-ci*] relativo alla stratigrafia: *analisi stratigrafica*.
strà|to *s.m.* 1 distesa uniforme di materiale omogeneo su una superficie: — *di terra* 2 (*geol.*) deposito di rocce sedimentarie tra due superfici piane e approssimativamente parallele 3 (*archeol.*) il livello di scavo che conserva reperti dello stesso periodo 4 (*meteor.*) formazione nuvolosa allungata, piatta, che si trova a quota

relativamente bassa 5 (*fig.*) ceto, classe sociale: *strati popolari delle periferie*.

stra|to|cù|mu|lo *s.m.* (*meteor.*) nube bassa, formata da densi globi scuri, a volte accompagnata da precipitazioni.

stra|to|ném|bo *s.m.* (*meteor.*) nembostrato.

stra|to|pàu|sa *s.f.* fascia che divide atmosfera e stratosfera.

stra|to|re|at|tó|re *s.m.* (*aer.*) velivolo a reazione che può volare anche nella stratosfera.

stra|to|sfè|ra *s.f.* strato dell'atmosfera situato fra i 15 e i 45 km di altitudine, nel quale l'umidità risulta minima e la temperatura si innalza progressivamente.

stra|to|sfè|ri|co *agg.* [m.pl. -*ci*] 1 che riguarda la stratosfera o che si verifica al suo interno 2 (*fig.*) eccessivamente complicato; astruso: *ragionamento* — 3 (*fig.*) esagerato, esorbitante; astronomico: *pretesa stratosferica*.

strat|to|nà|re *v.tr.* [indic.pres. *io strattóno*...] tirare con violenza; dare uno strattone: — *l'avversario lanciato a rete*.

strat|tó|ne *s.m.* movimento brusco e violento, spec. scossa o strappo: *lo svegliarono con uno* —.

stra|vac|càr|si *v.intr.pron.* [indic.pres. *io mi stravacco, tu ti stravacchi*...] (*coll.*) mettersi seduti o sdraiati in maniera scomposta: — *per terra*.

stra|va|gàn|te *agg.* inconsueto|singolare, curioso: *abbigliamento* — | che si comporta in maniera bizzarra ♦ *s.m./f.* persona originale, bizzarra.

stra|va|gàn|za *s.f.* 1 caratteristica di chi o di ciò che risulta stravagante 2 azione, frase insolita, stravagante.

stra|vèc|chio *agg.* 1 molto vecchio 2 (*gastr.*) stagionato: *brandy* —.

stra|ve|dé|re *v.tr.*, *intr.* [con. come *vedere*; aus. A] vederci male; avere allucinazioni: *quando beve stravede* | (*fig.*) — *per qlcu.*, apprezzarlo al di là dei meriti, spec. per affetto.

stra|vìn|ce|re *v.tr.* [con. come *vincere*] (*anche assol.*) sconfiggere in modo netto, di larga misura: *in casa la nostra squadra può* — .

stra|vì|zio *s.m.* eccesso nel mangiare, nel bere, nei piaceri sessuali: *perdersi negli stravizi*.

stra|vòl|ge|re *v.tr.* [con. come *volgere*] 1 storcere con forza; deviare con forza: — *gli occhi* 2 (*fig.*) alterare radicalmente: *l'imprevisto ha stravolto il programma* | turbare profondamente; sconvolgere: *il lutto li ha stravolti* 3 (*fig.*) travisare; snaturare: *il reporter stravolse la dichiarazione*.

stra|vol|gi|mén|to *s.m.* 1 atto, evento che stravolge | condizione di chi si sente stravolto 2 (*fig.*) snaturamento, fraintendimento.

stra|vòl|to *agg.* sconvolto, profondamente turbato: *viso* —.

stra|zián|te *part.pres.* di straziare ♦ *agg.* 1 che provoca o esprime un tremendo dolore fisico, una violenta sofferenza emotiva: *un grido* — 2 (*fig.*, *iperb.*) pessimo: *un canto* —.

stra|zià|re *v.tr.* [indic.pres. *io stràzio*...] 1 tormentare crudelmente con ferite e sim.; martoriare: — *il corpo* 2 (*fig.*) affliggere profondamente: — *il cuore* 3 (*coll.*) infastidire | tediare in modo insopportabile 4 (*scherz.*) rovinare con una pessima esecuzione o applicazione: — *una canzone*, *una poesia*.

stra|zià|to *part.pass.* di straziare ♦ *agg.* 1 dilaniato: *braccio* — *nell'incidente* 2 (*fig.*) tremendamente scosso, tormentato: *cuore* —.

stràzio *s.m.* 1 (*anche fig.*) atto che provoca o esprime dolore; supplizio, tormento: *fare* — *del cadavere*; *lo* — *della malattia* 2 (*coll.*) noia, fastidio: *uno* — *di libro* | *disastro*: *sugli sci sei un vero* — !

stràz|za *s.f.* *spec.pl.* cascame che rimane a seguito della filatura della seta.

streamer (*ingl.*) [pr. *strìmer*] *s.m.invar.* (*inform.*) unità per archiviare notevoli quantità di dati su nastro magnetico.

stré|ga *s.f.* 1 donna a cui la credenza popolare attribuiva poteri magici | (*fig.*) **caccia alle streghe**, persecuzione dovuta a pregiudizio, superstizione, eccessivo timore 2 personaggio femminile delle favole, gener. molto brutto, che pratica la magia per fini crudeli | (*estens.*) vecchia molto brutta | donna cattiva e maligna.

stre|gà|re *v.tr.* [indic.pres. *io strégo*, *tu stréghi*...] 1 colpire con malefici | (*fig.*) affascinare, ammaliare: *i suoi occhi lo hanno stregato*.

stre|gà|to *part.pass.* di stregare ♦ *agg.* 1 assoggettato a incantesimi: *palazzo* — | disgraziato come se fosse colpito da una maledizione: *la porta avversaria pareva stregata* 2 (*fig.*) affascinato, ammaliato: *il suo cuore* — *non ragionava più*.

stre|gó|ne *s.m.* 1 (*etnol.*) presso vari popoli primitivi, individuo provvisto di autorità sacrale, ritenuto capace di agire magicamente per il bene o il male della comunità 2 (*estens.*) cultore di arti magiche 3 (*iron.*) guaritore, ciarlatano.

stre|go|ne|rì|a *s.f.* 1 (*etnol.*) attività, arte di strega o stregone 2 pratica superstiziosa per influire su altre persone o sul destino; fattura 3 (*coll.*) oggetto curioso, meccanismo strano; diavoleria.

stre|go|né|sco *agg.* [m.pl. -*schi*] da strega, da stregone.

stré|gua *s.f.* nelle loc. **alla** — **di**, secondo il metro impiegato per: *ti considera alla* — *di tuo fratello* | **alla stessa** —, nella stessa maniera: *trattano tutti alla stessa* —.

stre|lì|tzia *s.f.* pianta ornamentale di origine africana, che ha un appariscente fiore blu e arancio, detto "uccello del paradiso" per la forma curiosa.

stre|mà|re *v.tr.* [indic.pres. *io strèmo*...] privare di forza; sfinire: *questo lavoro mi strema*.

stre|mà|to *part.pass.* di stremare ♦ *agg.* sfinito, esausto: *cadere a terra* —.

strè|mo *s.m.* limite estremo delle energie fisiche, delle possibilità economiche e sim.: *le sue finanze sono allo* — .

strèn|na *s.f.* 1 dono per le feste più importanti dell'anno: — *natalizia* 2 (*anche agg.invar.*) pubblicazione speciale edita per il capodanno: *libro* —.

strè|nuo *agg.* (*lett.*) valoroso, coraggioso | indo-

mito; tenace: *una strenua resistenza* □ **strenuamente** avv.
stre|pi|tà|re v.intr. [indic.pres. *io strèpito...*; aus. *A*] fare fracasso | gridare, strillare: *smettila di —!*
stre|pi|tì|o s.m. strepito insistente.
strè|pi|to s.m. rumore forte e confuso; fragore: *lo — della tempesta* | vocio; schiamazzo: *gli strepiti della gente* | **fare** —, di cosa o persona che fa parlare di sé.
stre|pi|tó|so agg. 1 molto rumoroso 2 (fig.) di vasta risonanza; clamoroso, eccezionale: *successo* — □ **strepitosamente** avv.
strep|to|còc|co s.m. [pl. *-chi*] (biol.) specie batterica tondeggiante, i cui individui si dispongono in catena.
strep|to|mi|ci|na s.f. (chim., biol.) antibiotico che viene elaborato a partire da alcuni batteri e che serve a guarire varie infezioni.
stress (ingl.) s.m.invar. (med.) ogni stimolo che provochi una reazione nervosa dell'organismo | (estens.) tensione, logorio dovuto a una vita dal ritmo troppo intenso.
stres|sàn|te part.pres. di stressare ♦ agg. che genera stress: *responsabilità* —.
stres|sà|re v.tr. [indic.pres. *io strèsso...*] sottoporre a uno stress: *impegno che stressa* ♦ **-rsi** intr.pron. logorarsi per lo stress.
stres|sà|to part.pass. di stressare ♦ agg. logorato per lo stress: *funzionario* —.
stretch (ingl.) [pr. *strèč*] s.m.invar. tessuto sintetico elasticizzato ♦ agg.invar. si dice di capo confezionato in stretch: *pantaloni* —.
stretching (ingl.) [pr. *strèccin*] s.m.invar. ginnastica che serve a smaltire uno sforzo recente o a rendere i muscoli più elastici, sottoponendoli a esercizi di allungamento.
strét|ta s.f. 1 azione con cui si stringe, spec. in modo deciso: *— di mano* | (fig.) riduzione | (econ.) — *creditizia*, misura tendente a ridurre la disponibilità di credito all'interno di un sistema economico 2 fitta: *— alla pancia* | (fig.) — *al cuore*, forte emozione 3 (fig.) momento decisivo: *la — finale era già iniziata* 4 momento difficile | **alle strette**, senza scappatoie: *mettendoli alle strette confesseranno* 5 stretto passaggio montuoso; gola.
stret|téz|za s.f. 1 caratteristica di ciò che è stretto: *la — del corridoio* 2 (fig.) scarsità: *— di fondi* | (spec.pl.) indigenza: *costretti in strettezze.*
strét|to[1] part.pass. di stringere ♦ agg. 1 non largo; angusto: *corridoio —* | troppo aderente, attillato: *l'abito le sta —* | (fig.) *— di manica*, parsimonioso; si dice di insegnante che dà voti inferiori a quanto meritato 2 serrato con forza: *fare un nodo —* | (fig.) **a denti stretti**, controvoglia: *dovete accettare a denti stretti*; con astio, rabbiosamente 3 (fig.) rigoroso: *stretta sorveglianza* | — *necessario*, solo le cose di cui non si può fare a meno 4 molto vicino; rasente: *se ne stava — in un angolo* 5 (fig.) prossimo; intimo: *parente —* | saldo: *nesso —*; *— accordo* 6 severo: *stretta osservanza delle regole* 7 (di idioma) puro, originale: *dialetto —* | (di significato) letterale, proprio: *in senso —* | (di vocale) chiuso: *"mondo" ha la "o" stretta* ♦ avv. stringendo con forza: *mi abbracciò —* □ **strettamente** avv. 1 saldamente: *collegare — 2* (fig.) rigorosamente: *— riservato* | assolutamente: *— indispensabile.*
strét|to[2] s.m. 1 (geog.) braccio di mare tra due terre, che unisce due mari: *— di Gibilterra* 2 (mus.) parte finale della fuga.
stret|tó|ia s.f. 1 restringimento di una strada 2 (fig.) situazione difficile: *uscire dalla —.*
strì|a s.f. 1 sottile riga che si stacca dallo sfondo 2 (anat.) striscia bianca o pigmentata sulla cute 3 scanalatura di colonna.
stri|à|re v.tr. [indic.pres. *io strio, tu strii...*] segnare con strie.
stri|à|to part.pass. di striare ♦ agg. 1 cosparso di righe sottili: *superficie striata* 2 (anat.) si dice di parte caratterizzata da striature | **muscolo** —, uno di quelli preposti ai movimenti volontari | **corpo** —, assieme di nuclei cerebrali che controllano il movimento.
stria|tù|ra s.f. 1 l'atto di segnare una superficie con righe sottili 2 complesso delle strie che rivestono ql.co. | stria: *il vestito aveva una — bianca.*
stric|ni|na s.f. alcaloide tossico estratto dalla noce vomica e da altre piante, usato in medicina come stimolante.
strìc|to sén|su (lat.) loc. in senso stretto; letteralmente.
stri|dèn|te part.pass. di stridere ♦ agg. 1 acuto e disarmonico: *suono —* 2 (fig.) clamorosamente discordante, contrastante: *colori stridenti* | evidente: *contraddizione —.*
strì|de|re v.intr. [rari il part.pass. *striduto* e i tempi composti; aus. *A*] 1 emettere suoni acuti e aspri: *i freni stridettero alle sue spalle* | detto di persona, emettere grida penetranti | detto di animale, emettere un verso stridulo: *la cicala stride* 2 (fig.) non armonizzarsi; stonare: *abbinamento che stride.*
strì|di|o s.m. strido che si prolunga per qualche tempo.
strì|do s.m. [pl.f. *le strida*, più raro pl.m. *gli stridi*] suono aspro e acuto, spec. grido: *le strida dei bambini mentre giocano.*
stri|dó|re s.m. rumore di cosa che stride: *— di freni.*
strì|du|lo agg. che ha suono acuto e aspro: *voce stridula* | che emette tale suono.
Stri|gi|fór|mi s.m.pl. famiglia di Uccelli rapaci notturni, con grandi occhi e becco adunco, che comprende anche allocco, civetta e gufo.
strì|glia s.f. spazzola con lamelle metalliche dentate per pulire il pelo degli equini.
stri|glià|re v.tr. [indic.pres. *io striglio...*] 1 pulire con la striglia: *— il mulo* 2 (fig.) rimproverare aspramente: *il principale strigliò i dipendenti.*
stri|glià|ta s.f. 1 passata con la striglia 2 (fig.) aspro rimprovero: *dare una bella —.*
strike (ingl.) [pr. *stràik*] s.m.invar. (sport) 1 nel baseball, lancio valido che il battitore avversario non riesce a intercettare 2 nel bowling, tiro che abbatte tutti i birilli.

stril|là|re *v.intr.* [aus. *A*] **1** urlare con voce acuta **2** (*fig.*) protestare a gran voce: *strilla appena la tocchi* ♦ *tr.* pronunciare a voce molto alta: *mi strillò un saluto sulla soglia.*
stril|là|ta *s.f.* **1** urlo, grido **2** (*fam.*) sgridata.
stril|lo *s.m.* **1** grido, urlo acuto: *uno — di paura* **2** (*fam.*) rimprovero fatto a voce estremamente alta **3** (*giorn.*) titolo o breve articolo di prima pagina che rinvia ad approfondimenti nell'interno.
stril|ló|ne *s.m.* [f. *-a*] **1** (*fam.*) persona che urla in continuazione o che parla sempre con un volume di voce esagerato **2** un tempo, venditore di giornali che ne urlava i titoli per strada.
stri|min|zì|re *v.tr.* [indic.pres. *io striminzisco, tu striminzisci*...] stringere il corpo con fasce, busti e sim., per farlo apparire più snello ♦ **-rsi** *rifl.* stringersi il corpo per apparire più snello.
stri|min|zì|to *part.pass.* di striminzire ♦ *agg.* **1** si dice di abito stretto, misero **2** gracile e magro: *corpicino —* **3** (*fig.*) esiguo: *un risultato —.*
strim|pel|la|mén|to *s.m.* (*mus.*) maldestra esecuzione strumentale.
strim|pel|là|re *v.tr.* [indic.pres. *io strimpèllo*...] (*mus.*) suonare alla meglio, in modo maldestro: *— il violino.*
strim|pel|là|ta *s.f.* (*mus.*) pezzo suonato in modo maldestro o senza impegno.
strim|pel|la|tó|re *s.m.* [f. *-trice*] persona che strimpella.
stri|nà|re *v.tr.* **1** passare sulla fiamma viva uccelli spennati per eliminare la peluria **2** bruciacchiare con il ferro da stiro: *— il colletto.*
strin|ga *s.f.* **1** funicella per allacciare scarpe, busti e sim. **2** (*mat., ling., inform.*) sequenza di simboli alfanumerici o di altri elementi dello stesso ordine: *— di dati; — di fonemi.*
strin|gà|re *v.tr.* [indic.pres. *io stringo, tu stringhi*...] condensare, sintetizzare.
strin|ga|téz|za *s.f.* concisione: *presentare con —.*
strin|gà|to *part.pass.* di stringare ♦ *agg.* ridotto all'essenziale; succinto: *commento —.*
strin|gèn|do *s.m.invar.* (*mus.*) indicazione che suggerisce un'esecuzione più veloce.
strin|gèn|te *part.pres.* di stringere ♦ *agg.* **1** incalzante: *urgenza —* **2** logicamente rigoroso; convincente: *ragionamento —.*
strìn|ge|re *v.tr.* [indic.pres. *io stringo, tu stringi*...; pass.rem. *io strinsi, tu stringésti*...; part.pass. *strétto*] **1** accostare con forza; serrare insieme: *le tenaglie |* (*fig.*) *— i denti*, sforzarsi di resistere **2** tenere stretto: *stringeva il figlio al petto |* impugnare: *— la penna fra le dita* **3** serrare premendo: *— la mano |* (*fig.*) *— il cuore*, suscitare profonda commozione **4** obbligare in una posizione, su una traiettoria; costringere a ridosso di ql.co.: *— nell'angolo; — un'auto in sorpasso | — d'assedio*, assediare **5** stipulare, concludere: *— nuovi accordi |* intrecciare, avviare: *— amicizia* **6** rendere più stretto; ridurre; accorciare: *— la giacca | — i tempi*, accelerare la realizzazione di ql.co. **7** (*fig. anche assol.*) riassumere sinteticamente: *cercherò di — | stringi stringi*, venendo al dunque, in sostanza: *tante belle parole ma, stringi stringi, nulla di nuovo* **8** (*anche assol.*) comprimere in maniera dolorosa: *— il busto* **9** (*coll., spec.assol.*) rendere stitico: *certi alimenti stringono* ♦ *intr.* [aus. *A*] **1** spostarsi in una data direzione, convergere verso un lato: *— in curva* **2** incalzare, incalzare: *il tempo stringe* ♦ **-rsi** *rifl.* **1** farsi più vicini; accostarsi: *— sul divano | — intorno a qlcu.*, mostrargli solidarietà e dargli protezione **2** avvolgersi dentro ql.co.: *— nella coperta |* rannicchiarsi: *— in un cantuccio | — nelle spalle*, sollevarle e lasciarle ricadere, per esprimere impotenza o disinteresse.
strin|gi|mén|to *s.m.* atto dello stringere | (*fig.*) *— di cuore*, commozione profonda.
strin|gi|nà|so *s.m.invar.* **1** arnese che tiene chiuse le narici durante immersioni e tuffi **2** si dice di montatura d'occhiali che si regge sul naso senza stanghette.
strip|pàr|si *v.intr.pron.* (*pop.*) mangiare a crepapelle.
strip-tease (*ingl.*) [pr. *striptìs*] *s.m.invar.* spogliarello.
stri|scia *s.f.* [pl. *-sce*] **1** pezzo lungo e stretto di materiale vario: *— di tessuto; tagliare a strisce* **2** traccia lunga e stretta: *con le scarpe hai lasciato delle strisce scure |* tratto di superficie di forma allungata: *— di terra |* banda: *decorare a strisce | strisce pedonali*, bande bianche sull'asfalto che indicano l'area riservata all'attraversamento pedonale *| a stelle e strisce*, proveniente dagli USA: *cinema a stelle e strisce* **3** breve episodio a fumetti, formato da vignette disposte su una sola riga.
stri|scia|mén|to *s.m.* (*anche fig.*) azione, movimento, comportamento con cui si striscia.
stri|sciàn|te *part.pres.* di strisciare ♦ *agg.* **1** che striscia | (*bot.*) si dice di pianta che si espande orizzontalmente lungo il terreno **2** (*fig.*) viscido, ipocrita: *atteggiamento —* **3** (*fig.*) detto di fenomeno che, apparentemente trascurabile, alla lunga può rivelarsi dannoso: *inflazione —.*
stri|scià|re *v.intr.* [indic.pres. *io striscio*...; aus. *A*] **1** muoversi sfiorando, sfregando: *per entrare devi — sotto la staccionata* **2** passare rasente: *l'auto ha strisciato contro il guardrail* **3** (*fig.*) degradarsi in comportamenti servili: *è pronta a — per un aumento* ♦ *tr.* **1** strascinare: *non — rumorosamente la sedia!* **2** sfiorare: *ho strisciato la fiancata parcheggiando* ♦ **-rsi** *rifl.* strofinarsi, sfregarsi: *la borsa si è strisciata |* (*fig.*) *— a qlcu.*, girargli attorno per adularlo.
stri|scià|ta *s.f.* **1** movimento con cui si striscia | traccia di ciò che striscia: *sono rimaste le strisciate delle suole |* graffio: *una — sulla carrozzeria* **2** in tipografia, prova di stampa nella fotocomposizione **3** serie di fotografie aeree che riprendono zone contigue.
stri|scia|tù|ra *s.f.* movimento con cui si striscia; strisciata.
stri|scio *s.m.* **1** atto dello strisciare *| di —*, sfiorando: *colpire di —*; superficiale: *ferita di —* **2** segno fatto strisciando **3** (*med.*) preparato otte-

nuto strisciando su un vetrino da microscopio una piccola quantità di materiale organico da esaminare | tecnica con cui si ricava il preparato: — *vaginale*.

stri|sció|ne *s.m.* grossa striscia di tela e sim., con scritte, disegni pubblicitari o altro, tesa in alto trasversalmente a una strada: *lo — dei manifestanti*.

stri|to|la|mén|to *s.m.* azione che stritola.

stri|to|là|re *v.tr.* [indic.pres. *io strìtolo*...] **1** ridurre in pezzi minuti: — *nella morsa* **2** (*spec.iperb.*) annientare con le proprie argomentazioni.

striz|za *s.f.* (*fam.*) paura, fifa.

striz|re *v.tr.* stringere energicamente per far fuoriuscire il liquido: — *una spugna* | — *l'occhio*, ammiccare.

striz|zà|ta *s.f.* strizzatura sommaria: *una — al bucato* | — *d'occhio*, occhiolino.

striz|za|tù|ra *s.f.* operazione con cui si strizza.

striz|zó|ne *s.m.* **1** stretta brusca, violenta **2** (*fam.*) improvvisa fitta di dolore.

stro|bo|sco|pì|a *s.f.* analisi di fenomeni periodici, spec. di movimenti rotatori e vibratori, tramite lo stroboscopio.

stro|bo|scò|pi|co *agg.* [m.pl. *-ci*] relativo alla stroboscopia, allo stroboscopio | (*psicol.*) *effetto* —, quello per cui due punti luminosi che lampeggiano alternativamente vengono percepiti come movimento di un punto unico | *luci stroboscopiche*, luci psichedeliche.

stro|bo|scò|pio *s.m.* apparecchio che permette di osservare e analizzare fenomeni periodici, come la rotazione o vibrazione di un corpo.

strò|fa o **stròfe** *s.f.* [pl. *-e*] (*metr.*) insieme di versi formanti un periodo ritmico e legati secondo un determinato schema di rime | — *libera*, quella in cui la concatenazione dei versi e la rima non seguono regole rigide.

strò|fi|co *agg.* [m.pl. *-ci*] relativo alla strofe; costituito da strofe.

stro|fi|nàc|cio *s.m.* straccio che si usa per spolverare o per pulire.

stro|fi|na|mén|to *s.m.* azione con cui si strofina.

stro|fi|nà|re *v.tr.* sfregare più volte per rendere asciutto, pulito o lucido: — *il vassoio* | massaggiare: *si strofina le spalle per il freddo* ♦ **-rsi** *rifl.* fregarsi, strusciarsi: *il cane si strofina contro le sue gambe* | (*fig.*) — *a qlcu.*, adularlo per ottenere vantaggi.

stro|fi|nà|ta *s.f.* rapida passata con uno strofinaccio.

stro|fi|nì|o *s.m.* strofinamento che si protrae nel tempo **2** (*fis.*) sfregamento di una superficie contro un'altra, tramite il quale si può ottenere elettricità statica.

strò|ma *s.m.* [pl. *-i*] impalcatura tridimensionale che funge da struttura portante di tessuti e organi.

stro|mà|ti|co *agg.* [m.pl. *-ci*] che riguarda lo stroma.

strom|bà|re *v.tr.* [indic.pres. *io strómbo*...] fare una strombatura.

strom|ba|tù|ra *s.f.* taglio obliquo praticato nel muro, che crea una svasatura in corrispondenza di una porta, di una finestra per favorire l'illuminazione o per aggiungere un elemento decorativo.

strom|baz|za|mén|to *s.m.* **1** (*auto.*) suono insistente del clacson di un veicolo; il frastuono così provocato **2** (*fig.*) comunicazione insistente e chiassosa.

strom|baz|zà|re *v.tr.* comunicare, pubblicizzare in maniera chiassosa: — *il proprio successo* ♦ *intr.* [aus. *A*] suonare il clacson di un veicolo in maniera insistente e fastidiosa.

strom|baz|zà|ta *s.f.* strombazzamento.

strom|baz|za|tó|re *s.m.* [f. *-trice*] persona che strombazza.

strom|bet|tà|re *v.intr.* [indic.pres. *io strombétto*...; aus. *A*] **1** suonare la tromba senza armonia, anche solo per gioco **2** (*auto.*) dare numerosi colpi di clacson.

strom|bet|tà|ta *s.f.* **1** esecuzione grossolana alla tromba **2** (*auto.*) serie di colpi di clacson.

strom|bet|tì|o *s.m.* serie disordinata e fastidiosa di suoni di tromba, di clacson.

stróm|bo *s.m.* grande mollusco dei Gasteropodi, che vive nei mari caldi, provvisto di conchiglia spiraliforme dall'interno rosato, impiegata per realizzare cammei.

stron|cà|re *v.tr.* [indic.pres. *io strónco, tu strónchi*...] **1** troncare violentemente; spezzare: *il fulmine ha stroncato un albero* | (*iperb.*) affaticare: *questo peso mi stronca le braccia* **2** (*fig.*) uccidere: *lo ha stroncato un malore* **3** (*fig.*) criticare in modo radicale: — *uno spettacolo* **4** (*fig.*) far cessare rapidamente; soffocare, reprimere: — *la protesta sul nascere*.

stron|ca|tó|re *s.m.* [f. *-trice*] (*raro*) persona che stronca, spec. attraverso la critica.

stron|ca|tò|rio *agg.* che stronca, spec. attraverso la critica: *in tono* —.

stron|ca|tù|ra *s.f.* **1** (*raro*) azione, evento che spezza, che abbatte **2** (*fig.*) critica spietata, senza riserve: *la recensione fu un'autentica — per il film*.

strong (*ingl.*) *agg.invar.* **1** detto di carta molto robusta: *carta extra —* **2** (*coll.*) forte; tosto: *sapori —; un tipo —*.

stron|zàg|gi|ne *s.f.* (*volg.*) **1** modo di essere di chi risulta stupido o spregevole **2** (*raro*) stronzata.

stron|zà|ta *s.f.* (*volg.*) gesto, frase da stronzo.

stròn|zio *s.m.* elemento chimico, metallo alcalino-terroso ossidabile, di colore bianco argenteo (*simb.* Sr).

strón|zo *s.m.* (*volg.*) **1** escremento solido a forma di cilindro **2** (*fig.*) persona stupida | persona detestabile, spregevole.

stro|pic|cia|mén|to *s.m.* stropicciatura.

stro|pic|cià|re *v.tr.* [indic.pres. *io stropìccio*...] **1** sfregare energicamente una cosa contro un'altra; sfregare ripetutamente con la mano: *stropicciarsi le mani*; *stropicciarsi gli occhi* **2** (*fam.*) spiegazzare, sgualcire: *stropicciarsi la camicia*.

stro|pic|cia|tù|ra *s.f.* azione con cui si stropiccia; effetto di tale azione.

strop|pià|re *v.tr.* [indic.pres. *io stròppio...*] (*pop.*) storpiare.

stroz|za|mén|to *s.m.* azione, processo con cui strozza o si viene strozzati | (*estens.*) strozzatura, restringimento | (*med.*) — **erniario**, processo di rigonfiamento e occlusione di un'ansa intestinale, provocato dalla compressione che la parte subisce dopo essere uscita dalla sede naturale.

stroz|za|prè|ti *s.m.pl.* (*region.*) gnocchi di farina o patate, piccoli e compatti.

stroz|zà|re *v.tr.* [indic.pres. *io stròzzo...*] **1** stringere alla gola tanto violentemente da uccidere, spec. con la pressione delle mani | (*iperb.*) usato anche per minacciare in modo scherzoso: *se mi combini un altro guaio ti strozzo!* **2** (*estens.*) impedire il respiro, detto spec. di boccone bloccato in gola **3** (*estens.*) restringere in un punto mediante pressione | occludere **4** (*fig.*) mettere in difficoltà finanziaria, spec. con prestiti usurari: *i commercianti della zona sono strozzati dagli usurai* ♦ **-rsi** *intr.pron.* **1** soffocare per un boccone di cibo andato di traverso **2** subire una strozzatura; restringersi: *il tubo si strozza a un metro dall'uscita* ♦ *rifl.* strangolarsi.

stroz|zà|to *part.pass. di* strozzare ♦ *agg.* **1** detto di voce che risulta incerta e che stenta a uscire **2** (*med.*) *ernia strozzata*, ansa intestinale che subisce uno strozzamento dopo essere fuoriuscita dalla propria sede naturale per un'ernia.

stroz|za|tù|ra *s.f.* **1** riduzione di diametro; restringimento | punto in cui ql.co. si stringe: *una — della strada* **2** (*fig.*) impedimento: *— burocratica.*

stroz|zi|nàg|gio *s.m.* attività di strozzino.

stroz|zi|né|sco *agg.* [m.pl. *-schi*] degno di uno strozzino.

stroz|zì|no *s.m.* [f. *-a*] **1** usuraio **2** (*spreg.*) chi pratica prezzi esagerati.

struc|cà|re *v.tr.* [indic.pres. *io strucco, tu strucchi...*] ripulire il viso dal trucco ♦ **-rsi** *rifl.* levarsi il trucco.

struc|ca|tù|ra *s.f.* operazione con cui ci si toglie il trucco.

strudel (*ted.*) *s.m.invar.* dolce con ripieno di mele, pinoli e uva passa, racchiuso da uno strato di pasta arrotolata e cotto nel forno.

strùf|fo|lo *s.m.spec.pl.* (*gastr.*) nella pasticceria napoletana, piccolo impasto tondeggiante a base di uova, farina e miele, che viene fritto.

strug|gèn|te *agg.* che tormenta, straziante, detto spec. di sentimento: *— desiderio.*

strùg|ge|re *v.tr.* [indic.pres. *io struggo, tu struggi...*; pass.rem. *io strussi, tu struggésti...*; part.pass. *strutto*] (*lett.*) **1** sciogliere tramite calore **2** (*fig.*) consumare lentamente attraverso la sofferenza: *il ricordo gli struggeva l'animo* ♦ **-rsi** *intr. pron.* (*lett.*) **1** fondersi per il calore **2** (*fig.*) tormentarsi emotivamente fino a consumarsi: *— di nostalgia.*

strug|gi|mén|to *s.m.* (*lett.*) tormento, strazio.

stru|men|tà|le *agg.* **1** che riguarda uno strumento **2** che viene effettuato, realizzato attraverso uno o più strumenti: *analisi chimica —* | (*aer.*) si dice di volo in cui non ci si regola a vista, ma esclusivamente attraverso gli strumenti di bordo | (*mus.*) si dice di pezzo, esecuzione che coinvolge solo gli strumenti **3** che funge da strumento | (*econ.*) *bene —*, funzionale alla produzione di altri beni **4** (*fig.*) che risponde a secondi fini: *protesta —* □ **strumentalmente** *avv.* **1** attraverso strumenti **2** sotto il profilo strumentale **3** in maniera strumentale.

stru|men|ta|li|tà *s.f.* caratteristica di ciò che è strumentale, spec. in quanto fatto con secondi fini.

stru|men|ta|liz|zà|re *v.tr.* impiegare come mezzo per i propri fini: *— le richieste popolari.*

stru|men|ta|liz|za|zió|ne *s.f.* utilizzo per secondi fini.

stru|men|tà|re *v.tr.* [indic.pres. *io struménto...*] (*mus.*) preparare una partitura organizzando armonicamente le parti dei diversi strumenti: *— una sinfonia.*

stru|men|tà|rio *s.m.* complesso degli strumenti che vengono impiegati nell'esercizio di una professione, di un'arte: *— medico.*

stru|men|ta|tó|re *s.m.* [f. *-trice*] (*mus.*) persona che strumenta un pezzo.

stru|men|ta|zió|ne *s.f.* **1** complesso delle attrezzature e delle apparecchiature che servono a praticare una determinata attività, spec. di indagine, controllo e sim. **2** complesso degli strumenti che permettono di controllare il funzionamento di un macchinario, di un veicolo **3** (*mus.*) attività e competenza di chi strumenta.

stru|men|tì|sta *s.m./f.* [m.pl. *-i*] **1** musicista che suona uno strumento per professione **2** specialista della progettazione di strumentazioni per impianti industriali.

stru|mén|to *s.m.* [pl. *-i*] **1** apparecchio, attrezzo che serve per svolgere date attività, spec. tecniche: *— da arrotino* | *— di misura*, attrezzo che serve a misurare grandezze | (*aer.*) *strumenti di bordo*, quelli che rendono possibile il controllo di tutte le funzioni di un aereo e la sua gestione in volo **2** (*mus.*) attrezzo costruito in modo da poter generare suoni armonici, se impiegato opportunamente dal musicista: *— elettronico, a corda* **3** (*fig.*) persona, cosa, sistema che viene impiegato per raggiungere un obiettivo: *— di potere* **4** (*dir.*) atto pubblico redatto da un notaio **5** (*gramm.*) *complemento di —*, quello che indica il mezzo o strumento con cui si compie un'azione.

stru|scià|re *v.tr.* [indic.pres. *io strùscio...*] strofinare; sfregare: *— le scarpe sul pavimento* | toccare di striscio ♦ **-rsi** *intr.pron.* sfregarsi; strofinarsi ♦ *rifl.rec.* scambiarsi effusioni amorose.

stru|scià|ta *s.f.* breve sfregamento tra due superfici.

strù|scio *s.m.* (*region.*) passeggiata domenicale nella via principale del paese.

strùt|to *s.m.* grasso da cucina ricavato dalla fusione dei tessuti adiposi del maiale.

strut|tù|ra *s.f.* **1** insieme di elementi, disposti e organizzati in modo organico: *la — della cellula; — della narrazione* | (*estens.*) complesso delle relazioni che regolano l'articolazione delle parti in un tutto: *la — matematica del cosmo* | *— psichica*, organizzazione delle diverse istanze e facoltà interiori | *— sociale*, rete di relazioni più o meno esplicite che riunisce gli individui in una società **2** complesso di elementi di una costruzione, di un'imbarcazione e sim.: *la — di un aereo* | (*edil.*) insieme delle parti di un edificio | *— portante*, insieme degli elementi di sostegno **3** installazione, spec. attrezzata per una data attività: *— ricettiva* **4** (*econ.*) complesso dei fondamentali rapporti di produzione e distribuzione di un sistema economico **5** (*chim.*) disposizione degli atomi in una molecola: *formula di —* | *— cristallina*, disposizione regolare di atomi e molecole in un solido allo stato cristallino **6** (*ling.*) complesso delle regole in base alle quali sono organizzati gli elementi di una lingua: *la — morfologica del francese* **7** (*mat.*) complesso delle relazioni e delle operazioni che sono state definite su un insieme e sui suoi elementi.
strut|tu|rà|le *agg.* **1** relativo alla struttura: *fattore —; cedimento —; riforma —* **2** che si basa sullo strutturalismo linguistico: *analisi —* | □ **strutturalmente** *avv.*
strut|tu|ra|lì|smo *s.m.* **1** (*scient.*) atteggiamento inaugurato in ambito linguistico e poi diffusosi in tutte le scienze umane, nella filosofia e nella critica letteraria, secondo cui una scienza deve spiegare il proprio oggetto come struttura di relazioni costanti e sistematiche che legano indissolubilmente i suoi vari elementi **2** (*arch.*) indirizzo che si concentra in particolare sul ruolo funzionale ed estetico delle strutture portanti.
strut|tu|ra|li|sta *s.m./f.* [m.pl. *-i*] chi professa le dottrine dello strutturalismo ♦ *agg.* strutturalistico.
strut|tu|ra|lì|sti|co *agg.* [m.pl. *-ci*] dello strutturalismo e dei suoi seguaci: *approccio —*.
strut|tu|rà|re *v.tr.* (*anche fig.*) disporre secondo una struttura; ordinare: *— l'apprendimento* ♦ **-rsi** *intr.pron.* essere organizzato; articolarsi: *il convegno si struttura su due giornate* | configurarsi: *l'istituzione si strutturerà come ente benefico*.
strut|tu|rà|to *part.pass.* di **strutturare** ♦ *agg.* dotato di struttura; ben organizzato; articolato.
strut|tu|ra|zió|ne *s.f.* operazione, processo che struttura | modo in cui una cosa è organizzata.
Stru|zio|ni|fór|mi *s.m.pl.* ordine di grandi Uccelli, che non sono in grado di volare ma possono correre velocemente grazie alle lunghe zampe.
strùz|zo *s.m.* **1** grande uccello degli Struzioniformi, diffuso nei deserti dell'Africa australe, caratterizzato da zampe e collo lunghi, molto veloce nella corsa | (*fig.*) *fare (la politica del)lo —*, ignorare una difficoltà pur di non affrontarla **2** pregiate piume di struzzo: *boa di —* | pelle di struzzo conciata: *borsello di —*.
stuc|cà|re[1] *v.tr.* [indic.pres. *io stucco, tu stucchi...*] **1** ricoprire o turare con stucco: *— il buco nella parete* **2** decorare con stucchi: *— la volta*.
stuc|cà|re[2] *v.tr.* [indic.pres. *io stucco, tu stucchi...*] riempire a sazietà; nauseare: *i sapori forti stuccano presto*.
stuc|ca|tó|re *s.m.* [f. *-trice*] **1** chi esegue stuccature, spec. su mobili **2** chi fa decorazioni a stucco per le pareti.
stuc|ca|tù|ra *s.f.* **1** applicazione dello stucco **2** strato di stucco indurito dopo l'applicazione: *tinteggiare per nascondere la —*.
stuc|ché|vo|le *agg.* che dà nausea, disgusto: *pietanza —* | (*fig.*) che dà noia; fastidioso: *una — lagna* | sdolcinato lezioso: *sentimentalismo —*.
stuc|che|vo|léz|za *s.f.* caratteristica di ciò che è stucchevole.
stùc|co[1] *s.m.* [pl. *-chi*] **1** materiale di rivestimento o decorazione composto di calce, polvere di marmo e sabbia | (*fig.*) *rimanere di —*, restare stupito, sbalordito **2** decorazione fatta con lo stucco: *gli stucchi del soffitto* **3** denominazione di materiali pastosi che induriscono rapidamente all'aria, usati per nascondere difetti superficiali: *— da carrozziere*.
stùc|co[2] *agg.* [m.pl. *-chi*] (*lett.*) stufo, annoiato.
stu|den|tà|to *s.m.* **1** fase della vita dedicata agli studi superiori **2** collegio universitario **3** (*eccl.*) collegio per preparare i chierici di alcuni ordini religiosi al sacerdozio.
stu|dèn|te *s.m.* [f. *-essa*] chi è iscritto a un corso di studi, spec. di scuola media o università | *casa dello —*, collegio universitario.
stu|den|té|sco *agg.* [m.pl. *-schi*] degli studenti: *collettivo —*.
stu|diac|chià|re *v.tr.* [indic.pres. *io studiàcchio...*; aus. *A*] studiare in modo superficiale.
stu|dià|re *v.tr.* [indic.pres. *io stùdio...*] **1** applicare la mente per imparare, spec. sulla base di testi e sim.: *— scienze sul sussidiario* | sforzarsi di memorizzare: *— il copione; — la lezione* | (*assol.*) frequentare un corso di studi: *smettere di —* **2** sottoporre a indagine, riflessione, analisi; esaminare: *— una galassia; — a fondo la questione* | mettere a punto; escogitare, ideare: *hanno studiato un nuovo trattamento; — un piano alternativo* | osservare con attenzione; sorvegliare: *— i suoi movimenti* | *— le mosse dell'avversario*, tenerlo sotto controllo per anticiparne le azioni | (*coll.*) *studiarle tutte*, cercare ostinatamente una soluzione **3** (*fig.*) tenere sotto controllo; misurare: *— la gestualità* ♦ *intr.* [aus. *A*], **-rsi** *intr.pron.* (*lett.*) sforzarsi: *— di migliorare* ♦ *rifl.* osservarsi attentamente: *— con il nuovo abito*.
stu|dià|to *part.pass.* di **studiare** ♦ *agg.* affettato, ricercato: *una posa studiata*.
stu|dic|chià|re *v.tr.* [indic.pres. *io studìcchio...*; aus. *A*] studiacchiare.
stù|dio *s.m.* **1** attività di chi studia; applicazione della mente per imparare, conoscere ql.co.: *lo — della storia; immergersi nello —* | *borsa di —*, sostegno economico che aiuta i meritevoli a proseguire gli studi **2** ciò che viene studiato: *studi umanistici* **3** (*pl.*) frequenza ai corsi di scuole e

studioso

sim.: *finire gli studi* **4** ricerca: *condurre uno — approfondito* | scritto di approfondimento su un tema: *pubblicare uno — su Boccaccio* **5** lavoro preparatorio; progetto: *lo — per il nuovo ponte* | (*spec.bur.*) ***essere allo —***, sottoposto alla valutazione degli organismi competenti **6** stanza dedicata allo studio, alle letture e sim. | arredamento di tale stanza: *uno — in ciliegio* **7** luogo dove professionisti, artisti svolgono la loro attività: *— d'architettura* **8** (*cine., radio., tv*) installazione, complesso di locali dove vengono girati film o dove si realizzano trasmissioni radiotelevisive: *gli studi di Hollywood* | (*mus.*) sala attrezzata per registrazioni e incisioni **9** (*mus.*) composizione che serve a esercitarsi in una data tecnica vocale o strumentale.

stu|diò|so *agg.* che si applica con diligenza allo studio: *scolaro —* ♦ *s.m.* [f. *-a*] chi è dedito agli studi, a una particolare disciplina: *uno — di storia antica*.

stù|fa *s.f.* apparecchio per il riscaldamento di ambienti: *— a gas*.

stu|fà|re *v.tr.* **1** (*gastr.*) cuocere a lungo in recipiente chiuso, a fuoco lento: *— la carne* **2** (*fam.*) seccare, infastidire: *le tue lamentele ci hanno stufato* ♦ **-rsi** *intr.pron.* (*fam.*) seccarsi; annoiarsi: *— subito*.

stu|fà|to *s.m.* (*gastr.*) piatto di carne in umido, cotta a fuoco lento e a lungo.

stù|fo *agg.* (*fam.*) annoiato, seccato: *sono — delle tue bugie*.

stuka (*ted.*) *s.m.invar.* (*st. mil.*) caccia bombardiere tedesco della seconda guerra mondiale.

stuntman (*ingl.*) [pr. *stàntmen*] *s.m.invar.* (*cine.*) controfigura impiegata per sostituire il protagonista di un film nelle scene più movimentate e pericolose.

stuò|ia *s.f.* tessuto di giunchi, canne o paglia, per tappeti, tendaggi, rivestimenti ecc.

stuo|i|no *s.m.* → **stoino**.

stuò|lo *s.m.* moltitudine, schiera: *uno — di creditori*.

stu|pe|fa|cèn|te *part.pres.* di **stupefare** ♦ *agg.* **1** che sbalordisce: *sviluppo —* **2** si dice di sostanza che, agendo sul sistema nervoso centrale, determina uno stato di torpore o di ebbrezza, spesso con allucinazioni ♦ *s.m.* sostanza stupefacente: *traffico di stupefacenti*.

stu|pe|fà|re *v.tr.* [indic.pres. *io stupefàccio* o *stupefò, tu stupefài, egli stupefà...*; con. come *fare*] meravigliare; sbalordire.

stu|pe|fàt|to *part.pass.* di **stupefare** ♦ *agg.* pieno di stupore; sbalordito: *sguardo —*.

stu|pe|fa|zió|ne *s.f.* (*spec.med.*) stupore.

stu|pèn|do *agg.* **1** splendido, meraviglioso: *panorama —* **2** (*coll.*) usato per manifestare entusiasmo e approvazione: *ci sarete anche voi? —!* □ **stupendamente** *avv.*

stu|pi|dàg|gi|ne *s.f.* **1** condizione di chi è stupido | azione, frase stupida; stupidata: *ho combinato una —* **2** cosa di poco conto; bazzecola: *quel lavoro è una —*.

stu|pi|dà|rio *s.m.* (*raro*) raccolta di frasi sciocche o assurde, spec. riferite a un ambito particolare: *lo — aziendale*.

stu|pi|dà|ta *s.f.* frase, gesto, comportamento stupido.

stu|pi|di|tà *s.f.* caratteristica di chi, di ciò che è stupido: *la — degli argomenti*.

stù|pi|do *agg.* **1** poco intelligente; tardo, ottuso **2** che mostra un'intelligenza limitata: *gesto —* ♦ *s.m.* [f. *-a*] persona stupida: *che espressione da —!* □ **stupidamente** *avv.*

stu|pì|re *v.tr.* [indic.pres. *io stupisco, tu stupisci...*] meravigliare, sorprendere: *vogliamo — il pubblico* ♦ *intr.* [aus. *E*], **-rsi** *intr.pron.* restare sorpreso; meravigliarsi: *non c'è da —*.

stu|pì|to *part.pass.* di **stupire** ♦ *agg.* preso da stupore; sorpreso.

stu|pó|re *s.m.* **1** profonda meraviglia che coglie all'improvviso: *la rivelazione destò notevole —* **2** (*med.*) stato di intorpidimento mentale con perdita della capacità di muoversi e riduzione del ritmo respiratorio.

stu|prà|re *v.tr.* violentare: *— la prigioniera*.

stu|pra|tó|re *s.m.* autore di uno stupro.

stù|pro *s.m.* atto sessuale imposto con la violenza; violenza carnale.

stù|ra *s.f.* azione con cui si stappa un recipiente | (*fig.*) ***dare la —***, sfogare liberamente, senza trattenersi: *diede la — a desideri mai confessati*; *dare il via*: *la dichiarazione diede la — alle proteste*.

stu|ra|bot|tì|glie *s.m.invar.* attrezzo per estrarre il turacciolo; cavatappi.

stu|ra|la|van|dì|ni *s.m.invar.* arnese per sturare il lavandino, formato da una ventosa con manico.

stu|rà|re *v.tr.* **1** stappare: *— la botte* **2** liberare da intasamenti: *— lo scarico*.

stur|bà|re *v.tr.* **1** (*raro*) disturbare; interrompere **2** (*region.*) turbare ♦ **-rsi** *intr.pron.* (*region.*) sconvolgersi.

stùr|bo *s.m.* (*region.*) disturbo | sconvolgimento.

stuz|zi|ca|dèn|ti *s.m.invar.* stecco sottile usato per togliere i frammenti di cibo rimasti tra i denti.

stuz|zi|ca|mén|to *s.m.* atto con cui si stuzzica.

stuz|zi|càn|te *part.pres.* di **stuzzicare** ♦ *agg.* (*anche fig.*) stimolante, eccitante: *cibo —*; *pettegolezzo —*.

stuz|zi|cà|re *v.tr.* [indic.pres. *io stùzzico, tu stùzzichi...*] **1** toccare in continuazione, gener. con ql.co. di sottile e appuntito: *stuzzicarsi le gengive* **2** toccare insistentemente fino a irritare; tormentare: *— la piaga* | (*fig.*) molestare; provocare **3** (*fig.*) stimolare; solleticare: *cerca di — il tuo amor proprio*.

stuz|zi|chì|no *s.m.* **1** cibo appetitoso; spuntino **2** (*spec.pl.*) salatino, tartina e sim. consumato con l'aperitivo.

styling (*ingl.*) [pr. *stàilin*] *s.m.invar.* linea tipica di un prodotto industriale o di una serie coordinata; design.

stylist (*ingl.*) [pr. *stàilist*] *s.m./f.invar.* creatore di moda; stilista | parrucchiere alla moda.

su *prep.* [si unisce agli art.det. per formare le

subinquilino

prep.art. *sul, sullo, sulla, sui, sugli, sulle*; si lega ai pron.pers. tramite la prep. *di*] **1** introduce una specificazione di stato in luogo e indica che ql.co. o qlcu. si trova più in alto o a contatto rispetto a ql.co. situato più in basso: *il vaso è sul davanzale; sdraiato sul letto* | indica vicinanza, prossimità oppure il luogo verso cui è rivolto un edificio o una sua parte: *un paese sul mare; balconata sul lago* | indica la materia che fa da supporto a un'opera: *olio — tela* **2** [in dipendenza da v. di movimento] introduce un compl. di moto a luogo (*anche fig.*): *montare sul tavolo; montare — tutte le furie; nevica — tutta l'Italia* | indica direzione: *puntare — Los Angeles* **3** indica in che modo una cosa è fatta o come si svolge un'azione: *— misura; furto — commissione* **4** introduce determinazioni approssimative di tempo: *sul tardi, sul finire della stagione* **5** esprime quantità o misura approssimativa: *spendere sulle sei sterline; comprare sui due chili di pasta; è lungo sui trecento metri* | fornisce un'indicazione approssimativa di età o di durata: *avrà sui vent'anni; ci vorranno sui tre mesi* **6** introduce l'argomento di cui si parla o scrive: *il dibattito verte — tre punti; un libro sui pellirosse* **7** con funzione distributiva: *uno — mille ci riesce* ♦ *avv.* (*anche fig.*) in alto, verso l'alto: *tirare — con la carrucola; le quotazioni vanno —* | al livello superiore, al piano di sopra: *venite — da noi!* | (*raff.*) in frasi che già esprimono l'idea di spostamento verso l'alto: *perché non salite — ? | — —,* man mano verso l'alto: *andare — — fino all'ultimo piano | di, da —,* da sopra, dall'alto; dal nord | *in —,* verso l'alto: *volgersi in —*; in poi: *dai quattro in —* ♦ *inter.* forza!; orsù!: *—, partiamo!* ♦ *s.m.invar.* parte superiore: *il — della costruzione*.

su|ac|cen|nà|to *agg.* di cui s'è detto in precedenza.

sua|dèn|te *agg.* (*lett.*) persuasivo: *frasi suadenti* | carezzevole e allettante: *tono —*.

sub *s.m./f.invar. abbr.* di subacqueo.

sub- *pref.* indica posizione sottostante (*subacqueo*) o inferiore (*subalterno*), trasmissione ad altri di un diritto (*subaffitto*); può significare "vicino" o "quasi", "simile" (*subalpino*).

su|bàc|que|o *agg.* che si trova sott'acqua: *giacimento —* | che vive sotto la superficie dell'acqua: *animale —* | funzionando sott'acqua: *motore —* | che si pratica, si svolge sott'acqua: *sport —* ♦ *s.m.* [f. -a] chi effettua immersioni subacquee per lavoro o per sport; sommozzatore.

su|baf|fit|tà|re *v.tr.* affittare a terzi quel che si è preso in affitto.

su|baf|fìt|to *s.m.* contratto di affitto a terzi da parte dell'affittuario.

su|baf|fit|tu|à|rio *s.m.* [f. -a] persona che prende in affitto da un affittuario.

su|baf|flu|èn|te *s.m.* (*geog.*) corso d'acqua che si getta nell'affluente di un fiume.

su|ba|gèn|te *s.m./f.* chi stipula contratti per conto di un agente.

su|bal|pì|no *agg.* (*geog.*) **1** che si trova alle pendici delle Alpi | relativo alla fascia subalpina: *economia subalpina* **2** (*estens.*) piemontese.

su|bal|ter|ni|tà *s.f.* condizione da subalterno; subordinazione.

su|bal|tèr|no *agg.* che è gerarchicamente sottoposto ad altri | (*mil.*) **ufficiale —**, sottotenente o tenente ♦ *s.m.* [f. -a] **1** (*bur.*) persona subalterna, spec. impiegato; subordinato **2** (*mil.*) ufficiale subalterno.

su|ban|tàr|ti|co *agg.* [m.pl. -ci] (*geog.*) che si trova vicino alle zone antartiche | relativo alla fascia subantartica.

su|bap|pal|tà|re *v.tr.* dare o prendere in subappalto.

su|bap|pal|ta|tó|re *agg., s.m.* [f. -trice] chi viene incaricato di un lavoro attraverso un subappalto.

su|bap|pàl|to *s.m.* (*dir.*) contratto con cui l'appaltatore affida ad altri il lavoro che gli era stato assegnato.

su|bap|pen|nì|ni|co *agg.* [m.pl. -ci] (*geog.*) che si trova alle pendici degli Appennini | relativo alla fascia subappenninica: *clima —*.

su|bàr|ti|co *agg.* [m.pl. -ci] (*geog.*) che si trova vicino alle zone artiche | relativo alla fascia subartica.

su|ba|tò|mi|co *agg.* [m.pl. -ci] (*fis.*) si dice di ciò che ha dimensioni inferiori a quelle dell'atomo: *particella subatomica*.

sùb|bio *s.m.* (*ind. tessile*) cilindro per avvolgere il filo dell'ordito.

sub|bù|glio *s.m.* confusione, scompiglio: *c'era — nella piazza* | *in —*, agitato: *avere il cuore in —*.

sub|bù|te|o® *s.m.* gioco da tavolo con una riproduzione in scala del campo di calcio, su cui i giocatori vengono mossi a colpi di dito.

sub|còn|scio *s.m.* (*psicol.*) sfera dell'attività psichica di cui non si ha piena consapevolezza ♦ *agg.* [f.pl. -sce o -scie] (*psicol.*) del subconscio; appartenente al subconscio: *contenuto —*.

sub|con|ti|nèn|te *s.m.* (*geog.*) vasta zona geograficamente ben delimitata, che all'interno di un continente presenta omogeneità territoriali o etniche: *— indiano*.

sub|co|scièn|te *agg.* (*psicol.*) del subconscio ♦ *s.m.* (*psicol.*) subconscio.

sub|cul|tù|ra *s.f.* sottocultura.

sub|de|sèr|ti|co *agg.* [m.pl. -ci] (*geog.*) che si trova vicino alle zone desertiche | relativo alla fascia subdesertica.

sùb|do|lo *agg.* **1** falso, ingannevole: *comportamento —* **2** (*med.*) detto di malattia che non mostra sintomi palesi □ **subdolamente** *avv.*

su|ben|trà|re *v.intr.* [indic.pres. io *subéntro*...; aus. *E*] prendere il posto di un altro: *— al collega; — a qlcu. in un diritto* (*fig.*) venire dopo; succedere: *alle certezze subentrarono i dubbi*.

su|bén|tro *s.m.* (*bur.*) pratica con cui si subentra ufficialmente.

su|be|qua|to|rià|le *agg.* (*geog.*) che si trova vicino alle zone equatoriali | relativo alla fascia subequatoriale: *fauna —*.

su|bin|quì|li|no *s.m.* [f. -a] persona a cui l'inquilino subaffitta, interamente o in parte, l'appartamento di cui è locatario.

su|bì|re *v.tr.* [indic.pres. *io subisco, tu subisci*...] **1** essere costretto a sopportare controvoglia: — *un sopruso;* — *la suocera in visita* | (*assol.*) tollerare passivamente: *il popolo non vuole più* — **2** (*fig.*) lasciarsi soggiogare, influenzare da ql.co., da qlcu.: — *il carisma di una persona* | non riuscire a contrastare efficacemente: — *l'offensiva avversaria* **3** essere involontario protagonista di un processo: — *un'evoluzione* **4** dover affrontare: — *un terzo grado* | essere sottoposto a ql.co.: — *un trattamento*.

su|bis|sà|re *v.tr.* **1** (*lett.*) mandare in rovina; sprofondare **2** (*fig.*) colmare; ricoprire: *l'hanno subissato di fischi;* — *di complimenti*.

su|bìs|so *s.m.* **1** (*lett.*) disastro terribile; sfacelo **2** (*fig.*) enorme quantità: *un* — *di regali*.

su|bi|ta|nei|tà *s.f.* caratteristica di ciò che è subitaneo, improvviso.

su|bi|tà|ne|o *agg.* (*lett.*) repentino, improvviso.

sù|bi|to¹ *avv.* **1** immediatamente: *vengo* — | (*assol.*) per rispondere a ordini, chiamate e sim.: *"Puoi aiutarmi?" "—"* | — *prima, dopo*, un attimo prima, dopo **2** rapidamente; in un baleno: *esaurirsi* —.

su|bì|to² *part.pass.* di subire ♦ *agg.* ricevuto, patito: *affronto* —.

sub iu|di|ce (*lat.*) *loc.* da decidersi; tuttora in discussione, pendente: *vertenza* —.

su|bla|cèn|se *agg.* (*lett.*) della cittadina di Subiaco, non lontana da Roma ♦ *s.m./f.* (*lett.*) chi è nato o abita a Subiaco.

su|bli|mà|re *v.tr.* **1** (*lett.*) elevare spiritualmente **2** (*psicoan.*) orientare i propri impulsi aggressivi e sessuali verso attività socialmente positive **3** (*chim., fis.*) far passare direttamente dallo stato solido a quello gassoso, senza passaggio attraverso lo stato liquido: — *il ghiaccio* ♦ *intr.* [aus. *E*] (*chim., fis.*) di sostanza, passare direttamente da stato solido a stato gassoso ♦ **-rsi** *rifl., intr.pron.* elevarsi spiritualmente.

su|bli|mà|to *s.m.* (*chim., fis.*) sostanza che si ricava per sublimazione.

su|bli|ma|zió|ne *s.f.* **1** processo di elevazione **2** (*psicoan.*) spostamento dell'energia connessa alle pulsioni aggressive e sessuali verso attività socialmente positive **3** (*chim., fis.*) passaggio diretto di una sostanza da stato solido a stato gassoso.

su|bli|me *agg.* **1** (*lett.*) molto elevato: *sublimi altezze* **2** (*fig.*) eccelso, nobilissimo: *una* — *fedeltà alla causa* | (*ret.*) si dice di stile elevato e maestoso **3** (*fig.*) eccellente, sommo: *artista* — ♦ *s.m.* sentimento suscitato da uno spettacolo grandioso.

sub|li|mi|nà|le *agg.* (*psicol.*) si dice di sensazione che non viene percepita consapevolmente ma che agisce comunque sulla psiche.

su|bli|mi|tà *s.f.* qualità di ciò che è sublime.

sub|lo|cà|re *v.tr.* [indic.pres. *io sublòco, tu sublòchi*...] subaffittare.

sub|lo|ca|zió|ne *s.f.* (*dir.*) subaffitto.

sub|lu|nà|re *agg.* che si trova al di sotto della Luna | *mondo* —, la Terra.

sub|mon|tà|no *agg.* (*geog.*) che si trova ai piedi delle montagne.

sub|nor|mà|le *agg.* si dice di chi è al di sotto della norma, spec. per capacità intellettive ♦ *s.m./f.* persona subnormale.

sub|nu|cle|à|re *agg.* (*fis.*) si dice di particella più piccola del nucleo atomico.

su|bo|ce|à|ni|co *agg.* [m.pl. *-ci*] (*geog.*) che si trova, vive, avviene sul fondo dell'oceano: *eruzione suboceanica*.

su|bor|di|nà|re *v.tr.* [indic.pres. *io subórdino*...] **1** far dipendere da altro: — *l'approvazione alla disponibilità di risorse* **2** (*gramm.*) legare tramite un rapporto di subordinazione: — *due proposizioni*.

su|bor|di|na|tì|vo *agg.* che subordina | (*gramm.*) ***congiunzione subordinativa***, congiunzione che stabilisce un rapporto di dipendenza tra una proposizione e un'altra.

su|bor|di|nà|to *part.pass.* di subordinare ♦ *agg.* **1** che dipende da altro: *scelta subordinata* **2** che si trova in un rapporto di subordinazione | ***lavoratore*** —, dipendente | (*gramm.*; anche *ell.*) (***proposizione) subordinata***, proposizione dipendente ♦ *s.m.* chi si trova alle dipendenze; subalterno: *rispettare i subordinati* □ **subordinatamente** *avv.* in subordine.

su|bor|di|na|zió|ne *s.f.* **1** dipendenza da altro | subalternità **2** (*gramm.*) rapporto di dipendenza tra la proposizione secondaria e la reggente.

su|bór|di|ne *s.m. solo nella loc.* **in** —, come seconda ipotesi, in secondo'ordine: *in* — *potremmo puntare sull'altra ipotesi*.

su|bor|nà|re *v.tr.* [indic.pres. *io subórno*...] **1** istigare a venir meno al proprio dovere **2** (*dir.*) indurre un perito o un testimone a dichiarare il falso in cambio di denaro o di altri vantaggi.

su|bor|na|zió|ne *s.f.* (*dir.*) reato di chi tenta di corrompere periti o testimoni.

sub|po|là|re *agg.* (*geog.*) che si trova vicino alle zone polari | relativo alla fascia subpolare: *latitudine* —.

sub|si|dèn|te *agg.* (*geol.*) si dice di terreno che sprofonda lentamente.

sub|si|dèn|za *s.f.* (*geol.*) lento sprofondamento di una zona della superficie terrestre.

sub|sò|ni|co *agg.* [m.pl. *-ci*] (*aer., fis.*) detto di velocità inferiore a quella del suono.

sub|strà|to *s.m.* [nei sign. 1, 2, 3 e 5 anche **sostrato**] **1** (*biol.*) base su cui poggia un organismo sessile **2** (*chim.*) sostanza su cui si sviluppano delle reazioni, spec. di catalizzazione **3** (*agr.*) suolo inorganico inerte, in cui ghiaia e torba sono mescolate con materie plastiche espanse **4** (*elettr.*) supporto su cui viene sviluppato un circuito integrato **5** (*fig.*) fondamento di ql.co.: — *politico* | sfondo.

sub|to|tà|le *s.m.* in contabilità, totale parziale.

sub|tro|pi|cà|le *agg.* che si trova vicino alle zone tropicali | relativo alla fascia subtropicale: *flora* —.

su|bu|mà|no *agg.* che è inferiore alle condizioni minime perché si possa parlare di umanità.
su|bur|bà|no *agg.* relativo ai sobborghi intorno alla città; periferico: *cintura suburbana*.
su|bùr|bio *s.m.* agglomerato alla periferia della città.
suc|ce|dà|ne|o *agg., s.m.* si dice di sostanza in grado di sostituirne un'altra; surrogato: *usare dei succedanei dello zucchero*.
suc|cè|de|re *v.intr.* [indic.pres. *io succèdo*...; pass.rem. *io succèssi* o *succedéi* o *succedètti, tu succedésti*...; part.pass. *succèsso* o *succeduto*] **1** prendere il posto; subentrare: — *al dimissionario* **2** accadere: *non succede mai nulla di interessante* **3** venire dopo, in un momento successivo: *al sonno succede il risveglio* ♦ **-rsi** *intr.pron.* presentarsi uno dopo l'altro; susseguirsi.
suc|ces|sió|ne *s.f.* **1** (*dir.*) acquisizione della funzione, del diritto e sim. che era appartenuta ad altri: — *ereditaria;* — *dinastica* | *guerra di* —, combattuta per salire a un trono rimasto vacante **2** sequenza di eventi o elementi che si presentano uno dopo l'altro: *la* — *delle ore; accadere in rapida* — **3** (*mat.*) insieme di enti ordinati in modo da corrispondere biunivocamente ai numeri naturali.
suc|ces|sì|vo *agg.* seguente, susseguente: *l'anno* — □ **successivamente** *avv.* più tardi; dopo.
suc|cès|so *s.m.* **1** esito positivo; felice risultato: *affrontare la prova con* —|(*estens.*) vittoria: *squadra al terzo* — *consecutivo* **2** apprezzamento generale, notorietà; popolarità: — *di pubblico* | *di* —, *che è molto famoso e ammirato* **3** ciò che ha avuto il gradimento del pubblico: *raccolta di grandi successi*.
suc|ces|só|re *agg., s.m.* [f. raro *succeditrice*] che, chi occupa il posto lasciato vacante da un altro: *il* — *al trono*.
suc|ces|sò|rio *agg.* (*dir.*) relativo alla successione: *patto* —.
suc|chià|re *v.tr.* [indic.pres. *io sùcchio*...] **1** aspirare a labbra strette: — *il latte dal poppatoio* | tenere in bocca aspirando: *succhiarsi il pollice* | (*fig.*) — **il sangue a qlcu.**, sfruttare una persona spec. economicamente **2** far sciogliere lentamente in bocca: — *un confetto* **3** (*bot.*) assorbire attraverso le radici: *l'albero succhia l'acqua dal suolo*.
suc|chià|ta *s.f.* atto con cui si succhia una volta, spec. alla svelta.
suc|chiel|là|re *v.tr.* [indic.pres. *io succhièllo*...] fare buchi col succhiello: — *il ripiano*.
suc|chièl|lo *s.m.* utensile dotato di punta metallica elicoidale per praticare manualmente piccoli fori, spec. nel legno.
suc|chiòt|to o **succhiétto** *s.m.* **1** tettarella di gomma, priva di foro, che si dà da succhiare al lattante per tranquillizzarlo; ciuccio **2** (*pop.*) piccolo livido lasciato sulla pelle da un bacio prolungato.
suc|cia|mè|le *s.m.invar.* pianta parassita che si attacca spec. alle radici delle Leguminose.
suc|cìn|to *agg.* **1** si dice di indumento ridotto, che lascia scoperte molte parti del corpo: *completino* — **2** (*fig.*) breve, conciso: *preambolo* — □ **succintamente** *avv.*
suc|ci|tà|to *agg.* già citato in precedenza: *testo* —.
suc|clà|vio *agg.* (*anat.*) collocato sotto la clavicola: *vena succlavia*.
sùc|co *s.m.* [pl. *-chi*] **1** sugo che si ottiene spremendo frutti, ortaggi: — *d'arancia* **2** (*fisiol.*) prodotto di varie secrezioni ghiandolari: — *pancreatico* **3** (*fig.*) contenuto, parte essenziale: *il* — *del ragionamento*.
suc|co|si|tà *s.f.* (*anche fig.*) caratteristica di ciò che è succoso: *la* — *della rivelazione*.
suc|có|so *agg.* **1** che ha molto succo: *pomodoro* — **2** (*fig.*) conciso ma ricco di contenuti significativi: *testo* — □ **succosamente** *avv.*
sùc|cu|be *s.m./f.* o **sùccubo** *s.m.* [f. -*a*] chi soggiace alla volontà altrui: *discepolo* — *del maestro*.
suc|cu|lèn|to *agg.* **1** che ha succo abbondante; succoso **2** (*estens.*) gustoso e sostanzioso: *manicaretto* — **3** (*bot.*) di dice di pianta, di organo ricco di tessuti acquiferi.
suc|cu|lèn|za *s.f.* **1** ricchezza di succo **2** caratteristica di ciò che è ricco sia di sapore, sia di sostanza: *la* — *del piatto*.
suc|cur|sà|le *s.f.* **1** sezione distaccata di una società e sim.; filiale: *la* — *dell'assicurazione* **2** si dice di chiesa per fedeli che abitano lontano dalla parrocchia.
sud *s.m.* **1** punto cardinale dove il Sole appare nella posizione più alta sopra l'orizzonte; meridione **2** regione situata a meridione rispetto a un punto di riferimento: *il* — *della provincia* | — **del mondo**, complesso degli Stati meno sviluppati sul piano economico (situati perlopiù nell'emisfero australe) ♦ *agg.invar.* che sta a sud; meridionale | che si trova nella direzione indicata da tale punto: *emisfero* —; *polo* —.
su|da|fri|cà|no *agg.* relativo all'Africa australe o alla Repubblica Sudafricana ♦ *s.m.* [f. -*a*] chi è nato o abita nell'Africa australe o è cittadino della Repubblica Sudafricana.
su|da|me|ri|cà|no *agg.* relativo all'America meridionale ♦ *s.m.* [f. -*a*] chi è nato o abita nell'America meridionale.
su|da|né|se *agg.* relativo al Sudan ♦ *s.m./f.* chi è nato o abita nel Sudan.
su|dà|re *v.intr.* [aus. *A*] **1** emettere sudore: *gli sudano i piedi* | — **freddo**, emettere sudore per malattia, paura o forte emozione **2** (*fig.*) affaticarsi: *ha sudato per venirne fuori* ♦ *tr.* **1** (*raro*) trasudare | (*fig.*) — **sette camicie**, fare una fatica enorme | — **sangue**, fare terribili sforzi e sacrifici per raggiungere un obiettivo **2** guadagnarsi con un duro lavoro: — *lo stipendio*.
su|dà|rio *s.m.* (*st.*) panno usato nell'antichità per coprire il volto del morto.
su|dà|ta *s.f.* **1** abbondante secrezione di sudore **2** (*estens.*) grande sforzo; faticata: *l'impresa gli è costata una bella* —.
su|da|tìc|cio *agg.* [f.pl. *-ce*] abbastanza sudato: *pelle sudaticcia* ♦ *s.m.* sudore: *puzza di* —.

su|dà|to *part.pass. di* sudare ♦ *agg.* **1** bagnato di sudore: *maglietta sudata* **2** (*fig.*) guadagnato con fatica; che ha richiesto parecchio impegno: *riconoscimento —*.

sud|dét|to *agg.* già nominato in precedenza: *il — personaggio*.

sud|di|tàn|za *s.f.* condizione di chi è suddito | (*fig.*) subalternità; soggezione: *— psicologica*.

sùd|di|to *s.m.* [f. *-a*] chi, come cittadino di uno Stato (spec. monarchico), è soggetto a un potere sovrano: *fedele — della corona* | abitante di una colonia, soggetto alla sovranità della madrepatria pur non avendone la cittadinanza.

sud|di|vì|de|re *v.tr.* [con. come *dividere*] **1** dividere ulteriormente ql.co. che si era già diviso: *— la quota individuale in rate mensili* **2** (*estens.*) ripartire: *dobbiamo — il bottino*.

sud|di|vi|sì|bi|le *agg.* che può essere suddiviso.

sud|di|vi|sió|ne *s.f.* **1** divisione ulteriore **2** (*estens.*) ripartizione.

sud|èst o **sud-èst** *s.m.* (*geog.*) **1** punto dell'orizzonte che si trova a metà tra sud ed est **2** zona sudorientale | *Sudest asiatico*, penisola indocinese.

su|di|ce|rì|a *s.f.* **1** condizione di ciò che è sudicio | insieme di cose sudice: *togli questa — 2* azione o espressione sudicia, sconveniente; sconcezza.

sù|di|cio *agg.* [f.pl. *-ce* o *-cie*] **1** molto sporco; lercio: *camicie sudice* **2** (*fig.*) immorale: *un affare —* | osceno: *pensiero —* | (*spreg.*) squallido, spregevole: *una sudicia carogna* ♦ *s.m. solo sing.* sporcizia: *questo è il regno del —* □ **sudiciamente** *avv.*

su|di|ció|ne *agg.,s.m.* [f. *-a*] **1** si dice di chi si pulisce poco, vive nella sporcizia **2** (*fig.*) si dice di chi è lascivo; sporcaccione.

su|di|ciù|me *s.m.* **1** roba lercia; sporcizia: *stanza piena di — 2* (*fig.*) immoralità | oscenità | (*spreg.*) squallore.

su|di|sta *agg.* (*st.*) nella guerra di secessione americana (1861-65), relativo agli Stati del sud o al fronte che li sosteneva: *esercito —* ♦ *s.m./f.* [m.pl. *-i*] chi apparteneva agli Stati del sud o parteggiava per essi.

sud|oc|ci|den|tà|le o **sud-occidentàle** *agg.* (*geog.*) che si trova a sud-ovest rispetto a un altro punto | che arriva da sud-ovest.

su|do|ra|zió|ne *s.f.* secrezione di sudore.

su|dó|re *s.m.* liquido incolore prodotto dalle ghiandole sudoripare, salato e maleodorante: *grondare — | — freddo*, dovuto a malessere, paura o a forte emozione **2** (*fig.*) fatica; sforzo | *col — della fronte*, attraverso un duro lavoro.

sud|o|rien|tà|le o **sud-orientàle** *agg.* (*geog.*) che si trova a sud-est rispetto a un altro punto | che arriva da sud-est: *corrente —*.

su|do|rì|fe|ro *agg.* **1** che favorisce la sudorazione **2** sudoriparo.

su|do|rì|pa|ro *agg.* (*anat.*) che secerne sudore o che lo trasporta: *ghiandola sudoripara*.

sud|ó|vest o **sud-óvest** *s.m.* (*geog.*) **1** punto dell'orizzonte che si trova a metà tra sud e ovest **2** zona sudoccidentale.

su e giù *loc.sost.m.invar.* andirivieni, viavai: *il — dei soldati nelle retrovie*.

suf|fi|cièn|te *agg.* **1** che basta al bisogno, alla necessità: *è — solo per iniziare* | che è adatto allo scopo: *lo spazio non è — per tutti* **2** (*fig.*) sdegnoso; borioso: *atteggiamento —* **3** nella votazione scolastica, giudizio che corrisponde al limite minimo per essere valutato positivamente: *compito —* ♦ *s.m.* **1** solo ciò che serve; quello che basta **2** [anche f.] chi fa il superiore, il borioso □ **sufficientemente** *avv.* a sufficienza.

suf|fi|cièn|za *s.f.* **1** condizione di ciò che basta | *a —*, quanto basta: *saperne a —* **2** (*fig.*) boria; degnazione: *tono di —* **3** nella votazione scolastica, minima valutazione positiva: *raggiungere la —*.

suf|fis|sà|le *agg.* (*ling.*) che riguarda un suffisso, che ne è prodotto.

suf|fis|sà|re *v.tr.* (*ling.*) completare con un suffisso.

suf|fis|sa|zió|ne *s.f.* (*ling.*) operazione con cui si aggiunge un suffisso.

suf|fìs|so *s.m.* (*ling.*) elemento che, posposto a un tema o a una radice, concorre alla formazione di una parola.

suf|fis|sòi|de *s.m.* (*ling.*) parola dotata di senso autonomo che funge anche da secondo elemento nella creazione di parole composte (p.e. *-fobia* in *claustrofobia*).

suf|flè *s.m.invar.* → **soufflé**.

suf|fra|gà|re *v.tr.* [indic.pres. *io suffrago, tu suffraghi...*] **1** appoggiare, sostenere con il voto | (*estens.*) corredare di elementi favorevoli; rafforzare: *l'ipotesi è suffragata da vari riscontri* **2** (*relig.*) raccomandare a Dio le anime dei morti tramite opere pie e preghiere.

suf|fra|gét|ta *s.f.* (*st., scherz.*) donna suffragista | (*estens., iron.*) donna impegnata in ambito sociale | femminista.

suf|fràgio *s.m.* **1** voto elettorale: *diritto di —* | (*estens.*) parere favorevole; approvazione: *il — degli esperti* **2** (*relig.*) preghiera, opera caritatevole a favore delle anime dei defunti: *messa di —*.

suf|fra|gì|smo *s.m.* (*st.*) movimento femminista inglese che ai primi del Novecento lottò per l'estensione del voto alle donne.

suf|fra|gì|sta *s.m./f.* [m.pl. *-i*] (*st.*) chi aderiva al suffragismo per il diritto di voto alle donne ♦ *agg.* relativo al suffragismo | che sosteneva il suffragismo.

suf|frù|ti|ce *s.m.* (*bot.*) pianta il cui fusto è legnoso solamente alla base.

suf|fu|mi|cà|re *v.tr.* [indic.pres. *io suffùmico, tu suffùmichi...*] **1** esporre a fumi, esalazioni, vapori, spec. per fini terapeutici **2** riempire di fumo, spec. per disinfezione: *— il locale*.

suf|fu|mi|ca|zió|ne *s.f.* operazione con cui si suffumica.

suf|fu|mìgio *s.m. spec.pl.* inalazione di vapori medicamentosi a scopo terapeutico.

sug|gel|là|re *v.tr.* [indic.pres. *io suggèllo...*] **1** (*lett.*) sigillare **2** (*fig.*) confermare definitivamente: *— un patto*.

sug|gèl|lo *s.m.* **1** (*lett.*) sigillo **2** (*fig.*) atto, frase che dà la conferma ufficiale a un patto e sim.

sùg|ge|re *v.tr.* [indic.pres. *io suggo, tu suggi...*; dif. del part.pass. e dei tempi composti] (*lett.*) succhiare.

sug|ge|ri|mén|to *s.m.* azione con cui si suggerisce | ciò che si suggerisce.

sug|ge|rì|re *v.tr.* [indic.pres. *io suggerisco, tu suggerisci...*] **1** (*anche assol.*) rammentare, spec. a voce bassa: — *la risposta* **2** far venire in mente: *il quadro suggerisce l'idea che...* **3** consigliare: — *una soluzione*.

sug|ge|ri|tó|re *s.m.* [f. *-trice*] chi dà suggerimenti | (*teat.*) chi suggerisce battute all'attore.

sug|ge|stio|nà|bi|le *agg.* che può essere facilmente suggestionato; influenzabile | impressionabile, emotivo: *è troppo — per simili spettacoli*.

sug|ge|stio|na|bi|li|tà *s.f.* condizione di chi è suggestionabile.

sug|ge|stio|nà|re *v.tr.* [indic.pres. *io suggestióno...*] condizionare nei comportamenti ricorrendo alla suggestione | influenzare astutamente per indurre a un'azione, a una scelta ecc.: *lasciarsi — dallo slogan* (*assol.*) affascinare; ammaliare: *questa melodia lo suggestiona* ♦ **-rsi** *intr.pron.* essere vittima di una suggestione | convincersi: *si sta suggestionando a furia di sentirlo ripetere*.

sug|ge|stio|nà|to *part.pass.* di suggestionare ♦ *agg.* **1** che è sotto l'influsso di una suggestione **2** molto colpito, impressionato.

sug|ge|stió|ne *s.f.* **1** processo psichico per cui un individuo accetta un'opinione, una scelta altrui senza aver subito imposizioni né averne consapevolezza **2** (*fig.*) impatto emotivo; fascino potente: *la — del dipinto* **3** (*estens.*) suggerimento: *il film ci ha dato molte suggestioni*.

sug|ge|sti|vi|tà *s.f.* caratteristica di ciò che è suggestivo.

sug|ge|stì|vo *agg.* (*fig.*) che suscita emozioni; attraente: *ipotesi suggestiva* □ **suggestivamente** *avv.*

sù|ghe|ra *s.f.* (*pop.*) quercia da sughero.

su|ghe|ré|to *s.m.* o **sugheréta** *s.f.* piantagione di querce da sughero.

su|ghe|ri|col|tù|ra *s.f.* coltivazione di querce da sughero.

su|ghe|ri|fì|cio *s.m.* stabilimento per la lavorazione del sughero.

sù|ghe|ro *s.m.* **1** quercia da sughero **2** materiale elastico, spugnoso, ricavato dalla corteccia di tale albero: *turacciolo di —* | oggetto in sughero: *un — dell'artigianato sardo*.

sù|gli *prep.art.m.pl.* composta da *su* e *gli*: — *allori*.

sù|gna *s.f.* tessuto adiposo del maiale che si fonde per ottenere lo strutto e altri grassi | (*estens.*) strutto.

sù|go *s.m.* [pl. *-ghi*] **1** succo che si trova nella frutta e nella verdura: — *di pompelmo* **2** liquido denso e saporito emesso dalle vivande cotte: *il — della carne* **3** condimento a base di pomodoro cotto in un soffritto di sapori naturali: *pasta al —* **4** (*fig.*) senso, essenza: *il — della storia* | (*estens.*) soddisfazione, gusto: *scherzi senza —*.

su|go|sì|tà *s.f.* caratteristica delle cose sugose.

su|gó|so *agg.* pieno di sugo: *frutto —*.

sui *prep.art.m.pl.* composta da *su* e *i²*: — *monti*.

sui|ci|da *s.m./f.* [m.pl. *-i*] chi si dà volontariamente la morte ♦ *agg.* **1** di suicidio; che tende al suicidio: *inclinazione —* **2** (*estens.*) si dice di operazione e sim. che implica la morte dei suoi autori: *attentato —* | (*fig.*) destinato a fallire; autolesionista: *strategia —*.

sui|ci|dà|re *v.tr.* (*giorn.*; *iron.*) uccidere simulando il suicidio della vittima: *il dissidente venne suicidato* ♦ **-rsi** *rifl.* **1** togliersi la vita per scelta consapevole; uccidersi **2** (*fig.*) danneggiarsi gravemente.

sui|cì|dio *s.m.* **1** uccisione volontaria di se stesso **2** (*estens.*) rischio mortale fine a se stesso: *quella scalata con il maltempo è un —* | (*fig.*) atto con cui si danneggia gravemente se stessi | (*iperb.*) scelta votata al fallimento: *sviluppare quest'ipotesi è un —*.

Sù|i|di *s.m.pl.* famiglia di Mammiferi con corpo tozzo e setoloso, muso allungato a grugno, alla quale appartengono anche cinghiali e maiali.

sui gé|ne|ris (*lat.*) *loc.agg.invar.* che rappresenta un caso unico, singolare; che ha un carattere particolare, distintivo: *ragionamento —*.

su|in|di|cà|to *agg.* precedentemente indicato; succitato.

Su|ì|ni *s.m.pl.* sottofamiglia dei Suidi che comprende il maiale e che si caratterizza per i canini rivolti all'indietro.

su|ì|no *agg.* relativo al maiale: *allevamento —* ♦ *s.m.* (*zootec.*) maiale | carne suina: *mangiare —*.

suite (*fr.*) [pr. *suìt*] *s.f.invar.* **1** appartamento all'interno di un grande albergo **2** (*mus.*) composizione che riunisce parti uguali per tonalità e diverse per ritmo e ispirazione | serie di pezzi strumentali che vengono estratti da un'opera e sim. per un'esecuzione concertistica.

suk (*arabo*) *s.m.invar.* mercato arabo; bazar | (*estens.*) mercato caotico.

sul *prep.art.m.sing.* composta da *su* e *il*: — *cappello*.

sul|fa|mì|di|co *agg., s.m.* [pl. *-ci*] (*chim.*) detto di composto organico che viene usato in medicina nelle terapie antibatteriche.

sul|fù|re|o *agg.* di zolfo: *deposito —* | contenente zolfo: *acque sulfuree*.

sulky (*ingl.*) [pr. *sàlki*] *s.m.* leggero carrozzino a due ruote per corse di trotto; sediolo.

sùl|la *prep.art.f.sing.* composta da *su* e *la¹*: — *testa*.

sùl|le *prep.art.f.pl.* composta da *su* e *le¹*: — *balze*.

sùl|lo *prep.art.m.sing.* composta da *su* e *lo¹*: — *spunto*.

sul|tà|na *s.f.* divano basso e rotondo da sistemare nel centro della stanza.

sul|ta|nà|to *s.m.* **1** carica e dignità di sultano **2** territorio governato da un sultano.

sul|ta|nì|na *agg., s.f.* si dice di uva bianca dolce, priva di semi, ideale da lasciar seccare.

sul|tà|no *s.m.* titolo degli imperatori turchi e di principi musulmani.

su|me|ri|co *agg.* [m.pl. *-ci*] relativo ai Sumeri: *iscrizione sumerica* ♦ *s.m.* lingua dei Sumeri.

su|me|ro *agg., s.m.* [f. *-a*] appartenente a una popolazione stanziata nel sud della Mesopotamia durante il IV e III millennio a.C. ♦ *s.m.* lingua dei Sumeri, con scrittura cuneiforme.

sùm|ma *s.f.* **1** (*st.*) sistematica raccolta medievale delle trattazioni relative a una disciplina **2** (*estens.*) riassunto completo dei principi fondamentali che riguardano un tema: *la — del suo pensiero.*

summit (*ingl.*) [pr. sàmmit] *s.m.invar.* (*polit.*) incontro al più alto livello; incontro al vertice.

sùn|na *s.f.* insieme delle norme e credenze seguite dagli islamici sunniti.

sun|nì|smo *s.m.* corrente maggioritaria dell'islamismo, che interpreta in maniera ortodossa il testo del Corano e la vita di Maometto.

sun|nì|ta *agg.* **1** del sunnismo **2** che segue il sunnismo ♦ *s.m./f.* [m.pl. *-i*] seguace del sunnismo.

sun|teg|già|re *v.tr.* [indic.pres. *io suntéggio...*] esporre sinteticamente; riassumere: *— la lezione.*

sùn|to *s.m.* esposizione sintetica; riassunto.

sù|o *agg.poss. di 3ª pers.sing.* [f. *sua*; m.pl. *suoi*; f.pl. *sue*] **1** appartenente a lui, a lei, a esso, a essa: *la sua auto* **2** che è proprio, caratteristico della persona o cosa di cui si parla: *i suoi metodi; terra famosa per le sue bellezze* | in espressioni di cerimonia: *Sua Eccellenza* **3** che è in relazione di parentela, amicizia, lavoro ecc. con la persona di cui si parla: *— fratello; una sua vecchia conoscenza; il — capo* **4** (*estens.*) adatto | opportuno | *a — tempo*, al momento opportuno; tempo fa ♦ *pron.poss. di 3ª pers.sing.* [sempre preceduto dall'art.det.] che appartiene, caratterizza, è in relazione alla persona o la cosa di cui si parla: *se hai esaurito le medicine, usa pure le sue; quel berretto sembra proprio il —* | *i suoi*, i parenti, spec. genitori | *a ciascuno il —*, ogni persona deve ricevere quanto le spetta.

suò|ce|ra *s.f.* madre del coniuge | (*spec.scherz.*) donna autoritaria e intrattabile: *stai diventando una —.*

suò|ce|ro *s.m.* **1** padre del coniuge **2** (*pl.*) genitori del coniuge; suocero e suocera insieme.

suò|la *s.f.* **1** parte della scarpa poggiante a terra: *consumare le suole* **2** (*estens.*) faccia inferiore di un apparecchio, attrezzo e sim.: *— del forno* **3** strato corneo sotto lo zoccolo del cavallo.

suo|là|re o **solàre** *v.tr.* [indic.pres. *io suòlo...*] mettere la suola: *— gli stivali* | cambiare la suola; risuolare.

suo|la|tù|ra o **solatùra** *s.f.* operazione con cui si suola una calzatura | suola che viene applicata.

suò|lo *s.m.* **1** superficie su cui si poggia **2** parte superficiale della crosta terrestre: *schiantarsi al —* **3** terreno in rapporto alle peculiarità fisico-chimiche e in quanto area edificabile o coltivabile: *— privato; — fertile.*

suo|nà|re o **sonàre** *v.tr.* [indic.pres. *io suòno...*] **1** azionare per ottenere suoni: *— il citofono* **2** (*mus.*) manovrare per ottenere suoni armonici, riferito a strumenti musicali: *la chitarra* | eseguire tramite strumenti musicali: *suonano la nostra canzone* **3** segnalare tramite un suono: *le campane suonano mezzanotte* **4** (*fam.*) picchiare violentemente; gonfiare di botte: *i rivali lo hanno suonato* | **suonarle a ql.cu.**, riempirlo di botte ♦ *intr.* [aus. *A* nei sign. 1 e 2; *E* nel sign. 3; *A* o *E* nel sign. 4] **1** (*anche mus.*) emettere suoni: *quando lo percuoti suona vuoto; è suonata la sveglia.* **2** (*mus.*) eseguire musica tramite strumento: *imparare a —* | dare un concerto: *suoneranno per la prima volta in Italia* **3** essere annunciato tramite suoni, rintocchi: *è suonato mezzogiorno* **4** avere una sonorità armoniosa: *il periodo suona male* | (*fig.*) generare un'impressione; apparire: *mi suona strano.*

suo|nà|ta o **sonàta** *s.f.* **1** azione con cui si suona **2** (*fig.*) fregatura: *prendere una —.*

suo|nà|to o **sonàto** *part.pass. di* suonare ♦ *agg.* **1** compiuto, scoccato, detto di tempo: *alle cinque suonate* **2** (*fam.*) rimbambito | matto: *il tuo amico è tutto —* | (*sport*) si dice di pugile rintronato dai pugni ricevuti.

suo|na|tó|re o **sonatóre** *s.m.* [f. *-trice*] chi suona uno strumento musicale | *— ambulante*, che suona per la strada in cambio di offerte da parte dei passanti | (*fam.*) **buonanotte ai suonatori**, la faccenda finisce così, senza che ci sia altro da fare.

suo|ne|rì|a *s.f.* dispositivo meccanico o elettrico che produce segnalazioni sonore tramite campanelli, sirene e sim.: *— della sveglia.*

suo|nic|chià|re o **sonicchiàre** *v.tr., intr.* [indic.pres. *io suonìcchio...*; aus. *A*] suonare alla meno peggio; strimpellare.

suò|no *s.m.* **1** (*fis.*) vibrazione che si propaga nell'aria o in altri mezzi elastici e produce una sensazione uditiva | nell'uso com., sensazione uditiva prodotta dalla vibrazione della voce umana, di strumenti musicali e sim.: *— melodioso* | (*spec.fig.*) *a suon di*, con l'accompagnamento di: *tirare avanti a suon di debiti* (*cine., tv*) *tecnico del —*, chi cura la registrazione o riproduzione dei suoni; (*mus.*) chi gestisce le attrezzature di una sala di incisione **2** (*fig.*) armoniosità: *la frase aveva un bel —* **3** (*ling.*) piccola unità dell'articolazione linguistica; fonema.

suò|ra *s.f.* religiosa di una congregazione con voti semplici; monaca.

sù|per *agg.invar.* di qualità superiore: *stoffa —* | straordinario: *prestazioni —* | molto vasto, abbondante e sim.; quantitativamente eccezionale: *incasso —* | *benzina —*, più ricca di ottani ♦ *s.f.invar.* (*pop.*) benzina super.

sù|per- *pref.* indica posizione sovrastante o sovrapposizione (*superattico*), eccesso (*superlavoro*), preminenza (*Super-Io*); conferisce un valore superlativo a nomi e aggettivi (*supermercato, supergigante*).

su|pe|rà|bi|le *agg.* che può essere superato: *trauma —.*

su|pe|rac|ces|so|rià|to *agg.* che ha una ricca dotazione di accessori: *camper —*.
su|pe|raf|fol|là|to *agg.* sovraffollato.
su|pe|ral|cò|li|co *agg., s.m.* [m.pl. *-ci*] si dice di bevanda con una gradazione alcolica molto elevata: *rivendita di superalcolici*.
su|pe|ra|li|men|ta|zió|ne *s.f.* alimentazione che va oltre il fabbisogno.
su|pe|ral|le|na|mén|to *s.m.* (*sport*) allenamento eccessivamente faticoso, che provoca uno stato di affaticamento fisico.
su|pe|ra|mén|to *s.m.* azione, movimento, sviluppo con cui si supera ql.co. o qlcu.
su|pe|rà|re *v.tr.* [indic.pres. *io sùpero*...] **1** essere quantitativamente superiore; avere dimensioni maggiori: *tuo figlio ormai ti supera in statura* **2** passare al di là: *— la staccionata d'un balzo*; *— la frontiera* | trovarsi al di là di una soglia temporale: *attenti a non — le due ore* | (*anche assol.*) sorpassare: *è vietato — in curva* **3** (*fig.*) andare oltre; oltrepassare; eccedere: *— le loro capacità* **4** (*fig.*) risultare migliore, qualitativamente superiore: *l'allievo supererà il maestro* | *— se stesso*, dare prestazioni oltre i propri limiti abituali **5** affrontare con successo, sostenere vittoriosamente; passare: *— il test*.
su|pe|rà|to *part.pass. di* superare ♦ *agg.* non più valido; antiquato: *stile —*.
su|per|àt|ti|co *s.m.* [pl. *-ci*] piano collocato sopra un attico e arretrato rispetto a questo | appartamento di lusso che si trova su tale piano.
su|pèr|bia *s.f.* eccessiva stima di sé accompagnata da alterigia e disprezzo: *gonfiarsi di —* | (*teol.*) vizio capitale per cui un'esagerata opinione di sé induce a negare la propria dipendenza da Dio.
su|pèr|bo *agg.* **1** che ha eccessiva stima di sé; altezzoso: *sovrano —* | che denota superbia: *parole superbe* **2** orgoglioso; fiero: *andare — dei propri risultati* **3** grandioso, imponente: *monumento —* | magnifico, eccezionale: *spettacolo —* **4** di eccellente qualità; eccezionale: *analisi superba* | (*per anton.*) **la Superba**, Genova, per i suoi splendidi monumenti e la grandezza della sua storia ♦ *s.m.* [f. *-a*] persona superba □ **superbamente** *avv.* **1** con superbia; in modo altezzoso **2** in maniera stupenda; magnificamente: *disegnare —*.
su|per|ból|lo *s.m.* tassazione aggiuntiva sul possesso di date categorie di veicoli, spec. per le autovetture con motore diesel.
su|per|bu|rò|cra|te *s.m./f.* (*giorn.*) potente funzionario dell'amministrazione pubblica.
su|per|càr|ce|re *s.m.* (*giorn.*) carcere di massima sicurezza: *il — dell'Asinara*.
su|per|con|dut|ti|vi|tà *s.f.* (*fis.*) proprietà dei materiali che sono praticamente privi di permeabilità magnetica e resistività elettrica.
su|per|con|dut|tó|re *s.m.* (*fis.*) materiale caratterizzato da superconduttività.
su|per|dòn|na *s.f.* (*iron.*) donna che si considera superiore per presunte doti eccezionali: *non fare la — con me!*
su|per|do|tà|to *agg., s.m.* [f. *-a*] si dice di chi è superiore alla media per qualche dote, spec. intellettiva: *studente —* | (*scherz.*) si dice di uomo sessualmente molto dotato | si dice di donna molto prosperosa.
Su|per-É|go *s.m.invar.* (*psicoan.*) Super-Io.
Su|per|e|na|lòt|to® *s.m.* concorso nazionale in cui si tratta di pronosticare una serie di corrispondenti ai primi estratti su sei ruote del lotto.
su|pe|re|rò|e *s.m.* personaggio fantastico di fumetti e film, dotato di poteri eccezionali che impiega per proteggere l'umanità da minacce di varia natura.
su|per|fe|ta|zió|ne *s.f.* (*zool.*) fecondazione di un ovulo che è stato prodotto in modo anomalo nel corso di una gravidanza **2** (*bot.*) fecondazione di un ovulo da parte di pollini differenti **3** (*arch.*) parte che viene aggiunta a una costruzione, rovinandone la linea **4** (*fig.*) ripetizione inutile.
su|per|fi|cià|le *agg.* **1** che si trova sulla superficie: *macchia —* | che forma la superficie: *rivestimento —* | **acque superficiali**, quelle che non scorrono sotterra **2** (*fig.*) poco profondo; generico: *osservazione —* ♦ *s.m./f.* individuo superficiale, privo di profondità □ **superficialmente** *avv.* **1** in superficie: *graffiato —* **2** (*fig.*) in modo affrettato e privo di approfondimento: *argomentare —*.
su|per|fi|cia|li|tà *s.f.* (*spec.fig.*) caratteristica di ciò che è superficiale: *— di ragionamento*.
su|per|fi|cie *s.f.* [pl. *-ci* o *-cie*] **1** parte esterna che delimita lo spazio occupato da un corpo | (*per anton.*) **— terrestre**, la parte più esterna che, sia come roccia sia come acqua, separa la Terra dall'atmosfera: *risalire in —* | **mezzi di —**, servizi di trasporto pubblico diversi dalla metropolitana **2** (*geom.*) estensione a due dimensioni: *— concava* (*estens.*) area: *calcolare la —* **3** strato esterno di un determinato spessore: *danneggiare solo in —* **4** (*fig.*) apparenza, esteriorità | *andare oltre la —*, approfondire.
su|per|flui|tà *s.f.* **1** condizione di ciò che è superfluo **2** (*raro*; *spec.pl.*) ciò che è superfluo.
su|pèr|fluo *agg.* eccessivo rispetto al bisogno: *ricchezze superflue* | inutile: *chiacchiere superflue* ♦ *s.m.* ciò che è in più del necessario: *il fascino del —*.
su|per|gi|gàn|te *s.m.* (*sport*) si dice di gara di sci che presenta caratteristiche intermedie fra la discesa libera e lo slalom gigante.
Sù|per-Ì|o *s.m.invar.* (*psicoan.*) istanza psichica che, rappresentando il complesso di regole e limitazioni poste dalla morale alle pulsioni sessuali e aggressive, svolge la funzione di critica dell'Io.
su|pe|rió|ra *s.f.* religiosa a capo di una comunità di suore ♦ *agg.* nella loc. **madre —**.
su|pe|rió|re *agg.* [compar. di *alto*] **1** che sta al di sopra, più in alto: *piano —*; *gli arti superiori* **2** che è più alto, più elevato: *statura — alla media* **3** (*fig.*) che è di qualità più pregiata, di capacità migliori: *merce —* | che è al di sopra per numero, quantità, posizione gerarchica o altro: *ha un co-*

superiorità

sto — *agli altri*; *avversario* — | (*fig.*) che si eleva moralmente sugli altri: *una persona* — | (*mil.*) *ufficiali superiori*, nell'esercito, il maggiore, il tenente colonnello e il colonnello; in marina, il capitano di corvetta, il capitano di fregata e il capitano di vascello | ***scuole medie superiori***, le scuole secondarie di secondo grado (licei, istituti tecnici, magistrali ecc.) | ***istruzione*** —, quella universitaria ♦ *s.m.* **1** chi, in una gerarchia, occupa un posto di grado più elevato: *chiedere il permesso ai superiori* **2** chi sta a capo di una comunità di religiosi □ **superiormente** *avv.* **1** nella parte più alta **2** con superiorità.

su|pe|rio|ri|tà *s.f.* (*spec.fig.*) condizione di ciò che è superiore: — *morale*.

su|per|la|ti|vo *agg.* superiore a tutti; eccellente, sublime: *bellezza superlativa* ♦ *s.m.* (*gramm.*) grado dell'aggettivo e dell'avverbio che esprime una qualità al massimo grado | — ***relativo***, indica una qualità al massimo grado all'interno di un confronto (p.e. *la più alta* fra le sue compagne) | — ***assoluto***, indica superiorità assoluta (p.e. è *altissima*).

su|per|la|vó|ro *s.m.* lavoro eccessivo, sforzo esagerato.

su|per|lé|ga *s.f.* (*metall.*) lega refrattaria di ferro, cobalto e nichel che resiste bene alle sollecitazioni fisiche ed è utile in lavorazioni ad alta temperatura.

su|per|leg|gè|ro *agg.*, *s.m.* (*sport*) nel pugilato, si dice di categoria di peso intermedia tra pesi leggeri e welter e del pugile che vi rientra.

superman (*ingl.*) [pr. *sùpermen*] *s.m.invar.* uomo che ha eccezionali qualità fisiche.

supermarket (*ingl.*) *s.m.invar.* supermercato.

su|per|màs|si|mo *agg.*, *s.m.* (*sport*) nel pugilato, si dice di categoria di peso superiore ai pesi massimi e del pugile che vi rientra.

su|per|mer|cà|to *s.m.* grande emporio in cui il cliente si serve da solo e paga all'uscita; supermarket.

su|pèr|no *agg.* (*lett.*) che è posto in alto.

su|per|nò|va *s.f.* (*astr.*) nova che ha uno splendore eccezionale, dovuto a un fenomeno esplosivo diffuso nell'intero involucro esterno della stella.

su|per|nu|tri|zió|ne *s.f.* superalimentazione.

su|pe|ro|mì|smo *s.m.* **1** (*filos.*) dottrina del superuomo **2** atteggiamento da superuomo.

su|pe|ròt|to *agg.invar.*, *s.m.invar.* (*cine.*) si dice di pellicola da 8 mm che consente una migliore qualità dell'immagine rispetto al tipo tradizionale ♦ *s.f.* cinepresa che utilizza pellicole superotto.

sù|per pàr|tes (*lat.*) *loc.agg.invar.* al di sopra delle parti; imparziale.

su|per|pe|tro|liè|ra *s.f.* petroliera che ha una stazza di oltre 70.000 tonnellate.

su|per|più|ma *agg.invar.*, *s.m.invar.* (*sport*) nel pugilato, si dice di categoria di peso intermedia tra pesi piuma e leggeri | pugile che rientra in tale categoria.

su|per|po|tèn|za *s.f.* (*polit.*) Stato che possiede eccezionali risorse economiche e militari.

su|per|pre|fèt|to *s.m.* prefetto a cui sono stati conferiti poteri straordinari.

su|per|pro|cù|ra *s.m.* nell'organizzazione giudiziaria italiana, procura della Repubblica a cui sono stati conferiti poteri straordinari per investigare sulla criminalità organizzata.

su|per|sò|ni|co *agg.* [m.pl. *-ci*] (*fis.*) si dice di velocità superiore ai circa 1200 km/h con cui il suono si propaga nell'aria | (*estens.*) si dice di veicolo capace di viaggiare a tale velocità: *jet* —.

superstar (*ingl.*) [pr. *sùperstar*, com.: *superstàr*] *agg.invar.*, *s.m./f.invar.* si dice di personaggio del mondo dello spettacolo che gode di straordinario successo.

su|pèr|sti|te *agg.*, *s.m./f.* **1** che è scampato **2** che ha resistito al tempo: *monumento* — **3** (*spec. iron.*) che avanza; residuo: *voglio per me il pasticcino* — ♦ *s.m./f.* chi è sopravvissuto: *un* — *del naufragio*.

su|per|sti|zió|ne *s.f.* **1** atteggiamento irrazionale che attribuisce a cause occulte o a influenze soprannaturali avvenimenti, per lo più negativi, che possono essere spiegati con cause naturali e conoscibili **2** (*relig.*) sopravvivenza di credenze o pratiche religiose antiche, considerate espressioni di un rapporto ormai superato con il sacro e il divino.

su|per|sti|zio|si|tà *s.f.* caratteristica di chi, di ciò che è superstizioso.

su|per|sti|zió|so *agg.* **1** che crede nelle superstizioni e ne segue le indicazioni **2** che è dettato da superstizione: *rituale* — ♦ *s.m.* [f. *-a*] persona superstiziosa □ **superstiziosamente** *avv.*

su|per|strà|da *s.f.* strada a scorrimento veloce, senza attraversamenti.

su|per|te|sti|mó|ne *s.m.* (*giorn.*) testimone che può fornire le prove decisive.

su|pe|ruò|mo *s.m.* [pl. *superuomini*] **1** (*filos.*) secondo il filosofo F. Nietzsche, individuo eccezionale che riesce a dispiegare appieno le sue energie vitali, affermando la sua volontà di potenza sugli altri senza sottomettersi alla morale comune **2** (*spec. iron.*) persona che si crede superiore agli altri presumendo di possedere doti eccezionali.

su|per|va|lu|tà|re *v.tr.* [indic.pres. *io supervalùto* o *supervàluto...*] (*spec.econ.*) valutare in misura eccessiva; sopravvalutare.

su|per|vi|sio|nà|re *v.tr.* [indic.pres. *io supervisióno...*] sottoporre a supervisione.

su|per|vi|sió|ne *s.f.* **1** attività di controllo esercitata dal supervisore **2** (*teat.*, *cine.*) direzione generale di uno spettacolo, di un film.

su|per|vi|só|re *s.m.* **1** chi rivede e controlla il lavoro altrui, spec. come responsabile di un'attività **2** (*teat.*, *cine.*) direttore generale di uno spettacolo o di un film.

su|per|wèl|ter [pr. *supervèlter*] *agg.invar.*, *s.m.invar.* (*sport*) nel pugilato, si dice di categoria di peso intermedia tra pesi welter e medi e del pugile che vi rientra.

su|pi|no¹ *agg.* **1** si dice di chi è disteso sulla schiena, col viso rivolto in su: *posizione supina* **2** (*fig.*) troppo accondiscendente, servile: *supina accettazione* □ **supinamente** *avv.* **1** stando disteso sulla schiena: *riposare* — **2** (*fig.*) con accondiscendenza; passivamente: *obbedire* —.

su|pi|no² *s.m.* (*gramm.*) forma nominale del verbo latino che esprime la finalità di un'azione.

sup|pel|lèt|ti|le *s.f. spec.pl.* **1** oggetto, o complesso di oggetti, dell'arredamento di una casa, di un ufficio ecc. **2** (*archeol.*) oggetto o complesso di oggetti antichi ritrovati durante uno scavo.

sup|per|giù *avv.* (*coll.*) circa, più o meno: *impiegheremo — due giorni.*

sup|ple|men|tà|re *agg.* che ha funzione di supplemento; che colma una lacuna o risponde a un'esigenza straordinaria: *i mezzi pubblici faranno corse supplementari* | (*estens.*) ulteriore: *spiegazione —* | (*sport*) **tempi supplementari**, quelli assegnati dall'arbitro quando i tempi regolamentari si sono conclusi in parità | (*geom.*) **angolo —**, angolo cha va sommato a quello dato per costituire un angolo piatto.

sup|ple|mén|to *s.m.* **1** aggiunta con cui si integra o si completa ql.co. **2** pubblicazione che aggiorna o completa un'opera: *— bibliografico* | inserto di rivista: *comprare il giornale per il —* **3** cifra che va aggiunta al prezzo base di ql.co. per ottenere vantaggi ulteriori: *— per la prima classe.*

sup|plèn|te *part.pres. di* supplire ♦ *agg., s.m./f.* si dice di chi sostituisce temporaneamente un insegnante, un funzionario, un impiegato: *la — di francese.*

sup|plèn|za *s.f.* condizione, attività, incarico di supplente: *ottenere una —.*

sup|ple|ti|vo *agg.* che funge da supplemento, da integrazione | (*polit.*) **elezioni suppletive**, nel sistema uninominale, votazioni per eleggere il successore di un parlamentare decaduto dall'incarico.

sup|plì *s.m.* (*gastr.*) crocchetta di riso farcita, spec. con carne e mozzarella.

sùp|pli|ca *s.f.* **1** preghiera, verbale o scritta, con cui si chiede un favore, una grazia e sim.; umile richiesta **2** (*relig.*) nel cattolicesimo, preghiera per invocare la grazia.

sup|pli|càn|te *part.pres. di* supplicare ♦ *agg., s.m./f.* che, chi supplica: *espressione —.*

sup|pli|cà|re *v.tr.* [indic.pres. *io sùpplico, tu sùpplichi...*] chiedere umilmente e con fervore; pregare: *aiutami, ti supplico!*

sùp|pli|ce *agg., s.m./f.* (*lett.*) supplicante: *sguardo —.*

sup|pli|ché|vo|le *agg.* che supplica, che ha tono di supplica: *richiesta —* □ **supplichevolmente** *avv.*

sup|plì|re *v.intr.* [indic.pres. *io supplisco, tu supplisci...*; aus. *A*] compensare una mancanza, una lacuna, con qualcos'altro: *all'inesperienza puoi — con l'attenzione* ♦ *tr.* sostituire temporaneamente in un'attività, in un incarico; fare le veci di qlcu.: *— un impiegato.*

sup|plì|zio *s.m.* **1** grave pena corporale: *lo condannarono a un tremendo —* **2** (*fig.*) patimento morale: *il — fu assisterlo nell'agonia* | (*iperb.*) strazio insopportabile: *le serate con lei sono un —.*

sup|po|nèn|te *part.pres. di* supporre ♦ *agg.* presuntuoso; arrogante: *atteggiamento —.*

sup|po|nèn|za *s.f.* sdegnosa superiorità; presunzione: *rispondere con —.*

sup|pór|re *v.tr.* [con. come *porre*] ammettere per ipotesi: *supponendo che ce la faccia...* | presumere: *suppongo che la cosa risulti gradita.*

sup|por|tà|re *v.tr.* [indic.pres. *io suppòrto...*] (*spec.fig.*) fornire di supporto, sostegno: *l'iniziativa è supportata da molte adesioni.*

supporter (*ingl.*) *s.m.invar.* (*sport*) tifoso di una squadra.

sup|pòr|to *s.m.* **1** elemento che funge da sostegno, da appoggio: *fissare a —; — in plastica* | (*inform.*) *— **magnetico**,* nastro, scheda perforata o disco magnetico sui quali possono essere memorizzati e archiviati dei dati **2** (*fig.*) aiuto; sostegno: *il — degli alleati* **3** (*mecc.*) parte di macchina che ne sostiene qualche elemento mobile.

sup|po|si|zió|ne *s.f.* ipotesi, congettura.

sup|pó|sta *s.f.* farmaco da somministrare per via rettale.

sup|pó|sto *part.pass. di* supporre ♦ *agg.* **1** presunto: *il — colpevole* **2** ammesso per ipotesi | *— che,* ammesso che.

sup|pu|rà|re *v.intr.* [aus. *E, A*] (*med.*) venire a suppurazione: *il taglio sta suppurando.*

sup|pu|ra|ti|vo *agg.* (*med.*) che riguarda la suppurazione | causato dalla suppurazione ♦ *s.m.* agente che accelera un processo suppurativo.

sup|pu|ra|zió|ne *s.f.* (*med.*) processo infiammatorio con formazione di pus: *la — della ferita.*

su|pre|ma|tì|smo *s.m.* avanguardia artistica russa sviluppatasi a ridosso della Rivoluzione d'ottobre, che mirava alla massima semplificazione degli elementi figurativi.

su|pre|ma|zì|a *s.f.* autorità suprema; netto predominio; egemonia: *— della squadra ospite.*

suprême (*fr.*) [pr. *süprèm*] *s.f.invar.* (*gastr.*) petto di pollo o tacchino, cotto in casseruola con una speciale salsa della panna e funghi.

su|prè|mo *agg.* **1** (*lett.*) che è collocato al di sopra di tutto e di tutti **2** (*fig.*) massimo, sommo: *la vita è il bene —* **3** (*fig.*) ultimo, estremo: *l'ora suprema; il — addio.*

sur- *pref.* indica superamento di un limite, in molti verbi che derivano dal francese (*surriscaldare*).

-sù|ra → -tura.

sur|clas|sà|re *v.tr.* (*spec.sport*) vincere con schiacciante superiorità | (*estens.*) essere di gran lunga superiore: *— i compagni in matematica.*

surf (*ingl.*) [pr. *sörf*] *s.m.invar.* **1** (*sport*) tavola di vario materiale con cui si effettuano rapide planate sulla cresta delle onde mantenendosi in piedi in equilibrio | (*estens.*) sport che si pratica con tale tavola: *fare —* **2** (*improprio*) abbr. di windsurf **3** (*mus.*) genere di rock and roll in voga negli Stati Uniti negli anni '60-'70, caratterizzato da armonie vocali piuttosto sofisticate | stile di ballo tipico del *surf rock*.

sur|fa|re [pr. *sörfàre*] *v.intr.* (*inform.*) esplorare Internet senza obiettivi precisi.

surfing (*ingl.*) [pr. *sörfin*] *s.m.invar.* **1** pratica sportiva del surf **2** (*inform.*) esplorazione di Internet non particolarmente mirata, passando da un sito all'altro senza criteri definiti.

sur|fi|sta *s.m./f.* [m.pl. *-i*] (*sport*) chi pratica il surf.

sur|ge|la|mén|to *s.m.* surgelazione.

sur|ge|là|re *v.tr.* sottoporre a congelamento a bassissima temperatura per poter conservare a lungo: — *il pesce*.

sur|ge|là|to *agg., s.m.* si dice di cibo sottoposto a surgelazione per essere conservato a lungo.

sur|ge|la|zió|ne *s.f.* congelamento a bassissima temperatura di alimenti crudi o precotti che serve ad assicurarne la lunga conservazione.

surimi (*giapp.*) *s.m.* (*gastr.*) alimento a base di merluzzo e polpa di granchio, confezionati in cilindri rosati.

surmenage (*fr.*) [pr. *sürmenàj*] *s.m.invar.* sforzo eccessivo; eccesso di affaticamento | (*sport*) superallenamento.

sur|mo|lòt|to o **surmulòtto** *s.m.* topo robusto e aggressivo; topo di fogna.

surplace (*fr.*) [pr. *sürplàs*] *s.m.invar.* (*sport*) nel ciclismo su pista, posizione di equilibrio che il corridore mantiene stando fermo sulla bicicletta, pronto a scattare nel momento più propizio per lanciare la volata.

surplus (*fr.*) [pr. *surplùs*] *s.m.invar.* **1** saldo attivo: — *del bilancio* **2** eccedenza: *un — di forniture*.

sur|re|à|le *agg.* che va oltre la realtà sensibile | che rappresenta, evoca il mondo dell'inconscio, del sogno: *un quadro —* ♦ *s.m.* ciò che risulta surreale.

sur|re|a|li|smo *s.m.* movimento artistico e culturale sorto dopo la prima guerra mondiale, che si proponeva di superare la scissione fra realtà e mondo onirico, alla ricerca di verità nascoste oltre il velo dell'oggettività.

sur|re|a|li|sta *s.m./f.* [m.pl. *-i*] seguace del surrealismo: *uno dei grandi surrealisti* ♦ *agg.* surrealistico.

sur|re|a|li|sti|co *agg.* [m.pl. *-ci*] relativo al surrealismo, ai surrealisti.

sur|re|nà|le *agg.* (*anat.*) che riguarda il surrene | *ghiandola —*, surrene.

sur|rè|ne *s.m.* (*anat.*) ghiandola endocrina situata sul polo superiore del rene.

sur|ret|ti|zio *agg.* (*dir.*) si dice di atto che nasconde volutamente particolari importanti | (*estens.*) si dice di azione attuata con reticenza, di nascosto.

sur|ri|scal|da|mén|to *s.m.* **1** (*fis.*) processo che eleva la temperatura di un vapore saturo al di là del suo punto di ebollizione in fase liquida **2** riscaldamento esagerato.

sur|ri|scal|dà|re *v.tr.* **1** (*anche fig.*) riscaldare troppo: *il battibecco ha surriscaldato l'atmosfera* **2** (*fis.*) sottoporre a surriscaldamento ♦ **-rsi** *intr.pron.* (*anche fig.*) diventare troppo caldo: *il dibattito si sta surriscaldando*.

sùr|ro|ga *s.f.* (*bur.*) surrogazione.

sur|ro|gà|bi|le *agg.* che può essere surrogato: *bene —*.

sur|ro|gà|re *v.tr.* [indic.pres. *io surrògo o sùrrogo, tu surròghi o sùrroghi...*] **1** sostituire, rimpiazzare: — *il dipendente con un giovane* **2** (*dir.*) subentrare a qlcu. in un diritto: — *un creditore*.

sur|ro|gà|to *s.m.* prodotto che ne sostituisce uno più pregiato: *un — dello zucchero*.

su|scet|ti|bi|le *agg.* **1** capace di subire modificazioni o influenze: *la situazione è — di sviluppi importanti* **2** che si offende facilmente; permaloso.

su|scet|ti|bi|li|tà *s.f.* carattere di chi è permaloso; ombrosità: *cerca di non urtare la sua —*.

su|sci|tà|re *v.tr.* [indic.pres. *io sùscito...*] far sorgere; provocare: — *una reazione violenta*.

su|sci|ta|tó|re *agg., s.m.* [f. *-trice*] che, chi suscita; fomentatore: — *di dibattiti*.

sushi (*giapp.*) [pr. *sùsci*] *s.m.invar.* (*gastr.*) piatto tipico della cucina giapponese, a base di pesce crudo, riso e alghe.

su|sì|na *s.f.* frutto blu violaceo o giallo oro del susino; prugna.

su|sì|no *s.m.* albero con foglie ovali seghettate, fiori bianchi e frutti a drupa, dolci e sugosi; prugno.

suspense (*ingl.*) [pr. *sàspens*] *s.f.invar.* in film, libri ecc., situazione di tensione, di attesa angosciante creata dall'incertezza sull'esito di avvenimenti drammatici.

su|spi|ció|ne (*lat.*) *s.f.* *solo nella loc.* (*dir.*) ***legittima —***, ragionevole dubbio sull'imparzialità del giudice in un processo.

sus|se|guèn|te *part.pres.* di susseguire ♦ *agg.* (*raro*) che viene dopo; seguente: *nell'incontro —*.

sus|se|guì|re *v.tr., intr.* [indic.pres. *io susséguo...*; aus. *E*] (*raro*) venire immediatamente dopo; essere la diretta conseguenza ♦ **-rsi** *intr.pron.* accadere l'uno dopo l'altro: *i fatti si susseguivano rapidamente*.

sus|si|dià|re *v.tr.* [indic.pres. *io sussìdio...*] sostenere tramite sussidio; sovvenzionare: — *i terremotati*.

sus|si|dià|rio *agg.* che serve in aggiunta, come sussidio: *rifornimento —* ♦ *s.m.* testo scolastico per il secondo ciclo delle scuole primarie che comprende tutte le materie.

sus|sì|dio *s.m.* **1** aiuto, soccorso: *ho lavorato con il — del mio assistente* | *sussidi bibliografici*, riferimenti bibliografici fondamentali di un lavoro di ricerca | *sussidi didattici*, materiale in dotazione a una scuola per sostenere l'attività degli insegnanti **2** aiuto in denaro: — *di disoccupazione*.

sus|siè|go *s.m.* [pl. *-ghi*] contegno ricco di dignità, ma non privo di spocchia.

sus|sie|gó|so *agg.* colmo di sussiego; sostenuto; supponente □ **sussiegosamente** *avv.*

sus|si|stèn|te *part.pres.* di sussistere ♦ *agg.* che esiste e che ha fondamento: *critica —*.

sus|si|stèn|za *s.f.* **1** presenza effettiva; esistenza **2** ciò che occorre al sostentamento | (*econ.*) livello minimo di consumi sotto al quale la sopravvivenza è impossibile: *economia di* — **3** (*mil.*) reparto che si occupa del vettovagliamento.

sus|si|ste|re *v.intr.* [aus. *E*] esistere effettivamente, con fondamento: *assolto perché il fatto non sussiste.*

sus|sul|tà|re *v.intr.* [aus. *A*] **1** sobbalzare per emozione: — *di spavento* **2** muoversi bruscamente, spec. dal basso verso l'alto: *la terra sussultò.*

sus|sùl|to *s.m.* **1** trasalimento per un'improvvisa emozione: *nell'udire la notizia ebbe un* — **2** scossa improvvisa e violenta, spec. dal basso verso l'alto: *un* — *del terreno.*

sus|sul|tò|rio *agg.* che si manifesta sussultando | si dice dell'oscillazione in verticale della crosta terreste, provocata da onde sismiche superficiali: *sisma* —.

sus|sù|me|re *v.tr.* ricondurre sotto un concetto più generale | (*dir.*) collegare alla relativa norma di legge.

sus|sur|rà|re *v.tr.* **1** pronunciare sottovoce; bisbigliare: — *in segreto* **2** mormorare, spec. di nascosto o per criticare: *le malefatte che si sussurrano sul suo conto* ♦ *intr.* [aus. *A*] **1** fare continuamente un rumore leggero: *il vento sussurra tra le fronde* **2** esprimere critiche di nascosto.

sus|sùr|ro *s.m.* emissione debole e confusa della voce | fruscio: *il* — *degli alberi.*

su|tù|ra *s.f.* **1** (*med.*) operazione di cucitura dei margini di una ferita | la cucitura medesima **2** (*anat.*) articolazione fissa tra due ossa: — *del cranio.*

su|tu|rà|re *v.tr.* saldare attraverso una sutura: — *il taglio.*

su|zió|ne *s.f.* attività con cui i bambini e i cuccioli dei Mammiferi succhiano, spec. dalla mammella materna.

svac|càr|si *v.intr.pron.* (*pop.*) mettersi in una posizione di rilassatezza perfino eccessiva | comportarsi in modo svogliato; lasciarsi andare.

svac|cà|to *part.pass.* di svaccare ♦ *agg.* (*pop.*) che non mostra impegno né motivazione; svogliato.

sva|gà|re *v.tr.* [indic.pres. *io svago, tu svaghi...*] distrarre da impegni e preoccupazioni: *la musica mi svaga* ♦ **-rsi** *rifl.* **1** ricrearsi con il divertimento: — *con gli amici* **2** perdere la concentrazione; distrarsi: *si svaga sempre durante le spiegazioni di algebra.*

sva|ga|téz|za *s.f.* (*lett.*) condizione di chi è svagato.

sva|gà|to *part.pass.* di svagare ♦ *agg.* privo di concentrazione; distratto □ **svagatamente** *avv.*

svà|go *s.m.* [pl. *-ghi*] **1** attività che permette di rilassarsi e divertirsi: *lo* — *domenicale* **2** ciò che permette di svagarsi; passatempo; divertimento: *sono in cerca di uno nuovo* —.

sva|li|gia|mén|to *s.m.* azione con cui si svaligia.

sva|li|già|re *v.tr.* [indic.pres. *io svalìgio...*] derubare, svuotando di tutti gli oggetti di qualche valore; saccheggiare: — *l'appartamento reale.*

sva|li|gia|tó|re *s.m.* [f. *-trice*] ladro che svaligia.

sva|lu|tà|re *v.tr.* [indic.pres. *io svalùto o svàluto...*] **1** attribuire un valore economico minore: — *la merce* | riferito a una moneta, effettuarne la svalutazione **2** (*fig.*) considerare di importanza inferiore a quella effettiva; sminuire: — *il ruolo del mediatore* ♦ **-rsi** *rifl.* presentarsi in termini riduttivi; sminuirsi ♦ *intr.pron.* (*spec.econ.*) perdere di valore.

sva|lu|ta|zió|ne *s.f.* (*econ.*) riduzione del valore di una moneta rispetto a una valuta estera o all'oro: *la* — *dell'euro* | diminuzione del potere d'acquisto a causa dell'inflazione: *la* — *degli stipendi.*

svam|pì|to *agg., s.m.* [f. *-a*] si dice di persona che non è in pieno possesso delle proprie facoltà o che ragiona in modo superficiale: *quello* — *di tuo nonno.*

sva|nì|re *v.intr.* [indic.pres. *io svanisco, tu svanisci...*; aus. *E*] **1** scomparire: *il fumo svanì al primo alito di vento* | (*fig.*) andare in fumo; smettere di esistere; esaurirsi: *il sogno è ormai svanito* **2** perdere energia, incisività: *la baldanza svanì piano piano* | (*fig.*) affievolirsi: *il ricordo sta svanendo con gli anni.*

sva|nì|to *part.pass.* di svanire ♦ *agg.* **1** che ha perso forza, l'intensità, il vigore: *profumo* — **2** si dice di chi ha perso un po' del vigore intellettuale; stordito | (*fig.*) abulico; superficiale; svampito **3** (*fig.*) scomparso, sfumato: *progetto* — ♦ *s.m.* persona con facoltà mentali indebolite | (*fig.*) persona superficiale: *quello* — *di tuo fratello.*

svan|tag|già|to *agg.* si dice di persona o cosa che si trovi in condizioni d'inferiorità, svantaggio e sim.: *partire* —.

svan|tàg|gio *s.m.* **1** condizione sfavorevole, stato d'inferiorità rispetto ad altri **2** (*sport*) distacco che separa da un avversario in posizione migliore.

svan|tag|gió|so *agg.* che reca svantaggio; che si rivela sfavorevole: *risultato* — □ **svantaggiosamente** *avv.*

sva|po|rà|re *v.intr.* [indic.pres. *io svapóro...*; aus. *E*] **1** detto spec. di un liquido, perdere proprietà essenziali come sapore, odore ecc.: *questo brandy sta svaporando* | evaporare **2** (*fig.*) dissolversi; svanire; venir meno: *la sua esaltazione svaporò presto.*

sva|po|rà|to *part.pass.* di svaporare ♦ *agg.* **1** detto di sostanza spec. liquida che l'evaporazione ha privato di caratteristiche essenziali come sapore, odore ecc.: *profumo* — **2** (*fig., raro*) svampito.

sva|rià|re *v.tr.* [indic.pres. *io svàrio...*] (*raro*) **1** far diventare più vario: — *le forme* **2** (*fig.*) svagare, divertire ♦ **-rsi** *rifl.* svagarsi, distrarsi.

sva|rià|to *part.pass.* di svariare ♦ *agg.* **1** (*raro*) ricco di varietà: *raccolta svariata* **2** (*pl.*) numerosi e diversi: *ci incontrammo svariate volte.*

sva|rió|ne *s.m.* errore grossolano: *gol subìto per uno* — *difensivo.*

sva|sa|mén|to *s.m.* svasatura.
sva|sà|re *v.tr.* 1 (*agr.*) togliere dal vaso 2 sagomare in forma troncoconica | in sartoria, foggiare in modo che il capo si allarghi verso l'estremità inferiore.
sva|sà|to *part.pass.* di svasare ♦ *agg.* che ha la forma di un tronco di cono | di abito, che si allarga verso l'estremità inferiore; scampanato.
sva|sa|tù|ra *s.f.* 1 operazione con cui si svasa | caratteristica di ciò che ha forma svasata | parte svasata 2 (*arch.*) spazio delimitato da strutture che presentano forte convergenza.
svà|so *s.m.* (*arch.*) svasatura.
svà|sti|ca *s.f.* simbolo di origine antica costituito da una croce con quattro bracci uguali che si prolungano ad angolo retto, verso destra o sinistra; nel Novecento fu adottata come emblema nazista.
svec|chia|mén|to *s.m.* operazione con cui si svecchia, si rinnova.
svec|chià|re *v.tr.* [indic.pres. *io svècchio*...] liberare da elementi ormai obsoleti; rinnovare.
svec|cià|re *v.tr.* [indic.pres. *io svéccio*...] (*agr.*) riferito ai cereali, separare dalla veccia.
svec|cia|tó|io o **svecciatóre** *s.m.* (*agr.*) macchina che impiega un cilindro rotante alveolato per separare il cereale dai semi di veccia.
sve|dé|se *agg.* della Svezia | *fiammifero* —, fiammifero di legno con la capocchia ricoperta da un ossidante, che si incendia solo se sfregato su una superficie rivestita di fosforo rosso ♦ *s.m.* 1 [anche f.] nativo, abitante della Svezia 2 lingua che si parla in Svezia 3 fiammifero svedese.
své|glia *s.f.* 1 risveglio: *la — era alle otto* | (*coll.*) *—!*, incitamento ad alzarsi, a darsi da fare o a scaltrirsi 2 segnale, spec. sonoro, che serve a svegliare 3 orologio dotato di suoneria che si attiva all'orario prestabilito: *puntare la —*.
sve|glià|re *v.tr.* [indic.pres. *io svéglio*...] 1 far uscire dal sonno; destare: *le campane mi svegliarono* 2 (*fig.*) scuotere dall'inerzia | rendere più accorto; scaltrire ♦ **-rsi** *rifl.* 1 scuotersi dal sonno; destarsi 2 (*fig.*) scuotersi dall'inerzia | diventare più scaltro.
své|glio *agg.* 1 che è in stato di veglia, non addormentato 2 (*fig.*) che ha vivacità d'ingegno | scaltro, astuto.
sve|là|re *v.tr.* [indic.pres. *io svélo*...] 1 rivelare: *— il trucco* 2 (*fig.*) rendere palese, mostrare: *— i propri sentimenti*.
svèl|le|re *v.tr.* [indic.pres. *io svello, tu svelli*...; pass.rem. *io svelsi, tu svellésti*...; congiunt.pres. *io svella* o *svelga*...; part.pass. *svelto*] (*antiq.*) strappare a forza; sradicare.
svel|téz|za *s.f.* 1 caratteristica di chi, di ciò che è svelto, veloce 2 (*estens.*) snellezza.
svel|ti|mén|to *s.m.* atto, processo con cui si sveltisce, si accelera.
svel|tì|na *s.f.* (*volg.*) rapporto sessuale completato in fretta.
svel|tì|re *v.tr.* [indic.pres. *io sveltisco, tu sveltisci*...] 1 rendere più veloce, rapido: *— le pratiche*

2 (*fig.*) rendere più disinvolto; scaltrire ♦ **-rsi** *intr.pron.* diventare più sveglio, pronto.
svèl|to *agg.* 1 che agisce in modo rapido | *— di mano*, facile alla rissa; incline al furto 2 spedito, lesto: *a passo —* | *—!*, fai presto! | (*loc.avv.*) *alla svelta*, in fretta.
sve|na|mén|to *s.m.* atto, processo con cui si svena; dissanguamento.
sve|nà|re *v.tr.* [indic.pres. *io svéno*...] 1 uccidere tagliando le vene 2 (*fig.*) privare di ogni bene; rovinare ♦ **-rsi** *rifl.* 1 uccidersi tagliandosi le vene 2 (*fig.*) consumare i propri averi a favore di qlcu., ql.co.: *— per i figli*.
svén|de|re *v.tr.* [con. come *vendere*] vendere a prezzi ribassati.
svén|di|ta *s.f.* operazione con cui si svende: *— di fine stagione*.
sve|né|vo|le *agg.* che ha atteggiamenti troppo sdolcinati, languidi.
sve|ne|vo|léz|za *s.f.* 1 caratteristica di chi, di ciò che è svenevole 2 gesto svenevole.
sve|ni|mén|to *s.m.* momentanea perdita di sensi.
sve|nì|re *v.intr.* [con. come *venire*; aus. *E*] perdere i sensi: *— dal dolore*.
sven|ta|glià|re *v.tr.* [indic.pres. *io sventàglio*...] 1 rinfrescare facendo aria con il ventaglio 2 (*estens.*) agitare a mo' di ventaglio 3 allargare come un ventaglio: *il pavone sventagliò la coda* 4 (*estens.*) sparare a ventaglio ♦ **-rsi** *rifl.* farsi aria con il ventaglio: *— per il caldo*.
sven|ta|glià|ta *s.f.* 1 azione con cui si sventaglia 2 disposizione a ventaglio: *una — di fiori* 3 raffica di arma automatica.
sven|tà|re *v.tr.* [indic.pres. *io svènto*...] far fallire; mandare a monte: *— la rapina*.
sven|ta|téz|za *s.f.* 1 caratteristica di chi, di ciò che è sventato 2 comportamento da sventato.
sven|tà|to *part.pass.* di sventare ♦ *agg.* 1 si dice di chi agisce senza riflettere 2 si dice di gesto incauto ♦ *s.m.* [f. *-a*] persona sventata □ **sventatamente** *avv.*
svèn|to|la *s.f.* (*pop.*) 1 ventola | *orecchie a —*, che hanno padiglioni sporgenti in avanti 2 ceffone 3 donna appariscente.
sven|to|la|mén|to *s.m.* azione di chi sventola | movimento di ciò che sventola.
sven|to|là|re *v.tr.* [indic.pres. *io svèntolo*...] 1 agitare ql.co. al vento: *— una banconota* 2 fare aria a ql.co., a qlcu. ♦ *intr.* [aus. *A*] ondeggiare al vento ♦ **-rsi** *rifl.* farsi aria: *— col giornale*.
sven|to|là|ta *s.f.* movimento di breve durata con cui si sventola.
sven|to|lì|o *s.m.* sventolamento prolungato: *lo — dei panni*.
sven|tra|mén|to *s.m.* 1 azione con cui si sventra: *lo — del pollo* 2 (*med.*) rilasciamento della muscolatura addominale.
sven|trà|re *v.tr.* [indic.pres. *io svèntro*...] 1 riferito ad animali macellati, privare delle interiora: *— il pesce* 2 colpire al ventre con una lama 3 (*estens.*) demolire strutture edilizie per riqualificazione urbanistica.

sven|tù|ra *s.f.* **1** sfortuna, malasorte: *reagire alla —* **2** sciagura, disgrazia | *compagno di —*, colui con cui si condivide una vicenda dolorosa.
sven|tu|rà|to *agg.* **1** sfortunato **2** (*lett.*) che è fonte di sventura: *scelta sventurata* ♦ *s.m.* [f. *-a*] che è vittima di sventura: *un povero —* □ **sventuratamente** *avv.*
sver|gi|nà|re *v.tr.* [indic.pres. *io svérgino...*] **1** privare della verginità; deflorare **2** (*scherz.*) usare per la prima volta; inaugurare.
sver|go|gnà|re *v.tr.* [indic.pres. *io svergógno..., noi svergogniamo, voi svergognate...*] **1** rimproverare fino a suscitare vergogna **2** smascherare per colpe segrete.
sver|go|gnà|to *part.pass. di* svergognare ♦ *agg.*, *s.m.* [f. *-a*] che, chi non si vergogna dei propri comportamenti sconvenienti; spudorato.
sver|na|mén|to *s.m.* periodo in cui si sverna.
sver|nà|re *v.intr.* [indic.pres. *io svèrno...*; aus. *A*] passare l'inverno in luoghi dal clima più mite: *gli uccelli migratori svernano a sud.*
sver|ni|cià|re *v.tr.* [indic.pres. *io svernìcio...*] privare della vernice.
sver|ni|cia|tó|re *s.m.* **1** solvente per rimuovere la vernice **2** chi svernicia.
sver|ni|cia|tù|ra *s.f.* operazione con cui si toglie la vernice.
sve|stì|re *v.tr.* [indic.pres. *io svèsto...*] spogliare: *— un bambino* ♦ **-rsi** *rifl.* **1** togliersi i vestiti: *per fare il bagno* **2** (*fig.*) rinunciare a un titolo, a una carica.
sve|stì|to *part.pass. di* svestire ♦ *agg.* privo di vestiti.
svet|tà|re *v.tr.* [indic.pres. *io svétto...*] potare un ramo per non farlo sporgere rispetto agli altri ♦ *intr.* [aus. *A*] protendersi verso l'alto; ergersi.
svè|vo *agg., s.m.* [f. *-a*] **1** nativo, abitante della Svevia, storica regione tedesca **2** appartenente alla casa di Svevia (dinastia degli Hohenstaufen): *imperatore —.*
svez|za|mén|to *s.m.* processo con cui si svezza, spec. riferito alla fase in cui il bambino passa dall'allattamento a un'alimentazione varia.
svez|zà|re *v.tr.* [indic.pres. *io svézzo...*] **1** riferito al bambino, far passare dall'allattamento a un'alimentazione varia **2** (*raro*) disabituare, spec. a un vizio ♦ **-rsi** *intr.pron.* (*raro*) disabituarsi, spec. a un vizio.
svi|a|mén|to *s.m.* **1** atto, processo con cui si svia **2** deragliamento.
svi|à|re *v.tr.* **1** (*anche fig.*) allontanare dalla direzione originaria; deviare **2** (*fig.*) distogliere da un'occupazione, da un impegno | far uscire dalla retta via ♦ *intr.* [aus. *A*], **-rsi** *intr.pron.* allontanarsi dalla retta via.
svi|co|là|re *v.intr.* [indic.pres. *io svìcolo...*; aus. *E, A*] infilarsi in una stradina per evitare un incontro sgradito | (*estens.*) svignarsela | (*fig.*) eludere una domanda imbarazzante.
svi|gnà|re *v.intr.* [indic.pres. *io svigno..., noi svigniamo, voi svignate...*; aus. *E*] (*antiq.*) allontanarsi di soppiatto | (*coll.*) **svignarsela**, andarsene di nascosto.
svi|go|rì|re *v.tr.* [indic.pres. *io svigorisco, tu svigorisci...*] privare di vigore, indebolire: *— lo spirito* ♦ *intr.* [aus. *E*], **-rsi** *intr.pron.* perdere il vigore, indebolirsi.
svi|li|mén|to *s.m.* azione, giudizio che svilisce; svalutazione.
svi|lì|re *v.tr.* [indic.pres. *io svilisco, tu svilisci...*] **1** privare di valore; sminuire: *— il suo impegno* **2** svalutare.
svil|la|neg|gia|mén|to *s.m.* offesa attraverso parole o modi ingiuriosi.
svil|la|neg|già|re *v.tr.* [indic.pres. *io svillanéggio...*] trattare in maniera offensiva, con frasi e gesti villani.
svi|lup|pà|bi|le *agg.* che può essere sviluppato.
svi|lup|pà|re *v.tr.* **1** trattare esaurientemente: *— la questione* **2** rendere più grande, articolato, potente; incrementare: *— il giro d'affari* **3** (*fig.*) far nascere; suscitare: *la presenza di truppe sviluppò diffidenza nella gente* **4** (*foto.*) riferito a pellicola impressionata, trattarla chimicamente per rendere visibile l'immagine **5** (*geom.*) effettuare lo sviluppo: *— un cono* ♦ *intr.* [aus. *A*], **-rsi** *intr.pron.* **1** evolvere; procedere: *la faccenda si sta sviluppando come previsto* **2** di organismi viventi, raggiungere la forma definitiva: *il cavallo si è ormai sviluppato* | detto di adolescente, giungere alla pubertà ♦ *rifl.* **1** crescere, ampliarsi: *l'economia ha ripreso a —* **2** prodursi; insorgere: *il contagio rischia di —.*
svi|lup|pà|to *part.pass. di* sviluppare ♦ *agg.* **1** caratterizzato da elevato sviluppo: *mercato —* **2** (*di persona*) che è giunto alla pubertà: *ragazza sviluppata.*
svi|lup|pa|tó|re *s.m.* **1** [f. *-trice*] (*spec. foto.*) chi sviluppa **2** soluzione chimica per sviluppare pellicole.
svi|lùp|po *s.m.* **1** andamento; evoluzione: *lo — della situazione* **2** attività o processo attraverso cui ci si espande, ci si amplia, ci si rafforza; ingrandimento, potenziamento: *vertiginoso — dell'azienda* | *crescita economica e sociale: finanziare la ripresa dello —* **3** (*biol.*) processo di crescita | relativamente al processo umano, maturazione, crescita | *età dello —*, pubertà **4** trattazione di un argomento | (*mus.*) rielaborazione e intreccio di temi già esposti **5** (*foto.*) processo che rende visibile l'immagine impressa sulla pellicola **6** (*geom.*) operazione con cui una superficie non piana è riportata sul piano.
svi|nà|re *v.tr.* (*anche assol.*) trasferire il vino fermentato dal tino alla botte.
svi|na|tù|ra *s.f.* procedura di separazione del vino fermentato dalle vinacce.
svin|co|là|re *v.tr.* [indic.pres. *io svìncolo...*] (*spec. econ.*) liberare da vincoli: *— un deposito* ♦ **-rsi** *rifl.* (*anche fig.*) sciogliersi da ciò che impedisce la libertà di azione, di movimento, di scelta ecc.: *— dai pregiudizi* | (*sport*) detto di professionisti, ottenere lo svincolo.
svìn|co|lo *s.m.* **1** (*spec.econ.*) azione che libera da un vincolo: *lo — dell'ipoteca* | (*sport*) diritto riconosciuto ad alcuni professionisti di scegliere la

squadra per cui gareggiare 2 raccordo che collega una strada importante alla rete ordinaria.
svio|li|nà|re *v.tr.* (*coll.*) lusingare, adulare.
svio|li|nà|ta *s.f.* (*coll.*) discorso adulatorio, che lusinga.
svio|li|na|tù|ra *s.f.* (*coll.*) sfacciata adulazione.
svir|go|là|re *v.tr.* [indic.pres. *io svìrgolo*...] nel calcio, colpire la palla solo di striscio.
svi|sa|mén|to *s.m.* travisamento.
svi|sà|re *v.tr.* travisare, deformare.
svi|sce|rà|re *v.tr.* [indic.pres. *io svìscero*...] 1 privare dei visceri 2 (*fig.*) studiare nei dettagli, esaminare in profondità: — *tutti gli aspetti del tema.*
svi|sce|rà|to *part.pass. di* sviscerare ♦ *agg.* impetuoso; appassionato; radicale: *passione sviscerata* □ **sviscerataménte** *avv.*
svi|sta *s.f.* errore causato da un'attenzione insufficiente.
svi|tà|re *v.tr.* 1 allentare una vite, un bullone e sim., girando in senso contrario a quello di avvitamento | staccare ciò che è tenuto da viti e sim.: — *la lampadina* ♦ **-rsi** *intr.pron.* detto di una vite, allentarsi.
svi|tà|to *part.pass. di* svitare ♦ *agg., s.m.* [f. -a] (*pop.*) si dice di persona stramba, stravagante.
sviz|ze|ro *agg.* della Svizzera | ***guardia svizzera***, corpo armato pontificio incaricato di proteggere la persona del papa ♦ *s.m.* 1 [f. -a] chi è nato, chi abita in Svizzera 2 soldato della guardia svizzera 3 (*solo sing., gastr.*) formaggio groviera o emmental.
svo|glia|tàg|gi|ne *s.f.* carattere, atteggiamento di chi non ha voglia di fare.
svo|glia|téz|za *s.f.* mancanza di interessi; pigrizia.
svo|glià|to *agg.* che non ha voglia di fare ql.co.: *allievo* — | che è privo di interessi, di iniziative; annoiato; pigro ♦ *s.m.* [f. -a] chi è svogliato □ **svogliataménte** *avv.*
svo|laz|zà|re *v.intr.* [aus. *A*] 1 volare mutando spesso direzione 2 dibattere le ali 3 (*fig.*) passare da una cosa all'altra, senza ordine particolare: — *con la fantasia* 4 essere mosso dal vento: *le cartacce svolazzano per la strada.*
svo|làz|zo *s.m.* 1 azione, movimento di chi, di ciò che svolazza 2 lembo svolazzante di un vestito 3 ornamento con cui si arricchisce la grafia di una parola 4 (*fig.*) abbellimento esagerato: *svolazzi poetici.*

svòl|ge|re *v.tr.* [con. come *volgere*] 1 aprire, spiegare ciò che è avvolto: — *il pacchetto* 2 (*fig.*) analizzare in tutti gli aspetti; trattare per esteso: — *un argomento* 3 (*fig.*) attuare, eseguire attraverso una serie strutturata di azioni: — *un compito* ♦ **-rsi** *intr.pron.* avere luogo, avvenire; svilupparsi in una successione di eventi: *i fatti si svolsero così* | (*lett., teat., cine.*) essere ambientato: *la vicenda si svolge nell'Ottocento* ♦ *rifl.* dipanarsi.
svol|gi|mén|to *s.m.* 1 l'atto di svolgere; processo con cui ql.co. si svolge 2 (*a scuola*) il modo in cui lo studente tratta un tema proposto.
svòl|ta *s.f.* 1 mutamento di direzione | (*auto.*) ***divieto di*** —, quello che prescrive di non girare in una strada laterale 2 punto in cui un tracciato cambia direzione; curva: *le svolte del torrente* | ***fare una*** —, svoltare 3 (*fig.*) netta variazione nello sviluppo di un processo, di un fenomeno | momento decisivo: *la trattativa è a una* —.
svol|tà|re *v.intr.* [indic.pres. *io svòlto*...; aus. *A*] 1 (*anche fig.*) mutare direzione: — *verso il radicalismo* 2 (*fig.*) migliorare il proprio rendimento, stile di vita ecc.
svòl|to *part.pass. di* svolgere ♦ *agg.* già eseguito completamente, spec. come esempio a fini didattici: *esercizio* —.
svol|to|là|re *v.tr.* [indic.pres. *io svòltolo*...] svolgere una cosa che è avvolta.
svuo|ta|mén|to *s.m.* operazione, processo con cui si svuota.
svuo|tà|re *v.tr.* [indic.pres. *io svuòto*...] vuotare totalmente: — *la vasca.*
swahili [pr. *suaìli*] *agg.invar.* che riguarda le popolazioni bantu stanziate tra Tanzania e Somalia ♦ *s.m.invar.* 1 [anche f.] membro di popolazioni swahili 2 lingua dell'omonimo gruppo bantu.
swing (*ingl.*) [pr. *suìng*] *s.m.invar.* (*mus.*) accentuazione jazzistica dei tempi deboli, che genera un'esecuzione pulsante.
switch (*ingl.*) [pr. *suìč*] *s.m.invar.* (*tecn.*) dispositivo che comanda un apparecchio attraverso la selezione di una posizione fra le diverse previste | (*elettr.*) interruttore | (*inform.*) istruzione con cui si decide se attivare o non attivare un sottoprogramma.
sym|pò|sium (*lat.*) *s.m.invar.* convegno di ricerca, di studio; simposio.

Tt

t *s.m./f.invar.* ventesima lettera dell'alfabeto (il suo nome è *ti*); consonante occlusiva dentale sorda | — *come Torino*, nella compitazione, spec. telefonica, delle parole | *a* —, si dice di qualunque oggetto o struttura la cui forma disegni due linee, di cui una perpendicolare all'altra: *tubo a* —.

ta|bac|cà|io *s.m.* [f. -a] **1** chi gestisce una rivendita di tabacchi e di altri generi di monopolio dello Stato **2** (*estens.*) la rivendita stessa: *andare dal* —.

ta|bac|che|rì|a *s.f.* negozio in cui si vendono al minuto tabacchi, francobolli e altri generi di monopolio dello Stato.

ta|bac|chi|col|tù|ra *s.f.* coltivazione del tabacco.

ta|bac|chiè|ra *s.f.* scatoletta di varia forma in cui si tiene il tabacco da naso.

ta|bac|chi|fì|cio *s.m.* stabilimento dove si lavorano le foglie di tabacco.

ta|bac|chì|no *s.m.* **1** operaio di tabacchificio **2** (*region.*) tabaccaio.

ta|bàc|co *s.m.* [pl. -chi] **1** pianta erbacea annuale originaria dell'America, con grandi foglie ovate verdi e lucide **2** il prodotto, da fumo o da fiuto, ottenuto dall'essiccazione e dalla lavorazione delle foglie di tale pianta: — *dolce, forte, da pipa* ♦ *agg.* si dice di una tonalità di marrone simile al colore del tabacco: *color* —.

ta|bà|gi|co *agg.* [m.pl. -*ci*] che riguarda il tabacco | (*med.*) provocato dal tabacco: *intossicazione tabagica*.

ta|ba|gì|smo *s.m.* (*med.*) intossicazione cronica provocata dall'uso prolungato del tabacco.

ta|ba|gì|sta *s.m./f.* [m.pl. -*i*] **1** chi è affetto da tabagismo **2** (*estens.*) fumatore abituale.

tabarin (*fr.*) [pr. *tabarèn*] *s.m.invar.* locale notturno dove si va per ballare o per assistere a numeri di varietà.

ta|bàr|ro *s.m.* **1** ampio mantello usato un tempo dagli uomini **2** (*scherz.*) cappotto pesante.

ta|bà|sco *s.m.* salsa piccante a base di aceto e peperoncini rossi: *insaporire la salsa col* —.

tà|be *s.f.* (*med.*) nome generico di diverse affezioni, per lo più croniche, caratterizzate da degenerazione dei tessuti dell'organo colpito: — *polmonare*.

ta|bèl|la *s.f.* specchietto, prospetto contenente indicazioni varie, gener. suddiviso in tabelle e colonne: *la* — *delle tariffe* | (*sport*) — *di marcia*, nelle gare su strada, prospetto dei tempi in cui i corridori dovrebbero passare in alcuni punti del percorso; (*fig.*) prospetto che fissa i tempi per le diverse fasi di un'attività.

ta|bel|là|re *agg.* **1** di tavoletta **2** che ha la forma di tabella.

ta|bel|là|rio *s.m.* (*st.*) nell'antica Roma, schiavo che recapitava le lettere del padrone.

ta|bel|lì|na *s.f.* (*scuola*) ogni riga della tavola pitagorica: *ha imparato la* — *del sei*.

ta|bel|ló|ne *s.m.* **1** cartellone murale contenente varie informazioni: — *pubblicitario* **2** grossa tavola appesa a una parete per l'affissione di avvisi e informazioni: — *dei risultati* **3** (*sport*) nella pallacanestro, grande quadro al quale è fissato il canestro.

ta|ber|nà|co|lo *s.m.* **1** cappelletta posta presso un incrocio o lungo una strada con un'immagine sacra **2** nelle chiese, piccola costruzione in cui si conservano le ostie consacrate **3** (*st.*) tenda sotto la quale gli Ebrei custodivano l'Arca Santa durante la permanenza nel deserto | parte del tempio di Gerusalemme in cui era riposta l'Arca **4** (*st.*) presso gli antichi romani, tenda da campo per il comandante dell'esercito.

tableau (*fr.*) [pr. *tablò*] *s.m.invar.* **1** il tappeto verde del gioco della roulette **2** prospetto statistico relativo all'andamento di un'attività economica.

tabloid (*ingl.*) *s.m.invar.* giornale di formato ridotto rispetto a quello tradizionale ♦ *agg.invar.* di formato ridotto.

ta|bù *s.m.* **1** nella religione della Polinesia, oggetto o persona sacra che non si può toccare né nominare | (*estens.*) divieto di carattere religioso: *infrangere un* — **2** (*fig.*) cosa di cui non si vuole parlare, per pudore o paura: *il sesso per lui è un* — | (*scherz.*) cosa o persona inavvicinabile: *il campo per me è un* — ♦ *agg.* si dice di cosa di cui non si può parlare; proibito: *argomento* —.

tà|bu|la ra|sa (*lat.*) *loc.sost.f.* in alcune teorie filosofiche, condizione della mente umana prima di avere acquisito cognizioni dal mondo esterno | (*estens.*) mente priva di cognizioni: *in questo campo sono* — | (*fig.*) *far* —, eliminare completamente, portare via tutto.

ta|bu|là|re[1] *agg.* **1** che ha forma piatta e sottile: *cristallo* — **2** relativo a una tabella.

ta|bu|là|re[2] *v.tr.* [indic.pres. *io tàbulo...*] ordinare dati in tabella: — *i dati del sondaggio*.

ta|bu|là|to *part.pass.* di tabulare ♦ *s.m.* prospetto in forma di tabella stampato per mezzo di un elaboratore elettronico.

ta|bu|la|tó|re *s.m.* **1** dispositivo della macchina per scrivere che permette di incolonnare dati **2** (*inform.*) nella tastiera del computer, tasto che permette di spostare il cursore in uno o più punti predefiniti.

ta|bu|la|zió|ne *s.f.* organizzazione di un insieme di dati in tabella.

tac[1] *inter.* voce onomatopeica che riproduce un suono secco e improvviso | si usa per esprimere il verificarsi di un evento inaspettato e sorprendente: *credevo di averli evitati e —, mi hanno visto*.

TAC[2] *s.f.invar.* (*med.*) tomografia assiale computerizzata | l'apparecchiatura che esegue tale esame | il risultato dell'esame.

tàc|ca *s.f.* **1** piccola incisione a cuneo fatta su una superficie con un oggetto duro; intaglio: *incidere una — su un bastone* | **— di mira**, piccolo intaglio sulla parte anteriore della canna di un'arma da fuoco, per il puntamento **2** intaccatura nel taglio di una lama: *su questo rasoio c'è una —* **3** (*estens., fig.*) levatura, statura morale | **uomo di mezza —**, meschino, di poco valore **4** (*fig.*) difetto, imperfezione: *ognuno ha le sue tacche* **5** macchia sulla pelle o sul pelo di un animale **6** nell'alpinismo, rientro o cavità della roccia dove si appoggiano mani e piedi durante l'arrampicata.

tac|ca|gne|rì|a *s.f.* caratteristica di chi è taccagno; tirchieria.

tac|cà|gno *agg.* che è molto attaccato ai soldi ed è restio a spendere; tirchio ♦ *s.m.* [f. *-a*] persona taccagna.

tac|cheg|già|re *v.intr.* [indic.pres. *io tacchéggio...*; aus. *A*] operare un taccheggio.

tac|cheg|gia|tó|re *s.m.* [f. *-trice*] chi taccheggia.

tac|chég|gio *s.m.* furto di merci poste in vendita in un negozio.

tac|chet|tà|re *v.intr.* [indic.pres. *io tacchétto...*; aus. *A*] battere i tacchi camminando rapidamente sul selciato.

tac|chet|tì|o *s.m.* rumore di tacchi prodotto da una persona che cammina a passi rapidi.

tac|chét|to *s.m.* **1** piccolo tacco, spec. delle scarpe da donna **2** ciascuno dei dischetti di cuoio o di altro materiale fissati sotto la suola delle scarpette da calcio per favorire la presa sul terreno **3** dispositivo del telaio meccanico da tessitura che trasmette il movimento alla spola.

tac|chi|nà|re *v.tr.* [indic.pres. *io tacchìno...*] (*gerg.*) corteggiare in maniera insistente e importuna.

tac|chì|no *s.m.* [f. *-a*] grosso uccello di origine americana, con testa e collo muniti di escrescenze carnose e coda che nel maschio si apre a formare una ruota durante il corteggiamento; è allevato per la carne pregiata: *petto, coscia di —* | **diventare rosso come un —**, arrossire violentemente.

tàc|cia *s.f.* [pl. *-ce*] accusa da parte dell'opinione pubblica; nomea: *s'è meritato la — di vile*.

tac|cià|re *v.tr.* [indic.pres. *io tàccio...*] accusare: *— qlcu. di disonestà*.

tàc|co *s.m.* [pl. *-chi*] **1** rialzo che si applica alla suola delle scarpe, sotto il tallone: *— alto, basso, a spillo* | (*fig., fam.*) **battere, alzare i tacchi**, andarsene, fuggire **2** cuneo o pezzo di legno per tener alzata una cosa o per spianare un mobile e sim. che zoppichi; zeppa.

tàc|co|la[1] *s.f.* uccello dei Corvidi, col capo e il collo di color grigio, molto comune in Italia.

tàc|co|la[2] *s.f.* varietà di pisello con baccello molto tenero.

tac|cu|ì|no *s.m.* quadernetto, libretto per appunti.

ta|cé|re *v.intr.* [ind. pres. *io tàccio, tu taci, egli tace, noi taciamo, voi tacéte, essi tàcciono*; pass.rem. *io tàcqui, tu tacésti...*; part.pass. *taciuto*; aus. *A*] **1** stare zitto, non dire nulla: *ho preferito —* | (*fig.*) non esprimersi: *su questo punto la legge tace* | passare sotto silenzio, non considerare ql.co. | **mettere a — ql.co.**, evitare che se ne parli **2** smettere di parlare; zittirsi: *detto questo, tacque* | **mettere qlcu. a —**, zittirlo: *l'ha messo a — con uno sguardo* **3** non ribellarsi: *taceva e sopportava* | (*prov.*) **chi tace acconsente**, chi non dichiara esplicitamente la sua volontà o la sua opinione acconsente a quella altrui **4** (*estens.*) non produrre più suoni o rumori: *il telefono tace* ♦ *tr.* **1** non rivelare, tenere segreto: *il giornale tacque la notizia* | non lasciare apparire: *ha taciuto a lungo il proprio dolore* **2** tralasciare, omettere: *— un dettaglio*.

ta|che|ò|me|tro *s.m.* strumento ottico impiegato nel rilevamento topografico per eseguire rapide misurazioni di dislivelli, angoli, distanze.

tà|chi- primo elemento di parole composte, che significa "veloce" (*tachigrafia*).

ta|chi|car|di|a *s.f.* (*med.*) aumento della frequenza dei battiti cardiaci.

ta|chi|càr|di|co *agg.* (*med.*) **1** relativo alla tachicardia, che presenta tachicardia **2** che è affetto da tachicardia ♦ *s.m.* [f. *-a*] chi è affetto da tachicardia.

ta|chi|gra|fì|a *s.f.* metodo per scrivere rapidamente usando abbreviazioni e segni convenzionali; stenografia.

ta|chi|la|lì|a *s.f.* (*psicol.*) modo di parlare rapido e concitato, caratteristico di alcune forme di nevrosi.

ta|chi|me|trì|a *s.f.* (*fis.*) insieme delle tecniche e dei procedimenti per misurare la velocità, spec. di organi rotanti.

ta|chì|me|tro *s.m.* apparecchio che misura istantaneamente la velocità di un organo rotante; si usa in genere per misurare la velocità di un autoveicolo.

ta|chi|pnè|a *s.f.* (*med.*) aumento patologico della frequenza degli atti respiratori.

ta|ci|tà|re *v.tr.* [indic.pres. *io tàcito...*] **1** saldare un debito pagando una cifra inferiore a quella dovuta: *— i creditori* **2** mettere a tacere: *— uno scandalo*.

ta|ci|tià|no *agg.* **1** che riguarda lo storico latino Cornelio Tacito (54/55-120 ca) e la sua opera **2** che imita lo stile di Tacito | (*estens.*) stringato ed efficace: *stile —*.

tà|ci|to *agg.* **1** (*lett.*) che non fa rumore, che tace: *se ne stava — in disparte* | tranquillo, non rumoroso: *una sera tacita* **2** (*fig.*) non espresso pa-

lesemente, ma che si può intuire; sottinteso: *un — rimprovero* □ **tacitamente** *avv.* **1** in silenzio | segretamente **2** in modo non esplicito: *mi ha rimproverato —*.
ta|ci|túr|no *agg.* **1** che parla poco: *ha un carattere —* | silenzioso, zitto: *è rimasto — tutta la serata* **2** *(fig., lett.)* che non fa rumore.
tackle *(ingl.)* [pr. *tèikl*] *s.m.invar.* nel gioco del calcio, contrasto violento tra due giocatori per la conquista della palla: *entrata in —*.
taekwondo *(coreano)* [pr. *tekuondò*] *s.m.invar.* arte marziale coreana nella quale i due avversari si combattono con rapidi colpi inferti con le mani e con i piedi.
ta|fà|no *s.m.* **1** insetto dittero, simile a una grossa mosca, le cui femmine succhiano il sangue di bovini ed equini, più raramente dell'uomo **2** *(fig.)* persona fastidiosa, insistente: *nioioso come un —*.
taf|fe|rù|glio *s.m.* baruffa tra molte persone che provoca disordine e confusione: *si sono verificati tafferugli tra manifestanti e polizia*.
taf|fet|tà *s.m.* tessuto di seta, leggero e frusciante, spec. per abiti femminili.
ta|gè|te *s.f.* pianta ornamentale, annuale o perenne, originaria dell'America Latina; i fiori sono capolini gialli o bruno porpora.
ta|gì|co *agg.* [m.pl. *-chi*] del Tagikistan, repubblica dell'Asia centrale ♦ *s.m.* **1** [f. -a] chi abita o è nato in Tagikistan **2** lingua iranica parlata in Tagikistan.
tà|glia *s.f.* **1** corporatura, forma fisica: *Luca ha una — notevole* **2** negli animali, altezza misurata dal garrese fino a terra | *(estens.)* corporatura: *cani di piccola —* **3** in sartoria, misura convenzionale di un abito: *porto la — 42* | **— forte**, misura di abito per persone di grossa corporatura **4** ricompensa in denaro promessa e pagata dalle autorità a chi riesce a far cadere nelle mani della giustizia un ricercato: *mettere una grossa — sulla testa di qlcu.*
ta|glia|bór|se *s.m./f.invar.* chi ruba, spec. portafogli, tagliando le borse o le tasche | borseggiatore.
ta|glia|bò|schi *s.m.invar.* taglialegna.
ta|glia|càr|te *s.m.invar.* arnese da scrivania, sottile e appuntito, usato per aprire buste o separare le pagine di un libro.
ta|gliàc|que *s.m.invar.* opera in muratura a spigolo costruita per ridurre la pressione dell'acqua contro il pilone di un ponte.
ta|glia|èr|ba *s.m.invar.* tosaerba.
ta|glia|fuò|co *s.m.invar.* **1** *(edil.)* elemento che isola due o più parti di un edificio o due edifici contigui per impedire il propagarsi delle fiamme in caso di incendio | in teatro, sipario di materiale ignifugo posto tra platea e palcoscenico **2** fascia di terreno diboscato che impedisce la propagazione di un incendio ♦ *agg.invar.* si dice di ogni struttura che serve a limitare la propagazione degli incendi: *porta, barriera —*.
ta|glia|lé|gna *s.m.invar.* chi per mestiere taglia gli alberi e poi li sega in pezzi trasportabili; boscaiolo.
ta|glia|gò|le *s.m.invar.* *(anche spreg.)* bandito, sicario.
ta|glia|mà|re *s.m.invar.* *(mar.)* estremità della prua con cui la nave fende le acque.
ta|gliàn|do *s.m.* parte staccabile di un biglietto, di una bolletta e sim.; cedola | **fare il —**, fare revisionare un autoveicolo nei tempi e secondo le norme stabiliti dalla casa costruttrice.
ta|glia|piè|tre *s.m.invar.* spaccapietre, scalpellino.
ta|glià|re *v.tr.* [indic.pres. *io tàglio...*] **1** dividere un corpo in due o più parti con uno strumento affilato: *— un foglio in due* | affettare: *— la torta* | *— un vestito*, ritagliare dalla stoffa le parti necessarie a confezionarlo | *— un diamante*, sfaccettarlo | *— un vino*, mescolarlo con uno di qualità diversa per modificarne il sapore, il colore, la gradazione | *il traguardo*, concludere una gara **2** separare una parte con un taglio netto: *— un ramo* | *(fig.)* — *la testa al toro*, risolvere un problema in modo netto e definitivo | *(fig.)* — *i ponti*, rompere i rapporti con qlcu. | *(fig.)* — *la corda*, svignarsela | *— fuori*, isolare **3** amputare: *gli hanno tagliato una gamba* **4** *(assol.)* essere affilato: *le forbici tagliano bene* **5** ridurre, accorciare: *devi — il tema* | diminuire | *(fig.)* — *le spese*, ridurle drasticamente **6** interrompere, eliminare: *— i contatti* | *— i viveri a qlcu.*, privarlo dei mezzi di sussistenza **7** intersecare, attraversare: *la strada provinciale taglia l'abitato* | *— la strada a qlcu.*, passargli davanti bruscamente impedendogli di passare; *(fig.)* ostacolarne i progetti | *— una curva*, percorrerla seguendo il bordo interno, invece dell'arco esterno ♦ *intr.* [aus. *A*] prendere una scorciatoia: *— per i campi* | *(fig.)* — *corto*, raccontare senza indugiare nei particolari; concludere in modo brusco | *(fig.)* — *diritto*, mirare direttamente allo scopo ♦ **-rsi** *rifl.* ferirsi: *si è tagliato con il temperino*.
ta|glia|sì|ga|ri *s.m.invar.* strumento dalla lama affilata che serve per spuntare i sigari.
ta|glià|ta *s.f.* **1** l'operazione del tagliare, spec. in maniera rapida e poco accurata: *dare una — ai capelli* **2** *(gastr.)* costata di manzo cotta alla griglia e servita a fettine sottili, condita con olio ed erbe aromatiche.
ta|glia|tèl|la *s.f. (spec.pl.)* pasta all'uovo, tagliata in strisce strette e lunghe.
ta|glià|to *part.pass. di* tagliare ♦ *agg.* **1** diviso: *un paese — in due dalla strada* **2** accorciato: *un film —* | soppresso, eliminato **3** di persona, fatto in una certa maniera: *un uomo — all'antica* | *(fig.)* — *con l'accetta*, rozzo **5** *(fig.)* che ha inclinazione per ql.co.; adatto, portato: *è — per il disegno*.
ta|glia|tó|re *s.m.* [f. *-trice*] persona addetta a lavori di taglio, spec. nelle sartorie e nelle cave.
ta|glia|trì|ce *s.f.* macchina per tagliare.
ta|glia|un|ghie *s.m.invar.* piccolo tronchesino per tagliare le unghie.
ta|glia|vèn|to *s.m.invar.* *(mil.)* cappuccio metallico di forma conica che si sovrappone alla parte anteriore dei proiettili per conferir loro

tagliazolle

una maggiore capacità di penetrazione nell'aria.

ta|glia|zòl|le *s.m.invar.* attrezzo da giardinaggio impiegato per lavorare il terreno.

ta|glieg|già|re *v.tr.* [indic.pres. *io tagliéggio*...] **1** imporre il pagamento di tributi ingiustificati o particolarmente esosi **2** estorcere denaro: — *i negozianti*.

ta|glieg|gia|tó|re *s.m.* [f. *-trice*] chi taggleggia.

ta|glièn|te *agg.* **1** ben affilato: *coltello* — **2** (*estens.*) pungente: *un vento* — **3** (*fig.*) mordace, sarcastico: *ha una lingua* — ♦ *s.m.* la parte che taglia: *il* — *della lama*.

ta|gliè|re *s.m.* asse di legno duro usato in cucina come base su cui affettare.

ta|glie|ri|a *s.f.* laboratorio in cui si lavorano le pietre preziose.

ta|glie|ri|na *s.f.* **1** macchina con una lama affilata per tagliare vari materiali, spec. la carta **2** piccolo arnese da taglio costituito da una lama a scorrimento fissata a un manico **3** (*cine.*) attrezzo usato in fase di montaggio per tagliare longitudinalmente la pellicola.

ta|glie|ri|no *s.m.* (*spec.pl.*) pasta simile alle tagliatelle, ma più sottile, usata spec. per le minestre.

tà|glio *s.m.* **1** l'atto e l'effetto del tagliare | *strumenti da* —, arnesi che servono a tagliare, come il coltello, la roncola ecc. | *pietre da* —, da squadrare e utilizzare nell'edilizia | (*fig.*) *dare un* — *netto*, troncare in modo brusco e definitivo **2** lesione, ferita prodotta da un oggetto tagliente: *si è fatto un* — *sulla guancia* | modo in cui si presentano i margini di un taglio: — *netto* **3** parte affilata di una lama: *ha colpito l'avversario di* — | *armi da* —, quelle che feriscono per mezzo di una lama, come la spada | *arma a doppio* —, con due lati affilati; (*fig.*) azione che può rivolgersi contro il suo autore **4** sfaccettatura: — *a brillante* | formato: *pezzi dello stesso* — **5** modo in cui è realizzato un abito: *una giacca di* — *classico* | *scuola di* —, scuola di sartoria in cui si impara a tagliare gli abiti **6** (*estens.*) valore: *banconote di piccolo* — **7** nel linguaggio giornalistico, posizione di un articolo nella pagina: — *alto, medio, basso* **8** (*fig.*) stile di uno scritto; carattere, tono: *un testo di* — *fantastico* **9** pezzo, porzione: *pizza al* — | (*fig.*) *di* —, in modo che si veda la parte meno spessa: *i mattoni sono messi di* —.

ta|glió|la *s.f.* trappola a scatto, per lo più di ferro, per catturare la selvaggina: *disporre le tagliole nel bosco*.

ta|glio|li|no *s.m.* (*spec.pl.*) pasta alimentare simile alle tagliatelle ma più stretta, che si mangia di solito in brodo.

ta|glió|ne *s.m.* pena praticata nell'antichità che consiste nell'infliggere al colpevole lo stesso danno da lui arrecato alla vittima.

ta|gliuz|zà|re *v.tr.* tagliare minutamente, in piccolissime parti.

ta|hi|tià|no *agg.* di Tahiti, isola della Polinesia ♦ *s.m.* [f. *-a*] chi è nato o abita a Tahiti.

tài|ga *s.f.* foresta di conifere tipica delle zone interne della Siberia.

tai|lan|dé|se *agg., s.m. /f.→* **thailandese**.

tailleur (*fr.*) [pr. *taïör*] *s.m.invar.* completo femminile formato da giacca e gonna o pantaloni.

take away (*ingl.*) [pr. *tèik euèi*] *loc. sost. invar.* locale che vende cibi pronti da asporto.

take off (*ingl.*) [pr. *tèik of*] *loc.sost.invar.* decollo di aereo o missile | (*estens., fig.*) nuova fase di un processo economico, caratterizzato da un notevole salto quantitativo e qualitativo rispetto alla situazione precedente.

ta|làl|tro o **tal altro** *pron.indef.* [f. *-a*] qualche altro (si usa in correlazione con *taluno* e *talvolta*): *taluno vuole la pasta,* — *il riso; talvolta mi guarda, talaltra no*.

tà|la|mo *s.m.* **1** (*lett.*) letto nuziale | (*estens.*) letto **2** (*bot.*) parte espansa del peduncolo del fiore, che sostiene gli stami e i pistilli **3** (*anat.*) parte del diencefalo a cui fanno capo i due nuclei di sostanza grigia situati ai lati del cervello.

ta|là|re *agg., s.f.* si dice dell'abito indossato dai sacerdoti cattolici, che scende fino ai piedi | *indossare, lasciare l'abito* —, diventare sacerdote o abbandonare il ministero.

ta|las|se|mi|a *s.f.* (*med.*) malattia ereditaria del sangue, caratterizzata dalla produzione di globuli rossi più piccoli della norma; anemia mediterranea.

ta|las|sè|mi|co *agg., s.m.* [f. *-a*; m.pl. *-ci*] che, chi è affetto da talassemia.

ta|làs|si|co *agg.* [m. pl. *-ci*] (*scient.*) del mare, relativo al mare.

ta|làs|so- (*scient.*) primo elemento di parole composte che significa "mare" (*talassofilia*).

ta|las|so|bio|lo|gì|a *s.f.* scienza che studia gli organismi animali e vegetali che vivono nel mare.

ta|las|so|fi|li|a *s.f.* (*biol.*) tendenza a vivere nel mare o nelle sue vicinanze.

ta|las|so|fo|bì|a *s.f.* (*psicol.*) paura morbosa del mare, dei bagni e della navigazione.

ta|las|so|gra|fì|a *s.f.* scienza che studia il mare nei suoi fenomeni fisici e nella sua composizione chimica; oceanografia.

ta|las|so|te|ra|pì|a *s.f.* (*med.*) sistema di cura che si basa sull'azione benefica dei bagni e del clima di mare.

tal ché o **tal che** *cong.* (*lett.*) cosicché, tanto che.

tàl|co *s.m.* **1** minerale di magnesio, untuoso al tatto, di colore biancastro e di lucentezza madreperlacea **2** polvere di tale minerale, usata come lubrificante e in cosmesi.

tà|le *agg.dimostr.* **1** che ha la natura, le caratteristiche di cui si parla o a cui si accenna: *non posso credere a* — *notizia* **2** [seguito da *che* o da con valore consecutivo] tanto grande: *ho detto una* — *sciocchezza che mi vergogno a ripeterla* **3** [in correlazione con *quale*] molto simile: *quale il padre,* — *è il figlio* **4** quello, questo: *fatta* — *osservazione,* ♦ *agg.indef.* **1** [sempre preceduto dall'art.indet.] un certo: *un* — *Paolo ha detto di salutarti* **2** preceduto dall'art. det., indica cosa o persona non meglio definita: *vuole sa-*

pere quando arriva quel tal libro | preceduto da *questo* o *quello*, ha valore rafforzativo: *quel — ragazzo* ♦ *pron.dimostr.* questa, quella persona: *lui è il — che ha telefonato* | *il tal dei tali*, persona nota che non si vuole nominare ♦ *pron.indef.* **1** preceduto dall'art. indet., indica persona non conosciuta: *c'è un — che ti vuole parlare* **2** preceduto da *quel, quella*, indica persona nota o già nominata: *c'è quel — della banca*.

ta|lè|a *s.f.* parte di una pianta recisa che, interrata, dà origine a una nuova pianta.

ta|le|bà|no o **taliban** *agg., s.m.* **1** studente di scuola coranica, attivo in un movimento integralista islamico diffuso spec. in Afghanistan **2** (*estens., spreg.*) integralista | estremista.

ta|lég|gio *s.m.* formaggio ricco di grasso, a pasta cruda, fatto con latte intero di vacca.

ta|lèn|to[1] *s.m.* **1** (*st.*) misura di peso usata anticamente in Grecia **2** (*st.*) moneta usata anticamente da Greci ed Ebrei.

ta|lèn|to[2] *s.m.* capacità, inclinazione: *ha un grande — per il disegno* | ingegno: *un ragazzo di — 3* (*estens.*) persona dotata di capacità: *è un — della musica*.

talent scout (*ingl.*) [pr. tàlent scàut] *s.m./f. invar.* scopritore di nuovi talenti da lanciare nel mondo dello spettacolo, dell'arte o dello sport.

taliban *agg., s.m.* → **talebano**.

ta|li|smà|no *s.m.* oggetto cui si attribuisce un potere magico | portafortuna, amuleto.

talk show (*ingl.*) [pr. tolk sciò] *loc.sost.m.invar.* spettacolo radiofonico o televisivo in cui un conduttore conversa con personaggi più o meno noti del mondo dello spettacolo, della politica, dello sport ecc.

tàl|le|ro *s.m.* **1** antica moneta d'argento diffusa in vari Stati europei, con valori diversi, dalla fine del sec. XV al XIX: *— di Maria Teresa* **2** unità monetaria della Slovenia.

tàl|lio *s.m.* elemento chimico, metallo simile al piombo, sottoprodotto dell'estrazione dello zinco (simb. *Tl*); trova applicazione nella produzione di fuochi d'artificio e come topicida.

tàl|lo *s.m.* **1** corpo dei vegetali inferiori, in cui non si distinguono radice, fusto e foglie **2** germoglio | ramo che cresce sul ceppo di un albero potato.

tal|lo|na|mèn|to *s.m.* l'atto e l'effetto del tallonare.

tal|lo|nà|re *v.tr.* [indic.pres. *io tallóno...*] **1** inseguire qlcu. da vicino, spec. in una gara di corsa, nel ciclismo e sim. | (*sport*) nel rugby, colpire la palla col tallone per mandarla all'indietro durante una mischia **2** (*estens.*) stare appresso, incalzare: *un poliziotto tallona il sospettato*.

tal|lon|ci|no *s.m.* **1** piccola cedola che si stacca da una scheda, una cartolina e sim., e che serve da ricevuta | riquadro staccabile dalle confezioni dei medicinali, trattenuta dal farmacista per avere il rimborso del servizio sanitario nazionale **2** annuncio pubblicitario pubblicato su un giornale, incorniciato e a volte illustrato.

tal|ló|ne[1] *s.m.* **1** parte posteriore del piede; calcagno: *mi fa male il — destro* | — *d'Achille*, l'unico punto dove l'eroe greco era vulnerabile; (*fig.*) l'unico punto vulnerabile di una persona o una cosa: *il — d'Achille della difesa interista* **2** nelle calze, rinforzo che ricopre la parte posteriore del piede **3** parte sporgente di oggetti e attrezzi che viene utilizzata come appoggio.

tal|ló|ne[2] *s.m.* (*econ.*) base di un sistema monetario.

tal|mén|te *avv.* così, in tale modo: *è — ridicolo!* | in correlazione con *che* o *da*, introduce una proposizione consecutiva: *mi sono — arrabbiato che me ne sono andato*.

tal|mùd *s.m.invar.* raccolta di leggi, tradizioni, precetti rituali e morali ebraici posteriori alla redazione della Bibbia.

ta|ló|ra *avv.* qualche volta, a volte: *— manca all'appuntamento*.

tàl|pa *s.f.* **1** piccolo mammifero insettivoro con muso allungato, occhi piccoli, pelliccia morbida e fitta, zampe anteriori robuste e allargate a forma di pala, con cui scava gallerie sotterranee | pelliccia di tale animale | (*fig.*) *cieco come una —*, si dice di persona molto miope **2** macchina escavatrice di grande potenza usata per scavare gallerie **3** (*fig.*) persona insospettabile impiegata in uffici pubblici o aziende private che fornisce informazioni riservate ad aziende concorrenti o a organizzazioni criminali.

ta|lù|no *agg.indef.* solo *pl.* alcuni, certi: *taluni autori sostengono questa tesi* ♦ *pron.indef.* qualcuno: *taluni credono che sia facile organizzare un concerto* | in correlazione con *talaltro*: *— dice di sì, talaltro di no*.

tal|vòl|ta *avv.* qualche volta, a volte: *— non so che cosa dire* | in usi correlativi: *— andiamo a teatro* | in correlazione con *talaltra*: *— mi è simpatico, talaltra non lo sopporto*.

ta|ma|rìn|do *s.m.* **1** albero delle Leguminose il cui baccello contiene una polpa acidula usata per fare sciroppi e in medicina **2** lo sciroppo ricavato da tale pianta: *bersi un —*.

ta|màr|ro *s.m.* [f. -*a*] (*spreg.*) ragazzo rozzo, che sfoggia gli aspetti più vistosi e volgari della moda.

tam|bu|rà|to *agg.* in falegnameria, telaio di legno racchiuso da due fogli di compensato o di laminato plastico, usato spec. per porte.

tam|bu|reg|gia|mén|to *s.m.* **1** serie continua di colpi di tamburo **2** (*estens.*) serie di colpi di arma da fuoco: *si sentiva il — dei colpi di fucile* | (*fig.*) serie incalzante di domande **3** (*sport*) nel pugilato, serie di colpi sferrati a ritmo incalzante contro l'avversario | nel calcio, serie di tiri verso la porta avversaria.

tam|bu|reg|già|re *v.intr.* [indic. pres. *io tamburéggio...*; aus. *A*] **1** suonare il tamburo a ritmo continuo **2** (*estens.*) crepitare fitto delle artiglierie e dei fucili.

tam|bu|rel|là|re *v.tr.* e *intr.* [indic. pres. *io tamburèllo...*; aus. *A*] battere rapidi colpi su una superficie: *quando è nervoso tamburella le dita*

tamburello

sulla scrivania | (*estens.*) battere con colpi fitti: *la pioggia tamburella sui vetri*.

tam|bu|rel|lo *s.m.* **1** strumento musicale a percussione formato da un cerchio di legno sottile sul quale è tesa una membrana, con sonagli metallici lungo i bordi; si suona battendolo ritmicamente con la mano o scuotendolo per far risuonare i sonagli: *suonare il —* **2** attrezzo costituito da un cerchio di legno dotato di impugnatura e sul quale è tesa una membrana, usato per colpire la palla in un gioco a due squadre | il gioco eseguito con questo strumento: *mi piace molto giocare a —*.

tam|bu|ri|no *s.m.* **1** chi suona il tamburo, spec. in una banda **2** (*giorn.*) lista degli spettacoli teatrali e cinematografici pubblicata su un quotidiano.

tam|bù|ro *s.m.* **1** strumento musicale a percussione formato da una cassa cilindrica di legno o di metallo, chiuso alle estremità da due membrane che si percuotono con apposite bacchette: *il rullo del —* | (*fig.*) *a — battente*, senza indugio; a ritmo sostenuto: *lavorare a — battente* **2** suonatore di tamburo: *il — ha perso il ritmo* **3** oggetto a forma di tamburo | (*arch.*) parte cilindrica compresa tra la cornice e la base della volta su cui poggia la calotta | negli orologi a molla, parte cilindrica in cui è chiusa la molla | nella pistola, piccolo cilindro rotante nel quale vengono caricate le cartucce **4** (*auto.*) *— del freno*, dispositivo cilindrico fissato al mozzo della ruota, entro il quale si espandono le ganasce azionando la frenata.

ta|me|ri|ce *s.f.* albero o arbusto con piccole foglie lanceolate di color verde opaco e grappoli di piccoli fiori rosei.

tà|mil *s.m.invar.* **1** [anche f.] appartenente a una popolazione stanziata nell'India meridionale e nella parte settentrionale dell'isola di Ceylon **2** lingua parlata dai tamil.

tàm|pax® *s.m.invar.* assorbente femminile interno.

tam|pi|nà|re *v.tr.* (*fam.*) **1** seguire in maniera sistematica; pedinare **2** (*fig.*) molestare, assillare: *mi tampina con le sue domande*.

tam|po|na|mén|to *s.m.* urto di un autoveicolo contro un altro che lo precede: *c'è stata una serie di tamponamenti a causa della nebbia*.

tam|po|nà|re *v.tr.* [indic. pres. *io tampóno*...] **1** bloccare l'uscita di sangue, spec. con un tampone: *— una ferita* | (*estens.*) chiudere in maniera provvisoria una falla improvvisa **2** (*fig.*) porre un rimedio a un incidente o a un problema in maniera provvisoria: *ha cercato di — la sua brutta figura* **3** urtare con violenza contro la parte posteriore di un veicolo: *ho tamponato un'auto in sosta* ♦ **-rsi** *rifl.rec.* urtarsi in un tamponamento.

tam|pó|ne *s.m.* **1** (*med.*) grosso batuffolo di ovatta o di garza usato per medicare o frenare un'emorragia | *— diagnostico*, quello usato per eseguire prelievi batteriologici **2** assorbente intimo femminile **3** cuscinetto imbevuto di inchiostro su cui si premono i timbri: *il — è quasi asciutto* | cuscinetto formato da vari strati di carta assorbente per asciugare l'inchiostro **4** (*chim.*) soluzione a cui possono essere aggiunti moderati quantitativi di acidi o basi senza che si producano forti variazioni del pH della soluzione ♦ *agg.invar.* si dice di provvedimento che risolve momentaneamente una situazione di emergenza: *legge —*.

tam|tàm o **tam-tam** *s.m.invar.* **1** (*mus.*) strumento orientale a percussione simile al gong, costituito da un disco metallico sospeso che, battuto da una piccola mazza, vibra emettendo un suono alto e prolungato **2** (*etnol.*) tamburo ricavato da un tronco cavo, che viene percosso con bastoni per trasmettere segnali a distanza | (*estens.*) il suono prodotto da tale tamburo **3** (*fig.*) diffusione di informazioni da persona a persona; passaparola: *il — della malavita ha diffuso il nome dell'assassino*.

tà|na *s.f.* **1** buca scavata spec. nel terreno che serve da rifugio agli animali selvatici: *la volpe è uscita dalla —* | (*fig.*) casa maltenuta e sporca: *non so come possa vivere in quella —* **2** (*estens.*) covo, nascondiglio: *il bottino è stato trovato nella — dei malviventi* **3** in giochi di bambini, luogo che gli inseguiti devono raggiungere per salvarsi.

tà|na|to- primo elemento di parole composte che significa "morte" (*tanatologia*).

ta|na|to|fo|bì|a *s.f.* (*psicol.*) paura morbosa della morte.

ta|na|to|lo|gì|a *s.f.* (*med.*) parte della medicina legale che studia le cause della morte e le alterazioni chimico-fisiche che si producono nei cadaveri.

ta|na|to|sco|pì|a *s.f.* (*med.*) in medicina legale, l'insieme dei procedimenti usati per decretare lo stato di morte.

ta|na|tò|si *s.f.* (*zool.*) riflesso caratterizzato da uno stato di completa immobilità, simile alla morte, tipico di alcuni insetti che lo hanno sviluppato probabilmente a scopo difensivo.

tàn|ca *s.f.* (*mar.*) cisterna usata sulle navi per contenere liquidi.

tàn|dem *s.m.invar.* **1** bicicletta con due sedili, due manubri e due coppie di pedali per due ciclisti, che pedalano uno dietro all'altro **2** (*estens.*) coppia di persone molto affiatate che svolgono un'attività comune: *la squadra ha un buon — di attacco* | (*fig.*) *lavorare in —*, collaborare in un'attività o in un lavoro.

tàn|fo *s.m.* puzzo sgradevole, fetore.

tàn|ga *s.m.invar.* costume da bagno femminile costituito unicamente da uno slip molto ridotto che nella parte posteriore è formato da una semplice strisciolina.

tan|gèn|te *s.f.* **1** (*geom.*) linea o figura che ha un solo punto in comune con un'altra linea o figura: *segmento — a un cilindro* | (*com.*) retta che ha un solo punto in comune con un cerchio o un arco di cerchio: *tracciare la — alla circonferenza* | (*fig.*) *filare per la —*, svignarsela in fretta senza dare nell'occhio | *partire per la —*, divagare dall'argomento trattato 2 (*mat.*) nel triangolo rettangolo, funzione trigonometrica che esprime il rapporto tra il cateto opposto e quello adiacente a un angolo acuto 3 (*estens.*) somma percepita indebitamente da pubblici funzionari o uomini politici per la concessione a privati di un appalto, una licenza e sim.; bustarella: *intascare una —* | somma estorta da organizzazioni mafiose in cambio di protezione.

tan|gen|toi|de *s.f.* in trigonometria, grafico della funzione tangente.

tan|gen|tò|po|li *s.f.* nell'uso giornalistico, vasto complesso di casi di concussione e corruzione politica e amministrativa messi in luce dalle inchieste giudiziarie in Italia nei primi anni Novanta.

tan|gen|zià|le *agg.* 1 (*geom.*) della tangente 2 (*fig.*) marginale ♦ *s.f.* strada veloce che corre attorno a un grande centro urbano.

tàn|ghe|ro *s.m.* persona grossolana e rozza.

tan|gì|bi|le *agg.* evidente, chiaro: *prove tangibili* □ **tangibilmente** *avv.*

tan|gi|bi|li|tà *s.f.* caratteristica di ciò che è tangibile.

tàn|go *s.m.* [pl. *-ghi*] danza di origine argentina che si balla in coppie, dal ritmo dolce e lento | la musica di tale danza.

tàn|gram *s.m.* gioco cinese nel quale si hanno a disposizione sette elementi geometrici con i quali si deve realizzare un quadrato o costruire altre figure schematiche.

tà|ni|ca *s.f.* contenitore di metallo o di plastica a forma di parallelepipedo usato per contenere o trasportare liquidi: *le scorte d'acqua sono contenute in una grossa —* | quantità di liquidi contenuto in un recipiente che ha lo stesso nome: *vai a prendere una — di benzina*.

tank (*ingl.*) *s.m.invar.* 1 carro armato della prima guerra mondiale | (*estens.*) cingolato, carro armato 2 (*foto.*) contenitore a tenuta di luce per lo sviluppo di pellicole.

tàn|ni|co *agg.* [m.pl. *-ci*] (*chim.*) del tannino | *vino —*, vino dal sapore aspro perché ricco di tannino.

tan|ni|no *s.m.* (*chim.*) composto vegetale contenuto nella corteccia, nelle foglie e nei frutti di alcuni alberi; è una sostanza bianca solubile in acqua, con potere astringente, che si usa nella concia delle pelli, nella fabbricazione di inchiostri e in medicina.

tan|tà|lio *s.m.* elemento chimico, metallo grigio lucente piuttosto raro simile al piombo (simb. Ta); estremamente duro e duttile, è usato per rivestimenti speciali, filamenti di lampade e strumenti chirurgici.

tan|ti|no *pron.indef. solo sing.* 1 (*fam.*) una piccola quantità; un po': *mangia un — di torta* | (*loc. avv.*) *un —*, un poco: *mi sono annoiato un —.*

tàn|to[1] *agg.indef.* 1 [solo sing.] riferito a cosa, così grande: *c'è — cammino da fare!* | così forte, intenso: *c'è tanta luce* 2 in gran quantità; molto: *non pensavo che tu avessi tanti libri!*; *c'era tanta gente* 3 in correlazione con *che* o *da* introduce proposizioni consecutive: *ha mangiato tanti dolci da stare male* 4 in correlazione con *quanto* in proposizioni comparative, indica corrispondenza di misura o di quantità: *ha — denaro quanto basta* 5 altrettanto: *l'ira si trasforma spesso in — veleno* | anche in correlazione con *tanto*: *tante teste e tante opinioni* 6 preceduto da *ogni* ha valore distributivo: *ogni — tempo deve fare un controllo* 7 in espressioni ellittiche ha valore neutro: *è — che non lo sento* | *guadagnare*, *spendere —*, molto denaro | *bere*, *mangiare —*, in gran quantità | *a dir —*, al massimo | *giungere*, *arrivare a —*, a tal punto ♦ *pron.indef.* 1 (*pl.*) molte persone: *tanti mangiano alla mensa* 2 molti, parecchi: *tanti di questi libri sono dei nonni*; *una casa come tante* | *chi — e chi niente*, chi ha tante cose e chi niente 3 in correlazione con *quanto*, indica corrispondenza di numero o di quantità: *comprane tanti quanti ne occorrono* ♦ *pron.dimostr.* questo, ciò: *ti ho detto che cosa devi fare, e — basta* ♦ *s.m. solo sing.* 1 una quantità determinata: *me ne basta — così* 2 indica una quantità indeterminata: *posso spendere solo un — al mese* | (*fig.*) *se — mi dà —*, se le cose vanno così 3 (*fam.*) con valore enfatico, molta intensità: *lo guardava con — d'occhi* | (*fig.*) *restare con — di naso*, restare male.

tàn|to[2] *avv.* 1 in tal modo, in tale misura: *non è il caso di agitarsi —*; *sono — felice!* 2 in correlazione con *che* o *da* introduce proposizioni consecutive: *— disse che ottenne ciò che voleva*; *è — preparato da non aver bisogno di ripassare* 3 in correlazione con *quanto* nei comparativi di uguaglianza: *è — bella quanto simpatica* | *non — per... quanto per...*, più per... che per...: *l'ho fatto non — per voi, quanto per la vostra famiglia* 4 molto: *ti ringrazio — per l'aiuto* 5 solo, soltanto: *per una volta — potresti stare zitto* 6 comunque sia, in ogni caso: *è inutile che discutiamo, — ha sempre ragione lui* 7 [con valore conclusivo] perché, dato che: *è meglio divertirsi, — si vive una volta sola* 8 in loc. particolari: *di — in —*, *ogni —*, di quando in quando | *— vale*, lo stesso; è meglio: *se devi andare, — vale partire subito*.

tàn|tra *s.m.invar.* raccolta dei testi sacri dell'induismo e del buddismo, scritta in sanscrito.

tan|za|nià|no *agg.* della Tanzania ♦ *s.m.* [f. *-a*] chi è nato o abita in Tanzania.

tà|o *s.m.invar.* nel pensiero filosofico-religioso cinese, principio vitale che ha dato origine al mondo e governa il divenire di tutte le cose, concretizzandosi nell'alternanza di due forze complementari e opposte, lo *yin* e lo *yang*.

tao|ì|smo *s.m.* sistema filosofico-religioso cinese, derivato dall'insegnamento del filosofo Lao-tzu (secc. VI-V a.C.), che oppone al moralismo del confucianesimo un ideale di vita libera, da conseguire adeguandosi ai ritmi dell'ordine cosmico.

tao|ì|sta *agg.* del taoismo; relativo al taoismo: *religione —* ♦ *s.m./f.* [m.pl. *-i*] seguace del taoismo.

ta|o|ì|sti|co *agg.* [m.pl. *-ci*] relativo al taoismo, ai taoisti.

ta|pì|no *agg.*, *s.m.* [f. *-a*] (*lett.*) misero, infelice: *che vita tapina!*

ta|piò|ca *s.f.* farina alimentare molto nutriente che si ricava dalle radici della manioca, una Euforbiacea che cresce nell'America Meridionale.

ta|pì|ro *s.m.* mammifero degli Artiodattili di media grossezza, simile al maiale, con muso allungato terminante in una corta proboscide, che vive nelle foreste tropicali dell'Asia e dell'America Meridionale; la sua pelle è usata in pelletteria.

tapis roulant (*fr.*) [pr. *tapì rulàn*] *loc.sost.m. invar.* apparecchio meccanico consistente in un piano mobile che trasporta persone o cose da un luogo all'altro; nastro trasportatore.

tàp|pa *s.f.* **1** sosta per riposarsi o ristorarsi durante un viaggio: *si farà una — ogni tre chilometri* | luogo dove si fa la sosta: *una — del viaggio sarà Firenze* | (*estens.*) la distanza tra una sosta e l'altra: *abbiamo diviso il viaggio in sette tappe di venti chilometri* | (*fig.*) **bruciare le tappe**, avanzare in un lavoro, in un'attività in modo più rapido del normale **2** avvenimento, passaggio importante: *la laurea è una — fondamentale* **3** (*sport*) in una gara ciclistica o automobilistica articolata in più giorni, la strada percorsa ogni giorno: *corsa a tappe*.

tap|pa|bù|chi *s.m./f.invar.* (*scherz.* o *spreg.*) si dice di chi di solito viene chiamato all'ultimo momento per sostituire un'altra persona.

tap|pà|re *v.tr.* chiudere con un tappo: *— una bottiglia* | (*estens.*) serrare bene, senza lasciare fessure: *— le porte* | *— qlcu. in un luogo*, costringerlo a starci | (*fig.*) *— la bocca a qlcu.*, impedirgli di parlare; metterlo in condizione di non sapere più che cosa rispondere | (*fig.*) **tapparsi le orecchie, la bocca, gli occhi**, per non sentire, parlare, vedere | (*fig.*) *— un buco*, pagare un debito; (*estens.*) sostituire temporaneamente una persona ♦ **-rsi** *rifl.* chiudersi in un luogo e non farsi vedere: *si è tappato in casa tutta la settimana*.

tap|pa|rèl|la *s.f.* (*fam.*) persiana avvolgibile fatta di stecche di legno, plastica o metallo.

tap|pé|to *s.m.* **1** pesante drappo di lana, cotone o altra fibra, tessuto e annodato a mano o a macchina, a disegni o in tinta unita, usato per coprire pavimenti o tavoli: *— persiano* | *— verde*, quello che ricopre il tavolo da gioco; (*estens.*) *— erboso*, erba fitta che riveste un prato | (*fig.*) **mettere una questione sul** *—*, esplicitarla, affrontarla | (*fig.*) *nella loc. a —*, in modo sistematico e approfondito: *condurre ricerche a —* | (*mil.*) **bombardamento a** *—*, condotto in maniera sistematica e con grande dispiego di armamenti in maniera da distruggere un'intera area **2** (*sport*) rivestimento elastico e imbottito che ricopre la piattaforma dove si svolgono gli incontri di pugilato o il pavimento delle palestre | *mandare, mettere al —*, atterrare l'avversario | (*fig.*) **mettere qlcu. al —**, sconfiggerlo definitivamente.

tap|pez|zà|re *v.tr.* [indic.pres. *io tappézzo...*] **1** ricoprire pareti o mobili con tappezzeria: *ha tappezzato il soggiorno* **2** (*estens.*) ricoprire fittamente le pareti: *ha tappezzato la camera di fotografie*.

tap|pez|ze|rì|a *s.f.* **1** tessuto o carta con cui si ricoprono per ornamento le pareti delle stanze: *— a fiorellini* | rivestimento di pelle, stoffa e sim. dell'interno di un'automobile **2** l'attività e la tecnica del tappezziere **3** (*raro*) negozio di tappezziere | (*fig.*) **fare** *—*, detto di persona che durante una festa rimane in disparte.

tap|pez|ziè|re *s.m.* [f. *-a*] artigiano che esegue lavori di rivestimento di pareti e mobili con tessuti o carte da parati, imbottisce e riveste poltrone, monta le tende.

tàp|po *s.m.* **1** accessorio di sughero, metallo, plastica o vetro, usato per chiudere bottiglie e altri contenitori: *mettere, togliere il —* | *— a corona*, quello di metallo con bordo orlato, usato industrialmente per chiudere le bottiglie di vetro **2** (*estens.*) qualsiasi oggetto o sostanza che chiude un condotto: *un — di cerume* **3** (*fig.*, *scherz.*) persona di bassa statura.

tap|pó|ne *s.m.* nel gergo ciclistico, tappa particolarmente lunga e impegnativa: *— alpino*.

TAR *s.m.invar.* organo di giurisdizione amministrativa di primo grado, presente in ogni capoluogo di regione: *presentare ricorso al —*.

tà|ra¹ *s.f.* quanto si deve detrarre dal peso lordo per avere il peso netto | il contenitore, l'imballaggio di una merce | (*fig.*) **fare la** *— a una notizia, a un racconto*, riportarlo alle sue giuste proporzioni togliendo le esagerazioni.

tà|ra² *s.f.* **1** (*med.*) malattia, difetto fisico o mentale che si trasmette in una famiglia **2** (*coll.*) difetto.

ta|ra|bù|so *s.m.* grosso uccello con becco a punta che vive nelle zone paludose e ha un richiamo sonoro e rimbombante.

ta|ràl|lo *s.m.* ciambella salata insaporita con semi d'anice e altre spezie, tipica dell'Italia meridionale.

ta|ral|lùc|cio *s.m.* piccolo tarallo che si consuma spec. con il vino | (*fig.*) **finire a tarallucci e vino**, risolvere un contrasto con una rappacificazione o un compromesso banali.

ta|ran|tèl|la *s.f.* danza popolare dell'Italia meridionale dall'andamento vivace, eseguita in coppia da danzatori con accompagnamento di tamburelli e nacchere.

ta|ràn|to|la *s.f.* grosso ragno peloso, con dorso variegato e addome giallo a macchie nere, diffuso nell'Europa meridionale; ha morso velenoso ma non mortale.

ta|rà|re *v.tr.* **1** fare la tara **2** verificare il funzionamento di uno strumento di misura, correggendone i difetti.

ta|rà|to¹ *part.pass. di* **tarare** ♦ *agg.* **1** si dice di peso da cui è stata detratta la tara: *il peso è —*

male **2** si dice di strumento di misura sottoposto a taratura.
ta|rà|to[2] *agg.* si dice di persona che ne ha una malattia, un difetto fisico o mentale.
ta|ra|tù|ra *s.f.* l'operazione di registrazione cui si sottopongono gli strumenti di misura perché siano il più possibile precisi | (*estens.*) aggiustamento.
tar|chià|to *agg.* di corporatura robusta e tozza.
tar|dà|re *v.intr.* [aus. *A*] arrivare dopo il tempo stabilito: *non capisco perché tardi a ritornare* | fare o dire ql.co. oltre il tempo stabilito o opportuno: — *sempre a pagare l'affitto* ♦ *tr.* ritardare: — *la consegna del lavoro.*
tàr|di *avv.* **1** oltre il tempo stabilito o conveniente: *mia sorella è rientrata* — *ieri sera* | (*prov.*) *chi* — *arriva male alloggia*, chi arriva per ultimo od oltre un certo orario deve adattarsi a ciò che trova, alla situazione **2** a ora tarda: *si alza sempre* — | *sul* —, nelle ore avanzate del mattino o del pomeriggio: *ci vediamo sul* — | *a più* —*!*, si usa come formula di saluto, quando ci si deve rincontrare non molto tempo dopo | *al più* —, al massimo, non oltre un certo limite di tempo: *partiremo, al più* —, *alle dieci* | *presto o* —, prima o poi: *presto o* — *ti pentirai* | *tirar* —, restare alzato fino a notte inoltrata, spec. per divertirsi.
Tar|di|gra|di *s.m.* animali invertebrati molto piccoli, con corpo ovale chitinoso.
tar|di|vo *agg.* **1** che arriva in ritardo: *la stagione tardiva causa danni alla vegetazione* **2** ritardato nello sviluppo psichico e intellettuale: *un ragazzo* — **3** che avviene troppo tardi per essere efficace: *il* — *intervento del ministro non ha risolto i problemi* □ **tardivamente** *avv.*
tàr|do *agg.* **1** che agisce con lentezza: *è* — *a muoversi* | (*fig.*) ottuso: — *di mente* **2** che avviene tardi: *il suo pentimento è* — *ma sincero* | *ora tarda*, molto dopo l'ora stabilita od opportuna **3** che è avanti nel tempo; inoltrato, avanzato: *sono ritornato nel* — *pomeriggio* | *a tarda notte*, a notte inoltrata.
tàr|do- primo elemento di parole composte che si riferisce alla fase finale di un periodo storico, letterario o artistico (*tardorinascimentale*).
tar|do|gò|ti|co *agg.* che riguarda o appartiene all'ultima fase del gotico.
tar|dó|na *s.f.* (*scherz.*) donna avanti negli anni che ha la tendenza a vestirsi e comportarsi come una giovane.
tar|do|ri|na|sci|men|tà|le *agg.* che riguarda o appartiene all'ultimo periodo del Rinascimento.
tàr|ga *s.f.* **1** lastra di metallo o di altro materiale che riporta un'iscrizione, un nome e sim.: *ha una* — *di ottone con il nome sulla porta* | — *di circolazione*, quella posta su veicoli e motocicli con le lettere e i numeri di immatricolazione | *targhe alterne*, provvedimento che limita la circolazione dei veicoli in base all'ultimo numero, pari o dispari, della targa **2** piastra di metallo che viene data come premio al vincitore di una gara sportiva, come ricordo di un fatto e sim.

tar|gà|re *v.tr.* [indic.pres. *io targo, tu targhi...*] apporre la targa prescritta a un veicolo.
tar|gà|to *part.pass. di targare* ♦ *agg.* **1** munito di targa | che ha una determinata targa: *un camion* — *MI0902H* **2** (*fig.*) che è tipico di un luogo: *uno stile* — *Italia.*
target (*ingl.*) [pr. *tàrghet*] *s.m.invar.* **1** (*comm.*) obiettivo prefissato nella campagna di vendita di un prodotto | fascia di potenziali acquirenti di un prodotto **2** (*estens.*) fascia di pubblico a cui è diretto uno spettacolo televisivo, cinematografico: *film rivolto a un* — *adulto.*
ta|rìf|fa *s.f.* prezzo stabilito per la vendita di prodotti, servizi, prestazioni: — *ferroviaria*; *la* — *dei commercialisti* | tabella che riporta tali prezzi | — *pubblica*, prezzo di un servizio al pubblico.
ta|rif|fà|rio *agg.* che riguarda una tariffa: *aumento* — ♦ *s.m.* tabella delle tariffe.
tar|là|re *v.intr.* [aus. *E*], -rsi *intr.pron.* essere infestato dai tarli o dalle tarme | essere roso da tarli o tarme: *il legno si tarla facilmente* ♦ *tr.* detto di tarli o tarme, danneggiare legno o stoffa.
tar|la|tù|ra *s.f.* **1** l'insieme di fori e gallerie prodotto dai tarli nel legno | polvere del legno prodotta dal tarlo che scava gallerie **2** (*estens.*) danno analogo provocato da altri insetti in altri materiali.
tàr|lo *s.m.* **1** nome comune di vari insetti le cui larve rodono il legno **2** (*fig.*) passione, pena segreta che rode l'animo: *il* — *dell'invidia.*
tàr|ma *s.f.* nome comune di varie specie di Insetti che depongono le uova nei cereali e nei tessuti che vengono poi divorati dalle larve; tignola.
tar|mà|re *v.intr.* [aus. *E*], -rsi *intr.pron.* essere infestato dalle tarme | essere roso dalle tarme ♦ *tr.* detto di tarme, rodere, danneggiare tessuti.
tar|mì|ci|da *agg.*, *s.m.* [m.pl. *-i*] si dice di sostanza insetticida usata per eliminare le tarme.
tar|roc|cà|to *agg.* (*gerg.*) capo di abbigliamento o accessorio di marca falsificato.
ta|ròc|co[1] *s.m.* [pl. *-chi*] ciascuna delle 22 carte con figure allegoriche che, aggiunte al mazzo normale di 56 carte, si usano per il gioco dei tarocchi e in chiromanzia.
ta|ròc|co[2] *s.m.* [pl. *-chi*] varietà pregiata di arance prodotte in Sicilia.
tar|pà|re *v.tr.* tagliare la punta delle ali degli uccelli, per impedirgli di volare | (*fig.*) — *le ali a qlcu.*, impedirgli di agire liberamente, di progredire.
tar|sì|a *s.f.* l'arte di intarsiare | lavoro ottenuto connettendo pezzetti di legno, pietra, avorio o altri materiali di colori diversi, secondo un disegno preordinato; intarsio.
tàr|so *s.m.* (*anat.*) parte dello scheletro del piede situata tra la gamba e il metatarso; è composta da sette ossa.
tar|ta|glia|mén|to *s.m.* (*fam.*) l'atto e l'effetto del tartagliare; balbettamento.
tar|ta|glià|re *v.tr.* e *intr.* [indic.pres. *io tartàglio...*; aus. dell'intr. *A*] **1** balbettare **2** (*estens.*) biascicare: *ha tartagliato un saluto e se n'è andato.*

tar|ta|glió|ne *s.m.* [f. *-a*] (*fam.*) chi tartaglia; balbuziente.

tàr|tan *s.m.invar.* **1** tessuto quadrettato a colori diversi, usato nei kilt scozzesi **2** ® nome commerciale di una resina sintetica molto elastica usata per la pavimentazione di piste e campi sportivi e da gioco.

tar|tà|na *s.f.* **1** piccola nave da carico e da pesca, con un solo albero e a vela latina **2** rete da pesca a strascico usata dalle paranze.

tar|tà|ri|co *agg.* [m.pl. *-ci*] (*chim.*) del tartaro | *acido* —, acido contenuto in molti frutti, spec. nell'uva, che viene ricavato dalle incrostazioni delle botti; sostanza cristallina, solubile, è usato in farmacia, in tintoria, in fotografia e nell'industria alimentare.

tàr|ta|ro[1] *s.m.* **1** incrostazione che si forma nelle botti durante la fermentazione del vino **2** (*med.*) incrostazione di sali di calcio che si forma intorno al colletto dei denti e può danneggiare le gengive: *uso un dentifricio contro il* — **3** (*min.*) incrostazione calcarea formata dalle acque ricche di bicarbonati.

tàr|ta|ro[2] o **tataro** *agg.* relativo ai tartari, ai territori da essi abitati | *salsa tartara*, salsa a base di olio, uova sode, capperi, prezzemolo, cipolline, senape e aceto ♦ *s.m.* [f. *-a*] **1** appartenente a una stirpe mongola sottomessa da Gengis Khan nel sec. XIII **2** chi è nato o abita nell'attuale Mongolia | *alla tartara*, si dice di carne cruda condita con olio, limone, tuorlo d'uovo, prezzemolo e salsa piccante.

tàr|ta|ro[3] *s.m.* nella mitologia greco-romana, abisso sotto l'Averno in cui Giove precipitò i Titani | (*estens.*) l'inferno.

tar|ta|rù|ga *s.f.* **1** nome comune di Rettili, acquatici e terrestri, che hanno il corpo racchiuso in una corazza cornea da cui sporgono il capo, le zampe e la coda e che si spostano molto lentamente | materiale ottenuto dalla corazza di tale animale, usato per fare pettini, scatole, montatura di occhiali ecc. **2** (*fig.*) persona molto lenta: *quella* — *non ha ancora finito i compiti* | *camminare come una* —, molto lentamente.

tar|tas|sà|re *v.tr.* trattare con durezza e severità eccessive; strapazzare: *il professore di filosofia mi tartassa*.

tar|tì|na *s.f.* sottile fetta di pane spalmata di burro o salsa e guarnito con vari ingredienti, servita spec. come antipasto.

tar|tu|fà|ia *s.f.* terreno appositamente preparato per la coltivazione dei tartufi.

tar|tu|fà|re *v.tr.* condire con i tartufi.

tar|tu|fi|col|tù|ra *s.f.* coltivazione del tartufo.

tar|tù|fo *s.m.* **1** fungo sotterraneo a forma di tubero, che vive in simbiosi con radici di querce, erica e altre piante, dal profumo intenso e penetrante; vi sono specie nere e specie biancastre, queste ultime spec. sono molto ricercate per condire cibi **2** (*gastr.*) dolce di forma semisferica, a base di gelato ricoperto di cioccolato fondente.

tà|sca *s.f.* **1** specie di sacchetto cucito all'interno di un vestito e aperto verso l'esterno, nel quale si mettono oggetti di piccole dimensioni: *le tasche dei pantaloni* | (*fig.*) *stare con le mani in* —, stare senza far nulla | *conoscere ql.co., qlcu. come le proprie tasche*, conoscere molto bene: *conosco queste strade come le mie tasche* | (*fig.*) *svuotare, ripulire le tasche a qlcu.*, sottrargli tutto il denaro che possiede | (*fig.*) *non me ne viene in* — *nulla*, non ci guadagno niente | (*fam.*) *averne le tasche piene*, essere stufo | (*volg.*) *rompere le tasche*, stancare, infastidire **2** (*estens.*) piccolo scompartimento interno di borse, valigie, portafogli e sim.: *metti questi documenti nella* — *della valigia* **3** attrezzo a forma di imbuto usato in pasticceria per creare decorazioni con la crema.

ta|scà|bi|le *agg.* di dimensioni tali da poter essere portato in tasca | di dimensioni ridotte rispetto allo standard: *libri in edizione* — | (*estens., anche scherz.*) di piccole dimensioni: *un'automobile* — ♦ *s.m.* libro in edizione economica di piccolo formato.

ta|sca|pà|ne *s.m.* sacca portata a tracolla da militari, escursionisti e cacciatori che serve per contenere cibo o altro.

ta|schi|no *s.m.* **1** piccola tasca posta sul petto di gilet e giacche maschili **2** piccolo scompartimento di valigie, borse e sim.

task force (*ingl.*) [*pr.* task fors] *loc.sost.f.invar.* **1** unità operativa di forze militari di terra o di polizia, formata da mezzi ed elementi in grado di fronteggiare situazioni d'emergenza **2** (*estens.*) gruppo di tecnici e di esperti che elabora strategie operative, spec. in campo industriale, economico, politico e sim.

ta|sma|nià|no *agg.* della Tasmania ♦ *s.m.* [f. *-a*] chi è nato o abita in Tasmania.

tàs|sa *s.f.* **1** tributo dovuto dai cittadini allo Stato o a un altro ente pubblico per l'utilizzo di determinati servizi: — *per la raccolta dei rifiuti* | — *sulla salute*, tassa che i lavoratori autonomi pagano al Servizio Sanitario Nazionale **2** (*estens.*) tributo, imposta: *pagare le tasse*.

tas|sà|bi|le *agg.* che può essere tassato.

Tas|sà|ce|e *s.f.pl.* → **Taxacee**.

tas|sà|me|tro *s.m.* sui taxi, apparecchio contatore che calcola l'importo dovuto dalla persona trasportata in base al percorso, al tempo impiegato e alla fascia oraria.

tas|sà|re *v.tr.* sottoporre a tassa: — *i beni immobili* | (*estens.*) sottoporre a imposta: *il Governo ha deciso di* — *di più i negozianti* ♦ **-rsi** *rifl.* impegnarsi a corrispondere una certa somma come contributo per un'iniziativa: *si sono tassati per cinquanta euro per aiutare i terremotati*.

tas|sa|ti|vi|tà *s.f.* caratteristica di ciò che è tassativo.

tas|sa|tì|vo *agg.* che stabilisce, prescrive in modo preciso e inderogabile: *ordini tassativi* ☐ **tassativamente** *avv.* in modo perentorio, inderogabile: *è* — *vietato uscire dall'ufficio prima del tempo*.

tas|sa|zió|ne *s.f.* **1** l'atto di tassare | imposizione di tasse o imposte: *la — degli immobili* **2** (*raro*) imposta che il contribuente deve versare.

tas|sel|là|re *v.tr.* [indic.pres. *io tassèllo*...] **1** fissare mediante tasselli: *— una vite al muro* **2** ricavare un tassello da frutta o formaggi per poterli assaggiare: *— una forma di cacio*.

tas|sèl|lo *s.m.* **1** pezzetto di legno, pietra o altro materiale che si incastra in un muro, in un mobile e sim. per ripararlo, restaurarlo o anche come ornamento | elemento in legno, plastica o metallo forato al centro che viene inserito in un muro per applicarvi viti o ganci: *per sostenere lo specchio servono due tasselli* **2** pezzetto che si taglia da un frutto o da una forma di formaggio per assaggiarli **3** pezzetto di stoffa che si applica negli indumenti nei punti che sono maggiormente sottoposti a usura **4** elemento che aiuta a ricostruire una vicenda.

tàssi-, -tàssi (*scient.*) primo e secondo elemento di parole composte che significano "ordinamento, disposizione" (*sintassi; tassidermia*); in alcuni casi il secondo elemento assume la forma *-tassia* (*eterotassia*).

tas|sì *s.m.* taxi.

tas|si|der|mì|a *s.f.* tecnica di preparare e conservare gli animali impagliati.

tas|sì|sta *s.m./f.* [m.pl. -*i*] conducente di taxi.

tàs|so[1] *s.m.* mammifero carnivoro dal corpo massiccio, caratterizzato da un folto mantello scuro, testa bianca con due strisce nere e forti unghie atte allo scavo; cade in letargo d'inverno | *dormire come un —*, dormire profondamente.

tàs|so[2] *s.m.* albero sempreverde delle conifere privo di resina, con bacche rosse e foglie velenose piane verde scuro | il legno di tale albero, duro ed elastico, usato specialmente in ebanisteria.

tàs|so[3] *s.m.* **1** valore percentuale che rappresenta il rapporto tra due grandezze o la variazione di una singola grandezza nell'unità di tempo: *ha un alto — di colesterolo nel sangue* | (*stat.*) *— di disoccupazione*, rapporto tra il numero dei disoccupati e il totale della popolazione in età da lavoro | (*stat.*) *— di mortalità*, rapporto tra il numero dei morti e la totalità della popolazione nell'arco di un anno | (*stat.*) *— di natalità*, rapporto tra il numero dei nati e la totalità della popolazione nell'arco di un anno | (*econ.*) *— d'inflazione*, variazione dei prezzi nell'arco di un anno espressa in termini percentuali | (*banc.*) *— d'interesse*, rapporto percentuale tra l'interesse che viene prodotto da un capitale in un anno e il valore del capitale stesso preso o dato in prestito **2** (*estens.*) valore, livello: *c'è un alto — di inquinamento*.

tàs|so[4] *s.m.* incudine quadrangolare o tonda, senza corni, usata dai fabbri.

tas|so|bar|bàs|so *s.m.* pianta erbacea delle Scrofulariacee, con foglie e stelo coperti da una lanugine bianca e infiorescenze gialle; con i fiori si preparano tisane emollienti.

tas|so|no|mì|a *s.f.* **1** ramo della biologia che si occupa della classificazione degli organismi viventi e delle specie fossili: *— zoologica, botanica* | (*estens.*) ordinamento sistematico **2** (*ling.*) sistema di classificazione delle lingue basato sull'analisi delle loro regole di combinazione.

tas|so|nò|mi|co *agg.* [m.pl. -*ci*] della tassonomia, relativo alla tassonomia: *sistema —*.

ta|stà|re *v.tr.* **1** toccare leggermente e ripetutamente per sentire ql.co. al tatto: *— un oggetto al buio* **2** (*med.*) palpare: *il medico mi ha tastato l'addome* | *— il polso*, stringerlo leggermente fra le dita per misurare la frequenza dei battiti; (*fig.*) cercare di conoscere le intenzioni di qlcu. **3** studiare, indagare | (*fig.*) *— il terreno*, indagare con discrezione sullo stato d'animo di qlcu. o sul possibile sviluppo di una situazione.

ta|stà|ta *s.f.* (*anche fig.*) l'atto di tastare rapidamente, una volta sola.

ta|stiè|ra *s.f.* **1** (*mus.*) negli strumenti musicali a tasti, l'insieme dei tasti disposti uno accanto all'altro, ognuno dei quali corrisponde a una nota: *la — del pianoforte* | (*per anton.*) il pianoforte: *un virtuoso della —* **2** (*estens.*) ogni strumento elettronico nel quale le note vengono prodotte premendo tasti simili a quelli del pianoforte: *suonare le tastiere* **3** negli strumenti a corda, la parte superiore del manico sulla quale si premono le corde con le dita: *la — della chitarra* **4** l'insieme dei tasti di una macchina per scrivere, di un telefono, di una calcolatrice, di un computer.

ta|stie|rì|no *s.m.* **1** tastiera dotata di un piccolo numero di tasti: *il — del telefono cellulare* **2** (*inform.*) *— numerico*, sezione della tastiera dei computer, posta solitamente sulla destra, in cui sono sistemati i tasti dei numeri e delle operazioni aritmetiche.

ta|stie|ri|sta *s.m./f.* [m.pl. -*i*] **1** (*mus.*) chi suona gli strumenti elettronici a tastiera in un complesso di musica pop o rock **2** addetto all'immissione di dati tramite la tastiera di un computer, di una telescrivente e sim.

tà|sto *s.m.* **1** negli strumenti come il pianoforte, l'organo, il clavicembalo, l'armonium e sim., ciascuna delle leve che si premono con le dita per produrre il suono **2** nelle macchine per scrivere, nelle calcolatrici, nei computer ecc., ciascuno dei pulsanti su cui si preme il dito per scrivere o imprimere un comando **3** (*fig.*) argomento: *è meglio non toccare certi tasti* | (*fig.*) *battere sullo stesso —*, insistere | (*fig.*) *toccare un — falso*, affrontare un argomento inopportuno o sgradito.

ta|stó|ni *avv.* si dice quando ci si muove, spec. al buio, servendosi del tatto: *camminare —* | (*fig.*) *a —*, alla cieca: *si procede a — nell'indagine*.

ta|ta *s.f.* (*fam.*) donna cui è affidata la cura di un bambino; bambinaia.

ta|tà|mi *s.m.invar.* **1** stuoia rettangolare utilizzata in Giappone per ricoprire il pavimento **2** (*sport*) materassino in materiale imbottito che viene utilizzato per creare la pavimentazione del campo di gara nelle arti marziali.

tà|ta|ro *s.m.* → tartaro[2].

tàt|ti|ca *s.f.* 1 (*mil.*) tecnica relativa all'impiego e alla disposizione delle unità militari e dei mezzi per raggiungere un determinato obiettivo nell'ambito di un combattimento 2 (*sport*) condotta di gara secondo schemi preordinati | schieramento dei giocatori in campo secondo un piano prefissato: *una — spregiudicata, prudente* 3 (*estens.*) insieme delle azioni e degli accorgimenti diretti a raggiungere uno scopo: *— politica*.

tat|ti|ci|smo *s.m.* tendenza ad adottare espedienti tattici anche oltre il necessario.

tàt|ti|co *agg.* [m.pl. *-ci*] 1 (*mil.*) che riguarda la tattica: *obiettivo —* | che riguarda una singola operazione militare o il raggiungimento di un singolo obiettivo: *è una vittoria tattica, non strategica* 2 (*fig.*) accorto: *questa situazione richiede uno studio —* □ **tatticamente** *avv.* dal punto di vista tattico: *una decisione — sbagliata*.

tàt|ti|le *agg.* del tatto: *papille tattili*.

tat|ti|li|tà *s.f.* 1 facoltà, sensibilità tattile: *la — dei polpastrelli* 2 possibilità di essere percepito con il tatto.

tàt|to *s.m.* 1 senso che, attraverso le terminazioni sensitive distribuite nella pelle, permette di riconoscere alcune caratteristiche fisiche degli oggetti: *un materiale morbido al —* 2 (*fig.*) delicatezza, prudenza, garbo nel modo di comportarsi: *quell'uomo manca di —; questo caso va trattato con —*.

ta|tu|àg|gio *s.m.* 1 l'arte di realizzare disegni o pitture indelebili sulla pelle tramite l'iniezione di sostanze coloranti | il risultato di tale operazione: *ha un — sul braccio* 2 (*estens.*) decalcomania che imita tali disegni o pitture.

ta|tu|à|re *v.tr.* [indic.pres. *io tàtuo...*] praticare tatuaggi ♦ **-rsi** *rifl.* praticarsi o farsi praticare un tatuaggio: *mi sono tatuato un cuoricino sulla caviglia*.

tàu *s.m./f.invar.* nome della diciannovesima lettera dell'alfabeto greco, che corrisponde alla *t* nei caratteri latini.

tau|ma|tur|gì|a *s.f.* la capacità di compiere miracoli.

tau|ma|tùr|gi|co *agg.* [m.pl. *-ci*] che riguarda la taumaturgia; da taumaturgo | (*estens.*) miracoloso: *questo oggetto ha un potere —*.

tau|ma|tùr|go *s.m.* [pl. *-gi* o *-ghi*] chi compie o si ritiene sia in grado di compiere miracoli | (*estens., scherz.*) chi fa cose prodigiose: *questo medico è un —*.

tau|rì|no *agg.* di toro | (*fig.*) forte e vigoroso: *braccia taurine* | **collo** —, tozzo e robusto.

tau|ro|ma|chì|a *s.f.* nell'antichità, spettacolo in cui combattevano tori o uomini e tori.

tàu|to- primo elemento di parole composte che indica identità (*tautogramma*).

tau|to|gràm|ma *s.m.* componimento poetico, in uso nel Medioevo, in cui le parole iniziano tutte con la stessa lettera | gioco enigmistico basato sullo stesso principio.

tau|to|lo|gì|a *s.f.* proposizione in cui il predicato ripete con altre parole quanto è già espresso dal soggetto (p.e. *il cacciatore è colui che caccia*) | (*estens.*) circolo vizioso; ripetizione.

tau|to|lò|gi|co *agg.* [m.pl. *-ci*] che riguarda la tautologia; che ha caratteristica di tautologia: *affermazione tautologica* □ **tautologicamente** *avv.*

ta|vèl|la *s.f.* (*edil.*) laterizio forato di piccolo spessore usato per pavimentazioni, rivestimenti e soffittature.

ta|vel|lò|ne *s.m.* (*edil.*) laterizio forato di notevole spessore, usato spec. nella costruzione di solai.

ta|vèr|na *s.f.* 1 osteria | (*spreg.*) bettola: *usa un linguaggio da —* 2 trattoria arredata in modo rustico 3 locale privato, generalmente seminterrato, arredato in modo rustico, usato per cene, feste e sim.

tà|vo|la *s.f.* 1 asse di legno piuttosto sottile, stretta e lunga: *una — di noce* | (*sport*) *— a vela*, windsurf | (*fig.*) *calcare le tavole del palcoscenico*, dedicarsi al teatro 2 (*fig.*) superficie liscia, piatta: *oggi il mare è una —*, è calmo 3 (*estens.*) lastra rettangolare di vari materiali: *una — di marmo* 4 mobile di legno o di altro materiale formato da un piano orizzontale, sorretto da quattro gambe, intorno a cui ci si siede per consumare i pasti: *apparecchiare la —* | (*estens.*) l'insieme dei commensali, tavolata: *porta l'acqua a quella —*; *— rotonda*, tavola leggendaria intorno a cui si riunivano i cavalieri di re Artù; (*fig.*) riunione di esperti per discutere su un problema particolare | (*fig.*) *mettere le carte in —*, parlare chiaro, dichiarare le proprie intenzioni 5 (*estens.*) il cibo: *ama la buona —* | *— calda, fredda*, locale pubblico in cui si servono rispettivamente cibi caldi pronti o panini e vivande non cotte 6 piano di legno o altro materiale per eseguire lavori: *— da falegname*; *— da stiro* 7 quadro dipinto su tavola: *una bella — del Guercino* 8 lastra di metallo o di altro materiale su cui anticamente erano incisi documenti e atti ufficiali | *le tavole della legge*, quelle date da Dio a Mosè sul Monte Sinai, su cui erano scritti i dieci comandamenti | *le Dodici Tavole*, nell'antica Roma, lastre di bronzo su cui furono incise le prime leggi scritte | *tavole amalfitane*, la più antica raccolta di consuetudini marittime; risale al sec. XI 9 tabella, prospetto: *— statistiche* | (*mat.*) — *pitagorica*, tabella che riporta i prodotti dei primi dieci numeri naturali 10 pagina di libro illustrata: *il volume contiene molte pagine a colori* | *tavole fuori testo*, tavole illustrate inserite in un volume, ma con una numerazione propria | *tavole geografiche*, carte e mappe 11 pagina di un documento: *le tavole processuali; le tavole testamentarie*.

ta|vo|làc|cio *s.m.* giaciglio costituito da una tavola di legno leggermente inclinata dove dormivano un tempo i soldati di guardia e i detenuti.

ta|vo|là|me *s.m.* insieme di tavole da costruzione o da ponteggio.

ta|vo|là|ta *s.f.* gruppo di persone sedute alla stessa tavola: *mi sono unito a un'allegra —*.

ta|vo|là|to *s.m.* 1 pavimento o parete di tavole di legno; assito 2 (*geog.*) altopiano formato da strati rocciosi orizzontali.

ta|vo|let|ta *s.f.* 1 piccola tavola | (*estens.*) pezzo rettangolare di prodotti alimentari o farmaceutici: *ho mangiato una — di cioccolato* 2 nell'antichità, supporto ricoperto di cera su cui si incidevano segni con uno stilo: *tavolette sumeriche* 3 (*inform.*) — *grafica*, dispositivo di immissione di dati, spec. grafici, formato da un piccolo ripiano sul quale si scrive o si disegna per mezzo di una speciale penna 4 (*pitt.*) dipinto eseguito su una tavola di piccole dimensioni | ciascun riquadro di un polittico 5 carta in scala 1:25.000 che rappresenta la sedicesima parte del foglio base della carta topografica d'Italia dell'Istituto geografico militare 6 (*coll.*) nella loc. **andare a** —, andare a gran velocità premendo al massimo l'acceleratore.

ta|vo|liè|re *s.m.* 1 tavolino da gioco sul quale è disegnata la scacchiera per giocare a dama, agli scacchi e sim. | piano del tavolo da biliardo 2 (*geog.*) vasta regione pianeggiante: *il — delle Puglie.*

ta|vo|li|no *s.m.* tavolo di piccole dimensioni: *sono stato seduto per ore al — del bar* | (*fig.*) **stare a** —, applicarsi a lavori di concetto, spec. per molto tempo | (*fig.*) **fare ql.co. a** —, in modo astratto, senza considerare la situazione concreta.

tà|vo|lo *s.m.* 1 mobile formato da un piano orizzontale di legno o altro materiale, sostenuto da quattro o più gambe, adibito a vari usi: *ovale*; — *da gioco* | — *verde*, quello ricoperto di panno verde su cui si gioca a carte | (*med.*) — **operatorio**, quello su cui si esegue un intervento chirurgico 2 (*estens.*) luogo di incontro e di confronto: *i rappresentanti del Governo e dell'opposizione si sono incontrati al — delle trattative.*

ta|vo|lòz|za *s.f.* assicella di legno su cui i pittori mescolano i colori | (*estens.*) l'insieme dei colori utilizzati da un pittore: *la — di Michelangelo.*

Ta|xà|ce|e o **Tassàcee** *s.f.pl.* famiglia di conifere arbustive a cui appartiene il tasso.

tà|xi *s.m.* auto pubblica munita di tassametro per il trasporto a pagamento delle persone: *chiamare, prendere un —.*

tay|lo|ri|smo *s.m.* (*econ.*) teoria dell'organizzazione scientifica del lavoro formulata dallo statunitense F.W. Taylor (1856-1915); è basata sul frazionamento del processo produttivo, che prevede l'assegnazione a ciascun lavoratore di funzioni semplici e specifiche per ottenere il massimo rendimento | l'applicazione di tale teoria.

tay|lo|ri|sta *agg.* relativo al taylorismo ♦ *s.m./f.* [m.pl. *-i*] sostenitore del taylorismo.

ta|ze|bà|o *s.m* → **dazebao**.

tàz|za *s.f.* 1 piccolo recipiente di ceramica o altro materiale, con bocca rotonda più larga del fondo e manico laterale ad ansa, usato per bere il brodo, il latte, il caffè e sim. | quantità di liquido in essa contenuta: *ho bevuto una — di latte* 2 vaso del water-closet.

taz|zi|na *s.f.* piccola tazza per bere spec. il caffè | quantità di liquido in essa contenuta.

tbc [pr. *tibici*] *s.f.invar.* tubercolosi.

te *pron.pers. m./f.* di 2ª *pers.sing.* [forma tonica del pron.pers. *tu*] 1 si usa come complemento oggetto, al posto del pronome atono *ti*, quando gli si vuol dare particolare rilievo: *Paolo vuole proprio —* 2 introdotto da preposizione, si usa come complemento indiretto: *vorrei venire con —; lo faccio solo per —* | si rafforza con *stesso* e *medesimo*: *conta solo su — stesso* | **da** —, da solo, per conto tuo: *fallo da —*; a casa tua: *oggi veniamo da —* | **in** —, al posto tuo: *se fossi in — non ci andrei* | **secondo** —, secondo il tuo parere | **tra — e** —, nel tuo intimo: *rifletti tra —* 3 si usa come complemento di termine davanti alle forme pronominali atone *lo, la, li, le* e alla particella *ne*, in forma proclitica ed enclitica: *— lo ripeto per l'ultima volta; — ne pentirai!*; *volevo dirtelo prima* 4 si usa come soggetto nelle esclamazioni e nelle comparazioni: *beato —!*; *è bionda come —*; *è bravo quanto —.*

tè o **the** *s.m.* 1 arbusto sempreverde delle Teacee, originario dell'Asia, con foglie lanceolate e fiori bianchi 2 le foglie essiccate e sbriciolate di tale arbusto: *ho comperato il — in bustine* | bevanda che si ottiene per infusione di tali foglie: *alle cinque prendiamo il —* 3 ricevimento pomeridiano durante il quale viene servita tale bevanda: *sono stato invitato a un —.*

tè|a *agg.f.* di dice di una varietà di rosa gialla dal profumo simile a quello del tè.

tea room (*ingl.*) [pr. *ti rum*] *s.m./f.invar.* sala da tè.

Te|à|ce|e *s.f.pl.* famiglia di piante dicotiledoni tropicali, con foglie sempreverdi e frutto a capsula, a cui appartengono il tè e la camelia.

teak *s.m.invar.* → **tek**.

team (*ingl.*) [pr. *tim*] *s.m.invar.* 1 gruppo di persone che collaborano, ognuno con la propria specifica competenza, per raggiungere determinati obiettivi: *un — di esperti* 2 (*sport*) squadra di giocatori, spec. di calcio.

te|a|ti|no *agg.* (*lett.*) di Chieti ♦ *s.m.* 1 (*lett.*) [f. *-a*] chi è nato o abita a Chieti 2 chierico regolare che appartiene alla congregazione fondata nel 1524 da san Gaetano da Thiene e da Pietro Carafa, arcivescovo di Chieti (poi papa Paolo IV), per l'assistenza ai malati e l'istruzione religiosa della popolazione.

te|a|trà|le *agg.* 1 del teatro: *compagnia —* | che riguarda la recitazione 2 (*fig.*) esagerato, artificioso, plateale: *atteggiamento —* □ **teatralmente** *avv.* 1 dal punto di vista teatrale 2 (*anche fig.*) in modo teatrale: *gesticola —.*

te|a|tra|li|tà *s.f.* 1 carattere di ciò che è teatrale 2 (*fig.*) artificiosità, esagerazione: *quanta — nelle sue pose!*

te|a|tràn|te *s.m./f.* 1 chi recita in teatro 2 (*spreg.*) attore di scarsa qualità 2 (*fig., spreg.*) chi parla o si comporta in modo artificioso e plateale.

te|a|trì|no *s.m.* 1 teatro in miniatura per bambini | teatro di marionette 2 (*fig., spreg.*) situazio-

teatro

ne in cui ognuno si comporta in maniera artificiosa e ipocrita: *il — della politica*.

te|à|tro *s.m.* **1** edificio destinato alla rappresentazione di opere drammatiche, liriche e altri tipi di spettacolo: *— comunale* | *— stabile*, istituzione teatrale finanziata dallo Stato o da altro ente pubblico, caratterizzata dalla presenza di una compagnia fissa di attori, con sede permanente | *— tenda*, tendone stabile utilizzato per spettacoli teatrali, riviste, concerti | (*cine.*) *— di posa*, ambiente in cui si ricostruiscono le scene che devono essere riprese in un film; studio **2** (*estens.*) rappresentazione teatrale: *è un appassionato di —* | *— danza*, genere di spettacolo che fonde la danza con la musica e la recitazione | *gente di —*, tutte le professionalità coinvolte nell'attività teatrale **4** pubblico presente a una rappresentazione teatrale: *tutto il — applaudiva* **5** produzione teatrale di un autore, di un periodo: *il — classico, moderno; il — di Goldoni* **6** (*fig.*) luogo dove accade un fatto importante: *il — del delitto*.

te|bà|no *agg.* di Tebe, in Beozia | di Tebe, in Egitto ♦ *s.m.* [f. *-a*] chi è nato o abita a Tebe.

tè|ca *s.f.* **1** piccola vetrina in cui sono esposti oggetti rari o preziosi **2** piccola custodia che contiene una reliquia **3** (*anat.*) struttura ossea che ricopre un organo: *— cranica* **4** (*biol.*) rivestimento degli Antozoi.

-tè|ca secondo elemento di parole composte, che significa "deposito, raccolta" (*biblioteca, enoteca*).

technicolor® (*ingl.*) [pr. *teknicòlor*] *s.m.* procedimento speciale per ottenere pellicole cinematografiche a colori.

techno music o **techno** (*ingl.*) [pr. *tèkno miùsik*] *s.f.invar.* musica moderna da discoteca dai ritmi martellanti, realizzata per mezzo di sintetizzatori e strumenti elettronici.

teck *s.m.invar.* → **tek**.

tec|nè|zio o **tecnèto** *s.m.* elemento chimico radioattivo ottenuto artificialmente mediante reazioni nucleari, metallo simile al platino, usato per eseguire scintigrafie (*simb.* Tc).

-tec|ni|a (*scient.*) secondo elemento di parole composte, che significa "metodo, tecnica" (*zootecnia*).

tèc|ni|ca *s.f.* **1** complesso delle norme da seguire nell'esecuzione di un'attività pratica, sportiva, artistica o intellettuale: *— della pittura*; *— navale* | (*estens.*) capacità di applicare tali norme: *un calciatore dotato di buona —* **2** procedimento di lavorazione che implica l'uso di strumenti: *la — di lavorazione del ferro* | (*fam.*) sistema, metodo: *ha una buona — per studiare* **3** applicazione della scienza per fini pratici: *è un uomo famoso nel campo della —* **4** insieme delle attività volte alla creazione di macchine, strumenti e apparecchiature che possono soddisfare le esigenze dell'uomo e migliorarne le condizioni di vita.

tec|ni|ci|smo *s.m.* **1** applicazione rigorosa delle norme che regolano l'esecuzione di un'attività pratica | (*spreg.*) eccessiva importanza attribuita alla tecnica da parte di chi si dedica a un'attività, a un'arte, a scapito della creatività e della fantasia **2** (*ling.*) parola o locuzione di un linguaggio tecnico | (*spreg.*) uso eccessivo di termini tecnici: *quando scrivi, ti lasci andare a un eccessivo —*.

tec|ni|ci|sti|co *agg.* [m.pl. *-ci*] caratterizzato da tecnicismo.

tec|ni|ciz|zà|re *v.tr.* conferire un carattere tecnico | dare un'organizzazione tecnica a ciò che prima era solamente improvvisato.

tèc|ni|co *agg.* [m.pl. *-ci*] **1** che concerne l'esecuzione pratica di un'arte, di una disciplina: *cognizioni tecniche* **2** che è proprio di un'arte, di una disciplina o di un dato settore: *termini tecnici* **3** detto di abbigliamento realizzato con tecnologie avanzate **4** che si occupa della realizzazione pratica di un progetto: *ufficio —* ♦ *s.m.* **1** specialista in una particolare attività, disciplina: *ho chiamato il — per riparare la televisione* **2** lavoratore che svolge compiti manuali sulla base di una competenza teorica oltre che pratica: *sono stati assunti tecnici e ingegneri* **3** chi mette in pratica i progetti di altri: *è bravo, ma è solo un —* □ **tecnicamente** *avv.* in modo tecnico | dal punto di vista tecnico: *un lavoro — ben realizzato*.

tec|ni|gra|fo *s.m.* strumento fisso o scorrevole applicato sul tavolo da disegno, usato dai disegnatori tecnici per tracciare rette parallele e perpendicolari; è costituito da un carrello scorrevole e da un sistema di bracci articolati cui sono fissate due righe millimetrate ortogonali, orientabili con un goniometro.

tèc|no- primo elemento di parole composte relative alla tecnica (*tecnologo*) o a produzioni ottenute con sistemi tecnologici (*tecnofibra*).

tec|nò|cra|te *s.m./f.* chi esercita un potere grazie alle sue conoscenze tecniche.

tec|no|crà|ti|co *agg.* [m.pl. *-ci*] che concerne la tecnocrazia.

tec|no|cra|zi|a *s.f.* sistema politico in cui il potere è gestito da tecnici delle varie discipline | governo di tecnici.

tec|no|lo|gi|a *s.f.* **1** studio delle applicazioni della tecnica: *deve sostenere un esame di —* **2** studio dei materiali, delle macchine e dei procedimenti tecnici necessari per l'utilizzazione delle conoscenze scientifiche in settori specifici di un'attività produttiva | *nuove tecnologie*, il complesso delle applicazioni dell'informatica e della telematica alle attività umane.

tec|no|lò|gi|co *agg.* [m.pl. *-ci*] che riguarda la tecnologia: *dizionario —* □ **tecnologicamente** *avv.*

tec|no|po|li|me|ro *s.m.* polimero dotato di elevate caratteristiche meccaniche e di resistenza, versatilità di impiego e di lavorazione.

tec|no|trò|ni|ca *s.f.* tecnologia avanzata che si avvale di sistemi elettronici di controllo e di automazione.

te|dé|sco *agg.* [m.pl. *-schi*] della Germania ♦ *s.m.* **1** [f. *-a*] chi è nato o abita in Germania | (*fig., fam.*) persona metodica e disciplinata **2** lingua

del gruppo germanico parlata in Germania, Austria, Liechtenstein e parte della Svizzera.
Te Dè|um *loc.sost.m.invar.* **1** nella liturgia cattolica, preghiera di ringraziamento a Dio **2** (*mus.*) composizione musicale che accompagna tale preghiera.
te|dià|re *v.tr.* [indic.pres. *io tèdio...*] recare tedio, annoiare: *ho paura di tediarti* ♦ **-rsi** *intr. pron.* provare tedio, fastidio.
tè|dio *s.m.* sensazione di disinteresse e di stanchezza interiore; noia.
te|dio|si|tà *s.f.* caratteristica di chi o di ciò che è tedioso.
te|diò|so *agg.* che provoca tedio; noioso: *una giornata tediosa.*
te|dò|fo|ro *agg., s.m.* [f. *-a*] (*lett.*) che, chi porta una fiaccola | nelle olimpiadi moderne, atleta a cui è affidato il compito di portare la fiaccola olimpica.
teenager (*ingl.*) [pr. *tinèger*] *loc.sost.m./f.invar.* giovane tra i tredici e i diciannove anni.
tee-shirt o **T-shirt** (*ingl.*) [pr. *tisciort*, com. *tisciòrt*] *loc.sost.f.invar.* maglietta di cotone girocollo a maniche corte.
tè|flon® *s.m.invar.* (*chim.*) nome commerciale di una sostanza sintetica molto resistente alle alte temperature e agli agenti chimici; è usato come antiaderente nelle pentole.
te|gà|me *s.m.* recipiente rotondo, con uno o due manici, usato per cucinare: *cuocere le uova nel* — | quantità di cibo contenuta in tale recipiente: *mangiare un* — *di fagiolini.*
te|ga|mi|no *s.m.* piccolo tegame | *uova al* —, uova fritte con olio o burro **2** (*estens.*) quantità di cibo contenuta in tale recipiente.
té|glia *s.f.* recipiente da cucina, perlopiù di metallo, rotondo o rettangolare, basso e senza manici, usato per cuocere cibi in forno | (*estens.*) quantità di cibo contenuta in tale recipiente: *una* — *di lasagne.*
té|go|la *s.f.* (*edil.*) laterizio, spec. di terracotta, di forma rettangolare con bordi curvi, usato per coprire i tetti: *il forte vento ha smosso le tegole.*
te|gu|mén|to *s.m.* (*biol.*) tessuto di rivestimento del corpo umano o di organi vegetali e animali.
te|iè|ra *s.f.* bricco con becco e manico, dotato talvolta di filtro, usato per preparare e servire il tè: *porta in tavola la* —.
te|i|na *s.f.* (*chim.*) alcaloide contenuto nelle foglie del tè, che ha effetti e struttura chimica analoghi a quelli della caffeina.
te|ì|smo *s.m.* ogni dottrina religiosa o filosofica che ammetta l'esistenza di un Dio unico e trascendente che ha creato e preserva il mondo.
te|ì|sta *s.m./f.* [m.pl. *-i*] (*relig., filos.*) chi professa il teismo.
te|ì|sti|co *agg.* [m.pl. *-ci*] (*relig., filos.*) relativo al teismo.
tek o **teak** o **teck** [pr. *tèk*] *s.m.invar.* legno che si ricava da un albero dell'Asia tropicale, brunogiallastro scuro, duro e resistente, usato nelle costruzioni navali e per la realizzazione di mobili e pavimenti.
té|la *s.f.* **1** intreccio molto fitto di fili | il tessuto realizzato con tale intreccio: — *di cotone* | — *cerata*, tela resa impermeabile da uno strato di gomma o vernice | (*fig.*) — *di Penelope*, si dice di un lavoro che non finisce mai perché continuamente rivisto e rifatto (in riferimento alla moglie di Ulisse che tesseva di giorno e disfaceva di notte) **2** dipinto eseguito su tela: *una* — *di Raffaello* **3** (*teat.*) sipario: *calare la* —.
te|là|io *s.m.* **1** macchina usata per creare tessuti mediante l'intreccio dei fili dell'ordito e della trama **2** insieme di elementi rigidi collegati tra loro, che servono come sostegno; intelaiatura, ossatura: *il falegname ha fissato il* — *della finestra* **3** (*auto.*) scheletro che costituisce l'ossatura di un autoveicolo.
te|là|to *agg.* **1** che ha l'aspetto o la consistenza della tela: *carta telata* **2** rinforzato con tela: *gomma telata.*
tè|le *s.m.* (*fam.*) *abbr. di* televisione: *guardare la* —.
tè|le-[1] primo elemento di parole composte che significa "da lontano", "a distanza" (*telecomunicazione*).
tè|le-[2] primo elemento di parole composte che hanno relazione con la televisione (*telefilm*).
te|le|ab|bo|nà|to *s.m.* [f. *-a*] abbonato alla televisione mediante il pagamento di un canone annuo.
te|le|al|làr|me *s.m.* dispositivo di allarme che invia segnalazioni attraverso il telefono, usato sia come antifurto che per la custodia di ammalati e anziani.
te|le|àr|ma *s.f.* [pl. *-i*] ordigno bellico telecomandato che si può azionare a distanza.
te|le|av|vì|so *s.m.* (*telecom.*) servizio di ricerca inoltrato a un utente di teledrin.
te|le|ca|bì|na *s.f.* cabina di funivia.
te|le|cà|me|ra *s.f.* apparecchio per la ripresa di immagini televisive che ne consente la registrazione o la trasmissione diretta.
te|le|ci|nè|si *s.f.* spostamento di oggetti a distanza, dovuto a capacità paranormali.
te|le|ci|nè|ti|co *agg.* [m.pl. *-ci*] relativo alla telecinesi.
te|le|co|man|dà|re *v.tr.* azionare a distanza un dispositivo elettromeccanico per mezzo di un dispositivo a impulsi elettrici o onde elettromagnetiche: — *una macchinina.*
te|le|co|màn|do *s.m.* dispositivo in grado di trasmettere e controllare a distanza apparecchiature elettriche o meccaniche: *il* — *del televisore, del cancello.*
te|le|com|po|si|zió|ne *s.f.* in tipografia, composizione di testi eseguita a distanza mediante una tastiera collegata a una o più stampanti attraverso sistemi di telecomunicazione.
te|le|co|mu|ni|ca|zió|ne *s.f.* (*telecom.*) qualunque sistema per la trasmissione e la ricezione a distanza di suoni, dati, immagini.
te|le|con|fe|rèn|za *s.f.* videoconferenza.

te|le|con|tròl|lo *s.m.* sistema di sorveglianza dotato di televisori a circuito chiuso.

te|le|cò|pia *s.f.* copia ottenuta tramite telecopiatrice; fax.

te|le|co|pia|trì|ce *s.f.* dispositivo in grado di leggere testi e immagini e di teletrasmetterli a un apparecchio ricevente in grado di riprodurne una o più copie; telefax.

te|le|crò|na|ca *s.f.* ripresa televisiva di un avvenimento commentata da un telecronista: *la — della finale di coppa.*

te|le|cro|nì|sta *s.m./f.* [m.pl. *-i*] cronista inviato a commentare le immagini di una telecronaca.

te|le|cuò|re *s.m.* (*med.*) apparecchio radiologico che riproduce in modo nitido immagini del cuore.

te|le|dif|fu|sió|ne *s.f.* trasmissione di programmi televisivi.

te|le|di|pen|dèn|te *agg.*, *s.m./f.* videodipendente.

te|le|di|pen|dèn|za *s.f.* videodipendenza.

te|le|drìn® *s.m.invar.* (*telecom.*) 1 servizio telefonico che, tramite un apparecchio portatile, segnala all'utente un avviso di chiamata e riporta sul display il numero di telefono di chi chiama 2 apparecchio portatile di teleavviso.

te|le|e|la|bo|ra|zió|ne *s.f.* (*inform.*) trasmissione di dati da un terminale a un elaboratore centrale che, dopo averli convertiti, li ritrasmette all'elaboratore di partenza.

te|le|fàx *s.m.* 1 telecopiatrice 2 messaggio scritto trasmesso per mezzo di una telecopiatrice.

te|le|fè|ri|ca *s.f.* impianto formato da una grossa fune portante sulla quale scorrono carrelli sospesi, usato nel trasporto per via aerea di materiali.

te|le|fè|ri|co *agg.* [m.pl. *-ci*] che riguarda i trasporti effettuati con una teleferica.

te|le|film *s.m.invar.* film di breve durata realizzato per la televisione in serie comprendenti in genere diversi episodi.

te|le|fo|nà|re *v.tr.* e *intr.* [indic.pres. *io telèfono...*; aus. dell'intr. *A*] comunicare per mezzo del telefono: *hanno appena telefonato che non verranno* ♦ **-rsi** *intr.pron.* parlarsi per telefono: *si telefonano tutti i giorni.*

te|le|fo|nà|ta *s.f.* comunicazione fatta per mezzo del telefono: *ho ricevuto una — da un'amica* | conversazione telefonica: *una lunga —* | **— urbana, interurbana**, tra abbonati della stessa o di una diversa rete telefonica.

te|le|fo|nà|to *part.pass.* di telefonare ♦ *agg.* (*sport*) si dice di un tiro o di un'azione di gioco prevedibili e quindi poco efficaci.

te|le|fo|nì|a *s.f.* trasmissione di suoni a distanza per mezzo del telefono: *l'inventore della — è l'italiano Meucci.*

te|le|fo|nì|co *agg.* [m.pl. *-ci*] 1 relativo al telefono, alla telefonia: *cabina telefonica* | **elenco —**, volume che contiene i nomi, gli indirizzi e i numeri di telefono degli utenti della rete telefonica 2 effettuato tramite il telefono: *conversazione telefonica* □ **telefonicamente** *avv.* mediante il telefono: *comunicare — un ritardo.*

te|le|fo|nì|no *s.m.* telefono cellulare portatile.

te|le|fo|nì|sta *s.m./f.* [m.pl. *-i*] 1 persona addetta al servizio telefonico 2 operaio addetto all'installazione e alla manutenzione di impianti telefonici.

te|lè|fo|no *s.m.* 1 apparecchio che consente la comunicazione a distanza convertendo le vibrazioni di una membrana colpita da onde sonore in vibrazioni elettriche: **— cellulare, a tastiera**; *parlare al —* | **— pubblico**, apparecchio telefonico posto in spazi o locali pubblici che può essere utilizzato a pagamento da chiunque ne abbia necessità | **numero di —**, numero attribuito a ogni utente di una rete telefonica e che bisogna comporre per effettuare il collegamento 2 (*estens.*) impianto e linea telefonici: *mettere il — in casa* 3 ogni servizio che viene effettuato mediante tale impianto | **— amico**, servizio telefonico al quale rispondono volontari e psicologi, messo a disposizione di chi abbia l'esigenza di comunicare i propri problemi | **— azzurro**, servizio telefonico istituito per difendere i minori che subiscono violenza.

te|le|fò|to *s.f.invar.* telefotografia.

te|le|fo|to|gra|fì|a *s.f.* 1 sistema di teletrasmissione a distanza di fotografie, immagini, disegni per mezzo di una linea telefonica o telegrafica | l'immagine trasmessa con tale sistema 2 fotografia effettuata per mezzo di un teleobiettivo.

te|le|ge|nì|a *s.f.* qualità di chi è telegenico.

te|le|gè|ni|co *agg.* [m.pl. *-ci*] si dice di chi si presta bene, per la sua fisionomia, a essere ripreso dalla televisione.

te|le|gior|nà|le *s.m.* notiziario trasmesso per televisione con le più importanti notizie del giorno, approfondimenti e servizi filmati.

te|le|gra|fà|re *v.tr.*, *intr.* [indic.pres. *io telègrafo...*; aus. dell'intr. *A*] comunicare per mezzo del telegrafo: *hanno telegrafato che arrivano domani.*

te|le|gra|fì|a *s.f.* sistema di trasmissione a distanza di messaggi codificati per mezzo del telegrafo.

te|le|grà|fi|co *agg.* [m.pl. *-ci*] 1 che riguarda il telegrafo o la telegrafia: *apparecchio —* 2 trasmesso per mezzo del telegrafo: *messaggio —* 3 (*estens.*) conciso, stringato: *nella mia esposizione sarò —* □ **telegraficamente** *avv.* 1 per mezzo del telegrafo 2 (*fig.*) in modo conciso, stringato.

te|le|gra|fì|sta *s.m./f.* [m.pl. *-i*] 1 persona addetta alla ricezione e trasmissione di messaggi telegrafici | militare del Genio addetto al servizio telegrafico 2 operaio addetto all'installazione e alla manutenzione di impianti telegrafici.

te|lè|gra|fo *s.m.* 1 sistema di trasmissione di messaggi a distanza per mezzo di impulsi elettrici o segnali luminosi che vengono utilizzati per comporre i segni di un alfabeto convenzionale 2 apparecchio che consente di effettuare comunicazioni telegrafiche | **— elettrico**, quello che utilizza impulsi elettrici | **— ottico**, quello che

utilizza segnali luminosi | — **senza fili**, radiotelegrafo **3** ufficio dove sono in funzione impianti telegrafici: *il — chiude alle due*.
te|le|gràm|ma *s.m.* [pl. *-i*] comunicazione scritta molto concisa trasmessa per mezzo del telegrafo: *ho ricevuto un — di felicitazioni*.
te|le|guì|da *s.f.* **1** l'atto e l'effetto del teleguidare: *— di un siluro* **2** dispositivo che permette la guida a distanza di un mezzo.
te|le|gui|dà|re *v.tr.* guidare a distanza apparecchiature mobili.
te|le|in|for|mà|ti|ca *s.f.* telematica.
te|le|la|vò|ro *s.m.* attività svolta da un lavoratore nella propria abitazione o in un luogo diverso dalla sede centrale con cui è collegato mediante sistemi telematici | l'organizzazione che deriva da tale sistema di lavoro.
telemark (*norvegese*) [pr. *tèlemark*] *s.m.invar.* nello sci, antica tecnica di discesa in cui, grazie ad attacchi che lasciano libero il tallone, lo sciatore effettua le curve distribuendo equamente il peso su entrambi gli sci, portando avanti quello a valle e inginocchiando la gamba di quello a monte, quasi fino a toccare lo sci stesso.
telemarketing (*ingl.*) [pr. *telemàrchetin*] *s.m. invar.* promozione commerciale mirata effettuata con sistemi telematici.
te|le|mà|ti|ca *s.f.* **1** (*telecom.*) insieme delle applicazioni integrate fra telecomunicazioni e informatica **2** gestione a distanza di sistemi informatici mediante reti di telecomunicazione **3** insieme dei servizi informatici forniti e fruibili attraverso una rete di telecomunicazioni.
te|le|mà|ti|co *agg.* [m.pl. *-ci*] che concerne la telematica | realizzato per mezzo della telematica: *sistema —* ♦ *s.m.* [f. *-a*] tecnico esperto in telematica.
te|le|ma|tiz|zà|re *v.tr.* (*telecom.*) organizzare un servizio mediante sistemi telematici: *— le prenotazioni*.
te|le|me|di|ci|na *s.f.* applicazione di strumenti telematici alla medicina che consente di effettuare analisi ed esami clinici a distanza.
te|le|me|trì|a *s.f.* misurazione delle distanze per mezzo del telemetro.
te|lè|me|tro *s.m.* strumento ottico usato per misurare la distanza di un oggetto rispetto all'osservatore | (*foto.*) apparecchio speciale che serve per la messa a fuoco automatica nelle macchine fotografiche.
te|len|cè|fa|lo *s.m.* (*anat.*) il segmento anteriore dell'encefalo, costituito dalla parte terminale dei due emisferi cerebrali.
telenovela (*sp.*) *s.f.* [pl. *telenovelas*] teleromanzo a carattere popolare di produzione latinoamericana, organizzato in molte puntate e incentrato sulle vicende familiari e sentimentali di alcuni personaggi | (*estens., iron.*) vicenda complicata e ricca di colpi di scena: *la tua vita è una —*.
te|le|ob|biet|ti|vo *o* **teleobiettivo** *s.m.* obiettivo fotografico dotato di un forte potere d'ingrandimento, usato per fotografare a grande distanza.
te|le|o|lo|gì|a *s.f.* (*filos.*) parte della filosofia che studia gli eventi naturali in funzione dei fini che dovrebbero realizzare; finalismo.
te|le|o|lò|gi|co *agg.* [m.pl. *-ci*] (*filos.*) **1** che riguarda la teleologia **2** che ammette il finalismo nell'ordine della natura □ **teleologicamente** *avv.*
Te|le|ò|stei *s.m.pl.* sottoclasse di Pesci caratterizzati da scheletro osseo, branchie coperte da un opercolo e pinna caudale divisa in due lobi uguali; vi appartiene la maggior parte dei pesci.
te|le|pàss® *s.m.invar.* sistema elettronico che, attraverso un'apparecchiatura di ricetrasmissione, addebita il costo del pedaggio autostradale direttamente sul conto corrente dell'automobilista senza che questi si fermi al casello.
te|le|pa|tì|a *s.f.* **1** in parapsicologia, percezione extrasensoriale di ciò che accade a una persona lontana **2** trasmissione del pensiero tra due persone.
te|le|pà|ti|co *agg.* [m.pl. *-ci*] di telepatia, per telepatia: *fenomeni telepatici* □ **telepaticamente** *avv.*
te|le|pi|lo|tà|re *v.tr.* [indic.pres. *io telepilòto...*] teleguidare.
teleprocessing (*ingl.*) [pr. *teleprosèssin*] *s.m.invar.* (*inform.*) teleelaborazione.
te|le|pro|mo|zió|ne *s.f.* pubblicità di un prodotto commerciale, di durata maggiore dello spot, che viene mandata in onda nel corso di una trasmissione televisiva.
te|le|quiz *s.m.invar.* gioco televisivo a quiz.
te|le|rì|a *s.f.* assortimento di tele, di oggetti di tela | negozio che vende oggetti di tela.
te|le|ri|ce|vèn|te *agg.* che capta segnali e immagini teletrasmessi ♦ *s.f.* stazione telericevente.
te|le|ri|ce|zió|ne *s.f.* ricezione a distanza di suoni, immagini e sim. | ricezione televisiva.
te|le|ri|le|vá|mén|to *s.m.* rilevamento a distanza di corpi celesti effettuato spec. per mezzo di satelliti artificiali.
te|le|ri|scal|da|mén|to *s.m.* tecnica che consente di riscaldare quartieri cittadini o piccoli centri urbani utilizzando il vapore in eccesso prodotto da impianti industriali o centrali termoelettriche.
te|le|ro|màn|zo *s.m.* adattamento televisivo, generalmente a puntate, di un romanzo; sceneggiato.
te|le|schér|mo *s.m.* **1** schermo dell'apparecchio televisivo **2** (*estens.*) televisione: *i personaggi del —*.
te|le|sco|pì|a *s.f.* osservazione di oggetti a grande distanza effettuata mediante telescopi.
te|le|scò|pi|co *agg.* [m.pl. *-ci*] **1** che concerne la telescopia | che concerne il telescopio **2** (*tecn.*) si dice di dispositivo formato da due o più elementi tubolari che scorrono uno dentro l'altro come nel telescopio: *canna da pesca telescopica*.
te|le|scò|pio *s.m.* strumento ottico che consente la visione di oggetti a grandi distanze, usato spec. per l'osservazione dei corpi celesti.
te|le|scri|vèn|te *agg., s.f.* apparecchiatura simile alla macchina per scrivere, munita di una ta-

telescuola

stiera su cui si digita il testo che viene trasmesso in codice telegrafico alla macchina ricevente, che lo decodifica e stampa.

te|le|scuò|la *s.f.* **1** corso le cui lezioni vengono impartite attraverso la televisione **2** insieme di programmi televisivi realizzati in passato a scopo didattico.

te|le|se|let|ti|vo *agg.* che concerne la teleselezione: *prefisso —* | che si ottiene mediante teleselezione.

te|le|se|le|zió|ne *s.f.* sistema di trasmissione telefonica che permette il collegamento diretto tra due apparecchi di diverse reti urbane senza l'intervento del centralino: *ho telefonato in — ai miei parenti in Australia.*

te|le|soc|cór|so *s.m.* servizio di soccorso a domicilio, dedicato spec. a persone anziane o malate che vivono da sole, che si attiva con un telecomando collegato per mezzo del telefono a una centrale.

te|le|sor|ve|glièn|za *s.f.* sorveglianza a distanza effettuata con mezzi telematici.

te|le|spet|ta|tó|re *s.m.* [f. *-trice*] spettatore di trasmissioni televisive.

te|le|ste|si|a *s.f.* in parapsicologia, fenomeno che consiste nella visione o percezione a distanza di un fatto, di un oggetto.

te|le|tèx *s.m.invar.* servizio telematico per la trasmissione di testi scritti; è un'evoluzione del telex.

te|le|text *s.m.invar.* sistema telematico che permette la visualizzazione su schermo televisivo di pagine scritte trasmesse via etere su canali televisivi (p.e. il servizio Televideo).

te|le|tra|smét|te|re *v.tr.* [con. come *mettere*] **1** trasmettere a distanza **2** trasmettere per mezzo della televisione.

te|le|tra|smit|tén|te *agg.* atto a trasmettere a distanza: *antenna —* ♦ *s.f.* stazione televisiva.

te|lét|ta *s.f.* tessuto di cotone rado e resistente usato in sartoria.

te|le|u|tèn|te *s.m./f.* utente del servizio televisivo; telespettatore.

te|le|vèn|di|ta *s.f.* vendita di prodotti di vario genere effettuata in apposite trasmissioni televisive nel corso delle quali il telespettatore può prenotarne telefonicamente l'acquisto.

te|le|ven|di|tó|re *s.m.* [f. *-trice*] chi effettua televendite.

te|le|vi|de|o® *s.m.invar.* sistema di teletext gestito dalla RAI, che si consulta selezionandone le pagine con il telecomando.

te|le|vi|sió|ne *s.f.* **1** sistema di telecomunicazione che trasmette immagini e suoni a distanza mediante onde elettromagnetiche: *— a circuito chiuso* | *— **a pagamento*** |, pay TV **2** ente, statale o privato, che produce contenuti televisivi e li diffonde tramite i relativi impianti: *— pubblica, locale* **3** l'insieme dei programmi televisivi: *che cosa danno alla —?* | l'insieme delle persone che collaborano alla realizzazione dei programmi e le attività connesse: *il mondo della —* **4** (*fam.*) televisore: *spegni la —.*

te|le|vi|si|vo *agg.* che riguarda la televisione: *apparecchio —*; *programmi televisivi* □ **televisivamente** *avv.* dal punto di vista televisivo | per mezzo della televisione.

te|le|vi|só|re *s.m.* apparecchio per la ricezione di programmi televisivi che trasforma il segnale ricevuto via radio in un'immagine visualizzata sullo schermo e in un insieme di suoni: *il — non funziona.*

tè|lex *s.m.invar.* **1** rete telegrafica realizzata per stabilire collegamenti automatici fra utenti privati mediante telescriventi **2** (*estens.*) il testo trasmesso con tale sistema ♦ *agg.* effettuato mediante tale sistema: *servizio —.*

tel|li|na *s.f.* piccolo mollusco bivalve dei Lamellibranchi, commestibile, tipico dei fondali sabbiosi e fangosi.

tel|lù|ri|co *agg.* [m.pl. *-ci*] che riguarda la terra e i fenomeni che si verificano nel suo interno | *movimenti tellurici*, terremoti | *scossa tellurica*, scossa sismica.

tel|lù|rio *s.m.* elemento chimico, non-metallo bianco argenteo usato nella preparazione di leghe con rame e piombo; forma composti tossici (*simb.* Te).

té|lo *s.m.* pezzo di tela o altra stoffa che può essere usato da solo o cucito con altri per formare coperte, tende, lenzuola e sim.: *ho coperto il divano con un —* | *— **da bagno**, **da mare**,* telo di spugna, usato per asciugarsi dopo un bagno o per sdraiarvisi a prendere il sole.

te|lo|fà|se *s.f.* (*biol.*) ultima fase della mitosi in cui i cromosomi si portano ai poli opposti della cellula e questa si divide dando origine alle cellule figlie.

te|ló|ne *s.m.* **1** grosso telo, spesso impermeabile, usato per riparare le merci durante il trasporto su automezzi o treni **2** sipario del teatro che si alza in verticale.

telstar (*ingl.*) [pr. *tèlstar*] *s.m.invar.* nome del satellite che permette di effettuare trasmissioni radio-televisive intercontinentali.

tè|ma[1] *s.m.* [pl. *-i*] **1** argomento: *il — della trasmissione è interessante* | (*estens.*) motivo centrale o ricorrente in un'opera artistica o letteraria, proprio di un autore, un periodo, un movimento e sim.: *il — della morte in Leopardi*; *il — risorgimentale* | (*fig.*) ***variazione sul —***, modo diverso di trattare un argomento che nulla aggiunge alla trattazione **2** esercitazione scolastica scritta su un dato argomento: *abbiamo svolto un — sulla libertà* | ***andare fuori —***, non attenersi all'argomento assegnato **3** (*ling.*) radice della parola che resta dopo aver tolto la desinenza **4** (*mus.*) il motivo principale di un componimento musicale: *i temi delle opere wagneriane.*

té|ma[2] *s.f. solo sing.* (*lett.*) timore: *parla senza — di essere contraddetto.*

te|mà|ti|ca *s.f.* insieme di argomenti | l'insieme dei temi letterari, artistici o musicali propri di un autore, un periodo storico o una corrente artistica: *le tematiche di Boccaccio.*

te|mà|ti|co agg. [m.pl. -ci] **1** che concerne un tema letterario, artistico, musicale e sim. **2** (ling.) del tema di una parola: *vocale tematica*.

te|me|ra|rie|tà s.f. ardimento eccessivo, audacia, sprezzo del pericolo.

te|me|rà|rio agg. **1** intrepido, coraggioso: *il — esploratore si gettò nel fiume* | (estens.) impudente, sfrontato: *ha dato una risposta temeraria* **2** (estens.) avventato: *il tuo giudizio — sarà presto cambiato* | (dir.) **lite temeraria**, che non è fondata su alcuna prova ♦ *s.m.* [f. -a] persona temeraria: *è un —* □ **temerariamente** avv. in modo temerario.

te|mé|re v.tr. [indic.pres. *io témo...*; pass.rem. *io teméi* o *temètti, tu temésti...*] **1** aver paura di qlcu. o di ql.co.: *— il buio* | **non aver nulla da —**, non correre alcun pericolo; avere la coscienza a posto **2** sospettare ql.co. di spiacevole: *tarda troppo, temo una disgrazia* **3** dubitare, diffidare: *temo che il tuo interessamento non servirà a nulla* | **non — qlcu., ql.co.**, essere in grado di affrontarlo **4** avere rispetto, soggezione: *— il nuovo direttore* **5** non sopportare: *temo molto il caldo* ♦ intr. [aus. A] **1** provare paura e preoccupazione: *teme per la tua salute* **2** nutrire timori, dubbi: *temo per il buon esito della gara*.

te|me|ri|tà s.f. (lett.) temerarietà.

te|mi|bi|le agg. che incute timore: *un — avversario*.

tè|mo|lo s.m. pesce d'acqua dolce di media grandezza, con un'alta pinna dorsale e dalle carni pregiate.

tem|pàc|cio s.m. (meteor.) cattivo tempo.

tèm|pe|ra s.f. **1** materiale colorante che si usa diluito in acqua: *si è macchiato con le tempere* **2** tecnica pittorica in cui si usano colori diluiti in acqua: *segue un corso di —* | (estens.) il dipinto eseguito a tempera: *le tempere del pittore sono esposte al museo* **3** (tecn.) tempra.

tem|pe|ra|ma|ti|te s.m.invar. piccolo strumento fornito di una lametta, all'interno del quale si fa ruotare la punta della matita per appuntirla.

tem|pe|ra|mén|to s.m. **1** l'insieme delle caratteristiche psicofisiche e caratteriali di un individuo: *ha un — collerico* | carattere forte, grinta: *il nuovo arrivato ha un bel —* **2** (mus.) sistema di intonazione degli strumenti per cui l'ottava viene divisa in dodici parti dagli intervalli uguali.

tem|pe|ra|mi|ne s.m.invar. piccolo strumento fornito di una o più lame per appuntire le mine di grafite.

tem|pe|ràn|te part.pres. di temperare ♦ agg. dotato di temperanza; moderato: *è bene essere — nel mangiare*.

tem|pe|ràn|za s.f. capacità di dominarsi nel soddisfare i propri bisogni e desideri | (estens.) moderazione.

tem|pe|rà|re v.tr. [indic.pres. *io tèmpero...*] **1** addolcire: *— l'asprezza dei toni* | moderare, frenare: *— l'ardore delle passioni* **2** fare la punta, aguzzare: *— la matita* **3** (tecn.) temprare ♦ **-rsi** rifl. **1** moderarsi **2** temprarsi.

tem|pe|rà|to part.pass. di temperare ♦ agg. **1** si dice di clima caratterizzato da temperature complessivamente miti e alternanza di stagioni | caratterizzato da tale clima: *viviamo in un'area temperata* **2** (fig.) moderato: *usa un linguaggio —* | sobrio, controllato: *il nonno è — nel mangiare* **3** (mus.) si dice di strumento accordato secondo il sistema del temperamento **4** (tecn.) acciaio —, che è stato sottoposto alla tempra □ **temperatamente** avv. moderatamente.

tem|pe|ra|tù|ra s.f. **1** (fis.) grandezza che misura lo stato termico di un corpo: *l'acqua bolle alla — di 100 gradi* | **— assoluta**, quella riferita a una scala centigrada in cui lo zero (zero assoluto) è pari a $-273,15\ °C$ | **— critica**, quella al di sopra della quale un gas, per quanto sottoposto a pressione, non può liquefarsi **2** (meteor.) temperatura atmosferica: *— rigida, mite* | **— massima, minima**, la temperatura più alta e più bassa registrata in un determinato periodo di tempo in una certa zona | **— ambiente**, quella abituale degli ambienti interni: *servire a — ambiente* **3** (med.) grado di calore del corpo umano: *il medico mi ha misurato la —* | **— basale**, la temperatura interna abituale di un individuo **4** (fig.) livello di tensione: *cresce la — della discussione*.

tem|pè|rie s.f. **1** (meteor.) stato dell'atmosfera, clima **2** (fig.) caratteristiche proprie di un ambiente o di un periodo: *in quella — culturale*.

tem|pe|ri|no s.m. **1** coltellino tascabile: *ho intagliato il bastone con il —* **2** temperamatite.

tem|pè|sta s.f. **1** (meteor.) perturbazione atmosferica caratterizzata da vento e precipitazioni molto violenti; bufera, burrasca: *sul mare si è abbattuta una terribile —* | **— di sabbia**, perturbazione violenta caratterizzata da vento forte che crea mulinelli di sabbia nelle zone desertiche | (fig.) **c'è aria di —**, si prevedono sgridate, castighi, discussioni | (fis.) **— magnetica**, variazione improvvisa del campo magnetico terrestre che interferisce nelle radiocomunicazioni | (prov.) **chi semina vento raccoglie —**, chi si comporta male subirà conseguenze ancor più negative **2** (fig.) grande turbamento morale: *ho il cuore in —* **3** (fig.) fitta quantità: *una — di pugni* | (fig.) impeto rumoroso: *una — di fischi* **4** (estens.) confusione: *ovunque va porta —*.

tem|pe|stà|re v.tr. [indic.pres. *io tempèsto...*] **1** battere con forza, ripetutamente: *cominciò a — la porta di pugni* **2** (fig.) travolgere, investire: *— di domande* **3** ornare riccamente: *— un gioiello di pietre preziose*.

tem|pe|stà|to part.pass. di tempestare ♦ agg. **1** battuto ripetutamente: *nave tempestata dai venti* **2** (fig.) detto di oggetto o tessuto riccamente adorno: *bracciale — di brillanti* | (fig.) pieno: *un cielo — di stelle*.

tem|pe|sti|vi|tà s.f. caratteristica di chi o di ciò che è tempestivo.

tem|pe|stì|vo agg. che avviene nel momento giusto, opportuno: *il tuo intervento — ha evitato la rissa* □ **tempestivamente** avv. in modo tempestivo: *intervenire —*.

tem|pe|stó|so agg. **1** sconvolto da vento forte e

tempia 1294

pioggia; burrascoso: *mare* — **2** (*fig.*) contrastato, agitato: *incontro* — □ **tempestosamente** *avv.* in modo tempestoso: *la riunione è finita* —.

tèm|pia *s.f.* ciascuna delle due parti laterali del capo compresa tra l'occhio e l'orecchio: *gli hanno puntato una pistola alla* —.

tem|piét|to *s.m.* (*arch.*) costruzione che riproduce in piccolo le forme del tempio classico.

tèm|pio *s.m.* [pl. *-i* o *-li*] **1** edificio consacrato a una divinità e al culto religioso: — *di Giove* **2** (*estens.*) edificio dedicato alla memoria di persone illustri **3** (*fig.*) luogo degno di particolare rispetto: *il Conservatorio è il* — *della musica*.

tem|pi|smo *s.m.* comportamento o caratteristica di chi è tempista.

tem|pi|sta *s.m./f.* [m.pl. *-i*] **1** (*mus.*) musicista che va perfettamente a tempo **2** chi agisce a tempo opportuno; chi sa cogliere il momento giusto.

tem|plà|re *agg.* che appartiene all'ordine religioso-militare fondato nel sec. XII per difendere i luoghi santi e proteggere i pellegrini che si recavano a visitare il Santo Sepolcro di Gerusalemme: *cavaliere* — ♦ *s.m.* cavaliere appartenente all'ordine templare.

tèm|po *s.m.* **1** successione continua di momenti in cui collochiamo i fatti e gli eventi umani: *il* — *passa e noi invecchiamo* | *a* — *perso*, si dice di quanto viene fatto senza precise finalità, a tempo perso | *il* — **non passa mai**, si dice quando ci si annoia o si aspetta ql.co. o ql.co. | *ingannare, ammazzare il* —, fare ql.co. per non annoiarsi | *col* —, col passare del tempo: *col* — *capirai* | *per* —, col dovuto anticipo: *occorre preparare tutto per* — | (*prov.*) *il* — **è denaro**, bisogna impiegarlo bene | (*prov.*) **chi ha** — **non aspetti** —, non bisogna rimandare ciò che si può fare subito **2** spazio cronologico, periodo che si può misurare: *ti lascio un'ora di* — **3** parte dell'anno: *l'autunno è* — *di semina* | periodo dell'anno con determinate caratteristiche che si ripetono: — *natalizio, pasquale* **4** epoca, età: *al* — *dei nonni la vita era più semplice* **5** porzione più o meno ampia del tempo; periodo: *per molto* — *non ci siamo sentiti*; *per quanto* — *resterai a Londra?* | *da* —, da un lungo periodo | — *fa*, in passato | *un* —, in un passato lontano | *allo stesso* —, contemporaneamente | (*bur.*) **tempi tecnici**, periodo di tempo necessario per compiere un'operazione **6** (*spec.pl.*) con riferimento alle condizioni storiche, alle circostanze: *tempi barbari, torbidi* | **stare al passo coi tempi**, tenersi aggiornato | **nella notte dei tempi**, in un tempo imprecisato e lontanissimo **7** spazio di tempo necessario per compiere un'azione, svolgere un'attività: *il* — *per dare le risposte all'esame è poco*; *rubare il* — *al sonno* | — **di cottura**, il tempo necessario perché un cibo sia cotto al punto giusto | — **libero**, quello che può essere impiegato in attività ricreative | — **pieno**, si dice di impiego che dura tutta la giornata lavorativa o di orario scolastico che preveda lezioni al mattino e al pomeriggio | **non c'è** — **da perdere**, bisogna affrettarsi | *prendere* —, indugiare, temporeggiare | *perdere* —, oziare | **non perdere** —, mettersi in azione prontamente **8** momento opportuno: *ogni cosa va fatta a suo* — | *dar* — *al* —, fare le cose con calma e ponderazione; aspettare che giunga l'occasione opportuna | *c'è sempre* —, non c'è fretta | — *utile*, termine entro il quale si deve compiere una data azione | *in* — *reale*, in contemporanea **9** (*gramm.*) le varie forme che assume il verbo per indicare il momento in cui avviene l'azione: — *imperfetto, futuro, passato prossimo* | *avverbio, complemento di* —, che indica una determinazione di tempo **10** (*mus.*) velocità di esecuzione di un brano | *ritmo*: — *del tango* | *andare a* —, seguire correttamente il ritmo di una musica **11** (*mus.*) ciascuna delle parti in cui è divisa una composizione musicale: *il secondo* — *della Sinfonia Pastorale* | divisione di un movimento in più parti: *questo passo di danza si divide in quattro tempi* **12** ciascuna parte di uno spettacolo cinematografico, teatrale o musicale: *l'intervallo tra primo e secondo* — **13** (*sport*) ogni frazione in cui è suddiviso un incontro: *nel gioco del calcio un* — *dura 45 minuti* | — *supplementare*, nelle partite a eliminazione diretta, tempo che si aggiunge nel caso che le due squadre concludano l'incontro in parità | (*sport*) nella corsa, nello sci, nel motorismo e in altri sport, il tempo impiegato da un atleta per portare a termine il percorso: *ha fatto registrare un buon* — | — *massimo*, tempo entro il quale gli atleti devono giungere al traguardo per non essere squalificati **14** (*mecc.*) nei motori a scoppio, ciascuna delle varie fasi del ciclo termodinamico (aspirazione, compressione, scoppio e scarico): *motore a due, a quattro tempi* **15** insieme delle condizioni meteorologiche in una zona in un determinato tempo: — *sereno, piovoso*; *previsioni del* — | *da lupi*, tempo pessimo | — **permettendo**, se le condizioni atmosferiche saranno buone | *speriamo che il* — *regga*, che non peggiori | (*fig.*) *fare il bello e il cattivo* —, avere pieni poteri | *lascia il* — *che trova*, non ha alcun effetto, è poco efficace: *un rimedio che lascia il* — *che trova*.

tem|po|rà|le[1] *agg.* **1** che ha una durata limitata nel tempo | caduco: *beni temporali* | (*st.*) *potere* —, il potere civile esercitato dai papi o da autorità ecclesiastiche nei territori da loro controllati **2** (*gramm.*) relativo al tempo: *"quando" introduce una proposizione* — **3** (*scient.*) che riguarda la dimensione del tempo ♦ *s.f.* (*gramm.*) proposizione subordinata che indica in quale circostanza di tempo avviene quanto espresso dalla proposizione reggente.

tem|po|rà|le[2] *agg.* (*anat.*) della tempia, relativo alla tempia: *regione* —.

tem|po|rà|le[3] *s.m.* **1** (*meteor.*) perturbazione atmosferica improvvisa e violenta, con vento, pioggia, tuoni e lampi: *sta per scoppiare un* — **2** (*fig.*) reazione, discussione violenta: *c'è aria di* — *in casa*.

tem|po|ra|lé|sco *agg.* [m.pl. *-schi*] (*meteor.*) relativo a temporale | che preannuncia temporale: *nuvole temporalesche*.

tem|po|ra|li|tà *s.f.* **1** carattere di ciò che è temporale **2** (*spec.pl.*) rendite di un beneficio ecclesiastico.

tem|po|ra|nei|tà *s.f.* condizione di ciò che è temporaneo.

tem|po|rà|ne|o *agg.* che dura solo un certo periodo di tempo: *ha avuto un incarico —* | momentaneo, provvisorio: *beneficio —* ☐ **temporaneamente** *avv.* per un periodo breve, limitato: *abito qui —* | in modo non definitivo: *mentre studio lavoro — in un bar.*

tem|po|reg|gia|mén|to *s.m.* l'atto di temporeggiare.

tem|po|reg|già|re *v.intr.* [indic.pres. *io temporéggio...*; aus. *A*] indugiare aspettando il tempo opportuno per decidere, agire e sim.

tem|po|reg|gia|tó|re *s.m.* [f. *-trice*] chi temporeggia.

tem|po|riz|zà|re *v.tr.* (*tecn.*) regolare un meccanismo in modo che funzioni a intervalli di tempo stabiliti: *— il semaforo.*

tem|po|riz|za|tó|re *s.m.* (*tecn.*) dispositivo che emette segnali o impulsi a intervalli di tempo prefissati, consentendo l'esecuzione automatica di una o più operazioni successive; timer: *il — della radiosveglia.*

tem|po|riz|za|zió|ne *s.f.* (*tecn.*) l'atto e l'effetto del temporizzare.

tèm|pra *s.f.* **1** (*tecn.*) trattamento termico di alcuni materiali (p.e. acciaio, leghe, vetro) che consiste nel passaggio rapido da temperature elevate a temperature normali mediante immersione in liquidi refrigeranti per conferire loro proprietà particolari | la caratteristica che il materiale acquista con tale trattamento: *acciaio di buona —* **2** (*fig.*) insieme delle caratteristiche fisiche e morali di una persona: *la sua forte — l'ha salvato.*

tem|prà|re *v.tr.* [indic.pres. *io tèmpro...*] **1** (*tecn.*) sottoporre a tempra: *— l'acciaio* **2** (*fig.*) rendere più forte fisicamente e moralmente: *le difficoltà lo hanno temprato* ♦ **-rsi** *intr.pron.* diventare più forte fisicamente e moralmente.

tem|pù|sco|lo *s.m.* nel linguaggio scientifico, periodo infinitamente piccolo di tempo.

te|nà|ce *agg.* **1** (*tecn.*) che tiene bene, che fa presa: *cemento —* | resistente, che non si rompe facilmente: *filo —* | che non si deforma facilmente: *metallo —* **2** (*fig.*) fermo nei propositi e nelle convinzioni; costante: *è un ragazzo —* | *memoria —*, che ritiene a lungo, durevole ☐ **tenacemente** *avv.* (*spec.fig.*) in modo tenace: *difende — le sue idee.*

te|nà|cia *s.f.* fermezza, costanza: *lavora con — per fare carriera.*

te|na|ci|tà *s.f.* caratteristica di ciò che è tenace; durezza, resistenza: *la — dei metalli.*

te|nà|glia *s.f.* **1** (*spec.pl.*) arnese di ferro o altro metallo duro formato da due ganasce simmetriche che si muovono su un perno, usato per afferrare, trinciare, stringere e sim.: *estrarre un chiodo con la —* | *a —*, a forma di tenaglia | (*fig.*) *cavare le parole di bocca con le tenaglie*, costringere a parlare | (*mil.*) *manovra a —*, movimento strategico con cui un esercito accerchia lo schieramento nemico sui due fianchi **2** (*med.*) pinza per estrarre i denti **3** (*com.*) chele di crostacei.

tè|nar o **tènare** *s.m.* (*anat.*) prominenza a cuscinetto sul palmo della mano, alla base del pollice.

tèn|da *s.f.* **1** drappo di tela o di altro tessuto che si stende sopra o davanti a ciò che si vuole riparare o nascondere: *ha messo una — davanti all'ingresso* | drappo di tela o di altro tessuto che si mette davanti alle finestre come ornamento **2** tela stesa all'aperto per riparare dal sole o dalla pioggia: *alzare la —* **3** piccola costruzione smontabile, costituita da una struttura metallica che regge un telo impermeabile, usata da popoli nomadi, soldati, campeggiatori: *abbiamo trascorso le vacanze in —* | *— canadese*, tenda da campeggio a sezione triangolare | *piantare le tende*, accamparsi; (*fig.*) stabilirsi a lungo in un luogo o a casa di qlcu.: *questa estate i cugini hanno piantato le tende da noi* | *levare le tende*, smontare l'accampamento; (*fig.*) andarsene da un luogo **4** (*med.*) *— a ossigeno*, struttura in plastica usata per dare ossigeno a un paziente con difficoltà respiratorie.

ten|dàg|gio *s.m.* insieme di tende messe in un ambiente come ornamento.

ten|dèn|te *part.pres. di* tendere ♦ *agg.* **1** che mira: *parole tendenti a uno scopo preciso* **2** che si avvicina: *colore — al rosso.*

ten|dèn|za *s.f.* **1** attitudine, inclinazione: *ha una naturale — per la pittura* | predisposizione: *questa stoffa ha — a sciuparsi* **2** orientamento ideologico o politico: *— populista* **3** orientamento della cultura, della moda e sim. | *di —*, che riflette i gusti del pubblico; che fa moda.

ten|den|zià|le *agg.* che manifesta una tendenza ☐ **tendenzialmente** *avv.* **1** per predisposizione: *è — onesto* **2** in linea di massima: *ha — i miei stessi gusti.*

ten|den|zio|si|tà *s.f.* proprietà di ciò che è tendenzioso.

ten|den|zió|so *agg.* che mira a uno scopo particolare: *parole tendenziose* | (*estens.*) non obiettivo: *informazione tendenziosa* ☐ **tendenziosamente** *avv.*

tender (*ingl.*) [pr. *tèndar*] *s.m.invar.* **1** carro ferroviario che veniva agganciato alle locomotive a vapore per il trasporto di acqua e carbone; carro di scorta **2** (*mar.*) piccola imbarcazione di servizio, rimorchiata da una più grande e utilizzata per raggiungere la riva.

tèn|de|re *v.tr.* [indic. pres. *io tèndo* ecc.; pass. rem. *io tési, tu tendésti* ecc.; part.pass. *téso*] **1** distendere, tirando nel senso della lunghezza e della larghezza: *— l'arco*; *— le corde della chitarra* | *— le reti*, distenderle per catturare pesci o uccelli **2** (*fig.*) predisporre, organizzare di nascosto: *— una trappola* **3** allungare, protendere: *— tendi il braccio per prendere quel libro* | *— la mano*, porgerla; (*fig.*) aiutare; compiere un gesto di riconciliazione | (*fig.*) *— l'orecchio, lo sguardo*, rivolgere la propria attenzione verso ql.co.: *tendi l'o-*

tendicatena

recchio a quello che dicono ♦ *intr.* [aus. *A*] **1** avere uno scopo, un fine: *tutti i suoi sforzi tendono alla promozione* **2** essere predisposto: *è un ragazzo che tende all'ozio* **3** avvicinarsi: *occhi che tendono al verde* **4** avviarsi a cambiare in un certo modo: *finalmente il tempo tende al bello* ♦ **-rsi** *intr.pron.* entrare in tensione: *quando lo vedo mi si tendono i nervi.*

ten|di|ca|té|na *s.m.invar.* dispositivo che serve a tener tesa la catena in biciclette e motociclette.

ten|di|còl|lo *s.m.* rinforzo in plastica o celluloide che si applica alla parte interna del colletto della camicia maschile per tenerlo teso.

ten|di|na *s.f.* **1** tenda leggera che si mette ai vetri delle finestre e sim. **2** (*foto.*) nell'otturatore della macchina fotografica, diaframma che, scorrendo rapidamente, permette l'esposizione temporanea della pellicola.

ten|di|ne *s.m.* (*anat.*) ciascuno dei cordoni di tessuto fibroso che fissa i muscoli alle ossa: *stirarsi un* — | — *d'Achille*, il grosso tendine che va dal polpaccio al calcagno.

ten|di|ne|o *agg.* (*anat.*) del tendine.

ten|di|ni|te *s.f.* (*med.*) infiammazione di un tendine.

ten|dó|ne *s.m.* **1** grande tenda: *ha coperto il terrazzo con un* — **2** grande telo impermeabile usato per ricoprire merci, vetture e sim. **3** grande tenda di forma generalmente circolare, sorretta da intelaiatura metallica e usata come copertura per circhi, padiglioni fieristici ecc. **4** sipario teatrale.

ten|dò|po|li *s.f.* l'insieme di tende di grandi dimensioni, comprendenti anche servizi sanitari e igienici, allestite per ospitare provvisoriamente persone costrette ad abbandonare le case in seguito a situazioni di emergenza.

te|ne|bra *s.f.* (*spec.pl.*) **1** assenza completa di luce; buio assoluto: *i ciechi vivono nelle tenebre* | *al cadere delle tenebre*, all'arrivo del buio della notte **2** (*fig.*) condizione di ignoranza, di abbrutimento morale: *le tenebre dell'ignoranza, del peccato.*

te|ne|bro|si|tà *s.f.* (*anche fig.*) caratteristica di chi o di ciò che è tenebroso.

te|ne|bró|so *agg.* **1** immerso nelle tenebre: *luoghi tenebrosi* **2** (*fig.*) oscuro, misterioso: *intrighi tenebrosi* **3** (*fig.*) schivo, impenetrabile: *uno sguardo* — ♦ *s.m.* [f. -*a*] persona schiva, impenetrabile | (*scherz.*) *un bel* —, persona che affascina per la sua aria misteriosa.

te|nèn|te *s.m.* (*mil.*) ufficiale dell'esercito di grado superiore a sottotenente e inferiore a capitano | — *generale*, in alcuni corpi dell'esercito, ufficiale di grado corrispondente a quello di generale di divisione | — *colonnello*, ufficiale di grado inferiore a colonnello e superiore a maggiore | (*mar.*) — *di vascello*, nella marina militare, ufficiale di grado corrispondente a quello di capitano dell'esercito.

te|nèn|za *s.f.* ufficio di una sezione territoriale dei carabinieri e della guardia di finanza comandati da un tenente.

te|né|re *v.tr.* [indic. pres. *io tèngo, tu tièni, egli tiène, noi teniamo, voi tenéte, essi tèngono*; pass.rem. *io ténni, tu tenésti...*; fut. *io terrò...*; congiunt.pres. *io tènga, ...noi teniamo, voi teniate, essi tèngano*; condiz.pres. *io terrèi...*; imp. *tièni, tenéte*; part.pres. *tenènte*; part.pass. *tenuto*] **1** stringere ql.co. o ql.cu. in modo che non cada o non sfugga: — *il cappello nella sinistra*; — *un bambino per mano* | — *testa a ql.cu.*, resistergli; avere la meglio su di lui **2** mantenere fermo in una certa posizione; reggere: — *la scala* | (*fig.*) — *le fila di ql.co.*, gestirla **3** mantenere, conservare: — *il posto; saper* — *un segreto* | trattenere: *tieni il cane, perché i bambini hanno paura* | (*mus.*) — *una nota*, prolungarne il suono **4** mantenere in una posizione, in un posto, in una condizione particolari: — *in sospeso*; — *in caldo, in fresco* | — *a bada*, controllare | — *a battesimo*, fare da padrino o da madrina; (*fig.*) presenziare all'inaugurazione di ql.co. | — *a mente, a memoria*, ricordare | — *al corrente*, tenere informato | (*fig.*) — *banco*, guidare una conversazione mettendosi al centro dell'attenzione ♦ *intr.* | — *d'occhio*, sorvegliare, controllare | — *in considerazione*, considerare | (*fig.*) — *in pugno*, avere in proprio potere, dominare | — *la destra, la sinistra*, procedere mantenendosi lungo il lato destro o sinistro della strada | — *le distanze*, non dare confidenza | — *le mani a posto*, non picchiare ql.cu., non toccare ql.co. **5** conservare per sé: *questo libro lo tengo per me* | avere al proprio servizio: — *un cuoco* **6** ricevere, prendere: *tieni questi soldi per la spesa* **7** ricoprire una carica: *ha tenuto l'incarico di amministratore per tre anni* | gestire: — *un bar* **8** occupare: *tienimi il posto sul treno; il carro tiene tutta la strada* | — *la strada*, si dice di autoveicolo che possiede una notevole stabilità qualsiasi sia la condizione del fondo stradale **9** portare, indossare: — *l'anello al dito*; — *il cappello in testa* **10** contenere: *la mia borraccia tiene due litri* **11** organizzare ql.co.; presenziare a ql.co.: — *una conferenza* | — *compagnia a ql.cu.*, passare insieme del tempo **12** giudicare: *tengo il professore in grande considerazione* ♦ *intr.* [aus. *A*] **1** essere resistente, far buona presa: *questa colla tiene bene* | — *duro*, non cedere, resistere **2** reggere alla fatica: *i corridori stanno tenendo bene* **3** resistere nel tempo: *il rapporto tiene* **4** non rompersi: *la corda tiene ancora* **5** parteggiare: — *per un candidato* | tifare: *tengo alla Juve* **6** dare importanza: — *alla forma; tiene molto alla famiglia* ♦ **-rsi** *rifl.* **1** aggrapparsi, attaccarsi: — *forte alla fune* | reggersi: *si tiene in piedi a fatica* **2** mantenersi in uno stato, in una condizione: — *a distanza*; — *in allenamento* | — *al largo*, navigare in mare aperto; (*fig.*) evitare: *mi tengo al largo da certe persone* **3** trattenersi: — *a stento dal rispondere* **4** attenersi: — *a quanto stabilito* ♦ *rifl.rec.* tenersi a vicenda: — *per mano.*

te|ne|réz|za *s.f.* **1** proprietà di ciò che è tenero **2** (*fig.*) sentimento di dolce affetto, di commozione: *sentì un'improvvisa* —; *quel bambino così* *piccolo fa* — **3** (*spec.pl.*) manifestazione di affetto: *i due ragazzi si scambiavano tenerezze.*

tè|ne|ro *agg.* **1** non duro: *carne tenera* **2** (*estens.*) delicato: *è spuntato un — germoglio* | **tenera età**, l'infanzia **3** (*fig.*) dolce, affettuoso: *genitori teneri* | che esprime tenerezza: *sorriso —* | indulgente: *è un maestro molto — con gli alunni* **4** delicato, poco intenso: *ha scelto un azzurro — per la camicetta* ♦ *s.m.* **1** la parte tenera di ql.co. **2** (*fig.*) simpatia, affetto: *c'è del — fra quei due* □ **teneramente** *avv.* con tenerezza, affettuosamente: *amarsi —.*

te|ne|rù|me *s.m.* **1** insieme di cose tenere | (*fig.*) tenerezze sdolcinate; smancerie **2** insieme di cartilagini attaccate alle ossa della carne destinata al bollito: *— di vitello.*

te|nè|smo *s.m.* (*med.*) spasmo doloroso dello sfintere anale o della vescica, con bisogno continuo di evacuare.

tè|nia *s.f.* lungo verme a nastro, parassita dell'uomo e di animali domestici; verme solitario.

te|ni|a|si *s.f.* (*med.*) infestazione da tenie.

tèn|nis *s.m.invar.* gioco di origine inglese che si pratica fra due o quattro giocatori che si rimandano una palla per mezzo di racchette su un campo in erba, cemento, terra battuta o superfici sintetiche, diviso in due metà uguali da una rete: *giocare una partita di —; pallina da —* | club o impianto sportivo dove si gioca a tennis: *andare al —* | *— da tavolo*, ping-pong.

ten|ni|sta *s.m./f.* [m.pl. *-i*] chi gioca a tennis.

ten|ni|stà|vo|lo *s.m.invar.* tennis da tavolo; ping-pong.

ten|ni|stì|co *agg.* [m.pl. *-ci*] relativo al tennis, ai tennisti: *gara tennistica* | (*giorn.*) **punteggio** —, si dice del risultato di un incontro calcistico nel quale una squadra abbia segnato sei reti.

tèn|no *s.m.* titolo ufficiale dell'imperatore del Giappone.

te|nó|ne *s.m.* (*tecn.*) in falegnameria, di due legni a incastro, quello fatto in modo di inserirsi nell'altro.

tè|nor (*lat.*) *s.m.invar.* (*mus.*) nel canto polifonico antico, la voce bassa che eseguiva le note principali attorno alle quali si muoveva il contrappunto delle altre voci.

te|nó|re *s.m.* **1** andamento, modo di procedere: *se si continua con questo —, non si finisce bene* | *— di vita*, modo di vivere, in riferimento spec. alle possibilità economiche: *quella famiglia ha un — di vita modesto* **2** tono: *il — dell'articolo è molto critico* **3** percentuale di una sostanza in una soluzione: *liquore a elevato — alcolico* **4** (*mus.*) il registro più alto delle voci maschili | cantante che ha tale registro.

te|no|ri|le *agg.* (*mus.*) di, da tenore: *voce —.*

ten|sio|at|ti|vo *agg., s.m.* (*chim., fis.*) si dice di sostante che modifica la tensione superficiale dei liquidi nei quali viene disciolta, generando schiuma e provocando effetti di detersione ed emulsione.

ten|sió|me|tro *s.m.* (*fis.*) apparecchio per la misurazione della tensione meccanica.

ten|sió|ne *s.f.* **1** il tendere, l'essere teso: *la —* *delle corde è al massimo* **2** (*fig.*) stato di eccitazione nervosa, di ansia: *ha passato momenti di grande —* **3** (*fig.*) atmosfera non serena: *c'è — in casa* | (*fig.*) contrasto, dissidio, ostilità: *durante la manifestazione ci sono stati momenti di —* **4** (*mecc.*) reazione che si manifesta in un corpo soggetto a una forza che tende a deformarlo **5** (*fis.*) *— elettrica*, differenza di potenziale elettrico | **alta** —, tensione elettrica superiore a 30.000 volt.

ten|só|re *agg.* che tende, che ha la funzione di tendere: *muscolo — del timpano* ♦ *s.m.* **1** (*mat.*) ente matematico che permette la rappresentazione di grandezze fisiche e geometriche in spazi pluridimensionali **2** (*anat.*) muscolo della coscia che estende, abduce e fa ruotare la gamba.

ten|so|strut|tù|ra *s.f.* (*edil.*) struttura capace di resistere soltanto a sollecitazioni di trazione, usata spec. per sorreggere impalcature e per realizzare coperture sospese.

ten|tà|bi|le *agg.* che si può tentare ♦ *s.m.* solo *sing.* ciò che si può tentare: *cerchiamo di fare il —* | *tentare il —*, fare tutti i tentativi possibili.

ten|ta|co|là|re *agg.* **1** che ha la forma di tentacolo: *appendice —* **2** (*fig.*) che attira e corrompe: *città —* | che con le sue diramazioni arriva ovunque: *organizzazione —.*

ten|tà|co|lo *s.m.* **1** (*zool.*) lungo organo flessibile proprio di alcuni animali che lo utilizzano per spostarsi e per afferrare le prede e altri oggetti: *i tentacoli della piovra* **2** (*fig.*) cosa che afferra e irretisce: *i tentacoli del vizio* **3** (*fig.*) le diramazioni di un'organizzazione: *i tentacoli della mafia.*

ten|tà|re *v.tr.* [indic.pres. *io tènto...*] **1** (*lett.*) toccare leggermente **2** tastare ql.co. per riconoscerla o per saggiarne la consistenza **3** (*estens.*) sperimentare, provare: *— un nuovo cammino*; *— la fortuna* | (*prov.*) *tentar non nuoce*, vale la pena di provare **4** (*fig.*) allettare, invogliare: *la tua proposta mi tenta molto* | istigare al male: *il serpente tentò Eva.*

ten|ta|tì|vo *s.m.* prova, esperimento per riuscire in un intento: *tutti i tentativi sono risultati vani.*

ten|ta|tó|re *agg., s.m.* [f. *-trice*] che, chi istiga al male: *diavolo —.*

ten|ta|zió|ne *s.f.* **1** istigazione al male: *cadere in —* | *indurre in —*, spingere a fare il male **2** voglia, desiderio di fare ql.co. di male: *ho resistito alla — di picchiarlo* | ciò che tenta: *il cioccolato è una —.*

ten|tén|na *s.m.invar.* (*scherz.*) persona che non sa prendere una decisione e che cambia idea di continuo.

ten|ten|na|mén|to *s.m.* incertezza, esitazione nel prendere una decisione.

ten|ten|nàn|te *part.pres.* di tentennare ♦ *agg.* indeciso, esitante: *carattere —.*

ten|ten|nà|re *v.intr.* [indic.pres. *io tenténno...*; aus. *A*] **1** avere un equilibrio instabile; oscillare: *il palo tentenna* | *camminare tentennando*, barcollando **2** (*fig.*) essere in dubbio, esitare: *di fronte a una decisione, tentenna* ♦ *tr.* far oscillare, scuotere: *— il capo.*

ten|tó|ne o **tentóni** *avv.* **1** a tastoni, tastando intorno con le mani e coi piedi prima di procedere: *camminare* — **2** (*fig.*) a caso, senza avere le idee chiare: *rispondere* — ♦ *nella loc.avv.* **a tentoni**, a tastoni, a casaccio.

ten|tò|rio *s.m.* (*anat.*) prolungamento della dura madre che separa il cervelletto dai lobi occipitali.

tè|nue *agg.* **1** esile, debole (*anche fig.*): *un suono* —; *una* — *speranza* | sottile **2** (*fig.*) lieve, leggero: *un castigo* — **3** (*ling.*) detto di consonante, di breve durata □ **tenuemente** *avv.* in modo tenue.

te|nui|tà *s.f.* (*anche fig.*) proprietà di ciò che è tenue.

te|nù|ta *s.f.* **1** modo e capacità di mantenere ql.co. in un certo stato o in una data situazione; resistenza | (*comm.*) — *dei libri contabili*, l'operazione di aggiornarli e tenerli in ordine | (*auto.*) — *di strada*, capacità di un veicolo di aderire all'asfalto per evitare di sbandare **2** capacità di un recipiente: *un serbatoio della* — *di dieci litri* | capacità di trattenere un liquido o un gas: *questo tappo ha poca* — | *a* — *d'aria, d'acqua, di gas*, che non lascia passare aria, acqua, gas: *stantuffo a* — *d'aria* **3** (*sport*) resistenza di un atleta a un determinato sforzo: *la* — *del maratoneta sulle lunghe distanze* | (*estens.*) resistenza nello svolgimento di un'attività **4** vasto possedimento terriero: *ho appena acquistato una* — *in campagna* **5** divisa militare: — *di parata* | abbigliamento specifico per un'attività: — *da ginnastica*.

te|nu|tà|rio *s.m.* [f. *-a*] proprietario o gestore di un esercizio pubblico, spec. di un locale equivoco.

te|nù|to *part.pass. di* tenere ♦ *agg.* **1** mantenuto, conservato: *un abito ben* — | adibito: *un campo* — *a maggese* | (*mus.*) *nota tenuta*, di cui si prolunga il suono | (*fig.*) *essere, sentirsi* — *a*, essere, sentirsi obbligato, vincolato a fare ql.co.: *è* — *a pagare*; *non sono* — *a riceverlo* **2** *nella loc.* — *conto che*, considerando che: — *conto che piove, è meglio partire prima*.

ten|zó|ne *s.f.* **1** (*lett.*) nel Medioevo, disputa in versi su vari argomenti **2** contrasto, contesa | *singolar* —, duello: *si sono sfidati a singolar* —.

tè|o- primo elemento di parole composte, che significa "dio" (*teocentrismo*).

Te|o|brò|ma *s.m.* genere di piante delle regioni tropicali a cui appartiene l'albero del cacao.

te|o|bro|mi|na *s.f.* alcaloide contenuto nei semi del cacao che ha proprietà diuretiche e di stimolante cardiaco.

te|o|càl|li *s.m.invar.* (*archeol.*) tempio dell'antico Messico a forma di piramide, dove si svolgevano sacrifici umani.

te|o|cèn|tri|co *agg.* [m.pl. *-ci*] che concerne il teocentrismo.

te|o|cen|tri|smo *s.m.* indirizzo di pensiero che pone Dio come centro e fine della realtà e principio dei valori spirituali.

te|o|crà|ti|co *agg.* [m.pl. *-ci*] della teocrazia | caratterizzato da teocrazia: *sistema* —.

te|o|cra|zi|a *s.f.* sistema di governo in cui l'autorità politica è esercitata dal potere religioso in nome di Dio.

te|o|do|li|te *s.m.* strumento ottico a cannocchiale usato per eseguire la misurazione degli angoli azimutali e zenitali nella realizzazione di rilievi geodetici e topografici.

te|o|fa|ni|a *s.f.* apparizione o manifestazione sensibile della divinità.

te|o|fil|li|na *s.f.* (*farm.*) alcaloide presente nelle foglie del tè, usato come diuretico, vasodilatatore e antiasmatico.

te|o|go|ni|a *s.f.* nelle religioni politeistiche, narrazione mitologica dell'origine e della genealogia degli dei.

te|o|lo|gà|le *agg.* della teologia: *sapienza* — | *virtù teologali*, nella dottrina cattolica, fede, speranza e carità, così definite in quanto vengono infuse nell'uomo direttamente da Dio.

te|o|lo|gi|a *s.f.* **1** studio delle cose divine e del loro rapporto con la realtà naturale e umana | l'insieme delle concezioni teologiche proprie di un personaggio, di un movimento o di un'epoca: *la* — *di Tommaso d'Aquino* | — *naturale*, fondata sulla ragione | — *rivelata*, fondata sulla rivelazione | — *speculativa*, che riguarda le verità rivelate **2** nel cristianesimo, scienza che studia la natura di Dio uno e trino e i suoi rapporti col mondo.

te|o|lò|gi|co *agg.* [m.pl. *-ci*] che concerne la teologia: *dottrine teologiche* □ **teologicamente** *avv.* secondo la teologia; dal punto di vista teologico: *disputare* —.

te|o|lo|giz|zà|re *v.intr.* [aus. *A*] trattare di teologia e secondo teologia.

te|ò|lo|go *s.m.* [f. *-a*; m.pl. *-gi*] studioso, esperto di teologia.

te|o|rè|ma *s.m.* [pl. *-i*] **1** (*filos.*) affermazione che viene dimostrata per deduzione da altre assunte come vere e già dimostrate **2** (*estens.*) ipotesi fondata su deduzioni logiche: *il giudice ha formulato il suo* — *accusatorio*.

te|o|rè|si *s.f.* (*filos.*) attività di indagine puramente teorica, il cui unico scopo risiede nell'indagine stessa.

te|o|rè|ti|ca *s.f.* filosofia della conoscenza.

te|o|rè|ti|co *agg.* [m.pl. *-ci*] (*filos.*) che si riferisce alla teoria, si basa sulla teoria: *filosofia* — □ **teoreticamente** *avv.* dal punto di vista teoretico.

te|o|ri|a *s.f.* **1** formulazione sistematica dei principi di una scienza, di una dottrina filosofica e di altre forme del sapere | insieme di principi che servono da guida all'azione **2** insieme di ipotesi relative alla spiegazione di un determinato fenomeno | *in* —, teoricamente: *in* — *è facile vincere* **3** (*estens.*) modo di pensare: *ha delle strane teorie sull'educazione dei figli!* **4** fila, processione: *una lunga* — *di veicoli ha intasato l'autostrada*.

te|o|ri|ci|tà *s.f.* qualità di ciò che è teorico.

te|o|ri|co *agg.* [m.pl. *-ci*] che concerne la teoria: *trattazione teorica* | che si basa su teorie: *conoscenze teoriche* ♦ *s.m.* [f. *-a*] **1** chi elabora una teoria: *i teorici del finalismo* **2** (*spreg.*) chi si ba-

sa sulla teoria senza avere capacità pratiche □
teoricamente *avv.* dal punto di vista della teoria.
te|o|riz|zà|re *v.tr.* formulare una teoria | ridurre a teoria ♦ *intr.* [aus. A] (*assol., spreg.*) trattare un argomento in modo astratto: *teorizza su tutto*.
te|o|riz|za|zió|ne *s.f.* l'atto e l'effetto del teorizzare.
te|o|so|fi|a *s.f.* 1 (*filos.*) scienza delle cose che riguardano la divinità 2 dottrina diffusa nel XIX sec. che, fondendo principi cristiani e orientali, mirava a condurre l'uomo a una conoscenza diretta della divinità concepita in un'ottica panteista.
te|o|sò|fi|co *agg.* [m.pl. -*ci*] che concerne la teosofia.
té|pa|lo *s.m.* ciascuna delle parti che formano il perigonio del fiore.
tepee (*ingl.*) [pr. *tipiù*] *s.m.invar.* la tipica tenda conica degli Indiani d'America, ricoperta da pelli sostenute da un'intelaiatura di pali.
te|pi|dà|rio *s.m.* (*archeol.*) nelle terme dell'antica Roma, ambiente di passaggio situato tra calidario e frigidario, usato come spogliatoio e per il bagno tiepido.
te|pó|re *s.m.* calore moderato e gradevole: *godere il — del letto*.
tép|pa *s.f.* (*region.*) gentaglia, feccia, spec. delle grandi città.
tep|pà|glia *s.f.* teppa.
tep|pi|smo *s.m.* modo di agire da teppista.
tep|pi|sta *s.m./f.* [m.pl. -*i*] persona, spec. di giovane età, che si comporta in modo violento e compie atti di vandalismo: *un — ha incendiato un vagone della metropolitana*.
tep|pi|sti|co *agg.* [m.pl. -*ci*] da teppista.
tequila (*sp.*) [pr. *tekìla*] *s.f.invar.* acquavite messicana ad alta gradazione alcolica, ottenuta dalla distillazione delle foglie di agave.
ter (*lat.*) *agg.invar.* terzo (successivo a *bis* nelle numerazioni).
té|ra- (*scient.*) primo elemento che, anteposto a un'unità di misura, ne moltiplica il valore per 10^{12}.
te|ra|pèu|ta *s.m./f.* [m.pl. -*i*] 1 esperto di terapeutica 2 medico esperto nella prescrizione e nell'applicazione delle terapie: *abbiamo consultato un famoso —*.
te|ra|pèu|ti|ca *s.f.* branca della medicina che studia i metodi di cura delle malattie.
te|ra|pèu|ti|co *agg.* [m.pl. -*ci*] della terapia, che concerne la terapia.
te|ra|pì|a[1] *s.f.* 1 parte della medicina che studia i metodi di cura delle malattie | la cura stessa: *il medico ha trovato la — giusta* | — **del dolore**, il complesso dei trattamenti che mirano a ridurre il dolore nei malati terminali 2 (*estens.*) psicoterapia.
-te|ra|pì|a[2] (*scient.*) secondo elemento di parole composte che significa "metodo di cura" (*elioterapia*).
te|ra|pi|sta *s.m./f.* [m.pl. -*i*] 1 chi applica metodi di cura particolari; terapeuta 2 psicoterapista.

te|rà|to- primo elemento di parole composte che significa "mostro, mostruosità, malformazione" (*teratogeno*).
te|ra|tò|ge|no *agg.* (*biol.*) si dice di fattore che può causare malformazioni nel nascituro.
te|ra|to|lo|gì|a *s.f.* (*biol.*) scienza che studia le anomalie e le malformazioni nello sviluppo di animali e vegetali.
tèr|bio *s.m.* elemento chimico, metallico, che appartiene al gruppo delle terre rare (*simb.* Tb).
te|re|bìn|to *s.m.* albero dalla cui corteccia si ricava una resina detta trementina.
tè|re|bra *s.f.* 1 antica macchina da guerra dotata di una grossa punta a succhiello che veniva utilizzata per forare muraglie 2 (*zool.*) organo a forma di sega di cui è provvisto l'addome di alcuni insetti imenotteri, con cui vengono incisi i tessuti vegetali per deporvi le uova.
te|rè|di|ne *s.f.* mollusco dei Lamellibranchi a forma di verme, che scava gallerie nei legni sommersi, spec. delle navi.
te|re|sì|na *s.f.* variante americana del poker che si gioca con tutte le carte o parte di esse scoperte, senza possibilità di cambiarle.
tèr|ge|re *v.tr.* [indic. pres. *io tèrgo, tu tèrgi...*; pass.rem. *io tèrsi, tu tergésti...*; part.pass. *tèrso*] (*lett.*) pulire asciugando: — *il sudore, le lacrime* ♦ **-rsi** *tr.pron.* pulirsi ♦ *intr.pron.* purificarsi.
ter|gi|cri|stàl|lo *s.m.* [pl. invar. o -*i*] dispositivo collocato all'esterno del parabrezza dei veicoli e costituito da una o più asticelle metalliche munite di una spazzola in gomma che pulisce i cristalli in caso di pioggia o neve.
ter|gi|lu|nòt|to *s.m.* [pl. invar. o -*i*] tergicristallo applicato al lunotto posteriore degli autoveicoli.
ter|gi|ver|sà|re *v.intr.* [indic.pres. *io tergivèrso...*; aus. A] prendere tempo prima di fare ql.co.; indugiare, temporeggiare: *continua a — invece di rispondere*.
tèr|go *s.m.* [pl.m. *i tèrghi*, nel sign. 1 anche pl.f. *le tèrga*] 1 (*lett.*) dorso, schiena: *voltare le terga* | *seguire da —*, restando alle spalle 2 parte posteriore di un foglio, di una medaglia, di una moneta: *scrivere a —*.
te|rio|mor|fì|smo *s.m.* nelle religioni politeistiche, attribuzione di natura o forma animale alla divinità.
te|rio|mòr|fo *agg.* detto di divinità cui si conferisce natura e forma di animale.
tè|ri|tal® *s.m.invar.* fibra tessile sintetica usata per la fabbricazione di tessuti.
ter|mà|le *agg.* 1 detto di acque minerali che sgorgano calde dalla sorgente: *acque termali* | **stabilimento** —, luogo dove si praticano le cure termali 2 che riguarda le terme: *località —*.
ter|ma|lì|smo *s.m.* 1 complesso delle attrezzature e strutture per le cure termali 2 turismo che si sviluppa intorno alle terme.
tèr|me *s.f.pl.* 1 luogo dove si fanno cure con acque termali 2 (*archeol.*) presso gli antichi romani, complesso di edifici pubblici per bagni caldi e freddi, che comprendevano anche biblioteche, palestre, luoghi di riunione e di lettura.

-ter|mi|a secondo elemento di parole composte che significa "calore, temperatura" (*omotermia*).

tèr|mi|co¹ *agg.* [m.pl. *-ci*] del calore; che riguarda il calore: *energia termica* | ***bottiglia termica***, thermos | ***lunotto*** —, vetro posteriore degli autoveicoli provvisto di impianto per lo sbrinamento automatico.

-tèr|mi|co² (*scient.*) secondo elemento di aggettivi composti corrispondenti a nomi uscenti in *-termia* (*isotermico*).

ter|mi|dò|ro *s.m.* (*st.*) undicesimo mese del calendario rivoluzionario francese, che andava dal 19 luglio al 17 agosto.

ter|mi|nà|bi|le *agg.* che si può terminare | che ha un termine.

terminal (*ingl.*) [pr. *tèrminal*] *s.m.invar.* **1** stazione per il raduno e il trasporto dei passeggeri collegata agli aeroporti per mezzo di appositi servizi **2** punto di arrivo e di partenza di mezzi di trasporto terrestri e marittimi.

ter|mi|nà|le *agg.* **1** che si trova al termine di ql.co.: *il tratto — del percorso* | finale, conclusivo: *siamo al momento — della gara* | ***fase — di una malattia***, quella che precede la morte | ***malato*** —, che si trova in tale fase **2** detto di organo vegetale, che si trova all'apice: *la parte — del fiore* ♦ *s.m.* (*inform.*) apparecchiatura di un sistema informatico che permette di immettere e ricevere dati dal sistema.

ter|mi|na|li|sta *s.m./f.* [m.pl. *-i*] (*inform.*) tecnico addetto a un terminale.

ter|mi|nà|re *v.tr.* [indic.pres. io *tèrmino*...] portare a conclusione; finire, completare: *— un lavoro, un discorso, la scuola* ♦ *intr.* [aus. *E*] **1** giungere alla fine: *la strada termina nel bosco* | concludersi: *il concerto termina a ora tarda* **2** (*gramm.*) avere una certa desinenza: *il maschile plurale termina spesso in -i*.

ter|mi|na|zió|ne *s.f.* **1** parte finale: *terminazioni nervose* **2** (*ling.*) desinenza.

tèr|mi|ne *s.m.* **1** limite, confine: *il muro segna il — del giardino* **2** il punto estremo di uno spazio: *al — della discesa c'è un incrocio* | ***giungere al — della vita***, morire | ***volgere al*** —, essere alla fine: *lo spettacolo volge al* — **3** momento in cui si conclude ql.co.: *il — degli esami* | ***condurre a*** —, portare a compimento, finire **4** limite di tempo; scadenza: *il lavoro deve essere consegnato nel — previsto* | ***a breve***, ***medio***, ***lungo*** —, a breve, media, lunga scadenza **5** (*dir.*) momento da cui decorrono o cessano gli effetti di un atto giuridico | ***contratto a*** —, che ha una scadenza fissata al momento della stipulazione **6** (*gramm.*) ***complemento di*** —, complemento che indica la persona o la cosa verso cui è diretta l'azione **7** vocabolo: *il professore usa termini filosofici* | ***moderare i termini***, moderare il proprio linguaggio | ***senza mezzi termini***, chiaramente | ***in altri termini***, in altre parole | (*bur.*) ***a termini di legge***, secondo quanto prescritto dalla legge **8** ciascuna delle parti di un insieme: *i due termini di paragone*; *i termini di una frazione* | ***ridurre ai minimi termini***, trasformare una frazione in un'altra più semplice ma di uguale valore; (*fig.*, *fam.*) ridurre in piccole dimensioni o in pessimo stato: *la fatica l'ha ridotto ai minimi termini* **9** insieme degli elementi che definiscono una situazione: *i termini di un contratto, di un dibattito*.

ter|mi|no|lo|gì|a *s.f.* insieme dei termini propri di una scienza, un'arte, una professione e sim.: *la — scientifica*.

ter|mi|no|lò|gi|co *agg.* [m.pl. *-ci*] riguardante la terminologia.

ter|mi|tà|io *s.m.* nido di termiti.

tèr|mi|te¹ *s.f.* insetto degli Isotteri diffuso nei paesi tropicali, che vive in colonie popolose e costruisce nidi di grandi dimensioni; si nutre di legno o di sostanze vegetali, causando a volte gravi danni.

tèr|mi|te² *s.f.* (*chim.*) miscela di polvere di alluminio e ossido di ferro la cui combustione produce una temperatura di oltre 2500 °C, utilizzata per effettuare saldature metalliche.

tèr|mo-, **-tèr|mo** primo e secondo elemento di parole composte, che significano "calore, temperatura" (*termochimica, isotermo*).

ter|mo|cau|te|riz|za|zió|ne *s.f.* (*med.*) tecnica che permette di arrestare emorragie col bisturi elettrico.

ter|mo|chì|mi|ca *s.f.* parte della chimica che studia le manifestazioni di acquisto e cessione di calore determinate da reazioni chimiche.

ter|mo|chì|mi|co *agg.* [m.pl. *-ci*] che riguarda la termochimica.

ter|mo|ci|nè|ti|ca *s.f.* (*fis.*) parte della termologia che studia le varie forme di propagazione del calore.

ter|mo|com|pres|sió|ne *s.f.* (*fis.*) compressione meccanica di un vapore per elevarne la temperatura e la pressione.

ter|mo|con|ver|ti|tó|re *s.m.* dispositivo per convertire l'energia termica in un altro tipo di energia e viceversa.

ter|mo|con|vet|tó|re *s.m.* negli impianti di riscaldamento, dispositivo costituito da tubi entro i quali circola acqua calda.

ter|mo|co|pèr|ta *s.f.* coperta riscaldata da resistenze elettriche isolate inserite al suo interno.

ter|mo|còp|pia *s.f.* (*elettr.*) circuito utilizzato per misurare la temperatura, formato da due elementi di metalli diversi saldati tra loro alle estremità; coppia termoelettrica.

ter|mo|di|nà|mi|ca *s.f.* parte della fisica che studia gli effetti del calore sulla materia e in particolare le trasformazioni di calore in lavoro e viceversa.

ter|mo|di|nà|mi|co *agg.* [m.pl. *-ci*] (*fis.*) che concerne la termodinamica.

ter|mo|e|let|tri|ci|tà *s.f.* (*fis.*) insieme degli effetti dovuti alle interazioni di energia elettrica e termica in conduttori e semiconduttori di diversa natura posti a contatto.

ter|mo|e|lèt|tri|co *agg.* [m.pl. *-ci*] **1** che concerne la termoelettricità **2** che concerne l'elettricità di origine termica | ***centrale termoelettrica***, centrale che genera energia elettrica utilizzando energia termica.

ter|mo|e|let|tró|ne *s.m.* (*fis.*) elettrone emesso da un metallo riscaldato in ambiente rarefatto.

ter|mo|e|let|trò|ni|ca *s.f.* (*fis.*) studio dei fenomeni e delle leggi connessi alla liberazione di elettroni da parte di metalli sottoposti a riscaldamento.

ter|mo|e|let|trò|ni|co *agg.* [m.pl. -*ci*] (*fis.*) relativo ai termoelettroni | **effetto** —, tendenza a liberare elettroni tipica dei metalli sottoposti a riscaldamento.

ter|mò|fo|ro *s.m.* apparecchio che riscalda una parte del corpo per mezzo di una corrente elettrica, usato a scopo terapeutico e antidolorifico.

ter|mo|gra|fì|a *s.f.* tecnica per la visualizzazione delle radiazioni infrarosse emanate da corpi e sostanze, usata per l'individuazione precoce dei tumori nella diagnostica medica e in vari altri settori scientifici e industriali.

ter|mo|grà|fo *s.m.* **1** strumento che registra in un diagramma le variazioni di temperatura **2** apparecchio usato per eseguire la termografia.

ter|mo|in|du|rèn|te *agg.* si dice di sostanza che indurisce per effetto del calore.

ter|mo|i|so|làn|te *agg., s.m.* si dice di sostanza, cattiva conduttrice di calore, usata come isolante termico.

ter|mo|là|bi|le *agg.* si dice di sostanza che si altera o si deforma per effetto del calore.

ter|mò|li|si o **termolisi** *s.f.* **1** (*chim.*) alterazione di una sostanza per effetto del calore **2** (*fisiol.*) dispersione del calore organico.

ter|mo|lo|gì|a *s.f.* (*fis.*) branca della fisica che studia i fenomeni relativi al calore.

ter|mo|me|trì|a *s.f.* parte della termologia che si occupa della misurazione delle temperature per mezzo del termometro.

ter|mo|mè|tri|co *agg.* [m.pl. -*ci*] relativo alla termometria e al termometro.

ter|mò|me|tro *s.m.* **1** strumento che misura la temperatura: *oggi il* — *è sceso sotto zero* | — *a massima, a minima*, che indica la temperatura massima o minima in un ambiente o di un corpo in un dato periodo di tempo | (*med.*) — **clinico**, che indica la temperatura del corpo umano **2** (*fig.*) fattore o indizio che dà la misura di un fenomeno: *le manifestazioni studentesche sono il — del malcontento giovanile*.

ter|mo|nu|cle|à|re *agg.* (*fis.*) **1** si dice delle reazioni nucleari che avvengono solo ad altissime temperature | **bomba** —, ordigno che utilizza l'energia sviluppata da una reazione di fusione nucleare esplosiva **2** detto di impianto che trasforma energia nucleare in energia termica: *centrale* —.

ter|mo|plà|sti|co *agg.* [m.pl. -*ci*] (*chim.*) detto di materiale che diventa malleabile per effetto del calore e indurisce quando viene raffreddato.

ter|mo|re|go|la|tó|re *agg., s.m.* [f. -*trice*] **1** (*mecc.*) detto di dispositivo atto a mantenere costante la temperatura in un dato ambiente o corpo **2** (*biol.*) detto di ciascuno dei centri nervosi che presiede alla termoregolazione.

ter|mo|re|go|la|zió|ne *s.f.* **1** (*biol.*) capacità di taluni animali (mammiferi e uccelli) di mantenere sempre costante la temperatura interna del proprio corpo, indipendentemente dalle condizioni esterne **2** (*tecn.*) regolazione della temperatura mediante termoregolatori.

tèr|mos *s.m.invar.* → **thermos**.

ter|mo|sal|dà|re *v.tr.* saldare a caldo, con dispositivi che funzionano a corrente elettrica.

ter|mo|sfè|ra *s.f.* (*geog.*) zona dell'atmosfera compresa fra la mesosfera e l'esosfera, dove la temperatura aumenta con l'altezza.

ter|mo|si|fó|ne *s.m.* impianto di riscaldamento mediante un sistema di tubazioni in cui circola acqua calda che da una caldaia centrale raggiunge i radiatori installati nei vari ambienti | (*estens.*) ciascuno dei radiatori dell'impianto: *il — del soggiorno perde acqua*.

ter|mo|sta|to *s.m.* termoregolatore che mantiene la temperatura costante in un ambiente: *nella vasca dei pesci c'è un* —.

ter|mo|te|ra|pì|a *s.f.* (*med.*) uso terapeutico del calore per il trattamento di alcune affezioni, tra cui l'artrosi.

ter|mo|ven|ti|la|zió|ne *s.f.* sistema di riscaldamento di ambienti mediante circolazione di aria calda.

ter|mo|vi|sió|ne *s.f.* tecnica di visualizzazione delle radiazioni termiche emesse da un corpo, usata in medicina o per scopi industriali e militari.

tèr|na *s.f.* **1** gruppo di tre persone o elementi | (*sport*) — **arbitrale**, nel calcio, quella composta dall'arbitro e dai due segnalinee **2** lista di tre persone tra le quali deve essere scelta quella a cui conferire un incarico, un ufficio o sim.

ter|nà|no *agg.* di Terni ♦ *s.m.* [f. -*a*] chi è nato o abita a Terni.

ter|nà|rio *agg.* composto da tre elementi | (*metr.*) *verso* —, composto da tre sillabe, con accento sulla seconda | (*mus.*) *ritmo* —, ritmo nel quale ogni battuta è suddivisa in tre unità di tempo.

tèr|no *s.m.* **1** nel gioco del lotto, estrazione di tre numeri sulla stessa ruota | — **secco**, quando si è giocato solo il terno, escludendo l'ambo | (*fig.*) *un* — *al lotto*, fortuna insperata: *quell'incarico è stato per lui un — al lotto* **2** nella tombola, tre numeri estratti nella stessa fila di una cartella **3** insieme di tre fogli piegati e inseriti l'uno nell'altro in modo da formare dodici pagine.

ter|pè|ne *s.m.* (*chim.*) idrocarburo componente di resine e oli essenziali.

tèr|ra *s.f.* **1** (*astr.*) *Terra*, il terzo pianeta del sistema solare, la cui orbita è compresa tra quella di Venere e quella di Marte: *la — gira intorno al Sole* **2** il globo terrestre, in contrapposizione al cielo e al mondo soprannaturale | il luogo dove abita il genere umano: *gli uomini popolano tutta la* — | (*fig.*) *muovere cielo e* —, darsi molto da fare | (*fig.*) *non sta né in cielo né in* —, si dice di quanto è assurdo, incredibile, oppure di un errore spropositato **3** (*estens.*) l'insieme delle terre emerse, terraferma: *una striscia di —* | *toccare —*, (*di velivoli*) atterrare; (*di imbarcazioni*) approdare **4** territorio, regione: *le terre nordiche*; *in — straniera* | *patria*; *paese: — di origine*; *amare la propria —* | *— promessa*, quella che, secondo la tradizione biblica, è stata promessa da Dio ad Abramo e ai suoi discendenti; (*estens.*) luogo o bene fortemente desiderato **5** suolo, superficie su cui poggia un corpo: *sedersi per —* | *mettere ql-cu. a —*, atterrarlo; (*fig.*) ridurlo in cattive condizioni economiche | *raso —*, a livello del suolo | *ri-manere a —*, non riuscire a prendere un mezzo di trasporto | (*fig.*) *— —*, si dice di discorso o ragionamento mediocre, materiale | (*fig.*) *essere a —*, essere demoralizzato, fisicamente deperito o in pessime condizioni | economiche | (*fig.*) *sentirsi mancare la — sotto i piedi*, sentirsi perduto | (*fig.*) *stare coi piedi per —*, essere realista **6** materiale friabile che costituisce lo strato superficiale della crosta terreste: *una zolla di —* | **7** terreno agricolo o comunque coltivabile | *campagna: coltivare la —*; *i prodotti della —* | *i lavoratori della —*, i contadini | (*fig.*) *far — bruciata*, distruggere tutto in modo da rendere impossibili altre iniziative **8** (*chim.*) *terre rare*, gruppo di quindici elementi, a carattere metallico, aventi proprietà chimiche molto simili, detti anche *lantanidi* **9** (*elettr.*) conduttore collegato al suolo con potenziale uguale a questo | il suolo considerato come conduttore rispetto al quale si misurano tutti gli altri potenziali: *presa a —* ♦ *agg.invar.* **1** che si trova a livello del suolo: *piano —* **2** di colore marrone chiaro: *color —*.

tèr|ra-à|ria *loc.agg.invar.* (*mil.*) detto di missile a testata esplosiva lanciato da terra verso bersagli aerei.

ter|ra|còt|ta *s.f.* [pl. *terrecotte*] argilla modellata e fatta cuocere in forno ad alta temperatura: *vasi di —* | oggetto fatto con tale materiale: *ho acquistato una — artistica*.

ter|ràc|que|o *agg.* → terraqueo.

ter|ra|fér|ma *s.f.* [pl. *terreferme*] **1** terra emersa: *dalla nave si vede la —* **2** le regioni continentali in contrapposizione a quelle insulari.

ter|rà|glia *s.f.* **1** ceramica porosa, ricoperta da vernice trasparente, usata per fabbricare stoviglie e impianti igienici **2** solo pl. vasellame di questo materiale.

ter|ra|mà|ra *s.f.* [pl. *terramare* o *terremare*] **1** formazione a cumulo del terreno costituito dai resti di insediamenti preistorici rinvenuti nella pianura emiliana **2** solo pl. resti di villaggi agricoli preistorici costruiti su palafitte e difesi da fossati e argini, che risalgono alla media e tarda età del bronzo (1600-1200 a.C.).

ter|ra|nò|va *s.m.invar.* cane di grossa taglia con pelo lungo e ondulato, coda lunga e orecchie pendenti, che viene addestrato per il soccorso in acqua.

ter|ra|piè|no *s.m.* argine artificiale di terra realizzato a scopi difensivi e per rinforzare o sostenere muri, sedi stradali e tratte ferroviarie.

ter|rà|que|o *agg.* composto di terra e di acqua | *il globo —*, la Terra.

ter|rà|rio *s.m.* grande vasca per l'allevamento di animali, spec. anfibi e rettili, in cui si ricrea il loro ambiente naturale con terra, piante, pietre e acqua.

tèr|ra-tèr|ra *loc.agg.invar.* (*mil.*) detto di missile a testata esplosiva lanciato da terra verso bersagli terrestri.

ter|ràz|za *s.f.* **1** grande superficie scoperta situata sulla sommità di un edificio, recintata da un parapetto; terrazzo: *dalla mia — vedo i tetti della città* **2** (*geog.*) pianoro che si trova a un livello più elevato rispetto a quello del terreno circostante **3** ripiano coltivabile scavato in un terreno in pendenza e sostenuto da muretti a secco: *coltivazione a terrazze*.

ter|raz|za|mén|to *s.m.* **1** sistemazione di un terreno a terrazze per renderlo adatto alla coltivazione **2** (*geog.*) fenomeno di erosione che forma ripiani orizzontali nelle valli o lungo le coste.

ter|raz|zà|re *v.tr.* effettuare il terrazzamento di un terreno in pendenza.

ter|raz|zì|no *s.m.* piccolo terrazzo; balcone.

ter|ràz|zo *s.m.* **1** grande balcone sporgente rispetto al muro esterno di un edificio, recintato da parapetto o ringhiera, sul quale si aprono porte-finestre; terrazza **2** (*sport*) nel linguaggio dell'alpinismo, sporgenza pianeggiante che si apre in una parete rocciosa, dove è possibile sostare durante la scalata **3** (*edil.*) pavimento impermeabile per terrazzi e terrazze.

ter|re|mo|tà|to *agg.* [f. *-a*] colpito, danneggiato da un terremoto: *zona terremotata* ♦ *s.m.* chi abita in una zona colpita dal terremoto: *i terremotati sono più di mille*.

ter|re|mò|to *s.m.* **1** vibrazione improvvisa e rapida della crosta terrestre; sisma: *il — è durato pochi secondi* | *— ondulatorio*, con movimento orizzontale | *— sussultorio*, con movimento dal basso verso l'alto **2** (*fig.*) persona o animale molto vivace, sempre in movimento: *quel cane è un —*.

ter|ré|no ¹ *agg.* **1** che riguarda la vita di questo mondo, in contrapposizione con la vita ultraterrena; mondano: *il denaro è un bene —* **2** che si trova al livello del suolo, della strada: *non mi piacerebbe abitare al piano —*.

ter|ré|no ² *s.m.* **1** parte superficiale del pianeta; suolo, terra: *— collinare* | (*fig.*) *sentirsi mancare il — sotto i piedi*, sentirsi perduto **2** area più o meno estesa coltivabile o coltivata: *arare il —* | *preparare il —*, lavorarlo prima della semina; (*fig.*) predisporre le cose in modo che abbiano un buon esito | (*fig.*) *trovare il — adatto*, trovare il terreno favorevole | (*fig.*) *tastare il —*, informarsi bene, cercare di conoscere le intenzioni altrui prima di agire **3** area edificata o edificabile **4** (*mil.*) campo di battaglia: *lasciare molti morti sul —* | *guadagnare, perdere —*, avanzare o retrocedere; (*fig.*) avvantaggiarsi, migliorare la propria situazione; restare indietro e peggiorare nella pro-

pria situazione 5 (*sport*) campo di gioco: *la squadra ha perso sul — avversario* 6 (*fig.*) argomento di un discorso, di una discussione: *questo è un — in cui non sono esperto*.
tèr|re|o *agg.* 1 che è fatto di terra 2 (*fig.*) che ha l'aspetto pallido, cereo: *dopo la malattia ha un viso —*.
ter|rè|stre *agg.* 1 della terra, relativo alla terra: *il Sole riscalda la superficie —* 2 che vive sulla terra: *piante, animali terrestri* | di terra: *forze terrestri* ♦ *s.m./f.* chi vive sulla terra; umano.
ter|ri|bi|le *agg.* 1 che incute terrore: *minaccia —; mostro —* 2 crudele, perfido: *un nemico —* 3 (*iperb.*) insopportabile: *ho sentito un dolore —* | eccezionale, straordinario: *un vento —* | (*scherz.*) molto vivace; discolo: *un bambino —* □ **terribilmente** *avv.* 1 in modo da spaventare: *una persona — mostruosa* 2 (*iperb.*) straordinariamente: *è — noioso*.
ter|ric|cio *s.m.* terra dello strato superficiale del terreno, meno compatta di quello sottostante; humus | terra ricca di sostanze nutritive, usata nel giardinaggio.
ter|ri|co|lo *agg.* (*biol.*) che vive sulla terra: *animale —*.
terrier (*fr.*) [pr. tèrrièr] *s.m.invar.* cane da caccia dal corpo corto e robusto.
ter|riè|ro *agg.* di terra, di terreno: *proprietario —*.
ter|ri|fi|càn|te *agg.* che incute spavento: *uno sguardo —* | orribile, pessimo: *un film —*.
ter|ri|gno *agg.* che ha il colore e l'aspetto della terra.
ter|ri|na *s.f.* 1 (*region.*) zuppiera o insalatiera 2 recipiente circolare o rettangolare coi bordi alti, usato per cucinare | (*estens.*) il cibo cucinato in tale recipiente: *una — di funghi*.
ter|ri|to|ria|le *agg.* 1 di un territorio: *ente, proprietà —* 2 che appartiene al territorio di uno Stato | **acque territoriali**, zona di mare vicina alla costa appartenente allo Stato a cui appartiene la costa stessa □ **territorialmente** *avv.* per quanto riguarda il territorio.
ter|ri|to|ria|li|smo *s.m.* comportamento animale che tende a ostacolare l'ingresso di individui della stessa specie in una determinata area.
ter|ri|to|ria|li|tà *s.f.* appartenenza a un territorio | (*bur.*) **— di una legge**, carattere per cui una legge ha valore entro un dato territorio.
ter|ri|tò|rio *s.m.* 1 notevole estensione di un terreno, area: *— in gran parte pianeggiante* | (*ecol.*) ambiente: *la tutela del —* 2 paese, regione sottoposta a una determinata giurisdizione e amministrazione: *— comunale* 3 in etologia, area difesa da un individuo o da un gruppo animale 4 (*sport*) nel baseball, terreno di gioco.
ter|ró|ne *agg., s.m.* [f. -a] (*spreg.*) si dice di chi è nato nel Meridione.
ter|ró|re *s.m.* 1 sentimento di grande paura; panico: *ha il — di sostenere quell'esame*; *incutere —* 2 persona o cosa che incute terrore: *il direttore è il — della scuola* 3 (*st.*) *Il Terrore*, fase della Rivoluzione francese che va dal maggio 1793 al luglio 1794, in cui si eseguirono molte condanne a morte | (*estens.*) governo che esercita crudelmente il suo potere.
ter|ro|ri|smo *s.m.* 1 forma di lotta violenta condotta da alcuni gruppi e movimenti per rovesciare l'assetto politico e istituzionale esistente: *il Governo sta lottando contro il —* | l'insieme dei gruppi che attuano questo metodo 2 (*fig.*) atteggiamento intimidatorio per influenzare le opinioni e i comportamenti delle persone: *questo è — psicologico*.
ter|ro|ri|sta *s.m./f.* [m.pl. -*i*] chi appartiene a gruppi e movimenti terroristici: *è stato arrestato un —* ♦ *agg.* terroristico.
ter|ro|rì|sti|co *agg.* [m.pl. -*ci*] 1 fondato sul terrore: *metodo —* 2 che riguarda il terrorismo: *un attentato — ha colpito una caserma dei carabinieri* □ **terroristicamente** *avv.*
ter|ro|riz|zà|re *v.tr.* incutere terrore: *quello spettacolo mi ha terrorizzato*.
ter|ró|so *agg.* 1 che contiene terra: *acqua terrosa* | sporco di terra: *piedi terrosi* 2 simile nell'aspetto alla terra: *materiale —* 3 (*chim.*) di metallo che forma gli ossidi denominati terre, come l'alluminio e il magnesio.
tèr|so *part.pass. di* tergere ♦ *agg.* 1 pulito, privo di sporcizia: *casa tersa* | nitido: *cielo —* 2 (*fig.*) di scritto, chiaro ed elegante nella forma: *stile —*.
tèr|za *s.f.* 1 terza classe di una scuola: *— media* 2 la terza marcia di un veicolo: *ho innestato la —* 3 (*sport*) nella scherma, posizione di difesa 4 (*mus.*) nel sistema tonale, intervallo che comprende tre gradi della scala diatonica | *— maggiore*, l'intervallo formato da due toni | *— minore*, l'intervallo formato da un tono e un semitono diatonico.
ter|zà|na *agg., s.f.* (*med.*) detto di febbre malarica caratterizzata da accessi febbrili che si verificano ogni terzo giorno.
ter|ze|rì|a *s.f.* 1 (*dir.*) contratto agrario col quale chi coltiva il terreno riceve un terzo del raccolto 2 (*agr.*) rotazione triennale di un terreno agricolo con il primo anno a riposo o a maggese.
ter|zét|to *s.m.* 1 (*mus.*) composizione a tre parti vocali | (*mus.*) gruppo costituito da tre esecutori 2 (*estens.*) insieme di tre persone che hanno in comune una caratteristica fisica o morale: *un — di fannulloni*.
ter|zià|rio *s.m.* 1 [f. -a] (*relig.*) membro del terzo ordine religioso: *— dell'Ordine francescano* 2 (*geol.*) era terziaria; cenozoico 3 (*econ.*) settore economico che riguarda le attività di servizio, distinto da agricoltura (*primario*) e industria (*secondario*): *sviluppo del —* | *— avanzato*, quello che produce servizi caratterizzati dall'impiego delle tecnologie più avanzate ♦ *agg.* che occupa il terzo posto in una successione | (*econ.*) **settore —**, settore dei servizi.
ter|zì|na *s.f.* 1 (*metr.*) strofa di tre endecasillabi, usata nella seconda metà del sonetto e da Dante nella *Divina Commedia*: *— dantesca* 2 (*mus.*) successione di tre note di uguale valore 3 nel gioco del lotto, terno.

ter|zi|no *s.m.* (*sport*) nel calcio, ciascuno dei due difensori delle fasce laterali.

tèr|zo *agg.num.ord.* che in una serie, in una classificazione occupa il posto numero tre: *questo è il — libro che compro; frequento la terza classe elementare; Paolo III* | *il secolo* — (o *III*), gli anni compresi tra il 201 e il 300 | *in — luogo,* in una enumerazione, la terza possibilità considerata | — *Stato,* in Francia, prima della Rivoluzione, la borghesia | — *Mondo,* espressione che indica i paesi meno sviluppati, caratterizzati da una crescita economica lenta, bassi livelli di istruzione, sanità, speranza di vita | *terza pagina,* nei giornali, la pagina riservata tradizionalmente alla cultura | *terza età,* la vecchiaia | — *ordine,* congregazione di laici che seguono una regola religiosa | (*fig.*) *di terz'ordine,* di qualità scadente ♦ *s.m.* **1** chi si trova al terzo posto in un elenco, in una graduatoria **2** la terza parte di una quantità: *un — di eredità* **3** la terza persona, diversa da chi parla o da chi ascolta: *chiedere il giudizio di un —* | *il — incomodo,* detto di persona non desiderata in mezzo ad altri due **4** (*dir.*) chi è estraneo a un contratto, a un rapporto giuridico: *firmare un contratto per conto terzi.*

ter|zo|gè|ni|to *agg., s.m.* [f. -*a*] il terzo figlio di una persona.

ter|zo|mon|di|smo *s.m.* l'insieme dei problemi che riguardano il Terzo mondo | politica di sostegno nei confronti dei paesi del Terzo mondo.

ter|zo|mon|di|sta *agg.* relativo al Terzo mondo ♦ *s.m.* [f. -*a*; m.pl. -*i*] **1** esperto del terzo mondo **2** chi sostiene una politica di terzomondismo.

ter|zùl|ti|mo o **terz'ultimo** *agg., s.m.* [f. -*a*] si dice della cosa o della persona che in una serie viene prima del penultimo.

té|sa *s.f.* **1** parte del cappello sporgente che gira attorno alla cupola **2** nella caccia, il tendere le reti agli uccelli.

te|sà|re *v.tr.* [indic.pres. *io téso...*] **1** tendere un cavo, una corda e sim.**2** (*mar.*) tendere una vela in modo che sia più esposta al vento.

te|sau|riz|zà|re *v.tr. e intr.* [aus. dell'intr. *A*] **1** accumulare ricchezza senza fare investimenti **2** (*fig.*) far tesoro di esperienze, conoscenze e sim.

te|sau|riz|za|zió|ne *s.f.* l'accumulo di beni.

tè|schio *s.m.* insieme delle ossa del capo; cranio.

tè|si *s.f.* **1** affermazione, enunciato che deve essere dimostrato: *sostenere una —* | — *di laurea,* dissertazione scritta su un dato argomento che il laureando presenta alla fine dei corsi universitari **2** (*filos.*) il primo momento del processo logico della dialettica, in cui si afferma una proposizione, a cui si contrappone l'*antitesi,* momento in cui tale proposizione viene negata **3** nella metrica moderna e latina, il tempo debole di un piede su cui non cade l'accento | nella metrica greca classica, il tempo forte di un piede.

te|si|na *s.f.* breve dissertazione scritta o orale svolta da uno studente su un argomento studiato da presentare prima o come complemento di una prova d'esame.

té|so *part.pass. di* tendere ♦ *agg.* **1** sottoposto a tensione, tirato: *sono inciampato nel filo —* **2** (*fig.*) sottoposto a tensione nervosa: *è sempre molto —* | che rivela tensione nervosa: *faccia tesa* | (*fig.*) *avere i nervi tesi,* essere nervoso, inquieto | (*fig.*) *rapporti tesi,* rapporti difficili e quasi ostili **3** allungato: *tiene il braccio — perché gli fa male* | (*estens.*) proteso | *mano tesa,* per stringere quella altrui in segno di saluto, per offrire aiuto o chiedere l'elemosina | (*fig.*) *stare con le orecchie tese,* pronte ad ascoltare **4** (*fig.*) indirizzato, volto: *svolge un lavoro — a salvare molte vite.*

te|so|re|rì|a *s.f.* **1** ufficio pubblico che svolge il servizio di cassa (incassi e pagamenti) per conto dello Stato **2** ufficio che amministra i soldi di enti, aziende e società.

te|so|riè|re *s.m.* **1** chi è a capo della tesoreria statale o provinciale **2** chi è incaricato dell'amministrazione del denaro di un ente, una società, un'azienda | ecclesiastico incaricato di custodire gli oggetti preziosi di una chiesa.

te|sò|ro *s.m.* **1** grande quantità di denaro e oggetti preziosi: *ha accumulato un — in monete d'oro* | (*estens.*) grande quantità di denaro: *mi è costato un —* | *caccia al —,* gioco in cui i concorrenti devono trovare oggetti appositamente nascosti **2** insieme degli oggetti preziosi di una chiesa | locale dove sono custoditi tali oggetti preziosi *il — di Loreto* **3** erario pubblico **4** (*fig.*) bene naturale o artistico: *i tesori del Rinascimento* **5** (*fig.*) cosa a cui si attribuisce grande valore: *la libertà è un — a cui non si deve rinunciare* | *fare — di ql.co.,* tenerla in grande considerazione, trarne vantaggio: *ho fatto — dei consigli del nonno* **6** (*fig.*) persona molto cara, gentile: *mio figlio è un —* | (*prov.*) *chi trova un amico trova un —,* l'amicizia è il bene più prezioso.

tès|se|ra *s.f.* **1** cartoncino rettangolare con i dati anagrafici e la fotografia del possessore; serve come documento di riconoscimento o di appartenenza a un'associazione: *ho dimenticato a casa la — abbonamento; esibire la —* | — *magnetica,* dotata di banda magnetizzata che, identificata da un'apposita apparecchiatura, consente di accedere a luoghi e servizi **2** ciascuno dei piccoli tasselli cubici di pietra o altro materiale che compongono un mosaico **3** ciascuno dei pezzi del gioco del domino.

tes|se|ra|mén|to *s.m.* l'atto e l'effetto del tesserare | *campagna di —,* campagna promossa da associazioni, partiti ecc. per reclutare nuovi iscritti.

tes|se|rà|re *v.tr.* [indic.pres. *io tèssero...*] **1** fornire una tessera che documenta l'iscrizione a un'associazione, a un partito e sim. **2** (*estens.*) iscrivere ♦ *-rsi intr.pron.* iscriversi a un'associazione, a un partito prendendone la tessera **2** razionare i viveri in casi di emergenza.

tes|se|rà|to *part.pass. di* tesserare ♦ *agg.* munito di tessera che documenta l'iscrizione a un'associazione, a un partito, a una squadra sportiva e sim. ecc. ♦ *s.m.* [f. -*a*] chi è membro di un'asso-

ciazione, un partito, una squadra sportiva e sim.: *i tesserati del sindacato*.
tès|se|re *v.tr.* [indic. pres. *io tèsso ecc.*; pass.rem. *io tesséi, tu tessésti ecc.*; part.pass. *tessuto*] **1** intrecciare nel telaio, con la spola, i fili della trama con quelli dell'ordito per realizzare una stoffa: — *il cotone* **2** (*estens.*) comporre come tessuto: *il ragno tesse la tela* **3** (*fig.*) comporre con arte e in modo ordinato: — *un elogio, un discorso* **4** (*fig.*) ordire, macchinare: — *congiure, tradimenti*.
tes|se|ri|no *s.m.* tessera: — *di riconoscimento*.
tès|si|le *agg.* che concerne la tessitura: *piante tessili* | **fibre tessili**, che si possono tessere | **prodotti tessili**, filati e tessuti ♦ *s.m.* **1** chi lavora nelle industrie tessili: *domani scioperano i tessili* **2** prodotto dell'industria tessile: *mostra del* — **3** settore di produzione del tessile: *lavoro nel* —.
tes|si|to|re *s.m.* **1** [f. *-trice*] operaio che lavora nell'industria tessile **2** (*fig.*) chi è capace di organizzare con abilità, cura e discrezione: *è un abile* — *di progetti* | (*estens.*) chi macchina, ordisce: *un* — *di frodi* **3** uccello passeriforme molto abile nel costruire nidi intrecciando foglie e pagliuzze.
tes|si|to|ri|a *s.f.* laboratorio di tessitura | bottega e attività del tessitore.
tes|si|tu|ra *s.f.* **1** attività del tessere: *la* — *del lino* | modo di tessere: *questa* — *è mal fatta* **2** (*estens.*) lavoro d'intreccio: — *di una stuoia* **3** stabilimento dove si tesse **4** (*fig.*) composizione, intreccio di un'opera letteraria: *questo romanzo manca di* — **5** (*estens.*) organizzazione di un progetto | (*estens.*) macchinazione: *la* — *di una congiura* **6** (*mus.*) estensione di suoni e voci, che va dal grave all'acuto; registro.
tes|su|tà|le o **tissutàle** *agg.* (*biol., med.*) di tessuto, relativo a tessuto.
tes|sù|to *s.m.* **1** manufatto prodotto dalla tessitura: — *di lana; ho coperto il divano con un* — *colorato* **2** (*fig.*) insieme di elementi strettamente collegati: *il* — *economico del paese* | *il* — *urbano*, l'insieme degli elementi che costituiscono una città **3** (*biol.*) insieme di cellule che formano i vari organi del corpo animale e dei vegetali: — *epiteliale, muscolare*.
test (*ingl.*) *s.m.invar.* **1** (*psicol.*) insieme di domande effettuato per valutare le differenze fra le reazioni psichiche di un individuo o più individui in momenti e condizioni diversi **2** prova effettuata per verificare le capacità di una persona: *il* — *ha dimostrato che quel ragazzo è intelligente* **3** esperimento fatto per ottenere determinate indicazioni: — *nucleare*.
tè|sta *s.f.* **1** la parte superiore del corpo di uomini e animali, che contiene l'encefalo e diversi organi di senso: *cammina con la* — *alta* | (*anat.*) parte superiore del corpo umano, unita al busto per mezzo del collo; capo: *piegare la* —; *avere mal di* —; *giramento di* — | *dalla* — *ai piedi*, in tutto il corpo | *scuotere la* —, mostrare disapprovazione | (*fig.*) **non sapere dove sbattere la** —, non sapere a chi rivolgersi per un aiuto o che cosa fare | (*iperb.*) **scommettere la** —, essere sicuri di aver ragione | **chiedere la** — *di qlcu.*, chiedere la sua morte; (*estens.*) chiedere che venga sospeso da un incarico | **grattarsi la** —, non sapere che cosa dire o fare | (*fig.*) **averne fin sopra la** —, non poterne più: *ne ho fin sopra la* — *delle tue fissazioni* | **dare alla** —, esaltare, ubriacare | (*fig.*) **lavata di** —, severo rimprovero | **tener** — *a qlcu.*, fronteggiarlo con coraggio | **gettarsi a** — **bassa in ql.co.**, dedicarsi col massimo impegno **2** la parte del capo dell'uomo coperta dai capelli: — *calva, ricciuta* **3** (*fig.*) sede dell'intelletto, della ragione: *lavorare con la* — | — **vuota**, persona superficiale; — **matta**, persona bizzarra; — **calda**, persona impulsiva; — **dura**, persona ostinata; — **di legno, di rapa**, persona stupida | **essere una bella** —, dimostrare intelligenza o testardaggine | **far perdere la** —, far confondere, far innamorare | **fare di** — **propria**, agire senza i consigli altrui | **passare per la** —, pensare, balenare: *non mi passa neanche per la* — *di accettare il suo invito* | **montarsi la** —, esaltarsi, credere di riuscire a fare cose superiori alle proprie possibilità | (*fam.*) **dove hai la** —?, si dice a chi è distratto | (*fam.*) **fare la** — **come un pallone**, stordire con le chiacchiere **4** giudizio, riflessione: *usa la* — | (*fig.*) **avere la** — **a posto**, essere assennato | **mettere la** — **a posto**, rinsavire **5** memoria | **entrare, far entrare in** —, memorizzare; far ricordare **6** persona: *costa 50 euro a* — | — **di cuoio**, appartenente a reparti militari o di polizia addestrati per azioni speciali contro criminali o terroristi **7** rappresentazione artistica della testa umana: *una* — *in marmo* **8** parte iniziale, anteriore di ql.co.: *la* — *del treno, di un missile* | **titoli di** —, didascalie che scorrono o vengono lette all'inizio di un notiziario, un programma televisivo, un film **9** (*mil.*) prima fila di un reparto: *la* — *di una colonna di soldati* | — **di ponte**, avamposto in territorio nemico, spec. al di là di un corso d'acqua **10** (*sport*) prima posizione: *la nostra squadra è in* — *al campionato* | **teste di serie**, in un torneo, le squadre o i giocatori migliori che vengono inseriti nel calendario della manifestazione in modo che non si incontrino nelle fasi iniziali **11** (*zool.*) — *di morto*, grossa farfalla notturna **12** — *di moro*, color marrone scuro.
Te|stà|cei *s.m.pl.* ordine di protozoi muniti di conchiglia, che vivono nelle acque stagnanti.
tè|sta|có|da *loc.sost.m.invar.* sbandamento che porta un autoveicolo a girare su se stesso.
te|sta|men|tà|rio *agg.* (*dir.*) del testamento: *esecutore* — | *che si fa secondo il testamento*: *successione testamentaria*.
te|sta|mén|to *s.m.* **1** (*dir.*) atto scritto con cui un individuo dispone, per quando sarà defunto, di tutte le proprie sostanze: — *valido, nullo; impugnare il* — | — **biologico**, documento in cui un individuo precisa in anticipo a quali cure accetta o rifiuta di essere sottoposto nel caso in cui un'infermità lo rendesse incapace di prendere decisioni autonome | (*fig.*) — **spirituale**, insieme dei principi e dei valori che una persona lascia

come eredità ideale dopo la sua morte 2 (*relig.*) *Antico e Nuovo Testamento*, ciascuna delle due parti della Bibbia cristiana, di cui la prima contiene tutto ciò che precede la venuta di Cristo, la seconda il Vangelo, gli Atti degli Apostoli le Lettere e l'Apocalisse.

te|stàn|te *part.pres. di* testare ♦ *agg., s.m.* (*dir.*) persona che fa testamento.

te|star|dàg|gi|ne *s.f.* caratteristica di chi è testardo.

te|stàr|do *agg., s.m.* [f. *-a*] che non accetta i consigli altrui; ostinato, caparbio □ **testardamente** *avv.*

te|stà|re[1] *v.tr.* [indic.pres. *io tèsto...*] (*dir.*) fare testamento.

te|stà|re[2] *v.tr.* [indic.pres. *io tèsto...*] 1 sottoporre a un test: — *i candidati* 2 sottoporre a verifica: — *un prodotto*, *un programma*.

te|stà|ta *s.f.* 1 parte estrema, anteriore o superiore di una struttura, una superficie e sim.: — *del letto* | (*mecc.*) — *di un missile*, la parte anteriore nella quale viene inserita la carica esplosiva 2 parte esterna o interna di costruzioni a sviluppo longitudinale | — *di un ponte*, ognuno dei due appoggi a terra | — *di un molo*, l'estremità che si estende nel mare 3 la parte superiore della prima pagina di un giornale, nella quale è stampato il nome del giornale stesso: *il prezzo del giornale è scritto sulla* — | (*estens.*) il giornale stesso: *questa* — *è stata fondata nel secolo scorso* 4 (*mecc.*) nei motori a combustione interna, blocco che costituisce la parete superiore dei cilindri: *la* — *del motore* 5 colpo dato o ricevuto con la testa: *ho dato una* — *contro la porta.*

te|sta|tó|re *s.m.* [f. *-trice*] (*dir.*) chi fa testamento.

tè|ste *s.m./f.* (*dir.*) testimone chiamato a deporre in un processo: *sentire i testi dell'accusa.*

te|sté *avv.* (*lett.*) poco fa, or ora: *li ho* — *visti.*

tester (*ingl.*) [pr. *tèstar*] *s.m.invar.* 1 strumento portatile per misurare tensione, resistenza e intensità elettrica 2 espositore contenente prodotti cosmetici a disposizione degli acquirenti per la prova.

te|sti|co|là|re *agg.* (*anat.*) del testicolo.

te|sti|co|lo *s.m.* (*anat.*) ognuna delle due ghiandole genitali maschili situate nello scroto, che producono spermatozoi e ormoni sessuali.

te|stiè|ra *s.f.* 1 parte dei finimenti che si mette sulla testa dei cavalli 2 parte del letto che sta dietro la testa; testata | parte alta della spalliera di una sedia, una poltrona.

te|sti|mò|ne *s.m./f.* 1 persona che ha assistito a un fatto: *sono stato* — *di un incidente* 2 (*dir.*) persona che, in un processo penale o civile, riferisce ciò di cui è a conoscenza: *il* — *ha confermato le sue accuse* | persona che, con la sua presenza, garantisce la validità di un atto pubblico e lo sottoscrive: *ci vuole un* — *per la firma* 3 (*estens.*) chi o ciò che fornisce la prova di ql.co. 4 ciò che prova l'esistenza di ql.co.: *le rovine sono testimoni della presenza romana sul territorio* 5 *solo m.* (*sport*) nelle corse a staffetta, bastoncino consegnato da un atleta al compagno che deve correre la successiva frazione di gara.

testimonial (*ingl.*) *s.m.invar.* personaggio famoso che reclamizza un prodotto.

te|sti|mo|nià|le *agg.* (*dir.*) di testimone, dei testimoni: *prova* — ♦ (*dir.*) *s.m.* insieme dei testimoni addotti da una parte | insieme delle testimonianze raccolte.

te|sti|mo|niàn|za *s.f.* 1 l'atto di testimoniare: *una* — *autorevole* 2 deposizione di un testimone: *i giudici hanno ascoltato la* — *del poliziotto* 2 (*estens.*) attestazione, prova: — *di stima* | indizio che prova ql.co.: *questa è una* — *della tua inaffidabilità.*

te|sti|mo|nià|re *v.tr.* e *intr.* [indic.pres. *io testimònio...*; aus. dell'intr. *A*] 1 (*anche assol.*) esporre in qualità di testimone: — *il falso*; — *a favore di qlcu.* 2 (*fig.*) dimostrare: *questi monumenti testimoniano la grandezza delle civiltà antiche* | attestare: *questi documenti testimoniano la sua innocenza.*

te|sti|mò|nio *s.m.* testimone.

te|stì|na *s.f.* 1 testa graziosa, spec. di bambino | (*fig.*) individuo testardo o capriccioso 2 testa di agnello o vitello, macellata o cucinata 3 parte terminale di varie apparecchiature elettromeccaniche | — *del rasoio elettrico*, elemento rotante che contiene le lame 4 (*elettr.*) — *magnetica*, dispositivo che permette la registrazione, la cancellazione o la riproduzione di segnali elettrici su disco o nastro magnetico 5 parte della stampante che contiene l'elemento scrivente e che si muove durante la stampa.

tè|sto *s.m.* 1 insieme delle parole che compongono uno scritto, un discorso: *il* — *della conversazione venne stampato* 2 parte originale di uno scritto, distinta da eventuali aggiunte: *note al* — | — *a fronte*, in una traduzione, testo in lingua originale che viene stampato accanto a quello tradotto 3 libro, spec. come strumento di studio o come opera autorevole: *un* — *di riferimento* | **libro di** —, quello usato da un docente per insegnare la propria materia | (*relig., spec.pl.*) — **sacro**, libro che si ritiene ispirato da Dio; la Bibbia; (*scherz.*) libro fondamentale in un determinato settore | (*dir.*) — **unico**, raccolta sistematica delle disposizioni legislative su una data materia | (*fig.*) **fare** —, essere un modello indiscusso: *le sue opinioni non fanno* — 4 (*mus.*) insieme delle parole di una canzone o di un'opera 5 (*ling.*) qualsiasi enunciato o documento che venga fatto oggetto di un'analisi linguistica.

te|stó|ne *s.m.* [f. *-a*] (*fig.*) persona testarda | persona poco intelligente: *il tuo allievo è proprio un* —.

te|sto|ste|ró|ne *s.m.* (*chim., biol.*) ormone maschile che regola lo sviluppo dei caratteri sessuali maschili e ne mantiene l'efficienza.

te|stu|à|le *agg.* 1 relativo al testo | **linguistica** —, parte della linguistica che studia la struttura dei testi e ne classifica i diversi tipi 2 che corrisponde a ciò che è stato scritto o detto: *citazione* —; *testuali parole* □ **testualmente** *avv.* con pa-

role identiche a quelle originali; alla lettera: *citare —*.
te|stug|gi|ne *s.f.* tartaruga.
tè|ta o **thèta** *s.f./m.invar.* nome dell'ottava lettera dell'alfabeto greco, che corrisponde al digramma *th* dell'alfabeto latino.
te|tà|ni|co *agg.* [m.pl. *-ci*] (*med.*) relativo al tetano; causato dal tetano.
tè|ta|no *s.m.* (*med.*) grave malattia che si manifesta con spasmodiche contrazioni muscolari, provocata da un bacillo che penetra nell'organismo attraverso ferite.
tête-à-tête (*fr.*) [pr. *tetatèt*] *s.m.invar.* incontro tra due persone, spec. amoroso | colloquio a quatt'occhi ♦ *agg.invar.*, *avv.* a quatt'occhi; in privato: *una serata —*.
té|tra- primo elemento di parole composte che significa "quattro" (*tetraedro*).
te|tra|ci|cli|na *s.f.* (*chim.*) ciascun appartenente a una classe di antibiotici a largo spettro d'azione.
te|tra|è|dro *s.m.* (*geom.*) poliedro con quattro facce triangolari.
te|tra|e|ti|le *agg.* (*chim.*) si dice di composto che ha quattro gruppi etilici.
te|tràg|gi|ne *s.f.* (*anche fig.*) condizione di quel che è tetro.
te|tra|go|nà|le *agg.* (*geom.*) del tetragono; a forma di tetragono.
te|trà|go|no *agg.* **1** (*geom.*) che ha quattro angoli **2** (*lett.*, *fig.*) irremovibile ♦ *s.m.* (*geom.*) poligono che ha quattro angoli | solido che ha quattro spigoli.
te|tra|gràm|ma *s.m.* [pl. *-i*] parola formata da quattro lettere | (*st.*, *relig.*) presso gli Ebrei, l'insieme delle lettere JHWH con cui viene scritto il nome di Dio.
te|tra|lo|gì|a *s.f.* **1** (*st.*, *teat.*) nell'antica Grecia, insieme di tre tragedie e un dramma satiresco, che davano luogo a un'unica grande rappresentazione | (*estens.*) insieme di quattro opere teatrali legate dalla medesima ispirazione **2** (*estens.*) serie formata da quattro elementi.
te|tra|me|tro *agg.*, *s.m.* (*metr.*) nella poesia classica, si dice di verso composto da quattro metri.
te|tra|pàk® *s.m.invar.* involucro di cartone paraffinato per conservare latte, panna o altre bevande | (*estens.*) il materiale di cui tale involucro è costituito.
te|tra|ple|gì|a *s.f.* (*med.*) paralisi che colpisce tutti gli arti.
te|tra|plè|gi|co *agg.* [m.pl. *-ci*] (*med.*) relativo alla tetraplegia | che è stato colpito da tetraplegia ♦ *s.m.* [f. *-a*] malato di tetraplegia.
te|trà|po|de *agg.*, *s.m.* si dice di vertebrato che presenta quattro arti.
Te|trà|po|di *s.m.p.l.* superclasse che raggruppa Mammiferi, Uccelli, Rettili e Anfibi.
te|tra|po|dì|a *s.f.* (*metr.*) nella poesia classica, successione di quattro piedi uguali.
te|tràr|ca *s.m.* [pl. *-chi*] (*st.*) nell'antichità, chi governava una delle quattro parti in cui era stato diviso uno Stato.
te|trar|chì|a *s.f.* (*st.*) sistema di governo basato sulla divisione dello Stato in quattro parti, ciascuna con un diverso governatore.
te|tra|sti|co *agg.* [m.pl. *-ci*] **1** (*metr.*) si dice di strofa formata da quattro versi **2** (*arch.*) che è formato da quattro parti; che presenta quattro ordini di colonne: *portico —*.
te|tra|stì|lo *agg.* (*archeol.*) si dice di edificio la cui facciata presenta quattro colonne.
te|tra|tò|mi|co *agg.* [m.pl. *-ci*] (*chim.*) costituito da quattro atomi.
te|tra|vac|ci|no *s.m.* (*med.*) vaccino attivo contro quattro specie di germi o quattro malattie.
te|tra|va|lèn|te *agg.* (*chim.*) si dice di atomo o gruppo atomico che tende a cedere, accettare o condividere quattro elettroni.
tè|tro *agg.* (*lett.*) **1** buio | (*estens.*) lugubre, sinistro: *un — maniero* **2** (*fig.*) cupo, triste: *uno sguardo —* □ **tetramente** *avv.*
tét|ta *s.f.* (*coll.*) mammella di donna.
tet|ta|rèl|la *s.f.* **1** cappuccio di gomma elastica, in forma di capezzolo, forato, applicato al poppatoio perché il lattante possa succhiare **2** succhiotto.
tét|to *s.m.* **1** struttura che serve a coprire un edificio: *— a quattro spioventi* **2** (*estens.*) qualsiasi struttura atta a coprire ql.co.: *il — del trattore* **3** (*fig.*) parte più alta | (*per anton.*) *il — del mondo*, il monte Everest **4** (*fig.*) casa: *tornare al — natio*; *abbandonare il — coniugale* **5** nel gergo alpinistico, tratto di roccia che sporge quasi perpendicolarmente da una parete a picco **6** (*fig.*) limite massimo posto alla crescita di spese, consumi e sim.: *— del disavanzo*.
tet|tò|ia *s.f.* **1** copertura a spiovente di un ambiente aperto, gener. sorretta da pilastri **2** gronda molto ampia; cornicione **3** (*estens.*) copertura che funge da riparo.
tet|tò|na *s.f.* (*pop.*) donna dal seno prosperoso.
tet|tò|ni|ca *s.f.* (*geol.*) complesso delle trasformazioni e degli spostamenti subiti dalle formazioni geologiche | studio della crosta terrestre e delle forze, spec. interne al pianeta, che ne plasmano la struttura: *— a placche*.
tet|tò|ni|co *agg.* [m.pl. *-ci*] (*geol.*) della tettonica | causato dalle potenti forze interne alla Terra, che deformano la crosta terrestre: *movimento —*.
tet|tùc|cio *s.m.* (*auto.*) parte superiore, gener. scorrevole, della carrozzeria dell'autovettura: *— apribile*.
teu|tò|ni|co *agg.* [m.pl. *-ci*] **1** dell'antica popolazione germanica dei Teutoni **2** (*spreg.*; *scherz.*) tedesco: *disciplina teutonica*.
te|ur|gì|a *s.f.* (*st.*) pratica magica degli antichi neoplatonici per entrare in contatto con la divinità.
TeV *s.m.invar.* (*fis.*) unità di energia della fisica nucleare, pari a mille miliardi di elettronvolt.
te|xà|no *agg.* del Texas ♦ *s.m.* [f. *-a*] chi è nato o abita nel Texas.

texture (*ingl.*) [pr. *tèkstur*] *s.f.invar.* trattamento con cui una superficie liscia è resa ruvida attraverso piccoli segni, incisioni, rilievi ecc.

thài *s.m.invar.* **1** [anche f.] individuo che appartiene al ceppo mongolide stanziato nella penisola indocinese **2** lingua monosillabica dell'Indocina ♦ *agg.invar.* appartenente o relativo al ceppo etnolinguistico indocinese; siamese.

thai|lan|dé|se o **tailandése** *s.m.* **1** [anche f.] che è nato o abita in Thailandia **2** lingua parlata in Thailandia ♦ *agg.* relativo alla Thailandia e ai suoi abitanti.

the *s.m.invar.* → **tè**.

thèr|mos o **tèrmos** *s.m.invar.* recipiente termoisolante, costituito da un contenitore di vetro racchiuso in un altro di plastica o metallo, per conservare le bevande alla temperatura originaria.

thè|ta *s.f./m.invar.* → **teta**.

thriller (*ingl.*) [pr. *trìller*] *s.m.invar.* film o libro che suscita tensione e ansia nello spettatore o nel lettore.

thrilling (*ingl.*) [pr. *trìlling*] *agg.invar.* si dice di narrazione o spettacolo, spec. di genere poliziesco, ricco di suspense ♦ *s.m.invar.* thriller.

ti[1] *pron.pers. di 2ª pers.sing.* [si può elidere davanti a vocale; può precedere o seguire il v.] **1** come compl. ogg. sostituisce *te* quando non si vuol dare a esso rilievo: — *vuole davvero bene* **2** come compl. di termine sostituisce *a te* quando non si vuol dare a esso rilievo: *non riesco a crederti* **3** si usa nella coniugazione dei verbi riflessivi e intransitivi pronominali: *smettila di guardarti allo specchio!*; — *sei cambiato ancora?* **4** esprime coinvolgimento, partecipazione, interesse nei confronti dell'azione: — *sei bevuto una bottiglia intera* **5** con valore rafforzativo: *non capisco che cosa* — *immaginassi di fare*.

ti[2] *s.f./m.invar.* nome della lettera *t*.

ti|a|mi|na *s.f.* (*chim.*) vitamina B_1.

tià|ra *s.f.* **1** rigido copricapo conico usato anticamente in Oriente da sacerdoti e re **2** (*eccl.*) triregno.

ti|a|so *s.m.* (*st.*) presso gli antichi Greci, associazione di persone che si dedicavano al culto dionisiaco | (*estens.*) festa che tali associazioni celebravano in onore di Dioniso.

ti|be|ri|no *agg.* relativo al Tevere.

ti|bet *s.m.invar.* pregiato tipo di lana molto morbida.

ti|be|tà|no *s.m.* **1** [f. *-a*] che è nato o abita in Tibet **2** lingua diffusa in Tibet ♦ *agg.* relativo al Tibet: *monaco* —.

ti|bia *s.f.* **1** (*anat.*) la più sottile delle due ossa lunghe della gamba **2** (*st.*) nell'antica Roma, strumento musicale a fiato simile al flauto.

ti|bià|le *agg.* (*anat.*) della tibia.

ti|bù|rio *s.m.* (*arch.*) rivestimento esterno di una cupola, in uso nell'architettura bizantina, romana e gotica.

ti|bur|ti|no *s.m.* [f. *-a*] che è nato o abita a Tivoli ♦ *agg.* relativo a Tivoli.

tic *inter.* riproduce un rumore secco e leggero ♦ *s.m.invar.* **1** leggero battito, colpo **2** (*med.*) contrazione frequente e involontaria di alcuni muscoli spec. facciali, di origine nervosa **3** (*fig.*) gesto, espressione che si ripetono spesso e inavvertitamente.

tic|chet|tà|re *v.intr.* [indic.pres. *io ticchétto*...; aus. *A*] emettere, produrre un ticchettio.

tic|chet|tìo *s.m.* rumore prodotto dai colpi frequenti, secchi e lievi: *il* — *della pendola*.

tic|chio[1] *s.m.* **1** (*raro*) tic **2** (*vet.*) atteggiamento anomalo che un animale, spec. il cavallo, assume abitualmente **3** (*fig.*) idea bizzarra; capriccio: *il* — *di partire le è già passato*.

tic|chio[2] *s.m.* (*raro*) piccola macchia che appare sulla frutta oppure sul marmo.

ti|ci|né|se *agg.* **1** relativo al fiume Ticino **2** del Canton Ticino ♦ *s.m.* [anche f.] che è nato o abita nel Canton Ticino.

ticket (*ingl.*) [pr. *tìket*] *s.m.invar.* **1** biglietto | (*sport*) nelle corse ippiche, scontrino con gli estremi della scommessa rilasciato dal totalizzatore **2** quota a carico di chi usufruisce del servizio sanitario nazionale per l'acquisto di alcuni medicinali e per prestazioni mediche | (*estens.*) prezzo parziale da corrispondere per usufruire di un servizio pubblico.

ticket restaurant (*ingl.*) [pr. *tìket rèstoran*] *loc.sost.m.invar.* buono pasto rilasciato da un'azienda ai dipendenti.

tic tac *loc.onom.* riproduce una successione di colpi secchi e leggeri ♦ *loc.sost.m.invar.* rumore ritmico prodotto da colpi secchi e regolari: *il* — *dell'orologio*.

tie break (*ingl.*) [pr. *taibrèk*] *s.m.invar.* (*sport*) nel tennis, gioco abbreviato per concludere rapidamente un set dopo sei giochi pari | nella pallavolo, set conclusivo di spareggio.

tie|pi|déz|za *s.f.* condizione di ciò che è tiepido.

tiè|pi|do *agg.* **1** non molto caldo: *latte* — **2** (*fig.*) poco affettuoso: *è* — *negli affetti* | non entusiastico, poco caloroso: *un* — *benvenuto* □ **tiepidaménte** *avv.*

ti|fà|re *v.tr., intr.* [aus. *A*] fare il tifo: — *per la capolista* | (*estens.*) parteggiare per qlcu.: — *per un candidato*.

ti|fer|nà|te *agg.* della località umbra di Città di Castello ♦ *s.m./f.* che è nato o abita a Città di Castello.

ti|fi|co *agg.* [m.pl. *-ci*] (*med.*) del tifo.

ti|flo- primo elemento di parole composte che significa "non vedente" o indica relazione con i non vedenti (*tiflologia*).

ti|flo|gra|fi|a *s.f.* scrittura in rilievo, usata per i non vedenti.

ti|flo|lo|gi|a *s.f.* studio delle condizioni dei non vedenti, spec. riguardo al loro inserimento professionale.

ti|fo *s.m.* **1** (*med.*) malattia infettiva che si manifesta con febbri alte, torpore, eruzioni cutanee e malessere diffuso | — **addominale**, malattia infettiva e contagiosa che colpisce l'intestino e può provocare ulcerazioni dell'ileo **2** sostegno entusiastico, spec. per una squadra o un cam-

pione dello sport | (*estens.*) assieme di cori, striscioni e sim. che manifestano il sostegno ai propri beniamini: *il — nello stadio era assordante* | **fare il — per qlcu.**, sostenerlo ed esaltarlo, riferito spec. a personaggi famosi.
ti|foi|de o **tifoideo** [ti-foi-dè-o] *agg.* (*med.*) che ha le caratteristiche del tifo: *febbre —*.
ti|fó|ne *s.m.* tempesta violenta, caratteristica dei mari tropicali | (*estens.*) temporale violento con vento molto forte.
ti|fo|se|ri|a *s.f.* insieme dei tifosi di una squadra sportiva.
ti|fó|so *agg.*, *s.m.* [f. -a] **1** (*med.*) che, chi è affetto da tifo o febbre tifoide **2** che, chi fa il tifo per personaggi e gruppi famosi, spec. dello sport.
ti|gèl|la *s.f.* (*gastr.*) schiacciata emiliana che viene cotta tra due piastre e imbottita con prosciutto.
tig|gì *s.m.invar.* → **tigì**.
tight (*ingl.*) [pr. *tàit*] *s.m.invar.* abito maschile per cerimonia, con giacca nera a falde lunghe e pantaloni a righe nere e grigie.
ti|gì o **tiggì** *s.m.invar.* (*coll.*) telegiornale.
Ti|glia|ce|e *s.f.pl.* famiglia di piante dicotiledoni arboree con fiori regolari, alla quale appartiene il tiglio.
ti|glio *s.m.* **1** albero con frutti a capsula, foglie cuoriformi e fiori gialli molto profumati usati per infusi calmanti **2** legno di tiglio, chiaro, leggero e ben lavorabile.
ti|glió|so *agg.* duro, fibroso: *frutta tigliosa*.
ti|gna *s.f.* (*med.*) malattia del cuoio capelluto dovuta a un fungo parassita.
ti|gnò|la *s.f.* nome di vari Lepidotteri che allo stadio larvale si alimentano con materiali organici di vario tipo, spesso danneggiandoli: *— della farina;* *— del grano;* *— della lana.*
ti|gnó|sa *s.f.* nome comune di funghi velenosi il cui gambo presenta un anello e una volva bianca, mentre il cappello può avere colori vari, che sfumano dal biancastro al giallo al verdognolo.
ti|gnó|so *agg.*, *s.m.* [f. -a] **1** che, chi è malato di tigna **2** (*fig.*, *region.*) testardo | spilorcio.
ti|grà|to *agg.* che presenta strisce come il mantello di tigre: *cane —*.
ti|gre *s.f.* **1** grosso felino carnivoro dell'Asia, che ha un caratteristico mantello fulvo a strisce scure **2** (*fig.*) persona aggressiva, spec. donna | (*iron.*) *— di carta*, chi è pericoloso solo in apparenza.
ti|gre|sco *agg.* della tigre; da tigre.
ti|gròt|to *s.m.* cucciolo di tigre.
til|de *s.m.*/*f.* lineetta ondulata ˜ che si mette sopra una lettera per indicarne una pronuncia particolare, variabile a seconda delle lingue.
tilt (*ingl.*) *s.m.invar.* nei flipper, blocco del gioco dovuto gener. a una scossa troppo violenta data dal giocatore | *in —*, (*elettr.*) si dice di circuito che si interrompe all'improvviso, spec. per guasto: *il collegamento è andato in —*; (*scherz.*) si dice di persona confusa, che non riesce più a raccapezzarsi: *queste domande mi mandano in —*.
tim|bàl|lo *s.m.* (*gastr.*) pietanza costituita da un involucro di pasta sfoglia o frolla, ripieno di riso, carni, ortaggi, che viene cotto in forno.
tim|brà|re *v.tr.* apporre un timbro | *— il cartellino*, marcare il cartellino di presenza con l'orario di entrata e di uscita; (*estens.*) svolgere un lavoro dipendente; (*fig.*) essere sottoposto a routine.
tim|bra|tù|ra *s.f.* azione con cui si timbra; stampigliatura | il segno del timbro.
tim|brì|co *agg.* [m.pl. -ci] (*mus.*) relativo al timbro: *differenze timbriche*.
tim|bro *s.m.* **1** attrezzo con una superficie recante scritte, cifre o bolli a rilievo che, inchiostrati, vengono impressi su carta | il segno impresso | *— a secco*, che funziona senza inchiostro, imprimendo un segno a rilievo **2** (*mus.*) qualità di un suono, indipendente da intensità e frequenza, che lo distingue spec. in relazione alla sua fonte: *il — del flauto;* *— di voce* **3** (*fig.*, *lett.*) tono di un'opera letteraria.
time out (*ingl.*) [pr. *tàim àut*] *loc.sost.m.invar.* (*sport*) nel basket e nella pallavolo, momentanea interruzione del gioco richiesta da uno dei due allenatori.
timer (*ingl.*) [pr. *tàimer*] *s.m.invar.* dispositivo che emette segnali o impulsi a intervalli di tempo prefissati; temporizzatore: *il — della bomba* | *contaminuti*.
ti|mi|déz|za *s.f.* caratteristica di chi è timido o di ciò che denota esitazione o mancanza di convinzione: *la — delle loro proteste* | comportamento, atteggiamento timido: *smettila con queste timidezze!*
tì|mi|do *agg.* **1** che è schivo nei rapporti con gli altri; riservato: *un compagno —* | che prova timore: *il coniglio è un animale —* **2** che mostra timore o timidezza: *timida richiesta* | (*estens.*) appena accennato e ancora incerto: *una timida schiarita* | (*estens.*) fatto con prudenza o con esitazione: *un — tentativo* ♦ *s.m.* [f. -a] chi è timido □ **timidamente** *avv.*
timing (*ingl.*) [pr. *tàimin*] *s.m.invar.* determinazione di una scadenza per ciascuna fase della realizzazione di un progetto, un lavoro.
ti|mo[1] *s.m.* piccolo arbusto sempreverde della flora mediterranea le cui foglie aromatiche si usano per preparare condimenti di cucina ed essenze da profumeria.
ti|mo[2] *s.m.* (*anat.*) ghiandola situata dietro lo sterno, che interviene nella produzione di anticorpi.
ti|mo|cra|zì|a *s.f.* forma di governo in cui il potere politico è esercitato solo dai cittadini che hanno un dato censo.
ti|mó|ne *s.m.* **1** (*mar.*) organo direzionale di un'imbarcazione, costituito da una pala imperniata a poppa | (*aer.*) in un velivolo, parte mobile dell'impennaggio verticale, che serve a conservare o cambiare direzione **2** stanga posta davanti all'aratro o a un carro, alla quale si attaccano gli animali da tiro **3** (*fig.*) guida, governo, direzione: *essere al — dell'impresa*.
ti|mo|ne|rì|a *s.f.* **1** (*auto.*) insieme degli organi dello sterzo di un autoveicolo **2** (*mar.*, *aer.*)

timoniera

complesso dei componenti che formano un timone e degli apparecchi che lo manovrano.

ti|mo|niè|ra *s.f.* (*mar.*) locale chiuso situato sul ponte di comando di un'imbarcazione, nel quale si trovano il timone, la bussola e gli altri strumenti di governo del natante.

ti|mo|niè|re *s.m.* [f. *-a*] (*mar.*) addetto alla manovra del timone in un natante.

ti|mo|niè|ro *agg.* relativo al timone | *penne timoniere*, negli uccelli, quelle che si trovano nella coda e che permettono di controllare la direzione di volo.

ti|mo|rà|to *agg.* che si comporta in modo coscienzioso e scrupoloso; morigerato: *una donna timorata* | *— di Dio*, che possiede una reverente sottomissione a Dio.

ti|mó|re *s.m.* **1** sentimento di ansia, di apprensione, di paura per quel che potrebbe costituire un danno, un pericolo, un fatto doloroso e sim.: *obbedire per — della punizione* **2** preoccupazione di fare una cosa inopportuna: *avere — di disturbare* **3** rispettosa soggezione: *il — che il maestro gli ispirava* **4** (*teol.*) *— di Dio*, dono dello Spirito Santo che consiste nella reverente sottomissione a Dio.

ti|mo|ró|so *agg.* pieno di timore | che rivela timore: *atteggiamento —* □ **timorosamente** *avv.*

tim|pà|ni|co *agg.* [m.pl. *-ci*] (*anat.*) relativo al timpano.

tìm|pa|no *s.m.* **1** (*anat.*) membrana situata in fondo al condotto uditivo esterno, che trasmette le vibrazioni sonore agli ossicini dell'udito | (*iperb.*) *rompere i timpani*, assordare con rumori violenti o sgradevoli **2** (*mus.*) strumento a percussione costituito da un vaso metallico coperto da una pelle, che si suona con due mazze **3** (*arch.*) parete triangolare del frontone, fra la trabeazione orizzontale e gli spioventi.

tìn|ca *s.f.* pesce d'acqua dolce di color verde bottiglia e dalle carni apprezzabili, diffuso nei bacini stagnanti.

ti|nèl|lo *s.m.* piccolo soggiorno o sala da pranzo, gener. accanto alla cucina.

tìn|ge|re *v.tr.* [indic.pres. *io tingo, tu tingi...*; pass.rem. *io tinsi, tu tingésti...*; part.pass. *tinto*] **1** colorare con una tinta differente da quella originaria: *— la camicia di scuro*; *tingersi la barba, i capelli* **2** (*estens.*) macchiare, sporcare: *tingersi le dita di inchiostro* **3** (*lett.*) colorare: *il tramonto tinse di fuoco l'orizzonte* ♦ *intr.* (*pop.*) lasciare tracce di colore: *lava separatamente la maglietta o tingerai il resto del bucato* ♦ **-rsi** *intr.pron.* (*anche fig.*) colorarsi: *la vicenda si tinse di giallo*.

tin|ni|re *v.intr.* [indic.pres. *io tinnisco, tu tinnisci...*; aus. *A*] (*lett.*) squillare, tintinnare.

tì|no *s.m.* **1** grande recipiente di legno a doghe dove si pigia l'uva e si lascia fermentare il vino **2** (*metall.*) recipiente a tronco di cono rovesciato che si trova in cima all'altoforno e che contiene il minerale **3** (*tessitura*) vasca dedicata alla tintura.

ti|nòz|za *s.f.* recipiente simile al tino ma più largo e più basso, nel quale si possono fare il bagno e il bucato.

tìn|ta *s.f.* **1** materia con cui si tinge; tintura: *dare una passata di — al cancello* | prodotto per tingere i capelli e sim.: *mi sono fatta la —* **2** colore assunto da un oggetto tinto: *cambiare — alla parete* | *(a) — unita*, che ha un solo colore uniforme: *completo — unita* | *in —*, che si abbina bene a livello cromatico: *scarpe in — con l'abito* | *mezza —*, tonalità intermedia tra colori diversi **3** (*estens.*) colore, spec. quello naturale: *la — delle foglie* **4** (*fig.*) tono della descrizione | *a forti tinte*, con effetti di grande drammaticità | *a tinte fosche*, in maniera pessimistica.

tin|ta|rèl|la *s.f.* (*coll.*) abbronzatura.

tin|teg|già|re *v.tr.* [indic.pres. *io tintéggio...*] ricoprire con della tinta; verniciare: *— lo stipite*.

tin|teg|gia|tó|re *s.m.* [f. *-trice*] operaio che effettua la tinteggiatura; imbianchino.

tin|teg|gia|tù|ra *s.f.* operazione con cui si tinteggia.

tintìn o **tin tin** *inter.* (*onom.*) riproduce una successione di suoni staccati e argentini ♦ *s.m. invar.* suono di oggetti in vetro, metallo e sim. che risuonano squillanti quando li si percuote leggermente: *il — dei bicchieri*.

tin|tin|nà|re *v.intr.* [aus. *A, E*] emettere una serie di suoni argentini.

tin|tin|nì|o *s.m.* suono prolungato di ciò che tintinna: *il — delle campanelle*.

tìn|to *part.pass.* di *tingere* ♦ *agg.* **1** colorato tramite tintura: *ha i baffi tinti* **2** sporco, macchiato **3** (*estens.*) che ha assunto un colore diverso da quello originario: *bosco tinto di giallo* **4** (*lett.*) colorato; venato: *una scelta tinta di dubbi*.

tin|tó|re *s.m.* [f. *-a*] gestore di tintoria.

tin|to|rì|a *s.f.* laboratorio dove si tingono tessuti e sim. | negozio che provvede alla lavatura e alla stiratura di abiti.

tin|tù|ra *s.f.* **1** operazione con cui si tinge e suo risultato: *la — del cappotto* **2** sostanza colorante; tinta: *— da scarpe* **3** soluzione di sostanze medicinali: *— di iodio* | *— madre*, tintura concentrata che serve come base per prepararne altre.

tìo- (*chim.*) primo elemento di parole composte che significa "zolfo" o indica un rapporto con tale elemento (*tioacido*).

tio|à|ci|do *s.m.* (*chim.*) acido nel quale atomi di zolfo hanno sostituito quelli di ossigeno.

-ti|pì|a secondo elemento di parole composte che indica un procedimento di "stampa" (*linotipìa*).

ti|pi|ci|tà *s.f.* caratteristica di quel che è tipico; peculiarità.

tì|pi|co *agg.* [m.pl. *-ci*] **1** che caratterizza ql.co. o qlcu.; peculiare: *è il suo — atteggiamento* | (*gastr.*) si dice di pietanza, bevanda o prodotto alimentare caratteristico di una certa zona **2** che rappresenta un esempio significativo, un modello; esemplare: *— esempio* | che rispetta un canone: *contratto —* □ **tipicamente** *avv.*

ti|piz|zà|re *v.tr.* adeguare a un tipo, a uno standard.

ti|piz|za|zió|ne s.f. operazione che permette di tipizzare.
tì|po s.m. **1** modello da cui si traggono copie; esemplare: *i tipi delle monete* **2** categoria di oggetti o individui che hanno una data caratteristica, aspetto e sim.; genere, specie: *che — di arredamento vorresti?* | *—*, **sul** *— di*, che somiglia a: *una corporatura — la tua* **3** insieme di persone e razze che hanno tratti caratteristici comuni: *— asiatico* **4** [f. -a] (*fam.*) un tale, uno sconosciuto: *è tornato il — di ieri* | persona originale, strana: *un — bizzarro* | **essere un** *—*, avere fascino senza essere particolarmente bello **5** (*zool., bot.*) categoria inferiore al regno, che raggruppa classi affini **6** (*lett., teat.*) rappresentazione stereotipata di un personaggio **7** (*spec.pl.*) carattere tipografico mobile | *per i tipi di...*, per la casa editrice... ♦ *agg.invar.* che può fare da esempio: *una domanda —* | medio; tipico: *cliente —*.
tì|po-, -tì|po primo e secondo elemento di parole composte che significa "stampo" (*tipografo, logotipo*) oppure "tipo", "esemplare" (*tipologico, archetipo*).
ti|po|gra|fì|a s.f. **1** procedimento tradizionale di stampa, in cui i caratteri sono in rilievo | (*estens.*) le arti grafiche in generale **2** laboratorio in cui si stampa.
ti|po|grà|fi|co *agg.* [m.pl. *-ci*] relativo alla tipografia; di stampa: *procedimento —* □ **tipograficamente** *avv.* relativamente alla stampa.
ti|pò|gra|fo s.m. [f. -a] **1** chi esercita l'arte della stampa **2** chi lavora in una tipografia.
ti|po|li|to|gra|fì|a s.f. laboratorio tipografico che utilizza anche procedimenti litografici per la stampa.
ti|po|lo|gì|a s.f. [pl. *-gie*] studio della descrizione e classificazione di differenti tipi di fenomeni, individui, oggetti ecc. nell'ambito di una categoria omogenea.
ti|po|lò|gi|co *agg.* [m.pl. *-ci*] relativo alla tipologia □ **tipologicamente** *avv.* relativamente alla tipologia.
tip tap o **tippe tàppe** *loc.onom.* riproduce un rumore secco che si ripete a ritmo rapido ♦ *loc. sost.invar.* **1** suono ritmico, secco, come il tamburellare delle dita **2** danza in cui si battono a tempo sul pavimento il tacco e la punta delle scarpe, producendo un caratteristico ticchettio.
TIR *s.m.invar.* autotreno, autoarticolato che svolge trasporti internazionali di merci.
ti|ra|bà|ci *s.m.invar.* (*scherz.*) nelle acconciature spec. femminili, ricciolo appiattito che ricade sulla guancia sulla fronte.
ti|ràg|gio *s.m.* aspirazione di aria all'imboccatura inferiore di un camino, che assicura la quantità di ossigeno necessaria alla combustione.
ti|ra|làt|te *agg.invar., s.m.invar.* si dice di dispositivo che estrae il latte alla puerpera tramite una pompetta.
ti|ra|lì|ne|e *s.m.invar.* strumento che permette di tracciare linee di vario spessore, avvicinando o allontanando tramite una vite due punte metalliche intinte nell'inchiostro.

ti|ra|mi|sù *s.m.invar.* (*gastr.*) dolce a base di pan di Spagna, inzuppato di caffè, farcito con mascarpone, uova e zucchero, e ricoperto da uno strato superficiale di cacao.
ti|ran|neg|già|re *v.tr.* [indic.pres. *io tirannéggio...*] (*anche assol.*) governare da tiranno | (*estens.*) trattare con modi tirannici, con durezza: *— i dipendenti*.
ti|ran|nì|a s.f. **1** governo dittatoriale: *resistere alla — straniera* | (*estens.*) atto, comportamento autoritario; prepotenza: *non tollererò oltre le tue tirannie!* **2** (*fig.*) forza, realtà che impone un dato comportamento; costrizione: *la — del tempo* | potere irresistibile: *la — del vizio*.
ti|ran|ni|ci|da *s.m./f.* [m.pl. *-i*] chi uccide un tiranno.
ti|ran|ni|cì|dio *s.m.* assassinio di un tiranno.
ti|ràn|ni|co *agg.* [m.pl. *-ci*] da tiranno; dispotico | prepotente **2** (*fig.*) irresistibile □ **tirannicamente** *avv.* in maniera tirannica.
ti|ràn|ni|de s.f. **1** (*st.*) nell'antica Grecia, governo da tiranno **2** (*estens.*) regime dispotico; tirannia: *liberazione dalla — nazista*.
ti|ràn|no *s.m.* [f. -a] **1** (*st.*) nell'antica Grecia, chi esercitava in una città il potere civile e militare **2** (*estens.*) chi esercita il potere politico in modo dispotico; dittatore | chi impone agli altri la propria volontà abusando della propria autorità: *è un — in famiglia* **3** (*fig.*) costrizione o potere irresistibile: *il destino è —* ♦ *agg.* (*fig.*) tirannico: *un amore —*.
ti|ran|no|sàu|ro *s.m.* gigantesco dinosauro carnivoro del cretaceo, dotato di grande cranio e dentatura possente.
ti|ràn|te *s.m.* **1** elemento o dispositivo che serve a tenere unite o ferme, per trazione, due o più parti di macchine, di strutture **2** (*arch.*) elemento strutturale atto a sostenere carichi di trazione **3** striscia di pelle posta sul retro delle calzature per calzarle più facilmente.
ti|ra|piè|di *s.m./f.invar.* (*spreg.*) chi esegue servilmente, senza alcuna dignità, tutti i voleri di una persona, spec. importante | chi è addetto a mansioni modeste.
ti|ra|pù|gni *s.m.invar.* arma illegale formata da quattro anelli metallici da infilare nelle dita per rendere più dirompente il pugno.
ti|rà|re *v.tr.* **1** sottoporre a trazione per tendere, distendere o (nel caso di materiali deformabili) allungare: *— un filo per stendere; — la pasta* | *— il collo*, riferito al pollame, ucciderlo | (*fig.*) *— gli orecchi a qlcu.*, rimproverarlo | (*fig.*) *— la cinghia*, patire la fame | (*anche assol.*) *— in lungo*, *per le lunghe*, prolungare: *è inutile — in lungo con questi dubbi* **2** portare verso di sé, spostare per avvicinare, muovere nella propria direzione: *— qlcu. per la manica; — la leva* | *— giù*, prendere da un punto che si trova in alto | *— su*, sollevare da un punto più in basso: *tira su quel che ti è caduto*; costruire, edificare: *han tirato su una balaustra* | (*fig.*) *— su qlcu.*, rimettere in forze o di buon umore: *la notizia l'ha tirato un po' su* | allevare, crescere: *— su i figli* | (*coll.*) *— su col naso*, inspi-

tirassegno

rare rumorosamente | — *l'acqua*, azionare lo sciacquone del water | — *il fiato*, respirare; *(fig.)* fare una pausa per riprendersi | *(fig.)* — *(troppo) la corda*, arrivare all'eccesso | — *qlcu. per i capelli*, convincerlo o coinvolgerlo controvoglia: *mi hanno tirato per i capelli in questo affare* | — *un ragionamento per i capelli*, forzarlo ai limiti del ragionevole | *(fig.)* — *qlcu. dalla propria parte*, assicurarsene il sostegno | *tirarsi addosso*, farsi cadere addosso; *(fig.)* attirare su di sé: — *addosso mille obiezioni* | *(coll.)* *tirarsela*, darsi delle arie **3** *(anche fig.)* trascinare dietro di sé, trainare: — *in ballo* | *(fam.)* *tirarsi dietro*, portare con sé | — *in secco*, riferito spec. a imbarcazioni, portare sulla riva ciò che si trova in acqua **4** allontanare da sé, spec. con un movimento rapido; scagliare; lanciare: — *una pietra* | sferrare: — *calci*; — *una stoccata* | *(anche assol.)* lanciare con arma da getto o da sparo: — *una freccia, una schioppettata*; — *alla cieca* | *(sport, anche assol.)* lanciare: — *la palla*; — *a canestro* | — *i dadi*, gettarli, per gioco | — *fuori*, estrarre; *(fig.)* dire apertamente, spec. ql.co. di segreto o celato | *(fig.)* — *fuori le unghie*, mostrare aggressività **5** ricavare da altro; trarre: — *le somme, le conseguenze* **6** portare fino a un determinato stato: — *a lucido il ripiano* | raggiungere un dato orario: — *le tre del mattino* | — *via*, togliere: — *via una macchia*, *(coll.)* eseguire sbrigativamente: — *via un lavoro* **7** stampare: — *una rivista in migliaia di copie* **8** tracciare: — *una linea* **9** *(gerg.)* aspirare dal naso; riferito a stupefacenti, sniffare: — *cocaina* **10** *(sport, spec.assol.)* nel ciclismo, fare l'andatura in testa al gruppo | — *la volata*, pedalare davanti a un compagno per risparmiargli la resistenza dell'aria, facendogli guadagnare velocità per lo scatto finale ♦ *intr.* [aus. *A*] **1** *(anche fig.)* continuare, proseguire: — *diritto* | resistere: *dovete* — *senza cibo fino a domani* | *(fig.)* — *avanti*, proseguire nonostante le difficoltà; *(euf.)* vivere stentatamente **2** risultare attraente; *(coll.)* di prodotto e sim., essere molto richiesto: *quelle decorazioni non tirano più* | *(econ.)* di settore produttivo e sim., attraversare una fase positiva: *il tessile tira* **3** essere incline; tendere: — *a imbrogliare* | avere una gradazione che si avvicina molto: *questa tinta tira al viola* **4** di vento, soffiare: *tira una gradevole brezza* | avere tiraggio: *la sigaretta non tira* | *(pop.)* *l'aria che tira*, la situazione contingente **5** di indumento, essere stretto: *l'abito tira sui fianchi* | della pelle, essere tesa: *il vento fa* — *la pelle* **6** *(sport)* praticare discipline dove si sferrano colpi o si lanciano proiettili: — *alla boxe*; — *di scherma*; — *con l'arco*; — *al piattello* **7** *(pop.)* procedere a velocità elevata: *sta tirando come un pazzo* **8** *(fig.)* contrattare al fine di ottenere uno sconto: — *sul prezzo* **9** *(gerg.)* assumere stupefacenti aspirandoli dalle narici: — *di coca* **10** *(volg.)* detto del pene, essere in erezione ♦ -*rsi* *rifl.* spostarsi: — *in disparte* | — *su*, alzarsi: *tirati subito su dal divano!*; *(fig.)* risollevarsi d'umore o rimettersi in forze | *(fig.)* — *indietro*, sottrarsi a un impegno, rinnegare una presa di posizione; rinunciare: *quando il conflitto si inasprì, decise di* — *indietro*.

ti|ras|sé|gno o **tiro a ségno** *s.m.* attività di chi, per gioco o per sport o per esercitazione spara a un bersaglio: *alla fiera si fermò al* — | spazio che ospita tale attività.

ti|rà|ta *s.f.* **1** azione con cui si tira una volta sola | *(fig.)* — *d'orecchi*, sgridata **2** *(fam.)* singola boccata di fumo da una sigaretta e sim. **3** attività, operazioni compiute senza interruzioni: *per rispettare le consegne han fatto una bella* — **4** discorso lungo, spec. di tono polemico: *il capo mi ha fatto un'altra* —.

ti|ra|tàr|di *s.m./f.invar.* *(scherz.)* persona abituata a rincasare tardi.

ti|rà|to *part.pass.* di tirare ♦ *agg.* **1** teso: *cavo* — **2** stanco, provato, emozionato: *al funerale aveva una faccia tirata* **3** *(fig.)* stentato: *sorriso* — | pieno di stenti: *vita tirata* **4** di ragionamento, argomento e sim., non sostenuto da basi solide; stiracchiato **5** parsimonioso nello spendere | con margini scarsissimi: *un preventivo* — **6** *(fam.)* elegante, ben vestito: *è sempre tutto* —.

ti|ra|tó|re *s.m.* [f. -*trice*] chi è abile nel tirare con armi da fuoco: — *scelto* | *(polit.)* *franco* —, parlamentare che in una votazione a scrutinio segreto non rispetta l'indicazione di lista.

ti|ra|tù|ra *s.f.* *(tipografia)* attività con cui si tirano copie a stampa | numero complessivo delle copie stampate: *rivista di modesta* —.

ti|ra|vo|li|sta *s.m./f.* [m.pl. -*i*] *(sport)* persona che pratica il tiro a volo.

tir|chie|rìa *s.f.* *(fam.)* caratteristica, comportamento, gesto da persona tirchia.

tìr|chio *agg., s.m.* [f. -*a*] *(coll.)* si dice di persona che è molto restia a spendere; avaro.

ti|rem|mòl|la o **tira e mòlla** *s.m.invar.* *(fam.)* **1** alternarsi continuo di azioni che contrastano tra loro: *il* — *tra le parti sociali* **2** [anche f.] chi è indeciso.

ti|re|ò|si *s.f.* *(med.)* malattia della tiroide.

ti|re|o|trò|pi|na *s.f.* *(chim., biol.)* ormone proteico prodotto dall'ipofisi anteriore che regola la secrezione ormonale della tiroide.

ti|re|ò|tro|po *agg.* *(med.)* di tireotropina | **ormone** —, tireotropina.

ti|rét|to *s.m.* *(region.)* cassetto.

ti|ri|tè|ra *s.f.* filastrocca | *(estens.)* discorso noioso, spec. se già udito molte volte.

ti|ro *s.m.* **1** azione con cui si tira ql.co. verso di sé: — *alla fune* *(fig., fam.)* *essere in* —, essere elegante **2** traino tramite animali: *bestie da* — | *(estens.)* veicolo trainato da animali e gli animali che trainano: — *a quattro* **3** azione con cui si scaglia; lancio: *un* — *di dadi* **4** azione di tirare con un'arma | sparo: — *a volo*, quello che consiste nello sparare a bersagli mobili nell'aria, come piattelli o uccelli | — *a segno*, tirassegno | *essere a* —, trovarsi entro la portata di un'arma; *(coll.)* essere a portata di mano | *fuori* —, oltre la portata di un'arma; *(coll.)* lontano; *(coll.)* difficile da raggiungere | *sotto* —, preso di mira dal nemico; *(fig.)* pressato da molte critiche | *(fig.)* *alzare il* —, aumentare le richieste | (*fig.*) *correggere il —*, modificare la strategia **5** (*sport*) nel calcio e in altri giochi, lancio della palla: *— a rete* | *libero*, nel basket, quello concesso per falli ed effettuato dall'apposita linea vicino al canestro degli avversari, senza che questi possano intervenire **6** (*fig.*) azione dannosa che giunge inattesa: *il destino ti ha giocato un — mancino; mi ha giocato un brutto —* **7** (*coll.*) di sigaretta, boccata.

ti|ro|ci|nàn|te *agg., s.m./f.* si dice della persona che sta svolgendo un tirocinio.

ti|ro|ci|nio *s.m.* addestramento pratico per esercitare una professione, un mestiere | periodo dell'addestramento professionale.

ti|ròi|de *s.f.* (*anat.*) ghiandola a secrezione interna, situata nella parte anteriore del collo, che produce un ormone che presiede alla crescita dell'organismo.

ti|roi|dè|o *agg.* (*med.*) relativo alla tiroide.

ti|roi|dì|smo *s.m.* (*med.*) disfunzione patologica della tiroide.

ti|ro|lé|se *agg.* relativo al Tirolo ♦ *s.m./f.* chi è nato o abita in Tirolo ♦ *s.f.* canto e danza popolari, tipici del Tirolo.

ti|ro|xì|na *s.f.* (*biol.*) ormone secreto dalla tiroide che serve contro ipotiroidismo e disturbi dello sviluppo.

tir|rè|ni|co *agg.* [m.pl. -*ci*] relativo al Mar Tirreno.

tir|rè|no *agg., s.m.* [f. -*a*] **1** che, chi apparteneva a una popolazione stanziata in Etruria, prima dell'avvento dei popoli indoeuropei **2** (*anche ell.*) (*Mar*) *Tirreno*, si dice della parte del Mare Mediterraneo che bagna le coste dell'Italia centroccidentale.

tìr|so *s.m.* **1** (*mit.*) bastone avvolto da edera e tralci di vite, portato dal dio greco Dioniso e, più tardi dal dio romano Bacco e dalle baccanti **2** (*bot.*) pannocchia.

ti|sà|na *s.f.* decotto di sostanze vegetali, gener. con proprietà terapeutiche; infuso.

tì|si *s.f.* (*med.*) tubercolosi polmonare.

ti|si|chéz|za *s.f.* (*med.*) condizione di chi è ammalato di tisi | (*estens.*) debolezza, gracilità esagerata.

tì|si|co *agg.* [m.pl. -*ci*] **1** (*med.*) che è malato di tisi **2** (*estens.*) gracile ♦ *s.m.* [f. -*a*] chi è malato di tisi.

ti|sio|lo|gì|a *s.f.* (*med.*) studio della tubercolosi e delle relative terapie.

ti|siò|lo|go *s.m.* [f. -*a*; m.pl. -*gi*] (*med.*) specialista in tisiologia.

tis|su|là|re *agg.* (*biol.*) relativo ai tessuti; tessutale.

tis|su|tà|le *agg.* → **tessutale**.

ti|tà|ni|co *agg.* [m.pl. -*ci*] immane; gigantesco: *sforzo —*.

ti|tà|nio *s.m.* elemento chimico metallico, di colore argenteo, leggero, duro e resistente alla corrosione (*simb.* Ti); si usa nelle produzione di leghe speciali destinate spec. all'aeronautica.

ti|ta|nì|smo *s.m.* (*lett.*) atteggiamento di rivolta contro tutto ciò che limita lo slancio dell'uomo verso l'assoluto.

ti|tà|no *s.m.* **1** (*mit.*) ciascuno dei possenti figli di Urano che cercarono di conquistare l'Olimpo e furono sconfitti da Giove **2** (*fig.*) persona dotata di forza straordinaria | chi eccelle in un settore grazie a doti eccezionali: *è un — della cinematografia europea*.

ti|til|la|mén|to *s.m.* azione con cui si titilla; leggero solletico.

ti|til|là|re *v.tr.* solleticare leggermente.

ti|to|là|re¹ *agg., s.m./f.* **1** (*dir.*) che, chi è il soggetto legittimo di un rapporto giuridico | (*estens.*) che, chi è formalmente investito di una proprietà; proprietario: *il — dell'agenzia* | detentore: *il — del conto* **2** che, chi è stabilmente investito di una funzione, di un ufficio: *giudice —*; *la supplente sostituirà per un mese il — della cattedra* | (*sport*) si dice di membro di una squadra che rientra nella formazione normalmente schierata nelle competizioni: *chi è la riserva dell'attaccante —?*

ti|to|là|re² *v.tr.* [indic.pres. *io titolo*...] **1** (*chim.*) determinare il titolo di una soluzione, una miscela, una lega e sim. **2** fornire di titolo un libro, uno spettacolo televisivo e sim.; intitolare ♦ *intr.* [aus. *A*] detto di giornale, uscire con un dato titolo: *oggi i giornali titolano sui fatti in Iraq*.

ti|to|la|ri|tà *s.f.* (*dir.*) condizione di chi ha un diritto soggettivo.

ti|to|là|to *part.pass.* di *titolare* ♦ *agg., s.m.* [f. -*a*] **1** che, chi ha un titolo nobiliare **2** (*estens.*) si dice di persona che ha i requisiti richiesti.

ti|to|la|trì|ce *s.f.* (*cine.*) apparecchiatura che si collega alla cinepresa per realizzare e riprendere didascalie e titoli del film.

ti|to|la|tù|ra *s.f.* inserimento di un titolo | la maniera in cui viene realizzato il titolo.

ti|to|la|zió|ne *s.f.* **1** titolatura **2** (*chim.*) determinazione della percentuale in cui un componente è presente in una soluzione, una miscela, una lega e sim. **3** (*ind. tessile*) determinazione del titolo di un filato.

ti|to|lì|sta *s.m./f.* [m.pl. -*i*] **1** (*giorn.*) redattore che formula i titoli di un giornale **2** (*cine.*) persona che titola un film o un altro spettacolo.

tì|to|lo *s.m.* **1** breve testo che indica l'argomento di uno scritto, di un'opera d'arte ecc., oppure di una parte di essi; intestazione: *il — del documentario*; *— di paragrafo* | nei giornali, breve frase che annuncia l'argomento trattato nell'articolo: *— su due colonne* **2** (*pl. cine.*) didascalie in sovrimpressione con titolo del film o della trasmissione, nome di regista e attori e informazioni varie sulla realizzazione, che vengono inserite all'inizio e alla fine della pellicola o del programma: *titoli di testa, di coda* **3** appellativo spettante a una persona per nobiltà, grado, studi compiuti, attività esercitata o altri requisiti positivi: *— di barone*; *titoli accademici* | (*sport*) qualifica che spetta al vincitore di una competizione, spec. in torneo, campionato o sim.: *— di campione europeo* | *— di studio*, quello che certifica il completamento di un ciclo formativo **4** (*estens.*) reputazione; nomea: *il — di gran lavo-*

ratore | (*iron.*) epiteto, spec. ingiurioso: *non è il caso di dare titoli per così poco!* **5** (*dir.*) fatto giuridico per effetto del quale un diritto viene attribuito a un soggetto; il documento che lo comprova **6** (*fig.*) ragione, diritto, potere che giustifica ql.co.: *a che — ti permetti di giudicare?* | (*bur.*) — *di viaggio*, biglietto e sim. che permette di usufruire di un servizio di trasporto pubblico | *a — di*, con valore di: *te lo dico a — di informazione* **7** (*bur.*) in un concorso pubblico, documento attestante capacità e diritti acquisiti; qualifica certificata che corrisponde a una certa valutazione: *concorso per titoli* **8** (*fin.*) azione, obbligazione | — *di credito*, documento che dichiara il diritto a ricevere dal debitore la cifra indicata sul titolo stesso | — *di Stato*, documento che certifica un debito dello Stato nei confronti di chi ha accettato di sottoscrivere un prestito pubblico **9** (*chim.*) in una soluzione, miscela, lega e sim., rapporto percentuale tra la quantità di un componente e quella complessiva | — *dell'oro*, percentuale di metallo prezioso all'interno di una lega **10** (*ind. tessile*) misura della finezza del filato.

ti|tu|bàn|te *part.pres. di* titubare ♦ *agg.* esitante, incerto.

ti|tu|bàn|za *s.f.* esitazione; incertezza.

ti|tu|bà|re *v.intr.* [*indic.pres. io titubo*...; *aus. A*] sentire o manifestare incertezza; esitare.

ti|vù *s.f.* (*coll.*) televisione.

ti|zia|né|sco *agg.* [m.pl. *-schi*] relativo al pittore Tiziano Vecellio (ca 1490-1576) o alla sua opera | si dice di una tonalità fulva che ricorre nelle chiome delle donne dipinte da Tiziano: *biondo, rosso —.*

tì|zio *s.m.* [f. -a] persona qualunque, indeterminata, che non si è in grado di identificare o che è priva di importanza: *è lo stesso — di ieri; sembrava un — qualunque* | *Tizio, Caio e Sempronio*, terzetto di persone qualunque.

tiz|zó|ne *s.m.* pezzo di legno o di carbone che sta bruciando | *nero come un —*, nerissimo, come un tizzone carbonizzato | (*fig.*) — *d'inferno*, persona infame e malvagia.

tmè|si *s.f.* (*ling.*) divisione di una parola in due parti, che per scelta poetica possono collocarsi alla fine di un verso e all'inizio di quello successivo.

to' o **toh** *inter.* (*fam.*) **1** si usa per accompagnare il gesto di porgere ql.co., con il significato di *tieni*: *to' i soldi per il cinema* | accompagna uno schiaffo, un pugno e sim., con il significato di *prendi*: *to', una sberla te la sei meritata!* **2** (*escl.*) per esprimere stupore: —, *chi l'avrebbe detto!*

toast (*ingl.*) [pr. tòst] *s.m.invar.* coppia di fette di pane a cassetta abbrustolite, ripiene di formaggio e prosciutto.

to|bò|ga *s.m.invar.* **1** piccola slitta di origine canadese, formata da sottili assi di legno ricurve all'estremità | (*sport*) snella slitta metallica con un solo pattino, per gare di discesa sulla neve su piste senza curve **2** nelle piscine o in spiaggia, scivolo, spec. a percorso non rettilineo per tuffarsi in acqua | scivolo usato nei parco giochi | vagoncino dell'otto volante.

tòc *inter.* (*onom.*; *spec. ripetuto*) riproduce il rumore del bussare a una porta.

to|càì *s.m.* vitigno tipico del Friuli, ma diffuso in varie parti dell'Italia settentrionale, in Austria, Croazia e Ungheria | vino secco e profumato, spec. bianco, che si ottiene dalle uve omonime.

toc|ca|mén|to *s.m.* atto del toccare, spec. in modo sensuale.

toc|càn|te *part.pres.* di toccare ♦ *agg.* che suscita emozione; commovente: *discorso —.*

toc|cà|re *v.tr.* [*indic.pres. io tócco, tu tócchi*...] **1** (*di persona*) accostare la mano, un'altra parte del corpo o ciò che si impugna a qlcu. o a ql.co., stabilendo un contatto; tastare; sfiorare: *toccandogli la fronte sentì che scottava* | (*fig.*) — *con mano*, verificare personalmente ql.co. **2** (*di oggetto*) essere a contatto con ql.co. o qlcu.: *la tovaglia tocca terra* **3** spostare: *non dovete — nulla fino all'arrivo della polizia* | modificare per correggere, per perfezionare: *va bene così: non — più nulla!* | usare; rovinare: *non toccatemi i pezzi della collezione, per favore* | *non — cibo*, digiunare **4** (*anche fig.*) raggiungere: — *quota 1000* | (*assol.*) raggiungere con i piedi il fondale di uno specchio d'acqua, tenendo fuori la testa; (*di imbarcazione*) strisciare con la chiglia sul fondo | — *terra*, (*aer.*) atterrare; (*mar.*) approdare | (*fig.*) — *il cielo con un dito*, sentirsi al culmine della felicità | — *il fondo*, ridursi in una condizione pessima **5** (*fig.*) trattare; affrontare: *il relatore ha toccato vari punti* **6** (*fig.*) riguardare: *l'episodio tocca tutti* **7** (*fig.*) dire o fare ql.co. che può ferire od offendere qlcu.; turbare: *la cosa non mi tocca; non dovevi toccarlo negli affetti* | (*assol.*) colpire, spec. suscitando commozione: *le tue parole gli hanno toccato il cuore* | — *nel vivo qlcu.*, urtarlo su un tema delicato **8** (*sport*) nella scherma, colpire l'avversario in bersaglio valido | nel calcio e nella pallavolo, colpire la palla: — *a muro* ♦ *intr.* [aus. *E*] **1** spettare di diritto o per dovere: *a chi toccano oggi le pulizie?* **2** capitare: *mi tocca sempre il peggio* **3** essere costretto: *mi tocca partire oggi* ♦ **-rsi** *rifl.* (*pop.*) masturbarsi ♦ *rifl.rec.* essere così vicini da entrare in contatto: *gli aerei si avvicinarono fin quasi a —.*

toc|ca|sà|na *s.m.invar.* (*anche fig.*) rimedio rapido e quasi prodigioso; balsamo: *le vacanze saranno un —.*

toc|cà|ta *s.f.* **1** atto con cui si tocca **2** (*mus.*) composizione per strumento a tastiera, in voga tra Cinquecento e Settecento | (*fig., scherz.*) — *e fuga*, incontro, visita, incursione di brevissima durata: *passerò a trovarti ma sarà solo una — e fuga.*

toc|cà|to *part.pass.* di toccare ♦ *agg.* **1** (*fig.*) affrontato: *un tema già —* **2** (*fig.*) profondamente colpito, scosso: *era visibilmente — dalla vicenda* **3** (*spec.scherz.*) che non ha la testa a posto; tocco **4** (*sport*) nella scherma, colpito dall'avversario in bersaglio valido.

tóc|co¹ *agg.* [m.pl. *-chi*] **1** (*di frutto*) ammaccato o un po' guasto **2** (*di persona*) mentalmente disturbato; picchiato | (*iron.*) stravagante.
tóc|co² *s.m.* [pl. *-chi*] **1** atto, movimento con cui si tocca: *lo svegliarono con un — sulla fronte* **2** (*estens.*) colpo battuto contro ql.co.: *mi è parso di udire dei tocchi alla porta* | rintocco: *quattro tocchi di campana* **3** (*mus.*) maniera di suonare uno strumento a tasto o a corda **4** (*fig.*) aggiunta, rifinitura: *dare l'ultimo —* **5** (*pitt.*) pennellata: *un — di rosso* | (*estens.*) modo caratteristico di dipingere: *il — di Picasso è inconfondibile* | (*fig.*) stile, impronta caratteristica: *si vede il — dello stilista* | passata di trucco: *un — di fard* **6** (*sport*) modo di colpire la palla: *un'ala dal — preciso*.
tòc|co³ *s.m.* [pl. *-chi*] grosso pezzo, spec. di cibo: *un — di focaccia* | (*coll.*) **un — d'uomo**, persona alta e robusta | **un — di figliola**, donna particolarmente avvenente.
tòc|co⁴ *s.m.* [pl. *-chi*] berretto tondo privo di tesa, che si indossa insieme alla toga nelle solennità accademiche e giudiziarie.
to|e|lèt|ta o **toelètte** *s.f.* [pl. *-e*] → **toilette**.
tofu o **toufu** (*giapp.*) [pr. *tòfu*] *s.m.invar.* morbido formaggio bianco di soia, molto usato nella cucina orientale.
tò|ga *s.f.* **1** mantello in panno di lana indossato dagli antichi Romani sopra la tunica **2** sopravveste nera indossata dai professori universitari durante le celebrazioni ufficiali, e da magistrati e avvocati in udienza.
to|gà|to *agg.* **1** che porta la toga **2** (*fig.*) si dice di stile ampolloso, solenne ♦ *s.m.* magistrato, spec. per differenziarlo dal giudice popolare.
tò|glie|re *v.tr.* [indic.pres. *io tòlgo, tu tògli, egli tòglie, noi togliamo, voi togliéte, essi tòlgono*; pass.rem. *io tòlsi, tu togliésti...*; congiunt.pres. *io tòlga..., noi togliamo, voi togliate, essi tòlgano*; part.pass. *tòlto*] **1** spostare, rimuovere: *— la tenda* | levare: *— la giacca* | **— qlcu. di mezzo**, allontanarlo; sopprimerlo | **— la vita a qlcu.**, ucciderlo | (*fig.*) **— le parole di bocca a qlcu.**, dire ql.co. un attimo prima di lui | **togliersi ql.co.**, **qlcu. dalla testa**, cercare di dimenticarlo | (*fig.*) **togliersi la maschera**, mostrarsi per quel che si è realmente **2** privare di: *mi ha tolto il piacere di raccontare* | **il saluto a qlcu.**, smettere di salutarlo **3** cancellare: *togli il suo nome dalla lista degli invitati* **4** sottrarre, detrarre: *— la tara* **5** liberare: *mi hai tolto dai pasticci* **6** (*lett.*) impedire | **ciò non toglie che**, ciò non evita che ♦ **-rsi** *rifl.* andarsene; scansarsi: *— di torno*.
toh *inter.* → **to'**.
toilette (*fr.*) [pr. *tualèt*] o **toelètte** o **toelètta** o **tolètta** *s.f.* [pl. *-e*] **1** stanza con servizi igienici, spec. in alberghi e luoghi pubblici: *è andato alla —* **2** mobiletto dotato di specchio, su cui si trova l'occorrente per truccarsi e pettinarsi **3** complesso di operazioni che servono spec. a una donna per l'acconciatura, l'abbigliamento: *sta facendo —* **4** abbigliamento femminile di grande eleganza.
tòl|da *s.f.* (*mar.*) coperta della nave.
to|le|mài|co *agg.* [m.pl. *-ci*] **1** (*st.*) relativo alla dinastia egizia dei Tolomei **2** (*scient.*) relativo all'astronomo greco C. Tolomeo (II sec. d.C.) | **sistema —**, quello che collocava la Terra al centro del cosmo.
to|lét|ta *s.f.* → **toilette**.
tol|le|rà|bi|le *agg.* **1** che può essere tollerato: *perdita —* **2** (*estens.*) mediocre, di scarso valore.
tol|le|ra|bi|li|tà *s.f.* condizione di quel che si può tollerare; sopportabilità.
tol|le|ran|te *part.pres. di* tollerare ♦ *agg.* **1** capace di sopportare **2** che esprime tolleranza: *atteggiamento —*.
tol|le|ran|za *s.f.* **1** capacità di sopportare: *— al caldo; — allo stress* **2** (*estens.*) rispetto delle idee altrui: *— ideologica* | indulgenza per i difetti o gli errori altrui | **casa di —**, casa di prostituzione | **— zero**, atteggiamento politico, normativo e giudiziario che mira a punire tutti i reati minori e a condannare le forme di devianza sociale **3** scarto di tempo ammesso oltre quello stabilito: *vi concedo una — di qualche ora* **4** massima variazione ammessa rispetto a un valore prestabilito **5** (*med.*) assenza di risposta immunologica specifica verso sostanze che in genere provocano reazioni immunitarie | capacità di un organismo di sopportare gli effetti di un farmaco.
tol|le|rà|re *v.tr.* [indic.pres. *io tòllero...*] **1** sopportare senza lamentarsi situazioni spiacevoli o dolorose, persone poco gradite: *— l'offesa* | resistere senza subire danni a prove fisiche di vario genere **2** rispettare opinioni o credenze diverse dalle proprie | mostrare comprensione e indulgenza **3** non punire ciò che si condanna: *in questa via viene tollerato il parcheggio in doppia fila* **4** consentire scarti e dilazioni rispetto a un tempo o un valore stabiliti: *si tollera un ritardo di pochi minuti*.
tòl|to *part.pass. di* togliere ♦ *agg.* **1** preso, estratto **2** [con funzione di prep.] eccetto, escludendo: *tolti quei tre, sono partiti tutti* ♦ *s.m. nella loc.* **il mal —**, ciò che è stato sottratto, gener. con un furto.
to|lu|è|ne *s.m.* (*chim.*) idrocarburo aromatico ricavato dal benzene, impiegato come solvente, come antidetonante nelle benzine, come materiale di partenza per vari prodotti di sintesi, tra cui il tritolo.
tomahawk (*ingl.*) [pr. *tòmauak*] ascia da guerra dei pellirosse.
to|mà|ia *s.f.* o **tomàio** *s.m.* [f.pl. *le tomaia* o *le tomaie*, m.pl. *i tomai*] parte superiore della scarpa, che copre il piede.
tóm|ba *s.f.* **1** luogo dove viene sepolto un cadavere | **portare un segreto nella —**, serbarlo fino alla morte | (*fig.*) **essere una —**, non divulgare segreti **2** (*estens.*) morte: *questi vizi ti condurranno alla —* | (*fig.*) fine **3** (*fig.*) locale, ambiente piccolo e buio.
tom|ba|le *agg.* di tomba; sepolcrale: *lastra —*.
tom|ba|rò|lo *s.m.* [f. *-a*] (*region.*) chi entra in antiche tombe per impossessarsi di oggetti di valore da rivendere.

tombeur de femmes (*fr.*) [pr. *tombör de fam*] *s.m.* conquistatore, donnaiolo.
tom|bi|no *s.m.* **1** chiusura, gener. metallica, di un pozzetto fognario **2** nelle strade, pozzetto o canaletto che raccoglie rigagnoli d'acqua.
tóm|bo|la[1] *s.f.* gioco che consiste nell'estrazione di numeri dall'1 al 90 con i quali i giocatori devono completare una o più cartelle con quindici numeri ciascuna | vittoria a tale gioco: *fare —* | complesso dei supporti che si usano per giocare (tabellone, numeri, cartelle).
tóm|bo|la[2] *s.f.* o **tómbolo** *s.m.* (*fam.*) capitombolo, ruzzolone.
tom|bo|là|re *v.intr.* [indic.pres. *io tómbolo...*; aus. *E*] **1** (*fam.*) fare un ruzzolone, spec. col capo all'ingiù **2** (*aer.*) di aereo, capovolgersi in volo, spec. per avaria o mancanza di stabilità.
tom|bo|là|ta *s.f.* partita al gioco della tombola.
tóm|bo|lo[1] *s.m.* successione di dune sabbiose che si formano lungo le spiagge basse per azione del vento | cordone sabbioso perpendicolare alla costa, che unisce un'isola alla terraferma.
tóm|bo|lo[2] *s.m.* **1** cilindro imbottito che serve da supporto per la produzione artigianale di merletti e sim. **2** ciascuno dei cuscini cilindrici che si trovano ai lati del canapè; rullo.
tóm|bo|lo[3] *s.m.* → **tombola**[2].
-to|mì|a (*spec.med.*) secondo elemento di parole composte che significa "taglio, incisione" (*laparotomia*).
-tò|mi|co secondo elemento degli aggettivi composti che corrispondono ai sostantivi in *-tomia* (*laparotomico*).
to|mì|no *s.m.* formaggio fresco piemontese, trattato gener. con pepe, peperoncino e altre spezie.
to|mì|smo *s.m.* sistema di pensiero teologico e filosofico elaborato da san Tommaso d'Aquino (1225 ca-1274), basato sulla rielaborazione dell'aristotelismo.
to|mì|sta *s.m./f.* [m.pl. *-i*] chi si ispira al tomismo ♦ *agg.* tomistico.
to|mì|sti|co *agg.* [m.pl. *-ci*] del tomismo; dei tomisti: *modello —*.
tò|mo *s.m.* **1** ciascuna delle parti in cui è divisa un'opera a stampa: *volume quarto, — primo* **2** (*estens.*) libro, volume, spec. voluminoso **3** (*coll.*) tipo strano, bizzarro: *sei proprio un bel —*.
to|mo|gra|fì|a *s.f.* (*med.*) stratigrafia | **— assiale computerizzata**, tecnica radiografica con cui un organo viene esplorato a varie profondità da un sottile fascio di raggi X per ottenere diverse immagini, rielaborate tramite computer; TAC.
to|mò|gra|fo *s.m.* (*med.*) strumento per tomografie.
to|nà|ca *s.f.* **1** ampia e lunga veste che arriva fino ai piedi, indossata da frati, monache e preti | **vestire la —**, farsi frate o monaca **2** (*anat.*) tunica.
to|nà|le *agg.* **1** (*pitt.*) relativo al tono cromatico | si dice di stile pittorico che evita l'accostamento di colori puri e lavora spec. con chiaroscuri e sfumature **2** (*mus.*) che riguarda la tonalità | che rispetta i principi della tonalità: *sistema —*.

to|na|li|smo *s.m.* **1** (*pitt.*) pittura basata sulla tecnica tonale: *il — dei veneziani* **2** (*mus.*) caratteristica delle musiche basate sul sistema tonale.
to|na|li|tà *s.f.* **1** tono di colore, gradazione cromatica; sfumatura: *gradisce tutte le — del blu* **2** (*mus.*) sistema di relazioni organizzate intorno a una nota fondamentale della musica, che costituisce la base armonica di un pezzo musicale; è la struttura fondamentale della musica occidentale dal sec. XVI: *eseguimmo il pezzo in una — più bassa*.
to|nàn|te *part.pres. di* tonare ♦ *agg.* che risuona possente come un tuono: *comando —*.
to|nà|re *v.intr.* → **tuonare**.
tón|da *s.f.* (*ell.*) parentesi tonda.
ton|deg|giàn|te *part.pres. di* tondeggiare ♦ *agg.* che ha una forma rotonda o arrotondata.
ton|deg|già|re *v.intr.* [indic.pres. *io tondéggio...*; rari i tempi composti] avere una forma quasi rotonda.
ton|dì|no *s.m.* **1** (*metall.*) barretta a sezione circolare, gener. d'acciaio, che serve spec. per armare strutture in cemento **2** piattino | sottobicchiere circolare.
tón|do *agg.* **1** rotondo, circolare | (*estens.*) che ha una forma piena, florida: *guance tonde* | curvilineo; arrotondato: *parentesi tonda* **2** (*fig.*) esatto, preciso: *sono due anni tondi* | di numero, intero, senza decimali o avanzi: *cifra tonda* | (*coll.*) **fare cifra tonda**, arrotondare il prezzo, il compenso ecc. ♦ *s.m.* **1** cerchio; circonferenza: *il — del suo viso* | **in —**, in cerchio, tutt'intorno: *i bambini si disposero in —* **2** oggetto di forma o sezione rotonda **3** dipinto, bassorilievo, decorazione che ha forma rotonda: *il — Doni* | (*scult.*) **a tutto —**, di scultura, che può essere guardata da tutti i lati **4** (*tipografia*) carattere che, diversamente dal corsivo, ha l'occhio diritto rispetto al rigo.
toner (*ingl.*) [pr. *tòner*] *s.m.invar.* (*tecn.*) polvere nera o colorata che funge da inchiostro nelle stampanti laser e nelle fotocopiatrici.
tón|fa|no *s.m.* (*tosc.*) avvallamento nel letto di un fiume; buca.
tón|fe|te *inter.* (*onom.*) riproduce il rumore sordo di un corpo o un oggetto pesante che cade o sbatte contro un ostacolo.
tón|fo *s.m.* **1** rumore sordo di un corpo o un oggetto pesante che cade, spec. nell'acqua | la caduta medesima **2** (*fig.*) insuccesso, spec. nel linguaggio cinematografico e teatrale: *lo spettacolo è stato un —*.
to|nì *s.m.invar.* **1** pagliaccio del circo | (*scherz.*, *estens.*) babbeo **2** (*region.*) tuta da operaio.
-to|nì|a secondo elemento di parole composte che significa "tono, tensione" (*sintonia*).
tò|ni|ca *s.f.* **1** (*mus.*) nel sistema tonale, la prima nota di una scala maggiore o minore, che costituisce la nota fondamentale di un brano e ne determina la tonalità **2** (*ling.*) vocale con accento.
to|ni|ci|tà *s.f.* caratteristica di ciò che è tonico: *— della vocale*; *la — dei muscoli*.
tò|ni|co *agg.* [m.pl. *-ci*] **1** (*ling.*) si dice di vocale

o sillaba su cui cade l'accento principale | si dice dell'accento stesso 2 (*mus.*) relativo al tono 3 (*med.*) che ha un buon tono muscolare | che è in forma: *mi sento —* 4 che stimola le funzioni, spec. digestive, dell'organismo: *amaro —* | *acqua tonica*, bibita analcolica a base di acqua, zucchero, anidride carbonica e acido citrico ♦ *s.m.* 1 ricostituente: *prendere un — per digerire* 2 prodotto cosmetico che rinfresca la pelle.

-to|ni|co secondo elemento degli aggettivi composti che corrispondono ai sostantivi in *-tonia* (*sintonico*).

to|ni|fi|càn|te *part.pres. di* tonificare ♦ *agg.* che tonifica, ridona energia: *trattamento —* ♦ *s.m.* tonico, riferito spec. a prodotti cosmetici.

to|ni|fi|cà|re *v.tr.* [indic.pres. *io tonìfico*, *tu tonìfichi...*] rendere più vigoroso o elastico; dare tono: *balsamo che tonifica la pelle* | fortificare.

ton|nà|ra *s.f.* impianto fisso per la pesca dei tonni nel quale essi, attraverso reti disposte in modo da formare camere collegate tra loro, vengono convogliati fino alla camera della morte dove avviene la máttanza.

ton|na|rèl|lo *s.m. spec.pl.* (*gastr.*) pasta all'uovo abruzzese che somiglia a spaghetti a sezione quadrata, preparati tagliando la sfoglia con l'apposito telaio detto "chitarra".

ton|nà|to *agg.* (*gastr.*) tonné.

ton|né *agg.* (*gastr.*) nelle loc. *salsa —*, preparata con tonno, capperi e maionese | *vitello —*, vitello lessato, ricoperto con salsa tonné.

tonneau (*fr.*) [pr. *tonnó*] *s.m.invar.* 1 (*auto.*) telone, tettuccio con cui si coprono le automobili scoperte; capote 2 (*aer.*) acrobazia in cui l'aereo effettua un avvitamento in orizzontale.

ton|neg|già|re *v.intr.* (*mar.*) muovere un'imbarcazione da bordo, tramite cime fissate a terra o a un'ancora.

ton|nég|gio *s.m.* (*mar.*) manovra con cui si tonneggia.

ton|nel|làg|gio *s.m.* 1 (*mar.*) volume in tonnellate di stazza di una nave mercantile | peso in tonnellate di una nave militare 2 portata di un carro ferroviario.

ton|nel|là|ta *s.f.* 1 unità di misura del peso pari a mille chilogrammi (*simb.* t) | (*iperb.*) *a tonnellate*, in quantità enormi, abbondantemente 2 *— di stazza*, unità di misura della stazza di una nave, pari a m³ 2,831 (*simb.* t.s.l.).

tón|no *s.m.* 1 grosso pesce dei mari temperati, commestibile, con una caratteristica coda a mezzaluna 2 (*gastr.*) carne del pesce omonimo, spesso conservata in scatola: *— sott'olio.*

tò|no *s.m.* 1 grado di elevazione di un suono: *— acuto* 2 (*estens.*) modulazione, intonazione della voce: *assumere un — minaccioso* | (*fig.*) *rispondere a —*, in maniera pertinente; per le rime 3 (*fig.*) modo, stile: *abito di — sportivo* | tenore: *elevare il proprio — di vita* | *darsi —*, assumere un'aria sostenuta 4 (*mus.*) il maggiore degli intervalli tra gradi contigui in una scala diatonica, pari a due semitoni: *tra fa e sol c'è un —* | (*estens.*) tonalità; nota | *in — minore*, *sotto —*, fiac-

co 5 (*pitt.*) sfumatura di colore, spec. in riferimento alla luminosità: *— scuro* | *— caldo*, colore che tende al rosso | *— freddo*, colore che tende al blu | *— su —*, si dice di combinazione tra intensità diverse di uno stesso tono cromatico | *in —*, abbinato bene, intonato 6 (*med.*) grado di elasticità, vigore, tensione di un organo del corpo umano: *— muscolare* | condizione di benessere, di efficienza fisica | *— cardiaco*, battito del cuore | *giù di —*, fuori forma; (*fig.*) giù di morale 7 in alcune lingue, spec. orientali, variazione di altezza nella pronuncia delle parole per esprimere significati differenti.

-tò|no secondo elemento di parole composte che significa "tono" (*monotono*) o "accento" (*atono*).

to|no|me|trì|a *s.f.* (*med.*) misurazione strumentale della pressione oculare interna.

ton|sìl|la *s.f.* (*anat.*) formazione costituita da tessuto linfatico | (*pl.*, *per anton. anche ell.*) **tonsille (palatine)**, ciascuno dei due organi di tessuto linfatico ed epiteliale posti in fondo alla bocca, tra il palato molle e il palato osseo.

ton|sil|là|re *agg.* (*anat.*, *med.*) relativo alle tonsille: *ascesso —.*

ton|sil|lec|to|mì|a *s.f.* (*med.*) asportazione chirurgica delle tonsille palatine.

ton|sil|lì|te *s.f.* (*med.*) infiammazione alle tonsille palatine.

ton|sù|ra *s.f.* chierica.

tón|to *agg.*, *s.m.* [f. *-a*] (*fam.*) stupido, babbeo | *fare il finto —*, far finta di non aver capito.

ton|to|lò|ne *agg.*, *s.m.* [f. *-a*] (*fam.*) che, chi è stupido o molto ingenuo.

top (*ingl.*) *s.m.invar.* 1 corpetto femminile molto scollato e privo di maniche 2 livello più alto; vertice: *essere al — della categoria.*

tò|pa *s.f.invar.* 1 femmina del topo 2 (*fig.*, *volg.*) vulva.

to|pà|ia *s.f.* 1 tana di topi 2 (*fig.*) casa squallida e sporca.

to|pà|zio *s.m.* 1 (*miner.*) silicato di fluoro e alluminio, i cui cristalli gialli o azzurri vengono usati come gemme 2 (*estens.*) tonalità di giallo tipica del topazio ♦ *agg.invar.* che ha lo stesso colore giallo del topazio.

top class (*ingl.*) *loc.sost.f.invar.* negli aerei passeggeri, prima classe | settore di livello superiore alla prima classe.

top gun (*ingl.*) [pr. *tòp gàn*] *loc.sost.m.invar.* aereo da combattimento | (*estens.*) pilota addestrato per il combattimento aereo.

to|pià|rio *agg.* relativo all'arte giardiniera di potare piante in forme geometriche o strane.

tò|pi|ca *s.f.* 1 nella retorica e logica classica, la ricerca e la teoria dei luoghi comuni su cui fondare le argomentazioni per dimostrare la validità di una tesi 2 (*coll.*) gesto, mossa, frase inopportuna; gaffe.

to|pi|cì|da *agg.*, *s.m.* [m.pl. *-i*] si dice di veleno per topi: *sostanza —.*

tò|pi|co *agg.* [m.pl. *-ci*] 1 (*ret.*) che riguarda la topica 2 che riguarda un luogo 3 (*estens.*) decisivo, risolutivo: *momento* — **4** (*med.*) si dice di medicinale e sim. che si applica direttamente su un'area limitata della superficie corporea: *farmaco* —.

to|pi|nam|bùr *s.m.invar.* pianta erbacea con tuberi commestibili, simile alla patata.

topless (*ingl.*) *s.m.invar.* costume da bagno che lascia scoperto il seno.

top manager (*ingl.*) [pr. *top mènager*] *loc.sost. m./f.invar.* dirigente di altissimo livello.

top model (*ingl.*) *loc.sost.f.invar.* fotomodella, indossatrice di grande successo.

tò|po *s.m.* nome comune di varie specie di piccoli mammiferi dei Roditori, gener. con pelo grigio, corto e folto, lunga coda e musetto aguzzo | — *di fogna*, surmolotto; (*spreg.*) insulto rivolto a chi si disprezza | (*fig.*) — *di biblioteca*, chi trascorre molto tempo in biblioteca | — *d'appartamento*, ladro specializzato nei furti in case private | — *d'albergo*, chi ruba nelle camere d'albergo | — *d'auto*, ladro di automobili | **fare la fine del** —, morire intrappolato, senza vie di fuga ♦ *agg. invar.* si dice di una tonalità chiara di grigio che assomiglia a quella del pelo di topo.

tò|po-, -tò|po primo e secondo elemento di parole composte che significa "luogo" (*topologico, biotopo*).

to|po|gra|fi|a *s.f.* **1** disciplina che studia i sistemi di rappresentazione grafica di un terreno, di un'area geografica | rappresentazione in scala realizzata usando tali sistemi **2** (*estens.*) configurazione di un centro abitato in rapporto alla distribuzione di strade, piazze, monumenti e sim.: *la — del centro storico*.

to|po|grà|fi|co *agg.* [m.pl. *-ci*] relativo alla topografia | *carta topografica*, mappa che rappresenta con molti particolari una piccola zona della superficie terrestre □ **topograficamente** *avv.* tramite metodi topografici | dal punto di vista topografico.

to|pò|gra|fo *s.m.* [f. *-a*] studioso specializzato in topografia | chi realizza topografie.

to|po|li|no *s.m.* (*fig.*) bambino molto sveglio e vivace ♦ *s.f.invar.* automobile utilitaria italiana diffusa negli anni '40 e '50.

to|po|lo|gì|a *s.f.* **1** (*geog.*) analisi delle caratteristiche del suolo e del paesaggio **2** (*mat.*) studio di particolari proprietà che si mantengono inalterate anche dopo alcune trasformazioni (p.e. dopo le deformazioni di figure geometriche a più dimensioni) **3** (*ling.*) studio della collocazione delle parole nella frase.

to|po|lò|gi|co *agg.* [m.pl. *-ci*] che riguarda la topologia □ **topologicamente** *avv.* sotto il profilo topologico.

to|pò|ni|mo *s.m.* nome proprio di un luogo.

to|po|no|mà|sti|ca *s.f.* **1** studio dei nomi di luogo **2** insieme dei nomi di luogo di un paese, di una regione: *la — toscana*.

to|po|no|mà|sti|co *agg.* [m.pl. *-ci*] relativo alla toponomastica o ai toponimi: *studio* —.

to|po|rà|gno *s.m.* [pl. *topiragni*] nome comune di vari Mammiferi insettivori dal muso allungato e dalla coda pelosa, simili al topo.

tò|pos *s.m.* [pl. *tòpoi*] **1** argomento applicabile in vari ambiti, la cui validità è data per scontata | (*estens.*) luogo comune **2** (*estens.*) tema ricorrente in un genere, in un autore, in un'opera e sim.: *il manzoniano — della Provvidenza*.

tòp|pa *s.f.* **1** pezzo di tessuto, pelle con cui si ripara uno strappo in una calzatura o in un vestito **2** (*fig.*) rimedio approssimativo: *hanno messo una — alla tua gaffe* **3** buco della serratura.

top|pà|re *v.tr.* [indic.pres. *io tòppo*...] (*gerg.*) sbagliare | fare una brutta figura.

tòp|po *s.m.* ceppo che resta nel terreno dopo il taglio della pianta | (*estens.*) pezzo di legno sbozzato in modo rozzo: *il — dell'incudine*.

top rate (*ingl.*) [pr. *top réit*] *loc.sost.m.invar.* massimo tasso d'interesse attivo che viene praticato da una banca.

top secret (*ingl.*) [pr. *top sìcret*] *loc.agg.invar.* segretissimo, riservatissimo: *informazioni* —.

top ten (*ingl.*) *loc.sost.f.* **1** [anche m., spec.pl.] i primi dieci titoli di canzoni, dischi, libri e sim. in testa a una classifica di vendite **2** (*estens.*) la classifica stessa.

to|rà|ce *s.m.* (*anat.*) parte superiore del tronco compresa tra collo e addome, che contiene polmoni e cuore.

to|ra|cen|tè|si o **toracèntesi** o **toracocèntesi** *s.f.* (*med.*) estrazione di liquido dalla cavità pleurica tramite un ago, per ragioni diagnostiche o terapeutiche.

to|rà|ci|co *agg.* [m.pl. *-ci*] relativo al torace: *circonferenza toracica*.

tò|ra|co- (*med.*) primo elemento di parole composte che significa "torace" (*toracentesi*).

to|ra|co|cèn|te|si *s.f.* → **toracentesi**.

Torah (*ebraico*) [pr. *torà*] *s.f. solo sing.* nell'ebraismo, la legge data da Dio a Mosé | i cinque libri del Pentateuco che contengono tale legge.

tòr|ba *s.f.* carbon fossile di età recente, costituito da resti vegetali accumulatisi sul fondo di stagni e paludi, che hanno iniziato a carbonizzarsi.

tór|bi|da *s.f.* complesso dei piccoli detriti terrosi e sabbiosi che un corso d'acqua trasporta in sospensione.

tor|bi|déz|za *s.f.* (*anche fig.*) caratteristica, condizione di ciò che è torbido.

tor|bi|di|tà *s.f.* (*scient.*) torbidezza.

tór|bi|do *agg.* **1** di liquido, che contiene delle impurità, non limpido **2** (*fig.*) poco onesto, equivoco: *progetti torbidi* | agitato, turbato: *i torbidi anni del regime* ♦ *s.m.* situazione poco onesta o ricca di aspetti oscuri: *cerca del — dappertutto* | (*fig.*) *rimestare, pescare nel* —, tentare di avvantaggiarsi di situazioni confuse.

tor|biè|ra *s.f.* giacimento di torba.

tor|cèn|te *part.pres. di* torcere ♦ *agg.* che fa o provoca una torsione | (*mecc.*) *momento* —, azione che fa ruotare la sezione di un solido rispetto a quella contigua.

tòr|ce|re *v.tr.* [indic.pres. *io tòrco, tu tòrci*...];

pass.rem. *io tòrsi, tu torcésti...*; part.pass. *tòrto*] **1** avvolgere ql.co. intorno a se stesso: — *il bucato prima di stenderlo* | *(fig.)* **non** — **un capello a qlcu.**, non provocargli alcun danno | **dare filo da** — **a qlcu.**, creargli ostacoli **2** piegare con forza: — *le sbarre* | storcere: — *la bocca disgustato* | — *il collo*, tirare il collo: — *il collo a un pollo*; *(fig.)* strangolare, uccidere | **torcersi le mani**, strofinarle nervosamente in segno di disperazione; *(fig.)* dispiacersi per un'occasione perduta ♦ **-rsi** *rifl.* contorcersi: — *dal dolore* ♦ *intr.pron.* incurvarsi, piegarsi: *materiali che si torcono agevolmente*.

tor|chià|re *v.tr.* [indic.pres. *io tòrchio...*] **1** spremere con il torchio: — *le vinacce* **2** *(gerg.)* sottoporre a un lungo interrogatorio, a un'incalzante serie di domande | *(fam.)* sottoporre a una dura fatica: *agli allenamenti il preparatore ci ha torchiato* | *(fig.)* sottoporre a un'eccessiva pressione fiscale.

tor|chia|tù|ra *s.f.* operazione con cui si torchia | liquido così spremuto.

tòr|chio *s.m.* macchina, spec. per usi agricoli, che presenta un piano fisso, dove si appoggia del materiale da comprimere, e un piano a esso parallelo che viene spostato progressivamente verso il primo tramite un sistema a vite: — *per le olive* | semplice macchina da stampa, con un piano di pressione comandato tramite un sistema di vite e di leva: *prova di* — | *(fig.)* **sotto** —, sottoposto a un lungo interrogatorio o a un lavoro faticoso.

tòr|cia *s.f.* [pl. -*ce*] **1** fiaccola, per lo più formata da stoppa e corde imbevute di resina | — **elettrica**, lampada a pile portatile **2** grosso cero usato nelle processioni.

tor|ci|còl|lo *s.m.* [pl. -*i*] **1** *(med.)* posizione anormale del collo dovuta a contrazioni dei muscoli | dolore che ne consegue **2** uccello dal collo mobilissimo.

tor|ci|glió|ne *s.m.* fascia di tessuto che un tempo le donne si attorcigliavano sulla testa per trasportare oggetti o per trattenere i capelli; cercine.

tor|ci|tù|ra *s.f.* **1** *(raro)* azione con cui si torce **2** *(ind. tessile)* torsione delle fibre che dà elasticità e resistenza al filato.

tór|do *s.m.* **1** uccello di media grandezza dalle carni prelibate, con livrea scura sul dorso e bianca sul petto **2** *(fig.)* citrullo, grullo.

-tó|re *suff.* [si trasforma in -*sore* nei derivati da verbi con tema terminante in *d*-] si usa per formare aggettivi e sostantivi deverbali, che designano la persona o la cosa che compie l'azione (*contatore, revisore*).

toreador *(sp.)* [pr. *toreadòr*] *s.m.invar.* torero.

to|re|à|re *v.intr.* [indic.pres. *io toreo...*; aus. *A*] combattere nell'arena contro un toro.

to|rèl|lo *s.m.* **1** giovane toro **2** *(fig.)* ragazzo dal fisico possente.

to|rè|ro *s.m.* chi combatte contro il toro nella corrida.

to|rèu|ti|ca *s.f.* arte di lavorare i metalli a sbalzo, per incisione, con il cesello.

tò|ri|co *agg.* [m.pl. -*ci*] *(mat.)* che riguarda il toro: *superficie torica*.

to|ri|né|se *agg.* di Torino ♦ *s.m./f.* chi è nato o abita a Torino.

tò|rio *s.m.* elemento chimico, metallo radioattivo naturale di colore grigio *(simb.* Th); si usa nei tubi a raggi x, nelle lampade a incandescenza e nei reattori nucleari.

tór|ma *s.f.* **1** insieme di persone che avanzano in maniera disordinata: *una* — *di clienti inferociti* | branco di animali **2** *(lett., fig.)* grande quantità di idee, pensieri, sentimenti e sim.

tor|ma|lì|na *s.f.* minerale duro e spesso trasparente, nel quale il silicio si può combinare con vari metalli, dando luogo a diverse varietà, alcune apprezzate come gemme.

tor|mén|ta *s.f.* bufera di neve e di vento caratteristica dell'alta montagna.

tor|men|tà|re *v.tr.* [indic.pres. *io torménto...*] **1** torturare | provocare dolori fisici: *l'infezione la tormentava atrocemente* **2** *(estens.)* affliggere: *il lutto lo tormentò a lungo* | infastidire, molestare: *smettila di* — *la tua sorellina con questi scherzi* ♦ **-rsi** *rifl.* darsi pena; crucciarsi: *è inutile* — *prima della sentenza*.

tor|men|tà|to *part.pass.* di tormentare ♦ *agg.* **1** afflitto: *è a letto,* — *dal mal di denti* **2** *(fig.)* assillato, angosciato: *una persona tormentata dai dubbi* | pieno di disagi o sofferenze: *un viaggio* — **3** *(fig.)* accidentato: *percorso* — | aspro e frastagliato: *il* — *profilo del monte*.

tor|mén|to *s.m.* **1** strumento per torturare | supplizio **2** *(estens.)* dolore fisico violento e prolungato: *il* — *della fame* | *(fig.)* dolore morale insistente: *il* — *del dubbio* | *(iperb.)* fastidio: *il* — *dell'afa* | persona o cosa fastidiosa: *la tua amica è un vero* —.

tor|men|tó|ne *s.m.* **1** *(giorn.)* serie di battute, scenette, vignette, articoli, spec. di sapore satirico, intorno allo stesso tema, riproposti in modo martellante **2** *(coll.)* fastidio ossessionante **3** larva di maggiolino, che consuma le radici delle piante.

tor|men|tó|so *agg.* che suscita sofferenza, tormento: *un'ansia tormentosa* | pieno di problemi, difficoltà: *vicenda tormentosa* □ **tormentosamente** *avv.*

tor|na|cón|to *s.m.* guadagno, vantaggio: *pensare al proprio* —.

tor|nà|do *s.m.invar.* **1** tromba d'aria violenta, a carattere distruttivo, tipica dell'America centro-settentrionale **2** *(fig.)* persona molto agitata, che crea scompiglio: *è un vero* —.

tor|nàn|te *s.m.* **1** curva molto stretta, spec. in strada di montagna **2** *(sport)* nel calcio, attaccante che arretra spesso a dar man forte alla difesa.

tor|nà|re *v.intr.* [indic.pres. *io tórno...*; aus. *E*] **1** riportarsi nel luogo da cui si è partiti, da cui ci si è mossi; rientrare: — *alla base* | *(assol.)* con indicazione delle modalità, del mezzo di trasporto, oppure del luogo da cui si proviene: — *a tutta velocità*; — *a piedi*; — *dall'ufficio* | — **su**, si dice di

tornasole

alimento non ben digerito | — *in sé*, riprendere i sensi; (*fig.*) recuperare il senno | — *a bomba*, dopo una divagazione, riprendere l'argomento più importante **2** venire, andare di nuovo, dopo esserci già stati: *tornerò nel campeggio dell'anno scorso; torneranno qui domani* **3** essere nuovamente presente; ripresentarsi: *la pioggia non è ancora tornata; opportunità che non tornano* **4** fare nuovamente riferimento: — *alle origini* **5** (*fig.*) prestare nuovamente attenzione | — *su una questione, su un tema e sim.*, riesaminarlo, spec. per metterlo ancora in discussione | — *con la mente*, ricordare | — *su una decisione*, mutare opinione **6** (*fig.*) ricominciare: — *a polemizzare* **7** (*fig.*) ridiventare: — *bianco; è tornato di moda* **8** (*fig.*) risultare; essere; venire: *le torna comodo* | essere esatto, quadrare, detto di conto | (*coll.*) risultare convincente: *ti torna il ragionamento?*

tor|na|só|le *s.m.invar.* (*chim.*) sostanza colorante vegetale usata nelle analisi chimiche, perché si colora di rosso in ambiente acido e di azzurro in ambiente alcalino | *cartina di* —, quella inzuppata di tale sostanza vegetale; (*fig.*) quel che permette di rendere evidente una soluzione, una situazione e sim.

tor|nà|ta *s.f.* **1** (*raro*) seduta d'accademia o altra istituzione collettiva **2** turno: — *elettorale*.

tor|nèl|lo *s.m.* cancelletto girevole che regola il flusso di persone, lasciandone passare una sola alla volta.

tor|nèo *s.m.* **1** spettacolo d'armi medievale e rinascimentale, in cui i cavalieri combattevano in gruppo o a coppie in un vasto recinto circolare | moderna rievocazione in costume di tali combattimenti **2** in alcuni sport e giochi, serie di gare che contrappongono singoli atleti o giocatori o squadre, che vengono selezionati in scontri diretti o che accumulano progressivamente punti, fino alla definizione del vincitore: — *di basket, di briscola*.

tór|nio *s.m.* macchina utensile caratterizzata dal moto rotatorio del pezzo da lavorare, usata per realizzare superfici coniche o cilindriche in metallo, legno e sim., oppure per modellare la creta: *ceramica a* —.

tor|ni|re *v.tr.* [indic.pres. *io tornisco, tu tornisci...*] **1** lavorare con il tornio: — *il bordo del mobile* **2** (*fig.*) rifinire con precisione per rendere armonioso: — *lo stile*.

tor|ni|to *part.pass. di* tornire ♦ *agg.* **1** lavorato al tornio **2** (*fig.*) di parte del corpo, armonioso nella sua rotondità: *gambe tornite* **3** (*fig.*) di stile, verso e sim., perfezionato, rifinito.

tor|ni|tó|re *s.m.* [f. -*trice*] operaio addetto al tornio.

tor|ni|tu|ra *s.f.* lavorazione al tornio | residuo di tale lavorazione.

tór|no *s.m. solo sing.* giro | *in quel — di tempo*, in quel periodo | *levarsi, togliersi di — qlcu.*, mandarlo via, liberarsene | *togliersi di* —, andarsene.

tò|ro¹ *s.m.* **1** maschio dei bovini destinato alla riproduzione | (*fig.*) *prendere il — per le corna*, affrontare un problema in maniera risoluta **2** (*fig.*) uomo dal fisico vigoroso, robusto **3** nel gergo borsistico, tendenza al rialzo.

Tò|ro² *s.m.* (*astr.*) costellazione dell'emisfero boreale e secondo segno dello zodiaco, dominante il periodo tra il 21 aprile e il 20 maggio.

tò|ro³ *s.m.* **1** (*arch.*) modanatura convessa alla base di una colonna **2** (*mat.*) superficie a ciambella, generata da una circonferenza che ruota intorno a una retta esterna dello stesso piano.

tor|pè|di|ne *s.f.* pesce dei fondali marini, con corpo a forma di disco e organi elettrici che emettono violente scariche.

tor|pe|di|niè|ra *s.f.* piccola e veloce nave da guerra utilizzata per cacciare i sommergibili; attualmente è ancora impiegata come mezzo di scorta.

tor|pe|dó|ne *s.m.* autobus con tetto apribile a uno o due piani, usato nel passato | pullman.

tor|pi|déz|za *s.f.* condizione di quel che è torpido; torpore.

tòr|pi|do *agg.* **1** colpito da torpore, che ha perduto i normali riflessi **2** (*fig.*) fiacco, privo di vitalità.

tor|pó|re *s.m.invar.* **1** stato fisico caratterizzato dalla diminuzione della sensibilità del corpo o di una sua parte: *ho uno strano — al braccio* **2** (*fig.*) mancanza di vitalità, fiacchezza d'animo: *interessi che hanno uscire dal* —.

tòrr *s.m.* (*fis.*) unità di misura di pressione, che equivale a quella barometrica di un millimetro di mercurio.

tór|re *s.f.* **1** costruzione a pianta circolare o poligonale, più alta che lunga, gener. annessa a un edificio come fortificazione o luogo di osservazione: *la — del castello* | — *campanaria*, campanile | (*fig.*) — *di Babele*, confusione | *chiudersi in una — d'avorio*, isolarsi dai problemi del mondo per riflettere o concentrarsi esclusivamente su attività intellettuali **2** (*estens.*) oggetto a forma di torre, o con analoga funzione o struttura | nell'alpinismo, picco isolato e molto ripido | (*aer.*) — *di controllo*, edificio dell'aeroporto che ospita le apparecchiature per controllare il traffico aereo e i movimenti sulle piste **3** nel gioco degli scacchi, pezzo a forma di torre, libero di muoversi orizzontalmente e verticalmente **4** (*sport*) nel basket, giocatore più alto della formazione | nel calcio, attaccante forte di testa | (*calcio*) *fare da* —, deviare di testa un cross nell'area avversaria per servire un compagno libero di battere a rete.

tor|re|fà|re *v.tr.* [con. come *fare*] sottoporre a torrefazione.

tor|re|fa|zió|ne *s.f.* **1** procedimento con cui una sostanza, sottoposta a elevata temperatura, viene parzialmente carbonizzata; tostatura: — *dell'orzo* **2** locale in cui si tosta il caffè, spesso con possibilità di degustazione e vendita al pubblico.

tor|reg|già|re *v.intr.* [indic.pres. *io torréggio...*; aus. A] essere in posizione elevata come una torre; elevarsi, svettare.

tor|rèn|te *s.m.* **1** corso d'acqua, spec. montano,

soggetto a forti magre e a piene violente 2 (*estens.*) ciò che scorre e fluisce con impeto e in abbondanza: *un — di fango*; *un — di domande*.
tor|ren|ti|zio *agg.* di torrente; da torrente: *guadare acque torrentizie*.
tor|ren|zia|le *agg.* che scende abbondante e impetuoso: *precipitazioni torrenziali* | (*fig.*) incontenibile nella sua abbondanza: *discorso —*.
tor|rét|ta *s.f.* **1** torre di modeste dimensioni che domina un edificio signorile **2** (*estens.*) cosa che somiglia a una piccola torre per struttura o forma | (*mil.*) struttura girevole collocata nel centro del carro armato, in cui è alloggiato il principale pezzo di artiglieria.
tòr|ri|do *agg.* molto caldo: *clima —* | (*geog.*) *zona torrida*, fascia terrestre compresa fra i due tropici.
tor|rió|ne *s.m.* **1** torre non molto alta, di solida costruzione **2** (*estens.*) cosa che somiglia a una grossa torre per struttura o forma | (*mar., mil.*) su alcune navi da guerra, sede corazzata degli organi di comando, collocata nella zona centrale dello scafo.
tor|ró|ne *s.m.* dolce in stecche, a base di zucchero, miele, mandorle tostate.
tor|sió|ne *s.f.* **1** movimento, azione con cui si torce **2** in ginnastica, rotazione del corpo o di parte di esso intorno all'asse longitudinale **3** (*fis.*) deformazione di un solido cilindrico sottoposto a una coppia di forze torcenti che agiscono sul piano di una sua sezione, rendendo elicoidali le linee longitudinali che prima erano parallele.
tór|so *s.m.* **1** (*anat.*) parte del corpo umano compresa tra il collo e la vita; busto: *prendere il sole a — nudo* **2** torsolo.
tór|so|lo *s.m.* **1** (*pop.*) fusto di alcune piante erbacee, liberato da fiori e foglie: *— di cavolo* **2** nucleo centrale di vari frutti, che racchiude i semi: *— di mela* **3** (*fam.*) babbeo.
tór|ta *s.f.* **1** dolce cotto al forno, a base di farina, burro, uova e zucchero, con l'aggiunta di vari ingredienti, per lo più di forma rotonda: *una fetta di —* | *glassata* | (*estens.*) preparazione simile ma salata, spec. a base di verdure: *— rustica* **2** (*fig.*) guadagno spec. illecito: *gli amministratori corrotti si spartiranno la —* | *cariche, posti di potere da spartire* **3** *grafico a —*, grafico circolare suddiviso in spicchi, che rappresenta un insieme e le parti da cui è composto.
tor|tel|li|no *s.m. spec.pl.* (*gastr.*) involucro di pasta, tipico della cucina emiliana, ripieno di carne, formaggio e altri ingredienti, da mangiare sia asciutto che in brodo.
tor|tèl|lo *s.m. spec.pl.* (*gastr.*) **1** involucro di pasta all'uovo ripieno gener. di spinaci e ricotta, da mangiare asciutto **2** frittelle dolci spolverizzate di zucchero, a volte ripiene di crema, tipiche di Milano.
tor|tel|lò|ne *s.m. spec.pl.* (*gastr.*) grosso involucro di pasta ripieno gener. di ricotta, formaggio o verdure, da mangiare asciutto.
tor|tiè|ra *s.f.* teglia per cuocere al forno le torte.
tor|ti|glió|ne *s.f.* **1** oggetto che ha una forma a spirale | *a —*, avvolto a spirale: *lampadina a —* **2** (*spec.pl.*; *gastr.*) maccherone rigato, ritorto a elica.
tòr|ti|le *agg.* che si sviluppa a spirale: *colonna —*.
tor|ti|no *s.m.* vivanda salata a base di formaggio e verdure: *— di erbette*.
tòr|to¹ *part.pass.* di torcere ♦ *agg.* piegato con una torsione.
tòr|to² *s.m.* **1** azione contraria al diritto, a ciò che è giusto: *vendicare il — subito* | *fare — a qlcu.*, (*di cosa*) essere indegno di lui: *questa scelta ti fa —*; (*di persona*) compiere una mancanza nei suoi confronti: *la tua indifferenza mi fa —* | *fare — a ql.co.*, mostrare una tendenza opposta a un valore, un'inclinazione, un ideale e sim.: *questi discorsi fan — alla tua reputazione* **2** condizione contraria al vero, al giusto: *essere in —* | *avere —*, non avere ragione, sbagliare | *passare dalla parte del —*, si dice di chi fa le proprie rimostranze ricorrendo a eccessi ingiustificati, mettendosi a propria volta nella condizione di chi sbaglia | (*euf.*) **non avere tutti i torti**, avere motivi validi | *a —*, ingiustamente: *a — o a ragione*.
tór|to|ra *s.f.* uccello simile al piccione, ma più piccolo e snello, col piumaggio color nocciola chiaro ♦ *agg.invar.* che ha un colore grigio simile a quello della tortora.
tor|tri|ce *s.f.* denominazione di alcune farfalle notturne che, allo stadio larvale, risultano nocive per le colture.
tor|tuo|si|tà *s.f.* **1** (*anche fig.*) andamento tortuoso: *— di esposizione* **2** piega; curva: *le — del percorso*.
tor|tuó|so *agg.* **1** che presenta molte curve: *il — corso del torrente* **2** (*fig.*) poco chiaro, complicato: *argomentazione tortuosa* | ambiguo, poco leale: *comportamento —* □ **tortuosamente** *avv.*
tor|tù|ra *s.f.* **1** supplizio fisico o morale inflitto per estorcere una confessione: *la — del prigioniero* | (*estens.*) grave tormento, sevizia, cui una persona viene assoggettata per vendetta, crudeltà e sim. **2** (*iperb.*) sofferenza, fastidio: *questa trasmissione è una vera —!*
tor|tu|rà|re *v.tr.* **1** sottoporre a torture **2** (*fig.*) tormentare: *il mal di schiena mi tortura* | assillare: *mi tortura da giorni con la stessa domanda* ♦ **-rsi** *rifl.* tormentarsi, affliggersi: *continua a — per quell'errore*.
tór|vo *agg.* bieco, minaccioso: *un'occhiata torva* □ **torvamente** *avv.*
tory (*ingl.*) *s.m./f.* membro di un partito politico inglese a tendenza conservatrice e monarchica, fondato alla fine del XVII sec., che nel 1800 si trasformò nell'attuale partito conservatore.
to|sa|cà|ni *s.m./f.invar.* **1** chi effettua la tosatura dei cani **2** (*spreg., scherz.*) barbiere o parrucchiere di pessima qualità.
to|sa|èr|ba *s.m./f.invar.* falciatrice da giardino, azionata a motore e montata su ruote.
to|sà|re *v.tr.* [indic.pres. *io tóso...*] **1** privare del vello, del pelo, tagliandolo corto: *— le pecore*; *far — il cane* **2** (*estens.*) potare o tagliare siepi, piante in maniera uniforme, alla stessa altezza;

pareggiare 3 (estens., scherz.) tagliare i capelli molto corti a qlcu.

to|sa|siè|pi s.m./f.invar. cesoie dalle larghe lame, ideali per pareggiare le siepi.

to|sà|to part.pass. di tosare ♦ agg. che ha il pelo corto per la tosatura: cane —.

to|sa|tó|re s.m. [f. -trice] chi per mestiere effettua tosature.

to|sa|tri|ce s.f. 1 macchinetta usata per tosare animali 2 macchinetta da barbiere che un tempo era usata per sfumare i capelli sulla nuca 3 tosasiepi | tosaerba.

to|sa|tù|ra s.f. 1 operazione con cui si taglia il vello ad animali da lana o si regola il pelo a cani, cavalli e sim. | vello o pelame così tagliato 2 (estens., scherz.) taglio molto corto dei capelli.

to|sca|neg|giàn|te part.pres. di toscaneggiare ♦ agg., s.m./f. che, chi toscaneggia: prosa —.

to|sca|neg|già|re v.intr. [indic.pres. io toscanéggio; aus. A] imitare le espressioni o la parlata tipiche del toscano.

to|sca|ni|smo s.m. vocabolo, locuzione, costrutto proprio del toscano.

to|sca|ni|tà s.f. caratteristica di quel che è toscano.

to|sca|niz|zà|re v.tr. avvicinare alle modalità espressive del toscano: — il racconto ♦ **-rsi** intr. pron. assumere forme tipiche del toscano: la sua pronuncia si sta toscanizzando.

to|scà|no agg. 1 della Toscana 2 relativo al modo di parlare e scrivere della Toscana ♦ s.m. 1 [f. -a] chi è nato o abita in Toscana 2 denominazione generica dei dialetti di Toscana, con particolare riferimento al volgare fiorentino del Trecento, matrice principale della lingua italiana 3 tabacco del monopolio italiano, scuro e stagionato | sigaro preparato con tale tabacco.

tó|sco[1] agg., s.m. [f. -a; m.pl. -schi] (lett.) toscano.

tò|sco[2] s.m. [m.pl. -schi] (lett.) veleno.

tós|se s.f. espirazione brusca e rumorosa, spec. per espellere catarro dalle vie respiratorie o come atto volontario per richiamare l'attenzione di qlcu.: accesso di — | (estens.) condizione di chi continua a tossire: sciroppo per la — | — **asinina**, **canina**, **cattiva**, **convulsa**, pertosse.

tos|sic|chià|re v.intr. [indic.pres. io tossicchio...; aus. A] emettere una serie di leggeri colpi di tosse, spec. per attirare l'attenzione di qlcu.

tos|si|ci|tà s.f. proprietà di ciò che è tossico.

tòs|si|co[1] agg. [m.pl. -ci] nocivo per l'organismo; velenoso: esalazione tossica | (med.) relativo a intossicazione ♦ s.m. (spec.med.) sostanza tossica | (lett.) veleno.

tòs|si|co[2] s.m. [f. -a; m.pl. -ci] (gerg.) tossicodipendente.

tos|si|co|di|pen|dèn|te agg., s.m./f. che, chi non può fare a meno di sostanze stupefacenti; drogato.

tos|si|co|di|pen|dèn|za s.f. bisogno irrefrenabile di assumere stupefacenti.

tos|si|co|lo|gì|a s.f. branca della farmacologia che studia la natura, gli effetti delle sostanze velenose e dei loro antidoti.

tos|si|co|lò|gi|co agg. [m.pl. -ci] che riguarda la tossicologia.

tos|si|cò|lo|go s.m. [f. -a; m.pl. -gi] studioso specializzato in tossicologia.

tos|si|cò|ma|ne agg., s.m./f. che, chi è affetto da tossicomania.

tos|si|co|ma|nì|a s.f. abitudine all'assunzione ripetuta di sostanze stupefacenti, psicofarmaci, che spesso si traduce in dipendenza.

tos|si|cò|si s.f. (med.) qualunque effetto patologico dovuto alla presenza nell'organismo di sostanze tossiche.

tos|si|na s.f. (biol.) sostanza tossica di origine organica.

tos|sì|re v.intr. [indic.pres. io tossisco, tu tossisci...; aus. A] avere un accesso di tosse | simulare uno o più colpi di tosse per attirare l'attenzione di qlcu. o segnalare ql.co.

to|sta|caf|fè s.m.invar. apparecchio con cui si tostano i chicchi di caffè.

to|sta|pà|ne s.m.invar. elettrodomestico per tostare le fette di pane.

to|stà|re v.tr. [indic.pres. io tòsto...] abbrustolire, spec. nel tostapane: — il pane | essiccare abbrustolendo: — le nocciole | sottoporre a torrefazione: — l'orzo.

to|sta|tù|ra s.f. processo con cui si tosta.

tò|sto[1] avv. (lett.) senza attendere, presto, subito.

tò|sto[2] agg. 1 (raro, region.) sodo, duro | (fig.) **faccia tosta**, sfrontatezza: hai una bella faccia tosta!; persona impudente: è la solita faccia tosta 2 (coll.) di situazione, impresa e sim., che presenta difficoltà 3 (coll.) di persona, testardo, cocciuto | deciso, in gamba 4 (gerg.) valido, degno di considerazione: uno spettacolo —.

tòt agg.indef. [seguito da s.pl.] tanti (indica un numero di entità che non importa precisare): lo si rivede ogni — mesi ♦ pron.indef. un tanto, una certa quantità: ne hanno mangiati — e il resto li hanno regalati ♦ s.m.invar. cifra, quantità (imprecisata): chiese il — che gli avevano promesso.

to|tà|le agg. completo, intero, assoluto: disastro — ♦ s.m. risultato di un'addizione; somma: quant'è il —? ♦ s.f. (ell., med.) anestesia totale, che priva temporaneamente di ogni sensibilità □ **totalmente** avv.

to|ta|li|tà s.f. 1 l'intero complesso di ql.co.: affrontare i problemi nella loro — 2 quantità complessiva delle persone o cose considerate: la — degli elettori, delle risorse.

to|ta|li|tà|rio agg. 1 della totalità: adesione totalitaria 2 (polit.) che applica i principi del totalitarismo.

to|ta|li|ta|rì|smo s.m. regime politico in cui il potere è concentrato nelle mani di un gruppo dominante che controlla tutte le attività dello Stato imponendo la propria ideologia | teoria che sostiene tale modello politico.

to|ta|li|tà|ri|sti|co agg. [m.pl. -ci] relativo al totalitarismo.

to|ta|liz|zàn|te *part.pres. di* totalizzare ♦ *agg.* che coinvolge, concerne tutto.
to|ta|liz|zà|re *v.tr.* calcolare in totale | ottenere un dato totale: *ha totalizzato sette punti*.
to|ta|liz|za|tó|re *s.m.* **1** sistema e organizzazione delle scommesse diffuso in determinate gare sportive, spec. nelle corse di cavalli e cani, per cui il totale delle puntate dei giocatori, decurtato di una parte per tasse, viene suddiviso tra i vincitori in base a una quota stabilita | (*estens.*) banco dove si ricevono le scommesse | (*estens.*) nell'ippica, organizzazione che gestisce le scommesse **2** nelle calcolatrici, dispositivo che somma automaticamente quantità numeriche, indicando sempre il totale.
tò|ta|no *s.m.* mollusco marino commestibile simile al calamaro con tentacoli provvisti di ventose.
tò|tem *s.m.invar.* (*antrop.*) presso alcuni popoli primitivi, elemento naturale (animale, vegetale o fenomeno) venerato in quanto ritenuto antenato, fondatore e spirito custode di un clan | idolo che raffigura tale oggetto di culto.
to|tè|mi|co *agg.* [m.pl. *-ci*] relativo al totem, al totemismo.
to|te|mì|smo *s.m.* (*antrop.*) complesso di norme e usanze che derivano dal rapporto di un individuo o di un gruppo con il totem.
to|tip® *s.m.* concorso settimanale a premi abbinato ai pronostici sulle corse dei cavalli.
tò|to- primo elemento di parole composte che indicano un'attività di previsione, pronostico su ciò che si può avverare a vari risultati (*totopromozioni, totocalcio*).
to|to|càl|cio® *s.m.* concorso settimanale a premi abbinato ai pronostici sulle partite di calcio: *schedina del —*.
To|to|gól® *s.m.invar.* concorso settimanale a premi in cui si devono indovinare, all'interno di un elenco di partite di calcio, quelle che si concluderanno con il più alto numero di reti.
tò|to né|ro *loc.sost.m.* giro clandestino di scommesse sulle partite di calcio.
toufu *s.m.invar.* → **tofu**.
toupet (*fr.*) [pr. *tupé*] *s.m.invar.* ciuffo di capelli, naturali o finti, usato per arricchire l'acconciatura femminile.
toupie (*fr.*) [pr. *tupì*] *s.f.invar.* fresatrice per il legno con cui si realizzano scanalature, sagome e sim.
tour (*fr.*) [pr. *tur*] *s.m.invar.* **1** giro turistico **2** (*sport, per anton.*) giro ciclistico di Francia.
tourbillon (*fr.*) [pr. *turbiiòn*] *s.m.invar.* **1** vertiginoso susseguirsi di notizie, azioni, esperienze ecc.: *un — di voci contraddittorie* **2** (*sport*) nel calcio, rapido e continuo spostamento degli attaccanti di una squadra che si incrociano per disorientare i difensori avversari.
tour de force (*fr.*) [pr. *turdefòrs*] *loc.sost.m. invar.* **1** (*sport*) prova o serie di prove che richiedono un impegno elevato e superiore alla norma **2** (*estens.*) sforzo intenso che dura per diverso tempo: *per laurearsi si è sottoposto a un autentico —*.
tournée (*fr.*) [pr. *turné*] *s.f.invar.* serie di spettacoli o di gare, che attori, cantanti o sportivi effettuano in varie località secondo un itinerario prestabilito: *la — europea della nazionale statunitense*.
tour operator (*ingl.*) [pr. *tur operéitor*] *loc.sost. m./f.invar.* chi progetta viaggi per turisti e ne cura l'organizzazione; operatore turistico.
tout court (*fr.*) [pr. *tukùr*] *loc.* in breve; senza ulteriori precisazioni: *lo hanno definito un idiota —*.
to|và|glia *s.f.* telo che si stende sulla tavola per apparecchiare la mensa.
to|va|glià|to *s.m.* servizio di tovaglie e tovaglioli.
to|va|gliò|lo *s.m.* piccolo telo quadrangolare usato a tavola per pulirsi la bocca e le mani e per proteggere l'abito.
tower (*ingl.*) [pr. *tàuer*] (*inform.*) contenitore verticale in metallo, che ospita l'unità centrale di un computer.
To|xo|plà|sma *s.m.* [pl. *-i*] genere di Protozoi parassiti di vari uccelli, rettili e mammiferi.
to|xo|pla|smò|si *s.f.* (*med., vet.*) infezione parassitaria causata da toxoplasmi; l'uomo può contrarla mangiando carni di animali infetti o altri alimenti contaminati.
tòz|zo[1] *agg.* basso e massiccio: *un fisico —* | *mani tozze*, grosse e dalle dita corte.
tòz|zo[2] *s.m.* pezzo di pane, spec. raffermo | (*iperb.*) **per un — di pane**, per una quantità ridicola di denaro.
tra *prep.* → **fra**[1].
tra- *pref.* indica passaggio attraverso (*trasudare*) o al di là (*traghettare*) | (*fig.*) indica trasformazione, cambiamento di condizione (*travestire, tradurre*) o può avere valore attenuativo (*tramortire*) | può significare "in mezzo a più cose" (*tralasciare*).
tra|bal|la|mén|to *s.m.* movimento incerto e oscillante di chi, di ciò che traballa.
tra|bal|làn|te *part.pres. di* traballare ♦ *agg.* che traballa; vacillante | (*fig.*) che sta per cadere, in crisi: *governo —*.
tra|bal|là|re *v.intr.* [aus. A] **1** di persona, reggersi a stento; barcollare | di cosa, avere una base di appoggio incerta; oscillare: *lo sgabello traballa* | del suolo e sim., tremare: *la casa traballò durante il sisma* **2** (*fig.*) essere in crisi, sul punto di cadere; vacillare: *il sistema difensivo iniziava a —*.
tra|be|a|zió|ne *s.f.* (*arch.*) struttura orizzontale con funzione di sostegno, retta da colonne e composta di architrave, fregio e cornice.
tra|bic|co|lo *s.m.* (*scherz.* o *spreg.*) veicolo vecchio, malsicuro e traballante | attrezzo, aggeggio complicato e difficile da far funzionare.
tra|boc|càn|te *part.pres. di* traboccare ♦ *agg.* tanto colmo da rischiare di traboccare | (*fig.*) incontenibile: *gioia —*.
tra|boc|cà|re *v.intr.* [indic.pres. *io trabócco, tu*

trabócchi...; aus. *E* nel sign. 1, *A* nel sign. 2] **1** di liquido, fuoriuscire dall'orlo di un recipiente troppo colmo: *l'acqua è traboccata dal vaso* | (*fig.*) di emozione, sentimento e sim., essere tanto forte da non poter essere trattenuto: *la sua felicità trabocca dagli occhi* **2** di recipiente, versare il contenuto che eccede la capacità: *la vasca sta traboccando* | (*estens.*) di luogo, essere stracolmo: *le vie traboccano di gente* | (*fig.*) di sentimento, essere tanto forte da non poter essere nascosto: *il cuore trabocca di dolore*.

tra|boc|chét|to *s.m.* **1** piano mobile o cedevole che nasconde una cavità sottostante, nella quale precipita chi vi passa sopra **2** (*fig.*) tranello, inganno ♦ *agg.invar.* che mira a confondere o ingannare: *domanda* —.

tra|ca|gnòt|to o **traccagnòtto** *agg.*, *s.m.* [f. *-a*] si dice di persona bassa e tarchiata.

tra|can|nà|re *v.tr.* bere avidamente, d'un fiato.

trac|ca|gnòt|to *agg.* → **tracagnotto**.

trac|cheg|già|re *v.intr.* [indic.pres. *io tracchéggio*...; aus. *A*] indugiare per rinviare una decisione, un impegno e sim.; prendere tempo, tergiversare.

tràc|cia *s.f.* [pl. *-ce*] **1** segno lasciato da ql.co. che è stato spostato o trascinato: *la — dello snowboard* | orma, impronta di persona, animale o cosa: *seguire le tracce del cervo* | (*fig.*) **seguire le tracce di qlcu.**, seguirne l'esempio **2** (*estens.*) indizio: *il ladro ha fatto sparire ogni —* | macchia: *una — di unto sul bicchiere* | (*spec.pl.*, *spec. chim.*) minima quantità: *rilevarono tracce di cloro* **3** (*fig.*) eredità morale: *la — del suo insegnamento* | testimonianza, spec. archeologica **4** abbozzo, schizzo essenziale: *stendere una — del percorso* | schema di scritto o discorso: *esporre seguendo una — scritta* **5** (*cine.*, *tecn.*) in una pellicola cinematografica o in un nastro magnetico, ogni sezione registrabile | (*inform.*) in floppy-disk, hard-disk e cd, ciascuna delle unità che compongono l'area dove si possono registrare dati | (*estens.*, *mus.*) ciascuno dei pezzi registrati su un cd musicale **6** (*tecn.*) scanalatura nel muro dove passano le tubature di un impianto.

trac|cia|bi|li|tà *s.f.* possibilità di individuare l'origine di un prodotto alimentare seguendo le fasi della sua produzione e commercializzazione.

trac|ciàn|te *part.pres.* di tracciare ♦ *agg.* che lascia una traccia ♦ *s.m.* **1** proiettile che lascia una scia luminosa, grazie alla quale si può seguirne la traiettoria per valutare aggiustamenti di tiro **2** (*chim.*, *fis.*) materiale facilmente individuabile dallo sperimentatore (spec. per la sua radioattività o il suo colore), che viene inserito in un organismo o in una sostanza per studiarne i processi di diffusione e trasformazione: *— radioattivo*.

trac|cià|re *v.tr.* [indic.pres. *io tràccio*...] **1** lasciare un segno: *le ruote del carro hanno tracciato dei solchi* **2** segnare una traccia per realizzare ql.co: *— il sentiero* **3** (*estens.*) disegnare: *— un cerchio* **4** (*fig.*) descrivere in modo sintetico; delineare: *— un ritratto commemorativo*.

trac|cià|to *s.m.* **1** (*edil.*) rappresentazione grafica di un progetto | complesso di segni sul terreno per indicare la dislocazione di ciò che si deve costruire: *il — dell'edificio* **2** grafico tracciato da un rilevatore di misurazioni: *studiare i tracciati dei sismografi* **3** (*anche sport*) percorso di una strada, di una gara o di una corsa **4** (*mar.*) nelle carte nautiche, linea di rotta.

trac|cia|tu|ra *s.f.* (*tecn.*) indicazione delle tracce di lavorazione sulla superficie di un materiale grezzo.

tràce *agg.*, *s.m./f.* tracio.

tra|chè|a *s.f.* (*anat.*) organo dell'apparato respiratorio a forma di tubo che collega la laringe ai bronchi.

tra|che|à|le *agg.* (*anat.*, *med.*) della trachea.

tra|che|i|te *s.f.* (*med.*) infiammazione che colpisce la trachea.

tra|che|o|to|mi|a *s.f.* (*med.*) operazione chirurgica consistente nell'incisione della trachea, spec. per aprirla nel caso non sia possibile la respirazione naturale.

tra|ci|mà|re *v.intr.* [aus. *E*, *A*] traboccare, straripare: *l'acqua della diga sta per —*.

tra|ci|ma|zió|ne *s.f.* fuoriuscita di un bacino o corso d'acqua da argini, rive e sim.: *— delle fognature*.

tràcio *agg.* **1** relativo alla Tracia, regione situata nella penisola balcanica sud-orientale **2** (*st.*) relativo agli antichi Traci | (*per anton.*) **il cantore** ♦ Orfeo ♦ *s.m.* **1** [f. *-a*] (*st.*) membro di un'antica popolazione stanziatasi in Tracia | nativo o abitante della Tracia odierna **2** (*solo sing.*) antica lingua dei Traci.

trackball (*ingl.*) [pr. *trèkbol*] *s.m.invar.* (*inform.*) mouse costituito da una sferetta inserita in un apposito alloggiamento, che viene fatta ruotare con le dita.

tra|co|dón|te *s.m.* dinosauro erbivoro vissuto durante il cretaceo, privo di corazza ossea ed eretto sulle zampe posteriori.

tra|còl|la *s.f.* **1** striscia di tessuto, cuoio e sim., che serve a sostenere su una spalla borse o altro | *a —*, appoggiato su una spalla e sorretto da tale striscia: *portare ql.co. a —* **2** (*estens.*) sacca, borsa e sim. che si porta a tracolla.

tra|col|là|re *v.intr.* [indic.pres. *io tracòllo*...; aus. *E*] **1** perdere l'equilibrio inclinandosi o cadendo: *la stadera tracolla* **2** (*fig.*) andare in rovina; precipitare: *la situazione tracolla*.

tra|còl|lo *s.m.* **1** (*raro*) l'azione del tracollare **2** (*fig.*) rovina, crollo fisico, morale o economico: *le esportazioni hanno subito un —*.

tra|cò|ma *s.m.* [pl. *-i*] (*med.*) malattia virale della congiuntiva caratterizzata da granulazioni.

tra|co|tàn|te *agg.*, *s.m./f.* arrogante, insolente.

tra|co|tàn|za *s.f.* modo di fare di chi è tracotante.

trade mark (*ingl.*) [pr. *tréid mark*] *loc.sost.m. invar.* marchio di fabbrica registrato.

trade union (*ingl.*) [pr. *tréid iùnion*] *loc.sost.f.*

[pl. *trade unions*] nel mondo anglosassone, sindacato dei lavoratori.

tra|di|mén|to *s.m.* atto con cui si viene meno a un dovere o a un impegno | *a* —, con l'inganno: *l'avversario lo colpì a* —; (*estens.*) in modo inaspettato, a sorpresa: *la richiesta lo colse a* —; (*pop.*) senza meritare, alle spalle altrui: *mangiare a* — | *alto* —, attentato contro lo Stato attuato da chi lo rappresenta, oppure da parte di un militare.

trading (*ingl.*) [pr. *tréidin*] (*econ.*, *fin.*) contrattazione | *insider* —, utilizzazione di informazioni riservate, da parte di membri o collaboratori di una società, per condurre a proprio vantaggio operazioni di compravendita di titoli in Borsa.

trading on line (*ingl.*) [pr. *trédin on làin*] *loc. sost.m.invar.* (*fin.*) contrattazione di titoli tramite Internet.

tra|di|re *v.tr.* [indic.pres. *io tradisco, tu tradisci*...] **1** venir meno alla fiducia di qlcu., ai doveri o agli obblighi morali che si hanno nei suoi confronti: — *un amico* | (*anche assol.*) essere infedele in amore | (*estens.*) deludere: *ha tradito i progetti dei genitori* | comportarsi in modo contrario a un ideale e sim.: — *la fede giovanile* **2** (*fig.*) distorcere: — *il pensiero dell'autore* **3** rivelare inopportunamente: — *un segreto* **4** (*fig.*) mancare, venir meno: *il muscolo lo tradì in salita* **5** manifestare involontariamente; lasciar trasparire: *il suo sguardo tradiva diffidenza* ♦ **-rsi** *rifl.* manifestare involontariamente il proprio animo, pensiero: *quel bugiardo finirà per* —.

tra|di|tó|re *s.m.* [f. *-trice*] persona che tradisce: — *della patria* ♦ *agg.* **1** che compie un tradimento: *coniuge* — **2** (*estens.*) che trae in inganno: *rimbalzo* —.

tra|di|zio|nà|le *agg.* **1** della tradizione; conforme alla tradizione: *celebrazione* — **2** (*spec. spreg.*) che non presenta novità rispetto alla tradizione: *un'impostazione* — **3** (*estens.*) abituale, consueto: *hanno mostrato la* — *diffidenza* □ **tradizionalmente** *avv.* in modo tradizionale.

tra|di|zio|na|lì|smo *s.m.* modo di pensare e agire di chi vuole salvaguardare i valori tradizionali.

tra|di|zio|na|lì|sta *s.m./f.* [m.pl. *-i*] chi è attaccato ai modelli, ai valori tradizionali ♦ *agg.* tradizionalistico.

tra|di|zio|na|lì|sti|co *agg.* [m.pl. *-ci*] del tradizionalismo; da tradizionalista.

tra|di|zió|ne *s.f.* **1** trasmissione di consuetudini, memorie ecc. delle generazioni passate: — *scritta* | *tale patrimonio tramandato: celebrare i riti secondo la* — **2** (*coll.*) consuetudine | usanza: *le tradizioni locali* **3** in filologia, complesso dei documenti che hanno trasmesso un testo: *la* — *del "Milione"*.

tra|dót|ta *s.f.* convoglio ferroviario per il trasporto di militari in tempo di guerra.

tra|du|cì|bi|le *agg.* che può essere tradotto: *modo di dire non* —.

tra|du|ci|bi|li|tà *s.f.* condizione di ciò che si può tradurre.

tra|du|nio|nì|smo [pr. *treidunionìsmo*] *s.m.* movimento sindacale anglosassone.

tra|dùr|re *v.tr.* [indic.pres. *io traduco, tu traduci*...; pass.rem. *io tradussi, tu traducésti*...; part.pass. *tradótto*] **1** volgere, trasferire da una lingua a un'altra: — *l'inserzione dal russo al tedesco* | trasferire nella propria lingua: *dovete questo brano latino* | — *a senso*, liberamente **2** (*estens.*) convertire in una modalità, in una forma diversa: *tradotto in cifre quanto ci guadagno?*; *non riesco a* — *ciò che sento* | (*scherz.*) esprimere in forma più semplice, chiara: *mi puoi* — *quel che ha detto quel politico?* | (*fig.*) — *in pratica*, mettere in atto, realizzare concretamente **3** (*bur.*) trasportare da un luogo a un altro, spec. riferito a imputati e detenuti: *dopo la condanna lo hanno tradotto in carcere* **4** (*inform.*) convertire in formato diverso, mantenendo contenuti e comandi.

tra|dut|tó|re *s.m.* **1** [f. *-trice*] chi esegue una traduzione, spec. per mestiere | — *elettronico*, apparecchio tascabile che mostra la traduzione in varie lingue di alcune espressioni | — *simultaneo*, chi traduce nel momento stesso in cui qlcu. parla **2** piccolo libro per studenti che contiene la traduzione di testi classici **3** (*inform.*) programma per tradurre un programma in un linguaggio diverso da quello originale.

tra|du|zió|ne *s.f.* **1** trasferimento in un'altra lingua: *fare una* — *letterale* | testo tradotto: *ha consegnato la* — *all'editore* **2** (*estens.*, *anche scherz.*) espressione in forma differente | (*fig.*) attuazione, concretizzazione: *questa sarebbe la* — *del mio sogno?* **3** (*bur.*) trasferimento di qlcu., spec. imputato o detenuto.

tra|èn|te *part.pres.* di *trarre* ♦ *agg.* (*anche fig.*) trainante: *la forza* — *del settore automobilistico* ♦ *s.m./f.* (*banc.*) soggetto che emette un assegno, una tratta.

tra|fe|là|to *agg.* affannato, ansante.

traf|fi|càn|te *part.pres.* di *trafficare* ♦ *s.m./f.* chi esercita traffici spec. illeciti: — *di stupefacenti* | (*fig.*, *spreg.*) persona che si dà da fare in modo equivoco per i propri interessi.

traf|fi|cà|re *v.intr.* [indic.pres. *io tràffico, tu tràffichi*...; aus. A] **1** avere dei traffici, commerciare: — *in legname* | esercitare affari loschi, traffici illeciti **2** (*coll.*) darsi da fare, affaccendarsi: *traffico da mattina a sera per mantenere la famiglia* ♦ *tr.* vendere, commerciare, spec. in maniera illegale: *continua a* — *stupefacenti*.

traf|fi|cà|to *part.pass.* di *trafficare* ♦ *agg.* si dice di strada percorsa da un traffico intenso.

traf|fi|chì|no *s.m.* [f. *-a*] (*coll.*) chi è sempre impegnato in piccole macchinazioni e manovre.

tràf|fi|co *s.m.* [pl. *-ci*] **1** attività di chi traffica **2** commercio illecito: — *di droga* **3** movimento di mezzi per il trasporto di passeggeri e merci: — *navale* | movimento di pedoni e veicoli in una strada, una piazza: *il vigile regolava il* — **4** (*telecom.*) trasmissione di messaggi: *riduzione del* — *postale* | il complesso di ciò che viene trasmesso: *richiedere il dettaglio del* — *telefonico*.

traf|fi|có|ne *s.m.* [f. *-a*] (*fam.*) persona che si attiva in vari modi, anche poco onesti, per ricavare vantaggi.

tra|fig|ge|re *v.tr.* [con. come *figgere*] **1** passare da parte a parte; trapassare: *la lancia gli trafisse il petto* **2** (*fig.*) addolorare: *le sue parole mi hanno trafitto il cuore*.

tra|fi|la *s.f.* **1** trafilatrice **2** (*fig.*) serie di operazioni da compiere o difficoltà da superare per raggiungere uno scopo: *concludere la — delle autorizzazioni*.

tra|fi|là|re *v.tr.* (*tecn.*) ridurre in fili o barre con la trafilatrice.

tra|fi|la|tri|ce *s.f.* (*tecn.*) macchina con cui si lavorano metalli o materie plastiche per assottigliarli.

tra|fi|la|tù|ra *s.f.* (*tecn.*) lavorazione con cui un materiale è deformato tramite il passaggio forzato attraverso i fori della trafilatrice, venendo ad assumere una forma allungata e una sezione pari a quella del foro.

tra|fi|lét|to *s.m.* breve articolo senza titolo.

tra|fit|tù|ra *s.f.* atto con cui si trafigge | grave ferita provocata da un'arma bianca.

tra|fo|rà|re *v.tr.* [indic.pres. *io trafóro...*] **1** forare da parte a parte **2** ricamare a traforo **3** intagliare a fini decorativi, seguendo un tracciato: *— il cuoio*.

tra|fo|rà|to *part.pass.* di *traforare* ♦ *agg.* lavorato a trafori: *orlo —*.

tra|fó|ro *s.m.* **1** lavorazione che serve a traforare | galleria che attraversa una montagna: *il — del Frejus* **2** tecnica di ricamo con cui, mediante l'asportazione o lo spostamento di alcuni fili di tessuto, si ottengono dei fori secondo un disegno preciso **3** arte con cui si decorano legno, cuoio, metalli ecc. **4** gioco per ragazzi in cui si ritaglia il legno con un seghetto.

tra|fu|ga|mén|to *s.m.* operazione con cui si trafuga: *il — della salma*.

tra|fu|gà|re *v.tr.* [indic.pres. *io trafugo, tu trafughi...*] sottrarre furtivamente: *— i gioielli*.

tra|gè|dia *s.f.* **1** genere teatrale improntato su vicende drammatiche con esito luttuoso | opera appartenente a tale genere | complesso delle opere di tale genere: *la — contemporanea* **2** (*estens.*) avvenimento o fenomeno tragico, spec. segnato da lutti: *una — della gelosia; la — dei lager* **3** (*iperb.*) contrarietà: *che — incontrarlo tutti i giorni!* | disastro: *quel film è una vera —* | (*scherz.*) *fare tragedie, fare una —*, reagire con rabbia esagerata.

tra|ge|diò|gra|fo *s.m.* [f. *-a*] autore di tragedie.

tra|ghet|ta|mén|to *s.m.* **1** trasferimento sulla sponda opposta **2** (*fig.*) trasferimento verso una condizione diversa.

tra|ghet|tà|re *v.tr.* [indic.pres. *io traghétto...*] **1** trasportare da una sponda all'altra: *— le auto* **2** attraversare a bordo di un'imbarcazione: *— il canale* **3** (*fig.*) far passare a condizioni, assetti differenti: *hanno traghettato il paese verso l'economia di mercato*.

tra|ghet|ta|tó|re *s.m.* [f. *-trice*] persona che traghetta.

tra|ghét|to *s.m.* imbarcazione che serve per traghettare: *tutti i traghetti sono prenotati* | luogo dove si traghetta ♦ *agg.invar.* solo nella loc. **nave —**.

tra|gi|ci|tà *s.f.* carattere tragico di un avvenimento, fenomeno ecc.

trà|gi|co *agg.* [m.pl. *-ci*] **1** di tragedia; da tragedia: *poeta —; arte tragica* **2** (*estens.*) triste; luttuoso: *un — incidente* **3** (*iperb.*) eccessivamente preoccupato e sim.: *non essere — per simili sciocchezze!* ♦ *s.m.* **1** [f. *-a*] tragediografo **2** ciò che è tragico; tragicità: *il — della vita* □ **tragicamente** *avv.* in maniera dolorosa, luttuosa | **morire —**, avere una morte violenta.

tra|gi|cò|mi|co *agg.* [m.pl. *-ci*] **1** relativo alla tragicommedia **2** (*estens.*) che ha sia un aspetto tragico sia un aspetto comico.

tra|gi|com|mè|dia *s.f.* **1** (*teat.*) componimento teatrale in cui si alternano parti tragiche e situazioni comiche **2** (*fig.*) situazione, evento tragicomico.

tra|git|to *s.m.* cammino, percorso: *chiacchierò lungo tutto il — fino al porto*.

tra|guàr|do *s.m.* **1** (*sport*) in una gara di corsa, punto di arrivo: *ti ha superato sul — 2* (*estens.*) obiettivo, meta: *si pone sempre nuovi traguardi*.

tra|iet|tò|ria *s.f.* linea descritta nello spazio da un corpo mobile.

trailer (*ingl.*) [pr. *tréiler*] *s.m.invar.* **1** video pubblicitario che promuove un film in uscita, anticipandone qualche sequenza **2** rimorchio solitamente a due ruote, che si aggancia all'automobile per trasportare moto, barche e sim.

trai|nàn|te *part.pres.* di *trainare* ♦ *agg.* **1** che traina **2** (*fig.*) che dà impulso, che stimola: *l'elemento — della squadra*.

trai|nà|re *v.tr.* [indic.pres. *io tràino...*] **1** trascinare, rimorchiare: *dovettero — l'auto fino all'officina* **2** (*fig.*) spingere in direzione del miglioramento: *è la piccola impresa a — la ripresa*.

trainer (*ingl.*) [pr. *tréiner*] *s.m.invar.* **1** (*sport*) allenatore **2** istruttore in corsi di formazione aziendale.

training (*ingl.*) [pr. *tréining*] *s.m.invar.* **1** preparazione; tirocinio **2** (*psicol.*) *— autogeno*, insieme di tecniche finalizzate a far raggiungere uno stato di rilassatezza psico-fisica.

tràino *s.m.* **1** operazione, azione del trainare | ciò che traina: *— a motore* **2** veicolo trainato; carico **3** (*fig.*) spinta, impulso: *essere il — della ripresa economica*.

trait d'union (*fr.*) [pr. *treduniòn*] *loc.sost.m.invar.* **1** in francese, trattino fra due parole che formano una sola unità semantica **2** (*fig.*) legame intenso | elemento di connessione | persona che fa da tramite.

tra|la|scià|re *v.tr.* **1** lasciare da parte; interrompere: *— la carriera* **2** omettere: *— i dettagli ovvi* | evitare di fare: *— i convenevoli*.

tràl|cio *s.m.* ramo verde della vite o di piante rampicanti.

tra|lìc|cio *s.m.* **1** struttura di sostegno, costituita

tranquillità

da travi, per cavi e sim.: *un — dell'alta tensione* **2** tessuto resistente per materassi, cuscini ecc.

tra|li|ce *solo nella loc.* **in —**, obliquamente, di sottecchi: *guardare in —*.

tra|li|gnà|re *v.intr.* [indic.pres. *io traligno...*, *noi traligniamo, voi tralignate*; aus. *A*, *E*] perdere le qualità, le tradizioni della propria gente; deviare, degenerare.

tra|lù|ce|re *v.intr.* [con. come *rilucere*; dif. del part. pass. e dei tempi composti] (*lett.*) **1** si dice della luce che filtra attraverso fessure o corpi trasparenti **2** (*fig.*) trasparire.

tram *s.m.invar.* veicolo a trazione elettrica su rotaie per trasporto pubblico cittadino.

trà|ma *s.f.* **1** il complesso dei fili che, intrecciati con l'ordito, formano il tessuto **2** (*fig.*) macchinazione, intrigo: *smaschereremo le vostre trame!* **3** (*fig.*) complesso di vicende che formano l'intreccio di romanzi, opere teatrali, film **4** (*sport*) manovra di squadra coordinata: *interrompere una — offensiva*.

tra|ma|glio *s.m.* rete da pesca di tre steli sovrapposti.

tra|man|dà|re *v.tr.* trasmettere di generazione in generazione, riferito spec. a credenze, usanze, memorie e sim.

tra|mà|re *v.tr.* (*anche assol.*) macchinare; complottare: *— una congiura*.

tram|bù|sto *s.m.* agitazione, confusione rumorosa | (*estens.*) disordine, scompiglio: *nel — del trasloco*.

tra|me|stì|o *s.m.* movimento rumoroso e disordinato di persone o cose.

tra|mez|zà|re *v.tr.* [indic.pres. *io tramèzzo...*] **1** mettere in mezzo, frammezzare **2** (*edil.*) dividere mediante un tramezzo.

tra|mez|zì|no *s.m.* coppia di fette di pane a cassetta farcite, tagliate diagonalmente a triangolo.

tra|mèz|zo *s.m.* (*edil.*) sottile parete divisoria.

trà|mi|te *s.m.* collegamento: *un — tra le due culture* | **far da —**, da intermediario ♦ *prep.* per mezzo di; attraverso: *saperlo — amici*.

tra|mòg|gia *s.f.* [pl. *-ge*] recipiente a forma di tronco di cono o di piramide, con un'apertura più ampia nella parte superiore e una più piccola in quella inferiore, utilizzato spec. in frantoi, mulini ecc. per convogliare materiali sciolti dall'alto verso il basso.

tra|mon|tà|na *s.f.* vento freddo e secco che spira da nord | (*estens.*) nella bussola, nord | (*coll.*) **perdere la —**, trovarsi disorientato; non riuscire più a controllarsi.

tra|mon|tà|re *v.intr.* [indic.pres. *io tramónto...*; aus. *E*] **1** degli astri, sparire sotto la linea dell'orizzonte: *il sole sta per —* **2** (*fig.*) declinare, esaurirsi: *un ideale che non tramonta*.

tra|món|to *s.m.* **1** scomparsa di un astro, spec. del sole, sotto l'orizzonte **2** (*estens.*) ora, momento in cui fa buio: *rincasare entro il —* | complesso di fenomeni luminosi che caratterizzano l'atmosfera mentre il sole cala sotto l'orizzonte: *un — mozzafiato* **3** (*fig.*) declino, esaurimento, decadenza: *il — di un sogno* | fase finale, spec.

della vita, della carriera e sim. | **viale del —**, fase in cui uno sportivo, un artista mostrano i segni della vecchiaia, con prestazioni non all'altezza dei tempi migliori.

tra|mor|tì|re *v.tr.* [indic.pres. *io tramortisco*, *tu tramortisci...*] far perdere i sensi: *la bastonata l'ha tramortito* ♦ *intr.* [aus. *E*] perdere le forze e i sensi.

tra|mor|tì|to *part.pass.* di tramortire ♦ *agg.* che ha perso i sensi, svenuto | (*estens.*) intontito, stordito.

Tram|po|liè|ri *s.m.pl.* nella vecchia classificazione, ordine di Uccelli palustri con collo, becco e zampe sottili e lunghi (p.e. fenicottero, gru).

tram|po|lì|no *s.m.* **1** impianto per tuffi, salto con gli sci, sci nautico e sport simili, che permette all'atleta di darsi lo slancio **2** (*fig.*) situazione di partenza o persona influente che risulta decisiva per avviare qlcu. al successo.

tràm|po|lo *s.m.* [pl. *-li*] **1** ciascuna delle due lunghe pertiche con una mensolina su cui si appoggiano i piedi per camminare sollevati da terra **2** (*scherz.*) gamba molto lunga.

tra|mu|tà|re *v.tr.* trasformare, cambiare: *— l'acqua in vino* ♦ **-rsi** *intr.pron.* trasformarsi: *il sorriso si tramutò in ghigno*.

tram|vài *s.m.invar.* → **tranvai**.

tram|vìa *s.f.invar.* → **tranvia**.

trance (*ingl.*) [pr. *trans*] *s.f.invar.* **1** stato psicofisico, indotto da ipnosi o collegato a fenomeni medianici, caratterizzato da perdita della coscienza e insensibilità a stimoli esterni **2** (*fig.*) estasi.

tranche (*fr.*) [pr. *transh*] *s.f.invar.* **1** parte; fase: *l'ultima — di forniture* **2** (*econ.*) quota **3** (*raro*) fetta, trancia.

tràn|cia *s.f.* [pl. *-ce*] **1** (*mecc.*) utensile o macchina per tagliare barre, lamiere e sim. con una coppia di lame che agiscono come in una forbice **2** (*raro*) fetta, spec. di pesce o di dolce.

tran|cià|re *v.tr.* [indic.pres. *io tràncio...*] **1** (*mecc.*) tagliare con la trancia **2** (*estens.*) tagliare in maniera netta | (*fig.*) **— giudizi**, pronunciare giudizi recisi in modo avventato.

tran|cia|tù|ra *s.f.* (*mecc.*) operazione con cui si effettua a freddo un taglio netto, senza truciolo o sbavatura.

tràn|cio *s.m.* trancia, fetta.

tra|nèl|lo *s.m.* insidia, inganno: *gli tesero un —* | (*estens.*) trabocchetto.

tran|gu|già|re *v.tr.* [indic.pres. *io trangùgio...*] (*anche fig.*) mangiare, inghiottire rapidamente: *— bocconi amari*.

tràn|ne *prep.* eccetto, salvo: *il bambino mangia tutto — gli spinaci*; *— il fratello la famiglia aveva accettato*; *— che*, salvo che, a meno che: *ci vedremo alle cinque, — che la seduta si prolunghi*.

tran|quil|làn|te *agg.*, *s.m.* si dice di psicofarmaco che agisce sul sistema nervoso centrale con effetto calmante; sedativo.

tran|quil|li|tà *s.f.* condizione di chi, di ciò che è tranquillo; serenità; calma: *— spirituale*; *la — dell'ambiente*.

tran|quil|liz|zàn|te *part.pres. di* tranquillizzare ♦ *agg.* che tranquillizza: *diagnosi —.*

tran|quil|liz|zà|re *v.tr.* rendere tranquillo; liberare da timori ♦ **-rsi** *intr.pron.* trovare tranquillità, sicurezza.

tran|quìl|lo *agg.* privo di turbamenti, non agitato: *cerca di stare —!* | sereno, calmo: *navigare in acque tranquille* | che non crea scompiglio; pacifico: *è gente tranquilla che non litiga mai* □ **tranquillamente** *avv.* **1** senza turbamenti, in tranquillità: *vivere —* **2** senza pericoli: *puoi affidarti — a lui* | senza timori **3** senza difficoltà: *ce la faremo —.*

trans *s.m.invar.* (*giorn.*) transessuale.

trans- *pref.* in parole dotte o di origine latina, vale "al di là, oltre" (*transalpino*), oppure indica attraversamento (*transcontinentale*) o passaggio a un'altra condizione (*transgenico*).

tran|sal|pì|no *agg.* **1** che, tenendo Roma come punto di riferimento, si trova oltre le Alpi | (*per anton.*) francese **2** che passa attraverso le Alpi.

tran|sa|mi|nà|si *s.f.invar.* **1** (*biol.*) ciascuno degli enzimi che favoriscono la sintesi degli amminoacidi **2** (*estens.*) esame per misurare la presenza di transaminasi nel sangue.

tran|sap|pen|nì|ni|co *agg.* [m.pl. *-ci*] **1** situato oltre gli Appennini **2** che passa attraverso gli Appennini.

tran|sa|tlàn|ti|co *agg.* [m.pl. *-ci*] che attraversa l'Atlantico o che si trova al di là di tale oceano: *territorio —* ♦ *s.m.* **1** grande nave passeggeri per rotte oceaniche **2** vasto corridoio del palazzo di Montecitorio a Roma.

tran|sa|zió|ne *s.f.* **1** atto con cui si transige | soluzione di compromesso **2** (*dir.*) contratto col quale le parti, con reciproche concessioni, evitano una lite o vi pongono fine **3** (*comm.*) operazione di compravendita.

trans|co|di|fi|cà|re *v.tr.* [*indic.pres. io transcodìfico, tu transcodìfichi...*] (*inform.*) trasferire dati dal codice di un elaboratore a quello di un altro | (*elettr.*) conversione dei segnali dal codice di un sistema a quello di un altro.

trans|co|di|fi|ca|zió|ne *s.f.* (*anche ling.*) trasferimento di un messaggio da un codice a un altro | (*elettr., inform.*) operazione con cui si transcodifica.

trans|con|ti|nen|tà|le *agg.* che passa attraverso un continente: *ferrovia —.*

trans|cu|tà|ne|o *agg.* che passa attraverso la pelle.

tran|sèn|na *s.f.* **1** (*arch.*) lastra di pietra per recintare spazi riservati: *le transenne intorno al presbiterio della chiesa* **2** barriera provvisoria con cui si regola il traffico o si impedisce l'accesso a visitatori, spettatori e sim.

tran|sen|nà|re *v.tr.* [*indic.pres. io transènno...*] circondare di transenne.

tran|ses|suà|le *agg., s.m./f.* si dice di persona che cerca di assumere aspetto e atteggiamenti dell'altro sesso | si dice di persona che, anche in seguito a interventi chirurgici, ha assunto caratteri fisici dell'altro sesso.

tran|ses|sua|lì|smo *s.m.* modo di essere di chi è transessuale | il fenomeno dei transessuali.

tran|ses|sua|li|tà *s.f.* transessualismo.

tran|sèt|to o **transétto** *s.m.* (*arch.*) nella chiesa a croce latina, navata trasversale che incrocia quella principale in corrispondenza del presbiterio.

transex *agg., s.m./f.invar.* (*gerg.*) transessuale.

transfer (*ingl.*) *s.m.invar.* **1** nei viaggi organizzati, trasferimento dei turisti dalla stazione d'arrivo all'albergo o villaggio e viceversa **2** (*borsa*) trasferimento di un titolo **3** (*tecn.*) macchina con nastro trasportatore su cui il pezzo viene lavorato in successione all'interno dei vari reparti.

trans|fer|rì|na *s.f.* (*chim., biol.*) proteina del plasma che trasporta gli ioni di ferro.

tràns|fert *s.m.invar.* **1** (*psicoan.*) processo per cui il paziente trasferisce sull'analista i sentimenti positivi o negativi che provava per altre persone **2** in psicopedagogia, miglioramento nell'esecuzione di un compito d'apprendimento, dovuto all'acquisizione di competenze in altri ambiti.

transformer (*ingl.*) *s.m.invar.* giocattolo formato da pezzi smontabili e ricombinabili, che può essere trasformato in forme diverse.

tràns|fu|ga *s.m./f.* [m.pl. *-ghi*] chi ha abbandonato un partito, un gruppo per militare nel campo avverso.

trans|gè|ni|co *agg.* [pl.m. *-ci*] di organismo che ha subìto una modificazione artificiale del patrimonio genetico | di prodotto, spec. alimentare, realizzato a partire da tali organismi.

tran|si|be|ria|na *s.f.* linea ferroviaria che collega Mosca a Vladivostock con un lunghissimo percorso attraverso l'intera Siberia.

tran|si|be|ria|no *agg.* che passa attraverso la Siberia.

tran|sì|ge|re *v.tr.* [*indic.pres. io transìgo, tu transìgi...*; *pass.rem. io transigéi* o *transigètti, tu transigésti...*; *part.pass. transatto*] (*dir.*) comporre una vertenza, una lite tramite una transazione ♦ *intr.* [*aus. A*] cedere, venire a patti: *sulla puntualità non transigo.*

transistor (*ingl.*) *s.m.invar.* **1** (*elettr.*) dispositivo in grado di amplificare la potenza di un segnale elettrico **2** (*coll.*) radio portatile.

tran|si|sto|riz|zà|re *v.tr.* [*indic.pres. io transistorìzzo...*] (*elettr.*) dotare di transistor.

tran|si|tà|bi|le *agg.* di luogo per cui si può transitare: *il valico non è — per la nevicata.*

tran|si|ta|bi|li|tà *s.f.* condizione di percorso, luogo transitabile.

tran|si|tà|re *v.intr.* [*indic.pres. io trànsito...*; *aus. E*] spec. di veicoli, passare per un luogo, via di comunicazione.

tran|si|ti|vi|tà *s.f.* proprietà di ciò che è transitivo.

tran|si|tì|vo *agg.* **1** (*gramm.*) si dice di verbo che esprime un'azione che passa direttamente dal soggetto al complemento oggetto **2** (*mat.*) si dice della proprietà per cui due enti che stanno

nella medesima relazione con un terzo sono anche in relazione tra loro ♦ *s.m.* verbo transitivo □
transitivamente *avv.* con valore o uso transitivo.
tràn|si|to *s.m.* **1** passaggio di persone, autoveicoli, merci attraverso un luogo, un territorio, una strada: *divieto di — | in —*, di passaggio **2** (*astr.*) passaggio apparente di un pianeta (Mercurio o Venere) sul disco solare | passaggio di un satellite sul disco del pianeta intorno al quale orbita ♦ *sul meridiano*, passaggio di un astro sul meridiano celeste di un luogo.
tran|si|to|rie|tà *s.f.* caratteristica, condizione di ciò che è transitorio; provvisorietà.
tran|si|tò|rio *agg.* non durevole; passeggero: *celebrità transitoria* | non definitivo: *soluzione transitoria; paralisi transitoria* | (*dir.*) che ha efficacia per un tempo limitato o in una fase di passaggio; provvisorio: *norme transitorie* □ **transitoriamente** *avv.*
tran|si|zió|ne *s.f.* passaggio da una situazione a un'altra: *epoca di — | governo di —*, provvisorio.
trans|la|gu|nà|re *agg.* che passa attraverso la laguna: *collegamento —*.
tran|slit|te|rà|re *v.tr. e deriv.* → **traslitterare** *e deriv.*
trans|na|zio|nà|le *agg.* (*spec.polit.*) che va al di là dei confini o degli interessi di una singola nazione.
tran|so|ce|à|ni|co *agg.* [m.pl. *-ci*] che attraversa, che va oltre un oceano: *tratta transoceanica.*
tran|spa|dà|no *agg.* → **traspadano.**
tran|su|màn|za *s.f.* trasferimento stagionale delle greggi dai pascoli di pianura a quelli di montagna e viceversa: *la — estiva verso i monti.*
tran|su|rà|ni|co *agg.* [m.pl. *-ci*] (*chim.*) detto di elemento artificiale che ha un numero atomico più elevato dell'uranio.
tran|su|stan|zia|zió|ne *s.f.* (*teol.*) trasformazione, attraverso la consacrazione eucaristica, della sostanza del pane e del vino nel corpo e nel sangue di Cristo, conservando immutate le loro apparenze materiali.
tran tran o **trantràn** *s.m.invar.* ritmo di vita o di lavoro uniforme, monotono.
tran|vài o **tramvài** *s.m.* (*pop.*) tram.
tran|vì|a o **tramvìa** *s.f.* strada ferrata per il tram | complesso di strutture che permettono il funzionamento di tale linea di trasporto.
tran|vià|rio *agg.* del tram e delle tranvie.
tran|viè|re *s.m.* impiegato nei servizi tranviari.
tra|pa|nà|re *v.tr.* [indic.pres. *io tràpano*...] perforare con il trapano: — *il muro.*
tra|pa|na|trì|ce *s.f.* **1** trapano fisso **2** (*ind.*) macchina con uno o più trapani per forare, alesare ecc.
tra|pa|na|zió|ne *s.f.* **1** foratura con il trapano | il foro così ottenuto **2** (*med.*) intervento chirurgico che consiste nel praticare un foro in un osso per mezzo del trapano: — *del cranio; — dentaria.*
tràpano *s.m.* **1** macchina utensile, azionata da un motore o da una manovella, che consente di forare superfici di metallo, legno o muratura mediante una punta elicoidale d'acciaio fatta ruotare velocemente su se stessa **2** (*med.*) strumento chirurgico per trapanazioni.
tra|pas|sà|re *v.tr.* passare da parte a parte; trafiggere: *il pugnale gli ha trapassato il cuore* ♦ *intr.* [aus. *E*] (*lett.*) morire.
tra|pas|sà|to *part.pass. di* trapassare ♦ *agg.* attraversato da parte a parte; perforato ♦ *s.m.* **1** (*lett.*) defunto, morto: *la memoria dei trapassati* **2** (*gramm.*) tempo del verbo che indica un'azione che è svolta prima di un'altra già conclusa: — *prossimo, remoto.*
tra|pàs|so *s.m.* **1** passaggio; transizione: *un difficile — alla nuova condizione* **2** (*euf.*) morte **3** (*dir.; ell.*) registrazione del passaggio di proprietà di un bene da una persona a un'altra: *il — della vettura.*
tra|pe|là|re *v.intr.* [indic.pres. *io trapélo*...; aus. *E*] **1** di liquido, fuoriuscire, stillare: *l'acqua trapela dal serbatoio* | (*estens.*) di luce, filtrare attraverso fessure: *la luce trapelava da sotto la porta* **2** (*fig.*) di sentimento o segreto, manifestarsi, venirsi a conoscere attraverso piccoli indizi o per la mancanza di riservatezza di qlcu.: *la notizia è trapelata.*
tra|pè|zio *s.m.* **1** (*geom.*) quadrangolo con due lati paralleli detti basi | (*estens.*) oggetto avente tale forma **2** attrezzo ginnico usato spec. dagli acrobati del circo, costituito da una sbarra orizzontale appesa a due funi parallele **3** (*anat.*) muscolo triangolare del dorso, situato tra la spalla e la nuca.
tra|pe|zì|sta *s.m./f.* [m.pl. *-i*] acrobata che esegue esercizi al trapezio.
tra|pe|zoi|dà|le *agg.* avente la forma di un trapezio.
tra|pe|zòi|de *agg.* trapezoidale ♦ *s.m.* **1** (*geom.*) figura simile a un trapezio **2** (*anat.*) osso del carpo.
tra|pian|tà|re *v.tr.* **1** (*agr.*) estrarre da un terreno una pianta con tutte le radici per metterla a dimora altrove **2** (*fig.*) trasferire da un luogo a un altro: — *una moda* **3** (*med.*) in chirurgia, eseguire un trapianto: — *le cornee* ♦ *-rsi rifl.* trasferirsi in maniera definitiva.
tra|pian|ta|tó|io *s.m.* (*agr.*) paletta incurvata con la punta tagliente, che serve a estrarre dal terreno la piantina da trapiantare insieme alla zolla in cui è radicata.
tra|piàn|to *s.m.* **1** (*agr.*) operazione con cui si estrae dal terreno una pianta per interrarla da un'altra parte **2** (*med.*) in chirurgia, trasferimento di un tessuto da una regione all'altra dello stesso organismo o di un organo da un individuo a un altro: — *cutaneo; — di reni.*
tra|pian|to|lo|gì|a *s.f.* (*med.*) branca della chirurgia specializzata nel trapianto di organi e tessuti.
trap|pi|sta *s.m.* [pl. *-i*] frate cistercense riformato | (*fig.*) *vita da —*, austera, solitaria.
trapper (*ingl.*) [pr. *trèper*] *s.m./f.invar.* escursionista alla ricerca di un contatto diretto con la natura.
tràp|po|la *s.f.* **1** congegno che serve per catturare animali: — *per gli uccelli* **2** (*fig.*) insidia, tra-

trapunta

nello: *l'appuntamento era una —* | condizione, situazione che non ha vie d'uscita: *ormai il fuggiasco è in —* **3** (*fam.*) apparecchio, macchina che funziona male: *non viaggiare in autostrada con quella —!*

tra|pùn|ta *s.f.* coperta imbottita, cucita con impunture.

tra|pun|tà|re *v.tr.* lavorare a trapunto.

tra|pun|ta|tù|ra *s.f.* cucitura o ricamo a punti larghi tra tessuti imbottiti.

tra|pùn|to *agg.* (*fig., lett.*) ornato qua e là; costellato: *cielo — di stelle* ♦ *s.m.* ricamo che collega due pezzi di tessuto sovrapposti tra i quali è stata inserita un'imbottitura.

tràr|re *v.tr.* [indic.pres. *io traggo, tu trai, egli trae, noi traiamo, voi traéte, essi tràggono*; imperf. *io traévo...*; pass.rem. *io trassi, tu traésti...*; fut. *io trarrò...*; congiunt.pres. *io tragga..., noi traiamo, voi traiate, essi tràggano*; imperf. *io traéssi...*; condiz.pres. *io trarrèi...*; imp. *trai, traéte*; ger. *traèndo*; part.pres. *traènte*; part.pass. *tratto*] **1** (*anche fig.*) portare, spostare, muovere usando la forza; tirare: *— il canotto in secca; chi la trarrà in salvo?* **2** (*fig.*) indurre: *— in errore; il rimbalzo anomalo lo trasse in inganno* **3** estrarre: *— dalla tasca una banconota; brani tratti dal Vangelo* | levare da una condizione; liberare: *sarà l'astuzia a tratti d'impaccio* **4** emettere: *— un respiro di sollievo* **5** (*anche fig.*) ricavare, derivare: *— beneficio dalla terapia; ne dovremo — le conseguenze* ♦ **-rsi** *rifl.* **1** spostarsi, muoversi, spec. per allontanarsi: *— da parte* **2** levarsi da una condizione; liberarsi: *— dai guai.*

tras- *pref.* significa "attraverso" (*trasparire*) oppure "di là da, oltre" (*trasvolare*).

tra|sa|li|mén|to *s.m.* leggero sussulto dovuto a emozioni inattese.

tra|sa|lì|re *v.intr.* [indic.pres. *io trasalisco, tu trasalisci...*; aus. *E, A*] sussultare, sobbalzare per emozioni improvvise, spec. per uno spavento.

tra|san|da|téz|za *s.f.* condizione di cosa o persona che è trasandata.

tra|san|dà|to *agg.* (*di persona*) che ha poca cura di sé, spec. nel vestire; trascurato, sciatto | che rivela mancanza di cura, di impegno: *prosa trasandata.*

tra|sbor|dà|re *v.intr.* [indic.pres. *io trasbórdo...*; aus. *A*] trasferirsi da un mezzo di trasporto a un altro ♦ *tr.* trasferire da un mezzo di trasporto a un altro.

tra|sbòr|do *s.m.* trasferimento di qlcu., ql.co. da un mezzo di trasporto a un altro.

tra|scé|glie|re *v.tr.* [con. come *scegliere*] (*raro*) scegliere con attenzione minuziosa; selezionare.

tra|scen|den|tà|le *agg.* **1** (*filos. medievale*) che caratterizza le specificazioni più generali del concetto di ente | (*filos. kantiana*) relativo alle condizioni di possibilità della conoscenza umana **2** (*coll.*) straordinario, eccezionale: *la proposta non era nulla di —.*

tra|scen|dèn|te *part.pres.* di trascendere ♦ *agg.* **1** che è al di fuori del mondo storico e naturale ed esiste indipendentemente da esso | (*filos.*) che supera i limiti dell'esperienza sensibile **2** (*mat.*) non algebrico: *numero, funzione —* ♦ *s.m. solo sing.* (*filos.*) realtà, dimensione che va oltre il mondo fenomenico: *credere nel —.*

tra|scen|den|ti|smo *s.m.* (*filos.*) ogni teoria imperniata intorno a un principio trascendente.

tra|scen|dèn|za *s.f.* condizione di quel che è trascendente.

tra|scén|de|re *v.tr.* [con. come *scendere*] **1** superare, oltrepassare | (*filos.*) esistere in una dimensione diversa rispetto a: *— la realtà fenomenica* ♦ *intr.* [aus. *A, E*] esagerare, eccedere: *nonostante fosse molto arrabbiato non ha mai trasceso.*

tra|sci|na|mén|to *s.m.* **1** azione con cui si trascina **2** (*fig.*) coinvolgimento emotivo **3** (*inform.*) spostamento sullo schermo, gener. operato tramite il mouse, del cursore o di una finestra **4** (*foto., cine.*) avanzamento della pellicola | (*tecn.*) trascinamento del nastro in dispositivi che impiegano nastri magnetici.

tra|sci|nàn|te *part.pres.* di trascinare ♦ *agg.* coinvolgente; esaltante, entusiasmante: *ritmo —.*

tra|sci|nà|re *v.tr.* **1** tirare facendo strisciare per terra: *trascinò il ferito al riparo* | *— i piedi*, camminare strisciandoli per terra, per stanchezza o pigrizia | (*fig.*) *— la vita*, campare di stenti **2** (*estens.*) portarsi dietro irresistibilmente: *l'uragano trascinò via la baracca* **3** (*estens.*) condurre a forza: *era così timido che lo dovettero — sul palco* **4** (*fig.*) affascinare, conquistare | esaltare, entusiasmare: *— l'uditorio* ♦ **-rsi** *rifl.* **1** strisciare per terra con fatica: *con la gamba rotta dovette —* ♦ *intr.pron.* (*fig.*) proseguire, durare troppo a lungo, in modo noioso o faticoso: *la controversia si trascinò per anni.*

tra|sci|na|tó|re *s.m.* [f. *-trice*] (*spec.fig.*) chi trascina: *quell'oratore è un — di folle* ♦ *agg.* entusiasmante, coinvolgente: *carisma —.*

tra|sco|lo|rà|re *v.intr.* [indic.pres. *io trascolóro...*; aus. *E*], **-rsi** *intr.pron.* mutare colore | impallidire.

tra|scór|re|re *v.tr.* [con. come *correre*] passare un certo lasso di tempo: *— la giornata oziando* ♦ *intr.* [aus. *E*] (*di tempo*), passare: *quanti minuti sono trascorsi dall'inizio?*

tra|scór|so *s.m.* esperienza passata, spec. segnata da colpe o errori: *ha avuto trascorsi nella malavita.*

tra|scrì|ve|re *v.tr.* [con. come *scrivere*] **1** mettere per iscritto un discorso: *devi — tutto quel che dice* | ricopiare un testo scritto: *trascrisse gli appunti in maniera ordinata* **2** scrivere in un sistema grafico diverso **3** (*dir.*) annotare nei pubblici registri: *— un atto* **4** (*mus.*) adattare a strumenti diversi da quelli pensati per la composizione originale: *— un brano per pianoforte* **5** (*inform.*) copiare su un altro supporto di registrazione.

tra|scri|zió|ne *s.f.* **1** operazione con cui si copia un testo | la copia così ottenuta **2** (*bur., dir.*) iscrizione in un pubblico registro: *— del sequestro* **3** nuova stesura di un testo in un diverso sistema grafico; traslitterazione | — **fonetica**, quella che rappresenta la pronuncia dei termini 4 (*mus.*) nuova stesura di una partitura per adattarla a strumenti diversi da quelli previsti in origine 5 (*biol.*) copiatura dell'informazione genetica di un tratto di DNA in una molecola di RNA messaggero.

tra|scu|rà|bi|le *agg.* che si può trascurare; irrilevante: *variazione —*.

tra|scu|rà|re *v.tr.* **1** non curare a sufficienza: *— l'educazione dei figli* **2** tralasciare: *trascurò di comunicarlo* | non tenere conto: *non possiamo — simili affronti; opportunità da non —* ♦ **-rsi** *rifl.* non avere sufficiente cura di sé: *ti ammalerai se continui a trascurarti*.

tra|scu|ra|téz|za *s.f.* atteggiamento di persona trascurata | atto negligente, incuria: *commettere una grave —*.

tra|scu|rà|to *part.pass.* di trascurare ♦ *agg.* **1** di cosa, curato in maniera insufficiente; sciatto: *abbigliamento —* **2** di persona, accudito o trattato senza il dovuto affetto, riguardo: *bambino —* **3** si dice di chi agisce senza la dovuta attenzione o esegue un lavoro in modo negligente: *— nel linguaggio* ♦ *s.m.* [*f. -a*] chi non cura granché la propria persona.

tra|sdùr|re *v.tr.* [con. come *condurre*] (*fis.*) trasformare energia di un certo tipo in energia di tipo differente: *— la corrente elettrica in impulsi sonori*.

tra|se|co|là|re *v.intr.* [indic.pres. *io trasècolo...*; aus. *E, A*] rimanere stupefatto.

tra|se|co|là|to *part.pass.* di trasecolare ♦ *agg.* sbalordito, stupefatto.

tra|sfe|rèl|lo® *s.m.* piccola immagine impressa su un foglio di materiale trasparente, che, mediante una pressione uniforme esercitata con un oggetto a punta, può essere trasferita, per decorazione o per gioco, su un'altra superficie (carta, stoffa ecc.).

tra|sfe|rì|bi|le *agg.* che può essere trasferito | (*dir.*) si dice di bene o diritto che può essere ceduto | (*banc.*) **assegno non —**, che può essere incassato solo da chi è stato indicato dall'emittente ♦ *s.m.* carattere, cifra e sim. che si trova su un supporto di plastica trasparente e può essere trasferito a pressione su un supporto diverso.

tra|sfe|ri|bi|li|tà *s.f.* caratteristica, condizione di quel che è trasferibile.

tra|sfe|ri|mén|to *s.m.* **1** cambiamento di sede, spostamento | (*inform.*) spostamento di dati da una memoria a un'altra **2** (*dir.*) passaggio di un diritto o di un bene da una persona a un'altra.

tra|sfe|rì|re *v.tr.* [indic.pres. *io trasferisco, tu trasferisci...*] **1** spostare da un luogo a un altro: *hanno trasferito gli schedari in cantina* | mandare, destinare altrove, in un'altra sede: *— a un altro reparto* **2** (*dir.*) cedere, passare la titolarità: *i poteri al sostituto* **3** (*inform.*) spostare in un'area o supporto di memoria differente: *— i dati su floppy-disk* ♦ **-rsi** *rifl.*, *intr.pron.* cambiare sede, domicilio: *— all'estero*.

tra|sfèr|ta *s.f.* **1** temporanea permanenza fuori sede per lavoro: *essere in —* | compenso riconosciuto come rimborso per tale servizio: *indennità di —* **2** (*sport*) in un campionato, incontro disputato sul campo degli avversari: *domenica giochiamo in —*.

tra|sfi|gu|rà|re *v.tr.* di emozione e sim., far cambiare aspetto: *il suo viso era trasfigurato dal terrore* ♦ **-rsi** *intr.pron.* cambiare aspetto: *a quelle parole si trasfigurò*.

tra|sfi|gu|ra|zió|ne *s.f.* **1** mutamento d'aspetto | (*fig.*) sconvolgimento dei tratti somatici per una forte emozione **2** (*relig.*) apparizione di Gesù sul monte Tabor, ai discepoli Pietro, Giovanni e Giacomo **3** la rappresentazione pittorica di tale evento.

tra|sfón|de|re *v.tr.* [con. come *fondere*] **1** (*med.*) trasferire nel corpo di una persona colpita da emorragia delle unità di sangue provenienti da un donatore con un gruppo sanguigno compatibile **2** (*fig.*) infondere, trasmettere: *le sue parole mi hanno trasfuso nuova energia*.

tra|sfor|mà|bi|le *agg.* **1** che può essere trasformato **2** (*auto.*) decappottabile.

tra|sfor|ma|bi|li|tà *s.f.* caratteristica di ciò che è trasformabile.

tra|sfor|mà|re *v.tr.* [indic.pres. *io trasfórmo...*] **1** modificare nella forma, nell'aspetto: *— il prato in un orto* | cambiare l'indole, le idee e sim.: *l'esperienza lo trasformò profondamente* **2** (*sport*) in vari giochi con la palla, mettere a segno un tiro piazzato: *— una punizione* ♦ **-rsi** *intr.pron.* cambiare forma, aspetto: *il girino si trasforma in rana* | mutare indole, animo e sim.: *al volante si trasforma*.

tra|sfor|mà|to *part.pass.* di trasformare ♦ *agg.* **1** mutato nell'aspetto o nell'animo **2** (*calcio, rugby*) si dice di punto realizzato su tiro piazzato.

tra|sfor|ma|tó|re *s.m.* **1** (*elettr.*) apparecchio atto a trasformare l'intensità e la tensione di una corrente nei circuiti a corrente alternata **2** [*f. -trice*] persona che trasforma.

tra|sfor|ma|zió|ne *s.f.* **1** passaggio a una condizione, a un aspetto, a uno stato differente; mutamento: *— dell'ambiente*; *ha vissuto una — spirituale* **2** (*chim.*) processo per cui una sostanza si modifica e diventa un'altra **3** (*mat.*) relazione per cui ogni elemento di un insieme si associa agli elementi di un altro insieme **4** (*sport*) nel rugby, tiro in porta effettuato dopo la realizzazione di una meta, che può dare due punti aggiuntivi.

tra|sfor|mì|smo *s.m.* metodo politico che consiste nel formare maggioranze parlamentari con esponenti di tendenza opposta mediante accordi clientelari.

tra|sfor|mì|sta *s.m./f.* [m.pl. *-i*] **1** (*polit.*) chi pratica il trasformismo **2** (*estens.*) chi muta spesso parere **3** attore spec. comico che cambia velocemente costume per impersonare una serie di ruoli diversi ♦ *agg.* trasformistico.

tra|sfor|mì|sti|co *agg.* [m.pl. *-ci*] del trasformismo; da trasformista □ **trasformisticamente** *avv.*

tra|sfu|sio|nà|le *agg.* (*med.*) che riguarda le trasfusioni sanguigne: *centro —*.

tra|fu|sió|ne *s.f.* (*med.*) immissione nelle vene di un individuo di unità di sangue proveniente da un'altra persona con gruppo sanguigno compatibile.

tra|sfù|so *part.pass. di* trasfondere ♦ *agg.*, *s.m.* [f. *-a*] che, chi ha subito una trasfusione di sangue.

tra|sgre|dì|re *v.tr.*, *intr.* [indic.pres. *io trasgredisco*, *tu trasgredisci*...; aus. *A*] andare oltre il limite fissato da una norma, una legge e sim.; contravvenire: — *le regole*; — *al regolamento* | (*estens.*) compiere azioni contrarie alla morale comune: *l'ha fatto per il puro gusto di —*.

tra|sgres|sió|ne *s.f.* azione che trasgredisce; violazione: *non tollererò alcuna —* | (*estens.*) strappo alla regola: *concedersi qualche —* | atteggiamento contrario alla morale dominante.

tra|sgres|si|vi|tà *s.f.* caratteristica di persona o cosa trasgressiva.

tra|sgres|sì|vo *agg.* che va contro norme, abitudini, usanze ecc.: *abbigliamento —*.

tra|sgres|só|re *s.m.* [f. *trasgreditrice*] chi viola un ordine, una norma.

tra|slà|re *v.tr.* trasferire una salma ♦ *intr.* [aus. *A*] (*fis.*) spostarsi secondo un moto traslatorio: *il satellite trasla intorno al pianeta*.

tra|slà|to *part.pass. di* traslare ♦ *agg.* 1 metaforico, figurato: *significato —* 2 (*di salma*) spostato, trasferito ♦ *s.m.* significato figurato; metafora.

tra|sla|tò|rio *agg.* (*fis.*) di traslazione: *moto —*.

tra|sla|zió|ne *s.f.* 1 trasferimento da un luogo a un altro, spec. di salma, reliquia e sim. 2 (*mat.*) trasformazione geometrica di una figura per cui i suoi punti corrispondenti vengono spostati tutti di una uguale distanza e nella stessa direzione 3 (*fis.*) moto di —, spostamento nello spazio di un corpo rigido che non modifica mai il suo orientamento in modo tale che tutti i suoi punti compiano la stessa traiettoria 4 (*dir.*) — *di dominio*, passaggio di proprietà da un titolare all'altro.

tra|slit|te|rà|re (*raro* translitterare) *v.tr.* [indic.pres. *io traslittero*...] trascrivere con lettere di un alfabeto differente: — *una parola araba in caratteri cirillici*.

tra|slit|te|ra|zió|ne (*raro* translitterazione) *s.f.* trascrizione di una parola effettuata sostituendo le lettere della lingua originale con quelle di un alfabeto diverso.

tra|slo|cà|re *v.tr.* [indic.pres. *io traslòco*, *tu traslòchi*...] portare, spostare altrove: *dobbiamo — l'intero arredamento* ♦ *intr.* [aus. *A*] cambiare sede, abitazione, spec. portandosi dietro oggetti e arredi; trasferirsi: *vorrei — in provincia*.

tra|slò|co *s.m.* [pl. *-chi*] trasferimento in un'altra abitazione | trasporto e collocazione degli arredi e del contenuto di una casa, di un ufficio e sim. in una nuova sede: *impresa di traslochi*.

tra|slù|ci|do *agg.* (*fis.*) detto di corpo dotato di un grado di trasparenza tale da lasciare intravedere la forma di un oggetto posto dietro di esso, ma non i suoi contorni netti; semitrasparente.

tra|smét|te|re *v.tr.* [con. come *mettere*] 1 far passare ad altri o ad altro: *l'energia è trasmessa dalle pile* | tramandare | propagare per contagio: — *una malattia* 2 mandare, far pervenire: — *una comunicazione riservata* 3 diffondere, mandare in onda mediante radio, televisione e sim.: *la radio ha trasmesso il discorso del presidente* ♦ **-rsi** *intr.pron.* trasferirsi da una cosa o persona a un'altra: *il segreto si trasmise di padre in figlio* | propagarsi: *la malattia si è trasmessa rapidamente*.

tra|smet|ti|tó|re *agg.*, *s.m.* 1 [f. *-trice*] che, chi trasmette 2 (*telecom.*) si dice di dispositivo che produce segnali che permettono la trasmissione a distanza di suoni e immagini.

tra|smi|grà|re *v.intr.* [aus. *E*, *A*] 1 migrare 2 di anima, reincarnarsi in un altro corpo.

tra|smi|gra|zió|ne *s.f.* 1 migrazione 2 reincarnazione.

tra|smis|sì|bi|le *agg.* che può essere trasmesso.

tra|smis|si|bi|li|tà *s.f.* qualità di ciò che risulta trasmissibile.

tra|smis|sió|ne *s.f.* 1 operazione con cui si trasmette ql.co.; passaggio: — *di un diritto* 2 (*med.*) comunicazione dei caratteri ereditari alla discendenza | comunicazione di una malattia da una persona a un'altra 3 (*fis.*) propagazione di energia 4 (*estens.*) programma radiofonico o televisivo 5 (*mecc.*) trasferimento di moto e potenza da un organo a un altro | l'insieme dei congegni che realizza tale trasferimento.

tra|smit|tèn|te *agg.*, *s.f.* (*telecom.*) si dice di stazione o apparecchio che trasmette segnali, spec. tramite radioonde.

tra|so|gnà|to *agg.* assorto; incantato | svagato; distratto.

tra|spa|dà|no o **transpadàno** *agg.* che si trova oltre il Po, rispetto a Roma; a nord del Po.

tra|spa|rèn|te *part.pres. di* trasparire ♦ *agg.* 1 si dice di corpo che lascia passare la luce e permette di vedere nitidamente alle sue spalle: *imballare con pellicola —* 2 si dice di corpo che è attraversabile da una radiazione: — *ai raggi X* 3 (*fig.*) privo di ambiguità; schietto 4 (*fig.*) che si lascia capire, cogliere facilmente: *il suo intento era —*.

tra|spa|rèn|za *s.f.* 1 (*anche fig.*) qualità di ciò che è trasparente | *guardare in —*, mettendo un materiale trasparente di fronte a una fonte luminosa; in controluce 2 (*fig.*) limpidezza e chiarezza nei comportamenti; assenza di sotterfugi e disonestà: — *bancaria*.

tra|spa|rì|re *v.intr.* [con. come *apparire*; aus. *E*] 1 apparire in trasparenza attraverso un corpo diafano o un tessuto rado: *il relitto traspariva anche in superficie* 2 (*fig.*) di pensieri, sentimenti, rivelarsi, manifestarsi spec. in modo non intenzionale: *dal suo sguardo traspariva la rabbia*.

tra|spi|rà|re *v.intr.* [aus. *E*] fuoriuscire in goccioline o come vapore: *dal terreno traspira mol-*

ta umidità ♦ *tr.* (*spec.assol.*) eliminare per traspirazione.
tra|spi|ra|tò|rio *agg.* relativo alla traspirazione.
tra|spi|ra|zió|ne *s.f.* (*bot.*) processo con cui una pianta elimina acqua allo stato di vapore nell'atmosfera | (*fisiol.*) sudorazione: *combattere la — eccessiva*.
tra|spór|re *v.tr.* [con. come *porre*] spostare per mettere in un altro ordine: — *le parole nella frase*.
tra|spor|tà|bi|le *agg.* che può essere trasportato: *ferito —*.
tra|spor|tà|re *v.tr.* [indic.pres. io *traspòrto...*] **1** portare da un luogo a un altro, spec. usando un veicolo: — *la merce sul camion* **2** portare con sé, trascinare: *la corrente li trasportò a valle* **3** (*fig.*) condurre altrove con l'immaginazione: *racconti che trasportano nel futuro* **4** (*fig.*, *assol.*) trascinare; entusiasmare; avvincere: *un ritmo che trasporta* | *farsi*, *lasciarsi —*, farsi prendere: *non mi faccio — da facili entusiasmi* **5** (*mus.*) riscrivere, orchestrare o eseguire in un'altra tonalità.
tra|spor|ta|tó|re *agg.* che effettua trasporti | (*anche ell.*) (*nastro*) —, macchina per il trasporto continuo di merci o materiali su piani orizzontali o inclinati ♦ *s.m.* [f. *-trice*] persona che trasporta | (*comm.*) chi per lavoro trasporta merci su lunghi percorsi: *le rivendicazioni dei trasportatori*.
tra|spòr|to *s.m.* **1** l'azione di trasportare persone o cose da un luogo a un altro, spec. con un veicolo | attività finalizzata a tale operazione: *trasporti internazionali* | *mezzo di —*, veicolo destinato a trasportare **2** (*spec.pl.*) insieme delle strutture e infrastrutture che permettono di trasportare persone e merci | *trasporti pubblici*, autobus, tram, metropolitana, pulmann di linea | *ministero dei Trasporti e della Navigazione*, quello che si occupa dell'amministrazione e dell'organizzazione dei servizi di trasporto pubblico, della marina mercantile e della motorizzazione civile | *— eccezionale*, veicolo più grande di quanto consentito dal codice della strada | — *pesante*, quello che avviene su autoarticolati e sim. **3** (*fig.*) impeto; entusiasmo: *baciare con —* **4** (*mus.*) trascrizione, esecuzione in una tonalità differente da quella originale.
tra|spo|si|zió|ne *s.f.* **1** adattamento in una forma espressiva differente: *la — cinematografica di un testo teatrale* **2** (*mus.*) trasporto.
tras|sà|to *agg.*, *s.m.* [f. *-a*] (*comm.*) trattario.
tra|stul|là|re *v.tr.* distrarre con giochi, far divertire ♦ *-rsi* *rifl.*, *intr.pron.* divertirsi | (*estens.*) perder tempo, gingillarsi.
tra|stùl|lo *s.m.* attività divertente; passatempo giocoso.
tra|su|dà|re *v.intr.* [aus. *E*] di liquido, uscire a gocce; stillare ♦ *tr.* **1** lasciar filtrare: *la parete trasuda umidità* **2** (*fig.*) far trasparire, lasciar trapelare: *i suoi gesti trasudavano stizza*.
tra|svèr|sà|le *agg.* **1** (*geom.*) che non è parallelo e interseca rette o piani: *piano —* **2** (*estens.*) che attraversa obliquamente o perpendicolarmente, che è disposto di traverso: *troncone —*
3 (*fis.*) perpendicolare | *onde trasversali*, quelle che hanno direzione di propagazione perpendicolare rispetto alla direzione di oscillazione delle particelle **4** (*spec.polit.*) si dice di coalizione che riunisce soggetti legati a schieramenti differenti: *accordo —* **5** (*fig.*) indiretto | *vendetta —*, che danneggia qlcu. colpendone i parenti ♦ *s.f.* (*geom.*) retta trasversale □ **trasversalmente** *avv.* in direzione trasversale, in obliquo.
tra|vèr|sa|li|smo *s.m.* (*polit.*) ricerca di convergenze trasversali agli schieramenti tradizionali, intorno a questioni di interesse generale.
tra|svèr|so *agg.* (*anat.*) disposto di traverso rispetto all'asse corporeo: *muscolo —*; *colon —* ♦ *s.m.* trave minore che collega quelle principali.
tra|svo|là|re *v.tr.* [indic.pres. io *trasvólo...*] (*aer.*) sorvolare senza possibilità di soste intermedie: — *l'oceano*.
tra|svo|là|ta *s.f.* (*aer.*) lungo volo senza scalo sopra un territorio vasto che non permette atterraggi: *la — delle Alpi*.
tra|svo|la|tó|re *s.m.* [f. *-trice*] aviatore protagonista di una trasvolata.
tràt|ta *s.f.* **1** tratto di linea tranviaria, ferroviaria o di autobus | (*estens.*) percorso tra due stazioni o aeroporti: *la — Parigi-New York* **2** commercio di esseri umani: *la — degli schiavi* | — *delle bianche*, mercato di donne bianche da sfruttare come prostitute all'estero **3** (*dir. comm.*) cambiale che obbliga un soggetto a pagare a un altro una cifra stabilita entro una determinata scadenza.
trat|tà|bi|le *agg.* **1** che può essere trattato | che può essere fatto oggetto di trattativa: *lo vendo a 500 euro trattabili* **2** lavorabile: *è — con gli acidi* **3** (*fig.*) affabile: *un cliente —*.
trat|ta|mén|to *s.m.* **1** modo in cui si lavora o si manipola ql.co.: — *a freddo del ferro* **2** modo di trattare: *un — privilegiato* | insieme delle condizioni in cui è inquadrata l'attività di un lavoratore dipendente: *rivedere il — economico* | — *di fine rapporto*, cifra che viene trattenuta dalla retribuzione e che si accumula nel tempo, venendo infine corrisposta al lavoratore alla conclusione del rapporto di lavoro **3** (*med.*) insieme di cure; terapia: — *psicoterapeutico* **4** (*inform.*) elaborazione: — *dati*.
trat|tà|re *v.tr.* **1** esporre, esaminare, approfondire e sim.: — *la materia in termini nuovi* **2** discutere per arrivare a una soluzione, a un accordo: — *il rilascio del rapito* | (*assol.*) venire a patti: *coi rapitori non si tratta* | — *la pace*, condurre negoziati per cessare le ostilità **3** avere un determinato comportamento con qlcu.: *trattatelo con rispetto!* **4** sottoporre a una determinata lavorazione: — *il terreno con anticrittogamici* **5** (*med.*) curare: — *la polmonite con la penicillina* **6** (*inform.*) elaborare ♦ *intr.* [aus. *A*] **1** parlare, scrivere su ql.co.: *è in grado di — con disinvoltura di qualunque tema* | avere come argomento: *un libro che tratta di finanza* | *si tratta di...*, per individuare la natura di ql.co.: *si trattava di un'emergenza*; (+ *inf.*) è necessario: *si tratta solo di*

trattario

provarci **2** essere in relazione, intrattenere rapporti con qlcu.: *ho trattato con un cliente infuriato* ♦ **-rsi** *rifl.* mantenersi, curarsi, governarsi in un determinato modo: *le piace — bene a tavola.*

trat|ta|rio *agg., s.m.* [f. *-a*] (*dir.*) in una cambiale, si dice di chi è indicato come destinatario dell'ordine di pagamento.

trat|ta|ti|sta *s.m./f.* [m.pl. *-i*] chi scrive trattati.

trat|ta|ti|sti|ca *s.f.* **1** arte, specialità di chi scrive trattati **2** complesso dei trattati scritti in una data epoca o dedicati a un determinato tema.

trat|ta|ti|va *s.f.* confronto tra due parti alla ricerca di un accordo: *condurre una — commerciale* | (*pl.*) negoziato: *trattative di pace.*

trat|ta|to *s.m.* **1** ampio testo che si occupa metodicamente di una scienza, di un argomento ecc.: *— sulla natura umana* **2** accordo con cui due o più Stati definiscono diritti e doveri reciproci: *— di pace.*

trat|ta|zió|ne *s.f.* esposizione, analisi di un tema | opera in cui viene esaminato un tema; trattato.

trat|teg|già|re *v.tr.* [indic.pres. *io tratteggio...*] **1** (*anche assol.*) in un disegno, tracciare una serie di linee leggere e fitte per eseguire l'ombreggiatura: *— lo sfondo* **2** (*estens.*) abbozzare a grandi linee **3** (*fig.*) descrivere con tratti sommari ma efficaci: *ha rapidamente tratteggiato la situazione.*

trat|teg|già|to *part.pass. di* tratteggiare ♦ *agg.* **1** tracciato a tratti brevi: *linea tratteggiata* **2** disegnato con il tratteggio.

trat|tég|gio *s.m.* **1** tecnica di disegno e incisione che rende le ombreggiature tramite un reticolo più o meno fitto di linee parallele, eventualmente incrociate con altre **2** linea tratteggiata: *piegare lungo il —.*

trat|te|né|re *v.tr.* [con. come *tenere*] **1** tenere presso di sé per un tempo prolungato: *ho trattenuto la documentazione* **2** (*estens.*) sottrarre da una cifra totale: *ha trattenuto il cinque per cento* **3** non lasciar andare; frenare: *— i cani* | non sfogare, reprimere: *— la rabbia* | bloccare, tenere: *— il respiro* **4** (*anche assol.*) non lasciar andare, far restare in un luogo: *— per accertamenti* ♦ **-rsi** *rifl.* **1** restare, non andarsene; fermarsi: *— dai parenti* **2** frenarsi: *— dal protestare.*

trat|te|ni|mén|to *s.m.* complesso di svaghi per intrattenere | festa.

trat|te|nu|ta *s.f.* **1** quota di una somma in pagamento che non viene corrisposta al beneficiario, gener. per essere versata a casse previdenziali o al fisco **2** (*sport*) fallo del calciatore che blocca con le braccia un avversario.

trat|te|nù|to *part.pass. di* trattenere ♦ *agg.* che viene tenuto a freno | manifestato, sfogato, espresso solo in parte: *un sorriso —* ♦ *s.m.* (*mus.*) didascalia della partitura che prescrive un'esecuzione più lenta rispetto al tempo indicato precedentemente.

trat|ti|no *s.m.* (*gramm.*) segno grafico costituito da una breve linea orizzontale (-), che serve per unire due termini di una parola composta, per distinguere due parti di una parola e, nella stampa, per segnalare il rinvio a capo delle ultime sillabe di una parola in fine di riga.

tràt|to *part.pass. di* trarre ♦ *agg. nella loc.* **a spada tratta**, a spada sguainata; (*fig.*) in modo risoluto, con piglio battagliero: *sostenere una tesi a spada tratta* ♦ *s.m.* **1** linea tracciata, segno lineare: *evdenziare con un — di matita* | breve linea orizzontale; trattino | (*estens.*) stile grafico, modo di disegnare, dipingere: *avere un — deciso* | **a grandi tratti**, in termini sommari **2** segmento di un oggetto, porzione longitudinale: *un — di corda* | parte di un percorso: *un — di strada* | porzione di spazio; fascia: *un — di cielo* | **a tratti**, in modo discontinuo, saltuario | *d'un —, (tutt')a un —*, improvvisamente **3** (*spec.pl.*) lineamento: *i suoi tratti somatici* **4** (*fig.*) elemento tipico, caratterizzante: *— caratteriale.*

trat|tó|re[1] *s.m.* automezzo dal motore potente, dotato di cingoli o pneumatici speciali, che si usa spec. per trainare macchine agricole o carichi pesanti.

trat|tó|re[2] *s.m.* [f. *-trice*] gestore di una trattoria; oste.

trat|to|rì|a *s.f.* modesto ristorante, gener. con cucina casalinga e a conduzione familiare.

trat|to|rì|sta *s.m./f.* [m.pl. *-i*] chi guida il trattore.

trat|tù|ro *s.m.* largo sentiero per la migrazione stagionale delle greggi.

tràu|ma *s.m.* [pl. *-i*] **1** (*med.*) lesione provocata da un urto o da un altro agente esterno che agisce in modo violento e improvviso: *la caduta gli ha provocato un — cranico* | (*psicol.*) alterazione permanente dell'attività psichica, spec. inconscia, dovuta a un'emozione violenta **2** (*fig.*) turbamento, sconvolgimento improvviso.

trau|mà|ti|co *agg.* [m.pl. *-ci*] **1** dovuto a un trauma: *danno —* **2** (*fig.*) che traumatizza; sconvolgente: *cambiamento —* □ **traumaticamente** *avv.*

trau|ma|tì|smo *s.m.* (*med.*) effetto di un trauma.

trau|ma|tiz|zàn|te *part.pres. di* traumatizzare ♦ *agg.* (*spec.fig.*) che traumatizza, che colpisce negativamente.

trau|ma|tiz|zà|re *v.tr.* **1** danneggiare violentemente, provocare un trauma **2** (*fig.*) colpire drammaticamente; sconvolgere a fondo: *il lutto l'ha traumatizzata.*

trau|ma|tiz|zà|to *part.pass. di* traumatizzare ♦ *agg., s.m.* [f. *-a*] si dice di persona che è rimasta vittima di un trauma.

trau|ma|to|lo|gì|a *s.f.* (*med.*) studio degli effetti dei traumi, spec. fisici, e delle relative terapie.

trau|ma|to|lò|gi|co *agg.* [m.pl. *-ci*] (*med.*) di traumatologia: *reparto —.*

trau|ma|tò|lo|go *s.m.* [f. *-a*; m.pl. *-gi*] (*med.*) specialista in traumatologia.

tra|va|glià|re *v.tr.* [indic.pres. *io travàglio...*] (*lett.*) tormentare, affliggere ♦ *intr.* [aus. *A*] (*lett.*) penare; tribolare.

tra|va|glià|to *part.pass. di* travagliare ♦ *agg.* tormentato interiormente: *animo —* | agitato da crisi, conflitti: *le lotte sociali di una nazione travagliata* | ricco di difficoltà, di problemi: *relazione travagliata*.

tra|và|glio *s.m.* **1** prolungata sofferenza: *il lutto diede inizio a un profondo — spirituale* **2** (*med.*) fase iniziale del parto, con contrazioni sempre più frequenti dell'utero.

tra|val|li|cà|re *v.tr.* [indic.pres. *io travàlico, tu travàlichi...*] oltrepassare, superare ♦ *intr.* [aus. A] (*fig.*) oltrepassare i limiti; esagerare.

tra|va|sà|re *v.tr.* versare in un altro recipiente: *— l'acqua dalla bottiglia alla borraccia.*

tra|và|so *s.m.* **1** atto del travasare **2** (*med.*) fuoriuscita di liquidi organici dalle loro sedi normali: *— di sangue, di bile.*

tra|va|tù|ra *s.f.* (*edil.*) struttura portante formata da più travi collegate tra loro.

trà|ve *s.f.* **1** (*edil.*) tronco d'albero squadrato o analogo elemento in acciaio o cemento armato, collocato in posizione orizzontale o inclinata per sorreggere il peso delle strutture sovrastanti: *lasciare le travi a vista* | (*fig.*) **non vedere la — nel proprio occhio**, non accorgersi dei propri difetti **2** nella ginnastica artistica, attrezzo costituito da una stretta asse di legno lunga cinque metri, su cui la ginnasta deve eseguire degli esercizi mantenendosi in equilibrio.

tra|vég|go|le *s.f.pl. solo nella loc.* **avere le —**, scambiare una cosa per l'altra.

traveller's cheque (*ingl.*) [pr. *tràvelers cèk*; com. *tràvels cèk*] *loc.sost.m.invar.* assegno turistico a circolazione internazionale.

tra|vèr|sa *s.f.* **1** sbarra che collega trasversalmente altri elementi di una struttura, con funzione di rinforzo | (*sport*) barra superiore della porta da calcio **2** sbarra che blocca un accesso **3** via secondaria che incrocia una strada principale: *prendere la prima — a sinistra* **4** telo, genere. impermeabile, che si mette di traverso sul letto di malati o bambini per motivi igienici.

tra|ver|sà|re *v.tr.* [indic.pres. *io travèrso...*] **1** attraversare **2** (*alpinismo*) percorrere una parete in linea pressoché orizzontale **3** (*mar.*) *— una nave*, disporla perpendicolarmente rispetto alla direzione del vento.

tra|ver|sà|ta *s.f.* **1** attraversamento di un vasto territorio inospitale: *compiere la — delle Alpi* **2** (*mar.*) attraversamento di un vasto tratto di mare e sim., da una costa all'altra: *quanto dura la —?* | (*aer.*) volo, spec. senza scalo **3** (*alpinismo*) spostamento orizzontale in parete.

tra|vèr|sia *s.f.* **1** (*raro*) forte vento impetuoso che soffia perpendicolarmente alla rotta di una nave o alla linea di costa **2** (*pl.*, *fig.*) vicende sfortunate e dolorose; avversità: *ha vissuto molte traversie.*

tra|ver|sì|na *s.f.* **1** ognuna delle piccole travi trasversali su cui vengono fissate le rotaie **2** (*mus.*) ognuna delle barrette in ebano, avorio o metallo poste trasversalmente sul manico di alcuni strumenti a corda allo scopo di indicare i punti da premere con le dita per ottenere le diverse note.

tra|ver|sì|no *s.m.* (*mar.*) cavo d'ormeggio che viene teso trasversalmente all'imbarcazione.

tra|vèr|so *agg.* che è disposto trasversalmente, che va da un lato all'altro: *barra traversa* | **flauto —**, quello dotato di imboccatura a foro laterale che si suona tenendolo in posizione trasversale | *via traversa*, strada secondaria che non incrocia una principale | (*fig.*) *vie traverse*, espedienti anche subdoli per raggiungere un obiettivo: *procedere per vie traverse* ♦ *s.m.* **1** estensione di qlco. nel senso della larghezza | *per —*, *di —*, in direzione trasversale: *camminare di —* | **andare di —**, si dice di boccone o sorso che finisce per errore nella laringe, provocando senso di soffocamento e tosse | *guardare qlcu. di —*, con un'occhiata obliqua; (*fig.*) con diffidenza o cattiveria | (*anche fig.*) **mettersi di —**, sbarrare la strada **2** (*mar.*) fiancata dell'imbarcazione | *al —*, nella direzione perpendicolare alla linea di chiglia di un'imbarcazione: *navigare con il vento al —*.

tra|ver|só|ne *s.m.* **1** (*calcio*) lancio della palla dalla fascia laterale del campo verso l'area avversaria; cross **2** (*scherma*) colpo tirato di traverso al petto dell'avversario.

tra|ver|tì|no *s.m.* (*geol.*) roccia calcarea porosa di colore giallastro, originata dalla precipitazione e dalla sedimentazione dei sali contenuti nelle acque ricche di calcio, presso sorgenti e cascate; è usata come materiale edilizio.

travesti (*fr.*) [pr. *travestì*] *s.m.invar.* (*teat.*) attore che interpreta un personaggio dell'altro sesso.

tra|ve|sti|mén|to *s.m.* **1** operazione con cui ci si traveste **2** costume e sim. con cui ci si traveste **3** (*fig.*) alterazione d'aspetto: *— trionfalistico della sconfitta.*

tra|ve|stì|re *v.tr.* [indic.pres. *io travèsto...*] **1** vestire qlcu. con abiti differenti da quelli consueti, in modo da renderlo irriconoscibile **2** (*fig.*) modificare nell'aspetto; mascherare ♦ **-rsi** *rifl.* **1** vestirsi con abiti differenti da quelli consueti, per celare la propria identità o per impersonare qlcu. **2** (*fig.*) simulare modi, stili, convinzioni non propri: *un parassita che si traveste da ammiratore* **3** praticare il travestitismo.

tra|ve|stì|ti|smo *s.m.* inclinazione a vestirsi e atteggiarsi come una persona del sesso opposto.

tra|ve|stì|to *s.m.* [f. -*a*] si dice di chi indossa abiti e assume atteggiamenti tipici del sesso opposto | uomo che si traveste da donna, gener. per prostituirsi.

tra|vèt *s.m.* (*raro*) impiegato che svolge coscienziosamente un lavoro insoddisfacente e poco remunerativo.

tra|vét|to *s.m.* (*edil.*) elemento in cemento armato o laterizio precompresso, usato per costruire solai.

tra|via|mén|to *s.m.* atto o effetto del traviare; corruzione.

tra|vià|re *v.tr.* [indic.pres. *io travìo* o, com. non corretto, *tràvio...*] trascinare verso la corruzione: *le cattive compagnie lo stanno traviando* ♦

traviato

-rsi *intr.pron.* allontanarsi dalla retta via; diventare corrotto: — *frequentando gente disonesta.*

tra|vià|to *part.pass. di* traviare ♦ *agg.* corrotto moralmente: *gioventù traviata.*

tra|vi|cèl|lo *s.m.* (*edil.*) piccola trave secondaria nell'intelaiatura del tetto.

tra|vi|sa|mén|to *s.m.* distorsione, alterazione, gener. intenzionale, del significato di ql.co.: — *del messaggio.*

tra|vi|sà|re *v.tr.* falsare, distorcere, gener. in modo intenzionale, il significato di ql.co.: *non — il suo gesto!*

tra|vol|gèn|te *part.pres. di* travolgere ♦ *agg.* dotato di forza irresistibile; impetuoso: *piena —* | (*fig.*) irresistibilmente trascinante: *passione —.*

tra|vòl|ge|re *v.tr.* [con. come *volgere*] **1** (anche *fig.*) investire con violenza e abbattere: *la piena travolse l'argine; la crisi finanziaria ha travolto numerose società* **2** (*fig.*) sopraffare: *la fanteria fu travolta dall'offensiva nemica; la rabbia lo travolse.*

tra|vol|gi|mén|to *s.m.* abbattimento | ribaltamento, sconvolgimento.

tra|zió|ne *s.f.* **1** azione con cui si trascina: *gancio di —* **2** forza necessaria per muovere e mantenere in moto un veicolo: — *animale, elettrica* | *veicolo a — anteriore, posteriore, integrale*, in cui le ruote motrici sono quelle anteriori, quelle posteriori o tutt'e quattro **3** (*fis.*) sollecitazione subita da un corpo cui si applicano due forze eguali e contrarie, spec. con effetto di allungamento **4** (*med.*) tecnica ortopedica per la riduzione di alcuni tipi di fratture, che consiste nell'applicare dei pesi adeguati in alcuni punti dell'osso interessato in modo da esercitare su di esso una forza traente che lo riporti nella posizione fisiologica.

traz|zè|ra *s.f.* in Sicilia, sentiero di campagna per il transito del bestiame.

tre *agg.num.card.invar.* che equivale a due unità più una ♦ *s.m.invar.* **1** il numero naturale che equivale a tre unità | il simbolo che rappresenta tale numero.

tre|àl|be|ri *s.m.invar.* (*mar.*) veliero con tre alberi.

trèb|bia[1] *s.f.* **1** trebbiatura **2** trebbiatrice.

trèb|bia[2] *s.f. spec.pl.* residuo della lavorazione del malto, che viene destinato a mangime.

treb|bià|no *s.m.* vitigno d'uva bianca diffuso spec. nell'Italia settentrionale | il vino bianco ottenuto da tale vitigno.

trebbià|re *v.tr.* [indic.pres. *io trébbio*...] battere il grano e altri cereali con apposite macchine, per liberare i chicchi dal loro involucro e separarli dalle spighe e dagli steli.

treb|bia|tó|re *s.m.* [f. *-trice*] (*agr.*) chi svolge le operazioni di trebbiatura.

treb|bia|trì|ce *s.f.* (*agr.*) macchina con cui si trebbiano i cereali.

treb|bia|tù|ra *s.f.* (*agr.*) operazione con cui si trebbiano i cereali | periodo dell'anno dedicato a tale operazione.

tre|bi|són|da *s.f. solo nella loc.* (*fam.*) *perdere la —,* perdere il dominio di sé; disorientarsi, confondersi.

tréc|cia *s.f.* [pl. *-ce*] **1** acconciatura formata da tre lunghe ciocche di capelli accavallate alternativamente tra loro: *sciogliere le trecce* **2** (*estens.*) intreccio di fili e sim.: *una — di vimini* **3** (*spec.arch.*) motivo ornamentale che imita la forma di una treccia **4** filza di frutti secchi | resta: — *d'aglio* **5** mozzarella a forma di treccia | pane lavorato in forma di treccia.

tre|cen|té|sco *agg.* [m.pl. *-schi*] del Trecento, del XIV sec.: *canzoniere —.*

tre|cen|ti|sta *s.m./f.* [m.pl. *-i*] artista del Trecento | studioso della cultura trecentesca.

tre|cèn|to *agg.num.card.* che equivale a tre centinaia ♦ *s.m.invar.* il numero naturale che equivale a tre centinaia | il simbolo che rappresenta tale numero | *il Trecento,* il XIV sec.

tre|di|cèn|ne *agg., s.m./f.* si dice di chi ha quattordici anni d'età.

tre|di|cè|si|ma *s.f.* mensilità aggiuntiva che viene corrisposta, oltre al normale stipendio, nel mese di dicembre.

tre|di|cè|si|mo *agg.num.ord.* che in una serie occupa il posto numero tredici | *il secolo —* (o XIII), gli anni compresi tra il 1201 e il 1300.

tré|di|ci *agg.num.card.* che equivale a una decina più tre unità | (*anche ell.*) *le (ore) —,* l'una del pomeriggio ♦ *s.m.invar.* il numero naturale che equivale a una decina più tre unità | il simbolo che rappresenta tale numero.

tre|di|ci|sta *s.m./f.* [m.pl. *-i*] nel totocalcio, chi realizza la vincita massima per aver indovinato i risultati di tutte le tredici partite inserite nella schedina.

tré|fo|lo *s.m.* **1** (*mecc.*) piccola fune costituita da vari fili metallici avvolti a spirale, a sua volta unita ad altre simili per formare un cavo d'acciaio **2** filo di cotone, refe e sim., avvolto in modo disordinato.

tre|fó|ni *s.m.pl.* (*biol.*) sostanze di origine embrionale che si usano per la nutrizione delle colture in vitro.

tre|gèn|da *s.f.* (*lett.*) **1** secondo leggende popolari dell'Europa settentrionale, riunione notturna di spiriti malvagi per compiere malefici | (*fig.*) *notte di —,* buia e tempestosa, segnata da cattivi presagi **2** (*fig.*) confusione, pandemonio.

trég|gia *s.f.* [pl. *-ge*] rudimentale slitta, gener. a trazione animale, che in alcune zone montuose serve per trasportare fieno e altri materiali.

tré|gua o **trègua** *s.f.* **1** temporanea interruzione dei combattimenti concordata tra i belligeranti **2** (*estens.*) momentanea sospensione di conflitti, rivendicazioni e sim.: — *sindacale* **3** (*fig.*) temporanea interruzione di un'attività o situazione faticosa, spiacevole ecc.; requie, sosta: *il vento soffia senza —; il pubblico ministero non dava — all'imputato.*

trekking (*ingl.*) *s.m.invar.* escursione formata di più tappe, compiuta spec. in montagna, per stare a contatto con la natura.

tre|màn|te *part.pres. di* tremare ♦ *agg.* **1** che

trema: *mano* —; — *di terrore* **2** tremolante, incerto: *scrittura* — **3** (*fig.*) trepidante: *lo ringraziò con voce* —.

tre|mà|re *v.intr.* [indic.pres. *io trèmo*...; aus. *A*] **1** essere scosso da una successione di contrazioni muscolari involontarie, dovute a freddo, malattia, spavento ecc. | — **come una foglia**, essere in preda a un tremito violento **2** (*fig.*) avere paura; essere angosciato, trepidare: — *al solo pensiero* **3** (*di cosa*) essere agitato da una serie di scosse: *l'esplosione ha fatto — i vetri* **4** (*fig.*, *di suono*) essere ineguale, vibrante: *la voce gli tremava dalla paura* | (*di luce*) essere intermittente.

tre|ma|rèl|la *s.f.* (*coll.*) tremito dovuto a paura | (*estens.*) agitazione dovuta a gravi timori.

Tre|ma|tò|di *s.m.pl.* classe del phylum dei Platelminti, parassiti con corpo piatto e dotati di ventose.

tre|me|bón|do *agg.* (*lett.*) tremante di paura | timoroso, esitante.

tre|mèn|do *agg.* **1** terrificante: *urlo* — | spaventoso, terribile: *incidente* — **2** (*coll.*) eccezionalmente intenso: *una sofferenza tremenda* | molto brutto | si dice di persona che possiede determinati difetti o qualità al massimo grado: *un pignolo* — □ **tremendamente** *avv.* terribilmente; moltissimo: *è — tardi!*

tre|men|tì|na *s.f.* resina oleosa che si ricava incidendo la corteccia di varie conifere; dalla sua distillazione si ottengono balsami, solventi e colofonia | *essenza di* —, acquaragia.

trè|mi|to *s.m.* **1** movimento convulso di chi sta tremando | (*estens.*) fremito **2** vibrazione | scossa di terremoto.

tre|mo|làn|te *part.pres.* di tremolare ♦ *agg.* che trema leggermente: *foglie tremolanti* | reso incerto dall'emozione, trepidante: *voce* —.

tre|mo|là|re *v.intr.* [indic.pres. *io trèmolo*...; aus. *A*] oscillare di frequente con un movimento appena accennato; tremare leggermente.

tre|mo|lì|o *s.m.* tremito leggero e continuo: *il — della fiammella*.

tre|mó|re *s.m.* **1** movimento oscillatorio proprio di chi trema: *tremori di freddo* | (*med.*) contrazione ritmica e involontaria dei muscoli, dovuta ad ansia o a cause patologiche **2** (*estens.*) vibrazione: *il — della casa durante il bombardamento* **3** (*fig.*) stato di apprensione, trepidazione.

trè|mu|lo *agg.* (*lett.*) tremolante.

trench (*ingl.*) [pr. *trènč*] *s.m.invar.* impermeabile di taglio sportivo, con cintura.

trend (*ingl.*) *s.m.invar.* **1** (*stat.*, *econ.*) tendenza secondo cui un fenomeno si evolve nel tempo, spec. dal punto di vista quantitativo: *le importazioni hanno un — costante* **2** (*estens.*) andamento, tendenza.

trendy (*ingl.*) *agg.invar.* alla moda; che fa tendenza: *ambiente* —.

tre|nét|te *s.f.spec.pl.* pasta alimentare stretta e lunga, dalla caratteristica forma schiacciata; linguina: *trenette al pesto*.

tre|nì|no *s.m.* treno giocattolo | (*coll.*) *fare il* —, ballare in fila indiana, afferrando per le spalle o alla vita la persona che sta davanti.

trè|no *s.m.* **1** convoglio di carrozze ferroviarie con una motrice in testa: — *locale*, *interregionale* | — *bianco*, quello adibito al trasporto di ammalati in pellegrinaggio a Lourdes | (*fig.*) *andare come un* —, procedere a ritmo serrato | (*fig.*) *perdere il* —, lasciarsi sfuggire un'occasione propizia **2** (*fig.*) serie, successione | — *di gomme*, complesso dei pneumatici di un autoveicolo **3** (*fig.*) fenomeno, tendenza che progredisce con continuità: *il — della ripresa economica*.

trén|ta *agg.num.card.invar.* che equivale a tre decine ♦ *s.m.invar.* **1** il numero naturale che equivale a tre decine | il simbolo che rappresenta tale numero | (*pop.*) *chi ha fatto — faccia trentuno*, è meglio portare a termine quel che si è già ampiamente sviluppato **2** il voto massimo che si può ottenere negli esami universitari.

tren|ten|nà|le *agg.* **1** che dura trent'anni **2** che ricorre ogni trent'anni ♦ *s.m.* il trentesimo anniversario di un avvenimento importante.

tren|tèn|ne *agg.*, *s.m./f.* si dice di chi ha trent'anni d'età.

tren|tè|si|mo *agg.num.ord.* che in una serie occupa il posto numero trenta.

tren|tì|na *s.f.* complesso di circa trenta unità: *una — di mele* | *essere sulla* —, avere all'incirca trent'anni d'età.

tren|tì|no *agg.* della città di Trento | del Trentino ♦ *s.m.* **1** [f. -a] chi è nato o abita a Trento o in Trentino **2** dialetto parlato in Trentino.

tre|o|nì|na *s.f.* (*chim.*) amminoacido con quattro atomi di carbonio, presente in moltissime proteine e fondamentale per gli organismi animali.

tre|pi|dàn|te *part.pres.* di trepidare ♦ *agg.* ansioso, timoroso: *attendeva — il responso del medico* | che esprime preoccupazione, spec. affettuosa: *sguardo* —.

tre|pi|dà|re *v.intr.* [indic.pres. *io trèpido*...; aus. *A*] essere in ansia: — *per l'esito dell'esame*.

tre|pi|da|zió|ne *s.f.* ansia, spec. speranzosa: *aprì la lettera con* —.

trè|pi|do *agg.* (*lett.*) trepidante.

trep|piè|de o **treppièdi** *s.m.* **1** sostegno che poggia su tre piedi: *il — della cinepresa* **2** arnese da cucina che tiene le pentole un poco sollevate rispetto alla fiamma.

tre|quàr|ti *s.m.* **1** soprabito o giaccone che arriva sotto il ginocchio **2** (*sport*) in una squadra di rugby, ciascuno dei quattro giocatori che costituiscono la linea offensiva ♦ *s.f.invar.* (*sport*) settore del campo da calcio vicino all'area di rigore.

tré|sca *s.f.* **1** intrigo: *smascherare una* — **2** (*pop.*) relazione amorosa illecita o tenuta segreta.

tre|scà|re *v.intr.* [indic.pres. *io trésco*, *tu tréschi*...; aus. *A*] **1** ordire una tresca **2** (*pop.*) portare avanti una relazione amorosa illecita.

tré|spo|lo *s.m.* supporto con tre o quattro piedi d'appoggio: — *per i vasi da fiori* | sgabello.

tres|sèt|te *s.m.invar.* gioco di carte per due, tre,

o quattro giocatori, in cui bisogna rispondere con lo stesso seme giocato da chi ha aperto la mano.

tre|vi|già|no o **trevisàno** *agg.* di Treviso ♦ *s.m.* [f. *-a*] chi è nato o abita a Treviso.

tri- primo elemento di parole composte che significa "di tre", "costituito da tre" (*triade, triangolare*).

tri|a|de *s.f.* insieme di tre elementi che costituiscono un'unità organica.

tri|à|di|co *agg.* [m.pl. *-ci*] che costituisce una triade | relativo a una triade.

trial (*ingl.*) [pr. *tràil* nel sign. 1; *tràial* nel sign. 2, 3] *s.m.invar.* (*sport*) **1** (*motociclismo*) specialità di fuoristrada in cui si devono superare ostacoli particolarmente impegnativi senza poggiare i piedi a terra | (*estens.*) tipo di motocicletta impiegata in tale specialità **2** (*spec.pl., atletica*) serie di gare in cui si selezionano gli atleti che parteciperanno ai meeting internazionali **3** (*ippica*) corsa di prova.

tri|an|go|là|re¹ *agg.* **1** che ha la forma di un triangolo: *muscolo —* **2** (*spec.polit.*) che coinvolge tre parti: *vertice —* | (*sport*) disputato fra tre squadre: *torneo —* ♦ *s.m.* (*sport*) incontro o torneo con tre squadre.

tri|an|go|là|re² *v.tr.* [indic.pres. *io triàngolo...*; aus. *A*] in topografia e in geodesia, rilevare tramite triangolazione.

tri|an|go|la|zió|ne *s.f.* **1** in topografia, metodo di rilevamento con cui è possibile determinare la posizione precisa di uno o più punti, collegandoli tra loro in modo da formare una rete di triangoli adiacenti **2** (*sport*) nel calcio, azione in cui il giocatore che ha passato la palla scatta in avanti e riceve il passaggio di ritorno.

tri|àn|go|lo *s.m.* **1** (*geom.*) poligono con tre lati e tre angoli **2** (*estens.*) oggetto o struttura triangolare **3** (*estens.*) complesso di tre elementi non allineati, considerati come vertici di un triangolo ideale | — **industriale**, area fortemente industrializzata tra Milano, Torino e Genova **4** (*coll.*) intreccio amoroso che coinvolge tre persone **5** (*mus.*) strumento costituito da una sbarretta di metallo piegata a triangolo, che quando è percossa con una bacchetta emette un suono acuto.

tri|ar|chì|a *s.f.* (*raro*) governo esercitato da tre persone o tre partiti.

tri|às|si|co o **triàsico** *agg., s.m.* si dice del primo periodo dell'era mesozoica.

tri|a|thlon *s.m.* (*sport*) disciplina in cui si succedono senza intervalli una prova di nuoto, una di ciclismo e una di corsa.

tri|a|tò|mi|co *agg.* [m.pl. *-ci*] (*chim.*) che è formato da tre atomi.

tri|bà|le *agg.* relativo a tribù: *cultura —*.

tri|ba|lì|smo *s.m.* organizzazione di un popolo in tribù.

tri|bo|là|re *v.intr.* [indic.pres. *io tribolo...*; aus. *A*] soffrire, penare: *— per i figli* | (*pop.*) *finire di —*, concludere con la morte un'agonia penosa.

tri|bo|là|to *part.pass. di* tribolare ♦ *agg.* segnato da sofferenze o difficoltà; tormentato: *esistenza tribolata*.

tri|bo|la|zió|ne *s.f.* sofferenza | fonte di preoccupazione.

tri|bór|do *s.m.* lato destro di un'imbarcazione; dritta.

tri|bù *s.f.* **1** (*etnologia*) raggruppamento sociale con un proprio ordinamento e un solo capo, costituito da più famiglie unite dalle stesse tradizioni linguistiche e culturali: *le — indiane* **2** (*st.*) ciascuno dei dodici raggruppamenti in cui era suddiviso l'antico popolo ebraico **3** (*st.*) nell'antica Roma, ciascun raggruppamento in cui erano suddivisi i cittadini in base all'appartenenza ai gruppi gentilizi **4** (*fig., scherz.*) gruppo numeroso; moltitudine: *è arrivata mia cugina con tutta la —* **5** (*zool.*) gruppo inferiore all'ordine, alla famiglia o al genere | (*bot.*) suddivisione della sottofamiglia.

tri|bù|na *s.f.* **1** posto elevato da cui un oratore parla al pubblico | — **politica, elettorale**, dibattito condotto alla televisione o alla radio da uno o più giornalisti, nel corso del quale esponenti politici presentano il loro programma elettorale **2** palco, spec. coperto, riservato a specifiche categorie: *la — delle autorità* **3** gradinata talvolta coperta e dotata di sedili che negli impianti sportivi è destinata al pubblico: *assistere alla partita dalla —* | — **stampa**, quella in cui siedono i giornalisti inviati a seguire un evento sportivo **4** (*arch.*) nell'antica Roma, parte absidale della basilica in cui si trovavano i seggi dei giudici | (*estens.*) nelle basiliche paleocristiane, spazio del presbiterio e dell'abside.

tri|bu|nà|le *s.m.* **1** edificio in cui ha sede l'autorità giudiziaria: *recarsi in — per testimoniare* | aula in cui si tengono i processi **2** organo giudicante collegiale a cui compete l'esercizio della giurisdizione civile e penale in una circoscrizione territoriale, nei modi e nei casi sanciti dalla legge: *comparire davanti al —* **3** (*fig.*) ente, autorità o persona a cui si deve dar conto delle proprie azioni: *il — della coscienza*.

tri|bu|nà|to *s.m.* (*st.*) ufficio, carica e grado di tribuno.

tri|bu|né|sco *agg.* [m.pl. *-schi*] (*spec.spreg.*) da tribuno | retorico, ampolloso: *tono —*.

tri|bu|nì|zio *agg.* **1** (*st.*) di tribuno: *potestà tribunizia* **2** (*fig., spreg.*) eccessivamente retorico | demagogico: *modi tribunizi*.

tri|bù|no *s.m.* **1** nell'antica Roma, titolo assegnato a vari funzionari e magistrati | — **della plebe**, magistrato che difendeva gli interessi e i diritti della plebe contro gli abusi dei patrizi **2** (*estens.*) in epoca medievale e moderna, titolo assegnato ai membri di determinate magistrature, anche straordinarie **3** (*fig.*) uomo politico dotato di un'eloquenza partic. efficace e trascinante | (*spreg.*) politicante che sfrutta le proprie doti oratorie a fini demagogici.

tri|bu|tà|re *v.tr.* rendere, dare ql.co. a qlcu. come tributo, come omaggio: *— lodi, ringraziamenti.*

tri|bu|tà|rio *agg.* 1 che riguarda i tributi: *sistema* — 2 soggetto al pagamento di tributi 3 (*geog.*) di corso d'acqua che si immette in un lago o in un fiume.

tri|bù|to *s.m.* 1 nell'antica Roma, contributo che il cittadino doveva versare allo Stato in base al proprio censo 2 (*dir.*) contributo in denaro che per legge si deve versare allo Stato o a un ente pubblico: *i tributi del comune* 3 (*fig.*) azione che si compie per adempiere a un obbligo o per assolvere a un dovere morale: *dare il proprio* —.

tri|ce|rà|to|po o (*lat.*) **triceràtops** *s.m.* rettile di grandi dimensioni vissuto nel Cretaceo, caratterizzato dalla testa fornita di tre corna.

tri|chè|co *s.m.* [pl. *-chi*] 1 grosso mammifero dal corpo tozzo, pelle spessa di colore grigio, grosse setole sul labbro e denti canini lunghi e sporgenti come zanne 2 (*scherz.*) persona di corporatura tozza e robusta.

tri|chi|na *s.f.* piccolo verme dei Nematodi, parassita dell'intestino di numerosi mammiferi.

tri|chi|nò|si *s.f.invar.* (*med.*) malattia parassitaria provocata nell'uomo dalla trichina e caratterizzata da dolori muscolari, nausea e febbre.

tri|ci|clo *s.m.* veicolo a tre ruote, due posteriori e una anteriore dotata talvolta di pedali, usato spec. dai bambini.

tri|ci|pi|te *agg., s.m.* (*anat.*) detto di muscolo costituito da tre capi muscolari.

tri|cli|nio *s.m.* nell'antica Roma, il complesso dei tre divani disposti lungo tre lati della tavola, su cui i commensali si sdraiavano per mangiare | (*estens.*) la sala da pranzo delle antiche case romane.

trì|co- primo elemento di parole composte che significa "pelo", "capello" (*tricologo*).

tri|co|lo|gì|a *s.f.* [pl. *-e*] settore della medicina che studia struttura, funzione e malattie di peli e capelli.

tri|cò|lo|go *s.m.* [f. *-a*; m.pl. *-gi*] esperto o studioso di tricologia.

tri|co|ló|re *agg.* 1 di tre colori: *bandiera, stemma* — 2 (*fig., polit.*) costituito da tre partiti: *governo* — ♦ *s.m.* bandiera di tre colori | (*per anton.*) la bandiera italiana: *sventolare il* —.

tri|còr|no *s.m.* cappello a tre punte, usato nel Settecento | cappello da prete, diviso in tre spicchi e con un pompon in seta al centro.

tri|cò|si *s.f.* (*med.*) malattia dell'apparato pilifero.

tricot (*fr.*) [pr. *trikò*] *s.m.invar.* tessuto o indumento lavorato a maglia.

tri|co|to|mì|a¹ *s.f.* (*med.*) il taglio dei capelli o dei peli operato prima di un intervento chirurgico.

tri|co|to|mì|a² *s.f.* divisione in tre parti.

Tri|còt|te|ri *s.m.pl.* ordine di Insetti dalle abitudini crepuscolari o notturne, le cui larve, gener. acquatiche, si costruiscono l'involucro con detriti vari; hanno corpo allungato, antenne filiformi e quattro ali membranose ricoperte da una peluria sottile.

tri|cro|mì|a *s.f.* metodo per ottenere stampe di una figura a colori mediante la sovrapposizione di tre matrici inchiostrate con i tre colori fondamentali, ossia giallo, rosso e blu | (*estens.*) la stampa così ottenuta.

tric trac o **tric-trac** *loc.sost.m.invar.* 1 l'alternarsi di due rumori secchi consecutivi: *il* — *della chiave nella toppa* 2 (*pop.*) tipo di petardo che produce più scoppi consecutivi.

tri|cu|spi|dà|le *agg.* 1 (*arch.*) che ha tre cuspidi 2 (*anat.*) della valvola tricuspide.

tri|cù|spi|de *agg.* che termina con tre cuspidi | (*anat.*) *valvola* —, valvola che collega l'atrio e il ventricolo destro del cuore.

tri|dàt|ti|lo *s.m.* fornito di tre dita.

tri|dèn|te *s.m.* 1 forcone a tre denti 2 (*sport*) nel calcio, formazione d'attacco composta da tre punte: *scendere in campo con il* —.

tri|den|ti|no *agg.* solo in alcune loc. storiche e geografiche, di Trento: *concilio* — | **Venezia Tridentina**, la regione oggi denominata Trentino-Alto Adige.

tri|di|men|sio|nà|le *agg.* a tre dimensioni: *figura* —.

tri|di|men|sio|na|li|tà *s.f.* proprietà di ciò che è tridimensionale.

trì|du|o *s.m.* nel culto cattolico, pratica devota che comprende un ciclo di preghiere o di riti, pubblici o privati, della durata di tre giorni, fatti a scopo propiziatorio o per ringraziamento.

tri|è|dro *s.m.* (*geom.*) parte di spazio racchiusa da tre angoli individuati da tre semirette non complanari che escono da un punto detto vertice.

trie|li|na® *s.f.* composto dell'etilene contenente cloro, usato spec. come solvente di sostanze grasse; tricloroetilene.

trien|nà|le *agg.* 1 che dura tre anni 2 che avviene, ricorre ogni tre anni: *fiera* — ♦ *s.f.* manifestazione che ricorre ogni tre anni.

tri|èn|nio *s.m.* periodo di tre anni.

tri|e|sti|no *agg.* di Trieste ♦ *s.m.* [f. *-a*] chi è nato o abita a Trieste.

tri|fà|se *agg.* [pl. *-i*] che ha tre fasi | (*elettr.*) detto di sistema a tre correnti alternate di uguale ampiezza, ciascuna delle quali è sfasata di un terzo di periodo rispetto alla precedente.

tri|fà|si|co *agg.* [m.pl. *-ci*] che ha tre fasi, che avviene in tre fasi | *pillola trifasica*, pillola anticoncezionale a basso contenuto ormonale il cui dosaggio varia a seconda delle tre fasi del ciclo mestruale.

tri|fò|glio *s.m.* pianta erbacea annuale con foglie composte di tre o, più raramente, quattro fogliolin, e con fiori di vari colori raccolti in capolini; è coltivata spec. come erba da foraggio.

tri|fo|là|to *agg.* si dice di pietanza condita con il tartufo | si dice di carni, verdure o funghi, tagliati a fettine sottili e cotti con olio, prezzemolo e aglio.

tri|fo|ra *s.f.* finestra con vano suddiviso da pilastri o colonnine in tre luci ♦ *agg.* detto di finestra suddivisa in tale modo.

tri|gè|mi|no *agg.* 1 detto di parto o gravidanza da cui nascono tre figli | detto di ciascuno degli

trigesimo

individui nati da tale parto 2 (*anat.*) detto del quinto paio di nervi cranici, che si divide in tre rami terminali (nervo mandibolare, mascellare e oftalmico) presiedendo a tutti i movimenti della faccia ♦ *s.m.* (*anat.*) il quinto paio dei nervi cranici.

tri|gè|si|mo *agg.* (*lett.*) trentesimo ♦ *s.m.* trentesimo giorno dalla morte di qlcu.

tri|glia *s.f.* pesce di mare di piccole e medie dimensioni, dal colore rossastro, con muso allungato e due barbigli, apprezzato per le sue carni pregiate | (*fig.*, *scherz.*) *fare l'occhio di — a qlcu.*, guardarlo con occhi languidi da innamorato.

tri|gli|cè|ri|de *s.m. spec.pl.* (*chim.*) lipide che si ottiene per esterificazione dei tre gruppi alcolici della glicerina con gli acidi grassi; costituisce la maggior parte dei grassi degli organismi animali e la sua determinazione nel sangue è di notevole importanza diagnostica.

tri|gli|fo *s.m.* (*arch.*) elemento decorativo tipico dell'ordine dorico che si alterna con le metope, costituito da una tavola quadrangolare con tre incavi verticali paralleli.

tri|go|no|me|tri|a *s.f.* branca della matematica che ha lo scopo di calcolare i valori di tutti i lati e gli angoli di un triangolo, quando ne siano noti tre di essi, tra cui almeno un lato.

tri|go|no|mè|tri|co *agg.* [m.pl. *-ci*] della trigonometria.

tri|la|te|rà|le *agg.* 1 che ha tre lati; trilatero 2 (*fig.*) che riguarda tre parti o tre aspetti: *patto —*.

tri|là|te|ro *agg.* (*geom.*) di figura delimitata da tre lati.

tri|lin|gui|smo *s.m.* uso abituale di tre lingue da parte di una persona o all'interno di un paese, di una comunità ecc.

tri|lió|ne *s.m.* 1 secondo l'attuale uso italiano, francese e statunitense, mille miliardi 2 secondo l'antico uso italiano e l'attuale uso inglese e tedesco, un miliardo di miliardi.

trill|là|re *v.intr.* [*aus. A*] 1 (*mus.*) eseguire un trillo 2 emettere uno o più trilli: *l'allodola trilla.*

trill|lo *s.m.* 1 (*mus.*) ornamento creato dal rapido alternarsi di una nota con un'altra immediatamente superiore o inferiore 2 (*estens.*) suono o canto molto acuto, simile a un trillo musicale: *il — del campanello*, *dell'usignolo*.

tri|lo|bà|to *agg.* che ha tre lobi: *croce*, *foglia trilobata*.

tri|lo|bi|te *s.f.* crostaceo marino fossile diffuso nel Paleozoico, caratterizzato dal carapace suddiviso longitudinalmente e trasversalmente in tre lobi.

tri|lo|gì|a *s.f.* nell'antica Grecia, insieme di tre tragedie scritte da uno stesso autore su un unico argomento: *la — di Eschilo* | (*estens.*) insieme di tre opere letterarie, cinematografiche o musicali con tema affine.

tri|me|strà|le *agg.* 1 che dura tre mesi: *corso —* 2 che avviene o ricorre ogni tre mesi: *canone —* | che è pubblicato ogni tre mesi: *periodico —*.

tri|me|stra|liz|zà|re *v.tr.* 1 dividere in trimestri 2 rendere trimestrale una scadenza.

tri|mè|stre *s.m.* 1 periodo di tempo di tre mesi 2 (*estens.*) in alcune scuole, ciascuno dei periodi in cui può essere diviso l'anno scolastico 3 cifra da pagare o da riscuotere ogni tre mesi: *il — dell'affitto*.

tri|me|tro *agg.*, *s.m.* (*metr.class.*) detto di successione di tre metri costituente un verso.

tri|mo|tó|re *agg.*, *s.m.* detto di veicolo dotato di tre motori.

tri|mùr|ti *s.f.* (*relig.*) la triade divina dell'induismo, costituita da Brahma, Visnù e Shiva.

tri|na *s.f.* merletto, pizzo.

trin|ca *s.f.* (*mar.*) legatura molto salda, eseguita con più passate fitte e parallele di cavo o di catena.

trin|cà|re[1] *v.tr.* [indic.pres. *io trinco, tu trinchi...*] (*mar.*) legare saldamente con una o più trinche.

trin|cà|re[2] *v.tr.* [indic.pres. *io trinco, tu trinchi...*] (*fam.*, *anche assol.*) bere alcolici avidamente e in gran quantità: *— birra*; *è il tipo che trinca spesso e volentieri.*

trin|cèa *s.f.* 1 (*mil.*) opera di fortificazione costituita da un fosso scavato nel terreno e difeso da un parapetto, in cui i soldati si riparano dal fuoco del nemico | (*estens.*) fronte di guerra: *mandare i soldati in —* | *guerra di —*, conflitto combattuto prevalentemente da posizioni fortificate, con poche azioni in campo aperto; *guerra di posizione* | (*fig.*) *essere in —*, trovarsi in condizioni difficili, pericolose 2 scavo nel terreno eseguito per costruire una strada sotto il livello del suolo.

trin|ce|ra|mén|to *s.m.* 1 costruzione di trincee allo scopo di fortificare un luogo 2 (*mil.*) luogo dotato di trincee | insieme di varie trincee.

trin|ce|rà|re *v.tr.* [indic.pres. *io trincèro...*] dotare di una o più trincee ♦ *-rsi* *intr.pron.* 1 ripararsi nella trincea 2 (*fig.*) farsi scudo di ql.co.: *— dietro il segreto istruttorio*.

trin|cét|to *s.m.* coltello dotato di lama ricurva e appuntita, usato per trinciare.

trin|chét|to *s.m.* (*mar.*) nei velieri con due o più alberi, il primo albero a partire dalla prora | il primo pennone a partire dal basso di tale albero | la vela quadra inferiore di tale albero.

trin|cia|fo|ràg|gi *s.m.invar.* macchina che riduce a pezzetti erba, fieno e paglia.

trin|cià|n|te *part.pres.* di *trinciare* ♦ *agg.* che trincia ♦ *s.m.* grosso coltello con lama affilata, usato a tavola per tagliare a pezzi la carne.

trin|cia|pól|lo o **trinciapolli** *s.m.* grosse forbici a molla, usate in cucina per tagliare a pezzi pollame e selvaggina.

trin|cià|re *v.tr.* [indic.pres. *io trìncio...*] tagliare ql.co. a strisce sottili o a pezzetti: *— la paglia* | tagliare una vivanda a fette o a pezzi: *— l'arrosto* | (*fig.*) *— i panni addosso a qlcu.*, sparlarne, dirne male | *— giudìzi*, giudicare in modo avventato e con presunzione ♦ *-rsi* *intr.pron.* strapparsi, tagliuzzarsi.

trin|cià|to *part.pass.* di *trinciare* ♦ *agg.* 1 sminuzzato, tagliuzzato 2 (*arald.*) detto di scudo diviso trasversalmente in due sezioni ♦ *s.m.* tabacco tagliato a strisce sottili, usato per le pipe o per preparare a mano le sigarette.

trin|cia|tó|re *agg.* che trincia ♦ *s.m.* [f. *-trice*] operaio addetto alla trinciatura del tabacco.

trin|cia|tri|ce *s.f.* macchina usata per trinciare foraggi, tabacco o altri materiali.

trin|cia|tu|ra *s.f.* 1 operazione del trinciare 2 materiale che è stato sottoposto a tale operazione: *— del foraggio*.

tri|ni|tà *s.f.* (*teol.*) nel cristianesimo, dogma che afferma l'esistenza di tre persone distinte (Padre, Figlio e Spirito Santo) in una sola essenza divina | *la SS. Trinità*, le tre persone divine.

tri|ni|tà|rio *agg.* (*teol.*) relativo alla Trinità: *dogma —*.

tri|ni|tro|to|lu|è|ne *s.m.* (*chim.*) composto organico derivato del toluene, usato come esplosivo; tritolo.

tri|ni|tro|to|lu|ò|lo *s.m.* (*chim.*) trinitrotoluene.

tri|no *agg.* 1 (*lett.*) che è composto da tre elementi; triplice 2 (*teol.*) nel dogma cristiano della Trinità, si usa per indicare che Dio, nella sua unica essenza, comprende il Padre, il Figlio e lo Spirito Santo: *Dio uno e —*.

tri|nò|mio *s.m.* 1 (*mat.*) polinomio costituito da tre monomi: *scomporre un —* 2 (*fig.*) insieme di tre termini o di tre elementi strettamente connessi fra loro.

trì|o *s.m.* 1 (*mus.*) componimento musicale per tre strumenti 2 (*estens.*) complesso musicale composto da tre membri: *un — jazz* 3 (*estens.*) gruppo di tre persone molto affiatate fra loro, che insieme svolgono una data attività o che hanno in comune determinate caratteristiche; terzetto: *un — di attori comici*.

tri|o|do *s.m.* (*fis.*) tubo elettronico dotato di tre elettrodi, griglia, catodo e anodo.

tri|on|fà|le *agg.* 1 di trionfo: *marcia — | arco —*, arco monumentale realizzato per celebrare una vittoria militare 2 (*estens.*) grandioso, fastoso, splendido: *avere un'accoglienza —* □ **trionfalmente** *avv.*

tri|on|fa|lì|smo *s.m.* atteggiamento di chi esalta eccessivamente i meriti e i risultati propri o del gruppo di cui fa parte: *lasciarsi andare a inutili trionfalismi*.

tri|on|fa|lì|sti|co *agg.* [m.pl. *-ci*] caratterizzato da trionfalismo: *toni trionfalistici*.

tri|on|fàn|te *part.pres. di* trionfare ♦ *agg.* 1 che trionfa 2 (*estens.*) fiero, esultante per il successo ottenuto: *aria —*.

tri|on|fà|re *v.intr.* [indic.pres. *io triónfo...*; aus. A] 1 nell'antica Roma, ottenere gli onori del trionfo 2 (*estens., anche fig.*) ottenere un grosso successo, una clamorosa vittoria, anche come affermazione morale: *la mia squadra ha trionfato*; *la giustizia trionfa sempre*.

tri|on|fa|tó|re *agg., s.m.* [f. *-trice*] che, chi trionfa | (*estens.*) il vincitore: *il — dell'ultimo Giro d'Italia*.

tri|ón|fo *s.m.* 1 nell'antica Roma, massimo onore riconosciuto al generale vincitore o allo stesso imperatore: *celebrare, concedere il —*

2 (*estens., anche fig.*) vittoria straordinaria, successo strepitoso: *la prima fu un — | portare qlcu. in —*, alzarlo e trasportarlo sulle spalle per festeggiarlo e farlo acclamare da tutti 3 (*relig.*) nella teologia cristiana, glorificazione in cielo: *il — dei santi* 4 rappresentazione artistica dell'esaltazione di santi, di personaggi famosi o di figure allegoriche.

tri|òs|si|do *s.m.* (*chim.*) composto binario che contiene tre atomi di ossigeno.

trip (*ingl.*) *s.m.invar.* nel gergo dei tossicodipendenti, effetto prodotto dall'assunzione di sostanze stupefacenti; viaggio.

tri|pa|no|sò|ma *s.m.* protozoo dal corpo allungato e appiattito, parassita degli animali e dell'uomo, la cui trasmissione avviene tramite punture di vari insetti e genera affezioni gravi come la malattia del sonno.

tri|pa|no|so|mì|a|si *s.f.invar.* malattia causata dai tripanosomi.

tri|par|tì|re *v.tr.* [indic.pres. *io tripartisco, tu tripartisci...*] dividere ql.co. in tre parti.

tri|par|tì|ti|co *agg.* [m.pl. *-ci*] costituito o realizzato da tre partiti: *coalizione tripartitica*.

tri|par|tì|to¹ *part.pass. di* tripartire ♦ *agg.* diviso in tre parti.

tri|par|tì|to² *agg., s.m.* detto di alleanza o governo formato da tre partiti.

tri|par|ti|zió|ne *s.f.* divisione in tre parti.

trì|pla *s.f.* 1 nei giochi basati su pronostici che prevedono tre probabilità, la combinazione che le comprende tutte e tre: *giocare una —* 2 nel gergo della pallacanestro, canestro da tre punti: *metter dentro una —*.

tri|plà|no *s.m.* velivolo con tre piani alari sovrapposti, oggi non più usato.

tri|plét|ta *s.f.* 1 fucile da caccia a tre canne | nei giochi, nelle gare, insieme di tre risultati positivi ottenuti consecutivamente | nel calcio, insieme di tre goal segnati in una partita da uno stesso giocatore: *realizzare una —*.

tri|pli|cà|re *v.tr.* [indic.pres. *io triplico, tu triplichi...*] 1 moltiplicare per tre: *— i prezzi* 2 (*estens.*) accrescere in gran misura: *— l'impegno* ♦ *-rsi intr.pron.* accrescersi di tre volte: *i debiti si sono triplicati*.

trì|pli|ce *agg.* 1 che consta di tre elementi o parti: *allegare il certificato in — copia* 2 che avviene, che si stipula fra tre parti: *un — accordo*.

trì|plo *agg.* 1 che è tre volte maggiore rispetto a un'altra cosa analoga: *un prezzo —* 2 triplice: *cavo —* 3 ripetuto per tre volte consecutive: *— salto mortale* | (*sport*) **salto —**, disciplina dell'atletica leggera il cui scopo è coprire la massima lunghezza possibile con una sequenza di tre balzi ininterrotti ♦ *s.m.* 1 quantità, grandezza tre volte maggiore rispetto a un'altra: *spendo il — rispetto a un anno fa* 2 (*sport*) salto triplo.

trì|po|de *s.m.* sostegno a tre piedi in bronzo, usato nell'antichità classica per reggere i recipienti.

tri|po|là|re *agg.* 1 (*elettr.*) che consta di tre poli:

tripolarismo

presa — **2** (*polit.*) detto di sistema politico che si fonda sul tripolarismo.

tri|po|la|ri|smo *s.m.* (*polit.*) sistema politico in cui sono presenti tre coalizioni, partiti o tendenze ideologiche prevalenti | in politica internazionale, predominio economico e politico di tre grandi potenze, storicamente individuate in Stati Uniti, Unione Sovietica e Repubblica Popolare Cinese.

tri|po|li *s.f.* roccia sedimentaria prodotta dalla stratificazione dei gusci di microrganismi marini; ha l'aspetto di una sostanza farinosa di colore biancastro.

tri|po|li|no *agg.* di Tripoli ♦ *s.m.* [f. -a] nativo o abitante di Tripoli.

tri|po|li|tà|no *agg.* della Tripolitania, regione della Libia ♦ *s.m.* [f. -a] nativo o abitante della Tripolitania.

tri|pó|sto *agg.invar.* che è a tre posti: *sedile —*.

trip|pa *s.f.* **1** stomaco dei bovini macellati che, opportunamente purgato e tagliato a strisciolinene, viene cucinato in vari modi **2** (*estens., fam., scherz.*) ventre, pancia.

trip|pó|ne *s.m.* (*scherz.*) **1** grossa pancia **2** [f. -a] persona che ha una pancia molto grossa.

tri|psi|na *s.f.* (*biol.*) enzima secreto dal pancreas che agisce sulle proteine scindendole in amminoacidi.

tri|pu|dià|re *v.intr.* [indic.pres. *io tripùdio...*; aus. A] esprimere la propria contentezza in modo vivace, esultando per la gioia.

tri|pù|dio *s.m.* **1** vivace manifestazione di gioia: *il — del pubblico* **2** (*fig.*) aspetto festoso, gioioso, vivace e sim.: *un — di luci.*

tri|ré|gno *s.m.* tiara papale formata da un alto copricapo rigido ornato da tre corone sovrapposte.

tri|rè|me *s.f.* antica nave da guerra dotata di tre ordini di remi.

tris *s.m.* **1** in alcuni giochi di carte, combinazione di tre carte aventi medesimo valore: *— d'assi* **2** (*anche agg.invar.*) in una corsa ippica, scommessa sull'ordine d'arrivo dei primi tre cavalli | *corsa —*, corsa ippica nella quale si può scommettere sull'ordine d'arrivo dei primi tre classificati.

tri|sà|vo|lo *s.m.* [f. -a] il padre del bisnonno | (*estens.*) avo, antenato.

tri|sdrùc|cio|lo *agg.* detto di parola con accento tonico sulla quintultima sillaba (p.e. òrdinamelo).

tri|sil|là|bi|co *agg.* [pl.m. *-ci*] trisillabo.

tri|sil|la|bo *agg.* formato da tre sillabe: *parola trisillaba* ♦ *s.m.* **1** parola costituita di tre sillabe **2** verso di tre sillabe; ternario.

tri|sma *s.m.* (*med.*) serramento delle mascelle per spasmo dei muscoli masticatori; si verifica nel tetano o nell'isteria.

tri|so|mì|a *s.f.* (*med.*) alterazione del genoma per cui si formano cellule che possiedono tre cromosomi omologhi al posto di due.

trì|ste *agg.* **1** che è afflitto, malinconico a causa di un dispiacere o di un dolore: *una persona —* | che esprime tristezza, che denota afflizione, malinconia: *sguardo —* **2** che causa malinconia o dolore: *un — evento; una canzone —* □ **tristemente** *avv.*

tri|stéz|za *s.f.* **1** stato d'animo tipico di chi è triste **2** condizione, aspetto di ciò che è triste: *la — di una stanza vuota* **3** cosa triste, che rende malinconici e infelici: *che — la solitudine!*

trì|sto *agg.* **1** (*lett.*) sciagurato, sventurato **2** cattivo, malvagio, perfido: *un — soggetto* **3** detto di piante, stentato | povero, meschino: *fare una trista figura.*

tri|ta|càr|ne *s.m.invar.* apparecchio usato per tritare la carne.

tri|ta|ghiàc|cio *s.m.invar.* apparecchio usato per tritare il ghiaccio.

tri|tà|re *v.tr.* ridurre ql.co. in piccoli frammenti, tagliando o pestando: *— il prezzemolo.*

tri|ta|tùt|to *s.m.invar.* apparecchio simile al tritacarne, usato in cucina per tritare alimenti vari.

tri|tìo *s.m.* → trizio.

tri|to *agg.* **1** tritato: *prezzemolo —* **2** (*fig.*) detto di ciò che è stato più volte ripetuto ed è noto a tutti e che quindi è privo di originalità e non suscita alcun interesse; abusato, logoro: *frasi trite e ritrite* ♦ *s.m.* (*gastr.*) verdura o altro alimento finemente tritato; battuto: *— di carote, sedano e cipolle.*

tri|tò|lo *s.m.* trinitrotoluene.

tri|tó|ne[1] *s.m.* **1** nella mitologia greco-romana, creatura marina fantastica con corpo a forma di pesce, testa e tronco di uomo **2** anfibio in grado di vivere sulla terra e nell'acqua, presente in parecchie specie, con corpo di piccole dimensioni rivestito di pelle viscida e provvisto di arti poco sviluppati.

tri|tó|ne[2] *s.m.* nucleo dell'atomo di trizio, formato da un protone e due neutroni.

trit|ti|co *s.m.* [pl. *-ci*] **1** (*pitt.*) polittico d'altare formato da tre tavole **2** (*estens.*) opera letteraria, musicale o teatrale suddivisa in tre parti | insieme di tre opere autonome ma fra loro complementari **3** (*estens.*) insieme composto da tre elementi uguali o complementari **4** (*bur.*) documento formato da tre parti staccabili, usato in passato per far uscire temporaneamente un veicolo da uno Stato.

trit|tòn|go *s.m.* [pl. *-ghi*] insieme di tre suoni vocalici in una sola sillaba (p.e. suoi).

tri|tù|me *s.m.* **1** complesso di cose tritate **2** (*fig., spreg.*) insieme di cose poco importanti, di inezie.

tri|tu|rà|re *v.tr.* tritare in piccolissimi frammenti: *— le pietre.*

tri|tu|ra|tó|re *agg.* [f. *-trice*] che tritura | *denti trituratori*, i molari, che svolgono la funzione di triturare il cibo ♦ *s.m.* macchina per ridurre in piccolissimi frammenti vari tipi di materiali.

tri|tu|ra|zió|ne *s.f.* l'operazione del triturare.

trì|um *s.m.* *e deriv.* → **triunviro** *e deriv.*

triun|vi|rà|le o **triumvirale** *agg.* di triunviro, dei triunviri.

triun|vi|rà|to o **triumvirato** *s.m.* **1** nell'antica

Roma, collegio costituito da tre magistrati: *il — di Cesare, Pompeo e Crasso* **2** in epoca moderna, organo di governo costituito da tre persone | (*estens.*) gruppo di tre persone di stesso grado che svolgono una funzione direttiva nell'ambito di un'organizzazione.

tri|ùn|vi|ro o **triùmviro** *s.m.* nell'antica Roma, ciascun membro di un triunvirato.

tri|va|lèn|te *agg.* **1** (*chim.*) di atomo o di gruppo atomico, combinabile con tre atomi di idrogeno | di elemento la cui molecola presenta tre gruppi funzionali identici **2** che ha triplice efficacia o valore: *vaccino —*.

tri|vèl|la *s.f.* (*tecn.*) **1** attrezzo costituito da un'asta in acciaio terminante a elica o a vite, che serve per scavare fori nel terreno: *scavare un pozzo con la —* **2** arnese costituito da un'asta in ferro con punta a spirale, che serve per praticare fori nel legno.

tri|vel|là|re *v.tr.* [indic.pres. *io trivèllo...*] **1** bucare, perforare un materiale con la trivella: *— il legno* | (*anche assol.*) scavare il terreno in profondità utilizzando una trivella **2** (*fig.*) angosciare intimamente, tormentare: *un sospetto tremendo mi trivella la mente*.

tri|vel|la|zió|ne *s.f.* operazione del trivellare spec. il terreno per indagini geologiche o per cercare acqua, petrolio e sim.; sondaggio.

tri|vèl|lo *s.m.* trivella.

tri|vià|le *agg.* da trivio | (*fig.*) scurrile, sguaiato, volgare: *espressione —*.

tri|via|li|tà *s.f.* **1** caratteristica di ciò che è triviale: *— dei gesti* **2** parola, atto triviale.

trì|vio *s.m.* **1** luogo in cui si incrociano o si uniscono tre vie | (*fig.*) *da —*, triviale: *frasi da —* **2** in età medievale, le tre arti liberali che facevano parte del corso di studi in filosofia, ossia grammatica, retorica e dialettica.

tri|zio o **tritio** *s.m.* (*chim.*) isotopo radioattivo dell'idrogeno (*simb.* T).

tro|va|dò|ri|co o **trobadòrico** *agg.* [pl.m. *-ci*] dei trovatori | **poesia trovadorica**, genere di poesia per musica nata nelle regioni della Francia meridionale nei secc. XI-XIII presso le corti della Francia meridionale e scritta spec. in lingua d'oc.

tro|cài|co *agg.* [m.pl. *-ci*] nella metrica classica, costituito da trochei: *metro —*.

tro|chè|o *s.m.* nella poesia greca e latina, piede composto da una sillaba lunga e una breve.

Tro|chì|li|di *s.m.pl.* famiglia di piccoli uccelli, caratterizzati da becco molto lungo, lingua protrattile e piumaggio iridescente; ne fa parte il colibrì.

tro|fè|o *s.m.* **1** armi e spoglie del nemico vinto, che venivano esposte dal vincitore come testimonianza della sua vittoria | (*estens.*) monumento che reca scolpita la rappresentazione artistica dei trofei d'armi, posto a celebrazione di una vittoria | (*fig., lett.*) vittoria **2** (*estens.*) ogni oggetto come coppe, targhe o medaglie, che viene consegnato al vincitore di una gara, spec. in ambito sportivo | *— di caccia*, corna, pelli e teste di animali, spec. di quelli di grossa taglia, conservate ed esposte per ricordare i successi delle battute di caccia **3** (*sport*) gara in cui viene messo in palio un premio (p.e. una coppa o una medaglia) **4** (*anche scherz.*) oggetto conservato per ricordare una vittoria personale: *i trofei di una brillante carriera* **5** (*mil.*) distintivo in metallo, portato dai militari sul berretto o sull'elmetto.

-tro|fia secondo elemento di parole composte che significa "nutrizione" (*atrofia*).

tròfico *agg.* [m.pl. *-ci*] **1** (*biol.*) relativo alla nutrizione dei tessuti **2** (*med.*) relativo al trofismo.

tro|fì|smo *s.m.* **1** (*biol.*) nutrizione dei tessuti **2** (*med.*) stato di nutrizione di un organo, di un organismo o di un tessuto: *— muscolare*.

tro|glo|dì|ta *s.m./f.* [m.pl. *-i*] **1** uomo preistorico, abitatore delle caverne **2** (*fig., spreg.*) persona incivile, incolta, rozza.

tro|glo|dì|ti|co *agg.* [m.pl. *-ci*] **1** dei trogloditi **2** (*fig.*) primitivo, rozzo.

tró|go|lo *s.m.* **1** vasca quadrata in muratura o legno, collocata all'aperto, usata per raccogliere l'acqua, per fare il bucato, per lavare le verdure o altro **2** cassetta quadrata in cemento, legno o altro materiale in cui si mette il cibo per i maiali.

trò|ia *s.f.* **1** (*pop.*) la femmina del maiale, spec. quella destinata alla riproduzione; scrofa **2** (*volg.*) prostituta.

tro|iàio *s.m.* **1** (*pop.*) porcile | (*estens.*) luogo partic. sudicio **2** (*fig., volg.*) luogo in cui si trovano le prostitute | ambiente malfamato.

tròi|ca o **tròika** *s.f.* **1** in Russia, tiro a tre cavalli per slitta o carrozza, usato per il trasporto di persone | (*estens.*) la slitta o la carrozza trainata da tale tiro **2** (*fig.*) nel linguaggio politico, gruppo di tre persone con funzioni direttive o governative.

troll *s.m.invar.* nella mitologia nordica, essere demoniaco abitatore di caverne, boschi e montagne.

trolley (*ingl.*) [pr. *tròli*] *s.m.invar.* **1** presa di corrente ad asta che collega le motrici di tram e filobus con i fili della linea elettrica aerea **2** valigia dotata di rotelle e manico estensibile.

tróm|ba *s.f.* **1** (*mus.*) strumento a fiato in ottone, costituito da un tubo cilindrico munito di pistoni che a partire dal bocchino si allarga per terminare in un padiglione: *lo squillo della —* | (*fig., fam.*) *partire in —*, intraprendere un'impresa con grande entusiasmo **2** (*mus.*) suonatore di tromba: *le migliori trombe della storia del jazz* **3** (*fig., lett., raro*) persona che diffonde una dottrina, una teoria e sim. | (*estens., spreg.*) individuo ciarliero, pettegolo **4** (*fis.*) in acustica, organo tubolare di metallo che amplifica il suono di un generatore: *— di un altoparlante* | (*spec.pl.*) negli autoveicoli, segnalatore acustico costituito da una o più trombe la cui membrana vibra se sollecitata da un dispositivo elettrico **5** elemento, oggetto, struttura che, per forma o funzione, ricorda una tromba | *— delle scale*, in un edificio, lo spazio vuoto che resta tra le rampe | *— dello stivale*, parte dello stivale aderente alla

trombare

gamba | (*meteor.*) — *d'aria*, colonna d'aria in rapido movimento di rotazione su se stessa, che si forma durante temporali molto violenti | — *marina*, colonna d'aria che si innalza sulla superficie del mare, creando un vortice che aspira l'acqua circostante **6** (*anat.*) struttura cilindrica cava che si allarga a un'estremità | — *d'Eustachio*, canale che collega l'orecchio e la faringe | — *di Fallopio*, tuba dell'utero.

trom|bà|re *v.tr.* [indic.pres. io trómbo...] **1** (*fam.*) bocciare un candidato a un concorso, alle elezioni o a un esame **2** (*volg.*) possedere sessualmente.

trom|bét|ta *s.f.* piccola tromba giocattolo per bambini.

trom|bet|tiè|re *s.m.* soldato che con il suono della tromba trasmette ordini e segnali.

trom|bet|ti|sta *s.m./f.* [m.pl. -*i*] in un'orchestra, spec. di musica jazz, suonatore di tromba.

trom|bi|na *s.f.* (*chim., biol.*) enzima di natura proteica derivato dalla protrombina, che si forma durante il processo di coagulazione del sangue.

tróm|bo *s.m.* (*med.*) coagulo di sangue che si forma nei vasi sanguigni o nelle cavità cardiache a causa di alcune patologie.

trom|bó|ne *s.m.* **1** (*mus.*) strumento a fiato in ottone, simile alla tromba ma di maggiori dimensioni e di tonalità più grave **2** (*mus.*) suonatore di trombone; trombonista **3** (*fig.*) persona che esprime enfaticamente banalità e concetti poco originali **4** antica arma da fuoco portatile, simile a un archibugio ma con canna corta e allargata verso l'estremità **5** pianta erbacea del genere Narciso, con fiore grande di colore giallo reclinato su un lato provvisto di lunga corolla a forma di piccola tromba.

trom|bo|ni|sta *s.m./f.* [m.pl. -*i*] suonatore di trombone.

trom|bò|si *s.f.* (*med.*) formazione di un trombo all'interno dei vasi sanguigni o nelle cavità cardiache.

trompe l'oeil (*fr.*) [pr. *tromplòi*] *loc.sost.m. invar.* genere di pittura che mediante gli effetti prospettici e il contrasto di luci e ombre dà l'illusione della realtà.

tron|ca|mén|to *s.m.* **1** rottura di ql.co. con un colpo netto e violento **2** (*ling.*) fenomeno consistente nell'eliminazione di una vocale o di una sillaba in fine parola davanti a un'altra che cominci per vocale o consonante, possibile soltanto con parole che abbiano la vocale finale atona o preceduta da *l*, *r* e *m*, *n* (p.e. signor presidente, son buoni); apocope.

tron|cà|re *v.tr.* [indic.pres. io trónco, tu trónchi...] **1** tagliare ql.co. con un colpo netto e violento; mozzare: — *i rami*; *la lama gli ha troncato il dito* **2** (*fig.*) interrompere improvvisamente e in modo brusco: — *un rapporto con qlcu.* | — *le gambe a qlcu.*, impedirgli di raggiungere un determinato scopo: *puntava alla presidenza ma gli hanno troncato le gambe* **3** (*ling.*) effettuare un troncamento: — *una parola*.

tron|cà|to *part.pass.* di troncare ♦ *agg.* **1** reciso, mutilato **2** (*fig.*) interrotto all'improvviso **3** (*arald.*) detto di scudo diviso orizzontalmente a metà.

tron|ca|trì|ce *s.f.* macchina fornita di lama o di disco abrasivo per tagliare con un colpo netto pezzi di metallo.

tron|ché|se *s.m./f. spec.pl.* tenaglia dotata di ganasce taglienti, usata per troncare fili metallici.

tron|che|si|na *s.f. spec.pl.* **1** tronchese di piccole dimensioni usato da orafi per tagliare fili di piccolo diametro e sim. **2** arnese per tagliare le unghie.

tron|chét|to *s.m.* **1** — *della felicità*, sezione del tronco della dracena ornamentale **2** (*gastr.*) gelato o dolce a forma di rotolo, che si mangia tagliato a fette.

trón|co¹ *agg.* [pl.m. -*chi*] **1** privato di una parte; monco, mozzo: *colonna*, *piramide tronca* **2** (*fig.*) incompiuto, interrotto a metà: *frase tronca* **3** (*ling.*) detto di parola terminante con vocale accentata | detto di parola che ha subito un troncamento **4** (*metr.*) verso terminante con una parola tronca **5** *nella loc.* **in** —, detto di ciò che rimane in sospeso, a metà o che avviene bruscamente e all'improvviso: *lasciare in* — *il lavoro*; *interrompere in* — *una relazione con qlcu.*

trón|co² *s.m.* [pl. -*chi*] **1** (*bot.*) fusto eretto e legnoso di alberi e arbusti: *il* — *dell'abete* **2** (*anat.*) parte del corpo umano che comprende addome, torace e bacino **3** (*estens.*) parte maggiore di un corpo spezzato, spec. lungo e di dimensioni grandi; troncone: *il* — *di un palo spezzato* **4** tratto di una linea ferroviaria o di una strada: *un* — *dell'autostrada è chiuso per lavori* | (*estens.*) diramazione, troncone **5** (*geom.*) solido ottenuto intersecando un cono o una piramide con un piano parallelo alla base: — *di piramide*.

tron|co|cò|ni|co *agg.* [m.pl. -*ci*] (*geom.*) che ha la forma di un tronco di cono.

tron|có|ne *s.m.* **1** sezione di un tronco d'albero che resta radicata nel terreno **2** (*estens.*) moncherino, moncone.

tro|neg|già|re *v.intr.* [indic.pres. io tronéggio...; aus. A] **1** sedere con aria regale, maestosa, come su un trono: — *nel centro della stanza* **2** (*estens.*) detto di persone, spiccare per prestigio, dignità, statura e sim.: *il direttore troneggiava nel convegno* | detto di cose, fare bella mostra di sé: *l'arrosto troneggia sul tavolo* **3** (*scherz.*) assumere un atteggiamento di superiorità.

trón|fio *agg.* **1** che è pieno di sé; borioso, superbo: *cammina tutto* — **2** (*fig.*) ampolloso, ridondante: *stile* —.

tro|no *s.m.* **1** seggio usato da sovrani e pontefici nelle cerimonie ufficiali, gener. collocato in cima a una serie di scalini: *sedere sul*, *in* — **2** (*fig.*) potere e dignità di re o pontefice: *aspirare*, *salire al* —; *erede al* — | l'istituzione monarchica **3** (*relig.*) Troni, il settimo dei nove cori angelici.

tro|pi|cà|le *agg.* **1** dei tropici: *paese*, *clima* — **2** (*estens.*) caldissimo, torrido: *afa* —.

tròpico *s.m.* [pl. *-ci*] (*astr.*) — *celeste*, ciascuno dei due paralleli della sfera celeste che passano per i punti solstiziali del Sole 2 (*geogr.*) — *terrestre*, ciascuno dei due paralleli terrestri che costituiscono la proiezione sulla Terra dei tropici celesti e si trovano alla latitudine di 23° e 27′, rispettivamente a nord e a sud dell'equatore | — *del Cancro*, quello a nord dell'equatore | — *del Capricorno*, quello a sud dell'equatore 3 (*pl.*) zone tropicali: *una vacanza ai tropici*.

tropismo *s.m.* (*biol.*) tendenza di un organismo vegetale o animale a muoversi in risposta a uno stimolo esterno.

tròpo *s.m.* (*ret.*) trasferimento di una parola dal significato proprio, ossia da quello originario e corrente, a un altro figurato.

tropopàusa *s.f.* strato dell'atmosfera, il cui spessore è di circa cento metri, compreso tra troposfera e stratosfera.

troposfèra *s.f.* parte inferiore e densa dell'atmosfera, in cui si verificano i fenomeni meteorologici.

tròppo *agg.indef.* che è in quantità, misura o numero eccessivi rispetto al conveniente: *ci sono troppe auto*; *hai fatto troppi sbagli* ♦ *pron. indef.* 1 quantità eccessiva, esagerata di ql.co.: *io mangio poca carne e tu troppa* 2 (*pl.*) numero eccessivo di persone: *troppi dubitano della sua buona fede* ♦ *s.m. solo sing.* cosa che è in eccesso, che è superflua | *il — stroppia*, le esagerazioni danno fastidio ♦ *avv.* eccessivamente; più del conveniente o del necessario: *impegnarsi —*; *un caffè — caldo* | *di —*, più del necessario, in più: *bere un bicchiere di —*; *sentirsi di —*.

troppopièno *s.m.invar.* in vasche, serbatoi e sim., apertura di scarico che impedisce al liquido di superare il livello limite.

tròta *s.f.* pesce commestibile d'acqua dolce di dimensioni medie, con caratteristiche chiazze rosse o nere sui fianchi.

trottàre *v.intr.* [indic.pres. *io tròtto...*; aus. *A*] 1 detto di cavallo e di cavaliere, andare al trotto 2 (*estens.*) di persona, camminare rapidamente, a passo sostenuto 3 (*fig.*, *fam.*) lavorare senza perder tempo, agire alacremente: *dovete — se volete finire entro oggi*.

trottàta *s.f.* 1 corsa del cavallo al trotto | passeggiata fatta con un cavallo che va al trotto 2 (*estens.*) cammino affrettato, molto veloce.

trottatóre *s.m.* [f. *-trice*] cavallo addestrato per fare le corse al trotto.

trotter (*ingl.*) [pr. *tròtter*] ippodromo attrezzato per le corse al trotto.

trotterellàre *v.intr.* [indic.pres. *io trotterèllo...*; aus. *avere*] 1 detto di cavallo e di cavaliere, andare al piccolo trotto 2 (*estens.*) detto spec. di bambini o dei piccoli degli animali, camminare a piccoli passi svelti.

tròtto *s.m.* 1 andatura naturale del cavallo tra passo e galoppo, con movimento simultaneo degli arti accoppiati in diagonale: *andare al —* 2 (*estens.*) andatura di una persona che procede a passo veloce.

tròtola *s.f.* 1 giocattolo in legno o altro materiale, simile a un cono rovesciato, che viene fatto girare vorticosamente su se stesso | (*fig.*) *girare come una —*, muoversi continuamente, avere sempre da fare 2 (*sport*) nel pattinaggio, figura in cui il pattinatore gira vorticosamente su se stesso.

trotzkìsmo [pr. *trotskìzmo*] o **trozkìsmo** *s.m.* dottrina comunista elaborata da L. Trotzkij (1879-1940), basata sul concetto di rivoluzione permanente | movimento ideologico-politico ispirato a tale dottrina: *aderire al —*.

trotzkìsta [pr. *trotskìsta*] o **trozkìsta** *s.m./f.* [m.pl. *-i*] seguace del trotzkismo ♦ *agg.* che segue o si ispira alla dottrina di L. Trotzkij: *movimento —*.

troupe (*fr.*) [pr. *trup*] *s.f.invar.* gruppo di attori, tecnici, registi e altri collaboratori che lavorano insieme per realizzare uno spettacolo teatrale, un'opera cinematografica o televisiva.

trousse (*fr.*) [pr. *trus*] *s.f.invar.* 1 astuccio usato per contenere materiali e strumenti per un particolare scopo: *— da trucco* 2 borsetta da sera per signora, in materiale rigido.

trovadóre *s.m.* → trovatore.

trovàre *v.tr.* [indic.pres. *io tròvo...*] 1 (*anche fig.*) reperire ql.co. o qlcu. che si cerca, si desidera o di cui si ha bisogno: *— un posto di lavoro*; *— un bravo sarto* | ritrovare un oggetto smarrito: *per fortuna ho trovato la patente* | *andare a — qlcu.*, andare a fargli visita 2 riuscire a ottenere ql.co. che si desidera: *— la tranquillità*, *il successo* 3 poter disporre di ql.co.: *non trovo un attimo per telefonargli* | possedere, avere ql.co.: *mi trovo solo qualche euro* 4 (*anche fig.*) incontrare ql.co. o qlcu. per caso: *— un borsellino per terra*; *— la morte in battaglia* 5 rintracciare, scoprire ql.co. dopo una riflessione o con un attento studio, esame e sim.: *— la risposta a un quesito*; *— le prove del delitto* 6 escogitare, ideare, inventare: *— una giustificazione* 7 constatare, riscontrare che ql.co. o qlcu. è o si presenta in un certo modo: *— qlcu. in splendida forma* 8 giudicare, ritenere: *trovo che la situazione stia peggiorando*; *trovai il film interessante* 9 cogliere, sorprendere: *— i ladri nella banca* ♦ *-rsi rifl.rec.* incontrarsi: *— alla stazione* ♦ *intr.pron.* 1 essere in un dato luogo: *la stazione si trova in centro* 2 capitare, arrivare o stare in un dato luogo: *mi trovavo al bar quando c'è stato l'incidente* 3 essere in una determinata situazione: *— bene*, *male*; *— solo*.

trovaròbe *s.m./f.invar.* chi si occupa del reperimento e della manutenzione degli oggetti necessari all'allestimento di una scena teatrale, televisiva o cinematografica.

trovàta *s.f.* espediente per risolvere una situazione difficile o per uscire da un impaccio | (*estens.*) buona idea | (*iron.*) pessima idea: *che — geniale uscire con questa pioggia!* 2 battuta spiritosa.

trovatèllo *s.m.* [f. *-a*] bambino che è stato abbandonato molto piccolo dai genitori in istituti di pubblica assistenza.

trovatore

tro|va|tó|re o **trovadóre** *s.m.* poeta che componeva versi e canzoni gener. di argomento amoroso, attivo nelle corti di Provenza tra il XII e il XIII sec.

tro|viè|ro *s.m.* poeta che scriveva nell'antica lingua francese.

troz|ki|smo *e deriv.* → **trotzkismo** *e deriv.*

truc|cà|re *v.tr.* [indic.pres. *io trucco, tu trucchi...*] 1 trasformare temporaneamente l'aspetto fisico di una persona: — *un'attrice da vecchia* | (*estens.*) travestire: *truccarsi da strega* 2 trasformare temporaneamente l'aspetto di una persona, spec. del suo volto o di una parte di esso, usando cosmetici o altri mezzi: — *gli occhi, le labbra* 3 alterare l'aspetto o il funzionamento di un oggetto al fine di trarre gli altri in inganno: — *un dipinto per farlo sembrare autentico* | — *un motore*, modificarlo per renderlo più potente rispetto all'originale 4 (*fig.*) modificare ql.co. con mezzi illeciti per ottenerne un vantaggio personale: — *i risultati dell'indagine* ♦ **-rsi** *rifl.* 1 trasformare il proprio aspetto con cosmetici o altri mezzi: *il tenore si truccò da Otello* | travestirsi 2 modificare l'aspetto del proprio viso usando cosmetici o altri mezzi.

truc|ca|tó|re *s.m.* [f. *-trice*] chi, per professione, trucca attori o persone che devono apparire in scena o in programmi televisivi.

truc|ca|tù|ra *s.f.* 1 operazione del truccare o del truccarsi 2 ciò che serve per truccare o truccarsi.

trùc|co *s.m.* [pl. *-chi*] 1 applicazione di cosmetici al viso: *farsi il —; il — di un attore* | il risultato ottenuto con tale applicazione: *un — pesante* | (*estens.*) l'insieme dei cosmetici usati per truccarsi: *togliersi il —* 2 inganno, artificio che altera la realtà o simula quanto non esiste: *i trucchi di un prestigiatore* 3 (*fig.*) frode, imbroglio: *battere l'avversario con un —.*

trù|ce *agg.* 1 crudele, feroce: *un'azione* — 2 bieco, minaccioso: *un'aria* —.

tru|ci|dà|re *v.tr.* [indic.pres. *io trùcido...*] uccidere qlcu. in modo partic. feroce.

trù|ci|do *agg.* (*region.*) truce.

tru|cio|là|re *agg.* si dice di pannelli realizzati con trucioli di legno impastati e pressati.

tru|cio|là|to *s.m.* pannello costituito da trucioli di legno impastati con un collante e poi pressati, che viene utilizzato per costruire mobili, pareti e sim.: *mobile in —.*

trù|cio|lo *s.m.* 1 ricciolo di legno lungo e sottile 2 (*estens.*) ricciolo di materiali vari: *trucioli di carta, di metallo.*

tru|cu|lèn|to *agg.* 1 (*anche scherz.*) truce, sinistro: *frase truculenta* 2 (*estens., scherz.*) talmente crudele da rivelare la sua falsità: *una scena truculenta.*

trùf|fa *s.f.* 1 (*dir.*) reato commesso da chi, con inganni e artifici, ricava un profitto illecito per se stesso o per altre persone: *incriminare qlcu. per —* 2 (*estens.*) frode, imbroglio, inganno.

truf|fal|di|no *s.m.* [f. *-a*] truffatore ♦ *agg.* proprio di un truffatore: *impresa truffaldina.*

truf|fà|re *v.tr.* sottoporre qlcu. a una truffa; imbrogliare: — *un cliente* | sottrarre denaro con una truffa: *ha truffato una grossa cifra alla sua azienda.*

truf|fa|tó|re *s.m.* [f. *-trice*] chi truffa; imbroglione.

trùl|lo *s.m.* abitazione di pietra a pianta circolare con copertura conica, tipica di alcune località della Puglia.

trumeau (*fr.*) [pr. *trumò*] *s.m.invar.* 1 (*arch.*) spec. nelle cattedrali gotiche, pilastro collocato al centro del portale | (*estens.*) muro collocato tra due finestre o due porte 2 mobile composto da una cassettiera e da un'alzata collegate da una ribaltina.

trùp|pa *s.f.* 1 (*spec.pl.*) il complesso dei reparti militari: — *speciale, mercenaria* 2 (*estens.*) l'insieme dei soldati semplici: *militari di —* | *graduati di —*, i caporali e i caporalmaggiori 3 (*fig., spec. scherz. o spreg.*) gruppo numeroso; branco.

trust (*ingl.*) [pr. *trast*] *s.m.invar.* 1 (*econ.*) raggruppamento di varie imprese industriali sotto un'unica direzione allo scopo di controllare un'ampia porzione di mercato eliminando o riducendo la concorrenza | (*estens.*) monopolio 2 (*estens.*) gruppo di persone che ha il controllo esclusivo di un dato settore | (*fig.*) — *di cervelli*, in un'azienda, gruppo di esperti, tecnici e sim., che si riuniscono per affrontare e risolvere insieme problemi partic. complessi.

tse-tse o **tze-tze** *agg.invar.* solo nella loc. **mosca** —, grossa mosca diffusa nelle zone tropicali che, con la sua puntura, può trasmettere all'uomo e ai mammiferi la malattia del sonno.

T-shirt *s.f.invar.* → **tee-shirt**.

tu *pron.pers.m.|f. di 2ª pers.sing.* 1 si usa solo in funzione di soggetto, anche sottinteso, per indicare la persona a cui ci si rivolge parlando quando si ha con essa un rapporto di familiarità: (—) *sei un po' in ritardo* | deve essere espresso quando il verbo è al congiuntivo, nei casi di ambiguità, oppure quando è coordinato o contrapposto ad altri soggetti: *è prudente che — parta; — e io insieme siamo perfetti; — sei responsabile, io non ho fatto nulla; chi l'ha fatto? —?* | posposto al verbo ha valore enfatico: *dillo —, che lo sai* | si rafforza con *stesso* o *anche, neppure, proprio* ecc.: — *stesso lo difendi; lo hai notato anche —; neppure — lo hai riconosciuto; proprio — sarai scelto* 2 con valore impersonale: *quando — valuti la cosa* ♦ *s.m.* il pronome *tu* | **dare del** — **a qlcu.**, rivolgersi a qlcu. con la seconda persona singolare, usando un tono confidenziale; | **essere, trovarsi a** — **per** — **con qlcu., ql.co.**, trovarsi faccia a faccia, spec. con atteggiamento di ostilità | **parlare a** — **per** —, senza testimoni, in modo confidenziale.

tu|a|reg o **tuàregh** *agg.invar.* relativo a una popolazione berbera che vive nelle regioni centrali del Sahara ♦ *s.m.invar.* 1 [anche f.] appartenente alla popolazione tuareg 2 lingua parlata dai tuareg.

tù|ba *s.f.* 1 nell'antichità greca e romana, tromba di bronzo dalla forma allungata, usata in guerra o durante le cerimonie **2** (*estens., lett.*) tromba di guerra **3** (*mus.*) strumento a fiato in ottone, con tubo conico, fornito di pistoni e terminante in un grande padiglione **4** cappello a cilindro oggi in disuso **5** (*anat.*) tromba | — ***uterina***, nell'apparato genitale femminile, canale che collega ciascun ovaio alla parte anteriore dell'utero.

tu|bà|re *v.intr.* [aus. *A*] **1** detto di colombi, tortore e sim., emettere il caratteristico verso grave e vibrante, tipico del periodo del corteggiamento **2** (*fig., scherz.*) detto di innamorati, scambiarsi tenerezze e affettuosità.

tu|ba|tù|ra *s.f.* l'insieme dei tubi che costituiscono un impianto di distribuzione o di scarico di liquidi o gas, domestico o industriale: *aggiustare le tubature*.

tu|ba|zió|ne *s.f.* insieme di tubi per il trasporto di gran quantità di liquidi o gas a distanze elevate.

tu|ber|co|là|re *agg.* **1** (*biol.*) di tubercolo **2** (*med.*) di tubercolosi.

tu|ber|co|li|na *s.f.* (*chim., biol.*) sostanza ricavata da bacilli tubercolari, usata a scopo diagnostico.

tu|bèr|co|lo *s.m.* **1** (*anat., bot.*) nodulo tondeggiante, osseo o cartilagineo **2** (*med.*) formazione patologica nodulare, tipica della tubercolosi.

tu|ber|co|lo|sà|rio *s.m.* ospedale per i malati di tubercolosi; sanatorio.

tu|ber|co|lò|si *s.f.* **1** (*med.*) infezione che colpisce vari organi e spec. i polmoni, dovuta al bacillo di Koch, che si manifesta con la formazione di particolari tubercoli **2** (*bot.*) malattia di alcune piante, causata da batteri o funghi.

tu|ber|co|ló|so *agg.* che è pieno di tubercoli ♦ *agg., s.m.* [f. *-a*] che, chi è affetto da tubercolosi.

tu|ber|co|lò|ti|co *agg.* [m.pl. *-ci*] **1** che riguarda la tubercolosi **2** che è affetto da tubercolosi ♦ *s.m.* [f. *-a*] persona tubercolotica.

tù|be|ro *s.m.* (*bot.*) organo sotterraneo ricco di amidi e talvolta commestibile che deriva dall'ingrossamento del fusto o della radice di alcune piante: *il — della patata*.

tu|be|ró|sa *s.f.* pianta ornamentale erbacea, originaria dell'America centrale, con fiori bianchi molto profumati riuniti in grappoli.

tu|be|ró|so *agg.* (*bot.*) che ha la natura o l'aspetto di un tubero: *radice tuberosa* | che è pieno di tuberi.

tu|bét|to *s.m.* **1** piccolo tubo **2** contenitore cilindrico in materiale rigido o deformabile, fornito di tappo a vite, per cosmetici, medicinali ecc.: *il — delle pasticche* **3** piccolo tubo deformabile a pressione, usato come contenitore di sostanze pastose: *il — della maionese, del dentifricio*.

tu|bi|no[1] *s.m.* cappello rigido da uomo a cupola rotonda.

tu|bi|no[2] *s.m.* abito femminile aderente dal taglio diritto.

tù|bo *s.m.* **1** elemento cavo a sezione gener. circolare, di dimensioni e materiali vari, usato per convogliare fluidi o gas nelle costruzioni meccaniche, nelle impalcature ecc.: *— di acciaio, di gomma*; *il — dell'acqua, del gas* **2** (*tecn.*) dispositivo di vario genere che per forma o funzioni ricorda un tubo | — ***elettronico***, dispositivo costituito da un'ampolla in vetro o metallo, nel cui interno sono disposti due elettrodi (catodo e anodo) tra cui si genera un flusso di elettroni, usato in varie applicazioni **3** (*anat.*) organo cavo a forma di cilindro allungato: *— digerente* **4** (*fig., euf., pop.*) nelle frasi negative, assolutamente nulla, niente: *non ha capito un —*.

tu|bo|là|re *agg.* che ha forma di tubo o somiglia a un tubo: *lampada —* | che è formato da tubi o che è dotato di tubi: *struttura —* ♦ *s.m.* pneumatico leggero per biciclette da corsa.

tù|bu|lo *s.m.* **1** tubo sottile **2** (*anat.*) canale con sezione molto piccola **3** (*bot.*) in alcuni funghi, ciascun elemento tubolare che costituiscono la parte spugnosa del cappello.

tu|cà|no *s.m.* uccello di grandi dimensioni, diffuso nell'America meridionale, caratterizzato dal grosso becco giallo ricurvo a margini dentati e dal piumaggio nero a chiazze colorate.

tu|cùl *s.m.invar.* abitazione tipica dell'Africa orientale con pianta circolare e tetto conico in paglia.

tu|fà|ce|o *agg.* costituito da tufo | contenente tufo: *terreno —* | simile al tufo.

tuf|fà|re *v.tr.* immergere rapidamente ql.co. nell'acqua o in un altro liquido: *— la testa nell'acqua*; *— il cornetto nel cappuccino* ♦ ***-rsi*** *rifl.* **1** lanciarsi interamente nell'acqua di colpo: *— dalla scogliera* **2** (*estens.*) lanciarsi verso il basso: *— nel vuoto* **3** (*fig.*) immergersi rapidamente in ql.co. che nasconde alla vista delle persone: *— nella nebbia* **4** (*fig.*) precipitarsi, piombare in una situazione: *— nella mischia* **5** (*fig.*) immergersi completamente in un'attività: *— nel lavoro, nello studio*.

tuf|fa|tó|re *s.m.* [f. *-trice*] **1** chi si tuffa **2** (*sport*) atleta specializzato nei tuffi; tuffista ♦ *agg.* detto di uccello che per predare si tuffa in acqua.

tuf|fì|sta *s.m./f.* [m.pl. *-i*] (*sport*) tuffatore.

tùf|fo *s.m.* **1** rapida immersione in acqua | bagno di breve durata in mare o in piscina **2** (*sport*) esercizio che consiste nel lanciarsi nell'acqua partendo da un trampolino o da una piattaforma situati a diverse altezze, secondo stili diversi ed eseguendo particolari manovre acrobatiche **3** (*estens.*) picchiata verso il basso: *— nel vuoto* **4** (*fig.*) slancio, salto: *si lanciò con un — sul furfante* | (*sport*) nel calcio, scatto del portiere che si lancia a terra per parare la palla **5** (*fig.*) immersione in un'atmosfera diversa da quella consueta: *fare un — nel passato* | ***un*** — ***al cuore***, grande e improvvisa emozione, caratterizzata dall'aumento della frequenza e dell'intensità delle pulsazioni cardiache.

tù|fo *s.m.* (*geol.*) roccia formatasi per consolidamento di materiale vulcanico, usata come pietra da costruzione.

tu|gù|rio *s.m.* locale o abitazione angusta e squallida; catapecchia, topaia: *vivere in un —*.

tù|ia *s.f.* pianta sempreverde a cespuglio, con foglioline squamiformi, coltivata a scopo ornamentale.

tu|la|re|mì|a *s.f.* malattia infettiva di origine batterica che colpisce spec. i roditori, ma anche l'uomo.

tù|lio *s.m.* elemento chimico, metallo del gruppo delle terre rare (*simb.* Tm).

tu|li|pà|no *s.m.* pianta erbacea da bulbo, con lunghe foglie e fiori a forma di calice di vario colore.

tùl|le *s.m.* tessuto trasparente, formato da fili molto sottili di cotone, seta o nailon intrecciati a rete.

tu|me|fà|re *v.tr.* [indic.pres. *io tumefàccio, tu tumefài, egli tumefà*...; nelle altre forme è con. come *fare*] provocare tumefazione ♦ **-rsi** *intr. pron.* di parte del corpo, diventare gonfio.

tu|me|fàt|to *part.pass. di* tumefare ♦ *agg.* colpito da tumefazione; gonfio, tumido: *viso — per le percosse*.

tu|me|fa|zió|ne *s.f.* (*med.*) gonfiore patologico del volume di un tessuto, un organo o una parte del corpo.

tu|me|scèn|te *agg.* (*scient.*) gonfio, tumefatto, turgido.

tu|me|scèn|za *s.f.* (*scient.*) gonfiore, turgore.

tù|mi|do *agg.* **1** ingrossato, gonfio: *ventre —* **2** carnoso, turgido: *labbra tumide*.

tu|mo|rà|le *agg.* (*med.*) di tumore: *nodulo —*.

tu|mó|re *s.m.* (*med.*) produzione patologica di cellule aberranti in organi o tessuti | *— benigno*, quello di dimensioni circoscritte che non si riproduce dopo l'asportazione | *— maligno*, quello che si diffonde nei tessuti circostanti e produce metastasi; cancro.

tu|mu|là|re *v.tr.* [indic.pres. *io tùmulo*...] mettere una salma in una tomba, in un loculo; seppellire.

tu|mu|la|zió|ne *s.f.* seppellimento in una tomba, in un loculo.

tù|mu|lo *s.m.* **1** accumulo di detriti, sabbia o terra sulla superficie del terreno **2** (*archeol.*) presso alcuni popoli antichi, cumulo di terra e pietre posto sul luogo della sepoltura **3** (*estens.*) sepolcro, tomba.

tu|mùl|to *s.m.* **1** movimento rumoroso e disordinato provocato da più persone o cose; clamore, trambusto: *il — della folla* **2** sollevazione, sommossa popolare: *tumulti di piazza* **3** (*fig.*) agitazione interiore causata da un conflitto di sentimenti, passioni e sim.: *avere il cuore in —*.

tu|mul|tu|à|re *v.intr.* [indic.pres. *io tumùltuo*...; aus. *A*] (*anche fig.*) fare tumulto.

tu|mul|tu|ó|so *agg.* **1** che è in tumulto, che protesta: *folla tumultuosa* **2** che è caratterizzato da forte agitazione, rumore e confusione: *una tumultuosa seduta parlamentare* **3** che sgorga o si muove impetuosamente: *un torrente —* **4** confuso, contraddittorio: *passioni tumultuose* □ **tumultuosamente** *avv.*

tùn|dra *s.f.* formazione vegetale tipica delle regioni artiche, costituita spec. da muschi, licheni e pochi arbusti.

tung|stè|no *s.m.* elemento chimico, metallo di colore argento dotato di alto punto di fusione (*simb.* W); si usa per i filamenti delle lampade e nella preparazione di leghe molto resistenti.

tù|ni|ca *s.f.* **1** nell'antichità greca e romana, indumento di lino lungo fino al ginocchio, di linea diritta, fermato in vita da una cintura, indossato da donne e uomini **2** (*estens.*) qualsiasi abito simile all'antica tunica, usato in altre epoche **3** (*anat., bot.*) strato di rivestimento che avvolge un organo.

tu|ni|sì|no *agg.* della Tunisia o di Tunisi ♦ *s.m.* [f. *-a*] abitante o nativo della Tunisia o di Tunisi.

tùn|nel *s.m.invar.* **1** galleria, traforo: *— del San Gottardo* **2** (*sport*) nel calcio, azione consistente nel superare in dribbling un giocatore della squadra avversaria, facendogli passare la palla fra le gambe **3** (*fig.*) situazione partic. problematica, in cui è difficile trovare vie d'uscita: *il — della droga*.

tù|o *agg.poss. di 2ª pers.sing.* [f.sing. *tua*; m.pl. *tuòi*; f.pl. *tue*] **1** che appartiene a te: *la tua auto è da cambiare; posso usare il — computer?* **2** che è pertinente a te, che è a te peculiare: *non riesco a stare al — passo; i tuoi ricordi sono confusi* **3** che è in rapporti di parentela, di amicizia, di dipendenza e sim. con te: *tua madre; il — papà; tua cognata; un — compagno; il — capufficio; la tua insegnante* **4** che ti è abituale, solito: *la tua passeggiata pomeridiana* ♦ *pron.poss. di 2ª pers.sing.* **1** [sempre preceduto dall'art.det.] quello che ti appartiene, che ti è proprio o inerente: *il mio appartamento è più piccolo del —* **2** (*assol.*) in espressioni ellittiche del linguaggio familiare: *i tuoi*, i tuoi genitori, familiari o parenti | *ne hai combinata un'altra delle tue*, una delle tue solite sciocchezze, birichinate | *hai detto la tua*, la tua opinione, idea.

tuo|nà|re o **tonàre** *v.intr.* [indic.pres. *io tuòno*...; aus. *A*] **1** (*lett.*) produrre un tuono | detto del tuono, rimbombare | (*estens.*) produrre un fragore simile a quello di un tuono: *il cannone tuonò* **2** (*fig.*) detto di persona, parlare usando un tono di voce alto e deciso: *il predicatore tuonava dal pulpito* | (*estens.*) inveire contro qlcu.: *— contro la corruzione* ♦ *intr.impers.* [aus. *E, A*] prodursi del rumore fragoroso del tuono: *ha* (o *è*) *tuonato per tutta la notte*.

tuò|no *s.m.* **1** fenomeno sonoro, consistente in un forte rimbombo sordo che accompagna i fulmini durante i temporali **2** (*estens.*) fragore cupo, rimbombo, strepito: *il — del cannone*.

tuòr|lo *s.m.* parte centrale dell'uovo contenente le sostanze nutritive e di riserva, di colore giallo intenso.

tupamaro (*sp.*) *s.m.invar.* [pl. *-os*] **1** membro di un'organizzazione uruguaiana rivoluzionaria di sinistra che teorizzava la conquista del potere attraverso il terrorismo e la guerriglia urbana, responsabile di una serie di assalti e rapimenti

spec. tra il 1963 e il 1984 **2** (*estens.*) chi pratica la guerriglia urbana.
tuppè o **tupè** *s.m.* toupet.
tu|ra|bot|ti|glie *s.m.* arnese per applicare tappi alle bottiglie.
tu|ràc|cio|lo *s.m.* tappo di sughero o plastica con cui si chiudono bottiglie, fiaschi ecc.
tu|rà|re *v.tr.* chiudere l'apertura di una bottiglia o di un altro recipiente inserendovi ql.co.; tappare: — *un fiasco* | (*fig.*) — ***una falla***, pagare un debito o risolvere una situazione difficile che causa danni o una serie di perdite | *turarsi il naso*, ***le orecchie***, ***gli occhi***, ***la bocca***, chiudersele con le mani per non sentire un cattivo odore o un discorso, per non vedere o non dire ql.co. ♦ **-rsi** *intr.pron.* intasarsi, otturarsi.
tùr|ba¹ *s.f.* **1** (anche spreg.) moltitudine spec. disordinata di persone: *una — di scalmanati* **2** (*spec.pl.*) folla.
tùr|ba² *s.f.* (*med.*) disturbo funzionale e organico di origine varia: *turbe nervose*.
tur|ba|mén|to *s.m.* **1** agitazione, sconvolgimento dell'equilibrio psichico di una persona; inquietudine, smarrimento: *essere in preda a un profondo —* **2** disturbo, rivolgimento della normalità, dell'ordine costituito o del regolare svolgimento di ql.co.: — *della tranquillità, dell'ordine pubblico*; — *di una cerimonia*.
tur|bàn|te *s.m.* copricapo orientale formato da una lunga fascia di seta avvolta in più giri intorno al capo.
tur|bà|re *v.tr.* **1** (*lett.*) agitare ql.co. privandolo della sua limpidezza: *la mareggiata turbò le acque* **2** (*lett.*) creare disordine; scompigliare **3** alterare, sconvolgere la normalità o l'equilibrio di qlcu. mettendolo in uno stato di agitazione interiore; scombussolare: *la notizia lo turbò fortemente* **4** alterare il normale svolgimento di ql.co. o sconvolgere la normalità di una certa situazione: — *una manifestazione*; — *la serenità coniugale* ♦ **-rsi** *intr.pron.* **1** alterarsi, agitarsi interiormente; sconvolgersi: *si turbò quando la vide* | esprimere nell'aspetto tale condizione: — *in viso* **2** detto del tempo, guastarsi, rannuvolarsi: *il cielo si è turbato*.
tur|bi|na *s.f.* (*mecc.*) macchina motrice munita di una ruota a palette azionata da un fluido fornito a essa da un distributore: — *a gas, a vapore* | — ***idraulica***, macchina azionata ad acqua.
tur|bi|nà|re *v.intr.* [indic.pres. *io tùrbino*...; aus. A] (anche fig.) girare vorticosamente come un turbine: *il vento turbina; mille dubbi turbinano nella mia mente*.
tur|bi|nà|to *s.m.* (*anat.*) ognuna delle tre lamine ossee collocate nella parete laterale delle fosse nasali.
tùr|bi|ne *s.m.* **1** rapido e vorticoso movimento dell'aria che solleva detriti, polvere o sabbia dal suolo | insieme di cose piccole e leggere che, sollevate dal vento, si muovono vorticosamente: *un — di neve* **2** (*fig.*) moltitudine di pensieri, di sentimenti che si agitano in modo rapido e si susseguono confusamente: *un — di idee*.

tur|bi|nì|o *s.m.* **1** un continuo movimento vorticoso: *il — del vento* **2** (*fig.*) movimento rapido e confuso: *un — di passioni*.
tur|bi|nó|so *agg.* che è mosso dai turbini | (anche fig.) che scatena turbini.
tùr|bo *agg., s.m.invar.* **1** detto di motore sovralimentato tramite turbocompressore **2** [anche f.] detto di veicolo fornito di tale motore.
tùr|bo- (*tecn.*) primo elemento di parole composte che significa "a turbina" (*turbocompressore*).
tur|bo|al|ter|na|tó|re *s.m.* (*elettr.*) alternatore accoppiato a una turbina a gas o a vapore e azionato da essa.
tur|bo|ci|stèr|na *s.m.* (*mar.*) nave cisterna dotata di motori a turbina.
tur|bo|com|pres|só|re *s.m.* (*mecc.*) compressore che utilizza l'energia meccanica prodotta da una turbina per produrre pressione.
tur|bo|die|sel [pr. *turbodisel*] *agg., s.m.invar.* **1** detto di motore diesel sovralimentato tramite turbocompressore **2** (anche *s.f.invar.*) detto di autoveicolo provvisto di tale tipo di motore.
tur|bo|è|li|ca *s.m.invar.* (*aer.*) propulsore provvisto di turbina a gas che aziona un'elica | aereo dotato di tale tipo di motore.
tur|bo|gèt|to *s.m.* (*aer.*) motore a reazione provvisto di turbocompressore; turboreattore | aereo dotato di tale motore.
tur|bo|lèn|to *agg.* **1** che tende ad agitarsi, a suscitare disordini: *un carattere —* | indisciplinato, irrequieto: *bambino —* **2** caratterizzato da contrasti, disordini: *periodi turbolenti* **3** (*fis.*) detto di fluido, che presenta turbolenza.
tur|bo|lèn|za *s.f.* **1** tendenza a creare disordini: *la — della folla* | indisciplina, irrequietezza **2** (*spec.pl.*) contrasto, disordine: *un periodo con molte turbolenze* **3** (*fis.*) movimento disordinato di un fluido caratterizzato da forte velocità e da moti vorticosi, causato dall'incontro di strati che si muovono con velocità diverse **4** (*meteor.*) il complesso dei movimenti irregolari dell'aria che si presentano con vortici e vuoti d'aria, causati dall'incontro di masse che si muovono a velocità diversa: — *atmosferica*.
tur|bo|mo|tó|re *s.m.* motore azionato da una turbina.
tur|bo|nà|ve *s.f.* nave con motore a turbina.
tur|bo|pro|pul|só|re *s.m.* propulsore azionato da turbina.
tur|bo|re|at|tó|re *s.m.* (*aer.*) turbogetto.
tur|càs|so *s.m.* (*lett.*) astuccio per frecce; faretra.
tur|ché|se *s.f./m.* (*min.*) fosfato idrato di alluminio e rame, di colore azzurro tendente al verde, usato come pietra preziosa ♦ *agg., s.m.* detto del colore azzurro della turchese.
tur|chì|no *agg.* che è di colore azzurro cupo ♦ *s.m.* il colore turchino.
tùr|ca *s.f.* **1** divano alla turca; ottomana **2** gabinetto alla turca.
tùr|co *agg.* [m.pl. -*chi*] della Turchia | ***bagno —***, terapia fisica consistente in un'abbondante su-

turf

dorazione provocata dalla permanenza in un ambiente caldo e umido; il locale attrezzato per tale terapia: (*fig.*, *scherz.*) grande sudata | ***divano alla turca***, ottomana | ***gabinetto alla turca***, quello senza vaso, costituito da una pedana collocata sul pavimento, con un foro al centro | ***sedere alla turca***, mettersi a sedere incrociando le gambe ♦ *s.m.* **1** [f. *-a*] nativo o abitante della Turchia | appartenente a una popolazione di razza mongolica e di religione musulmana stanziatasi anticamente nell'Asia centrorientale e oggi diffusa in Asia e in Europa | (*fig.*) ***fumare come un*** —, fumare eccessivamente | ***bestemmiare come un*** —, pronunciare ripetutamente bestemmie **2** la lingua parlata dai turchi | (*scherz.*) ***parlare*** —, esprimersi in maniera incomprensibile.

turf (*ingl.*) [pr. *törf*] *s.m.invar.* **1** (*sport*) pista erbosa su cui si svolgono le corse dei cavalli **2** (*estens.*) il complesso delle attività connesse alle corse dei cavalli.

tur|gi|déz|za *s.f.* caratteristica di ciò che è turgido; turgidità.

tur|gi|di|tà *s.f.* turgidezza.

tùr|gi|do *agg.* **1** gonfio, pieno: *occhi turgidi di lacrime*; *seno* — **2** detto di tessuto o di organo vegetale o animale, che presenta turgore: *frutta turgida* **3** (*fig.*) ampolloso, ridondante: *stile* —.

tur|gó|re *s.m.* gonfiore.

tu|ri|bo|lo *s.m.* (*lit.*) vaso in argento o in altro metallo prezioso, con coperchio traforato, contenente l'incenso da bruciare; è sospeso a tre catenelle e si fa oscillare durante le cerimonie religiose per farne uscire il fumo profumato; incensiere.

tu|rió|ne *s.m.* (*bot.*) gemma carnosa che si sviluppa dal rizoma di alcune piante erbacee | parte commestibile dell'asparago.

tu|ri|smo *s.m.* **1** attività consistente nel visitare luoghi diversi da quelli in cui si vive, a scopo di istruzione o svago **2** (*estens.*) l'insieme delle attività produttive e delle strutture connesse a tale pratica: *settore del* —.

tu|ri|sta *s.m./f.* [m.pl. *-i*] chi pratica il turismo | chi si trova in un certo luogo per turismo.

tu|ri|sti|co *agg.* [m.pl. *-ci*] relativo al turismo o ai turisti: *agenzia turistica* | frequentato da turisti, adatto al turismo: *zona turistica*.

tur|lu|pi|nà|re *v.tr.* ingannare, raggirare qlcu. approfittando della sua buona fede.

tur|lu|pi|na|tó|re *s.m.* [f. *-trice*] chi turlupina.

tur|lu|pi|na|tù|ra *s.f.* inganno, raggiro.

tur|na|zió|ne *s.f.* organizzazione del lavoro in turni.

tur|ni|sta *agg.*, *s.m./f.* [m.pl. *-i*] che, chi lavora facendo i turni con altre persone.

tùr|no *s.m.* **1** periodica alternanza di persone nello svolgimento di una data attività secondo un ordine predefinito: *fissare i turni* **2** ciascuno dei periodi di tempo necessari per svolgere una data attività secondo un'alternanza periodica: — *di servizio* | ***fare a*** —, alternarsi.

turnover (*ingl.*) [pr. *tùrnover*, com. *turnòver*] *s.m.invar.* **1** (*ind.*) in un'azienda, sostituzione del personale che ha cessato l'attività lavorativa con altro di nuova assunzione | (*ind.*) nell'ambito di un ciclo produttivo, avvicendamento della manodopera sui diversi turni di lavoro **2** (*econ.*) il giro d'affari di un'azienda.

tùr|pe *agg.* **1** (*lett.*) brutto nell'aspetto **2** vergognoso, disonesto: *un* — *delitto*.

tur|pi|lò|quio *s.m.* linguaggio turpe, volgare.

tur|pi|tù|di|ne *s.f.* parola o azione turpe.

tur|ri|to *agg.* munito di torri.

tu|scà|ni|co *agg.* [m.pl. *-ci*] (*arch.*) detto di uno degli ordini di derivazione etrusca diffuso in ambiente italico, caratterizzato da colonne con fusto privo di scanalature e capitello simile a quello del periodo dorico.

tussah (*ingl.*) [pr. *tàse*] *s.m.invar.* (*anche agg.*) seta che in Oriente si ottiene dai bozzoli dei bachi selvatici.

tùs|sor *s.m.invar.* tessuto partic. morbido e leggero, realizzato con filati di tussah o con fibre sintetiche.

tù|ta *s.f.* indumento in tessuto resistente allo sporco e all'usura, costituito da casacca e pantaloni in un solo pezzo, aperto sul davanti con una cerniera o una fila di bottoni; è usato da persone che svolgono lavori manuali o particolari attività: *la* — *del meccanico*; *la* — *degli aviatori* | ***da ginnastica***, quella costituita da due pezzi e realizzata in tessuti leggeri, che viene indossata da chi fa attività sportiva.

tu|tè|la *s.f.* **1** (*dir.*) istituto per cui a un incapace o un minore orfano o con genitori non in grado di esercitare la patria potestà viene affidato a un tutore che lo rappresenta giuridicamente e ne amministra i beni **2** (*dir.*) protezione riconosciuta per legge che si ottiene con provvedimento giurisdizionale: *la* — *giuridica* **3** (*estens.*) cura, protezione, salvaguardia: *la* — *del patrimonio boschivo*.

tu|te|là|re¹ *v.tr.* [indic.pres. *io tutèlo*...] **1** (*dir.*) esercitare la tutela di un incapace o di un minore **2** (*estens.*) difendere, salvaguardare: — *i propri diritti* ♦ **-rsi** *rifl.* cautelarsi, premunirsi: — *dai rischi*.

tu|te|là|re² *agg.* **1** (*dir.*) di tutela **2** che difende, protegge ql.co. o qlcu.: *divinità tutelari*.

tu|tì|na *s.f.* **1** indumento femminile senza maniche, sgambato e molto aderente, usato per fare ginnastica o per ballare; body **2** indumento per neonati in un unico pezzo, che copre dal collo ai piedi.

tutor (*ingl.*) [pr. *tiutor*] *s.m.invar.* **1** nelle università, docente o laureato appositamente incaricato che assiste e guida individualmente gli studenti durante il loro percorso di studi **2** nelle scuole, insegnante che assiste uno studente nel suo percorso scolastico, curando anche i rapporti con i genitori.

tu|tó|re *s.m.* [f. *-trice*] **1** (*dir.*) persona incaricata dal giudice della tutela di un incapace o di un minore **2** (*estens.*) protettore, difensore: — *della libertà* **3** tutor **4** (*agr.*) palo usato per sostenere le piante dopo averle trapiantate **5** (*med.*) — *or-*

topedico, apparecchiatura usata per sostenere arti o parti del corpo lese o traumatizzate, per prevenire eventuali deformità o per conservare la correzione raggiunta con altri mezzi.
tu|to|rio *agg.* (*dir.*) relativo alla tutela.
tutsi *agg.* watusso.
tut|tal|più o (*raro*) **tutt'al più** *avv.* al massimo, nella peggiore delle ipotesi: — *sarò a casa fra un'ora*.
tut|ta|vi|a *cong.* (*con valore avversativo*) ciononostante, nondimeno, pure: *non è perfetto, — può andar bene* | in correlazione con una prop. concessiva: *benché lo avessi avvisato, — partì* | rafforzato da *e* o da *pure*: *la vacanza è stata bella, e — un po' stancante*; *era sfinito, pur — continuò a lavorare*.
tùt|to *agg.indef.* [è seguito dall'art. o dal pron. dimostr., tranne che davanti ai nomi di città e di piccole isole e in alcune loc.] **1** [riferito a un sost.sing.; spesso rafforzato da *quanto* o da *intero*] intero: *mangerò — il panino*; *ho percorso — il tragitto*; *studiò — il giorno*; *ho visitato tutta quanta la città*; *ho letto il romanzo — intero* | unito al nome di un autore, indica la sua opera completa: — *D'Annunzio* | in funzione predicativa: *i soldi che ho risparmiato sono tutti in banca* | in alcune loc. ha valore intensivo: *a tutta velocità*, il più velocemente possibile | *in tutta segretezza*, con il massimo riserbo **2** [preceduto da *a*] incluso, compreso: *studiate fino a — il quinto paragrafo* | *a tutt'oggi*, fino a oggi **3** [preceduto da *con*] nonostante: *con — ciò, non mi crede* **4** [riferito a un sostantivo plurale o collettivo] la totalità delle persone o delle cose considerate: *radunare — l'esercito*; *consumare tutti i risparmi* | in funzione predicativa: *gli studenti stanno tutti in aula* | seguito dalla congiunzione *e* e da un numerale cardinale, indica che un determinato numero di cose o di persone sono considerate nel loro insieme: *tutti e cinque gli amici* | *essere, fare tutt'uno*, essere un unico insieme | *una volta per tutte*, in definitiva, una volta per sempre | *inventarle, pensarle, trovarle tutte*, tutte le possibili astuzie **5** [riferito a un sost.pl.] ogni, qualsiasi: *riceve i pazienti tutti i giorni* | *a tutti i costi*, a qualunque condizione | *in tutti i modi*, con ogni mezzo, comunque | *in tutti i casi*, in qualunque circostanza **6** [seguito da un agg. ha valore raff.] in ogni parte, completamente: *ero — contento*; *il bambino era — sporco*; *— solo, — felice* | *essere — qlcu.*, assomigliargli moltissimo: *è — suo nonno* | *tutt'altro*, (*loc.agg.*) molto diverso: *di tutt'altro parere*; (*loc.avv.*) nelle risposte, anzi, al contrario: *"Le dispiace se apro il finestrino?" "Tutt'altro"* | *del —*, interamente, completamente | (*fig.*) *essere — d'un pezzo*, essere deciso, incorruttibile | *essere — naso, occhi, bocca, gambe*, averli esagerati grandi rispetto al resto del viso o del corpo | (*fig.*) *essere — tutt'occhi, tutt'orecchie*, essere molto attento, ascoltare con grande attenzione **7** esclusivamente, soltanto: *è un gruppo di tutti medici* | *essere — casa, famiglia, lavoro, studio*, essere completamente dedito alla casa, alla famiglia, al lavoro, allo studio ♦ *pron.indef.* **1** (*con valore indeterminato*) ogni cosa: — *è difficile per te*; *penserà lui a —* | *ecco —, questo è —*, non c'è altro da dire, da aggiungere | *e non è —!*, c'è dell'altro! | *prima di —, innanzi —*, prima di ogni altra cosa, in primo luogo | *esser capace di —*, essere capace di qualsiasi azione, spec. negativa | *fare di —*, usare ogni mezzo per ottenere ql.co.: *fece di — per conquistarla* | *saper fare di —*, saper fare qualunque genere di lavoro | *mangiare di —*, mangiare qualunque cibo, senza alcuna preferenza | *— sommato*, in somma, in complesso | *in —*, in totale: *saranno stati venti in —* | *in — e per —*, assolutamente, completamente: *è in — e per — identica alla madre* | (*raro*) *con — che*, sebbene: *con — che fosse offeso, non le disse nulla* **2** (*pl.*) il complesso delle persone: *sono partiti tutti* ♦ *s.m.invar.* il totale, l'intero; il complesso, l'insieme: *il — mi è costato parecchio*; *non devi confondere il — con la parte* | *tentare il — per —*, rischiare qualunque cosa pur di riuscire in un'impresa.
tut|to|fà|re o **tùtto fàre** *agg.invar.* **1** detto di domestico in grado di svolgere qualsiasi lavoro di casa **2** (*estens.*) detto di chi, in un ufficio, un'azienda e sim., si presta a svolgere ogni servizio: *impiegato —* | detto di oggetto che si presta a più usi ♦ *s.m./f.* persona in grado di svolgere i lavori più vari.
tut|to|lo|go *s.m.* [f. *-a*; m.pl. *-gi*] (*giorn., iron.*) chi si esprime pubblicamente su qualunque argomento, spec. attraverso i mass media.
tut|to|ra *avv.* ancora adesso, ancora: *la mia proposta è — valida*.
tut|to|tón|do o **tùtto tóndo** *s.m.invar.* in scultura, tecnica in cui la figura è lavorata e osservabile da tutti i lati | (*fig.*) *a —*, in modo completo: *un'indagine eseguita a —*.
tu|tù *s.m.* costume delle ballerine di danza classica, caratterizzato dal gonnellino di tulle in vari strati e dal corpetto aderente in raso.
tv [pr. *tivù*] *s.f.invar.* televisione ♦ *agg.invar.* [posposto al sost.] televisivo: *antenna —*.
tv-movie (*ingl.*) [pr. *tivù mùvi*] *loc.sost.m.invar.* film realizzato per essere trasmesso da una rete televisiva.
tweed (*ingl.*) [pr. *tuìd*] *s.m.invar.* tessuto sportivo di lana a trama grossa, gener. a due colori, fabbricato in Scozia.
twill (*ingl.*) [pr. *tuìl*] *s.m.invar.* stoffa con sottili righe diagonali in rilievo.
twin-set (*ingl.*) [pr. *tuìnset*; com. *tuinsèt*] *loc.sost.m.invar.* completo da donna gener. in lana leggera, composto da due pezzi, un pullover chiuso a mezze maniche e un cardigan a maniche lunghe.
twist (*ingl.*) [pr. *tuìst*] *s.m.invar.* ballo di origine nordamericana dal ritmo vivace, di moda negli anni Sessanta.
tze-tze *agg.invar.* → **tse-tse**.
tzi|gà|no *s.m.* → **zigano**.

Uu

u *s.m./f.invar.* ventunesima lettera dell'alfabeto; rappresenta la vocale chiusa velare (*uva*) o la semiconsonante velare (*uovo*) | — **come Udine**, nella compitazione, spec. telefonica, delle parole | *inversione a U*, quella che compie un veicolo per invertire la direzione di marcia | *valle a U*, quella modellata dall'erosione di un ghiacciaio.

u|à|di *s.m.invar.* in Africa e nelle regioni desertiche, corso d'acqua con letto sempre asciutto tranne che nella stagione delle piogge.

ub|bi|a *s.f.* pregiudizio | timore infondato: *ha la testa piena di ubbie*.

ub|bi|dièn|za o **obbediènza** *s.f.* **1** sottomissione alla volontà di altre persone | (*estens.*) docilità **2** (*spec.relig., mil.*) sottomissione, spec. gerarchica: — *ai superiori; ridurre all'*—.

ub|bi|dì|re o **obbedire** *v.tr., intr.* [indic.pres. *io ubbidisco, tu ubbidisci...*; aus. *A*] **1** fare ciò che viene ordinato, adeguarsi alla volontà altrui: — *alle disposizioni* **2** (*fig.*) seguire una legge naturale, un'inclinazione: — *alla propria coscienza* **3** (*estens.*) rispondere al comando: *l'auto non ubbidiva più al pilota* **4** conformarsi, rassegnarsi: — *alle esigenze del momento*.

u|ber|tà *s.f.* (*lett.*) fertilità; prosperità, abbondanza.

u|ber|tó|so *agg.* (*lett.*) fertile.

u|bi|cà|re *v.tr.* [indic.pres. *io ùbico, tu ùbichi...*] (*bur.*) situare, spec. riferito a case, terreni ecc.

u|bi|ca|zió|ne *s.f.* (*bur.*) il luogo in cui si trova un edificio, un terreno ecc.

ù|bi con|sì|stam (*lat.*) *loc.sost.m.invar.* punto d'appoggio | fondamento: *una teoria che manca di un* —.

-ùbile *suff.* serve a formare aggettivi che esprimono possibilità, qualità ecc. (*volubile, solubile*).

u|bi|qui|tà *s.f.* (*teol.*) qualità attribuita a Dio di essere presente contemporaneamente in più luoghi | (*scherz.*) **avere il dono dell'**—, essere presente ovunque.

u|bria|cà|re *v.tr.* [indic.pres. *io ubriaco, tu ubriachi...*] **1** rendere ubriaco **2** (*fig.*) stordire, frastornare: — *qlcu. di chiacchiere; tutto questo vai e vieni mi ubriaca* **3** (*fig.*) offuscare la lucidità: *la gelosia lo ubriaca* ♦ **-rsi** *rifl., intr.pron.* **1** diventare ubriaco **2** (*fig.*) essere in preda a esaltazione, ebbrezza: — *di ballo*.

u|bria|ca|tù|ra *s.f.* **1** l'atto di ubriacarsi | sbronza **2** (*fig.*) esaltazione, ebbrezza.

u|bria|chéz|za *s.f.* stato di intossicazione acuta per ingestione di eccessive quantità di bevande alcoliche.

u|bri|à|co *agg.* [m.pl. *-chi*] **1** che ha le facoltà mentali alterate per abuso di alcol: — *fradicio* **2** (*fig.*) stordito: *essere* — *per la ressa* | esaltato a tal punto da perdere la lucidità: *essere* — *di felicità* ♦ *s.m.* [f. *-a*] persona ubriaca.

u|bria|có|ne *s.m.* [f. *-a*] chi è solito ubriacarsi.

uc|cel|la|gió|ne *s.f.* **1** la pratica di cacciare uccelli con reti, panieri ecc., senza ricorrere alle armi **2** la quantità di uccelli catturati in tale modo.

uc|cel|là|re *v.intr.* [indic.pres. *io uccèllo...*; aus. *A*] cacciare uccelli mediante reti, trappole, richiami ecc. ♦ *tr.* (*lett.*) beffare, prendere in giro.

uc|cel|la|tó|re *s.m.* [f. *-trice*] chi pratica l'uccellagione.

uc|cel|lét|to *s.m.* spec.pl. cacciagione | (*gastr.*) *fagioli all'*—, lessati e soffritti con olio, sale, pepe, pomodoro e salvia.

uc|cel|liè|ra *s.f.* grande gabbia per uccelli; voliera.

uc|cel|lì|no *s.m.* **1** uccello appena nato **2** piccolo uccello.

uc|cèl|lo *s.m.* **1** vertebrato oviparo dal corpo coperto di penne e piume, con becco corneo e ali gener. adatte al volo | — *mosca*, colibrì | (*fig.*) *uccel di bosco*, persona che si è resa irreperibile | *a volo d'*—, dall'alto: *veduta a volo d'*— | — rapidamente: *trattare un argomento a volo d'*— | — *del malaugurio*, (*pop.*) civetta; (*fig.*) si dice di persona che prevede malattie, disgrazie e sim. **2** (*volg.*) pene.

-uc|chià|re *suff.* serve a formare verbi con valore attenuativo o che esprimono continuità dell'azione (*mangiucchiare*).

uc|cì|de|re *v.tr.* [pass.rem. *io uccisi, tu uccidésti...*; part.pass. *ucciso*] **1** privare della vita, spec. in modo violento; ammazzare | (*anche iperb.*) condurre alla morte: *l'abuso di alcol l'ha ucciso; quest'afa mi uccide* **2** distruggere, far perire: *la gelata ha ucciso tutti i fiori* **3** (*fig.*) opprimere, soffocare: *i regimi dittatoriali uccidono la libertà* ♦ **-rsi** *rifl.* togliersi la vita ♦ *rifl.rec.* darsi reciprocamente la morte ♦ *intr.pron.* perdere la vita: *si è ucciso cadendo in un dirupo*.

-ùc|cio *suff.* serve a formare diminutivi di aggettivi, sostantivi e avverbi, con valore dispregiativo e vezzeggiativo (*deboluccio, boccuccia, maluccio*).

uc|ci|sió|ne *s.f.* l'atto di uccidere.

uc|cì|so *part.pass.* di uccidere ♦ *agg., s.m.* [f. *-a*] che, chi è stato privato della vita.

uc|ci|só|re *s.m.* chi ha ucciso; assassino.
-ù|co|lo *suff.* serve a formare sostantivi, con valore spregiativo (*maestrucolo*).
u|cra|i|no o **ucràino** *agg.* dell'Ucraina ♦ *s.m.* **1** [f. *-a*] che è nato o abita in Ucraina **2** lingua slava parlata in Ucraina.
u|dèn|te *part.pres.di* udire ♦ *agg.,s.m./f.* che, chi ha l'uso dell'udito | *non* —, sordo.
u|di|bi|le *agg.* che si può udire.
u|di|bi|li|tà *s.f.* **1** caratteristica di ciò che è udibile **2** (*fis.*) proprietà di un fenomeno ondulatorio che si diffonde in un mezzo di essere avvertito dall'orecchio umano.
u|dièn|za *s.f.* **1** (*raro*) il dare ascolto **2** permesso di essere ricevuto da un'autorità per essere ascoltati ed eventualmente avanzare delle richieste: *chiedere un'* — | il colloquio che ne consegue: *un'* — *di mezz'ora* | — *privata*, riservata a una singola persona o a un gruppo ristretto **3** (*dir.*) ciascuna fase del processo in cui il giudice ascolta le parti: *prima, seconda* — | — *a porte chiuse*, in cui non è ammesso il pubblico.
u|dì|re *v.tr.* [indic.pres. *io òdo, tu òdi, egli òde, noi udiamo, voi udite, essi òdono*; fut. *io udirò* o *udrò...*; condiz. *io udirèi* o *udrèi...*; part.pres. *udènte*; nella coniug. la *u* diventa *o* quando vi cade l'accento tonico] **1** percepire suoni con l'orecchio: — *uno scoppio* **2** (*estens.*) venire a sapere: *avevo udito del vostro arrivo* **3** (*lett.*) ascoltare: — *un testimone* | dare ascolto.
u|dì|to *agg.* dell'udito: *condotto* —.
u|dì|to *s.m.* il senso con cui si percepiscono gli stimoli sonori causati dalle vibrazioni acustiche, il cui organo di ricezione è l'orecchio: — *fine* | *duro d'* —, quasi sordo.
u|di|tó|re *s.m.* [f. *-trice*] **1** (*spec.pl.*) chi ascolta un discorso, una conferenza **2** chi è ammesso a frequentare le lezioni in una scuola pur non essendovi iscritto **3** qualifica di alcuni magistrati.
u|di|tò|rio *s.m.* insieme di persone che ascoltano: *un folto* —.
UE *s.f.invar.* Unione Europea.
uf o **uff** o **ùffa** *inter.* esprime noia, impazienza e sim.: —, *che caldo!*
uf|fi|cià|le[1] *agg.* **1** si dice di documento o notizia emanati dall'autorità competente, con garanzia di autenticità: *comunicato* — | che è riconosciuto, autorizzato da uno Stato o da un ente: *lingua* — | *sponsor* — **2** (*estens.*) detto di fatto secondo le formule e il protocollo prescritti: *pranzo* — **3** reso noto pubblicamente: *fidanzamento* — **4** (*sport*) si dice di risultato valido ai fini di una classifica, un campionato □ **ufficialmente** *avv.* in forma ufficiale.
uf|fi|cià|le[2] *s.m.* **1** chi esercita un pubblico ufficio: — *sanitario* | *pubblico* —, che svolge funzioni pubbliche di tipo legislativo, amministrativo o giudiziario ed è investito di autorità anche senza essere inquadrato nella pubblica amministrazione **2** ogni militare graduato da sottotenente o da guardiamarina in su **3** grado di molti ordini cavallereschi.
uf|fi|cia|li|tà *s.f.* condizione di ciò che è ufficiale.

uf|fi|cia|liz|zà|re *v.tr.* rendere ufficiale un fatto o una notizia: — *un fidanzamento*.
uf|fi|cia|liz|za|zió|ne *s.f.* l'atto di dare ufficialità; l'essere ufficializzato.
uf|fi|cià|re *v.tr. e deriv.* → **officiàre** e *deriv.*
uf|fi|cia|tù|ra o **officiatùra** *s.f.* celebrazione degli uffici religiosi.
uf|fì|cio *s.m.* **1** dovere morale, compito **2** incarico, incombenza: *l'* — *di preside* | la funzione di chi è investito di tale carica | *d'*—, d'autorità | *difensore d'*—, assegnato dal tribunale a chi non ne ha uno di fiducia **3** (*dir.*) organo che svolge una funzione specifica all'interno di una struttura burocratica o aziendale: — *vendite*; — *delle imposte* | (*estens.*) l'insieme degli impiegati che fanno parte di tale organo **4** i locali dove gli impiegati lavorano: *arrivare tardi in* — | la singola stanza destinata a un funzionario: *l'* — *del direttore* **5** (*lit.*) cerimonia religiosa: — *funebre* | insieme di salmi, inni ecc. che sacerdoti e religiosi recitano ogni giorno.
uf|fi|cio|si|tà *s.f.* carattere ufficioso di un comunicato, di una notizia.
uf|fi|ció|so *agg.* abbastanza attendibile, pur non essendo ufficiale: *notizie ufficiose* □ **ufficiosamente** *avv.* in modo ufficioso; non ufficialmente.
ù|fo[1] *solo nella loc.avv. a* —, senza pagare: *mangiare a* —.
ù|fo[2] o **UFO** *s.m.invar.* oggetto volante non identificato | nel linguaggio corrente, astronave o essere vivente extraterrestre.
u|fo|lo|gì|a *s.f.* studio dei fenomeni che riguardano gli UFO.
u|fò|lo|go *s.m.* [f. *-a*; m.pl. *-gi*] studioso di ufologia.
u|gan|dé|se *agg.* dell'Uganda ♦ *s.m./f.* chi è nato o abita in Uganda.
u|gèl|lo *s.m.* (*mecc.*) dispositivo applicato alla parte terminale di un condotto, per incrementare la velocità di uscita di un fluido.
ùg|gia *s.f.* [pl. *-ge*] noia che genera inquietudine o fastidio | antipatia: *avere, prendere qlcu. in* —.
ug|gio|là|re *v.intr.* [indic.pres. *io ùggiolo...*; aus. *A*] detto del cane, guaire in modo lamentoso.
ug|gio|si|tà *s.f.* caratteritica di chi o ciò che è uggioso.
ug|gió|so *agg.* che dà uggia; noioso, fastidioso: *giornata uggiosa* | inquieto, di cattivo umore: *questa pioggia lo rende* —.
-ù|glio *suff.* serve a formare sostantivi con valore collettivo (*cespuglio, rimasuglio*).
ù|go|la *s.f.* **1** (*anat.*) appendice carnosa posta nella parte centrale del bordo posteriore del palato molle che si solleva quando si deglutisce **2** (*estens.*) gola | (*fig.*) — *d'oro*, cantante con una bella voce | (*scherz.*) *bagnarsi l'*—, bere.
u|go|nòt|to *agg., s.m.* [f. *-a*] aderente al movimento calvinista sorto fra il XVI e il XVII sec. in Francia.
ù|gro-fìn|ni|co o **ugrofinnico** *agg.* [m.pl. *-ci*] che riguarda alcuni popoli originari della Russia del nord e stanziatisi poi in Europa orientale e settentrionale ♦ *s.m.* **1** [f. *-a*] chi appartiene alle po-

polazioni ugro-finniche **2** gruppo di lingue della famiglia uralica, comprendente l'ungherese, il finlandese, l'estone e il lappone.

u|gua|glièn|za o **eguaglianza** *s.f.* **1** proprietà di più persone o cose che sono uguali tra loro, in tutto o solo per alcune caratteristiche: — *di forma* **2** (*estens., anche fig.*) uniformità, omogeneità: — *del terreno;* — *di stile* **3** principio per cui tutti gli uomini sono uguali davanti alla legge umana; parità **4** (*mat.*) relazione tra due enti formalmente identici, congruenti, che gode delle proprietà riflessiva, simmetrica e transitiva | relazione tra due espressioni algebriche che danno lo stesso risultato, pur essendo formalmente diverse | *segno di* —, il segno =.

u|gua|gliè|re o **eguagliàre** *v.tr.* [indic.pres. *io uguàglio...*] **1** rendere uguale: *ci uguaglia lo stesso destino* **2** rendere uniforme; livellare: — *una siepe* **3** essere pari a ql.co. o qlcu.: — *qlcu. in bellezza* **4** giudicare uguale: *nulla può essere uguagliato a ciò* **5** raggiungere un risultato uguale a quello ottenuto da altri: — *un primato* ♦ **-rsi** *intr. pron.* essere uguali, pareggiarsi: *le entrate e le uscite si uguagliano.*

u|guà|le (*raro* **eguàle**) *agg.* **1** che non presenta differenze rispetto a qlcu. o ql.co. | (*fig.*) **uguali come due gocce d'acqua**, perfettamente identici **2** uniforme, omogeneo: *tono di voce sempre* — **3** privo di asperità, dislivelli **4** (*mat.*) detto di una grandezza legata a un'altra da una relazione di uguaglianza ♦ *avv.* (*fam.*) allo stesso modo, ugualmente: *sono bravi* — ♦ *s.m.* **1** [anche f.] (*spec.pl.*) chi appartiene alla stessa classe sociale o allo stesso grado gerarchico: *trattare solo con i propri uguali* | **non avere uguali**, essere superiore a tutti **2** (*solo sing.*) la stessa cosa: *per me è* — **3** (*mat.*) nome del segno d'uguaglianza (=).

u|gua|li|tà|rio *agg., s.m.* → **egualitario**.

u|gua|li|ta|rì|smo *s.m.* → **egualitarismo**.

u|gual|mén|te *avv.* **1** in ugual modo **2** malgrado tutto: *riuscirai* — *a farcela*.

uh *inter.* esprime dolore, disgusto, meraviglia: —, *che orrore!*

u|ku|lè|le *s.m./f.invar.* piccola chitarra a quattro corde, di origine hawaiana.

ùl|ce|ra *s.f.* (*med.*) lesione della pelle o delle mucose di difficile cicatrizzazione | (*per anton.*) ulcera gastrica o duodenale.

ul|ce|ràn|te *part.pres. di* ulcerare ♦ *agg.* (*med.*) che provoca ulcerazioni.

ul|ce|rà|re *v.tr.* [indic.pres. *io ùlcero...*] (*med.*) produrre un'ulcera: — *la pelle* ♦ *intr.* [aus. *E*] (*med.*) degenerare in ulcera ♦ **-rsi** *intr.pron.* (*med.*) essere intaccato da un'ulcera.

ul|ce|ra|tì|vo *agg.* (*med.*) relativo a ulcera o a ulcerazione: *processo* — | che provoca ulcera o ulcerazione: *sostanze ulcerative.*

ul|ce|ra|zió|ne *s.f.* (*med.*) formazione di un'ulcera | l'ulcera stessa.

ul|ce|ró|so *agg.* (*med.*) **1** di ulcera, caratterizzato da ulcera: *lesione ulcerosa* **2** che è affetto da ulcera ♦ *s.m.* [f. -a] (*med.*) chi è affetto da ulcera.

u|lì|vo *s.m. e deriv.* → **olivo** *e deriv.*

ùl|na *s.f.* (*anat.*) osso lungo dell'avambraccio, parallelo al radio.

ul|nà|re *agg.* (*anat.*) dell'ulna.

ul|te|rió|re *agg.* **1** successivo; che si aggiunge a un altro: *avrei bisogno di ulteriori informazioni* **2** (*st.*) che è al di là rispetto a un dato punto di riferimento: *Spagna* — □ **ulteriormente** *avv.* **1** oltre, ancora: *la situazione si è* — *aggravata* **2** in seguito, in un secondo tempo.

ùl|ti|ma *s.f.* (*fam.*) in una serie di fatti o notizie, quello più recente in ordine di tempo; novità: *vuoi sapere l'*—?

ul|ti|mà|re *v.tr.* [indic.pres. *io ùltimo...*] finire, concludere: — *i lavori*.

ul|ti|ma|tì|vo *agg.* che ha carattere di ultimatum: *proposta ultimativa*.

ul|ti|mà|tum (*lat.*) *s.m.invar.* **1** (*dir.*) nel diritto internazionale, atto con cui uno Stato ingiunge a un altro di rispettare determinate condizioni entro un certo periodo di tempo, pena il ricorso alla forza **2** (*estens.*) ingiunzione perentoria, condizione che si può solo accettare o rifiutare.

ul|ti|ma|zió|ne *s.f.* (*raro*) compimento.

ul|ti|mìs|si|ma *s.f.spec.pl.* notizia recentissima: *le ultimissime di cronaca rosa.*

ùl|ti|mo *agg.* **1** che viene dopo tutti gli altri nello spazio o nel tempo: *è arrivato per* —; *l'ultima riga della pagina* | *esalare l'*— *respiro*, morire | **all'**— **momento**, allo scadere del tempo prefissato | (*fig.*) **l'ultima parola**, la parola decisiva | **non è ancora detta l'ultima parola**, la situazione può ancora cambiare | (*scherz.*) **le ultime parole famose**, dette con tono deciso, e poi smentite dai fatti | **in ultima analisi**, in conclusione **2** il più recente: *è sempre vestito all'ultima moda; l'ultima edizione di un libro* **3** il più lontano: *abita nell'ultima casa del paese* | *che risale a un tempo molto lontano dal presente: le ultime generazioni* **4** (*fig.*) si dice di qlcu. o ql.co. che può essere trascurato perché ha meno valore, importanza, capacità, pregio rispetto ad altro: *i soldi sono la mia ultima preoccupazione* **5** (*fig.*) il più improbabile: *è l'ultima cosa che mi aspettavo da te* ♦ *s.m.* **1** persona o cosa che viene dopo tutti gli altri o è inferiore agli altri | **l'**— **della classe**, lo studente che ha i voti peggiori | (*fig.*) **l'**— **arrivato**, la persona che ha meno importanza o è meno capace **2** (*colloq.*) ciò che chiude una successione: *l'*— *dell'anno* **3** momento finale | *all'*—, *in* —, alla fine | *fino all'*—, fino alla fine □ **ultimamente** *avv.* negli ultimi tempi; di recente.

ul|ti|mo|ge|nì|to *agg., s.m.* [f. -a] detto di figlio nato per ultimo.

ultra o **ultrà** (*fr.*) [pr. *ultrà*] *agg., s.m./f.* [pl.invar. o *ultras*] **1** (*st.*) in Francia, nel periodo della Restaurazione, sostenitore della monarchia assoluta **2** che, chi appartiene a una formazione politica estremista **3** tifoso fanatico, anche violento, di una squadra sportiva.

ùl|tra- o **òltra-** primo elemento di parole composte, che significa "al di là", (*ultraterreno*) o "più che" (*ultraricco*).

ul|tra|cen|te|nà|rio *agg., s.m.* [f. -a] che, chi ha

più di cento anni.
ul|tra|cù|sti|ca *s.f.* (*fis.*) settore dell'acustica che studia i fenomeni che riguardano gli ultrasuoni.
ul|tra|dè|stra *s.f.* (*polit.*) l'estrema destra.
ul|tra|leg|gè|ro *agg.* che pesa poco ♦ *s.m.* piccolo aereo monoposto di limitata potenza.
ul|tra|mi|cro|scò|pi|co *agg.* [m.pl. -*ci*] relativo all'ultramicroscopio, effettuato mediante ultramicroscopio: *osservazione ultramicroscopica* | visibile solo con l'ultramicroscopio: *particelle ultramicroscopiche*.
ul|tra|mi|cro|scò|pio *s.m.* microscopio a forte ingrandimento con intensa illuminazione laterale che consente di vedere particelle altrimenti invisibili.
ul|tra|mo|dèr|no *agg.* modernissimo, che rappresenta quanto vi è di più moderno per ideazione, realizzazione, stile e sim.
ul|tra|mon|dà|no *agg.* → oltremondano.
ul|tra|mon|tà|no *agg.* che sta al di là dei monti | (*estens.*) straniero.
ul|tra|pa|sto|riz|za|zió|ne *s.f.* trattamento di sterilizzazione del latte che consiste nel sottoporlo alla temperatura di 150 °C per un periodo inferiore a un secondo in modo da ottenere latte a lunga conservazione.
ul|tra|piàt|to *agg.* che ha una forma molto appiattita | *orologio* —, con la cassa dello spessore di pochi millimetri.
ul|tra|po|tèn|te *agg.* potentissimo.
ul|tra|rà|pi|do *agg.* rapidissimo | (*foto.*) **pellicola ultrarapida**, che ha sensibilità molto elevata.
ul|tra|sen|sì|bi|le *agg.* dotato di grande sensibilità.
ul|tra|si|nì|stra *s.f.* (*polit.*) l'estrema sinistra.
ul|tra|sò|ni|co *agg.* [m.pl. -*ci*] 1 (*fis.*) che riguarda gli ultrasuoni 2 supersonico: *aereo —*.
ul|tra|so|no|gra|fì|a *s.f.* (*med.*) ecografia.
ul|tra|so|nò|ro *agg.* (*fis.*) ultrasonico.
ul|tra|suò|no *s.m.* (*fis.*) suono con frequenza superiore a quella massima percepibile dall'orecchio umano.
ul|tra|suo|no|te|ra|pì|a *s.f.* (*med.*) applicazione locale degli ultrasuoni a scopo terapeutico.
ul|tra|ter|ré|no *agg.* che va al di là delle cose della terra; trascendente: *mondo —* | *vita ultraterrena*, vita dopo la morte.
ul|tra|vio|lét|to *s.m.* (*fis.*) radiazione elettromagnetica che nello spettro solare occupa la regione oltre il violetto e ha una frequenza superiore a quella delle radiazioni visibili ♦ *agg.* dell'ultravioletto: *raggi ultravioletti*.
u|lu|là|re *v.intr.* [indic.pres. *io ùlulo...*; aus. *A*] 1 detto del cane e del lupo, emettere ululati 2 (*estens.*) produrre suoni prolungati, simili a ululati: *il vento ululava nella foresta*.
u|lu|là|to *s.m.* urlo lamentoso e prolungato, spec. del cane e del lupo | (*estens.*) suono prolungato e lamentoso: *l'— della sirena dell'ambulanza*.
Ul|và|ce|e *s.f.pl.* famiglia di alghe verdi diffuse nei mari temperati.

u|ma|né|si|mo *s.m.* 1 movimento culturale sorto in Italia nel sec. XIV e poi diffusosi in Europa, il quale, attraverso lo studio del mondo classico, rivalutava i valori terreni dell'esperienza umana 2 (*estens.*) qualsiasi concezione che riconosce la centralità dell'uomo nella realtà 3 (*estens.*) interesse per la cultura classica.
u|ma|ni|sta *s.m./f.* [m.pl. -*i*] 1 seguace dell'Umanesimo 2 (*estens.*) chi studia la letteratura e l'arte, spec. classiche.
u|ma|ni|sti|co *agg.* [m.pl. -*ci*] 1 relativo all'Umanesimo e agli umanisti 2 che riguarda le lingue e le letterature classiche | **discipline, facoltà umanistiche**, quelle letterarie, storiche, filosofiche, contrapposte a quelle scientifiche.
u|ma|ni|tà *s.f.* 1 la natura umana 2 il genere umano: *un benefattore dell'—* 3 sentimento di fratellanza e solidarietà fra gli uomini: *trattare qlcu. con —* | (*estens.*) gentilezza.
u|ma|ni|tà|rio *agg.* filantropico, animato da sentimenti di solidarietà: *iniziative umanitarie*.
u|ma|ni|ta|rì|smo *s.m.* comportamento umanitario.
u|ma|ni|ta|rì|sti|co *agg.* [m.pl. -*ci*] relativo all'umanitarismo.
u|ma|niz|zà|re *v.tr.* 1 rendere umano, civile: *— le condizioni di vita degli emarginati* 2 dotare di caratteristiche umane: *nelle favole gli animali sono umanizzati* ♦ **-rsi** *intr.pron.* diventare umano, civile.
u|mà|no *agg.* 1 dell'uomo, degli uomini: *corpo —* | **essere —**, l'uomo, la donna | **il genere —**, insieme degli esseri umani 2 conforme alla natura dell'uomo: *sbagliare è —* 3 che ha caratteristiche simili a quelle dell'uomo: *sembianze umane* 4 che rivela sentimenti di umanità e comprensione: *un trattamento —* ♦ *s.m.* 1 (*solo sing.*) ciò che è proprio dell'uomo: *l'— e il divino* 2 (*spec. pl.*) essere umano □ **umanamente** *avv.* 1 secondo le capacità, i limiti umani: *ha fatto tutto quanto è — possibile* 2 con umanità: *trattare —*.
u|ma|nòi|de *agg.*, *s.m./f.* che, chi ha caratteri quasi umani: *una creatura —*.
um|ber|tì|no *agg.* dell'epoca del regno di Umberto I (1878-1900): *l'Italia umbertina*.
um|bó|ne *s.m.* 1 piastra metallica che si applica nella parte centrale dello scudo, spec. per deviare le frecce e i fendenti 2 (*zool.*) zona rilevata da cui si originano gli anelli concentrici nelle valve dei Lamellibranchi 3 (*bot.*) prominenza centrale di alcuni organi vegetali.
um|brà|ti|le o **ombràtile** *agg.* (*lett.*) 1 che è in ombra 2 (*fig.*) schivo, introverso: *carattere —*.
ùm|bro *agg.* dell'Umbria ♦ *s.m.* 1 [f. -*a*] chi è nato o abita in Umbria | chi appartiene all'antica popolazione degli Umbri, stanziata nell'Italia centrale 2 dialetto parlato in Umbria | antica lingua del gruppo italico parlata dagli Umbri.
-ù|me *suff.* forma sostantivi con valore spregiativo, derivati in genere da aggettivi (*marciume*).
u|met|tà|re *v.tr.* [indic.pres. *io umétto...*] inumidire: *— le labbra*.

u|mi|dìc|cio *agg.* [pl.f. *-ce*] piuttosto umido: *terra umidiccia.*

u|mi|di|fi|cà|re *v.tr.* [indic.pres. *io umidìfico, tu umidifichi...*] rendere umido aumentando la quantità di vapore presente nell'aria: — *un locale.*

u|mi|di|fi|ca|tó|re *s.m.* **1** apparecchio per umidificare l'aria in un ambiente **2** apparecchio per conservare umida una pianta.

u|mi|di|tà *s.f.* **1** caratteristica di ciò che è leggermente impregnato d'acqua **2** presenza di vapore acqueo | — *atmosferica*, presenza di vapore acqueo nell'atmosfera **3** quantità di acqua contenuta in un corpo: *le pareti presentano tracce di —*.

ù|mi|do *agg.* **1** leggermente bagnato **2** ricco di vapore acqueo: *vento —* ♦ *s.m.* **1** umidità **2** (*gastr.*) sugo di pomodoro, olio e verdure, nel quale si fanno cuocere certi cibi: *spezzatino in —*.

ù|mi|le *agg.* **1** che è cosciente dei propri limiti e non si inorgoglisce dei propri meriti: *una persona* — **2** sottomesso, rispettoso: *è — coi superiori* **3** modesto, misero: *un lavoro —* **4** non elevato socialmente: *di umili origini* ♦ *s.m./f.* **1** chi non si inorgoglisce **2** chi è di origine sociale non elevata □ **umilmente** *avv.*

u|mi|liàn|te *part.pres. di* umiliare ♦ *agg.* che umilia: *una situazione —*.

u|mi|lià|re *v.tr.* [indic.pres. *io umìlio...*] **1** avvilire, mortificare **2** sottomettere, reprimere: — *la superbia* ♦ **-rsi** *rifl.* **1** riconoscere i propri limiti: *chi si umilia sarà esaltato* | sottovalutarsi: *non devi —* **2** abbassarsi, fare atto di sottomissione: *si è umiliato a chiedere scusa* | prostrarsi in atto di devozione.

u|mi|lia|zió|ne *s.f.* **1** l'atto di umiliare, mortificazione **2** parola o atto che umilia, mortifica: *ha subito molte umiliazioni.*

u|mil|tà *s.f.* **1** coscienza dei propri limiti; modestia **2** sottomissione: *presentarsi con —* **3** bassa condizione sociale: — *di origini.*

u|mo|rà|le *agg.* **1** che riguarda gli umori **2** che cambia facilmente umore; lunatico: *persona —*.

u|mó|re *s.m.* **1** (*lett.*) sostanza liquida **2** liquido biologico presente in organismi animali o vegetali | — *acqueo*, liquido incolore contenuto nella camera anteriore dell'occhio | — *vitreo*, liquido gelatinoso e trasparente contenuto nella camera posteriore dell'occhio **3** (*psicol.*) disposizione d'animo, indole | stato d'animo: *essere di buon —* | (*spec.pl.*) tendenza, gusti: *gli umori della gente.*

u|mo|rì|smo *s.m.* attitudine a cogliere gli aspetti divertenti e bizzarri della realtà: *senso dell' —*.

u|mo|rì|sta *agg., s.m./f.* [m.pl. *-i*] **1** che, chi è dotato di umorismo **2** che, chi è autore di testi o disegni umoristici.

u|mo|rì|sti|co *agg.* [m.pl *-ci*] **1** dell'umorismo, dell'umorista: *vena umoristica* **2** comico: *battuta umoristica* | ♦ **umoristicamente** *avv.*

un *agg.num.card., art.indet.m.sing.* → **uno.**

una *agg.num.card., art.indet.f.sing.* [si elide davanti a vocale che non sia *i* semiconsonante] → **uno.**

u|nà|ni|me *agg.* **1** si dice di più persone che hanno la stessa opinione **2** che esprime l'opinione concorde di più persone: *parere —* □ **unanimemente** *avv.*

u|na|ni|mì|smo *s.m.* (*polit.*) tendenza a cercare l'unanimità formale, soffocando il dibattito.

u|na|ni|mi|tà *s.f.* concordanza di opinioni, di idee tra più persone | *all' —*, col consenso di tutti.

ù|na tàn|tum (*lat.*) *loc.agg., sost.m.invar.* detto di retribuzione, premio ecc. o di imposizione fiscale che viene effettuato una sola volta, a carattere straordinario.

un|ci|nà|re *v.tr.* afferrare con un uncino | (*sport*) nel calcio, agganciare il pallone con il piede.

un|ci|nà|to *part.pass. di* uncinare ♦ *agg.* piegato a forma di uncino | munito di uncini | *croce uncinata*, con le punte piegate ad angolo retto; svastica | *parentesi uncinate*, curvate a spigolo.

un|ci|nét|to *s.m.* grosso ago con punta a uncino, usato per fare pizzi, lavori a maglia o a rete.

un|cì|no *s.m.* **1** arnese con un'estremità appuntita e curvata per afferrare o appendere ql.co. | (*estens.*) gancio, rampino | *a —*, a forma di uncino **2** (*bot.*) organo a forma di uncino con cui la pianta si attacca ai sostegni.

un|dè|ci|mo *agg.num.ord.* (*lett.*) undicesimo.

under (*ingl.*) [pr. *ànder*] *agg.invar.* **1** (*sport*) detto di squadra composta di atleti al di sotto di una data età: *l'Italia — 21* **2** detto di atleta che fa parte di tale squadra: *un giocatore — 18.*

underground (*ingl.*) [pr. *àndergraund*; com. *andergràund*] *agg.invar.* detto di produzione artistica alternativa rispetto a quella dominante, la cui diffusione non è affidata ai tradizionali circuiti commerciali: *musica —* ♦ *s.m.* cultura alternativa.

understatement (*ingl.*) [pr. *anderstèitment*] *s.m.invar.* **1** atteggiamento alieno da qualsiasi ostentazione **2** affermazione volutamente riduttiva rispetto alla verità.

un|di|cèn|ne *agg., s.m./f.* che, chi ha undici anni d'età.

un|di|cè|si|mo *agg.num.ord.* che in una serie corrisponde al posto numero undici | *il secolo —* (o *XI*), gli anni compresi tra il 1001 e il 1100.

ùn|di|ci *agg.num.card.invar.* che equivale a una decina più una unità ♦ *s.m.invar.* **1** il numero naturale che equivale a una decina più una unità | il simbolo che rappresenta tale numero **2** (*sport*) squadra di calcio.

un|gà|ri|co *agg.* [m.pl. *-ci*] ungherese.

ùn|ga|ro *agg., s.m.* [f. *-a*] ungherese.

ùn|ge|re *v.tr.* [indic.pres. *io ungo, tu ungi...*; pass.rem. *io unsi, tu ungésti...*; part.pass. *unto*] **1** spalmare di sostanza grassa: — *la teglia di burro* | (*estens.*) lubrificare, ingrassare: — *un ingranaggio* **2** insudiciare di grasso **3** (*fig.*) adulare, corrompere **4** (*relig.*) segnare qlcu. con olio consacrato per impartirgli un sacramento o insignirlo di una dignità ♦ **-rsi** *rifl., intr.pron.* **1** spalmarsi di sostanze grasse **2** insudiciarsi di grasso.

un|ghe|ré|se *agg.* dell'Ungheria | magiaro ♦

s.m. **1** [anche f.] chi è nato o abita in Ungheria | magiaro **2** lingua parlata in Ungheria.

ùn|ghia *s.f.* **1** lamina cornea che riveste l'estremità dorsale delle dita dell'uomo e di molti animali | *— incarnita*, che penetra lateralmente nella carne e provoca infiammazione | *(fig.)* **difendersi con le unghie e con i denti**, con accanimento e con ogni mezzo | *(fig.)* **mostrare le unghie**, essere aggressivo | *sull'—*, subito e in contanti: *pagare sull'—* **2** *(pl.)* grinfie: *mettere le unghie addosso a qlcu.* **3** *(fig.)* distanza o quantità minima: *ci manca un'—* **4** nome dato a oggetti o a loro parti somiglianti a un'unghia.

un|ghià|ta *s.f.* **1** colpo dato con le unghie | ferita provocata da tale colpo.

un|ghièl|lo *s.m.* artiglio.

un|ghió|ne *s.m.* **1** artiglio **2** *(zool., pop.)* zoccolo.

un|ghiù|to *agg.* munito di unghie lunghe e robuste.

un|gue|à|le *agg.* *(anat.)* dell'unghia.

un|guèn|to *s.m.* preparato farmaceutico semisolido per applicazioni locali, ottenuto incorporando una piccola quantità di principio attivo in un eccipiente grasso.

ùn|gu|la *s.f.* *(zool.)* zoccolo, unghione.

Un|gu|là|ti *s.m.pl.* gruppo di Mammiferi caratterizzati da unghie a forma di zoccolo, cui appartengono il cavallo, il maiale, la pecora e sim.

ùni- primo elemento di parole composte, che significa "uno, formato da un unico elemento" *(unicellulare)*.

u|ni|ca|me|rà|le *agg.* monocamerale.

u|ni|cel|lu|là|re *agg.* *(biol.)* detto di organismo costituito da un'unica cellula.

u|ni|cel|lu|là|to *agg.* *(biol.)* unicellulare.

u|ni|ci|tà *s.f.* peculiarità di ciò che è unico.

ù|ni|co *agg.* [m.pl. *-ci*] **1** il solo esistente del suo tipo: *un esemplare —* | **numero** *—*, di giornale o rivista pubblicato una sola volta | *atto —*, opera teatrale in un solo atto | *figlio —*, che non ha fratelli né sorelle | *strada a senso —*, in cui si può circolare in un solo senso di marcia **2** *(estens.)* ineguagliabile, straordinario: *una persona unica* | *più — che raro*, eccezionale, rarissimo ♦ *s.m.* [f. *-a*] **1** chi è il solo a dire o fare ql.co.: *sei l'— a comportarti così* **2** il solo esemplare □ **unicamente** *avv.* solamente, esclusivamente: *lo faccio — per te.*

u|ni|còr|no *agg.* *(zool.)* detto di animale che ha un solo corno ♦ *s.m.* animale fantastico dal corpo di cavallo, con un lungo corno attorcigliato in fronte; liocorno.

ù|ni|cum *(lat.) s.m.invar.* nel linguaggio di filatelici, numismatici e sim., esemplare unico.

u|ni|di|men|sio|nà|le *agg.* che ha una sola dimensione.

u|ni|di|re|zio|nà|le *agg.* che è impostato o si svolge in una sola direzione.

u|ni|fa|mi|lià|re *agg.* che serve per una sola famiglia: *villetta —*.

u|ni|fi|cà|bi|le *agg.* che si può unificare.

u|ni|fi|cà|re *v.tr.* [indic.pres. *io unifico, tu unifichi...*] **1** riunire più parti in un insieme organico **2** standardizzare ♦ **-rsi** *rifl., rifl.rec.* confluire in un insieme omogeneo: *i gruppi politici si sono unificati.*

u|ni|fi|cà|to *part.pass.* di unificare ♦ *agg.* **1** ridotto a unità | *(tv)* **trasmissione a reti unificate**, effettuata contemporaneamente su tutte le reti con un unico collegamento **2** standardizzato.

u|ni|fi|ca|tó|re *agg., s.m.* [f. *-trice*] che, chi unifica.

u|ni|fi|ca|zió|ne *s.f.* **1** l'atto di unificare, di unificarsi | il risultato di tale azione: *l'— politica dell'Europa* **2** standardizzazione.

u|ni|for|mà|re *v.tr.* [indic.pres. *io uniformo...*] **1** rendere uniforme: *— i gusti* **2** rendere conforme; adeguare: *— la propria condotta a quella della maggioranza* ♦ **-rsi** *rifl.* conformarsi, adeguarsi.

u|ni|for|ma|zió|ne *s.f.* l'atto di uniformare | il risultato di tale operazione.

u|ni|fór|me[1] *agg.* **1** uguale in ogni sua parte, che non presenta discontinuità: *di colore —* | senza rilievi o avvallamenti: *superficie —* **2** monotono; omogeneo, costante: *ritmo —* □ **uniformemente** *avv.*

u|ni|fór|me[2] *s.f.* **1** abito uguale per tutti gli appartenenti a uno stesso corpo militare; divisa: *l'— degli ufficiali* | *alta —*, prescritta per i militari nelle cerimonie più solenni **2** *(estens.)* abito uguale per tutti gli appartenenti a un'associazione, un istituto, una scuola e sim.: *l'— dei collegiali.*

u|ni|for|mi|tà *s.f.* **1** caratteristica di ciò che è uniforme **2** accordo, concordanza: *— di interessi.*

u|ni|gè|ni|to *agg.* che è l'unico generato: *Gesù, figlio — di Dio* ♦ *s.m.* l'Unigenito, Gesù Cristo.

u|ni|la|te|rà|le *agg.* **1** che riguarda uno solo lato: *pleurite —* **2** *(dir.)* che riguarda una sola delle parti: *critica —* **3** *(fig.)* che considera un solo lato di una questione; parziale, arbitrario: *giudizio —* □ **unilateralmente** *avv.*

u|ni|la|te|ra|li|tà *s.f.* caratteristica di ciò o di chi è unilaterale.

u|ni|no|mi|nà|le *agg.* si dice di sistema elettorale nel quale ogni lista politica presenta un solo candidato per collegio.

u|nió|ne *s.f.* **1** fusione, congiungimento: *l'— di pezzi meccanici* | *legame: — matrimoniale* **2** *(fig.)* coesione, continuità: *tra le due parti del libro non c'è —* | *concordia: tra loro regna un'— perfetta* **3** associazione di persone con interessi comuni: *— sportiva* **4** accordo tra più enti o Stati per fini comuni | **Unione Europea**, organizzazione internazionale istituita nel 1992 | *— economica*, quella che prevede una politica economica comune tra due o più Stati | *— monetaria*, quella che prevede l'adozione di una moneta unica.

u|ni|pa|ro *agg.* detto di animale che partorisce un solo figlio a ogni parto.

u|ni|po|là|re *agg.* detto di dispositivo elettrico che presenta un solo polo.

u|nì|re *v.tr.* [indic.pres. *io unisco, tu unisci...*] **1** mettere insieme, collegare due o più cose affinché costituiscano una cosa sola: *— due tavole* | *(estens.)* collegare, associare: *— gli sforzi* | *l'utile al dilettevole*, fare ql.co. di piacevole traendone vantaggio 2 (*fig.*) possedere contemporaneamente: *unisce all'intelligenza un grande umorismo* 3 legare con un vincolo di natura morale o legale: *li uniscono comuni interessi* | — **in matrimonio**, sposare 4 mettere in comunicazione: — *due centri abitati con la ferrovia* ♦ **-rsi** *rifl.*, *rifl.rec.* 1 congiungersi, legarsi reciprocamente: — *in società* 2 accompagnarsi: *si unì a noi per fare il viaggio* 3 mescolarsi: *le acque dei due torrenti si uniscono e formano il fiume.*

u|ni|ses|suà|le *agg.* (*biol.*) che presenta caratteri e organi sessuali di un solo sesso.

u|ni|ses|suà|to *agg.* (*biol.*) unisessuale.

ù|ni|sex o **unisèx** *agg.invar.* adatto a entrambi i sessi: *moda* —.

u|ni|so|no *agg.* (*mus.*) detto di suoni simultanei aventi la stessa altezza ♦ *s.m.* (*mus.*) esecuzione contemporanea di più suoni di uguale altezza: *cantare all'* — | (*fig.*) *all'* —, in pieno accordo.

u|ni|tà *s.f.* 1 unicità, singolarità | — *di tempo, di luogo, d'azione*, secondo i classicisti, le tre regole per cui una tragedia doveva basarsi su un'unica azione principale, svolgersi in un solo luogo e nell'arco di una sola giornata 2 caratteristica di ciò che, pur essendo costituito da elementi diversi, forma un tutto armonico: *l'* — *della famiglia* 3 unificazione politica: *l'* — *d'Italia* 4 convergenza nel pensare e nell'agire: — *d'intenti* 5 (*mat.*) il numero uno come principio base della numerazione: *il numero 5 è formato da 4* — *più una* 6 (*fis.*) — di misura, grandezza assunta come base di riferimento per valutare grandezze della stessa specie: *il litro è l'* — *di misura della capacità* | (*fig.*) criterio di valutazione | (*econ.*) — **monetaria**, moneta base del sistema monetario di un paese 7 in una struttura ospedaliera, il luogo destinato a terapie mediche specifiche | il personale medico che si occupa di tali terapie: — *coronarica* | — **sanitaria locale**, struttura del servizio sanitario nazionale presente in un determinato territorio 8 gruppo di persone che svolgono insieme una determinata attività 9 (*mil.*) ciascun reparto operativo delle varie armi | ogni elemento di flotte navali o aeree 10 (*inform.*) — *centrale*, componente fondamentale di un computer che ospita l'insieme dei circuiti necessari a eseguire le operazioni del sistema | — *periferica*, componente (stampante, scanner ecc.) di un sistema di elaborazione che invia e riceve dati dall'unità centrale.

u|ni|ta|rie|tà *s.f.* caratteristica di ciò che è unitario.

u|ni|tà|rio *agg.* 1 che costituisce un'unità 2 che tende all'unità, all'unificazione: *sforzi unitari* | unanime 3 che si riferisce a un'unità: *costo* — 4 armonico, organico: *stile* — □ **unitariamente** *avv.*

u|ni|ta|ri|smo *s.m.* tendenza a raggiungere soluzioni unitarie.

u|ni|to *part.pass. di unire* ♦ *agg.* 1 strettamente collegato con altro: *pezzi di tela uniti insieme* 2 (*fig.*) legato da vincoli affettivi o sociali: *una famiglia* — 3 di stoffe ecc., senza disegni o decorazioni | **tinta unita**, di un solo colore □ **unitamente** *avv.* 1 in modo uniforme: *stendere* — *il colore* 2 insieme: *ho ricevuto un libro* — *al biglietto di auguri* 3 di comune accordo: *collaborare* —.

u|ni|vàl|ve *agg.* 1 (*zool.*) detto di mollusco con una sola valva 2 (*bot.*) detto di organo che si apre da una sola parte.

u|ni|ver|sà|le *agg.* 1 che riguarda tutto l'universo: *gravitazione* — 2 che riguarda l'umanità intera: *valore* — | **giudizio** —, sentenza che Dio pronuncerà alla fine del mondo per tutte le anime 3 che riguarda tutti gli uomini | **suffragio** —, diritto di voto esteso a tutti i cittadini di uno Stato che abbiano raggiunto un'età stabilita 4 che riguarda l'insieme dei beni | **erede** —, di tutto il patrimonio 5 che è valido in tutti i casi: *principio con validità* — 6 che è versato in ogni ramo dello scibile: *il genio* — *di Leonardo* 7 (*filos.*) detto di ciò che è comune a tutti gli individui di una stessa classe 8 (*med.*) *donatore* —, il cui sangue può essere trasfuso a chiunque | (*med.*) *recettore* —, che può ricevere sangue da chiunque 9 detto di apparecchio, dispositivo che può essere utilizzato con differenti tipi di tensione ♦ *s.m.* (*filos.*) concetto generale e astratto che si applica a tutti gli individui di una stessa classe □ **universalmente** *avv.* generalmente.

u|ni|ver|sa|li|smo *s.m.* tendenza a considerare ogni questione da un punto di vista universale, valido per tutti.

u|ni|ver|sa|li|sta *s.m./f.* [m.pl. *-i*] sostenitore dell'universalismo.

u|ni|ver|sa|li|tà *s.f.* 1 caratteristica di ciò che è universale 2 insieme di persone o cose considerate nella loro totalità: *l'* — *degli esseri umani*.

u|ni|ver|sa|liz|zà|re *v.tr.* rendere universale | (*estens.*) diffondere: — *la cultura* ♦ **-rsi** *intr.pron.* estendersi a tutti | (*filos.*) diventare universale.

u|ni|ver|sià|de *s.f. spec.pl.* competizione sportiva riservata a studenti universitari di tutto il mondo.

u|ni|ver|si|tà *s.f.* istituto di studi superiori articolato in varie facoltà, che rilascia un diploma di laurea.

u|ni|ver|si|tà|rio *agg.* dell'università: *professore* — ♦ *s.m.* [f. *-a*] studente di università.

u|ni|vèr|so *s.m.* 1 l'insieme dei corpi celesti e dello spazio; cosmo 2 insieme di tutto ciò che esiste; creato 3 (*fig.*) mondo, reale o immaginario, tipico di una o di più persone: *l'* — *del bambino* 4 (*stat.*) l'insieme di tutti gli elementi che rappresentano tutte le possibili manifestazioni di un fenomeno.

u|ni|vo|ci|tà *s.f.* caratteristica di ciò che è univoco.

u|nì|vo|co *agg.* [m.pl. *-ci*] 1 che ammette una sola definizione | che ha un solo significato, un'unica interpretazione possibile: *concetto* — | **in modo** —, in un solo modo, senza alternative o dubbi 2 (*mat.*) *corrispondenza univoca*, che esiste quando un elemento di un insieme è il corrispondente di più elementi di un altro insieme □ **univocamente** *avv.*

ùn|no *s.m.* [f. *-a*] appartenente agli Unni, un'antica popolazione nomade di origine asiatica, che nei secc. IV e V invase i confini dell'Impero Romano ♦ *agg.* degli Unni.

ù|no [come agg.num. e art. maschile si tronca in *un* davanti a vocale o consonante che non sia *i* semiconsonante, *s* impura, *z*, *x*, *pn*, *ps*, *gn*, *sc*] *agg.num.card.* [f. *una*] che equivale a un'unità | rafforzato da *solo*, *soltanto* e sim., indica unicità: *una volta sola* | *essere tutt'uno*, una sola cosa, la stessa cosa ♦ *s.m.* il numero naturale che equivale a un'unità | il simbolo che rappresenta tale numero ♦ *art.indet. solo sing.* [f. *una*] **1** indica una persona o una cosa in modo indeterminato: *vuoi un dolce?*; *ha telefonato una tua amica* | usato in in loc. temporali: *un giorno, una volta* | in loc. che esprimono una quantità indeterminata: *un po'*, *un poco* **2** [premesso a un numerale o ad altra determinazione di quantità] circa: *dista un paio di chilometri* ♦ *pron.indef.* [pl. *uni*; f. *una*; f.pl. *une*] **1** un tale, una certa persona: *è venuto — a cercarti* | in costruzioni partitive: *dovrà andare — di voi* | in correlazione con *altro*: *l'— o l'altro* | *l'un l'altro*, vicendevolmente: *si aiutano l'un l'altro* **2** con valore impers.: *se — vuole, può farlo.*

un|tic|cio *agg.* [pl.f. *-ce*] piuttosto unto: *mani unticce* ♦ *s.m.* untume.

ùn|to *part.pass.* di ungere ♦ *agg.* insudiciato di grasso | **— e bisunto**, molto sporco ♦ *s.m.* **1** materiale grasso che unge **2** (*relig.*) *l'— del Signore*, nella tradizione biblica, chi in nome di Dio è stato investito di una particolare missione | (*per anton.*) Cristo.

un|tó|re *s.m.* [f. *-trice*] chi, durante la peste, era sospettato di ungere muri e porte con sostanze infette per diffondere l'epidemia.

un|tù|me *s.m.* materiale grasso che unge.

un|tuo|si|tà *s.f.* caratteristica di ciò che unge.

un|tuó|so *agg.* **1** che unge **2** (*fig.*) melliflúo, falsamente cortese.

un|zió|ne *s.f.* **1** l'atto di applicare sostanze untuose, spec. oli o creme **2** (*relig.*) l'ungere con olio consacrato | *estrema —*, sacramento che si amministra ai malati gravi.

uò|mo *s.m.* [pl. *uomini*] **1** (*scient.*) mammifero superiore, a stazione eretta, altamente evoluto e capace di linguaggio articolato | (*estens.*) la specie umana: *i diritti dell'—* | *a memoria d'—*, da moltissimo tempo **2** essere dotato di coscienza, di ragione **3** individuo adulto di sesso maschile: *abito da —* | *comportarsi da —*, in modo virile | *da — a —*, con tutta franchezza | *— d'affari*, che si dedica ad attività economiche | *— di legge*, giurista, avvocato | *— di lettere*, letterato | *— d'onore*, *di rispetto*, chi appartiene a un'organizzazione mafiosa | *come un sol —*, si dice di persone che hanno una perfetta intesa **4** persona indeterminata di sesso maschile: *un — ci sta seguendo* | (*fam.*) compagno, convivente di una donna **5** addetto a un servizio: *l'— delle pulizie* **6** chi fa parte di una formazione militare o di una squadra sportiva.

uò|po *s.m.* (*lett.*) bisogno, necessità | *essere d'—*, essere necessario | *all'—*, allo scopo; al momento opportuno.

uò|sa *s.f. spec.pl.* **1** ghetta **2** gambaletto di tela resistente, usato sopra lo scarpone da alpinisti, cacciatori ecc. **3** nelle antiche armature, calzare con soletta di acciaio attaccato alla gambiera.

uò|vo *s.m.* [pl. *le uova*] **1** (*biol.*) gamete femminile, di dimensioni variabili, con citoplasma ricco di sostanze nutritive **2** l'uovo degli animali ovipari: *— di pesce* **3** (*per anton.*) uovo di gallina, utilizzato come alimento | *pasta all'—*, fatta con acqua, farina e uova | (*fig.*) *rompere le uova nel paniere a qlcu.*, rovinare i suoi progetti | *essere pieno come un —*, avere mangiato moltissimo | *— di Colombo*, soluzione facilissima a cui nessuno aveva pensato prima | (*scherz.*) *testa d'—*, intellettuale **4** (*estens.*) oggetto a forma di uovo di gallina | *— di Pasqua*, dolce di cioccolato, a forma d'uovo, cavo all'interno e contenente spesso una sorpresa, tipico del periodo pasquale.

upgrade (*ingl.*) [pr. *apgréid*] *s.m.invar.* (*inform.*) aggiornamento di programma in un sistema di elaborazione per aumentarne le capacità.

uppercut (*ingl.*) [pr. *apercàt*] *s.m.invar.* (*sport*) nel pugilato, colpo al mento sferrato dal basso verso l'alto; montante.

ù|pu|pa o **upùpa** *s.f.* uccello diurno di media grandezza con becco lungo e sottile, ciuffo di penne erettili sulla testa e piumaggio fulvo a striature bianche e nere.

-ù|ra *suff.* usato per formare sostantivi con valore collettivo (*capigliatura*).

u|ra|gà|no *s.m.* **1** (*meteor.*) ciclone tropicale caratteristico del Mar delle Antille **2** (*estens.*) violenta tempesta **3** (*fig.*) grande fragore: *un — di applausi.*

u|rà|li|co *agg.* [m.pl. *-ci*] dei monti Urali.

u|rà|nia *agg.* relativo al pianeta Urano.

u|ra|nì|fe|ro *agg.* (*min.*) che contiene uranio.

u|rà|nio *s.m.* elemento chimico, metallo radioattivo bianco argenteo, duttile e malleabile, pesante (*simb.* U); è usato nella produzione di energia nucleare.

U|rà|no *s.m.* (*astr.*) il settimo pianeta del sistema solare in ordine di distanza dal Sole.

u|ra|no- (*scient.*) primo elemento di parole composte, che significa "cielo" (*uranoscopia*).

u|ra|no|sco|pì|a *s.f.* osservazione astronomica del cielo.

ur|ba|né|si|mo *s.m.* fenomeno per cui si verifica una concentrazione di popolazione nelle città, dovuta all'immigrazione di persone dalle campagne.

ur|ba|nì|sta *s.m./f.* [m.pl. *-i*] studioso di urbanistica.

ur|ba|nì|sti|ca *s.f.* disciplina che studia e progetta la formazione, la trasformazione e l'organizzazione dei centri urbani.

ur|ba|nì|sti|co *agg.* [m.pl. *-ci*] relativo all'urbanistica, agli urbanisti.

ur|ba|ni|tà *s.f.* cortesia, educazione, civiltà di modi: *trattare le persone con —.*

ur|ba|niz|zà|re *v.tr.* **1** dare a un centro abitato

urbanizzare

le caratteristiche di una città | rendere edificabile una zona, dotandola delle infrastrutture urbanistiche 2 rendere educato, civile ♦ **-rsi** *intr. pron.* assumere le caratteristiche di una città ♦ *rifl.* diventare educato, civile.

ur|ba|niz|za|zió|ne *s.f.* attività volta a promuovere lo sviluppo di centri abitati attraverso la creazione di infrastrutture adeguate | concentrazione di masse rurali nei centri urbani.

ur|bà|no *agg.* **1** della città: *nettezza urbana* | *telefonata urbana*, che si svolge nell'ambito della rete telefonica urbana **2** cortese, civile: *modi urbani* □ **urbanamente** *avv.* civilmente, cortesemente.

ùr|be *s.f.* (*lett.*) città | (*per anton.*) *l'Urbe*, Roma.

ùrbi et orbi (*lat.*) *loc.avv.*, *loc.agg.invar.* detto della solenne benedizione papale rivolta ai fedeli di Roma e di tutto il mondo | (*scherz.*) a tutti, pubblicamente: *lo ha sbandierato —*.

ur|bi|nà|te *agg.* di Urbino ♦ *s.m./f.* chi è nato o abita a Urbino | (*per anton.*) *l'Urbinate*, Raffaello Sanzio.

u|rè|a o **ùrea** *s.f.* (*biol.*, *chim.*) sostanza organica azotata, incolore contenuta nelle urine dei Mammiferi; prodotta industrialmente per sintesi, viene usata per produrre materie plastiche, fertilizzanti e farmaci.

u|rè|i|co *agg.* [m.pl. *-ci*] (*chim.*) dell'urea.

u|re|mì|a *s.f.* (*med.*) accumulo di composti azotati nel sangue dovuto a insufficienza renale.

u|re|te|rà|le *agg.* (*med.*) dell'uretere.

u|re|tè|re *s.m.* (*anat.*) condotto che porta l'urina dal rene alla vescica.

u|rè|tra *s.f.* (*anat.*) condotto che collega la vescica urinaria con l'esterno.

u|re|trà|le *agg.* (*anat.*) dell'uretra.

ur|gèn|te *agg.* che dev'essere fatto immediatamente: *un bisogno —* | si dice di corrispondenza che ha diritto di precedenza su altri, spec. dietro pagamento di una tariffa supplementare: *telegramma —* □ **urgentemente** *avv.* con urgenza.

ur|gèn|za *s.f.* condizione di ciò che è urgente; necessità impellente | *d'—*, **con** *—*, al più presto | *provvedimento d'—*, quello adottato dal giudice con procedura rapida in una situazione di necessità.

ùr|ge|re *v.tr.* [indic.pres. *io urgo, tu urgi...*; dif. di pass.rem., imp., part.pass. e dei tempi composti] incalzare ♦ *intr.* **1** essere urgente: *urge un medico* **2** incalzare, essere pressante: *un bisogno che urge*.

-ur|gì|a secondo elemento di parole composte, che significa "lavorazione, opera" (*chirurgia*).

-ùr|gi|co secondo elemento di aggettivi che derivano da sostantivi formati con *-urgia* (*chirurgico*).

-ùr|go secondo elemento di sostantivi connessi con sostantivi in *-urgia* (*chirurgo*).

-ù|ria o **-uria** secondo elemento di parole composte, che fa riferimento all'urina o alle patologie della funzione urinaria.

u|ri|ce|mì|a *s.f.* (*med.*) tasso di acido urico nel sangue.

ù|ri|co *agg.* [m.pl. *-ci*] (*chim.*) detto dell'acido organico contenente azoto presente nelle urine dell'uomo e dei Mammiferi.

u|rì|na o **orìna** *s.f.* (*fisiol.*) liquido giallastro elaborato dai reni contenente le scorie metaboliche dell'organismo, depositato nella vescica attraverso gli ureteri ed espulso attraverso l'uretra.

u|ri|nà|re *v.tr./intr.* → **orinare**.

u|ri|nà|rio *agg.* relativo all'urina | *apparato —*, l'insieme di organi e condotti che producono e convogliano l'urina verso l'esterno.

ur|là|re *v.intr.* [indic.pres. *io ùrlo...*; aus. *A*] **1** (*di animali*) emettere urli **2** (*dell'uomo*) mandare urla, gridare; parlare ad alta voce: *— a squarciagola* | (*estens.*) alzare la voce in discussioni e sim. ♦ *tr.* dire ad alta voce: *— insulti*.

ur|là|ta *s.f.* **1** serie di grida **2** sfuriata.

ur|la|tó|re *agg.*, *s.m.* [f. *-trice*] che, chi urla | *cantanti urlatori*, quelli che in Italia, negli anni '60 del Novecento, si ispiravano alla vocalità del rock and roll.

ùr|lo *s.m.* [pl.f. *le urla* nel sign. 1 spec. con valore collettivo; pl.m. *gli urli* nei sign. 2 e 3] **1** grido umano prolungato | (*fig.*) **da** *—*, eccezionale | (*estens.*) discorso concitato pronunciato con voce alta: *le sue urla mi hanno fatto venire il mal di testa* **2** verso di animali acuto; ululato **3** (*fig.*) rumore acuto e prolungato: *l'— della sirena*.

ùr|na *s.f.* **1** nell'antichità, vaso di terracotta o altro materiale destinato a molti usi | *— cineraria*, in cui vengono conservate le ceneri dei defunti | piccola cassa contenente le spoglie di un santo **2** cassetta provvista di un'apertura nella parte superiore in cui si introducono le schede di una votazione o da cui si estraggono biglietti, numeri di una lotteria e sim.: *— elettorale* | (*spec.pl.*) votazione: *andare alle urne*.

ù|ro-[1] (*med.*) primo elemento di parole composte, che significa "urina", "apparato urinario" (*urologo*), oppure "urea, acido urico".

ù|ro-[2], -ù|ro, (*scient.*) primo e secondo elemento di parole composte, che significa "coda" (*urogallo*).

U|ro|dè|li *s.m.pl.* ordine di Anfibi dalla coda lunga e ben sviluppata.

u|ro|gàl|lo *s.m.* gallo cedrone.

u|ro|ge|ni|tà|le *agg.* (*anat.*) riguardante l'apparato urinario e quello genitale.

u|ro|gra|fì|a *s.f.* (*med.*) radiografia che consente la visualizzazione delle vie urinarie mediante la somministrazione per via endovenosa di un mezzo di contrasto.

u|ro|lo|gì|a *s.f.* (*med.*) branca della medicina che studia anatomia, fisiologia e malattie dell'apparato urinario.

u|ro|lò|gi|co *agg.* [m.pl. *-ci*] che riguarda l'urologia.

u|rò|lo|go *s.m.* [f. *-a*; m.pl. *-gi*] (*med.*) medico specialista in urologia.

u|ro|pì|gio *s.m.* (*zool.*) ciascuna delle due ghiandole situate nella regione caudale degli uccelli, secernenti un liquido oleoso che rende impermeabili le penne.

ur|rà o **hurrà** *inter.* esclamazione di gioia, di incitamento, di augurio: —, *abbiamo vinto!*
Ur|si|di *s.m.pl.* famiglia di Mammiferi carnivori, con pelame folto e grosse zampe alla quale appartengono le varie specie di orsi.
ur|tàn|te *part.pres. di* urtare ♦ *agg.* che urta, indisponente: *una persona —.*
ur|tà|re *v.tr.* **1** colpire involontariamente; sbattere: *correndo ho urtato un passante;* — *il braccio contro la porta* **2** (*fig.*) irritare: *le sue battute ironiche mi urtano profondamente* | — *i nervi,* innervosire ♦ *intr.* [aus. *A*] **1** cozzare contro ql.co.: — *contro un ostacolo* **2** (*fig.*) imbattersi: — *nell'indifferenza della gente* | essere in contrasto: — *con la logica* ♦ **-rsi** *intr.pron.* irritarsi: — *per un nonnulla* ♦ *rifl.rec.* **1** scontrarsi; spingersi: *la gente si urtava cercando di entrare* **2** (*fig.*) venire a contrasto: — *per questioni da nulla.*
ur|tà|ta *s.f.* urto, spinta.
Ur|ti|cà|ce|e o **Orticàcee** *s.f.pl.* famiglia di piante erbacee dicotiledoni a foglie alterne, a cui appartiene l'ortica.
ur|ti|càn|te o **orticànte** *agg.* detto di organo vegetale o animale che emette sostanze che irritano la pelle.
ùr|to *s.m.* **1** collisione più o meno violenta tra due corpi | spinta involontaria **2** (*estens.*) assalto di truppe **3** (*fig.*) contrasto: *essere in* — *con qlcu.* **4** (*fis.*) fenomeno che si verifica quando due corpi, dotati di moto relativo, vengono a contatto e in un tempo molto breve subiscono una variazione di velocità **5** (*med.*) *terapia d'—*, effettuata con dosi elevate di farmaco.
u|ru|gua|ià|no o **uruguayàno** *agg.* dell'Uruguay ♦ *s.m.* [f. -a] chi è nato o abita in Uruguay.
u|sà|bi|le *agg.* che si può usare.
ù|sa e gèt|ta *loc.agg.invar.* che va usato una sola volta; monouso: *siringa —.*
u|sàn|za *s.f.* **1** ciò che si usa fare in un determinato luogo o periodo storico; consuetudine, tradizione: *usanze romane; usanze rinascimentali* **2** (*estens.*) moda: *l'— del cappello* **3** (*raro*) abitudine: *ha l' — di fare una nuotata la mattina presto.*
u|sà|re *v.tr.* **1** adoperare ql.co. per un determinato scopo | — *la testa,* ragionare 2 esercitare, mettere in atto: — *il potere* **3** applicare, agire assumendo un particolare atteggiamento: — *l'inganno* | — *violenza a qlcu.*, costringerlo a fare ql.co. con la forza **4** [seguito da v. all'inf.] essere solito: *usa andare a letto tardi* ♦ *intr.* [aus. *A*] **1** servirsi di ql.co.: — *della propria autorità* **2** essere di moda: *un modello che usa molto* | *si usa*, è di moda.
u|sà|to *part.pass. di* usare ♦ *agg.* **1** detto di ciò che non è più nuovo: *libro —* **2** (*lett.*) solito, abituale ♦ *s.m.* **1** modo solito, consueto: *secondo l'—* **2** ciò che è usato: *il mercato dell'—.*
u|sbè|co o **uzbèco** *agg.* [m.pl. *-chi*] dell'Uzbekistan, repubblica dell'Asia centrale ♦ *s.m.* [f. -a] chi è nato o abita in Uzbekistan.
u|sbèr|go *s.m.* [pl. *-ghi*] (*lett.*) **1** armatura fatta di maglie di metallo usata nel Medioevo per proteggere il busto | (*estens.*) corazza **2** (*fig.*) difesa, protezione.
u|scèn|te *part.pres. di* uscire ♦ *agg.* **1** si dice di periodo di tempo che sta per finire: *il mese —* **2** detto di chi sta per lasciare la propria carica: *l'amministratore —.*
u|sciè|re *s.m.* [f. -a] negli uffici pubblici, impiegato che ha il compito di dare informazioni al pubblico, di accompagnare e annunciare i visitatori.
ù|scio *s.m.* porta.
u|sci|re *v.intr.* [indic.pres. *io èsco, tu èsci, egli èsce, noi usciàmo, voi uscìte, essi èscono*; nella coniug. si usa la forma *esc-* se l'accento tonico cade sul tema, *usc-* se cade sulla desinenza; aus. *E*] **1** andare o venire fuori da un luogo: — *di* (o *da*) *casa* | — *dall'ospedale*, essere dimesso | — *di scena*, detto di un attore, lasciare la scena; (*fig.*) ritirarsi dopo aver ricoperto una carica importante | — *dalla vista*, non essere più visibile | (*fig.*) — *di bocca*, di parola o frase, sfuggire inavvertitamente | — *dagli occhi*, si dice di ciò che si è visto o avuto in abbondanza, fino alla noia | — *di mente*, di ql.co., essere dimenticato | — *dal seminato*, divagare **2** andare fuori casa per motivi di svago: *stasera non posso —, devo studiare* **3** allontanarsi, staccarsi da un gruppo, da un'organizzazione: — *dal club* **4** (*fig.*) cessare di trovarsi in una data situazione o condizione: — *dall'inverno* | — *di senno*, impazzire **5** detto di sostanza, venir fuori da dove è contenuto; fuoriuscire: *il fumo esce dal camino* | essere prodotto: *dal laboratorio escono cento pezzi al giorno* | essere pubblicato: *domani i giornali non escono* | di fiumi o strade, sfociare, sboccare **6** provenire: *parole che escono dal cuore* | derivare; nascere: *dal male può — il bene* | (*fam.*) ricavarsi: *da questa stoffa non può — una camicia* **7** sbottare: — *in un urlo* **8** essere sorteggiato **9** (*gramm.*) detto di parola, avere una determinata terminazione: — *in consonante* **10** (*inform.*) interrompere l'esecuzione di un programma.
u|scì|ta *s.f.* **1** l'atto di uscire | *libera —*, periodo di libertà concesso a militari **2** passaggio, apertura | — *di sicurezza*, passaggio aperto solo in caso di pericolo in teatri, cinema, discoteche e sim. | (*fig.*) *via d'—*, possibilità di soluzione **3** pubblicazione di libro, giornale **4** spesa: *le uscite superano le entrate* **5** (*fig.*) frase improvvisa; battuta di spirito **6** (*gramm.*) terminazione di un vocabolo **7** (*inform.*) lo stesso che *output.*
u|si|gnò|lo (*lett.* usignuòlo) *s.m.* piccolo uccello dal canto melodioso, con piume rossicce sul dorso e grigio biancastre sul petto.
ù|so[1] *agg.* (*lett.*) abituato, solito: *un uomo — ai sacrifici.*
ù|so[2] *s.m.* **1** l'atto di usare ql.co. | il modo in cui si utilizza ql.co., lo scopo per cui si usa: *istruzioni per l'—;* per — *personale* | *fare — di ql.co.,* servirsene | *fuori —*, inutilizzabile | *a — di*, destinato a, fatto per: *un testo a — dei licei* **2** capacità, facoltà, possibilità di usare: *perdere l'— della ragione* **3** esercizio, pratica continuata: *imparare*

ussaro

con l'— 4 significato di una parola, di un'espressione: — *figurato* 5 (*dir.*) diritto di servirsi di un bene altrui e di goderne i frutti 6 abitudine, usanza, consuetudine: *è d'— scambiarsi gli auguri* | (*estens.*) moda: *tornare in —* 7 (*spec.pl.*) norma, non scritta, risultante dalla pratica costante di determinati comportamenti da parte della collettività: *usi locali*.

ùs|sa|ro *s.m.* (*st.*, *mil.*) in alcuni eserciti europei, soldato di cavalleria leggera.

u|stà|scia *s.m.invar.* 1 (*st.*) guerrigliero balcanico che lottava contro la dominazione turca 2 militante di un'organizzazione separatista croata al servizio dei nazifascisti.

u|stio|nà|re *v.tr.* [indic.pres. *io ustióno...*] produrre ustioni ♦ **-rsi** *rifl.* prodursi ustioni.

u|stio|nà|to *part.pass.* di ustionare ♦ *agg.*, *s.m.* [f. *-a*] che, chi ha subito ustioni.

u|stió|ne *s.f.* (*med.*) lesione prodotta sui tessuti dal contatto con temperature elevate; scottatura, bruciatura | — *di primo grado*, che si manifesta con arrossamento dei tessuti | — *di secondo grado*, quella che colpisce anche il derma ed è caratterizzata dalla formazione di vesciche | — *di terzo grado*, quella che interessa i tessuti ancora più profondi.

u|stò|rio *agg.* che brucia o serve a far bruciare | *specchio —*, specchio concavo usato per far convergere i raggi solari su un oggetto infiammabile bruciandolo.

u|suà|le *agg.* solito, abituale | che si usa comunemente ♦ *s.m. solo sing.* ciò che è abituale □ **usualmente** *avv.* di solito | secondo gli usi.

u|su|ca|pió|ne *s.f.* (*dir.*) modo di acquisto della proprietà di un bene attraverso il suo possesso continuato.

u|su|fru|i|bi|le *agg.* di cui si può usufruire.

u|su|fru|i|re *v.intr.* [indic.pres. *io usufruisco, tu usufruisci...*; aus. A] 1 (*dir.*) avere in usufrutto 2 (*estens.*) giovarsi di ql.co.: — *di un privilegio*.

u|su|frùt|to *s.m.* (*dir.*) diritto reale di godere di un bene altrui, e dei relativi frutti, rispettandone l'uso e la destinazione economica.

u|su|frut|tuà|rio *agg.*, *s.m.* [f. *-a*] (*dir.*) che, chi gode di un bene in usufrutto.

u|sù|ra[1] *s.f.* 1 tasso d'interesse superiore a quello legale, richiesto per del denaro dato in prestito 2 reato di chi chiede interessi sproporzionati su un prestito, approfittando dello stato di bisogno di qlcu.

u|sù|ra[2] *s.f.* 1 consumo subito da un oggetto in seguito a uso prolungato 2 (*fig.*) logorio.

u|su|rà|bi|le *agg.* che si può usurare.

u|su|rà|io *s.m.* [f. *-a*] 1 chi esercita l'usura; strozzino 2 (*estens.*) persona molto avida.

u|su|rànte *part.pres.* di usurare ♦ *agg.* (*spec.fig.*) logorante: *una vita —*.

u|su|rà|re *v.tr.* sottoporre a usura, logorare ♦ **-rsi** *intr.pron.* subire l'usura, logorarsi.

u|sur|pà|re *v.tr.* appropriarsi con la violenza o con l'inganno di un bene, di un titolo o di un diritto altrui: — *il trono* | (*estens.*) godere immeritatamente: — *la fama*.

u|sur|pa|tó|re *agg.*, *s.m.* [f. *-trice*] che, chi si appropria di ciò che spetta ad altri.

u|sur|pa|zió|ne *s.f.* 1 l'atto di usurpare 2 (*dir.*) esercizio abusivo di poteri o funzioni.

u|tèn|si|le o **utensile** *s.m.* 1 strumento per lavori domestici 2 attrezzo per lavorare materiali in legno, metalli e sim.

u|ten|si|le|rìa *s.f.* insieme di utensili.

u|tèn|te *s.m.* chi si serve di un bene o di un servizio, spec. pubblico.

u|ten|za *s.f.* 1 l'atto di usufruire di un bene o di un servizio 2 l'insieme degli utenti.

u|te|rì|no *agg.* 1 (*anat.*) dell'utero 2 (*spreg.*) detto di atteggiamento incontrollato, irrazionale.

ù|te|ro *s.m.* (*anat.*) organo cavo dell'apparato genitale femminile dei mammiferi destinato ad accogliere l'ovulo fecondato fino al suo sviluppo completo.

ù|ti|le *agg.* 1 che può essere usato o può servire | *tempo —*, entro cui si può compiere un determinato atto 2 che apporta un vantaggio, che è di giovamento: *mi hai dato un consiglio —* 3 di persona, che è d'aiuto: *posso esserti —?* ♦ *s.m.* 1 ciò che può essere vantaggioso: *unire l'— al dilettevole* 2 (*econ.*) profitto derivante dall'esercizio di un'attività economica □ **utilmente** *avv.*

u|ti|li|tà *s.f.* 1 caratteristica di ciò che è utile 2 vantaggio, profitto: *non ne ho avuto nessuna —* 3 (*inform.*) software, programma di —, insieme dei programmi che svolgono funzioni di servizio integrando il software di base.

u|ti|li|tà|ria *s.f.* autovettura di piccola cilindrata e di costi contenuti.

u|ti|li|ta|rì|smo *s.m.* (*filos.*) dottrina che pone come fine di ogni attività il conseguimento di un benessere durevole.

u|ti|li|ta|rì|sta *s.m./f.* [m.pl. *-i*] 1 (*filos.*) fautore dell'utilitarismo 2 (*estens.*) chi agisce solo per il proprio tornaconto personale.

u|ti|li|ta|rì|sti|co *agg.* [m.pl. *-ci*] dell'utilitarismo; da utilitarista.

utility (*ingl.*) *s.f.pl.* (*inform.*) programma di utilità.

u|ti|liz|zà|bi|le *agg.* che può essere utilizzato.

u|ti|liz|za|bi|li|tà *s.f.* caratteristica di ciò che può essere utilizzato in modo proficuo.

u|ti|liz|zà|re *v.tr.* usare, impiegare: — *gli avanzi*.

u|ti|liz|za|tó|re [f. *-trice*] *agg.*, *s.m.* che, chi utilizza.

u|ti|liz|za|zió|ne *s.f.* l'atto di utilizzare; impiego.

u|ti|lìz|zo *s.m.* utilizzazione.

-ù|to *suff.* serve a formare aggettivi che indicano la natura o la caratteristica di una persona, di una cosa (*barbuto*, *panciuto*).

u|to|pì|a *s.f.* 1 modello immaginario di una società 2 (*estens.*) ideale, progetto irrealizzabile.

u|tò|pi|co *agg.* [m.pl. *-ci*] utopistico □ **utopicamente** *avv.*

u|to|pì|sta *s.m./f.* [m.pl. *-i*] chi coltiva un'utopia; sognatore.

u|to|pì|sti|co *agg.* [m.pl. *-ci*] di utopia, da utopista; irrealizzabile □ **utopisticamente** *avv.*

ù|va[1] *s.f.* 1 il frutto a grappolo della vite | — **pas-**

sa, varietà di uva che si fa essiccare al sole | — **da tavola**, da mangiare fresca **2** — **spina**, nome di alcune specie di ribes, con bacche tonde giallo-rossicce.
UVA² *s.m.pl.* comunemente, i raggi ultravioletti usati nelle lampade per l'abbronzatura artificiale.
ù|ve|a *s.f.* (*anat.*) tunica che costituisce la membrana vascolare e nutritizia dell'occhio.
u|vét|ta *s.f.* uva passa molto dolce.
u|vu|là|re *agg.* **1** (*med.*) che riguarda l'ugola: *infiammazione* — **2** (*ling.*) detto di suono, articolato all'altezza dell'ugola: *la r — francese*.

u|xo|ri|ci|da *s.m.* [m.pl. *-i*] chi commette uxoricidio.
u|xo|ri|ci|dio *s.m.* uccisione della propria moglie | (*estens.*) uccisione del coniuge.
u|xò|rio *agg.* (*dir.*) della moglie: *patrimonio —*.
uz|bè|co *s.m.* → **usbeco**.
-úz|zo *suff.* serve a formare diminutivi di sostantivi e aggettivi con valore vezzeggiativo o spregiativo (*viuzza*).
ùz|zo|lo *s.m.* (*region.*) capriccio: *mi è venuto l'— di disegnare*.

V v

v *s.f./m.* ventiduesima lettera dell'alfabeto (il suo nome è *vu* o *vi*); consonante fricativa labiodentale sonora | — **come Venezia**, nella compitazione, spec. telefonica, delle parole | *V*, nella numerazione romana, il numero cinque | *a* —, che per aspetto ricorda la lettera V: *scollatura a* —.
va' *inter.* (*fam.*) esprime stupore, meraviglia: —, *che sorpresa!*
va|càn|te *agg.* non occupato, privo del titolare | (*eccl.*) **sede** —, detto del periodo compreso tra la morte di un Papa o di un vescovo e l'elezione del successore.
va|càn|za *s.f.* **1** condizione di un ufficio o di una carica privi del titolare **2** sospensione temporanea dell'attività in uffici, scuole: *due giorni di —* **3** (*pl.*) periodo di riposo, spec. di più giorni, concesso a chi lavora; ferie | lungo periodo in cui la scuola resta chiusa, in partic. la chiusura estiva.
va|can|ziè|re *s.m.* [f. *-a*] chi va in vacanza.
va|can|ziè|ro *agg.* che va in vacanza: *una folla vacanziera* | tipico delle vacanze: *clima —*.
va|cà|tio lè|gis (*lat.*) [pr. *vacàzio lègis*] *loc.sost. f.invar.* (*dir.*) periodo che intercorre tra la pubblicazione di una legge e la sua entrata in vigore.
vàc|ca *s.f.* **1** femmina adulta dei bovini | (*fig.*) *le sette vacche grasse*, *le sette vacche magre*, secondo la narrazione biblica, i periodi dell'abbondanza e della carestia nel sogno del faraone **2** (*spec. pl.*) bachi da seta colpiti da una particolare malattia che gli si gonfiano in modo notevole e non fanno più il bozzolo | *andare in —*, detto dei bachi da seta ammalati che smettono di fare il bozzolo; (*fig.*) detto di un piano, un progetto, fallire.
vac|cà|io o **vaccàro** *s.m.* guardiano di vacche.
vac|cà|ta *s.f.* (*volg.*) cosa malfatta | sciocchezza, sproposito: *hai detto una —*.
vac|chét|ta *s.f.* pelle di vacca conciata con particolari estratti vegetali, usata in pelletteria.
vac|ci|na *s.f.* **1** vacca **2** (*estens.*) carne di vacca o di manzo **3** sterco di bovino.
vac|ci|nà|re *v.tr.* sottoporre a vaccinazione ♦ **-rsi** *rifl.* (*fig.*) difendersi da ql.co. di sgradevole per averlo già provato: *— contro i dispiaceri.*
vac|ci|nà|ro *agg.* nella loc. (*gastr.*) *coda alla vaccinara*, coda di manzo in umido, piatto tipico della cucina romana.
vac|ci|nà|to *part.pass. di* vaccinare ♦ *agg.* **1** (*fig.*) immune | *— contro ql.co.*, detto di chi, avendo vissuto un'esperienza negativa, sa difendersene **2** (*scherz.*) adulto in grado di cavarsela da solo: *maggiorenne e —*.
vac|ci|na|zió|ne *s.f.* somministrazione di un vaccino all'uomo o a un animale per renderlo immune da una malattia.
vac|ci|ni|co *agg.* [m.pl. *-ci*] di vaccino, che riguarda il vaccino.
vac|ci|no *agg.* di vacca: *latte —* | bovino: *bestiame —* ♦ *s.m.* (*med.*) preparato contenente batteri o virus, attenuati o uccisi, che viene somministrato in un organismo allo scopo di indurre in esso la produzione degli anticorpi specifici contro una malattia: *— antitetanico*.
vac|ci|no|pro|fi|làs|si *s.f.* (*med.*) profilassi attuata con vaccini.
vac|ci|no|te|ra|pì|a *s.f.* (*med.*) terapia attuata con vaccini.
va|cil|la|mén|to *s.m.* (*anche fig.*) l'atto di vacillare.
va|cil|làn|te *part.pres. di* vacillare ♦ *agg.* **1** che vacilla **2** (*fig.*) debole, incerto: *fiducia —* | che è in crisi, instabile: *potere —*.
va|cil|là|re *v.intr.* [aus. *A*] **1** non stare saldo in piedi; barcollare | (*estens.*) di cose, oscillare: *la fiamma vacilla* **2** (*fig.*) essere incerto, malsicuro: *la memoria mi vacilla* | essere in crisi, in pericolo: *il governo vacilla.*
va|cui|tà *s.f.* mancanza di idee, sentimenti, contenuti; futilità: *la — di un discorso.*
và|cuo *agg.* **1** (*lett.*) vuoto **2** (*fig.*) privo di idee, di sentimenti, di contenuti; futile: *persona vacua* | *sguardo —*, inespressivo □ **vacuamente** *avv.*
va|cu|o|là|re *agg.* (*scient.*) relativo ai vacuoli | formato da vacuoli.
va|cù|o|lo *s.m.* **1** piccola cavità presente in sostanze porose o spugnose **2** (*biol.*) ognuna delle cavità presenti nel citoplasma delle cellule, contenente un liquido.
va|cu|ò|me|tro *s.m.* (*fis.*) strumento per la misura di pressioni inferiori a quella atmosferica normale.
va|de|mè|cum *s.m.invar.* manuale tascabile contenente notizie relative a un'attività, una professione e sim.: *il — del giardiniere.*
va e viè|ni *loc.sost.m.invar.* andirivieni, viavai.
val|ga|bon|dàg|gi|ne *s.f.* condizione di chi fa vita da vagabondo.
va|ga|bon|dàg|gio *s.m.* **1** condizione di chi non ha fissa dimora | l'esistenza di vagabondi in una comunità, considerata come una piaga sociale: *combattere il —* **2** (*estens.*) viaggiare senza meta, per svago: *un — per l'Italia.*
va|ga|bon|dà|re *v.intr.* [indic.pres. *io vagabóndo...*; aus. *A*] **1** fare il vagabondo, vivere da vagabondo **2** (*estens.*) vagare, viaggiare da un luo-

go all'altro senza meta, per svago | (*fig.*) passare da un'idea all'altra, da un argomento all'altro: — *con la mente.*

va|ga|bón|do *agg.* che va errando qua e là ♦ *s.m.* [f. *-a*] **1** chi non ha una dimora fissa | chi fa vita scioperata **2** (*scherz.*) chi viaggia e si sposta spesso, senza precisi programmi.

va|gàn|te *part.pres. di* vagare ♦ *agg.* che vaga | *mina* —, lasciata in mare alla deriva; (*fig.*) detto di cosa o persona che, sfuggita a ogni controllo, può creare all'improvviso situazioni pericolose.

va|ga|re *v.intr.* [indic.pres. *io vago, tu vaghi...*; aus. *A*] (anche *fig.*) andare qua e là senza una meta precisa; aggirarsi: — *per le strade;* — *con la fantasia.*

va|gheg|gia|mén|to *s.m.* l'immaginazione o il ricordo di ql.co. che si desidera intensamente.

va|gheg|già|re *v.tr.* [indic.pres. *io vaghéggio...*] **1** (*lett.*) guardare con desiderio, ammirazione e compiacimento **2** (*fig.*) immaginare ql.co. che si desidera intensamente; sognare: — *il successo.*

va|gheg|già|to *part.pass. di* vagheggiare ♦ *agg.* che è oggetto di desiderio, di ammirazione, di compiacimento.

va|gheg|gia|tó|re *s.m.* [f. *-trice*] (*lett.*) chi vagheggia | corteggiatore.

va|gheg|gì|no *s.m.* giovane vacuo e leggero, che fa il galante con le donne | (*estens.*) corteggiatore.

va|ghéz|za *s.f.* **1** carattere di ciò che è vago, impreciso: *la* — *delle sue parole* **2** (*lett.*) bellezza, grazia **3** (*lett.*) desiderio, voglia.

va|gi|na *s.f.* (*anat.*) canale muscolo-membranoso dell'apparato genitale femminile, che va dal collo dell'utero alla vulva.

va|gi|nà|le *agg.* (*anat., med.*) della vagina: *infiammazione* —.

va|gi|nì|smo *s.m.* (*med.*) contrazione della muscolatura vaginale che rende impervio il canale vaginale e spesso impedisce il rapporto sessuale.

va|gi|ni|te *s.f.* (*med.*) infiammazione della vagina.

va|gì|re *v.intr.* [indic.pres. *io vagisco, tu vagisci...*; aus. *A*] detto di neonati, emettere vagiti; piangere.

va|gì|to *s.m.* **1** pianto dei neonati **2** (*fig.*) i primordi, le prime manifestazioni: *i primi vagiti di un'arte.*

và|glia[1] *s.f. solo nelle loc.* *di* —, *di gran* —, di pregio, di grande valore: *uno scrittore di* —.

và|glia[2] *s.m.invar.* titolo di credito |— *postale*, titolo emesso dalle poste per effettuare pagamenti a distanza.

va|glià|re *v.tr.* [indic.pres. *io vàglio...*] **1** passare al vaglio per selezionare la parte utile: — *il grano* **2** (*fig.*) esaminare accuratamente: — *una proposta.*

va|glià|ta *s.f.* l'atto di vagliare una volta, in modo frettoloso.

va|gliatù|ra *s.f.* operazione del vagliare; setacciatura | materiale di scarto che rimane nel vaglio.

và|glio *s.m.* **1** dispositivo usato per la vagliatura, formato da una rete o da lamiere forate, attraverso cui passano gli elementi via via più piccoli del materiale **2** (*fig.*) esame accurato, critica minuziosa: *passare al* —.

và|go *agg.* [m.pl. *-ghi*] **1** non molto chiaro, indefinito: *una vaga idea* **2** (*lett.*) bello, grazioso **3** (*anat.*) *nervo* —, ciascun componente del decimo paio di nervi cranici ♦ *s.m.* ciò che è indeterminato: *restare nel* — □ **vagamente** *avv.* in modo vago; senza precisione: *ricordo* — *il suo aspetto.*

va|go|là|re *v.intr.* [indic.pres. *io vàgolo...*; aus. *A*] (*lett.*) vagare senza scopo.

va|go|nà|ta *s.f.* quantità di materiale che può essere contenuta in un vagone | (*estens.*) grande quantità.

va|gon|cì|no *s.m.* carrello su rotaie usato per il trasporto di materiali, spec. nelle miniere | (*estens.*) veicolo di una teleferica o di una funivia.

va|gó|ne *s.m.* **1** veicolo ferroviario; carrozza |— *letto*, provvisto di cuccette |— *ristorante*, dove si servono pasti ai passeggeri **2** (*estens.*) quantità di materiali trasportata da un vagone: *un* — *di carbone* | (*fig., fam.*) grande quantità **3** (*pop.*) persona molto grassa.

va|go|to|mì|a *s.f.* (*med.*) resezione chirurgica del tratto di nervo vago che innerva lo stomaco, per diminuire la secrezione acida nei casi di ulcera.

và|io[1] *agg.* (*lett.*) di colore che tende al nero | di colore bianco screziato di nero ♦ *s.m.* (*lett.*) colore vaio.

và|io[2] *s.m.* scoiattolo siberiano dal pelo grigio.

va|io|là|to *agg.* screziato, macchiettato.

va|io|la|tù|ra *s.f.* **1** comparsa di macchie e di corrosione su oggetti metallici **2** (*bot.*) malattia delle foglie di alcune piante.

va|iò|lo *s.m.* **1** (*med.*) malattia infettiva contagiosa, provocata da un virus, che si manifesta con febbre e l'eruzione di macchie che diventano pustole e lasciano cicatrici tipiche **2** (*agr.*) nome di varie malattie delle piante.

va|io|lòi|de *s.f.* (*med.*) forma attenuata di vaiolo.

va|io|ló|so *agg.* (*med.*) **1** del vaiolo **2** che è affetto da vaiolo ♦ *s.m.* [f. *-a*] (*med.*) persona affetta da vaiolo.

vai|ró|ne *s.m.* piccolo pesce d'acqua dolce con dorso verdastro, ventre argentato e una fascia scura sui fianchi.

va|làn|ga *s.f.* **1** massa di neve che che si stacca dalla sommità di una montagna e precipita a valle **2** (*fig.*) quantità enorme: *una* — *di domande.*

val|chi|rìa o **walchiria, walkiria** *s.f.* **1** nella mitologia germanica, ciascuna delle vergini guerriere che accompagnavano i caduti in guerra nel Walhalla, il paradiso degli eroi **2** (*fam., scherz.*) ragazza bionda, alta e robusta.

val|dé|se *agg.* che aderisce al movimento di rinnovamento religioso fondato dal lionese Pietro Valdo nel sec. XII, divenuto successivamente chiesa protestante ♦ *s.m./f.* seguace della chiesa valdese.

val|do|stà|no *agg.* della Val d'Aosta ♦ *s.m.* **1** [f. *-a*] chi è nato o abita in Val d'Aosta **2** dialetto franco-provenzale parlato nella Val d'Aosta.

valenciennes (*fr.*) [pr. *valansièn*] *s.m.invar.*, *agg.invar.* si dice di merletto finissimo in filato di cotone, con motivi floreali su fondo a rete: *merletto —*.

va|lèn|te *part.pres.* di valere ♦ *agg.* che vale | abile nella propria professione, arte o attività: *un chirurgo —* | □ **valentemente** *avv.*

va|len|ti|a *s.f.* qualità di chi è valente | abilità, capacità.

va|len|tuò|mo (*raro* valent'uòmo) *s.m.* uomo dotato di grandi pregi.

va|lèn|za *s.f* (*chim.*) capacità di un elemento di combinarsi con altri per formare un composto, definita dal numero di elettroni che può cedere, acquistare o mettere in compartecipazione 2 (*fig.*) significato, valore: *— artistica di un film.*

va|lé|re *v.intr.* [indic.pres. *io valgo, tu vali, egli vale, noi valiamo, voi valéte, essi vàlgono*; pass.rem. *io valsi, tu valésti...*; fut. *io varrò...*; congiunt.pres. *io valga..., noi valiamo, voi valiate, essi vàlgano*; condiz. *io varrèi...*; part.pass. *valso*; aus. *E*] **1** avere potere, forza, autorità: *è una persona che vale* | *farsi —*, far rispettare la propria autorità, i propri diritti | *far — le proprie ragioni*, fare in modo che vengano rispettate **2** essere abile, capace: *ha saputo dimostrare quello che vale* **3** avere pregio, valore | costare: *un terreno che vale molto* | (*fig.*) *vale tant'oro quanto pesa*, detto di persona che ha molte qualità o di cosa pregiata | *non — un fico secco*, essere privo di valore **4** avere efficacia, validità: *questo certificato non vale più*; *quello che ho detto vale anche per voi* | (*fam.*) *così non vale*, non è corretto **5** giovare, servire: *punirlo non è valso a nulla* **6** equivalere a: *un euro vale circa duemila lire* | *uno vale l'altro*, per indicare due persone o cose che si equivalgono **7** significare | *vale a dire*, cioè ♦ *tr.* rendere, fruttare | (*fig.*) procurare: *la sua canzone gli ha valso il primo premio* ♦ **-rsi** *intr.pron.* servirsi: *— di un suggerimento.*

va|le|ria|na *s.f.* **1** pianta erbacea medicinale con foglie pennate e fiori bianchi o rosati **2** la radice di tale pianta usata come sedativo.

va|le|tu|di|nà|rio *agg., s.m.* [f. *-a*] (*lett.*) detto di chi è debole di salute; malaticcio.

va|lé|vo|le *agg.* utile, valido.

val|gi|smo *s.m.* (*med.*) deviazione verso l'esterno dell'asse di un arto o di una sua parte.

vàl|go *agg.* [m.pl. *-ghi*] (*med.*) affetto da valgismo: *alluce —*.

va|li|cà|bi|le *agg.* che si può valicare.

va|li|cà|re *v.tr.* [indic.pres. *io vàlico, tu vàlichi...*] passare al di là di un ostacolo; oltrepassare | attraversare una catena montuosa.

và|li|co *s.m.* [pl. *-chi*] **1** l'atto di valicare **2** varco, luogo per il quale si passa, spec. per attraversare una zona montuosa | depressione di una cresta montuosa che consente il passaggio di una valle a un'altra: *— alpino* | *— di frontiera*, zona vigilata in cui si può passare la frontiera.

va|li|di|tà *s.f.* l'essere valido | periodo di tempo durante il quale ql.co. è valido: *permesso di soggiorno con — annuale.*

và|li|do *agg.* **1** accettato come vero o come buono: *teoria valida* | valevole **2** efficace: *un — sostegno* **3** (*dir.*) che ha efficacia giuridica o valore a norma di regolamento: *documento —* **4** vigoroso, fisicamente forte: *tutti gli uomini validi furono chiamati al fronte* **5** che ha pregio, valore: *un'opera valida* □ **validamente** *avv.* in modo valido: *battersi —*.

va|li|ge|rì|a *s.f.* **1** fabbrica o negozio di valigie **2** assortimento di valigie.

va|li|gia *s.f.* [pl. *-gie* o *-ge*] contenitore provvisto di uno o due manici, usato per portare abiti e oggetti in viaggio | *fare le valigie*, mettervi quanto è necessario per il viaggio; (*fig.*) andarsene.

va|li|già|io *s.m.* [f. *-a*] chi fabbrica o vende valigie, borse, bauli.

val|là|ta *s.f.* valle ampia e aperta.

vàl|le *s.f.* **1** (*geog.*) ampia, profonda depressione della superficie terrestre delimitata da montagne, dovuta a erosione glaciale o fluviale | *a —*, in giù, verso il basso; (*fig.*) detto per indicare il punto di arrivo di una situazione, la fase finale un ragionamento | *a — di*, per indicare la parte di un fiume più vicina alla foce rispetto a un determinato punto | (*fig.*) *per monti e per valli*, dappertutto **2** zona costiera paludosa nei pressi di un delta fluviale o di una laguna: *valli di Comacchio* | *— da pesca*, zona lagunare chiusa dove si pratica la vallicoltura.

val|lét|ta *s.f.* giovane donna che aiuta il presentatore di uno spettacolo televisivo.

val|lét|to *s.m.* nel Medioevo e fino al Settecento, paggio, staffiere.

val|li|col|tù|ra *s.f.* allevamento di pesci, spec. anguille e muggini, in valli lagunari.

val|li|già|no *agg.* delle valli ♦ *s.m.* [f. *-a*] chi è nato o abita in una valle.

val|li|snè|ria *s.f.* pianta che vive in acque dolci stagnanti e ha foglie nastriformi e piccoli fiori peduncolati.

val|li|vo *agg.* **1** relativo a una valle | *terreno —*, terreno poco saldo e paludoso del fondovalle **2** di valle, vallata: *pesca valliva.*

vàl|lo *s.m.* **1** (*st.*) recinto difensivo con palizzata costruito intorno all'accampamento romano | cinta muraria **2** (*estens.*) linea di difesa fortificata.

val|ló|ne[1] *s.m.* **1** valle stretta e profonda | depressione delle zone montuose, con pareti quasi a picco **2** (*geog.*) in Istria e Dalmazia, profondo canale marino che si addentra nella costa.

val|ló|ne[2] *agg.* [f. *-a*] della popolazione del Belgio sudorientale di lingua francese ♦ *s.m.* **1** [anche f.] chi è nato o abita nella zona del Belgio sudorientale in cui si parla francese **2** il dialetto parlato dai valloni.

va|ló|re *s.m.* **1** (*econ.*) equivalente in denaro; prezzo, costo: *gioielli di grande —* | *— di scambio*, quantità di un bene scambiabile con altri beni | *— d'uso*, utilità di un bene per chi lo possiede | *— di mercato*, il denaro che si può ottenere dalla vendita di ql.co. | *— reale*, quello effettivo | *— no-*

minale, detto di titoli, monete ecc., quello stabilito all'atto dell'emissione **2** tutto quello che può essere oggetto di negoziazione | (*pl.*) oggetti preziosi; gioielli | *valori bollati*, marche da bollo, francobolli e carte bollate **3** l'insieme delle qualità che rendono apprezzabile una persona | capacità professionale: *un insegnante di grande* — **4** pregio: *un dipinto di grande* — *artistico* **5** importanza: *oggetto di grande* — *affettivo* **6** (*estens.*) ciò che è considerato buono, giusto, bello secondo un giudizio personale o collettivo | *valori umani*, gli ideali a cui aspira l'uomo nella sua vita | motivo ispiratore delle azioni umane, della vita sociale **7** coraggio, eroismo: *combattere con* — | *valor militare*, quello dimostrato in guerra **8** validità, efficacia: *il* — *di un documento* | funzione: *participio con* — *di aggettivo* **9** (*mus.*) durata di una nota **10** (*scient.*) misura di una grandezza fisica.

va|lo|riz|zà|re *v.tr.* **1** far acquistare valore: — *un immobile* **2** (*fig.*) mettere in risalto: *un abito aderente che valorizza le forme* | — *una persona*, offrire a qlcu. l'occasione per esprimere le proprie capacità ♦ **-rsi** *intr.pron.* crescere di valore, di importanza: *la località ha saputo* —.

va|lo|riz|za|tó|re *agg., s.m.* [f. *-trice*] che, chi valorizza.

va|lo|riz|za|zió|ne *s.f.* l'atto di valorizzare, di essere valorizzato.

va|lo|ró|so *agg.* di persona, coraggioso: *soldato* — | di azione, che rivela coraggio: *un'azione valorosa* □ **valorosamente** *avv.*

val|po|li|cèl|la *s.m.* vino rosso di sapore asciutto prodotto nell'omonima regione in provincia di Verona.

va|lù|ta *s.f.* **1** moneta con valore legale in un paese: — *nazionale, estera; cambiare* — | *valute forti*, che tendono ad aumentare di valore nei cambi internazionali | *valute deboli*, che tendono a diminuire di valore nei cambi internazionali **2** (*banc.*) giorno da cui incominciano a decorrere gli interessi su una certa somma.

va|lu|tà|bi|le *agg.* che si può valutare.

va|lu|tà|re *v.tr.* [indic.pres. *io valùto* o più com. *vàluto...*] **1** attribuire un valore a ql.co.; stimare: — *una casa* **2** (*fig.*) apprezzare: — *in base alle capacità* **3** (*fig.*) vagliare, considerare: — *il pro e il contro* **4** calcolare approssimativamente: — *le distanze.*

va|lu|tà|rio *agg.* relativo alla valuta: *sistema* —.

va|lu|ta|tì|vo *agg.* atto a valutare: *criterio* —.

va|lu|ta|zió|ne *s.f.* **1** determinazione del valore di un bene: — *del patrimonio* | calcolo sommario: — *dei danni* **2** giudizio espresso da un insegnante riguardo al profitto di uno studente.

vàl|va *s.f.* **1** (*bot.*) ciascuna delle due parti in cui si divide il baccello di certi legumi **2** (*zool.*) ciascuna delle due parti che costituiscono la conchiglia dei molluschi.

val|và|re *agg.* relativo alla valva: *superficie* —.

val|vas|sì|no *s.m.* (*st.*) nel sistema feudale, vassallo del valvassore.

val|vas|só|re *s.m.* (*st.*) nel sistema feudale, vassallo del vassallo del signore.

vàl|vo|la *s.f.* **1** (*mecc.*) dispositivo per regolare il passaggio di un gas o di un fluido in una conduttura: — *a farfalla* | — *di sfogo, di sicurezza*, quella che si apre automaticamente per far diminuire la pressione di un fluido all'interno di un contenitore, quando questa raggiunge limiti di guardia; (*fig.*) ciò che permette di sfogare le proprie tensioni: *il nuoto è la mia* — *di sfogo* **2** (*elettr.*) dispositivo che interrompe il passaggio della corrente in caso di sovraccarico o di cortocircuito; fusibile **3** (*anat.*) formazione membranosa che, in un organo cavo, permette il passaggio di liquidi in una sola direzione: *valvole cardiache.*

val|vo|là|re *agg.* della valvola, relativo alla valvola.

vàl|zer o **wàlzer** *s.m.invar.* danza di ritmo ternario che si balla in coppia | musica per tale danza.

vamp (*ingl.*) *s.f.invar.* donna dalla bellezza vistosa e aggressiva.

vàm|pa *s.f.* **1** grande fiamma; fiammata improvvisa: *le vampe di un incendio* | ondata di forte calore **2** (*estens.*) arrossamento improvviso del volto con conseguente sensazione di calore, causato da un forte afflusso di sangue.

vam|pà|ta *s.f.* **1** fiammata improvvisa | ondata di calore **2** (*fig.*) arrossamento improvviso del volto dovuto a vergogna, febbre e sim. **3** (*fig.*) impeto di sentimenti: *una* — *di rabbia.*

vam|pi|ré|sco *agg.* [m.pl. *-schi*] da vampiro, relativo ai vampiri □ **vampirescamente** *avv.*

vam|pi|rì|smo *s.m.* **1** nelle credenze popolari, aspetto, comportamento da vampiro **2** (*psich.*) forma di necrofilia che consiste nell'uccidere una donna per violare il suo cadavere.

vam|pì|ro *s.m.* **1** nelle credenze popolari, cadavere che di notte ritorna in vita ed esce dalla tomba per succhiare il sangue dei vivi **2** (*fig.*) sfruttatore; strozzino.

van (*ingl.*) *s.m.invar.* autofurgone per il trasporto di cavalli | rimorchio per il trasporto di animali o merci.

va|nà|dio *s.m.* elemento chimico, metallo duro, usato come catalizzatore e per acciai speciali (*simb.* V).

va|na|glò|ria *s.f.* stima eccessiva di se stessi che porta a vantarsi di meriti e qualità inesistenti.

va|na|glo|riàr|si *v.intr.pron.* [indic.pres. *io mi vanaglòrio...*] vantarsi per meriti e qualità inesistenti.

va|na|glo|rió|so *agg., s.m.* [f. *-a*] che, chi è presuntuoso, borioso.

van|dà|li|co *agg.* [m.pl. *-ci*] **1** dei Vandali: *invasioni vandaliche* **2** (*fig.*) degno di un vandalo: *atto* — □ **vandalicamente** *avv.*

van|da|lì|smo *s.m.* tendenza a deturpare e distruggere cose di valore o di pubblica utilità per puro gusto della violenza | comportamento da vandalo.

vàn|da|lo *s.m.* [f. *-a*] **1** appartenente all'antica popolazione germanica dei Vandali che nel v sec. d.C. invase i territori romani e devastò Roma 2 (*fig.*) chi deturpa e distrugge beni di valore per ignoranza, inciviltà o puro gusto della violenza.

van|de|à|no *agg.* della Vandea, regione della Francia occidentale ♦ *s.m.* [f. *-a*] **1** chi è nato o abita nella Vandea **2** (*estens.*, *fig.*) accanito reazionario.

va|neg|gia|mén|to *s.m.* l'atto di vaneggiare | discorso privo di senso.

va|neg|già|re *v.intr.* [indic.pres. *io vanéggio...*; aus. *A*] parlare in modo sconnesso, farneticare: — *in preda alla febbre* | (*estens.*) dire o pensare cose prive di senso: *tu vaneggi!*

va|nè|sio *agg.*, *s.m.* [f. *-a*] vanitoso e fatuo.

va|nés|sa *s.f.* nome di farfalle diurne dalle ali di colori vivaci.

vàn|ga *s.f.* attrezzo agricolo per dissodare il terreno, formato da una lama di ferro fissata a un manico di legno provvisto di staffa.

van|gà|re *v.tr.* [indic.pres. *io vango, tu vanghi...*] (*anche assol.*) lavorare la terra con la vanga.

van|gà|ta *s.f.* atto con cui si pianta la vanga nella terra e si rivolta la zolla | vangatura sommaria | quantità di terra sollevata in tal modo.

van|ga|trì|ce *s.f.* macchina agricola per vangare meccanicamente il terreno.

van|ga|tù|ra *s.f.* atto del vangare.

van|gè|lo *s.m.* **1** notizia dell'avvento del regno di Dio e della redenzione degli uomini da parte di Gesù Cristo **2** ciascuno dei libri che narrano la vita di Gesù Cristo e la sua dottrina | ***vangeli canonici***, quelli di Matteo, Marco, Luca, Giovanni, riconosciuti come autentici dalla Chiesa cristiana | ***vangeli apocrifi***, quelli non accettati dalla Chiesa cristiana **3** brano tratto dai vangeli letto durante la messa **4** (*fig.*) i principi fondamentali di una dottrina, di un'ideologia **5** (*fig.*) verità sacrosanta, indiscutibile: *la sua parola è —!*

van|ghét|to *s.m.* piccola vanga con cui si dissoda solo uno strato superficiale di terra, usata spec. nel giardinaggio e in orticoltura.

van|gì|le *s.m.* (*agr.*) staffa che sporge dal manico della vanga, su cui si preme con il piede per far penetrare l'attrezzo più a fondo nel terreno.

va|ni|fi|cà|re *v.tr.* [indic.pres. *io vanifico, tu vanifichi...*] rendere vano, inutile: — *gli sforzi*.

va|ni|glia *s.f.* pianta rampicante dai cui frutti profumati si ricava un'essenza usata nell'industria dolciaria e in profumeria | essenza ricavata dal frutto di tale pianta.

va|ni|glià|to *agg.* aromatizzato con vaniglia: *zucchero —*.

va|nil|li|na o **vaniglìna** *s.f.* (*chim.*) composto aromatico, estratto dalla vaniglia o prodotto per sintesi, usato nell'industria dolciaria, in liquoreria e in profumeria.

va|ni|lò|quio *s.m.* discorso sconclusionato o futile.

va|ni|tà *s.f.* **1** compiacimento eccessivo di sé e delle proprie qualità: *sollecitare la — di qlcu.* **2** l'essere inutile, inefficace: *la — di un tentativo* | debolezza: *non ha —* **3** l'essere labile, effimero; caducità: *la — dei beni terreni* | (*estens.*) cosa effimera, futile: *seguire solo le —*.

va|ni|tó|so *agg.* pieno di vanità | che dimostra vanità ♦ *s.m.* [f. *-a*] persona fatua, vanitosa □ **vanitosamente** *avv.*

và|no *agg.* **1** inutile, inefficace: *vani tentativi* **2** privo di contenuto, di realtà: *discorsi vani; speranze vane* | effimero, caduco: *i vani piaceri terreni* **3** leggero, frivolo: *una persona vana* ♦ *s.m.* **1** spazio vuoto **2** apertura in una struttura muraria: *il — della porta* **3** stanza: *un appartamento di tre vani* **4** spazio destinato a vari usi: *— portabagagli* □ **vanamente** *avv.* inutilmente: *ho tentato — di convincerlo*.

van|tàg|gio *s.m.* **1** elemento che mette in una condizione favorevole rispetto ad altri: *ha il — di conoscere bene l'inglese* **2** profitto, miglioramento: *non ha tratto alcun — dalla sua nuova posizione* **3** spazio o tempo che separa persone o veicoli che compiono lo stesso percorso: *ha alcuni secondi di — sugli inseguitori* | (*sport*) distacco acquistato sull'avversario, misurabile secondo un punteggio: *un gol di —* | ***portarsi in —***, superare nel punteggio l'avversario.

van|tag|gió|so *agg.* che arreca vantaggio; conveniente: *un prezzo —* □ **vantaggiosamente** *avv.*

van|tà|re *v.tr.* **1** lodare, decantare qlcu. o ql.co.: *— le prestazioni di un'automobile* **2** dichiarare di possedere ql.co. che è motivo di orgoglio: *— nobili origini; — molti successi* **3** avanzare una pretesa: *— crediti* ♦ **-rsi** *rifl.*, *intr.pron.* **1** andare orgoglioso delle proprie capacità, doti: *non fa che —* **2** essere convinto di poter compiere ql.co. di straordinario: *si vanta di saper attraversare il fiume a nuoto*.

van|te|rì|a *s.f.* eccessiva ostentazione di meriti o qualità spesso inesistenti.

vàn|to *s.m.* **1** l'atto di vantarsi **2** ciò che è motivo di orgoglio | merito: *ha il — di essere onesto*.

vàn|ve|ra *s.f.* solo nella *loc.avv.* **a —**, a casaccio, senza riflettere: *parlare a —*.

va|pó|re *s.m.* **1** sostanza aeriforme che può svilupparsi da un liquido, per evaporazione o ebollizione, o da un solido, per sublimazione | ***— acqueo***, sviluppato dall'acqua in ebollizione | ***a —***, si dice di macchina che produce vapore o ne sfrutta l'energia termica | ***cuocere al —***, cuocere i cibi solo con il calore del vapore acqueo, senza immersione in acqua | (*fig.*) ***a tutto —***, alla massima velocità **2** (*spec.pl.*) nebbia; fumo: *i vapori dell'incenso* | esalazione: *vapori mefitici* **3** nave a vapore.

va|po|rét|to *s.m.* **1** (*ant.*) battello a vapore **2** piccola motonave usata gener. come mezzo di trasporto pubblico su laghi, canali o fiumi.

va|po|riè|ra *s.f.* (*desueto*) locomotiva a vapore.

va|po|riz|zà|re *v.tr.* **1** ridurre un liquido allo stato di vapore; nebulizzare **2** (*tecn.*) sottoporre le stoffe, spec. tinte, all'azione del vapore per fissare il colore ♦ *intr.* [aus. *E*], **-rsi** *intr.pron.* evaporare.

va|po|riz|za|tó|re *s.m.* **1** apparecchio utilizzato per vaporizzare un liquido; nebulizzatore **2** re-

cipiente contenente acqua che si applica ai termosifoni per umidificare l'aria.
va|po|riz|za|zió|ne *s.f.* riduzione di un liquido in piccolissime gocce.
va|po|ro|si|tà *s.f.* (*anche fig.*) carattere di ciò che è vaporoso.
va|po|ró|so *agg.* 1 molto leggero, morbido e soffice: *camicetta vaporosa* 2 (*fig.*) vago: *concetti vaporosi* □ **vaporosamente** *avv.* in modo leggero, soffice.
va|rà|no *s.m.* rettile squamato, simile a una grande lucertola, la cui pelle è usata in pelletteria.
va|rà|re *v.tr.* 1 (*mar.*) mettere in acqua un'imbarcazione appena costruita 2 (*fig.*) dare inizio a ql.co.: — *un progetto* | — *una legge*, promulgarla.
va|rà|ta *s.f.* 1 nelle cave di marmo, distacco e discesa a valle di una falda 2 in miniera, abbattimento di rocce con mine sistemate negli strati più profondi del terreno.
var|cà|bi|le *agg.* che si può varcare.
var|cà|re *v.tr.* [indic.pres. *io varco, tu varchi*...] 1 valicare, oltrepassare: — *la frontiera* 2 (*fig.*) superare: *hai varcato ogni limite*.
vàr|co *s.m.* [pl. *-chi*] 1 l'atto di varcare | *aspettare qlcu. al —*, appostarsi per coglierlo di sorpresa; (*fig.*) aspettare il momento opportuno per vendicarsi o metterlo alla prova 2 passaggio disagevole: *aprirsi un — tra la folla*.
varech (*fr.*) [pr. *varèk*] *s.m.invar.* ceneri di alghe brune usate come fertilizzante.
va|re|chi|na o **varecchina** *s.f.* soluzione di ipoclorito sodico usata come sbiancante e antisettico; candeggina.
và|ria (*lat.*) *s.f.pl.* argomenti vari, cose varie, spec. come titolo di libri.
va|ria|bi|le *agg.* che varia o può variare: *lunghezza —* | instabile: *tempo —* | (*gramm.*) detto di parte del discorso che varia nella forma o nella desinenza secondo la funzione che svolge nella frase (p.e. il sostantivo, l'aggettivo, il verbo) | (*mat.*) **grandezze variabili**, quelle che possono assumere valori diversi ♦ *s.f.* 1 (*mat.*) grandezza che può assumere valori diversi | — **dipendente**, il cui valore dipende da quello di altre variabili | — **indipendente**, il cui valore non è funzione di altri valori 2 (*fig.*) elemento che può modificare una situazione □ **variabilmente** *avv.*
va|ria|bi|li|tà *s.f.* 1 caratteristica di ciò che può cambiare 2 (*stat.*) caratteristica di un fenomeno che assume diverse modalità: *indice di —*.
va|riàn|te *s.f.* 1 modificazione di una cosa precedentemente stabilita: — *di un programma* | alternativa rispetto all'originale 2 (*ling.*) ciascuna delle forme diverse con cui si può presentare un vocabolo (p.e. *innaffiare* e *annaffiare*) 3 (*sport*) nell'alpinismo, tratto di percorso alternativo rispetto a quello principale 4 in filologia, ciascuna delle diverse lezioni presenti nei vari manoscritti di uno stesso testo.
va|rian|tì|sti|ca *s.f.* in filologia, esame e studio delle varianti.
va|riàn|za *s.f.* 1 (*fis.*) in termodinamica, numero di fattori di un sistema in equilibrio che si possono mutare senza alterare il numero delle fasi che compongono tale sistema 2 (*stat.*) *analisi della —*, procedura per verificare se determinati fattori influenzano un fenomeno oggetto d'indagine.
va|rià|re *v.tr.* [indic.pres. *io vàrio*...] 1 modificare ql.co., cambiare: — *l'ordine di partenza dei concorrenti* 2 rendere vario, diversificare per evitare la monotonia: — *argomento* ♦ *intr.* [aus. *A* se il sogg. è una persona, *E* se il sogg. è una cosa] 1 cambiare, mutare: *la moda varia spesso* 2 essere diverso: *i prezzi sono variati rispetto al l'anno scorso*.
va|rià|to *part.pass. di* variare ♦ *agg.* vario; non uniforme: *colori variati; menu —* □ **variatamente** *avv.*
va|ria|tó|re *s.m.* (*tecn.*) dispositivo che consente di variare, regolare, controllare una grandezza: — *di velocità*.
va|ria|zió|ne *s.f.* 1 cambiamento: *variazioni stagionali* 2 (*spec.pl.*; *mus.*) trasformazione di un tema musicale mediante procedimenti melodici | successione di brani musicali su un tema comune.
va|rì|ce *s.f.* (*med.*) dilatazione permanente di una vena, che insorge spec. nelle gambe: *soffre di varici*.
va|ri|cèl|la *s.f.* (*med.*) malattia infettiva dell'infanzia, di origine virale e molto contagiosa, che si manifesta con febbre e vescicole pruriginose sulla pelle.
va|ri|co|cè|le *s.m.* (*med.*) dilatazione delle vene del cordone spermatico.
va|ri|có|so *agg.* (*med.*) che presenta varici: *vene varicose*.
va|rie|gà|to *agg.* 1 di colore vario, spec. a strisce; screziato: *marmo — di nero* 2 (*fig.*) composito; non uniforme: *un ambiente sociale —* □ **variegatamente** *avv.*
va|rie|ga|tù|ra *s.f.* aspetto variegato.
va|rie|tà[1] *s.f.* 1 l'essere vario; molteplicità di aspetti con cui si presenta una cosa: *la — dei colori* 2 diversità | assortimento: — *di bevande* 3 oggetto o individuo con caratteristiche che lo differenziano da altri della stessa specie: *una — di rosa* 4 (*biol.*) suddivisione di una specie in cui si raccolgono individui che si differenziano per alcuni caratteri minori.
va|rie|tà[2] *s.m.* spettacolo leggero, che presenta scenette comiche, musica, canzoni e altri numeri di attrazione.
và|rio *agg.* 1 che ha aspetti diversi: *stile —* 2 molteplice, svariato: *libri di — genere* 3 [premesso a sostantivi pl.] numerosi: *c'erano varie persone* 4 [gener. posposto a sostantivi pl.] diversi: *ha interessi vari* 5 instabile, incostante: *è il umore —* ♦ *s.f.pl.* cose diverse, di vario genere | *varie ed eventuali*, formula conclusiva, spec. di ordini del giorno, di riunioni, assemblee ecc. — ♦ *pron. indef.pl.* parecchie persone □ **variamente** *avv.* in modo vario.
va|rió|me|tro *s.m.* 1 (*fis.*) strumento che segnala le variazioni di una grandezza fisica 2 (*aer.*)

strumento che indica la velocità con cui varia la quota di volo, in salita o in discesa.

va|rio|pin|to *agg.* di vari colori.

va|ri|smo *s.m.* (*med.*) condizione patologica di un arto che ha l'asse deviato verso l'interno.

và|ro[1] *s.m.* **1** operazione del varare un'imbarcazione **2** (*fig.*) attuazione, prima prova di ql.co. | promulgazione: *il — di una nuova legge*.

và|ro[2] *agg.* (*med.*) si dice di arto affetto da varismo: *ginocchio —*.

va|sà|io *s.m.* [f. *-a*] fabbricante, venditore di vasi di ceramica o terracotta.

va|sàl|le *agg.* (*anat.*) che riguarda i vasi sanguigni o linfatici | costituito da vasi.

vàsca *s.f.* **1** recipiente, spec. di grosse dimensioni, destinato a contenere acqua o altri liquidi: *— per i pesci | — da bagno*, impianto sanitario, fissato al pavimento, per la pulizia personale **2** (*sport*) piscina | *fare una —*, percorrere a nuoto la piscina nel senso della lunghezza; (*fig.*) in città o paesi di provincia, passeggiare lungo la via principale.

va|scèl|lo *s.m.* grande e potente nave da guerra con tre alberi, usata tra la fine del XVI e la prima metà del XIX sec.

va|schét|ta *s.f.* contenitore per prodotti alimentari | (*estens.*) la quantità di prodotto in essa contenuto: *si è mangiato una — di gelato*.

va|sco|là|re *agg.* **1** (*anat.*) che riguarda i vasi sanguigni e linfatici: *sistema —* **2** che riguarda la decorazione dei vasi di ceramica o terracotta: *pittura —*.

va|sco|la|riz|zà|to *agg.* (*anat.*) provvisto di vasi sanguigni: *tessuto —*.

va|sco|la|riz|za|zió|ne *s.f.* (*anat.*) distribuzione di vasi sanguigni in un organo o in un tessuto.

va|sco|lo|pa|tì|a *s.f.* (*med.*) qualsiasi malattia dei vasi sanguigni.

va|sec|to|mì|a *s.f.* (*med.*) intervento chirurgico di sterilizzazione maschile consistente nel tagliare o legare i condotti spermatici.

va|sec|to|miz|zà|re *v.tr.* (*med.*) sottoporre a vasectomia.

va|se|lì|na o (*pop.*) **vasellina** *s.f.* sostanza semisolida, untuosa, formata da una miscela di idrocarburi, utilizzata nell'industria come lubrificante e in farmacia come eccipiente per pomate, unguenti ecc.

va|sel|là|me *s.m.* assortimento di stoviglie per cucina e da tavola.

va|sel|lì|na *s.f.* → **vaselina**.

vasistas (*fr.*) [pr. *vasìstas*] *s.m.invar.* battente di finestra o posto nella parte alta delle porte, con la base inferiore incernierata e quella superiore che si può aprire verso l'interno.

vàso *s.m.* **1** recipiente di varia forma e materiale, destinato a contenere oggetti o liquidi, oppure usato a scopo ornamentale | *— sacro*, ogni recipiente usato per celebrare la messa | *— da notte*, pitale | *— da fiori*, recipiente di terracotta o altro materiale, forato alla base, che si riempie di terra per coltivarvi fiori o piante ornamentali **2** contenitore per fiori freschi o piante **3** contenitore cilindrico, spec. di vetro, per prodotti alimentari: *— di olive* **4** nei servizi igienici, water **5** (*biol.*) negli organismi vegetali e animali, ciascuno dei canali o condotti in cui circolano liquidi (linfa, sangue ecc.): *— capillare*.

va|so|co|strit|tó|re *agg., s.m.* [f. *-trice*] (*med.*) detto di ciò che ha la proprietà di provocare il restringimento dei vasi sanguigni.

va|so|co|stri|zió|ne *s.f.* (*med.*) riduzione del calibro dei vasi sanguigni.

va|so|di|la|ta|tó|re *agg., s.m.* [f. *-trice*] (*med.*) detto di ciò che ha la proprietà di dilatare i vasi sanguigni.

va|so|di|la|ta|zió|ne *s.f.* (*med.*) aumento del calibro dei vasi sanguigni.

va|so|mo|ti|li|tà *s.f.* (*med.*) capacità dei vasi sanguigni di dilatarsi e di contrarsi.

va|so|mo|tó|re *agg.* (*anat.*) si dice di nervo o centro nervoso capace di determinare la vasomotilità.

va|so|mo|tó|rio *agg.* (*med.*) relativo alla vasomotilità: *disturbo —*.

va|so|re|se|zió|ne *s.f.* (*med.*) vasectomia.

va|so|spà|smo *s.m.* (*med.*) contrazione della parete dei vasi sanguigni, spec. arteriosi.

vas|sal|làg|gio *s.m.* **1** (*st.*) nell'età feudale, contratto con cui il vassallo si assoggettava al feudatario, promettendogli fedeltà in cambio di protezione **2** (*estens.*) soggezione al volere altrui; sudditanza.

vas|sàl|lo *s.m.* **1** nell'età feudale, chi si assoggettava al feudatario mediante vassallaggio **2** (*estens.*) dipendente, sottoposto | (*spreg.*) servo ♦ *agg.* che è sottoposto, subordinato.

vas|só|io *s.m.* grande piatto, di materiale e forma vari, usato per portare cibi, bevande od oggetti: *— di peltro* | (*estens.*) il contenuto del vassoio: *un — di pasticcini*.

va|sti|tà *s.f.* **1** (*anche fig.*) carattere di ciò che è vasto: *la — di un argomento* **2** superficie di grande estensione: *la — dell'oceano*.

vàsto *agg.* **1** di grande estensione: *un — territorio* **2** (*fig.*) di grande entità: *le sue conoscenze sono molto vaste* | *di vaste proporzioni*, che ha grandi dimensioni, molto esteso; (*fig.*) molto grave, importante | *su vasta scala*, in grandi proporzioni, in gran quantità ♦ *s.m.* (*anat.*) nome di alcune formazioni muscolari degli arti | *— mediale*, parte del muscolo tricipite del braccio □ **vastamente** *avv.*

vàte *s.m.* (*lett.*) **1** profeta **2** poeta animato da alta ispirazione e grande impegno civile.

va|ti|ca|nì|sta *s.m./f.* [m.pl. *-i*] **1** esperto dell'attività religiosa e politica del Vaticano | (*giorn.*) corrispondente del Vaticano **2** sostenitore della linea politica del Vaticano.

va|ti|cà|no *agg.* della Città del Vaticano: *musei vaticani* | *della Santa Sede: governo —* ♦ *s.m. il Vaticano*, la Chiesa cattolica.

va|ti|ci|nà|re *v.tr.* [indic.pres. *io vaticìno* o *vatìcino...*] (*lett.*) profetizzare, predire.

va|ti|cì|nio *s.m.* predizione: *il — non si è avverato*.

vat|te|lap|pé|sca *avv.* (*fam.*) chi lo sa; vallo a indovinare: — *dove sarà andato.*
va|tùs|so *s.m.* → **watùsso**.
vaudeville (*fr.*) [pr. *vodvìl*] *s.m.invar.* **1** genere teatrale brillante e leggero, ricco di situazioni piccanti **2** canzone popolare satirica francese.
ve *pron.pers.m./f.* di *2ª pers.pl.* [atono; usato come compl. di termine in luogo del pron.pers. *vi* davanti a *lo, la, li, le* e *ne*, in posizione proclitica o enclitica] a voi: — *l'ho mostrato*; *volevo dirvelo ieri* ♦ *avv.* [usato al posto dell'avv. *vi* davanti a *lo, la, li, le* e *ne*]: qui, in questo luogo; lì, nel luogo di cui si parla; — *lo portai io*; — *ne sono parecchi.*
ve' o **veh** *inter.* esprime raccomandazione, ammonimento o rafforza un'affermazione, una negazione: *bada,* —!
vèc|chia *s.f.* donna di età avanzata.
vec|chià|ia *s.f.* **1** fase avanzata della vita | *pensare alla* —, risparmiare per avere mezzi economici in età avanzata | *morire di* —, per l'età molto avanzata **2** [con valore collettivo] i vecchi: *bisogna rispettare la* —.
vec|chie|rèl|lo *s.m.* [f. -*a*] vecchio debole, mite.
vec|chiét|to *s.m.* [f. -*a*] vecchio di corporatura esile.
vèc|chio *agg.* **1** che ha un'età molto avanzata; anziano | che si trova nel periodo della vecchiaia | *essere più* — *di qlcu.*, avere più anni d'età | posposto al nome di un personaggio storico serve a distinguerlo da un altro omonimo, ma vissuto in epoca posteriore: *Plinio il* — **2** (*estens.*) che mostra i segni propri della vecchiaia: *viso* — **3** di un periodo precedente | antico: *la città vecchia* | (*fig.*) non attuale; — *stile* **4** (*fig.*) che dura da molto tempo: *una vecchia tradizione* | (*fig.*) usato: *giaccone* — **5** (*fig.*) che ha lunga esperienza: *è* — *del mestiere* **6** (*fig.*) si dice di prodotto sottoposto a stagionatura: *vino* — ♦ *s.m.* **1** [f. -*a*] chi si trova nella vecchiaia **2** [f. -*a*] persona che svolge un lavoro da molti anni: *i vecchi dell'azienda* **3** (*solo sing.*) ciò che è superato: *cancellare il* —.
vec|chiòt|to *agg.* di persona, attempata | di cosa, fuori moda.
vec|chiù|me *s.m.* (*spreg.*) insieme di cose vecchie | (*spreg.*) insieme di usanze, idee superate.
véc|cia *s.f.* [pl. -*ce*] pianta erbacea con fiori violacei e semi rotondi, usata come foraggio.
vé|ce *s.f.* **1** (*lett.*) mutamento, avvicendamento | (*loc.*) *in* — *di*, al posto di | *in* — *mia* (o *in mia* —), al mio posto **2** (*pl.*) mansioni esercitate da un sostituto: *fare le veci del preside.*
ve|dèn|te *part.pres.* di *vedere* ♦ *agg., s.m./f.* che, chi ha l'uso della vista | (*euf.*) *non* —, cieco.
ve|dé|re¹ *v.tr.* [indic.pres. *io védo, tu védi, egli véde, noi vediamo, voi vedéte, essi védono*; pass.rem. *io vidi, tu vedésti...*; fut. *io vedrò...*; congiunt.pres. *io véda,... noi vediamo, voi vediate, essi védano*; condiz.pres. *io vedrèi...*; imp. *védi, vedéte*; ger. *vedèndo*; part.pres. *vedènte*; part.pass. *visto* o *veduto*] **1** (*anche assol.*) percepire con gli occhi: *da vicino si vede meglio* | — *con i propri occhi*, essere testimone di ql.co. | (*fig.*) *non poter* — *qlcu.*, averlo in antipatia | *vederne di tutti i colori*, vedere fatti d'ogni genere | *vedersela brutta*, correre un grave rischio | — *lontano*, prevedere | *non vederci per la fame*, essere molto affamato | *vederci doppio*, vedere le immagini sdoppiate per stanchezza, ubriachezza e sim. | *non* — *più lontano del proprio naso*, non essere lungimirante **2** incontrare: *ci vediamo al bar* | (*fam.*) *guarda chi si vede!*, espressione usata quando si incontra qlcu. che non ci si aspettava | (*fig., fam.*) *chi s'è visto, s'è visto*, modo di dire per mostrare indifferenza per le conseguenze di un certo comportamento **3** guardare; esaminare: — *i conti* | *farsi* — *dal dottore*, farsi visitare **4** assistere a uno spettacolo: — *una partita* | visitare: — *una mostra* | *si vedrà!*, detto in tono di minaccia, di sfida **5** comprendere, giudicare: *non vedi come piange?* | *visto che*, dato che, poiché | *a ragion veduta*, dopo aver considerato ogni implicazione, circostanza | *vederci chiaro*, capire con chiarezza **6** scorgere con la fantasia; immaginare: *si vede perduto* | (*fig.*). **non** — *l'ora*, desiderare con ansia, impazienza di fare una determinata cosa o che arrivi un particolare momento **7** verificare: *vedi se hai preso tutto* **8** fare in modo di: *vedi di sbrigarti* **9** avere in comune: *non avere nulla a che* — *con qlcu.* ♦ **-rsi** *rifl.* **1** percepire la propria immagine: — *nello specchio* **2** (*fig.*) credersi, sentirsi: — *perduto* **3** (*fig.*) riconoscersi: *mi vedo nelle sue paure* ♦ *rifl.rec.* incontrarsi.
ve|dé|re² *s.m.* opinione, parere: *a mio* —.
ve|dét|ta *s.f.* **1** (*mil.*) luogo elevato da cui si osserva il territorio circostante | (*fig.*) *stare di* —, all'erta **2** persona che sta di vedetta **3** (*mar.*) nave usata per la vigilanza costiera.
vedette (*fr.*) [pr. *vedèt*] *s.f.invar.* **1** nel mondo dello spettacolo, artista di fama **2** (*estens.*) persona di spicco in un determinato campo.
vé|do|va *s.f.* **1** donna a cui è morto il marito **2** (*zool.*) — *nera*, ragno americano di colore nero, dal morso velenoso.
ve|do|vàn|za *s.f.* condizione di chi è vedovo o vedova.
ve|do|vì|le *agg.* di vedova o vedovo: *stato* —.
vé|do|vo *agg.* detto di persona a cui è morto il marito o la moglie ♦ *s.m.* uomo a cui è morta la moglie.
ve|drét|ta *s.f.* piccolo ghiacciaio che occupa la conca di un circo glaciale oppure costituito da un lastrone ghiacciato situato lungo un ripido pendio.
ve|dù|ta *s.f.* **1** panorama **2** quadro o fotografia di un paesaggio o di un ambiente: *una* — *di Firenze* **3** (*pl.*) modo di vedere le cose; opinioni, mentalità | *essere di larghe vedute*, di mentalità aperta.
ve|du|tì|smo *s.m.* genere di pittura, diffuso nel Settecento, che rappresentava paesaggi o vedute di edifici.
ve|du|tì|sta *s.m./f.* [m.pl. -*i*] pittore di vedute.
ve|e|mèn|te *agg.* impetuoso, violento: *una* — *eloquenza* □ **veementemente** *avv.*
ve|e|mèn|za *s.f.* violenza, impetuosità.

vegan (*ingl.*) o **vegàno** *s.m.invar.* vegetaliano.
ve|ge|tà|le *agg.* 1 che si riferisce alle piante 2 che si ottiene dalle piante: *colore —* ♦ *s.m.* 1 ogni organismo vivente appartenente al regno vegetale; pianta 2 (*fig.*) persona che vive allo stato vegetativo.
ve|ge|ta|lià|no *agg.* si dice di dieta costituita unicamente da alimenti vegetali ♦ *s.m.* [f. *-a*] chi segue una dieta a base di vegetali, con esclusione di tutti i prodotti di origine animale, compresi latticini e uova (a differenza dei *vegetariani*).
ve|ge|ta|li|smo *s.m.* tipo di alimentazione che abolisce tutti i prodotti di origine animale.
ve|ge|ta|li|sta *s.m./f.* [m.pl. *-i*] vegetaliano.
ve|ge|tà|re *v.intr.* [indic.pres. *io vègeto...*; aus. *A*] 1 detto di vegetali, vivere e svilupparsi 2 (*fig.*) condurre una vita vegetativa: *è ridotto a —* | (*estens.*) condurre una vita inattiva.
ve|ge|ta|ria|ni|smo o **vegetarismo** *s.m.* regime alimentare dal quale sono escluse le carni.
ve|ge|ta|rià|no *agg.* 1 si dice di dieta in cui vengono eliminati tutti i tipi di carne, ma non altri prodotti di origine animale, come latticini e uova 2 che segue tale tipo di alimentazione ♦ *s.m.* [f. *-a*] chi ha un'alimentazione a base di vegetali, con esclusione della carne, ma non di latticini e uova.
ve|ge|ta|ri|smo *s.m.* → **vegetarianismo**.
ve|ge|ta|ti|vo *agg.* 1 proprio dei vegetali | *riproduzione vegetativa*, nelle piante, tipo di riproduzione che avviene senza l'intervento di organi sessuali 2 (*fisiol.*) negli organismi animali, relativo alle funzioni della vita organica | (*fig.*) *vita vegetativa*, la vita condotta da chi, per malattia o incidente, è privo di facoltà psichiche, movimento ecc.; (*estens.*) esistenza priva di interessi, stimoli □ **vegetativamente** *avv.*
ve|ge|ta|zió|ne *s.f.* 1 sviluppo di un vegetale 2 l'insieme dei vegetali di un dato luogo: *— tropicale.*
vè|ge|to *agg.* 1 detto di pianta, che cresce bene 2 (*fig.*) di persona, che ha forza e salute | *vivo e —*, si dice di chi, contrariamente a quanto si immaginava, è in perfetta salute.
vè|ge|to mi|ne|rà|le o **vegetomineràle** *agg. solo nella loc. acqua —*, soluzione di acetato di piombo e acqua, usata per curare contusioni e distorsioni.
veg|gèn|te *s.m./f.* 1 (*lett.*) profeta 2 indovino, persona che sostiene di prevedere il futuro.
veg|gèn|za *s.f.* capacità di prevedere il futuro.
vé|glia *s.f.* 1 condizione di chi è sveglio | lo stare sveglio di notte | *— funebre*, il trascorrere la notte pregando accanto a un defunto 2 manifestazione pubblica che si svolge di notte | *— danzante*, festa da ballo.
ve|gliàr|do *s.m.* uomo molto anziano che ispira rispetto.
ve|glià|re *v.intr.* [indic.pres. *io véglio...*; aus. *A*] 1 essere desto, stare sveglio di notte | *— al capezzale di qlcu.*, rimanere sveglio per assisterlo 2 (*fig.*) vigilare: *— sulla famiglia* | proteggere ♦ *v.tr.* assistere qlcu. di notte.

ve|glió|ne *s.m.* festa da ballo, spec. in locali pubblici, che si prolunga fino all'alba: *— di carnevale.*
ve|glio|nìs|si|mo *s.m.* veglione di San Silvestro.
veh *inter.* → **ve'**.
vei|co|là|re[1] *agg.* 1 di veicolo, relativo a veicolo: *traffico —* 2 (*estens.*) che costituisce un mezzo di diffusione: *l'attività — del pulviscolo atmosferico* | *lingua —*, quella usata come mezzo di comunicazione tra persone che parlano lingue diverse.
vei|co|là|re[2] *v.tr.* [indic.pres. *io veìcolo...*] 1 (*med.*) trasmettere: *le mosche possono — malattie* 2 (*fig.*) diffondere, essere strumento di comunicazione: *— idee.*
ve|ì|co|lo *s.m.* 1 qualsiasi mezzo di trasporto guidato dall'uomo | *— spaziale*, per il trasporto di persone e cose nello spazio extra-atmosferico 2 (*estens.*) mezzo per diffondere ql.co.: *la televisione è un — di informazioni* | (*med.*) qualsiasi mezzo che, attraverso microrganismi patogeni, può trasmettere un contagio.
veilleuse (*fr.*) [pr. *veiõs*] *s.f.invar.* 1 divano con braccioli di diversa altezza 2 lampada dalla luce tenue, che non disturba il sonno.
vé|la *s.f.* 1 (*mar.*) ampia tela che, applicata agli alberi di un'imbarcazione, consente di sfruttare il vento ai fini della propulsione | *alzare le vele*, metterle al vento; (*fig.*) intraprendere ql.co. | *ammainare le vele*, toglierle al vento; (*fig.*) desistere da un'impresa | *a gonfie vele*, con il vento a favore; (*fig.*) benissimo: *gli affari vanno a gonfie vele* | *volo a —*, con alianti 2 barca a vela | lo sport che si pratica con tale imbarcazione 3 (*arch.*) nell'architettura gotica, spicchio della volta a crociera.
ve|lac|cì|no *s.m.* (*mar.*) pappafico.
ve|làc|cio *s.m.* (*mar.*) nei velieri, vela quadra posta sopra la gabbia, con il relativo pennone.
ve|là|me[1] *s.m.* (*lett.*) 1 ciò che vela 2 (*fig.*) apparenza sotto cui si nasconde ql.co.
ve|là|me[2] *s.m.* (*mar.*) insieme delle vele di un'imbarcazione.
ve|là|re[1] *v.tr.* [indic.pres. *io vélo...*] 1 coprire con un velo o un altro tessuto per ornare, nascondere, proteggere: *velarsi il viso* 2 (*estens., anche fig.*) coprire con uno strato sottile simile a un velo: *le lacrime le velavano gli occhi* 3 (*fig.*) offuscare | rendere spento, privo di vivacità: *il suo sguardo era velato di tristezza* 4 (*fig.*) nascondere: *— le proprie intenzioni* ♦ **-rsi** *rifl.* coprirsi con un velo ♦ *intr.pron.* 1 coprirsi di uno strato simile a un velo: *— di rugiada* 2 (*fig.*) offuscarsi, annebbiarsi | perdere sonorità, vivacità: *mi si è velata la voce.*
ve|là|re[2] *agg.* 1 (*anat.*) del velo palatino 2 (*ling.*) si dice di suono nella cui articolazione il dorso della lingua tocca il velo del palato (p.e. *c* e *g* in *casa* e *gatto*) ♦ *s.f.* (*ling.*) consonante velare.
ve|là|rio *s.m.* 1 tendaggio usato per nascondere o riparare 2 sipario.
ve|la|riz|za|zió|ne *s.f.* (*ling.*) spostamento del

punto di articolazione di un suono verso il velo del palato.
ve|la|ti|no *s.m.* 1 in sartoria, tela rada e gommata usata per confezionare modelli 2 nelle riprese cinematografiche, schermo di garza che si pone davanti al proiettore per diffondere la luce in modo uniforme e attenuare le ombre.
ve|la|to *part.pass. di* velare ♦ *agg.* 1 coperto da un velo: *viso* — 2 (*estens.*) che pare coperto da un velo: *occhi velati di lacrime* 3 trasparente, leggero: *calze* — 4 (*fig.*) offuscato, attenuato: *voce velata* 5 (*fig.*) non esplicito: *un'allusione velata* □ **velatamente** *avv.* in modo non esplicito: *dire — ql.co.*
ve|la|tù|ra[1] *s.f.* 1 l'atto di velare | ciò che vela o nasconde 2 strato molto sottile steso su una superficie: *una — di fard* 3 (*fig.*) offuscamento.
ve|la|tù|ra[2] *s.f.* 1 (*mar.*) l'insieme delle vele di un'imbarcazione | l'insieme delle vele di un'imbarcazione spiegate in un determinato momento: *— ridotta* 2 (*aer.*) il complesso delle superfici aerodinamiche di un velivolo.
vèl|cro® *s.m.invar.* dispositivo di chiusura rapida per borse, calzature, abiti, costituito da due strisce di tessuto sintetico che si uniscono tra loro mediante una leggera pressione.
ve|leg|già|re *v.intr.* [indic.pres. *io veléggio...*; aus. *A*] 1 navigare con un'imbarcazione a vela 2 (*aer.*) detto di velivoli, volare senza motore sfruttando le correnti d'aria.
ve|leg|gia|tó|re *s.m.* (*aer.*) aliante che sfrutta modeste correnti ascendenti, usato spec. in competizioni sportive.
ve|le|nì|fe|ro *agg.* che produce o contiene veleno.
ve|lé|no *s.m.* 1 sostanza che, penetrando nell'organismo, può causare gravi danni e perfino la morte 2 (*estens.*) sostanza nociva all'organismo: *l'alcol è un — per il fegato* 3 (*estens.*) cibo o bevanda dal sapore cattivo: *questa medicina è amara come il —!* 4 (*fig.*) sentimento maligno, dannoso spec. per chi lo prova: *il — della gelosia* 5 (*fig.*) astio, rancore: *ha il — in corpo* | **masticare** —, inghiottire il proprio rancore, rodersi senza sfogarsi | **sputare** —, parlare con rancore.
ve|le|no|si|tà *s.f.* 1 proprietà di ciò che è velenoso 2 (*fig.*) odio | acredine: *c'è — nelle tue parole.*
ve|le|nó|so *agg.* 1 che è tossico; che contiene veleno: *fungo* —; *pozione velenosa* | che inietta, che emette veleno: *morso* —; *serpente* — 2 (*fig.*) pieno di rancore, di astio: *discorso* — 3 (*fig.*) dannoso: *dottrine velenose* □ **velenosamente** *avv.* in modo astioso.
ve|lét|ta *s.f.* velo leggero che un tempo le signore portavano appuntato sul cappello e che talvolta copriva il viso.
vè|li|co *agg.* [m.pl. *-ci*] 1 della vela, delle vele: *superficie velica* 2 che riguarda le imbarcazioni a vela: *gare veliche.*
ve|liè|ro *s.m.* nave a vela.
ve|li|na *s.f.* 1 carta velina 2 copia di un dattiloscritto su carta velina 3 (*giorn.*) comunicazione inviata alla stampa dal governo, da un partito o da uffici pubblici con suggerimenti sul modo di dare una notizia 4 (*tv*) giovane valletta televisiva.
ve|lì|no *s.m.* tipo di carta bianchissima, resistente, per stampe e libri di pregio.
ve|lì|smo *s.m.* sport della vela.
ve|lì|sta *s.m./f.* [m.pl. *-i*] chi pratica lo sport della vela.
vè|li|te *s.m.spec.pl.* soldato romano armato alla leggera.
ve|lì|vo|lo *s.m.* aeromobile ad ali fisse | aeroplano.
vel|lei|tà *s.f.* desiderio ambizioso ma con scarse possibilità di realizzazione, spec. perché superiore alle capacità personali: *— artistiche.*
vel|lei|tà|rio *agg.* 1 che ha carattere di velleità: *aspirazioni velleitarie* 2 che ha delle velleità ♦ *s.m.* [f. *-a*] persona velleitaria □ **velleitariamente** *avv.*
vel|lei|ta|rì|smo *s.m.* atteggiamento di chi ha aspirazioni ambiziose, ma scarse possibilità di realizzarle.
vel|li|cà|re *v.tr.* [indic.pres. *io vèllico, tu vèllichi...*] (*lett.*) 1 toccare leggermente provocando il solletico: *— con un filo d'erba* 2 (*fig.*) stimolare: *— la fantasia.*
vèl|lo *s.m.* (*lett.*) il manto che copre gli animali da lana | la pelle non tosata di tali animali: *— di pecora.*
vel|lu|tà|re *v.tr.* nell'industria tessile, rendere un tessuto morbido come velluto o simile ad esso.
vel|lu|tà|ta *s.f.* (*gastr.*) passato di verdura molto cremoso: *— di piselli.*
vel|lu|tà|to *part.pass. di* vellutare ♦ *agg.* 1 detto di tessuto che ha le qualità o l'apparenza del velluto | detto di organo vegetale coperto da peluria morbida: *foglie vellutate* 2 (*fig.*) morbido e liscio come velluto: *pelle vellutata* | **voce vellutata**, calda e armoniosa 3 (*fig.*) detto di colore, che ha i riflessi del velluto: *nero* — 4 (*fig.*) detto di suono, morbido, dolce.
vel|lu|ta|tù|ra *s.f.* nell'industria tessile, operazione che dà ai tessuti un aspetto simile a quello del velluto.
vel|lu|tì|no *s.m.* 1 velluto leggero 2 nastrino di velluto usato come guarnizione di abiti da donna.
vel|lù|to *s.m.* 1 tessuto di lana, seta o cotone ricoperto sulla parte esterna di pelo fitto, corto e morbido | **— a coste**, con lavorazione a righe in rilievo | (*fig.*) **di** —, vellutato: *mani di* — | **giocare sul** —, col denaro vinto in precedenza 2 (*fig.*) si dice di cosa morbida e liscia: *sembra* —.
vé|lo *s.m.* 1 tessuto finissimo e trasparente di seta, cotone o lana: *si tirò il — sugli occhi* 2 drappo che portano sul capo le suore e le monache | **prendere il** —, farsi suora o monaca 3 (*estens.*) strato sottilissimo che offusca o copre ql.co.: *un — di nebbia* | **zucchero a** —, finissimo, per ricoprire i dolci 4 (*fig.*) ciò che impedisce la conoscenza di ql.co.: *un — di mistero* | **stendere un — pietoso su ql.co.**, narrando un fatto, non riportare i particolari spiacevoli 5 (*fig.*) apparenza ingannevole: *sotto un — di indifferenza nasconde un animo sensibile* 6 (*anat.*) **— pendulo**, palato mol-

veloce

le **7** (*bot.*) sottile pellicola che copre il bulbo di alcune piante.

ve|ló|ce *agg.* **1** che percorre una grande distanza in poco tempo: *automobile —* | *—* **come il vento**, velocissimo **2** che è eseguito con rapidità: *una mossa —* **3** (*fig.*) che risponde con prontezza: *un ingegno —* **4** che trascorre in fretta: *gli anni scorrono veloci* **5** (*mus.*) indicazione dinamica che prescrive un'esecuzione rapida □ **velocemente** *avv.*

ve|lo|cì|pe|de *s.m.* antico modello di bicicletta con la ruota anteriore molto grande e quella posteriore piccola.

ve|lo|cì|sta *s.m./f.* [m.pl. *-i*] (*sport*) nell'atletica, atleta specializzato nelle corse podistiche di velocità su breve percorso | nel ciclismo, specialista nelle gare di velocità su pista.

ve|lo|ci|tà *s.f.* **1** qualità di chi o di ciò che è veloce: *la — di una moto* | rapidità, prontezza | (*sport*) *gara di —*, quella in cui vale di più lo scatto che la resistenza degli atleti **2** (*fis.*) rapporto tra lo spazio percorso e il tempo impiegato a percorrerlo: *la — della luce* | **alta —**, in ferrovia, sistema che permette ai treni di viaggiare a velocità molto superiore a quella tradizionale: *treni ad alta —* **3** (*auto.*) marcia: *cambio a cinque —*.

ve|lo|ciz|zà|re *v.tr.* rendere più veloce; sveltire: *— una procedura burocratica* ♦ **-rsi** *intr.pron.* divenire più veloce.

ve|lo|ciz|za|zió|ne *s.f.* accelerazione.

ve|lo|dròmo *s.m.* **1** pista ellittica riservata alle gare ciclistiche **2** impianto sportivo in cui si trova tale pista.

ve|lo|pèn|du|lo *s.m.* (*anat.*) palato molle.

velours (*fr.*) [pr. *velur*] *s.m.invar.* tessuto di lana peloso e morbido, simile al velluto.

vèl|tro o **véltro** *s.m.* (*lett.*) cane da caccia simile al levriero, usato per inseguire la selvaggina.

vé|na *s.f.* **1** (*anat.*) vaso sanguigno che porta il sangue dalla periferia del corpo al cuore | (*fig.*) **non avere sangue nelle vene**, essere senza energia e senza coraggio | **sentirsi ribollire il sangue nelle vene**, sentirsi rimescolare per ira o sdegno **2** venatura: *le vene del marmo* **3** rigagnolo sotterraneo in cui scorre l'acqua | **acqua di —**, acqua sorgiva **4** filone sotterraneo di minerale: *una — aurifera* **5** (*fig.*) sfumatura, traccia: *una — di tristezza* **6** (*fig.*) buona disposizione d'animo a fare ql.co. | **essere in —**, sentirsi nel momento giusto per fare o dire ql.co. **7** (*fig.*) ispirazione creativa: *— poetica*.

ve|nà|le *agg.* **1** che si vende, che si può vendere: *merce —* | relativo alla vendita **2** (*fig.*, *spreg.*) fatto a scopo di lucro: *amore —* **3** (*fig.*) si dice di qlcu. che agisce per lucro, che è avido di denaro □ **venalmente** *avv.*

ve|na|li|tà *s.f.* caratteristica di chi o di ciò che è venale.

ve|nà|re *v.tr.* [indic.pres. *io véno...*] coprire di venature ♦ **-rsi** *intr.pron.* **1** coprirsi di venature **2** (*fig.*) essere caratterizzato da particolari sfumature: *— di malinconia*.

ve|nà|to *part.pass. di* venare ♦ *agg.* **1** segnato da venature: *marmo — di rosa* **2** (*fig.*) che reca il segno, la traccia di ql.co.: *una voce venata di dolore*.

ve|na|tò|rio *agg.* attinente alla caccia o ai cacciatori: *arte venatoria*.

ve|na|tù|ra *s.f.* **1** segno di colore diverso da quello di fondo, che si ramifica sulla superficie di un legno, di un marmo ecc. **2** (*fig.*) sfumatura: *una — di malinconia*.

ven|dém|mia *s.f.* **1** la raccolta dell'uva | il periodo in cui si fa tale raccolta: *si avvicina la —* | la quantità di uva raccolta **2** (*fig.*) grande quantità di cose guadagnate o realizzate.

ven|dem|mià|io *s.m.* (*st.*) il primo mese del calendario rivoluzionario francese che andava dal 22 settembre al 21 ottobre.

ven|dem|miàre *v.tr.* [indic.pres. *io vendémmio...*] **1** raccogliere l'uva **2** (*fig.*) ottenere in gran quantità: *— successi* ♦ *intr.* [aus. *A*] **1** fare la vendemmia: *è tempo di —* **2** (*fig.*) realizzare grossi guadagni: *ha trovato da —*.

ven|dem|mia|tó|re *s.m.* [f. *-trice*] chi vendemmia.

ven|dem|mia|trì|ce *s.f.* macchina agricola trainata da una trattrice, usata per raccogliere i grappoli d'uva automaticamente.

vén|de|re *v.tr.* [indic.pres. *io véndo...*; pass.rem. *io vendéi* o *vendétti, tu vendésti...*; part.pass. *venduto*] **1** cedere ad altri la proprietà di ql.co. dietro compenso: *— l'automobile*; *— in contanti*, *a rate* | (*fig.*) **sapersi —**, sapersi valorizzare | **cara la pelle**, difendersi strenuamente prima di cedere | **— fumo**, raccontare cose non vere; vantarsi di doti che non si hanno | **da —**, in gran quantità **2** esercitare un'attività commerciale: *— generi alimentari* **3** fare commercio di ciò che non dovrebbe essere oggetto di lucro: *— la propria coscienza* | (*fig.*) **— l'anima al diavolo**, essere disposto a tutto per ottenere ql.co. ♦ **-rsi** *rifl.* **1** lasciarsi corrompere da qlcu. **2** prostituirsi **3** proporsi per un lavoro esagerando le proprie qualità: *si vende bene*.

ven|dét|ta *s.f.* **1** offesa o danno arrecato ad altri per avere soddisfazione di un danno o un oltraggio subito: *gli ho giurato —* | **— trasversale**, che colpisce non la persona che ha provocato il danno, ma un suo parente **2** punizione inflitta dalla giustizia divina | **gridare —**, meritare un castigo esemplare: *un delitto che grida —*; (*scherz.*) detto anche di cose fatte male, malridotte o di pessimo gusto: *la tua stanza grida —*.

vendeuse (*fr.*) [pr. *vandòs*] *s.f.invar.* persona addetta alle vendite in una sartoria | commessa di un negozio di abbigliamento.

ven|di|bi|le *agg.* che si può vendere.

ven|di|càre *v.tr.* [indic.pres. *io véndico, tu véndichi...*] infliggere un'offesa o un danno come ritorsione di un oltraggio subito | fare vendetta in nome di qlcu.: *— un fratello* | **l'onore**, riscattarlo mediante una vendetta ♦ **-rsi** *rifl.* compiere la propria vendetta contro chi ha offeso.

ven|di|ca|ti|vo *agg.* che è disposto per natura a vendicarsi; che non perdona | che è fatto per

vendetta: *gesto* — ♦ s.m. [f. *-a*] persona vendicativa.
ven|di|ca|tó|re *agg., s.m.* [f. *-trice*] (*lett.*) che, chi compie una vendetta.
ven|di|fu|mo *s.m./f.invar.* chi vanta meriti e capacità che non possiede o fa promesse vane.
vén|di|ta *s.f.* 1 l'atto del vendere | *prezzo di* —, al quale si vende ql.co. | — *a porta a porta*, direttamente al domicilio dell'acquirente | — *per corrispondenza*, effettuata tramite il servizio postale | *essere in* —, essere offerto all'acquisto 2 quantità di merce venduta: *le vendite sono in aumento* 3 negozio: — *di alimentari.*
ven|di|tó|re *s.m.* [f. *-trice*] chi vende; chi è addetto alle vendite | (*fig.*) — *di fumo*, ciarlatano, imbroglione.
-vén|do|lo secondo elemento di parole composte, che significa "venditore" (*fruttivendolo*).
ven|dù|to *part.pass.* di vendere ♦ *agg.* 1 che è stato messo in vendita e comprato 2 che si è lasciato corrompere: *un funzionario* — ♦ *s.m.* merce venduta.
ve|ne|fi|cio *s.m.* omicidio compiuto somministrando veleno.
ve|nè|fi|co *agg.* [m.pl. *-ci*] 1 velenoso 2 (*estens.*) insalubre, molto nocivo: *aria venefica* 3 (*fig.*) dannoso, pericoloso: *teorie venefiche.*
ve|ne|rà|bi|le *agg.* 1 degno di venerazione 2 titolo d'onore di congregazioni e luoghi religiosi | titolo massonico del capo di una loggia ♦ *s.m.* (*eccl.*) persona morta in odore di santità e non ancora beatificata □ **venerabilmente** *avv.*
ve|ne|ra|bi|li|tà *s.f.* carattere di chi o di ciò che è venerabile.
ve|ne|ràn|do *agg.* degno di venerazione | *età veneranda*, molto avanzata.
ve|ne|rà|re *v.tr.* [indic.pres. *io vènero...*] onorare con ossequio o devozione: — *un santo.*
ve|ne|ra|tó|re *agg., s.m.* [f. *-trice*] (*lett.*) che, chi venera od ossequia.
ve|ne|ra|zió|ne *s.f.* 1 l'atto di venerare 2 sentimento di devozione, stima, rispetto e sim. | devozione nei confronti della Madonna, dei Santi.
ve|ner|dì *s.m.* quinto giorno della settimana | (*fig.*) *gli manca un* —, si dice di persona stramba.
vè|ne|re *s.f.* 1 donna molto bella | (*euf.*) *non è una* —, si dice di donna piuttosto brutta (*anat.*) *monte di* —, cuscinetto adiposo situato sopra la vulva 2 (*pl., lett.*) grazia, pregi: *le veneri dello stile* 3 (*astr.*) *Venere*, nel sistema solare, il secondo pianeta in ordine di distanza dal Sole 4 opera di pittura o di scultura rappresentante Venere, dea della bellezza: *la — di Milo.*
ve|nè|re|o *agg.* che riguarda i rapporti sessuali | (*med.*) *malattie veneree*, che si trasmettono attraverso i rapporti sessuali.
ve|nè|ti|co *agg.* [m.pl. *-ci*] che riguarda gli antichi veneti: *iscrizioni venetiche* ♦ *s.m.* lingua degli antichi veneti.
vè|ne|to *agg.* 1 del Veneto 2 della città di Venezia: *la Repubblica Veneta* 3 venetico ♦ *s.m.* 1 [f. *-a*] chi è nato o abita nel Veneto 2 [f. *-a*] appartenente a un'antica popolazione stanziatasi sulle coste adriatiche settentrionali 3 ogni dialetto parlato nel Veneto.
ve|ne|zià|na *s.f.* 1 dolce soffice, cosparso di granelli di zucchero 2 serramento per finestre costituito da stecche di alluminio, legno o plastica, variamente inclinabili per modificare la quantità di luce in un ambiente.
ve|ne|zià|no *agg.* di Venezia | *alla veneziana*, alla maniera dei veneziani | *fegato alla veneziana*, fegato di vitello cucinato con olio e cipolla ♦ *s.m.* 1 [f. *-a*] chi è nato o abita a Venezia 2 dialetto parlato a Venezia.
vè|nia *s.f.* (*lett.*) perdono per una colpa leggera: *chiedo* —.
ve|nià|le *agg.* 1 (*relig.*) si dice di peccato non grave, che non comporta la perdita della grazia divina 2 (*estens.*) che merita indulgenza, perdono: *una bugia* — □ **venialmente** *avv.*
ve|nia|li|tà *s.f.* caratteristica di ciò che è veniale.
ve|ni|re[1] *v.intr.* [indic.pres. *io vèngo, tu vièni, egli viène, noi veniamo, voi venite, essi vèngono*; pass.rem. *io vénni, tu venisti...*; fut. *io verrò...*; congiunt.pres. *io vènga..., noi veniamo, voi veniate, essi vèngano*; condiz. *io verrei...*; imp. *vièni, venite*; part.pres. *veniènte*; part.pass. *venuto*; aus. *E*] 1 recarsi dove si trova o dove va la persona a cui si parla o la persona che parla: *vengo con te*; *digli che venga da me* | *venir dentro*, entrare | (*fig.*) *venir su*, detto di bambini o piccoli di animali, crescere | *far* — *qlcu.*, mandarlo a chiamare: *far l'idraulico* | — *via*, di persona, andarsene, allontanarsi: *venite via da lì*; di cosa, staccarsi: *mi è venuto via un bottone* | — *meno*, di persona, svenire; di cosa, mancare | — *giù*, cadere, scendere 2 giungere, arrivare: — *da lontano*; *è venuto il caldo* (*fig.*) pervenire: — *a un accordo* | — *a patti*, arrivare a un compromesso | — *alle mani*, azzuffarsi | — *in odio*, diventare odioso | — *a noia*, cominciare ad annoiare | — *alla luce*, nascere; (*fig.*) essere rivelato, emergere: *far* — *alla luce nuove vicende* | — *al mondo*, nascere | — *a sapere*, essere informato | — *al dunque*, arrivare al nocciolo di una questione | — *in possesso di ql.co.*, ottenerne la proprietà 3 (*anche fig.*) provenire: — *da un'ottima famiglia* | essere importato: *questo formaggio viene dalla Francia* | derivare: *un termine che viene dal latino* | — *dalla gavetta*, si dice di chi ha iniziato con un lavoro umile ed è arrivato a una buona posizione 4 sopraggiungere, manifestarsi: *mi è venuta un'idea brillante*; *gli è venuta la varicella* | *a* —, futuro: *nei mesi a* — | *che viene*, prossimo: *la settimana che viene* | — *prima, dopo*, precedere, seguire; avere maggiore, minore importanza: *la salute viene prima di tutto* 5 affacciarsi: *è venuto alla porta* 6 [seguito dalla prep. *da* e v. all'inf.] sentire l'impulso: *mi viene da ridere* 7 riuscire: *il ritratto mi è venuto bene* | *come viene, viene*, alla meno peggio 8 dare come risultato: *ho fatto la somma e mi è venuto 30* | essere estratto: *è venuto il numero cinque* 9 (*fam.*) costare: *quanto viene?* 10 (*pop.*) raggiungere l'orgasmo 11 seguito da gerundio, indica azione continuativa: — *facendo* 12 seguito da part.pass., sostitui-

venire

sce l'aus. *essere* nella coniug. passiva dei verbi nei tempi semplici: *verrà spedito domani* ♦ **-rsi** *intr.pron.* [con la particella *ne*] **1** recarsi, andare tranquillamente: *se ne venivano a casa pian pianino* **2** allontanarsi da un luogo: *ce ne siamo venuti via presto perché ci annoiavamo* | *venirsene fuori con una battuta*, dirla all'improvviso.

ve|ni|re[2] *s.m.* l'atto di spostarsi, di muoversi in una direzione | *andare e —*, movimento continuo e alternato.

ve|nó|so *agg. (anat.)* delle vene | *sangue —*, che scorre nelle vene.

ven|tà|glio *s.m.* **1** oggetto usato per farsi vento, formato da stecche di legno, plastica o altro materiale, riunite insieme all'estremità inferiore, in modo da potersi aprire e chiudere a raggiera, sulle quali è incollata una striscia di stoffa o carta decorata in vario modo | *a —*, si dice di tutto ciò che, partendo da un punto, si apre a raggiera come un ventaglio aperto: *il pavone apre la coda a —* **2** *(fig.)* ampia gamma di possibilità: *un — di offerte*.

ven|ta|ta *s.f.* **1** colpo di vento **2** *(fig.)* moto improvviso e violento: *una — di follia*.

ven|ten|nà|le *agg.* **1** che dura vent'anni: *periodo —* **2** che ricorre ogni vent'anni ♦ *s.m.* il ventesimo anniversario di un avvenimento importante.

ven|tèn|ne *agg.,s.m./f.* si dice di persona che ha venti anni d'età.

ven|tèn|nio *s.m.* spazio di vent'anni: *il — fascista*.

ven|tè|si|mo *agg.num.ord.* che in una serie corrisponde al posto numero venti | *il secolo —* (o **xx**), gli anni compresi tra il 1901 e il 2000 ♦ *s.m.* ognuna delle venti parti in cui si divide una stessa quantità.

vén|ti *agg.num.card.invar.* che equivale a due decine | *(anche ell.) le (ore) —*, le otto di sera ♦ *s.m.* il numero naturale che equivale a due decine | il simbolo che rappresenta tale numero.

ven|ti|dù|e *agg.num.card.invar.* che equivale a due decine più due unità | *(anche ell.) le (ore) —*, le dieci di sera ♦ *s.m.* il numero naturale che equivale a due decine più due unità | il simbolo che rappresenta tale numero.

ven|ti|là|bro *s.m.* larga pala di legno usata sull'aia per ventilare il grano o altri cereali.

ven|ti|là|re *v.tr.* [*indic.pres. io vèntilo...*] **1** gettare in aria con la pala il grano o altri cereali, per separare i chicchi dalla pula **2** far circolare l'aria in un ambiente chiuso; arieggiare **3** *(fig.)* proporre, prospettare: *— una proposta*.

ven|ti|là|to *part.pass. di* ventilare ♦ *agg.* detto di luogo in cui l'aria circola liberamente, arieggiato | reso fresco dal vento.

ven|ti|la|tó|re *s.m.* apparecchio elettrico formato da una ventola il cui movimento crea una corrente d'aria.

ven|ti|la|zió|ne *s.f.* **1** l'atto del ventilare | aerazione **2** movimento dell'aria: *oggi non c'è —* **3** *(med.) — polmonare*, il ricambio d'aria che si effettua nei polmoni mediante la respirazione.

ven|ti|na *s.f.* insieme di venti o circa venti unità: *ho scritto una — di righe* | *essere sulla —*, avere più o meno vent'anni.

ven|ti|no *s.m.* **1** moneta da venti centesimi | *(estens.)* moneta di scarso valore.

ven|ti|quàt|tro *agg.num.card.invar.* che equivale a due decine più quattro unità | *(anche ell.) le (ore) —*, mezzanotte ♦ *s.m.* il numero naturale che equivale a due decine più quattro unità | il simbolo che rappresenta tale numero.

ven|ti|quat|tró|re o **ventiquattr'óre** *s.f.* **1** il periodo di ventiquattro ore corrispondente alla durata di un giorno **2** piccola valigia che si usa per brevi viaggi **3** gara sportiva, spec. automobilistica, che dura ventiquattro ore.

ven|ti|tré *agg.num.card.invar.* che equivale a due decine più tre unità | *(anche ell.) le (ore) —*, le undici di sera ♦ *s.m.* il numero naturale che equivale a due decine più tre unità | il simbolo che rappresenta tale numero.

vèn|to *s.m.* **1** *(meteor.)* spostamento di masse d'aria, spec. in direzione orizzontale, determinato da differenze di pressione atmosferica: *si è alzato il —* | *— di terra, di mare*, proveniente da terra, dal mare | *colpo di —*, movimento d'aria violento e improvviso | *— favorevole, contrario*, che spira in senso favorevole o contrario alla navigazione | *col — in poppa*, detto di imbarcazione, procedere nella direzione del vento; *(fig.)* detto di situazione, affare, che va molto bene | *(fig.) buttare al —*, sprecare | *parlare al —*, senza essere ascoltato | *(fam.) qual buon — ti porta?*, si dice vedendo arrivare una persona gradita e inaspettata **2** aria, corrente d'aria | *far —*, agitare l'aria con un ventaglio o sim. **3** *(euf.)* peto.

vèn|to|la *s.f.* **1** arnese a forma di ventaglio aperto, usato per ravvivare il fuoco nel camino **2** supporto a forma di ventaglio da appendere ai muri per sostenere le candele **3** *(mecc.)* organo rotante a pale o a elica dei ventilatori o delle turbine | in idraulica, elemento di chiusura delle dighe mobili.

ven|tó|sa *s.f.* **1** piccola coppa di gomma che, premuta su una superficie piana e liscia, vi resta attaccata a causa della pressione dell'aria **2** *(zool.)* organo che in alcuni animali serve per aderire a ql.co.: *le ventose della piovra*.

ven|to|si|tà *s.f.* **1** caratteristica dei luoghi esposti ai venti **2** accumulo di gas nello stomaco e nell'intestino e gli effetti che ne derivano; flatulenza.

ven|tó|so[1] *agg.* **1** del vento: *moto —* | in cui c'è vento: *giornata ventosa* | di luogo esposto al vento: *cima ventosa*.

ven|tó|so[2] *s.m.* il sesto mese del calendario rivoluzionario francese, che andava dal 19 febbraio al 20 marzo.

ven|trà|le *agg.* **1** del ventre, che è posto nel ventre: *pinne ventrali* **2** inferiore | rivolto verso terra.

vèn|tre *s.m.* **1** *(anat.)* cavità del corpo dell'uomo o degli animali, contenente stomaco, intestino e altri organi; pancia | *(fig.) — molle*, la parte più delicata e vulnerabile di ql.co. **2** grembo materno **3** *(estens.)* parte interna di ql.co.; ca-

verdea

vità: *il — di una montagna* **4** (*fig.*) la parte rigonfia di un oggetto: *il — della botte* | (*aer.*, *mar.*) la parte panciuta di una fusoliera, di uno scafo; stiva.
ven|tré|sca *s.f.* ventre del tonno conservato sott'olio.
ven|tri|co|là|re *agg.* del ventricolo: *cavità —*.
ven|tri|co|lo *s.m.* (*anat.*) cavità interna di un organo | — *cardiaco*, ciascuna delle due cavità del cuore, situate al di sotto degli atri.
ven|triè|ra *s.f.* **1** (*raro*) panciera **2** borsa di pelle o di fustagno che si portava un tempo legata in vita per tenervi denaro o piccoli oggetti.
ven|tri|glio *s.m.* (*zool.*) parte dello stomaco degli uccelli dotata di potenti muscoli che triturano il cibo.
ven|tri|lò|quio *s.m.* arte di parlare senza muovere le labbra e i muscoli facciali, in modo che la voce sembri provenire da un'altra persona.
ven|tri|lo|quo *agg.*, *s.m.* [f. *-a*] si dice di chi pratica il ventriloquio.
ven|tù|no *agg.num.card.invar.* che equivale a due decine più una unità | (*anche ell.*) **le** (**ore**) —, le nove di sera ♦ *s.m.invar.* il numero naturale che equivale a due decine più una unità | il simbolo che rappresenta tale numero.
ven|tù|ra *s.f.* (*lett.*) **1** destino, sorte | *andare alla* —, affidarsi al caso **2** buona sorte; fortuna **3** (*st.*) *compagnia di* —, banda composta di soldati mercenari e guidata da un condottiero, tipica dei secc. XIV-XVI | *soldato di* —, che militava in tale compagnia.
ven|tù|ro *agg.* (*lett.*) che deve ancora venire | prossimo: *l'anno —*.
ven|tu|ró|so *agg.* (*lett.*) fortunato.
vè|nu|la *s.f.* **1** (*anat.*) piccola vena **2** (*med.*) strumento usato per prelevare il sangue dalle vene, formato da un ago cavo collegato a una provetta.
ve|nu|sià|no *agg.* (*astr.*) del pianeta Venere ♦ *s.m.* [f. *-a*] ipotetico abitante del pianeta Venere.
ve|nu|stà *s.f.* (*lett.*) bellezza, grazia.
ve|nù|sto *agg.* (*lett.*) dotato di una bellezza piena di grazia: *donna venusta* □ **venustamente** *avv.*
ve|nù|ta *s.f.* l'atto di venire; arrivo: *aspetto la vostra —*.
ve|nù|to *part.pass.* di venire ♦ *s.m.* [f. *-a*] chi è arrivato in un luogo: *un nuovo —* | (*fig.*) *il primo —*, sconosciuto o persona di scarso rilievo | *non essere il primo —*, si dice di persona conosciuta o importante, che merita stima e rispetto.
vé|ra o **vèra** *s.f.* **1** fede matrimoniale **2** parapetto in muratura di un pozzo.
ve|rà|ce *agg.* **1** (*lett.*) vero, autentico **2** che dice la verità: *testimone —* **3** (*region.*) genuino: *un siciliano —* □ **veracemente** *avv.*
ve|ra|ci|tà *s.f.* caratteristica di ciò che è verace.
ve|ràn|da *s.f.* loggia o terrazzo coperto, a volte chiuso con tende o vetrate.
ve|rà|tro *s.m.* pianta erbacea con foglie ovali scanalate e fiori a grappolo; ha proprietà medicinali.
ver|bà|le[1] *agg.* **1** fatto di parole, che si manifesta con parole: *offesa —* **2** (*estens.*) espresso a voce; orale: *ordine —* **3** (*gramm.*) che riguarda il verbo | *predicato —*, nell'analisi logica, quello formato dal verbo non accompagnato da sostantivo o aggettivo □ **verbalmente** *avv.* a parole, a voce.
ver|bà|le[2] *s.m.* documento che riporta ciò che è accaduto in una particolare circostanza o quanto si è stato dichiarato durante una riunione, un dibattito: — *di contravvenzione* | *mettere ql.co. a —*, trascriverlo in tale documento.
ver|ba|li|smo *s.m.* modo di esprimersi verboso, che dà più importanza alle parole che al contenuto.
ver|ba|liz|zà|re *v.tr.* **1** mettere a verbale **2** esprimere a parole: *— un pensiero* ♦ *intr.* [aus. *A*] redigere un verbale.
ver|ba|liz|za|zió|ne *s.f.* l'atto di verbalizzare; stesura del verbale.
ver|bà|sco *s.m.* [pl. *-schi*] pianta erbacea con fiori a corolle e frutti a capsula.
ver|bè|na *s.f.* pianta erbacea perenne, con fiori a spiga di vario colore.
Ver|be|nà|ce|e *s.f.pl.* famiglia di piante dicotiledoni a cui appartiene la verbena.
vèr|bo *s.m.* **1** (*lett.*) parola: *non dire —* **2** (*teol.*) *il Verbo*, la seconda persona della Trinità, Gesù Cristo **3** (*gramm.*) parte variabile del discorso che indica un'azione o uno stato del soggetto: — *attivo, passivo*.
ver|bo|si|tà *s.f.* carattere di chi o di ciò che è verboso; prolissità.
ver|bó|so *agg.* che parla o scrive usando troppe parole: *oratore —* | prolisso: *prosa verbosa* □ **verbosamente** *avv.*
ver|dà|stro *agg.* che tende al verde: *bianco —* | di un brutto verde ♦ *s.m.* colore verdastro.
vér|de *agg.* **1** che ha il colore dell'erba | *tappeto —*, panno che si mette sui tavoli da gioco | *zona —*, area con parchi e giardini; zona a traffico limitato, spec. nel centro storico **2** di persona, che ha il viso pallidissimo, per malattia o altro: *ha una faccia — che fa paura*; — *di rabbia* **3** di frutto: *banane verdi* | di vegetale, che non è secco | *legna —*, quella appena tagliata e non ancora secca, inadatta per accendere il fuoco **4** (*estens.*) di territorio, ricco di vegetazione: *vallata —* **5** (*fig.*) giovanile: *anni verdi* **6** che riguarda l'agricoltura o gli agricoltori: *piano —* **7** ecologico, non inquinante: *energia —* | *benzina —*, senza piombo ♦ *s.m.* **1** il colore verde: *il — dell'erba* | (*fig.*) *essere al —*, essere senza un soldo **2** (*solo sing.*) l'insieme di piante, prati | in un centro abitato, zona destinata a parchi e giardini: — *pubblico* **3** luce verde del semaforo: *aspettare il —* **4** [anche f.] chi appartiene al movimento politico che ha come principale obiettivo la difesa dell'ambiente.
ver|dè|a *s.f.* vitigno coltivato spec. nella provincia di Piacenza, che dà uva bianca da tavola dalla polpa molto consistente | il vino bianco secco che se ne ricava.

ver|deg|giàn|te *part.pres. di* verdeggiare ♦ *agg.* verde e rigoglioso.

ver|deg|già|re *v.intr.* [indic.pres. *io verdéggio...*; aus. *A*] **1** apparire verde, rigoglioso: *la campagna comincia a* — **2** (*raro*) tendere al colore verde: *un tessuto che verdeggia alla luce*.

ver|de|mà|re o **verde màre** *agg.invar.* di colore verde, simile a quello dell'acqua marina ♦ *s.m.invar.* colore verdemare.

ver|de|rà|me *s.m.invar.* **1** patina verdastra che si forma col tempo su oggetti di rame e di ottone a causa dell'ossidazione **2** (*agr.*) miscela a base di solfato di rame usata come anticrittogamico ♦ *agg.* di colore verderame.

ver|dé|sca *s.f.* grosso squalo di colore verde azzurro, con denti seghettati e pinne lunghe, molto vorace e pericoloso.

ver|dét|to *s.m.* **1** (*dir.*) nei processi penali, la deliberazione risultante dalle risposte dei giurati ai quesiti posti dal giudice: *è stato pronunciato il* — **2** (*estens.*) nello sport, decisione stabilita da una giuria o da un arbitro di gara: — *di parità* **3** (*fig.*) responso, giudizio: *il* — *dei posteri*.

ver|dià|no *agg.* relativo al compositore Giuseppe Verdi e alle sue opere (1813-1901): *opere verdiane* ♦ *s.m.* [f. -*a*] seguace, ammiratore di Verdi.

ver|dic|chio *s.m.* vitigno coltivato nelle Marche che produce un'uva verdastra | il vino bianco secco che se ne ricava.

ver|dì|no *agg.* di colore verde pallido: *azzurro* — ♦ *s.m.* colore verdino.

ver|dó|gno|lo *agg.* **1** tendente al verde, con una sfumatura sgradevole: *acqua verdognola* **2** pallido, livido: *viso* — ♦ *s.m.* colore verdognolo.

ver|do|lì|no *agg.* di colore lievemente verde | verde molto chiaro ♦ *s.m.* **1** colore verdolino **2** (*zool.*) verzellino.

ver|dó|ne *agg.* di colore verde carico ♦ *s.m.* **1** colore verdone **2** uccello dal canto melodioso, con piumaggio verde sul dorso e giallo sul ventre, becco grosso e coda forcuta **3** (*gerg.*) banconota da un dollaro.

ver|dù|ra *s.f.* **1** nome collettivo delle erbe e degli ortaggi usati per l'alimentazione: *minestrone di* — **2** (*raro, lett.*) il verde della vegetazione.

ver|du|rà|io *s.m.* [f. -*a*] (*region.*) fruttivendolo.

ver|dùz|zo *s.m.* vitigno coltivato nel Friuli, con grappoli di colore giallo-verdastro | il vino bianco che se ne ricava.

ve|re|cón|dia *s.f.* pudicizia.

ve|re|cón|do *agg.* **1** che è dotato di pudore e rifugge da ciò che è moralmente sconveniente: *una giovane vereconda* **2** (*estens.*) che esprime verecondia: *parole vereconde* **3** (*lett., fig.*) modesto, discreto □ **verecondaménte** *avv.*

vér|ga *s.f.* **1** bacchetta lunga e sottile, spesso flessibile: *la* — *del pastore* **2** (*lett.*) scettro o altra insegna di autorità | (*fig.*) dominio, oppressione: *gemere sotto la* — *del tiranno* **3** elemento di metallo ridotto a forma di verga: — *d'oro* **4** (*euf., volg.*) pene.

ver|gà|re *v.tr.* [indic.pres. *io vérgo, tu vérghi...*] **1** segnare carte, tessuti con righe sottili **2** scrivere a mano: — *una lettera*.

ver|ga|tì|na *s.f.* tipo di carta sottile ma resistente, adatta spec. per copie dattiloscritte.

ver|ga|tì|no *s.m.* tessuto di lino o di canapa a righe di diverso colore.

ver|ga|to *part.pass. di* vergare ♦ *agg.* di dice di un tipo di tessuto a righe, a strisce | si dice di un tipo di carta, sottile ma resistente, che in controluce presenta una caratteristica rigatura.

ver|ga|tù|ra *s.f.* **1** operazione con cui si verga una stoffa o una carta **2** insieme delle linee che si vedono guardando in controluce alcuni tipi di carta.

ver|gi|nà|le o **virginale** *agg.* **1** di, da vergine; che si addice a una vergine: *rossore* — **2** (*fig., lett.*) puro, candido.

vér|gi|ne[1] *agg.* **1** si dice di donna che non ha avuto rapporti sessuali completi **2** (*estens.*) naturale, non contaminato: *foresta* — | **nastro**, **dischetto** —, supporto di registrazione che non è mai stato inciso **3** (*fig.*) casto, puro; integro moralmente: *animo* — ♦ *s.f.* donna vergine | (*per anton.*) **la Vergine**, la Madonna.

Vér|gi|ne[2] *s.f.invar.* **1** (*astr.*) costellazione e sesto segno dello zodiaco, dominante il periodo tra il 24 agosto e il 22 settembre **2** (*anche agg. invar.*) si dice sotto tale segno: *gli uomini* —.

ver|gi|nèl|la *s.f.* (*iron.*) ragazza che si finge casta e ingenua.

ver|gi|neo *agg.* → virgineo.

ver|gi|ni|tà *s.f.* **1** condizione di chi è vergine **2** (*fig.*) integrità morale | (*scherz.*) *rifarsi una* —, riconquistare la stima, la buona reputazione perdute.

ver|gó|gna *s.f.* **1** turbamento, mortificazione che si provano per parole, azioni ritenute sconvenienti e disonorevoli: *provare* — *per i propri vizi* **2** senso di impaccio, di timidezza: *ha* — *di tutto* **3** disonore: *si è coperto di* — | *che* —!, esclamazione d'indignazione, di rimprovero **4** (*estens.*) persona o cosa che è motivo di vergogna: *quel ragazzo è la* — *della sua famiglia* **5** (*pl., antiq.*) organi genitali.

ver|go|gnàr|si *v.intr.pron.* [indic.pres. *io mi vergógno..., noi ci vergogniamo, voi vi vergognate...*] **1** sentire vergogna: *si vergogna dei suoi parenti; al suo posto mi vergognerei* **2** avere soggezione; non osare: *vorrebbe chiederti un favore, ma si vergogna*.

ver|go|gnó|so *agg.* **1** che prova vergogna: *un bambino* — | timido, schivo: *sguardo* — **2** che causa vergogna: *atteggiamento* — ♦ *s.m.* [f. -*a*] persona vergognosa: *non fare il* — □ **vergognosaménte** *avv.* **1** in modo vergognoso **2** (*iron.*) sfacciatamente: *una persona* — *fortunata*.

ve|ri|di|ci|tà *s.f.* caratteristica di chi o di ciò che è veridico: *la* — *di una testimonianza*.

ve|rì|di|co *agg.* [m.pl. -*ci*] che dice il vero: *testimone* —.

ve|rì|fi|ca *s.f.* **1** accertamento, controllo: *la* — *del funzionamento di un impianto* **2** a scuola, prova, spec. scritta, per valutare la preparazione degli studenti **3** (*polit.*) incontro tra i rappresentanti dei partiti al governo per verificare la possibilità di proseguire la collaborazione.

ve|ri|fi|cà|bi|le *agg.* che si può verificare.

ve|ri|fi|ca|bi|li|tà *s.f.* proprietà di ciò che è verificabile.

ve|ri|fi|cà|re *v.tr.* [indic.pres. *io verìfico, tu verìfichi...*] **1** accertare con prove l'autenticità, l'esattezza, la validità di ql.co.: — *i conti* | accertare la sicurezza, l'efficienza: — *il funzionamento del motore* **2** provare un'ipotesi, una teoria ♦ **-rsi** *intr.pron.* **1** trovare conferma: *la profezia si è verificata* **2** accadere, avvenire: *a causa dell'abbondante nevicata si sono verificati vari incidenti.*

ve|ri|fi|ca|tó|re *agg.* [f. *-trice*] che verifica ♦ *s.m.* operaio specializzato addetto a determinati controlli.

ve|rì|smo *s.m.* **1** movimento letterario sviluppatosi in Italia alla fine dell'Ottocento, che, ispirandosi al naturalismo francese, propugnava una narrativa caratterizzata dall'aderenza alla realtà, spec. a quella della vita delle classi più umili: *il — di Verga* | movimento pittorico sviluppatosi in Italia nella seconda metà dell'Ottocento, caratterizzato dalla rappresentazione di soggetti tratti dalla realtà **2** (*estens.*) realismo: *una scena di grande —.*

ve|rì|sta *s.m./f.* [m.pl. *-i*] (*lett., pitt.*) seguace, esponente del verismo ♦ *agg.* veristico: *arte —.*

ve|rì|sti|co *agg.* [m.pl. *-ci*] relativo al verismo, ai veristi: *poesia veristica.*

ve|ri|tà *s.f.* **1** qualità di ciò che è vero: *la — di una notizia* **2** ciò che corrisponde a una data realtà: *ha giurato di dire la —* | *in —*, in realtà, a essere sinceri: *in —, io non ho visto nulla* **3** ciò che è considerato vero in assoluto: *le — della scienza* | (*teol.*) — *di fede*, che deve essere accettata mediante la fede | (*teol.*) — *rivelata*, quella fatta conoscere da Dio attraverso la rivelazione | *macchina della —*, strumento con cui si cerca di verificare la sincerità delle affermazioni delle persone interrogate attraverso la registrazione delle loro reazioni psicofisiche.

ve|ri|tie|ro *agg.* che dice il vero: *testimone —* | che corrisponde alla verità: *racconto —.*

vèr|me *s.m.* **1** animale invertebrato dal corpo molle e cilindrico, privo di zampe | (*pop.*) — **solitario**, tenia | (*fam.*) *avere i vermi*, avere parassiti nell'intestino | (*fig.*) *nudo come un —*, completamente nudo | **strisciare come un** —, umiliarsi in modo indecoroso **2** (*fig.*) persona vile e abietta: *ti comporti come un —!*

vermeil (*fr.*) [pr. *vermèi*] *s.m.invar.* argento dorato usato per suppellettili e medaglie.

ver|me|na *s.f.* (*lett.*) ramoscello giovane e sottile.

ver|men|ti|no *s.m.* vitigno coltivato in Liguria, Toscana e Sardegna, che dà un'uva bianca | il vino bianco che se ne ricava.

ver|mi|cèl|lo *s.m. spec.pl.* pasta alimentare secca lunga e sottile, simile agli spaghetti.

ver|mi|co|là|re *agg.* che ha forma simile a un verme | (*geol.*) **solchi vermicolari**, scanalature a forma di verme prodotte sulle rocce desertiche dalla sabbia trasportata dal vento.

ver|mi|cu|li|te *s.f.* (*min.*) minerale argilloso di colore giallo o bruno che si forma per alterazione della mica e, riscaldato, si disidrata aumentando di volume e assumendo una forma vermicolare; è usato nell'edilizia, come isolante acustico e termico.

ver|mi|fór|me *agg.* che ha forma di verme; vermicolare.

ver|mì|fu|go *agg., s.m.* [m.pl. *-ghi*] si dice di farmaco che favorisce l'eliminazione con le feci dei vermi parassiti dall'intestino.

ver|mì|glio *agg.* (*lett.*) di colore rosso acceso ♦ *s.m.* il colore vermiglio.

ver|mi|nò|si *s.f.* (*med., vet.*) affezione parassitaria, spec. dell'intestino.

ver|mi|nó|so *agg.* pieno di vermi.

vèr|mut o **vèrmouth** *s.m.invar.* vino bianco o rosso, aromatizzato con erbe e spezie, ad alta gradazione alcolica, che si beve spec. come aperitivo.

ver|nàc|cia *s.f.* [pl. *-ce*] vitigno coltivato in Liguria, Toscana e Sardegna, che dà uva bianca | il vino bianco che se ne ricava.

ver|na|co|là|re *agg.* che è in vernacolo: *poesia —* | che riguarda il vernacolo.

ver|nà|co|lo *s.m.* parlata tipica di un'area geografica: *i vernacoli toscani.*

ver|na|liz|za|zió|ne *s.f.* (*agr.*) trattamento che consiste nel sottoporre i semi in fase di germinazione a basse temperature in condizioni di umidità particolari, in modo che la futura pianta abbia un ciclo biologico più breve.

ver|nì|ce[1] *s.f.* **1** sostanza che, stesa su un oggetto, solidifica formando una pellicola resistente e dura che serve a colorare o proteggere l'oggetto stesso: *dare una mano di —* **2** pellame lucido e brillante, rifinito con una verniciatura particolare: *scarpe di —* **3** (*estens.*) sottile rivestimento **4** (*fig.*) apparenza superficiale: *una — di rispettabilità.*

ver|nì|ce[2] *s.f.* (*raro*) vernissage.

ver|ni|cià|re *v.tr.* [indic.pres. *io vernìcio...*] coprire di uno strato di vernice: *— le finestre* ♦ **-rsi** *rifl.* (*raro, scherz.*) truccarsi, spec. in modo pesante.

ver|ni|cià|ta *s.f.* frettolosa passata di vernice.

ver|ni|ciató|re *s.m.* [f. *-trice*] chi è addetto alla verniciatura **2** attrezzo per verniciare: *— a spruzzo.*

ver|ni|cia|tù|ra *s.f.* **1** operazione del verniciare | strato di vernice: *la — comincia a scrostarsi* **2** (*fig.*) apparenza, patina superficiale: *una — di educazione.*

vernissage (*fr.*) [pr. *vernisàj*] *s.m.invar.* inaugurazione di una mostra.

vèr|no *s.m.* (*poet.*) inverno.

vé|ro *agg.* **1** che possiede realmente le caratteristiche che gli si attribuiscono: *il — responsabile* | usato come rafforzativo, per sottolineare il pieno possesso di una qualità o di una caratteristica: *è un — tenore* **2** effettivo: *il — motivo* | *di*

sentimento, sincero, profondo: — amore **3** autentico: *perle vere* **4** giusto, esatto: *il — significato di un termine* **5** conforme alla realtà dei fatti: *sembra incredibile ma è —; è una storia vera* | *non mi pare —*, si dice di ql.co. che si desidera da tempo e che infine si ottiene o si verifica | *è —?, non è —?*, si dice per chiedere conferma a quanto si è detto ♦ *s.m. solo sing.* **1** ciò che è vero; verità: *non dice il — | a onor del —*, in verità: *a onor del — io non c'entro* **2** realtà concreta | *dipingere dal —*, ispirandosi al modello reale □ **veramente** *avv.* **1** realmente: *sono — contento di venire* **2** usato come rafforzativo: *ql.co. di — unico* | in frasi interrogative esprime meraviglia, dubbio: *l'hai fatto — tu?* | per esprimere una riserva: *— io non so se posso accettare.*
ve|ró|ne *s.m.* (*poet.*) loggia, balcone.
ve|rò|ni|ca¹ *s.f.* pianta erbacea perenne con fiori azzurri raccolti in spiga; è usata in medicina per le sue proprietà toniche.
ve|rò|ni|ca² *s.f.* secondo i Vangeli apocrifi, tela di lino con cui la Veronica asciugò il volto di Gesù durante la salita al Calvario | l'immagine del viso del Cristo rimasta impressa nel sudario.
ve|rò|ni|ca³ *s.f.invar.* **1** nella corrida, figura in cui il torero aspetta la carica del toro tenendo la cappa aperta davanti a sé con le due mani **2** (*sport*) nel tennis, volée alta di rovescio.
ve|ro|si|mi|gliàn|za *s.f.* proprietà di ciò che è verosimile.
ve|ro|sì|mi|le *agg.* simile al vero, che può essere vero: *un racconto —* □ **verosimilmente** *avv.* in modo credibile; probabilmente.
ver|ri|cèl|lo *s.m.* piccolo argano con tamburo ad asse orizzontale e trazione verticale.
vèr|ro *s.m.* maiale destinato alla riproduzione.
ver|rù|ca *s.f.* (*med.*) escrescenza della pelle, dura e ruvida, provocata da un virus.
ver|ru|có|so *agg.* pieno di verruche.
ver|sàc|cio *s.m.* smorfia accompagnata da un suono sguaiato fatta per schernire qlcu. o in segno di disgusto.
ver|sa|mén|to *s.m.* **1** l'atto di versare **2** (*comm.*) deposito di una somma di denaro: *effettuare un — in banca* | la somma versata **3** (*med.*) raccolta di liquido in una cavità dell'organismo.
ver|sàn|te *s.m.* declivio di un lato di un monte o di una catena montuosa: *il — orientale del Monte Bianco* | (*fig.*) **sul — (di ql.co.)**, per quanto riguarda: *sul — economico ci sono molti problemi.*
ver|sà|re *v.tr.* [*indic.pres. io vèrso...*] **1** far uscire un liquido o un'altra sostanza incoerente inclinando il recipiente in cui sono contenuti: *— l'acqua nel bicchiere; — lo zucchero sulla torta* | mescere: *versarsi ql.co. da bere* | rovesciare: *— l'aceto sulla tovaglia;si è versato il brodo sulla camicia* **2** (*assol.*) di recipienti, lasciar fuoriuscire il contenuto da fessure, crepe e sim.; perdere: *la botte versa* **3** (*estens.*) far affluire: *il Po versa le sue acque nell'Adriatico* **4** (*estens.*) spargere | **— lacrime**, piangere | (*fig.*) **— fiumi di inchiostro**, scrivere molto | **— il sangue per la patria**, morire in battaglia **5** depositare somme di denaro: *— lo stipendio in banca* | pagare: *abbiamo versato l'anticipo dell'affitto* ♦ *intr.* [*aus. A*] essere, trovarsi in una certa condizione, gener. negativa: *— in cattive acque* ♦ **-rsi** *intr.pron.* **1** di contenuto spec. liquido, spargersi: *la bottiglia è scoppiata e il vino si è versato sulla tovaglia* | riversarsi: *la gente si versa in strada* **2** di corso d'acqua, immettersi, affluire: *l'Adda si versa nel lago di Como.*
ver|sà|ti|le *agg.* che coltiva molti interessi; che sa fare con buoni risultati cose molto diverse: *un ragazzo —.*
ver|sa|ti|li|tà *s.f.* qualità di chi o di ciò che è versatile.
ver|sà|to *part.pass.* di versare ♦ *agg.* che ha attitudine per ql.co.: *è molto — in chimica.*
ver|seg|già|re *v.intr.* [*indic.pres. io verséggio...*; *aus. A*] comporre versi ♦ *tr.* mettere in versi.
ver|seg|gia|tó|re *s.m.* [*f. -trice*] chi compone versi | poeta abile tecnicamente ma privo di ispirazione.
ver|sét|to *s.m.* ciascuno dei brevi periodi numerati in cui sono suddivisi i capitoli della Bibbia e di altri libri sacri, come il Corano.
ver|si|co|ló|re *agg.* (*lett.*) di colore vario.
ver|si|fi|cà|re *v.tr., intr.* [*indic.pres. io versìfico, tu versìfichi...*; *aus. A*] verseggiare.
ver|si|fi|ca|tó|re *s.m.* [*f. -trice*] verseggiatore.
ver|si|fi|ca|tò|rio *agg.* del versificare; che riguarda la versificazione: *tecnica versificatoria.*
ver|si|fi|ca|zió|ne *s.f.* il modo, la tecnica del comporre versi.
ver|sió|ne *s.f.* **1** traduzione da una lingua in un'altra, spec. come esercitazione scolastica: *— dal latino* **2** (*estens.*) modo di esporre, d'interpretare un fatto: *dobbiamo ascoltare anche la sua —* **3** insieme di modifiche apportate a un modello | il modello che ne risulta: *la — base di un'auto* **4** trasposizione da una forma d'arte in un'altra; adattamento: *la — cinematografica di un romanzo* **5** (*cine.*) variante di uno stesso film.
vèr|so¹ *s.m.* **1** (*metr.*) unità ritmica del testo poetico che ne costituisce l'unità di misura ed è costituita da un certo numero di sillabe: *— endecasillabo* | **versi sciolti**, non legati da rima **2** (*pl.*) composizione poetica: *i versi di Catullo* **3** grido degli uccelli: *il — del gufo* | (*estens.*) suono caratteristico emesso da un animale: *il — del maiale* **4** esclamazione, suono inarticolato emesso da una persona: *un — di rabbia* **5** gesto o atteggiamento caratteristico di una persona: *quanti versi fa quella ragazza!* | **fare il — a qlcu.**, imitarne la voce, i gesti, spec. per prenderlo in giro **6** senso, direzione: *andare nel — giusto* | orientamento di pelo, legno, fibre | **prendere qlcu. per il suo —**, trattarlo secondo il suo carattere, il suo umore | **per un —**, da una parte: *per un — mi va bene, per l'altro no* **7** (*fig.*) modo: *non c'è — di parlargli.*
vèr|so² *agg.* (*lett.*) voltato, riverso | **pollice —**, rivolto verso il basso per esprimere condanna.
vèr|so³ *s.m.* **1** faccia posteriore di un foglio, di

una pagina 2 (*estens.*) il rovescio di una medaglia, di una moneta.
vèr|so[4] *prep.* 1 [introduce un compl. di moto a luogo] in direzione di: *andò — la piazza* | contro: *marciare — il nemico* | si unisce ai pron. pers. con la prep. *di*: *viene — di te* 2 [introduce un compl. di stato in luogo] nei pressi di: *abita — la stazione* 3 [introduce un compl. di tempo determinato] poco prima o poco dopo; circa: *vengo a prenderti — le otto* 4 [introduce un compl. di età] in prossimità di: *iniziò a lavorare — i quarant'anni* 5 nei confronti di: *sii riconoscente — chi ti aiuta*; *non provo odio — nessuno*; *cerca di essere paziente — di lei*.
ver|sò|io *s.m.* parte dell'aratro che rovescia la zolla.
vèr|sta *s.f.* antica unità di misura russa di distanza, corrispondente a poco più di un chilometro.
vèr|sus (*lat.*) *prep.* (*scient.*) contro, in opposizione a (*abbr.* vs).
vèr|te|bra *s.f.* (*anat.*) ciascuno dei segmenti ossei che formano la colonna vertebrale dei Vertebrati.
ver|te|brà|le *agg.* (*anat., med.*) della vertebra; relativo alle vertebre | formato da vertebre: *colonna —*.
Ver|te|brà|ti *s.m.pl.* sottotipo di Cordati dotati di scheletro osseo o cartilagineo, il cui asse è formato dalla colonna vertebrale; vi appartengono Mammiferi, Uccelli, Rettili, Anfibi e Pesci.
ver|te|brà|to *agg.* si dice di animale dotato di colonna vertebrale.
ver|tèn|za *s.f.* controversia, lite ancora pendente: *— giudiziaria*.
vèr|te|re *v.intr.* [indic.pres. io vèrto...; dif. del part.pass. e dei tempi composti] 1 (*bur.*) di controversia, essere in corso: *tra le due famiglie verte un'annosa lite* 2 avere per argomento, riguardare: *la discussione verte sulla politica estera*.
ver|ti|cà|le *agg.* 1 perpendicolare al piano orizzontale 2 (*estens.*) che segue una linea verticale: *struttura —* 3 (*fig.*) detto di associazioni basate sulla gerarchia: *organizzazione —* ♦ *s.f.* 1 retta perpendicolare a un piano 2 esercizio ginnico in cui il ginnasta si mette in posizione perpendicolare al suolo, a testa in giù, appoggiandosi sulle mani 3 (*spec.pl.*) nel cruciverba, le parole da inserire nelle caselle che vanno dall'alto verso il basso | le definizioni di tali parole □ **verticalmente** *avv.* in linea verticale: *scendere —*.
ver|ti|ca|li|smo *s.m.* (*arch.*) prevalenza delle linee e delle strutture verticali.
ver|ti|ca|li|tà *s.f.* posizione verticale.
ver|ti|ca|liz|zà|re *v.tr.* 1 organizzare secondo un sistema verticale 2 (*econ.*) integrare le diverse fasi di un processo produttivo 3 (*sport*) nel calcio, rendere più rapido il gioco, procedendo lungo l'asse verticale del campo.
vèr|ti|ce *s.m.* 1 sommità, cima: *il — di una scala* 2 (*fig.*) il punto, il livello più alto; apice: *raggiungere il — della carriera* 3 (*fig.*) il complesso dei dirigenti di un partito, di un'impresa o delle alte cariche del Governo | (*estens.*) riunione di dirigenti ad alto livello: *— aziendale* | ***incontro al —***, fra le massime autorità di vari Stati 4 (*geom.*) punto d'incontro dei lati di un angolo, di due lati di un poligono, o degli spigoli di un poliedro.
ver|ti|ci|smo *s.m.* in un'organizzazione politica, sindacale e sim., tendenza a delegare il potere decisionale solo ai massimi dirigenti, senza coinvolgere la base.
ver|ti|ci|sti|co *agg.* [m.pl. -*ci*] caratterizzato da verticismo.
ver|ti|gi|ne *s.f.* 1 (*med.*) disturbo dell'orientamento che si manifesta come sensazione di oscillazione o rotazione di se stessi o degli oggetti circostanti | (*spec.pl.*) capogiro: *soffro di vertigini* 2 (*fig.*) turbamento provocato da ql.co. di sconvolgente: *tutti questi soldi mi fanno venire le vertigini*.
ver|ti|gi|nó|so *agg.* 1 che provoca vertigini: *altezza vertiginosa* 2 (*fig.*) rapidissimo, frenetico: *carriera vertiginosa* 3 (*fig.*) eccessivo: *prezzi vertiginosi* □ **vertiginosamente** *avv.*
verve (*fr.*) [pr. *verv*] *s.f.invar.* vivacità, brio: *ha molta —*.
vér|za *s.f.* varietà di cavolo dalle foglie commestibili.
ver|zel|li|no *s.m.* piccolo uccello dal piumaggio verde olivastro sul dorso e nero sulle ali e sulla coda.
ver|ziè|re *s.m.* (*lett.*) giardino, orto.
ver|zù|ra *s.f.* (*lett.*) insieme delle erbe e delle piante verdeggianti; vegetazione.
vé|scia *s.f.* [pl. -*sce*] fungo di forma globosa, biancastro e commestibile nel primo periodo del suo sviluppo.
ve|sci|ca *s.f.* 1 (*anat., zool.*) organo cavo del corpo umano e animale che raccoglie prodotti di secrezione liquida | — **urinaria**, sacco muscolomembranoso situato nella cavità pelvica, nel quale si raccoglie l'urina | — **natatoria**, in molti pesci, sacco contenente gas che serve come organo di galleggiamento 2 (*med.*) sollevamento circoscritto dell'epidermide, contenente liquido sieroso, che si forma in seguito a scottature o sfregamenti; bolla.
ve|sci|cà|le *agg.* (*anat., med.*) relativo alla vescica urinaria.
ve|sci|càn|te *agg.* che provoca vesciche sulla pelle ♦ *s.m.* (*med.*) farmaco fortemente revulsivo che, applicato sulla parte malata, provoca vesciche.
ve|sci|ca|tò|rio *agg., s.m.* si dice di sostanza revulsiva che provoca vesciche; vescicante.
ve|sci|ca|zió|ne *s.f* (*med.*) 1 formazione di vesciche 2 (*med.*) applicazione di vescicanti sulla pelle a scopo terapeutico.
ve|sci|co|la *s.f.* 1 piccola vescica 2 (*med.*) rigonfiamento della pelle a forma di vescica pieno di liquido sieroso, tipico di alcune malattie infettive.
ve|sci|co|là|re *agg.* 1 relativo alla vescica 2 formato da vesciche 3 simile a una vescica: *cavità —*.
ve|sco|và|do o **vescovàto** *s.m.* 1 dignità, ufficio del vescovo 2 palazzo dove risiede il vescovo |

vescovile

territorio sottoposto alla giurisdizione di un vescovo.

ve|sco|vi|le *agg.* del vescovo, relativo al vescovo: *palazzo —*.

vé|sco|vo *s.m.* (*eccl.*) **1** nella Chiesa cattolica, prelato eletto dal Papa che ha la piena potestà di governare una diocesi | *— di Roma*, il Papa **2** nelle Chiese riformate, l'ecclesiastico che presiede a una diocesi o a una comunità.

vè|spa¹ *s.f.* insetto imenottero di colore giallo e nero, con una strozzatura tra torace e addome; la femmina ha un pungiglione velenoso | (*fig.*) *vitino di —*, detto di donna che ha la vita molto sottile.

Vè|spa®² *s.f.* scooter di piccola cilindrata prodotto in Italia.

ve|spà|io *s.m.* **1** nido di vespe | (*fig.*) *suscitare un —*, provocare un coro di proteste, moltissime critiche **2** (*med.*) antrace **3** camera d'aria posta tra il suolo e il pavimento delle stanze a pianterreno per preservarle dall'umidità.

ve|spa|sià|no *s.m.* orinatoio pubblico maschile.

vè|spe|ro *s.m.* (*lett.*) vespro, crepuscolo.

Ve|sper|ti|liò|ni|di *s.m.pl.* famiglia di Mammiferi chirotteri a cui appartengono i pipistrelli.

ve|sper|ti|no *agg.* (*lett.*) del vespro; della sera: *ora vespertina*.

Vè|spi|di *s.m.pl.* famiglia di Insetti imenotteri di cui fa parte la vespa.

vè|spro *s.m.* **1** (*lett.*) il crepuscolo, l'ora del tramonto **2** (*lit.*) l'ora canonica tra la nona e la compieta | la preghiera che si recita in tale ora **3** (*st.*) *Vespri siciliani*, moti scoppiati a Palermo nel 1282 contro il dominio angioino.

ves|sà|re *v.tr.* [indic.pres. *io vèsso...*] sottoporre a imposizioni, abusi o maltrattamenti: *— i cittadini con imposte*.

ves|sa|tó|re *s.m.* [f. *-trice*] (*lett.*) chi vessa ♦ *agg.* vessatorio.

ves|sa|tò|rio *agg.* che impone vessazioni: *sistemi vessatori*.

ves|sa|zió|ne *s.f.* maltrattamento, sopruso, angheria.

ves|sil|li|fe|ro *s.m.* [f. *-a*] **1** chi porta un vessillo, un'insegna **2** (*fig.*) chi si fa promotore di una dottrina, di un'idea.

ves|sìl|lo *s.m.* **1** (*st.*) stendardo militare dell'esercito romano, consistente in un riquadro di stoffa rossa fissato su un'asta **2** (*estens.*) bandiera: *il — tricolore* **3** (*fig.*) insegna, simbolo: *il — della libertà*.

ve|stà|glia *s.f.* veste da camera, per lo più lunga e ampia.

ve|stà|le *s.f.* **1** (*st.*) nell'antica Roma, sacerdotessa addetta al culto di Vesta, custode del fuoco sacro **2** (*fig.*) custode intransigente di un ideale, di un principio, di una tradizione.

vè|ste *s.f.* **1** abito, vestito | *— da camera*, vestaglia **2** (*spec.pl.*) l'insieme degli indumenti indossati da una persona: *vesti modeste* **3** (*estens.*) ciò che riveste ql.co.; rivestimento: *la — di un fiasco* | *tipografica*, aspetto definitivo di un libro **4** (*fig.*) forma, aspetto esteriore: *una — di rispettabilità* |

1382

in — di, sotto l'apparenza di: *in — di amico* **5** (*fig.*) autorità, competenza: *avere la — per fare ql.co.* | qualità, funzione: *sono qui in — di rappresentante* **6** (*fig.*) espressione: *dare — poetica ai propri pensieri*.

ve|stià|rio *s.m.* **1** l'insieme degli abiti di una persona; guardaroba | assortimento di abiti; abbigliamento: *capi di —* **2** l'insieme dei costumi indossati dagli attori sulla scena.

ve|sti|bi|li|tà *s.f.* proprietà di un abito di adattarsi bene a una persona.

ve|sti|bo|là|re *agg.* (*anat.*) relativo al vestibolo | *apparato —*, la parte dell'orecchio interno sede degli organi della sensibilità spaziale e dell'equilibrio.

ve|stì|bo|lo *s.m.* **1** in un edificio, sala d'ingresso da cui si accede alle scale: *il — di un teatro* **2** (*anat.*) cavità che mette in comunicazione con altre cavità: *— dell'orecchio*.

ve|stì|gio *s.m.* [pl.m *i vestigi* o pl.f. *le vestigia*] **1** (*lett.*) orma | (*fig.*) esempio: *seguire le vestigia di ql.co.* **2** (*fig.*) traccia, ricordo: *le vestigia di un'antica civiltà*.

ve|stì|re¹ *v.tr.* [indic.pres. *io vèsto...*] **1** coprire con indumenti: *— un bambino* | (*estens.*) procurare indumenti a qlcu.: *costa molto — i figli* | detto di sarti, confezionare vestiti: *— le signore dell'alta società* **3** indossare: *— il saio* | avere una data taglia: *vesto la 42* **4** (*anche assol.*) detto di abito, adattarsi bene al corpo: *un tailleur che veste perfettamente* ♦ *intr.* [aus. *A*] portare abiti di un certo tipo: *— con gusto* ♦ *-rsi rifl.* **1** indossare indumenti: *sbrigati a vestirti!* **2** (*estens.*) fornirsi di abiti: *si veste nelle migliori sartorie* **3** abbigliarsi: *— sempre in modo elegante* | *saper —*, saper scegliere gli abiti che più si adattano al proprio tipo ♦ *intr.pron.* (*lett.*) ricoprirsi, ornarsi: *il bosco si veste di verde*.

ve|stì|re² *s.m.* abbigliamento: *spese per il —* | *modo di vestire*: *è molto ricercata nel —*.

ve|stì|to¹ *part.pass. di* vestire ♦ *agg.* **1** che ha indosso gli abiti **2** che indossa determinati abiti: *ben —*.

ve|stì|to² *s.m.* abito: *— da donna*.

ve|sti|zió|ne *s.f.* (*eccl.*) cerimonia durante la quale un novizio o una novizia indossano per la prima volta l'abito religioso.

ve|te|rà|no *s.m.* [f. *-a*] **1** soldato che presta servizio da molti anni | ex soldato anziano: *un — dell'ultima guerra* **2** (*fig.*) chi esercita da molto tempo una professione, un'attività, uno sport: *un — del ciclismo*.

ve|te|ri|nà|ria *s.f.* scienza che studia la fisiologia e la patologia degli animali | corso di studi universitari relativo a questa scienza.

ve|te|ri|nà|rio *s.m.* [f. *-a*] chi è laureato in veterinaria ed esercita tale scienza per professione ♦ *agg.* relativo alla veterinaria, ai veterinari: *ambulatorio —*.

vè|te|ro- primo elemento di parole composte, che significa "vecchio, antico" (*veterocomunista*).

ve|te|ro|co|mu|ni|sta *agg., s.m./f.* [m.pl. *-i*] detto di chi è legato a modelli superati di comunismo.
ve|te|ro|te|sta|men|tà|rio *agg.* che riguarda l'Antico Testamento.
vè|to *s.m.* **1** (*st.*) nell'antica Roma, formula usata dai tribuni per opporsi ai decreti del Senato **2** atto formale che impedisce l'esecuzione di una deliberazione o di un provvedimento | *diritto di —*, potere di un organo deliberante di bloccare una decisione del consiglio **3** (*estens.*) rifiuto, divieto: *la mamma ha posto il — alla nostra partenza*.
ve|trà|io *s.m.* [f. *-a*] **1** operaio addetto alla lavorazione del vetro **2** chi vende, taglia e applica lastre di vetro.
ve|trà|rio *agg.* che riguarda il vetro: *arte vetraria*.
ve|trà|ta *s.f.* **1** grande telaio con inseriti dei vetri fissi, per illuminare un ambiente **2** finestra costituita da frammenti di vetro colorato uniti tra loro in modo da formare figure o motivi ornamentali: *le vetrate del Duomo*.
ve|trà|to *agg.* **1** fornito di vetri **2** che contiene vetro | *carta vetrata*, carta cosparsa di minutissimi frammenti di vetro, usata per levigare il legno.
ve|tre|rì|a *s.f.* fabbrica, negozio di vetri o di oggetti di vetro.
ve|tri|fi|cà|re *v.tr.* [indic.pres. *io vetrìfico, tu vetrìfichi...*] far diventare vetro o simile al vetro ♦ *intr.* [aus. *E*], **-rsi** *intr.pron.* diventare di vetro o simile a vetro.
ve|tri|fi|ca|zió|ne *s.f.* l'operazione di vetrificare | assunzione di un aspetto vetroso.
ve|trì|na[1] *s.f.* **1** parte del negozio che dà sulla strada e protetta da una vetrata, in cui vengono esposte le merci al pubblico: *la — del cartolaio* | (*fig.*) *mettersi in —*, mettersi in mostra, esibirsi **2** (*fig.*) luogo, manifestazione partic. rappresentativa per la rassegna di prodotti, attività e sim.: *lo* SMAU *di Milano è la — dell'informatica* **3** mobile a vetri per oggetti fragili o preziosi: *le vetrine di un museo*.
ve|trì|na[2] *s.f.* sostanza vetrosa che si spalma su oggetti di ceramica prima di cuocerli al forno per impermeabilizzarli o renderli lucenti.
ve|tri|nà|re *v.tr.* nella lavorazione della ceramica, rivestire di vetrina.
ve|tri|na|tù|ra *s.f.* operazione del vetrinare.
ve|tri|nì|sta *s.m./f.* [m.pl. *-i*] chi allestisce le vetrine dei negozi in modo da valorizzare la merce e attirare i passanti.
ve|tri|nì|sti|ca *s.f.* l'arte di esporre le merci in vetrina per invogliare i passanti all'acquisto.
ve|trì|no *s.m.* (*scient.*) ognuna delle due lastrine di vetro tra le quali si collocano le sostanze da osservare al microscopio.
ve|tri|ò|lo *s.m.* (*chim.*) nome di alcuni solfati metallici | (*fam.*) acido solforico | (*fig.*) *al —*, si dice di parole molto offensive.
vé|tro *s.m.* **1** materiale solido, fragile, trasparente e impermeabile, ottenuto dalla fusione ad alta temperatura di vari silicati, spec. calcio, sodio o potassio; è usato per fabbricare oggetti o come materiale isolante e di protezione | *— smerigliato*, reso traslucido con la smerigliatura | *— soffiato*, lavorato a caldo con soffiatura e usato per creare oggetti artistici o di laboratorio | (*fig.*) *essere di —*, molto delicato, fragile | *palazzo di —*, edificio in cui la superficie esterna è costituita quasi completamente da ampie vetrate; partic. quello in cui ha sede l'ONU **2** lastra di vetro applicata al telaio di finestre, porte e sim.: *armadio a vetri* **3** oggetto di vetro: *i vetri di Murano* **4** pezzo, frammento di vetro: *mi sono ferito con un —*.
ve|tro|cà|me|ra *s.f.* (*edil.*) struttura costituita da due lastre di vetro parallele sigillate ermeticamente, in modo da costituire una camera d'aria; è usata per finestre e vetrate in grado di garantire l'isolamento termico e acustico.
ve|tro|ce|mén|to *s.m.* (*edil.*) struttura costituita da lastre di vetro molto resistente inserite in un'armatura di cemento armato; è usata per costruire pareti divisorie e lucernari che lascino passare la luce in un ambiente.
ve|tro|ce|rà|mi|ca *s.f.* materiale a struttura vetrosa e cristallina, che ha le proprietà del vetro e della ceramica; è usato per fabbricare stoviglie da forno e nell'industria elettronica e spaziale.
ve|tro|cro|mì|a *s.f.* pittura su vetro.
ve|tro|fa|nì|a *s.f.* foglio adesivo di materiale trasparente, con disegni e figure a colori, che si applica ai vetri per decorarli o per motivi pubblicitari.
ve|tro|rè|si|na *s.f.* materiale leggero e resistente costituito da resine plastiche rinforzate da fibre di vetro.
ve|tró|so *agg.* **1** che contiene vetro: *materiale —* **2** che ha le caratteristiche del vetro.
vét|ta *s.f.* **1** cima, sommità: *le vette dei monti* **2** (*fig.*) primo posto, posizione di preminenza: *in — alla classifica* **3** (*spec.pl., fig.*) culmine, grado sommo: *le vette della fama*.
vet|tó|re *s.m.* **1** (*mat.*) ente geometrico che descrive una grandezza caratterizzata da valore numerico, direzione e verso **2** (*comm.*) chi effettua il trasporto di merci per conto di terzi ♦ *agg.* [f. *-trice*] che trasporta (*aer.*) *razzo —*, quello che trasporta un veicolo spaziale fuori dall'atmosfera terrestre.
vet|to|rià|le *agg.* (*fis.*) di vettore, relativo a vettori: *grandezza —*.
vet|to|và|glia *s.f. spec.pl.* il complesso dei viveri che servono per il sostentamento di una comunità, spec. di un esercito.
vet|to|va|glia|mén|to *s.m.* approvvigionamento di vettovaglie.
vet|tù|ra *s.f.* **1** carrozza a cavalli adibita al servizio pubblico **2** carrozza tranviaria o ferroviaria **3** autovettura, automobile: *— da corsa*.
vet|tu|rà|le *s.m.* chi trasportava merci o persone su animali o su carri.
vet|tu|rì|no *s.m.* chi guidava vetture pubbliche a cavalli.
ve|tu|stà *s.f.* (*lett.*) caratteristica di chi o di ciò che è vetusto; antichità.

ve|tù|sto *agg.* (*lett.*) molto antico | di persona, molto vecchio.

vez|zeg|gia|mén|to *s.m.* l'atto di vezzeggiare | parola o gesto affettuoso.

vez|zeg|già|re *v.tr.* [indic.pres. *io vezzéggio...*] coprire qlcu. di attenzioni, farlo oggetto di complimenti, di affettuosità; coccolare: — *un bambino* ♦ **-rsi** *rifl.* avere molta cura di sé; coccolarsi.

vez|zeg|gia|ti|vo *agg.* che vezzeggia, che è fatto con affetto ♦ *s.m.* (*gramm.*) forma alterata di un sostantivo o di un aggettivo, che denota grazia, affetto, piccolezza (p.e. *sorellina, musetto*).

véz|zo *s.m.* **1** abitudine, modo di comportarsi: *ha il — di accarezzarsi la barba* | brutta abitudine, vizio: *ha il — di succhiarsi il pollice* **2** (*pl.*) smancerie, moine: *non sopporto più i suoi vezzi* | attrattiva; grazia **3** monile da portare al collo: *un — di perle*.

vez|zo|si|tà *s.f.* caratteristica di chi è vezzoso.

vez|zó|so *agg.* **1** dotato di grazia e di bellezza **2** affettato, lezioso: *modi vezzosi* ♦ *s.m.* [f. *-a*] chi assume atteggiamenti leziosi e affettati: *fa sempre la vezzosa* □ **vezzosamente** *avv.*

vi[1] *pron.pers. di 2ª pers.pl.* [atono; con le particelle pron. atone *lo, la, li, le* e la particella *ne* è sostituito da *ve*] **1** [con funzione di compl. oggetto, in posizione proclitica ed enclitica] voi: — *aspettano; spero di incontrarvi* | si usa nella connig. dei verbi rifl. e intr. pron.: *lavatevi;* — *pentirete* **2** [con funzione di compl. di termine, in posizione proclitica ed enclitica] a voi: — *dirò tutto; non posso darvi torto* | esprime l'interesse, la partecipazione di chi parla per la persona a cui si riferisce l'azione indicata dal verbo: *godetevi lo spettacolo;* — *sentirete l'influenza* ♦ *pron.dimostr.* a ciò, in ciò: *non — ho fatto caso; non — ho notato alcun errore* ♦ *avv.* qui, in questo luogo; là, in quel luogo: — *abita da molti anni* | con valore pleonastico: *qui non — è nulla da mangiare* | si unisce spesso al verbo *essere*: *non v'è modo di calmarlo*.

vi[2] *s.f./m.* → **vu**.

vì|a[1] *s.f.* **1** strada, spec. di un centro abitato **2** sentiero, pista, passaggio: *aprirsi una — tra la gente* | **dare** — **libera**, lasciar passare; (*fig.*) non opporsi: *hanno dato — libera al progetto* **3** percorso, itinerario: *la — di casa; tracciare una — 4* (*estens.*) viaggio, cammino: *mettersi in —* | (*fig.*) *in — di*, in fase di: *essere in — di guarigione* **5** modo, mezzo con cui si fa viaggiare o si trasmette ql.co.: *spedire (per) — aerea; trasmissione — satellite* | (*estens.*) tappa intermedia che identifica un itinerario: *Milano-Firenze — Bologna* **6** (*fig.*) carriera: *un corso di studi che apre molte vie* **7** (*fig.*) modo di vivere: *abbandonare la retta —* **8** (*fig.*) mezzo, sistema per giungere a ql.co.: *ho tentato tutte le vie per avere l'impiego* | **adire le vie legali**, fare ricorso ai tribunali | **passare a vie di fatto**, venire alle mani | (*fig.*) **vie traverse**, sotterfugi, stratagemmi | **per — di**, a causa di: *non è arrivato per — dello sciopero dei treni* **9** (*estens.*) accorgimento, soluzione | — **di mezzo**, soluzione intermedia | **in — eccezionale**, eccezionalmente **10** (*anat.*) condotto dell'organismo: *vie respiratorie* **11** (*med.*) modo in cui si somministra un medicinale: *per — orale, intramuscolare* **12** (*astr.*) — *Lattea*, agglomerato di stelle, cui appartiene il Sole; galassia.

vì|a[2] *avv.* **1** esprime allontanamento: *è scappato —* | **andare** —, di persona, andarsene, partire; di macchia, scomparire; di merce, vendersi facilmente | *dar —*, cedere; regalare: *dar — tutto* | **mandar — qlcu.**, licenziare | **portar —**, prendere con sé; sottrarre, rubare; (*fig.*) impegnare: *un lavoro che porta — molto tempo* | **tirar —**, far ql.co. in fretta e male: *lavoro tirato —* | (*fam.*) **essere —**, essere fuori casa **2** sottintendendo il verbo *andare* o sim., indica rapidità d'azione: — *di corsa!* **3** eccetera, così di seguito: *e così —* | — —, a mano a mano, progressivamente: — *che le ore passano, la situazione diventa sempre più critica* ♦ *inter.* **1** per mandare via qlcu.: *vattene —!* **2** per incoraggiare, esortare: *coraggio, —* **3** per concludere un discorso: —, *non parliamone più!* **4** per esprimere incredulità, impazienza, disapprovazione: —, *non insistere!* **5** voce di comando per dare inizio a una gara, un gioco: *pronti, —!* ♦ *s.m.* segnale di inizio di una gara, di un gioco: *aspettare il —* | (*fig.*) **dare il —**, dare inizio: *dare il — ai lavori*.

via|bi|li|tà *s.f.* **1** possibilità di transito; percorribilità: — *interrotta per pioggia* **2** complesso delle vie di un zona; rete stradale: *la regione è dotata di una buona —* **3** insieme delle norme e delle attività relative alle strade e alla regolamentazione del traffico.

via|càrd® *s.f.invar.* tessera magnetica che consente di pagare automaticamente il pedaggio autostradale.

vì|a crù|cis (*lat.*) *loc.sost.f.invar.* **1** (*relig.*) preghiere e meditazioni fatte davanti alle immagini che raffigurano i vari momenti della passione di Cristo | le immagini che rappresentano la passione di Cristo **2** (*fig.*) serie di sofferenze, delusioni, umiliazioni: *la sua vita è una —*.

viado *s.m.* (*port.*) [pl. *viados*] transessuale di origine sudamericana che si prostituisce.

via|dót|to *s.m.* ponte che permette a una strada o a una ferrovia di superare un centro abitato, una valle, una depressione del terreno.

viag|giàn|te *part.pres. di viaggiare* ♦ *agg.* che viaggia | **personale —**, che svolge il suo lavoro sui mezzi di trasporto, spec. sui treni.

viag|gia|re *v.intr.* [indic.pres. *io viàggio...*; aus. *A*] **1** spostarsi da un luogo a un altro, spec. con mezzi di trasporto: — *in auto, per turismo* | (*anche assol.*) fare viaggi: *mi piace —* | fare il commesso viaggiatore: *viaggia per una ditta di cosmetici* **2** detto di mezzo di trasporto, spostarsi lungo un percorso: *il treno viaggia in orario* | detto di merce, essere trasportato: *la merce viaggia su rotaia* **3** (*fig.*) spostarsi con la fantasia.

viag|gia|tó|re *agg.* [f. *-trice*] che viaggia: *commesso —* | **colombo —**, quello dotato di un particolare senso di orientamento, che gli permette di ritornare al punto di partenza anche da grandi distanze; viene addestrato per portare messaggi ♦ *s.m.* **1** chi viaggia, spec. su mezzi di trasporto pubblici **2** chi compie viaggi di esplorazione o di turismo **3** commesso viaggiatore.

viag|gio *s.m.* **1** spostamento da un luogo a un altro fra loro distanti: — *di lavoro | buon* —, augurio che si fa a chi parte; (*fig.*) non importa, fa lo stesso **2** tragitto ripetuto per portare oggetti da un posto all'altro: *per traslocare abbiamo fatto cinque viaggi |* (*fig.*) **fare un** — **a vuoto**, senza concludere nulla **3** (*fig.*) spostamento immaginario, fatto con la fantasia: *un* — *interplanetario |* (*gerg.*) allucinazioni prodotte dall'assunzione di stupefacenti.

vi|a|le *s.m.* strada cittadina larga e alberata | strada in parchi e giardini.

vian|dan|te *s.m./f.* chi, spec. nel passato, faceva un lungo viaggio a piedi.

via|rio *agg.* che riguarda le vie; stradale: *rete viaria.*

via|ti|co *s.m.* **1** (*relig.*) l'Eucarestia che si somministra a chi sta per morire **2** (*fig.*) conforto, consolazione.

vi|a|vai *s.m.* **1** andirivieni di molte persone **2** (*estens.*) movimento alternato di un organo meccanico: *il — della spola.*

vi|bra|fo|no *s.m.* (*mus.*) strumento a percussione simile allo xilofono costituito da una serie di piastre di acciaio di dimensioni diverse appoggiate su dei risuonatori elettrici, che producono un suono se vengono percosse con delle bacchette.

vi|bran|te *part.pres. di* vibrare ♦ *agg.* **1** che vibra **2** (*ling.*) si dice di consonante articolata mediante la vibrazione di un organo della fonazione **3** (*estens.*) che risuona con energia: *una voce* — **4** (*fig.*) che esprime intensità di sentimenti; fremente: *animo — di passione* ♦ *s.f.* (*ling.*) consonante vibrante: *la "r" è una —.*

vi|bram® *s.m.invar.* suola di gomma con profonde scanalature che le conferiscono un'ottima aderenza al terreno, part. usata per scarponi da montagna.

vi|bra|re *v.tr.* **1** scagliare con forza: — *la lancia |* assestare con forza: — *uno schiaffo* **2** mettere in vibrazione ♦ *intr.* [aus. *A*] **1** muoversi producendo vibrazioni: *corde che vibrano* **2** (*estens.*) risuonare **3** (*fig., lett.*) fremere, palpitare: — *di sdegno.*

vi|bra|ti|le *agg.* che si muove con vibrazioni | *ciglia vibratili*, appendici, dotate di movimento vibratorio, che consentono ad alcuni microrganismi di spostarsi.

vi|bra|to *part.pass. di* vibrare ♦ *agg.* **1** scagliato **2** fatto vibrare, messo in vibrazione **3** (*fig.*) concitato, energico: *vibrata protesta* ♦ *s.m.* (*mus.*) particolare effetto musicale caratterizzato da lievi oscillazioni dell'altezza del suono che, negli strumenti ad arco, si ottiene facendo oscillare il dito che preme sulla corda □ **vibratamente** *avv.* in modo energico: *ha reagito —.*

vi|bra|to|re *s.m.* (*tecn.*) **1** apparecchio che converte in alternata una corrente elettrica continua **2** vibromassaggiatore.

vi|bra|tò|rio *agg.* relativo a vibrazione; che produce vibrazioni: *movimento* —.

vi|bra|zió|ne *s.f.* **1** oscillazione di piccola ampiezza ed elevata frequenza: — *sismica* | (*estens.*) tremolio: — *delle stelle* **3** (*fig.*) intonazione di voce fremente: *nella sua voce c'era una* — *di sdegno.*

vi|bri|ó|ne *s.m.* (*biol.*) batterio a forma di bastoncino ricurvo, dotato di un solo flagello a un'estremità: *il — del colera.*

vi|bris|sa *s.f. spec.pl.* (*zool.*) ognuno dei lunghi peli, con funzione sensoriale e tattile, presenti in molti mammiferi (p.e. i baffi del gatto).

vi|bro- (*scient.*) primo elemento di parole composte, che significa "vibrazione" (*vibromassaggio*).

vi|bro|col|ti|va|tó|re *s.m.* (*agr.*) erpice provvisto di lame elastiche di acciaio che, vibrando, sono in grado di sminuzzare le zolle.

vi|bro|mas|sag|gia|tó|re *s.m.* apparecchio elettrico in grado di produrre vibrazioni, utilizzato per massaggi terapeutici.

vi|bro|mas|sàg|gio *s.m.* massaggio terapeutico effettuato con vibromassaggiatore.

vi|brò|me|tro *s.m.* (*fis.*) strumento che serve a misurare le vibrazioni meccaniche nelle strutture solide.

vi|ca|rià|le *agg.* del vicario.

vi|ca|rià|to *s.m.* (*eccl.*) giurisdizione e ufficio di vicario | sede in cui viene esercitato tale ufficio | il territorio sottoposto alla giurisdizione di un vicario.

vi|cà|rio *s.m.* chi fa le veci di un superiore in sua assenza, esercitandone temporaneamente i poteri | — *di Cristo*, il Papa ♦ *agg.* che fa le veci di qlcu.

vi|ce *s.m./f.invar.* (*fam.*) sostituto.

vi|ce- primo elemento di parole composte, che premesso a nomi di carica o ufficio significa "che fa o può fare le veci di" (*vicepreside*) oppure indica una carica immediatamente inferiore (*vicebrigadiere*).

vi|ce|bri|ga|diè|re *s.m.* (*mil.*) sottufficiale della guardia di finanza e dei carabinieri di grado immediatamente inferiore a quello di brigadiere.

vi|ce|com|mis|sà|rio *s.m.* funzionario di grado immediatamente inferiore a quello di commissario.

vi|ce|di|ret|tó|re *s.m.* [f. -*trice*] chi ha un grado immediatamente inferiore a quello di direttore e ne fa le veci in caso di bisogno.

vi|cèn|da *s.f.* **1** successione o avvicendamento di cose, avvenimenti: *una continua — di gioie e di dolori | a —*, scambievolmente, a turno: *aiutarsi a* — (*agr., raro*) rotazione delle colture **3** fatto, caso: *una — drammatica.*

vi|cen|dé|vo|le *agg.* reciproco, scambievole □ **vicendevolmente** *avv.* reciprocamente: *aiutarsi —.*

vi|ce|pàr|ro|co *s.m.* [m.pl. -*ci*] (*eccl.*) sacerdote che fa le veci del parroco.

vi|ce|prè|si|de *s.m./f.* insegnante che fa le veci del preside in sua assenza.

vi|ce|pre|si|dèn|te *s.m./f.* chi fa le veci del presidente in sua assenza.

vi|ce|pre|si|dèn|za *s.f.* ufficio e carica del vicepresidente | durata di tale ufficio | sede del vicepresidente.

vi|ce|que|stó|re *s.m.* funzionario di grado immediatamente inferiore a quello di questore.

vi|ce|ré *s.m.* chi, in nome del re, governa una provincia lontana del regno o una colonia.

vi|ce|se|gre|tà|rio *s.m.* [f. *-a*] impiegato o funzionario di grado immediatamente inferiore a quello di segretario.

vi|ce|sin|da|co *s.m.* [pl. *-ci*] chi fa le veci del sindaco in sua assenza.

vi|ce|vèr|sa *avv.* **1** in direzione contraria: *andare da Milano a Roma e* — **2** al contrario, all'opposto: *devi premere e poi girare, non* — **3** (*coll.*) invece: *disse che mi avrebbe scritto, — non l'ha fatto*.

vi|chia|né|si|mo *s.m.* indirizzo di pensiero che si ispira alle teorie filosofiche e storiche di G.B. Vico (1668-1744).

vi|chià|no *agg.* relativo al pensiero e alla filosofia di G.B. Vico ♦ *s.m.* [f. *-a*] seguace, sostenitore di Vico.

vi|chin|go *agg.* [m.pl. *-ghi*] **1** relativo alla popolazione di stirpe germanica, stanziatasi nelle regioni scandinave nei secc. VIII-XI: *navi vichinghe* **2** (*scherz.*) della Scandinavia ♦ *s.m.* [f. *-a*] **1** appartenente alla popolazione vichinga **2** (*scherz.*) scandinavo | persona bionda e alta.

vi|ci|nà|le *agg.* **1** (*dir.*) detto di strada privata di campagna aperta al passaggio pubblico **2** detto di mezzi pubblici che collegano un grande centro con i luoghi vicini.

vi|ci|nàn|za *s.f.* **1** condizione di chi o di ciò che è vicino nel tempo e nello spazio: *la — delle vacanze* **2** (*fig.*) affinità: *— di opinioni* **3** (*pl.*) luoghi vicini; dintorni: *ci sono molti boschi nelle vicinanze*.

vi|ci|nà|to *s.m.* **1** insieme di persone che abitano nella stessa casa o nello stesso quartiere: *se urli così ti sentirà tutto il* — **2** l'insieme delle case e dei luoghi vicini a quello in cui si abita: *la gente del* — **3** il complesso dei rapporti che intercorrono tra vicini di casa: *rapporti di buon* —.

vi|ci|no *agg.* **1** che è a poca distanza nello spazio o nel tempo: *la casa vicina*; *le vacanze sono vicine*; *è ormai — ai sessant'anni* | confinante: *Stati vicini* **2** (*fig.*) che ha stretti rapporti di parentela o di amicizia: *un parente —* | *che partecipa ai sentimenti altrui: ti sono molto —* **3** (*fig.*) simile: *ha un modo di vedere — al mio* ♦ *s.m.* [f. *-a*] chi è o abita vicino: *i miei vicini di casa* ♦ *avv.* a poca distanza, non lontano: *abita qui —* | *farsi* —, avvicinarsi | *da* —, a poca distanza: *vedere bene da —*; (*fig.*) in modo minuzioso: *esaminare un problema da —* | *conoscere qlcu. da —*, intimamente, bene | (*loc.prep.*) *— a*, accanto a: *vieni — a me*; presso: *— a Como*.

vi|cis|si|tù|di|ne *s.f. spec.pl.* vicenda triste: *le vicissitudini della vita*.

vi|co *s.m.* [pl. *-chi*] **1** (*st.*) in epoca preromana, romana e medievale, territorio sede di una comunità con organizzazione amministrativa e giurisdizionale autonoma **2** (*region.*) vicolo.

vi|col|lo *s.m.* via urbana stretta e di secondaria importanza | *— cieco*, senza uscita; (*fig.*) situazione difficile: *sono finito in un — cieco*.

vi|de|à|ta *s.f.* insieme dei dati visualizzati contemporaneamente sullo schermo di un computer.

vì|de|o *s.m.* [pl.invar.] **1** (*telecom.*) procedimento e apparato per trasmettere immagini a distanza | le immagini di una trasmissione televisiva: *audio e* — **2** lo schermo di un televisore, di un computer e sim. **3** videoclip ♦ *agg.invar.* del video | *segnale* —, videosegnale.

vì|de|o- primo elemento di parole composte che si riferiscono a sistemi televisivi di trasmissione (*videocassetta*) o che hanno relazione con la vista (*videoleso*).

vi|de|o|ama|tó|re *s.m.* [f. *-trice*] chi gira film con la videocamera a livello amatoriale.

video art (*ingl.*) *loc.sost.f.invar.* corrente artistica diffusasi negli anni '70 che, utilizzando dispositivi video e manipolando le immagini secondo le tecniche del montaggio televisivo, realizza filmati, sia astratti sia figurativi, spesso integrati in un concreto spazio architettonico o in una scultura.

vi|de|o|cà|me|ra *s.f.* **1** telecamera con monitor **2** apparecchio per registrare immagini e suoni, costituito da una telecamera e da un videoregistratore portatili e fornito di un piccolo monitor.

vi|de|o|cas|sét|ta *s.f.* cassetta che contiene un nastro magnetico per videoregistrazioni, che si può vedere su un televisore attraverso uno speciale lettore.

vi|de|o|ci|tò|fo|no *s.m.* citofono collegato a un impianto televisivo a circuito chiuso che permette di vedere, attraverso uno schermo video installato all'interno dell'abitazione, la persona che ha premuto il pulsante all'esterno.

videoclip (*ingl.*) *s.m.invar.* breve filmato che accompagna l'esecuzione di un brano musicale, spec. a scopo promozionale | breve filmato che reclamizza un prodotto.

vi|de|o|con|fe|rén|za *s.f.* (*telecom.*) sistema che, grazie all'uso di computer, videocamere e rete telefonica, permette a persone dislocate in luoghi diversi e lontani di comunicare tra loro mantenendo un contatto audio e video.

vi|de|o|di|pen|dèn|te *agg., s.m./f.* che, chi non riesce a fare a meno della televisione e se ne lascia condizionare; teledipendente.

vi|de|o|di|pen|dèn|za *s.f.* condizione di chi è videodipendente.

vi|de|o|di|sco *s.m.* disco magnetico sui cui si possono registrare immagini e suoni, da vedere poi su un televisore collegato ad apposito lettore.

vi|de|o|en|ci|clo|pe|dì|a *s.f.* enciclopedia multimediale realizzata su CD-ROM.

vi|de|o|film *s.m.invar.* film videoregistrato messo in circolazione in videocassetta.

vi|de|o|fre|quèn|za *s.f.* frequenza delle onde

elettromagnetiche utilizzate nella trasmissione a distanza di immagini.
videogame (*ingl.*) [pr. *vìdeoghéim*] *s.m.invar.* videogioco.
vi|de|o|giò|co *s.m.* [pl. *-chi*] gioco elettronico programmato per simulare su un monitor o sullo schermo della televisione giochi o gare, spec. sportivi, a cui possono partecipare uno o due giocatori azionando appositi comandi del computer o un joystick.
vi|de|o|grà|fi|ca *s.f.* grafica realizzata per mezzo del computer.
vi|de|o|im|pa|gi|na|zió|ne *s.f.* tecnica che consiste nel montaggio a computer di testi e immagini.
vi|de|o|lé|so *agg., s.m.* [f. *-a*] (*med.*) che, chi ha menomazioni della vista.
vi|de|o|let|tó|re *s.m.* videoriproduttore.
vi|de|o|li|bro *s.m.* libro registrato su videodisco, che può essere letto sullo schermo televisivo.
vi|de|o|ma|gnè|ti|co *agg.* [m.pl. *-ci*] relativo alla registrazione di segnali video e audio su nastro magnetico.
videomusic (*ingl.*) [pr. *vìdeomiùsic*] *s.f.invar.* videomusica ♦ *s.m.invar.* videoclip.
vi|de|o|mù|si|ca *s.f.* brani musicali diffusi attraverso videoclip.
vi|de|o|nà|stro *s.m.* nastro magnetico per videoregistrazioni, contenuto in bobine o cassette; videotape.
vi|de|o|no|lég|gio *s.m.* esercizio commerciale dove è possibile noleggiare videocassette | l'attività dei negozi che noleggiano videocassette.
vi|de|o|pro|iet|tó|re *s.m.* dispositivo collegato a un apparecchio televisivo che permette di proiettare le immagini su uno schermo esterno di maggiori dimensioni.
vi|de|o|re|gi|strà|re *v.tr.* effettuare una videoregistrazione.
vi|de|o|re|gi|stra|tó|re *s.m.* apparecchio che effettua videoregistrazioni ed è in grado di leggere videocassette preregistrate.
vi|de|o|re|gi|stra|zió|ne *s.f.* registrazione di immagini, programmi televisivi ecc. su videocassetta per poterli riprodurre su uno schermo televisivo | le immagini registrate in tale modo.
vi|de|o|ri|pro|dut|tó|re *s.m.* apparecchio che permette di visualizzare sullo schermo televisivo immagini e programmi registrati.
vi|de|o|ri|pro|du|zió|ne *s.f.* riproduzione di immagini sullo schermo televisivo mediante videoproduttore.
vi|de|o|scò|pio *s.m.* (*med.*) sonda endoscopica dotata all'estremità di una telecamera miniaturizzata con cui è possibile ispezionare la cavità di un organo.
vi|de|o|scrit|tu|ra *s.f.* (*inform.*) sistema di scrittura mediante elaboratore elettronico che consente di visualizzare il testo a video, di memorizzarlo e di apportarvi eventuali modifiche fino al momento della stampa; word processing.
vi|de|o|se|gnà|le *s.m.* (*elettron.*) segnale elettrico in cui la telecamera o il videoregistratore

traducono l'immagine e che, trasmesso al televisore, viene ritrasformato in immagine dal videoproduttore.
videotape (*ingl.*) [pr. *vìdeotéip*] *s.m.invar.* (*ingl.*) **1** videonastro **2** (*estens.*) videoregistrazione.
vi|de|o|tè|ca *s.f.* **1** raccolta di videocassette | il luogo dove si conserva tale raccolta **2** negozio specializzato nella vendita o nel noleggio di videocassette.
Vi|de|o|tèl® *s.m.invar.* sistema di videotex usato in Italia.
vi|de|o|te|le|fo|ni|a *s.f.* sistema di comunicazione televisiva mediante rete telefonica.
vi|de|o|te|le|fo|no *s.m.* apparecchio telefonico collegato a un impianto televisivo a circuito chiuso che consente di vedere su uno schermo la persona con cui si parla.
vi|de|o|ter|mi|nà|le *s.m.* terminale di un elaboratore elettronico che consente di visualizzare dati e operazioni su un apposito schermo.
Vi|de|o|tèx® *s.m.invar.* servizio telematico interattivo che, mediante un terminale collegato alla rete telefonica, consente di accedere a informazioni di banche dati, visualizzandole su schermi televisivi; permette di effettuare operazioni bancarie, prenotazioni, acquisti e scambiare messaggi.
vi|di|mà|re *v.tr.* [indic.pres. *io vìdimo...*] (*bur.*) vistare, autenticare un documento.
vi|di|ma|zió|ne *s.f.* (*bur.*) autenticazione, convalida.
vien|né|se *agg.* di Vienna ♦ *s.m./f.* chi è nato o abita a Vienna.
viep|più *avv.* (*lett.*) sempre più, molto più.
vie|tà|re *v.tr.* [indic.pres. *io vièto...*] proibire, impedire di fare q.co.: — *l'ingresso* | **nulla vieta**, non c'è alcuna proibizione, è possibile, lecito.
vie|tà|to *part.pass. di* vietare ♦ *agg.* spec. su cartelli o insegne, proibito dall'autorità, per legge: — *fumare* | — **ai minori di**..., detto di spettacoli, film, proibito ai minorenni o a chi non ha l'età stabilita dalla censura.
viet|còng *agg., s.m./f.invar.* (*st.*) che, chi militava nel Fronte di liberazione del Vietnam del Sud in lotta contro il governo sudvietnamita sostenuto dagli alleati statunitensi (1957-75).
viet|na|mi|ta *agg.* [m.pl. *-i*] del Vietnam ♦ *s.m.* **1** [anche f.] chi è nato o abita nel Vietnam **2** lingua del Vietnam.
viè|to *agg.* (*spreg.*) antiquato, superato: *un'usanza vieta.*
vi|gèn|te *part.pres. di* vigere ♦ *agg.* che è in vigore: *secondo le norme vigenti.*
vi|gèn|za *s.f.* (*bur.*) condizione di ciò che è vigente.
vi|ge|re *v.intr.* (*dif.*: si usa solo nelle terze persone sing. e pl. del pres. e imperf. indic. e congiunt., nel part.pres. e nel ger.pres.] detto di norme, usi e sim., essere in vigore: *una tradizione che vige da tempo.*
vi|gè|si|mo *agg.num.ord.* (*lett.*) ventesimo.
vigilante *s.m.* (*sp.*) [pl. *vigilantes*] agente di un

vigilanza

corpo di polizia privata, incaricato della sorveglianza di residenze private, banche ecc.

vi|gi|làn|za *s.f.* **1** azione di controllo, sorveglianza: *una guardia si occupa della* — | *(dir.)* — **speciale**, sorveglianza di persone pericolose stabilita dalla legge **2** cura, attenzione scrupolosa: *occorre la massima* —.

vi|gi|là|re *v.intr.* [indic.pres. *io vigilo*...; aus. *A*] **1** *(lett.)* vegliare **2** esercitare un'azione di controllo; badare: *i genitori vigilano sui bambini* ♦ *v.tr.* controllare, sorvegliare: *la custode vigila il condominio*.

vi|gi|là|to *part.pass.* di vigilare ♦ *agg.* controllato, sorvegliato | *(dir.)* **libertà vigilata**, misura di sicurezza che limita la libertà personale ♦ *s.m.* [f. *-a*] persona sottoposta a libertà vigilata.

vi|gi|la|tri|ce *s.f.* donna che svolge funzioni di sorveglianza e assistenza | — **d'infanzia**, donna diplomata che sorveglia e assiste i bambini in asili nido, ospedali per l'infanzia e sim.

vi|gi|le *agg.* che vigila; accorto, attento: *l'occhio — dei genitori* | pronto: *una mente* — ♦ *s.m.* [f.invar., raro *-essa*] chi fa parte di speciali corpi di guardia | — **urbano**, agente di polizia locale incaricato di far rispettare i regolamenti stradali e l'osservanza dei regolamenti comunali | — **del fuoco**, che ha il compito di spegnere gli incendi e soccorrere la popolazione in caso di calamità pubblica.

vi|gi|lia *s.f.* **1** *(relig.)* giorno che precede una festività solenne, nel quale, prima del Concilio Vaticano II, la Chiesa cattolica prescriveva l'astinenza dalle carni o il digiuno: *la — di Natale* | *(estens.)* astinenza, digiuno: *osservare la —* **2** *(estens.)* giorno o periodo che precede un evento particolare: *la — degli esami; la — della guerra*.

vi|gliac|cà|ta *s.f.* azione da vigliacco.

vi|gliac|che|rì|a *s.f.* **1** viltà, codardia: *ha agito con —* **2** azione, comportamento da vigliacco: *commettere una —*.

vi|gliàc|cio *s.m.* ciò che rimane delle spighe dopo la trebbiatura.

vi|gliàc|co *agg., s.m.* [f. *-a*; m.pl. *-chi*] che, chi manca di coraggio ed evita i pericoli o non si ribella a ingiustizie e sim.; vile, codardo: *c'è tanta gente vigliacca* | che, chi è prepotente con chi non può ribellarsi: *comportarsi da —* □ **vigliaccamente** *avv.* con vigliaccheria.

vi|gna *s.f.* zona coltivata a vite; vigneto.

vi|gna|iò|lo *s.m.* [f. *-a*] chi coltiva la vigna.

vi|gné|to *s.m.* terreno piuttosto vasto coltivato a vite: *i vigneti del Monferrato*.

vi|gnét|ta *s.f.* **1** piccola incisione ornamentale in un libro antico **2** *(estens.)* piccola illustrazione satirica o umoristica, con didascalia o senza: *una — divertente* **3** la parte stampata del francobollo.

vi|gnet|ti|sta *s.m./f.* [m.pl. *-i*] chi disegna vignette.

vi|gó|gna *s.f.* **1** mammifero ruminante delle Ande che fornisce una lana morbida e finissima, molto pregiata **2** stoffa ottenuta dalla lavorazione della lana di tale animale **3** *(estens.)* tessuto compatto di lana rasata.

vi|gó|re *s.m.* **1** forza vitale di ogni organismo vivente: *il — della gioventù* **2** *(estens., fig.)* energia, vivacità: *il — della mente* **3** *(dir.)* di leggi, decreti e sim., validità, efficacia: *il decreto ha — immediato*.

vi|go|rì|a *s.f.* vigore, energia: — *fisica*.

vi|go|ro|si|tà *s.f.* caratteristica di ciò che è vigoroso.

vi|go|ró|so *agg.* *(anche fig.)* pieno di vigore: *uomo —* □ **vigorosamente** *avv.*

vi|le *agg.* **1** che manca di coraggio; codardo, vigliacco: *un — denigratore* **2** che denota viltà | spregevole: *un — tradimento* **3** *(lett.)* che ha scarso valore: *merce —* | di prezzo, molto basso: *è stato venduto a vil prezzo* ♦ *s.m./f.* persona vile: *si è comportato da —* □ **vilmente** *avv.* in modo vile.

vi|li|pèn|de|re *v.tr.* [indic.pres. *io vilipèndo*...; pass.rem. *io vilipési, tu vilipendésti*...; part.pass. *vilipéso*] *(lett.)* offendere, oltraggiare: *— le istituzioni*.

vi|li|pèn|dio *s.m.* offesa, dimostrazione di disprezzo | *(dir.)* reato consistente nel manifestare pubblicamente disprezzo verso persone, istituzioni o cose tutelate dalla legge: *— della bandiera*.

vil|la *s.f.* costruzione signorile, spesso circondata da un giardino: *una — in campagna*.

vil|làg|gio *s.m.* **1** piccolo centro abitato: *un — di montagna* | *(archeol.)* abitato umano nelle civiltà primitive: *— villanoviano* | *(fig.)* **lo scemo del** —, persona sciocca, fatta oggetto di scherno | — **globale**, il mondo considerato come un unico villaggio, grazie ai mezzi di comunicazione di massa **2** quartiere o gruppo di edifici creato per una determinata funzione o per una categoria di persone: *— universitario* | — **turistico**, complesso di bungalow e villette per soggiorni di vacanza, dotato di servizi e attrezzature sportive.

vil|la|nà|ta *s.f.* gesto, discorso da villano.

vil|la|neg|già|re *v.tr.* [indic.pres. *io villanéggio*...] *(lett.)* svillaneggiare.

vil|la|nèl|la *s.f.* *(mus.)* canzonetta popolare di origine napoletana diffusa nei secc. XVI-XVII.

vil|la|né|sco *agg.* [m.pl. *-schi*] *(spreg.)* da villano; rozzo: *modi villaneschi* □ **villanescamente** *avv.*

vil|la|nì|a *s.f.* **1** scortesia: *è di una — insopportabile* **2** sgarbo: *sono stanco delle sue villanie*.

vil|là|no *s.m.* [f. *-a*] **1** *(lett.)* contadino | — **rifatto**, si dice di chi, partito da umili origini, ha raggiunto una buona posizione, ma ha conservato modi rozzi **2** *(spreg.)* persona rozza, scortese; cafone: *non fare il —!* ♦ *agg.* rozzo, scortese: *modi villani* □ **villanamente** *avv.*

vil|la|no|vià|no *agg., s.m.* relativo alla civiltà della prima età del ferro in Italia (secc. IX-VIII a.C.).

vil|lan|zó|ne *s.m.* [f. *-a*] persona molto villana.

vil|leg|giàn|te *s.m./f.* chi va o è in villeggiatura.

vil|leg|già|re *v.intr.* [indic.pres. *io villéggio*...;

aus. *A*] trascorrere un periodo di riposo al mare, in montagna o in campagna.

vil|leg|gia|tù|ra *s.f.* permanenza a scopo di riposo o di svago in una località diversa da quella di residenza: *andare in* — | periodo e luogo in cui si villeggia.

vil|le|réc|cio *agg.* [f.pl. *-ce*] (*lett.*) campagnolo.

vil|lét|ta *s.f.* piccola casa unifamiliare con giardino.

vil|li|co *s.m.* [pl. *-ci*] (*lett.*, *anche scherz.*) abitante di villaggio, contadino.

vil|li|no *s.m.* villetta.

vil|lo *s.m.* (*anat.*, *biol.*) piccola sporgenza di una mucosa o di una membrana cellulare | — ***intestinali***, quelli presenti sulla superficie della mucosa dell'intestino tenue | — ***coriali***, quelli della placenta.

vil|lo|si|tà *s.f.* qualità o condizione di chi o di ciò che è villoso | (*anat.*) l'insieme dei villi.

vil|ló|so *agg.* 1 (*anat.*, *bot.*) si dice di organo munito di villi 2 coperto di folto pelo: *pecora villosa* | riferito all'uomo, peloso: *petto* — ▫ **villosamente** *avv.*

vil|lòt|ta *s.f.* (*mus.*) composizione polifonica di origine popolare, per canto e danza, diffusa nell'Italia settentrionale nei secc. XV-XVI.

vil|tà *s.f.* 1 caratteristica di chi è vile; vigliaccheria, codardia 2 atto o discorso da vile.

vi|lùc|chio *s.m.* pianta erbacea rampicante, con fiori bianchi o rosati a forma di campana.

vi|lùp|po *s.m.* insieme intricato di capelli, fili e sim. avvolti su se stessi; groviglio: *un* — *di corde* 2 (*fig.*) confusione: *un* — *di idee*.

vì|mi|ne *s.m. spec.pl.* ramo sottile e flessibile di salice, usato per fare cesti, sedie ecc.: *sedie di vimini*.

vi|nàc|cia *s.f. spec.pl.* [pl. *-ce*] quanto rimane dopo la prima pigiatura dell'uva.

vinaigrette (*fr.*) [pr. vinegrèt] *s.f.invar.* condimento per insalate a base di olio, aceto ed erbe aromatiche.

vi|nà|io *s.m.* [f. *-a*] chi vende vino al minuto o all'ingrosso.

vi|nà|rio *agg.* del vino, relativo al vino: *produzione vinaria*.

vi|na|vil® *s.m.invar.* colla sintetica costituita da una sospensione acquosa di acetato di polivinile.

vin|cà|stro *s.m.* (*lett.*) bacchetta di vimini usata spec. dai pastori per guidare il gregge.

vin|cèn|te *part.pres. di* vincere ♦ *agg.* che vince: *numero* — ♦ *s.m./f.* vincitore | ***essere un*** —, si dice di chi si afferma e ha successo.

vìn|ce|re *v.tr.* [indic.pres. *io vinco, tu vinci...*; pass.rem. *io vinsi, tu vincésti...*; part.pass. *vinto*] 1 battere, superare in battaglia, nel gioco, in una gara e sim.: — *il nemico* 2 (*anche assol.*) portare a termine con successo: — *un concorso* | — ***una causa***, avere la sentenza favorevole 3 ottenere come premio grazie al buon risultato ottenuto in una gara, un concorso e sim.: — *una medaglia* | guadagnare al gioco: — *una grossa cifra al lotto* 4 (*fig.*) superare: — *qlcu. in abilità;* — *un ostacolo* 5 convincere: *è stata vinta dalla sua eloquenza*

6 (*fig.*) dominare: — *le passioni* | (*prov.*) ***chi la dura la vince***, con la costanza si raggiunge ciò che si vuole ♦ *intr.* [aus. *A*] prevalere; riportare la vittoria: *vinca il migliore!* ♦ **-rsi** *rifl.* dominarsi.

vin|ché|to *s.m.* terreno umido dove crescono i vinchi, spontanei o coltivati.

vin|ci|sgràs|si *s.m.* (*gastr.*) specialità della cucina marchigiana consistente in un pasticcio di lasagne con sugo a base di fegatini di pollo e animelle.

vìn|ci|ta *s.f.* 1 vittoria ottenuta al gioco 2 ciò che si vince; somma vinta: *ecco la* —.

vin|ci|tó|re *agg.*, *s.m.* [f. *-trice*] che, chi vince.

vìn|co *s.m.* [pl. *-chi*] ramo di salice; vimine.

vin|co|làn|te *part.pres. di* vincolare ♦ *agg.* che vincola, che impegna: *una promessa* —.

vin|co|là|re *v.tr.* [indic.pres. *io vincolo...*] 1 (*lett.*) stringere, legare 2 (*estens.*) impedire, limitare: — *i movimenti* 3 (*estens.*) assoggettare a un vincolo di tempo: — *il denaro in banca* 4 (*fig.*) obbligare con vincoli, patti e sim.: *un giuramento che vincola*.

vin|co|là|ti|vo *agg.* atto a vincolare: *contratto* —.

vin|co|là|to *part.pass. di* vincolare ♦ *agg.* 1 obbligato, legato: *essere* — *da una promessa* 2 sottoposto a vincoli | ***deposito*** —, deposito bancario che si può ritirare solo dopo un termine prestabilito.

vin|co|li|smo *s.m.* tendenza a sottoporre alcuni settori di attività economiche e sociali a un regime vincolistico.

vin|co|lì|sti|co *agg.* [m.pl. *-ci*] si dice di disciplina giuridica che pone dei limiti in un settore precedentemente lasciato alla libera iniziativa privata.

vìn|co|lo *s.m.* 1 ciò che vincola; legame 2 (*fig.*) obbligo affettivo, morale o giuridico che lega due o più persone: — *di affetto;* ***i vincoli coniugali*** 3 (*dir.*) limitazione del diritto di proprietà su un bene: — *ipotecario* | limitazione di trasformazione, destinazione o trasferimento di un bene artistico, storico e ambientale posta dall'autorità pubblica 4 (*mecc.*) limitazione al movimento di un corpo o di un sistema.

vìn|di|ce *agg.*, *s.m./f.* (*lett.*) che, chi vendica o rivendica: — *dell'onore*.

vì|ne|a *s.f.* (*st.*) presso gli antichi romani, macchina da guerra munita di ruote, costituita da una tettoia mobile che offriva riparo ai soldati durante l'assalto delle mura.

vi|nèl|lo *s.m.* vino leggero che si beve con piacere.

vi|nì|co|lo *agg.* che riguarda il vino e la sua produzione: *esposizione vinicola*.

vi|nì|fe|ro *agg.* che produce vino: *zona vinifera*.

vi|ni|fi|cà|re *v.intr.* [indic.pres. *io vinìfico, tu vinìfichi...*; aus. *A*] produrre vino ♦ *tr.* trasformare in vino: — *uve barolo*.

vi|ni|fi|ca|tó|re *s.m.* che lavora l'uva per produrre vino.

vi|ni|fi|ca|zió|ne *s.f.* l'insieme delle operazioni con cui si trasforma l'uva in vino.

vi|nì|le *s.m.* (*chim.*) radicale organico insaturo,

vinilico

costituente fondamentale di molte resine sintetiche | resina vinilica con cui venivano realizzati i dischi fonografici.

vi|ni|li|co *agg.* [m.pl. *-ci*] (*chim.*) di vinile | *resina vinilica*, materia plastica.

vi|nil|pèl|le® *s.f.* pelle finta ricavata dalla lavorazione di resine viniliche.

vi|ni|smo *s.m.* (*med.*) intossicazione cronica causata dall'abuso di vino; alcolismo, etilismo.

vi|no *s.m.* 1 bevanda alcolica ottenuta dalla fermentazione del mosto d'uva: — *da pasto*, *secco*, *amabile* | *reggere il —*, berne in quantità senza ubriacarsi | *i fumi del —*, i suoi effetti inebrianti | *vin brûlé*, vino fatto bollire con zucchero, cannella e chiodi di garofano, da bere caldo 2 bevanda alcolica ottenuta dalla fermentazione di frutti | *— di mele*, sidro | *— di riso*, sakè.

vi|nó|so *agg.* 1 che riguarda il vino: *fermentazione vinosa* 2 che ha caratteristiche o qualità simili a quelle del vino: *colore —*.

vin|sàn|to o **vin sànto** *s.m.* vino bianco da dessert, di elevata gradazione alcolica, prodotto in varie regioni italiane con uve passite.

vintage (*ingl.*) [pr. *vinteǧ*] *s.m.invar.*, *agg.invar.* si dice di abito, modello d'auto, gioiello e sim. che appartiene a un'epoca passata, spec. dagli anni '20 agli anni '60 del Novecento.

vìn|to *part.pass. di* vincere ♦ *agg.* 1 battuto, sconfitto | *darsi per —*, arrendersi; (*fig.*) cedere 2 sopraffatto: — *dall'emozione* 3 portato a compimento con successo: *una guerra vinta* | *darle tutte vinte a qlcu.*, accontentarlo in tutto, non negargli niente | *averla vinta*, riuscire a spuntarla: *con quel carattere riesce sempre ad averla vinta!* 4 conquistato in seguito a una vittoria: *un premio — alla lotteria* ♦ *s.m.* [f. -a] chi è stato battuto; *guai ai vinti!* | (*fig.*) *un —*, chi non è riuscito a realizzare le proprie aspirazioni.

viò|la¹ *s.f.* 1 pianta erbacea perenne delle Violacee diffusa nelle zone temperate | *— mammola*, con fiori violetti molto profumati | *— del pensiero*, con fiori grandi e vellutati, di vari colori, non profumati 2 il fiore di tale pianta | (*estens.*) nome generico di altre piante con fiori profumati come la violacciocca, il garofano selvatico e sim. ♦ *s.m.invar.* colore tra il rosso scuro e il turchino ♦ *agg.invar.* di colore viola: *un nastro —*.

viò|la² *s.f.* (*mus.*) 1 antico strumento cordofono ad arco 2 strumento ad arco con quattro corde poco più grande del violino e con suono più grave | (*estens.*) chi suona tale strumento.

vio|lac|ciòc|ca o **violaciòcca** *s.f.* pianta erbacea, spontanea o coltivata a scopo ornamentale, con fiori profumati di vari colori raccolti in grappolo | il fiore di tale pianta.

Vio|là|ce|e *s.f.pl.* famiglia di piante dicotiledoni a cui appartiene la viola.

vio|là|ce|o *agg.* di colore viola o che tende al viola.

vio|la|ciòc|ca *s.f.* → violacciocca.

vio|là|re *v.tr.* [indic.pres. *io vìolo...*] 1 alterare ciò che è puro e integro, spec. con la violenza | oltraggiare: — *l'onore di qlcu.* 2 violentare: —

una giovane 3 profanare: — *una chiesa* 4 penetrare con la forza in un luogo: — *il domicilio altrui* | (*sport*) — *la rete avversaria*, segnare un goal 5 non rispettare un obbligo, un impegno e sim.; trasgredire: — *la legge*; — *un giuramento*; — *il segreto professionale*.

vio|là|to *agg.* (*lett.*) 1 di colore tendente al viola 2 che ha profumo di viola: *zucchero —*, profumato con essenza di violetta.

vio|la|tó|re *agg.*, *s.m.* [f. -trice] che, chi viola.

vio|la|zió|ne *s.f.* l'atto di violare: — *di una tomba* | *azione illecita* | (*dir.*) — *di domicilio*, reato commesso da chi si introduce illegalmente in una dimora privata | (*dir.*) — *di corrispondenza*, reato commesso da chi legge il contenuto di una corrispondenza chiusa diretta ad altri.

vio|len|tà|re *v.tr.* [indic.pres. *io violènto...*] costringere qlcu. con la violenza ad agire contro la sua volontà: — *la coscienza di qlcu.* | costringere a un rapporto sessuale; stuprare.

vio|len|ta|tó|re *agg.*, *s.m.* [f. -trice] che, chi violenta.

vio|lèn|to *agg.* 1 si dice di chi impone con la forza fisica la propria volontà: *un tipo —* 2 caratteristico di una persona violenta: *ha un carattere —* | detto, fatto con violenza: *usa sempre modi violenti* 3 che avviene all'improvviso e in modo impetuoso: *un temporale —* | *morte violenta*, provocata da un atto di violenza o da un incidente 4 aggressivo, energico: *una — polemica* 5 (*fig.*) intenso, carico: *un rumore —* ♦ *s.m.* [f. -a] persona che si impone con la propria forza fisica: *è sempre stato un —* □ **violentemente** *avv.*

vio|lèn|za *s.f.* 1 caratteristica di chi o ciò che è violento: *la — di una persona*; *la — di una tempesta* 2 azione violenta: *ricorrere alla —* 3 (*dir.*) costrizione esercitata su qlcu. per indurlo a compiere atti contro la propria volontà | — *carnale*, reato che consiste nel costringere qlcu. con la forza ad avere un rapporto sessuale; stupro.

vio|lét|ta *s.f.* 1 viola mammola 2 profumo ricavato dalla viola mammola.

vio|lét|to *s.m.* uno dei sette colori dell'iride, fra il turchino e il rosso ♦ *agg.* di colore violetto: *luce violetta*.

vio|li|ni|sta *s.m./f.* [m.pl. -*i*] chi suona il violino.

vio|li|ni|sti|co *agg.* [m.pl. -*ci*] (*mus.*) relativo al violino e ai violinisti.

vio|li|no *s.m.* 1 (*mus.*) strumento cordofono ad arco con quattro corde, il più acuto della famiglia degli strumenti ad arco moderni | *chiave di —*, che indica la nota sol 2 (*estens.*) violinista.

vio|li|sta *s.m./f.* [m.pl. -*i*] chi suona la viola.

vio|lon|cel|li|sta *s.m./f.* [m.pl. -*i*] chi suona il violoncello.

vio|lon|cèl|lo *s.m.* (*mus.*) 1 strumento cordofono ad arco di grandi dimensioni che si suona tenendolo verticale tra le ginocchia e appoggiato a terra con un puntale 2 (*estens.*) violoncellista.

vi|òt|to|lo *s.m.* strada stretta di campagna; sentiero.

vip *s.m./f.invar.* (*anche agg.invar.*) persona che gode di prestigio e di notorietà pubblica, spec.

in campo politico, sportivo, artistico: *frequenta solo locali —*.
vi|pe|ra *s.f.* **1** rettile velenoso con corpo cilindrico, testa triangolare e lingua bifida **2** (*fig.*) persona maligna o aggressiva: *è una —*.
vi|pe|rà|io *s.m.* covo di vipere.
Vi|pè|ri|di *s.m.pl.* famiglia di Rettili provvisti di denti veleniferi a cui appartiene la vipera.
vi|pe|ri|na *s.f.* pianta erbacea con fusto ramoso, foglie lanceolate e fiori azzurri in pannocchia.
vi|pe|ri|no *agg.* **1** di vipera **2** (*fig.*) velenoso, maligno: *ha una lingua viperina*.
vi|ràg|gio *s.m.* (*chim.*) cambiamento di colore di un indicatore che si verifica quando avviene una reazione chimica | (*foto.*) trattamento chimico che dà alla stampa una particolare tonalità di colore.
vi|rà|go *s.f.invar.* (*spreg.*, *anche scherz.*) donna molto mascolina.
vi|rà|le *agg.* (*med.*) di virus; che riguarda i virus | causato da virus: *epatite —*.
vi|rà|re *v.intr.* [aus. *A*] **1** (*mar.*) manovrare le vele per cambiare rotta, esponendole al vento dal lato opposto a quello in cui erano esposte prima: *— di poppa* | di imbarcazione non a vela, modificare rotta | *— di bordo*, invertire la rotta **2** (*aer.*) manovrare in modo che l'aereo cambi direzione girando verso destra o verso sinistra **3** (*sport*) nel nuoto, effettuare la virata **4** (*fig.*) detto di persona, voltare le spalle e allontanarsi di sotto **5** (*chim.*) detto di una soluzione, passare da un colore a un altro | (*foto.*) detto di pellicola sottoposta a viraggio, assumere una determinata tonalità.
vi|rà|ta *s.f.* **1** (*mar.*, *aer.*) cambiamento di direzione **2** (*sport*) nel nuoto, inversione di direzione effettuata dal nuotatore dopo aver toccato il bordo della piscina.
vi|re|mi|a *s.f.* (*med.*) presenza di virus nel sangue.
vi|rèn|te *agg.* (*poet.*) verdeggiante.
vi|re|scèn|za *s.f.* (*bot.*) trasformazione patologica di fiori o infiorescenze in appendici verdi.
vir|gi|lià|no *agg.* relativo al poeta latino Publio Virgilio Marone (70-19 a.C.) e alla sua opera.
vir|gi|nà|le[1] *agg.* → **verginale**.
vir|gi|nà|le[2] *s.m.* (*mus.*) strumento a tastiera della famiglia del clavicembalo, ma più piccolo e di forma rettangolare, diffuso in Inghilterra nei secc. XVI-XVII.
vir|gi|ne|o o **vergineo** *agg.* (*lett.*) di vergine, che si addice a una vergine | (*estens.*) puro, candido: *candore —*.
vir|gì|nia *s.m.invar.* **1** (*anche agg.invar.*) tipo di tabacco originario della Virginia, dolce e aromatico **2** sigaro confezionato con tale tabacco.
vir|go|la *s.f.* **1** segno di interpunzione che indica la pausa più breve in un periodo | (*fig.*) *non cambiare neanche una —*, non modificare nulla; riportare fedelmente uno scritto, un discorso **2** (*mat.*) in un numero decimale, segno che separa la parte intera da quella decimale.
vir|go|lét|ta *s.f.pl.* ciascuna delle due coppie di segni grafici (" ") usate per racchiudere un discorso diretto, una citazione o evidenziare una parola: *chiudere tra virgolette* | *— a caporale*, quelle con forma simile al grado delle mostrine dei caporali (« »).
vir|go|let|tà|re *v.tr.* [indic.pres. *io virgolétto...*] chiudere tra virgolette: *— un titolo*.
vir|go|let|tà|to *part.pass. di* virgolettare ♦ *agg.* **1** chiuso tra virgolette **2** (*estens.*) riportato in modo fedele.
vir|gùl|to *s.m.* (*lett.*) germoglio | pianta giovane.
vi|ri|dà|rio *s.m.* (*st.*) giardino interno dell'antica casa patrizia romana.
vi|rì|le *agg.* **1** da uomo; maschile: *forza —* | *membro —*, pene **2** proprio dell'uomo adulto: *voce —* **3** (*fig.*) proprio di persona forte e sicura di sé: *comportamento —* □ **virilmente** *avv.*
vi|ri|lì|smo *s.m.* (*med.*) presenza di caratteristiche morfologiche e psichiche maschili in una donna.
vi|ri|li|tà *s.f.* **1** periodo in cui l'uomo adulto raggiunge la maturità fisica e psichica **2** efficienza, prestanza sessuale del maschio: *è dotato di grande —* **3** (*fig.*) forza d'animo, coraggio: *in quella situazione si è comportato con —*.
vi|ri|lòi|de *agg.* (*med.*) si dice di donna in cui sono presenti caratteri di virilismo.
vi|ro|gè|ne|si *s.f.* (*biol.*) processo di moltiplicazione dei virus.
vi|ròi|de *s.m.* (*biol.*) agente patogeno simile a un virus che causa malattie, spec. ai vegetali.
vi|ro|lo|gì|a *s.f.* ramo della biologia che studia i virus e le malattie da essi provocate.
vi|ro|lò|gi|co *agg.* [m.pl. *-ci*] relativo alla virologia.
vi|rò|lo|go *s.m.* [f. *-a*; m.pl. *-gi*] esperto, studioso di virologia.
vi|rò|si *s.f.* (*med.*) malattia da virus.
vir|tù *s.f.* **1** disposizione della volontà che induce l'uomo ad agire secondo la legge morale: *questa ragazza è un esempio di —* | (*teol.*) *— cardinali*, prudenza, giustizia, fortezza e temperanza | (*teol.*) *— teologali*, fede, speranza e carità **2** (*estens.*) qualità positive: *avere la — della tolleranza* **3** castità femminile **4** (*estens.*) potere, efficacia: *una pianta con — medicinali* | facoltà, capacità | *in, per — di*, in *forza di*: *in — delle mie conoscenze* **4** (*lett.*) valore militare.
vir|tuà|le *agg.* **1** potenziale, possibile, ma che non si è ancora realizzato **2** (*estens.*) teorico, ipotetico: *ha un potere —* **3** (*fis.*) si dice di fenomeno che si potrebbe effettuare: *spostamento —* | (*ottica*) non reale: *immagine —* | (*inform.*) *spazio, realtà —*, simulazione, mediante tecnologia elettronica, di uno spazio o di una realtà che sembrano veri e con i quali si può interagire □ **virtualmente** *avv.*
vir|tua|li|tà *s.f.* potenzialità.
vir|tuo|sì|smo *s.m.* **1** perfezione tecnica di un artista o di un atleta | esibizione di abilità: *i virtuosismi di un cantante* **2** (*estens.*) destrezza, abilità.
vir|tuo|si|stì|co *agg.* [m.pl. *-ci*] **1** eseguito con virtuosismo **2** che costituisce un virtuosismo □ **virtuosisticamente** *avv.*

vir|tuó|so *agg.* **1** che si comporta secondo le norme morali **2** che è conforme alla virtù: *comportamento —* **3** dotato di abilità, che dimostra virtuosismo: *musicista —* ♦ *s.m.* [f. *-a*] **1** persona virtuosa **2** artista o atleta che possiede eccezionali capacità tecniche: *un — del pianoforte* □ **virtuosamente** *avv.*

vi|ru|lèn|to *agg.* **1** (*biol.*) detto di microrganismo che presenta virulenza | (*estens.*) si dice di malattia infettiva acuta **2** (*fig.*) violento, aspro: *linguaggio —*.

vi|ru|lèn|za *s.f.* **1** (*biol.*) capacità di un microrganismo di provocare una malattia infettiva **2** alto grado di tossicità di un veleno **3** (*fig.*) asprezza, violenza: *la — di una polemica*.

vi|rus *s.m.invar.* **1** (*biol.*) microrganismo patogeno in grado di infettare cellule animali o vegetali e di utilizzarne le strutture per riprodursi al loro interno **2** (*inform.*) programma immesso in un computer o in una rete, gener. attraverso la posta elettronica, per danneggiarne la memoria e i dati.

vi|sa|gi|sta *s.m./f.* [m.pl. *-i*] estetista che valorizza un viso con un trucco sapiente.

vis-à-vis (*fr.*) [pr. *visavì*] *loc.avv.* faccia a faccia: *si è trovato — con il rivale*.

vi|scàc|cia *s.f.* [pl. *-ce*] roditore sudamericano, con folto mantello grigio e fasce bianche sul capo.

vi|sce|rà|le *agg.* **1** dei visceri (*fig.*) istintivo: *antipatia —* □ **visceralmente** *avv.*

vi|sce|re *s.m.* [pl.m. *i visceri* nel sign. 1; pl.f. *le viscere* nel sign. 2 e 3] **1** ciascuno degli organi interni della cavità toracica e addominale **2** (*pl.*) organi interni dell'addome; intestino, interiora **3** (*fig.*, *fig.*) la parte più interna di ql.co.: *nelle viscere della terra*.

vi|schio *s.m.* [pl. *-schi*] **1** arbusto parassita sempreverde con piccole bacche bianche contenenti una sostanza appiccicosa, usato come ornamento augurale per Capodanno **2** sostanza appiccicosa estratta dalle bacche di tale pianta.

vi|schio|si|tà *s.f.* **1** proprietà di ciò che è vischioso **2** (*econ.*) tendenza dei prezzi a mantenersi stabili nonostante la contrazione della domanda o dell'offerta o la variazione della quantità di moneta circolante.

vi|schió|so *agg.* **1** appiccicoso come la sostanza estratta dalle bacche di vischio: *un liquido —* **2** (*fis.*) viscoso □ **vischiosamente** *avv.*

vi|sci|di|tà *s.f.* (*anche fig.*) caratteristica di ciò che è viscido.

vi|sci|do *agg.* **1** che ha una superficie molle e scivolosa: *fondo stradale — per la pioggia* | che al tatto dà una sgradevole sensazione di molle e scivoloso **2** (*fig.*) che ha un atteggiamento subdolo, infido: *una persona viscida* □ **viscidamente** *avv.*

vi|scio|la *s.f.* ciliegia di colore rosso scuro, dal sapore acidulo; amarena.

vi|scio|là|ta *s.f.* confettura o sciroppo a base di visciole.

vi|scio|là|to *s.m.* liquore a base di visciole.

vi|scio|lo *s.m.* varietà di ciliegio; amareno.

1392

vi|sco|e|la|sti|ci|tà *s.f.* (*fis.*) proprietà di alcuni materiali che, pur essendo viscosi, possono subire deformazioni elastiche.

vis có|mi|ca (*lat.*) *loc.sost.f.invar.* comicità particolarmente arguta e vivace.

vi|scón|te *s.m.* [f. *-essa*] **1** (*st.*) nell'ordinamento feudale, rappresentante del conte o del vescovo-conte, con funzioni amministrative e giurisdizionali **2** nella gerarchia nobiliare, titolo superiore a quello di barone e inferiore a quello di conte.

vi|scó|sa *s.f.* sostanza liquida ottenuta dal trattamento della cellulosa con soda caustica e solfuro di carbonio; è usata per la produzione del rayon | la fibra tessile ricavata da tale sostanza.

vi|sco|si|me|tro *s.m.* apparecchio per misurare la viscosità di un liquido.

vi|sco|si|tà *s.f.* **1** vischiosità **2** (*fis.*) grandezza che descrive l'attrito interno dei fluidi, cioè la tendenza di uno strato di fluido in movimento a trascinare con sé anche gli strati adiacenti.

vi|scó|so *agg.* **1** vischioso **2** (*fis.*) si dice di sostanza caratterizzata da notevole viscosità □ **viscosamente** *avv.*

vi|si|bi|le *agg.* **1** che si può vedere | **— a occhio nudo**, senza uso di strumenti ottici **2** (*estens.*) chiaro, palese: *una — tensione* **3** aperto al pubblico: *la mostra è — tutti i giorni* | detto di spettacolo di cui non è vietata la visione □ **visibilmente** *avv.* in modo evidente: *è — commosso*.

vi|si|bì|lio *s.m.* nella *loc.* **andare in —**, provare grande piacere; entusiasmarsi.

vi|si|bi|li|tà *s.f.* **1** proprietà di ciò che è visibile **2** possibilità di vedere, distinguere gli oggetti: *— scarsa* | grado di trasparenza dell'atmosfera: *il fumo riduce la —*.

vi|sié|ra *s.f.* **1** nelle antiche armature, parte dell'elmo che si calava sul viso **2** elemento trasparente e mobile del casco della motociclista che si abbassa davanti agli occhi **3** tesa rigida a mezzaluna dei berretti militari e sportivi.

vi|si|gò|ti|co *agg.* [m.pl. *-ci*] dei Visigoti.

vi|si|gò|to *agg.*, *s.m.* [f. *-a*] che, chi apparteneva all'antica popolazione germanica dei Goti occidentali.

vi|sio|nà|re *v.tr.* [indic.pres. *io visióno...*] **1** assistere alla proiezione privata di un film non ancora messo in circolazione, spec. da parte di un pubblico specializzato **2** (*estens.*) prendere visione, esaminare attentamente: *— un catalogo*.

vi|sio|nà|rio *agg.*, *s.m.* [f. *-a*] **1** che, chi ha visioni di tipo mistico | (*psicol.*) che, chi ha allucinazioni visive **2** (*estens.*) si dice di persona che interpreta in modo fantastico la realtà ed elabora progetti irrealizzabili | si dice di artista che ha una grande fantasia visiva e di opere d'arte ricche di immagini fantastiche □ **visionariamente** *avv.*

vi|sió|ne *s.f.* **1** (*fisiol.*) processo che consente la trasformazione in sensazioni visive dell'energia luminosa che colpisce l'occhio: *la — del mondo esterno* **2** vista | **prendere — di ql.co.**, esaminarla attentamente **3** (*fig.*) concezione, idea: *ha una —*

distorta dei problemi sociali **4** scena che colpisce: *una — spettacolare* **5** (*cine.*) proiezione al pubblico di un film: *la — è riservata a un pubblico adulto* | **prima** —, prima presentazione di un film al pubblico **6** (*relig.*) percezione visiva di realtà soprannaturali | l'oggetto di tale visione: *— della Madonna* **7** (*estens., anche iron.*) allucinazione: *le tue sono solo visioni!*

vi|sir *s.m.invar.* (*st.*) ministro dell'impero ottomano | *gran* —, primo ministro.

vi|si|ta *s.f.* **1** l'atto di recarsi presso qlcu. e di intrattenersi in sua compagnia: *una — di cortesia* | l'atto di recarsi in un luogo, spec. per turismo: *— del Battistero* **2** (*med.*) esame medico per accertare le condizioni di salute di un paziente | (*gerg. mil.*) **marcare** —, dichiararsi ammalato e chiedere una visita medica **3** ispezione: *— alla mensa scolastica* | — **doganale**, effettuata per verificare l'eventuale presenza di merci sottoposte a dogana.

vi|si|ta|re *v.tr.* [indic.pres. *io visito*...] **1** recarsi presso qlcu. e intrattenersi in sua compagnia: *— un parente* | recarsi in un luogo, spec. per turismo: *— Firenze* **2** sottoporre a visita medica.

vi|si|ta|to|re *s.m.* [f. *-trice*] chi si reca in visita presso qlcu. | chi visita musei, monumenti, esposizioni e sim.

vi|si|vo *agg.* della vista, relativo alla vista: *organi visivi* | *campo* —, lo spazio abbracciato dallo sguardo a occhi immobili | *arti visive*, le arti figurative □ **visivamente** *avv.* **1** per mezzo della vista: *percepire* — **2** con immagini: *rappresentare* —.

vi|so *s.m.* **1** faccia, volto: *accarezzare il —* | *un — acqua e sapone*, non truccato | (*fig.*) *a — aperto*, in modo franco, con coraggio **2** (*estens.*) espressione del volto: *— sorridente* | *fare buon — a cattivo gioco*, sapersi adattare a situazioni poco gradite.

vi|so|ne *s.m.* piccolo mammifero carnivoro con pelo bruno, morbido e lucente, che vive in prossimità di laghi e fiumi ed è allevato per la sua pregiata pelliccia | la pelliccia di tale animale.

vi|so|net|to *s.m.* pelliccia che imita quella di visone, ma meno pregiata.

vi|so|re *s.m.* **1** (*foto.*) apparecchio per osservare in trasparenza negativi fotografici e diapositive **2** microlettore.

vi|spo *agg.* vivace, pieno di brio: *un bambino* —.

vis|su|to *part.pass. di* vivere ♦ *agg.* che ha un'intensa esperienza di vita: *è un uomo* — | si dice di ciò che deriva dall'esperienza diretta: *un episodio di vita vissuta* ♦ *s.m.* (*psicol.*) l'insieme dei fatti che riguardano la vita di una persona, di una collettività: *il — familiare* | (*psicol.*) ciò che appartiene al passato, ma è presente nella coscienza dell'individuo o della collettività: *esaminare il proprio* —.

vi|sta *s.f.* **1** senso deputato alla ricezione degli stimoli luminosi e che dà la facoltà di vedere: *avere una buona* — | *perdere la* —, diventare cieco | *avere la — corta*, vederci poco; (*fig.*) essere poco lungimirante **2** percezione visiva | (*fig.*) *conoscere qlcu. di* —, in modo superficiale | *punto di* —, punto da cui si osserva ql.co.; (*fig.*) modo di valutare le cose, opinione | *in* —, visibile: *lasciare in — ql.co.*; (*fig.*) imminente: *c'è in — una promozione*; (*fig.*) si dice di qlcu. che occupa una posizione importante o è molto conosciuto | (*fig.*) **avere in** —, aspettarsi da un momento all'altro: *ha in — un nuovo contratto* | *in — di*, nei pressi; (*fig.*) nell'imminenza di, in previsione di: *ho preparato tutto in — della partenza* **3** possibilità di vedere: *il palazzo impedisce la — della piazza*; *camera con — sul lago* | *perdere di — qlco.*, non incontrarlo più, non saperne più nulla | (*arch.*) *a* —, che non è coperto ed è visibile direttamente: *cucina a* —; *travi a* — | *guardare a* —, tenere sott'occhio | (*banc.*) *pagabile a* —, immediatamente **4** veduta, panorama: *da qui si gode una splendida* — **5** (*lett.*) apparenza, aspetto esteriore | *far bella* —, essere piacevole a vedersi **6** occhiata rapida | *a prima* —, al primo colpo d'occhio.

vi|sta|re *v.tr.* (*bur.*) apporre il visto a un documento; vidimare.

vi|sto *part.pass. di* vedere ♦ *agg.* guardato, considerato | *mai* —, eccezionale: *una violenza mai vista* | *— che*, dal momento che: *— che non puoi venire, ti mando il materiale* ♦ *s.m.* (*bur.*) formula, sigla con cui l'autorità competente attesta di aver preso visione di un documento e lo approva: *apporre il* — | permesso di ingresso o transito rilasciato da uno Stato a cittadini stranieri: *chiedere il — per gli USA*.

vi|sto|si|tà *s.f.* caratteristica di chi o di ciò che è vistoso.

vi|sto|so *agg.* **1** che attira l'attenzione, appariscente: *un trucco* — **2** (*estens.*) considerevole, ingente: *un aumento* — □ **vistosamente** *avv.*

vi|suà|le *agg.* proprio della vista, che riguarda la vista | (*fig.*) **angolo** —, prospettiva, punto di vista ♦ *s.f.* possibilità di vedere: *non togliermi la* — | (*fig.*) punto di vista, prospettiva: *abbiamo una diversa* — □ **visualmente** *avv.*

vi|sua|li|tà *s.f.* caratteristica di ciò che si può percepire con la vista | effetto visuale prodotto da un'immagine, partic. nel design, nella grafica moderna.

vi|sua|liz|za|re *v.tr.* **1** rendere visibile **2** rappresentare con immagini o grafici: *— la produzione con un grafico* **3** far comparire su un videoterminale o un teleschermo.

vi|sua|liz|za|to|re *s.m.* (*elettron.*) schermo video di un elaboratore elettronico che visualizza i risultati delle elaborazioni effettuate; display.

vi|sua|liz|za|zio|ne *s.f.* operazione con cui si rende visibile ql.co. | ciò che viene visualizzato.

vi|su|ra *s.f.* (*bur.*) controllo catastale e ipotecario per accertare la condizione giuridica e il valore di un immobile: *— catastale*.

vi|sus (*lat.*) *s.m.invar.* (*fisiol.*) capacità visiva | misura dell'acuità visiva, espressa generalmente in decimi.

vi|ta[1] *s.f.* **1** l'insieme delle attività di un organismo vivente quali lo sviluppo, la riproduzione, la respirazione, la nutrizione ecc.: *la — animale e vegetale* | *dare la — a qlcu.*, procrearlo | *dare la* —

vita

per qlcu., ql.co., sacrificarsi per qlcu., ql.co.| *essere in fin di* —, in punto di morte | *togliersi la* —, suicidarsi | *questione di* — *o di morte*, di capitale importanza | *dovere la* — *a qlcu.*, essere sfuggiti alla morte per merito suo | *rendere la* — *difficile a qlcu.*, ostacolarlo in tutti i modi **2** tempo che intercorre tra la nascita e la morte: *la* — *è troppo breve* | — *natural durante*, per tutta la vita; (*iperb.*) per un tempo molto lungo | *a* —, per tutta la durata della vita: *senatore a* — | — *eterna*, esistenza dopo la morte | *passare a miglior* —, morire **3** modo di vivere: — *riservata* | *fare la bella* —, godersela | (*gerg.*) *fare la* —, prostituirsi | *avere una doppia* —, avere una vita diversa da quella conosciuta da tutti | — *da cani*, piena di disagi **4** aspetto particolare dell'esistenza umana: — *affettiva* **5** il corso delle vicende umane, il mondo: *non conosce ancora la* — **6** il complesso delle attività di un ente, di un'istituzione: *la* — *di un partito* **7** durata: *non credo che questa moda avrà lunga* — **8** salute, vitalità: *uomo pieno di* — | (*fig.*) animazione: *un locale pieno di* — **9** vivacità: *uno sguardo privo di* — **10** ciò che dà significato all'esistenza: *il lavoro è la sua* — **11** ciò che è necessario per vivere; vitto: *si guadagna con fatica la* — **12** biografia: *la* — *di Garibaldi* **13** essere vivente: *non c'è traccia di* — | persona: *il sacrificio di una giovane* —.

vi|ta² *s.f.* parte del corpo umano sopra i fianchi: — *larga* | parte dell'abito che ricopre tale parte: *gonna con la* — *stretta* | *punto* —, punto dell'abito all'altezza della vita.

Vi|tà|ce|e *s.f.pl.* famiglia di piante dicotiledoni rampicanti dalle foglie palmate a cui appartiene la vite.

vi|ta|iò|lo *s.m.* (*scherz.*) chi fa vita mondana; viveur.

vi|tal|ba *s.f.* arbusto rampicante con fiori bianchi profumati riuniti in pannocchie.

vi|tà|le *agg.* **1** della vita, relativo alla vita **2** che è indispensabile alla vita: *l'aria è* — *per gli esseri viventi* **3** (*fig.*) fondamentale, di grande importanza: *una questione* — **4** che è pieno di energia, di vitalità: *una ragazza* — □ **vitalmente** *avv.*

vi|ta|lì|smo *s.m.* dinamismo, esuberanza.

vi|ta|li|tà *s.f.* **1** capacità di vivere **2** (*estens.*) energia, vivacità: *manca di* — | (*fig.*) produttività, efficienza: *la* — *del settore turistico*.

vi|ta|lì|zio *agg.* si dice di ciò che dura per tutta la vita: *incarico* — ♦ *s.m.* (*dir.*) rendita vitalizia che si ha in cambio della cessione di beni.

vi|ta|liz|zà|re *v.tr.* rendere vivo e vitale.

vi|ta|mì|na *s.f.* (*biol.*) ciascuna delle sostanze organiche contenute in quasi tutti gli alimenti naturali e indispensabili per il buon funzionamento dell'organismo; vengono indicate con le lettere dell'alfabeto: — *A, B, C*.

vi|ta|mì|ni|co *agg.* [m.pl. -*ci*] delle vitamine, relativo alle vitamine | ricco di vitamine.

vi|ta|mi|niz|zà|re *v.tr.* arricchire un alimento con vitamine.

vi|ta|mi|no|lo|gì|a *s.f.* parte della biologia che studia le vitamine.

vì|te¹ *s.f.* pianta legnosa rampicante con rami nodosi, foglie palmate e frutti costituiti da bacche succose a grappolo; è coltivata per la produzione di uva da tavola e da vino | — *americana*, quella da cui si ottiene l'uva fragola | — *del Canada*, arbusto rampicante ornamentale.

vì|te² *s.f.* **1** (*mecc.*) cilindro metallico su cui è inciso un solco elicoidale, usato per avvitare, stringere: *chiusura a* — | (*fig.*) *giro di* —, inasprimento di una regola, di una disciplina e sim. **2** (*aer.*) manovra acrobatica compiuta da un aereo che scende verticalmente seguendo una traiettoria a spirale elicoidale **3** (*sport*) tuffo dal trampolino in cui il corpo compie una rotazione intorno al proprio asse.

vi|tèl|la *s.f.* vacca giovane | la carne dell'animale macellato: *fettina di* —.

vi|tèl|lo *s.m.* **1** il nato della vacca, fino a un anno di vita | — *d'oro*, idolo adorato dagli Ebrei mentre Mosè era sul Monte Sinai **2** (*solo sing.*) la carne macellata di tale animale: *punta di* — *al forno* **3** la pelle conciata di tale animale: *borsa di* —

vi|tel|ló|ne *s.m.* **1** vitello che ha più di un anno di età | la carne macellata di tale animale **2** (*fig.*) giovane di provincia che vive in modo ozioso e frivolo.

vi|te|rì|a *s.f.* insieme dei vari tipi di viti usate nei collegamenti meccanici.

vi|tìc|cio *s.m.* (*bot.*) appendice filiforme e prensile con cui le piante rampicanti si aggrappano ai sostegni.

vi|ti|còl|o *agg.* che riguarda la viticoltura: *zona viticola*.

vi|ti|col|tó|re o **viticultóre** *s.m.* agricoltore che si dedica alla viticoltura.

vi|ti|col|tù|ra o **viticultùra** *s.f.* **1** coltivazione della vite **2** scienza che studia le tecnica della coltivazione della vite.

vì|ti|gno *s.m.* ogni varietà coltivata di vite.

vi|ti|lì|gi|ne *s.f.* (*med.*) malattia della pelle di origine incerta, caratterizzata dalla progressiva comparsa di chiazze biancastre di varia grandezza, spec. alle mani, al volto e al tronco.

vi|ti|vi|nì|co|lo *agg.* che riguarda la coltivazione della vite e la produzione di vino.

vi|ti|vi|ni|col|tù|ra o **vitivinicultùra** *s.f.* l'insieme delle attività relative alla coltivazione della vite e alla produzione di vino.

vì|treo *agg.* **1** del vetro **2** simile al vetro: *materiale* — | *occhi vitrei*, fissi e inespressivi.

vìt|ta *s.f.* **1** nell'antica Roma, fascia con cui si ornavano il capo delle matrone e le vestali | la benda usata dai sacerdoti pagani durante i sacrifici **2** (*bot.*) ognuno dei canali secretori presenti nel frutto delle Ombrellifere.

vìt|ti|ma *s.f.* **1** essere umano o animale sacrificato a una divinità **2** (*estens.*) chi perde la vita o subisce danni in seguito a un incidente, a una calamità ecc.: *le vittime del terremoto* **3** chi subisce una violenza, una sopraffazione e sim.: *essere* — *di una persecuzione* | (*fam.*) *fare la* —, sentirsi infelice, trascurato o perseguitato.

vit|ti|mì|smo *s.m.* atteggiamento di chi è portato a lamentarsi, a ritenersi vittima delle circostanze.

vit|ti|mì|sta *s.m./f.* [m.pl. *-i*] chi ama atteggiarsi a vittima.

vit|ti|mì|sti|co *agg.* [m.pl. *-ci*] da vittimista □ **vittimisticamente** *avv.*

vit|ti|miz|zà|re *v.tr.* (*raro*) **1** considerare vittima **2** far sentire vittima.

vit|to *s.m.* l'insieme di cibi e bevande necessario al sostentamento.

vit|tò|ria *s.f.* successo ottenuto in una guerra, una gara, una competizione: *le vittorie di Napoleone*; *una — della scienza* | *avere la — in pugno*, essere sicuri di vincere | (*fig.*) *cantare* —, esultare prima del tempo pensando di aver vinto | — *di Pirro*, quella che procura più danni ai vincitori che ai vinti.

vit|to|rià|no *agg.* che si riferisce al periodo in cui regnò la regina Vittoria d'Inghilterra (1837-1901).

vit|to|riό|so *agg.* **1** di vittoria: *gesto* — **2** che ha riportato la vittoria: *atleta* — **3** in cui è stata riportata la vittoria: *incontro* — **4** di chi ha vinto: *ritorno* — □ **vittoriosamente** *avv.* con successo: *superare — una prova*.

vi|tu|pe|rà|re *v.tr.* [indic.pres. *io vitùpero*...] insultare, offendere gravemente.

vi|tu|pè|rio *s.m.* **1** ingiuria, insulto: *lanciare vituperi* **2** persona o cosa che è motivo di vergogna: *è il — della scuola*.

vi|ùz|za *s.f.* via stretta.

vì|va *inter.* **1** esprime approvazione, augurio: — *il Milan!* **2** (*coll.*) esprime stupore, sorpresa, sollievo: — *il cielo!*

vi|vac|chià|re *v.intr.* [indic.pres. *io vivàcchio*...; aus. *A*] (*fam.*) vivere tirando avanti alla meno peggio.

vi|và|ce *agg.* **1** di persona, pieno di vitalità, di energia | (*estens.*) irrequieto, esuberante **2** pieno di animazione: *un quartiere* — | animato, brioso: *conversazione* — **3** (*eufem.*) caratterizzato da concitazione, animosità: *una discussione* — **4** ricco di acume, brio: *è dotato di un'intelligenza* — **5** brillante, intenso: *colore* — **6** di vino, leggermente mosso **7** (*mus.*) allegro —, si dice di brano musicale da eseguire con ritmo veloce □ **vivacemente** *avv.*

vi|va|ci|tà *s.f.* **1** vitalità, energia | (*estens.*) esuberanza **2** brio, incisività **3** animosità: *ha discusso con* — **4** acume **5** luminosità intensa.

vi|va|ciz|zà|re *v.tr.* **1** rendere vivace, animare: — *la festa* **2** rendere stimolante: — *una discussione* **3** rendere più luminoso: *il giallo vivacizza l'ambiente*.

vi|và|gno *s.m.* margine laterale di un tessuto; cimosa.

vi|và|io *s.m.* **1** impianto di vasche in cui si allevano pesci, molluschi e crostacei **2** (*agr.*) terreno in cui si coltivano piante da trapiantare **3** (*fig.*) scuola, ambiente in cui si formano individui destinati a distinguersi in particolari campi:

un — di artisti | (*sport*) centro di addestramento di giovani promesse.

vi|va|ì|sta *s.m./f.* [m.pl. *-i*] persona addetta a un vivaio.

vi|va|ì|sti|co *agg.* [m.pl. *-ci*] che riguarda i vivai.

vi|vàn|da *s.f.* cibo preparato per essere mangiato.

vi|van|diè|re *s.m.* [f. *-a*] chi, un tempo, vendeva o distribuiva vivande ai soldati nelle caserme, negli accampamenti ecc.

vi|va|vò|ce o **viva vóce** *s.m.invar.* in un apparecchio telefonico, dispositivo che permette di amplificare il segnale acustico, sia in entrata che in uscita, consentendo di conversare senza bisogno di tenere in mano il ricevitore ♦ *agg.invar.* si dice di telefono dotato di tale dispositivo.

vi|vèn|te *part.pres.* di vivere ♦ *agg.* che è dotato di vita ♦ *s.m./f.* essere vivente.

vì|ve|re[1] *v.intr.* [pass.rem. *io vissi, tu vivésti*...; fut. *io vivrò*...; part.pass. *vissuto*; aus. *E*, meno com. *A*] **1** di esseri umani, animali, piante, essere in vita: *vive ancora*; *la libellula vive solo un'estate* **2** condurre la propria vita, in relazione al tempo, al modo o al luogo in cui si vive: — *cent'anni*; — *in modo tranquillo*; — *in collina* | — *alla giornata*, senza avere la sicurezza dei mezzi necessari alla vita quotidiana o senza programmi precisi | (*fig.*) — *di illusioni*, nutrirsene | — *per qlcu.*, dedicargli la propria esistenza | — *per ql.co.*, dedicarvi le proprie energie | *non lasciar — qlcu.*, infastidirlo in continuazione | *stare sul chi vive*, stare in allerta, essere pronti a ogni evenienza **3** comportarsi come richiesto dalle convenzioni sociali: *non ha ancora imparato a* — **4** realizzare le condizioni necessarie alla vita: *non ha di che* — **5** godere la vita: *vivi la vita* **6** (*fig.*) durare: *tradizioni che continuano a* — ♦ *v. tr.* **1** [con compl. ogg. interno] trascorrere: — *una vita tranquilla* **2** passare: *abbiamo vissuto brutti momenti* **3** (*fig.*) sentire emozioni, sentimenti: — *il dolore di qlcu.*

vì|ve|re[2] *s.m. solo sing.* **1** vita, esistenza | il modo di vivere: *ama il quieto* — **2** il necessario per vivere: *il — è sempre più caro*.

vì|ve|ri *s.m.pl.* vettovaglie, provviste: *cominciano a scarseggiare i* — | (*fig.*) *tagliare i — a qlcu.*, privarlo dei mezzi di sostentamento.

Vi|vèr|ri|di *s.m.pl.* famiglia di Mammiferi carnivori asiatici e africani, in molti casi dotati di ghiandole perianali che emettono una sostanza dall'odore penetrante; vi appartengono lo zibetto e la mangusta.

viveur (*fr.*) [pr. *vivör*] *s.m.invar.* uomo che fa vita mondana, alla ricerca continua di divertimenti e di piaceri.

vi|véz|za *s.f.* **1** vivacità: — *di immagini* **2** caratteristica di ciò che dà l'impressione di essere vivo, reale, spec. in riferimento ad opere figurative: *la — di un ritratto*.

vi|vì|bi|le *agg.* che si può vivere | (*estens.*) in cui è piacevole vivere: *un ambiente* — □ **vivibilmente** *avv.*

vi|vi|bi|li|tà *s.f.* caratteristica di ciò che è vivibile.

vi|vi|déz|za *s.f.* (*anche fig.*) proprietà di ciò che è vivido.

vivido

vi|vi|do *agg.* **1** intenso, smagliante: *colore* — **2** (*fig.*) acuto: *una vivida intelligenza* □ **vividamente** *avv.*

vi|vi|fi|cà|re *v.tr.* [indic.pres. *io vivìfico, tu vivìfichi...*] **1** rendere vivo **2** (*estens.*) rinvigorire: *il sole vivifica le piante* **3** (*fig.*) rendere interessante, vivace: — *un locale*.

vi|vi|fi|ca|tó|re *agg..,s.m.* [f. *-trice*] che, chi vivifica.

vi|vi|fi|co *agg.* [m.pl. *-ci*] (*lett.*) che dà vita: *spirito* —.

vi|vi|na|ta|li|tà *s.f.* (*stat.*) percentuale dei nati vivi in rapporto al numero complessivo dei nati, in un dato periodo di tempo.

vi|vì|pa|ro *agg., s.m.* (*zool.*) si dice di animale i cui piccoli si sviluppano interamente nel corpo della madre, che poi li partorisce perfettamente formati; sono vivipari tutti i Mammiferi, tranne i Monotremi.

vi|vi|se|zio|nà|re *v.tr.* [indic.pres. *io viviseziòno...*] **1** sottoporre a vivisezione **2** (*fig.*) esaminare con minuziosità: — *un problema*.

vi|vi|se|zió|ne *s.f.* **1** dissezione anatomica di animali vivi | (*estens.*) complesso delle sperimentazioni compiute su animali vivi a scopo di studio **2** (*fig.*) esame accurato e minuzioso.

vì|vo *agg.* **1** che vive | *farsi* —, dare notizie di sé | *non c'era anima viva*, non c'era nessuno | *essere e vegeto*, in ottime condizioni di salute | *essere più morto che* —, essere stordito, tramortito dalla paura **2** (*estens.*) che dura, che è ancora in uso: *un'usanza viva* | *lingua viva*, che si parla ancora **3** vivace: *ha gli occhi vivi* **4** (*fig.*) intenso: *una luce viva* | *cuocere a fuoco* —, a fiamma alta **5** di sentimento, profondo, molto forte: — *sdegno* ♦ *s.m.* **1** (*spec.pl.*) individuo vivente: *i vivi e i morti* **2** (*solo sing.*) parte viva e sensibile di un organismo: *ferito nel* — *della carne* | (*fig.*) *pungere sul* —, colpire una persona nel suo punto debole | *entrare nel* — *della questione*, nel punto più importante **3** *dal* —, (*pitt.*) che prende a modello la realtà: *disegno dal* —; (*radio, tv*) si dice di programma che va in onda in diretta □ *vivamente avv.* in modo vivace; caloroso: *ha ribattuto* —.

vi|zià|re *v.tr.* [indic.pres. *io vìzio...*] **1** educare qlcu. in modo indulgente, consentendogli abitudini poco corrette **2** togliere pregio: — *un'opera con un restauro non adatto* **3** togliere purezza: *il fumo vizia l'aria* **4** (*dir.*) rendere non valido: *errore che vizia un contratto* ♦ *-rsi intr.pron.* prendere cattive abitudini, vizi.

vi|zià|to *part.pass.* di viziare ♦ *agg.* **1** che ha abitudini poco corrette dovute a un'educazione indulgente: *è un bambino molto* — **2** che presenta imperfezioni, difetti **3** detto dell'aria, malsana, inquinata **4** (*dir.*) che non è valido: *un processo* —.

vì|zio *s.m.* **1** disposizione al male: *sei sulla strada del* — | *vizi capitali*, nel Cristianesimo, i sette vizi da cui derivano tutti i peccati **2** (*estens.*) abitudine che spinge a ricercare ciò che è dannoso per sé o per gli altri: *il* — *del gioco* **3** (*estens.*) cattiva abitudine: *ha il* — *di mangiarsi le unghie* | (*prov.*) *l'ozio è il padre dei vizi*, il non fare niente porta sulla cattiva strada **4** (*anat.*) anomalia di una parte del corpo: — *cardiaco* **5** imperfezione, difetto **6** (*dir.*) mancanza di un requisito che invalida un atto giuridico: — *di forma*.

vi|zio|si|tà *s.f.* condizione di ciò che è vizioso.

vi|zió|so *agg.* **1** pieno di vizi | dedito al vizio, dissoluto: *conduce una vita viziosa* **2** difettoso nella forma o nella sostanza: *un ragionamento* — | (*fig.*) *cìrcolo* —, situazione senza soluzione o via d'uscita ♦ *s.m.* [f. *-a*] persona corrotta, depravata □ *viziosamente avv.*

viz|zo *agg.* che non è più fresco, appassito: *un fiore* — | avvizzito: *ha il viso* —.

vo|ca|bo|là|rio *s.m.* **1** volume in cui sono raccolte tutte le parole di una lingua con la relativa definizione, l'etimologia, esempi ecc. o di cui si dà la traduzione in altra lingua: — *della lingua inglese* **2** l'insieme dei vocaboli di una lingua | l'insieme dei vocaboli abitualmente usati da una persona, da un autore: *il* — *di un bambino è limitato*.

vo|cà|bo|lo *s.m.* parola di una lingua dotata di una forma e di usi e significati determinati: *non conosco il significato di questo* —.

vo|cà|le[1] *agg.* **1** della voce, che riguarda la voce: *corde vocali* **2** (*mus.*) per canto: *concerto* — □ **vocalmente** *avv.* a voce; oralmente.

vo|cà|le[2] *s.f.* **1** (*ling.*) suono prodotto con un'emissione d'aria che non incontra occlusioni nel canale orale: — *aperta, chiusa* **2** segno grafico che rappresenta tale suono.

vo|cà|li|co *agg.* [m.pl. *-ci*] (*ling.*) relativo alle vocali: *suono* —.

vo|ca|lì|smo *s.m.* (*ling.*) sistema vocalico di una lingua.

vocalist (*ingl.*) [pr. *vòcalist*] *s.m./f.invar.* cantante, spec. solista, che esegue brani di musica rock, jazz, pop | corista che accompagna il cantante in un concerto rock.

vo|ca|lì|sta *s.m./f.* [m.pl. *-i*] vocalist.

vo|ca|liz|zà|re *v.tr.* (*ling.*) trasformare un suono consonantico in suono vocalico ♦ *intr.* [aus. A] (*mus.*) eseguire vocalizzi ♦ *-rsi intr.pron.* (*ling.*) detto di suono consonantico, trasformarsi in vocalico.

vo|ca|lìz|zo *s.m.* (*mus.*) esercizio in cui si eseguono le note di una scala musicale cantando su una o più vocali per sviluppare la voce.

vo|ca|tì|vo *agg., s.m.* (*gramm.*) caso della declinazione latina e di varie lingue indoeuropee che ha la funzione di esprimere un richiamo, un'invocazione.

vo|ca|zió|ne *s.f.* **1** (*relig.*) chiamata fatta a una persona da parte di Dio perché segua la vita religiosa o si dedichi a opere di carità: *avere la* — **2** (*estens.*) inclinazione naturale verso un'arte, una disciplina, una professione: *ha la* — *per la pittura*.

vó|ce *s.f.* **1** suono prodotto dagli uomini attraverso la laringe e articolato mediante le corde vocali, la lingua e la bocca: *si è addormentato cullato dalla* — *della mamma* | *parlare sotto* —, con voce molto bassa | *parlare con un filo di* —, con voce esile | *essere senza* —, essere afono | *a* —,

oralmente | *a viva* —, parlare direttamente | (fig.)
fare la — **grossa**, assumere un atteggiamento autoritario | (*fam.*) **dare una** — *a qlcu.*, chiamarlo 2 (*estens.*) suono prodotto da animali; verso: *la — del lupo* 3 (*estens.*) il suono di uno strumento musicale: *questo pianoforte ha una — bellissima* | (*lett.*) suono prodotto da ql.co.; rumore: *la — del mare* 4 (*fig.*) persona che parla: *ho sentito una —* 5 (*fig.*) ammonimento, richiamo: *ascoltare la — della ragione* 6 (*fig.*) notizia non accertata: *secondo voci di corridoio, ci saranno grosse novità* | **spargere la** —, diffondere una notizia 7 opinione: *secondo la — pubblica, è colpevole* | (*fig.*) **avere** — **in capitolo**, essere autorevole 8 vocabolo: *cercare una — sul dizionario* | lemma di un dizionario 9 (*gramm.*) forma di un verbo: *le voci passive del verbo* 10 elemento di una lista: *ho letto tutte le voci del catalogo* 11 (*mus.*) ognuna delle parti di una composizione polifonica | parte vocale: *— solista.*
vo|cià|re *v.intr.* [indic.pres. *io vócio...*; aus. *A*] parlare a voce molto alta; schiamazzare ♦ *s.m.* rumore prodotto da persone che parlano a voce alta.
vo|ci|fe|rà|re *v.tr.* [indic.pres. *io vocìfero...*] spargere una notizia, insinuare: *si vocifera che arriverà un nuovo direttore.*
vo|cì|o *s.m.* un vociare continuo.
vodka (*russo*) *s.f.invar.* acquavite ottenuta dalla distillazione di mosti fermentati di grano, orzo o segale, diffusa spec. in Russia.
vó|ga *s.f.* 1 (*mar.*) movimento energico con cui si muovono i remi per far avanzare un'imbarcazione 2 (*fig.*) entusiasmo, impegno: *lavorare con — 3* (*fig.*) ciò che gode di successo e popolarità presso il pubblico: *ascoltare le canzoni in —* 4 (*fig.*) moda, usanza molto diffusa e apprezzata: *quest'anno sono in — i colori pastello.*
vo|gà|re *v.intr.* [indic.pres. *io vógo, tu vóghi...*; aus. *A*] (*mar.*) muovere con energia i remi per far avanzare un'imbarcazione; remare.
vo|gà|ta *s.f.* 1 l'atto del vogare 2 ogni spinta data con il remo per far avanzare l'imbarcazione.
vo|ga|tó|re *s.m.* 1 [f. *-trice*] persona che voga; rematore 2 attrezzo ginnico che consente di eseguire movimenti simili a quelli di chi voga.
vò|glia *s.f.* 1 disposizione d'animo: *ha solo — di divertirsi* 2 forte desiderio di ql.co.: *ho — di andare al mare* | capriccio improvviso: *mi è venuta — di farti una sorpresa* | **levarsi la** —, soddisfare un desiderio | (*iperb.*) **morire dalla** —, desiderare ardentemente 3 propensione, buona disposizione: *ha molta — di riuscire* | **contro** —, malvolentieri | **hai** — *a*, **di**, è inutile: *hai — di insistere, non ti ascolta!* 4 (*estens.*) desiderio impellente di mangiare o bere cose particolari, tipico delle gestanti | (*estens.*) macchia cutanea presente sulla pelle di un bambino dovuta, secondo la credenza popolare, al desiderio insoddisfatto della madre di mangiare o bere una determinata cosa durante la gravidanza: *una — di fragola.*
vo|glió|so *agg.* 1 che desidera ciò che non ha: *è — di tutto* 2 che esprime voglia: *occhi vogliosi* □ **vogliosamente** *avv.* con voglia.
vói *pron.pers.m.|f.* di *2ª pers.pl.* 1 si usa come soggetto, anche sottinteso, per rivolgersi a più persone: *che cosa fate —?* | deve essere espresso nelle contrapposizioni o quando il verbo è sottinteso: *io devo andare, ma — potete rimanere; noi partiamo oggi, e —?* | con valore predicativo dopo i verbi *essere, parere, sembrare* e sim.: *siete proprio —?* | si usa anche con valore impersonale: *se — considerate che..., se si considera che...* 2 si usa come compl. oggetto o compl. di termine al posto delle forme atone *ve, vi* quando gli si vuol dare particolare rilievo: *ringrazio —; dico a — 3* preceduto da prep., si usa con funzione di compl. indiretto: *vengo con —; sarò da — tra pochi minuti* 4 nell'uso antico e, ancora oggi nelle regioni meridionali, è impiegato per rivolgersi a una singola persona, in segno di deferenza.
vói|àl|tri o **vói àltri** *pron.pers.m.* di *2ª pers.pl.* [f. *-e*] (*raff.*) voi, spec. nelle contrapposizioni: *mentre noi studiamo, — andate al mare.*
voilà (*fr.*) [pr. *vualà*] *inter.* ecco, ecco fatto: *—, abbiamo finito!*
voile (*fr.*) [pr. *vuàl*] *s.m.invar.* tessuto trasparente molto leggero.
vo|là|no *s.m.* 1 nel gioco del badminton, mezza sfera di sughero o di gomma sulla quale sono infisse delle penne, che si lancia con una racchetta 2 (*mecc.*) organo rotante formato da un mozzo che regge una pesante ruota impiegato come regolatore ciclico del moto o come accumulatore di energia.
volant (*fr.*) [pr. *volàn*] *s.m.invar.* striscia di stoffa arricciata o pieghettata applicata ad abiti femminili.
vo|làn|te[1] *part.pres.* di volare ♦ *agg.* 1 che vola 2 (*estens.*) non fisso, senza collocazione stabile | **foglio** —, foglio sparso, non legato ad altri 3 che non lavora in continuità in un posto: *un collaboratore* — 4 (*fig.*) celere, che compie rapidi spostamenti | **la squadra** — **della polizia**, quella addestrata per interventi immediati ♦ *s.f.* squadra volante di polizia.
vo|làn|te[2] *s.m.* (*mecc.*) impugnatura circolare fissata allo sterzo per la guida di autoveicoli | **stare al** —, guidare un autoveicolo.
vo|lan|ti|nàg|gio *s.m.* distribuzione di volantini per strada.
vo|lan|ti|nà|re *v.tr.* propagandare per mezzo di volantini | (*assol.*) distribuire volantini.
vo|lan|tì|no *s.m.* foglietto stampato contenente informazioni pubblicitarie o di propaganda che viene distribuito al pubblico.
vo|là|re *v.intr.* [indic.pres. *io vólo...*; aus. *A*; aus. *E* negli usi fig. o quando si considera l'azione in svolgimento e il v. è accompagnato da un compl. o un avv. di moto] 1 detto di uccelli e di animali con le ali, sostenersi e spostarsi nell'aria: *le farfalle volano; il merlo è volato via* (*fig.*) **non si sente — una mosca**, c'è un silenzio assoluto 2 (*aer.*) detto di velivoli, sollevarsi da terra e muovere

volata

nell'aria: *l'aereo volava a bassa quota* | viaggiare su aeromobili: *abbiamo volato da Roma a Parigi* **3** detto di cose leggere, volteggiare nell'aria: *le foglie volano trasportate dal vento* | (*fig.*) — *in cielo*, morire **4** (*estens.*) cadere, precipitare verso il basso: *il vaso è volato giù dal balcone* **5** (*estens.*) compiere una traiettoria dopo aver subito un impulso esterno: *la pallina volò oltre la linea del campo* **6** (*fig.*) spostarsi a grande velocità: *le auto volavano sulla pista* | precipitarsi: *sono volato a casa* **7** (*fig.*) diffondersi: *le notizie volano* **8** (*fig.*) detto di parole, essere scambiate con violenza: *sono volate parole grosse* **9** (*fig.*) trascorrere velocemente: *il tempo vola* **10** (*fig.*) andare con la mente: — *con la memoria al passato*.

vo|là|ta *s.f.* **1** corsa rapida: *abbiamo fatto una* — *per arrivare in tempo* | *di* —, di corsa; in gran fretta **2** nel ciclismo, lo scatto finale per arrivare primi al traguardo: *ha battuto tutti con una gran* —.

vo|là|ti|le *agg.* (*chim.*) si dice di sostanza che evapora rapidamente ♦ *s.m.* animale fornito di ali | (*partic.*) uccello.

vo|la|ti|li|tà *s.f.* (*chim.*) proprietà delle sostanze di passare allo stato di vapore.

vo|la|ti|liz|zà|re *v.tr.* (*chim.*) far evaporare una sostanza ♦ *intr.* [aus. *E*], **-rsi** *intr.pron.* **1** evaporare rapidamente **2** (*fig.*) di persona, dileguarsi, sparire senza lasciare traccia: *i rapinatori si sono volatilizzati in un baleno*.

vo|la|tó|re *agg.*, *s.m.* [f. *-trice*] si dice di animale in grado di volare.

vol-au-vent (*fr.*) [pr. *volovàn*] *s.m.invar.* involucro di pasta sfoglia che si può farcire con verdura, carne, frattaglie e sim.

volée (*fr.*) [pr. *volé*] *s.f.invar.* nel tennis, colpo al volo: — *di rovescio*.

vo|le|mì|a *s.f.* (*fisiol.*) quantità complessiva del sangue circolante nell'organismo.

vo|lèn|te *part.pres.* di **volere** ♦ *agg.* (*raro*) che vuole | — *o nolente*, che voglia o non voglia, per forza.

vo|len|te|rò|so *agg.* → **volonteroso**.

vo|len|tiè|ri *avv.* **1** con voglia, con piacere, di buon grado: *leggo* — | *spesso e* —, molto spesso **2** come risposta affermativa: "*Vuoi venire con noi?*" "—!".

vo|lé|re[1] *v.tr.* [indic.pres. *io vòglio, tu vuòi, egli vuòle, noi vogliamo, voi voléte, essi vògliono*; pass.rem. *io vòlli, tu volésti, egli vòlle, noi volémmo, voi voléste, essi vòllero*; fut. *io vorrò...*; congiunt.pres. *io vòglia, tu vòglia...*; condiz. *io vorrèi...*; part.pres. *volènte*; ger. *volèndo*; part.pass. *voluto*; aus. *A* se usato in senso assol.; come verbo servile, assume l'aus. richiesto dal v. con cui si accompagna] **1** essere risoluto a fare ql.co.: *lavora sodo perché vuole raggiungere una buona posizione* | *avere l'intenzione*: *volevo venire subito, ma ho avuto un contrattempo* | — *è potere*, con la volontà si ottiene ciò che si desidera | *senza* —, senza intenzione, involontariamente | — *dire*, significare: *questo vuol dire che non ti fidi di me*; *questo non vuol dire nulla* | *voglio, volevo dire*, usato per correggersi o precisa-

re un'espressione **2** desiderare: *vuoi ancora qualcosa?*; *se vuoi vengo a trovarti* | coniugato al condizionale, esprime una richiesta o un desiderio in modo cortese: *vorrei un cappuccino, per favore* | — *bene*, amare | — *male*, provare odio, antipatia | *vólerne a qlcu.*, serbargli rancore **3** essere risoluto a ottenere ql.co.: esigere: *voglio un aumento di stipendio*; *voglio che tu mi ubbidisca!*; *ha voluto una bicicletta per regalo* **4** stabilire, detto spec. di forze superiori che trascendono la volontà umana: *il destino ha voluto così* **5** permettere, acconsentire: *se la mamma vuole, andremo a teatro* | *se Dio vuole*, per esprimere ringraziamento o soddisfazione: *tutto è finito bene, se Dio vuole!* **6** preceduto da negazione, esprime rifiuto, resistenza: *non voglio accettare!* | non tollerare, non ammettere: *non voglio discussioni* **7** ritenere: *molti lo vogliono innocente* | (*estens.*) tramandare: *il mito vuole che...* **8** richiedere: *l'educazione dei figli vuole molto impegno* | pretendere *vuoi troppo!* | esigere un dato prezzo: *ha voluto 50 euro per la gonna* **9** chiedere di qlcu., cercare qlcu.: *ti vogliono al telefono* **10** usato per indicare l'imminenza o la probabiltà di un evento: *sembra che voglia nevicare* **11** essere necessario, opportuno: *ci vorrebbe una persona fidata* | *ci vuol altro...*, per dire che ql.co. o ql.co. è inadatto: *ci vuol altro che quel ragazzo per sollevare questo peso!* **12** usato nella 2ª pers. sing. del presente indicativo svolge funzione di congiunzione correlativa: *scrive bene vuoi in prosa, vuoi in versi*.

vo|lé|re[2] *s.m.* volontà: *sia fatto il — del cielo*.

vol|gà|re *agg.* **1** (*raro*) del volgo, appartenente al volgo | *lingua* —, l'italiano delle origini e parlato dal volgo, contrapposto al latino che era la lingua dotta: *Dante ha scritto le sue opere in* — **2** (*estens.*) privo di educazione, grossolano: *parla in modo* — | ordinario, spregevole: *questa è una* — *imitazione* ♦ *s.m.* lingua volgare □ **volgarmente** *avv.* **1** in modo volgare: *parlare* — **2** comunemente: *il tarassaco è* — detto "*soffione*".

vol|ga|ri|tà *s.f.* **1** mancanza di finezza, di educazione **2** atto, parola volgare: *ha scritto una lettera piena di* —.

vol|ga|riz|zà|re *v.tr.* **1** tradurre dal latino o dal greco in una lingua volgare **2** (*estens.*) divulgare, esporre una nozione, una disciplina e sim. in modo da renderle accessibili a tutti.

vol|ga|riz|za|tó|re *s.m.* [f. *-trice*] **1** chi divulga nozioni difficili in modo che siano accessibili a tutti **2** chi un tempo traduceva testi in volgare, spec. dal latino o dal greco.

vol|ga|riz|za|zió|ne *s.f.* **1** l'atto del volgarizzare **2** divulgazione.

vol|gà|ta *s.f.* → **vulgata**.

vòl|ge|re *v.tr.* [indic.pres. *io vòlgo, tu vòlgi...*; pass.rem. *io vòlsi, tu volgésti...*; part.pass. *vòlto*] **1** (*anche fig.*) indirizzare, dirigere verso un punto o un luogo: — *il viso*; — *la mente* | — *le spalle*, fuggire, andarsene **2** (*fig.*) mutare condizione, tono e sim.: *l'allegria volse in tristezza* **3** tradurre: — *un testo dal greco all'italiano* ♦ *intr.* [aus. *A*]

1 piegare verso una parte: *il fiume volge a destra prima della foce* **2** avvicinarsi: *il film volge — al termine* | tendere, evolversi: *finalmente il tempo volge al bello* ♦ **-rsi** *rifl.* **1** girarsi: *si è volto verso di me e mi ha parlato* **2** (*fig.*) indirizzare la propria attività; dedicarsi: *— agli studi umanistici* ♦ *intr.pron.* rivolgersi, riversarsi: *la sua collera si volse verso gli astanti*.

vól|go *s.m.* [pl. *-ghi*] (*lett.*) **1** la parte del popolo più povera e culturalmente più arretrata **2** (*estens.*, *spreg.*) moltitudine: *il — dei musicanti*.

vo|lic|chia|re *v.intr.* [indic.pres. *io volìcchio*...; aus. *A*] volare stentatamente o compiendo brevi tratti.

vo|liè|ra *s.f.* grande gabbia per gli uccelli; uccelliera.

vo|li|ti|vi|tà *s.f.* (*raro*) qualità di chi, di ciò che è volitivo.

vo|li|ti|vo *agg.* **1** della volontà: *forza volitiva* **2** che ha grande forza di volontà: *una donna volitiva* ♦ *s.m.* [f. *-a*] persona dotata di grande forza di volontà ▢ **volitivamente** *avv.*

volley (*ingl.*) [pr. *vòlli*; com. *vòllei*] *s.m.invar.* abbrev. di volleyball.

volleyball (*ingl.*) [pr. *vòllibol*; com. *vòlleibol*] *s.m.invar.* (*sport*) pallavolo.

vol|li|sta *s.m./f.* [m.pl. *-i*] (*sport*) pallavolista.

vó|lo *s.m.* **1** la capacità e l'attività di volare, proprie degli Uccelli e degli Insetti: *il — delle farfalle* | *al —*, mentre è ancora in aria: *calciare la palla al —*; (*fig.*) subito, con prontezza: *capire al —*; cogliere l'occasione al — | *a — d'uccello*, dall'alto | *prendere il —*, alzarsi in volo; (*fig.*) fuggire: *i soldi hanno preso il —* **2** movimento di un aeromobile nello spazio atmosferico: *l'elicottero si è alzato in —* | viaggio aereo: *ha preso il — Parigi-New York* | *— radente*, a bassissima quota | *— a vela*, specialità dell'aviazione sportiva, praticata su velivoli leggeri e privi di motore che sfruttano le correnti termiche **3** (*estens.*) stormo: *un — di fenicotteri* **4** (*estens.*) salto, caduta violenta: *il gatto ha fatto un — dal tetto* **5** (*estens.*) traiettoria di un oggetto lanciato a grande velocità: *il — di un proiettile* **6** spostamento veloce: *ha fatto un — a casa* **7** (*fig.*) divagazione: *i voli della fantasia* | *— pindarico*, improvviso, brusco passaggio da un argomento all'altro.

vo|lon|tà *s.f.* **1** la capacità di volere fermamente ql.co. e di superare ciò che ostacola la riuscita: *ha una grande forza di —* **2** atto del volere: *l'ha fatto seguendo la sua —* | *a —*, a piacere: *bere a —* **3** disposizione a fare ql.co.: *ha una grande — di riuscire* | *buona —*, impegno a fare | *cattiva —*, tendenza a sottrarsi ai propri doveri **4** ciò che si vuole fare | *le ultime —*, disposizioni testamentarie.

vo|lon|ta|ria|to *s.m.* **1** servizio svolto da militari volontariamente | il periodo di tale servizio **2** prestazione di lavoro volontaria svolta come tirocinio per acquisire la pratica necessaria in una professione **3** servizio volontario prestato gratuitamente a favore della collettività da parte di singoli individui o da gruppi di cittadini, spesso riuniti in associazioni.

vo|lon|ta|rie|tà *s.f.* qualità di ciò che è volontario: *la — di una decisione*.

vo|lon|tà|rio *agg.* **1** che si fa di propria volontà, non obbligatorio: *quella di partire è stata una mia scelta volontaria* | *omicidio —*, intenzionale **2** spontaneo: *offerta volontaria* **3** che agisce seguendo la propria volontà ♦ *s.m.* [f. *-a*] **1** soldato che si è arruolato di propria volontà, senza obbligo di coscrizione **2** chi presta la propria opera liberamente e gratuitamente ▢ **volontariamente** *avv.* di propria spontanea volontà: *è arrivato —*.

vo|lon|ta|ri|smo *s.m.* **1** dottrina filosofica che sostiene il primato della volontà sull'intelletto **2** (*estens.*) atteggiamento di chi crede di poter controllare le situazioni basandosi sulla propria volontà.

vo|lon|ta|ri|sti|co *agg.* [m.pl. *-ci*] che si basa sul volontarismo o rivela volontarismo: *atteggiamento —*.

vo|lon|te|ró|so o **volenteróso** *agg.* **1** che è pieno di buona volontà: *un giovane —* **2** che dimostra buona volontà: *un comportamento —* ▢ **volonterosamente** *avv.* **1** in modo volonteroso **2** volentieri.

vol|pac|chiòt|to *s.m.* [f. *-a*] cucciolo di volpe.

vól|pe *s.f.* **1** mammifero carnivoro con corpo snello, muso aguzzo, coda folta e pelliccia pregiata; è famoso per la sua astuzia | (*fig.*) *far come la — con l'uva*, si dice di chi dichiara di non volere una cosa soltanto perché non può averla **2** la pelliccia, molto pregiata, di tale animale **3** (*fig.*) persona astuta e pronta: *è una vecchia —*.

vol|pi|no *agg.* da volpe: *astuzia volpina* | *cane —*, piccolo cane di razza che ricorda nelle fattezze la volpe.

vol|pó|ne *s.m.* [f. *-a*] persona furba e astuta.

vól|sco *agg.* [m.pl. *-sci*] che appartiene ai Volsci, antica popolazione italica di origine osco-umbra, stanziata nel Lazio nord-orientale ♦ *s.m.* [f. *-a*] chi apparteneva a tale popolazione.

volt *s.m.invar.* nel Sistema Internazionale, unità di misura della differenza di potenziale elettrico (*simb.* V).

vòl|ta[1] *s.f.* **1** (*lett.*, *raro*) l'atto del voltare, del voltarsi | (*fam.*) *dar di — il cervello*, impazzire **2** direzione: *partire alla — di Roma* | *andare alla — di ql.cu.*, andare verso di lui **3** (*fig.*) turno: *è arrivata la mia —* **4** (*estens.*) circostanza in cui avviene o è avvenuto un fatto: *l'ho rivisto quella — che sono andato al mare* | *una —*, un tempo | *tutto in una —*, d'un fiato | *una buona —*, *una — tanto*, per esprimere impazienza: *taci una — tanto!* | *a volte*, talvolta **5** preceduto da un numerale, indica ripetizione: *te l'ho ripetuto mille volte!* | con valore distributivo, per indicare la frequenza di ql.co.: *una, due volte al mese*.

vòl|ta[2] *s.f.* **1** (*arch.*) copertura incurvata di un edificio o di un ambiente: *il soffitto della chiesa forma una — | a —*, si dice di costruzione a forma di volta **2** (*estens.*) ogni struttura che ha la for-

voltafaccia

ma incurvata: *la — celeste è stellata* | (*anat.*) parete arcuata: *— cranica; — plantare*.

vol|ta|fac|cia *s.m.invar.* (*fig.*) cambiamento improvviso di opinione: *prima la pensava come noi, poi ha fatto un —* | il venir meno a un impegno o a una promessa liberamente assunti: *— politico*.

vol|ta|fie|no *s.m.invar.* macchina agricola che serve per spargere e rivoltare il fieno rimasto sui campi dopo la falciatura.

vol|ta|gab|ba|na *s.m./f.invar.* persona che cambia opinione per opportunismo.

vol|tàg|gio *s.m.* differenza di potenziale elettrico | impropriamente tensione elettrica.

vol|tài|co *agg.* [m.pl. *-ci*] del fisico italiano A. Volta (1745-1827) | **corrente voltaica**, corrente elettrica che si ottiene secondo il principio su cui è fondata la pila di Volta.

vol|tam|pè|re [pr. *voltampèr*] *s.m.invar.* (*fis.*) unità di misura della potenza apparente di un circuito a corrente alternata; equivale a un volt moltiplicato per un ampere.

vol|tà|re *v.tr.* [indic.pres. *io vòlto*...] **1** volgere in un altro senso: *— la testa* **2** dirigere: *— la prua verso la costa* **3** girare ql.co. in modo che mostri il lato opposto: *— un disco* | *— pagina*, girarla; (*fig.*) cambiare vita, considerando concluse le esperienze precedenti **4** oltrepassare: *voltato l'angolo della casa vedi la fontana* ♦ *intr.* [aus. *A*] girare in una certa direzione: *davanti alla stazione, volta a sinistra* ♦ **-rsi** *rifl.* girarsi, volgersi: *l'ho chiamato e si è voltato per guardarmi* | *non sapere da che parte —*, non sapere che cosa fare | *— e rivoltarsi nel letto*, non riuscire ad addormentarsi | *— contro qlcu.*, ribellarsi contro di lui.

vol|ta|stò|ma|co *s.m.* [pl.invar.] vomito, nausea | (*fig.*) disgusto, ripugnanza: *questa stanza è così sporca da far venire il —*.

vol|tà|ta *s.f.* **1** l'atto del voltare **2** svolta di una strada.

vol|teg|gia|mén|to *s.m.* (*raro*) il movimento eseguito volteggiando.

vol|teg|già|re *v.intr.* [indic.pres. *io voltéggio*...; aus. *A*] **1** volare compiendo giri nell'aria: *le foglie volteggiano portate dal vento* **2** (*estens.*) muoversi compiendo continui cambiamenti di direzione e giravolte: *— sulla pista da ballo* **3** (sport) eseguire volteggi su un attrezzo ginnico o su un cavallo.

vol|tég|gio *s.m.* **1** esercizio in cui il ginnasta compie figure acrobatiche appoggiandosi a un attrezzo solo con gli arti superiori: *il ginnasta esegue un — alla sbarra* **2** nell'equitazione, esercizio in cui il cavaliere cambia spesso posizione sul cavallo **3** (*aer.*) evoluzione acrobatica, spec. di un aereo.

vol|te|let|tró|ne *s.m.* (*fis.*) elettronvolt.

vol|ter|ria|no *agg.* **1** relativo allo scrittore e filosofo francese Voltaire (1694-1778) **2** che ricorda il pensiero e lo stile di Voltaire **3** (*fig.*) scettico, irreligioso: *spirito —* ♦ *s.m.* [f. *-a*] seguace di Voltaire.

vòlt|me|tro o **voltìmetro** o **voltòmetro** *s.m.* (*fis.*) strumento per misurare la tensione elettrica o la differenza di potenziale tra due punti di un circuito.

vól|to *s.m.* (*lett.*) **1** viso, faccia: *quella ragazza ha un — simpatico* **2** (*fig.*) aspetto esteriore: *la stanza imbiancata ha cambiato —* **3** (*fig.*) modo di essere, carattere: *è difficile conoscere il vero — di una persona*.

vol|to|là|re *v.tr.* [indic.pres. *io vòltolo*...] far girare ripetutamente su se stesso ♦ **-rsi** *rifl.* rotolarsi, girarsi più volte: *— nel letto*.

vol|tó|me|tro *s.m.* → **voltmetro**.

vol|tù|ra *s.f.* **1** (*dir.*) trascrizione, nei registri del catasto, del trasferimento di proprietà di un bene immobile | analoga registrazione riguardante beni mobili **2** (*bur.*) in un contratto per la fornitura di beni al pubblico, cambiamento del nominativo dell'utente a cui è intestato il contratto: *la — della luce*.

vo|lù|bi|le *agg.* **1** (*bot.*) si dice di fusto flessibile che si avvolge a spirale attorno a un sostegno **2** (*fig.*) che cambia con facilità, incostante, mutevole: *avere un carattere —* | di tempo, instabile, incerto □ **volubilmente** *avv.* con volubilità.

vo|lu|bi|li|tà *s.f.* caratteristica di chi o ciò che è volubile; incostanza.

vo|lù|me *s.m.* **1** estensione di un corpo in altezza, lunghezza e larghezza: *il — di questa stanza è di dodici metri cubi* | (*fis.*) *— specifico*, rapporto tra il volume dell'unità di massa della sostanza in esame diviso per la sua densità in condizioni di pressione e temperatura standard **2** (*estens.*) massa, mole: *un enorme — d'acqua è precipitato a valle* **3** (*fig.*) quantità o intensità di un fenomeno: *la circonvallazione snellirà il — del traffico* **4** l'intensità di un suono o di un rumore: *abbassa il — della radio* | (*estens.*) dispositivo che serve a regolare l'intensità sonora di un apparecchio: *si è rotto il — dello stereo* **5** in una costruzione o in una scultura, rapporto tra i pieni e i vuoti **6** libro: *cerca informazioni nel — di geografia* | ciascuna delle parti che costituiscono un'opera; tomo: *non è ancora uscito l'ultimo —*.

vo|lu|me|trì|a *s.f.* misurazione del volume, spec. di costruzioni | distribuzione dei volumi di un complesso architettonico.

vo|lu|me|trì|co *agg.* [m.pl. *-ci*] **1** che riguarda la misurazione del volume | (*chim.*) **analisi volumetrica**, analisi quantitativa per determinare la sostanza contenuta in una soluzione **2** che riguarda il volume o i volumi.

vo|lu|mi|no|si|tà *s.f.* proprietà di ciò che è voluminoso.

vo|lu|mi|nó|so *agg.* che ha dimensioni molto grandi e occupa molto spazio: *un pacco molto —* □ **voluminosamente** *avv.*

vo|lù|ta *s.f.* **1** spira: *volute di fumo* **2** (*arch.*) ornamento curvilineo o spiraliforme, gener. costituito da foglie, che si avvolge intorno a un elemento centrale; è tipico del capitello ionico.

vo|lù|to *part.pass. di* volere ♦ *agg.* che risponde a una intenzione, a un desiderio: *ho ottenuto l'effetto —* | (*estens.*) ricercato, forzato, artefatto:

ricercatezza voluta □ **volutamente** *avv.* intenzionalmente: *atteggiamento — provocante.*
vo|lut|tà *s.f.* **1** godimento che deriva dall'appagamento dei sensi: *abbandonarsi alla —* **2** *(estens.)* piacere intenso: *gustare un dolce con —.*
vo|lut|tuà|rio *agg.* superfluo, non necessario: *spese voluttuarie.*
vo|lut|tuo|si|tà *s.f.* carattere di chi o di ciò che è voluttuoso.
vo|lut|tuó|so *agg.* **1** che è incline alla voluttà: *una ragazza voluttuosa* | che rivela voluttà: *occhi voluttuosi* **2** che è pieno di voluttà: *carezze voluttuose* □ **voluttuosamente** *avv.*
vòl|va *s.f. (bot.)* involucro a forma di coppa, posto alla base del gambo di alcuni funghi.
vol|và|ria *s.f.* fungo con ampia volva alla base del gambo.
vòl|vo|lo *s.m. (med.)* torsione dello stomaco o di un'ansa dell'intestino tenue, che provoca occlusione intestinale.
vò|me|re *s.m.* **1** parte dell'aratro costituita da una lama d'acciaio, che rompe orizzontalmente il terreno **2** *(anat.)* osso del setto nasale.
vò|mi|ca *s.f. (med.)* espettorazione improvvisa di materiale formatosi nei polmoni o nei bronchi.
vò|mi|co *agg.* [m.pl. *-ci*] che provoca il vomito | *noce vomica,* seme di una pianta asiatica, che contiene strinina ed eccita il vomito.
vo|mi|tà|re *v.tr.* [indic.pres. *io vòmito...*] **1** espellere dalla bocca il cibo ingerito | *(fig.) far —, far venire da —,* si dice di persona o cosa che suscitano disgusto: *questa canzone fa —* **2** *(estens.)* buttare fuori con violenza: *il vulcano continua a — lava* **3** *(fig.)* esprimere con ira, gridare: *vomitò parole irripetibili.*
vo|mi|ta|tic|cio *s.m.* ciò che è stato vomitato.
vo|mi|ta|ti|vo *agg., s.m.* si dice di farmaco che provoca il vomito; emetico: *gli ha dato un forte —.*
vo|mi|té|vo|le *agg.* **1** che provoca il vomito **2** *(fig.)* disgustoso: *una scena —.*
vò|mi|to *s.m.* **1** espulsione del contenuto gastrico dalla bocca: *ho avuto un attacco di —* | *(estens.)* la sostanza vomitata **2** *(fig.)* senso di ribrezzo: *è un film che fa venire il —.*
vón|go|la *s.f.* mollusco marino bivalve commestibile: *spaghetti con le vongole.*
vo|rà|ce *agg.* **1** che mangia una grande quantità di cibo: *un animale —* | *(estens.)* ingordo, avido **2** *(fig.)* che distrugge tutto: *fuoco —* □ **voracemente** *avv. (anche fig.)* con voracità, ingordigia: *mangiare —; leggere —.*
vo|ra|ci|tà *s.f.* **1** avidità nel mangiare; insaziabilità: *la — del coccodrillo* **2** *(fig.)* ingordigia, avidità: *la — degli usurai lo ha rovinato.*
vo|rà|gi|ne *s.f.* **1** *(anche fig.)* profonda spaccatura nel terreno: *l'esplosione ha aperto una —* | *nella strada; la — dei debiti* **2** movimento veloce dell'acqua su se stessa, gorgo: *in quel punto il fiume forma una —.*
-vo|ro secondo elemento di parole composte che significa "che mangia, che si nutre di" *(onnivoro)* o "che consuma, che assorbe" *(idrovoro).*
vor|ti|cà|le *agg.* rotazionale: *moto —.*

vor|ti|cà|re *v.intr.* [indic.pres. *io vòrtico, tu vòrtichi...*; aus. *A*] **1** girare in un vortice: *la sabbia vorticava al vento* **2** *(fig.)* agitarsi creando confusione: *mi vorticano in testa mille pensieri.*
vòr|ti|ce *s.m.* **1** rapido movimento di masse d'aria, d'acqua e sim.: *la barca è stata presa in un —* | *(estens.)* la massa stessa che si muove vorticosamente **2** *(estens.)* movimento veloce e vorticoso: *nel — della danza* **3** *(fig.)* forza travolgente: *è preso dal — della passione.*
vor|ti|có|so *agg.* **1** che è pieno di vortici: *torrente —* | che forma vortici: *corrente vorticosa* **2** *(estens.)* che si muove come un vortice: *danza vorticosa* **3** *(fig.)* che si svolge rapidamente: *una vorticosa serie di avvenimenti mi ha fatto dimenticare gli impegni* □ **vorticosamente** *avv.*
vos|si|gno|rì|a *s.f. (ant.)* la signoria vostra, gener. usato in segno di deferenza.
vò|stro *agg.poss.* di *2ª pers.pl.* **1** che appartiene a voi: *il — ombrello* **2** che riguarda voi: *qual è il — parere?* **3** per indicare rapporti di parentela, d'amicizia, di lavoro e sim.: *i vostri amici arriveranno presto* ♦ *pron.poss.* di *2ª pers.pl.* **1** ciò che appartiene a voi o è fatto da voi: *questo lavoro è migliore del —* **2** che ha rapporti con voi: *mia madre s'incontra spesso con la vostra* **3** si usa in espressioni ellittiche del linguaggio familiare | *sono dalla vostra,* dalla vostra parte | *dite la vostra,* la vostra opinione | *spendete del —,* del vostro denaro.
vo|tàn|te *agg., s.m./f.* si dice di persona che ha il diritto di voto, che partecipa a una votazione.
vo|tà|re *v.tr.* [indic.pres. *io vóto...*] **1** approvare esprimendo il proprio voto: *— una legge* | sostenere con il proprio voto: *— un partito* **2** *(relig.)* offrire in voto | *(estens.)* dedicare: *— la propria anima a Dio* ♦ *intr.* [aus. *A*] dare il proprio voto: *— a favore, contro* ♦ **-rsi** *rifl.* **1** promettersi in voto **2** *(estens.)* offrirsi: *— al sacrificio* | consacrarsi: *— alla musica.*
vo|ta|zió|ne *s.f.* **1** espressione della propria volontà attraverso il voto **2** *(dir.)* procedimento con cui si esprime il proprio voto: *— segreta* | il risultato di tale operazione: *è stato eletto con — unanime* **3** valutazione del lavoro di uno studente o di un candidato in un concorso: *ho avuto una buona —.*
vo|tì|vo *agg. (relig.)* relativo a un voto | che è offerto in voto: *lampada votiva* □ **votivamente** *avv.*
vó|to *s.m.* **1** *(relig.)* promessa fatta a Dio, alla Madonna o ai Santi di compiere un atto di culto o di rifuggire dal peccato, spec. per ottenere una grazia o come ringraziamento per una grazia ricevuta: *ho fatto il — di compiere un pellegrinaggio* | *prendere i voti,* entrare in un ordine religioso **2** offerta che si offre per voto: *ha portato un — a Sant'Antonio* **3** *(fig., lett.)* desiderio, augurio: *fare voti per la riuscita di un progetto* **4** *(dir.)* in una elezione, dichiarazione con cui si esprime la propria volontà scegliendo un rappresentante, un partito | *— di preferenza,* dato al candidato della lista scelta | scheda che indica tale scelta **5** nell'uso scolastico, valutazione del

voucher

lavoro dello studente da parte dell'insegnante: *ho preso un buon — in matematica*.

voucher (*ingl*.) [pr. *vàucer*] *s.m.invar*. ricevuta rilasciata da un'agenzia turistica a titolo di accredito o di prenotazione, che consente al turista di usufruire di una serie di servizi in alberghi, ristoranti e sim.

vòx pòpuli (*lat*.) *loc.sost.f.invar*. opinione diffusa, consacrata dal consenso universale.

voyeur (*fr*.) [pr. *vuaiör*] *s.m.invar*. chi prova godimento nell'assistere di nascosto ad atti sessuali altrui; guardone.

vo|yeu|ri|smo (*fr*.) [pr. *vuaiorìsmo*] *s.m*. forma di perversione sessuale propria del voyeur.

vu o **vi** *s.f./m*. nome della lettera *v* | — *doppia*, nome della lettera *w*.

vu cum|prà *loc.sost. invar*. venditore ambulante, spec. nordafricano.

vù|du o **vudù** *s.m.invar*. **1** religione basata su pratiche magiche diffusa spec. nelle Antille **2** ciascuno degli spiriti adorati dal tale religione ♦ *agg.invar*. relativo a tale religione: *rito —*.

vul|ca|ne|si|mo *s.m*. → vulcanismo.

vul|cà|ni|co *agg*. [m.pl. *-ci*] **1** di vulcano, proprio dei vulcani: *terreno —* **2** (*fig*.) ricco di interessi e di grande vitalità: *un carattere —* ☐ **vulcanicamente** *avv*. **1** dal punto di vista vulcanico **2** (*fig*.) in modo vulcanico.

vul|ca|ni|fór|me *agg*. a forma di vulcano.

vul|ca|nì|smo o **vulcanèsimo** *s.m*. (*geol*.) l'insieme dei fenomeni di attività endogena della Terra, che porta, attraverso la risalita del magma sulla superficie terrestre, alla formazione di vulcani e all'emissione di ceneri, lava e lapilli.

vul|ca|nì|te *s.f*. (*geol*.) roccia effusiva.

vul|ca|niz|zà|re *v.tr*. trattare le gomme con zolfo o altre sostanze ad alta temperatura per aumentarne l'elasticità e la resistenza.

vul|ca|niz|za|zió|ne *s.f*. **1** operazione del vulcanizzare **2** l'insieme dei procedimenti per riparare gli pneumatici deteriorati.

vul|cà|no *s.m*. apertura della crosta terrestre da cui vengono eruttati materiali ad altissima temperatura | rilievo conico costituito dall'accumulo dei materiali eruttivi solidificati intorno a tale apertura | — *spento*, che ha cessato ogni attività eruttiva | (*fig*.) *essere un —*, si dice di persona piena di energia e di iniziative.

vul|ca|no|lo|gìa *s.f*. branca della geofisica che studia i fenomeni vulcanici.

vul|ca|no|lò|gi|co *agg*. [m.pl. *-ci*] che riguarda la vulcanologia.

vul|ca|nò|lo|go *s.m*. [f. *-a*; m.pl. *-gi*] studioso di vulcanologia.

vul|gà|ta o **volgàta** *s.f*. **1** versione latina della Bibbia, riconosciuta dalla Chiesa cattolica e attribuita a San Gerolamo **2** (*filol*.) il testo più diffuso di un'opera nella forma tramandata dalla tradizione.

vul|gà|to *part.pass. di* vulgare ♦ *agg*. (*lett*.) conosciuto, divulgato.

vul|ne|rà|bi|le *agg*. **1** che si può ferire facilmente **2** (*estens*.) che si può vincere con facilità: *il castello ha un punto —* **3** (*fig*.) che può essere messo in dubbio o contraddetto: *l'elemento — della teoria consiste in questo*.

vul|ne|ra|bi|li|tà *s.f*. caratteristica di ciò che è vulnerabile.

vùl|va *s.f*. (*anat*.) l'apparato genitale esterno femminile.

vul|và|re *agg*. (*anat., med*.) della vulva.

vul|và|ria *s.f*. pianta erbacea provvista di foglie ovali e fiori dall'odore sgradevole.

vul|vì|te *s.f*. (*med*.) infiammazione della vulva.

vuo|tàg|gi|ne *s.f*. **1** caratteristica di ciò che è vuoto **2** (*fig*.) mancanza di idee, di sentimenti, di interesse | *cosa stupida, insulsa*.

vuo|tà|re *v.tr*. [indic.pres. *io vuòto...*] togliere tutto ciò che c'è dentro: *— un sacchetto* | — *le tasche a qlcu*., fargli spendere tutti i soldi che ha | — *la casa*, detto di ladri, portarne via gli oggetti di valore | (*fig*.) — *il sacco*, dire tutto quello che si sa ♦ **-rsi** *intr.pron*. svuotarsi: *la sala si è svuotata in un baleno*.

vuo|ta|zuc|chi|ne *s.m.invar*. utensile da cucina con lama angolare, usato per togliere la parte interna delle zucchine.

vuo|téz|za *s.f*. vuotaggine.

vuò|to *agg*. **1** che non ha niente all'interno: *scatola vuota* **2** (*fig*.) privo di sostanza: *discorso —* | (*fig*.) *avere la testa vuota*, senza idee; essere incapace di concentrarsi **3** (*fig*.) privo di significato, di idee, di scopo: *un'esistenza vuota* ♦ *s.m*. **1** spazio sgombro, non occupato da corpi solidi: *cadere nel —; un — nella siepe* **2** (*fig*.) mancanza, carenza: *la morte del nonno ha lasciato un — nella famiglia* | (*fig*.) *fare il — intorno a sé*, allontanare tutti con il proprio comportamento **3** contenitore vuoto: *ho riportato il — dell'acqua* **4** (*fis*.) spazio privo di materia | — *d'aria*, corrente d'aria verticale diretta verso il basso, che trascina l'aereo come se venisse a mancare il sostentamento | *confezioni sotto —*, si dice di prodotti confezionati in recipienti chiusi privati d'aria **5** (*loc.avv*.) *a —*, senza effetto, vano: *il nostro tentativo è andato a —*.

Ww

w *s.f./m.invar.* ventitreesima lettera dell'alfabeto (il suo nome è *vu doppio*); in italiano è presente solo in parole straniere, dove si pronuncia come *u* semiconsonante (*west*) o *v* (*wafer*) | — **come Washington**, si usa nella compitazione, spec. telefonica, delle parole.
wafer (*ingl.*) [pr.com. *vàfer*] *s.m.invar.* biscotto formato da due cialde friabili che racchiudono uno strato di crema o cioccolato.
wagon-lit (*fr.*) [pr. *vagonlì*] *s.m.invar.* carrozza ferroviaria con cabine che ospitano uno o più letti; carrozza-letto.
wal|chi|ria *s.f.* → **valchiria**.
walhall [pr. *vàlal*] o **walhalla** (*ted.*) [pr. *valàlla*] *s.m.invar.* (*mit.*) negli antichi miti germanici, dimora celeste degli eroi caduti in battaglia.
walkie-cup (*ingl.*) [pr. *uolkicàp*] *s.f.invar.* bicchiere di cartone chiuso da un coperchio e provvisto di cannuccia, comodo per bere anche mentre si passeggia.
walkie-talkie (*ingl.*) [pr. *uolkitòlki*] *s.m.invar.* ricetrasmettitore portatile utilizzato per collegamenti su brevi distanze.
wal|ki|ria *s.f.* → **valchiria**.
walkman (*ingl.*) [pr. *uòlkmen*] *s.m.invar.* apparecchio stereofonico portatile per l'ascolto, mediante cuffia, di cassette registrate.
walser (*ted.*) [pr. *vàlser*] *agg.invar.* che appartiene a comunità di lingua germanica provenienti dal Vallese svizzero e da secoli stanziate in alcune valli delle Alpi meridionali, tra Piemonte e Valle d'Aosta (p.e. Val Formazza e Valsesia) ♦ *s.m.invar.* **1** [anche f.] membro della popolazione walser **2** casa di legno con tetto in ardesia tipica di tale popolazione.
walzer (*ted.*) [pr. *vàlzer*] *s.m.invar.* → **valzer**.
WAP [pr. *uàp*] *s.m.invar.* (*telecom.*) protocollo standard per navigare tramite telefono cellulare in siti Internet appositamente semplificati.
wà|pi|ti [pr. *uàpiti*; com. *vàpiti*] *s.m.invar.* mammifero nordamericano degli Ungulati, simile a un grosso cervo dalle corna molto sviluppate.
wap|pa|re [pr. *uappàre*] *v.intr.* [aus. *A*] (*gerg.*) navigare col telefono cellulare in siti Internet compatibili con il protocollo WAP.
warrant (*ingl.*) [pr. *uòrrant*] *s.m.invar.* **1** (*fin.*) cedola che garantisce il prezzo d'acquisto di un titolo per un dato periodo **2** (*comm.*) ricevuta che un magazzino generale rilascia a chi vi depositi delle merci, le quali possono così essere date in pegno come garanzia di un prestito.
wasabi (*giapp.*) [pr. *uasàbi*] *s.m.invar.* (*gastr.*) salsa giapponese tipica, di colore verde e sapore fresco e piccante, ottenuta dalle radici di una pianta.
Wassermann (*ted.*) [pr. *vàsserman*] *s.f.invar.* (*med.*, *ell.*) (*reazione di* —) reazione di ricerca che si effettua sul siero di sangue per accertare l'eventuale infezione sifilitica.
wà|ter [pr. *vàter*] *s.m.invar.* il vaso in maiolica del gabinetto.
water closet (*ingl.*) [pr. *uòter clòsit*; com. *vàter clóset*] *loc.sost.m.invar.* gabinetto dotato di vaso in maiolica con sciacquone.
waterloo (*ingl.*) [pr. *uòterlo*] *s.f.invar.* (*per anton.*) sconfitta devastante, senza possibilità di riscossa; disfatta.
waterproof (*ingl.*) [pr. *uòterpruf*] *agg.invar.* impermeabile.
watt [pr. *vat*] *s.m.invar.* (*fis.*) unità di misura della potenza elettrica nel Sistema Internazionale, pari a quella generata in 1 secondo da 1 joule di energia (*simb.* W).
wat|tó|ra [pr. *vattóra*] *s.m.invar.* (*fis.*) unità di misura dell'energia, pari all'energia fornita in 1 ora dalla potenza di 1 watt (*simb.* Wh).
wa|tùs|so [pr. *vatùsso*] o **vatùsso** *agg.*, *s.m.* [f. *-a*] che, chi appartiene a una popolazione stanziata tra Uganda, Ruanda e Burundi, che parla lingua bantu e presenta una statura molto alta; tutsi **2** (*fig.*) che, chi è molto alto.
web [pr. *uèb*] *s.m.invar.* (*inform.*) **1** (*abbr.*) World Wide Web **2** (*estens.*, *improprio*) complesso dei siti raggiungibili via Internet ♦ *agg.invar.* (*inform.*) relativo a Internet: *collegamento* —.
webcam (*ingl.*) [pr. *uèbcam*] *s.f.invar.* (*inform.*) telecamera digitale, che si può collegare a un computer per trasmettere in diretta via Internet le riprese.
weber (*ted.*) [pr. *vèber*] *s.m.invar.* (*fis.*) unità di misura del flusso di induzione magnetica (*simb.* Wb).
webmaster (*ingl.*) [pr. *uebmàster*] *s.m.invar.* (*inform.*) gestore di siti Internet.
web-tv (*ingl.*) [pr. *uebtivì*] *s.f.invar.* (*telecom.*) **1** sistema per visualizzare le pagine Internet sul televisore **2** emittente televisiva che trasmette via Internet.
weekend o **week-end** (*ingl.*) [pr. *uikènd*] *s.m. invar.* fine settimana, in quanto destinato a svago e riposo.
welfare (*ingl.*) [pr. *wèlfar*] *s.m.invar.* **1** benessere **2** (*abbr.*) welfare state | ***Ministero del*** —, Ministero del Lavoro e delle Politiche Sociali.

welfare state (*ingl.*) [pr. *uèlfar stéit*] *loc.sost.m. invar.* (*econ.*) sistema sociale in cui lo Stato cerca di promuovere il benessere di tutti i cittadini garantendo loro un livello minimo di reddito e l'accesso ai servizi ritenuti socialmente indispensabili.

wellness (*ingl.*) [pr. *uèlnes*] *s.f.invar.* benessere spec. fisico: *centro di* —.

Weltanschauung (*ted.*) [pr. *veltanshàung*] *s.f.invar.* (*filos.*) concezione, visione del mondo propria di un individuo, di un gruppo, di un'epoca.

wèl|ter [pr. *vèlter*] *s.m.invar.* (*pugilato, lotta*) categoria di peso intermedia tra superleggeri e superwelter | (*estens.*) atleta con peso tra i 63 e i 66 kg circa ♦ *agg.invar.* che rientra nei limiti di tale categoria: *peso* —.

West (*ingl.*) [pr. *uèst*] *s.m.invar.* le regioni occidentali degli Stati Uniti e del Canada.

western (*ingl.*) [pr. *uèstern*] *agg.invar.*, *s.m. invar.* si dice di film di carattere epico-avventuroso ambientato nelle regioni occidentali degli Stati Uniti, durante l'Ottocento, che narra storie di sceriffi, cow-boy e pellirosse.

whisky (*ingl.*) [pr. *uìski*] *s.m.invar.* acquavite di origine scozzese ottenuta dalla distillazione di cereali vari, spec. orzo, avena, granturco.

whist (*ingl.*) [pr. *uìst*] *s.m.invar.* gioco di carte di origine inglese, simile al bridge.

winchester® (*ingl.*) [pr. *uincèster*] *s.m.invar.* carabina a ripetizione maneggevole, rapida e precisa.

windsurf (*ingl.*) [pr. *uindsörf*] *s.m.invar.* **1** tavola galleggiante in vetroresina munita di pinna e deriva mobile, in cui è inserito un albero con vela a tasca dotato di un doppio boma, che consente al navigatore di dirigere la tavola stando in piedi su di essa; tavola a vela **2** sport del windsurf.

wind|sur|fi|sta [pr. *uindsörfista*] *s.m./f.* [m.pl. *-i*] (*sport*) chi pratica il windsurf.

wireless (*ingl.*) [pr. *uàirles*] *agg.invar.* (*tecn.*) si dice di dispositivo che non richiede cavi e si collega ad altri attraverso onde elettromagnetiche; senza fili: *mouse* —.

wol|frà|mio [pr. *volfràmio*] o **volfràmio** *s.m.* (*chim.*) tungsteno.

wol|fra|mi|te [pr. *volframìte*] *s.f.* (*min.*) minerale costituito da pesanti cristalli scuri, dal quale si estrae il tungsteno.

woofer (*ingl.*) [pr. *vùfer*] *s.m.invar.* (*mus.*) altoparlante hi-fi per basse frequenze.

word processing (*ingl.*) [pr. *uórd prosèssin*] *loc.sost.m.invar.* tecnica che consente di visualizzare testi scritti su un monitor e di elaborarli in vario modo; videoscrittura.

word processor (*ingl.*) [pr. *uórd prosèssor*] *loc. sost.m.invar.* apparecchiatura e programma necessari per la realizzazione di un word processing.

workshop (*ingl.*) [pr. *uórkshop*] *s.m.invar.* gruppo di lavoro; seminario di studi.

work station [pr. *uorkstéshon*] *loc.sost.f.invar.* (*inform.*) computer molto potente e ricco di periferiche, oppure terminale con capacità proprie di elaborazione; stazione di lavoro.

World Wide Web (*ingl.*) [pr. *uórld uàid uèb*] *loc.sost.m.invar.* (*inform.*) sistema di presentazione delle informazioni disponibili su Internet; per consultarlo è necessario un browser, che presenta i file sotto forma di pagine in formato HTML.

wrestling (*ingl.*) [pr. *rèstlin*] *s.m.invar.* forma spettacolare di lotta, priva di regole rigide.

würstel (*ted.*) [pr. *vürstel*] *s.m.invar.* sottile salsiccia di carne bovina e suina, tipica di Austria e Germania.

Xx

x *s.f./m.invar.* **1** ventiquattresima lettera dell'alfabeto (il cui nome è *ics*) che compare esclusivamente in grecismi, latinismi e forestierismi | — *come xeres*, si usa nella compitazione, spec. telefonica, delle parole | —, nella numerazione romana, il numero dieci | *a* —, a croce | (*pop.*) *gambe a* —, ginocchio valgo **2** (*mat.*) incognita | in un sistema di coordinate, ascissa **3** (*biol.*) nel patrimonio genetico umano, uno dei due cromosomi che determinano il sesso | (*estens.*) simbolo del corredo genetico femminile **4** (*totocalcio*) simbolo del pareggio ♦ *agg.invar.* **1** si dice di quel che è sconosciuto, indeterminato: *fattore* — **2** si dice di appuntamento prefissato o di evento chiave: *il momento* —; *ora* — **3** (*fis.*) *raggi x*, radiazioni elettromagnetiche di lunghezza d'onda compresa tra quella degli ultravioletti e quella dei raggi gamma; sono utilizzate in radiodiagnostica e in radioterapia.

xàn|to- (*scient.*) primo elemento di parole composte che significa "giallo" (*xantoma*).

Xan|to|fi|ce|e *s.f.pl.* classe di alghe unicellulari o pluricellulari, rese giallastre dalla xantofilla; alghe gialle.

xan|to|fìl|la *s.f.* (*chim., biol.*) pigmento giallo presente in molti vegetali, che diventa evidente quando viene a mancare la clorofilla, come nelle foglie caduche d'autunno.

xan|tò|ma *s.m.* [pl. *-i*] (*med.*) piccolo tumore benigno della pelle, di colore giallastro, costituito da un accumulo di derivati del colesterolo.

xan|to|psì|a *s.f.* (*med.*) disturbo della visione per cui gli oggetti bianchi appaiono gialli.

Xe|nàr|tri *s.m.pl.* ordine di Mammiferi con dentatura ridotta o assente e diffusi unicamente nelle foreste dell'America centromeridionale, che comprende bradipo, armadillo e formichiere.

xè|no *s.m.* elemento chimico, gas nobile, incolore e inodore (*simb.* Xe); si usa spec. per riempire lampade a fluorescenza.

xè|no- primo elemento di parole composte che significa "estraneo, straniero" (*xenofobia*).

xe|nò|bio *s.m.* xenobionte.

xe|no|bi|ò|ti|co *agg.* [m.pl. *-ci*] privo di valore nutritivo.

xe|no|bi|ón|te *s.m.* organismo che, per motivi accidentali o durante una migrazione, viene a trovarsi in un ambiente che gli è normalmente estraneo.

xe|no|e|co|lo|gì|a *s.f.* ramo dell'ecologia che studia le condizioni ambientali dello spazio extraterrestre e la loro compatibilità con la vita umana.

xe|no|fo|bì|a *s.f.* odio, avversione per cose e persone straniere.

xe|no|fò|bi|co *agg.* [m.pl. *-ci*] che riguarda la xenofobia; che caratterizza lo xenofobo.

xe|no|fo|bo *agg.* **1** che prova xenofobia **2** che è ispirato dalla xenofobia: *chiusura xenofoba* ♦ *s.m.* [f. *-a*] persona piena di avversione per quel che è straniero.

xe|no|ga|mì|a *s.f.* (*bot.*) impollinazione tra due individui diversi della stessa specie di pianta.

xe|no|gè|ne|si *s.f.* generazione di prole dotata di caratteri differenti da quelli dei genitori.

xe|no|glos|sì|a *s.f.* fenomeno medianico per cui una persona, gener. in stato di trance, parla lingue che normalmente non conosce.

xe|no|lo|gì|a *s.f.* (*biol.*) studio delle relazioni tra i parassiti e gli organismi che li ospitano.

xe|no|tra|pian|to *s.m.* (*med.*) trapianto d'organo tra individui appartenenti a specie diverse.

xè|res *s.m.invar.* vino bianco spagnolo, liquoroso e di elevata gradazione; sherry.

xé|ro- primo elemento di parole composte che significa "secco, arido" (*xerobio*), oppure "a secco" (*xerocopia*).

xe|rò|bio *agg.* (*biol.*) capace di vivere in ambiente arido: *organismo* — ♦ *s.m.* ambiente povero d'acqua.

xe|ro|cò|pia *s.f.* copia xerografica; fotocopia.

xe|ro|co|pia|tri|ce *s.f.* macchina per xerocopie; fotocopiatrice.

xe|ro|dèr|ma *s.m.* [pl. *-i*] (*med.*) affezione dermatologica che si manifesta con diffusa secchezza della pelle e desquamazione.

xe|rò|fi|lo *agg.* (*bot.*) si dice di organismo vegetale che predilige gli ambienti aridi.

xe|ro|gra|fì|a *s.f.* procedimento di stampa a secco per la duplicazione di documenti, effettuato con macchine che utilizzano l'elettricità statica.

xe|ro|grà|fi|co *agg.* [m.pl. *-ci*] che riguarda la xerografia | realizzato tramite xerografia: *copia xerografica*.

xe|ro|sfè|ra *s.f.* (*geog.*) l'ambiente climatico dei deserti.

xe|rò|si *s.f.* (*med.*) **1** secchezza di una mucosa **2** malattia degli occhi caratterizzata dalla abolizione della secrezione lacrimale e degenerazione della congiuntiva, che si secca e atrofizza.

xe|ro|tèr|mo *s.m.* (*biol.*) si dice di vegetale che

vive in ambiente dal clima secco, con forti escursioni termiche.

xi *s.m./f.invar.* nome della quattordicesima lettera dell'alfabeto greco, corrispondente alla *x* dell'alfabeto latino.

xi|lè|ma *s.m.* [pl. *-i*] (*bot.*) parte legnosa delle piante.

xi|le|mà|ti|co *agg.* [m.pl. *-ci*] (*bot.*) dello xilema; legnoso.

xi|lè|ne *s.m.* (*chim.*) derivato del benzene che viene impiegato come solvente e nella produzione di coloranti e materie plastiche.

xi|lo- o **silo-** primo elemento di parole composte che significa "legno", "fatto di legno" (*xilofago*, *xilofono*).

xi|lò|fa|go o **silòfago** *agg.* [m.pl. *-gi*] si dice di animale che si nutre di legno.

xi|lo|fo|ni|sta o **silofonista** *s.m./f.* [m.pl. *-i*] chi suona lo xilofono.

xi|lò|fo|no o **silòfono** *s.m.* strumento musicale formato da una serie di tavolette o cilindri di lunghezza diversa, in legno o metallo, che vengono percossi con due martelletti.

xi|lo|gra|fì|a o **silografia** *s.f.* tecnica d'incisione con cui si intaglia nel legno una matrice in rilievo, corrispondente all'immagine da stampare | stampa realizzata con tale tecnica.

xi|lo|lo|gì|a o **silologìa** *s.f.* disciplina che studia i legnami, dal punto di vista botanico e tecnologico.

xi|lò|sio *s.m.* (*chim.*) zucchero a cinque atomi di carbonio, estratto dal legno tramite idrolisi, impiegato negli alimenti per diabetici e nella concia delle pelli.

xi|lo|tè|ca o **silotèca** *s.f.* raccolta di campioni di legni, spec. per studi tecnologici.

XL *agg.invar.* (*abbr.*) extra large.

xo|gra|fì|a *s.f.* (*foto.*) metodo di stampa che permette di ottenere l'immagine tridimensionale di un soggetto, partendo da due fotografie stereoscopiche di esso.

Yy

y *s.f./m.invar.* **1** venticinquesima lettera dell'alfabeto (il cui nome è *ipsilon* o *i greco*) che compare unicamente in forestierismi | — *come yacht*, si usa nella compitazione, spec. telefonica, delle parole | *a* —, si dice di ciò che presenta una biforcazione **2** (*mat.*) in un sistema di coordinate, ordinata **3** (*biol.*) nel patrimonio genetico umano, uno dei due cromosomi che determinano il sesso | (*estens.*) simbolo del corredo genetico maschile.
yacht (*ingl.*) [pr. *iòt*] *s.m.invar.* (*mar.*) imbarcazione privata da diporto, a vela o a motore; panfilo.
yachting (*ingl.*) [pr. *iòtin*] *s.m.invar.* (*mar.*) navigazione da diporto, spec. come sport.
yak *s.m.invar.* mammifero ruminante simile a un grosso bue gibboso, dal pelo scuro e ondulato, che viene allevato in Tibet.
yang (*cin.*) [pr. *iàn*] *s.m.invar.* nel taoismo, principio maschile positivo che, insieme all'energia complementare dello *yin*, determina tutto il divenire.
yankee (*ingl.*) [pr. *ièn̄ki*] *agg.invar.,s.m./f.invar.* (*scherz.* o *spreg.*) si dice dei cittadini statunitensi di origine anglosassone e di ciò che li caratterizza o li riguarda | (*estens.*) statunitense.
yard (*ingl.*) [pr. *iàrd*] *s.m./f.invar.* unità di misura lineare inglese, pari a m 0,914 (*simb.* yd).
ye|me|ni|ta *agg.*[m.pl. *-i*] dello Yemen, relativo allo Yemen ♦ *s.m./f.* chi è nato o abita nello Yemen.
yen (*giapp.*) [pr. *ièn*] *s.m.invar.* unità monetaria del Giappone.
yè|ti *s.m.* essere simile a un uomo gigantesco che si dice sia stato avvistato sul versante sud dell'Himalaya, detto anche "abominevole uomo delle nevi".
yid|dish [pr. *ìddish*] *s.m. solo sing.* lingua tradizionale delle comunità ebraiche delle aree germaniche e slave e di quelle da qui emigrate negli USA; è un dialetto tedesco in cui elementi neolatini e slavi si fondono con quelli più antichi ebraico-aramaici | *agg.invar.* relativo alle comunità che parlano tale lingua e al loro folclore: *musica* —.
yin (*cin.*) *s.m.invar.* nel taoismo, principio femminile negativo che, insieme all'energia complementare dello *yang*, determina tutto il divenire.
yò|ga *s.m.invar.* metodo di autodisciplina dell'induismo che, attraverso la meditazione, la concentrazione e il dominio dei sensi e del corpo, mira alla contemplazione dell'Assoluto e alla fusione con esso | (*estens.*) insieme di esercizi respiratori e ginnici ispirati a tale metodo ♦ *agg. invar.* dello yoga: *esercizi* —.
yò|gi o **yògin** *s.m./f.invar.* maestro di yoga | chi pratica lo yoga.
yò|gi|co *agg.* [m.pl. *-ci*] relativo allo yoga.
yò|gurt *s.m.invar.* latte coagulato per azione di vari fermenti.
yo|gur|tiè|ra *s.f.* piccolo elettrodomestico per preparare in casa lo yogurt.
Yorkshire (terrier) (*ingl.*) [pr. *iòrkshair* (*tèrrier*)] *loc.sost.m.invar.* cane da compagnia di piccola taglia, con pelo lungo di colore blu acciaio a macchie dorate.
yo-yo® *s.m.invar.* giocattolo costituito da un disco con una profonda scanalatura sul bordo intorno alla quale è avvolto un filo, con un capo legato al dito del giocatore; quando il disco viene lasciato cadere, il filo si srotola e poi, per inerzia, fa riavvolgere il disco verso l'alto.
y|pri|te *s.f.* → **iprite**.
yt|tèr|bio *s.m.* → **itterbio**.
yt|trio *s.m.* → **ittrio**.
Yùc|ca *s.f.* genere di piante perenni nordamericane, con foglie dall'apice spinoso e fiori bianchi o violacei in pannocchie; da certe specie si ricavano fibre tessili.
yuppie o **yuppy** (*ingl.*) [pr. *iùppi*] *s.m./f.invar.* (*scherz.* o *spreg.*) giovane manager efficiente e carrierista.
yup|pi|smo *s.m.* (*scherz.* o *spreg.*) mentalità o modo di fare da yuppie; efficientismo carrierista.

Zz

z *s.f./m.* ventiseiesima e ultima lettera dell'alfabeto (il suo nome è zeta); rappresenta il suono affricato dentale, sordo o sonoro | — ***come Zara***, nella compitazione, spec. telefonica, delle parole.

za|ba|ió|ne *s.m.* crema che si prepara facendo cuocere a bagnomaria dei tuorli d'uova sbattuti con zucchero, a cui si aggiunge marsala o altro liquore dolce.

zàc|che|ra *s.f.* schizzo di fango che rimane attaccato ai vestiti o alle scarpe.

zac|che|ró|so *agg.* schizzato, sporco di fango.

zaf|fà|re *v.tr.* **1** chiudere con uno zaffo: — *una botte* **2** (*med.*) tamponare con uno zaffo.

zaf|fà|ta *s.f.* **1** improvvisa ondata di odore sgradevole: *una — di cibo andato a male* **2** spruzzo o getto improvviso di gas o liquido.

zaf|fe|rà|no *s.m.* **1** pianta erbacea con fiori viola a imbuto **2** polvere aromatica giallo-rossa ottenuta dagli stimmi essiccati di tale pianta e utilizzata in farmacia e spec. in cucina: *risotto allo* — ♦ *agg.invar.* di colore giallo-rosso simile a quello dello zafferano.

zaf|fi|ro (*errato* zàffiro) *s.m.* **1** (*min.*) varietà azzurro trasparente di corindone usata come pietra preziosa **2** colore azzurro chiaro e trasparente.

zàf|fo *s.m.* **1** tappo di legno rivestito di tela o stoppa, usato per chiudere il foro di tini e botti **2** batuffolo di garza o cotone usato per tamponare emorragie e per medicare.

za|gà|glia *s.f.* arma primitiva simile a un piccolo giavellotto munito di punta in ferro.

zà|ga|ra *s.f.* il fiore bianco del limone e dell'arancio.

zai|nét|to *s.m.* piccolo zaino, usato spec. dagli studenti per trasportare il materiale scolastico.

zài|no *s.m.* sacco di tela o altro tessuto impermeabile che si porta sulle spalle ed è usato per trasportare attrezzi, provviste, vestiti e altri oggetti.

zai|ri|à|no *agg.* dello Zaire, Stato dell'Africa centrale, ora Repubblica democratica del Congo ♦ *s.m.* [f. *-a*] chi abita o è nato nello Zaire.

zam|bià|no *agg.* dello Zambia, Stato dell'Africa centromeridionale ♦ *s.m.* [f. *-a*] chi abita o è nato nello Zambia.

zàm|pa *s.f.* **1** ciascuno degli arti di un animale, in partic. la parte che poggia a terra: *le zampe del cane* con riferimento all'uso che se ne fa in cucina, la parte terminale dell'arto di un animale: — *di maiale al forno* | (*fig.*) ***zampe di gallina***, sottili rughe che compaiono intorno agli occhi | ***scrittura a — di gallina***, scrittura illeggibile perché brutta e disordinata **2** (*estens., spec.scherz.*) la gamba dell'uomo: *tira giù le zampe dal tavolino!* | la mano dell'uomo: *toglimi le zampe di dosso!* | ***camminare a quattro zampe***, camminare carponi **3** (*raro*) piede, gamba di un mobile.

zam|pà|re *v.intr.* [aus. *A*] detto spec. di cavallo, battere con le zampe anteriori il terreno restando fermo, in segno di inquietudine.

zam|pà|ta *s.f.* **1** colpo dato con la zampa | (*estens., spec.scherz.*) calcio o manata sferrati da una persona **2** impronta lasciata dalla zampa di un animale | (*fig.*) impronta caratteristica lasciata da qlcu.: *in questo articolo si riconosce la — di un grande giornalista*.

zam|pet|tà|re *v.intr.* [indic.pres. *io zampétto...*; aus. *A*] **1** detto di animali con zampe piccole, camminare rapidamente **2** (*estens., scherz.*) camminare a piccoli passi; sgambettare.

zam|pét|to *s.m.* (*gastr.*) zampa bollita di vitello, maiale o agnello.

zam|pil|là|re *v.intr.* [aus. *E, A*] detto di liquidi, sgorgare producendo uno zampillo: *il sangue zampillava dalla ferita*.

zam|píl|lo *s.m.* sottile getto d'acqua o di altro liquido che, per effetto della pressione, sgorga da un'apertura stretta sollevandosi in alto per poi ricadere: *uno — di sangue sgorgò dalla ferita*.

zam|pì|no *s.m.* **1** piccola zampa | (*fig.*) ***mettere lo — in ql.co.***, intromettersi in ql.co., spec. a proprio vantaggio: *qui ci hai messo lo — tu* **2** (*fig.*) segno tipico di una persona: *confessa, qui c'è il tuo —*.

zam|pi|ró|ne *s.m.* spirale fatta di sostanze che, bruciando lentamente, producono un fumo che allontana zanzare e insetti.

zam|pó|gna *s.f.* (*mus.*) strumento a fiato di tradizione pastorale simile alla cornamusa, costituito da un otre di pelle cui sono fissate una o più canne sonore, nel quale il suonatore immette aria attraverso un cannello o con un mantice.

zam|po|gnà|ro *s.m.* [f. *-a*] suonatore di zampogna.

zam|pó|ne *s.m.* (*gastr.*) salume fresco preparato con la carne del maiale tritata in modo grossolano, salata, aromatizzata e insaccata nella cotenna della zampa; si consuma lessato e affettato.

zà|na *s.f.* (*region.*) **1** cesta ovale, larga e poco profonda, fatta di piccole stecche di legno intrecciate | il contenuto di tale cesta: *una — di pere* **2** culla costituita da una cesta che dondola su due sostegni di legno convessi.

zàn|ca *s.f.* (*tecn.*) estremità ricurva di un'asta o di una leva.

zàn|go|la *s.f.* apparecchio per la lavorazione del burro, costituito da un recipiente cilindrico in metallo o legno e da un agitatore che sbatte la crema di latte.

zàn|na *s.f.* **1** ciascuno dei due robusti e lunghi denti che sporgono dalla bocca di alcuni Mammiferi: *le zanne del cinghiale, dell'elefante* **2** (*estens.*) ciascuno dei denti, spec. canini, degli animali carnivori: *le zanne dell'orso* **3** (*estens., scherz. o spreg.*) dente dell'uomo, spec. se di dimensioni superiori alla media | dente di una persona vorace o pericolosa | (*fig.*) **mostrare le zanne a qlcu.**, impaurirlo, minacciarlo.

zan|nà|ta *s.f.* **1** colpo di zanna | (*estens.*) morso **2** il segno lasciato da tale colpo.

zàn|ni *s.m.* (*teat.*) nella commedia dell'arte, la maschera del servo sciocco e maldestro o furbo e imbroglione.

zan|nù|to *agg.* **1** dotato di zanne **2** (*estens., scherz. o spreg.*) di persona con denti di dimensioni fuori dalla norma.

zan|zà|ra *s.f.* insetto con corpo sottile, zampe e antenne lunghe, diffuso spec. nei luoghi umidi; la femmina punge uomo e animali per succhiarne il sangue, provocando un fastidioso prurito e, limitatamente ad alcune specie, trasmettendo gravi malattie | — **anofele**, quella che trasmette la malaria.

zan|za|riè|ra *s.f.* **1** rete a maglie fitte che si applica a finestre e porte per impedire l'ingresso delle zanzare **2** velo leggerissimo che si mette attorno al letto per difendersi dalle zanzare.

zàp|pa *s.f.* attrezzo agricolo di uso manuale, costituito da una lama rettangolare o trapezoidale appena incurvata, fissata perpendicolarmente a un manico di legno; viene utilizzata per fare solchi, rompere le zolle ecc. | (*fig.*) **darsi la — sui piedi**, fare involontariamente ql.co. che danneggia se stessi.

zap|pà|re *v.tr.* lavorare la terra con la zappa | (*fig.*) — **la terra**, fare il contadino per mestiere; (*estens.*) vivere in campagna.

zap|pà|ta *s.f.* **1** colpo dato con la zappa **2** lavoro eseguito con la zappa, gener. in modo rapido e approssimativo.

zap|pa|tèr|ra *s.m.invar.* **1** chi zappa la terra | (*estens.*) contadino **2** (*fig., spreg.*) persona dai modi rozzi e ignoranti.

zap|pa|tó|re *s.m.* [f. *-trice*] chi zappa la terra per mestiere | (*estens.*) contadino.

zap|pa|trì|ce *s.f.* macchina agricola dotata di piccole zappe, simile alla sarchiatrice.

zap|pét|ta *s.f.* piccola zappa con manico corto, usata nei lavori di giardinaggio.

zap|pet|tà|re *v.tr.* [indic.pres. *io zappétto...*] lavorare superficialmente il terreno con la zappa.

zapping *s.m.invar.* (*ingl.*) [pr. *zàpping*] passaggio continuo e veloce da un canale televisivo all'altro fatto con il telecomando.

zar *s.m.invar.* titolo in passato spettava ai sovrani di Bulgaria e Serbia e, fino alla rivoluzione del marzo 1917, all'imperatore di Russia.

zà|ra *s.f.* gioco d'azzardo a tre dadi, diffuso nell'Italia medievale.

za|rè|vic [pr. *zarèvič*] *s.m.invar.* in Russia, fino alla Rivoluzione, titolo del principe ereditario.

za|rì|na *s.f.* **1** titolo un tempo spettante all'imperatrice della Russia e alle sovrane di alcuni paesi slavi **2** moglie dello zar.

za|rì|smo *s.m.* sistema monarchico con a capo lo zar.

za|rì|sta *agg.* [m.pl. *-i*] **1** dello zar, dell'epoca degli zar **2** che sostiene lo zar ♦ *s.m./f.* fautore o sostenitore dello zar.

zàt|te|ra *s.f.* (*mar.*) **1** galleggiante piatto costituito da tronchi di albero legati assieme, usato come imbarcazione da popoli primitivi o in caso di necessità **2** barcone a fondo piatto, usato per effettuare lavori in acqua, come traghetto o deposito di merci.

zat|te|ró|ne *s.m. spec.pl.* calzatura estiva femminile con alta suola gener. di sughero.

za|vòr|ra *s.f.* nelle navi, l'insieme dei pesi che si mettono nella stiva per assicurare la stabilità **2** negli aerostati, l'insieme dei sacchetti di sabbia o di altro materiale che servono a equilibrare la differenza tra carico e forza ascensionale: *caricare, gettare la* — **3** (*fig., spreg.*) cosa ingombrante, senza alcun valore | persona incapace, priva di qualità intellettuali o morali.

za|vor|ra|mén|to *s.m.* operazione di zavorrare navi o aerostati.

za|vor|rà|re *v.tr.* [indic.pres. *io zavòrro...*] caricare di zavorra navi o aerostati.

zàz|ze|ra *s.f.* **1** capigliatura, spec. maschile, particolarmente folta o lunga quasi fino alle spalle **2** (*estens., scherz. o spreg.*) capigliatura lunga e in disordine: *tagliarsi la* —.

zaz|ze|rù|to *agg., s.m.* (*scherz. o spreg.*) che, chi porta i capelli lunghi e in disordine.

zè|bra *s.f.* **1** mammifero africano simile al cavallo, diffuso nella savana e caratterizzato dal mantello bianco a strisce nere: *un branco di zebre* **2** (*pl., pop.*) nella segnaletica stradale, strisce pedonali.

ze|brà|to *agg.* striato a strisce bianche e nere, come il mantello della zebra.

ze|bra|tù|ra *s.f.* **1** il disegno a fondo bianco e striature nere del mantello delle zebre **2** disegno a strisce chiare e scure | — **stradale**, serie di strisce bianche tracciate su una strada per indicare l'attraversamento dei pedoni; strisce pedonali.

ze|bù *s.m.* mammifero ruminante di medie dimensioni, simile al bue, con caratteristica gobba adiposa sul dorso; è diffuso nei paesi asiatici e africani dove viene allevato spec. come bestia da soma, da tiro e da macello.

zèc|ca¹ *s.f.* officina statale nella quale vengono coniate le monete metalliche a corso legale, medaglie, sigilli e sim. | (*fig.*) **nuovo di —**, si dice di cosa che è stata acquistata da poco o di idea originale: *una macchina nuova di* —.

zèc|ca² *s.f.* piccolo acaro di forma ovale e schiacciata con otto zampe e dorso rivestito da un tegumento duro; è parassita cutaneo di uo-

mo e animali, ai quali succhia il sangue e può trasmettere malattie infettive.
zec|chi|nét|ta *s.f.* gioco d'azzardo con le carte.
zec|chi|no *s.m.* ducato d'oro in uso a Venezia nel XVI sec. | (*estens.*) qualsiasi moneta d'oro di pari valore.
ze|fir o **zéphyr** *s.m.invar.* tessuto di cotone partic. leggero, a piccoli quadretti o a righe.
zè|fi|ro o **zèffiro** *s.m.* (*lett.*) mite vento primaverile che soffia da ponente | (*estens.*) qualunque vento leggero; brezza.
ze|làn|te *agg.* **1** che dimostra zelo per ql.co. | che sostiene in maniera coerente e appassionata una causa, un'idea: *uno — difensore della democrazia* **2** che svolge con particolare cura il compito assegnatogli: *un professore, uno scolaro —* | (*spreg. o iron.*) che svolge un compito con eccessivo zelo; pignolo □ **zelantemente** *avv.*
ze|la|tó|re *s.m.* [f. -trice] (*relig.*) chi, all'interno di associazioni cattoliche, si dedica alla diffusione di una determinata devozione e alla raccolta di fondi per iniziative promosse da una chiesa.
zè|lo *s.m.* **1** impegno diligente e assiduo dimostrato nello svolgimento di una mansione o nel perseguimento di una causa: *applicarsi con — allo studio* | (*iron.*) impegno esagerato e ostentato: *quanto —!* **2** fervore, entusiasmo rivelato nel perseguimento di un'idea o di una causa: *— religioso, politico.*
zèn *s.m.* setta religiosa buddhista, originaria della Cina e successivamente diffusasi in Giappone, che mira a cogliere l'unità dell'essere presente in ogni cosa attraverso la meditazione e la pratica contemplativa ♦ *agg.invar.* relativo allo zen: *arte, letteratura —.*
ze|ni|smo *s.m.* corrente religiosa, culturale o artistica che si ispira allo zen.
zè|nit *s.m.invar.* (*astr.*) punto della sfera celeste perpendicolare al luogo in cui si trova l'osservatore.
ze|ni|tà|le *agg.* (*astr.*) relativo allo zenit | *stella —*, posta allo zenit di un determinato punto.
zèn|ze|ro *s.m.* pianta erbacea aromatica, originaria delle zone tropicali asiatiche, dal cui rizoma si ottiene una droga piccante | la droga che si ricava da tale pianta.
ze|o|li|te *s.f.* (*min.*) ciascuno dei minerali appartenenti al gruppo dei silicati idrati di alluminio e di altri metalli alcalini o alcalino-terrosi, caratterizzato dal fatto che la struttura cristallina può perdere e assorbire acqua senza subire deformazioni; è impiegato nell'industria chimica come catalizzatore e trova applicazione in vari altri ambiti.
zéphyr (*fr.*) [pr. *zéfir*] *s.m.invar.* → **zefir**.
zép|pa *s.f.* **1** cuneo di legno o di altro materiale, usato per chiudere fessure o come rialzo per mobili traballanti | (*fig.*) soluzione improvvisata, rimedio provvisorio: *mettiamo una — a questa situazione difficile* **2** rialzo di sughero o legno utilizzato sotto calzature spec. da donna **3** in tipografia, listello di piombo usato in una composizione per riempire uno spazio vuoto **4** (*fig.*)

frase o parola usata come riempitivo in un verso di poesia o in brano di prosa **5** gioco enigmistico consistente nel cambiare una parola in un'altra, inserendovi una lettera o una sillaba.
zèp|pe|lin *s.m.invar.* dirigibile rigido di grandi dimensioni, usato durante la prima guerra mondiale nei bombardamenti e successivamente impiegato nel trasporto passeggeri.
zép|po *agg.* (*anche fig.*) eccessivamente pieno, gremito; ricolmo: *armadio — di abiti.*
zép|po|la *s.f.spec.pl.* frittella o ciambella dolce, tipica di alcune regioni dell'Italia meridionale, dove viene preparata per le feste di Carnevale o di san Giuseppe.
zer|bi|no *s.m.* piccolo tappeto, gener. di forma rettangolare e piuttosto spesso, che si mette davanti alle porte d'ingresso per pulire le scarpe.
zer|bi|nòt|to *s.m.* (*spreg.*) giovane che ostenta eleganza ed eccessiva galanteria; damerino.
zè|ro *s.m.* [pl. -i] **1** numero cardinale che nella sequenza dei numeri naturali non è successivo di alcun numero (*simb.* 0); indica la mancanza di ogni unità ed equivale a una classe priva di elementi: *tre più — fa tre; cinque meno — fa cinque* | collocato a destra di un qualunque numero, ne moltiplica il valore per dieci, collocato a sinistra e separato da virgola, ne indica la frazione decimale **2** assenza di quantità | (*estens.*) assenza totale di valore, grandezza nulla: *essere corrispondente a —* | *sparare a —*, sparare tenendo l'arma in posizione orizzontale; (*fig.*) polemizzare contro qlcu. in modo eccessivo o violento | *cominciare da —*, dall'inizio, dal nulla | *contare —*, non avere nessun valore | *tagliare i capelli a —*, rasarli completamente **3** (*fig.*) individuo di nessuna importanza; nullità: *nell'azienda è considerato uno —* **4** negli strumenti di misura, inizio della scala graduata: *l'ago della bilancia è a —* | stato iniziale di una grandezza variabile: *la velocità della macchina può passare da — a duecento km all'ora* **5** (*fis.*) nei termometri centigradi Celsius e Réaumur, grado corrispondente alla temperatura del ghiaccio fondente | *andare, essere sotto lo —*, a temperature inferiori agli zero gradi | (*fis.*) *— assoluto*, la più bassa temperatura possibile che indica totale assenza di energia interna, corrispondente nella scala centigrada a 273,15 gradi sotto lo zero **6** nelle votazioni scolastiche, il voto più basso: *ha preso — in latino* **7** nelle competizioni sportive, punteggio nullo: *hanno vinto tre a — 8* (*biol., med.*) *gruppo —*, gruppo sanguigno che non presenta gli antigeni A e B ♦ *agg.num. card.invar.* rappresenta una quantità numerica nulla: *ha totalizzato — punti* | *ora —*, mezzanotte o il momento iniziale di un'attività.
zè|ro zè|ro sèt|te o **007** *loc.sost.m.invar.* **1** agente di un servizio segreto cui vengono affidate operazioni partic. complesse e rischiose **2** (*estens., scherz.*) ispettore o investigatore.
zè|ta *s.f.m.inv.ar.* nome della lettera *z*.
zèug|ma *s.m.* [pl. -i] figura retorica che consiste nel collegare due o più parole o enunciati con un termine pertinente soltanto per uno di essi

(p.e. nel verso dantesco, *parlare e lacrimar vedrai insieme*, *vedrai* si adatta soltanto a *lacrimar*, non a *parlare*), oppure nella concordanza di un verbo singolare a due soggetti, di cui uno plurale (p.e. *tu sarai felice e i tuoi genitori anche di più*, dove *sarai* ha per soggetto anche *i tuoi genitori*).

zi|a *s.f.* sorella del padre o della madre rispetto ai figli di questi | moglie dello zio.

zi|bal|dó|ne *s.m.* **1** insieme confuso di persone o cose differenti **2** quaderno in cui vengono annotati senza un ordine prestabilito appunti, riflessioni, avvenimenti: *lo "Zibaldone" di Leopardi* | (*estens.*, *spreg.*) discorso o scritto formato da una successione disordinata di temi e pensieri.

zi|bel|li|no *s.m.* mammifero carnivoro siberiano con corpo piccolo, snello e allungato, pelliccia morbida molto pregiata di colore scuro, zampe corte.

zi|bét|to *s.m.* **1** mammifero carnivoro africano, notturno, dal pelo grigio a chiazze, muso aguzzo, le cui ghiandole perineali secernono una sostanza dal forte odore di muschio **2** la sostanza prodotta dalle ghiandole di tale animale e largamente impiegata in profumeria.

zi|bìb|bo *s.m.* **1** vitigno di tipo moscato che produce uva ad acini grossi e allungati, di sapore molto dolce **2** l'uva e il vino che si ricava da tale vitigno.

zi|gà|no o **tzigàno** *s.m.* [f. -*a*] **1** zingaro, spec. delle regioni danubiane **2** (*estens.*) suonatore ambulante, gener. di violino ♦ *agg.* che è tipico degli zigani: *violino —*.

zig|gu|ràt *s.m./f.invar.* (*archeol.*) nell'antica Mesopotamia, costruzione religiosa costituita da più terrazze sovrapposte di dimensioni decrescenti, sulla cui cima sorgeva un tempio.

zi|go|dàt|ti|lo *agg.* (*zool.*) detto del piede di alcuni uccelli con due dita rivolte all'indietro e due in avanti.

Zi|go|fil|là|ce|e *s.f.pl.* famiglia di piante dicotiledoni prevalentemente erbacee e arbustacee, molto diffuse nelle zone tropicali e in quelle temperato-calde.

zi|gò|lo *s.m.* uccello simile al passero, con piumaggio vivacemente colorato, coda lunga e forcuta, piccolo becco conico.

zi|go|mà|ti|co *agg.* [m.pl. -*ci*] dello zigomo, relativo allo zigomo: *osso —*.

zì|go|mo *s.m.* [pl. -*i*] (*anat.*) ciascuna delle due sporgenze ossee del viso, al di sotto delle orbite: *zigomi sporgenti*.

zi|gò|si *s.f.* (*biol.*) forma di riproduzione sessuale in cui l'unione del gamete maschile e del gamete femminile porta alla formazione dello zigote.

zi|gò|te o **zigòto** *s.m.* (*biol.*) cellula diploide che deriva dall'unione del gamete maschile con quello femminile.

zi|gri|nà|re *v.tr.* **1** conciare pelli o trattare tessuti in modo da renderli granulosi e ruvidi come lo zigrino: *tessuti zigrinati* **2** stampare o incidere una serie fittissima di tratteggi su carta, metalli o legno: *— il bordo di una moneta*.

zi|grì|no *s.m.* **1** la pelle dello squalo o della razza che per la sua ruvidezza e resistenza si usa per levigare materiali duri **2** pelle di cavallo, asino o mulo che, opportunamente conciata, acquisisce consistenza ruvida e granulosa; si usa in pelletteria.

zig|zàg o **zig zag** *s.m.invar.* **1** movimento o linea che procede con ripetuti cambi di direzione secondo angoli alternati: *lo — di un percorso* | *a —*, con continui cambi di direzione: *camminare a —*.

zig|za|gà|re *v.intr.* [indic.pres. *io zigzago*, *tu zigzaghi*...; aus. A] procedere a zig zag.

zi|màr|ra *s.f.* **1** lunga veste di origine spagnola portata un tempo come soprabito dalle persone di riguardo **2** vestaglia **3** (*scherz.*) cappotto trasandato e troppo lungo.

zi|mà|si *s.f.* (*chim.*, *biol.*) complesso degli enzimi che agiscono nella fermentazione alcolica.

zim|bèl|lo *s.m.* **1** uccello vivo che veniva legato a un filo e utilizzato per attirare e catturare altri uccelli **2** (*fig.*) chi, in un gruppo o in un contesto, diventa oggetto di scherno generale, di burla.

zi|mì|no *s.m.* salsa usata per condire piatti di pesce, a base di spinaci, prezzemolo, aglio, cipolla, vino bianco e altre verdure | pietanza condita con questa salsa.

zi|mo|lo|gì|a *s.f.* (*biol.*) scienza che ha come oggetto di studio gli enzimi.

zin|cà|re *v.tr.* [indic.pres. *io zinco*, *tu zinchi*...] ricoprire un oggetto o una superficie metallica con uno strato di zinco antiruggine mediante immersione o elettrodeposizione.

zin|ca|tù|ra *s.f.* **1** (*tecn.*) operazione di ricoprire oggetti o superfici metallici con uno strato di zinco a scopo protettivo **2** rivestimento di zinco.

zìn|co *s.m.* elemento chimico, metallo di colore bianco-azzurro, malleabile, presente in natura nei suoi minerali (*simb.* Zn); si usa come rivestimento protettivo di altri metalli e nella preparazione delle leghe del rame e spec. dell'ottone.

zin|co|gra|fì|a *s.f.* procedimento chimico tramite il quale da fotografie e disegni si ricavano matrici per la stampa incise su lastre di zinco.

zin|co|grà|fi|co *agg.* [m.pl. -*ci*] **1** che riguarda la zincografia: *procedimento —* **2** ottenuto mediante la zincografia.

zin|cò|gra|fo *s.m.* [f. -*a*] tecnico addetto alle lavorazioni di zincografia.

zin|co|ti|pì|a *s.f.* **1** zincografia **2** laboratorio in cui si preparano fotoincisioni su zinco **3** copia di stampa ottenuta dalla lastra di zinco dopo il processo di inchiostratura.

zin|co|ti|pì|sta *s.m.* chi è addetto alle lavorazioni di zincotipia.

zin|ga|rà|ta *s.f.* azione tipica degli zingari | scherzo fra amici.

zin|ga|ré|sco *agg.* [m.pl. -*schi*] di, da zingaro: *tradizione zingaresca* ♦ *s.m.* lingua in uso presso gli zingari.

zìn|ga|ro *s.m.* [f. -*a*] **1** membro di una popola-

zione di origine indiana irradiatasi sin dal X sec. in Europa, nel Medio Oriente e nell'Africa settentrionale, i cui gruppi conservano la tradizionale struttura matrilineare e conducono perlopiù vita nomade **2** (*fig., spreg.*) persona dall'aspetto trascurato e disordinato | persona incline a spostarsi continuamente da un luogo all'altro: *fare una vita da —*.
zin|nia *s.f.* pianta erbacea coltivata a scopo ornamentale, provvista di foglie lineari e di infiorescenze di vario colore riunite a capolino.
zi|o *s.m.* fratello del padre o della madre rispetto ai figli di questi | marito della zia.
zip[1] *s.m./f.invar.* chiusura lampo.
zip[2] (*ingl., inform.*) *s.m./f.invar.* **1** nome del più diffuso formato di compressione dei dati informatici **2** estensione assegnata a file che vengono compressi secondo tale formato per mezzo di apposite applicazioni, al fine di ridurre la quantità di kilobyte che impegnano e facilitarne l'invio tramite Internet ♦ *agg.invar.* si dice di file compresso in formato zip: *ti invio tre file —*.
zi|po|lo *s.m.* pezzo di legno con un'estremità lievemente appuntita, usato per chiudere il foro di spillatura della botte.
zip|pa|re *v.tr.* (*inform.*) comprimere i dati di un file mediante apposito programma.
zir|co|ne *s.m.* (*min.*) silicato di zirconio con lucentezza adamantina, presente in natura sotto forma di cristalli prismatici di vari colori e utilizzato come gemma.
zir|co|nio *s.m.* elemento chimico, metallo di colore bianco lucente, d'aspetto simile all'acciaio, duro, poco fusibile (*simb.* Zr); è usato in leghe con ferro, stagno, cromo e nichel, nei reattori nucleari e nelle apparecchiature chimiche.
zir|là|re *v.intr.* [aus. A] detto del tordo, emettere il tipico verso acuto | (*estens.*) detto di cacciatore, imitare il verso del tordo come richiamo.
zir|lo *s.m.* verso breve e acuto del tordo.
zi|ta *s.f.* zito.
zi|tèl|la *s.f.* donna nubile | (*spreg. o scherz.*) donna nubile non più giovane, a cui generalmente si attribuisce un carattere acido e facilmente irritabile.
zi|tel|ló|ne *s.m.* [f. -a] (*scherz.*) uomo scapolo di età matura.
zi|to *s.m. spec.pl.* varietà di pasta alimentare lunga e bucata, con diametro maggiore rispetto a quello dei bucatini.
zit|tì|re *v.tr.* [indic.pres. *io zittisco, tu zittisci...*] indurre qlcu. al silenzio emettendo un sibilo sommesso: *il maestro zittì gli scolari* | togliere la parola a qlcu., farlo tacere: *— qlcu. con una frase pungente* ♦ *intr.* [aus. A] fare silenzio, tacere.
zit|to *agg.* che non parla, che è in silenzio: *restare —* | *far stare — qlcu.*, costringerlo a non parlare, a non protestare o a non divulgare notizie segrete ♦ *inter.* si usa per intimare il silenzio o come minaccia: *—, o non te la farò passare liscia!*
ziz|zà|nia *s.f.* **1** erba delle graminacee che cresce spontanea infestando spec. i campi di grano **2** (*fig.*) discordia, lite: *spargere —*.
zòc|co|la *s.f.* **1** (*pop.*) topo di fogna **2** (*region., volg.*) prostituta.
zòc|co|lo *s.m.* **1** calzatura con suola in legno e tomaia a strisce di cuoio: *portare gli zoccoli* **2** (*zool.*) grossa unghia dura e robusta di cavalli, pecore, buoi ecc. **3** zolla di terra che si distacca dal terreno assieme all'erba o alle radici di una pianta | (*estens.*) strato di neve o di terreno che resta attaccato alla suola delle scarpe **4** (*arch.*) rialzo posto a basamento di diversi tipi di strutture, in materiale vario: *lo — in marmo della statua* **5** (*edil.*) parte inferiore e a volte sporgente dei muri esterni di un edificio | striscia in marmo, legno o altro materiale, posta alla base delle pareti di una stanza con funzione ornamentale o protettiva; battiscopa **6** nelle lampade elettriche, supporto che viene avvitato o innestato nel portalampada **7** (*geol.*) strato rigido sottostante la crosta terrestre | **— continentale**, area che congiunge la piattaforma continentale al fondo dell'oceano.
zo|dia|cà|le *agg.* relativo allo zodiaco: *segno —*.
zo|dì|a|co *s.m.* (*astr.*) zona della sfera celeste limitata da due cerchi paralleli all'eclittica e comprendente le traiettorie apparenti del Sole, della Luna e dei pianeti; è divisa in dodici parti, ciascuna caratterizzata da una costellazione | *costellazioni dello —*, Ariete, Toro, Gemelli, Cancro, Leone, Vergine, Bilancia, Scorpione, Sagittario, Capricorno, Acquario, Pesci **2** in astrologia, l'insieme delle dodici costellazioni o segni.
zoi|dio|fi|li|a *s.f.* (*bot.*) tipo di impollinazione operata da animali.
zoi|dio|fi|lo *agg.* (*bot.*) detto di pianta la cui pollinazione avviene per opera di animali.
zol|fa|nèl|lo *s.m.* **1** fiammifero di legno con capocchia di zolfo o di fosforo la cui accensione avviene per sfregamento: *accendere uno —* **2** stoppino in cotone impregnato di zolfo fuso che viene usato per disinfettare le botti.
zól|fo *s.m.* elemento chimico, non metallo solido di colore giallo, insolubile in acqua, presente in natura allo stato puro o nei suoi composti in solfati e solfuri (*simb.* S); è usato nell'industria chimica per produrre acido solforico, in medicina per la cura della pelle, in agricoltura per fabbricare fertilizzanti e antiparassitari e nella vulcanizzazione della gomma.
zól|la *s.f.* **1** pezzo di terra compatta che l'aratro o un altro strumento solleva durante la lavorazione dal terreno: *— erbosa* | (*estens., solo pl.*) campo, terreno lavorato **2** pezzo compatto di una qualsiasi materia o sostanza **3** (*geol.*) ciascuna delle porzioni rigide di cui è composta la litosfera.
zol|lét|ta *s.f.* porzione di zucchero compresso a forma di cubetto o di parallelepipedo.
zòm|bi *s.m./f.invar.* **1** nei culti magico-religiosi delle Antille, spirito dell'aldilà che si incarna in un cadavere ridandogli vita | (*estens.*) il cadavere rianimato da tale spirito **2** nei film o nella let-

teratura dell'orrore, cadavere rianimato che tenta di assalire le persone per cibarsene; morto vivente **3** (*fig.*) persòna apatica, priva di iniziativa, totalmente incapace di reagire: *vagare come uno —*.

zom|pà|re *v.intr.* [indic.pres. *io zómpo...*; aus. *E, A*] (*region.*) saltare.

zò|na *s.f.* **1** parte delimitata di uno spazio o di una superficie; striscia, fascia: *una — d'ombra in un dipinto; si intravede una — di luce nel cielo* **2** regione, tratto di territorio di una data estensione, caratterizzato da determinate condizioni geografiche, politiche, economiche ecc.: *— boscosa, pianeggiante; — agricola, di pesca; — terremotata, alluvionata* | (*fig.*) — *calda*, regione soggetta a gravi contrasti politici, economici, etnici ecc. | *— depressa*, regione caratterizzata da bassi livelli economici | *— di guerra*, territorio entro cui vige la legge di guerra | (*dir.*) *— franca*, parte del territorio nazionale considerata fuori dai confini doganali | *— sismica*, territorio partic. soggetto a movimenti tellurici | (*geog.*) *— terrestre*, ciascuna delle cinque fasce in cui si divide convenzionalmente la superficie terrestre, delimitate dai tropici e dai circoli polari, che prendono il nome dalle condizioni climatiche (polare o glaciale artica e antartica; temperata boreale e australe; torrida o equatoriale) **3** area urbana destinata a determinati usi: *— commerciale, residenziale* | area delimitata di una città; quartiere: *abitare nella — nuova della città* | *— del silenzio*, quella in cui gli automobilisti non possono usare i segnalatori acustici | *— disco*, quella in cui le auto possono sostare per un tempo limitato, indicato dal disco orario **4** (*sport*) nella pallacanestro, nel calcio e in altri giochi di squadra, tattica di gioco difensivo consistente nel presidiare una determinata area del campo piuttosto che nella marcatura diretta degli avversari | l'area del campo controllata da ciascun giocatore **5** (*telecom.*) sottile nastro di carta su cui viene registrato il testo di un messaggio telegrafico | nastro perforato degli apparecchi telescriventi **6** (*anat.*) struttura o regione delimitata in modo circoscritto: *— occipitale.*

zo|nà|le *agg.* (*bur.*) relativo a una zona.

zo|niz|za|zió|ne *s.f.* ripartizione di città o di area urbana in diverse zone a seconda della funzione ricoperta e della destinazione d'uso.

zón|zo solo nella loc. *andare a —*, andare a spasso senza avere una meta precisa, passeggiare di qua e di là.

zò|o *s.m.invar.* parco recintato in cui vivono e vengono esposti al pubblico animali esotici, selvatici o rari, provenienti da ambienti e zone diverse; giardino zoologico: *visitare lo —*.

zò|o-, -zò|o (*scient.*) primo e secondo elemento di parole composte che significa "animale" o che indica relazione con la vita animale (*zoologia, protozoo*).

zo|o|fi|lì|a *s.f.* **1** sentimento di amore per gli animali **2** (*psicol.*) perversione sessuale che consiste nel provare attrazione per gli animali.

zo|ò|fi|lo *agg., s.m.* [f. *-a*] **1** che, chi ama e protegge gli animali **2** (*psicol.*) che, chi è attratto sessualmente dagli animali.

zo|ò|fo|ro *s.m.* (*arch.*) nello stile ionico, fregio costituito da figure di animali ♦ *agg.* che è decorato con figure di animali: *un capitello —*.

zo|o|ge|nì|co *s.f.* [m.pl. *-ci*] detto di roccia costituita da fossili di animali.

zo|o|ge|o|gra|fì|a *s.f.* settore della geografia che studia la distribuzione delle varie forme di vita animale sulla superficie terrestre e delle cause che ne sono all'origine.

zo|o|lo|gì|a *s.f.* scienza che studia forme, funzioni e comportamenti degli animali e li suddivide in specie sulla base di una classificazione sistematica.

zo|o|lò|gi|co *agg.* [m.pl. *-ci*] della zoologia, che riguarda la zoologia: *scienze zoologiche* | *museo —*, quello che raccoglie e espone animali imbalsamati.

zo|ò|lo|go *s.m.* [f. *-a*; m.pl. *-gi*] esperto di zoologia.

zoom (*ingl.*) [pr. *zum*] *s.m.invar.* tipo di obiettivo fotografico e cinematografico la cui lunghezza focale può variare per ingrandire o ridurre l'inquadratura senza modificare la messa a fuoco dell'immagine.

zo|o|me|trì|a *s.f.* settore della zoologia che studia le dimensioni degli animali ai fini della loro classificazione.

zo|o|mor|fì|smo *s.m.* **1** stile figurativo incentrato sulla rappresentazione di animali **2** tendenza a rappresentare le divinità in forme animali, tipica di molte religioni primitive.

zo|o|mòr|fo *agg.* che rappresenta un animale o che ne ha la forma: *divinità zoomorfa*.

zo|o|nò|si *s.f.* (*med.*) ogni malattia infettiva degli animali | malattia che può essere trasmessa dall'animale all'uomo (p.e. rabbia, carbonchio, tubercolosi).

zo|o|tec|nì|a *s.f.* scienza che studia l'allevamento degli animali utili all'uomo, allo scopo di perfezionare le specie. [specie delle razze.

zo|o|tèc|ni|co *agg.* [m.pl. *-ci*] di zootecnia, che riguarda la zootecnia | *patrimonio —*, il complesso degli animali d'allevamento di una regione ♦ *s.m.* [f. *-a*] esperto di zootecnia.

zo|o|to|mì|a *s.f.* anatomia animale.

zop|pàg|gi|ne *s.f.* (*raro*) zoppia.

zop|pì|a *s.f.* infermità che colpisce un animale rendendolo zoppo | (*med.*) condizione di un individuo zoppo.

zop|pi|càn|te *part.pres.* di zoppicare ♦ *agg.* **1** che zoppica **2** (*fig.*) si dice di persona o di cosa che rivela scarsa padronanza e insicurezza: *studente — in latino; parla un inglese —*.

zop|pi|cà|re *v.intr.* [indic.pres. *io zòppico, tu zòppichi...*; aus. *A*] **1** camminare in maniera irregolare a causa di un'infermità o di un'imperfezione degli arti: *— con la gamba destra* **2** (*estens.*) detto di mobili, essere traballante: *una scrivania che zoppica* **3** (*fig.*) essere insicuro o lacunoso in ql.co.: *— in matematica*.

zop|pi|có|ni *avv.* zoppicando.

zòp|po *agg.* **1** che non riesce a camminare in maniera regolare a causa di un'infermità o di un'imperfezione degli arti: *restare* — **2** (*estens.*) detto di mobile, che ha gambe di lunghezza diversa ed è per questo traballante: *un tavolo* — **3** (*fig.*) imperfetto, difettoso, lacunoso: *discorso* — ♦ *s.m.* [f. -*a*] chi cammina zoppicando.

zo|ril|la *s.f.* mammifero carnivoro africano e asiatico simile a una moffetta, con pelliccia lunga bruna striata o chiazzata di bianco.

zo|ti|càg|gi|ne *s.f.* comportamento o atto da zotico.

zo|ti|chéz|za *s.f.* caratteristica di chi è zotico; rozzezza.

zò|ti|co *agg.* [m.pl. -*ci*] si dice di persona poco colta e rozza: *un uomo* — | grossolano, maleducato: *un atteggiamento* — ♦ *s.m.* [f. -*a*] persona zotica.

zòz|zo *agg. e deriv.* → **sozzo** *e deriv.*

zu|à|vo *s.m.* soldato appartenente a un corpo speciale di fanteria francese, creato in Algeria nel 1830 | (*estens.*) militare di fanteria, equipaggiato in modo analogo agli zuavi francesi ♦ *agg.* degli zuavi | *pantaloni alla zuava*, pantaloni molto ampi terminanti sotto il ginocchio e trattenuti da una fascia.

zùc|ca *s.f.* **1** pianta erbacea annua rampicante con grosse foglie pelose, fiori commestibili gialli a campana, frutti commestibili di diverse forme e dimensioni | (*estens.*) il frutto commestibile di tale pianta **2** (*scherz.*) la testa umana: *battere la* — *contro un palo* | *non avere sale in* —, non avere giudizio, essere privo di buon senso | *essere una* —, essere sciocco, ottuso, tardo a capire.

zuc|cà|ta *s.f.* (*scherz.*) colpo dato con la testa: *dare una* — *contro il muro*.

zuc|che|ràg|gio *s.m.* in enologia, pratica consistente nell'aggiungere zucchero al mosto al fine di incrementare la gradazione alcolica.

zuc|che|rà|re *v.tr.* [indic.pres. *io zùcchero...*] addolcire cibi o bevande con lo zucchero.

zuc|che|rà|to *part.pass.* di zuccherare ♦ *agg.* **1** addolcito con zucchero: *tè* — **2** (*fig.*) sdolcinato, mellifluo, zuccheroso: *frasi zuccherate*.

zuc|che|riè|ra *s.f.* recipiente per contenere lo zucchero.

zuc|che|riè|re *s.m.* **1** industriale del settore della produzione dello zucchero **2** operaio che lavora in uno zuccherificio.

zuc|che|riè|ro *agg.* che concerne lo zucchero e la sua produzione.

zuc|che|ri|fi|cio *s.m.* stabilimento in cui si produce lo zucchero.

zuc|che|ri|no *agg.* **1** che contiene molto zucchero **2** particolarmente dolce: *pesca zuccherina* ♦ *s.m.* **1** confetto o dolcino di zucchero **2** (*fig.*) contentino dato a qlcu. per fargli accettare una cosa spiacevole.

zùc|che|ro *s.m.* **1** (*chim.*) composto della classe dei carboidrati o glucidi | — *di latte*, lattosio | — *di frutta*, fruttosio **2** saccarosio che si ottiene dalla barbabietola o dalla canna da zucchero, usato per dolcificare cibi e bevande; è una sostanza dolce e cristallina di colore bianco: — *grezzo, semolato* | — *a velo*, zucchero polverizzato impiegato spec. in pasticceria |*— caramellato*, caramello **3** (*estens.*) cibo o bevanda dolce o esageratamente dolce: *questa pera è uno* — **4** (*fig.*) persona amabile, dolce e mite.

zuc|che|ró|so *agg.* **1** che contiene una grande quantità di zucchero | molto dolce **2** (*fig.*) stucchevole, sdolcinato: *un tipo* —.

zuc|chét|to *s.m.* berretto a forma di calotta, indossato dagli ecclesiastici | berretto della stessa forma indossato dagli ebrei osservanti | (*estens.*) qualsiasi berretto di forma analoga.

zuc|chì|na *s.f.* o **zucchino** *s.m.* varietà di zucca a fiori gialli, che produce piccoli frutti oblunghi con buccia verde scuro dal sapore delicato | il frutto di tale pianta che si consuma immaturo: *zucchine trifolate*.

zuc|co|nàg|gi|ne *s.f.* caratteristica di chi è zuccone.

zuc|có|ne *s.m.* [f. -*a*] **1** (*pop.*) testa umana partic. grande e grossa **2** (*fam.*) persona ottusa, poco intelligente: *essere uno* — ♦ *agg.* ottuso, poco intelligente.

zuc|còt|to *s.m.* dolce semifreddo a forma di calotta, preparato con panna, canditi e cioccolato.

zùf|fa *s.f.* **1** combattimento breve ma violento | battaglia, mischia **2** litigio violento, rissa.

zu|fo|là|re *v.intr.* [indic.pres. *io zùfolo...*; aus. *A*] suonare lo zufolo | emettere suoni che somigliano a quelli di uno zufolo ♦ *intr./tr.* fischiettare tenendo le labbra chiuse: — *un motivetto*.

zù|fo|lo *s.m.* **1** strumento a fiato di tradizione popolare, costituito da un cilindro cavo di canna con un taglio trasversale all'imboccatura e alcuni fori **2** (*estens.*) fischietto.

zù|lu o **zu|lù** *s.m./f.invar.* **1** chi appartiene a una tribù di lingua bantu stanziata in Sudafrica, nel Natal **2** (*fig., spreg.*) *s.m./f.* persona incivile e ignorante ♦ *agg.invar.* relativo agli zulu.

zum *inter.* (*onom.*) imita il suono di alcuni strumenti a percussione, spec. piatti o grancassa.

zu|mà|re *v.tr., intr.* [aus. dell'intr. *A*] (*cine.*) effettuare una ripresa con lo zoom, portando velocemente in primo piano il soggetto e allontanandolo in modo altrettanto veloce: — *sul viso, su un particolare*.

zu|mà|ta *s.f.* ripresa cinematografica fatta con lo zoom.

zùp|pa *s.f.* **1** minestra in brodo a base di carne, pesce, verdure o legumi, che gener. si accompagna a fette di pane **2** (*fig.*) confusione di cose eterogenee, pasticcio.

zup|piè|ra *s.f.* grosso recipiente con coperchio, usato per servire in tavola zuppe e minestre.

zùp|po *agg.* fradicio, inzuppato d'acqua: *è tutto* — *di pioggia*.

zuz|zu|rel|ló|ne *s.m.* [f. -*a*] (*region.*) adulto che ama giocare e scherzare come un bambino.

zzz *inter.* (*onom.*) imita il ronzio di un insetto | imita il rumore di chi russa leggermente | imita il rumore di una sega.

APPENDICI

Grammatica della lingua italiana   1417
Curriculum vitae   1481
Sigle, acronimi e abbreviazioni   1485

Grammatica della lingua italiana

1 • LE PAROLE
La sillaba
La sillabazione
L'ortografia
L'accento
L'apostrofo
L'uso delle maiuscole
La struttura delle parole
La formazione delle parole
L'alterazione

2 • LA FRASE
Elementi della proposizione
Proposizione e periodo
Coordinazione e subordinazione
L'interpunzione
Periodo ipotetico

3 • LA CONCORDANZA
Aggettivo e nome
Verbo e soggetto
Participio passato e soggetto

4 • IL NOME
Nomi propri, nomi comuni, nomi collettivi
La formazione del femminile
La formazione del plurale

5 • L'ARTICOLO
Le forme
Usi particolari
Le preposizioni articolate

6 • L'AGGETTIVO
Aggettivi qualificativi
I gradi dell'aggettivo qualificativo
Aggettivi possessivi
Aggettivi dimostrativi
Aggettivi indefiniti
Aggettivi interrogativi ed esclamativi
Aggettivi numerali

7 • IL PRONOME
Pronomi personali
Pronomi possessivi
Pronomi dimostrativi
Pronomi indefiniti
Pronomi relativi
Pronomi interrogativi

8 • IL VERBO
Le coniugazioni
Coniugazioni dei verbi ausiliari
Coniugazioni regolari
Coniugazioni irregolari
Verbi predicativi e verbi copulativi
Verbi transitivi e verbi intransitivi
Forma attiva e forma passiva
Verbi pronominali
Verbi impersonali
Verbi servili
Verbi fraseologici
Uso dell'indicativo
Uso del congiuntivo
Uso degli altri modi

9 • L'AVVERBIO
Le forme dell'avverbio
I tipi di avverbi
I gradi dell'avverbio

10 • LA PREPOSIZIONE
Preposizioni proprie
Preposizioni improprie

11 • LA CONGIUNZIONE
Congiunzioni coordinative
Congiunzioni subordinative

12 • L'INTERIEZIONE

1 • LE PAROLE

Si definisce **parola** di una lingua ogni gruppo di suoni, o anche un solo suono, a cui in quella lingua corrisponde un significato.

La sillaba

I suoni che costituiscono le parole non si pronunciano uno alla volta, ma per gruppi. A ogni gruppo di suoni corrisponde un'emissione di fiato. Nella parola *ma* abbiamo una sola emissione di fiato; nella parola *mare* ne abbiamo due (*ma-re*); nella parola *marino* tre (*ma-ri-no*); nella parola *marinaio* quattro (*ma-ri-na-io*).
Prende il nome di **sillaba** ogni gruppo di suoni che si articola con una sola emissione di fiato. Perché si abbia una sillaba è assolutamente necessaria la presenza di una vocale, tanto è vero che una sillaba può essere costituita anche da una sola vocale (*o-ce-a-no*). Naturalmente anche un dittongo o un trittongo possono da soli costituire una sillaba (*uo-vo*, *eu-ro-pe-o*, *a-iuo-la*).
Una parola costituita da una sola sillaba si chiama **monosillabo**, una costituita da più sillabe si chiama **polisillabo**, e più precisamente se è di due sillabe **bisillabo**, se di tre **trisillabo**, se di quattro **quadrisillabo**.

Po	*monosillabo*	
Ar-no	*bisillabo*	
Te-ve-re	*trisillabo*	} *polisillabi*
Ta-glia-men-to	*quadrisillabo*	

La sillabazione

La divisione in sillabe delle parole è molto importante nella scrittura perché, nell'andare a capo, le parole possono essere spezzate soltanto mantenendo l'unità della sillaba.
Per andare a capo correttamente, si osservino queste regole:

1) i digrammi e i trigrammi non si dividono mai;
2) i dittonghi e i trittonghi sono ugualmente indivisibili;
3) due suoni vocalici appartengono sempre a sillabe diverse (*pa-u-ra*, *bo-a-to*);
4) una consonante semplice (non doppia) compresa tra due vocali (o due dittonghi) fa sillaba con la vocale (o dittongo) che segue (*e-tà*, *uo-vo*, *a-ria*);
5) una vocale o un dittongo a inizio di parola, seguito da una consonante semplice che è seguita a sua volta da un'altra vocale o dittongo, fa sillaba a sé (*a-mo*, *e-lio*, *ie-ri*);
6) le consonanti doppie appartengono a sillabe diverse (*at-tac-co*, *cas-set-ta*);
7) quando si incontrano due consonanti all'interno di una parola esse appartengono alla stessa sillaba se ci sono parole italiane abbastanza comuni che cominciano con quelle due consonanti (*posta* si divide *po-sta* perché ci sono moltissime parole italiane che cominciano con *st-*; *pepsico* si divide *pe-psi-co* perché esiste *psicologia*, parola abbastanza comune, che comincia per *ps-*). Le due consonanti appartengono invece a sillabe diverse quando non ci sono parole italiane che cominciano con quelle due consonanti o, se ci sono, sono rare (*portare* si divide *por-ta-re* perché non c'è nessuna parola italiana che comincia con *rt-*; *aritmetica* si divide *a-rit-me-ti-ca* perché non c'è nessuna parola italiana abbastanza comune che comincia con *tm-*);
8) la stessa regola precedente vale per l'incontro di tre consonanti (*costruire* si divide *co-stru-i-re* perché ci sono molte parole italiane che cominciano con il gruppo *str-*; *comprare* si divide *com-pra-re* perché non c'è nessuna parola italiana che comincia con *mpr-*);
9) le parole composte si separano nel punto di congiunzione dei due elementi da cui sono formate, anche in contrasto con le regole fin qui definite, quando la giuntura è particolarmente sentita (*sublunare* si dividerà *sub-lu-na-re* e non *su-blu-na-re*, anche se esistono molte parole italiane che iniziano con *bl-*; *subentrare* invece può essere diviso *su-ben-tra-re*);

10) è buona abitudine non andare mai a capo con una sola vocale. Comunque, in caso di dubbio, è preferibile spezzare la parola alla sillaba successiva.

L'ortografia

L'ortografia è la parte della grammatica che stabilisce le regole dello scrivere correttamente in relazione all'uso dei segni grafici e d'interpunzione.

Nelle lingue storiche non c'è mai corrispondenza perfetta tra il sistema dei suoni e il sistema dei segni. Può accadere che un suono possa essere rappresentato da più segni o che un segno rappresenti più suoni. Il suono /k/ viene reso in italiano con il segno *c* davanti ad *a*, *o*, *u*; con il digramma *ch* davanti a *e*, *i*; con il segno *q* quando è seguito dal suono /w/, ma solo in determinate parole (p.e. in *quota* ma non in *cuore*). Così, sono solo ragioni storiche a far sì che, a parità di pronuncia, *coscienza* si scriva col trigramma *sci* mentre *adolescenza* richieda il digramma *sc*. L'ortografia di una lingua si impara solo con la pratica assidua della lettura e della scrittura e facendo molta attenzione al significato. Per evitare errori si tengano presenti le seguenti osservazioni:

- **ho/o, ha/a** Quando i suoni /o/ e /a/ sono forme del verbo *avere* si scrivono con *acca* per distinguerli da *o* congiunzione e *a* preposizione: *Non so se ho più fame o più sete*; *Mario ha una casa a Portofino*;
- **è/e** Anche qui si faccia attenzione a non confondere la voce del verbo *essere*, accentata, dalla congiunzione: *Lucia è carina e intelligente*;
- **qu-/cu + vocale** Un sistema pratico per non sbagliare consiste nell'imparare i nomi *circuito*, *cuoco*, *cuoio*, *cuore*, *scuola*, *taccuino*; gli aggettivi *cospicuo*, *innocuo*, *lacuale*, *perspicuo*, *proficuo*, *promiscuo*, *vacuo*; i verbi *acuire*, *arcuare*, *circuire*, *cuocere*, *evacuare*, *percuotere*, *riscuotere*, *scuotere*. A parte queste parole e derivati, in tutti gli altri casi viene usata la lettera *q*;
- **zia, zie, zio, ziu** Quando la lettera *z* è seguita da *ia*, *ie*, *io*, *iu* non si scrive mai in forma raddoppiata, tranne in poche parole come *carrozziere*, *razziale*, *schiamazzio* ecc., che sono derivate da altre parole in cui la *z* è già doppia (*carrozza*, *razza*, *schiamazzare*);
- **-abile, -ebile, -ibile, -obile, -ubile** Attenzione alla grafia delle parole che terminano con questi suoni. La *b* non è mai doppia, anche se in molte regioni si pronuncia proprio come se lo fosse: *abile*, *flebile*, *agibile*, *mobile*, *volubile*. La *b* resta semplice anche nelle parole che sono derivate da quelle in *-bile*: *abilmente*, *agibilità*, *ammobiliare* ecc.;
- **mb, mp** Nelle parole italiane davanti ai suoni *p* e *b* si usa sempre la lettera *m*, mai la *n*;
- **ci-/ gi-/ sci + e** Le parole che contengono *ci-*, *gi-*, *sci-* davanti alla vocale *e* non sono moltissime; le più comuni sono: *camicie* (plurale di camicia), *cieco*, *cielo*, *coefficiente*, *crociera*, *deficiente*, *efficiente*, *efficienza*, *società*, *socievole*, *specie*, *sufficiente*, *sufficienza*, *superficie*; *effigie*, *igiene*; *cosciente*, *coscienza*, *scientifico*, *scienza*, *usciere*.

Ci sono altri aspetti che concernono l'ortografia e a cui il dizionario non dà risposta o dà risposte molto parziali. Ci riferiamo soprattutto a elementi, per così dire, accessori alla scrittura, come l'accento, l'apostrofo, i segni di interpunzione, oppure a convenzioni come la sillabazione e l'uso delle maiuscole. Questi aspetti non riguardano di fatto la grafia delle singole parole, ma incidono comunque sulla correttezza dell'espressione scritta.

L'accento

L'accento è il rafforzamento della voce nella pronuncia della sillaba di una parola. In tutte le parole con due o più sillabe ce n'è sempre una che porta l'accento. Questo accento è l'accento tonico della parola. La sillaba che porta l'accento tonico si chiama *sillaba tonica*; una sillaba priva di accento è una *sillaba atona*.

Polisillabi

Le parole composte di due o più sillabe si dicono *tronche* se l'accento cade sull'ultima sillaba, *piane* se cade sulla penultima, *sdrucciole* se cade sulla terzultima, *bisdrucciole* se cade sulla quartultima.

Tutti i polisillabi hanno dunque un accento tonico, ma nell'ortografia dell'italiano esso viene marcato obbligatoriamente solo sulle parole tronche. È questo l'accento grafico, che può essere *grave* [`], *acuto* [´] o, oggi poco usato, *circonflesso* [^].
L'accento grave si sovrappone ad *a*, *i*, *u*, *e* aperta, *o* aperta; l'accento acuto a *e* chiusa, *o* chiusa; l'accento circonflesso può essere impiegato solo su *i* finale di parola quando risulta dalla fusione di *-ii* (p.e. *principî*, da *principii*, *dissidî*, da *dissidii* ecc.).

Monosillabi

Le parole monosillabe possono essere pronunciate nella frase con un accento loro proprio (come *re*, *fu*) oppure possono non avere un accento loro proprio e poggiare sull'accento tonico della parola che segue o che precede. I monosillabi del primo tipo sono monosillabi forti, quelli del secondo tipo monosillabi deboli. Nell'ortografia dell'italiano, però, l'accento grafico si segna solo su taluni monosillabi, non perché siano forti o deboli, ma solo perché altrimenti si confonderebbero con altri monosillabi che hanno la stessa grafia. Infatti *re* si scrive senza accento pur essendo un monosillabo forte. *Là* è un monosillabo forte, ma si scrive con l'accento perché altrimenti si confonderebbe con *la* articolo. E così per *dì* "giorno" e *di* preposizione, *dà* voce del verbo *dare* e *da* preposizione, *è* voce del verbo *essere* ed *e* congiunzione ecc.
Vi sono poi altri monosillabi come *ciò*, *già*, *giù*, *più*, *può* che si scrivono con l'accento solo per evitare che possano essere letti /'tʃio/, /'dʒia/, /'dʒiu/, /'piu/, /'puo/ invece di /tʃɔ/, /dʒa/, /dʒu/, /pju/, /pwɔ/. A loro volta *qui* e *qua* si scrivono senza accento perché sarebbe impossibile leggerli /'kui/, /'kua/: infatti, se si pronunciassero in questo modo, si scriverebbero *cui* e *cua*.

Monosillabi accentati		Monosillabi non accentati	
dà	voce del verbo dare	*da*	preposizione
dì	giorno	*di*	preposizione
è	voce del verbo essere	*e*	congiunzione
là	avverbio	*la*	articolo
lì	avverbio	*li*	pronome
né	congiunzione	*ne*	pronome
sé	pronome	*se*	congiunzione
sì	affermazione	*si*	pronome
tè	bevanda	*te*	pronome

L'apostrofo

L'apostrofo è il segno ['] che indica l'elisione di una vocale o il troncamento di una sillaba.
L'**elisione** è il fenomeno per cui si verifica la caduta di una vocale atona in fine di parola davanti alla vocale iniziale della parola successiva.
Quando nella frase si incontrano due vocali alla fine e all'inizio di due parole successive l'elisione in certi casi è obbligatoria, in altri è facoltativa, in altri invece non è consentita. P.e., *di* si elide sempre (*muro d'orto*, *pene d'amore*), *da* in genere no (*agire da ingenuo*, *comportarsi da amico*; si elide solo in locuzioni come *fin d'ora*, *d'allora in poi*, *d'altronde* ecc.); *senza* si elide obbligatoriamente in *senz'altro*, ma non altrettanto in *senza aiuto*, *senza invidia* ecc.; *tutto* si elide in determinate locuzioni come *tutt'altro*, *tutt'al più*, *tutt'e due*, ma non negli altri casi (*tutto asciutto*, *tutto incluso*); *povero* si elide solo in *pover'uomo*.
Non esiste una regola assoluta nell'uso dell'apostrofo. Però può essere utile sapere che certe parole di norma subiscono l'elisione davanti a vocale. Oltre alla preposizione **di**, di cui abbiamo già detto, si elidono obbligatoriamente:

- gli articoli singolari **lo** e **la** e le preposizioni articolate formate con essi (*allo*, *alla*, *dello*, *della*, *dallo*, *dalla* ecc.): *l'uomo*, *l'alba*, *la vita dell'uomo*, *la luce dell'alba*;
- l'articolo indeterminativo **una**: *un'ape*, *un'oca*;
- **come** e **ci** davanti alle voci del verbo *essere*: *com'eravamo*, *c'era*;
- gli aggettivi **quello**, **bello**, **santo**: *quell'orto*, *bell'uomo*, *sant'Onofrio*.

Non si elidono mai le vocali che sono desinenze del plurale o sono parte di una desinenza verbale.

1 • Le parole

Un fenomeno analogo a quello dell'elisione è il **troncamento**. Esso si verifica quando cade la sillaba o la vocale finale di una parola all'interno della frase. Nella grafia, a differenza di quanto avviene per l'elisione, il troncamento non è evidenziato da alcun segno. Perché una parola possa subire il troncamento sono necessarie di norma alcune condizioni:

- che nella forma piena la sua sillaba finale non sia accentata;
- che la vocale o la sillaba finale (che cadono) siano precedute dai suoni **l**, **r**, **n** (*male/mal, vale/val, andare/andar, cuore/cuori, dottore/dottor, grande/gran, santo/san*), e in poesia anche da **m** (*andiamo/andiam, facciamo/facciam*);
- che sia al singolare;
- che sia al maschile e non al femminile (fanno eccezione *tale* e *quale*, che hanno la forma tronca anche al femminile, e *suor*);
- che la parola successiva non cominci con i suoni *s* impura, *sc(i), gn, pn, ps, x, z*.

Quando il troncamento riguarda l'intera sillaba esso non avviene davanti a parola che comincia per vocale (*frate Anselmo, sant'Antonio, un grand'amore, quell'attore*).
Parole che obbligatoriamente subiscono il troncamento sono:

- **uno** articolo maschile e gli aggettivi maschili **alcuno**, **nessuno**, **ciascuno**: *un cane, un urlo, alcun uomo, nessun bisogno*;
- **buono**, maschile singolare: *buon uomo, buon compleanno*;
- **bello, quello, santo**, m. sing. (davanti a consonante): *un bel colpo, quel posto, san Paolo*;
- i nomi **frate** (davanti a consonante) e **suora** (davanti a vocale e consonante): *fra Giovanni, suor Albina, suor Tarcisia*.

Il troncamento è facoltativo:

- con gli aggettivi **tale** e **quale**, anche al femminile: *tal uomo* e *tale uomo, tal cosa* e *tale cosa, qual età* e *quale età*;
- con l'aggettivo **grande**: *un gran palazzo* e *un grande palazzo*; al femminile è preferibile usare solo la forma piena: *una grande cantante*.

I troncamenti di cui abbiamo finora parlato possono avvenire soltanto all'interno della frase; ossia, una parola può subire il troncamento solo quando è seguita da un'altra parola.
Vi sono invece alcune parole che possono esistere nella forma tronca anche in fine di frase. P.e., si può dire: *Se c'è del formaggio, posso mangiarne un poco?* Ma si può anche dire: *Se c'è del formaggio, posso mangiarne un po'?* Un'altra particolarità delle parole di questo tipo è che il troncamento è indicato dal segno dell'apostrofo. Le parole che si comportano in questa maniera sono: **po'**, per *poco*; **di'**, **da'**, **fa'**, **sta'**, **va'** (troncamenti di *dici, dai, fai, stai, vai*, forme dell'imperativo dei verbi *dire, dare, fare, stare, andare*); nell'uso familiare, *be'* per *bene* (*be', cosa c'è?*) e **to'** per *togli* (*to', chi si vede!*).

Non sempre è facile stabilire quando si verifichi elisione e quando troncamento, e di conseguenza quando va usato l'apostrofo e quando no. Facciamo un esempio: *buon anno* si scrive con o senza apostrofo? Cioè: **buon** davanti a un nome maschile che comincia per vocale è una forma tronca, e si scrive senza apostrofo, o è avvenuta un'elisione e allora si scrive con l'apostrofo? Si unisca a *buon* una parola maschile che comincia per consonante, per esempio *Natale*. Si avrà *buon Natale*: dunque esiste la forma tronca del maschile, che si potrà usare perciò anche davanti alle parole maschili che iniziano per vocale (allora si scrive *buon anno*, senza apostrofo). Se invece si hanno dei dubbi su come si scrive *buon'azione* (così o senza apostrofo?), si cerchi una parola femminile che comincia per consonante e si provi se va bene con *buon*. P.e., *buon merenda*: come si vede, non va bene, dunque non esiste una forma femminile tronca *buon*. Ne consegue che in *buon'azione* la caduta della vocale è dovuta a elisione e non a troncamento. È perciò obbligatorio l'uso dell'apostrofo.
Lo stesso si potrebbe ripetere per **un** (come *un* si comportano *alcun, ciascun, nessun*) e per **tal** e **qual**. Per evitare di sbagliare, basta tener conto di queste due regole pratiche: 1) l'articolo *un* si scrive con l'apostrofo solo se è seguito da una parola femminile che comincia per vocale (*un'attrice*, ma *un attore*); 2) le forme *tal* e *qual* rifiutano sempre l'apostrofo (*qual è, tal era*).

L'uso delle maiuscole

Nello scrivere si usano normalmente le lettere minuscole. Le maiuscole si impiegano all'inizio di ogni periodo, cioè quando si comincia a scrivere, dopo un punto fermo o un punto interrogativo o un punto esclamativo quando hanno la stessa funzione del punto fermo. La lettera maiuscola si impiega anche dopo i due punti e le virgolette, quando si riportano le parole di qualcuno. Si scrivono inoltre con l'iniziale maiuscola:

- i nomi propri di persona (nomi di battesimo, cognomi, soprannomi e pseudonimi): *Alberto, Giovanni, Bianchi, Rossi, Gambadilegno, lo Squalo*; e di animali: *Fido, Briciola*;
- i nomi propri di cosa (edifici, monumenti, reliquie ecc.): *il Pantheon, la Scala, la Sindone*;
- i nomi propri geografici o astronomici (nomi di paesi, regioni, città, mari, fiumi, laghi, monti, strade, piazze, pianeti, stelle ecc.): *la Spagna, il Monferrato, Trieste, l'Arno, il Monviso, il monte Fumaiolo, piazza Mazzini* (anche *Piazza Mazzini*), *corso Libertà* (anche *Corso Libertà*), *il pianeta Terra, la stella Vega*;
- i nomi dei punti cardinali quando indicano una regione, un'area geografica: *il Sud dell'Italia; il fascino dell'Oriente*;
- i nomi di enti, istituzioni, società: *l'Ufficio del Registro, la Cassa di Risparmio, la Scuola Media "D. Alighieri"*;
- i titoli di libri, giornali o i nomi di opere d'arte: *La Divina Commedia, La Gazzetta dello Sport, la Pietà di Michelangelo*;
- i nomi di festività: *il Natale, l'Epifania, la Pasqua*;
- i nomi dei secoli o di grandi epoche storiche: *il Trecento, l'Ottocento, il Novecento, l'Umanesimo, il Risorgimento*;
- le lettere che costituiscono una sigla: *ONU* (Organizzazione delle Nazioni Unite), *CISL* (Confederazione Italiana Sindacati Lavoratori), *GB* (Gran Bretagna);
- il nome di *Dio* e della *Madonna* (ma *dio* si scrive con lettera minuscola quando è nome comune: *gli dei pagani, il dio Apollo*). Con il nome dei santi è preferibile *san* minuscolo quando ci si riferisce al santo; *San* maiuscolo quando è il nome di una chiesa o il giorno della festa del santo: *i santi Pietro e Paolo; a Milano visitammo la basilica di Sant'Ambrogio; a San Benedetto la rondine sotto il tetto*;
- i nomi di popoli (anche se oggi è sempre più diffuso l'uso dell'iniziale minuscola, soprattutto per i popoli moderni): *gli Etruschi, i Romani, i Longobardi; gli americani, i francesi, i giapponesi*.

L'uso della maiuscola è obbligatorio nei casi che sono stati elencati. Ma la lettera maiuscola può essere adoperata anche con i nomi comuni di persona, quando ci si riferisce a una persona particolare verso cui si intende esprimere reverenza.
P.e., una persona di fede monarchica scriverà *il Re*, mentre chi è di sentimenti repubblicani preferirà scrivere *il re*, con la minuscola; e così c'è chi preferisce scrivere *il Papa* e chi invece scrive *il papa*. Con i nomi che indicano concetti astratti a cui si attribuisce un particolare valore è preferibile, ma non obbligatorio, usare la maiuscola (*La bilancia è il simbolo della Giustizia; La Legge è uguale per tutti*). Si può adoperare la maiuscola anche con i pronomi personali e con i pronomi e gli aggettivi possessivi quando si riferiscono a Dio, alla Madonna, ai santi o a persone di riguardo (*Padre nostro che sei nei cieli, sia fatta la Tua volontà; Spero di incontrarLa al più presto, intanto La saluto molto distintamente, Suo Tal dei Tali*); ma in questi ultimi casi la tendenza moderna è quella di adoperare la lettera minuscola.

La struttura delle parole

Le parole sono gli elementi fondamentali della lingua. La comunicazione linguistica avviene attraverso la loro combinazione. Tuttavia le parole non sono delle unità indivisibili, nella loro grande maggioranza possono essere scomposte in due o più elementi.
Si definisce **radice** l'elemento presente in una famiglia di parole che contiene il significato base della parola. Se consideriamo la famiglia *amore, amare, amante, amico* la radice è *am-*; se consideriamo *uscio, uscire, uscita, usciere*, la radice è *usc(i)-*.
Prende il nome di **desinenza** la terminazione variabile di una parola.

1 • Le parole

Se consideriamo le seguenti forme del verbo *cantare*: io *canto*, tu *canti*, egli *canta*, noi *cantiamo*, abbiamo sempre la radice *cant-* e di volta in volta la desinenza *-o*, *-i*, *-a*, *-iamo*.
Il **tema** della parola è dato dall'insieme della radice e di qualsiasi altro elemento costitutivo, a esclusione della desinenza.
In *cantante* perciò la radice è *cant-*, il tema *cantant-* (*cant-* + *-ant-*) ed *-e* la desinenza.

La formazione delle parole

Prefisso

Il **prefisso** è un elemento linguistico che, posto davanti a una parola base, concorre alla formazione di una parola (per es. *vice-* in *vicepresidente*, *vicedirettore*, *viceré*).

Suffisso

Il **suffisso** è un elemento linguistico che, fatto seguire a una radice o a un tema, concorre alla formazione di una parola (per es. *-aio* in *giornalaio*, *lattaio*, *macellaio*).

L'alterazione

Consideriamo le seguenti trasformazioni: *libro* → *libretto*, *grande* → *grandicello*, *bianco* → *biancastro*, *lume* → *lumicino*. Nelle parole derivate non risulta modificato il significato fondamentale della parola di partenza. Per effetto di questi suffissi la parola cambia nella sua quantità, nella sua qualità o nel suo modo di essere per chi parla. Le parole così formate prendono nel loro insieme il nome di **alterati** e, a seconda del particolare suffisso impiegato, si distinguono in diminutivi, accrescitivi, peggiorativi-spregiativi e vezzeggiativi.
L'alterazione riguarda fondamentalmente i nomi e gli aggettivi, ma esistono anche dei suffissi che trasformano un verbo in un altro verbo, il cui significato indica il particolare modo in cui si svolge l'azione espressa dal verbo di base, p.e. se in modo attenuato (diminutivo), ripetuto (frequentativo), cattivo (peggiorativo).

Diminutivi

Rispetto alla parola da cui è derivata, quella con suffisso diminutivo esprime un'idea di piccolo, ridotto, limitato (*cappello* → *cappellino*), oppure di piccolo, grazioso, caro (*tesoro* → *tesoruccio*, *solo* → *soletto*).

Accrescitivi

Sono l'opposto dei diminutivi. Contengono un'idea di grande, maggiore del normale o anche di importante, di miglior qualità (*naso* → *nasone*, *professore* → *professorone*).

Peggiorativi-spregiativi

Associano al significato della parole di base un'idea di negatività, peggior qualità, peggiore stato (*libro* → *libraccio*, *giovane* → *giovinastro*).

Vezzeggiativi

La parola modificata con suffisso vezzeggiativo acquista una sfumatura affettiva e insieme di minutezza, piccolezza (*caro* → *caruccio*, *casa* → *casetta*).

PROSPETTO DEI SUFFISSI ALTERATIVI DI NOMI E AGGETTIVI

DIMINUTIVI

-ello	albero → alberello	**-olo**	poesia → poesiola
-erello	fatto → fatterello	**-otto**	passero → passerotto
-etto	foglio → foglietto	**-uccio**	femmina → femminuccia
-icello	vento → venticello	**-uzzo**	pietra → pietruzza
-ino	nastro → nastrino		

ACCRESCITIVI

-acchione	furbo → furbacchione	**-one**	pigro → pigrone

PEGGIORATIVI

-accio	avaro → avaraccio	**-astro**	furbo → furbastro

VEZZEGGIATIVI

-uccio	caldo → calduccio

DIMINUTIVI, PEGGIORATIVI

-iccio	giallo → gialliccio	**-uccio**	avvocato → avvocatuccio
-iciattolo	fiume → fiumiciattolo	**-uzzo**	poesia → poesiuzza
-occio	bello → belloccio	**-ucolo**	maestro → maestrucolo
-ognolo	amaro → amarognolo		

DIMINUTIVI, VEZZEGGIATIVI

-acchiotto	lupo → lupacchiotto	**-icino**	lume → lumicino

PROSPETTO DEI SUFFISSI ALTERATIVI DI VERBI

DIMINUTIVI, FREQUENTATIVI

-(er)ellare	saltare → saltellare	**-ucchiare**	mangiare → mangiucchiare
-ettare	fischiare → fischiettare		

DIMINUTIVI, PEGGIORATIVI

-acchiare	scrivere → scribacchiare	**-icchiare**	cantare → canticchiare

2 • LA FRASE

La frase è un'espressione linguistica dotata di senso compiuto. Una frase è costituita di tante **proposizioni** quanti sono i predicati che contiene al suo interno.
Una frase è *semplice* se costituita di un'unica proposizione, *composta* se costituita di più proposizioni tutte coordinate fra loro, *complessa* se costituita di più proposizioni di cui almeno una in rapporto di subordinazione sintattica.

Elementi della proposizione

Gli elementi essenziali della proposizione sono il **soggetto** e il **predicato**. Il predicato (*verbale* o *nominale*) è ciò che viene affermato a proposito di quell'elemento della proposizione con cui esso si accorda. L'elemento della proposizione con cui il predicato si accorda è il soggetto.
Esistono due tipi di predicato: il *predicato nominale* e il *predicato verbale*.
Il **predicato nominale** è costituito dal verbo *essere* seguito da un aggettivo, da un nome o, meno comunemente, da un pronome, i quali si riferiscono al soggetto della frase:

Il mare	è azzurro.
soggetto	*pred. nominale*
Gino	è un ragazzo.
soggetto	*pred. nominale*

Nel predicato nominale si distingue: 1) la forma del verbo *essere*, che prende il nome di **copula**, cioè "vincolo, legame"; 2) l'aggettivo, il nome o il pronome, che si chiama **parte nominale**:

Il mare	è	azzurro.
soggetto	*copula*	*parte nominale*
Gino	è	un ragazzo.
soggetto	*copula*	*parte nominale*

2 • La frase

La parte nominale del predicato si accorda in genere e numero col soggetto della frase quando essa è costituita da un aggettivo o da un nome a genere differenziato; si accorda solo in numero negli altri casi:

    Le case sono basse.   I palazzi sono alti.
    Paolo è il fioraio.   Paola è la fioraia.
    La betulla è un albero.   Le betulle sono alberi.

Il **predicato verbale** è quello costituito da un verbo predicativo, cioè da un verbo che, da solo o seguito da un complemento oggetto, è in grado di esprimere un senso compiuto:

    Il tempo   passa.
    sogg.   *pred. verb.*
    La signora   è arrivata.
    sogg.   *pred. verb.*

Se il predicato verbale è espresso da un verbo di tempo semplice, esso si accorda nella persona e nel numero col soggetto; se invece è espresso da un verbo formato dall'ausiliare più il participio passato, il participio si accorda col soggetto.

Gli elementi della proposizione che servono di completamento al nucleo soggetto-predicato costituiscono i **complementi**.
Tra i complementi rivestono un rilievo particolare:

- il **complemento oggetto**, l'elemento della proposizione su cui ricade in maniera diretta l'azione espressa dal predicato verbale;
- il **complemento di termine**, l'elemento della proposizione, introdotto dalla preposizione *a*, che indica la persona o la cosa a cui è indirizzata l'azione o a cui si riferisce la condizione espressa dal predicato.

Altri due elementi della proposizione sono l'attributo e l'apposizione:

- l'**attributo** è un aggettivo che esprime una qualità del sostantivo a cui si riferisce e col quale concorda in genere e numero;
- l'**apposizione** è un sostantivo che si unisce a un nome al fine di determinarlo.

Proposizione e periodo

Ogni segmento di frase che contiene un predicato si chiama **proposizione**.
Due o più proposizioni unite tra loro da un legame logico formano il **periodo**.
Nel periodo, secondo la funzione, distinguiamo due tipi di proposizione:

- **principale** o **indipendente**, grammaticalmente e logicamente in grado di reggersi da sola, senza l'aiuto di altre proposizioni;
- **secondaria** o **dipendente** o **subordinata**, non in grado di reggersi da sola, ma dipendente da un'altra proposizione, detta in questo caso **reggente**.

Coordinazione e subordinazione

La **coordinazione** è il legame che unisce, anche grammaticalmente, due o più proposizioni dello stesso valore, principale con principale e secondaria con secondaria, che appartengono però alla stessa specie.
La coordinazione avviene:

- per **asindeto**, cioè senza l'ausilio di congiunzioni coordinanti, ma per mezzo di *virgole, punti e virgola* o *due punti*;
- attraverso congiunzioni **coordinanti**.

La **subordinazione** è il rapporto che lega la proposizione dipendente o subordinata alla reggente. Nelle frasi che contengono un verbo di modo finito (*esplicite*) la subordinazione si ottiene:

- per mezzo delle **congiunzioni subordinanti**;
- per mezzo di **aggettivi**, **pronomi** o **avverbi relativi**;
- per mezzo di **aggettivi**, **pronomi** o **avverbi interrogativi**.

L'interpunzione

L'interpunzione, o **punteggiatura**, è il procedimento con il quale vengono separati, per mezzo di appositi segni, i vari elementi che costituiscono un testo scritto (parole, proposizioni, periodi). Questi segni sono il punto, la virgola, i due punti, il trattino ecc. Fine dell'interpunzione è di rendere evidente la struttura sintattica del testo.
Ecco una descrizione degli usi dei vari segni, anche se le regole della punteggiatura non sono mai rigide.

- Il **punto** [.] È detto anche punto fermo ed è il più importante segno di punteggiatura. Infatti si usa a conclusione di una frase o di un periodo. Si impiega anche nelle abbreviazioni (*sig.*, *sig.ra, dott.* ecc.). Quando la frase si chiude con un'abbreviazione (*Sono metalli: il ferro, il rame, l'argento, l'oro ecc.*), il punto della parola abbreviata fa anche da punto fermo.

- La **virgola** [,] Questo segno indica una pausa breve. Si usa nelle enumerazioni, cioè quando si elencano più elementi senza fare uso della congiunzione *e* (*Milano, Bergamo, Brescia, Como, Pavia sono città della Lombardia*); quando ci si rivolge a qualcuno interpellandolo (*Guarda, Francesco, che bel panorama!*); prima di un'apposizione, cioè di un sostantivo che determina un nome (*Leopardi nacque a Recanati, cittadina delle Marche*); per delimitare un inciso (*Questi comportamenti, come già detto, non mi piacciono*); per separare tra loro alcune proposizioni (*Sebbene sia molto ricco, è di una grande avarizia*).
  La virgola non si usa invece per separare il soggetto dal verbo, tranne che non ci sia un inciso (*Mario, che lo sapeva fare meglio degli altri, cantò* è corretto perché il soggetto e il verbo sono separati da un inciso); per separare il nome dall'aggettivo; più in generale, per separare tutti quegli elementi della frase che dal punto di vista logico sono strettamente connessi fra loro, a meno che non siano separati da un inciso (*Giovanni, tra le altre cose, ama la matematica*; *Le arance maturano, per quanto io ne sappia, in autunno*).

- Il **punto e virgola** [;] È un segno più forte della virgola e meno forte del punto fermo. Si usa soprattutto per separare dei periodi piuttosto complessi, quando lo stacco logico tra essi non è così marcato da richiedere il punto fermo (*Dopo quello che era accaduto nessuno di noi aveva più voglia di scherzare; passarono molti giorni prima che ritrovassimo la consueta allegria*).

- I **due punti** [:] Si usano soprattutto per introdurre il discorso diretto (*Le ho chiesto: "Dove vai in vacanza?"; Ha risposto: "Fatti miei!"*); per introdurre una spiegazione, una precisazione o la conseguenza di ciò che si è detto immediatamente prima (*Cadendo si è fatto male al ginocchio: solo una piccola distorsione*; *Era una bella giornata di sole: decidemmo di fare una gita*).

- Il **punto interrogativo** [?] Si scrive alla fine di una domanda (*Chi è venuto?*).

- Il **punto esclamativo** [!] Contrassegna un'esclamazione o anche un ordine, un'invocazione (*Caspita!*; *Uscite immediatamente di qui!*; *Ti prego, aiutami!*). Talora viene usato insieme al punto interrogativo per esprimere meraviglia, sorpresa (*Che cosa?!*).

- I **puntini di sospensione** [...] Si usano quando non si vuole completare una parola o una frase per ragioni di convenienza o perché sarebbe superfluo, e si ritiene che chi leggerà possa ricostruire facilmente la parola o le parole mancanti (*Chi ben comincia...*, senza concludere *è a metà dell'opera*; oppure *A buon intenditor...*, senza aggiungere *poche parole*; quando per opportunità, incertezza, indecisione si interrompe il discorso o si cambia la frase che si aveva in mente in un primo momento (*Io voglio... cioè, mi piacerebbe che fosse così*).

- Le **virgolette** [" "] Si impiegano sempre in coppia per delimitare il discorso diretto e, più in generale, quando si riporta una parola o una frase, un discorso di un'altra persona o qualcosa che si è letto, usando proprio le stesse parole che sono state dette o scritte (*Brenno, capo dei Galli, ai Romani che protestavano per il saccheggio della città rispose: "Guai ai vinti!"*; *Su tutti i muri della città si poteva leggere "W gli Alpini"*); per mettere in evidenza una o più parole nella frase quando si usano in un significato molto particolare (*Marco "si spazzolò" da solo tutta la cena*, dato che "spazzolare" si usa qui nel significato gergale di "mangiare rapidamente"; *Il castoro è un animale "ingegnere"*, ovviamente non perché sia laureato in ingegneria, ma perché rodendo i tronchi degli alberi li riduce in pezzi di varia grandezza con cui costruisce dighe nei fiumi, facendo così un'opera di ingegneria); con i titoli delle opere (*Renzo e Lucia sono personaggi dei "Promessi Sposi"*).

- Il **trattino** [-] Si usa per delimitare un inciso quando la virgola non costituirebbe uno stacco sufficientemente forte (*Sono proprio io – rispose l'uomo – la persona che state cercando*); con taluni composti, specialmente se la composizione è occasionale (*La Juve prepara la squadra anti-Milan*; *Alla festa erano state invitate tutte le persone-bene della città*); tra due nomi propri quando sono messi in rapporto (*l'autostrada Milano-Torino*); nella stampa si usa come segno per spezzare la parola nell'andare a capo; nella scrittura a mano può usarsi sia il trattino sia il segno =.

- Le **parentesi** [( )] La funzione delle parentesi è quella di delimitare un inciso perché l'inciso contiene un'informazione accessoria, non essenziale alla comprensione della frase: *Giuseppe Garibaldi (1807-1882) è la figura più popolare del nostro Risorgimento*; *Rimini (Forlì) è una famosissima località balneare dell'Adriatico*; quando l'inciso, se non fosse chiuso ben visibilmente tra parentesi, potrebbe far perdere il filo del discorso: *Il gioco del calcio (mi riferisco al gioco che si faceva a Firenze tra due squadre di venticinque giocatori ciascuna, non al calcio di oggi) risale agli inizi del XV secolo*.

Periodo ipotetico

Prende il nome di periodo ipotetico un insieme di due proposizioni strettamente legate fra loro, di cui una (*subordinata*) esprime la condizione da cui dipende o potrebbe dipendere quanto è affermato nell'altra (*reggente*).
Nel periodo ipotetico la proposizione subordinata si chiama **protasi**, la proposizione reggente si chiama **apodosi**.

> Se vuoi (*protasi*), pranziamo insieme (*apodosi*).
> Se fossimo andati (*protasi*), lo avremmo incontrato (*apodosi*).
> È in grado di farlo (*apodosi*), purché lo voglia (*protasi*).
> Volendo (= se vuole, *protasi*), lo può fare (*apodosi*).

Tradizionalmente si classificano tre tipi di periodo ipotetico.
Il primo tipo è quello in cui sia la protasi sia l'apodosi sono al modo indicativo (nell'apodosi è anche possibile un imperativo). È detto della **realtà** perché la protasi è presentata come un fatto reale:

> Se ho fame, mangio.
> Se avrò fame, mangerò.

Il secondo tipo ha l'imperfetto del congiuntivo nella protasi e il condizionale presente nell'apodosi. Poiché l'ipotesi che si fa è espressa come possibile, questo tipo è detto della **possibilità**:

> Se volessi, potrei farlo.
> Se ti decidessi, saresti ancora in tempo.

Il terzo tipo è detto dell'**irrealtà** perché la condizione che esprime riguarda qualcosa che avrebbe dovuto o potuto accadere nel passato, ma che non è accaduto, quindi la conseguenza è una conseguenza irreale. In questo caso la protasi è al congiuntivo trapassato, l'apodosi al condizionale presente o passato:

> Se avessi avuto fame, avrei mangiato.
> Se avessi voluto, avrei potuto.

3 • LA CONCORDANZA

Si intende per concordanza il complesso delle norme che regolano l'accordo delle parole nella frase. Gli elementi su cui si fonda la concordanza delle parole sono il genere (maschile o femminile) e il numero (singolare o plurale); per i verbi di modo finito la concordanza riguarda invece la persona (prima, seconda o terza) e il numero (singolare o plurale).

Aggettivo e nome

L'aggettivo assume lo stesso genere e numero del nome a cui si riferisce. Se si riferisce a più nomi, va sempre al plurale: maschile, se i nomi sono tutti maschili oppure maschili e femminili; femminile, se i nomi sono tutti femminili:

Il vestito e il cappotto grigi
Le calze e il cappotto grigi
La camicia e la cravatta grigie

Verbo e soggetto

I verbi di modo finito si accordano col soggetto nella persona e nel numero. Quando un verbo ha più soggetti l'accordo del verbo con essi avviene come esemplificato di seguito.

Quando uno dei soggetti è di 1ª persona (singolare o plurale), il verbo va sempre alla 1ª plurale:

Tu e io siamo amici.
Né noi né lui partiremo domani.
Né Carla né io studiamo molto.

Quando i soggetti sono di 2ª e 3ª persona (singolare o plurale), il verbo va sempre alla 2ª plurale:

Tu e lui siete cugini?
Voi e il professore siete in classe.

Quando i soggetti sono tutti di 3ª persona (singolare o plurale), il verbo va alla 3ª plurale:

Luca e i suoi cugini non abitano qui.
Militari e ragazzi pagano metà biglietto.

Quando un soggetto singolare è accompagnato da un complemento di compagnia, il verbo va al singolare:

Tu con Lorenzo puoi contare su di noi.

Quando il soggetto è singolare, ma con valore collettivo, è permessa la concordanza a senso:

Un gruppo di ragazzi parlavano ad alta voce.

Participio passato e soggetto

Il participio passato concorre alla formazione dei tempi composti e della coniugazione passiva.

Quando il participio passato segue l'ausiliare *essere*, esso si accorda col soggetto in genere e numero; se i soggetti sono più d'uno le regole dell'accordo sono le stesse di quelle dell'aggettivo quando si riferisce a più nomi:

Franco è partito.   Franco e Maria sono arrivati.
Maria è partita.   Maria e Monica sono arrivate.

Quando il participio passato segue l'ausiliare *avere*, resta di norma invariato, qualunque sia il genere e il numero del soggetto:

Franco ha corso.   Maria ha mangiato la mela.
Le ragazze hanno corso.   I ragazzi hanno mangiato la mela.

Ma se nella frase è presente un complemento oggetto costituito dai pronomi personali atoni *lo, la, li, le*, è obbligatorio l'accordo del participio passato col complemento oggetto:

Nessuno aveva chiamato i ragazzi.   Nessuno aveva chiamato le ragazze.
Nessuno li aveva chiamati.   Nessuno le aveva chiamate.

Con gli altri pronomi personali atoni complemento oggetto (*mi, ti, ci, vi*) il participio può accordarsi col complemento oggetto o restare invariato:

Sono Maria: mi hai chiamata?   Siamo Franco e Maria: ci hai chiamati?
Sono Maria: mi hai chiamato?   Siamo Franco e Maria: ci hai chiamato?

Quando il participio passato è usato da solo, cioè senza ausiliare, si accorda in genere e numero col nome a cui si riferisce, comportandosi di fatto come un aggettivo:

Dato il momento, non è opportuno insistere.
Vista la situazione, è meglio smettere.

4 • IL NOME

Si definiscono **nomi** o **sostantivi** quelle parole che hanno la funzione di designare le persone, gli animali o le cose (oggetti, fatti, avvenimenti, azioni, sentimenti, concetti, idee ecc.).
Alcuni nomi indicano delle entità che si vedono, si toccano, si sentono, cioè esistono materialmente (p.e. *libro*, *ragazzo*, *gatto*, *vento*), altri invece delle cose che si possono concepire solo con la mente (p.e. *fedeltà*, *amore*, *speranza*, *paura*). I primi si chiamano **nomi concreti**, i secondi **nomi astratti**. È questa la prima importante distinzione che è necessario fare a proposito dei nomi.

Nomi propri, nomi comuni, nomi collettivi

I nomi che designano una persona, un animale o una realtà inanimata in maniera specifica, identificando proprio quella persona, animale, cosa e nessun'altra, sono detti **nomi propri**; i nomi che possono designare quella stessa persona, animale o cosa in una maniera che è comune a tutte le persone, animali, cose che appartengono alla stessa specie sono detti **nomi comuni**.
Un nome che indichi un insieme di persone, animali o cose della stessa specie si chiama **nome collettivo** (per esempio: *classe*, *esercito*, *stormo*, *gregge*, *posate*).

La formazione del femminile

La maggioranza dei nomi che designano esseri animati ha una forma per il maschile e una per il femminile (*nomi a genere differenziato*). L'elemento che le distingue è la desinenza. Ma esistono anche molti nomi che hanno una stessa forma sia al maschile sia al femminile (*nomi ambigeneri*). Altri sono di genere grammaticale maschile o femminile, ma designano tanto l'individuo maschio quanto l'individuo femmina (*nomi promiscui*). Per un certo numero di nomi, infine, il passaggio dal maschile al femminile avviene con l'impiego di una parola di altra radice (*nomi indipendenti*).

■ Nomi a genere differenziato

I nomi di questo tipo hanno, come abbiamo già detto, una forma per il maschile e una per il femminile. Si classificano in base alle desinenze.

	maschile		femminile
-o	maestro	**-a**	maestra
	ragazzo		ragazza

Tra i nomi a genere differenziato, quelli in *-o/-a* sono di gran lunga i più numerosi.

-e	cameriere	**-a**	cameriera
	panettiere		panettiera
	padrone		padrona

Questa classe di nomi è sufficientemente numerosa. Tuttavia molti nomi che hanno il maschile in *-e* conservano la stessa forma al femminile (*giovane*, *insegnante*, *sorvegliante* ecc.)

-o/-e/-a	avvocato	**-essa**	avvocatessa
	leone		leonessa
	poeta		poetessa
	gallo	**-ina**	gallina
	eroe		eroina
	Andrea		Andreina

I femminili di persona in *-essa* indicano per lo più nomi di attività, professioni.

-tore	direttore	**-trice**	direttrice
	pittore		pittrice
	salvatore		salvatrice

4 • Il nome

Alcuni nomi maschili in *-tore* hanno il femminile in *-tora*: *tintore/tintora*, *pastore/pastora*, *impostore/impostora*. Altri hanno sia la forma *-trice* sia la forma *-tora* di uso più popolare: *tessitore/tessitrice/tessitora*.

-sore	difensore	-itrice	difenditrice
	persuasore		persuaditrice

Casi particolari

dio	dea	abate	badessa
re	regina	cane	cagna

▪ Nomi ambigeneri

Questi nomi hanno al singolare la forma del maschile identica a quella del femminile:

nomi in **-ante**	cantante
	negoziante
nomi in **-ente**	dirigente
	parente
aggettivi sostantivati	colpevole
	industriale
altri nomi in **-e**	erede
	nomade
	testimone
nomi in **-ista**	artista
	ciclista
nomi col suffissoide **-cida**	omicida
	liberticida
nomi col suffissoide **-iatra**	odontoiatra
	pediatra
altri nomi in **-a**	atleta
	cineasta

▪ Nomi promiscui

Tra i nomi a genere differenziato ve ne sono molti di animali: *gatto/gatta*, *cane/cagna*, *orso/orsa*, *cavallo/cavalla*, *asino/asina* ecc. Il primo nome di ogni coppia designa un individuo maschio, il secondo un individuo femmina. La forma maschile, oltre all'individuo maschio, può anche designare l'animale in generale (*il cane è un animale fedele*).
Per molti altri animali, invece, esiste un unico modo per designare sia l'individuo maschio sia l'individuo femmina. *Volpe* è un nome di genere grammaticale femminile (*la volpe*), ma designa tanto la volpe femmina quanto la volpe maschio; la stessa cosa vale per *talpa*, *pantera*, *rana*, *vespa*, *zanzara* e tanti altri. Allo stesso modo, *grillo* è un nome di genere grammaticale maschile (*il grillo*), ma designa sia il grillo maschio sia il grillo femmina; e così per *falco*, *cigno*, *gufo*, *usignolo*, *sciacallo* e vari altri.
I nomi di animali che hanno una sola forma per indicare sia l'individuo maschio sia l'individuo femmina si chiamano **nomi promiscui**. Con i nomi di questo tipo, se intendiamo specificare il sesso dell'animale, dobbiamo usare delle locuzioni: *la volpe maschio*, *la volpe femmina* oppure *il maschio della volpe*, *la femmina della volpe*.

▪ Nomi indipendenti

Ci sono dei nomi in cui il passaggio dal maschile al femminile comporta l'impiego di una parola che ha radice diversa. P.e., il nome femminile corrispondente al maschile *fratello* è *sorella*; la femmina del *toro* è la *vacca*.

4 · Il nome

I nomi che al femminile hanno una radice diversa da quella del corrispondente nome maschile si dicono **nomi indipendenti**.

Nomi di persona

maschile	femminile
uomo	donna
maschio	femmina
padre	madre
papà, babbo	mamma
fratello	sorella
marito	moglie
genero	nuora
frate	suora

Nomi di animali

maschile	femminile
becco	capra
fuco	ape
maiale, porco	scrofa
montone	pecora
toro	vacca

Falsi femminili

Ci sono dei nomi di cose che differiscono esclusivamente per la desinenza del maschile e del femminile. Non si tratta però di passaggio dal maschile al femminile, ma di nomi di differente significato. P.e.:

un *busto* di marmo	una *busta* da lettera
il *collo* della camicia	attaccare con *la colla*
un *tappo* di sughero	una *tappa* a cronometro
il *fronte* di guerra	un bacio *sulla fronte*

In altre coppie dello stesso tipo abbiamo apparentemente due nomi, ma in realtà si tratta dello stesso nome, una volta in forma grammaticale maschile un'altra in forma grammaticale femminile. A seconda del caso il nome acquista significato diverso:

un *buco* nel muro	una *buca* nel terreno
un film a *lieto fine*	*la fine* del mondo
saltare un *fosso*	scavare *una fossa*

Sono in qualche modo apparentabili ai nomi di questo tipo quelli che al maschile indicano l'albero e al femminile il frutto: *l'arancio/l'arancia*, *il banano/la banana*, *il ciliegio/la ciliegia*, *il melo/la mela*, *il noce/la noce*, *il pero/la pera* ecc.

La formazione del plurale

La grandissima maggioranza dei nomi ha una forma per il **singolare** (quando cioè il nome designa una sola persona, animale o cosa) e una forma per il **plurale** (quando il nome designa due o più persone, animali o cose): *il cacciatore, il cane, la preda; i cacciatori, i cani, le prede*. L'elemento che distingue il singolare dal plurale è la desinenza.
Alcuni nomi hanno invece la forma del plurale identica a quella del singolare: *il re, la gru, la tribù; i re, le gru, le tribù*. Altri hanno una forma per il singolare e due per il plurale: *il braccio, i bracci, le braccia*. Altri, due forme per il singolare e due per il plurale: *orecchio, orecchia, orecchi, orecchie*. Altri sono difettivi, mancano cioè del plurale o del singolare: *gennaio, ossigeno; le ferie, le forbici*.

Nomi in -a

La desinenza *-a* è tipica del femminile, anche se sono abbastanza numerosi i nomi maschili con questa terminazione. La desinenza del plurale dei nomi in *-a* differisce a seconda che il nome sia maschile o femminile.

	singolare		plurale
-a (*m.*)	atleta	**-i**	atleti
	tema		temi
-a (*f.*)	atleta	**-e**	atlete
	rosa		rose

Casi particolari: i nomi femminili *arma* e *ala* hanno i plurali *armi* e *ali*.

	singolare		plurale
-ca (*m.*)	gerarca monarca	-chi	gerarchi monarchi
-ca (*f.*)	barca sacca	-che	barche sacche
-ga (*m.*)	collega transfuga	-ghi	colleghi transfughi
-ga (*f.*)	fuga	-ghe	fughe

Caso particolare: il plurale maschile di *belga* è *belgi*, il plurale femminile è regolarmente *belghe*.

	singolare		plurale
-cia (*f.*)	farmacia scia	-cie	farmacie scie
-gia	bugia nostalgia	-gie	bugie nostalgie
-cia (*f.*)	faccia provincia	-ce	facce province
-gia	frangia pioggia	-ge	frange piogge

Nell'ortografia dell'italiano c'è incertezza sul plurale dei nomi terminanti in -*cia* e -*gia* (in cui le coppie di lettere *ci* e *gi* hanno valore di digramma). In alcuni casi il plurale è obbligatoriamente -*ce* e -*ge*, in altri è obbligatoriamente -*cie* e -*gie*, in altri ancora si può avere sia una forma sia l'altra. Per non sbagliare si può osservare la seguente regola pratica: quando -*cia*, -*gia* sono precedute da una vocale si scriverà al plurale -*cie*, -*gie* (*la micia/le micie, la ciliegia/le ciliegie*); quando sono preceduti da consonante si scriverà invece -*ce*, -*ge* (*la miccia/le micce, la scheggia/le schegge*). Comunque, le grafie -*cie*, -*gie* sono assolutamente obbligatorie solo con i plurali dei seguenti nomi: *acacia, audacia, camicia, ferocia, bambagia*.

Nomi in -o

La desinenza -*o* è tipica dei nomi maschili.

	singolare		plurale
-o	libro muro	-i	libri muri
-io	brusio ronzio	-ii	brusii ronzii
-io	arbitrio principio	-i/-ii/ î	arbitri/-ii/- î principi/-ii/- î

Le uscite del plurale -*ii* e -*î* sono antiquate, per cui normalmente non si usano. Quando la parola con desinenza plurale -*i* si confonde con un'altra (*arbìtri/àrbitri, princìpi/prìncipi*), è bene distinguerla mediante l'accento. Se neppure l'accento è utile a distinguere, si può usare il plurale in -*ii* (*assassini/assassinii*).

	singolare		plurale
-cio	edificio micio	-ci	edifici mici
-gio	pertugio rifugio	-gi	pertugi rifugi
-glio	aglio figlio	-gli	agli figli

4 · Il nome

-co	fico	-chi	fichi
	solco		solchi
	elastico	-ci	elastici
	medico		medici
-go	fungo	-ghi	funghi
	lago		laghi
	asparago	-gi	asparagi
	radiologo		radiologi

Alcuni nomi in -co e in -go hanno il plurale in -chi e -ghi, altri hanno il plurale in -ci e -gi. Purtroppo non esiste una regola che permetta, in questi casi, di prevedere con assoluta sicurezza l'uscita del plurale. Si possono però dare delle indicazioni di massima: per i nomi in -co si può dire che, in generale, quando il nome è piano ha il plurale in -chi (fico/fichi, sbocco/sbocchi), quando è sdrucciolo ha il plurale in -ci (monaco/monaci, ottico/ottici), ma vi sono numerosi nomi che contravvengono a questa classificazione (p.e. porco/porci, greco/greci, carico/carichi, pizzico/pizzichi). Per i nomi in -go l'uscita del plurale è per lo più in -ghi (mago/maghi, spago/spaghi); è invece -gi nei nomi composti col suffissoide -logo (solo se indicano persona: biologo/biologi, musicologo/musicologi; ma catalogo/cataloghi, dialogo/dialoghi) e col suffissoide -fago (esofago/esofagi, sarcofago/sarcofagi). Anche qui con qualche eccezione: p.e. il plurale di asparago è asparagi. C'è ancora da aggiungere che sono molti i nomi in -co e in -go che formano il plurale sia in un modo sia nell'altro. Per tutti questi casi è la pratica della lingua la migliore maestra: e se non basta la pratica, sarà il dizionario a risolvere i dubbi.
Esistono casi particolari:

il centinaio	le centinaia	il paio	le paia
il dio	gli dei	il riso (ridere)	le risa
la eco	gli echi	il tempio	i templi
la mano	le mani	l'uomo	gli uomini
il migliaio	le migliaia	l'uovo	le uova
il miglio	le miglia		

▣ Nomi in -e

I nomi che hanno l'uscita in -e possono essere sia maschili sia femminili.

	singolare		plurale
-e (m.)	cortile	-i	cortili
	mare		mari
-e (f.)	botte	-i	botti
	nave		navi
-cie (f.)	superficie	-ci	superfici
-gie	effigie	-gi	effigi
-glie	moglie	-gli	mogli

Caso particolare: il plurale di la specie è le specie.

▣ Nomi invariabili

I nomi che hanno la forma del plurale identica a quella del singolare possono essere classificati secondo i seguenti tipi:

1) tutti i monosillabi:
   il re   i re
   lo gnu   gli gnu

2) tutti i polisillabi tronchi:
   l'età   le età
   il bigné   i bigné

3) nomi col singolare in -i:
l'analisi   le analisi
la tesi   le tesi

4) nomi femminili in -ie (esclusi -cie, -gie, -glie):
la barbarie   le barbarie
la serie   le serie

5) nomi abbreviati:
l'auto [mobile]   le auto [mobili]
il cinema [tografo] i cinema [tografi]

6) nomi comuni già nomi propri:
la biro   le biro
il sosia   i sosia

7) nomi maschili di animali in -a:
il boa   i boa
il puma   i puma

8) altri nomi maschili in -a:
il vaglia   i vaglia
il cruciverba i cruciverba

9) nomi di origine straniera (che hanno conservato la forma d'origine):
il film   i film
lo sport   gli sport

Nomi con doppio plurale

Un certo numero di nomi maschili in -o ha due forme di plurale, una regolare maschile in -i, una femminile in -a: *il ginocchio, i ginocchi, le ginocchia*; *il calcagno, i calcagni, le calcagna* (la forma *calcagna* si usa solo nelle locuzioni *essere, stare alle calcagna di qualcuno*; *avere qualcuno alle calcagna* ecc.). In questi due casi non c'è comunque differenza di significato tra le due forme del plurale; nei nomi elencati di seguito, invece, alle due forme del plurale corrispondono differenti significati:

il braccio
i bracci di lampadario, croce, o candelabro
le braccia dell'uomo

il budello
le strade lunghe e strette sono *dei budelli*
sentirsi strappare *le budella*

il ciglio
i cigli delle strade, dei burroni
le ciglia dell'occhio

il corno
i corni della luna, dell'incudine
le corna degli animali

il dito
i diti pollici, mignoli ecc. (considerati singolarmente)
le dita della mano (nell'insieme)

il filo
i fili d'erba, di ferro, della luce ecc.
le fila del formaggio fuso, di una congiura, di un partito

il fondamento
i fondamenti del sapere, di una scienza, ecc.
le fondamenta di un edificio

il grido
gridi di animali
grida umane

il labbro
i labbri di una ferita, di un vaso
le labbra della bocca

il lenzuolo
dieci *lenzuoli* di lino (non considerati a coppie)
le lenzuola del letto (una coppia)

il membro
i membri di un'associazione, del parlamento
le membra del corpo umano

il muro
i muri maestri
le mura della città; *le mura* della casa (in senso collettivo)

l'osso
i cani mangiano *gli ossi* (considerati separatamente)
le ossa del corpo (l'ossatura)

l'urlo
urli di animali
urla umane

4 • Il nome

Nomi con doppio singolare e doppio plurale

Alcuni nomi hanno quattro forme, due per il singolare e due per il plurale: *l'orecchio, l'orecchia, gli orecchi, le orecchie; la strofa, la strofe, le strofe, le strofi*. In questi casi non c'è differenza di significato tra le due forme di ciascun numero. C'è invece differenza di significato in questi altri casi:

il frutto/i frutti

il frutto in quanto è il prodotto di una pianta: *la mela è il frutto del melo*; *un albero carico di frutti*

la frutta/le frutta

il frutto o l'insieme dei frutti in quanto si mangiano (il plurale non è comune): *comprare la frutta*

il legno/i legni

il legno in quanto materiale; oggetto, pezzo di legno: *una trave di legno, forare un legno*

la legna/le legna

pezzi di legno da ardere: *una catasta di legna*

Nomi difettivi

Ci sono nomi che hanno solo la forma singolare o solo quella plurale. Questo dipende per lo più dalla cosa che il nome designa: p.e., se il nome designa una cosa unica in natura (*l'equatore*) o è un nome collettivo, dunque che già indica più cose, ed è singolare (*cordame*), non può esserci plurale; analogamente, se il nome designa una cosa che già è fatta di due elementi (*le pinze, i pantaloni*), o è un nome collettivo di genere grammaticale plurale (*le masserizie*) non può avere singolare. Proprio perché c'è una logica nel fatto che il nome sia difettivo del plurale o del singolare, con la maggioranza dei nomi difettivi è difficile commettere errori.
Ecco una serie di nomi molto comuni, solo plurali, che nel parlato sono usati spesso al singolare:

le forbici	i calzoni
le pinze	i pantaloni
le tenaglie	le mutande
le cesoie	gli occhiali

Il plurale dei nomi composti

In generale, il plurale dei nomi composti si forma allo stesso modo di quello degli altri nomi, soprattutto quando il nome composto è da lungo tempo nell'italiano:

il francobollo	i francobolli
il girasole	i girasoli
il pescecane	i pescecani

Se invece il nome è di formazione recente tende a restare invariato al plurale:

l'antifurto	gli antifurto
il bloccasterzo	i bloccasterzo
il fuoribordo	i fuoribordo

Inoltre, quando il nome composto è maschile e ha come secondo elemento un nome che invece è femminile, il plurale resta comunque invariato:

il doposcuola	i doposcuola
il portacenere	i portacenere
il salvagente	i salvagente

Se i due elementi che formano il nome composto sono nome + aggettivo (in questa successione), in genere si volgono al plurale tutt'e due:

il pellerossa	i pellirosse
la terracotta	le terrecotte
la terraferma	le terreferme

Quando la successione è aggettivo + nome la formazione del plurale avviene per lo più secondo la maniera più comune, cioè il primo elemento resta invariato (*il biancospino/i biancospini*); se il primo elemento è l'aggettivo *mezzo*, si volgono al plurale tutt'e due i componenti del nome (ma non sempre):

il mezzobusto	i mezzibusti
la mezzanotte	le mezzenotti
il mezzofondista	i mezzofondisti
il mezzogiorno	i mezzogiorni

▓ Nomi composti con *capo-*

Si devono considerare a parte i nomi composti con *capo*, facendo una prima distinzione fra quelli che indicano persona di sesso maschile, quelli che indicano persona di sesso femminile e quelli che indicano cosa. Tra i nomi che indicano persona, facendo poi una seconda distinzione a seconda che essi siano composti con *capo* + nome di cosa o *capo* + nome di persona; tra i nomi di cosa a seconda che siano composti con *capo* + nome di genere maschile o con *capo* + nome di genere femminile:

persona di sesso maschile
1) *capo* + nome di cosa

il capoclasse	i capiclasse
il capotavola	i capitavola

2) *capo* + nome di persona

il capocameriere	i capicameriere
il caporedattore	i capiredattori

persona di sesso femminile
1) *capo* + nome di cosa

la capoclasse	le capoclasse
la caposala	le caposala

2) *capo* + nome di persona

la capocameriera	le capocameriere
la caporedattrice	le caporedattrici

nome di cosa
1) *capo* + nome maschile

il capolavoro	i capolavori
il capoluogo	i capoluoghi

2) *capo* + nome femminile

il capolettera	i capilettera
il capolinea	i capilinea

▓ Altri casi

Si tenga inoltre presente che: i nomi formati da verbo + verbo non cambiano al plurale (*il dormiveglia/i dormiveglia, il parapiglia/i parapiglia*); i nomi nati dall'accorpamento di più parole come *capodanno, ficodindia, pomodoro* non hanno tutti lo stesso comportamento nella formazione del plurale, per cui è necessario conoscere il loro plurale caso per caso (il plurale di queste tre parole è *i capodanni, i fichidindia, i pomodori*).

5 · L'ARTICOLO

L'articolo è quella parte del discorso che, messa davanti a un nome, ne precisa il genere e il numero.

Le forme

Gli articoli si distinguono in *determinativi* e *indeterminativi*, a seconda che rendano il nome in forma determinata o indeterminata.

articoli	determinativi		indeterminativi	
	m.	*f.*	*m.*	*f.*
sing.	il, lo, l'	la, l'	un, uno	una, un'
pl.	i, gli	le		

Quando esistono più forme dell'articolo per lo stesso numero e genere (p. e., il maschile *il*, *lo*, *l'*), l'uso dell'una o dell'altra forma dipende dal suono o dal gruppo di suoni con cui ha inizio la parola successiva. Gli specchietti seguenti illustrano le regole di combinazione delle varie forme dell'articolo.

articoli determinativi

m. sing.	*m. pl.*	suoni iniziali	
lo	gli	**s** (impura)	lo sbocco, lo scarpone, lo scheletro, lo slittino, lo sradicare, lo studio, lo svago, gli sbocchi, gli scarponi
		z	lo zampillo, lo zio, lo zoo, lo zucchero, gli zampilli, gli zii
		x	lo xilofono, lo xilografo, gli xilofoni, gli xilografi
		pn	lo pneumatico, gli pneumatici
		ps	lo psicologo, lo psichiatra, gli psicologi, gli psichiatri
		gna, gne	lo gnaulare
		gni, gno	lo gneis
		gnu	lo gnomo, lo gnu, gli gnomi, gli gnu
		scia, sce	lo scialle, lo sceicco
		sci, scio	lo scippo, lo sciopero, lo sciupio,
		sciu	gli scialli, gli sceicchi
		ia, ie	lo iato, lo iettatore, gli iettatori
		io, iu	lo iodio, lo iugoslavo, gli iugoslavi
l'	gli	vocale	l'albero, l'elettrauto, l'imbuto, l'orto, l'uovo, l'urto, gli alberi, gli imbuti
il	i		in tutti gli altri casi
f. sing.	*f. pl.*		
la	le		davanti a tutte le consonanti e ai dittonghi *ia-, ie-, io-, iu-*
l'	le		davanti a vocale

articoli indeterminativi

maschile	suoni iniziali	
uno	s (**impura**)	uno sbocco, uno scarpone, uno scheletro, uno slittino
	z	uno zampillo, uno zio, uno zoo
	x	uno xilofono, uno xilografo
	pn	uno pneumatico
	ps	uno psicologo, uno psichiatra
	gna, gne gni, gno gnu	uno gnaulio, uno gnomo uno gnu
	scia, sce sci, scio sciu	uno scialle, uno sceicco uno scippo, uno sciopero uno sciupio
	ia, ie io, iu	uno iato, uno iettatore uno iugoslavo
un		in tutti gli altri casi

femminile		
una		davanti a tutte le consonanti e ai dittonghi *ia-*, *ie-*, *io-*, *iu-*
un'		davanti a vocale

Usi particolari

Nell'uso dell'articolo determinativo con i **nomi propri di persona** valgono le seguenti regole: si può premettere al cognome se si tratta di un personaggio illustre (*il Petrarca, il Leopardi, la Callas*), quando il cognome è riferito a più persone (*i De Filippo, gli Alberti*) e nel linguaggio giornalistico, burocratico, giudiziario (*il Rossi è stato arrestato la notte scorsa*). In molte regioni italiane l'articolo viene usato anche davanti ai nomi di battesimo (*il Francesco, la Daniela*), ma quest'uso non è dell'italiano standard. Quando un cognome o un nome sono preceduti da un titolo, da una qualifica, da un attributo l'articolo è obbligatorio: *il professor Rossi, il dottor Balanzone*; fanno eccezione alcuni titoli come *don, mastro, fra*: *don Giovanni, mastro Geppetto, fra Galdino*.

Con i **nomi propri geografici** è difficile definire una regola generale nell'uso dell'articolo. I nomi di alcuni paesi (*gli Stati Uniti, le Filippine*) ne sono sempre preceduti, mentre *Israele* lo rifiuta in ogni caso; ma in genere essi prendono o non prendono l'articolo a seconda delle particolari espressioni (*i re di Francia, le città della Francia*). I nomi di alcune isole accettano l'articolo (*la Sicilia, l'Elba*), altri lo rifiutano (*Cipro, Capri*). Davanti ai nomi di città si usa l'articolo solo nei casi in cui è parte integrante del nome (*L'Aquila, La Spezia, La Valletta, L'Aia, Il Cairo*). I nomi dei monti, dei fiumi e dei laghi lo richiedono sempre (*il Monviso, il Po, il Trasimeno*). Tuttavia, anche quei nomi geografici che di norma rifiutano l'articolo, quando sono accompagnati da un attributo o da un complemento, è regola che debbano esserne preceduti (*la bellissima Capri, la Roma dei papi*).

Quando un **nome di parentela** è preceduto da un aggettivo possessivo, in genere rifiuta l'articolo determinativo (*mio padre, tua sorella*); ma lo richiede se il nome è al plurale (*i miei nonni, i nostri cugini*), se è accompagnato da un attributo (*il nostro caro zio*), se è un alterato (*la mia cara cuginetta*) e con *mamma* e *papà* (*la mia mamma, il tuo papà*). Vi sono però delle differenze nei vari usi regionali.

Le preposizioni articolate

Quando l'articolo determinativo è preceduto dalle preposizioni *di, a, da, in, su* si fonde con esse, dando luogo alle preposizioni articolate.

	il	lo	la - l'	i	gli	le
di	del	dello	della	dei	degli	delle
a	al	allo	alla	ai	agli	alle
da	dal	dallo	dalla	dai	dagli	dalle
in	nel	nello	nella	nei	negli	nelle
su	sul	sullo	sulla	sui	sugli	sulle

Nell'italiano antico e letterario anche le preposizioni *con* e *per* hanno forme articolate.

	il	lo	la	i	gli	le
con	col	collo	colla	coi	cogli	colle
per	pel	pello	pella	pei	pegli	pelle

Di queste solo *col* e *coi* sono usate anche nell'italiano moderno, in alternanza con le forme *con il* e *con i*. In tutti gli altri casi oggi si usano solo le forme separate: *con lo, per il* ecc.

■ L'articolo partitivo

Si definisce in questo modo ognuna delle forme articolate della preposizione *di* quando è usata al singolare con il significato di "una certa quantità, un po' di"; al plurale con il significato di "alcuni, un certo numero di". Al singolare si può avere l'articolo partitivo solo con i nomi che indicano cose non numerabili (*dammi dell'acqua; mangiammo del pane; dalla casa usciva del fumo*); al plurale solo con i nomi che indicano cose numerabili (*distribuì delle caramelle; ho dei rimpianti*). Poiché l'articolo partitivo implica un'idea di numero imprecisato, le forme del plurale assolvono di fatto la funzione di **articolo indeterminativo plurale**: *leggere un libro, leggere dei libri*.

6 • L'AGGETTIVO

L'aggettivo è quella parte del discorso che, unita a un nome con cui si accorda in numero e in genere, lo qualifica (*aggettivi qualificativi*) o lo determina (*aggettivi determinativi*, che si distinguono a loro volta in *possessivi*, *dimostrativi*, *indefiniti*, *interrogativi*, *esclamativi* e *numerali*).

Aggettivi qualificativi

■ Le classi

In relazione al modo in cui si formano il femminile e il plurale, gli aggettivi possono essere distinti in tre classi.

	singolare		plurale	
	1ª cl.			
m.	**-o**	alto	**-i**	alti
		tosco-emiliano		tosco-emiliani
f.	**-a**	alta	**-e**	alte
		tosco-emiliana		tosco-emiliane
	2ª cl.			
m.	**-e**	forte	**-i**	forti
		terrestre		terrestri
f.	**-e**	agrodolce	**-i**	agrodolci

3ª cl.

m.	-a	conformista	-i	conformisti
		realista		realisti
f.	-a	conformista	-i	conformiste
		realista		realiste

Come si può vedere, gli aggettivi formano il femminile e il plurale sostanzialmente allo stesso modo dei nomi.

Si tenga inoltre presente che:

1) gli aggettivi che hanno il maschile singolare in *-co* hanno il maschile plurale in *-ci* se sono sdruccioli (*acrobàtico/acrobàtici, sfèrico/sfèrici*), in *-chi* se sono piani (*opàco/opàchi, spòrco/spòrchi*), con alcune eccezioni (*càrico/càrichi, dimèntico/dimèntichi* ecc.; oppure *amìco/amìci, grèco/grèci*), proprio come avviene per i nomi;

2) gli aggettivi in *-go* hanno il maschile plurale in *-ghi*, tranne i composti con *-fago* (*fillofago, latogafo* ecc.) che hanno il maschile plurale in *-gi*;

3) la regola pratica suggerita a proposito dei plurali dei nomi in *-cia* e in *-gia* vale anche per i femminili plurali degli aggettivi in *-cio* e in *-gio*:

riccio	ricci	selvaggio	selvaggi
riccia	ricce	selvaggia	selvagge
fenicio	fenici	bigio	bigi
fenicia	fenicie	bigia	bigie

4) sono invariabili, hanno cioè un'unica uscita per il maschile e il femminile, il singolare e il plurale:

   a) alcuni aggettivi di colori: *amaranto, avana, blu, indaco, lilla, rosa, viola*;
   b) alcuni aggettivi composti: *ammodo, dabbene, dappoco, perbene*;
   c) l'aggettivo *pari*, con i suoi composti *impari* e *dispari*;
   d) l'aggettivo *arrosto* (*pollo arrosto, patate arrosto*).

5) gli aggettivi composti da due o più aggettivi formano il femminile e il plurale modificando solo la desinenza dell'ultimo aggettivo:

tosco-emiliano	tosco-emiliana
tosco-emiliani	tosco-emiliane

6) l'aggettivo *bello* rispetta al maschile singolare la regola del troncamento. Al maschile plurale ha due forme: *bei* e *begli*. Si usa *bei* davanti ai nomi che al singolare richiedono la forma tronca *bel*; si usa *begli* davanti ai nomi che al singolare richiedono invece la forma *bello* (piena o apostrofata):

bel paese	bei paesi
bello spettacolo	begli spettacoli
bell'augurio	begli auguri

La posizione dell'aggettivo

L'aggettivo qualificativo segue, in genere, il nome a cui si riferisce: *aula scolastica, acido solforico*. La sequenza sostantivo-aggettivo è l'unica possibile per la maggioranza degli aggettivi italiani. Normalmente infatti non si può dire *la scolastica aula* né *il solforico acido*. Vi sono però molti aggettivi che possono essere usati sia prima sia dopo il nome: *una bella ragazza/una ragazza bella, un pessimo affare/un affare pessimo, un distinto signore/un signore distinto*. In questi casi non c'è differenza sostanziale di significato fra le due costruzioni: tuttavia, nella sequenza aggettivo-nome la qualità che l'aggettivo attribuisce al nome ha un valore tendenzialmente descrittivo (cioè l'aggettivo "descrive" una qualità); nella sequenza nome-aggettivo l'aggettivo ha invece una funzione tendenzialmente restrittiva (cioè "restringe" l'ambito, ossia distingue una persona o una cosa che ha una determinata qualità nell'insieme di tutte le persone o cose dello stesso tipo).

6 • L'aggettivo

La differenza tra valore descrittivo e valore restrittivo è particolarmente evidente nelle espressioni *dolci acque* e *acque dolci*. Nel primo caso l'aggettivo *dolce* "descrive" la sensazione di piacevolezza, di tranquillità che una distesa o un corso d'acqua ispirano; nel secondo distingue le acque sorgive, dei fiumi o dei laghi, da quelle del mare, che sono invece salate. In un caso come questo la posizione dell'aggettivo incide dunque addirittura sul significato. Un esempio ancora più rimarchevole di differenza di significato a seconda che l'aggettivo preceda o segua il nome si ha con *povero*: *un pover'uomo* è un uomo sventurato, misero, meschino; *un uomo povero* è un uomo privo di mezzi materiali.

I gradi dell'aggettivo qualificativo

L'aggettivo qualificativo esprime una qualità del nome: *un ragazzo alto*, *un bravo dottore*, *una bella casa*. In queste espressioni la qualità del nome è espressa in modo generico: non è specificato, infatti, né come il ragazzo sia alto, né come il dottore sia bravo, né come la casa sia bella; né se quel ragazzo sia più o meno alto di altri, quel dottore più o meno bravo di altri, quella casa più o meno bella di altre.
Quando l'aggettivo esprime una qualità senza alcuna gradazione si dice che è di **grado positivo**.

Il comparativo

Consideriamo invece il caso in cui l'aggettivo serva a stabilire un paragone:

a) Giovanna è più studiosa di Maria.
   Giovanna è meno studiosa di Maria.
   Giovanna è studiosa come Maria.

b) Francesca è più intelligente che studiosa.
   Francesca è meno intelligente che studiosa.
   Francesca è tanto intelligente quanto studiosa.

In tutti questi casi l'aggettivo stabilisce una comparazione fra due termini (**primo** e **secondo termine di paragone**): negli esempi del punto a) il primo termine è *Giovanna*, il secondo *Maria*; negli esempi del punto b) il primo termine è *intelligente*, il secondo *studiosa*.
Quando un aggettivo stabilisce un confronto fra due termini in base a una qualità, oppure stabilisce un confronto fra due qualità, si dice di **grado comparativo**.
Se la qualità è più accentuata in relazione al primo termine abbiamo un **comparativo di maggioranza**, se è meno accentuata in relazione al primo termine abbiamo un **comparativo di minoranza**, se ha la stessa intensità nel primo come nel secondo abbiamo un **comparativo di uguaglianza**.

   Oggi il mare è più calmo di ieri.
   Luca è meno alto di Andrea.
   Mio figlio è simpatico tanto quanto Renato.

Il superlativo

L'aggettivo può anche esprimere una qualità nel suo livello più elevato, rispetto a un determinato insieme: *Paolo è il più bravo alunno della sua classe*; *Marte è il pianeta meno distante (di tutti gli altri pianeti) dalla Terra*; oppure in senso assoluto: *Paolo è un alunno bravissimo*.

Quando un aggettivo esprime una qualità al suo livello più elevato si dice di **grado superlativo**.
Il superlativo che esprime preminenza rispetto a un determinato insieme (nominato esplicitamente o sottinteso) è il **superlativo relativo**; quello che esprime preminenza in senso assoluto è il **superlativo assoluto**.

Il **superlativo relativo** si forma con *più* o *meno* + l'aggettivo di grado positivo, come per il comparativo, ma deve essere preceduto dall'articolo determinativo:

   L'Etna è il più attivo dei vulcani italiani.
   Il cavallo è il più intelligente fra gli animali.
   Sandro è il fratello meno giovane.

Il **superlativo assoluto** si forma normalmente aggiungendo il suffisso *-issimo* al tema dell'aggettivo di grado positivo (ma alcuni aggettivi formano il superlativo col suffisso *-errimo*, altri col

6 • L'aggettivo

suffisso -*entissimo*); si può anche formare facendo precedere all'aggettivo i prefissi *arci-*, *iper-*, *sopra-*, *sovra-*, *stra-*, *ultra-*, con *molto*, *assai*, *tutto*, *completamente*, *veramente* ecc. + l'aggettivo, usando l'aggettivo in forma raddoppiata o rinforzato da un altro aggettivo:

> I grattacieli di New York sono altissimi.
> Un personaggio arcinoto (= notissimo).
> Un treno molto veloce (= velocissimo).
> Maria è tutta contenta (= contentissima).
> Un brodo caldo caldo (= caldissimo).

Gli aggettivi che hanno il superlativo in *-errimo* invece che in *-issimo* sono:

acre	acerrimo
aspro	asperrimo
celebre	celeberrimo
integro	integerrimo
misero	miserrimo
salubre	saluberrimo

Gli aggettivi che hanno il superlativo in *-entissimo* sono:

benefico	beneficentissimo
malefico	maleficentissimo
magnifico	magnificentissimo
munifico	munificentissimo
benevolo	benevolentissimo
malevolo	malevolentissimo

Alcuni aggettivi, oltre alla forma regolare del comparativo e del superlativo, ne hanno un'altra costituita da un'unica parola, la cui radice è diversa da quella dell'aggettivo di grado positivo:

positivo	*comp. di magg.*	*superl. relat.*	*superl. assol.*
buono	più buono	il più buono	buonissimo
	migliore	il migliore	ottimo
cattivo	più cattivo	il più cattivo	cattivissimo
	peggiore	il peggiore	pessimo
grande	più grande	il più grande	grandissimo
	maggiore	il maggiore	massimo
piccolo	più piccolo	il più piccolo	piccolissimo
	minore	il minore	minimo
alto	più alto	il più alto	altissimo
	superiore	il superiore	supremo
basso	più basso	il più basso	bassissimo
	inferiore	l'inferiore	infimo

Non tutti gli aggettivi qualificativi hanno il grado comparativo e superlativo, ma solo quelli che esprimono una qualità graduabile (cioè che può esistere in quantità maggiore o minore). Gli aggettivi che indicano materia non sono infatti graduabili; e così gli aggettivi che indicano una forma geometrica. Vi sono poi degli aggettivi che nel grado positivo esprimono un valore assoluto (*enorme*, *immenso*, *infinito* ecc.): neppure questi hanno il comparativo e il superlativo. Così come non possono averlo gli aggettivi *anteriore*, *interiore*, *posteriore*, *postumo*, che esprimono già un contenuto comparativo. Non tutti gli aggettivi che esprimono una qualità graduabile hanno tuttavia un superlativo assoluto in -*issimo*. Mancano, p.e., di questa forma del superlativo gli aggettivi in -*uo* (*arduo*, *cospicuo*, *equo*, *iniquo*, *perspicuo* ecc.) e in -*eo* (*ateo*, *estraneo*, *idoneo*, *omogeneo* ecc.). Questi aggettivi formano il superlativo assoluto con *molto*, *assai* ecc.

Aggettivi possessivi

Gli aggettivi che indicano la persona o la cosa a cui qualcuno o qualcosa appartiene o con cui qualcuno o qualcosa ha relazione, consuetudine, si chiamano **aggettivi possessivi**.
L'aggettivo possessivo è di prima persona quando l'appartenenza, la relazione o la consuetudine è riferita a chi parla, di seconda persona quando è riferita a chi ascolta, di terza persona quando è riferita a cose o a persone diverse da chi parla o da chi ascolta.

m. sing.	f. sing.	m. pl.	f. pl.
mio	mia	miei	mie
tuo	tua	tuoi	tue
suo	sua	suoi	sue
nostro	nostra	nostri	nostre
vostro	vostra	vostri	vostre
loro	loro	loro	loro

L'aggettivo **proprio** può sostituire le forme dell'aggettivo possessivo di terza persona singolare e plurale a condizione che esso si riferisca al soggetto della frase:

Luigi ha pagato di tasca sua (propria).

Passarono da noi le loro (proprie) vacanze.

È preferibile usare *proprio* invece di *suo, loro* quando:
- usando *suo, loro* potrebbe non esser chiaro a chi l'aggettivo possessivo si riferisca: *Francesco parlò con Giuseppe, poi telefonò a sua sorella*. Qui non è chiaro se Francesco telefonò alla propria sorella o alla sorella di Giuseppe. Se invece si dice: *Francesco parlò con Giuseppe, poi telefonò alla propria sorella*, è assolutamente chiaro che a ricevere la telefonata fu la sorella di Francesco, non quella di Giuseppe;
- quando il soggetto della frase è indefinito: *Ognuno ha il diritto di seguire la propria strada*; *Nessuno rinuncia volentieri ai propri privilegi*; *Le persone si accorgono difficilmente dei propri difetti*.

Può essere usato come aggettivo possessivo anche **altrui**. Si riferisce a qualcosa che appartiene o che ha relazione con un altro o con altri. Ha un'unica forma, senza distinzione di genere e di numero:

Acconsentire agli altrui desideri.

Fare la volontà altrui.

Aggettivi dimostrativi

Gli aggettivi che servono a indicare la collocazione di qualcuno o di qualcosa nello spazio e nel tempo, rispetto a chi parla o a chi ascolta, si chiamano **aggettivi dimostrativi**.
Gli aggettivi dimostrativi sono **questo**, **codesto** e **quello**.

m. sing.	f. sing.	m. pl.	f. pl.
questo	questa	questi	queste
codesto	codesta	codesti	codeste
quello, quel	quella	quei, quegli	quelle

Questo indica una persona o una cosa vicina a chi parla; *codesto* indica una persona o una cosa vicina a chi ascolta; *quello* indica una persona o una cosa lontana da chi parla e da chi ascolta. Nell'italiano di oggi *codesto* è usato molto raramente (è comune solo in Toscana): il suo significato viene reso, a seconda dei casi, con *questo* o con *quello*. Oltre a indicare la collocazione nello spazio o nel tempo, gli aggettivi dimostrativi *questo* e *quello* si usano anche per indicare una persona o una cosa di cui si è già parlato in precedenza o di cui si parlerà in seguito: *Il nonno ripeteva quelle frasi in ogni circostanza*, cioè le frasi di cui si è già detto; *Nel buio si sentirono all'improvviso queste parole: "Alto là! Fermi tutti!"*, cioè le parole che saranno poi riportate nel discorso.

Con lo stesso significato di *questo* si possono impiegare **tale**, **simile**, **siffatto**, **cosiffatto**, **cotale**, per indicare una persona o una cosa di cui si sia già parlato in precedenza: *Guidare senza patente è un reato. Questo (tale/simile/siffatto/cosiffatto/cotale) reato è punito con l'arresto*.
Sono aggettivi dimostrativi anche **stesso** e **medesimo**, i quali esprimono una relazione di identità: *È noioso fare sempre le stesse cose*; *Gianni e Giovanni sono la medesima persona*. Ma *stesso* può anche essere impiegato con funzione di rafforzativo: *Verrò io stesso a prenderti*; *La stessa popolazione ne restò molto colpita*.

Aggettivi indefiniti

Gli aggettivi che accompagnano il nome esprimendo un'idea generica di qualità o di quantità si chiamano **aggettivi indefiniti**.

m. sing.	*f. sing.*	*m. pl.*	*f. pl.*
qualche	qualche	–	–
alcuno	alcuna	alcuni	alcune
certo	certa	certi	certe
tale	tale	tali	tali
taluno	taluna	taluni	talune
certuno	certuna	certuni	certune
quale	quale	quali	quali
altro	altra	altri	altre
	altrui		altrui
qualunque	qualunque	–	–
qualsiasi	qualsiasi	–	–
qualsivoglia	qualsivoglia	–	–
ogni	ogni	–	–
ciascuno	ciascuna	–	–
ciascheduno	ciascheduna	–	–
tutto	tutta	tutti	tutte

A proposito degli aggettivi sopraelencati si noti che:

- **qualche**: è sempre e solo singolare. Quando indica una quantità indeterminata (*Si videro dopo qualche giorno*), è sempre sostituibile con *alcuno* (*Si videro dopo alcuni giorni*);
- **alcuno**: da notare il suo uso in correlazione con *altro* (*Alcuni ragazzi partirono, altri ragazzi restarono*). In frasi negative equivale a *nessuno* (*Nella sala non era rimasta alcuna persona*, cioè nessuna persona);
- **certo**: ha valore di aggettivo indefinito solo se precede il nome (*una certa idea*, *un certo fatto*); quando segue il nome ha valore di aggettivo qualificativo ed equivale a "sicuro, indubitabile" (*un'idea certa*, *un fatto certo*);
- **tale**: da notare l'espressione *tale e quale*, che esprime un rapporto di identità (*Padre e figlio sono proprio tali e quali*);
- **certuno**: è forma composta di *certo* e *uno*. È variante piuttosto rara di *certo* (*Certune persone sarebbe meglio non frequentarle*);
- **taluno**: è forma composta di *tale* e *uno*. Si usa piuttosto raramente ed equivale a *certo*, *alcuno* (*Taluni libri bisognerebbe leggerli e rileggerli*);
- **quale**: con valore di aggettivo indefinito si usa solo in correlazione o come rafforzativo di *tale* (*I fatti si verificarono tali e quali li avevamo previsti*);
- **altro**: esprime un concetto di diversità rispetto a quanto già è stato detto o viene sottinteso. Da notare che viene spesso usato in correlazione (*l'una e l'altra persona; alcune persone... altre persone*);

6 · L'aggettivo

- **altrui**: ha un'unica forma per il maschile, il femminile, il singolare e il plurale, ed equivale a "di un altro, di un'altra, di altri, di altre, degli altri" (*la roba altrui, i fatti altrui*);
- **qualunque, qualsiasi, qualsivoglia**: hanno lo stesso significato, ma *qualsivoglia* non è di uso comune. Queste tre forme sono solo singolari, ma possono accompagnarsi anche a nomi plurali, purché l'aggettivo segua il nome (*Mangeremmo una qualsiasi cosa*; *Mangeremmo delle cose qualsiasi*);
- **ogni, ciascuno, ciascheduno**: il primo dei tre è di uso molto più comune rispetto agli altri due. Devono necessariamente precedere il nome a cui si riferiscono (*Ogni cosa a suo tempo*; *Distribuì una caramella a ciascun bambino*).

Aggettivi indefiniti negativi

Esprimono un concetto di assenza, di mancanza. Si usano soltanto al singolare:

m. sing.	f. sing.
nessuno	nessuna
veruno	veruna

A proposito degli aggettivi indefiniti negativi, osserviamo:
- **nessuno**: in frasi negative equivale ad *alcuno* (*A quell'ora non partiva nessun treno*; la frase *A quell'ora non partiva alcun treno* sarebbe di tono più elevato, meno familiare);
- **veruno**: è di uso raro.

Aggettivi indefiniti di quantità

Esprimono una quantità genericamente determinata. Sono:

m. sing.	f. sing.	m. pl.	f. pl.
poco	poca	pochi	poche
alquanto	alquanta	alquanti	alquante
parecchio	parecchia	parecchi	parecchie
molto	molta	molti	molte
troppo	troppa	troppi	troppe
diverso	diversa	diversi	diverse
vario	varia	vari	varie
		più	
tanto	tanta	tanti	tante
altrettanto	altrettanta	altrettanti	altrettante

A proposito degli aggettivi indefiniti di quantità si noti che:
- **poco, alquanto, parecchio, molto, troppo**: esprimono una gradazione quantitativa, dal livello più basso a quello più alto (*Allo spettacolo erano presenti poche/alquante/parecchie/molte/ troppe persone*);
- **diverso, vario**: hanno valore di aggettivi indefiniti solo quando precedono il nome a cui si riferiscono (*Parlò con diverse persone*; *Un ombrello a spicchi di vari colori*), ed equivalgono ad *alquanto, parecchio*. Se seguono il nome sono aggettivi qualificativi e significano "differente" (*Parlai con persone diverse*);
- **più**: in funzione di aggettivo indefinito si usa solo al plurale ed equivale ad *alquanto* (*In lontananza si vedevano più barche*);
- **tanto**: se è in correlazione con *che* o con *quanto* significa "così grande, così abbondante, così numeroso" (*Giorgio ha tanti soldi che non sa cosa farci*); altrimenti equivale a *molto* (*Giorgio ha tanti soldi*);
- **altrettanto**: si usa sempre in correlazione (*Tante cose hai dato a lui, altrettante cose devi dare a lei*).

Aggettivi interrogativi ed esclamativi

Gli aggettivi che servono a porre una domanda o a esprimere un'esclamazione sono rispettivamente gli **aggettivi interrogativi** ed **esclamativi**. Essi sono:

m. sing.	*f. sing.*	*m. pl.*	*f. pl.*
quale	quale	quali	quali
	che		che
quanto	quanta	quanti	quante

A proposito di **che** osserviamo che ha gli stessi usi e significati di *quale* (*che giorno?* equivale sostanzialmente a *quale giorno?*), tranne quando è in funzione esclamativa davanti a un aggettivo. Nell'espressione interrogativa *che cosa*, il *che* può venire omesso (*Cosa?*, *Dimmi cosa vuoi*).

Aggettivi numerali

Gli **aggettivi numerali** indicano delle quantità numerabili.

■ Numerali cardinali

Di solito sono chiamati semplicemente numeri: sono *uno*, *due*, *tre*, *quattro*, *cinque* ecc. Tranne *uno*, che ha il femminile *una*, tutti gli altri numerali cardinali sono invariabili (*diciotto ragazzi*, *diciotto ragazze*). *Milione* e *miliardo*, che sono in realtà dei nomi, formano regolarmente il plurale (*milioni*, *miliardi*).
I numerali cardinali si possono scrivere in lettere o in cifre. Nella scrittura corrente, a meno che non si tratti di date o di usi tecnici e scientifici, si consiglia di scrivere i numeri in lettere (*una classe di ventidue alunni* è preferibile a *una classe di 22 alunni*).

■ Numerali ordinali

Sono *primo*, *secondo*, *terzo*, *quarto*, *quinto* ecc., e indicano la collocazione di qualcuno o di qualcosa in una sequenza numerica. Formano regolarmente il femminile e il plurale.
I numerali ordinali si possono scrivere in lettere o in cifre (usando la numerazione romana: I, II, III, IV, V ecc.; oppure, ma meno comunemente, quella araba, con l'aggiunta della letterina in esponente: III *capitolo* oppure *3° capitolo*). Nella scrittura corrente si preferisce scrivere l'ordinale per esteso e non in cifre (*la terza giornata di campionato*), a meno che non si tratti di nome di papa, re, imperatore e simili (*Paolo VI*, *Elisabetta II*) o dell'indicazione di un secolo (il XX *secolo*, ma è anche comune il *ventesimo secolo*).

■ Numerali moltiplicativi

I numerali moltiplicativi indicano di quante parti o elementi è costituito un insieme. Esistono due serie di aggettivi moltiplicativi: 1) *unico*, *doppio*, *triplo*, *quadruplo*, *quintuplo* ecc.; 2) *semplice*, *duplice*, *triplice*, *quadruplice*, *quintuplice* ecc. Come si può vedere, anche questi numerali hanno alla loro base i cardinali. I moltiplicativi che si riferiscono ai numeri più bassi (uno, due, tre) sono usati con una certa frequenza; man mano che si sale nella scala numerica il loro uso si fa sempre più raro. Le due serie di moltiplicativi contano comunque un numero molto limitato di forme.

■ Numerali frazionari

I numerali frazionari sono i numeri che indicano le frazioni (*due quarti*, *quattro quinti*, *sette ottavi* ecc.; scritti in cifre: *2/4*, *4/5*, *7/8* oppure *2:4*, *4:5*, *7:8*). Al numeratore troviamo un numerale cardinale, al denominatore un numerale ordinale. La metà dell'unità si esprime al denominatore con *mezzo* (*un mezzo*; in cifre *1/2* o *1:2*).

■ Numerali collettivi

I numerali collettivi sono *ambo*, *ambedue* ed *entrambi*, e si riferiscono a un insieme costituito di due entità. *Ambo* e *ambedue* hanno un'unica forma per il maschile e il femminile (*ambo i fanciulli*, *ambo le fanciulle*); *entrambi* ha il femminile *entrambe* (*entrambi i bambini*, *entrambe le bambine*). Nell'uso familiare queste tre forme vengono in genere sostituite dalla locuzione *tutt'e due*.

7 · Il pronome

■ Numerali distributivi

Si chiamano tradizionalmente numerali distributivi delle locuzioni aggettivali che indicano il modo di ripartire o di distribuire una quantità: *a uno a uno, a due a due, tre per tre, uno ciascuno, due per ciascuno, quattro per volta* ecc.

7 · IL PRONOME

Il pronome è quella parte del discorso che sostituisce il nome o altre parti del discorso.
A seconda del loro tipo i pronomi si distinguono in *personali, possessivi, dimostrativi, indefiniti, relativi, interrogativi* ed *esclamativi*.

Pronomi personali

I pronomi personali hanno forme diverse a seconda che siano o no soggetto della proposizione; che siano di prima, seconda o terza persona singolare o plurale; alcuni a seconda che siano maschili o femminili e che si riferiscano a persone o a cose. Esistono inoltre delle forme toniche e delle forme atone.

■ Pronomi personali soggetto

persona

1ª sing.	io
2ª sing.	tu
3ª sing.	egli, lui, esso (*m.*)
	ella, lei, essa (*f.*)
1ª pl.	noi
2ª pl.	voi
3ª pl.	essi, loro (*m.*)
	esse, loro (*f.*)

In italiano, a differenza di quanto avviene in altre lingue come il francese o l'inglese, il pronome personale soggetto di solito viene omesso: *Quando (io) lavoro, (io) non vorrei essere disturbato*. È invece obbligatorio usare il pronome personale:

1) quando si succedono frasi che hanno diverso soggetto (*Lui va in montagna, io vado al mare*);
2) quando si vuole mettere in particolare rilievo la parte che il soggetto ha nell'azione (*Sei stato tu a dire questo*, cioè sei stato proprio tu e non altri);
3) dopo *anche, neanche, pure* ecc. (*È venuta anche lei*);
4) tutte le volte che la mancanza del pronome renderebbe la frase ambigua, non chiara (*È bene che vada*: chi deve andare, io, tu, lui o lei?).

I pronomi personali soggetto possono essere rafforzati da *stesso* (*io stesso, tu stesso, lui stesso* ecc.) oppure da *altri* (soltanto *voi* e *noi*: *voialtri, noialtri*, scritti in grafia unita).

A proposito delle forme di terza persona singolare e plurale si noti che:
- **egli, lui, esso**: nel passato si prescriveva l'uso di *egli* quando ci si riferiva a persona, l'uso di *esso* quando ci si riferiva ad animale o a cosa (l'uso di *lui* come soggetto era sconsigliato). Oggi *egli* si usa sempre più raramente, anche nella lingua scritta, e il suo posto è preso da *lui*;
- **ella, lei, essa**: vale quanto è stato detto a proposito di *egli, lui* ed *esso*, con la sola differenza che *essa* può essere riferito anche a persona;
- **essi, esse, loro**: *loro* può essere usato solo in riferimento a persone;

7 · Il pronome

- in tutti i casi in cui nella frase è obbligatorio usare il pronome personale soggetto di terza persona, le uniche forme consentite sono *lui, lei, loro*: *Io vado, lui resta*; *Noi siamo italiani, loro francesi*.

Pronomi personali complemento

Esistono due serie di pronomi personali complemento: la serie tonica (in cui il pronome ha un accento suo proprio e ha pertanto un certo rilievo nella frase: *dài il libro a me*) e la serie atona (in cui il pronome si appoggia nella pronuncia al verbo che lo segue o che lo precede, cioè è in posizione proclitica o enclitica, e ha perciò un rilievo minore: *dammi il libro*). I pronomi atoni, detti anche **particelle pronominali**, si possono usare solo per rendere il complemento oggetto e il complemento di termine.

persona		forme toniche	forme atone	
			compl. ogg.	compl. di term.
1ª sing.		me	mi	mi (*a me*)
2ª sing.		te	ti	ti (*a te*)
3ª sing.	(*m.*)	lui, esso	lo	gli (*a lui*)
	(*f.*)	lei, essa	la	le (*a lei*)
1ª pl.		noi	ci	ci (*a noi*)
2ª pl.		voi	vi	vi (*a voi*)
3ª pl.	(*m.*)	loro, essi	li	
	(*f.*)	loro, esse	le	

Ed ecco una serie di frasi in cui si mostra l'uso della forma tonica e della forma atona dei pronomi personali complemento:

Il nonno vuole *te*.   Il nonno *ti* vuole.
Chiama *lui*.   Chiama*lo*.
Accompagnerà *noi*.   *Ci* accompagnerà.
Sto aspettando *voi*.   *Vi* sto aspettando.
Invitammo *loro* (dei ragazzi).   *Li* invitammo.

Pronomi riflessivi

Si dicono riflessivi quei pronomi che riflettono l'azione, espressa dal verbo, sul soggetto che la compie.
La forma dei pronomi riflessivi è diversa da quella dei pronomi personali complemento soltanto nella terza persona singolare e plurale.

persona	forme toniche	forme atone
1ª sing.	me	mi
2ª sing.	te	ti
3ª sing.	sé	si
1ª pl.	noi	ci
2ª pl.	voi	vi
3ª pl.	sé	si

Ecco una serie di frasi in cui si mostra l'uso della forma tonica e della forma atona dei pronomi riflessivi (la forma tonica è in questo caso accompagnata dal rafforzativo *stesso*):

Sto rovinando *me stesso*.   *Mi* sto rovinando.
Lei ha mascherato *se stessa*.   Lei *si* è mascherata.
Noi controlliamo *noi stessi*.   Noi *ci* controlliamo.

7 • Il pronome

Ne

La particella atona *ne* può corrispondere al pronome personale di terza persona (singolare o plurale) preceduto dalle proposizioni *di* o *da*:

Ha parlato *di lui*.	*Ne* ha parlato.
È innamorato *di lei*.	*Ne* è innamorato.
Siamo contenti *di loro*.	*Ne* siamo contenti.

Coppie di pronomi atoni

Quando due pronomi personali vengono usati in coppia, il primo è sempre un complemento di termine, il secondo (a meno che non sia *ne*) è sempre complemento oggetto. Nello specchietto che segue sono elencate tutte le possibili combinazioni delle coppie di pronomi atoni:

me lo	te lo	glielo
me la	te la	gliela
me li	te li	glieli
me le	te le	gliele
me ne	te ne	gliene
se lo	ce lo	ve lo
se la	ce la	ve la
se li	ce li	ve li
se le	ce le	ve le
se ne	ce ne	ve ne

Ed ecco alcuni gruppi di frasi in cui si mostra il meccanismo del passaggio dai pronomi personali tonici alle corrispondenti coppie di pronomi atoni:

Ha parlato *a me di lui*.
Mi ha parlato di lui.
Me ne ha parlato.

Affido *a voi* il cane.
Vi affido il cane.
Ve lo affido.

I pronomi allocutivi

Quando i pronomi personali sono usati per rivolgere la parola a qualcuno prendono il nome di pronomi allocutivi.
Il pronome allocutivo di confidenza è il *tu*, nei rapporti formali si usa invece il *lei*.

Pronomi possessivi

I pronomi possessivi hanno esattamente le stesse forme dell'aggettivo possessivo. Il pronome possessivo è obbligatoriamente preceduto dall'articolo.

m. sing.	f. sing.	m. pl.	f. pl.
il mio	la mia	i miei	le mie
il tuo	la tua	i tuoi	le tue
il suo	la sua	i suoi	le sue
il nostro	la nostra	i nostri	le nostre
il vostro	la vostra	i vostri	le vostre
il loro	la loro	i loro	le loro

Proprio

Può sostituire le forme del pronome possessivo di terza persona singolare e plurale solo se si riferisce al soggetto della frase, soprattutto se il soggetto è indefinito:

Tu ami il tuo paese, gli altri amano il proprio.
Tutti ci hanno rimesso del proprio.

Pronomi dimostrativi

I pronomi dimostrativi fondamentali (*questo*, *codesto* e *quello*) conservano lo stesso significato di quando sono usati come aggettivi. A essi bisogna aggiungere *stesso* e *medesimo*.

Pronomi dimostrativi riferiti a persona

I pronomi dimostrativi *questo* e *quello* possono essere riferiti sia a persona sia a cosa. Sono riferibili esclusivamente a persona, ma solo nella lingua scritta, questi altri pronomi:

m. sing.	f. sing.	m. pl.	f. pl.
questi			
quegli			
costui	costei	costoro	costoro
colui	colei	coloro	coloro

A proposito di questi pronomi si noti che:
- **questi**, **quegli**: si usano solo come soggetto; il primo si riferisce a persona vicina, il secondo a persona lontana; non hanno né il femminile né il plurale;
- **colui**, **colei**, **coloro**: sono impiegati soprattutto in unione con il pronome relativo *che* (*colui che*, *colei che*, *coloro che*).

Ciò

È un pronome dimostrativo invariabile ed equivale a "questa cosa" o "quella cosa".

Lo

Come pronome dimostrativo equivale a "ciò"; si usa come sostituente di un'intera proposizione o di una sua parte, o anche per anticipare qualcosa che si sta per dire:

 Ti ha detto che partirà?
 Sì, mi ha detto *che* partirà.
 Sì, me *lo* ha detto.
 Lo ha capito che non eri contento.

Ne

La particella pronominale *ne*, oltre a essere pronome personale, può anche avere valore di pronome dimostrativo ed equivalere a *di questo*, *di quello*, *di ciò* o *da questo*, *da quello*, *da ciò*:

 Non so nulla del suo lavoro.
 Non so nulla *di questo*.
 Non *ne* so nulla.

Pronomi indefiniti

Il pronome indefinito è quello che designa una persona, un animale o una cosa in modo indeterminato, imprecisato.

m. sing.	f. sing.	m. pl.	f. pl.
qualcuno	qualcuna		
qualcheduno	qualcheduna		
qualcosa			
qualche cosa			
che			
uno	una	gli uni	le une
alcuno	alcuna	alcuni	alcune
alcunché			

7 · Il pronome

m. sing.	f. sing.	m. pl.	f. pl.
		certi	certe
		certuni	certune
tale	tale	tali	tali
taluno	taluna	taluni	talune
altro	altra	altri	altre
altri, altrui			
chiunque	chiunque		
chicchessia			
checché			
ciascuno	ciascuna		
ciascheduno	ciascheduna		
ognuno	ognuna		
tutto	tutta	tutti	tutte

A proposito dei pronomi indefiniti sopraelencati si noti che:

- **qualcuno**, **qualcheduno**: hanno lo stesso significato, ma *qualcheduno* è di uso meno comune; si riferiscono soltanto a persona;
- **qualcosa**, **qualche cosa**: è preferibile l'accordo di genere maschile (*Comprarono qualcosa e lo mangiarono*), anche se l'accordo al femminile è comunque premesso (*Comprarono qualcosa e la mangiarono*);
- **che**: si trova solo in espressioni di questo tipo: *un che*, *un certo che*, *un non so che* ecc.;
- **alcuno**: è comune soprattutto al plurale in correlazioni con *altri* (*alcuni... altri...*);
- **certi**, **certuni**: equivalgono ad *alcuni*; *certuni* è di uso poco comune;
- **tale**: si usa per indicare una persona che non si conosce o che non si vuole nominare;
- **altro**: fa parte di varie correlazioni (*l'uno... l'altro...*; *gli uni... gli altri...*; *altri... altri...*);
- **altri, altrui**: sono pronomi singolari, entrambi di uso letterario; *altri* è usato solo come soggetto (*Altri si occuperà di lui*), *altrui* come complemento (*Non immischiarti nei fatti altrui*);
- **chiunque**, **chicchessia**: hanno più o meno lo stesso significato e si riferiscono soltanto a persona; *chicchessia* è però di uso antiquato;
- **checché**: equivale a qualsiasi cosa e si usa quasi esclusivamente in incisi come *checché se ne dica*, *checché tu ne pensi* e simili;
- **ciascuno**, **ciascheduno**, **ognuno**: indicano una singola persona o cosa che fanno parte di un insieme; *ciascheduno* è di uso poco comune.

Pronomi indefiniti negativi

m. sing.	f. sing.
nessuno	nessuna
niente	
nulla	

Pronomi indefiniti quantitativi

m. sing.	f. sing.	m. pl.	f. pl.
poco	poca	pochi	poche
alquanto	alquanta	alquanti	alquante
parecchio	parecchia	parecchi	parecchie
molto	molta	molti	molte
troppo	troppa	troppi	troppe
tanto	tanta	tanti	tante
altrettanto	altrettanta	altrettanti	altrettante

Pronomi relativi

Si dice pronome relativo quel pronome che stabilisce una relazione tra la frase a cui esso appartiene e la frase a cui appartiene il nome a cui il pronome si riferisce.

▪ Pronomi relativi variabili

Sono *il quale*, *i quali* per il maschile (singolare e plurale); *la quale*, *le quali* per il femminile (singolare e plurale).

▪ Pronomi relativi invariabili

I pronomi relativi invariabili, che possono essere usati in sostituzione di *il quale*, *la quale*, *i quali*, *le quali* sono *che* per il soggetto e il complemento oggetto, *cui* per gli altri complementi:

Il film *che* [il quale] abbiamo visto è di un regista americano.
Il dottore *a cui* [al quale] si sono rivolti è molto bravo.
Sono poche le persone *con cui* [con le quali] si è in vera amicizia.
Non conosco i motivi *per cui* [per i quali] hanno litigato.

A proposito di *che* e *cui* si noti che:

- **che**: oltre a sostituire un singolo nome, può sostituire un'intera proposizione: *Dovremo rinunciare alla gita, il che* (cioè il fatto che dovremo rinunciare alla gita) *mi dispiace*;
- **cui**: quando è complemento di termine, può essere usato anche senza la preposizione *a*: *Molte delle persone cui* (o *a cui*) *mandammo l'invito, non hanno ancora risposto*. Quando *cui* è posto tra l'articolo determinativo e un nome equivale a "del quale, della quale, dei quali, delle quali": *Gli atleti le cui vittorie onorano lo sport sono degni della nostra ammirazione* (*le cui vittorie* equivale a *le vittorie dei quali*).

▪ Chi

È un particolare tipo di pronome relativo-indefinito, soltanto singolare, che può riferirsi solo a essere animato (maschile o femminile). La sua particolarità consiste nel fatto che unisce in un'unica forma sia il pronome dimostrativo sia il pronome relativo.
Infatti corrisponde a *colui il quale* (*colui che*) o a *colei la quale* (*colei che*):

Colui che entra per ultimo chiuda la porta.
Chi entra per ultimo chiuda la porta.

Ha dato il suo aiuto a *colei la quale* glielo ha chiesto.
Ha dato il suo aiuto a *chi* glielo ha chiesto.

▪ Quanto

Equivale a "tutto quello che, tutto ciò che":

Ho *tutto ciò che* mi serve.
Ho *quanto* mi serve.

Questo è *tutto quello che* ho di più caro.
Questo è *quanto* ho di più caro.

▪ Quanti

Equivale a "tutti quelli che, tutti coloro che":

Tutti quelli che chiederanno saranno accontentati.
Quanti chiederanno saranno accontentati.

Tutti coloro che lo desiderano possono entrare.
Quanti lo desiderano possono entrare.

Pronomi interrogativi

Al pari degli aggettivi interrogativi i pronomi interrogativi hanno la funzione di rivolgere una domanda, in forma diretta o indiretta. Essi sono:

m. sing.	*f. sing.*	*m. pl.*	*f. pl.*
chi	chi	chi	chi
che	che		
quale	quale	quali	quali
quanto	quanta	quanti	quante

A proposito dei pronomi interrogativi sopraelencati si noti che:

- **chi**: si riferisce solo a esseri animati e può essere usato sia come soggetto sia come complemento: *Chi è stato?*; *A chi ti sei rivolto?*; *Non riesco a capire a chi ti riferisci*;
- **che**: ha valore di "quale cosa", per cui può riferirsi soltanto a cose: *Che dici?*; *Non so che fare*;
- **quale**, **quanto**: si usano per chiedere rispettivamente l'identità o il numero, la quantità di persone o cose.

Tutti i pronomi interrogativi possono essere usati anche come **pronomi esclamativi**: *A chi l'hai detto!*; *Quanti sono!*

8 • IL VERBO

Il verbo è quella parte del discorso che esprime l'azione compiuta o subita dal soggetto, lo stato in cui il soggetto si trova, oppure il modo di essere del soggetto.

Le coniugazioni

Il verbo è la parte del discorso di gran lunga più variabile. Le forme del verbo cambiano in relazione al soggetto (prima, seconda, terza persona singolare o plurale), al modo, al tempo, alla forma attiva o passiva.

■ I modi

In italiano i modi del verbo sono sette, quattro finiti (**indicativo**, **congiuntivo**, **condizionale**, **imperativo**) e tre indefiniti (**infinito**, **gerundio**, **participio**).

■ I tempi

A seconda che l'azione o la condizione riferita al verbo riguardi il passato, il presente o il futuro abbiamo delle forme di tempo **passato**, di tempo **presente** o di tempo **futuro**:

Io cantai (*tempo passato*)
Io canto (*tempo presente*)
Io canterò (*tempo futuro*)

I tempi dei verbi si distinguono anche in **tempi semplici** e **tempi composti**. Sono tempi semplici quelli in cui la forma verbale è costituita di un'unica parola; sono tempi composti quelli formati dal participio passato del verbo preceduto dalle forme dei verbi *essere* o *avere*:

Io parlo (*tempo semplice*)
Io ho parlato (*tempo composto*)
Egli viene (*tempo semplice*)
Egli è venuto (*tempo composto*)

L'insieme di tutte le forme di un verbo costituisce la sua **coniugazione**.

PROSPETTO DEI MODI E DEI TEMPI DEL VERBO

TEMPI SEMPLICI   TEMPI COMPOSTI

INDICATIVO
presente   passato prossimo
imperfetto   trapassato prossimo
passato remoto   trapassato remoto
futuro semplice   futuro anteriore

CONGIUNTIVO
presente   passato
imperfetto   trapassato

CONDIZIONALE
presente   passato

IMPERATIVO
presente

INFINITO
presente   passato

PARTICIPIO
presente   passato

GERUNDIO
presente   passato

Coniugazioni dei verbi ausiliari

Per la formazione dei tempi composti i verbi fanno ricorso agli ausiliari *essere* o *avere*, per la formazione delle forme passive a quelle dell'ausiliare *essere*.

CONIUGAZIONE DEL VERBO ESSERE

TEMPI SEMPLICI   TEMPI COMPOSTI

INDICATIVO

presente   **passato prossimo**
io sono   io sono stato
tu sei   tu sei stato
egli è   egli è stato
noi siamo   noi siamo stati
voi siete   voi siete stati
essi sono   essi sono stati

imperfetto   **trapassato prossimo**
io ero   io ero stato
tu eri   tu eri stato
egli era   egli era stato
noi eravamo   noi eravamo stati
voi eravate   voi eravate stati
essi erano   essi erano stati

8 • Il verbo

passato remoto	**trapassato remoto**
io fui	io fui stato
tu fosti	tu fosti stato
egli fu	egli fu stato
noi fummo	noi fummo stati
voi foste	voi foste stati
essi furono	essi furono stati

futuro semplice	**futuro anteriore**
io sarò	io sarò stato
tu sarai	tu sarai stato
egli sarà	egli sarà stato
noi saremo	noi saremo stati
voi sarete	voi sarete stati
essi saranno	essi saranno stati

CONGIUNTIVO

presente	**passato**
che io sia	che io sia stato
che tu sia	che tu sia stato
che egli sia	che egli sia stato
che noi siamo	che noi siamo stati
che voi siate	che voi siate stati
che essi siano	che essi siano stati

imperfetto	**trapassato**
che io fossi	che io fossi stato
che tu fossi	che tu fossi stato
che egli fosse	che egli fosse stato
che noi fossimo	che noi fossimo stati
che voi foste	che voi foste stati
che essi fossero	che essi fossero stati

CONDIZIONALE

presente	**passato**
io sarei	io sarei stato
tu saresti	tu saresti stato
egli sarebbe	egli sarebbe stato
noi saremmo	noi saremmo stati
voi sareste	voi sareste stati
essi sarebbero	essi sarebbero stati

IMPERATIVO

presente

—
sii tu
sia egli
siamo noi
siate voi
siano essi

INFINITO

presente
essere

passato
essere stato

PARTICIPIO

presente
essente

passato
stato

GERUNDIO

presente
essendo

passato
essendo stato

CONIUGAZIONE DEL VERBO *AVERE*

INDICATIVO

presente
io ho
tu hai
egli ha
noi abbiamo
voi avete
essi hanno

passato prossimo
io ho avuto
tu hai avuto
egli ha avuto
noi abbiamo avuto
voi avete avuto
essi hanno avuto

imperfetto
io avevo
tu avevi
egli aveva
noi avevamo
voi avevate
essi avevano

trapassato prossimo
io avevo avuto
tu avevi avuto
egli aveva avuto
noi avevamo avuto
voi avevate avuto
essi avevano avuto

passato remoto
io ebbi
tu avesti
egli ebbe
noi avemmo
voi aveste
essi ebbero

trapassato remoto
io ebbi avuto
tu avesti avuto
egli ebbe avuto
noi avemmo avuto
voi aveste avuto
essi ebbero avuto

futuro semplice
io avrò
tu avrai
egli avrà
noi avremo
voi avrete
essi avranno

futuro anteriore
io avrò avuto
tu avrai avuto
egli avrà avuto
noi avremo avuto
voi avrete avuto
essi avranno avuto

CONGIUNTIVO

presente
che io abbia
che tu abbia
che egli abbia
che noi abbiamo
che voi abbiate
che essi abbiano

passato
che io abbia avuto
che tu abbia avuto
che egli abbia avuto
che noi abbiamo avuto
che voi abbiate avuto
che essi abbiano avuto

8 • Il verbo

imperfetto
che io avessi
che tu avessi
che egli avesse
che noi avessimo
che voi aveste
che essi avessero

trapassato
che io avessi avuto
che tu avessi avuto
che egli avesse avuto
che noi avessimo avuto
che voi aveste avuto
che essi avessero avuto

CONDIZIONALE

presente
io avrei
tu avresti
egli avrebbe
noi avremmo
voi avreste
essi avrebbero

passato
io avrei avuto
tu avresti avuto
egli avrebbe avuto
noi avremmo avuto
voi avreste avuto
essi avrebbero avuto

IMPERATIVO

presente
—
abbi tu
abbia egli
abbiamo noi
abbiate voi
abbiano essi

INFINITO

presente
avere

passato
avere avuto

PARTICIPIO

presente
avente

passato
avuto

GERUNDIO

presente
avendo

passato
avendo avuto

Coniugazioni regolari

In italiano i verbi si classificano secondo la desinenza dell'infinito. Abbiamo tre coniugazioni: la prima è in *-are* (*amare*, *giocare* ecc.), la seconda in *-ere* (*temere*, *ridere* ecc.), la terza in *-ire* (*servire*, *aprire* ecc.). Le coniugazioni sono **regolari** quando tutte le forme conservano la stessa radice e le desinenze sono quelle standard di ciascuna coniugazione.

PRIMA CONIUGAZIONE (VERBI IN -ARE: *AMARE*)

INDICATIVO

presente
io am-o
tu am-i
egli am-a
noi am-iamo
voi am-ate
essi am-ano

passato prossimo
io ho amato
tu hai amato
egli ha amato
noi abbiamo amato
voi avete amato
essi hanno amato

imperfetto
io am-avo
tu am-avi
egli am-ava
noi am-avamo
voi am-avate
essi am-avano

trapassato prossimo
io avevo amato
tu avevi amato
egli aveva amato
noi avevamo amato
voi avevate amato
essi avevano amato

passato remoto
io am-ai
tu am-asti
egli am-ò
noi am-ammo
voi am-aste
essi am-arono

trapassato remoto
io ebbi amato
tu avesti amato
egli ebbe amato
noi avemmo amato
voi aveste amato
essi ebbero amato

futuro semplice
io am-erò
tu am-erai
egli am-erà
noi am-eremo
voi am-erete
essi am-eranno

futuro anteriore
io avrò amato
tu avrai amato
egli avrà amato
noi avremo amato
voi avrete amato
essi avranno amato

CONGIUNTIVO

presente
che io am-i
che tu am-i
che egli am-i
che noi am-iamo
che voi am-iate
che essi am-ino

passato
che io abbia amato
che tu abbia amato
che egli abbia amato
che noi abbiamo amato
che voi abbiate amato
che essi abbiano amato

imperfetto
che io am-assi
che tu am-assi
che egli am-asse
che noi am-assimo
che voi am-aste
che essi am-assero

trapassato
che io avessi amato
che tu avessi amato
che egli avesse amato
che noi avessimo amato
che voi aveste amato
che essi avessero amato

CONDIZIONALE

presente
io am-erei
tu am-eresti
egli am-erebbe
noi am-eremmo
voi am-ereste
essi am-erebbero

passato
io avrei amato
tu avresti amato
egli avrebbe amato
noi avremmo amato
voi avreste amato
essi avrebbero amato

IMPERATIVO

presente
—
am-a tu
am-i egli
am-iamo noi
am-ate voi
am-ino essi

INFINITO

presente	**passato**
am-are	avere amato

PARTICIPIO

presente	**passato**
am-ante	am-ato

GERUNDIO

presente	**passato**
am-ando	avendo amato

■ Particolarità della prima coniugazione

I verbi in **-care** e **-gare** aggiungono alla radice una **h** davanti alle desinenze in **i**, **e**, mantenendo così un suono gutturale:

cercare	**legare**
tu cerchi	tu leghi
noi cerchiamo	noi leghiamo
io cercherò	io legherò

I verbi in **-ciare**, **-giare**, **-sciare** perdono la **i** della radice davanti alle desinenze **i**, **e**:

cominciare	**mangiare**	**strisciare**
tu cominci	tu mangi	tu strisci
noi cominciamo	noi mangiamo	noi strisciamo
io comincerò	io mangerò	io striscerò

I verbi in **-iare** si comportano diversamente a seconda che la **i** della prima pers. sing. dell'indicativo presente sia tonica o atona; tranne che davanti alle desinenze **-iamo**, **-iate**, questi verbi conservano la **i** della radice nel primo caso, la perdono nel secondo:

espiare	**studiare**
io espio	io studio
che tu espii	che tu studi
noi espiamo	noi studiamo
voi espiate	voi studiate

I verbi in **-gliare** perdono la **i** della radice solo davanti alla vocale **i**:

tagliare	**pigliare**
io taglio	io piglio
tu tagli	tu pigli
noi tagliamo	noi pigliamo
voi tagliate	voi pigliate

I verbi in **-gnare** sono regolari, mantengono cioè la **i** nelle desinenze **-iamo** (indicativo e congiuntivo presente), **-iate** (congiuntivo presente):

accompagnare	**sognare**
noi accompagniamo	noi sogniamo
che noi accompagniamo	che noi sogniamo
che voi accompagniate	che voi sogniate

La seconda persona plurale del presente indicativo fa regolarmente:

voi accompagnate   voi sognate

SECONDA CONIUGAZIONE (VERBI IN -ERE: *TEMERE*)

INDICATIVO

presente
io tem-o
tu tem-i
egli tem-e
noi tem-iamo
voi tem-ete
essi tom-ono

passato prossimo
io ho temuto
tu hai temuto
egli ha temuto
noi abbiamo temuto
voi avete temuto
essi hanno temuto

imperfetto
io tem-evo
tu tem-evi
egli tem-eva
noi tem-evamo
voi tem-evate
essi tem-evano

trapassato prossimo
io avevo temuto
tu avevi temuto
egli aveva temuto
noi avevamo temuto
voi avevate temuto
essi avevano temuto

passato remoto
io tem-etti/tem-ei
tu tem-esti
egli tem-ette/tem-é
noi tem-emmo
voi tem-este
essi tem-ettero/
tem-erono

trapassato remoto
io ebbi temuto
tu avesti temuto
egli ebbe temuto
noi avemmo temuto
voi aveste temuto
essi ebbero temuto

futuro semplice
io tem-erò
tu tem-erai
egli tem-erà
noi tem-eremo
voi tem-erete
essi tem-eranno

futuro anteriore
io avrò temuto
tu avrai temuto
egli avrà temuto
noi avremo temuto
voi avrete temuto
essi avranno temuto

CONGIUNTIVO

presente
che io tem-a
che tu tem-a
che egli tem-a
che noi tem-iamo
che voi tem-iate
che essi tem-ano

passato
che io abbia temuto
che tu abbia temuto
che egli abbia temuto
che noi abbiamo temuto
che voi abbiate temuto
che essi abbiano temuto

8 • Il verbo

imperfetto
che io tem-essi
che tu tem-essi
che egli tem-esse
che noi tem-essimo
che voi tem-este
che essi tem-essero

trapassato
che io avessi temuto
che tu avessi temuto
che egli avesse temuto
che noi avessimo temuto
che voi aveste temuto
che essi avessero temuto

CONDIZIONALE

presente
io tem-erei
tu tem-eresti
egli tem-erebbe
noi tem-eremmo
voi tem-ereste
essi tem-erebbero

passato
io avrei temuto
tu avresti temuto
egli avrebbe temuto
noi avremmo temuto
voi avreste temuto
essi avrebbero temuto

IMPERATIVO

presente
—
tem-i tu
tem-a egli
tem-iamo noi
tem-ete voi
tem-ano essi

INFINITO

presente
tem-ere

passato
avere temuto

PARTICIPIO

presente
tem-ente

passato
tem-uto

GERUNDIO

presente
tem-endo

passato
avendo temuto

■ Particolarità della seconda coniugazione

Al passato remoto molti verbi della seconda coniugazione hanno due forme alla prima e terza persona singolare e alla terza plurale:

io temetti/temei   egli temette/temé
essi temettero/temerono

io vendetti/vendei   egli vendette/vendé
essi vendettero/venderono

Sono considerati come appartenenti alla seconda coniugazione i verbi **fare** e **dire** (perché derivano da due verbi latini della seconda coniugazione) e tutti quelli terminanti in **-arre**, **-orre**, **-urre** come *trarre*, *porre*, *condurre*, *tradurre* e altri.
I verbi terminanti in **-cere**, **-gere**, **-scere** (regolari e irregolari) con la **e** atona, mantengono un suono molle (o palatale) davanti alle desinenze in **i**, **e** ma hanno suono gutturale davanti alle de-

sinenze **a**, **o**; inoltre quelli in **-scere** inseriscono una **i** davanti alla desinenza **-uto** del participio passato:

vincere	tu vinci	che egli vinca	
spargere	tu spargi	che egli sparga	
crescere	tu cresci	che egli cresca	cresciuto

Il verbo **nuocere** e quelli terminanti in **-cere** con la **e** tonica (come *piacere*, *giacere*) inseriscono una **i** davanti alle desinenze in **a**, **o**, **u** mantenendo così il suono dolce (o palatale). Inoltre, se la **i** è preceduta da una **c**, quest'ultima in alcuni verbi e in alcuni tempi si raddoppia:

nuocere	io nuoccio	tu nuoci
	essi nuocciono	nuociuto
piacere	io piaccio	tu piaci
	essi piacciono	piaciuto

I verbi terminanti in **-gnere** sono regolari, mantengono cioè la **i** nelle desinenze **-iamo** (indicativo e congiuntivo presente), **-iate** (congiuntivo presente):

spegnere	noi spegniamo	che voi spegniate

TERZA CONIUGAZIONE (VERBI IN -IRE: *SERVIRE*)

INDICATIVO

presente
io serv-o
tu serv-i
egli serv-e
noi serv-iamo
voi serv-ite
essi serv-ono

passato prossimo
io ho servito
tu hai servito
egli ha servito
noi abbiamo servito
voi avete servito
essi hanno servito

imperfetto
io serv-ivo
tu serv-ivi
egli serv-iva
noi serv-ivamo
voi serv-ivate
essi serv-ivano

trapassato prossimo
io avevo servito
tu avevi servito
egli aveva servito
noi avevamo servito
voi avevate servito
essi avevano servito

passato remoto
io serv-ii
tu serv-isti
egli serv-ì
noi serv-immo
voi serv-iste
essi serv-irono

trapassato remoto
io ebbi servito
tu avesti servito
egli ebbe servito
noi avemmo servito
voi aveste servito
essi ebbero servito

futuro semplice
io serv-irò
tu serv-irai
egli serv-irà
noi serv-iremo
voi serv-irete
essi serv-iranno

futuro anteriore
io avrò servito
tu avrai servito
egli avrà servito
noi avremo servito
voi avrete servito
essi avranno servito

CONGIUNTIVO

presente
che io serv-a
che tu serv-a
che egli serv-a
che noi serv-iamo
che voi serv-iate
che essi serv-ano

passato
che io abbia servito
che tu abbia servito
che egli abbia servito
che noi abbiamo servito
che voi abbiate servito
che essi abbiano servito

imperfetto
che io serv-issi
che tu serv-issi
che egli serv-isse
che noi serv-issimo
che voi serv-iste
che essi serv-issero

trapassato
che io avessi servito
che tu avessi servito
che egli avesse servito
che noi avessimo servito
che voi aveste servito
che essi avessero servito

CONDIZIONALE

presente
io serv-irei
tu serv-iresti
egli serv-irebbe
noi serv-iremmo
voi serv-ireste
essi serv-irebbero

passato
io avrei servito
tu avresti servito
egli avrebbe servito
noi avremmo servito
voi avreste servito
essi avrebbero servito

IMPERATIVO

presente
—
serv-i tu
serv-a egli
serv-iamo noi
serv-ite voi
serv-ano essi

INFINITO

presente
serv-ire

passato
avere servito

PARTICIPIO

presente
serv-ente

passato
serv-ito

GERUNDIO

presente
serv-endo

passato
avendo servito

■ Particolarità della terza coniugazione

Moltissimi verbi della coniugazione in *-ire* aggiungono, in alcune forme dell'indicativo presente, del congiuntivo presente e dell'imperativo, l'elemento **-isc-** tra la radice e la desinenza. Negli altri tempi si comportano regolarmente.

INDICATIVO	CONGIUNTIVO
presente	**presente**
io cap-isc-o	che io cap-isc-a
tu cap-isc-i	che tu cap-isc-a
egli cap-isc-e	che egli cap-isc-a
noi cap-iamo	che noi cap-iamo
voi cap-ite	che voi cap-iate
essi cap-isc-ono	che essi cap-isc-ano

IMPERATIVO
–
cap-isc-i tu
cap-isc-a egli
cap-iamo noi
cap-ite voi
cap-isc-ano essi

Ecco alcuni dei più comuni verbi in *-ire* che hanno il presente in *-isco*: *abbellire, agire, approfondire, arricchire, chiarire, colpire, costruire, definire, digerire, finire, fiorire, garantire, guarire, impedire, indebolire, istruire, marcire, obbedire, preferire, pulire, punire, reagire, restituire, sostituire, sparire, spedire, stabilire, tradire, ubbidire, unire*.

Coniugazioni irregolari

Le coniugazioni dei verbi sono irregolari quando tutte le forme non conservano la stessa radice dell'infinito oppure le desinenze non sono quelle standard di ciascuna coniugazione. Nel dizionario sono riportate tutte le forme dei verbi irregolari la cui coniugazione serve da modello per i verbi composti (*prendere* per *comprendere, riprendere* ecc.); si danno anche i modelli completi dei verbi in **-arre, -orre, -urre**.

Verbi predicativi e verbi copulativi

A seconda del loro significato e della loro funzione nella frase i verbi possono essere distinti in due categorie.
La prima, di gran lunga più numerosa, abbraccia tutti i verbi che da soli o uniti a un complemento oggetto esprimono un senso compiuto, cioè dicono, dichiarano qualcosa del soggetto (l'uccello *vola*, il pesce *nuota*, il gatto *fa le fusa*). Poiché in latino "dire, dichiarare" si dice *praedicare*, questi verbi sono detti **verbi predicativi**.
La seconda comprende quei verbi che, non esprimendo un senso compiuto, hanno la funzione di collegare il soggetto a un aggettivo o a un altro nome che li accompagna (il leone *è* coraggioso, i cani *sono* fedeli, il serpente *stava* immobile). Il verbo in questi casi fa da legame tra il soggetto e ciò che viene detto del soggetto, cioè il suo predicato. Poiché in latino "legame, vincolo" si dice *copula*, questi verbi sono chiamati **verbi copulativi**.
I verbi copulativi possono essere distinti in:

- **copulativi veri e propri**: *essere, stare, restare, sembrare, diventare*;
- **appellativi**: *chiamare, appellare* ecc.;
- **elettivi**: *eleggere, nominare, creare* ecc.;
- **estimativi**: *stimare, reputare, giudicare, considerare* ecc.

Verbi transitivi e intransitivi

Un'altra importantissima maniera di classificare i verbi si fonda sul fatto che possono o non possono essere seguiti da un complemento oggetto.
I verbi che possono reggere un complemento oggetto si chiamano **verbi transitivi**. Prendono il nome di transitivi perché quando il verbo è seguito dal complemento oggetto (*Luigi mangia la*

mela), è come se l'azione "passasse" dal soggetto sul complemento oggetto (in latino il verbo *transire* significa "passare"). I verbi transitivi formano i tempi composti con l'ausiliare *avere*.
I verbi che non possono essere seguiti da un complemento oggetto si chiamano **verbi intransitivi** (*Carlo corre*; *Ugo piange*; *Fabio verrà*). Alcuni verbi intransitivi formano i tempi composti con l'ausiliare *avere*, altri con l'ausiliare *essere* (*Carlo ha corso*; *Ugo ha pianto*; *Fabio sarà venuto*). Per ogni verbo intransitivo il dizionario indica l'uso di *essere* o *avere*.
Tutti i verbi transitivi possono essere usati anche senza complemento oggetto (*Luigi mangia*; *Marisa legge*; *Piera scrive*). In questo caso si dice che sono usati in **forma assoluta**.
Alcuni verbi normalmente intransitivi possono reggere come complemento oggetto un nome che ha la stessa radice del verbo (*vivere una vita serena*) o ha con il verbo una strettissima relazione di significato (*piangere lacrime amare*). In questi casi il verbo diventa transitivo e si dice che regge il **complemento oggetto interno**.
Molti verbi sono transitivi o intransitivi a seconda del loro significato: *girare* è intransitivo nel significato di "ruotare" (*il mondo gira*), è transitivo nel significato di "far ruotare" (*girare la chiave*); *passare* è intransitivo nel significato di "trascorrere" (*il tempo passa*), transitivo in quello di "dare, porgere" (*passami l'acqua*).

Forma attiva e forma passiva

Una successiva distinzione riguarda i verbi transitivi, che possono presentarsi in **forma attiva** o in **forma passiva**. Il verbo è nella forma attiva quando l'azione è compiuta dal soggetto, nella forma passiva quando l'azione è subita dal soggetto.

> Marco legge il giornale. (*attivo*)
> Il giornale è letto da Marco. (*passivo*)
> Il vento rovina le piste di neve. (*attivo*)
> Le piste di neve sono rovinate dal vento. (*passivo*)

Il passivo si forma ricorrendo alla coniugazione dell'ausiliare *essere*, a cui si fa seguire il participio passato del verbo. I verbi transitivi hanno dunque una coniugazione attiva e una coniugazione passiva.
Il passivo si può anche formare usando il verbo **venire** invece dell'ausiliare *essere*: *La porta è chiusa/viene chiusa*; *Un romanzo che è molto letto/che viene molto letto*.
Un'altra maniera di creare una costruzione passiva, nonostante la forma del verbo resti attiva, è con il pronome personale **si** combinato con un verbo di terza persona singolare o plurale: *Una casa che è affittata/che viene affittata/che si affitta*; *Parole che sono dette/che vengono dette/che si dicono*.
Bisogna infine ricordare la possibilità di formare, con certi particolari verbi, il passivo mediante il verbo **andare** usato come ausiliare: *La lettera andò perduta* (fu perduta); in certi casi al valore passivo si unisce il significato di "dovere": *Una regola che non va dimenticata* (che non deve essere dimenticata).

Verbi pronominali

Si definiscono generalmente pronominali i verbi le cui forme sono accompagnate da un pronome riflessivo: *mi lavo*, *ci siamo spaventati*, *addormentatevi*, *si sono abbracciati* ecc. I verbi pronominali si distinguono in **riflessivi** e **intransitivi pronominali**.

I riflessivi

Un verbo è riflessivo quando l'azione che esso esprime, compiuta dal soggetto, si "riflette", cioè ricade sul soggetto stesso: *io mi lavo* (io lavo me stesso), *tu ti asciughi* (tu asciughi te stesso), *lui si veste* (lui veste se stesso). Possono avere la forma riflessiva solo i verbi transitivi.
Quando l'azione, compiuta da più soggetti, ricade scambievolmente su di essi si ha un **riflessivo reciproco**: *Cesare e Antonio si salutano* (salutano l'un l'altro); *Eravamo amici ma ora non ci parliamo più* (non parliamo più l'uno all'altro).
Se l'azione compiuta dal soggetto non ricade direttamente sul soggetto, ma comunque va a suo vantaggio, a suo beneficio, abbiamo un **riflessivo apparente**: *Luisa si pettinava i capelli* (pettinava i capelli a se stessa); *Marco sta pulendosi le scarpe* (sta pulendo le scarpe a se stesso). Le

corrispondenti frasi col riflessivo vero e proprio sarebbero: *Luisa si pettinava* (pettinava se stessa); *Marco sta pulendosi* (sta pulendo se stesso).
I tempi composti dei verbi riflessivi si formano sempre con l'ausiliare *essere*.

Gli intransitivi pronominali

Gli intransitivi pronominali sono verbi intransitivi che si coniugano con la particella pronominale, ma senza che questa svolga una particolare funzione: *Mi congratulo con te*; *Giorgio si vergogna*; *Il mare si sta agitando*.
Le forme dei verbi intransitivi pronominali sono identiche a quelle dei verbi riflessivi. Anche gli intransitivi pronominali richiedono sempre l'ausiliare *essere*.

Verbi impersonali

Ogni verbo ha normalmente un soggetto, espresso o sottinteso. Talvolta, però, il verbo non ha un soggetto determinato; ciò avviene per esempio nelle seguenti frasi: *È piovuto tutto il giorno*; *Nevica sulle montagne*; *Fa un caldo terribile*. I verbi di questo tipo si dicono **impersonali**. Questi verbi vengono usati alla terza persona singolare. Oltre a *piovere, nevicare, far caldo*, altri verbi impersonali sono *tuonare, grandinare, far freddo, far giorno, far notte, albeggiare* ecc. Come si sarà notato, tutti questi verbi indicano dei fenomeni naturali.
Osserviamo adesso queste altre frasi: *Bisogna andare*; *È opportuno che tu parta*; *È necessario che lui venga*. Anche in questo caso *bisogna, è opportuno, è necessario* sono usati impersonalmente: in realtà questo è un uso solo apparentemente impersonale, perché in questo caso è la proposizione che segue a fare da soggetto, cioè *"andare" bisogna*; *"che tu parta" è opportuno*; *"che lui venga" è necessario*.
Ma qualsiasi verbo può essere costruito in forma impersonale: basta premettere la particella pronominale **si** alle forme della terza persona singolare: *Si mangia alle otto*; *Domani si vedrà*; *Si vive una sola volta*. I verbi che sono usati impersonalmente formano i tempi composti con l'ausiliare *essere* (*è tornato*; *è stato necessario*; *si è parlato*); quelli che indicano fenomeni naturali possono prendere anche l'ausiliare *avere* (*è piovuto, ha piovuto*).

Verbi servili

Quando i verbi *dovere, volere, potere, solere, sapere* sono costruiti con un verbo all'infinito, hanno la funzione di esprimere la particolare modalità dell'azione, cioè il soggetto ha necessità di compierla (*deve*), ha volontà di compierla (*vuole*), ha possibilità di compierla (*può*), ha l'abitudine di compierla (*suole*), ha la capacità di compierla (*sa*):

deve andare	(necessità)
vuole andare	(volontà)
può andare	(possibilità)
suole andare	(abitudine)
sa andare	(capacità)

Poiché questi verbi svolgono per così dire "un servizio" nei confronti dei verbi da cui sono seguiti, si chiamano **verbi servili**. Nei tempi composti i verbi servili *dovere, potere, volere, sapere* prendono preferibilmente l'ausiliare dal verbo che essi reggono (*solere* è difettivo dei tempi composti):

ho dovuto gridare	(*ho* gridato)
sono dovuto partire	(*sono* partito)
ho voluto farlo	(*ho* fatto)
sono voluto andare	(*sono* andato)

Tuttavia è possibile impiegare l'ausiliare *avere* anche quando il verbo che segue il verbo servile dovrebbe essere costruito con l'ausiliare *essere*. Si può dire perciò *sono dovuto partire* e *ho dovuto partire*; *sono dovuto andare* e *ho dovuto andare*; *non sono potuto venire* e *non ho potuto venire*; *non sono saputo arrivare* e *non ho saputo arrivare*.

Verbi fraseologici

I **verbi fraseologici**, come i verbi ausiliari e servili, si impiegano anch'essi in unione con un altro verbo di modo indefinito (infinito o gerundio) per esprimere:

1) un'azione prossima a iniziare (*stare per, essere per, essere sul punto di, accingersi a* ecc.):
   Lo spettacolo *stava per* incominciare.
   Il treno *era* lì lì *per giungere*.

2) un'azione che inizia (*cominciare a, mettersi a, accingersi a* ecc.):
   Il pubblico *cominciò a* fischiare.
   Il cavallo *si mise a* correre.

3) un'azione che si svolge (*stare, andare* ecc. + gerundio):
   L'uccellino *sta beccando*.
   Va dicendo cose non vere.

4) un'azione che continua (*continuare a, seguitare a* ecc.):
   Continua a piovere da due giorni.
   Hanno seguitato a parlare per due ore.

5) un'azione che finisce (*finire di, cessare di, smettere di* ecc.):
   Finalmente il bambino *finì di* urlare.
   Il gatto *ha smesso di* miagolare.

Uso dell'indicativo

L'**indicativo** è il modo del verbo che esprime la realtà, la certezza. Dispone di otto tempi, quattro semplici (presente, imperfetto, passato remoto e futuro semplice) e quattro composti (passato prossimo, trapassato prossimo, trapassato remoto e futuro anteriore).

▐ Presente

Il presente si usa fondamentalmente per indicare un evento che si verifica nel momento in cui si parla: *Carlo scrive* (mentre io dico ciò).
Si usa anche per esprimere un evento che avviene abitualmente: *In montagna d'inverno nevica*; o per affermare qualcosa che è vera sempre: *I fiori d'arancio sono molto profumati*.
Nel racconto di fatti accaduti nel passato, l'uso del presente invece di un tempo passato serve a dare evidenza, immediatezza al racconto stesso: *Dante nasce a Firenze nel 1265, muore a Ravenna nel 1321*. Il presente di questo tipo si chiama **presente storico**.
Soprattutto nell'uso parlato è molto comune l'uso del presente per indicare un'azione che si svolgerà nel futuro: *L'estate prossima vado in vacanza in Sardegna*; *La prossima volta mi comporto in modo diverso*.

▐ Futuro semplice

Il futuro semplice indica un evento che si verificherà posteriormente al momento in cui lo si enuncia: *Presto compirà diciotto anni*; *La prossima estate faremo un viaggio in roulotte*.
Il futuro può anche essere usato per indicare un evento che si verifica nello stesso momento in cui lo si enuncia; in questo caso però esprime un dubbio, non una certezza: *Mio figlio starà studiando* (credo che stia studiando, ma non ne sono certo).

▐ Imperfetto

L'imperfetto indica un evento che ha avuto una certa durata o si è ripetuto più volte nel passato: *Un raggio di luce illuminava la stanza* (azione durativa); *Per andare in città prendevamo il treno delle otto* (azione ripetuta).
Un altro tipo di imperfetto, anche questo molto comune, è quello storico o narrativo: *Dante nasceva a Firenze nel 1265*.

Passato remoto

Il passato remoto indica un evento accaduto precedentemente al tempo che noi prendiamo a riferimento, e concluso in se stesso (cioè che non produce più alcun effetto sul presente): *Secondo la leggenda Romolo e Remo fondarono Roma*; *Coppi fu campione del mondo di ciclismo*. Nella lingua di oggi l'uso del passato remoto sta perdendo sempre più terreno a vantaggio del passato prossimo.

Passato prossimo

Il passato prossimo è il tempo con cui si indica un'azione accaduta da poco nel passato e che produce ancora effetti sul presente: *Stanotte ho dormito poco* (e perciò ho ancora sonno, mi sento stanco); *Siamo arrivati a Bologna ieri sera* (e ora siamo ancora a Bologna).
Ma, come si è già detto, nell'italiano contemporaneo si usa sempre più frequentemente il passato prossimo al posto del passato remoto: *Secondo la leggenda Romolo e Remo hanno fondato Roma*; *Coppi è stato campione del mondo di ciclismo*.

Futuro anteriore

Il futuro anteriore si usa per indicare un evento che si verificherà nel futuro, ma precedentemente a un altro evento che si verificherà anch'esso nel futuro (questo sarà espresso con il futuro semplice): *Andrà a giocare dopo che avrà finito di studiare* (sia l'azione dello studiare sia quella del giocare avverranno nel futuro, ma l'azione del giocare avverrà solo quando l'azione dello studiare sarà terminata).

Trapassato prossimo

Il trapassato prossimo indica un evento accaduto nel passato precedentemente a un altro evento accaduto anch'esso nel passato: *Era contento perché aveva preso un bel voto* (il fatto di prendere un bel voto è accaduto prima del fatto che fosse contento).
Il trapassato prossimo è perciò sempre riferito a un altro tempo passato, imperfetto (come nel caso precedente) o passato remoto: *Era appena tornato a casa, quando lo chiamarono al telefono*.

Trapassato remoto

Il trapassato remoto ha lo stesso valore del trapassato prossimo, ma ormai è di uso solo scritto. Il tempo passato a cui può riferirsi il trapassato remoto è solo il passato remoto: *Quando ebbe finito di mangiare, uscì per una breve passeggiata*.

Uso del congiuntivo

In contrapposizione all'indicativo che è il modo del verbo che esprime la realtà, la certezza, il **congiuntivo** è il modo che esprime il dubbio, l'incertezza, la possibilità, il timore, il desiderio. Il congiuntivo ha quattro tempi, due semplici (presente e imperfetto) e due composti (passato e trapassato).

>Sono sicuro che *è* così.
>Non sono sicuro che *sia* così.
>
>Non *può* farcela.
>Temo che non *possa* farcela.
>
>*Siamo andati* via.
>*Fossimo andati* via!

Per lo più la proposizione che ha un verbo al modo congiuntivo dipende da un'altra proposizione (come nei primi due esempi sopra), ma può anche essere indipendente (come nell'ultimo esempio). Quando il congiuntivo è in una proposizione indipendente, il presente e l'imperfetto si usano in riferimento al presente, il passato e il trapassato in riferimento al passato:

presente	Che tu sia benedetto!
	Fossi matto!
passato	Che ci siano andati anche loro?
	Avessimo potuto evitarlo!

Il congiuntivo nelle dipendenti

L'uso dei tempi del congiuntivo nelle proposizioni dipendenti rispetta per lo più le seguenti regole:

1) quando il verbo al congiuntivo dipende da un tempo presente, se si vuole esprimere contemporaneità rispetto a questo, si deve usare il presente del congiuntivo, se si vuole esprimere anteriorità si deve usare il passato:

   Non so (*pres.*) che cosa succeda. (*contemp.*)
   Non so (*pres.*) che cosa sia successo. (*anter.*)

2) quando il verbo al congiuntivo dipende da un tempo passato, se si vuole esprimere contemporaneità rispetto a questo, si deve usare l'imperfetto del congiuntivo, se si vuole esprimere anteriorità, si deve usare il trapassato:

   Non sapevo (*pass.*) che cosa succedesse. (*contemp.*)
   Non sapevo (*pass.*) che cosa fosse successo. (*anter.*)

3) in dipendenza da un tempo futuro si usa il congiuntivo (passato) solo nel caso che si voglia esprimere anteriorità. Per esprimere contemporaneità si usa invece l'indicativo futuro:

   Non saprò (*fut.*) che cosa sia successo. (*anter.*)
   Non saprò (*fut.*) che cosa succederà. (*contemp.*)

Uso degli altri modi

Descriviamo ora sommariamente l'uso degli altri modi e tempi del verbo.

Condizionale

È il modo che esprime l'eventualità, la possibilità legata a una certa condizione. Il condizionale dispone di un tempo semplice (presente) e di un tempo composto (passato).
Il presente esprime l'eventualità nel presente: *Mangerei volentieri un panino* (se lo avessi, se potessi mangiarlo). Il passato esprime l'eventualità nel passato: *Avrei mangiato volentieri un panino* (se lo avessi avuto, se avessi potuto mangiarlo).

Imperativo

L'imperativo ha un solo tempo (presente) ed esprime un ordine da eseguire. Poiché non si può impartire un ordine a se stessi, l'imperativo manca della prima persona: *Alzati in piedi!*; *Uscite di qui!*; *Vadano via!*
La seconda persona singolare dell'imperativo negativo si rende con la forma dell'infinito presente preceduta da *non*: *Non andare!*; *Non parlare!*; *Non saltare!*

Infinito

L'infinito si usa soprattutto in proposizioni che dipendono da altre. Ha un tempo semplice (presente) e uno composto (passato). Il presente esprime contemporaneità o posteriorità rispetto al tempo della proposizione da cui l'infinito dipende: *Chiede di parlare*; *Prometto di venire*. Il passato esprime invece anteriorità: *Dice di aver mangiato*; *Spera di essere piaciuto*.
L'infinito presente può anche svolgere la funzione di nome: *Il viaggiare è molto istruttivo*; *Dipende da noi l'andare o il restare*.

Participio

Il participio ha due tempi: il presente e il passato. A parte l'uso del participio passato nella formazione dei tempi composti e nella coniugazione passiva, le forme del participio assolvono per lo più alla funzione di aggettivo: *la squadra vincente*, *l'alunno promosso*; o di nomi: *il vincente*, *i promossi*. In certi casi l'uso del participio come nome è talmente stabilizzato nella lingua che non si avverte più il valore del participio: *il dirigente*, *l'insegnante*, *il sorvegliante* ecc.

Gerundio
Il gerundio ha un tempo semplice (presente) e uno composto (passato). Il presente esprime contemporaneità rispetto al tempo della proposizione da cui il gerundio dipende: *Viene correndo*; *Lavora ascoltando la radio*. Il passato esprime anteriorità: *Avendo viaggiato si sentiva stanco*; *Essendo caduto aveva male a un piede*.
Di grande importanza nell'italiano è la perifrasi di *stare* + il gerundio presente, che esprime un'azione nella sua durata: *sta leggendo*, *stava mangiando*.

9 • L'AVVERBIO

L'avverbio è quella parte invariabile del discorso che serve a determinare un verbo, un aggettivo o un altro avverbio circa il modo, il tempo, il luogo, la quantità ecc.

Le forme dell'avverbio
Dal punto di vista della forma gli avverbi si distinguono in *semplici*, *composti* e *derivati*.

Avverbi semplici
Sono quegli avverbi che non derivano da altre parole, né sono scomponibili in radice e desinenza. Eccone alcuni: *adesso, assai, bene, così, domani, dopo, dove, forse, fuori, già, giù, gratis, ieri, insieme, ora, lì, meglio, meno, no, non, oggi, più, poi, presso, presto, quando, quanto, quasi, sempre, sì, sotto, su, subito, tanto, tardi*.

Avverbi composti
Derivano dalla fusione di due o più parole autonome. Eccone alcuni: *abbastanza, accanto, addosso, affatto, allora, almeno, ancora, appena, apposta, appunto, attraverso, dappertutto, davvero, finora, frattanto, indietro, infine, inoltre, intanto, invano, malgrado, nemmeno, neppure, oltremodo, peraltro, perfino, perlomeno, stamane, stasera, stavolta, suppergiù, talora*.

Avverbi derivati
Sono quelli che derivano da una parola, per lo più un aggettivo, mediante l'aggiunta dei suffissi *-mente* oppure *-oni*. Eccone alcuni: *allegramente, bruscamente, celermente, delicatamente, familiarmente, gioiosamente, ingenuamente, logicamente, pacificamente, unicamente; balzelloni, saltelloni, tastoni, tentoni*.

Locuzioni avverbiali
Si definisce **locuzione** una combinazione fissa di due o più parole che ha autonomia di significato, proprio come fosse una parola singola. Le locuzioni avverbiali hanno nella frase la funzione di un avverbio: *all'improvviso*, improvvisamente; *di solito*, solitamente; *in un batter d'occhio*, istantaneamente ecc.

Aggettivi usati come avverbi
Molti aggettivi qualificativi possono essere usati nella frase come avverbi. In questo caso sono invariabili. Ecco alcuni esempi:

L'aeroplano volava *basso*.
Mi piace parlar *chiaro*.
Dovete tagliar *corto*.
Preferiamo mangiar *leggero*.

I tipi di avverbi
La classificazione degli avverbi data nel precedente paragrafo si riferiva alla loro formazione. Ora si considereranno in base al loro significato, cioè al particolare punto di vista secondo cui modificano la parola a cui riferiscono.

9 • L'avverbio

■ Di modo
Indicano il modo in cui si svolge l'azione espressa dal verbo (*guida bene*, *accade raramente*, *cantò melodiosamente*). La categoria degli avverbi di modo è la più numerosa: oltre a molti avverbi semplici, composti e a molte locuzioni avverbiali, sono avverbi di modo la grande maggioranza degli avverbi in *-mente*, tutti quelli in *-oni* e tutti gli aggettivi usati come avverbi.

■ Di luogo
Specificano il luogo in cui si svolge l'azione o dove si colloca una persona o una cosa. Ecco quelli usati più frequentemente: *accanto, addosso, altrove, appresso, attorno, attraverso, davanti, ci, dappertutto, dentro, dietro, dinanzi, dirimpetto, dove, dovunque, entro, fuori, giù, indietro, innanzi, intorno, là, laggiù, lassù, lì, lontano, ne, ovunque, presso, qua, quaggiù, quassù, qui, sopra, sotto, su, vi, via*. Sono numerose le locuzioni avverbiali di luogo: *per di qua, per di là, in giù, in su, al di sopra, al di sotto, all'intorno, nei pressi* ecc.

■ Di tempo
Determinano il tempo in cui si svolge l'azione espressa dal verbo. Eccone un elenco tra quelli più comunemente usati: *adesso, allora, ancora, anzitempo, appena, dapprima, domani, domattina, dopo, finora, frattanto, già, ieri, infine, intanto, oggi, ora, ormai, poi, presto, prima, quindi, sempre, spesso, stamane, stanotte, stasera, talora, tardi, tuttora.*
Sono anche numerose le locuzioni avverbiali con valore temporale: *un giorno, una volta, di tanto in tanto, di buon'ora, per tempo, di notte, d'inverno, un anno fa, alla fine, mai e poi mai, or ora, adesso adesso* ecc.

■ Di quantità
Indicano una quantità, ma in modo indefinito, imprecisato. I più comuni sono: *abbastanza, almeno, alquanto, altrettanto, appena, assai, meno, molto, niente, nulla, parecchio, più, piuttosto, poco, quasi, soltanto, tanto, troppo.*
Sono locuzioni avverbiali di quantità: *all'incirca, press'a poco, su per giù, più o meno, per un poco, per un pelo, né tanto né poco* ecc.

■ Di giudizio
Si usano per affermare, negare o mettere in dubbio. Ecco un elenco:
- **affermativi**: *appunto, certamente, certo, davvero, esattamente, naturalmente, ovviamente, sicuramente, sicuro, sissignore*;
- **negativi**: *affatto, mica, neanche, nemmeno, neppure, no, non, nossignore*;
- **dubitativi**: *eventualmente, forse, magari, possibilmente, probabilmente, quasi.*

Locuzioni avverbiali: *per l'appunto, di sicuro, senza dubbio, niente affatto, neanche per idea, manco a dirlo* ecc.

■ Avverbi interrogativi
Introducono una domanda diretta che riguarda il modo (*come?*), il luogo (*dove?*), il tempo (*quando?*), la misura o la quantità (*quanto?*), la causa (*perché?*). Possono essere tutti rafforzati da *mai*:

Dove vai in vacanza?
Dove mai ti sei cacciato?

Quando ritorni?
Quando mai ho detto queste cose?

Perché taci?
Perché mai non dici una parola?

I gradi dell'avverbio

Allo stesso modo degli aggettivi qualificativi, numerosi avverbi hanno un grado positivo, un grado comparativo e un grado superlativo:

dolcemente	più dolcemente	dolcissimamente
lontano	più lontano	lontanissimo

Comparativi e superlativi particolari

Gli avverbi corrispondenti agli aggettivi *buono*, *cattivo*, *grande* ecc. hanno forme speciali di comparativo e di superlativo:

bene	meglio	benissimo/ottimamente
male	peggio	malissimo/pessimamente
molto	più	moltissimo
poco	meno	pochissimo/minimamente
grandemente	maggiormente	massimamente

10 • LA PREPOSIZIONE

La preposizione è quella parte invariabile del discorso che introduce un elemento che serve a completare il significato di un verbo, di un nome o di un'intera proposizione.
Le preposizioni si distinguono in *proprie* e *improprie*.

Preposizioni proprie

Le preposizioni proprie sono: *di, a, da, in, con, su, per, tra, fra*. Si chiamano così perché vengono usate esclusivamente come preposizioni (a parte *su*, che può essere anche avverbio).
Qui di seguito sono elencati i complementi introdotti dalle preposizioni proprie.

a

causa	svegliarsi a ogni rumore
distanza	la casa è a due chilometri
distributivo	due volte al giorno
fine	andare a caccia
limitazione	coraggioso a parole
mezzo o strumento	mulino a vento
modo	pagare a rate
modo-mezzo	andare a piedi
moto a luogo	andare a casa
pena	condanna all'esilio
predicativo	portare qualcuno ad esempio
qualità	gonna a fiori
stato in luogo	vivere a Parigi
tempo determinato	ti telefono alle cinque
termine	scrivere a un amico
vantaggio e svantaggio	parlare a loro favore/sfavore

con

circostanza	uscire con la pioggia
circostanza-causa	stare a letto con la febbre
compagnia	passeggiare con Maria
concessivo	con i soldi che ha sembra uno straccione

10 · La preposizione

limitazione	con la salute va meglio
mezzo	scrivere con la penna
modo	trattare con familiarità
qualità	un uomo col cuore d'oro
relazione	litigare con tutti
unione	uscire con l'ombrello

da

agente	è stato visitato dal dottore
allontanamento	uscire dal tracciato
causa	tremare dal freddo
causa efficiente	essere presi dalla paura
fine	sala da pranzo
limitazione	cieco da un occhio
mezzo	riconoscere dalla voce
misura	una lampadina da cento candele
modo	vita da cani
moto a luogo	andare dall'avvocato
moto da luogo	uscire dal negozio
moto per luogo	passare dal cortile
origine	santa Caterina da Siena
qualità	una ragazza dai capelli biondi
stato in luogo	incontrarsi dal notaio
stima o prezzo	un francobollo da mille lire
tempo continuato	l'aspetta da un mese

di

abbondanza e privazione	una zona ricca/povera d'acqua
allontanamento	andare via di casa
argomento	discutere di politica
causa	scoppiare di caldo
colpa	reo di tradimento
denominazione	il paese di Cuccagna
distributivo	di due in due
età	una ragazza di quindici anni
fine	segnale d'allarme
limitazione	tardo d'ingegno
materia	campana di bronzo
mezzo	bagnare d'acqua
misura	un pacco di dieci chili
modo	andare di corsa
moto da luogo	uscire di casa
origine	Lucia è di Bari
paragone	più bella di una regina
partitivo	il più bravo di tutti

pena	multa di un milione
qualità	un giovane d'ingegno
specificazione	un vaso di fiori
tempo continuato	un'attesa di due anni
tempo determinato	giocare di domenica

fra/tra

causa	fra tutti gli impegni non ha mai tempo
compagnia	trovarsi fra amici
distanza	la piazza è fra cento metri
distributivo	dividere fra molti
moto per luogo	passare tra la folla
partitivo	chi verrà tra voi?
stato in luogo	avere un oggetto fra le mani
tempo determinato	ci vedremo fra una settimana

in

fine	accorrere in aiuto
limitazione	è bravo in matematica
luogo-causa	tormentarsi dal dubbio
mezzo	viaggiare in treno
modo	ascoltare in silenzio
moto a luogo	entrare in porto
predicativo	prendere una donna in moglie
stato in luogo	abitare in città
tempo continuato	finire in un mese
tempo determinato	comincerà in settembre

per

causa	gridare per il dolore
distributivo	in fila per tre
fine	lottare per la sopravvivenza
limitazione	uguali per età
mezzo	afferrare per le braccia
misura	correre per cinque chilometri
moto a luogo	partire per la campagna
moto per luogo	passare per Genova
predicativo	passare per pazzo
sostituzione o scambio	prendere fischi per fiaschi
stato in luogo circ.	vagabondare per la città
stima e prezzo	vendere per dieci euro
tempo continuato	parlare per due ore
tempo determinato	ho un appuntamento per le sette
vantaggio/svantaggio	provare simpatia/antipatia per qualcuno

11 • La congiunzione

su

argomento	un libro sugli animali
misura	alto sui due metri
modo	vestito su misura
moto a luogo	salire su un albero
stato in luogo	una terrazza sul mare
tempo continuato	impiegare sulle due ore
tempo determinato	arrivare sulla mezzanotte

Preposizioni improprie

Si dicono improprie quelle preposizioni che in origine non avevano questo valore: gran parte di esse continuano infatti ad avere anche altri valori (sono avverbi, congiunzioni ecc.). Eccone un elenco: *anzi, attraverso, avanti, contro, dietro, dinanzi, dopo, durante, eccetto, fuorché, fuori, lungo, malgrado, mediante, nonostante, oltre, presso, rasente, raso, salvo, secondo, senza, sopra, sotto, tolto, tramite, tranne, verso*.
Ed ecco alcune frasi che esemplificano il loro uso:

Il ladro fuggì *attraverso* i campi.
La strada corre *lungo* il fiume.
Uscì *nonostante* il pericolo.
Si precipitò *verso* la porta.

■ Locuzioni preposizionali

Si definiscono così delle locuzioni che hanno nella frase lo stesso valore di una preposizione. Eccone un elenco: *a causa di, a favore di, accanto a, al di là di, al di qua di, contro a, davanti a, dentro di, di là da, di qua da, dietro a, di fronte a, fino da, fuori da, fuori di, in cima a, in conseguenza di, in fondo a, in luogo di, in mezzo a, in quanto a, insieme con, intorno a, invece di, oltre a, per effetto di, prima di, sino a, sopra a, sotto a*.
Ed ecco alcuni esempi del loro uso:

Non arrivarono *a causa del* maltempo.
Stava sempre *fuori* casa.
Un paese nascosto *in mezzo alle* montagne.
È uscito *insieme con* gli amici.

11 • LA CONGIUNZIONE

La congiunzione è quella parte invariabile del discorso che unisce due o più termini all'interno di una proposizione, o due o più proposizioni all'interno di un periodo.
Rispetto alla loro funzione sintattica si distinguono *congiunzioni coordinative* e *congiunzioni subordinative*.
In relazione alla loro forma si possono invece distinguere *congiunzioni semplici, congiunzioni composte* e *locuzioni congiuntive*.
Le **congiunzioni semplici** sono quelle costituite da un'unica parola e che non derivano dall'unione di altre parole. Le principali sono: *anche, anzi, che, come, così, dopo, dove, dunque, e, ma, magari, mentre, né, o, onde, ove, però, poi, pure, se, sia*.
Le **congiunzioni composte** sono quelle costituite da due o più parole unite a formare un'unica parola. Le più usate sono: *affinché, allora, ancora, appena, benché, cosicché, difatti, dimodoché, eppure, finché, fuorché, giacché, infatti, laddove, neanche, nemmeno, neppure, oppure, ossia, ovvero, perché, perciò, pertanto, poiché, quando, quantunque, sebbene, seppure, sicché, siccome, tuttavia*.
Le **locuzioni congiuntive** sono costituite da due o più parole scritte separatamente che fungono

da congiunzione. Eccone alcune: *fintanto che, in modo che, malgrado che, nonostante che, per il fatto che, per la qual cosa, sempre che, visto che*.

Congiunzioni coordinative

Le congiunzioni coordinative sono quelle che uniscono fra loro due o più elementi di una proposizione che hanno la stessa funzione (*Ho conosciuto Pina e Tina*, dove *Pina* e *Tina* sono entrambi complemento oggetto dello stesso verbo); oppure due o più proposizioni con lo stesso valore sintattico all'interno di un periodo (*Le ho conosciute* e *le ricordo con piacere*, ma *loro non si ricordano di me*, dove si ha un periodo costituito di tre proposizioni di pari importanza sintattica, collegate la prima e la seconda mediante la congiunzione *e*, la seconda e la terza mediante al congiunzione *ma*).

Le congiunzioni coordinative possono essere classificate in base al tipo di legame logico che stabiliscono tra gli elementi che collegano.

■ Copulative

Congiungono nella frase due elementi della stessa importanza; possono essere positive (*e/ed, anche, pure, inoltre, come* ecc.) o negative (*né, neanche, neppure, nemmeno* ecc.):

Salutò *e* uscì.
È un luogo bellissimo, *inoltre* è tranquillo.
Non l'ho invitata: *neanche* ci penso.

■ Disgiuntive

Congiungono sintatticamente due elementi che si escludono sul piano logico (*o, oppure, ovvero* ecc.):

Scegli questo *o* quello.
Non ho deciso se scrivere *oppure* telefonare.

■ Avversative

Congiungono nella frase due elementi che si contrappongono l'uno all'altro (*ma, però, anzi, invece, mentre, quando, tuttavia, eppure, bensì* ecc.).

Non voglio fare questo *ma* quello.
Sei libero, *però* non approfittarne.
Doveva andare a scuola, *invece* dorme.

■ Correlative

Stabiliscono una relazione, una corrispondenza fra due o più termini, in senso affermativo, negativo o disgiuntivo (*e... e, sia... sia, tanto... quanto, così... come, né... né, o... o, o... oppure* ecc.):

Mi piace *sia* la carne *sia* il pesce.
O vieni subito *o* mai più.
Non ci aiutarono *né* lui *né* lei.

■ Dichiarative o esplicative

Collegano due elementi di cui il secondo costituisce la spiegazione del primo (*cioè, infatti, vale a dire, ossia* ecc.):

Non riconosce il suo padrone: *infatti* è un cane stupido.
Devi cercare di concentrarti: *vale a dire* che non devi distrarti.

■ Conclusive

Congiungono due proposizioni di cui la seconda esprime una conclusione, una conseguenza della prima (*dunque, pertanto, perciò, quindi, sicché* ecc.):

Non ho mai recitato: *dunque* non sono un attore.
Non sono stanco: *quindi* uscirò con te.

Congiunzioni subordinative

Le congiunzioni subordinative collegano tra loro due proposizioni all'interno dello stesso periodo, instaurando un rapporto di dipendenza logica e sintattica della proposizione introdotta dalla congiunzione (*proposizione subordinata* o *dipendente*) rispetto all'altra (*proposizione reggente*). Come per le coordinative, le congiunzioni subordinative possono essere classificate in base alla natura del legame logico che instaurano.

Causali
Introducono una subordinata in cui viene spiegata la causa di quanto viene affermato nella reggente (*perché, giacché, ché, siccome, dato che, visto che, per il fatto che, quando, se* ecc.):

> Lo faccio *perché* mi piace.
> *Siccome* insisti, accetto.

■ Comparative
Introducono una proposizione dipendente in cui viene stabilito un paragone con quanto è detto nella reggente (*come, più che, meno che, tanto quanto, meglio che* ecc.):

> Si divertì *come* non si era mai divertito prima.
> Eseguì il lavoro *meglio che* poteva.

■ Concessive
Introducono una proposizione subordinata in cui è contenuta una circostanza contrastante, che tuttavia non è sufficiente a impedire che si verifichi quanto è espresso nella reggente (*sebbene, seppure, pure, nonostante, benché, quantunque, malgrado che, anche se* ecc.).

> *Sebbene* fosse stanco, continuò a correre.
> *Nonostante* sia un bugiardo, mi è simpatico.

■ Condizionali
La dipendente introdotta espone la condizione necessaria perché si verifichi quanto è contenuto nella reggente (*se, purché, pur di, qualora, quando, a condizione che, supposto che* ecc.).

> *Se* mancasse lui, l'impresa non riuscirebbe.
> Verrò *a condizione che* ci sia anche lei.

■ Consecutive
Nella dipendente viene indicata la conseguenza di quanto è espresso dalla reggente (*tanto... che, tanto... da, così... che, cosicché, di modo che, a tal punto che, troppo/poco...perché* ecc.):

> È *così* strano *da* non sembrare vero.
> Ho *tanto* sonno *che* dormirei anche in piedi.

■ Dichiarative
Introducono una subordinata in cui è dichiarato qualcosa (*che, come*):

> Disse *che* sarebbe partito.
> Non ti accorgi *come* sei stupido.

■ Eccettuative, limitative
Nella subordinata viene espressa un'eccezione o una limitazione a quanto contenuto nella reggente (*fuorché, tranne che, eccetto che, salvo che, a meno che, senza che, per quanto* ecc.):

> Farebbe di tutto *fuorché* arrendersi.
> Non ottiene nulla *a meno che* non minacci.

Finali
Introducono una proposizione dipendente in cui è indicato il fine, lo scopo per cui il fatto espresso dalla reggente si verifica, si realizza (*affinché, che, acciocché, per, perché* ecc.):

> Si rivolse a me *affinché* lo aiutassi.
> Lo ha detto *perché* noi lo sapessimo.

Interrogative, dubitative
La dipendente pone in forma indiretta una domanda o esprime un dubbio, un timore (*che, se, perché, quanto, quando, come* ecc.):

> Dimmi *se* mi vuoi bene.
> Le chiese *come* stava.

Modali
Introducono una proposizione subordinata nella quale viene indicato il modo in cui si verifica quanto è contenuto nella reggente (*come, come se, siccome, quasi, comunque* ecc.):

> Lo amava *come* fosse un figlio.
> La guardò *quasi* non la vedesse da anni.

Temporali
Nella subordinata si specificano le circostanze di tempo relative all'azione espressa dalla reggente (*quando, che, appena, appena che, come, allorché, mentre, finché, allorquando* ecc.):

> *Quando* si mangia non si parla.
> *Finché* c'è vita c'è speranza.

12 • L'INTERIEZIONE

L'interiezione o **esclamazione** è quella parte invariabile del discorso che esprime una reazione improvvisa per manifestare gioia, meraviglia, sorpresa, dubbio, disappunto, ira, odio, dolore o un qualsiasi altro sentimento o sensazione immediati. A seconda del tipo, le interiezioni possono essere distinte in interiezioni *proprie*, *improprie* e *locuzioni interiettive*.

Interiezioni proprie
Sono quelle parole che hanno nella lingua sempre e solo valore di interiezione: *ah, ahi, alé, eh, boh, deh, eh, ehi, ehm, oh, ohi, puah, uffa* ecc.

Interiezioni improprie
Sono nomi, aggettivi, verbi, avverbi che all'occasione possono essere usati come interiezioni: *accidenti!, adagio!, attento!, attenzione!, basta!, dannazione!, ecco!, fantastico!, grazie!, maledetti!, misericordia!, pietà!, perdono!, pronto!* (nell'uso telefonico), *salute!, somaro!, via!, viva!, zitto!* ecc.
Possiamo considerare interiezioni improprie anche quelle parole che usiamo come saluto: *arrivederci, buongiorno, buonasera, ciao, salve, salute* ecc.

Locuzioni interiettive
Sono costituite da un insieme di due o più parole che hanno, nel loro insieme, valore di interiezione: *Dio ce ne guardi!, Dio mio!, per amor del cielo!, per carità!, santo cielo!, santa pazienza!* ecc.

Curriculum vitae

Come va scritto

Il *curriculum* può essere redatto in **prima** o **terza persona**, oppure mediante la semplice **elencazione** dei vari elementi: "Ho conseguito la laurea in Medicina e Chirurgia" / "Ha conseguito la laurea in Medicina e Chirurgia" / "Laurea in Medicina e Chirurgia".

La scelta va fatta tenendo presente sia la consistenza del *curriculum* che il destinatario. Chi ha pochi elementi, oppure scrive a un privato o a una piccola azienda, preferirà la prima persona; rivolgendosi a un'azienda medio-grande, in cui il *curriculum* viene di solito letto ad alta voce, sarà invece preferibile il ricorso alla terza persona o la semplice elencazione dei dati.

Il *curriculum* può essere redatto:

- in **maniera discorsiva**: questa forma è adatta a chi è alle prime armi e ha un *curriculum* molto breve; il tono sarà narrativo, i verbi andranno al passato prossimo;
- come **lista di informazioni** o secondo un **raggruppamento per aree tematiche** (per es. studi, esperienze di lavoro, incarichi ricoperti ecc.): queste forme sono invece adatte a presentare in maniera più leggibile esperienze numerose e diversificate; l'impostazione sarà più formale, i verbi andranno al presente oppure potranno essere omessi. Il *curriculum* sarà redatto in modo molto schematico, le varie voci andranno raggruppate attraverso un titoletto opportunamente evidenziato (sottolineatura, grassetto, maiuscolo ecc.).

L'esposizione può seguire l'**ordine cronologico** (gli elementi vengono presentati nell'ordine in cui sono stati acquisiti) oppure l'**ordine cronologico inverso** (si parte dal presente per risalire all'indietro). La seconda modalità può essere indicata per chi ha già una carriera professionale piuttosto ricca e vuole mettere in rilievo questa, più che la formazione scolastica o le prime esperienze.

Che cosa contiene

Il *curriculum* vero e proprio va preceduto da una sezione nella quale sono inseriti i **dati personali**:

- **nome e cognome** (quest'ultimo tutto maiuscolo)
- **data di nascita**, con eventuale indicazione anche del **luogo**
- **nazionalità**: se la candidatura va all'estero, o se l'autore non è italiano
- **indirizzo** (eventualmente distinguendo tra "residenza" e "domicilio")
- **telefono** (specificando se si tratta del numero privato, dell'ufficio, del portatile, di una famiglia che ha dato la sua disponibilità a fungere da recapito), **fax**, indirizzo di **posta elettronica**
- **situazione familiare**: se è richiesta o se è opportuno farvi riferimento

Curriculum vitae

- **obblighi militari**: indicare la propria posizione al riguardo; se si è optato per il servizio civile può essere opportuno specificarlo (per es., se ci si sta candidando per un ente umanitario)
- posizione riguardo al **permesso di soggiorno** (per gli stranieri)

Il *curriculum* propriamente detto si apre invece con i **dati relativi agli studi**:

- **titolo di studio** (per i giovani, a partire dalla maturità) e votazione conseguita (specificare se in sessantesimi o centesimi)
- **istituzione** che l'ha rilasciato (se prestigiosa, altrimenti evitare)
- **specializzazione** post-universitaria
- **attività extrascolastiche o extrauniversitarie** coerenti con il profilo professionale richiesto (*stages*, borse di studio, scambi culturali ecc.)
- indicazioni sui propri **maestri** e sul **piano di studi** seguito, nonché su **seminari e corsi di specializzazione** (nel caso di candidature "accademiche" per borse di studio e simili)
- eventuali **pubblicazioni** (riferimento bibliografico, "in corso di stampa": valutare se è il caso di accluderle)

Seguono le **esperienze lavorative**. I dati da indicare sono i seguenti:

- **luogo di lavoro** (azienda, studio, ditta, istituto ecc.)
- **posizione** ricoperta
- **mansioni**, **responsabilità**, **risultati** ottenuti (questi elementi vanno inseriti in particolare per candidature nel settore privato e se servono a dare forza al *curriculum*)

Nel dare il riferimento a un luogo di lavoro è bene indicarne sinteticamente le caratteristiche, a meno che esse non siano ragionevolmente note. Può essere sufficiente dire "Ho lavorato come portiere all'Hôtel Ritz di Parigi" oppure "Sono stata dal 1987 al 1996 impiegata alla FIAT", ma sarà meglio specificare "Ho lavorato come portiere alla pensione Miramare di Rimini, un esercizio a due stelle a conduzione familiare" e "Sono stata impiegata alla *Bimbibelli* di Varese, una piccola ditta che produce abbigliamento per l'infanzia".

Vanno poi indicate le conoscenze ulteriori relative a **informatica** (le indicazioni saranno prettamente tecniche: per esempio "conoscenza di Windows XP") e **lingue straniere**.

Per le lingue bisognerà distinguere, se la propria competenza non è omogenea, tra conoscenza attiva, cioè saper parlare e scrivere, e passiva, cioè capire un testo scritto o qualcuno che parla. Saranno poi da segnalare eventuali soggiorni all'estero, se questo può aggiungere credibilità alla conoscenza della lingua. Si potrà inoltre indicare presso quali istituti, se affidabili o prestigiosi, si è appresa una lingua, specificando se sono stati conseguiti certificati o diplomi (il voto o il giudizio, se buono, va indicato). Un modo elegante per presentare competenze mediocri di lingua straniera è definirle "conoscenza scolastica".

Nel *curriculum* si può inserire, in chiusura, la **firma** (a mano, prima il nome e poi il cognome) e la **data**.

CANDIDARSI A UNA BORSA DI STUDIO

Dati personali	Rebecca DE RENZO nata a Caorle (VE) il 29 aprile 1976 residente a Caorle in via dei Tigli 45 tel. 347/667788 (cellulare)
Studi	maturità classica, conseguita nel 1994 presso il liceo "Tito Livio" di Caorle (voto: 58/60) laurea in Lettere, conseguita il 10/02/1998 presso l'Università di Padova con una tesi sul teatro di Ruzante (relatore prof. Luciano Dal Pero, voto: 108/110)
Corsi e laboratori	settembre 1998: laboratorio di recitazione su "Tecnica della Commedia dell'arte" con la Compagnia della Calza di Venezia (Venezia, Teatro Goldoni) gennaio 1999: seminario su "La Comédie Française dans l'Europe du XX Siècle" (30 ore) tenuto dal prof. Henry Rivière dell'Université de Lyon (Padova, Teatro Sociale)
Lingue straniere	francese e inglese (ottima conoscenza)
Altro	attività amatoriale di recitazione con la compagnia "El Morbìn" di Caorle

OFFRIRSI COME CONSULENTE

Nicola Danieli, nato il 3 ottobre 1959, si è laureato in Giurisprudenza all'Università Statale di Milano nel 1986 con una tesi sulle manovre speculative dei gestori di fondi immobiliari (relatore prof. T. Schioppini).
Si è quindi perfezionato, nel 1989, con un master in "Economics and Business" alla University of Illinois (durata: due anni).
Ha diretto fino al luglio 2000 la filiale di corso Sempione del Credito Commerciale Comasco, dopo aver lavorato per lo stesso Istituto come responsabile del Recupero Crediti dal 1990 al maggio 1998.
Attualmente collabora con lo studio legale Bianchi e Rossi di Pavia.

Recapito: via S. Cristina, 56 – 20100 Milano (tel. privato 02-889977, chiamare dopo le ore 17).

CANDIDARSI A UN POSTO DI LAVORO

(già con varie esperienze)

Dati personali
Livio PRINCIPATI, nato a Salerno il 4 agosto 1958, residente a Napoli in via Leone XIII 45, tel. 080-567897 (privato)/080-453423 (ufficio), coniugato, due figli.

Studi
1986   Diploma di perfezionamento in Management aziendale
1982   Laurea in Economia e Commercio
1977   Maturità scientifica

Esperienze professionali
Dal 1996   Collaborazione con lo studio associato di consulenza tributaria Scaltriti e Volponi.
1990-1995   Vicedirettore dell'agenzia di Portici del Banco del Salento.
1989-1990   Responsabile del centro di accoglienza per studenti stranieri presso l'Università di Salerno.
1984-1989   Impiegato presso la filiale di Napoli – corso Campi Flegrei – della Cassa di Risparmio di Maiori.

Conoscenze di informatica
Abitudine a lavorare con i programmi di videoscrittura Word e i sistemi operativi Windows e HTML; conoscenza elementare del programma di grafica Adobe.

Lingue straniere
Ottima conoscenza dell'inglese, con particolare riferimento al linguaggio tecnico dell'economia; buona conoscenza dello spagnolo e del francese; conoscenza elementare dell'arabo scritto.

(da: Bianca Barattelli, *Guida alla scrittura*, Antonio Vallardi Editore)

Sigle, acronimi e abbreviazioni

Delle sigle e delle abbreviazioni straniere diamo, nell'ordine: un'eventuale specifica tra parentesi tonde, l'abbreviazione della lingua d'origine e lo scioglimento della sigla; seguono, tra parentesi tonde, la traduzione letterale italiana e, nei casi che lo richiedano, una microspiegazione o una contestualizzazione.

Alcune sigle possono essere scritte sia con i punti (D.O.C.) sia senza punti (DOC), sia in maiuscolo (TFR) che in minuscolo (t.f.r.). Nel nostro elenco riportiamo la forma ritenuta più comune.

a 1 anno **2** ara **3** (*fis.*) accelerazione **4** (*geom.*) altezza.
A 1 Austria **2** ampere **3** (*fis.*) numero di massa **4** autostrada **5** (*mus.*) la **6** (*chim.*) adenina **7** australe **8** Associazione.
Å angstrom.
AA 1 sigla internazionale della compagnia aerea American Airlines **2** Anonima Alcolisti **3** Azienda Autonoma.
A.A. 1 Accademia Aeronautica **2** Alto Adige.
AAMS Amministrazione Autonoma dei Monopoli di Stato.
AAS Azienda Autonoma di Soggiorno.
AAST Azienda Autonoma di Soggiorno e Turismo.
AA.VV. Autori Vari.
ab. abitanti.
AB (*aer.*) ingl.: *AirBus* (bus dell'aria: aereo commerciale).
ABC ingl.: *American Broadcasting Company* (Compagnia americana di radiodiffusione).
ABI Associazione Bancaria Italiana.
ABS (*auto.*) ted.: *Anti-Blockier System* (Sistema antibloccaggio dei freni).
a.c. 1 assegno circolare **2** anno corrente **3** a capo.
a.C. avanti Cristo.
Ac (*chim.*) attinio.
A.C.C. Alta Corte Costituzionale.
A.C. di G. Alta Corte di Giustizia.
ACI 1 Automobile Club d'Italia **2** Azione Cattolica Italiana **3** Associazione Culturale Italiana.
ACIS Alto Commissariato per l'Igiene e la Sanità.
ACLI Associazioni Cristiane dei Lavoratori Italiani.
ACNUR Alto Commissariato delle Nazioni Unite per i Rifugiati.
ACRI Associazione fra le Casse di Risparmio Italiane.
ACTH (*med.*) ingl.: *Adrenocorticotrophic Hormone* (corticotropina).
AD 1 (*polit.*) Alleanza Democratica **2** Andorra.
A.D. 1 lat.: *Anno Domini* (nell'anno del Signore: dopo Cristo) **2** Amministratore Delegato.

ADMO Associazione Donatori di Midollo Osseo.
ADN ingl.: *Advanced Digital Network* (rete telematica digitale avanzata).
ADP 1 (*chim.*) ingl.: *Adenosine Diphosphate* (adenosindifosfato) **2** (*inform.*) ingl.: *Automatic Data Processing* (elaborazione automatica dei dati).
a.d.r. a domanda risponde.
ADVS Associazione Donatori Volontari del Sangue.
AEA 1 ingl.: *Association of European Airlines* (Associazione delle linee aeree europee) **2** ingl.: *American Economic Association* (Associazione economica americana).
AEDA Autori Editori Associati.
AEM Azienda Energetica Municipale.
AEN Agenzia per l'Energia Nucleare.
AF 1 Alta Frequenza **2** Agricoltura e Foreste **3** sigla internazionale della compagnia aerea Air France.
aff.mo affezionatissimo.
AFI 1 Alfabeto Fonetico Internazionale **2** Associazione Alfabetica Internazionale **3** ingl.: *Allied Forces in Italy* (Forze alleate in Italia).
Ag (*chim.*) argento.
AG 1 Agrigento **2** Alberghi per la Gioventù.
A.G. Autorità Giudiziaria.
AGA Agenzia Giornali Associati.
AGBD Associazione Genitori Bambini Down.
AGCI Associazione Generale delle Cooperative Italiane.
AGESCI Associazione Guide e Scouts Cattolici Italiani.
agg. aggettivo.
AGIP Azienda Generale Italiana Petroli.
AGIS Associazione Generale Italiana dello Spettacolo.
ago. agosto.
Ah amperora.
A.I. Aeronautica Italiana.
AIA 1 Associazione Italiana Arbitri **2** Associazione Italiana Anglistica.
AIAC Associazione Italiana Agenti Cambio.
AIACE Associazione Italiana Amici del Cinema d'Essai.

Sigle, acronimi e abbreviazioni

AIC 1 Associazione Italiana Cineoperatori **2** Associazione Italiana Calciatori.
AICC Alleanza Italiana Cooperative di Consumo.
AIDDA Associazione Imprenditrici Donne Dirigenti d'Azienda.
AIDO Associazione Italiana Donatori di Organi.
AIDS (*med.*) ingl.: *Acquired Immune Deficiency Syndrome* (Sindrome da immunodeficienza acquisita).
AIE 1 Associazione Italiana Editori **2** Agenzia Internazionale per l'Economia.
AIEA Agenzia Internazionale per l'Energia Atomica.
AIED Associazione Italiana Educazione Demografica.
AIPI Associazione Italiana Protezione Infanzia.
AIMA Azienda di Stato per gli Interventi sul Mercato Agricolo.
AIRC Associazione Italiana per la Ricerca sul Cancro.
AISCAT Associazione Italiana Società Concessionarie Autostrade e Trafori.
AISM Associazione Italiana per la Sclerosi Multipla.
AK Alaska.
a.l. anno luce.
Al (*chim.*) alluminio.
AL 1 Alessandria **2** Albania **3** Alabama.
Alfa Romeo Anonima Lombarda Fabbrica Automobili Romeo.
ALGOL (*inform.*) ingl.: *Algorithmic Oriented Language* (linguaggio algoritmico).
ALITALIA Aerolinee Italiane Internazionali.
all. allegato.
Alnico (*metall.*) alluminio-nichel-cobalto (lega per la costruzione di magneti permanenti).
a.m. lat.: *ante meridiem* (antimeridiano).
Am (*chim.*) americio.
AM 1 Armenia **2** (*elettron.*) ingl.: *Amplitude Modulation* (Modulazione d'ampiezza).
A.M. 1 Accademia Militare **2** Aeronautica Militare **3** Autorità Militare.
AMDI Associazione Medici Dentisti Italiani.
AME Accordo Monetario Europeo.
AMI Aeronautica Militare Italiana.
AMIU Azienda Municipalizzata Igiene Urbana.
AN 1 Ancona **2** Alleanza Nazionale.
ANA Associazione Nazionale Alpini.
ANAS Azienda Nazionale Autonoma delle Strade.
ANB Associazione Nazionale Bersaglieri.
ANC 1 Associazione Nazionale Carabinieri **2** Associazione Nazionale Combattenti **3** ingl.: *African National Congress* (Congresso nazionale africano).
ANCC Associazione Nazionale Cooperative di Consumo.
ANCI Associazione Nazionale Comuni Italiani.
ANCR Associazione Nazionale Combattenti e Reduci.
AND Andorra.

ANIC Associazione Nazionale dell'Industria Chimica.
ANICA Associazione Nazionale Industrie Cinematografiche e Affini.
ANM Associazione Nazionale Magistrati.
ANMI Associazione Nazionale Marinai d'Italia.
ANPA Agenzia Nazionale per la Protezione dell'Ambiente.
ANPAC 1 Associazione Nazionale Piloti Aviazione Civile **2** Associazione Nazionale Procuratori Agenti di Cambio.
ANPI Associazione Nazionale Partigiani d'Italia.
ANSA Agenzia Nazionale Stampa Associata.
AO Aosta.
AP Ascoli Piceno.
API 1 Anonima Petroli Italiana **2** Associazione Piccole (e Medie) Industrie.
apr. aprile.
APSA Amministrazione del Patrimonio della Sede Apostolica.
APT Azienda di Promozione Turistica.
AQ L'Aquila.
Ar (*chim.*) argo.
AR 1 Arezzo **2** Arkansas.
A.R. 1 Altezza Reale **2** Andata e Ritorno **3** Avviso di Ricevimento.
arc (*mat.*) arco.
ARCE Associazione per le Relazioni Culturali con l'Estero.
ARCI Associazione Ricreativa Culturale Italiana.
ARM Armenia.
ARSI Associazione per la Ricerca Scientifica Italiana.
art. articolo.
artt. articoli.
As (*chim.*) arsenico.
A.S. 1 Altezza Serenissima **2** Allievo Sottufficiale.
ASA 1 Associazione (italiana) per le Scienze Astronautiche **2** Assistenza Servizi Aerei **3** ingl.: *American Standard Association* (Associazione americana per la standardizzazione di misure, strumenti e simili).
ASCI Associazione Scoutistica Cattolica Italiana.
ASCII (*inform.*) ingl.: *American Standard Code for Information Interchange* (Codifica standard americana per lo scambio di informazioni).
ASCOM Associazione Commercianti.
ASL Azienda Sanitaria Locale.
ASSOLOMBARDA Associazione industriale Lombarda.
ASST Azienda di Stato per i Servizi Telefonici.
At (*chim.*) astato.
AT Asti.
A.T. Antico Testamento.
ata (*fis.*) atmosfera assoluta.
ATA 1 Associazione Trasporto Aereo **2** Associazione Turistica Albergatori.
ATI 1 Aero Trasporti Italiani **2** Azienda Tabacchi Italiani.

Sigle, acronimi e abbreviazioni

atm (*fis.*) atmosfera.
ATM Azienda Tranviaria Municipale; Azienda Trasporti Municipali.
ATP (*chim.*) ingl.: *Adenosine Triphosphate* (adenosintrifosfato).
Au (*chim.*) oro.
A.U. Allievo Ufficiale.
a.u.c. lat.: *ab urbe condita* (dalla fondazione di Roma).
A.U.C. Allievo Ufficiale di Complemento.
AUDITEL Audience Televisiva.
AUS Australia.
AUT.MIN.CONC. Autorizzazione Ministeriale Concessa.
AUT.MIN.RIC. Autorizzazione Ministeriale Richiesta.
a.v. (*in enciclopedie, dizionari*) lat.: *ad vocem* (alla voce).
AV Avellino.
AVIS Associazione Volontari Italiani del Sangue.
AY sigla internazionale della compagnia aerea Finnair.
az. (*fin.*) azione.
AZ 1 sigla internazionale della compagnia aerea Alitalia **2** Arizona **3** Azerbaijan.
B 1 Belgio **2** (*chim.*) boro **3** (*fis.*) bel **4** (*mus.*) si.
Ba (*chim.*) bario.
BA 1 Bari **2** sigla internazionale della compagnia aerea British Airways.
B.A. Belle Arti.
BAI Banca d'America e d'Italia.
BANKITALIA Banca d'Italia.
BASIC (*inform.*) ingl.: *Beginner's All-purpose Symbolic Instruction Code* (Codifica di istruzioni simbolica universale per principianti: linguaggio di programmazione di uso generale).
BBC ingl.: *British Broadcasting Corporation* (Ente britannico di radiodiffusione).
BD Bangladesh.
BDS Barbados.
BdS Banco di Sicilia.
Be (*chim.*) berillio.
B.E.I. Banca Europea per gli Investimenti.
BENELUX *Belgique - Nederland - Luxembourg* (Belgio, Paesi Bassi, Lussemburgo: unione economica e doganale).
BG 1 Bergamo **2** Bulgaria.
Bi (*chim.*) bismuto.
BI Biella.
B.I. Banca d'Italia.
BIGE fr.: *Billet Individuel Groupe Etudiant* (Biglietto individuale gruppo studenti).
BIH Bosnia-Erzegovina.
BIJ fr.: *Billet International pour Jeunes* (Biglietto internazionale per giovani).
BIN Banca di Interesse Nazionale.
Bk (*chim.*) berkelio.
BL Belluno.
BLR Bielorussia.
B.M. Banca Mondiale.
BMW ted.: *Bayerische Motoren Werke* (Fabbrica bavarese motori).

BN Benevento.
BNA Banca Nazionale dell'Agricoltura.
BNL Banca Nazionale del Lavoro.
BO Bologna.
BOL Bolivia.
BOT Buono Ordinario del Tesoro.
BP ingl.: *British Petroleum* (Compagnia britannica del petrolio).
B.P.L. (*in cambiali*) Buono Per Lire.
BPN Banca Popolare di Novara.
Bq (*fis.*) becquerel.
Br (*chim.*) bromo.
BR 1 Brindisi **2** Brigate Rosse **3** Banca di Roma **4** Brasile.
BRN Bahrein.
BRU Brunei.
BS 1 Brescia **2** Bahamas.
BT 1 Buono del Tesoro **2** (*fis.*) Bassa Tensione.
BTN Buono del Tesoro Novennale.
BTO Buono del Tesoro Ordinario.
BTP Buono del Tesoro Poliennale.
BTQ Buono del Tesoro Quadriennale.
btr. batteria.
B.U. Bollettino Ufficiale.
B.V. Beata Vergine.
B.V.M. Beata Vergine Maria.
BZ Bolzano.
c. 1 comma **2** capacità **3** capitolo **4** capitale **5** (*in azioni, obbligazioni*) convertibile **6** (*fis.*) costante **7** (*fis.*) velocità della luce e delle onde elettromagnetiche nel vuoto.
C 1 (*chim.*) carbonio **2** (*fis.*) capacità elettrica; coulomb **3** (*inform.*) linguaggio di programmazione **4** Cuba **5** (*mus.*) do **6** Compagnia **7** (*numero romano*) cento.
°C grado Celsius.
c.a. 1 (*fis.*) corrente alternata **2** corrente anno **3** (alla) cortese attenzione.
Ca (*chim.*) calcio.
CA 1 Cagliari **2** sigla internazionale della compagnia aerea Air China **3** California.
C.A. 1 Corte d'Appello **2** Consorzio Agrario.
CAAF Centro Autorizzato di Assistenza Fiscale.
cab. cablogramma.
CAB Codice di Avviamento Bancario.
cad. cadauno.
CAD (*inform.*) ingl.: *Computer Aided Design* (Progettazione assistita dal computer).
CAI 1 Club Alpino Italiano **2** (*in assicurazioni*) Constatazione Amichevole di Incidente.
cal caloria.
Cal grande caloria, kilocaloria.
Cal. California.
Can. Canada.
cap. capitolo.
C.A.P. 1 Codice di Avviamento Postale **2** Consorzio Agrario Provinciale.
C.A.R. Centro Addestramento Reclute.
CARIPLO Cassa di Risparmio delle Provincie Lombarde.
CASA Confederazione Artigiana Sindacati Autonomi.
CATV ingl.: *Cable TV* (televisione via cavo).

Sigle, acronimi e abbreviazioni

Cav. Cavaliere.
CB 1 Campobasso **2** (*radio*) ingl.: *Citizen's Band* (Banda cittadina).
CBS ingl.: *Columbia Broadcasting System* (Rete televisiva di Los Angeles).
cc 1 centimetro cubo **2** commi.
c.c. 1 corrente continua **2** ingl.: *carbon copy* (copia per conoscenza).
c/c conto corrente.
CC Carabinieri.
C.C. 1 Corpo Consolare **2** Corte Costituzionale **3** Corte di Cassazione **4** Corte dei Conti **5** Codice di Commercio **6** Codice Civile.
CCD (*polit.*) Centro Cristiano Democratico.
CCI Camera di Commercio Internazionale.
CCIAA Camera di Commercio, Industria, Artigianato e Agricoltura.
CCISS Centro Coordinamento Informazioni Sicurezza Stradale.
CCT Certificato di Credito del Tesoro.
cd (*fis.*) candela.
Cd (*chim.*) cadmio.
CD ingl.: *Compact Disc*.
C.D. 1 Commissione Disciplinare **2** Corpo Diplomatico **3** Comitato Direttivo **4** Consigliere Delegato.
C. d'A. 1 Corte d'Assise **2** Corte d'Appello **3** Corpo d'Armata **4** Consiglio d'Amministrazione **5** Consiglio d'Azienda.
C.D.C. Cooperativa Doppiatori Cinematografici.
c.d.d. come dovevasi dimostrare.
C.d.F. Consiglio di Fabbrica.
C.d.G. Compagnia di Gesù.
C.d.L. Camera del Lavoro.
CDN Canada.
C.d.R. Cassa di Risparmio.
CD-ROM ingl.: *Compact Disc-Read Only Memory* (memoria di sola lettura su compact disc).
C.d.S. 1 Circolo della Stampa **2** Codice della Strada **3** Consiglio di Sicurezza **4** Consiglio di Stato.
CDU 1 Classificazione Decimale Universale **2** (*polit.*) Cristiano Democratici Uniti.
Ce (*chim.*) cerio.
CE Caserta.
CEA Commissione per l'Energia Atomica.
C.E. 1 Consiglio d'Europa **2** Comitato Esecutivo.
CECA Comunità Europea del Carbone e dell'Acciaio.
ced. cedola.
CED 1 Comunità Europea di Difesa **2** Centro Elaborazione Dati.
CEE Comunità Economica Europea.
CEEA Comunità Europea dell'Energia Atomica.
CEI 1 Conferenza Episcopale Italiana **2** Comitato Elettrotecnico Italiano.
CENSIS Centro Studi Investimenti Sociali.
CERES Centro Ricerche Economiche e Sociali.
CERN Consiglio Europeo per le Ricerche Nucleari.

CERP Centro Europeo di Relazioni Pubbliche.
CESIS Comitato Esecutivo per i Servizi di Informazione e di Sicurezza.
CESPE Centro Studi di Politica Economica.
Cf (*chim.*) californio.
C.F. Codice Fiscale.
CFL Contratto di Formazione Lavoro.
CFP Centro di Formazione Professionale.
cfr. lat.: *confer* (confronta).
C.F.S. Corpo Forestale dello Stato.
cg centigrammo.
C.G. Console Generale.
CGE Compagnia Generale di Elettricità.
CGIL Confederazione Generale Italiana del Lavoro.
CGO Congo.
cgs, CGS centimetro-grammo-secondo.
CH 1 Chieti **2** fr.: *Confédération Helvétique* (Confederazione elvetica: Svizzera).
Ci (*fis.*) curie.
CI 1 Credito Italiano **2** Costa d'Avorio.
CIA ingl.: *Central Intelligence Agency* (Ufficio centrale d'informazione: servizi segreti USA).
CICR 1 fr.: *Comité International de la Croix Rouge* (Comitato Internazionale della Croce Rossa) **2** Comitato Interministeriale per il Credito e il Risparmio.
CID Cooperativa Italiana Doppiatori.
CIGA Compagnia Italiana dei Grandi Alberghi.
CIIS Comitato Interministeriale per l'Informazione e la Sicurezza.
C.I.L. Corpo Italiano di Liberazione.
CILEA Consorzio Interuniversitario Lombardo per l'Elaborazione Automatica.
CIM 1 Centro di Igiene Mentale **2** Commissione Italiana di Metrologia **3** Centro Italiano della Moda.
CIO Comitato Internazionale Olimpico.
CIP Comitato Interministeriale Prezzi.
CIPE Comitato Interministeriale per la Programmazione Economica.
CISA Centro Italiano di Studi Aziendali.
CISAL Confederazione Italiana Sindacati Autonomi dei Lavoratori.
CISL 1 Confederazione Italiana Sindacati Lavoratori **2** Confederazione Internazionale Sindacati Liberi.
CISNaL Confederazione Italiana Sindacati Nazionali Lavoratori.
CIT Compagnia Italiana Turismo.
cl centilitro.
Cl (*chim.*) cloro.
CL 1 Caltanissetta **2** (*polit.*) Comunione e Liberazione **3** Commissione Legislativa **4** Sri Lanka.
CLN Comitato di Liberazione Nazionale.
cm centimetro.
c.m. corrente mese.
Cm (*chim.*) curio.
C.M. Circolare Ministeriale.
CN 1 Cuneo **2** Codice della Navigazione **3** Capitale Netto.
CNA Confederazione Nazionale dell'Artigianato.

CNEL Consiglio Nazionale dell'Economia e del Lavoro.
CNEN Comitato Nazionale per l'Energia Nucleare.
CNI Consiglio Nazionale degli Ingegneri.
CNN (*tv*) ingl.: *Cable News Network* (rete televisiva americana di informazione via cavo).
CNR Consiglio Nazionale delle Ricerche.
CNSA Corpo Nazionale Soccorso Alpino.
c/o ingl.: *care of* (presso).
Co (*chim.*) cobalto.
CO 1 Como 2 Colombia 3 Colorado.
COBAR (*mil.*) Consiglio di Base di Rappresentanza.
COBAS Comitati di Base.
COBOL (*inform.*) ingl.: *Common Business Oriented Language* (linguaggio di programmazione orientato alle procedure amministrative correnti).
COCER (*mil.*) Consiglio Centrale di Rappresentanza.
CODACONS Coordinamento delle Associazioni dei Consumatori.
Cod. Civ. Codice Civile.
Cod. Comm. Codice di Commercio.
Cod. Dir. Can. Codice di Diritto Canonico.
Cod. Pen. Codice Penale.
Cod. Proc. Civ. Codice di Procedura Civile.
Cod. Proc. Pen. Codice di Procedura Penale.
COIR (*mil.*) Consiglio Intermedio di Rappresentanza.
COLDIRETTI (Confederazione Nazionale) Coltivatori Diretti.
COLF Collaboratrice Familiare.
COMECON Consiglio di Mutua Assistenza Economica.
CONAD Consorzio Nazionale Dettaglianti.
CONFAGRICOLTURA Confederazione (Generale) dell'Agricoltura (Italiana).
CONFAPI Confederazione (Nazionale) delle Associazioni della Piccola (e Media) Industria.
CONFARTIGIANATO Confederazione (Generale) dell'Artigianato (Italiano).
CONFCOMMERCIO Confederazione (Generale) del Commercio (Italiano).
CONFINDUSTRIA Confederazione (Generale) dell'Industria (Italiana).
CONI Comitato Olimpico Nazionale Italiano.
CONSOB Commissione Nazionale per le Società e la Borsa.
COOP Cooperativa (di consumo Italia).
Co.Re.Co. Comitato Regionale di Controllo.
cos (*mat.*) coseno.
cosec (*mat.*) cosecante.
Cost. costituzione.
COSV Comitato Organizzazioni Servizio Volontario.
cotg (*mat.*) cotangente.
CP (*polit.*) Cattolici Popolari.
C.P. 1 Casella Postale 2 Codice Penale 3 Consiglio Provinciale 4 Capitaneria di Porto.
C.P.C. Codice di Procedura Civile.

Sigle, acronimi e abbreviazioni

cpi (*inform.*) ingl.: *characters per inch* (caratteri per pollice).
C.P.M. Codice Penale Militare.
C.P.P. 1 Codice di Procedura Penale 2 Comitato Provinciale Prezzi.
C.p.r. con preghiera di restituzione.
C.P.R. (*mil.*) Camera di Punizione e di Rigore.
C.P.S. 1 (*mil.*) Camera di Punizione Semplice 2 Cassa di Previdenza dei Sanitari 3 Comitato Parlamentare per la Sicurezza.
cps (*inform.*) ingl.: *Characters per second* (caratteri al secondo).
c.p.v. capoverso.
CPU (*inform.*) ingl.: *Central Processing Unit* (Unità centrale di elaborazione).
Cr (*chim.*) cromo.
CR 1 Cremona 2 Costa Rica.
CRAL Circolo Ricreativo Assistenziale Lavoratori.
CRD Centro Ricerche e Documentazione.
CREDIT Credito Italiano.
CRI Croce Rossa Italiana.
CRIMINALPOL Polizia Criminale.
c.s. come sopra.
Cs (*chim.*) cesio.
CS 1 Cosenza 2 Controllo Statistico (di qualità).
C.S. 1 Codice della Strada 2 Consiglio di Sicurezza 3 Comando Supremo.
CSC 1 Centro Sperimentale di Cinematografia 2 Centro Studi Cinematografici.
CSD Commissione Suprema di Difesa.
CSI 1 Confederazione di Stati Indipendenti 2 Centro Sportivo Italiano.
CSM Consiglio Superiore della Magistratura.
CSN Consiglio Sanitario Nazionale.
CSS Consiglio Superiore di Sanità.
CT 1 Catania 2 Connecticut.
C.T. Commissario Tecnico.
CTE Certificati del Tesoro in ECU.
CTF (*corso di laurea*) Chimica e Tecnologia Farmaceutiche.
CTI Compagnia Turistica Italiana.
CTR Certificati del Tesoro Reali.
CTS 1 Certificati del Tesoro a Sconto 2 Centro Turistico Studentesco.
Cu (*chim.*) rame.
C.U. Commissario Unico.
CUN Consiglio Universitario Nazionale.
CUS Centro Universitario Sportivo.
CUT Centro Universitario Teatrale.
CV 1 cavallo vapore 2 lat.: *curriculum vitae* (curricolo) 3 Capo Verde 4 (*med.*) campo visivo.
c.v.d. come volevasi dimostrare.
c.vo corsivo.
CY Cipro.
CZ 1 Catanzaro 2 Repubblica Ceca.
D 1 Germania 2 (*chim.*) deuterio 3 (*treno*) Diretto 4 (*mus.*) re 5 (*numero romano*) cinquecento.
dag decagrammo.
dal decalitro.
dam decametro.

Sigle, acronimi e abbreviazioni

DAMS (*corso di laurea*) Discipline delle Arti, della Musica, dello Spettacolo.
DAT ingl.: *Digital Audio Tape* (nastro a registrazione digitale).
dB (*fis.*) decibel.
DB ted.: *Deutsche Bank* (Banca nazionale tedesca).
d.C. dopo Cristo.
D.C. (*polit.*, *st.*) Democrazia Cristiana.
D.C.G. Decreto del Capo del Governo.
DCS Dipartimento per la Cooperazione e lo Sviluppo.
D.C.S. Decreto del Capo dello Stato.
d.d.l., **D.D.L.** disegno di legge.
DDT diclorodifeniltricloroetano (insetticida).
DE Delaware.
DEA 1 ingl.: *Drug Enforcement Administration* (Direzione federale per la vigilanza sui narcotici negli USA) **2** (*med.*) Dipartimento Emergenza e Accettazione.
dg decigrammo.
D.G. Direzione Generale.
D.I. Decreto Interministeriale.
DIA Direzione Investigativa Antimafia.
dic. dicembre.
DIGOS Divisione Investigazioni Generali e Operazioni Speciali.
div. 1 (*Borsa*) dividendo **2** (*fis.*) divergenza.
D.J. Disk Jockey.
DK Danimarca.
dl decilitro.
DL (*chim.*) Dose Letale.
D.L. Decreto Legge.
DLF DopoLavoro Ferroviario.
D.lg. Decreto legislativo.
dm decimetro.
D.M. Decreto Ministeriale.
DNA 1 (*biol.*) ingl.: *Deoxyribo Nucleic Acid* (Acido desossiribonucleico) **2** Direzione Nazionale Anticrimine.
D.O.C. (*enologia*) Denominazione di Origine Controllata.
D.O.C.G. (*enologia*) Denominazione di Origine Controllata e Garantita.
D.O.P. (*agr.*) Denominazione di Origine Protetta.
DOS (*inform.*) ingl.: *Disk Operating System* (Sistema operativo su disco).
Dott. Dottore.
Dott.ssa Dottoressa.
DP Decreto Presidenziale.
D.P.C. Decreto del Presidente del Consiglio.
D.P.R. Decreto del Presidente della Repubblica.
DS (*polit.*) Democratici di Sinistra.
DSE Dipartimento Scuola ed Educazione (della RAI).
D.T. Direttore Tecnico.
DVD (*inform.*) ingl.: *Digital Video Disc*, *Digital Versatile Disc* (video disco digitale).
Dy (*chim.*) disprosio.
DZ Algeria.

e 1 marchio della CE che garantisce il peso netto preconfezionato **2** (*fis.*) carica elettrica dell'elettrone.
E 1 Spagna **2** Est **3** (*fis.*) campo elettrico; costante dielettrica **4** (*chim.*) additivo alimentare **5** (*mus.*) mi.
E.A. Ente Autonomo.
EAK Kenia.
EAU Uganda.
EBU 1 ingl.: *European Boxing Club* (Unione pugilistica europea) **2** ingl.: *European Broadcasting Union* (Unione europea di radiodiffusione).
EC 1 ingl.: *Eurocity* (treno rapido diurno internazionale) **2** Ecuador **3** EuroChèque.
E/C Estratto Conto.
ECA Ente Comunale di Assistenza.
ecc. eccetera.
Ecc. Eccellenza.
ECG (*med.*) elettrocardiogramma.
ECU ingl.: *European Currency Unit* (Unità monetaria europea).
EDP (*inform.*) ingl.: *Electronic Data Processing* (Elaborazione elettronica dei dati).
E.E. Escursionisti Esteri.
EED (*inform.*) Elaborazione Elettronica dei Dati.
EEG (*med.*) elettroencefalogramma.
EFTA ingl.: *European Free Trade Association* (Associazione europea di libero scambio).
E.I. Esercito Italiano.
EIR Irlanda.
EL Grecia.
Em (*chim.*) emazio.
Em. Eminenza.
EN 1 Enna **2** ingl.: *Euronight* (treno rapido notturno internazionale).
ENAL Ente Nazionale Assistenza Lavoratori.
ENALC Ente Nazionale Addestramento Lavoratori del Commercio.
ENALOTTO concorso pronostici abbinato al Lotto e gestito dall'ENAL.
ENAOLI Ente Nazionale per l'Assistenza agli Orfani dei Lavoratori Italiani.
ENAPI Ente Nazionale dell'Artigianato e delle Piccole Industrie.
ENASARCO Ente Nazionale di Assistenza per gli Agenti e Rappresentanti di Commercio.
ENEA Ente per le Nuove tecnologie, l'Energia e l'Ambiente.
ENEL Ente Nazionale per l'Energia Elettrica.
ENI Ente Nazionale Idrocarburi.
ENIC Ente Nazionale Industrie Cinematografiche.
ENIT Ente Nazionale Italiano per il Turismo.
ENPA Ente Nazionale Protezione Animali.
ENPAM Ente Nazionale di Previdenza e Assistenza Medici.
ENPAS Ente Nazionale di Previdenza e Assistenza per i dipendenti Statali.
ENPDEP Ente Nazionale di Previdenza per i Dipendenti da Enti di diritto Pubblico.
ENPI Ente Nazionale Prevenzione Infortuni.

E.O. Estremo Oriente.
EPA ingl.: *Environmental Protection Agency* (Ente per la protezione ambientale, negli USA).
E.P.T. Ente Provinciale per il Turismo.
EQ Equador.
Er (*chim.*) erbio.
ERASMUS ingl.: *European Community Action Scheme for the Mobility of University Students* (progetto di un impegno comunitario per la mobilità degli studenti universitari).
ERIT Ente Riscossione Imposte e Tasse.
Es (*chim.*) einstenio.
ESA 1 Ente di Sviluppo Agricolo **2** ingl.: *European Space Agency* (Ente spaziale europeo).
ESP ingl.: *Extra Sensory Perception* (Percezione extra-sensoriale).
EST Estonia.
ET 1 Egitto **2** Extraterrestre.
ETA basco: *Euzkadi Ta Arkatasuna* (Patria basca e libertà: organizzazione clandestina per l'indipendenza dei paesi baschi).
etc. lat.: *et cetera* (eccetera).
ETI Ente Teatrale Italiano.
Eu (*chim.*) europio.
EU Europa.
EUR Esposizione Universale di Roma (oggi quartiere residenziale di Roma).
EURATOM → **CEEA**.
EUTELSAT organizzazione Europea di Telecomunicazioni per mezzo di Satelliti.
eV (*fis.*) elettronvolt.
EVN Eurovisione.
EXP (*treno*) Espresso.
f. 1 fanteria **2** feriale **3** (*fis.*) frequenza **4** (*mat.*) funzione.
F 1 (*chim.*) fluoro **2** (*fis.*) farad, faraday **3** Francia **4** (*mus.*) fa.
°F (*fis.*) grado Fahrenheit.
FAI 1 Fondo Ambiente Italiano **2** Federazione Associazioni Industriali.
FAO ingl.: *Food and Agriculture Organization* (Organizzazione per l'alimentazione e l'agricoltura, organismo dell'ONU).
FAP Fondo Adeguamento Pensioni.
F.B.I. ingl.: *Federal Bureau of Investigation* (Ufficio federale investigativo negli USA).
FC Forlì-Cesena.
F.C. (*di studenti universitari*) Fuori Corso.
FCI Federazione Ciclistica Italiana.
FD Filodiffusione.
FDA ingl.: *Food and Drug Administration* (Agenzia di controllo cibi e farmaci, negli USA).
Fe (*chim.*) ferro.
FE Ferrara.
feb. febbraio.
fem (*fis.*) forza elettromotrice.
FF.AA. Forze Armate.
FFSS, FF.SS. Ferrovie dello Stato (oggi TRENITALIA).
FG Foggia.
FGI Federazione Ginnastica Italiana.
FI 1 Firenze **2** (*polit.*) Forza Italia.

FIAT Fabbrica Italiana Automobili Torino.
FIBS Federazione Italiana Baseball Softball.
FIC Federazione Italiana Canottaggio.
FIDAL Federazione Italiana Di Atletica Leggera.
F.I.d.C. Federazione Italiana della Caccia.
FIEG Federazione Italiana Editori Giornali.
FIFA fr.: *Fédération Internationale de Football Association* (Federazione internazionale del calcio).
FIG Federazione Italiana del Golf.
FIGC Federazione Italiana Gioco Calcio.
FIGE Federazione Italiana Guide Esploratrici.
FIHP Federazione Italiana Hockey e Pattinaggio.
FIM 1 Federazione Italiana Metalmeccanici **2** Federazione Internazionale Motociclistica **3** Federazione Italiana Motonautica.
FIN 1 Federazione Italiana Nuoto **2** Finlandia.
FIOM Federazione Impiegati e Operai Metallurgici.
FIP 1 Federazione Italiana Pallacanestro **2** Federazione Italiana della Pubblicità **3** Federazione Italiana Postelegrafonici.
FIPA Federazione Internazionale dei Produttori Agricoli.
FIPAV Federazione Italiana Pallavolo.
FIPS Federazione Italiana della Pesca Sportiva.
FIR Federazione Italiana Rugby.
FIS 1 Federazione Italiana Scherma **2** Federazione Italiana della Scuola.
FISAFS Federazione Italiana Sindacati Autonomi Ferrovie dello Stato.
FISE Federazione Italiana Sport Equestri.
FISG Federazione Italiana Sport Ghiaccio.
FISI Federazione Italiana Sport Invernali.
FISN Federazione Italiana Sci Nautico.
FIT Federazione Italiana Tennis.
FITAV Federazione Italiana Tiro a Volo.
FITeT Federazione Italiana Tennis Tavolo.
FIV Federazione Italiana Vela.
FL 1 Liechtenstein **2** Florida.
F.lli Fratelli.
FLM Federazione Lavoratori Metalmeccanici.
FLN Fronte di Liberazione Nazionale.
FLSI Federazione Lavoratori dello Spettacolo e dell'Informazione.
Fm (*chim.*) fermio.
F.M. ingl.: *Frequency Modulation* (modulazione di frequenza).
FMI 1 Fondo Monetario Internazionale **2** Federazione Motociclistica Italiana.
fmm (*fis.*) forza magnetomotrice.
FNM Ferrovie Nord Milano.
FNOM Federazione Nazionale degli Ordini dei Medici.
FNSI Federazione Nazionale della Stampa Italiana.
FOFI Federazione nazionale degli Ordini dei Farmacisti Italiani.
FORTRAN (*inform.*) ingl.: *Formula Translation* (Traduzione di formula: linguaggio di programmazione per risolvere problemi matematici).

Sigle, acronimi e abbreviazioni

FPI 1 Federazione Pugilistica Italiana **2** Federazione Pensionati Italiani.
FPL Fronte Popolare di Liberazione.
Fr 1 (*chim.*) francio **2** (*fis.*) franklin.
FR Frosinone.
FS Ferrovie dello Stato (oggi TRENITALIA).
FSE Fondo Sociale Europeo.
FSI Federazione Scacchistica Italiana.
FSM Federazione Sindacale Mondiale.
FUAN Fronte Universitario di Azione Nazionale.
FUCI Federazione Universitaria Cattolica Italiana.
FULAT Federazione Unitaria dei Lavoratori degli Aerotrasporti.
FULC Federazione Unitaria Lavoratori Chimici.
FULS Federazione Unitaria Lavoratori dello Spettacolo.
FULTA Federazione Unitaria Lavoratori Tessili e dell'Abbigliamento.
FUORI Fronte Unitario Omosessuale Rivoluzionario Italiano.
g 1 giorno **2** (*fis.*) accelerazione di gravità **3** grammo.
g. (*mil.*) genio.
G 1 (*chim.*) guanina **2** (*fis.*) gauss **3** (*mus.*) sol **4** Gabon.
Ga (*chim.*) gallio.
GA Georgia.
G.A. 1 Giunta Amministrativa **2** Genio Aeronautico.
GATT ingl.: *General Agreement on Tariffs and Trade* (Accordo generale sulle tariffe e sul commercio).
GB 1 Regno Unito di Gran Bretagna e Irlanda del Nord **2** (*inform.*) Gigabyte.
GBZ Gibilterra.
G.C. 1 Gesù Cristo **2** Genio Civile.
Gd (*chim.*) gadolinio.
G.d.F. Guardia di Finanza.
Ge (*chim.*) germanio.
GE 1 Genova **2** ingl.: *General Electric* (Società generale elettrica) **3** (*med.*) Gastroenterologia.
G.E. Giudice dell'Esecuzione.
GEI Giovani Esploratori Italiani.
gen. gennaio.
GEO Georgia.
Geom. Geometra.
GEPI 1 Gestione Editoriale Periodici Italiani **2** Gestione Esercizio Partecipazioni Industriali.
GESCAL Gestione Case per Lavoratori.
GESTAPO ted.: *Geheime Staatspolizei* (Polizia segreta di Stato nella Germania nazista).
GeV (*fis.*) gigaelettronvolt.
GH Ghana.
G.I. Giudice Istruttore.
GICO Gruppo d'Intervento contro la Criminalità Organizzata (unità della Guardia di Finanza).
GIP, G.I.P. Giudice per le Indagini Preliminari.
GIS Gruppo d'Intervento Speciale (reparto dei Carabinieri).
giu. giugno.

G.M. (*di ordini cavallereschi*) Gran Maestro.
GMT ingl.: *Greenwich Mean Time* (tempo medio di Greenwich).
G.N. Genio Navale.
GNB Guinea Bissau.
GO Gorizia.
G.P. 1 Gran Premio **2** Giunta Provinciale.
G.P.A. Giunta Provinciale Amministrativa.
GPL 1 Gas di Petrolio Liquefatto **2** Gas Propano Liquido.
GQ Guinea Equatoriale.
GR 1 Grosseto **2** Grecia **3** Giornale Radio.
G.R.A. Grande Raccordo Anulare.
grad (*fis.*) gradiente.
G.T. 1 Gran Turismo **2** Giudice Tutelare.
G.T.I. (*auto.*) Gran Turismo Internazionale.
G.U. Gazzetta Ufficiale.
GUF (*st.*) Gruppi Universitari Fascisti.
G.V. (*treno*) Grande Velocità.
GW (*fis.*) gigawatt.
Gy (*fis.*) gray.
h 1 altezza **2** ora **3** etto.
H 1 Ungheria **2** ingl.: *Hospital* (Ospedale) **3** (*chim.*) idrogeno **4** (*fis.*) campo magnetico; henry.
ha ettaro.
HAV (*med.*) ingl.: *Hepatitis A Virus* (virus dell'epatite A).
Hb (*med.*) emoglobina.
HB ingl.: *Hard Black* (durezza media di matite).
HBV (*med.*) ingl.: *Hepatitis B Virus* (virus dell'epatite B).
HCA Honduras.
HCV (*med.*) ingl.: *Hepatitis C Virus* (virus dell'epatite C).
Hct ematocrito.
HDTV ingl.: *High Definition TV* (televisione ad alta definizione).
He (*chim.*) elio.
Hf (*chim.*) afnio.
HF ingl.: *High Frequency* (alta frequenza).
hg ettogrammo.
Hg (*chim.*) mercurio.
HH ingl.: *Double Hard* (durezza doppia di matite).
HHH ingl.: *Triple Hard* (durezza tripla di matite).
HI Hawaii.
HIFI ingl.: *High Fidelity* (alta fedeltà).
HIV (*med.*) ingl.: *Human Immunodeficiency Virus* (virus dell'immunodeficienza umana: virus dell'AIDS).
HK Hong Kong.
hl ettolitro.
hm ettometro.
Ho (*chim.*) olmio.
HP (*fis.*) ingl.: *Horse Power* (cavallo vapore).
HR Croazia.
HTML (*inform.*) ingl.: *Hypertext Markup Language* (linguaggio standard per la codifica di ipertesti).
HTTP (*inform.*) ingl.: *Hypertext Transfer Proto-*

col (protocollo per il trasferimento di ipertesti in Internet).
Hz (*fis.*) hertz.
i (servizio) informazioni.
I 1 Italia **2** (*chim.*) iodio **3** (*fis.*) intensità di corrente elettrica **4** (*numero romano*) uno.
IA 1 Intelligenza Artificiale **2** Iowa.
IACP Istituto Autonomo per le Case Popolari.
IASM Istituto di Assistenza allo Sviluppo del Mezzogiorno.
IATA ingl.: *International Air Transport Association* (Associazione internazionale del trasporto aereo).
IB sigla internazionale della compagnia aerea Iberia.
IBI Istituto Bancario Italiano.
ibid. (*in citazioni bibliografiche*) lat.: *ibidem* (nello stesso luogo).
IBM ingl.: *International Business Machines* (Società internazionale macchine per ufficio).
IC 1 ingl.: *Intercity* (treno rapido diurno con servizio tra città e città) **2** Imposta di Consumo.
ICBPI Istituto Centrale delle Banche Popolari Italiane.
ICCREA Istituto di Credito delle Casse Rurali e Artigiane.
ICCRI Istituto di Credito delle Casse di Risparmio Italiane.
ICI Imposta Comunale sugli Immobili.
ICIAP Imposta Comunale per l'esercizio di Imprese, Arti e Professioni.
id. idem.
ID Idaho.
I.d.L. Ispettorato del Lavoro.
i.e. 1 iniezione elettronica **2** lat.: *id est* (cioè).
IFI Istituto Finanziario Italiano.
IGE Imposta Generale sull'Entrata.
IGM 1 Istituto Geografico Militare **2** Ispettorato Generale della Motorizzazione.
IGP (*di prodotti agro-alimentari*) Indicazione Geografica Protetta.
IHS lat.: *Jesus Hominum Salvator* (Gesù redentore degli uomini).
IL 1 Israele **2** Illinois.
ILOR Imposta Locale sui Redditi.
IM Imperia.
IMCTC Ispettorato generale della Motorizzazione Civile e dei Trasporti in Concessione.
IMI 1 Istituto Militare Italiano **2** Istituto Mobiliare Italiano.
IMQ Istituto del Marchio di Qualità.
in ingl.: *inch* (pollice).
In (*chim.*) indio.
IN Indiana.
INA Istituto Nazionale Assicurazioni.
INADEL Istituto Nazionale per l'Assistenza ai Dipendenti degli Enti Locali.
INAIL Istituto Nazionale per l'Assicurazione contro gli Infortuni sul Lavoro.
INAPLI Istituto Nazionale per l'Addestramento e il Perfezionamento dei Lavoratori dell'Industria.
INAS Istituto Nazionale Assistenza Sociale.

INCA Istituto Nazionale Confederale di Assistenza.
INCOM Industria Cortometraggi.
IND India.
Ing. Ingegnere.
INPDAI Istituto Nazionale di Previdenza per i Dirigenti di Aziende Industriali.
INPGI Istituto Nazionale di Previdenza dei Giornalisti Italiani.
INPS Istituto Nazionale Previdenza Sociale.
INRI lat.: *Jesus Nazarenus Rex Judeorum* (Gesù Nazareno Re dei Giudei).
INT Istituto Nazionale Trasporti.
INTELSAT ingl.: *International Telecommunications Satellite consortium* (Consorzio internazionale per le telecomunicazioni via satellite).
INTERPOL ingl.: *International criminal Police organization* (Organizzazione di polizia criminale internazionale).
INU Istituto Nazionale di Urbanistica.
INVIM Imposta sull'Incremento di Valore degli Immobili.
I/O ingl.: *Input/Output* (entrata/uscita).
IOR Istituto Opere di Religione (Banca vaticana).
IP Italiana Petroli.
IPS Istituto Poligrafico dello Stato.
IPSOA Istituto Postuniversitario per lo Studio dell'Organizzazione Aziendale.
I.Q. ingl.: *Intelligence Quotient*.
Ir (*chim.*) iridio.
IR 1 Iran **2** (*treno*) Interregionale **3** infrarosso.
IRA ingl.: *Irish Republican Army* (Esercito repubblicano irlandese: organizzazione armata clandestina).
IRI Istituto per la Ricostruzione Industriale.
IRL Irlanda.
IRPEF Imposta sul Reddito delle Persone Fisiche.
IRPEG Imposta sul Reddito delle Persone Giuridiche.
IRQ Iraq.
IRRSAE Istituto Regionale per la Ricerca, la Sperimentazione e l'Aggiornamento Educativo.
IS 1 Isernia **2** Islanda.
ISBN ingl.: *International Standard Book Number* (Codice numerico internazionale per l'identificazione dei libri).
ISDN (*inform.*) ingl.: *Integrated Services Digital Network* (rete digitale di servizi integrati).
ISEF Istituto Superiore di Educazione Fisica.
ISI Imposta Straordinaria sugli Immobili.
ISO ingl.: *International Standards Organization* (Organizzazione internazionale di standardizzazione).
ISPES Istituto di Studi Politici Economici e Sociali.
ISPT Istituto Superiore delle Poste e delle Telecomunicazioni.
ISS Istituto Superiore di Sanità.
ISTAT Istituto centrale di Statistica.
ITALGAS (Società) Italiana per il Gas.
ITALTEL (Società) Italiana Telecomunicazioni.

Sigle, acronimi e abbreviazioni

ITAV Ispettorato delle Telecomunicazioni e dell'Assistenza al Volo.
ITC Istituto Tecnico Commerciale.
ITG Istituto Tecnico per Geometri.
ITIS Istituto Tecnico Industriale Statale.
ITST Istituto Tecnico di Stato per il Turismo.
ITT ingl.: *International Telephone and Telegraph* (Società internazionale dei telefoni e dei telegrafi).
IVA Imposta sul Valore Aggiunto.
IVECO ingl.: *Industrial Vehicles Corporation* (Società di veicoli industriali).
J 1 (*fis.*) joule **2** Giappone.
JA Giamaica.
JK sigla internazionale della compagnia aerea Spanair.
JOR Giordania.
JR lat.: *junior* (il più giovane).
K 1 (*chim.*) potassio **2** grado Kelvin **3** Cambogia.
Kal. lat.: *kalendae* (calende: nelle iscrizioni latine).
KAN Kansas.
Kb (*inform.*) Kilobyte.
kcal. (*fis.*) kilocaloria, grande caloria.
keV (*fis.*) kiloelettronvolt.
kg kilogrammo.
KGB russo: *Komitét Gosudárstvennoj Bezopásnosti* (Comitato per la Sicurezza dello Stato: servizi segreti dell'URSS).
kgf (*fis.*) kilogrammo-forza.
kgm (*fis.*) kilogrammetro.
kgp (*fis.*) kilogrammo-peso.
kHz (*fis.*) kilohertz, chilohertz.
KLM ol.: *Koninklijke Luchtvaart Maatschappij* (Reale compagnia olandese di navigazione aerea: linee aeree olandesi).
km kilometro.
KM sigla internazionale della compagnia aerea Air Malta.
km/h kilometro orario.
kmq kilometro quadrato.
K.O. (*sport*) ingl.: *Knock-Out* (fuori combattimento).
Kr (*chim.*) cripto.
KR Crotone.
KS Kansas.
kV (*fis.*) kilovolt.
kW (*fis.*) kilowatt.
kWh (*fis.*) kilowattora.
KWT Kuwait.
KY Kentucky.
l 1 litro **2** lunghezza **3** lira **4** legge.
L 1 Lussemburgo **2** lira **3** (*numero romano*) cinquanta **4** (*di taglie d'abiti*) ingl.: *Large* (grande).
La (*chim.*) lantanio.
LA Lousiana.
LAFTA ingl.: *Latin America Free Trade Association* (Associazione latino-americana di libero scambio).
LAR Libia.
LASER ingl.: *Light Amplification by Stimulated Emission of Radiation* (amplificazione della luce per mezzo di emissione stimolata di radiazione).
lb ingl.: *pound* (libbra).
LC Lecco.
LCD ingl.: *Liquid Crystal Display* (visore a cristalli liquidi).
LE Lecce.
LED ingl.: *Light-Emitting Diode* (diodo emettitore di luce).
Legambiente Lega per l'Ambiente.
LF ingl.: *Low Frequency* (bassa frequenza).
LH sigla internazionale della compagnia aerea Lufthansa.
Li (*chim.*) litio.
LI Livorno.
LILA Lega Italiana per la Lotta contro l'AIDS.
LIN Lega Italiana Naturisti.
LIP Laboratorio di Igiene e Profilassi.
LIPU Lega Italiana per la Protezione degli Uccelli.
Lit. Lire Italiane.
LL. leggi.
LL.AA. Loro Altezze.
LL.PP. Lavori Pubblici.
lm (*fis.*) lumen.
ln (*mat.*) logaritmo naturale.
LO Lodi.
LOC Lega Obiettori di Coscienza.
log (*mat.*) logaritmo decimale.
LP (*mus.*) ingl.: *Long Playing* (Lunga esecuzione: nei microsolchi).
LSD (*chim.*) ingl.: *Lysergic Acid Diethylamide* (dietilammide dell'acido lisergico).
LT 1 Latina **2** Lituania.
Ltd ingl.: *limited* (Società a responsabilità limitata).
Lu (*chim.*) lutezio.
LU Lucca.
LUCE (*cine.*) L'Unione Cinematografica Educativa (istituto cinematografico).
lug. luglio.
LV Lettonia.
Lw (*chim.*) laurenzio.
lx (*fis.*) lux.
m 1 metro **2** (*fis.*) massa.
M 1 (*di taglie d'abiti*) ingl.: *Medium* (media) **2** Malta **3** (*numero romano*) mille **4** Metropolitana.
mA milliampere.
MA 1 Marocco **2** Massachusetts **3** Etiopia.
mag. maggio.
MAL Malaysia.
mar. marzo.
mb (*fis.*) millibar.
Mb (*inform.*) Megabyte.
MC 1 Macerata **2** (*principato*) Monaco.
M.C.D. (*mat.*) Massimo Comun Divisore.
mCi (*fis.*) millicurie.
M.C.L. Movimento Cristiano dei Lavoratori.
m.c.m. (*mat.*) minimo comune multiplo.
Md (*chim.*) mendelevio.
MD 1 Maryland **2** Moldova.
ME 1 Messina **2** Maine.

M.E. 1 Movimento Europeo **2** Medio Evo.
M.E.C. Mercato Comune Europeo.
METEOSAT ingl.: *Meteorological Satellite* (satellite meteorologico).
MeV (*fis.*) megaelettronvolt.
MEX Messico.
MF Modulazione di frequenza.
M.F.E. Movimento Federalista Europeo.
mg milligrammo.
Mg (*chim.*) magnesio.
MGM (*cine.*) Metro Goldwyn Mayer (casa produttrice cinematografica americana).
MHz Megahertz.
mi (*unità di misura*) miglio.
MI 1 Milano **2** Michigan.
M.I. Magistratura Indipendente.
MIBTEL Milano Indice Borsa Telematico.
min minuto.
MIT ingl.: *Massachusetts Institute of Technology* (Istituto di tecnologia del Massachusetts).
MK Macedonia.
mks, MKS (*fis.*) sistema di unità di misura metro-kilogrammo-secondo.
mksa, MKSA (*fis.*) sistema di unità di misura metro-kilogrammo-secondo-ampere.
ml millilitro.
mm millimetro.
MM 1 Marina Militare **2** Metropolitana Milanese.
M.M.M. Ministero della Marina Mercantile.
MMS ingl.: *Multimedia Messaging Service* (sistema di invio di messaggi multimediali da cellulare a cellulare).
Mn (*chim.*) manganese.
MN 1 Mantova **2** Minnesota.
Mo (*chim.*) molibdeno.
MO 1 Modena **2** Missouri.
M.O. Medio Oriente.
MOC 1 Mineralometria Ossea Computerizzata **2** Mozambico.
MODEM (*telecom.*, *inform.*) Modulatore/Demodulatore.
MOL Moldavia.
MOMA ingl.: *Museum of Modern Art* (Museo di Arte Moderna a New York).
M.P. 1 Movimento Popolare **2** ingl.: *Military Police* (Polizia Militare).
MPI 1 (*marchio di garanzia*) Manufatto Plastico Igienico **2** Medie e Piccole Imprese.
MPS Monte dei Paschi di Siena.
mq metro quadrato.
Mr. ingl.: *Mister* (Signore).
Mrs. ingl.: *Mistress* (Signora).
ms millisecondo.
ms. manoscritto.
M.S. Movimento Studentesco.
MS 1 Massa Carrara **2** Mississippi.
MSI-DN (*polit.*, *st.*) Movimento Sociale Italiano-Destra Nazionale.
mss. manoscritti.
Mt (*fis.*) megatone.
MT 1 Matera **2** Media Tensione **3** Montana.

MURST Ministero dell'Università e della Ricerca Scientifico-Tecnologica.
mV (*fis.*) millivolt.
mW (*fis.*) milliwatt.
MW (*fis.*) megawatt.
MWh (*fis.*) megawattora.
n numero.
n. 1 nome **2** nominativo **3** numero.
N 1 Nord **2** Norvegia **3** (*fis.*) newton **4** (*chim.*) azoto **5** (*scacchi*) Nero.
nA (*fis.*) nanoampere.
Na (*chim.*) sodio.
NA Napoli.
NAD Nucleo Anti-Droga.
NAP Nuclei Armati Proletari.
NAFTA ingl.: *North American Free Trade Agreement* (Accordo di libero scambio nell'America settentrionale).
NAS Nucleo Anti-Sofisticazioni.
NASA ingl.: *National Aeronautic and Space Administration* (Ente nazionale aeronautico e spaziale negli USA).
NASDAQ (*econ.*) ingl.: *National Association of Securities Dealers Automated Quotations* (Associazione nazionale operatori di titoli a quotazioni automatizzate).
NATO ingl.: *North Atlantic Treaty Organization* (Organizzazione del trattato nordatlantico).
Nb (*chim.*) niobio.
N.B. Nota Bene.
NBA Nuovo Banco Ambrosiano.
NBC ingl.: *National Broadcasting Company* (Compagnia nazionale di radiodiffusione negli USA).
NC ingl.: *North Carolina* (Carolina del Nord).
NCEU Nuovo Catasto Edilizio Urbano.
nCi (*fis.*) nanocurie.
NCT Nuovo Catasto Territoriale.
Nd (*chim.*) neodimio.
ND ingl.: *North Dakota* (Dakota del Nord).
N.D. lat.: *Nobilis Domina* (Nobildonna).
N.d.A. Nota dell'Autore.
N.d.E. Nota dell'Editore.
N.d.R. Nota della Redazione.
N.d.T. Nota del Traduttore.
Ne (*chim.*) neon.
NE 1 Nord-Est **2** New England **3** Nebraska.
NETTUNO Network Teledidattico per l'Università Ovunque.
nF (*fis.*) nanofarad.
NH 1 New Hampshire **2** lat.: *Nobilis Homo* (Nobiluomo).
Ni (*chim.*) nichel.
NIC Nicaragua.
NJ New Jersey.
NL Paesi Bassi.
nm (*fis.*) nanometro.
NM New Mexico (Nuovo Messico).
NN lat.: *nescio nomen* (non conosco il nome: di paternità ignota).
NNE Nord-Nord-Est.
NNO Nord-Nord-Ovest.
No (*chim.*) nobelio.

Sigle, acronimi e abbreviazioni

NO 1 Novara **2** Nord-Ovest.
NOCS Nucleo Operativo Centrale di Sicurezza (corpo speciale della Polizia).
NOE Nucleo Operativo Ecologico (reparto dei Carabinieri).
nov. novembre.
Np 1 (*fis.*) neper **2** (*chim.*) nettunio.
ns (*fis.*) nanosecondo.
N.S. Nostro Signore, Nostra Signora.
N.S.G.C. Nostro Signore Gesù Cristo.
N.T. 1 Nuovo Testamento **2** (*di assegni*) Non Trasferibile.
NTPA Nucleo per la Tutela del Patrimonio Artistico.
NU 1 Nuoro **2** Nettezza Urbana.
NV Nevada.
NW ingl.: *North-West* (Nord-Ovest).
NY New York.
NZ Nuova Zelanda.
O 1 Ovest **2** (*chim.*) ossigeno.
O. Ohio.
obbl. (*Borsa*) obbligazione.
OC Onde Corte.
OCSE Organizzazione per la Cooperazione e lo Sviluppo Economico.
O.D.A. Opera Diocesana di Assistenza.
O.d.G. Ordine del Giorno.
OGM (*biol.*) Organismo Geneticamente Modificato.
OH Ohio.
OIPC Organizzazione Internazionale della Polizia Criminale.
OK 1 ingl.: *Oll Korrect*, alterazione di *all correct* (Tutto giusto: sigla anglosassone di assenso, autorizzazione e simili) **2** Oklahoma **3** sigla internazionale della compagnia aerea Czech Airlines.
OL Onde Lunghe.
OLP Organizzazione per la Liberazione della Palestina.
OM 1 Onde medie **2** Oman.
O.M. 1 Ordinanza Ministeriale **2** Ospedale Militare.
OMS Organizzazione Mondiale della Sanità.
OMT Organizzazione Mondiale del Turismo.
ONARMO Opera Nazionale di Assistenza Religiosa e Morale agli Operai.
ONG Organizzazione Non Governativa.
ONLUS Organizzazione Non Lucrativa di Utilità Sociale.
ONU Organizzazione delle Nazioni Unite.
OO.PP. Opere Pubbliche.
OO.RR. Ospedali Riuniti.
OPA (*di azioni di società*) Offerta Pubblica di Acquisto.
OPAC (*inform.*) ingl.: *Online Public Access Catalogue* (catalogo di biblioteche accessibile pubblicamente online).
op. cit. lat.: *opere citato* (nell'opera citata in bibliografia).
OPEC ingl.: *Organization of Petroleum Exporting Countries* (Organizzazione dei paesi esportatori di petrolio).

OR 1 Oristano **2** Oregon.
Os (*chim.*) osmio.
OS (*inform.*) ingl.: *Operating System* (Sistema operativo).
OSA Organizzazione degli Stati Americani.
ott. ottobre.
p. 1 pagina **2** piazza **3** popolazione **4** pressione.
P 1 Portogallo **2** Parcheggio **3** Pretura **4** Pretore **5** (*auto.*) Principiante alla guida **6** (*geog.*) Punta.
P2 Propaganda 2 (loggia massonica).
P38 ted.: *Pistole 1938* (Pistola 1938: pistola di grosso calibro).
Pa 1 (*chim.*) protoattinio **2** (*fis.*) pascal.
PA 1 Palermo **2** Panama **3** Pennsylvania.
P.A. 1 Pubblica Amministrazione **2** Patto Atlantico **3** (*cine.*) Piano Americano.
Pacs Patto di Convivenza e Solidarietà.
PAK Pakistan.
PAL ingl.: *Phase Alternating Line* (Linea a fase alternata: sistema di televisione a colori).
Pb (*chim.*) piombo.
pc (*fis.*) parsec.
p.c. per conoscenza.
PC Piacenza.
P.C. 1 Personal Computer **2** Polizza di Carico.
p.c.c. per copia conforme.
PCF (*polit.*) Partito Comunista Francese.
PCI (*polit., st.*) Partito Comunista Italiano.
PCUS (*polit.*) Partito Comunista dell'Unione Sovietica.
Pd (*chim.*) palladio.
PD Padova.
P.d'A. (*polit., st.*) Partito d'Azione.
PDS (*polit.*) Partito Democratico della Sinistra.
PE 1 Pescara **2** Perù **3** Parlamento Europeo.
PEN Piano Energetico Nazionale.
pF (*fis.*) picofarad.
p.f. per favore.
PG Perugia.
P.G. 1 Procura Generale **2** Polizia Giudiziaria.
p.g.r. per grazia ricevuta.
pH (*chim.*) lat.: *potentia Hydrogenii* (potenziale idrogeno).
PI 1 Pisa **2** Filippine.
P.I. 1 Pubblica Istruzione **2** Pubblico Impiego **3** Partita IVA.
PIL Prodotto Interno Lordo.
PIN 1 Prodotto Interno Netto **2** ingl.: *Personal Identification Number* (numero personale di identificazione).
PK Pakistan.
PL 1 Prodotto Lordo **2** Polonia.
P/L passaggio a livello.
PLI (*polit., st.*) Partito Liberale Italiano.
Pm (*chim.*) promezio.
p.m. lat.: *post meridiem* (pomeridiano: nell'uso anglosassone).
P.M. 1 Pubblico Ministero **2** Polizia Militare **3** Pontefice Massimo **4** (*cine.*) Piano Medio **5** ingl.: *Product Manager* (responsabile marketing).
PMD (*psicol.*) Psicosi Maniaco Depressiva.
PML Prodotto Materiale Lordo.
PMN Prodotto Materiale Netto.

PN Pordenone.
PNF (*polit.*) Partito Nazionale Fascista.
PNL Prodotto Nazionale Lordo.
PNN Prodotto Nazionale Netto.
Po (*chim.*) polonio.
PO Prato.
P.O. 1 Posta Ordinaria **2** Potere Operaio.
P.O. Box ingl.: *Post Office Box* (Casella postale).
POLFER Polizia Ferroviaria.
POLSTRADA Polizia Stradale.
postel posta elettronica.
pp. 1 pagine **2** pacco postale.
P.P. 1 (*cine.*) Primo Piano **2** Profitti e Perdite.
PPI (*polit.*) Partito Popolare Italiano.
PPP (*cine.*) Primissimo Piano.
PP.SS. Partecipazioni Statali.
PP.TT. Poste e Telegrafi.
Pr (*chim.*) praseodimio.
PR Parma.
P.R. 1 (*polit.*) Partito Radicale **2** Piano Regolatore **3** Procuratore della Repubblica **4** ingl.: *Public Relations* (Pubbliche Relazioni).
PRA Pubblico Registro Automobilistico.
PRC (*polit.*) Partito della Rifondazione Comunista.
PRG Piano Regolatore Generale.
PRI (*polit.*, *st.*) Partito Repubblicano Italiano.
Proc. Gen. Procuratore Generale.
Prof. Professore.
Prof.ssa Professoressa.
P.S. 1 Polizia di Stato **2** Partita Semplice **3** Prodotto Sociale **4** lat.: *Post Scriptum* (scritto dopo, poscritto).
P.S.d'A. (*polit.*) Partito Sardo d'Azione.
PSDI (*polit.*, *st.*) Partito Socialista Democratico Italiano.
PSI (*polit.*) Partito Socialista Italiano.
PSL Prodotto Sociale Lordo.
PSN Prodotto Sociale Netto.
PSU (*polit.*) **1** Partito Socialista Unitario **2** Partito Socialista Unificato.
Pt (*chim.*) platino.
PT Pistoia.
P.T. 1 Posta e Telecomunicazioni **2** Polizia Tributaria.
P.T.P. Posto Telefonico Pubblico.
Pu (*chim.*) plutonio.
PU Pesaro-Urbino.
P.U. 1 Polizia Urbana **2** Pubblico Ufficiale.
PULSAR (*astr.*) ingl.: *Pulsating Star* (Stella pulsante).
PUT Piano Urbano del Traffico.
p.v. prossimo venturo.
PV 1 Pavia **2** (*med.*) pressione venosa.
PVC ingl.: *Poly-Vinyl-Chloride* (polivinilcloruro).
PY Paraguay.
PZ Potenza.
q quintale.
q.b. (*farm.*, *cucina*) quanto basta.
Q.G. Quartier Generale.
Q.I. Quoziente d'intelligenza.

r 1 (*Borsa*) (azione) a risparmio **2** raggio.
R 1 Raccomandata **2** (*treno*) Rapido **3** (*scacchi*) Re.
RA 1 Ravenna **2** Argentina.
R.A. Ritenuta d'Acconto.
Ra (*chim.*) radio.
racc. raccomandata.
rad (*mat.*) radiante.
RADAR ingl.: *Radio Detecting and Ranging* (radiorivelatore e localizzatore di distanze).
R.A.F. 1 ingl.: *Royal Air Force* (Reale forza aerea: aviazione militare inglese) **2** ted.: *Rote Armee Fraktion* (Frazione dell'Armata rossa: organizzazione terroristica in Germania).
RAI Radio Audizioni Italiane.
RAI-TV Radio Televisione Italiana.
RAM (*inform.*) ingl.: *Random Access Memory* (memoria ad accesso casuale).
RAS 1 Riunione Adriatica di Sicurtà **2** Rappresentanze Aziendali Sindacali.
R.A.U. Repubblica Araba Unita.
Rb (*chim.*) rubidio.
RC 1 Reggio Calabria **2** Repubblica Nazionale Cinese.
R.C. Responsabilità Civile.
RCA 1 Responsabilità Civile Autoveicoli **2** Repubblica Centrafricana.
R.C.A. Responsabilità Civile Autoveicoli.
RCB Congo.
RCH Cile.
rd (*fis.*) rad.
Rd (*fis.*) rutherford.
RD Regio Decreto.
RDL Regio Decreto Legge.
Re (*chim.*) renio.
RE Reggio Emilia.
REM ingl.: *Rapid Eye Movements* (Movimenti rapidi dell'occhio).
Rev. Reverendo.
RF Radiofrequenza.
RG 1 Ragusa **2** Guinea.
Rh 1 (*chim.*) rodio **2** (*biol.*) lat.: *Macacus Rhesus* (Macaco Rhesus: nome della scimmia nel cui sangue fu individuato per la prima volta l'antigene dei globuli rossi).
RI 1 Rieti **2** Rhode Island.
R.I. Repubblica Italiana.
RL Libano.
RM 1 Roma **2** (*med.*) Risonanza Magnetica.
RMN (*med.*) Risonanza Magnetica Nucleare.
Rn (*chim.*) radon.
RN 1 Rimini **2** Niger.
RNA (*biol.*) ingl.: *Ribonucleic Acid* (acido ribonucleico).
RO 1 Rovigo **2** Romania.
ROM (*inform.*) ingl.: *Read Only Memory* (memoria a sola lettura).
ROS Raggruppamento Operativo Speciale (reparto dei Carabinieri).
RP 1 Relazioni Pubbliche **2** (*di lettere*) Riservata Personale.
R.R. Ricevuta di ritorno.
R.S.I. Repubblica Sociale Italiana.

Sigle, acronimi e abbreviazioni

RSM Repubblica di San Marino.
RSU 1 Rifiuti Solidi Urbani **2** Rappresentanza Sindacale Unitaria.
RSVP (*negli inviti*) fr.: *Répondez S'il Vous Plaît* (Si prega di rispondere).
Ru (*chim.*) rutenio.
R.U. Regno Unito (di Gran Bretagna e Irlanda del Nord; → U.K.).
RUS Russia.
RVM Registrazione Video Magnetica.
RWA Ruanda.
RX Raggi X.
s secondo.
s. 1 seguente **2** sabato **3** santo **4** secolo **5** sostantivo.
S 1 (*chim.*) zolfo **2** (*fis.*) siemens **3** Sud **4** Svezia **5** (*di taglie d'abiti*) ingl.: *Small* (piccola).
s.a. senza anno.
SA 1 Salerno **2** Arabia Saudita.
S.A. 1 Società Anonima **2** Sua Altezza.
SAA ingl.: *South African Airways* (Linee aeree sudafricane).
SAFFA Società Anonima Fabbriche Fiammiferi e Affini.
SAI Società Assicuratrice Industriale.
SALT ingl.: *Strategic Arms Limitation Talks* (Trattative per la limitazione delle armi strategiche).
SAMIA Salone Mercato Internazionale dell'Abbigliamento.
SAPA Società in Accomandita Per Azioni.
S.A.R. Sua Altezza Reale.
S.A.R.I. Sua Altezza Reale Imperiale.
SARS (*med.*) ingl.: *Severe Acute Respiratory Syndrome* (sindrome respiratoria acuta grave).
SAS Società in Accomandita Semplice.
S.A.S. 1 Servizio Assistenza Stradale **2** Sua Altezza Serenissima.
Sb (*chim.*) antimonio.
s.b.f. salvo buon fine.
SBI Società Botanica Italiana.
Sc 1 (*chim.*) scandio **2** Sconto commerciale.
SC ingl.: *South Carolina* (Carolina del Sud).
S.C. 1 Suprema Corte (di Cassazione) **2** Stato Civile **3** Sacro Cuore **4** Sacro Collegio **5** Sacra Congregazione.
SCG Serbia e Montenegro.
SCV Stato della Città del Vaticano.
s.d. senza data.
S.d.f. Società di fatto.
SD ingl.: *South Dakota* (Dakota del Sud).
SDN Società delle Nazioni.
Se (*chim.*) selenio.
SE Sud Est.
S.E. 1 Sua Eccellenza **2** Sua Eminenza.
SEA Società Esercizi Aeroportuali.
SEAT 1 Società Elenchi (Ufficiali) degli Abbonati al Telefono **2** sp.: *Sociedad Española de Automóviles de Turismo* (Società spagnola di automobili da turismo).
SEATO ingl.: *South East Asia Treaty Organization* (Organizzazione del trattato per l'Asia sudorientale).

sec (*mat.*) secante.
sec. 1 secolo **2** secondo.
S.E. e O. (*in fatture*) salvo errori e omissioni.
SEI 1 Società Editrice Internazionale **2** Società Entomologica Italiana.
S.Em. Sua Eminenza.
sen (*mat.*) seno.
sett. settembre.
sez. sezione.
SF Finlandia.
sg. seguente.
S.G. Sua Grazia.
SGC Strada di Grande Comunicazione.
SGP Singapore.
sh. ingl.: *shilling* (scellino).
Si (*chim.*) silicio.
SI 1 Siena **2** Sistema Internazionale (di unità di misura) **3** (*polit.*) Socialisti Italiani.
SIA 1 Sindacato Italiano Artisti **2** Società Interbancaria per l'Automazione.
SIAE Società Italiana Autori ed Editori.
SID (*st.*) Servizio Informazioni Difesa (oggi sdoppiato in SISDE e SISMI).
SIDARMA Società Italiana di Armamento.
SIF Società Italiana di Fisica.
SIFAR Servizio Informazioni Forze Armate.
Sig. Signore.
Sigg. Signori.
Sig.na Signorina.
Sig.ra Signora.
SILP Sindacato Italiano Lavoratori Postelegrafonici.
SIM 1 Servizio Informazioni Militari **2** Servizio di Igiene Mentale **3** Società Internazionale di Musicologia **4** (*telecom.*) ingl.: *Subscriber Identity Module* (scheda d'identità degli abbonati alla telefonia mobile GSM).
SIMCA fr.: *Société Industrielle de Mécanique et Carrosserie Automobile* (Società industriale di meccanica e carrozzeria automobilistica).
sin (*mat.*) seno.
SIRME Società Italiana per le Ricerche di Mercato.
SIRTI Società Italiana Reti Telefoniche Interurbane.
S.I.S. Servizio Informazioni Sicurezza.
SISAL Sport Italia Società A Responsabilità Limitata.
SISDE Servizio per l'Informazione e la Sicurezza Democratica.
SISMI Servizio per l'Informazione e la Sicurezza Militare.
SIULP Sindacato Italiano Unitario dei Lavoratori di Polizia.
SK Slovacchia.
s.l. senza luogo.
s.l.m. sul livello del mare.
SLO Slovenia.
Sm (*chim.*) samario.
S.M. 1 Sua Maestà **2** Stato Maggiore **3** Sue Mani.
SMAU Salone (internazionale sistemi per l'informatica) Macchine, Arredamento Ufficio.

Sigle, acronimi e abbreviazioni

SMD Sistema Metrico Decimale.
SME Sistema Monetario Europeo.
S.M.E. Stato Maggiore dell'Esercito.
S.M.G. Stato Maggiore Generale.
S.M.O.M. Sovrano Militare Ordine di Malta.
SMS ingl.: *Short Messaging System, Short Message System, Short Message Service* (sistema di invio di brevi messaggi da cellulare a cellulare).
Sn (*chim*.) stagno.
SN Senegal.
SNALS Sindacato Nazionale Autonomo Lavoratori Scuola.
SNAM Società Nazionale Metanodotti.
s.n.c. società in nome collettivo.
SNS Sindacato Nazionale Scrittori.
SO 1 Sondrio **2** Sud Ovest.
Soc. Società.
SOCOF Sovrimposta Comunale sul reddito dei Fabbricati.
SONAR ingl.: *Sound Navigation and Ranging* (navigazione e misurazione per mezzo del suono).
SOS ingl.: *Save Our Souls* (Salvate le nostre anime: segnale dell'alfabeto Morse per la richiesta internazionale di soccorso).
s.p. senza prezzo.
SP 1 La Spezia **2** Santo Padre **3** Somalia **4** Strada Provinciale.
S.p.A. Società per Azioni.
SPM Sue Proprie Mani.
S.P.Q.R. lat.: *Senatus Populusque Romanus* (il senato e il popolo romano).
s.q. (*nei menù*) secondo quantità.
Sr (*chim*.) stronzio.
SR 1 Siracusa **2** lat.: *Senior* (il più anziano).
S.r.l. Società a responsabilità limitata.
SS 1 Sassari **2** Santi, Sante **3** Santissimo, Santissima.
ss. seguenti.
S.S. 1 Sua Santità **2** Santa Sede **3** Strada Statale **4** ted.: *Schutz Staffeln* (Squadre di sicurezza naziste).
SSE Sud-Sud-Est.
SSN Servizio Sanitario Nazionale.
SSO Sud-Sud-Ovest.
SS.PP. Santi Padri.
STANDA Società Tutti Articoli Nazionali Dell'Abbigliamento e arredamento (catena di grandi magazzini).
START ingl.: *Strategic Arms Reduction Talks* (Trattative per la riduzione delle armi strategiche).
STET Società Torinese per l'Esercizio Telefonico.
SU Stati Uniti.
SUD Sudan.
SUNIA Sindacato Unitario Nazionale Inquilini e Assegnatari.
SV Savona.
S.V. Signoria Vostra.
SVP 1 (*polit*.) ted.: *Sudtiroler Volkspartei* (Partito popolare sudtirolese) **2** fr.: *s'il vous plaît* (per favore).

SY Seychelles.
SYR Siria.
t 1 tempo **2** tonnellata **3** tara.
T 1 Tabacchi **2** Tabaccheria **3** (*chim*.) trizio; timina **4** Traforo **5** (*geog*.) Terra **6** Tribunale.
Ta (*chim*.) tantalio.
TA Taranto.
tab. tabella.
TAC (*med*.) Tomografia Assiale Computerizzata.
tan (*mat*.) tangente.
tanh (*mat*.) tangente iperbolica.
TAP port.: *Transportes aéreos portugueses* (Linee aeree portoghesi).
TAR Tribunale Amministrativo Regionale.
TASCO Tassa per i Servizi Comunali.
TAV Treno ad Alta Velocità.
Tb (*chim*.) terbio.
TBC (*med*.) tubercolosi.
Tc (*chim*.) tecnezio.
TCI Touring Club Italiano.
Te (*chim*.) tellurio.
TE 1 Teramo **2** Trazione Elettrica.
TEE ingl.: *Trans Europe Express* (Treno espresso transeuropeo).
TELECOM ITALIA S.p.A. Società per azioni Italiana di Telecomunicazioni.
TELEX ingl.: *teleprinter exchange* (trasmissione per telescrivente).
TEN (*treno*) ingl.: *Trans European Network* (rete di trasporti transeuropea).
TeV (*fis*.) Teraelettronvolt.
t.f.r. trattamento di fine rapporto.
tg (*mat*.) tangente.
TG 1 Telegiornale **2** Togo.
TGR Testata Giornalistica Regionale.
TGS Testata Giornalistica Sportiva.
TGV fr.: *Train Grande Vitesse* (treno ad alta velocità).
Th (*chim*.) torio.
Ti (*chim*.) titanio.
TI Turismo Internazionale.
TIM Telecom Italia Mobile.
TIN Telecom Italia Net.
TIR fr.: *Transports Internationaux Routiers* (Trasporti internazionali su strada).
TJ Repubblica Popolare Cinese.
Tl (*chim*.) tallio.
TLC Telecomunicazioni.
Tm (*chim*.) tulio.
t.m. (*organizzazione aziendale*) tempi e metodi.
TMEC Tempo Medio dell'Europa Centrale.
TMG Tempo Medio di Greenwich.
TN 1 Trento **2** Tunisia **3** Tennessee.
TNT 1 Trinitrotuluene (tritolo) **2** Tessuto Non Tessuto.
TO 1 Torino **2** ingl.: *Tour Operator* (operatore turistico).
TOTIP Totalizzatore Ippico.
TOTOCALCIO Totalizzatore Calcistico.
TOTOGOL Totalizzatore dei Gol.

Sigle, acronimi e abbreviazioni

TP Trapani.
TR 1 Terni 2 Turchia 3 Tempo Reale.
TS Trieste.
TT Trinidad e Tobago.
TU 1 Tempo Universale 2 ingl.: *Trade Union* (sindacato inglese).
T.U. Testo Unico.
TUS Tasso Ufficiale di Sconto.
TUT (*telecom.*) Tariffa Urbana a Tempo.
TV 1 Treviso 2 Televisione.
TVC Televisione a Colori.
TWA ingl.: *Trans World Airlines* (Linee aeree intercontinentali: compagnia aerea USA).
TX Texas.
U 1 Uruguay 2 (*chim.*) uranio.
UA Ucraina.
UAE Emirati Arabi Uniti.
U.C. 1 Ufficiale di Complemento 2 Unione Calcistica.
UCI Unione Ciclistica Internazionale.
UCIGOS Ufficio Centrale per le Investigazioni Generali e le Operazioni Speciali (della Polizia di Stato).
UCM (*med.*) Unità Coronarica Mobile.
UCSC Università Cattolica del Sacro Cuore.
UD Udine.
UDeuR (*polit.*) Unione dei Democratici per l'Europa.
UDI Unione Donne Italiane.
UDR (*polit.*) Unione Democratica per la Repubblica.
UE Unione Europea.
U.E. Uso Esterno.
UEFA ingl.: *Union of European Football Associations* (Unione delle federazioni di calcio europee).
UEO Unione dell'Europa Occidentale.
UFO ingl.: *Unidentified Flying Object* (oggetto volante non identificato).
UHF ingl.: *Ultra High Frequency* (frequenza ultra alta).
UHT ingl.: *Ultra High Temperature* (temperatura ultra alta: tipo di sterilizzazione alimentare).
U.I. 1 Unità Internazionali 2 Uso Interno.
UIC 1 Ufficio Italiano dei Cambi 2 Ufficio Internazionale dei Cambi 3 Unione Italiana Ciechi.
UIL Unione Italiana del Lavoro.
UISP Unione Italiana Sport Popolare.
UIT Unione Internazionale per le Telecomunicazioni.
UITAS Unione Italiana Tiro a Segno.
U.K. ingl.: *United Kingdom* (Regno Unito di Gran Bretagna e Irlanda del Nord; → R.U.).
UME Unione Monetaria Europea.
UNESCO ingl.: *United Nations Educational, Scientific and Cultural Organization* (Organizzazione delle Nazioni Unite per l'istruzione, la scienza, la cultura).
UNICEF ingl.: *United Nations International Children's Emergency Fund* (Fondo internazionale di emergenza delle Nazioni Unite per l'infanzia).
UNIVAC ingl.: *Universal Automatic Computer* (calcolatore universale automatico).
UNPF Unione Nazionale Produttori Film.
UPA 1 Utenti Pubblicità Associati 2 Unione Panamericana.
UPI 1 Unione Pubblicità Italiana 2 Ufficio Privato Investigativo.
UPIM Unico Prezzo Italiano di Milano.
URAR Ufficio Registro Abbonamenti Radio (e Televisione).
URSS (*st.*) Unione delle Repubbliche Socialiste Sovietiche.
US 1 Unione Sportiva 2 Ufficio Stampa 3 Uscita di Sicurezza.
u.s. ultimo scorso.
USA 1 ingl.: *United States of America* (Stati Uniti d'America) 2 ingl.: *United States Army* (Esercito degli Stati Uniti).
USAF ingl.: *United States Air Force* (Aviazione militare degli Stati Uniti).
USIS ingl.: *United States Information Service* (Servizio informazione degli Stati Uniti).
USIGRAI Unione Sindacale Giornalisti RAI.
USPI Unione della Stampa Periodica Italiana.
USSL Unità Socio-Sanitaria Locale.
UT Utah.
UTET Unione Tipografico-Editrice Torinese.
UTI Unione Tassisti Italiani.
UTIF Ufficio Tecnico delle Imposte di Fabbricazione.
UV 1 ultravioletto 2 fr.: *Union Valdôtaine* (Unione valdostana).
UVA Ultravioletto prossimo (3000-4000 Å).
UVB Ultravioletto lontano (2000-3000 Å).
UVC Ultravioletto estremo (40-2000 Å).
UZI Unione Zoologica Italiana.
v 1 verso 2 vedi 3 (*fis.*) velocità.
V 1 Città del Vaticano 2 (*fis.*) volt 3 (*chim.*) vanadio 4 (*numero romano*) cinque.
VA 1 Varese 2 Virginia 3 (*elettr.*) voltampere.
V.A. Vostra Altezza.
V.A.M. Vigilanza Aeronautica Militare.
VAT ingl.: *Value Added Tax* (Imposta sul valore aggiunto).
VB Verbano-Cusio-Ossola.
VC 1 Vercelli 2 Video Camera.
V.C. 1 Vice Console 2 Valor Civile.
VCL (*chim.*) vinilcloruro.
V.D.Q.S. (*enologia*) fr.: *Vin Delimité de Qualité Supérieure* (vino delimitato di qualità superiore).
VE Venezia.
V.E. Vostra Eccellenza.
VELCRO fr.: *Velours Crochet* (velluto-uncino).
V.Em. Vostra Eminenza.
VES (*med.*) Velocità di Eritrosedimentazione.
VF 1 Vigili del Fuoco 2 (*fis.*) Videofrequenza.
V.G. Vostra Grazia.
VHF ingl.: *Very High Frequency* (altissima frequenza).
VHS ingl.: *Video Home System* (sistema video domestico).

VI 1 Vicenza **2** (*su etichette di tessuti e abiti*) viscosa.
VIP ingl.: *Very Important Person* (persona molto importante).
VLF ingl.: *Very Low Frequency* (bassissima frequenza).
V.M. 1 Vostra Maestà **2** Valor Militare **3** Vietato ai Minori.
VN Vietnam.
VR Verona.
VS. vostro.
v.s. vedi sopra.
V.S. 1 Vostra Signoria **2** Vostra Santità.
VT 1 Viterbo **2** Vermont.
V.T. Vecchio Testamento.
V.U. Vigile Urbano.
VV Vibo Valentia.
W 1 ingl.: *West* (Ovest) **2** (*fis.*) watt **3** (*chim.*) wolframio (tungsteno) **4** Evviva.
WA Washington.
WAL Sierra Leone.
WAN Nigeria.
WAP (*inform.*) ingl.: *Wireless Application Protocol* (protocollo di applicazione per comunicazioni senza fili).
WASP ingl.: *White Anglo-Saxon Protestant* (Bianco anglosassone protestante).
Wb (*fis.*) weber.
WBA ingl.: *World Boxing Association* (Associazione pugilistica mondiale).
WBC ingl.: *World Boxing Council* (Consiglio mondiale pugilistico).
WC ingl.: *water closet* (gabinetto).
Wh (*fis.*) wattora.
WI Wisconsin.
WL fr.: *Wagons-Lits* (Carrozze letto).
WTO ingl.: *World Trade Organization* (Organizzazione Mondiale del Commercio).
WV ingl.: *West Virginia* (Virginia Occidentale).
WWF ingl.: *World Wildlife Fund* (Fondo mondiale per la natura).
WWW (*inform.*) ingl.: *World Wide Web* (ragnatela mondiale: protocollo di ricerca in Internet).
WY Wyoming.
WZO ingl.: *World Zionist Organization* (Organizzazione sionista mondiale).
x (*mat.*) incognita.
X (*numero romano*) dieci.
Xe (*chim.*) xeno.
XL (*di taglie d'abiti*) ingl.: *Extra Large* (molto grande).
XS (*di taglie d'abiti*) ingl.: *Extra Small* (molto piccola).
XXL (*di taglie d'abiti*) ingl.: *Extra Extra Large* (molto molto grande).
Y 1 (*chim.*) ittrio **2** (*biol.*) cromosoma sessuale.
Yb (*chim.*) itterbio.
YCI Yacht Club d'Italia.
yd ingl.: *yard* (iarda).
YU Iugoslavia.
YV Venezuela.
Z 1 (*fis.*) numero atomico **2** Zambia.
ZA Sudafrica.
Z.d.G. Zona di Guerra.
Zn (*chim.*) zinco.
Zr (*chim.*) zirconio.
ZR Zaire.
ZTL Zona a Traffico Limitato.
ZW Zimbabwe.

Finito di stampare nell'aprile 2006
da Grafica Veneta S.p.A.
Trebaseleghe (PD)

Dizionario Studio di INGLESE

1560 pagine · oltre 75 000 voci · oltre 250 000 accezioni
Volume cartonato cucito con astuccio · cm 14x20,5

Le entrate inglesi hanno la divisione in sillabe e sono sempre seguite da trascrizione fonetica con accento principale ed eventuali secondari

Omografi

Doppie costruzioni o costruzioni diverse da quelle italiane

Repertorio fraseologico in fondo alle voci più ricche e articolate: raccoglie forme idiomatiche, modi di dire, proverbi, tecnicismi ecc. evidenziati in corsivo neretto

Phrasal verbs: tutti in ordine alfabetico, preceduti da ▶ e seguiti dall'indicazione A (avverbiale) o P (preposizionale); di questi ultimi si precisa se si usano con cose, persone o con entrambi

Sono lemmatizzate anche le forme irregolari dei verbi, con riferimento all'infinito

(brit.) e (am.) indicano un aspetto linguistico, (GB) e (USA) segnalano una peculiarità culturale del paese

Varianti di pronuncia

Significati assunti nell'americano

---

ana|lysis [əˈnælɪsɪs] (*pl.* **analyses** [əˈnælɪsiːz]) *s.* **1** analisi | *in the last* (o *final*) —, in ultima analisi **2** psicoanalisi.
amp|li|fica|tion [ˌæmplɪfɪˈkeɪʃn] *s.* **1** (*elettron.*) amplificazione **2** (*fig.*) ampliamento.
mount[1] [maʊnt] *s.* monte: — *Everest*, il monte Everest.
mount[2] [maʊnt] *s.* **1** intelaiatura; montatura **2** (*a cavallo*) cavalcatura.
to **give** [ɡɪv] (*pass.* **gave** [ɡeɪv], *p.p.* **given** [ˈɡɪvn]) *v.tr.* **1** dare; offrire; fornire: *she gave me a book* (o *she gave a book to me*), mi diede un libro [...].
to **send** [send] (*pass., p.p.* **sent** [sent]) *v.tr.* **1** mandare, spedire, inviare: *to — s.o. sthg.* (o *to — sthg. to s.o.*), mandare qlco. a qlcu.; *to — s.o. a postcard, an e-mail*, mandare una cartolina, un'e-mail a qlcu.; *he sent me for his glasses*, mi ha mandato a prendere i suoi occhiali | *to — back*, rimandare indietro, rispedire | *— him my love!*, salutalo da parte mia! **2** far diventare, rendere: *he sends me mad*, mi fa impazzire; *his behaviour sent me into a rage*, il suo comportamento mi ha mandato su tutte le furie | *to — s.o. to sleep*, far venire sonno a qlcu.
∎ *to — s.o. about his business*, mandare qlco. fuori dai piedi | *to — s.o. to Coventry*, evitare qlcu. per un po' | *to — word that...*, mandare a dire che... | (*fam.*) *this song really sends me!*, questa canzone mi piace da impazzire!
▶ **send away A** mandare; mandare via qlcu.
▶ **send away for P** *to — away for sthg.*, richiedere qlco. per posta.
▶ **send down A 1** (*al piano inferiore ecc.*) mandare giù, far scendere **2** (*brit., antiq.*) espellere dall'università **3** (*brit., fam.*) mandare in prigione.
▶ **send for P 1** *to — for s.o.*, mandare a chiamare qlcu. **2** *to — for sthg.*, far portare qlco.; ordinare qlco. per posta [...].
sent *pass., p.p. di* **send**.
ana|thema [əˈnæθəmə] *s.* ⌂ **1** anatema **2** (*fig.*) cosa odiata: *violence is — to me*, detesto la violenza.
A level [ˈeɪˌlevl] *s.* (*GB*) esame di licenza della scuola superiore.

lady|bird [ˈleɪdɪbɜːd], *am.* **lady|bug** [ˈleɪdɪbʌɡ] *s.* coccinella.
alu|mi|nium [ˌæljʊˈmɪnɪəm], *am.* **alu|mi|num** [əˈluːmɪnəm] *s.* alluminio.
lance [lɑːns, *am.* læns] *s.* **1** (*arma*) lancia **2** (*pesca*) arpione.
to **lance** [lɑːns, *am.* læns] (*med.*) incidere.
laun|dro|mat [ˈlɔːndrəʊmæt] *s.* (*am.*) lavanderia a gettone.
La-La land [ˈlɑːlɑːlænd] *s.* **1** (*coll.*) mondo irreale | *to be living in* —, vivere su una nuvoletta **2** (*am., cine.*) fabbrica dei sogni, mondo dorato del cinema.
leftie [ˈleftɪ] *s.* **1** (*coll., spreg.*) persona di sinistra, sinistroide **2** (*am.*) mancino.

Plurali irregolari sempre con trascrizione fonetica

Forme irregolari dei verbi con trascrizione fonetica

Esempi in corsivo chiaro separati da punto e virgola

Espressioni e locuzioni idiomatiche messe in risalto con il corsivo neretto e separate da barrette verticali

Specifiche (registri d'uso, British o American English, informazioni, indicazioni d'appartenenza ecc.)

Segnalazione dei sostantivi *uncountable*

Grande attenzione agli americanismi: forme diverse per lo stesso significato

Semplici varianti ortografiche

Parole in uso solo negli USA